U0952578

2019年
中国海关通关速查手册

Customs Broker Declaration and Clearance Handbook 2019

（上）

《中国海关通关速查手册》编委会　编

中国海关出版社
China Customs Press
中国·北京

图书在版编目（CIP）数据

中国海关通关速查手册：2019 年：全 2 册/《中国海关通关速查手册》编委会编. —北京：中国海关出版社，2019. 1
ISBN 978-7-5175-0332-3

Ⅰ. ①中… Ⅱ. ①中… Ⅲ. ①海关—业务—中国—手册
Ⅳ. ①F752. 5-62

中国版本图书馆 CIP 数据核字（2018）第 284279 号

中国海关通关速查手册（2019 年）

ZHONGGUO HAIGUAN TONGGUAN SUCHA SHOUCE（2019 NIAN）

作　　者：《中国海关通关速查手册》编委会
责任编辑：伍　边
出版发行：中国海关出版社
社　　址：北京市朝阳区东四环南路甲 1 号　　邮政编码：100023
网　　址：www. hgcbs. com. cn
编 辑 部：01065194242－7535（电话）　　01065194231（传真）
发 行 部：01065194221/4227/4238/4246（电话）　　01065194233（传真）
社办书店：01065195616（电话）　　01065195127（传真）
www. customskb. com/book（网址）
印　　刷：重庆华林天美印务有限公司　　经　　销：新华书店
开　　本：889mm×1194mm　1/16
印　　张：126. 5　　字　　数：4195 千字
版　　次：2019 年 1 月第 1 版
印　　次：2019 年 1 月第 1 次印刷
书　　号：ISBN 978-7-5175-0332-3
定　　价：360. 00 元（上、下册）

海关版图书，版权所有，侵权必究
海关版图书，印装错误可随时退换

使用说明

《2019年中国海关通关速查手册》（以下简称《手册》）以2019年《中华人民共和国进出口税则》（以下简称《税则》）为基础，全方位覆盖整合各政府部门关于通关所颁布的信息要素，旨在帮助使用者能够易用、实用、快速、全面地获取通关信息。

本书创新编排设置了表格栏目和信息呈现方式，为掌握使用方法和技巧，特对本书的使用作如下说明：

一、通关综合信息表栏目及使用说明

（一）税则号列

税则号列分列6位HS编码和7~8位本国子目，以及我国海关为执行进口商品暂定税率、关税配额商品进口关税税率、出口关税税率、进口环节代征税、相关贸易管制措施及海关信息化管理等需要，进一步拆分出的9~10位编码。这便于进行国内外货物信息的比较。

其中，9~10位编码未作拆分的，“税则号列”栏项下的“9~10位”子栏目均留空，报关申报时须在8位编码后面加两个“0”形成10位编码。

需要说明的是，对目前申报时所需进一步拆分的11~13位检验检疫编码和对应的中文名称，本书采用的是单独列出的方式，请在使用时注意其税费综合信息和贸易管制信息与检验检疫类别的对应关系。

（二）货品名称中英文

本栏目货品中文名称与10位编码商品一一对应，英文名称仅供查阅参考，具体货品名称以中文为准。

列入“跨境电子商务零售进口商品清单”的商品均在本栏目标注【电商】。

（三）税费综合信息

税费综合信息栏目借鉴了发达国家税则编排方式，进行重新设计和全面整合，大量减少了查阅相关附表的工作。使用者务必仔细阅读使用说明，掌握本书标注方法，以提高使用效率。

本栏目税费种类缩写（如“【最】”表示进口关税最惠国税率）、范围、缩写标识和适用国家（地区）情况如下：

1. 进口关税

本栏目列出以下进口关税类别及税率：

最惠国税率、普通税率、暂定进口关税税率、协定进口关税税率、特惠进口关税税率、进口关税配额税率；

特殊计征方法税率包括进口关税的从量税税率、复合税税率、滑准税税率，其中从量税税率与复合税税率区分了最惠国税率与普通税率下的不同计征方法；

本栏目还包括反倾销税税率、反补贴税税率，以及我国对部分原产于美国进口产品加征税率。

(1)【最】最惠国税率

适用原产于共同适用最惠国待遇条款的世界贸易组织成员的进口货物，原产于与中国签订含有相互给予最惠国待遇条款的双边贸易协定的国家（地区）的进口货物，以及原产于中国境内的进口货物。

其中，世界贸易组织《信息技术协定》产品最惠国税率进一步下调后的ITA税率已整合入最惠国税率。

(2)【普】普通税率

适用原产于享受最惠国税率、协定税率及特惠税率以外的国家（地区）的进口货物，以及原产地不明的进口货物。

(3)【暂进】暂定进口关税税率

根据税率适用原则，适用最惠国税率的进口货物有暂定税率的，应当适用暂定税率；适用协定税率、特惠税率的进口货物有暂定税率的，应当从低适用税率；适用普通税率的进口货物，不适用暂定税率。

(4) 协定进口关税税率包括以下17种类别。

【协亚太】

根据《亚太贸易协定》，对原产于亚太5国的列入“亚太贸易协定税目税率表”的进口商品实施协定税率。

适用国家：韩国、印度、斯里兰卡、孟加拉国和老挝。

【协东盟】

根据《中国—东盟自由贸易协定》，对原产于东盟10国的列入“中国—东盟自由贸易协定税目税率表”的进口商品实施协定税率。

适用国家：越南、泰国、新加坡、马来西亚、印度尼西亚、文莱、缅甸、老挝、柬埔寨、菲律宾。

【协巴基斯坦】

原理同上。适用国家：巴基斯坦。

【协智利】

原理同上。适用国家：智利。

【协新西兰】

原理同上。适用国家：新西兰。

【协新加坡】

原理同上。适用国家：新加坡。

【协秘鲁】

原理同上。适用国家：秘鲁。

【协哥斯达黎加】

原理同上。适用国家：哥斯达黎加。

【协冰岛】

原理同上。适用国家：冰岛。

【协瑞士】

原理同上。适用国家：瑞士。

【协澳大利亚】

原理同上。适用国家：澳大利亚。

【协韩国】

原理同上。适用国家：韩国。

【协格鲁吉亚】

原理同上。适用国家：格鲁吉亚。

【协香港】【协澳门】【协台湾】

对原产于中国香港、中国澳门的已完成原产地标准核准的产品实施零关税；对原产于中国台湾的ECFA框架内产品实施协定税率，均单独列出。

适用地区：分别为中国香港、中国澳门、中国台湾。

【协农】

对部分原产于中国台湾的进口农产品免征进口关税。

适用地区：中国台湾。

(5) 特惠进口关税税率包括以下7种类别。

【特亚太】

根据我国与有关国家或地区签署的贸易或关税优惠协定、双边换文情况及国务院有关决定，对原产于孟加拉国和老挝的部分商品实施《亚太贸易协定》项下特惠税率。

适用国家：孟加拉国、老挝。

【特东老挝】【特东柬埔寨】【特东缅甸】

根据我国与有关国家或地区签署的贸易或关税优惠协定、双边换文情况及国务院有关决定，对原产于老挝、柬埔寨、缅甸，实施《中国—东盟自由贸易协定》项下特惠税率的商品税率合并至本栏目中。

适用国家：分别为老挝、柬埔寨、缅甸。

【特-1】

根据我国与有关国家或地区签署的关税与贸易优惠协定、双边换文情况及国务院有关决定，对原产于36个国家97%税目商品实施零关税特惠税率。

适用国家：埃塞俄比亚、布隆迪、赤道几内亚、刚果、吉布提、几内亚、几内亚比绍、莱索托、马达加斯加、马拉维、马里、莫桑比克、南苏丹、塞拉利昂、塞内加尔、苏丹、索马里、坦桑尼亚、乌干达、乍得、中非、阿富汗、也门、瓦努阿图、科摩罗联盟、毛里塔尼亚、多哥、利比里亚、卢旺达、安哥拉、赞比亚、尼泊尔、尼日尔、厄立特里亚、柬埔寨、布基纳法索。

【特-2】

根据我国与有关国家或地区签署的关税与贸易优惠协定、双边换文情况及国务院有关决定，对原产于下列3个国家95%税目商品实施零关税特惠税率。

适用国家：贝宁、东帝汶、缅甸。

【特-3】

根据我国与有关国家或地区签署的关税与贸易优惠协定、双边换文情况及国务院有关决定，对原产于孟加拉国的60%税目商品实施零关税特惠税率。

适用国家：孟加拉国。

(6) 进口关税配额税率

【配额】

本栏目列出实施关税配额管理商品的配额税率。

(7) 从量税税率

【从量（最）】

本栏目列出按从量计征方法适用最惠国税率。

【从量（普）】

本栏目列出按从量计征方法适用普通税率。

(8) 复合税税率

【复合（最）】

本栏目列出按复合计征方法适用最惠国税率。

【复合（普）】

本栏目列出按复合计征方法适用普通税率。

(9) 滑准税税率

【滑准】

本栏目列出适用滑准税方式计征暂定进口关税税率，仅对配额外进口的棉花征收。

(10) 反倾销税税率

【反倾】

本栏目列出适用加征反倾销税商品的税率。

(11) 反补贴税税率

【反补】

本栏目列出适用加征反补贴税商品的税率。

（12）对部分原产于美国进口商品加征关税税率

【对美加征】

本栏目列出国务院关税税则委员会决定对原产于美国的部分商品加征关税范围及税率。

注：从2019年1月1日起至2019年3月31日，国务院关税税则委员会决定对原产于美国的汽车及零部件暂停加征关税3个月，涉及211个税目。对原产于美国的汽车及零部件暂停加征关税商品清单见附表1。

美国对从中国进口产品加征进口关税清单（第一批、第二批）见附表2。

2. 进口环节海关代征增值税

【增】

本栏目列出进口环节海关代征的增值税税率。

3. 进口环节海关代征消费税

【消】

本栏目列出进口环节海关代征的消费税税率。

4. 出口关税

本栏目列出出口关税税率与暂定出口关税税率。

（1）【出】本栏目列出征收出口关税税率。

（2）【暂出】本栏目列出实施出口暂定商品的出口暂定税率。

5. 出口退税率

【退】

本栏目列出截至2018年底国家税务总局实施的出口商品退税率。

（四）计量单位

本栏目列出商品对应的第一或第二法定计量单位，第一法定计量单位和第二法定计量单位之间用“/”区分。

（五）监管证件代码

本栏目列出商品在进出口时所需申领的监管证件代码，本书率先按进口所需和出口所需分列监管证件代码。有监管证件代码及目前无监管证件代码的进出口许可证件、主管部门、是否在进出口环节验核信息见附表3。

（六）检验检疫类别

本栏目列出相应商品在进出口时所需办理的检验或检疫类别信息，按进口所需与出口所需分别列出。

（七）检验检疫编码及对应中文名称

本栏目列出关检融合后的新海关统一申报的新报关单填制规范所要求的13位商品编码中11~13位检验检疫附加编码（原CIQ编码）及其对应中文名称。

二、附表说明

共有3个附表。附表1为对原产于美国的汽车及零部件暂停加征关税商品清单；附表2为美国对从中国进口产品加征进口关税清单（第一批、第二批）；附表3为进出口许可证件与管制措施表。

本书配有上述所有商品及通关信息实时更新的手机端免费增值服务，便于协助读者随时掌握瞬息万变的动态信息。

编　者

2018年12月

目　　录

上　　册

通关综合信息表

下　册

附　　表

通关综合信息表

第一类
活动物；动物产品

SECTION I
LIVE ANIMALS; ANIMAL PRODUCTS

注释：

一、本类所称的各属种动物，除条文另有规定的以外，均包括其幼仔在内。

二、除条文另有规定的以外，本协调制度所称干的产品，均包括经脱水、蒸发或冷冻干燥的产品。

Section Notes:

1. Any reference in this Section to a particular genus or species of an animal, except where the context otherwise requires, includes a reference to the young of that genus or species.
2. Except where the context otherwise requires, throughout the Nomenclature any reference to "dried" pro-ducts also covers products which have been dehydrated, evaporated or freeze-dried.

第一章
活动物

Chapter 1
Live animals

注释：

本章包括所有活动物，但下列各项除外：

一、税目 03.01、03.06、03.07 或 03.08 的鱼、甲壳动物、软体动物及其他水生无脊椎动物；

二、税目 30.02 的培养微生物及其他产品；以及

三、税目 95.08 的动物。

Chapter Note:

This Chapter covers all live animals except:

1. Fish and crustaceans, molluscs and other aquatic invertebrates, of heading 03.01, 03.06, 03.07 or 03.08;
2. Cultures of micro-organisms and other products of heading 30.02; and
3. Animals of heading 95.08.

税则号列			货品名称中英文		税费综合信息	计量单位	监管证件代码		检验检疫类别		检验检疫编码	检验检疫编码对应中文名称
HS国际统一前6位	本国子目 7~8位	9~10位	中文 货物名称	英文 Article Description			进口	出口	进口	出口		
010121	00	10	改良种用濒危野马	Endangered wild horses, pure-bred breeding	【最】0【普】0【特-1】0【特-2】0【特-3】0 【增】10【出】0【退】0	千克/头	AF	EB	P	Q	999	改良种用濒危野马
010121	00	90	其他改良种用马	Other horses, pure-bred breeding	【最】0【普】0【特-1】0【特-2】0【特-3】0 【增】10【出】0【退】6	千克/头	A	B	P	Q	999	其他改良种用马
010129	00	10	非改良种用濒危野马	Endangered wild horses, other than pure-bred breeding	【最】10【普】30 【协东盟】0【协巴基斯坦】5【协智利】0 【协香港】0【协澳门】0【协新西兰】0 【协秘鲁】0【协哥斯达黎加】0【协冰岛】0 【协瑞士】0【协澳大利亚】0【协韩国】5 【协格鲁吉亚】0 【特-1】0【特-2】0【特-3】0 【增】10【对美加征】10【出】0【退】0	千克/头	AF	EB	P	Q	999	非改良种用濒危野马
010129	00	90	非改良种用其他马	Horses, other than pure-bred breeding	【最】10【普】30 【协东盟】0【协巴基斯坦】5【协智利】0 【协香港】0【协澳门】0【协新西兰】0 【协秘鲁】0【协哥斯达黎加】0【协冰岛】0 【协瑞士】0【协澳大利亚】0【协韩国】5 【协格鲁吉亚】0 【特-1】0【特-2】0【特-3】0 【增】10【对美加征】10【出】0【退】6	千克/头	A	B	P	Q	101 102 103	非改良种用其他马（屠宰马） 非改良种用其他马（赛马） 非改良种用其他马（其他用途马）
010130	10	10	改良种用的濒危野驴	Endangered wild asses, pure-bred breeding	【最】0【普】0【特-1】0【特-2】0【特-3】0 【增】10【出】0【退】0	千克/头	AF	EB	P	Q	999	改良种用的濒危野驴
010130	10	90	改良种用的其他驴	Other asses, pure-bred breeding	【最】0【普】0【特-1】0【特-2】0【特-3】0 【增】10【出】0【退】6	千克/头	A	B	P	Q	999	改良种用的其他驴
010130	90	10	非改良种用濒危野驴	Endangered wild asses, other than pure-bred breeding	【最】10【普】30 【协东盟】0【协巴基斯坦】5【协智利】0 【协香港】0【协澳门】0【协新西兰】0 【协秘鲁】0【协哥斯达黎加】0【协冰岛】0 【协瑞士】0【协澳大利亚】0【协韩国】5 【协格鲁吉亚】0 【特-1】0【特-2】0【特-3】0 【增】10【出】0【退】0	千克/头	AF	EB	P	Q	999	非改良种用濒危野驴

税则号列			货品名称中英文		税费综合信息	计量单位	监管证件代码		检验检疫类别		检验检疫编码	检验检疫编码对应中文名称
HS国际统一前6位	本国子目 7~8位	9~10位	中文 货物名称	英文 Article Description			进口	出口	进口	出口		
010130	90	90	非改良种用其他驴	Other asses, other than pure-bred breeding	【最】10【普】30 【协东盟】0【协巴基斯坦】5【协智利】0 【协香港】0【协澳门】0【协新西兰】0 【协秘鲁】0【协哥斯达黎加】0【协冰岛】0 【协瑞士】0【协澳大利亚】0【协韩国】5 【协格鲁吉亚】0 【特-1】0【特-2】0【特-3】0 【增】10【出】0【退】6	千克/头	A	B	P	Q	999	非改良种用其他驴
010190	00		骡	Mules and hinnies	【最】10【普】30 【协东盟】0【协巴基斯坦】5【协智利】0 【协新西兰】0【协秘鲁】0【协哥斯达黎加】0 【协冰岛】0【协瑞士】0【协澳大利亚】0 【协韩国】5【协格鲁吉亚】0【协香港】0 【协澳门】0 【特-1】0【特-2】0【特-3】0 【增】10【出】0【退】6	千克/头	A	B	P	Q	999	骡
010221	00		改良种用家牛	Cattle, pure-bred breeding	【最】0【普】0【特-1】0【特-2】0【特-3】0 【增】10【出】0【退】6	千克/头	A	B	P	Q	101 102 103	改良种用家牛（种牛） 改良种用家牛（屠宰牛） 改良种用家牛（其他用途牛）
010229	00		非改良种用家牛	Cattle, other than pure-bred breeding	【最】10【普】30 【协东盟】0【协巴基斯坦】5【协智利】0 【协新西兰】0【协秘鲁】0【协哥斯达黎加】0 【协冰岛】0【协瑞士】0【协澳大利亚】0 【协韩国】5【协格鲁吉亚】0【协香港】0 【协澳门】0 【特东老挝】0【特东柬埔寨】0【特东缅甸】0 【特-1】0【特-2】0【特-3】0 【增】10【出】0【退】6	千克/头	A	4xB	P	Q	101 102 103	非改良种用家牛（种牛） 非改良种用家牛（屠宰牛） 非改良种用家牛（其他用途牛）
010231	00	10	改良种用濒危水牛	Endangered buffalo, pure-bred breeding	【最】0【普】0【特-1】0【特-2】0【特-3】0 【增】10【出】0【退】0	千克/头	AF	BE	P	Q	999	改良种用濒危水牛
010231	00	90	改良种用其他水牛	Other buffalo, pure-bred breeding	【最】0【普】0【特-1】0【特-2】0【特-3】0 【增】10【出】0【退】6	千克/头	A	B	P	Q	999	改良种用其他水牛
010239	00	10	非改良种用濒危水牛	Endangered buffalo, other than pure-bred breeding	【最】10【普】30 【协东盟】0【协巴基斯坦】5【协智利】0 【协新西兰】0【协秘鲁】0【协哥斯达黎加】0 【协冰岛】0【协瑞士】0【协澳大利亚】0 【协韩国】5【协格鲁吉亚】0【协香港】0 【协澳门】0 【特东老挝】0【特东柬埔寨】0【特东缅甸】0 【特-1】0【特-2】0【特-3】0 【增】10【出】0【退】0	千克/头	AF	4BEx	P	Q	999	非改良种用濒危水牛
010239	00	90	非改良种用其他水牛	Other buffalo, other than pure-bred breeding	【最】10【普】30 【协东盟】0【协巴基斯坦】5【协智利】0 【协新西兰】0【协秘鲁】0【协哥斯达黎加】0 【协冰岛】0【协瑞士】0【协澳大利亚】0 【协韩国】5【协格鲁吉亚】0【协香港】0 【协澳门】0 【特东老挝】0【特东柬埔寨】0【特东缅甸】0 【特-1】0【特-2】0【特-3】0 【增】10【出】0【退】6	千克/头	A	4Bx	P	Q	999	非改良种用其他水牛
010290	10	10	改良种用濒危野牛	Endangered wild bovine, pure-bred breeding	【最】0【普】0【特-1】0【特-2】0【特-3】0 【增】10【出】0【退】0	千克/头	AF	EB	P	Q	999	改良种用濒危野牛
010290	10	90	其他改良种用牛	Other bovine, pure-bred breeding, other than cattle and buffalo	【最】0【普】0【特-1】0【特-2】0【特-3】0 【增】10【出】0【退】6	千克/头	A	B	P	Q	101 102 103 104 105	其他改良种用牛（种牛） 其他改良种用牛（屠宰牛） 其他改良种用牛（其他用途牛） 其他改良种用牛（水牛） 其他改良种用牛（牦牛）

税则号列			货品名称中英文		税费综合信息	计量单位	监管证件代码		检验检疫类别		检验检疫编码	检验检疫编码对应中文名称
HS国际统一前6位	本国子目 7~8位	9~10位	中文 货物名称	英文 Article Description			进口	出口	进口	出口		
010290	90	10	非改良种用濒危野牛	Endangered wild bovine, non pure-bred breeding	【最】10【普】30 【协东盟】0【协巴基斯坦】5【协智利】0 【协新西兰】0【协秘鲁】1【协哥斯达黎加】0 【协冰岛】0【协瑞士】0【协澳大利亚】0 【协韩国】5【协格鲁吉亚】0【协香港】0 【协澳门】0 【特东老挝】0【特东柬埔寨】0【特东缅甸】0 【特-1】0【特-2】0【特-3】0 【增】10【出】0【退】0	千克/头	AF	4xBE	P	Q	999	非改良种用濒危野牛
010290	90	90	非改良种用其他牛	Other bovine, non pure-bred breeding, other than cattle and buffalo	【最】10【普】30 【协东盟】0【协巴基斯坦】5【协智利】0 【协新西兰】0【协秘鲁】1【协哥斯达黎加】0 【协冰岛】0【协瑞士】0【协澳大利亚】0 【协韩国】5【协格鲁吉亚】0【协香港】0 【协澳门】0 【特东老挝】0【特东柬埔寨】0【特东缅甸】0 【特-1】0【特-2】0【特-3】0 【增】10【出】0【退】6	千克/头	A	4xB	P	Q	101 102 103 104 105	非改良种用其他牛（种牛） 非改良种用其他牛（屠宰牛） 非改良种用其他牛（其他用途牛） 非改良种用其他牛（水牛） 非改良种用其他牛（牦牛）
010310	00	10	改良种用的鹿豚、姬猪	Babyrousa, Porcula Salvania, pure-bred breeding	【最】0【普】0【特-1】0【特-2】0【特-3】0 【增】10【出】0【退】6	千克/头	AF	EB	P	Q	999	改良种用的鹿豚、姬猪
010310	00	90	其他改良种用的猪	Other live swine, pure-bred breeding	【最】0【普】0【特-1】0【特-2】0【特-3】0 【增】10【出】0【退】6	千克/头	A	B	P	Q	999	其他改良种用的猪
010391	10	10	重量在10千克以下的其他野猪	Other wild swine, weighing less than 10kg(other than pure-bred breeding)	【最】10【普】50 【协东盟】0【协巴基斯坦】5【协智利】0 【协新西兰】0【协秘鲁】0【协哥斯达黎加】0 【协冰岛】0【协瑞士】0【协澳大利亚】0 【协韩国】5【协格鲁吉亚】0【协香港】0 【协澳门】0 【特东柬埔寨】0【特东缅甸】0【特-1】0 【特-2】0【特-3】0 【增】10【出】0【退】6	千克/头	AF	4xBE	PR	Q	999	重量在10千克以下的其他野猪（改良种用的除外）
010391	10	90	重量在10千克以下的其他猪	Other live swine, weighing less than 10kg(other than pure-bred breeding)	【最】10【普】50 【协东盟】0【协巴基斯坦】5【协智利】0 【协新西兰】0【协秘鲁】0【协哥斯达黎加】0 【协冰岛】0【协瑞士】0【协澳大利亚】0 【协韩国】5【协格鲁吉亚】0【协香港】0 【协澳门】0 【特东柬埔寨】0【特东缅甸】0【特-1】0 【特-2】0【特-3】0 【增】10【出】0【退】6	千克/头	A	4xB	PR	Q	101 102	重量在10千克以下的其他猪（改良种用的除外）（屠宰猪） 重量在10千克以下的其他猪（改良种用的除外）（其他用途猪）
010391	20	10	10千克≤重量<50千克的其他野猪	Other wild swine, weighing 10kg or more, but less than 50kg(other than pure-bred breeding)	【最】10【普】50 【协东盟】0【协巴基斯坦】5【协智利】0 【协新西兰】0【协秘鲁】0【协哥斯达黎加】0 【协冰岛】0【协瑞士】0【协澳大利亚】0 【协香港】0【协澳门】0【协韩国】5 【协格鲁吉亚】0【特东柬埔寨】0【特东缅甸】0 【特-1】0【特-2】0【特-3】0 【增】10【出】0【退】6	千克/头	AF	4xBE	PR	Q	999	10千克≤重量<50千克的其他野猪（改良种用的除外）
010391	20	90	10千克≤重量<50千克的其他猪	Other live swine, weighing 10kg or more, but less than 50kg(other than pure-bred breeding)	【最】10【普】50 【协东盟】0【协巴基斯坦】5【协智利】0 【协新西兰】0【协秘鲁】0【协哥斯达黎加】0 【协冰岛】0【协瑞士】0【协澳大利亚】0 【协韩国】5【协格鲁吉亚】0【协香港】0 【协澳门】0 【特东柬埔寨】0【特东缅甸】0【特-1】0 【特-2】0【特-3】0 【增】10【出】0【退】6	千克/头	A	4xB	PR	Q	101 102	10千克≤重量<50千克的其他猪（改良种用的除外）（屠宰猪） 10千克≤重量<50千克的其他猪（改良种用的除外）（其他用途猪）
010392	00	10	重量在50千克及以上的其他野猪	Other wild live swine, weighing 50kg or more (other than pure-bred breeding)	【最】10【普】50 【协东盟】0【协巴基斯坦】5【协智利】0 【协新西兰】0【协秘鲁】0【协哥斯达黎加】0 【协冰岛】0【协瑞士】0【协澳大利亚】0 【协韩国】5【协格鲁吉亚】0【协香港】0 【协澳门】0 【特东老挝】0【特东柬埔寨】0【特东缅甸】0 【特-1】0【特-2】0【特-3】0 【增】10【出】0【退】6	千克/头	AF	4xBE	PR	Q	999	重量在50千克及以上的其他野猪（改良种用的除外）

税则号列 HS国际统一前6位	本国子目 7~8位	本国子目 9~10位	货品名称中英文 中文 货物名称	货品名称中英文 英文 Article Description	税费综合信息	计量单位	监管证件代码 进口	监管证件代码 出口	检验检疫类别 进口	检验检疫类别 出口	检验检疫编码	检验检疫编码对应中文名称
010392	00	90	重量在50千克及以上的其他猪	Other live swine, weighing 50kg or more(other than pure-bred breeding)	【最】10【普】50 【协东盟】0【协巴基斯坦】5【协智利】0 【协新西兰】0【协秘鲁】0【协哥斯达黎加】0 【协冰岛】0【协瑞士】0【协澳大利亚】0 【协韩国】5【协格鲁吉亚】0【协香港】0 【协澳门】0 【特东老挝】0【特东柬埔寨】0【特东缅甸】0 【特-1】0【特-2】0【特-3】0 【增】10【出】0【退】6	千克/头	A	4xB	PR	Q	101 102	重量在50千克及以上的其他猪（改良种用的除外）（屠宰猪） 重量在50千克及以上的其他猪（改良种用的除外）（其他用途猪）
010410	10		改良种用的绵羊	Sheep, Pure-bred breeding	【最】0【普】0【特-1】0【特-2】0【特-3】0 【增】10【出】0【退】6	千克/头	A	B	P	Q	999	改良种用的绵羊
010410	90		其他绵羊	Other sheep (other than pure-bred breeding)	【最】10【普】50 【协东盟】0【协巴基斯坦】5【协智利】0 【协新西兰】0【协秘鲁】0【协哥斯达黎加】0 【协冰岛】0【协瑞士】0【协澳大利亚】0 【协韩国】5【协格鲁吉亚】0【协香港】0 【协澳门】0 【特-1】0【特-2】0【特-3】0 【增】10【出】0【退】6	千克/头	A	B	PR	Q	101 102	其他绵羊（改良种用的除外）（屠宰绵羊） 其他绵羊（改良种用的除外）（其他用途绵羊）
010420	10		改良种用的山羊	Goats, Pure-bred breeding	【最】0【普】0【特-1】0【特-2】0【特-3】0 【增】10【出】0【退】6	千克/头	A	B	P	Q	101 102	改良种用的山羊（种山羊） 改良种用的山羊（种野山羊）
010420	90		非改良种用山羊	Other goats (other than pure-bred breeding)	【最】10【普】50 【协东盟】0【协巴基斯坦】5【协智利】0 【协新西兰】0【协秘鲁】0【协哥斯达黎加】0 【协冰岛】0【协瑞士】0【协澳大利亚】0 【协韩国】5【协格鲁吉亚】0【协香港】0 【协澳门】0 【特-1】0【特-2】0【特-3】0 【增】10【出】0【退】6	千克/头	A	B	P	Q	101 102 103 104	非改良种用山羊（屠宰山羊） 非改良种用山羊（其他用途山羊） 非改良种用山羊（屠宰野山羊） 非改良种用山羊（其他用途野山羊）
010511	10		不超过185克的改良种用鸡	Fowls of the species Gallus domesticus, weighing not more than 185g, Pure-bred breeding	【最】0【普】0 【特-1】0【特-2】0【特-3】0 【增】10【出】0【退】6	千克/只	A	B	P	Q	101 102	不超过185克的改良种用鸡（肉种鸡） 不超过185克的改良种用鸡（蛋种鸡）
010511	90		不超过185克的其他鸡	Other fowls of the species Gallus domesticus, weighing not more than 185g(other than pure-bred breeding)	【最】10【普】50 【协东盟】0【协巴基斯坦】5【协智利】0 【协新西兰】0【协秘鲁】0【协哥斯达黎加】0 【协冰岛】0【协瑞士】0【协澳大利亚】0 【协韩国】5【协格鲁吉亚】0【协香港】0 【协澳门】0 【特东老挝】0【特东缅甸】0【特-1】0 【特-2】0【特-3】0 【增】10【出】0【退】6	千克/只	A	B	PR	Q	101 102	不超过185克的其他鸡（改良种用的除外）（屠宰鸡） 不超过185克的其他鸡（改良种用的除外）（其他用途鸡）
010512	10		不超过185克的改良种用火鸡	Turkeys, weighing not more than 185g, pure-bred breeding	【最】0【普】0【特-1】0【特-2】0【特-3】0 【增】10【出】0【退】6	千克/只	A	B	P	Q	999	不超过185克的改良种用火鸡
010512	90		不超过185克的其他火鸡	Other turkeys, weighing not more than 185g(other than pure-bred breeding)	【最】10【普】50 【协东盟】0【协巴基斯坦】5【协智利】0 【协新西兰】0【协秘鲁】0【协哥斯达黎加】0 【协冰岛】0【协瑞士】0【协澳大利亚】0 【协韩国】5【协格鲁吉亚】0【协香港】0 【协澳门】0 【特-1】0【特-2】0【特-3】0 【增】10【出】0【退】6	千克/只	A	B	PR	Q	999	不超过185克的其他火鸡（改良种用的除外）
010513	10		不超过185克的改良种用鸭	Ducks, weighing not more than 185g, pure-bred breeding	【最】0【普】0 【特-1】0【特-2】0【特-3】0 【增】10【出】0【退】6	千克/只	A	B	P	Q	999	不超过185克的改良种用鸭
010513	90		不超过185克的其他鸭	Other ducks, weighing not more than 185g(other than pure-bred breeding)	【最】10【普】50 【协东盟】0【协巴基斯坦】5【协智利】0 【协新西兰】0【协秘鲁】0【协哥斯达黎加】0 【协冰岛】0【协瑞士】0【协澳大利亚】0 【协韩国】5【协格鲁吉亚】0【协香港】0 【协澳门】0 【特东老挝】0【特-1】0【特-2】0【特-3】0 【增】10【出】0【退】6	千克/只	A	B	PR	Q	999	不超过185克的其他鸭（改良种用的除外）

税则号列			货品名称中英文		税费综合信息	计量单位	监管证件代码		检验检疫类别		检验检疫编码	检验检疫编码对应中文名称
HS国际统一前6位	本国子目 7~8位	本国子目 9~10位	中文 货物名称	英文 Article Description			进口	出口	进口	出口		
010514	10		不超过185克的改良种用鹅	Geese, weighing not more than 185g, pure-bred breeding	【最】0【普】0【特-1】0【特-2】0【特-3】0 【增】10【出】0【退】6	千克/只	A	B	P	Q	999	不超过185克的改良种用鹅
010514	90		不超过185克的其他鹅	Other geese, weighing not more than 185g(other than pure-bred breeding)	【最】10【普】50 【协东盟】0【协巴基斯坦】5【协智利】0 【协新西兰】0【协秘鲁】0【协哥斯达黎加】0 【协冰岛】0【协瑞士】0【协澳大利亚】0 【协韩国】5【协格鲁吉亚】0【协香港】0 【协澳门】0 【特东老挝】0【特-1】0【特-2】0【特-3】0 【增】10【出】0【退】6	千克/只	A	B	PR	Q	999	不超过185克的其他鹅（改良种用的除外）
010515	10		不超过185克的改良种用珍珠鸡	Guinea fowls, weighing not more than 185g, pure-bred breeding	【最】0【普】0【特-1】0【特-2】0【特-3】0 【增】10【出】0【退】6	千克/只	A	B	P	Q	999	不超过185克的改良种用珍珠鸡
010515	90		不超过185克的其他珍珠鸡	Other guinea fowls, weighing not more than 185g(other than pure-bred breeding)	【最】10【普】50 【协东盟】0【协巴基斯坦】5【协智利】0 【协新西兰】0【协秘鲁】0【协哥斯达黎加】0 【协冰岛】0【协瑞士】0【协澳大利亚】0 【协韩国】5【协格鲁吉亚】0【协香港】0 【协澳门】0 【特东老挝】0【特-1】0【特-2】0【特-3】0 【增】10【出】0【退】6	千克/只	A	B	PR	Q	999	不超过185克的其他珍珠鸡（改良种用的除外）
010594	10		超过185克改良种用鸡	Fowls of the species Gallus domesticus, weighing more than 185g, pure-bred breeding	【最】0【普】0【特-1】0【特-2】0【特-3】0 【增】10【出】0【退】6	千克/只	A	4xB	P	Q	101 102	超过185克改良种用鸡（肉种鸡） 超过185克改良种用鸡（蛋种鸡）
010594	90		超过185克其他鸡	Other fowls of the species Gallus domesticus, weighing more than 185g(other than pure-bred breeding)	【最】10【普】50 【协东盟】0【协巴基斯坦】5【协智利】0 【协新西兰】0【协秘鲁】0【协哥斯达黎加】0 【协冰岛】0【协瑞士】0【协澳大利亚】0 【协韩国】5【协格鲁吉亚】0【协香港】0 【协澳门】0 【特-1】0【特-2】0【特-3】0 【增】10【出】0【退】6	千克/只	A	4xB	PR	Q	101 102	超过185克其他鸡（改良种用的除外）（屠宰鸡） 超过185克其他鸡（改良种用的除外）（其他用途鸡）
010599	10		超过185克的其他改良种用家禽	Other live poultry, weighing more than 185g, pure-bred breeding (other than fowls of the species Gallus domesticus)	【最】0【普】0【特-1】0【特-2】0【特-3】0 【增】10【出】0【退】6	千克/只	A	B	P	Q	101 102 103 104 105 ……	超过185克的其他改良种用家禽（珍珠鸡） 超过185克的其他改良种用家禽（其他饲养鸡形目禽鸟） 超过185克的其他改良种用家禽（鹅） 超过185克的其他改良种用家禽（鸭） 超过185克的其他改良种用家禽（其他饲养雁形目禽鸟） ……①
010599	91		超过185克的非改良种用鸭	Ducks, weighing more than 185g (other than pure-bred breeding)	【最】10【普】50 【协东盟】0【协巴基斯坦】5【协智利】0 【协新西兰】0【协秘鲁】0【协哥斯达黎加】0 【协冰岛】0【协瑞士】0【协澳大利亚】0 【协韩国】5【协格鲁吉亚】0【协香港】0 【协澳门】0 【特-1】0【特-2】0【特-3】0 【增】10【出】0【退】6	千克/只	A	B	P	Q	999	超过185克的非改良种用鸭
010599	92		超过185克的非改良种用鹅	Geese, weighing more than 185g (other than pure-bred breeding)	【最】10【普】50 【协东盟】0【协巴基斯坦】5【协智利】0 【协新西兰】0【协秘鲁】0【协哥斯达黎加】0 【协冰岛】0【协瑞士】0【协澳大利亚】0 【协韩国】5【协格鲁吉亚】0【协香港】0 【协澳门】0 【特-1】0【特-2】0【特-3】0 【增】10【出】0【退】6	千克/只	A	B	P	Q	999	超过185克的非改良种用鹅

① 该税号项下检验检疫编码及对应中文名称尚有：106　超过185克的其他改良种用家禽（鸽）；107　超过185克的其他改良种用家禽（其他饲养禽鸟）。

税则号列			货品名称中英文		税费综合信息	计量单位	监管证件代码		检验检疫类别		检验检疫编码	检验检疫编码对应中文名称
HS 国际统一前6位	本国子目 7~8位	9~10位	中文 货物名称	英文 Article Description			进口	出口	进口	出口		
010599	93		超过185克的非改良种用珍珠鸡	Guinea fowls, weighing more than 185g (other than pure-bred breeding)	【最】10【普】50 【协东盟】0【协巴基斯坦】5【协智利】0 【协新西兰】0【协秘鲁】0【协哥斯达黎加】0 【协冰岛】0【协瑞士】0【协澳大利亚】0 【协韩国】5【协格鲁吉亚】0【协香港】0 【协澳门】0 【特-1】0【特-2】0【特-3】0 【增】10【出】0【退】6	千克/只	A	4xB	P	Q	999	超过185克的非改良种用珍珠鸡
010599	94		超过185克的非改良种用火鸡	Turkeys, weighing more than 185g (other than pure-bred breeding)	【最】10【普】50 【协东盟】0【协巴基斯坦】5【协智利】0 【协新西兰】0【协秘鲁】0【协哥斯达黎加】0 【协冰岛】0【协瑞士】0【协澳大利亚】0 【协韩国】5【协格鲁吉亚】0【协香港】0 【协澳门】0 【特-1】0【特-2】0【特-3】0 【增】10【出】0【退】6	千克/只	A	B	P	Q	999	超过185克的非改良种用火鸡
010611	10		改良种用灵长目哺乳动物	Mammals of the order primates, pure-bred breeding (including domesticated and artificially propagated)	【最】0【普】0【特-1】0【特-2】0【特-3】0 【增】10【出】0【退】6	千克/只	AF	EB	P	Q	101 102 103 104 105 ……	改良种用灵长目哺乳动物（包括人工驯养、繁殖的）（猴） 改良种用灵长目哺乳动物（包括人工驯养、繁殖的）（猿） 改良种用灵长目哺乳动物（包括人工驯养、繁殖的）（猩猩） 改良种用灵长目哺乳动物（包括人工驯养、繁殖的）（狒狒） 改良种用灵长目哺乳动物（包括人工驯养、繁殖的）（山魈） ……①
010611	90		其他灵长目哺乳动物	Other mammals of the order primates (including domesticated and artificially propagated)	【最】10【普】50 【协东盟】0【协巴基斯坦】5【协智利】0 【协新西兰】0【协秘鲁】0【协哥斯达黎加】0 【协冰岛】0【协瑞士】0【协澳大利亚】0 【协韩国】5【协格鲁吉亚】0【协香港】0 【协澳门】0 【特-1】0【特-2】0【特-3】0 【增】10【出】0【退】6	千克/只	AF	EB	P	Q	101 102 103 104 105 ……	其他灵长目哺乳动物（包括人工驯养、繁殖的）（猴） 其他灵长目哺乳动物（包括人工驯养、繁殖的）（猿） 其他灵长目哺乳动物（包括人工驯养、繁殖的）（猩猩） 其他灵长目哺乳动物（包括人工驯养、繁殖的）（狒狒） 其他灵长目哺乳动物（包括人工驯养、繁殖的）（山魈） ……②
010612	11		改良种用鲸、海豚及鼠海豚（鲸目哺乳动物）；海牛及儒艮（海牛目哺乳动物）	Whales, dolphins and porpoises (mammals of the order Cetacea); manatees and dugongs (mammals of the order Sirenia), pure-bred breeding, including domesticated and artificially propagated	【最】10【普】50【暂进】0 【协东盟】0【协巴基斯坦】5【协智利】0 【协新西兰】0【协秘鲁】0【协哥斯达黎加】0 【协冰岛】0【协瑞士】0【协澳大利亚】0 【协韩国】0【协格鲁吉亚】0【协香港】0 【协澳门】0 【特-1】0【特-2】0【特-3】0 【增】10【出】0【退】6	千克/只	AF	EB	P	Q	101 102	改良种用鲸、海豚及鼠海豚（鲸目哺乳动物）；改良种用海牛及儒艮（海牛目哺乳动物）（包括人工驯养、繁殖的）（海豚） 改良种用鲸、海豚及鼠海豚（鲸目哺乳动物）；改良种用海牛及儒艮（海牛目哺乳动物）（包括人工驯养、繁殖的）（鲸）

① 该税号项下检验检疫编码及对应中文名称尚有：106　改良种用灵长目哺乳动物（包括人工驯养、繁殖的）（其他野生灵长动物）。

② 该税号项下检验检疫编码及对应中文名称尚有：106　其他灵长目哺乳动物（包括人工驯养、繁殖的）（其他野生灵长动物）。

税则号列 HS国际统一前6位	本国子目 7~8位	本国子目 9~10位	货品名称 中文 货物名称	货品名称 英文 Article Description	税费综合信息	计量单位	监管证件代码 进口	监管证件代码 出口	检验检疫类别 进口	检验检疫类别 出口	检验检疫编码	检验检疫编码对应中文名称
											103	改良种用鲸、海豚及鼠海豚（鲸目哺乳动物）；改良种用海牛及儒艮（海牛目哺乳动物）（包括人工驯养、繁殖的）（海牛）
											104	改良种用鲸、海豚及鼠海豚（鲸目哺乳动物）；改良种用海牛及儒艮（海牛目哺乳动物）（包括人工驯养、繁殖的）（其他野生哺乳动物）
010612	19		非改良种用鲸、海豚及鼠海豚（鲸目哺乳动物）；海牛及儒艮（海牛目哺乳动物）	Other whales, dolphins and porpoises (mammals of the order Cetacea); manatees and dugongs (mammals of the order Sirenia), including domesticated and artificially propagated	【最】10【普】50 【协东盟】0【协巴基斯坦】5【协智利】0 【协新西兰】0【协秘鲁】0【协哥斯达黎加】0 【协冰岛】0【协瑞士】0【协澳大利亚】0 【协韩国】5【协格鲁吉亚】0【协香港】0 【协澳门】0 【特-1】0【特-2】0【特-3】0 【增】10【出】0【退】6	千克/只	AF	EB	P	Q	101	非改良种用鲸、海豚及鼠海豚（鲸目哺乳动物）；非改良种用海牛及儒艮（海牛目哺乳动物）（包括人工驯养、繁殖的）（海豚）
											102	非改良种用鲸、海豚及鼠海豚（鲸目哺乳动物）；非改良种用海牛及儒艮（海牛目哺乳动物）（包括人工驯养、繁殖的）（鲸）
											103	非改良种用鲸、海豚及鼠海豚（鲸目哺乳动物）；非改良种用海牛及儒艮（海牛目哺乳动物）（包括人工驯养、繁殖的）（海牛）
											104	非改良种用鲸、海豚及鼠海豚（鲸目哺乳动物）；非改良种用海牛及儒艮（海牛目哺乳动物）（包括人工驯养、繁殖的）（其他野生哺乳动物）
010612	21		改良种用海豹、海狮及海象（鳍足亚目哺乳动物）	Seals, sea lions and walruses (mammals of the suborder Pinnipedia), pure-bred breeding (including domesticated and artificially propagated)	【最】0【普】0【特-1】0【特-2】0【特-3】0 【增】10【出】0【退】6	千克/只	AF	EB	P	Q	101	改良种用海豹、海狮及海象（鳍足亚目哺乳动物）（包括人工驯养、繁殖的）（海豹）
											102	改良种用海豹、海狮及海象（鳍足亚目哺乳动物）（包括人工驯养、繁殖的）（海狮）
											103	改良种用海豹、海狮及海象（鳍足亚目哺乳动物）（包括人工驯养、繁殖的）（海象）
											104	改良种用海豹、海狮及海象（鳍足亚目哺乳动物）（包括人工驯养、繁殖的）（其他野生哺乳动物）
010612	29		非改良种用海豹、海狮及海象（鳍足亚目哺乳动物）	Other seals, sea lions and walruses (mammals of the suborder Pinnipedia), including domesticated and artificially propagated	【最】10【普】50 【协东盟】0【协巴基斯坦】5【协智利】0 【协新西兰】0【协秘鲁】0【协哥斯达黎加】0 【协冰岛】0【协瑞士】0【协澳大利亚】0 【协韩国】5【协格鲁吉亚】0【协香港】0 【协澳门】0 【特-1】0【特-2】0【特-3】0 【增】10【出】0【退】6	千克/只	AF	BE	P	Q	101	非改良种用海豹、海狮及海象（鳍足亚目哺乳动物）（包括人工驯养、繁殖的）（海豹）
											102	非改良种用海豹、海狮及海象（鳍足亚目哺乳动物）（包括人工驯养、繁殖的）（海狮）
											103	非改良种用海豹、海狮及海象（鳍足亚目哺乳动物）（包括人工驯养、繁殖的）（海象）
											104	非改良种用海豹、海狮及海象（鳍足亚目哺乳动物）（包括人工驯养、繁殖的）（其他野生哺乳动物）

税则号列 HS国际统一前6位	本国子目 7~8位	本国子目 9~10位	货品名称中英文 中文 货物名称	货品名称中英文 英文 Article Description	税费综合信息	计量单位	监管证件代码 进口	监管证件代码 出口	检验检疫类别 进口	检验检疫类别 出口	检验检疫编码	检验检疫编码对应中文名称
010613	10	10	改良种用濒危骆驼及其他濒危骆驼（包括人工驯养、繁殖的）	Endangered camels and other camelids, pure-bred breeding (including domesticated and artificially propagated)	【最】0【普】0【特-1】0【特-2】0【特-3】0 【增】10【出】0【退】0	千克/只	AF	BE	P	Q	101 102	改良种用濒危骆驼及其他濒危骆驼科动物（包括人工驯养、繁殖的）（骆驼） 改良种用濒危骆驼及其他濒危骆驼科动物（包括人工驯养、繁殖的）（其他野生偶蹄动物）
010613	10	90	其他改良种用骆驼及其他骆驼科动物	Other camels and camelids, pure-bred breeding (including domesticated and artificially propagated)	【最】0【普】0【特-1】0【特-2】0【特-3】0 【增】10【出】0【退】6	千克/只	A	B	P	Q	101 102	其他改良种用骆驼及其他骆驼科动物（骆驼） 其他改良种用骆驼及其他骆驼科动物（其他饲养偶蹄动物）
010613	90	10	其他濒危骆驼及其他濒危骆驼科动物（包括人工驯养、繁殖的）	Other endangered camels and camelids (including domesticated and artificially propagated)	【最】10【普】50 【协东盟】0【协巴基斯坦】5【协智利】0 【协新西兰】0【协秘鲁】0【协哥斯达黎加】0 【协冰岛】0【协瑞士】0【协澳大利亚】0 【协韩国】5【协格鲁吉亚】0【协香港】0 【协澳门】0 【特-1】0【特-2】0【特-3】0 【增】10【出】0【退】0	千克/只	AF	EB	PR	Q	101 102	其他濒危骆驼及其他濒危骆驼科动物（包括人工驯养、繁殖的）（骆驼） 其他濒危骆驼及其他濒危骆驼科动物（包括人工驯养、繁殖的）（其他饲养偶蹄动物）
010613	90	90	其他骆驼及其他骆驼科动物	Other endangered camels and camelids (including domesticated and artificially propagated)	【最】10【普】50 【协东盟】0【协巴基斯坦】5【协智利】0 【协新西兰】0【协秘鲁】0【协哥斯达黎加】0 【协冰岛】0【协瑞士】0【协澳大利亚】0 【协韩国】5【协格鲁吉亚】0【协香港】0 【协澳门】0 【特-1】0【特-2】0【特-3】0 【增】10【出】0【退】6	千克/只	A	B	PR	Q	101 102	其他骆驼及其他骆驼科动物（骆驼） 其他骆驼及其他骆驼科动物（其他饲养偶蹄动物）
010614	10	10	改良种用濒危野兔	Endangered hares, pure-bred breeding (including domesticated and artificially propagated)	【最】0【普】0【特-1】0【特-2】0【特-3】0 【增】10【出】0【退】0	千克/只	AF	BE	P	Q	999	改良种用濒危野兔（包括人工驯养、繁殖的）
010614	10	90	改良种用家兔及其他改良种用野兔	Other rabbits and hares, pure-bred breeding (including domesticated and artificially propagated)	【最】0【普】0【特-1】0【特-2】0【特-3】0 【增】10【出】0【退】6	千克/只	A	B	P	Q	999	改良种用家兔及其他改良种用野兔
010614	90	10	其他濒危野兔（包括人工驯养、繁殖的）	Other endangered hares (including domesticated and artificially propagated)	【最】10【普】50 【协东盟】0【协巴基斯坦】5【协智利】0 【协新西兰】0【协秘鲁】0【协哥斯达黎加】0 【协冰岛】0【协瑞士】0【协澳大利亚】0 【协韩国】5【协格鲁吉亚】0【协香港】0 【协澳门】0 【特-1】0【特-2】0【特-3】0 【增】10【出】0【退】0	千克/只	AF	EB	PR	Q	999	其他濒危野兔（包括人工驯养、繁殖的）
010614	90	90	其他家兔及野兔	Other rabbits and hares (including domesticated and artificially propagated)	【最】10【普】50 【协东盟】0【协巴基斯坦】5【协智利】0 【协新西兰】0【协秘鲁】0【协哥斯达黎加】0 【协冰岛】0【协瑞士】0【协澳大利亚】0 【协韩国】5【协格鲁吉亚】0【协香港】0 【协澳门】0 【特-1】0【特-2】0【特-3】0 【增】10【出】0【退】6	千克/只	A	B	PR	Q	999	其他家兔及野兔
010619	10	10	其他改良种用濒危哺乳动物（包括人工驯养、繁殖的）	Other endangered mammals, pure-bred breeding (including domesticated and artificially propagated)	【最】0【普】0【特-1】0【特-2】0【特-3】0 【增】10【出】0【退】0	千克/只	AF	BE	P	Q	101 102 103 104	其他改良种用濒危哺乳动物（包括人工驯养、繁殖的）（斑马） 其他改良种用濒危哺乳动物（包括人工驯养、繁殖的）（犀） 其他改良种用濒危哺乳动物（包括人工驯养、繁殖的）（貘） 其他改良种用濒危哺乳动物（包括人工驯养、繁殖的）（其他野生奇蹄动物）

税则号列			货品名称中英文		税费综合信息	计量单位	监管证件代码		检验检疫类别		检验检疫编码	检验检疫编码对应中文名称
HS国际统一前6位	本国子目 7~8位	本国子目 9~10位	中文 货物名称	英文 Article Description			进口	出口	进口	出口		
											105	其他改良种用濒危哺乳动物（包括人工驯养、繁殖的）（鹿）
											……	……①
010619	10	90	其他改良种用哺乳动物	Other mammals, pure-bred breeding	【最】0【普】0【特-1】0【特-2】0【特-3】0【增】10【出】0【退】6	千克/只	A	B	P	Q	101	其他改良种用哺乳动物（其他饲养奇蹄动物）
											102	其他改良种用哺乳动物（其他饲养偶蹄动物）
											103	其他改良种用哺乳动物（伴侣犬）
											104	其他改良种用哺乳动物（工作犬）
											105	其他改良种用哺乳动物（其他用途犬）
											……	……②
010619	90	10	其他濒危哺乳动物	Other endangered mammals (including domesticated and artificially propagated)	【最】10【普】50 【协东盟】0【协巴基斯坦】5【协智利】0 【协新西兰】0【协秘鲁】0【协哥斯达黎加】0 【协冰岛】0【协瑞士】0【协澳大利亚】0 【协韩国】5【协格鲁吉亚】0【协香港】0 【协澳门】0 【特-1】0【特-2】0【特-3】0 【增】10【对美加征】5【出】0【退】0	千克/只	AF	EB	PR	Q	101	其他濒危哺乳动物（包括人工驯养、繁殖的）（斑马）
											102	其他濒危哺乳动物（包括人工驯养、繁殖的）（犀）
											103	其他濒危哺乳动物（包括人工驯养、繁殖的）（貘）
											104	其他濒危哺乳动物（包括人工驯养、繁殖的）（其他野生奇蹄动物）

① 该税号项下检验检疫编码及对应中文名称尚有：106　其他改良种用濒危哺乳动物（包括人工驯养、繁殖的）（长颈鹿），107　其他改良种用濒危哺乳动物（包括人工驯养、繁殖的）（黄羊），108　其他改良种用濒危哺乳动物（包括人工驯养、繁殖的）（河马），109　其他改良种用濒危哺乳动物（包括人工驯养、繁殖的）（羚牛），110　其他改良种用濒危哺乳动物（包括人工驯养、繁殖的）（羚羊），111　其他改良种用濒危哺乳动物（包括人工驯养、繁殖的）［青羊（斑羚）］，112　其他改良种用濒危哺乳动物（包括人工驯养、繁殖的）（叉角羚），113　其他改良种用濒危哺乳动物（包括人工驯养、繁殖的）（骆马），114　其他改良种用濒危哺乳动物（包括人工驯养、繁殖的）（美洲驼），115　其他改良种用濒危哺乳动物（包括人工驯养、繁殖的）（角马），116　其他改良种用濒危哺乳动物（包括人工驯养、繁殖的）（梅花鹿），117　其他改良种用濒危哺乳动物（包括人工驯养、繁殖的）（马鹿），118　其他改良种用濒危哺乳动物（包括人工驯养、繁殖的）（其他野生偶蹄动物），119　其他改良种用濒危哺乳动物（包括人工驯养、繁殖的）（狐狸），120　其他改良种用濒危哺乳动物（包括人工驯养、繁殖的）（貂），121　其他改良种用濒危哺乳动物（包括人工驯养、繁殖的）（大熊猫），122　其他改良种用濒危哺乳动物（包括人工驯养、繁殖的）（小熊猫），123　其他改良种用濒危哺乳动物（包括人工驯养、繁殖的）（熊），124　其他改良种用濒危哺乳动物（包括人工驯养、繁殖的）（水獭），125　其他改良种用濒危哺乳动物（包括人工驯养、繁殖的）（果子狸），126　其他改良种用濒危哺乳动物（包括人工驯养、繁殖的）（狮），127　其他改良种用濒危哺乳动物（包括人工驯养、繁殖的）（虎），128　其他改良种用濒危哺乳动物（包括人工驯养、繁殖的）（豹），129　其他改良种用濒危哺乳动物（包括人工驯养、繁殖的）（貉），130　其他改良种用濒危哺乳动物（包括人工驯养、繁殖的）（豺），131　其他改良种用濒危哺乳动物（包括人工驯养、繁殖的）（狼），132　其他改良种用濒危哺乳动物（包括人工驯养、繁殖的）（大灵猫），133　其他改良种用濒危哺乳动物（包括人工驯养、繁殖的）（小灵猫），134　其他改良种用濒危哺乳动物（包括人工驯养、繁殖的）（野狗），135　其他改良种用濒危哺乳动物（包括人工驯养、繁殖的）（其他野生食肉动物），136　其他改良种用濒危哺乳动物（包括人工驯养、繁殖的）（旱獭），137　其他改良种用濒危哺乳动物（包括人工驯养、繁殖的）（松鼠），138　其他改良种用濒危哺乳动物（包括人工驯养、繁殖的）（花鼠），139　其他改良种用濒危哺乳动物（包括人工驯养、繁殖的）（麝鼠），140　其他改良种用濒危哺乳动物（包括人工驯养、繁殖的）（海狸鼠），141　其他改良种用濒危哺乳动物（包括人工驯养、繁殖的）（河狸），142　其他改良种用濒危哺乳动物（包括人工驯养、繁殖的）（地鼠），143　其他改良种用濒危哺乳动物（包括人工驯养、繁殖的）（豪猪），144　其他改良种用濒危哺乳动物（包括人工驯养、繁殖的）（其他野生啮齿动物），145　其他改良种用濒危哺乳动物（包括人工驯养、繁殖的）（猩猩），146　其他改良种用濒危哺乳动物（包括人工驯养、繁殖的）（狒狒），147　其他改良种用濒危哺乳动物（包括人工驯养、繁殖的）（山魈），148　其他改良种用濒危哺乳动物（包括人工驯养、繁殖的）（其他野生灵长动物），149　其他改良种用濒危哺乳动物（包括人工驯养、繁殖的）（象），150　其他改良种用濒危哺乳动物（包括人工驯养、繁殖的）（刺猬），151　其他改良种用濒危哺乳动物（包括人工驯养、繁殖的）（穿山甲），152　其他改良种用濒危哺乳动物（包括人工驯养、繁殖的）（袋鼠），153　其他改良种用濒危哺乳动物（包括人工驯养、繁殖的）（蝙蝠），154　其他改良种用濒危哺乳动物（包括人工驯养、繁殖的）（其他野生哺乳动物）。

② 该税号项下检验检疫编码及对应中文名称尚有：106　其他改良种用哺乳动物（伴侣猫），107　其他改良种用哺乳动物（其他用途猫），108　其他改良种用哺乳动物（其他饲养食肉动物），109　其他改良种用哺乳动物（大鼠），110　其他改良种用哺乳动物（小鼠），111　其他改良种用哺乳动物（豚鼠），112　其他改良种用哺乳动物（其他饲养啮齿动物），113　其他改良种用哺乳动物（其他饲养兔形目动物），114　其他改良种用哺乳动物（其他饲养哺乳动物）。

税则号列			货品名称中英文		税费综合信息	计量单位	监管证件代码		检验检疫类别		检验检疫编码	检验检疫编码对应中文名称
HS 国际统一前 6 位	本国子目 7~8 位	本国子目 9~10 位	中文 货物名称	英文 Article Description			进口	出口	进口	出口		
											105 ……	其他濒危哺乳动物（包括人工驯养、繁殖的）（鹿） ……①
010619	90	90	其他哺乳动物	Other mammals	【最】10【普】50 【协东盟】0【协巴基斯坦】5【协智利】0 【协新西兰】0【协秘鲁】0【协哥斯达黎加】0 【协冰岛】0【协瑞士】0【协澳大利亚】0 【协韩国】5【协格鲁吉亚】0【协香港】0 【协澳门】0 【特-1】0【特-2】0【特-3】0 【增】10【对美加征】5【出】0【退】6	千克/只	A	B	PR	Q	101 102 103 104 105 ……	其他哺乳动物（其他饲养奇蹄动物） 其他哺乳动物（其他饲养偶蹄动物） 其他哺乳动物（伴侣犬） 其他哺乳动物（工作犬） 其他哺乳动物（其他用途犬） ……②
010620	11		改良种用鳄鱼苗	Crocodiles for cultivation, pure-bred breeding (including domesticated and artificially propagated)	【最】0【普】0【特-1】0【特-2】0【特-3】0 【增】10【出】0【退】6	千克/只	AF	EB	P	Q	999	改良种用鳄鱼苗（包括人工驯养、繁殖的）
010620	19		其他改良种用爬行动物	Other reptiles, pure-bred breeding (including domesticated and artificially propagated)	【最】0【普】0【特-1】0【特-2】0【特-3】0 【增】10【出】0【退】6	千克/只	FA	EB	P	Q	101 102 103 104 105 ……	其他改良种用爬行动物（包括人工驯养、繁殖的）（乌龟） 其他改良种用爬行动物（包括人工驯养、繁殖的）（草龟） 其他改良种用爬行动物（包括人工驯养、繁殖的）（绿毛龟） 其他改良种用爬行动物（包括人工驯养、繁殖的）[鳖（甲鱼、团鱼）] 其他改良种用爬行动物（包括人工驯养、繁殖的）（玳瑁） ……③

① 该税号项下检验检疫编码及对应中文名称尚有：106 其他濒危哺乳动物（包括人工驯养、繁殖的）（长颈鹿），107 其他濒危哺乳动物（包括人工驯养、繁殖的）（黄羊），108 其他濒危哺乳动物（包括人工驯养、繁殖的）（河马），109 其他濒危哺乳动物（包括人工驯养、繁殖的）（羚牛），110 其他濒危哺乳动物（包括人工驯养、繁殖的）（羚羊），111 其他濒危哺乳动物（包括人工驯养、繁殖的）[青羊（斑羚）]，112 其他濒危哺乳动物（包括人工驯养、繁殖的）（叉角羚），113 其他濒危哺乳动物（包括人工驯养、繁殖的）（骆马），114 其他濒危哺乳动物（包括人工驯养、繁殖的）（美洲驼），115 其他濒危哺乳动物（包括人工驯养、繁殖的）（角马），116 其他濒危哺乳动物（包括人工驯养、繁殖的）（梅花鹿），117 其他濒危哺乳动物（包括人工驯养、繁殖的）（马鹿），118 其他濒危哺乳动物（包括人工驯养、繁殖的）（其他野生偶蹄动物），119 其他濒危哺乳动物（包括人工驯养、繁殖的）（狐狸），120 其他濒危哺乳动物（包括人工驯养、繁殖的）（貂），121 其他濒危哺乳动物（包括人工驯养、繁殖的）（大熊猫），122 其他濒危哺乳动物（包括人工驯养、繁殖的）（小熊猫），123 其他濒危哺乳动物（包括人工驯养、繁殖的）（熊），124 其他濒危哺乳动物（包括人工驯养、繁殖的）（水獭），125 其他濒危哺乳动物（包括人工驯养、繁殖的）（果子狸），126 其他濒危哺乳动物（包括人工驯养、繁殖的）（狮），127 其他濒危哺乳动物（包括人工驯养、繁殖的）（虎），128 其他濒危哺乳动物（包括人工驯养、繁殖的）（豹），129 其他濒危哺乳动物（包括人工驯养、繁殖的）（貉），130 其他濒危哺乳动物（包括人工驯养、繁殖的）（豺），131 其他濒危哺乳动物（包括人工驯养、繁殖的）（狼），132 其他濒危哺乳动物（包括人工驯养、繁殖的）（大灵猫），133 其他濒危哺乳动物（包括人工驯养、繁殖的）（小灵猫），134 其他濒危哺乳动物（包括人工驯养、繁殖的）（野狗），135 其他濒危哺乳动物（包括人工驯养、繁殖的）（其他野生食肉动物），136 其他濒危哺乳动物（包括人工驯养、繁殖的）（旱獭），137 其他濒危哺乳动物（包括人工驯养、繁殖的）（松鼠），138 其他濒危哺乳动物（包括人工驯养、繁殖的）（花鼠），139 其他濒危哺乳动物（包括人工驯养、繁殖的）（麝鼠），140 其他濒危哺乳动物（包括人工驯养、繁殖的）（海狸鼠），141 其他濒危哺乳动物（包括人工驯养、繁殖的）（河狸），142 其他濒危哺乳动物（包括人工驯养、繁殖的）（地鼠），143 其他濒危哺乳动物（包括人工驯养、繁殖的）（豪猪），144 其他濒危哺乳动物（包括人工驯养、繁殖的）（其他野生啮齿动物），145 其他濒危哺乳动物（包括人工驯养、繁殖的）（猩猩），146 其他濒危哺乳动物（包括人工驯养、繁殖的）（狒狒），147 其他濒危哺乳动物（包括人工驯养、繁殖的）（山魈），148 其他濒危哺乳动物（包括人工驯养、繁殖的）（其他野生灵长动物），149 其他濒危哺乳动物（包括人工驯养、繁殖的）（象），150 其他濒危哺乳动物（包括人工驯养、繁殖的）（刺猬），151 其他濒危哺乳动物（包括人工驯养、繁殖的）（穿山甲），152 其他濒危哺乳动物（包括人工驯养、繁殖的）（袋鼠），153 其他濒危哺乳动物（包括人工驯养、繁殖的）（蝙蝠），154 其他濒危哺乳动物（包括人工驯养、繁殖的）（其他野生哺乳动物）。

② 该税号项下检验检疫编码及对应中文名称尚有：106 其他哺乳动物（伴侣猫），107 其他哺乳动物（其他用途猫），108 其他哺乳动物（其他饲养食肉动物），109 其他哺乳动物（大鼠），110 其他哺乳动物（小鼠），111 其他哺乳动物（豚鼠），112 其他哺乳动物（其他饲养啮齿动物），113 其他哺乳动物（其他饲养兔形目动物），114 其他哺乳动物（其他饲养哺乳动物）。

③ 该税号项下检验检疫编码及对应中文名称尚有：106 其他改良种用爬行动物（包括人工驯养、繁殖的）（鳄龟），107 其他改良种用爬行动物（包括人工驯养、繁殖的）（其他龟鳖），108 其他改良种用爬行动物（包括人工驯养、繁殖的）（蛇），109 其他改良种用爬行动物（包括人工驯养、繁殖的）（蜥蜴），110 其他改良种用爬行动物（包括人工驯养、繁殖的）（鳄），111 其他改良种用爬行动物（包括人工驯养、繁殖的）（壁虎），112 其他改良种用爬行动物（包括人工驯养、繁殖的）（巨蜥），113 其他改良种用爬行动物（包括人工驯养、繁殖的）（蟒），114 其他改良种用爬行动物（包括人工驯养、繁殖的）（其他爬行动物）。

税则号列			货品名称中英文		税费综合信息	计量单位	监管证件代码		检验检疫类别		检验检疫编码	检验检疫编码对应中文名称
HS国际统一前6位	本国子目 7~8位	本国子目 9~10位	中文 货物名称	英文 Article Description			进口	出口	进口	出口		
010620	20	10	食用蛇（包括人工驯养、繁殖的）	Snakes, for human consumption (including domesticated and artificially propagated)	【最】10【普】50 【协东盟】0【协巴基斯坦】5【协智利】0 【协新西兰】0【协秘鲁】0【协哥斯达黎加】0 【协冰岛】0【协瑞士】0【协澳大利亚】0 【协韩国】5【协格鲁吉亚】0【协香港】0 【协澳门】0 【特东缅甸】0【特-1】0【特-2】0【特-3】0 【增】10【出】0【退】6	千克/只	AF	EB	PR	Q	999	食用蛇（包括人工驯养、繁殖的）
010620	20	21	食用濒危龟鳖（包括人工驯养、繁殖的）	Endangered turle (including domestication and artificial breeding)	【最】10【普】50 【协东盟】0【协巴基斯坦】5【协智利】0 【协新西兰】0【协秘鲁】0【协哥斯达黎加】0 【协冰岛】0【协瑞士】0【协澳大利亚】0 【协韩国】5【协格鲁吉亚】0【协香港】0 【协澳门】0 【特东缅甸】0【特-1】0【特-2】0【特-3】0 【增】10【出】0【退】0	千克/只	AF	BE	PR	Q	101 102 103 104 105 ……	食用濒危龟鳖（包括人工驯养、繁殖的）（乌龟） 食用濒危龟鳖（包括人工驯养、繁殖的）（草龟） 食用濒危龟鳖（包括人工驯养、繁殖的）（绿毛龟） 食用濒危龟鳖（包括人工驯养、繁殖的）[鳖（甲鱼、团鱼）] 食用濒危龟鳖（包括人工驯养、繁殖的）（玳瑁） ……①
010620	20	29	其他食用龟鳖（包括人工驯养、繁殖的）	Other eating a turtle (including domestication and artificial breeding)	【最】10【普】50 【协东盟】0【协巴基斯坦】5【协智利】0 【协新西兰】0【协秘鲁】0【协哥斯达黎加】0 【协冰岛】0【协瑞士】0【协澳大利亚】0 【协韩国】5【协格鲁吉亚】0【协香港】0 【协澳门】0 【特东缅甸】0【特-1】0【特-2】0【特-3】0 【增】10【出】0【退】6	千克/只	A	B	PR	Q	101 102 103 104 105 ……	其他食用龟鳖（包括人工驯养、繁殖的）（乌龟） 其他食用龟鳖（包括人工驯养、繁殖的）（草龟） 其他食用龟鳖（包括人工驯养、繁殖的）（绿毛龟） 其他食用龟鳖（包括人工驯养、繁殖的）[鳖（甲鱼、团鱼）] 其他食用龟鳖（包括人工驯养、繁殖的）（玳瑁） ……②
010620	20	91	其他食用濒危爬行动物（包括人工驯养、繁殖的）	Other endangered reptiles, for human con sumption (including domesticated and artifi cially propagated)	【最】10【普】50 【协东盟】0【协巴基斯坦】5【协智利】0 【协新西兰】0【协秘鲁】0【协哥斯达黎加】0 【协冰岛】0【协瑞士】0【协澳大利亚】0 【协韩国】5【协格鲁吉亚】0【协香港】0 【协澳门】0 【特东缅甸】0【特-1】0【特-2】0【特-3】0 【增】10【出】0【退】0	千克/只	FA	EB	PR	Q	999	其他食用濒危爬行动物（包括人工驯养、繁殖的）
010620	20	99	其他食用爬行动物（包括人工驯养、繁殖的）	Other reptiles, for human consumption (including domesticated and artificially propagated)	【最】10【普】50 【协东盟】0【协巴基斯坦】5【协智利】0 【协新西兰】0【协秘鲁】0【协哥斯达黎加】0 【协冰岛】0【协瑞士】0【协澳大利亚】0 【协韩国】5【协格鲁吉亚】0【协香港】0 【协澳门】0 【特东缅甸】0【特-1】0【特-2】0【特-3】0 【增】10【出】0【退】6	千克/只	A	B	PR	Q	999	其他食用爬行动物（包括人工驯养、繁殖的）

① 该税号项下检验检疫编码及对应中文名称尚有：106 食用濒危龟鳖（包括人工驯养、繁殖的）（鳄龟），107 食用濒危龟鳖（包括人工驯养、繁殖的）（其他龟鳖）。

② 该税号项下检验检疫编码及对应中文名称尚有：106 其他食用龟鳖（包括人工驯养、繁殖的）（鳄龟），107 其他食用龟鳖（包括人工驯养、繁殖的）（其他龟鳖）。

税则号列			货品名称中英文		税费综合信息	计量单位	监管证件代码		检验检疫类别		检验检疫编码	检验检疫编码对应中文名称
HS国际统一前6位	本国子目 7~8位	本国子目 9~10位	中文 货物名称	英文 Article Description			进口	出口	进口	出口		
010620	90	10	其他濒危爬行动物（包括人工驯养、繁殖的）	Other endangered reptiles (including domasticated and artificially propagated)	【最】10【普】50 【协东盟】0【协巴基斯坦】5【协智利】0 【协新西兰】0【协秘鲁】0【协哥斯达黎加】0 【协冰岛】0【协瑞士】0【协澳大利亚】0 【协韩国】5【协格鲁吉亚】0【协香港】0 【协澳门】0 【特-1】0【特-2】0【特-3】0 【增】10【对美加征】5【出】0【退】0	千克/只	FA	EB	P	Q	999	其他濒危爬行动物（包括人工驯养、繁殖的）
010620	90	90	其他爬行动物（包括人工驯养、繁殖的）	Other reptiles (including domesticated and artificially propagated)	【最】10【普】50 【协东盟】0【协巴基斯坦】5【协智利】0 【协新西兰】0【协秘鲁】0【协哥斯达黎加】0 【协冰岛】0【协瑞士】0【协澳大利亚】0 【协韩国】5【协格鲁吉亚】0【协香港】0 【协澳门】0 【特-1】0【特-2】0【特-3】0 【增】10【对美加征】5【出】0【退】6	千克/只	A	B	P	Q	101 102 103 104 105 ……	其他爬行动物（包括人工驯养、繁殖的）（乌龟） 其他爬行动物（包括人工驯养、繁殖的）（草龟） 其他爬行动物（包括人工驯养、繁殖的）（绿毛龟） 其他爬行动物（包括人工驯养、繁殖的）［鳖（甲鱼、团鱼）］ 其他爬行动物（包括人工驯养、繁殖的）（玳瑁） ……①
010631	10		改良种用猛禽（包括人工驯养、繁殖的）	Birds of prey, Pure-bred breeding (including domesticated and artificially propagated)	【最】0【普】0【特-1】0【特-2】0【特-3】0 【增】10【出】0【退】6	千克/只	AF	EB	P	Q	101 102	改良种用猛禽（包括人工驯养、繁殖的）（鹰） 改良种用猛禽（包括人工驯养、繁殖的）（其他野生禽鸟）
010631	90		其他猛禽（包括人工驯养、繁殖的）	Other birds of prey (including domesticated and artificially propagated)	【最】10【普】50 【协东盟】0【协巴基斯坦】5【协智利】0 【协新西兰】0【协秘鲁】0【协哥斯达黎加】0 【协冰岛】0【协瑞士】0【协澳大利亚】0 【协韩国】5【协格鲁吉亚】0【协香港】0 【协澳门】0 【特-1】0【特-2】0【特-3】0 【增】10【出】0【退】6	千克/只	AF	BE	P	Q	101 102	其他猛禽（包括人工驯养、繁殖的）（鹰） 其他猛禽（包括人工驯养、繁殖的）（其他野生禽鸟）
010632	10		改良种用鹦形目的鸟（包括人工驯养、繁殖的）	Other birds of Psittaciformes, pure-bred breeding (including domesticated and artificially bred)	【最】0【普】0【特-1】0【特-2】0【特-3】0 【增】10【出】0【退】6	千克/只	AF	BE	P	Q	999	改良种用鹦形目的鸟（包括人工驯养、繁殖的）
010632	90		非改良种用鹦形目的鸟（包括人工驯养、繁殖的）	Other birds of Psittaciformes, other than pure-bred breeding (including domesticated and artificially bred)	【最】10【普】50 【协香港】0【协澳门】0【协东盟】0 【协巴基斯坦】5【协智利】0【协新西兰】0 【协秘鲁】0【协哥斯达黎加】0【协冰岛】0 【协瑞士】0【协澳大利亚】0【协韩国】6 【协格鲁吉亚】0 【特-1】0【特-2】0【特-3】0 【增】10【出】0【退】6	千克/只	AF	BE	P	Q	999	非改良种用鹦形目的鸟（包括人工驯养、繁殖的）
010633	10	10	改良种用濒危鸵鸟（包括人工驯养、繁殖的）	Endangered striches, pure-bred breeding	【最】0【普】0【特-1】0【特-2】0【特-3】0 【增】10【出】0【退】0	千克/只	AF	BE	P	Q	999	改良种用濒危鸵鸟（包括人工驯养、繁殖的）
010633	10	90	其他改良种用鸵鸟和改良种用鸸鹋	Ostriches; emus (Dromaius novaehollandiae), pure-bred breeding	【最】0【普】0【特-1】0【特-2】0【特-3】0 【增】10【出】0【退】6	千克/只	A	B	P	Q	101 102	其他改良种用鸵鸟和改良种用鸸鹋（鸵鸟） 其他改良种用鸵鸟和改良种用鸸鹋（鸸鹋）

① 该税号项下检验检疫编码及对应中文名称尚有：106 其他爬行动物（包括人工驯养、繁殖的）（鳄龟），107 其他爬行动物（包括人工驯养、繁殖的）（其他龟鳖），108 其他爬行动物（包括人工驯养、繁殖的）（蛇），109 其他爬行动物（包括人工驯养、繁殖的）（蜥蜴），110 其他爬行动物（包括人工驯养、繁殖的）（鳄），111 其他爬行动物（包括人工驯养、繁殖的）（壁虎），112 其他爬行动物（包括人工驯养、繁殖的）（巨蜥），113 其他爬行动物（包括人工驯养、繁殖的）（蟒），114 其他爬行动物（包括人工驯养、繁殖的）（其他爬行动物）。

税则号列 HS国际统一前6位	本国子目 7~8位	本国子目 9~10位	货品名称中英文 中文 货物名称	货品名称中英文 英文 Article Description	税费综合信息	计量单位	监管证件代码 进口	监管证件代码 出口	检验检疫类别 进口	检验检疫类别 出口	检验检疫编码	检验检疫编码对应中文名称
010633	90	10	其他濒危鸵鸟（包括人工驯养、繁殖的）	Endangered ostriches, other than pure-bred breeding	【最】10【普】50 【协东盟】0【协巴基斯坦】5【协智利】0 【协新西兰】0【协秘鲁】0【协哥斯达黎加】0 【协冰岛】0【协瑞士】0【协澳大利亚】0 【协韩国】5【协格鲁吉亚】0【协香港】0 【协澳门】0 【特-1】0【特-2】0【特-3】0 【增】10【出】0【退】0	千克/只	AF	BE	PR	Q	999	其他濒危鸵鸟（包括人工驯养、繁殖的）
010633	90	90	其他鸵鸟、鸸鹋	Other ostriches; emus (Dromaius novaehollandiae), other than pure-bred breeding	【最】10【普】50 【协东盟】0【协巴基斯坦】5【协智利】0 【协新西兰】0【协秘鲁】0【协哥斯达黎加】0 【协冰岛】0【协瑞士】0【协澳大利亚】0 【协韩国】5【协格鲁吉亚】0【协香港】0 【协澳门】0 【特-1】0【特-2】0【特-3】0 【增】10【出】0【退】6	千克/只	A	B	PR	Q	101 102	其他鸵鸟、鸸鹋（鸵鸟） 其他鸵鸟、鸸鹋（鸸鹋）
010639	10	10	其他改良种用濒危鸟（包括人工驯养、繁殖的）	Other endangered birds, pure-bred breeding (including domesticated and artificially propagated)	【最】0【普】0【特-1】0【特-2】0【特-3】0 【增】10【出】0【退】0	千克/只	AF	BE	P	Q	101 102 103 104 105 ……	其他改良种用濒危鸟（包括人工驯养、繁殖的）（鹌鹑） 其他改良种用濒危鸟（包括人工驯养、繁殖的）（鹧鸪） 其他改良种用濒危鸟（包括人工驯养、繁殖的）（孔雀） 其他改良种用濒危鸟（包括人工驯养、繁殖的）（竹鸡） 其他改良种用濒危鸟（包括人工驯养、繁殖的）（松鸡） ……①
010639	10	90	其他改良种用的鸟	Other birds, pure-bred breeding	【最】0【普】0【特-1】0【特-2】0【特-3】0 【增】10【出】0【退】6	千克/只	A	B	P	Q	999	其他改良种用的鸟
010639	21		食用乳鸽	Squabs, for human consumption	【最】10【普】50 【协东盟】0【协巴基斯坦】5【协智利】0 【协新西兰】0【协秘鲁】0【协哥斯达黎加】0 【协冰岛】0【协瑞士】0【协澳大利亚】0 【协韩国】5【协格鲁吉亚】0【协香港】0 【协澳门】0 【特东缅甸】0【特-1】0【特-2】0【特-3】0 【增】10【出】0【退】6	千克/只	A	B	PR	Q	999	食用乳鸽
010639	23		食用野鸭	Teals, for human consumption	【最】10【普】50 【协东盟】0【协巴基斯坦】5【协智利】0 【协新西兰】0【协秘鲁】0【协哥斯达黎加】0 【协冰岛】0【协瑞士】0【协澳大利亚】0 【协韩国】5【协格鲁吉亚】0【协香港】0 【协澳门】0 【特东缅甸】0【特-1】0【特-2】0【特-3】0 【增】10【出】0【退】6	千克/只	FA	EB	PR	Q	999	食用野鸭

① 该税号项下检验检疫编码及对应中文名称尚有：106 其他改良种用濒危鸟（包括人工驯养、繁殖的）（锦鸡），107 其他改良种用濒危鸟（包括人工驯养、繁殖的）[雉（山鸡）]，108 其他改良种用濒危鸟（包括人工驯养、繁殖的）（乌骨鸡），109 其他改良种用濒危鸟（包括人工驯养、繁殖的）（鸬鹚），110 其他改良种用濒危鸟（包括人工驯养、繁殖的）（鹈鹕），111 其他改良种用濒危鸟（包括人工驯养、繁殖的）（其他野生鸡形目禽鸟），112 其他改良种用濒危鸟（包括人工驯养、繁殖的）（天鹅），113 其他改良种用濒危鸟（包括人工驯养、繁殖的）（鸳鸯），114 其他改良种用濒危鸟（包括人工驯养、繁殖的）（野鸭），115 其他改良种用濒危鸟（包括人工驯养、繁殖的）（大雁），116 其他改良种用濒危鸟（包括人工驯养、繁殖的）（其他野生雁形目禽鸟），117 其他改良种用濒危鸟（包括人工驯养、繁殖的）（画眉），118 其他改良种用濒危鸟（包括人工驯养、繁殖的）[杜鹃（野生禽鸟）]，119 其他改良种用濒危鸟（包括人工驯养、繁殖的）（百灵），120 其他改良种用濒危鸟（包括人工驯养、繁殖的）（金丝鸟），121 其他改良种用濒危鸟（包括人工驯养、繁殖的）（相思鸟），122 其他改良种用濒危鸟（包括人工驯养、繁殖的）（鹤），123 其他改良种用濒危鸟（包括人工驯养、繁殖的）（鸵鸟），124 其他改良种用濒危鸟（包括人工驯养、繁殖的）（鸸鹋），125 其他改良种用濒危鸟（包括人工驯养、繁殖的）（朱鹮），126 其他改良种用濒危鸟（包括人工驯养、繁殖的）（火烈鸟），127 其他改良种用濒危鸟（包括人工驯养、繁殖的）（巨嘴鸟），128 其他改良种用濒危鸟（包括人工驯养、繁殖的）（厚嘴妥空），129 其他改良种用濒危鸟（包括人工驯养、繁殖的）（其他野生禽鸟）。

税则号列			货品名称中英文		税费综合信息	计量单位	监管证件代码		检验检疫类别		检验检疫编码	检验检疫编码对应中文名称
HS国际统一前6位	本国子目 7~8位	本国子目 9~10位	中文 货物名称	英文 Article Description			进口	出口	进口	出口		
010639	29	10	其他食用濒危鸟（包括人工驯养、繁殖的）	Other endangered birds for human consumption (including domesticated and artificially propagated)	【最】10【普】50 【协东盟】0【协巴基斯坦】5【协智利】0 【协新西兰】0【协秘鲁】0【协哥斯达黎加】0 【协冰岛】0【协瑞士】0【协澳大利亚】0 【协韩国】5【协格鲁吉亚】0【协香港】0 【协澳门】0 【特东缅甸】0【特-1】0【特-2】0【特-3】0 【增】10【出】0【退】0	千克/只	AF	BE	PR	Q	101 102 103 104 105	其他食用濒危鸟（包括人工驯养、繁殖的）（鹌鹑） 其他食用濒危鸟（包括人工驯养、繁殖的）（鹧鸪） 其他食用濒危鸟（包括人工驯养、繁殖的）［雉（山鸡）］ 其他食用濒危鸟（包括人工驯养、繁殖的）（乌骨鸡） 其他食用濒危鸟（包括人工驯养、繁殖的）（其他野生鸡形目禽鸟）
010639	29	90	其他食用鸟	Other birds for human consumption	【最】10【普】50 【协东盟】0【协巴基斯坦】5【协智利】0 【协新西兰】0【协秘鲁】0【协哥斯达黎加】0 【协冰岛】0【协瑞士】0【协澳大利亚】0 【协韩国】5【协格鲁吉亚】0【协香港】0 【协澳门】0 【特东缅甸】0【特-1】0【特-2】0【特-3】0 【增】10【出】0【退】6	千克/只	A	B	PR	Q	101 102 103	其他食用鸟（其他饲养鸡形目禽鸟） 其他食用鸟（其他饲养雁形目禽鸟） 其他食用鸟（其他饲养禽鸟）
010639	90	10	其他濒危鸟（包括人工驯养、繁殖的）	Other endangered bird (including domesticated and artificially propagated)	【最】10【普】50 【协东盟】0【协巴基斯坦】5【协智利】0 【协新西兰】0【协秘鲁】0【协哥斯达黎加】0 【协冰岛】0【协瑞士】0【协澳大利亚】0 【协韩国】5【协格鲁吉亚】0【协香港】0 【协澳门】0 【特-1】0【特-2】0【特-3】0 【增】10【出】0【退】0	千克/只	AF	BE	PR	Q	101 102 103 104 105 ……	其他濒危鸟（包括人工驯养、繁殖的）（鹌鹑） 其他濒危鸟（包括人工驯养、繁殖的）（鹧鸪） 其他濒危鸟（包括人工驯养、繁殖的）（孔雀） 其他濒危鸟（包括人工驯养、繁殖的）（竹鸡） 其他濒危鸟（包括人工驯养、繁殖的）（松鸡） ……①
010639	90	90	其他鸟	Other birds	【最】10【普】50 【协东盟】0【协巴基斯坦】5【协智利】0 【协新西兰】0【协秘鲁】0【协哥斯达黎加】0 【协冰岛】0【协瑞士】0【协澳大利亚】0 【协韩国】5【协格鲁吉亚】0【协香港】0 【协澳门】0 【特-1】0【特-2】0【特-3】0 【增】10【出】0【退】6	千克/只	A	B	PR	Q	101 102 103	其他鸟（其他饲养鸡形目禽鸟） 其他鸟（其他饲养雁形目禽鸟） 其他鸟（其他饲养禽鸟）
010641	10		改良种用蜂	Bees, pure-bred breeding	【最】0【普】0【特-1】0【特-2】0【特-3】0 【增】10【出】0【退】6	千克/只	A	B	P	Q	999	改良种用蜂
010641	90	01	赤眼蜂	Trichogramma	【最】10【普】50 【协亚太】9【协东盟】0【协巴基斯坦】5 【协智利】0【协新西兰】0【协秘鲁】0 【协哥斯达黎加】0【协冰岛】0【协瑞士】0 【协澳大利亚】0【协韩国】0【协格鲁吉亚】0 【协香港】0【协澳门】0 【特-1】0【特-2】0【特-3】0 【增】10【出】0【退】6	千克/只	AS	BS	P	Q	999	赤眼蜂

① 该税号项下检验检疫编码及对应中文名称尚有：106　其他濒危鸟（包括人工驯养、繁殖的）（锦鸡），107　其他濒危鸟（包括人工驯养、繁殖的）［雉（山鸡）］，108　其他濒危鸟（包括人工驯养、繁殖的）（乌骨鸡），109　其他濒危鸟（包括人工驯养、繁殖的）（鸬鹚），110　其他濒危鸟（包括人工驯养、繁殖的）（鹈鹕），111　其他濒危鸟（包括人工驯养、繁殖的）（其他野生鸡形目禽鸟），112　其他濒危鸟（包括人工驯养、繁殖的）（天鹅），113　其他濒危鸟（包括人工驯养、繁殖的）（鸳鸯），114　其他濒危鸟（包括人工驯养、繁殖的）（野鸭），115　其他濒危鸟（包括人工驯养、繁殖的）（大雁），116　其他濒危鸟（包括人工驯养、繁殖的）（其他野生雁形目禽鸟），117　其他濒危鸟（包括人工驯养、繁殖的）（画眉），118　其他濒危鸟（包括人工驯养、繁殖的）［杜鹃（野生禽鸟）］，119　其他濒危鸟（包括人工驯养、繁殖的）（百灵），120　其他濒危鸟（包括人工驯养、繁殖的）（金丝鸟），121　其他濒危鸟（包括人工驯养、繁殖的）（相思鸟），122　其他濒危鸟（包括人工驯养、繁殖的）（鹤），123　其他濒危鸟（包括人工驯养、繁殖的）（鸵鸟），124　其他濒危鸟（包括人工驯养、繁殖的）（鸸鹋），125　其他濒危鸟（包括人工驯养、繁殖的）（朱鹮），126　其他濒危鸟（包括人工驯养、繁殖的）（火烈鸟），127　其他濒危鸟（包括人工驯养、繁殖的）（鹰），128　其他濒危鸟（包括人工驯养、繁殖的）（巨嘴鸟），129　其他濒危鸟（包括人工驯养、繁殖的）（厚嘴妥空），130　其他濒危鸟（包括人工驯养、繁殖的）（其他野生禽鸟）。

税则号列			货品名称中英文		税费综合信息	计量单位	监管证件代码		检验检疫类别		检验检疫编码	检验检疫编码对应中文名称
HS国际统一前6位	本国子目 7~8位	本国子目 9~10位	中文 货物名称	英文 Article Description			进口	出口	进口	出口		
010641	90	90	其他蜂	Other bees, other than pure-bred breeding	【最】10【普】50 【协亚太】9【协东盟】0【协巴基斯坦】5 【协智利】0【协新西兰】0【协秘鲁】0 【协哥斯达黎加】0【协冰岛】0【协瑞士】0 【协澳大利亚】0【协韩国】0【协格鲁吉亚】0 【协香港】0【协澳门】0 【特-1】0【特-2】0【特-3】0 【增】10【出】0【退】6	千克/只	A	B	P	Q	101 102	其他蜂（蜜蜂） 其他蜂［其他昆虫（其他动物）］
010649	10	10	其他改良种用濒危昆虫（包括人工驯养、繁殖的）	Other endangered insects, pure-bred breeding	【最】0【普】0【特-1】0【特-2】0【特-3】0 【增】10【出】0【退】0	千克/只	AF	BE	P	Q	101 102 103	其他改良种用濒危昆虫（包括人工驯养、繁殖的）（有害昆虫） 其他改良种用濒危昆虫（包括人工驯养、繁殖的）（媒介昆虫） 其他改良种用濒危昆虫（包括人工驯养、繁殖的）［其他昆虫（害虫）］
010649	10	90	其他改良种用非濒危昆虫	Other insects, pure-bred breeding	【最】0【普】0【特-1】0【特-2】0【特-3】0 【增】10【出】0【退】6	千克/只	A	B	P	Q	101 102 103	其他改良种用非濒危昆虫（有害昆虫） 其他改良种用非濒危昆虫（媒介昆虫） 其他改良种用非濒危昆虫［其他昆虫（害虫）］
010649	90	01	捕食螨	Predatory mite	【最】10【普】50 【协亚太】9【协东盟】0【协巴基斯坦】5 【协智利】0【协新西兰】0【协秘鲁】0 【协哥斯达黎加】0【协冰岛】0【协瑞士】0 【协澳大利亚】0【协韩国】0【协格鲁吉亚】0 【协香港】0【协澳门】0 【特-1】0【特-2】0【特-3】0 【增】10【对美加征】5【出】0【退】6	千克/只	AS	BS	P	Q	999	捕食螨
010649	90	10	其他濒危昆虫	Other endangered insects, other than pure-bred breeding	【最】10【普】50 【协香港】0【协澳门】0【协亚太】9 【协东盟】0【协巴基斯坦】5【协智利】0 【协新西兰】0【协秘鲁】0【协哥斯达黎加】0 【协冰岛】0【协瑞士】0【协澳大利亚】0 【协韩国】0【协格鲁吉亚】0 【特-1】0【特-2】0【特-3】0 【增】10【对美加征】5【出】0【退】0	千克/只	AF	BE	P	Q	999	其他濒危昆虫（包括人工驯养、繁殖的）
010649	90	90	其他非濒危昆虫	Other insects, other than pure-bred breeding	【最】10【普】50 【协亚太】9【协东盟】0【协巴基斯坦】5 【协智利】0【协新西兰】0【协秘鲁】0 【协哥斯达黎加】0【协冰岛】0【协瑞士】0 【协澳大利亚】0【协韩国】0【协格鲁吉亚】0 【协香港】0【协澳门】0 【特-1】0【特-2】0【特-3】0 【增】10【对美加征】5【出】0【退】6	千克/只	A	B	P	Q	101 102 103	其他非濒危昆虫（包括人工驯养、繁殖的有害昆虫） 其他非濒危昆虫（包括人工驯养、繁殖的媒介昆虫） 其他非濒危昆虫［包括人工驯养、繁殖的其他昆虫（害虫）］
010690	11	10	改良种用濒危蛙苗	Endangered tadpole and young frogs, pure-bred breeding	【最】0【普】0【特-1】0【特-2】0【特-3】0 【增】10【出】0【退】0	千克/只	AF	BE	P	Q	101 102 103 104 105	改良种用濒危蛙苗（牛蛙苗） 改良种用濒危蛙苗（青蛙苗） 改良种用濒危蛙苗（金线蛙苗） 改良种用濒危蛙苗（棘胸蛙苗） 改良种用濒危蛙苗（其他蛙苗）
010690	11	90	其他改良种用蛙苗	Other tadpole and young frogs, pure-bred breeding	【最】0【普】0【特-1】0【特-2】0【特-3】0 【增】10【出】0【退】6	千克/只	A	B	P	Q	101 102 103 104 105	其他改良种用蛙苗（牛蛙苗） 其他改良种用蛙苗（青蛙苗） 其他改良种用蛙苗（金线蛙苗） 其他改良种用蛙苗（棘胸蛙苗） 其他改良种用蛙苗（其他蛙苗）

税则号列			货品名称中英文		税费综合信息	计量单位	监管证件代码		检验检疫类别		检验检疫编码	检验检疫编码对应中文名称
HS 国际统一前 6 位	本国子目 7~8 位	9~10 位	中文 货物名称	英文 Article Description			进口	出口	进口	出口		
010690	19	10	其他改良种用濒危动物（包括人工驯养、繁殖的）	Other endangered animals, pure-bred breeding (including domesticated and artificially propagated)	【最】0【普】0【特-1】0【特-2】0【特-3】0【增】10【出】0【退】0	千克/只	AF	BE	P	Q	101 102 103 104 105	其他改良种用濒危动物（包括人工驯养、繁殖的）（斑马） 其他改良种用濒危动物（包括人工驯养、繁殖的）（犀） 其他改良种用濒危动物（包括人工驯养、繁殖的）（貘） 其他改良种用濒危动物（包括人工驯养、繁殖的）（其他野生奇蹄动物） 其他改良种用濒危动物（包括人工驯养、繁殖的）（鹿） ……①
010690	19	90	其他改良种用动物	Other animals, pure-bred breeding	【最】0【普】0【特-1】0【特-2】0【特-3】0【增】10【出】0【退】6	千克/只	A	B	P	Q	101 102 103 104 105 ……	其他改良种用动物（其他饲养奇蹄动物） 其他改良种用动物（其他饲养偶蹄动物） 其他改良种用动物（其他用途犬） 其他改良种用动物（其他用途猫） 其他改良种用动物（其他饲养食肉动物） ……②
010690	90	10	其他濒危动物	Other endangered animals (including domesticated and artificially propagated)	【最】10【普】50 【协亚太】9【协东盟】0【协巴基斯坦】5 【协香港】0【协澳门】0【协智利】0 【协新西兰】0【协秘鲁】0【协哥斯达黎加】0 【协冰岛】0【协瑞士】0【协澳大利亚】2 【协韩国】5【协格鲁吉亚】0 【特-1】0【特-2】0【特-3】0 【增】10【对美加征】10【出】0【退】0	千克/只	AF	BE	P	Q	101 102 103 104	其他濒危动物（包括人工驯养、繁殖的）（其他饲养奇蹄动物） 其他濒危动物（包括人工驯养、繁殖的）（其他饲养偶蹄动物） 其他濒危动物（包括人工驯养、繁殖的）（其他用途犬） 其他濒危动物（包括人工驯养、繁殖的）（其他用途猫）

① 该税号项下检验检疫编码及对应中文名称尚有：106　其他改良种用濒危动物（包括人工驯养、繁殖的）（长颈鹿），107　其他改良种用濒危动物（包括人工驯养、繁殖的）（黄羊），108　其他改良种用濒危动物（包括人工驯养、繁殖的）（河马），109　其他改良种用濒危动物（包括人工驯养、繁殖的）（羚牛），110　其他改良种用濒危动物（包括人工驯养、繁殖的）（羚羊），111　其他改良种用濒危动物（包括人工驯养、繁殖的）［青羊（斑羚）］，112　其他改良种用濒危动物（包括人工驯养、繁殖的）（叉角羚），113　其他改良种用濒危动物（包括人工驯养、繁殖的）（骆马），114　其他改良种用濒危动物（包括人工驯养、繁殖的）（美洲驼），115　其他改良种用濒危动物（包括人工驯养、繁殖的）（角马），116　其他改良种用濒危动物（包括人工驯养、繁殖的）（梅花鹿），117　其他改良种用濒危动物（包括人工驯养、繁殖的）（马鹿），118　其他改良种用濒危动物（包括人工驯养、繁殖的）（其他野生偶蹄动物），119　其他改良种用濒危动物（包括人工驯养、繁殖的）（狐狸），120　其他改良种用濒危动物（包括人工驯养、繁殖的）（貂），121　其他改良种用濒危动物（包括人工驯养、繁殖的）（大熊猫），122　其他改良种用濒危动物（包括人工驯养、繁殖的）（小熊猫），123　其他改良种用濒危动物（包括人工驯养、繁殖的）（熊），124　其他改良种用濒危动物（包括人工驯养、繁殖的）（水獭），125　其他改良种用濒危动物（包括人工驯养、繁殖的）（果子狸），126　其他改良种用濒危动物（包括人工驯养、繁殖的）（狮），127　其他改良种用濒危动物（包括人工驯养、繁殖的）（虎），128　其他改良种用濒危动物（包括人工驯养、繁殖的）（豹），129　其他改良种用濒危动物（包括人工驯养、繁殖的）（貉），130　其他改良种用濒危动物（包括人工驯养、繁殖的）（豺），131　其他改良种用濒危动物（包括人工驯养、繁殖的）（狼），132　其他改良种用濒危动物（包括人工驯养、繁殖的）（大灵猫），133　其他改良种用濒危动物（包括人工驯养、繁殖的）（小灵猫），134　其他改良种用濒危动物（包括人工驯养、繁殖的）（野狗），135　其他改良种用濒危动物（包括人工驯养、繁殖的）（其他野生食肉动物），136　其他改良种用濒危动物（包括人工驯养、繁殖的）（旱獭），137　其他改良种用濒危动物（包括人工驯养、繁殖的）（松鼠），138　其他改良种用濒危动物（包括人工驯养、繁殖的）（花鼠），139　其他改良种用濒危动物（包括人工驯养、繁殖的）（麝鼠），140　其他改良种用濒危动物（包括人工驯养、繁殖的）（海狸鼠），141　其他改良种用濒危动物（包括人工驯养、繁殖的）（河狸），142　其他改良种用濒危动物（包括人工驯养、繁殖的）（地鼠），143　其他改良种用濒危动物（包括人工驯养、繁殖的）（豪猪），144　其他改良种用濒危动物（包括人工驯养、繁殖的）（其他野生啮齿动物），145　其他改良种用濒危动物（包括人工驯养、繁殖的）（其他野生灵长动物），146　其他改良种用濒危动物（包括人工驯养、繁殖的）（象），147　其他改良种用濒危动物（包括人工驯养、繁殖的）（刺猬），148　其他改良种用濒危动物（包括人工驯养、繁殖的）（穿山甲），149　其他改良种用濒危动物（包括人工驯养、繁殖的）（袋鼠），150　其他改良种用濒危动物（包括人工驯养、繁殖的）（蝙蝠），151　其他改良种用濒危动物（包括人工驯养、繁殖的）（其他野生哺乳动物）。

② 该税号项下检验检疫编码及对应中文名称尚有：106　其他改良种用动物（大鼠），107　其他改良种用动物（小鼠），108　其他改良种用动物（豚鼠），109　其他改良种用动物（其他饲养啮齿动物），110　其他改良种用动物（其他饲养兔形目动物），111　其他改良种用动物（其他饲养哺乳动物）。

税则号列 HS国际统一前6位	本国子目 7~8位	本国子目 9~10位	货品名称中英文 中文 货物名称	货品名称中英文 英文 Article Description	税费综合信息	计量单位	监管证件代码 进口	监管证件代码 出口	检验检疫类别 进口	检验检疫类别 出口	检验检疫编码	检验检疫编码对应中文名称
											105 ……	其他濒危动物（包括人工驯养、繁殖的）（其他饲养食肉动物） ……①
010690	90	90	其他动物	Other animals	【最】10【普】50 【协亚太】9【协东盟】0【协巴基斯坦】5 【协香港】0【协澳门】0【协智利】0 【协新西兰】0【协秘鲁】0【协哥斯达黎加】0 【协冰岛】0【协瑞士】0【协澳大利亚】0 【协韩国】5【协格鲁吉亚】0 【特-1】0【特-2】0【特-3】0 【增】10【对美加征】10【出】0【退】6	千克/只	A	B	P	Q	101 102 103 104 105 ……	其他动物（其他饲养奇蹄动物） 其他动物（其他饲养偶蹄动物） 其他动物（伴侣犬） 其他动物（工作犬） 其他动物（其他用途犬） ……②

① 该税号项下检验检疫编码及对应中文名称尚有：106　其他濒危动物（包括人工驯养、繁殖的）（大鼠），107　其他濒危动物（包括人工驯养、繁殖的）（小鼠），108　其他濒危动物（包括人工驯养、繁殖的）（豚鼠），109　其他濒危动物（包括人工驯养、繁殖的）（其他饲养啮齿动物），110　其他濒危动物（包括人工驯养、繁殖的）（其他饲养兔形目动物），111　其他濒危动物（包括人工驯养、繁殖的）（其他饲养哺乳动物），112　其他濒危动物（包括人工驯养、繁殖的）（斑马），113　其他濒危动物（包括人工驯养、繁殖的）（犀），114　其他濒危动物（包括人工驯养、繁殖的）（貘），115　其他濒危动物（包括人工驯养、繁殖的）（其他野生奇蹄动物），117　其他濒危动物（包括人工驯养、繁殖的）（鹿），118　其他濒危动物（包括人工驯养、繁殖的）（长颈鹿），119　其他濒危动物（包括人工驯养、繁殖的）（黄羊），120　其他濒危动物（包括人工驯养、繁殖的）（河马），121　其他濒危动物（包括人工驯养、繁殖的）（羚牛），122　其他濒危动物（包括人工驯养、繁殖的）（羚羊），123　其他濒危动物（包括人工驯养、繁殖的）［青羊（斑羚）］，124　其他濒危动物（包括人工驯养、繁殖的）（叉角羚），125　其他濒危动物（包括人工驯养、繁殖的）（骆马），126　其他濒危动物（包括人工驯养、繁殖的）（美洲驼），127　其他濒危动物（包括人工驯养、繁殖的）（角马），128　其他濒危动物（包括人工驯养、繁殖的）（梅花鹿），129　其他濒危动物（包括人工驯养、繁殖的）（马鹿），130　其他濒危动物（包括人工驯养、繁殖的）（其他野生偶蹄动物），131　其他濒危动物（包括人工驯养、繁殖的）（狐狸），132　其他濒危动物（包括人工驯养、繁殖的）（貂），133　其他濒危动物（包括人工驯养、繁殖的）（大熊猫），134　其他濒危动物（包括人工驯养、繁殖的）（小熊猫），135　其他濒危动物（包括人工驯养、繁殖的）（熊），136　其他濒危动物（包括人工驯养、繁殖的）（水獭），137　其他濒危动物（包括人工驯养、繁殖的）（果子狸），138　其他濒危动物（包括人工驯养、繁殖的）（狮），139　其他濒危动物（包括人工驯养、繁殖的）（虎），140　其他濒危动物（包括人工驯养、繁殖的）（豹），141　其他濒危动物（包括人工驯养、繁殖的）（貉），142　其他濒危动物（包括人工驯养、繁殖的）（豺），143　其他濒危动物（包括人工驯养、繁殖的）（狼），144　其他濒危动物（包括人工驯养、繁殖的）（大灵猫），145　其他濒危动物（包括人工驯养、繁殖的）（小灵猫），146　其他濒危动物（包括人工驯养、繁殖的）（野狗），147　其他濒危动物（包括人工驯养、繁殖的）（其他野生食肉动物），148　其他濒危动物（包括人工驯养、繁殖的）（旱獭），149　其他濒危动物（包括人工驯养、繁殖的）（松鼠），150　其他濒危动物（包括人工驯养、繁殖的）（花鼠），151　其他濒危动物（包括人工驯养、繁殖的）（麝鼠），152　其他濒危动物（包括人工驯养、繁殖的）（海狸鼠），153　其他濒危动物（包括人工驯养、繁殖的）（河狸），154　其他濒危动物（包括人工驯养、繁殖的）（地鼠），155　其他濒危动物（包括人工驯养、繁殖的）（豪猪），156　其他濒危动物（包括人工驯养、繁殖的）（其他野生啮齿动物），157　其他濒危动物（包括人工驯养、繁殖的）（其他野生灵长动物），158　其他濒危动物（包括人工驯养、繁殖的）（象），159　其他濒危动物（包括人工驯养、繁殖的）（刺猬），160　其他濒危动物（包括人工驯养、繁殖的）（穿山甲），161　其他濒危动物（包括人工驯养、繁殖的）（袋鼠），162　其他濒危动物（包括人工驯养、繁殖的）（蝙蝠），163　其他濒危动物（包括人工驯养、繁殖的）（其他野生哺乳动物），164　其他濒危动物（包括人工驯养、繁殖的）（牛蛙），165　其他濒危动物（包括人工驯养、繁殖的）（青蛙），166　其他濒危动物（包括人工驯养、繁殖的）（金线蛙），167　其他濒危动物（包括人工驯养、繁殖的）（棘胸蛙），168　其他濒危动物（包括人工驯养、繁殖的）（其他蛙），169　其他濒危动物（包括人工驯养、繁殖的）［大鲵（娃娃鱼）］，170　其他濒危动物（包括人工驯养、繁殖的）（小鲵），171　其他濒危动物（包括人工驯养、繁殖的）（蟾蜍），172　其他濒危动物（包括人工驯养、繁殖的）（蝾螈），173　其他濒危动物（包括人工驯养、繁殖的）（鱼螈），174　其他濒危动物（包括人工驯养、繁殖的）（其他两栖动物），175　其他濒危动物（包括人工驯养、繁殖的）（蚕），176　其他濒危动物（包括人工驯养、繁殖的）（蟋蟀），177　其他濒危动物（包括人工驯养、繁殖的）（蚱蜢），178　其他濒危动物（包括人工驯养、繁殖的）（蝉），179　其他濒危动物（包括人工驯养、繁殖的）（蝴蝶），180　其他濒危动物（包括人工驯养、繁殖的）［其他昆虫（其他动物）］，181　其他濒危动物（包括人工驯养、繁殖的）（禾虫），182　其他濒危动物（包括人工驯养、繁殖的）［蜈蚣（其他动物）］，183　其他濒危动物（包括人工驯养、繁殖的）［蝎（其他动物）］，184　其他濒危动物（包括人工驯养、繁殖的）［蚯蚓（其他动物）］，185　其他濒危动物（包括人工驯养、繁殖的）（其他本章动物）。

② 该税号项下检验检疫编码及对应中文名称尚有：106　其他动物（伴侣猫），107　其他动物（其他用途猫），108　其他动物（其他饲养食肉动物），109　其他动物（大鼠），110　其他动物（小鼠），111　其他动物（豚鼠），112　其他动物（其他饲养啮齿动物），113　其他动物（其他饲养兔形目动物），114　其他动物（其他饲养哺乳动物），115　其他动物（牛蛙），116　其他动物（青蛙），117　其他动物（金线蛙），118　其他动物（棘胸蛙），119　其他动物（其他蛙），120　其他动物［大鲵（娃娃鱼）］，121　其他动物（小鲵），122　其他动物（蟾蜍），123　其他动物（蝾螈），124　其他动物（鱼螈），125　其他动物（其他两栖动物），126　其他动物（蚕），127　其他动物（蟋蟀），128　其他动物（蚱蜢），129　其他动物（蝉），130　其他动物（蝴蝶），131　其他动物［其他昆虫（其他动物）］，132　其他动物（禾虫），133　其他动物［蜈蚣（其他动物）］，134　其他动物［蝎（其他动物）］，135　其他动物［蚯蚓（其他动物）］，136　其他动物（其他本章动物）。

第　二　章
肉及食用杂碎

Chapter 2
Meat and edible meat offal

注释：

本章不包括：

一、税目 02.01 至 02.08 或 02.10 的不适合供人食用的产品；

二、动物的肠、膀胱、胃（税目 05.04）或动物血（税目 05.11、30.02）；或

三、税目 02.09 所列产品以外的动物脂肪（第十五章）。

Chapter Notes:

This Chapter does not cover:

1. Products of the kinds described in headings 02.01 to 02.08 or 02.10, unfit or unsuitable for human consumption;

2. Guts, bladders or stomachs of animals (heading 05.04) or animal blood (heading 05.11 or 30.02); or

3. Animal fat, other than products of heading 02.09 (Chapter 15).

税则号列			货品名称中英文		税费综合信息	计量单位	监管证件代码		检验检疫类别		检验检疫编码	检验检疫编码对应中文名称
HS 国际统一前 6 位	本国子目 7~8 位	本国子目 9~10 位	中文 货物名称	英文 Article Description			进口	出口	进口	出口		
020110	00	10	整头及半头鲜或冷藏的野牛肉	Meat of wild bovine animals, carcasses and half-carcasses, fresh or chilled	【最】20【普】70 【协东盟】0【协智利】0【协新西兰】0 【协秘鲁】6.7【协哥斯达黎加】8【协冰岛】0 【协瑞士】8【协澳大利亚】10【协韩国】13.3 【协格鲁吉亚】12【协香港】0【协澳门】0 【特东老挝】0【特东柬埔寨】0【特-1】0 【特-2】0【特-3】0 【增】10【对美加征】25【出】0【退】6	千克	AF	4BEx	PR	QS	101 102	整头及半头鲜或冷藏的野牛肉（鲜的） 整头及半头鲜或冷藏的野牛肉（冷藏）
020110	00	90	其他整头及半头鲜或冷藏的牛肉	Other meat of bovine animals, carcasses andhalf-carcasses, fresh or chilled	【最】20【普】70 【协东盟】0【协智利】0【协新西兰】0 【协秘鲁】6.7【协哥斯达黎加】8【协冰岛】0 【协瑞士】8【协澳大利亚】10【协韩国】13.3 【协格鲁吉亚】12【协香港】0【协澳门】0 【特东老挝】0【特东柬埔寨】0【特-1】0 【特-2】0【特-3】0 【增】10【对美加征】25【出】0【退】6	千克	A	4Bx	PR	QS	101 102	其他整头及半头鲜或冷藏的牛肉（鲜的） 其他整头及半头鲜或冷藏的牛肉（冷藏）
020120	00	10	鲜或冷藏的带骨野牛肉	Meat of wild bovine animals, with bone in, fresh or chilled	【最】12【普】70 【协东盟】0【协巴基斯坦】6【协智利】0 【协新西兰】0【协秘鲁】4.9 【协哥斯达黎加】4.8【协冰岛】0【协瑞士】4.8 【协澳大利亚】6【协韩国】8 【协格鲁吉亚】7.2【协香港】0【协澳门】0 【特东老挝】0【特东柬埔寨】0【特-1】0 【特-2】0【特-3】0 【增】10【对美加征】25【出】0【退】6	千克	7AF	4BEx	PR	Q	101 102	鲜或冷藏的带骨野牛肉（鲜的） 鲜或冷藏的带骨野牛肉（冷藏）
020120	00	90	其他鲜或冷藏的带骨牛肉	Other meat of bovine animals, with bone in, fresh or chilled	【最】12【普】70 【协东盟】0【协巴基斯坦】6【协智利】0 【协新西兰】0【协秘鲁】4.9 【协哥斯达黎加】4.8【协冰岛】0【协瑞士】4.8 【协澳大利亚】6【协韩国】8 【协格鲁吉亚】7.2【协香港】0【协澳门】0 【特东老挝】0【特东柬埔寨】0【特-1】0 【特-2】0【特-3】0 【增】10【对美加征】25【出】0【退】6	千克	7A	4Bx	PR	Q	101 102	其他鲜或冷藏的带骨牛肉（鲜的） 其他鲜或冷藏的带骨牛肉（冷藏）
020130	00	10	鲜或冷藏的去骨野牛肉	Meat of wild bovine animals, boneless, fresh or chilled	【最】12【普】70 【协东盟】0【协巴基斯坦】6【协智利】0 【协新西兰】0【协秘鲁】4.9 【协哥斯达黎加】4.8【协冰岛】0【协瑞士】4.8 【协澳大利亚】6【协韩国】8 【协格鲁吉亚】7.2【协香港】0【协澳门】0 【特东柬埔寨】0【特-1】0【特-2】0【特-3】0 【增】10【对美加征】25【出】0【退】6	千克	7AF	4BEx	PR	QS	101 102	鲜或冷藏的去骨野牛肉（鲜的） 鲜或冷藏的去骨野牛肉（冷藏）
020130	00	90	其他鲜或冷藏的去骨牛肉	Other meat of bovine animals, boneless, fresh or chilled	【最】12【普】70 【协东盟】0【协巴基斯坦】6【协智利】0 【协新西兰】0【协秘鲁】4.9 【协哥斯达黎加】4.8【协冰岛】0【协瑞士】4.8 【协澳大利亚】6【协韩国】8 【协格鲁吉亚】7.2【协香港】0【协澳门】0 【特东柬埔寨】0【特-1】0【特-2】0【特-3】0 【增】10【对美加征】25【出】0【退】10	千克	7A	4Bx	PR	QS	101 102	其他鲜或冷藏的去骨牛肉（鲜的） 其他鲜或冷藏的去骨牛肉（冷藏）

税则号列 HS国际统一前6位	本国子目 7~8位	本国子目 9~10位	货品名称中英文 中文 货物名称	货品名称中英文 英文 Article Description	税费综合信息	计量单位	监管证件代码 进口	监管证件代码 出口	检验检疫类别 进口	检验检疫类别 出口	检验检疫编码	检验检疫编码对应中文名称
020210	00	10	冻藏的整头及半头野牛肉	Meat of wild bovine animals, carcasses and half-carcasses, frozen	【最】25【普】70 【协东盟】0【协智利】0【协新西兰】0 【协秘鲁】8.3【协哥斯达黎加】0【协冰岛】0 【协瑞士】10【协澳大利亚】12.5【协韩国】18.7 【协香港】0【协澳门】0 【特东老挝】0【特东柬埔寨】0【特-1】0 【特-2】0【特-3】0 【增】10【对美加征】25【出】0【退】6	千克	AF	4BEx	PR	QS	999	冻藏的整头及半头野牛肉
020210	00	90	其他冻藏的整头及半头牛肉	Other meat of bovine animals, carcasses and half-carcasses, frozen	【最】25【普】70 【协东盟】0【协智利】0【协新西兰】0 【协秘鲁】8.3【协哥斯达黎加】0【协冰岛】0 【协瑞士】10【协澳大利亚】12.5【协韩国】18.7 【协香港】0【协澳门】0 【特东老挝】0【特东柬埔寨】0【特-1】0 【特-2】0【特-3】0 【增】10【对美加征】25【出】0【退】6	千克	A	4Bx	PR	QS	999	其他冻藏的整头及半头牛肉
020220	00	10	冻藏的带骨野牛肉	Meat of wild bovine animals, with bone in, frozen	【最】12【普】70 【协东盟】0【协巴基斯坦】6【协智利】0 【协新西兰】0【协秘鲁】4.9【协哥斯达黎加】0 【协冰岛】0【协瑞士】4.8【协澳大利亚】6 【协韩国】8【协香港】0【协澳门】0 【特东老挝】0【特东柬埔寨】0【特-1】0 【特-2】0【特-3】0 【增】10【对美加征】25【出】0【退】6	千克	7AF	4BEx	PR	QS	999	冻藏的带骨野牛肉
020220	00	90	其他冻藏的带骨牛肉	Other meat of bovine animals, with bone in, frozen	【最】12【普】70 【协东盟】0【协巴基斯坦】6【协智利】0 【协新西兰】0【协秘鲁】4.9【协哥斯达黎加】0 【协冰岛】0【协瑞士】4.8【协澳大利亚】6 【协韩国】8【协香港】0【协澳门】0 【特东老挝】0【特东柬埔寨】0【特-1】0 【特-2】0【特-3】0 【增】10【对美加征】25【出】0【退】6	千克	7A	4Bx	PR	QS	999	其他冻藏的带骨牛肉
020230	00	10	冻藏的去骨野牛肉	Meat of wild bovine animals, boneless, frozen	【最】12【普】70 【协东盟】0【协巴基斯坦】6【协智利】0 【协新西兰】0【协秘鲁】4.9【协哥斯达黎加】0 【协冰岛】0【协瑞士】4.8【协澳大利亚】6 【协韩国】8【协香港】0【协澳门】0 【特东柬埔寨】0【特-1】0【特-2】0【特-3】0 【增】10【对美加征】25【出】0【退】6	千克	7AF	4BEx	PR	QS	999	冻藏的去骨野牛肉
020230	00	90	其他冻藏的去骨牛肉	Other meat of bovine animals, boneless, frozen	【最】12【普】70 【协东盟】0【协巴基斯坦】6【协智利】0 【协新西兰】0【协秘鲁】4.9【协哥斯达黎加】0 【协冰岛】0【协瑞士】4.8【协澳大利亚】6 【协韩国】8【协香港】0【协澳门】0 【特东柬埔寨】0【特-1】0【特-2】0【特-3】0 【增】10【对美加征】25【出】0【退】10	千克	7A	4Bx	PR	QS	999	其他冻藏的去骨牛肉
020311	10	10	鲜或冷藏整头及半头野乳猪肉	Meat of wild sucking pig, carcasses and half-carcasses, fresh or chilled	【最】20【普】70 【协东盟】0【协智利】0【协新西兰】0 【协秘鲁】0【协哥斯达黎加】0【协冰岛】0 【协瑞士】8【协澳大利亚】0【协韩国】3.3 【协格鲁吉亚】0【协香港】0【协澳门】0 【特东老挝】0【特东柬埔寨】0【特-1】0 【特-2】0【特-3】0 【增】10【对美加征】25【出】0【退】6	千克	AF	4BEx	PR	QS	101 102	鲜或冷藏整头及半头野乳猪肉（鲜的） 鲜或冷藏整头及半头野乳猪肉（冷藏）
020311	10	90	其他鲜或冷藏的整头及半头乳猪肉	Meat of sucking pig, carcasses and half-carcasses, fresh or chilled	【最】20【普】70 【协东盟】0【协智利】0【协新西兰】0 【协秘鲁】0【协哥斯达黎加】0【协冰岛】0 【协瑞士】8【协澳大利亚】0【协韩国】13.3 【协格鲁吉亚】0【协香港】0【协澳门】0 【特东老挝】0【特东柬埔寨】0【特-1】0 【特-2】0【特-3】0 【增】10【对美加征】25【出】0【退】6	千克	A	4Bx	PR	QS	101 102	其他鲜或冷藏的整头及半头乳猪肉（鲜的） 其他鲜或冷藏的整头及半头乳猪肉（冷藏）

税则号列			货品名称中英文		税费综合信息	计量单位	监管证件代码		检验检疫类别		检验检疫编码	检验检疫编码对应中文名称
HS 国际统一前6位	本国子目 7~8位	本国子目 9~10位	中文 货物名称	英文 Article Description			进口	出口	进口	出口		
020311	90	10	其他鲜或冷藏整头及半头野猪肉	Other meat of wild swine, carcasses and half-carcasses, fresh or chilled	【最】20【普】70 【协东盟】0【协智利】0【协新西兰】0 【协秘鲁】0【协哥斯达黎加】0【协冰岛】0 【协瑞士】8【协澳大利亚】0【协韩国】13.3 【协格鲁吉亚】0【协香港】0【协澳门】0 【特东老挝】0【特东柬埔寨】0【特-1】0 【特-2】0【特-3】0 【增】10【对美加征】25【出】0【退】6	千克	AF	4BEx	PR	QS	101 102	其他鲜或冷藏整头及半头野猪肉（鲜的） 其他鲜或冷藏整头及半头野猪肉（冷藏）
020311	90	90	其他鲜或冷藏的整头及半头猪肉	Other meat of swine, carcasses and half-carcasses, fresh or chilled	【最】20【普】70 【协东盟】0【协智利】0【协新西兰】0 【协秘鲁】0【协哥斯达黎加】0【协冰岛】0 【协瑞士】8【协澳大利亚】0【协韩国】13.3 【协格鲁吉亚】0【协香港】0【协澳门】0 【特东老挝】0【特东柬埔寨】0【特-1】0 【特-2】0【特-3】0 【增】10【对美加征】25【出】0【退】6	千克	A	4Bx	PR	QS	101 102	其他鲜或冷藏的整头及半头猪肉（鲜的） 其他鲜或冷藏的整头及半头猪肉（冷藏）
020312	00	10	鲜或冷的带骨野猪前腿、后腿及肉块	Hams, shoulders and cuts of wild swine, with bone in, fresh or chilled	【最】20【普】70 【协东盟】0【协智利】0 【协新西兰】0【协秘鲁】0【协哥斯达黎加】0 【协冰岛】0【协瑞士】10【协澳大利亚】0 【协韩国】13.3【协格鲁吉亚】0【协香港】0 【协澳门】0 【特东老挝】0【特东柬埔寨】0【特-1】0 【特-2】0【特-3】0 【增】10【对美加征】25【出】0【退】6	千克	7AF	4BEx	PR	QS	101 102	鲜或冷的带骨野猪前腿、后腿及肉块（鲜的） 鲜或冷的带骨野猪前腿、后腿及肉块（冷藏）
020312	00	90	鲜或冷的带骨猪前腿、后腿及其肉块	Hams, shoulders and cuts of swine, with bone in, fresh or chilled	【最】20【普】70 【协东盟】0【协智利】0 【协新西兰】0【协秘鲁】0【协哥斯达黎加】0 【协冰岛】0【协瑞士】10【协澳大利亚】0 【协韩国】13.3【协格鲁吉亚】0【协香港】0 【协澳门】0 【特东老挝】0【特东柬埔寨】0【特-1】0 【特-2】0【特-3】0 【增】10【对美加征】25【出】0【退】6	千克	7A	4Bx	PR	QS	101 102	鲜或冷的带骨猪前腿、后腿及其肉块（鲜的） 鲜或冷的带骨猪前腿、后腿及其肉块（冷藏）
020319	00	10	其他鲜或冷藏的野猪肉	Other meat of wild swine, fresh or chilled	【最】20【普】70 【协东盟】0【协智利】0【协新西兰】0 【协秘鲁】0【协哥斯达黎加】0【协冰岛】0 【协瑞士】10【协澳大利亚】0【协韩国】13.3 【协格鲁吉亚】0【协香港】0【协澳门】0 【特东老挝】0【特东柬埔寨】0【特-1】0 【特-2】0【特-3】0 【增】10【对美加征】25【出】0【退】6	千克	7AF	4BEx	PR	QS	101 102	其他鲜或冷藏的野猪肉（鲜的） 其他鲜或冷藏的野猪肉（冷藏）
020319	00	90	其他鲜或冷藏的猪肉	Other meat of swine, fresh or chilled	【最】20【普】70 【协东盟】0【协智利】0 【协新西兰】0【协秘鲁】0【协哥斯达黎加】0 【协冰岛】0【协瑞士】10【协澳大利亚】0 【协韩国】13.3【协格鲁吉亚】0【协香港】0 【协澳门】0 【特东老挝】0【特东柬埔寨】0【特-1】0 【特-2】0【特-3】0 【增】10【对美加征】25【出】0【退】6	千克	7A	4Bx	PR	QS	101 102	其他鲜或冷藏的猪肉（鲜的） 其他鲜或冷藏的猪肉（冷藏）
020321	10	10	冻整头及半头野乳猪肉	Meat of wild sucking pig, carcasses and half-carcasses, frozen	【最】12【普】70 【协东盟】0【协巴基斯坦】6【协智利】0 【协新西兰】0【协秘鲁】0【协哥斯达黎加】0 【协冰岛】0【协瑞士】4.8【协澳大利亚】0 【协韩国】6【协格鲁吉亚】0【协香港】0 【协澳门】0 【特东老挝】0【特东柬埔寨】0【特-1】0 【特-2】0【特-3】0 【增】10【对美加征】25【出】0【退】6	千克	AF	4BEx	PR	QS	999	冻整头及半头野乳猪肉
020321	10	90	冻整头及半头乳猪肉	Meat of sucking pig, carcasses and half-carcasses, frozen	【最】12【普】70 【协东盟】0【协巴基斯坦】6【协智利】0 【协新西兰】0【协秘鲁】0【协哥斯达黎加】0 【协冰岛】0【协瑞士】4.8【协澳大利亚】0 【协韩国】6【协格鲁吉亚】0【协香港】0 【协澳门】0 【特东老挝】0【特东柬埔寨】0【特-1】0 【特-2】0【特-3】0 【增】10【对美加征】25【出】0【退】6	千克	A	4Bx	PR	QS	999	冻整头及半头乳猪肉

税则号列			货品名称中英文		税费综合信息	计量单位	监管证件代码		检验检疫类别		检验检疫编码	检验检疫编码对应中文名称
HS国际统一前6位	本国子目 7~8位	本国子目 9~10位	中文 货物名称	英文 Article Description			进口	出口	进口	出口		
020321	90	10	其他冻整头及半头野猪肉	Other meat of wild swine, carcasses and half-carcasses, frozen	【最】12【普】70 【协香港】0【协澳门】0【协东盟】0 【协巴基斯坦】6【协智利】0【协新西兰】0 【协秘鲁】0【协哥斯达黎加】0【协冰岛】0 【协瑞士】4.8【协澳大利亚】0【协韩国】6 【协格鲁吉亚】7.2 【特东老挝】0【特东柬埔寨】0【特-1】0 【特-2】0【特-3】0 【增】10【对美加征】25【出】0【退】6	千克	7AF	4BEx	PR	QS	999	其他冻整头及半头野猪肉
020321	90	90	其他冻整头及半头猪肉	Other meat of swine, carcasses and half-carcasses, frozen	【最】12【普】70 【协香港】0【协澳门】0【协东盟】0 【协巴基斯坦】6【协智利】0【协新西兰】0 【协秘鲁】0【协哥斯达黎加】0【协冰岛】0 【协瑞士】4.8【协澳大利亚】0【协韩国】6 【协格鲁吉亚】7.2 【特东老挝】0【特东柬埔寨】0【特-1】0 【特-2】0【特-3】0 【增】10【对美加征】25【出】0【退】6	千克	7A	4Bx	PR	QS	999	其他冻整头及半头猪肉
020322	00	10	冻带骨野猪前腿、后腿及肉	Hams, shoulders and cuts of wild swine, with bone in, frozen	【最】12【普】70 【协东盟】0【协巴基斯坦】6【协智利】0 【协新西兰】0【协秘鲁】0【协哥斯达黎加】0 【协冰岛】0【协瑞士】4.8【协澳大利亚】0 【协韩国】6【协格鲁吉亚】7.2【协香港】0 【协澳门】0 【特东老挝】0【特东柬埔寨】0【特-1】0 【特-2】0【特-3】0 【增】10【对美加征】25【出】0【退】6	千克	7AF	4BEx	PR	QS	999	冻带骨野猪前腿、后腿及肉
020322	00	90	冻藏的带骨猪前腿、后腿及其肉块	Hams, shoulders and cuts of swine, with bone in, frozen	【最】12【普】70 【协东盟】0【协巴基斯坦】6【协智利】0 【协新西兰】0【协秘鲁】0【协哥斯达黎加】0 【协冰岛】0【协瑞士】4.8【协澳大利亚】0 【协韩国】6【协格鲁吉亚】7.2【协香港】0 【协澳门】0 【特东老挝】0【特东柬埔寨】0【特-1】0 【特-2】0【特-3】0 【增】10【对美加征】25【出】0【退】6	千克	7A	4Bx	PR	QS	999	冻藏的带骨猪前腿、后腿及其肉块
020329	00	10	冻藏野猪其他肉	Other meat of wild swine, frozen	【最】12【普】70 【协东盟】0【协巴基斯坦】6【协智利】0 【协新西兰】0【协秘鲁】4【协哥斯达黎加】0 【协冰岛】0【协瑞士】4.8【协澳大利亚】0 【协韩国】6【协格鲁吉亚】7.2【协香港】0 【协澳门】0 【特东柬埔寨】0【特-1】0【特-2】0【特-3】0 【增】10【对美加征】25【出】0【退】10	千克	7AF	4BEx	PR	QS	999	冻藏野猪其他肉
020329	00	90	其他冻藏猪肉	Other meat of swine, frozen	【最】12【普】70 【协东盟】0【协巴基斯坦】6【协智利】0 【协新西兰】0【协秘鲁】4【协哥斯达黎加】0 【协冰岛】0【协瑞士】4.8【协澳大利亚】0 【协韩国】6【协格鲁吉亚】7.2【协香港】0 【协澳门】0 【特东柬埔寨】0【特-1】0【特-2】0【特-3】0 【增】10【对美加征】25【出】0【退】10	千克	7A	4Bx	PR	QS	999	其他冻藏猪肉
020410	00		鲜或冷藏的整头及半头羔羊肉	Carcasses and half-carcasses of lamb, fresh or chilled	【最】15【普】70 【协东盟】0【协巴基斯坦】12【协智利】0 【协新西兰】0【协秘鲁】5【协哥斯达黎加】6 【协冰岛】0【协瑞士】6【协澳大利亚】6.7 【协韩国】7.5【协格鲁吉亚】9【协香港】0 【协澳门】0 【特-1】0【特-2】0 【增】10【出】0【退】6	千克	7A	B	PR	QS	101 102 103 104 105 ……	鲜或冷藏的整头及半头羔羊肉（鲜的绵羊肉） 鲜或冷藏的整头及半头羔羊肉（冷藏绵羊肉） 鲜或冷藏的整头及半头羔羊肉（鲜的山羊肉） 鲜或冷藏的整头及半头羔羊肉（冷藏山羊肉） 鲜或冷藏的整头及半头羔羊肉（鲜的野羊肉） ……①

① 该税号项下检验检疫编码及对应中文名称尚有：106　鲜或冷藏的整头及半头羔羊肉（冷藏野羊肉）。

税则号列			货品名称中英文		税费综合信息	计量单位	监管证件代码		检验检疫类别		检验检疫编码	检验检疫编码对应中文名称
HS 国际统一前6位	本国子目 7~8位	本国子目 9~10位	中文 货物名称	英文 Article Description			进口	出口	进口	出口		
020421	00		鲜或冷藏的整头及半头绵羊肉	Meat of sheep, Carcasses and half-carcasses, fresh or chilled	【最】23【普】70 【协东盟】0【协智利】0【协新西兰】0 【协秘鲁】7.7【协哥斯达黎加】9.2【协冰岛】0 【协瑞士】9.2【协澳大利亚】10.2 【协韩国】17.2【协格鲁吉亚】13.8【协香港】0 【协澳门】0 【特-1】0【特-2】0 【增】10【出】0【退】6	千克	7A	B	PR	Q	101 102 103 104	鲜或冷藏的整头及半头绵羊肉（鲜的绵羊肉） 鲜或冷藏的整头及半头绵羊肉（冷藏绵羊肉） 鲜或冷藏的整头及半头绵羊肉（鲜的野羊肉） 鲜或冷藏的整头及半头绵羊肉（冷藏野羊肉）
020422	00		鲜或冷藏的带骨绵羊肉	Meat of sheep, Other cuts with bone in, fresh or chilled	【最】15【普】70 【协东盟】0【协巴基斯坦】12【协智利】0 【协新西兰】0【协秘鲁】5【协哥斯达黎加】6 【协冰岛】0【协瑞士】6【协澳大利亚】6.7 【协韩国】7.5【协格鲁吉亚】9【协香港】0 【协澳门】0 【特-1】0【特-2】0 【增】10【对美加征】10【出】0【退】6	千克	7A	B	PR	QS	101 102 103 104	鲜或冷藏的带骨绵羊肉（鲜的绵羊肉） 鲜或冷藏的带骨绵羊肉（冷藏绵羊肉） 鲜或冷藏的带骨绵羊肉（鲜的野羊肉） 鲜或冷藏的带骨绵羊肉（冷藏野羊肉）
020423	00		鲜或冷藏的去骨绵羊肉	Meat of sheep, Boneless, fresh or chilled	【最】15【普】70 【协东盟】0【协巴基斯坦】12【协智利】0 【协新西兰】0【协秘鲁】2.5【协哥斯达黎加】6 【协冰岛】0【协瑞士】6【协澳大利亚】6.7 【协韩国】7.5【协格鲁吉亚】9【协香港】0 【协澳门】0 【特-1】0【特-2】0 【增】10【出】0【退】6	千克	7A	B	PR	QS	101 102 103 104	鲜或冷藏的去骨绵羊肉（鲜的绵羊肉） 鲜或冷藏的去骨绵羊肉（冷藏绵羊肉） 鲜或冷藏的去骨绵羊肉（鲜的野羊肉） 鲜或冷藏的去骨绵羊肉（冷藏野羊肉）
020430	00		冻藏的整头及半头羔羊肉	Carcasses and half-carcasses of lamb, frozen	【最】15【普】70 【协东盟】0【协巴基斯坦】12【协智利】0 【协新西兰】0【协秘鲁】6.2【协哥斯达黎加】6 【协冰岛】0【协瑞士】6【协澳大利亚】6.7 【协韩国】7.5【协格鲁吉亚】9【协香港】0 【协澳门】0 【特-1】0【特-2】0 【增】10【出】0【退】6	千克	7A	B	PR	QS	101 102 103	冻藏的整头及半头羔羊肉（绵羊肉） 冻藏的整头及半头羔羊肉（山羊肉） 冻藏的整头及半头羔羊肉（野羊肉）
020441	00		冻藏的整头及半头绵羊肉	Meat of sheep, Carcasses and half-carcasses, frozen	【最】23【普】70 【协东盟】0【协智利】0【协新西兰】0 【协秘鲁】9.5【协哥斯达黎加】9.2 【协冰岛】0【协瑞士】9.2【协澳大利亚】10.2 【协韩国】17.2【协格鲁吉亚】13.8【协香港】0 【协澳门】0 【特-1】0【特-2】0 【增】10【出】0【退】6	千克	7A	B	PR	QS	101 102	冻藏的整头及半头绵羊肉（绵羊肉） 冻藏的整头及半头绵羊肉（野羊肉）
020442	00		冻藏的其他带骨绵羊肉	Meat of sheep, Other cuts with bone in, frozen	【最】12【普】70 【协东盟】0【协巴基斯坦】6【协智利】0 【协新西兰】0【协秘鲁】4.9 【协哥斯达黎加】4.8【协冰岛】0【协瑞士】4.8 【协澳大利亚】5.3【协韩国】6 【协格鲁吉亚】7.2【协香港】0【协澳门】0 【特-1】0【特-2】0 【增】10【出】0【退】6	千克	7A	B	PR	QS	101 102	冻藏的其他带骨绵羊肉（绵羊肉） 冻藏的其他带骨绵羊肉（野羊肉）
020443	00		冻藏的其他去骨绵羊肉	Meat of sheep, Boneless, frozen	【最】15【普】70 【协东盟】0【协巴基斯坦】12【协智利】0 【协新西兰】0【协秘鲁】6.2【协哥斯达黎加】6 【协冰岛】0【协瑞士】6【协澳大利亚】6.7 【协韩国】7.5【协格鲁吉亚】9【协香港】0 【协澳门】0 【特-1】0【特-2】0 【增】10【出】0【退】10	千克	7A	B	PR	QS	101 102	冻藏的其他去骨绵羊肉（绵羊肉） 冻藏的其他去骨绵羊肉（野羊肉）
020450	00		鲜或冷藏、冻藏的山羊肉	Meat of goats, fresh, chilled or frozen	【最】20【普】70 【协东盟】0【协智利】0【协新西兰】0 【协秘鲁】3.3【协哥斯达黎加】8【协冰岛】0 【协瑞士】8【协澳大利亚】8.9【协韩国】13.3 【协格鲁吉亚】12【协香港】0【协澳门】0 【特-1】0【特-2】0 【增】10【出】0【退】10	千克	7A	B	PR	QS	101 102 103 104	鲜或冷藏、冻藏的山羊肉（鲜的去骨山羊肉） 鲜或冷藏、冻藏的山羊肉（鲜的带骨山羊肉） 鲜或冷藏、冻藏的山羊肉（鲜的整头及半头山羊肉） 鲜或冷藏、冻藏的山羊肉（冷藏去骨山羊肉）

税则号列			货品名称中英文		税费综合信息	计量单位	监管证件代码		检验检疫类别		检验检疫编码	检验检疫编码对应中文名称
HS国际统一前6位	本国子目 7~8位	本国子目 9~10位	中文 货物名称	英文 Article Description			进口	出口	进口	出口		
											105 ……	鲜或冷藏、冻藏的山羊肉（冷藏带骨山羊肉） ……①
020500	00	10	鲜、冷或冻的濒危野马、野驴肉	Meat of endangered wild horses, asses, fresh, chilled or frozen	【最】20【普】70 【协东盟】0【协智利】0【协新西兰】0 【协秘鲁】0【协哥斯达黎加】0【协冰岛】0 【协瑞士】8【协澳大利亚】0【协韩国】13.3 【协格鲁吉亚】0【协香港】0【协澳门】0 【特-1】0【特-2】0 【增】10【出】0【退】0	千克	AF	BE	PR	QS	101 102 103 104 105 ……	鲜、冷或冻的濒危野马、野驴肉（鲜的去骨野马肉） 鲜、冷或冻的濒危野马、野驴肉（鲜的带骨野马肉） 鲜、冷或冻的濒危野马、野驴肉（鲜的整头及半头野马肉） 鲜、冷或冻的濒危野马、野驴肉（冷藏去骨野马肉） 鲜、冷或冻的濒危野马、野驴肉（冷藏带骨野马肉） ……②
020500	00	90	鲜、冷或冻的马、驴、骡肉	Other meat of horses, asses, mules or innies, fresh, chilled or frozen	【最】20【普】70 【协东盟】0【协智利】0【协新西兰】0 【协秘鲁】0【协哥斯达黎加】0【协冰岛】0 【协瑞士】8【协澳大利亚】0【协韩国】13.3 【协格鲁吉亚】0【协香港】0【协澳门】0 【特-1】0【特-2】0 【增】10【出】0【退】6	千克	A	B	PR	QS	101 102 103 104 105 ……	鲜、冷或冻的马、驴、骡肉（鲜的去骨马肉） 鲜、冷或冻的马、驴、骡肉（鲜的带骨马肉） 鲜、冷或冻的马、驴、骡肉（鲜的整头及半头马肉） 鲜、冷或冻的马、驴、骡肉（冷藏去骨马肉） 鲜、冷或冻的马、驴、骡肉（冷藏带骨马肉） ……③
020610	00		鲜或冷藏的牛杂碎	Edible offal of Of bovine animals, fresh or chilled	【最】12【普】70 【协东盟】0【协巴基斯坦】6【协智利】0 【协新西兰】0【协秘鲁】2【协哥斯达黎加】0 【协冰岛】0【协瑞士】4.8【协澳大利亚】0 【协韩国】6【协格鲁吉亚】7.2【协香港】0 【协澳门】0 【特东老挝】0【特东柬埔寨】0【特-1】0 【特-2】0【特-3】0 【增】10【出】0【退】10	千克	A	4Bx	PR	QS	101 102 103 104	鲜或冷藏的牛杂碎（鲜的牛心） 鲜或冷藏的牛杂碎（冷藏牛心） 鲜或冷藏的牛杂碎（鲜的牛鞭） 鲜或冷藏的牛杂碎（冷藏牛鞭）

① 该税号项下检验检疫编码及对应中文名称尚有：106　鲜或冷藏、冻藏的山羊肉（冷藏整头及半头山羊肉），107　鲜或冷藏、冻藏的山羊肉（冻藏去骨山羊肉），108　鲜或冷藏、冻藏的山羊肉（冻藏带骨山羊肉），109　鲜或冷藏、冻藏的山羊肉（冻藏整头及半头山羊肉），110　鲜或冷藏、冻藏的山羊肉（鲜的去骨野羊肉），111　鲜或冷藏、冻藏的山羊肉（鲜的带骨野羊肉），112　鲜或冷藏、冻藏的山羊肉（鲜的整头及半头野羊肉），113　鲜或冷藏、冻藏的山羊肉（冷藏去骨野羊肉），114　鲜或冷藏、冻藏的山羊肉（冷藏带骨野羊肉），115　鲜或冷藏、冻藏的山羊肉（冷藏整头及半头野羊肉），116　鲜或冷藏、冻藏的山羊肉（冻藏去骨野羊肉），117　鲜或冷藏、冻藏的山羊肉（冻藏带骨野羊肉），118　鲜或冷藏、冻藏的山羊肉（冻藏整头及半头野羊肉）。

② 该税号项下检验检疫编码及对应中文名称尚有：106　鲜、冷或冻的濒危野马、野驴肉（冷藏整头及半头野马肉），107　鲜、冷或冻的濒危野马、野驴肉（冻藏去骨野马肉），108　鲜、冷或冻的濒危野马、野驴肉（冻藏带骨野马肉），109　鲜、冷或冻的濒危野马、野驴肉（冻藏整头及半头野马肉），110　鲜、冷或冻的濒危野马、野驴肉（鲜的去骨野驴肉），111　鲜、冷或冻的濒危野马、野驴肉（鲜的带骨野驴肉），112　鲜、冷或冻的濒危野马、野驴肉（鲜的整头及半头野驴肉），113　鲜、冷或冻的濒危野马、野驴肉（冷藏去骨野驴肉），114　鲜、冷或冻的濒危野马、野驴肉（冷藏带骨野驴肉），115　鲜、冷或冻的濒危野马、野驴肉（冷藏整头及半头野驴肉），116　鲜、冷或冻的濒危野马、野驴肉（冻藏去骨野驴肉），117　鲜、冷或冻的濒危野马、野驴肉（冻藏带骨野驴肉），118　鲜、冷或冻的濒危野马、野驴肉（冻藏整头及半头野驴肉）。

③ 该税号项下检验检疫编码及对应中文名称尚有：106　鲜、冷或冻的马、驴、骡肉（冷藏整头及半头马肉），107　鲜、冷或冻的马、驴、骡肉（冻藏去骨马肉），108　鲜、冷或冻的马、驴、骡肉（冻藏带骨马肉），109　鲜、冷或冻的马、驴、骡肉（冻藏整头及半头马肉），110　鲜、冷或冻的马、驴、骡肉（鲜的去骨驴肉），111　鲜、冷或冻的马、驴、骡肉（鲜的带骨驴肉），112　鲜、冷或冻的马、驴、骡肉（鲜的整头及半头驴肉），113　鲜、冷或冻的马、驴、骡肉（冷藏去骨驴肉），114　鲜、冷或冻的马、驴、骡肉（冷藏带骨驴肉），115　鲜、冷或冻的马、驴、骡肉（冷藏整头及半头驴肉），116　鲜、冷或冻的马、驴、骡肉（冷藏去骨驴肉），117　鲜、冷或冻的马、驴、骡肉（冻藏带骨驴肉），118　鲜、冷或冻的马、驴、骡肉（冻藏整头及半头驴肉），119　鲜、冷或冻的马、驴、骡肉（鲜的去骨骡肉），120　鲜、冷或冻的马、驴、骡肉（鲜的带骨骡肉），121　鲜、冷或冻的马、驴、骡肉（鲜的整头及半头骡肉），122　鲜、冷或冻的马、驴、骡肉（冷藏去骨骡肉），123　鲜、冷或冻的马、驴、骡肉（冷藏带骨骡肉），124　鲜、冷或冻的马、驴、骡肉（冷藏整头及半头骡肉），125　鲜、冷或冻的马、驴、骡肉（冻藏去骨骡肉），126　鲜、冷或冻的马、驴、骡肉（冻藏带骨骡肉），127　鲜、冷或冻的马、驴、骡肉（冻藏整头及半头骡肉）。

税则号列			货品名称中英文		税费综合信息	计量单位	监管证件代码		检验检疫类别		检验检疫编码	检验检疫编码对应中文名称
HS国际统一前6位	本国子目 7~8位	9~10位	中文 货物名称	英文 Article Description			进口	出口	进口	出口		
											105 ……	鲜或冷藏的牛杂碎（鲜的牛舌） ……①
020621	00		冻牛舌	Tongues Of bovine animals, frozen	【最】12【普】70 【协东盟】0【协巴基斯坦】6【协智利】0 【协新西兰】0【协秘鲁】0【协哥斯达黎加】0 【协冰岛】0【协瑞士】4.8【协澳大利亚】0 【协韩国】6【协格鲁吉亚】7.2【协香港】0 【协澳门】0 【特东老挝】0【特东柬埔寨】0【特-1】0 【特-2】0【特-3】0 【增】10【出】0【退】6	千克	7A	4Bx	PR	QS	101 102	冻牛舌（冻牛舌） 冻牛舌（冻野牛舌）
020622	00		冻牛肝	Livers Of bovine animals, frozen	【最】12【普】70 【协东盟】0【协巴基斯坦】6【协智利】0 【协新西兰】0【协秘鲁】0【协哥斯达黎加】0 【协冰岛】0【协瑞士】4.8【协澳大利亚】0 【协韩国】6【协格鲁吉亚】7.2【协香港】0 【协澳门】0 【特东老挝】0【特东柬埔寨】0【特-1】0 【特-2】0【特-3】0 【增】10【出】0【退】6	千克	7A	4Bx	PR	QS	101 102	冻牛肝（冻牛肝） 冻牛肝（冻野牛肝）
020629	00		其他冻牛杂碎	Other edible offal Of bovine animals, frozen	【最】12【普】70 【协东盟】0【协巴基斯坦】6【协智利】0 【协新西兰】0【协秘鲁】0【协哥斯达黎加】0 【协冰岛】0【协瑞士】4.8【协澳大利亚】4.5 【协韩国】6【协格鲁吉亚】7.2【协香港】0 【协澳门】0 【特东老挝】0【特东柬埔寨】0【特-1】0 【特-2】0【特-3】0 【增】10【对美加征】25【出】0【退】6	千克	7A	4Bx	PR	QS	101 102 103 104 105 ……	其他冻牛杂碎（牛心） 其他冻牛杂碎（冻牛鞭） 其他冻牛杂碎（冻牛尾） 其他冻牛杂碎（冻牛筋） 其他冻牛杂碎（牛横膈膜） ……②
020630	00		鲜或冷藏的猪杂碎	Edible offal Of swine, fresh or chilled	【最】20【普】70 【协东盟】0【协智利】0【协新西兰】0 【协秘鲁】0【协哥斯达黎加】0【协冰岛】0 【协瑞士】8【协澳大利亚】0【协韩国】13.3 【协格鲁吉亚】12【协香港】0【协澳门】0 【特东老挝】0【特东柬埔寨】0【特东缅甸】0 【特-1】0【特-2】0【特-3】0 【增】10【对美加征】25【出】0【退】6	千克	A	4Bx	PR	QS	101 102 103 104	鲜或冷藏的猪杂碎（鲜的猪心） 鲜或冷藏的猪杂碎（冷藏猪心） 鲜或冷藏的猪杂碎（鲜的猪肝） 鲜或冷藏的猪杂碎（冷藏猪肝）

① 该税号项下检验检疫编码及对应中文名称尚有：106 鲜或冷藏的牛杂碎（冷藏牛舌），107 鲜或冷藏的牛杂碎（鲜的牛尾），108 鲜或冷藏的牛杂碎（冷藏牛尾），109 鲜或冷藏的牛杂碎（鲜的牛肝），110 鲜或冷藏的牛杂碎（冷藏牛肝），111 鲜或冷藏的牛杂碎（鲜的牛筋），112 鲜或冷藏的牛杂碎（冷藏牛筋），113 鲜或冷藏的牛杂碎（鲜的牛横膈膜），114 鲜或冷藏的牛杂碎（冷藏牛横膈膜），115 鲜或冷藏的牛杂碎（鲜的牛头及头块），116 鲜或冷藏的牛杂碎（冷藏牛头及头块），117 鲜或冷藏的牛杂碎（鲜的牛食用皮），118 鲜或冷藏的牛杂碎（冷藏牛食用皮），119 鲜或冷藏的牛杂碎（鲜的牛肾），120 鲜或冷藏的牛杂碎（冷藏牛肾），121 鲜或冷藏的牛杂碎（鲜的牛脚），122 鲜或冷藏的牛杂碎（冷藏牛脚），123 鲜或冷藏的牛杂碎（鲜的其他牛杂碎），124 鲜或冷藏的牛杂碎（冷藏其他牛杂碎），125 鲜或冷藏的牛杂碎（鲜的野牛心），126 鲜或冷藏的牛杂碎（冷藏野牛心），127 鲜或冷藏的牛杂碎（鲜的野牛舌），128 鲜或冷藏的牛杂碎（冷藏野牛舌），129 鲜或冷藏的牛杂碎（鲜的野牛尾），130 鲜或冷藏的牛杂碎（冷藏野牛尾），131 鲜或冷藏的牛杂碎（鲜的野牛肝），132 鲜或冷藏的牛杂碎（冷藏野牛肝），133 鲜或冷藏的牛杂碎（鲜的野牛筋），134 鲜或冷藏的牛杂碎（冷藏野牛筋），135 鲜或冷藏的牛杂碎（鲜的野牛横膈膜），136 鲜或冷藏的牛杂碎（冷藏野牛横膈膜），137 鲜或冷藏的牛杂碎（鲜的野牛头及头块），138 鲜或冷藏的牛杂碎（冷藏野牛头及头块），139 鲜或冷藏的牛杂碎（鲜的野牛食用皮），140 鲜或冷藏的牛杂碎（冷藏野牛食用皮），141 鲜或冷藏的牛杂碎（鲜的野牛肾），142 鲜或冷藏的牛杂碎（冷藏野牛肾），143 鲜或冷藏的牛杂碎（鲜的野牛脚），144 鲜或冷藏的牛杂碎（冷藏野牛脚），145 鲜或冷藏的牛杂碎（鲜的其他野牛杂碎），146 鲜或冷藏的牛杂碎（冷藏其他野牛杂碎）。

② 该税号项下检验检疫编码及对应中文名称尚有：106 其他冻牛杂碎（牛头及头块），107 其他冻牛杂碎（牛食用皮），108 其他冻牛杂碎（牛肾），109 其他冻牛杂碎（牛脚），110 其他冻牛杂碎（其他牛杂碎），111 其他冻牛杂碎（野牛心），112 其他冻牛杂碎（野牛尾），113 其他冻牛杂碎（野牛筋），114 其他冻牛杂碎（野牛横膈膜），115 其他冻牛杂碎（野牛头及头块），116 其他冻牛杂碎（野牛食用皮），117 其他冻牛杂碎（野牛肾），118 其他冻牛杂碎（野牛脚），119 其他冻牛杂碎（其他野牛杂碎）。

税则号列			货品名称中英文		税费综合信息	计量单位	监管证件代码		检验检疫类别		检验检疫编码	检验检疫编码对应中文名称
HS国际统一前6位	本国子目7~8位	本国子目9~10位	中文货物名称	英文 Article Description			进口	出口	进口	出口		
											105 ……	鲜或冷藏的猪杂碎（鲜的猪肺） ……①
020641	00		冻猪肝	Livers Of swine, frozen	【最】20【普】70 【协东盟】0【协智利】0 【协新西兰】0【协秘鲁】0【协哥斯达黎加】0 【协冰岛】0【协瑞士】8【协澳大利亚】0 【协韩国】13.3【协格鲁吉亚】12【协香港】0 【协澳门】0 【特东老挝】0【特东柬埔寨】0【特-1】0 【特-2】0【特-3】0 【增】10【对美加征】25【出】0【退】6	千克	7A	4Bx	PR	QS	101 102	冻猪肝（冻猪肝） 冻猪肝（冻野猪肝）
020649	00		其他冻猪杂碎	Other edible offal Of swine, frozen	【最】12【普】70 【协东盟】0【协巴基斯坦】6【协智利】0 【协新西兰】0【协秘鲁】0【协哥斯达黎加】0 【协冰岛】0【协瑞士】4.8【协澳大利亚】0 【协韩国】6【协格鲁吉亚】7.2【协香港】0 【协澳门】0 【特东老挝】0【特东柬埔寨】0【特-1】0 【特-2】0【特-3】0 【增】10【对美加征】25【出】0【退】6	千克	7A	4Bx	PR	QS	101 102 103 104 105 ……	其他冻猪杂碎（猪心） 其他冻猪杂碎（猪肺） 其他冻猪杂碎（猪肾） 其他冻猪杂碎（猪舌） 其他冻猪杂碎（猪尾） ……②
020680	00	10	鲜或冷的羊杂碎	Edible offal of sheep or goats, fresh or chilled	【最】20【普】70 【协东盟】0【协智利】0【协新西兰】0 【协秘鲁】3.3【协哥斯达黎加】0【协冰岛】0 【协瑞士】8【协澳大利亚】10【协韩国】13.3 【协格鲁吉亚】12【协香港】0【协澳门】0 【特东柬埔寨】0【特-1】0【特-2】0【特-3】0 【增】10【出】0【退】6	千克	A	B	PR	QS	101 102 103 104 105 ……	鲜或冷的羊杂碎（饲料用绵羊肠） 鲜或冷的羊杂碎［饲料用绵羊真胃（绵羊肚）］ 鲜或冷的羊杂碎［饲料用绵羊瓣胃（绵羊百叶）］ 鲜或冷的羊杂碎（饲料用绵羊网胃） 鲜或冷的羊杂碎（饲料用绵羊瘤胃） ……③

① 该税号项下检验检疫编码及对应中文名称尚有：106　鲜或冷藏的猪杂碎（冷藏猪肺），107　鲜或冷藏的猪杂碎（鲜的猪肾），108　鲜或冷藏的猪杂碎（冷藏猪肾），109　鲜或冷藏的猪杂碎（鲜的猪舌），110　鲜或冷藏的猪杂碎（冷藏猪舌），111　鲜或冷藏的猪杂碎（鲜的猪尾），112　鲜或冷藏的猪杂碎（冷藏猪尾），113　鲜或冷藏的猪杂碎（鲜的猪耳），114　鲜或冷藏的猪杂碎（冷藏猪耳），115　鲜或冷藏的猪杂碎（鲜的猪蹄），116　鲜或冷藏的猪杂碎（冷藏猪蹄），117　鲜或冷藏的猪杂碎（鲜的猪睾丸），118　鲜或冷藏的猪杂碎（冷藏猪睾丸），119　鲜或冷藏的猪杂碎（鲜的猪食用皮），120　鲜或冷藏的猪杂碎（冷藏猪食用皮），121　鲜或冷藏的猪杂碎（鲜的猪头及头块），122　鲜或冷藏的猪杂碎（冷藏猪头及头块），123　鲜或冷藏的猪杂碎（鲜的猪横膈膜），124　鲜或冷藏的猪杂碎（冷藏猪横膈膜），125　鲜或冷藏的猪杂碎（鲜的其他猪杂碎），126　鲜或冷藏的猪杂碎（冷藏其他猪杂碎），127　鲜或冷藏的猪杂碎（鲜的野猪心），128　鲜或冷藏的猪杂碎（冷藏野猪心），129　鲜或冷藏的猪杂碎（鲜的野猪肝），130　鲜或冷藏的猪杂碎（冷藏野猪肝），131　鲜或冷藏的猪杂碎（鲜的野猪肺），132　鲜或冷藏的猪杂碎（冷藏野猪肺），133　鲜或冷藏的猪杂碎（鲜的野猪肾），134　鲜或冷藏的猪杂碎（冷藏野猪肾），135　鲜或冷藏的猪杂碎（鲜的野猪舌），136　鲜或冷藏的猪杂碎（冷藏野猪舌），137　鲜或冷藏的猪杂碎（鲜的野猪尾），138　鲜或冷藏的猪杂碎（冷藏野猪尾），139　鲜或冷藏的猪杂碎（鲜的野猪耳），140　鲜或冷藏的猪杂碎（冷藏野猪耳），141　鲜或冷藏的猪杂碎（鲜的野猪蹄），142　鲜或冷藏的猪杂碎（冷藏野猪蹄），143　鲜或冷藏的猪杂碎（鲜的野猪全蹄），144　鲜或冷藏的猪杂碎（冷藏野猪全蹄），145　鲜或冷藏的猪杂碎（鲜的野猪睾丸），146　鲜或冷藏的猪杂碎（冷藏野猪睾丸），147　鲜或冷藏的猪杂碎（鲜的野猪食用皮），148　鲜或冷藏的猪杂碎（冷藏野猪食用皮），149　鲜或冷藏的猪杂碎（鲜的野猪头及头块），150　鲜或冷藏的猪杂碎（冷藏野猪头及头块），151　鲜或冷藏的猪杂碎（鲜的野猪横膈膜），152　鲜或冷藏的猪杂碎（冷藏野猪横膈膜），153　鲜或冷藏的猪杂碎（鲜的其他野猪杂碎），154　鲜或冷藏的猪杂碎（冷藏其他野猪杂碎）。

② 该税号项下检验检疫编码及对应中文名称尚有：106　其他冻猪杂碎（猪耳），107　其他冻猪杂碎（猪蹄），109　其他冻猪杂碎（猪睾丸），110　其他冻猪杂碎（猪食用皮），111　其他冻猪杂碎（猪头及头块），112　其他冻猪杂碎（猪横膈膜），113　其他冻猪杂碎（其他猪杂碎），114　其他冻猪杂碎（野猪心），115　其他冻猪杂碎（野猪肺），116　其他冻猪杂碎（野猪肾），117　其他冻猪杂碎（野猪舌），118　其他冻猪杂碎（野猪尾），119　其他冻猪杂碎（野猪耳），120　其他冻猪杂碎（野猪蹄），121　其他冻猪杂碎（野猪全蹄），122　其他冻猪杂碎（野猪睾丸），123　其他冻猪杂碎（野猪食用皮），124　其他冻猪杂碎（野猪头及头块），125　其他冻猪杂碎（野猪横膈膜），126　其他冻猪杂碎（其他野猪杂碎）。

③ 该税号项下检验检疫编码及对应中文名称尚有：106　鲜或冷的羊杂碎（饲料用绵羊心），107　鲜或冷的羊杂碎（饲料用绵羊肝），108　鲜或冷的羊杂碎（饲料用绵羊肺），109　鲜或冷的羊杂碎（饲料用绵羊肾），110　鲜或冷的羊杂碎（饲料用其他绵羊杂碎），111　鲜或冷的羊杂碎（饲料用山羊肠），112　鲜或冷的羊杂碎［饲料用山羊真胃（山羊肚）］，113　鲜或冷的羊杂碎［饲料用山羊瓣胃（山羊百叶）］，114　鲜或冷的羊杂碎（饲料用山羊网胃），115　鲜或冷的羊杂碎（饲料用山羊瘤胃），116　鲜或冷的羊杂碎（饲料用山羊心），117　鲜或冷的羊杂碎（饲料用山羊肝），118　鲜或冷的羊杂碎（饲料用山羊肺），119　鲜或冷的羊杂碎（饲料用山羊肾），120　鲜或冷的羊杂碎（饲料用其他山羊杂碎），121　鲜或冷的羊杂碎（鲜的绵羊心），122　鲜或冷的羊杂碎（冷藏绵羊心），123　鲜或冷的羊杂碎（鲜的绵羊肝），124　鲜或冷的羊杂碎（冷藏绵羊肝），125　鲜或冷的羊杂碎（鲜的绵羊肺），126　鲜或冷的羊杂碎（冷藏绵羊肺），127　鲜或冷的羊杂碎（鲜的绵羊肾），128　鲜或冷的羊杂碎（冷藏绵羊肾），129　鲜或冷的羊杂碎（鲜的绵羊舌），130　鲜或冷的羊杂碎（冷藏绵羊舌），131　鲜或冷的羊杂碎（鲜的绵羊睾丸），132　鲜或冷的羊杂碎（冷藏绵羊睾丸），133　鲜或冷的羊杂碎（鲜的绵羊蹄），134　鲜或冷的羊杂碎（冷藏绵羊蹄），135　鲜或冷的羊杂碎（鲜的绵羊头及头块），136　鲜或冷的羊杂碎（冷藏绵羊头及头块），139　鲜或冷的羊杂碎（鲜的其他绵羊杂碎），140　鲜或冷的羊杂碎（冷藏其他绵羊杂碎），141　鲜或冷的羊杂碎（鲜的山羊心），142　鲜或冷的羊杂碎（冷藏山羊心），143　鲜或冷的羊杂碎（鲜的山羊肝），144　鲜或冷的羊杂碎（冷藏山羊肝），145　鲜或冷的羊杂碎（鲜的山羊肺），146　鲜或冷的羊杂碎（冷藏山羊肺），147　鲜或冷的羊杂碎（鲜的山羊肾），148　鲜或冷的羊杂碎（冷藏山羊肾），149　鲜或冷的羊杂碎（鲜的山羊舌），150　鲜或冷的羊杂碎（冷藏山羊舌），151　鲜或冷的羊杂碎（鲜的山羊睾丸），152　鲜或冷的羊杂碎（冷藏山羊睾丸），153　鲜或冷的羊杂碎（鲜的山羊蹄），154　鲜或冷的羊杂碎（冷藏山羊蹄），155　鲜或冷的羊杂碎（鲜的山羊头及头块），156　鲜或冷的羊杂碎（冷藏山羊头及头块），157　鲜或冷的羊杂碎（鲜的其他山羊杂碎），158　鲜或冷的羊杂碎（冷藏其他山羊杂碎），159　鲜或冷的羊杂碎（鲜的野山羊心），160　鲜或冷的羊杂碎（冷藏野山羊心），161　鲜或冷的羊杂碎（鲜的野山羊肝），162　鲜或冷的羊杂碎（冷藏野山羊肝），163　鲜或冷的羊杂碎（鲜的野山羊肺），164　鲜或冷的羊杂碎（冷藏野山羊肺），165　鲜或冷的羊杂碎（鲜的野山羊肾），166　鲜或冷的羊杂碎（冷藏野山羊肾），167　鲜或冷的羊杂碎（鲜的野山羊舌），168　鲜或冷的羊杂碎（冷藏野山羊舌），169　鲜或冷的羊杂碎（鲜的野山羊睾丸），170　鲜或冷的羊杂碎（冷藏野山羊睾丸），171　鲜或冷的羊杂碎（鲜的野山羊脚），172　鲜或冷的羊杂碎（冷藏野山羊脚），173　鲜或冷的羊杂碎（鲜的野山羊头及头块），174　鲜或冷的羊杂碎（冷藏野山羊头及头块），175　鲜或冷的羊杂碎（鲜的其他野山羊杂碎），176　鲜或冷的羊杂碎（冷藏其他野山羊杂碎）。

税则号列			货品名称中英文		税费综合信息	计量单位	监管证件代码		检验检疫类别		检验检疫编码	检验检疫编码对应中文名称
HS 国际统一前6位	本国子目 7~8位	本国子目 9~10位	中文 货物名称	英文 Article Description			进口	出口	进口	出口		
020680	00	90	鲜或冷的马、驴、骡杂碎	Edible offal of horses, asses, mules or hinnies, fresh or chilled	【最】20【普】70 【协东盟】0【协智利】0【协新西兰】0 【协秘鲁】3.3【协哥斯达黎加】0【协冰岛】0 【协瑞士】8【协澳大利亚】10【协韩国】13.3 【协格鲁吉亚】12【协香港】0【协澳门】0 【特东柬埔寨】0【特-1】0【特-2】0【特-3】0 【增】10【出】0【退】6	千克	A	B	PR	QS	101 102 103 104 105 ……	鲜或冷的马、驴、骡杂碎（鲜的马心） 鲜或冷的马、驴、骡杂碎（冷藏马心） 鲜或冷的马、驴、骡杂碎（鲜的马肝） 鲜或冷的马、驴、骡杂碎（冷藏马肝） 鲜或冷的马、驴、骡杂碎（鲜的马肺） ……①
020690	00	10	冻藏的羊杂碎	Edible offal of sheep or goats, frozen	【最】18【普】70 【协东盟】0【协巴基斯坦】14.4【协智利】0 【协新西兰】0【协秘鲁】7.4【协哥斯达黎加】0 【协冰岛】0【协瑞士】7.2【协澳大利亚】6.8 【协韩国】12【协格鲁吉亚】10.8【协香港】0 【协澳门】0 【特东柬埔寨】0【特-1】0【特-2】0【特-3】0 【增】10【出】0【退】6	千克	7A	B	PR	QS	101 102 103 104 105 ……	冻藏的羊杂碎（饲料用绵羊肠） 冻藏的羊杂碎［饲料用绵羊真胃（绵羊肚）］ 冻藏的羊杂碎［饲料用绵羊瓣胃（绵羊百叶）］ 冻藏的羊杂碎（饲料用绵羊网胃） 冻藏的羊杂碎（饲料用绵羊瘤胃） ……②
020690	00	90	冻藏的马、驴、骡杂碎	Edible offal of horses, asses, mules or hinnies, frozen	【最】18【普】70 【协东盟】0【协巴基斯坦】14.4【协智利】0 【协新西兰】0【协秘鲁】7.4【协哥斯达黎加】0 【协冰岛】0【协瑞士】7.2【协澳大利亚】6.8 【协韩国】12【协格鲁吉亚】10.8【协香港】0 【协澳门】0 【特东柬埔寨】0【特-1】0【特-2】0【特-3】0 【增】10【出】0【退】6	千克	A	B	PR	QS	101 102 103 104	冻藏的马、驴、骡杂碎（马心） 冻藏的马、驴、骡杂碎（马肝） 冻藏的马、驴、骡杂碎（马肺） 冻藏的马、驴、骡杂碎（马肾）

① 该税号项下检验检疫编码及对应中文名称尚有：106 鲜或冷的马、驴、骡杂碎（冷藏马肺），107 鲜或冷的马、驴、骡杂碎（鲜的马肾），108 鲜或冷的马、驴、骡杂碎（冷藏马肾），109 鲜或冷的马、驴、骡杂碎（鲜的马舌），110 鲜或冷的马、驴、骡杂碎（冷藏马舌），111 鲜或冷的马、驴、骡杂碎（鲜的马睾丸），112 鲜或冷的马、驴、骡杂碎（冷藏马睾丸），113 鲜或冷的马、驴、骡杂碎（鲜的马脚），114 鲜或冷的马、驴、骡杂碎（冷藏马脚），115 鲜或冷的马、驴、骡杂碎（鲜的马头及头块），116 鲜或冷的马、驴、骡杂碎（冷藏马头及头块），117 鲜或冷的马、驴、骡杂碎（鲜的其他马杂碎），118 鲜或冷的马、驴、骡杂碎（冷藏其他马杂碎），119 鲜或冷的马、驴、骡杂碎（鲜的野马心），120 鲜或冷的马、驴、骡杂碎（冷藏野马心），121 鲜或冷的马、驴、骡杂碎（鲜的野马肝），122 鲜或冷的马、驴、骡杂碎（冷藏野马肝），123 鲜或冷的马、驴、骡杂碎（鲜的野马肺），124 鲜或冷的马、驴、骡杂碎（冷藏野马肺），125 鲜或冷的马、驴、骡杂碎（鲜的野马肾），126 鲜或冷的马、驴、骡杂碎（冷藏野马肾），127 鲜或冷的马、驴、骡杂碎（鲜的野马舌），128 鲜或冷的马、驴、骡杂碎（冷藏野马舌），129 鲜或冷的马、驴、骡杂碎（鲜的野马睾丸），130 鲜或冷的马、驴、骡杂碎（冷藏野马睾丸），131 鲜或冷的马、驴、骡杂碎（鲜的野马脚），132 鲜或冷的马、驴、骡杂碎（冷藏野马脚），133 鲜或冷的马、驴、骡杂碎（鲜的野马头及头块），134 鲜或冷的马、驴、骡杂碎（冷藏野马头及头块），135 鲜或冷的马、驴、骡杂碎（鲜的其他野马杂碎），136 鲜或冷的马、驴、骡杂碎（冷藏其他野马杂碎），137 鲜或冷的马、驴、骡杂碎（鲜的驴心），138 鲜或冷的马、驴、骡杂碎（冷藏驴心），139 鲜或冷的马、驴、骡杂碎（鲜的驴肝），140 鲜或冷的马、驴、骡杂碎（冷藏驴肝），141 鲜或冷的马、驴、骡杂碎（鲜的驴肺），142 鲜或冷的马、驴、骡杂碎（冷藏驴肺），143 鲜或冷的马、驴、骡杂碎（鲜的驴肾），144 鲜或冷的马、驴、骡杂碎（冷藏驴肾），145 鲜或冷的马、驴、骡杂碎（鲜的驴舌），146 鲜或冷的马、驴、骡杂碎（冷藏驴舌），147 鲜或冷的马、驴、骡杂碎（鲜的驴睾丸），148 鲜或冷的马、驴、骡杂碎（冷藏驴睾丸），149 鲜或冷的马、驴、骡杂碎（鲜的驴脚），150 鲜或冷的马、驴、骡杂碎（冷藏驴脚），151 鲜或冷的马、驴、骡杂碎（鲜的驴头及头块），152 鲜或冷的马、驴、骡杂碎（冷藏驴头及头块），153 鲜或冷的马、驴、骡杂碎（鲜的其他驴杂碎），154 鲜或冷的马、驴、骡杂碎（冷藏其他驴杂碎），155 鲜或冷的马、驴、骡杂碎（鲜的野驴心），156 鲜或冷的马、驴、骡杂碎（冷藏野驴心），157 鲜或冷的马、驴、骡杂碎（鲜的野驴肝），158 鲜或冷的马、驴、骡杂碎（冷藏野驴肝），159 鲜或冷的马、驴、骡杂碎（鲜的野驴肺），160 鲜或冷的马、驴、骡杂碎（冷藏野驴肺），161 鲜或冷的马、驴、骡杂碎（鲜的野驴肾），162 鲜或冷的马、驴、骡杂碎（冷藏野驴肾），163 鲜或冷的马、驴、骡杂碎（鲜的野驴舌），164 鲜或冷的马、驴、骡杂碎（冷藏野驴舌），165 鲜或冷的马、驴、骡杂碎（鲜的野驴睾丸），166 鲜或冷的马、驴、骡杂碎（冷藏野驴睾丸），167 鲜或冷的马、驴、骡杂碎（鲜的野驴脚），168 鲜或冷的马、驴、骡杂碎（冷藏野驴脚），169 鲜或冷的马、驴、骡杂碎（鲜的野驴头及头块），170 鲜或冷的马、驴、骡杂碎（冷藏野驴头及头块），171 鲜或冷的马、驴、骡杂碎（鲜的其他野驴杂碎），172 鲜或冷的马、驴、骡杂碎（冷藏其他野驴杂碎），173 鲜或冷的马、驴、骡杂碎（鲜的骡心），174 鲜或冷的马、驴、骡杂碎（冷藏骡心），175 鲜或冷的马、驴、骡杂碎（鲜的骡肝），176 鲜或冷的马、驴、骡杂碎（冷藏骡肝），177 鲜或冷的马、驴、骡杂碎（鲜的骡肺），178 鲜或冷的马、驴、骡杂碎（冷藏骡肺），179 鲜或冷的马、驴、骡杂碎（鲜的骡肾），180 鲜或冷的马、驴、骡杂碎（冷藏骡肾），181 鲜或冷的马、驴、骡杂碎（鲜的骡舌），182 鲜或冷的马、驴、骡杂碎（冷藏骡舌），183 鲜或冷的马、驴、骡杂碎（鲜的骡睾丸），184 鲜或冷的马、驴、骡杂碎（冷藏骡睾丸），185 鲜或冷的马、驴、骡杂碎（鲜的骡脚），186 鲜或冷的马、驴、骡杂碎（冷藏骡脚），187 鲜或冷的马、驴、骡杂碎（鲜的骡头及头块），188 鲜或冷的马、驴、骡杂碎（冷藏骡头及头块），189 鲜或冷的马、驴、骡杂碎（鲜的其他骡杂碎），190 鲜或冷的马、驴、骡杂碎（冷藏其他骡杂碎）。

② 该税号项下检验检疫编码及对应中文名称尚有：106 冻藏的羊杂碎（饲料用绵羊心），107 冻藏的羊杂碎（饲料用绵羊肝），108 冻藏的羊杂碎（饲料用绵羊肺），109 冻藏的羊杂碎（饲料用绵羊肾），110 冻藏的羊杂碎（饲料用其他绵羊杂碎），111 冻藏的羊杂碎（饲料用山羊肠），112 冻藏的羊杂碎［饲料用山羊真胃（山羊肚）］，113 冻藏的羊杂碎［饲料用山羊瓣胃（山羊百叶）］，114 冻藏的羊杂碎（饲料用山羊网胃），115 冻藏的羊杂碎（饲料用山羊瘤胃），116 冻藏的羊杂碎（饲料用山羊心），117 冻藏的羊杂碎（饲料用山羊肝），118 冻藏的羊杂碎（饲料用山羊肺），119 冻藏的羊杂碎（饲料用山羊肾），120 冻藏的羊杂碎（饲料用其他山羊杂碎），121 冻藏的羊杂碎（绵羊心），122 冻藏的羊杂碎（绵羊肝），123 冻藏的羊杂碎（绵羊肺），124 冻藏的羊杂碎（绵羊肾），125 冻藏的羊杂碎（绵羊舌），126 冻藏的羊杂碎（绵羊睾丸），127 冻藏的羊杂碎（绵羊蹄），128 冻藏的羊杂碎（绵羊头及头块），129 冻藏的羊杂碎（其他绵羊杂碎），130 冻藏的羊杂碎（山羊心），131 冻藏的羊杂碎（山羊肝），132 冻藏的羊杂碎（山羊肺），133 冻藏的羊杂碎（山羊肾），134 冻藏的羊杂碎（山羊舌），135 冻藏的羊杂碎（山羊睾丸），136 冻藏的羊杂碎（山羊蹄），137 冻藏的羊杂碎（山羊头及头块），138 冻藏的羊杂碎（其他山羊杂碎），139 冻藏的羊杂碎（野羊心），140 冻藏的羊杂碎（野羊肝），141 冻藏的羊杂碎（野羊肺），142 冻藏的羊杂碎（野羊肾），143 冻藏的羊杂碎（野羊舌），144 冻藏的羊杂碎（野羊睾丸），145 冻藏的羊杂碎（野羊蹄），146 冻藏的羊杂碎（野羊头及头块），147 冻藏的羊杂碎（其他野羊杂碎）。

税则号列 HS国际统一前6位	本国子目 7~8位	本国子目 9~10位	货品名称中英文 中文 货物名称	货品名称中英文 英文 Article Description	税费综合信息	计量单位	监管证件代码 进口	监管证件代码 出口	检验检疫类别 进口	检验检疫类别 出口	检验检疫编码	检验检疫编码对应中文名称
											105 ……	冻藏的马、驴、骡杂碎（马舌） ……①
020711	00		鲜或冷藏的整只鸡	Meat of fowls of the species Gallus domesticus, not cut in pieces, fresh or chilled	【最】20【普】70 【协东盟】0【协智利】0【协新西兰】0 【协秘鲁】0【协哥斯达黎加】0【协冰岛】0 【协瑞士】8【协澳大利亚】0【协韩国】13.3 【协格鲁吉亚】0【协香港】0【协澳门】0 【特东老挝】0【特东柬埔寨】0【特东缅甸】0 【特-1】0【特-2】0【特-3】0 【增】10【反倾】有【对美加征】25【出】0 【退】6	千克	A	4xB	PR	QS	101 102	鲜或冷藏的整只鸡（鲜的整只鸡） 鲜或冷藏的整只鸡（冷藏整只鸡）
020712	00		冻的整只鸡	Meat of fowls of the species Gallus domesticus, not cut in pieces, frozen	【最】0【普】0 【协东盟】0【协智利】0【协新西兰】0 【协秘鲁】0【协哥斯达黎加】0【协冰岛】0 【协瑞士】8【协澳大利亚】0 【协韩国】0.8元/千克【协格鲁吉亚】0 【协香港】0【协澳门】0 【特东老挝】0【特东柬埔寨】0【特东缅甸】0 【特-1】0【特-2】0【特-3】0 【从量（最）】1.3元/千克 【从量（普）】5.6元/千克 【增】10【反倾】有【对美加征】25【出】0 【退】6	千克	7A	4xB	PR	QS	999	冻的整只鸡
020713	11		鲜或冷的带骨的鸡块	chicken cut, with bone, fresh or chilled	【最】20【普】70 【协东盟】0【协智利】0【协新西兰】0 【协秘鲁】0【协哥斯达黎加】0【协冰岛】0 【协瑞士】8【协澳大利亚】0【协韩国】13.3 【协格鲁吉亚】0【协香港】0【协澳门】0 【特东老挝】0【特东柬埔寨】0【特东缅甸】0 【特-1】0【特-2】0【特-3】0 【增】10【反倾】有【对美加征】25【出】0 【退】10	千克	A	4xB	PR	QS	101 102	鲜或冷的带骨的鸡块（鲜的带骨的鸡块） 鲜或冷的带骨的鸡块（冷藏带骨的鸡块）
020713	19		其他鲜或冷的鸡块	Other chicken cut, fresh or chilled	【最】20【普】70 【协东盟】0【协智利】0【协新西兰】0 【协秘鲁】0【协哥斯达黎加】0【协冰岛】0 【协瑞士】8【协澳大利亚】0【协韩国】13.3 【协格鲁吉亚】0【协香港】0【协澳门】0 【特东老挝】0【特东柬埔寨】0【特东缅甸】0 【特-1】0【特-2】0【特-3】0 【增】10【反倾】有【对美加征】25【出】0 【退】10	千克	A	4xB	PR	QS	101 102	其他鲜或冷的鸡块（其他鲜的鸡块） 其他鲜或冷的鸡块（其他冷藏鸡块）
020713	21		鲜或冷的鸡翼	Midjoint wing, fresh or chilled	【最】20【普】70 【协东盟】0【协智利】0【协新西兰】0 【协秘鲁】0【协哥斯达黎加】0【协冰岛】0 【协瑞士】8【协澳大利亚】0【协韩国】13.3 【协格鲁吉亚】12【协香港】0【协澳门】0 【特东老挝】0【特东柬埔寨】0【特东缅甸】0 【特-1】0【特-2】0【特-3】0 【增】10【反倾】有【对美加征】25【出】0 【退】10	千克	A	4xB	PR	QS	101 102	鲜或冷的鸡翼（不包括翼尖）（鲜的鸡翼） 鲜或冷的鸡翼（不包括翼尖）（冷藏鸡翼）

① 该税号项下检验检疫编码及对应中文名称尚有：106 冻藏的马、驴、骡杂碎（马睾丸），107 冻藏的马、驴、骡杂碎（马脚），108 冻藏的马、驴、骡杂碎（马头及头块），109 冻藏的马、驴、骡杂碎（其他马杂碎），110 冻藏的马、驴、骡杂碎（野马心），111 冻藏的马、驴、骡杂碎（野马肝），112 冻藏的马、驴、骡杂碎（野马肺），113 冻藏的马、驴、骡杂碎（野马肾），114 冻藏的马、驴、骡杂碎（野马舌），115 冻藏的马、驴、骡杂碎（野马睾丸），116 冻藏的马、驴、骡杂碎（野马脚），117 冻藏的马、驴、骡杂碎（野马头及头块），118 冻藏的马、驴、骡杂碎（其他野马杂碎），119 冻藏的马、驴、骡杂碎（驴心），120 冻藏的马、驴、骡杂碎（驴肝），121 冻藏的马、驴、骡杂碎（驴肺），122 冻藏的马、驴、骡杂碎（驴肾），123 冻藏的马、驴、骡杂碎（驴舌），124 冻藏的马、驴、骡杂碎（驴睾丸），125 冻藏的马、驴、骡杂碎（驴脚），126 冻藏的马、驴、骡杂碎（驴头及头块），127 冻藏的马、驴、骡杂碎（其他驴杂碎），128 冻藏的马、驴、骡杂碎（野驴心），129 冻藏的马、驴、骡杂碎（野驴肝），130 冻藏的马、驴、骡杂碎（野驴肺），131 冻藏的马、驴、骡杂碎（野驴肾），132 冻藏的马、驴、骡杂碎（野驴舌），133 冻藏的马、驴、骡杂碎（野驴睾丸），134 冻藏的马、驴、骡杂碎（野驴脚），135 冻藏的马、驴、骡杂碎（野驴头及头块），136 冻藏的马、驴、骡杂碎（其他野驴杂碎），137 冻藏的马、驴、骡杂碎（骡心），138 冻藏的马、驴、骡杂碎（骡肝），139 冻藏的马、驴、骡杂碎（骡肺），140 冻藏的马、驴、骡杂碎（骡肾），141 冻藏的马、驴、骡杂碎（骡舌），142 冻藏的马、驴、骡杂碎（骡睾丸），143 冻藏的马、驴、骡杂碎（骡脚），144 冻藏的马、驴、骡杂碎（骡头及头块），145 冻藏的马、驴、骡杂碎（其他骡杂碎）。

税则号列			货品名称中英文		税费综合信息	计量单位	监管证件代码		检验检疫类别		检验检疫编码	检验检疫编码对应中文名称
HS 国际统一前6位	本国子目 7~8位	9~10位	中文 货物名称	英文 Article Description			进口	出口	进口	出口		
020713	29		其他鲜或冷的鸡杂碎	Other chicken edible offal, fresh or chilled	【最】20【普】70 【协东盟】0【协智利】0【协新西兰】0 【协秘鲁】0【协哥斯达黎加】0【协冰岛】0 【协瑞士】8【协澳大利亚】0【协韩国】13.3 【协格鲁吉亚】12【协香港】0【协澳门】0 【特东老挝】0【特东柬埔寨】0【特东缅甸】0 【特-1】0【特-2】0【特-3】0 【增】10【反倾】有【对美加征】25【出】0 【退】6	千克	A	B4x	PR	QS	101 102 103 104 105 ……	其他鲜或冷的鸡杂碎（鲜的鸡胸、鸡腿） 其他鲜或冷的鸡杂碎（冷藏的鸡胸、鸡腿） 其他鲜或冷的鸡杂碎（鲜的鸡翼，包括翼尖） 其他鲜或冷的鸡杂碎（冷藏鸡翼，包括翼尖） 其他鲜或冷的鸡杂碎（鲜的鸡翼翼尖） ……①
020714	11		冻的带骨鸡块	chicken cut, with bone, frozen	【最】0【普】0 【协东盟】0【协巴基斯坦】0.3元/千克 【协智利】0【协新西兰】0【协秘鲁】0 【协哥斯达黎加】0【协冰岛】0【协瑞士】0 【协澳大利亚】0【协韩国】0.3元/千克 【协格鲁吉亚】0【协香港】0【协澳门】0 【特东老挝】0【特东柬埔寨】0【特东缅甸】0 【特-1】0【特-2】0【特-3】0 【从量（最）】0.6元/千克 【从量（普）】4.2元/千克 【增】10【反倾】有【对美加征】25【出】0 【退】10	千克	7A	B4x	PR	QS	101 102	冻的带骨鸡块（包括鸡胸脯、鸡大腿等）（冷冻带骨鸡肉，除鸡胸、鸡腿） 冻的带骨鸡块（包括鸡胸脯、鸡大腿等）（鸡胸、鸡腿）
020714	19		冻的不带骨鸡块	Other chicken cut, frozen	【最】0【普】0 【协东盟】0【协巴基斯坦】0.35元/千克 【协智利】0【协新西兰】0【协秘鲁】0 【协哥斯达黎加】0【协冰岛】0【协瑞士】0 【协澳大利亚】0【协韩国】0.3元/千克 【协格鲁吉亚】0【协香港】0【协澳门】0 【特东老挝】0【特东柬埔寨】0【特东缅甸】0 【特-1】0【特-2】0【特-3】0 【从量（最）】0.7元/千克 【从量（普）】9.5元/千克 【增】10【反倾】有【对美加征】25【出】0 【退】10	千克	7A	B4x	PR	QS	101 102	冻的不带骨鸡块（包括鸡胸脯、鸡大腿等）（冷冻不带骨鸡肉，除鸡胸、鸡腿外） 冻的不带骨鸡块（包括鸡胸脯、鸡大腿等）（鸡胸、鸡腿）
020714	21		冻的鸡翼	Midjoint wing, frozen	【最】0【普】0 【协东盟】0【协巴基斯坦】0.4元/千克 【协智利】0【协新西兰】0【协秘鲁】0 【协哥斯达黎加】0【协冰岛】0【协瑞士】0 【协澳大利亚】0【协韩国】0.4元/千克 【协格鲁吉亚】6【协香港】0【协澳门】0 【特东老挝】0【特东柬埔寨】0【特东缅甸】0 【特-1】0【特-2】0【特-3】0 【从量（最）】0.8元/千克 【从量（普）】8.1元/千克 【增】10【反倾】有【对美加征】25【出】0 【退】10	千克	7A	B4x	PR	QS	999	冻的鸡翼（不包括翼尖）
020714	22		冻的鸡爪	Chicken claw, frozen	【最】0【普】0 【协东盟】0【协巴基斯坦】0.25元/千克 【协智利】0【协新西兰】0【协秘鲁】0 【协哥斯达黎加】0【协冰岛】0【协瑞士】0 【协澳大利亚】0【协韩国】0.2元/千克 【协格鲁吉亚】6【协香港】0【协澳门】0 【特东老挝】0【特东柬埔寨】0【特东缅甸】0 【特-1】0【特-2】0【特-3】0 【从量（最）】1元/千克 【从量（普）】3.2元/千克 【增】10【反倾】有【对美加征】25【出】0 【退】6	千克	7A	B4x	PR	QS	999	冻的鸡爪

① 该税号项下检验检疫编码及对应中文名称尚有：106 其他鲜或冷的鸡杂碎（冷藏鸡翼翼尖），107 其他鲜或冷的鸡杂碎（鲜的鸡爪），108 其他鲜或冷的鸡杂碎（冷藏鸡爪），109 其他鲜或冷的鸡杂碎（鲜的鸡肫、胃），110 其他鲜或冷的鸡杂碎（冷藏鸡肫、胃），111 其他鲜或冷的鸡杂碎（其他鲜的鸡杂碎），112 其他鲜或冷的鸡杂碎（其他冷藏鸡杂碎）。

税则号列 HS国际统一前6位	税则号列 本国子目 7~8位	税则号列 本国子目 9~10位	货品名称中英文 中文 货物名称	货品名称中英文 英文 Article Description	税费综合信息	计量单位	监管证件代码 进口	监管证件代码 出口	检验检疫类别 进口	检验检疫类别 出口	检验检疫编码	检验检疫编码对应中文名称
020714	29		冻的其他食用鸡杂碎	Other chicken edible offal, frozen	【最】0【普】0 【协东盟】0【协巴基斯坦】0.25元/千克 【协智利】0【协新西兰】0【协秘鲁】0 【协哥斯达黎加】0【协冰岛】0【协瑞士】0 【协澳大利亚】0【协韩国】0.2元/千克 【协格鲁吉亚】6【协香港】0【协澳门】0 【特东老挝】0【特东柬埔寨】0【特东缅甸】0 【特-1】0【特-2】0【特-3】0 【从量（最）】0.5元/千克 【从量（普）】3.2元/千克 【增】10【反倾】有【对美加征】25【出】0 【退】6	千克	7A	B4x	PR	QS	101 102 103 104	冻的其他食用鸡杂碎（包括鸡翼尖、鸡肝等）（鸡翼，包括翼尖） 冻的其他食用鸡杂碎（包括鸡翼尖、鸡肝等）（鸡翼翼尖） 冻的其他食用鸡杂碎（包括鸡翼尖、鸡肝等）（鸡肝） 冻的其他食用鸡杂碎（包括鸡翼尖、鸡肝等）（其他鸡杂碎）
020724	00		鲜或冷的整只火鸡	Meat of turkeys, not cut in pieces, fresh or chilled	【最】20【普】70 【协东盟】0【协智利】0【协新西兰】0 【协秘鲁】0【协哥斯达黎加】0【协冰岛】0 【协瑞士】8【协澳大利亚】0【协韩国】13.3 【协格鲁吉亚】0【协香港】0【协澳门】0 【特东老挝】0【特-1】0【特-2】0【特-3】0 【增】10【对美加征】25【出】0【退】6	千克	A	B	PR	QS	101 102	鲜或冷的整只火鸡（鲜的整只火鸡） 鲜或冷的整只火鸡（冷藏整只火鸡）
020725	00		冻的整只火鸡	meat of turkeys, not cut in pieces, frozen	【最】20【普】70 【协东盟】0【协智利】0【协新西兰】0 【协秘鲁】0【协哥斯达黎加】0【协冰岛】0 【协瑞士】10【协澳大利亚】0【协韩国】13.3 【协格鲁吉亚】0【协香港】0【协澳门】0 【特东老挝】0【特-1】0【特-2】0【特-3】0 【增】10【对美加征】25【出】0【退】6	千克	A	B	PR	QS	999	冻的整只火鸡
020726	00		鲜或冷的火鸡块及杂碎	Cuts and edible offal of turkeys, fresh or chilled, other than fatty livers	【最】20【普】70 【协东盟】0【协智利】0【协新西兰】0 【协秘鲁】0【协哥斯达黎加】0【协冰岛】0 【协瑞士】8【协澳大利亚】0【协韩国】13.3 【协格鲁吉亚】0【协香港】0【协澳门】0 【特东老挝】0【特-1】0【特-2】0【特-3】0 【增】10【对美加征】25【出】0【退】6	千克	A	B	PR	QS	101 102 103 104 105 ……	鲜或冷的火鸡块及杂碎（肥肝除外）（鲜的带骨火鸡肉，不包括火鸡胸、火鸡腿） 鲜或冷的火鸡块及杂碎（肥肝除外）（冷藏带骨火鸡肉，不包括火鸡胸、火鸡腿） 鲜或冷的火鸡块及杂碎（肥肝除外）（鲜的其他火鸡肉，不包括火鸡胸、火鸡腿） 鲜或冷的火鸡块及杂碎（肥肝除外）（冷藏其他火鸡肉，不包括火鸡胸、火鸡腿） 鲜或冷的火鸡块及杂碎（肥肝除外）（鲜的火鸡胸、火鸡腿） ……①
020727	00		冻的火鸡块及杂碎	Cuts and edible offal of turkeys, frozen, other than fatty livers	【最】10【普】70 【协东盟】0【协巴基斯坦】5【协智利】0 【协新西兰】0【协秘鲁】0【协哥斯达黎加】0 【协冰岛】0【协瑞士】0【协澳大利亚】0 【协韩国】5【协格鲁吉亚】0【协香港】0 【协澳门】0 【特东老挝】0【特-1】0【特-2】0【特-3】0 【增】10【对美加征】25【出】0【退】6	千克	A	B	PR	QS	101 102 103 104 105 ……	冻的火鸡块及杂碎（肥肝除外）（火鸡胸、火鸡腿） 冻的火鸡块及杂碎（肥肝除外）（火鸡肫、火鸡胃） 冻的火鸡块及杂碎（肥肝除外）（火鸡翼，不包括翼尖） 冻的火鸡块及杂碎（肥肝除外）（火鸡爪） 冻的火鸡块及杂碎（肥肝除外）（火鸡翼，包括翼尖） ……②

① 该税号项下检验检疫编码及对应中文名称尚有：106　鲜或冷的火鸡块及杂碎（肥肝除外）（冷藏的火鸡胸、火鸡腿），107　鲜或冷的火鸡块及杂碎（肥肝除外）（鲜的火鸡爪），108　鲜或冷的火鸡块及杂碎（肥肝除外）（冷藏火鸡爪），109　鲜或冷的火鸡块及杂碎（肥肝除外）（鲜的火鸡肫、胃），110　鲜或冷的火鸡块及杂碎（肥肝除外）（冷藏火鸡肫、胃），111　鲜或冷的火鸡块及杂碎（肥肝除外）（鲜的火鸡翼，不包括翼尖），112　鲜或冷的火鸡块及杂碎（肥肝除外）（冷藏火鸡翼，不包括翼尖），113　鲜或冷的火鸡块及杂碎（肥肝除外）（鲜的火鸡翼，包括翼尖），114　鲜或冷的火鸡块及杂碎（肥肝除外）（冷藏火鸡翼，包括翼尖），115　鲜或冷的火鸡块及杂碎（肥肝除外）（鲜的火鸡颈），116　鲜或冷的火鸡块及杂碎（肥肝除外）（冷藏火鸡颈），117　鲜或冷的火鸡块及杂碎（肥肝除外）（其他鲜的火鸡杂碎），118　鲜或冷的火鸡块及杂碎（肥肝除外）（其他冷藏火鸡杂碎）。

② 该税号项下检验检疫编码及对应中文名称尚有：106　冻的火鸡块及杂碎（肥肝除外）（火鸡颈），107　冻的火鸡块及杂碎（肥肝除外）（其他火鸡肉，不包括火鸡胸、火鸡腿），108　冻的火鸡块及杂碎（肥肝除外）（带骨火鸡肉，不包括火鸡胸、火鸡腿），109　冻的火鸡块及杂碎（肥肝除外）（其他冻火鸡杂碎）。

税则号列			货品名称中英文		税费综合信息	计量单位	监管证件代码		检验检疫类别		检验检疫编码	检验检疫编码对应中文名称
HS国际统一前6位	本国子目 7~8位	本国子目 9~10位	中文 货物名称	英文 Article Description			进口	出口	进口	出口		
020741	00		鲜或冷的整只鸭	Meat of ducks, not cut in pieces, fresh or chilled	【最】20【普】70 【协东盟】0【协智利】0【协新西兰】0 【协秘鲁】0【协哥斯达黎加】0 【协冰岛】0【协瑞士】8【协澳大利亚】0 【协韩国】13.3【协格鲁吉亚】0【协香港】0 【协澳门】0 【特东老挝】0【特东柬埔寨】0【特东缅甸】0 【特-1】0【特-2】0【特-3】0 【增】10【对美加征】25【出】0【退】6	千克	A	B	PR	QS	101 102	鲜或冷的整只鸭（鲜的） 鲜或冷的整只鸭（冷的）
020742	00		冻的整只鸭	Meat of ducks, not cut in pieces, frozen	【最】20【普】70 【协东盟】0【协智利】0【协新西兰】0 【协秘鲁】0【协哥斯达黎加】0【协冰岛】0 【协瑞士】8【协澳大利亚】0【协韩国】13.3 【协格鲁吉亚】0【协香港】0【协澳门】0 【特东老挝】0【特东柬埔寨】0【特东缅甸】0 【特-1】0【特-2】0【特-3】0 【增】10【对美加征】25【出】0【退】6	千克	A	B	PR	QS	999	冻的整只鸭
020743	00		鲜或冷的鸭肥肝	Fatty livers of ducks, fresh or chilled	【最】20【普】70 【协东盟】0【协智利】0【协新西兰】0 【协秘鲁】0【协哥斯达黎加】0【协冰岛】0 【协瑞士】8【协澳大利亚】0【协韩国】13.3 【协格鲁吉亚】0【协香港】0【协澳门】0 【特东老挝】0【特东柬埔寨】0【特-1】0 【特-2】0【特-3】0 【增】10【对美加征】25【出】0【退】6	千克	A	B	PR	QS	101 102	鲜或冷的鸭肥肝（鲜的） 鲜或冷的鸭肥肝（冷的）
020744	00		鲜或冷的鸭块及食用杂碎	Cuts and edible offal of ducks, fresh or chilled, other than fatty livers	【最】20【普】70 【协东盟】0【协智利】0【协新西兰】0 【协秘鲁】0【协哥斯达黎加】0【协冰岛】0 【协瑞士】8【协澳大利亚】0【协韩国】13.3 【协格鲁吉亚】0【协香港】0【协澳门】0 【特东老挝】0【特东柬埔寨】0【特东缅甸】0 【特-1】0【特-2】0【特-3】0 【增】10【对美加征】25【出】0【退】6	千克	A	B	PR	QS	101 102 103 104 105 ……	鲜或冷的鸭块及食用杂碎（肥肝除外）（鲜的鸭肉） 鲜或冷的鸭块及食用杂碎（肥肝除外）（冷藏鸭肉） 鲜或冷的鸭块及食用杂碎（肥肝除外）（鲜的鸭胸） 鲜或冷的鸭块及食用杂碎（肥肝除外）（冷藏鸭胸） 鲜或冷的鸭块及食用杂碎（肥肝除外）（鲜的鸭爪） ……①
020745	00		冻的鸭块及食用杂碎	Cuts and edible offal of ducks, frozen	【最】20【普】70 【协东盟】0【协智利】0【协新西兰】0 【协秘鲁】0【协哥斯达黎加】0【协冰岛】0 【协瑞士】8【协澳大利亚】0【协韩国】15 【协格鲁吉亚】0【协香港】0【协澳门】0 【特东老挝】0【特东柬埔寨】0【特东缅甸】0 【特-1】0【特-2】0【特-3】0 【增】10【对美加征】25【出】0【退】6	千克	A	B	PR	QS	101 102 103 104 105 ……	冻的鸭块及食用杂碎（鸭肉） 冻的鸭块及食用杂碎（鸭胸） 冻的鸭块及食用杂碎（鸭爪） 冻的鸭块及食用杂碎（鸭翼，不包括翼尖） 冻的鸭块及食用杂碎（鸭翼，包括翼尖） ……②

① 该税号项下检验检疫编码及对应中文名称尚有：106　鲜或冷的鸭块及食用杂碎（肥肝除外）（冷藏鸭爪），107　鲜或冷的鸭块及食用杂碎（肥肝除外）（鲜的鸭翼，不包括翼尖），108　鲜或冷的鸭块及食用杂碎（肥肝除外）（冷藏鸭翼，不包括翼尖），109　鲜或冷的鸭块及食用杂碎（肥肝除外）（鲜的鸭翼，包括翼尖），110　鲜或冷的鸭块及食用杂碎（肥肝除外）（冷藏鸭翼，包括翼尖），111　鲜或冷的鸭块及食用杂碎（肥肝除外）（鲜的鸭翼翼尖），112　鲜或冷的鸭块及食用杂碎（肥肝除外）（冷藏鸭翼翼尖），113　鲜或冷的鸭块及食用杂碎（肥肝除外）（鲜的鸭翼尖），114　鲜或冷的鸭块及食用杂碎（肥肝除外）（冷藏鸭翼尖），115　鲜或冷的鸭块及食用杂碎（肥肝除外）（鲜的鸭腿），116　鲜或冷的鸭块及食用杂碎（肥肝除外）（冷藏鸭腿），117　鲜或冷的鸭块及食用杂碎（肥肝除外）（鲜的鸭颈），118　鲜或冷的鸭块及食用杂碎（肥肝除外）（冷藏鸭颈），119　鲜或冷的鸭块及食用杂碎（肥肝除外）（鲜的鸭肫、胃），120　鲜或冷的鸭块及食用杂碎（肥肝除外）（冷藏鸭肫、胃），121　鲜或冷的鸭块及食用杂碎（肥肝除外）（鲜的其他鸭肉及杂碎），122　鲜或冷的鸭块及食用杂碎（肥肝除外）（冷藏其他鸭肉及杂碎）。

② 该税号项下检验检疫编码及对应中文名称尚有：106　冻的鸭块及食用杂碎（鸭翼翼尖），107　冻的鸭块及食用杂碎（鸭翼尖），108　冻的鸭块及食用杂碎（鸭腿），109　冻的鸭块及食用杂碎（鸭肝），110　冻的鸭块及食用杂碎（鸭颈），111　冻的鸭块及食用杂碎（鸭肫、胃），112　冻的鸭块及食用杂碎（其他鸭肉及杂碎）。

税则号列			货品名称中英文		税费综合信息	计量单位	监管证件代码		检验检疫类别		检验检疫编码	检验检疫编码对应中文名称
HS国际统一前6位	本国子目 7~8位	本国子目 9~10位	中文 货物名称	英文 Article Description			进口	出口	进口	出口		
020751	00		鲜或冷的整只鹅	Meat of geese, not cut in pieces, fresh or chilled	【最】20【普】70 【协东盟】0【协智利】0【协新西兰】0 【协秘鲁】0【协哥斯达黎加】0【协冰岛】0 【协瑞士】8【协澳大利亚】0【协韩国】13.3 【协格鲁吉亚】0【协香港】0【协澳门】0 【特东老挝】0【特东柬埔寨】0【特东缅甸】0 【特-1】0【特-2】0【特-3】0 【增】10【对美加征】25【出】0【退】6	千克	A	B	PR	QS	101 102	鲜或冷的整只鹅（鲜的） 鲜或冷的整只鹅（冷藏）
020752	00		冻的整只鹅	Meat of geese, not cut in pieces, frozen	【最】20【普】70 【协东盟】0【协智利】0【协新西兰】0 【协秘鲁】0【协哥斯达黎加】0【协冰岛】0 【协瑞士】8【协澳大利亚】0【协韩国】13.3 【协格鲁吉亚】0【协香港】0【协澳门】0 【特东老挝】0【特东柬埔寨】0【特东缅甸】0 【特-1】0【特-2】0【特-3】0 【增】10【对美加征】25【出】0【退】6	千克	A	B	PR	QS	999	冻的整只鹅
020753	00		鲜或冷的鹅肥肝	Fatty livers of geese, fresh or chilled	【最】20【普】70 【协东盟】0【协智利】0【协新西兰】0 【协秘鲁】0【协哥斯达黎加】0【协冰岛】0 【协瑞士】8【协澳大利亚】0【协韩国】13.3 【协格鲁吉亚】0【协香港】0【协澳门】0 【特东老挝】0【特东柬埔寨】0【特-1】0 【特-2】0【特-3】0 【增】10【对美加征】25【出】0【退】6	千克	A	B	PR	QS	101 102	鲜或冷的鹅肥肝（鲜的） 鲜或冷的鹅肥肝（冷藏）
020754	00		鲜或冷的鹅块及食用杂碎	Cuts and edible offal of geese, fresh or chilled, other than fatty livers	【最】20【普】70 【协东盟】0【协智利】0【协新西兰】0 【协秘鲁】0【协哥斯达黎加】0【协冰岛】0 【协瑞士】8【协澳大利亚】0【协韩国】13.3 【协格鲁吉亚】0【协香港】0【协澳门】0 【特东老挝】0【特东柬埔寨】0【特东缅甸】0 【特-1】0【特-2】0【特-3】0 【增】10【对美加征】25【出】0【退】6	千克	A	B	PR	QS	101 102 103 104 105 ……	鲜或冷的鹅块及食用杂碎（肥肝除外）（鲜的鹅肉） 鲜或冷的鹅块及食用杂碎（肥肝除外）（冷藏鹅肉） 鲜或冷的鹅块及食用杂碎（肥肝除外）（鲜的鹅胸） 鲜或冷的鹅块及食用杂碎（肥肝除外）（冷藏鹅胸） 鲜或冷的鹅块及食用杂碎（肥肝除外）（鲜的鹅爪） ……①
020755	00		冻的鹅块及食用杂碎	Cuts and edible offal of geese, frozen,	【最】20【普】70 【协东盟】0【协智利】0【协新西兰】0 【协秘鲁】0【协哥斯达黎加】0【协冰岛】0 【协瑞士】8【协澳大利亚】0【协韩国】13.3 【协格鲁吉亚】0【协香港】0【协澳门】0 【特东老挝】0【特东柬埔寨】0【特东缅甸】0 【特-1】0【特-2】0【特-3】0 【增】10【对美加征】25【出】0【退】6	千克	A	B	PR	QS	101 102 103 104 105 ……	冻的鹅块及食用杂碎（冻藏鹅肉） 冻的鹅块及食用杂碎（冻藏鹅胸） 冻的鹅块及食用杂碎（冻藏鹅爪） 冻的鹅块及食用杂碎（冻藏鹅翼，不包括翼尖） 冻的鹅块及食用杂碎（冻藏鹅翼，包括翼尖） ……②

① 该税号项下检验检疫编码及对应中文名称尚有：106　鲜或冷的鹅块及食用杂碎（肥肝除外）（冷藏鹅爪），107　鲜或冷的鹅块及食用杂碎（肥肝除外）（鲜的鹅翼，不包括翼尖），108　鲜或冷的鹅块及食用杂碎（肥肝除外）（冷藏鹅翼，不包括翼尖），109　鲜或冷的鹅块及食用杂碎（肥肝除外）（鲜的鹅翼，包括翼尖），110　鲜或冷的鹅块及食用杂碎（肥肝除外）（冷藏鹅翼，包括翼尖），111　鲜或冷的鹅块及食用杂碎（肥肝除外）（鲜的鹅翼翼尖），112　鲜或冷的鹅块及食用杂碎（肥肝除外）（冷藏鹅翼翼尖），113　鲜或冷的鹅块及食用杂碎（肥肝除外）（鲜的鹅腿），114　鲜或冷的鹅块及食用杂碎（肥肝除外）（冷藏鹅腿），115　鲜或冷的鹅块及食用杂碎（肥肝除外）（鲜的鹅颈），116　鲜或冷的鹅块及食用杂碎（肥肝除外）（冷藏鹅颈），117　鲜或冷的鹅块及食用杂碎（肥肝除外）（鲜的其他鹅肉及杂碎），118　鲜或冷的鹅块及食用杂碎（肥肝除外）（冷藏其他鹅肉及杂碎）。

② 该税号项下检验检疫编码及对应中文名称尚有：106　冻的鹅块及食用杂碎（冻藏鹅翼翼尖），107　冻的鹅块及食用杂碎（冻藏鹅腿），108　冻的鹅块及食用杂碎（冻藏鹅肝），109　冻的鹅块及食用杂碎（冻藏鹅颈），110　冻的鹅块及食用杂碎（冻藏其他鹅肉及杂碎）。

税则号列			货品名称中英文		税费综合信息	计量单位	监管证件代码		检验检疫类别		检验检疫编码	检验检疫编码对应中文名称
HS 国际统一前6位	本国子目 7~8位	本国子目 9~10位	中文 货物名称	英文 Article Description			进口	出口	进口	出口		
020760	00		鲜、冷、冻的整只珍珠鸡、珍珠鸡块及食用杂碎	Meat and edible offal, of guinea flows, fresh, chilled or frozen	【最】20【普】70 【协东盟】0【协智利】0【协新西兰】0 【协秘鲁】0【协哥斯达黎加】0【协冰岛】0 【协瑞士】8【协澳大利亚】0【协韩国】13.3 【协格鲁吉亚】0【协香港】0【协澳门】0 【特东老挝】0【特东柬埔寨】0【特-1】0 【特-2】0【特-3】0 【增】10【出】0【退】6	千克	A	B	PR	QS	101 102 103	鲜、冷、冻的整只珍珠鸡、珍珠鸡块及食用杂碎（鲜的，饲养的） 鲜、冷、冻的整只珍珠鸡、珍珠鸡块及食用杂碎（冷藏，饲养的） 鲜、冷、冻的整只珍珠鸡、珍珠鸡块及食用杂碎（冻藏，饲养的）
020810	10		鲜或冷的家兔肉	Meat of rabbits, fresh or chilled, excluding head	【最】20【普】70 【协东盟】0【协智利】0【协新西兰】0 【协秘鲁】0【协哥斯达黎加】0【协冰岛】0 【协瑞士】8【协澳大利亚】0【协韩国】13.3 【协格鲁吉亚】0【协香港】0【协澳门】0 【特-1】0【特-2】0 【增】10【出】0【退】10	千克	A	B	PR	QS	101 102	鲜或冷的家兔肉（不包括兔头）（鲜的家兔肉） 鲜或冷的家兔肉（不包括兔头）（冷藏家兔肉）
020810	20		冻家兔肉	Meat of rabbits, frozen, excluding head	【最】20【普】70 【协东盟】0【协智利】0【协新西兰】0 【协秘鲁】0【协哥斯达黎加】0【协冰岛】0 【协瑞士】8【协澳大利亚】0【协韩国】13.3 【协格鲁吉亚】0【协香港】0【协澳门】0 【特-1】0【特-2】0 【增】10【出】0【退】10	千克	A	B	PR	QS	999	冻家兔肉（不包括兔头）
020810	90	10	鲜、冷或冻的濒危野兔肉及其食用杂碎	Meat and edible meat offal of endangered hares, fresh, chilled or frozen, excluding head	【最】20【普】70 【协东盟】0【协智利】0【协新西兰】0 【协秘鲁】0【协哥斯达黎加】0【协冰岛】0 【协瑞士】8【协澳大利亚】0【协韩国】13.3 【协格鲁吉亚】0【协香港】0【协澳门】0 【特-1】0【特-2】0 【增】10【出】0【退】0	千克	AF	BE	PR	QS	101 102 103 104 105 ……	鲜、冷或冻的濒危野兔肉及其食用杂碎（不包括兔头）（鲜的野兔肉） 鲜、冷或冻的濒危野兔肉及其食用杂碎（不包括兔头）（冷藏野兔肉） 鲜、冷或冻的濒危野兔肉及其食用杂碎（不包括兔头）（冻藏野兔肉） 鲜、冷或冻的濒危野兔肉及其食用杂碎（不包括兔头）（鲜的野兔杂碎） 鲜、冷或冻的濒危野兔肉及其食用杂碎（不包括兔头）（冷藏野兔杂碎） ……①
020810	90	90	鲜、冷或冻家兔食用杂碎	Edible offal of rabbits, fresh, chilled or frozen	【最】20【普】70 【协东盟】0【协智利】0【协新西兰】0 【协秘鲁】0【协哥斯达黎加】0【协冰岛】0 【协瑞士】8【协澳大利亚】0【协韩国】13.3 【协格鲁吉亚】0【协香港】0【协澳门】0 【特-1】0【特-2】0 【增】10【出】0【退】10	千克	A	B	PR	QS	101 102 103	鲜、冷或冻家兔食用杂碎（鲜的） 鲜、冷或冻家兔食用杂碎（冷藏） 鲜、冷或冻家兔食用杂碎（冻藏）
020830	00		鲜、冷或冻的灵长目动物肉及食用杂碎	Meat and edible meat offal of primated, fresh, chilled or frozen	【最】23【普】70 【协东盟】0【协智利】0【协新西兰】0 【协秘鲁】0【协哥斯达黎加】0【协冰岛】0 【协瑞士】9.2【协澳大利亚】0 【协韩国】11.5【协格鲁吉亚】0【协香港】0 【协澳门】0 【特-1】0【特-2】0 【增】10【出】0【退】6	千克	AF	BE	PR	QS	101 102 103	鲜、冷或冻的灵长目动物肉及食用杂碎（鲜的） 鲜、冷或冻的灵长目动物肉及食用杂碎（冷藏） 鲜、冷或冻的灵长目动物肉及食用杂碎（冻藏）

① 该税号项下检验检疫编码及对应中文名称尚有：106　鲜、冷或冻的濒危野兔肉及其食用杂碎（不包括兔头）（冻藏野兔杂碎）。

税则号列 HS国际统一前6位	本国子目 7~8位	本国子目 9~10位	货品名称 中文	货品名称 英文 Article Description	税费综合信息	计量单位	监管证件代码 进口	监管证件代码 出口	检验检疫类别 进口	检验检疫类别 出口	检验检疫编码	检验检疫编码对应中文名称
020840	00		鲜、冷或冻的鲸、海豚及鼠海豚（鲸目哺乳动物）的，海牛及儒艮（海牛目哺乳动物）的，海豹、海狮及海象（鳍足亚目哺乳动物）的肉及食用杂碎	Meat and edible meat offal of whales, dolphins and porpoises (mammals of the order cetacea); of manatees and dugongs (mammals of the order sirenia), of seals, sea lions and walruses (mammals of the suborder pinnipedia), fresh, chilled or frozen	【最】23【普】70 【协东盟】0【协智利】0【协新西兰】0 【协秘鲁】0【协哥斯达黎加】0【协冰岛】0 【协瑞士】9.2【协澳大利亚】0 【协韩国】11.5【协格鲁吉亚】0【协香港】0 【协澳门】0 【特-1】0【特-2】0 【增】10【出】0【退】6	千克	AF	BE	PR	QS	101 102	鲜、冷或冻的鲸、海豚及鼠海豚（鲸目哺乳动物）的；鲜、冷或冻的海牛及儒艮（海牛目哺乳动物）的；鲜、冷或冻的海豹、海狮及海象（鳍足亚目哺乳动物）的肉及食用杂碎（鲜、冷或冻的鲸、海豚、鼠海豚、海牛、儒艮、海豹、海狮及海象的肉及食用杂碎）（鲜、冷的） 鲜、冷或冻的鲸、海豚及鼠海豚（鲸目哺乳动物）的；鲜、冷或冻的海牛及儒艮（海牛目哺乳动物）的；鲜、冷或冻的海豹、海狮及海象（鳍足亚目哺乳动物）的肉及食用杂碎（鲜、冷或冻的鲸、海豚、鼠海豚、海牛、儒艮、海豹、海狮及海象的肉及食用杂碎）（冻的）
020850	00		鲜、冷或冻的爬行动物肉及食用杂碎	Meat and edible meat offal of reptiles (including snakes and turtles), fresh, chilled or frozen	【最】23【普】70 【协东盟】0【协智利】0【协新西兰】0 【协秘鲁】0【协哥斯达黎加】0【协冰岛】0 【协瑞士】9.2【协澳大利亚】0 【协韩国】11.5【协格鲁吉亚】0【协香港】0 【协澳门】0 【特-1】0【特-2】0 【增】10【出】0【退】6	千克	AF	BE	PR	QS	101 102 103 104 105 ……	鲜、冷或冻的爬行动物肉及食用杂碎（鲜的蛇肉） 鲜、冷或冻的爬行动物肉及食用杂碎（冷藏蛇肉） 鲜、冷或冻的爬行动物肉及食用杂碎（冻藏蛇肉） 鲜、冷或冻的爬行动物肉及食用杂碎（鲜的鳄鱼肉） 鲜、冷或冻的爬行动物肉及食用杂碎（冷藏鳄鱼肉） ……①
020860	00	10	鲜、冷或冻的濒危野生骆驼及其他濒危野生骆驼科动物的肉及食用杂碎	Meat and edible meat offal of endangered camels and other camelids (camelidae), fresh, chilled or frozen	【最】23【普】70 【协东盟】0【协智利】0【协新西兰】0 【协秘鲁】0【协哥斯达黎加】0【协冰岛】0 【协瑞士】9.2【协澳大利亚】0 【协韩国】11.5【协格鲁吉亚】0【协香港】0 【协澳门】0 【特-1】0【特-2】0 【增】10【出】0【退】0	千克	AF	BE	PR	QS	101 102 103	鲜、冷或冻的濒危野生骆驼及其他濒危野生骆驼科动物的肉及食用杂碎（鲜的） 鲜、冷或冻的濒危野生骆驼及其他濒危野生骆驼科动物的肉及食用杂碎（冷藏） 鲜、冷或冻的濒危野生骆驼及其他濒危野生骆驼科动物的肉及食用杂碎（冻藏）
020860	00	90	其他鲜、冷或冻骆驼及其他骆驼科动物的肉及食用杂碎	Meat and edible meat offal of other camels and other camelids (Camelidae), fresh, chilled or frozen	【最】23【普】70 【协东盟】0【协智利】0【协新西兰】0 【协秘鲁】0【协哥斯达黎加】0 【协冰岛】0【协瑞士】9.2【协澳大利亚】0 【协韩国】11.5【协格鲁吉亚】0【协香港】0 【协澳门】0 【特-1】0【特-2】0 【增】10【出】0【退】6	千克	A	B	PR	QS	101 102 103	其他鲜、冷或冻骆驼及其他骆驼科动物的肉及食用杂碎（鲜的） 其他鲜、冷或冻骆驼及其他骆驼科动物的肉及食用杂碎（冷藏） 其他鲜、冷或冻骆驼及其他骆驼科动物的肉及食用杂碎（冻藏）

① 该税号项下检验检疫编码及对应中文名称尚有：106　鲜、冷或冻的爬行动物肉及食用杂碎（冻藏鳄鱼肉），107　鲜、冷或冻的爬行动物肉及食用杂碎（鲜的龟肉），108　鲜、冷或冻的爬行动物肉及食用杂碎（冷藏龟肉），109　鲜、冷或冻的爬行动物肉及食用杂碎（冻藏龟肉），110　鲜、冷或冻的爬行动物肉及食用杂碎（鲜的甲鱼肉），111　鲜、冷或冻的爬行动物肉及食用杂碎（冷藏甲鱼肉），112　鲜、冷或冻的爬行动物肉及食用杂碎（冻藏甲鱼肉），113　鲜、冷或冻的爬行动物肉及食用杂碎（鲜的其他饲养爬行动物肉及食用杂碎），114　鲜、冷或冻的爬行动物肉及食用杂碎（冷藏其他饲养爬行动物肉及食用杂碎），115　鲜、冷或冻的爬行动物肉及食用杂碎（冻藏其他饲养爬行动物肉及食用杂碎），116　鲜、冷或冻的爬行动物肉及食用杂碎（鲜的其他野生爬行动物肉及食用杂碎），117　鲜、冷或冻的爬行动物肉及食用杂碎（冷藏其他野生爬行动物肉及食用杂碎），118　鲜、冷或冻的爬行动物肉及食用杂碎（冻藏其他野生爬行动物肉及食用杂碎）。

税则号列 HS国际统一前6位	本国子目 7~8位	本国子目 9~10位	货品名称中英文 中文 货物名称	货品名称中英文 英文 Article Description	税费综合信息	计量单位	监管证件代码 进口	监管证件代码 出口	检验检疫类别 进口	检验检疫类别 出口	检验检疫编码	检验检疫编码对应中文名称
020890	10		鲜、冷或冻的乳鸽肉及其杂碎	Meat and edible meat offal of squabs, fresh, chilled or frozen	【最】20【普】70 【协东盟】0【协智利】0【协新西兰】0 【协秘鲁】0【协哥斯达黎加】0【协冰岛】0 【协瑞士】8【协澳大利亚】0【协韩国】13.3 【协格鲁吉亚】0【协香港】0【协澳门】0 【特-1】0【特-2】0 【增】10【出】0【退】6	千克	A	B	PR	QS	101 102 103 104 105	鲜、冷或冻的乳鸽肉及其杂碎（鲜的乳鸽肉） 鲜、冷或冻的乳鸽肉及其杂碎（冷藏的乳鸽肉） 鲜、冷或冻的乳鸽肉及其杂碎（冻藏的乳鸽肉） 鲜、冷或冻的乳鸽肉及其杂碎（鸽杂碎） 鲜、冷或冻的乳鸽肉及其杂碎（其他鸽肉及杂碎）
020890	90	10	其他鲜、冷或冻的濒危野生动物肉	Other meat of endangered wild animals, fresh, chilled or frozen	【最】23【普】70 【协东盟】0【协智利】0【协新西兰】0 【协秘鲁】0【协哥斯达黎加】0【协冰岛】0 【协瑞士】9.2【协澳大利亚】0 【协韩国】17.2【协格鲁吉亚】13.8【协香港】0 【协澳门】0 【特-1】0【特-2】0 【增】10【出】0【退】0	千克	AF	BE	PR	QS	101 102 103 104 105 ……	其他鲜、冷或冻的濒危野生动物肉（未列出的鲜的野生奇蹄动物肉） 其他鲜、冷或冻的濒危野生动物肉（未列出的冷藏野生奇蹄动物肉） 其他鲜、冷或冻的濒危野生动物肉（未列出的冻藏野生奇蹄动物肉） 其他鲜、冷或冻的濒危野生动物肉（鲜的野鹿肉） 其他鲜、冷或冻的濒危野生动物肉（冷藏野鹿肉） ……①
020890	90	90	其他鲜、冷或冻肉及食用杂碎	Other meat and edible offal, fresh, chilled or frozen	【最】23【普】70 【协东盟】0【协智利】0【协新西兰】0 【协秘鲁】0【协哥斯达黎加】0【协冰岛】0 【协瑞士】9.2【协澳大利亚】0 【协韩国】17.2【协格鲁吉亚】13.8【协香港】0 【协澳门】0 【特-1】0【特-2】0 【增】10【出】0【退】10	千克	A	B	PR	QS	101 103 104 106	其他鲜、冷或冻肉及食用杂碎（未列出的鲜的饲养奇蹄动物肉） 其他鲜、冷或冻肉及食用杂碎（未列出的冻藏饲养奇蹄动物肉） 其他鲜、冷或冻肉及食用杂碎（未列出的鲜的饲养奇蹄动物杂碎） 其他鲜、冷或冻肉及食用杂碎（未列出的冻藏饲养奇蹄动物杂碎）

① 该税号项下检验检疫编码及对应中文名称尚有：106 其他鲜、冷或冻的濒危野生动物肉（冻藏野鹿肉），107 其他鲜、冷或冻的濒危野生动物肉（鲜的骆驼肉），108 其他鲜、冷或冻的濒危野生动物肉（冷藏骆驼肉），109 其他鲜、冷或冻的濒危野生动物肉（冻藏骆驼肉），110 其他鲜、冷或冻的濒危野生动物肉（未列出的鲜的野生偶蹄动物肉），111 其他鲜、冷或冻的濒危野生动物肉（未列出的冷藏野生偶蹄动物肉），112 其他鲜、冷或冻的濒危野生动物肉（未列出的冻藏野生偶蹄动物肉），113 其他鲜、冷或冻的濒危野生动物肉（鲜的山鸡肉），114 其他鲜、冷或冻的濒危野生动物肉（冷藏山鸡肉），115 其他鲜、冷或冻的濒危野生动物肉（冻藏山鸡肉），116 其他鲜、冷或冻的濒危野生动物肉（鲜的珍珠鸡肉），117 其他鲜、冷或冻的濒危野生动物肉（冷藏珍珠鸡肉），118 其他鲜、冷或冻的濒危野生动物肉（冻藏珍珠鸡肉），119 其他鲜、冷或冻的濒危野生动物肉（鲜的竹鸡肉），120 其他鲜、冷或冻的濒危野生动物肉（冷藏竹鸡肉），121 其他鲜、冷或冻的濒危野生动物肉（冻藏竹鸡肉），122 其他鲜、冷或冻的濒危野生动物肉（鲜的松鸡肉），123 其他鲜、冷或冻的濒危野生动物肉（冷藏松鸡肉），124 其他鲜、冷或冻的濒危野生动物肉（冻藏松鸡肉），125 其他鲜、冷或冻的濒危野生动物肉（鲜的沙鸡肉），126 其他鲜、冷或冻的濒危野生动物肉（冷藏沙鸡肉），127 其他鲜、冷或冻的濒危野生动物肉（冻藏沙鸡肉），128 其他鲜、冷或冻的濒危野生动物肉（鲜的石鸡肉），129 其他鲜、冷或冻的濒危野生动物肉（冷藏石鸡肉），130 其他鲜、冷或冻的濒危野生动物肉（冻藏石鸡肉），131 其他鲜、冷或冻的濒危野生动物肉（鲜的榛鸡肉），132 其他鲜、冷或冻的濒危野生动物肉（冷藏榛鸡肉），133 其他鲜、冷或冻的濒危野生动物肉（冻藏榛鸡肉），134 其他鲜、冷或冻的濒危野生动物肉（鲜的野鸭肉），135 其他鲜、冷或冻的濒危野生动物肉（冷藏野鸭肉），136 其他鲜、冷或冻的濒危野生动物肉（冻藏野鸭肉），137 其他鲜、冷或冻的濒危野生动物肉（鲜的野鹅肉），138 其他鲜、冷或冻的濒危野生动物肉（冷藏野鹅肉），139 其他鲜、冷或冻的濒危野生动物肉（冻藏野鹅肉），140 其他鲜、冷或冻的濒危野生动物肉（鲜的野鸽肉），141 其他鲜、冷或冻的濒危野生动物肉（冷藏野鸽肉），142 其他鲜、冷或冻的濒危野生动物肉（冻藏野鸽肉），143 其他鲜、冷或冻的濒危野生动物肉（鲜的鹌鹑肉），144 其他鲜、冷或冻的濒危野生动物肉（冷藏鹌鹑肉），145 其他鲜、冷或冻的濒危野生动物肉（冻藏鹌鹑肉），146 其他鲜、冷或冻的濒危野生动物肉（鲜的鹧鸪肉），147 其他鲜、冷或冻的濒危野生动物肉（冷藏鹧鸪肉），148 其他鲜、冷或冻的濒危野生动物肉（冻藏鹧鸪肉），149 其他鲜、冷或冻的濒危野生动物肉（鲜的麻雀肉），150 其他鲜、冷或冻的濒危野生动物肉（冷藏麻雀肉），151 其他鲜、冷或冻的濒危野生动物肉（冻藏麻雀肉），152 其他鲜、冷或冻的濒危野生动物肉（鲜的野生鸵鸟肉），153 其他鲜、冷或冻的濒危野生动物肉（冷藏野生鸵鸟肉），154 其他鲜、冷或冻的濒危野生动物肉（冻藏野生鸵鸟肉），155 其他鲜、冷或冻的濒危野生动物肉（未列出的鲜的野生禽鸟肉），156 其他鲜、冷或冻的濒危野生动物肉（未列出的冷藏野生禽鸟肉），157 其他鲜、冷或冻的濒危野生动物肉（未列出的冻藏野生禽鸟肉），158 其他鲜、冷或冻的濒危野生动物肉（鲜的熊肉），159 其他鲜、冷或冻的濒危野生动物肉（冷藏熊肉），160 其他鲜、冷或冻的濒危野生动物肉（冻藏熊肉），161 其他鲜、冷或冻的濒危野生动物肉（鲜的袋鼠肉），162 其他鲜、冷或冻的濒危野生动物肉（冷藏袋鼠肉），163 其他鲜、冷或冻的濒危野生动物肉（冻藏袋鼠肉），164 其他鲜、冷或冻的濒危野生动物肉（未列出其他的鲜的野生动物肉），165 其他鲜、冷或冻的濒危野生动物肉（未列出其他的冷藏野生动物肉），166 其他鲜、冷或冻的濒危野生动物肉（未列出其他的冻藏野生动物肉），167 其他鲜、冷或冻的濒危野生动物肉（鲜、冷的两栖类），168 其他鲜、冷或冻的濒危野生动物肉（冻的两栖类），169 其他鲜、冷或冻的濒危野生动物肉（鲜、冷的爬行类），170 其他鲜、冷或冻的濒危野生动物肉（冻的爬行类），171 其他鲜、冷或冻的濒危野生动物肉（鲜、冷的海洋哺乳动物），172 其他鲜、冷或冻的濒危野生动物肉（冻的海洋哺乳动物）。

税则号列			货品名称中英文		税费综合信息	计量单位	监管证件代码		检验检疫类别		检验检疫编码	检验检疫编码对应中文名称
HS国际统一前6位	本国子目 7~8位	9~10位	中文 货物名称	英文 Article Description			进口	出口	进口	出口		
											107 ……	其他鲜、冷或冻肉及食用杂碎（鲜的鹿肉） ……①
020910	00		未炼制或用其他方法提取的不带瘦肉的肥猪肉、猪脂肪	Pig fat free of lean meat not rendered or otherwise extracted, fresh, chilled, frozen, salted, in brine, dried or smoked	【最】20【普】70 【协东盟】0【协智利】0【协新西兰】0 【协秘鲁】0【协哥斯达黎加】0【协冰岛】0 【协瑞士】10【协澳大利亚】0【协韩国】13.3 【协格鲁吉亚】0【协香港】0【协澳门】0 【特-1】0【特-2】0 【增】10【对美加征】25【出】0【退】6	千克	A	B	PR	Q	101 102 103 104	未炼制或用其他方法提取的不带瘦肉的肥猪肉、猪脂肪（包括鲜、冷、冻、干、熏、盐制的）［工业用肥猪肉（不带瘦肉）］ 未炼制或用其他方法提取的不带瘦肉的肥猪肉、猪脂肪（包括鲜、冷、冻、干、熏、盐制的）（工业用猪油脂） 未炼制或用其他方法提取的不带瘦肉的肥猪肉、猪脂肪（包括鲜、冷、冻、干、熏、盐制的）［饲料用肥猪肉（不带瘦肉）］ 未炼制或用其他方法提取的不带瘦肉的肥猪肉、猪脂肪（包插鲜、冷、冻、干、熏、盐制的）（饲料用猪油脂）

① 该税号项下检验检疫编码及对应中文名称尚有：108　其他鲜、冷或冻肉及食用杂碎（冷藏鹿肉），109　其他鲜、冷或冻肉及食用杂碎（冻藏鹿肉），111　其他鲜、冷或冻肉及食用杂碎（鲜的鹿心），112　其他鲜、冷或冻肉及食用杂碎（冷藏鹿心），113　其他鲜、冷或冻肉及食用杂碎（冻藏鹿心），114　其他鲜、冷或冻肉及食用杂碎（鲜的鹿肝），115　其他鲜、冷或冻肉及食用杂碎（冷藏鹿肝），116　其他鲜、冷或冻肉及食用杂碎（冻藏鹿肝），117　其他鲜、冷或冻肉及食用杂碎（鲜的鹿肺），118　其他鲜、冷或冻肉及食用杂碎（冷藏鹿肺），119　其他鲜、冷或冻肉及食用杂碎（冻藏鹿肺），120　其他鲜、冷或冻肉及食用杂碎（鲜的鹿肾），121　其他鲜、冷或冻肉及食用杂碎（冷藏鹿肾），122　其他鲜、冷或冻肉及食用杂碎（冻藏鹿肾），123　其他鲜、冷或冻肉及食用杂碎（鲜的鹿舌），124　其他鲜、冷或冻肉及食用杂碎（冷藏鹿舌），125　其他鲜、冷或冻肉及食用杂碎（冻藏鹿舌），126　其他鲜、冷或冻肉及食用杂碎（鲜的鹿鞭），127　其他鲜、冷或冻肉及食用杂碎（冷藏鹿鞭），128　其他鲜、冷或冻肉及食用杂碎（冻藏鹿鞭），129　其他鲜、冷或冻肉及食用杂碎（鲜的鹿睾丸），130　其他鲜、冷或冻肉及食用杂碎（冷藏鹿睾丸），131　其他鲜、冷或冻肉及食用杂碎（冻藏鹿睾丸），132　其他鲜、冷或冻肉及食用杂碎（鲜的其他鹿杂碎），133　其他鲜、冷或冻肉及食用杂碎（冷藏其他鹿杂碎），134　其他鲜、冷或冻肉及食用杂碎（冻藏其他鹿杂碎），135　其他鲜、冷或冻肉及食用杂碎（鲜的骆驼肉），136　其他鲜、冷或冻肉及食用杂碎（冷藏骆驼肉），137　其他鲜、冷或冻肉及食用杂碎（冻藏骆驼肉），138　其他鲜、冷或冻肉及食用杂碎（鲜的骆驼杂碎），139　其他鲜、冷或冻肉及食用杂碎（冷藏骆驼杂碎），140　其他鲜、冷或冻肉及食用杂碎（冻藏骆驼杂碎），141　其他鲜、冷或冻肉及食用杂碎（未列出的鲜的饲养偶蹄动物肉），142　其他鲜、冷或冻肉及食用杂碎（未列出的冷藏饲养偶蹄动物肉），143　其他鲜、冷或冻肉及食用杂碎（未列出的冻藏饲养偶蹄动物肉），144　其他鲜、冷或冻肉及食用杂碎（未列出的鲜的饲养偶蹄动物杂碎），145　其他鲜、冷或冻肉及食用杂碎（未列出的冷藏饲养偶蹄动物杂碎），146　其他鲜、冷或冻肉及食用杂碎（未列出的冻藏饲养偶蹄动物杂碎），147　其他鲜、冷或冻肉及食用杂碎（鲜的饲养鸵鸟肉），148　其他鲜、冷或冻肉及食用杂碎（冷藏饲养鸵鸟肉），149　其他鲜、冷或冻肉及食用杂碎（冻藏饲养鸵鸟肉），150　其他鲜、冷或冻肉及食用杂碎（鲜的饲养鸵鸟杂碎），151　其他鲜、冷或冻肉及食用杂碎（冷藏饲养鸵鸟杂碎），152　其他鲜、冷或冻肉及食用杂碎（冻藏饲养鸵鸟杂碎），153　其他鲜、冷或冻肉及食用杂碎（未列出的鲜的饲养禽鸟肉），154　其他鲜、冷或冻肉及食用杂碎（未列出的冷藏饲养禽鸟肉），155　其他鲜、冷或冻肉及食用杂碎（未列出的冻藏饲养禽鸟肉），156　其他鲜、冷或冻肉及食用杂碎（未列出的鲜的饲养禽鸟杂碎），157　其他鲜、冷或冻肉及食用杂碎（未列出的冷藏饲养禽鸟杂碎），158　其他鲜、冷或冻肉及食用杂碎（未列出的冻藏饲养禽鸟杂碎），159　其他鲜、冷或冻肉及食用杂碎（鲜的犬肉），160　其他鲜、冷或冻肉及食用杂碎（冷藏犬肉），161　其他鲜、冷或冻肉及食用杂碎（冻藏犬肉），162　其他鲜、冷或冻肉及食用杂碎（鲜的犬杂碎），163　其他鲜、冷或冻肉及食用杂碎（冷藏犬杂碎），164　其他鲜、冷或冻肉及食用杂碎（冻藏犬杂碎），165　其他鲜、冷或冻肉及食用杂碎（鲜的袋鼠肉），166　其他鲜、冷或冻肉及食用杂碎（冷藏袋鼠肉），167　其他鲜、冷或冻肉及食用杂碎（冻藏袋鼠肉），168　其他鲜、冷或冻肉及食用杂碎（鲜的袋鼠杂碎），169　其他鲜、冷或冻肉及食用杂碎（冷藏袋鼠杂碎），170　其他鲜、冷或冻肉及食用杂碎（冻藏袋鼠杂碎），171　其他鲜、冷或冻肉及食用杂碎（未列出的鲜的饲养动物肉），172　其他鲜、冷或冻肉及食用杂碎（未列出的冻藏饲养动物肉），173　其他鲜、冷或冻肉及食用杂碎（未列出的冷藏饲养动物肉），174　其他鲜、冷或冻肉及食用杂碎（未列出的鲜的饲养动物杂碎），175　其他鲜、冷或冻肉及食用杂碎（未列出的冷藏饲养动物杂碎），176　其他鲜、冷或冻肉及食用杂碎（未列出的冻藏饲养动物杂碎），183　其他鲜、冷或冻肉及食用杂碎（鲜的饲养牛蛙肉及食用杂碎），184　其他鲜、冷或冻肉及食用杂碎（冷藏饲养牛蛙肉及食用杂碎），185　其他鲜、冷或冻肉及食用杂碎（冻藏饲养牛蛙肉及食用杂碎），186　其他鲜、冷或冻肉及食用杂碎（鲜的其他饲养两栖动物肉及杂碎），187　其他鲜、冷或冻肉及食用杂碎（冷藏其他饲养两栖动物肉及杂碎），188　其他鲜、冷或冻肉及食用杂碎（冻藏其他饲养两栖动物肉及杂碎），189　其他鲜、冷或冻肉及食用杂碎（鲜的其他野生两栖动物肉及杂碎），190　其他鲜、冷或冻肉及食用杂碎（冷藏其他野生两栖动物肉及杂碎），191　其他鲜、冷或冻肉及食用杂碎（冻藏其他野生两栖动物肉及杂碎），192　其他鲜、冷或冻肉及食用杂碎（未列出的鲜的饲养爬行动物肉及杂碎），193　其他鲜、冷或冻肉及食用杂碎（未列出的冷藏饲养爬行动物肉及杂碎），194　其他鲜、冷或冻肉及食用杂碎（未列出的冻藏饲养爬行动物肉及杂碎），195　其他鲜、冷或冻肉及食用杂碎（未列出的鲜的野生爬行动物肉及杂碎），196　其他鲜、冷或冻肉及食用杂碎（未列出的冷藏野生爬行动物肉及杂碎），197　其他鲜、冷或冻肉及食用杂碎（未列出的冻藏野生爬行动物肉及杂碎），199　其他鲜、冷或冻肉及食用杂碎（未列出的鲜的饲养海洋哺乳动物肉及杂碎），200　其他鲜、冷或冻肉及食用杂碎（未列出的冷藏饲养海洋哺乳动物肉及杂碎），201　其他鲜、冷或冻肉及食用杂碎（未列出的冻藏饲养海洋哺乳动物肉及杂碎），202　其他鲜、冷或冻肉及食用杂碎（未列出的鲜的野生海洋哺乳动物肉及杂碎），203　其他鲜、冷或冻肉及食用杂碎（未列出的冷藏野生海洋哺乳动物肉及杂碎），204　其他鲜、冷或冻肉及食用杂碎（未列出的冻藏野生海洋哺乳动物肉及杂碎）。

税则号列			货品名称中英文		税费综合信息	计量单位	监管证件代码		检验检疫类别		检验检疫编码	检验检疫编码对应中文名称
HS 国际统一前6位	本国子目 7~8位	9~10位	中文 货物名称	英文 Article Description			进口	出口	进口	出口		
											105	未炼制或用其他方法提取的不带瘦肉的肥猪肉、猪脂肪（包括鲜、冷、冻、干、熏、盐制的）（饲料用野生猪、牛、羊油脂）
											……	……①
020990	00		未炼制或用其他方法提取的家禽脂肪	Poultry fat not rendered or otherwise extracted, fresh, chilled, frozen, salted, in brine, dried or smoked	【最】20【普】70 【协东盟】0【协智利】0【协新西兰】0 【协秘鲁】0【协哥斯达黎加】0【协冰岛】0 【协瑞士】10【协澳大利亚】0【协韩国】13.3 【协格鲁吉亚】0【协香港】0【协澳门】0 【特-1】0【特-2】0 【增】10【出】0【退】6	千克	A	B	PR	Q	101	未炼制或用其他方法提取的家禽脂肪（包括鲜、冷、冻、干、熏、盐制的）（工业用禽油脂）
											102	未炼制或用其他方法提取的家禽脂肪（包括鲜、冷、冻、干、熏、盐制的）（饲料用禽油脂）
											103	未炼制或用其他方法提取的家禽脂肪（包括鲜、冷、冻、干、熏、盐制的）（未炼制的鲜的食用家禽脂肪）
											104	未炼制或用其他方法提取的家禽脂肪（包括鲜、冷、冻、干、熏、盐制的）（未炼制的冷藏食用家禽脂肪）
											105	未炼制或用其他方法提取的家禽脂肪（包括鲜、冷、冻、干、熏、盐制的）（未炼制的冻藏食用家禽脂肪）
											……	……②

① 该税号项下检验检疫编码及对应中文名称尚有：106　未炼制或用其他方法提取的不带瘦肉的肥猪肉、猪脂肪（包括鲜、冷、冻、干、熏、盐制的）（未炼制的鲜的食用纯肥猪肉），107　未炼制或用其他方法提取的不带瘦肉的肥猪肉、猪脂肪（包括鲜、冷、冻、干、熏、盐制的）（未炼制的冷藏食用纯肥猪肉），108　未炼制或用其他方法提取的不带瘦肉的肥猪肉、猪脂肪（包括鲜、冷、冻、干、熏、盐制的）（未炼制的冻藏食用纯肥猪肉），109　未炼制或用其他方法提取的不带瘦肉的肥猪肉、猪脂肪（包括鲜、冷、冻、干、熏、盐制的）（未炼制的干制食用纯肥猪肉），110　未炼制或用其他方法提取的不带瘦肉的肥猪肉、猪脂肪（包括鲜、冷、冻、干、熏、盐制的）（未炼制的熏制食用纯肥猪肉），111　未炼制或用其他方法提取的不带瘦肉的肥猪肉、猪脂肪（包括鲜、冷、冻、干、熏、盐制的）（未炼制的盐制食用纯肥猪肉），112　未炼制或用其他方法提取的不带瘦肉的肥猪肉、猪脂肪（包括鲜、冷、冻、干、熏、盐制的）（未炼制的鲜的食用猪脂肪），113　未炼制或用其他方法提取的不带瘦肉的肥猪肉、猪脂肪（包括鲜、冷、冻、干、熏、盐制的）（未炼制的冷藏食用猪脂肪），114　未炼制或用其他方法提取的不带瘦肉的肥猪肉、猪脂肪（包括鲜、冷、冻、干、熏、盐制的）（未炼制的冻藏食用猪脂肪），115　未炼制或用其他方法提取的不带瘦肉的肥猪肉、猪脂肪（包括鲜、冷、冻、干、熏、盐制的）（未炼制的干制食用猪脂肪），116　未炼制或用其他方法提取的不带瘦肉的肥猪肉、猪脂肪（包括鲜、冷、冻、干、熏、盐制的）（未炼制的熏制食用猪脂肪），117　未炼制或用其他方法提取的不带瘦肉的肥猪肉、猪脂肪（包括鲜、冷、冻、干、熏、盐制的）（未炼制的盐制食用猪脂肪），118　未炼制或用其他方法提取的不带瘦肉的肥猪肉、猪脂肪（包括鲜、冷、冻、干、熏、盐制的）（用其他方法提取的鲜的食用纯肥猪肉），119　未炼制或用其他方法提取的不带瘦肉的肥猪肉、猪脂肪（包括鲜、冷、冻、干、熏、盐制的）（用其他方法提取的冷藏食用纯肥猪肉），120　未炼制或用其他方法提取的不带瘦肉的肥猪肉、猪脂肪（包括鲜、冷、冻、干、熏、盐制的）（用其他方法提取的冻藏食用纯肥猪肉），121　未炼制或用其他方法提取的不带瘦肉的肥猪肉、猪脂肪（包括鲜、冷、冻、干、熏、盐制的）（用其他方法提取的干制食用纯肥猪肉），122　未炼制或用其他方法提取的不带瘦肉的肥猪肉、猪脂肪（包括鲜、冷、冻、干、熏、盐制的）（用其他方法提取的熏制食用纯肥猪肉），123　未炼制或用其他方法提取的不带瘦肉的肥猪肉、猪脂肪（包括鲜、冷、冻、干、熏、盐制的）（用其他方法提取的盐制食用纯肥猪肉），124　未炼制或用其他方法提取的不带瘦肉的肥猪肉、猪脂肪（包括鲜、冷、冻、干、熏、盐制的）（用其他方法提取的鲜的食用猪脂肪），125　未炼制或用其他方法提取的不带瘦肉的肥猪肉、猪脂肪（包括鲜、冷、冻、干、熏、盐制的）（用其他方法提取的冷藏食用猪脂肪），126　未炼制或用其他方法提取的不带瘦肉的肥猪肉、猪脂肪（包括鲜、冷、冻、干、熏、盐制的）（用其他方法提取的冻藏食用猪脂肪），127　未炼制或用其他方法提取的不带瘦肉的肥猪肉、猪脂肪（包括鲜、冷、冻、干、熏、盐制的）（用其他方法提取的干制食用猪脂肪），128　未炼制或用其他方法提取的不带瘦肉的肥猪肉、猪脂肪（包括鲜、冷、冻、干、熏、盐制的）（用其他方法提取的熏制食用猪脂肪），129　未炼制或用其他方法提取的不带瘦肉的肥猪肉、猪脂肪（包括鲜、冷、冻、干、熏、盐制的）（用其他方法提取的盐制食用猪脂肪）。

② 该税号项下检验检疫编码及对应中文名称尚有：106　未炼制或用其他方法提取的家禽脂肪（包括鲜、冷、冻、干、熏、盐制的）（未炼制的干制食用家禽脂肪），107　未炼制或用其他方法提取的家禽脂肪（包括鲜、冷、冻、干、熏、盐制的）（未炼制的熏制食用家禽脂肪），108　未炼制或用其他方法提取的家禽脂肪（包括鲜、冷、冻、干、熏、盐制的）（未炼制的盐制食用家禽脂肪），109　未炼制或用其他方法提取的家禽脂肪（包括鲜、冷、冻、干、熏、盐制的）（用其他方法提取的鲜的食用家禽脂肪），110　未炼制或用其他方法提取的家禽脂肪（包括鲜、冷、冻、干、熏、盐制的）（用其他方法提取的冷藏食用家禽脂肪），111　未炼制或用其他方法提取的家禽脂肪（包括鲜、冷、冻、干、熏、盐制的）（用其他方法提取的冻藏食用家禽脂肪），112　未炼制或用其他方法提取的家禽脂肪（包括鲜、冷、冻、干、熏、盐制的）（用其他方法提取的干制食用家禽脂肪），113　未炼制或用其他方法提取的家禽脂肪（包括鲜、冷、冻、干、熏、盐制的）（用其他方法提取的熏制食用家禽脂肪），114　未炼制或用其他方法提取的家禽脂肪（包括鲜、冷、冻、干、熏、盐制的）（用其他方法提取的盐制食用家禽脂肪）。

税则号列			货品名称中英文		税费综合信息	计量单位	监管证件代码		检验检疫类别		检验检疫编码	检验检疫编码对应中文名称
HS 国际统一前6位	本国子目 7~8位	本国子目 9~10位	中文 货物名称	英文 Article Description			进口	出口	进口	出口		
021011	10	10	干、熏、盐制的带骨鹿豚、姬猪腿	Hams and shoulders of Babyrousa, Porcula Salvania, with bone in, salted, in brine, dried or smoked	【最】25【普】80 【协东盟】0【协香港】0【协智利】0 【协新西兰】0【协秘鲁】0【协哥斯达黎加】0 【协冰岛】0【协澳大利亚】0【协韩国】18.7 【协格鲁吉亚】0【协澳门】0 【特东老挝】0【特东柬埔寨】0【特-1】0 【特-2】0【特-3】0 【增】10【对美加征】25【出】0【退】6	千克	AF	BE	PR	QS	101 102	干、熏、盐制的带骨鹿豚、姬猪腿［干、熏、盐制带骨姬猪腿（猪蹄）］ 干、熏、盐制的带骨鹿豚、姬猪腿（带骨熟制猪肉制品）
021011	10	90	其他干、熏、盐制的带骨猪腿	Other hams and shoulders of swine, with bone in, salted, in brine, dried or smoked	【最】25【普】80 【协东盟】0【协香港】0【协智利】0 【协新西兰】0【协秘鲁】0【协哥斯达黎加】0 【协冰岛】0【协澳大利亚】0【协韩国】18.7 【协格鲁吉亚】0【协澳门】0 【特东老挝】0【特东柬埔寨】0【特-1】0 【特-2】0【特-3】0 【增】10【对美加征】25【出】0【退】6	千克	A	B	PR	QS	101 102	其他干、熏、盐制的带骨猪腿［其他盐制带骨猪腿、带骨腌制猪腿（猪蹄）］ 其他干、熏、盐制的带骨猪腿（带骨熟制猪肉制品）
021011	90	10	干、熏、盐制的带骨鹿豚、姬猪腿肉块	Cuts of Babyrousa, Porcula Salvania, with bone in, salted, in brine, dried or smoked	【最】25【普】80 【协东盟】0【协智利】0【协新西兰】0 【协秘鲁】0【协哥斯达黎加】0【协冰岛】0 【协澳大利亚】0【协韩国】18.7【协格鲁吉亚】0 【协香港】0【协澳门】0 【特东老挝】0【特东柬埔寨】0【特-1】0 【特-2】0【特-3】0 【增】10【对美加征】25【出】0【退】6	千克	AF	BE	PR	QS	101 102	干、熏、盐制的带骨鹿豚、姬猪腿肉块［干、熏、盐制带骨姬猪腿肉块（猪蹄）］ 干、熏、盐制的带骨鹿豚、姬猪腿肉块（带骨熟制猪肉制品）
021011	90	90	其他干、熏、盐制的带骨猪腿肉	Other meat of hams and shoulders, with bone in, salted, in brine, dried or smoked	【最】25【普】80 【协东盟】0【协智利】0【协新西兰】0 【协秘鲁】0【协哥斯达黎加】0【协冰岛】0 【协澳大利亚】0【协韩国】18.7【协格鲁吉亚】0 【协香港】0【协澳门】0 【特东老挝】0【特东柬埔寨】0【特-1】0 【特-2】0【特-3】0 【增】10【对美加征】25【出】0【退】6	千克	A	B	PR	QS	101 102	其他干、熏、盐制的带骨猪腿肉［其他盐制带骨猪腿肉、带骨腌制猪腿肉（猪蹄）］ 其他干、熏、盐制的带骨猪腿肉（带骨熟制猪肉制品）
021012	00	10	干、熏、盐制的鹿豚、姬猪腹肉（指五花肉）	Bellies (streaky) and cuts of Babyrousa, Porcula Salvania, salted, in brine, dried or smoked	【最】25【普】80 【协东盟】0【协智利】0【协新西兰】0 【协秘鲁】0【协哥斯达黎加】0【协冰岛】0 【协澳大利亚】0【协韩国】18.7【协格鲁吉亚】0 【协香港】0【协澳门】0 【特东老挝】0【特东柬埔寨】0【特-1】0 【特-2】0【特-3】0 【增】10【对美加征】25【出】0【退】6	千克	AF	BE	PR	QS	101 102 103	干、熏、盐制的鹿豚、姬猪腹肉（指五花肉）(干、熏制鹿豚腹肉) 干、熏、盐制的鹿豚、姬猪腹肉（指五花肉）(去骨熟制猪肉制品) 干、熏、盐制的鹿豚、姬猪腹肉（指五花肉）(盐制鹿豚腹肉)
021012	00	90	其他干、熏、盐制的猪腹肉（指五花肉）	Other bellies (streaky) and cuts of swine, salted, in brine, dried or smoked	【最】25【普】80 【协东盟】0【协智利】0 【协新西兰】0【协秘鲁】0【协哥斯达黎加】0 【协冰岛】0【协澳大利亚】0【协韩国】18.7 【协格鲁吉亚】0【协香港】0【协澳门】0 【特东老挝】0【特东柬埔寨】0【特-1】0 【特-2】0【特-3】0 【增】10【对美加征】25【出】0【退】6	千克	A	B	PR	QS	101 102	其他干、熏、盐制的猪腹肉（指五花肉）（其他盐制猪腹肉、腌制猪腹肉） 其他干、熏、盐制的猪腹肉（指五花肉）（去骨熟制猪肉制品）
021019	00	10	干、熏、盐制的鹿豚、姬猪其他肉 【电商】①	Other meat of Babyrousa, Porcula Salvania, salted, in brine, dried or smoked	【最】25【普】80 【协东盟】0【协智利】0【协新西兰】0 【协秘鲁】0【协哥斯达黎加】0【协冰岛】0 【协澳大利亚】0【协韩国】18.7【协格鲁吉亚】0 【协香港】0【协澳门】0 【特东柬埔寨】0【特东缅甸】0【特-1】0 【特-2】0【特-3】0 【增】10【对美加征】25【出】0【退】10	千克	AF	BE	PR	QS	101 102 103	干、熏、盐制的鹿豚、姬猪其他肉（干、熏、盐制姬猪其他肉） 干、熏、盐制的鹿豚、姬猪其他肉（干、熏鹿豚其他肉） 干、熏、盐制的鹿豚、姬猪其他肉（盐制鹿豚其他肉）
021019	00	90	其他干、熏、盐制的其他猪肉 【电商】②	Other meat of swine, salted, in brine, dried or smoked	【最】25【普】80 【协东盟】0【协智利】0【协新西兰】0 【协秘鲁】0【协哥斯达黎加】0【协冰岛】0 【协澳大利亚】0【协韩国】18.7【协格鲁吉亚】0 【协香港】0【协澳门】0 【特东柬埔寨】0【特东缅甸】0【特-1】0 【特-2】0【特-3】0 【增】10【对美加征】25【出】0【退】10	千克	A	B	PR	QS	101 102	其他干、熏、盐制的其他猪肉（其他干制其他猪肉） 其他干、熏、盐制的其他猪肉（去骨熟制猪肉制品）

① 仅限网购保税商品。

② 仅限网购保税商品。

税则号列			货品名称中英文		税费综合信息	计量单位	监管证件代码		检验检疫类别		检验检疫编码	检验检疫编码对应中文名称
HS国际统一前6位	本国子目 7~8位	9~10位	中文 货物名称	英文 Article Description			进口	出口	进口	出口		
021020	00	10	干、熏、盐制的濒危野牛肉【电商】①	Meat of endangered wild bovine animals, salted, in brine, dried or smoked	【最】25【普】80 【协东盟】0【协智利】0【协新西兰】0 【协秘鲁】0【协哥斯达黎加】0【协冰岛】0 【协瑞士】0【协澳大利亚】12.5【协韩国】18.7 【协格鲁吉亚】0【协香港】0【协澳门】0 【特东老挝】0【特东柬埔寨】0【特-1】0 【特-2】0【特-3】0 【增】10【对美加征】10【出】0【退】0	千克	AF	BE	PR	QS	101 102 103 104	干、熏、盐制的濒危野牛肉（干、熏制野牛肉） 干、熏、盐制的濒危野牛肉（盐制带骨野牛肉、腌制带骨牛肉） 干、熏、盐制的濒危野牛肉（盐制去骨野牛肉、腌制去骨牛肉） 干、熏、盐制的濒危野牛肉（去骨熟制牛肉制品）
021020	00	90	干、熏、盐制的其他牛肉【电商】②	Meat of other bovine animals, salted, in brine, dried or smoked	【最】25【普】80 【协东盟】0【协智利】0【协新西兰】0 【协秘鲁】0【协哥斯达黎加】0【协冰岛】0 【协瑞士】0【协澳大利亚】12.5【协韩国】18.7 【协格鲁吉亚】0【协香港】0【协澳门】0 【特东老挝】0【特东柬埔寨】0【特-1】0 【特-2】0【特-3】0 【增】10【对美加征】10【出】0【退】6	千克	A	B	PR	QS	101 102 103 104	干、熏、盐制的其他牛肉（干、熏制牛肉） 干、熏、盐制的其他牛肉（盐制带骨牛肉、腌制带骨牛肉） 干、熏、盐制的其他牛肉（盐制去骨牛肉、腌制去骨牛肉） 干、熏、盐制的其他牛肉（去骨熟制牛肉制品）
021091	00		干、熏、盐制的灵长目动物肉及食用杂碎	Meat and meat offal Of primates, salted, in brine, dried or smoked	【最】25【普】80 【协东盟】0【协智利】0【协新西兰】0 【协秘鲁】0【协哥斯达黎加】0【协冰岛】0 【协瑞士】10【协澳大利亚】0【协韩国】12.5 【协格鲁吉亚】0【协香港】0【协澳门】0 【特东老挝】0【特东柬埔寨】0【特-1】0 【特-2】0【特-3】0 【增】10【出】0【退】6	千克	AF	BE	PR	QS	101 102	干、熏、盐制的灵长目动物肉及食用杂碎(干、熏、盐制灵长目动物肉) 干、熏、盐制的灵长目动物肉及食用杂碎(干、熏、盐制灵长目动物食用杂碎)
021092	00		干、熏、盐制的鲸、海豚及鼠海豚（鲸目哺乳动物）的，海牛及儒艮（海牛目哺乳动物）的，海豹、海狮及海象（鳍足亚目哺乳动物）的肉及食用杂碎	Meat and meat offal Of whales, dolphins and porpoises (mammals of the order Cetacea); of manatees and dugongs (mammals of the order Sirenia), of seals, sea lions and walruses (mammals of the suborder pinnipedia), salted, in brine, dried or smoked	【最】25【普】80 【协东盟】0【协智利】0【协新西兰】0 【协秘鲁】0【协哥斯达黎加】0【协冰岛】0 【协瑞士】10【协澳大利亚】0【协韩国】12.5 【协格鲁吉亚】0【协香港】0【协澳门】0 【特东老挝】0【特东柬埔寨】0【特-1】0 【特-2】0【特-3】0 【增】10【出】0【退】6	千克	AF	BE	PR	QS	101 102	干、熏、盐制的鲸、海豚及鼠海豚（鲸目哺乳动物）的；干、熏、盐制的海牛及儒艮（海牛目哺乳动物）的；干、熏、盐制的海豹、海狮及海象（鳍足亚目哺乳动物）的肉及食用杂碎(包括可供食用的肉或杂碎的细粉、粗粉)(干、熏、盐制鲸目海牛目动物肉) 干、熏、盐制的鲸、海豚及鼠海豚（鲸目哺乳动物）的；干、熏、盐制的海牛及儒艮（海牛目哺乳动物）的；干、熏、盐制的海豹、海狮及海象（鳍足亚目哺乳动物）的肉及食用杂碎(包括可供食用的肉或杂碎的细粉、粗粉)(干、熏、盐制鲸目海牛目动物食用杂碎)

① 仅限网购保税商品。

② 仅限网购保税商品。

税则号列			货品名称中英文		税费综合信息	计量单位	监管证件代码		检验检疫类别		检验检疫编码	检验检疫编码对应中文名称
HS 国际统一前6位	本国子目 7~8位	本国子目 9~10位	中文 货物名称	英文 Article Description			进口	出口	进口	出口		
											103	干、熏、盐制的鲸、海豚及鼠海豚（鲸目哺乳动物）的；干、熏、盐制的海牛及儒艮（海牛目哺乳动物）的；干、熏、盐制的海豹、海狮及海象（鳍足亚目哺乳动物）的肉及食用杂碎（包括可供食用的肉或杂碎的细粉、粗粉）（熏烤的灌肠类熟肉制品）
											104	干、熏、盐制的鲸、海豚及鼠海豚（鲸目哺乳动物）的；干、熏、盐制的海牛及儒艮（海牛目哺乳动物）的；干、熏、盐制的海豹、海狮及海象（鳍足亚目哺乳动物）的肉及食用杂碎（包括可供食用的肉或杂碎的细粉、粗粉）（腌制的灌肠类熟肉制品）
											105	干、熏、盐制的爬行动物肉及食用杂碎（包括食用的肉及杂碎的细粉、粗粉）（养殖干制）
											……	……①
021093	00		干、熏、盐制的爬行动物肉及食用	Meat and meat offal Of reptiles (including snakes and turtles), salted, in brine, dried or smoked, including edible flours and meals of meat and meat offal	【最】25【普】80 【协东盟】0【协香港】0【协澳门】0 【协智利】0【协新西兰】0【协秘鲁】0 【协哥斯达黎加】0【协冰岛】0【协瑞士】10 【协澳大利亚】0【协韩国】12.5 【协格鲁吉亚】0 【特东老挝】0【特东柬埔寨】0【特-1】0 【特-2】0【特-3】0【增】10【出】0【退】6	千克	AF	BE	PR	QS	105	干、熏、盐制的爬行动物肉及食用杂碎（包括食用的肉及杂碎的细粉、粗粉）（养殖干制）
											106	干、熏、盐制的爬行动物肉及食用杂碎（包括食用的肉及杂碎的细粉、粗粉）（野生干制）
											107	干、熏、盐制的爬行动物肉及食用杂碎（包括食用的肉及杂碎的细粉、粗粉）（养殖盐腌及盐渍等）
											109	干、熏、盐制的爬行动物肉及食用杂碎（包括食用的肉及杂碎的细粉、粗粉）（养殖其他制作及保藏）
021099	00	10	干、熏、盐制的其他濒危动物肉及杂碎（包括可供食用的肉或杂碎的细粉、粗粉）	Meat and edible offal of other endangered wild animals, salted, in brine, dried or smoked (including edible flours and meals of meat and meat offal)	【最】25【普】80 【协东盟】0【协香港】0【协智利】0 【协新西兰】0【协秘鲁】0【协哥斯达黎加】0 【协冰岛】0【协瑞士】10【协澳大利亚】0 【协韩国】18.7【协格鲁吉亚】0【协澳门】0 【特东老挝】0【特东柬埔寨】0【特-1】0 【特-2】0【特-3】0 【增】10【对美加征】10【出】0【退】0	千克	AF	BE	PR	QS	101	干、熏、盐制的其他濒危动物肉及杂碎（包括可供食用的肉或杂碎的细粉、粗粉）（干、熏、盐制其他濒危动物肉）
											102	干、熏、盐制的其他濒危动物肉及杂碎（包括可供食用的肉或杂碎的细粉、粗粉）（干、熏、盐制其他濒危动物食用杂碎）

① 该税号项下检验检疫编码及对应中文名称尚有：106 干、熏、盐制的爬行动物肉及食用杂碎（包括食用的肉及杂碎的细粉、粗粉）（野生干制），107　干、熏、盐制的爬行动物肉及食用杂碎（包括食用的肉及杂碎的细粉、粗粉）（养殖盐腌及盐渍等），108　干、熏、盐制的爬行动物肉及食用杂碎（包括食用的肉及杂碎的细粉、粗粉）（野生盐腌及盐渍等），109　干、熏、盐制的爬行动物肉及食用杂碎（包括食用的肉及杂碎的细粉、粗粉）（养殖其他制作及保藏），110　干、熏、盐制的爬行动物肉及食用杂碎（包括食用的肉及杂碎的细粉、粗粉）（野生其他制作及保藏）。

税则号列			货品名称中英文		税费综合信息	计量单位	监管证件代码		检验检疫类别		检验检疫编码	检验检疫编码对应中文名称
HS 国际统一前6位	本国子目 7~8位	9~10位	中文 货物名称	英文 Article Description			进口	出口	进口	出口		
021099	00	90	干、熏、盐制的其他肉及食用杂碎（包括可供食用的肉或杂碎的细粉、粗粉）	Other meat and edible offal salted, in brine, dried or smoked (including edible flours and meals of meat and meat offal)	【最】25【普】80 【协东盟】0【协香港】0【协智利】0 【协新西兰】0【协秘鲁】0【协哥斯达黎加】0 【协冰岛】0【协瑞士】10【协澳大利亚】0 【协韩国】18.7【协格鲁吉亚】0【协澳门】0 【特东老挝】0【特东柬埔寨】0【特-1】0 【特-2】0【特-3】0 【增】10【对美加征】10【出】0【退】6	千克	A	B	PR	QS	101 102 103 104 105 ……	干、熏、盐制的其他肉及食用杂碎（包括可供食用的肉或杂碎的细粉、粗粉）（腌制马肉） 干、熏、盐制的其他肉及食用杂碎（包括可供食用的肉或杂碎的细粉、粗粉）（腌制绵羊肉） 干、熏、盐制的其他肉及食用杂碎（包括可供食用的肉或杂碎的细粉、粗粉）（腌制山羊肉） 干、熏、盐制的其他肉及食用杂碎（包括可供食用的肉或杂碎的细粉、粗粉）（腌制鹿肉） 干、熏、盐制的其他肉及食用杂碎（包括可供食用的肉或杂碎的细粉、粗粉）（干、熏、盐制其他肉） ……①

① 该税号项下检验检疫编码及对应中文名称尚有：106　干、熏、盐制的其他肉及食用杂碎（包括可供食用的肉或杂碎的细粉、粗粉）（干、熏、盐制其他食用杂碎），107　干、熏、盐制的其他肉及食用杂碎（包括可供食用的肉或杂碎的细粉、粗粉）（去骨熟制猪肉制品）。

第　三　章
鱼、甲壳动物、软体动物及其他水生无脊椎动物

注释：

一、本章不包括：

（一）税目 01.06 的哺乳动物；

（二）税目 01.06 的哺乳动物的肉（税目 02.08 或 02.10）；

（三）因品种或鲜度不适合供人食用的死鱼（包括鱼肝、鱼卵及鱼精等）、死甲壳动物、死软体动物及其他死水生无脊椎动物（第五章）；不适合供人食用的鱼、甲壳动物、软体动物、其他水生无脊椎动物的粉、粒（税目 23.01）；或

（四）鲟鱼子酱及用鱼卵制成的鲟鱼子酱代用品（税目 16.04）。

二、本章所称“团粒”，是指直接挤压或加入少量黏合剂制成的粒状产品。

Chapter 3
Fish and crustaceans, molluscs and other aquatic invertebrates

Chapter Notes:

1. This Chapter does not cover:

(a) Mammals of heading 01.06;

(b) Meat of mammals of heading 01.06 (heading 02.08 or 02.10);

(c) Fish (including livers, roes and milt thereof) or crustaceans, molluscs or other aquatic invertebrates, dead and unfit or unsuitable for human consumption by reason of either their species or their condition (Chapter 5); flours, meals or pellets of fish or of crustaceans, molluscs or other aquatic invertebrates, unfit for human consumption (heading 23.01); or

(d) Caviar or caviar substitutes prepared from fish eggs (heading 16.04).

2. In this Chapter the term "pellets" means products which have been agglomerated either directly by compression or by the addition of a small quantity of binder.

税则号列			货品名称中英文		税费综合信息	计量单位	监管证件代码		检验检疫类别		检验检疫编码	检验检疫编码对应中文名称
HS 国际统一前 6 位	本国子目 7~8 位	本国子目 9~10 位	中文 货物名称	英文 Article Description			进口	出口	进口	出口		
030111	00	10	观赏用濒危淡水鱼	Endangered freshwater ornamental fish	【最】10【普】80 【协东盟】0【协香港】0【协巴基斯坦】14 【协智利】0【协新西兰】0【协秘鲁】0 【协哥斯达黎加】1.8【协冰岛】0【协瑞士】7 【协澳大利亚】0【协韩国】11.6【协澳门】0 【协格鲁吉亚】0 【特-1】0【特-2】0【特-3】0 【增】10【对美加征】25【出】0【退】0	千克	AF	BE	P	Q	101 102 103	观赏用濒危淡水鱼（淡水养殖热带鱼） 观赏用濒危淡水鱼（淡水捕捞热带鱼） 观赏用濒危淡水鱼（其他观赏鱼）
030111	00	90	观赏用其他淡水鱼	Other freshwater ornamental fish	【最】10【普】80 【协东盟】0【协香港】0【协巴基斯坦】14 【协智利】0【协新西兰】0【协秘鲁】0 【协哥斯达黎加】1.8【协冰岛】0【协瑞士】7 【协澳大利亚】0【协韩国】11.6【协澳门】0 【协格鲁吉亚】0 【特-1】0【特-2】0【特-3】0 【增】10【对美加征】25【出】0【退】6	千克	A	B	P	Q	101 102 103	观赏用其他淡水鱼（淡水养殖热带鱼） 观赏用其他淡水鱼（淡水捕捞热带鱼） 观赏用其他淡水鱼（其他观赏鱼）
030119	00	10	观赏用濒危非淡水鱼	Other ornamental endangered fish (other than freshwater)	【最】10【普】80 【协东盟】0【协香港】0【协巴基斯坦】14 【协智利】0【协新西兰】0【协秘鲁】0 【协哥斯达黎加】1.8【协冰岛】0【协瑞士】7 【协澳大利亚】0【协韩国】11.6【协澳门】0 【协格鲁吉亚】0 【特-1】0【特-2】0【特-3】0 【增】10【对美加征】25【出】0【退】0	千克	AF	BE	P	Q	101 102 103	观赏用濒危非淡水鱼（海水养殖热带鱼） 观赏用濒危非淡水鱼（海水捕捞热带鱼） 观赏用濒危非淡水鱼（其他观赏鱼）
030119	00	90	其他观赏用非淡水鱼	Other ornarmental fish (other than freshwater)	【最】10【普】80 【协东盟】0【协香港】0【协巴基斯坦】14 【协智利】0【协新西兰】0【协秘鲁】0 【协哥斯达黎加】1.8【协冰岛】0【协瑞士】7 【协澳大利亚】0【协韩国】11.6【协澳门】0 【协格鲁吉亚】0 【特-1】0【特-2】0【特-3】0 【增】10【对美加征】25【出】0【退】10	千克	A	B	P	Q	101 102 103	其他观赏用非淡水鱼（海水养殖热带鱼） 其他观赏用非淡水鱼（海水捕捞热带鱼） 其他观赏用非淡水鱼（其他观赏鱼）

税则号列 HS国际统一前6位	本国子目 7~8位	本国子目 9~10位	货品名称中英文 中文 货物名称	货品名称中英文 英文 Article Description	税费综合信息	计量单位	监管证件代码 进口	监管证件代码 出口	检验检疫类别 进口	检验检疫类别 出口	检验检疫编码	检验检疫编码对应中文名称
030191	10		鳟鱼（河鳟、虹鳟、克拉克大麻哈鱼、阿瓜大麻哈鱼、吉雨大麻哈鱼、亚利桑那大麻哈鱼、金腹大麻哈鱼）的鱼苗	Fry of trout (Salmo trutta, Oncorhynchus my kiss, Oncorhynchus clarki, Oncorhynchus aguabonita, Oncorhynchus gilae, Oncor hynchus apache and Oncohynchus chrysogaster)	【最】0【普】0【特-1】0【特-2】0【特-3】0 【增】10【出】0【退】10	千克	A	B	P	Q	999	鳟鱼（河鳟、虹鳟、克拉克大麻哈鱼、阿瓜大麻哈鱼、吉雨大麻哈鱼、亚利桑那大麻哈鱼、金腹大麻哈鱼）的鱼苗
030191	90		其他活鳟鱼（河鳟、虹鳟、克拉克大麻哈鱼、阿瓜大麻哈鱼、吉雨大麻哈鱼、亚利桑那大麻哈鱼、金腹大麻哈鱼）	Other trout (Salmo trutta, Oncorhynchus my kiss, Oncorhynchus clarki, Oncorhynchus aguabonita, Oncorhynchus gilae, Oncor hynchus apache and Oncohynchus chrysogaster)	【最】10【普】40 【协亚太】7.6【协东盟】0【协巴基斯坦】5 【协智利】0【协新西兰】0【协秘鲁】0 【协哥斯达黎加】1【协冰岛】0【协瑞士】4.2 【协澳大利亚】0【协韩国】5.2 【协格鲁吉亚】0【协香港】0【协澳门】0 【特-1】0【特-2】0【特-3】0 【增】10【出】0【退】10	千克	A	B	PR	Q	999	其他活鳟鱼（河鳟、虹鳟、克拉克大麻哈鱼、阿瓜大麻哈鱼、吉雨大麻哈鱼、亚利桑那大麻哈鱼、金腹大麻哈鱼）
030192	10	10	花鳗鲡鱼苗	Fry of marbled eels (Anguilla marmorata)	【最】0【普】0【特-1】0【特-2】0【特-3】0 【增】10【出】20【退】0	千克	A	BE	P	NQ	999	花鳗鲡鱼苗
030192	10	20	欧洲鳗鲡鱼苗	Fry of european eels	【最】0【普】0【特-1】0【特-2】0【特-3】0 【增】10【出】20【退】0	千克	AF	BE	P	NQ	999	欧洲鳗鲡鱼苗
030192	10	90	其他鳗鱼（鳗鲡属）苗	Other fry of eels	【最】0【普】0【特-1】0【特-2】0【特-3】0 【增】10【出】20【退】0	千克	A	B	P	NQ	101 102	其他鳗鱼（鳗鲡属）苗（种用鳗鲡） 其他鳗鱼（鳗鲡属）苗（海鳗）
030192	90	10	花鳗鲡	Marbled eels (Anguilla marmorata)	【最】7【普】40 【协亚太】4.7【协东盟】0【协巴基斯坦】5 【协智利】0【协新西兰】0【协秘鲁】0 【协哥斯达黎加】1【协冰岛】0【协瑞士】0 【协澳大利亚】0【协韩国】5【协格鲁吉亚】0 【协香港】0【协澳门】0 【特东柬埔寨】0【特东缅甸】0【特-1】0 【特-2】0【特-3】0 【增】10【出】0【退】10	千克	A	BE	PR	QS	999	花鳗鲡
030192	90	20	欧洲鳗鲡	European eels	【最】7【普】40 【协亚太】4.7【协东盟】0【协巴基斯坦】5 【协智利】0【协新西兰】0【协秘鲁】0 【协哥斯达黎加】1【协冰岛】0【协瑞士】0 【协澳大利亚】0【协韩国】5【协格鲁吉亚】0 【协香港】0【协澳门】0 【特东柬埔寨】0【特东缅甸】0【特-1】0 【特-2】0【特-3】0 【增】10【出】0【退】10	千克	AF	BE	PR	QS	999	欧洲鳗鲡
030192	90	90	其他活鳗鱼（鳗鲡属）	Other live eels	【最】7【普】40 【协香港】0【协澳门】0【协亚太】4.7 【协东盟】0【协巴基斯坦】5【协智利】0 【协新西兰】0【协秘鲁】0【协哥斯达黎加】1 【协冰岛】0【协瑞士】0【协澳大利亚】0 【协韩国】5【协格鲁吉亚】0 【特东柬埔寨】0【特东缅甸】0【特-1】0 【特-2】0【特-3】0 【增】10【出】0【退】10	千克	A	B	PR	QS	101 102 103	其他活鳗鱼（鳗鲡属）（种用鳗鲡） 其他活鳗鱼（鳗鲡属）（食用鳗鲡） 其他活鳗鱼（鳗鲡属）（海鳗）
030193	10		鲤科鱼（鲤属、鲫属、草鱼、鲢属、鲢属、鲮属、青鱼、卡特拉鲃、野鲮属、哈氏纹唇鱼、何氏细须鲃、鲂属）鱼苗	Fry of carp (Cyprinus carpio, Carassius carassius, Ctenopharyngodon idellus, Hypophthalmichthys spp., Cirrhinus spp., Mylopharyngodon piceus)	【最】0【普】0【特-1】0【特-2】0【特-3】0 【增】10【出】0【退】10	千克	A	B	P	Q	999	鲤科鱼（鲤属、鲫属、草鱼、鲢属、鲮属、青鱼、卡特拉鲃、野鲮属、哈氏纹唇鱼、何氏细须鲃、鲂属）鱼苗

税则号列			货品名称中英文		税费综合信息	计量单位	监管证件代码		检验检疫类别		检验检疫编码	检验检疫编码对应中文名称
HS国际统一前6位	本国子目 7~8位	9~10位	中文 货物名称	英文 Article Description			进口	出口	进口	出口		
030193	90		其他鲤科鱼（鲤属、鲫属、草鱼、鲢属、鳙属、青鱼、卡特拉鲃、野鲮属、哈氏纹唇鱼、何氏细须鲃、鲂属）	Other live carp (Cyprinus carpio, Carassius carassius, Ctenopharyngodon idellus, Hypophthalmichthys spp., Cirrhinus spp., Mylopharyngodon piceus)	【最】7【普】40 【协亚太】5.3【协东盟】0【协巴基斯坦】5 【协智利】0【协新西兰】0【协秘鲁】0 【协哥斯达黎加】1【协冰岛】0【协瑞士】4.2 【协澳大利亚】0【协韩国】5.2【协格鲁吉亚】0 【特东柬埔寨】0【特东缅甸】0【特-1】0 【特-2】0【特-3】0 【增】10【出】0【退】10	千克	A	B	PR	QS	999	其他鲤科鱼（鲤属、鲫属、草鱼、鲢属、鳙属、青鱼、卡特拉鲃、野鲮属、哈氏纹唇鱼、何氏细须鲃、鲂属）
030194	10		大西洋及太平洋蓝鳍金枪鱼鱼苗	Fry of Atlantic and Pacific bluefin tunas (Thunnus thynnus, Thunnus orientalis)	【最】0【普】0【特-1】0【特-2】0【特-3】0 【增】10【出】0【退】10	千克	A	B	P	Q	999	大西洋及太平洋蓝鳍金枪鱼鱼苗
030194	91		大西洋蓝鳍金枪鱼	Atlantic bluefin tunas (Thunnus thynnus)	【最】7【普】40 【协亚太】5.3【协东盟】0【协香港】0 【协澳门】0【协巴基斯坦】5【协智利】0 【协新西兰】0【协秘鲁】0【协哥斯达黎加】1 【协冰岛】0【协瑞士】4.2【协澳大利亚】0 【协韩国】5.2【协格鲁吉亚】0 【特东柬埔寨】0【特东缅甸】0【特-1】0 【特-2】0【特-3】0 【增】10【出】0【退】10	千克	A	B	P	NQ	999	大西洋蓝鳍金枪鱼
030194	92		太平洋蓝鳍金枪鱼	Pacific bluefin tunas (Thunnus orientalis)	【最】7【普】40 【协亚太】5.3【协东盟】0【协香港】0 【协澳门】0【协巴基斯坦】5【协智利】0 【协新西兰】0【协秘鲁】0【协台湾】0 【协哥斯达黎加】1【协冰岛】0【协瑞士】4.2 【协澳大利亚】0【协韩国】5.2【协格鲁吉亚】0 【特东柬埔寨】0【特东缅甸】0【特-1】0 【特-2】0【特-3】0 【增】10【出】0【退】10	千克	A	B	P	NQ	999	太平洋蓝鳍金枪鱼
030195	10		南方蓝鳍金枪鱼（Thunnus maccoyii）鱼	Fry of southern bluefin tunas (thunnus maccoyii)	【最】0【普】0【特-1】0【特-2】0【特-3】0 【增】10【出】0【退】10	千克	A	B	P	Q	999	南方蓝鳍金枪鱼（Thunnusmaccoyii）苗
030195	90		其他南方蓝鳍金枪鱼（Thunnus maccoyii）	Other southern bluefin tunas (thunnus maccoyii)	【最】7【普】40 【协亚太】5.3【协东盟】0【协香港】0 【协巴基斯坦】5【协智利】0【协新西兰】0 【协秘鲁】0【协哥斯达黎加】1【协冰岛】0 【协瑞士】4.2【协澳大利亚】0【协韩国】5.2 【协格鲁吉亚】0 【特东柬埔寨】0【特东缅甸】0【特-1】0 【特-2】0【特-3】0 【增】10【出】0【退】10	千克	A	B	P	NQ	999	其他南方蓝鳍金枪鱼（Thunnus maccoyii）
030199	11		鲈鱼种苗	Fry of perches	【最】0【普】0【特-1】0【特-2】0【特-3】0 【增】10【出】0【退】10	千克	A	B	P	Q	101 102	鲈鱼种苗（淡水鲈鱼） 鲈鱼种苗（海水鲈鱼）
030199	12		鲟鱼种苗	Fry of sturgeon	【最】0【普】0【特-1】0【特-2】0【特-3】0 【增】10【出】0【退】10	千克	AF	BE	P	Q	999	鲟鱼种苗
030199	19	10	其他濒危鱼苗	Other endangered fry	【最】0【普】0【特-1】0【特-2】0【特-3】0 【增】10【出】0【退】0	千克	AF	BE	P	Q	101 102 103 104	其他濒危鱼苗（其他淡水鱼） 其他濒危鱼苗（其他海水鱼） 其他濒危鱼苗（其他观赏鱼） 其他濒危鱼苗（其他鱼）
030199	19	90	其他鱼苗	Other fry	【最】0【普】0【特-1】0【特-2】0【特-3】0 【增】10【出】0【退】10	千克	A	B	P	Q	101 102 103 104	其他鱼苗（草鱼） 其他鱼苗［鳙鱼（胖头鱼）］ 其他鱼苗（鲢鱼） 其他鱼苗（青鱼）

税则号列 HS国际统一前6位	本国子目 7~8位	本国子目 9~10位	货品名称中英文 中文 货物名称	货品名称中英文 英文 Article Description	税费综合信息	计量单位	监管证件代码 进口	监管证件代码 出口	检验检疫类别 进口	检验检疫类别 出口	检验检疫编码	检验检疫编码对应中文名称
											105 ……	其他鱼苗［鲶鱼（鲇鱼）］ ……①
030199	91		活罗非鱼	Tilapia	【最】7【普】40 【协东盟】0【协香港】0【协澳门】0 【协巴基斯坦】5【协智利】0【协新西兰】0 【协秘鲁】1【协哥斯达黎加】1【协冰岛】0 【协瑞士】4.2【协澳大利亚】0【协韩国】5.2 【协格鲁吉亚】0 【特东柬埔寨】0【特东缅甸】0【特-1】0 【特-2】0【特-3】0 【增】10【出】0【退】10	千克	A	B	PR	QS	999	活罗非鱼
030199	92		活的鲀	Puffer fish	【最】10【普】40 【协亚太】7.6【协东盟】0【协香港】0 【协澳门】0【协巴基斯坦】5【协智利】0 【协新西兰】0【协秘鲁】0【协哥斯达黎加】1 【协冰岛】0【协瑞士】4.2【协澳大利亚】0 【协韩国】5.2【协格鲁吉亚】0 【特东柬埔寨】0【特东缅甸】0【特-1】0 【特-2】0【特-3】0 【增】10【出】0【退】10	千克	A	B	P	NQ	101 102 103	活的鲀（其他淡水鱼） 活的鲀（其他海水鱼） 活的鲀（其他观赏鱼）
030199	93	10	活的濒危鲤科鱼	Endangered live carp, other than carp (Cyprinus carpio, Carassius carassius, Ctenopharyngodon idellus, Hypophthalmichthys spp., Cirrhinus spp., Mylopharyngodon piceus)	【最】7【普】40 【协亚太】5.3【协东盟】0【协巴基斯坦】5 【协智利】0【协新西兰】0【协秘鲁】0 【协哥斯达黎加】1【协冰岛】0【协瑞士】4.2 【协澳大利亚】0【协韩国】5.2【协香港】0 【协澳门】0【协格鲁吉亚】0 【特东柬埔寨】0【特东缅甸】0【特-1】0 【特-2】0【特-3】0 【增】10【出】0【退】0	千克	AF	BE	P	NQ	999	活的濒危鲤科鱼
030199	93	90	活的其他鲤科鱼［鲤科鱼（鲤属、鲫属、草鱼、鲢属、鳙属、青鱼、卡特拉鲃、野鲮属、哈氏纹唇鱼、何氏细须鲃、鲂属）除外］	Other live carp, other than carp (Cyprinus carpio, Carassius carassius, Ctenopharyngodon idellus, Hypophthalmichthys spp., Cirrhinus spp., Mylopharyngodon piceus)	【最】7【普】40 【协亚太】5.3【协东盟】0【协巴基斯坦】5 【协智利】0【协新西兰】0【协秘鲁】0 【协哥斯达黎加】1【协冰岛】0【协瑞士】4.2 【协澳大利亚】0【协韩国】5.2【协香港】0 【协澳门】0【协格鲁吉亚】0 【特东柬埔寨】0【特东缅甸】0【特-1】0 【特-2】0【特-3】0 【增】10【出】0【退】10	千克	A	B	PR	QS	999	活的其他鲤科鱼［鲤科鱼（鲤属、鲫属、草鱼、鲢属、鳙属、青鱼、卡特拉鲃、野鲮属、哈氏纹唇鱼、何氏细须鲃、鲂属）除外］
030199	99	10	其他濒危活鱼	Other endangered live fish	【最】7【普】40 【协亚太】5.3【协东盟】0【协香港】0 【协澳门】0【协巴基斯坦】5【协智利】0 【协新西兰】0【协秘鲁】0【协台湾】0 【协哥斯达黎加】1【协冰岛】0【协瑞士】4.2 【协澳大利亚】0【协韩国】5.2【协格鲁吉亚】0 【特东柬埔寨】0【特东缅甸】0【特-1】0 【特-2】0【特-3】0 【增】10【出】0【退】0	千克	AF	BE	P	NQ	101 102 103 104	其他濒危活鱼（其他淡水鱼） 其他濒危活鱼（其他海水鱼） 其他濒危活鱼（其他观赏鱼） 其他濒危活鱼（其他鱼）
030199	99	90	其他活鱼	Other live fish	【最】7【普】40 【协亚太】5.3【协东盟】0【协香港】0 【协澳门】0【协巴基斯坦】5【协智利】0 【协新西兰】0【协秘鲁】0【协台湾】0 【协哥斯达黎加】1【协冰岛】0【协瑞士】4.2 【协澳大利亚】0【协韩国】5.2【协格鲁吉亚】0 【特东柬埔寨】0【特东缅甸】0【特-1】0 【特-2】0【特-3】0 【增】10【出】0【退】10	千克	A	B	PR	QS	101 102 103 104	其他活鱼（草鱼） 其他活鱼［鳙鱼（胖头鱼）］ 其他活鱼（鲢鱼） 其他活鱼（青鱼）

① 该税号项下检验检疫编码及对应中文名称尚有：106 其他鱼苗（武昌鱼），107 其他鱼苗（大马哈鱼），108 其他鱼苗（黄鳝），109 其他鱼苗（泥鳅），110 其他鱼苗（鲫鱼），111 其他鱼苗（牛头鲫鱼），112 其他鱼苗（斑点叉尾鮰鱼），113 其他鱼苗［黄蜡鲳鱼（狮鼻鲳鱼参）］，114 其他鱼苗（多瑙哲罗鱼），115 其他鱼苗（其他淡水鱼），116 其他鱼苗（海鳗），117 其他鱼苗（鲽鱼），118 其他鱼苗［红鱼（似石首鱼）］，119 其他鱼苗（牙鲆鱼），120 其他鱼苗（石斑鱼），121 其他鱼苗（大鲮鲆鱼），122 其他鱼苗（带鱼），123 其他鱼苗（鳎鱼），124 其他鱼苗（鲑鱼），125 其他鱼苗（金枪鱼），126 其他鱼苗（鲱鱼），127 其他鱼苗（鲣鱼），128 其他鱼苗（沙丁鱼），129 其他鱼苗（黄鱼），130 其他鱼苗（鲨鱼），131 其他鱼苗（鲭鱼），132 其他鱼苗（鳀鱼），133 其他鱼苗（鳕鱼），134 其他鱼苗（鲳鱼），135 其他鱼苗（卡拉白鱼），136 其他鱼苗（其他海水鱼），137 其他鱼苗（金鱼），138 其他鱼苗（锦鲤），139 其他鱼苗（其他鱼），140 其他鱼苗（其他受精卵）。

税则号列			货品名称中英文		税费综合信息	计量单位	监管证件代码		检验检疫类别		检验检疫编码	检验检疫编码对应中文名称
HS国际统一前6位	本国子目7~8位	本国子目9~10位	中文货物名称	英文 Article Description			进口	出口	进口	出口		
											105	其他活鱼（淡水鲈鱼）
											……	……①
030211	00		鲜或冷鳟鱼（河鳟、虹鳟、克拉克大麻哈鱼、阿瓜大麻哈鱼、吉雨大麻哈鱼、亚利桑那大麻哈鱼、金腹大麻哈鱼）	Trout (Salmo trutta, Oncorhynchus mykiss, Oncorhynchus clarki, Oncorhynchus aguabonita, Oncorhynchus gilae, Oncor hynchus apache and Oncohynchus chrysogaster), fresh or chilled, excluding livers and roes	【最】10【普】40 【协东盟】0【协巴基斯坦】6【协智利】0 【协新西兰】0【协秘鲁】0 【协哥斯达黎加】1.2【协冰岛】0【协瑞士】4.8 【协澳大利亚】0【协韩国】6 【协格鲁吉亚】0【协香港】0【协澳门】0 【特-1】0【特-2】0【特-3】0 【增】10【出】0【退】10	千克	A	B	PR	QS	101	鲜或冷鳟鱼（河鳟、虹鳟、克拉克大麻哈鱼、阿瓜大麻哈鱼、吉雨大麻哈鱼、亚利桑那大麻哈鱼、金腹大麻哈鱼）（子目0302.91至0302.99的可食用鱼杂碎除外）（养殖河鳟）
											102	鲜或冷鳟鱼（河鳟、虹鳟、克拉克大麻哈鱼、阿瓜大麻哈鱼、吉雨大麻哈鱼、亚利桑那大麻哈鱼、金腹大麻哈鱼）（子目0302.91至0302.99的可食用鱼杂碎除外）（养殖虹鳟）
											103	鲜或冷鳟鱼（河鳟、虹鳟、克拉克大麻哈鱼、阿瓜大麻哈鱼、吉雨大麻哈鱼、亚利桑那大麻哈鱼、金腹大麻哈鱼）（子目0302.91至0302.99的可食用鱼杂碎除外）（野生河鳟）
											104	鲜或冷鳟鱼（河鳟、虹鳟、克拉克大麻哈鱼、阿瓜大麻哈鱼、吉雨大麻哈鱼、亚利桑那大麻哈鱼、金腹大麻哈鱼）（子目0302.91至0302.99的可食用鱼杂碎除外）（野生虹鳟）
											105	鲜或冷鳟鱼（河鳟、虹鳟、克拉克大麻哈鱼、阿瓜大麻哈鱼、吉雨大麻哈鱼、亚利桑那大麻哈鱼、金腹大麻哈鱼）（子目0302.91至0302.99的可食用鱼杂碎除外）（克拉克大麻哈鱼）
											……	……②

① 该税号项下检验检疫编码及对应中文名称尚有：106　其他活鱼［鲶鱼（鲇鱼）］，107　其他活鱼（武昌鱼），108　其他活鱼（大马哈鱼），109　其他活鱼（黄鳝），110　其他活鱼（泥鳅），111　其他活鱼（鲫鱼），112　其他活鱼（鮰鱼），113　其他活鱼（牛头鲫鱼），114　其他活鱼（斑点叉尾鮰鱼），115　其他活鱼［黄蜡鲳鱼（狮鼻鲳鱼参）］，116　其他活鱼（罗非鱼），117　其他活鱼（多瑙哲罗鱼），118　其他活鱼（其他淡水鱼），119　其他活鱼（海鳗），120　其他活鱼（鲽鱼），121　其他活鱼［红鱼（似石首鱼）］，122　其他活鱼（牙鲆鱼），123　其他活鱼（石斑鱼），124　其他活鱼（大鲮鲆鱼），125　其他活鱼（海水鲈鱼），126　其他活鱼（带鱼），127　其他活鱼（鳎鱼），128　其他活鱼（鲑鱼），129　其他活鱼（金枪鱼），130　其他活鱼（鲱鱼），131　其他活鱼（鲣鱼），132　其他活鱼（沙丁鱼），133　其他活鱼（黄鱼），134　其他活鱼（鲨鱼），135　其他活鱼（鲭鱼），136　其他活鱼（鳀鱼），137　其他活鱼（鳕鱼），138　其他活鱼（鲳鱼），139　其他活鱼（卡拉白鱼），140　其他活鱼（其他海水鱼），141　其他活鱼（金鱼），142　其他活鱼（锦鲤），143　其他活鱼（其他鱼）。

② 该税号项下检验检疫编码及对应中文名称尚有：106　鲜或冷鳟鱼（河鳟、虹鳟、克拉克大麻哈鱼、阿瓜大麻哈鱼、吉雨大麻哈鱼、亚利桑那大麻哈鱼、金腹大麻哈鱼）（子目0302.91至0302.99的可食用鱼杂碎除外）（阿瓜大麻哈鱼），107　鲜或冷鳟鱼（河鳟、虹鳟、克拉克大麻哈鱼、阿瓜大麻哈鱼、吉雨大麻哈鱼、亚利桑那大麻哈鱼、金腹大麻哈鱼）（子目0302.91至0302.99的可食用鱼杂碎除外）（吉雨大麻哈鱼），108　鲜或冷鳟鱼（河鳟、虹鳟、克拉克大麻哈鱼、阿瓜大麻哈鱼、吉雨大麻哈鱼、亚利桑那大麻哈鱼、金腹大麻哈鱼）（子目0302.91至0302.99的可食用鱼杂碎除外）（亚利桑那大麻哈鱼），109　鲜或冷鳟鱼（河鳟、虹鳟、克拉克大麻哈鱼、阿瓜大麻哈鱼、吉雨大麻哈鱼、亚利桑那大麻哈鱼、金腹大麻哈鱼）（子目0302.91至0302.99的可食用鱼杂碎除外）（金腹大麻哈鱼）。

税则号列			货品名称中英文		税费综合信息	计量单位	监管证件代码		检验检疫类别		检验检疫编码	检验检疫编码对应中文名称
HS国际统一前6位	本国子目 7~8位	本国子目 9~10位	中文 货物名称	英文 Article Description			进口	出口	进口	出口		
030213	00		鲜或冷的大麻哈鱼［红大麻哈鱼、细磷大麻哈鱼、大麻哈鱼（种）、大鳞大麻哈鱼、银大麻哈鱼、马苏大麻哈鱼、玫瑰大麻哈鱼］	Pacific salmon (Oncorhynchus nerka, Oncorhynchus gorbuscha, Oncorhynchus keta, Oncorhynchus tschawytscha, Oncorhynchus kisutch, Oncorhynchus masou and Oncorhynchus rhodurus), fresh or chilled, excluding livers and roes	【最】10【普】40 【协东盟】0【协巴基斯坦】5【协智利】0 【协新西兰】0【协秘鲁】0【协哥斯达黎加】1 【协冰岛】0【协瑞士】0【协澳大利亚】0 【协韩国】5【协格鲁吉亚】0【协香港】0 【协澳门】0 【特-1】0【特-2】0【特-3】0 【增】10【出】0【退】10	千克	AU	B	PR	QS	101	鲜或冷的大麻哈鱼［红大麻哈鱼、细磷大麻哈鱼、大麻哈鱼（种）、大鳞大麻哈鱼、银大麻哈鱼、马苏大麻哈鱼、玫瑰大麻哈鱼］（子目0302.91至0302.99的可食用鱼杂碎除外）（养殖红大麻哈鱼）
											102	鲜或冷的大麻哈鱼［红大麻哈鱼、细磷大麻哈鱼、大麻哈鱼（种）、大鳞大麻哈鱼、银大麻哈鱼、马苏大麻哈鱼、玫瑰大麻哈鱼］（子目0302.91至0302.99的可食用鱼杂碎除外）（养殖细磷大麻哈鱼）
											103	鲜或冷的大麻哈鱼［红大麻哈鱼、细磷大麻哈鱼、大麻哈鱼（种）、大鳞大麻哈鱼、银大麻哈鱼、马苏大麻哈鱼、玫瑰大麻哈鱼］（子目0302.91至0302.99的可食用鱼杂碎除外）（养殖大麻哈鱼）
											104	鲜或冷的大麻哈鱼［红大麻哈鱼、细磷大麻哈鱼、大麻哈鱼（种）、大鳞大麻哈鱼、银大麻哈鱼、马苏大麻哈鱼、玫瑰大麻哈鱼］（子目0302.91至0302.99的可食用鱼杂碎除外）（养殖大鳞大麻哈鱼）
											105	鲜或冷的大麻哈鱼［红大麻哈鱼、细磷大麻哈鱼、大麻哈鱼（种）、大鳞大麻哈鱼、银大麻哈鱼、马苏大麻哈鱼、玫瑰大麻哈鱼］（子目0302.91至0302.99的可食用鱼杂碎除外）（养殖银大麻哈鱼）
											……	……①

① 该税号项下检验检疫编码及对应中文名称尚有：106　鲜或冷的大麻哈鱼［红大麻哈鱼、细磷大麻哈鱼、大麻哈鱼（种）、大鳞大麻哈鱼、银大麻哈鱼、马苏大麻哈鱼、玫瑰大麻哈鱼］（子目0302.91至0302.99的可食用鱼杂碎除外）（养殖马苏大麻哈鱼），107　鲜或冷的大麻哈鱼［红大麻哈鱼、细磷大麻哈鱼、大麻哈鱼（种）、大鳞大麻哈鱼、银大麻哈鱼、马苏大麻哈鱼、玫瑰大麻哈鱼］（子目0302.91至0302.99的可食用鱼杂碎除外）（养殖玫瑰大麻哈鱼），108　鲜或冷的大麻哈鱼［红大麻哈鱼、细磷大麻哈鱼、大麻哈鱼（种）、大鳞大麻哈鱼、银大麻哈鱼、马苏大麻哈鱼、玫瑰大麻哈鱼］（子目0302.91至0302.99的可食用鱼杂碎除外）（野生红大麻哈鱼），109　鲜或冷的大麻哈鱼［红大麻哈鱼、细磷大麻哈鱼、大麻哈鱼（种）、大鳞大麻哈鱼、银大麻哈鱼、马苏大麻哈鱼、玫瑰大麻哈鱼］（子目0302.91至0302.99的可食用鱼杂碎除外）（野生细磷大麻哈鱼），110　鲜或冷的大麻哈鱼［红大麻哈鱼、细磷大麻哈鱼、大麻哈鱼（种）、大鳞大麻哈鱼、银大麻哈鱼、马苏大麻哈鱼、玫瑰大麻哈鱼］（子目0302.91至0302.99的可食用鱼杂碎除外）（野生大麻哈鱼），111　鲜或冷的大麻哈鱼［红大麻哈鱼、细磷大麻哈鱼、大麻哈鱼（种）、大鳞大麻哈鱼、银大麻哈鱼、马苏大麻哈鱼、玫瑰大麻哈鱼］（子目0302.91至0302.99的可食用鱼杂碎除外）（野生大鳞大麻哈鱼），112　鲜或冷的大麻哈鱼［红大麻哈鱼、细磷大麻哈鱼、大麻哈鱼（种）、大鳞大麻哈鱼、银大麻哈鱼、马苏大麻哈鱼、玫瑰大麻哈鱼］（子目0302.91至0302.99的可食用鱼杂碎除外）（野生银大麻哈鱼），113　鲜或冷的大麻哈鱼［红大麻哈鱼、细磷大麻哈鱼、大麻哈鱼（种）、大鳞大麻哈鱼、银大麻哈鱼、马苏大麻哈鱼、玫瑰大麻哈鱼］（子目0302.91至0302.99的可食用鱼杂碎除外）（野生马苏大麻哈鱼），114　鲜或冷的大麻哈鱼［红大麻哈鱼、细磷大麻哈鱼、大麻哈鱼（种）、大鳞大麻哈鱼、银大麻哈鱼、马苏大麻哈鱼、玫瑰大麻哈鱼］（子目0302.91至0302.99的可食用鱼杂碎除外）（野生玫瑰大麻哈鱼）。

税则号列			货品名称中英文		税费综合信息	计量单位	监管证件代码		检验检疫类别		检验检疫编码	检验检疫编码对应中文名称
HS国际统一前6位	本国子目 7~8位	9~10位	中文 货物名称	英文 Article Description			进口	出口	进口	出口		
030214	10		鲜或冷大西洋鲑鱼	Atlantic salmon, fresh or chilled, excluding livers and roes	【最】10【普】40 【协东盟】0【协巴基斯坦】5【协智利】0 【协新西兰】0【协秘鲁】0【协哥斯达黎加】1 【协冰岛】0【协瑞士】0【协澳大利亚】0 【协韩国】5【协格鲁吉亚】0【协香港】0 【协澳门】0 【特-1】0【特-2】0【特-3】0 【增】10【出】0【退】10	千克	A	B	PR	QS	101 102 103 104	鲜或冷大西洋鲑鱼（子目0302.91至0302.99的可食用鱼杂碎除外）［养殖（非生食）］ 鲜或冷大西洋鲑鱼（子目0302.91至0302.99的可食用鱼杂碎除外）［养殖（可能用于生食）］ 鲜或冷大西洋鲑鱼（子目0302.91至0302.99的可食用鱼杂碎除外）［野生（非生食）］ 鲜或冷大西洋鲑鱼（子目0302.91至0302.99的可食用鱼杂碎除外）［野生（可能用于生食）］
030214	20		鲜或冷多瑙哲罗鱼	Danube salmon (Hucho hucho), fresh or chilled, excluding livers and roes	【最】7【普】40 【协东盟】0【协巴基斯坦】5【协智利】0 【协新西兰】0【协秘鲁】0【协哥斯达黎加】1 【协冰岛】0【协瑞士】0【协澳大利亚】0 【协韩国】5【协格鲁吉亚】0【协香港】0 【协澳门】0 【特-1】0【特-2】0【特-3】0 【增】10【出】0【退】10	千克	A	B	PR	QS	101 102	鲜或冷多瑙哲罗鱼（子目0302.91至0302.99的可食用鱼杂碎除外）（养殖） 鲜或冷多瑙哲罗鱼（子目0302.91至0302.99的可食用鱼杂碎除外）（野生）
030219	00	10	鲜或冷川陕哲罗鲑	Hucho bleekeri, fresh or chilled (excluding livers and roes)	【最】10【普】40 【协亚太】6.7【协东盟】0【协巴基斯坦】5 【协智利】0【协新西兰】0【协秘鲁】0 【协哥斯达黎加】1.2【协冰岛】0【协瑞士】4.8 【协澳大利亚】0【协韩国】6【协香港】0 【协澳门】0【协格鲁吉亚】0 【特-1】0【特-2】0【特-3】0 【增】10【出】0【退】10	千克	A	B	PR	QS	101 102	鲜或冷川陕哲罗鲑（子目0302.91至0302.99的可食用鱼杂碎除外）（养殖） 鲜或冷川陕哲罗鲑（子目0302.91至0302.99的可食用鱼杂碎除外）（野生）
030219	00	20	鲜或冷秦岭细鳞鲑	Brachymystax lenck (Tslinling lenok), fresh or chilled (excluding livers and roes)	【最】10【普】40 【协亚太】6.7【协东盟】0【协巴基斯坦】5 【协智利】0【协新西兰】0【协秘鲁】0 【协哥斯达黎加】1.2【协冰岛】0【协瑞士】4.8 【协澳大利亚】0【协韩国】6【协香港】0 【协澳门】0【协格鲁吉亚】0 【特-1】0【特-2】0【特-3】0 【增】10【出】0【退】10	千克	A	B	PR	QS	101 102	鲜或冷秦岭细鳞鲑（子目0302.91至0302.99的可食用鱼杂碎除外）（养殖） 鲜或冷秦岭细鳞鲑（子目0302.91至0302.99的可食用鱼杂碎除外）（野生）
030219	00	90	其他鲜或冷鲑科鱼	Other salmon, fresh or chilled (excluding livers and roes)	【最】10【普】40 【协亚太】6.7【协东盟】0【协巴基斯坦】5 【协智利】0【协新西兰】0【协秘鲁】0 【协哥斯达黎加】1.2【协冰岛】0【协瑞士】4.8 【协澳大利亚】0【协韩国】6【协香港】0 【协澳门】0【协格鲁吉亚】0 【特-1】0【特-2】0【特-3】0 【增】10【出】0【退】10	千克	A	B	PR	QS	101 102	其他鲜或冷鲑科鱼（子目0302.91至0302.99的可食用鱼杂碎除外）（养殖） 其他鲜或冷鲑科鱼（子目0302.91至0302.99的可食用鱼杂碎除外）（野生）
030221	00	10	鲜或冷大西洋庸鲽（庸鲽）	Atlantic halibut (halibut), fresh or chilled, excluding livers and roes	【最】7【普】40 【协亚太】5.3【协东盟】0【协巴基斯坦】5 【协智利】0【协新西兰】0【协秘鲁】0 【协哥斯达黎加】1.2【协冰岛】0【协瑞士】4.8 【协澳大利亚】0【协韩国】6【协香港】0 【协澳门】0【协格鲁吉亚】0 【特-1】0【特-2】0【特-3】0 【增】10【出】0【退】10	千克	AU	B	PR	QS	101 102	鲜或冷大西洋庸鲽（庸鲽）（子目0302.91至0302.99的可食用鱼杂碎除外）（养殖） 鲜或冷大西洋庸鲽（庸鲽）（子目0302.91至0302.99的可食用鱼杂碎除外）（野生）
030221	00	20	鲜或冷马舌鲽	Reinhardtius, fresh or chilled, excluding livers and roes	【最】7【普】40 【协亚太】5.3【协东盟】0【协巴基斯坦】5 【协智利】0【协新西兰】0【协秘鲁】0 【协哥斯达黎加】1.2【协冰岛】0【协瑞士】4.8 【协澳大利亚】0【协韩国】6【协香港】0 【协澳门】0【协格鲁吉亚】0 【特-1】0【特-2】0【特-3】0 【增】10【出】0【退】10	千克	AU	B	PR	QS	101 102	鲜或冷马舌鲽（子目0302.91至0302.99的可食用鱼杂碎除外）（养殖） 鲜或冷马舌鲽（子目0302.91至0302.99的可食用鱼杂碎除外）（野生）

税则号列			货品名称中英文		税费综合信息	计量单位	监管证件代码		检验检疫类别		检验检疫编码	检验检疫编码对应中文名称
HS国际统一前6位	本国子目 7~8位	本国子目 9~10位	中文 货物名称	英文 Article Description			进口	出口	进口	出口		
030221	00	90	其他鲜或冷庸鲽鱼	Other halibut, fresh or chilled, excluding livers and ores	【最】7【普】40 【协亚太】5.3【协东盟】0【协巴基斯坦】5 【协智利】0【协新西兰】0【协秘鲁】0 【协哥斯达黎加】1.2【协冰岛】0【协瑞士】4.8 【协澳大利亚】0【协韩国】6 【协格鲁吉亚】0【协香港】0【协澳门】0 【特-1】0【特-2】0【特-3】0 【增】10【出】0【退】10	千克	A	B	PR	QS	101 102	其他鲜或冷庸鲽鱼（子目0302.91至0302.99的可食用鱼杂碎除外）（养殖） 其他鲜或冷庸鲽鱼（子目0302.91至0302.99的可食用鱼杂碎除外）（野生）
030222	00		鲜或冷鲽鱼（鲽）	Plaice (Pleuronectes platessa), fresh or chilled, excluding Livers and roes	【最】7【普】40 【协亚太】5.3【协东盟】0【协巴基斯坦】5 【协智利】0【协新西兰】0【协秘鲁】0 【协哥斯达黎加】1.2【协冰岛】0【协瑞士】4.8 【协澳大利亚】0【协韩国】6 【协格鲁吉亚】0【协香港】0【协澳门】0 【特-1】0【特-2】0【特-3】0 【增】10【出】0【退】10	千克	A	B	PR	QS	101 102	鲜或冷鲽鱼（鲽）（子目0302.91至0302.99的可食用鱼杂碎除外）（养殖） 鲜或冷鲽鱼（鲽）（子目0302.91至0302.99的可食用鱼杂碎除外）（野生）
030223	00		鲜或冷鳎鱼（鳎属）	Sole (Solea spp.), fresh or chilled, excluding livers and roes	【最】7【普】40 【协亚太】5.3【协东盟】0【协巴基斯坦】5 【协智利】0【协新西兰】0【协秘鲁】0 【协哥斯达黎加】1.2【协冰岛】0【协瑞士】4.8 【协澳大利亚】0【协韩国】6 【协格鲁吉亚】0【协香港】0【协澳门】0 【特-1】0【特-2】0【特-3】0 【增】10【出】0【退】10	千克	A	B	PR	QS	101 102	鲜或冷鳎鱼（鳎属）（子目0302.91至0302.99的可食用鱼杂碎除外）（养殖） 鲜或冷鳎鱼（鳎属）（子目0302.91至0302.99的可食用鱼杂碎除外）（野生）
030224	00		鲜或冷大菱鲆（瘤棘鲆）	Turbots (Psetta maxima), fresh or chilled, excluding livers and roes	【最】7【普】40 【协亚太】3.5【协东盟】0【协农】0 【协巴基斯坦】5【协智利】0【协新西兰】0 【协秘鲁】0【协哥斯达黎加】1.2【协冰岛】0 【协瑞士】4.8【协澳大利亚】0【协韩国】6 【协格鲁吉亚】0【协香港】0【协澳门】0 【特东柬埔寨】0【特-1】0【特-2】0【特-3】0 【增】10【出】0【退】10	千克	A	B	PR	QS	101 102	鲜或冷大菱鲆（瘤棘鲆）（子目0302.91至0302.99的可食用鱼杂碎除外）（养殖） 鲜或冷大菱鲆（瘤棘鲆）（子目0302.91至0302.99的可食用鱼杂碎除外）（野生）
030229	00	10	鲜或冷的亚洲箭齿鲽	Arrowtooth halibut, fresh or chilled, excluding livers and roes	【最】7【普】40 【协亚太】3.5【协东盟】0【协农】0 【协巴基斯坦】5【协智利】0【协新西兰】0 【协秘鲁】0【协哥斯达黎加】1.2【协冰岛】0 【协瑞士】4.8【协澳大利亚】0【协韩国】6 【协格鲁吉亚】0【协香港】0【协澳门】0 【特东柬埔寨】0【特-1】0【特-2】0【特-3】0 【增】10【出】0【退】10	千克	AU	B	PR	QS	101 102	鲜或冷的亚洲箭齿鲽（子目0302.91至0302.99的可食用鱼杂碎除外）（养殖） 鲜或冷的亚洲箭齿鲽（子目0302.91至0302.99的可食用鱼杂碎除外）（野生）
030229	00	90	其他鲜或冷比目鱼（鲽科、鲆科、舌鳎科、鳎科、菱鲆科、刺鲆科）	Other flat fish, fresh or chilled, excluding livers and ores	【最】7【普】40 【协亚太】3.5【协东盟】0【协农】0 【协香港】0【协澳门】0【协巴基斯坦】5 【协智利】0【协新西兰】0【协秘鲁】0 【协哥斯达黎加】1.2【协冰岛】0【协瑞士】4.8 【协澳大利亚】0【协韩国】6【协格鲁吉亚】0 【特东柬埔寨】0【特-1】0【特-2】0【特-3】0 【增】10【出】0【退】10	千克	A	B	PR	QS	101 102	其他鲜或冷比目鱼（鲽科、鲆科、舌鳎科、鳎科、菱鲆科、刺鲆科）（子目0302.91至0302.99的可食用鱼杂碎除外）（养殖） 其他鲜或冷比目鱼（鲽科、鲆科、舌鳎科、鳎科、菱鲆科、刺鲆科）（子目0302.91至0302.99的可食用鱼杂碎除外）（野生）
030231	00		鲜或冷长鳍金枪鱼	Albacore or long-finned tunas (Thunnus alalunga), fresh or chilled, excluding livers and roes	【最】7【普】40 【协亚太】5.3【协东盟】0【协巴基斯坦】5 【协智利】0【协新西兰】0【协秘鲁】0 【协哥斯达黎加】1.2【协冰岛】0【协瑞士】4.8 【协澳大利亚】0【协韩国】6【协香港】0 【协澳门】0【协格鲁吉亚】0 【特东柬埔寨】0【特-1】0【特-2】0【特-3】0 【增】10【出】0【退】10	千克	A	B	PR	QS	101 102	鲜或冷长鳍金枪鱼（子目0302.91至0302.99的可食用鱼杂碎除外）[野生（非生食）] 鲜或冷长鳍金枪鱼（子目0302.91至0302.99的可食用鱼杂碎除外）[野生（可能用于生食）]

税则号列 HS国际统一前6位	本国子目 7~8位	本国子目 9~10位	货品名称中英文 中文 货物名称	英文 Article Description	税费综合信息	计量单位	监管证件代码 进口	监管证件代码 出口	检验检疫类别 进口	检验检疫类别 出口	检验检疫编码	检验检疫编码对应中文名称
030232	00		鲜或冷黄鳍金枪鱼	Yellowfin tunas (Thunnus albacares), fresh or chilled, excluding livers and roes	【最】7【普】40 【协亚太】5.3【协东盟】0【协香港】0 【协澳门】0【协巴基斯坦】5【协智利】0 【协新西兰】0【协秘鲁】0【协哥斯达黎加】1.2 【协冰岛】0【协瑞士】4.8【协澳大利亚】0 【协韩国】6【协格鲁吉亚】0 【特-1】0【特-2】0【特-3】0 【增】10【出】0【退】10	千克	A	B	PR	QS	101 102	鲜或冷黄鳍金枪鱼（子目0302.91至0302.99的可食用鱼杂碎除外）［野生（非生食）］ 鲜或冷黄鳍金枪鱼（子目0302.91至0302.99的可食用鱼杂碎除外）［野生（可能用于生食）］
030233	00		鲜或冷鲣鱼或狐鲣（鲣）	Skipjack or stripe-bellied bonito, fresh or chilled, excluding livers and roes	【最】7【普】40 【协亚太】4.7【协东盟】0【协巴基斯坦】5 【协智利】0【协新西兰】0【协秘鲁】0 【协哥斯达黎加】1.2【协冰岛】0【协瑞士】4.8 【协澳大利亚】0【协韩国】6 【协格鲁吉亚】0【协香港】0【协澳门】0 【特-1】0【特-2】0【特-3】0 【增】10【出】0【退】10	千克	A	B	PR	QS	999	鲜或冷鲣鱼或狐鲣（鲣）（子目0302.91至0302.99的可食用鱼杂碎除外）
030234	00		鲜或冷大眼金枪鱼	Bigeye tunas (Thunnus obesus), fresh or chilled, excluding livers and roes	【最】7【普】40 【协东盟】0【协巴基斯坦】6【协智利】0 【协新西兰】0【协秘鲁】0【协哥斯达黎加】1.2 【协冰岛】0【协瑞士】4.8【协澳大利亚】0 【协韩国】6【协格鲁吉亚】0【协香港】0 【协澳门】0 【特东柬埔寨】0【特东缅甸】0【特-1】0 【特-2】0【特-3】0 【增】10【出】0【退】10	千克	A	B	PR	QS	101 102	鲜或冷大眼金枪鱼（子目0302.91至0302.99的可食用鱼杂碎除外）［野生（非生食）］ 鲜或冷大眼金枪鱼（子目0302.91至0302.99的可食用鱼杂碎除外）［野生（可能用于生食）］
030235	10		鲜或冷大西洋蓝鳍金枪鱼	Atlantic bluefin tunas (Thunnus thynnus, Thunnus orientalis), fresh or chilled, excluding livers and roes	【最】7【普】40 【协东盟】0【协巴基斯坦】6【协智利】0 【协新西兰】0【协秘鲁】0【协哥斯达黎加】1.2 【协冰岛】0【协瑞士】4.8【协澳大利亚】0 【协韩国】6【协格鲁吉亚】0【协香港】0 【协澳门】0 【特东柬埔寨】0【特东缅甸】0【特-1】0 【特-2】0【特-3】0 【增】10【出】0【退】10	千克	AU	B	PR	QS	101 102	鲜或冷大西洋蓝鳍金枪鱼（子目0302.91至0302.99的可食用鱼杂碎除外）［野生（非生食）］ 鲜或冷大西洋蓝鳍金枪鱼（子目0302.91至0302.99的可食用鱼杂碎除外）［野生（可能用于生食）］
030235	20		鲜或冷太平洋蓝鳍金枪鱼	Pacific bluefin tunas (Thunnus thynnus, Thunnus orientalis), fresh or chilled, excluding livers and roes	【最】7【普】40 【协亚太】4.7【协东盟】0【协巴基斯坦】5 【协智利】0【协新西兰】0【协秘鲁】0 【协哥斯达黎加】1.2【协冰岛】0【协瑞士】4.8 【协澳大利亚】0【协韩国】6 【协格鲁吉亚】0【协香港】0【协澳门】0 【特东柬埔寨】0【特东缅甸】0【特-1】0 【特-2】0【特-3】0 【增】10【出】0【退】10	千克	A	B	PR	QS	101 102	鲜或冷太平洋蓝鳍金枪鱼（子目0302.91至0302.99的可食用鱼杂碎除外）［野生（非生食）］ 鲜或冷太平洋蓝鳍金枪鱼（子目0302.91至0302.99的可食用鱼杂碎除外）［野生（可能用于生食）］
030236	00		鲜或冷南方金枪鱼	Southern bluefin tunas (thunnus maccoyii), fresh or chilled, excluding livers and roes	【最】7【普】40 【协东盟】0【协巴基斯坦】6【协智利】0 【协新西兰】0【协秘鲁】0【协哥斯达黎加】1.2 【协冰岛】0【协瑞士】4.8【协澳大利亚】0 【协韩国】6【协格鲁吉亚】0【协香港】0 【协澳门】0 【特东柬埔寨】0【特东缅甸】0【特-1】0 【特-2】0【特-3】0 【增】10【出】0【退】10	千克	A	B	PR	QS	101 102	鲜或冷南方金枪鱼（子目0302.91至0302.99的可食用鱼杂碎除外）［野生（非生食）］ 鲜或冷南方金枪鱼（子目0302.91至0302.99的可食用鱼杂碎除外）［野生（可能用于生食）］
030239	00		其他鲜或冷金枪鱼（金枪鱼属）	Other bluefin tunas (thunnus maccoyii), fresh or chilled, excluding livers and roes	【最】7【普】40 【协亚太】4.7【协东盟】0【协巴基斯坦】5 【协智利】0【协新西兰】0【协秘鲁】0 【协哥斯达黎加】1.2【协冰岛】0【协瑞士】4.8 【协澳大利亚】0【协韩国】6 【协格鲁吉亚】0【协香港】0【协澳门】0 【特东柬埔寨】0【特东缅甸】0【特-1】0 【特-2】0【特-3】0 【增】10【出】0【退】10	千克	A	B	PR	QS	101 102 103	其他鲜或冷金枪鱼（金枪鱼属）（子目0302.91至0302.99的可食用鱼杂碎除外）［野生（非生食）］ 其他鲜或冷金枪鱼（金枪鱼属）（子目0302.91至0302.99的可食用鱼杂碎除外）［野生（可能用于生食）］ 其他鲜或冷金枪鱼（金枪鱼属）（子目0302.91至0302.99的可食用鱼杂碎除外）（养殖）

税则号列			货品名称中英文		税费综合信息	计量单位	监管证件代码		检验检疫类别		检验检疫编码	检验检疫编码对应中文名称
HS国际统一前6位	本国子目 7~8位	本国子目 9~10位	中文 货物名称	英文 Article Description			进口	出口	进口	出口		
030241	00	10	鲜或冷太平洋鲱鱼	Clupea pallasii, resh or chilled, excluding livers and roes	【最】7【普】40 【协亚太】4.7【协东盟】0【协农】0 【协巴基斯坦】5【协智利】0【协新西兰】0 【协秘鲁】0【协哥斯达黎加】1.2【协冰岛】0 【协瑞士】4.8【协澳大利亚】0【协韩国】6 【协格鲁吉亚】0【协香港】0【协澳门】0 【特-1】0【特-2】0【特-3】0 【增】10【出】0【退】10	千克	AU	B	PR	QS	101 102	鲜或冷太平洋鲱鱼（子目0302.91至0302.99的可食用鱼杂碎除外）［鲜或冷养殖太平洋鲱鱼（养殖）］ 鲜或冷太平洋鲱鱼（子目0302.91至0302.99的可食用鱼杂碎除外）［鲜或冷野生太平洋鲱鱼（野生）］
030241	00	90	鲜或冷大西洋鲱鱼	Herrings (Clupea harengus), fresh or chilled, excluding livers and roes	【最】7【普】40 【协亚太】4.7【协东盟】0【协农】0 【协巴基斯坦】5【协智利】0【协新西兰】0 【协秘鲁】0【协哥斯达黎加】1.2【协冰岛】0 【协瑞士】4.8【协澳大利亚】0【协韩国】6 【协格鲁吉亚】0【协香港】0【协澳门】0 【特-1】0【特-2】0【特-3】0 【增】10【出】0【退】10	千克	A	B	PR	QS	101 102	鲜或冷大西洋鲱鱼（子目0302.91至0302.99的可食用鱼杂碎除外）［鲜或冷养殖大西洋鲱鱼（养殖）］ 鲜或冷大西洋鲱鱼（子目0302.91至0302.99的可食用鱼杂碎除外）［鲜或冷野生大西洋鲱鱼（野生）］
030242	00		鲜或冷鳀鱼(鳀属)	Anchovies (Engraulis spp.), fresh or chilled, excluding livers and roes	【最】7【普】40 【协亚太】4.7【协东盟】0【协香港】0 【协澳门】0【协巴基斯坦】5【协智利】0 【协新西兰】0【协秘鲁】0【协台湾】0 【协哥斯达黎加】1.2【协冰岛】0【协瑞士】4.8 【协澳大利亚】0【协韩国】6【协格鲁吉亚】0 【特东柬埔寨】0【特东缅甸】0【特-1】0 【特-2】0【特-3】0 【增】10【出】0【退】10	千克	A	B	PR	QS	101 102 103	鲜或冷鳀鱼（鳀属）（子目0302.91至0302.99的可食用鱼杂碎除外）（饲料用其他海水鱼） 鲜或冷鳀鱼（鳀属）（子目0302.91至0302.99的可食用鱼杂碎除外）［鲜或冷养殖鳀鱼（鳀属）］ 鲜或冷鳀鱼（鳀属）（子目0302.91至0302.99的可食用鱼杂碎除外）［鲜或冷野生鳀鱼（鳀属）］
030243	00		鲜或冷沙丁鱼(沙丁鱼、沙瑙鱼属)、小沙丁鱼属、黍鲱或西鲱	Sardines (Sardina pilchardus, Sardinops spp.) sardinella (Sardinella spp.), brisling or sprats (Sprattus sprattus), fresh or chilled, excluding livers and roes	【最】7【普】40 【协亚太】4.7【协东盟】0【协巴基斯坦】5 【协智利】0【协新西兰】0【协秘鲁】0 【协哥斯达黎加】1.2【协冰岛】0【协瑞士】4.8 【协澳大利亚】0【协韩国】6 【协格鲁吉亚】0【协香港】0【协澳门】0 【特-1】0【特-2】0【特-3】0 【增】10【出】0【退】10	千克	A	B	PR	QS	101 102 103 104	鲜或冷沙丁鱼（沙丁鱼、沙瑙鱼属）、小沙丁鱼属、黍鲱或西鲱（子目0302.91至0302.99的可食用鱼杂碎除外）（饲料用沙丁鱼、黍鲱鱼） 鲜或冷沙丁鱼（沙丁鱼、沙瑙鱼属）、小沙丁鱼属、黍鲱或西鲱（子目0302.91至0302.99的可食用鱼杂碎除外）［养殖沙丁鱼（沙丁鱼、沙瑙鱼属）］ 鲜或冷沙丁鱼（沙丁鱼、沙瑙鱼属）、小沙丁鱼属、黍鲱或西鲱（子目0302.91至0302.99的可食用鱼杂碎除外）（养殖小沙丁鱼属） 鲜或冷沙丁鱼（沙丁鱼、沙瑙鱼属）、小沙丁鱼属、黍鲱或西鲱（子目0302.91至0302.99的可食用鱼杂碎除外）（养殖黍鲱）

税则号列 HS国际统一前6位	本国子目 7~8位	本国子目 9~10位	货品名称中英文 中文 货物名称	货品名称中英文 英文 Article Description	税费综合信息	计量单位	监管证件代码 进口	监管证件代码 出口	检验检疫类别 进口	检验检疫类别 出口	检验检疫编码	检验检疫编码对应中文名称
											105	鲜或冷沙丁鱼（沙丁鱼、沙瑙鱼属）、小沙丁鱼属、黍鲱或西鲱（子目0302.91至0302.99的可食用鱼杂碎除外）（养殖西鲱）
											……	……①
030244	00		鲜或冷鲭鱼［大西洋鲭、澳洲鲭（鲐）、日本鲭（鲐）］	Mackerel (Scomber scombrus, Scomber australasicus, Scomber Japonicus), fresh or chilled, excluding livers and roes	【最】7【普】40 【协亚太】4.7【协东盟】0【协农】0 【协巴基斯坦】5【协智利】0【协新西兰】0 【协秘鲁】0【协哥斯达黎加】1.2【协冰岛】0 【协瑞士】4.8【协澳大利亚】0【协韩国】6 【协格鲁吉亚】0【协香港】0【协澳门】0 【特-1】0【特-2】0【特-3】0 【增】10【出】0【退】10	千克	A	B	PR	QS	101	鲜或冷鲭鱼［大西洋鲭、澳洲鲭（鲐）、日本鲭（鲐）］（子目0302.91至0302.99的可食用鱼杂碎除外）（饲料用鲭鱼）
											102	鲜或冷鲭鱼［大西洋鲭、澳洲鲭（鲐）、日本鲭（鲐）］（子目0302.91至0302.99的可食用鱼杂碎除外）［养殖日本鲭（鲐）］
											103	鲜或冷鲭鱼［大西洋鲭、澳洲鲭（鲐）、日本鲭（鲐）］（子目0302.91至0302.99的可食用鱼杂碎除外）（大西洋鲭）
											104	鲜或冷鲭鱼［大西洋鲭、澳洲鲭（鲐）、日本鲭（鲐）］（子目0302.91至0302.99的可食用鱼杂碎除外）［澳洲鲭（鲐）］
											105	鲜或冷鲭鱼［大西洋鲭、澳洲鲭（鲐）、日本鲭（鲐）］（子目0302.91至0302.99的可食用鱼杂碎除外）［野生日本鲭（鲐）］
030245	00		鲜或冷对称竹荚鱼、新西兰竹荚鱼及竹荚鱼（竹荚鱼属）	Jack and horse mackerel (Trachurus spp.), fresh or chilled, excluding livers and roes	【最】7【普】40 【协亚太】4.7【协东盟】0【协香港】0 【协澳门】0【协巴基斯坦】5【协智利】0 【协新西兰】0【协秘鲁】0【协台湾】0 【协哥斯达黎加】1.2【协冰岛】0【协瑞士】4.8 【协澳大利亚】0【协韩国】6【协格鲁吉亚】0 【特东柬埔寨】0【特东缅甸】0【特-1】0 【特-2】0【特-3】0 【增】10【出】0【退】10	千克	A	B	PR	QS	101	鲜或冷对称竹荚鱼、新西兰竹荚鱼及竹荚鱼（竹荚鱼属）（子目0302.91至0302.99的可食用鱼杂碎除外）（饲料用其他海水鱼）
											102	鲜或冷对称竹荚鱼、新西兰竹荚鱼及竹荚鱼（竹荚鱼属）（子目0302.91至0302.99的可食用鱼杂碎除外）（养殖对称竹荚鱼）
											103	鲜或冷对称竹荚鱼、新西兰竹荚鱼及竹荚鱼（竹荚鱼属）（子目0302.91至0302.99的可食用鱼杂碎除外）［养殖新西兰竹荚鱼及竹荚鱼（竹荚鱼属）］
											104	鲜或冷对称竹荚鱼、新西兰竹荚鱼及竹荚鱼（竹荚鱼属）（子目0302.91至0302.99的可食用鱼杂碎除外）（野生对称竹荚鱼）
											105	鲜或冷对称竹荚鱼、新西兰竹荚鱼及竹荚鱼（竹荚鱼属）（子目0302.91至0302.99的可食用鱼杂碎除外）［野生新西兰竹荚鱼及竹荚鱼（竹荚鱼属）］

① 该税号项下检验检疫编码及对应中文名称尚有：106　鲜或冷沙丁鱼（沙丁鱼、沙瑙鱼属）、小沙丁鱼属、黍鲱或西鲱（子目0302.91至0302.99的可食用鱼杂碎除外）［野生沙丁鱼（沙丁鱼、沙瑙鱼属）］，107　鲜或冷沙丁鱼（沙丁鱼、沙瑙鱼属）、小沙丁鱼属、黍鲱或西鲱（子目0302.91至0302.99的可食用鱼杂碎除外）（野生小沙丁鱼属），108　鲜或冷沙丁鱼（沙丁鱼、沙瑙鱼属）、小沙丁鱼属、黍鲱或西鲱（子目0302.91至0302.99的可食用鱼杂碎除外）（野生黍鲱），109　鲜或冷沙丁鱼（沙丁鱼、沙瑙鱼属）、小沙丁鱼属、黍鲱或西鲱（子目0302.91至0302.99的可食用鱼杂碎除外）（野生西鲱）。

税则号列 HS国际统一前6位	本国子目 7~8位	本国子目 9~10位	货品名称中英文 中文 货物名称	货品名称中英文 英文 Article Description	税费综合信息	计量单位	监管证件代码 进口	监管证件代码 出口	检验检疫类别 进口	检验检疫类别 出口	检验检疫编码	检验检疫编码对应中文名称
030246	00		鲜或冷军曹鱼	Cobia (Rachycentron canadum), fresh or chilled, excluding livers and roes	【最】7【普】40 【协亚太】4.7【协东盟】0【协香港】0 【协澳门】0【协巴基斯坦】5【协智利】0 【协新西兰】0【协秘鲁】0【协台湾】0 【协哥斯达黎加】1.2【协冰岛】0【协瑞士】4.8 【协澳大利亚】0【协韩国】6【协格鲁吉亚】0 【特东柬埔寨】0【特东缅甸】0【特-1】0 【特-2】0【特-3】0 【增】10【出】0【退】10	千克	A	B	PR	QS	101	鲜或冷军曹鱼（子目0302.91至0302.99的可食用鱼杂碎除外）（饲料用其他海水鱼）
											102	鲜或冷军曹鱼（子目0302.91至0302.99的可食用鱼杂碎除外）（食用）
030247	00		鲜或冷剑鱼	Swordfish (Xiphias gladius), fresh or chilled (excluding livers and roes)	【最】7【普】40 【协亚太】4.7【协东盟】0【协香港】0 【协澳门】0【协巴基斯坦】5【协智利】0 【协新西兰】0【协秘鲁】0【协哥斯达黎加】1.2 【协冰岛】0【协瑞士】4.8【协澳大利亚】0 【协韩国】6【协格鲁吉亚】0 【特-1】0【特-2】0【特-3】0 【增】10【出】0【退】10	千克	AU	B	PR	QS	999	鲜或冷剑鱼（子目0302.91至0302.99的可食用鱼杂碎除外）
030249	00		鲜或冷其他0302.4项下的鱼	Other fish of the subheading 0302.4, fresh or chilled	【最】7【普】40 【协亚太】4.7【协东盟】0【协香港】0 【协澳门】0【协巴基斯坦】5【协智利】0 【协新西兰】0【协秘鲁】0【协台湾】0 【协哥斯达黎加】1.2【协冰岛】0【协瑞士】4.8 【协澳大利亚】0【协韩国】6【协格鲁吉亚】0 【特东柬埔寨】0【特东缅甸】0【特-1】0 【特-2】0【特-3】0 【增】10【出】0【退】10	千克	A	B	PR	QS	101	鲜或冷其他0302.4项下的鱼［印度鲭（羽鳃鲐属）、马鲛鱼（马鲛属）、鲹鱼（鲹属）、银鲳（鲳属）、秋刀鱼、圆鲹（圆鲹属）、多春鱼（毛鳞鱼）、鲔鱼、狐鲣（狐鲣属）、枪鱼、旗鱼、四鳍旗鱼（旗鱼科），但子目0302.91至0302.99的可食用鱼杂碎除外］［鲜或冷印度鲭（羽鳃鲐属）］
											102	鲜或冷其他0302.4项下的鱼［印度鲭（羽鳃鲐属）、马鲛鱼（马鲛属）、鲹鱼（鲹属）、银鲳（鲳属）、秋刀鱼、圆鲹（圆鲹属）、多春鱼（毛鳞鱼）、鲔鱼、狐鲣（狐鲣属）、枪鱼、旗鱼、四鳍旗鱼（旗鱼科），但子目0302.91至0302.99的可食用鱼杂碎除外］［鲜或冷马鲛鱼（马鲛属）］
											103	鲜或冷其他0302.4项下的鱼［印度鲭（羽鳃鲐属）、马鲛鱼（马鲛属）、鲹鱼（鲹属）、银鲳（鲳属）、秋刀鱼、圆鲹（圆鲹属）、多春鱼（毛鳞鱼）、鲔鱼、狐鲣（狐鲣属）、枪鱼、旗鱼、四鳍旗鱼（旗鱼科），但子目0302.91至0302.99的可食用鱼杂碎除外］［鲜或冷鲹鱼（鲹属）］
											104	鲜或冷其他0302.4项下的鱼［印度鲭（羽鳃鲐属）、马鲛鱼（马鲛属）、鲹鱼（鲹属）、银鲳（鲳属）、秋刀鱼、圆鲹（圆鲹属）］、多春鱼（毛鳞鱼）、鲔鱼、狐鲣（狐鲣属）、枪鱼、旗鱼、四鳍旗鱼（旗鱼科），但子目0302.91至0302.99的可食用鱼杂碎除外］［鲜或冷银鲳（鲳属）］

税则号列 HS国际统一前6位	税则号列 本国子目 7~8位	税则号列 本国子目 9~10位	货品名称中英文 中文 货物名称	货品名称中英文 英文 Article Description	税费综合信息	计量单位	监管证件代码 进口	监管证件代码 出口	检验检疫类别 进口	检验检疫类别 出口	检验检疫编码	检验检疫编码对应中文名称
											105	鲜或冷其他0302.4项下的鱼［印度鲭（羽鳃鲐属）、马鲛鱼（马鲛属）、鲹鱼（鲹属）、银鲳（鲳属）、秋刀鱼、圆鲹（圆鲹属）］、多春鱼（毛鳞鱼）、鲔鱼、狐鲣（狐鲣属）、枪鱼、旗鱼、四鳍旗鱼（旗鱼科），但子目0302.91至0302.99的可食用鱼杂碎除外）（鲜或冷秋刀鱼）
											……	……①
030251	00		鲜或冷鳕鱼（大西洋鳕鱼、格陵兰鳕鱼、太平洋鳕鱼）	Cod (Gadus morhua, Gadus ogac, Gadus macrocephalus), fresh or chilled, excluding livers and roes	【最】7【普】40 【协亚太】4.7【协东盟】0【协巴基斯坦】5 【协智利】0【协新西兰】0【协秘鲁】0 【协哥斯达黎加】1.2【协冰岛】0【协瑞士】4.8 【协澳大利亚】0【协韩国】6 【协格鲁吉亚】0【协香港】0【协澳门】0 【特-1】0【特-2】0【特-3】0 【增】10【出】0【退】10	千克	A	B	PR	QS	101	鲜或冷鳕鱼（大西洋鳕鱼、格陵兰鳕鱼、太平洋鳕鱼）（子目0302.91至0302.99的可食用鱼杂碎除外）（大西洋鳕鱼）
											102	鲜或冷鳕鱼（大西洋鳕鱼、格陵兰鳕鱼、太平洋鳕鱼）（子目0302.91至0302.99的可食用鱼杂碎除外）（太平洋鳕鱼）
											103	鲜或冷鳕鱼（大西洋鳕鱼、格陵兰鳕鱼、太平洋鳕鱼）（子目0302.91至0302.99的可食用鱼杂碎除外）（格陵兰鳕鱼）
030252	00		鲜或冷黑线鳕鱼（黑线鳕）	Haddock (Melanogrammus aeglefinus), fresh or chilled, excluding livers and roes	【最】7【普】40 【协亚太】4.7【协东盟】0【协巴基斯坦】5 【协智利】0【协新西兰】0【协秘鲁】0 【协哥斯达黎加】1.2【协冰岛】0【协瑞士】4.8 【协澳大利亚】0【协韩国】6 【协格鲁吉亚】0【协香港】0【协澳门】0 【特-1】0【特-2】0【特-3】0 【增】10【出】0【退】10	千克	A	B	PR	QS	999	鲜或冷黑线鳕鱼（黑线鳕）（子目0302.91至0302.99的可食用鱼杂碎除外）
030253	00		鲜或冷绿青鳕鱼	Coalfish (Pollachius virens), fresh or chilled, excluding livers and roes	【最】7【普】40 【协亚太】4.7【协东盟】0【协巴基斯坦】5 【协智利】0【协新西兰】0【协秘鲁】0 【协哥斯达黎加】1.2【协冰岛】0【协瑞士】4.8 【协澳大利亚】0【协韩国】6 【协格鲁吉亚】0【协香港】0【协澳门】0 【特-1】0【特-2】0【特-3】0 【增】10【出】0【退】10	千克	A	B	PR	QS	999	鲜或冷绿青鳕鱼（子目0302.91至0302.99的可食用鱼杂碎除外）

① 该税号项下检验检疫编码及对应中文名称尚有：106　鲜或冷其他0302.4项下的鱼［印度鲭（羽鳃鲐属）、马鲛鱼（马鲛属）、鲹鱼（鲹属）、银鲳（鲳属）、秋刀鱼、圆鲹（圆鲹属）、多春鱼（毛鳞鱼）、鲔鱼、狐鲣（狐鲣属）、枪鱼、旗鱼、四鳍旗鱼（旗鱼科），但子目0302.91至0302.99的可食用鱼杂碎除外］［鲜或冷圆鲹（圆鲹属）］，107　鲜或冷其他0302.4项下的鱼［印度鲭（羽鳃鲐属）、马鲛鱼（马鲛属）、鲹鱼（鲹属）、银鲳（鲳属）、秋刀鱼、圆鲹（圆鲹属）、多春鱼（毛鳞鱼）、鲔鱼、狐鲣（狐鲣属）、枪鱼、旗鱼、四鳍旗鱼（旗鱼科），但子目0302.91至0302.99的可食用鱼杂碎除外］［鲜或冷多春鱼（毛鳞鱼）］，108　鲜或冷其他0302.4项下的鱼［印度鲭（羽鳃鲐属）、马鲛鱼（马鲛属）、鲹鱼（鲹属）、银鲳（鲳属）、秋刀鱼、圆鲹（圆鲹属）、多春鱼（毛鳞鱼）、鲔鱼、狐鲣（狐鲣属）、枪鱼、旗鱼、四鳍旗鱼（旗鱼科），但子目0302.91至0302.99的可食用鱼杂碎除外］（鲜或冷鲔鱼），109　鲜或冷其他0302.4项下的鱼［印度鲭（羽鳃鲐属）、马鲛鱼（马鲛属）、鲹鱼（鲹属）、银鲳（鲳属）、秋刀鱼、圆鲹（圆鲹属）、多春鱼（毛鳞鱼）、鲔鱼、狐鲣（狐鲣属）、枪鱼、旗鱼、四鳍旗鱼（旗鱼科），但子目0302.91至0302.99的可食用鱼杂碎除外］［鲜或冷狐鲣（狐鲣属）］，110　鲜或冷其他0302.4项下的鱼［印度鲭（羽鳃鲐属）、马鲛鱼（马鲛属）、鲹鱼（鲹属）、银鲳（鲳属）、秋刀鱼、圆鲹（圆鲹属）、多春鱼（毛鳞鱼）、鲔鱼、狐鲣（狐鲣属）、枪鱼、旗鱼、四鳍旗鱼（旗鱼科），但子目0302.91至0302.99的可食用鱼杂碎除外］（鲜或冷枪鱼），111　鲜或冷其他0302.4项下的鱼［印度鲭（羽鳃鲐属）、马鲛鱼（马鲛属）、鲹鱼（鲹属）、银鲳（鲳属）、秋刀鱼、圆鲹（圆鲹属）、多春鱼（毛鳞鱼）、鲔鱼、狐鲣（狐鲣属）、枪鱼、旗鱼、四鳍旗鱼（旗鱼科），但子目0302.91至0302.99的可食用鱼杂碎除外］（鲜或冷旗鱼），112　鲜或冷其他0302.4项下的鱼［印度鲭（羽鳃鲐属）、马鲛鱼（马鲛属）、鲹鱼（鲹属）、银鲳（鲳属）、秋刀鱼、圆鲹（圆鲹属）、多春鱼（毛鳞鱼）、鲔鱼、狐鲣（狐鲣属）、枪鱼、旗鱼、四鳍旗鱼（旗鱼科），但子目0302.91至0302.99的可食用鱼杂碎除外］［鲜或冷四鳍旗鱼（旗鱼科）］。

税则号列			货品名称中英文		税费综合信息	计量单位	监管证件代码		检验检疫类别		检验检疫编码	检验检疫编码对应中文名称
HS 国际统一前 6 位	本国子目 7~8 位	本国子目 9~10 位	中文 货物名称	英文 Article Description			进口	出口	进口	出口		
030254	00		鲜或冷狗鳕鱼（无须鳕属、长鳍鳕属）	Hake (Merluccius spp., Urophycis spp.), fresh or chilled, excluding livers and roes	【最】7【普】40 【协亚太】4.7【协东盟】0【协香港】0 【协澳门】0【协巴基斯坦】5【协智利】0 【协新西兰】0【协秘鲁】0【协台湾】0 【协哥斯达黎加】1.2【协冰岛】0【协瑞士】4.8 【协澳大利亚】0【协韩国】6【协格鲁吉亚】0 【特东柬埔寨】0【特东缅甸】0【特-1】0 【特-2】0【特-3】0 【增】10【出】0【退】10	千克	A	B	PR	QS	101 102 103	鲜或冷狗鳕鱼（无须鳕属、长鳍鳕属）（子目0302.91至0302.99的可食用鱼杂碎除外）（饲料用其他海水鱼） 鲜或冷狗鳕鱼（无须鳕属、长鳍鳕属）（子目0302.91至0302.99的可食用鱼杂碎除外）（无须鳕属） 鲜或冷狗鳕鱼（无须鳕属、长鳍鳕属）（子目0302.91至0302.99的可食用鱼杂碎除外）（长鳍鳕属）
030255	00		鲜或冷狭鳕鱼	Alaska Pollack (Pollachius virens), fresh or chilled, excluding livers and roes	【最】7【普】40 【协亚太】4.7【协东盟】0【协香港】0 【协澳门】0【协巴基斯坦】5【协智利】0 【协新西兰】0【协秘鲁】0【协台湾】0 【协哥斯达黎加】1.2【协冰岛】0【协瑞士】4.8 【协澳大利亚】0【协韩国】6【协格鲁吉亚】0 【特东柬埔寨】0【特东缅甸】0【特-1】0 【特-2】0【特-3】0 【增】10【出】0【退】10	千克	AU	B	PR	QS	101 102	鲜或冷狭鳕鱼（子目0302.91至0302.99的可食用鱼杂碎除外）（饲料用其他海水鱼） 鲜或冷狭鳕鱼（子目0302.91至0302.99的可食用鱼杂碎除外）（食用）
030256	00		鲜或冷蓝鳕鱼（小鳍鳕、南蓝鳕）	Blue whitings (Micromesistius poutassou, Micromesistius australis), fresh or chilled, excluding livers and roes	【最】7【普】40 【协亚太】4.7【协东盟】0【协香港】0 【协澳门】0【协巴基斯坦】5【协智利】0 【协新西兰】0【协秘鲁】0【协台湾】0 【协哥斯达黎加】1.2【协冰岛】0【协瑞士】4.8 【协澳大利亚】0【协韩国】6【协格鲁吉亚】0 【特东柬埔寨】0【特东缅甸】0【特-1】0 【特-2】0【特-3】0 【增】10【出】0【退】10	千克	A	B	PR	QS	101 102 103	鲜或冷蓝鳕鱼（小鳍鳕、南蓝鳕）（子目0302.91至0302.99的可食用鱼杂碎除外）（饲料用其他海水鱼） 鲜或冷蓝鳕鱼（小鳍鳕、南蓝鳕）（子目0302.91至0302.99的可食用鱼杂碎除外）（小鳍鳕） 鲜或冷蓝鳕鱼（小鳍鳕、南蓝鳕）（子目0302.91至0302.99的可食用鱼杂碎除外）（南蓝鳕）
030259	00		其他鲜或冷犀鳕科、多丝真鳕科、鳕科、长尾鳕科、黑鳕科、无须鳕科、深海鳕科及南极鳕科鱼	Other fish of the families Bregmacerotidae, Euclichthyidae, Gadidae, Macrouridae, Moridae and Muraenolepididae, fresh or chilled, excluding livers and roes	【最】7【普】40 【协亚太】4.7【协东盟】0【协香港】0 【协澳门】0【协巴基斯坦】5【协智利】0 【协新西兰】0【协秘鲁】0【协台湾】0 【协哥斯达黎加】1.2【协冰岛】0【协瑞士】4.8 【协澳大利亚】0【协韩国】6【协格鲁吉亚】0 【特东柬埔寨】0【特东缅甸】0【特-1】0 【特-2】0【特-3】0 【增】10【出】0【退】10	千克	A	B	PR	QS	101 102 103 104	其他鲜或冷犀鳕科、多丝真鳕科、鳕科、长尾鳕科、黑鳕科、无须鳕科、深海鳕科及南极鳕科鱼（子目0302.91至0302.99的可食用鱼杂碎除外）（饲料用其他海水鱼） 其他鲜或冷犀鳕科、多丝真鳕科、鳕科、长尾鳕科、黑鳕科、无须鳕科、深海鳕科及南极鳕科鱼（子目0302.91至0302.99的可食用鱼杂碎除外）（犀鳕科） 其他鲜或冷犀鳕科、多丝真鳕科、鳕科、长尾鳕科、黑鳕科、无须鳕科、深海鳕科及南极鳕科鱼（子目0302.91至0302.99的可食用鱼杂碎除外）（多丝真鳕科） 其他鲜或冷犀鳕科、多丝真鳕科、鳕科、长尾鳕科、黑鳕科、无须鳕科、深海鳕科及南极鳕科鱼（子目0302.91至0302.99的可食用鱼杂碎除外）（鳕科）

税则号列			货品名称中英文		税费综合信息	计量单位	监管证件代码		检验检疫类别		检验检疫编码	检验检疫编码对应中文名称
HS国际统一前6位	本国子目 7~8位	9~10位	中文货物名称	英文 Article Description			进口	出口	进口	出口		
											105 ……	其他鲜或冷犀鳕科、多丝真鳕科、鳕科、长尾鳕科、黑鳕科、无须鳕科、深海鳕科及南极鳕科鱼（子目 0302.91 至 0302.99 的可食用鱼杂碎除外）（长尾鳕科） ……①
030271	00		鲜或冷罗非鱼（口孵非鲫属）	Tilapias (Oreochromis spp.), fresh or chilled (excluding livers and roes)	【最】7【普】40 【协东盟】0【协巴基斯坦】6【协智利】0 【协新西兰】0【协秘鲁】0 【协哥斯达黎加】1.2【协冰岛】0【协瑞士】4.8 【协澳大利亚】0【协韩国】6 【协格鲁吉亚】0【协香港】0【协澳门】0 【特东柬埔寨】0【特东缅甸】0【特-1】0 【特-2】0【特-3】0 【增】10【出】0【退】10	千克	A	B	PR	QS	101 102	鲜或冷罗非鱼（口孵非鲫属）（子目 0302.91 至 0302.99 的可食用鱼杂碎除外）［养殖罗非鱼（口孵非鲫属）］ 鲜或冷罗非鱼（口孵非鲫属）（子目 0302.91 至 0302.99 的可食用鱼杂碎除外）［野生罗非鱼（口孵非鲫属）］
030272	00		鲜或冷鲶鱼（鲑鲶属、鲶属、胡鲶属、真鮰属）	Catfish (Pangasius spp., Silurus spp., Clarias spp., Ictalurus spp.), fresh or chilled, excluding livers and roes	【最】10【普】40 【协亚太】6.7【协东盟】0【协香港】0 【协澳门】0【协巴基斯坦】5【协智利】0 【协新西兰】0【协秘鲁】0【协台湾】0 【协哥斯达黎加】1.2【协冰岛】0【协瑞士】4.8 【协澳大利亚】0【协韩国】6【协格鲁吉亚】0 【特东柬埔寨】0【特东缅甸】0【特-1】0 【特-2】0【特-3】0 【增】10【出】0【退】10	千克	A	B	PR	QS	101 102 103 104 105 ……	鲜或冷鲶鱼（鲑鲶属、鲶属、胡鲶属、真鮰属）（子目 0302.91 至 0302.99 的可食用鱼杂碎除外）（饲料用其他海水鱼） 鲜或冷鲶鱼（鲑鲶属、鲶属、胡鲶属、真鮰属）（子目 0302.91 至 0302.99 的可食用鱼杂碎除外）（养殖鲑鲶属） 鲜或冷鲶鱼（鲑鲶属、鲶属、胡鲶属、真鮰属）（子目 0302.91 至 0302.99 的可食用鱼杂碎除外）（养殖胡鲶属） 鲜或冷鲶鱼（鲑鲶属、鲶属、胡鲶属、真鮰属）（子目 0302.91 至 0302.99 的可食用鱼杂碎除外）（养殖真鮰属） 鲜或冷鲶鱼（鲑鲶属、鲶属、胡鲶属、真鮰属）（子目 0302.91 至 0302.99 的可食用鱼杂碎除外）（野生鲑鲶属） ……②
030273	00		鲜或冷鲤科鱼（鲤属、鲫属、草鱼、鲢属、鲮属、青鱼、卡特拉鲃、野鲮属、哈氏纹唇鱼、何氏细须鲃、鲂属）	Carp (Cyprinus carpio, Carassius carassius, Ctenopharyngodon idellus, Hypophthalmichthys spp., Cirrhinus spp., Mylopharyngodon piceus), fresh or chilled, excluding livers and roes	【最】7【普】40 【协亚太】4.7【协东盟】0【协香港】0 【协澳门】0【协巴基斯坦】5【协智利】0 【协新西兰】0【协秘鲁】0【协台湾】0 【协哥斯达黎加】1.2【协冰岛】0【协瑞士】4.8 【协澳大利亚】0【协韩国】6【协格鲁吉亚】0 【特东柬埔寨】0【特东缅甸】0【特-1】0 【特-2】0【特-3】0 【增】10【出】0【退】10	千克	A	B	PR	QS	101 102	鲜或冷鲤科鱼（鲤属、鲫属、草鱼、鲢属、鲮属、青鱼、卡特拉鲃、野鲮属、哈氏纹唇鱼、何氏细须鲃、鲂属）（子目 0302.91 至 0302.99 的可食用鱼杂碎除外）（饲料用其他海水鱼） 鲜或冷鲤科鱼（鲤属、鲫属、草鱼、鲢属、鲮属、青鱼、卡特拉鲃、野鲮属、哈氏纹唇鱼、何氏细须鲃、鲂属）（子目 0302.91 至 0302.99 的可食用鱼杂碎除外）（养殖鲤属）

① 该税号项下检验检疫编码及对应中文名称尚有：106　其他鲜或冷犀鳕科、多丝真鳕科、鳕科、长尾鳕科、黑鳕科、无须鳕科、深海鳕科及南极鳕科鱼（子目 0302.91 至 0302.99 的可食用鱼杂碎除外）（黑鳕科），107　其他鲜或冷犀鳕科、多丝真鳕科、鳕科、长尾鳕科、黑鳕科、无须鳕科、深海鳕科及南极鳕科鱼（子目 0302.91 至 0302.99 的可食用鱼杂碎除外）（无须鳕科），108　其他鲜或冷犀鳕科、多丝真鳕科、鳕科、长尾鳕科、黑鳕科、无须鳕科、深海鳕科及南极鳕科鱼（子目 0302.91 至 0302.99 的可食用鱼杂碎除外）（深海鳕科），109　其他鲜或冷犀鳕科、多丝真鳕科、鳕科、长尾鳕科、黑鳕科、无须鳕科、深海鳕科及南极鳕科鱼（子目 0302.91 至 0302.99 的可食用鱼杂碎除外）（南极鳕科）。

② 该税号项下检验检疫编码及对应中文名称尚有：106　鲜或冷鲶鱼（鲑鲶属、鲶属、胡鲶属、真鮰属）（子目 0302.91 至 0302.99 的可食用鱼杂碎除外）（野生胡鲶属），107　鲜或冷鲶鱼（鲑鲶属、鲶属、胡鲶属、真鮰属）（子目 0302.91 至 0302.99 的可食用鱼杂碎除外）（野生真鮰属）。

税则号列			货品名称中英文		税费综合信息	计量单位	监管证件代码		检验检疫类别		检验检疫编码	检验检疫编码对应中文名称
HS 国际统一前6位	本国子目 7~8位	本国子目 9~10位	中文 货物名称	英文 Article Description			进口	出口	进口	出口		
											103	鲜或冷鲤科鱼（鲤属、鲫属、草鱼、鲢属、鳙属、青鱼、卡特拉鲃、野鲮属、哈氏纹唇鱼、何氏细须鲃、鲂属）（子目 0302.91 至 0302.99 的可食用鱼杂碎除外）（养殖鲫属）
											104	鲜或冷鲤科鱼（鲤属、鲫属、草鱼、鲢属、鳙属、青鱼、卡特拉鲃、野鲮属、哈氏纹唇鱼、何氏细须鲃、鲂属）（子目 0302.91 至 0302.99 的可食用鱼杂碎除外）（养殖草鱼）
											105	鲜或冷鲤科鱼（鲤属、鲫属、草鱼、鲢属、鳙属、青鱼、卡特拉鲃、野鲮属、哈氏纹唇鱼、何氏细须鲃、鲂属）（子目 0302.91 至 0302.99 的可食用鱼杂碎除外）（养殖鲢属）
											……	……①
030274	00	10	鲜或冷花鳗鲡	Marbled eels, fresh or chilled (excluding livers and roes)	【最】7【普】40 【协亚太】4.7【协东盟】0【协香港】0 【协澳门】0【协巴基斯坦】5【协智利】0 【协新西兰】0【协秘鲁】0【协哥斯达黎加】1.2 【协冰岛】0【协瑞士】4.8【协澳大利亚】0 【协韩国】6【协格鲁吉亚】0 【特东缅甸】0【特-1】0【特-2】0【特-3】0 【增】10【出】0【退】10	千克	A	BE	PR	QS	101	鲜或冷花鳗鲡（子目 0302.91 至 0302.99 的可食用鱼杂碎除外）（养殖非生食）
											102	鲜或冷花鳗鲡（子目 0302.91 至 0302.99 的可食用鱼杂碎除外）（养殖可能用于生食）
											103	鲜或冷花鳗鲡（子目 0302.91 至 0302.99 的可食用鱼杂碎除外）（野生非生食）
											104	鲜或冷花鳗鲡（子目 0302.91 至 0302.99 的可食用鱼杂碎除外）（野生可能用于生食）

① 该税号项下检验检疫编码及对应中文名称尚有：106　鲜或冷鲤科鱼（鲤属、鲫属、草鱼、鲢属、鳙属、青鱼、卡特拉鲃、野鲮属、哈氏纹唇鱼、何氏细须鲃、鲂属）（子目 0302.91 至 0302.99 的可食用鱼杂碎除外）（养殖鳙属），107　鲜或冷鲤科鱼（鲤属、鲫属、草鱼、鲢属、鳙属、青鱼、卡特拉鲃、野鲮属、哈氏纹唇鱼、何氏细须鲃、鲂属）（子目 0302.91 至 0302.99 的可食用鱼杂碎除外）（养殖青鱼），108　鲜或冷鲤科鱼（鲤属、鲫属、草鱼、鲢属、鳙属、青鱼、卡特拉鲃、野鲮属、哈氏纹唇鱼、何氏细须鲃、鲂属）（子目 0302.91 至 0302.99 的可食用鱼杂碎除外）［养殖其他鲤科鱼（卡特拉鲃、野鲮属、哈氏纹唇鱼、何氏细须鲃、鲂属）］，109　鲜或冷鲤科鱼（鲤属、鲫属、草鱼、鲢属、鳙属、青鱼、卡特拉鲃、野鲮属、哈氏纹唇鱼、何氏细须鲃、鲂属）（子目 0302.91 至 0302.99 的可食用鱼杂碎除外）（野生鲤属），110　鲜或冷鲤科鱼（鲤属、鲫属、草鱼、鲢属、鳙属、青鱼、卡特拉鲃、野鲮属、哈氏纹唇鱼、何氏细须鲃、鲂属）（子目 0302.91 至 0302.99 的可食用鱼杂碎除外）（野生鲫属），111　鲜或冷鲤科鱼（鲤属、鲫属、草鱼、鲢属、鳙属、青鱼、卡特拉鲃、野鲮属、哈氏纹唇鱼、何氏细须鲃、鲂属）（子目 0302.91 至 0302.99 的可食用鱼杂碎除外）（野生草鱼），112　鲜或冷鲤科鱼（鲤属、鲫属、草鱼、鲢属、鳙属、青鱼、卡特拉鲃、野鲮属、哈氏纹唇鱼、何氏细须鲃、鲂属）（子目 0302.91 至 0302.99 的可食用鱼杂碎除外）（野生鲢属），113　鲜或冷鲤科鱼（鲤属、鲫属、草鱼、鲢属、鳙属、青鱼、卡特拉鲃、野鲮属、哈氏纹唇鱼、何氏细须鲃、鲂属）（子目 0302.91 至 0302.99 的可食用鱼杂碎除外）（野生鳙属），114　鲜或冷鲤科鱼（鲤属、鲫属、草鱼、鲢属、鳙属、青鱼、卡特拉鲃、野鲮属、哈氏纹唇鱼、何氏细须鲃、鲂属）（子目 0302.91 至 0302.99 的可食用鱼杂碎除外）（野生青鱼），115　鲜或冷鲤科鱼（鲤属、鲫属、草鱼、鲢属、鳙属、青鱼、卡特拉鲃、野鲮属、哈氏纹唇鱼、何氏细须鲃、鲂属）（子目 0302.91 至 0302.99 的可食用鱼杂碎除外）［野生其他鲤科鱼（卡特拉鲃、野鲮属、哈氏纹唇鱼、何氏细须鲃、鲂属）］。

税则号列			货品名称中英文		税费综合信息	计量单位	监管证件代码		检验检疫类别		检验检疫编码	检验检疫编码对应中文名称
HS国际统一前6位	本国子目7~8位	本国子目9~10位	中文 货物名称	英文 Article Description			进口	出口	进口	出口		
030274	00	20	鲜或冷欧洲鳗鲡	European eels, fresh or chilled (excluding livers and roes)	【最】7【普】40 【协亚太】4.7【协东盟】0【协香港】0 【协澳门】0【协巴基斯坦】5【协智利】0 【协新西兰】0【协秘鲁】0【协哥斯达黎加】1.2 【协冰岛】0【协瑞士】4.8【协澳大利亚】0 【协韩国】6【协格鲁吉亚】0 【特东缅甸】0【特-1】0【特-2】0【特-3】0 【增】10【出】0【退】10	千克	AF	BE	PR	QS	101 102 103 104	鲜或冷欧洲鳗鲡（子目0302.91至0302.99的可食用鱼杂碎除外）（养殖非生食） 鲜或冷欧洲鳗鲡（子目0302.91至0302.99的可食用鱼杂碎除外）（养殖可能用于生食） 鲜或冷欧洲鳗鲡（子目0302.91至0302.99的可食用鱼杂碎除外）（野生非生食） 鲜或冷欧洲鳗鲡（子目0302.91至0302.99的可食用鱼杂碎除外）（野生可能用于生食）
030274	00	90	其他鲜或冷鳗鱼（鳗鲡属）	Other eels, fresh or chilled(excluding livers and roes)	【最】7【普】40 【协亚太】4.7【协东盟】0【协香港】0 【协澳门】0【协巴基斯坦】5【协智利】0 【协新西兰】0【协秘鲁】0【协哥斯达黎加】1.2 【协冰岛】0【协瑞士】4.8【协澳大利亚】0 【协韩国】6【协格鲁吉亚】0 【特东缅甸】0【特-1】0【特-2】0【特-3】0 【增】10【出】0【退】10	千克	A	B	PR	QS	101 102 103 104	其他鲜或冷鳗鱼（鳗鲡属）（子目0302.91至0302.99的可食用鱼杂碎除外）（养殖非生食） 其他鲜或冷鳗鱼（鳗鲡属）（子目0302.91至0302.99的可食用鱼杂碎除外）（养殖可能用于生食） 其他鲜或冷鳗鱼（鳗鲡属）（子目0302.91至0302.99的可食用鱼杂碎除外）（野生非生食） 其他鲜或冷鳗鱼（鳗鲡属）（子目0302.91至0302.99的可食用鱼杂碎除外）（野生可能用于生食）
030279	00	01	鲜或冷尼罗河鲈鱼（尼罗尖吻鲈）	Nile perch (Lates niloticus), fresh or chilled(excluding livers and roes)	【最】7【普】40 【协亚太】4.7【协东盟】0【协香港】0 【协澳门】0【协农】0【协巴基斯坦】5 【协智利】0【协新西兰】0【协秘鲁】0 【协台湾】0【协哥斯达黎加】1.2【协冰岛】0 【协瑞士】4.8【协澳大利亚】0【协韩国】6 【协格鲁吉亚】0 【特东柬埔寨】0【特东缅甸】0【特-1】0 【特-2】0【特-3】0 【增】10【出】0【退】10	千克	A	B	PR	QS	101 102 103 104	鲜或冷尼罗河鲈鱼（尼罗尖吻鲈）（子目0302.91至0302.99的可食用鱼杂碎除外）（养殖非生食） 鲜或冷尼罗河鲈鱼（尼罗尖吻鲈）（子目0302.91至0302.99的可食用鱼杂碎除外）（养殖可能用于生食） 鲜或冷尼罗河鲈鱼（尼罗尖吻鲈）（子目0302.91至0302.99的可食用鱼杂碎除外）（野生非生食） 鲜或冷尼罗河鲈鱼（尼罗尖吻鲈）（子目0302.91至0302.99的可食用鱼杂碎除外）（野生可能用于生食）

税则号列			货品名称中英文		税费综合信息	计量单位	监管证件代码		检验检疫类别		检验检疫编码	检验检疫编码对应中文名称
HS 国际统一前6位	本国子目 7~8位	9~10位	中文 货物名称	英文 Article Description			进口	出口	进口	出口		
030279	00	90	鲜或冷的黑鱼（鳢属）	Snakeheads (Channa spp.), fresh or chilled (excluding livers and roes)	【最】7【普】40 【协亚太】4.7【协东盟】0【协香港】0 【协澳门】0【协巴基斯坦】5【协智利】0 【协新西兰】0【协秘鲁】0【协台湾】0 【协哥斯达黎加】1.2【协冰岛】0【协瑞士】4.8 【协澳大利亚】0【协韩国】6【协格鲁吉亚】0 【特东柬埔寨】0【特东缅甸】0【特-1】0 【特-2】0【特-3】0 【增】10【出】0【退】10	千克	A	B	PR	QS	101 102 103 104	鲜或冷的黑鱼（鳢属）（子目 0302.91 至 0302.99 的可食用鱼杂碎除外）（养殖非生食） 鲜或冷的黑鱼（鳢属）（子目 0302.91 至 0302.99 的可食用鱼杂碎除外）（养殖可能用于生食） 鲜或冷的黑鱼（鳢属）（子目 0302.91 至 0302.99 的可食用鱼杂碎除外）（野生非生食） 鲜或冷的黑鱼（鳢属）（子目 0302.91 至 0302.99 的可食用鱼杂碎除外）（野生可能用于生食）
030281	00	10	鲜或冷濒危鲨鱼	Endangered shark, fresh or chilled (excluding livers and roes)	【最】7【普】40 【协亚太】5.3【协东盟】0【协香港】0 【协澳门】0【协巴基斯坦】5【协智利】0 【协新西兰】0【协秘鲁】0 【协哥斯达黎加】1.2【协冰岛】0【协瑞士】4.8 【协澳大利亚】0【协韩国】6【协格鲁吉亚】0 【特-1】0【特-2】0【特-3】0 【增】10【出】0【退】0	千克	AF	BE	PR	QS	999	鲜或冷濒危鲨鱼（子目 0302.91 至 0302.99 的可食用鱼杂碎除外）
030281	00	90	鲜或冷其他鲨鱼	Other sharks, fresh or chilled (excluding livers and roes)	【最】7【普】40 【协亚太】5.3【协东盟】0【协香港】0 【协澳门】0【协巴基斯坦】5【协智利】0 【协新西兰】0【协秘鲁】0【协哥斯达黎加】1.2 【协冰岛】0【协瑞士】4.8【协澳大利亚】0 【协韩国】6【协格鲁吉亚】0 【特-1】0【特-2】0【特-3】0 【增】10【出】0【退】10	千克	A	B	PR	QS	999	鲜或冷其他鲨鱼（子目 0302.91 至 0302.99 的可食用鱼杂碎除外）
030282	00		鲜或冷魟鱼及鳐鱼（鳐科）	Rays and skates (Rajidae), fresh or chilled (excluding livers and roes)	【最】7【普】40 【协亚太】4.7【协东盟】0【协香港】0 【协澳门】0【协巴基斯坦】5【协智利】0 【协新西兰】0【协秘鲁】0【协台湾】0 【协哥斯达黎加】1.2【协冰岛】0【协瑞士】4.8 【协澳大利亚】0【协韩国】6【协格鲁吉亚】0 【特东柬埔寨】0【特东缅甸】0【特-1】0 【特-2】0【特-3】0 【增】10【出】0【退】10	千克	A	B	PR	QS	101 102	鲜或冷魟鱼及鳐鱼（鳐科）（子目 0302.91 至 0302.99 的可食用鱼杂碎除外）（饲料用其他海水鱼） 鲜或冷魟鱼及鳐鱼（鳐科）（子目 0302.91 至 0302.99 的可食用鱼杂碎除外）（食用）
030283	00		鲜或冷南极犬牙鱼（南极犬牙鱼属）	Toothfish (Dissostichus spp.), fresh or chilled (excluding livers and roes)	【最】7【普】40 【协亚太】4.7【协东盟】0【协香港】0 【协澳门】0【协巴基斯坦】5【协智利】0 【协新西兰】0【协秘鲁】0【协哥斯达黎加】1.2 【协冰岛】0【协瑞士】4.8【协澳大利亚】0 【协韩国】6【协格鲁吉亚】0 【特东柬埔寨】0【特东缅甸】0【特-1】0 【特-2】0【特-3】0 【增】10【出】0【退】10	千克	AU	B	PR	QS	999	鲜或冷南极犬牙鱼（南极犬牙鱼属）（子目 0302.91 至 0302.99 的可食用鱼杂碎除外）
030284	00		鲜或冷尖吻鲈鱼（舌齿鲈属）	Seabass (Dicentrarchus spp.), fresh or chilled (excluding livers and roes)	【最】7【普】40 【协亚太】4.7【协东盟】0【协香港】0 【协澳门】0【协农】0【协巴基斯坦】5 【协智利】0【协新西兰】0【协秘鲁】0 【协台湾】0【协哥斯达黎加】1.2【协冰岛】0 【协瑞士】4.8【协澳大利亚】0【协韩国】6 【协格鲁吉亚】0 【特东柬埔寨】0【特东缅甸】0【特-1】0 【特-2】0【特-3】0 【增】10【出】0【退】10	千克	A	B	PR	QS	999	鲜或冷尖吻鲈鱼（舌齿鲈属）（子目 0302.91 至 0302.99 的可食用鱼杂碎除外）

税则号列			货品名称中英文		税费综合信息	计量单位	监管证件代码		检验检疫类别		检验检疫编码	检验检疫编码对应中文名称
HS国际统一前6位	本国子目 7~8位	本国子目 9~10位	中文 货物名称	英文 Article Description			进口	出口	进口	出口		
030285	00		鲜或冷菱羊鲷(鲷科)	Seabream(Sparidae), fresh or chilled (excluding livers and roes)	【最】7【普】40 【协亚太】4.7【协东盟】0【协香港】0 【协澳门】0【协巴基斯坦】5【协智利】0 【协新西兰】0【协秘鲁】0【协台湾】0 【协哥斯达黎加】1.2【协冰岛】0【协瑞士】4.8 【协澳大利亚】0【协韩国】6【协格鲁吉亚】0 【特东柬埔寨】0【特东缅甸】0【特-1】0 【特-2】0【特-3】0 【增】10【出】0【退】10	千克	A	B	PR	QS	101 102 103 104 105	鲜或冷菱羊鲷(鲷科)(子目0302.91至0302.99的可食用鱼杂碎除外)(饲料用其他海水鱼) 鲜或冷菱羊鲷(鲷科)(子目0302.91至0302.99的可食用鱼杂碎除外)(养殖非生食) 鲜或冷菱羊鲷(鲷科)(子目0302.91至0302.99的可食用鱼杂碎除外)(养殖可能用于生食) 鲜或冷菱羊鲷(鲷科)(子目0302.91至0302.99的可食用鱼杂碎除外)(野生非生食) 鲜或冷菱羊鲷(鲷科)(子目0302.91至0302.99的可食用鱼杂碎除外)(野生可能用干牛食)
030289	10		鲜或冷带鱼	Scabber fish (Trichurius), fresh or chilled (excluding livers and roes)	【最】7【普】40 【协亚太】4.7【协东盟】0【协香港】0 【协澳门】0【协农】0【协巴基斯坦】8 【协智利】0【协新西兰】0【协秘鲁】0 【协哥斯达黎加】1.2【协冰岛】0【协瑞士】4.8 【协澳大利亚】0【协韩国】6【协格鲁吉亚】0 【特-1】0【特-2】0【特-3】0 【增】10【出】0【退】6	千克	A	B	PR	QS	999	鲜或冷带鱼(子目0302.91至0302.99的可食用鱼杂碎除外)
030289	20		鲜或冷黄鱼	Yellow croaker (Pseudosicaena), fresh or chilled (excluding livers and roes)	【最】7【普】40 【协亚太】4.7【协东盟】0【协香港】0 【协澳门】0【协巴基斯坦】5【协智利】0 【协新西兰】0【协秘鲁】0【协哥斯达黎加】1.2 【协冰岛】0【协瑞士】4.8【协澳大利亚】0 【协韩国】6【协格鲁吉亚】0 【特-1】0【特-2】0【特-3】0 【增】10【出】0【退】6	千克	A	B	PR	QS	101 102	鲜或冷黄鱼(子目0302.91至0302.99的可食用鱼杂碎除外)(养殖) 鲜或冷黄鱼(子目0302.91至0302.99的可食用鱼杂碎除外)(野生)
030289	30		鲜或冷鲳鱼	Butterfish (Pamus), fresh or chilled (excluding Livers and roes)	【最】7【普】40 【协亚太】4.7【协东盟】0【协香港】0 【协澳门】0【协农】0【协巴基斯坦】5 【协智利】0【协新西兰】0【协秘鲁】0 【协哥斯达黎加】1.2【协冰岛】0【协瑞士】4.8 【协澳大利亚】0【协韩国】6【协格鲁吉亚】0 【特-1】0【特-2】0【特-3】0 【增】10【出】0【退】6	千克	A	B	PR	QS	101 102	鲜或冷鲳鱼(子目0302.91至0302.99的可食用鱼杂碎除外)(养殖) 鲜或冷鲳鱼(子目0302.91至0302.99的可食用鱼杂碎除外)(野生)
030289	40		鲜或冷的鲀	Puffer fish, fresh or chilled (excluding livers and roes)	【最】10【普】40 【协亚太】6.7【协东盟】0【协香港】0 【协澳门】0【协巴基斯坦】5【协智利】0 【协新西兰】0【协秘鲁】0【协哥斯达黎加】1.2 【协冰岛】0【协瑞士】4.8【协澳大利亚】0 【协韩国】6【协格鲁吉亚】0 【特东柬埔寨】0【特东缅甸】0【特-1】0 【特-2】0【特-3】0 【增】10【出】0【退】6	千克	A	B	PR	QS	999	鲜或冷的鲀(子目0302.91至0302.99的可食用鱼杂碎除外)

税则号列			货品名称中英文		税费综合信息	计量单位	监管证件代码		检验检疫类别		检验检疫编码	检验检疫编码对应中文名称
HS 国际统一前 6 位	本国子目 7~8 位	本国子目 9~10 位	中文 货物名称	英文 Article Description			进口	出口	进口	出口		
030289	90	01	鲜或冷的其他鲈鱼	Other perch, fresh or chilled (excluding livers and roes)	【最】7【普】40 【协亚太】4.7【协东盟】0【协香港】0 【协澳门】0【协农】0【协巴基斯坦】5 【协智利】0【协新西兰】0【协秘鲁】0 【协台湾】0【协哥斯达黎加】1.2【协冰岛】0 【协瑞士】4.8【协澳大利亚】0【协韩国】6 【协格鲁吉亚】0 【特东柬埔寨】0【特东缅甸】0【特-1】0 【特-2】0【特-3】0 【增】10【出】0【退】10	千克	A	B	PR	QS	101 102 103 104	鲜或冷的其他鲈鱼（子目 0302.91 至 0302.99 的可食用鱼杂碎除外）(养殖非生食) 鲜或冷的其他鲈鱼（子目 0302.91 至 0302.99 的可食用鱼杂碎除外）(养殖可能用于生食) 鲜或冷的其他鲈鱼（子目 0302.91 至 0302.99 的可食用鱼杂碎除外）(野生非生食) 鲜或冷的其他鲈鱼（子目 0302.91 至 0302.99 的可食用鱼杂碎除外）(野生可能用于生食)
030289	90	10	其他未列名濒危鲜或冷鱼	Other endangered fish, fresh or chilled (excluding livers and roes)	【最】7【普】40 【协亚太】4.7【协东盟】0【协香港】0 【协澳门】0【协巴基斯坦】5【协智利】0 【协新西兰】0【协秘鲁】0【协台湾】0 【协哥斯达黎加】1.2【协冰岛】0【协瑞士】4.8 【协澳大利亚】0【协韩国】6【协格鲁吉亚】0 【特东柬埔寨】0【特东缅甸】0【特-1】0 【特-2】0【特-3】0 【增】10【出】0【退】0	千克	AF	BE	PR	QS	999	其他未列名濒危鲜或冷鱼（子目 0302.91 至 0302.99 的可食用鱼杂碎除外）
030289	90	20	鲜或冷的平鲉属	Fresh and cold flat scorpionfish genera (excluding livers and roes)	【最】7【普】40 【协亚太】4.7【协东盟】0【协香港】0 【协澳门】0【协巴基斯坦】5【协智利】0 【协新西兰】0【协秘鲁】0【协台湾】0 【协哥斯达黎加】1.2【协冰岛】0【协瑞士】4.8 【协澳大利亚】0【协韩国】6【协格鲁吉亚】0 【特东柬埔寨】0【特东缅甸】0【特-1】0 【特-2】0【特-3】0 【增】10【出】0【退】10	千克	AU	B	PR	QS	101 102	鲜或冷的平鲉属（子目 0302.91 至 0302.99 的可食用鱼杂碎除外）（养殖） 鲜或冷的平鲉属（子目 0302.91 至 0302.99 的可食用鱼杂碎除外）（野生）
030289	90	30	鲜或冷的鲪鲉属（叶鳍鲉属）	Fresh and cold Jun scorpionfish genera (excluding livers and roes)	【最】7【普】40 【协亚太】4.7【协东盟】0【协香港】0 【协澳门】0【协巴基斯坦】5【协智利】0 【协新西兰】0【协秘鲁】0【协台湾】0 【协哥斯达黎加】1.2【协冰岛】0【协瑞士】4.8 【协澳大利亚】0【协韩国】6【协格鲁吉亚】0 【特东柬埔寨】0【特东缅甸】0【特-1】0 【特-2】0【特-3】0 【增】10【出】0【退】10	千克	AU	B	PR	QS	101 102	鲜或冷的鲪鲉属（叶鳍鲉属）（子目 0302.91 至 0302.99 的可食用鱼杂碎除外）(养殖) 鲜或冷的鲪鲉属（叶鳍鲉属）（子目 0302.91 至 0302.99 的可食用鱼杂碎除外）(野生)
030289	90	90	其他鲜或冷鱼	Other fish, fresh or chilled(excluding livers and roes)	【最】7【普】40 【协亚太】4.7【协东盟】0【协香港】0 【协澳门】0【协巴基斯坦】5【协智利】0 【协新西兰】0【协秘鲁】0【协台湾】0 【协哥斯达黎加】1.2【协冰岛】0【协瑞士】4.8 【协澳大利亚】0【协韩国】6【协格鲁吉亚】0 【特东柬埔寨】0【特东缅甸】0【特-1】0 【特-2】0【特-3】0 【增】10【出】0【退】10	千克	A	B	PR	QS	101 102 103 104	其他鲜或冷鱼（子目 0302.91 至 0302.99 的可食用鱼杂碎除外）（饲料用马面鱼） 其他鲜或冷鱼（子目 0302.91 至 0302.99 的可食用鱼杂碎除外）（饲料用其他海水鱼） 其他鲜或冷鱼（子目 0302.91 至 0302.99 的可食用鱼杂碎除外）（养殖石斑鱼） 其他鲜或冷鱼（子目 0302.91 至 0302.99 的可食用鱼杂碎除外）（养殖鲥鱼）

税则号列			货品名称中英文		税费综合信息	计量单位	监管证件代码		检验检疫类别		检验检疫编码	检验检疫编码对应中文名称
HS国际统一前6位	本国子目 7~8位	本国子目 9~10位	中文 货物名称	英文 Article Description			进口	出口	进口	出口		
											105 ……	其他鲜或冷鱼（子目0302.91至0302.99的可食用鱼杂碎除外）［养殖鲷科，菱羊鲷除外(非生食)］ ……①
030291	00	10	鲜或冷濒危鱼种的肝、鱼卵及鱼精	Livers, roes and milt of endangered fish, cold or chilled	【最】7【普】50 【协东盟】0【协巴基斯坦】6【协智利】0 【协新西兰】0【协秘鲁】0【协哥斯达黎加】1.2 【协冰岛】0【协瑞士】4.8【协澳大利亚】0 【协韩国】6【协格鲁吉亚】0【协香港】0 【协澳门】0 【特东柬埔寨】0【特-1】0【特-2】0【特-3】0 【增】10【出】0【退】0	千克	AF	BE	PR	QS	101 102 103 104 105 ……	鲜或冷濒危鱼种的肝、鱼卵及鱼精（鲜或冷养殖濒危鱼鱼肝） 鲜或冷濒危鱼种的肝、鱼卵及鱼精（鲜或冷野生濒危鱼鱼肝） 鲜或冷濒危鱼种的肝、鱼卵及鱼精（鲜或冷养殖濒危鱼鱼卵） 鲜或冷濒危鱼种的肝、鱼卵及鱼精（鲜或冷野生濒危鱼鱼卵） 鲜或冷濒危鱼种的肝、鱼卵及鱼精（鲜或冷养殖濒危鱼鱼精） ……②
030291	00	90	其他鲜或冷鱼肝、鱼卵及鱼精	Other fish livers, roes and milt, cold or chilled	【最】7【普】50 【协东盟】0【协巴基斯坦】6【协智利】0 【协新西兰】0【协秘鲁】0【协哥斯达黎加】1.2 【协冰岛】0【协瑞士】4.8【协澳大利亚】0 【协韩国】6【协格鲁吉亚】0【协香港】0 【协澳门】0 【特东柬埔寨】0【特-1】0【特-2】0【特-3】0 【增】10【出】0【退】10	千克	A	B	PR	QS	101 102 103 104 105 ……	其他鲜或冷鱼肝、鱼卵及鱼精（其他鲜或冷养殖鱼鱼肝） 其他鲜或冷鱼肝、鱼卵及鱼精（其他鲜或冷野生鱼鱼肝） 其他鲜或冷鱼肝、鱼卵及鱼精（其他鲜或冷养殖鱼鱼卵） 其他鲜或冷鱼肝、鱼卵及鱼精（其他鲜或冷野生鱼鱼卵） 其他鲜或冷鱼肝、鱼卵及鱼精（其他鲜或冷养殖鱼鱼精） ……③
030292	00	10	鲜或冷濒危鲨鱼翅	Endangered Shark fins, cold or chilled	【最】12【普】40 【协亚太】9【协东盟】0【协香港】0 【协澳门】0【协巴基斯坦】5【协智利】0 【协新西兰】0【协秘鲁】0【协哥斯达黎加】1.2 【协冰岛】0【协瑞士】4.8【协澳大利亚】0 【协韩国】6【协格鲁吉亚】0 【特-1】0【特-2】0【特-3】0 【增】10【出】0【退】0	千克	AF	BE	PR	QS	999	鲜或冷濒危鲨鱼翅

① 该税号项下检验检疫编码及对应中文名称尚有：106　其他鲜或冷鱼（子目0302.91至0302.99的可食用鱼杂碎除外）［养殖鲷科，菱羊鲷除外（可能用于生食）］，107　其他鲜或冷鱼（子目0302.91至0302.99的可食用鱼杂碎除外）［养殖安康鱼（非生食）］，108　其他鲜或冷鱼（子目0302.91至0302.99的可食用鱼杂碎除外）［养殖安康鱼（可能用于生食）］，109　其他鲜或冷鱼（子目0302.91至0302.99的可食用鱼杂碎除外）（养殖海鲂），110　其他鲜或冷鱼（子目0302.91至0302.99的可食用鱼杂碎除外）（养殖鲆鱼），111　其他鲜或冷鱼（子目0302.91至0302.99的可食用鱼杂碎除外）（养殖鲽鱼），112　其他鲜或冷鱼（子目0302.91至0302.99的可食用鱼杂碎除外）［其他养殖鱼（非生食）］，113　其他鲜或冷鱼（子目0302.91至0302.99的可食用鱼杂碎除外）［其他养殖鱼（可能用于生食）］，114　其他鲜或冷鱼（子目0302.91至0302.99的可食用鱼杂碎除外）［黄鮰鱼（非生食）］，115　其他鲜或冷鱼（子目0302.91至0302.99的可食用鱼杂碎除外）［黄鮰鱼（可能用于生食）］，116　其他鲜或冷鱼（子目0302.91至0302.99的可食用鱼杂碎除外）［养殖海鲈鱼（非生食）］，117　其他鲜或冷鱼（子目0302.91至0302.99的可食用鱼杂碎除外）［养殖海鲈鱼（可能用于生食）］，118　其他鲜或冷鱼（子目0302.91至0302.99的可食用鱼杂碎除外）（野生石斑鱼），119　其他鲜或冷鱼（子目0302.91至0302.99的可食用鱼杂碎除外）（野生鲥鱼），120　其他鲜或冷鱼（子目0302.91至0302.99的可食用鱼杂碎除外）（野生鲷科，菱羊鲷除外），121　其他鲜或冷鱼（子目0302.91至0302.99的可食用鱼杂碎除外）（野生安康鱼），122　其他鲜或冷鱼（子目0302.91至0302.99的可食用鱼杂碎除外）（野生海鲂），123　其他鲜或冷鱼（子目0302.91至0302.99的可食用鱼杂碎除外）（野生鲆鱼），124　其他鲜或冷鱼（子目0302.91至0302.99的可食用鱼杂碎除外）（野生鲽鱼），125　其他鲜或冷鱼（子目0302.91至0302.99的可食用鱼杂碎除外）（海鲫鱼），126　其他鲜或冷鱼（子目0302.91至0302.99的可食用鱼杂碎除外）（金线鱼），127　其他鲜或冷鱼（子目0302.91至0302.99的可食用鱼杂碎除外）（马面鱼），128　其他鲜或冷鱼（子目0302.91至0302.99的可食用鱼杂碎除外）（马鲛鱼），129　其他鲜或冷鱼（子目0302.91至0302.99的可食用鱼杂碎除外）［野生海鲈鱼（非生食）］，130　其他鲜或冷鱼（子目0302.91至0302.99的可食用鱼杂碎除外）［野生海鲈鱼（可能用于生食）］，131　其他鲜或冷鱼（子目0302.91至0302.99的可食用鱼杂碎除外）［其他野生鱼（非生食）］，132　其他鲜或冷鱼（子目0302.91至0302.99的可食用鱼杂碎除外）［其他野生鱼（可能用于生食）］。

② 该税号项下检验检疫编码及对应中文名称尚有：106　鲜或冷濒危鱼种的肝、鱼卵及鱼精（鲜或冷野生濒危鱼鱼精）。

③ 该税号项下检验检疫编码及对应中文名称尚有：106　其他鲜或冷鱼肝、鱼卵及鱼精（其他鲜或冷野生鱼鱼精）。

税则号列			货品名称中英文		税费综合信息	计量单位	监管证件代码		检验检疫类别		检验检疫编码	检验检疫编码对应中文名称
HS 国际统一前6位	本国子目 7~8位	本国子目 9~10位	中文 货物名称	英文 Article Description			进口	出口	进口	出口		
030292	00	90	其他鲜或冷鲨鱼翅	Other Shark fins, cold or chilled	【最】12【普】40 【协亚太】9【协东盟】0【协香港】0 【协澳门】0【协巴基斯坦】5【协智利】0 【协新西兰】0【协秘鲁】0【协哥斯达黎加】1.2 【协冰岛】0【协瑞士】4.8【协澳大利亚】0 【协韩国】6【协格鲁吉亚】0 【特-1】0【特-2】0【特-3】0 【增】10【出】0【退】10	千克	A	B	PR	QS	999	其他鲜或冷鲨鱼翅
030299	00	10	其他鲜或冷可食用濒危鱼杂碎	Other edible endangered fish offals, cold or chilled	【最】7【普】40 【协东盟】0【协巴基斯坦】5【协智利】0 【协新西兰】0【协秘鲁】0【协哥斯达黎加】1 【协冰岛】0【协瑞士】0【协澳大利亚】0 【协韩国】5【协格鲁吉亚】0【协香港】0 【协澳门】0 【特-1】0【特-2】0【特-3】0 【增】10【出】0【退】0	千克	AF	BE	PR	QS	101 102	其他鲜或冷可食用濒危鱼杂碎（养殖） 其他鲜或冷可食用濒危鱼杂碎（野生）
030299	00	20	鲜或冷的大菱鲆、比目鱼、鲱鱼、鲭鱼、鲳鱼、带鱼、尼罗河鲈鱼、尖吻鲈鱼、其他鲈鱼的可食用其他鱼杂碎	Fresh or chilled Turbot, flounder, herring	【最】7【普】40 【协东盟】0【协巴基斯坦】5【协智利】0 【协新西兰】0【协秘鲁】0【协哥斯达黎加】1 【协冰岛】0【协瑞士】0【协澳大利亚】0 【协韩国】5【协格鲁吉亚】0【协香港】0 【协澳门】0 【特-1】0【特-2】0【特-3】0 【增】10【出】0【退】10	千克	AU	B	PR	QS	101 102	鲜或冷的大菱鲆、比目鱼、鲱鱼、鲭鱼、鲳鱼、带鱼、尼罗河鲈鱼、尖吻鲈鱼、其他鲈鱼的可食用其他鱼杂碎（养殖） 鲜或冷的大菱鲆、比目鱼、鲱鱼、鲭鱼、鲳鱼、带鱼、尼罗河鲈鱼、尖吻鲈鱼、其他鲈鱼的可食用其他鱼杂碎（野生）
030299	00	90	其他鲜或冷可食用其他鱼杂碎	Other edible fish offals of other fish, cold or chilled	【最】7【普】40 【协东盟】0【协巴基斯坦】5【协智利】0 【协新西兰】0【协秘鲁】0【协哥斯达黎加】1 【协冰岛】0【协瑞士】0【协澳大利亚】0 【协韩国】5【协格鲁吉亚】0【协香港】0 【协澳门】0 【特-1】0【特-2】0【特-3】0 【增】10【出】0【退】10	千克	AU	B	PR	QS	101 102	其他鲜或冷可食用其他鱼杂碎（养殖） 其他鲜或冷可食用其他鱼杂碎（野生）
030311	00		冻红大麻哈鱼	Sockeye salmon (red salmon) (On-corhynchus nerka) frozen (excluding livers and roes)	【最】7【普】40 【协香港】0【协澳门】0【协亚太】4.7 【协东盟】0【协巴基斯坦】5【协智利】0 【协新西兰】0【协秘鲁】0【协哥斯达黎加】1 【协冰岛】0【协瑞士】0【协澳大利亚】0 【协韩国】5【协格鲁吉亚】0 【特东柬埔寨】0【特-1】0【特-2】0【特-3】0 【增】10【对美加征】25【出】0【退】10	千克	A	B	PR	QS	101 102	冻红大麻哈鱼（但子目0303.91至0303.99的可食用鱼杂碎除外）（冻养殖红大麻哈鱼） 冻红大麻哈鱼（但子目0303.91至0303.99的可食用鱼杂碎除外）（冻野生红大麻哈鱼）
030312	00		其他冻大麻哈鱼［细磷大麻哈鱼、大麻哈鱼（种）、大鳞大麻哈鱼、银大麻哈鱼、马苏大麻哈鱼、玫瑰大麻哈鱼］	Other pacific salmon (Oncorhynchus nerka, Oncorhynchus gorbuscha, Oncorhynchus keta, Oncorhynchus tschawytscha, Oncorhynchus kisutch, Oncorhynchus masou and Oncorhynchus rhodurus) frozen, (excluding livers and roes)	【最】7【普】40 【协香港】0【协澳门】0【协亚太】4.7 【协东盟】0【协巴基斯坦】5【协智利】0 【协新西兰】0【协秘鲁】0【协哥斯达黎加】1 【协冰岛】0【协瑞士】0【协澳大利亚】0 【协韩国】5【协格鲁吉亚】0 【特东柬埔寨】0【特-1】0【特-2】0【特-3】0 【增】10【对美加征】25【出】0【退】10	千克	AU	B	PR	QS	101 102 103	其他冻大麻哈鱼［细磷大麻哈鱼、大麻哈鱼（种）、大鳞大麻哈鱼、银大麻哈鱼、马苏大麻哈鱼、玫瑰大麻哈鱼］（但子目0303.91至0303.99的可食用鱼杂碎除外）（养殖细磷大麻哈鱼） 其他冻大麻哈鱼［细磷大麻哈鱼、大麻哈鱼（种）、大鳞大麻哈鱼、银大麻哈鱼、马苏大麻哈鱼、玫瑰大麻哈鱼］（但子目0303.91至0303.99的可食用鱼杂碎除外）（养殖大麻哈鱼） 其他冻大麻哈鱼［细磷大麻哈鱼、大麻哈鱼（种）、大鳞大麻哈鱼、银大麻哈鱼、马苏大麻哈鱼、玫瑰大麻哈鱼］（但子目0303.91至0303.99的可食用鱼杂碎除外）（养殖大鳞大麻哈鱼）

税则号列 HS国际统一前6位	本国子目 7~8位	本国子目 9~10位	货品名称中英文 中文 货物名称	英文 Article Description	税费综合信息	计量单位	监管证件代码 进口	监管证件代码 出口	检验检疫类别 进口	检验检疫类别 出口	检验检疫编码	检验检疫编码对应中文名称
											104	其他冻大麻哈鱼［细磷大麻哈鱼、大麻哈鱼（种）、大鳞大麻哈鱼、银大麻哈鱼、马苏大麻哈鱼、玫瑰大麻哈鱼］（但子目0303.91至0303.99的可食用鱼杂碎除外）（养殖银大麻哈鱼）
											105	其他冻大麻哈鱼［细磷大麻哈鱼、大麻哈鱼（种）、大鳞大麻哈鱼、银大麻哈鱼、马苏大麻哈鱼、玫瑰大麻哈鱼］（但子目0303.91至0303.99的可食用鱼杂碎除外）（养殖马苏大麻哈鱼）
											……	……①
030313	00		冻大西洋鲑鱼及多瑙哲罗鱼	Atlantic salmon (Salmo salar) or danube salmon, frozen, excluding livers and roes	【最】7【普】40【暂进】5 【协东盟】0【协巴基斯坦】5【协智利】0 【协新西兰】0【协秘鲁】0【协哥斯达黎加】1 【协冰岛】0【协瑞士】0【协澳大利亚】0 【协韩国】5【协格鲁吉亚】0【协香港】0 【协澳门】0 【特-1】0【特-2】0【特-3】0 【增】10【对美加征】25【出】0【退】10	千克	A	B	PR	QS	101	冻大西洋鲑鱼及多瑙哲罗鱼（但子目0303.91至0303.99的可食用鱼杂碎除外）［养殖大西洋鲑鱼（非生食）］
											102	冻大西洋鲑鱼及多瑙哲罗鱼（但子目0303.91至0303.99的可食用鱼杂碎除外）［养殖大西洋鲑鱼（可能用于生食）］
											103	冻大西洋鲑鱼及多瑙哲罗鱼（但子目0303.91至0303.99的可食用鱼杂碎除外）（养殖多瑙哲罗鱼）
											104	冻大西洋鲑鱼及多瑙哲罗鱼（但子目0303.91至0303.99的可食用鱼杂碎除外）［野生大西洋鲑鱼（非生食）］
											105	冻大西洋鲑鱼及多瑙哲罗鱼（但子目0303.91至0303.99的可食用鱼杂碎除外）［野生大西洋鲑鱼（可能用于生食）］
											……	……②
030314	00		冻鳟鱼（河鳟、虹鳟、克拉克大麻哈鱼、阿瓜大麻哈鱼、吉雨大麻哈鱼、亚利桑那大麻哈鱼、金腹大麻哈鱼）	Trout (Salmo trutta, Oncorhynchus mykiss, Oncorhynchus clarki, Oncorhynchus aguabonita, Oncorhynchus gilae, Oncorhynchus apache and Oncorhynchus chrysogaster), frozen, excluding livers and roes	【最】12【普】40 【协东盟】0【协巴基斯坦】6【协智利】0 【协新西兰】0【协秘鲁】0 【协哥斯达黎加】1.2【协冰岛】0【协瑞士】4.8 【协澳大利亚】0【协韩国】6 【协格鲁吉亚】0【协香港】0【协澳门】0 【特-1】0【特-2】0【特-3】0 【增】10【对美加征】25【出】0【退】10	千克	A	B	PR	QS	101	冻鳟鱼（河鳟、虹鳟、克拉克大麻哈鱼、阿瓜大麻哈鱼、吉雨大麻哈鱼、亚利桑那大麻哈鱼、金腹大麻哈鱼）（但子目0303.91至0303.99的可食用鱼杂碎除外）(养殖河鳟)

① 该税号项下检验检疫编码及对应中文名称尚有：106　其他冻大麻哈鱼［细磷大麻哈鱼、大麻哈鱼（种）、大鳞大麻哈鱼、银大麻哈鱼、马苏大麻哈鱼、玫瑰大麻哈鱼］（但子目0303.91至0303.99的可食用鱼杂碎除外）（养殖玫瑰大麻哈鱼），107　其他冻大麻哈鱼［细磷大麻哈鱼、大麻哈鱼（种）、大鳞大麻哈鱼、银大麻哈鱼、马苏大麻哈鱼、玫瑰大麻哈鱼］（但子目0303.91至0303.99的可食用鱼杂碎除外）（野生细磷大麻哈鱼），108　其他冻大麻哈鱼［细磷大麻哈鱼、大麻哈鱼（种）、大鳞大麻哈鱼、银大麻哈鱼、马苏大麻哈鱼、玫瑰大麻哈鱼］（但子目0303.91至0303.99的可食用鱼杂碎除外）（野生大麻哈鱼），109　其他冻大麻哈鱼［细磷大麻哈鱼、大麻哈鱼（种）、大鳞大麻哈鱼、银大麻哈鱼、马苏大麻哈鱼、玫瑰大麻哈鱼］（但子目0303.91至0303.99的可食用鱼杂碎除外）（野生大鳞大麻哈鱼），110　其他冻大麻哈鱼［细磷大麻哈鱼、大麻哈鱼（种）、大鳞大麻哈鱼、银大麻哈鱼、马苏大麻哈鱼、玫瑰大麻哈鱼］（但子目0303.91至0303.99的可食用鱼杂碎除外）（野生银大麻哈鱼），111　其他冻大麻哈鱼［细磷大麻哈鱼、大麻哈鱼（种）、大鳞大麻哈鱼、银大麻哈鱼、马苏大麻哈鱼、玫瑰大麻哈鱼］（但子目0303.91至0303.99的可食用鱼杂碎除外）（野生马苏大麻哈鱼），112　其他冻大麻哈鱼［细磷大麻哈鱼、大麻哈鱼（种）、大鳞大麻哈鱼、银大麻哈鱼、马苏大麻哈鱼、玫瑰大麻哈鱼］（但子目0303.91至0303.99的可食用鱼杂碎除外）（野生玫瑰大麻哈鱼）。

② 该税号项下检验检疫编码及对应中文名称尚有：106　冻大西洋鲑鱼及多瑙哲罗鱼（但子目0303.91至0303.99的可食用鱼杂碎除外）（野生多瑙哲罗鱼）。

税则号列			货品名称中英文		税费综合信息	计量单位	监管证件代码		检验检疫类别		检验检疫编码	检验检疫编码对应中文名称
HS 国际统一前6位	本国子目 7~8位	9~10位	中文 货物名称	英文 Article Description			进口	出口	进口	出口		
											102 103 104 105 ……	冻鳟鱼（河鳟、虹鳟、克拉克大麻哈鱼、阿瓜大麻哈鱼、吉雨大麻哈鱼、亚利桑那大麻哈鱼、金腹大麻哈鱼）（但子目 0303.91 至 0303.99 的可食用鱼杂碎除外）（养殖虹鳟） 冻鳟鱼（河鳟、虹鳟、克拉克大麻哈鱼、阿瓜大麻哈鱼、吉雨大麻哈鱼、亚利桑那大麻哈鱼、金腹大麻哈鱼）（但子目 0303.91 至 0303.99 的可食用鱼杂碎除外）（野生河鳟） 冻鳟鱼（河鳟、虹鳟、克拉克大麻哈鱼、阿瓜大麻哈鱼、吉雨大麻哈鱼、亚利桑那大麻哈鱼、金腹大麻哈鱼）（但子目 0303.91 至 0303.99 的可食用鱼杂碎除外）（野生虹鳟） 冻鳟鱼（河鳟、虹鳟、克拉克大麻哈鱼、阿瓜大麻哈鱼、吉雨大麻哈鱼、亚利桑那大麻哈鱼、金腹大麻哈鱼）（但子目 0303.91 至 0303.99 的可食用鱼杂碎除外）（克拉克大麻哈鱼） ……①
030319	00	10	冻川陕哲罗鲑	Hucho bleekeri, (excluding livers and roes), frozen	【最】10【普】40 【协亚太】6.7【协东盟】0【协巴基斯坦】5 【协智利】0【协新西兰】0【协秘鲁】0 【协哥斯达黎加】1【协冰岛】0【协瑞士】0 【协澳大利亚】0【协韩国】5【协格鲁吉亚】0 【协香港】0【协澳门】0 【特-1】0【特-2】0【特-3】0 【增】10【对美加征】25【出】0【退】10	千克	A	B	PR	QS	101 102	冻川陕哲罗鲑（但子目 0303.91 至 0303.99 的可食用鱼杂碎除外）（养殖） 冻川陕哲罗鲑（但子目 0303.91 至 0303.99 的可食用鱼杂碎除外）（野生）
030319	00	20	冻秦岭细鳞鲑	Tslinling lenok (Brachymystax lenck), (excluding livers and roes), frozen	【最】10【普】40 【协香港】0【协澳门】0【协亚太】6.7 【协东盟】0【协巴基斯坦】5【协智利】0 【协新西兰】0【协秘鲁】0【协哥斯达黎加】1 【协冰岛】0【协瑞士】0【协澳大利亚】0 【协韩国】5【协格鲁吉亚】0 【特-1】0【特-2】0【特-3】0 【增】10【对美加征】25【出】0【退】10	千克	A	B	PR	QS	101 102	冻秦岭细鳞鲑（但子目 0303.91 至 0303.99 的可食用鱼杂碎除外）（养殖） 冻秦岭细鳞鲑（但子目 0303.91 至 0303.99 的可食用鱼杂碎除外）（野生）
030319	00	90	其他冻鲑科鱼	Other salmon, frozen (excluding livers and roes)	【最】10【普】40 【协亚太】6.7【协东盟】0【协巴基斯坦】5 【协智利】0【协新西兰】0【协秘鲁】0 【协哥斯达黎加】1【协冰岛】0【协瑞士】0 【协澳大利亚】0【协韩国】5【协格鲁吉亚】0 【协香港】0【协澳门】0 【特-1】0【特-2】0【特-3】0 【增】10【对美加征】25【出】0【退】10	千克	A	B	PR	QS	101 102	其他冻鲑科鱼（但子目 0303.91 至 0303.99 的可食用鱼杂碎除外）（养殖） 其他冻鲑科鱼（但子目 0303.91 至 0303.99 的可食用鱼杂碎除外）（野生）

① 该税号项下检验检疫编码及对应中文名称尚有：106　冻鳟鱼（河鳟、虹鳟、克拉克大麻哈鱼、阿瓜大麻哈鱼、吉雨大麻哈鱼、亚利桑那大麻哈鱼、金腹大麻哈鱼）（但子目 0303.91 至 0303.99 的可食用鱼杂碎除外）（阿瓜大麻哈鱼），107　冻鳟鱼（河鳟、虹鳟、克拉克大麻哈鱼、阿瓜大麻哈鱼、吉雨大麻哈鱼、亚利桑那大麻哈鱼、金腹大麻哈鱼）（但子目 0303.91 至 0303.99 的可食用鱼杂碎除外）（吉雨大麻哈鱼），108　冻鳟鱼（河鳟、虹鳟、克拉克大麻哈鱼、阿瓜大麻哈鱼、吉雨大麻哈鱼、亚利桑那大麻哈鱼、金腹大麻哈鱼）（但子目 0303.91 至 0303.99 的可食用鱼杂碎除外）（亚利桑那大麻哈鱼），109　冻鳟鱼（河鳟、虹鳟、克拉克大麻哈鱼、阿瓜大麻哈鱼、吉雨大麻哈鱼、亚利桑那大麻哈鱼、金腹大麻哈鱼）（但子目 0303.91 至 0303.99 的可食用鱼杂碎除外）（金腹大麻哈鱼）。

税则号列			货品名称中英文		税费综合信息	计量单位	监管证件代码		检验检疫类别		检验检疫编码	检验检疫编码对应中文名称
HS国际统一前6位	本国子目 7~8位	本国子目 9~10位	中文 货物名称	英文 Article Description			进口	出口	进口	出口		
030323	00		冻罗非鱼（口孵非鲫属）	Tilapia, frozen, excluding livers and roes	【最】7【普】40 【协香港】0【协澳门】0【协亚太】3.5 【协东盟】0【协巴基斯坦】5【协智利】0 【协新西兰】0【协秘鲁】0【协哥斯达黎加】1 【协冰岛】0【协瑞士】0【协澳大利亚】0 【协韩国】5【协格鲁吉亚】0 【特亚太】0【特东柬埔寨】0【特东缅甸】0 【特-1】0【特-2】0【特-3】0 【增】10【对美加征】25【出】0【退】10	千克	A	B	PR	QS	101	冻罗非鱼（口孵非鲫属）（但子目0303.91至0303.99的可食用鱼杂碎除外）（养殖）
											102	冻罗非鱼（口孵非鲫属）（但子目0303.91至0303.99的可食用鱼杂碎除外）（野生）
030324	00		冻鲶鱼（鮰鲶属、鲶属、胡鲶属、真鮰属）	Catfish (Pangasius spp., Silurus spp., Clarias spp., Ictalurus spp.) frozen, excluding livers and roes	【最】10【普】40 【协亚太】5【协东盟】0【协香港】0 【协澳门】0【协巴基斯坦】5【协智利】0 【协新西兰】0【协秘鲁】0【协台湾】0 【协哥斯达黎加】1【协冰岛】0【协瑞士】0 【协澳大利亚】0【协韩国】0【协格鲁吉亚】0 【特亚太】0【特东柬埔寨】0【特东缅甸】0 【特-1】0【特-2】0【特-3】0 【增】10【对美加征】25【出】0【退】10	千克	A	B	PR	QS	101	冻鲶鱼（鮰鲶属、鲶属、胡鲶属、真鮰属）（但子目0303.91至0303.99的可食用鱼杂碎除外）（饲料用其他海水鱼）
											102	冻鲶鱼（鮰鲶属、鲶属、胡鲶属、真鮰属）（但子目0303.91至0303.99的可食用鱼杂碎除外）（养殖鮰鲶属）
											103	冻鲶鱼（鮰鲶属、鲶属、胡鲶属、真鮰属）（但子目0303.91至0303.99的可食用鱼杂碎除外）（养殖胡鲶属）
											104	冻鲶鱼（鮰鲶属、鲶属、胡鲶属、真鮰属）（但子目0303.91至0303.99的可食用鱼杂碎除外）（养殖真鮰属）
											105	冻鲶鱼（鮰鲶属、鲶属、胡鲶属、真鮰属）（但子目0303.91至0303.99的可食用鱼杂碎除外）（野生鮰鲶属）
											……	……①
030325	00		冻鲤科鱼（鲤属、鲫属、草鱼、鲢属、鲮属、青鱼、卡特拉鲃、野鲮属、哈氏纹唇鱼、何氏细须鲃、鲂属）	Carp (Cyprinus carpio, Carassius carassius, Ctenopharyngodon idellus, Hypophthalmichthys spp., Cirrhinus spp., Mylopharyngodon piceus), frozen, excluding livers and roes	【最】10【普】40 【协亚太】5【协东盟】0【协香港】0 【协澳门】0【协巴基斯坦】5【协智利】0 【协新西兰】0【协秘鲁】0【协台湾】0 【协哥斯达黎加】1【协冰岛】0【协瑞士】0 【协澳大利亚】0【协韩国】0【协格鲁吉亚】0 【特亚太】0【特东柬埔寨】0【特东缅甸】0 【特-1】0【特-2】0【特-3】0 【增】10【对美加征】25【出】0【退】10	千克	A	B	PR	QS	101	冻鲤科鱼（鲤属、鲫属、草鱼、鲢属、鲮属、青鱼、卡特拉鲃、野鲮属、哈氏纹唇鱼、何氏细须鲃、鲂属）（但子目0303.91至0303.99的可食用鱼杂碎除外）（饲料用其他海水鱼）
											102	冻鲤科鱼（鲤属、鲫属、草鱼、鲢属、鲮属、青鱼、卡特拉鲃、野鲮属、哈氏纹唇鱼、何氏细须鲃、鲂属）（但子目0303.91至0303.99的可食用鱼杂碎除外）（养殖鲤属）
											103	冻鲤科鱼（鲤属、鲫属、草鱼、鲢属、鲮属、青鱼、卡特拉鲃、野鲮属、哈氏纹唇鱼、何氏细须鲃、鲂属）（但子目0303.91至0303.99的可食用鱼杂碎除外）（养殖鲫属）
											104	冻鲤科鱼（鲤属、鲫属、草鱼、鲢属、鲮属、青鱼、卡特拉鲃、野鲮属、哈氏纹唇鱼、何氏细须鲃、鲂属）（但子目0303.91至0303.99的可食用鱼杂碎除外）（养殖草鱼）

① 该税号项下检验检疫编码及对应中文名称尚有：106　冻鲶鱼（鮰鲶属、鲶属、胡鲶属、真鮰属）（但子目0303.91至0303.99的可食用鱼杂碎除外）（野生胡鲶属），107　冻鲶鱼（鮰鲶属、鲶属、胡鲶属、真鮰属）（但子目0303.91至0303.99的可食用鱼杂碎除外）（野生真鮰属）。

税则号列 HS 国际统一前6位	本国子目 7~8位	本国子目 9~10位	货品名称中英文 中文 货物名称	货品名称中英文 英文 Article Description	税费综合信息	计量单位	监管证件代码 进口	监管证件代码 出口	检验检疫类别 进口	检验检疫类别 出口	检验检疫编码	检验检疫编码对应中文名称
											105 ……	冻鲤科鱼（鲤属、鲫属、草鱼、鲢属、鲮属、青鱼、卡特拉鲃、野鲮属、哈氏纹唇鱼、何氏细须鲃、鲂属）（但子目 0303.91 至 0303.99 的可食用鱼杂碎除外）（养殖鲢属） ……①
030326	00	10	冻花鳗鲡	Marbled eels(Anguilla marmorata), frozen, excluding livers and roes	【最】10【普】40 【协亚太】6.7【协东盟】0【协香港】0 【协澳门】0【协巴基斯坦】8【协智利】0 【协新西兰】0【协秘鲁】0【协哥斯达黎加】1.2 【协冰岛】0【协瑞士】4.8【协澳大利亚】0 【协韩国】6【协格鲁吉亚】0 【特-1】0【特-2】0【特-3】0 【增】10【对美加征】25【出】0【退】10	千克	A	BE	PR	QS	101 102	冻花鳗鲡（但子目 0303.91 至 0303.99 的可食用鱼杂碎除外）（养殖） 冻花鳗鲡（但子目 0303.91 至 0303.99 的可食用鱼杂碎除外）（野生）
030326	00	20	冻欧洲鳗鲡	European eels, frozen, excluding livers and roes	【最】10【普】40 【协亚太】6.7【协东盟】0【协香港】0 【协澳门】0【协巴基斯坦】8【协智利】0 【协新西兰】0【协秘鲁】0【协哥斯达黎加】1.2 【协冰岛】0【协瑞士】4.8【协澳大利亚】0 【协韩国】6【协格鲁吉亚】0 【特-1】0【特-2】0【特-3】0 【增】10【对美加征】25【出】0【退】10	千克	AF	BE	PR	QS	101 102	冻欧洲鳗鲡（但子目 0303.91 至 0303.99 的可食用鱼杂碎除外）（养殖） 冻欧洲鳗鲡（但子目 0303.91 至 0303.99 的可食用鱼杂碎除外）（野生）
030326	00	90	其他冻鳗鱼（鳗鲡属）	Other eels (Anguilla spp.) (excluding liver and roes); frozen, excluding livers and roes	【最】10【普】40 【协亚太】6.7【协东盟】0【协香港】0 【协澳门】0【协巴基斯坦】8【协智利】0 【协新西兰】0【协秘鲁】0【协哥斯达黎加】1.2 【协冰岛】0【协瑞士】4.8【协澳大利亚】0 【协韩国】6【协格鲁吉亚】0 【特-1】0【特-2】0【特-3】0 【增】10【对美加征】25【出】0【退】10	千克	A	B	PR	QS	101 102	其他冻鳗鱼（鳗鲡属）（但子目 0303.91 至 0303.99 的可食用鱼杂碎除外）（养殖） 其他冻鳗鱼（鳗鲡属）（但子目 0303.91 至 0303.99 的可食用鱼杂碎除外）（野生）
030329	00	01	冻尼罗河鲈鱼（尼罗尖吻鲈）	Nile perch (Lates niloticus), frozen(excluding livers and roes)	【最】7【普】40 【协亚太】3.5【协东盟】0【协香港】0 【协澳门】0【协农】0【协巴基斯坦】5 【协智利】0【协新西兰】0【协秘鲁】0 【协台湾】0【协哥斯达黎加】1【协冰岛】0 【协瑞士】0【协澳大利亚】0【协韩国】0 【协格鲁吉亚】0 【特亚太】0【特东柬埔寨】0【特东缅甸】0 【特-1】0【特-2】0【特-3】0 【增】10【对美加征】25【出】0【退】10	千克	A	B	PR	QS	101 102	冻尼罗河鲈鱼（尼罗尖吻鲈）（但子目 0303.91 至 0303.99 的可食用鱼杂碎除外）（养殖） 冻尼罗河鲈鱼（尼罗尖吻鲈）（但子目 0303.91 至 0303.99 的可食用鱼杂碎除外）（野生）
030329	00	90	冻黑鱼（鳢属）	Snakeheads (Channa spp.), frozen(excluding livers and roes)	【最】7【普】40 【协亚太】3.5【协东盟】0【协香港】0 【协澳门】0【协巴基斯坦】5【协智利】0 【协新西兰】0【协秘鲁】0【协台湾】0 【协哥斯达黎加】1【协冰岛】0【协瑞士】0 【协澳大利亚】0【协韩国】0【协格鲁吉亚】0 【特亚太】0【特东柬埔寨】0【特东缅甸】0 【特-1】0【特-2】0【特-3】0 【增】10【对美加征】25【出】0【退】10	千克	A	B	PR	QS	101 102	冻黑鱼（鳢属）（但子目 0303.91 至 0303.99 的可食用鱼杂碎除外）（养殖） 冻黑鱼（鳢属）（但子目 0303.91 至 0303.99 的可食用鱼杂碎除外）（野生）

① 该税号项下检验检疫编码及对应中文名称尚有：106　冻鲤科鱼（鲤属、鲫属、草鱼、鲢属、鲮属、青鱼、卡特拉鲃、野鲮属、哈氏纹唇鱼、何氏细须鲃、鲂属）（但子目 0303.91 至 0303.99 的可食用鱼杂碎除外）（养殖鲮属），107　冻鲤科鱼（鲤属、鲫属、草鱼、鲢属、鲮属、青鱼、卡特拉鲃、野鲮属、哈氏纹唇鱼、何氏细须鲃、鲂属）（但子目 0303.91 至 0303.99 的可食用鱼杂碎除外）（养殖青鱼），108　冻鲤科鱼（鲤属、鲫属、草鱼、鲢属、鲮属、青鱼、卡特拉鲃、野鲮属、哈氏纹唇鱼、何氏细须鲃、鲂属）（但子目 0303.91 至 0303.99 的可食用鱼杂碎除外）［养殖其他鲤科鱼（卡特拉鲃、野鲮属、哈氏纹唇鱼、何氏细须鲃、鲂属）］，109　冻鲤科鱼（鲤属、鲫属、草鱼、鲢属、鲮属、青鱼、卡特拉鲃、野鲮属、哈氏纹唇鱼、何氏细须鲃、鲂属）（但子目 0303.91 至 0303.99 的可食用鱼杂碎除外）（野生鲤属），110　冻鲤科鱼（鲤属、鲫属、草鱼、鲢属、鲮属、青鱼、卡特拉鲃、野鲮属、哈氏纹唇鱼、何氏细须鲃、鲂属）（但子目 0303.91 至 0303.99 的可食用鱼杂碎除外）（野生鲫属），111　冻鲤科鱼（鲤属、鲫属、草鱼、鲢属、鲮属、青鱼、卡特拉鲃、野鲮属、哈氏纹唇鱼、何氏细须鲃、鲂属）（但子目 0303.91 至 0303.99 的可食用鱼杂碎除外）（野生草鱼），112　冻鲤科鱼（鲤属、鲫属、草鱼、鲢属、鲮属、青鱼、卡特拉鲃、野鲮属、哈氏纹唇鱼、何氏细须鲃、鲂属）（但子目 0303.91 至 0303.99 的可食用鱼杂碎除外）（野生鲢属），113　冻鲤科鱼（鲤属、鲫属、草鱼、鲢属、鲮属、青鱼、卡特拉鲃、野鲮属、哈氏纹唇鱼、何氏细须鲃、鲂属）（但子目 0303.91 至 0303.99 的可食用鱼杂碎除外）（野生鲮属），114　冻鲤科鱼（鲤属、鲫属、草鱼、鲢属、鲮属、青鱼、卡特拉鲃、野鲮属、哈氏纹唇鱼、何氏细须鲃、鲂属）（但子目 0303.91 至 0303.99 的可食用鱼杂碎除外）（野生青鱼），115　冻鲤科鱼（鲤属、鲫属、草鱼、鲢属、鲮属、青鱼、卡特拉鲃、野鲮属、哈氏纹唇鱼、何氏细须鲃、鲂属）（但子目 0303.91 至 0303.99 的可食用鱼杂碎除外）［野生其他鲤科鱼（卡特拉鲃、野鲮属、哈氏纹唇鱼、何氏细须鲃、鲂属）］。

税则号列			货品名称中英文		税费综合信息	计量单位	监管证件代码		检验检疫类别		检验检疫编码	检验检疫编码对应中文名称
HS国际统一前6位	本国子目 7~8位	本国子目 9~10位	中文 货物名称	英文 Article Description			进口	出口	进口	出口		
030331	10		冻格陵兰庸鲽鱼（马舌鲽）	Greenland halibut, frozen, excluding livers and roes	【最】7【普】40【暂进】5 【协亚太】4.7【协东盟】0【协香港】0 【协澳门】0【协巴基斯坦】5【协智利】0 【协新西兰】0【协秘鲁】0【协哥斯达黎加】1 【协冰岛】0【协瑞士】0【协澳大利亚】0 【协韩国】5【协格鲁吉亚】0 【特-1】0【特-2】0【特-3】0 【增】10【对美加征】25【出】0【退】10	千克	A	B	PR	QS	999	冻格陵兰庸鲽鱼（马舌鲽）（但子目0303.91至0303.99的可食用鱼杂碎除外）
030331	90	10	冻大西洋庸鲽（庸鲽）	Frozen Atlantic agent sole (commonplace sole)	【最】10【普】40 【协亚太】6.7【协东盟】0【协香港】0 【协澳门】0【协巴基斯坦】5【协智利】0 【协新西兰】0【协秘鲁】0【协哥斯达黎加】1 【协冰岛】0【协瑞士】0【协澳大利亚】0 【协韩国】5【协格鲁吉亚】0 【特-1】0【特-2】0【特-3】0 【增】10【对美加征】25【出】0【退】10	千克	AU	B	PR	QS	101 102	冻大西洋庸鲽（庸鲽）（但子目0303.91至0303.99的可食用鱼杂碎除外）（养殖） 冻大西洋庸鲽（庸鲽）（但子目0303.91至0303.99的可食用鱼杂碎除外）（野生）
030331	90	90	其他冻庸鲽鱼	Other frozen agent flatfish	【最】10【普】40 【协亚太】6.7【协东盟】0【协香港】0 【协澳门】0【协巴基斯坦】5【协智利】0 【协新西兰】0【协秘鲁】0【协哥斯达黎加】1 【协冰岛】0【协瑞士】0【协澳大利亚】0 【协韩国】5【协格鲁吉亚】0 【特-1】0【特-2】0【特-3】0 【增】10【对美加征】25【出】0【退】10	千克	A	B	PR	QS	101 102	其他冻庸鲽鱼（但子目0303.91至0303.99的可食用鱼杂碎除外）（养殖） 其他冻庸鲽鱼（但子目0303.91至0303.99的可食用鱼杂碎除外）（野生）
030332	00		冻鲽鱼（鲽）	Plaice (Pleuronectes platessa), frozen, excluding livers and roes	【最】7【普】40【暂进】2 【协亚太】4.7【协东盟】0【协巴基斯坦】8 【协智利】0【协新西兰】0【协秘鲁】0 【协哥斯达黎加】1.2【协冰岛】0【协瑞士】4.8 【协澳大利亚】0【协韩国】6【协香港】0 【协澳门】0【协格鲁吉亚】0 【特-1】0【特-2】0【特-3】0 【增】10【对美加征】25【出】0【退】10	千克	A	B	PR	QS	101 102	冻鲽鱼（鲽）（但子目0303.91至0303.99的可食用鱼杂碎除外）（养殖） 冻鲽鱼（鲽）（但子目0303.91至0303.99的可食用鱼杂碎除外）（野生）
030333	00		冻鳎鱼（鳎属）	Sole (Solea spp.), frozen, excluding livers and roes	【最】7【普】40 【协亚太】4.7【协东盟】0【协巴基斯坦】8 【协智利】0【协新西兰】0【协秘鲁】0 【协哥斯达黎加】1.2【协冰岛】0【协瑞士】4.8 【协澳大利亚】0【协韩国】6【协香港】0 【协澳门】0【协格鲁吉亚】0 【特-1】0【特-2】0【特-3】0 【增】10【对美加征】25【出】0【退】10	千克	A	B	PR	QS	101 102	冻鳎鱼（鳎属）（但子目0303.91至0303.99的可食用鱼杂碎除外）（养殖） 冻鳎鱼（鳎属）（但子目0303.91至0303.99的可食用鱼杂碎除外）（野生）
030334	00		冻大菱鲆（瘤棘鲆）	Turbots (Psetta maxima), frozen, excluding livers and roes	【最】7【普】40 【协亚太】5.6【协东盟】0【协农】0 【协巴基斯坦】8【协智利】0【协新西兰】0 【协秘鲁】0【协哥斯达黎加】1【协冰岛】0 【协瑞士】0【协澳大利亚】0【协韩国】5 【协格鲁吉亚】0【协香港】0【协澳门】0 【特-1】0【特-2】0【特-3】0 【增】10【对美加征】25【出】0【退】10	千克	A	B	PR	QS	101 102	冻大菱鲆（瘤棘鲆）（但子目0303.91至0303.99的可食用鱼杂碎除外）（养殖） 冻大菱鲆（瘤棘鲆）（但子目0303.91至0303.99的可食用鱼杂碎除外）（野生）
030339	00	10	冻亚洲箭齿鲽	Frozen arrow tooth sole in Asia	【最】7【普】40 【协亚太】5.6【协东盟】0【协农】0 【协巴基斯坦】8【协智利】0【协新西兰】0 【协秘鲁】0【协哥斯达黎加】1【协冰岛】0 【协瑞士】0【协澳大利亚】0【协韩国】5 【协格鲁吉亚】0【协香港】0【协澳门】0 【特-1】0【特-2】0【特-3】0 【增】10【对美加征】25【出】0【退】10	千克	AU	B	PR	QS	101 102	冻亚洲箭齿鲽（但子目0303.91至0303.99的可食用鱼杂碎除外）（养殖） 冻亚洲箭齿鲽（但子目0303.91至0303.99的可食用鱼杂碎除外）（野生）

税则号列			货品名称中英文		税费综合信息	计量单位	监管证件代码		检验检疫类别		检验检疫编码	检验检疫编码对应中文名称
HS 国际统一前6位	本国子目 7~8位	本国子目 9~10位	中文 货物名称	英文 Article Description			进口	出口	进口	出口		
030339	00	90	其他冻比目鱼（鲽科、鲆科、舌鳎科、鳎科、菱鲆科、刺鲆科）	Other flatfish（Pleuronectidae, Bothidae, Cynoglossidae, Soleidae, Scophthalmidae and Citharidae）frozen-Tunas（of the genus Thunnus）（tuna genus）, skipjack or stripe-bellied bonito（Euthynnus（Katsuwonus）pelamis）or belteol bonito（oceanic bonito）, excludin	【最】7【普】40 【协亚太】5.6【协东盟】0【协农】0 【协巴基斯坦】8【协智利】0【协新西兰】0 【协秘鲁】0【协哥斯达黎加】1【协冰岛】0 【协瑞士】0【协澳大利亚】0【协韩国】5 【协格鲁吉亚】0【协香港】0【协澳门】0 【特-1】0【特-2】0【特-3】0 【增】10【对美加征】25【出】0【退】10	千克	A	B	PR	QS	101 102 103 104 105 ……	101 其他冻比目鱼（鲽科、鲆科、舌鳎科、鳎科、菱鲆科、刺鲆科）（但子目0303.91至0303.99的可食用鱼杂碎除外）（养殖鲽科） 102 其他冻比目鱼（鲽科、鲆科、舌鳎科、鳎科、菱鲆科、刺鲆科）（但子目0303.91至0303.99的可食用鱼杂碎除外）（养殖鲆科） 103 其他冻比目鱼（鲽科、鲆科、舌鳎科、鳎科、菱鲆科、刺鲆科）（但子目0303.91至0303.99的可食用鱼杂碎除外）（养殖舌鳎科） 104 其他冻比目鱼（鲽科、鲆科、舌鳎科、鳎科、菱鲆科、刺鲆科）（但子目0303.91至0303.99的可食用鱼杂碎除外）（养殖鳎科） 105 其他冻比目鱼（鲽科、鲆科、舌鳎科、鳎科、菱鲆科、刺鲆科）（但子目0303.91至0303.99的可食用鱼杂碎除外）（养殖菱鲆科） ……①
030341	00		冻长鳍金枪鱼	Albacore or long-finned tunas（Thunnus alalunga）, frozen, excluding livers and roes	【最】7【普】40【暂进】6 【协亚太】5.3【协东盟】0【协巴基斯坦】5 【协智利】0【协新西兰】0【协秘鲁】0 【协哥斯达黎加】1.2【协冰岛】0【协瑞士】4.8 【协澳大利亚】0【协韩国】6 【协格鲁吉亚】0【协香港】0【协澳门】0 【特-1】0【特-2】0【特-3】0 【增】10【对美加征】25【出】0【退】10	千克	A	B	PR	QS	999	冻长鳍金枪鱼（但子目0303.91至0303.99的可食用鱼杂碎除外）
030342	00		冻黄鳍金枪鱼	Yellowfin tunas（Thunnus albacares）, frozen, excluding livers and roes	【最】7【普】40【暂进】6 【协亚太】5.3【协东盟】0【协巴基斯坦】5 【协智利】0【协新西兰】0【协秘鲁】0 【协哥斯达黎加】1.2【协冰岛】0【协瑞士】4.8 【协澳大利亚】0【协韩国】6 【协格鲁吉亚】0【协香港】0【协澳门】0 【特-1】0【特-2】0【特-3】0 【增】10【对美加征】25【出】0【退】10	千克	A	B	PR	QS	999	冻黄鳍金枪鱼（但子目0303.91至0303.99的可食用鱼杂碎除外）
030343	00		冻鲣鱼或狐鲣（鲣）	Skipjack or stripe-bellied bonito, frozen, excluding livers and roes	【最】7【普】40 【协亚太】5.3【协东盟】0【协巴基斯坦】5 【协智利】0【协新西兰】0【协秘鲁】0 【协哥斯达黎加】1.2【协冰岛】0【协瑞士】4.8 【协澳大利亚】0【协韩国】9 【协格鲁吉亚】0【协香港】0【协澳门】0 【特-1】0【特-2】0【特-3】0 【增】10【对美加征】25【出】0【退】10	千克	A	B	PR	QS	999	冻鲣鱼或狐鲣（鲣）（但子目0303.91至0303.99的可食用鱼杂碎除外）

① 该税号项下检验检疫编码及对应中文名称尚有：106 其他冻比目鱼（鲽科、鲆科、舌鳎科、鳎科、菱鲆科、刺鲆科）（但子目0303.91至0303.99的可食用鱼杂碎除外）（养殖刺鲆科），107 其他冻比目鱼（鲽科、鲆科、舌鳎科、鳎科、菱鲆科、刺鲆科）（但子目0303.91至0303.99的可食用鱼杂碎除外）（野生鲽科），108 其他冻比目鱼（鲽科、鲆科、舌鳎科、鳎科、菱鲆科、刺鲆科）（但子目0303.91至0303.99的可食用鱼杂碎除外）（野生鲆科），109 其他冻比目鱼（鲽科、鲆科、舌鳎科、鳎科、菱鲆科、刺鲆科）（但子目0303.91至0303.99的可食用鱼杂碎除外）（野生舌鳎科），110 其他冻比目鱼（鲽科、鲆科、舌鳎科、鳎科、菱鲆科、刺鲆科）（但子目0303.91至0303.99的可食用鱼杂碎除外）（野生鳎科），111 其他冻比目鱼（鲽科、鲆科、舌鳎科、鳎科、菱鲆科、刺鲆科）（但子目0303.91至0303.99的可食用鱼杂碎除外）（野生菱鲆科），112 其他冻比目鱼（鲽科、鲆科、舌鳎科、鳎科、菱鲆科、刺鲆科）（但子目0303.91至0303.99的可食用鱼杂碎除外）（野生刺鲆科）。

税则号列 HS国际统一前6位	本国子目 7~8位	本国子目 9~10位	货品名称中英文 中文 货物名称	货品名称中英文 英文 Article Description	税费综合信息	计量单位	监管证件代码 进口	监管证件代码 出口	检验检疫类别 进口	检验检疫类别 出口	检验检疫编码	检验检疫编码对应中文名称
030344	00		冻大眼金枪鱼	Bigeye tunas (Thunnus obesus), frozen, excluding livers and roes	【最】7【普】40【暂进】6 【协东盟】0【协香港】0【协巴基斯坦】6 【协智利】0【协新西兰】0【协秘鲁】0 【协哥斯达黎加】1.2【协冰岛】0【协瑞士】4.8 【协澳大利亚】0【协韩国】6 【协格鲁吉亚】0 【特东柬埔寨】0【特东缅甸】0【特-1】0 【特-2】0【特-3】0 【增】10【对美加征】25【出】0【退】10	千克	AU	B	PR	QS	999	冻大眼金枪鱼（但子目0303.91至0303.99的可食用鱼杂碎除外）
030345	10		冻大西洋蓝鳍金枪鱼	Atlantic bluefin tunas (Thunnus thynnus), frozen, excluding livers and roes	【最】7【普】40【暂进】6 【协香港】0【协澳门】0【协东盟】0 【协巴基斯坦】6【协智利】0【协新西兰】0 【协秘鲁】0【协哥斯达黎加】1.2【协冰岛】0 【协瑞士】4.8【协澳大利亚】0【协韩国】6 【协格鲁吉亚】0【协香港】0【协澳门】0 【特东柬埔寨】0【特东缅甸】0【特-1】0 【特-2】0【特-3】0 【增】10【对美加征】25【出】0【退】10	千克	AU	B	PR	QS	999	冻大西洋蓝鳍金枪鱼（但子目0303.91至0303.99的可食用鱼杂碎除外）
030345	20		冻太平洋蓝鳍金枪鱼	Pacific bluefin tunas (Thunnus orientalis), frozen, excluding livers and roes	【最】7【普】40【暂进】6 【协亚太】5.3【协东盟】0【协巴基斯坦】5 【协智利】0【协新西兰】0【协秘鲁】0 【协哥斯达黎加】1.2【协冰岛】0【协瑞士】4.8 【协澳大利亚】0【协韩国】6 【协格鲁吉亚】0【协香港】0【协澳门】0 【特东柬埔寨】0【特东缅甸】0【特-1】0 【特-2】0【特-3】0 【增】10【对美加征】25【出】0【退】10	千克	A	B	PR	QS	999	冻太平洋蓝鳍金枪鱼（但子目0303.91至0303.99的可食用鱼杂碎除外）
030346	00		冻南方蓝鳍金枪鱼	Southern bluefin tunas(Thunnus maccoyii), frozen, excluding livers and roes	【最】7【普】40【暂进】6 【协香港】0【协澳门】0【协东盟】0 【协巴基斯坦】6【协智利】0【协新西兰】0 【协秘鲁】0【协哥斯达黎加】1.2【协冰岛】0 【协瑞士】4.8【协澳大利亚】0【协韩国】6 【协格鲁吉亚】0 【特东柬埔寨】0【特东缅甸】0【特-1】0 【特-2】0【特-3】0 【增】10【对美加征】25【出】0【退】10	千克	A	B	PR	QS	999	冻南方蓝鳍金枪鱼（但子目0303.91至0303.99的可食用鱼杂碎除外）
030349	00		其他冻金枪鱼（金枪鱼属）	Other tunas, skipijack or stripe-bellied bonito tunas, frozen, excluding livers and roes	【最】7【普】40 【协亚太】5.3【协东盟】0【协巴基斯坦】5 【协智利】0【协新西兰】0【协秘鲁】0 【协哥斯达黎加】1.2【协冰岛】0【协瑞士】4.8 【协澳大利亚】0【协韩国】6 【协格鲁吉亚】0【协香港】0【协澳门】0 【特东柬埔寨】0【特东缅甸】0【特-1】0 【特-2】0【特-3】0 【增】10【对美加征】25【出】0【退】10	千克	A	B	PR	QS	101 102	其他冻金枪鱼（金枪鱼属）（但子目0303.91至0303.99的可食用鱼杂碎除外）（养殖） 其他冻金枪鱼（金枪鱼属）（但子目0303.91至0303.99的可食用鱼杂碎除外）（野生）
030351	00	10	冻太平洋鲱鱼	Frozen Pacific herring (excluding livers and roes)	【最】7【普】40【暂进】2 【协亚太】4.7【协东盟】0【协农】0 【协巴基斯坦】5【协智利】0【协新西兰】0 【协秘鲁】0【协哥斯达黎加】1【协冰岛】0 【协瑞士】0【协澳大利亚】0【协韩国】5 【协格鲁吉亚】0【协香港】0【协澳门】0 【特-1】0【特-2】0【特-3】0 【增】10【对美加征】25【出】0【退】10	千克	AU	B	PR	QS	101 102	冻太平洋鲱鱼（但子目0303.91至0303.99的可食用鱼杂碎除外）（养殖） 冻太平洋鲱鱼（但子目0303.91至0303.99的可食用鱼杂碎除外）（野生）
030351	00	90	冻大西洋鲱鱼	Herrings (Clupea herengus), Frozen (excluding livers and roes)	【最】7【普】40【暂进】2 【协亚太】4.7【协东盟】0【协农】0 【协巴基斯坦】5【协智利】0【协新西兰】0 【协秘鲁】0【协哥斯达黎加】1【协冰岛】0 【协瑞士】0【协澳大利亚】0【协韩国】5 【协格鲁吉亚】0【协香港】0【协澳门】0 【特-1】0【特-2】0【特-3】0 【增】10【对美加征】25【出】0【退】10	千克	A	B	PR	QS	101 102	冻大西洋鲱鱼（但子目0303.91至0303.99的可食用鱼杂碎除外）（养殖） 冻大西洋鲱鱼（但子目0303.91至0303.99的可食用鱼杂碎除外）（野生）

税则号列			货品名称中英文		税费综合信息	计量单位	监管证件代码		检验检疫类别		检验检疫编码	检验检疫编码对应中文名称
HS 国际统一前6位	本国子目 7~8位	9~10位	中文 货物名称	英文 Article Description			进口	出口	进口	出口		
030353	00		冻沙丁鱼（沙丁鱼、沙瑙鱼属）、小沙丁鱼属、黍鲱或西鲱	Sardines (Sardina pilchardus, Sardinops spp.), frozen, excluding livers and roes	【最】7【普】40 【协亚太】4.7【协东盟】0【协巴基斯坦】5 【协智利】0【协新西兰】0【协秘鲁】0 【协哥斯达黎加】1.2【协冰岛】0【协瑞士】4.8 【协澳大利亚】0【协韩国】6 【协格鲁吉亚】0【协香港】0【协澳门】0 【特-1】0【特-2】0【特-3】0 【增】10【对美加征】25【出】0【退】10	千克	A	B	PR	QS	101	冻沙丁鱼（沙丁鱼、沙瑙鱼属）、小沙丁鱼属、黍鲱或西鲱（但子目0303.91至0303.99的可食用鱼杂碎除外）（饲料用沙丁鱼、黍鲱鱼）
											102	冻沙丁鱼（沙丁鱼、沙瑙鱼属）、小沙丁鱼属、黍鲱或西鲱（但子目0303.91至0303.99的可食用鱼杂碎除外）［养殖沙丁鱼（沙丁鱼、沙瑙鱼属）］
											103	冻沙丁鱼（沙丁鱼、沙瑙鱼属）、小沙丁鱼属、黍鲱或西鲱（但子目0303.91至0303.99的可食用鱼杂碎除外）（养殖小沙丁鱼属）
											104	冻沙丁鱼（沙丁鱼、沙瑙鱼属）、小沙丁鱼属、黍鲱或西鲱（但子目0303.91至0303.99的可食用鱼杂碎除外）（养殖黍鲱）
											105	冻沙丁鱼（沙丁鱼、沙瑙鱼属）、小沙丁鱼属、黍鲱或西鲱（但子目0303.91至0303.99的可食用鱼杂碎除外）（养殖西鲱）
											……	……①
030354	00		冻鲭鱼［大西洋鲭、澳洲鲭（鲐）、日本鲭（鲐）］	Mackerel (Scomber scombrus, Scomber australasicus, Scomber japonicus), frozen, excluding livers and roes	【最】7【普】40 【协亚太】4.7【协东盟】0【协农】0 【协巴基斯坦】6.7【协智利】0【协新西兰】0 【协秘鲁】0【协哥斯达黎加】1【协冰岛】0 【协瑞士】0【协澳大利亚】0【协韩国】5 【协格鲁吉亚】0【协香港】0【协澳门】0 【特-1】0【特-2】0【特-3】0 【增】10【对美加征】25【出】0【退】10	千克	A	B	PR	QS	101	冻鲭鱼［大西洋鲭、澳洲鲭（鲐）、日本鲭（鲐）］（但子目0303.91至0303.99的可食用鱼杂碎除外）（饲料用鲭鱼）
											102	冻鲭鱼［大西洋鲭、澳洲鲭（鲐）、日本鲭（鲐）］（但子目0303.91至0303.99的可食用鱼杂碎除外）［养殖日本鲭（鲐）］
											103	冻鲭鱼［大西洋鲭、澳洲鲭（鲐）、日本鲭（鲐）］（但子目0303.91至0303.99的可食用鱼杂碎除外）［野生日本鲭（鲐）］
											104	冻鲭鱼［大西洋鲭、澳洲鲭（鲐）、日本鲭（鲐）］（但子目0303.91至0303.99的可食用鱼杂碎除外）（大西洋鲭）
											105	冻鲭鱼［大西洋鲭、澳洲鲭（鲐）、日本鲭（鲐）］（但子目0303.91至0303.99的可食用鱼杂碎除外）［澳洲鲭（鲐）］

① 该税号项下检验检疫编码及对应中文名称尚有：106　冻沙丁鱼（沙丁鱼、沙瑙鱼属）、小沙丁鱼属、黍鲱或西鲱（但子目0303.91至0303.99的可食用鱼杂碎除外）［野生沙丁鱼（沙丁鱼、沙瑙鱼属）］，107　冻沙丁鱼（沙丁鱼、沙瑙鱼属）、小沙丁鱼属、黍鲱或西鲱（但子目0303.91至0303.99的可食用鱼杂碎除外）（野生小沙丁鱼属），108　冻沙丁鱼（沙丁鱼、沙瑙鱼属）、小沙丁鱼属、黍鲱或西鲱（但子目0303.91至0303.99的可食用鱼杂碎除外）（野生黍鲱），109　冻沙丁鱼（沙丁鱼、沙瑙鱼属）、小沙丁鱼属、黍鲱或西鲱（但子目0303.91至0303.99的可食用鱼杂碎除外）（野生西鲱）。

税则号列			货品名称中英文		税费综合信息	计量单位	监管证件代码		检验检疫类别		检验检疫编码	检验检疫编码对应中文名称
HS国际统一前6位	本国子目7~8位	本国子目9~10位	中文 货物名称	英文 Article Description			进口	出口	进口	出口		
030355	00		冻对称竹荚鱼、新西兰竹荚鱼及竹荚鱼(竹荚鱼属)	Jack and horse mackerel (Trachurus spp.), frozen, excluding livers and roes	【最】7【普】40 【协亚太】3.5【协东盟】0【协香港】0 【协澳门】0【协巴基斯坦】5【协智利】0 【协新西兰】0【协秘鲁】0【协台湾】0 【协哥斯达黎加】1【协冰岛】0【协瑞士】0 【协澳大利亚】0【协韩国】0【协格鲁吉亚】0 【特亚太】0【特东柬埔寨】0【特东缅甸】0 【特-1】0【特-2】0【特-3】0 【增】10【对美加征】25【出】0【退】10	千克	A	B	PR	QS	101	冻对称竹荚鱼、新西兰竹荚鱼及竹荚鱼(竹荚鱼属)(但子目0303.91至0303.99的可食用鱼杂碎除外)(饲料用其他海水鱼)
											102	冻对称竹荚鱼、新西兰竹荚鱼及竹荚鱼(竹荚鱼属)(但子目0303.91至0303.99的可食用鱼杂碎除外)(养殖对称竹荚鱼)
											103	冻对称竹荚鱼、新西兰竹荚鱼及竹荚鱼(竹荚鱼属)(但子目0303.91至0303.99的可食用鱼杂碎除外)[养殖新西兰竹荚鱼及竹荚鱼(竹荚鱼属)]
											104	冻对称竹荚鱼、新西兰竹荚鱼及竹荚鱼(竹荚鱼属)(但子目0303.91至0303.99的可食用鱼杂碎除外)(野生对称竹荚鱼)
											105	冻对称竹荚鱼、新西兰竹荚鱼及竹荚鱼(竹荚鱼属)(但子目0303.91至0303.99的可食用鱼杂碎除外)[野生新西兰竹荚鱼及竹荚鱼(竹荚鱼属)]
030356	00		冻军曹鱼	Cobia (Rachycentron canadum), frozen, excluding livers and roes	【最】7【普】40 【协亚太】3.5【协东盟】0【协香港】0 【协澳门】0【协巴基斯坦】5【协智利】0 【协新西兰】0【协秘鲁】0【协台湾】0 【协哥斯达黎加】1【协冰岛】0【协瑞士】0 【协澳大利亚】0【协韩国】0【协格鲁吉亚】0 【特亚太】0【特东柬埔寨】0【特东缅甸】0 【特-1】0【特-2】0【特-3】0 【增】10【对美加征】25【出】0【退】10	千克	A	B	PR	QS	101	冻军曹鱼(但子目0303.91至0303.99的可食用鱼杂碎除外)(饲料用其他海水鱼)
											102	冻军曹鱼(但子目0303.91至0303.99的可食用鱼杂碎除外)(食用鱼)
030357	00		冻剑鱼	Swordfish (Xiphias gladius), frozen, excluding livers and roes	【最】7【普】40 【协亚太】3.5【协东盟】0【协香港】0 【协澳门】0【协巴基斯坦】5【协智利】0 【协新西兰】0【协秘鲁】0【协哥斯达黎加】1 【协冰岛】0【协瑞士】0【协澳大利亚】0 【协韩国】5【协格鲁吉亚】0 【特亚太】0【特-1】0【特-2】0【特-3】0 【增】10【对美加征】25【出】0【退】10	千克	AU	B	PR	QS	999	冻剑鱼(但子目0303.91至0303.99的可食用鱼杂碎除外)
030359	00	10	冻毛鳞鱼，但食用杂碎除外	Frozen capelin, but edible offal except	【最】7【普】40【暂进】5 【协亚太】3.5【协东盟】0【协香港】0 【协澳门】0【协巴基斯坦】5【协智利】0 【协新西兰】0【协秘鲁】0【协台湾】0 【协哥斯达黎加】1【协冰岛】0【协瑞士】0 【协澳大利亚】0【协韩国】6.6【协格鲁吉亚】0 【特亚太】0【特东柬埔寨】0【特东缅甸】0 【特-1】0【特-2】0【特-3】0 【增】10【对美加征】25【出】0【退】10	千克	A	B	PR	QS	999	冻毛鳞鱼，但食用杂碎除外

税则号列			货品名称中英文		税费综合信息	计量单位	监管证件代码		检验检疫类别		检验检疫编码	检验检疫编码对应中文名称
HS 国际统一前6位	本国子目 7~8位	本国子目 9~10位	中文 货物名称	英文 Article Description			进口	出口	进口	出口		
030359	00	90	其他冻 0303.5 项下的鱼［鳀鱼（鳀属）、印度鲭（羽鳃鲐属）、马鲛鱼（马鲛属）、鲹鱼（鲹属）、银鲳（鲳属）、秋刀鱼、圆鲹（圆鲹属）、鲔鱼、狐鲣（狐鲣属）、枪鱼、旗鱼、四鳍旗鱼（旗鱼科），但子目 0303.91 至 0303.99 的可食用鱼杂碎除外］	Other frozen fish of the subheading 0303.5, including anchovies (Engraulis spp.), Indian mackerel (feather gill danio genus), mackerel, horse mackerel (mackerel) (trevally), pomfret, saury, round trevally (butterfish) trevally (circle), spring (capelin), tunafish, bonito (bonito) four fin sailfish, marlin, swordfish (swordfish), excluding the edible fish offal of the subheading 0303.91 to 0303.99	【最】7【普】40 【协亚太】3.5【协东盟】0【协香港】0 【协澳门】0【协巴基斯坦】5【协智利】0 【协新西兰】0【协秘鲁】0【协台湾】0 【协哥斯达黎加】1【协冰岛】0【协瑞士】0 【协澳大利亚】0 【协韩国】6.6【协格鲁吉亚】0 【特亚太】0【特东柬埔寨】0【特东缅甸】0 【特-1】0【特-2】0【特-3】0 【增】10【对美加征】25【出】0【退】10	千克	A	B	PR	QS	101	其他冻 0303.5 项下的鱼［鳀鱼（鳀属）、印度鲭（羽鳃鲐属）、马鲛鱼（马鲛属）、鲹鱼（鲹属）、银鲳（鲳属）、秋刀鱼、圆鲹（圆鲹属）、鲔鱼、狐鲣（狐鲣属）、枪鱼、旗鱼、四鳍旗鱼（旗鱼科），但子目 0303.91 至 0303.99 的可食用鱼杂碎除外］［冻的鳀鱼（鳀属）］
											102	其他冻 0303.5 项下的鱼［鳀鱼（鳀属）、印度鲭（羽鳃鲐属）、马鲛鱼（马鲛属）、鲹鱼（鲹属）、银鲳（鲳属）、秋刀鱼、圆鲹（圆鲹属）、鲔鱼、狐鲣（狐鲣属）、枪鱼、旗鱼、四鳍旗鱼（旗鱼科），但子目 0303.91 至 0303.99 的可食用鱼杂碎除外］［冻的印度鲭（羽鳃鲐属）］
											103	其他冻 0303.5 项下的鱼［鳀鱼（鳀属）、印度鲭（羽鳃鲐属）、马鲛鱼（马鲛属）、鲹鱼（鲹属）、银鲳（鲳属）、秋刀鱼、圆鲹（圆鲹属）、鲔鱼、狐鲣（狐鲣属）、枪鱼、旗鱼、四鳍旗鱼（旗鱼科），但子目 0303.91 至 0303.99 的可食用鱼杂碎除外］［冻的马鲛鱼（马鲛属）］
											104	其他冻 0303.5 项下的鱼［鳀鱼（鳀属）、印度鲭（羽鳃鲐属）、马鲛鱼（马鲛属）、鲹鱼（鲹属）、银鲳（鲳属）、秋刀鱼、圆鲹（圆鲹属）、鲔鱼、狐鲣（狐鲣属）、枪鱼、旗鱼、四鳍旗鱼（旗鱼科），但子目 0303.91 至 0303.99 的可食用鱼杂碎除外］［冻的鲹鱼（鲹属）］
											105	其他冻 0303.5 项下的鱼［鳀鱼（鳀属）、印度鲭（羽鳃鲐属）、马鲛鱼（马鲛属）、鲹鱼（鲹属）、银鲳（鲳属）、秋刀鱼、圆鲹（圆鲹属）、鲔鱼、狐鲣（狐鲣属）、枪鱼、旗鱼、四鳍旗鱼（旗鱼科），但子目 0303.91 至 0303.99 的可食用鱼杂碎除外］［冻的银鲳（鲳属）］
											……	……①

① 该税号项下检验检疫编码及对应中文名称尚有：106 其他冻 0303.5 项下的鱼［鳀鱼（鳀属）、印度鲭（羽鳃鲐属）、马鲛鱼（马鲛属）、鲹鱼（鲹属）、银鲳（鲳属）、秋刀鱼、圆鲹（圆鲹属）、鲔鱼、狐鲣（狐鲣属）枪鱼、旗鱼、四鳍旗鱼（旗鱼科），但子目 0303.91 至 0303.99 的可食用鱼杂碎除外］（冻的秋刀鱼），107 其他冻 0303.5 项下的鱼［鳀鱼（鳀属）、印度鲭（羽鳃鲐属）、马鲛鱼（马鲛属）、鲹鱼（鲹属）、银鲳（鲳属）、秋刀鱼、圆鲹（圆鲹属）、鲔鱼、狐鲣（狐鲣属）、枪鱼、旗鱼、四鳍旗鱼（旗鱼科），但子目 0303.91 至 0303.99 的可食用鱼杂碎除外］［冻的圆鲹（圆鲹属）］，108 其他冻 0303.5 项下的鱼［鳀鱼（鳀属）、印度鲭（羽鳃鲐属）、马鲛鱼（马鲛属）、鲹鱼（鲹属）、银鲳（鲳属）、秋刀鱼、圆鲹（圆鲹属）、鲔鱼、狐鲣（狐鲣属）、枪鱼、旗鱼、四鳍旗鱼（旗鱼科），但子目 0303.91 至 0303.99 的可食用鱼杂碎除外］［冻的多春鱼（毛鳞鱼）］，109 其他冻 0303.5 项下的鱼［鳀鱼（鳀属）、印度鲭（羽鳃鲐属）、马鲛鱼（马鲛属）、鲹鱼（鲹属）、银鲳（鲳属）、秋刀鱼、圆鲹（圆鲹属）、鲔鱼、狐鲣（狐鲣属）、枪鱼、旗鱼、四鳍旗鱼（旗鱼科），但子目 0303.91 至 0303.99 的可食用鱼杂碎除外］（冻的鲔鱼），110 其他冻 0303.5 项下的鱼［鳀鱼（鳀属）、印度鲭（羽鳃鲐属）、马鲛鱼（马鲛属）、鲹鱼（鲹属）、银鲳（鲳属）、秋刀鱼、圆鲹（圆鲹属）、鲔鱼、狐鲣（狐鲣属）、枪鱼、旗鱼、四鳍旗鱼（旗鱼科），但子目 0303.91 至 0303.99 的可食用鱼杂碎除外］［冻的狐鲣（狐鲣属）］，111 其他冻 0303.5 项下的鱼［鳀鱼（鳀属）、印度鲭（羽鳃鲐属）、马鲛鱼（马鲛属）、鲹鱼（鲹属）、银鲳（鲳属）、秋刀鱼、圆鲹（圆鲹属）、鲔鱼、狐鲣（狐鲣属）、枪鱼、旗鱼、四鳍旗鱼（旗鱼科），但子目 0303.91 至 0303.99 的可食用鱼杂碎除外］（冻的枪鱼），112 其他冻 0303.5 项下的鱼［鳀鱼（鳀属）、印度鲭（羽鳃鲐属）、马鲛鱼（马鲛属）、鲹鱼（鲹属）、银鲳（鲳属）、秋刀鱼、圆鲹（圆鲹属）、鲔鱼、狐鲣（狐鲣属）、枪鱼、旗鱼、四鳍旗鱼（旗鱼科），但子目 0303.91 至 0303.99 的可食用鱼杂碎除外］（冻的旗鱼），113 其他冻 0303.5 项下的鱼［鳀鱼（鳀属）、印度鲭（羽鳃鲐属）、马鲛鱼（马鲛属）、鲹鱼（鲹属）、银鲳（鲳属）、秋刀鱼、圆鲹（圆鲹属）、鲔鱼、狐鲣（狐鲣属）、枪鱼、旗鱼、四鳍旗鱼（旗鱼科），但子目 0303.91 至 0303.99 的可食用鱼杂碎除外］［冻的四鳍旗鱼（旗鱼科）］。

税则号列			货品名称中英文		税费综合信息	计量单位	监管证件代码		检验检疫类别		检验检疫编码	检验检疫编码对应中文名称
HS 国际统一前6位	本国子目 7~8位	9~10位	中文 货物名称	英文 Article Description			进口	出口	进口	出口		
030363	00		冻鳕鱼（大西洋鳕鱼、格陵兰鳕鱼、太平洋鳕鱼）	Cod(Gadus morhua, Gadusogac, Gadus macrocephalus), frozen, excluding livers and roes	【最】7【普】40【暂进】2 【协香港】0【协澳门】0【协亚太】4.7 【协东盟】0【协巴基斯坦】5【协智利】0 【协新西兰】0【协秘鲁】0【协哥斯达黎加】1 【协冰岛】0【协瑞士】0【协澳大利亚】0 【协韩国】5【协格鲁吉亚】0 【特-1】0【特-2】0【特-3】0 【增】10【对美加征】25【出】0【退】10	千克	A	B	PR	QS	101 102 103	冻鳕鱼（大西洋鳕鱼、格陵兰鳕鱼、太平洋鳕鱼）（但子目0303.91至0303.99的可食用鱼杂碎除外）（大西洋鳕鱼） 冻鳕鱼（大西洋鳕鱼、格陵兰鳕鱼、太平洋鳕鱼）（但子目0303.91至0303.99的可食用鱼杂碎除外）（太平洋鳕鱼） 冻鳕鱼（大西洋鳕鱼、格陵兰鳕鱼、太平洋鳕鱼）（但子目0303.91至0303.99的可食用鱼杂碎除外）（格陵兰鳕鱼）
030364	00		冻黑线鳕鱼(黑线鳕)	Haddock (Melanogrammus aeglefinus), frozen, excluding livers and roes	【最】7【普】40 【协亚太】4.7【协东盟】0【协巴基斯坦】5 【协智利】0【协新西兰】0【协秘鲁】0 【协哥斯达黎加】1.2【协冰岛】0【协瑞士】4.8 【协澳大利亚】0【协韩国】6 【协格鲁吉亚】0【协香港】0【协澳门】0 【特-1】0【特-2】0【特-3】0 【增】10【对美加征】25【出】0【退】10	千克	A	B	PR	QS	999	冻黑线鳕鱼（黑线鳕）（但子目0303.91至0303.99的可食用鱼杂碎除外）
030365	00		冻绿青鳕鱼	Coalfish (Pollachius virens), frozen, excluding livers and roes	【最】7【普】40 【协亚太】4.7【协东盟】0【协巴基斯坦】5 【协智利】0【协新西兰】0【协秘鲁】0 【协哥斯达黎加】1.2【协冰岛】0【协瑞士】4.8 【协澳大利亚】0【协韩国】6 【协格鲁吉亚】0【协香港】0【协澳门】0 【特-1】0【特-2】0【特-3】0 【增】10【对美加征】25【出】0【退】10	千克	A	B	PR	QS	999	冻绿青鳕鱼（但子目0303.91至0303.99的可食用鱼杂碎除外）
030366	00		冻狗鳕鱼（无须鳕属、长鳍鳕属）	Hake (Merluccius spp. Urophycis spp.), frozen, excluding livers and roes	【最】7【普】40 【协东盟】0【协巴基斯坦】6【协智利】0 【协新西兰】0【协秘鲁】0 【协哥斯达黎加】1.2【协冰岛】0【协瑞士】4.8 【协澳大利亚】0【协韩国】6 【协格鲁吉亚】0【协香港】0【协澳门】0 【特-1】0【特-2】0【特-3】0 【增】10【对美加征】25【出】0【退】10	千克	A	B	PR	QS	101 102	冻狗鳕鱼（无须鳕属、长鳍鳕属）（但子目0303.91至0303.99的可食用鱼杂碎除外）(无须鳕属) 冻狗鳕鱼（无须鳕属、长鳍鳕属）（但子目0303.91至0303.99的可食用鱼杂碎除外）(长鳍鳕属)
030367	00		冻狭鳕鱼	Alaska Pollack(Theragra chalcogramma), frozen, excluding livers and roes	【最】7【普】40【暂进】5 【协亚太】3.5【协东盟】0【协香港】0 【协澳门】0【协巴基斯坦】5【协智利】0 【协新西兰】0【协秘鲁】0【协台湾】0 【协哥斯达黎加】1【协冰岛】0【协瑞士】0 【协澳大利亚】0【协韩国】5【协格鲁吉亚】0 【特亚太】0【特东柬埔寨】0【特东缅甸】0 【特-1】0【特-2】0【特-3】0 【增】10【对美加征】25【出】0【退】10	千克	AU	B	PR	QS	101 102	冻狭鳕鱼（但子目0303.91至0303.99的可食用鱼杂碎除外）(饲料用其他海水鱼) 冻狭鳕鱼（但子目0303.91至0303.99的可食用鱼杂碎除外）(食用鱼)
030368	00		冻蓝鳕鱼（小鳍鳕、南蓝鳕）	Blue whitings (Micromesistius poutassou, Micromesistius australis), frozen, excluding livers and roes	【最】7【普】40 【协亚太】3.5【协东盟】0【协香港】0 【协澳门】0【协巴基斯坦】5【协智利】0 【协新西兰】0【协秘鲁】0【协台湾】0 【协哥斯达黎加】1【协冰岛】0【协瑞士】0 【协澳大利亚】0【协韩国】0【协格鲁吉亚】0 【特亚太】0【特东柬埔寨】0【特东缅甸】0 【特-1】0【特-2】0【特-3】0 【增】10【对美加征】25【出】0【退】10	千克	A	B	PR	QS	101 102 103	冻蓝鳕鱼（小鳍鳕、南蓝鳕）(但子目0303.91至0303.99的可食用鱼杂碎除外）（饲料用其他海水鱼） 冻蓝鳕鱼（小鳍鳕、南蓝鳕）(但子目0303.91至0303.99的可食用鱼杂碎除外）(小鳍鳕) 冻蓝鳕鱼（小鳍鳕、南蓝鳕）(但子目0303.91至0303.99的可食用鱼杂碎除外）(南蓝鳕)

税则号列			货品名称中英文		税费综合信息	计量单位	监管证件代码		检验检疫类别		检验检疫编码	检验检疫编码对应中文名称
HS 国际统一前 6 位	本国子目 7~8 位	本国子目 9~10 位	中文 货物名称	英文 Article Description			进口	出口	进口	出口		
030369	00		冻的其他犀鳕科、多丝真鳕科、鳕科、长尾鳕科、黑鳕科、无须鳕科、深海鳕科及南极鳕科鱼	Other fish of the famillies Bregmacerotidae, Euclichthyidae, Gadidae, Macrouridae, Moridae and Muraenolepididae, frozen, excluding livers and roes	【最】7【普】40 【协亚太】3.5【协东盟】0【协香港】0 【协澳门】0【协巴基斯坦】5【协智利】0 【协新西兰】0【协秘鲁】0【协台湾】0 【协哥斯达黎加】1【协冰岛】0【协瑞士】0 【协澳大利亚】0【协韩国】0【协格鲁吉亚】0 【特亚太】0【特东柬埔寨】0【特东缅甸】0 【特-1】0【特-2】0【特-3】0 【增】10【对美加征】25【出】0【退】10	千克	A	B	PR	QS	101 102 103 104 105	冻的其他犀鳕科、多丝真鳕科、鳕科、长尾鳕科、黑鳕科、无须鳕科、深海鳕科及南极鳕科鱼（但子目 0303.91 至 0303.99 的可食用鱼杂碎除外）（饲料用其他海水鱼） 冻的其他犀鳕科、多丝真鳕科、鳕科、长尾鳕科、黑鳕科、无须鳕科、深海鳕科及南极鳕科鱼（但子目 0303.91 至 0303.99 的可食用鱼杂碎除外）（犀鳕科） 冻的其他犀鳕科、多丝真鳕科、鳕科、长尾鳕科、黑鳕科、无须鳕科、深海鳕科及南极鳕科鱼（但子目 0303.91 至 0303.99 的可食用鱼杂碎除外）（多丝真鳕科） 冻的其他犀鳕科、多丝真鳕科、鳕科、长尾鳕科、黑鳕科、无须鳕科、深海鳕科及南极鳕科鱼（但子目 0303.91 至 0303.99 的可食用鱼杂碎除外）（鳕科） 冻的其他犀鳕科、多丝真鳕科、鳕科、长尾鳕科、黑鳕科、无须鳕科、深海鳕科及南极鳕科鱼（但子目 0303.91 至 0303.99 的可食用鱼杂碎除外）（长尾鳕科） ......①
030381	00	10	冻濒危鲨鱼	Endangered shark, (excluding livers and roes), frozen	【最】7【普】40 【协亚太】5.3【协东盟】0【协巴基斯坦】9 【协智利】0【协新西兰】0【协秘鲁】0 【协哥斯达黎加】1.2【协冰岛】0【协瑞士】4.8 【协澳大利亚】0【协韩国】6 【协格鲁吉亚】0【协香港】0【协澳门】0 【特-1】0【特-2】0【特-3】0 【增】10【对美加征】25【出】0【退】0	千克	AF	BE	PR	QS	999	冻濒危鲨鱼（但子目 0303.91 至 0303.99 的可食用鱼杂碎除外）
030381	00	90	冻其他鲨鱼	Other sharks, (excluding livers and roes), frozen	【最】7【普】40 【协亚太】5.3【协东盟】0【协巴基斯坦】9 【协智利】0【协新西兰】0【协秘鲁】0 【协哥斯达黎加】1.2【协冰岛】0【协瑞士】4.8 【协澳大利亚】0【协韩国】6 【协格鲁吉亚】0【协香港】0【协澳门】0 【特-1】0【特-2】0【特-3】0 【增】10【对美加征】25【出】0【退】10	千克	A	B	PR	QS	999	冻其他鲨鱼（但子目 0303.91 至 0303.99 的可食用鱼杂碎除外）
030382	00		冻魟鱼及鳐鱼（鳐科）	Rays and skates (Rajidae), frozen, excluding livers and roes	【最】7【普】40 【协亚太】3.5【协东盟】0【协香港】0 【协澳门】0【协巴基斯坦】5【协智利】0 【协新西兰】0【协秘鲁】0【协台湾】0 【协哥斯达黎加】1【协冰岛】0【协瑞士】0 【协澳大利亚】0【协韩国】0【协格鲁吉亚】0 【特亚太】0【特东柬埔寨】0【特东缅甸】0 【特-1】0【特-2】0【特-3】0 【增】10【对美加征】25【出】0【退】10	千克	A	B	PR	QS	101 102	冻魟鱼及鳐鱼（鳐科）（但子目 0303.91 至 0303.99 的可食用鱼杂碎除外）（饲料用其他海水鱼） 冻魟鱼及鳐鱼（鳐科）（但子目 0303.91 至 0303.99 的可食用鱼杂碎除外）（食用鱼）

① 该税号项下检验检疫编码及对应中文名称尚有：106　冻的其他犀鳕科、多丝真鳕科、鳕科、长尾鳕科、黑鳕科、无须鳕科、深海鳕科及南极鳕科鱼（但子目 0303.91 至 0303.99 的可食用鱼杂碎除外）（黑鳕科），107　冻的其他犀鳕科、多丝真鳕科、鳕科、长尾鳕科、黑鳕科、无须鳕科、深海鳕科及南极鳕科鱼（但子目 0303.91 至 0303.99 的可食用鱼杂碎除外）（无须鳕科），108　冻的其他犀鳕科、多丝真鳕科、鳕科、长尾鳕科、黑鳕科、无须鳕科、深海鳕科及南极鳕科鱼（但子目 0303.91 至 0303.99 的可食用鱼杂碎除外）（深海鳕科），109　冻的其他犀鳕科、多丝真鳕科、鳕科、长尾鳕科、黑鳕科、无须鳕科、深海鳕科及南极鳕科鱼（但子目 0303.91 至 0303.99 的可食用鱼杂碎除外）（南极鳕科鱼）。

税则号列 HS国际统一前6位	本国子目 7~8位	本国子目 9~10位	货品名称中英文 中文 货物名称	货品名称中英文 英文 Article Description	税费综合信息	计量单位	监管证件代码 进口	监管证件代码 出口	检验检疫类别 进口	检验检疫类别 出口	检验检疫编码	检验检疫编码对应中文名称
030383	00		冻南极犬牙鱼(南极犬牙鱼属)	Toothfish (Dissostichus spp.), frozen, excluding livers and roes	【最】7【普】40 【协亚太】3.5【协东盟】0【协香港】0 【协澳门】0【协巴基斯坦】5【协智利】0 【协新西兰】0【协秘鲁】0【协哥斯达黎加】1 【协冰岛】0【协瑞士】0【协澳大利亚】0 【协韩国】5【协格鲁吉亚】0 【特亚太】0【特东柬埔寨】0【特东缅甸】0 【特-1】0【特-2】0【特-3】0 【增】10【对美加征】25【出】0【退】10	千克	AU	B	PR	QS	999	冻南极犬牙鱼(南极犬牙鱼属)(但子目0303.91至0303.99的可食用鱼杂碎除外)
030384	00		冻尖吻鲈鱼(舌齿鲈属)	Seabass (Dicentrarchus spp.), frozen, (excluding livers and roes)	【最】7【普】40 【协亚太】4.7【协东盟】0【协香港】0 【协澳门】0【协农】0【协巴基斯坦】5 【协智利】0【协新西兰】0【协秘鲁】0 【协哥斯达黎加】1.2【协冰岛】0【协瑞士】4.8 【协澳大利亚】0【协韩国】6【协格鲁吉亚】0 【特-1】0【特-2】0【特-3】0 【增】10【对美加征】25【出】0【退】10	千克	A	B	PR	QS	999	冻尖吻鲈鱼(舌齿鲈属)(但子目0303.91至0303.99的可食用鱼杂碎除外)
030389	10		冻带鱼	Scabber fish (Trichurius), frozen, excluding livers and roes	【最】7【普】40【暂进】5 【协亚太】3.5【协东盟】0【协香港】0 【协澳门】0【协农】0【协巴基斯坦】5 【协智利】0【协新西兰】0【协秘鲁】0 【协哥斯达黎加】1【协冰岛】4.5【协瑞士】0 【协澳大利亚】0【协韩国】5【协格鲁吉亚】0 【特亚太】0【特东柬埔寨】0【特东缅甸】0 【特-1】0【特-2】0【特-3】0 【增】10【对美加征】25【出】0【退】10	千克	A	B	PR	QS	999	冻带鱼(但子目0303.91至0303.99的可食用鱼杂碎除外)
030389	20		冻黄鱼	Yellow croaker (Pseudosicaena), frozen, excluding livers and roes	【最】7【普】40 【协亚太】3.5【协东盟】0【协香港】0 【协澳门】0【协巴基斯坦】5【协智利】0 【协新西兰】0【协秘鲁】0【协哥斯达黎加】1 【协冰岛】0【协瑞士】0【协澳大利亚】0 【协韩国】5【协格鲁吉亚】0 【特亚太】0【特东柬埔寨】0【特东缅甸】0 【特-1】0【特-2】0【特-3】0 【增】10【对美加征】25【出】0【退】10	千克	A	B	PR	QS	101 102	冻黄鱼(但子目0303.91至0303.99的可食用鱼杂碎除外)(养殖) 冻黄鱼(但子目0303.91至0303.99的可食用鱼杂碎除外)(野生)
030389	30		冻鲳鱼	Butterfish (Pampus), frozen, excluding livers and roes	【最】7【普】40 【协亚太】3.5【协东盟】0【协香港】0 【协澳门】0【协农】0【协巴基斯坦】5 【协智利】0【协新西兰】0【协秘鲁】0 【协哥斯达黎加】1【协冰岛】0【协瑞士】0 【协澳大利亚】0【协韩国】5【协格鲁吉亚】0 【特亚太】0【特东柬埔寨】0【特东缅甸】0 【特-1】0【特-2】0【特-3】0 【增】10【对美加征】25【出】0【退】10	千克	A	B	PR	QS	101 102	冻鲳鱼(但子目0303.91至0303.99的可食用鱼杂碎除外)(养殖) 冻鲳鱼(但子目0303.91至0303.99的可食用鱼杂碎除外)(野生)
030389	90	01	其他冻鲈鱼	Other perch, frozen (excluding livers and roes)	【最】7【普】40 【协亚太】3.5【协东盟】0【协香港】0 【协澳门】0【协农】0【协巴基斯坦】5 【协智利】0【协新西兰】0【协秘鲁】0 【协台湾】0【协哥斯达黎加】1【协冰岛】0 【协瑞士】0【协澳大利亚】0【协韩国】6.6 【协格鲁吉亚】0 【特亚太】0【特东柬埔寨】0【特东缅甸】0 【特-1】0【特-2】0【特-3】0 【增】10【对美加征】25【出】0【退】10	千克	A	B	PR	QS	101 102	其他冻鲈鱼(但子目0303.91至0303.99的可食用鱼杂碎除外)(养殖) 其他冻鲈鱼(但子目0303.91至0303.99的可食用鱼杂碎除外)(野生)
030389	90	10	其他未列名濒危冻鱼	Other endangered fish frozen, not elsewhere specified or included, (excluding livers and roes)	【最】7【普】40 【协亚太】3.5【协东盟】0【协香港】0 【协澳门】0【协巴基斯坦】5【协智利】0 【协新西兰】0【协秘鲁】0【协台湾】0 【协哥斯达黎加】1【协冰岛】0【协瑞士】0 【协澳大利亚】0【协韩国】6.6【协格鲁吉亚】0 【特亚太】0【特东柬埔寨】0【特东缅甸】0 【特-1】0【特-2】0【特-3】0 【增】10【对美加征】25【出】0【退】0	千克	AF	BE	PR	QS	999	其他未列名濒危冻鱼(但子目0303.91至0303.99的可食用鱼杂碎除外)

税则号列			货品名称中英文		税费综合信息	计量单位	监管证件代码		检验检疫类别		检验检疫编码	检验检疫编码对应中文名称
HS 国际统一前 6 位	本国子目 7~8 位	9~10 位	中文 货物名称	英文 Article Description			进口	出口	进口	出口		
030389	90	20	冻平鲉属	Frozen flat scorpionfish genera (excluding livers and roes)	【最】7【普】40 【协亚太】3.5【协东盟】0【协香港】0 【协巴基斯坦】5【协智利】0【协新西兰】0 【协秘鲁】0【协台湾】0【协哥斯达黎加】1 【协冰岛】0【协瑞士】0【协澳大利亚】0 【协韩国】6.6【协格鲁吉亚】0 【特亚太】0【特东柬埔寨】0【特东缅甸】0 【特-1】0【特-2】0【特-3】0 【增】10【对美加征】25【出】0【退】10	千克	AU	B	PR	QS	101 102	冻平鲉属（但子目 0303.91 至 0303.99 的可食用鱼杂碎除外）（养殖） 冻平鲉属（但子目 0303.91 至 0303.99 的可食用鱼杂碎除外）（野生）
030389	90	30	冻鲳鲉属（叶鳍鲉属）	Frozen Jun scorpionfish belongs to fin (leaf scorpionfish)	【最】7【普】40 【协亚太】3.5【协东盟】0【协香港】0 【协澳门】0【协巴基斯坦】5【协智利】0 【协新西兰】0【协秘鲁】0【协台湾】0 【协哥斯达黎加】1【协冰岛】0【协瑞士】0 【协澳大利亚】0【协韩国】6.6【协格鲁吉亚】0 【特亚太】0【特东柬埔寨】0【特东缅甸】0 【特-1】0【特-2】0【特-3】0 【增】10【对美加征】25【出】0【退】10	千克	AU	B	PR	QS	101 102	冻鲳鲉属（叶鳍鲉属）（但子目 0303.91 至 0303.99 的可食用鱼杂碎除外）（养殖） 冻鲳鲉属（叶鳍鲉属）（但子目 0303.91 至 0303.99 的可食用鱼杂碎除外）（野生）
030389	90	90	其他未列名冻鱼	Other fish frozen, not elsewhere specified or included, (excluding livers and rose)	【最】7【普】40 【协亚太】3.5【协东盟】0【协香港】0 【协澳门】0【协巴基斯坦】5【协智利】0 【协新西兰】0【协秘鲁】0【协台湾】0 【协哥斯达黎加】1【协冰岛】0【协瑞士】0 【协澳大利亚】0【协韩国】6.6【协格鲁吉亚】0 【特亚太】0【特东柬埔寨】0【特东缅甸】0 【特-1】0【特-2】0【特-3】0 【增】10【对美加征】25【出】0【退】10	千克	A	B	PR	QS	101 102 103 104 105 ……	其他未列名冻鱼（但子目 0303.91 至 0303.99 的可食用鱼杂碎除外）（饲料用马面鱼） 其他未列名冻鱼（但子目 0303.91 至 0303.99 的可食用鱼杂碎除外）（饲料用其他海水鱼） 其他未列名冻鱼（但子目 0303.91 至 0303.99 的可食用鱼杂碎除外）（养殖石斑鱼） 其他未列名冻鱼（但子目 0303.91 至 0303.99 的可食用鱼杂碎除外）（养殖鲥鱼） 其他未列名冻鱼（但子目 0303.91 至 0303.99 的可食用鱼杂碎除外）（养殖鲷科） ……①
030391	00	10	冻濒危鱼种的肝、鱼卵及鱼精	Forzen livers, roes and milt of endangered fish	【最】7【普】50 【协亚太】6.3【协东盟】0【协巴基斯坦】5 【协智利】0【协新西兰】0【协哥斯达黎加】1 【协冰岛】0【协瑞士】0【协澳大利亚】0 【协韩国】5【协格鲁吉亚】0【协香港】0 【协澳门】0 【特-1】0【特-2】0【特-3】0 【增】10【对美加征】25【出】0【退】0	千克	AF	BE	PR	QS	101 102 103 104 105 ……	冻濒危鱼种的肝、鱼卵及鱼精（养殖冷冻鱼鱼肝） 冻濒危鱼种的肝、鱼卵及鱼精（野生冷冻鱼鱼肝） 冻濒危鱼种的肝、鱼卵及鱼精（养殖冷冻鱼鱼卵） 冻濒危鱼种的肝、鱼卵及鱼精（野生冷冻鱼鱼卵） 冻濒危鱼种的肝、鱼卵及鱼精（养殖冷冻鱼鱼精） ……②

① 该税号项下检验检疫编码及对应中文名称尚有：106　其他未列名冻鱼（但子目 0303.91 至 0303.99 的可食用鱼杂碎除外）（养殖安康鱼），107　其他未列名冻鱼（但子目 0303.91 至 0303.99 的可食用鱼杂碎除外）（养殖海鲂），108　其他未列名冻鱼（但子目 0303.91 至 0303.99 的可食用鱼杂碎除外）（养殖鲆鱼），109　其他未列名冻鱼（但子目 0303.91 至 0303.99 的可食用鱼杂碎除外）（养殖鲽鱼），110　其他未列名冻鱼（但子目 0303.91 至 0303.99 的可食用鱼杂碎除外）（养殖红鱼），111　其他未列名冻鱼（但子目 0303.91 至 0303.99 的可食用鱼杂碎除外）（其他养殖鱼），112　其他未列名冻鱼（但子目 0303.91 至 0303.99 的可食用鱼杂碎除外）（野生石斑鱼），113　其他未列名冻鱼（但子目 0303.91 至 0303.99 的可食用鱼杂碎除外）（野生鲥鱼），114　其他未列名冻鱼（但子目 0303.91 至 0303.99 的可食用鱼杂碎除外）（野生鲷科），115　其他未列名冻鱼（但子目 0303.91 至 0303.99 的可食用鱼杂碎除外）（野生安康鱼），116　其他未列名冻鱼（但子目 0303.91 至 0303.99 的可食用鱼杂碎除外）（野生海鲂），117　其他未列名冻鱼（但子目 0303.91 至 0303.99 的可食用鱼杂碎除外）（野生鲆鱼），118　其他未列名冻鱼（但子目 0303.91 至 0303.99 的可食用鱼杂碎除外）（野生鲽鱼），119　其他未列名冻鱼（但子目 0303.91 至 0303.99 的可食用鱼杂碎除外）（野生红鱼），120　其他未列名冻鱼（但子目 0303.91 至 0303.99 的可食用鱼杂碎除外）（海鲫鱼），121　其他未列名冻鱼（但子目 0303.91 至 0303.99 的可食用鱼杂碎除外）（金线鱼），122　其他未列名冻鱼（但子目 0303.91 至 0303.99 的可食用鱼杂碎除外）（马面鱼），123　其他未列名冻鱼（但子目 0303.91 至 0303.99 的可食用鱼杂碎除外）（马鲛鱼），124　其他未列名冻鱼（但子目 0303.91 至 0303.99 的可食用鱼杂碎除外）（蓝圆鲹），999　其他未列名冻鱼（但子目 0303.91 至 0303.99 的可食用鱼杂碎除外）（其他野生鱼）。

② 该税号项下检验检疫编码及对应中文名称尚有：106　冻濒危鱼种的肝、鱼卵及鱼精（野生冷冻鱼鱼精）。

税则号列			货品名称中英文		税费综合信息	计量单位	监管证件代码		检验检疫类别		检验检疫编码	检验检疫编码对应中文名称
HS国际统一前6位	本国子目 7~8位	本国子目 9~10位	中文 货物名称	英文 Article Description			进口	出口	进口	出口		
030391	00	90	其他冻鱼肝、鱼卵及鱼精	Other forzen livers, roes and milt	【最】7【普】50 【协亚太】6.3【协东盟】0【协巴基斯坦】5 【协智利】0【协新西兰】0【协哥斯达黎加】1 【协冰岛】0【协瑞士】0【协澳大利亚】0 【协韩国】5【协格鲁吉亚】0【协香港】0 【协澳门】0 【特-1】0【特-2】0【特-3】0 【增】10【对美加征】25【出】0【退】10	千克	A	B	PR	QS	101 102 103 104 105 ……	其他冻鱼肝、鱼卵及鱼精（养殖冷冻鱼鱼肝） 其他冻鱼肝、鱼卵及鱼精（野生冷冻鱼鱼肝） 其他冻鱼肝、鱼卵及鱼精（养殖冷冻鱼鱼卵） 其他冻鱼肝、鱼卵及鱼精（野生冷冻鱼鱼卵） 其他冻鱼肝、鱼卵及鱼精（养殖冷冻鱼鱼精） ……①
030392	00	10	冻濒危鲨鱼翅	Forzen endangered Shark fins	【最】12【普】40 【协亚太】9【协东盟】0【协巴基斯坦】9 【协智利】0【协新西兰】0【协秘鲁】0 【协哥斯达黎加】1.2【协冰岛】0【协瑞士】4.8 【协澳大利亚】0【协韩国】6 【协格鲁吉亚】0【协香港】0【协澳门】0 【特-1】0【特-2】0【特-3】0 【增】10【对美加征】25【出】0【退】0	千克	AF	BE	PR	QS	999	冻濒危鲨鱼翅
030392	00	90	其他冻鲨鱼翅	Other frozen Shark fins	【最】12【普】40 【协亚太】9【协东盟】0【协巴基斯坦】9 【协智利】0【协新西兰】0【协秘鲁】0 【协哥斯达黎加】1.2【协冰岛】0【协瑞士】4.8 【协澳大利亚】0【协韩国】6 【协格鲁吉亚】0【协香港】0【协澳门】0 【特-1】0【特-2】0【特-3】0 【增】10【对美加征】25【出】0【退】10	千克	A	B	PR	QS	999	其他冻鲨鱼翅
030399	00	10	其他冻可食用濒危鱼杂碎	Other edible offals of endangered fish	【最】7【普】40 【协香港】0【协澳门】0【协亚太】4.7 【协东盟】0【协巴基斯坦】5【协智利】0 【协新西兰】0【协秘鲁】0【协哥斯达黎加】1 【协冰岛】0【协瑞士】0【协澳大利亚】0 【协韩国】5【协格鲁吉亚】0 【特东柬埔寨】0【特-1】0【特-2】0【特-3】0 【增】10【对美加征】25【出】0【退】0	千克	AF	BE	PR	QS	101 102	其他冻可食用濒危鱼杂碎（其他养殖冷冻鱼） 其他冻可食用濒危鱼杂碎（其他野生冷冻鱼）
030399	00	20	冻的大菱鲆、比目鱼、鲱鱼、鲭鱼、鲳鱼、带鱼、尼罗河鲈鱼、尖吻鲈鱼、其他鲈鱼的可食用其他鱼杂碎	Forzen Turbot, flounder, herring	【最】7【普】40 【协香港】0【协澳门】0【协亚太】4.7 【协东盟】0【协巴基斯坦】5【协智利】0 【协新西兰】0【协秘鲁】0【协哥斯达黎加】1 【协冰岛】0【协瑞士】0【协澳大利亚】0 【协韩国】5【协格鲁吉亚】0 【特东柬埔寨】0【特-1】0【特-2】0【特-3】0 【增】10【对美加征】25【出】0【退】10	千克	AU	B	PR	QS	101 102	冻的大菱鲆、比目鱼、鲱鱼、鲭鱼、鲳鱼、带鱼、尼罗河鲈鱼、尖吻鲈鱼、其他鲈鱼的可食用其他鱼杂碎（其他养殖冷冻鱼） 冻的大菱鲆、比目鱼、鲱鱼、鲭鱼、鲳鱼、带鱼、尼罗河鲈鱼、尖吻鲈鱼、其他鲈鱼的可食用其他鱼杂碎（其他野生冷冻鱼）
030399	00	90	其他冻可食用其他鱼杂碎	Other frozen edible offals of other fish	【最】7【普】40 【协香港】0【协澳门】0【协亚太】4.7 【协东盟】0【协巴基斯坦】5【协智利】0 【协新西兰】0【协秘鲁】0【协哥斯达黎加】1 【协冰岛】0【协瑞士】0【协澳大利亚】0 【协韩国】5【协格鲁吉亚】0 【特东柬埔寨】0【特-1】0【特-2】0【特-3】0 【增】10【对美加征】25【出】0【退】10	千克	AU	B	PR	QS	101 102	其他冻可食用其他鱼杂碎（其他养殖冷冻鱼） 其他冻可食用其他鱼杂碎（其他野生冷冻鱼）
030431	00		鲜或冷的罗非鱼（口孵非鲫属）的鱼片	Fish fillets of tilapas (Oreochromis spp.), fresh or chilled	【最】7【普】70 【协亚太】5.3【协东盟】0【协香港】0 【协澳门】0【协巴基斯坦】5【协智利】0 【协新西兰】0【协秘鲁】0【协哥斯达黎加】0 【协冰岛】0【协瑞士】4.8【协澳大利亚】0 【协韩国】6【协格鲁吉亚】0 【特东缅甸】0【特-1】0【特-2】0【特-3】0 【增】10【出】0【退】10	千克	A	B	PR	QS	101 102	鲜或冷的罗非鱼（口孵非鲫属）的鱼片（养殖） 鲜或冷的罗非鱼（口孵非鲫属）的鱼片（野生）

① 该税号项下检验检疫编码及对应中文名称尚有：106　其他冻鱼肝、鱼卵及鱼精（野生冷冻鱼鱼精）。

税则号列 HS国际统一前6位	本国子目 7~8位	本国子目 9~10位	货品名称中英文 中文 货物名称	货品名称中英文 英文 Article Description	税费综合信息	计量单位	监管证件代码 进口	监管证件代码 出口	检验检疫类别 进口	检验检疫类别 出口	检验检疫编码	检验检疫编码对应中文名称
030432	00		鲜或冷的鲶鱼(𩷶鲶属、鲶属、胡鲶属、真鮰属)的鱼片	Fish fillets of catfish (Pangasius spp., Silurus spp., Clarias spp., Ictalurus spp.), fresh or chilled	【最】7【普】70 【协亚太】5.3【协东盟】0【协香港】0 【协澳门】0【协巴基斯坦】5【协智利】0 【协新西兰】0【协秘鲁】0【协哥斯达黎加】0 【协冰岛】0【协瑞士】4.8【协澳大利亚】0 【协韩国】6【协格鲁吉亚】0 【特东缅甸】0【特-1】0【特-2】0【特-3】0 【增】10【出】0【退】10	千克	A	B	PR	QS	101 102 103 104 105 ……	鲜或冷的鲶鱼(𩷶鲶属、鲶属、胡鲶属、真鮰属)的鱼片(养殖𩷶鲶属) 鲜或冷的鲶鱼(𩷶鲶属、鲶属、胡鲶属、真鮰属)的鱼片(养殖胡鲶属) 鲜或冷的鲶鱼(𩷶鲶属、鲶属、胡鲶属、真鮰属)的鱼片(养殖真鮰属) 鲜或冷的鲶鱼(𩷶鲶属、鲶属、胡鲶属、真鮰属)的鱼片(野生𩷶鲶属) 鲜或冷的鲶鱼(𩷶鲶属、鲶属、胡鲶属、真鮰属)的鱼片(野生胡鲶属) ……①
030433	00		鲜或冷的尼罗河鲈鱼(尼罗尖吻鲈)的鱼片	Fish fillets of nile perch (Lates niloticus), fresh or chilled	【最】7【普】70 【协亚太】5.3【协东盟】0【协香港】0 【协澳门】0【协巴基斯坦】5【协智利】0 【协新西兰】0【协秘鲁】0【协哥斯达黎加】0 【协冰岛】0【协瑞士】4.8【协澳大利亚】0 【协韩国】6【协格鲁吉亚】0 【特东缅甸】0【特-1】0【特-2】0【特-3】0 【增】10【出】0【退】10	千克	A	B	PR	QS	999	鲜或冷的尼罗河鲈鱼(尼罗尖吻鲈)的鱼片
030439	00	10	鲜或冷的花鳗鲡鱼片	Fish fillets of marbled eels (Anguilla marmorata), fresh or chilled	【最】7【普】70 【协亚太】5.3【协东盟】0【协香港】0 【协澳门】0【协巴基斯坦】5【协智利】0 【协新西兰】0【协秘鲁】0【协哥斯达黎加】0 【协冰岛】0【协瑞士】4.8【协澳大利亚】0 【协韩国】6【协格鲁吉亚】0 【特东缅甸】0【特-1】0【特-2】0【特-3】0 【增】10【出】0【退】10	千克	A	BE	PR	QS	101 102	鲜或冷的花鳗鲡鱼片(养殖) 鲜或冷的花鳗鲡鱼片(野生)
030439	00	20	鲜或冷的欧洲鳗鲡鱼片	Fish fillets of european eels, fresh or chilled	【最】7【普】70 【协亚太】5.3【协东盟】0【协香港】0 【协澳门】0【协巴基斯坦】5【协智利】0 【协新西兰】0【协秘鲁】0【协哥斯达黎加】0 【协冰岛】0【协瑞士】4.8【协澳大利亚】0 【协韩国】6【协格鲁吉亚】0 【特东缅甸】0【特-1】0【特-2】0【特-3】0 【增】10【出】0【退】10	千克	AF	BE	PR	QS	101 102	鲜或冷的欧洲鳗鲡鱼片(养殖) 鲜或冷的欧洲鳗鲡鱼片(野生)
030439	00	90	鲜或冷的鲤科鱼(鲤属、鲫属、草鱼、鲢属、鳙属、青鱼、卡特拉鲃、野鲮属、哈氏纹唇鱼、何氏细须鲃、鲂属)、其他鳗鱼(鳗鲡属)及黑鱼(鳢属)的鱼片	Fish fillets of carp (Cyprinus carpio, Carassius carassius, Ctenopharyngodon idellus, Hypophthalmichthys spp., Cirrhinus spp., Mylopharyngodon piceus) and snakeheads (Channa spp.), fresh or chilled	【最】7【普】70 【协亚太】5.3【协东盟】0【协香港】0 【协澳门】0【协巴基斯坦】5【协智利】0 【协新西兰】0【协秘鲁】0【协哥斯达黎加】0 【协冰岛】0【协瑞士】4.8【协澳大利亚】0 【协韩国】6【协格鲁吉亚】0 【特东缅甸】0【特-1】0【特-2】0【特-3】0 【增】10【出】0【退】10	千克	A	B	PR	QS	101 102	鲜或冷的鲤科鱼(鲤属、鲫属、草鱼、鲢属、鳙属、青鱼、卡特拉鲃、野鲮属、哈氏纹唇鱼、何氏细须鲃、鲂属)、其他鳗鱼(鳗鲡属)及黑鱼(鳢属)的鱼片(养殖西鲤) 鲜或冷的鲤科鱼(鲤属、鲫属、草鱼、鲢属、鳙属、青鱼、卡特拉鲃、野鲮属、哈氏纹唇鱼、何氏细须鲃、鲂属)、其他鳗鱼(鳗鲡属)及黑鱼(鳢属)的鱼片(养殖黑鲫)

① 该税号项下检验检疫编码及对应中文名称尚有：106 鲜或冷的鲶鱼(𩷶鲶属、鲶属、胡鲶属、真鮰属)的鱼片(野生真鮰属)。

税则号列 HS国际统一前6位	本国子目 7~8位	本国子目 9~10位	货品名称中英文 中文 货物名称	货品名称中英文 英文 Article Description	税费综合信息	计量单位	监管证件代码 进口	监管证件代码 出口	检验检疫类别 进口	检验检疫类别 出口	检验检疫编码	检验检疫编码对应中文名称
											103	鲜或冷的鲤科鱼（鲤属、鲫属、草鱼、鲢属、鳙属、青鱼、卡特拉鲃、野鲮属、哈氏纹唇鱼、何氏细须鲃、鲂属）、其他鳗鱼（鳗鲡属）及黑鱼（鳢属）的鱼片（养殖草鱼）
											104	鲜或冷的鲤科鱼（鲤属、鲫属、草鱼、鲢属、鳙属、青鱼、卡特拉鲃、野鲮属、哈氏纹唇鱼、何氏细须鲃、鲂属）、其他鳗鱼（鳗鲡属）及黑鱼（鳢属）的鱼片（养殖鲢属）
											105	鲜或冷的鲤科鱼（鲤属、鲫属、草鱼、鲢属、鳙属、青鱼、卡特拉鲃、野鲮属、哈氏纹唇鱼、何氏细须鲃、鲂属）、其他鳗鱼（鳗鲡属）及黑鱼（鳢属）的鱼片（养殖鳙属）
											……	……①
030441	00		鲜或冷的大麻哈鱼［红大麻哈鱼、细磷大麻哈鱼、大麻哈鱼（种）、大鳞大麻哈鱼、银大麻哈鱼、马苏大麻哈鱼、玫瑰大麻哈鱼］、大西洋鲑鱼及多瑙哲罗鱼的鱼片	Fish fillets of Pacific salmon(Oncorhynchus nerka, Oncorhynchus gorbuscha, Oncorhynchus keta, Oncorhynchus tschawytscha, Oncorhynchus kisutch, Oncorhynchus masou and Oncorhynchus rhodurus), atlantic salmon and Danube salmon, fresh or chilled	【最】7【普】70 【协亚太】5.3【协东盟】0【协香港】0 【协澳门】0【协巴基斯坦】5【协智利】0 【协新西兰】0【协秘鲁】0【协哥斯达黎加】0 【协冰岛】0【协瑞士】4.8【协澳大利亚】0 【协韩国】6【协格鲁吉亚】0 【特东缅甸】0【特-1】0【特-2】0【特-3】0 【增】10【出】0【退】10	千克	A	B	PR	QS	101	鲜或冷的大麻哈鱼［红大麻哈鱼、细磷大麻哈鱼、大麻哈鱼（种）、大鳞大麻哈鱼、银大麻哈鱼、马苏大麻哈鱼、玫瑰大麻哈鱼］、大西洋鲑鱼及多瑙哲罗鱼的鱼片（非生食）
											102	鲜或冷的大麻哈鱼（红大麻哈鱼、细磷大麻哈鱼、大麻哈鱼（种）、大鳞大麻哈鱼、银大麻哈鱼、马苏大麻哈鱼、玫瑰大麻哈鱼）、大西洋鲑鱼及多瑙哲罗鱼的鱼片（可能用于生食）
030442	00		鲜或冷的鳟鱼（河鳟、虹鳟、克拉克大麻哈鱼、阿瓜大麻哈鱼、吉雨大麻哈鱼、亚利桑那大麻哈鱼、金腹大麻哈鱼）的鱼片	Fish fillets of Trout (Salmo trutta, Oncorhynchus mykiss, Oncorhynchus clarki, Oncorhynchus aguabonita, Oncorhynchus gilae, Oncorhynchus apache and Oncorhynchus chrysogaster) fresh or chilled	【最】7【普】70 【协亚太】5.3【协东盟】0【协香港】0 【协澳门】0【协巴基斯坦】5【协智利】0 【协新西兰】0【协秘鲁】0【协哥斯达黎加】0 【协冰岛】0【协瑞士】4.8【协澳大利亚】0 【协韩国】6【协格鲁吉亚】0 【特东缅甸】0【特-1】0【特-2】0【特-3】0 【增】10【出】0【退】10	千克	A	B	PR	QS	999	鲜或冷的鳟鱼（河鳟、虹鳟、克拉克大麻哈鱼、阿瓜大麻哈鱼、吉雨大麻哈鱼、亚利桑那大麻哈鱼、金腹大麻哈鱼）的鱼片

① 该税号项下检验检疫编码及对应中文名称尚有：106　鲜或冷的鲤科鱼（鲤属、鲫属、草鱼、鲢属、鳙属、青鱼、卡特拉鲃、野鲮属、哈氏纹唇鱼、何氏细须鲃、鲂属）、其他鳗鱼（鳗鲡属）及黑鱼（鳢属）的鱼片（养殖青鱼），107　鲜或冷的鲤科鱼（鲤属、鲫属、草鱼、鲢属、鳙属、青鱼、卡特拉鲃、野鲮属、哈氏纹唇鱼、何氏细须鲃、鲂属）、其他鳗鱼（鳗鲡属）及黑鱼（鳢属）的鱼片［养殖其他鳗鱼（鳗鲡属）］，108　鲜或冷的鲤科鱼（鲤属、鲫属、草鱼、鲢属、鳙属、青鱼、卡特拉鲃、野鲮属、哈氏纹唇鱼、何氏细须鲃、鲂属）、其他鳗鱼（鳗鲡属）及黑鱼（鳢属）的鱼片［养殖黑鱼（鳢属）］，109　鲜或冷的鲤科鱼（鲤属、鲫属、草鱼、鲢属、鳙属、青鱼、卡特拉鲃、野鲮属、哈氏纹唇鱼、何氏细须鲃、鲂属）、其他鳗鱼（鳗鲡属）及黑鱼（鳢属）的鱼片（野生西鲤），110　鲜或冷的鲤科鱼（鲤属、鲫属、草鱼、鲢属、鳙属、青鱼、卡特拉鲃、野鲮属、哈氏纹唇鱼、何氏细须鲃、鲂属）、其他鳗鱼（鳗鲡属）及黑鱼（鳢属）的鱼片（野生黑鲫），111　鲜或冷的鲤科鱼（鲤属、鲫属、草鱼、鲢属、鳙属、青鱼、卡特拉鲃、野鲮属、哈氏纹唇鱼、何氏细须鲃、鲂属）、其他鳗鱼（鳗鲡属）及黑鱼（鳢属）的鱼片（野生草鱼），112　鲜或冷的鲤科鱼（鲤属、鲫属、草鱼、鲢属、鳙属、青鱼、卡特拉鲃、野鲮属、哈氏纹唇鱼、何氏细须鲃、鲂属）、其他鳗鱼（鳗鲡属）及黑鱼（鳢属）的鱼片（野生鲢属），113　鲜或冷的鲤科鱼（鲤属、鲫属、草鱼、鲢属、鳙属、青鱼、卡特拉鲃、野鲮属、哈氏纹唇鱼、何氏细须鲃、鲂属）、其他鳗鱼（鳗鲡属）及黑鱼（鳢属）的鱼片（野生鳙属），114　鲜或冷的鲤科鱼（鲤属、鲫属、草鱼、鲢属、鳙属、青鱼、卡特拉鲃、野鲮属、哈氏纹唇鱼、何氏细须鲃、鲂属）、其他鳗鱼（鳗鲡属）及黑鱼（鳢属）的鱼片（野生青鱼），115　鲜或冷的鲤科鱼（鲤属、鲫属、草鱼、鲢属、鳙属、青鱼、卡特拉鲃、野鲮属、哈氏纹唇鱼、何氏细须鲃、鲂属）、其他鳗鱼（鳗鲡属）及黑鱼（鳢属）的鱼片［其他野生鳗鱼（鳗鲡属）］，116　鲜或冷的鲤科鱼（鲤属、鲫属、草鱼、鲢属、鳙属、青鱼、卡特拉鲃、野鲮属、哈氏纹唇鱼、何氏细须鲃、鲂属）、其他鳗鱼（鳗鲡属）及黑鱼（鳢属）的鱼片［野生黑鱼（鳢属）］。

税则号列			货品名称中英文		税费综合信息	计量单位	监管证件代码		检验检疫类别		检验检疫编码	检验检疫编码对应中文名称
HS 国际统一前 6 位	本国子目 7~8 位	本国子目 9~10 位	中文 货物名称	英文 Article Description			进口	出口	进口	出口		
030443	00		鲜或冷的比目鱼（鲽科、鲆科、舌鳎科、鳎科、菱鲆科、刺鲆科）的鱼片	Fish fillets of flat fish, fresh or chilled	【最】7【普】70 【协亚太】5.3【协东盟】0【协香港】0 【协澳门】0【协巴基斯坦】5【协智利】0 【协新西兰】0【协秘鲁】0【协哥斯达黎加】0 【协冰岛】0【协瑞士】4.8【协澳大利亚】0 【协韩国】6【协格鲁吉亚】0 【特东缅甸】0【特-1】0【特-2】0【特-3】0 【增】10【出】0【退】10	千克	A	B	PR	QS	101 102 103 104 105 ……	鲜或冷的比目鱼（鲽科、鲆科、舌鳎科、鳎科、菱鲆科、刺鲆科）的鱼片（养殖鲽科） 鲜或冷的比目鱼（鲽科、鲆科、舌鳎科、鳎科、菱鲆科、刺鲆科）的鱼片（养殖鲆科） 鲜或冷的比目鱼（鲽科、鲆科、舌鳎科、鳎科、菱鲆科、刺鲆科）的鱼片（养殖舌鳎科） 鲜或冷的比目鱼（鲽科、鲆科、舌鳎科、鳎科、菱鲆科、刺鲆科）的鱼片（养殖鳎科） 鲜或冷的比目鱼（鲽科、鲆科、舌鳎科、鳎科、菱鲆科、刺鲆科）的鱼片（养殖菱鲆科） ……①
030444	00		鲜或冷的犀鳕科、多丝真鳕科、鳕科、长尾鳕科、黑鳕科、无须鳕科、深海鳕科及南极鳕科鱼的鱼片	Fish fillets of fish of the families Bregmacerotidae, Euclichthyidae, Gadidae, Macrouridae, Moridae and Muraenolepididae, fresh or chilled	【最】7【普】70 【协亚太】5.3【协东盟】0【协香港】0 【协澳门】0【协巴基斯坦】5【协智利】0 【协新西兰】0【协秘鲁】0【协哥斯达黎加】0 【协冰岛】0【协瑞士】4.8【协澳大利亚】0 【协韩国】6【协格鲁吉亚】0 【特东缅甸】0【特-1】0【特-2】0【特-3】0 【增】10【出】0【退】10	千克	A	B	PR	QS	101 102 103 104 105 ……	鲜或冷的犀鳕科、多丝真鳕科、鳕科、长尾鳕科、黑鳕科、无须鳕科、深海鳕科及南极鳕科鱼的鱼片（犀鳕科） 鲜或冷的犀鳕科、多丝真鳕科、鳕科、长尾鳕科、黑鳕科、无须鳕科、深海鳕科及南极鳕科鱼的鱼片（多丝真鳕科） 鲜或冷的犀鳕科、多丝真鳕科、鳕科、长尾鳕科、黑鳕科、无须鳕科、深海鳕科及南极鳕科鱼的鱼片（鳕科） 鲜或冷的犀鳕科、多丝真鳕科、鳕科、长尾鳕科、黑鳕科、无须鳕科、深海鳕科及南极鳕科鱼的鱼片（长尾鳕科） 鲜或冷的犀鳕科、多丝真鳕科、鳕科、长尾鳕科、黑鳕科、无须鳕科、深海鳕科及南极鳕科鱼的鱼片（黑鳕科） ……②
030445	00		鲜或冷的剑鱼鱼片	Fish fillets of Swordfish (Xiphias gladius), fresh or chilled	【最】7【普】70 【协亚太】5.3【协东盟】0【协香港】0 【协澳门】0【协巴基斯坦】5【协智利】0 【协新西兰】0【协秘鲁】0【协哥斯达黎加】0 【协冰岛】0【协瑞士】4.8【协澳大利亚】0 【协韩国】6【协格鲁吉亚】0 【特东缅甸】0【特-1】0【特-2】0【特-3】0 【增】10【出】0【退】10	千克	AU	B	PR	QS	999	鲜或冷的剑鱼鱼片

① 该税号项下检验检疫编码及对应中文名称尚有：106　鲜或冷的比目鱼（鲽科、鲆科、舌鳎科、鳎科、菱鲆科、刺鲆科）的鱼片（养殖刺鲆科），107　鲜或冷的比目鱼（鲽科、鲆科、舌鳎科、鳎科、菱鲆科、刺鲆科）的鱼片（野生鲽科），108　鲜或冷的比目鱼（鲽科、鲆科、舌鳎科、鳎科、菱鲆科、刺鲆科）的鱼片（野生鲆科），109　鲜或冷的比目鱼（鲽科、鲆科、舌鳎科、鳎科、菱鲆科、刺鲆科）的鱼片（野生舌鳎科），110　鲜或冷的比目鱼（鲽科、鲆科、舌鳎科、鳎科、菱鲆科、刺鲆科）的鱼片（野生鳎科），111　鲜或冷的比目鱼（鲽科、鲆科、舌鳎科、鳎科、菱鲆科、刺鲆科）的鱼片（野生菱鲆科），112　鲜或冷的比目鱼（鲽科、鲆科、舌鳎科、鳎科、菱鲆科、刺鲆科）的鱼片（野生刺鲆科）。

② 该税号项下检验检疫编码及对应中文名称尚有：106　鲜或冷的犀鳕科、多丝真鳕科、鳕科、长尾鳕科、黑鳕科、无须鳕科、深海鳕科及南极鳕科鱼的鱼片（无须鳕科），107　鲜或冷的犀鳕科、多丝真鳕科、鳕科、长尾鳕科、黑鳕科、无须鳕科、深海鳕科及南极鳕科鱼的鱼片（深海鳕科），108　鲜或冷的犀鳕科、多丝真鳕科、鳕科、长尾鳕科、黑鳕科、无须鳕科、深海鳕科及南极鳕科鱼的鱼片（南极鳕科鱼）。

税则号列 HS国际统一前6位	本国子目 7~8位	本国子目 9~10位	货品名称中英文 中文 货物名称	货品名称中英文 英文 Article Description	税费综合信息	计量单位	监管证件代码 进口	监管证件代码 出口	检验检疫类别 进口	检验检疫类别 出口	检验检疫编码	检验检疫编码对应中文名称
030446	00		鲜或冷的南极犬牙鱼（南极犬牙鱼属）的鱼片	Fish fillets of Toothfish (Dissostichus spp.), fresh or chilled	【最】7【普】70 【协亚太】5.3【协东盟】0【协香港】0 【协澳门】0【协巴基斯坦】5【协智利】0 【协新西兰】0【协秘鲁】0【协哥斯达黎加】0 【协冰岛】0【协瑞士】4.8【协澳大利亚】0 【协韩国】6【协格鲁吉亚】0 【特东缅甸】0【特-1】0【特-2】0【特-3】0 【增】10【出】0【退】10	千克	AU	B	PR	QS	999	鲜或冷的南极犬牙鱼（南极犬牙鱼属）的鱼片
030447	00	10	鲜或冷的濒危鲨鱼的鱼片	Fresh or chilled fillets of endangered Shark	【最】7【普】70 【协亚太】5.3【协东盟】0【协香港】0 【协澳门】0【协巴基斯坦】5【协智利】0 【协新西兰】0【协秘鲁】0【协哥斯达黎加】0 【协冰岛】0【协瑞士】4.8【协澳大利亚】0 【协韩国】6【协格鲁吉亚】0 【特东缅甸】0【特-1】0【特-2】0【特-3】0 【增】10【出】0【退】0	千克	AF	BE	PR	QS	999	鲜或冷的濒危鲨鱼的鱼片
030447	00	90	鲜或冷的其他鲨鱼的鱼片	Fresh or chilled fillets of other Shark	【最】7【普】70 【协亚太】5.3【协东盟】0【协香港】0 【协澳门】0【协巴基斯坦】5【协智利】0 【协新西兰】0【协秘鲁】0【协哥斯达黎加】0 【协冰岛】0【协瑞士】4.8【协澳大利亚】0 【协韩国】6【协格鲁吉亚】0 【特东缅甸】0【特-1】0【特-2】0【特-3】0 【增】10【出】0【退】10	千克	A	B	PR	QS	999	鲜或冷的其他鲨鱼的鱼片
030448	00	10	鲜或冷的濒危魟鱼及鳐鱼的鱼片	Fresh or chilled fillets of endangered Ray and skates	【最】7【普】70 【协亚太】5.3【协东盟】0【协香港】0 【协澳门】0【协巴基斯坦】5【协智利】0 【协新西兰】0【协秘鲁】0【协哥斯达黎加】0 【协冰岛】0【协瑞士】4.8【协澳大利亚】0 【协韩国】6【协格鲁吉亚】0 【特东缅甸】0【特-1】0【特-2】0【特-3】0 【增】10【出】0【退】0	千克	AF	BE	PR	QS	999	鲜或冷的濒危魟鱼及鳐鱼的鱼片
030448	00	90	鲜或冷的其他魟鱼及鳐鱼的鱼片	Fresh or chilled fillets of other Ray and skates	【最】7【普】70 【协亚太】5.3【协东盟】0【协香港】0 【协澳门】0【协巴基斯坦】5【协智利】0 【协新西兰】0【协秘鲁】0【协哥斯达黎加】0 【协冰岛】0【协瑞士】4.8【协澳大利亚】0 【协韩国】6【协格鲁吉亚】0 【特东缅甸】0【特-1】0【特-2】0【特-3】0 【增】10【出】0【退】10	千克	A	B	PR	QS	999	鲜或冷的其他魟鱼及鳐鱼的鱼片
030449	00	10	鲜或冷的其他濒危鱼的鱼片	Fillets of endangered fish, fresh or chilled	【最】7【普】70 【协亚太】5.3【协东盟】0【协香港】0 【协澳门】0【协巴基斯坦】5【协智利】0 【协新西兰】0【协秘鲁】0【协哥斯达黎加】0 【协冰岛】0【协瑞士】4.8【协澳大利亚】0 【协韩国】6【协格鲁吉亚】0 【特东缅甸】0【特-1】0【特-2】0【特-3】0 【增】10【出】0【退】0	千克	AF	BE	PR	QS	999	鲜或冷的其他濒危鱼的鱼片
030449	00	90	鲜或冷的其他鱼的鱼片	Fillets of other fish, fresh or chilled	【最】7【普】70 【协亚太】5.3【协东盟】0【协香港】0 【协澳门】0【协巴基斯坦】5【协智利】0 【协新西兰】0【协秘鲁】0【协哥斯达黎加】0 【协冰岛】0【协瑞士】4.8【协澳大利亚】0 【协韩国】6【协格鲁吉亚】0 【特东缅甸】0【特-1】0【特-2】0【特-3】0 【增】10【出】0【退】10	千克	A	B	PR	QS	999	鲜或冷的其他鱼的鱼片
030451	00	10	鲜或冷的花鳗鲡的鱼肉	Fish meat (whether or not minced) of marbled eels (Anguilla marmorata), fresh or chilled	【最】7【普】70 【协亚太】5.3【协东盟】0【协香港】0 【协澳门】0【协巴基斯坦】5【协智利】0 【协新西兰】0【协秘鲁】0【协哥斯达黎加】0 【协冰岛】0【协瑞士】4.8【协澳大利亚】0 【协韩国】6【协格鲁吉亚】0 【特东缅甸】0【特-1】0【特-2】0【特-3】0 【增】10【出】0【退】10	千克	A	BE	PR	QS	101 102	鲜或冷的花鳗鲡的鱼肉（不论是否绞碎）（养殖） 鲜或冷的花鳗鲡的鱼肉（不论是否绞碎）（野生）

税则号列			货品名称中英文		税费综合信息	计量单位	监管证件代码		检验检疫类别		检验检疫编码	检验检疫编码对应中文名称
HS国际统一前6位	本国子目7~8位	本国子目9~10位	中文货物名称	英文Article Description			进口	出口	进口	出口		
030451	00	20	鲜或冷的欧洲鳗鲡的鱼肉（不论是否绞碎）	Fish meat (whether or not minced) of european eels, fresh or chilled	【最】7【普】70 【协亚太】5.3【协东盟】0【协香港】0 【协澳门】0【协巴基斯坦】5【协智利】0 【协新西兰】0【协秘鲁】0【协哥斯达黎加】0 【协冰岛】0【协瑞士】4.8【协澳大利亚】0 【协韩国】6【协格鲁吉亚】0 【特东缅甸】0【特-1】0【特-2】0【特-3】0 【增】10【出】0【退】10	千克	AF	BE	PR	QS	101 102	鲜或冷的欧洲鳗鲡的鱼肉（不论是否绞碎）(养殖) 鲜或冷的欧洲鳗鲡的鱼肉（不论是否绞碎）(野生)
030451	00	90	鲜或冷的罗非鱼（口孵非鲫属）、鲶鱼(鲑鲶属、鲶属、胡鲶属、真鮰属)、鲤科鱼（鲤属、鲫属、草鱼、鲢属、鳙属、青鱼、卡特拉鲃、野鲮属、哈氏纹唇鱼、何氏细须鲃、鲂属)、其他鳗鱼（鳗鲡属)、尼罗河鲈鱼（尼罗尖吻鲈）及黑鱼(醴属）的鱼肉	Fish meat(whether or not minced) of tilapas (Oreochromis spp.), Catfish (Pangasius spp., Silurus spp., Clarias spp., Ictalurus spp.), carp(Cyprinus carpio, Carassius carassius, Ctenopharyngodon idellus, Hypophthalmichthys spp., Cirrhinus spp., Mylopharyngodo piceus), other eels (Anguilla spp.), Nile perch (Lates niloticus) and snakeheads (Channa spp.) (whether or not minced), fresh orchilled	【最】7【普】70 【协亚太】5.3【协东盟】0【协香港】0 【协澳门】0【协巴基斯坦】5【协智利】0 【协新西兰】0【协秘鲁】0【协哥斯达黎加】0 【协冰岛】0【协瑞士】4.8【协澳大利亚】0 【协韩国】6【协格鲁吉亚】0 【特东缅甸】0【特-1】0【特-2】0【特-3】0 【增】10【出】0【退】10	千克	A	B	PR	QS	101 102 103 104	鲜或冷的罗非鱼（口孵非鲫属）、鲶鱼（鲑鲶属、鲶属、胡鲶属、真鮰属）、鲤科鱼（鲤属、鲫属、草鱼、鲢属、鳙属、青鱼、卡特拉鲃、野鲮属、哈氏纹唇鱼、何氏细须鲃、鲂属）、其他鳗鱼（鳗鲡属）、尼罗河鲈鱼（尼罗尖吻鲈）及黑鱼（醴属）的鱼肉［鲜或冷的养殖罗非鱼（口孵非鲫属）］ 鲜或冷的罗非鱼（口孵非鲫属）、鲶鱼（鲑鲶属、鲶属、胡鲶属、真鮰属）、鲤科鱼（鲤属、鲫属、草鱼、鲢属、鳙属、青鱼、卡特拉鲃、野鲮属、哈氏纹唇鱼、何氏细须鲃、鲂属）、其他鳗鱼（鳗鲡属）、尼罗河鲈鱼（尼罗尖吻鲈）及黑鱼（醴属）的鱼肉（鲜或冷的养殖鲶鱼鲑鲶属） 鲜或冷的罗非鱼（口孵非鲫属）、鲶鱼（鲑鲶属、鲶属、胡鲶属、真鮰属）、鲤科鱼（鲤属、鲫属、草鱼、鲢属、鳙属、青鱼、卡特拉鲃、野鲮属、哈氏纹唇鱼、何氏细须鲃、鲂属）、其他鳗鱼（鳗鲡属）、尼罗河鲈鱼（尼罗尖吻鲈）及黑鱼（醴属）的鱼肉（鲜或冷的养殖胡鲶属） 鲜或冷的罗非鱼（口孵非鲫属）、鲶鱼（鲑鲶属、鲶属、胡鲶属、真鮰属）、鲤科鱼（鲤属、鲫属、草鱼、鲢属、鳙属、青鱼、卡特拉鲃、野鲮属、哈氏纹唇鱼、何氏细须鲃、鲂属）、其他鳗鱼（鳗鲡属）、尼罗河鲈鱼（尼罗尖吻鲈）及黑鱼（醴属）的鱼肉（鲜或冷的养殖真鮰属）

税则号列 HS国际统一前6位	本国子目 7~8位	本国子目 9~10位	货品名称中英文 中文 货物名称	货品名称中英文 英文 Article Description	税费综合信息	计量单位	监管证件代码 进口	监管证件代码 出口	检验检疫类别 进口	检验检疫类别 出口	检验检疫编码	检验检疫编码对应中文名称
											105	鲜或冷的罗非鱼（口孵非鲫属）、鲶鱼（𫚥鲶属、鲶属、胡鲶属、真鮰属）、鲤科鱼（鲤属、鲫属、草鱼、鲢属、鲮属、青鱼、卡特拉鲃、野鲮属、哈氏纹唇鱼、何氏细须鲃、鲂属）、其他鳗鱼（鳗鲡属）、尼罗河鲈鱼（尼罗尖吻鲈）及黑鱼（鳢属）的鱼肉（鲜或冷的养殖鲤属）
											……	……①

① 该税号项下检验检疫编码及对应中文名称尚有：106　鲜或冷的罗非鱼（口孵非鲫属）、鲶鱼（𫚥鲶属、鲶属、胡鲶属、真鮰属）、鲤科鱼（鲤属、鲫属、草鱼、鲢属、鲮属、青鱼、卡特拉鲃、野鲮属、哈氏纹唇鱼、何氏细须鲃、鲂属）、其他鳗鱼（鳗鲡属）、尼罗河鲈鱼（尼罗尖吻鲈）及黑鱼（鳢属）的鱼肉（鲜或冷的养殖鲫属），107　鲜或冷的罗非鱼（口孵非鲫属）、鲶鱼（𫚥鲶属、鲶属、胡鲶属、真鮰属）、鲤科鱼（鲤属、鲫属、草鱼、鲢属、鲮属、青鱼、卡特拉鲃、野鲮属、哈氏纹唇鱼、何氏细须鲃、鲂属）、其他鳗鱼（鳗鲡属）、尼罗河鲈鱼（尼罗尖吻鲈）及黑鱼（鳢属）的鱼肉（鲜或冷的养殖草鱼），108　鲜或冷的罗非鱼（口孵非鲫属）、鲶鱼（𫚥鲶属、鲶属、胡鲶属、真鮰属）、鲤科鱼（鲤属、鲫属、草鱼、鲢属、鲮属、青鱼、卡特拉鲃、野鲮属、哈氏纹唇鱼、何氏细须鲃、鲂属）、其他鳗鱼（鳗鲡属）、尼罗河鲈鱼（尼罗尖吻鲈）及黑鱼（鳢属）的鱼肉（鲜或冷的养殖鲢属），109　鲜或冷的罗非鱼（口孵非鲫属）、鲶鱼（𫚥鲶属、鲶属、胡鲶属、真鮰属）、鲤科鱼（鲤属、鲫属、草鱼、鲢属、鲮属、青鱼、卡特拉鲃、野鲮属、哈氏纹唇鱼、何氏细须鲃、鲂属）、其他鳗鱼（鳗鲡属）、尼罗河鲈鱼（尼罗尖吻鲈）及黑鱼（鳢属）的鱼肉（鲜或冷的养殖鲮属），110　鲜或冷的罗非鱼（口孵非鲫属）、鲶鱼（𫚥鲶属、鲶属、胡鲶属、真鮰属）、鲤科鱼（鲤属、鲫属、草鱼、鲢属、鲮属、青鱼、卡特拉鲃、野鲮属、哈氏纹唇鱼、何氏细须鲃、鲂属）、其他鳗鱼（鳗鲡属）、尼罗河鲈鱼（尼罗尖吻鲈）及黑鱼（鳢属）的鱼肉（鲜或冷的养殖青鱼），111　鲜或冷的罗非鱼（口孵非鲫属）、鲶鱼（𫚥鲶属、鲶属、胡鲶属、真鮰属）、鲤科鱼（鲤属、鲫属、草鱼、鲢属、鲮属、青鱼、卡特拉鲃、野鲮属、哈氏纹唇鱼、何氏细须鲃、鲂属）、其他鳗鱼（鳗鲡属）、尼罗河鲈鱼（尼罗尖吻鲈）及黑鱼（鳢属）的鱼肉[鲜或冷的养殖其他鳗鱼（鳗鲡属）]，112　鲜或冷的罗非鱼（口孵非鲫属）、鲶鱼（𫚥鲶属、鲶属、胡鲶属、真鮰属）、鲤科鱼（鲤属、鲫属、草鱼、鲢属、鲮属、青鱼、卡特拉鲃、野鲮属、哈氏纹唇鱼、何氏细须鲃、鲂属）、其他鳗鱼（鳗鲡属）、尼罗河鲈鱼（尼罗尖吻鲈）及黑鱼（鳢属）的鱼肉[鲜或冷的养殖尼罗河鲈鱼（尼罗尖吻鲈）]，113　鲜或冷的罗非鱼（口孵非鲫属）、鲶鱼（𫚥鲶属、鲶属、胡鲶属、真鮰属）、鲤科鱼（鲤属、鲫属、草鱼、鲢属、鲮属、青鱼、卡特拉鲃、野鲮属、哈氏纹唇鱼、何氏细须鲃、鲂属）、其他鳗鱼（鳗鲡属）、尼罗河鲈鱼（尼罗尖吻鲈）及黑鱼（鳢属）的鱼肉[鲜或冷的养殖黑鱼（鳢属）]，114　鲜或冷的罗非鱼（口孵非鲫属）、鲶鱼（𫚥鲶属、鲶属、胡鲶属、真鮰属）、鲤科鱼（鲤属、鲫属、草鱼、鲢属、鲮属、青鱼、卡特拉鲃、野鲮属、哈氏纹唇鱼、何氏细须鲃、鲂属）、其他鳗鱼（鳗鲡属）、尼罗河鲈鱼（尼罗尖吻鲈）及黑鱼（鳢属）的鱼肉[鲜或冷的野生罗非鱼（口孵非鲫属）]，115　鲜或冷的罗非鱼（口孵非鲫属）、鲶鱼（𫚥鲶属、鲶属、胡鲶属、真鮰属）、鲤科鱼（鲤属、鲫属、草鱼、鲢属、鲮属、青鱼、卡特拉鲃、野鲮属、哈氏纹唇鱼、何氏细须鲃、鲂属）、其他鳗鱼（鳗鲡属）、尼罗河鲈鱼（尼罗尖吻鲈）及黑鱼（鳢属）的鱼肉（鲜或冷的野生鲶鱼𫚥鲶属），116　鲜或冷的罗非鱼（口孵非鲫属）、鲶鱼（𫚥鲶属、鲶属、胡鲶属、真鮰属）、鲤科鱼（鲤属、鲫属、草鱼、鲢属、鲮属、青鱼、卡特拉鲃、野鲮属、哈氏纹唇鱼、何氏细须鲃、鲂属）、其他鳗鱼（鳗鲡属）、尼罗河鲈鱼（尼罗尖吻鲈）及黑鱼（鳢属）的鱼肉（鲜或冷的野生胡鲶属），117　鲜或冷的罗非鱼（口孵非鲫属）、鲶鱼（𫚥鲶属、鲶属、胡鲶属、真鮰属）、鲤科鱼（鲤属、鲫属、草鱼、鲢属、鲮属、青鱼、卡特拉鲃、野鲮属、哈氏纹唇鱼、何氏细须鲃、鲂属）、其他鳗鱼（鳗鲡属）、尼罗河鲈鱼（尼罗尖吻鲈）及黑鱼（鳢属）的鱼肉（鲜或冷的野生真鮰属），118　鲜或冷的罗非鱼（口孵非鲫属）、鲶鱼（𫚥鲶属、鲶属、胡鲶属、真鮰属）、鲤科鱼（鲤属、鲫属、草鱼、鲢属、鲮属、青鱼、卡特拉鲃、野鲮属、哈氏纹唇鱼、何氏细须鲃、鲂属）、其他鳗鱼（鳗鲡属）、尼罗河鲈鱼（尼罗尖吻鲈）及黑鱼（鳢属）的鱼肉（鲜或冷的野生鲤属），119　鲜或冷的罗非鱼（口孵非鲫属）、鲶鱼（𫚥鲶属、鲶属、胡鲶属、真鮰属）、鲤科鱼（鲤属、鲫属、草鱼、鲢属、鲮属、青鱼、卡特拉鲃、野鲮属、哈氏纹唇鱼、何氏细须鲃、鲂属）、其他鳗鱼（鳗鲡属）、尼罗河鲈鱼（尼罗尖吻鲈）及黑鱼（鳢属）的鱼肉（鲜或冷的野生鲫属），120　鲜或冷的罗非鱼（口孵非鲫属）、鲶鱼（𫚥鲶属、鲶属、胡鲶属、真鮰属）、鲤科鱼（鲤属、鲫属、草鱼、鲢属、鲮属、青鱼、卡特拉鲃、野鲮属、哈氏纹唇鱼、何氏细须鲃、鲂属）、其他鳗鱼（鳗鲡属）、尼罗河鲈鱼（尼罗尖吻鲈）及黑鱼（鳢属）的鱼肉（鲜或冷的野生草鱼），121　鲜或冷的罗非鱼（口孵非鲫属）、鲶鱼（𫚥鲶属、鲶属、胡鲶属、真鮰属）、鲤科鱼（鲤属、鲫属、草鱼、鲢属、鲮属、青鱼、卡特拉鲃、野鲮属、哈氏纹唇鱼、何氏细须鲃、鲂属）、其他鳗鱼（鳗鲡属）、尼罗河鲈鱼（尼罗尖吻鲈）及黑鱼（鳢属）的鱼肉（鲜或冷的野生鲢属），122　鲜或冷的罗非鱼（口孵非鲫属）、鲶鱼（𫚥鲶属、鲶属、胡鲶属、真鮰属）、鲤科鱼（鲤属、鲫属、草鱼、鲢属、鲮属、青鱼、卡特拉鲃、野鲮属、哈氏纹唇鱼、何氏细须鲃、鲂属）、其他鳗鱼（鳗鲡属）、尼罗河鲈鱼（尼罗尖吻鲈）及黑鱼（鳢属）的鱼肉（鲜或冷的野生鲮属），123　鲜或冷的罗非鱼（口孵非鲫属）、鲶鱼（𫚥鲶属、鲶属、胡鲶属、真鮰属）、鲤科鱼（鲤属、鲫属、草鱼、鲢属、鲮属、青鱼、卡特拉鲃、野鲮属、哈氏纹唇鱼、何氏细须鲃、鲂属）、其他鳗鱼（鳗鲡属）、尼罗河鲈鱼（尼罗尖吻鲈）及黑鱼（鳢属）的鱼肉（鲜或冷的野生青鱼），124　鲜或冷的罗非鱼（口孵非鲫属）、鲶鱼（𫚥鲶属、鲶属、胡鲶属、真鮰属）、鲤科鱼（鲤属、鲫属、草鱼、鲢属、鲮属、青鱼、卡特拉鲃、野鲮属、哈氏纹唇鱼、何氏细须鲃、鲂属）、其他鳗鱼（鳗鲡属）、尼罗河鲈鱼（尼罗尖吻鲈）及黑鱼（鳢属）的鱼肉[鲜或冷的野生其他鳗鱼（鳗鲡属）]，125　鲜或冷的罗非鱼（口孵非鲫属）、鲶鱼（𫚥鲶属、鲶属、胡鲶属、真鮰属）、鲤科鱼（鲤属、鲫属、草鱼、鲢属、鲮属、青鱼、卡特拉鲃、野鲮属、哈氏纹唇鱼、何氏细须鲃、鲂属）、其他鳗鱼（鳗鲡属）、尼罗河鲈鱼（尼罗尖吻鲈）及黑鱼（鳢属）的鱼肉[鲜或冷的野生尼罗河鲈鱼（尼罗尖吻鲈）]，126　鲜或冷的罗非鱼（口孵非鲫属）、鲶鱼（𫚥鲶属、鲶属、胡鲶属、真鮰属）、鲤科鱼（鲤属、鲫属、草鱼、鲢属、鲮属、青鱼、卡特拉鲃、野鲮属、哈氏纹唇鱼、何氏细须鲃、鲂属）、其他鳗鱼（鳗鲡属）、尼罗河鲈鱼（尼罗尖吻鲈）及黑鱼（鳢属）的鱼肉[鲜或冷的野生黑鱼（鳢属）]，127　鲜或冷的罗非鱼（口孵非鲫属）、鲶鱼（𫚥鲶属、鲶属、胡鲶属、真鮰属）、鲤科鱼（鲤属、鲫属、草鱼、鲢属、鲮属、青鱼、卡特拉鲃、野鲮属、哈氏纹唇鱼、何氏细须鲃、鲂属）、其他鳗鱼（鳗鲡属）、尼罗河鲈鱼（尼罗尖吻鲈）及黑鱼（鳢属）的鱼肉（鲜或冷的养殖鲶属），128　鲜或冷的罗非鱼（口孵非鲫属）、鲶鱼（𫚥鲶属、鲶属、胡鲶属、真鮰属）、鲤科鱼（鲤属、鲫属、草鱼、鲢属、鲮属、青鱼、卡特拉鲃、野鲮属、哈氏纹唇鱼、何氏细须鲃、鲂属）、其他鳗鱼（鳗鲡属）、尼罗河鲈鱼（尼罗尖吻鲈）及黑鱼（鳢属）的鱼肉[鲜或冷的养殖其他鲤科鱼（卡特拉鲃、野鲮属、哈氏纹唇鱼、何氏细须鲃、鲂属）]，129　鲜或冷的罗非鱼（口孵非鲫属）、鲶鱼（𫚥鲶属、鲶属、胡鲶属、真鮰属）、鲤科鱼（鲤属、鲫属、草鱼、鲢属、鲮属、青鱼、卡特拉鲃、野鲮属、哈氏纹唇鱼、何氏细须鲃、鲂属）、其他鳗鱼（鳗鲡属）、尼罗河鲈鱼（尼罗尖吻鲈）及黑鱼（鳢属）的鱼肉（鲜或冷的野生鲶属），130　鲜或冷的罗非鱼（口孵非鲫属）、鲶鱼（𫚥鲶属、鲶属、胡鲶属、真鮰属）、鲤科鱼（鲤属、鲫属、草鱼、鲢属、鲮属、青鱼、卡特拉鲃、野鲮属、哈氏纹唇鱼、何氏细须鲃、鲂属）、其他鳗鱼（鳗鲡属）、尼罗河鲈鱼（尼罗尖吻鲈）及黑鱼（鳢属）的鱼肉[鲜或冷的野生其他鲤科鱼（卡特拉鲃、野鲮属、哈氏纹唇鱼、何氏细须鲃、鲂属）]。

税则号列			货品名称中英文		税费综合信息	计量单位	监管证件代码		检验检疫类别		检验检疫编码	检验检疫编码对应中文名称
HS 国际统一前 6 位	本国子目 7~8 位	9~10 位	中文 货物名称	英文 Article Description			进口	出口	进口	出口		
030452	00		鲜或冷的鲑科鱼的鱼肉	Fish meat(whether or not minced) of salmonidae, fresh, chilled	【最】7【普】70 【协亚太】5.3【协东盟】0【协香港】0 【协澳门】0【协巴基斯坦】5【协智利】0 【协新西兰】0【协秘鲁】0【协哥斯达黎加】0 【协冰岛】0【协瑞士】4.8【协澳大利亚】0 【协韩国】6【协格鲁吉亚】0 【特东缅甸】0【特-1】0【特-2】0【特-3】0 【增】10【出】0【退】10	千克	A	B	PR	QS	101 102	鲜或冷的鲑科鱼的鱼肉（不论是否绞碎）（养殖） 鲜或冷的鲑科鱼的鱼肉（不论是否绞碎）（野生）
030453	00		鲜或冷的犀鳕科、多丝真鳕科、鳕科、长尾鳕科、黑鳕科、无须鳕科、深海鳕科及南极鳕科鱼的鱼肉	Fish meat(whether or not minced) of fish of the families Bregmacerotidae, Euclichthyidae, Gadidae, Macrouridae, Moridae and Muraenolepididae, fresh, chilled	【最】7【普】70 【协亚太】5.3【协东盟】0【协香港】0 【协澳门】0【协巴基斯坦】5【协智利】0 【协新西兰】0【协秘鲁】0【协哥斯达黎加】0 【协冰岛】0【协瑞士】4.8【协澳大利亚】0 【协韩国】6【协格鲁吉亚】0 【特东缅甸】0【特-1】0【特-2】0【特-3】0 【增】10【出】0【退】10	千克	A	B	PR	QS	101 102 103 104 105 ……	鲜或冷的犀鳕科、多丝真鳕科、鳕科、长尾鳕科、黑鳕科、无须鳕科、深海鳕科及南极鳕科鱼的鱼肉（不论是否绞碎）（犀鳕科） 鲜或冷的犀鳕科、多丝真鳕科、鳕科、长尾鳕科、黑鳕科、无须鳕科、深海鳕科及南极鳕科鱼的鱼肉（不论是否绞碎）（多丝真鳕科） 鲜或冷的犀鳕科、多丝真鳕科、鳕科、长尾鳕科、黑鳕科、无须鳕科、深海鳕科及南极鳕科鱼的鱼肉（不论是否绞碎）（鳕科） 鲜或冷的犀鳕科、多丝真鳕科、鳕科、长尾鳕科、黑鳕科、无须鳕科、深海鳕科及南极鳕科鱼的鱼肉（不论是否绞碎）（长尾鳕科） 鲜或冷的犀鳕科、多丝真鳕科、鳕科、长尾鳕科、黑鳕科、无须鳕科、深海鳕科及南极鳕科鱼的鱼肉（不论是否绞碎）（黑鳕科） ……①
030454	00		鲜或冷的剑鱼鱼肉	Fish meat(whether or not minced) of Swordfish (Xiphias gladius), fresh or chilled	【最】7【普】70 【协亚太】5.3【协东盟】0【协香港】0 【协澳门】0【协巴基斯坦】5【协智利】0 【协新西兰】0【协秘鲁】0【协哥斯达黎加】0 【协冰岛】0【协瑞士】4.8【协澳大利亚】0 【协韩国】6【协格鲁吉亚】0 【特东缅甸】0【特-1】0【特-2】0【特-3】0 【增】10【出】0【退】10	千克	AU	B	PR	QS	999	鲜或冷的剑鱼鱼肉（不论是否绞碎）
030455	00		鲜或冷的南极犬牙鱼（南极犬牙鱼属）的鱼肉	Fish meat(whether or not minced) of Toothfish (Dissostichus spp.), fresh or chilled	【最】7【普】70 【协亚太】5.3【协东盟】0【协香港】0 【协澳门】0【协巴基斯坦】5【协智利】0 【协新西兰】0【协秘鲁】0【协哥斯达黎加】0 【协冰岛】0【协瑞士】4.8【协澳大利亚】0 【协韩国】6【协格鲁吉亚】0 【特东缅甸】0【特-1】0【特-2】0【特-3】0 【增】10【出】0【退】10	千克	AU	B	PR	QS	999	鲜或冷的南极犬牙鱼（南极犬牙鱼属）的鱼肉（不论是否绞碎）
030456	00	10	鲜或冷的濒危鲨鱼肉（不论是否绞碎）	Fresh or chilled fish meat of endangered Shark, whether or not minced	【最】7【普】70 【协亚太】5.3【协东盟】0【协香港】0 【协澳门】0【协巴基斯坦】5【协智利】0 【协新西兰】0【协秘鲁】0【协哥斯达黎加】0 【协冰岛】0【协瑞士】4.8【协澳大利亚】0 【协韩国】6【协格鲁吉亚】0 【特东缅甸】0【特-1】0【特-2】0【特-3】0 【增】10【出】0【退】0	千克	AF	BE	PR	QS	999	鲜或冷的濒危鲨鱼肉（不论是否绞碎）

① 该税号项下检验检疫编码及对应中文名称尚有：106　鲜或冷的犀鳕科、多丝真鳕科、鳕科、长尾鳕科、黑鳕科、无须鳕科、深海鳕科及南极鳕科鱼的鱼肉（不论是否绞碎）（无须鳕科），107　鲜或冷的犀鳕科、多丝真鳕科、鳕科、长尾鳕科、黑鳕科、无须鳕科、深海鳕科及南极鳕科鱼的鱼肉（不论是否绞碎）（深海鳕科），108　鲜或冷的犀鳕科、多丝真鳕科、鳕科、长尾鳕科、黑鳕科、无须鳕科、深海鳕科及南极鳕科鱼的鱼肉（不论是否绞碎）（南极鳕科）。

税则号列			货品名称中英文		税费综合信息	计量单位	监管证件代码		检验检疫类别		检验检疫编码	检验检疫编码对应中文名称
HS国际统一前6位	本国子目 7~8位	本国子目 9~10位	中文 货物名称	英文 Article Description			进口	出口	进口	出口		
030456	00	90	鲜或冷的其他鲨鱼肉（不论是否绞碎）	Fresh or chilled fish meat of other Shark, whether or not minced	【最】7【普】70 【协亚太】5.3【协东盟】0【协香港】0 【协澳门】0【协巴基斯坦】5【协智利】0 【协新西兰】0【协秘鲁】0【协哥斯达黎加】0 【协冰岛】0【协瑞士】4.8【协澳大利亚】0 【协韩国】6【协格鲁吉亚】0 【特东缅甸】0【特-1】0【特-2】0【特-3】0 【增】10【出】0【退】10	千克	A	B	PR	QS	999	鲜或冷的其他鲨鱼肉（不论是否绞碎）
030457	00	10	鲜或冷的濒危魟鱼及鳐鱼的鱼肉（不论是否绞碎）	Fresh or chilled fish meat of endangered Ray and skates, whether or not minced	【最】7【普】70 【协亚太】5.3【协东盟】0【协香港】0 【协澳门】0【协巴基斯坦】5【协智利】0 【协新西兰】0【协秘鲁】0【协哥斯达黎加】0 【协冰岛】0【协瑞士】4.8【协澳大利亚】0 【协韩国】6【协格鲁吉亚】0 【特东缅甸】0【特-1】0【特-2】0【特-3】0 【增】10【出】0【退】0	千克	AF	BE	PR	QS	999	鲜或冷的濒危魟鱼及鳐鱼的鱼肉（不论是否绞碎）
030457	00	90	鲜或冷的其他魟鱼及鳐鱼的鱼肉（不论是否绞碎）	Fresh or chilled fish meat of other Ray and skates, whether or not minced	【最】7【普】70 【协亚太】5.3【协东盟】0【协香港】0 【协澳门】0【协巴基斯坦】5【协智利】0 【协新西兰】0【协秘鲁】0【协哥斯达黎加】0 【协冰岛】0【协瑞士】4.8【协澳大利亚】0 【协韩国】6【协格鲁吉亚】0 【特东缅甸】0【特-1】0【特-2】0【特-3】0 【增】10【出】0【退】10	千克	A	B	PR	QS	999	鲜或冷的其他魟鱼及鳐鱼的鱼肉（不论是否绞碎）
030459	00	10	鲜或冷的其他濒危鱼的鱼肉（不论是否绞碎）	Fish meat(whether or not minced) of other endangered fish not elsewhere specified, fresh or chilled	【最】7【普】70 【协亚太】5.3【协东盟】0【协香港】0 【协澳门】0【协巴基斯坦】5【协智利】0 【协新西兰】0【协秘鲁】0【协哥斯达黎加】0 【协冰岛】0【协瑞士】4.8【协澳大利亚】0 【协韩国】6【协格鲁吉亚】0 【特东缅甸】0【特-1】0【特-2】0【特-3】0 【增】10【出】0【退】0	千克	AF	BE	PR	QS	999	鲜或冷的其他濒危鱼的鱼肉（不论是否绞碎）
030459	00	90	鲜或冷的其他鱼的鱼肉（不论是否绞碎）	Fish meat(whether or not minced) of other fish not elsewhere specified, fresh or chilled	【最】7【普】70 【协亚太】5.3【协东盟】0【协香港】0 【协澳门】0【协巴基斯坦】5【协智利】0 【协新西兰】0【协秘鲁】0【协哥斯达黎加】0 【协冰岛】0【协瑞士】4.8【协澳大利亚】0 【协韩国】6【协格鲁吉亚】0 【特东缅甸】0【特-1】0【特-2】0【特-3】0 【增】10【出】0【退】10	千克	A	B	PR	QS	101 102 103 104 105 ……	鲜或冷的其他鱼的鱼肉（不论是否绞碎）（养殖石斑鱼） 鲜或冷的其他鱼的鱼肉（不论是否绞碎）（养殖鲥鱼） 鲜或冷的其他鱼的鱼肉（不论是否绞碎）［养殖鲷科（非生食）］ 鲜或冷的其他鱼的鱼肉（不论是否绞碎）［养殖鲷科（可能用于生食）］ 鲜或冷的其他鱼的鱼肉（不论是否绞碎）（养殖安康鱼） ……①
030461	00		冻罗非鱼（口孵非鲫属）鱼片	Frozen fillets of tilapas (Oreochromis spp.)	【最】7【普】70 【协东盟】0【协香港】0【协澳门】0 【协巴基斯坦】5【协智利】0【协新西兰】0 【协秘鲁】0【协哥斯达黎加】0【协冰岛】0 【协瑞士】0【协澳大利亚】0【协韩国】5 【协格鲁吉亚】0 【特东柬埔寨】0【特东缅甸】0【特-1】0 【特-2】0【特-3】0 【增】10【对美加征】25【出】0【退】10	千克	A	B	PR	QS	999	冻罗非鱼（口孵非鲫属）鱼片

① 该税号项下检验检疫编码及对应中文名称尚有：106 鲜或冷的其他鱼的鱼肉（不论是否绞碎）（养殖海鲂），107 鲜或冷的其他鱼的鱼肉（不论是否绞碎）（养殖鲆鱼），108 鲜或冷的其他鱼的鱼肉（不论是否绞碎）（养殖其他鱼），109 鲜或冷的其他鱼的鱼肉（不论是否绞碎）［野生鲷科（非生食）］，110 鲜或冷的其他鱼的鱼肉（不论是否绞碎）［野生鲷科（可能用于生食）］，111 鲜或冷的其他鱼的鱼肉（不论是否绞碎）（野生石斑鱼），112 鲜或冷的其他鱼的鱼肉（不论是否绞碎）（野生鲥鱼），113 鲜或冷的其他鱼的鱼肉（不论是否绞碎）（野生安康鱼），114 鲜或冷的其他鱼的鱼肉（不论是否绞碎）（野生海鲂），115 鲜或冷的其他鱼的鱼肉（不论是否绞碎）（野生鲆鱼），116 鲜或冷的其他鱼的鱼肉（不论是否绞碎）（野生鲽鱼），117 鲜或冷的其他鱼的鱼肉（不论是否绞碎）（海鲫鱼），118 鲜或冷的其他鱼的鱼肉（不论是否绞碎）（金线鱼），119 鲜或冷的其他鱼的鱼肉（不论是否绞碎）（马面鱼），120 鲜或冷的其他鱼的鱼肉（不论是否绞碎）（马鲛鱼），121 鲜或冷的其他鱼的鱼肉（不论是否绞碎）（野生其他鱼）。

税则号列			货品名称中英文		税费综合信息	计量单位	监管证件代码		检验检疫类别		检验检疫编码	检验检疫编码对应中文名称
HS 国际统一前6位	本国子目 7~8位	9~10位	中文 货物名称	英文 Article Description			进口	出口	进口	出口		
030462	11		冻斑点叉尾鮰鱼片	Frozen fillets of Channel catfish (Ictalurus Punctatus)	【最】7【普】70 【协东盟】0【协香港】0【协澳门】0 【协巴基斯坦】5【协智利】0【协新西兰】0 【协秘鲁】0【协哥斯达黎加】0【协冰岛】0 【协瑞士】0【协澳大利亚】0【协韩国】5 【协格鲁吉亚】0 【特-1】0【特-2】0【特-3】0 【增】10【对美加征】25【出】0【退】10	千克	A	B	PR	QS	101 102	冻斑点叉尾鮰鱼鱼片(斑点叉尾鮰鱼亦称沟鲶，属于鲇形目、叉尾鮰科、叉尾鮰属。)(养殖) 冻斑点叉尾鮰鱼片(斑点叉尾鮰鱼亦称沟鲶，属于鲇形目、叉尾鮰科、叉尾鮰属。)(野生)
030462	19		冻的其他叉尾鮰鱼片	Frozen fillets of other catfish(other channel catfish)	【最】7【普】70 【协东盟】0【协香港】0【协澳门】0 【协巴基斯坦】5【协智利】0【协新西兰】0 【协秘鲁】0【协哥斯达黎加】0【协冰岛】0 【协瑞士】0【协澳大利亚】0【协韩国】5 【协格鲁吉亚】0 【特-1】0【特-2】0【特-3】0 【增】10【对美加征】25【出】0【退】10	千克	A	B	PR	QS	101 102	冻的其他叉尾鮰鱼片(养殖) 冻的其他叉尾鮰鱼片(野生)
030462	90		冻的其他鲶鱼(鮀鲶属、鲶属、胡鲶属、真鮰属)鱼片	Frozen fillets of other catfish(other than Ictalurus Punctatus)	【最】7【普】70 【协东盟】0【协香港】0【协澳门】0 【协巴基斯坦】5【协智利】0【协新西兰】0 【协秘鲁】0【协台湾】0【协哥斯达黎加】0 【协冰岛】0【协瑞士】0【协澳大利亚】0 【协韩国】5【协格鲁吉亚】0 【特东柬埔寨】0【特东缅甸】0【特-1】0 【特-2】0【特-3】0 【增】10【对美加征】25【出】0【退】10	千克	A	B	PR	QS	101 102 103 104 105 ……	冻的其他鲶鱼(鮀鲶属、鲶属、胡鲶属、真鮰属)鱼片(养殖鮀鲶属) 冻的其他鲶鱼(鮀鲶属、鲶属、胡鲶属、真鮰属)鱼片(养殖胡鲶属) 冻的其他鲶鱼(鮀鲶属、鲶属、胡鲶属、真鮰属)鱼片(养殖真鮰属) 冻的其他鲶鱼(鮀鲶属、鲶属、胡鲶属、真鮰属)鱼片(野生鮀鲶属) 冻的其他鲶鱼(鮀鲶属、鲶属、胡鲶属、真鮰属)鱼片(野生胡鲶属) ……①
030463	00		冻的尼罗河鲈鱼(尼罗尖吻鲈)鱼片	Frozen fillets of nile perch (Lates niloticus)	【最】7【普】70 【协东盟】0【协香港】0【协澳门】0 【协巴基斯坦】5【协智利】0【协新西兰】0 【协秘鲁】0【协台湾】0【协哥斯达黎加】0 【协冰岛】0【协瑞士】0【协澳大利亚】0 【协韩国】5【协格鲁吉亚】0 【特东柬埔寨】0【特东缅甸】0【特-1】0 【特-2】0【特-3】0 【增】10【对美加征】25【出】0【退】10	千克	A	B	PR	QS	999	冻的尼罗河鲈鱼(尼罗尖吻鲈)鱼片
030469	00	10	冻的花鳗鲡鱼片	Frozen fillets of marbled eels (Anguilla marmorata)	【最】7【普】70 【协东盟】0【协香港】0【协澳门】0 【协巴基斯坦】5【协智利】0【协新西兰】0 【协秘鲁】0【协台湾】0【协哥斯达黎加】0 【协冰岛】0【协瑞士】0【协澳大利亚】0 【协韩国】5【协格鲁吉亚】0 【特东柬埔寨】0【特东缅甸】0【特-1】0 【特-2】0【特-3】0 【增】10【对美加征】25【出】0【退】10	千克	A	BE	PR	QS	101 102	冻的花鳗鲡鱼片(养殖) 冻的花鳗鲡鱼片(野生)
030469	00	20	冻的欧洲鳗鲡鱼片	Frozen fillets of european eels (Anguilla anguilla)	【最】7【普】70 【协东盟】0【协香港】0【协澳门】0 【协巴基斯坦】5【协智利】0【协新西兰】0 【协秘鲁】0【协台湾】0【协哥斯达黎加】0 【协冰岛】0【协瑞士】0【协澳大利亚】0 【协韩国】5【协格鲁吉亚】0 【特东柬埔寨】0【特东缅甸】0【特-1】0 【特-2】0【特-3】0 【增】10【对美加征】25【出】0【退】10	千克	AF	BE	PR	QS	101 102	冻的欧洲鳗鲡鱼片(养殖) 冻的欧洲鳗鲡鱼片(野生)

① 该税号项下检验检疫编码及对应中文名称尚有：106　冻的其他鲶鱼（鮀鲶属、鲶属、胡鲶属、真鮰属）鱼片（野生真鮰属），107　冻的其他鲶鱼（鮀鲶属、鲶属、胡鲶属、真鮰属）鱼片（养殖鲶属），108　冻的其他鲶鱼（鮀鲶属、鲶属、胡鲶属、真鮰属）鱼片（野生鲶属）。

税则号列			货品名称中英文		税费综合信息	计量单位	监管证件代码		检验检疫类别		检验检疫编码	检验检疫编码对应中文名称
HS国际统一前6位	本国子目 7~8位	9~10位	中文 货物名称	英文 Article Description			进口	出口	进口	出口		
030469	00	90	冻的鲤科鱼（鲤属、鲫属、草鱼、鲢属、鲮属、青鱼、卡特拉鲃、野鲮属、哈氏纹唇鱼、何氏细须鲃、鲂属）、其他鳗鱼（鳗鲡属）及黑鱼（鳢属）的鱼片	Frozen fillets of carp (Cyprinus carpio, Carassius carassius, Ctenopharyngodon idellus, Hypophthalmichthys spp., Cirrhinus spp., Mylopharyngodon piceus), eels (Anguilla spp.) and snakeheads (Channa spp.)	【最】7【普】70 【协东盟】0【协香港】0【协澳门】0 【协巴基斯坦】5【协智利】0【协新西兰】0 【协秘鲁】0【协台湾】0【协哥斯达黎加】0 【协冰岛】0【协瑞士】0【协澳大利亚】0 【协韩国】5【协格鲁吉亚】0 【特东柬埔寨】0【特东缅甸】0【特-1】0 【特-2】0【特-3】0 【增】10【对美加征】25【出】0【退】10	千克	A	B	PR	QS	101	冻的鲤科鱼（鲤属、鲫属、草鱼、鲢属、鲮属、青鱼、卡特拉鲃、野鲮属、哈氏纹唇鱼、何氏细须鲃、鲂属）、其他鳗鱼（鳗鲡属）及黑鱼（鳢属）的鱼片（冻的养殖鲤属）
											102	冻的鲤科鱼（鲤属、鲫属、草鱼、鲢属、鲮属、青鱼、卡特拉鲃、野鲮属、哈氏纹唇鱼、何氏细须鲃、鲂属）、其他鳗鱼（鳗鲡属）及黑鱼（鳢属）的鱼片（冻的养殖鲫属）
											103	冻的鲤科鱼（鲤属、鲫属、草鱼、鲢属、鲮属、青鱼、卡特拉鲃、野鲮属、哈氏纹唇鱼、何氏细须鲃、鲂属）、其他鳗鱼（鳗鲡属）及黑鱼（鳢属）的鱼片（冻的养殖草鱼）
											104	冻的鲤科鱼（鲤属、鲫属、草鱼、鲢属、鲮属、青鱼、卡特拉鲃、野鲮属、哈氏纹唇鱼、何氏细须鲃、鲂属）、其他鳗鱼（鳗鲡属）及黑鱼（鳢属）的鱼片（冻的养殖鲢属）
											105	冻的鲤科鱼（鲤属、鲫属、草鱼、鲢属、鲮属、青鱼、卡特拉鲃、野鲮属、哈氏纹唇鱼、何氏细须鲃、鲂属）、其他鳗鱼（鳗鲡属）及黑鱼（鳢属）的鱼片（冻的养殖鲮属）
											……	……①
030471	00		冻的鳕鱼（大西洋鳕鱼、格陵兰鳕鱼、太平洋鳕鱼）鱼片	Frozen fillets of Cod (Gadus morhua, Gadus ogac, Gadus macrocephalus)	【最】7【普】70 【协东盟】0【协香港】0【协澳门】0 【协巴基斯坦】5【协智利】0【协新西兰】0 【协秘鲁】0【协台湾】0【协哥斯达黎加】0 【协冰岛】0【协瑞士】0【协澳大利亚】0 【协韩国】5【协格鲁吉亚】0 【特东柬埔寨】0【特东缅甸】0【特-1】0 【特-2】0【特-3】0 【增】10【对美加征】25【出】0【退】10	千克	A	B	PR	QS	101	冻的鳕鱼（大西洋鳕鱼、格陵兰鳕鱼、太平洋鳕鱼）鱼片（大西洋鳕鱼）
											102	冻的鳕鱼（大西洋鳕鱼、格陵兰鳕鱼、太平洋鳕鱼）鱼片（太平洋鳕鱼）
											103	冻的鳕鱼（大西洋鳕鱼、格陵兰鳕鱼、太平洋鳕鱼）鱼片（格陵兰鳕鱼）

① 该税号项下检验检疫编码及对应中文名称尚有：106　冻的鲤科鱼（鲤属、鲫属、草鱼、鲢属、鲮属、青鱼、卡特拉鲃、野鲮属、哈氏纹唇鱼、何氏细须鲃、鲂属）、其他鳗鱼（鳗鲡属）及黑鱼（鳢属）的鱼片（冻的养殖青鱼），107　冻的鲤科鱼（鲤属、鲫属、草鱼、鲢属、鲮属、青鱼、卡特拉鲃、野鲮属、哈氏纹唇鱼、何氏细须鲃、鲂属）、其他鳗鱼（鳗鲡属）及黑鱼（鳢属）的鱼片［冻的养殖其他鳗鱼（鳗鲡属）］，108　冻的鲤科鱼（鲤属、鲫属、草鱼、鲢属、鲮属、青鱼、卡特拉鲃、野鲮属、哈氏纹唇鱼、何氏细须鲃、鲂属）、其他鳗鱼（鳗鲡属）及黑鱼（鳢属）的鱼片［冻的养殖黑鱼（鳢属）］，109　冻的鲤科鱼（鲤属、鲫属、草鱼、鲢属、鲮属、青鱼、卡特拉鲃、野鲮属、哈氏纹唇鱼、何氏细须鲃、鲂属）、其他鳗鱼（鳗鲡属）及黑鱼（鳢属）的鱼片（冻的野生鲤属），110　冻的鲤科鱼（鲤属、鲫属、草鱼、鲢属、鲮属、青鱼、卡特拉鲃、野鲮属、哈氏纹唇鱼、何氏细须鲃、鲂属）、其他鳗鱼（鳗鲡属）及黑鱼（鳢属）的鱼片（冻的野生鲫属），111　冻的鲤科鱼（鲤属、鲫属、草鱼、鲢属、鲮属、青鱼、卡特拉鲃、野鲮属、哈氏纹唇鱼、何氏细须鲃、鲂属）、其他鳗鱼（鳗鲡属）及黑鱼（鳢属）的鱼片（冻的野生草鱼），112　冻的鲤科鱼（鲤属、鲫属、草鱼、鲢属、鲮属、青鱼、卡特拉鲃、野鲮属、哈氏纹唇鱼、何氏细须鲃、鲂属）、其他鳗鱼（鳗鲡属）及黑鱼（鳢属）的鱼片（冻的野生鲢属），113　冻的鲤科鱼（鲤属、鲫属、草鱼、鲢属、鲮属、青鱼、卡特拉鲃、野鲮属、哈氏纹唇鱼、何氏细须鲃、鲂属）、其他鳗鱼（鳗鲡属）及黑鱼（鳢属）的鱼片（冻的野生鲮属），114　冻的鲤科鱼（鲤属、鲫属、草鱼、鲢属、鲮属、青鱼、卡特拉鲃、野鲮属、哈氏纹唇鱼、何氏细须鲃、鲂属）、其他鳗鱼（鳗鲡属）及黑鱼（鳢属）的鱼片（冻的野生青鱼），115　冻的鲤科鱼（鲤属、鲫属、草鱼、鲢属、鲮属、青鱼、卡特拉鲃、野鲮属、哈氏纹唇鱼、何氏细须鲃、鲂属）、其他鳗鱼（鳗鲡属）及黑鱼（鳢属）的鱼片［冻的野生其他鳗鱼（鳗鲡属）］，116　冻的鲤科鱼（鲤属、鲫属、草鱼、鲢属、鲮属、青鱼、卡特拉鲃、野鲮属、哈氏纹唇鱼、何氏细须鲃、鲂属）、其他鳗鱼（鳗鲡属）及黑鱼（鳢属）的鱼片［冻的野生黑鱼（鳢属）］，117　冻的鲤科鱼（鲤属、鲫属、草鱼、鲢属、鲮属、青鱼、卡特拉鲃、野鲮属、哈氏纹唇鱼、何氏细须鲃、鲂属）、其他鳗鱼（鳗鲡属）及黑鱼（鳢属）的鱼片［冻的养殖其他鲤科鱼（卡特拉鲃、野鲮属、哈氏纹唇鱼、何氏细须鲃、鲂属）］，118　冻的鲤科鱼（鲤属、鲫属、草鱼、鲢属、鲮属、青鱼、卡特拉鲃、野鲮属、哈氏纹唇鱼、何氏细须鲃、鲂属）、其他鳗鱼（鳗鲡属）及黑鱼（鳢属）的鱼片［冻的野生其他鲤科鱼（卡特拉鲃、野鲮属、哈氏纹唇鱼、何氏细须鲃、鲂属）］。

税则号列 HS国际统一前6位	本国子目 7~8位	本国子目 9~10位	货品名称中英文 中文 货物名称	货品名称中英文 英文 Article Description	税费综合信息	计量单位	监管证件代码 进口	监管证件代码 出口	检验检疫类别 进口	检验检疫类别 出口	检验检疫编码	检验检疫编码对应中文名称
030472	00		冻的黑线鳕鱼（黑线鳕）鱼片	Frozen fillets of haddock	【最】7【普】70 【协东盟】0【协香港】0【协澳门】0 【协巴基斯坦】5【协智利】0【协新西兰】0 【协秘鲁】0【协台湾】0【协哥斯达黎加】0 【协冰岛】0【协瑞士】0【协澳大利亚】0 【协韩国】5【协格鲁吉亚】0 【特东柬埔寨】0【特东缅甸】0【特-1】0 【特-2】0【特-3】0 【增】10【对美加征】25【出】0【退】10	千克	A	B	PR	QS	999	冻的黑线鳕鱼（黑线鳕）鱼片
030473	00		冻的绿青鳕鱼鱼片	Frozen fillets of coalifish	【最】7【普】70 【协东盟】0【协香港】0【协澳门】0 【协巴基斯坦】5【协智利】0【协新西兰】0 【协秘鲁】0【协台湾】0【协哥斯达黎加】0 【协冰岛】0【协瑞士】0【协澳大利亚】0 【协韩国】5【协格鲁吉亚】0 【特东柬埔寨】0【特东缅甸】0【特-1】0 【特-2】0【特-3】0 【增】10【对美加征】25【出】0【退】10	千克	A	B	PR	QS	999	冻的绿青鳕鱼鱼片
030474	00		冻的狗鳕鱼（无须鳕属、长鳍鳕属）鱼片	Frozen fillets of hake	【最】7【普】70 【协东盟】0【协香港】0【协澳门】0 【协巴基斯坦】5【协智利】0【协新西兰】0 【协秘鲁】0【协台湾】0【协哥斯达黎加】0 【协冰岛】0【协瑞士】0【协澳大利亚】0 【协韩国】5【协格鲁吉亚】0 【特东柬埔寨】0【特东缅甸】0【特-1】0 【特-2】0【特-3】0 【增】10【对美加征】25【出】0【退】10	千克	A	B	PR	QS	101 102	冻的狗鳕鱼（无须鳕属、长鳍鳕属）鱼片（无须鳕属） 冻的狗鳕鱼（无须鳕属、长鳍鳕属）鱼片（长鳍鳕属）
030475	00		冻的狭鳕鱼鱼片	Frozen fillets of Alaska Pollack	【最】7【普】70 【协东盟】0【协香港】0【协澳门】0 【协巴基斯坦】5【协智利】0【协新西兰】0 【协秘鲁】0【协台湾】0【协哥斯达黎加】0 【协冰岛】0【协瑞士】0【协澳大利亚】0 【协韩国】5【协格鲁吉亚】0 【特东柬埔寨】0【特东缅甸】0【特-1】0 【特-2】0【特-3】0 【增】10【对美加征】25【出】0【退】10	千克	A	B	PR	QS	999	冻的狭鳕鱼鱼片
030479	00		冻的犀鳕科、多丝真鳕科、鳕科、长尾鳕科、黑鳕科、无须鳕科、深海鳕科及南极鳕科鱼的鱼片	Frozen fillets of other fish of the famillies Bregmacerotidae, Euclichthyidae, Gadidae, Macrouridae, Moridae and Muraenolepididae	【最】7【普】70 【协东盟】0【协香港】0【协澳门】0 【协巴基斯坦】5【协智利】0【协新西兰】0 【协秘鲁】0【协台湾】0【协哥斯达黎加】0 【协冰岛】0【协瑞士】0【协澳大利亚】0 【协韩国】5【协格鲁吉亚】0 【特东柬埔寨】0【特东缅甸】0【特-1】0 【特-2】0【特-3】0 【增】10【对美加征】25【出】0【退】10	千克	A	B	PR	QS	101 102 103 104 105 ……	冻的犀鳕科、多丝真鳕科、鳕科、长尾鳕科、黑鳕科、无须鳕科、深海鳕科及南极鳕科鱼的鱼片（犀鳕科） 冻的犀鳕科、多丝真鳕科、鳕科、长尾鳕科、黑鳕科、无须鳕科、深海鳕科及南极鳕科鱼的鱼片（多丝真鳕科） 冻的犀鳕科、多丝真鳕科、鳕科、长尾鳕科、黑鳕科、无须鳕科、深海鳕科及南极鳕科鱼的鱼片（鳕科） 冻的犀鳕科、多丝真鳕科、鳕科、长尾鳕科、黑鳕科、无须鳕科、深海鳕科及南极鳕科鱼的鱼片（长尾鳕科） 冻的犀鳕科、多丝真鳕科、鳕科、长尾鳕科、黑鳕科、无须鳕科、深海鳕科及南极鳕科鱼的鱼片（黑鳕科） ……①

① 该税号项下检验检疫编码及对应中文名称尚有：106　冻的犀鳕科、多丝真鳕科、鳕科、长尾鳕科、黑鳕科、无须鳕科、深海鳕科及南极鳕科鱼的鱼片（无须鳕科），107　冻的犀鳕科、多丝真鳕科、鳕科、长尾鳕科、黑鳕科、无须鳕科、深海鳕科及南极鳕科鱼的鱼片（深海鳕科），108　冻的犀鳕科、多丝真鳕科、鳕科、长尾鳕科、黑鳕科、无须鳕科、深海鳕科及南极鳕科鱼的鱼片（南极鳕科）。

税则号列			货品名称中英文		税费综合信息	计量单位	监管证件代码		检验检疫类别		检验检疫编码	检验检疫编码对应中文名称
HS国际统一前6位	本国子目 7~8位	本国子目 9~10位	中文 货物名称	英文 Article Description			进口	出口	进口	出口		
030481	00		冻的大麻哈鱼［红大麻哈鱼、细磷大麻哈鱼、大麻哈鱼（种）、大鳞大麻哈鱼、银大麻哈鱼、马苏大麻哈鱼、玫瑰大麻哈鱼］、大西洋鲑鱼及多瑙哲罗鱼的鱼片	Frozen fillets of Pacific salmon (Oncorhynchus nerka, Oncorhynchus gorbuscha, Oncorhynchus keta, Oncorhynchus tschawytscha, Oncorhynchus kisutch, Oncorhynchus masou and Oncorhynchus rhodurus), atlantic salmon and Danube salmon	【最】7【普】70 【协东盟】0【协香港】0【协澳门】0 【协巴基斯坦】5【协智利】0【协新西兰】0 【协秘鲁】0【协台湾】0【协哥斯达黎加】0 【协冰岛】0【协瑞士】0【协澳大利亚】0 【协韩国】5【协格鲁吉亚】0 【特东柬埔寨】0【特东缅甸】0【特-1】0 【特-2】0【特-3】0 【增】10【对美加征】25【出】0【退】10	千克	A	B	PR	QS	101	冻的大麻哈鱼［红大麻哈鱼、细磷大麻哈鱼、大麻哈鱼（种）、大鳞大麻哈鱼、银大麻哈鱼、马苏大麻哈鱼、玫瑰大麻哈鱼］、大西洋鲑鱼及多瑙哲罗鱼的鱼片［养殖大西洋鲑鱼（非生食）］
											102	冻的大麻哈鱼［红大麻哈鱼、细磷大麻哈鱼、大麻哈鱼（种）、大鳞大麻哈鱼、银大麻哈鱼、马苏大麻哈鱼、玫瑰大麻哈鱼］、大西洋鲑鱼及多瑙哲罗鱼的鱼片［养殖大西洋鲑鱼（可能用于生食）］
											103	冻的大麻哈鱼［红大麻哈鱼、细磷大麻哈鱼、大麻哈鱼（种）、大鳞大麻哈鱼、银大麻哈鱼、马苏大麻哈鱼、玫瑰大麻哈鱼］、大西洋鲑鱼及多瑙哲罗鱼的鱼片（养殖红大麻哈鱼）
											104	冻的大麻哈鱼［红大麻哈鱼、细磷大麻哈鱼、大麻哈鱼（种）、大鳞大麻哈鱼、银大麻哈鱼、马苏大麻哈鱼、玫瑰大麻哈鱼］、大西洋鲑鱼及多瑙哲罗鱼的鱼片（养殖细磷大麻哈鱼）
											105	冻的大麻哈鱼［红大麻哈鱼、细磷大麻哈鱼、大麻哈鱼（种）、大鳞大麻哈鱼、银大麻哈鱼、马苏大麻哈鱼、玫瑰大麻哈鱼］、大西洋鲑鱼及多瑙哲罗鱼的鱼片（养殖大麻哈鱼）
											……	……①

① 该税号项下检验检疫编码及对应中文名称尚有：106　冻的大麻哈鱼［红大麻哈鱼、细磷大麻哈鱼、大麻哈鱼（种）、大鳞大麻哈鱼、银大麻哈鱼、马苏大麻哈鱼、玫瑰大麻哈鱼］、大西洋鲑鱼及多瑙哲罗鱼的鱼片（养殖大鳞大麻哈鱼），107　冻的大麻哈鱼［红大麻哈鱼、细磷大麻哈鱼、大麻哈鱼（种）、大鳞大麻哈鱼、银大麻哈鱼、马苏大麻哈鱼、玫瑰大麻哈鱼］、大西洋鲑鱼及多瑙哲罗鱼的鱼片（养殖银大麻哈鱼），108　冻的大麻哈鱼［红大麻哈鱼、细磷大麻哈鱼、大麻哈鱼（种）、大鳞大麻哈鱼、银大麻哈鱼、马苏大麻哈鱼、玫瑰大麻哈鱼］、大西洋鲑鱼及多瑙哲罗鱼的鱼片（养殖马苏大麻哈鱼），109　冻的大麻哈鱼［红大麻哈鱼、细磷大麻哈鱼、大麻哈鱼（种）、大鳞大麻哈鱼、银大麻哈鱼、马苏大麻哈鱼、玫瑰大麻哈鱼］、大西洋鲑鱼及多瑙哲罗鱼的鱼片（养殖玫瑰大麻哈鱼），110　冻的大麻哈鱼［红大麻哈鱼、细磷大麻哈鱼、大麻哈鱼（种）、大鳞大麻哈鱼、银大麻哈鱼、马苏大麻哈鱼、玫瑰大麻哈鱼］、大西洋鲑鱼及多瑙哲罗鱼的鱼片［野生大西洋鲑鱼（非生食）］，111　冻的大麻哈鱼［红大麻哈鱼、细磷大麻哈鱼、大麻哈鱼（种）、大鳞大麻哈鱼、银大麻哈鱼、马苏大麻哈鱼、玫瑰大麻哈鱼］、大西洋鲑鱼及多瑙哲罗鱼的鱼片［野生大西洋鲑鱼（可能用于生食）］，112　冻的大麻哈鱼［红大麻哈鱼、细磷大麻哈鱼、大麻哈鱼（种）、大鳞大麻哈鱼、银大麻哈鱼、马苏大麻哈鱼、玫瑰大麻哈鱼］、大西洋鲑鱼及多瑙哲罗鱼的鱼片（野生红大麻哈鱼），113　冻的大麻哈鱼［红大麻哈鱼、细磷大麻哈鱼、大麻哈鱼（种）、大鳞大麻哈鱼、银大麻哈鱼、马苏大麻哈鱼、玫瑰大麻哈鱼］、大西洋鲑鱼及多瑙哲罗鱼的鱼片（野生细磷大麻哈鱼），114　冻的大麻哈鱼［红大麻哈鱼、细磷大麻哈鱼、大麻哈鱼（种）、大鳞大麻哈鱼、银大麻哈鱼、马苏大麻哈鱼、玫瑰大麻哈鱼］、大西洋鲑鱼及多瑙哲罗鱼的鱼片（野生大麻哈鱼），115　冻的大麻哈鱼［红大麻哈鱼、细磷大麻哈鱼、大麻哈鱼（种）、大鳞大麻哈鱼、银大麻哈鱼、马苏大麻哈鱼、玫瑰大麻哈鱼］、大西洋鲑鱼及多瑙哲罗鱼的鱼片（野生大鳞大麻哈鱼），116　冻的大麻哈鱼［红大麻哈鱼、细磷大麻哈鱼、大麻哈鱼（种）、大鳞大麻哈鱼、银大麻哈鱼、马苏大麻哈鱼、玫瑰大麻哈鱼］、大西洋鲑鱼及多瑙哲罗鱼的鱼片（野生银大麻哈鱼），117　冻的大麻哈鱼［红大麻哈鱼、细磷大麻哈鱼、大麻哈鱼（种）、大鳞大麻哈鱼、银大麻哈鱼、马苏大麻哈鱼、玫瑰大麻哈鱼］、大西洋鲑鱼及多瑙哲罗鱼的鱼片（野生马苏大麻哈鱼），118　冻的大麻哈鱼［红大麻哈鱼、细磷大麻哈鱼、大麻哈鱼（种）、大鳞大麻哈鱼、银大麻哈鱼、马苏大麻哈鱼、玫瑰大麻哈鱼］、大西洋鲑鱼及多瑙哲罗鱼的鱼片（野生玫瑰大麻哈鱼），119　冻的大麻哈鱼［红大麻哈鱼、细磷大麻哈鱼、大麻哈鱼（种）、大鳞大麻哈鱼、银大麻哈鱼、马苏大麻哈鱼、玫瑰大麻哈鱼］、大西洋鲑鱼及多瑙哲罗鱼的鱼片（多瑙哲罗鱼）。

税则号列			货品名称中英文		税费综合信息	计量单位	监管证件代码		检验检疫类别		检验检疫编码	检验检疫编码对应中文名称
HS国际统一前6位	本国子目7~8位	本国子目9~10位	中文 货物名称	英文 Article Description			进口	出口	进口	出口		
030482	00		冻的鳟鱼（河鳟、虹鳟、克拉克大麻哈鱼、阿瓜大麻哈鱼、吉雨大麻哈鱼、亚利桑那大麻哈鱼、金腹大麻哈鱼）鱼片	Frozen fillets of Trout (Salmo trutta, Oncorhynchus mykiss, Oncorhynchus clarki, Oncorhynchus aguabonita, Oncorhynchus gilae, Oncorhynchus apache and Oncorhynchus chrysogaster)	【最】7【普】70 【协东盟】0【协香港】0【协澳门】0 【协巴基斯坦】5【协智利】0【协新西兰】0 【协秘鲁】0【协台湾】0【协哥斯达黎加】0 【协冰岛】0【协瑞士】0【协澳大利亚】0 【协韩国】5【协格鲁吉亚】0 【特东柬埔寨】0【特东缅甸】0【特-1】0 【特-2】0【特-3】0 【增】10【对美加征】25【出】0【退】10	千克	A	B	PR	QS	101	冻的鳟鱼（河鳟、虹鳟、克拉克大麻哈鱼、阿瓜大麻哈鱼、吉雨大麻哈鱼、亚利桑那大麻哈鱼、金腹大麻哈鱼）鱼片（养殖河鳟）
											102	冻的鳟鱼（河鳟、虹鳟、克拉克大麻哈鱼、阿瓜大麻哈鱼、吉雨大麻哈鱼、亚利桑那大麻哈鱼、金腹大麻哈鱼）鱼片（养殖虹鳟）
											103	冻的鳟鱼（河鳟、虹鳟、克拉克大麻哈鱼、阿瓜大麻哈鱼、吉雨大麻哈鱼、亚利桑那大麻哈鱼、金腹大麻哈鱼）鱼片（野生河鳟）
											104	冻的鳟鱼（河鳟、虹鳟、克拉克大麻哈鱼、阿瓜大麻哈鱼、吉雨大麻哈鱼、亚利桑那大麻哈鱼、金腹大麻哈鱼）鱼片（野生虹鳟）
											105	冻的鳟鱼（河鳟、虹鳟、克拉克大麻哈鱼、阿瓜大麻哈鱼、吉雨大麻哈鱼、亚利桑那大麻哈鱼、金腹大麻哈鱼）鱼片（克拉克大麻哈鱼）
											……	……①
030483	00		冻的比目鱼（鲽科、鲆科、舌鳎科、鳎科、菱鲆科、刺鲆科）鱼片	Frozen fillets of Flat fish (Pleuronectidae, Bothidae, Cynoglossidae, Soleidae, Scophthalmidae and Citharidae)	【最】7【普】70 【协东盟】0【协香港】0【协澳门】0 【协巴基斯坦】5【协智利】0【协新西兰】0 【协秘鲁】0【协台湾】0【协哥斯达黎加】0 【协冰岛】0【协瑞士】0【协澳大利亚】0 【协韩国】5【协格鲁吉亚】0 【特东柬埔寨】0【特东缅甸】0【特-1】0 【特-2】0【特-3】0 【增】10【对美加征】25【出】0【退】10	千克	A	B	PR	QS	101	冻的比目鱼（鲽科、鲆科、舌鳎科、鳎科、菱鲆科、刺鲆科）鱼片（养殖鲽科）
											102	冻的比目鱼（鲽科、鲆科、舌鳎科、鳎科、菱鲆科、刺鲆科）鱼片（养殖鲆科）
											103	冻的比目鱼（鲽科、鲆科、舌鳎科、鳎科、菱鲆科、刺鲆科）鱼片（养殖舌鳎科）
											104	冻的比目鱼（鲽科、鲆科、舌鳎科、鳎科、菱鲆科、刺鲆科）鱼片（养殖鳎科）
											105	冻的比目鱼（鲽科、鲆科、舌鳎科、鳎科、菱鲆科、刺鲆科）鱼片（养殖菱鲆科）
											……	……②
030484	00		冻的剑鱼鱼片	Frozen fillets of Swordfish (Xiphias gladius)	【最】7【普】70 【协东盟】0【协香港】0【协澳门】0 【协巴基斯坦】5【协智利】0【协新西兰】0 【协秘鲁】0【协哥斯达黎加】0【协冰岛】0 【协瑞士】0【协澳大利亚】0【协韩国】5 【协格鲁吉亚】0 【特东柬埔寨】0【特东缅甸】0【特-1】0 【特-2】0【特-3】0 【增】10【对美加征】25【出】0【退】10	千克	AU	B	PR	QS	999	冻的剑鱼鱼片

① 该税号项下检验检疫编码及对应中文名称尚有：106　冻的鳟鱼（河鳟、虹鳟、克拉克大麻哈鱼、阿瓜大麻哈鱼、吉雨大麻哈鱼、亚利桑那大麻哈鱼、金腹大麻哈鱼）鱼片（阿瓜大麻哈鱼），107　冻的鳟鱼（河鳟、虹鳟、克拉克大麻哈鱼、阿瓜大麻哈鱼、吉雨大麻哈鱼、亚利桑那大麻哈鱼、金腹大麻哈鱼）鱼片（吉雨大麻哈鱼）鱼片，108　冻的鳟鱼（河鳟、虹鳟、克拉克大麻哈鱼、阿瓜大麻哈鱼、吉雨大麻哈鱼、亚利桑那大麻哈鱼、金腹大麻哈鱼）鱼片（亚利桑那大麻哈鱼），109　冻的鳟鱼（河鳟、虹鳟、克拉克大麻哈鱼、阿瓜大麻哈鱼、吉雨大麻哈鱼、亚利桑那大麻哈鱼、金腹大麻哈鱼）鱼片（金腹大麻哈鱼）。

② 该税号项下检验检疫编码及对应中文名称尚有：106　冻的比目鱼（鲽科、鲆科、舌鳎科、鳎科、菱鲆科、刺鲆科）鱼片（养殖刺鲆科），107　冻的比目鱼（鲽科、鲆科、舌鳎科、鳎科、菱鲆科、刺鲆科）鱼片（野生鲽科），108　冻的比目鱼（鲽科、鲆科、舌鳎科、鳎科、菱鲆科、刺鲆科）鱼片（野生鲆科），109　冻的比目鱼（鲽科、鲆科、舌鳎科、鳎科、菱鲆科、刺鲆科）鱼片（野生舌鳎科），110　冻的比目鱼（鲽科、鲆科、舌鳎科、鳎科、菱鲆科、刺鲆科）鱼片（野生鳎科），111　冻的比目鱼（鲽科、鲆科、舌鳎科、鳎科、菱鲆科、刺鲆科）鱼片（野生菱鲆科），112　冻的比目鱼（鲽科、鲆科、舌鳎科、鳎科、菱鲆科、刺鲆科）鱼片（野生刺鲆科）。

税则号列 HS国际统一前6位	本国子目 7~8位	本国子目 9~10位	货品名称中英文 中文 货物名称	货品名称中英文 英文 Article Description	税费综合信息	计量单位	监管证件代码 进口	监管证件代码 出口	检验检疫类别 进口	检验检疫类别 出口	检验检疫编码	检验检疫编码对应中文名称
030485	00		冻的南极犬牙鱼（南极犬牙鱼属）鱼片	Frozen fillets of Toothfish (Dissostichus spp.)	【最】7【普】70 【协东盟】0【协香港】0【协澳门】0 【协巴基斯坦】5【协智利】0【协新西兰】0 【协秘鲁】0【协哥斯达黎加】0【协冰岛】0 【协瑞士】0【协澳大利亚】0【协韩国】5 【协格鲁吉亚】0 【特东柬埔寨】0【特东缅甸】0【特-1】0 【特-2】0【特-3】0 【增】10【对美加征】25【出】0【退】10	千克	AU	B	PR	QS	999	冻的南极犬牙鱼（南极犬牙鱼属）鱼片
030486	00		冻的鲱鱼（大西洋鲱鱼、太平洋鲱鱼）鱼片	Frozen fillets of Herrings (Clupea harengus, Clupea pallasii)	【最】7【普】70 【协东盟】0【协香港】0【协澳门】0 【协巴基斯坦】5【协智利】0【协新西兰】0 【协秘鲁】0【协台湾】0【协哥斯达黎加】0 【协冰岛】0【协瑞士】0【协澳大利亚】0 【协韩国】5【协格鲁吉亚】0 【特东柬埔寨】0【特东缅甸】0【特-1】0 【特-2】0【特-3】0 【增】10【对美加征】25【出】0【退】10	千克	A	B	PR	QS	101 102	冻的鲱鱼（大西洋鲱鱼、太平洋鲱鱼）鱼片（大西洋鲱鱼） 冻的鲱鱼（大西洋鲱鱼、太平洋鲱鱼）鱼片（太平洋鲱鱼）
030487	00		冻的金枪鱼（金枪鱼属）、鲣鱼或狐鲣（鲣）鱼片	Frozen fillets of Tunas, skipjack or stripe-bellied bonito	【最】7【普】70 【协东盟】0【协香港】0【协澳门】0 【协巴基斯坦】5【协智利】0【协新西兰】0 【协秘鲁】0【协台湾】0【协哥斯达黎加】0 【协冰岛】0【协瑞士】0【协澳大利亚】0 【协韩国】5【协格鲁吉亚】0 【特东柬埔寨】0【特东缅甸】0【特-1】0 【特-2】0【特-3】0 【增】10【对美加征】25【出】0【退】10	千克	A	B	PR	QS	101 102	冻的金枪鱼（金枪鱼属）、鲣鱼或狐鲣（鲣）鱼片［金枪鱼（金枪鱼属）］ 冻的金枪鱼（金枪鱼属）、鲣鱼或狐鲣（鲣）鱼片［鲣鱼或狐鲣（鲣）］
030488	00	10	冻的濒危鲨鱼、魟鱼及鳐鱼的鱼片	Frozen fillets of endangered Shark, Ray and skates	【最】7【普】70 【协东盟】0【协香港】0【协澳门】0 【协巴基斯坦】5【协智利】0【协新西兰】0 【协秘鲁】0【协台湾】0【协哥斯达黎加】0 【协冰岛】0【协瑞士】0【协澳大利亚】0 【协韩国】5【协格鲁吉亚】0 【特东柬埔寨】0【特东缅甸】0【特-1】0 【特-2】0【特-3】0 【增】10【对美加征】25【出】0【退】0	千克	AF	BE	PR	QS	999	冻的濒危鲨鱼、魟鱼及鳐鱼的鱼片
030488	00	90	冻的其他鲨鱼、魟鱼及鳐鱼的鱼片	Frozen fillets of other Shark, Ray and skates	【最】7【普】70 【协东盟】0【协香港】0【协巴基斯坦】5 【协智利】0【协新西兰】0【协秘鲁】0 【协台湾】0【协哥斯达黎加】0【协冰岛】0 【协瑞士】0【协澳大利亚】0【协韩国】5 【协格鲁吉亚】0 【特东柬埔寨】0【特东缅甸】0【特-1】0 【特-2】0【特-3】0 【增】10【对美加征】25【出】0【退】10	千克	A	B	PR	QS	999	冻的其他鲨鱼、魟鱼及鳐鱼的鱼片
030489	00	10	冻的其他濒危鱼片	Fillets of other endangered fish, frozen	【最】7【普】70 【协东盟】0【协香港】0【协巴基斯坦】5 【协智利】0【协新西兰】0【协秘鲁】0 【协台湾】0【协哥斯达黎加】0【协冰岛】0 【协瑞士】0【协澳大利亚】0【协韩国】5 【协格鲁吉亚】0 【特东柬埔寨】0【特东缅甸】0【特-1】0 【特-2】0【特-3】0 【增】10【对美加征】25【出】0【退】0	千克	AF	BE	PR	QS	999	冻的其他濒危鱼片
030489	00	90	冻的其他鱼片	Other fish fillets, frozen	【最】7【普】70 【协东盟】0【协香港】0【协澳门】0 【协巴基斯坦】5【协智利】0【协新西兰】0 【协秘鲁】0【协台湾】0【协哥斯达黎加】0 【协冰岛】0【协瑞士】0【协澳大利亚】0 【协韩国】5【协格鲁吉亚】0 【特东柬埔寨】0【特东缅甸】0【特-1】0 【特-2】0【特-3】0 【增】10【对美加征】25【出】0【退】10	千克	A	B	PR	QS	999	冻的其他鱼片
030491	00		其他冻剑鱼肉（不论是否绞碎）	Frozen meat of Swordfish, (whether or not minced)	【最】7【普】70 【协东盟】0【协巴基斯坦】5【协智利】0 【协新西兰】0【协秘鲁】0【协哥斯达黎加】0 【协冰岛】0【协瑞士】0【协澳大利亚】0 【协韩国】5【协格鲁吉亚】0【协香港】0 【协澳门】0 【特亚太】0【特东缅甸】0【特-1】0【特-2】0 【特-3】0 【增】10【对美加征】25【出】0【退】10	千克	AU	B	PR	QS	999	其他冻剑鱼（Xiphias gladius）肉（不论是否绞碎）

税则号列			货品名称中英文		税费综合信息	计量单位	监管证件代码		检验检疫类别		检验检疫编码	检验检疫编码对应中文名称
HS国际统一前6位	本国子目 7~8位	9~10位	中文 货物名称	英文 Article Description			进口	出口	进口	出口		
030492	00		其他冻南极犬牙鱼肉（不论是否绞碎）	Frozen meat of Toothfish (Dissostichus spp.), (whether or not minced)	【最】7【普】70 【协东盟】0【协巴基斯坦】5【协智利】0 【协新西兰】0【协秘鲁】0【协哥斯达黎加】0 【协冰岛】0【协瑞士】0【协澳大利亚】0 【协韩国】5【协格鲁吉亚】0【协香港】0 【协澳门】0 【特亚太】0【特东缅甸】0【特-1】0【特-2】0 【特-3】0 【增】10【对美加征】25【出】0【退】10	千克	AU	B	PR	QS	999	其他冻南极犬牙鱼肉((Toothfish, Dissostichusspp.)不论是否绞碎)
030493	00	10	冻的花鳗鲡鱼肉（不论是否绞碎）	Frozen meat of marbled eels (Anguilla marmorata), (whether or not minced)	【最】7【普】70 【协东盟】0【协巴基斯坦】5【协智利】0 【协新西兰】0【协秘鲁】0【协哥斯达黎加】0 【协冰岛】0【协瑞士】0【协澳大利亚】0 【协韩国】5【协格鲁吉亚】0【协香港】0 【协澳门】0 【特亚太】0【特东缅甸】0【特-1】0【特-2】0 【特-3】0 【增】10【对美加征】25【出】0【退】10	千克	A	BE	PR	QS	101 102	冻的花鳗鲡鱼肉（不论是否绞碎）（养殖） 冻的花鳗鲡鱼肉（不论是否绞碎）（野生）
030493	00	20	冻的欧洲鳗鲡鱼肉（不论是否绞碎）	Frozen meat of european eels, (whether or not minced)	【最】7【普】70 【协东盟】0【协巴基斯坦】5【协智利】0 【协新西兰】0【协秘鲁】0【协哥斯达黎加】0 【协冰岛】0【协瑞士】0【协澳大利亚】0 【协韩国】5【协格鲁吉亚】0【协香港】0 【协澳门】0 【特亚太】0【特东缅甸】0【特-1】0【特-2】0 【特-3】0 【增】10【对美加征】25【出】0【退】10	千克	AF	BE	PR	QS	101 102	冻的欧洲鳗鲡鱼肉（不论是否绞碎）（养殖） 冻的欧洲鳗鲡鱼肉（不论是否绞碎）（野生）
030493	00	90	冻的罗非鱼（口孵非鲫属）、鲶鱼（鲑鲶属、鲶属、胡鲶属、真鮰属）、鲤科鱼（鲤属、鲫属、草鱼、鲢属、鲮属、青鱼、卡特拉鲃、野鲮属、哈氏纹唇鱼、何氏细须鲃、鲂属）、其他鳗鱼（鳗鲡属）、尼罗河鲈鱼（尼罗尖吻鲈）及黑鱼（鳢属）鱼肉（不论是否绞碎）	Frozen meat (whether or not minced) of Tilapias (Oreochromis spp.), Catfish (Pangasius spp., Silurus spp., Clarias spp., Ictalurus spp.), carp (Cyprinus carpio, Carassius carassius, Ctenopharyngodon idellus, Hypophthalmichthys spp., Cirrhinus spp., Mylopharyngodon piceus), other eels (Anguilla spp.), Nile perch (Lates niloticus) and snakeheads (Channa spp.) (whether or not minced), frozen	【最】7【普】70 【协香港】0【协澳门】0【协东盟】0 【协巴基斯坦】5【协智利】0【协新西兰】0 【协秘鲁】0【协哥斯达黎加】0【协冰岛】0 【协瑞士】0【协澳大利亚】0【协韩国】5 【协格鲁吉亚】0 【特亚太】0【特东缅甸】0【特-1】0【特-2】0 【特-3】0 【增】10【对美加征】25【出】0【退】10	千克	A	B	PR	QS	101 102 103	冻的罗非鱼（口孵非鲫属）、鲶鱼（鲑鲶属、鲶属、胡鲶属、真鮰属）、鲤科鱼（鲤属、鲫属、草鱼、鲢属、鲮属、青鱼、卡特拉鲃、野鲮属、哈氏纹唇鱼、何氏细须鲃、鲂属）、其他鳗鱼（鳗鲡属）、尼罗河鲈鱼（尼罗尖吻鲈）及黑鱼（鳢属）鱼肉（不论是否绞碎）[冻的养殖罗非鱼（口孵非鲫属）] 冻的罗非鱼（口孵非鲫属）、鲶鱼（鲑鲶属、鲶属、胡鲶属、真鮰属）、鲤科鱼（鲤属、鲫属、草鱼、鲢属、鲮属、青鱼、卡特拉鲃、野鲮属、哈氏纹唇鱼、何氏细须鲃、鲂属）、其他鳗鱼（鳗鲡属）、尼罗河鲈鱼（尼罗尖吻鲈）及黑鱼（鳢属）鱼肉（不论是否绞碎）（冻的养殖鲑鲶属） 冻的罗非鱼（口孵非鲫属）、鲶鱼（鲑鲶属、鲶属、胡鲶属、真鮰属）、鲤科鱼（鲤属、鲫属、草鱼、鲢属、鲮属、青鱼、卡特拉鲃、野鲮属、哈氏纹唇鱼、何氏细须鲃、鲂属）、其他鳗鱼（鳗鲡属）、尼罗河鲈鱼（尼罗尖吻鲈）及黑鱼（鳢属）鱼肉（不论是否绞碎）（冻的养殖胡鲶属）

税则号列			货品名称中英文		税费综合信息	计量单位	监管证件代码		检验检疫类别		检验检疫编码	检验检疫编码对应中文名称
HS国际统一前6位	本国子目 7~8位	9~10位	中文 货物名称	英文 Article Description			进口	出口	进口	出口		
											104	冻的罗非鱼（口孵非鲫属）、鲶鱼（𩷶鲶属、鲶属、胡鲶属、真鮰属）、鲤科鱼（鲤属、鲫属、草鱼、鲢属、鳙属、青鱼、卡特拉鲃、野鲮属、哈氏纹唇鱼、何氏细须鲃、鲂属）、其他鳗鱼（鳗鲡属）、尼罗河鲈鱼（尼罗尖吻鲈）及黑鱼（鳢属）鱼肉（不论是否绞碎）（冻的养殖真鮰属）
											105	冻的罗非鱼（口孵非鲫属）、鲶鱼（𩷶鲶属、鲶属、胡鲶属、真鮰属）、鲤科鱼（鲤属、鲫属、草鱼、鲢属、鳙属、青鱼、卡特拉鲃、野鲮属、哈氏纹唇鱼、何氏细须鲃、鲂属）、其他鳗鱼（鳗鲡属）、尼罗河鲈鱼（尼罗尖吻鲈）及黑鱼（鳢属）鱼肉（不论是否绞碎）（冻的养殖鲤属）
											……	……①

① 该税号项下检验检疫编码及对应中文名称尚有：106　冻的罗非鱼（口孵非鲫属）、鲶鱼（𩷶鲶属、鲶属、胡鲶属、真鮰属）、鲤科鱼（鲤属、鲫属、草鱼、鲢属、鳙属、青鱼、卡特拉鲃、野鲮属、哈氏纹唇鱼、何氏细须鲃、鲂属）、其他鳗鱼（鳗鲡属）、尼罗河鲈鱼（尼罗尖吻鲈）及黑鱼（鳢属）鱼肉（不论是否绞碎）（冻的养殖鲫属），107　冻的罗非鱼（口孵非鲫属）、鲶鱼（𩷶鲶属、鲶属、胡鲶属、真鮰属）、鲤科鱼（鲤属、鲫属、草鱼、鲢属、鳙属、青鱼、卡特拉鲃、野鲮属、哈氏纹唇鱼、何氏细须鲃、鲂属）、其他鳗鱼（鳗鲡属）、尼罗河鲈鱼（尼罗尖吻鲈）及黑鱼（鳢属）鱼肉（不论是否绞碎）（冻的养殖草鱼），108　冻的罗非鱼（口孵非鲫属）、鲶鱼（𩷶鲶属、鲶属、胡鲶属、真鮰属）、鲤科鱼（鲤属、鲫属、草鱼、鲢属、鳙属、青鱼、卡特拉鲃、野鲮属、哈氏纹唇鱼、何氏细须鲃、鲂属）、其他鳗鱼（鳗鲡属）、尼罗河鲈鱼（尼罗尖吻鲈）及黑鱼（鳢属）鱼肉（不论是否绞碎）（冻的养殖鲢属），109　冻的罗非鱼（口孵非鲫属）、鲶鱼（𩷶鲶属、鲶属、胡鲶属、真鮰属）、鲤科鱼（鲤属、鲫属、草鱼、鲢属、鳙属、青鱼、卡特拉鲃、野鲮属、哈氏纹唇鱼、何氏细须鲃、鲂属）、其他鳗鱼（鳗鲡属）、尼罗河鲈鱼（尼罗尖吻鲈）及黑鱼（鳢属）鱼肉（不论是否绞碎）（冻的养殖鳙属），110　冻的罗非鱼（口孵非鲫属）、鲶鱼（𩷶鲶属、鲶属、胡鲶属、真鮰属）、鲤科鱼（鲤属、鲫属、草鱼、鲢属、鳙属、青鱼、卡特拉鲃、野鲮属、哈氏纹唇鱼、何氏细须鲃、鲂属）、其他鳗鱼（鳗鲡属）、尼罗河鲈鱼（尼罗尖吻鲈）及黑鱼（鳢属）鱼肉（不论是否绞碎）[冻的养殖青鱼（鲤科鱼）]，111　冻的罗非鱼（口孵非鲫属）、鲶鱼（𩷶鲶属、鲶属、胡鲶属、真鮰属）、鲤科鱼（鲤属、鲫属、草鱼、鲢属、鳙属、青鱼、卡特拉鲃、野鲮属、哈氏纹唇鱼、何氏细须鲃、鲂属）、其他鳗鱼（鳗鲡属）、尼罗河鲈鱼（尼罗尖吻鲈）及黑鱼（鳢属）鱼肉（不论是否绞碎）[冻的养殖其他鳗鱼（鳗鲡属）]，112　冻的罗非鱼（口孵非鲫属）、鲶鱼（𩷶鲶属、鲶属、胡鲶属、真鮰属）、鲤科鱼（鲤属、鲫属、草鱼、鲢属、鳙属、青鱼、卡特拉鲃、野鲮属、哈氏纹唇鱼、何氏细须鲃、鲂属）、其他鳗鱼（鳗鲡属）、尼罗河鲈鱼（尼罗尖吻鲈）及黑鱼（鳢属）鱼肉（不论是否绞碎）[冻的养殖尼罗河鲈鱼（尼罗尖吻鲈）]，113　冻的罗非鱼（口孵非鲫属）、鲶鱼（𩷶鲶属、鲶属、胡鲶属、真鮰属）、鲤科鱼（鲤属、鲫属、草鱼、鲢属、鳙属、青鱼、卡特拉鲃、野鲮属、哈氏纹唇鱼、何氏细须鲃、鲂属）、其他鳗鱼（鳗鲡属）、尼罗河鲈鱼（尼罗尖吻鲈）及黑鱼（鳢属）鱼肉（不论是否绞碎）[冻的养殖黑鱼（醴属）]，114　冻的罗非鱼（口孵非鲫属）、鲶鱼（𩷶鲶属、鲶属、胡鲶属、真鮰属）、鲤科鱼（鲤属、鲫属、草鱼、鲢属、鳙属、青鱼、卡特拉鲃、野鲮属、哈氏纹唇鱼、何氏细须鲃、鲂属）、其他鳗鱼（鳗鲡属）、尼罗河鲈鱼（尼罗尖吻鲈）及黑鱼（鳢属）鱼肉（不论是否绞碎）（冻的野生罗非鱼（口孵非鲫属）]，115　冻的罗非鱼（口孵非鲫属）、鲶鱼（𩷶鲶属、鲶属、胡鲶属、真鮰属）、鲤科鱼（鲤属、鲫属、草鱼、鲢属、鳙属、青鱼、卡特拉鲃、野鲮属、哈氏纹唇鱼、何氏细须鲃、鲂属）、其他鳗鱼（鳗鲡属）、尼罗河鲈鱼（尼罗尖吻鲈）及黑鱼（鳢属）鱼肉（不论是否绞碎）（冻的野生𩷶鲶属），116　冻的罗非鱼（口孵非鲫属）、鲶鱼（𩷶鲶属、鲶属、胡鲶属、真鮰属）、鲤科鱼（鲤属、鲫属、草鱼、鲢属、鳙属、青鱼、卡特拉鲃、野鲮属、哈氏纹唇鱼、何氏细须鲃、鲂属）、其他鳗鱼（鳗鲡属）、尼罗河鲈鱼（尼罗尖吻鲈）及黑鱼（鳢属）鱼肉（不论是否绞碎）（冻的野生胡鲶属），117　冻的罗非鱼（口孵非鲫属）、鲶鱼（𩷶鲶属、鲶属、胡鲶属、真鮰属）、鲤科鱼（鲤属、鲫属、草鱼、鲢属、鳙属、青鱼、卡特拉鲃、野鲮属、哈氏纹唇鱼、何氏细须鲃、鲂属）、其他鳗鱼（鳗鲡属）、尼罗河鲈鱼（尼罗尖吻鲈）及黑鱼（鳢属）鱼肉（不论是否绞碎）（冻的野生真鮰属），118　冻的罗非鱼（口孵非鲫属）、鲶鱼（𩷶鲶属、鲶属、胡鲶属、真鮰属）、鲤科鱼（鲤属、鲫属、草鱼、鲢属、鳙属、青鱼、卡特拉鲃、野鲮属、哈氏纹唇鱼、何氏细须鲃、鲂属）、其他鳗鱼（鳗鲡属）、尼罗河鲈鱼（尼罗尖吻鲈）及黑鱼（鳢属）鱼肉（不论是否绞碎）（冻的野生鲤属），119　冻的罗非鱼（口孵非鲫属）、鲶鱼（𩷶鲶属、鲶属、胡鲶属、真鮰属）、鲤科鱼（鲤属、鲫属、草鱼、鲢属、鳙属、青鱼、卡特拉鲃、野鲮属、哈氏纹唇鱼、何氏细须鲃、鲂属）、其他鳗鱼（鳗鲡属）、尼罗河鲈鱼（尼罗尖吻鲈）及黑鱼（鳢属）鱼肉（不论是否绞碎）（冻的野生鲫属），120　冻的罗非鱼（口孵非鲫属）、鲶鱼（𩷶鲶属、鲶属、胡鲶属、真鮰属）、鲤科鱼（鲤属、鲫属、草鱼、鲢属、鳙属、青鱼、卡特拉鲃、野鲮属、哈氏纹唇鱼、何氏细须鲃、鲂属）、其他鳗鱼（鳗鲡属）、尼罗河鲈鱼（尼罗尖吻鲈）及黑鱼（鳢属）鱼肉（不论是否绞碎）（冻的野生草鱼），121　冻的罗非鱼（口孵非鲫属）、鲶鱼（𩷶鲶属、鲶属、胡鲶属、真鮰属）、鲤科鱼（鲤属、鲫属、草鱼、鲢属、鳙属、青鱼、卡特拉鲃、野鲮属、哈氏纹唇鱼、何氏细须鲃、鲂属）、其他鳗鱼（鳗鲡属）、尼罗河鲈鱼（尼罗尖吻鲈）及黑鱼（鳢属）鱼肉（不论是否绞碎）（冻的野生鲢属），122　冻的罗非鱼（口孵非鲫属）、鲶鱼（𩷶鲶属、鲶属、胡鲶属、真鮰属）、鲤科鱼（鲤属、鲫属、草鱼、鲢属、鳙属、青鱼、卡特拉鲃、野鲮属、哈氏纹唇鱼、何氏细须鲃、鲂属）、其他鳗鱼（鳗鲡属）、尼罗河鲈鱼（尼罗尖吻鲈）及黑鱼（鳢属）鱼肉（不论是否绞碎）（冻的野生鳙属），123　冻的罗非鱼（口孵非鲫属）、鲶鱼（𩷶鲶属、鲶属、胡鲶属、真鮰属）、鲤科鱼（鲤属、鲫属、草鱼、鲢属、鳙属、青鱼、卡特拉鲃、野鲮属、哈氏纹唇鱼、何氏细须鲃、鲂属）、其他鳗鱼（鳗鲡属）、尼罗河鲈鱼（尼罗尖吻鲈）及黑鱼（鳢属）鱼肉（不论是否绞碎）（冻的野生青鱼），124　冻的罗非鱼（口孵非鲫属）、鲶鱼（𩷶鲶属、鲶属、胡鲶属、真鮰属）、鲤科鱼（鲤属、鲫属、草鱼、鲢属、鳙属、青鱼、卡特拉鲃、野鲮属、哈氏纹唇鱼、何氏细须鲃、鲂属）、其他鳗鱼（鳗鲡属）、尼罗河鲈鱼（尼罗尖吻鲈）及黑鱼（鳢属）鱼肉（不论是否绞碎）[冻的野生其他鳗鱼（鳗鲡属）]，125　冻的罗非鱼（口孵非鲫属）、鲶鱼（𩷶鲶属、鲶属、胡鲶属、真鮰属）、鲤科鱼（鲤属、鲫属、草鱼、鲢属、鳙属、青鱼、卡特拉鲃、野鲮属、哈氏纹唇鱼、何氏细须鲃、鲂属）、其他鳗鱼（鳗鲡属）、尼罗河鲈鱼（尼罗尖吻鲈）及黑鱼（鳢属）鱼肉（不论是否绞碎）[冻的野生尼罗河鲈鱼（尼罗尖吻鲈）]，126　冻的罗非鱼（口孵非鲫属）、鲶鱼（𩷶鲶属、鲶属、胡鲶属、真鮰属）、鲤科鱼（鲤属、鲫属、草鱼、鲢属、鳙属、青鱼、卡特拉鲃、野鲮属、哈氏纹唇鱼、何氏细须鲃、鲂属）、其他鳗鱼（鳗鲡属）、尼罗河鲈鱼（尼罗尖吻鲈）及黑鱼（鳢属）鱼肉（不论是否绞碎）[冻的野生黑鱼（鳢属）]，127　冻的罗非鱼（口孵非鲫属）、鲶鱼（𩷶鲶属、鲶属、胡鲶属、真鮰属）、鲤科鱼（鲤属、鲫属、草鱼、鲢属、鳙属、青鱼、卡特拉鲃、野鲮属、哈氏纹唇鱼、何氏细须鲃、鲂属）、其他鳗鱼（鳗鲡属）、尼罗河鲈鱼（尼罗尖吻鲈）及黑鱼（鳢属）鱼肉（不论是否绞碎）（冻的养殖鲶属）；128　冻的罗非鱼（口孵非鲫属）、鲶鱼（𩷶鲶属、鲶属、胡鲶属、真鮰属）、鲤科鱼（鲤属、鲫属、草鱼、鲢属、鳙属、青鱼、卡特拉鲃、野鲮属、哈氏纹唇鱼、何氏细须鲃、鲂属）、其他鳗鱼（鳗鲡属）、尼罗河鲈鱼（尼罗尖吻鲈）及黑鱼（鳢属）鱼肉（不论是否绞碎）[冻的养殖其他鲤科鱼（卡特拉鲃、野鲮属、哈氏纹唇鱼、何氏细须鲃、鲂属）]，129　冻的罗非鱼（口孵非鲫属）、鲶鱼（𩷶鲶属、鲶属、胡鲶属、真鮰属）、鲤科鱼（鲤属、鲫属、草鱼、鲢属、鳙属、青鱼、卡特拉鲃、野鲮属、哈氏纹唇鱼、何氏细须鲃、鲂属）、其他鳗鱼（鳗鲡属）、尼罗河鲈鱼（尼罗尖吻鲈）及黑鱼（鳢属）鱼肉（不论是否绞碎）（冻的野生鲶属）；130　冻的罗非鱼（口孵非鲫属）、鲶鱼（𩷶鲶属、鲶属、胡鲶属、真鮰属）、鲤科鱼（鲤属、鲫属、草鱼、鲢属、鳙属、青鱼、卡特拉鲃、野鲮属、哈氏纹唇鱼、何氏细须鲃、鲂属）、其他鳗鱼（鳗鲡属）、尼罗河鲈鱼（尼罗尖吻鲈）及黑鱼（鳢属）鱼肉（不论是否绞碎）[冻的野生其他鲤科鱼（卡特拉鲃、野鲮属、哈氏纹唇鱼、何氏细须鲃、鲂属）]。

税则号列			货品名称中英文		税费综合信息	计量单位	监管证件代码		检验检疫类别		检验检疫编码	检验检疫编码对应中文名称
HS国际统一前6位	本国子目 7~8位	9~10位	中文 货物名称	英文 Article Description			进口	出口	进口	出口		
030494	00		冻的狭鳕鱼鱼肉	Frozen meat of Alaska Pollack, (whether or not minced)	【最】7【普】70 【协东盟】0【协巴基斯坦】5【协智利】0 【协新西兰】0【协秘鲁】0【协哥斯达黎加】0 【协冰岛】0【协瑞士】0【协澳大利亚】0 【协韩国】5【协格鲁吉亚】0【协香港】0 【协澳门】0 【特亚太】0【特东缅甸】0【特-1】0【特-2】0 【特-3】0 【增】10【对美加征】25【出】0【退】10	千克	A	B	PR	QS	999	冻的狭鳕鱼鱼肉（不论是否绞碎）
030495	00		冻的犀鳕科、多丝真鳕科、鳕科、长尾鳕科、黑鳕科、无须鳕科、深海鳕科及南极鳕科鱼的鱼肉（狭鳕鱼除外，不论是否绞碎）	Frozen meat of other fish of the famillies Bregmacerotidae, Euclichthyidae, Gadidae, Macrouridae, Melanonide, Merlacciidae, Moridae and Muraenolepididae, other than Alaska Pouack (Theragora chalcogramma) (whether or not minced)	【最】7【普】70 【协东盟】0【协巴基斯坦】5【协智利】0 【协新西兰】0【协秘鲁】0【协哥斯达黎加】0 【协冰岛】0【协瑞士】0【协澳大利亚】0 【协韩国】5【协格鲁吉亚】0【协香港】0 【协澳门】0 【特亚太】0【特东缅甸】0【特-1】0【特-2】0 【特-3】0 【增】10【对美加征】25【出】0【退】10	千克	A	B	PR	QS	101 102 103 104 105 ……	冻的犀鳕科、多丝真鳕科、鳕科、长尾鳕科、黑鳕科、无须鳕科、深海鳕科及南极鳕科鱼的鱼肉（狭鳕鱼除外，不论是否绞碎）（犀鳕科） 冻的犀鳕科、多丝真鳕科、鳕科、长尾鳕科、黑鳕科、无须鳕科、深海鳕科及南极鳕科鱼的鱼肉（狭鳕鱼除外，不论是否绞碎）（多丝真鳕科） 冻的犀鳕科、多丝真鳕科、鳕科、长尾鳕科、黑鳕科、无须鳕科、深海鳕科及南极鳕科鱼的鱼肉（狭鳕鱼除外，不论是否绞碎）（鳕科） 冻的犀鳕科、多丝真鳕科、鳕科、长尾鳕科、黑鳕科、无须鳕科、深海鳕科及南极鳕科鱼的鱼肉（狭鳕鱼除外，不论是否绞碎）（长尾鳕科） 冻的犀鳕科、多丝真鳕科、鳕科、长尾鳕科、黑鳕科、无须鳕科、深海鳕科及南极鳕科鱼的鱼肉（狭鳕鱼除外，不论是否绞碎）（黑鳕科） ……①
030496	00	10	冻的濒危鲨鱼肉（不论是否绞碎）	Forzen endangered Shark meat, whether or not minced	【最】7【普】70 【协东盟】0【协巴基斯坦】5【协智利】0 【协新西兰】0【协秘鲁】0【协哥斯达黎加】0 【协冰岛】0【协瑞士】0【协澳大利亚】0 【协韩国】5【协格鲁吉亚】0【协香港】0 【协澳门】0 【特亚太】0【特东缅甸】0【特-1】0【特-2】0 【特-3】0 【增】10【对美加征】25【出】0【退】0	千克	AF	BE	PR	QS	999	冻的濒危鲨鱼肉（不论是否绞碎）
030496	00	90	冻的其他鲨鱼肉（不论是否绞碎）	Forzen other Shark meat, whether or not minced	【最】7【普】70 【协东盟】0【协巴基斯坦】5【协智利】0 【协新西兰】0【协秘鲁】0【协哥斯达黎加】0 【协冰岛】0【协瑞士】0【协澳大利亚】0 【协韩国】5【协格鲁吉亚】0【协香港】0 【协澳门】0 【特亚太】0【特东缅甸】0【特-1】0【特-2】0 【特-3】0 【增】10【对美加征】25【出】0【退】10	千克	A	B	PR	QS	999	冻的其他鲨鱼肉（不论是否绞碎）

① 该税号项下检验检疫编码及对应中文名称尚有：106　冻的犀鳕科、多丝真鳕科、鳕科、长尾鳕科、黑鳕科、无须鳕科、深海鳕科及南极鳕科鱼的鱼肉（狭鳕鱼除外，不论是否绞碎）（无须鳕科），107　冻的犀鳕科、多丝真鳕科、鳕科、长尾鳕科、黑鳕科、无须鳕科、深海鳕科及南极鳕科鱼的鱼肉（狭鳕鱼除外，不论是否绞碎）（深海鳕科），108　冻的犀鳕科、多丝真鳕科、鳕科、长尾鳕科、黑鳕科、无须鳕科、深海鳕科及南极鳕科鱼的鱼肉（狭鳕鱼除外，不论是否绞碎）（南极鳕科鱼）。

税则号列			货品名称中英文		税费综合信息	计量单位	监管证件代码		检验检疫类别		检验检疫编码	检验检疫编码对应中文名称
HS国际统一前6位	本国子目 7~8位	本国子目 9~10位	中文 货物名称	英文 Article Description			进口	出口	进口	出口		
030497	00	10	冻的濒危魟鱼及鳐鱼的鱼肉（不论是否绞碎）	Forzen meat of endangered Ray and skates, whether or not minced	【最】7【普】70 【协东盟】0【协巴基斯坦】5【协智利】0 【协新西兰】0【协秘鲁】0【协哥斯达黎加】0 【协冰岛】0【协瑞士】0【协澳大利亚】0 【协韩国】5【协格鲁吉亚】0【协香港】0 【协澳门】0 【特亚太】0【特东缅甸】0【特-1】0【特-2】0 【特-3】0 【增】10【对美加征】25【出】0【退】0	千克	AF	BE	PR	QS	999	冻的濒危魟鱼及鳐鱼的鱼肉（不论是否绞碎）
030497	00	90	冻的其他魟鱼及鳐鱼的鱼肉（不论是否绞碎）	Forzen meat of other Ray and skates, whether or not minced	【最】7【普】70 【协东盟】0【协巴基斯坦】5【协智利】0 【协新西兰】0【协秘鲁】0【协哥斯达黎加】0 【协冰岛】0【协瑞士】0【协澳大利亚】0 【协韩国】5【协格鲁吉亚】0【协香港】0 【协澳门】0 【特亚太】0【特东缅甸】0【特-1】0【特-2】0 【特-3】0 【增】10【对美加征】25【出】0【退】10	千克	A	B	PR	QS	999	冻的其他魟鱼及鳐鱼的鱼肉（不论是否绞碎）
030499	00	10	冻的其他濒危鱼的鱼肉（不论是否绞碎）	Other meat of endangered fish, (whether or not minced), frozen	【最】7【普】70 【协东盟】0【协巴基斯坦】5【协智利】0 【协新西兰】0【协秘鲁】0【协哥斯达黎加】0 【协冰岛】0【协瑞士】0【协澳大利亚】0 【协韩国】5【协格鲁吉亚】0【协香港】0 【协澳门】0 【特亚太】0【特东缅甸】0【特-1】0【特-2】0 【特-3】0 【增】10【对美加征】25【出】0【退】0	千克	AF	BE	PR	QS	999	冻的其他濒危鱼的鱼肉（不论是否绞碎）
030499	00	90	其他冻鱼肉（不论是否绞碎）	Other fish meat, (whether or not minced), frozen	【最】7【普】70 【协东盟】0【协巴基斯坦】5【协智利】0 【协新西兰】0【协秘鲁】0【协哥斯达黎加】0 【协冰岛】0【协瑞士】0【协澳大利亚】0 【协韩国】5【协格鲁吉亚】0【协香港】0 【协澳门】0 【特亚太】0【特东缅甸】0【特-1】0【特-2】0 【特-3】0 【增】10【对美加征】25【出】0【退】10	千克	A	B	PR	QS	101 102 103 104 105 ……	其他冻鱼肉（不论是否绞碎）（养殖石斑鱼） 其他冻鱼肉（不论是否绞碎）（养殖鲥鱼） 其他冻鱼肉（不论是否绞碎）（养殖鲷科） 其他冻鱼肉（不论是否绞碎）（养殖安康鱼） 其他冻鱼肉（不论是否绞碎）（养殖海鲂） ……①
030510	00		供人食用的鱼粉及团粒	Flours, meals and pellets of fish, fit for human consumption	【最】7【普】80 【协东盟】0【协澳门】0【协巴基斯坦】5 【协香港】0【协智利】0【协新西兰】0 【协秘鲁】0【协哥斯达黎加】0【协冰岛】0 【协瑞士】0【协澳大利亚】0【协韩国】5 【协格鲁吉亚】0 【特-1】0【特-2】0【特-3】0 【增】10【对美加征】25【出】0【退】10	千克	A	B	PR	QS	101 102	供人食用的鱼粉及团粒（养殖） 供人食用的鱼粉及团粒（野生）
030520	00	10	干、熏、盐制的濒危鱼种肝、卵及鱼精	Livers roes and spermary of endangered fish, dried, smoked, salted or in brine	【最】7【普】80 【协香港】0【协澳门】0【协东盟】0 【协巴基斯坦】5【协智利】0 【协新西兰】0【协哥斯达黎加】1【协冰岛】0 【协澳大利亚】0【协韩国】5【协格鲁吉亚】0 【特-1】0【特-2】0【特-3】0 【增】10【对美加征】25【出】0【退】0	千克	AF	BE	PR	QS	101 102 103 104	干、熏、盐制的濒危鱼种肝、卵及鱼精（干制的养殖濒危鱼鱼肝） 干、熏、盐制的濒危鱼种肝、卵及鱼精（干制的野生濒危鱼鱼肝） 干、熏、盐制的濒危鱼种肝、卵及鱼精（干制的养殖濒危鱼鱼卵） 干、熏、盐制的濒危鱼种肝、卵及鱼精（干制的野生濒危鱼鱼卵）

① 该税号项下检验检疫编码及对应中文名称尚有：106 其他冻鱼肉（不论是否绞碎）（养殖鲆鱼），107 其他冻鱼肉（不论是否绞碎）（养殖鳜鱼），108 其他冻鱼肉（不论是否绞碎）（养殖红鱼），109 其他冻鱼肉（不论是否绞碎）（养殖其他鱼），110 其他冻鱼肉（不论是否绞碎）（野生石斑鱼），111 其他冻鱼肉（不论是否绞碎）（野生鲥鱼），112 其他冻鱼肉（不论是否绞碎）（野生鲷科），113 其他冻鱼肉（不论是否绞碎）（野生安康鱼），114 其他冻鱼肉（不论是否绞碎）（野生海鲂），115 其他冻鱼肉（不论是否绞碎）（野生鲆鱼），116 其他冻鱼肉（不论是否绞碎）（野生鳜鱼），117 其他冻鱼肉（不论是否绞碎）（野生红鱼），118 其他冻鱼肉（不论是否绞碎）（海鲫鱼），119 其他冻鱼肉（不论是否绞碎）（金线鱼），120 其他冻鱼肉（不论是否绞碎）（马面鱼），121 其他冻鱼肉（不论是否绞碎）（马鲛鱼），122 其他冻鱼肉（不论是否绞碎）（野生其他鱼）。

税则号列			货品名称中英文		税费综合信息	计量单位	监管证件代码		检验检疫类别		检验检疫编码	检验检疫编码对应中文名称
HS国际统一前6位	本国子目 7~8位	本国子目 9~10位	中文 货物名称	英文 Article Description			进口	出口	进口	出口		
											105 ……	干、熏、盐制的濒危鱼种肝、卵及鱼精（干制的养殖濒危鱼鱼精） ……①
030520	00	90	其他干、熏、盐制的鱼肝、鱼卵及鱼精	Other livers roes and spermary of fish, dried, smoked, salted or in brine	【最】7【普】80 【协东盟】0【协巴基斯坦】5【协智利】0 【协新西兰】0【协哥斯达黎加】1【协冰岛】0 【协澳大利亚】0【协韩国】5【协格鲁吉亚】0 【协香港】0【协澳门】0 【特-1】0【特-2】0【特-3】0 【增】10【对美加征】25【出】0【退】10	千克	A	B	PR	QS	111 112 113 114 115 ……	其他干、熏、盐制的鱼肝、鱼卵及鱼精（其他干制的养殖鱼鱼肝） 其他干、熏、盐制的鱼肝、鱼卵及鱼精（其他干制的野生鱼鱼肝） 其他干、熏、盐制的鱼肝、鱼卵及鱼精（其他干制的养殖鱼鱼卵） 其他干、熏、盐制的鱼肝、鱼卵及鱼精（其他干制的野生鱼鱼卵） 其他干、熏、盐制的鱼肝、鱼卵及鱼精（其他干制的养殖鱼鱼精） ……②
030531	00	10	干、盐腌或盐渍的花鳗鲡鱼片（熏制的除外）	Fillets of marbled eels (Anguilla marmorata), dried, salted or in brine, but not smoked	【最】7【普】80 【协亚太】5.5【协东盟】0【协香港】0 【协澳门】0【协巴基斯坦】5【协智利】0 【协新西兰】0【协秘鲁】0【协哥斯达黎加】0 【协冰岛】0【协澳大利亚】0【协韩国】5 【协格鲁吉亚】0 【特亚太】0【特东缅甸】0【特-1】0【特-2】0 【特-3】0 【增】10【出】0【退】10	千克	A	BE	PR	QS	101 102 103 104	干、盐腌或盐渍的花鳗鲡鱼片（熏制的除外）（干制的养殖花鳗鲡） 干、盐腌或盐渍的花鳗鲡鱼片（熏制的除外）（盐腌或盐渍的养殖花鳗鲡） 干、盐腌或盐渍的花鳗鲡鱼片（熏制的除外）（干制的野生花鳗鲡） 干、盐腌或盐渍的花鳗鲡鱼片（熏制的除外）（盐腌或盐渍的野生花鳗鲡）
030531	00	20	干、盐腌或盐渍的欧洲鳗鲡鱼片（熏制的除外）	Fillets of european eels (Anguilla anguilla), dried, salted or in brine, but not smoked	【最】7【普】80 【协亚太】5.5【协东盟】0【协香港】0 【协澳门】0【协巴基斯坦】5【协智利】0 【协新西兰】0【协秘鲁】0【协哥斯达黎加】0 【协冰岛】0【协澳大利亚】0【协韩国】5 【协格鲁吉亚】0 【特亚太】0【特东缅甸】0【特-1】0【特-2】0 【特-3】0 【增】10【出】0【退】10	千克	AF	BE	PR	QS	101 102 103 104	干、盐腌或盐渍的欧洲鳗鲡鱼片（熏制的除外）（干制的养殖欧洲鳗鲡） 干、盐腌或盐渍的欧洲鳗鲡鱼片（熏制的除外）（盐腌或盐渍的养殖欧洲鳗鲡） 干、盐腌或盐渍的欧洲鳗鲡鱼片（熏制的除外）（干制的野生欧洲鳗鲡） 干、盐腌或盐渍的欧洲鳗鲡鱼片（熏制的除外）（盐腌或盐渍的野生欧洲鳗鲡）

① 该税号项下检验检疫编码及对应中文名称尚有：106　干、熏、盐制的濒危鱼种肝、卵及鱼精（干制的野生濒危鱼鱼精），107　干、熏、盐制的濒危鱼种肝、卵及鱼精（熏制的养殖濒危鱼鱼肝），108　干、熏、盐制的濒危鱼种肝、卵及鱼精（熏制的野生濒危鱼鱼肝），109　干、熏、盐制的濒危鱼种肝、卵及鱼精（熏制的养殖濒危鱼鱼卵），110　干、熏、盐制的濒危鱼种肝、卵及鱼精（熏制的野生濒危鱼鱼卵），111　干、熏、盐制的濒危鱼种肝、卵及鱼精（熏制的养殖濒危鱼鱼精），112　干、熏、盐制的濒危鱼种肝、卵及鱼精（熏制的野生濒危鱼鱼精），113　干、熏、盐制的濒危鱼种肝、卵及鱼精（盐制的养殖濒危鱼鱼肝），114　干、熏、盐制的濒危鱼种肝、卵及鱼精（盐制的野生濒危鱼鱼肝），115　干、熏、盐制的濒危鱼种肝、卵及鱼精（盐制的养殖濒危鱼鱼卵），116　干、熏、盐制的濒危鱼种肝、卵及鱼精（盐制的野生濒危鱼鱼卵），117　干、熏、盐制的濒危鱼种肝、卵及鱼精（盐制的养殖濒危鱼鱼精），118　干、熏、盐制的濒危鱼种肝、卵及鱼精（盐制的野生濒危鱼鱼精）。

② 116　其他干、熏、盐制的鱼肝、鱼卵及鱼精（其他干制的野生鱼鱼精），117　其他干、熏、盐制的鱼肝、鱼卵及鱼精（其他熏制的养殖鱼鱼肝），118　其他干、熏、盐制的鱼肝、鱼卵及鱼精（其他熏制的野生鱼鱼肝），119　其他干、熏、盐制的鱼肝、鱼卵及鱼精（其他熏制的养殖鱼鱼卵），120　其他干、熏、盐制的鱼肝、鱼卵及鱼精（其他熏制的野生鱼鱼卵），121　其他干、熏、盐制的鱼肝、鱼卵及鱼精（其他熏制的养殖鱼鱼精），122　其他干、熏、盐制的鱼肝、鱼卵及鱼精（其他熏制的野生鱼鱼精），123　其他干、熏、盐制的鱼肝、鱼卵及鱼精（其他盐制的养殖鱼鱼肝），124　其他干、熏、盐制的鱼肝、鱼卵及鱼精（其他盐制的野生鱼鱼肝），125　其他干、熏、盐制的鱼肝、鱼卵及鱼精（其他盐制的养殖鱼鱼卵），126　其他干、熏、盐制的鱼肝、鱼卵及鱼精（其他盐制的野生鱼鱼卵），127　其他干、熏、盐制的鱼肝、鱼卵及鱼精（其他盐制的养殖鱼鱼精），128　其他干、熏、盐制的鱼肝、鱼卵及鱼精（其他盐制的野生鱼鱼精）。

税则号列			货品名称中英文		税费综合信息	计量单位	监管证件代码		检验检疫类别		检验检疫编码	检验检疫编码对应中文名称
HS国际统一前6位	本国子目 7~8位	9~10位	中文 货物名称	英文 Article Description			进口	出口	进口	出口		
030531	00	90	干、盐腌或盐渍的罗非鱼（口孵非鲫属）、鲶鱼（鲑鲶属、鲶属、胡鲶属、真鮰属）、鲤科鱼（鲤属、鲫属、草鱼、鲢属、鲮属、青鱼、卡特拉鲃、野鲮属、哈氏纹唇鱼、何氏细须鲃、鲂属）、鳗鱼（鳗鲡属）、尼罗河鲈鱼（尼罗尖吻鲈）及黑鱼（鳢属）的鱼片（熏制的除外）	Fillets ofTilapias(Oreochromis spp.), Catfish(Pangasius spp., Silurus spp., Clarias spp., Ictalurus spp.), carp(Cyprinus carpio, Carassius carassius, Ctenopharyngodon idellus, Hypophthalmichthys spp., Cirrhinus spp., Mylopharyngodon piceus), other eels (Anguilla spp.), Nile perch (Lates niloticus) and snakeheads (Channa spp.), dried, salted or in brine, but not smoked	【最】7【普】80 【协亚太】5.5【协东盟】0【协香港】0 【协澳门】0【协巴基斯坦】5【协智利】0 【协新西兰】0【协秘鲁】0【协哥斯达黎加】0 【协冰岛】0【协澳大利亚】0【协韩国】5 【协格鲁吉亚】0 【特亚太】0【特东缅甸】0【特-1】0【特-2】0 【特-3】0 【增】10【出】0【退】10	千克	A	B	PR	QS	161	干、盐腌或盐渍的罗非鱼（口孵非鲫属）、鲶鱼（鲑鲶属、鲶属、胡鲶属、真鮰属）、鲤科鱼（鲤属、鲫属、草鱼、鲢属、鲮属、青鱼、卡特拉鲃、野鲮属、哈氏纹唇鱼、何氏细须鲃、鲂属）、鳗鱼（鳗鲡属）、尼罗河鲈鱼（尼罗尖吻鲈）及黑鱼（鳢属）的鱼片（熏制的除外）（干制的养殖鱼）
											162	干、盐腌或盐渍的罗非鱼（口孵非鲫属）、鲶鱼（鲑鲶属、鲶属、胡鲶属、真鮰属）、鲤科鱼（鲤属、鲫属、草鱼、鲢属、鲮属、青鱼、卡特拉鲃、野鲮属、哈氏纹唇鱼、何氏细须鲃、鲂属）、鳗鱼（鳗鲡属）、尼罗河鲈鱼（尼罗尖吻鲈）及黑鱼（鳢属）的鱼片（熏制的除外）（干制的野生鱼）
											163	干、盐腌或盐渍的罗非鱼（口孵非鲫属）、鲶鱼（鲑鲶属、鲶属、胡鲶属、真鮰属）、鲤科鱼（鲤属、鲫属、草鱼、鲢属、鲮属、青鱼、卡特拉鲃、野鲮属、哈氏纹唇鱼、何氏细须鲃、鲂属）、鳗鱼（鳗鲡属）、尼罗河鲈鱼（尼罗尖吻鲈）及黑鱼（鳢属）的鱼片（熏制的除外）（盐腌或盐渍的养殖鱼）
											164	干、盐腌或盐渍的罗非鱼（口孵非鲫属）、鲶鱼（鲑鲶属、鲶属、胡鲶属、真鮰属）、鲤科鱼（鲤属、鲫属、草鱼、鲢属、鲮属、青鱼、卡特拉鲃、野鲮属、哈氏纹唇鱼、何氏细须鲃、鲂属）、鳗鱼（鳗鲡属）、尼罗河鲈鱼（尼罗尖吻鲈）及黑鱼（鳢属）的鱼片（熏制的除外）（盐腌或盐渍的野生鱼）

税则号列 HS国际统一前6位	本国子目 7~8位	本国子目 9~10位	货品名称中英文 中文 货物名称	货品名称中英文 英文 Article Description	税费综合信息	计量单位	监管证件代码 进口	监管证件代码 出口	检验检疫类别 进口	检验检疫类别 出口	检验检疫编码	检验检疫编码对应中文名称
030532	00		干、盐腌或盐渍的犀鳕科、多丝真鳕科、鳕科、长尾鳕科、黑鳕科、无须鳕科、深海鳕科及南极鳕科的鱼片（熏制的除外）	Fillets of the famillies Bregmacerotidae, Euclichthyidae, Gadidae, Macrouridae, Melanonidae, Merlucciidae, Moridae and Muraenolepididae, dried, salted or in brine(not smoked)	【最】7【普】80 【协亚太】5.5【协东盟】0【协香港】0 【协澳门】0【协巴基斯坦】5【协智利】0 【协新西兰】0【协秘鲁】0【协哥斯达黎加】0 【协冰岛】0【协澳大利亚】0【协韩国】5 【协格鲁吉亚】0【特亚太】0【特东缅甸】0 【特-1】0【特-2】0【特-3】0 【增】10【出】0【退】10	千克	A	B	PR	QS	101	干、盐腌或盐渍的犀鳕科、多丝真鳕科、鳕科、长尾鳕科、黑鳕科、无须鳕科、深海鳕科及南极鳕科的鱼片（熏制的除外）（干制的犀鳕科）
											102	干、盐腌或盐渍的犀鳕科、多丝真鳕科、鳕科、长尾鳕科、黑鳕科、无须鳕科、深海鳕科及南极鳕科的鱼片（熏制的除外）（干制的多丝真鳕科）
											103	干、盐腌或盐渍的犀鳕科、多丝真鳕科、鳕科、长尾鳕科、黑鳕科、无须鳕科、深海鳕科及南极鳕科的鱼片（熏制的除外）（干制的鳕科）
											104	干、盐腌或盐渍的犀鳕科、多丝真鳕科、鳕科、长尾鳕科、黑鳕科、无须鳕科、深海鳕科及南极鳕科的鱼片（熏制的除外）（干制的长尾鳕科）
											105	干、盐腌或盐渍的犀鳕科、多丝真鳕科、鳕科、长尾鳕科、黑鳕科、无须鳕科、深海鳕科及南极鳕科的鱼片（熏制的除外）（干制的黑鳕科）
											……	……①
030539	00	10	干、盐腌或盐渍的濒危鱼类的鱼片（熏制的除外）	Fillets of endangered fish, dried, salted or in brine(not smoked)	【最】7【普】80 【协亚太】5.5【协东盟】0【协香港】0 【协澳门】0【协巴基斯坦】5【协智利】0 【协新西兰】0【协秘鲁】0【协哥斯达黎加】0 【协冰岛】0【协澳大利亚】0【协韩国】5 【协格鲁吉亚】0 【特亚太】0【特东缅甸】0【特-1】0【特-2】0 【特-3】0 【增】10【出】0【退】0	千克	AF	BE	PR	QS	999	干、盐腌或盐渍的濒危鱼类的鱼片（熏制的除外）

① 该税号项下检验检疫编码及对应中文名称尚有：106　干、盐腌或盐渍的犀鳕科、多丝真鳕科、鳕科、长尾鳕科、黑鳕科、无须鳕科、深海鳕科及南极鳕科的鱼片（熏制的除外）（干制的无须鳕科），107　干、盐腌或盐渍的犀鳕科、多丝真鳕科、鳕科、长尾鳕科、黑鳕科、无须鳕科、深海鳕科及南极鳕科的鱼片（熏制的除外）（干制的深海鳕科），108　干、盐腌或盐渍的犀鳕科、多丝真鳕科、鳕科、长尾鳕科、黑鳕科、无须鳕科、深海鳕科及南极鳕科的鱼片（熏制的除外）（干制的南极鳕科），109　干、盐腌或盐渍的犀鳕科、多丝真鳕科、鳕科、长尾鳕科、黑鳕科、无须鳕科、深海鳕科及南极鳕科的鱼片（熏制的除外）（盐腌或盐渍的犀鳕科），110　干、盐腌或盐渍的犀鳕科、多丝真鳕科、鳕科、长尾鳕科、黑鳕科、无须鳕科、深海鳕科及南极鳕科的鱼片（熏制的除外）（盐腌或盐渍的多丝真鳕科），111　干、盐腌或盐渍的犀鳕科、多丝真鳕科、鳕科、长尾鳕科、黑鳕科、无须鳕科、深海鳕科及南极鳕科的鱼片（熏制的除外）（盐腌或盐渍的鳕科），112　干、盐腌或盐渍的犀鳕科、多丝真鳕科、鳕科、长尾鳕科、黑鳕科、无须鳕科、深海鳕科及南极鳕科的鱼片（熏制的除外）（盐腌或盐渍的长尾鳕科），113　干、盐腌或盐渍的犀鳕科、多丝真鳕科、鳕科、长尾鳕科、黑鳕科、无须鳕科、深海鳕科及南极鳕科的鱼片（熏制的除外）（盐腌或盐渍的黑鳕科），114　干、盐腌或盐渍的犀鳕科、多丝真鳕科、鳕科、长尾鳕科、黑鳕科、无须鳕科、深海鳕科及南极鳕科的鱼片（熏制的除外）（盐腌或盐渍的无须鳕科），115　干、盐腌或盐渍的犀鳕科、多丝真鳕科、鳕科、长尾鳕科、黑鳕科、无须鳕科、深海鳕科及南极鳕科的鱼片（熏制的除外）（盐腌或盐渍的深海鳕科），116　干、盐腌或盐渍的犀鳕科、多丝真鳕科、鳕科、长尾鳕科、黑鳕科、无须鳕科、深海鳕科及南极鳕科的鱼片（熏制的除外）（盐腌或盐渍的南极鳕科）。

税则号列			货品名称中英文		税费综合信息	计量单位	监管证件代码		检验检疫类别		检验检疫编码	检验检疫编码对应中文名称
HS国际统一前6位	本国子目 7~8位	本国子目 9~10位	中文 货物名称	英文 Article Description			进口	出口	进口	出口		
030539	00	90	其他干、盐腌或盐渍的鱼片（熏制的除外）	Other fish fillets, dried, salted or in brine (not smoked)	【最】7【普】80 【协亚太】5.5【协东盟】0【协香港】0 【协澳门】0【协巴基斯坦】5【协智利】0 【协新西兰】0【协秘鲁】0【协哥斯达黎加】0 【协冰岛】0【协澳大利亚】0【协韩国】5 【协格鲁吉亚】0 【特亚太】0【特东缅甸】0【特-1】0【特-2】0 【特-3】0 【增】10【出】0【退】10	千克	A	B	PR	QS	101 102 103 104 105 ……	其他干、盐腌或盐渍的鱼片（熏制的除外）（干制的养殖石斑鱼） 其他干、盐腌或盐渍的鱼片（熏制的除外）（干制的养殖鲥鱼） 其他干、盐腌或盐渍的鱼片（熏制的除外）（干制的养殖鲷科） 其他干、盐腌或盐渍的鱼片（熏制的除外）（干制的养殖安康鱼） 其他干、盐腌或盐渍的鱼片（熏制的除外）（干制的养殖海鲂） ……①
030541	10		熏大西洋鲑鱼及鱼片（食用杂碎除外）	Smoked Atlantic salmon and its fillets, other than edible fish offal	【最】14【普】80 【协东盟】0【协香港】0【协澳门】0 【协巴基斯坦】7【协智利】0【协新西兰】0 【协秘鲁】0【协哥斯达黎加】0【协冰岛】0 【协澳大利亚】0【协韩国】7 【协格鲁吉亚】0 【特-1】0【特-2】0 【增】10【出】0【退】10	千克	A	B	PR	Q	101 102	熏大西洋鲑鱼及鱼片（食用杂碎除外）（养殖） 熏大西洋鲑鱼及鱼片（食用杂碎除外）（野生）
030541	20		熏大麻哈鱼、多瑙哲罗鱼及鱼片（食用杂碎除外）	Smoked Pacific salmon and Danube salmon and its fillets, other than edible fish offal	【最】7【普】80 【协东盟】0【协巴基斯坦】11.2【协智利】0 【协新西兰】0【协秘鲁】0【协哥斯达黎加】0 【协冰岛】0【协澳大利亚】0【协韩国】7 【协格鲁吉亚】0【协香港】0【协澳门】0 【特-1】0【特-2】0 【增】10【对美加征】10【出】0【退】10	千克	A	B	PR	Q	101 102 103 104	熏大麻哈鱼、多瑙哲罗鱼及鱼片（食用杂碎除外）（养殖大麻哈鱼） 熏大麻哈鱼、多瑙哲罗鱼及鱼片（食用杂碎除外）（养殖多瑙哲罗鱼） 熏大麻哈鱼、多瑙哲罗鱼及鱼片（食用杂碎除外）（野生大麻哈鱼） 熏大麻哈鱼、多瑙哲罗鱼及鱼片（食用杂碎除外）（野生多瑙哲罗鱼）

① 该税号项下检验检疫编码及对应中文名称尚有：106　其他干、盐腌或盐渍的鱼片（熏制的除外）（干制的养殖鲆鱼），107　其他干、盐腌或盐渍的鱼片（熏制的除外）（干制的养殖鲽鱼），108　其他干、盐腌或盐渍的鱼片（熏制的除外）（干制的养殖红鱼），109　其他干、盐腌或盐渍的鱼片（熏制的除外）（干制的养殖杂鱼），110　其他干、盐腌或盐渍的鱼片（熏制的除外）（盐腌或盐渍的养殖石斑鱼），111　其他干、盐腌或盐渍的鱼片（熏制的除外）（盐腌或盐渍的养殖鲥鱼），112　其他干、盐腌或盐渍的鱼片（熏制的除外）（盐腌或盐渍的养殖鲷科），113　其他干、盐腌或盐渍的鱼片（熏制的除外）（盐腌或盐渍的养殖安康鱼），114　其他干、盐腌或盐渍的鱼片（熏制的除外）（盐腌或盐渍的养殖海鲂），115　其他干、盐腌或盐渍的鱼片（熏制的除外）（盐腌或盐渍的养殖鲆鱼），116　其他干、盐腌或盐渍的鱼片（熏制的除外）（盐腌或盐渍的养殖鲽鱼），117　其他干、盐腌或盐渍的鱼片（熏制的除外）（盐腌或盐渍的养殖红鱼），118　其他干、盐腌或盐渍的鱼片（熏制的除外）（盐腌或盐渍的养殖杂鱼），119　其他干、盐腌或盐渍的鱼片（熏制的除外）（干制的野生石斑鱼），120　其他干、盐腌或盐渍的鱼片（熏制的除外）（干制的野生鲥鱼），121　其他干、盐腌或盐渍的鱼片（熏制的除外）（干制的野生鲷科），122　其他干、盐腌或盐渍的鱼片（熏制的除外）（干制的野生安康鱼），123　其他干、盐腌或盐渍的鱼片（熏制的除外）（干制的野生海鲂），124　其他干、盐腌或盐渍的鱼片（熏制的除外）（干制的野生鲆鱼），125　其他干、盐腌或盐渍的鱼片（熏制的除外）（干制的野生鲽鱼），126　其他干、盐腌或盐渍的鱼片（熏制的除外）（干制的野生红鱼），127　其他干、盐腌或盐渍的鱼片（熏制的除外）（干制的海鲫鱼），128　其他干、盐腌或盐渍的鱼片（熏制的除外）（干制的金线鱼），129　其他干、盐腌或盐渍的鱼片（熏制的除外）（干制的马面鱼），130　其他干、盐腌或盐渍的鱼片（熏制的除外）（干制的马鲛鱼），131　其他干、盐腌或盐渍的鱼片（熏制的除外）（干制的野生杂鱼），132　其他干、盐腌或盐渍的鱼片（熏制的除外）（盐腌或盐渍的野生石斑鱼），133　其他干、盐腌或盐渍的鱼片（熏制的除外）（盐腌或盐渍的野生鲥鱼），134　其他干、盐腌或盐渍的鱼片（熏制的除外）（盐腌或盐渍的野生鲷科），135　其他干、盐腌或盐渍的鱼片（熏制的除外）（盐腌或盐渍的野生安康鱼），136　其他干、盐腌或盐渍的鱼片（熏制的除外）（盐腌或盐渍的野生海鲂），137　其他干、盐腌或盐渍的鱼片（熏制的除外）（盐腌或盐渍的野生鲆鱼），138　其他干、盐腌或盐渍的鱼片（熏制的除外）（盐腌或盐渍的野生鲽鱼），139　其他干、盐腌或盐渍的鱼片（熏制的除外）（盐腌或盐渍的野生红鱼），140　其他干、盐腌或盐渍的鱼片（熏制的除外）（盐腌或盐渍的海鲫鱼），141　其他干、盐腌或盐渍的鱼片（熏制的除外）（盐腌或盐渍的金线鱼），142　其他干、盐腌或盐渍的鱼片（熏制的除外）（盐腌或盐渍的马面鱼），143　其他干、盐腌或盐渍的鱼片（熏制的除外）（盐腌或盐渍的马鲛鱼），144　其他干、盐腌或盐渍的鱼片（熏制的除外）（盐腌或盐渍的野生杂鱼）。

税则号列			货品名称中英文		税费综合信息	计量单位	监管证件代码		检验检疫类别		检验检疫编码	检验检疫编码对应中文名称
HS 国际统一前6位	本国子目 7~8位	本国子目 9~10位	中文 货物名称	英文 Article Description			进口	出口	进口	出口		
030542	00		熏制鲱鱼（大西洋鲱鱼、太平洋鲱鱼）及鱼片（食用杂碎除外）	Smoked Herrings (Clupea harengus, Clupea pallasii) and its fillets, other than edible fish offal	【最】7【普】80 【协东盟】0【协巴基斯坦】12.8【协智利】0 【协新西兰】0【协秘鲁】0【协哥斯达黎加】0 【协冰岛】0【协澳大利亚】0【协韩国】10.6 【协格鲁吉亚】0【协香港】0【协澳门】0 【特-1】0【特-2】0 【增】10【出】0【退】10	千克	A	B	PR	Q	101 102 103 104	熏制鲱鱼（大西洋鲱鱼、太平洋鲱鱼）及鱼片（食用杂碎除外）（养殖大西洋鲱鱼） 熏制鲱鱼（大西洋鲱鱼、太平洋鲱鱼）及鱼片（食用杂碎除外）（养殖太平洋鲱鱼） 熏制鲱鱼（大西洋鲱鱼、太平洋鲱鱼）及鱼片（食用杂碎除外）（野生大西洋鲱鱼） 熏制鲱鱼（大西洋鲱鱼、太平洋鲱鱼）及鱼片（食用杂碎除外）（野生太平洋鲱鱼）
030543	00		熏制鳟鱼（河鳟、虹鳟、克拉克大麻哈鱼、阿瓜大麻哈鱼、吉雨大麻哈鱼、亚利桑那大麻哈鱼、金腹大麻哈鱼）及鱼片（食用杂碎除外）	Smoked Trout (Salmo trutta, Oncorhynchus mykiss, Oncorhynchus clarki, Oncorhynchus aguabonita, Oncorhynchus gilae, Oncorhynchus apache and Oncorhynchus chrysogaster) and its fillets, other than edible fish offal	【最】14【普】80 【协东盟】0【协澳门】0【协巴基斯坦】11.2 【协智利】0【协新西兰】0【协秘鲁】0 【协哥斯达黎加】0【协冰岛】0 【协澳大利亚】0【协韩国】7【协香港】0 【协格鲁吉亚】0 【特亚太】0【特东缅甸】0【特-1】0【特-2】0 【特-3】0 【增】10【出】0【退】10	千克	A	B	PR	QS	101 102 103 104 105 ……	熏制鳟鱼（河鳟、虹鳟、克拉克大麻哈鱼、阿瓜大麻哈鱼、吉雨大麻哈鱼、亚利桑那大麻哈鱼、金腹大麻哈鱼）及鱼片（食用杂碎除外）（养殖河鳟） 熏制鳟鱼（河鳟、虹鳟、克拉克大麻哈鱼、阿瓜大麻哈鱼、吉雨大麻哈鱼、亚利桑那大麻哈鱼、金腹大麻哈鱼）及鱼片（食用杂碎除外）（养殖虹鳟） 熏制鳟鱼（河鳟、虹鳟、克拉克大麻哈鱼、阿瓜大麻哈鱼、吉雨大麻哈鱼、亚利桑那大麻哈鱼、金腹大麻哈鱼）及鱼片（食用杂碎除外）（野生河鳟） 熏制鳟鱼（河鳟、虹鳟、克拉克大麻哈鱼、阿瓜大麻哈鱼、吉雨大麻哈鱼、亚利桑那大麻哈鱼、金腹大麻哈鱼）及鱼片（食用杂碎除外）（野生虹鳟） 熏制鳟鱼（河鳟、虹鳟、克拉克大麻哈鱼、阿瓜大麻哈鱼、吉雨大麻哈鱼、亚利桑那大麻哈鱼、金腹大麻哈鱼）及鱼片（食用杂碎除外）（克拉克大麻哈鱼） ……①
030544	00	10	熏制花鳗鲡及鱼片（食用杂碎除外）	Smoked marbled eels (Anguilla marmorata) and its fillets, other than edible fish offal	【最】7【普】80 【协东盟】0【协澳门】0【协巴基斯坦】11.2 【协智利】0【协新西兰】0【协秘鲁】0 【协哥斯达黎加】0【协冰岛】0 【协澳大利亚】0【协韩国】7【协香港】0 【协格鲁吉亚】0 【特亚太】0【特东缅甸】0【特-1】0【特-2】0 【特-3】0 【增】10【出】0【退】10	千克	A	BE	PR	QS	101 102	熏制花鳗鲡及鱼片（食用杂碎除外）（养殖） 熏制花鳗鲡及鱼片（食用杂碎除外）（野生）

① 该税号项下检验检疫编码及对应中文名称尚有：106　熏制鳟鱼（河鳟、虹鳟、克拉克大麻哈鱼、阿瓜大麻哈鱼、吉雨大麻哈鱼、亚利桑那大麻哈鱼、金腹大麻哈鱼）及鱼片（食用杂碎除外）（阿瓜大麻哈鱼），107　熏制鳟鱼（河鳟、虹鳟、克拉克大麻哈鱼、阿瓜大麻哈鱼、吉雨大麻哈鱼、亚利桑那大麻哈鱼、金腹大麻哈鱼）及鱼片（食用杂碎除外）（吉雨大麻哈鱼），108　熏制鳟鱼（河鳟、虹鳟、克拉克大麻哈鱼、阿瓜大麻哈鱼、吉雨大麻哈鱼、亚利桑那大麻哈鱼、金腹大麻哈鱼）及鱼片（食用杂碎除外）（亚利桑那大麻哈鱼），109　熏制鳟鱼（河鳟、虹鳟、克拉克大麻哈鱼、阿瓜大麻哈鱼、吉雨大麻哈鱼、亚利桑那大麻哈鱼、金腹大麻哈鱼）及鱼片（食用杂碎除外）（金腹大麻哈鱼）。

税则号列			货品名称中英文		税费综合信息	计量单位	监管证件代码		检验检疫类别		检验检疫编码	检验检疫编码对应中文名称
HS国际统一前6位	本国子目7~8位	本国子目9~10位	中文货物名称	英文Article Description			进口	出口	进口	出口		
030544	00	20	熏制欧洲鳗鲡及鱼片（食用杂碎除外）	Smoked european eels (Anguilla anguilla) and its fillets, other than edible fish offal	【最】7【普】80 【协东盟】0【协澳门】0【协巴基斯坦】11.2 【协智利】0【协新西兰】0【协秘鲁】0 【协哥斯达黎加】0【协冰岛】0 【协澳大利亚】0【协韩国】7【协香港】0 【协格鲁吉亚】0 【特亚太】0【特东缅甸】0【特-1】0【特-2】0 【特-3】0 【增】10【出】0【退】10	千克	AF	BE	PR	QS	101 102	熏制欧洲鳗鲡及鱼片（食用杂碎除外）（养殖） 熏制欧洲鳗鲡及鱼片（食用杂碎除外）（野生）
030544	00	90	熏制罗非鱼（口孵非鲫属）、鲶鱼（鲑鲶属、鲶属、胡鲶属、真鮰属）、鲤科鱼（鲤属、鲫属、草鱼、鲢属、鲮属、青鱼、卡特拉鲃、野鲮属、哈氏纹唇鱼、何氏细须鲃、鲂属）、鳗鱼（鳗鲡属）、尼罗河鲈鱼（尼罗尖吻鲈）及黑鱼（鳢属）（食用杂碎除外）	Smoked Tilapias(Oreochromis spp.), Catfish (Pangasius spp., Silurus spp., Clarias spp., Ictalurus spp.), carp(Cyprinus carpio, Carassius carassius, Ctenopharyngodon idellus, Hypophthalmichthys spp., Cirrhinus spp., Mylopharyngodon piceus), other eels (Anguilla spp.), Nile perch (Lates niloticus) and snakeheads (Channa spp.)(other than edible fish offal)	【最】7【普】80 【协东盟】0【协澳门】0【协巴基斯坦】11.2 【协智利】0【协新西兰】0【协秘鲁】0 【协哥斯达黎加】0【协冰岛】0 【协澳大利亚】0【协韩国】7【协香港】0 【协格鲁吉亚】0 【特亚太】0【特东缅甸】0【特-1】0【特-2】0 【特-3】0 【增】10【出】0【退】10	千克	A	B	PR	QS	131 132	熏制罗非鱼（口孵非鲫属）、鲶鱼（鲑鲶属、鲶属、胡鲶属、真鮰属）、鲤科鱼（鲤属、鲫属、草鱼、鲢属、鲮属、青鱼、卡特拉鲃、野鲮属、哈氏纹唇鱼、何氏细须鲃、鲂属）、鳗鱼（鳗鲡属）、尼罗河鲈鱼（尼罗尖吻鲈）及黑鱼（鳢属）（食用杂碎除外）（熏制的养殖鱼） 熏制罗非鱼（口孵非鲫属）、鲶鱼（鲑鲶属、鲶属、胡鲶属、真鮰属）、鲤科鱼（鲤属、鲫属、草鱼、鲢属、鲮属、青鱼、卡特拉鲃、野鲮属、哈氏纹唇鱼、何氏细须鲃、鲂属）、鳗鱼（鳗鲡属）、尼罗河鲈鱼（尼罗尖吻鲈）及黑鱼（鳢属）（食用杂碎除外）（熏制的野生鱼）
030549	00	20	熏制其他濒危鱼及鱼片（食用杂碎除外）	Smoked endangered fish and its fillets, other than edible fish offal	【最】7【普】80 【协东盟】0【协澳门】0【协巴基斯坦】11.2 【协智利】0【协新西兰】0【协秘鲁】0 【协哥斯达黎加】0【协冰岛】0 【协澳大利亚】0【协韩国】7【协香港】0 【协格鲁吉亚】0 【特亚太】0【特东缅甸】0【特-1】0【特-2】0 【特-3】0 【增】10【出】0【退】0	千克	AF	BE	PR	QS	999	熏制其他濒危鱼及鱼片（食用杂碎除外）
030549	00	90	其他熏鱼及鱼片（食用杂碎除外）	Other smoked fish and its fillets, other than edible fish offal	【最】7【普】80 【协东盟】0【协澳门】0【协巴基斯坦】11.2 【协智利】0【协新西兰】0【协秘鲁】0 【协哥斯达黎加】0【协冰岛】0 【协澳大利亚】0【协韩国】7【协香港】0 【协格鲁吉亚】0 【特亚太】0【特东缅甸】0【特-1】0【特-2】0 【特-3】0 【增】10【出】0【退】10	千克	A	B	PR	QS	101 102 103 104 105 ……	其他熏鱼及鱼片（食用杂碎除外）（熏制的养殖石斑鱼） 其他熏鱼及鱼片（食用杂碎除外）（熏制的养殖鲫鱼） 其他熏鱼及鱼片（食用杂碎除外）（熏制的养殖鲷科） 其他熏鱼及鱼片（食用杂碎除外）（熏制的养殖安康鱼） 其他熏鱼及鱼片（食用杂碎除外）（熏制的养殖海鲂） ……①

① 该税号项下检验检疫编码及对应中文名称尚有：106 其他熏鱼及鱼片（食用杂碎除外）（熏制的养殖鲆鱼），107 其他熏鱼及鱼片（食用杂碎除外）（熏制的养殖鲽鱼），108 其他熏鱼及鱼片（食用杂碎除外）（熏制的养殖红鱼），109 其他熏鱼及鱼片（食用杂碎除外）（熏制的其他养殖鱼），110 其他熏鱼及鱼片（食用杂碎除外）（熏制的野生石斑鱼），111 其他熏鱼及鱼片（食用杂碎除外）（熏制的野生鲫鱼），112 其他熏鱼及鱼片（食用杂碎除外）（熏制的野生鲷科），113 其他熏鱼及鱼片（食用杂碎除外）（熏制的野生安康鱼），114 其他熏鱼及鱼片（食用杂碎除外）（熏制的野生海鲂），115 其他熏鱼及鱼片（食用杂碎除外）（熏制的野生鲆鱼），116 其他熏鱼及鱼片（食用杂碎除外）（熏制的野生鲽鱼），117 其他熏鱼及鱼片（食用杂碎除外）（熏制的野生红鱼），118 其他熏鱼及鱼片（食用杂碎除外）（熏制的海鲫鱼），119 其他熏鱼及鱼片（食用杂碎除外）（熏制的金线鱼），120 其他熏鱼及鱼片（食用杂碎除外）（熏制的马面鱼），121 其他熏鱼及鱼片（食用杂碎除外）（熏制的马鲛鱼），122 其他熏鱼及鱼片（食用杂碎除外）（熏制的其他野生鱼）。

税则号列			货品名称中英文		税费综合信息	计量单位	监管证件代码		检验检疫类别		检验检疫编码	检验检疫编码对应中文名称
HS国际统一前6位	本国子目 7~8位	9~10位	中文 货物名称	英文 Article Description			进口	出口	进口	出口		
030551	00		干鳕鱼（大西洋鳕鱼、格陵兰鳕鱼、太平洋鳕鱼），食用杂碎除外（不论是否盐腌，但熏制的除外）	Cod (Gadus morhua, Gadus ogac, Gadus macrocephalus), dried, (whether or not salted but not smoked), other than edible fish offal	【最】7【普】80 【协东盟】0【协澳门】0【协巴基斯坦】12.8 【协智利】0【协新西兰】0【协秘鲁】0 【协哥斯达黎加】0【协冰岛】0【协瑞士】6.4 【协澳大利亚】0【协韩国】10.6 【协格鲁吉亚】0【协香港】0 【特-1】0【特-2】0 【增】10【出】0【退】10	千克	A	B	PR	QS	101 102 103	干鳕鱼（大西洋鳕鱼、格陵兰鳕鱼、太平洋鳕鱼），食用杂碎除外（不论是否盐腌，但熏制的除外）（干制的大西洋鳕鱼） 干鳕鱼（大西洋鳕鱼、格陵兰鳕鱼、太平洋鳕鱼），食用杂碎除外（不论是否盐腌，但熏制的除外）（干制的太平洋鳕鱼） 干鳕鱼（大西洋鳕鱼、格陵兰鳕鱼、太平洋鳕鱼），食用杂碎除外（不论是否盐腌，但熏制的除外）（干制的格陵兰鳕鱼）
030552	00		干罗非鱼（口孵非鲫属）、鲶鱼（鲶属、鲶属、胡鲶属、真鮰属）、鲤科鱼（鲤属、鲫属、草鱼、鲢属、鲮属、青鱼、卡特拉鲃、野鲮属、哈氏纹唇鱼、何氏细须鲃、鲂属）、鳗鱼（鳗鲡属）、尼罗河鲈鱼（尼罗尖吻鲈）及黑鱼（鳢属）	Tilapias (Oreochromis spp.), catfish (Pangasius spp., Silurusspp., Clarias spp., Ictalurus spp.), carp (Cyprinus spp., Carassiusspp., Ctenopharyngodon idellus, Hypophthalmichthys spp., Cirrhinus spp., Mylopharyngodon piceus, Catla catla, Labeo spp., Osteochilus hasselti, Leptobarbus hoeveni, Megalobrama spp.), eels (Anguilla spp.), Nile perch (Lates niloticus) and snakeheads (Channa spp.)	【最】7【普】80 【协东盟】0【协香港】0【协澳门】0 【协智利】0【协新西兰】0【协秘鲁】0 【协哥斯达黎加】1.6【协冰岛】0【协瑞士】6.4 【协澳大利亚】0【协韩国】10.6 【协格鲁吉亚】0 【特亚太】0【特东缅甸】0【特-1】0【特-2】0 【特-3】0 【增】10【出】0【退】10	千克	A	B	PR	QS	101 102	干罗非鱼（口孵非鲫属）、鲶鱼（鲶鲶属、鲶属、胡鲶属、真鮰属）、鲤科鱼（鲤属、鲫属、草鱼、鲢属、鲮属、青鱼、卡特拉鲃、野鲮属、哈氏纹唇鱼、何氏细须鲃、鲂属）、鳗鱼（鳗鲡属）、尼罗河鲈鱼（尼罗尖吻鲈）及黑鱼（鳢属）（养殖干制鱼类制品） 干罗非鱼（口孵非鲫属）、鲶鱼（鲶鲶属、鲶属、胡鲶属、真鮰属）、鲤科鱼（鲤属、鲫属、草鱼、鲢属、鲮属、青鱼、卡特拉鲃、野鲮属、哈氏纹唇鱼、何氏细须鲃、鲂属）、鳗鱼（鳗鲡属）、尼罗河鲈鱼（尼罗尖吻鲈）及黑鱼（鳢属）（野生干制鱼类制品）
030553	00		干犀鳕科、多丝真鳕科、鳕科、长尾鳕科、黑鳕科、无须鳕科、深海鳕科及南极鳕科鱼，鳕鱼（大西洋鳕鱼、格陵兰鳕鱼、太平洋鳕鱼）除外	Fish of the families Bregmacerotidae, Euclichthyidae, Gadidae, Macrouridae, Melanonidae, Merlucciidae, Moridae and Muraenolepididae, other than cod(Gadusmorhua, Gadus ogac, Gadus macrocephalus)	【最】7【普】80 【协东盟】0【协香港】0【协澳门】0【协智利】0 【协新西兰】0【协秘鲁】0 【协哥斯达黎加】1.6【协冰岛】0【协瑞士】6.4 【协澳大利亚】0【协韩国】10.6 【协格鲁吉亚】0 【特亚太】0【特东缅甸】0【特-1】0【特-2】0 【特-3】0 【增】10【出】0【退】10	千克	A	B	PR	QS	101	干犀鳕科、多丝真鳕科、鳕科、长尾鳕科、黑鳕科、无须鳕科、深海鳕科及南极鳕科鱼，鳕鱼（大西洋鳕鱼、格陵兰鳕鱼、太平洋鳕鱼）除外

税则号列			货品名称中英文		税费综合信息	计量单位	监管证件代码		检验检疫类别		检验检疫编码	检验检疫编码对应中文名称
HS国际统一前6位	本国子目 7~8位	9~10位	中文 货物名称	英文 Article Description			进口	出口	进口	出口		
030554	00		干鲱鱼（大西洋鲱鱼、太平洋鲱鱼）、鳀鱼（鳀属）、沙丁鱼（沙丁鱼、沙瑙鱼属）、小沙丁鱼属、黍鲱或西鲱、鲭鱼大西洋鲭、澳洲鲭（鲐）、日本鲭（鲐）［（包括印度鲭（羽鳃鲐属）、马鲛鱼（马鲛属）、对称竹荚鱼、新西兰竹荚鱼及竹荚鱼（竹荚鱼属）、鲹鱼（鲹属）、军曹鱼、银鲳（鲳属）、秋刀鱼、圆鲹（圆鲹属）、多春鱼（毛鳞鱼）、剑鱼、鲔鱼、狐鲣（狐鲣属）、枪鱼、旗鱼、四鳍旗鱼（旗鱼科）］	Herrings (Clupea harengus, Clupea pallasii), anchovies (Engraulis spp.), sardines (Sardina pilcharddus, Sardi-nops spp.), sardinella (Sardinella spp.), brisling or sprats (Sprattus sprattus), mackerel (Scomber scombrus, Scomber australasicus, Scomher japonicus), Indian mackerels (Rastrelliger spp.), seerfishes (Scomberomorus spp.), jack and horse mackerel (Trachurus spp.), jacks, crevalles (Caranx spp.), cobia (Rachycentron canadum), silver pomfrets (Pampus spp.), Pacific saury (Cololabis saira), scads (Decapterus spp.), capelin (Mallotus villosus), swordfish (Xiphias gladius), Kawakawa (Euthynnus affinis), bonitos (Sarda spp.), marlins, sailfishes, spearfish (Istiophoridae)	【最】7【普】80 【协东盟】0【协香港】0【协澳门】0 【协智利】0【协新西兰】0【协秘鲁】0 【协哥斯达黎加】1.6【协冰岛】0【协瑞士】6.4 【协澳大利亚】0【协韩国】10.6 【协格鲁吉亚】0 【特亚太】0【特东缅甸】0【特-1】0【特-2】0【特-3】0 【增】10【出】0【退】10	千克	A	B	PR	QS	101 102	干鲱鱼（大西洋鲱鱼、太平洋鲱鱼）、鳀鱼（鳀属）、沙丁鱼（沙丁鱼、沙瑙鱼属）、小沙丁鱼属、黍鲱或西鲱、鲭鱼大西洋鲭、澳洲鲭（鲐）、日本鲭（鲐）［包括印度鲭（羽鳃鲐属）、马鲛鱼（马鲛属）、对称竹荚鱼、新西兰竹荚鱼及竹荚鱼（竹荚鱼属）、鲹鱼（鲹属）、军曹鱼、银鲳（鲳属）、秋刀鱼、圆鲹（圆鲹属）、多春鱼（毛鳞鱼）、剑鱼、鲔鱼、狐鲣（狐鲣属）、枪鱼、旗鱼、四鳍旗鱼（旗鱼科）］（养殖干制鱼类制品） 干鲱鱼（大西洋鲱鱼、太平洋鲱鱼）、鳀鱼（鳀属）、沙丁鱼（沙丁鱼、沙瑙鱼属）、小沙丁鱼属、黍鲱或西鲱、鲭鱼大西洋鲭、澳洲鲭（鲐）、日本鲭（鲐）［（包括印度鲭（羽鳃鲐属）、马鲛鱼（马鲛属）、对称竹荚鱼、新西兰竹荚鱼及竹荚鱼（竹荚鱼属）、鲹鱼（鲹属）、军曹鱼、银鲳（鲳属）、秋刀鱼、圆鲹（圆鲹属）、多春鱼（毛鳞鱼）、剑鱼、鲔鱼、狐鲣（狐鲣属）、枪鱼、旗鱼、四鳍旗鱼（旗鱼科）］（野生干制鱼类制品）
030559	10		干海马、干海龙，食用杂碎除外	Pipefish and hippocampi, dried, (whether or not salted but not smoked), other than edible fish offal	【最】2【普】20 【协东盟】0【协巴基斯坦】0【协智利】0 【协新西兰】0【协秘鲁】0【协哥斯达黎加】0 【协冰岛】0【协瑞士】0【协澳大利亚】0 【协韩国】0【协格鲁吉亚】0【协香港】0 【协澳门】0 【特亚太】0【特东柬埔寨】0【特东缅甸】0 【特-1】0【特-2】0【特-3】0 【增】10【出】0【退】10	千克	FA	EB	PR	Q	101 102 103 104	干海马、干海龙，食用杂碎除外（不论是否盐腌，但熏制的除外）（干制的海马） 干海马、干海龙，食用杂碎除外（不论是否盐腌，但熏制的除外）（干制的海龙） 干海马、干海龙，食用杂碎除外（不论是否盐腌，但熏制的除外）（药用海马） 干海马、干海龙，食用杂碎除外（不论是否盐腌，但熏制的除外）（药用海龙）
030559	90	10	其他濒危干鱼，食用杂碎除外（不论是否盐腌，但熏制的除外）	Other endangered fish, dried (whether or not salted but not smoked), other than edible fish offal	【最】7【普】80 【协东盟】0【协香港】0【协澳门】0 【协智利】0【协新西兰】0【协秘鲁】0 【协哥斯达黎加】1.6【协冰岛】0【协瑞士】6.4 【协澳大利亚】0【协韩国】10.6 【协格鲁吉亚】0 【特亚太】0【特东缅甸】0【特-1】0【特-2】0 【特-3】0 【增】10【出】0【退】0	千克	AF	EB	PR	QS	999	其他濒危干鱼，食用杂碎除外（不论是否盐腌，但熏制的除外）

税则号列			货品名称中英文		税费综合信息	计量单位	监管证件代码		检验检疫类别		检验检疫编码	检验检疫编码对应中文名称
HS 国际统一前 6 位	本国子目 7~8 位	本国子目 9~10 位	中文 货物名称	英文 Article Description			进口	出口	进口	出口		
030559	90	90	其他干鱼，食用杂碎除外（不论是否盐腌，但熏制的除外）	Other fish, dried, (whether or not salted, but not smoked), other than edible fish offal	【最】7【普】80 【协东盟】0【协香港】0【协澳门】0【协智利】0 【协新西兰】0【协秘鲁】0 【协哥斯达黎加】1.6【协冰岛】0【协瑞士】6.4 【协澳大利亚】0【协韩国】10.6 【协格鲁吉亚】0 【特亚太】0【特东缅甸】0【特-1】0【特-2】0 【特-3】0 【增】10【出】0【退】10	千克	A	B	PR	QS	101	其他干鱼，食用杂碎除外（不论是否盐腌，但熏制的除外）（干制的养殖石斑鱼）
											102	其他干鱼，食用杂碎除外（不论是否盐腌，但熏制的除外）（干制的养殖鲥鱼）
											103	其他干鱼，食用杂碎除外（不论是否盐腌，但熏制的除外）（干制的养殖鲷科）
											104	其他干鱼，食用杂碎除外（不论是否盐腌，但熏制的除外）（干制的养殖安康鱼）
											105	其他干鱼，食用杂碎除外（不论是否盐腌，但熏制的除外）（干制的养殖海鲂）
											……	……①
030561	00		盐腌及盐渍的鲱鱼（大西洋鲱鱼、太平洋鲱鱼），食用杂碎除外（干或熏制的除外）	Herrings (Clupea harengus, Clupea pallasii), salted or in brine(but not dried or smoked), other than edible fish offal	【最】7【普】80 【协亚太】4.8【协东盟】0【协巴基斯坦】8 【协智利】0【协新西兰】0【协秘鲁】0 【协哥斯达黎加】0【协冰岛】0【协瑞士】6.4 【协澳大利亚】0【协韩国】10.6 【协格鲁吉亚】0【协香港】0【协澳门】0 【特-1】0【特-2】0 【增】10【出】0【退】10	千克	A	B	PR	Q	101	盐腌及盐渍的鲱鱼（大西洋鲱鱼、太平洋鲱鱼），食用杂碎除外（干或熏制的除外）（盐腌及盐渍的大西洋鲱鱼）
											102	盐腌及盐渍的鲱鱼（大西洋鲱鱼、太平洋鲱鱼），食用杂碎除外（干或熏制的除外）（盐腌及盐渍的太平洋鲱鱼）
030562	00		盐腌及盐渍鳕鱼（大西洋鳕鱼、格陵兰鳕鱼、太平洋鳕鱼），食用杂碎除外（干或熏制的除外）	Cod (Gadus morhua, Gadus ogac, Gadus macrocephalus), salted or in brine (but not dried or smoked), other than edible fish offal	【最】7【普】80 【协亚太】5.3【协东盟】0【协澳门】0 【协巴基斯坦】8【协智利】0【协新西兰】0 【协秘鲁】0【协哥斯达黎加】0【协冰岛】0 【协瑞士】6.4【协澳大利亚】0【协韩国】10.6 【协格鲁吉亚】0【协香港】0 【特-1】0【特-2】0【特-3】0 【增】10【出】0【退】10	千克	A	B	PR	QS	101	盐腌及盐渍鳕鱼（大西洋鳕鱼、格陵兰鳕鱼、太平洋鳕鱼），食用杂碎除外（干或熏制的除外）（盐腌及盐渍的大西洋鳕鱼）
											102	盐腌及盐渍鳕鱼（大西洋鳕鱼、格陵兰鳕鱼、太平洋鳕鱼），食用杂碎除外（干或熏制的除外）（盐腌及盐渍的太平洋鳕鱼）
											103	盐腌及盐渍鳕鱼（大西洋鳕鱼、格陵兰鳕鱼、太平洋鳕鱼），食用杂碎除外（干或熏制的除外）（盐腌及盐渍的格陵兰鳕鱼）

① 该税号项下检验检疫编码及对应中文名称尚有：106　其他干鱼，食用杂碎除外（不论是否盐腌，但熏制的除外）（干制的养殖鲆鱼），107　其他干鱼，食用杂碎除外（不论是否盐腌，但熏制的除外）（干制的养殖鲽鱼），108　其他干鱼，食用杂碎除外（不论是否盐腌，但熏制的除外）（干制的养殖红鱼），109　其他干鱼，食用杂碎除外（不论是否盐腌，但熏制的除外）（干制的养殖其他鱼），110　其他干鱼，食用杂碎除外（不论是否盐腌，但熏制的除外）（干制的野生石斑鱼），111　其他干鱼，食用杂碎除外（不论是否盐腌，但熏制的除外）（干制的野生鲥鱼），112　其他干鱼，食用杂碎除外（不论是否盐腌，但熏制的除外）（干制的野生鲷科），113　其他干鱼，食用杂碎除外（不论是否盐腌，但熏制的除外）（干制的野生安康鱼），114　其他干鱼，食用杂碎除外（不论是否盐腌，但熏制的除外）（干制的野生海鲂），115　其他干鱼，食用杂碎除外（不论是否盐腌，但熏制的除外）（干制的野生鲆鱼），116　其他干鱼，食用杂碎除外（不论是否盐腌，但熏制的除外）（干制的野生鲽鱼），117　其他干鱼，食用杂碎除外（不论是否盐腌，但熏制的除外）（干制的野生红鱼），118　其他干鱼，食用杂碎除外（不论是否盐腌，但熏制的除外）（干制的海鲫鱼），119　其他干鱼，食用杂碎除外（不论是否盐腌，但熏制的除外）（干制的金线鱼），120　其他干鱼，食用杂碎除外（不论是否盐腌，但熏制的除外）（干制的马面鱼），121　其他干鱼，食用杂碎除外（不论是否盐腌，但熏制的除外）（干制的马鲛鱼），122　其他干鱼，食用杂碎除外（不论是否盐腌，但熏制的除外）（干制的野生其他鱼）。

税则号列			货品名称中英文		税费综合信息	计量单位	监管证件代码		检验检疫类别		检验检疫编码	检验检疫编码对应中文名称
HS国际统一前6位	本国子目 7~8位	9~10位	中文 货物名称	英文 Article Description			进口	出口	进口	出口		
030563	00		盐腌及盐渍的鳀鱼（鳀属），食用杂碎除外（干或熏制的除外）	Anchovies (Engraulis spp.), salted or in brine (but not dried or smoked), other than edible fish offal	【最】7【普】80 【协亚太】5.3【协东盟】0【协巴基斯坦】8 【协智利】0【协新西兰】0【协秘鲁】0 【协哥斯达黎加】0【协冰岛】0【协瑞士】6.4 【协澳大利亚】0【协韩国】10.6 【协格鲁吉亚】0【协香港】0【协澳门】0 【特-1】0【特-2】0 【增】10【出】0【退】10	千克	A	B	PR	Q	999	盐腌及盐渍的鳀鱼（鳀属），食用杂碎除外（干或熏制的除外）
030564	00	10	盐腌及盐渍的花鳗鲡，食用杂碎除外（干或熏制的除外）	Marbled eels (Anguilla marmorata), salted or in brine (but not dried nor smoked), other than edible fish offal	【最】10【普】80 【协东盟】0【协香港】0【协澳门】0 【协巴基斯坦】12.8【协智利】0【协新西兰】0 【协秘鲁】0【协哥斯达黎加】0【协冰岛】0 【协瑞士】6.4【协澳大利亚】0【协韩国】10.6 【协格鲁吉亚】0 【特亚太】0【特东缅甸】0【特-1】0【特-2】0 【特-3】0 【增】10【出】0【退】10	千克	A	BE	PR	QS	101 102	盐腌及盐渍的花鳗鲡，食用杂碎除外（干或熏制的除外）（盐腌及盐渍的养殖花鳗鲡） 盐腌及盐渍的花鳗鲡，食用杂碎除外（干或熏制的除外）（盐腌及盐渍的野生花鳗鲡）
030564	00	20	盐腌及盐渍的欧洲鳗鲡，食用杂碎除外（干或熏制的除外）	European eels (Anguilla anguilla), salted or in brine (but not dried nor smoked), other than edible fish offal	【最】10【普】80 【协东盟】0【协香港】0【协澳门】0 【协巴基斯坦】12.8【协智利】0【协新西兰】0 【协秘鲁】0【协哥斯达黎加】0【协冰岛】0 【协瑞士】6.4【协澳大利亚】0【协韩国】10.6 【协格鲁吉亚】0 【特亚太】0【特东缅甸】0【特-1】0【特-2】0 【特-3】0 【增】10【出】0【退】10	千克	AF	BE	PR	QS	101 102	盐腌及盐渍的欧洲鳗鲡，食用杂碎除外（干或熏制的除外）（盐腌及盐渍的养殖欧洲鳗鲡） 盐腌及盐渍的欧洲鳗鲡，食用杂碎除外（干或熏制的除外）（盐腌及盐渍的野生欧洲鳗鲡）
030564	00	90	盐腌及盐渍的罗非鱼（口孵非鲫属）、鲶鱼（鲑鲶属、鲶属、胡鲶属、真鮰属）、鲤科鱼（鲤属、鲫属、草鱼、鲢属、鲮属、青鱼、卡特拉鲃、野鲮属、哈氏纹唇鱼、何氏细须鲃、鲂属）、其他鳗鱼（鳗鲡属）、尼罗河鲈鱼（尼罗尖吻鲈）及黑鱼（鳢属），食用杂碎除外（干或熏制的除外）	Tilapias (Oreochromis spp.), catfish (Pangasius spp., Silurusspp., Clarias spp., Ictalurus spp.), carp (Cyprinus carpio, Carassiuscarassius, Ctenopharyngodon idellus, Hypophthalmichthys spp., Cirrhinus spp., Mylopharyngodon piceus), other eels (Anguilla spp.), Nile perch (Lates niloticus) and snakeheads (Channa spp.), other than edible fish offal, salted but not dried or smoked and in brine	【最】10【普】80 【协东盟】0【协香港】0【协澳门】0 【协巴基斯坦】12.8【协智利】0【协新西兰】0 【协秘鲁】0【协哥斯达黎加】0【协冰岛】0 【协瑞士】6.4【协澳大利亚】0【协韩国】10.6 【协格鲁吉亚】0 【特亚太】0【特东缅甸】0【特-1】0【特-2】0 【特-3】0 【增】10【出】0【退】10	千克	A	B	PR	QS	131 132	盐腌及盐渍的罗非鱼（口孵非鲫属）、鲶鱼（鲑鲶属、鲶属、胡鲶属、真鮰属）、鲤科鱼（鲤属、鲫属、草鱼、鲢属、鲮属、青鱼、卡特拉鲃、野鲮属、哈氏纹唇鱼、何氏细须鲃、鲂属）、其他鳗鱼（鳗鲡属）、尼罗河鲈鱼（尼罗尖吻鲈）及黑鱼（鳢属），食用杂碎除外（干或熏制的除外）（盐腌及腌渍的养殖鱼类制品） 盐腌及盐渍的罗非鱼（口孵非鲫属）、鲶鱼（鲑鲶属、鲶属、胡鲶属、真鮰属）、鲤科鱼（鲤属、鲫属、草鱼、鲢属、鲮属、青鱼、卡特拉鲃、野鲮属、哈氏纹唇鱼、何氏细须鲃、鲂属）、其他鳗鱼（鳗鲡属）、尼罗河鲈鱼（尼罗尖吻鲈）及黑鱼（鳢属），食用杂碎除外（干或熏制的除外）（盐腌及腌渍的野生鱼类制品）
030569	10		盐腌及盐渍的带鱼，食用杂碎除外（干或熏制的除外）	Scabber fish (Trichurius), salted or in brine (but not dried or smoked), other than edible fish offal	【最】7【普】80 【协东盟】0【协香港】0【协澳门】0 【协巴基斯坦】12.8【协智利】0【协新西兰】0 【协秘鲁】0【协哥斯达黎加】0【协冰岛】0 【协瑞士】6.4【协澳大利亚】0【协韩国】10.6 【协格鲁吉亚】0 【特亚太】0【特东缅甸】0【特-1】0【特-2】0 【特-3】0 【增】10【出】0【退】10	千克	A	B	PR	QS	999	盐腌及盐渍的带鱼，食用杂碎除外（干或熏制的除外）

税则号列			货品名称中英文		税费综合信息	计量单位	监管证件代码		检验检疫类别		检验检疫编码	检验检疫编码对应中文名称
HS 国际统一	本国子目		中文	英文								
前6位	7~8位	9~10位	货物名称	Article Description			进口	出口	进口	出口		
030569	20		盐腌及盐渍的黄鱼，食用杂碎除外（干或熏制的除外）	Yellow croaker (Pseudosicaena), salted or in brine(but not dried or smoked), other than edible fish offal	【最】10【普】80 【协东盟】0【协香港】0【协澳门】0 【协巴基斯坦】12.8【协智利】0【协新西兰】0 【协秘鲁】0【协哥斯达黎加】0【协冰岛】0 【协瑞士】6.4【协澳大利亚】0【协韩国】10.6 【协格鲁吉亚】0 【特亚太】0【特东缅甸】0【特-1】0【特-2】0 【特-3】0 【增】10【出】0【退】10	千克	A	B	PR	QS	101 102	盐腌及盐渍的黄鱼，食用杂碎除外（干或熏制的除外）（盐腌及盐渍的养殖黄鱼） 盐腌及盐渍的黄鱼，食用杂碎除外（干或熏制的除外）（盐腌及盐渍的野生黄鱼）
030569	30		盐腌及盐渍的鲳鱼，食用杂碎除外（干或熏制的除外）	Butterfish(Pampus), salted or in brine(but not dried or smoked), other than edible fish offal	【最】7【普】80 【协东盟】0【协香港】0【协澳门】0 【协巴基斯坦】12.8【协智利】0【协新西兰】0 【协秘鲁】0【协哥斯达黎加】0【协冰岛】0 【协瑞士】6.4【协澳大利亚】0【协韩国】10.6 【协格鲁吉亚】0 【特亚太】0【特东缅甸】0【特-1】0【特-2】0 【特-3】0 【增】10【出】0【退】10	千克	A	B	PR	QS	101 102	盐腌及盐渍的鲳鱼，食用杂碎除外（干或熏制的除外）（盐腌及盐渍的养殖鲳鱼） 盐腌及盐渍的鲳鱼，食用杂碎除外（干或熏制的除外）（盐腌及盐渍的野生鲳鱼）
030569	90	10	盐腌及盐渍的其他濒危鱼，食用杂碎除外（干或熏制的除外）	Other endangered fish, salted or in brine (but not dried or smoked), other than edible fish offal	【最】7【普】80 【协东盟】0【协香港】0【协澳门】0 【协巴基斯坦】12.8【协智利】0【协新西兰】0 【协秘鲁】0【协哥斯达黎加】0【协冰岛】0 【协瑞士】6.4【协澳大利亚】0【协韩国】10.6 【协格鲁吉亚】0 【特亚太】0【特东缅甸】0【特-1】0【特-2】0 【特-3】0 【增】10【出】0【退】0	千克	AF	BE	PR	QS	999	盐腌及盐渍的其他濒危鱼，食用杂碎除外（干或熏制的除外）
030569	90	90	盐腌及盐渍的其他鱼，食用杂碎除外（干或熏制的除外）	Other fish, salted or in brine(but not dried or smoked), other than edible fish offal	【最】7【普】80 【协东盟】0【协香港】0【协澳门】0 【协巴基斯坦】12.8【协智利】0【协新西兰】0 【协秘鲁】0【协哥斯达黎加】0【协冰岛】0 【协瑞士】6.4【协澳大利亚】0【协韩国】10.6 【协格鲁吉亚】0 【特亚太】0【特东缅甸】0【特-1】0【特-2】0 【特-3】0 【增】10【出】0【退】10	千克	A	B	PR	QS	101 102 103 104 105 ……	盐腌及盐渍的其他鱼，食用杂碎除外（干或熏制的除外）（盐腌或盐渍的养殖石斑鱼） 盐腌及盐渍的其他鱼，食用杂碎除外（干或熏制的除外）（盐腌或盐渍的养殖鲥鱼） 盐腌及盐渍的其他鱼，食用杂碎除外（干或熏制的除外）（盐腌或盐渍的养殖鲷科鱼） 盐腌及盐渍的其他鱼，食用杂碎除外（干或熏制的除外）（盐腌或盐渍的养殖安康鱼） 盐腌及盐渍的其他鱼，食用杂碎除外（干或熏制的除外）（盐腌或盐渍的养殖海鲂） ……①
030571	00	10	濒危鲨鱼鱼翅（不论是否干制、盐腌、盐渍和熏制）	Endangered sharks' fins, whether or not dried, salted or in brine, smoked	【最】15【普】80 【协东盟】0【协澳门】0【协智利】0 【协香港】0【协新西兰】0【协秘鲁】0 【协哥斯达黎加】1.5【协冰岛】0【协瑞士】6 【协格鲁吉亚】0 【特亚太】0【特东柬埔寨】0【特东缅甸】0 【特-1】0【特-2】0【特-3】0 【增】10【出】0【退】0	千克	AF	BE	PR	QS	999	濒危鲨鱼鱼翅（不论是否干制、盐腌、盐渍和熏制）

① 该税号项下检验检疫编码及对应中文名称尚有：106　盐腌及盐渍的其他鱼，食用杂碎除外（干或熏制的除外）（盐腌或盐渍的养殖鲆鱼），107　盐腌及盐渍的其他鱼，食用杂碎除外（干或熏制的除外）（盐腌或盐渍的养殖鲽鱼），108　盐腌及盐渍的其他鱼，食用杂碎除外（干或熏制的除外）（盐腌或盐渍的养殖红鱼），109　盐腌及盐渍的其他鱼，食用杂碎除外（干或熏制的除外）（盐腌或盐渍的养殖其他鱼），110　盐腌及盐渍的其他鱼，食用杂碎除外（干或熏制的除外）（盐腌或盐渍的野生石斑鱼），111　盐腌及盐渍的其他鱼，食用杂碎除外（干或熏制的除外）（盐腌或盐渍的野生鲥鱼），112　盐腌及盐渍的其他鱼，食用杂碎除外（干或熏制的除外）（盐腌或盐渍的野生鲷科鱼），113　盐腌及盐渍的其他鱼，食用杂碎除外（干或熏制的除外）（盐腌或盐渍的野生安康鱼），114　盐腌及盐渍的其他鱼，食用杂碎除外（干或熏制的除外）（盐腌或盐渍的野生海鲂），115　盐腌及盐渍的其他鱼，食用杂碎除外（干或熏制的除外）（盐腌或盐渍的野生鲆鱼），116　盐腌及盐渍的其他鱼，食用杂碎除外（干或熏制的除外）（盐腌或盐渍的野生鲽鱼），117　盐腌及盐渍的其他鱼，食用杂碎除外（干或熏制的除外）（盐腌或盐渍的野生红鱼），118　盐腌及盐渍的其他鱼，食用杂碎除外（干或熏制的除外）（盐腌或盐渍的海鲫鱼），119　盐腌及盐渍的其他鱼，食用杂碎除外（干或熏制的除外）（盐腌或盐渍的金线鱼），120　盐腌及盐渍的其他鱼，食用杂碎除外（干或熏制的除外）（盐腌或盐渍的马面鱼），121　盐腌及盐渍的其他鱼，食用杂碎除外（干或熏制的除外）（盐腌或盐渍的马鲛鱼），122　盐腌及盐渍的其他鱼，食用杂碎除外（干或熏制的除外）（盐腌或盐渍的其他野生其他鱼）。

税则号列			货品名称中英文		税费综合信息	计量单位	监管证件代码		检验检疫类别		检验检疫编码	检验检疫编码对应中文名称
HS国际统一前6位	本国子目 7~8位	本国子目 9~10位	中文 货物名称	英文 Article Description			进口	出口	进口	出口		
030571	00	90	其他鲨鱼鱼翅（不论是否干制、盐腌、盐渍和熏制）	Other sharks' fins, whether or not dried, salted or in brine, smoked	【最】15【普】80 【协东盟】0【协澳门】0【协智利】0 【协香港】0【协新西兰】0【协秘鲁】0 【协哥斯达黎加】1.5【协冰岛】0【协瑞士】6 【协格鲁吉亚】0 【特亚太】0【特东柬埔寨】0【特东缅甸】0 【特-1】0【特-2】0【特-3】0 【增】10【出】0【退】10	千克	A	B	PR	QS	999	其他鲨鱼鱼翅（不论是否干制、盐腌、盐渍和熏制）
030572	00	10	濒危鱼的鱼头、鱼尾、鱼鳔（不论是否干制、盐腌、盐渍和熏制）	Heads, tails and maws of endangered fish, whether or not dried, smoked, salted or in brine	【最】7【普】80 【协东盟】0【协巴基斯坦】12.8【协智利】0 【协新西兰】0【协秘鲁】0【协哥斯达黎加】0 【协冰岛】0【协澳大利亚】0【协韩国】10.6 【协格鲁吉亚】0【协香港】0【协澳门】0 【特-1】0【特-2】0 【增】10【出】0【退】0	千克	AF	BE	PR	QS	999	濒危鱼的鱼头、鱼尾、鱼鳔（不论是否干制、盐腌、盐渍和熏制）
030572	00	90	其他鱼的鱼头、鱼尾、鱼鳔（不论是否干制、盐腌、盐渍和熏制）	Heads, tails and maws of other fish, whether or not dried, smoked, salted or in brine	【最】7【普】80 【协东盟】0【协巴基斯坦】12.8【协智利】0 【协新西兰】0【协秘鲁】0【协哥斯达黎加】0 【协冰岛】0【协澳大利亚】0【协韩国】10.6 【协格鲁吉亚】0【协香港】0【协澳门】0 【特-1】0【特-2】0 【增】10【出】0【退】10	千克	A	B	PR	QS	101 102	其他鱼的鱼头、鱼尾、鱼鳔（不论是否干制、盐腌、盐渍和熏制）（养殖） 其他鱼的鱼头、鱼尾、鱼鳔（不论是否干制、盐腌、盐渍和熏制）（野生）
030579	00	10	其他濒危可食用鱼杂碎（不论是否干制、盐腌、盐渍和熏制）	Other edible fish offal of endangered fish, whether or not dried, smoked, salted or in brine	【最】7【普】80 【协东盟】0【协巴基斯坦】12.8【协智利】0 【协新西兰】0【协秘鲁】0【协哥斯达黎加】0 【协冰岛】0【协澳大利亚】0协韩国】10.6 【协格鲁吉亚】0【协香港】0【协澳门】0 【特-1】0【特-2】0 【增】10【出】0【退】0	千克	AF	BE	PR	QS	999	其他濒危可食用鱼杂碎（不论是否干制、盐腌、盐渍和熏制）
030579	00	90	其他可食用鱼杂碎（不论是否干制、盐腌、盐渍和熏制）	Other edible fish offal, whether or not dried, smoked, salted or in brine	【最】7【普】80 【协东盟】0【协巴基斯坦】12.8【协智利】0 【协新西兰】0【协秘鲁】0【协哥斯达黎加】0 【协冰岛】0【协澳大利亚】0【协韩国】10.6 【协格鲁吉亚】0【协香港】0【协澳门】0 【特-1】0【特-2】0 【增】10【出】0【退】10	千克	A	B	PR	QS	101 102	其他可食用鱼杂碎（不论是否干制、盐腌、盐渍和熏制）（养殖） 其他可食用鱼杂碎（不论是否干制、盐腌、盐渍和熏制）（野生）
030611	00		冻岩礁虾和其他龙虾（真龙虾属、龙虾属、岩龙虾属）	Rock lobster and other sea crawfish (Palinurus spp., Panulirus spp., Jasus spp.), frozen	【最】7【普】70 【协香港】0【协澳门】0【协东盟】0 【协巴基斯坦】5【协智利】0 【协新西兰】0【协秘鲁】0【协哥斯达黎加】0 【协冰岛】0【协瑞士】0【协澳大利亚】0 【协韩国】5【协格鲁吉亚】0【特东柬埔寨】0 【特东缅甸】0【特-1】0【特-2】0【特-3】0 【增】10【对美加征】25【出】0【退】10	千克	A	B	PR	QS	101 102 103 104	冻岩礁虾和其他龙虾（真龙虾属、龙虾属、岩龙虾属）（养殖大螯虾） 冻岩礁虾和其他龙虾（真龙虾属、龙虾属、岩龙虾属）（养殖小龙虾） 冻岩礁虾和其他龙虾（真龙虾属、龙虾属、岩龙虾属）（野生大螯虾） 冻岩礁虾和其他龙虾（真龙虾属、龙虾属、岩龙虾属）（野生小龙虾）
030612	00		冻螯龙虾（螯龙虾属） 【电商】①	Lobster (Homarus spp.), forzen	【最】7【普】70【协亚太】5 【协香港】0【协澳门】0【协东盟】0 【协巴基斯坦】5【协智利】0 【协新西兰】0【协秘鲁】0【协哥斯达黎加】0 【协冰岛】0【协瑞士】0【协澳大利亚】0 【协韩国】5【协格鲁吉亚】0【特东柬埔寨】0 【特-1】0【特-2】0【特-3】0 【增】10【对美加征】25【出】0【退】10	千克	A	B	PR	QS	101 102	冻螯龙虾（螯龙虾属）（养殖） 冻螯龙虾（螯龙虾属）（野生）

① 仅限网购保税商品。

税则号列			货品名称中英文		税费综合信息	计量单位	监管证件代码		检验检疫类别		检验检疫编码	检验检疫编码对应中文名称
HS国际统一前6位	本国子目		中文	英文								
	7~8位	9~10位	货物名称	Article Description			进口	出口	进口	出口		
030614	10		冻梭子蟹	Swimming crab, frozen	【最】7【普】70 【协东盟】0【协巴基斯坦】5【协智利】0 【协新西兰】0【协秘鲁】0【协哥斯达黎加】0 【协冰岛】0【协瑞士】0【协澳大利亚】0 【协韩国】5【协格鲁吉亚】0【协香港】0 【协澳门】0 【特亚太】0【特东柬埔寨】0【特东缅甸】0 【特-1】0【特-2】0【特-3】0 【增】10【对美加征】25【出】0【退】10	千克	A	B	PR	QS	101 102 103	冻梭子蟹（饲料用梭子蟹） 冻梭子蟹（养殖） 冻梭子蟹（野生）
030614	90	11	冻的金霸王蟹（帝王蟹）【电商】①	Frozen Lithodes aequispinus	【最】7【普】70【暂进】5 【协东盟】0【协巴基斯坦】5【协智利】0 【协新西兰】0【协秘鲁】0【协哥斯达黎加】0 【协冰岛】0【协瑞士】0【协澳大利亚】0 【协韩国】6.6【协格鲁吉亚】0【协香港】0 【协澳门】0 【特亚太】0【特东柬埔寨】0【特东缅甸】0 【特-1】0【特-2】0【特-3】0 【增】10【对美加征】25【出】0【退】10	千克	AU	B	PR	QS	101 102	冻的金霸王蟹（帝王蟹）（养殖） 冻的金霸王蟹（帝王蟹）（野生）
030614	90	19	冻的毛蟹、仿石蟹（仿岩蟹）、堪察加拟石蟹、短足拟石蟹、扁足拟石蟹、雪蟹、日本雪蟹【电商】②	Frozen Erimacrus spp., Paralomis verrilli, Paralithodes camtschaticus, Paralithodes brevipes, Parailithodes platypus, Chionoecetes spp., Chionoecetes japonicus, frozenEriocheir sinensis, Lithodes, Paralithodes Camtschaticus, Paralithodes brevipes, Paralithodes Platypus, Snow Crab	【最】7【普】70【暂进】5 【协东盟】0【协巴基斯坦】5【协智利】0 【协新西兰】0【协秘鲁】0【协哥斯达黎加】0 【协冰岛】0【协瑞士】0【协澳大利亚】0 【协韩国】6.6【协格鲁吉亚】0【协香港】0 【协澳门】0 【特亚太】0【特东柬埔寨】0【特东缅甸】0 【特-1】0【特-2】0【特-3】0 【增】10【对美加征】25【出】0【退】10	千克	AU	B	PR	QS	101 102 103 104 105 ……	冻的毛蟹、仿石蟹（仿岩蟹）、堪察加拟石蟹、短足拟石蟹、扁足拟石蟹、雪蟹、日本雪蟹（冻的养殖毛蟹） 冻的毛蟹、仿石蟹（仿岩蟹）、堪察加拟石蟹、短足拟石蟹、扁足拟石蟹、雪蟹、日本雪蟹[冻的养殖仿石蟹（仿岩蟹）] 冻的毛蟹、仿石蟹（仿岩蟹）、堪察加拟石蟹、短足拟石蟹、扁足拟石蟹、雪蟹、日本雪蟹（冻的养殖堪察加拟石蟹） 冻的毛蟹、仿石蟹（仿岩蟹）、堪察加拟石蟹、短足拟石蟹、扁足拟石蟹、雪蟹、日本雪蟹（冻的养殖短足拟石蟹） 冻的毛蟹、仿石蟹（仿岩蟹）、堪察加拟石蟹、短足拟石蟹、扁足拟石蟹、雪蟹、日本雪蟹（冻的养殖扁足拟石蟹） ……③
030614	90	90	其他冻蟹【电商】④	Other crab, frozen	【最】7【普】70【暂进】5 【协东盟】0【协巴基斯坦】5【协智利】0 【协新西兰】0【协秘鲁】0【协哥斯达黎加】0 【协冰岛】0【协瑞士】0【协澳大利亚】0 【协韩国】6.6【协格鲁吉亚】0【协香港】0 【协澳门】0 【特亚太】0【特东柬埔寨】0【特东缅甸】0 【特-1】0【特-2】0【特-3】0 【增】10【对美加征】25【出】0【退】10	千克	A	B	PR	QS	101 102 103 104 105 ……	其他冻蟹（饲料用青蟹） 其他冻蟹（饲料用其他海水蟹） 其他冻蟹（饲料用淡水蟹） 其他冻蟹（养殖花蟹） 其他冻蟹（养殖软壳蟹） ……⑤

① 仅限网购保税商品。

② 仅限网购保税商品。

③ 该税号项下检验检疫编码及对应中文名称尚有：106 冻的毛蟹、仿石蟹（仿岩蟹）、堪察加拟石蟹、短足拟石蟹、扁足拟石蟹、雪蟹、日本雪蟹（冻的养殖雪蟹），107 冻的毛蟹、仿石蟹（仿岩蟹）、堪察加拟石蟹、短足拟石蟹、扁足拟石蟹、雪蟹、日本雪蟹冻的养殖日本雪蟹），108 冻的毛蟹、仿石蟹（仿岩蟹）、堪察加拟石蟹、短足拟石蟹、扁足拟石蟹、雪蟹、日本雪蟹（冻的野生毛蟹），109 冻的毛蟹、仿石蟹（仿岩蟹）、堪察加拟石蟹、短足拟石蟹、扁足拟石蟹、雪蟹、日本雪蟹［冻的野生仿石蟹（仿岩蟹）］，110 冻的毛蟹、仿石蟹（仿岩蟹）、堪察加拟石蟹、短足拟石蟹、扁足拟石蟹、雪蟹、日本雪蟹（冻的野生堪察加拟石蟹），111 冻的毛蟹、仿石蟹（仿岩蟹）、堪察加拟石蟹、短足拟石蟹、扁足拟石蟹、雪蟹、日本雪蟹（冻的野生短足拟石蟹），112 冻的毛蟹、仿石蟹（仿岩蟹）、堪察加拟石蟹、短足拟石蟹、扁足拟石蟹、雪蟹、日本雪蟹（冻的野生扁足拟石蟹），113 冻的毛蟹、仿石蟹（仿岩蟹）、堪察加拟石蟹、短足拟石蟹、扁足拟石蟹、雪蟹、日本雪蟹（冻的野生雪蟹），114 冻的毛蟹、仿石蟹（仿岩蟹）、堪察加拟石蟹、短足拟石蟹、扁足拟石蟹、雪蟹、日本雪蟹（冻的野生日本雪蟹）。

④ 仅限网购保税商品。

⑤ 该税号项下检验检疫编码及对应中文名称尚有：106 其他冻蟹（养殖老虎蟹），107 其他冻蟹（养殖青蟹），108 其他冻蟹（养殖中华绒螯蟹），109 其他冻蟹（养殖其他蟹），110 其他冻蟹（野生花蟹），111 其他冻蟹（野生软壳蟹），112 其他冻蟹（野生老虎蟹），113 其他冻蟹（野生青蟹），114 其他冻蟹（帝王蟹），115 其他冻蟹（雪蟹），116 其他冻蟹（毛蟹），117 其他冻蟹（面包蟹），118 其他冻蟹（棕蟹），119 其他冻蟹（蜘蛛蟹），120 其他冻蟹（野生其他蟹）。

税则号列			货品名称中英文		税费综合信息	计量单位	监管证件代码		检验检疫类别		检验检疫编码	检验检疫编码对应中文名称
HS 国际统一前 6 位	本国子目 7~8 位	9~10 位	中文 货物名称	英文 Article Description			进口	出口	进口	出口		
030615	00		冻挪威海螯虾	Norway lobsters (Nephrops norvegicus), frozen	【最】7【普】70 【协东盟】0【协巴基斯坦】12.8【协智利】0 【协新西兰】0【协秘鲁】0【协哥斯达黎加】0 【协冰岛】0【协瑞士】6.4【协澳大利亚】0 【协韩国】10.6【协格鲁吉亚】0【协香港】0 【协澳门】0 【特东柬埔寨】0【特-1】0【特-2】0【特-3】0 【增】10【对美加征】25【出】0【退】10	千克	A	B	PR	QS	101 102	冻挪威海螯虾（养殖） 冻挪威海螯虾（野生）
030616	11		冻冷水小虾虾仁	Shelled cold water shrimps, frozen	【最】7【普】70 【协亚太】3.5【协东盟】0【协香港】0 【协澳门】0【协巴基斯坦】0【协智利】0 【协新西兰】0【协秘鲁】0【协哥斯达黎加】0 【协冰岛】0【协瑞士】0【协澳大利亚】0 【协韩国】0【协格鲁吉亚】0 【特东柬埔寨】0【特东缅甸】0【特-1】0 【特-2】0【特-3】0 【增】10【对美加征】25【出】0【退】10	千克	A	B	PR	QS	101 102	冻冷水小虾虾仁（养殖） 冻冷水小虾虾仁（野生）
030616	12		冻北方长额虾	Other Northem Pandalus(Pandalus)	【最】5【普】70【暂进】2 【协亚太】2.5【协东盟】0【协香港】0 【协澳门】0【协巴基斯坦】0【协智利】0 【协新西兰】0【协秘鲁】0【协哥斯达黎加】0 【协冰岛】0【协瑞士】0【协澳大利亚】0 【协韩国】0【协格鲁吉亚】0 【特东柬埔寨】0【特东缅甸】0【特-1】0 【特-2】0【特-3】0 【增】10【对美加征】25【出】0【退】10	千克	A	B	PR	QS	101 102	冻北方长额虾（虾仁除外）（养殖） 冻北方长额虾（虾仁除外）（野生）
030616	19		其他冻冷水小虾 【电商】①	Other cold water shrimps, frozen	【最】5【普】70 【协亚太】2.5【协东盟】0【协香港】0 【协澳门】0【协农】0【协巴基斯坦】0 【协智利】0【协新西兰】0 【协秘鲁】0【协哥斯达黎加】0【协冰岛】0 【协瑞士】0【协澳大利亚】0【协韩国】0 【协格鲁吉亚】0 【特东柬埔寨】0【特东缅甸】0【特-1】0 【特-2】0【特-3】0 【增】10【对美加征】25【出】0【退】10	千克	A	B	PR	QS	101 102	其他冻冷水小虾（养殖） 其他冻冷水小虾（野生）
030616	21		冻冷水对虾仁	Shelled cold water prawns, frozen	【最】7【普】70 【协亚太】3.5【协东盟】0【协香港】0 【协澳门】0【协巴基斯坦】0【协智利】0 【协新西兰】0【协秘鲁】0【协哥斯达黎加】0 【协冰岛】0【协瑞士】0【协澳大利亚】0 【协韩国】0【协格鲁吉亚】0 【特东柬埔寨】0【特东缅甸】0【特-1】0 【特-2】0【特-3】0 【增】10【对美加征】25【出】0【退】10	千克	A	B	PR	QS	101 102	冻冷水对虾仁（养殖） 冻冷水对虾仁（野生）
030616	29		其他冻冷水对虾	Other cold water prawns, frozen	【最】5【普】70 【协亚太】2.5【协东盟】0【协香港】0 【协澳门】0【协巴基斯坦】0【协智利】0 【协新西兰】0【协秘鲁】0【协哥斯达黎加】0 【协冰岛】0【协瑞士】0【协澳大利亚】0 【协韩国】0【协格鲁吉亚】0 【特东柬埔寨】0【特东缅甸】0【特-1】0 【特-2】0【特-3】0 【增】10【对美加征】25【出】0【退】10	千克	A	B	PR	QS	101 102	其他冻冷水对虾（养殖） 其他冻冷水对虾（野生）
030617	11		其他冻小虾仁	Other shelled shrimps, frozen	【最】7【普】70 【协亚太】3.5【协东盟】0【协香港】0 【协澳门】0【协巴基斯坦】0【协智利】0 【协新西兰】0【协秘鲁】0【协哥斯达黎加】0 【协冰岛】0【协瑞士】0【协澳大利亚】0 【协韩国】0【协格鲁吉亚】0 【特东柬埔寨】0【特东缅甸】0【特-1】0 【特-2】0【特-3】0 【增】10【对美加征】25【出】0【退】10	千克	A	B	PR	QS	101 102 103 104 105 ……	其他冻小虾仁（养殖河虾） 其他冻小虾仁（养殖罗氏沼虾） 其他冻小虾仁（养殖其他小虾） 其他冻小虾仁（野生河虾） 其他冻小虾仁（野生红虾） ……②

① 仅限网购保税商品。

② 该税号项下检验检疫编码及对应中文名称尚有：106　其他冻小虾仁（野生罗氏沼虾），107　其他冻小虾仁（野生其他小虾）。

税则号列			货品名称中英文		税费综合信息	计量单位	监管证件代码		检验检疫类别		检验检疫编码	检验检疫编码对应中文名称
HS国际统一前6位	本国子目 7~8位	本国子目 9~10位	中文 货物名称	英文 Article Description			进口	出口	进口	出口		
030617	19		其他冻小虾	Other shrimps, frozen	【最】5【普】70【暂进】2 【协亚太】2.5【协东盟】0【协香港】0 【协澳门】0【协农】0【协巴基斯坦】0 【协智利】0【协新西兰】0【协秘鲁】0 【协哥斯达黎加】0【协冰岛】0【协瑞士】0 【协澳大利亚】0【协韩国】0【协格鲁吉亚】0 【特东柬埔寨】0【特东缅甸】0【特-1】0 【特-2】0【特-3】0 【增】10【对美加征】25【出】0【退】10	千克	A	B	PR	QS	101 102 103 104 105 ……	其他冻小虾（养殖河虾） 其他冻小虾（养殖罗氏沼虾） 其他冻小虾（养殖其他小虾） 其他冻小虾（野生河虾） 其他冻小虾（野生红虾） ……①
030617	21		其他冻对虾仁	Other prawns, frozen	【最】7【普】70 【协亚太】3.5【协东盟】0【协香港】0 【协澳门】0【协巴基斯坦】0【协智利】0 【协新西兰】0【协秘鲁】0【协哥斯达黎加】0 【协冰岛】0【协瑞士】0【协澳大利亚】0 【协韩国】0【协格鲁吉亚】0 【特东柬埔寨】0【特东缅甸】0【特-1】0 【特-2】0【特-3】0 【增】10【对美加征】25【出】0【退】10	千克	A	B	PR	QS	101 102	其他冻对虾仁（养殖） 其他冻对虾仁（野生）
030617	29		其他冻对虾	Other shelled prawns, frozen	【最】5【普】70 【协亚太】2.5【协东盟】0【协香港】0 【协澳门】0【协巴基斯坦】0【协智利】0 【协新西兰】0【协秘鲁】0【协哥斯达黎加】0 【协冰岛】0【协瑞士】0【协澳大利亚】0 【协韩国】0【协格鲁吉亚】0 【特东柬埔寨】0【特东缅甸】0【特-1】0 【特-2】0【特-3】0 【增】10【对美加征】25【出】0【退】10	千克	A	B	PR	QS	101 102 103 104 105 ……	其他冻对虾［养殖斑节对虾（虎虾）］ 其他冻对虾（养殖南美白对虾） 其他冻对虾（养殖草虾） 其他冻对虾（养殖其他对虾） 其他冻对虾［野生斑节对虾（虎虾）］ ……②
030619	11		冻淡水小龙虾仁	Shelled freshwater crawfish, frozen	【最】7【普】70 【协东盟】0【协巴基斯坦】12.8【协智利】0 【协新西兰】0【协秘鲁】0【协哥斯达黎加】0 【协冰岛】0【协瑞士】6.4【协澳大利亚】0 【协韩国】10.6【协格鲁吉亚】0【协香港】0 【协澳门】0 【特东柬埔寨】0【特-1】0【特-2】0【特-3】0 【增】10【对美加征】25【出】0【退】10	千克	A	B	PR	QS	101 102	冻淡水小龙虾仁（养殖） 冻淡水小龙虾仁（野生）
030619	19		冻带壳淡水小龙虾	Freshwater crawfish, in shell, frozen	【最】7【普】70 【协东盟】0【协巴基斯坦】12.8【协智利】0 【协新西兰】0【协秘鲁】0【协哥斯达黎加】0 【协冰岛】0【协瑞士】6.4【协澳大利亚】0 【协韩国】10.6【协格鲁吉亚】0【协香港】0 【协澳门】0 【特东柬埔寨】0【特-1】0【特-2】0【特-3】0 【增】10【对美加征】25【出】0【退】10	千克	A	B	PR	QS	101 102	冻带壳淡水小龙虾（养殖） 冻带壳淡水小龙虾（野生）
030619	90		其他冻甲壳动物	Other crustaceans, including flours, meals and pellets of crustaeans, fit for human consumption, frozen	【最】7【普】70 【协东盟】0【协巴基斯坦】12.8【协智利】0 【协新西兰】0【协秘鲁】0【协哥斯达黎加】0 【协冰岛】0【协瑞士】6.4【协澳大利亚】0 【协韩国】10.6【协格鲁吉亚】0【协香港】0 【协澳门】0 【特东柬埔寨】0【特-1】0【特-2】0【特-3】0 【增】10【对美加征】25【出】0【退】10	千克	A	B	PR	QS	101 102	其他冻甲壳动物（养殖） 其他冻甲壳动物（野生）
030631	10		岩礁虾和其他龙虾（真龙虾属、龙虾属、岩龙虾属）种苗	Rock lobster and other sea crawfish (Palinurus spp., Panulirus spp., Jasus spp.) For cultivation	【最】0【普】0【特-1】0【特-2】0【特-3】0 【增】10【对美加征】25【出】0【退】10	千克	A	B	P	Q	999	岩礁虾和其他龙虾（真龙虾属、龙虾属、岩龙虾属）种苗

① 该税号项下检验检疫编码及对应中文名称尚有：106　其他冻小虾（野生罗氏沼虾），107　其他冻小虾（野生其他小虾）。

② 该税号项下检验检疫编码及对应中文名称尚有：106　其他冻对虾（野生南美白对虾），107　其他冻对虾（野生草虾），108　其他冻对虾（野生其他对虾）。

税则号列			货品名称中英文		税费综合信息	计量单位	监管证件代码		检验检疫类别		检验检疫编码	检验检疫编码对应中文名称
HS国际统一前6位	本国子目7~8位	本国子目9~10位	中文 货物名称	英文 Article Description			进口	出口	进口	出口		
030631	90		活、鲜或冷的带壳或去壳岩礁虾和其他龙虾（真龙虾属、龙虾属、岩龙虾属）	Other rock lobster and other sea crawfish (Palinurus spp., Panulirus spp., Jasus spp.)	【最】7【普】70【暂进】5 【协东盟】0【协香港】0【协智利】0 【协澳门】0【协新西兰】0【协秘鲁】0 【协哥斯达黎加】0【协冰岛】0【协瑞士】6 【协澳大利亚】0【协韩国】7.5【协格鲁吉亚】0 【特东柬埔寨】0【特东缅甸】0【特-1】0 【特-2】0【特-3】0 【增】10【对美加征】25【出】0【退】10	千克	A	B	PR	QS	101 102 103 104 105	活、鲜或冷的带壳或去壳岩礁虾和其他龙虾（真龙虾属、龙虾属、岩龙虾属）（活龙虾） 活、鲜或冷的带壳或去壳岩礁虾和其他龙虾（真龙虾属、龙虾属、岩龙虾属）（鲜或冷的带壳或去壳养殖岩礁虾） 活、鲜或冷的带壳或去壳岩礁虾和其他龙虾（真龙虾属、龙虾属、岩龙虾属）（鲜或冷的带壳或去壳野生岩礁虾） 活、鲜或冷的带壳或去壳岩礁虾和其他龙虾（真龙虾属、龙虾属、岩龙虾属）[鲜或冷的带壳或去壳养殖其他龙虾（真龙虾属、龙虾属、岩龙虾属）] 活、鲜或冷的带壳或去壳岩礁虾和其他龙虾（真龙虾属、龙虾属、岩龙虾属）[鲜或冷的带壳或去壳野生其他龙虾（真龙虾属、龙虾属、岩龙虾属）]
030632	10		螯龙虾（螯龙虾属）种苗	For cultivation	【最】0【普】0【特-1】0【特-2】0【特-3】0 【增】10【对美加征】25【出】0【退】10	千克	A	B	P	Q	999	螯龙虾（螯龙虾属）种苗
030632	90		活、鲜或冷的带壳或去壳螯龙虾 【电商】[①]	Other Lobsters (Homarus spp.)	【最】7【普】70 【协东盟】0【协香港】0【协澳门】0 【协巴基斯坦】12【协智利】0【协新西兰】0 【协秘鲁】0【协哥斯达黎加】0【协冰岛】0【协瑞士】6【协澳大利亚】0【协韩国】7.5 【协格鲁吉亚】0 【特东柬埔寨】0【特东缅甸】0【特-1】0 【特-2】0【特-3】0 【增】10【对美加征】25【出】0【退】10	千克	A	B	PR	QS	101 102 103	活、鲜或冷的带壳或去壳螯龙虾（螯龙虾属）（活螯虾） 活、鲜或冷的带壳或去壳螯龙虾（螯龙虾属）[鲜或冷的带壳或去壳养殖螯龙虾（螯龙虾属）] 活、鲜或冷的带壳或去壳螯龙虾（螯龙虾属）[鲜或冷的带壳或去壳野生螯龙虾（螯龙虾属）]
030633	10		蟹种苗	Crab for cultivation	【最】0【普】0【特-1】0【特-2】0【特-3】0 【增】10【对美加征】25【出】0【退】10	千克	A	B	P	Q	101 102 103 104 105	蟹种苗（青蟹） 蟹种苗（梭子蟹） 蟹种苗（其他海水虾蟹） 蟹种苗[中华绒螯蟹（大闸蟹）] 蟹种苗（其他淡水虾蟹）
030633	91		活、鲜或冷的带壳或去壳中华绒螯	Freshwater crabs, live	【最】7【普】70 【协东盟】0【协巴基斯坦】7【协智利】0 【协新西兰】0【协秘鲁】0【协哥斯达黎加】0 【协冰岛】0【协瑞士】5.6【协澳大利亚】0 【协韩国】7【协格鲁吉亚】0【协香港】0 【协澳门】0 【特东柬埔寨】0【特-1】0【特-2】0【特-3】0 【增】10【对美加征】25【出】0【退】10	千克	A	B	PR	QS	101 102 103	活、鲜或冷的带壳或去壳中华绒螯蟹[活的中华绒螯蟹（大闸蟹）] 活、鲜或冷的带壳或去壳中华绒螯蟹（其他野生鲜或冷螯蟹） 活、鲜或冷的带壳或去壳中华绒螯蟹（野生鲜或冷中华绒螯蟹）

① 仅限网购保税商品。

税则号列			货品名称中英文		税费综合信息	计量单位	监管证件代码		检验检疫类别		检验检疫编码	检验检疫编码对应中文名称
HS国际统一前6位	本国子目 7~8位	9~10位	中文 货物名称	英文 Article Description			进口	出口	进口	出口		
030633	92		活、鲜或冷的带壳或去壳梭子蟹	Swimming crab	【最】14【普】70 【协东盟】0【协香港】0【协澳门】0 【协巴基斯坦】11.2【协智利】0【协新西兰】0 【协秘鲁】0【协哥斯达黎加】0【协冰岛】0 【协瑞士】5.6【协澳大利亚】0 【协韩国】7【协格鲁吉亚】0 【特东柬埔寨】0【特-1】0【特-2】0【特-3】0 【增】10【对美加征】25【出】0【退】10	千克	A	B	PR	QS	101 102 103 104	活、鲜或冷的带壳或去壳梭子蟹（活的梭子蟹） 活、鲜或冷的带壳或去壳梭子蟹（饲料用梭子蟹） 活、鲜或冷的带壳或去壳梭子蟹（鲜或冷的养殖梭子蟹） 活、鲜或冷的带壳或去壳梭子蟹（鲜或冷的野生梭子蟹）
030633	99	11	活金霸王蟹（帝王蟹）【电商】①	Live Lithodes aequispinus	【最】7【普】70 【协东盟】0【协香港】0【协澳门】0 【协智利】0【协新西兰】0【协秘鲁】0 【协哥斯达黎加】0【协冰岛】0【协瑞士】5.6 【协澳大利亚】0【协韩国】7【协格鲁吉亚】0 【特东柬埔寨】0【特-1】0【特-2】0【特-3】0 【增】10【对美加征】25【出】0【退】10	千克	AU	B	PR	QS	101	活金霸王蟹（帝王蟹）
030633	99	19	活、鲜或冷的毛蟹、仿石蟹（仿岩蟹）、堪察加拟石蟹、短足拟石蟹、扁足拟石蟹、雪蟹、日本雪蟹，鲜或冷的金霸王蟹（帝王蟹）	Erimacrus spp., Paralomis verrilli, Paralithodes camtschaticus, Paralithodes brevipes, Paralithodes platypus, Chionoecetes spp., Chionoecetes japonicus, live, fresh or chilled; Lithodesaequispinus, fresh or chilled live, fresh or cold	【最】7【普】70 【协东盟】0【协香港】0【协澳门】0【协智利】0 【协新西兰】0【协秘鲁】0【协哥斯达黎加】0 【协冰岛】0【协瑞士】5.6【协澳大利亚】0 【协韩国】7【协格鲁吉亚】0 【特东柬埔寨】0【特-1】0【特-2】0【特-3】0 【增】10【对美加征】25【出】0【退】10	千克	AU	B	PR	QS	101 102 103 104	活、鲜或冷的毛蟹、仿石蟹（仿岩蟹）、堪察加拟石蟹、短足拟石蟹、扁足拟石蟹、雪蟹、日本雪蟹，鲜或冷的金霸王蟹（帝王蟹）[活的毛蟹、仿石蟹（仿岩蟹）、堪察加拟石蟹、短足拟石蟹、扁足拟石蟹、雪蟹、日本雪蟹（其他海水虾蟹）] 活、鲜或冷的毛蟹、仿石蟹（仿岩蟹）、堪察加拟石蟹、短足拟石蟹、扁足拟石蟹、雪蟹、日本雪蟹，鲜或冷的金霸王蟹（帝王蟹）[鲜或冷的养殖毛蟹） 活、鲜或冷的毛蟹、仿石蟹（仿岩蟹）、堪察加拟石蟹、短足拟石蟹、扁足拟石蟹、雪蟹、日本雪蟹，鲜或冷的金霸王蟹（帝王蟹）[鲜或冷的养殖仿石蟹（仿岩蟹）] 活、鲜或冷的毛蟹、仿石蟹（仿岩蟹）、堪察加拟石蟹、短足拟石蟹、扁足拟石蟹、雪蟹、日本雪蟹，鲜或冷的金霸王蟹（帝王蟹）（鲜或冷的养殖堪察加拟石蟹）

① 仅限网购保税商品。

税则号列 HS 国际统一前 6 位	本国子目 7~8 位	本国子目 9~10 位	货品名称中英文 中文 货物名称	货品名称中英文 英文 Article Description	税费综合信息	计量单位	监管证件代码 进口	监管证件代码 出口	检验检疫类别 进口	检验检疫类别 出口	检验检疫编码	检验检疫编码对应中文名称
											105 ……	活、鲜或冷的毛蟹、仿石蟹（仿岩蟹）、堪察加拟石蟹、短足拟石蟹、扁足拟石蟹、雪蟹、日本雪蟹，鲜或冷的金霸王蟹（帝王蟹）（鲜或冷的养殖短足拟石蟹） ……①
030633	99	90	其他活、鲜或冷的带壳或去壳蟹	Other live, fresh or cold crab, in shell or not	【最】7【普】70 【协东盟】0【协香港】0【协澳门】0 【协智利】0【协新西兰】0【协秘鲁】0 【协哥斯达黎加】0【协冰岛】0【协瑞士】5.6 【协澳大利亚】0【协韩国】7【协格鲁吉亚】0 【特东柬埔寨】0【特-1】0【特-2】0【特-3】0 【增】10【对美加征】25【出】0【退】10	千克	A	B	PR	QS	101 102 103 104 105 ……	其他活、鲜或冷的带壳或去壳蟹（活的青蟹） 其他活、鲜或冷的带壳或去壳蟹（活的其他海水虾蟹） 其他活、鲜或冷的带壳或去壳蟹（饲料用青蟹） 其他活、鲜或冷的带壳或去壳蟹（饲料用其他海水蟹） 其他活、鲜或冷的带壳或去壳蟹（饲料用淡水蟹） ……②
030634	10		挪威海鳌虾种苗	Noruay lobsters (Nephrops norvegicus) for cultivation	【最】0【普】0【特-1】0【特-2】0【特-3】0 【增】10【对美加征】25【出】0【退】10	千克	A	B	P	Q	999	挪威海鳌虾种苗
030634	90		其他活、鲜或冷的带壳或去壳挪威海鳌虾	Other Norway lobsters (Nephrops norvegicus), in shell or not	【最】7【普】70 【协东盟】0【协香港】0【协澳门】0 【协巴基斯坦】11.2【协智利】0【协新西兰】0 【协秘鲁】0【协哥斯达黎加】0【协冰岛】0 【协瑞士】5.6【协澳大利亚】0 【协韩国】7【协格鲁吉亚】0 【特东柬埔寨】0【特东缅甸】0【特-1】0 【特-2】0【特-3】0 【增】10【对美加征】25【出】0【退】10	千克	A	B	PR	QS	101 102 103	其他活、鲜或冷的带壳或去壳挪威海鳌虾（活挪威海鳌虾） 其他活、鲜或冷的带壳或去壳挪威海鳌虾（养殖） 其他活、鲜或冷的带壳或去壳挪威海鳌虾（野生）
030635	10		冷水小虾及对虾（长额虾属、褐虾）种苗	Cold-water shrimps and prawns (Pandalus spp., Crangon crangon) for cultivation	【最】0【普】0【特-1】0【特-2】0【特-3】0 【增】10【对美加征】25【出】0【退】10	千克	A	B	P	Q	101 102	冷水小虾及对虾（长额虾属、褐虾）种苗（长额虾属种苗） 冷水小虾及对虾（长额虾属、褐虾）种苗（褐虾种苗）
030635	20		鲜、冷的带壳或去壳冷水对虾	Cold-water prawns, fresh or chilled, in shell or not	【最】10【普】70 【协东盟】0【协香港】0【协澳门】0 【协巴基斯坦】12【协智利】0【协新西兰】0 【协秘鲁】0【协哥斯达黎加】0【协冰岛】0 【协瑞士】6【协澳大利亚】0【协韩国】7.5 【协格鲁吉亚】0 【特东柬埔寨】0【特东缅甸】0【特-1】0 【特-2】0【特-3】0 【增】10【对美加征】25【出】0【退】10	千克	A	B	PR	QS	101 102	鲜、冷的带壳或去壳冷水对虾（养殖） 鲜、冷的带壳或去壳冷水对虾（野生）

① 该税号项下检验检疫编码及对应中文名称尚有：106　活、鲜或冷的毛蟹、仿石蟹（仿岩蟹）、堪察加拟石蟹、短足拟石蟹、扁足拟石蟹、雪蟹、日本雪蟹，鲜或冷的金霸王蟹（帝王蟹）（鲜或冷的养殖扁足拟石蟹），107　活、鲜或冷的毛蟹、仿石蟹（仿岩蟹）、堪察加拟石蟹、短足拟石蟹、扁足拟石蟹、雪蟹、日本雪蟹，鲜或冷的金霸王蟹（帝王蟹）（鲜或冷的养殖雪蟹），108　活、鲜或冷的毛蟹、仿石蟹（仿岩蟹）、堪察加拟石蟹、短足拟石蟹、扁足拟石蟹、雪蟹、日本雪蟹，鲜或冷的金霸王蟹（帝王蟹）（鲜或冷的养殖日本雪蟹），109　活、鲜或冷的毛蟹、仿石蟹（仿岩蟹）、堪察加拟石蟹、短足拟石蟹、扁足拟石蟹、雪蟹、日本雪蟹，鲜或冷的金霸王蟹（帝王蟹）[鲜或冷的养殖金霸王蟹（帝王蟹）]，110　活、鲜或冷的毛蟹、仿石蟹（仿岩蟹）、堪察加拟石蟹、短足拟石蟹、扁足拟石蟹、雪蟹、日本雪蟹，鲜或冷的金霸王蟹（帝王蟹）（鲜或冷的野生毛蟹），111　活、鲜或冷的毛蟹、仿石蟹（仿岩蟹）、堪察加拟石蟹、短足拟石蟹、扁足拟石蟹、雪蟹、日本雪蟹，鲜或冷的金霸王蟹（帝王蟹）[鲜或冷的野生仿石蟹（仿岩蟹）]，112　活、鲜或冷的毛蟹、仿石蟹（仿岩蟹）、堪察加拟石蟹、短足拟石蟹、扁足拟石蟹、雪蟹、日本雪蟹，鲜或冷的金霸王蟹（帝王蟹）（鲜或冷的野生堪察加拟石蟹），113　活、鲜或冷的毛蟹、仿石蟹（仿岩蟹）、堪察加拟石蟹、短足拟石蟹、扁足拟石蟹、雪蟹、日本雪蟹，鲜或冷的金霸王蟹（帝王蟹）（鲜或冷的野生短足拟石蟹），114　活、鲜或冷的毛蟹、仿石蟹（仿岩蟹）、堪察加拟石蟹、短足拟石蟹、扁足拟石蟹、雪蟹、日本雪蟹，鲜或冷的金霸王蟹（帝王蟹）（鲜或冷的野生扁足拟石蟹），115　活、鲜或冷的毛蟹、仿石蟹（仿岩蟹）、堪察加拟石蟹、短足拟石蟹、扁足拟石蟹、雪蟹、日本雪蟹，鲜或冷的金霸王蟹（帝王蟹）（鲜或冷的野生雪蟹），116　活、鲜或冷的毛蟹、仿石蟹（仿岩蟹）、堪察加拟石蟹、短足拟石蟹、扁足拟石蟹、雪蟹、日本雪蟹，鲜或冷的金霸王蟹（帝王蟹）（鲜或冷的野生日本雪蟹），117　活、鲜或冷的毛蟹、仿石蟹（仿岩蟹）、堪察加拟石蟹、短足拟石蟹、扁足拟石蟹、雪蟹、日本雪蟹，鲜或冷的金霸王蟹（帝王蟹）[鲜或冷的野生金霸王蟹（帝王蟹）]。

② 该税号项下检验检疫编码及对应中文名称尚有：106　其他活、鲜或冷的带壳或去壳蟹（鲜或冷的养殖青蟹），107　其他活、鲜或冷的带壳或去壳蟹（鲜或冷的野生青蟹），108　其他活、鲜或冷的带壳或去壳蟹（其他鲜或冷的带壳或去壳养殖蟹），109　其他活、鲜或冷的带壳或去壳蟹（其他鲜或冷的带壳或去壳野生蟹）。

税则号列			货品名称中英文		税费综合信息	计量单位	监管证件代码		检验检疫类别		检验检疫编码	检验检疫编码对应中文名称
HS 国际统一前 6 位	本国子目 7~8 位	本国子目 9~10 位	中文 货物名称	英文 Article Description			进口	出口	进口	出口		
030635	90	01	活、鲜或冷的其他冷水小虾	Other Cold water shrimps, live, fresh or cold	【最】10【普】70 【协东盟】0【协香港】0【协澳门】0【协农】0 【协巴基斯坦】6【协智利】0【协新西兰】0 【协秘鲁】0【协哥斯达黎加】0【协冰岛】0 【协瑞士】4.8【协澳大利亚】0【协韩国】6 【协格鲁吉亚】0 【特东柬埔寨】0【特东缅甸】0【特-1】0 【特-2】0【特-3】0 【增】10【对美加征】25【出】0【退】10	千克	A	B	PR	QS	101 102 103 104	活、鲜或冷的其他冷水小虾（饲料用海水虾） 活、鲜或冷的其他冷水小虾（饲料用淡水虾） 活、鲜或冷的其他冷水小虾（养殖） 活、鲜或冷的其他冷水小虾（野生）
030635	90	90	其他活的冷水对虾	Other live cold water prawns	【最】10【普】70 【协东盟】0【协香港】0【协澳门】0 【协巴基斯坦】6【协智利】0【协新西兰】0 【协秘鲁】0【协哥斯达黎加】0【协冰岛】0 【协瑞士】4.8【协澳大利亚】0【协韩国】6 【协格鲁吉亚】0 【特东柬埔寨】0【特东缅甸】0【特-1】0 【特-2】0【特-3】0 【增】10【对美加征】25【出】0【退】10	千克	A	B	PR	QS	101 102 103 104 105 ……	其他活的冷水对虾（活的南美白对虾） 其他活的冷水对虾（活的斑节对虾） 其他活的冷水对虾（活的其他对虾） 其他活的冷水对虾（活的其他海水虾蟹） 其他活的冷水对虾［活的日本沼虾（青虾）］ ……①
030636	10		其他小虾及对虾种苗	Other shrimps and prawns for cultivation	【最】0【普】0【特-1】0【特-2】0【特-3】0 【增】10【对美加征】25【出】0【退】10	千克	A	B	P	Q	101 102 103 104	其他小虾及对虾种苗（南美白对虾） 其他小虾及对虾种苗（斑节对虾） 其他小虾及对虾种苗（其他对虾） 其他小虾及对虾种苗（其他海水虾蟹）
030636	20		其他鲜、冷带壳或去壳对虾	Other cold-water prawns, fresh or chilled, in shell or not	【最】10【普】70 【协东盟】0【协香港】0【协澳门】0 【协巴基斯坦】12【协智利】0【协新西兰】0 【协秘鲁】0【协哥斯达黎加】0【协冰岛】0 【协瑞士】6【协澳大利亚】0【协韩国】7.5 【协格鲁吉亚】0 【特东柬埔寨】0【特东缅甸】0【特-1】0 【特-2】0【特-3】0 【增】10【对美加征】25【出】0【退】10	千克	A	B	PR	QS	101 102	其他鲜、冷带壳或去壳对虾（其他养殖鲜或冷虾） 其他鲜、冷带壳或去壳对虾（其他野生鲜或冷虾）
030636	90	01	其他鲜、冷小虾	Other fresh or cold shrimps	【最】12【普】70 【协东盟】0【协香港】0【协澳门】0【协农】0 【协巴基斯坦】6【协智利】0【协新西兰】0 【协秘鲁】0【协哥斯达黎加】0【协冰岛】0 【协瑞士】4.8【协澳大利亚】0【协韩国】6 【协格鲁吉亚】0 【特东柬埔寨】0【特东缅甸】0【特-1】0 【特-2】0【特-3】0 【增】10【对美加征】25【出】0【退】10	千克	A	B	PR	QS	101 102 103 104	其他鲜、冷小虾（饲料用海水虾） 其他鲜、冷小虾（饲料用淡水虾） 其他鲜、冷小虾（其他养殖鲜或冷虾） 其他鲜、冷小虾（其他野生鲜或冷虾）
030636	90	90	其他活的小虾及对虾	Other live shrimps and prawns	【最】12【普】70 【协东盟】0【协香港】0【协澳门】0 【协巴基斯坦】6【协智利】0【协新西兰】0 【协秘鲁】0【协哥斯达黎加】0【协冰岛】0 【协瑞士】4.8【协澳大利亚】0【协韩国】6 【协格鲁吉亚】0 【特东柬埔寨】0【特东缅甸】0【特-1】0 【特-2】0【特-3】0 【增】10【对美加征】25【出】0【退】10	千克	A	B	PR	QS	101 102 103 104 105 ……	其他活的小虾及对虾（活的南美白对虾） 其他活的小虾及对虾（活的斑节对虾） 其他活的小虾及对虾（活的其他对虾） 其他活的小虾及对虾（活的其他海水虾蟹） 其他活的小虾及对虾［活的日本沼虾（青虾）］ ……②

① 该税号项下检验检疫编码及对应中文名称尚有：106 其他活的冷水对虾［活的罗氏沼虾（马来沼虾）］，107 其他活的冷水对虾（活的其他淡水虾蟹），108 其他活的冷水对虾（活的虾蛄），109 其他活的冷水对虾（活的糠虾），110 其他活的冷水对虾（活的其他甲壳动物）。

② 该税号项下检验检疫编码及对应中文名称尚有：106 其他活的小虾及对虾［活的罗氏沼虾（马来沼虾）］，107 其他活的小虾及对虾（活的其他淡水虾蟹），108 其他活的小虾及对虾（活的虾蛄），109 其他活的小虾及对虾（活的糠虾），110 其他活的小虾及对虾（活的其他甲壳动物）。

税则号列			货品名称中英文		税费综合信息	计量单位	监管证件代码		检验检疫类别		检验检疫编码	检验检疫编码对应中文名称
HS 国际统一前 6 位	本国子目 7~8 位	本国子目 9~10 位	中文 货物名称	英文 Article Description			进口	出口	进口	出口		
030639	10		其他甲壳动物种苗	Other crustanceans for cultivation	【最】0【普】0【特-1】0【特-2】0【特-3】0 【增】10【对美加征】25【出】0【退】10	千克	A	B	P	Q	101 102 103 104 105 ……	其他甲壳动物种苗（其他海水虾蟹） 其他甲壳动物种苗［日本沼虾（青虾）］ 其他甲壳动物种苗［罗氏沼虾（马来沼虾）］ 其他甲壳动物种苗（中华小长臂虾） 其他甲壳动物种苗（其他淡水虾蟹） ……①
030639	90		其他活、鲜、冷的带壳或去壳甲壳动物	Other Crustaceans, fresh or chilled, in shell or not	【最】7【普】70 【协东盟】0【协香港】0【协澳门】0 【协巴基斯坦】11.2【协智利】0【协新西兰】0 【协秘鲁】0【协哥斯达黎加】0【协冰岛】0 【协瑞士】5.6【协澳大利亚】0【协韩国】7 【协格鲁吉亚】0 【特东柬埔寨】0【特东缅甸】0【特-1】0 【特-2】0【特-3】0 【增】10【对美加征】25【出】0【退】10	千克	A	B	PR	QS	101 102 103 104	其他活、鲜、冷的带壳或去壳甲壳动物（活的其他淡水虾蟹） 其他活、鲜、冷的带壳或去壳甲壳动物（未列出的饲料用其他淡水产品） 其他活、鲜、冷的带壳或去壳甲壳动物（养殖） 其他活、鲜、冷的带壳或去壳甲壳动物（野生）
030691	00		干、盐腌或盐渍的其他岩礁虾及其他龙虾（真龙虾属、龙虾属、岩龙虾属）	Rock lobster and other sea crawfish (Palinurus spp., Panulirus spp., Jasus spp.)	【最】7【普】70 【协东盟】0【协香港】0【协澳门】0【协智利】0 【协新西兰】0【协秘鲁】0【协哥斯达黎加】0 【协冰岛】0【协瑞士】6【协澳大利亚】0 【协韩国】7.5【协格鲁吉亚】0 【特东柬埔寨】0【特东缅甸】0【特-1】0 【特-2】0【特-3】0 【增】10【对美加征】25【出】0【退】10	千克	A	B	PR	QS	101 102 105 ……	干、盐腌或盐渍的其他岩礁虾及其他龙虾（真龙虾属、龙虾属、岩龙虾属）（包括熏制的带壳或去壳的，不论在熏制前或熏制过程中是否烹煮；蒸过或用水煮过的带壳的）（养殖干制虾类制品） 干、盐腌或盐渍的其他岩礁虾及其他龙虾（真龙虾属、龙虾属、岩龙虾属）（包括熏制的带壳或去壳的，不论在熏制前或熏制过程中是否烹煮；蒸过或用水煮过的带壳的）（野生干制虾类制品） 干、盐腌或盐渍的其他岩礁虾及其他龙虾（真龙虾属、龙虾属、岩龙虾属）（包括熏制的带壳或去壳的，不论在熏制前或熏制过程中是否烹煮；蒸过或用水煮过的带壳的）（养殖盐腌及盐渍虾类制品） ……②

① 该税号项下检验检疫编码及对应中文名称尚有：106　其他甲壳动物种苗（虾蛄），107　其他甲壳动物种苗（糠虾），108　其他甲壳动物种苗（其他甲壳动物），109　其他甲壳动物种苗（鳖卵），110　其他甲壳动物种苗（龟卵）。

② 该税号项下检验检疫编码及对应中文名称尚有：106　干、盐腌或盐渍的其他岩礁虾及其他龙虾（真龙虾属、龙虾属、岩龙虾属）（包括熏制的带壳或去壳的，不论在熏制前或熏制过程中是否烹煮；蒸过或用水煮过的带壳的）（野生盐腌及盐渍虾类制品）

税则号列			货品名称中英文		税费综合信息	计量单位	监管证件代码		检验检疫类别		检验检疫编码	检验检疫编码对应中文名称
HS国际统一前6位	本国子目 7~8位	9~10位	中文 货物名称	英文 Article Description			进口	出口	进口	出口		
030692	00		干、盐腌或盐渍的其他螯龙虾（螯龙虾属） 【电商】[1]	Other lobsters (Homarus spp.)	【最】7【普】70 【协东盟】0【协香港】0【协澳门】0 【协巴基斯坦】12【协智利】0【协新西兰】0 【协秘鲁】0【协哥斯达黎加】0【协冰岛】0 【协瑞士】6【协澳大利亚】0【协韩国】7.5 【协格鲁吉亚】0 【特东柬埔寨】0【特东缅甸】0【特-1】0 【特-2】0【特-3】0 【增】10【对美加征】25【出】0【退】10	千克	A	B	PR	QS	101	干、盐腌或盐渍的其他螯龙虾（螯龙虾属）（包括熏制的带壳或去壳的，不论在熏制前或熏制过程中是否烹煮；蒸过或用水煮过的带壳的）（养殖干制虾类制品）
											102	干、盐腌或盐渍的其他螯龙虾（螯龙虾属）（包括熏制的带壳或去壳的，不论在熏制前或熏制过程中是否烹煮；蒸过或用水煮过的带壳的）（野生干制虾类制品）
											103	干、盐腌或盐渍的其他螯龙虾（螯龙虾属）（包括熏制的带壳或去壳的，不论在熏制前或熏制过程中是否烹煮；蒸过或用水煮过的带壳的）（养殖盐腌及盐渍虾类制品）
											104	干、盐腌或盐渍的其他螯龙虾（螯龙虾属）（包括熏制的带壳或去壳的，不论在熏制前或熏制过程中是否烹煮；蒸过或用水煮过的带壳的）（野生盐腌及盐渍虾类制品）
030693	10		干、盐腌或盐渍的其他中华绒螯蟹	Other freshwater crabs, live	【最】7【普】70 【协东盟】0【协巴基斯坦】7【协智利】0 【协新西兰】0【协秘鲁】0【协哥斯达黎加】0 【协冰岛】0【协瑞士】5.6【协澳大利亚】0 【协韩国】7【协格鲁吉亚】0【协香港】0 【协澳门】0 【特东柬埔寨】0【特-1】0【特-2】0【特-3】0 【增】10【对美加征】25【出】0【退】10	千克	A	B	PR	QS	101	干、盐腌或盐渍的其他中华绒螯蟹（包括熏制的带壳或去壳的，不论在熏制前或熏制过程中是否烹煮；蒸过或用水煮过的带壳的）（养殖干制蟹类制品）
											102	干、盐腌或盐渍的其他中华绒螯蟹（包括熏制的带壳或去壳的，不论在熏制前或熏制过程中是否烹煮；蒸过或用水煮过的带壳的）（野生干制蟹类制品）
											103	干、盐腌或盐渍的其他中华绒螯蟹（包括熏制的带壳或去壳的，不论在熏制前或熏制过程中是否烹煮；蒸过或用水煮过的带壳的）（养殖盐腌及盐渍蟹类制品）
											104	干、盐腌或盐渍的其他中华绒螯蟹（包括熏制的带壳或去壳的，不论在熏制前或熏制过程中是否烹煮；蒸过或用水煮过的带壳的）（野生盐腌及盐渍蟹类制品）

① 仅限网购保税商品。

税则号列 HS国际统一前6位	本国子目 7~8位	本国子目 9~10位	货品名称中英文 中文 货物名称	货品名称中英文 英文 Article Description	税费综合信息	计量单位	监管证件代码 进口	监管证件代码 出口	检验检疫类别 进口	检验检疫类别 出口	检验检疫编码	检验检疫编码对应中文名称
030693	20		干、盐腌或盐渍的其他梭子蟹	Other swimming crab	【最】7【普】70 【协东盟】0【协香港】0【协澳门】0 【协巴基斯坦】11.2【协智利】0【协新西兰】0 【协秘鲁】1.4【协哥斯达黎加】0【协冰岛】0 【协瑞士】5.6【协澳大利亚】0【协韩国】7 【协格鲁吉亚】0 【特东柬埔寨】0【特-1】0【特-2】0【特-3】0 【增】10【对美加征】25【出】0【退】10	千克	A	B	PR	QS	101	干、盐腌或盐渍的其他梭子蟹（包括熏制的带壳或去壳的，不论在熏制前或熏制过程中是否烹煮；蒸过或用水煮过的带壳的）（养殖干制蟹类制品）
											102	干、盐腌或盐渍的其他梭子蟹（包括熏制的带壳或去壳的，不论在熏制前或熏制过程中是否烹煮；蒸过或用水煮过的带壳的）（野生干制蟹类制品）
											103	干、盐腌或盐渍的其他梭子蟹（包括熏制的带壳或去壳的，不论在熏制前或熏制过程中是否烹煮；蒸过或用水煮过的带壳的）（养殖盐腌及盐渍蟹类制品）
											104	干、盐腌或盐渍的其他梭了蟹（包括熏制的带壳或去壳的，不论在熏制前或熏制过程中是否烹煮；蒸过或用水煮过的带壳的）（野生盐腌及盐渍蟹类制品）
030693	90		干、盐腌或盐渍的其他蟹【电商】①	Other crabs	【最】7【普】70 【协东盟】0【协香港】0【协澳门】0 【协智利】0【协新西兰】0【协秘鲁】0 【协哥斯达黎加】0【协冰岛】0【协瑞士】5.6 【协澳大利亚】0【协韩国】7【协格鲁吉亚】0 【特东柬埔寨】0【特-1】0【特-2】0【特-3】0 【增】10【对美加征】25【出】0【退】10	千克	A	B	PR	QS	101	干、盐腌或盐渍的其他蟹（包括熏制的带壳或去壳的，不论在熏制前或熏制过程中是否烹煮；蒸过或用水煮过的带壳的）（养殖干制蟹类制品）
											102	干、盐腌或盐渍的其他蟹（包括熏制的带壳或去壳的，不论在熏制前或熏制过程中是否烹煮；蒸过或用水煮过的带壳的）（野生干制蟹类制品）
											103	干、盐腌或盐渍的其他蟹（包括熏制的带壳或去壳的，不论在熏制前或熏制过程中是否烹煮；蒸过或用水煮过的带壳的）（养殖盐腌及盐渍蟹类制品）
											104	干、盐腌或盐渍的其他蟹（包括熏制的带壳或去壳的，不论在熏制前或熏制过程中是否烹煮；蒸过或用水煮过的带壳的）（野生盐腌及盐渍蟹类制品）

① 仅限网购保税商品。

税则号列 HS国际统一前6位	本国子目 7~8位	9~10位	货品名称中英文 中文 货物名称	英文 Article Description	税费综合信息	计量单位	监管证件代码 进口	出口	检验检疫类别 进口	出口	检验检疫编码	检验检疫编码对应中文名称
030694	00		干、盐腌或盐渍的挪威海螯虾	Norway lobsters (Nephrops norvegicus)	【最】7【普】70 【协东盟】0【协香港】0【协澳门】0 【协巴基斯坦】11.2【协智利】0【协新西兰】0 【协秘鲁】0【协哥斯达黎加】0【协冰岛】0 【协瑞士】5.6【协澳大利亚】0【协韩国】7 【协格鲁吉亚】0 【特东柬埔寨】0【特东缅甸】0【特-1】0 【特-2】0【特-3】0 【增】10【对美加征】25【出】0【退】10	千克	A	B	PR	QS	101 102 103 104	干、盐腌或盐渍的挪威海螯虾（包括熏制的带壳或去壳的，不论在熏制前或熏制过程中是否烹煮；蒸过或用水煮过的带壳的）（养殖干制虾类制品） 干、盐腌或盐渍的挪威海螯虾（包括熏制的带壳或去壳的，不论在熏制前或熏制过程中是否烹煮；蒸过或用水煮过的带壳的）（野生干制虾类制品） 干、盐腌或盐渍的挪威海螯虾（包括熏制的带壳或去壳的，不论在熏制前或熏制过程中是否烹煮；蒸过或用水煮过的带壳的）（养殖盐腌及盐渍虾类制品） 干、盐腌或盐渍的挪威海螯虾（包括熏制的带壳或去壳的，不论在熏制前或熏制过程中是否烹煮；蒸过或用水煮过的带壳的）（野生盐腌及盐渍虾类制品）
030695	10		干、盐腌或盐渍的冷水小虾及对虾（长额虾属、褐虾）	Cold-water shrimps and prawns (Pandalus spp., Crangon crangon)	【最】10【普】70 【协东盟】0【协香港】0【协澳门】0 【协巴基斯坦】6【协智利】0【协新西兰】0 【协秘鲁】0【协哥斯达黎加】0【协冰岛】0 【协瑞士】4.8【协澳大利亚】0【协韩国】6 【协格鲁吉亚】0 【特东柬埔寨】0【特东缅甸】0【特-1】0 【特-2】0【特-3】0 【增】10【对美加征】25【出】0【退】10	千克	A	B	PR	QS	101 102 105 ……	干、盐腌或盐渍的冷水小虾及对虾（长额虾属、褐虾）（包括熏制的带壳或去壳的，不论在熏制前或熏制过程中是否烹煮；蒸过或用水煮过的带壳的）（养殖干制虾类制品） 干、盐腌或盐渍的冷水小虾及对虾（长额虾属、褐虾）（包括熏制的带壳或去壳的，不论在熏制前或熏制过程中是否烹煮；蒸过或用水煮过的带壳的）（野生干制虾类制品） 干、盐腌或盐渍的冷水小虾及对虾（长额虾属、褐虾）（包括熏制的带壳或去壳的，不论在熏制前或熏制过程中是否烹煮；蒸过或用水煮过的带壳的）（养殖盐腌及盐渍虾类制品） ……①

① 该税号项下检验检疫编码及对应中文名称尚有：106　干、盐腌或盐渍的冷水小虾及对虾（长额虾属、褐虾）（包括熏制的带壳或去壳的，不论在熏制前或熏制过程中是否烹煮；蒸过或用水煮过的带壳的）（野生盐腌及盐渍虾类制品）。

税则号列 HS国际统一前6位	本国子目 7~8位	本国子目 9~10位	货品名称中英文 中文 货物名称	英文 Article Description	税费综合信息	计量单位	监管证件代码 进口	监管证件代码 出口	检验检疫类别 进口	检验检疫类别 出口	检验检疫编码	检验检疫编码对应中文名称
030695	90		干、盐腌或盐渍的其他小虾及对虾	Other shrimps and prawns	【最】10【普】70 【协东盟】0【协香港】0【协澳门】0 【协巴基斯坦】6【协智利】0【协新西兰】0 【协秘鲁】0【协哥斯达黎加】0【协冰岛】0 【协瑞士】4.8【协澳大利亚】0【协韩国】6 【协格鲁吉亚】0 【特东柬埔寨】0【特东缅甸】0【特-1】0 【特-2】0【特-3】0 【增】10【对美加征】25【出】0【退】10	千克	A	B	PR	QS	101	干、盐腌或盐渍的其他小虾及对虾（包括熏制的带壳或去壳的，不论在熏制前或熏制过程中是否烹煮；蒸过或用水煮过的带壳的）（养殖干制虾类制品）
											102	干、盐腌或盐渍的其他小虾及对虾（包括熏制的带壳或去壳的，不论在熏制前或熏制过程中是否烹煮；蒸过或用水煮过的带壳的）（野生干制虾类制品）
											105	干、盐腌或盐渍的其他小虾及对虾（包括熏制的带壳或去壳的，不论在熏制前或熏制过程中是否烹煮；蒸过或用水煮过的带壳的）（养殖盐腌及盐渍虾类制品）
											……	……①
030699	00		活、鲜、冷、干、盐腌或盐渍的其他甲壳动物	Other crustanceans, including flours, meals and pellets of crustaceans, fit for human consumption	【最】7【普】70 【协东盟】0【协香港】0【协澳门】0 【协巴基斯坦】11.2【协智利】0【协新西兰】0 【协秘鲁】0【协哥斯达黎加】0【协冰岛】0 【协瑞士】5.6【协澳大利亚】0【协韩国】7 【协格鲁吉亚】0 【特东柬埔寨】0【特东缅甸】0【特-1】0 【特-2】0【特-3】0 【增】10【对美加征】25【出】0【退】10	千克	A	B	PR	QS	101	活、鲜、冷、干、盐腌或盐渍的其他甲壳动物（包括熏制的带壳或去壳的，不论在熏制前或熏制过程中是否烹煮；蒸过或用水煮过的带壳的）（活的其他淡水虾蟹）
											102	活、鲜、冷、干、盐腌或盐渍的其他甲壳动物（包括熏制的带壳或去壳的，不论在熏制前或熏制过程中是否烹煮；蒸过或用水煮过的带壳的）（未列出的饲料用其他淡水产品）
											103	活、鲜、冷、干、盐腌或盐渍的其他甲壳动物（包括熏制的带壳或去壳的，不论在熏制前或熏制过程中是否烹煮；蒸过或用水煮过的带壳的）（鲜、冷的其他养殖甲壳动物）
											104	活、鲜、冷、干、盐腌或盐渍的其他甲壳动物（包括熏制的带壳或去壳的，不论在熏制前或熏制过程中是否烹煮；蒸过或用水煮过的带壳的）（鲜、冷的其他野生甲壳动物）
											105	活、鲜、冷、干、盐腌或盐渍的其他甲壳动物（包括熏制的带壳或去壳的，不论在熏制前或熏制过程中是否烹煮；蒸过或用水煮过的带壳的）（干制的其他养殖甲壳动物）
											……	……②

① 该税号项下检验检疫编码及对应中文名称尚有：106 干、盐腌或盐渍的其他小虾及对虾（包括熏制的带壳或去壳的，不论在熏制前或熏制过程中是否烹煮；蒸过或用水煮过的带壳的）（野生盐腌及盐渍虾类制品）。

② 该税号项下检验检疫编码及对应中文名称尚有：106　活、鲜、冷、干、盐腌或盐渍的其他甲壳动物（包括熏制的带壳或去壳的，不论在熏制前或熏制过程中是否烹煮；蒸过或用水煮过的带壳的）（干制的其他野生甲壳动物），107　活、鲜、冷、干、盐腌或盐渍的其他甲壳动物（包括熏制的带壳或去壳的，不论在熏制前或熏制过程中是否烹煮；蒸过或用水煮过的带壳的）（盐腌或盐渍的其他养殖甲壳动物），108　活、鲜、冷、干、盐腌或盐渍的其他甲壳动物（包括熏制的带壳或去壳的，不论在熏制前或熏制过程中是否烹煮；蒸过或用水煮过的带壳的）（盐腌或盐渍的其他野生甲壳动物）。

税则号列 HS 国际统一前6位	本国子目 7~8位	本国子目 9~10位	货品名称中英文 中文 货物名称	货品名称中英文 英文 Article Description	税费综合信息	计量单位	监管证件代码 进口	监管证件代码 出口	检验检疫类别 进口	检验检疫类别 出口	检验检疫编码	检验检疫编码对应中文名称
030711	10		牡蛎（蚝）种苗	Oysters for cultivation	【最】0【普】0【特-1】0【特-2】0【特-3】0 【增】10【对美加征】25【出】0【退】10	千克	A	B	P	Q	999	牡蛎（蚝）种苗
030711	90		其他活、鲜、冷的牡蛎（蚝） 【电商】[①]	Other live, fresh or chilled oysters (not for cultivation)	【最】7【普】70 【协东盟】0【协香港】0【协澳门】0 【协巴基斯坦】11.2【协智利】0【协新西兰】0 【协秘鲁】1.4【协哥斯达黎加】0【协冰岛】0 【协瑞士】5.6【协澳大利亚】0【协韩国】7 【协格鲁吉亚】0 【特东缅甸】0【特-1】0【特-2】0【特-3】0 【增】10【对美加征】25【出】0【退】10	千克	A	B	PR	QS	101 102 103 104 105	其他活、鲜、冷的牡蛎（蚝）［活的牡蛎（蚝）］ 其他活、鲜、冷的牡蛎（蚝）［非生食的鲜、冷的养殖牡蛎（蚝）］ 其他活、鲜、冷的牡蛎（蚝）［可用于生食的鲜、冷的养殖牡蛎（蚝）］ 其他活、鲜、冷的牡蛎（蚝）［非生食的鲜、冷的野生牡蛎（蚝）］ 其他活、鲜、冷的牡蛎（蚝）［可用于生食的鲜、冷的野生牡蛎（蚝）］
030712	00		冻的牡蛎（蚝）	Frozen oysters	【最】10【普】70 【协东盟】0【协香港】0【协澳门】0 【协巴基斯坦】11.2【协智利】0【协新西兰】0 【协秘鲁】0【协哥斯达黎加】0【协冰岛】0 【协瑞士】5.6【协澳大利亚】0【协韩国】7 【协格鲁吉亚】0 【特东缅甸】0【特-1】0【特-2】0【特-3】0 【增】10【对美加征】25【出】0【退】10	千克	A	B	PR	QS	101 102	冻的牡蛎（蚝）（养殖） 冻的牡蛎（蚝）（野生）
030719	00		其他干、盐腌或盐渍牡蛎（蚝）（包括熏制的带壳或去壳的，不论在熏制前或熏制过程中是否烹煮）	Other frozen, dried, salted or in brine, smoked oysters, whether in shell or not (smoked oysters, whether in shell or not, whether or not cooked before or during the smoking process)	【最】10【普】70 【协东盟】0【协香港】0【协澳门】0 【协巴基斯坦】11.2【协智利】0【协新西兰】0 【协秘鲁】0【协哥斯达黎加】0【协冰岛】0 【协瑞士】5.6【协澳大利亚】0【协韩国】7 【协格鲁吉亚】0 【特东缅甸】0【特-1】0【特-2】0【特-3】0 【增】10【对美加征】25【出】0【退】6	千克	A	B	PR	QS	101 102 103 104	其他干、盐腌或盐渍牡蛎（蚝）（包括熏制的带壳或去壳的，不论在熏制前或熏制过程中是否烹煮）［干制的养殖牡蛎（蚝）］ 其他干、盐腌或盐渍牡蛎（蚝）（包括熏制的带壳或去壳的，不论在熏制前或熏制过程中是否烹煮）［干制的野生牡蛎（蚝）］ 其他干、盐腌或盐渍牡蛎（蚝）（包括熏制的带壳或去壳的，不论在熏制前或熏制过程中是否烹煮）［盐腌或盐渍的养殖牡蛎（蚝）］ 其他干、盐腌或盐渍牡蛎（蚝）（包括熏制的带壳或去壳的，不论在熏制前或熏制过程中是否烹煮）［盐腌或盐渍的野生牡蛎（蚝）］
030721	10	10	大珠母贝种苗	Pearl Oyster (Pinctada maxima), for cultivation	【最】0【普】0【特-1】0【特-2】0【特-3】0 【增】10【对美加征】25【出】0【退】10	千克	A	BE	P	Q	999	大珠母贝种苗
030721	10	90	其他扇贝种苗（包括海扇种苗）	Other scallops, for cultivation, (including queen scallops)	【最】0【普】0【特-1】0【特-2】0【特-3】0 【增】10【对美加征】25【出】0【退】10	千克	A	B	P	Q	999	其他扇贝种苗（包括海扇种苗）
030721	90	10	其他活、鲜、冷大珠母贝	Other pearl oysters (Pinctada maxima), live, fresh, or chilled (not for cultivation)	【最】10【普】70 【协东盟】0【协香港】0【协澳门】0 【协巴基斯坦】11.2【协智利】0【协新西兰】0 【协秘鲁】0【协哥斯达黎加】0【协冰岛】0 【协瑞士】7【协澳大利亚】0【协韩国】7 【协格鲁吉亚】0 【特东缅甸】0【特-1】0【特-2】0【特-3】0 【增】10【对美加征】25【出】0【退】10	千克	A	BE	PR	QS	101 102 103	其他活、鲜、冷大珠母贝（活的扇贝） 其他活、鲜、冷大珠母贝（鲜、冷的养殖大珠母贝） 其他活、鲜、冷大珠母贝（鲜、冷的野生大珠母贝）

① 仅限网购保税商品。

税则号列			货品名称中英文		税费综合信息	计量单位	监管证件代码		检验检疫类别		检验检疫编码	检验检疫编码对应中文名称
HS国际统一前6位	本国子目 7~8位	本国子目 9~10位	中文 货物名称	英文 Article Description			进口	出口	进口	出口		
030721	90	90	其他活、鲜、冷扇贝（包括海扇，种苗除外）（活的扇贝）	Other scallops, live, fresh, or chilled (including queen scallops, not for cultivation)	【最】10【普】70 【协东盟】0【协香港】0【协澳门】0 【协巴基斯坦】11.2【协智利】0【协新西兰】0 【协秘鲁】0【协哥斯达黎加】0【协冰岛】0 【协瑞士】5.6【协澳大利亚】0【协韩国】7 【协格鲁吉亚】0 【特东缅甸】0【特-1】0【特-2】0【特-3】0 【增】10【对美加征】25【出】0【退】10	千克	A	B	PR	QS	101 102 103 104 105	其他活、鲜、冷扇贝（包括海扇，种苗除外）（活的扇贝） 其他活、鲜、冷扇贝（包括海扇，种苗除外）（非生食的鲜、冷的养殖扇贝） 其他活、鲜、冷扇贝（包括海扇，种苗除外）（可用于生食的鲜、冷的养殖扇贝） 其他活、鲜、冷扇贝（包括海扇，种苗除外）（非生食的鲜、冷的野生扇贝） 其他活、鲜、冷扇贝（包括海扇，种苗除外）（可用于生食的鲜、冷的野生扇贝）
030722	00	10	冻的大珠母贝	Frozen pearl oysters (Pinctada maxima)	【最】10【普】80 【协东盟】0【协巴基斯坦】11.2【协智利】0 【协新西兰】0【协秘鲁】0【协哥斯达黎加】0 【协冰岛】0【协瑞士】5.6【协澳大利亚】0 【协韩国】7【协格鲁吉亚】0【协香港】0 【协澳门】0 【特东缅甸】0【特-1】0【特-2】0【特-3】0 【增】10【对美加征】25【出】0【退】10	千克	A	BE	PR	QS	101 102	冻的大珠母贝（其他养殖冷冻双壳贝） 冻的大珠母贝（其他野生冷冻双壳贝）
030722	00	90	其他冻的扇贝（包括海扇）	Other frozen scallop, including queen scallops	【最】10【普】80 【协东盟】0【协巴基斯坦】11.2【协智利】0 【协新西兰】0【协秘鲁】0【协哥斯达黎加】0 【协冰岛】0【协瑞士】5.6【协澳大利亚】0 【协韩国】7【协格鲁吉亚】0【协香港】0 【协澳门】0 【特东缅甸】0【特-1】0【特-2】0【特-3】0 【增】10【对美加征】25【出】0【退】10	千克	A	B	PR	QS	101 102	其他冻的扇贝（包括海扇）（养殖冷冻扇贝） 其他冻的扇贝（包括海扇）（野生冷冻扇贝）
030729	00	10	其他干、盐腌或盐渍的大珠母贝（包括熏制的带壳或去壳的，不论在熏制前或熏制过程中是否烹煮）	Other pearl oysters (Pinctada maxima), dried, salted or in brine (including smoked, whether in shell or not, whether or not cooked before or during the smoking process)	【最】10【普】80 【协香港】0【协澳门】0【协东盟】0 【协巴基斯坦】11.2【协智利】0【协新西兰】0 【协秘鲁】0【协哥斯达黎加】0【协冰岛】0 【协瑞士】5.6【协澳大利亚】0 【协韩国】7【协格鲁吉亚】0 【特东缅甸】0【特-1】0【特-2】0【特-3】0 【增】10【对美加征】25【出】0【退】10	千克	A	BE	PR	QS	101 102 103 104	其他干、盐腌或盐渍的大珠母贝（包括熏制的带壳或去壳的，不论在熏制前或熏制过程中是否烹煮）（干制的养殖大珠母贝） 其他干、盐腌或盐渍的大珠母贝（包括熏制的带壳或去壳的，不论在熏制前或熏制过程中是否烹煮）（干制的野生大珠母贝） 其他干、盐腌或盐渍的大珠母贝（包括熏制的带壳或去壳的，不论在熏制前或熏制过程中是否烹煮）（盐腌或盐渍的养殖大珠母贝） 其他干、盐腌或盐渍的大珠母贝（包括熏制的带壳或去壳的，不论在熏制前或熏制过程中是否烹煮）（盐腌或盐渍的野生大珠母贝）

税则号列			货品名称中英文		税费综合信息	计量单位	监管证件代码		检验检疫类别		检验检疫编码	检验检疫编码对应中文名称
HS 国际统一前 6 位	本国子目 7~8 位	本国子目 9~10 位	中文 货物名称	英文 Article Description			进口	出口	进口	出口		
030729	00	90	其他干、盐腌或盐渍的扇贝（包括海扇；包括熏制的带壳或去壳的，不论在熏制前或熏制过程中是否烹煮）	Other scallops (including queen scallops), dried, salted or in brine, (including smoked, whether in shell or not, whether or not cooked before or during the smoking process)	【最】10【普】80 【协东盟】0【协巴基斯坦】11.2【协智利】0 【协新西兰】0【协秘鲁】0【协哥斯达黎加】0 【协冰岛】0【协瑞士】5.6【协澳大利亚】0 【协韩国】7【协格鲁吉亚】0 【特东缅甸】0【特-1】0【特-2】0【特-3】0 【增】10【对美加征】25【出】0【退】10	千克	A	B	PR	QS	101 102 103 104	其他干、盐腌或盐渍的扇贝（包括海扇；包括熏制的带壳或去壳的，不论在熏制前或熏制过程中是否烹煮）（干制的养殖扇贝） 其他干、盐腌或盐渍的扇贝（包括海扇；包括熏制的带壳或去壳的，不论在熏制前或熏制过程中是否烹煮）（干制的野生扇贝） 其他干、盐腌或盐渍的扇贝（包括海扇；包括熏制的带壳或去壳的，不论在熏制前或熏制过程中是否烹煮）（盐腌或盐渍的养殖扇贝） 其他干、盐腌或盐渍的扇贝（包括海扇；包括熏制的带壳或去壳的，不论在熏制前或熏制过程中是否烹煮）（盐腌或盐渍的野生扇贝）
030731	10		贻贝种苗	Mussels, for cultivation	【最】0【普】0【特-1】0【特-2】0【特-3】0 【增】10【对美加征】25【出】0【退】10	千克	A	B	P	Q	999	贻贝种苗
030731	90	01	鲜、冷贻贝【电商】①	Mussels, fresh or chilled	【最】10【普】70 【协东盟】0【协香港】0【协澳门】0【协农】0 【协巴基斯坦】11.2【协智利】0【协新西兰】0 【协秘鲁】0【协哥斯达黎加】0【协冰岛】0 【协瑞士】5.6【协澳大利亚】0【协韩国】7 【协格鲁吉亚】0 【特东柬埔寨】0【特东缅甸】0【特-1】0 【特-2】0【特-3】0 【增】10【对美加征】25【出】0【退】10	千克	A	B	PR	QS	101 102	鲜、冷贻贝（养殖） 鲜、冷贻贝（野生）
030731	90	90	其他活贻贝【电商】②	Other Mussels, live	【最】10【普】70 【协东盟】0【协香港】0【协澳门】0 【协巴基斯坦】11.2【协智利】0【协新西兰】0 【协秘鲁】0【协哥斯达黎加】0【协冰岛】0 【协瑞士】5.6【协澳大利亚】0【协韩国】7 【协格鲁吉亚】0 【特东柬埔寨】0【特东缅甸】0【特-1】0 【特-2】0【特-3】0 【增】10【对美加征】25【出】0【退】10	千克	A	B	PR	QS	999	其他活贻贝
030732	00		冻贻贝	Frozen Mussels	【最】10【普】70 【协亚太】7【协东盟】0【协农】0 【协巴基斯坦】7【协智利】0【协新西兰】0 【协秘鲁】0【协哥斯达黎加】0【协冰岛】0 【协瑞士】5.6【协澳大利亚】0【协韩国】7 【协格鲁吉亚】0【协香港】0【协澳门】0 【特东柬埔寨】0【特东缅甸】0【特-1】0 【特-2】0【特-3】0 【增】10【对美加征】25【出】0【退】10	千克	A	B	PR	QS	101 102	冻贻贝（养殖冷冻贻贝） 冻贻贝（其他野生冷冻双壳贝）

① 仅限网购保税商品。
② 仅限网购保税商品。

税则号列 HS国际统一前6位	本国子目 7~8位	本国子目 9~10位	货品名称 中文 货物名称	货品名称 英文 Article Description	税费综合信息	计量单位	监管证件代码 进口	监管证件代码 出口	检验检疫类别 进口	检验检疫类别 出口	检验检疫编码	检验检疫编码对应中文名称
030739	00		其他干、盐腌或盐渍的贻贝	Other mussels	【最】10【普】70 【协亚太】7【协东盟】0【协巴基斯坦】7 【协智利】0【协新西兰】0【协秘鲁】0 【协哥斯达黎加】0【协冰岛】0【协瑞士】5.6 【协澳大利亚】0【协韩国】7 【协格鲁吉亚】0【协香港】0【协澳门】0 【特东柬埔寨】0【特东缅甸】0【特-1】0 【特-2】0【特-3】0 【增】10【对美加征】25【出】0【退】10	千克	A	B	PR	QS	101	其他干、盐腌或盐渍的贻贝（包括熏制的带壳或去壳的，不论在熏制前或熏制过程中是否烹煮）（养殖干制贝类制品）
											102	其他干、盐腌或盐渍的贻贝（包括熏制的带壳或去壳的，不论在熏制前或熏制过程中是否烹煮）（野生干制贝类制品）
											103	其他干、盐腌或盐渍的贻贝（包括熏制的带壳或去壳的，不论在熏制前或熏制过程中是否烹煮）（养殖盐腌及盐渍贝类制品）
											104	其他干、盐腌或盐渍的贻贝（包括熏制的带壳或去壳的，不论在熏制前或熏制过程中是否烹煮）（野生盐腌及盐渍贝类制品）
030742	10		墨鱼及鱿鱼种苗	Cuttle fish and squid for cultivation	【最】0【普】0【特-1】0【特-2】0【特-3】0 【增】10【对美加征】25【出】0【退】10	千克	A	B	P	Q	101	墨鱼及鱿鱼种苗［乌贼（墨鱼）］
											102	墨鱼及鱿鱼种苗（鱿鱼）
030742	91		其他活、鲜、冷的墨鱼（乌贼属、巨粒僧头乌贼、耳乌贼属）及鱿鱼（柔鱼属、枪乌贼属、双柔鱼属、拟乌贼属）	Other cuttle fish (Sepia of ficinalis, Rossia macrosoma, Sepiola spp.) and squid (Ommastrephes spp., Loligospp., Nototodarus spp., Sepioteuthis spp.)	【最】12【普】70 【协东盟】0【协香港】0【协澳门】0 【协巴基斯坦】6【协智利】0【协新西兰】0 【协秘鲁】0【协哥斯达黎加】0【协冰岛】0 【协瑞士】4.8【协澳大利亚】0【协韩国】6 【协格鲁吉亚】0 【特东柬埔寨】0【特东缅甸】0【特-1】0 【特-2】0【特-3】0 【增】10【对美加征】25【出】0【退】10	千克	A	B	PR	QS	101	其他活、鲜、冷的墨鱼（乌贼属、巨粒僧头乌贼、耳乌贼属）及鱿鱼（柔鱼属、枪乌贼属、双柔鱼属、拟乌贼属）［活的乌贼（墨鱼）］
											102	其他活、鲜、冷的墨鱼（乌贼属、巨粒僧头乌贼、耳乌贼属）及鱿鱼（柔鱼属、枪乌贼属、双柔鱼属、拟乌贼属）（活的鱿鱼）
											103	其他活、鲜、冷的墨鱼（乌贼属、巨粒僧头乌贼、耳乌贼属）及鱿鱼（柔鱼属、枪乌贼属、双柔鱼属、拟乌贼属）（饲料用乌贼）
											104	其他活、鲜、冷的墨鱼（乌贼属、巨粒僧头乌贼、耳乌贼属）及鱿鱼（柔鱼属、枪乌贼属、双柔鱼属、拟乌贼属）（饲料用鱿鱼）
											105	其他活、鲜、冷的墨鱼（乌贼属、巨粒僧头乌贼、耳乌贼属）及鱿鱼（柔鱼属、枪乌贼属、双柔鱼属、拟乌贼属）［其他鲜、冷的养殖墨鱼（乌贼属、巨粒僧头乌贼、耳乌贼属）］
											……	……①

① 该税号项下检验检疫编码及对应中文名称尚有：106 其他活、鲜、冷的墨鱼（乌贼属、巨粒僧头乌贼、耳乌贼属）及鱿鱼（柔鱼属、枪乌贼属、双柔鱼属、拟乌贼属）［其他鲜、冷的野生墨鱼（乌贼属、巨粒僧头乌贼、耳乌贼属）］，107 其他活、鲜、冷的墨鱼（乌贼属、巨粒僧头乌贼、耳乌贼属）及鱿鱼（柔鱼属、枪乌贼属、双柔鱼属、拟乌贼属）［其他鲜、冷的养殖鱿鱼（柔鱼属、枪乌贼属、双柔鱼属、拟乌贼属）］，108 其他活、鲜、冷的墨鱼（乌贼属、巨粒僧头乌贼、耳乌贼属）及鱿鱼（柔鱼属、枪乌贼属、双柔鱼属、拟乌贼属）［其他鲜、冷的野生鱿鱼（柔鱼属、枪乌贼属、双柔鱼属、拟乌贼属）］。

税则号列			货品名称中英文		税费综合信息	计量单位	监管证件代码		检验检疫类别		检验检疫编码	检验检疫编码对应中文名称
HS国际统一前6位	本国子目 7~8位	本国子目 9~10位	中文 货物名称	英文 Article Description			进口	出口	进口	出口		
030742	99		其他活、鲜、冷的墨鱼及鱿鱼 【电商】①	Other cuttle fish and squid	【最】14【普】70 【协东盟】0【协香港】0【协澳门】0 【协巴基斯坦】11.2【协智利】0【协新西兰】0 【协秘鲁】0【协哥斯达黎加】0【协冰岛】0 【协瑞士】5.6【协澳大利亚】0【协韩国】7 【协格鲁吉亚】0 【特东柬埔寨】0【特东缅甸】0【特-1】0 【特-2】0【特-3】0 【增】10【对美加征】25【出】0【退】10	千克	A	B	PR	QS	101 102 103 104 105 ……	其他活、鲜、冷的墨鱼及鱿鱼［活的乌贼（墨鱼）］ 其他活、鲜、冷的墨鱼及鱿鱼（活的鱿鱼） 其他活、鲜、冷的墨鱼及鱿鱼（饲料用乌贼） 其他活、鲜、冷的墨鱼及鱿鱼（饲料用鱿鱼） 其他活、鲜、冷的墨鱼及鱿鱼（其他鲜、冷的养殖墨鱼） ……②
030743	10		冻的墨鱼（乌贼属、巨粒僧头乌贼、耳乌贼属）及鱿鱼（柔鱼属、枪乌贼属、双柔鱼属、拟乌贼属）	Cuttle fish (Sepia officinalis, Rossia macrosoma, Sepi-ola spp.) and squid (Ommastrephes spp., Loligo spp., Nototodarus spp., Sepioteuthis spp.)	【最】12【普】70 【协亚太】10【协东盟】0【协香港】0 【协澳门】0【协巴基斯坦】10【协智利】0 【协新西兰】0【协秘鲁】0【协哥斯达黎加】0 【协冰岛】0【协瑞士】4.8【协澳大利亚】0 【协韩国】9【协格鲁吉亚】0 【特东柬埔寨】0【特东缅甸】0【特-1】0 【特-2】0【特-3】0 【增】10【对美加征】25【出】0【退】10	千克	A	B	PR	QS	101 102 103 104	冻的墨鱼（乌贼属、巨粒僧头乌贼、耳乌贼属）及鱿鱼（柔鱼属、枪乌贼属、双柔鱼属、拟乌贼属）［冻的养殖墨鱼（乌贼属、巨粒僧头乌贼、耳乌贼属）］ 冻的墨鱼（乌贼属、巨粒僧头乌贼、耳乌贼属）及鱿鱼（柔鱼属、枪乌贼属、双柔鱼属、拟乌贼属）［冻的野生墨鱼（乌贼属、巨粒僧头乌贼、耳乌贼属）］ 冻的墨鱼（乌贼属、巨粒僧头乌贼、耳乌贼属）及鱿鱼（柔鱼属、枪乌贼属、双柔鱼属、拟乌贼属）［冻的养殖鱿鱼（柔鱼属、枪乌贼属、双柔鱼属、拟乌贼属）］ 冻的墨鱼（乌贼属、巨粒僧头乌贼、耳乌贼属）及鱿鱼（柔鱼属、枪乌贼属、双柔鱼属、拟乌贼属）［冻的野生鱿鱼（柔鱼属、枪乌贼属、双柔鱼属、拟乌贼属）］
030743	90		其他冻的墨鱼及鱿鱼 【电商】③	Other cuttle fish and squid	【最】10【普】70 【协东盟】0【协香港】0【协澳门】0 【协智利】0【协新西兰】0【协秘鲁】0 【协哥斯达黎加】0【协冰岛】0【协瑞士】0 【协澳大利亚】0【协韩国】7.5【协格鲁吉亚】0 【特东柬埔寨】0【特东缅甸】0【特-1】0 【特-2】0【特-3】0 【增】10【对美加征】25【出】0【退】10	千克	A	B	PR	QS	101 102 103 104	其他冻的墨鱼及鱿鱼（其他冻的养殖墨鱼） 其他冻的墨鱼及鱿鱼（其他冻的野生墨鱼） 其他冻的墨鱼及鱿鱼（其他冻的养殖鱿鱼） 其他冻的墨鱼及鱿鱼（其他冻的野生鱿鱼）

① 仅限网购保税商品。

② 该税号项下检验检疫编码及对应中文名称尚有：106　其他活、鲜、冷的墨鱼及鱿鱼（其他鲜、冷的野生墨鱼），107　其他活、鲜、冷的墨鱼及鱿鱼（其他鲜、冷的养殖鱿鱼），108　其他活、鲜、冷的墨鱼及鱿鱼（其他鲜、冷的野生鱿鱼）。

③ 仅限网购保税商品。

税则号列			货品名称中英文		税费综合信息	计量单位	监管证件代码		检验检疫类别		检验检疫编码	检验检疫编码对应中文名称
HS 国际统一前 6 位	本国子目 7~8 位	本国子目 9~10 位	中文 货物名称	英文 Article Description			进口	出口	进口	出口		
030749	10		其他干、盐制的墨鱼（乌贼属、巨粒僧头乌贼、耳乌贼属）及鱿鱼（柔鱼属、枪乌贼属、双柔鱼属、拟乌贼属）	Other cuttle fish (Sepia of ficinalis, Rossia macrosoma, Sepiola spp.) and squid (Ommastrephes spp., Loligospp., Nototodarus spp., Sepioteuthis spp.)	【最】12【普】70 【协亚太】10【协东盟】0【协香港】0 【协澳门】0【协巴基斯坦】10【协智利】0 【协新西兰】0【协秘鲁】0【协哥斯达黎加】0 【协冰岛】0【协瑞士】4.8【协澳大利亚】0 【协韩国】9【协格鲁吉亚】0 【特东柬埔寨】0【特东缅甸】0【特-1】0 【特-2】0【特-3】0 【增】10【对美加征】25【出】0【退】10	千克	A	B	PR	QS	101	其他干、盐制的墨鱼（乌贼属、巨粒僧头乌贼、耳乌贼属）及鱿鱼（柔鱼属、枪乌贼属、双柔鱼属、拟乌贼属）（包括熏制的带壳或去壳的，不论在熏制前或熏制过程中是否烹煮）［干制的养殖墨鱼（乌贼属、巨粒僧头乌贼、耳乌贼属）］
											102	其他干、盐制的墨鱼（乌贼属、巨粒僧头乌贼、耳乌贼属）及鱿鱼（柔鱼属、枪乌贼属、双柔鱼属、拟乌贼属）（包括熏制的带壳或去壳的，不论在熏制前或熏制过程中是否烹煮）［干制的野生墨鱼（乌贼属、巨粒僧头乌贼、耳乌贼属）］
											103	其他干、盐制的墨鱼（乌贼属、巨粒僧头乌贼、耳乌贼属）及鱿鱼（柔鱼属、枪乌贼属、双柔鱼属、拟乌贼属）（包括熏制的带壳或去壳的，不论在熏制前或熏制过程中是否烹煮）［干制的养殖鱿鱼（柔鱼属、枪乌贼属、双柔鱼属、拟乌贼属）］
											104	其他干、盐制的墨鱼（乌贼属、巨粒僧头乌贼、耳乌贼属）及鱿鱼（柔鱼属、枪乌贼属、双柔鱼属、拟乌贼属）（包括熏制的带壳或去壳的，不论在熏制前或熏制过程中是否烹煮）［干制的野生鱿鱼（柔鱼属、枪乌贼属、双柔鱼属、拟乌贼属）］
											105	其他干、盐制的墨鱼（乌贼属、巨粒僧头乌贼、耳乌贼属）及鱿鱼（柔鱼属、枪乌贼属、双柔鱼属、拟乌贼属）（包括熏制的带壳或去壳的，不论在熏制前或熏制过程中是否烹煮）［盐制的养殖墨鱼（乌贼属、巨粒僧头乌贼、耳乌贼属）］
											……	……①

① 该税号项下检验检疫编码及对应中文名称尚有：106　其他干、盐制的墨鱼（乌贼属、巨粒僧头乌贼、耳乌贼属）及鱿鱼（柔鱼属、枪乌贼属、双柔鱼属、拟乌贼属）（包括熏制的带壳或去壳的，不论在熏制前或熏制过程中是否烹煮）［盐制的野生墨鱼（乌贼属、巨粒僧头乌贼、耳乌贼属）］，107　其他干、盐制的墨鱼（乌贼属、巨粒僧头乌贼、耳乌贼属）及鱿鱼（柔鱼属、枪乌贼属、双柔鱼属、拟乌贼属）（包括熏制的带壳或去壳的，不论在熏制前或熏制过程中是否烹煮）［盐制的养殖鱿鱼（柔鱼属、枪乌贼属、双柔鱼属、拟乌贼属）］，108　其他干、盐制的墨鱼（乌贼属、巨粒僧头乌贼、耳乌贼属）及鱿鱼（柔鱼属、枪乌贼属、双柔鱼属、拟乌贼属）（包括熏制的带壳或去壳的，不论在熏制前或熏制过程中是否烹煮）［盐制的野生鱿鱼（柔鱼属、枪乌贼属、双柔鱼属、拟乌贼属）］。

税则号列			货品名称中英文		税费综合信息	计量单位	监管证件代码		检验检疫类别		检验检疫编码	检验检疫编码对应中文名称
HS国际统一前6位	本国子目 7~8位	9~10位	中文 货物名称	英文 Article Description			进口	出口	进口	出口		
030749	90		其他干、盐制的墨鱼及鱿鱼【电商】①	Other cuttle fish and squid, dried, salted or in brine	【最】10【普】70 【协东盟】0【协澳门】0【协智利】0 【协新西兰】0【协秘鲁】0【协哥斯达黎加】0 【协冰岛】0【协瑞士】0【协澳大利亚】0 【协韩国】7.5【协格鲁吉亚】0【协香港】0 【特东柬埔寨】0【特东缅甸】0【特-1】0 【特-2】0【特-3】0 【增】10【对美加征】25【出】0【退】10	千克	A	B	PR	QS	101 102 103 104 105 ……	其他干、盐制的墨鱼及鱿鱼（包括熏制的带壳或去壳的，不论在熏制前或熏制过程中是否烹煮）（其他干制的养殖墨鱼） 其他干、盐制的墨鱼及鱿鱼（包括熏制的带壳或去壳的，不论在熏制前或熏制过程中是否烹煮）（其他干制的野生墨鱼） 其他干、盐制的墨鱼及鱿鱼（包括熏制的带壳或去壳的，不论在熏制前或熏制过程中是否烹煮）（其他干制的养殖鱿鱼） 其他干、盐制的墨鱼及鱿鱼（包括熏制的带壳或去壳的，不论在熏制前或熏制过程中是否烹煮）（其他干制的野生鱿鱼） 其他干、盐制的墨鱼及鱿鱼（包括熏制的带壳或去壳的，不论在熏制前或熏制过程中是否烹煮）（其他盐制的养殖墨鱼） ……②
030751	00		活、鲜、冷章鱼	Octopus, live, fresh or chilled	【最】7【普】70 【协东盟】0【协香港】0【协澳门】0 【协巴基斯坦】13.6【协智利】0【协新西兰】0 【协秘鲁】0【协哥斯达黎加】0【协冰岛】0 【协瑞士】6.8【协澳大利亚】0【协韩国】11.3 【协格鲁吉亚】0 【特-1】0【特-2】0 【增】10【对美加征】25【出】0【退】10	千克	A	B	PR	QS	101 102 103 104	活、鲜、冷章鱼（活的章鱼） 活、鲜、冷章鱼（饲料用章鱼） 活、鲜、冷章鱼（非生食的） 活、鲜、冷章鱼（可用于非生食的）
030752	00		冻的章鱼	Frozen octopus	【最】7【普】70 【协东盟】0【协香港】0【协澳门】0 【协巴基斯坦】13.6【协智利】0【协新西兰】0 【协秘鲁】0【协哥斯达黎加】0【协冰岛】0 【协瑞士】6.8【协澳大利亚】0【协韩国】11.3 【协格鲁吉亚】0 【特-1】0【特-2】0【特-3】0 【增】10【对美加征】25【出】0【退】10	千克	A	B	PR	QS	101 102	冻的章鱼（养殖） 冻的章鱼（野生）
030759	00		其他干、盐制的章鱼（包括熏制的，不论在熏制前或熏制过程中是否烹煮）	Other octopus, dried, salted or in brine, smoked (including smoked, whether in shell or not, whether or not cooked before or during the smoking process)	【最】7【普】70 【协东盟】0【协香港】0【协澳门】0 【协巴基斯坦】13.6【协智利】0【协新西兰】0 【协秘鲁】0【协哥斯达黎加】0【协冰岛】0 【协瑞士】6.8【协澳大利亚】0【协韩国】11.3 【协格鲁吉亚】0 【特-1】0【特-2】0【特-3】0 【增】10【对美加征】25【出】0【退】10	千克	A	B	PR	QS	101 102 103	其他干、盐制的章鱼(包括熏制的,不论在熏制前或熏制过程中是否烹煮)(饲料用章鱼) 其他干、盐制的章鱼(包括熏制的,不论在熏制前或熏制过程中是否烹煮)(干制的章鱼) 其他干、盐制的章鱼(包括熏制的,不论在熏制前或熏制过程中是否烹煮)(盐制的章鱼)
030760	10	10	濒危蜗牛及螺种苗，海螺除外	Endangered snails, for cultivation (other than sea snails)	【最】0【普】0【特-1】0【特-2】0【特-3】0 【增】10【对美加征】25【出】0【退】10	千克	AF	BE	P	Q	101 102	濒危蜗牛及螺种苗，海螺除外（田螺） 濒危蜗牛及螺种苗，海螺除外（蜗牛）

① 仅限网购保税商品。

② 该税号项下检验检疫编码及对应中文名称尚有：106　其他干、盐制的墨鱼及鱿鱼（包括熏制的带壳或去壳的，不论在熏制前或熏制过程中是否烹煮）（其他盐制的野生墨鱼），107　其他干、盐制的墨鱼及鱿鱼（包括熏制的带壳或去壳的，不论在熏制前或熏制过程中是否烹煮）（其他盐制的养殖鱿鱼），108　其他干、盐制的墨鱼及鱿鱼（包括熏制的带壳或去壳的，不论在熏制前或熏制过程中是否烹煮）（其他盐制的野生鱿鱼）。

税则号列			货品名称中英文		税费综合信息	计量单位	监管证件代码		检验检疫类别		检验检疫编码	检验检疫编码对应中文名称
HS国际统一前6位	本国子目 7~8位	本国子目 9~10位	中文 货物名称	英文 Article Description			进口	出口	进口	出口		
030760	10	90	其他蜗牛及螺种苗，海螺除外	Other snails, for cultivation (other than sea snails)	【最】0【普】0【特-1】0【特-2】0【特-3】0 【增】10【对美加征】25【出】0【退】10	千克	A	B	P	Q	101	其他蜗牛及螺种苗，海螺除外（田螺）
											102	其他蜗牛及螺种苗，海螺除外（蜗牛）
030760	90	10	其他濒危蜗牛及螺，海螺除外	Other endangered snails (other than sea snails)	【最】7【普】70 【协东盟】0【协巴基斯坦】11.2【协智利】0 【协新西兰】0【协秘鲁】0【协哥斯达黎加】0 【协冰岛】0【协瑞士】5.6【协澳大利亚】0 【协韩国】7【协格鲁吉亚】0【协香港】0 【协澳门】0 【特东柬埔寨】0【特-1】0【特-2】0【特-3】0 【增】10【对美加征】25【出】0【退】0	千克	AF	BE	PR	QS	101	其他濒危蜗牛及螺，海螺除外（田螺）
											102	其他濒危蜗牛及螺，海螺除外（蜗牛）
											103	其他濒危蜗牛及螺，海螺除外（其他软体）
030760	90	90	其他活、鲜、冷、冻、干、盐腌或盐渍的蜗牛及螺，海螺除外（包括熏制的带壳或去壳的，不论在熏制前或熏制过程中是否烹煮）	Other snails (other than sea snails), live, fresh, chilled, frozen, dried, salted or in brine (including smoked, whether in shell or not, whether or not cooked before or during the smoking process)	【最】7【普】70 【协香港】0【协澳门】0【协东盟】0 【协巴基斯坦】11.2【协智利】0【协新西兰】0 【协秘鲁】0【协哥斯达黎加】0【协冰岛】0 【协瑞士】5.6【协澳大利亚】0【协韩国】7 【协格鲁吉亚】0 【特东柬埔寨】0【特-1】0【特-2】0【特-3】0 【增】10【对美加征】25【出】0【退】10	千克	A	B	PR	QS	101	其他活、鲜、冷、冻、干、盐腌或盐渍的蜗牛及螺，海螺除外（包括熏制的带壳或去壳的，不论在熏制前或熏制过程中是否烹煮）（活的田螺）
											102	其他活、鲜、冷、冻、干、盐腌或盐渍的蜗牛及螺，海螺除外（包括熏制的带壳或去壳的，不论在熏制前或熏制过程中是否烹煮）（活的蜗牛）
											103	其他活、鲜、冷、冻、干、盐腌或盐渍的蜗牛及螺，海螺除外（包括熏制的带壳或去壳的，不论在熏制前或熏制过程中是否烹煮）（鲜、冷的养殖蜗牛及螺）
											104	其他活、鲜、冷、冻、干、盐腌或盐渍的蜗牛及螺，海螺除外（包括熏制的带壳或去壳的，不论在熏制前或熏制过程中是否烹煮）（鲜、冷的野生蜗牛及螺）
											105	其他活、鲜、冷、冻、干、盐腌或盐渍的蜗牛及螺，海螺除外（包括熏制的带壳或去壳的，不论在熏制前或熏制过程中是否烹煮）（冻的养殖蜗牛及螺）
											……	……①
030771	10	10	砗磲的种苗	Tridacindae for cultivation, live, fresh or chilled,	【最】0【普】0【特-1】0【特-2】0【特-3】0 【增】10【对美加征】25【出】0【退】10	千克	AF	BE	P	Q	999	砗磲的种苗

① 该税号项下检验检疫编码及对应中文名称尚有：106 其他活、鲜、冷、冻、干、盐腌或盐渍的蜗牛及螺，海螺除外（包括熏制的带壳或去壳的，不论在熏制前或熏制过程中是否烹煮）（冻的野生蜗牛及螺），107 其他活、鲜、冷、冻、干、盐腌或盐渍的蜗牛及螺，海螺除外（包括熏制的带壳或去壳的，不论在熏制前或熏制过程中是否烹煮）（干的养殖蜗牛及螺），108 其他活、鲜、冷、冻、干、盐腌或盐渍的蜗牛及螺，海螺除外（包括熏制的带壳或去壳的，不论在熏制前或熏制过程中是否烹煮）（干的野生蜗牛及螺），109 其他活、鲜、冷、冻、干、盐腌或盐渍的蜗牛及螺，海螺除外（包括熏制的带壳或去壳的，不论在熏制前或熏制过程中是否烹煮）（盐腌或盐渍的养殖蜗牛及螺），110 其他活、鲜、冷、冻、干、盐腌或盐渍的蜗牛及螺，海螺除外（包括熏制的带壳或去壳的，不论在熏制前或熏制过程中是否烹煮）（盐腌或盐渍的野生蜗牛及螺）。

税则号列			货品名称中英文		税费综合信息	计量单位	监管证件代码		检验检疫类别		检验检疫编码	检验检疫编码对应中文名称
HS国际统一前6位	本国子目 7~8位	本国子目 9~10位	中文 货物名称	英文 Article Description			进口	出口	进口	出口		
030771	10	90	蛤、鸟蛤及舟贝（蚶科、北极蛤科、乌蛤科、斧蛤科、缝栖蛤科、蛤蜊科中带蛤科、海螂科、双带蛤科、截蛏科、竹蛏科、帘蛤科）的种苗	Clam, cockles and ark shells (famillies Arcidae, Arcticidae, Cardiidae, Donacidae, Hiatellidae, Mactridae, Mesodesmatidae, Myidae, Semelidae, Solecutidae, Solenidae, Tridacnidae and Veneridae), for cultivation	【最】0【普】0【特-1】0【特-2】0【特-3】0 【增】10【对美加征】25【出】0【退】10	千克	A	B	P	Q	999	蛤、鸟蛤及舟贝（蚶科、北极蛤科、乌蛤科、斧蛤科、缝栖蛤科、蛤蜊科中带蛤科、海螂科、双带蛤科、截蛏科、竹蛏科、帘蛤科）的种苗
030771	91		活、鲜、冷蛤	Clam, live, fresh, chilled, not for cultivation	【最】10【普】70 【协东盟】0【协香港】0【协澳门】0 【协巴基斯坦】11.2【协智利】0【协新西兰】0 【协秘鲁】0【协哥斯达黎加】0【协冰岛】0 【协瑞士】5.6【协澳大利亚】0【协韩国】7 【协格鲁吉亚】0 【特-1】0【特-2】0 【增】10【对美加征】25【出】0【退】10	千克	A	B	PR	QS	104 105 106 107 108	活、鲜、冷蛤（活的其他海水贝） 活、鲜、冷蛤（活的其他淡水贝） 活、鲜、冷蛤（活的其他软体及其他水生无脊椎动物） 活、鲜、冷蛤（鲜、冷的养殖蛤） 活、鲜、冷蛤（鲜、冷的野生蛤）
030771	99	10	活、鲜、冷砗磲	Tridacindae, live, fresh, chilled, not for cultivation	【最】10【普】70 【协东盟】0【协香港】0【协澳门】0 【协巴基斯坦】11.2【协智利】0【协新西兰】0 【协秘鲁】0【协哥斯达黎加】0【协冰岛】0 【协瑞士】5.6【协澳大利亚】0【协韩国】7 【协格鲁吉亚】0 【特东柬埔寨】0【特东缅甸】0【特-1】0 【特-2】0【特-3】0 【增】10【对美加征】25【出】0【退】10	千克	AF	BE	PR	QS	101 102 103	活、鲜、冷砗磲（活的砗磲） 活、鲜、冷砗磲（鲜、冷的养殖砗磲） 活、鲜、冷砗磲（鲜、冷的野生砗磲）
030771	99	20	活、鲜、冷的粗饰蚶	Live, fresh, chilled, coarse act the role of cockle, not for cultivation	【最】10【普】70 【协东盟】0【协香港】0【协澳门】0 【协巴基斯坦】11.2【协智利】0【协新西兰】0 【协秘鲁】0【协哥斯达黎加】0【协冰岛】0 【协瑞士】5.6【协澳大利亚】0【协韩国】7 【协格鲁吉亚】0 【特东柬埔寨】0【特东缅甸】0【特-1】0 【特-2】0【特-3】0 【增】10【对美加征】25【出】0【退】10	千克	AU	B	PR	QS	101 102	活、鲜、冷的粗饰蚶（活的） 活、鲜、冷的粗饰蚶（鲜、冷的）
030771	99	90	活、鲜、冷鸟蛤及舟贝（蚶科、北极蛤科、乌蛤科、斧蛤科、缝栖蛤科、蛤蜊科中带蛤科、海螂科、双带蛤科、截蛏科、竹蛏科、帘蛤科）	Cockles and ark shells (famillies Arcidae, Arcticidae, Cardiidae, Donacidae, Hiatellidae, Mactridae, Mesodesmatidae, Myidae, Semelidae, Solecutidae, Solenidae, Tridacnidae and Veneridae), live, fresh, chilled, not for cultivation	【最】10【普】70 【协东盟】0【协香港】0【协澳门】0 【协巴基斯坦】11.2【协智利】0【协新西兰】0 【协秘鲁】1.4【协哥斯达黎加】0【协冰岛】0 【协瑞士】5.6【协澳大利亚】0【协韩国】7 【协格鲁吉亚】0 【特东柬埔寨】0【特东缅甸】0【特-1】0 【特-2】0【特-3】0 【增】10【对美加征】25【出】0【退】10	千克	A	B	PR	QS	101 102 103	活、鲜、冷鸟蛤及舟贝（蚶科、北极蛤科、鸟蛤科、斧蛤科、缝栖蛤科、蛤蜊科中带蛤科、海螂科、双带蛤科、截蛏科、竹蛏科、帘蛤科）（鲜、冷的鸟蛤） 活、鲜、冷鸟蛤及舟贝（蚶科、北极蛤科、鸟蛤科、斧蛤科、缝栖蛤科、蛤蜊科中带蛤科、海螂科、双带蛤科、截蛏科、竹蛏科、帘蛤科）（鲜、冷的舟贝） 活、鲜、冷鸟蛤及舟贝（蚶科、北极蛤科、鸟蛤科、斧蛤科、缝栖蛤科、蛤蜊科中带蛤科、海螂科、双带蛤科、截蛏科、竹蛏科、帘蛤科）（非生食的鲜、冷的赤贝）

税则号列 HS国际统一前6位	本国子目 7~8位	本国子目 9~10位	货品名称中英文 中文 货物名称	货品名称中英文 英文 Article Description	税费综合信息	计量单位	监管证件代码 进口	监管证件代码 出口	检验检疫类别 进口	检验检疫类别 出口	检验检疫编码	检验检疫编码对应中文名称
											104 105 ……	活、鲜、冷鸟蛤及舟贝（蚶科、北极蛤科、鸟蛤科、斧蛤科、缝栖蛤科、蛤蜊科中带蛤科、海螂科、双带蛤科、截蛏科、竹蛏科、帘蛤科）（可用于生食的鲜、冷的赤贝） 活、鲜、冷鸟蛤及舟贝（蚶科、北极蛤科、鸟蛤科、斧蛤科、缝栖蛤科、蛤蜊科中带蛤科、海螂科、双带蛤科、截蛏科、竹蛏科、帘蛤科）（鲜、冷的养殖缢蛏） ……①
030772	00	10	冻的砗磲【电商】②	Frozen Tridacindae	【最】10【普】70 【协东盟】0【协智利】0【协新西兰】0 【协哥斯达黎加】0【协冰岛】0【协瑞士】0 【协澳大利亚】0【协韩国】5【协格鲁吉亚】0 【协香港】0【协澳门】0 【特-1】0【特-2】0【特-3】0 【增】10【对美加征】25【出】0【退】10	千克	AF	BE	PR	QS	999	冻的砗磲
030772	00	20	冻的粗饰蚶	Frozen Anadara	【最】10【普】70 【协东盟】0【协智利】0【协新西兰】0 【协哥斯达黎加】0【协冰岛】0【协瑞士】0 【协澳大利亚】0【协韩国】5【协格鲁吉亚】0 【协香港】0【协澳门】0 【特-1】0【特-2】0【特-3】0 【增】10【对美加征】25【出】0【退】10	千克	AU	B	PR	QS	999	冻的粗饰蚶
030772	00	90	冻的其他蛤、鸟蛤及舟贝（蚶科、、北极蛤科、鸟蛤科、斧蛤科、缝栖蛤科、蛤蜊科、中带蛤科、海螂科、双带蛤科、截蛏科、竹蛏科、帘蛤科）	Other frozen Clam, cockles and ark shells (families Arcidae, Arcticidae, Cardiidae, Donacidae, Hiatellidae, Mactridae, Mesodesmatidae, Myidae, Semelidae, Solecutidae, Solenidae, Tridacnidae and Veneridae)	【最】10【普】70 【协东盟】0【协智利】0【协新西兰】0 【协哥斯达黎加】0【协冰岛】0【协瑞士】0 【协澳大利亚】0【协韩国】5【协格鲁吉亚】0 【协香港】0【协澳门】0 【特-1】0【特-2】0【特-3】0 【增】10【对美加征】25【出】0【退】10	千克	A	B	PR	QS	101 102 103	冻的其他蛤、鸟蛤及舟贝（蚶科、北极蛤科、鸟蛤科、斧蛤科、缝栖蛤科、蛤蜊科、中带蛤科、海螂科、双带蛤科、截蛏科、竹蛏科、帘蛤科）（冻的其他养殖蛤） 冻的其他蛤、鸟蛤及舟贝（蚶科、北极蛤科、鸟蛤科、斧蛤科、缝栖蛤科、蛤蜊科、中带蛤科、海螂科、双带蛤科、截蛏科、竹蛏科、帘蛤科）（冻的其他野生蛤） 冻的其他蛤、鸟蛤及舟贝（蚶科、北极蛤科、鸟蛤科、斧蛤科、缝栖蛤科、蛤蜊科、中带蛤科、海螂科、双带蛤科、截蛏科、竹蛏科、帘蛤科）（冻的养殖鸟蛤）

① 该税号项下检验检疫编码及对应中文名称尚有：106　活、鲜、冷鸟蛤及舟贝（蚶科、北极蛤科、鸟蛤科、斧蛤科、缝栖蛤科、蛤蜊科中带蛤科、海螂科、双带蛤科、截蛏科、竹蛏科、帘蛤科）（活的文蛤），107　活、鲜、冷鸟蛤及舟贝（蚶科、北极蛤科、鸟蛤科、斧蛤科、缝栖蛤科、蛤蜊科中带蛤科、海螂科、双带蛤科、截蛏科、竹蛏科、帘蛤科）（活的食用杂色蛤），108　活、鲜、冷鸟蛤及舟贝（蚶科、北极蛤科、鸟蛤科、斧蛤科、缝栖蛤科、蛤蜊科中带蛤科、海螂科、双带蛤科、截蛏科、竹蛏科、帘蛤科）（活的紫石房蛤），109　活、鲜、冷鸟蛤及舟贝（蚶科、北极蛤科、鸟蛤科、斧蛤科、缝栖蛤科、蛤蜊科中带蛤科、海螂科、双带蛤科、截蛏科、竹蛏科、帘蛤科）［活的毛蚶（赤贝）］，110　活、鲜、冷鸟蛤及舟贝（蚶科、北极蛤科、鸟蛤科、斧蛤科、缝栖蛤科、蛤蜊科中带蛤科、海螂科、双带蛤科、截蛏科、竹蛏科、帘蛤科）（活的泥蚶），111　活、鲜、冷鸟蛤及舟贝（蚶科、北极蛤科、鸟蛤科、斧蛤科、缝栖蛤科、蛤蜊科中带蛤科、海螂科、双带蛤科、截蛏科、竹蛏科、帘蛤科）（活的缢蛏），112　活、鲜、冷鸟蛤及舟贝（蚶科、北极蛤科、鸟蛤科、斧蛤科、缝栖蛤科、蛤蜊科中带蛤科、海螂科、双带蛤科、截蛏科、竹蛏科、帘蛤科）（活的其他鸟蛤及舟贝）。

② 仅限网购保税商品。

税则号列 HS国际统一前6位	本国子目 7~8位	本国子目 9~10位	货品名称中英文 中文 货物名称	货品名称中英文 英文 Article Description	税费综合信息	计量单位	监管证件代码 进口	监管证件代码 出口	检验检疫类别 进口	检验检疫类别 出口	检验检疫编码	检验检疫编码对应中文名称
											104 105 ……	冻的其他蛤、鸟蛤及舟贝（蚶科、北极蛤科、鸟蛤科、斧蛤科、缝栖蛤科、蛤蜊科、中带蛤科、海螂科、双带蛤科、截蛏科、竹蛏科、帘蛤科）（冻的野生鸟蛤） 冻的其他蛤、鸟蛤及舟贝（蚶科、北极蛤科、鸟蛤科、斧蛤科、缝栖蛤科、蛤蜊科、中带蛤科、海螂科、双带蛤科、截蛏科、竹蛏科、帘蛤科）（冻的养殖舟贝） ……①
030779	00	10	干、盐渍的砗磲 【电商】②	Tridacindae, dried, salted or in brine	【最】10【普】70 【协东盟】0【协澳门】0【协智利】0 【协香港】0【协新西兰】0【协秘鲁】0 【协哥斯达黎加】0【协冰岛】0【协瑞士】0 【协澳大利亚】0【协韩国】6.6【协格鲁吉亚】0 【特东柬埔寨】0【特东缅甸】0【特-1】0 【特-2】0【特-3】0 【增】10【对美加征】25【出】0【退】10	千克	AF	BE	PR	QS	101 102	干、盐渍的砗磲（包括熏制的带壳或去壳的，不论在熏制前或熏制过程中是否烹煮）（干制的砗磲） 干、盐渍的砗磲（包括熏制的带壳或去壳的，不论在熏制前或熏制过程中是否烹煮）（盐制的砗磲）
030779	00	20	干、盐制的粗饰蚶（包括熏制的带壳或去壳的，不论在熏制前或熏制过程中是否烹煮）	Anadara, dried, salted or in brine (including smoked, whether in shell or not, whether or not cooked before or during the smoking process	【最】10【普】70 【协东盟】0【协澳门】0【协智利】0【协香港】0 【协新西兰】0【协秘鲁】1【协哥斯达黎加】0 【协冰岛】0【协瑞士】0【协澳大利亚】0 【协韩国】6.6【协格鲁吉亚】0 【特东柬埔寨】0【特东缅甸】0【特-1】0 【特-2】0【特-3】0 【增】10【对美加征】25【出】0【退】10	千克	A	B	PR	QS	101 102	干、盐制的粗饰蚶（包括熏制的带壳或去壳的，不论在熏制前或熏制过程中是否烹煮）（干制的粗饰蚶） 干、盐制的粗饰蚶（包括熏制的带壳或去壳的，不论在熏制前或熏制过程中是否烹煮）（盐制的粗饰蚶）

① 该税号项下检验检疫编码及对应中文名称尚有：106　冻的其他蛤、鸟蛤及舟贝（蚶科、北极蛤科、鸟蛤科、斧蛤科、缝栖蛤科、蛤蜊科、中带蛤科、海螂科、双带蛤科、截蛏科、竹蛏科、帘蛤科）（冻的野生舟贝），107　冻的其他蛤、鸟蛤及舟贝（蚶科、北极蛤科、鸟蛤科、斧蛤科、缝栖蛤科、蛤蜊科、中带蛤科、海螂科、双带蛤科、截蛏科、竹蛏科、帘蛤科）（冻的养殖缢蛏），108　冻的其他蛤、鸟蛤及舟贝（蚶科、北极蛤科、鸟蛤科、斧蛤科、缝栖蛤科、蛤蜊科、中带蛤科、海螂科、双带蛤科、截蛏科、竹蛏科、帘蛤科）（冻的养殖扇贝），109　冻的其他蛤、鸟蛤及舟贝（蚶科、北极蛤科、鸟蛤科、斧蛤科、缝栖蛤科、蛤蜊科、中带蛤科、海螂科、双带蛤科、截蛏科、竹蛏科、帘蛤科）（冻的野生扇贝），110　冻的其他蛤、鸟蛤及舟贝（蚶科、北极蛤科、鸟蛤科、斧蛤科、缝栖蛤科、蛤蜊科、中带蛤科、海螂科、双带蛤科、截蛏科、竹蛏科、帘蛤科）（冻的野生北极贝），111　冻的其他蛤、鸟蛤及舟贝（蚶科、北极蛤科、鸟蛤科、斧蛤科、缝栖蛤科、蛤蜊科、中带蛤科、海螂科、双带蛤科、截蛏科、竹蛏科、帘蛤科）（冻的养殖杂色蛤）。

② 仅限网购保税商品。

税则号列 HS国际统一前6位	本国子目 7~8位	本国子目 9~10位	货品名称 中文 货物名称	货品名称 英文 Article Description	税费综合信息	计量单位	监管证件代码 进口	监管证件代码 出口	检验检疫类别 进口	检验检疫类别 出口	检验检疫编码	检验检疫编码对应中文名称
030779	00	90	干、盐制其他蛤、鸟蛤及舟贝（蚶科、北极蛤科、鸟蛤科、斧蛤科、缝栖蛤科、蛤蜊科、中带蛤科、海螂科、双带蛤科、截蛏科、竹蛏科、帘蛤科）（包括熏制的带壳或去壳的，不论在熏制前或熏制过程中是否烹煮）	Other Clam, cockles and ark shells(families Arcidae, Arcticidae, Cardiidae, Donacidae, Hiatellidae, Mactridae, Mesodesmatidae, Myidae, Semelidae, Solecutidae, Solenidae, Tridacnidae and Veneridae), dried or salted in brine(including smoked, whether in shell or not in brine (including smoked, whether in shell or not, whether or not cooked before or during the smoking process	【最】10【普】70 【协东盟】0【协澳门】0【协智利】0【协香港】0 【协新西兰】0【协秘鲁】0【协哥斯达黎加】0 【协冰岛】0【协瑞士】0【协澳大利亚】0 【协韩国】6.6【协格鲁吉亚】0 【特东柬埔寨】0【特东缅甸】0【特-1】0 【特-2】0【特-3】0 【增】10【对美加征】25【出】0【退】10	千克	A	B	PR	QS	101	干、盐制其他蛤、鸟蛤及舟贝（蚶科、北极蛤科、鸟蛤科、斧蛤科、缝栖蛤科、蛤蜊科、中带蛤科、海螂科、双带蛤科、截蛏科、竹蛏科、帘蛤科）（包括熏制的带壳或去壳的，不论在熏制前或熏制过程中是否烹煮）（干制的其他养殖蛤）
											102	干、盐制其他蛤、鸟蛤及舟贝（蚶科、北极蛤科、鸟蛤科、斧蛤科、缝栖蛤科、蛤蜊科、中带蛤科、海螂科、双带蛤科、截蛏科、竹蛏科、帘蛤科）（包括熏制的带壳或去壳的，不论在熏制前或熏制过程中是否烹煮）（干制的其他野生蛤）
											103	干、盐制其他蛤、鸟蛤及舟贝（蚶科、北极蛤科、鸟蛤科、斧蛤科、缝栖蛤科、蛤蜊科、中带蛤科、海螂科、双带蛤科、截蛏科、竹蛏科、帘蛤科）（包括熏制的带壳或去壳的，不论在熏制前或熏制过程中是否烹煮）（干制的其他养殖鸟蛤）
											104	干、盐制其他蛤、鸟蛤及舟贝（蚶科、北极蛤科、鸟蛤科、斧蛤科、缝栖蛤科、蛤蜊科、中带蛤科、海螂科、双带蛤科、截蛏科、竹蛏科、帘蛤科）（包括熏制的带壳或去壳的，不论在熏制前或熏制过程中是否烹煮）（干制的其他野生鸟蛤）
											105	干、盐制其他蛤、鸟蛤及舟贝（蚶科、北极蛤科、鸟蛤科、斧蛤科、缝栖蛤科、蛤蜊科、中带蛤科、海螂科、双带蛤科、截蛏科、竹蛏科、帘蛤科）（包括熏制的带壳或去壳的，不论在熏制前或熏制过程中是否烹煮）（干制的其他养殖舟贝）
											……	……①

① 该税号项下检验检疫编码及对应中文名称尚有：106　干、盐制其他蛤、鸟蛤及舟贝（蚶科、北极蛤科、鸟蛤科、斧蛤科、缝栖蛤科、蛤蜊科、中带蛤科、海螂科、双带蛤科、截蛏科、竹蛏科、帘蛤科）（包括熏制的带壳或去壳的，不论在熏制前或熏制过程中是否烹煮）（干制的其他野生舟贝），107　干、盐制其他蛤、鸟蛤及舟贝（蚶科、北极蛤科、鸟蛤科、斧蛤科、缝栖蛤科、蛤蜊科、中带蛤科、海螂科、双带蛤科、截蛏科、竹蛏科、帘蛤科）（包括熏制的带壳或去壳的，不论在熏制前或熏制过程中是否烹煮）（盐制的其他养殖蛤），108　干、盐制其他蛤、鸟蛤及舟贝（蚶科、北极蛤科、鸟蛤科、斧蛤科、缝栖蛤科、蛤蜊科、中带蛤科、海螂科、双带蛤科、截蛏科、竹蛏科、帘蛤科）（包括熏制的带壳或去壳的，不论在熏制前或熏制过程中是否烹煮）（盐制的其他野生蛤），109　干、盐制其他蛤、鸟蛤及舟贝（蚶科、北极蛤科、鸟蛤科、斧蛤科、缝栖蛤科、蛤蜊科、中带蛤科、海螂科、双带蛤科、截蛏科、竹蛏科、帘蛤科）（包括熏制的带壳或去壳的，不论在熏制前或熏制过程中是否烹煮）（盐制的其他养殖鸟蛤），110　干、盐制其他蛤、鸟蛤及舟贝（蚶科、北极蛤科、鸟蛤科、斧蛤科、缝栖蛤科、蛤蜊科、中带蛤科、海螂科、双带蛤科、截蛏科、竹蛏科、帘蛤科）（包括熏制的带壳或去壳的，不论在熏制前或熏制过程中是否烹煮）（盐制的其他野生鸟蛤），111　干、盐制其他蛤、鸟蛤及舟贝（蚶科、北极蛤科、鸟蛤科、斧蛤科、缝栖蛤科、蛤蜊科、中带蛤科、海螂科、双带蛤科、截蛏科、竹蛏科、帘蛤科）（包括熏制的带壳或去壳的，不论在熏制前或熏制过程中是否烹煮）（盐制的其他养殖舟贝），112　干、盐制其他蛤、鸟蛤及舟贝（蚶科、北极蛤科、鸟蛤科、斧蛤科、缝栖蛤科、蛤蜊科、中带蛤科、海螂科、双带蛤科、截蛏科、竹蛏科、帘蛤科）（包括熏制的带壳或去壳的，不论在熏制前或熏制过程中是否烹煮）（盐制的其他野生舟贝）。

税则号列			货品名称中英文		税费综合信息	计量单位	监管证件代码		检验检疫类别		检验检疫编码	检验检疫编码对应中文名称
HS 国际统一前6位	本国子目 7~8位	9~10位	中文 货物名称	英文 Article Description			进口	出口	进口	出口		
030781	10		鲍鱼（鲍属）种苗	Abalone, for cultivation	【最】0【普】0【特-1】0【特-2】0【特-3】0 【增】10【对美加征】25【出】0【退】10	千克	A	B	P	Q	999	鲍鱼（鲍属）种苗
030781	90		活、鲜、冷的鲍鱼（鲍属）	Abalone, live, fresh, chilled(not for cultivation)	【最】10【普】80【暂进】7 【协东盟】0【协香港】0【协澳门】0 【协巴基斯坦】11.2【协智利】0【协新西兰】0 【协秘鲁】0【协哥斯达黎加】0【协冰岛】0 【协瑞士】5.6【协澳大利亚】0【协韩国】7 【协格鲁吉亚】0 【特东柬埔寨】0【特东缅甸】0【特-1】0 【特-2】0【特-3】0 【增】10【对美加征】25【出】0【退】10	千克	A	B	PR	QS	101 102 103	活、鲜、冷的鲍鱼（鲍属）（活的鲍鱼） 活、鲜、冷的鲍鱼（鲍属）（鲜、冷养殖的鲍鱼） 活、鲜、冷的鲍鱼（鲍属）（鲜、冷野生的鲍鱼）
030782	10		凤螺（凤螺属）种苗	Stromboid conchs (Stromboid spp.) for cultivation	【最】0【普】0【特-1】0【特-2】0【特-3】0 【增】10【对美加征】25【出】0【退】10	千克	A	B	P	Q	999	凤螺（凤螺属）种苗
030782	90		活、鲜或冷的其他凤螺（凤螺属） 【电商】①	Other stromboid	【最】10【普】70 【协东盟】0【协香港】0【协澳门】0 【协巴基斯坦】11.2【协智利】0【协新西兰】0 【协秘鲁】0【协哥斯达黎加】0【协冰岛】0 【协瑞士】5.6【协澳大利亚】0【协韩国】7 【协格鲁吉亚】0 【特东柬埔寨】0【特东缅甸】0【特-1】0 【特-2】0【特-3】0 【增】10【对美加征】25【出】0【退】10	千克	A	B	PR	QS	101 102 103	活、鲜或冷的其他凤螺（凤螺属）（活的） 活、鲜或冷的其他凤螺（凤螺属）［鲜或冷的其他养殖凤螺（凤螺属）］ 活、鲜或冷的其他凤螺（凤螺属）［鲜或冷的其他野生凤螺（凤螺属）］
030783	00		冻的鲍鱼（鲍属）	Abalone (Haliotis spp.), frozen	【最】10【普】80 【协东盟】0【协香港】0【协澳门】0 【协巴基斯坦】5【协智利】0【协新西兰】0 【协哥斯达黎加】0【协冰岛】0【协瑞士】0 【协澳大利亚】0【协韩国】5【协格鲁吉亚】0 【特东柬埔寨】0【特东缅甸】0【特-1】0 【特-2】0【特-3】0 【增】10【对美加征】25【出】0【退】10	千克	A	B	PR	QS	101 102	冻的鲍鱼（鲍属）（养殖） 冻的鲍鱼（鲍属）（野生）
030784	00		冻的凤螺（凤螺属） 【电商】②	Stromboid conchs (Strombus spp.), frozen	【最】10【普】70 【协东盟】0【协澳门】0【协香港】0【协智利】0 【协新西兰】0【协秘鲁】0【协哥斯达黎加】0 【协冰岛】0【协瑞士】0【协澳大利亚】0 【协韩国】7.5【协格鲁吉亚】0 【特东柬埔寨】0【特东缅甸】0【特-1】0 【特-2】0【特-3】0 【增】10【对美加征】25【出】0【退】10	千克	A	B	PR	QS	101 102	冻的凤螺（凤螺属）（养殖） 冻的凤螺（凤螺属）（野生）
030787	00		干、盐腌或盐渍的鲍鱼（鲍属）	Other abalone (Haliotis spp.)	【最】10【普】80 【协东盟】0【协香港】0【协澳门】0 【协巴基斯坦】5【协智利】0【协新西兰】0 【协哥斯达黎加】0【协冰岛】0【协瑞士】0 【协澳大利亚】0【协韩国】5【协格鲁吉亚】0 【特东柬埔寨】0【特东缅甸】0【特-1】0 【特-2】0【特-3】0 【增】10【对美加征】25【出】0【退】10	千克	A	B	PR	QS	101 102 103 104	干、盐腌或盐渍的鲍鱼（鲍属）（包括熏制的带壳或去壳的，不论在熏制前或熏制过程中是否烹煮）［干制的养殖鲍鱼（鲍属）］ 干、盐腌或盐渍的鲍鱼（鲍属）（包括熏制的带壳或去壳的，不论在熏制前或熏制过程中是否烹煮）［干制的野生鲍鱼（鲍属）］ 干、盐腌或盐渍的鲍鱼（鲍属）（包括熏制的带壳或去壳的，不论在熏制前或熏制过程中是否烹煮）［盐腌或盐渍的养殖鲍鱼（鲍属）］ 干、盐腌或盐渍的鲍鱼（鲍属）（包括熏制的带壳或去壳的，不论在熏制前或熏制过程中是否烹煮）［盐腌或盐渍的野生鲍鱼（鲍属）］

① 仅限网购保税商品。

② 仅限网购保税商品。

税则号列 HS国际统一前6位	本国子目 7~8位	本国子目 9~10位	货品名称中英文 中文 货物名称	货品名称中英文 英文 Article Description	税费综合信息	计量单位	监管证件代码 进口	监管证件代码 出口	检验检疫类别 进口	检验检疫类别 出口	检验检疫编码	检验检疫编码对应中文名称
030788	00		干、盐腌或盐渍的凤螺（凤螺属） 【电商】①	Other stromboid conchs (Strombus spp.)	【最】10【普】70 【协东盟】0【协澳门】0【协智利】0 【协新西兰】0【协秘鲁】0【协哥斯达黎加】0 【协冰岛】0【协瑞士】0【协澳大利亚】0 【协韩国】7.5【协格鲁吉亚】0【协香港】0 【特东柬埔寨】0【特东缅甸】0【特-1】0 【特-2】0【特-3】0 【增】10【对美加征】25【出】0【退】10	千克	A	B	PR	QS	101 102 103 104	干、盐腌或盐渍的凤螺（凤螺属）（包括熏制的带壳或去壳的，不论在熏制前或熏制过程中是否烹煮）［干制的养殖凤螺（凤螺属）］ 干、盐腌或盐渍的凤螺（凤螺属）（包括熏制的带壳或去壳的，不论在熏制前或熏制过程中是否烹煮）［干制的野生凤螺（凤螺属）］ 干、盐腌或盐渍的凤螺（凤螺属）（包括熏制的带壳或去壳的，不论在熏制前或熏制过程中是否烹煮）［盐腌或盐渍的养殖凤螺（凤螺属）］ 干、盐腌或盐渍的凤螺（凤螺属）（包括熏制的带壳或去壳的，不论在熏制前或熏制过程中是否烹煮）［盐腌或盐渍的野生凤螺（凤螺属）］
030791	10	10	濒危软体动物的种苗	Endangered molluscs, for cultivation	【最】0【普】0【特-1】0【特-2】0【特-3】0 【增】10【对美加征】25【出】0【退】0	千克	AF	BE	P	Q	101 102 103 104	濒危软体动物的种苗（其他海水贝） 濒危软体动物的种苗（其他淡水贝） 濒危软体动物的种苗（其他棘皮动物） 濒危软体动物的种苗（其他软体及其他水生无脊椎动物）
030791	10	90	其他软体动物的种苗	Other molluscs, for cultivation	【最】0【普】0【特-1】0【特-2】0【特-3】0 【增】10【对美加征】25【出】0【退】6	千克	A	B	P	Q	101 102 103 104 105 ……	其他软体动物的种苗［毛蚶（赤贝）］ 其他软体动物的种苗（泥蚶） 其他软体动物的种苗（文蛤） 其他软体动物的种苗（杂色蛤苗） 其他软体动物的种苗（大竹蛏） ……②
030791	90	10	其他活、鲜、冷的濒危软体动物 【电商】③	Endangered molluscs, live, fresh, chilled, not for cultivation	【最】7【普】70 【协东盟】0【协香港】0【协澳门】0 【协智利】0【协新西兰】0【协秘鲁】0 【协哥斯达黎加】0【协冰岛】0【协瑞士】5.6 【协澳大利亚】0【协韩国】7 【协格鲁吉亚】0【协巴基斯坦】11.2 【特东柬埔寨】0【特东缅甸】0【特-1】0 【特-2】0【特-3】0 【增】10【对美加征】25【出】0【退】0	千克	AF	BE	PR	QS	999	其他活、鲜、冷的濒危软体动物

① 仅限网购保税商品。

② 该税号项下检验检疫编码及对应中文名称尚有：106　其他软体动物的种苗（缢蛏），107　其他软体动物的种苗（紫石房蛤），108　其他软体动物的种苗（海螺），109　其他软体动物的种苗（象拔蚌），110　其他软体动物的种苗（其他海水贝），111　其他软体动物的种苗（河蚌），112　其他软体动物的种苗（河蚬），113　其他软体动物的种苗（其他淡水贝），117　其他软体动物的种苗（其他软体及其他水生无脊椎动物）。

③ 仅限网购保税商品。

税则号列			货品名称中英文		税费综合信息	计量单位	监管证件代码		检验检疫类别		检验检疫编码	检验检疫编码对应中文名称
HS国际统一前6位	本国子目 7~8位	本国子目 9~10位	中文 货物名称	英文 Article Description			进口	出口	进口	出口		
030791	90	20	活、鲜、冷蚬属 【电商】①	Live, fresh, cold genus corbicula	【最】7【普】70 【协东盟】0【协香港】0【协澳门】0 【协智利】0【协新西兰】0【协秘鲁】0 【协哥斯达黎加】0【协冰岛】0【协瑞士】5.6 【协澳大利亚】0【协韩国】7 【协格鲁吉亚】0【协巴基斯坦】11.2 【特东柬埔寨】0【特东缅甸】0【特-1】0 【特-2】0【特-3】0 【增】10【对美加征】25【出】0【退】10	千克	AU	B	PR	QS	101 102	活、鲜、冷蚬属（活的蚬属） 活、鲜、冷蚬属（鲜、冷的蚬属）
030791	90	30	活、鲜或冷的象拔蚌 【电商】②	Live, fresh, cold geoduck	【最】7【普】70 【协东盟】0【协香港】0【协澳门】0 【协智利】0【协新西兰】0【协秘鲁】0 【协哥斯达黎加】0【协冰岛】0【协瑞士】5.6 【协澳大利亚】0【协韩国】7 【协格鲁吉亚】0【协巴基斯坦】11.2 【特东柬埔寨】0【特东缅甸】0【特-1】0 【特-2】0【特-3】0 【增】10【对美加征】25【出】0【退】10	千克	A	B	PR	QS	101 102 103 104 105	活、鲜或冷的象拔蚌（活的象拔蚌） 活、鲜或冷的象拔蚌（鲜或冷非生食的养殖象拔蚌） 活、鲜或冷的象拔蚌（鲜或冷可用于生食的养殖象拔蚌） 活、鲜或冷的象拔蚌（鲜或冷非生食的野生象拔蚌） 活、鲜或冷的象拔蚌（鲜或冷可用于生食的野生象拔蚌）
030791	90	90	其他活、鲜、冷的软体动物 【电商】③	Molluscs, live, fresh, chilled, not for cultivation	【最】7【普】70 【协东盟】0【协香港】0【协澳门】0 【协智利】0【协新西兰】0【协秘鲁】0 【协哥斯达黎加】0【协冰岛】0【协瑞士】5.6 【协澳大利亚】0【协韩国】7 【协格鲁吉亚】0【协巴基斯坦】11.2 【特东柬埔寨】0【特东缅甸】0【特-1】0 【特-2】0【特-3】0 【增】10【对美加征】25【出】0【退】10	千克	A	B	PR	QS	101 102 103 104 105 ……	其他活、鲜、冷的软体动物（活的软体动物） 其他活、鲜、冷的软体动物（鲜、冷非生食的养殖北极贝） 其他活、鲜、冷的软体动物（鲜、冷可用于生食的养殖北极贝） 其他活、鲜、冷的软体动物（鲜、冷非生食的野生北极贝） 其他活、鲜、冷的软体动物（鲜、冷可用于生食的野生北极贝） ……④
030792	00	10	其他冻的濒危软体动物 【电商】⑤	Other frozen endangered Molluscs	【最】7【普】70 【协东盟】0【协澳门】0【协智利】0 【协新西兰】0【协秘鲁】0【协哥斯达黎加】0 【协冰岛】0【协瑞士】0【协澳大利亚】0 【协韩国】7.5【协格鲁吉亚】0【协香港】0 【特东柬埔寨】0【特东缅甸】0【特-1】0 【特-2】0【特-3】0 【增】10【对美加征】25【出】0【退】0	千克	AF	BE	PR	QS	101 102	其他冻的濒危软体动物（养殖） 其他冻的濒危软体动物（野生）
030792	00	20	冻的蚬属 【电商】⑥	Frozen genus corbicula	【最】7【普】70 【协东盟】0【协澳门】0【协智利】0 【协新西兰】0【协秘鲁】0【协哥斯达黎加】0 【协冰岛】0【协瑞士】0【协澳大利亚】0 【协韩国】7.5【协格鲁吉亚】0【协香港】0 【特东柬埔寨】0【特东缅甸】0【特-1】0 【特-2】0【特-3】0 【增】10【对美加征】25【出】0【退】10	千克	AU	B	PR	QS	101 102	冻的蚬属（养殖） 冻的蚬属（野生）

① 仅限网购保税商品。

② 仅限网购保税商品。

③ 仅限网购保税商品。

④ 该税号项下检验检疫编码及对应中文名称尚有：106 其他活、鲜、冷的软体动物（鲜、冷的其他养殖双壳贝类），107 其他活、鲜、冷的软体动物（鲜、冷的其他野生双壳贝类），108 其他活、鲜、冷的软体动物（鲜、冷的其他养殖单壳贝类），109 其他活、鲜、冷的软体动物（鲜、冷的其他野生单壳贝类），110 其他活、鲜、冷的软体动物（鲜、冷的养殖头足类），111 其他活、鲜、冷的软体动物（鲜、冷的其他野生头足类），112 其他活、鲜、冷的软体动物（鲜、冷的其他养殖软体动物），113 其他活、鲜、冷的软体动物（鲜、冷的其他野生软体动物），114 其他活、鲜、冷的软体动物（活的有害软体动物），115 其他活、鲜、冷的软体动物（活的海螺）。

⑤ 仅限网购保税商品。

⑥ 仅限网购保税商品。

税则号列 HS国际统一前6位	本国子目 7~8位	本国子目 9~10位	货品名称中英文 中文 货物名称	货品名称中英文 英文 Article Description	税费综合信息	计量单位	监管证件代码 进口	监管证件代码 出口	检验检疫类别 进口	检验检疫类别 出口	检验检疫编码	检验检疫编码对应中文名称
030792	00	90	其他冻的软体动物 【电商】①	Other frozen Molluscs	【最】7【普】70 【协东盟】0【协澳门】0【协智利】0 【协香港】0【协新西兰】0【协秘鲁】0 【协哥斯达黎加】0【协冰岛】0【协瑞士】0 【协澳大利亚】0【协韩国】9.5 【协格鲁吉亚】0 【特东柬埔寨】0【特东缅甸】0【特-1】0 【特-2】0【特-3】0 【增】10【对美加征】25【出】0【退】10	千克	A	B	PR	QS	101 102	其他冻的软体动物（养殖） 其他冻的软体动物（野生）
030799	00	10	其他干、盐腌或盐渍的濒危软体动物（包括供人食用的软体动物粉、团粒，甲壳动物除外；包括熏制的带壳或去壳的，不论在熏制前或熏制过程中是否烹煮） 【电商】②	Endangered molluscs, dried, salted or in brine(including flours, meals and pellets of molluscs, fit for human consumption; including smoked, whether in shell or not, whether or not cooked before or during the smoking process)	【最】7【普】70 【协东盟】0【协澳门】0【协智利】0【协香港】0 【协新西兰】0【协秘鲁】0【协哥斯达黎加】0 【协冰岛】0【协瑞士】0【协澳大利亚】0 【协韩国】7.5【协格鲁吉亚】0 【特东柬埔寨】0【特东缅甸】0【特-1】0 【特-2】0【特-3】0 【增】10【对美加征】25【出】0【退】0	千克	AF	BE	PR	QS	999	其他干、盐腌或盐渍的濒危软体动物（包括供人食用的软体动物粉、团粒，甲壳动物除外；包括熏制的带壳或去壳的，不论在熏制前或熏制过程中是否烹煮）
030799	00	20	干、盐腌或盐渍蚬属（包括供人食用的软体动物粉、团粒，甲壳动物除外；包括熏制的带壳或去壳的，不论在熏制前或熏制过程中是否烹煮） 【电商】③	Dried, salted or in brine genus corbicula (including flours, meals and pellets of molluscs, fit for human consumption including smoked, whether in shell or not, whether or not cooked before or during the smoking process)	【最】7【普】70 【协东盟】0【协澳门】0【协智利】0【协香港】0 【协新西兰】0【协秘鲁】0【协哥斯达黎加】0 【协冰岛】0【协瑞士】0【协澳大利亚】0 【协韩国】7.5【协格鲁吉亚】0 【特东柬埔寨】0【特东缅甸】0【特-1】0 【特-2】0【特-3】0 【增】10【对美加征】25【出】0【退】10	千克	AU	B	PR	QS	101 102 103	十、盐腌或盐渍蚬属（包括供人食用的软体动物粉、团粒，甲壳动物除外；包括熏制的带壳或去壳的，不论在熏制前或熏制过程中是否烹煮）（冻的） 干、盐腌或盐渍蚬属（包括供人食用的软体动物粉、团粒，甲壳动物除外；包括熏制的带壳或去壳的，不论在熏制前或熏制过程中是否烹煮）（干的） 干、盐腌或盐渍蚬属（包括供人食用的软体动物粉、团粒，甲壳动物除外；包括熏制的带壳或去壳的，不论在熏制前或熏制过程中是否烹煮）（盐腌或盐渍）

① 仅限网购保税商品。
② 仅限网购保税商品。
③ 仅限网购保税商品。

税则号列			货品名称中英文		税费综合信息	计量单位	监管证件代码		检验检疫类别		检验检疫编码	检验检疫编码对应中文名称
HS 国际统一前6位	本国子目 7~8位	本国子目 9~10位	中文 货物名称	英文 Article Description			进口	出口	进口	出口		
030799	00	90	其他干、盐腌或盐渍软体动物（包括供人食用的软体动物粉、团粒，甲壳动物除外；包括熏制的带壳或去壳的，不论在熏制前或熏制过程中是否烹煮） 【电商】①	Other molluscs, dried, salted or in brine (including flours, meals and pellets of molluscs, fit for human consumption; including smoked, whether in shell or not, whether or not cooked before or during the smoking process)	【最】7【普】70 【协东盟】0【协澳门】0【协智利】0【协香港】0 【协新西兰】0【协秘鲁】0【协哥斯达黎加】0 【协冰岛】0【协瑞士】0【协澳大利亚】0 【协韩国】7.5【协格鲁吉亚】0 【特东柬埔寨】0【特东缅甸】0【特-1】0 【特-2】0【特-3】0 【增】10【对美加征】25【出】0【退】10	千克	A	B	PR	QS	101 102 103 104	其他干、盐腌或盐渍软体动物（包括供人食用的软体动物粉、团粒，甲壳动物除外；包括熏制的带壳或去壳的，不论在熏制前或熏制过程中是否烹煮）（干制的养殖软体动物） 其他干、盐腌或盐渍软体动物（包括供人食用的软体动物粉、团粒，甲壳动物除外；包括熏制的带壳或去壳的，不论在熏制前或熏制过程中是否烹煮）（干制的野生软体动物） 其他干、盐腌或盐渍软体动物（包括供人食用的软体动物粉、团粒，甲壳动物除外；包括熏制的带壳或去壳的，不论在熏制前或熏制过程中是否烹煮）（盐腌或盐渍的养殖软体动物） 其他干、盐腌或盐渍软体动物（包括供人食用的软体动物粉、团粒，甲壳动物除外；包括熏制的带壳或去壳的，不论在熏制前或熏制过程中是否烹煮）（盐腌或盐渍的野生软体动物）
030811	10	10	暗色刺参的种苗	Isostichopus fuscus, for cultivation	【最】0【普】0【特-1】0【特-2】0【特-3】0 【增】10【对美加征】25【出】0【退】10	千克	AF	BE	P	Q	999	暗色刺参的种苗
030811	10	90	其他海参（仿刺参、海参纲）的种苗	Other sea cucumbers (Stichopus japonicus, Holothurioidea), for cultivation	【最】0【普】0【特-1】0【特-2】0【特-3】0 【增】10【对美加征】25【出】0【退】10	千克	A	B	P	Q	999	其他海参（仿刺参、海参纲）的种苗
030811	90	10	活、鲜或冷的暗色刺参	Isostichopus fuscus, live, fresh, chilled, not for cultivation	【最】10【普】70 【协东盟】0【协香港】0【协澳门】0 【协智利】0【协新西兰】0【协秘鲁】0 【协哥斯达黎加】0【协冰岛】0【协瑞士】5.6 【协澳大利亚】0【协韩国】7 【协格鲁吉亚】0【协巴基斯坦】11.2 【特东柬埔寨】0【特东缅甸】0【特-1】0 【特-2】0【特-3】0 【增】10【对美加征】25【出】0【退】10	千克	AF	BE	PR	QS	101 102 103	活、鲜或冷的暗色刺参（活的暗色刺参） 活、鲜或冷的暗色刺参（鲜或冷的养殖暗色刺参） 活、鲜或冷的暗色刺参（鲜或冷的野生暗色刺参）
030811	90	20	活、鲜或冷的刺参	Apostichopus japonicus, live, fresh or chilled	【最】10【普】70 【协东盟】0【协香港】0【协澳门】0 【协智利】0【协新西兰】0【协秘鲁】0 【协哥斯达黎加】0【协冰岛】0【协瑞士】5.6 【协澳大利亚】0【协韩国】7 【协格鲁吉亚】0【协巴基斯坦】11.2 【特东柬埔寨】0【特东缅甸】0【特-1】0 【特-2】0【特-3】0 【增】10【对美加征】25【出】0【退】10	千克	AU	B	PR	QS	101 102 103	活、鲜或冷的刺参（活的其他海参） 活、鲜或冷的刺参（鲜或冷的养殖其他海参） 活、鲜或冷的刺参（鲜或冷的野生其他海参）
030811	90	90	活、鲜或冷的其他海参（仿刺参、海参纲）	Other sea cucumbers (Stichopus japonicus, Holothurioidea), live, fresh, chilled, not for cultivation	【最】10【普】70 【协东盟】0【协香港】0【协澳门】0 【协智利】0【协新西兰】0【协秘鲁】0 【协哥斯达黎加】0【协冰岛】0【协瑞士】5.6 【协澳大利亚】0【协韩国】7 【协格鲁吉亚】0【协巴基斯坦】11.2 【特东柬埔寨】0【特东缅甸】0【特-1】0 【特-2】0【特-3】0 【增】10【对美加征】25【出】0【退】10	千克	A	B	PR	QS	101 102 103	活、鲜或冷的其他海参（仿刺参、海参纲）（活的其他海参） 活、鲜或冷的其他海参（仿刺参、海参纲）（鲜或冷的养殖其他海参） 活、鲜或冷的其他海参（仿刺参、海参纲）（鲜或冷的野生其他海参）

① 仅限网购保税商品。

税则号列			货品名称中英文		税费综合信息	计量单位	监管证件代码		检验检疫类别		检验检疫编码	检验检疫编码对应中文名称
HS国际统一前6位	本国子目 7~8位	9~10位	中文 货物名称	英文 Article Description			进口	出口	进口	出口		
030812	00	10	冻的暗色刺参【电商】①	Frozen Isostichopus fuscus	【最】10【普】80 【协东盟】0【协智利】0【协新西兰】0 【协秘鲁】0【协哥斯达黎加】0【协冰岛】0 【协瑞士】0【协澳大利亚】0【协韩国】5 【协格鲁吉亚】0【协香港】0【协澳门】0 【特东柬埔寨】0【特东缅甸】0【特-1】0 【特-2】0【特-3】0 【增】10【对美加征】25【出】0【退】10	千克	AF	BE	PR	QS	101 102	冻的暗色刺参（养殖冷冻海参） 冻的暗色刺参（野生冷冻海参）
030812	00	20	冻的其他刺参【电商】②	Other frozen sea cucumbers	【最】10【普】80 【协东盟】0【协智利】0【协新西兰】0 【协秘鲁】0【协哥斯达黎加】0【协冰岛】0 【协瑞士】0【协澳大利亚】0【协韩国】5 【协格鲁吉亚】0【协香港】0【协澳门】0 【特东柬埔寨】0【特东缅甸】0【特-1】0 【特-2】0【特-3】0 【增】10【对美加征】25【出】0【退】10	千克	AU	B	PR	QS	101 102	冻的其他刺参（养殖冷冻海参） 冻的其他刺参（野生冷冻海参）
030812	00	90	冻的其他海参（仿刺参、海参纲）【电商】③	Other frozen sea cucumbers (Stichopus japonicas, Holothurioidea)	【最】10【普】80 【协东盟】0【协智利】0【协新西兰】0 【协秘鲁】0【协哥斯达黎加】0【协冰岛】0 【协瑞士】0【协澳大利亚】0【协韩国】5 【协格鲁吉亚】0【协香港】0【协澳门】0 【特东柬埔寨】0【特东缅甸】0【特-1】0 【特-2】0【特-3】0 【增】10【对美加征】25【出】0【退】10	千克	A	B	PR	QS	101 102	冻的其他海参（仿刺参、海参纲）（养殖冷冻海参） 冻的其他海参（仿刺参、海参纲）（野生冷冻海参）
030819	00	10	干、盐腌或盐渍暗色刺参（包括熏制的，不论在熏制前或熏制过程中是否烹煮；适合供人食用的细粉、粗粉及团粒）【电商】④	Isostichopus fuscus, dried, salted or in brine (including flours, meals and pellets, fit for human consumption; including smoked, whether in shell or not, whether or not cooked before or during the smoking process)	【最】10【普】80 【协东盟】0【协智利】0【协新西兰】0 【协秘鲁】0【协哥斯达黎加】0【协冰岛】0 【协瑞士】0【协澳大利亚】0【协韩国】5 【协格鲁吉亚】0【协香港】0【协澳门】0 【特东柬埔寨】0【特东缅甸】0【特-1】0 【特-2】0【特-3】0 【增】10【对美加征】25【出】0【退】10	千克	AF	BE	PR	QS	101 102 103 104	干、盐腌或盐渍暗色刺参（包括熏制的，不论在熏制前或熏制过程中是否烹煮；适合供人食用的细粉、粗粉及团粒）（干制的养殖暗色刺参） 干、盐腌或盐渍暗色刺参（包括熏制的，不论在熏制前或熏制过程中是否烹煮；适合供人食用的细粉、粗粉及团粒）（干制的野生暗色刺参） 干、盐腌或盐渍暗色刺参（包括熏制的，不论在熏制前或熏制过程中是否烹煮；适合供人食用的细粉、粗粉及团粒）（盐腌或盐渍的养殖暗色刺参） 干、盐腌或盐渍暗色刺参（包括熏制的，不论在熏制前或熏制过程中是否烹煮；适合供人食用的细粉、粗粉及团粒）（盐腌或盐渍的野生暗色刺参）

① 仅限网购保税商品。
② 仅限网购保税商品。
③ 仅限网购保税商品。
④ 仅限网购保税商品。

税则号列			货品名称中英文		税费综合信息	计量单位	监管证件代码		检验检疫类别		检验检疫编码	检验检疫编码对应中文名称
HS国际统一前6位	本国子目 7~8位	本国子目 9~10位	中文 货物名称	英文 Article Description			进口	出口	进口	出口		
030819	00	20	干、盐腌或盐渍的其他刺参(包括熏制的,不论在熏制前或熏制过程中是否烹煮;适合供人食用的细粉、粗粉及团粒) 【电商】①	Apostichopus japonicus, dried, salted or in brine (including smoked, whether in shell or not, whether or not cooked before or during the smoking proccess; flours, meals and pellets fit for human consumption)	【最】10【普】80 【协东盟】0【协智利】0【协新西兰】0 【协秘鲁】0【协哥斯达黎加】0【协冰岛】0 【协瑞士】0【协澳大利亚】0【协韩国】5 【协格鲁吉亚】0【协香港】0【协澳门】0 【特东柬埔寨】0【特东缅甸】0【特-1】0 【特-2】0【特-3】0 【增】10【对美加征】25【出】0【退】10	千克	AU	B	PR	QS	101 102 103 104	干、盐腌或盐渍的其他刺参(包括熏制的,不论在熏制前或熏制过程中是否烹煮;适合供人食用的细粉、粗粉及团粒)(干制的其他养殖刺参) 干、盐腌或盐渍的其他刺参(包括熏制的,不论在熏制前或熏制过程中是否烹煮;适合供人食用的细粉、粗粉及团粒)(干制的其他野生刺参) 干、盐腌或盐渍的其他刺参(包括熏制的,不论在熏制前或熏制过程中是否烹煮;适合供人食用的细粉、粗粉及团粒)(盐腌或盐渍的其他养殖刺参) 干、盐腌或盐渍的其他刺参(包括熏制的,不论在熏制前或熏制过程中是否烹煮;适合供人食用的细粉、粗粉及团粒)(盐腌或盐渍的其他野生刺参)
030819	00	90	干、盐腌或盐渍的其他海参(仿刺参、海参纲)(包括熏制的,不论在熏制前或熏制过程中是否烹煮;适合供人食用的细粉、粗粉及团粒) 【电商】②	Other sea cucumbers (Stichopus japonicus, Holothurioidea), dried, salted or in brine, (including flours, meals and pellets, fit for human consumption; including smoked, whether in shell or not, whether or not cooked before or during the smoking proccess)	【最】10【普】80 【协东盟】0【协智利】0【协新西兰】0 【协秘鲁】0【协哥斯达黎加】0【协冰岛】0 【协瑞士】0【协澳大利亚】0【协韩国】5 【协格鲁吉亚】0【协香港】0【协澳门】0 【特东柬埔寨】0【特东缅甸】0【特-1】0 【特-2】0【特-3】0 【增】10【对美加征】25【出】0【退】10	千克	A	B	PR	QS	101 102 103 104	干、盐腌或盐渍的其他海参(仿刺参、海参纲)(包括熏制的,不论在熏制前或熏制过程中是否烹煮;适合供人食用的细粉、粗粉及团粒)[干制的其他养殖海参(仿刺参、海参纲)] 干、盐腌或盐渍的其他海参(仿刺参、海参纲)(包括熏制的,不论在熏制前或熏制过程中是否烹煮;适合供人食用的细粉、粗粉及团粒)[干制的其他野生海参(仿刺参、海参纲)] 干、盐腌或盐渍的其他海参(仿刺参、海参纲)(包括熏制的,不论在熏制前或熏制过程中是否烹煮;适合供人食用的细粉、粗粉及团粒)[盐腌或盐渍的其他养殖海参(仿刺参、海参纲)] 干、盐腌或盐渍的其他海参(仿刺参、海参纲)(包括熏制的,不论在熏制前或熏制过程中是否烹煮;适合供人食用的细粉、粗粉及团粒)[盐腌或盐渍的其他野生海参(仿刺参、海参纲)]

① 仅限网购保税商品。
② 仅限网购保税商品。

税则号列			货品名称中英文		税费综合信息	计量单位	监管证件代码		检验检疫类别		检验检疫编码	检验检疫编码对应中文名称
HS国际统一前6位	本国子目 7~8位	9~10位	中文 货物名称	英文 Article Description			进口	出口	进口	出口		
030821	10		海胆（球海胆属、拟球海胆、智利海胆、食用正海胆）的种苗	Sea urchins(Strongylocentrotus spp., Paracentrotus lividus, Loxechinus albus, Echichinus esculentus), for cultivation	【最】0【普】0【特-1】0【特-2】0【特-3】0 【增】10【对美加征】25【出】0【退】10	千克	A	B	P	Q	999	海胆（球海胆属、拟球海胆、智利海胆、食用正海胆）的种苗
030821	90	10	活、鲜或冷的食用海胆纲	Live, fresh and cold edible echinoidea	【最】10【普】70 【协东盟】0【协香港】0【协澳门】0 【协智利】0【协新西兰】0【协秘鲁】0 【协哥斯达黎加】0【协冰岛】0【协瑞士】5.6 【协澳大利亚】0【协韩国】7 【协格鲁吉亚】0【协巴基斯坦】11.2 【特东柬埔寨】0【特东缅甸】0【特-1】0 【特-2】0【特-3】0 【增】10【对美加征】25【出】0【退】10	千克	AU	B	PR	QS	101 102 103	活、鲜或冷的食用海胆纲（活的海胆纲） 活、鲜或冷的食用海胆纲（鲜或冷的养殖海胆纲） 活、鲜或冷的食用海胆纲（鲜或冷的野生海胆纲）
030821	90	90	其他活、鲜或冷的海胆	Other sea urchins, live, fresh, chilled, not for cultivation	【最】10【普】70 【协东盟】0【协香港】0【协澳门】0 【协智利】0【协新西兰】0【协秘鲁】0 【协哥斯达黎加】0【协冰岛】0【协瑞士】5.6 【协澳大利亚】0【协韩国】7 【协格鲁吉亚】0【协巴基斯坦】11.2 【特东柬埔寨】0【特东缅甸】0【特-1】0 【特-2】0【特-3】0 【增】10【对美加征】25【出】0【退】10	千克	A	B	PR	QS	101 102 103	其他活、鲜或冷的海胆（活的海胆） 其他活、鲜或冷的海胆（鲜或冷的养殖海胆） 其他活、鲜或冷的海胆（鲜或冷的野生海胆）
030822	00	10	冻食用海胆纲	Frozen edible echinoidea	【最】10【普】70 【协东盟】0【协澳门】0【协智利】0 【协香港】0【协新西兰】0【协秘鲁】0 【协哥斯达黎加】0【协冰岛】0【协瑞士】0 【协澳大利亚】0【协韩国】6.6【协格鲁吉亚】0 【特东柬埔寨】0【特东缅甸】0【特-1】0 【特-2】0【特-3】0 【增】10【对美加征】25【出】0【退】10	千克	AU	B	PR	QS	101 102	冻食用海胆纲（养殖冷冻海胆） 冻食用海胆纲（野生冷冻海胆）
030822	00	90	其他冻海胆	Other frozen sea urchins	【最】10【普】70 【协东盟】0【协澳门】0【协智利】0 【协新西兰】0【协秘鲁】0【协哥斯达黎加】0 【协冰岛】0【协瑞士】0【协澳大利亚】0 【协韩国】6.6【协格鲁吉亚】0【协香港】0 【特东柬埔寨】0【特东缅甸】0【特-1】0 【特-2】0【特-3】0 【增】10【对美加征】25【出】0【退】10	千克	A	B	PR	QS	101 102	其他冻海胆（养殖冷冻海胆） 其他冻海胆（野生冷冻海胆）
030829	00	10	干、盐制食用海胆纲（包括熏制的，不论在熏制前或熏制过程中是否烹煮；适合供人食用的细粉、粗粉及团粒）	Dried, salted or pickled echinoidea (including smoked, whether in shell or not, whether or not cooked before or during the smoking process; flours, meals and pellets fit for human consumption)	【最】10【普】70 【协东盟】0【协澳门】0【协智利】0 【协新西兰】0【协秘鲁】0【协哥斯达黎加】0 【协冰岛】0【协瑞士】0【协澳大利亚】0 【协韩国】6.6【协格鲁吉亚】0【协香港】0 【特东柬埔寨】0【特东缅甸】0【特-1】0 【特-2】0【特-3】0 【增】10【对美加征】25【出】0【退】10	千克	AU	B	PR	QS	101 102 103 104	干、盐制食用海胆纲（包括熏制的，不论在熏制前或熏制过程中是否烹煮；适合供人食用的细粉、粗粉及团粒）（干制的养殖海胆纲） 干、盐制食用海胆纲（包括熏制的，不论在熏制前或熏制过程中是否烹煮；适合供人食用的细粉、粗粉及团粒）（干制的野生海胆纲） 干、盐制食用海胆纲（包括熏制的，不论在熏制前或熏制过程中是否烹煮；适合供人食用的细粉、粗粉及团粒）（盐制的养殖海胆纲） 干、盐制食用海胆纲（包括熏制的，不论在熏制前或熏制过程中是否烹煮；适合供人食用的细粉、粗粉及团粒）（盐制的野生海胆纲）

税则号列			货品名称中英文		税费综合信息	计量单位	监管证件代码		检验检疫类别		检验检疫编码	检验检疫编码对应中文名称
HS 国际统一前6位	本国子目 7~8位	9~10位	中文 货物名称	英文 Article Description			进口	出口	进口	出口		
030829	00	90	其他干、盐制海胆（包括熏制的，不论在熏制前或熏制过程中是否烹煮；适合供人食用的细粉、粗粉及团粒）	Dried, salted or pickled other sea urchin (including smoked, whether in shell or not, whether or not cooked before or during the smoking process; flours, meals and pellets fit for human consumption)	【最】10【普】70 【协东盟】0【协澳门】0【协智利】0 【协新西兰】0【协秘鲁】0【协哥斯达黎加】0 【协冰岛】0【协瑞士】0【协澳大利亚】0 【协韩国】6.6【协格鲁吉亚】0【协香港】0 【特东柬埔寨】0【特东缅甸】0【特-1】0 【特-2】0【特-3】0 【增】10【对美加征】25【出】0【退】10	千克	A	B	PR	QS	101 102 103 104	其他干、盐制海胆（包括熏制的，不论在熏制前或熏制过程中是否烹煮；适合供人食用的细粉、粗粉及团粒）（干制的养殖海胆） 其他干、盐制海胆（包括熏制的，不论在熏制前或熏制过程中是否烹煮；适合供人食用的细粉、粗粉及团粒）（干制的野生海胆） 其他干、盐制海胆（包括熏制的，不论在熏制前或熏制过程中是否烹煮；适合供人食用的细粉、粗粉及团粒）（盐制的养殖海胆） 其他干、盐制海胆（包括熏制的，不论在熏制前或熏制过程中是否烹煮；适合供人食用的细粉、粗粉及团粒）（盐制的野生海胆）
030830	11		海蜇（海蜇属）的种苗	Jellyfish (Rhopilema spp.), for cultivation	【最】0【普】0【特-1】0【特-2】0【特-3】0 【增】10【对美加征】25【出】0【退】10	千克	A	B	P	Q	999	海蜇（海蜇属）的种苗
030830	19		活、鲜或冷的海蜇（海蜇属）	Jellyfish (Rhopilema spp.), live, fresh, chilled, not for cultivation	【最】7【普】70 【协东盟】0【协香港】0【协澳门】0 【协智利】0【协新西兰】0【协秘鲁】0 【协哥斯达黎加】0【协冰岛】0【协瑞士】5.6 【协澳大利亚】0【协韩国】7 【协格鲁吉亚】0【协巴基斯坦】11.2 【特东柬埔寨】0【特东缅甸】0【特-1】0 【特-2】0【特-3】0 【增】10【对美加征】25【出】0【退】10	千克	A	B	PR	QS	101 102 103	活、鲜或冷的海蜇（海蜇属）（活的海蜇） 活、鲜或冷的海蜇（海蜇属）（鲜或冷的养殖海蜇） 活、鲜或冷的海蜇（海蜇属）（鲜或冷的野生海蜇）
030830	90		冻、干、盐制海蜇（海蜇属）（包括熏制的，不论在熏制前或熏制过程中是否烹煮；适合供人食用的细粉、粗粉及团粒）	Jellyfish (Rhopilema spp.), frozen, dried, salted or in brine (including flours, meals and pellets, fit for human consumption; including smoked, whether in shell or not, whether or not cooked before or during the smoking process)	【最】10【普】70 【协东盟】0【协澳门】0【协智利】0 【协新西兰】0【协秘鲁】0【协哥斯达黎加】0 【协冰岛】0【协瑞士】0【协澳大利亚】0 【协韩国】6.6【协格鲁吉亚】0【协香港】0 【特东柬埔寨】0【特东缅甸】0【特-1】0 【特-2】0【特-3】0 【增】10【对美加征】25【出】0【退】10	千克	A	B	PR	QS	101 103 105 ……	冻、干、盐制海蜇（海蜇属）（包括熏制的，不论在熏制前或熏制过程中是否烹煮；适合供人食用的细粉、粗粉及团粒）［冻的养殖海蜇（海蜇属）］ 冻、干、盐制海蜇（海蜇属）（包括熏制的，不论在熏制前或熏制过程中是否烹煮；适合供人食用的细粉、粗粉及团粒）［冻的野生海蜇（海蜇属）］ 冻、干、盐制海蜇（海蜇属）（包括熏制的，不论在熏制前或熏制过程中是否烹煮；适合供人食用的细粉、粗粉及团粒）［干制的养殖海蜇（海蜇属）］ ……①
030890	11	10	活、鲜或冷的其他濒危水生无脊椎动物的种苗（甲壳动物及软体动物除外）	Other endangered aquatic invertebrates other than crustaceans and molluscs, for cultivation	【最】0【普】0【特-1】0【特-2】0【特-3】0 【增】10【对美加征】25【出】0【退】0	千克	AF	BE	P	Q	999	活、鲜或冷的其他濒危水生无脊椎动物的种苗（甲壳动物及软体动物除外）

① 该税号项下检验检疫编码及对应中文名称尚有：106　冻、干、盐制海蜇（海蜇属）（包括熏制的，不论在熏制前或熏制过程中是否烹煮；适合供人食用的细粉、粗粉及团粒）［干制的野生海蜇（海蜇属）］，107　冻、干、盐制海蜇（海蜇属）（包括熏制的，不论在熏制前或熏制过程中是否烹煮；适合供人食用的细粉、粗粉及团粒）［盐制的养殖海蜇（海蜇属）］，108　冻、干、盐制海蜇（海蜇属）（包括熏制的，不论在熏制前或熏制过程中是否烹煮；适合供人食用的细粉、粗粉及团粒）［盐制的野生海蜇（海蜇属）］。

税则号列			货品名称中英文		税费综合信息	计量单位	监管证件代码		检验检疫类别		检验检疫编码	检验检疫编码对应中文名称
HS国际统一前6位	本国子目 7~8位	本国子目 9~10位	中文 货物名称	英文 Article Description			进口	出口	进口	出口		
030890	11	90	其他水生无脊椎动物的种苗（甲壳动物及软体动物除外）	Other aquatic invertebrates other than crustaceans and molluscs, for cultivation	【最】0【普】0【特-1】0【特-2】0【特-3】0 【增】10【对美加征】25【出】0【退】10	千克	A	B	P	Q	999	其他水生无脊椎动物的种苗（甲壳动物及软体动物除外）
030890	12		活、鲜或冷的沙蚕，种苗除外	Clamworm, live, fresh, chilled, not for cultivation	【最】7【普】70 【协东盟】0【协香港】0【协澳门】0 【协智利】0【协新西兰】0【协秘鲁】0 【协哥斯达黎加】0【协冰岛】0【协瑞士】5.6 【协澳大利亚】0【协韩国】7 【协格鲁吉亚】0【协巴基斯坦】11.2 【特东柬埔寨】0【特东缅甸】0【特-1】0 【特-2】0【特-3】0 【增】10【对美加征】25【出】0【退】6	千克	A	B	PR	QS	999	活、鲜或冷的沙蚕，种苗除外
030890	19	10	活、鲜或冷的其他濒危水生无脊椎动物（甲壳动物及软体动物除外）	Other endangered aquatic invertebrates other than crustaceans and molluscs, live, fresh, chilled, not for cultivation	【最】7【普】70 【协东盟】0【协香港】0【协澳门】0 【协智利】0【协新西兰】0【协秘鲁】0 【协哥斯达黎加】0【协冰岛】0【协瑞士】5.6 【协澳大利亚】0【协韩国】7 【协格鲁吉亚】0【协巴基斯坦】11.2 【特东柬埔寨】0【特东缅甸】0【特-1】0 【特-2】0【特-3】0 【增】10【对美加征】25【出】0【退】0	千克	AF	BE	PR	QS	999	活、鲜或冷的其他濒危水生无脊椎动物（甲壳动物及软体动物除外）
030890	19	90	活、鲜或冷的其他水生无脊椎动物（甲壳动物及软体动物除外）	Other aquatic invertebrates other than crustaceans and molluscs, live, fresh, chilled, not for cultivationlive, fresh, chilled, not for cultivation	【最】7【普】70 【协东盟】0【协香港】0【协澳门】0 【协智利】0【协新西兰】0【协秘鲁】0 【协哥斯达黎加】0【协冰岛】0【协瑞士】5.6 【协澳大利亚】0【协韩国】7 【协格鲁吉亚】0【协巴基斯坦】11.2 【特东柬埔寨】0【特东缅甸】0【特-1】0 【特-2】0【特-3】0 【增】10【对美加征】25【出】0【退】10	千克	A	B	PR	QS	101 102 103 104 105 ……	活、鲜或冷的其他水生无脊椎动物（甲壳动物及软体动物除外）（饲料用红赤虫） 活、鲜或冷的其他水生无脊椎动物（甲壳动物及软体动物除外）（饲料用丰年虫） 活、鲜或冷的其他水生无脊椎动物（甲壳动物及软体动物除外）（鲜或冷） 活、鲜或冷的其他水生无脊椎动物（甲壳动物及软体动物除外）（鲜或冷的其他养殖棘皮类） 活、鲜或冷的其他水生无脊椎动物（甲壳动物及软体动物除外）（鲜或冷的其他野生棘皮类） ……①

① 该税号项下检验检疫编码及对应中文名称尚有：106 活、鲜或冷的其他水生无脊椎动物（甲壳动物及软体动物除外）（活的珊瑚虫），107 活、鲜或冷的其他水生无脊椎动物（甲壳动物及软体动物除外）（活的海鞘），108 活、鲜或冷的其他水生无脊椎动物（甲壳动物及软体动物除外）（活的食用海肠），109 活、鲜或冷的其他水生无脊椎动物（甲壳动物及软体动物除外）（活的饲料用海肠），110 活、鲜或冷的其他水生无脊椎动物（甲壳动物及软体动物除外）（活的其他食用水生无脊椎动物），111 活、鲜或冷的其他水生无脊椎动物（甲壳动物及软体动物除外）（活的其他饲料用水生无脊椎动物），112 活、鲜或冷的其他水生无脊椎动物（甲壳动物及软体动物除外）（活的其他种用观赏水生无脊椎动物）。

税则号列			货品名称中英文		税费综合信息	计量单位	监管证件代码		检验检疫类别		检验检疫编码	检验检疫编码对应中文名称
HS 国际统一前6位	本国子目 7~8位	本国子目 9~10位	中文 货物名称	英文 Article Description			进口	出口	进口	出口		
030890	90	10	其他冻、干、盐制濒危水生无脊椎动物，包括供人食用的水生无脊椎动物粉、团粒（包括熏制的，不论在熏制前或熏制过程中是否烹煮）	Other endangered aquatic invertebrates other than crustaceans and molluscs, frozen, dried, salted or in brine(including flours, meals and pellets, fit for human consumption; including smoked, whether in shell or not, whether or not cooked before or during the smoking process	【最】7【普】70 【协东盟】0【协澳门】0【协智利】0 【协香港】0【协新西兰】0【协秘鲁】0 【协哥斯达黎加】0【协冰岛】0【协瑞士】0 【协澳大利亚】0【协韩国】6.6【协格鲁吉亚】0 【特东柬埔寨】0【特东缅甸】0【特-1】0 【特-2】0【特-3】0 【增】10【对美加征】25【出】0【退】0	千克	AF	BE	PR	QS	111 112 113 114 115 ……	111 其他冻、干、盐制濒危水生无脊椎动物，包括供人食用的水生无脊椎动物粉、团粒（包括熏制的，不论在熏制前或熏制过程中是否烹煮）（其他冻的养殖濒危水生无脊椎动物） 112 其他冻、干、盐制濒危水生无脊椎动物，包括供人食用的水生无脊椎动物粉、团粒（包括熏制的，不论在熏制前或熏制过程中是否烹煮）（其他冻的野生濒危水生无脊椎动物） 113 其他冻、干、盐制濒危水生无脊椎动物，包括供人食用的水生无脊椎动物粉、团粒（包括熏制的，不论在熏制前或熏制过程中是否烹煮）（其他干制的养殖濒危水生无脊椎动物） 114 其他冻、干、盐制濒危水生无脊椎动物，包括供人食用的水生无脊椎动物粉、团粒（包括熏制的，不论在熏制前或熏制过程中是否烹煮）（其他干制的野生濒危水生无脊椎动物） 115 其他冻、干、盐制濒危水生无脊椎动物，包括供人食用的水生无脊椎动物粉、团粒（包括熏制的，不论在熏制前或熏制过程中是否烹煮）（其他盐制的养殖濒危水生无脊椎动物） ……①

① 该税号项下检验检疫编码及对应中文名称尚有：116　其他冻、干、盐制濒危水生无脊椎动物，包括供人食用的水生无脊椎动物粉、团粒（包括熏制的，不论在熏制前或熏制过程中是否烹煮）（其他盐制的野生濒危水生无脊椎动物）

税则号列			货品名称中英文		税费综合信息	计量单位	监管证件代码		检验检疫类别		检验检疫编码	检验检疫编码对应中文名称
HS国际统一前6位	本国子目 7~8位	9~10位	中文 货物名称	英文 Article Description			进口	出口	进口	出口		
030890	90	90	其他冻、干、盐制水生无脊椎动物，包括供人食用的水生无脊椎动物粉、团粒（包括熏制的，不论在熏制前或熏制过程中是否烹煮）	Other aquatic invertebrates other than crustaceans and molluscs, frozen, dried, salted or in brine (including flours, meals and pellets, fit for human consumption; including smoked, whether in shell or not, whether or not cooked before or during the smoking process	【最】7【普】70 【协东盟】0【协澳门】0【协智利】0 【协香港】0【协新西兰】0【协秘鲁】0 【协哥斯达黎加】0【协冰岛】0【协瑞士】0 【协澳大利亚】0【协韩国】6.6【协格鲁吉亚】0 【特东柬埔寨】0【特东缅甸】0【特-1】0 【特-2】0【特-3】0 【增】10【对美加征】25【出】0【退】10	千克	A	B	PR	QS	105	其他冻、干、盐制水生无脊椎动物，包括供人食用的水生无脊椎动物粉、团粒（包括熏制的，不论在熏制前或熏制过程中是否烹煮）（其他冷冻的养殖棘皮类）
											106	其他冻、干、盐制水生无脊椎动物，包括供人食用的水生无脊椎动物粉、团粒（包括熏制的，不论在熏制前或熏制过程中是否烹煮）（其他冷冻的野生棘皮类）
											111	其他冻、干、盐制水生无脊椎动物，包括供人食用的水生无脊椎动物粉、团粒（包括熏制的，不论在熏制前或熏制过程中是否烹煮）（其他冻的养殖水生无脊椎动物）
											112	其他冻、干、盐制水生无脊椎动物，包括供人食用的水生无脊椎动物粉、团粒（包括熏制的，不论在熏制前或熏制过程中是否烹煮）（其他冻的野生水生无脊椎动物）
											113	其他冻、干、盐制水生无脊椎动物，包括供人食用的水生无脊椎动物粉、团粒（包括熏制的，不论在熏制前或熏制过程中是否烹煮）（其他干制的养殖水生无脊椎动物）
											……	……①

① 该税号项下检验检疫编码及对应中文名称尚有：114 其他冻、干、盐制水生无脊椎动物，包括供人食用的水生无脊椎动物粉、团粒（包括熏制的，不论在熏制前或熏制过程中是否烹煮）（其他干制的野生水生无脊椎动物），115 其他冻、干、盐制水生无脊椎动物，包括供人食用的水生无脊椎动物粉、团粒（包括熏制的，不论在熏制前或熏制过程中是否烹煮）（其他盐制的养殖水生无脊椎动物），116 其他冻、干、盐制水生无脊椎动物，包括供人食用的水生无脊椎动物粉、团粒（包括熏制的，不论在熏制前或熏制过程中是否烹煮）（其他盐制的野生水生无脊椎动物）。

第　四　章
乳品；蛋品；天然蜂蜜；其他食用动物产品

注释：

一、所称“乳”，是指全脂乳及半脱脂或全脱脂的乳。

二、税目 04.05 所称：

（一）“黄油”，仅指从乳中提取的天然黄油、乳清黄油及调制黄油（新鲜、加盐或酸败的，包括罐装黄油），按重量计乳脂含量在 80%及以上，但不超过 95%，乳的无脂固形物最大含量不超过 2%，以及水的最大含量不超过 16%。黄油中不含添加的乳化剂，但可含有氯化钠、食用色素、中和盐及无害乳酸菌的培养物。

（二）“乳酱”是一种油包水型可涂抹的乳状物，乳脂是该制品所含的唯一脂肪，按重量计其含量在 39%及以上，但小于 80%。

三、乳清经浓缩并加入乳或乳脂制成的产品，若同时具有下列三种特性，则视为乳酪归入税目 04.06：

（一）按干重计乳脂含量在 5%及以上的；

（二）按重量计干质成分至少为 70%，但不超过 85%的；以及

（三）已成型或可以成型的。

四、本章不包括：

（一）按重量计乳糖含量（以干燥无水乳糖计）超过 95%的乳清制品（税目 17.02）；

（二）以一种物质（例如，油酸酯）代替乳中一种或多种天然成分（例如，丁酸酯）而制得的产品（税目 19.01 或 21.06）；或

（三）白蛋白（包括按重量计干质成分的乳清蛋白含量超过 80%的两种或两种以上的乳清蛋白浓缩物）（税目 35.02）及球蛋白（税目 35.04）。

子目注释：

一、子目 0404.10 所称“改性乳清”，是指由乳清成分构成的制品，即全部或部分去除乳糖、蛋白或矿物质的乳清、加入天然乳清成分的乳清及由混入天然乳清成分制成的产品。

二、子目 0405.10 所称“黄油”，不包括脱水黄油及印度酥油（子目 0405.90）。

Chapter 4
Dairy products; birds' eggs; natural honey; edible products of animal origin, not elsewhere specified or included

Chapter Notes:

1. The expression “milk” means full cream milk or partially or completely skimmed milk.

2. For the purposes of heading 04.05:

(a) The term “butter” means natural butter, whey butter or recombined butter (fresh, salted or rancid, including canned butter) derived exclusively from milk, with a milkfat content of 80% or more but not more than 95% by weight, a maximum milk solids-not-fat content of 2% by weight and a maximum water content of 16% by weight. Butter does not contain added emulsifiers, but may contain sodium chloride, food colours, neutralising salts and cultures of harmless lactic-acid-producing bacteria.

(b) The expression “dairy spreads” means a spreadable emulsion of the water-in-oil type, containing milkfat as the only fat in the product, with a milkfat content of 39% or more but less than 80% by weight.

3. Products obtained by the concentration of whey and with the addition of milk or milkfat are to be classified as cheese in heading 04.06 provided that they have the three following characteristics:

(a) a milkfat content, by weight of the dry matter, of 5% or more;

(b) a dry matter content, by weight, of at least 70% but not exceeding 85%; and

(c) they are moulded or capable of being moulded.

4. This Chapter does not cover:

(a) Products obtained from whey, containing by weight more than 95% lactose, expressed as anhydrous lactose, calculated on the dry matter (heading 17.02);

(b) Products obtained from milk by replacing one or more of its natural constituents (e. g., butyric fats) by another substance (e. g., oleic fats) (heading 19.01 or 21.06); or

(c) Albumins (including concentrates of two or more whey proteins, containing by weight more than 80% whey proteins, calculated on the dry matter) (heading 35.02) or globulins (heading 35.04).

Subheading Notes:

1. For the purposes of subheading 0404.10, the expression “modified whey” means products consisting of whey constituents, that is, whey from which all or part of the lactose, proteins or minerals have been removed, whey to which natural whey constituents have been added, and products obtained by mixing natural whey constituents.

2. For the purposes of subheading 0405.10 the term “butter” does not include dehydrated butter or ghee (subheading 0405.90).

税则号列			货品名称中英文		税费综合信息	计量单位	监管证件代码		检验检疫类别		检验检疫编码	检验检疫编码对应中文名称
HS国际统一前6位	本国子目 7~8位	本国子目 9~10位	中文 货物名称	英文 Article Description			进口	出口	进口	出口		
040110	00		脂肪含量≤1%未浓缩的乳及奶油（脂肪含量按重量计，本编号货品不得加糖和其他甜物质）【电商】①	Milk and cream of a fat content, by weight, not exceeding 1%, not concentrated or containing added sugar or other swe etening matter	【最】15【普】40 【协东盟】0【协澳门】0【协巴基斯坦】12 【协智利】0【协新西兰】0【协秘鲁】0 【协哥斯达黎加】6【协冰岛】0【协瑞士】6 【协澳大利亚】7.5【协格鲁吉亚】9【协香港】0 【特-1】0【特-2】0【特-3】0 【增】16【对美加征】25【出】0【退】6	千克	7A	B	PR	QS	101 102 103 104 105 ……	脂肪含量≤1%未浓缩的乳及奶油（脂肪含量按重量计，本编号货品不得加糖和其他甜物质）（巴氏杀菌乳） 脂肪含量≤1%未浓缩的乳及奶油（脂肪含量按重量计，本编号货品不得加糖和其他甜物质）（超高温灭菌乳） 脂肪含量≤1%未浓缩的乳及奶油（脂肪含量按重量计，本编号货品不得加糖和其他甜物质）（保持灭菌乳） 脂肪含量≤1%未浓缩的乳及奶油（脂肪含量按重量计，本编号货品不得加糖和其他甜物质）（巴氏杀菌工艺调制乳） 脂肪含量≤1%未浓缩的乳及奶油（脂肪含量按重量计，本编号货品不得加糖和其他甜物质）（其他乳与乳制品） ……②
040120	00		1%＜脂肪含量≤6%的未浓缩的乳及奶油（脂肪含量按重量计，本编号货品不得加糖和其他甜物质）【电商】③	Milk and cream of a fat content, by weight, exceeding 1% but not exceeding 6%, not concentrated or containing added sugar or other swe etening matter	【最】15【普】40 【协东盟】0【协香港】0【协澳门】0 【协巴基斯坦】12【协智利】0【协秘鲁】0 【协哥斯达黎加】6【协冰岛】0【协瑞士】6 【协澳大利亚】7.5【协格鲁吉亚】9 【协新西兰】0 【特-1】0【特-2】0【特-3】0 【增】16【对美加征】25【出】0【退】6	千克	7A	B	PR	QS	101 102 103 104 105 ……	1%＜脂肪含量≤6%的未浓缩的乳及奶油（脂肪含量按重量计，本编号货品不得加糖和其他甜物质）（巴氏杀菌乳） 1%＜脂肪含量≤6%的未浓缩的乳及奶油（脂肪含量按重量计，本编号货品不得加糖和其他甜物质）（超高温灭菌乳） 1%＜脂肪含量≤6%的未浓缩的乳及奶油（脂肪含量按重量计，本编号货品不得加糖和其他甜物质）（保持灭菌乳） 1%＜脂肪含量≤6%的未浓缩的乳及奶油（脂肪含量按重量计，本编号货品不得加糖和其他甜物质）（巴氏杀菌工艺调制乳） 1%＜脂肪含量≤6%的未浓缩的乳及奶油（脂肪含量按重量计，本编号货品不得加糖和其他甜物质）（生乳） ……④

① 仅限网购保税商品。

② 该税号项下检验检疫编码及对应中文名称尚有：106　脂肪含量≤1%未浓缩的乳及奶油（脂肪含量按重量计，本编号货品不得加糖和其他甜物质）（灭菌工艺调制乳），107　脂肪含量≤1%未浓缩的乳及奶油（脂肪含量按重量计，本编号货品不得加糖和其他甜物质）（其他调制乳）。

③ 仅限网购保税商品。

④ 该税号项下检验检疫编码及对应中文名称尚有：106　1%＜脂肪含量≤6%的未浓缩的乳及奶油（脂肪含量按重量计，本编号货品不得加糖和其他甜物质）（其他乳与乳制品），107　1%＜脂肪含量≤6%的未浓缩的乳及奶油（脂肪含量按重量计，本编号货品不得加糖和其他甜物质）（其他调制乳），108　1%＜脂肪含量≤6%的未浓缩的乳及奶油（脂肪含量按重量计，本编号货品不得加糖和其他甜物质）（灭菌工艺调制乳）。

税则号列			货品名称中英文		税费综合信息	计量单位	监管证件代码		检验检疫类别		检验检疫编码	检验检疫编码对应中文名称
HS 国际统一前 6 位	本国子目 7~8 位	本国子目 9~10 位	中文 货物名称	英文 Article Description			进口	出口	进口	出口		
040140	00		6%<脂肪含量≤10%的未浓缩的乳及奶油（脂肪含量按重量计，本编号货品不得加糖和其他甜物质） 【电商】①	Milk and cream of a fat content, by weight, exceeding 6% but not exceeding 10%, not concentrated or containing added sugar or other swe-etening matter	【最】15【普】40 【协东盟】0【协澳门】0【协巴基斯坦】12 【协智利】0【协秘鲁】0【协哥斯达黎加】6 【协冰岛】0【协瑞士】6【协澳大利亚】7.5 【协格鲁吉亚】9【协新西兰】0【协香港】0 【特-1】0【特-2】0【特-3】0 【增】16【对美加征】25【出】0【退】6	千克	7A	B	PR	QS	101 102 103 104 105	6%<脂肪含量≤10%的未浓缩的乳及奶油（脂肪含量按重量计，本编号货品不得加糖和其他甜物质）（稀奶油） 6%<脂肪含量≤10%的未浓缩的乳及奶油（脂肪含量按重量计，本编号货品不得加糖和其他甜物质）（淡炼乳） 6%<脂肪含量≤10%的未浓缩的乳及奶油（脂肪含量按重量计，本编号货品不得加糖和其他甜物质）（加糖炼乳） 6%<脂肪含量≤10%的未浓缩的乳及奶油（脂肪含量按重量计，本编号货品不得加糖和其他甜物质）（调制淡炼乳） 6%<脂肪含量≤10%的未浓缩的乳及奶油（脂肪含量按重量计，本编号货品不得加糖和其他甜物质）（其他乳与乳制品）
040150	00		脂肪含量>10%未浓缩的乳及奶油（脂肪含量按重量计，本编号货品不得加糖和其他甜物质） 【电商】②	Milk and cream of a fat content, by weight, exceeding 10%, not concentrated or containing added sugar or other sweetening matter	【最】15【普】40 【协东盟】0【协澳门】0【协巴基斯坦】12 【协智利】0【协秘鲁】0【协哥斯达黎加】6 【协香港】0【协冰岛】0【协瑞士】6 【协澳大利亚】7.5【协格鲁吉亚】9 【协新西兰】0【特-1】0【特-2】0【特-3】0 【增】16【对美加征】25【出】0【退】6	千克	7A	B	PR	QS	101 102 103 104 105 ……	脂肪含量>10%未浓缩的乳及奶油（脂肪含量按重量计，本编号货品不得加糖和其他甜物质）（稀奶油） 脂肪含量>10%未浓缩的乳及奶油（脂肪含量按重量计，本编号货品不得加糖和其他甜物质）（奶油） 脂肪含量>10%未浓缩的乳及奶油（脂肪含量按重量计，本编号货品不得加糖和其他甜物质）（无水奶油） 脂肪含量>10%未浓缩的乳及奶油（脂肪含量按重量计，本编号货品不得加糖和其他甜物质）（淡炼乳） 脂肪含量>10%未浓缩的乳及奶油（脂肪含量按重量计，本编号货品不得加糖和其他甜物质）（加糖炼乳） ……③

① 仅限网购保税商品。

② 仅限网购保税商品。

③ 该税号项下检验检疫编码及对应中文名称尚有：106 脂肪含量>10%未浓缩的乳及奶油（脂肪含量按重量计，本编号货品不得加糖和其他甜物质）（调制淡炼乳），107 脂肪含量>10%未浓缩的乳及奶油（脂肪含量按重量计，本编号货品不得加糖和其他甜物质）（其他乳与乳制品）。

税则号列			货品名称中英文		税费综合信息	计量单位	监管证件代码		检验检疫类别		检验检疫编码	检验检疫编码对应中文名称
HS国际统一前6位	本国子目 7~8位	本国子目 9~10位	中文 货物名称	英文 Article Description			进口	出口	进口	出口		
040210	00		脂肪含量≤1.5%固状乳及奶油（指粉状、粒状或其他固体状态，浓缩，加糖或其他甜物质）【电商】[①]	Milk and cream, in powder, granules or other solid forms, of a fat content, by weight, not exceeding 1.5%, concentrated or containing added sugar or other sweetening matter	【最】10【普】40 【协亚太】7【协东盟】0【协香港】0【协澳门】0 【协巴基斯坦】5【协智利】0【协秘鲁】4.1 【协哥斯达黎加】4【协冰岛】0【协瑞士】0 【协澳大利亚】5.8【协格鲁吉亚】6 【协新西兰】0 【特-1】0【特-2】0【特-3】0 【增】16【对美加征】25【出】0【退】16	千克	7A	B	MPR	QS	101 102 103 104 105	脂肪含量≤1.5%固状乳及奶油（指粉状、粒状或其他固体状态，浓缩，加糖或其他甜物质）（脱脂乳粉） 脂肪含量≤1.5%固状乳及奶油（指粉状、粒状或其他固体状态，浓缩，加糖或其他甜物质）（儿童调制乳粉） 脂肪含量≤1.5%固状乳及奶油（指粉状、粒状或其他固体状态，浓缩，加糖或其他甜物质）（其他乳与乳制品） 脂肪含量≤1.5%固状乳及奶油（指粉状、粒状或其他固体状态，浓缩，加糖或其他甜物质）（孕产妇调制乳粉） 脂肪含量≤1.5%固状乳及奶油（指粉状、粒状或其他固体状态，浓缩，加糖或其他甜物质）（其他调制乳粉）
040221	00		脂肪量>1.5%未加糖固状乳及奶油（指粉状、粒状或其他固体状态，浓缩，未加糖或其他甜物质）【电商】[②]	Milk and cream, in powder, granules or other solid forms, of a fat content, by weight, exceeding 1.5%, concentrated or not containing added sugar or other sweetening matter	【最】10【普】40 【协亚太】7【协东盟】0【协香港】0【协澳门】0 【协巴基斯坦】7【协智利】0【协秘鲁】4.1 【协哥斯达黎加】4【协冰岛】0 【协澳大利亚】5.8【协格鲁吉亚】8 【协新西兰】0 【特-1】0【特-2】0【特-3】0 【增】16【对美加征】25【出】0【退】16	千克	7A	B	MPR	QS	101 103 104 105 ……	脂肪量>1.5%未加糖固状乳及奶油（指粉状、粒状或其他固体状态，浓缩，未加糖或其他甜物质）（全脂乳粉） 脂肪量>1.5%未加糖固状乳及奶油（指粉状、粒状或其他固体状态，浓缩，未加糖或其他甜物质）（部分脱脂乳粉） 脂肪量>1.5%未加糖固状乳及奶油（指粉状、粒状或其他固体状态，浓缩，未加糖或其他甜物质）（儿童调制乳粉） 脂肪量>1.5%未加糖固状乳及奶油（指粉状、粒状或其他固体状态，浓缩，未加糖或其他甜物质）（其他乳与乳制品） ……[③]

① 仅限网购保税商品。

② 仅限网购保税商品。

③ 该税号项下检验检疫编码及对应中文名称尚有：106 脂肪量>1.5%未加糖固状乳及奶油（指粉状、粒状或其他固体状态，浓缩，未加糖或其他甜物质）（孕产妇调制乳粉），107 脂肪量>1.5%未加糖固状乳及奶油（指粉状、粒状或其他固体状态，浓缩，未加糖或其他甜物质）（其他调制乳粉）。

税则号列			货品名称中英文		税费综合信息	计量单位	监管证件代码		检验检疫类别		检验检疫编码	检验检疫编码对应中文名称
HS 国际统一前 6 位	本国子目 7~8 位	本国子目 9~10 位	中文 货物名称	英文 Article Description			进口	出口	进口	出口		
040229	00		脂肪量>1.5%的加糖固状乳及奶油（指粉状、粒状或其他固体状态，浓缩，加糖或其他甜物质）【电商】①	Other milk and cream, in powder, granules or other solid forms, of a fat content, by weight, exceeding 1.5%, containing added sugar or other sweetening matter	【最】10【普】40 【协东盟】0【协香港】0【协澳门】0 【协巴基斯坦】5【协智利】0【协秘鲁】4.1 【协哥斯达黎加】4【协冰岛】0【协瑞士】0 【协澳大利亚】5.8【协格鲁吉亚】6 【协新西兰】0 【特-1】0【特-2】0【特-3】0 【增】16【对美加征】25【出】0【退】16	千克	7A	B	PR	QS	101 102 103 104	脂肪量>1.5%的加糖固状乳及奶油（指粉状、粒状或其他固体状态，浓缩，加糖或其他甜物质）（儿童调制乳粉） 脂肪量>1.5%的加糖固状乳及奶油（指粉状、粒状或其他固体状态，浓缩，加糖或其他甜物质）（其他乳与乳制品） 脂肪量>1.5%的加糖固状乳及奶油（指粉状、粒状或其他固体状态，浓缩，加糖或其他甜物质）（孕产妇调制乳粉） 脂肪量>1.5%的加糖固状乳及奶油（指粉状、粒状或其他固体状态，浓缩，加糖或其他甜物质）（其他调制乳粉）
040291	00		浓缩但未加糖的非固状乳及奶油（未加其他甜物质）【电商】	other milk and cream, concentrated, not containing added sugar or other sweetening matter	【最】10【普】90 【协东盟】0【协香港】0【协澳门】0 【协巴基斯坦】5【协智利】0【协秘鲁】0 【协哥斯达黎加】4【协冰岛】0 【协澳大利亚】5.8【协格鲁吉亚】6 【协新西兰】0 【特-1】0【特-2】0【特-3】0 【增】16【对美加征】25【出】0【退】6	千克	A	B	PR	QS	101 102 103 104 105 ……	浓缩但未加糖的非固状乳及奶油（未加其他甜物质）（巴氏杀菌工艺调制乳） 浓缩但未加糖的非固状乳及奶油（未加其他甜物质）（稀奶油） 浓缩但未加糖的非固状乳及奶油（未加其他甜物质）（奶油） 浓缩但未加糖的非固状乳及奶油（未加其他甜物质）（无水奶油） 浓缩但未加糖的非固状乳及奶油（未加其他甜物质）（其他奶油） ……②
040299	00		浓缩并已加糖的非固状乳及奶油（加其他甜物质）【电商】	Other milk and cream, concentrated and containing added sugar or other sweetening matter	【最】10【普】90 【协香港】0【协澳门】0【协东盟】0 【协巴基斯坦】5【协智利】0 【协新西兰】0【协秘鲁】4.1 【协哥斯达黎加】4【协冰岛】0 【协澳大利亚】5.8【协格鲁吉亚】6 【特-1】0【特-2】0【特-3】0 【增】16【对美加征】25【出】0【退】6	千克	A	B	PR	QS	101 102 103 104 105 ……	浓缩并已加糖的非固状乳及奶油（加其他甜物质）（巴氏杀菌工艺调制乳） 浓缩并已加糖的非固状乳及奶油（加其他甜物质）（稀奶油） 浓缩并已加糖的非固状乳及奶油（加其他甜物质）（奶油） 浓缩并已加糖的非固状乳及奶油（加其他甜物质）（无水奶油） 浓缩并已加糖的非固状乳及奶油（加其他甜物质）（其他奶油） ……③

① 仅限网购保税商品。

② 该税号项下检验检疫编码及对应中文名称尚有：106　浓缩但未加糖的非固状乳及奶油（未加其他甜物质）（淡炼乳），107　浓缩但未加糖的非固状乳及奶油（未加其他甜物质）（调制淡炼乳），108　浓缩但未加糖的非固状乳及奶油（未加其他甜物质）（其他炼乳），109　浓缩但未加糖的非固状乳及奶油（未加其他甜物质）（其他乳与乳制品），110　浓缩但未加糖的非固状乳及奶油（未加其他甜物质）（灭菌工艺调制乳），111　浓缩但未加糖的非固状乳及奶油（未加其他甜物质）（其他调制乳）。

③ 该税号项下检验检疫编码及对应中文名称尚有：106　浓缩并已加糖的非固状乳及奶油（加其他甜物质）（加糖炼乳），107　浓缩并已加糖的非固状乳及奶油（加其他甜物质）（调制加糖炼乳），108　浓缩并已加糖的非固状乳及奶油（加其他甜物质）（其他炼乳），109　浓缩并已加糖的非固状乳及奶油（加其他甜物质）（其他乳与乳制品），110　浓缩并已加糖的非固状乳及奶油（加其他甜物质）（灭菌工艺调制乳），111　浓缩并已加糖的非固状乳及奶油（加其他甜物质）（其他调制乳）。

税则号列			货品名称中英文		税费综合信息	计量单位	监管证件代码		检验检疫类别		检验检疫编码	检验检疫编码对应中文名称
HS国际统一前6位	本国子目7~8位	9~10位	中文货物名称	英文 Article Description			进口	出口	进口	出口		
040310	00		酸乳 【电商】	Yogurt	【最】10【普】90 【协东盟】0【协香港】0【协澳门】0 【协巴基斯坦】5【协智利】0【协新西兰】0 【协秘鲁】0【协哥斯达黎加】4【协冰岛】0 【协瑞士】5【协澳大利亚】5【协格鲁吉亚】6 【特-1】0【特-2】0【特-3】0 【增】16【对美加征】25【出】0【退】16	千克	A	B	PR	QS	101 102 103	酸乳（发酵乳） 酸乳（其他乳与乳制品） 酸乳（风味发酵乳）
040390	00		酪乳及其他发酵或酸化的乳及奶油（不论是否浓缩、加糖或其他甜物质、香料、水果等） 【电商】	Buttermilk and other fermented or acidified milk and cream, whether or not concentrated or containing added sugar or other sweetening matter or flavoured or containing added fruit, nuts or cocoa	【最】20【普】90 【协东盟】0【协香港】0【协澳门】0【协智利】0 【协新西兰】0【协秘鲁】0【协哥斯达黎加】8 【协冰岛】0【协澳大利亚】10【协格鲁吉亚】12 【特-1】0【特-2】0 【增】16【对美加征】25【出】0【退】16	千克	A	B	PR	Q	101 102 103 104	酪乳及其他发酵或酸化的乳及奶油（不论是否浓缩、加糖或其他甜物质、香料、水果等）（风味发酵乳） 酪乳及其他发酵或酸化的乳及奶油（不论是否浓缩、加糖或其他甜物质、香料、水果等）（奶油） 酪乳及其他发酵或酸化的乳及奶油（不论是否浓缩、加糖或其他甜物质、香料、水果等）（无水奶油） 酪乳及其他发酵或酸化的乳及奶油（不论是否浓缩、加糖或其他甜物质、香料、水果等）（其他乳与乳制品）
040410	00		乳清及改性乳清（不论是否浓缩、加糖或其他甜物质） 【电商】	Whey and modified whey, whether or not concentrated or containing added sugar or other sweetening matter	【最】6【普】30【暂进】2 【协香港】0【协澳门】0【协东盟】0 【协巴基斯坦】5【协智利】0 【协新西兰】0【协秘鲁】0【协哥斯达黎加】2.4 【协冰岛】0【协澳大利亚】0【协韩国】4.4 【协格鲁吉亚】3.6 【特-1】0【特-2】0 【增】16【对美加征】25【出】0【退】16	千克	A	B	PR	Q	101 102 103 104 105 ……	乳清及改性乳清（不论是否浓缩、加糖或其他甜物质）（饲料用乳粉） 乳清及改性乳清（不论是否浓缩、加糖或其他甜物质）（饲料用乳清粉） 乳清及改性乳清（不论是否浓缩、加糖或其他甜物质）（脱盐乳清粉） 乳清及改性乳清（不论是否浓缩、加糖或其他甜物质）（非脱盐乳清粉） 乳清及改性乳清（不论是否浓缩、加糖或其他甜物质）（乳清蛋白粉） ……①
040490	00		其他编号未列名的含天然乳的产品 【电商】	Other products consisting of natural milk constituents, whether or not concentrated or containing added sugar or other sweetening matter, not elsewhere specified or included	【最】20【普】90 【协东盟】0【协智利】0【协新西兰】0 【协秘鲁】0【协哥斯达黎加】8【协冰岛】0 【协澳大利亚】10【协韩国】13.3 【协格鲁吉亚】12【协香港】0【协澳门】0 【特-1】0【特-2】0 【增】16【对美加征】25【出】0【退】16	千克	A	B	PR	Q	999	其他编号未列名的含天然乳的产品（不论是否浓缩、加糖或其他甜物质）
040510	00		黄油 【电商】	Butter	【最】10【普】90 【协香港】0【协澳门】0【协东盟】0 【协巴基斯坦】5【协智利】0 【协秘鲁】0【协哥斯达黎加】4【协冰岛】0 【协瑞士】0【协澳大利亚】5【协韩国】6.6 【协格鲁吉亚】6【协新西兰】0 【特-1】0【特-2】0【特-3】0 【增】16【对美加征】25【出】0【退】16	千克	A	B	PR	QS	101 102 103	黄油（奶油） 黄油（无水奶油） 黄油（其他奶油）

① 该税号项下检验检疫编码及对应中文名称尚有：106　乳清及改性乳清（不论是否浓缩、加糖或其他甜物质）（其他乳清粉），107　乳清及改性乳清（不论是否浓缩、加糖或其他甜物质）（其他乳与乳制品）。

税则号列			货品名称中英文		税费综合信息	计量单位	监管证件代码		检验检疫类别		检验检疫编码	检验检疫编码对应中文名称
HS国际统一前6位	本国子目 7~8位	9~10位	中文 货物名称	英文 Article Description			进口	出口	进口	出口		
040520	00		乳酱 【电商】	Dairy spreads	【最】10【普】90 【协亚太】8.1【协东盟】0【协澳门】0 【协香港】0【协巴基斯坦】5【协智利】0 【协新西兰】0【协秘鲁】0【协哥斯达黎加】4 【协冰岛】0【协瑞士】0【协澳大利亚】0 【协韩国】6.6【协格鲁吉亚】6 【特-1】0【特-2】0【特-3】0 【增】16【对美加征】25【出】0【退】16	千克	A	B	PR	QS	101 102	乳酱（调制淡炼乳） 乳酱（其他乳与乳制品）
040590	00		其他从乳中提取的脂和油	Other fats and oils derived from milk	【最】10【普】90 【协香港】0【协澳门】0【协东盟】0 【协巴基斯坦】5【协智利】0【协新西兰】0 【协秘鲁】0【协哥斯达黎加】4【协冰岛】0 【协澳大利亚】5【协韩国】6.6【协格鲁吉亚】6 【特-1】0【特-2】0【特-3】0 【增】16【对美加征】25【出】0【退】16	千克	A	B	PR	QS	101 102	其他从乳中提取的脂和油（其他奶油） 其他从乳中提取的脂和油（其他乳与乳制品）
040610	00		鲜乳酪（未熟化或未固化的）（包括乳清乳酪；凝乳） 【电商】	Fresh (unripened or uncured) cheese, including whey cheese, and curd	【最】12【普】90 【协东盟】0【协香港】0【协澳门】0 【协巴基斯坦】6【协智利】0【协秘鲁】0 【协哥斯达黎加】4.8【协冰岛】0【协瑞士】6.8 【协澳大利亚】6【协韩国】8 【协格鲁吉亚】7.2【协新西兰】0 【特-1】0【特-2】0【特-3】0 【增】16【对美加征】25【出】0【退】16	千克	A	B	PR	Q	101 102	鲜乳酪（未熟化或未固化的）（包括乳清乳酪；凝乳）（非熟化干酪） 鲜乳酪（未熟化或未固化的）（包括乳清乳酪；凝乳）（其他干酪）
040620	00		各种磨碎或粉化的乳酪	Grated or powdered cheese, of all kinds	【最】12【普】90【暂进】8 【协东盟】0【协香港】0【协澳门】0 【协巴基斯坦】6【协智利】0【协新西兰】0 【协秘鲁】4【协哥斯达黎加】4.8【协冰岛】0 【协瑞士】6.8【协澳大利亚】6【协韩国】8 【协格鲁吉亚】7.2 【特-1】0 【增】16【对美加征】25【出】0【退】16	千克	A	B	PR	QS	101 102 103 104	各种磨碎或粉化的乳酪（霉菌成熟干酪） 各种磨碎或粉化的乳酪（其他熟化干酪） 各种磨碎或粉化的乳酪（非熟化干酪） 各种磨碎或粉化的乳酪（其他干酪）
040630	00		经加工的乳酪（但磨碎或粉化的除外） 【电商】	Processed cheese, not grated or powdered	【最】12【普】90【暂进】8 【协香港】0【协澳门】0【协东盟】0 【协巴基斯坦】6【协智利】0【协秘鲁】4 【协哥斯达黎加】4.8【协冰岛】0【协瑞士】6.8 【协澳大利亚】6【协韩国】8 【协格鲁吉亚】7.2【协新西兰】0 【特-1】0【特-2】0 【增】16【对美加征】25【出】0【退】16	千克	A	B	PR	Q	101 102	经加工的乳酪（但磨碎或粉化的除外）（再制干酪） 经加工的乳酪（但磨碎或粉化的除外）（其他干酪）
040640	00		蓝纹乳酪和娄地青霉生产的带有纹理的其他乳酪	Blue-veined cheese and other cheese containing veins produced by penicillium roqueforti	【最】15【普】90【暂进】8 【协东盟】0【协巴基斯坦】12【协智利】0 【协新西兰】0【协秘鲁】0【协哥斯达黎加】6 【协冰岛】0【协澳大利亚】0【协韩国】10 【协格鲁吉亚】9【协香港】0【协澳门】0 【特-1】0【特-2】0 【增】16【对美加征】25【出】0【退】16	千克	A	B	PR	Q	101 102	蓝纹乳酪和娄地青霉生产的带有纹理的其他乳酪（霉菌成熟干酪） 蓝纹乳酪和娄地青霉生产的带有纹理的其他乳酪（其他干酪）
040690	00		其他乳酪 【电商】	Other cheese	【最】12【普】90【暂进】8 【协香港】0【协澳门】0【协东盟】0 【协巴基斯坦】6【协智利】0【协秘鲁】0 【协哥斯达黎加】4.8【协冰岛】0【协瑞士】6.8 【协澳大利亚】6【协韩国】8【协格鲁吉亚】7.2 【协新西兰】0 【特-1】0【特-2】0【特-3】0 【增】16【对美加征】25【出】0【退】16	千克	A	B	PR	Q	999	其他乳酪
040711	00	10	孵化用受精的濒危鸡的蛋	Fertilised eggs for incubation, of endangered fowls of the species gallus domesticus	【最】0【普】0【特-1】0【特-2】0【特-3】0 【增】10【出】0【退】0	千克/个	AF	EB	P	Q	999	孵化用受精的濒危鸡的蛋
040711	00	90	孵化用受精的其他鸡的蛋	Fertilised eggs for incubation, of other fowls of the species gallus domesticus	【最】0【普】0【特-1】0【特-2】0【特-3】0 【增】10【出】0【退】6	千克/个	A	B	P	Q	999	孵化用受精的其他鸡的蛋

税则号列 HS国际统一前6位	本国子目 7~8位	本国子目 9~10位	货品名称中英文 中文 货物名称	货品名称中英文 英文 Article Description	税费综合信息	计量单位	监管证件代码 进口	监管证件代码 出口	检验检疫类别 进口	检验检疫类别 出口	检验检疫编码	检验检疫编码对应中文名称
040719	00	10	其他孵化用受精濒危禽蛋	Other fertilised endangered birds' eggs, for incubation	【最】0【普】0【特-1】0【特-2】0【特-3】0 【增】10【出】0【退】0	千克/个	AF	EB	P	Q	101 102 103 104 105 ……	其他孵化用受精濒危禽蛋（鸭种蛋） 其他孵化用受精濒危禽蛋（鹅种蛋） 其他孵化用受精濒危禽蛋（鸵鸟种蛋） 其他孵化用受精濒危禽蛋（火鸡种蛋） 其他孵化用受精濒危禽蛋（鸽种蛋） ……①
040719	00	90	其他孵化用受精禽蛋	Other fertilised birds' eggs for incubation (other than eggs for incubation of fowls of the species gallus domesticus)	【最】0【普】0【特-1】0【特-2】0【特-3】0 【增】10【出】0【退】10	千克/个	A	B	P	Q	101 102 103 104 105 ……	其他孵化用受精禽蛋（鸭种蛋） 其他孵化用受精禽蛋（鹅种蛋） 其他孵化用受精禽蛋（鸵鸟种蛋） 其他孵化用受精禽蛋（火鸡种蛋） 其他孵化用受精禽蛋（鸽种蛋） ……②
040721	00		其他带壳的鸡的鲜蛋	Eggs of fowls of the species gallus domesticus, in shell, fresh	【最】20【普】80 【协东盟】0【协智利】0【协新西兰】0 【协秘鲁】0【协哥斯达黎加】0【协冰岛】0 【协瑞士】8【协澳大利亚】0【协韩国】13.3 【协格鲁吉亚】0【协香港】0【协澳门】0 【特东柬埔寨】0【特东缅甸】0【特-1】0 【特-2】0【特-3】0 【增】10【出】0【退】10	千克/个	A	B	PR	QS	999	其他带壳的鸡的鲜蛋
040729	00	10	其他鲜的带壳濒危禽蛋	Other endangered birds' eggs in shell, fresh	【最】20【普】80 【协东盟】0【协智利】0【协新西兰】0 【协秘鲁】0【协哥斯达黎加】0【协冰岛】0 【协瑞士】8【协澳大利亚】0【协韩国】13.3 【协格鲁吉亚】0【协香港】0【协澳门】0 【特东柬埔寨】0【特东缅甸】0【特-1】0 【特-2】0【特-3】0 【增】10【出】0【退】0	千克/个	AF	BE	PR	QS	999	其他鲜的带壳濒危禽蛋
040729	00	90	其他鲜的带壳禽蛋	Other birds' eggs in shell, fresh	【最】20【普】80 【协东盟】0【协智利】0【协新西兰】0 【协秘鲁】0【协哥斯达黎加】0【协冰岛】0 【协瑞士】8【协澳大利亚】0【协韩国】13.3 【协格鲁吉亚】0【协香港】0【协澳门】0 【特东柬埔寨】0【特东缅甸】0【特-1】0 【特-2】0【特-3】0 【增】10【出】0【退】10	千克/个	A	B	PR	QS	101 102 103 104 105 ……	其他鲜的带壳禽蛋（食用鸭蛋） 其他鲜的带壳禽蛋（食用鹅蛋） 其他鲜的带壳禽蛋（食用鸽蛋） 其他鲜的带壳禽蛋（食用鹌鹑蛋） 其他鲜的带壳禽蛋（食用鹧鸪蛋） ……③
040790	10		带壳咸蛋	Salted eggs	【最】20【普】90 【协东盟】0【协智利】0【协新西兰】0 【协秘鲁】0【协哥斯达黎加】0【协冰岛】0 【协瑞士】8【协澳大利亚】0【协韩国】13.3 【协格鲁吉亚】0【协香港】0【协澳门】0 【特东缅甸】0【特-1】0【特-2】0【特-3】0 【增】10【出】0【退】6	千克/个	A	B	PR	QS	999	带壳咸蛋

① 该税号项下检验检疫编码及对应中文名称尚有：106　其他孵化用受精濒危禽蛋（其他种蛋）。

② 该税号项下检验检疫编码及对应中文名称尚有：106　其他孵化用受精禽蛋（其他种蛋）。

③ 该税号项下检验检疫编码及对应中文名称尚有：106　其他鲜的带壳禽蛋（食用火鸡蛋），107　其他鲜的带壳禽蛋（食用鸵鸟蛋），108　其他鲜的带壳禽蛋（食用）。

税则号列			货品名称中英文		税费综合信息	计量单位	监管证件代码		检验检疫类别		检验检疫编码	检验检疫编码对应中文名称
HS 国际统一前6位	本国子目 7~8位	9~10位	中文 货物名称	英文 Article Description			进口	出口	进口	出口		
040790	20		带壳皮蛋	Lime-preserved eggs	【最】20【普】90 【协东盟】0【协智利】0【协新西兰】0 【协秘鲁】0【协哥斯达黎加】0【协冰岛】0 【协瑞士】8【协澳大利亚】0【协韩国】13.3 【协格鲁吉亚】0【协香港】0【协澳门】0 【特-1】0【特-2】0 【增】10【出】0【退】6	千克/个	A	B	PR	QS	999	带壳皮蛋
040790	90	10	其他腌制或煮过的带壳濒危野鸟蛋【电商】①	Other endangered wild birds' eggs, in shell, preserved or cooked	【最】20【普】90 【协东盟】0【协智利】0【协新西兰】0 【协秘鲁】0【协哥斯达黎加】0【协冰岛】0 【协瑞士】8【协澳大利亚】0【协韩国】13.3 【协格鲁吉亚】0【协香港】0【协澳门】0 【特-1】0【特-2】0 【增】10【出】0【退】0	千克/个	AF	BE	PR	QS	999	其他腌制或煮过的带壳濒危野鸟蛋
040790	90	90	其他腌制或煮过的带壳禽蛋【电商】②	Other birds' eggs, in shell, preserved or cooked	【最】20【普】90 【协东盟】0【协智利】0【协新西兰】0 【协秘鲁】0【协哥斯达黎加】0【协冰岛】0 【协瑞士】8【协澳大利亚】0【协韩国】13.3 【协格鲁吉亚】0【协香港】0【协澳门】0 【特-1】0【特-2】0 【增】10【出】0【退】10	千克/个	A	B	PR	QS	999	其他腌制或煮过的带壳禽蛋
040811	00		干蛋黄	Dried egg yolks	【最】20【普】90 【协东盟】0【协智利】0 【协新西兰】0【协秘鲁】0【协哥斯达黎加】0 【协冰岛】0【协瑞士】8【协澳大利亚】0 【协韩国】13.3【协格鲁吉亚】0【协香港】0 【协澳门】0 【特-1】0【特-2】0 【增】10【出】0【退】10	千克	A	B	PR	QS	999	干蛋黄
040819	00		其他蛋黄	Other egg yolks	【最】20【普】90 【协东盟】0【协智利】0【协新西兰】0 【协秘鲁】0【协哥斯达黎加】0【协冰岛】0 【协瑞士】8【协澳大利亚】0【协韩国】13.3 【协格鲁吉亚】0【协香港】0【协澳门】0 【特-1】0【特-2】0 【增】10【对美加征】5【出】0【退】10	千克	A	B	PR	QS	101 102	其他蛋黄（咸蛋黄） 其他蛋黄（食用蛋黄粉）
040891	00		干的其他去壳禽蛋	Birds' eggs, not in shell, dried	【最】20【普】90 【协东盟】0【协智利】0【协新西兰】0 【协秘鲁】0【协哥斯达黎加】0【协冰岛】0 【协瑞士】8【协澳大利亚】0【协韩国】13.3 【协格鲁吉亚】0【协香港】0【协澳门】0 【特-1】0【特-2】0 【增】10【出】0【退】6	千克	A	B	PR	QS	101 102 103	干的其他去壳禽蛋（食用全蛋粉） 干的其他去壳禽蛋［食用蛋白粉（片）］ 干的其他去壳禽蛋（干的其他食用蛋制品）
040899	00		其他去壳禽蛋【电商】	Other birds' eggs, not in shell	【最】20【普】90 【协东盟】0【协香港】0【协澳门】0 【协智利】0【协新西兰】0【协秘鲁】0 【协哥斯达黎加】0【协冰岛】0 【协瑞士】8【协澳大利亚】0【协韩国】13.3 【协格鲁吉亚】0 【特-1】0【特-2】0 【增】10【出】0【退】10	千克	A	B	PR	QS	101 102 103 104 105 ……	其他去壳禽蛋（即食蛋沙律） 其他去壳禽蛋（其他食用蛋制品） 其他去壳禽蛋（全蛋液） 其他去壳禽蛋（蛋黄液） 其他去壳禽蛋（蛋白液） ……③
040900	00		天然蜂蜜【电商】	Natural honey	【最】15【普】80 【协东盟】0【协澳门】0【协巴基斯坦】12 【协香港】0【协智利】0【协新西兰】0 【协秘鲁】0【协哥斯达黎加】0【协冰岛】0 【协瑞士】6【协澳大利亚】0【协韩国】10 【协格鲁吉亚】0 【特东老挝】0【特东柬埔寨】0【特-1】0 【特-2】0【特-3】0 【增】10【对美加征】10【出】0【退】10	千克	A	B	PR	QS	101 102	天然蜂蜜（药用蜂蜜） 天然蜂蜜（食用蜂蜜）

① 列入《进出口野生动植物种商品目录》的商品除外。

② 列入《进出口野生动植物种商品目录》的商品除外。

③ 该税号项下检验检疫编码及对应中文名称尚有：106 其他去壳禽蛋（冰全蛋），107 其他去壳禽蛋（冰蛋黄），108 其他去壳禽蛋（冰蛋白）。

税则号列			货品名称中英文		税费综合信息	计量单位	监管证件代码		检验检疫类别		检验检疫编码	检验检疫编码对应中文名称
HS国际统一前6位	本国子目 7~8位	本国子目 9~10位	中文 货物名称	英文 Article Description			进口	出口	进口	出口		
041000	10		燕窝 【电商】	Salanganes' nests	【最】25【普】80 【协东盟】0【协香港】0【协澳门】0【协智利】0 【协新西兰】0【协秘鲁】2.5【协哥斯达黎加】0 【协冰岛】0【协瑞士】10【协澳大利亚】0 【协韩国】12.5【协格鲁吉亚】0 【特东柬埔寨】0【特东缅甸】0【特-1】0 【特-2】0【特-3】0 【增】16【出】0【退】10	千克	A	B	PR	QS	101 102 103 104	燕窝（毛燕） 燕窝（食用燕窝） 燕窝（燕窝制品） 燕窝（具有保健食品批准文号）
041000	41		鲜蜂王浆 【电商】	Pure royal jelley	【最】15【普】70 【协东盟】0【协巴基斯坦】12【协智利】0 【协新西兰】0【协秘鲁】0【协哥斯达黎加】0 【协冰岛】0【协瑞士】6【协澳大利亚】0 【协韩国】7.5【协格鲁吉亚】0【协香港】0 【协澳门】0 【特-1】0【特-2】0 【增】10【出】0【退】10	千克	A	B	PR	QS	999	鲜蜂王浆
041000	42		鲜蜂王浆粉 【电商】	Pure royal jelley, in powder	【最】15【普】70 【协东盟】0【协巴基斯坦】12【协智利】0 【协新西兰】0【协秘鲁】0【协哥斯达黎加】0 【协冰岛】0【协瑞士】6【协澳大利亚】0 【协韩国】7.5【协格鲁吉亚】0【协香港】0 【协澳门】0 【特-1】0【特-2】0 【增】16【出】0【退】10	千克	A	B	PR	QS	999	鲜蜂王浆粉
041000	43		蜂花粉 【电商】	Bee pollen	【最】20【普】70 【协东盟】0【协智利】0【协新西兰】0 【协秘鲁】0【协哥斯达黎加】0【协冰岛】0 【协瑞士】8【协澳大利亚】0【协韩国】13.3 【协格鲁吉亚】0【协香港】0【协澳门】0 【特-1】0【特-2】0 【增】16【出】0【退】10	千克	A	B	PR	QS	999	蜂花粉
041000	49		其他蜂产品 【电商】	Other bee products	【最】20【普】70 【协东盟】0【协澳门】0【协智利】0 【协新西兰】0【协秘鲁】0【协哥斯达黎加】0 【协香港】0 【协冰岛】0【协瑞士】8【协澳大利亚】0 【协韩国】13.3【协格鲁吉亚】0 【特-1】0【特-2】0 【增】16【对美加征】10【出】0【退】10	千克	A	B	PR	QS	101 102 103 104 105	其他蜂产品（药用蜂房） 其他蜂产品（药用蜂胶） 其他蜂产品（蜂胶） 其他蜂产品（其他蜂产品） 其他蜂产品（蜂胶乙醇提取物）
041000	90	10	其他编号未列名濒危野生动物产品（食用） 【电商】[1]	Other edible products of endangered wild animal origin, not elsewhere specified or included (for human consumption)	【最】20【普】70 【协东盟】0【协澳门】0【协智利】0 【协新西兰】0【协秘鲁】0【协台湾】0 【协香港】0【协哥斯达黎加】0【协冰岛】0 【协瑞士】8【协澳大利亚】0【协韩国】13.3 【协格鲁吉亚】0 【特东缅甸】0【特-1】0【特-2】0【特-3】0 【增】16【对美加征】10【出】0【退】0	千克	AF	BE	PR	QS	101 102	其他编号未列名濒危野生动物产品（食用）（批准为新食品原料） 其他编号未列名濒危野生动物产品（食用）（其他未列出的动物源性食品）
041000	90	90	其他编号未列名的食用动物产品 【电商】[2]	Other edible products of animal origin, not elsewhere specified or included (for human consumption)	【最】20【普】70 【协东盟】0【协澳门】0【协智利】0 【协新西兰】0【协秘鲁】0【协台湾】0 【协香港】0【协哥斯达黎加】0【协冰岛】0 【协瑞士】8【协澳大利亚】0【协韩国】13.3 【协格鲁吉亚】0 【特东缅甸】0【特-1】0【特-2】0【特-3】0 【增】16【对美加征】10【出】0【退】10	千克	A	B	PR	QS	101 102 103 104 105 ……	其他编号未列名的食用动物产品（食用龟蛋） 其他编号未列名的食用动物产品（食用鳖蛋） 其他编号未列名的食用动物产品（其他两栖类动物食用蛋品） 其他编号未列名的食用动物产品（其他爬行类动物食用蛋品） 其他编号未列名的食用动物产品（批准为新食品原料） ……[3]

① 列入《进出口野生动植物种商品目录》的商品除外；仅限网购保税商品。

② 列入《进出口野生动植物种商品目录》的商品除外；仅限网购保税商品。

③ 该税号项下检验检疫编码及对应中文名称尚有：106　其他编号未列名的食用动物产品（其他未列出的动物源性食品）。

第 五 章
其他动物产品

注释：

一、本章不包括：

（一）食用产品（整个或切块的动物肠、膀胱和胃，以及液态或干制的动物血除外）；

（二）生皮或毛皮（第四十一章、第四十三章），但税目 05.05 的货品及税目 05.11 的生皮或毛皮的边角废料仍归入本章；

（三）马毛及废马毛以外的动物纺织原料（第十一类）；或

（四）供制帚、制刷用的成束、成簇的材料（税目 96.03）。

二、仅按长度而未按发根和发梢整理的人发，视为未加工品，归入税目 05.01。

三、本协调制度所称“兽牙”，是指象、河马、海象、一角鲸和野猪的长牙、犀角及其他动物的牙齿。

四、本协调制度所称“马毛”，是指马科、牛科动物的鬃毛和尾毛。税目 05.11 主要包括马毛及废马毛，不论是否制成带衬垫或不带衬垫的毛片。

Chapter 5
Products of animal origin, not elsewhere specified or included

Chapter Notes:

1. This Chapter does not cover:

(a) Edible products (other than guts, bladders and stomachs of animals, whole and pieces thereof, and animal blood, liquid or dried);

(b) Hides or skins (including furskins) other than goods of heading 05.05 and parings and similar waste of raw hides or skins of heading 05.11 (Chapter 41 or 43);

(c) Animal textile materials, other than horsehair and horsehair waste (Section XI); or

(d) Prepared knots or tufts for broom or brush making (heading 96.03).

2. For the purposes of heading 05.01, the sorting of hair by length (provided the root ends and tip ends respectively are not arranged together) shall be deemed not to constitute working.

3. Throughout the Nomenclature, elephant, hippopotamus, walrus, narwhal and wild boar tusks, rhinoceros horns and the teeth of all animals are regarded as "ivory".

4. Throughout the Nomenclature, the expression "horsehair" means hair of the manes or tails of equine or bovine animals. Heading 05.11 covers, inter alia, horsehair and horsehair waste, whether or not put up as a layer with or without supporting material.

税则号列			货品名称中英文		税费综合信息	计量单位	监管证件代码		检验检疫类别		检验检疫编码	检验检疫编码对应中文名称
HS 国际统一前6位	本国子目 7~8位	本国子目 9~10位	中文 货物名称	英文 Article Description			进口	出口	进口	出口		
050100	00		未经加工的人发；废人发（不论是否洗涤）	Human hair, unworked, whether or not washed or scoured; waste of human hair	【最】15【普】90 【协东盟】0【协巴基斯坦】12【协智利】0 【协新西兰】0【协秘鲁】0【协哥斯达黎加】0 【协冰岛】0【协瑞士】6【协澳大利亚】0 【协韩国】7.5【协格鲁吉亚】0【协香港】0 【协澳门】0 【特-1】0【特-2】0 【增】16【出】0【退】16	千克	9	B	V	W	999	未经加工的人发；废人发（不论是否洗涤）
050210	10		猪鬃	Pigs' bristles	【最】20【普】90 【协东盟】0【协智利】0【协新西兰】0 【协秘鲁】0【协哥斯达黎加】0【协冰岛】0 【协瑞士】8【协澳大利亚】0【协韩国】13.3 【协格鲁吉亚】0【协香港】0【协澳门】0 【特-1】0【特-2】0 【增】10【出】0【退】10	千克	A	B	P	Q	999	猪鬃
050210	20		猪毛	Pigs' hair	【最】20【普】90 【协东盟】0【协智利】0【协新西兰】0 【协秘鲁】0【协哥斯达黎加】0【协冰岛】0 【协瑞士】8【协澳大利亚】0【协韩国】13.3 【协格鲁吉亚】0【协香港】0【协澳门】0 【特-1】0【特-2】0 【增】10【出】0【退】6	千克	A	B	P	Q	999	猪毛

税则号列			货品名称中英文		税费综合信息	计量单位	监管证件代码		检验检疫类别		检验检疫编码	检验检疫编码对应中文名称
HS 国际统一前6位	本国子目 7~8位	本国子目 9~10位	中文 货物名称	英文 Article Description			进口	出口	进口	出口		
050210	30		猪鬃或猪毛的废料	Waste of Pigs' bristles or hair	【最】20【普】90 【协东盟】0【协智利】0【协新西兰】0 【协秘鲁】0【协哥斯达黎加】0【协冰岛】0 【协瑞士】8【协澳大利亚】0【协韩国】13.3 【协格鲁吉亚】0【协香港】0【协澳门】0 【特-1】0【特-2】0 【增】10【出】0【退】6	千克	9	B	P	Q	101 102	猪鬃或猪毛的废料（猪毛） 猪鬃或猪毛的废料（猪鬃）
050290	11		山羊毛	Goat hair	【最】20【普】90 【协东盟】0【协智利】0【协新西兰】0 【协秘鲁】0【协哥斯达黎加】0【协冰岛】0 【协瑞士】8【协澳大利亚】0【协韩国】13.3 【协格鲁吉亚】0【协香港】0【协澳门】0 【特-1】0【特-2】0 【增】10【出】0【退】10	千克	A	B	P	Q	999	山羊毛
050290	12		黄鼠狼尾毛	Weasel tail hair	【最】20【普】90 【协东盟】0【协智利】0【协新西兰】0 【协秘鲁】0【协哥斯达黎加】0【协冰岛】0 【协瑞士】8【协澳大利亚】0【协韩国】13.3 【协格鲁吉亚】0【协香港】0【协澳门】0 【特-1】0【特-2】0 【增】10【出】0【退】10	千克	AF	BE	P	Q	999	黄鼠狼尾毛
050290	19	10	濒危獾毛及其他制刷用濒危兽毛	Endangered badger hair and other endangered animal's brush making hair	【最】20【普】90 【协东盟】0【协智利】0【协新西兰】0 【协秘鲁】0【协哥斯达黎加】0【协冰岛】0 【协瑞士】8【协澳大利亚】0【协韩国】13.3 【协格鲁吉亚】0【协香港】0【协澳门】0 【特-1】0【特-2】0 【增】10【出】0【退】0	千克	AF	BE	P	Q	101 102 103 104 105 ……	濒危獾毛及其他制刷用濒危兽毛［野猪毛（鬃）］ 濒危獾毛及其他制刷用濒危兽毛［野牛毛（绒）］ 濒危獾毛及其他制刷用濒危兽毛［野羊毛（绒）］ 濒危獾毛及其他制刷用濒危兽毛（獾毛） 濒危獾毛及其他制刷用濒危兽毛（其他饲养奇蹄动物鬃毛） ……①
050290	19	90	其他獾毛及其他制刷用兽毛	Other badger hair and other brush making hair	【最】20【普】90 【协东盟】0【协智利】0【协新西兰】0 【协秘鲁】0【协哥斯达黎加】0【协冰岛】0 【协瑞士】8【协澳大利亚】0【协韩国】13.3 【协格鲁吉亚】0【协香港】0【协澳门】0 【特-1】0【特-2】0 【增】10【出】0【退】10	千克	A	B	P	Q	101 102 103 104 105 ……	其他獾毛及其他制刷用兽毛（牛毛） 其他獾毛及其他制刷用兽毛（牦牛毛） 其他獾毛及其他制刷用兽毛（水牛毛） 其他獾毛及其他制刷用兽毛（绵羊毛） 其他獾毛及其他制刷用兽毛（山羊毛） ……②

① 该税号项下检验检疫编码及对应中文名称尚有：106　濒危獾毛及其他制刷用濒危兽毛（其他野生奇蹄动物鬃毛），107　濒危獾毛及其他制刷用濒危兽毛（其他饲养偶蹄动物鬃毛），108　濒危獾毛及其他制刷用濒危兽毛（其他野生偶蹄动物鬃毛），109　濒危獾毛及其他制刷用濒危兽毛（未列出的其他动物鬃毛）。

② 该税号项下检验检疫编码及对应中文名称尚有：106　其他獾毛及其他制刷用兽毛［野猪毛（鬃）］，107　其他獾毛及其他制刷用兽毛［野牛毛（绒）］，108　其他獾毛及其他制刷用兽毛［野羊毛（绒）］，109　其他獾毛及其他制刷用兽毛（獾毛），110　其他獾毛及其他制刷用兽毛（其他饲养奇蹄动物鬃毛），111　其他獾毛及其他制刷用兽毛（其他野生奇蹄动物鬃毛），112　其他獾毛及其他制刷用兽毛（其他饲养偶蹄动物鬃毛），113　其他獾毛及其他制刷用兽毛（其他野生偶蹄动物鬃毛），114　其他獾毛及其他制刷用兽毛（未列出的其他动物鬃毛）。

税则号列 HS国际统一前6位	本国子目 7~8位	9~10位	货品名称中英文 中文 货物名称	英文 Article Description	税费综合信息	计量单位	监管证件代码 进口	出口	检验检疫类别 进口	出口	检验检疫编码	检验检疫编码对应中文名称
050290	20	10	濒危獾毛及其他制刷濒危兽毛废料	Waste of endangered badger hair and other endangered animal's brush making hair	【最】20【普】90 【协东盟】0【协智利】0【协新西兰】0 【协秘鲁】0【协哥斯达黎加】0【协冰岛】0 【协瑞士】8【协澳大利亚】0【协韩国】13.3 【协格鲁吉亚】0【协香港】0【协澳门】0 【特-1】0【特-2】0 【增】10【出】0【退】0	千克	F	BE	P	Q	101 102 103 104 105 ……	濒危獾毛及其他制刷濒危兽毛废料（獾毛） 濒危獾毛及其他制刷濒危兽毛废料（其他饲养奇蹄动物鬃毛） 濒危獾毛及其他制刷濒危兽毛废料（其他野生奇蹄动物鬃毛） 濒危獾毛及其他制刷濒危兽毛废料（其他饲养偶蹄动物鬃毛） 濒危獾毛及其他制刷濒危兽毛废料（其他野生偶蹄动物鬃毛） ……①
050290	20	90	其他獾毛及其他制刷用兽毛的废料	Waste of other badger hair and other brush making hair	【最】20【普】90 【协东盟】0【协智利】0【协新西兰】0 【协秘鲁】0【协哥斯达黎加】0【协冰岛】0 【协瑞士】8【协澳大利亚】0【协韩国】13.3 【协格鲁吉亚】0【协香港】0【协澳门】0 【特-1】0【特-2】0 【增】10【出】0【退】6	千克	9	B	P	Q	101 102 103 104 105 ……	其他獾毛及其他制刷用兽毛的废料（獾毛） 其他獾毛及其他制刷用兽毛的废料（其他饲养奇蹄动物鬃毛） 其他獾毛及其他制刷用兽毛的废料（其他野生奇蹄动物鬃毛） 其他獾毛及其他制刷用兽毛的废料（其他饲养偶蹄动物鬃毛） 其他獾毛及其他制刷用兽毛的废料（其他野生偶蹄动物鬃毛） ……②
050400	11		整个或切块盐渍的猪肠衣（猪大肠头除外）	Hog casings, whole and pieces, salted(excluding hog fat-ends)	【最】20【普】90 【协亚太】10【协东盟】0【协巴基斯坦】10 【协智利】0【协新西兰】0【协秘鲁】0 【协哥斯达黎加】0【协冰岛】0【协瑞士】0 【协澳大利亚】0【协韩国】13.3【协格鲁吉亚】0 【协香港】0【协澳门】0 【特-1】0【特-2】0 【增】10【对美加征】10【出】0【退】10	千克	A	B	PR	QS	999	整个或切块盐渍的猪肠衣（猪大肠头除外）
050400	12		整个或切块盐渍的绵羊肠衣	Sheep casings, whole and pieces, salted	【最】18【普】90 【协亚太】9【协东盟】0【协巴基斯坦】9 【协智利】0【协新西兰】0【协秘鲁】0 【协哥斯达黎加】0【协冰岛】0【协瑞士】7.2 【协澳大利亚】0【协韩国】12 【协格鲁吉亚】0【协香港】0【协澳门】0 【特-1】0【特-2】0 【增】10【对美加征】10【出】0【退】10	千克	A	B	PR	QS	999	整个或切块盐渍的绵羊肠衣
050400	13		整个或切块盐渍的山羊肠衣	Goat casings, whole and pieces, salted	【最】18【普】90 【协亚太】9【协东盟】0【协巴基斯坦】9 【协智利】0【协新西兰】0【协秘鲁】0 【协哥斯达黎加】0【协冰岛】0【协瑞士】7.2 【协澳大利亚】0【协韩国】12 【协格鲁吉亚】0【协香港】0【协澳门】0 【特-1】0【特-2】0 【增】10【出】0【退】10	千克	A	B	PR	QS	999	整个或切块盐渍的山羊肠衣
050400	14		整个或切块盐渍的猪大肠头	Hog fat-ends, whole and pieces, salted	【最】20【普】90 【协亚太】10【协东盟】0【协巴基斯坦】10 【协智利】0【协新西兰】0【协秘鲁】0 【协哥斯达黎加】0【协冰岛】0【协瑞士】8 【协澳大利亚】0【协韩国】13.3【协格鲁吉亚】0 【协香港】0【协澳门】0 【特-1】0【特-2】0 【增】10【出】0【退】10	千克	A	B	PR	QS	999	整个或切块盐渍的猪大肠头

① 该税号项下检验检疫编码及对应中文名称尚有：106　濒危獾毛及其他制刷濒危兽毛废料（未列出的其他动物鬃毛）。
② 该税号项下检验检疫编码及对应中文名称尚有：106　其他獾毛及其他制刷用兽毛的废料（未列出的其他动物鬃毛）。

税则号列			货品名称中英文		税费综合信息	计量单位	监管证件代码		检验检疫类别		检验检疫编码	检验检疫编码对应中文名称
HS国际统一前6位	本国子目7~8位	9~10位	中文 货物名称	英文 Article Description			进口	出口	进口	出口		
050400	19		整个或切块的其他动物肠衣(包括鲜、冷、冻、干、熏、盐腌或盐渍的，鱼除外)	Other casings of animals (other than fish), whole and pieces thereof, fresh, chilled, frozen, salted, in brine, dried or smoked	【最】18【普】90 【协亚太】9【协东盟】0【协巴基斯坦】9 【协智利】0【协新西兰】0【协秘鲁】0 【协哥斯达黎加】0【协冰岛】0【协瑞士】7.2 【协澳大利亚】0【协韩国】12 【协格鲁吉亚】0【协香港】0【协澳门】0 【特-1】0【特-2】0 【增】10【出】0【退】10	千克	A	B	PR	QS	101 102 103 104 105 ……	整个或切块的其他动物肠衣（包括鲜、冷、冻、干、熏、盐腌或盐渍的，鱼除外）（鲜、冷、冻猪肠衣） 整个或切块的其他动物肠衣（包括鲜、冷、冻、干、熏、盐腌或盐渍的，鱼除外）（干、熏的猪肠衣） 整个或切块的其他动物肠衣（包括鲜、冷、冻、干、熏、盐腌或盐渍的，鱼除外）（鲜、冷、冻牛肠衣） 整个或切块的其他动物肠衣（包括鲜、冷、冻、干、熏、盐腌或盐渍的，鱼除外）（干、熏、盐腌或腌渍的牛肠衣） 整个或切块的其他动物肠衣（包括鲜、冷、冻、干、熏、盐腌或盐渍的，鱼除外）（鲜、冷、冻绵羊肠衣） ……①
050400	21		冷、冻的鸡肫	Cold, frozen gizzard	【最】0【普】0 【协亚太】10【协东盟】0 【协巴基斯坦】0.65元/千克【协智利】0 【协新西兰】0【协秘鲁】0【协哥斯达黎加】0 【协冰岛】0【协瑞士】8【协澳大利亚】0 【协韩国】0.8元/千克【协格鲁吉亚】0 【协香港】0【协澳门】0 【特-1】0【特-2】0【从量（最）】1.3元/千克 【从量（普）】7.7元/千克 【增】10【反倾】有【对美加征】25【出】0 【退】6	千克	7A	B	PR	QS	101 102	冷、冻的鸡肫（即鸡胃）(冷藏的鸡肫、胃) 冷、冻的鸡肫（即鸡胃）(冻藏的鸡肫、胃)

① 该税号项下检验检疫编码及对应中文名称尚有：106　整个或切块的其他动物肠衣（包括鲜、冷、冻、干、熏、盐腌或盐渍的，鱼除外）（干、熏的绵羊肠衣），107　整个或切块的其他动物肠衣（包括鲜、冷、冻、干、熏、盐腌或盐渍的，鱼除外）（鲜、冷、冻山羊肠衣），108　整个或切块的其他动物肠衣（包括鲜、冷、冻、干、熏、盐腌或盐渍的，鱼除外）（干、熏的山羊肠衣），109　整个或切块的其他动物肠衣（包括鲜、冷、冻、干、熏、盐腌或盐渍的，鱼除外）（鲜、冷、冻鹿肠衣），110　整个或切块的其他动物肠衣（包括鲜、冷、冻、干、熏、盐腌或盐渍的，鱼除外）（干、熏、盐腌或腌渍的鹿肠衣），111　整个或切块的其他动物肠衣（包括鲜、冷、冻、干、熏、盐腌或盐渍的，鱼除外）（鲜、冷、冻其他动物肠衣），112　整个或切块的其他动物肠衣（包括鲜、冷、冻、干、熏、盐腌或盐渍的，鱼除外）（干、熏、盐腌或腌渍的其他动物肠衣）。

税则号列			货品名称中英文		税费综合信息	计量单位	监管证件代码		检验检疫类别		检验检疫编码	检验检疫编码对应中文名称
HS 国际统一前6位	本国子目 7~8位	9~10位	中文 货物名称	英文 Article Description			进口	出口	进口	出口		
050400	29		整个或切块的其他动物的胃(包括鲜、冷、冻、干、熏、盐腌或盐渍的,鱼除外)	Other stomachs of animals (other than fish), whole and pieces thereof, fresh, chilled, frozen, salted, in brine, dried or smoked	【最】20【普】90 【协亚太】10【协东盟】0【协巴基斯坦】10 【协智利】0【协新西兰】0【协秘鲁】0 【协哥斯达黎加】0【协冰岛】0【协瑞士】8 【协澳大利亚】0【协韩国】13.3【协格鲁吉亚】0 【协香港】0【协澳门】0 【特-1】0【特-2】0【特-3】0 【增】10【对美加征】10【出】0【退】6	千克	A	B	PR	QS	101 102 103 104 105 ……	整个或切块的其他动物的胃(包括鲜、冷、冻、干、熏、盐腌或盐渍的,鱼除外)(鲜、冷、冻的猪胃、猪肚) 整个或切块的其他动物的胃(包括鲜、冷、冻、干、熏、盐腌或盐渍的,鱼除外)(干、熏、盐腌或盐渍的猪胃、猪肚) 整个或切块的其他动物的胃(包括鲜、冷、冻、干、熏、盐腌或盐渍的,鱼除外)(鲜、冷、冻的牛真胃) 整个或切块的其他动物的胃(包括鲜、冷、冻、干、熏、盐腌或盐渍的,鱼除外)(鲜、冷、冻的牛瓣胃、牛百叶) 整个或切块的其他动物的胃(包括鲜、冷、冻、干、熏、盐腌或盐渍的,鱼除外)(鲜、冷、冻的牛网胃) ……①

① 该税号项下检验检疫编码及对应中文名称尚有:106 整个或切块的其他动物的胃(包括鲜、冷、冻、干、熏、盐腌或盐渍的,鱼除外)(鲜、冷、冻的牛瘤胃),107 整个或切块的其他动物的胃(包括鲜、冷、冻、干、熏、盐腌或盐渍的,鱼除外)(干、熏、盐腌或盐渍的牛真胃),108 整个或切块的其他动物的胃(包括鲜、冷、冻、干、熏、盐腌或盐渍的,鱼除外)(干、熏、盐腌或盐渍的牛瓣胃、牛百叶),109 整个或切块的其他动物的胃(包括鲜、冷、冻、干、熏、盐腌或盐渍的,鱼除外)(干、熏、盐腌或盐渍的牛网胃),110 整个或切块的其他动物的胃(包括鲜、冷、冻、干、熏、盐腌或盐渍的,鱼除外)(干、熏、盐腌或盐渍的牛瘤胃),111 整个或切块的其他动物的胃(包括鲜、冷、冻、干、熏、盐腌或盐渍的,鱼除外)(鲜、冷、冻的绵羊真胃),112 整个或切块的其他动物的胃(包括鲜、冷、冻、干、熏、盐腌或盐渍的,鱼除外)(鲜、冷、冻的绵羊瓣胃、绵羊百叶),113 整个或切块的其他动物的胃(包括鲜、冷、冻、干、熏、盐腌或盐渍的,鱼除外)(鲜、冷、冻的绵羊网胃),114 整个或切块的其他动物的胃(包括鲜、冷、冻、干、熏、盐腌或盐渍的,鱼除外)(鲜、冷、冻的绵羊瘤胃),115 整个或切块的其他动物的胃(包括鲜、冷、冻、干、熏、盐腌或盐渍的,鱼除外)(干、熏、盐腌或盐渍的绵羊真胃),116 整个或切块的其他动物的胃(包括鲜、冷、冻、干、熏、盐腌或盐渍的,鱼除外)(干、熏、盐腌或盐渍的绵羊瓣胃、绵羊百叶),117 整个或切块的其他动物的胃(包括鲜、冷、冻、干、熏、盐腌或盐渍的,鱼除外)(干、熏、盐腌或盐渍的绵羊网胃),118 整个或切块的其他动物的胃(包括鲜、冷、冻、干、熏、盐腌或盐渍的,鱼除外)(干、熏、盐腌或盐渍的绵羊瘤胃),119 整个或切块的其他动物的胃(包括鲜、冷、冻、干、熏、盐腌或盐渍的,鱼除外)(鲜、冷、冻的山羊真胃),120 整个或切块的其他动物的胃(包括鲜、冷、冻、干、熏、盐腌或盐渍的,鱼除外)(鲜、冷、冻的山羊瓣胃、山羊百叶),121 整个或切块的其他动物的胃(包括鲜、冷、冻、干、熏、盐腌或盐渍的,鱼除外)(鲜、冷、冻的山羊网胃),122 整个或切块的其他动物的胃(包括鲜、冷、冻、干、熏、盐腌或盐渍的,鱼除外)(鲜、冷、冻的山羊瘤胃),123 整个或切块的其他动物的胃(包括鲜、冷、冻、干、熏、盐腌或盐渍的,鱼除外)(干、熏、盐腌或盐渍的山羊真胃),124 整个或切块的其他动物的胃(包括鲜、冷、冻、干、熏、盐腌或盐渍的,鱼除外)(干、熏、盐腌或盐渍的山羊瓣胃、山羊百叶),125 整个或切块的其他动物的胃(包括鲜、冷、冻、干、熏、盐腌或盐渍的,鱼除外)(干、熏、盐腌或盐渍的山羊网胃),126 整个或切块的其他动物的胃(包括鲜、冷、冻、干、熏、盐腌或盐渍的,鱼除外)(干、熏、盐腌或盐渍的山羊瘤胃),127 整个或切块的其他动物的胃(包括鲜、冷、冻、干、熏、盐腌或盐渍的,鱼除外)(鲜、冷、冻的鹿真胃),128 整个或切块的其他动物的胃(包括鲜、冷、冻、干、熏、盐腌或盐渍的,鱼除外)(鲜、冷、冻的鹿瓣胃、鹿百叶),129 整个或切块的其他动物的胃(包括鲜、冷、冻、干、熏、盐腌或盐渍的,鱼除外)(鲜、冷、冻的鹿网胃),130 整个或切块的其他动物的胃(包括鲜、冷、冻、干、熏、盐腌或盐渍的,鱼除外)(鲜、冷、冻的鹿瘤胃),131 整个或切块的其他动物的胃(包括鲜、冷、冻、干、熏、盐腌或盐渍的,鱼除外)(干、熏、盐腌或盐渍的鹿真胃),132 整个或切块的其他动物的胃(包括鲜、冷、冻、干、熏、盐腌或盐渍的,鱼除外)(干、熏、盐腌或盐渍的鹿瓣胃、鹿百叶),133 整个或切块的其他动物的胃(包括鲜、冷、冻、干、熏、盐腌或盐渍的,鱼除外)(干、熏、盐腌或盐渍的鹿网胃),134 整个或切块的其他动物的胃(包括鲜、冷、冻、干、熏、盐腌或盐渍的,鱼除外)(干、熏、盐腌或盐渍的鹿瘤胃),135 整个或切块的其他动物的胃(包括鲜、冷、冻、干、熏、盐腌或盐渍的,鱼除外)(鲜、冷、冻的其他动物的胃),136 整个或切块的其他动物的胃(包括鲜、冷、冻、干、熏、盐腌或盐渍的,鱼除外)(干、熏、盐腌或盐渍的其他动物的胃)。

税则号列			货品名称中英文		税费综合信息	计量单位	监管证件代码		检验检疫类别		检验检疫编码	检验检疫编码对应中文名称
HS国际统一前6位	本国子目7~8位	9~10位	中文 货物名称	英文 Article Description			进口	出口	进口	出口		
050400	90		整个或切块的其他动物肠、膀胱（包括鲜、冷、冻、干、熏、盐腌或盐渍的，鱼除外）	Other guts, bladders of animals (other than fish), whole and pieces thereof, fresh, chilled, frozen, salted, in brine, dried or smoked	【最】20【普】80 【协亚太】10【协东盟】0【协巴基斯坦】10 【协智利】0【协新西兰】0【协秘鲁】0 【协哥斯达黎加】0【协冰岛】0【协瑞士】0 【协澳大利亚】0【协韩国】13.3【协格鲁吉亚】0 【协香港】0【协澳门】0 【特-1】0【特-2】0 【增】10【出】0【退】6	千克	A	B	PR	QS	101 102 103 104 105 ……	整个或切块的其他动物肠、膀胱（包括鲜、冷、冻、干、熏、盐腌或盐渍的，鱼除外）（鲜、冷、冻的猪肠） 整个或切块的其他动物肠、膀胱（包括鲜、冷、冻、干、熏、盐腌或盐渍的，鱼除外）（干、熏、盐腌或盐渍的猪肠） 整个或切块的其他动物肠、膀胱（包括鲜、冷、冻、干、熏、盐腌或盐渍的，鱼除外）（鲜、冷、冻的猪膀胱） 整个或切块的其他动物肠、膀胱（包括鲜、冷、冻、干、熏、盐腌或盐渍的，鱼除外）（干、熏、盐腌或盐渍的猪膀胱） 整个或切块的其他动物肠、膀胱（包括鲜、冷、冻、干、熏、盐腌或盐渍的，鱼除外）（鲜、冷、冻的牛肠） ……①
050510	00	10	填充用濒危野生禽类羽毛、羽绒（仅经洗涤、消毒等处理，未进一步加工）	Feathers or down of endangered wild birds, of a kind used for stuffing (not further worked than cleaned, disinfected or treated for preservation)	【最】10【普】100【暂进】2 【协亚太】7.5【协东盟】0【协巴基斯坦】5 【协智利】0【协新西兰】0【协秘鲁】0 【协哥斯达黎加】0【协香港】0【协澳门】0【协冰岛】0【协瑞士】0 【协澳大利亚】0【协韩国】5【协格鲁吉亚】0 【特-1】0【特-2】0【特-3】0 【增】10【对美加征】10【出】0【退】0	千克	AF	BE	P	Q	999	填充用濒危野生禽类羽毛、羽绒（仅经洗涤、消毒等处理，未进一步加工）
050510	00	90	其他填充用羽毛、羽绒（仅经洗涤、消毒等处理，未进一步加工）	Other feathers of a kind used for stuffing; down (not further worked than cleaned, disinfected or treated for preservation)	【最】10【普】100【暂进】2 【协亚太】7.5【协东盟】0【协巴基斯坦】5 【协智利】0【协新西兰】0【协秘鲁】0 【协哥斯达黎加】0【协冰岛】0【协瑞士】0 【协澳大利亚】0【协韩国】5【协格鲁吉亚】0 【协香港】0【协澳门】0 【特-1】0【特-2】0【特-3】0 【增】10【对美加征】10【出】0【退】10	千克	A	B	P	Q	999	其他填充用羽毛、羽绒（仅经洗涤、消毒等处理，未进一步加工）

① 该税号项下检验检疫编码及对应中文名称尚有：106　整个或切块的其他动物肠、膀胱（包括鲜、冷、冻、干、熏、盐腌或盐渍的，鱼除外）（干、熏、盐腌或盐渍的牛肠），107　整个或切块的其他动物肠、膀胱（包括鲜、冷、冻、干、熏、盐腌或盐渍的，鱼除外）（鲜、冷、冻的牛膀胱），108　整个或切块的其他动物肠、膀胱（包括鲜、冷、冻、干、熏、盐腌或盐渍的，鱼除外）（干、熏、盐腌或盐渍的牛膀胱），109　整个或切块的其他动物肠、膀胱（包括鲜、冷、冻、干、熏、盐腌或盐渍的，鱼除外）（鲜、冷、冻的绵羊肠），110　整个或切块的其他动物肠、膀胱（包括鲜、冷、冻、干、熏、盐腌或盐渍的，鱼除外）（干、熏、盐腌或盐渍的绵羊肠），111　整个或切块的其他动物肠、膀胱（包括鲜、冷、冻、干、熏、盐腌或盐渍的，鱼除外）（鲜、冷、冻的绵羊膀胱），112　整个或切块的其他动物肠、膀胱（包括鲜、冷、冻、干、熏、盐腌或盐渍的，鱼除外）（干、熏、盐腌或盐渍的绵羊膀胱），113　整个或切块的其他动物肠、膀胱（包括鲜、冷、冻、干、熏、盐腌或盐渍的，鱼除外）（鲜、冷、冻的山羊肠），114　整个或切块的其他动物肠、膀胱（包括鲜、冷、冻、干、熏、盐腌或盐渍的，鱼除外）（干、熏、盐腌或盐渍的山羊肠），115　整个或切块的其他动物肠、膀胱（包括鲜、冷、冻、干、熏、盐腌或盐渍的，鱼除外）（鲜、冷、冻的山羊膀胱），116　整个或切块的其他动物肠、膀胱（包括鲜、冷、冻、干、熏、盐腌或盐渍的，鱼除外）（干、熏、盐腌或盐渍的山羊膀胱），117　整个或切块的其他动物肠、膀胱（包括鲜、冷、冻、干、熏、盐腌或盐渍的，鱼除外）（鲜、冷、冻的鹿肠），118　整个或切块的其他动物肠、膀胱（包括鲜、冷、冻、干、熏、盐腌或盐渍的，鱼除外）（干、熏、盐腌或盐渍的鹿肠），119　整个或切块的其他动物肠、膀胱（包括鲜、冷、冻、干、熏、盐腌或盐渍的，鱼除外）（鲜、冷、冻的鹿膀胱），120　整个或切块的其他动物肠、膀胱（包括鲜、冷、冻、干、熏、盐腌或盐渍的，鱼除外）（干、熏、盐腌或盐渍的鹿膀胱），121　整个或切块的其他动物肠、膀胱（包括鲜、冷、冻、干、熏、盐腌或盐渍的，鱼除外）（鲜、冷、冻的其他动物肠），122　整个或切块的其他动物肠、膀胱（包括鲜、冷、冻、干、熏、盐腌或盐渍的，鱼除外）（干、熏、盐腌或盐渍的其他动物肠），123　整个或切块的其他动物肠、膀胱（包括鲜、冷、冻、干、熏、盐腌或盐渍的，鱼除外）（鲜、冷、冻的其他动物膀胱），124　整个或切块的其他动物肠、膀胱（包括鲜、冷、冻、干、熏、盐腌或盐渍的，鱼除外）（干、熏、盐腌或盐渍的其他动物膀胱）。

税则号列 HS国际统一前6位	本国子目 7~8位	本国子目 9~10位	货品名称中文 货物名称	英文 Article Description	税费综合信息	计量单位	监管证件代码 进口	监管证件代码 出口	检验检疫类别 进口	检验检疫类别 出口	检验检疫编码	检验检疫编码对应中文名称
050590	10		羽毛或不完整羽毛的粉末及废料	Powder and waste of feathers or parts of feathers	【最】10【普】35 【协东盟】0【协巴基斯坦】5【协智利】0 【协新西兰】0【协秘鲁】0【协哥斯达黎加】0 【协冰岛】0【协瑞士】0【协澳大利亚】0 【协韩国】5【协格鲁吉亚】0【协香港】0 【协澳门】0 【特-1】0【特-2】0【特-3】0 【增】10【出】0【退】6	千克	9A	B	P	Q	101 102 103 104 105 ……	羽毛或不完整羽毛的粉末及废料（鸡毛） 羽毛或不完整羽毛的粉末及废料（鸭毛） 羽毛或不完整羽毛的粉末及废料（鸭绒） 羽毛或不完整羽毛的粉末及废料（鹅毛） 羽毛或不完整羽毛的粉末及废料（鹅绒） ……①
050590	90	10	其他濒危野生禽类羽毛、羽绒（包括带有羽毛或羽绒的鸟皮及鸟体的其他部分）	Other feathers and down of endangered wild birds (including skins and other parts of birds, with their feathers or down)	【最】10【普】90 【协东盟】0【协巴基斯坦】5【协智利】0 【协新西兰】0【协秘鲁】0【协哥斯达黎加】0 【协冰岛】0【协瑞士】0【协澳大利亚】0 【协韩国】5【协格鲁吉亚】0【协香港】0 【协澳门】0 【特-1】0【特-2】0【特-3】0 【增】10【对美加征】5【出】0【退】0	千克	AF	EB	P	Q	101 102	其他濒危野生禽类羽毛、羽绒（包括带有羽毛或羽绒的鸟皮及鸟体的其他部分）［野生禽鸟毛（绒）］ 其他濒危野生禽类羽毛、羽绒（包括带有羽毛或羽绒的鸟皮及鸟体的其他部分）（其他禽鸟羽毛）
050590	90	90	其他羽毛、羽绒（包括带有羽毛或羽绒的鸟皮及鸟体的其他部分）	Other feathers and down(including skins and other parts of birds, with their feathers or down)	【最】10【普】90 【协东盟】0【协巴基斯坦】5【协智利】0 【协新西兰】0【协秘鲁】0【协哥斯达黎加】0 【协冰岛】0【协瑞士】0【协澳大利亚】0 【协韩国】5【协格鲁吉亚】0【协香港】0 【协澳门】0 【特-1】0【特-2】0【特-3】0 【增】10【对美加征】5【出】0【退】10	千克	A	B	P	Q	101 102 103 104 105 ……	其他羽毛、羽绒（包括带有羽毛或羽绒的鸟皮及鸟体的其他部分）（鸡毛） 其他羽毛、羽绒（包括带有羽毛或羽绒的鸟皮及鸟体的其他部分）（鸭毛） 其他羽毛、羽绒（包括带有羽毛或羽绒的鸟皮及鸟体的其他部分）（鸭绒） 其他羽毛、羽绒（包括带有羽毛或羽绒的鸟皮及鸟体的其他部分）（鹅毛） 其他羽毛、羽绒（包括带有羽毛或羽绒的鸟皮及鸟体的其他部分）（鹅绒） ……②
050610	00		经酸处理的骨胶原及骨	Ossein and bones treated with acid	【最】12【普】50 【协东盟】0【协巴基斯坦】6【协智利】0 【协新西兰】0【协秘鲁】0【协哥斯达黎加】0 【协冰岛】0【协瑞士】4.8【协澳大利亚】0 【协韩国】6【协格鲁吉亚】0【协香港】0 【协澳门】0 【特东老拙】0【特-1】0【特-2】0【特-3】0 【增】16【出】40【退】0	千克	A	B	P	Q	101 102 103 104 105 ……	经酸处理的骨胶原及骨（猪骨） 经酸处理的骨胶原及骨（猪蹄壳） 经酸处理的骨胶原及骨（牛骨） 经酸处理的骨胶原及骨（牛蹄壳） 经酸处理的骨胶原及骨（含饲养偶蹄动物的杂骨、骨块、骨粒） ……③
050690	11	10	含牛羊成分的骨废料（未经加工或仅经脱脂等加工的）	Waste of bones, of bovine or sheep, unworked, defatted, simply prepared	【最】12【普】35 【协东盟】0【协巴基斯坦】6【协智利】0 【协新西兰】0【协秘鲁】0【协哥斯达黎加】0 【协冰岛】0【协瑞士】4.8【协澳大利亚】0 【协韩国】6【协格鲁吉亚】0【协香港】0 【协澳门】0 【特东老拙】0【特-1】0【特-2】0【特-3】0 【增】16【出】40【退】0	千克	9A	B	MP	Q	999	含牛羊成分的骨废料（未经加工或仅经脱脂等加工的）

① 该税号项下检验检疫编码及对应中文名称尚有：106　羽毛或不完整羽毛的粉末及废料（火鸡毛），107　羽毛或不完整羽毛的粉末及废料（其他禽鸟羽毛）。

② 该税号项下检验检疫编码及对应中文名称尚有：106　其他羽毛、羽绒（包括带有羽毛或羽绒的鸟皮及鸟体的其他部分）（火鸡毛），107　其他羽毛、羽绒（包括带有羽毛或羽绒的鸟皮及鸟体的其他部分）（其他禽鸟羽毛）。

③ 该税号项下检验检疫编码及对应中文名称尚有：106　经酸处理的骨胶原及骨（其他饲养偶蹄动物骨、蹄、角），107　经酸处理的骨胶原及骨（未列出的其他动物骨、蹄、角）。

税则号列 HS 国际统一前 6 位	本国子目 7~8 位	本国子目 9~10 位	货品名称中英文 中文 货物名称	货品名称中英文 英文 Article Description	税费综合信息	计量单位	监管证件代码 进口	监管证件代码 出口	检验检疫类别 进口	检验检疫类别 出口	检验检疫编码	检验检疫编码对应中文名称
050690	11	90	含牛羊成分的骨粉（未经加工或仅经脱脂等加工的）	Powder of bones, of bovine and sheep (unworked, defatted, simply prepared)	【最】12【普】35 【协东盟】0【协巴基斯坦】6【协智利】0 【协新西兰】0【协秘鲁】0【协哥斯达黎加】0 【协冰岛】0【协瑞士】4.8【协澳大利亚】0 【协韩国】6【协格鲁吉亚】0【协香港】0 【协澳门】0 【特东老挝】0【特-1】0【特-2】0【特-3】0 【增】16【出】40【退】0	千克	A	B	MP	Q	101 102 103	含牛羊成分的骨粉（未经加工或仅经脱脂等加工的）［饲料用牛骨粉（骨成分 67%以上）］ 含牛羊成分的骨粉（未经加工或仅经脱脂等加工的）［饲料用羊骨粉（骨成分 67%以上）］ 含牛羊成分的骨粉（未经加工或仅经脱脂等加工的）（饲料用混合型饲养偶蹄动物骨粉）
050690	19	10	其他骨废料（未经加工或仅经脱脂等加工的）	Other waste of bones (unworked, defatted, simply prepared)	【最】12【普】35 【协东盟】0【协巴基斯坦】6【协智利】0 【协新西兰】0【协秘鲁】0【协哥斯达黎加】0 【协冰岛】0【协瑞士】4.8【协澳大利亚】0 【协韩国】6【协格鲁吉亚】0【协香港】0 【协澳门】0 【特东老挝】0【特-1】0【特-2】0【特-3】0 【增】16【出】40【退】0	千克	9A	B	MP	Q	999	其他骨废料（未经加工或仅经脱脂等加工的）
050690	19	90	其他骨粉（未经加工或仅经脱脂等加工的）	Other powder of bones (unworked, defatted, simply prepared)	【最】12【普】35 【协东盟】0【协巴基斯坦】6【协智利】0 【协新西兰】0【协秘鲁】0【协哥斯达黎加】0 【协冰岛】0【协瑞士】4.8【协澳大利亚】0 【协韩国】6【协格鲁吉亚】0【协香港】0 【协澳门】0 【特东老挝】0【特-1】0【特-2】0【特-3】0 【增】16【出】40【退】0	千克	A	B	MP	Q	101 102 103 104 105 ……	其他骨粉（未经加工或仅经脱脂等加工的）［饲料用猪骨粉（骨成分 67%以上）］ 其他骨粉（未经加工或仅经脱脂等加工的）（饲料用混合型饲养偶蹄动物骨粉） 其他骨粉（未经加工或仅经脱脂等加工的）（饲料用其他饲养偶蹄动物粉） 其他骨粉（未经加工或仅经脱脂等加工的）［饲料用野生偶蹄猪、牛、羊骨粉（骨成分 67%以上）］ 其他骨粉（未经加工或仅经脱脂等加工的）［饲料用其他动物骨粉（骨成分 67%以上）］ ……①
050690	90	11	已脱胶的虎骨（指未经加工或经脱脂等加工的）	Tiger-bone, degelatinized (unworked, defatted, simply prepared)	【最】12【普】50 【协香港】0【协澳门】0【协东盟】0 【协澳门】0【协巴基斯坦】6 【协智利】0【协新西兰】0【协秘鲁】0 【协哥斯达黎加】1.2【协冰岛】0【协瑞士】4.8 【协澳大利亚】0【协韩国】6【协香港】0 【协格鲁吉亚】0 【特东老挝】0【特-1】0【特-2】0【特-3】0 【增】10【出】40【退】0	千克	9	8	P	Q	999	已脱胶的虎骨（指未经加工或经脱脂等加工的）
050690	90	19	未脱胶的虎骨（指未经加工或经脱脂等加工的）	Tiger-bone, not degelatinized, (unworked, defatted, simply prepared)	【最】12【普】50 【协东盟】0【协澳门】0【协巴基斯坦】6 【协智利】0【协新西兰】0【协秘鲁】1.2 【协哥斯达黎加】1.2【协冰岛】0【协瑞士】4.8 【协澳大利亚】0【协韩国】6 【协格鲁吉亚】0 【特东老挝】0【特-1】0【特-2】0【特-3】0 【增】10【出】40【退】0	千克	9	8	P	Q	999	未脱胶的虎骨（指未经加工或经脱脂等加工的）

① 该税号项下检验检疫编码及对应中文名称尚有：106　其他骨粉（未经加工或仅经脱脂等加工的）（饲料用其他动物蹄粉），107　其他骨粉（未经加工或仅经脱脂等加工的）（饲料用其他动物角粉），108　其他骨粉（未经加工或仅经脱脂等加工的）（未列出的饲料用其他动物粉）。

税则号列			货品名称中英文		税费综合信息	计量单位	监管证件代码		检验检疫类别		检验检疫编码	检验检疫编码对应中文名称
HS 国际统一前6位	本国子目 7~8位	本国子目 9~10位	中文 货物名称	英文 Article Description			进口	出口	进口	出口		
050690	90	21	已脱胶的豹骨（指未经加工或经脱脂等加工的）	Leopardbone, degelatinized (unworked, defatted, simply prepared)	【最】12【普】50 【协东盟】0【协澳门】0【协巴基斯坦】6 【协智利】0【协新西兰】0【协秘鲁】0 【协哥斯达黎加】1.2【协冰岛】0【协瑞士】4.8 【协澳大利亚】0【协韩国】6 【协格鲁吉亚】0【协香港】0 【特东老挝】0【特-1】0【特-2】0【特-3】0 【增】10【出】40【退】0	千克	AF	BE	P	Q	999	已脱胶的豹骨（指未经加工或经脱脂等加工的）
050690	90	29	未脱胶的豹骨（指未经加工或经脱脂等加工的）	Leopardbone, not degelatinized (unworked, defatted, simply prepared)	【最】12【普】50 【协东盟】0【协澳门】0【协巴基斯坦】6 【协智利】0【协新西兰】0【协秘鲁】0 【协哥斯达黎加】1.2【协冰岛】0【协瑞士】4.8 【协澳大利亚】0【协韩国】6 【协格鲁吉亚】0【协香港】0 【特东老挝】0【特-1】0【特-2】0【特-3】0 【增】10【出】40【退】0	千克	AF	BE	P	Q	999	未脱胶的豹骨（指未经加工或经脱脂等加工的）
050690	90	31	已脱胶的濒危野生动物的骨及角柱（不包括虎骨、豹骨，指未经加工或经脱脂等加工的）	Bones and horn-cores of endangered wild animals, degelatinized (unworked, defatted, simply prepared excluding tiger-bone, leopard-bone)	【最】12【普】50 【协东盟】0【协澳门】0【协巴基斯坦】6 【协智利】0【协新西兰】0【协秘鲁】0 【协哥斯达黎加】1.2【协冰岛】0【协瑞士】4.8 【协澳大利亚】0【协韩国】6 【协格鲁吉亚】0【协香港】0 【特东老挝】0【特-1】0【特-2】0【特-3】0 【增】10【出】40【退】0	千克	AF	EB	P	Q	101 102	已脱胶的濒危野生动物的骨及角柱（不包括虎骨、豹骨，指未经加工或经脱脂等加工的）（其他野生偶蹄动物骨、蹄、角） 已脱胶的濒危野生动物的骨及角柱（不包括虎骨、豹骨，指未经加工或经脱脂等加工的）（未列出的其他动物骨、蹄、角）
050690	90	39	未脱胶的濒危野生动物的骨及角柱（不包括虎骨、豹骨，指未经加工或经脱脂等加工的）	Bones and horn-cores of endangered wild animals, not degelatinized (unworked, defatted, simply prepared, excluding tiger-bone, leopard-bone)	【最】12【普】50 【协东盟】0【协澳门】0【协巴基斯坦】6 【协智利】0【协新西兰】0【协秘鲁】0 【协哥斯达黎加】1.2【协冰岛】0【协瑞士】4.8 【协澳大利亚】0【协韩国】6 【协格鲁吉亚】0【协香港】0 【特东老挝】0【特-1】0【特-2】0【特-3】0 【增】10【出】40【退】0	千克	AF	EB	P	Q	999	未脱胶的濒危野生动物的骨及角柱（不包括虎骨、豹骨，指未经加工或经脱脂等加工的）
050690	90	91	已脱胶的其他骨及角柱（不包括虎骨、豹骨，指未经加工或经脱脂等加工的）	Bones and horn-cores of other animals, degelatinized (other than tiger-bone, leopard- bone, unworked, defatted, simply prepared)	【最】12【普】50 【协东盟】0【协澳门】0【协巴基斯坦】6 【协智利】0【协新西兰】0【协秘鲁】0 【协哥斯达黎加】1.2【协冰岛】0【协瑞士】4.8 【协澳大利亚】0【协韩国】6 【协格鲁吉亚】0【协香港】0 【特东老挝】0【特-1】0【特-2】0【特-3】0 【增】10【出】40【暂出】0【退】0	千克	A	B	P	Q	999	已脱胶的其他骨及角柱（不包括虎骨、豹骨，指未经加工或经脱脂等加工的）
050690	90	99	未脱胶的其他骨及角柱（不包括虎骨、豹骨，指未经加工或经脱脂等加工的）	Bones and horn-cores of other animals, not degelatinized (other than tigerbone, leopard- bone, unworked, defatted, simply prepared)	【最】12【普】50 【协东盟】0【协澳门】0【协巴基斯坦】6 【协智利】0【协新西兰】0【协秘鲁】0 【协哥斯达黎加】1.2【协冰岛】0【协瑞士】4.8 【协澳大利亚】0【协韩国】6 【协格鲁吉亚】0【协香港】0 【特东老挝】0【特-1】0【特-2】0【特-3】0 【增】10【出】40【退】0	千克	A	B	P	Q	999	未脱胶的其他骨及角柱（不包括虎骨、豹骨，指未经加工或经脱脂等加工的）
050710	00	10	犀牛角	Rhinocerus horn (cornu rhinocerotis)	【最】10【普】30 【协东盟】0【协巴基斯坦】5【协智利】0 【协新西兰】0【协秘鲁】0【协哥斯达黎加】0 【协冰岛】0【协瑞士】0【协澳大利亚】0 【协韩国】5【协格鲁吉亚】0【协香港】0 【协澳门】0 【特-1】0【特-2】0【特-3】0 【增】10【出】0【退】6	千克	9	8	P	Q	999	犀牛角

税则号列			货品名称中英文		税费综合信息	计量单位	监管证件代码		检验检疫类别		检验检疫编码	检验检疫编码对应中文名称
HS国际统一前6位	本国子目7~8位	9~10位	中文 货物名称	英文 Article Description			进口	出口	进口	出口		
050710	00	20	其他濒危野生兽牙、兽牙粉末及废料	Ivory, ivory powder of other endangered wild animals and waste thereof	【最】10【普】30 【协东盟】0【协巴基斯坦】5【协智利】0 【协新西兰】0【协秘鲁】0【协哥斯达黎加】0 【协冰岛】0【协瑞士】0【协澳大利亚】0 【协韩国】5【协格鲁吉亚】0【协香港】0 【协澳门】0 【特-1】0【特-2】0【特-3】0 【增】10【出】0【退】0	千克	AF	EB	P	Q	101 102 103	其他濒危野生兽牙、兽牙粉末及废料（其他野生偶蹄动物骨、蹄、角） 其他濒危野生兽牙、兽牙粉末及废料（象牙） 其他濒危野生兽牙、兽牙粉末及废料（未列出的其他动物骨、蹄、角）
050710	00	30	其他兽牙	Other Ivory	【最】10【普】30 【协东盟】0【协巴基斯坦】5【协智利】0 【协新西兰】0【协秘鲁】0【协哥斯达黎加】0 【协冰岛】0【协瑞士】0【协澳大利亚】0 【协韩国】5【协格鲁吉亚】0【协香港】0 【协澳门】0 【特-1】0【特-2】0【特-3】0 【增】10【出】0【退】6	千克	A	B	P	Q	101 102 103 104 105	其他兽牙（含饲养偶蹄动物的杂骨、骨块、骨粒） 其他兽牙（其他饲养偶蹄动物骨、蹄、角） 其他兽牙（其他野生偶蹄动物骨、蹄、角） 其他兽牙（象牙） 其他兽牙（未列出的其他动物骨、蹄、角）
050710	00	90	其他兽牙粉末及废料	Ivory, ivory powder of other animals and waste thereof	【最】10【普】30 【协东盟】0【协巴基斯坦】5【协智利】0 【协新西兰】0【协秘鲁】0【协哥斯达黎加】0 【协冰岛】0【协瑞士】0【协澳大利亚】0 【协韩国】5【协格鲁吉亚】0【协香港】0 【协澳门】0 【特-1】0【特-2】0【特-3】0 【增】10【出】0【退】6	千克	9A	B	P	Q	101 102 103 104	其他兽牙粉末及废料（含饲养偶蹄动物的杂骨、骨块、骨粒） 其他兽牙粉末及废料（其他饲养偶蹄动物骨、蹄、角） 其他兽牙粉末及废料（其他野生偶蹄动物骨、蹄、角） 其他兽牙粉末及废料（未列出的其他动物骨、蹄、角）
050790	10		羚羊角及其粉末和废料	Antelope horns and powder or waste thereof	【最】3【普】14 【协东盟】0【协巴基斯坦】0【协智利】0 【协新西兰】0【协秘鲁】0【协哥斯达黎加】0 【协冰岛】0【协瑞士】0【协澳大利亚】0 【协韩国】0【协格鲁吉亚】0【协香港】0 【协澳门】0 【特-1】0【特-2】0【特-3】0 【增】10【出】0【退】6	千克	AF	BE	P	Q	101 102	羚羊角及其粉末和废料（羚羊角） 羚羊角及其粉末和废料（药用羚羊角）
050790	20		鹿茸及其粉末	Pilose antlers and powder thereof	【最】11【普】30 【协东盟】0【协巴基斯坦】5【协智利】0 【协新西兰】0【协秘鲁】0【协哥斯达黎加】0 【协冰岛】0【协瑞士】4.4【协澳大利亚】0 【协韩国】5.5【协格鲁吉亚】0【协香港】0 【协澳门】0 【特-1】0【特-2】0【特-3】0 【增】10【出】0【退】6	千克	AF	BE	P	Q	101 102 103 104	鹿茸及其粉末（饲养鹿的鹿茸） 鹿茸及其粉末（非饲养鹿的鹿茸） 鹿茸及其粉末（药用鹿茸） 鹿茸及其粉末（药用马鹿茸）

税则号列 HS国际统一前6位	本国子目 7~8位	本国子目 9~10位	货品名称 中文 货物名称	英文 Article Description	税费综合信息	计量单位	监管证件代码 进口	监管证件代码 出口	检验检疫类别 进口	检验检疫类别 出口	检验检疫编码	检验检疫编码对应中文名称
050790	90	10	龟壳、鲸须、鲸须毛、鹿角及其他濒危动物角（包括蹄，甲，爪及喙及其粉末和废料）	Tortoise-shell, whalebone and whalebone hair, horns and other endangered antlers (hooves, nails, claws and beaks, unworked or simply prepared but not cut to shape; powder and waste of these products)	【最】10【普】50 【协东盟】0【协巴基斯坦】5【协智利】0 【协新西兰】0【协秘鲁】0【协哥斯达黎加】0 【协冰岛】0【协瑞士】0【协澳大利亚】0 【协韩国】5【协格鲁吉亚】0【协香港】0 【协澳门】0 【特-1】0【特-2】0【特-3】0 【增】10【出】0【退】0	千克	AF	EB	P	Q	101 102 103 104 105 ……	龟壳、鲸须、鲸须毛、鹿角及其他濒危动物角（包括蹄，甲，爪及喙及其粉末和废料）（饲养鹿的鹿角） 龟壳、鲸须、鲸须毛、鹿角及其他濒危动物角（包括蹄，甲，爪及喙及其粉末和废料）（含饲养偶蹄动物的杂骨、骨块、骨粒） 龟壳、鲸须、鲸须毛、鹿角及其他濒危动物角（包括蹄，甲，爪及喙及其粉末和废料）（其他饲养偶蹄动物骨、蹄、角） 龟壳、鲸须、鲸须毛、鹿角及其他濒危动物角（包括蹄，甲，爪及喙及其粉末和废料）（非饲养鹿的鹿角） 龟壳、鲸须、鲸须毛、鹿角及其他濒危动物角（包括蹄，甲，爪及喙及其粉末和废料）（其他野生偶蹄动物骨、蹄、角） ……①
050790	90	90	其他动物角（包括蹄，甲，爪及喙及其粉末和废料）	Other animal antlers (hooves, nails, claws and beaks, unworked or simply prepared but not cut to shape; powder and waste of these products)	【最】10【普】50 【协东盟】0【协巴基斯坦】5【协智利】0 【协新西兰】0【协秘鲁】0【协哥斯达黎加】0 【协冰岛】0【协瑞士】0【协澳大利亚】0 【协韩国】5【协格鲁吉亚】0【协香港】0 【协澳门】0 【特-1】0【特-2】0【特-3】0 【增】10【出】0【退】6	千克	A	B	P	Q	101 102 103 104 105 ……	其他动物角（包括蹄，甲，爪及喙及其粉末和废料）（猪蹄壳） 其他动物角（包括蹄，甲，爪及喙及其粉末和废料）（牛蹄壳） 其他动物角（包括蹄，甲，爪及喙及其粉末和废料）（牛角） 其他动物角（包括蹄，甲，爪及喙及其粉末和废料）（饲养鹿的鹿角） 其他动物角（包括蹄，甲，爪及喙及其粉末和废料）（含饲养偶蹄动物的杂骨、骨块、骨粒） ……②
050800	10	10	濒危珊瑚及濒危水产品的粉末、废料（包括介、贝、棘皮动物壳，不包括墨鱼骨的粉末、废料）【电商】③	Powder and waste of coral and endangered aquatic products (including shells of molluscs, crustaceans or echinoderms, but not including powder and waste of cuttle-bone)	【最】12【普】35 【协东盟】0【协香港】0【协澳门】0 【协新西兰】0【协秘鲁】0【协哥斯达黎加】0 【协冰岛】0【协瑞士】4.8【协澳大利亚】0 【协韩国】6.2【协格鲁吉亚】0【协智利】0 【特-1】0【特-2】0【特-3】0 【增】10【对美加征】10【出】0【退】0	千克	AF	EB	P	Q	999	濒危珊瑚及濒危水产品的粉末、废料（包括介、贝、棘皮动物壳，不包括墨鱼骨的粉末、废料）

① 该税号项下检验检疫编码及对应中文名称尚有：106　龟壳、鲸须、鲸须毛、鹿角及其他濒危动物角（包括蹄，甲，爪及喙及其粉末和废料）（未列出的其他动物骨、蹄、角），201　龟壳、鲸须、鲸须毛、鹿角及其他濒危动物角（包括蹄，甲，爪及喙及其粉末和废料）（药用水牛角），202　龟壳、鲸须、鲸须毛、鹿角及其他濒危动物角（包括蹄，甲，爪及喙及其粉末和废料）（药用龟甲），203　龟壳、鲸须、鲸须毛、鹿角及其他濒危动物角（包括蹄，甲，爪及喙及其粉末和废料）（药用鳖甲），204　龟壳、鲸须、鲸须毛、鹿角及其他濒危动物角（包括蹄，甲，爪及喙及其粉末和废料）（药用鹿角）。

② 该税号项下检验检疫编码及对应中文名称尚有：106　其他动物角（包括蹄，甲，爪及喙及其粉末和废料）（其他饲养偶蹄动物骨、蹄、角），107　其他动物角（包括蹄，甲，爪及喙及其粉末和废料）（非饲养鹿的鹿角），108　其他动物角（包括蹄，甲，爪及喙及其粉末和废料）（其他野生偶蹄动物骨、蹄、角），109　其他动物角（包括蹄，甲，爪及喙及其粉末和废料）（未列出的其他动物骨、蹄、角），201　其他动物角（包括蹄，甲，爪及喙及其粉末和废料）（药用水牛角），202　其他动物角（包括蹄，甲，爪及喙及其粉末和废料）（药用龟甲），203　其他动物角（包括蹄，甲，爪及喙及其粉末和废料）（药用鳖甲），204　其他动物角（包括蹄，甲，爪及喙及其粉末和废料）（药用鹿角）。

③ 列入《进出口野生动植物种商品目录》的商品除外；仅限网购保税商品。

税则号列			货品名称中英文		税费综合信息	计量单位	监管证件代码		检验检疫类别		检验检疫编码	检验检疫编码对应中文名称
HS国际统一前6位	本国子目 7~8位	本国子目 9~10位	中文 货物名称	英文 Article Description			进口	出口	进口	出口		
050800	10	90	其他水产品壳、骨的粉末及废料（包括介、贝壳，棘皮动物壳，墨鱼骨的粉末及废料） 【电商】①	Powder and waste of other aquatic products (including shells of mol luscs, crustaceans or echinoderms and cuttlebone)	【最】12【普】35 【协东盟】0【协香港】0【协澳门】0 【协新西兰】0【协秘鲁】0【协哥斯达黎加】0 【协冰岛】0【协瑞士】4.8【协澳大利亚】0 【协韩国】6【协格鲁吉亚】0【协智利】0 【特-1】0【特-2】0【特-3】0 【增】10【对美加征】10【出】0【退】10	千克	A	B	P	Q	101 102 103 104 105 ……	其他水产品壳、骨的粉末及废料（包括介、贝壳，棘皮动物壳，墨鱼骨的粉末及废料）（药用瓦楞子） 其他水产品壳、骨的粉末及废料（包括介、贝壳，棘皮动物壳，墨鱼骨的粉末及废料）（药用海螵蛸） 其他水产品壳、骨的粉末及废料（包括介、贝壳，棘皮动物壳，墨鱼骨的粉末及废料）（药用蛤壳） 其他水产品壳、骨的粉末及废料（包括介、贝壳，棘皮动物壳，墨鱼骨的粉末及废料）（药用石决明） 其他水产品壳、骨的粉末及废料（包括介、贝壳，棘皮动物壳，墨鱼骨的粉末及废料）［药用牡蛎（壳）］ ……②
050800	90	10	濒危珊瑚及濒危水产品的壳、骨（包括介、贝、棘皮动物的壳，不包括墨鱼骨）	Shells and bone of coral and endangered aquatic products (including shells of molluscs, crustaceans or echinoderms, but not including cuttle-bone)	【最】12【普】50 【协东盟】0【协香港】0【协澳门】0 【协智利】0【协新西兰】0【协秘鲁】0 【协哥斯达黎加】0【协冰岛】0【协瑞士】4.8 【协澳大利亚】0【协韩国】6 【协格鲁吉亚】0【协巴基斯坦】6 【特-1】0【特-2】0【特-3】0 【增】10【对美加征】10【出】0【退】0	千克	AF	EB	P	Q	999	濒危珊瑚及濒危水产品的壳、骨（包括介、贝、棘皮动物的壳，不包括墨鱼骨）
050800	90	90	其他水产品的壳、骨（包括介、贝、棘皮动物的壳，墨鱼骨）	Shells and bone of other aquatic product (including shells of molluscs, crustaceans or echinoderms and cuttle-bone)	【最】12【普】50 【协东盟】0【协香港】0【协澳门】0 【协智利】0【协新西兰】0【协秘鲁】0 【协哥斯达黎加】0【协冰岛】0【协瑞士】4.8 【协澳大利亚】0【协韩国】6 【协格鲁吉亚】0【协巴基斯坦】6 【特-1】0【特-2】0【特-3】0 【增】10【对美加征】10【出】0【退】10	千克	A	B	P	Q	999	其他水产品的壳、骨（包括介、贝、棘皮动物的壳，墨鱼骨）
051000	10	10	牛黄	Calculus bovis	【最】3【普】14 【协东盟】0【协巴基斯坦】0【协智利】0 【协新西兰】0【协秘鲁】0【协哥斯达黎加】0 【协冰岛】0【协瑞士】0【协澳大利亚】0 【协韩国】0【协格鲁吉亚】0【协香港】0 【协澳门】0 【特-1】0【特-2】0【特-3】0 【增】10【出】0【退】6	千克	A	8	P	Q	101 102 103	牛黄（药用牛黄） 牛黄（药用人工牛黄） 牛黄（药用体外培育牛黄）
051000	10	20	猴枣（药用）	Monkey bezoar (rhesus macague bezoar)	【最】3【普】14 【协东盟】0【协巴基斯坦】0【协智利】0 【协新西兰】0【协秘鲁】0【协哥斯达黎加】0 【协冰岛】0【协瑞士】0【协澳大利亚】0 【协韩国】0【协格鲁吉亚】0【协香港】0 【协澳门】0 【特-1】0【特-2】0【特-3】0 【增】10【出】0【退】6	千克	QAF	EB	P	Q	999	猴枣（药用）

① 列入《进出口野生动植物种商品目录》的商品除外；仅限网购保税商品。

② 该税号项下检验检疫编码及对应中文名称尚有：106　其他水产品壳、骨的粉末及废料（包括介、贝壳，棘皮动物壳，墨鱼骨的粉末及废料）（药用珍珠母），108　其他水产品壳、骨的粉末及废料（包括介、贝壳，棘皮动物壳，墨鱼骨的粉末及废料）（未列出的饲料用其他动物粉）。

税则号列			货品名称中英文		税费综合信息	计量单位	监管证件代码		检验检疫类别		检验检疫编码	检验检疫编码对应中文名称
HS国际统一前6位	本国子目 7~8位	本国子目 9~10位	中文 货物名称	英文 Article Description			进口	出口	进口	出口		
051000	10	90	其他黄药（不包括牛黄）	Other bezoar (excluding calculus bovis)	【最】3【普】14 【协东盟】0【协巴基斯坦】0【协智利】0 【协新西兰】0【协秘鲁】0【协哥斯达黎加】0 【协冰岛】0【协瑞士】0【协澳大利亚】0 【协韩国】0【协格鲁吉亚】0【协香港】0 【协澳门】0 【特-1】0【特-2】0【特-3】0 【增】10【出】0【退】6	千克	AF	EB	P	Q	999	其他黄药（不包括牛黄）（药用）
051000	20	10	海狸香、灵猫香	castoreum and civet	【最】7【普】50 【协东盟】0【协巴基斯坦】5【协智利】0 【协新西兰】0【协秘鲁】0【协哥斯达黎加】0 【协冰岛】0【协瑞士】0【协澳大利亚】0 【协韩国】0【协格鲁吉亚】0【协香港】0 【协澳门】0 【特-1】0【特-2】0 【增】10【出】0【退】6	千克	AF	EB	P	Q	999	海狸香、灵猫香
051000	20	20	龙涎香	Ambergris	【最】7【普】50 【协东盟】0【协巴基斯坦】5【协智利】0 【协新西兰】0【协秘鲁】0【协哥斯达黎加】0 【协冰岛】0【协瑞士】0【协澳大利亚】0 【协韩国】0【协格鲁吉亚】0【协香港】0 【协澳门】0 【特-1】0【特-2】0 【增】10【出】0【退】6	千克	A	B	P	Q	999	龙涎香
051000	30		麝香	Musk	【最】7【普】20 【协东盟】0【协巴基斯坦】5【协智利】0 【协新西兰】0【协秘鲁】0【协哥斯达黎加】0 【协冰岛】0【协瑞士】0【协澳大利亚】0 【协韩国】0【协格鲁吉亚】0【协香港】0 【协澳门】0 【特-1】0【特-2】0 【增】10【出】0【退】0	千克	AF	8	P	Q	999	麝香（药用）
051000	40		斑蝥香	Cantharides	【最】7【普】50 【协东盟】0【协巴基斯坦】5【协智利】0 【协新西兰】0【协秘鲁】0【协哥斯达黎加】0 【协冰岛】0【协瑞士】0【协澳大利亚】0 【协韩国】0【协格鲁吉亚】0【协香港】0 【协澳门】0 【特-1】0【特-2】0【特-3】0 【增】10【出】0【退】6	千克	QA	B	P	Q	999	斑蝥（药用）
051000	90	10	其他濒危野生动物胆汁及其他产品（不论是否干制；鲜、冷、冻或用其他方法暂时保藏的）	Bile and other products of endangered wild animals, products whether or not dried, fresh, chilled, frozen or otherwise provisionally preserved	【最】6【普】20 【协东盟】0【协巴基斯坦】5【协智利】0 【协新西兰】0【协秘鲁】0【协哥斯达黎加】0 【协冰岛】0【协瑞士】0【协澳大利亚】0 【协韩国】0【协格鲁吉亚】0【协香港】0 【协澳门】0 【特-1】0【特-2】0【特-3】0 【增】10【出】0【退】0	千克	AF	EB	P	Q	101	其他濒危野生动物胆汁及其他产品（不论是否干制；鲜、冷、冻或用其他方法暂时保藏的）（药用）
051000	90	90	胆汁，配药用腺体及其他动物产品（不论是否干制；鲜，冷，冻或用其他方法暂时保藏的）	Bile, glands and other animal products used in the preparation of pharmaceutical products, whether or not dried, fresh, chilled, frozen or otherwise provisionally preserved	【最】6【普】20 【协东盟】0【协巴基斯坦】5【协智利】0 【协新西兰】0【协秘鲁】0【协哥斯达黎加】0 【协冰岛】0【协瑞士】0【协澳大利亚】0 【协韩国】0【协格鲁吉亚】0【协香港】0 【协澳门】0 【特-1】0【特-2】0【特-3】0 【增】10【出】0【退】6	千克	A	B	P	Q	101 102 103 104	胆汁，配药用腺体及其他动物产品（不论是否干制；鲜，冷，冻或用其他方法暂时保藏的）（药用九香虫） 胆汁，配药用腺体及其他动物产品（不论是否干制；鲜，冷，冻或用其他方法暂时保藏的）（药用虫白蜡） 胆汁，配药用腺体及其他动物产品（不论是否干制；鲜，冷，冻或用其他方法暂时保藏的）（药用土鳖虫） 胆汁，配药用腺体及其他动物产品（不论是否干制；鲜，冷，冻或用其他方法暂时保藏的）（药用蝉蜕）

税则号列			货品名称中英文		税费综合信息	计量单位	监管证件代码		检验检疫类别		检验检疫编码	检验检疫编码对应中文名称
HS国际统一前6位	本国子目 7~8位	9~10位	中文 货物名称	英文 Article Description			进口	出口	进口	出口		
											105	胆汁，配药用腺体及其他动物产品（不论是否干制；鲜，冷，冻或用其他方法暂时保藏的）（药用僵蚕）
											……	……①
051110	00	10	濒危野生牛的精液	Endangered wild bovine semen	【最】0【普】0【特-1】0【特-2】0【特-3】0【增】10【出】0【退】0	千克	AF	BE	P	Q	999	濒危野生牛的精液
051110	00	90	其他牛的精液	Other bovine semen	【最】0【普】0【特-1】0【特-2】0【特-3】0【增】10【出】0【退】10	千克	A	B	P	Q	101	其他牛的精液（牛精液）
											102	其他牛的精液（其他精液）
051191	11	10	濒危鱼的受精卵	Fertilized eggs of endangered fish	【最】12【普】35【暂进】0 【协香港】0【协澳门】0【协东盟】0【协巴基斯坦】6【协智利】0【协新西兰】0 【协秘鲁】0【协哥斯达黎加】0【协冰岛】0 【协瑞士】4.8【协澳大利亚】0【协韩国】0 【协格鲁吉亚】0 【特-1】0【特-2】0【特-3】0 【增】10【出】0【退】0	千克	AF	BE	P	Q	999	濒危鱼的受精卵
051191	11	90	其他受精鱼卵	Other fertilized fish eggs	【最】12【普】35【暂进】0 【协香港】0【协澳门】0【协东盟】0 【协巴基斯坦】6【协智利】0【协新西兰】0 【协秘鲁】0【协哥斯达黎加】0【协冰岛】0 【协瑞士】4.8【协澳大利亚】0【协韩国】0 【协格鲁吉亚】0 【特-1】0【特-2】0【特-3】0 【增】10【出】0【退】6	千克	A	B	P	Q	101	其他受精鱼卵（鲈鱼卵）
											102	其他受精鱼卵（鲑鱼卵）
											103	其他受精鱼卵（鲟鱼卵）
											104	其他受精鱼卵（牙鲆鱼卵）
											105	其他受精鱼卵（虹鳟鱼卵）
											……	……②
051191	19	10	濒危鱼的非食用产品（包括鱼肚）	Endangered fish products (including fish maw), unfit for human consumption	【最】12【普】35 【协香港】0【协澳门】0【协东盟】0【协智利】0 【协新西兰】0【协秘鲁】0【协哥斯达黎加】0 【协冰岛】5.5【协瑞士】4.8【协澳大利亚】0 【协韩国】6【协格鲁吉亚】0 【特-1】0【特-2】0【特-3】0 【增】10【出】0【退】0	千克	AF	BE	P	Q	101	濒危鱼的非食用产品（包括鱼肚）（受精卵）
											102	濒危鱼的非食用产品（包括鱼肚）（用作鱼饵的海水鱼）
											103	濒危鱼的非食用产品（包括鱼肚）（用作鱼饵的淡水鱼）
051191	19	90	其他鱼的非食用产品（包括鱼肚）	Other fish products(including fish maw), unfit for human consumption	【最】12【普】35 【协香港】0【协澳门】0【协东盟】0【协智利】0 【协新西兰】0【协秘鲁】0【协哥斯达黎加】0 【协冰岛】5.5【协瑞士】4.8【协澳大利亚】0 【协韩国】6【协格鲁吉亚】0 【特-1】0【特-2】0【特-3】0 【增】10【出】0【退】6	千克	A	B	P	Q	101	其他鱼的非食用产品（包括鱼肚）（受精卵）
											102	其他鱼的非食用产品（包括鱼肚）（用作鱼饵的海水鱼）
											103	其他鱼的非食用产品（包括鱼肚）（用作鱼饵的淡水鱼）
051191	90	10	濒危水生无脊椎动物产品（包括甲壳动物、软体动物，第三章死动物）	Products of endangered aquatic invertebrates (including crustaceans, mollusks; dead animals of Chapter 3)	【最】12【普】35 【协香港】0【协澳门】0【协东盟】0 【协巴基斯坦】6【协智利】0【协新西兰】0 【协秘鲁】0【协哥斯达黎加】0【协冰岛】0 【协瑞士】4.8【协澳大利亚】0【协韩国】6 【协格鲁吉亚】0 【特-1】0【特-2】0【特-3】0 【增】10【对美加征】5【出】0【退】0	千克	AF	BE	P	Q	101	濒危水生无脊椎动物产品（包括甲壳动物、软体动物，第三章死动物）（头索类）
											102	濒危水生无脊椎动物产品（包括甲壳动物、软体动物，第三章死动物）（头索类以外）

① 该税号项下检验检疫编码及对应中文名称尚有：106　胆汁，配药用腺体及其他动物产品（不论是否干制；鲜，冷，冻或用其他方法暂时保藏的）（药用桑螵蛸），107　胆汁，配药用腺体及其他动物产品（不论是否干制；鲜，冷，冻或用其他方法暂时保藏的）（药用地龙），108　胆汁，配药用腺体及其他动物产品（不论是否干制；鲜，冷，冻或用其他方法暂时保藏的）（药用蜈蚣），109　胆汁，配药用腺体及其他动物产品（不论是否干制；鲜，冷，冻或用其他方法暂时保藏的）（药用全蝎），110　胆汁，配药用腺体及其他动物产品（不论是否干制；鲜，冷，冻或用其他方法暂时保藏的）（药用鸡内金），111　胆汁，配药用腺体及其他动物产品（不论是否干制；鲜，冷，冻或用其他方法暂时保藏的）（药用猪胆粉），112　胆汁，配药用腺体及其他动物产品（不论是否干制；鲜，冷，冻或用其他方法暂时保藏的）（药用哈蟆油），113　胆汁，配药用腺体及其他动物产品（不论是否干制；鲜，冷，冻或用其他方法暂时保藏的）（药用蛇蜕），114　胆汁，配药用腺体及其他动物产品（不论是否干制；鲜，冷，冻或用其他方法暂时保藏的）（药用水蛭），118　胆汁，配药用腺体及其他动物产品（不论是否干制；鲜，冷，冻或用其他方法暂时保藏的）（其他药用动物源性中药材）。

② 该税号项下检验检疫编码及对应中文名称尚有：106　其他受精鱼卵（河豚鱼卵），107　其他受精鱼卵（大鲮鲆鱼卵），108　其他受精鱼卵（其他受精卵）。

税则号列 HS国际统一前6位	本国子目 7~8位	本国子目 9~10位	货品名称 中文 货物名称	货品名称 英文 Article Description	税费综合信息	计量单位	监管证件代码 进口	监管证件代码 出口	检验检疫类别 进口	检验检疫类别 出口	检验检疫编码	检验检疫编码对应中文名称
051191	90	90	其他水生无脊椎动物产品(包括甲壳动物、软体动物、第三章死动物)	Products of other aquatic Invertebrates (including crustaceans, mollusks; dead animals of Chapter 3)	【最】12【普】35 【协香港】0【协澳门】0【协东盟】0 【协巴基斯坦】6【协智利】0【协新西兰】0 【协秘鲁】0【协哥斯达黎加】0【协冰岛】0 【协瑞士】4.8【协澳大利亚】0【协韩国】6 【协格鲁吉亚】0 【特-1】0【特-2】0【特-3】0 【增】10【对美加征】5【出】0【退】10	千克	A	B	P	Q	101 102	其他水生无脊椎动物产品（包括甲壳动物、软体动物、第三章死动物）（头索类） 其他水生无脊椎动物产品（包括甲壳动物、软体动物、第三章死动物）（头索类以外）
051199	10	10	濒危野生动物精液（牛的精液除外）	Endangered wild animals semen (other than bovine semen)	【最】0【普】0【特-1】0【特-2】0【特-3】0 【增】10【出】0【退】0	千克	AF	EB	P	Q	999	濒危野生动物精液（牛的精液除外）
051199	10	90	其他动物精液（牛的精液除外）	Other animals semen (other than bovine semen)	【最】0【普】0【特-1】0【特-2】0【特-3】0 【增】10【出】0【退】6	千克	A	B	P	Q	101 102 103 104 105	其他动物精液（牛的精液除外）（猪精液） 其他动物精液（牛的精液除外）（绵羊精液） 其他动物精液（牛的精液除外）（山羊精液） 其他动物精液（牛的精液除外）（马精液） 其他动物精液（牛的精液除外）（其他精液）
051199	20	10	濒危野生动物胚胎	Endangered wild animals embryo	【最】0【普】0【特-1】0【特-2】0【特-3】0 【增】10【出】0【退】0	千克	AF	EB	P	Q	999	濒危野生动物胚胎
051199	20	90	其他动物胚胎	Other animals embryo	【最】0【普】0【特-1】0【特-2】0【特-3】0 【增】10【出】0【退】6	千克	A	B	P	Q	101 102 103 104 105 ……	其他动物胚胎（牛胚胎） 其他动物胚胎（猪胚胎） 其他动物胚胎（马胚胎） 其他动物胚胎（绵羊胚胎） 其他动物胚胎（山羊胚胎） ……①
051199	30		蚕种	Silkworm graine	【最】0【普】0【特-1】0【特-2】0【特-3】0 【增】10【出】0【退】6	千克	A	B	P	Q	999	蚕种
051199	40	10	废马毛（不论是否制成有或无衬垫的毛片）	Horsehair waste, whether or not put up as a layer with or without supporting material	【最】15【普】90 【协东盟】0【协巴基斯坦】12【协智利】0 【协新西兰】0【协秘鲁】0【协哥斯达黎加】0 【协冰岛】0【协瑞士】6【协澳大利亚】0 【协韩国】7.5【协格鲁吉亚】0【协香港】0 【协澳门】0 【特-1】0【特-2】0 【增】10【出】0【退】6	千克	9	B	P	Q	101 102 103 104	废马毛（不论是否制成有或无衬垫的毛片）[马鬃毛（含马尾毛）] 废马毛（不论是否制成有或无衬垫的毛片）（其他饲养奇蹄动物鬃毛） 废马毛（不论是否制成有或无衬垫的毛片）[野马鬃毛（含尾毛）] 废马毛（不论是否制成有或无衬垫的毛片）（其他野生奇蹄动物鬃毛）

① 该税号项下检验检疫编码及对应中文名称尚有：106　其他动物胚胎（其他胚胎）。

税则号列			货品名称中英文		税费综合信息	计量单位	监管证件代码		检验检疫类别		检验检疫编码	检验检疫编码对应中文名称
HS国际统一前6位	本国子目 7~8位	本国子目 9~10位	中文 货物名称	英文 Article Description			进口	出口	进口	出口		
051199	40	90	其他马毛（不论是否制成有或无衬垫的毛片）	Other horsehair, whether or not put up as a layer with or without supporting material	【最】15【普】90 【协东盟】0【协巴基斯坦】12【协智利】0 【协新西兰】0【协秘鲁】0【协哥斯达黎加】0 【协冰岛】0【协瑞士】6【协澳大利亚】0 【协韩国】7.5【协格鲁吉亚】0【协香港】0 【协澳门】0 【特-1】0【特-2】0 【增】10【出】0【退】6	千克	A	B	P	Q	101 102 103 104	其他马毛（不论是否制成有或无衬垫的毛片）[马鬃毛（含马尾毛）] 其他马毛（不论是否制成有或无衬垫的毛片）(其他饲养奇蹄动物鬃毛) 其他马毛（不论是否制成有或无衬垫的毛片）[野马鬃毛（含尾毛）] 其他马毛（不论是否制成有或无衬垫的毛片）(其他野生奇蹄动物鬃毛)
051199	90	10	其他编号未列名濒危野生动物产品（包括不适合供人食用的第一章的死动物）	Endangered wild animal, products not elsewhere specified or included (including dead animals of Chapter 1, unfit for human consumption)	【最】12【普】35 【协香港】0【协澳门】0【协东盟】0 【协巴基斯坦】6【协智利】0【协新西兰】0 【协秘鲁】0【协哥斯达黎加】0【协冰岛】0 【协瑞士】4.8【协澳大利亚】0【协韩国】6 【协格鲁吉亚】0 【特-1】0【特-2】0【特-3】0 【增】10【对美加征】10【出】0【退】0	千克	AF	EB	P	Q	101 102 103 104 105 ……	其他编号未列名濒危野生动物产品（包括不适合供人食用的第一章的死动物）（其他动物卵细胞） 其他编号未列名濒危野生动物产品（包括不适合供人食用的第一章的死动物）（其他动物繁殖材料） 其他编号未列名濒危野生动物产品（包括不适合供人食用的第一章的死动物）（其他野生奇蹄动物鬃毛） 其他编号未列名濒危野生动物产品（包括不适合供人食用的第一章的死动物）（其他野生偶蹄动物鬃毛） 其他编号未列名濒危野生动物产品（包括不适合供人食用的第一章的死动物）（偶蹄动物标本） ……①

① 该税号项下检验检疫编码及对应中文名称尚有：106 其他编号未列名濒危野生动物产品（包括不适合供人食用的第一章的死动物）（奇蹄动物标本），107 其他编号未列名濒危野生动物产品（包括不适合供人食用的第一章的死动物）（禽鸟标本），108 其他编号未列名濒危野生动物产品（包括不适合供人食用的第一章的死动物）（爬行动物标本），109 其他编号未列名濒危野生动物产品（包括不适合供人食用的第一章的死动物）（其他动物标本），110 其他编号未列名濒危野生动物产品（包括不适合供人食用的第一章的死动物）（动物尸体）。

税则号列			货品名称中英文		税费综合信息	计量单位	监管证件代码		检验检疫类别		检验检疫编码	检验检疫编码对应中文名称
HS 国际统一前6位	本国子目 7~8位	本国子目 9~10位	中文 货物名称	英文 Article Description			进口	出口	进口	出口		
051199	90	90	其他编号未列名的动物产品（包括不适合供人食用的第一章的死动物）	Other animal products, not elsewhere specified or included (including dead animals of Chapter 1, unfit for human consumption)	【最】12【普】35 【协东盟】0【协巴基斯坦】6【协智利】0 【协新西兰】0【协秘鲁】0【协哥斯达黎加】0 【协冰岛】0【协瑞士】4.8【协澳大利亚】0 【协韩国】6【协格鲁吉亚】0【协香港】0 【协澳门】0 【特-1】0【特-2】0【特-3】0 【增】10【对美加征】10【出】0【退】6	千克	A	B	P	Q	101 102 103 104 105 ……	其他编号未列名的动物产品（包括不适合供人食用的第一章的死动物）（鳖卵） 其他编号未列名的动物产品（包括不适合供人食用的第一章的死动物）（龟卵） 其他编号未列名的动物产品（包括不适合供人食用的第一章的死动物）（蚕卵） 其他编号未列名的动物产品（包括不适合供人食用的第一章的死动物）（牛卵细胞） 其他编号未列名的动物产品（包括不适合供人食用的第一章的死动物）（猪卵细胞） ……①

① 该税号项下检验检疫编码及对应中文名称尚有：106 其他编号未列名的动物产品（包括不适合供人食用的第一章的死动物）（绵羊卵细胞），107 其他编号未列名的动物产品（包括不适合供人食用的第一章的死动物）（山羊卵细胞），108 其他编号未列名的动物产品（包括不适合供人食用的第一章的死动物）（其他动物卵细胞），109 其他编号未列名的动物产品（包括不适合供人食用的第一章的死动物）（其他动物繁殖材料），110 其他编号未列名的动物产品（包括不适合供人食用的第一章的死动物）［其他昆虫（其他动物）］，111 其他编号未列名的动物产品（包括不适合供人食用的第一章的死动物）（其他饲养奇蹄动物鬃毛），112 其他编号未列名的动物产品（包括不适合供人食用的第一章的死动物）（其他饲养偶蹄动物鬃毛），113 其他编号未列名的动物产品（包括不适合供人食用的第一章的死动物）（其他禽鸟羽毛），114 其他编号未列名的动物产品（包括不适合供人食用的第一章的死动物）（蚕茧），115 其他编号未列名的动物产品（包括不适合供人食用的第一章的死动物）（蚕蛹），116 其他编号未列名的动物产品（包括不适合供人食用的第一章的死动物）［其他蚕产品（不包含蚕丝等纺织原料）］，117 其他编号未列名的动物产品（包括不适合供人食用的第一章的死动物）（偶蹄动物标本），118 其他编号未列名的动物产品（包括不适合供人食用的第一章的死动物）（奇蹄动物标本），119 其他编号未列名的动物产品（包括不适合供人食用的第一章的死动物）（禽鸟标本），120 其他编号未列名的动物产品（包括不适合供人食用的第一章的死动物）（爬行动物标本），121 其他编号未列名的动物产品（包括不适合供人食用的第一章的死动物）（其他动物标本），122 其他编号未列名的动物产品（包括不适合供人食用的第一章的死动物）（动物尸体），131 其他编号未列名的动物产品（包括不适合供人食用的第一章的死动物）［药用穿山甲（鳞片）］，132 其他编号未列名的动物产品（包括不适合供人食用的第一章的死动物）（药用蛤蚧），133 其他编号未列名的动物产品（包括不适合供人食用的第一章的死动物）（药用蟾酥），134 其他编号未列名的动物产品（包括不适合供人食用的第一章的死动物）（药用金钱白花蛇），135 其他编号未列名的动物产品（包括不适合供人食用的第一章的死动物）（药用蕲蛇），136 其他编号未列名的动物产品（包括不适合供人食用的第一章的死动物）（药用乌梢蛇）。

第 二 类
植 物 产 品

SECTION Ⅱ
VEGETABLE PRODUCTS

注释：

本类所称“团粒”，是指直接挤压或加入按重量计比例不超过**3%**的黏合剂制成的粒状产品。

Section Note:

In this Section the term “pellets” means products which have been agglomerated either directly by compression or by the addition of a binder in a proportion not exceeding **3%** by weight.

第 六 章
活树及其他活植物；鳞茎、根及类似品；插花及装饰用簇叶

Chapter 6
Live trees and other plants; bulbs, roots and the like; cut flowers and ornamental foliage

注释：

一、除税目06.01的菊苣植物及其根以外，本章只包括通常由苗圃或花店供应为种植或装饰用的活树及其他货品（包括植物秧苗）；但不包括马铃薯、洋葱、青葱、大蒜及其他第七章的产品。

二、税目06.03、06.04的各种货品，包括全部或部分用这些货品制成的花束、花篮、花圈及类似品，不论是否有其他材料制成的附件。但这些货品不包括税目97.01的拼贴画或类似的装饰板。

Chapter Notes:

1. Subject to the second part of heading 06.01, this Chapter covers only live trees and goods (including seedling vegetables) of a kind commonly supplied by nursery gardeners or florists for planting or for ornamental use; nevertheless it does not include potatoes, onions, shallots, garlic or other products of Chapter 7.

2. Any reference in heading 06.03 or 06.04 to goods of any kind shall be construed as including a reference to bouquets, floral baskets, wreaths and similar articles made wholly or partly of goods of that kind, account not being taken of accessories of other materials. However, these headings do not include collages or similar decorative plaques of heading 97.01.

税则号列			货品名称中英文		税费综合信息	计量单位	监管证件代码		检验检疫类别		检验检疫编码	检验检疫编码对应中文名称
HS国际统一前6位	本国子目 7~8位	本国子目 9~10位	中文 货物名称	英文 Article Description			进口	出口	进口	出口		
060110	10		休眠的番红花球茎	Stigma croci corms, dormant	【最】4【普】14 【协亚太】2【协东盟】0【协巴基斯坦】0 【协智利】0【协新西兰】0【协秘鲁】0 【协哥斯达黎加】0【协冰岛】0【协瑞士】0 【协澳大利亚】0【协韩国】0【协格鲁吉亚】0 【协香港】0【协澳门】0 【特东老担】0【特-1】0【特-2】0【特-3】0 【增】10【出】0【退】6	个/千克	A	B	P	Q	999	休眠的番红花球茎
060110	21		种用休眠的百合球茎	lily corms, dormant, seed	【最】0【普】0【特-1】0【特-2】0【特-3】0 【增】10【出】0【退】0	个/千克	A	B	P	Q	999	种用休眠的百合球茎
060110	29		其他休眠的百合球茎	Other lily corms, dormant	【最】5【普】40 【协亚太】2.5【协东盟】0【协巴基斯坦】0 【协智利】0【协新西兰】0【协秘鲁】0 【协哥斯达黎加】0【协冰岛】0【协瑞士】0 【协澳大利亚】0【协韩国】0【协格鲁吉亚】0 【协香港】0【协澳门】0 【特东老挝】0【特-1】0【特-2】0【特-3】0 【增】10【出】0【退】0	个/千克	A	B	P	Q	999	其他休眠的百合球茎
060110	91	10	种用休眠的兰花块茎（包括球茎、根颈及根茎）	Orchid tubers, corms, crowns and rhizomes, dormant, seed	【最】0【普】0【特-1】0【特-2】0【特-3】0 【增】10【出】0【退】6	个/千克	AF	EB	P	Q	999	种用休眠的兰花块茎（包括球茎、根颈及根茎）

税则号列			货品名称中英文		税费综合信息	计量单位	监管证件代码		检验检疫类别		检验检疫编码	检验检疫编码对应中文名称
HS国际统一前6位	本国子目 7~8位	9~10位	中文 货物名称	英文 Article Description			进口	出口	进口	出口		
060110	91	91	种用休眠其他濒危植物鳞茎等（包括球茎、根颈、根茎、鳞茎、块茎、块根）	Bulbs of endangered plants, dormant, seed (including corms, crowns, rhizomes, tubers, tuberous roots)	【最】0【普】0【特-1】0【特-2】0【特-3】0【增】10【出】0【退】0	个/千克	AF	BE	P	Q	999	种用休眠其他濒危植物鳞茎等（包括球茎、根颈、根茎、鳞茎、块茎、块根）
060110	91	99	种用休眠的其他鳞茎、块茎、块根（包括球茎、根颈及根茎）	Other bulbs, tubers, tuberous roots, dormant, seed (including corms, crowns and rhizomes)	【最】0【普】0【特-1】0【特-2】0【特-3】0【增】10【出】0【退】6	个/千克	A	B	P	Q	101 102 103 104 105 ……	种用休眠的其他鳞茎、块茎、块根（包括球茎、根颈及根茎）（球根海棠） 种用休眠的其他鳞茎、块茎、块根（包括球茎、根颈及根茎）（其他观赏花木） 种用休眠的其他鳞茎、块茎、块根（包括球茎、根颈及根茎）［洋葱（鳞球块根茎）］ 种用休眠的其他鳞茎、块茎、块根（包括球茎、根颈及根茎）［蒜（种用）］ 种用休眠的其他鳞茎、块茎、块根（包括球茎、根颈及根茎）［芋艿（种用）］ ……①
060110	99	10	其他休眠的兰花块茎（包括球茎、根颈及根茎）	Other orchid tubers, corms, crowns and rhizomes, dormant	【最】5【普】40 【协亚太】2.5【协东盟】0【协巴基斯坦】0 【协智利】0【协新西兰】0【协秘鲁】0 【协哥斯达黎加】0【协冰岛】0【协瑞士】0 【协澳大利亚】0【协韩国】0【协格鲁吉亚】0 【协香港】0【协澳门】0 【特东老挝】0【特-1】0【特-2】0【特-3】0 【增】10【出】0【退】6	个/千克	AF	EB	P	Q	999	其他休眠的兰花块茎（包括球茎、根颈及根茎）
060110	99	91	其他休眠濒危植物鳞茎等（包括球茎、根颈、根茎、鳞茎、块茎、块根）	Bulbs of other endangered plants, dormant (including corms, crowns, rhizomes, tubers, tuberous roots)	【最】5【普】40 【协亚太】2.5【协东盟】0【协巴基斯坦】0 【协智利】0【协新西兰】0【协秘鲁】0 【协哥斯达黎加】0【协冰岛】0【协瑞士】0 【协澳大利亚】0【协韩国】0【协格鲁吉亚】0 【协香港】0【协澳门】0 【特东老挝】0【特-1】0【特-2】0【特-3】0 【增】10【出】0【退】0	个/千克	AF	EB	P	Q	999	其他休眠濒危植物鳞茎等（包括球茎、根颈、根茎、鳞茎、块茎、块根）
060110	99	99	其他休眠的其他鳞茎、块茎、块根（包括球茎、根颈及根茎）	Other bulbs, tubers, tuberous roots, corms, crowns and rhizomes, dormant, seed	【最】5【普】40 【协亚太】2.5【协东盟】0【协巴基斯坦】0 【协智利】0【协新西兰】0【协秘鲁】0 【协哥斯达黎加】0【协冰岛】0【协瑞士】0 【协澳大利亚】0【协韩国】0【协格鲁吉亚】0 【协香港】0【协澳门】0 【特东老挝】0【特-1】0【特-2】0【特-3】0 【增】10【出】0【退】6	个/千克	A	B	P	Q	101 102	其他休眠的其他鳞茎、块茎、块根（包括球茎、根颈及根茎）（水仙花球茎） 其他休眠的其他鳞茎、块茎、块根（包括球茎、根颈及根茎）（其他鳞球块根茎）
060120	00	10	生长或开花的兰花块茎（包括球茎、根颈及根茎）	Orchid tubers, corms, crowns and rhizomes, in growth or in flower	【最】15【普】80 【协香港】0【协澳门】0 【协亚太】7.5【协东盟】0【协巴基斯坦】7.5 【协智利】0【协新西兰】0【协秘鲁】0 【协哥斯达黎加】0【协冰岛】0【协瑞士】6 【协澳大利亚】0【协韩国】7.5【协格鲁吉亚】0 【特-1】0【特-2】0 【增】10【出】0【退】6	个/千克	AF	EB	P	Q	999	生长或开花的兰花块茎（包括球茎、根颈及根茎）

① 该税号项下检验检疫编码及对应中文名称尚有：106　种用休眠的其他鳞茎、块茎、块根（包括球茎、根颈及根茎）（郁金香球茎），107　种用休眠的其他鳞茎、块茎、块根（包括球茎、根颈及根茎）（朱顶兰球茎），108　种用休眠的其他鳞茎、块茎、块根（包括球茎、根颈及根茎）（睡莲块根），109　种用休眠的其他鳞茎、块茎、块根（包括球茎、根颈及根茎）（水仙花球茎），110　种用休眠的其他鳞茎、块茎、块根（包括球茎、根颈及根茎）（其他鳞球块根茎）。

税则号列 HS国际统一前6位	本国子目 7~8位	本国子目 9~10位	货品名称中英文 中文 货物名称	货品名称中英文 英文 Article Description	税费综合信息	计量单位	监管证件代码 进口	监管证件代码 出口	检验检疫类别 进口	检验检疫类别 出口	检验检疫编码	检验检疫编码对应中文名称
060120	00	20	生长或开花的仙客来鳞茎	Cyclamen bulbs, in growth or in flower	【最】15【普】80 【协香港】0【协澳门】0 【协亚太】7.5【协东盟】0【协巴基斯坦】7.5 【协智利】0【协新西兰】0【协秘鲁】0 【协哥斯达黎加】0【协冰岛】0【协瑞士】6 【协澳大利亚】0【协韩国】7.5【协格鲁吉亚】0 【特-1】0【特-2】0 【增】10【出】0【退】6	个/千克	AF	EB	P	Q	999	生长或开花的仙客来鳞茎
060120	00	91	生长或开花的其他濒危植物鳞茎等（包括球茎、根颈、根茎、鳞茎、块茎、块根、菊苣植物）	Bulbs corms, crowns, rhizomes, tubers, tuberous roots of other endangered plants; chicory plants in growth or in flower	【最】15【普】80 【协香港】0【协澳门】0 【协亚太】7.5【协东盟】0【协巴基斯坦】7.5 【协智利】0【协新西兰】0【协秘鲁】0 【协哥斯达黎加】0【协冰岛】0【协瑞士】6 【协澳大利亚】0【协韩国】7.5【协格鲁吉亚】0 【特-1】0【特-2】0 【增】10【出】0【退】0	个/千克	AF	EB	P	Q	999	生长或开花的其他濒危植物鳞茎等（包括球茎、根颈、根茎、鳞茎、块茎、块根、菊苣植物）
060120	00	99	生长或开花的其他鳞茎及菊苣植物（包括块茎、块根、球茎、根颈及根茎，税目12.12的根除外）	Other bulbs and chicory plants, in growth or in flower(including tubers, tuberous roots, corms, crowns, rhizomes, other than roots of heading No. 12.12)	【最】15【普】80 【协亚太】7.5【协东盟】0【协巴基斯坦】7.5 【协智利】0【协新西兰】0【协秘鲁】0 【协哥斯达黎加】0【协冰岛】0【协瑞士】6 【协澳大利亚】0【协韩国】7.5【协格鲁吉亚】0 【协香港】0【协澳门】0 【特-1】0【特-2】0 【增】10【出】0【退】6	个/千克	A	B	P	Q	101 102 103 104 105 ……	生长或开花的其他鳞茎及菊苣植物（包括块茎、块根、球茎、根颈及根茎，税目12.12的根除外）［洋葱（鳞球块根茎）］ 生长或开花的其他鳞茎及菊苣植物(包括块茎、块根、球茎、根颈及根茎,税目12.12的根除外)[蒜(种用)] 生长或开花的其他鳞茎及菊苣植物（包括块茎、块根、球茎、根颈及根茎，税目12.12的根除外）［芋艿（种用）］ 生长或开花的其他鳞茎及菊苣植物（包括块茎、块根、球茎、根颈及根茎，税目12.12的根除外）（甘薯块茎） 生长或开花的其他鳞茎及菊苣植物（包括块茎、块根、球茎、根颈及根茎，税目12.12的根除外）（百合球茎） ……①
060210	00	10	濒危植物的无根插枝及接穗	Unrooted cuttings and slips of endangered plants	【最】0【普】0【特-1】0【特-2】0【特-3】0 【增】10【出】0【退】0	株/千克	AF	BE	P	Q	101 102	濒危植物的无根插枝及接穗（营养体） 濒危植物的无根插枝及接穗（其他组培苗）
060210	00	90	其他无根插枝及接穗	Other unrooted cuttings and slips	【最】0【普】0【特-1】0【特-2】0【特-3】0 【增】10【出】0【退】6	株/千克	A	B	P	Q	101 102	其他无根插枝及接穗（其他观赏花木） 其他无根插枝及接穗（营养体）

① 该税号项下检验检疫编码及对应中文名称尚有：106　生长或开花的其他鳞茎及菊苣植物（包括块茎、块根、球茎、根颈及根茎，税目12.12的根除外）（郁金香球茎），107　生长或开花的其他鳞茎及菊苣植物（包括块茎、块根、球茎、根颈及根茎，税目12.12的根除外）（朱顶兰球茎），108　生长或开花的其他鳞茎及菊苣植物（包括块茎、块根、球茎、根颈及根茎，税目12.12的根除外）（睡莲块根），109　生长或开花的其他鳞茎及菊苣植物（包括块茎、块根、球茎、根颈及根茎，税目12.12的根除外）（水仙花球茎），110　生长或开花的其他鳞茎及菊苣植物（包括块茎、块根、球茎、根颈及根茎，税目12.12的根除外）（其他鳞球块根茎）。

税则号列 HS 国际统一前 6 位	本国子目 7~8 位	本国子目 9~10 位	货品名称中文 货物名称	货品名称英文 Article Description	税费综合信息	计量单位	监管证件代码 进口	监管证件代码 出口	检验检疫类别 进口	检验检疫类别 出口	检验检疫编码	检验检疫编码对应中文名称
060220	10		食用水果及坚果树的种用苗木	Trees, shrubs and bushes, grafted or not, of kinds which bear edible fruit or nuts, seedlings	【最】0【普】0【特-1】0【特-2】0【特-3】0 【增】10【出】0【退】0	株/千克	A	B	P	Q	101 102 103 104 105 ……	食用水果及坚果树的种用苗木（包括食用果灌木种用苗木）（芭蕉苗木） 食用水果及坚果树的种用苗木（包括食用果灌木种用苗木）（番石榴苗木） 食用水果及坚果树的种用苗木（包括食用果灌木种用苗木）（柑桔苗木） 食用水果及坚果树的种用苗木（包括食用果灌木种用苗木）（海棠苗木） 食用水果及坚果树的种用苗木（包括食用果灌木种用苗木）（胡桃苗木） ……①
060220	90		其他食用水果、坚果树及灌木	Other trees, shrubs and bushes, grafted or not, of kinds which bear edible fruit or nuts	【最】10【普】80 【协香港】0【协澳门】0 【协亚太】5【协东盟】0【协巴基斯坦】5 【协智利】0【协新西兰】0【协秘鲁】0 【协哥斯达黎加】0【协冰岛】0【协瑞士】0 【协澳大利亚】0【协韩国】5【协格鲁吉亚】0 【特-1】0【特-2】0【特-3】0 【增】10【对美加征】10【出】0【退】6	株/千克	A	B	P	Q	999	其他食用水果、坚果树及灌木（不论是否嫁接）
060230	10		种用杜鹃	Rhododendrons and azaleas, grafted or not, seedlings	【最】0【普】0【特-1】0【特-2】0【特-3】0 【增】10【出】0【退】6【协秘鲁】0	株/千克	A	B	P	Q	101 102 103	种用杜鹃（不论是否嫁接）［杜鹃（观赏花木）］ 种用杜鹃（不论是否嫁接）（其他组培苗） 种用杜鹃（不论是否嫁接）（营养体）
060230	90		其他杜鹃	Other rhododendrons and azaleas, grafted or not	【最】15【普】80 【协东盟】0【协巴基斯坦】12【协智利】0 【协新西兰】0【协秘鲁】1.5【协哥斯达黎加】0 【协冰岛】0【协瑞士】6【协澳大利亚】0 【协韩国】7.5【协格鲁吉亚】0 【协香港】0【协澳门】0 【特-1】0【特-2】0 【增】10【出】0【退】6	株/千克	A	B	P	Q	999	其他杜鹃（不论是否嫁接）
060240	10		种用玫瑰	Roses, grafted or not, seedlings	【最】0【普】0【特-1】0【特-2】0【特-3】0 【增】10【出】0【退】6	株/千克	A	B	P	Q	101 102 103	种用玫瑰（不论是否嫁接）（玫瑰） 种用玫瑰（不论是否嫁接）（其他组培苗） 种用玫瑰（不论是否嫁接）（营养体）

① 该税号项下检验检疫编码及对应中文名称尚有：106　食用水果及坚果树的种用苗木（包括食用果灌木种用苗木）（梨苗木），107　食用水果及坚果树的种用苗木（包括食用果灌木种用苗木）（李苗木），108　食用水果及坚果树的种用苗木（包括食用果灌木种用苗木）（荔枝苗木），109　食用水果及坚果树的种用苗木（包括食用果灌木种用苗木）（芒果苗木），110　食用水果及坚果树的种用苗木（包括食用果灌木种用苗木）（葡萄苗木），111　食用水果及坚果树的种用苗木（包括食用果灌木种用苗木）（苹果苗木），112　食用水果及坚果树的种用苗木（包括食用果灌木种用苗木）（木瓜苗木），113　食用水果及坚果树的种用苗木（包括食用果灌木种用苗木）（山核桃苗木），114　食用水果及坚果树的种用苗木（包括食用果灌木种用苗木）（山楂苗木），115　食用水果及坚果树的种用苗木（包括食用果灌木种用苗木）（柿苗木），116　食用水果及坚果树的种用苗木（包括食用果灌木种用苗木）（香蕉苗木），117　食用水果及坚果树的种用苗木（包括食用果灌木种用苗木）（杏苗木），118　食用水果及坚果树的种用苗木（包括食用果灌木种用苗木）（椰子苗木），119　食用水果及坚果树的种用苗木（包括食用果灌木种用苗木）（枇杷苗木），120　食用水果及坚果树的种用苗木（包括食用果灌木种用苗木）（橄榄苗木），121　食用水果及坚果树的种用苗木（包括食用果灌木种用苗木）（桃苗木），122　食用水果及坚果树的种用苗木（包括食用果灌木种用苗木）（草莓苗木），123　食用水果及坚果树的种用苗木（包括食用果灌木种用苗木）（樱桃苗木），124　食用水果及坚果树的种用苗木（包括食用果灌木种用苗木）（甘蔗苗木），125　食用水果及坚果树的种用苗木（包括食用果灌木种用苗木）（木莓苗木），126　食用水果及坚果树的种用苗木（包括食用果灌木种用苗木）（其他果树苗木），127　食用水果及坚果树的种用苗木（包括食用果灌木种用苗木）（其他组培苗）。

税则号列			货品名称中英文		税费综合信息	计量单位	监管证件代码		检验检疫类别		检验检疫编码	检验检疫编码对应中文名称
HS国际统一前6位	本国子目7~8位	本国子目9~10位	中文货物名称	英文 Article Description			进口	出口	进口	出口		
060240	90		其他玫瑰	Other roses, grafted or not,	【最】15【普】80 【协东盟】0【协巴基斯坦】12【协智利】0 【协新西兰】0【协秘鲁】0【协哥斯达黎加】0 【协冰岛】0【协瑞士】6【协澳大利亚】0 【协韩国】7.5【协格鲁吉亚】0 【协香港】0【协澳门】0 【特-1】0【特-2】0 【增】10【出】0【退】6	株/千克	A	B	P	Q	999	其他玫瑰（不论是否嫁接）
060290	10		蘑菇菌丝	Mushroom spawn	【最】0【普】0【特-1】0【特-2】0【特-3】0 【增】10【出】0【退】6	千克	A	B	P	Q	999	蘑菇菌丝
060290	91	10	种用兰花	Orchid, seedlings	【最】0【普】0【特-1】0【特-2】0【特-3】0 【增】10【出】0【退】0	株/千克	AF	EB	P	Q	101 102 103 104 105 ……	种用兰花（春兰） 种用兰花（君子兰） 种用兰花（蝴蝶兰） 种用兰花（惠兰） 种用兰花（石槲兰） ……①
060290	91	20	种用红豆杉苗木	Taxaceae, seedlings	【最】0【普】0【特-1】0【特-2】0【特-3】0 【增】10【出】0【退】0	株/千克	AF	EB	P	Q	999	种用红豆杉苗木
060290	91	91	其他濒危植物种用苗木	Other endangered plants, seedlings	【最】0【普】0【特-1】0【特-2】0【特-3】0 【增】10【出】0【退】0	株/千克	AF	EB	P	Q	101 102 103 104	其他濒危植物种用苗木（其他林木苗木） 其他濒危植物种用苗木（其他观赏花木） 其他濒危植物种用苗木（其他组培苗） 其他濒危植物种用苗木（营养体）
060290	91	99	其他种用苗木	Other live plants (including their roots) cuttings and slips, seedlings	【最】0【普】0【特-1】0【特-2】0【特-3】0 【增】10【出】0【退】0	株/千克	A	B	P	Q	101 102 103 104 105 ……	其他种用苗木（白腊槭苗木） 其他种用苗木（长叶松苗木） 其他种用苗木（岛松苗木） 其他种用苗木（其他松属苗木） 其他种用苗木（黄檀苗木） ……②
060290	92		其他兰花	Other orchid, other than seedlings	【最】10【普】80 【协东盟】0【协巴基斯坦】5【协智利】0 【协新西兰】0【协秘鲁】0【协哥斯达黎加】0 【协冰岛】0【协瑞士】0【协澳大利亚】0 【协韩国】5【协格鲁吉亚】0 【协香港】0【协澳门】0 【特-1】0【特-2】0【特-3】0 【增】10【出】0【退】6	株/千克	AF	BE	P	Q	101 102	其他兰花（种用除外）（蝴蝶兰） 其他兰花（种用除外）（兰花）
060290	93		其他菊花	Other chrysatthemum, other than seedlings	【最】10【普】80 【协东盟】0【协巴基斯坦】5【协智利】0 【协新西兰】0【协秘鲁】0【协哥斯达黎加】0 【协冰岛】0【协瑞士】0【协澳大利亚】0 【协韩国】5【协格鲁吉亚】0 【协香港】0【协澳门】0 【特-1】0【特-2】0【特-3】0 【增】10【出】0【退】0	株/千克	A	B	P	Q	999	其他菊花（种用除外）

① 该税号项下检验检疫编码及对应中文名称尚有：106　种用兰花（卡特利亚兰），107　种用兰花（舞女兰），108　种用兰花（兰花），109　种用兰花（其他组培苗），110　种用兰花（营养体）。

② 该税号项下检验检疫编码及对应中文名称尚有：106　其他种用苗木（柳苗木），107　其他种用苗木（榆苗木），108　其他种用苗木（杉属苗木），109　其他种用苗木（梧桐苗木），110　其他种用苗木（棕榈苗木），111　其他种用苗木（栎树苗木），112　其他种用苗木（槟榔苗木），113　其他种用苗木（其他林木苗木），114　其他种用苗木（牡丹），115　其他种用苗木（安祖花），116　其他种用苗木（其他观赏花木），117　其他种用苗木（其他组培苗），118　其他种用苗木（营养体）。

税则号列			货品名称中英文		税费综合信息	计量单位	监管证件代码		检验检疫类别		检验检疫编码	检验检疫编码对应中文名称
HS 国际统一前6位	本国子目 7~8位	9~10位	中文 货物名称	英文 Article Description			进口	出口	进口	出口		
060290	94	10	芦荟（种用除外）	Aloes (barbabos aloe), other than seedlings	【最】10【普】80 【协东盟】0【协巴基斯坦】5【协智利】0 【协新西兰】0【协秘鲁】0【协哥斯达黎加】0 【协冰岛】0【协瑞士】0【协澳大利亚】0 【协韩国】5【协格鲁吉亚】0 【协香港】0【协澳门】0 【特-1】0【特-2】0【特-3】0 【增】10【出】0【退】6	株/千克	AFQ	BE	P	Q	999	芦荟（种用除外）
060290	94	90	其他百合（种用除外）	Other lily, other than seedlings	【最】10【普】80 【协东盟】0【协巴基斯坦】5【协智利】0 【协新西兰】0【协秘鲁】0【协哥斯达黎加】0 【协冰岛】0【协瑞士】0【协澳大利亚】0 【协韩国】5【协格鲁吉亚】0 【协香港】0【协澳门】0 【特-1】0【特-2】0【特-3】0 【增】10【出】0【退】0	株/千克	A	B	P	Q	101 102	其他百合（种用除外）（观赏花木） 其他百合（种用除外）（药用百合）
060290	95		其他康乃馨	Other Carnation, other than seedlings	【最】10【普】80 【协东盟】0【协巴基斯坦】5【协智利】0 【协新西兰】0【协秘鲁】0【协哥斯达黎加】0 【协冰岛】0【协瑞士】0【协澳大利亚】0 【协韩国】5【协格鲁吉亚】0 【协香港】0【协澳门】0 【特-1】0【特-2】0【特-3】0 【增】10【出】0【退】6	株/千克	A	B	P	Q	999	其他康乃馨（种用除外）
060290	99	10	苏铁（铁树）类	Cycas revoluta (Sago cycas)	【最】10【普】80 【协香港】0【协澳门】0 【协亚太】5【协东盟】0【协巴基斯坦】5 【协智利】0【协新西兰】0【协秘鲁】0 【协哥斯达黎加】0【协冰岛】0【协瑞士】0 【协澳大利亚】0【协韩国】5【协格鲁吉亚】0 【特-1】0【特-2】0【特-3】0 【增】10【对美加征】10【出】0【退】6	株/千克	AF	BE	P	Q	999	苏铁（铁树）类
060290	99	20	仙人掌（包括仙人球、仙人柱、仙人指）	Cactus (Echpi-nopsis tubiflora, carnegiea gigantia, schumbegera bridgesli)	【最】10【普】80 【协亚太】5【协东盟】0【协巴基斯坦】5 【协智利】0【协新西兰】0【协秘鲁】0 【协哥斯达黎加】0【协冰岛】0【协瑞士】0 【协澳大利亚】0【协韩国】5【协格鲁吉亚】0 【协香港】0【协澳门】0 【特-1】0【特-2】0【特-3】0 【增】10【对美加征】10【出】0【退】6	株/千克	AF	BE	P	Q	999	仙人掌（包括仙人球、仙人柱、仙人指）
060290	99	30	红豆杉（种用除外）	Taxaceae, other than seedlings	【最】10【普】80 【协亚太】5【协东盟】0【协巴基斯坦】5 【协智利】0【协新西兰】0【协秘鲁】0 【协哥斯达黎加】0【协冰岛】0【协瑞士】0 【协澳大利亚】0【协韩国】5【协格鲁吉亚】0 【协香港】0【协澳门】0 【特-1】0【特-2】0【特-3】0 【增】10【对美加征】10【出】0【退】0	株/千克	AF	BE	P	Q	999	红豆杉（种用除外）
060290	99	91	其他濒危活植物（种用除外）	Other endangered live plants, other than seedlings	【最】10【普】80 【协香港】0【协澳门】0 【协亚太】5【协东盟】0【协巴基斯坦】5 【协智利】0【协新西兰】0【协秘鲁】0 【协哥斯达黎加】0【协冰岛】0【协瑞士】0 【协澳大利亚】0【协韩国】5【协格鲁吉亚】0 【协香港】0【协澳门】0 【特-1】0【特-2】0【特-3】0 【增】10【对美加征】10【出】0【退】0	株/千克	AF	EB	P	Q	101 102 103 104	其他濒危活植物（种用除外）（其他观赏花木） 其他濒危活植物（种用除外）（其他盆景） 其他濒危活植物（种用除外）（组培苗） 其他濒危活植物（种用除外）（营养体）
060290	99	99	其他活植物（种用除外）	Other live plants (other than seedlings)	【最】10【普】80 【协亚太】5【协东盟】0【协巴基斯坦】5 【协智利】0【协新西兰】0【协秘鲁】0 【协哥斯达黎加】0【协冰岛】0【协瑞士】0 【协澳大利亚】0【协韩国】5【协格鲁吉亚】0 【协香港】0【协澳门】0 【特-1】0【特-2】0【特-3】0 【增】10【对美加征】10【出】0【退】6	株/千克	A	B	P	Q	101 102 103 104	其他活植物（种用除外）（长春花） 其他活植物（种用除外）（复盆子） 其他活植物（种用除外）（龙舌兰） 其他活植物（种用除外）（水仙）

税则号列			货品名称中英文		税费综合信息	计量单位	监管证件代码		检验检疫类别		检验检疫编码	检验检疫编码对应中文名称
HS国际统一前6位	本国子目 7~8位	本国子目 9~10位	中文 货物名称	英文 Article Description			进口	出口	进口	出口		
											105 ……	其他活植物（种用除外）（黄杨） ……①
060311	00		鲜的玫瑰	Roses of a kind suitable for bouquets or for ornamental purposes, fresh	【最】10【普】100 【协香港】0【协澳门】0 【协亚太】5【协东盟】0【协巴基斯坦】5 【协智利】0【协新西兰】0【协秘鲁】0 【协哥斯达黎加】0【协冰岛】0【协瑞士】0 【协澳大利亚】0【协韩国】5【协格鲁吉亚】0 【特东老挝】0【特-1】0【特-2】0【特-3】0 【增】10【出】0【退】6	千克/枝	A	B	P	Q	999	鲜的玫瑰（制花束或装饰用的）
060312	00		鲜的康乃馨	Carnations, of a kind suitable for bouquets or for ornamental purposes, fresh	【最】10【普】100 【协香港】0【协澳门】0 【协亚太】5【协东盟】0【协巴基斯坦】5 【协智利】0【协新西兰】0【协秘鲁】0 【协哥斯达黎加】0【协冰岛】0【协瑞士】0 【协澳大利亚】0【协韩国】5【协格鲁吉亚】0 【特东老挝】0【特-1】0【特-2】0【特-3】0 【增】10【出】0【退】6	千克/枝	A	B	P	Q	999	鲜的康乃馨（制花束或装饰用的）
060313	00		鲜的兰花	Orchids, of a kind suitable for bouquets or for ornamental purposes, fresh	【最】10【普】100 【协亚太】5【协东盟】0【协巴基斯坦】5 【协智利】0【协新西兰】0【协秘鲁】0 【协台湾】0【协哥斯达黎加】0【协冰岛】0 【协瑞士】0【协澳大利亚】0【协韩国】5 【协格鲁吉亚】0 【协香港】0【协澳门】0 【特东老挝】0【特-1】0【特-2】0【特-3】0 【增】10【出】0【退】6	千克/枝	AF	BE	P	Q	101 102 103	鲜的兰花（制花束或装饰用的）（洋兰切花） 鲜的兰花（制花束或装饰用的）（鹤望兰切花） 鲜的兰花（制花束或装饰用的）（其他切花）
060314	00		鲜的菊花	Chrysanthemums, of a kind suitable for bouquets or for ornamental purposes, fresh	【最】10【普】100 【协香港】0【协澳门】0 【协亚太】5【协东盟】0【协巴基斯坦】5 【协智利】0【协新西兰】0【协秘鲁】0 【协哥斯达黎加】0【协冰岛】0【协瑞士】0 【协澳大利亚】0【协韩国】5【协格鲁吉亚】0 【特东老挝】0【特-1】0【特-2】0【特-3】0 【增】10【出】0【退】6	千克/枝	A	B	P	Q	999	鲜的菊花（制花束或装饰用的）

① 该税号项下检验检疫编码及对应中文名称尚有：106 其他活植物（种用除外）（郁金香），107 其他活植物（种用除外）（茶花），108 其他活植物（种用除外）（春兰），109 其他活植物（种用除外）（君子兰），110 其他活植物（种用除外）（芦荟），111 其他活植物（种用除外）（含笑花），112 其他活植物（种用除外）（仙客来），113 其他活植物（种用除外）（万年青），114 其他活植物（种用除外）（牡丹），115 其他活植物（种用除外）（月季），116 其他活植物（种用除外）（惠兰），117 其他活植物（种用除外）（洋桔梗），118 其他活植物（种用除外）（天竺葵），119 其他活植物（种用除外）（唐菖蒲），120 其他活植物（种用除外）（一品红），121 其他活植物（种用除外）（非洲菊），122 其他活植物（种用除外）（满天星），123 其他活植物（种用除外）（安祖花），124 其他活植物（种用除外）（球根海棠），125 其他活植物（种用除外）（马蹄莲），126 其他活植物（种用除外）（石槲兰），127 其他活植物（种用除外）（卡特利亚兰），128 其他活植物（种用除外）（舞女兰），129 其他活植物（种用除外）（海枣），130 其他活植物（种用除外）（富贵竹），131 其他活植物（种用除外）（散尾葵），132 其他活植物（种用除外）（万寿菊），133 其他活植物（种用除外）（绿藤），134 其他活植物（种用除外）（姜花），135 其他活植物（种用除外）（年桔），136 其他活植物（种用除外）（草皮），137 其他活植物（种用除外）（其他观赏花木），138 其他活植物（种用除外）（三角枫盆景），139 其他活植物（种用除外）（五角枫盆景），140 其他活植物（种用除外）（鸡爪槭盆景），141 其他活植物（种用除外）（山茶花盆景），142 其他活植物（种用除外）（翠竹盆景），143 其他活植物（种用除外）（白花杜鹃盆景），144 其他活植物（种用除外）（金豆盆景），145 其他活植物（种用除外）（腊梅盆景），146 其他活植物（种用除外）（榕盆景），147 其他活植物（种用除外）（榆盆景），148 其他活植物（种用除外）（五针松盆景），149 其他活植物（种用除外）（罗汉松盆景），150 其他活植物（种用除外）（金钱松盆景），151 其他活植物（种用除外）（福建茶盆景），152 其他活植物（种用除外）（乌头叶蛇葡萄盆景），153 其他活植物（种用除外）（朱砂根盆景），154 其他活植物（种用除外）（紫金牛盆景），155 其他活植物（种用除外）（凌宵盆景），156 其他活植物（种用除外）（花孝顺竹盆景），157 其他活植物（种用除外）（凤尾竹盆景），158 其他活植物（种用除外）（黄杨盆景），159 其他活植物（种用除外）（锦鸡儿盆景），160 其他活植物（种用除外）（雪松属盆景），161 其他活植物（种用除外）（朴盆景），162 其他活植物（种用除外）（木桃盆景），163 其他活植物（种用除外）（代代盆景），164 其他活植物（种用除外）（佛手盆景），165 其他活植物（种用除外）（金桔盆景），166 其他活植物（种用除外）（其他盆景），167 其他活植物（种用除外）（花卉组培苗），168 其他活植物（种用除外）（马铃薯组培苗），169 其他活植物（种用除外）（葡萄苗组培苗），170 其他活植物（种用除外）（甘薯组培苗），171 其他活植物（种用除外）（苹果组培苗），172 其他活植物（种用除外）（水稻组培苗），173 其他活植物（种用除外）（其他组培苗），174 其他活植物（种用除外）（营养体），175 其他活植物（种用除外）（杜鹃切花），176 其他活植物（种用除外）（山茶花切花），177 其他活植物（种用除外）（月季切花），178 其他活植物（种用除外）（芍药切花），179 其他活植物（种用除外）（满天星切花），180 其他活植物（种用除外）（美人蕉切花），181 其他活植物（种用除外）（木兰花切花），182 其他活植物（种用除外）（樱花切花），183 其他活植物（种用除外）（牡丹切花），184 其他活植物（种用除外）（郁金香切花），185 其他活植物（种用除外）（杂草）。

税则号列 HS国际统一前6位	本国子目 7~8位	本国子目 9~10位	货品名称 中文 货物名称	货品名称 英文 Article Description	税费综合信息	计量单位	监管证件代码 进口	监管证件代码 出口	检验检疫类别 进口	检验检疫类别 出口	检验检疫编码	检验检疫编码对应中文名称
060315	00		鲜的百合花(百合属)	Lilies(Lilium spp.), of a kind suitable for bouquets or for ornamental purposes, fresh	【最】10【普】100 【协亚太】5【协东盟】0【协巴基斯坦】5 【协智利】0【协新西兰】0【协秘鲁】0 【协哥斯达黎加】0【协冰岛】0【协瑞士】0 【协澳大利亚】0【协韩国】5【协格鲁吉亚】0 【协香港】0【协澳门】0 【特东老拉】0【特-1】0【特-2】0【特-3】0 【增】10【出】0【退】6	千克/枝	A	B	P	Q	999	鲜的百合花(百合属)(制花束或装饰用的)
060319	00	10	鲜的濒危植物插花及花蕾(制花束或装饰用的)	Cut flowers and flower buds of endangered plants, of a kind suitable for bouquets or for ornamental purposes, fresh	【最】10【普】100 【协亚太】5【协东盟】0【协巴基斯坦】5 【协智利】0【协新西兰】0【协秘鲁】0 【协哥斯达黎加】0【协冰岛】0【协瑞士】0 【协澳大利亚】0【协韩国】5【协格鲁吉亚】0 【协香港】0【协澳门】0 【特东老拉】0【特-1】0【特-2】0【特-3】0 【增】10【对美加征】10【出】0【退】0	千克/枝	AF	BE	P	Q	999	鲜的濒危植物插花及花蕾(制花束或装饰用的)
060319	00	90	其他鲜的插花及花蕾(制花束或装饰用的)	Other cut flowers and flower buds of a kind suitable for bouquets or for ornamental purposes, fresh	【最】10【普】100 【协亚太】5【协东盟】0【协巴基斯坦】5 【协智利】0【协新西兰】0【协秘鲁】0 【协哥斯达黎加】0【协冰岛】0【协瑞士】0 【协澳大利亚】0【协韩国】5【协格鲁吉亚】0 【协香港】0【协澳门】0 【特东老拉】0【特-1】0【特-2】0【特-3】0 【增】10【对美加征】10【出】0【退】6	千克/枝	A	B	P	Q	999	其他鲜的插花及花蕾(制花束或装饰用的)
060390	00	10	干或染色等加工濒危植物插花及花蕾(制花束或装饰用的,鲜的除外)	Cut flowers and flower buds of endangered plants, of a kind suitable for bouquets or for ornamental purposes, dried or dyed, other than fresh	【最】23【普】100 【协亚太】11.5【协东盟】0【协香港】0 【协澳门】0【协巴基斯坦】11.5【协智利】0 【协新西兰】0【协秘鲁】0【协哥斯达黎加】0 【协冰岛】0【协瑞士】9.2【协澳大利亚】0 【协韩国】17.2【协格鲁吉亚】0 【特东老拉】0【特-1】0【特-2】0【特-3】0 【增】16【对美加征】10【出】0【退】0	千克/枝	AF	BE	P	Q	999	干或染色等加工濒危植物插花及花蕾(制花束或装饰用的,鲜的除外)
060390	00	90	其他干或染色等加工的插花及花蕾(制花束或装饰用的,鲜的除外)	Other cut flowers and flower buds, of a kind suitable for bouquets or for ornamental purposes, dried or dyed, other than fresh	【最】23【普】100 【协亚太】11.5【协东盟】0【协香港】0 【协澳门】0【协巴基斯坦】11.5【协智利】0 【协新西兰】0【协秘鲁】0【协哥斯达黎加】0 【协冰岛】0【协瑞士】9.2【协澳大利亚】0 【协韩国】17.2【协格鲁吉亚】0 【特东老拉】0【特-1】0【特-2】0【特-3】0 【增】16【对美加征】10【出】0【退】6	千克/枝	A	B	P	Q	999	其他干或染色等加工的插花及花蕾(制花束或装饰用的,鲜的除外)
060420	10		鲜的苔藓及地衣	Mosses and lichens, fresh	【最】23【普】100 【协东盟】0【协智利】0【协新西兰】0 【协秘鲁】0【协哥斯达黎加】0【协冰岛】0 【协瑞士】9.2【协澳大利亚】0 【协韩国】11.5【协格鲁吉亚】0 【协香港】0【协澳门】0 【特-1】0【特-2】0 【增】10【对美加征】10【出】0【退】6	千克	A	B	P	Q	101 102 103	鲜的苔藓及地衣(苔藓及地衣) 鲜的苔藓及地衣[苔藓(栽培介质)] 鲜的苔藓及地衣[泥炭藓(栽培介质)]
060420	90	10	其他鲜濒危植物枝、叶或其他部分,草(枝、叶或其他部分是指制花束或装饰用并且不带花及花蕾)	Fresh foliage, branches and other parts of endangered plants, without flowers or flowerbuds, grass(being goods of a kind suitable for bouquets or for ornamental purposes, without flowers or flower buds)	【最】10【普】100 【协香港】0【协澳门】0 【协东盟】0【协巴基斯坦】5【协智利】0 【协新西兰】0【协秘鲁】0【协哥斯达黎加】0 【协冰岛】0【协瑞士】0【协澳大利亚】0 【协韩国】5【协格鲁吉亚】0 【特-1】0【特-2】0【特-3】0 【增】10【对美加征】10【出】0【退】0	千克	AF	BE	P	Q	999	其他鲜濒危植物枝、叶或其他部分,草(枝、叶或其他部分是指制花束或装饰用并且不带花及花蕾)

税则号列			货品名称中英文		税费综合信息	计量单位	监管证件代码		检验检疫类别		检验检疫编码	检验检疫编码对应中文名称
HS国际统一前6位	本国子目7~8位	本国子目9~10位	中文 货物名称	英文 Article Description			进口	出口	进口	出口		
060420	90	90	其他鲜植物枝、叶或其他部分，草（枝、叶或其他部分是指制花束或装饰用并且不带花及花蕾）	Other fresh foliage, branches and other parts of plants, without flowers or flowerbuds, grass (being goods of a kind suitable for bouquets or for ornamental purposes, without flowers or flower buds)	【最】10【普】100 【协东盟】0【协巴基斯坦】5【协智利】0 【协新西兰】0【协秘鲁】0【协哥斯达黎加】0 【协冰岛】0【协瑞士】0【协澳大利亚】0 【协韩国】5【协格鲁吉亚】0 【协香港】0【协澳门】0 【特-1】0【特-2】0【特-3】0 【增】10【对美加征】10【出】0【退】6	千克	A	B	P	Q	101 102 103 104	其他鲜植物枝、叶或其他部分，草（枝、叶或其他部分是指制花束或装饰用并且不带花及花蕾）（其他林木苗木） 其他鲜植物枝、叶或其他部分，草（枝、叶或其他部分是指制花束或装饰用并且不带花及花蕾）（其他观赏花木） 其他鲜植物枝、叶或其他部分，草（枝、叶或其他部分是指制花束或装饰用并且不带花及花蕾）（富贵竹切花） 其他鲜植物枝、叶或其他部分，草（枝、叶或其他部分是指制花束或装饰用并且不带花及花蕾）（未列出的其他植物）
060490	10		其他苔藓及地衣	Mosses and lichens, dried, dyed, bleached, impregnated or otherwise prepared	【最】23【普】100 【协东盟】0【协智利】0【协新西兰】0 【协秘鲁】0【协哥斯达黎加】0【协冰岛】0 【协瑞士】9.2【协澳大利亚】0 【协韩国】11.5【协格鲁吉亚】0 【协香港】0【协澳门】0 【特-1】0【特-2】0 【增】10【出】0【退】6	千克	A	B	P	Q	101 102 103	其他苔藓及地衣（苔藓及地衣） 其他苔藓及地衣［苔藓（栽培介质）］ 其他苔藓及地衣［泥炭藓（栽培介质）］
060490	90	10	其他染色或经加工濒危植物枝、叶或其他部分，草等（枝、叶或其他部分是指制花束或装饰用并且不带花及花蕾）	Endangered foliage, branches (without flowers or flowerbuds) and grass, dyed or otherwise prepared (being goods of a kind suitable for bouquets or for ornamental purposes, without flowers or flower buds)	【最】10【普】100 【协东盟】0【协香港】0【协澳门】0 【协巴基斯坦】5【协智利】0【协新西兰】0 【协秘鲁】0【协哥斯达黎加】0【协冰岛】0 【协瑞士】0【协澳大利亚】0【协韩国】5 【协格鲁吉亚】0 【特-1】0【特-2】0【特-3】0 【增】16【对美加征】10【出】0【退】0	千克	AF	BE	P	Q	999	其他染色或经加工濒危植物枝、叶或其他部分，草等（枝、叶或其他部分是指制花束或装饰用并且不带花及花蕾）
060490	90	90	其他染色或加工的植物枝、叶或其他部分，草（枝、叶或其他部分是指制花束或装饰用并且不带花及花蕾）	Other foliage, branches (without flowers or flowerbuds) and grass, dyed or otherwise prepared (being goods of a kind suitable for bouquets or for ornamental purposes, without flowers or flower buds)	【最】10【普】100 【协东盟】0【协香港】0【协澳门】0 【协巴基斯坦】5【协智利】0【协新西兰】0 【协秘鲁】0【协哥斯达黎加】0【协冰岛】0 【协瑞士】0【协澳大利亚】0【协韩国】5 【协格鲁吉亚】0 【特-1】0【特-2】0【特-3】0 【增】16【对美加征】10【出】0【退】6	千克	A	B	P	Q	101 102	其他染色或加工的植物枝、叶或其他部分，草（枝、叶或其他部分是指制花束或装饰用并且不带花及花蕾）（干花） 其他染色或加工的植物枝、叶或其他部分，草（枝、叶或其他部分是指制花束或装饰用并且不带花及花蕾）（未列出的其他植物产品）

第 七 章
食用蔬菜、根及块茎

注释：

一、本章不包括税目 12.14 的草料。

二、税目 07.09、07.10、07.11 及 07.12 所称"蔬菜"，包括食用的蘑菇、块菌、油橄榄、刺山柑、菜葫芦、南瓜、茄子、甜玉米、辣椒、茴香菜、欧芹、细叶芹、龙蒿、水芹、甜茉乔栾那。

三、税目 07.12 包括干制的归入税目 07.01 至 07.11 的各种蔬菜，但下列各项除外：

（一）做蔬菜用的脱荚干豆（税目 07.13）；

（二）税目 11.02 至 11.04 所列形状的甜玉米；

（三）马铃薯细粉、粗粉、粉末、粉片、颗粒及团粒（税目 11.05）；

（四）用税目 07.13 的干豆制成的细粉、粗粉及粉末（税目 11.06）。

四、本章不包括辣椒干及辣椒粉（税目 09.04）。

Chapter 7
Edible vegetables and certain roots and tubers

Chapter Notes:

1. This Chapter does not cover forage products of heading 12.14.

2. In headings 07.09, 07.10, 07.11 and 07.12 the word "vegetables" includes edible mushrooms, truffles, olives, capers, marrows, pumpkins, aubergines, sweet corn (*Zea mays var. saccharate*), fruits of the genus *Capsicum*or of the genus *Pimenta*, fennel, parsley, chervil, tarragon, cress and sweet marjoram (*Majorana hortensis or Origanum majorana*).

3. Heading 07.12 covers all dried vegetables of the kinds falling in headings 07.01 to 07.11, other than:

(a) dried leguminous vegetables, shelled (heading 07.13);

(b) sweet corn in the forms specified in headings 11.02 to 11.04;

(c) flour, meal, powder, flakes, granules and pellets of potatoes (heading 11.05);

(d) flour, meal and powder of the dried leguminous vegetables of heading 07.13 (heading 11.06).

4. However, dried or crushed or ground fruits of the genus *Capsicum* or of the genus *Pimenta* are excluded from this Chapter (heading 09.04).

税则号列			货品名称中英文		税费综合信息	计量单位	监管证件代码		检验检疫类别		检验检疫编码	检验检疫编码对应中文名称
HS 国际统一前 6 位	本国子目 7~8 位	本国子目 9~10 位	中文 货物名称	英文 Article Description			进口	出口	进口	出口		
070110	00		种用马铃薯	Potatoes, Seeds	【最】13【普】70 【协东盟】0【协巴基斯坦】6.5【协智利】0 【协新西兰】0【协秘鲁】0【协哥斯达黎加】0 【协瑞士】5.2【协澳大利亚】0【协韩国】6.5 【协格鲁吉亚】0【协香港】0【协澳门】0 【特-1】0【特-2】0【特-3】0 【增】10【对美加征】25【出】0【退】0	千克	A	B	P	Q	999	种用马铃薯
070190	00		其他鲜或冷藏的马铃薯	Other Potatoes, fresh or chilled	【最】13【普】70 【协亚太】9【协东盟】0【协巴基斯坦】5 【协智利】0【协新西兰】0【协秘鲁】0 【协哥斯达黎加】0【协冰岛】0【协瑞士】5.2 【协澳大利亚】0【协韩国】6.5 【协格鲁吉亚】0【协香港】0【协澳门】0 【特东柬埔寨】0【特-1】0【特-2】0【特-3】0 【增】10【对美加征】25【出】0【退】0	千克	A	B	PR	QS	999	其他鲜或冷藏的马铃薯
070200	00		鲜或冷藏的番茄	Tomatoes, fresh or chilled	【最】13【普】70 【协香港】0【协澳门】0【协东盟】0 【协巴基斯坦】6.5【协智利】0 【协新西兰】0【协秘鲁】0【协哥斯达黎加】0 【协冰岛】0【协瑞士】5.2【协澳大利亚】0 【协韩国】6.5【协格鲁吉亚】0 【特-1】0【特-2】0【特-3】0 【增】10【对美加征】25【出】0【退】0	千克	A	B	PR	QS	999	鲜或冷藏的番茄

税则号列			货品名称中英文		税费综合信息	计量单位	监管证件代码		检验检疫类别		检验检疫编码	检验检疫编码对应中文名称
HS国际统一前6位	本国子目7~8位	本国子目9~10位	中文货物名称	英文 Article Description			进口	出口	进口	出口		
070310	10		鲜或冷藏的洋葱	Onions, fresh or chilled	【最】13【普】70 【协亚太】6.5【协东盟】0【协农】0 【协巴基斯坦】5【协智利】0【协新西兰】0 【协秘鲁】0【协哥斯达黎加】0【协冰岛】0 【协瑞士】5.2【协澳大利亚】0【协韩国】6.5 【协格鲁吉亚】0【协香港】0【协澳门】0 【特东柬埔寨】0【特东缅甸】0【特-1】0 【特-2】0【特-3】0 【增】10【对美加征】25【出】0【退】0	千克	A	B	PR	QS	999	鲜或冷藏的洋葱
070310	20		鲜或冷藏的青葱	Shallots, fresh or chilled	【最】13【普】70 【协亚太】6.5【协东盟】0【协巴基斯坦】5 【协智利】0【协新西兰】0【协秘鲁】0 【协哥斯达黎加】0【协冰岛】0【协瑞士】5.2 【协澳大利亚】0【协韩国】6.5 【协格鲁吉亚】0 【特东柬埔寨】0【特东缅甸】0【特-1】0 【特-2】0【特-3】0 【增】10【对美加征】25【出】0【退】0	千克	A	B	PR	QS	999	鲜或冷藏的青葱
070320	10		鲜或冷藏的蒜头	Garlic bulbs, fresh or chilled	【最】13【普】70 【协亚太】6.5【协东盟】0【协巴基斯坦】0 【协智利】0【协新西兰】0【协秘鲁】0 【协哥斯达黎加】0【协冰岛】0【协瑞士】5.2 【协澳大利亚】0【协韩国】6.5 【协格鲁吉亚】0 【特-1】0【特-2】0 【增】10【对美加征】25【出】0【退】0	千克	A	B	PR	QS	101 102	鲜或冷藏的蒜头（大蒜） 鲜或冷藏的蒜头［药用大蒜（蒜头）］
070320	20		鲜或冷藏的蒜苔及蒜苗（青蒜）	Garlic stems, garlic seedlings, fresh or chilled	【最】13【普】70 【协亚太】6.5【协东盟】0【协巴基斯坦】0 【协智利】0【协新西兰】0【协秘鲁】0 【协哥斯达黎加】0【协冰岛】0【协瑞士】5.2 【协澳大利亚】0【协韩国】6.5 【协格鲁吉亚】0 【特-1】0【特-2】0 【增】10【对美加征】25【出】0【退】0	千克	A	B	PR	QS	101 102 103	鲜或冷藏的蒜苔及蒜苗（包括青蒜）（蒜苔） 鲜或冷藏的蒜苔及蒜苗（包括青蒜）（蒜苗） 鲜或冷藏的蒜苔及蒜苗（包括青蒜）（青蒜）
070320	90		鲜或冷藏的其他大蒜	Other Garlic, fresh or chilled	【最】13【普】70 【协亚太】6.5【协东盟】0【协巴基斯坦】0 【协智利】0【协新西兰】0【协秘鲁】0 【协哥斯达黎加】0【协冰岛】0【协瑞士】5.2 【协澳大利亚】0【协韩国】6.5 【协格鲁吉亚】0 【特-1】0【特-2】0 【增】10【对美加征】25【出】0【退】0	千克	A	B	PR	QS	999	鲜或冷藏的其他大蒜（包括切片、切碎、切丝、捣碎、磨碎、去皮等）
070390	10		鲜或冷藏的韭葱	Leeks, fresh or chilled	【最】13【普】70 【协东盟】0【协巴基斯坦】6.5【协智利】0 【协新西兰】0【协秘鲁】0【协哥斯达黎加】0 【协冰岛】0【协瑞士】5.2【协澳大利亚】0 【协韩国】6.5【协格鲁吉亚】0 【特东柬埔寨】0【特-1】0【特-2】0【特-3】0 【增】10【对美加征】25【出】0【退】0	千克	A	B	PR	QS	999	鲜或冷藏的韭葱
070390	20		鲜或冷藏的大葱	Scallion, fresh or chilled	【最】13【普】70 【协东盟】0【协巴基斯坦】6.5【协智利】0 【协新西兰】0【协秘鲁】0【协哥斯达黎加】0 【协冰岛】0【协瑞士】5.2【协澳大利亚】0 【协韩国】6.5【协格鲁吉亚】0 【特东柬埔寨】0【特-1】0【特-2】0【特-3】0 【增】10【对美加征】25【出】0【退】0	千克	A	B	PR	QS	999	鲜或冷藏的大葱
070390	90		鲜或冷藏的其他葱属蔬菜	Other alliaceous vegetables, fresh or chilled	【最】13【普】70 【协东盟】0【协巴基斯坦】6.5【协智利】0 【协新西兰】0【协秘鲁】0【协哥斯达黎加】0 【协冰岛】0【协瑞士】5.2【协澳大利亚】0 【协韩国】6.5【协格鲁吉亚】0 【特东柬埔寨】0【特-1】0【特-2】0【特-3】0 【增】10【对美加征】25【出】0【退】0	千克	A	B	PR	QS	999	鲜或冷藏的其他葱属蔬菜

税则号列			货品名称中英文		税费综合信息	计量单位	监管证件代码		检验检疫类别		检验检疫编码	检验检疫编码对应中文名称
HS 国际统一前6位	本国子目 7~8位	9~10位	中文 货物名称	英文 Article Description			进口	出口	进口	出口		
070410	00	01	鲜、冷硬花甘蓝	Headed broccoli, fresh or chilled	【最】10【普】70 【协东盟】0【协农】0【协巴基斯坦】5 【协智利】0【协新西兰】0【协秘鲁】0 【协哥斯达黎加】0【协瑞士】0【协澳大利亚】0 【协韩国】5【协格鲁吉亚】0 【特-1】0【特-2】0【特-3】0 【增】10【对美加征】25【出】0【退】0	千克	A	B	PR	QS	999	鲜、冷硬花甘蓝
070410	00	02	鲜、冷花椰菜（花椰菜也叫菜花）	Broccoli (cauliflowers), fresh or chilled	【最】10【普】70 【协东盟】0【协农】0【协巴基斯坦】5 【协智利】0【协新西兰】0【协秘鲁】0 【协哥斯达黎加】0【协瑞士】0【协澳大利亚】0 【协韩国】5【协格鲁吉亚】0 【特-1】0【特-2】0【特-3】0 【增】10【对美加征】25【出】0【退】0	千克	A	B	PR	QS	999	鲜、冷花椰菜（花椰菜也叫菜花）
070420	00		鲜或冷藏的抱子甘蓝	Brussels sprouts, fresh or chilled	【最】13【普】70 【协东盟】0【协农】0【协巴基斯坦】6.5 【协智利】0【协新西兰】0【协秘鲁】0 【协哥斯达黎加】0【协冰岛】0【协瑞士】5.2 【协澳大利亚】0【协韩国】6.5 【协格鲁吉亚】0 【特-1】0【特-2】0 【增】10【对美加征】25【出】0【退】0	千克	A	B	PR	QS	999	鲜或冷藏的抱子甘蓝
070490	10		鲜或冷藏的卷心菜	Cabbages (Brassica oleraceavar. capitata), fresh or chilled	【最】13【普】70 【协东盟】0【协农】0【协巴基斯坦】6.5 【协智利】0【协新西兰】0【协秘鲁】0 【协哥斯达黎加】0【协冰岛】0【协瑞士】5.2 【协澳大利亚】0【协韩国】6.5 【协格鲁吉亚】0 【特东老挝】0【特-1】0【特-2】0【特-3】0 【增】10【对美加征】25【出】0【退】0	千克	A	B	PR	QS	999	鲜或冷藏的卷心菜（学名结球甘蓝，又名圆白菜、洋白菜，属十字花科芸苔属甘蓝变种）
070490	20		鲜或冷藏的西兰花	Broccolis(Brassica oleraceavar. italica), fresh or chilled	【最】13【普】70 【协东盟】0【协巴基斯坦】6.5【协智利】0 【协新西兰】0【协秘鲁】0【协哥斯达黎加】0 【协冰岛】0【协瑞士】5.2【协澳大利亚】0 【协韩国】6.5【协格鲁吉亚】0 【特东老挝】0【特-1】0【特-2】0【特-3】0 【增】10【对美加征】25【出】0【退】0	千克	A	B	PR	QS	999	鲜或冷藏的西兰花（西兰花，又称青花菜、绿菜花，属十字花科芸苔属甘蓝变种）
070490	90	01	鲜、冷其他甘蓝	Other Cabbage, fresh or chilled	【最】13【普】70 【协东盟】0【协农】0【协巴基斯坦】6.5 【协智利】0【协新西兰】0【协秘鲁】0 【协哥斯达黎加】0【协冰岛】0【协瑞士】5.2 【协澳大利亚】0【协韩国】6.5 【协格鲁吉亚】0【协香港】0【协澳门】0 【特东老挝】0【特-1】0【特-2】0【特-3】0 【增】10【对美加征】25【出】0【退】0	千克	A	B	PR	QS	999	鲜、冷其他甘蓝
070490	90	90	鲜或冷藏的其他食用芥菜类蔬菜	Other edible brassicas juncea, fresh or chilled	【最】13【普】70 【协香港】0【协澳门】0【协东盟】0 【协巴基斯坦】6.5【协智利】0 【协新西兰】0【协秘鲁】0【协哥斯达黎加】0 【协冰岛】0【协瑞士】5.2【协澳大利亚】0 【协韩国】6.5【协格鲁吉亚】0 【特东老挝】0【特-1】0【特-2】0【特-3】0 【增】10【对美加征】25【出】0【退】0	千克	A	B	PR	QS	999	鲜或冷藏的其他食用芥菜类蔬菜
070511	00		鲜或冷藏的结球莴苣（包心生菜）	Cabbage lettuce(head lettuce), fresh or chilled	【最】10【普】70 【协东盟】0【协农】0【协巴基斯坦】0 【协智利】0【协香港】0【协澳门】0 【协新西兰】0【协秘鲁】0【协哥斯达黎加】0 【协冰岛】0【协瑞士】0【协澳大利亚】0 【协韩国】5【协格鲁吉亚】0 【特-1】0【特-2】0【特-3】0 【增】10【对美加征】25【出】0【退】0	千克	A	B	PR	QS	999	鲜或冷藏的结球莴苣（包心生菜）

税则号列 HS国际统一前6位	本国子目 7~8位	本国子目 9~10位	货品名称中英文 中文 货物名称	货品名称中英文 英文 Article Description	税费综合信息	计量单位	监管证件代码 进口	监管证件代码 出口	检验检疫类别 进口	检验检疫类别 出口	检验检疫编码	检验检疫编码对应中文名称
070519	00		鲜或冷藏的其他莴苣	Other Lettuce, fresh or chilled	【最】10【普】70 【协东盟】0【协农】0【协巴基斯坦】0 【协智利】0【协香港】0【协澳门】0 【协新西兰】0【协秘鲁】0【协哥斯达黎加】0 【协冰岛】0【协瑞士】0【协澳大利亚】0 【协韩国】5【协格鲁吉亚】0 【特-1】0【特-2】0【特-3】0 【增】10【对美加征】25【出】0【退】0	千克	A	B	PR	QS	999	鲜或冷藏的其他莴苣
070521	00		鲜或冷藏的维特罗夫菊苣	Witloof chicory (Cichoriym intybus var. foliosum), fresh or chilled	【最】13【普】70 【协东盟】0【协巴基斯坦】0【协智利】0 【协新西兰】0【协秘鲁】0【协哥斯达黎加】0 【协冰岛】0【协瑞士】5.2【协澳大利亚】0 【协韩国】6.5【协格鲁吉亚】0 【协香港】0【协澳门】0 【特-1】0【特-2】0 【增】10【对美加征】25【出】0【退】0	千克	A	B	PR	Q	999	鲜或冷藏的维特罗夫菊苣
070529	00		鲜或冷藏的其他菊苣	Other chicory, fresh or chilled	【最】13【普】70 【协东盟】0【协巴基斯坦】0【协智利】0 【协新西兰】0【协秘鲁】0【协哥斯达黎加】0 【协冰岛】0【协瑞士】5.2【协澳大利亚】0 【协韩国】6.5【协格鲁吉亚】0 【协香港】0【协澳门】0 【特-1】0【特-2】0 【增】10【对美加征】25【出】0【退】0	千克	A	B	PR	Q	999	鲜或冷藏的其他菊苣
070610	00	01	鲜、冷胡萝卜	Carrots, fresh or chilled	【最】13【普】70 【协东盟】0【协农】0【协巴基斯坦】6.5 【协智利】0【协新西兰】0【协秘鲁】0 【协哥斯达黎加】0【协瑞士】5.2 【协澳大利亚】0【协韩国】6.5 【协格鲁吉亚】0【协香港】0【协澳门】0 【特-1】0【特-2】0 【增】10【对美加征】25【出】0【退】0	千克	A	B	PR	QS	999	鲜、冷胡萝卜
070610	00	90	鲜或冷藏的萝卜	Turnips, fresh or chilled	【最】13【普】70 【协东盟】0【协巴基斯坦】6.5【协智利】0 【协新西兰】0【协秘鲁】0【协哥斯达黎加】0 【协瑞士】5.2【协澳大利亚】0【协韩国】6.5 【协格鲁吉亚】0【协香港】0【协澳门】0 【特-1】0【特-2】0 【增】10【对美加征】25【出】0【退】0	千克	A	B	PR	QS	999	鲜或冷藏的萝卜
070690	00		鲜或冷藏的小萝卜及类似食用根茎	Radishes and similar edible roots (including salad beetroot, salsify, celeriac), fresh or chilled	【最】13【普】70 【协东盟】0【协巴基斯坦】6.5【协智利】0 【协新西兰】0【协秘鲁】0【协哥斯达黎加】0 【协冰岛】0【协瑞士】5.2【协澳大利亚】0 【协韩国】6.5【协格鲁吉亚】0 【协香港】0【协澳门】0 【特-1】0【特-2】0 【增】10【对美加征】25【出】0【退】0	千克	A	B	PR	QS	101 102	鲜或冷藏的小萝卜及类似食用根茎（包括色拉甜菜根、婆罗门参、块根芹）（小萝卜） 鲜或冷藏的小萝卜及类似食用根茎（包括色拉甜菜根、婆罗门参、块根芹）［小萝卜类似食用根茎（芜菁）］
070700	00		鲜或冷藏的黄瓜及小黄瓜	Cucumbers and gherkins, fresh or chilled	【最】13【普】70 【协亚太】6.5【协东盟】0【协巴基斯坦】5 【协智利】0【协新西兰】0【协秘鲁】0 【协哥斯达黎加】0【协冰岛】0【协瑞士】5.2 【协澳大利亚】0【协韩国】6.5 【协格鲁吉亚】0【协香港】0【协澳门】0 【特东柬埔寨】0【特-1】0【特-2】0【特-3】0 【增】10【对美加征】25【出】0【退】0	千克	A	B	PR	QS	999	鲜或冷藏的黄瓜及小黄瓜
070810	00		鲜或冷藏的豌豆	Peas (Pisum sativum), shelled or in shell, fresh or chilled	【最】13【普】70 【协亚太】6.5【协东盟】0【协巴基斯坦】0 【协智利】0【协新西兰】0【协秘鲁】0 【协哥斯达黎加】0【协冰岛】0【协瑞士】5.2 【协澳大利亚】0【协韩国】6.5 【协格鲁吉亚】0【协香港】0【协澳门】0 【特东柬埔寨】0【特-1】0【特-2】0【特-3】0 【增】10【对美加征】25【出】0【退】0	千克	A	B	PR	QS	999	鲜或冷藏的豌豆（不论是否脱荚）

税则号列			货品名称中英文		税费综合信息	计量单位	监管证件代码		检验检疫类别		检验检疫编码	检验检疫编码对应中文名称
HS国际统一前6位	本国子目 7~8位	9~10位	中文 货物名称	英文 Article Description			进口	出口	进口	出口		
070820	00		鲜或冷藏的豇豆及菜豆	Beans (Vigna spp., Phaseolus spp.), shelled or in shell, fresh or chilled	【最】13【普】70 【协亚太】6.5【协东盟】0【协巴基斯坦】0 【协智利】0【协新西兰】0【协秘鲁】0 【协哥斯达黎加】0【协冰岛】0【协瑞士】5.2 【协澳大利亚】0【协韩国】6.5 【协格鲁吉亚】0【协香港】0【协澳门】0 【特东老挝】0【特东柬埔寨】0【特-1】0 【特-2】0【特-3】0 【增】10【对美加征】25【出】0【退】0	千克	A	B	PR	QS	101 102	鲜或冷藏的豇豆及菜豆（不论是否脱荚）（豇豆） 鲜或冷藏的豇豆及菜豆（不论是否脱荚）（菜豆）
070890	00		鲜或冷藏的其他豆类蔬菜	Other leguminous vegetables, shelled or in shell, fresh or chilled	【最】13【普】70 【协亚太】6.5【协东盟】0【协巴基斯坦】0 【协智利】0【协新西兰】0【协秘鲁】0 【协哥斯达黎加】0【协冰岛】0【协瑞士】5.2 【协澳大利亚】0【协韩国】6.5 【协格鲁吉亚】0【协香港】0【协澳门】0 【特东柬埔寨】0【特-1】0【特-2】0【特-3】0 【增】10【对美加征】25【出】0【退】0	千克	A	B	PR	QS	101 102 103 104 105 ……	鲜或冷藏的其他豆类蔬菜（不论是否脱荚）（蚕豆） 鲜或冷藏的其他豆类蔬菜（不论是否脱荚）（毛豆） 鲜或冷藏的其他豆类蔬菜（不论是否脱荚）（四棱豆） 鲜或冷藏的其他豆类蔬菜（不论是否脱荚）（豆苗） 鲜或冷藏的其他豆类蔬菜（不论是否脱荚）（豆芽） ……①
070920	00		鲜或冷藏的芦笋	Asparagus, fresh or chilled	【最】13【普】70 【协亚太】6.5【协东盟】0【协巴基斯坦】0 【协智利】0【协新西兰】0【协秘鲁】0 【协哥斯达黎加】0【协冰岛】0【协瑞士】5.2 【协澳大利亚】0【协韩国】6.5 【协格鲁吉亚】0【协香港】0【协澳门】0 【特-1】0【特-2】0【特-3】0 【增】10【对美加征】25【出】0【退】0	千克	A	B	PR	QS	999	鲜或冷藏的芦笋
070930	00		鲜或冷藏的茄子	Aubergines (egg-plants), fresh or chilled	【最】13【普】70 【协亚太】6.5【协东盟】0【协巴基斯坦】0 【协智利】0【协新西兰】0【协秘鲁】0 【协哥斯达黎加】0【协冰岛】0【协瑞士】5.2 【协澳大利亚】0【协韩国】6.5 【协格鲁吉亚】0【协香港】0【协澳门】0 【特-1】0【特-2】0【特-3】0 【增】10【对美加征】25【出】0【退】0	千克	A	B	PR	QS	999	鲜或冷藏的茄子
070940	00		鲜或冷藏的芹菜，但块根芹除外	Celery other than celeriac, fresh or chilled	【最】10【普】70 【协东盟】0【协巴基斯坦】0【协智利】0 【协新西兰】0【协秘鲁】0【协哥斯达黎加】0 【协冰岛】0【协瑞士】0【协澳大利亚】0 【协韩国】5【协格鲁吉亚】0 【协香港】0【协澳门】0 【特-1】0【特-2】0【特-3】0 【增】10【对美加征】25【出】0【退】0	千克	A	B	PR	QS	999	鲜或冷藏的芹菜（块根芹除外）
070951	00		鲜或冷藏的伞菌属蘑菇	Mushrooms of the genus Agaricus, fresh or chilled	【最】13【普】90 【协东盟】0【协香港】0【协澳门】0 【协巴基斯坦】0【协智利】0【协新西兰】0 【协秘鲁】0【协哥斯达黎加】0【协冰岛】0 【协瑞士】5.2【协澳大利亚】0【协韩国】6.5 【协格鲁吉亚】0 【特东柬埔寨】0【特-1】0【特-2】0【特-3】0 【增】10【对美加征】25【出】0【退】0	千克	A	B	PR	QS	999	鲜或冷藏的伞菌属蘑菇
070959	10		鲜或冷藏的松茸	Sungmo, fresh or chilled	【最】13【普】90 【协香港】0【协澳门】0 【协东盟】0【协巴基斯坦】0【协智利】0 【协新西兰】0【协秘鲁】0【协哥斯达黎加】0 【协冰岛】0【协瑞士】5.2【协澳大利亚】0 【协韩国】6.5【协格鲁吉亚】0 【特东柬埔寨】0【特-1】0【特-2】0【特-3】0 【增】10【对美加征】25【出】0【退】0	千克	A	BE	PR	QS	999	鲜或冷藏的松茸

① 该税号项下检验检疫编码及对应中文名称尚有：106 鲜或冷藏的其他豆类蔬菜（不论是否脱荚）（其他豆科蔬菜）。

税则号列 HS国际统一前6位	本国子目 7~8位	本国子目 9~10位	货品名称中英文 中文 货物名称	货品名称中英文 英文 Article Description	税费综合信息	计量单位	监管证件代码 进口	监管证件代码 出口	检验检疫类别 进口	检验检疫类别 出口	检验检疫编码	检验检疫编码对应中文名称
070959	20		鲜或冷藏的香菇	Shiitake, fresh or chilled	【最】13【普】90 【协香港】0【协澳门】0【协东盟】0 【协巴基斯坦】0【协智利】0【协新西兰】0 【协秘鲁】0【协哥斯达黎加】0【协冰岛】0 【协瑞士】5.2【协澳大利亚】0【协韩国】6.5 【协格鲁吉亚】0 【特东柬埔寨】0【特-1】0【特-2】0【特-3】0 【增】10【对美加征】25【出】0【退】0	千克	A	B	PR	QS	999	鲜或冷藏的香菇
070959	30		鲜或冷藏的金针菇	Winter mushroom, fresh or chilled	【最】13【普】90 【协东盟】0【协巴基斯坦】0【协智利】0 【协新西兰】0【协秘鲁】0【协台湾】0 【协哥斯达黎加】0【协冰岛】0【协瑞士】5.2 【协澳大利亚】0【协韩国】6.5【协格鲁吉亚】0 【协香港】0【协澳门】0 【特东柬埔寨】0【特-1】0【特-2】0【特-3】0 【增】10【对美加征】25【出】0【退】0	千克	A	B	PR	QS	999	鲜或冷藏的金针菇
070959	40		鲜或冷藏的草菇	Paddy Straw mushroom, fresh or chilled	【最】13【普】90 【协东盟】0【协巴基斯坦】0【协智利】0 【协新西兰】0【协秘鲁】0【协哥斯达黎加】0 【协冰岛】0【协瑞士】5.2【协澳大利亚】0 【协韩国】6.5【协格鲁吉亚】0【协香港】0 【协澳门】0 【特东柬埔寨】0【特-1】0【特-2】0【特-3】0 【增】10【对美加征】25【出】0【退】0	千克	A	B	PR	QS	999	鲜或冷藏的草菇
070959	50		鲜或冷藏的口蘑	Tricholoma mongolicum Imai, fresh or chilled	【最】13【普】90 【协东盟】0【协巴基斯坦】0【协智利】0 【协新西兰】0【协秘鲁】0【协哥斯达黎加】0 【协冰岛】0【协瑞士】5.2【协澳大利亚】0 【协韩国】6.5【协格鲁吉亚】0【协香港】0 【协澳门】0 【特东柬埔寨】0【特-1】0【特-2】0【特-3】0 【增】10【对美加征】25【出】0【退】0	千克	A	B	PR	QS	999	鲜或冷藏的口蘑
070959	60		鲜或冷藏的块菌	Truffle, fresh or chilled	【最】13【普】90 【协东盟】0【协巴基斯坦】0【协智利】0 【协新西兰】0【协秘鲁】0【协哥斯达黎加】0 【协冰岛】0【协瑞士】5.2【协澳大利亚】0 【协韩国】6.5【协格鲁吉亚】0【协香港】0 【协澳门】0 【特-1】0【特-2】0 【增】10【对美加征】25【出】0【退】10	千克	A	B	PR	QS	101 102 103	鲜或冷藏的块菌（银耳） 鲜或冷藏的块菌（木耳） 鲜或冷藏的块菌（其他块菌）
070959	90		鲜或冷藏的其他蘑菇	Other mushroom, fresh or chilled	【最】13【普】90 【协东盟】0【协巴基斯坦】0【协智利】0 【协新西兰】0【协秘鲁】0【协哥斯达黎加】0 【协冰岛】0【协瑞士】5.2【协澳大利亚】0 【协韩国】6.5【协格鲁吉亚】0【协香港】0 【协澳门】0 【特东柬埔寨】0【特-1】0【特-2】0【特-3】0 【增】10【对美加征】25【出】0【退】0	千克	A	B	PR	QS	101 102 103 104 105 ……	鲜或冷藏的其他蘑菇（杏鲍菇） 鲜或冷藏的其他蘑菇（猴头菇） 鲜或冷藏的其他蘑菇（姬菇） 鲜或冷藏的其他蘑菇（平菇） 鲜或冷藏的其他蘑菇（秀珍菇） ……①
070960	00		鲜或冷藏的辣椒，包括甜椒	Fruits of the genus Capsicum or of the genus Pimenta, fresh or chilled	【最】13【普】70 【协亚太】6.5【协东盟】0【协巴基斯坦】0 【协智利】0【协新西兰】0【协秘鲁】0 【协哥斯达黎加】0【协冰岛】0【协瑞士】5.2 【协澳大利亚】0【协韩国】6.5 【协格鲁吉亚】0【协香港】0【协澳门】0 【特东柬埔寨】0【特-1】0【特-2】0【特-3】0 【增】10【对美加征】25【出】0【退】0	千克	A	B	PR	QS	999	鲜或冷藏的辣椒（包括甜椒）

① 该税号项下检验检疫编码及对应中文名称尚有：106　鲜或冷藏的其他蘑菇（牛肝菌），107　鲜或冷藏的其他蘑菇（其他食用菌）。

税则号列			货品名称中英文		税费综合信息	计量单位	监管证件代码		检验检疫类别		检验检疫编码	检验检疫编码对应中文名称
HS国际统一前6位	本国子目7~8位	本国子目9~10位	中文 货物名称	英文 Article Description			进口	出口	进口	出口		
070970	00		鲜或冷藏的菠菜	Spinach, New Zealand Spinach and orache Spinach (garden Spinach), fresh or chilled	【最】13【普】70 【协东盟】0【协香港】0【协澳门】0 【协巴基斯坦】0【协智利】0【协新西兰】0 【协秘鲁】0【协哥斯达黎加】0【协冰岛】0 【协瑞士】5.2【协澳大利亚】0 【协韩国】6.5【协格鲁吉亚】0 【特-1】0【特-2】0【特-3】0 【增】10【对美加征】25【出】0【退】0	千克	A	B	PR	QS	999	鲜或冷藏的菠菜
070991	00		鲜或冷藏的洋蓟	Globe artichokes, fresh or chilled	【最】13【普】70 【协东盟】0【协香港】0【协澳门】0 【协巴基斯坦】0【协智利】0【协新西兰】0 【协秘鲁】0【协哥斯达黎加】0【协冰岛】0 【协瑞士】5.2【协澳大利亚】0 【协韩国】6.5【协格鲁吉亚】0 【特东柬埔寨】0【特-1】0【特-2】0【特-3】0 【增】10【对美加征】25【出】0【退】6	千克	A	B	PR	QS	999	鲜或冷藏的洋蓟
070992	00		鲜或冷藏的油橄榄	Olives, fresh or chilled	【最】13【普】70 【协东盟】0【协香港】0【协澳门】0 【协巴基斯坦】0【协智利】0【协新西兰】0 【协秘鲁】0【协哥斯达黎加】0【协冰岛】0 【协瑞士】5.2【协澳大利亚】0 【协韩国】6.5【协格鲁吉亚】0 【特东柬埔寨】0【特-1】0【特-2】0【特-3】0 【增】10【对美加征】25【出】0【退】6	千克	A	B	PR	QS	999	鲜或冷藏的油橄榄
070993	00		鲜或冷藏的南瓜、笋瓜及瓠瓜（南瓜属）	Pumpkins, squash and gourds (Cucurbita spp.), fresh or chilled	【最】13【普】70 【协东盟】0【协香港】0【协澳门】0 【协巴基斯坦】0【协智利】0【协新西兰】0 【协秘鲁】0【协哥斯达黎加】0【协冰岛】0 【协瑞士】5.2【协澳大利亚】0【协韩国】6.5 【协格鲁吉亚】0 【特东柬埔寨】0【特-1】0【特-2】0【特-3】0 【增】10【对美加征】25【出】0【退】0	千克	A	B	PR	QS	101 102 103	鲜或冷藏的南瓜、笋瓜及瓠瓜（南瓜属）（南瓜） 鲜或冷藏的南瓜、笋瓜及瓠瓜（南瓜属）（笋瓜） 鲜或冷藏的南瓜、笋瓜及瓠瓜（南瓜属）（瓠瓜）
070999	10	10	鲜或冷藏的酸竹笋	Acidosasa chinensis shoots, fresh or chilled	【最】13【普】70 【协东盟】0【协巴基斯坦】0【协智利】0 【协新西兰】0【协秘鲁】0【协哥斯达黎加】0 【协冰岛】0【协瑞士】5.2【协澳大利亚】0 【协韩国】6.5【协格鲁吉亚】0【协香港】0 【协澳门】0 【特东老挝】0【特东柬埔寨】0【特-1】0 【特-2】0【特-3】0 【增】10【对美加征】25【出】0【退】0	千克	A	BE	PR	QS	999	鲜或冷藏的酸竹笋
070999	10	90	鲜或冷藏的其他竹笋	Bamboo shoots, chilled	【最】13【普】70 【协东盟】0【协巴基斯坦】0【协智利】0 【协新西兰】0【协秘鲁】0【协哥斯达黎加】0 【协冰岛】0【协瑞士】5.2【协澳大利亚】0 【协韩国】6.5【协格鲁吉亚】0【协香港】0 【协澳门】0 【特东老挝】0【特东柬埔寨】0【特-1】0 【特-2】0【特-3】0 【增】10【对美加征】25【出】0【退】0	千克	A	B	PR	QS	999	鲜或冷藏的其他竹笋
070999	90	01	鲜或冷藏的丝瓜	Loofah (lufla), fresh or chilled	【最】13【普】70 【协东盟】0【协香港】0【协澳门】0【协农】0 【协巴基斯坦】0【协智利】0【协新西兰】0 【协秘鲁】0【协哥斯达黎加】0【协冰岛】0 【协瑞士】5.2【协澳大利亚】0【协韩国】6.5 【协格鲁吉亚】0 【特东柬埔寨】0【特-1】0【特-2】0【特-3】0 【增】10【对美加征】25【出】0【退】0	千克	A	B	PR	QS	999	鲜或冷藏的丝瓜
070999	90	02	鲜或冷藏的青江菜	Spoon cabbage, fresh or chilled	【最】13【普】70 【协东盟】0【协香港】0【协澳门】0【协农】0 【协巴基斯坦】0【协智利】0【协新西兰】0 【协秘鲁】0【协哥斯达黎加】0【协冰岛】0 【协瑞士】5.2【协澳大利亚】0【协韩国】6.5 【协格鲁吉亚】0 【特东柬埔寨】0【特-1】0【特-2】0【特-3】0 【增】10【对美加征】25【出】0【退】0	千克	A	B	PR	QS	999	鲜或冷藏的青江菜

税则号列 HS国际统一前6位	本国子目 7~8位	本国子目 9~10位	货品名称中英文 中文 货物名称	英文 Article Description	税费综合信息	计量单位	监管证件代码 进口	监管证件代码 出口	检验检疫类别 进口	检验检疫类别 出口	检验检疫编码	检验检疫编码对应中文名称
070999	90	03	鲜或冷藏的小白菜	Bok Choy, fresh or chilled	【最】13【普】70 【协东盟】0【协香港】0【协澳门】0【协农】0 【协巴基斯坦】0【协智利】0【协新西兰】0 【协秘鲁】0【协哥斯达黎加】0【协冰岛】0 【协瑞士】5.2【协澳大利亚】0【协韩国】6.5 【协格鲁吉亚】0 【特东柬埔寨】0【特-1】0【特-2】0【特-3】0 【增】10【对美加征】25【出】0【退】0	千克	A	B	PR	QS	999	鲜或冷藏的小白菜
070999	90	04	鲜或冷藏的苦瓜	Bitter group (Balsam pear), fresh or chilled	【最】13【普】70 【协东盟】0【协香港】0【协澳门】0【协农】0 【协巴基斯坦】0【协智利】0【协新西兰】0 【协秘鲁】0【协哥斯达黎加】0【协冰岛】0 【协瑞士】5.2【协澳大利亚】0【协韩国】6.5 【协格鲁吉亚】0 【特东柬埔寨】0【特-1】0【特-2】0【特-3】0 【增】10【对美加征】25【出】0【退】0	千克	A	B	PR	QS	999	鲜或冷藏的苦瓜
070999	90	05	鲜或冷藏的山葵	Wasabi Japanese Horse-radish (Wasabia japonica), fresh or chilled	【最】13【普】70 【协东盟】0【协香港】0【协澳门】0【协农】0 【协巴基斯坦】0【协智利】0【协新西兰】0 【协秘鲁】0【协哥斯达黎加】0【协冰岛】0 【协瑞士】5.2【协澳大利亚】0【协韩国】6.5 【协格鲁吉亚】0 【特东柬埔寨】0【特-1】0【特-2】0【特-3】0 【增】10【对美加征】25【出】0【退】0	千克	A	B	PR	QS	999	鲜或冷藏的山葵
070999	90	10	鲜或冷藏的莼菜	Water shield, fresh or chilled	【最】13【普】70 【协东盟】0【协香港】0【协澳门】0 【协智利】0【协新西兰】0【协秘鲁】0 【协哥斯达黎加】0【协冰岛】0【协瑞士】5.2 【协澳大利亚】0【协韩国】6.5 【协格鲁吉亚】0【协巴基斯坦】0 【特东柬埔寨】0【特-1】0【特-2】0【特-3】0 【增】10【对美加征】25【出】0【退】0	千克	A	BE	PR	QS	999	鲜或冷藏的莼菜
070999	90	90	鲜或冷藏的其他蔬菜	Other vegetables, fresh or chilled	【最】13【普】70 【协东盟】0【协香港】0【协澳门】0 【协巴基斯坦】0【协智利】0 【协新西兰】0【协秘鲁】0 【协哥斯达黎加】0【协冰岛】0【协瑞士】5.2 【协澳大利亚】0【协韩国】6.5 【协格鲁吉亚】0 【特东柬埔寨】0【特-1】0【特-2】0【特-3】0 【增】10【对美加征】25【出】0【退】0	千克	A	B	PR	QS	101 102 103 104 105 ……	鲜或冷藏的其他蔬菜(魔芋) 鲜或冷藏的其他蔬菜(其他薯类) 鲜或冷藏的其他蔬菜(大白菜) 鲜或冷藏的其他蔬菜(小松菜) 鲜或冷藏的其他蔬菜(青梗菜) ……①
071010	00		冷冻马铃薯(不论是否蒸煮)	Potatoes (uncooked or cooked by steaming or boiling in water), frozen	【最】13【普】70 【协东盟】0【协巴基斯坦】6.5【协智利】0 【协新西兰】0【协秘鲁】0【协哥斯达黎加】0 【协瑞士】5.2【协澳大利亚】0【协韩国】6.5 【协格鲁吉亚】0【协香港】0【协澳门】0 【特-1】0【特-2】0 【增】10【对美加征】5【出】0【退】0	千克	A	B	PR	QS	999	冷冻马铃薯(不论是否蒸煮)

① 该税号项下检验检疫编码及对应中文名称尚有：106 鲜或冷藏的其他蔬菜（油菜），107 鲜或冷藏的其他蔬菜（菜心），108 鲜或冷藏的其他蔬菜（芥蓝），109 鲜或冷藏的其他蔬菜（其他十字花科蔬菜），110 鲜或冷藏的其他蔬菜（牛蒡），111 鲜或冷藏的其他蔬菜（苦苣），112 鲜或冷藏的其他蔬菜（茼蒿），113 鲜或冷藏的其他蔬菜（其他菊科蔬菜），114 鲜或冷藏的其他蔬菜（韭菜），115 鲜或冷藏的其他蔬菜（荞头），116 鲜或冷藏的其他蔬菜（百合），117 鲜或冷藏的其他蔬菜（金针菜），118 鲜或冷藏的其他蔬菜（其他百合科蔬菜），119 鲜或冷藏的其他蔬菜（芫荽），120 鲜或冷藏的其他蔬菜（结球茴香），121 鲜或冷藏的其他蔬菜（其他伞形科蔬菜），122 鲜或冷藏的其他蔬菜（其他茄科蔬菜），123 鲜或冷藏的其他蔬菜（冬瓜），124 鲜或冷藏的其他蔬菜（其他葫芦科蔬菜），125 鲜或冷藏的其他蔬菜（黄秋葵），126 鲜或冷藏的其他蔬菜（生姜），127 鲜或冷藏的其他蔬菜（芡实），128 鲜或冷藏的其他蔬菜（茭白），129 鲜或冷藏的其他蔬菜（玉米笋），130 鲜或冷藏的其他蔬菜（香椿芽），131 鲜或冷藏的其他蔬菜（鱼腥草），132 鲜或冷藏的其他蔬菜（食用大黄），133 鲜或冷藏的其他蔬菜（马齿苋），134 鲜或冷藏的其他蔬菜（苋菜），135 鲜或冷藏的其他蔬菜（番杏），136 鲜或冷藏的其他蔬菜（落葵），137 鲜或冷藏的其他蔬菜（蕨菜），138 鲜或冷藏的其他蔬菜（紫苏），139 鲜或冷藏的其他蔬菜（薄荷），140 鲜或冷藏的其他蔬菜（保鲜其他未列出蔬菜）。

税则号列			货品名称中英文		税费综合信息	计量单位	监管证件代码		检验检疫类别		检验检疫编码	检验检疫编码对应中文名称
HS国际统一前6位	本国子目 7~8位	9~10位	中文 货物名称	英文 Article Description			进口	出口	进口	出口		
071021	00		冷冻豌豆（不论是否蒸煮）	Peas(Pisum sativum) (uncooked or cooked by steaming or boiling in water), frozen	【最】13【普】70 【协香港】0【协澳门】0【协东盟】0 【协巴基斯坦】6.5【协智利】0 【协新西兰】0【协秘鲁】0【协哥斯达黎加】0 【协冰岛】0【协瑞士】5.2【协澳大利亚】0 【协韩国】6.5【协格鲁吉亚】0 【特-1】0【特-2】0 【增】10【对美加征】10【出】0【退】0	千克	A	B	PR	QS	999	冷冻豌豆（不论是否蒸煮）
071022	10		冷冻的红小豆（赤豆）（不论是否蒸煮）	Small red (Adzuki) beans (Phaseolus or Vigna angularis) (uncooked or cooked by steaming or boiling in water), frozen	【最】13【普】70 【协东盟】0【协巴基斯坦】6.5【协智利】0 【协新西兰】0【协秘鲁】0【协哥斯达黎加】0 【协冰岛】0【协瑞士】5.2【协澳大利亚】0 【协韩国】6.5【协格鲁吉亚】0【协香港】0 【协澳门】0 【特东柬埔寨】0【特-1】0【特-2】0【特-3】0 【增】10【出】0【退】0	千克	A	B	PR	QS	999	冷冻的红小豆（赤豆）（不论是否蒸煮）
071022	90		冷冻豇豆及菜豆	Other beans (uncooked or cooked by steaming or boiling in water), frozen	【最】13【普】70 【协东盟】0【协巴基斯坦】6.5【协智利】0 【协新西兰】0【协秘鲁】0【协哥斯达黎加】0 【协冰岛】0【协瑞士】5.2【协澳大利亚】0 【协韩国】6.5【协格鲁吉亚】0【协香港】0 【协澳门】0 【特东柬埔寨】0【特-1】0【特-2】0【特-3】0 【增】10【对美加征】5【出】0【退】0	千克	A	B	PR	QS	101 102	冷冻豇豆及菜豆（不论是否蒸煮）（豇豆） 冷冻豇豆及菜豆（不论是否蒸煮）（菜豆）
071029	00		冷冻其他豆类蔬菜	Other leguminous vegetables, (uncooked or cooked by steaming or boiling in water), frozen	【最】13【普】70 【协东盟】0【协巴基斯坦】6.5【协智利】0 【协新西兰】0【协秘鲁】0【协哥斯达黎加】0 【协冰岛】0【协瑞士】5.2【协澳大利亚】0 【协韩国】6.5【协格鲁吉亚】0【协香港】0 【协澳门】0 【特东柬埔寨】0【特-1】0【特-2】0【特-3】0 【增】10【对美加征】10【出】0【退】0	千克	A	B	PR	QS	999	冷冻其他豆类蔬菜（不论是否蒸煮）
071030	00		冷冻菠菜（不论是否蒸煮）	Spinach, New Zealand Spinach and orache Spinach (garden Spinach), (uncooked or cooked by steaming or boiling in water), frozen	【最】13【普】70 【协东盟】0【协巴基斯坦】6.5【协智利】0 【协新西兰】0【协秘鲁】0【协哥斯达黎加】0 【协冰岛】0【协瑞士】5.2【协澳大利亚】0 【协韩国】6.5【协格鲁吉亚】0【协香港】0 【协澳门】0 【特-1】0【特-2】0 【增】10【对美加征】10【出】0【退】0	千克	A	B	PR	QS	999	冷冻菠菜（不论是否蒸煮）
071040	00		冷冻甜玉米（不论是否蒸煮）	Sweet corn, (uncooked or cooked by steaming or boiling in water), frozen	【最】10【普】70 【协东盟】0【协巴基斯坦】5【协智利】0 【协新西兰】0【协秘鲁】0【协哥斯达黎加】0 【协冰岛】0【协瑞士】0【协澳大利亚】0 【协韩国】5【协格鲁吉亚】0【协香港】0 【协澳门】0 【特-1】0【特-2】0【特-3】0 【增】10【对美加征】5【出】0【退】0	千克	A	B	PR	QS	999	冷冻甜玉米（不论是否蒸煮）
071080	10		冷冻松茸（不论是否蒸煮）	Sungmo, (uncooked or cooked by steaming or boiling in water), frozen	【最】13【普】70 【协东盟】0【协巴基斯坦】6.5【协智利】0 【协新西兰】0【协秘鲁】0【协哥斯达黎加】0 【协冰岛】0【协瑞士】5.2【协澳大利亚】0 【协韩国】6.5【协格鲁吉亚】0【协香港】0 【协澳门】0 【特东柬埔寨】0【特-1】0【特-2】0【特-3】0 【增】10【出】0【退】0	千克	A	BE	PR	QS	999	冷冻松茸（不论是否蒸煮）
071080	20		冷冻蒜苔及蒜苗（包括青蒜）	Garlic stems, garlic seedlings (uncooked or cooked by steaming or boiling in water), frozen	【最】13【普】70 【协东盟】0【协巴基斯坦】6.5【协智利】0 【协新西兰】0【协秘鲁】0【协哥斯达黎加】0 【协冰岛】0【协瑞士】5.2【协澳大利亚】0 【协韩国】6.5【协格鲁吉亚】0【协香港】0 【协澳门】0 【特东柬埔寨】0【特-1】0【特-2】0【特-3】0 【增】10【出】0【退】0	千克	A	B	PR	QS	101 102 103	冷冻蒜苔及蒜苗（包括青蒜）（不论是否蒸煮）（蒜苔） 冷冻蒜苔及蒜苗（包括青蒜）（不论是否蒸煮）（蒜苗） 冷冻蒜苔及蒜苗（包括青蒜）（不论是否蒸煮）（青蒜）

税则号列			货品名称中英文		税费综合信息	计量单位	监管证件代码		检验检疫类别		检验检疫编码	检验检疫编码对应中文名称
HS国际统一前6位	本国子目 7~8位	9~10位	中文 货物名称	英文 Article Description			进口	出口	进口	出口		
071080	30		冷冻蒜头（不论是否蒸煮）	Garlic bulbs (uncooked or cooked by steaming or boiling in water), frozen	【最】13【普】70 【协东盟】0【协巴基斯坦】6.5【协智利】0 【协新西兰】0【协秘鲁】0【协哥斯达黎加】0 【协冰岛】0【协瑞士】5.2【协澳大利亚】0 【协韩国】6.5【协格鲁吉亚】0【协香港】0 【协澳门】0 【特东柬埔寨】0【特-1】0【特-2】0【特-3】0 【增】10【出】0【退】0	千克	A	B	PR	QS	999	冷冻蒜头（不论是否蒸煮）
071080	40		冷冻牛肝菌（不论是否蒸煮）	Boletus (uncooked or cooked by steaming or boiling in water), frozen	【最】13【普】70 【协东盟】0【协巴基斯坦】6.5【协智利】0 【协新西兰】0【协秘鲁】0【协哥斯达黎加】0 【协冰岛】0【协瑞士】5.2【协澳大利亚】0 【协韩国】6.5【协格鲁吉亚】0【协香港】0 【协澳门】0 【特东柬埔寨】0【特-1】0【特-2】0【特-3】0 【增】10【出】0【退】0	千克	A	B	PR	QS	999	冷冻牛肝菌（不论是否蒸煮）
071080	90	10	冷冻的大蒜瓣（不论是否蒸煮）	Garlic bulblet (uncooked or cooked by steaming or boiling in water), frozen	【最】13【普】70 【协东盟】0【协巴基斯坦】6.5【协智利】0 【协新西兰】0【协秘鲁】0【协哥斯达黎加】0 【协冰岛】0【协瑞士】5.2【协澳大利亚】0 【协韩国】6.5【协格鲁吉亚】0【协香港】0 【协澳门】0 【特东柬埔寨】0【特-1】0【特-2】0【特-3】0 【增】10【对美加征】5【出】0【退】0	千克	A	B	PR	QS	999	冷冻的大蒜瓣（不论是否蒸煮）
071080	90	20	冷冻的香菇（不论是否蒸煮）	Shiitake Mushroom (uncooked or cooked by steaming or boiling in water), frozen	【最】13【普】70 【协东盟】0【协巴基斯坦】6.5【协智利】0 【协新西兰】0【协秘鲁】0【协哥斯达黎加】0 【协冰岛】0【协瑞士】5.2【协澳大利亚】0 【协韩国】6.5【协格鲁吉亚】0【协香港】0 【协澳门】0 【特东柬埔寨】0【特-1】0【特-2】0【特-3】0 【增】10【对美加征】5【出】0【退】0	千克	A	B	PR	QS	999	冷冻的香菇（不论是否蒸煮）
071080	90	30	冷冻莼菜（不论是否蒸煮）	Water shield (uncooked or cooked by steaming or boiling in water), frozen	【最】13【普】70 【协东盟】0【协巴基斯坦】6.5【协智利】0 【协新西兰】0【协秘鲁】0【协哥斯达黎加】0 【协冰岛】0【协瑞士】5.2【协澳大利亚】0 【协韩国】6.5【协格鲁吉亚】0【协香港】0 【协澳门】0 【特东柬埔寨】0【特-1】0【特-2】0【特-3】0 【增】10【对美加征】5【出】0【退】0	千克	A	BE	PR	QS	999	冷冻莼菜（不论是否蒸煮）
071080	90	90	冷冻的未列名蔬菜（不论是否蒸煮）	Vegetables, not elsewhere specified or included (uncooked or cooked by steaming or boiling in water), frozen	【最】13【普】70 【协东盟】0【协巴基斯坦】6.5【协智利】0 【协新西兰】0【协秘鲁】0【协哥斯达黎加】0 【协冰岛】0【协瑞士】5.2【协澳大利亚】0 【协韩国】6.5【协格鲁吉亚】0【协香港】0 【协澳门】0 【特东柬埔寨】0【特-1】0【特-2】0【特-3】0 【增】10【对美加征】5【出】0【退】0	千克	A	B	PR	QS	101 102 103 104	冷冻的未列名蔬菜（不论是否蒸煮）（冷冻魔芋） 冷冻的未列名蔬菜（不论是否蒸煮）（冷冻其他薯类） 冷冻的未列名蔬菜（不论是否蒸煮）（冷冻萝卜） 冷冻的未列名蔬菜（不论是否蒸煮）（冷冻芜菁）

税则号列 HS国际统一前6位	本国子目 7~8位	本国子目 9~10位	货品名称中英文 中文 货物名称	货品名称中英文 英文 Article Description	税费综合信息	计量单位	监管证件代码 进口	监管证件代码 出口	检验检疫类别 进口	检验检疫类别 出口	检验检疫编码	检验检疫编码对应中文名称
											105 ……	冷冻的未列名蔬菜（不论是否蒸煮）（冷冻山葵） ……①
071090	00		冷冻什锦蔬菜（不论是否蒸煮）	Mixtures of vegetables (uncooked or cooked by steaming or boiling in water), frozen	【最】10【普】70 【协东盟】0【协巴基斯坦】5【协智利】0 【协新西兰】0【协秘鲁】0【协哥斯达黎加】0 【协冰岛】0【协瑞士】0【协澳大利亚】0 【协韩国】5【协格鲁吉亚】0【协香港】0 【协澳门】0 【特东柬埔寨】0【特-1】0【特-2】0【特-3】0 【增】10【对美加征】5【出】0【退】0	千克	A	B	PR	QS	999	冷冻什锦蔬菜（不论是否蒸煮）
071120	00		暂时保藏的油橄榄（用二氧化硫气体、盐水等物质处理，但不适于直接食用的）	Olives, provisionally preserved (by sulphur dioxide gas, in brine, but unsuitable in that state for immediate consumption)	【最】13【普】70 【协东盟】0【协巴基斯坦】0【协智利】0 【协新西兰】0【协秘鲁】0【协哥斯达黎加】0 【协冰岛】0【协瑞士】5.2【协澳大利亚】0 【协韩国】6.5【协格鲁吉亚】0【协香港】0 【协澳门】0 【特-1】0【特-2】0 【增】10【出】0【退】6	千克	A	B	PR	QS	999	暂时保藏的油橄榄（用二氧化硫气体、盐水等物质处理，但不适于直接食用的）
071140	00		暂时保藏的黄瓜及小黄瓜（用二氧化硫气体、盐水等物质处理，但不适于直接食用的）	Cucumbers and gherkins, provisionally preserved (by sulphur dioxide gas, in brine, but unsuitable in that state for immediate consumption)	【最】13【普】70 【协东盟】0【协巴基斯坦】0【协智利】0 【协新西兰】0【协秘鲁】0【协哥斯达黎加】0 【协冰岛】0【协瑞士】5.2【协澳大利亚】0 【协韩国】6.5【协格鲁吉亚】0【协香港】0 【协澳门】0 【特-1】0【特-2】0 【增】10【出】0【退】10	千克	A	B	PR	QS	999	暂时保藏的黄瓜及小黄瓜（用二氧化硫气体、盐水等物质处理，但不适于直接食用的）

① 该税号项下检验检疫编码及对应中文名称尚有：106　冷冻的未列名蔬菜（不论是否蒸煮）（冷冻大白菜），107　冷冻的未列名蔬菜（不论是否蒸煮）（冷冻甘蓝），108　冷冻的未列名蔬菜（不论是否蒸煮）（冷冻抱子甘蓝），109　冷冻的未列名蔬菜（不论是否蒸煮）（冷冻羽衣甘蓝），110　冷冻的未列名蔬菜（不论是否蒸煮）（冷冻小松菜），111　冷冻的未列名蔬菜（不论是否蒸煮）（冷冻青梗菜），112　冷冻的未列名蔬菜（不论是否蒸煮）（冷冻小白菜），113　冷冻的未列名蔬菜（不论是否蒸煮）（冷冻油菜），114　冷冻的未列名蔬菜（不论是否蒸煮）（冷冻菜心），115　冷冻的未列名蔬菜（不论是否蒸煮）（冷冻芥蓝），116　冷冻的未列名蔬菜（不论是否蒸煮）（冷冻青江菜），117　冷冻的未列名蔬菜（不论是否蒸煮）（冷冻芥菜），118　冷冻的未列名蔬菜（不论是否蒸煮）（冷冻花椰菜），119　冷冻的未列名蔬菜（不论是否蒸煮）（冷冻西兰花），120　冷冻的未列名蔬菜（不论是否蒸煮）（冷冻其他十字花科蔬菜），121　冷冻的未列名蔬菜（不论是否蒸煮）（冷冻牛蒡），122　冷冻的未列名蔬菜（不论是否蒸煮）（冷冻洋蓟），123　冷冻的未列名蔬菜（不论是否蒸煮）（冷冻苦苣），124　冷冻的未列名蔬菜（不论是否蒸煮）（冷冻菊苣），125　冷冻的未列名蔬菜（不论是否蒸煮）（冷冻茼蒿），126　冷冻的未列名蔬菜（不论是否蒸煮）（冷冻莴苣），127　冷冻的未列名蔬菜（不论是否蒸煮）（冷冻生菜），128　冷冻的未列名蔬菜（不论是否蒸煮）（冷冻其他菊科蔬菜），129　冷冻的未列名蔬菜（不论是否蒸煮）（冷冻洋葱），130　冷冻的未列名蔬菜（不论是否蒸煮）（冷冻大葱），131　冷冻的未列名蔬菜（不论是否蒸煮）（冷冻青葱），132　冷冻的未列名蔬菜（不论是否蒸煮）（冷冻韭葱），133　冷冻的未列名蔬菜（不论是否蒸煮）（冷冻韭菜），134　冷冻的未列名蔬菜（不论是否蒸煮）（冷冻荞头），135　冷冻的未列名蔬菜（不论是否蒸煮）（冷冻百合），136　冷冻的未列名蔬菜（不论是否蒸煮）（冷冻金针菜），137　冷冻的未列名蔬菜（不论是否蒸煮）（冷冻芦笋），138　冷冻的未列名蔬菜（不论是否蒸煮）（冷冻其他百合科蔬菜），139　冷冻的未列名蔬菜（不论是否蒸煮）（冷冻胡萝卜），140　冷冻的未列名蔬菜（不论是否蒸煮）（冷冻芹菜），141　冷冻的未列名蔬菜（不论是否蒸煮）（冷冻芫荽），142　冷冻的未列名蔬菜（不论是否蒸煮）（冷冻结球茴香），143　冷冻的未列名蔬菜（不论是否蒸煮）（冷冻其他伞形科蔬菜），144　冷冻的未列名蔬菜（不论是否蒸煮）（冷冻茄子），145　冷冻的未列名蔬菜（不论是否蒸煮）（冷冻辣椒、甜椒），146　冷冻的未列名蔬菜（不论是否蒸煮）（冷冻其他茄科蔬菜），147　冷冻的未列名蔬菜（不论是否蒸煮）（冷冻黄瓜），148　冷冻的未列名蔬菜（不论是否蒸煮）（冷冻南瓜），149　冷冻的未列名蔬菜（不论是否蒸煮）（冷冻西葫芦），150　冷冻的未列名蔬菜（不论是否蒸煮）（冷冻瓠瓜），151　冷冻的未列名蔬菜（不论是否蒸煮）（冷冻苦瓜），152　冷冻的未列名蔬菜（不论是否蒸煮）（冷冻冬瓜），153　冷冻的未列名蔬菜（不论是否蒸煮）（冷冻丝瓜），154　冷冻的未列名蔬菜（不论是否蒸煮）（冷冻其他葫芦科蔬菜），155　冷冻的未列名蔬菜（不论是否蒸煮）（冷冻蚕豆），156　冷冻的未列名蔬菜（不论是否蒸煮）（冷冻毛豆），157　冷冻的未列名蔬菜（不论是否蒸煮）（冷冻四棱豆），158　冷冻的未列名蔬菜（不论是否蒸煮）（冷冻豆苗），159　冷冻的未列名蔬菜（不论是否蒸煮）（冷冻豆芽），160　冷冻的未列名蔬菜（不论是否蒸煮）（冷冻银耳），161　冷冻的未列名蔬菜（不论是否蒸煮）（冷冻木耳），162　冷冻的未列名蔬菜（不论是否蒸煮）（冷冻蘑菇），163　冷冻的未列名蔬菜（不论是否蒸煮）（冷冻金针菇），164　冷冻的未列名蔬菜（不论是否蒸煮）（冷冻杏鲍菇），165　冷冻的未列名蔬菜（不论是否蒸煮）（冷冻草菇、甜椒），166　冷冻的未列名蔬菜（不论是否蒸煮）（冷冻猴头菇），167　冷冻的未列名蔬菜（不论是否蒸煮）（冷冻姬菇），168　冷冻的未列名蔬菜（不论是否蒸煮）（冷冻平菇），169　冷冻的未列名蔬菜（不论是否蒸煮）（冷冻秀珍菇），170　冷冻的未列名蔬菜（不论是否蒸煮）（冷冻口蘑），171　冷冻的未列名蔬菜（不论是否蒸煮）（冷冻其他块菌），172　冷冻的未列名蔬菜（不论是否蒸煮）（冷冻其他食用菌），173　冷冻的未列名蔬菜（不论是否蒸煮）（冷冻黄秋葵），174　冷冻的未列名蔬菜（不论是否蒸煮）（冷冻生姜），175　冷冻的未列名蔬菜（不论是否蒸煮）（冷冻芡实），176　冷冻的未列名蔬菜（不论是否蒸煮）（冷冻茭白），177　冷冻的未列名蔬菜（不论是否蒸煮）（冷冻玉米笋），178　冷冻的未列名蔬菜（不论是否蒸煮）（冷冻竹笋），179　冷冻的未列名蔬菜（不论是否蒸煮）（冷冻香椿芽），180　冷冻的未列名蔬菜（不论是否蒸煮）（冷冻鱼腥草），181　冷冻的未列名蔬菜（不论是否蒸煮）（冷冻食用大黄），182　冷冻的未列名蔬菜（不论是否蒸煮）（冷冻马齿苋），183　冷冻的未列名蔬菜（不论是否蒸煮）（冷冻苋菜），184　冷冻的未列名蔬菜（不论是否蒸煮）（冷冻番杏），185　冷冻的未列名蔬菜（不论是否蒸煮）（冷冻落葵），186　冷冻的未列名蔬菜（不论是否蒸煮）（冷冻蕨菜），187　冷冻的未列名蔬菜（不论是否蒸煮）（冷冻紫苏），188　冷冻的未列名蔬菜（不论是否蒸煮）（冷冻薄荷），189　冷冻的未列名蔬菜（不论是否蒸煮）（冷冻油橄榄），190　冷冻的未列名蔬菜（不论是否蒸煮）（冷冻其他未列出蔬菜）。

税则号列 HS国际统一前6位	本国子目 7~8位	本国子目 9~10位	货品名称中英文 中文 货物名称	货品名称中英文 英文 Article Description	税费综合信息	计量单位	监管证件代码 进口	监管证件代码 出口	检验检疫类别 进口	检验检疫类别 出口	检验检疫编码	检验检疫编码对应中文名称
071151	12		盐水小白蘑菇(洋蘑菇)(指小白蘑菇,不适于直接食用的)	White mushroom in brine (but unsuitable in that state for immediate consumption)	【最】13【普】90 【协东盟】0【协巴基斯坦】0【协智利】0 【协新西兰】0【协秘鲁】0【协哥斯达黎加】0 【协冰岛】0【协瑞士】5.2【协澳大利亚】0 【协韩国】6.5【协格鲁吉亚】0【协香港】0 【协澳门】0 【特-1】0【特-2】0 【增】10【出】0【退】10	千克	A	B	PR	QS	999	盐水小白蘑菇(洋蘑菇)(指小白蘑菇,不适于直接食用的)
071151	19		盐水的其他伞菌属蘑菇(不适于直接食用的)	Other Mushrooms of the genus Agaricus in brine (but unsuitable in that state for immediate consumption)	【最】13【普】90 【协东盟】0【协巴基斯坦】0【协智利】0 【协新西兰】0【协秘鲁】0【协哥斯达黎加】0 【协冰岛】0【协瑞士】5.2【协澳大利亚】0 【协韩国】6.5【协格鲁吉亚】0【协香港】0 【协澳门】0 【特-1】0【特-2】0 【增】10【出】0【退】10	千克	A	B	PR	QS	101 102 103 104	盐水的其他伞菌属蘑菇(不适于直接食用的)(腌渍草菇) 盐水的其他伞菌属蘑菇(不适于直接食用的)(腌渍姬菇) 盐水的其他伞菌属蘑菇(不适于直接食用的)(腌渍口蘑) 盐水的其他伞菌属蘑菇(不适于直接食用的)(腌渍其他食用菌)
071151	90		暂时保藏的其他伞菌属蘑菇(不适于直接食用的)	Other Mushrooms of the genus Agaricus, provisionally preserved (in other preservative solutions, but unsuitable in that state for immediate consumption)	【最】13【普】90 【协东盟】0【协巴基斯坦】0【协智利】0 【协新西兰】0【协秘鲁】0【协哥斯达黎加】0 【协冰岛】0【协瑞士】5.2【协澳大利亚】0 【协韩国】6.5【协格鲁吉亚】0【协香港】0 【协澳门】0 【特-1】0【特-2】0 【增】10【出】0【退】10	千克	A	B	PR	QS	101 102 103 104	暂时保藏的其他伞菌属蘑菇(不适于直接食用的)(腌渍草菇) 暂时保藏的其他伞菌属蘑菇(不适于直接食用的)(腌渍姬菇) 暂时保藏的其他伞菌属蘑菇(不适于直接食用的)(腌渍口蘑) 暂时保藏的其他伞菌属蘑菇(不适于直接食用的)(腌渍其他食用菌)
071159	11		盐水松茸(不适于直接食用的)	Sungmo in brine (but unsuitable in that state for immediate consumption)	【最】13【普】90 【协东盟】0【协巴基斯坦】0【协智利】0 【协新西兰】0【协秘鲁】0【协哥斯达黎加】0 【协冰岛】0【协瑞士】5.2【协澳大利亚】0 【协韩国】6.5【协格鲁吉亚】0【协香港】0 【协澳门】0 【特-1】0【特-2】0 【增】10【出】0【退】10	千克	A	EB	PR	QS	999	盐水松茸(不适于直接食用的)
071159	19	10	盐水的香菇(不适于直接食用的)	Shiitake mushroom in brine (but unsuitable in that state for immediate consumption)	【最】13【普】90 【协东盟】0【协巴基斯坦】0【协智利】0 【协新西兰】0【协秘鲁】0【协哥斯达黎加】0 【协冰岛】0【协瑞士】5.2【协澳大利亚】0 【协韩国】6.5【协格鲁吉亚】0【协香港】0 【协澳门】0 【特-1】0【特-2】0 【增】10【出】0【退】10	千克	A	B	PR	QS	999	盐水的香菇(不适于直接食用的)
071159	19	90	盐水的其他非伞菌属蘑菇及块菌(不适于直接食用的)	Other mushroom and truffles in brine, not the genus Agaricus (but unsuitable in that state for immediate consumption)	【最】13【普】90 【协东盟】0【协巴基斯坦】0【协智利】0 【协新西兰】0【协秘鲁】0【协哥斯达黎加】0 【协冰岛】0【协瑞士】5.2【协澳大利亚】0 【协韩国】6.5【协格鲁吉亚】0【协香港】0 【协澳门】0 【特-1】0【特-2】0 【增】10【出】0【退】10	千克	A	B	PR	QS	101 102	盐水的其他非伞菌属蘑菇及块菌(不适于直接食用的)(腌渍牛肝菌) 盐水的其他非伞菌属蘑菇及块菌(不适于直接食用的)(腌渍其他块菌)
071159	90	10	暂时保藏的香菇(用二氧化硫气体等物质处理,但不适于直接食用的)	Shiitake mushroom provisionally preserved by sulphur dioxide gas or in other preservative solutions, but unsuitable in that state for immediate consumption	【最】13【普】90 【协东盟】0【协巴基斯坦】0【协智利】0 【协新西兰】0【协秘鲁】0【协哥斯达黎加】0 【协冰岛】0【协瑞士】5.2【协澳大利亚】0 【协韩国】6.5【协格鲁吉亚】0【协香港】0 【协澳门】0 【特-1】0【特-2】0 【增】10【出】0【退】6	千克	A	B	PR	QS	999	暂时保藏的香菇(用二氧化硫气体等物质处理,但不适于直接食用的)

税则号列 HS国际统一前6位	本国子目 7~8位	本国子目 9~10位	货品名称中英文 中文 货物名称	英文 Article Description	税费综合信息	计量单位	监管证件代码 进口	监管证件代码 出口	检验检疫类别 进口	检验检疫类别 出口	检验检疫编码	检验检疫编码对应中文名称
071159	90	90	暂时保藏的蘑菇及块菌（用二氧化硫气体等物质处理，但不适于直接食用的）	Mushrooms and truffles provisionally preserved by sulphur dioxide gas or in other preservative solutions, but unsuitable in that state for immediate consumption	【最】13【普】90 【协东盟】0【协巴基斯坦】0【协智利】0 【协新西兰】0【协秘鲁】0【协哥斯达黎加】0 【协冰岛】0【协瑞士】5.2【协澳大利亚】0 【协韩国】6.5【协格鲁吉亚】0【协香港】0 【协澳门】0 【特-1】0【特-2】0 【增】10【出】0【退】6	千克	A	B	PR	QS	101 102	暂时保藏的蘑菇及块菌（用二氧化硫气体等物质处理，但不适于直接食用的）（腌渍蘑菇） 暂时保藏的蘑菇及块菌（用二氧化硫气体等物质处理，但不适于直接食用的）（腌渍其他块菌）
071190	31	10	盐水酸竹笋（不适于直接食用的）	Acidosasa chinensis shoots in brine (unsuitable in that state for immediate consumption)	【最】13【普】70 【协亚太】6.5【协东盟】0【协巴基斯坦】0 【协智利】0【协新西兰】0【协秘鲁】0 【协哥斯达黎加】0【协冰岛】0【协瑞士】5.2 【协澳大利亚】0【协韩国】6.5 【协香港】0【协澳门】0 【协格鲁吉亚】0 【特-1】0【特-2】0 【增】10【出】0【退】6	千克	A	BE	PR	QS	999	盐水酸竹笋（不适于直接食用的）
071190	31	90	其他盐水竹笋（不适于直接食用的）	Other bamboo shoots in brine (unsuitabl in that state for immediate consumption)	【最】13【普】70 【协亚太】6.5【协东盟】0【协巴基斯坦】0 【协智利】0【协新西兰】0【协秘鲁】0 【协哥斯达黎加】0【协冰岛】0【协瑞士】5.2 【协澳大利亚】0【协韩国】6.5【协香港】0 【协澳门】0【协格鲁吉亚】0 【特-1】0【特-2】0 【增】10【出】0【退】6	千克	A	B	PR	QS	999	其他盐水竹笋（不适于直接食用的）
071190	34	10	盐水简单腌制的大蒜头、大蒜瓣（无论是否去皮，但不适于直接食用）	Garlic bulbs or garlic bulblet, in brine (whether or not skinned but unsuitable in that state for immediate consumption)	【最】13【普】70 【协亚太】6.5【协东盟】0【协巴基斯坦】0 【协智利】0【协新西兰】0【协秘鲁】0 【协哥斯达黎加】0【协冰岛】0【协瑞士】5.2 【协澳大利亚】0【协韩国】6.5【协香港】0 【协澳门】0【协格鲁吉亚】0 【特-1】0【特-2】0 【增】10【出】0【退】6	千克	A	B	PR	QS	999	盐水简单腌制的大蒜头、大蒜瓣（无论是否去皮，但不适于直接食用）
071190	34	90	盐水简单腌制的其他大蒜（不含蒜头、蒜瓣，无论是否去皮，但不适于直接食用）	Other garlic in brine (whether or not skinned, but unsuitable in that state for immediate consumption), excluding garlic bulbs, garlic bulblet	【最】13【普】70 【协亚太】6.5【协东盟】0【协巴基斯坦】0 【协智利】0【协新西兰】0【协秘鲁】0 【协哥斯达黎加】0【协冰岛】0【协瑞士】5.2 【协澳大利亚】0【协韩国】6.5【协香港】0 【协澳门】0【协格鲁吉亚】0 【特-1】0【特-2】0 【增】10【出】0【退】6	千克	A	B	PR	QS	999	盐水简单腌制的其他大蒜（不含蒜头、蒜瓣，无论是否去皮，但不适于直接食用）
071190	39		盐水的其他蔬菜及什锦蔬菜（不适于直接食用的）	Other vegetables, mixtures of vegetables, in brine(unsuitabl in that state for immediate consumption)	【最】13【普】70 【协亚太】6.5【协东盟】0【协巴基斯坦】0 【协智利】0【协新西兰】0【协秘鲁】0 【协哥斯达黎加】0【协冰岛】0【协瑞士】5.2 【协澳大利亚】0【协韩国】6.5【协香港】0 【协澳门】0【协格鲁吉亚】0 【特-1】0【特-2】0 【增】10【出】0【退】6	千克	A	B	PR	QS	101 102 103 104	盐水的其他蔬菜及什锦蔬菜（不适于直接食用的）（腌渍萝卜） 盐水的其他蔬菜及什锦蔬菜（不适于直接食用的）［腌渍芜菁（包括大头菜）］ 盐水的其他蔬菜及什锦蔬菜（不适于直接食用的）［腌渍甘蓝（包菜、卷心菜）］ 盐水的其他蔬菜及什锦蔬菜（不适于直接食用的）（腌渍芥菜）

税则号列			货品名称中英文		税费综合信息	计量单位	监管证件代码		检验检疫类别		检验检疫编码	检验检疫编码对应中文名称
HS国际统一前6位	本国子目7~8位	本国子目9~10位	中文 货物名称	英文 Article Description			进口	出口	进口	出口		
											105	盐水的其他蔬菜及什锦蔬菜（不适于直接食用的）（腌渍洋葱）
											……	……①
071190	90		暂时保藏的其他蔬菜及什锦蔬菜（用二氧化硫气体等物质处理，但不适于直接食用的）	Other vegetables, mixtures of vegetables, provisionally preserved (by sulphur dioxide gas or in other preservative solutions, but unsuitable in that state for immediate consumption)	【最】13【普】90 【协亚太】6.5【协东盟】0【协巴基斯坦】0 【协智利】0【协新西兰】0【协秘鲁】0 【协哥斯达黎加】0【协冰岛】0【协瑞士】5.2 【协澳大利亚】0【协韩国】6.5【协香港】0 【协澳门】0【协格鲁吉亚】0 【特-1】0【特-2】0 【增】10【出】0【退】10	千克	A	B	PR	QS	101	暂时保藏的其他蔬菜及什锦蔬菜（用二氧化硫气体等物质处理，但不适于直接食用的）（腌渍萝卜）
											102	暂时保藏的其他蔬菜及什锦蔬菜（用二氧化硫气体等物质处理，但不适于直接食用的）［腌渍芜菁（包括大头菜）］
											103	暂时保藏的其他蔬菜及什锦蔬菜（用二氧化硫气体等物质处理，但不适于直接食用的）［腌渍甘蓝（包菜、卷心菜）］
											104	暂时保藏的其他蔬菜及什锦蔬菜（用二氧化硫气体等物质处理，但不适于直接食用的）（腌渍芥菜）
											105	暂时保藏的其他蔬菜及什锦蔬菜（用二氧化硫气体等物质处理，但不适于直接食用的）（腌渍洋葱）
											……	……②
071220	00		干制洋葱（整个，切块，切片，破碎或制成粉状，但未经进一步加工的）	Dried Onions (whole, cut, sliced, broken or in powder, but not further prepared)	【最】13【普】80 【协东盟】0【协巴基斯坦】6.5【协智利】0 【协新西兰】0【协秘鲁】0【协哥斯达黎加】0 【协冰岛】0【协瑞士】5.2【协澳大利亚】0 【协韩国】6.5【协格鲁吉亚】0【协香港】0 【协澳门】0 【特-1】0【特-2】0【特-3】0 【增】10【对美加征】25【出】0【退】0	千克	A	B	PR	QS	999	干制洋葱（整个，切块，切片，破碎或制成粉状，但未经进一步加工的）

① 该税号项下检验检疫编码及对应中文名称尚有：106　盐水的其他蔬菜及什锦蔬菜（不适于直接食用的）（腌渍荞头），107　盐水的其他蔬菜及什锦蔬菜（不适于直接食用的）（腌渍胡萝卜），108　盐水的其他蔬菜及什锦蔬菜（不适于直接食用的）（腌渍茄子），109　盐水的其他蔬菜及什锦蔬菜（不适于直接食用的）（腌渍豇豆），110　盐水的其他蔬菜及什锦蔬菜（不适于直接食用的）（腌渍菜豆），111　盐水的其他蔬菜及什锦蔬菜（不适于直接食用的）（腌渍其他豆科蔬菜），112　盐水的其他蔬菜及什锦蔬菜（不适于直接食用的）（腌渍生姜），113　盐水的其他蔬菜及什锦蔬菜（不适于直接食用的）（腌渍蕨菜），114　盐水的其他蔬菜及什锦蔬菜（不适于直接食用的）（腌渍紫苏），115　盐水的其他蔬菜及什锦蔬菜（不适于直接食用的）（腌渍其他包叶菜类蔬菜），116　盐水的其他蔬菜及什锦蔬菜（不适于直接食用的）（腌渍其他小叶菜类蔬菜），117　盐水的其他蔬菜及什锦蔬菜（不适于直接食用的）（腌渍其他根菜类蔬菜），118　盐水的其他蔬菜及什锦蔬菜（不适于直接食用的）（腌渍其他果菜类蔬菜），119　盐水的其他蔬菜及什锦蔬菜（不适于直接食用的）（盐渍其他瓜菜类蔬菜），120　盐水的其他蔬菜及什锦蔬菜（不适于直接食用的）（腌渍其他未列出蔬菜）。

② 该税号项下检验检疫编码及对应中文名称尚有：106　暂时保藏的其他蔬菜及什锦蔬菜（用二氧化硫气体等物质处理，但不适于直接食用的）（腌渍荞头），107　暂时保藏的其他蔬菜及什锦蔬菜（用二氧化硫气体等物质处理，但不适于直接食用的）（腌渍胡萝卜），108　暂时保藏的其他蔬菜及什锦蔬菜（用二氧化硫气体等物质处理，但不适于直接食用的）（腌渍茄子），109　暂时保藏的其他蔬菜及什锦蔬菜（用二氧化硫气体等物质处理，但不适于直接食用的）（腌渍豇豆），110　暂时保藏的其他蔬菜及什锦蔬菜（用二氧化硫气体等物质处理，但不适于直接食用的）（腌渍菜豆），111　暂时保藏的其他蔬菜及什锦蔬菜（用二氧化硫气体等物质处理，但不适于直接食用的）（腌渍其他豆科蔬菜），112　暂时保藏的其他蔬菜及什锦蔬菜（用二氧化硫气体等物质处理，但不适于直接食用的）（腌渍生姜），113　暂时保藏的其他蔬菜及什锦蔬菜（用二氧化硫气体等物质处理，但不适于直接食用的）（腌渍鱼腥草），114　暂时保藏的其他蔬菜及什锦蔬菜（用二氧化硫气体等物质处理，但不适于直接食用的）（腌渍食用大黄），115　暂时保藏的其他蔬菜及什锦蔬菜（用二氧化硫气体等物质处理，但不适于直接食用的）（腌渍马齿苋），116　暂时保藏的其他蔬菜及什锦蔬菜（用二氧化硫气体等物质处理，但不适于直接食用的）（腌渍蕨菜），117　暂时保藏的其他蔬菜及什锦蔬菜（用二氧化硫气体等物质处理，但不适于直接食用的）（腌渍紫苏），118　暂时保藏的其他蔬菜及什锦蔬菜（用二氧化硫气体等物质处理，但不适于直接食用的）（腌渍薄荷），119　暂时保藏的其他蔬菜及什锦蔬菜（用二氧化硫气体等物质处理，但不适于直接食用的）（腌渍其他未列出蔬菜）。

税则号列			货品名称中英文		税费综合信息	计量单位	监管证件代码		检验检疫类别		检验检疫编码	检验检疫编码对应中文名称
HS 国际统一前6位	本国子目 7~8位	9~10位	中文 货物名称	英文 Article Description			进口	出口	进口	出口		
071231	00		干伞菌属蘑菇(整个,切块,切片,破碎或制成粉状,但未经进一步加工的)	Dried Mushrooms of the genus Agaricus (whole, cut, sliced, broken or in powder, but not further prepared)	【最】13【普】80 【协亚太】9【协东盟】0【协巴基斯坦】5 【协智利】0【协新西兰】0【协秘鲁】0 【协哥斯达黎加】0【协冰岛】0【协瑞士】5.2 【协澳大利亚】0【协韩国】6.5【协香港】0 【协澳门】0【协格鲁吉亚】0 【特-1】0【特-2】0【特-3】0 【增】10【对美加征】25【出】0【退】0	千克	A	B	PR	QS	101 102 103 104	干伞菌属蘑菇(整个,切块,切片,破碎或制成粉状,但未经进一步加工的)(脱水杏鲍菇) 干伞菌属蘑菇(整个,切块,切片,破碎或制成粉状,但未经进一步加工的)(脱水姬菇) 干伞菌属蘑菇(整个,切块,切片,破碎或制成粉状,但未经进一步加工的)(脱水秀珍菇) 干伞菌属蘑菇(整个,切块,切片,破碎或制成粉状,但未经进一步加工的)(脱水姬松茸)
071232	00		干木耳(整个,切块,切片,破碎或制成粉状,但未经进一步加工的)	Dried Wood ears(Auricularia spp.)(whole, cut, sliced, broken or in powder, but not further prepared)	【最】13【普】100 【协香港】0【协澳门】0【协东盟】0 【协巴基斯坦】6.5【协智利】0 【协新西兰】0【协秘鲁】0【协哥斯达黎加】0 【协冰岛】0【协瑞士】5.2【协澳大利亚】0 【协韩国】6.5【协格鲁吉亚】0【协香港】0 【协澳门】0 【特-1】0【特-2】0 【增】10【对美加征】25【出】0【退】0	千克	A	B	PR	QS	999	干木耳(整个,切块,切片,破碎或制成粉状,但未经进一步加工的)
071233	00		干银耳(白木耳)(整个,切块,切片,破碎或制成粉状,但未经进一步加工的)	Dried Jelly fungi (Tremella spp.)(whole, cut, sliced, broken or in powder, but not further prepared)	【最】13【普】90 【协香港】0【协澳门】0【协东盟】0 【协巴基斯坦】6.5【协智利】0 【协新西兰】0【协秘鲁】0【协哥斯达黎加】0 【协冰岛】0【协瑞士】5.2【协澳大利亚】0 【协韩国】6.5【协格鲁吉亚】0 【特-1】0【特-2】0 【增】10【对美加征】25【出】0【退】0	千克	A	B	PR	QS	999	干银耳(白木耳)(整个,切块,切片,破碎或制成粉状,但未经进一步加工的)
071239	10		干制香菇(整个,切块,切片,破碎或制成粉状,但未经进一步加工的)	Dried Shiitake, whole, cut, sliced, broken or in powder, but not further prepared	【最】13【普】100 【协香港】0【协澳门】0【协亚太】9 【协东盟】0【协巴基斯坦】5 【协智利】0【协新西兰】0【协秘鲁】0 【协哥斯达黎加】0【协冰岛】0【协瑞士】5.2 【协澳大利亚】0【协韩国】6.5 【协格鲁吉亚】0 【特-1】0【特-2】0 【增】10【对美加征】25【出】0【退】0	千克	A	B	PR	QS	999	干制香菇(整个,切块,切片,破碎或制成粉状,但未经进一步加工的)
071239	20		干制金针菇(整个,切块,切片,破碎或制成粉状,但未经进一步加工的)	Dried Winter mushroom, whole, cut, sliced, broken or in powder, but not further prepared	【最】13【普】100 【协亚太】9【协东盟】0【协巴基斯坦】5 【协智利】0【协新西兰】0【协秘鲁】0 【协哥斯达黎加】0【协冰岛】0【协瑞士】5.2 【协澳大利亚】0【协韩国】6.5 【协格鲁吉亚】0【协香港】0【协澳门】0 【特-1】0【特-2】0 【增】10【对美加征】25【出】0【退】0	千克	A	B	PR	QS	999	干制金针菇(整个,切块,切片,破碎或制成粉状,但未经进一步加工的)
071239	50		干制牛肝菌(整个,切块,切片,破碎或制成粉状,但未经进一步加工的)	Dried Boletus (whole, cut, sliced, broken or in powder, but not further prepared)	【最】13【普】100 【协亚太】9【协东盟】0【协巴基斯坦】5 【协智利】0【协新西兰】0【协秘鲁】0 【协哥斯达黎加】0【协冰岛】0【协瑞士】5.2 【协澳大利亚】0【协韩国】6.5 【协格鲁吉亚】0【协香港】0【协澳门】0 【特-1】0【特-2】0 【增】10【对美加征】25【出】0【退】0	千克	A	B	PR	QS	999	干制牛肝菌(整个,切块,切片,破碎或制成粉状,但未经进一步加工的)

税则号列 HS国际统一前6位	本国子目 7~8位	本国子目 9~10位	货品名称 中文 货物名称	英文 Article Description	税费综合信息	计量单位	监管证件代码 进口	监管证件代码 出口	检验检疫类别 进口	检验检疫类别 出口	检验检疫编码	检验检疫编码对应中文名称
071239	91		干制羊肚菌	Morchella vulgaris	【最】13【普】100 【协亚太】9【协东盟】0【协巴基斯坦】9 【协智利】0【协新西兰】0【协秘鲁】0 【协哥斯达黎加】0【协冰岛】0【协瑞士】5.2 【协澳大利亚】0【协韩国】6.5 【协格鲁吉亚】0【协香港】0【协澳门】0 【特-1】0【特-2】0 【增】10【对美加征】25【出】0【退】0	千克	A	B	PR	QS	999	干制羊肚菌（整个，切块，切片，破碎或制成粉状，但未经进一步加工的）
071239	99	10	干制松茸（整个，切块，切片，破碎或制成粉状，但未经进一步加工的）	Dried sungmo (whole, cut, sliced, broken or in powder, but not further prepared)	【最】13【普】100 【协亚太】9【协东盟】0【协巴基斯坦】9 【协智利】0【协新西兰】0【协秘鲁】0 【协哥斯达黎加】0【协冰岛】0【协瑞士】5.1 【协澳大利亚】0【协韩国】6.5 【协格鲁吉亚】0【协香港】0【协澳门】0 【特-1】0【特-2】0 【增】10【对美加征】25【出】0【退】0	千克	A	BE	PR	QS	999	干制松茸（整个，切块，切片，破碎或制成粉状，但未经进一步加工的）
071239	99	90	其他干制蘑菇及块菌（整个，切块，切片，破碎或制成粉状，但未经进一步加工的）	Other dried Mushrooms and truffles (whole, cut, sliced, broken or in powder, but not further prepared)	【最】13【普】100 【协亚太】9【协东盟】0【协巴基斯坦】9 【协智利】0【协新西兰】0【协秘鲁】0 【协哥斯达黎加】0【协冰岛】0【协瑞士】5.2 【协澳大利亚】0【协韩国】6.5 【协格鲁吉亚】0【协香港】0【协澳门】0 【特-1】0【特-2】0 【增】10【对美加征】25【出】0【退】0	千克	A	B	PR	QS	101 102 103 104 105 ……	其他干制蘑菇及块菌（整个，切块，切片，破碎或制成粉状，但未经进一步加工的）（脱水蘑菇） 其他干制蘑菇及块菌（整个，切块，切片，破碎或制成粉状，但未经进一步加工的）（脱水猴头菇） 其他干制蘑菇及块菌（整个，切块，切片，破碎或制成粉状，但未经进一步加工的）（脱水平菇） 其他干制蘑菇及块菌（整个，切块，切片，破碎或制成粉状，但未经进一步加工的）（脱水其他块菌） 其他干制蘑菇及块菌（整个，切块，切片，破碎或制成粉状，但未经进一步加工的）（脱水竹荪） ……①
071290	10	10	酸竹笋干丝	Dried acidosasa chinensis shoots	【最】13【普】80 【协东盟】0【协巴基斯坦】6.5【协智利】0 【协新西兰】0【协秘鲁】0【协哥斯达黎加】0 【协冰岛】0【协瑞士】5.2【协澳大利亚】0 【协韩国】6.5【协格鲁吉亚】0【协香港】0 【协澳门】0 【特-1】0【特-2】0【特-3】0 【增】10【对美加征】25【出】0【退】0	千克	A	BE	PR	QS	999	酸竹笋干丝
071290	10	90	其他笋干丝	Other bamboo shoots	【最】13【普】80 【协东盟】0【协巴基斯坦】6.5【协智利】0 【协新西兰】0【协秘鲁】0【协哥斯达黎加】0 【协冰岛】0【协瑞士】5.2【协澳大利亚】0 【协韩国】6.5【协格鲁吉亚】0【协香港】0 【协澳门】0 【特-1】0【特-2】0【特-3】0 【增】10【对美加征】25【出】0【退】0	千克	A	B	PR	QS	999	其他笋干丝

① 该税号项下检验检疫编码及对应中文名称尚有：106　其他干制蘑菇及块菌（整个，切块，切片，破碎或制成粉状，但未经进一步加工的）（脱水其他食用菌）。

税则号列 HS国际统一前6位	本国子目 7~8位	9~10位	货品名称中英文 中文 货物名称	英文 Article Description	税费综合信息	计量单位	监管证件代码 进口	出口	检验检疫类别 进口	出口	检验检疫编码	检验检疫编码对应中文名称
071290	20		紫萁（薇菜干）（整条，切段，破碎或制成粉状，但未经进一步加工的）	Osmund(whole, cut, broken or in powder, but not further prepared)	【最】13【普】80 【协香港】0【协澳门】0【协东盟】0 【协巴基斯坦】6.5【协智利】0 【协新西兰】0【协秘鲁】0【协哥斯达黎加】0 【协冰岛】0【协瑞士】5.2【协澳大利亚】0 【协韩国】6.5【协格鲁吉亚】0 【特-1】0【特-2】0 【增】10【对美加征】25【出】0【退】0	千克	A	B	PR	QS	999	紫萁（薇菜干）（整条，切段，破碎或制成粉状，但未经进一步加工的）
071290	30		干金针菜（黄花菜）（整条，切段，破碎或制成粉状，但未经进一步加工的）	Dried day lily flowers (whole, cut, broken or in powder, but not further prepared)	【最】13【普】80 【协香港】0【协澳门】0【协东盟】0 【协巴基斯坦】6.5【协智利】0 【协新西兰】0【协秘鲁】0【协哥斯达黎加】0 【协冰岛】0【协瑞士】5.2【协澳大利亚】0 【协韩国】6.5【协格鲁吉亚】0 【特-1】0【特-2】0 【增】10【对美加征】25【出】0【退】0	千克	A	B	PR	QS	999	干金针菜（黄花菜）（整条，切段，破碎或制成粉状，但未经进一步加工的）
071290	40		蕨菜干（整个，切段，破碎或制成粉状，但未经进一步加工的）	Wild brake (whole, cut, broken or in powder, but not further prepared)	【最】13【普】80 【协东盟】0【协巴基斯坦】6.5【协智利】0 【协新西兰】0【协秘鲁】0【协哥斯达黎加】0 【协冰岛】0【协瑞士】5.2【协澳大利亚】0 【协韩国】6.5【协格鲁吉亚】0【协香港】0 【协澳门】0 【特-1】0【特-2】0 【增】10【对美加征】25【出】0【退】0	千克	A	B	PR	QS	999	蕨菜干（整个，切段，破碎或制成粉状，但未经进一步加工的）
071290	50	10	干燥或脱水的大蒜头、大蒜瓣（无论是否去皮）【电商】	Dried or dewatered garlic bulbs or garlic bulblet (whether or not skinned)	【最】13【普】80 【协香港】0【协澳门】0【协东盟】0 【协巴基斯坦】6.5【协智利】0 【协新西兰】0【协秘鲁】0【协哥斯达黎加】0 【协冰岛】0【协瑞士】5.2【协澳大利亚】0 【协韩国】6.5【协格鲁吉亚】0 【特-1】0【特-2】0 【增】16【对美加征】25【出】0【退】0	千克	A	B	PR	QS	999	干燥或脱水的大蒜头、大蒜瓣（无论是否去皮）
071290	50	90	干燥或脱水的其他大蒜（不含蒜头、蒜瓣，无论是否去皮）【电商】	Other dried or dewatered garlic (other than garlic bulbs and garlic bulblet, whether or not skinned)	【最】13【普】80 【协香港】0【协澳门】0【协东盟】0 【协巴基斯坦】6.5【协智利】0 【协新西兰】0【协秘鲁】0【协哥斯达黎加】0 【协冰岛】0【协瑞士】5.2【协澳大利亚】0 【协韩国】6.5【协格鲁吉亚】0 【特-1】0【特-2】0 【增】16【对美加征】25【出】0【退】10	千克	A	B	PR	QS	999	干燥或脱水的其他大蒜（不含蒜头、蒜瓣，无论是否去皮）
071290	91		干辣根（整个，切块，切片，破碎或制成粉状，但未经进一步加工的）	Dried horseradish (whole, cut, sliced, broken or in powder, but not further prepared)	【最】13【普】80 【协香港】0【协澳门】0【协东盟】0 【协巴基斯坦】6.5【协智利】0 【协新西兰】0【协秘鲁】0【协哥斯达黎加】0 【协冰岛】0【协瑞士】5.2【协澳大利亚】0 【协韩国】6.5【协格鲁吉亚】0 【特-1】0【特-2】0【特-3】0 【增】10【对美加征】25【出】0【退】0	千克	A	B	PR	QS	999	干辣根（整个，切块，切片，破碎或制成粉状，但未经进一步加工的）
071290	99	10	干莼菜（整个，切块，切片，破碎或制成粉状，但未经进一步加工的）【电商】	Dried water shield (whole, cut, sliced, broken or in powder, but not further prepared)	【最】13【普】80 【协香港】0【协澳门】0【协东盟】0 【协巴基斯坦】6.5【协智利】0 【协新西兰】0【协秘鲁】0【协哥斯达黎加】0 【协冰岛】0【协瑞士】5.2【协澳大利亚】0 【协韩国】6.5【协格鲁吉亚】0 【特-1】0【特-2】0【特-3】0 【增】10【对美加征】25【出】0【退】0	千克	A	BE	PR	QS	999	干莼菜（整个，切块，切片，破碎或制成粉状，但未经进一步加工的）

税则号列			货品名称中英文		税费综合信息	计量单位	监管证件代码		检验检疫类别		检验检疫编码	检验检疫编码对应中文名称
HS国际统一前6位	本国子目 7~8位	本国子目 9~10位	中文 货物名称	英文 Article Description			进口	出口	进口	出口		
071290	99	90	干制的其他蔬菜及什锦蔬菜(整个，切块，切片，破碎或制成粉状，但未经进一步加工的) 【电商】	Other dried vegetables; dried mixtures of vegetables (whole, cut, sliced, broken or in powder, but not further prepared)	【最】13【普】80 【协香港】0【协澳门】0【协东盟】0 【协巴基斯坦】6.5【协智利】0 【协新西兰】0【协秘鲁】0【协哥斯达黎加】0 【协冰岛】0【协瑞士】5.2【协澳大利亚】0 【协韩国】6.5【协格鲁吉亚】0 【特-1】0【特-2】0【特-3】0 【增】10【对美加征】25【出】0【退】0	千克	A	B	PR	QS	102 103 104 105 ……	干制的其他蔬菜及什锦蔬菜（整个，切块，切片，破碎或制成粉状，但未经进一步加工的）(脱水魔芋) 干制的其他蔬菜及什锦蔬菜（整个，切块，切片，破碎或制成粉状，但未经进一步加工的）(脱水其他薯类) 干制的其他蔬菜及什锦蔬菜（整个，切块，切片，破碎或制成粉状，但未经进一步加工的）(脱水萝卜) 干制的其他蔬菜及什锦蔬菜（整个，切块，切片，破碎或制成粉状，但未经进一步加工的）[脱水甘蓝（包菜、卷心菜）] ……①
071310	10		种用干豌豆(不论是否去皮或分瓣)	Dried peas (whether or not skinned or split), Seed	【最】0【普】0【特-1】0【特-2】0【特-3】0 【增】10【对美加征】25【出】0【退】0	千克	A	B	P	NQ	999	种用干豌豆（不论是否去皮或分瓣）
071310	90		其他干豌豆(不论是否去皮或分瓣)	Other dried peas (whether or not skinned or split)	【最】5【普】20 【协东盟】0【协巴基斯坦】0【协智利】0 【协新西兰】0【协秘鲁】0【协哥斯达黎加】0 【协冰岛】0【协瑞士】0【协澳大利亚】0 【协韩国】0【协格鲁吉亚】0【协香港】0 【协澳门】0 【特-1】0【特-2】0【特-3】0 【增】10【对美加征】25【出】0【退】0	千克	A	B	PR	QS	999	其他干豌豆（不论是否去皮或分瓣）
071320	10		种用干鹰嘴豆(不论是否去皮或分瓣)	Dried chickpeas (whether or not skinned or split), Seed	【最】0【普】0【特-1】0【特-2】0【特-3】0 【增】10【对美加征】25【出】0【退】10	千克	A	B	P	NQ	999	种用干鹰嘴豆（不论是否去皮或分瓣）
071320	90		其他干鹰嘴豆(不论是否去皮或分瓣) 【电商】	Other dried chickpeas (whether or not skinned or split)	【最】7【普】20 【协东盟】0【协巴基斯坦】5【协智利】0 【协新西兰】0【协秘鲁】0【协哥斯达黎加】0 【协冰岛】0【协瑞士】0【协澳大利亚】0 【协韩国】0【协格鲁吉亚】0【协香港】0 【协澳门】0 【特-1】0【特-2】0【特-3】0 【增】10【对美加征】25【出】0【退】10	千克	A	B	PR	QS	999	其他干鹰嘴豆（不论是否去皮或分瓣）

① 该税号项下检验检疫编码及对应中文名称尚有：106　干制的其他蔬菜及什锦蔬菜（整个，切块，切片，破碎或制成粉状，但未经进一步加工的）（脱水芥菜），107　干制的其他蔬菜及什锦蔬菜（整个，切块，切片，破碎或制成粉状，但未经进一步加工的）［脱水花椰菜（白花菜）］，108　干制的其他蔬菜及什锦蔬菜（整个，切块，切片，破碎或制成粉状，但未经进一步加工的）［脱水西兰花（绿花菜）］，109　干制的其他蔬菜及什锦蔬菜（整个，切块，切片，破碎或制成粉状，但未经进一步加工的）（脱水其他十字花科蔬菜），110　干制的其他蔬菜及什锦蔬菜（整个，切块，切片，破碎或制成粉状，但未经进一步加工的）（脱水牛蒡），111　干制的其他蔬菜及什锦蔬菜（整个，切块，切片，破碎或制成粉状，但未经进一步加工的）（脱水青葱），112　干制的其他蔬菜及什锦蔬菜（整个，切块，切片，破碎或制成粉状，但未经进一步加工的）（脱水芦笋），113　干制的其他蔬菜及什锦蔬菜（整个，切块，切片，破碎或制成粉状，但未经进一步加工的）（脱水胡萝卜），114　干制的其他蔬菜及什锦蔬菜（整个，切块，切片，破碎或制成粉状，但未经进一步加工的）（脱水芹菜），115　干制的其他蔬菜及什锦蔬菜（整个，切块，切片，破碎或制成粉状，但未经进一步加工的）（干甜椒），116　干制的其他蔬菜及什锦蔬菜（整个，切块，切片，破碎或制成粉状，但未经进一步加工的）（脱水南瓜），117　干制的其他蔬菜及什锦蔬菜（整个，切块，切片，破碎或制成粉状，但未经进一步加工的）［脱水西葫芦（笋瓜）］，118　干制的其他蔬菜及什锦蔬菜（整个，切块，切片，破碎或制成粉状，但未经进一步加工的）（脱水瓠瓜），119　干制的其他蔬菜及什锦蔬菜（整个，切块，切片，破碎或制成粉状，但未经进一步加工的）（脱水苦瓜），120　干制的其他蔬菜及什锦蔬菜（整个，切块，切片，破碎或制成粉状，但未经进一步加工的）（脱水甜玉米），121　干制的其他蔬菜及什锦蔬菜（整个，切块，切片，破碎或制成粉状，但未经进一步加工的）（脱水鱼腥草），122　干制的其他蔬菜及什锦蔬菜（整个，切块，切片，破碎或制成粉状，但未经进一步加工的）（脱水食用大黄），123　干制的其他蔬菜及什锦蔬菜（整个，切块，切片，破碎或制成粉状，但未经进一步加工的）（脱水马齿苋），124　干制的其他蔬菜及什锦蔬菜（整个，切块，切片，破碎或制成粉状，但未经进一步加工的）（脱水菠菜），125　干制的其他蔬菜及什锦蔬菜（整个，切块，切片，破碎或制成粉状，但未经进一步加工的）（脱水紫苏），126　干制的其他蔬菜及什锦蔬菜（整个，切块，切片，破碎或制成粉状，但未经进一步加工的）（脱水薄荷），127　干制的其他蔬菜及什锦蔬菜（整个，切块，切片，破碎或制成粉状，但未经进一步加工的）（脱水山野菜），128　干制的其他蔬菜及什锦蔬菜（整个，切块，切片，破碎或制成粉状，但未经进一步加工的）（脱水其他未列出蔬菜）

税则号列			货品名称中英文		税费综合信息	计量单位	监管证件代码		检验检疫类别		检验检疫编码	检验检疫编码对应中文名称
HS 国际统一前6位	本国子目 7~8位	本国子目 9~10位	中文 货物名称	英文 Article Description			进口	出口	进口	出口		
071331	10		种用干绿豆(不论是否去皮或分瓣)	Dried beans of the species vigna mungo (L.) Hepper or vigna radiata (L.) wilczek (whether or not skinned or split), seedlings	【最】0【普】0【特-1】0【特-2】0【特-3】0 【增】10【对美加征】25【出】0【退】10	千克	A	B	P	NQ	999	种用干绿豆(不论是否去皮或分瓣)
071331	90		其他干绿豆(不论是否去皮或分瓣)	Other dried beans of the species vigna mungo(L.) Hepper or vigna radiata(L.) wilczek (whether or not skinned or split)	【最】3【普】11 【协亚太】1.5【协东盟】0【协巴基斯坦】0 【协智利】0【协新西兰】0【协秘鲁】0 【协哥斯达黎加】0【协冰岛】0【协瑞士】0 【协澳大利亚】0【协韩国】0【协格鲁吉亚】0 【协香港】0【协澳门】0 【特东柬埔寨】0【特东缅甸】0【特-1】0 【特-2】0【特-3】0 【增】10【对美加征】25【出】0【退】10	千克	A	B	PR	QS	999	其他干绿豆(不论是否去皮或分瓣)
071332	10		种用红小豆(赤豆)(不论是否去皮或分瓣)	Dried small red beans (whether or not skinned or split), Seed	【最】0【普】0【特-1】0【特-2】0【特-3】0 【增】10【对美加征】25【出】0【退】10	千克	A	B	P	NQ	999	种用红小豆(赤豆)(不论是否去皮或分瓣)
071332	90		其他干赤豆(不论是否去皮或分瓣)	Other dried small red beans (whether or not skinned or split)	【最】3【普】14 【协东盟】0【协巴基斯坦】0【协智利】0 【协新西兰】0【协秘鲁】0【协哥斯达黎加】0 【协冰岛】0【协瑞士】0【协澳大利亚】0 【协韩国】0【协格鲁吉亚】0【协香港】0 【协澳门】0 【特东柬埔寨】0【特-1】0【特-2】0【特-3】0 【增】10【对美加征】25【出】0【退】10	千克	A	B	PR	QS	101 102	其他干赤豆(不论是否去皮或分瓣)(干赤豆) 其他干赤豆(不论是否去皮或分瓣)(药用赤小豆)
071333	10		种用干芸豆(不论是否去皮或分瓣)	Dried kidney beans, including white pea beans (whether or not skinned or split), Seed	【最】0【普】0【特-1】0【特-2】0【特-3】0 【增】10【对美加征】25【出】0【退】0	千克	A	B	P	NQ	999	种用干芸豆(不论是否去皮或分瓣)
071333	90		其他干芸豆(不论是否去皮或分瓣)	Other dried kidney beans, including white pea beans (whether or not skinned or split)	【最】7.5【普】20 【协东盟】0【协巴基斯坦】5【协智利】0 【协新西兰】0【协秘鲁】0【协哥斯达黎加】0 【协冰岛】0【协瑞士】0【协澳大利亚】0 【协韩国】0【协格鲁吉亚】0【协香港】0 【协澳门】0 【特东柬埔寨】0【特-1】0【特-2】0【特-3】0 【增】10【对美加征】25【出】0【退】0	千克	A	B	PR	QS	999	其他干芸豆(不论是否去皮或分瓣)
071334	00		干巴姆巴拉豆(不论是否去皮或分瓣)	Dried bambara beans (whether or not skinned or split)	【最】7【普】20 【协亚太】3.5【协东盟】0【协巴基斯坦】0 【协智利】0【协新西兰】0【协秘鲁】0 【协哥斯达黎加】0【协冰岛】0【协瑞士】0 【协澳大利亚】0【协韩国】0【协格鲁吉亚】0 【协香港】0【协澳门】0 【特东柬埔寨】0【特-1】0【特-2】0【特-3】0 【增】10【对美加征】25【出】0【退】10	千克	A	B	PR	QS	999	干巴姆巴拉豆(不论是否去皮或分瓣)
071335	00		干牛豆(豇豆)(不论是否去皮或分瓣)	Dried cow peas (whether or not skinned or split)	【最】7【普】20 【协亚太】3.5【协东盟】0【协巴基斯坦】0 【协智利】0【协新西兰】0【协秘鲁】0 【协哥斯达黎加】0【协冰岛】0【协瑞士】0 【协澳大利亚】0【协韩国】0【协格鲁吉亚】0 【协香港】0【协澳门】0 【特东柬埔寨】0【特-1】0【特-2】.0【特-3】0 【增】10【对美加征】25【出】0【退】10	千克	A	B	PR	QS	101 102	干牛豆(豇豆)(不论是否去皮或分瓣)(豇豆) 干牛豆(豇豆)(不论是否去皮或分瓣)(脱水豇豆)
071339	00		其他干豇豆属及菜豆属(不论是否去皮或分瓣)	Other dried beans (vigna spp., phaseolus spp.) (whether or not skinned or split)	【最】7【普】20 【协亚太】3.5【协东盟】0【协巴基斯坦】0 【协智利】0【协新西兰】0【协秘鲁】0 【协哥斯达黎加】0【协冰岛】0【协瑞士】0 【协澳大利亚】0【协韩国】0【协格鲁吉亚】0 【协香港】0【协澳门】0 【特东柬埔寨】0【特-1】0【特-2】0【特-3】0 【增】10【对美加征】25【出】0【退】0	千克	A	B	PR	QS	101 102 103	其他干豇豆属及菜豆属(不论是否去皮或分瓣)(豇豆) 其他干豇豆属及菜豆属(不论是否去皮或分瓣)(脱水豇豆) 其他干豇豆属及菜豆属(不论是否去皮或分瓣)(脱水菜豆)

税则号列 HS国际统一前6位	本国子目 7~8位	本国子目 9~10位	货品名称中英文 中文 货物名称	货品名称中英文 英文 Article Description	税费综合信息	计量单位	监管证件代码 进口	监管证件代码 出口	检验检疫类别 进口	检验检疫类别 出口	检验检疫编码	检验检疫编码对应中文名称
071340	10		种用干扁豆(不论是否去皮或分瓣)	Dried lentils (whether or not skinned or split), seed	【最】0【普】0【特-1】0【特-2】0【特-3】0 【增】10【对美加征】25【出】0【退】0	千克	A	B	P	NQ	999	种用干扁豆(不论是否去皮或分瓣)
071340	90		其他干扁豆(不论是否去皮或分瓣)	Other dried lentils (whether or not skinned or split)	【最】7【普】20 【协东盟】0【协巴基斯坦】5【协智利】0 【协新西兰】0【协秘鲁】0【协哥斯达黎加】0 【协冰岛】0【协瑞士】0【协澳大利亚】0 【协韩国】0【协格鲁吉亚】0【协香港】0 【协澳门】0 【特-1】0【特-2】0【特-3】0 【增】10【对美加征】25【出】0【退】0	千克	A	B	PR	QS	101 102	其他干扁豆(不论是否去皮或分瓣)(干扁豆) 其他干扁豆(不论是否去皮或分瓣)(药用白扁豆)
071350	10		种用干蚕豆(不论是否去皮或分瓣)	Dried broad beans and horse beans (whether or not skinned or split), seedlings	【最】0【普】0【特-1】0【特-2】0【特-3】0 【增】10【对美加征】25【出】0【退】10	千克	A	B	P	NQ	999	种用干蚕豆(不论是否去皮或分瓣)
071350	90		其他干蚕豆(不论是否去皮或分瓣)	Other dried broad beans and horse beans (whether or not skinned or split)	【最】7【普】20 【协东盟】0【协巴基斯坦】5【协智利】0 【协新西兰】0【协秘鲁】0【协哥斯达黎加】0 【协冰岛】0【协瑞士】0【协澳大利亚】0 【协韩国】0【协格鲁吉亚】0【协香港】0 【协澳门】0 【特-1】0【特-2】0【特-3】0 【增】10【对美加征】25【出】0【退】10	千克	A	B	PR	QS	999	其他干蚕豆(不论是否去皮或分瓣)
071360	10		种用干木豆(木豆属)(不论是否去皮或分瓣)	Dried pigeon peas (whether or not skinned or split), seed	【最】0【普】0【特-1】0【特-2】0【特-3】0 【增】10【对美加征】25【出】0【退】6	千克	A	B	P	NQ	999	种用干木豆(木豆属)(不论是否去皮或分瓣)
071360	90		其他干木豆(木豆属)(不论是否去皮或分瓣)	Other dried pigeon peas (whether or not skinned or split)	【最】7【普】20 【协东盟】0【协巴基斯坦】5【协智利】0 【协新西兰】0【协秘鲁】0【协哥斯达黎加】0 【协冰岛】0【协瑞士】0【协澳大利亚】0 【协韩国】0【协格鲁吉亚】0【协香港】0 【协澳门】0 【特-1】0【特-2】0【特-3】0 【增】10【对美加征】25【出】0【退】10	千克	A	B	PR	QS	999	其他干木豆(木豆属)(不论是否去皮或分瓣)
071390	10		种用干豆(不论是否去皮或分瓣)	Other dried leguminous vegetables (whether or not skinned or split), seed	【最】0【普】0【特-1】0【特-2】0【特-3】0 【增】10【对美加征】25【出】0【退】6	千克	A	B	P	NQ	999	种用干豆(不论是否去皮或分瓣)
071390	90		其他干豆(不论是否去皮或分瓣)	Other dried leguminous vegetables (whether or not skinned or split)	【最】7【普】20 【协东盟】0【协巴基斯坦】5【协智利】0 【协新西兰】0【协秘鲁】0【协哥斯达黎加】0 【协冰岛】0【协瑞士】0【协澳大利亚】0 【协韩国】0【协格鲁吉亚】0【协香港】0 【协澳门】0 【特-1】0【特-2】0【特-3】0 【增】10【对美加征】25【出】0【退】0	千克	A	B	PR	QS	101 102	其他干豆(不论是否去皮或分瓣)(其他食用豆类) 其他干豆(不论是否去皮或分瓣)(药用黑豆)
071410	10		鲜木薯(不论是否切片)	Fresh Manioc(whether or not sliced)	【最】10【普】30 【协东盟】0【协巴基斯坦】5【协智利】0 【协新西兰】0【协秘鲁】0【协哥斯达黎加】0 【协冰岛】0【协瑞士】0【协澳大利亚】0 【协韩国】0【协格鲁吉亚】0【协香港】0 【协澳门】0 【特东老挝】0【特东柬埔寨】0【特-1】0 【特-2】0【特-3】0 【增】10【对美加征】25【出】0【退】10	千克	7A	B	PR	QS	999	鲜木薯(不论是否切片)
071410	20		干木薯(不论是否切片或制成团粒)	Dried Manioc(whether or not sliced or in the form of pellets)	【最】5【普】30 【协东盟】0【协巴基斯坦】0【协智利】0 【协新西兰】0【协秘鲁】0【协哥斯达黎加】0 【协冰岛】0【协瑞士】0【协澳大利亚】0 【协韩国】0【协格鲁吉亚】0【协香港】0 【协澳门】0 【特东老挝】0【特东柬埔寨】0【特-1】0 【特-2】0【特-3】0 【增】10【对美加征】25【出】0【退】10	千克	7A	B	PR	QS	101 102 103	干木薯(不论是否切片或制成团粒)(饲用) 干木薯(不论是否切片或制成团粒)(食品加工) 干木薯(不论是否切片或制成团粒)(工业用)

税则号列 HS国际统一前6位	本国子目 7~8位	本国子目 9~10位	货品名称中英文 中文 货物名称	英文 Article Description	税费综合信息	计量单位	监管证件代码 进口	监管证件代码 出口	检验检疫类别 进口	检验检疫类别 出口	检验检疫编码	检验检疫编码对应中文名称
071410	30		冷或冻的木薯(不论是否切片或制成团粒)	Chilled or frozen Manioc (whether or not sliced or in the form of pellets)	【最】10【普】80 【协东盟】0【协巴基斯坦】5【协智利】0 【协新西兰】0【协秘鲁】0【协哥斯达黎加】0 【协冰岛】0【协瑞士】0【协澳大利亚】0 【协韩国】5【协格鲁吉亚】0【协香港】0 【协澳门】0 【特东老挝】0【特东柬埔寨】0【特-1】0 【特-2】0【特-3】0 【增】10【出】0【退】10	千克	7A	B	PR	Q	999	冷或冻的木薯(不论是否切片或制成团粒)
071420	11		鲜种用甘薯	Fresh sweet potatoes for cultivation	【最】0【普】50【特东老挝】0【特东柬埔寨】0 【特-1】0【特-2】0【特-3】0 【增】10【对美加征】25【出】0【退】0	千克	A	B	P	Q	999	鲜种用甘薯
071420	19		其他非种用鲜甘薯(不论是否切片)	Other fresh sweet potatoes (whether or not sliced)	【最】13【普】50 【协亚太】6.5【协东盟】0【协巴基斯坦】5 【协智利】0【协新西兰】0【协秘鲁】0 【协哥斯达黎加】0【协冰岛】0【协瑞士】5.2 【协澳大利亚】0【协韩国】6.5 【协格鲁吉亚】0【协香港】0【协澳门】0 【特东老挝】0【特东柬埔寨】0【特-1】0 【特-2】0【特-3】0 【增】10【对美加征】25【出】0【退】0	千克	A	B	PR	QS	999	其他非种用鲜甘薯(不论是否切片)
071420	20		干甘薯(不论是否切片或制成团粒)	Dried sweet potatoes (whether or not sliced or in the form of pellets)	【最】13【普】50 【协亚太】6.5【协东盟】0【协巴基斯坦】5 【协智利】0【协新西兰】0【协秘鲁】0 【协哥斯达黎加】0【协冰岛】0【协瑞士】5.2 【协澳大利亚】0【协韩国】6.5 【协格鲁吉亚】0【协香港】0【协澳门】0 【特东老挝】0【特东柬埔寨】0【特-1】0 【特-2】0【特-3】0 【增】10【对美加征】25【出】0【退】0	千克	A	B	PR	QS	999	干甘薯(不论是否切片或制成团粒)
071420	30		冷或冻的甘薯(不论是否切片或制成团粒)	Chilled or frozen sweet potatoes (whether or not sliced or in the form of pellets)	【最】13【普】80 【协亚太】6.5【协东盟】0【协巴基斯坦】5 【协智利】0【协新西兰】0【协秘鲁】0 【协哥斯达黎加】0【协冰岛】0【协瑞士】5.2 【协澳大利亚】0【协韩国】6.5 【协格鲁吉亚】0【协香港】0【协澳门】0 【特东老挝】0【特东柬埔寨】0【特-1】0 【特-2】0【特-3】0 【增】10【对美加征】10【出】0【退】0	千克	A	B	PR	QS	101 102	冷或冻的甘薯(不论是否切片或制成团粒)(冷藏甘薯) 冷或冻的甘薯(不论是否切片或制成团粒)(冻藏甘薯)
071430	00		鲜、冷、冻或干的山药(不论是否切片或制成团粒)	Yams (Dioscorea spp.), fresh, chilled, frozen or dried, whether or not sliced or in the form of pellets	【最】13【普】50 【协亚太】6.5【协东盟】0【协巴基斯坦】5 【协智利】0【协新西兰】0【协秘鲁】0 【协哥斯达黎加】0【协冰岛】0【协瑞士】5.2 【协澳大利亚】0【协韩国】6.5 【协格鲁吉亚】0【协香港】0【协澳门】0 【特东老挝】0【特东柬埔寨】0【特-1】0 【特-2】0【特-3】0 【增】10【对美加征】25【出】0【退】0	千克	A	B	PR	Q	101 102 103 104	鲜、冷、冻或干的山药(不论是否切片或制成团粒)(鲜、冷的山药) 鲜、冷、冻或干的山药(不论是否切片或制成团粒)(冷冻山药) 鲜、冷、冻或干的山药(不论是否切片或制成团粒)(脱水山药) 鲜、冷、冻或干的山药(不论是否切片或制成团粒)(药用山药)
071440	00	01	鲜、冷芋头(芋属)(不论是否切片或制成团粒;芋头又称芋艿,为天南星科芋属植物。分旱芋、水芋)	Fresh, chilled taro, whether or not sliced or in the form of pellets (taros are also called yunai, belong to Colocasia Schott of the Araceae, classified into ground taros and river taros)	【最】13【普】50 【协亚太】6.5【协东盟】0【协农】0 【协巴基斯坦】5【协智利】0【协新西兰】0 【协秘鲁】0【协哥斯达黎加】0【协冰岛】0 【协瑞士】5.2【协澳大利亚】0【协韩国】6.5 【协格鲁吉亚】0【协香港】0【协澳门】0 【特-1】0【特-2】0 【增】10【对美加征】25【出】0【退】0	千克	A	B	PR	Q	999	鲜、冷芋头(芋属)(不论是否切片或制成团粒;芋头又称芋艿,为天南星科芋属植物。分旱芋、水芋)

税则号列			货品名称中英文		税费综合信息	计量单位	监管证件代码		检验检疫类别		检验检疫编码	检验检疫编码对应中文名称
HS国际统一前6位	本国子目 7~8位	本国子目 9~10位	中文 货物名称	英文 Article Description			进口	出口	进口	出口		
071440	00	90	冻、干的芋头（芋属）（不论是否切片或制成团粒；芋头又称芋艿，为天南星科芋属植物。分旱芋、水芋）	Frozen, dried taro, whether or not sliced or in the form of pellets (taros are also called yunai, belong to Colocasia Schott of the Araceae, classified into ground taros and river taros)	【最】13【普】50 【协亚太】6.5【协东盟】0【协巴基斯坦】5 【协智利】0【协新西兰】0【协秘鲁】0 【协哥斯达黎加】0【协冰岛】0【协瑞士】5.2 【协澳大利亚】0【协韩国】6.5 【协格鲁吉亚】0【协香港】0【协澳门】0 【特-1】0【特-2】0 【增】10【对美加征】25【出】0【退】0	千克	A	B	PR	Q	101 102	冻、干的芋头（芋属）（不论是否切片或制成团粒；芋头又称芋艿，为天南星科芋属植物。分旱芋、水芋）（冷冻芋头） 冻、干的芋头（芋属）（不论是否切片或制成团粒；芋头又称芋艿，为天南星科芋属植物。分旱芋、水芋）（脱水芋头）
071450	00		鲜、冷、冻或干的箭叶黄体芋（黄肉芋属）	Yautia (Xanthosoma spp.), fresh, chilled, frozen or dried, whether or not sliced or in the form of pellets	【最】13【普】50 【协亚太】6.5【协东盟】0【协巴基斯坦】5 【协智利】0【协新西兰】0【协秘鲁】0 【协哥斯达黎加】0【协冰岛】0【协瑞士】5.2 【协澳大利亚】0【协韩国】6.5 【协格鲁吉亚】0【协香港】0【协澳门】0 【特东老挝】0【特东柬埔寨】0【特-1】0 【特-2】0【特-3】0 【增】10【对美加征】25【出】0【退】10	千克	A	B	PR	Q	101 102 103	鲜、冷、冻或干的箭叶黄体芋（黄肉芋属）（不论是否切片或制成团粒，鲜、冷、冻或干的）（鲜、冷箭叶黄体芋） 鲜、冷、冻或干的箭叶黄体芋（黄肉芋属）（不论是否切片或制成团粒，鲜、冷、冻或干的）（冷冻箭叶黄体芋） 鲜、冷、冻或干的箭叶黄体芋（黄肉芋属）（不论是否切片或制成团粒，鲜、冷、冻或干的）（脱水箭叶黄体芋）
071490	10		鲜、冷、冻、干的荸荠（不论是否切片或制成团粒）	Water chestnut, fresh, chilled, frozen or dried, whether or not sliced or in the form of pellets	【最】13【普】50 【协亚太】6.5【协东盟】0【协巴基斯坦】5 【协智利】0【协新西兰】0【协秘鲁】0 【协哥斯达黎加】0【协冰岛】0【协瑞士】5.2 【协澳大利亚】0【协韩国】6.5 【协格鲁吉亚】0【协香港】0【协澳门】0 【特东老挝】0【特东柬埔寨】0【特-1】0 【特-2】0【特-3】0 【增】10【对美加征】25【出】0【退】0	千克	A	B	PR	QS	101 102 103	鲜、冷、冻、干的荸荠（不论是否切片或制成团粒）［鲜、冷的马蹄（荸荠）］ 鲜、冷、冻、干的荸荠（不论是否切片或制成团粒）［冷冻马蹄（荸荠）］ 鲜、冷、冻、干的荸荠（不论是否切片或制成团粒）［脱水马蹄（荸荠）］
071490	21		种用藕（不论是否去皮或分瓣）	Lotus rootstock, for cultivation	【最】0【普】0【特-1】0【特-2】0【特-3】0 【增】10【对美加征】25【出】0【退】0	千克	A	B	P	NQ	999	种用藕（不论是否去皮或分瓣）
071490	29		鲜、冷、冻、干的非种用藕（不论是否切片或制成团粒）	Other lotus rootstock, not for cultivation, fresh, chilled, frozen or dried, whether or not sliced or in the form of pellets	【最】13【普】50 【协亚太】6.5【协东盟】0【协巴基斯坦】5 【协智利】0【协新西兰】0【协秘鲁】0 【协哥斯达黎加】0【协冰岛】0【协瑞士】5.2 【协澳大利亚】0【协韩国】6.5 【协格鲁吉亚】0【协香港】0【协澳门】0 【特东老挝】0【特东柬埔寨】0【特-1】0 【特-2】0【特-3】0 【增】10【对美加征】25【出】0【退】0	千克	A	B	PR	QS	101 102 103	鲜、冷、冻、干的非种用藕（不论是否切片或制成团粒）（鲜、冷的莲藕） 鲜、冷、冻、干的非种用藕（不论是否切片或制成团粒）（冷冻莲藕） 鲜、冷、冻、干的非种用藕（不论是否切片或制成团粒）（脱水莲藕）
071490	90	10	鲜、冷、冻、干的兰科植物块茎	Tubers of the Orchidaceae, fresh, chilled, frozen or dried	【最】13【普】50 【协亚太】6.5【协东盟】0【协巴基斯坦】5 【协智利】0【协新西兰】0【协秘鲁】0 【协哥斯达黎加】0【协冰岛】0【协瑞士】5.2 【协澳大利亚】0【协韩国】6.5 【协格鲁吉亚】0【协香港】0【协澳门】0 【特东老挝】0【特东柬埔寨】0【特-1】0 【特-2】0【特-3】0 【增】10【对美加征】25【出】0【退】0	千克	AF	BE	PR	Q	999	鲜、冷、冻、干的兰科植物块茎

税则号列			货品名称中英文		税费综合信息	计量单位	监管证件代码		检验检疫类别		检验检疫编码	检验检疫编码对应中文名称
HS国际统一前6位	本国子目 7~8位	本国子目 9~10位	中文 货物名称	英文 Article Description			进口	出口	进口	出口		
071490	90	91	含高淀粉或菊粉其他濒危类似根茎（包括西谷茎髓，不论是否切片或制成团粒，鲜、冷、冻或干的）	Other endangered similar roots and tubers with high starch or inulin ontent, fresh, chilled, frozen or dried, whether or not sliced or in pellets; sago pith	【最】13【普】50 【协亚太】6.5【协东盟】0【协巴基斯坦】5 【协智利】0【协新西兰】0【协秘鲁】0 【协哥斯达黎加】0【协冰岛】0【协瑞士】5.2 【协澳大利亚】0【协韩国】6.5 【协格鲁吉亚】0【协香港】0【协澳门】0 【特东老挝】0【特东柬埔寨】0【特-1】0 【特-2】0【特-3】0 【增】10【对美加征】25【出】0【退】0	千克	AF	BE	PR	Q	101 102 103 104 999	101 含高淀粉或菊粉其他濒危类似根茎（包括西谷茎髓，不论是否切片或制成团粒，鲜、冷、冻或干的）（鲜、冷的） 102 含高淀粉或菊粉其他濒危类似根茎（包括西谷茎髓，不论是否切片或制成团粒，鲜、冷、冻或干的）（冷冻的） 103 含高淀粉或菊粉其他濒危类似根茎（包括西谷茎髓，不论是否切片或制成团粒，鲜、冷、冻或干的）（干的） 104 含高淀粉或菊粉其他濒危类似根茎（包括西谷茎髓，不论是否切片或制成团粒，鲜、冷、冻或干的）（腌渍的） 999 含高淀粉或菊粉其他濒危类似根茎（包括西谷茎髓，不论是否切片或制成团粒，鲜、冷、冻或干的）（其他鳞球块根茎）
071490	90	99	含有高淀粉或菊粉的其他类似根茎（包括西谷茎髓，不论是否切片或制成团粒，鲜、冷、冻或干的）	Other similar roots and tubers with high starch or inulin content, fresh, chilled, frozen or dried, whether or not sliced or in pellets; sago pith	【最】13【普】50 【协亚太】6.5【协东盟】0【协巴基斯坦】5 【协智利】0【协新西兰】0【协秘鲁】0 【协哥斯达黎加】0【协冰岛】0【协瑞士】5.2 【协澳大利亚】0【协韩国】6.5 【协格鲁吉亚】0【协香港】0【协澳门】0 【特东老挝】0【特东柬埔寨】0【特-1】0 【特-2】0【特-3】0 【增】10【对美加征】25【出】0【退】0	千克	A	B	PR	Q	101 102 103 104 999	101 含有高淀粉或菊粉的其他类似根茎（包括西谷茎髓，不论是否切片或制成团粒，鲜、冷、冻或干的）（鲜、冷的） 102 含有高淀粉或菊粉的其他类似根茎（包括西谷茎髓，不论是否切片或制成团粒，鲜、冷、冻或干的）（冷冻的） 103 含有高淀粉或菊粉的其他类似根茎（包括西谷茎髓，不论是否切片或制成团粒，鲜、冷、冻或干的）（干的） 104 含有高淀粉或菊粉的其他类似根茎（包括西谷茎髓，不论是否切片或制成团粒，鲜、冷、冻或干的）（腌渍的） 999 含有高淀粉或菊粉的其他类似根茎（包括西谷茎髓，不论是否切片或制成团粒，鲜、冷、冻或干的）（其他鳞球块根茎）

第 八 章
食用水果及坚果；柑橘属水果或甜瓜的果皮

Chapter 8
Edible fruit and nuts; peel of citrus fruit or melons

注释：

一、本章不包括非供食用的坚果或水果。

二、冷藏的水果和坚果应按相应的鲜果税目归类。

三、本章的干果可以部分复水或为下列目的进行其他处理，但必须保持干果的特征：

（一）为保藏或保持其稳定性（例如，经适度热处理或硫化处理、添加山梨酸或山梨酸钾）；

（二）为改进或保持其外观（例如，添加植物油或少量葡萄糖浆）。

Chapter Notes:

1. This Chapter does not cover inedible nuts or fruits.

2. Chilled fruits and nuts are to be classified in the same headings as the corresponding fresh fruits and nuts.

3. Dried fruit or dried nuts of this Chapter may be partially rehydrated, or treated for the following purposes:

(a) For additional preservation or stabilisation (for example, by moderate heat treatment, sulphuring, the addition of sorbic acid or potassium sorbate);

(b) To improve or maintain their appearance (for example, by the addition of vegetable oil or small quantities of glucose syrup), provided that they retain the character of dried fruit or dried nuts.

税则号列			货品名称中英文		税费综合信息	计量单位	监管证件代码		检验检疫类别		检验检疫编码	检验检疫编码对应中文名称
HS 国际统一前6位	本国子目 7~8位	本国子目 9~10位	中文 货物名称	英义 Article Description			进口	出口	进口	出口		
080111	00		干的椰子（不论是否去壳或去皮） 【电商】	Desiccated Coconuts, whether or not shelled or peeled	【最】12【普】80【暂进】7 【协亚太】6【协东盟】0【协澳门】0 【协巴基斯坦】5【协智利】0【协新西兰】0 【协秘鲁】0【协哥斯达黎加】4.8【协冰岛】0 【协瑞士】4.8【协澳大利亚】0【协韩国】0 【协格鲁吉亚】0【协香港】0 【特东柬埔寨】0【特-1】0【特-2】0【特-3】0 【增】10【对美加征】15【出】0【退】10	千克	A	B	PR	QS	101 102	干的椰子（不论是否去壳或去皮）［干（坚）果］ 干的椰子（不论是否去壳或去皮）(蜜饯)
080112	00		鲜的未去内壳（内果皮）椰子	Coconuts, in the inner shell(endocarp)	【最】12【普】80 【协亚太】6【协东盟】0【协农】0 【协巴基斯坦】5【协智利】0【协新西兰】0 【协秘鲁】0【协哥斯达黎加】4.8【协冰岛】0 【协瑞士】4.8【协澳大利亚】0【协韩国】0 【协格鲁吉亚】0 【特东柬埔寨】0【特-1】0【特-2】0【特-3】0 【增】10【对美加征】15【出】0【退】10	千克	A	B	PR	QS	101 999	鲜的未去内壳（内果皮）椰子（椰青） 鲜的未去内壳（内果皮）椰子（椰青除外）
080119	10		种用椰子	Coconuts, Seedlings	【最】0【普】0【特-1】0【特-2】0【特-3】0 【增】10【对美加征】25【出】0【退】10	千克	A	B	P	QN	999	种用椰子
080119	90		其他鲜椰子 【电商】①	Other oconuts, fresh (whether or not shelled or peeled)	【最】12【普】80 【协亚太】6【协东盟】0【协农】0 【协巴基斯坦】5【协智利】0【协新西兰】0 【协秘鲁】0【协哥斯达黎加】4.8【协冰岛】0 【协瑞士】4.8【协澳大利亚】0【协韩国】0 【协格鲁吉亚】0 【特东柬埔寨】0【特-1】0【特-2】0【特-3】0 【增】10【对美加征】15【出】0【退】10	千克	A	B	PR	QS	999	其他鲜椰子
080121	00		鲜或干的未去壳巴西果	Brazil nuts, fresh or dried, In shell	【最】10【普】80【暂进】7 【协东盟】0【协澳门】0【协巴基斯坦】5 【协智利】0【协新西兰】0【协秘鲁】0 【协哥斯达黎加】4【协冰岛】0【协瑞士】0 【协澳大利亚】0【协韩国】0【协格鲁吉亚】0 【协香港】0 【特-1】0【特-2】0【特-3】0 【增】10【对美加征】15【出】0【退】6	千克	A	B	PR	Q	999	鲜或干的未去壳巴西果

① 仅限网购保税商品。

税则号列			货品名称中英文		税费综合信息	计量单位	监管证件代码		检验检疫类别		检验检疫编码	检验检疫编码对应中文名称
HS 国际统一前6位	本国子目 7~8位	9~10位	中文 货物名称	英文 Article Description			进口	出口	进口	出口		
080122	00		鲜或干的去壳巴西果【电商】	Brazil nuts, fresh or dried, shelled	【最】10【普】80【暂进】7 【协东盟】0【协澳门】0【协巴基斯坦】5 【协智利】0【协新西兰】0【协秘鲁】0 【协哥斯达黎加】4【协冰岛】0【协瑞士】0 【协澳大利亚】0【协韩国】0【协格鲁吉亚】0 【协香港】0 【特-1】0【特-2】0【特-3】0 【增】10【对美加征】15【出】0【退】6	千克	A	B	PR	Q	999	鲜或干的去壳巴西果
080131	00		鲜或干的未去壳腰果	Cashew nuts, fresh or dried, In shell	【最】20【普】70【暂进】7 【协东盟】0【协澳门】0【协智利】0 【协新西兰】0【协秘鲁】0【协哥斯达黎加】8 【协冰岛】0【协瑞士】8【协澳大利亚】0 【协韩国】10【协格鲁吉亚】0【协香港】0 【特东柬埔寨】0【特-1】0【特-2】0【特-3】0 【增】10【对美加征】15【出】0【退】10	千克	A	B	PR	QS	999	鲜或干的未去壳腰果
080132	00		鲜或干的去壳腰果【电商】	Cashew nuts, fresh or dried, shelled	【最】10【普】70【暂进】7 【协东盟】0【协澳门】0【协巴基斯坦】5 【协智利】0【协新西兰】0【协秘鲁】0 【协哥斯达黎加】4【协冰岛】0【协瑞士】0 【协澳大利亚】0【协韩国】5【协格鲁吉亚】0 【协香港】0 【特东柬埔寨】0【特东缅甸】0【特-1】0 【特-2】0【特-3】0 【增】10【对美加征】15【出】0【退】10	千克	A	B	PR	QS	999	鲜或干的去壳腰果
080211	00		鲜或干的未去壳扁桃核【电商】	Almonds, fresh or dried, In shell	【最】24【普】70【暂进】10 【协东盟】0【协澳门】0【协智利】0 【协新西兰】0【协秘鲁】0【协香港】0 【协哥斯达黎加】9.6【协冰岛】0【协瑞士】9.6 【协澳大利亚】0【协韩国】12 【协格鲁吉亚】0 【特-1】0【特-2】0 【增】10【对美加征】15【出】0【退】10	千克	A	B	PR	QS	999	鲜或干的未去壳扁桃核
080212	00		鲜或干的去壳扁桃仁【电商】	Almonds, fresh or dried, Shelled	【最】10【普】70 【协东盟】0【协澳门】0【协巴基斯坦】5 【协香港】0【协智利】0【协新西兰】0 【协秘鲁】0【协哥斯达黎加】4【协冰岛】0 【协瑞士】0【协澳大利亚】0【协韩国】5 【协格鲁吉亚】0 【特-1】0【特-2】0【特-3】0 【增】10【对美加征】15【出】0【退】10	千克	A	B	PR	QS	101 102	鲜或干的去壳扁桃仁(巴旦木) 鲜或干的去壳扁桃仁(其他蜜饯)
080221	00		鲜或干的未去壳榛子	Hazelnuts or filberts, fresh or dried, In shell	【最】25【普】70 【协东盟】0【协澳门】0【协智利】0 【协新西兰】0【协秘鲁】0【协香港】0 【协哥斯达黎加】10【协冰岛】0 【协瑞士】10【协澳大利亚】0【协韩国】18.7 【协格鲁吉亚】0【协香港】0 【特-1】0【特-2】0 【增】10【对美加征】15【出】0【退】6	千克	A	B	PR	QS	999	鲜或干的未去壳榛子
080222	00		鲜或干的去壳榛子【电商】	Hazelnuts or filberts, fresh or dried, shelled	【最】10【普】70 【协东盟】0【协澳门】0【协巴基斯坦】5 【协智利】0【协新西兰】0【协秘鲁】0 【协哥斯达黎加】4【协冰岛】0【协瑞士】0 【协澳大利亚】0【协韩国】5【协格鲁吉亚】0 【协香港】0 【特-1】0【特-2】0【特-3】0 【增】10【对美加征】15【出】0【退】10	千克	A	B	PR	QS	999	鲜或干的去壳榛子
080231	00		鲜或干的未去壳核桃【电商】	Walnuts, fresh or dried, In shell	【最】25【普】70 【协东盟】0【协澳门】0【协智利】0 【协香港】0【协新西兰】0【协秘鲁】0 【协哥斯达黎加】10【协冰岛】0【协瑞士】10 【协澳大利亚】0【协韩国】18.7 【协格鲁吉亚】0 【特-1】0【特-2】0 【增】10【对美加征】15【出】0【退】10	千克	A	B	PR	QS	999	鲜或干的未去壳核桃

税则号列			货品名称中英文		税费综合信息	计量单位	监管证件代码		检验检疫类别		检验检疫编码	检验检疫编码对应中文名称
HS国际统一前6位	本国子目 7~8位	9~10位	中文 货物名称	英文 Article Description			进口	出口	进口	出口		
080232	00		鲜或干的去壳核桃 【电商】	Walnuts, fresh or dried, shelled	【最】20【普】70 【协东盟】0【协澳门】0【协智利】0 【协新西兰】0【协秘鲁】0【协哥斯达黎加】8 【协冰岛】0【协瑞士】8【协澳大利亚】0 【协韩国】13.3【协格鲁吉亚】0【协香港】0 【特-1】0【特-2】0 【增】10【对美加征】15【出】0【退】10	千克	A	B	PR	QS	999	鲜或干的去壳核桃
080241	10		鲜或干的未去壳板栗	Chinese chestnuts (Castanea spp.), fresh or dried, In shell	【最】25【普】70 【协东盟】0【协澳门】0【协智利】0 【协新西兰】0【协秘鲁】0 【协哥斯达黎加】10【协冰岛】0【协香港】0 【协瑞士】10【协澳大利亚】0【协格鲁吉亚】0 【特-1】0【特-2】0 【增】10【对美加征】15【出】0【退】10	千克	A	B	PR	QS	999	鲜或干的未去壳板栗
080241	90		鲜或干的其他未去壳栗子(板栗除外)(不论是否去壳或去皮)	Other chestnuts (Castanea spp.), fresh or dried, In shell	【最】25【普】70【暂进】20 【协东盟】0【协澳门】0【协智利】0 【协香港】0【协新西兰】0【协秘鲁】0 【协哥斯达黎加】10【协冰岛】0 【协瑞士】10【协澳大利亚】0【协韩国】18.7 【协格鲁吉亚】0 【特-1】0【特-2】0 【增】10【对美加征】15【出】0【退】10	千克	A	B	PR	QS	999	鲜或干的其他未去壳栗子(板栗除外)(不论是否去壳或去皮)
080242	10		鲜或干去壳板栗(不论是否去皮)	Chinese chestnuts (Castanea spp.), fresh or dried, shelled	【最】25【普】70 【协东盟】0【协澳门】0【协智利】0 【协香港】0【协新西兰】0【协秘鲁】0 【协哥斯达黎加】10【协冰岛】0 【协瑞士】10【协澳大利亚】0【协韩国】18.7 【协格鲁吉亚】0 【特-1】0【特-2】0 【增】10【对美加征】25【出】0【退】10	千克	A	B	PR	QS	999	鲜或干去壳板栗(不论是否去皮)
080242	90		鲜或干的其他去壳栗子(板栗除外)(不论是否去皮)	Other chestnuts (Castanea spp.), fresh or dried, shelled	【最】25【普】70【暂进】20 【协东盟】0【协澳门】0【协智利】0 【协香港】0【协新西兰】0【协秘鲁】0 【协哥斯达黎加】10【协冰岛】0 【协瑞士】10【协澳大利亚】0【协韩国】18.7 【协格鲁吉亚】0 【特-1】0【特-2】0 【增】10【对美加征】40【出】0【退】6	千克	A	B	PR	QS	999	鲜或干的其他去壳栗子(板栗除外)(不论是否去皮)
080251	00		鲜或干的未去壳阿月浑子果(开心果) 【电商】	Pistachios, fresh or dried, in shell	【最】10【普】70【暂进】5 【协东盟】0【协澳门】0【协巴基斯坦】5 【协智利】0【协新西兰】0【协秘鲁】0 【协香港】0【协哥斯达黎加】4【协冰岛】0 【协瑞士】0【协澳大利亚】0【协韩国】5 【协格鲁吉亚】0 【特-1】0【特-2】0 【增】10【对美加征】15【出】0【退】10	千克	A	B	PR	QS	999	鲜或干的未去壳阿月浑子果(开心果)
080252	00		鲜或干的去壳阿月浑子果(开心果) 【电商】	Pistachios, fresh or dried, shelled	【最】10【普】70【暂进】5 【协东盟】0【协澳门】0【协巴基斯坦】5 【协智利】0【协新西兰】0【协秘鲁】0 【协哥斯达黎加】4【协冰岛】0【协瑞士】0 【协澳大利亚】0【协韩国】5【协格鲁吉亚】0 【协香港】0 【特-1】0【特-2】0 【增】10【对美加征】15【出】0【退】10	千克	A	B	PR	QS	999	鲜或干的去壳阿月浑子果(开心果)
080261	10		鲜或干的种用未去壳马卡达姆坚果(夏威夷果)	Macadamia nuts, fresh or dried, in shell, seed	【最】0【普】70【特-1】0【特-2】0【特-3】0 【增】10【对美加征】25【出】0【退】6	千克	A	B	P	Q	999	鲜或干的种用未去壳马卡达姆坚果(夏威夷果)
080261	90		鲜或干的其他未去壳马卡达姆坚果(夏威夷果) 【电商】	Macadamia nuts, fresh or dried, in shell	【最】24【普】70【暂进】12 【协东盟】0【协澳门】0【协智利】0 【协新西兰】0【协秘鲁】0【协香港】0 【协哥斯达黎加】9.6【协冰岛】0【协瑞士】9.6 【协澳大利亚】0【协韩国】12 【协格鲁吉亚】0 【特-1】0【特-2】0 【增】10【对美加征】15【出】0【退】6	千克	A	B	PR	QS	999	鲜或干的其他未去壳马卡达姆坚果(夏威夷果)

税则号列 HS国际统一前6位	本国子目 7~8位	本国子目 9~10位	货品名称中英文 中文 货物名称	货品名称中英文 英文 Article Description	税费综合信息	计量单位	监管证件代码 进口	监管证件代码 出口	检验检疫类别 进口	检验检疫类别 出口	检验检疫编码	检验检疫编码对应中文名称
080262	00		鲜或干的去壳马卡达姆坚果（夏威夷果）（不论是否去皮） 【电商】	Macadamia nuts, fresh or dried, shelled	【最】24【普】70【暂进】12 【协东盟】0【协澳门】0【协智利】0 【协新西兰】0【协秘鲁】0【协香港】0 【协哥斯达黎加】9.6【协冰岛】0【协瑞士】9.6 【协澳大利亚】0【协韩国】12 【协格鲁吉亚】0 【特-1】0【特-2】0 【增】10【对美加征】15【出】0【退】10	千克	A	B	PR	QS	999	鲜或干的去壳马卡达姆坚果（夏威夷果）（不论是否去皮）
080270	00		鲜或干的可乐果（可乐果属）（不论是否去壳或去皮）	Kola nuts (Cola spp.), whether or not shelled or peeled	【最】24【普】70 【协东盟】0【协澳门】0【协智利】0 【协香港】0【协新西兰】0【协秘鲁】0 【协哥斯达黎加】9.6【协冰岛】0【协瑞士】9.6 【协澳大利亚】0【协韩国】18 【协格鲁吉亚】0 【特-1】0【特-2】0 【增】10【对美加征】25【出】0【退】6	千克	A	B	PR	QS	999	鲜或干的可乐果（可乐果属）（不论是否去壳或去皮）
080280	00	01	鲜的槟榔果（不论是否去壳或去皮）	Areca nuts, fresh (whether or not shelled or peeled)	【最】10【普】30 【协亚太】5【协东盟】0【协澳门】0【协农】0 【协巴基斯坦】5【协智利】0【协新西兰】0 【协香港】0【协秘鲁】0【协哥斯达黎加】4 【协冰岛】0【协瑞士】0【协澳大利亚】0 【协韩国】5【协格鲁吉亚】0 【特-1】0【特-2】0【特-3】0 【增】10【对美加征】15【出】0【退】6	千克	A	B	PR	QS	999	鲜的槟榔果（不论是否去壳或去皮）
080280	00	90	干的槟榔果（不论是否去壳或去皮）	Areca nuts, dried (whether or not shelled or peeled)	【最】10【普】30 【协亚太】5【协东盟】0【协澳门】0 【协巴基斯坦】5【协智利】0【协新西兰】0 【协秘鲁】0【协哥斯达黎加】4【协冰岛】0 【协瑞士】0【协澳大利亚】0【协韩国】5 【协格鲁吉亚】0【协香港】0 【特-1】0【特-2】0【特-3】0 【增】10【对美加征】15【出】0【退】6	千克	A	B	PR	QS	101 102	干的槟榔果（不论是否去壳或去皮）［干（坚）果］ 干的槟榔果（不论是否去壳或去皮）（其他蜜饯）
080290	20		鲜或干的白果（不论是否去壳或去皮）	Gingko nuts (whether or not shelled or peeled), fresh or dried	【最】25【普】70【暂进】20 【协东盟】0【协澳门】0【协智利】0 【协新西兰】0【协秘鲁】0 【协哥斯达黎加】10【协冰岛】0 【协瑞士】10【协澳大利亚】0【协韩国】18.7 【协格鲁吉亚】0【协香港】0 【特-1】0【特-2】0 【增】10【对美加征】15【出】0【退】6	千克	A	BE	PR	Q	101 102	鲜或干的白果（不论是否去壳或去皮）（药用白果） 鲜或干的白果（不论是否去壳或去皮）（白果）
080290	30	10	鲜或干的红松子仁 【电商】①	Korean pine-nuts, shelled, fresh or dried	【最】25【普】70 【协东盟】0【协澳门】0【协智利】0 【协新西兰】0【协秘鲁】0 【协哥斯达黎加】10【协冰岛】0 【协瑞士】10【协澳大利亚】0【协韩国】18.7 【协格鲁吉亚】0【协香港】0 【特-1】0【特-2】0 【增】10【对美加征】15【出】0【退】10	千克	A	BE	PR	QS	999	鲜或干的红松子仁
080290	30	20	鲜或干的其他濒危松子仁 【电商】②	Other endangered pine-nuts, shelled, fresh or dried	【最】25【普】70 【协东盟】0【协澳门】0【协智利】0 【协新西兰】0【协秘鲁】0 【协哥斯达黎加】10【协冰岛】0 【协瑞士】10【协澳大利亚】0【协韩国】18.7 【协格鲁吉亚】0【协香港】0 【特-1】0【特-2】0 【增】10【对美加征】15【出】0【退】0	千克	AF	BE	PR	QS	999	鲜或干的其他濒危松子仁

① 列入《进出口野生动植物种商品目录》的商品除外。
② 列入《进出口野生动植物种商品目录》的商品除外。

税则号列			货品名称中英文		税费综合信息	计量单位	监管证件代码		检验检疫类别		检验检疫编码	检验检疫编码对应中文名称
HS国际统一前6位	本国子目7~8位	9~10位	中文 货物名称	英文 Article Description			进口	出口	进口	出口		
080290	30	90	鲜或干的其他松子仁【电商】①	Other pine-nuts, shelled, fresh or dried	【最】25【普】70 【协东盟】0【协澳门】0【协智利】0 【协新西兰】0【协秘鲁】0 【协哥斯达黎加】10【协冰岛】0 【协瑞士】10【协澳大利亚】0【协韩国】18.7 【协格鲁吉亚】0【协香港】0 【特-1】0【特-2】0 【增】10【对美加征】15【出】0【退】10	千克	A	B	PR	QS	999	鲜或干的其他松子仁
080290	90	10	鲜或干的榧子、红松子（不论是否去壳或去皮）【电商】②	Chinese torreya or pine-nuts, fresh or dried, whether or not shelled or peeled	【最】24【普】70 【协东盟】0【协澳门】0【协智利】0 【协新西兰】0【协秘鲁】0 【协哥斯达黎加】9.6【协冰岛】0【协瑞士】9.6 【协澳大利亚】0【协韩国】18 【协格鲁吉亚】0【协香港】0 【特-1】0【特-2】0 【增】10【对美加征】15【出】0【退】10	千克	A	BE	PR	QS	101 102 103	鲜或干的榧子、红松子（不论是否去壳或去皮）（药用榧子） 鲜或干的榧子、红松子（不论是否去壳或去皮）（松子） 鲜或干的榧子、红松子（不论是否去壳或去皮）（榧子）
080290	90	20	鲜或干的其他濒危松子（不论是否去壳或去皮）【电商】③	Other endangered pine-nuts, fresh or dried	【最】24【普】70 【协东盟】0【协澳门】0【协智利】0 【协新西兰】0【协秘鲁】0 【协哥斯达黎加】9.6【协冰岛】0【协瑞士】9.6 【协澳大利亚】0【协韩国】18 【协格鲁吉亚】0【协香港】0 【特-1】0【特 2】0 【增】10【对美加征】15【出】0【退】0	千克	AF	BE	PR	QS	999	鲜或干的其他濒危松子（不论是否去壳或去皮）
080290	90	30	鲜或干的巨籽棕（海椰子）果仁【电商】④	Palm seed (Double coconut), fresh or dried	【最】24【普】70 【协东盟】0【协澳门】0【协智利】0 【协新西兰】0【协秘鲁】0 【协哥斯达黎加】9.6【协冰岛】0【协瑞士】9.6 【协澳大利亚】0【协韩国】18 【协格鲁吉亚】0【协香港】0 【特-1】0【特-2】0 【增】10【对美加征】15【出】0【退】10	千克	AF	BE	PR	QS	999	鲜或干的巨籽棕（海椰子）果仁
080290	90	40	鲜或干的碧根果（不论是否去壳或去皮）【电商】⑤	Pecan fresh or dried (whether or not shelled or peeled)	【最】24【普】70【暂进】7 【协东盟】0【协澳门】0【协智利】0 【协新西兰】0【协秘鲁】0 【协哥斯达黎加】9.6【协冰岛】0【协瑞士】9.6 【协澳大利亚】0【协韩国】18 【协格鲁吉亚】0【协香港】0 【特-1】0【特-2】0 【增】10【对美加征】15【出】0【退】10	千克	A	B	PR	QS	101 102 103	鲜或干的碧根果（不论是否去壳或去皮）（核桃） 鲜或干的碧根果（不论是否去壳或去皮）（核桃仁） 鲜或干的碧根果（不论是否去壳或去皮）（药用核桃仁）
080290	90	90	鲜或干的其他坚果（不论是否去壳或去皮）【电商】⑥	Other nuts, fresh or dried, whether or not shelled or peeled	【最】24【普】70 【协东盟】0【协澳门】0【协智利】0 【协新西兰】0【协秘鲁】0 【协哥斯达黎加】9.6【协冰岛】0【协瑞士】9.6 【协澳大利亚】0【协韩国】18 【协格鲁吉亚】0【协香港】0 【特-1】0【特-2】0 【增】10【对美加征】15【出】0【退】10	千克	A	B	PR	QS	101 103	鲜或干的其他坚果（不论是否去壳或去皮）（干的其他瓜子） 鲜或干的其他坚果（不论是否去壳或去皮）（其他坚果）
080310	00		鲜或干的芭蕉	Plantains, fresh or dried	【最】10【普】40 【协亚太】6.9【协东盟】0【协澳门】0 【协巴基斯坦】5【协智利】0【协新西兰】0 【协秘鲁】0【协台湾】0【协哥斯达黎加】4 【协冰岛】0【协瑞士】0【协澳大利亚】0 【协韩国】5【协格鲁吉亚】0【协香港】0 【特东老挝】0【特东柬埔寨】0【特-1】0 【特-2】0【特-3】0 【增】10【对美加征】15【出】0【退】10	千克	A	B	PR	QS	101 102 103	鲜或干的芭蕉（鲜芭蕉） 鲜或干的芭蕉（干的芭蕉） 鲜或干的芭蕉（其他蜜饯）

① 列入《进出口野生动植物种商品目录》的商品除外。
② 列入《进出口野生动植物种商品目录》的商品除外。
③ 列入《进出口野生动植物种商品目录》的商品除外。
④ 列入《进出口野生动植物种商品目录》的商品除外。
⑤ 列入《进出口野生动植物种商品目录》的商品除外。
⑥ 列入《进出口野生动植物种商品目录》的商品除外。

税则号列			货品名称中英文		税费综合信息	计量单位	监管证件代码		检验检疫类别		检验检疫编码	检验检疫编码对应中文名称
HS 国际统一前6位	本国子目 7~8位	本国子目 9~10位	中文 货物名称	英文 Article Description			进口	出口	进口	出口		
080390	00		鲜或干的香蕉【电商】①	Other bananas, fresh or dried	【最】10【普】40 【协亚太】6.9【协东盟】0【协澳门】0 【协巴基斯坦】5【协智利】0【协新西兰】0 【协秘鲁】0【协台湾】0【协哥斯达黎加】4 【协冰岛】0【协瑞士】0【协澳大利亚】0 【协韩国】5【协格鲁吉亚】0【协香港】0 【特东老挝】0【特东柬埔寨】0【特-1】0 【特-2】0【特-3】0 【增】10【对美加征】15【出】0【退】10	千克	A	B	PR	QS	101 102 103	鲜或干的香蕉（鲜香蕉） 鲜或干的香蕉（干的香蕉） 鲜或干的香蕉（其他蜜饯）
080410	00		鲜或干的椰枣【电商】②	Dates, fresh or dried	【最】15【普】40 【协东盟】0【协澳门】0【协巴基斯坦】0 【协智利】0【协新西兰】0【协秘鲁】0 【协哥斯达黎加】6【协冰岛】0【协瑞士】6 【协澳大利亚】0【协韩国】7.5【协格鲁吉亚】0 【协香港】0 【特-1】0【特-2】0 【增】10【对美加征】15【出】0【退】10	千克	A	B	PR	Q	999	鲜或干的椰枣
080420	00		鲜或干的无花果【电商】③	Figs, fresh or dried	【最】30【普】70 【协东盟】0【协澳门】0【协巴基斯坦】0 【协香港】0【协智利】0【协新西兰】0 【协秘鲁】0【协哥斯达黎加】12【协冰岛】0 【协瑞士】17.1【协澳大利亚】0【协韩国】22.5 【协格鲁吉亚】0 【特-1】0【特-2】0 【增】10【对美加征】15【出】0【退】10	千克	A	B	PR	Q	101 102 103	鲜或干的无花果（鲜的无花果） 鲜或干的无花果（干的无花果） 鲜或干的无花果（其他蜜饯）
080430	00	01	鲜菠萝【电商】④	Pineapples, fresh	【最】12【普】80 【协亚太】7.9【协东盟】0【协香港】0 【协澳门】0【协农】0【协巴基斯坦】0 【协智利】0【协新西兰】0【协秘鲁】0 【协哥斯达黎加】4.8【协冰岛】0【协瑞士】4.8 【协澳大利亚】0【协韩国】6 【协格鲁吉亚】0 【特东柬埔寨】0【特-1】0【特-2】0【特-3】0 【增】10【对美加征】15【出】0【退】10	千克	A	B	PR	QS	999	鲜菠萝
080430	00	90	干菠萝【电商】⑤	Pineapples, dried	【最】12【普】80 【协亚太】7.9【协东盟】0【协香港】0 【协澳门】0【协巴基斯坦】0【协智利】0 【协新西兰】0【协秘鲁】0【协哥斯达黎加】4.8 【协冰岛】0【协瑞士】4.8【协澳大利亚】0 【协韩国】6【协格鲁吉亚】0 【特东柬埔寨】0【特-1】0【特-2】0【特-3】0 【增】10【对美加征】15【出】0【退】10	千克	A	B	PR	QS	101 102	干菠萝（干菠萝） 干菠萝（其他蜜饯）
080440	00		鲜或干的鳄梨【电商】⑥	Avocados, fresh or dried	【最】25【普】80【暂进】7 【协亚太】12.5【协东盟】0【协澳门】0【协香港】0 【协巴基斯坦】0【协智利】0【协新西兰】0 【协秘鲁】0【协哥斯达黎加】10【协冰岛】0 【协瑞士】10【协澳大利亚】5【协韩国】18.7 【协格鲁吉亚】0 【特东柬埔寨】0【特-1】0【特-2】0【特-3】0 【增】10【对美加征】15【出】0【退】6	千克	A	B	PR	Q	101 102 103	鲜或干的鳄梨（鲜的鳄梨） 鲜或干的鳄梨（干的鳄梨） 鲜或干的鳄梨（其他蜜饯）
080450	10	01	鲜番石榴【电商】⑦	Guavas, fresh	【最】15【普】80 【协亚太】7.5【协东盟】0【协澳门】0【协农】0 【协巴基斯坦】0【协智利】0【协新西兰】0 【协香港】0【协秘鲁】0【协哥斯达黎加】6 【协冰岛】0【协瑞士】6【协澳大利亚】0 【协韩国】7.5【协格鲁吉亚】0 【特-1】0【特-2】0 【增】10【对美加征】15【出】0【退】6	千克	A	B	PR	Q	999	鲜番石榴

① 仅限网购保税商品。
② 仅限网购保税商品。
③ 仅限网购保税商品。
④ 仅限网购保税商品。
⑤ 仅限网购保税商品。
⑥ 仅限网购保税商品。
⑦ 仅限网购保税商品。

税则号列			货品名称中英文		税费综合信息	计量单位	监管证件代码		检验检疫类别		检验检疫编码	检验检疫编码对应中文名称
HS国际统一前6位	本国子目 7~8位	9~10位	中文 货物名称	英文 Article Description			进口	出口	进口	出口		
080450	10	90	干番石榴【电商】①	Guavas, dried	【最】15【普】80 【协亚太】7.5【协东盟】0【协澳门】0 【协巴基斯坦】0【协智利】0【协新西兰】0 【协秘鲁】0【协哥斯达黎加】6【协冰岛】0 【协瑞士】6【协澳大利亚】0【协韩国】7.5 【协格鲁吉亚】0【协香港】0 【特-1】0【特-2】0 【增】10【对美加征】15【出】0【退】6	千克	A	B	PR	Q	101 102	干番石榴（干番石榴） 干番石榴（其他蜜饯）
080450	20	01	鲜芒果【电商】②	Mangoes, fresh	【最】15【普】80 【协亚太】10.7【协东盟】0【协澳门】0 【协农】0【协巴基斯坦】0【协智利】0 【协新西兰】0【协秘鲁】0【协哥斯达黎加】6 【协冰岛】0【协瑞士】6【协澳大利亚】0 【协韩国】7.5【协格鲁吉亚】0【协香港】0 【特-1】0【特-2】0【特-3】0 【增】10【对美加征】15【出】0【退】6	千克	A	B	PR	Q	999	鲜芒果
080450	20	90	干芒果【电商】③	Mangoes, dried	【最】15【普】80 【协亚太】10.7【协东盟】0【协澳门】0 【协巴基斯坦】0【协智利】0【协新西兰】0 【协秘鲁】0【协哥斯达黎加】6【协冰岛】0 【协瑞士】6【协澳大利亚】0【协韩国】7.5 【协格鲁吉亚】0【协香港】0 【特-1】0【特-2】0【特-3】0 【增】10【对美加征】15【出】0【退】6	千克	A	B	PR	Q	101 102	干芒果（干芒果） 干芒果（其他蜜饯）
080450	30		鲜或干的山竹果【电商】④	Mangosteens, fresh or dried	【最】15【普】80 【协亚太】7.5【协东盟】0【协澳门】0 【协巴基斯坦】0【协智利】0【协新西兰】0 【协秘鲁】0【协哥斯达黎加】6【协冰岛】0 【协瑞士】6【协澳大利亚】0【协韩国】7.5 【协格鲁吉亚】0【协香港】0 【特-1】0【特-2】0 【增】10【对美加征】15【出】0【退】6	千克	A	B	PR	Q	101 102 103	鲜或干的山竹果（鲜的山竹果） 鲜或干的山竹果（干的山竹果） 鲜或干的山竹果（其他蜜饯）
080510	00		鲜或干的橙【电商】⑤	Oranges, fresh or dried	【最】11【普】100 【协东盟】0【协澳门】0【协巴基斯坦】0 【协智利】0【协新西兰】0【协秘鲁】0 【协台湾】0【协哥斯达黎加】4.4【协冰岛】0 【协瑞士】4.4【协澳大利亚】4.9【协韩国】5.5 【协格鲁吉亚】0 【特-1】0【特-2】0【特-3】0 【增】10【对美加征】15【出】0【退】10	千克	A	B	PR	QS	101 102 103	鲜或干的橙（鲜的橙） 鲜或干的橙（干的橙） 鲜或干的橙（其他蜜饯）
080521	10		鲜或干的蕉柑(鲜的蕉柑)	Chiao-Kan	【最】12【普】100 【协东盟】0【协澳门】0【协巴基斯坦】0 【协智利】0【协新西兰】0【协秘鲁】0 【协哥斯达黎加】4.8【协冰岛】0【协瑞士】4.8 【协澳大利亚】5.3【协韩国】6 【协格鲁吉亚】0【协香港】0 【特-1】0【特-2】0 【增】10【对美加征】25【出】0【退】6	千克	A	B	PR	QS	101 999	鲜或干的蕉柑（鲜的蕉柑） 鲜或干的蕉柑（干的蕉柑）
080521	90		鲜或干的柑橘(包括小蜜橘及萨摩蜜柑橘)	Other	【最】12【普】100 【协东盟】0【协澳门】0【协巴基斯坦】0 【协智利】0【协新西兰】0【协秘鲁】0 【协哥斯达黎加】4.8【协冰岛】0【协瑞士】4.8 【协澳大利亚】5.3【协韩国】6 【协格鲁吉亚】0【协香港】0 【特-1】0【特-2】0 【增】10【对美加征】15【出】0【退】10	千克	A	B	PR	QS	101 999	鲜或干的柑橘（包括小蜜橘及萨摩蜜柑橘）（鲜的柑橘） 鲜或干的柑橘（包括小蜜橘及萨摩蜜柑橘）（干的柑橘）

① 仅限网购保税商品。
② 仅限网购保税商品。
③ 仅限网购保税商品。
④ 仅限网购保税商品。
⑤ 仅限网购保税商品。

税则号列			货品名称中英文		税费综合信息	计量单位	监管证件代码		检验检疫类别		检验检疫编码	检验检疫编码对应中文名称
HS国际统一前6位	本国子目7~8位	本国子目9~10位	中文 货物名称	英文 Article Description			进口	出口	进口	出口		
080522	00		鲜或干的克里曼丁橘	Clementines	【最】12【普】100 【协东盟】0【协澳门】0【协巴基斯坦】0 【协智利】0【协新西兰】0【协秘鲁】0 【协哥斯达黎加】4.8【协冰岛】0【协瑞士】4.8 【协澳大利亚】5.3【协韩国】6 【协格鲁吉亚】0【协香港】0 【特-1】0【特-2】0 【增】10【对美加征】15【出】0【退】6	千克	A	B	.PR	QS	101 999	鲜或干的克里曼丁橘(鲜的克里曼丁橘) 鲜或干的克里曼丁橘(干的克里曼丁橘)
080529	00		鲜或干的韦尔金橘及其他类似的杂交柑橘	Other	【最】12【普】100 【协东盟】0【协澳门】0【协巴基斯坦】0 【协智利】0【协新西兰】0【协秘鲁】0 【协哥斯达黎加】4.8【协冰岛】0【协瑞士】4.8 【协澳大利亚】5.3【协韩国】6 【协格鲁吉亚】0 【特-1】0【特-2】0 【增】10【对美加征】15【出】0【退】10	千克	A	B	PR	QS	101 999	鲜或干的韦尔金橘及其他类似的杂交柑橘(鲜的韦尔金橘及其他类似的杂交柑橘) 鲜或干的韦尔金橘及其他类似的杂交柑橘(干的韦尔金橘及其他类似的杂交柑橘)
080540	00	01	鲜葡萄柚，包括鲜柚 【电商】①	Grapefruit, fresh (including pomelo, fresh)	【最】12【普】100 【协东盟】0【协香港】0【协澳门】0【协农】0 【协巴基斯坦】0【协智利】0【协新西兰】0 【协秘鲁】0【协哥斯达黎加】4.8【协冰岛】0 【协瑞士】4.8【协澳大利亚】5.3【协韩国】6 【协格鲁吉亚】0 【特-1】0【特-2】0【特-3】0 【增】10【对美加征】15【出】0【退】6	千克	A	B	PR	QS	101 102	鲜葡萄柚，包括鲜柚(柚) 鲜葡萄柚，包括鲜柚(葡萄柚)
080540	00	90	干葡萄柚，包括干柚 【电商】②	Grapefruit, dries (including pomelo, dries)	【最】12【普】100 【协东盟】0【协香港】0【协澳门】0 【协巴基斯坦】0【协智利】0【协新西兰】0 【协秘鲁】0【协哥斯达黎加】4.8【协冰岛】0 【协瑞士】4.8【协澳大利亚】5.3【协韩国】6 【协格鲁吉亚】0 【特-1】0【特-2】0【特-3】0 【增】10【对美加征】15【出】0【退】6	千克	A	B	PR	QS	101 102	干葡萄柚，包括干柚(干的葡柚，包括干柚) 干葡萄柚，包括干柚(其他蜜饯)
080550	00		鲜或干的柠檬及酸橙 【电商】③	Lemons (Citrus limon, Citrus limonum) and limes (Citrus aurantifolia)	【最】11【普】100 【协亚太】5.5【协东盟】0【协澳门】0 【协巴基斯坦】0【协智利】0【协新西兰】0 【协秘鲁】0【协台湾】0【协哥斯达黎加】4.4 【协冰岛】0【协瑞士】4.4【协澳大利亚】4.9 【协韩国】5.5【协格鲁吉亚】0【协香港】0 【特-1】0【特-2】0【特-3】0 【增】10【对美加征】15【出】0【退】6	千克	A	B	PR	QS	101 102 103 104 105	鲜或干的柠檬及酸橙(鲜的柠檬) 鲜或干的柠檬及酸橙(鲜的酸橙) 鲜或干的柠檬及酸橙(干的酸橙) 鲜或干的柠檬及酸橙(其他蜜饯) 鲜或干的柠檬及酸橙(柠檬干)
080590	00		鲜或干的其他柑橘属水果 【电商】④	Other Citrus fruit, fresh or dried	【最】30【普】100 【协亚太】15【协东盟】0【协澳门】0 【协巴基斯坦】0【协智利】0【协新西兰】0 【协秘鲁】0【协哥斯达黎加】12【协冰岛】0 【协瑞士】17.1【协澳大利亚】13.3 【协韩国】22.5【协香港】0【协格鲁吉亚】0 【特-1】0【特-2】0 【增】10【对美加征】15【出】0【退】10	千克	A	B	PR	QS	101 102 103 104	鲜或干的其他柑橘属水果(鲜的榅桲) 鲜或干的其他柑橘属水果(鲜的其他柑桔) 鲜或干的其他柑橘属水果(干的其他柑桔属水果) 鲜或干的其他柑橘属水果(其他蜜饯)
080610	00		鲜葡萄 【电商】⑤	Grapes, fresh	【最】13【普】80 【协东盟】0【协巴基斯坦】6.5【协智利】0 【协新西兰】0【协秘鲁】0【协哥斯达黎加】0 【协冰岛】0【协瑞士】5.2【协澳大利亚】0 【协韩国】6.5【协格鲁吉亚】0 【特-1】0【特-2】0 【增】10【对美加征】15【出】0【退】6	千克	A	B	PR	QS	999	鲜葡萄

① 仅限网购保税商品。
② 仅限网购保税商品。
③ 仅限网购保税商品。
④ 仅限网购保税商品。
⑤ 仅限网购保税商品。

税则号列			货品名称中英文		税费综合信息	计量单位	监管证件代码		检验检疫类别		检验检疫编码	检验检疫编码对应中文名称
HS国际统一前6位	本国子目 7~8位	本国子目 9~10位	中文 货物名称	英文 Article Description			进口	出口	进口	出口		
080620	00		葡萄干 【电商】	Grapes, dried	【最】10【普】80 【协东盟】0【协澳门】0【协巴基斯坦】5 【协智利】0【协新西兰】0【协秘鲁】0 【协哥斯达黎加】0【协冰岛】0【协瑞士】0 【协澳大利亚】0【协韩国】5【协格鲁吉亚】0 【协香港】0 【特-1】0【特-2】0 【增】10【对美加征】15【出】0【退】10	千克	A	B	PR	QS	999	葡萄干
080711	00		鲜西瓜	Watermelons, fresh	【最】25【普】70 【协亚太】12.5【协东盟】0【协巴基斯坦】12.5 【协智利】0【协新西兰】0【协秘鲁】0 【协哥斯达黎加】0【协冰岛】0【协瑞士】10 【协澳大利亚】0【协韩国】18.7 【协格鲁吉亚】0【协香港】0【协澳门】0 【特-1】0 【增】10【对美加征】15【出】0【退】6	千克	A	B	PR	QS	999	鲜西瓜
080719	10		鲜哈密瓜	Hami melons, fresh	【最】12【普】70 【协亚太】6【协东盟】0【协巴基斯坦】5 【协智利】0【协新西兰】0【协秘鲁】0 【协台湾】0【协哥斯达黎加】0【协冰岛】0 【协瑞士】4.8【协澳大利亚】0【协韩国】6 【协格鲁吉亚】0【协香港】0【协澳门】0 【特-1】0【特-2】0【特-3】0 【增】10【对美加征】15【出】0【退】6	千克	A	B	PR	QS	999	鲜哈密瓜
080719	20		鲜罗马甜瓜及加勒比甜瓜	Cantaloupe and Calia melons, Fresh	【最】12【普】70【协亚太】6 【协东盟】0【协巴基斯坦】5【协智利】0 【协新西兰】0【协秘鲁】0【协哥斯达黎加】0 【协冰岛】0【协瑞士】4.8【协澳大利亚】0 【协韩国】6【协格鲁吉亚】0【协香港】0 【协澳门】0 【特-1】0【特-2】0【特-3】0 【增】10【对美加征】25【出】0【退】6	千克	A	B	PR	QS	999	鲜罗马甜瓜及加勒比甜瓜
080719	90		其他鲜甜瓜	Other melons, fresh	【最】12【普】70 【协亚太】6【协东盟】0【协巴基斯坦】5 【协智利】0【协新西兰】0【协秘鲁】0 【协哥斯达黎加】1.2【协冰岛】0【协瑞士】4.8 【协澳大利亚】0【协韩国】6 【协格鲁吉亚】0【协香港】0【协澳门】0 【特-1】0【特-2】0【特-3】0 【增】10【对美加征】25【出】0【退】6	千克	A	B	PR	QS	101 102	其他鲜甜瓜（其他甜瓜） 其他鲜甜瓜（香瓜）
080720	00		鲜木瓜	Papaws (papayas), fresh	【最】25【普】70 【协东盟】0【协农】0【协智利】0 【协新西兰】0【协秘鲁】0【协哥斯达黎加】0 【协冰岛】0【协瑞士】10【协澳大利亚】0 【协韩国】12.5【协格鲁吉亚】0【协香港】0 【协澳门】0 【特东柬埔寨】0【特-1】0【特-2】0【特-3】0 【增】10【对美加征】15【出】0【退】6	千克	A	B	PR	QS	999	鲜木瓜
080810	00		鲜苹果 【电商】①	Apples, fresh	【最】10【普】100 【协东盟】0【协巴基斯坦】5【协智利】0 【协新西兰】0【协秘鲁】0【协哥斯达黎加】0 【协冰岛】0【协瑞士】0【协澳大利亚】0 【协韩国】5【协格鲁吉亚】0【协香港】0 【协澳门】0 【特-1】0【特-2】0【特-3】0 【增】10【对美加征】15【出】0【退】10	千克	A	B	PR	QS	999	鲜苹果
080830	10		鲜鸭梨及雪梨	Ya pears, Hsueh pears, fresh	【最】12【普】100 【协亚太】10【协东盟】0【协巴基斯坦】5 【协智利】0【协新西兰】0【协秘鲁】0 【协哥斯达黎加】0【协冰岛】0【协瑞士】4.8 【协澳大利亚】0【协韩国】6【协香港】0 【协澳门】0【协格鲁吉亚】0 【特-1】0【特-2】0 【增】10【对美加征】15【出】0【退】10	千克	A	B	PR	QS	101 102	鲜鸭梨及雪梨（鸭梨） 鲜鸭梨及雪梨（其他梨）

① 仅限网购保税商品。

税则号列			货品名称中英文		税费综合信息	计量单位	监管证件代码		检验检疫类别		检验检疫编码	检验检疫编码对应中文名称
HS 国际统一前 6 位	本国子目 7~8 位	本国子目 9~10 位	中文 货物名称	英文 Article Description			进口	出口	进口	出口		
080830	20		鲜香梨	Xiang pears, fresh	【最】12【普】100 【协亚太】10【协东盟】0【协巴基斯坦】5 【协智利】0【协新西兰】0【协秘鲁】0 【协哥斯达黎加】0【协冰岛】0【协瑞士】4.8 【协澳大利亚】0【协韩国】6 【协格鲁吉亚】0【协香港】0【协澳门】0 【特-1】0【特-2】0 【增】10【对美加征】25【出】0【退】6	千克	A	B	PR	QS	999	鲜香梨
080830	90		其他鲜梨	Other pesrs, fresh	【最】10【普】100 【协东盟】0【协巴基斯坦】5【协智利】0 【协新西兰】0【协秘鲁】0【协哥斯达黎加】0 【协冰岛】0【协瑞士】0【协澳大利亚】0 【协韩国】5【协格鲁吉亚】0【协香港】0 【协澳门】0 【特-1】0【特-2】0 【增】10【对美加征】15【出】0【退】10	千克	A	B	PR	QS	101 102 103	其他鲜梨（砂梨属） 其他鲜梨（中国梨） 其他鲜梨（其他梨）
080840	00		鲜榅桲	Quinces, fresh	【最】16【普】100 【协东盟】0【协巴基斯坦】12.8【协智利】0 【协新西兰】0【协秘鲁】0【协哥斯达黎加】0 【协冰岛】0【协瑞士】6.4【协澳大利亚】0 【协韩国】10.6【协格鲁吉亚】0【协香港】0 【协澳门】0 【特-1】0【特-2】0 【增】10【对美加征】25【出】0【退】10	千克	A	B	PR	Q	999	鲜榅桲（QUINCES）
080910	00		鲜杏	Apricots, fresh	【最】25【普】70 【协东盟】0【协智利】0【协新西兰】0 【协秘鲁】0【协哥斯达黎加】0【协冰岛】0 【协瑞士】10【协澳大利亚】0【协韩国】18.1 【协格鲁吉亚】0【协香港】0【协澳门】0 【特-1】0【特-2】0 【增】10【对美加征】25【出】0【退】6	千克	A	B	PR	Q	999	鲜杏
080921	00		鲜欧洲酸樱桃	Sour cherries (Prunus cerasus), fresh	【最】10【普】70 【协东盟】0【协巴基斯坦】5【协智利】0 【协新西兰】0【协秘鲁】0【协哥斯达黎加】0 【协冰岛】0【协瑞士】0【协澳大利亚】0 【协韩国】5【协格鲁吉亚】0【协香港】0 【协澳门】0 【特-1】0【特-2】0【特-3】0 【增】10【对美加征】15【出】0【退】6	千克	A	B	PR	Q	999	鲜欧洲酸樱桃
080929	00		其他鲜樱桃【电商】①	Other cherries, fresh	【最】10【普】70 【协东盟】0【协巴基斯坦】5【协智利】0 【协新西兰】0【协秘鲁】0【协哥斯达黎加】0 【协冰岛】0【协瑞士】0【协澳大利亚】0 【协韩国】5【协格鲁吉亚】0【协香港】0 【协澳门】0 【特-1】0【特-2】0【特-3】0 【增】10【对美加征】15【出】0【退】10	千克	A	B	PR	Q	999	其他鲜樱桃
080930	00		鲜桃，包括鲜油桃	Peaches, including nectarines, fresh	【最】10【普】70 【协东盟】0【协农】0【协巴基斯坦】5 【协智利】0【协新西兰】0【协秘鲁】0 【协哥斯达黎加】0【协冰岛】0【协瑞士】0 【协澳大利亚】0【协韩国】5【协格鲁吉亚】0 【协香港】0【协澳门】0 【特-1】0【特-2】0【特-3】0 【增】10【对美加征】15【出】0【退】10	千克	A	B	PR	QS	999	鲜桃，包括鲜油桃
080940	00	01	鲜梅【电商】②	Plums, fresh	【最】10【普】70 【协东盟】0【协农】0【协巴基斯坦】5 【协智利】0【协新西兰】0【协秘鲁】0 【协哥斯达黎加】0【协冰岛】0【协瑞士】0 【协澳大利亚】0【协韩国】5【协格鲁吉亚】0 【协香港】0【协澳门】0 【特-1】0【特-2】0 【增】10【对美加征】15【出】0【退】6	千克	A	B	PR	QS	999	鲜梅

① 仅限网购保税商品。

② 仅限网购保税商品。

税则号列			货品名称中英文		税费综合信息	计量单位	监管证件代码		检验检疫类别		检验检疫编码	检验检疫编码对应中文名称
HS国际统一前6位	本国子目7~8位	9~10位	中文 货物名称	英文 Article Description			进口	出口	进口	出口		
080940	00	90	鲜李子 【电商】①	Sloes, fresh	【最】10【普】70 【协东盟】0【协巴基斯坦】5【协智利】0 【协新西兰】0【协秘鲁】0【协哥斯达黎加】0 【协冰岛】0【协瑞士】0【协澳大利亚】0 【协香港】0【协澳门】0【协韩国】5 【协格鲁吉亚】0 【特-1】0【特-2】0 【增】10【对美加征】15【出】0【退】6	千克	A	B	PR	QS	999	鲜李子
081010	00		鲜草莓	Strawberries, fresh	【最】14【普】80 【协东盟】0【协智利】0【协新西兰】0 【协秘鲁】0【协哥斯达黎加】0【协冰岛】0 【协瑞士】5.6【协澳大利亚】0【协韩国】7 【协格鲁吉亚】0【协香港】0【协澳门】0 【特-1】0【特-2】0【特-3】0 【增】10【对美加征】15【出】0【退】10	千克	A	B	PR	Q	999	鲜草莓
081020	00		鲜的木莓、黑莓、桑椹及罗甘莓	Raspberries, blackberries, mulberries and loganberries, fresh	【最】25【普】80 【协东盟】0【协智利】0【协新西兰】0 【协秘鲁】0【协哥斯达黎加】0【协冰岛】0 【协瑞士】10【协澳大利亚】0【协韩国】18.7 【协格鲁吉亚】0【协香港】0【协澳门】0 【特-1】0【特-2】0 【增】10【对美加征】15【出】0【退】10	千克	A	B	PR	Q	101 102	鲜的木莓、黑莓、桑椹及罗甘莓［树莓（木莓）］ 鲜的木莓、黑莓、桑椹及罗甘莓（其他瓜果）
081030	00		鲜的黑、白或红的穗醋栗（加仑子）及醋栗	Black, white or red currants and gooseberries, fresh	【最】25【普】80 【协东盟】0【协智利】0【协新西兰】0 【协秘鲁】0【协哥斯达黎加】0【协冰岛】0 【协瑞士】10【协澳大利亚】0【协韩国】18.7 【协格鲁吉亚】0【协香港】0【协澳门】0 【特-1】0【特-2】0 【增】10【对美加征】25【出】0【退】10	千克	A	B	PR	Q	999	鲜的黑、白或红的穗醋栗（加仑子）及醋栗
081040	00	10	鲜蔓越橘 【电商】②	Cranberries, fresh	【最】30【普】80【暂进】15 【协东盟】0【协智利】0【协新西兰】0 【协秘鲁】0【协哥斯达黎加】0【协冰岛】0 【协瑞士】17.1【协澳大利亚】0【协韩国】22.5 【协格鲁吉亚】0【协香港】0【协澳门】0 【特-1】0 【增】10【对美加征】15【出】0【退】10	千克	A	B	PR	Q	101	鲜蔓越橘
081040	00	90	越橘 【电商】③	Cranberries	【最】30【普】80 【协东盟】0【协智利】0【协新西兰】0 【协秘鲁】0【协哥斯达黎加】0【协冰岛】0 【协瑞士】17.1【协澳大利亚】0【协韩国】22.5 【协格鲁吉亚】0【协香港】0【协澳门】0 【特-1】0 【增】10【对美加征】15【出】0【退】10	千克	A	B	PR	Q	101 102	越橘（蓝莓） 越橘（蓝莓除外）
081050	00		鲜猕猴桃	Kiwifruit, fresh	【最】20【普】80 【协亚太】16.4【协东盟】0【协巴基斯坦】16 【协智利】0【协新西兰】0【协秘鲁】0 【协哥斯达黎加】0【协冰岛】0【协瑞士】5 【协澳大利亚】0【协韩国】13.3【协格鲁吉亚】0 【协香港】0【协澳门】0 【特-1】0【特-2】0 【增】10【对美加征】15【出】0【退】6	千克	A	B	PR	QS	999	鲜猕猴桃
081060	00		鲜榴莲 【电商】④	Durian, fresh	【最】20【普】80 【协东盟】0【协智利】0【协新西兰】0 【协秘鲁】0【协哥斯达黎加】0【协冰岛】0 【协瑞士】5【协澳大利亚】0【协韩国】10 【协格鲁吉亚】0【协香港】0【协澳门】0 【特东柬埔寨】0【特-1】0【特-2】0【特-3】0 【增】10【对美加征】15【出】0【退】6	千克	A	B	PR	Q	999	鲜榴莲

① 仅限网购保税商品。
② 仅限网购保税商品。
③ 仅限网购保税商品。
④ 仅限网购保税商品。

税则号列			货品名称中英文		税费综合信息	计量单位	监管证件代码		检验检疫类别		检验检疫编码	检验检疫编码对应中文名称
HS 国际统一前 6 位	本国子目 7~8 位	9~10 位	中文 货物名称	英文 Article Description			进口	出口	进口	出口		
081070	00		鲜柿子	Persimmons, fresh	【最】20【普】80 【协亚太】16.4【协东盟】0【协香港】0 【协澳门】0【协农】0【协巴基斯坦】16 【协智利】0【协新西兰】0【协秘鲁】0 【协哥斯达黎加】0【协冰岛】0【协瑞士】8 【协澳大利亚】0【协韩国】13.3【协格鲁吉亚】0 【特-1】0【特-2】0 【增】10【对美加征】15【出】0【退】10	千克	A	B	PR	QS	999	鲜柿子
081090	10		鲜荔枝	Lychee, fresh	【最】30【普】80 【协亚太】20.1【协东盟】0【协巴基斯坦】20 【协智利】0【协新西兰】0【协秘鲁】0 【协哥斯达黎加】0【协冰岛】0【协瑞士】17.1 【协澳大利亚】0【协韩国】22.5 【协格鲁吉亚】0【协香港】0【协澳门】0 【特-1】0【特-2】0 【增】10【对美加征】15【出】0【退】6	千克	A	B	PR	QS	999	鲜荔枝
081090	30		鲜龙眼	Longan, fresh	【最】12【普】80 【协东盟】0【协巴基斯坦】6【协智利】0 【协新西兰】0【协秘鲁】0【协哥斯达黎加】0 【协冰岛】0【协瑞士】4.8【协澳大利亚】0 【协韩国】6【协格鲁吉亚】0【协香港】0 【协澳门】0 【特东柬埔寨】0【特-1】0【特-2】0【特-3】0 【增】10【对美加征】15【出】0【退】6	千克	A	B	PR	QS	999	鲜龙眼
081090	40		鲜红毛丹	Rambutan, fresh	【最】20【普】80 【协东盟】0【协智利】0【协新西兰】0 【协秘鲁】0【协哥斯达黎加】0【协冰岛】0 【协瑞士】8【协澳大利亚】0【协韩国】10 【协格鲁吉亚】0【协香港】0【协澳门】0 【特-1】0【特-2】0 【增】10【对美加征】15【出】0【退】6	千克	A	B	PR	QS	999	鲜红毛丹
081090	50		鲜番荔枝【电商】①	Sugar apple, fresh	【最】20【普】80 【协东盟】0【协农】0【协智利】0【协新西兰】0 【协秘鲁】0【协哥斯达黎加】0【协冰岛】0 【协瑞士】8【协澳大利亚】0【协韩国】10 【协格鲁吉亚】0【协香港】0【协澳门】0 【特-1】0【特-2】0 【增】10【对美加征】15【出】0【退】6	千克	A	B	PR	QS	999	鲜番荔枝
081090	60		鲜杨桃	Carambola, fresh	【最】20【普】80 【协东盟】0【协农】0【协智利】0【协新西兰】0 【协秘鲁】0【协哥斯达黎加】0【协冰岛】0 【协瑞士】8【协澳大利亚】0【协韩国】13.3 【协格鲁吉亚】0【协香港】0【协澳门】0 【特-1】0【特-2】0 【增】10【对美加征】15【出】0【退】6	千克	A	B	PR	QS	999	鲜杨桃
081090	70		鲜莲雾	Wax apple, fresh	【最】20【普】80 【协亚太】16.4【协东盟】0【协农】0 【协巴基斯坦】16【协智利】0【协新西兰】0 【协秘鲁】0【协哥斯达黎加】0【协冰岛】0 【协瑞士】8【协澳大利亚】0【协韩国】10 【协格鲁吉亚】0【协香港】0【协澳门】0 【特-1】0【特-2】0 【增】10【对美加征】15【出】0【退】6	千克	A	B	PR	QS	999	鲜莲雾
081090	80		鲜火龙果	Dragon fruit, fresh	【最】20【普】80 【协亚太】16.4【协东盟】0【协巴基斯坦】16 【协智利】0【协新西兰】0【协秘鲁】0 【协台湾】0【协哥斯达黎加】0【协冰岛】0 【协瑞士】8【协澳大利亚】0【协韩国】10 【协格鲁吉亚】0【协香港】0【协澳门】0 【特-1】0【特-2】0 【增】10【对美加征】15【出】0【退】6	千克	A	B	PR	QS	999	鲜火龙果

① 仅限网购保税商品。

税则号列 HS国际统一前6位	本国子目 7~8位	本国子目 9~10位	货品名称中英文 中文 货物名称	货品名称中英文 英文 Article Description	税费综合信息	计量单位	监管证件代码 进口	监管证件代码 出口	检验检疫类别 进口	检验检疫类别 出口	检验检疫编码	检验检疫编码对应中文名称
081090	90	01	鲜枣 【电商】①	Jujube (Chinese Date), fresh	【最】20【普】80 【协亚太】16.4【协东盟】0【协香港】0 【协澳门】0【协农】0【协巴基斯坦】16 【协智利】0【协新西兰】0【协秘鲁】0 【协哥斯达黎加】0【协冰岛】0【协瑞士】8 【协澳大利亚】0【协韩国】13.3【协格鲁吉亚】0 【特-1】0【特-2】0 【增】10【对美加征】15【出】0【退】10	千克	A	B	PR	QS	999	鲜枣
081090	90	02	鲜枇杷 【电商】②	Loquat, fresh	【最】20【普】80 【协亚太】16.4【协东盟】0【协香港】0 【协澳门】0【协农】0【协巴基斯坦】16 【协智利】0【协新西兰】0【协秘鲁】0 【协哥斯达黎加】0【协冰岛】0【协瑞士】8 【协澳大利亚】0【协韩国】13.3【协格鲁吉亚】0 【特-1】0【特-2】0 【增】10【对美加征】15【出】0【退】10	千克	A	B	PR	QS	999	鲜枇杷
081090	90	10	鲜的翅果油树果 【电商】③	Fruit of elaeagnus mollis diels, fresh	【最】20【普】80 【协亚太】16.4【协东盟】0【协香港】0 【协澳门】0【协巴基斯坦】16【协智利】0 【协新西兰】0【协秘鲁】0【协哥斯达黎加】0 【协冰岛】0【协瑞士】8【协澳大利亚】0 【协韩国】13.3【协格鲁吉亚】0 【特-1】0【特-2】0 【增】10【对美加征】15【出】0【退】10	千克	A	BE	PR	QS	999	鲜的翅果油树果
081090	90	90	其他鲜果 【电商】④	Other fruit, fresh	【最】20【普】80 【协亚太】16.4【协东盟】0【协香港】0 【协澳门】0【协巴基斯坦】16【协智利】0 【协新西兰】0【协秘鲁】0【协哥斯达黎加】0 【协冰岛】0【协瑞士】8【协澳大利亚】0 【协韩国】13.3【协格鲁吉亚】0 【特-1】0【特-2】0 【增】10【对美加征】15【出】0【退】10	千克	A	B	PR	QS	101 102 103 104 105 ……	其他鲜果（杨梅） 其他鲜果（椰青） 其他鲜果（椰子） 其他鲜果［巴旦杏（水果）］ 其他鲜果（槟榔） ……⑤
081110	00		冷冻草莓	Strawberries, frozen	【最】30【普】80 【协东盟】0【协智利】0【协新西兰】0 【协秘鲁】0【协哥斯达黎加】0【协冰岛】0 【协澳大利亚】0【协韩国】22.5 【协格鲁吉亚】0【协香港】0【协澳门】0 【特-1】0【特-2】0 【增】10【对美加征】15【出】0【退】10	千克	A	B	PR	QS	999	冷冻草莓
081120	00		冷冻木莓、黑莓、桑椹、罗甘莓	Raspberries, blackberries, mulberries, loganberries, black, white or red currants and gooseberries, frozen	【最】30【普】80 【协东盟】0【协智利】0【协新西兰】0 【协秘鲁】0【协哥斯达黎加】0【协冰岛】0 【协澳大利亚】0【协韩国】22.5 【协格鲁吉亚】0【协香港】0【协澳门】0 【特-1】0【特-2】0 【增】10【对美加征】15【出】0【退】10	千克	A	B	PR	Q	999	冷冻木莓、黑莓、桑椹、罗甘莓、黑、白或红的穗醋栗（加仑子）及醋栗
081190	10		未去壳的冷冻栗子	Chestnuts, in shell, frozen	【最】30【普】80 【协东盟】0【协智利】0【协新西兰】0 【协秘鲁】0【协哥斯达黎加】0【协冰岛】0 【协澳大利亚】0【协韩国】22.5 【协格鲁吉亚】0【协香港】0【协澳门】0 【特-1】0【特-2】0 【增】10【出】0【退】10	千克	A	B	PR	QS	999	未去壳的冷冻栗子

① 仅限网购保税商品。

② 仅限网购保税商品。

③ 仅限网购保税商品。

④ 仅限网购保税商品。

⑤ 该税号项下检验检疫编码及对应中文名称尚有：106 其他鲜果（山楂），107 其他鲜果（余甘子），108 其他鲜果（西番莲），109 其他鲜果（石榴），110 其他鲜果（菱角），111 其他鲜果（橄榄），112 其他鲜果（菠萝蜜），113 其他鲜果（蓝莓），114 其他鲜果（其他瓜果）。

税则号列			货品名称中英文		税费综合信息	计量单位	监管证件代码		检验检疫类别		检验检疫编码	检验检疫编码对应中文名称
HS国际统一前6位	本国子目 7~8位	本国子目 9~10位	中文 货物名称	英文 Article Description			进口	出口	进口	出口		
081190	90	10	冷冻的白果	Ginkgo, frozen	【最】30【普】80 【协东盟】0【协智利】0【协新西兰】0 【协秘鲁】0【协哥斯达黎加】0【协冰岛】0 【协澳大利亚】0【协韩国】22.5 【协格鲁吉亚】0【协香港】0【协澳门】0 【特-1】0 【增】10【对美加征】15【出】0【退】10	千克	A	BE	PR	QS	999	冷冻的白果
081190	90	21	冷冻的红松子（不论是否去壳或去皮）	Korean pine-nuts, whether or not in shell, forzen	【最】30【普】80 【协东盟】0【协智利】0【协新西兰】0 【协秘鲁】0【协哥斯达黎加】0【协冰岛】0 【协澳大利亚】0【协韩国】22.5 【协格鲁吉亚】0【协香港】0【协澳门】0 【特-1】0 【增】10【对美加征】15【出】0【退】10	千克	A	BE	PR	QS	999	冷冻的红松子（不论是否去壳或去皮）
081190	90	22	冷冻的其他濒危松子（不论是否去壳或去皮）	Other endangered pine-nuts, whether or not in shell	【最】30【普】80 【协东盟】0【协智利】0【协新西兰】0 【协秘鲁】0【协哥斯达黎加】0【协冰岛】0 【协澳大利亚】0【协韩国】22.5 【协格鲁吉亚】0【协香港】0【协澳门】0 【特-1】0 【增】10【对美加征】15【出】0【退】0	千克	AF	BE	PR	QS	999	冷冻的其他濒危松子（不论是否去壳或去皮）
081190	90	30	冷冻的榧子	Chinese torreya-nuts, frozen	【最】30【普】80 【协东盟】0【协智利】0【协新西兰】0 【协秘鲁】0【协哥斯达黎加】0【协冰岛】0 【协澳大利亚】0【协韩国】22.5 【协格鲁吉亚】0【协香港】0【协澳门】0 【特-1】0 【增】10【对美加征】15【出】0【退】10	千克	A	BE	PR	QS	999	冷冻的榧子
081190	90	40	冷冻的翅果油树果	Fruit of Elaeagus mollis Diels, frozen	【最】30【普】80 【协东盟】0【协智利】0【协新西兰】0 【协秘鲁】0【协哥斯达黎加】0【协冰岛】0 【协澳大利亚】0【协韩国】22.5 【协格鲁吉亚】0【协香港】0【协澳门】0 【特-1】0 【增】10【对美加征】15【出】0【退】10	千克	A	BE	PR	QS	999	冷冻的翅果油树果
081190	90	50	冷冻的巨籽棕（海椰子）果仁	Palm seed (Double coconut), frozen	【最】30【普】80 【协东盟】0【协智利】0【协新西兰】0 【协秘鲁】0【协哥斯达黎加】22.5【协冰岛】0 【协澳大利亚】0【协韩国】22.5 【协格鲁吉亚】0【协香港】0【协澳门】0 【特-1】0 【增】10【对美加征】15【出】0【退】10	千克	AF	BE	PR	QS	999	冷冻的巨籽棕（海椰子）果仁
081190	90	90	其他未列名冷冻水果及坚果	Other fruit and nuts, frozen, not elsewhere specified or included	【最】30【普】80 【协东盟】0【协智利】0【协新西兰】0 【协秘鲁】0【协哥斯达黎加】0【协冰岛】0 【协澳大利亚】0【协韩国】22.5 【协格鲁吉亚】0【协香港】0【协澳门】0 【特-1】0 【增】10【对美加征】15【出】0【退】10	千克	A	B	PR	QS	101 102 103 104 105 ……	其他未列名冷冻水果及坚果（冷冻荔枝） 其他未列名冷冻水果及坚果（冷冻菠萝） 其他未列名冷冻水果及坚果（冷冻桃） 其他未列名冷冻水果及坚果（冷冻草莓） 其他未列名冷冻水果及坚果（冷冻苹果） ……①

① 该税号项下检验检疫编码及对应中文名称尚有：106　其他未列名冷冻水果及坚果（冷冻梨），107　其他未列名冷冻水果及坚果（冷冻西瓜），108　其他未列名冷冻水果及坚果（冷冻樱桃），109　其他未列名冷冻水果及坚果（冷冻猕猴桃），110　其他未列名冷冻水果及坚果（冷冻龙眼），111　其他未列名冷冻水果及坚果（冷冻葡萄），112　其他未列名冷冻水果及坚果（冷冻榴莲），113　其他未列名冷冻水果及坚果（冷冻菠萝蜜），115　其他未列名冷冻水果及坚果（其他未列名冷冻坚果），116　其他未列名冷冻水果及坚果（冷冻蔓越莓），117　其他未列名冷冻水果及坚果（冷冻无花果），118　其他未列名冷冻水果及坚果（冷冻越橘），119　其他未列名冷冻水果及坚果（冷冻黑莓），120　其他未列名冷冻水果及坚果（冷冻木莓），121　其他未列名冷冻水果及坚果（冷冻穗醋栗），122　其他未列名冷冻水果及坚果（冷冻香蕉），123　其他未列名冷冻水果及坚果（冷冻柠檬），999　其他未列名冷冻水果及坚果（其他冷冻植物产品）。

税则号列			货品名称中英文		税费综合信息	计量单位	监管证件代码		检验检疫类别		检验检疫编码	检验检疫编码对应中文名称
HS国际统一前6位	本国子目 7~8位	9~10位	中文 货物名称	英文 Article Description			进口	出口	进口	出口		
081210	00		暂时保藏的樱桃（用二氧化硫气体，盐水等物质处理，但不适于直接食用的）	Cherries, provisionally preserved (by sulphur dioxide gas, in brine, or in other preservative solutions, but unsuitable in that state for immediate consumption)	【最】30【普】80 【协东盟】0【协智利】0【协新西兰】0 【协秘鲁】0【协哥斯达黎加】0【协冰岛】0 【协澳大利亚】0【协韩国】22.5 【协格鲁吉亚】0【协香港】0【协澳门】0 【特-1】0 【增】10【对美加征】15【出】0【退】6	千克	A	B	PR	Q	999	暂时保藏的樱桃（用二氧化硫气体，盐水等物质处理，但不适于直接食用的）
081290	00	10	暂时保存的白果（用二氧化硫气体，盐水等物质处理，但不适于直接食用的）	Ginkgo, provisionally preserved by sulphur dioxide gas or in brine, or in other preservative solutions, but unsuitable in that state for immediate consumption	【最】25【普】80 【协东盟】0【协智利】0【协新西兰】0 【协秘鲁】0【协哥斯达黎加】0【协冰岛】0 【协瑞士】10【协澳大利亚】0【协韩国】18.7 【协格鲁吉亚】0【协香港】0【协澳门】0 【特-1】0【特-2】0 【增】10【对美加征】15【出】0【退】10	千克	A	BE	PR	QS	999	暂时保存的白果（用二氧化硫气体，盐水等物质处理，但不适于直接食用的）
081290	00	21	暂时保存的红松子（用二氧化硫气体，盐水等物质处理，但不适于直接食用的）	Korean pine-nuts, provisionally preserved by sulphur dioxide gas or in brine, or in other preservative solutions, but unsuitable in that state for immediate consumption	【最】25【普】80 【协东盟】0【协智利】0【协新西兰】0 【协秘鲁】0【协哥斯达黎加】0【协冰岛】0 【协瑞士】10【协澳大利亚】0【协韩国】18.7 【协格鲁吉亚】0【协香港】0【协澳门】0 【特-1】0【特-2】0 【增】10【对美加征】15【出】0【退】10	千克	A	BE	PR	QS	999	暂时保存的红松子（用二氧化硫气体，盐水等物质处理，但不适于直接食用的）
081290	00	22	暂时保存的其他濒危松子（用二氧化硫气体，盐水等物质处理，但不适于直接食用的）	Other endangered pine-nuts, provisionally preserved by sulphur dioxide gas or in brine, or in other preservative solutions, but unsuitable in that state for immediate consumption	【最】25【普】80 【协东盟】0【协智利】0【协新西兰】0 【协秘鲁】0【协哥斯达黎加】0【协冰岛】0 【协瑞士】10【协澳大利亚】0【协韩国】18.7 【协格鲁吉亚】0【协香港】0【协澳门】0 【特-1】0【特-2】0 【增】10【对美加征】15【出】0【退】0	千克	AF	BE	PR	QS	999	暂时保存的其他濒危松子（用二氧化硫气体，盐水等物质处理，但不适于直接食用的）
081290	00	30	暂时保存的榧子（用二氧化硫气体，盐水等物质处理，但不适于直接食用的）	Chinese toreeya-nuts, provisionally preserved by sulphur dioxide gas or in brine, or in other preservative solutions, but unsuitable in that state for immediate consumption	【最】25【普】80 【协东盟】0【协智利】0【协新西兰】0 【协秘鲁】0【协哥斯达黎加】0【协冰岛】0 【协瑞士】10【协澳大利亚】0【协韩国】18.7 【协格鲁吉亚】0【协香港】0【协澳门】0 【特-1】0【特-2】0 【增】10【对美加征】15【出】0【退】10	千克	A	BE	PR	QS	999	暂时保存的榧子（用二氧化硫气体，盐水等物质处理，但不适于直接食用的）
081290	00	40	暂时保存的翅果油树果（用二氧化硫气体，盐水等物质处理，但不适于直接食用的）	Fruit of Elaeagus mollis Diels, provisionally preserved by sulphur dioxide gas or in brine, or in other preservative solutions, but unsuitable in that state for immediate consumption	【最】25【普】80 【协东盟】0【协智利】0【协新西兰】0 【协秘鲁】0【协哥斯达黎加】0【协冰岛】0 【协瑞士】10【协澳大利亚】0【协韩国】18.7 【协格鲁吉亚】0【协香港】0【协澳门】0 【特-1】0【特-2】0 【增】10【对美加征】15【出】0【退】10	千克	A	BE	PR	QS	999	暂时保存的翅果油树果（用二氧化硫气体，盐水等物质处理，但不适于直接食用的）
081290	00	50	暂时保存的巨籽棕（海椰子）果仁（用二氧化硫气体，盐水等物质处理，但不适于直接食用的）	Palm seed (Double coconut), provisionally preserved by sulphur dioxide gas or in brine, or in other preservative solutions, but unsuitable in that state for immediate consumption	【最】25【普】80 【协东盟】0【协智利】0【协新西兰】0 【协秘鲁】0【协哥斯达黎加】0【协冰岛】0 【协瑞士】10【协澳大利亚】0【协韩国】18.7 【协格鲁吉亚】0【协香港】0【协澳门】0 【特-1】0【特-2】0 【增】10【对美加征】15【出】0【退】10	千克	AF	BE	PR	QS	999	暂时保存的巨籽棕（海椰子）果仁（用二氧化硫气体，盐水等物质处理，但不适于直接食用的）

税则号列 HS国际统一前6位	本国子目 7~8位	本国子目 9~10位	货品名称中文 货物名称	货品名称英文 Article Description	税费综合信息	计量单位	监管证件代码 进口	监管证件代码 出口	检验检疫类别 进口	检验检疫类别 出口	检验检疫编码	检验检疫编码对应中文名称
081290	00	90	暂时保存的其他水果及坚果（用二氧化硫气体，盐水等物质处理，但不适于直接食用的）	Other fruit and nuts, provisionally preserved by sulphur dioxide gas or in brine, or in other preservative solutions, but unsuitable in that state for immediate consumption	【最】25【普】80 【协东盟】0【协智利】0【协新西兰】0 【协秘鲁】0【协哥斯达黎加】0【协冰岛】0 【协瑞士】10【协澳大利亚】0【协韩国】18.7 【协格鲁吉亚】0【协香港】0【协澳门】0 【特-1】0【特-2】0 【增】10【对美加征】15【出】0【退】10	千克	A	B	PR	QS	999	暂时保存的其他水果及坚果（用二氧化硫气体，盐水等物质处理，但不适于直接食用的）
081310	00		杏干（税目08.01至08.06的干果除外） 【电商】	Apricots, other than that of headings No. 08.01 to 08.06	【最】25【普】70 【协东盟】0【协澳门】0【协智利】0 【协新西兰】0【协秘鲁】0【协哥斯达黎加】0 【协冰岛】0【协瑞士】10【协澳大利亚】0 【协韩国】18.7【协格鲁吉亚】0【协香港】0 【特-1】0【特-2】0 【增】10【对美加征】15【出】0【退】10	千克	A	B	PR	QS	101 102	杏干（税目08.01至08.06的干果除外）（杏干） 杏干（税目08.01至08.06的干果除外）（其他蜜饯）
081320	00		梅干及李干 【电商】	Prunes, other than that of headings No. 08.01 to 08.06	【最】25【普】70 【协东盟】0【协澳门】0【协智利】0 【协新西兰】0【协秘鲁】0【协哥斯达黎加】0 【协冰岛】0【协瑞士】10【协澳大利亚】0 【协韩国】18.7【协格鲁吉亚】0【协香港】0 【特-1】0【特-2】0 【增】10【对美加征】15【出】0【退】10	千克	A	B	PR	QS	101 102 103 104 105	梅干及李干（税目08.01至08.06的干果除外）（药用乌梅） 梅干及李干（税目08.01至08.06的干果除外）（李干） 梅干及李干（税目08.01至08.06的干果除外）（梅干） 梅干及李干（税目08.01至08.06的干果除外）（话梅） 梅干及李干（税目08.01至08.06的干果除外）（其他蜜饯）
081330	00		苹果干 【电商】	Apples, other than that of headings No. 08.01 to 08.06	【最】25【普】70 【协东盟】0【协澳门】0【协智利】0 【协新西兰】0【协秘鲁】0【协哥斯达黎加】0 【协冰岛】0【协瑞士】10【协澳大利亚】0 【协韩国】18.7【协格鲁吉亚】0【协香港】0 【特-1】0【特-2】0 【增】10【对美加征】15【出】0【退】10	千克	A	B	PR	QS	999	苹果干（税目08.01至08.06的干果除外）
081340	10		龙眼干、肉（税目08.01至08.06的干果除外） 【电商】	Longans and longan pulps, other than that of headings No. 08.01 to 08.06	【最】20【普】70 【协东盟】0【协澳门】0【协智利】0 【协新西兰】0【协秘鲁】0【协哥斯达黎加】0 【协冰岛】0【协瑞士】8【协澳大利亚】0 【协韩国】10【协格鲁吉亚】0【协香港】0 【特东柬埔寨】0【特-1】0【特-2】0【特-3】0 【增】10【对美加征】15【出】0【退】6	千克	A	B	PR	QS	101 102 103	龙眼干、肉（税目08.01至08.06的干果除外）（药用龙眼肉） 龙眼干、肉（税目08.01至08.06的干果除外）（龙眼干） 龙眼干、肉（税目08.01至08.06的干果除外）（其他蜜饯）
081340	20		柿饼（税目08.01至08.06的干果除外）	Persimmons, other than that of headings No. 08.01 to 08.06	【最】25【普】70 【协东盟】0【协澳门】0【协智利】0 【协新西兰】0【协秘鲁】0【协哥斯达黎加】0 【协冰岛】0【协瑞士】10【协澳大利亚】0 【协韩国】18.7【协格鲁吉亚】0【协香港】0 【特东柬埔寨】0【特-1】0【特-2】0【特-3】0 【增】10【对美加征】15【出】0【退】6	千克	A	B	PR	QS	101 102	柿饼（税目08.01至08.06的干果除外）（柿饼） 柿饼（税目08.01至08.06的干果除外）（其他蜜饯）
081340	30		干红枣（税目08.01至08.06的干果除外） 【电商】	Red jujubes, other than that of headings No. 08.01 to 08.06	【最】25【普】70 【协东盟】0【协澳门】0【协智利】0 【协新西兰】0【协秘鲁】0【协哥斯达黎加】0 【协冰岛】0【协瑞士】10【协澳大利亚】0 【协韩国】18.7【协格鲁吉亚】0【协香港】0 【特东柬埔寨】0【特-1】0【特-2】0【特-3】0 【增】10【对美加征】15【出】0【退】6	千克	A	B	PR	QS	101 102 103	干红枣（税目08.01至08.06的干果除外）（药用大枣） 干红枣（税目08.01至08.06的干果除外）（干枣） 干红枣（税目08.01至08.06的干果除外）（其他蜜饯）

税则号列 HS国际统一前6位	本国子目 7~8位	本国子目 9~10位	货品名称 中文 货物名称	货品名称 英文 Article Description	税费综合信息	计量单位	监管证件代码 进口	监管证件代码 出口	检验检疫类别 进口	检验检疫类别 出口	检验检疫编码	检验检疫编码对应中文名称
081340	40		荔枝干（税目08.01至08.06的干果除外）	Preserved litchi, other than that of headings No. 08.01 to 08.06	【最】25【普】70 【协东盟】0【协澳门】0【协智利】0 【协新西兰】0【协秘鲁】0【协哥斯达黎加】0 【协冰岛】0【协瑞士】10【协澳大利亚】0 【协韩国】12.5【协格鲁吉亚】0【协香港】0 【特东柬埔寨】0【特-1】0【特-2】0【特-3】0 【增】10【对美加征】15【出】0【退】6	千克	A	B	PR	QS	999	荔枝干（税目08.01至08.06的干果除外）
081340	90	10	翅果油树干果【电商】	Fruit of Elaeagus mollis Diels, dried	【最】25【普】70 【协东盟】0【协澳门】0【协智利】0 【协新西兰】0【协秘鲁】0【协哥斯达黎加】0 【协冰岛】0【协瑞士】10【协澳大利亚】0 【协韩国】18.7【协格鲁吉亚】0【协香港】0 【特东柬埔寨】0【特-1】0【特-2】0【特-3】0 【增】10【对美加征】15【出】0【退】10	千克	A	BE	PR	QS	999	翅果油树干果
081340	90	20	蔓越橘干【电商】	Dried Cranberry	【最】25【普】70【暂进】15 【协东盟】0【协澳门】0【协智利】0 【协新西兰】0【协秘鲁】0【协哥斯达黎加】0 【协冰岛】0【协瑞士】10【协澳大利亚】0 【协韩国】18.7【协格鲁吉亚】0【协香港】0 【特东柬埔寨】0【特-1】0【特-2】0【特-3】0 【增】10【对美加征】15【出】0【退】10	千克	A	B	PR	QS	999	蔓越橘干
081340	90	90	其他干果（税目08.01至08.06的干果除外）【电商】	Other fruit, dried, other than that of headings No. 08.01 to 08.06	【最】25【普】70 【协东盟】0【协澳门】0【协智利】0 【协新西兰】0【协秘鲁】0【协哥斯达黎加】0 【协冰岛】0【协瑞士】10【协澳大利亚】0 【协韩国】18.7【协格鲁吉亚】0【协香港】0 【特东柬埔寨】0【特-1】0【特-2】0【特-3】0 【增】10【对美加征】15【出】0【退】10	千克	A	B	PR	QS	101 102 103 104 105 ……	其他干果（税目08.01至08.06的干果除外）（药用芡实） 其他干果（税目08.01至08.06的干果除外）［药用薏米（薏苡仁）］ 其他干果（税目08.01至08.06的干果除外）（薏米） 其他干果（税目08.01至08.06的干果除外）（山楂干） 其他干果（税目08.01至08.06的干果除外）［其他干（坚）果］ ……①
081350	00		本章的什锦坚果或干果（税目08.01至08.06的干果除外）【电商】	Mixtures of nuts or dried fruits of this Chapter, other than that of headings No. 08.01 to 08.06	【最】18【普】70 【协东盟】0【协澳门】0【协巴基斯坦】14.4 【协香港】0【协智利】0【协新西兰】0 【协秘鲁】0【协哥斯达黎加】0【协冰岛】0 【协瑞士】7.2【协澳大利亚】0【协韩国】12 【协格鲁吉亚】0 【特-1】0【特-2】0 【增】10【对美加征】15【出】0【退】10	千克	A	B	PR	QS	999	本章的什锦坚果或干果（税目08.01至08.06的干果除外）
081400	00		柑橘属水果或甜瓜（包括西瓜）的果皮【电商】	Peel of citrus fruit or melons (including watermelons), fresh, frozen, dried or provisionally preserved in brine, in sulphur water or in other preservative solutions	【最】25【普】70 【协东盟】0【协澳门】0【协智利】0 【协新西兰】0【协秘鲁】0【协哥斯达黎加】0 【协冰岛】0【协瑞士】10【协澳大利亚】0 【协韩国】18.7【协格鲁吉亚】0【协香港】0 【特-1】0【特-2】0 【增】10【对美加征】10【出】0【退】10	千克	A	B	PR	QS	101 102 103	柑橘属水果或甜瓜（包括西瓜）的果皮（仅包括鲜、冻、干或暂时保藏的）（果脯） 柑橘属水果或甜瓜（包括西瓜）的果皮（仅包括鲜、冻、干或暂时保藏的）（其他蜜饯） 柑橘属水果或甜瓜（包括西瓜）的果皮（仅包括鲜、冻、干或暂时保藏的）［药用陈皮（橘皮）］

① 该税号项下检验检疫编码及对应中文名称尚有：106　其他干果（税目0801至0806的干果除外）（桑葚干），107　其他干果（税目0801至0806的干果除外）（其他蜜饯）。

第 九 章
咖啡、茶、马黛茶及调味香料

Chapter 9
Coffee, tea, mate and spices

注释：

一、税目 09.04 至 09.10 所列产品的混合物，应按下列规定归类：

（一）同一税号的两种或两种以上产品的混合物仍应归入该税号；

（二）不同税号的两种或两种以上产品的混合物应归入税目 09.10。

税目 09.04 至 09.10 的产品［或上述（一）或（二）项的混合物］如添加了其他物质，只要所得的混合物保持了原产品的基本特性，其归类应不受影响。基本特性已经改变的，则不应归入本章；构成混合调味品的，应归入税目 21.03。

二、本章不包括荜澄茄椒或税目 12.11 的其他产品。

Chapter Notes:

1. Mixtures of the products of headings 09. 04 to 09. 10 are to be classified as follows:

(a) Mixtures of two or more of the products of the same heading are to be classified in that heading;

(b) Mixtures of two or more of the products of different headings are to be classified in heading 09. 10.

The addition of other substances to the products of headings 09. 04 to 09. 10 (or to the mixtures referred to in paragraph (a) or (b) above) shall not affect their classification provided the resulting mixtures retain the essential character of the goods of those headings. Otherwise such mixtures are not classified in this Chapter; those constituting mixed condiments or mixed seasonings are classified in heading 21. 03.

2. This Chapter does not cover Cubeb pepper (*Piper cubeba*) or other products of heading 12. 11.

税则号列 HS 国际统一前 6 位	本国子目 7~8 位	9~10 位	货品名称中英文 中文 货物名称	英文 Article Description	税费综合信息	计量单位	监管证件代码 进口	出口	检验检疫类别 进口	出口	检验检疫编码	检验检疫编码对应中文名称
090111	00		未浸除咖啡碱的未焙炒咖啡 【电商】	Coffee, not roasted, not decaffeinated	【最】8【普】50 【协东盟】5【协智利】0【协新西兰】0 【协哥斯达黎加】0.8【协冰岛】0【协瑞士】0 【协澳大利亚】0【协韩国】0【协香港】0 【协澳门】0 【特东老挝】0【特东柬埔寨】0【特-1】0 【特-2】0【特-3】0 【增】16【对美加征】10【出】0【退】6	千克	A	B	PR	QS	999	未浸除咖啡碱的未焙炒咖啡
090112	00		已浸除咖啡碱的未焙炒咖啡	Coffee, not roasted, decaffeinated	【最】8【普】50 【协东盟】5【协智利】0【协新西兰】0 【协冰岛】0【协瑞士】0【协澳大利亚】0 【协韩国】0【协香港】0【协澳门】0 【特东老挝】0【特东柬埔寨】0【特-1】0 【特-2】0【特-3】0 【增】16【对美加征】10【出】0【退】6	千克	A	B	PR	QS	999	已浸除咖啡碱的未焙炒咖啡
090121	00		未浸除咖啡碱的已焙炒咖啡 【电商】	Coffee, roasted, not decaffeinated	【最】15【普】80 【协东盟】5【协香港】0【协澳门】0【协智利】0 【协新西兰】0【协哥斯达黎加】1.5【协冰岛】0 【协瑞士】9.6【协澳大利亚】0【协韩国】7.5 【特东老挝】0【特东柬埔寨】0【特-1】0 【特-2】0【特-3】0 【增】16【对美加征】10【出】0【退】16	千克	A	B	PR	QS	101 999	未浸除咖啡碱的已焙炒咖啡（咖啡粉） 未浸除咖啡碱的已焙炒咖啡（经焙烤后的咖啡豆）
090122	00		已浸除咖啡碱的已焙炒咖啡 【电商】	Coffee, roasted, decaffeinated	【最】15【普】80 【协东盟】0【协澳门】0【协巴基斯坦】12 【协香港】0【协澳门】0【协智利】0 【协新西兰】0【协冰岛】0【协瑞士】6 【协澳大利亚】0【协韩国】7.5 【特东老挝】0【特东柬埔寨】0【特-1】0 【特-2】0【特-3】0 【增】16【对美加征】10【出】0【退】16	千克	A	B	PR	QS	999	已浸除咖啡碱的已焙炒咖啡
090190	10		咖啡豆荚及咖啡豆皮 【电商】	Coffee husks and skins	【最】10【普】30 【协东盟】0【协巴基斯坦】5【协智利】0 【协新西兰】0【协新加坡】0【协秘鲁】0 【协哥斯达黎加】0【协冰岛】0【协瑞士】0 【协澳大利亚】0【协韩国】5【协香港】0 【协澳门】0 【特东老挝】0【特东柬埔寨】0【特-1】0 【特-2】0【特-3】0 【增】16【对美加征】5【出】0【退】6	千克	A	B	PR	QS	999	咖啡豆荚及咖啡豆皮

税则号列 HS国际统一前6位	本国子目 7~8位	本国子目 9~10位	货品名称中英文 中文 货物名称	货品名称中英文 英文 Article Description	税费综合信息	计量单位	监管证件代码 进口	监管证件代码 出口	检验检疫类别 进口	检验检疫类别 出口	检验检疫编码	检验检疫编码对应中文名称
090190	20		含咖啡的咖啡代用品 【电商】	Coffee substitutes containing coffee	【最】30【普】80 【协东盟】0【协澳门】0【协智利】0 【协新西兰】0【协新加坡】0【协冰岛】0 【协澳大利亚】0【协韩国】22.5【协香港】0 【特东老挝】0【特东柬埔寨】0【特-1】0 【特-2】0【特-3】0 【增】16【出】0【退】16	千克	A	B	PR	Q	999	含咖啡的咖啡代用品
090210	10		每件净重不超过3千克的花茶 【电商】	Flavoured green tea (not fermented) in immediate packings of a content not exceeding 3kg	【最】15【普】100 【协亚太】7.5【协东盟】0【协澳门】0 【协巴基斯坦】7.5【协智利】0【协新西兰】0 【协新加坡】0【协秘鲁】0【协哥斯达黎加】0 【协冰岛】0【协瑞士】6【协澳大利亚】0 【协韩国】7.5【协格鲁吉亚】0【协香港】0 【特-1】0【特-2】0 【增】10【对美加征】10【出】0【退】6	千克	A	B	PR	S	999	每件净重不超过3千克的花茶（未发酵的，净重指内包装）
090210	90		每件净重不超过3千克的其他绿茶 【电商】	Other green tea (not fermented) in immediate packings of a content not exceeding 3kg	【最】15【普】100 【协亚太】7.5【协东盟】0【协澳门】0 【协巴基斯坦】7.5【协智利】0【协新西兰】0 【协新加坡】0【协秘鲁】0【协台湾】0 【协哥斯达黎加】0【协冰岛】0【协瑞士】6 【协澳大利亚】0【协韩国】7.5【协格鲁吉亚】0 【协香港】0 【特-1】0【特-2】0【特-3】0 【增】10【对美加征】10【出】0【退】6	千克	A	B	PR	S	101 102	每件净重不超过3千克的其他绿茶（未发酵的，净重指内包装）（绿茶） 每件净重不超过3千克的其他绿茶（未发酵的，净重指内包装）（白茶）
090220	10		每件净重超过3千克的花茶 【电商】	Flavoured green tea (not fermented) in immediate packings of a conten exceeding 3kg	【最】15【普】100 【协亚太】7.5【协东盟】0【协澳门】0 【协巴基斯坦】7.5【协智利】0【协新西兰】0 【协新加坡】0【协秘鲁】0【协哥斯达黎加】0 【协冰岛】0【协瑞士】6【协澳大利亚】0 【协韩国】7.5【协格鲁吉亚】0【协香港】0 【特-1】0【特-2】0 【增】10【出】0【退】6	千克	A	B	PR	S	999	每件净重超过3千克的花茶（未发酵的，净重指内包装）
090220	90		每件净重超过3千克的其他绿茶 【电商】	Other green tea (not fermented) in immediate packings of a content exceeding 3kg	【最】15【普】100 【协亚太】7.5【协东盟】0【协澳门】0 【协巴基斯坦】7.5【协智利】0【协新西兰】0 【协新加坡】0【协秘鲁】0【协台湾】0 【协哥斯达黎加】0【协冰岛】0【协瑞士】6 【协澳大利亚】0【协韩国】7.5【协格鲁吉亚】0 【协香港】0 【特-1】0【特-2】0【特-3】0 【增】10【对美加征】10【出】0【退】6	千克	A	B	PR	S	101 102	每件净重超过3千克的其他绿茶（未发酵的，净重指内包装）（绿茶） 每件净重超过3千克的其他绿茶（未发酵的，净重指内包装）（白茶）
090230	10		每件净重不超过3千克的乌龙茶 【电商】	Oolong tea, in immediate packings of a content not exceeding 3kg	【最】15【普】100 【协亚太】7.5【协东盟】0【协香港】0 【协澳门】0【协巴基斯坦】7.5【协智利】0 【协新西兰】0【协新加坡】0【协秘鲁】0 【协台湾】0【协哥斯达黎加】0【协冰岛】0 【协瑞士】6【协澳大利亚】0【协韩国】7.5 【协格鲁吉亚】0 【特-1】0【特-2】0 【增】10【对美加征】10【出】0【退】6	千克	A	B	PR	S	999	每件净重不超过3千克的乌龙茶（净重指内包装）
090230	20		每件净重不超过3千克的普洱茶 【电商】	Pu-er tea, in immediate packings of a content not exceeding 3kg	【最】15【普】100 【协亚太】7.5【协东盟】0【协香港】0 【协澳门】0【协巴基斯坦】7.5【协智利】0 【协新西兰】0【协新加坡】0【协秘鲁】0 【协哥斯达黎加】0【协冰岛】0【协瑞士】6 【协澳大利亚】0【协韩国】7.5【协格鲁吉亚】0 【特-1】0【特-2】0 【增】10【出】0【退】6	千克	A	B	PR	S	999	每件净重不超过3千克的普洱茶（净重指内包装）
090230	90		红茶内包装每件净重不超过3千克 【电商】	black tea (fermented) and other partly fermented, in immediate packings of a content not exceeding 3kg	【最】15【普】100 【协亚太】7.5【协东盟】0【协香港】0 【协澳门】0【协巴基斯坦】7.5【协智利】0 【协新西兰】0【协新加坡】0【协秘鲁】0 【协台湾】0【协哥斯达黎加】0【协冰岛】0 【协瑞士】6【协澳大利亚】0【协韩国】7.5 【协格鲁吉亚】0 【特-1】0【特-2】0【特-3】0 【增】10【对美加征】10【出】0【退】6	千克	A	B	PR	S	999	红茶内包装每件净重不超过3千克（包括其他半发酵茶）

税则号列 HS 国际统一前 6 位	本国子目 7~8 位	本国子目 9~10 位	货品名称中英文 中文 货物名称	货品名称中英文 英文 Article Description	税费综合信息	计量单位	监管证件代码 进口	监管证件代码 出口	检验检疫类别 进口	检验检疫类别 出口	检验检疫编码	检验检疫编码对应中文名称
090240	10		每件净重超过3千克的乌龙茶 【电商】	Oolong teain, immediate packings of a content exceeding 3kg	【最】15【普】100 【协亚太】7.5【协东盟】0【协香港】0 【协澳门】0【协巴基斯坦】7.5【协智利】0 【协新西兰】0【协新加坡】0【协秘鲁】0 【协台湾】0【协哥斯达黎加】0【协冰岛】0 【协瑞士】6【协澳大利亚】0【协韩国】7.5 【协格鲁吉亚】0 【特东老挝】0【特东柬埔寨】0【特东缅甸】0 【特-1】0【特-2】0【特-3】0 【增】10【出】0【退】6	千克	A	B	PR	S	999	每件净重超过3千克的乌龙茶（净重指内包装）
090240	20		每件净重超过3千克的普洱茶	Pu-er tea, in immediate packings of a content exceeding 3kg	【最】15【普】100 【协亚太】7.5【协东盟】0【协香港】0 【协澳门】0【协巴基斯坦】7.5【协智利】0 【协新西兰】0【协新加坡】0【协秘鲁】0 【协哥斯达黎加】0【协冰岛】0【协瑞士】6 【协澳大利亚】0【协韩国】7.5【协格鲁吉亚】0 【特东老挝】0【特东柬埔寨】0【特东缅甸】0 【特-1】0【特-2】0【特-3】0 【增】10【出】0【退】6	千克	A	B	PR	S	999	每件净重超过3千克的普洱茶（净重指内包装）
090240	90		红茶（内包装每件净重超过3千克 【电商】	Black tea (fermented) and other partly fermented, in immediate packings of a content exceeding 3kg	【最】15【普】100 【协亚太】7.5【协东盟】0【协香港】0 【协澳门】0【协巴基斯坦】7.5【协智利】0 【协新西兰】0【协新加坡】0【协秘鲁】0 【协台湾】0【协哥斯达黎加】0【协冰岛】0 【协瑞士】6【协澳大利亚】0【协韩国】7.5 【协格鲁吉亚】0 【特东老挝】0【特东柬埔寨】0【特东缅甸】0 【特-1】0【特-2】0【特-3】0 【增】10【对美加征】10【出】0【退】6	千克	A	B	PR	S	999	红茶（内包装每件净重超过3千克）（包括其他半发酵茶）
090300	00		马黛茶 【电商】	Mate	【最】10【普】100 【协东盟】0【协巴基斯坦】5【协智利】0 【协新西兰】0【协新加坡】0【协秘鲁】0 【协哥斯达黎加】0【协冰岛】0【协瑞士】0 【协澳大利亚】0【协韩国】5【协格鲁吉亚】0 【协香港】0【协澳门】0 【特-1】0【特-2】0【特-3】0 【增】10【出】0【退】16	千克	A	B	PR	Q	999	马黛茶
090411	00	10	毕拨 【电商】	Piper	【最】20【普】70 【协东盟】5【协智利】0【协新西兰】0 【协秘鲁】0【协哥斯达黎加】0【协冰岛】0 【协瑞士】8【协澳大利亚】0【协韩国】13.3 【协格鲁吉亚】0【协香港】0【协澳门】0 【特-1】0【特-2】0 【增】10【对美加征】10【出】0【退】6	千克	QA	B	PR	QS	101 102	毕拨（药用荜茇） 毕拨（调味料）
090411	00	90	未磨胡椒（毕拨除外） 【电商】	Pepper of the genus piper, neither crushed nor ground (other than piper)	【最】20【普】70 【协东盟】5【协智利】0【协新西兰】0 【协秘鲁】0【协哥斯达黎加】0【协冰岛】0 【协瑞士】8【协澳大利亚】0【协韩国】13.3 【协格鲁吉亚】0【协香港】0【协澳门】0 【特-1】0【特-2】0 【增】10【对美加征】10【出】0【退】6	千克	A	B	PR	QS	101 102	未磨胡椒（毕拨除外）（药用未磨胡椒） 未磨胡椒（毕拨除外）（调味料）
090412	00		已磨胡椒 【电商】	Pepper, crushed or ground	【最】20【普】70 【协亚太】10【协东盟】5【协香港】0 【协澳门】0【协巴基斯坦】10【协智利】0 【协新西兰】0【协秘鲁】0【协哥斯达黎加】0 【协冰岛】0【协瑞士】8【协澳大利亚】0 【协韩国】13.3【协格鲁吉亚】0 【特-1】0【特-2】0 【增】10【对美加征】10【出】0【退】16	千克	A	B	PR	QS	101 102	已磨胡椒（药用已磨胡椒） 已磨胡椒（调味料）
090421	00		干且未磨辣椒 【电商】	Fruits of the genus Capsicum or of the genus Pimenta, neither crushed nor ground	【最】20【普】70 【协亚太】10【协东盟】0【协香港】0 【协澳门】0【协巴基斯坦】10【协智利】0 【协新西兰】0【协新加坡】0【协秘鲁】0 【协哥斯达黎加】0【协冰岛】0【协瑞士】8 【协澳大利亚】0【协韩国】13.3【协格鲁吉亚】0 【特-1】0【特-2】0 【增】10【出】0【退】0	千克	A	B	PR	QS	101 102	干且未磨辣椒［药用辣椒（干）］ 干且未磨辣椒（辣椒干）

税则号列			货品名称中英文		税费综合信息	计量单位	监管证件代码		检验检疫类别		检验检疫编码	检验检疫编码对应中文名称
HS国际统一前6位	本国子目7~8位	9~10位	中文货物名称	英文 Article Description			进口	出口	进口	出口		
090422	00		已磨辣椒 【电商】	Fruits of the genus Capsicum or of the genus Pimenta, crushed or ground	【最】20【普】70 【协亚太】10【协东盟】0【协香港】0 【协澳门】0【协巴基斯坦】10【协智利】0 【协新西兰】0【协新加坡】0【协秘鲁】0 【协哥斯达黎加】0【协冰岛】0【协瑞士】8 【协澳大利亚】0【协韩国】13.3【协格鲁吉亚】0 【特-1】0【特-2】0 【增】10【对美加征】10【出】0【退】16	千克	A	B	PR	QS	999	已磨辣椒
090510	00		未磨的香子兰豆	Vanilla, neither crushed nor ground	【最】15【普】50 【协东盟】0【协巴基斯坦】12【协智利】0 【协新西兰】0【协新加坡】0【协秘鲁】0 【协哥斯达黎加】0【协冰岛】0【协瑞士】6 【协澳大利亚】0【协韩国】7.5【协格鲁吉亚】0 【协香港】0【协澳门】0 【特-1】0【特-2】0【特-3】0 【增】10【出】0【退】6	千克	A	B	PR	Q	999	未磨的香子兰豆
090520	00		已磨的香子兰豆	Vanilla, crushed or ground	【最】15【普】50 【协东盟】0【协澳门】0【协巴基斯坦】12 【协香港】0【协澳门】0 【协智利】0【协新西兰】0【协新加坡】0 【协秘鲁】0【协哥斯达黎加】0【协冰岛】0 【协瑞士】6【协澳大利亚】0【协韩国】7.5 【协格鲁吉亚】0 【特-1】0【特-2】0【特-3】0 【增】10【出】0【退】6	千克	A	B	PR	Q	999	已磨的香子兰豆
090611	00		未磨锡兰肉桂	Cinnamon (Cinnamomum zeylanicum Blume), neither crushed nor ground	【最】5【普】50 【协东盟】0【协巴基斯坦】0【协智利】0 【协新西兰】0【协秘鲁】0【协哥斯达黎加】0 【协冰岛】0【协瑞士】0【协澳大利亚】0 【协韩国】0【协格鲁吉亚】0【协香港】0 【协澳门】0 【特-1】0【特-2】0【特-3】0 【增】10【出】0【退】6	千克	A	B	PR	QS	999	未磨锡兰肉桂
090619	00		其他未磨肉桂及肉桂花 【电商】	Other cinnamon and cinnamon-tree flowers, neither crushed nor ground	【最】5【普】50 【协东盟】0【协巴基斯坦】0【协智利】0 【协新西兰】0【协秘鲁】0【协哥斯达黎加】0 【协冰岛】0【协瑞士】0【协澳大利亚】0 【协韩国】0【协格鲁吉亚】0【协香港】0 【协澳门】0 【特-1】0【特-2】0【特-3】0 【增】10【对美加征】10【出】0【退】6	千克	A	B	PR	QS	101 102	其他未磨肉桂及肉桂花［药用未磨肉桂（桂枝）］ 其他未磨肉桂及肉桂花（调味料）
090620	00		已磨肉桂及肉桂花 【电商】	Cinnamon and cinnamon-tree flowers, crushed or ground	【最】15【普】50 【协东盟】0【协香港】0【协澳门】0 【协巴基斯坦】12【协智利】0【协新西兰】0 【协新加坡】0【协秘鲁】0【协哥斯达黎加】0 【协冰岛】0【协瑞士】6【协澳大利亚】0 【协韩国】7.5【协格鲁吉亚】0 【特-1】0【特-2】0 【增】10【出】0【退】16	千克	QA	B	PR	QS	101 102	已磨肉桂及肉桂花［药用已磨肉桂（桂枝）］ 已磨肉桂及肉桂花（调味料）
090710	00		未磨的丁香（母丁香、公丁香及丁	Cloves (whole fruit, cloves and stems), neither crushed nor ground	【最】3【普】14 【协东盟】0【协巴基斯坦】0【协智利】0 【协新西兰】0【协秘鲁】0【协哥斯达黎加】0 【协冰岛】0【协瑞士】0【协澳大利亚】0 【协香港】0【协澳门】0【协韩国】0 【协格鲁吉亚】0【特东柬埔寨】0 【特-1】0【特-2】0【特-3】0 【增】10【出】0【退】6	千克	QA	B	PR	Q	101 102	未磨的丁香（母丁香、公丁香及丁香梗）（药用未磨丁香） 未磨的丁香（母丁香、公丁香及丁香梗）（调味料）
090720	00		已磨的丁香（母丁香、公丁香及丁	Cloves (whole fruit, cloves and stems), crushed or ground	【最】3【普】14 【协东盟】0【协澳门】0【协巴基斯坦】0 【协香港】0【协智利】0【协新西兰】0 【协秘鲁】0【协哥斯达黎加】0【协冰岛】0 【协瑞士】0【协澳大利亚】0【协韩国】0 【协格鲁吉亚】0 【特东柬埔寨】0【特-1】0【特-2】0【特-3】0 【增】10【出】0【退】6	千克	QA	B	PR	Q	101 102	已磨的丁香（母丁香、公丁香及丁香梗）（药用已磨丁香） 已磨的丁香（母丁香、公丁香及丁香梗）（调味料）

税则号列			货品名称中英文		税费综合信息	计量单位	监管证件代码		检验检疫类别		检验检疫编码	检验检疫编码对应中文名称
HS国际统一前6位	本国子目 7~8位	本国子目 9~10位	中文 货物名称	英文 Article Description			进口	出口	进口	出口		
090811	00		未磨的肉豆蔻	Nutmeg, neither crushed nor ground	【最】8【普】30 【协东盟】0【协巴基斯坦】5【协智利】0 【协新西兰】0【协秘鲁】0【协哥斯达黎加】0 【协冰岛】0【协瑞士】0【协澳大利亚】0 【协韩国】0【协格鲁吉亚】0【协香港】0 【协澳门】0 【特东老挝】0【特东柬埔寨】0【特-1】0 【特-2】0【特-3】0 【增】10【出】0【退】6	千克	QA	BE	PR	Q	101 102	未磨的肉豆蔻（药用未磨肉豆蔻） 未磨的肉豆蔻（调味料）
090812	00		已磨的肉豆蔻	Nutmeg, crushed or ground	【最】8【普】30 【协东盟】0【协澳门】0【协巴基斯坦】5 【协香港】0【协智利】0【协新西兰】0 【协秘鲁】0【协哥斯达黎加】0【协冰岛】0 【协瑞士】0【协澳大利亚】0 【协韩国】0【协格鲁吉亚】0 【特东老挝】0【特东柬埔寨】0【特-1】0 【特-2】0【特-3】0 【增】10【出】0【退】6	千克	QA	BE	PR	Q	101 102	已磨的肉豆蔻（药用已磨肉豆蔻） 已磨的肉豆蔻（调味料）
090821	00		未磨的肉豆蔻衣	Mace, neither crushed nor ground	【最】8【普】30 【协东盟】0【协巴基斯坦】5【协智利】0 【协新西兰】0【协秘鲁】0【协哥斯达黎加】0 【协冰岛】0【协瑞士】0【协澳大利亚】0 【协韩国】0【协格鲁吉亚】0【协香港】0 【协澳门】0 【特东老挝】0【特东柬埔寨】0【特-1】0 【特-2】0【特-3】0 【增】10【出】0【退】6	千克	A	BE	PR	Q	999	未磨的肉豆蔻衣
090822	00		已磨的肉豆蔻衣	Mace, crushed or ground	【最】8【普】30 【协东盟】0【协澳门】0【协巴基斯坦】5 【协香港】0【协智利】0【协新西兰】0 【协秘鲁】0【协哥斯达黎加】0【协冰岛】0 【协瑞士】0【协澳大利亚】0 【协韩国】1.6【协格鲁吉亚】0 【特东老挝】0【特东柬埔寨】0【特-1】0 【特-2】0【特-3】0 【增】10【出】0【退】6	千克	A	BE	PR	Q	999	已磨的肉豆蔻衣
090831	00		未磨的豆蔻	Cardamoms, neither crushed nor ground	【最】3【普】14 【协东盟】0【协巴基斯坦】0【协智利】0 【协新西兰】0【协秘鲁】0【协哥斯达黎加】0 【协冰岛】0【协瑞士】0【协澳大利亚】0 【协韩国】0【协格鲁吉亚】0【协香港】0 【协澳门】0 【特东老挝】0【特东柬埔寨】0【特-1】0 【特-2】0【特-3】0 【增】10【出】0【退】6	千克	QA	BE	PR	Q	101 102	未磨的豆蔻（药用未磨豆蔻） 未磨的豆蔻（调味料）
090832	00		已磨的豆蔻【电商】	Cardamoms, crushed or ground	【最】3【普】14 【协东盟】0【协澳门】0【协巴基斯坦】0 【协香港】0【协智利】0【协新西兰】0 【协秘鲁】0【协哥斯达黎加】0【协冰岛】0 【协瑞士】0【协澳大利亚】0【协韩国】0 【协格鲁吉亚】0 【特东老挝】0【特东柬埔寨】0【特-1】0 【特-2】0【特-3】0 【增】10【出】0【退】16	千克	QA	BE	PR	Q	101 102	已磨的豆蔻（药用已磨豆蔻） 已磨的豆蔻（调味料）
090921	00		未磨的芫荽子	Seeds of coriander, neither crushed nor ground	【最】15【普】50 【协东盟】0【协巴基斯坦】12【协智利】0 【协新西兰】0【协新加坡】0【协秘鲁】0 【协哥斯达黎加】0【协冰岛】0【协瑞士】6 【协澳大利亚】0【协韩国】7.5【协格鲁吉亚】0 【协香港】0【协澳门】0 【特-1】0【特-2】0 【增】10【出】0【退】6	千克	A	B	PR	Q	999	未磨的芫荽子

税则号列			货品名称中英文		税费综合信息	计量单位	监管证件代码		检验检疫类别		检验检疫编码	检验检疫编码对应中文名称
HS国际统一前6位	本国子目7~8位	本国子目9~10位	中文 货物名称	英文 Article Description			进口	出口	进口	出口		
090922	00		已磨的芫荽子	Seeds of coriander, crushed or ground	【最】15【普】50 【协东盟】0【协澳门】0【协巴基斯坦】12 【协香港】0【协智利】0【协新西兰】0 【协新加坡】0【协秘鲁】0【协哥斯达黎加】0 【协冰岛】0【协瑞士】6【协澳大利亚】0 【协韩国】7.5【协格鲁吉亚】0 【特-1】0【特-2】0 【增】10【出】0【退】16	千克	A	B	PR	Q	999	已磨的芫荽子
090931	00		未磨的枯茗子	Seeds of cumin, neither crushed nor ground	【最】15【普】50 【协亚太】7.5【协东盟】0【协巴基斯坦】7.5 【协智利】0【协新西兰】0【协新加坡】0 【协秘鲁】0【协哥斯达黎加】0【协冰岛】0 【协瑞士】6【协澳大利亚】0【协韩国】7.5 【协格鲁吉亚】0【协香港】0【协澳门】0 【特-1】0【特-2】0 【增】10【出】0【退】6	千克	A	B	PR	Q	999	未磨的枯茗子
090932	00		已磨的枯茗子	Seeds of cumin, crushed or ground	【最】15【普】50 【协亚太】7.5【协东盟】0【协澳门】0 【协巴基斯坦】7.5【协智利】0【协新西兰】0 【协新加坡】0【协秘鲁】0【协哥斯达黎加】0 【协冰岛】0【协瑞士】6【协澳大利亚】3 【协韩国】7.5【协格鲁吉亚】0【协香港】0 【特-1】0【特-2】0 【增】10【对美加征】10【出】0【退】16	千克	A	B	PR	Q	999	已磨的枯茗子
090961	10		未磨的八角茴香	Seeds of badian, neither crushed or ground	【最】20【普】90 【协东盟】0【协智利】0【协新西兰】0 【协新加坡】0【协秘鲁】0【协哥斯达黎加】0 【协冰岛】0【协瑞士】8【协澳大利亚】0 【协韩国】13.3【协格鲁吉亚】0 【协香港】0【协澳门】0 【特-1】0【特-2】0 【增】10【出】0【退】6	千克	QA	B	PR	QS	101 102	未磨的八角茴香（药用未磨八角茴香） 未磨的八角茴香（调味料）
090961	90	10	未磨的小茴香子；未磨的杜松果	Seeds of fennel, juniper berries, neither crushed or ground	【最】15【普】50 【协东盟】0【协巴基斯坦】12【协智利】0 【协新西兰】0【协新加坡】0【协秘鲁】0 【协哥斯达黎加】0【协冰岛】0【协瑞士】6 【协澳大利亚】0【协韩国】7.5【协格鲁吉亚】0 【协香港】0【协澳门】0 【特-1】0【特-2】0 【增】10【出】0【退】6	千克	QA	B	PR	QS	101 102	未磨的小茴香子；未磨的杜松果（药用未磨小茴香） 未磨的小茴香子；未磨的杜松果（调味料）
090961	90	90	未磨的茴芹子；未磨的页蒿子	Seeds of anise, caraway, neither crushed or ground	【最】15【普】50 【协东盟】0【协巴基斯坦】12【协智利】0 【协新西兰】0【协新加坡】0【协秘鲁】0 【协哥斯达黎加】0【协冰岛】0【协瑞士】6 【协澳大利亚】0【协韩国】7.5【协格鲁吉亚】0 【协香港】0【协澳门】0 【特-1】0【特-2】0 【增】10【出】0【退】6	千克	A	B	PR	Q	101 102	未磨的茴芹子；未磨的页蒿子（茴芹子） 未磨的茴芹子；未磨的页蒿子（页蒿子）
090962	10		已磨的八角茴香 【电商】	Seeds of badian, crushed or ground	【最】20【普】90 【协东盟】0【协澳门】0【协智利】0 【协香港】0【协新西兰】0【协新加坡】0 【协秘鲁】0【协哥斯达黎加】0【协冰岛】0 【协瑞士】8【协澳大利亚】0 【协韩国】13.3【协格鲁吉亚】0 【特-1】0【特-2】0 【增】10【出】0【退】16	千克	QA	B	PR	QS	101 102	已磨的八角茴香（药用已磨八角茴香） 已磨的八角茴香（调味料）
090962	90	10	已磨的小茴香子；已磨的杜松果	Seeds of fennel, juniper berries, crushed or ground	【最】15【普】50 【协东盟】0【协澳门】0【协巴基斯坦】12 【协香港】0【协智利】0【协新西兰】0 【协新加坡】0【协秘鲁】0【协哥斯达黎加】0 【协冰岛】0【协瑞士】6【协澳大利亚】0 【协韩国】7.5【协格鲁吉亚】0 【特-1】0【特-2】0 【增】10【对美加征】5【出】0【退】16	千克	QA	B	PR	QS	101 102	已磨的小茴香子；已磨的杜松果（药用已磨小茴香） 已磨的小茴香子；已磨的杜松果（调味料）

税则号列 HS 国际统一前 6 位	本国子目 7~8 位	本国子目 9~10 位	货品名称中英文 中文 货物名称	货品名称中英文 英文 Article Description	税费综合信息	计量单位	监管证件代码 进口	监管证件代码 出口	检验检疫类别 进口	检验检疫类别 出口	检验检疫编码	检验检疫编码对应中文名称
090962	90	90	已磨的茴芹子；已磨的页蒿子	Seeds of anise, caraway, crushed or ground	【最】15【普】50 【协东盟】0【协澳门】0【协巴基斯坦】12 【协香港】0【协智利】0【协新西兰】0 【协新加坡】0【协秘鲁】0【协哥斯达黎加】0 【协冰岛】0【协瑞士】6【协澳大利亚】0 【协韩国】7.5【协格鲁吉亚】0 【特-1】0【特-2】0 【增】10【对美加征】5【出】0【退】16	千克	A	B	PR	Q	101 102	已磨的茴芹子；已磨的页蒿子（茴芹子） 已磨的茴芹子；已磨的页蒿子（页蒿子）
091011	00		未磨的姜	Ginger, neither crushed or ground	【最】15【普】50 【协亚太】7.5【协东盟】0【协巴基斯坦】7.5 【协智利】0【协新西兰】0【协新加坡】0 【协秘鲁】0【协哥斯达黎加】0【协冰岛】0 【协瑞士】6【协澳大利亚】0【协韩国】7.5 【协格鲁吉亚】0【协香港】0【协澳门】0 【特东老挝】0【特东柬埔寨】0【特-1】0 【特-2】0【特-3】0 【增】10【出】0【退】0	千克	A	B	PR	QS	101 102 103	未磨的姜（药用未磨干姜） 未磨的姜（药用未磨生姜） 未磨的姜（调味料）
091012	00		已磨的姜	Ginger, crushed or ground	【最】15【普】50 【协亚太】7.5【协东盟】0【协澳门】0 【协香港】0【协巴基斯坦】7.5【协智利】0 【协新西兰】0【协新加坡】0【协秘鲁】0 【协哥斯达黎加】0【协冰岛】0【协瑞士】6 【协澳大利亚】0【协韩国】7.5【协格鲁吉亚】0 【特东老挝】0【特东柬埔寨】0【特-1】0 【特-2】0【特-3】0 【增】10【对美加征】10【出】0【退】6	千克	A	B	PR	QS	101 102	已磨的姜（药用已磨干姜） 已磨的姜（调味料）
091020	00		番红花	Saffron	【最】2【普】14 【协东盟】0【协巴基斯坦】0【协智利】0 【协新西兰】0【协秘鲁】0【协哥斯达黎加】0 【协冰岛】0【协瑞士】0【协澳大利亚】0 【协韩国】0【协格鲁吉亚】0【协香港】0 【协澳门】0 【特-1】0【特-2】0【特-3】0 【增】10【出】0【退】6	千克	QA	B	PR	QS	101 102 102 103 104	番红花（西红花）（药用番红花（西红花）] 番红花（西红花）（调味料） 姜黄（药用姜黄） 姜黄（调味料） 姜黄（姜黄浸膏（有检疫要求食品添加剂）]
091030	00		姜黄	Turmric(curcuma)	【最】15【普】50 【协亚太】7. 5【协东盟】0【协香港】0 【协澳门】0【协巴基斯坦】7. 5【协智利】0 【协新西兰】0【协新加坡】0【协秘鲁】0 【协哥斯达黎加】0【协冰岛】0【协瑞士】6 【协澳大利亚】0【协韩国】7. 5【协格鲁吉亚】0 【特东柬埔寨】0【特-1】0【特-2】0【特-3】0 【增】10【出】0【退】6	千克	QA	B	PR	QS	104 103 102	姜黄（姜黄浸膏（有检疫要求食品添加剂）） 姜黄（调味料） 姜黄（药用姜黄）
091091	00		混合调味香料[本章注释一（二）所述的混合物] 【电商】	Mixtures spices referred to in Note 1(b) to this Chapter	【最】15【普】50 【协亚太】7.5【协东盟】0【协香港】0 【协澳门】0【协巴基斯坦】7.5【协智利】0 【协新西兰】0【协新加坡】0【协秘鲁】0 【协哥斯达黎加】0【协冰岛】0【协瑞士】6 【协澳大利亚】0【协韩国】7.5【协格鲁吉亚】0 【特-1】0【特-2】0【特-3】0 【增】16【对美加征】10【出】0【退】16	千克	A	B	PR	QS	999	混合调味香料[本章注释一（二）所述的混合物]
091099	00		其他调味香料 【电商】	Other mixtures spices	【最】15【普】50 【协东盟】0【协香港】0【协澳门】0 【协巴基斯坦】12【协智利】0【协新西兰】0 【协新加坡】0【协秘鲁】0【协哥斯达黎加】0 【协冰岛】0【协瑞士】6【协澳大利亚】0 【协韩国】7.5【协格鲁吉亚】0 【特-1】0【特-2】0【特-3】0 【增】16【对美加征】10【出】0【退】6	千克	A	B	PR	QS	101 102	其他调味香料（药用花椒） 其他调味香料（调味料）

第 十 章 谷 物

Chapter 10 Cereals

注释：

一、（一）本章各税目所列产品必须带有谷粒，不论是否成穗或带秆。

（二）本章不包括已去壳或经其他加工的谷物。但去壳、碾磨、磨光、上光、半熟或破碎的稻米仍应归入税目 10.06。

二、税目 10.05 不包括甜玉米（第七章）。

子目注释：

所称“硬粒小麦”，是指硬粒小麦属的小麦及以该属具有相同染色体数目（28）的小麦种间杂交所得的小麦。

Chapter Notes:

1. (a) The products specified in the headings of this Chapter are to be classified in those headings only if grains are present, whether or not in the ear or on the stalk.
   (b) The Chapter does not cover grains which have been hulled or otherwise worked. However, rice, husked, milled, polished, glazed, parboiled or broken remains classified in heading 10. 06.

2. Heading 10. 05 does not cover sweet corn (Chapter 7).

Subheading Note:

The term "durum wheat" means wheat of the *Triticum durum* -species and the hybrids derived from the inter-specific crossing of *Triticum durum* which have the same number (28) of chromosomes as that species.

税则号列 HS国际统一前6位	本国子目 7~8位	本国子目 9~10位	货品名称中英文 中文 货物名称	英文 Article Description	税费综合信息	计量单位	监管证件代码 进口	监管证件代码 出口	检验检疫类别 进口	检验检疫类别 出口	检验检疫编码	检验检疫编码对应中文名称
100111	00	01	种用硬粒小麦（配额内）	Durum wheat for seed (in-quota)	【最】1【普】180 【协东盟】5【协香港】0【协澳门】0【配额】1 【增】10【出】0【退】0	千克	At	4xBy	MP	NQ	999	种用硬粒小麦（配额内）
100111	00	90	种用硬粒小麦（配额外）	Durum wheat for seed (out-of-quota)	【最】65【普】180 【协东盟】5【协香港】0【协澳门】0【配额】1 【增】10【出】0【退】0	千克	A	4xBy	MP	NQ	999	种用硬粒小麦（配额外）
100119	00	01	其他硬粒小麦（配额内）	Other durum wheat (in-quota)	【最】1【普】180 【协东盟】5【协香港】0【协澳门】0【配额】1 【增】10【对美加征】25【出】0【退】0	千克	At	4xBy	MPR	QS	101 102 103	其他硬粒小麦（配额内）（食用小麦） 其他硬粒小麦（配额内）（工业用小麦） 其他硬粒小麦（配额内）（饲用小麦）
100119	00	90	其他硬粒小麦（配额外）	Other durum wheat (out-of-quota)	【最】65【普】180 【协东盟】5【协香港】0【协澳门】0【配额】1 【增】10【对美加征】25【出】0【退】0	千克	A	4xBy	MPR	QS	101 102 103	其他硬粒小麦（配额外）（食用小麦） 其他硬粒小麦（配额外）（工业用小麦） 其他硬粒小麦（配额外）（饲用小麦）
100191	00	01	其他种用小麦及混合麦（配额内）	Other wheat for seed (in-quota)	【最】1【普】180 【协东盟】5【协香港】0【协澳门】0【配额】1 【增】10【出】0【退】0	千克	At	4xBy	MP	NQ	999	其他种用小麦及混合麦（配额内）
100191	00	90	其他种用小麦及混合麦（配额外）	Other wheat for seed (out-of-quota)	【最】65【普】180 【协东盟】5【协香港】0【协澳门】0【配额】1 【增】10【出】0【退】0	千克	A	4xBy	MP	NQ	999	其他种用小麦及混合麦（配额外）
100199	00	01	其他小麦及混合麦（配额内）	Other wheat and maslin(in-quota)	【最】1【普】180 【协东盟】5【协香港】0【协澳门】0【配额】1 【增】10【对美加征】25【出】0【退】0	千克	At	4xBy	MPR	QS	101 102 103	其他小麦及混合麦（配额内）（食用小麦） 其他小麦及混合麦（配额内）（工业用小麦） 其他小麦及混合麦（配额内）（饲用小麦）
100199	00	90	其他小麦及混合麦（配额外）	Other wheat and maslin(out-of-quota)	【最】65【普】180 【协东盟】5【协香港】0【协澳门】0【配额】1 【增】10【对美加征】25【出】0【退】0	千克	A	4xBy	MPR	QS	101 102 103	其他小麦及混合麦（配额外）（食用小麦） 其他小麦及混合麦（配额外）（工业用小麦） 其他小麦及混合麦（配额外）（饲用小麦）
100210	00		种用黑麦	Rye for seed	【最】0【普】0【特-1】0【特-2】0【特-3】0 【增】10【出】0【退】0	千克	A	B	P	Q	999	种用黑麦

税则号列 HS国际统一前6位	本国子目 7~8位	本国子目 9~10位	货品名称中英文 中文 货物名称	货品名称中英文 英文 Article Description	税费综合信息	计量单位	监管证件代码 进口	监管证件代码 出口	检验检疫类别 进口	检验检疫类别 出口	检验检疫编码	检验检疫编码对应中文名称
100290	00		其他黑麦	Other rye	【最】3【普】8 【协东盟】0【协巴基斯坦】0【协智利】0 【协新西兰】0【协秘鲁】0【协哥斯达黎加】0 【协冰岛】0【协瑞士】0【协澳大利亚】0 【协香港】0【协澳门】0【协韩国】0 【协格鲁吉亚】1.8【特-1】0 【特-2】0【特-3】0 【增】10【出】0【退】0	千克	A	B	PR	Q	999	其他黑麦
100310	00		种用大麦	Barley for seed	【最】0【普】160【特-1】0【特-2】0【特-3】0 【增】10【出】0【退】0	千克	7A	B	MP	NQ	999	种用大麦
100390	00		其他大麦	Other barley	【最】3【普】160 【协亚太】0【协东盟】0【协巴基斯坦】0 【协智利】0【协新西兰】0【协秘鲁】0 【协哥斯达黎加】0【协冰岛】0【协瑞士】0 【协香港】0【协澳门】0【协澳大利亚】0 【协韩国】0【协格鲁吉亚】2.4 【特-1】0【特-2】0【特-3】0 【增】10【出】0【退】0	千克	7A	B	MPR	QS	101 102	其他大麦（食用） 其他大麦（饲料用）
100410	00		种用燕麦	Oats for Seed	【最】0【普】0【特-1】0【特-2】0【特-3】0 【增】10【出】0【退】0 【协香港】0【协澳门】0	千克	A	B	P	Q	999	种用燕麦
100490	00		其他燕麦【电商】	Other oats	【最】2【普】8 【协东盟】0【协巴基斯坦】0【协智利】0 【协新西兰】0【协秘鲁】0【协哥斯达黎加】0 【协冰岛】0【协瑞士】0【协澳大利亚】0 【协韩国】0【协格鲁吉亚】1.2 【特-1】0【特-2】0【特-3】0 【增】10【出】0【退】0	千克	A	B	PR	Q	999	其他燕麦
100510	00	01	种用玉米（配额内）	Maize(corn) for seed (in-quota)	【最】1【普】180【配额】1 【增】10【出】0【退】0 【协香港】0【协澳门】0	千克	At	4xBy	P	Q	999	种用玉米（配额内）
100510	00	90	种用玉米（配额外）	Maize(corn) for seed (out-of-quota)	【最】20【普】180【配额】1 【增】10【出】0【退】0 【协香港】0【协澳门】0	千克	A	4xBy	P	Q	999	种用玉米（配额外）
100590	00	01	其他玉米（配额内）	Other maize(corn) (in-quota)	【最】1【普】180 【协东盟】50【协香港】0【协澳门】0【配额】1 【增】10【对美加征】25【出】0【退】0	千克	At	4xBy	PR	QS	101 102 103	其他玉米（配额内）（食用玉米） 其他玉米（配额内）（工业用玉米） 其他玉米（配额内）（饲用玉米）
100590	00	90	其他玉米（配额外）	Other maize (corn) (out-of-quota)	【最】65【普】180 【协东盟】50【配额】1 【增】10【对美加征】25【出】0【退】0	千克	A	4xBy	PR	QS	101 102 103	其他玉米（配额外）（食用玉米） 其他玉米（配额外）（工业用玉米） 其他玉米（配额外）（饲用玉米）
100610	21	01	种用长粒米稻谷（配额内）	Rice in husk (paddy or rough), long-grain-ed, seed (in-quota)	【最】1【普】180 【协东盟】50【协香港】0【协澳门】0【配额】1 【增】10【出】0【退】0	千克	At	4xBy	P	NQ	999	种用长粒米稻谷（配额内）
100610	21	90	种用长粒米稻谷（配额外）	Rice in husk (paddy or rough), long-grain-ed, seed (out-of-quota)	【最】65【普】180 【协东盟】50【协香港】0【协澳门】0【配额】1 【增】10【出】0【退】0	千克	A	4xBy	P	NQ	999	种用长粒米稻谷（配额外）
100610	29	01	其他种用稻谷（配额内）	Other rice in husk (paddy or rough), seed (in-quota)	【最】1【普】180 【协东盟】50【协香港】0【协澳门】0【配额】1 【增】10【出】0【退】0	千克	At	4xBy	P	NQ	999	其他种用稻谷（配额内）
100610	29	90	其他种用稻谷（配额外）	Other rice in husk (paddy or rough), seed (out-of-quota)	【最】65【普】180 【协东盟】50【协香港】0【协澳门】0【配额】1 【增】10【出】0【退】0	千克	A	4xBy	P	NQ	999	其他种用稻谷（配额外）
100610	81	01	其他长粒米稻谷（配额内）	Other rice in husk (paddy or rough), long-grained (in-quota)	【最】1【普】180 【协东盟】50【协香港】0【协澳门】0【配额】1 【增】10【出】0【退】0	千克	At	4xBy	PR	QS	999	其他长粒米稻谷（配额内）

税则号列			货品名称中英文		税费综合信息	计量单位	监管证件代码		检验检疫类别		检验检疫编码	检验检疫编码对应中文名称
HS国际统一前6位	本国子目		中文	英文								
	7~8位	9~10位	货物名称	Article Description			进口	出口	进口	出口		
100610	81	90	其他长粒米稻谷（配额外）	Other rice in husk (paddy or rough), long - grained (out-quota)	【最】65【普】180 【协东盟】50【协香港】0【协澳门】0【配额】1 【增】10【出】0【退】0	千克	A	4xBy	PR	QS	999	其他长粒米稻谷（配额外）
100610	89	01	其他稻谷（配额内） 【电商】①	Other rice in husk (paddy or rough) (in-quota)	【最】1【普】180 【协东盟】50【协香港】0【协澳门】0【配额】1 【增】10【出】0【退】0	千克	At	4xBy	PR	QS	999	其他稻谷（配额内）
100610	89	90	其他稻谷（配额外）	Other rice in husk (paddy or rough) (out-quota)	【最】65【普】180 【协东盟】50【协香港】0【协澳门】0【配额】1 【增】10【出】0【退】0	千克	A	4xBy	PR	QS	999	其他稻谷（配额外）
100620	20	01	长粒米糙米（配额内） 【电商】②	Husked(brown) rice, long - grained (in-quota)	【最】1【普】180 【协东盟】50【协香港】0【协澳门】0【配额】1 【增】10【出】0【退】0	千克	At	4xBy	MPR	QS	999	长粒米糙米（配额内）
100620	20	90	长粒米糙米（配额外）	Husked(brown) rice, long - grained (out-quota)	【最】65【普】180 【协东盟】50【协香港】0【协澳门】0【配额】1 【增】10【出】0【退】0	千克	A	4xBy	MPR	QS	999	长粒米糙米（配额外）
100620	80	01	其他糙米（配额内）	Other husked(brown) rice (in-quota)	【最】1【普】180 【协东盟】50【协香港】0【协澳门】0【配额】1 【增】10【出】0【退】0	千克	At	4xBy	MPR	QS	999	其他糙米（配额内）
100620	80	90	其他糙米（配额外）	Other husked(brown) rice (out-quota)	【最】65【普】180 【协东盟】50【协香港】0【协澳门】0【配额】1 【增】10【出】0【退】0	千克	A	4xBy	MPR	QS	999	其他糙米（配额外）
100630	20	01	长粒米精米 【电商】③	Semi-milled or wholly milled rice, long-grained (whether or not polished or glazed) (in-quota)	【最】1【普】180 【协东盟】50【协香港】0【协澳门】0【配额】1 【增】10【出】0【退】0	千克	At	4xBy	MPR	QS	201 202 203	长粒米精米［不论是否磨光或上光（配额内）］（食用白米） 长粒米精米［不论是否磨光或上光（配额内）］（食用蒸煮米） 长粒米精米［不论是否磨光或上光（配额内）］（食用其他加工米）
100630	20	90	长粒米精米	Semi-milled or wholly milled rice, long-grained (whether or not polished or glazed) (out-quota)	【最】65【普】180 【增】10【出】0【退】0	千克	A	4xBy	MPR	QS	201 202 203	长粒米精米［不论是否磨光或上光（配额外）］（食用白米） 长粒米精米［不论是否磨光或上光（配额外）］（食用蒸煮米） 长粒米精米［不论是否磨光或上光（配额外）］（食用其他加工米）
100630	80	01	其他精米 【电商】④	Other semi-milled or wholly milled rice, (whether or not polished or glazed) (in-quota)	【最】1【普】180 【协东盟】50【协香港】0【协澳门】0【配额】1 【增】10【出】0【退】0	千克	At	4xBy	MPR	QS	201 202 203	其他精米［不论是否磨光或上光（配额内）］（食用白米） 其他精米［不论是否磨光或上光（配额内）］（食用蒸煮米） 其他精米［不论是否磨光或上光（配额内）］（食用其他加工米）

① 仅限网购保税商品。
② 每人每年进口1006.1089、1006.2020、1006.3020、1006.3080的商品合计不超过20公斤。
③ 每人每年进口1006.1089、1006.2020、1006.3020、1006.3080的商品合计不超过20公斤。
④ 每人每年进口1006.1089、1006.2020、1006.3020、1006.3080的商品合计不超过20公斤。

税则号列 HS国际统一前6位	本国子目 7~8位	本国子目 9~10位	货品名称中英文 中文 货物名称	货品名称中英文 英文 Article Description	税费综合信息	计量单位	监管证件代码 进口	监管证件代码 出口	检验检疫类别 进口	检验检疫类别 出口	检验检疫编码	检验检疫编码对应中文名称
100630	80	90	其他精米【电商】①	Other semi-milled or wholly milled rice, (whether or not polished or glazed) (out-quota)	【最】65【普】180 【增】10【出】0【退】0	千克	A	4xBy	MPR	QS	201 202 203	其他精米［不论是否磨光或上光（配额外）］（食用白米） 其他精米［不论是否磨光或上光（配额外）］（食用蒸煮米） 其他精米［不论是否磨光或上光（配额外）］（食用其他加工米）
100640	20	01	长粒米碎米	Broken rice, long - grained (in-quota)	【最】1【普】180 【协东盟】5【协香港】0【协澳门】0【配额】1 【增】10【出】0【退】0	千克	At	4xBy	MPR	QS	201 202 203	长粒米碎米（配额内）（食用白米） 长粒米碎米（配额内）（食用蒸煮米） 长粒米碎米（配额内）（食用其他加工米）
100640	20	90	长粒米碎米（配额外）	Broken rice, long-grained (out-quota)	【最】10【普】180 【协东盟】5【协香港】0【协澳门】0【配额】1 【增】10【出】0【退】0	千克	A	4xBy	MPR	QS	201 202 203	长粒米碎米（配额外）（食用白米） 长粒米碎米（配额外）（食用蒸煮米） 长粒米碎米（配额外）（食用其他加工米）
100640	80	01	其他碎米（配额内）	Other broken rice (in-quota)	【最】1【普】180 【协东盟】5【协香港】0【协澳门】0【配额】1 【最】1【普】180 【增】10【出】0【退】0	千克	At	4xBy	MPR	QS	201 202 203	其他碎米（配额内）（食用白米） 其他碎米（配额内）（食用蒸煮米） 其他碎米（配额内）（食用其他加工米）
100640	80	90	其他碎米（配额外）	Other broken rice (out-quota)	【最】10【普】180 【协东盟】5【协香港】0【协澳门】0【配额】1 【增】10【出】0【退】0	千克	A	4xBy	MPR	QS	201 202 203	其他碎米（配额外）（食用白米） 其他碎米（配额外）（食用蒸煮米） 其他碎米（配额外）（食用其他加工米）
100710	00		种用食用高粱	Grain sorghum for seed	【最】0【普】0【特-1】0【特-2】0【特-3】0 【增】10【出】0【退】0	千克	7A	B	P	NQ	101 102 103	种用食用高粱（种用） 种用食用高粱（食用、带壳） 种用食用高粱（食用、去壳）
100790	00		其他食用高粱	Other grain sorghum	【最】2【普】8 【协东盟】0【协巴基斯坦】0【协智利】0 【协新西兰】0【协秘鲁】0【协哥斯达黎加】0 【协冰岛】0【协瑞士】0【协澳大利亚】0 【协韩国】0【协格鲁吉亚】1.2 【协香港】0【协澳门】0 【特-1】0【特-2】0 【增】10【对美加征】25【出】0【退】0	千克	7A	B	PR	QS	101 102 103	其他食用高粱（饲用） 其他食用高粱（食用、带壳） 其他食用高粱（食用、去壳）
100810	00		荞麦	Buckwheat	【最】2【普】8 【协东盟】0【协巴基斯坦】0【协智利】0 【协新西兰】0【协秘鲁】0【协哥斯达黎加】0 【协冰岛】0【协瑞士】0【协澳大利亚】0 【协韩国】0【协格鲁吉亚】1.2 【协香港】0【协澳门】0 【特-1】0【特-2】0【特-3】0 【增】10【出】0【退】0	千克	A	B	PR	QS	101 102	荞麦（食用、带壳） 荞麦（食用、去壳）

① 每人每年进口 1006.1089、1006.2020、1006.3020、1006.3080 的商品合计不超过 20 公斤。

税则号列			货品名称中英文		税费综合信息	计量单位	监管证件代码		检验检疫类别		检验检疫编码	检验检疫编码对应中文名称
HS国际统一前6位	本国子目7~8位	9~10位	中文货物名称	英文Article Description			进口	出口	进口	出口		
100821	00		种用谷子	Millet seed	【最】2【普】8 【协东盟】0【协巴基斯坦】0【协智利】0 【协新西兰】0【协秘鲁】0【协哥斯达黎加】0 【协冰岛】0【协瑞士】0【协澳大利亚】0 【协韩国】0【协格鲁吉亚】0 【协香港】0【协澳门】0 【特东老拑】0【特-1】0【特-2】0【特-3】0 【增】10【出】0【退】0	千克	A	B	P	Q	999	种用谷子
100829	00		其他谷子	Other millet	【最】2【普】8 【协东盟】0【协巴基斯坦】0【协智利】0 【协新西兰】0【协秘鲁】0【协哥斯达黎加】0 【协冰岛】0【协瑞士】0【协澳大利亚】0 【协香港】0【协澳门】0 【协韩国】0【协格鲁吉亚】1.2【特东老拑】0 【特-1】0【特-2】0【特-3】0 【增】10【出】0【退】0	千克	A	B	PR	QS	101 102	其他谷子（食用、带壳） 其他谷子（食用、去壳）
100830	00		加那利草子	Canary seed	【最】2【普】8 【协东盟】0【协巴基斯坦】0【协智利】0 【协新西兰】0【协秘鲁】0【协哥斯达黎加】0 【协冰岛】0【协瑞士】0【协澳大利亚】0 【协韩国】0【协格鲁吉亚】0 【协香港】0【协澳门】0 【特东老拑】0【特-1】0【特-2】0【特-3】0 【增】10【出】0【退】10	千克	A	B	PR	Q	999	加那利草子
100840	10		种用直长马唐(马唐属)	Fonio(Digitaria spp.) seed	【最】0【普】0【特-1】0【特-2】0【特-3】0 【增】10【出】0【退】0	千克	A	B	P	NQ	999	种用直长马唐（马唐属）
100840	90		其他直长马唐(马唐属)	Other fonio(Digitaria spp.)	【最】3【普】8 【协东盟】0【协巴基斯坦】0【协智利】0 【协新西兰】0【协秘鲁】0【协哥斯达黎加】0 【协冰岛】0【协瑞士】0【协澳大利亚】0 【协韩国】0【协格鲁吉亚】0 【协香港】0【协澳门】0 【特东老拑】0【特-1】0【特-2】0【特-3】0 【增】10【出】0【退】0	千克	A	B	PR	QS	999	其他直长马唐（马唐属）
100850	10		种用昆诺阿藜	Quinoa(Chenopodium quinoa) seed	【最】0【普】0【特-1】0【特-2】0【特-3】0 【增】10【出】0【退】0	千克	A	B	P	NQ	999	种用昆诺阿藜
100850	90		其他昆诺阿藜	Other quinoa(Chenopodium quinoa)	【最】3【普】8 【协东盟】0【协巴基斯坦】0【协智利】0 【协新西兰】0【协秘鲁】0【协哥斯达黎加】0 【协冰岛】0【协瑞士】0【协澳大利亚】0 【协韩国】0【协格鲁吉亚】0 【协香港】0【协澳门】0 【特东老拑】0【特-1】0【特-2】0【特-3】0 【增】10【出】0【退】0	千克	A	B	PR	QS	999	其他昆诺阿藜
100860	10		种用黑小麦	Triticale seed	【最】0【普】0【特-1】0【特-2】0【特-3】0 【增】10【出】0【退】0	千克	A	B	P	NQ	999	种用黑小麦
100860	90		其他黑小麦	Other triticale	【最】3【普】80 【协东盟】0【协巴基斯坦】0【协智利】0 【协新西兰】0【协秘鲁】0【协哥斯达黎加】0 【协冰岛】0【协瑞士】0【协澳大利亚】0 【协韩国】0【协格鲁吉亚】0 【协香港】0【协澳门】0 【特东老拑】0【特-1】0【特-2】0【特-3】0 【增】10【出】0【退】0	千克	A	B	PR	QS	101 102 103	其他黑小麦（食用） 其他黑小麦（工业用） 其他黑小麦（饲用）
100890	10		其他种用谷物	Other cereals for Seed	【最】0【普】0【特-1】0【特-2】0【特-3】0 【增】10【出】0【退】0	千克	A	B	P	NQ	101 102 103	其他种用谷物（粟种子） 其他种用谷物（荞麦种子） 其他种用谷物（其他谷物种子）

税则号列			货品名称中英文		税费综合信息	计量单位	监管证件代码		检验检疫类别		检验检疫编码	检验检疫编码对应中文名称
HS 国际统一前6位	本国子目 7~8位	本国子目 9~10位	中文 货物名称	英文 Article Description			进口	出口	进口	出口		
100890	90		其他谷物 【电商】	Other cereals	【最】3【普】8 【协东盟】0【协巴基斯坦】0【协智利】0 【协新西兰】0【协秘鲁】0【协哥斯达黎加】0 【协冰岛】0【协瑞士】0【协澳大利亚】0 【协韩国】0【协格鲁吉亚】1.2 【协香港】0【协澳门】0 【特东老挝】0【特-1】0【特-2】0【特-3】0 【增】10【出】0【退】0	千克	A	B	PR	QS	101 102 103 104 105	其他谷物（饲用其他粮谷） 其他谷物（食用、去壳黍子） 其他谷物（食用、带壳黍子） 其他谷物（食用谷穗） 其他谷物（食用其他粮谷）

第十一章
制粉工业产品；麦芽；淀粉；菊粉；面筋

注释：

一、本章不包括：

（一）作为咖啡代用品的焙制麦芽（税目 09.01 或 21.01）；

（二）税目 19.01 的经制作的细粉、粗粒、粗粉或淀粉；

（三）税目 19.04 的玉米片及其他产品；

（四）税目 20.01、20.04 或 20.05 的经制作或保藏的蔬菜；

（五）药品（第三十章）；或

（六）具有芳香料制品或化妆盥洗品性质的淀粉（第三十三章）。

二、（一）下表所列谷物碾磨产品按干制品重量计如果同时符合以下两个条件，应归入本章；但是，整粒、滚压、制片或磨碎的谷物胚芽均归入税目 11.04：

1. 淀粉含量（按修订的尤艾斯旋光法测定）超过表列第（2）栏的比例；以及

2. 灰分含量（除去任何添加的矿物质）不超过表列第（3）栏的比例。

否则，应归入税目 23.02。

（二）符合上述规定归入本章的产品，如果用表列第（4）或第（5）栏规定孔径的金属丝网筛过筛，其通过率按重量计不低于表列比例的，应归入税目 11.01 或 11.02。

否则，应归入税目 11.03 或 11.04。

谷 物 （1）	淀粉含量 （2）	灰分含量 （3）	通过下列孔径筛子的比率	
			315 微米 （4）	500 微米 （5）
小麦及黑麦	45%	2.5%	80%	-
大 麦	45%	3%	80%	-
燕 麦	45%	5%	80%	-
玉米及高粱	45%	2%	-	90%
大 米	45%	1.6%	80%	-
荞 麦	45%	4%	80%	-

三、税目 11.03 所称"粗粒"及"粗粉"，是指谷物经碾碎所得的下列产品：

Chapter 11
Products of the milling industry; malt; starches; inulin; wheat gluten

Chapter Notes:

1. This Chapter does not cover:

(a) Roasted malt put up as coffee substitutes (heading 09.01 or 21.01);

(b) Prepared flours, groats, meals or starches of heading 19.01;

(c) Corn flakes or other products of heading 19.04;

(d) Vegetables, prepared or preserved, of heading 20.01, 20.04 or 20.05;

(e) Pharmaceutical products (Chapter 30); or

(f) Starches having the character of perfumery, cosmetic or toilet preparations (Chapter 33).

2. (a) Products from the milling of the cereals listed in the table below fall in this Chapter if they have, by weight on the dry product:

(i) a starch content (determined by the modified Ewers polarimetric method) exceeding that indicated in Column (2); and

(ii) an ash content (after deduction of any added minerals) not exceeding that indicated in Column (3).

Otherwise, they fall in heading 23.02. However, germ of cereals, whole, rolled, flaked or ground is always classified in heading 11.04.

(b) Products falling in this Chapter under the above provisions shall be classified in heading 11.01 or 11.02 if the percentage passing through a woven metal wire cloth sieve with the aperture indicated in Column (4) or (5) is not less, by weight, than that shown against the cereal concerned.

Otherwise, they fall in heading 11.03 or 11.04.

Cereal (1)	Starch content (2)	Ash content (3)	Rate of passage through a sieve with an aperture of	
			315 micrometres (microns) (4)	500 micrometres (microns) (5)
Wheat and rye	45%	2.5%	80%	-
Barley	45%	3%	80%	-
Oats	45%	5%	80%	-
Maize (corn) and grain Sorghum	45%	2%	-	90%
Rice	45%	1.6%	80%	-
Buckwheat	45%	4%	80%	-

3. For the purposes of heading 11.03, the terms "groats" and "meal" mean products obtained by the fragmentation of cere-

al grains, of which:

（一）玉米产品，用 2 毫米孔径的金属丝网筛过筛，通过率按重量计不低于 95%的；

（二）其他谷物产品，用 1.25 毫米孔径的金属丝网筛过筛，通过率按重量计不低于 95%的。

(a) in the case of maize (corn) products, at least 95% by weight passes through a woven metal wire cloth sieve with an aperture of 2mm;

(b) in the case of other cereal products, at least 95% by weight passes through a woven metal wire cloth sieve with an aperture of 1.25mm.

税则号列 HS 国际统一前 6 位	本国子目 7~8 位	本国子目 9~10 位	货品名称中英文 中文 货物名称	货品名称中英文 英文 Article Description	税费综合信息	计量单位	监管证件代码 进口	监管证件代码 出口	检验检疫类别 进口	检验检疫类别 出口	检验检疫编码	检验检疫编码对应中文名称
110100	00	01	小麦或混合麦的细粉（配额内）【电商】①	Wheat or maslin flour (in-quota)	【最】6【普】130 【协东盟】50【协香港】0【协澳门】0【配额】6 【增】10【对美加征】10【出】0【退】10	千克	At	4Bxy	PR	QS	999	小麦或混合麦的细粉（配额内）
110100	00	90	小麦或混合麦的细粉（配额外）【电商】②	Wheat or maslin flour (out-of-quota)	【最】65【普】130 【协东盟】50【协香港】0【协澳门】0【配额】6 【增】10【对美加征】10【出】0【退】10	千克	A	4Bxy	PR	QS	999	小麦或混合麦的细粉（配额外）
110220	00	01	玉米细粉（配额内）【电商】③	Maize (corn) flour (in-quota)	【最】9【普】130【配额】9 【协香港】0【协澳门】0 【增】10【对美加征】25【出】0【退】0	千克	At	4Bxy	PR	QS	999	玉米细粉（配额内）
110220	00	90	玉米细粉（配额外）【电商】④	Maize (corn) flour (out-of-quota)	【最】40【普】130【配额】9 【协香港】0【协澳门】0 【增】10【对美加征】25【出】0【退】0	千克	A	4Bxy	PR	QS	999	玉米细粉（配额外）
110290	21	01	长粒米大米细粉（配额内）	Rice flour, long -grained (in-quota)	【最】9【普】130 【协香港】0【协澳门】0【配额】9 【增】10【出】0【退】0	千克	At	4Bxy	PR	QS	999	长粒米大米细粉（配额内）
110290	21	90	长粒米大米细粉（配额外）	Rice flour, long -grained (out-quota)	【最】40【普】130 【协香港】0【协澳门】0【配额】9 【增】10【出】0【退】0	千克	A	4Bxy	PR	QS	999	长粒米大米细粉（配额外）
110290	29	01	其他大米细粉（配额内）【电商】⑤	Other rice flour (in-quota)	【最】9【普】130 【协香港】0【协澳门】0【配额】9 【增】10【出】0【退】0	千克	At	4Bxy	PR	QS	201 202	其他大米细粉（配额内）（食用米粉） 其他大米细粉（配额内）（食用其他粮食加工产品）
110290	29	90	其他大米细粉（配额外）	Other rice flour (out-quota)	【最】40【普】130 【协香港】0【协澳门】0【配额】9 【增】10【出】0【退】0	千克	A	4Bxy	PR	QS	201 202	其他大米细粉（配额外）（食用米粉） 其他大米细粉（配额外）（食用其他粮食加工产品）
110290	90		其他谷物细粉【电商】	Other Cereal flours	【最】5【普】14 【协东盟】0【协巴基斯坦】0【协智利】0 【协新西兰】0【协秘鲁】0【协哥斯达黎加】0 【协冰岛】0【协瑞士】0【协澳大利亚】0 【协韩国】0【协格鲁吉亚】3 【协香港】0【协澳门】0 【特东柬埔寨】0【特-1】0【特-2】0【特-3】0 【增】10【对美加征】10【出】0【退】0	千克	A	B	PR	QS	101 102 103	其他谷物细粉（食用荞麦仁、粉） 其他谷物细粉（食用其他面粉类） 其他谷物细粉（食用其他粮食加工产品）
110311	00	01	小麦粗粒及粗粉（配额内）【电商】⑥	Groats and meal of wheat(in-quota)	【最】9【普】130 【协东盟】50【协香港】0【协澳门】0【配额】9 【增】10【对美加征】10【出】0【退】10	千克	At	4Bxy	PR	QS	999	小麦粗粒及粗粉（配额内）
110311	00	90	小麦粗粒及粗粉（配额外）【电商】⑦	Groats and meal of wheat(out-of-quota)	【最】65【普】130 【协东盟】50【协香港】0【协澳门】0【配额】9 【增】10【对美加征】10【出】0【退】10	千克	A	4Bxy	PR	QS	999	小麦粗粒及粗粉（配额外）

① 每人每年进口 1101.0000、1103.1100 的商品合计不超过 20 公斤；仅限网购保税商品。
② 每人每年进口 1101.0000、1103.1100 的商品合计不超过 20 公斤；仅限网购保税商品。
③ 每人每年进口 1102.2000、1104.2300 的商品合计不超过 20 公斤；仅限网购保税商品。
④ 每人每年进口 1102.2000、1104.2300 的商品合计不超过 20 公斤；仅限网购保税商品。
⑤ 每人每年进口合计不超过 20 公斤。
⑥ 每人每年进口 1101.0000、1103.1100 的商品合计不超过 20 公斤；仅限网购保税商品。
⑦ 每人每年进口 1101.0000、1103.1100 的商品合计不超过 20 公斤；仅限网购保税商品。

税则号列			货品名称中英文		税费综合信息	计量单位	监管证件代码		检验检疫类别		检验检疫编码	检验检疫编码对应中文名称
HS 国际统一前 6 位	本国子目 7~8 位	9~10 位	中文货物名称	英文 Article Description			进口	出口	进口	出口		
110313	00	01	玉米粗粒及粗粉（配额内）	Groats and meal of maize(corn) (in-quota)	【最】9【普】130 【协东盟】50【协香港】0【协澳门】0【配额】9 【增】10【出】0【退】0	千克	At	4Bxy	PR	QS	999	玉米粗粒及粗粉（配额内）
110313	00	90	玉米粗粒及粗粉（配额外）	Groats and meal of maize(corn) (out-of-quota)	【最】65【普】130 【协东盟】50【协香港】0【协澳门】0【配额】9 【增】10【出】0【退】0	千克	A	4Bxy	PR	QS	999	玉米粗粒及粗粉（配额外）
110319	10		燕麦粗粒及粗粉	Groats and meal of oats	【最】5【普】14 【协东盟】0【协巴基斯坦】0【协智利】0 【协新西兰】0【协秘鲁】0【协哥斯达黎加】0 【协冰岛】0【协瑞士】0【协澳大利亚】0 【协韩国】0【协格鲁吉亚】3 【特-1】0【特-2】0【特-3】0 【增】10【出】0【退】0	千克	A	B	PR	Q	999	燕麦粗粒及粗粉
110319	31	01	长粒米大米粗粒及粗粉（配额内）	Groats and meal of rice, long - grained (in-quota)	【最】9【普】70 【协东盟】5【协香港】0【协澳门】0【配额】9 【增】10【出】0【退】0	千克	At	4Bxy	PR	QS	999	长粒米大米粗粒及粗粉（配额内）
110319	31	90	长粒米大米粗粒及粗粉（配额外）	Groats and meal of rice, long - grained (out-quota)	【最】10【普】70 【协东盟】5【协香港】0【协澳门】0【配额】9 【增】10【出】0【退】0	千克	A	4Bxy	PR	QS	999	长粒米大米粗粒及粗粉（配额外）
110319	39	01	其他大米粗粒及粗粉（配额内）	Other groats and meal of rice (in-quota)	【最】9【普】70 【协东盟】5【协香港】0【协澳门】0【配额】9 【增】10【出】0【退】0	千克	At	4Bxy	PR	QS	201 202	其他大米粗粒及粗粉（配额内）（食用米粉） 其他大米粗粒及粗粉（配额内）（食用其他粮食加工产品）
110319	39	90	其他大米粗粒及粗粉（配额外）	Other groats and meal of rice (out-quota)	【最】10【普】70 【协东盟】5【协香港】0【协澳门】0【配额】9 【增】10【出】0【退】0	千克	A	4Bxy	PR	QS	201 202 203	其他大米粗粒及粗粉（配额外）（食用） 其他大米粗粒及粗粉（配额外）（食用米粉） 其他大米粗粒及粗粉（配额外）（食用其他粮食加工产品）
110319	90		其他谷物粗粒及粗粉	Groats and meal of other Cereals	【最】5【普】14 【协东盟】0【协巴基斯坦】0【协智利】0 【协新西兰】0【协秘鲁】0【协哥斯达黎加】0 【协冰岛】0【协瑞士】0【协澳大利亚】0 【协韩国】0【协格鲁吉亚】3 【协香港】0【协澳门】0 【特东柬埔寨】0【特-1】0【特-2】0【特-3】0 【增】10【出】0【退】0	千克	A	B	PR	QS	101 102 103	其他谷物粗粒及粗粉（食用荞麦仁、粉） 其他谷物粗粒及粗粉（食用黑麦粉） 其他谷物粗粒及粗粉（食用其他粮食加工产品）
110320	10	01	小麦团粒（配额内）	Pellets of wheat (in-quota)	【最】10【普】180 【协东盟】50【协香港】0【协澳门】0 【配额】10 【增】10【出】0【退】10	千克	At	4Bxy	PR	Q	999	小麦团粒（配额内）
110320	10	90	小麦团粒（配额外）	Pellets of wheat (out-of-quota)	【最】65【普】180 【协东盟】50【协香港】0【协澳门】0 【配额】10 【增】10【出】0【退】10	千克	A	4Bxy	PR	Q	999	小麦团粒（配额外）
110320	90		其他谷物团粒	Pellets of other cereals	【最】20【普】50 【协东盟】0【协智利】0【协新西兰】0 【协新加坡】0【协秘鲁】0【协哥斯达黎加】0 【协冰岛】0【协瑞士】8【协澳大利亚】0 【协韩国】13.3【协香港】0【协澳门】0 【特-1】0【特-2】0 【增】10【出】0【退】0	千克	A	B	PR	Q	101 102 103 104	其他谷物团粒（食用荞麦仁、粉） 其他谷物团粒（食用黑麦粉） 其他谷物团粒（食用燕麦粉） 其他谷物团粒（食用其他面粉类）
110412	00		滚压或制片的燕麦 【电商】	Rolled or flaked oats	【最】20【普】50 【协东盟】0【协智利】0【协新西兰】0 【协新加坡】0【协秘鲁】0【协哥斯达黎加】0 【协冰岛】0【协瑞士】8【协澳大利亚】0 【协韩国】13.3【协香港】0【协澳门】0 【特-1】0【特-2】0 【增】16【对美加征】10【出】0【退】0	千克	A	B	PR	Q	999	滚压或制片的燕麦

税则号列			货品名称中英文		税费综合信息	计量单位	监管证件代码		检验检疫类别		检验检疫编码	检验检疫编码对应中文名称
HS国际统一前6位	本国子目7~8位	本国子目9~10位	中文 货物名称	英文 Article Description			进口	出口	进口	出口		
110419	10		滚压或制片的大麦	Rolled or flaked barley	【最】20【普】50 【协东盟】0【协智利】0【协新西兰】0 【协新加坡】0【协秘鲁】0【协哥斯达黎加】0 【协冰岛】0【协瑞士】8【协澳大利亚】0 【协韩国】13.3【协香港】0【协澳门】0 【特-1】0【特-2】0 【增】16【出】0【退】0	千克	A	B	PR	Q	999	滚压或制片的大麦
110419	90	10	滚压或制片的玉米 【电商】	Rolled or flaked maize(corn)	【最】20【普】50 【协东盟】0【协智利】0【协新西兰】0 【协新加坡】0【协秘鲁】0【协哥斯达黎加】0 【协冰岛】0【协瑞士】8【协澳大利亚】0 【协韩国】13.3【协香港】0【协澳门】0 【特-1】0【特-2】0 【增】16【对美加征】5【出】0【退】0	千克	A	4Bxy	PR	Q	999	滚压或制片的玉米
110419	90	90	滚压或制片的其他谷物 【电商】	Rolled or flaked other grains	【最】20【普】50 【协东盟】0【协智利】0【协新西兰】0 【协新加坡】0【协秘鲁】0【协哥斯达黎加】0 【协冰岛】0【协瑞士】8【协澳大利亚】0 【协韩国】13.3【协香港】0【协澳门】0 【特-1】0【特-2】0 【增】16【对美加征】5【出】0【退】0	千克	A	B	PR	Q	999	滚压或制片的其他谷物
110422	00		经其他加工的燕麦 【电商】	Other worked oats	【最】20【普】50 【协东盟】0【协智利】0【协新西兰】0 【协新加坡】0【协秘鲁】0【协哥斯达黎加】0 【协冰岛】0【协瑞士】8【协澳大利亚】0 【协韩国】13.3【协香港】0【协澳门】0 【特-1】0【特-2】0 【增】16【对美加征】10【出】0【退】0	千克	A	B	PR	Q	999	经其他加工的燕麦
110423	00	01	经其他加工的玉米（配额内） 【电商】①	Other worked maize (corn)(in-quota)	【最】10【普】180 【协东盟】50【协香港】0【协澳门】0 【配额】10 【增】10【出】0【退】0	千克	At	4Bxy	PR	Q	101 102	经其他加工的玉米（配额内）（食用玉米粉） 经其他加工的玉米（配额内）（食用其他粮食加工产品）
110423	00	90	经其他加工的玉米（配额外） 【电商】②	Other worked maize (corn)(out-of-quota)	【最】65【普】180 【协东盟】50【协香港】0【协澳门】0 【配额】10 【增】10【出】0【退】0	千克	A	4Bxy	PR	Q	101 102	经其他加工的玉米（配额外）（食用玉米粉） 经其他加工的玉米（配额外）（食用其他粮食加工产品）
110429	10		经其他加工的大麦	Other worked barley	【最】65【普】114 【协东盟】0【协智利】0【协新西兰】0 【协新加坡】0【协秘鲁】0【协哥斯达黎加】0 【协澳大利亚】0【协香港】0【协澳门】0 【特-1】0【特-2】0 【增】10【出】0【退】0	千克	A	B	PR	QS	999	经其他加工的大麦
110429	90		经其他加工的其他谷物 【电商】	Other worked Other Cereal grains	【最】20【普】50 【协东盟】0【协智利】0【协新西兰】0 【协新加坡】0【协秘鲁】0【协哥斯达黎加】0 【协冰岛】0【协瑞士】8【协澳大利亚】0 【协韩国】13.3【协香港】0【协澳门】0 【特-1】0【特-2】0 【增】10【对美加征】10【出】0【退】0	千克	A	B	PR	QS	101 102 103 104	经其他加工的其他谷物（食用小麦粉） 经其他加工的其他谷物（食用荞麦仁、粉） 经其他加工的其他谷物（食用燕麦粉） 经其他加工的其他谷物（食用其他粮食加工产品）
110430	00		整粒或经加工的谷物胚芽	Germ of cereals, whole, rolled, flaked or ground	【最】20【普】50 【协东盟】0【协智利】0【协新西兰】0 【协新加坡】0【协秘鲁】0【协哥斯达黎加】0 【协冰岛】0【协瑞士】8【协澳大利亚】0 【协韩国】13.3【协格鲁吉亚】0 【协香港】0【协澳门】0 【特-1】0【特-2】0 【增】16【对美加征】10【出】0【退】0	千克	A	B	MPR	Q	101 102	整粒或经加工的谷物胚芽（经加工是指滚压、制片或磨碎）（食用其他麦芽） 整粒或经加工的谷物胚芽（经加工是指滚压、制片或磨碎）（食用其他粮食加工产品）

① 每人每年进口 1102.2000、1104.2300 的商品合计不超过 20 公斤；仅限网购保税商品。

② 每人每年进口 1102.2000、1104.2300 的商品合计不超过 20 公斤；仅限网购保税商品。

税则号列 HS国际统一前6位	本国子目 7~8位	本国子目 9~10位	货品名称 中文	Article Description	税费综合信息	计量单位	监管证件代码 进口	监管证件代码 出口	检验检疫类别 进口	检验检疫类别 出口	检验检疫编码	检验检疫编码对应中文名称
110510	00		马铃薯细粉、粗粉及粉末	Flour, meal and powder of potatoes	【最】15【普】50 【协东盟】0【协巴基斯坦】12【协智利】0 【协新西兰】0【协新加坡】0【协秘鲁】0 【协哥斯达黎加】0【协冰岛】0【协瑞士】6 【协澳大利亚】0【协韩国】7.5 【协香港】0【协澳门】0 【特-1】0【特-2】0 【增】16【对美加征】5【出】0【退】16	千克	A	B	PR	Q	999	马铃薯细粉、粗粉及粉末
110520	00		马铃薯粉片、颗粒及团粒	Flakes, granules and pellets of potatoes	【最】15【普】50 【协东盟】0【协巴基斯坦】12【协智利】0 【协新西兰】0【协新加坡】0【协秘鲁】0 【协哥斯达黎加】0【协冰岛】0【协瑞士】6 【协澳大利亚】0【协韩国】7.5 【特-1】0【特-2】0 【增】16【对美加征】10【出】0【退】16	千克	A	B	PR	Q	999	马铃薯粉片、颗粒及团粒
110610	00		干豆细粉、粗粉及粉末	Flour, meal and powder of the dried leguminous vegetables of heading No. 07.13	【最】10【普】30 【协东盟】0【协智利】0【协新西兰】0 【协新加坡】0【协秘鲁】0【协哥斯达黎加】0 【协冰岛】0【协瑞士】0【协澳大利亚】0 【协韩国】5【协格鲁吉亚】0 【协香港】0【协澳门】0 【特东柬埔寨】0【特-1】0【特-2】0【特-3】0 【增】16【对美加征】5【出】0【退】16	千克	A	B	PR	QS	999	干豆细粉、粗粉及粉末（干豆仅指税目07.13所列的干豆）
110620	00		西谷茎髓粉、木薯粉及类似粉	Flour, meal and powder of sago or of roots or tubers of heading No. 07.14	【最】20【普】50 【协东盟】0【协智利】0【协新西兰】0 【协新加坡】0【协秘鲁】0【协哥斯达黎加】0 【协冰岛】0【协瑞士】8【协澳大利亚】0 【协韩国】13.3【协格鲁吉亚】0 【协香港】0【协澳门】0 【特东老挝】0【特东柬埔寨】0【特东缅甸】0 【特-1】0【特-2】0【特-3】0 【增】16【出】0【退】16	千克	A	B	PR	QS	999	西谷茎髓粉、木薯粉及类似粉（仅包括税目07.14所列货品的粉）
110630	00		水果及坚果的细粉、粗粉及粉末 【电商】	Flour, meal and powder of the products of Chapter 8	【最】20【普】80 【协亚太】10【协东盟】0【协巴基斯坦】10 【协智利】0【协新西兰】0【协新加坡】0 【协秘鲁】0【协哥斯达黎加】0【协冰岛】0 【协瑞士】8【协澳大利亚】0【协韩国】13.3 【协格鲁吉亚】0 【特-1】0【特-2】0 【增】16【对美加征】10【出】0【退】10	千克	A	B	PR	QS	999	水果及坚果的细粉、粗粉及粉末（仅包括第八章所列货品的粉）（其他籽仁为坚硬外壳包被的籽实）
110710	00		未焙制麦芽	Malt, not roasted	【最】10【普】50 【协东盟】0【协巴基斯坦】5【协智利】0 【协新西兰】0【协新加坡】0【协秘鲁】0 【协哥斯达黎加】0【协冰岛】0【协瑞士】0 【协澳大利亚】0【协韩国】5【协格鲁吉亚】0 【协香港】0【协澳门】0 【特-1】0【特-2】0 【增】16【对美加征】10【出】0【退】16	千克	A	B	PR	QS	101 102	未焙制麦芽（食用） 未焙制麦芽（药用未焙制麦芽）
110720	00		已焙制麦芽	Malt, roasted	【最】10【普】50 【协东盟】0【协巴基斯坦】5【协智利】0 【协新西兰】0【协新加坡】0【协秘鲁】0 【协哥斯达黎加】0【协冰岛】0【协瑞士】0 【协澳大利亚】0【协韩国】5【协格鲁吉亚】0 【协香港】0【协澳门】0 【特-1】0【特-2】0 【增】16【对美加征】10【出】0【退】16	千克	A	B	PR	QS	101 102 103 104	已焙制麦芽（食用） 已焙制麦芽（食用其他粮食加工产品） 已焙制麦芽（药用已焙制麦芽） 已焙制麦芽（其他粮食制品）
110811	00		小麦淀粉 【电商】	Wheat starch	【最】20【普】50 【协东盟】0【协智利】0【协新西兰】0 【协新加坡】0【协秘鲁】0【协哥斯达黎加】0 【协冰岛】0【协瑞士】8【协澳大利亚】0 【协韩国】13.3【协香港】0【协澳门】0 【特-1】0【特-2】0 【增】16【出】0【退】0	千克	A	B	PR	QS	999	小麦淀粉

税则号列			货品名称中英文		税费综合信息	计量单位	监管证件代码		检验检疫类别		检验检疫编码	检验检疫编码对应中文名称
HS 国际统一前 6 位	本国子目 7~8 位	本国子目 9~10 位	中文货物名称	英文 Article Description			进口	出口	进口	出口		
110812	00		玉米淀粉（食用）	Maize(corn) starch	【最】20【普】50 【协东盟】0【协智利】0【协新西兰】0 【协新加坡】0【协秘鲁】0【协哥斯达黎加】0 【协冰岛】0【协瑞士】8【协澳大利亚】0 【协韩国】13.3【协香港】0【协澳门】0 【特-1】0【特-2】0 【增】16【对美加征】5【出】0【退】10	千克	A	B	PR	QS	101 102 999	玉米淀粉（饲用） 玉米淀粉（工业用） 玉米淀粉（食用）
110813	00		马铃薯淀粉【电商】	Potato starch	【最】15【普】50 【协东盟】0【协巴基斯坦】12【协智利】0 【协新西兰】0【协新加坡】0【协秘鲁】0 【协哥斯达黎加】0【协冰岛】0【协瑞士】6 【协澳大利亚】0【协韩国】7.5 【协香港】0【协澳门】0 【特-1】0【特-2】0 【增】16【反倾】有【反补】有【对美加征】10 【出】0【退】16	千克	A	B	PR	QS	999	马铃薯淀粉
110814	00		木薯淀粉	Manioc (cassava) starch	【最】10【普】50 【协东盟】0【协巴基斯坦】5【协智利】0 【协新西兰】0【协新加坡】0【协秘鲁】0 【协哥斯达黎加】0【协冰岛】0【协瑞士】0 【协澳大利亚】0【协韩国】5 【协香港】0【协澳门】0 【特-1】0【特-2】0【特-3】0 【增】16【对美加征】10【出】0【退】16	千克	A	B	PR	QS	999	木薯淀粉
110819	00		其他淀粉	Other starches	【最】20【普】50 【协东盟】0【协智利】0【协新西兰】0 【协新加坡】0【协秘鲁】0【协哥斯达黎加】0 【协冰岛】0【协瑞士】8【协澳大利亚】0 【协韩国】13.3【协香港】0【协澳门】0 【特-1】0【特-2】0 【增】16【对美加征】10【出】0【退】16	千克	A	B	PR	Q	101 102 103 104	其他淀粉［其他粮食加工产品不包括马铃薯及木薯淀粉（其他粮食加工产品）］ 其他淀粉（其他粮食制品） 其他淀粉（其他淀粉制品） 其他淀粉（淀粉）
110820	00		菊粉【电商】	Inulin	【最】20【普】50 【协东盟】0【协智利】0【协新西兰】0 【协新加坡】0【协秘鲁】0【协哥斯达黎加】0 【协冰岛】0【协瑞士】8【协澳大利亚】0 【协韩国】10【协格鲁吉亚】0 【协香港】0【协澳门】0 【特-1】0【特-2】0 【增】16【出】0【退】16	千克	A	B	PR	QS	999	菊粉
110900	00		面筋（不论是否干制）	Wheat gluten, whether or not dried	【最】18【普】80 【协东盟】0【协巴基斯坦】14.4【协智利】0 【协新西兰】0【协新加坡】0【协秘鲁】0 【协哥斯达黎加】0【协冰岛】0【协瑞士】7.2 【协澳大利亚】0【协韩国】12 【协格鲁吉亚】0【协香港】0【协澳门】0 【特-1】0【特-2】0 【增】16【对美加征】10【出】0【退】16	千克	A	B	PR	QS	101 102	面筋（不论是否干制）（面筋） 面筋（不论是否干制）（其他粮食制品）

第十二章
含油子仁及果实；杂项子仁及果实；工业用或药用植物；稻草、秸秆及饲料

注释：

一、税目12.07主要包括棕榈果及棕榈仁、棉子、蓖麻子、芝麻、芥子、红花子、罂粟子、牛油树果，但不包括税目08.01或08.02的产品及油橄榄（第七章或第二十章）。

二、税目12.08不仅包括未脱脂的细粉和粗粉，而且包括部分或全部脱脂以及用其本身的油料全部或部分复脂的细粉和粗粉。但不包括税目23.04至23.06的残渣。

三、甜菜子、草子及其他草本植物种子、观赏用花的种子、蔬菜种子、林木种子、果树种子、巢菜子（蚕豆除外）、羽扇豆属植物种子，可一律视为种植用种子，归入税目12.09。

但下列各项即使作种子用，也不归入税目12.09：

（一）豆类蔬菜或甜玉米（第七章）；
（二）第九章的调味香料及其他产品；
（三）谷物（第十章）；或
（四）税目12.01至12.07或12.11的产品。

四、税目12.11主要包括下列植物或这些植物的某部分：罗勒、琉璃苣、人参、海索草、甘草、薄荷、迷迭香、芸香、鼠尾草及苦艾。

但税目12.11不包括：

（一）第三十章的药品；
（二）第三十三章的芳香料制品及化妆盥洗品；或
（三）税目38.08的杀虫剂、杀菌剂、除草剂、消毒剂及类似产品。

五、税目12.12的“海草及其他藻类”不包括：

（一）税目21.02的已死的单细胞微生物；
（二）税目30.02的培养微生物；或
（三）税目31.01或31.05的肥料。

子目注释：

子目1205.10所称“低芥子酸油菜子”，是指所榨取的固定油中芥子酸含量按重量计低于2%，以及所得的固体成分每克葡萄糖苷酸（酯）含量低于30微摩尔的油菜子。

Chapter 12
Oil seeds and oleaginous fruits; miscellaneous grains, seeds and fruit; industrial or medicinal plants; straw and fodder

Chapter Notes:

1. Heading 12.07 applies, *inter alia*, to palm nuts and kernels, cotton seeds, castor oil seeds, sesamum seeds, mustard seeds, safflower seeds, poppy seeds and shea nuts (karite nuts). It does not apply to products of heading 08.01 or 08.02 or to olives (Chapter 7 or Chapter 20).

2. Heading 12.08 applies not only to non-defatted flours and meals but also to flours and meals which have been partially defatted or defatted and wholly or partially refatted with their original oils. It does not, however, apply to residues of headings 23.04 to 23.06.

3. For the purposes of heading 12.09, beet seeds, grass and other herbage seeds, seeds of ornamental flowers, vegetable seeds, seeds of forest trees, seeds of fruit trees, seeds of vetches (other than those of the species *vicia faba*) or of lupines are to be regarded as "seeds of a kind used for sowing".

Heading 12.09 does not, however, apply to the following even if for sowing:

(a) Leguminous vegetables or sweet corn (Chapter 7);
(b) Spices or other products of Chapter 9;
(c) Cereals (Chapter 10); or
(d) Products of headings 12.01 to 12.07 or 12.11.

4. Heading 12.11 applies, *inter alia*, to the following plants or parts thereof: basil, borage, ginseng, hyssop, liquorice, all species of mint, rosemary, rue, sage and wormwood.

Heading 12.11 does not, however, apply to:

(a) Medicaments of Chapter 30;
(b) Perfumery, cosmetic or toilet preparations of Chapter 33; or
(c) Insecticides, fungicides, herbicides, disinfectants or similar products of heading 38.08.

5. For the purposes of heading 12.12, the term "seaweeds and other algae" does not include:

(a) Dead single-cell micro-organisms of heading 21.02;
(b) Cultures of micro-organisms of heading 30.02; or
(c) Fertilisers of heading 31.01 or 31.05.

Subheading Note:

For the purposes of subheading 1205.10, the expression "low erucic acid rape or colza seeds" means rape or cloza seeds yielding a fixed oil which has an erucic acid content of less than 2% by weight and yielding a solid component which contains less than 30 micromoles of glucosinolates per gram.

税则号列			货品名称中英文		税费综合信息	计量单位	监管证件代码		检验检疫类别		检验检疫编码	检验检疫编码对应中文名称
HS 国际统一前 6 位	本国子目 7~8 位	本国子目 9~10 位	中文 货物名称	英文 Article Description			进口	出口	进口	出口		
120110	00		种用大豆	Soya beans for seed	【最】0【普】180【特-1】0【特-2】0【特-3】0 【增】10【出】0【退】0	千克	7A	B	MP	NQ	999	种用大豆
120190	10		非种用黄大豆（不论是否破碎）	Yellow soya beans, whether or not broken, other than for seed	【最】3【普】180 【协亚太】0【协东盟】0【协巴基斯坦】0 【协智利】0【协新西兰】0【协秘鲁】0 【协哥斯达黎加】0【协冰岛】0【协瑞士】0 【协韩国】0【协香港】0【协澳门】0 【特东老挝】0【特东柬埔寨】0【特-1】0 【特-2】0【特-3】0 【增】10【对美加征】25【出】0【退】0	千克	7A	B	MPR	QS	101 102 103	非种用黄大豆（不论是否破碎）（榨油用） 非种用黄大豆（不论是否破碎）（饲料用） 非种用黄大豆（不论是否破碎）（食品加工用）
120190	20		非种用黑大豆（不论是否破碎）	Black soya beans, whether or not broken, other than for seed	【最】3【普】180 【协亚太】0【协东盟】0【协巴基斯坦】0 【协智利】0【协新西兰】0【协秘鲁】0 【协哥斯达黎加】0【协冰岛】0【协瑞士】0 【协韩国】0【协香港】0【协澳门】0 【特东老挝】0【特东柬埔寨】0【特-1】0 【特-2】0【特-3】0 【增】10【对美加征】25【出】0【退】0	千克	7A	B	MPR	QS	101 102 103	非种用黑大豆（不论是否破碎）（榨油用） 非种用黑大豆（不论是否破碎）（饲料用） 非种用黑大豆（不论是否破碎）（食品加工用）
120190	30		非种用青大豆（不论是否破碎）	Green soya beans, whether or not broken, other than for seed	【最】3【普】180 【协亚太】0【协东盟】0【协巴基斯坦】0 【协智利】0【协新西兰】0【协秘鲁】0 【协哥斯达黎加】0【协冰岛】0【协瑞士】0 【协韩国】0【协香港】0【协澳门】0 【特东老挝】0【特东柬埔寨】0【特-1】0 【特-2】0【特-3】0 【增】10【出】0【退】0	千克	7A	B	MPR	QS	101 102 103	非种用青大豆（不论是否破碎）（榨油用） 非种用青大豆（不论是否破碎）（饲料用） 非种用青大豆（不论是否破碎）（食品加工用）
120190	90		非种用其他大豆（不论是否破碎）	Other soya beans not for seed, whether or not broken	【最】3【普】180 【协亚太】0【协东盟】0【协巴基斯坦】0 【协智利】0【协新西兰】0【协秘鲁】0 【协哥斯达黎加】0【协冰岛】0【协瑞士】0 【协韩国】0【协香港】0【协澳门】0 【特-1】0【特-2】0【特-3】0 【增】10【出】0【退】0	千克	7A	B	MPR	QS	101 102 103	非种用其他大豆（不论是否破碎）（榨油用） 非种用其他大豆（不论是否破碎）（饲料用） 非种用其他大豆（不论是否破碎）（食品加工用）
120230	00		种用花生	Ground-nuts for seed, in shell	【最】0【普】0【特-1】0【特-2】0【特-3】0 【增】10【出】0【退】0	千克	A	B	P	NQ	999	种用花生
120241	00		其他未去壳花生（未焙炒或未烹煮的）	Other Ground-nutsnot, not roasted or otherwise cooked, in shell	【最】15【普】70 【协东盟】0【协巴基斯坦】12【协智利】0 【协新西兰】0【协新加坡】0【协秘鲁】0 【协哥斯达黎加】0【协冰岛】0【协瑞士】6 【协澳大利亚】0【协韩国】7.5【协香港】0 【协澳门】0 【特东老挝】0【特-1】0【特-2】0【特-3】0 【增】10【对美加征】5【出】0【退】0	千克	A	B	PR	QS	999	其他未去壳花生（未焙炒或未烹煮的）
120242	00		其他去壳花生，不论是否破碎（未焙炒或未烹煮的）【电商】	Ground-nuts, shelled, not roasted or otherwise cooked, whether or not broken	【最】15【普】70 【协东盟】0【协巴基斯坦】12【协智利】0 【协新西兰】0【协新加坡】0【协秘鲁】0 【协哥斯达黎加】0【协冰岛】0【协瑞士】6 【协澳大利亚】0【协韩国】7.5【协香港】0 【协澳门】0 【特东老挝】0【特-1】0【特-2】0【特-3】0 【增】10【对美加征】10【出】0【退】0	千克	A	B	PR	QS	999	其他去壳花生，不论是否破碎（未焙炒或未烹煮的）
120300	00		干椰子肉【电商】	Copra	【最】15【普】30 【协亚太】7.5【协东盟】0【协澳门】0 【协巴基斯坦】7.5【协智利】0【协新西兰】0 【协新加坡】0【协秘鲁】0【协哥斯达黎加】0 【协冰岛】0【协瑞士】6【协澳大利亚】0 【协韩国】7.5【协格鲁吉亚】0【协香港】0 【特东柬埔寨】0【特-1】0【特-2】0【特-3】0 【增】10【出】0【退】6	千克	A	B	PR	Q	999	干椰子肉
120400	00		亚麻子（不论是否破碎）【电商】	Linseed, whether or not broken	【最】15【普】70 【协东盟】0【协巴基斯坦】12【协智利】0 【协新西兰】0【协新加坡】0【协秘鲁】0 【协哥斯达黎加】0【协冰岛】0【协瑞士】6 【协澳大利亚】0【协韩国】7.5【协香港】0 【协澳门】0 【特-1】0【特-2】0 【增】10【对美加征】10【出】0【退】10	千克	A	B	PR	Q	999	亚麻子（不论是否破碎）

HS国际统一前6位	本国子目7~8位	本国子目9~10位	中文货物名称	英文 Article Description	税费综合信息	计量单位	监管证件代码进口	监管证件代码出口	检验检疫类别进口	检验检疫类别出口	检验检疫编码	检验检疫编码对应中文名称
120510	10		种用低芥籽酸油菜籽	Low erucic acid rape or colza seeds for seed	【最】0【普】80【特-1】0【特-2】0【特-3】0 【增】10【出】0【退】0	千克	7A	B	P	NQ	999	种用低芥籽酸油菜籽
120510	90		其他低芥籽酸油菜籽（不论是否破碎）	Other low erucic acid rape or colza seeds, whether or not broken	【最】9【普】80 【协亚太】0【协东盟】0【协巴基斯坦】0 【协智利】0【协新西兰】0【协秘鲁】0 【协哥斯达黎加】0【协冰岛】0【协瑞士】0 【协韩国】0【协香港】0【协澳门】0 【特-1】0【特-2】0 【增】10【出】0【退】10	千克	7A	B	PR	QS	999	其他低芥籽酸油菜籽（不论是否破碎）
120590	10		其他种用油菜籽	Other rape or colza seeds for seed	【最】0【普】80【特-1】0【特-2】0【特-3】0 【增】10【出】0【退】0	千克	7A	B	P	NQ	999	其他种用油菜籽
120590	90		其他油菜籽（不论是否破碎）	Other rape or colza seeds, whether or not broken	【最】9【普】80 【协亚太】0【协东盟】0【协巴基斯坦】0 【协智利】0【协新西兰】0【协秘鲁】0 【协哥斯达黎加】0【协冰岛】0【协瑞士】0 【协韩国】0【协香港】0【协澳门】0 【特-1】0【特-2】0 【增】10【出】0【退】10	千克	7A	B	PR	QS	999	其他油菜籽（不论是否破碎）
120600	10		种用葵花子	Sunflower seeds for seed	【最】0【普】0【特-1】0【特-2】0【特-3】0 【增】10【出】0【退】10	千克	A	B	P	NQ	999	种用葵花子
120600	90		其他葵花子（不论是否破碎）	Other sunflower seeds, whether or not broken	【最】15【普】70 【协东盟】0【协巴基斯坦】12【协智利】0 【协新西兰】0【协新加坡】0【协秘鲁】0 【协哥斯达黎加】0【协冰岛】0【协瑞士】6 【协澳大利亚】0【协韩国】7.5【协香港】0 【协澳门】0 【特-1】0【特-2】0 【增】10【对美加征】10【出】0【退】10	千克	A	B	PR	QS	101 102	其他葵花子（不论是否破碎）（非熟制） 其他葵花子（不论是否破碎）（熟制）
120710	10	10	种用濒危棕榈果及棕榈仁	Endangered palm nuts and kernels for seed, whether or not broken	【最】0【普】0【特-1】0【特-2】0【特-3】0 【增】10【出】0【退】0	千克	AF	BE	P	NQ	999	种用濒危棕榈果及棕榈仁
120710	10	90	其他种用棕榈果及棕榈仁	Other palm nuts and kernels for seed, whether or not broken	【最】0【普】0【特-1】0【特-2】0【特-3】0 【增】10【出】0【退】6	千克	A	B	P	NQ	999	其他种用棕榈果及棕榈仁
120710	90	10	其他濒危棕榈果及棕榈仁（不论是否破碎）	Other endangered palm nuts and kernels, whether or not broken	【最】10【普】70 【协东盟】0【协巴基斯坦】5【协智利】0 【协新西兰】0【协新加坡】0【协秘鲁】0 【协哥斯达黎加】0【协冰岛】0【协瑞士】0 【协澳大利亚】0【协韩国】5【协格鲁吉亚】0 【协香港】0【协澳门】0 【特东柬埔寨】0【特-1】0【特-2】0【特-3】0 【增】10【对美加征】5【出】0【退】0	千克	AF	BE	PR	QS	999	其他濒危棕榈果及棕榈仁（不论是否破碎）
120710	90	90	其他棕榈果及棕榈仁（不论是否破碎）	Other palm nuts and kernels, whether or not broken	【最】10【普】70 【协东盟】0【协巴基斯坦】5【协智利】0 【协新西兰】0【协新加坡】0【协秘鲁】0 【协哥斯达黎加】0【协冰岛】0【协瑞士】0 【协澳大利亚】0【协韩国】5【协格鲁吉亚】0 【协香港】0【协澳门】0 【特东柬埔寨】0【特-1】0【特-2】0【特-3】0 【增】10【对美加征】5【出】0【退】6	千克	A	B	PR	QS	999	其他棕榈果及棕榈仁（不论是否破碎）
120721	00		种用棉子	Cotton seeds for cultivation	【最】0【普】0【特-1】0【特-2】0【特-3】0 【增】10【出】0【退】6	千克	A	B	P	NQ	999	种用棉子
120729	00		其他棉子（不论是否破碎）	Other cotton seeds, whether or not broken	【最】15【普】70 【协东盟】0【协巴基斯坦】12【协智利】0 【协新西兰】0【协新加坡】0【协秘鲁】0 【协哥斯达黎加】0【协冰岛】0【协瑞士】6 【协澳大利亚】0【协韩国】7.5【协香港】0 【协澳门】0 【特-1】0【特-2】0 【增】10【出】0【退】6	千克	A	B	PR	QS	999	其他棉子（不论是否破碎）
120730	10		种用蓖麻子	Castor oil seeds for seed, whether or not broken	【最】0【普】0【特-1】0【特-2】0【特-3】0 【增】10【出】0【退】6	千克	A	B	P	NQ	999	种用蓖麻子

税则号列			货品名称中英文		税费综合信息	计量单位	监管证件代码		检验检疫类别		检验检疫编码	检验检疫编码对应中文名称
HS国际统一前6位	本国子目7~8位	本国子目9~10位	中文货物名称	英文 Article Description			进口	出口	进口	出口		
120730	90		其他蓖麻子(不论是否破碎) 【电商】	Other castor oil seeds, whether or not broken	【最】15【普】70 【协东盟】0【协智利】0【协新西兰】0 【协新加坡】0【协秘鲁】0【协哥斯达黎加】0 【协冰岛】0【协瑞士】6【协澳大利亚】0 【协韩国】7.5【协香港】0【协澳门】0 【特东老挝】0【特东柬埔寨】0【特东缅甸】0 【特-1】0【特-2】0【特-3】0 【增】10【出】0【退】6	千克	A	B	PR	QS	999	其他蓖麻子(不论是否破碎)
120740	10		种用芝麻(不论是否破碎)	Sesamum seeds for cultivation, whether or not broken	【最】0【普】0【特-1】0【特-2】0【特-3】0 【增】10【出】0【退】10	千克	A	B	P	NQ	999	种用芝麻(不论是否破碎)
120740	90		其他芝麻(不论是否破碎)	Other sesamum seeds, whether or not broken	【最】10【普】70 【协亚太】9【协东盟】0【协巴基斯坦】9 【协智利】0【协新西兰】0【协新加坡】0 【协秘鲁】0【协哥斯达黎加】0【协冰岛】0 【协瑞士】0【协澳大利亚】0【协韩国】5 【协香港】0【协澳门】0 【特东老挝】0【特东柬埔寨】0【特东缅甸】0 【特-1】0【特-2】0【特-3】0 【增】10【出】0【退】10	千克	A	B	PR	QS	101 102	其他芝麻(不论是否破碎)(食用) 其他芝麻(不论是否破碎)(药用黑芝麻)
120750	10		种用芥子(不论是否破碎)	Mastard seeds for cultivation, whether or not broken	【最】0【普】0【特-1】0【特-2】0【特-3】0 【增】10【出】0【退】10	千克	A	B	P	NQ	999	种用芥子(不论是否破碎)
120750	90		其他芥子(不论是否破碎)	Other Mastard seeds, whether or not broken	【最】15【普】70 【协东盟】0【协巴基斯坦】12【协智利】0 【协新西兰】0【协新加坡】0【协秘鲁】0 【协哥斯达黎加】0【协冰岛】0【协瑞士】6 【协澳大利亚】0【协韩国】7.5【协格鲁吉亚】0 【协香港】0【协澳门】0 【特-1】0【特-2】0 【增】10【对美加征】10【出】0【退】10	千克	A	B	PR	Q	999	其他芥子(不论是否破碎)
120760	10		种用红花子	Safflower (Carthamus tinctorius) seeds for seed, whether or not broken	【最】0【普】0【特-1】0【特-2】0【特-3】0 【增】10【出】0【退】10	千克	A	B	P	NQ	999	种用红花子
120760	90		其他红花子(不论是否破碎)	Other safflower (Carthamus tinctorius) seeds, whether or not broken	【最】20【普】70 【协东盟】0【协智利】0【协新西兰】0 【协新加坡】0【协秘鲁】0【协哥斯达黎加】0 【协冰岛】0【协瑞士】8【协澳大利亚】0 【协韩国】13.3【协格鲁吉亚】0 【协香港】0【协澳门】0 【特-1】0【特-2】0 【增】10【出】0【退】10	千克	A	B	PR	QS	999	其他红花子(不论是否破碎)
120770	10		种用甜瓜的子(包括西瓜属和甜瓜属的子)	Melon seeds for seed	【最】0【普】0【特-1】0【特-2】0【特-3】0 【增】10【出】0【退】0	千克	A	B	P	Q	101 102 103	种用甜瓜的子(包括西瓜属和甜瓜属的子)(西瓜种子) 种用甜瓜的子(包括西瓜属和甜瓜属的子)(哈密瓜种子) 种用甜瓜的子(包括西瓜属和甜瓜属的子)(甜瓜种子)
120770	91		非种用黑瓜子或其他黑瓜子(不论是否破碎)	Black watermelon seeds	【最】20【普】80 【协东盟】0【协智利】0【协新西兰】0 【协新加坡】0【协秘鲁】0【协哥斯达黎加】0 【协冰岛】0【协瑞士】8【协澳大利亚】0 【协韩国】13.3【协格鲁吉亚】0 【协香港】0【协澳门】0 【特-1】0【特-2】0 【增】10【出】0【退】10	千克	A	B	PR	QS	101 102	非种用黑瓜子或其他黑瓜子(不论是否破碎)(非熟制) 非种用黑瓜子或其他黑瓜子(不论是否破碎)(熟制)

税则号列			货品名称中英文		税费综合信息	计量单位	监管证件代码		检验检疫类别		检验检疫编码	检验检疫编码对应中文名称
HS国际统一前6位	本国子目 7~8位	9~10位	中文 货物名称	英文 Article Description			进口	出口	进口	出口		
120770	92		非种用红瓜子或其他红瓜子	Red watermelon seeds	【最】20【普】80 【协东盟】0【协智利】0【协新西兰】0 【协新加坡】0【协秘鲁】0【协哥斯达黎加】0 【协冰岛】0【协瑞士】8【协澳大利亚】0 【协韩国】13.3【协格鲁吉亚】0 【协香港】0【协澳门】0 【特-1】0【特-2】0 【增】10【出】0【退】10	千克	A	B	PR	QS	999	非种用红瓜子或其他红瓜子（不论是否破碎）
120770	99		其他甜瓜的子	Other melon seeds, other than for seed	【最】30【普】70 【协东盟】0【协智利】0【协新西兰】0 【协秘鲁】0【协哥斯达黎加】0【协冰岛】0 【协澳大利亚】0【协韩国】22.5 【协格鲁吉亚】0【协香港】0【协澳门】0 【特-1】0【特-2】0【特-3】0 【增】10【出】0【退】10	千克	A	B	PR	QS	999	其他甜瓜的子（包括西瓜属和甜瓜属的子；不论是否破碎）
120791	00		罂粟子（不论是否破碎）	Poppy seeds, whether or not broken	【最】20【普】70 【协东盟】0【协智利】0【协新西兰】0 【协新加坡】0【协秘鲁】0【协哥斯达黎加】0 【协冰岛】0【协瑞士】8【协澳大利亚】0 【协韩国】13.3【协格鲁吉亚】0 【协香港】0【协澳门】0 【特-1】0【特-2】0 【增】10【出】0【退】10	千克	A	B	P	Q	999	罂粟子（不论是否破碎）
120799	10		其他种用含油子仁及果实	Other oil seeds and oleaginous for seed	【最】0【普】0【特-1】0【特-2】0【特-3】0 【增】10【出】0【退】10	千克	A	B	P	NQ	101 102 103 104 105	其他种用含油子仁及果实（亚麻种子） 其他种用含油子仁及果实（蓖麻种子） 其他种用含油子仁及果实（油棕果种子） 其他种用含油子仁及果实（红花籽） 其他种用含油子仁及果实（其他油料种子）
120799	91		牛油树果（不论是否破碎）	Shea nuts (karite nuts), whether or not broken	【最】20【普】70 【协东盟】0【协智利】0【协新西兰】0 【协新加坡】0【协秘鲁】0【协哥斯达黎加】0 【协冰岛】0【协瑞士】8【协澳大利亚】0 【协韩国】13.3【协格鲁吉亚】0 【协香港】0【协澳门】0 【特东缅甸】0【特-1】0【特-2】0【特-3】0 【增】10【出】0【退】6	千克	A	B	PR	Q	999	牛油树果（不论是否破碎）
120799	99		其他含油子仁及果实（不论是否破碎） 【电商】	Other oil seeds and oleaginous, whether or not broken	【最】10【普】70 【协东盟】0【协巴基斯坦】5【协智利】0 【协新西兰】0【协新加坡】0【协秘鲁】0 【协哥斯达黎加】0【协冰岛】0【协瑞士】0 【协澳大利亚】0【协韩国】5【协香港】0 【协澳门】0 【特东老挝】0【特东柬埔寨】0【特东缅甸】0 【特-1】0【特-2】0【特-3】0 【增】10【对美加征】10【出】0【退】6	千克	A	B	PR	QS	101 102 103 104 105 ……	其他含油子仁及果实（不论是否破碎）（未去壳油用花生） 其他含油子仁及果实（不论是否破碎）（其他籽仁为皮或衣等包被的油籽） 其他含油子仁及果实（不论是否破碎）（油用茶籽） 其他含油子仁及果实（不论是否破碎）（油用大麻籽） 其他含油子仁及果实（不论是否破碎）（油橄榄） ……①

① 该税号项下检验检疫编码及对应中文名称尚有：106 其他含油子仁及果实（不论是否破碎）（油桐籽），107 其他含油子仁及果实（不论是否破碎）（油用橡子仁），108 其他含油子仁及果实（不论是否破碎）（葡萄籽），109 其他含油子仁及果实（不论是否破碎）（其他籽仁为坚硬外壳包被的油籽），110 其他含油子仁及果实（不论是否破碎）（去壳油用花生）。

税则号列			货品名称中英文		税费综合信息	计量单位	监管证件代码		检验检疫类别		检验检疫编码	检验检疫编码对应中文名称
HS 国际统一前 6 位	本国子目 7~8 位	本国子目 9~10 位	中文 货物名称	英文 Article Description			进口	出口	进口	出口		
120810	00		大豆粉【电商】	Flours and meals of soya beans	【最】9【普】70 【协东盟】0【协巴基斯坦】5【协智利】0 【协新西兰】0【协秘鲁】0【协哥斯达黎加】0 【协冰岛】0【协瑞士】0【协澳大利亚】0 【协韩国】0【协格鲁吉亚】5.4 【协香港】0【协澳门】0 【特东柬埔寨】0【特-1】0【特-2】0【特-3】0 【增】16【出】0【退】0	千克	A	B	PR	QS	999	大豆粉
120890	00		其他含油子仁或果实的细粉及粗粉【电商】	Flours and meals of other oil seeds or oleaginous fruits, other than those of mustard	【最】15【普】80 【协东盟】0【协香港】0【协澳门】0 【协智利】0【协新西兰】0【协新加坡】0 【协秘鲁】0【协哥斯达黎加】0【协冰岛】0 【协瑞士】6【协澳大利亚】0【协韩国】7.5 【协巴基斯坦】12 【特东柬埔寨】0【特-1】0【特-2】0【特-3】0 【增】16【出】0【退】16	千克	A	B	PR	QS	999	其他含油子仁或果实的细粉及粗粉（芥子粉除外）
120910	00		糖甜菜子	Sugar beet seed	【最】0【普】0【特-1】0【特-2】0【特-3】0 【增】10【出】0【退】10	千克	A	B	P	Q	999	糖甜菜子
120921	00		紫苜蓿子	Lucerne(alfalfa) seed	【最】0【普】0【特-1】0【特-2】0【特-3】0 【增】10【出】0【退】0	千克	A	B	P	Q	999	紫苜蓿子
120922	00		三叶草子	Clover (Trifblium spp.) seed	【最】0【普】0【特-1】0【特-2】0【特-3】0 【增】10【出】0【退】0	千克	A	B	P	Q	999	三叶草子
120923	00		羊茅子	Fescue seed	【最】0【普】0【特-1】0【特-2】0【特-3】0 【增】10【出】0【退】0	千克	A	B	P	Q	999	羊茅子
120924	00		草地早熟禾子	Kentucky blue grass (Poa pratensis L.) seed	【最】0【普】0【特-1】0【特-2】0【特-3】0 【增】10【出】0【退】0	千克	A	B	P	Q	999	草地早熟禾子
120925	00		黑麦草种子	Rye grass(Lolium multiflorum lam., Lolium perenne L.) seed	【最】0【普】0【特-1】0【特-2】0【特-3】0 【增】10【出】0【退】0	千克	A	B	P	Q	999	黑麦草种子
120929	10		甜菜子，糖甜菜子除外	Beet seed, excluding sugar beet seed	【最】0【普】0【特-1】0【特-2】0【特-3】0 【增】10【出】0【退】10	千克	A	B	P	Q	999	甜菜子，糖甜菜子除外
120929	90		其他饲料植物种子	Other seeds of forage plants	【最】0【普】0【特-1】0【特-2】0【特-3】0 【增】10【出】0【退】0	千克	A	B	P	Q	101 102 103 104 105 ……	其他饲料植物种子（鸭茅属种子） 其他饲料植物种子（苜蓿属种子，紫苜蓿种子除外） 其他饲料植物种子（车轴草属种子） 其他饲料植物种子（杂高粱种子） 其他饲料植物种子（苏丹草种子） ……①
120930	00	10	濒危草本花卉植物种子【电商】②	Seeds of endangered herbaceous plants cultivated principally for their flowers	【最】0【普】0【特-1】0【特-2】0【特-3】0 【增】10【出】0【退】0	千克	AF	EB	P	Q	999	濒危草本花卉植物种子
120930	00	90	其他草本花卉植物种子【电商】③	Other seeds of herbaceous plants cultivated principally for their flowers	【最】0【普】0【特-1】0【特-2】0【特-3】0 【增】10【出】0【退】0	千克	A	B	P	Q	101 102 103 104 105 ……	其他草本花卉植物种子（地毯草种子） 其他草本花卉植物种子（散尾葵种子） 其他草本花卉植物种子（唐倡蒲种子） 其他草本花卉植物种子（鸢尾种子） 其他草本花卉植物种子（兔尾草种子） ……④

① 该税号项下检验检疫编码及对应中文名称尚有：106　其他饲料植物种子（草革芦属种子），107　其他饲料植物种子（狼尾草属种子），108　其他饲料植物种子（梯牧草子）。

② 列入《进出口野生动植物种商品目录》的商品除外。

③ 列入《进出口野生动植物种商品目录》的商品除外。

④ 该税号项下检验检疫编码及对应中文名称尚有：106　其他草本花卉植物种子（鹤望兰种子），107　其他草本花卉植物种子（其他花卉种子）。

税则号列 HS国际统一前6位	本国子目 7~8位	本国子目 9~10位	货品名称中文 货物名称	英文 Article Description	税费综合信息	计量单位	监管证件代码 进口	监管证件代码 出口	检验检疫类别 进口	检验检疫类别 出口	检验检疫编码	检验检疫编码对应中文名称
120991	00		蔬菜种子	Vegetable seeds	【最】0【普】0【特-1】0【特-2】0【特-3】0 【增】10【出】0【退】0	千克	A	B	P	Q	101 102 103 104 105 ……	蔬菜种子（菜豆种子） 蔬菜种子（番茄种子） 蔬菜种子（葱种子） 蔬菜种子（莴苣种子） 蔬菜种子（萝卜种子） ……①
120999	00	10	其他种植用濒危种子、果实及孢子	Other endangered seeds, fruit and spores, of a kind used for sowing	【最】0【普】0【特-1】0【特-2】0【特-3】0 【增】10【出】0【退】0	千克	AF	EB	P	Q	101 102 103	其他种植用濒危种子、果实及孢子（其他花卉种子） 其他种植用濒危种子、果实及孢子（其他林木种子） 其他种植用濒危种子、果实及孢子（其他经济类植物种子）
120999	00	90	其他种植用的种子、果实及孢子	Other seeds, fruit and spores, of a kind used for sowing	【最】0【普】0【特-1】0【特-2】0【特-3】0 【增】10【出】0【退】0	千克	A	B	P	Q	101 102 103 104 105 ……	其他种植用的种子、果实及孢子（其他花卉种子） 其他种植用的种子、果实及孢子（乔荆相思种子） 其他种植用的种子、果实及孢子（银荆相思种子） 其他种植用的种子、果实及孢子（红槭种子） 其他种植用的种子、果实及孢子（糖槭种子） ……②
121010	00		未研磨也未制成团粒的啤酒花（鲜或干的）	Hop cones, neither ground nor powdered nor in the form of pellets, fresh or dried	【最】20【普】50 【协东盟】0【协智利】0【协新西兰】0 【协新加坡】0【协秘鲁】0【协哥斯达黎加】0 【协冰岛】0【协瑞士】8【协澳大利亚】0 【协韩国】13.3【协格鲁吉亚】0 【协香港】0【协澳门】0 【特-1】0【特-2】0 【增】16【出】0【退】16	千克	A	B	PR	QS	999	未研磨也未制成团粒的啤酒花（鲜或干的）
121020	00		已研磨或制成团粒的啤酒花（包括蛇麻腺，鲜或干的）	Hop cones, ground, powdered or in the form of pellets, fresh or dried; lupulin	【最】10【普】50 【协东盟】0【协巴基斯坦】5【协智利】0 【协新西兰】0【协新加坡】0【协秘鲁】0 【协哥斯达黎加】0【协冰岛】0【协瑞士】0 【协澳大利亚】0【协韩国】5【协格鲁吉亚】0 【协香港】0【协澳门】0 【特-1】0【特-2】0【特-3】0 【增】16【对美加征】10【出】0【退】16	千克	A	B	PR	QS	999	已研磨或制成团粒的啤酒花（包括蛇麻腺，鲜或干的）

① 该税号项下检验检疫编码及对应中文名称尚有：106　蔬菜种子（黄瓜种子），107　蔬菜种子（辣椒种子），108　蔬菜种子（白菜种子），109　蔬菜种子（菠菜种子），110　蔬菜种子（南瓜种子），111　蔬菜种子（茄子种子），112　蔬菜种子（西葫芦种子），113　蔬菜种子（甜菜种子），114　蔬菜种子（牛蒡种子），115　蔬菜种子（黄秋葵种子），116　蔬菜种子（芦笋种子），117　蔬菜种子（空心菜种子），118　蔬菜种子（苦瓜种子），119　蔬菜种子（韭菜种子），120　蔬菜种子（花椰菜种子），121　蔬菜种子（芹属种子），122　蔬菜种子（蕹菜种子），123　蔬菜种子（生菜种子），124　蔬菜种子（青瓜种子），125　蔬菜种子（非种用芥菜种子），126　蔬菜种子（芥兰种子），127　蔬菜种子（甘蓝种子），128　蔬菜种子（刺葵种子），129　蔬菜种子（豆薯种子），130　蔬菜种子（丝瓜种子），131　蔬菜种子（芫荽种子），132　蔬菜种子（刀豆种子），133　蔬菜种子（其他蔬菜种子）。

② 该税号项下检验检疫编码及对应中文名称尚有：106　其他种植用的种子、果实及孢子（雪松种子），107　其他种植用的种子、果实及孢子（崖柏种子），108　其他种植用的种子、果实及孢子（珙桐种子），109　其他种植用的种子、果实及孢子（赤桉种子），110　其他种植用的种子、果实及孢子（黑核桃种子），111　其他种植用的种子、果实及孢子（班克松种子），112　其他种植用的种子、果实及孢子（黄花松种子），113　其他种植用的种子、果实及孢子（晚松种子），114　其他种植用的种子、果实及孢子（火炬松种子），115　其他种植用的种子、果实及孢子（西蒙得木种子），116　其他种植用的种子、果实及孢子（湿地松种子），117　其他种植用的种子、果实及孢子（黑木相思种子），118　其他种植用的种子、果实及孢子（其他林木种子），119　其他种植用的种子、果实及孢子（剪股颖属种子），120　其他种植用的种子、果实及孢子（早熟禾属种子），121　其他种植用的种子、果实及孢子（黍属种子），122　其他种植用的种子、果实及孢子（臂形草属种子），123　其他种植用的种子、果实及孢子（狗尾草属种子），124　其他种植用的种子、果实及孢子（笔花豆属种子），125　其他种植用的种子、果实及孢子（雀稗属种子），126　其他种植用的种子、果实及孢子（狗牙根种子），127　其他种植用的种子、果实及孢子（其他牧草种子），128　其他种植用的种子、果实及孢子（大麻种子），129　其他种植用的种子、果实及孢子（烟草种子），130　其他种植用的种子、果实及孢子（药用植物种子），131　其他种植用的种子、果实及孢子（糖类植物种子），132　其他种植用的种子、果实及孢子（种用甜菜），133　其他种植用的种子、果实及孢子（罂粟种子），134　其他种植用的种子、果实及孢子（其他经济类植物种子），135　其他种植用的种子、果实及孢子（洋香瓜种子），136　其他种植用的种子、果实及孢子（梅子种子），137　其他种植用的种子、果实及孢子（其他瓜果种子）。

税则号列 HS国际统一前6位	本国子目 7~8位	本国子目 9~10位	货品名称中文 货物名称	货品名称英文 Article Description	税费综合信息	计量单位	监管证件代码 进口	监管证件代码 出口	检验检疫类别 进口	检验检疫类别 出口	检验检疫编码	检验检疫编码对应中文名称
121120	10		鲜、冷、冻或干的西洋参(不论是否切割,压碎或研磨成粉) 【电商】①	American ginseng, fresh or dried, whether or not cut, crushed or powdered	【最】7.5【普】70 【协东盟】0【协香港】0【协澳门】0 【协巴基斯坦】5【协智利】0【协新西兰】0 【协新加坡】0【协秘鲁】0【协哥斯达黎加】0 【协冰岛】0【协瑞士】0【协澳大利亚】0 【协韩国】0【协格鲁吉亚】0 【特-1】0【特-2】0【特-3】0 【增】10【对美加征】15【出】0【退】10	千克	AQF	BE	MPR	QS	999	鲜、冷、冻或干的西洋参(不论是否切割,压碎或研磨成粉)(药用西洋参)
121120	20		鲜、冷、冻或干的野山参(不论是否切割,压碎或研磨成粉)	Wild ginseng (other than American ginseng), fresh or dried, whether or not cut, crushed or powdered	【最】20【普】90 【协亚太】16.4【协东盟】0【协巴基斯坦】16 【协智利】0【协新西兰】0【协新加坡】0 【协秘鲁】0【协哥斯达黎加】0【协冰岛】0 【协瑞士】8【协澳大利亚】0【协韩国】13.3 【协香港】0【协澳门】0【协格鲁吉亚】0 【特-1】0【特-2】0 【增】10【出】0【退】10	千克	AF	BE	PR	QS	101 102	鲜、冷、冻或干的野山参(不论是否切割,压碎或研磨成粉)(药用野山参) 鲜、冷、冻或干的野山参(不论是否切割,压碎或研磨成粉)(食用野山参)
121120	91		其他鲜人参(不论是否切割,压碎或研磨成粉) 【电商】②	Other ginsen roots, fresh, whether or not cut, crushed or powdered	【最】20【普】50 【协东盟】0【协香港】0【协澳门】0【协智利】0 【协新西兰】0【协新加坡】0【协秘鲁】0 【协哥斯达黎加】0【协冰岛】0【协瑞士】8 【协澳大利亚】0【协韩国】13.3【协格鲁吉亚】0 【特-1】0【特-2】0 【增】10【对美加征】15【出】0【退】10	千克	A	B	PR	QS	101 102	其他鲜人参(不论是否切割,压碎或研磨成粉)(药用鲜人参) 其他鲜人参(不论是否切割,压碎或研磨成粉)(食用鲜人参)
121120	99		其他冷、冻或干的人参(不论是否切割,压碎或研磨成粉) 【电商】③	Other ginsen roots, dried, whether or not cut, crushed or powdered	【最】20【普】50 【协东盟】0【协香港】0【协澳门】0【协智利】0 【协新西兰】0【协新加坡】0【协秘鲁】0 【协哥斯达黎加】0【协冰岛】0【协瑞士】8 【协澳大利亚】0【协格鲁吉亚】0 【特-1】0【特-2】0 【增】10【对美加征】15【出】0【退】10	千克	AQ	B	PR	QS	101 102 103	其他冷、冻或干的人参(不论是否切割,压碎或研磨成粉)(药用人参) 其他冷、冻或干的人参(不论是否切割,压碎或研磨成粉)(药用红参) 其他冷、冻或干的人参(不论是否切割,压碎或研磨成粉)(食用人参)
121130	00	10	药用古柯叶(不论是否切割,压碎或研磨成粉)	Coca leaf, used in pharmacy, whether or not cut, crushed or powdered	【最】9【普】50 【协东盟】0【协巴基斯坦】5【协智利】0 【协新西兰】0【协秘鲁】0【协哥斯达黎加】0 【协冰岛】0【协瑞士】0【协澳大利亚】0 【协韩国】0【协格鲁吉亚】0【协香港】0【协澳门】0 【特东柬埔寨】0【特-1】0【特-2】0【特-3】0 【增】10【出】0【退】10	千克	AI	BI	P	Q	999	药用古柯叶(不论是否切割,压碎或研磨成粉)(药用古柯叶)
121130	00	20	做香料用古柯叶(不论是否切割,压碎或研磨成粉)	Coca leaf, used in perfumery, whether or not cut, crushed or powdered	【最】9【普】50 【协东盟】0【协巴基斯坦】5【协智利】0 【协新西兰】0【协秘鲁】0【协哥斯达黎加】0 【协冰岛】0【协瑞士】0【协澳大利亚】0 【协韩国】0【协格鲁吉亚】0【协香港】0 【协澳门】0 【特东柬埔寨】0【特-1】0【特-2】0【特-3】0 【增】10【出】0【退】10	千克	A	B	P	Q	999	做香料用古柯叶(不论是否切割,压碎或研磨成粉)
121130	00	90	杀虫杀菌用古柯叶(不论是否切割,压碎或研磨成粉)	Coca leaf, used for insecticidal or fungicidal, whether or not cut, crushed or powdered	【最】9【普】50 【协东盟】0【协巴基斯坦】5【协智利】0 【协新西兰】0【协秘鲁】0【协哥斯达黎加】0 【协冰岛】0【协瑞士】0【协澳大利亚】0 【协韩国】0【协格鲁吉亚】0【协香港】0 【协澳门】0 【特东柬埔寨】0【特-1】0【特-2】0【特-3】0 【增】10【出】0【退】10	千克	A	B	P	Q	999	杀虫杀菌用古柯叶(不论是否切割,压碎或研磨成粉)

① 仅限网购保税商品。
② 仅限网购保税商品。
③ 仅限网购保税商品。

税则号列 HS国际统一前6位	本国子目 7~8位	本国子目 9~10位	货品名称中英文 中文 货物名称	货品名称中英文 英文 Article Description	税费综合信息	计量单位	监管证件代码 进口	监管证件代码 出口	检验检疫类别 进口	检验检疫类别 出口	检验检疫编码	检验检疫编码对应中文名称
121140	00	10	药用罂粟杆（不论是否切割，压碎或研磨成粉）	Poppy straw, used in pharmacy, whether or not cut, crushed or powdered	【最】9【普】50 【协东盟】0【协巴基斯坦】5【协智利】0 【协新西兰】0【协秘鲁】0【协哥斯达黎加】0 【协冰岛】0【协瑞士】0【协澳大利亚】0 【协韩国】0【协格鲁吉亚】0 【协香港】0【协澳门】0 【特东柬埔寨】0【特-1】0【特-2】0【特-3】0 【增】10【出】0【退】10	千克	A	B	P	Q	999	药用罂粟杆（不论是否切割，压碎或研磨成粉）（药用罂粟干）
121140	00	20	做香料用罂粟杆（不论是否切割，压碎或研磨成粉）	Poppy straw, used in perfumery, whether or not cut, crushed or powdered	【最】9【普】50 【协东盟】0【协巴基斯坦】5【协智利】0 【协新西兰】0【协秘鲁】0【协哥斯达黎加】0 【协冰岛】0【协瑞士】0【协澳大利亚】0 【协韩国】0【协格鲁吉亚】0 【协香港】0【协澳门】0 【特东柬埔寨】0【特-1】0【特-2】0【特-3】0 【增】10【出】0【退】10	千克	A	B	P	Q	999	做香料用罂粟杆（不论是否切割，压碎或研磨成粉）
121140	00	90	杀虫杀菌用罂粟杆（不论是否切割，压碎或研磨成粉）	Poppy straw, used in insecticidal or fungicidal, whether or not cut, crushed or powdered	【最】9【普】50 【协东盟】0【协巴基斯坦】5【协智利】0 【协新西兰】0【协秘鲁】0【协哥斯达黎加】0 【协冰岛】0【协瑞士】0【协澳大利亚】0 【协韩国】0【协格鲁吉亚】0 【协香港】0【协澳门】0 【特东柬埔寨】0【特-1】0【特-2】0【特-3】0 【增】10【出】0【退】10	千克	A	B	P	Q	999	杀虫杀菌用罂粟杆（不论是否切割，压碎或研磨成粉）
121150	00	11	药料用麻黄草粉	Ephedra powder, used in pharmacy	【最】9【普】30 【协亚太】4.5【协东盟】0【协巴基斯坦】4.5 【协智利】0【协新西兰】0【协秘鲁】0 【协哥斯达黎加】0【协冰岛】0【协瑞士】0 【协澳大利亚】0【协韩国】0【协格鲁吉亚】0 【协香港】0【协澳门】0 【特东柬埔寨】0【特-1】0【特-2】0【特-3】0 【增】10【出】0【退】10	千克	2AQ	3B	P	Q	999	药料用麻黄草粉
121150	00	19	药料用麻黄草	Ephedra sinica, used in pharmacy	【最】9【普】30 【协亚太】4.5【协东盟】0【协巴基斯坦】4.5 【协智利】0【协新西兰】0【协秘鲁】0 【协哥斯达黎加】0【协冰岛】0【协瑞士】0 【协澳大利亚】0【协韩国】0【协格鲁吉亚】0 【协香港】0【协澳门】0 【特东柬埔寨】0【特-1】0【特-2】0【特-3】0 【增】10【出】0【退】10	千克	AQ	8	P	Q	999	药料用麻黄草
121150	00	21	香料用麻黄草粉	Ephedra powder, of a kind used in perfumery	【最】9【普】30 【协亚太】4.5【协东盟】0【协巴基斯坦】4.5 【协智利】0【协新西兰】0【协秘鲁】0 【协哥斯达黎加】0【协冰岛】0【协瑞士】0 【协澳大利亚】0【协韩国】0【协格鲁吉亚】0 【协香港】0【协澳门】0 【特东柬埔寨】0【特-1】0【特-2】0【特-3】0 【增】10【出】0【退】10	千克	2A	3B	PR	Q	999	香料用麻黄草粉（有检疫要求食品添加剂）
121150	00	29	香料用麻黄草	Ephedra sinica, of a kind used in perfumery	【最】9【普】30 【协亚太】4.5【协东盟】0【协巴基斯坦】4.5 【协智利】0【协新西兰】0【协秘鲁】0 【协哥斯达黎加】0【协冰岛】0【协瑞士】0 【协澳大利亚】0【协韩国】0【协格鲁吉亚】0 【协香港】0【协澳门】0 【特东柬埔寨】0【特-1】0【特-2】0【特-3】0 【增】10【出】0【退】10	千克	A	8	R		999	香料用麻黄草（有检疫要求食品添加剂）
121150	00	91	其他用麻黄草粉	Other ephedra powder	【最】9【普】30 【协亚太】4.5【协东盟】0【协巴基斯坦】4.5 【协智利】0【协新西兰】0【协秘鲁】0 【协哥斯达黎加】0【协冰岛】0【协瑞士】0 【协澳大利亚】0【协韩国】0【协格鲁吉亚】0 【协香港】0【协澳门】0 【特东柬埔寨】0【特-1】0【特-2】0【特-3】0 【增】10【出】0【退】10	千克	2A	3B	P	Q	999	其他用麻黄草粉

税则号列			货品名称中英文		税费综合信息	计量单位	监管证件代码		检验检疫类别		检验检疫编码	检验检疫编码对应中文名称
HS国际统一前6位	本国子目 7~8位	本国子目 9~10位	中文 货物名称	英文 Article Description			进口	出口	进口	出口		
121150	00	99	其他用麻黄草	Other ephedra	【最】9【普】30 【协亚太】4.5【协东盟】0【协巴基斯坦】4.5 【协智利】0【协新西兰】0【协秘鲁】0 【协哥斯达黎加】0【协冰岛】0【协瑞士】0 【协澳大利亚】0【协韩国】0【协格鲁吉亚】0 【协香港】0【协澳门】0 【特东柬埔寨】0【特-1】0【特-2】0【特-3】0 【增】10【出】0【退】10	千克	A	8	P	Q	999	其他用麻黄草
121190	11		鲜、冷、冻或干的当归（不论是否切割，压碎或研磨成粉） 【电商】①	Radix angelicae sinensis, fresh or dried, whether or not cut, crushed or powdered	【最】6【普】30 【协亚太】3【协东盟】0【协巴基斯坦】0 【协智利】0【协新西兰】0【协秘鲁】0 【协哥斯达黎加】0【协冰岛】0【协瑞士】0 【协澳大利亚】0【协韩国】0【协格鲁吉亚】0 【协香港】0【协澳门】0 【特东柬埔寨】0【特-1】0【特-2】0【特-3】0 【增】10【出】0【退】10	千克	AQ	B	PR	Q	101 102	鲜、冷、冻或干的当归（不论是否切割，压碎或研磨成粉）（药用当归） 鲜、冷、冻或干的当归（不论是否切割，压碎或研磨成粉）（药用三七）
121190	12		鲜、冷、冻或干的三七（田七）（不论是否切割，压碎或研磨成粉）	Sanchi (radix pseudoginseng), fresh or dried, whether or not cut, crushed or powdered	【最】6【普】20 【协亚太】3【协东盟】0【协巴基斯坦】0 【协智利】0【协新西兰】0【协秘鲁】0 【协哥斯达黎加】0【协冰岛】0【协瑞士】0 【协澳大利亚】0【协韩国】0【协格鲁吉亚】0 【协香港】0【协澳门】0 【特东柬埔寨】0【特-1】0【特-2】0【特-3】0 【增】10【出】0【退】10	千克	AQ	B	PR	Q	101 102	鲜、冷、冻或干的三七（田七）（不论是否切割，压碎或研磨成粉）（药用田七） 鲜、冷、冻或干的三七（田七）（不论是否切割，压碎或研磨成粉）（药用党参）
121190	13		鲜、冷、冻或干的党参（不论是否切割，压碎或研磨成粉）	Radix codonopsitis, fresh or dried, whether or not cut, crushed or powdered	【最】6【普】20 【协亚太】3【协东盟】0【协巴基斯坦】0 【协智利】0【协新西兰】0【协秘鲁】0 【协哥斯达黎加】0【协冰岛】0【协瑞士】0 【协澳大利亚】0【协韩国】0【协格鲁吉亚】0 【协香港】0【协澳门】0 【特-1】0【特-2】0【特-3】0 【增】10【出】0【退】10	千克	AQ	B	PR	Q	999	鲜、冷、冻或干的党参（不论是否切割，压碎或研磨成粉）（药用党参）
121190	14		鲜、冷、冻或干的黄连（不论是否切割，压碎或研磨成粉）	Rhizoma coptidis, fresh or dried, whether or not cut, crushed or powdered	【最】6【普】20 【协亚太】3【协东盟】0【协巴基斯坦】0 【协智利】0【协新西兰】0【协秘鲁】0 【协哥斯达黎加】0【协冰岛】0【协瑞士】0 【协澳大利亚】0【协韩国】0【协格鲁吉亚】0 【协香港】0【协澳门】0 【特-1】0【特-2】0【特-3】0 【增】10【出】0【退】10	千克	AQ	B	P	Q	999	鲜、冷、冻或干的黄连（不论是否切割，压碎或研磨成粉）（药用黄连）
121190	15		鲜、冷、冻或干的菊花（不论是否切割，压碎或研磨成粉） 【电商】②	Flos chrysanthemi, fresh or dried, whether or not cut, crushed or powdered	【最】6【普】20 【协亚太】3【协东盟】0【协巴基斯坦】0 【协智利】0【协新西兰】0【协秘鲁】0 【协哥斯达黎加】0【协冰岛】0【协瑞士】0 【协澳大利亚】0【协韩国】0【协格鲁吉亚】0 【协香港】0【协澳门】0 【特东柬埔寨】0【特-1】0【特-2】0【特-3】0 【增】10【出】0【退】0	千克	AQ	B	PR	QS	101 102 103	鲜、冷、冻或干的菊花（不论是否切割，压碎或研磨成粉）（药用野菊花） 鲜、冷、冻或干的菊花（不论是否切割，压碎或研磨成粉）（药用菊花） 鲜、冷、冻或干的菊花（不论是否切割，压碎或研磨成粉）（食用菊花）
121190	16		鲜、冷、冻或干的冬虫夏草（不论是否切割，压碎或研磨成粉）	Cordyceps sinensis, fresh or dried, whether or not cut, crushed or powdered	【最】6【普】20 【协亚太】3【协东盟】0【协澳门】0 【协巴基斯坦】0【协智利】0【协新西兰】0 【协秘鲁】0【协哥斯达黎加】0【协冰岛】0 【协瑞士】0【协澳大利亚】0【协韩国】0 【协格鲁吉亚】0【协香港】0 【特东柬埔寨】0【特-1】0【特-2】0【特-3】0 【增】10【出】0【退】10	千克	AQ	BE	P	Q	999	鲜、冷、冻或干的冬虫夏草（不论是否切割，压碎或研磨成粉）（药用冬虫夏草）

① 仅限网购保税商品。

② 仅限网购保税商品。

税则号列 HS国际统一前6位	本国子目 7~8位	本国子目 9~10位	货品名称中文 货物名称	货品名称英文 Article Description	税费综合信息	计量单位	监管证件代码 进口	监管证件代码 出口	检验检疫类别 进口	检验检疫类别 出口	检验检疫编码	检验检疫编码对应中文名称
121190	17		鲜、冷、冻或干的贝母（不论是否切割，压碎或研磨成粉）	Bulbs fritillariae thunbergii, fresh or dried, whether or not cut, crushed or powdered	【最】6【普】20 【协亚太】3【协东盟】0【协巴基斯坦】0 【协智利】0【协新西兰】0【协秘鲁】0 【协哥斯达黎加】0【协冰岛】0【协瑞士】0 【协澳大利亚】0【协韩国】0【协格鲁吉亚】0 【协香港】0【协澳门】0 【特东柬埔寨】0【特-1】0【特-2】0【特-3】0 【增】10【出】0【退】10	千克	AQ	B	PR	Q	999	鲜、冷、冻或干的贝母(不论是否切割，压碎或研磨成粉)（药用贝母）
121190	18		鲜、冷、冻或干的川芎（不论是否切割，压碎或研磨成粉）	Rhizoma ligustici, fresh or dried, whether or not cut, crushed or powdered	【最】6【普】20 【协亚太】3【协东盟】0【协巴基斯坦】0 【协智利】0【协新西兰】0【协秘鲁】0 【协哥斯达黎加】0【协冰岛】0【协瑞士】0 【协澳大利亚】0【协韩国】0【协格鲁吉亚】0 【协香港】0【协澳门】0 【特东柬埔寨】0【特-1】0【特-2】0【特-3】0 【增】10【出】0【退】10	千克	AQ	B	PR	Q	101	鲜、冷、冻或干的川芎(不论是否切割，压碎或研磨成粉)（药用川芎）
121190	19		鲜、冷、冻或干的半夏（不论是否切割，压碎或研磨成粉）	Rhizoma pinelliae, fresh or dried, whether or not cut, crushed or powdered	【最】6【普】20 【协亚太】3【协东盟】0【协巴基斯坦】0 【协智利】0【协新西兰】0【协秘鲁】0 【协哥斯达黎加】0【协冰岛】0【协瑞士】0 【协澳大利亚】0【协韩国】0【协格鲁吉亚】0 【协香港】0【协澳门】0 【特东柬埔寨】0【特-1】0【特-2】0【特-3】0 【增】10【出】0【退】10	千克	AQ	B	P	Q	999	鲜、冷、冻或干的半夏(不论是否切割，压碎或研磨成粉)（药用半夏）
121190	21		鲜、冷、冻或干的白芍（不论是否切割，压碎或研磨成粉）	Radix paeoniae lactiflorae, fresh or dried, whether or not cut, crushed or powdered	【最】6【普】20 【协亚太】3【协东盟】0【协巴基斯坦】0 【协智利】0【协新西兰】0【协秘鲁】0 【协哥斯达黎加】0【协冰岛】0【协瑞士】0 【协澳大利亚】0【协韩国】0【协格鲁吉亚】0 【协香港】0【协澳门】0 【特东柬埔寨】0【特-1】0【特-2】0【特-3】0 【增】10【出】0【退】10	千克	AQ	B	PR	Q	101	鲜、冷、冻或干的白芍(不论是否切割，压碎或研磨成粉)（药用白芍）
121190	22		鲜、冷、冻或干的天麻（不论是否切割，压碎或研磨成粉）	Rhizoma gastrodiae, fresh or dried, whether or not cut, crushed or powdered	【最】6【普】20 【协亚太】3【协东盟】0【协巴基斯坦】0 【协智利】0【协新西兰】0【协秘鲁】0 【协哥斯达黎加】0【协冰岛】0【协瑞士】0 【协澳大利亚】0【协韩国】0【协格鲁吉亚】0 【协香港】0【协澳门】0 【特东柬埔寨】0【特-1】0【特-2】0【特-3】0 【增】10【出】0【退】10	千克	AQF	BE	PR	Q	101	鲜、冷、冻或干的天麻(不论是否切割，压碎或研磨成粉)（药用天麻）
121190	23		鲜、冷、冻或干的黄芪（不论是否切割，压碎或研磨成粉）	Radix astragali, fresh or dried, whether or not cut, crushed or powdered	【最】6【普】30 【协亚太】3【协东盟】0【协巴基斯坦】0 【协智利】0【协新西兰】0【协秘鲁】0 【协哥斯达黎加】0【协冰岛】0【协瑞士】0 【协澳大利亚】0【协韩国】0【协格鲁吉亚】0 【协香港】0【协澳门】0 【特东柬埔寨】0【特-1】0【特-2】0【特-3】0 【增】10【出】0【退】10	千克	AQ	B	PR	Q	101	鲜、冷、冻或干的黄芪(不论是否切割，压碎或研磨成粉)（药用黄芪）
121190	24		鲜、冷、冻或干的大黄、籽黄（不论是否切割，压碎或研磨成粉）	Rhubarb, fresh or dried, whether or not cut, crushed or powdered	【最】6【普】20 【协亚太】3【协东盟】0【协巴基斯坦】0 【协智利】0【协新西兰】0【协秘鲁】0 【协哥斯达黎加】0【协冰岛】0【协瑞士】0 【协澳大利亚】0【协韩国】0【协格鲁吉亚】0 【协香港】0【协澳门】0 【特东柬埔寨】0【特-1】0【特-2】0【特-3】0 【增】10【出】0【退】10	千克	AQ	B	PR	Q	999	鲜、冷、冻或干的大黄、籽黄（不论是否切割，压碎或研磨成粉）(药用大黄)
121190	25		鲜、冷、冻或干的白术（不论是否切割，压碎或研磨成粉）	Rhizoma atractylodis macrocephalae, fresh or dried, whether or not cut, crushed or powdered	【最】6【普】20 【协亚太】3【协东盟】0【协巴基斯坦】0 【协智利】0【协新西兰】0【协秘鲁】0 【协哥斯达黎加】0【协冰岛】0【协瑞士】0 【协澳大利亚】0【协韩国】0【协格鲁吉亚】0 【协香港】0【协澳门】0 【特东柬埔寨】0【特-1】0【特-2】0【特-3】0 【增】10【出】0【退】10	千克	AQ	B	PR	Q	101	鲜、冷、冻或干的白术(不论是否切割，压碎或研磨成粉)（药用白术）

税则号列			货品名称中英文		税费综合信息	计量单位	监管证件代码		检验检疫类别		检验检疫编码	检验检疫编码对应中文名称
HS国际统一前6位	本国子目 7~8位	9~10位	中文 货物名称	英文 Article Description			进口	出口	进口	出口		
121190	26		鲜、冷、冻或干的地黄（不论是否切割，压碎或研磨成粉）	Radix rehmanniae, fresh or dried, whether or not cut, crushed or powdered	【最】6【普】20 【协亚太】3【协东盟】0【协巴基斯坦】0 【协智利】0【协新西兰】0【协秘鲁】0 【协哥斯达黎加】0【协冰岛】0【协瑞士】0 【协澳大利亚】0【协韩国】0【协格鲁吉亚】0 【协香港】0【协澳门】0 【特东柬埔寨】0【特-1】0【特-2】0【特-3】0 【增】10【出】0【退】10	千克	AQ	B	PR	Q	101	鲜、冷、冻或干的地黄（不论是否切割，压碎或研磨成粉）（药用地黄）
121190	27		鲜、冷、冻或干的槐米（不论是否切割，压碎或研磨成粉）	Flos sophorae, fresh or dried, whether or not cut, crushed or powdered	【最】6【普】20 【协亚太】3【协东盟】0【协巴基斯坦】0 【协智利】0【协新西兰】0【协秘鲁】0 【协哥斯达黎加】0【协冰岛】0【协瑞士】0 【协澳大利亚】0【协韩国】0【协格鲁吉亚】0 【协香港】0【协澳门】0 【特东柬埔寨】0【特-1】0【特-2】0【特-3】0 【增】10【出】0【退】10	千克	AQ	B	PR	QS	101 102	鲜、冷、冻或干的槐米（不论是否切割，压碎或研磨成粉）（药用槐米） 鲜、冷、冻或干的槐米（不论是否切割，压碎或研磨成粉）（食用槐米）
121190	28		鲜、冷、冻或干的杜仲（不论是否切割，压碎或研磨成粉）	Cortex eucommiae, fresh or dried, whether or not cut, crushed or powdered	【最】6【普】20 【协亚太】3【协东盟】0【协巴基斯坦】0 【协智利】0【协新西兰】0【协秘鲁】0 【协哥斯达黎加】0【协冰岛】0【协瑞士】0 【协澳大利亚】0【协韩国】0【协格鲁吉亚】0 【协香港】0【协澳门】0 【特东柬埔寨】0【特-1】0【特-2】0【特-3】0 【增】10【出】0【退】10	千克	AQ	B	PR	Q	999	鲜、冷、冻或干的杜仲（不论是否切割，压碎或研磨成粉）（药用杜仲）
121190	29		鲜、冷、冻或干的茯苓（不论是否切割，压碎或研磨成粉）	Poria, fresh or dried, whether or not cut, crushed or powdered	【最】6【普】20 【协亚太】3【协东盟】0【协巴基斯坦】0 【协智利】0【协新西兰】0【协秘鲁】0 【协哥斯达黎加】0【协冰岛】0【协瑞士】0 【协澳大利亚】0【协韩国】0【协格鲁吉亚】0 【协香港】0【协澳门】0 【特东老挝】0【特东柬埔寨】0【特东缅甸】0 【特-1】0【特-2】0【特-3】0 【增】10【出】0【退】10	千克	AQ	B	PR	QS	101 102	鲜、冷、冻或干的茯苓（不论是否切割，压碎或研磨成粉）（药用茯苓） 鲜、冷、冻或干的茯苓（不论是否切割，压碎或研磨成粉）（食用茯苓）
121190	31		鲜、冷、冻或干的枸杞（不论是否切割，压碎或研磨成粉）	Fructus lycii, fresh or dried, whether or not cut, crushed or powdered	【最】6【普】30 【协亚太】3【协东盟】0【协巴基斯坦】0 【协智利】0【协新西兰】0【协秘鲁】0 【协哥斯达黎加】0【协冰岛】0【协瑞士】0 【协澳大利亚】0【协韩国】0【协格鲁吉亚】0 【协香港】0【协澳门】0 【特东柬埔寨】0【特-1】0【特-2】0【特-3】0 【增】10【出】0【退】10	千克	AQ	B	PR	QS	101 102	鲜、冷、冻或干的枸杞（不论是否切割，压碎或研磨成粉）（药用枸杞子） 鲜、冷、冻或干的枸杞（不论是否切割，压碎或研磨成粉）（食用枸杞子）
121190	32		鲜、冷、冻或干的大海子（不论是否切割，压碎或研磨成粉）	Bantaroi seeds, fresh or dried, whether or not cut, crushed or powdered	【最】6【普】20 【协亚太】3【协东盟】0【协巴基斯坦】0 【协智利】0【协新西兰】0【协秘鲁】0 【协哥斯达黎加】0【协冰岛】0【协瑞士】0 【协澳大利亚】0【协韩国】0【协格鲁吉亚】0 【协香港】0【协澳门】0 【特东柬埔寨】0【特-1】0【特-2】0【特-3】0 【增】10【出】0【退】10	千克	AQ	B	PR	QS	101 102	鲜、冷、冻或干的大海子（不论是否切割，压碎或研磨成粉）［药用大海子（胖大海）］ 鲜、冷、冻或干的大海子（不论是否切割，压碎或研磨成粉）［食用大海子（胖大海）］
121190	33		鲜、冷、冻或干的沉香（不论是否切割，压碎或研磨成粉）	Aloes wood, fresh or dried, whether or not cut, crushed or powdered	【最】3【普】20 【协亚太】1.5【协东盟】0【协巴基斯坦】0 【协智利】0【协新西兰】0【协秘鲁】0 【协哥斯达黎加】0【协冰岛】0【协瑞士】0 【协澳大利亚】0【协韩国】0【协格鲁吉亚】0 【协香港】0【协澳门】0 【特东柬埔寨】0【特-1】0【特-2】0【特-3】0 【增】10【出】0【退】10	千克	AQF	EB	P	Q	999	鲜、冷、冻或干的沉香（不论是否切割，压碎或研磨成粉）（药用沉香）
121190	34		鲜、冷、冻或干的沙参（不论是否切割，压碎或研磨成粉）	Adenophora axilliflora, fresh or dried, whether or not cut, crushed or powdered	【最】6【普】20 【协亚太】3【协东盟】0【协巴基斯坦】0 【协智利】0【协新西兰】0【协秘鲁】0 【协哥斯达黎加】0【协冰岛】0【协瑞士】0 【协澳大利亚】0【协韩国】0【协格鲁吉亚】0 【协香港】0【协澳门】0 【特东柬埔寨】0【特-1】0【特-2】0【特-3】0 【增】10【出】0【退】10	千克	AQ	B	PR	Q	999	鲜、冷、冻或干的沙参（不论是否切割，压碎或研磨成粉）（药用沙参）

税则号列			货品名称中英文		税费综合信息	计量单位	监管证件代码		检验检疫类别		检验检疫编码	检验检疫编码对应中文名称
HS国际统一前6位	本国子目 7~8位	本国子目 9~10位	中文 货物名称	英文 Article Description			进口	出口	进口	出口		
121190	35		鲜、冷、冻或干的青蒿（不论是否切割，压碎或研磨成粉）	Southernwood, fresh or dried, whether or not cut, crushed or powdered	【最】6【普】20 【协东盟】0【协巴基斯坦】5【协智利】0 【协新西兰】0【协秘鲁】0【协哥斯达黎加】0 【协冰岛】0【协瑞士】0【协澳大利亚】0 【协韩国】0【协格鲁吉亚】0【协香港】0 【协澳门】0 【特东柬埔寨】0【特-1】0【特-2】0【特-3】0 【增】10【出】0【退】0	千克	A	B	P	Q	999	鲜、冷、冻或干的青蒿（不论是否切割，压碎或研磨成粉）（药用青蒿）
121190	36		鲜、冷、冻或干的甘草（不论是否切割，压碎或研磨成粉）	Liquorice roots, fresh or dried, whether or not cut, crushed or powdered	【最】6【普】30【暂进】0 【协东盟】0【协巴基斯坦】5【协智利】0 【协新西兰】0【协秘鲁】0【协哥斯达黎加】0 【协冰岛】0【协瑞士】0【协澳大利亚】0 【协韩国】0【协格鲁吉亚】3.6【协香港】0 【协澳门】0 【特-1】0【特-2】0【特-3】0 【增】10【出】0【退】10	千克	AQ	B4xy	PR	QS	101 103	鲜、冷、冻或干的甘草（不论是否切割，压碎或研磨成粉）（药用甘草） 鲜、冷、冻或干的甘草（不论是否切割，压碎或研磨成粉）（食用甘草）
121190	37		鲜、冷、冻或干的黄芩（不论是否切割，压碎或研磨成粉）	Scutellaria, fresh or dried, whether or not cut, crushed or powdered	【最】6【普】20 【协亚太】3【协东盟】0【协巴基斯坦】0 【协智利】0【协新西兰】0【协秘鲁】0 【协哥斯达黎加】0【协冰岛】0【协瑞士】0 【协澳大利亚】0【协韩国】0【协格鲁吉亚】0 【协香港】0【协澳门】0 【特东老挝】0【特东柬埔寨】0【特东缅甸】0 【特-1】0【特-2】0【特-3】0 【增】10【出】0【退】10	千克	AQ	B	P	Q	999	鲜、冷、冻或干的黄芩（不论是否切割，压碎或研磨成粉）（药用黄芩）
121190	38	10	海南椴、紫椴（籽椴）花及叶	Hainan linden flower and leaf	【最】6【普】30 【协亚太】3【协东盟】0【协巴基斯坦】0 【协智利】0【协新西兰】0【协秘鲁】0 【协哥斯达黎加】0【协冰岛】0【协瑞士】0 【协澳大利亚】0【协韩国】0【协格鲁吉亚】0 【协香港】0【协澳门】0 【特东老挝】0【特东柬埔寨】0【特东缅甸】0 【特-1】0【特-2】0【特-3】0 【增】10【出】0【退】10	千克	AQ	BE	P	Q	999	海南椴、紫椴（籽椴）花及叶（不论是否切割，压碎或研磨成粉）
121190	38	90	其他椴树（欧椴）花及叶	Other linden flower and leaf	【最】6【普】30 【协亚太】3【协东盟】0【协巴基斯坦】0 【协智利】0【协新西兰】0【协秘鲁】0 【协哥斯达黎加】0【协冰岛】0【协瑞士】0 【协澳大利亚】0【协韩国】0【协格鲁吉亚】0 【特东老挝】0【特东柬埔寨】0【特东缅甸】0 【协香港】0【协澳门】0 【特-1】0【特-2】0【特-3】0 【增】10【出】0【退】10	千克	AQ	B	P	Q	999	其他椴树（欧椴）花及叶
121190	39	30	大麻 【电商】①	Hemp (Cannabis sativa)	【最】6【普】20 【协亚太】3【协东盟】0【协巴基斯坦】0 【协智利】0【协新西兰】0【协秘鲁】0 【协哥斯达黎加】0【协冰岛】0【协瑞士】0 【协澳大利亚】0【协韩国】0【协格鲁吉亚】0 【协香港】0【协澳门】0 【特东老挝】0【特东柬埔寨】0【特东缅甸】0 【特-1】0【特-2】0【特-3】0 【增】10【对美加征】10【出】0【退】10	千克	AI	BI	P	Q	999	大麻
121190	39	40	罂粟壳 【电商】②	Poppy shell	【最】6【普】20 【协亚太】3【协东盟】0【协巴基斯坦】0 【协智利】0【协新西兰】0【协秘鲁】0 【协哥斯达黎加】0【协冰岛】0【协瑞士】0 【协澳大利亚】0【协韩国】0【协格鲁吉亚】0 【协香港】0【协澳门】0 【特东老挝】0【特东柬埔寨】0【特东缅甸】0 【特-1】0【特-2】0【特-3】0 【增】10【对美加征】10【出】0【退】10	千克	AI	BI	P	Q	999	罂粟壳（药用罂粟壳）

① 仅限网购保税商品；罂粟、罂粟壳、大麻、古柯、恰特草除外。

② 仅限网购保税商品；罂粟、罂粟壳、大麻、古柯、恰特草除外。

税则号列			货品名称中英文		税费综合信息	计量单位	监管证件代码		检验检疫类别		检验检疫编码	检验检疫编码对应中文名称
HS 国际统一前 6 位	本国子目 7~8 位	本国子目 9~10 位	中文 货物名称	英文 Article Description			进口	出口	进口	出口		
121190	39	50	鲜、冷、冻或干的木香（不论是否切割，压碎或研磨成粉） 【电商】①	Costustoot, fresh or dried, whether or not cut, crushed or powdered	【最】6【普】20 【协亚太】3【协东盟】0【协巴基斯坦】0 【协智利】0【协新西兰】0【协秘鲁】0 【协哥斯达黎加】0【协冰岛】0【协瑞士】0 【协澳大利亚】0【协韩国】0【协格鲁吉亚】0 【协香港】0【协澳门】0 【特东老挝】0【特东柬埔寨】0【特东缅甸】0 【特-1】0【特-2】0【特-3】0 【增】10【对美加征】10【出】0【退】10	千克	AF	BE	P	Q	999	鲜、冷、冻或干的木香（不论是否切割，压碎或研磨成粉）（药用木香）
121190	39	60	鲜、冷、冻或干的黄草及枫斗（石斛）（不论是否切割，压碎或研磨成粉） 【电商】②	Herba dendrobii and Dendrobium, fresh or dried, whether or not cut, crushed or powdered	【最】6【普】20 【协亚太】3【协东盟】0【协巴基斯坦】0 【协智利】0【协新西兰】0【协秘鲁】0 【协哥斯达黎加】0【协冰岛】0【协瑞士】0 【协澳大利亚】0【协韩国】0【协格鲁吉亚】0 【协香港】0【协澳门】0 【特东老挝】0【特东柬埔寨】0【特东缅甸】0 【特-1】0【特-2】0【特-3】0 【增】10【对美加征】10【出】0【退】10	千克	AF	BE	P	Q	101	鲜、冷、冻或干的黄草及枫斗（石斛）（不论是否切割，压碎或研磨成粉）（药用石斛）
121190	39	70	鲜、冷、冻或干的苁蓉（不论是否切割，压碎或研磨成粉） 【电商】③	Cistanche, fresh or dried, whether or not cut, crushed or powdered	【最】6【普】20 【协亚太】3【协东盟】0【协巴基斯坦】0 【协智利】0【协新西兰】0【协秘鲁】0 【协哥斯达黎加】0【协冰岛】0【协瑞士】0 【协澳大利亚】0【协韩国】0【协格鲁吉亚】0 【协香港】0【协澳门】0 【特东老挝】0【特东柬埔寨】0【特东缅甸】0 【特-1】0【特-2】0【特-3】0 【增】10【对美加征】10【出】0【退】10	千克	AF	BE	P	Q	999	鲜、冷、冻或干的苁蓉（不论是否切割，压碎或研磨成粉）（药用肉苁蓉）
121190	39	81	鲜或干的红豆杉皮、枝叶等（不论是否切割，压碎或研磨成粉） 【电商】④	Bark, branch and leaf of Chinese yew (Taxus chinensis), fresh or dried, whether or not cut, crushed or powdered	【最】6【普】20【暂进】0 【协亚太】3【协东盟】0【协巴基斯坦】0 【协智利】0【协新西兰】0【协秘鲁】0 【协哥斯达黎加】0【协冰岛】0【协瑞士】0 【协澳大利亚】0【协韩国】0【协格鲁吉亚】0 【协香港】0【协澳门】0 【特东老挝】0【特东柬埔寨】0【特东缅甸】0 【特-1】0【特-2】0【特-3】0 【增】10【对美加征】10【出】0【退】10	千克	AF	BE	P	Q	999	鲜或干的红豆杉皮、枝叶等（不论是否切割，压碎或研磨成粉）
121190	39	89	冷或冻的红豆杉皮、枝叶等（不论是否切割，压碎或研磨成粉） 【电商】⑤	Bark, branch and leaf of Chinese yew (Taxus chinensis), cold or frozen, whether or not cut, crushed or powdered	【最】6【普】20 【协亚太】3【协东盟】0【协巴基斯坦】0 【协智利】0【协新西兰】0【协秘鲁】0 【协哥斯达黎加】0【协冰岛】0【协瑞士】0 【协澳大利亚】0【协韩国】0【协格鲁吉亚】0 【协香港】0【协澳门】0 【特东老挝】0【特东柬埔寨】0【特东缅甸】0 【特-1】0【特-2】0【特-3】0 【增】10【对美加征】10【出】0【退】10	千克	AF	BE	P	Q	999	冷或冻的红豆杉皮、枝叶等（不论是否切割，压碎或研磨成粉）
121190	39	91	其他主要用作药料鲜、冷、冻或干的濒危植物（包括其某部分，不论是否切割，压碎或研磨成粉） 【电商】⑥	Other endangered plants and parts of plants, of a kind used primarily in pharmacy, fresh or dried, whether or not cut, crushed or powdered	【最】6【普】20 【协亚太】3【协东盟】0【协巴基斯坦】0 【协智利】0【协新西兰】0【协秘鲁】0 【协哥斯达黎加】0【协冰岛】0【协瑞士】0 【协澳大利亚】0【协韩国】0【协格鲁吉亚】0 【协香港】0【协澳门】0 【特东老挝】0【特东柬埔寨】0【特东缅甸】0 【特-1】0【特-2】0【特-3】0 【增】10【对美加征】10【出】0【退】0	千克	AF	BE	P	Q	101 102	其他主要用作药料鲜、冷、冻或干的濒危植物（包括其某部分，不论是否切割，压碎或研磨成粉）（药用濒危植物中药材） 其他主要用作药料鲜、冷、冻或干的濒危植物（包括其某部分，不论是否切割，压碎或研磨成粉）（食用濒危植物中药材）

① 仅限网购保税商品；罂粟、罂粟壳、大麻、古柯、恰特草除外。
② 仅限网购保税商品；罂粟、罂粟壳、大麻、古柯、恰特草除外。
③ 仅限网购保税商品；罂粟、罂粟壳、大麻、古柯、恰特草除外。
④ 仅限网购保税商品；罂粟、罂粟壳、大麻、古柯、恰特草除外。
⑤ 仅限网购保税商品；罂粟、罂粟壳、大麻、古柯、恰特草除外。
⑥ 仅限网购保税商品；罂粟、罂粟壳、大麻、古柯、恰特草除外。

税则号列			货品名称中英文		税费综合信息	计量单位	监管证件代码		检验检疫类别		检验检疫编码	检验检疫编码对应中文名称
HS国际统一前6位	本国子目 7~8位	9~10位	中文 货物名称	英文 Article Description			进口	出口	进口	出口		
121190	39	92	加纳籽、车前子壳粉、育亨宾皮（包括其某部分，不论是否切割，压碎或研磨成粉） 【电商】①	Griffonia seed, plantago seed powder, yohimbine bark, and its part whether or not cut, crushed or powdered	【最】6【普】20 【协亚太】3【协东盟】0【协巴基斯坦】0 【协智利】0【协新西兰】0【协秘鲁】0 【协哥斯达黎加】0【协冰岛】0【协瑞士】0 【协澳大利亚】0【协韩国】0【协格鲁吉亚】0 【协香港】0【协澳门】0 【特东老挝】0【特东柬埔寨】0【特东缅甸】0 【特-1】0【特-2】0【特-3】0 【增】10【对美加征】10【出】0【退】10	千克	A	B	P	Q	999	加纳籽、车前子壳粉、育亨宾皮（包括其某部分，不论是否切割，压碎或研磨成粉）
121190	39	93	恰特草（包括其某部分，不论是否切割、压碎或研磨成粉） 【电商】②	Khat(including part of its, whether or not cutccrushed or powdered)	【最】6【普】20 【协亚太】3【协东盟】0【协巴基斯坦】0 【协智利】0【协新西兰】0【协秘鲁】0 【协哥斯达黎加】0【协冰岛】0【协瑞士】0 【协澳大利亚】0【协韩国】0【协格鲁吉亚】0 【协香港】0【协澳门】0 【特东老挝】0【特东柬埔寨】0【特东缅甸】0 【特-1】0【特-2】0【特-3】0 【增】10【对美加征】10【出】0【退】10	千克	AI	BI	P	Q	999	恰特草（Cathaedulis-Forssk;包括其某部分，不论是否切割、压碎或研磨成粉）
121190	39	99	其他主要用作药料的鲜、冷、冻或干的植物（包括其某部分，不论是否切割，压碎或研磨成粉） 【电商】③	Other plants and parts of plants, of a kind used primarily in pharmacy, fresh or dried, whether or not cut, crushed or powdered	【最】6【普】20 【协亚太】3【协东盟】0【协巴基斯坦】0 【协智利】0【协新西兰】0【协秘鲁】0 【协哥斯达黎加】0【协冰岛】0【协瑞士】0 【协澳大利亚】0【协韩国】0【协格鲁吉亚】0 【协香港】0【协澳门】0 【特东老挝】0【特东柬埔寨】0【特东缅甸】0 【特-1】0【特-2】0【特-3】0 【增】10【对美加征】10【出】0【退】10	千克	AQ	B	P	Q	101 102 103 104	其他主要用作药料的鲜、冷、冻或干的植物(包括其某部分，不论是否切割，压碎或研磨成粉)（药用玉竹） 其他主要用作药料的鲜、冷、冻或干的植物(包括其某部分，不论是否切割，压碎或研磨成粉)（药用白芷） 其他主要用作药料的鲜、冷、冻或干的植物(包括其某部分，不论是否切割，压碎或研磨成粉)（药用桔梗） 其他主要用作药料的鲜、冷、冻或干的植物(包括其某部分，不论是否切割，压碎或研磨成粉)（药用高良姜）

① 仅限网购保税商品；罂粟、罂粟 壳、大麻、古柯、恰特草除外。
② 仅限网购保税商品；罂粟、罂粟 壳、大麻、古柯、恰特草除外。
③ 仅限网购保税商品；罂粟、罂粟 壳、大麻、古柯、恰特草除外。

税则号列 HS 国际统一前6位	本国子目 7~8位	本国子目 9~10位	货品名称中英文 中文 货物名称	货品名称中英文 英文 Article Description	税费综合信息	计量单位	监管证件代码 进口	监管证件代码 出口	检验检疫类别 进口	检验检疫类别 出口	检验检疫编码	检验检疫编码对应中文名称
											105 ……	其他主要用作药料的鲜、冷、冻或干的植物（包括其某部分，不论是否切割，压碎或研磨成粉）（药用黄精） ……①

① 该税号项下检验检疫编码及对应中文名称尚有：106　其他主要用作药料的鲜、冷、冻或干的植物（包括其某部分，不论是否切割，压碎或研磨成粉）（药用葛根），107　其他主要用作药料的鲜、冷、冻或干的植物（包括其某部分，不论是否切割，压碎或研磨成粉）（药用白茅根），108　其他主要用作药料的鲜、冷、冻或干的植物（包括其某部分，不论是否切割，压碎或研磨成粉）（药用芦根），109　其他主要用作药料的鲜、冷、冻或干的植物（包括其某部分，不论是否切割，压碎或研磨成粉）（药用薤白），110　其他主要用作药料的鲜、冷、冻或干的植物（包括其某部分，不论是否切割，压碎或研磨成粉）（药用白及），111　其他主要用作药料的鲜、冷、冻或干的植物（包括其某部分，不论是否切割，压碎或研磨成粉）（药用板蓝根），112　其他主要用作药料的鲜、冷、冻或干的植物（包括其某部分，不论是否切割，压碎或研磨成粉）（药用苍术），113　其他主要用作药料的鲜、冷、冻或干的植物（包括其某部分，不论是否切割，压碎或研磨成粉）（药用柴胡），114　其他主要用作药料的鲜、冷、冻或干的植物（包括其某部分，不论是否切割，压碎或研磨成粉）（药用赤芍），115　其他主要用作药料的鲜、冷、冻或干的植物（包括其某部分，不论是否切割，压碎或研磨成粉）（药用刺五加），116　其他主要用作药料的鲜、冷、冻或干的植物（包括其某部分，不论是否切割，压碎或研磨成粉）（药用丹参），117　其他主要用作药料的鲜、冷、冻或干的植物（包括其某部分，不论是否切割，压碎或研磨成粉）（药用地骨皮），118　其他主要用作药料的鲜、冷、冻或干的植物（包括其某部分，不论是否切割，压碎或研磨成粉）（药用地榆），119　其他主要用作药料的鲜、冷、冻或干的植物（包括其某部分，不论是否切割，压碎或研磨成粉）（药用独活），120　其他主要用作药料的鲜、冷、冻或干的植物（包括其某部分，不论是否切割，压碎或研磨成粉）（药用莪术），121　其他主要用作药料的鲜、冷、冻或干的植物（包括其某部分，不论是否切割，压碎或研磨成粉）（药用防风），122　其他主要用作药料的鲜、冷、冻或干的植物（包括其某部分，不论是否切割，压碎或研磨成粉）（药用附子），123　其他主要用作药料的鲜、冷、冻或干的植物（包括其某部分，不论是否切割，压碎或研磨成粉）（药用钩藤），124　其他主要用作药料的鲜、冷、冻或干的植物（包括其某部分，不论是否切割，压碎或研磨成粉）（药用骨碎补），125　其他主要用作药料的鲜、冷、冻或干的植物（包括其某部分，不论是否切割，压碎或研磨成粉）（药用何首乌），126　其他主要用作药料的鲜、冷、冻或干的植物（包括其某部分，不论是否切割，压碎或研磨成粉）（药用红景天），127　其他主要用作药料的鲜、冷、冻或干的植物（包括其某部分，不论是否切割，压碎或研磨成粉）（药用厚朴），128　其他主要用作药料的鲜、冷、冻或干的植物（包括其某部分，不论是否切割，压碎或研磨成粉）（药用黄柏），129　其他主要用作药料的鲜、冷、冻或干的植物（包括其某部分，不论是否切割，压碎或研磨成粉）[药用麦冬（麦门冬）]，130　其他主要用作药料的鲜、冷、冻或干的植物（包括其某部分，不论是否切割，压碎或研磨成粉）（药用牡丹皮），131　其他主要用作药料的鲜、冷、冻或干的植物（包括其某部分，不论是否切割，压碎或研磨成粉）（药用木通），132　其他主要用作药料的鲜、冷、冻或干的植物（包括其某部分，不论是否切割，压碎或研磨成粉）（药用牛膝），133　其他主要用作药料的鲜、冷、冻或干的植物（包括其某部分，不论是否切割，压碎或研磨成粉）（药用前胡），134　其他主要用作药料的鲜、冷、冻或干的植物（包括其某部分，不论是否切割，压碎或研磨成粉）（药用羌活），135　其他主要用作药料的鲜、冷、冻或干的植物（包括其某部分，不论是否切割，压碎或研磨成粉）（药用秦艽），136　其他主要用作药料的鲜、冷、冻或干的植物（包括其某部分，不论是否切割，压碎或研磨成粉）（药用青风藤），137　其他主要用作药料的鲜、冷、冻或干的植物（包括其某部分，不论是否切割，压碎或研磨成粉）（药用桑白皮），138　其他主要用作药料的鲜、冷、冻或干的植物（包括其某部分，不论是否切割，压碎或研磨成粉）（药用升麻），139　其他主要用作药料的鲜、冷、冻或干的植物（包括其某部分，不论是否切割，压碎或研磨成粉）（药用石菖蒲），140　其他主要用作药料的鲜、冷、冻或干的植物（包括其某部分，不论是否切割，压碎或研磨成粉）（药用太子参），141　其他主要用作药料的鲜、冷、冻或干的植物（包括其某部分，不论是否切割，压碎或研磨成粉）[药用天冬（天门冬）]，142　其他主要用作药料的鲜、冷、冻或干的植物（包括其某部分，不论是否切割，压碎或研磨成粉）（药用土茯苓），143　其他主要用作药料的鲜、冷、冻或干的植物（包括其某部分，不论是否切割，压碎或研磨成粉）（药用威灵仙），144　其他主要用作药料的鲜、冷、冻或干的植物（包括其某部分，不论是否切割，压碎或研磨成粉）（药用五加皮），145　其他主要用作药料的鲜、冷、冻或干的植物（包括其某部分，不论是否切割，压碎或研磨成粉）（药用细辛），146　其他主要用作药料的鲜、冷、冻或干的植物（包括其某部分，不论是否切割，压碎或研磨成粉）（药用香附），147　其他主要用作药料的鲜、冷、冻或干的植物（包括其某部分，不论是否切割，压碎或研磨成粉）[药用续断（川断）]，148　其他主要用作药料的鲜、冷、冻或干的植物（包括其某部分，不论是否切割，压碎或研磨成粉）（药用玄参），149　其他主要用作药料的鲜、冷、冻或干的植物（包括其某部分，不论是否切割，压碎或研磨成粉）[药用延胡索（元胡）]，150　其他主要用作药料的鲜、冷、冻或干的植物（包括其某部分，不论是否切割，压碎或研磨成粉）（药用远志），151　其他主要用作药料的鲜、冷、冻或干的植物（包括其某部分，不论是否切割，压碎或研磨成粉）（药用泽泻），152　其他主要用作药料的鲜、冷、冻或干的植物（包括其某部分，不论是否切割，压碎或研磨成粉）（药用知母），153　其他主要用作药料的鲜、冷、冻或干的植物（包括其某部分，不论是否切割，压碎或研磨成粉）（药用竹茹），154　其他主要用作药料的鲜、冷、冻或干的植物（包括其某部分，不论是否切割，压碎或研磨成粉）（药用茜草），155　其他主要用作药料的鲜、冷、冻或干的植物（包括其某部分，不论是否切割，压碎或研磨成粉）（药用巴戟天），156　其他主要用作药料的鲜、冷、冻或干的植物（包括其某部分，不论是否切割，压碎或研磨成粉）（药用木贼），157　其他主要用作药料的鲜、冷、冻或干的植物（包括其某部分，不论是否切割，压碎或研磨成粉）（药用首乌藤），158　其他主要用作药料的鲜、冷、冻或干的植物（包括其某部分，不论是否切割，压碎或研磨成粉）（药用桑枝），159　其他主要用作药料的鲜、冷、冻或干的植物（包括其某部分，不论是否切割，压碎或研磨成粉）（药用金银花），160　其他主要用作药料的鲜、冷、冻或干的植物（包括其某部分，不论是否切割，压碎或研磨成粉）（药用桑叶），161　其他主要用作药料的鲜、冷、冻或干的植物（包括其某部分，不论是否切割，压碎或研磨成粉）（药用荷叶），162　其他主要用作药料的鲜、冷、冻或干的植物（包括其某部分，不论是否切割，压碎或研磨成粉）（药用淡竹叶），163　其他主要用作药料的鲜、冷、冻或干的植物（包括其某部分，不论是否切割，压碎或研磨成粉）（药用紫苏），164　其他主要用作药料的鲜、冷、冻或干的植物（包括其某部分，不论是否切割，压碎或研磨成粉）（药用山银花），165　其他主要用作药料的鲜、冷、冻或干的植物（包括其某部分，不论是否切割，压碎或研磨成粉）（药用艾叶），166　其他主要用作药料的鲜、冷、冻或干的植物（包括其某部分，不论是否切割，压碎或研磨成粉）（药用杜仲叶），167　其他主要用作药料的鲜、冷、冻或干的植物（包括其某部分，不论是否切割，压碎或研磨成粉）（药用番泻叶），168　其他主要用作药料的鲜、冷、冻或干的植物（包括其某部分，不论是否切割，压碎或研磨成粉）（药用红花），169　其他主要用作药料的鲜、冷、冻或干的植物（包括其某部分，不论是否切割，压碎或研磨成粉）（药用厚朴花），170　其他主要用作药料的鲜、冷、冻或干的植物（包括其某部分，不论是否切割，压碎或研磨成粉）（药用芦荟），171　其他主要用作药料的鲜、冷、冻或干的植物（包括其某部分，不论是否切割，压碎或研磨成粉）（药用玫瑰花），172　其他主要用作药料的鲜、冷、冻或干的植物（包括其某部分，不论是否切割，压碎或研磨成粉）（药用木棉花），173　其他主要用作药料的鲜、冷、冻或干的植物（包括其某部分，不论是否切割，压碎或研磨成粉）（药用枇杷叶），174　其他主要用作药料的鲜、冷、冻或干的植物（包括其某部分，不论是否切割，压碎或研磨成粉）（药用蒲黄），175　其他主要用作药料的鲜、冷、冻或干的植物（包括其某部分，不论是否切割，压碎或研磨成粉）（药用辛夷），176　其他主要用作药料的鲜、冷、冻或干的植物（包括其某部分，不论是否切割，压碎或研磨成粉）（药用淫羊藿），177　其他主要用作药料的鲜、冷、冻或干的植物（包括其某部分，不论是否切割，压碎或研磨成粉）（药用银杏叶），178　其他主要用作药料的鲜、冷、冻或干的植物（包括其某部分，不论是否切割，压碎或研磨成粉）（药用佩兰），179　其他主要用作药料的鲜、冷、冻或干的植物（包括其某部分，不论是否切割，压碎或研磨成粉）（药用侧柏叶），180　其他主要用作药料的鲜、冷、冻或干的植物（包括其某部分，不论是否切割，压碎或研磨成粉）（药用泽兰），181　其他主要用作药料的鲜、冷、冻或干的植物（包括其某部分，不论是否切割，压碎或研磨成粉）（药用罗布麻），182　其他主要用作药料的鲜、冷、冻或干的植物（包括其某部分，不论是否切割，压碎或研磨成粉）（药用金荞麦），183　其他主要用作药料的鲜、冷、冻或干的植物（包括其某部分，不论是否切割，压碎或研磨成粉）（药用刀豆），184　其他主要用作药料的鲜、冷、冻或干的植物

（接下页）

（接上页）（包括其某部分，不论是否切割，压碎或研磨成粉）（药用山楂），185　其他主要用作药料的鲜、冷、冻或干的植物（包括其某部分，不论是否切割，压碎或研磨成粉）（药用木瓜），186　其他主要用作药料的鲜、冷、冻或干的植物（包括其某部分，不论是否切割，压碎或研磨成粉）（药用火麻仁），187　其他主要用作药料的鲜、冷、冻或干的植物（包括其某部分，不论是否切割，压碎或研磨成粉）（药用决明子），188　其他主要用作药料的鲜、冷、冻或干的植物（包括其某部分，不论是否切割，压碎或研磨成粉）（药用余甘子），189　其他主要用作药料的鲜、冷、冻或干的植物（包括其某部分，不论是否切割，压碎或研磨成粉）（药用佛手），190　其他主要用作药料的鲜、冷、冻或干的植物（包括其某部分，不论是否切割，压碎或研磨成粉）（药用沙棘），191　其他主要用作药料的鲜、冷、冻或干的植物（包括其某部分，不论是否切割，压碎或研磨成粉）（药用罗汉果），192　其他主要用作药料的鲜、冷、冻或干的植物（包括其某部分，不论是否切割，压碎或研磨成粉）（药用青果），193　其他主要用作药料的鲜、冷、冻或干的植物（包括其某部分，不论是否切割，压碎或研磨成粉）（药用栀子），194　其他主要用作药料的鲜、冷、冻或干的植物（包括其某部分，不论是否切割，压碎或研磨成粉）（药用砂仁），196　其他主要用作药料的鲜、冷、冻或干的植物（包括其某部分，不论是否切割，压碎或研磨成粉）（药用香橼），197　其他主要用作药料的鲜、冷、冻或干的植物（包括其某部分，不论是否切割，压碎或研磨成粉）（药用桑椹），198　其他主要用作药料的鲜、冷、冻或干的植物（包括其某部分，不论是否切割，压碎或研磨成粉）（药用橘红），199　其他主要用作药料的鲜、冷、冻或干的植物（包括其某部分，不论是否切割，压碎或研磨成粉）（药用橘皮或陈皮），200　其他主要用作药料的鲜、冷、冻或干的植物（包括其某部分，不论是否切割，压碎或研磨成粉）（药用莱菔子），201　其他主要用作药料的鲜、冷、冻或干的植物（包括其某部分，不论是否切割，压碎或研磨成粉）（药用紫苏子），202　其他主要用作药料的鲜、冷、冻或干的植物（包括其某部分，不论是否切割，压碎或研磨成粉）（药用酸枣仁），203　其他主要用作药料的鲜、冷、冻或干的植物（包括其某部分，不论是否切割，压碎或研磨成粉）（药用覆盆子），204　其他主要用作药料的鲜、冷、冻或干的植物（包括其某部分，不论是否切割，压碎或研磨成粉）（药用柏子仁），205　其他主要用作药料的鲜、冷、冻或干的植物（包括其某部分，不论是否切割，压碎或研磨成粉）（药用补骨脂），206　其他主要用作药料的鲜、冷、冻或干的植物（包括其某部分，不论是否切割，压碎或研磨成粉）（药用瓜蒌），207　其他主要用作药料的鲜、冷、冻或干的植物（包括其某部分，不论是否切割，压碎或研磨成粉）（药用诃子），208　其他主要用作药料的鲜、冷、冻或干的植物（包括其某部分，不论是否切割，压碎或研磨成粉）（药用芥子），209　其他主要用作药料的鲜、冷、冻或干的植物（包括其某部分，不论是否切割，压碎或研磨成粉）（药用连翘），210　其他主要用作药料的鲜、冷、冻或干的植物（包括其某部分，不论是否切割，压碎或研磨成粉）（药用牛蒡子），211　其他主要用作药料的鲜、冷、冻或干的植物（包括其某部分，不论是否切割，压碎或研磨成粉）（药用青皮），212　其他主要用作药料的鲜、冷、冻或干的植物（包括其某部分，不论是否切割，压碎或研磨成粉）（药用山茱萸），213　其他主要用作药料的鲜、冷、冻或干的植物（包括其某部分，不论是否切割，压碎或研磨成粉）（药用菟丝子），214　其他主要用作药料的鲜、冷、冻或干的植物（包括其某部分，不论是否切割，压碎或研磨成粉）（药用吴茱萸），215　其他主要用作药料的鲜、冷、冻或干的植物（包括其某部分，不论是否切割，压碎或研磨成粉）（药用五味子），216　其他主要用作药料的鲜、冷、冻或干的植物（包括其某部分，不论是否切割，压碎或研磨成粉）［药用夏枯草（球）］，217　其他主要用作药料的鲜、冷、冻或干的植物（包括其某部分，不论是否切割，压碎或研磨成粉）（药用亚麻子），218　其他主要用作药料的鲜、冷、冻或干的植物（包括其某部分，不论是否切割，压碎或研磨成粉）（药用郁李仁），219　其他主要用作药料的鲜、冷、冻或干的植物（包括其某部分，不论是否切割，压碎或研磨成粉）（药用枳壳），220　其他主要用作药料的鲜、冷、冻或干的植物（包括其某部分，不论是否切割，压碎或研磨成粉）（药用枳实），221　其他主要用作药料的鲜、冷、冻或干的植物（包括其某部分，不论是否切割，压碎或研磨成粉）（药用韭菜子），222　其他主要用作药料的鲜、冷、冻或干的植物（包括其某部分，不论是否切割，压碎或研磨成粉）（药用沙苑子），223　其他主要用作药料的鲜、冷、冻或干的植物（包括其某部分，不论是否切割，压碎或研磨成粉）（药用槐角），224　其他主要用作药料的鲜、冷、冻或干的植物（包括其某部分，不论是否切割，压碎或研磨成粉）（药用蒺藜），225　其他主要用作药料的鲜、冷、冻或干的植物（包括其某部分，不论是否切割，压碎或研磨成粉）（药用金樱子），226　其他主要用作药料的鲜、冷、冻或干的植物（包括其某部分，不论是否切割，压碎或研磨成粉）（药用女贞子），227　其他主要用作药料的鲜、冷、冻或干的植物（包括其某部分，不论是否切割，压碎或研磨成粉）（药用益智），228　其他主要用作药料的鲜、冷、冻或干的植物（包括其某部分，不论是否切割，压碎或研磨成粉）（药用灵芝），229　其他主要用作药料的鲜、冷、冻或干的植物（包括其某部分，不论是否切割，压碎或研磨成粉）（药用猪苓），230　其他主要用作药料的鲜、冷、冻或干的植物（包括其某部分，不论是否切割，压碎或研磨成粉）（药用薄荷），231　其他主要用作药料的鲜、冷、冻或干的植物（包括其某部分，不论是否切割，压碎或研磨成粉）（药用藿香），232　其他主要用作药料的鲜、冷、冻或干的植物（包括其某部分，不论是否切割，压碎或研磨成粉）（药用大蓟），233　其他主要用作药料的鲜、冷、冻或干的植物（包括其某部分，不论是否切割，压碎或研磨成粉）（药用墨旱莲），234　其他主要用作药料的鲜、冷、冻或干的植物（包括其某部分，不论是否切割，压碎或研磨成粉）（药用益母草），235　其他主要用作药料的鲜、冷、冻或干的植物（包括其某部分，不论是否切割，压碎或研磨成粉）（药用茵陈），236　其他主要用作药料的鲜、冷、冻或干的植物（包括其某部分，不论是否切割，压碎或研磨成粉）（药用马齿苋），237　其他主要用作药料的鲜、冷、冻或干的植物（包括其某部分，不论是否切割，压碎或研磨成粉）（药用小蓟），238　其他主要用作药料的鲜、冷、冻或干的植物（包括其某部分，不论是否切割，压碎或研磨成粉）（药用鱼腥草），239　其他主要用作药料的鲜、冷、冻或干的植物（包括其某部分，不论是否切割，压碎或研磨成粉）（药用香薷），240　其他主要用作药料的鲜、冷、冻或干的植物（包括其某部分，不论是否切割，压碎或研磨成粉）（药用蒲公英），241　其他主要用作药料的鲜、冷、冻或干的植物（包括其某部分，不论是否切割，压碎或研磨成粉）（药用车前草），242　其他主要用作药料的鲜、冷、冻或干的植物（包括其某部分，不论是否切割，压碎或研磨成粉）（药用鸡骨草），243　其他主要用作药料的鲜、冷、冻或干的植物（包括其某部分，不论是否切割，压碎或研磨成粉）（药用积雪草），244　其他主要用作药料的鲜、冷、冻或干的植物（包括其某部分，不论是否切割，压碎或研磨成粉）（药用金钱草），245　其他主要用作药料的鲜、冷、冻或干的植物（包括其某部分，不论是否切割，压碎或研磨成粉）（药用荆芥），248　其他主要用作药料的鲜、冷、冻或干的植物（包括其某部分，不论是否切割，压碎或研磨成粉）（药用片姜黄），251　其他主要用作药料的鲜、冷、冻或干的植物（包括其某部分，不论是否切割，压碎或研磨成粉）（药用车前子），276　其他主要用作药料的鲜、冷、冻或干的植物（包括其某部分，不论是否切割，压碎或研磨成粉）（食用橘红），285　其他主要用作药料的鲜、冷、冻或干的植物（包括其某部分，不论是否切割，压碎或研磨成粉）（食用藿香），289　其他主要用作药料的鲜、冷、冻或干的植物（包括其某部分，不论是否切割，压碎或研磨成粉）（食用香薷），290　其他主要用作药料的鲜、冷、冻或干的植物（包括其某部分，不论是否切割，压碎或研磨成粉）（食用蒲公英），291　其他主要用作药料的鲜、冷、冻或干的植物（包括其某部分，不论是否切割，压碎或研磨成粉）［食用夏枯草（球）］，292　其他主要用作药料的鲜、冷、冻或干的植物（包括其某部分，不论是否切割，压碎或研磨成粉）（其他药用根和根茎类中药材），293　其他主要用作药料的鲜、冷、冻或干的植物（包括其某部分，不论是否切割，压碎或研磨成粉）（其他食用根和根茎类中药材），294　其他主要用作药料的鲜、冷、冻或干的植物（包括其某部分，不论是否切割，压碎或研磨成粉）（其他药用茎、皮类中药材），295　其他主要用作药料的鲜、冷、冻或干的植物（包括其某部分，不论是否切割，压碎或研磨成粉）（其他食用茎、皮类中药材），296　其他主要用作药料的鲜、冷、冻或干的植物（包括其某部分，不论是否切割，压碎或研磨成粉）（其他药用叶、花类中药材），297　其他主要用作药料的鲜、冷、冻或干的植物（包括其某部分，不论是否切割，压碎或研磨成粉）（其他食用叶、花类中药材），298　其他主要用作药料的鲜、冷、冻或干的植物（包括其某部分，不论是否切割，压碎或研磨成粉）（其他药用果实类中药材），299　其他主要用作药料的鲜、冷、冻或干的植物（包括其某部分，不论是否切割，压碎或研磨成粉）（其他食用果实类中药材），300　其他主要用作药料的鲜、冷、冻或干的植物（包括其某部分，不论是否切割，压碎或研磨成粉）（其他药用种子类中药材），301　其他主要用作药料的鲜、冷、冻或干的植物（包括其某部分，不论是否切割，压碎或研磨成粉）（其他食用种子类中药材），302　其他主要用作药料的鲜、冷、冻或干的植物（包括其某部分，不论是否切割，压碎或研磨成粉）（其他药用全草类中药材），303　其他主要用作药料的鲜、冷、冻或干的植物（包括其某部分，不论是否切割，压碎或研磨成粉）（其他食用全草类中药材），304　其他主要用作药料的鲜、冷、冻或干的植物（包括其某部分，不论是否切割，压碎或研磨成粉）（其他药用未列明类别中药材），305　其他主要用作药料的鲜、冷、冻或干的植物（包括其某部分，不论是否切割，压碎或研磨成粉）（其他食用未列明类别中药材）。

税则号列			货品名称中英文		税费综合信息	计量单位	监管证件代码		检验检疫类别		检验检疫编码	检验检疫编码对应中文名称
HS 国际统一前6位	本国子目 7~8位	9~10位	中文 货物名称	英文 Article Description			进口	出口	进口	出口		
121190	50	30	香料用沉香木及拟沉香木(包括其某部分，不论是否切割、压碎或研磨成粉)【电商】①	Spices (including part of its, whether or not cutccrushed or powdered)	【最】8【普】50 【协亚太】4【协东盟】0【协巴基斯坦】0 【协智利】0【协新西兰】0【协秘鲁】0 【协哥斯达黎加】0【协冰岛】0【协瑞士】0 【协澳大利亚】0【协韩国】0 【协格鲁吉亚】0【协香港】0【协澳门】0 【特东柬埔寨】0【特-1】0【特-2】0【特-3】0 【增】10【对美加征】10【出】0【退】0	千克	AF	BE	PR	Q	999	香料用沉香木及拟沉香木（包括其某部分，不论是否切割、压碎或研磨成粉）（有检疫要求食品添加剂）
121190	50	91	其他主要用作香料的濒危植物（包括其某部分，不论是否切割，压碎或研磨成粉）【电商】②	Other endangered plants and parts of plants, of a kind used in perfumery, whether or not cut, crushed or powdered	【最】8【普】50 【协亚太】4【协东盟】0【协巴基斯坦】0 【协智利】0【协新西兰】0【协秘鲁】0 【协哥斯达黎加】0【协冰岛】0【协瑞士】0 【协澳大利亚】0【协韩国】0 【协格鲁吉亚】0【协香港】0【协澳门】0 【特东柬埔寨】0【特-1】0【特-2】0【特-3】0 【增】10【对美加征】10【出】0【退】0	千克	AF	BE	PR	Q	101 102	其他主要用作香料的濒危植物（包括其某部分，不论是否切割，压碎或研磨成粉）（香辛料） 其他主要用作香料的濒危植物（包括其某部分，不论是否切割，压碎或研磨成粉）（其他调味料）
121190	50	99	其他主要用作香料的植物（包括其某部分，不论是否切割，压碎或研磨成粉）【电商】③	Other plants and parts of plants, of a kind used in perfumery, whether or not cut, crushed or powdered	【最】8【普】50 【协亚太】4【协东盟】0【协巴基斯坦】0 【协智利】0【协新西兰】0【协秘鲁】0 【协哥斯达黎加】0【协冰岛】0【协瑞士】0 【协澳大利亚】0【协韩国】0 【协格鲁吉亚】0【协香港】0【协澳门】0 【特东柬埔寨】0【特-1】0【特-2】0【特-3】0 【增】10【对美加征】10【出】0【退】10	千克	A	B	MPR	NQ	111 112	其他主要用作香料的植物（包括其某部分，不论是否切割，压碎或研磨成粉）（香辛料） 其他主要用作香料的植物（包括其某部分，不论是否切割，压碎或研磨成粉）（其他调味料）
121190	91		鲜、冷、冻或干的鱼藤根、除虫菊（不论是否切割，压碎或研磨成粉）	Derris roots and pyrethrum, fresh or dried, whether or not cut, crushed or powdered	【最】3【普】11 【协亚太】1.5【协东盟】0【协巴基斯坦】0 【协智利】0【协新西兰】0【协秘鲁】0 【协哥斯达黎加】0【协冰岛】0【协瑞士】0 【协澳大利亚】0【协韩国】0【协格鲁吉亚】0 【协香港】0【协澳门】0 【特东柬埔寨】0【特-1】0【特-2】0【特-3】0 【增】10【出】0【退】10	千克	AS	BS	MP	NQ	999	鲜、冷、冻或干的鱼藤根、除虫菊（不论是否切割，压碎或研磨成粉）
121190	99	91	其他鲜、冷、冻或干的杀虫、杀菌用濒危植物（不论是否切割，压碎或研磨成粉）【电商】④	Other endangered plants of a kind used for insecticidal or fungicidal, fresh or dried, whether or not cut, crushed or powdered	【最】9【普】30 【协亚太】4.5【协东盟】0【协巴基斯坦】4.5 【协智利】0【协新西兰】0【协秘鲁】0 【协哥斯达黎加】0【协冰岛】0【协瑞士】0 【协澳大利亚】0【协韩国】0 【协格鲁吉亚】0【协香港】0【协澳门】0 【特东柬埔寨】0【特-1】0【特-2】0【特-3】0 【增】10【对美加征】10【出】0【退】0	千克	AF	BE	P	Q	999	其他鲜、冷、冻或干的杀虫、杀菌用濒危植物（不论是否切割，压碎或研磨成粉）
121190	99	99	其他鲜、冷、冻或干的杀虫、杀菌用植物（不论是否切割，压碎或研磨成粉）【电商】⑤	Other plants, of a kind used for insecticidal or fungicidal, fresh or dried, whether or not cut, crushed or powdered	【最】9【普】30 【协亚太】4.5【协东盟】0【协巴基斯坦】4.5 【协智利】0【协新西兰】0【协秘鲁】0 【协哥斯达黎加】0【协冰岛】0【协瑞士】0 【协澳大利亚】0【协韩国】0 【协格鲁吉亚】0【协香港】0【协澳门】0 【特东柬埔寨】0【特-1】0【特-2】0【特-3】0 【增】10【对美加征】10【出】0【退】10	千克	A	B	P	Q	999	其他鲜、冷、冻或干的杀虫、杀菌用植物（不论是否切割，压碎或研磨成粉）

① 列入《两用物项和技术进出口许可证管理目录》《进出口野生动植物种商品目录》的商品除外；仅限网购保税商品。
② 列入《两用物项和技术进出口许可证管理目录》《进出口野生动植物种商品目录》的商品除外；仅限网购保税商品。
③ 列入《两用物项和技术进出口许可证管理目录》《进出口野生动植物种商品目录》的商品除外；仅限网购保税商品。
④ 列入《两用物项和技术进出口许可证管理目录》《进出口野生动植物种商品目录》的商品除外。
⑤ 列入《两用物项和技术进出口许可证管理目录》《进出口野生动植物种商品目录》的商品除外。

税则号列			货品名称中英文		税费综合信息	计量单位	监管证件代码		检验检疫类别		检验检疫编码	检验检疫编码对应中文名称
HS国际统一前6位	本国子目7~8位	本国子目9~10位	中文货物名称	英文Article Description			进口	出口	进口	出口		
121221	10		适合供人食用的鲜、冷、冻或干的海带(不论是否碾磨) 【电商】	Sea tangle, fresh, chilled, frozen or dried, whether or not ground	【最】20【普】70 【协亚太】10【协东盟】0【协巴基斯坦】10 【协智利】0【协新西兰】0【协新加坡】0 【协秘鲁】0【协哥斯达黎加】0【协冰岛】0 【协瑞士】8【协澳大利亚】0【协韩国】13.3 【协格鲁吉亚】0【协香港】0【协澳门】0 【特-1】0【特-2】0 【增】10【出】0【退】0	千克	A	B	PR	QS	101 102 103 104 105 ……	适合供人食用的鲜、冷、冻或干的海带(不论是否碾磨)(鲜、冷的养殖海带) 适合供人食用的鲜、冷、冻或干的海带(不论是否碾磨)(冻的养殖海带) 适合供人食用的鲜、冷、冻或干的海带(不论是否碾磨)(干的养殖海带) 适合供人食用的鲜、冷、冻或干的海带(不论是否碾磨)(鲜、冷的野生海带) 适合供人食用的鲜、冷、冻或干的海带(不论是否碾磨)(冻的野生海带) ……①
121221	20		适合供人食用的鲜、冷、冻或干的发菜(不论是否碾磨)	Black moss, fresh, chilled, frozen or dried, whether or not ground	【最】20【普】70 【协亚太】10【协东盟】0【协巴基斯坦】10 【协智利】0【协新西兰】0【协新加坡】0 【协秘鲁】0【协哥斯达黎加】0【协冰岛】0 【协瑞士】8【协澳大利亚】0【协韩国】13.3 【协格鲁吉亚】0【协香港】0【协澳门】0 【特-1】0【特-2】0 【增】10【出】0【退】10	千克	A	8	PR	QS	101 102 103 104 105 ……	适合供人食用的鲜、冷、冻或干的发菜(不论是否碾磨)(鲜、冷的养殖发菜) 适合供人食用的鲜、冷、冻或干的发菜(不论是否碾磨)(冻的养殖发菜) 适合供人食用的鲜、冷、冻或干的发菜(不论是否碾磨)(干的养殖发菜) 适合供人食用的鲜、冷、冻或干的发菜(不论是否碾磨)(鲜、冷的野生发菜) 适合供人食用的鲜、冷、冻或干的发菜(不论是否碾磨)(冻的野生发菜) ……②
121221	31		适合供人食用的干的裙带菜(不论是否碾磨)	Pinnatifida, dried, whether or not ground	【最】15【普】70 【协亚太】7.5【协东盟】0【协巴基斯坦】7.5 【协智利】0【协新西兰】0【协新加坡】0 【协秘鲁】2.5【协哥斯达黎加】0【协冰岛】0 【协瑞士】6【协澳大利亚】0【协韩国】7.5 【协格鲁吉亚】0【协香港】0【协澳门】0 【特-1】0【特-2】0 【增】10【出】0【退】10	千克	A	B	PR	QS	101 102	适合供人食用的干的裙带菜(不论是否碾磨)(干的养殖裙带菜) 适合供人食用的干的裙带菜(不论是否碾磨)(干的野生裙带菜)
121221	32		适合供人食用的鲜的裙带菜(不论是否碾磨)	Pinnatifida, fresh, whether or not ground	【最】15【普】70 【协亚太】7.5【协东盟】0【协巴基斯坦】7.5 【协智利】0【协新西兰】0【协新加坡】0 【协秘鲁】2.5【协哥斯达黎加】0【协冰岛】0 【协瑞士】6【协澳大利亚】0【协韩国】7.5 【协格鲁吉亚】0【协香港】0【协澳门】0 【特-1】0【特-2】0 【增】10【出】0【退】10	千克	A	B	PR	QS	101 102	适合供人食用的鲜的裙带菜(不论是否碾磨)(鲜的养殖裙带菜) 适合供人食用的鲜的裙带菜(不论是否碾磨)(鲜的野生裙带菜)

① 该税号项下检验检疫编码及对应中文名称尚有：106　适合供人食用的鲜、冷、冻或干的海带（不论是否碾磨）（干的野生海带），107　适合供人食用的鲜、冷、冻或干的海带（不论是否碾磨）（药用昆布）。

② 该税号项下检验检疫编码及对应中文名称尚有：106　适合供人食用的鲜、冷、冻或干的发菜（不论是否碾磨）（干的野生发菜）。

税则号列			货品名称中英文		税费综合信息	计量单位	监管证件代码		检验检疫类别		检验检疫编码	检验检疫编码对应中文名称
HS 国际统一前6位	本国子目 7~8位	本国子目 9~10位	中文 货物名称	英文 Article Description			进口	出口	进口	出口		
121221	39		适合供人食用的冷、冻的裙带菜（不论是否碾磨）	Other pinnatifida, chilled or frozen, whether or not ground	【最】15【普】70 【协亚太】7.5【协东盟】0【协巴基斯坦】7.5 【协智利】0【协新西兰】0【协新加坡】0 【协秘鲁】2.5【协哥斯达黎加】0【协冰岛】0 【协瑞士】6【协澳大利亚】0【协韩国】7.5 【协格鲁吉亚】0【协香港】0【协澳门】0 【特-1】0【特-2】0 【增】10【出】0【退】10	千克	A	B	PR	QS	101 102 103 104	适合供人食用的冷、冻的裙带菜（不论是否碾磨）（冷藏养殖裙带菜） 适合供人食用的冷、冻的裙带菜（不论是否碾磨）（冻藏养殖裙带菜） 适合供人食用的冷、冻的裙带菜（不论是否碾磨）（冷藏野生裙带菜） 适合供人食用的冷、冻的裙带菜（不论是否碾磨）（冻藏野生裙带菜）
121221	41		适合供人食用的干的紫菜（不论是否碾磨） 【电商】	Laver, dried, whether or not ground	【最】15【普】70 【协亚太】7.5【协东盟】0【协巴基斯坦】7.5 【协智利】0【协新西兰】0【协新加坡】0 【协秘鲁】2.5【协哥斯达黎加】0【协冰岛】0 【协瑞士】6【协澳大利亚】0【协韩国】7.5 【协格鲁吉亚】0【协香港】0【协澳门】0 【特-1】0【特-2】0 【增】10【出】0【退】0	千克	A	B	PR	QS	101 102	适合供人食用的干的紫菜（不论是否碾磨）（干的养殖紫菜） 适合供人食用的干的紫菜（不论是否碾磨）（干的野生紫菜）
121221	42		适合供人食用的鲜的紫菜（不论是否碾磨） 【电商】	Laver, fresh, whether or not ground	【最】15【普】70 【协亚太】7.5【协东盟】0【协巴基斯坦】7.5 【协智利】0【协新西兰】0【协新加坡】0 【协秘鲁】2.5【协哥斯达黎加】0【协冰岛】0 【协瑞士】6【协澳大利亚】0【协韩国】7.5 【协格鲁吉亚】0【协香港】0【协澳门】0 【特-1】0【特-2】0 【增】10【出】0【退】0	千克	A	B	PR	QS	101 102	适合供人食用的鲜的紫菜（不论是否碾磨）（鲜的养殖紫菜） 适合供人食用的鲜的紫菜（不论是否碾磨）（鲜的野生紫菜）
121221	49		适合供人食用的冷、冻紫菜（不论是否碾磨） 【电商】	Other laver, whether or not ground	【最】15【普】70 【协亚太】7.5【协东盟】0【协巴基斯坦】7.5 【协智利】0【协新西兰】0【协新加坡】0 【协秘鲁】2.5【协哥斯达黎加】0【协冰岛】0 【协瑞士】6【协澳大利亚】0【协韩国】7.5 【协格鲁吉亚】0【协香港】0【协澳门】0 【特-1】0【特-2】0 【增】10【出】0【退】0	千克	A	B	PR	QS	101 102 103 104	适合供人食用的冷、冻紫菜（不论是否碾磨）（冷藏养殖紫菜） 适合供人食用的冷、冻紫菜（不论是否碾磨）（冻藏养殖紫菜） 适合供人食用的冷、冻紫菜（不论是否碾磨）（冷藏野生紫菜） 适合供人食用的冷、冻紫菜（不论是否碾磨）（冻藏野生紫菜）
121221	61		适合供人食用的干的麒麟菜（不论是否碾磨）	Eucheuma, dried, whether or not ground	【最】15【普】70 【协亚太】7.5【协东盟】0【协巴基斯坦】7.5 【协智利】0【协新西兰】0【协秘鲁】2.5 【协哥斯达黎加】0【协冰岛】0【协瑞士】6 【协澳大利亚】7.5【协韩国】7.5 【协格鲁吉亚】0【协香港】0【协澳门】0 【特-1】0【特-2】0【特-3】0 【增】10【出】0【退】10	千克	A	B	PR	QS	101 102	适合供人食用的干的麒麟菜（不论是否碾磨）（干的养殖麒麟菜） 适合供人食用的干的麒麟菜（不论是否碾磨）（干的野生麒麟菜）
121221	69		适合供人食用的鲜、冷或冻的麒麟（不论是否碾磨）	Other eucheuma, fresh, chilled or frozen, whether or not ground	【最】15【普】70 【协亚太】7.5【协东盟】0【协巴基斯坦】7.5 【协智利】0【协新西兰】0【协秘鲁】2.5 【协哥斯达黎加】0【协冰岛】0【协瑞士】6 【协澳大利亚】0【协韩国】7.5【协格鲁吉亚】0 【协香港】0【协澳门】0 【特-1】0【特-2】0 【增】10【出】0【退】10	千克	A	B	PR	QS	101 102 103 104	适合供人食用的鲜、冷或冻的麒麟菜（不论是否碾磨）（鲜、冷的养殖麒麟菜） 适合供人食用的鲜、冷或冻的麒麟菜（不论是否碾磨）（冻藏养殖麒麟菜） 适合供人食用的鲜、冷或冻的麒麟菜（不论是否碾磨）（鲜、冷的野生麒麟菜） 适合供人食用的鲜、冷或冻的麒麟菜（不论是否碾磨）（冻藏野生麒麟菜）

税则号列			货品名称中英文		税费综合信息	计量单位	监管证件代码		检验检疫类别		检验检疫编码	检验检疫编码对应中文名称
HS国际统一前6位	本国子目 7~8位	本国子目 9~10位	中文 货物名称	英文 Article Description			进口	出口	进口	出口		
121221	71		适合供人食用的干的江蓠（不论是否碾磨）	Gracilaria dried, whether or not ground	【最】15【普】70 【协亚太】7.5【协东盟】0【协巴基斯坦】7.5 【协智利】0【协新西兰】0【协秘鲁】2.5 【协哥斯达黎加】0【协冰岛】0【协瑞士】7.5 【协澳大利亚】0【协韩国】7.5【协格鲁吉亚】0 【协香港】0【协澳门】0 【特-1】0【特-2】0 【增】10【出】0【退】10	千克	A	B	PR	QS	101 102	适合供人食用的干的江蓠（不论是否碾磨）（干的养殖江蓠） 适合供人食用的干的江蓠（不论是否碾磨）（干的野生江蓠）
121221	79		适合供人食用的鲜、冷或冻的江蓠（不论是否碾磨）	Other Gracilaria, fresh, chilled or frozen, whether or not ground	【最】15【普】70 【协亚太】7.5【协东盟】0【协巴基斯坦】7.5 【协智利】0【协新西兰】0【协秘鲁】2.5 【协哥斯达黎加】0【协冰岛】0【协瑞士】6 【协澳大利亚】0【协韩国】7.5【协格鲁吉亚】0 【协香港】0【协澳门】0 【特-1】0【特-2】0 【增】10【出】0【退】10	千克	A	B	PR	QS	101 102 103 104	适合供人食用的鲜、冷或冻的江蓠（不论是否碾磨）（鲜、冷的养殖江蓠） 适合供人食用的鲜、冷或冻的江蓠（不论是否碾磨）（冻藏养殖江蓠） 适合供人食用的鲜、冷或冻的江蓠（不论是否碾磨）（鲜、冷的野生江蓠） 适合供人食用的鲜、冷或冻的江蓠（不论是否碾磨）（冻藏野生江蓠）
121221	90		其他适合供人食用的鲜、冷、冻或干海草及藻类（不论是否碾磨）【电商】	Other seaweeds and algae, fresh, chilled, frozen or dried, for human consumption, whether or not ground	【最】15【普】70【暂进】2 【协亚太】7.5【协东盟】0【协巴基斯坦】7.5 【协智利】0【协新西兰】0【协新加坡】0 【协秘鲁】2.5【协哥斯达黎加】0【协冰岛】0 【协瑞士】6【协澳大利亚】0【协韩国】7.5 【协格鲁吉亚】0【协香港】0【协澳门】0 【特-1】0【特-2】0【特-3】0 【增】10【对美加征】10【出】0【退】10	千克	A	B	PR	QS	101 102 103 104 105 ……	其他适合供人食用的鲜、冷、冻或干海草及藻类（不论是否碾磨）（鲜、冷的养殖海草及藻类） 其他适合供人食用的鲜、冷、冻或干海草及藻类（不论是否碾磨）（冻藏养殖海草及藻类） 其他适合供人食用的鲜、冷、冻或干海草及藻类（不论是否碾磨）（干的养殖海草及藻类） 其他适合供人食用的鲜、冷、冻或干海草及藻类（不论是否碾磨）（鲜、冷的野生海草及藻类） 其他适合供人食用的鲜、冷、冻或干海草及藻类（不论是否碾磨）（冻藏野生海草及藻类） ……①
121229	10		不适合供人食用的鲜、冷、冻或干的马尾藻	Sargassum	【最】15【普】70【暂进】2 【协亚太】7.5【协东盟】0【协巴基斯坦】7.5 【协智利】0【协新西兰】0【协新加坡】0 【协秘鲁】2.5【协哥斯达黎加】0【协冰岛】0 【协瑞士】6【协澳大利亚】0【协韩国】0 【协格鲁吉亚】0【协香港】0【协澳门】0 【特-1】0【特-2】0【特-3】0 【增】10【出】0【退】10	千克	A	B	P	Q	999	不适合供人食用的鲜、冷、冻或干的马尾藻（不论是否碾磨）
121229	90		其他不适合供人食用的鲜、冷、冻或干海草及藻类	Other seaweeds and algae	【最】15【普】70【暂进】2 【协亚太】7.5【协东盟】0【协巴基斯坦】7.5 【协智利】0【协新西兰】0【协新加坡】0 【协秘鲁】2.5【协哥斯达黎加】0【协冰岛】0 【协瑞士】6【协澳大利亚】0【协韩国】0 【协格鲁吉亚】0【协香港】0【协澳门】0 【特-1】0【特-2】0【特-3】0 【增】10【出】0【退】10	千克	A	B	P	Q	999	其他不适合供人食用的鲜、冷、冻或干海草及藻类（不论是否碾磨）
121291	00		鲜、冷、冻或干的甜菜（不论是否碾磨）	Sugar beet, fresh, chilled or frozen, whether or not ground	【最】20【普】70 【协东盟】0【协智利】0【协新西兰】0 【协新加坡】0【协秘鲁】0【协哥斯达黎加】0 【协冰岛】0【协瑞士】8【协澳大利亚】0 【协韩国】13.3【协格鲁吉亚】0 【协香港】0【协澳门】0 【特-1】0【特-2】0 【增】10【对美加征】5【出】0【退】6	千克	A	B	PR	Q	999	鲜、冷、冻或干的甜菜（不论是否碾磨）

① 该税号项下检验检疫编码及对应中文名称尚有：106　其他适合供人食用的鲜、冷、冻或干海草及藻类（不论是否碾磨）（干的野生海草及藻类）。

税则号列 HS国际统一前6位	本国子目 7~8位	本国子目 9~10位	货品名称中英文 中文 货物名称	货品名称中英文 英文 Article Description	税费综合信息	计量单位	监管证件代码 进口	监管证件代码 出口	检验检疫类别 进口	检验检疫类别 出口	检验检疫编码	检验检疫编码对应中文名称
121292	00		鲜、冷、冻或干的刺槐豆（不论是否碾磨）	Locust beans, including locust bean seeds, whether or not ground	【最】20【普】70 【协亚太】10【协东盟】0【协巴基斯坦】10 【协智利】0【协新西兰】0【协新加坡】0 【协秘鲁】0【协哥斯达黎加】0【协冰岛】0 【协瑞士】8【协澳大利亚】0【协韩国】13.3 【协格鲁吉亚】0【协香港】0【协澳门】0 【特-1】0【特-2】0 【增】10【出】0【退】10	千克	A	B	PR	Q	999	鲜、冷、冻或干的刺槐豆（不论是否碾磨）
121293	00		鲜、冷、冻或干的甘蔗（不论是否碾磨）	Sugar cane, fresh, chilled or frozen, whether or not ground	【最】20【普】70 【协东盟】0【协智利】0【协新西兰】0 【协秘鲁】0【协哥斯达黎加】0【协冰岛】0 【协瑞士】8【协澳大利亚】0【协韩国】10 【协格鲁吉亚】0【协香港】0【协澳门】0 【特东老挝】0【特东柬埔寨】0【特东缅甸】0 【特-1】0【特-2】0【特-3】0 【增】10【出】0【退】6	千克	A	B	PR	Q	999	鲜、冷、冻或干的甘蔗（不论是否碾磨）
121294	00		菊苣根（不论是否碾磨）	Chicory roots, fresh, chilled or frozen, whether or not ground	【最】20【普】70 【协东盟】0【协智利】0【协新西兰】0 【协秘鲁】0【协哥斯达黎加】0【协冰岛】0 【协澳大利亚】0【协韩国】13.3【协格鲁吉亚】0 【协香港】0【协澳门】0 【特-1】0【特-2】0【特-3】0 【增】10【出】0【退】6	千克	A	B	PR	QS	101	菊苣根（不论是否碾磨）［药用菊苣（干）］
121299	11		苦杏仁	Bitter apricot kernels	【最】20【普】80 【协东盟】0【协智利】0【协新西兰】0 【协新加坡】0【协秘鲁】0【协哥斯达黎加】0 【协冰岛】0【协瑞士】8【协澳大利亚】0 【协韩国】13.3【协格鲁吉亚】0【协香港】0 【协澳门】0 【特-1】0【特-2】0 【增】10【出】0【退】10	千克	QA	B	PR	QS	101 102	苦杏仁（药用苦杏仁） 苦杏仁（非药用）
121299	12		甜杏仁【电商】	Sweet apricot kernels	【最】20【普】80 【协东盟】0【协香港】0【协澳门】0【协智利】0 【协新西兰】0【协新加坡】0【协秘鲁】0 【协哥斯达黎加】0【协冰岛】0【协瑞士】8 【协澳大利亚】0【协韩国】13.3【协格鲁吉亚】0 【特-1】0【特-2】0 【增】10【对美加征】10【出】0【退】10	千克	A	B	PR	QS	999	甜杏仁
121299	19		其他杏核，桃、梅或李的核及核仁【电商】	Other apricot, peach (including nectarine) or pulm stones and kernels (other then apricot kernels)	【最】20【普】80 【协东盟】0【协智利】0【协新西兰】0 【协新加坡】0【协秘鲁】0【协哥斯达黎加】0 【协冰岛】0【协瑞士】8【协澳大利亚】0 【协韩国】13.3【协格鲁吉亚】0 【协香港】0【协澳门】0 【特-1】0【特-2】0 【增】10【对美加征】5【出】0【退】10	千克	A	B	PR	QS	101 102 103	其他杏核，桃、梅或李的核及核仁（杏仁除外，包括油桃）（药用桃仁） 其他杏核，桃、梅或李的核及核仁（杏仁除外，包括油桃）（非熟制） 其他杏核，桃、梅或李的核及核仁（杏仁除外，包括油桃）（熟制）
121299	93		白瓜子	Pumpkin seeds	【最】20【普】80 【协东盟】0【协智利】0【协新西兰】0 【协新加坡】0【协秘鲁】0【协哥斯达黎加】0 【协冰岛】0【协瑞士】8【协澳大利亚】0 【协韩国】13.3【协格鲁吉亚】0 【协香港】0【协澳门】0 【特-1】0【特-2】0 【增】10【出】0【退】10	千克	A	B	PR	QS	101 102 103	白瓜子（非熟制） 白瓜子（熟制） 白瓜子（饲用）
121299	94		莲子	Lotus seeds (Semen Nelurnbinis)	【最】20【普】80 【协东盟】0【协智利】0【协新西兰】0 【协新加坡】0【协秘鲁】0【协哥斯达黎加】0 【协冰岛】0【协瑞士】8【协澳大利亚】0 【协韩国】13.3【协格鲁吉亚】0 【协香港】0【协澳门】0 【特-1】0【特-2】0 【增】10【出】0【退】10	千克	A	B	PR	QS	101 102 103	莲子（药用莲子心） 莲子（药用莲子） 莲子（非药用）

税则号列			货品名称中英文		税费综合信息	计量单位	监管证件代码		检验检疫类别		检验检疫编码	检验检疫编码对应中文名称
HS国际统一前6位	本国子目 7~8位	本国子目 9~10位	中文 货物名称	英文 Article Description			进口	出口	进口	出口		
121299	96		甜叶菊叶	leaf of steviol	【最】30【普】70 【协东盟】0【协智利】0【协新西兰】0 【协新加坡】0【协秘鲁】0【协哥斯达黎加】0 【协冰岛】0【协澳大利亚】0【协格鲁吉亚】0 【协香港】0【协澳门】0 【特-1】0【特-2】0【特-3】0 【增】10【出】0【退】10	千克	A	B	PR	QS	999	甜叶菊叶
121299	99	10	其他供人食用濒危植物产品（包括未焙制的菊苣根，包括果核、仁等） 【电商】[①]	Other endangered vegetable products, including fruit stones and kernels, for human consumption	【最】30【普】70 【协东盟】0【协智利】0【协新西兰】0 【协新加坡】0【协秘鲁】0【协哥斯达黎加】0 【协冰岛】0【协澳大利亚】0【协格鲁吉亚】0 【协香港】0【协澳门】0 【特-1】0【特-2】0【特-3】0 【增】10【对美加征】10【出】0【退】0	千克	AF	BE	PR	QS	101 102 103	其他供人食用濒危植物产品（包括未焙制的菊苣根，包括果核、仁等）［其他干（坚）果］ 其他供人食用濒危植物产品（包括未焙制的菊苣根，包括果核、仁等）（供制食品或医药用的植物产品） 其他供人食用濒危植物产品（包括未焙制的菊苣根，包括果核、仁等）（批准为新食品原料）
121299	99	90	其他供人食用果核、仁及植物产品（包括未焙制的菊苣根） 【电商】[②]	Other vegetable products, including fruit stones and kernels, for human consumption	【最】30【普】70 【协东盟】0【协智利】0【协新西兰】0 【协新加坡】0【协秘鲁】0【协哥斯达黎加】0 【协冰岛】0【协澳大利亚】0【协格鲁吉亚】0 【协香港】0【协澳门】0 【特-1】0【特-2】0【特-3】0 【增】10【对美加征】10【出】0【退】10	千克	A	B	PR	QS	101 102 103 104	其他供人食用果核、仁及植物产品（包括未焙制的菊苣根）（瓜子） 其他供人食用果核、仁及植物产品（包括未焙制的菊苣根）［其他干（坚）果］ 其他供人食用果核、仁及植物产品（包括未焙制的菊苣根）（供制食品或医药用的植物产品） 其他供人食用果核、仁及植物产品（包括未焙制的菊苣根）（批准为新食品原料）
121300	00		未经处理的谷类植物的茎、秆及谷壳（不论是否切碎、碾磨、挤压或制成团粒）	Unprepared cereal straw and husks	【最】12【普】35 【协东盟】0【协巴基斯坦】6【协智利】0 【协新西兰】0【协新加坡】0【协秘鲁】0 【协哥斯达黎加】0【协冰岛】0【协瑞士】4.8 【协澳大利亚】0【协韩国】6 【协格鲁吉亚】0【协香港】0【协澳门】0 【特东柬埔寨】0【特-1】0【特-2】0【特-3】0 【增】10【出】0【退】10	千克	A	B	P	Q	101 102 103 104 105 ……	未经处理的谷类植物的茎、秆及谷壳（不论是否切碎、碾磨、挤压或制成团粒）（其他饲用粮谷） 未经处理的谷类植物的茎、秆及谷壳（不论是否切碎、碾磨、挤压或制成团粒）（稻草及其制品） 未经处理的谷类植物的茎、秆及谷壳（不论是否切碎、碾磨、挤压或制成团粒）（其他草及草制品） 未经处理的谷类植物的茎、秆及谷壳（不论是否切碎、碾磨、挤压或制成团粒）（饲用燕麦草） 未经处理的谷类植物的茎、秆及谷壳（不论是否切碎、碾磨、挤压或制成团粒）（饲用稻草） ……[③]

① 列入《进出口野生动植物种商品目录》的商品除外；仅限网购保税商品。

② 列入《进出口野生动植物种商品目录》的商品除外；仅限网购保税商品。

③ 该税号项下检验检疫编码及对应中文名称尚有：106 未经处理的谷类植物的茎、秆及谷壳（不论是否切碎、碾磨、挤压或制成团粒）（其他饲草），107 未经处理的谷类植物的茎、秆及谷壳（不论是否切碎、碾磨、挤压或制成团粒）（饲用其他淀粉），108 未经处理的谷类植物的茎、秆及谷壳（不论是否切碎、碾磨、挤压或制成团粒）（饲用植物颗粒和植物粉），109 未经处理的谷类植物的茎、秆及谷壳（不论是否切碎、碾磨、挤压或制成团粒）（其他植物饲料）。

税则号列			货品名称中英文		税费综合信息	计量单位	监管证件代码		检验检疫类别		检验检疫编码	检验检疫编码对应中文名称
HS国际统一前6位	本国子目 7~8位	本国子目 9~10位	中文 货物名称	英文 Article Description			进口	出口	进口	出口		
121410	00		紫苜蓿粗粉及团粒	Lucerne(alfalfa) meal and pellets	【最】5【普】35 【协东盟】0【协巴基斯坦】0【协智利】0 【协新西兰】0【协秘鲁】0【协哥斯达黎加】0 【协冰岛】0【协瑞士】0【协澳大利亚】0 【协韩国】0【协格鲁吉亚】0 【协香港】0【协澳门】0 【特东柬埔寨】0【特-1】0【特-2】0【特-3】0 【增】0【对美加征】25【出】0【退】0	千克	A	B	MP	Q	999	紫苜蓿粗粉及团粒
121490	00	01	其他紫苜蓿(粗粉及团粒除外)	Other ucerne (alfalfa), other than meal and pellets	【最】9【普】35【暂进】7 【协东盟】0【协巴基斯坦】5【协智利】0 【协新西兰】0【协秘鲁】0【协哥斯达黎加】0 【协冰岛】0【协瑞士】0【协澳大利亚】0 【协韩国】0【协格鲁吉亚】0 【协香港】0【协澳门】0 【特东柬埔寨】0【特-1】0【特-2】0【特-3】0 【增】0【对美加征】25【出】0【退】0	千克	A	B	MP	Q	101 102 103 104	其他紫苜蓿(粗粉及团粒除外)[三叶草、驴喜豆等,不论是否制成团粒(其他饲草)] 其他紫苜蓿(粗粉及团粒除外)[三叶草、驴喜豆等,不论是否制成团粒(饲用其他淀粉)] 其他紫苜蓿(粗粉及团粒除外)[三叶草、驴喜豆等,不论是否制成团粒(饲用植物颗粒和植物粉)] 其他紫苜蓿(粗粉及团粒除外)[三叶草、驴喜豆等,不论是否制成团粒(其他植物饲料)]
121490	00	02	以除紫苜蓿外的禾本科和豆科为主的多种混合天然饲草	In addition to alfalfa variety of gramina-ceous and leguminous based mixed natural forage grass	【最】9【普】35【暂进】4 【协东盟】0【协巴基斯坦】5【协智利】0 【协新西兰】0【协秘鲁】0【协哥斯达黎加】0 【协冰岛】0【协瑞士】0【协澳大利亚】0 【协韩国】0【协格鲁吉亚】0 【协香港】0【协澳门】0 【特东柬埔寨】0【特-1】0【特-2】0【特-3】0 【增】0【对美加征】25【出】0【退】0	千克	A	B	MP	Q	101 102 103 104	以除紫苜蓿外的禾本科和豆科为主的多种混合天然饲草[三叶草、驴喜豆等,不论是否制成团粒(其他饲草)] 以除紫苜蓿外的禾本科和豆科为主的多种混合天然饲草[三叶草、驴喜豆等,不论是否制成团粒(饲用其他淀粉)] 以除紫苜蓿外的禾本科和豆科为主的多种混合天然饲草[三叶草、驴喜豆等,不论是否制成团粒(饲用植物颗粒和植物粉)] 以除紫苜蓿外的禾本科和豆科为主的多种混合天然饲草[三叶草、驴喜豆等,不论是否制成团粒(其他植物饲料)]

税则号列			货品名称中英文		税费综合信息	计量单位	监管证件代码		检验检疫类别		检验检疫编码	检验检疫编码对应中文名称
HS国际统一前6位	本国子目7~8位	本国子目9~10位	中文货物名称	英文Article Description			进口	出口	进口	出口		
121490	00	90	芜菁甘蓝、饲料甜菜、其他植物饲料（包括饲料用根、干草、三叶草、驴喜豆等，不论是否制成团粒）	Swedes, manigolds and similar forage products (including fodder roots, hay, clover, sainfoin, forage kale, lupines, vetches), whether or not in the form of pellets	【最】9【普】35 【协东盟】0【协巴基斯坦】5【协智利】0 【协新西兰】0【协秘鲁】0【协哥斯达黎加】0 【协冰岛】0【协瑞士】0【协澳大利亚】0 【协韩国】0【协格鲁吉亚】0 【协香港】0【协澳门】0 【特东柬埔寨】0【特-1】0【特-2】0【特-3】0 【增】0【对美加征】25【出】0【退】0	千克	A	B	MP	Q	101	芜菁甘蓝、饲料甜菜、其他植物饲料（包括饲料用根、干草、三叶草、驴喜豆等，不论是否制成团粒）（其他饲草）
											102	芜菁甘蓝、饲料甜菜、其他植物饲料（包括饲料用根、干草、三叶草、驴喜豆等，不论是否制成团粒）（饲用其他淀粉）
											103	芜菁甘蓝、饲料甜菜、其他植物饲料（包括饲料用根、干草、三叶草、驴喜豆等，不论是否制成团粒）（饲用植物颗粒和植物粉）
											104	芜菁甘蓝、饲料甜菜、其他植物饲料（包括饲料用根、干草、三叶草、驴喜豆等，不论是否制成团粒）（其他植物饲料）

第十三章 虫胶；树胶、树脂及其他植物液、汁

Chapter 13 Lac; gums, resins and other vegetable saps and extracts

注释：

税目 13.02 主要包括甘草、除虫菊、啤酒花、芦荟的浸膏及鸦片，但不包括：

一、按重量计蔗糖含量在 10%以上或制成糖食的甘草浸膏（税目 17.04）；

二、麦芽膏（税目 19.01）；

三、咖啡精、茶精、马黛茶精（税目 21.01）；

四、构成含酒精饮料的植物汁、液（第二十二章）；

五、樟脑、甘草甜及税目 29.14 或 29.38 的其他产品；

六、按重量计生物碱含量不低于 50%的罂粟秆的浓缩物（税目 29.39）；

七、税目 30.03 或 30.04 的药品及税目 30.06 的血型试剂；

八、鞣料或染料的浸膏（税目 32.01 或 32.03）；

九、精油、浸膏、净油、香膏、提取的油树脂或精油的水馏液及水溶液；饮料制造业用的以芳香物质为基料的制剂（第三十三章）；或

十、天然橡胶、巴拉塔胶、古塔波胶、银胶菊胶、糖胶树胶或类似的天然树胶（税目 40.01）。

本国注释：

税号 1302.1100 的鸦片，我国禁止进口。

Chapter Notes:

Heading 13.02 applies, *inter alia*, to liquorice extract and extract of pyrethrum, extract of hops, extract of aloes and opium. The heading does not apply to:

1. Liquorice extract containing more than 10% by weight of sucrose or put up as confectionery (heading 17.04);
2. Malt extract (heading 19.01);
3. Extracts of coffee, tea or maté (heading 21.01);
4. Vegetable saps or extracts constituting alcoholic beverages (Chapter 22);
5. Camphor, glycyrrhizin or other products of heading 29.14 or 29.38;
6. Concentrates of poppy straw containing not less than 50% by weight of alkaloids (heading 29.39);
7. Medicaments of heading 30.03 or 30.04 or blood-grouping reagents (heading 30.06);
8. Tanning or dyeing extracts (heading 32.01 or 32.03);
9. Essential oils, concretes, absolutes, resinoids, extracted oleoresins, aqueous distillates or aqueous solutions of essential oils or preparations based on odoriferous substances of a kind used for the manufacture of beverages (Chapter 33); or
10. Natural rubber, balata, gutta-percha, guayule, chicle or similar natural gums (heading 40.01).

National note:

Opium of Subheading 1302.1100 is subject to import ban.

税则号列 HS 国际统一前6位	本国子目 7~8位	本国子目 9~10位	货品名称中文 货物名称	货品名称英文 Article Description	税费综合信息	计量单位	监管证件代码 进口	监管证件代码 出口	检验检疫类别 进口	检验检疫类别 出口	检验检疫编码	检验检疫编码对应中文名称
130120	00		阿拉伯胶	Gum Arabic	【最】15【普】40 【协东盟】0【协巴基斯坦】0【协智利】0 【协新西兰】0【协新加坡】0【协秘鲁】0 【协哥斯达黎加】0【协冰岛】0【协瑞士】6 【协澳大利亚】0【协韩国】7.5【协格鲁吉亚】0 【协香港】0【协澳门】0 【特-1】0【特-2】0【特-3】0 【增】10【对美加征】10【出】0【退】6	千克	A	B	PR	Q	101 102 301	阿拉伯胶（饲料添加剂） 阿拉伯胶（有检疫要求食品添加剂） 阿拉伯胶（需申报仅用于工业用途不用于食品添加剂有检疫要求的化学品）
130190	10		胶黄耆树胶	Gum tragacanth	【最】15【普】40 【协东盟】0【协巴基斯坦】0【协智利】0 【协新西兰】0【协新加坡】0【协秘鲁】0 【协哥斯达黎加】0【协冰岛】0【协瑞士】6 【协澳大利亚】0【协韩国】7.5【协格鲁吉亚】0 【协香港】0【协澳门】0 【特-1】0【特-2】0 【增】10【出】0【退】6	千克	A	B	P	Q	101	胶黄耆树胶（植物产品）

税则号列			货品名称中英文		税费综合信息	计量单位	监管证件代码		检验检疫类别		检验检疫编码	检验检疫编码对应中文名称
HS国际统一前6位	本国子目7~8位	本国子目9~10位	中文货物名称	英文Article Description			进口	出口	进口	出口		
130190	20		乳香、没药及血竭	Olibanum, myrrh and dragon's blood	【最】3【普】17 【协东盟】0【协巴基斯坦】0【协智利】0 【协新西兰】0【协秘鲁】0【协哥斯达黎加】0 【协冰岛】0【协瑞士】0【协澳大利亚】0 【协韩国】0【协格鲁吉亚】0 【协香港】0【协澳门】0 【特-1】0【特-2】0【特-3】0 【增】10【出】0【退】6	千克	AQ	B	P	Q	101 102 103 104	乳香、没药及血竭（植物产品） 乳香、没药及血竭（药用乳香） 乳香、没药及血竭（药用没药） 乳香、没药及血竭（药用血竭）
130190	30		阿魏	Asafoetida	【最】3【普】17 【协东盟】0【协巴基斯坦】0【协智利】0 【协新西兰】0【协秘鲁】0【协哥斯达黎加】0 【协冰岛】0【协瑞士】0【协澳大利亚】0 【协韩国】0【协格鲁吉亚】0 【协香港】0【协澳门】0 【特-1】0【特-2】0【特-3】0 【增】10【出】0【退】6	千克	A	B	P	Q	101 102	阿魏（植物产品） 阿魏（药用阿魏）
130190	40	10	濒危松科植物的松脂	Pine-resin of endangered plants of pinaceae	【最】15【普】45 【协东盟】0【协巴基斯坦】0【协智利】0 【协新西兰】0【协新加坡】0【协秘鲁】0 【协哥斯达黎加】0【协冰岛】0【协瑞士】6 【协澳大利亚】0【协韩国】7.5【协格鲁吉亚】0 【协香港】0【协澳门】0【特-1】0【特-2】0【特-3】0 【增】10【出】0【退】0	千克	A	BE	MP	NQ	301 302 303 304 999	濒危松科植物的松脂（属于危险化学品的食品添加剂） 濒危松科植物的松脂（一般化学品，需申报仅用于工业用途不用于食品添加剂有检疫要求） 濒危松科植物的松脂（易燃液体，需申报仅用于工业用途不用于食品添加剂有检疫要求） 濒危松科植物的松脂（有检疫要求食品添加剂） 濒危松科植物的松脂（未列出的其他植物产品）
130190	40	90	其他松脂	Other pine-resin	【最】15【普】45 【协东盟】0【协巴基斯坦】0【协智利】0 【协新西兰】0【协新加坡】0【协秘鲁】0 【协哥斯达黎加】0【协冰岛】0【协瑞士】6 【协澳大利亚】0【协韩国】7.5【协格鲁吉亚】0 【协香港】0【协澳门】0【特-1】0【特-2】0【特-3】0 【增】10【出】0【退】6	千克	A	B	MPR	NQ	301 302 303 304 999	其他松脂（属于危险化学品的食品添加剂） 其他松脂（一般化学品，需申报仅用于工业用途不用于食品添加剂有检疫要求） 其他松脂（易燃液体，需申报仅用于工业用途不用于食品添加剂有检疫要求） 其他松脂（有检疫要求食品添加剂） 其他松脂（未列出的其他植物产品）
130190	90	10	龙血树脂、大戟脂、愈疮树脂	Resin of dracaena draco, resin of euphorbia, resin of lignum vitae	【最】15【普】45 【协东盟】0【协巴基斯坦】0【协智利】0 【协新西兰】0【协新加坡】0【协秘鲁】0 【协哥斯达黎加】0【协冰岛】0【协瑞士】6 【协澳大利亚】0【协韩国】7.5【协格鲁吉亚】0 【协香港】0【协澳门】0 【特-1】0【特-2】0【特-3】0 【增】10【对美加征】10【出】0【退】6	千克	AF	BE	P	Q	999	龙血树脂、大戟脂、愈疮树脂
130190	90	20	大麻脂	Cannabis resin	【最】15【普】45 【协东盟】0【协巴基斯坦】0【协智利】0 【协新西兰】0【协新加坡】0【协秘鲁】0 【协哥斯达黎加】0【协冰岛】0【协瑞士】6 【协澳大利亚】3【协韩国】7.5【协格鲁吉亚】0 【协香港】0【协澳门】0 【特-1】0【特-2】0【特-3】0 【增】10【对美加征】10【出】0【退】6	千克	AI	BI	P	Q	999	大麻脂

税则号列			货品名称中英文		税费综合信息	计量单位	监管证件代码		检验检疫类别		检验检疫编码	检验检疫编码对应中文名称
HS国际统一前6位	本国子目 7~8位	本国子目 9~10位	中文 货物名称	英文 Article Description			进口	出口	进口	出口		
130190	90	91	其他濒危植物的天然树胶、树脂［包括天然树胶、树脂及其他油树脂（例如香树脂）］	Other natural gums, resins, gum-resins and oleoresins (for example, balsams) of endangered plants	【最】15【普】45 【协东盟】0【协巴基斯坦】0【协智利】0 【协新西兰】0【协新加坡】0【协秘鲁】0 【协哥斯达黎加】0【协冰岛】0【协瑞士】6 【协澳大利亚】3【协韩国】7.5【协格鲁吉亚】0 【协香港】0【协澳门】0 【特-1】0【特-2】0【特-3】0 【增】10【对美加征】10【出】0【退】0	千克	AF	BE	P	Q	301 999	其他濒危植物的天然树胶、树脂［包括天然树胶、树脂及其他油树脂（例如香树脂）］（属于危险化学品的食品添加剂） 其他濒危植物的天然树胶、树脂［包括天然树胶、树脂及其他油树脂（例如香树脂）］（未列出的其他植物产品）
130190	90	99	其他天然树胶、树脂［包括天然树胶、树脂及其他油树脂（例如香树脂）］	Other natural gums, resins, natural gum-resins and other oleoresins (for example, balsams)	【最】15【普】45 【协东盟】0【协巴基斯坦】0【协智利】0 【协新西兰】0【协新加坡】0【协秘鲁】0 【协哥斯达黎加】0【协冰岛】0【协瑞士】6 【协澳大利亚】3【协韩国】7.5【协格鲁吉亚】0 【协香港】0【协澳门】0 【特-1】0【特-2】0【特-3】0 【增】10【对美加征】10【出】0【退】6	千克	A	B	P	Q	101 102 103 104 117 ……	其他天然树胶、树脂［包括天然树胶、树脂及其他油树脂（例如香树脂）］（药用干漆） 其他天然树胶、树脂［包括天然树胶、树脂及其他油树脂（例如香树脂）］（药用安息香） 其他天然树胶、树脂［包括天然树胶、树脂及其他油树脂（例如香树脂）］（药用苏合香） 其他天然树胶、树脂［包括天然树胶、树脂及其他油树脂（例如香树脂）］（药用枫香脂） 其他天然树胶、树脂［包括天然树胶、树脂及其他油树脂（例如香树脂）］（其他植物产品） ……①
130211	00		鸦片液汁及浸膏	Opium	【最】0【普】0【特-1】0【特-2】0【特-3】0 【增】0【出】0【退】16	千克	9I	BI	MP	NQ	101 301	鸦片液汁及浸膏（也称阿片）（供制食品或医药用的植物提取物） 鸦片液汁及浸膏（也称阿片）（其他危险化学品）
130212	00		甘草液汁及浸膏	Saps and extracts of liquorice	【最】6【普】20【暂进】0 【协东盟】0【协巴基斯坦】5【协智利】0 【协新西兰】0【协秘鲁】0【协哥斯达黎加】0 【协冰岛】0【协瑞士】0【协澳大利亚】1.2 【协韩国】0【协格鲁吉亚】0 【协香港】0【协澳门】0 【特-1】0【特-2】0【特-3】0 【增】16【对美加征】10【出】0【退】16	千克	A	4xy	R		101 102 103	甘草液汁及浸膏（供制食品或医药用的植物提取物） 甘草液汁及浸膏［甘草提取物（粉）（有检疫要求食品添加剂）］ 甘草液汁及浸膏［甘草流浸膏（有检疫要求食品添加剂）］
130213	00		啤酒花液汁及浸膏	Saps and extracts of hops	【最】10【普】80 【协东盟】0【协巴基斯坦】5【协智利】0 【协新西兰】0【协新加坡】0【协秘鲁】0 【协哥斯达黎加】0【协冰岛】0【协瑞士】0 【协澳大利亚】2【协韩国】5【协格鲁吉亚】0 【协香港】0【协澳门】0 【特-1】0【特-2】0【特-3】0 【增】16【对美加征】5【出】0【退】16	千克	A	B	PR	QS	301 999	啤酒花液汁及浸膏（有检疫要求食品添加剂） 啤酒花液汁及浸膏（啤酒花制品）

① 该税号项下检验检疫编码及对应中文名称尚有：301　其他天然树胶、树脂［包括天然树胶、树脂及其他油树脂（例如香树脂）］（属于危险化学品的食品添加剂）

税则号列			货品名称中英文		税费综合信息	计量单位	监管证件代码		检验检疫类别		检验检疫编码	检验检疫编码对应中文名称
HS 国际统一前6位	本国子目 7~8位	9~10位	中文 货物名称	英文 Article Description			进口	出口	进口	出口		
130214	00	11	供制农药用麻黄浸膏及浸膏粉	Ephedra extracts powder used in pesticide	【最】9.5【普】80 【协亚太】7.1【协东盟】0【协巴基斯坦】15 【协智利】0【协新西兰】0【协新加坡】0 【协秘鲁】10【协哥斯达黎加】0【协冰岛】0 【协瑞士】0【协澳大利亚】4【协韩国】13.3 【协格鲁吉亚】0【协香港】0【协澳门】0 【特-1】0【特-2】0 【增】16【出】0【退】16	千克	2A	3B	P	Q	999	供制农药用麻黄浸膏及浸膏粉
130214	00	12	供制医药用麻黄浸膏及浸膏粉	Ephedra extracts powder used in medical	【最】9.5【普】80 【协亚太】7.1【协东盟】0【协巴基斯坦】15 【协智利】0【协新西兰】0【协新加坡】0 【协秘鲁】0【协哥斯达黎加】0【协冰岛】0 【协瑞士】0【协澳大利亚】4【协韩国】13.3 【协格鲁吉亚】0【协香港】0【协澳门】0 【特-1】0【特-2】0 【增】16【出】0【退】16	千克	Q2A	3B	P	Q	101	供制医药用麻黄浸膏及浸膏粉（供工业用的植物及植物提取物）
130214	00	19	其他麻黄浸膏及浸膏粉	Other Ephedra extracts powder	【最】9.5【普】80 【协亚太】7.1【协东盟】0【协巴基斯坦】15 【协智利】0【协新西兰】0【协新加坡】0 【协秘鲁】0【协哥斯达黎加】0【协冰岛】0 【协瑞士】0【协澳大利亚】4【协韩国】13.3 【协格鲁吉亚】0【协香港】0【协澳门】0 【特-1】0【特-2】0 【增】16【出】0【退】16	千克	2A	3B	P	Q	101	其他麻黄浸膏及浸膏粉（供工业用的植物及植物提取物）
130214	00	20	麻黄液汁	Saps and extracts of Ephedra	【最】9.5【普】80 【协亚太】7.1【协东盟】0【协巴基斯坦】15 【协智利】0【协新西兰】0【协新加坡】0 【协秘鲁】0【协哥斯达黎加】0【协冰岛】0 【协瑞士】0【协澳大利亚】4【协韩国】13.3 【协格鲁吉亚】0【协香港】0【协澳门】0 【特-1】0【特-2】0 【增】16【出】0【退】16	千克	Q2A	3B	P	Q	101	麻黄液汁（供工业用的植物及植物提取物）
130219	10		生漆	Crude lacquer	【最】20【普】90 【协东盟】0【协智利】0【协新西兰】0 【协新加坡】0【协秘鲁】0【协哥斯达黎加】0 【协冰岛】0【协瑞士】8【协澳大利亚】4 【协韩国】13.3【协格鲁吉亚】0 【协香港】0【协澳门】0 【特-1】0【特-2】0 【增】16【出】0【退】6	千克	A	B	MP	NQ	101 102 301	生漆（植物产品） 生漆（毒害品） 生漆（其他危险化学品）
130219	20		印楝素	Azadirachtin	【最】3【普】11 【协东盟】0【协巴基斯坦】0【协智利】0 【协新西兰】0【协秘鲁】0【协哥斯达黎加】0 【协冰岛】0【协瑞士】0【协澳大利亚】0 【协韩国】0【协格鲁吉亚】0 【协香港】0【协澳门】0 【特-1】0【特-2】0【特-3】0 【增】16【出】0【退】6	千克	AS	BS	P	Q	999	印楝素
130219	30		除虫菊或含鱼藤酮植物根茎的液汁	Saps and extracts of pyrethrum or of the roots of plants containing rotenone	【最】3【普】11 【协东盟】0【协巴基斯坦】0【协智利】0 【协新西兰】0【协秘鲁】0【协哥斯达黎加】0 【协冰岛】0【协瑞士】0【协澳大利亚】0 【协韩国】0【协格鲁吉亚】0 【协香港】0【协澳门】0 【特-1】0【特-2】0【特-3】0 【增】16【出】0【退】16	千克	AS	BS	MP	NQ	101	除虫菊或含鱼藤酮植物根茎的液汁及浸膏（供工业用的植物及植物提取物）
130219	40		银杏的液汁及浸膏 【电商】	Saps and extracts of Ginkgo	【最】9.5【普】80 【协亚太】7.1【协东盟】0【协巴基斯坦】15 【协智利】0【协新西兰】0【协新加坡】0 【协秘鲁】0【协哥斯达黎加】0【协冰岛】0 【协瑞士】0【协澳大利亚】4【协韩国】13.3 【协格鲁吉亚】0【协香港】0【协澳门】0 【特-1】0【特-2】0 【增】16【出】0【退】16	千克	A	BE	P	Q	999	银杏的液汁及浸膏

税则号列 HS国际统一前6位	本国子目 7~8位	9~10位	货品名称 中文 货物名称	英文 Article Description	税费综合信息	计量单位	监管证件代码 进口	出口	检验检疫类别 进口	出口	检验检疫编码	检验检疫编码对应中文名称
130219	90	01	苦参碱【电商】	Matrine	【最】9.5【普】80 【协亚太】7.1【协东盟】0【协巴基斯坦】15 【协智利】0【协新西兰】0【协新加坡】0 【协秘鲁】0【协哥斯达黎加】0【协冰岛】0 【协瑞士】0【协澳大利亚】4【协韩国】13.3 【协格鲁吉亚】0【协香港】0【协澳门】0 【特-1】0【特-2】0 【增】16【对美加征】10【出】0【退】16	千克	AS	BS	P	Q	999	苦参碱
130219	90	13	供制农药用的濒危植物液汁及浸膏	Endangered vegetable saps and extracts used in pesticide	【最】9.5【普】80 【协亚太】7.1【协东盟】0【协巴基斯坦】15 【协智利】0【协新西兰】0【协新加坡】0 【协秘鲁】0【协哥斯达黎加】0【协冰岛】0 【协瑞士】0【协澳大利亚】4【协韩国】13.3 【协格鲁吉亚】0【协香港】0【协澳门】0 【特-1】0【特-2】0 【增】16【对美加征】10【出】0【退】0	千克	AF	BE	P	Q	999	供制农药用的濒危植物液汁及浸膏
130219	90	19	供制农药用的其他植物液汁及浸膏	Other vegetable saps and extracts used in pesticide	【最】9.5【普】80 【协亚太】7.1【协东盟】0【协巴基斯坦】15 【协智利】0【协新西兰】0【协新加坡】0 【协秘鲁】0【协哥斯达黎加】0【协冰岛】0 【协瑞士】0【协澳大利亚】4【协韩国】13.3 【协格鲁吉亚】0【协香港】0【协澳门】0 【特-1】0【特-2】0 【增】16【对美加征】10【出】0【退】16	千克	A	B	PR	Q	101	供制农药用的其他植物液汁及浸膏（供工业用的植物及植物提取物）
130219	90	95	红豆杉液汁及浸膏	Saps and extracts of Chinese yew	【最】9.5【普】80 【协亚太】7.1【协东盟】0【协巴基斯坦】15 【协智利】0【协新西兰】0【协新加坡】0 【协秘鲁】0【协哥斯达黎加】0【协冰岛】0 【协瑞士】0【协澳大利亚】4【协韩国】13.3 【协格鲁吉亚】0【协香港】0【协澳门】0 【特-1】0【特-2】0 【增】16【对美加征】10【出】0【退】16	千克	AF	BE	P	Q	101 102	红豆杉液汁及浸膏（供工业用的植物及植物提取物） 红豆杉液汁及浸膏（供制食品或医药用的植物提取物）
130219	90	96	黄草汁液及浸膏	Saps and extracts of Herba dendrobii	【最】9.5【普】80 【协亚太】7.1【协东盟】0【协巴基斯坦】15 【协智利】0【协新西兰】0【协新加坡】0 【协秘鲁】0【协哥斯达黎加】0【协冰岛】0 【协瑞士】0【协澳大利亚】4【协韩国】13.3 【协格鲁吉亚】0【协香港】0【协澳门】0 【特-1】0【特-2】0 【增】16【对美加征】10【出】0【退】16	千克	AF	BE	P	Q	101 102	黄草汁液及浸膏（供工业用的植物及植物提取物） 黄草汁液及浸膏（供制食品或医药用的植物提取物）
130219	90	97	其他濒危植物液汁及浸膏	Saps and extracts of other endangered vegetables	【最】9.5【普】80 【协亚太】7.1【协东盟】0【协巴基斯坦】15 【协智利】0【协新西兰】0【协新加坡】0 【协秘鲁】0【协哥斯达黎加】0【协冰岛】0 【协瑞士】0【协澳大利亚】4【协韩国】13.3 【协格鲁吉亚】0【协香港】0【协澳门】0 【特-1】0【特-2】0 【增】16【对美加征】10【出】0【退】0	千克	AF	BE	P	Q	101 102 103	其他濒危植物液汁及浸膏（供工业用的植物及植物提取物） 其他濒危植物液汁及浸膏（供制食品或医药用的植物提取物） 其他濒危植物液汁及浸膏（批准为新食品原料）
130219	90	99	其他植物液汁及浸膏	Other vegetable saps and extracts	【最】9.5【普】80 【协亚太】7.1【协东盟】0【协巴基斯坦】15 【协智利】0【协新西兰】0【协新加坡】0 【协秘鲁】0【协哥斯达黎加】0【协冰岛】0 【协瑞士】0【协澳大利亚】4【协韩国】13.3 【协格鲁吉亚】0【协香港】0【协澳门】0 【特-1】0【特-2】0 【增】16【对美加征】10【出】0【退】16	千克	A	B	MPR	NQS	101 102 103 301 302 ……	其他植物液汁及浸膏（供工业用的植物及植物提取物） 其他植物液汁及浸膏（供制食品或医药用的植物提取物） 其他植物液汁及浸膏（批准为新食品原料） 其他植物液汁及浸膏（属于危险化学品的食品添加剂） 其他植物液汁及浸膏（斑蝥素，毒性物质，需申报仅用于工业用途不用于食品添加剂有检疫要求） ……①

① 该税号项下检验检疫编码及对应中文名称尚有：303 其他植物液汁及浸膏（一般化学品，需申报仅用于工业用途不用于食品添加剂有检疫要求），304 其他植物液汁及浸膏（易燃液体，需申报仅用于工业用途不用于食品添加剂有检疫要求），305 其他植物液汁及浸膏（有检疫要求食品添加剂）。

税则号列 HS 国际统一前 6 位	本国子目 7~8 位	本国子目 9~10 位	货品名称中文 货物名称	英文 Article Description	税费综合信息	计量单位	监管证件代码 进口	监管证件代码 出口	检验检疫类别 进口	检验检疫类别 出口	检验检疫编码	检验检疫编码对应中文名称
130220	00		果胶、果胶酸盐及果胶酸酯	Pectic substances, pectinates and pectates	【最】20【普】80 【协东盟】0【协智利】0【协新西兰】0 【协新加坡】0【协秘鲁】0【协哥斯达黎加】0 【协冰岛】0【协瑞士】8【协澳大利亚】4 【协韩国】13.3【协格鲁吉亚】0 【协香港】0【协澳门】0 【特-1】0【特-2】0 【增】16【对美加征】10【出】0【退】16	千克	A		R		999	果胶、果胶酸盐及果胶酸酯（有检疫要求食品添加剂）
130231	00		琼脂	Agar-Agar	【最】10【普】80 【协东盟】0【协巴基斯坦】5【协智利】0 【协新西兰】0【协新加坡】0【协秘鲁】0 【协哥斯达黎加】0【协冰岛】0【协瑞士】0 【协澳大利亚】2【协韩国】5【协格鲁吉亚】0 【协香港】0【协澳门】0 【特-1】0【特-2】0【特-3】0 【增】16【对美加征】10【出】0【退】16	千克	A		R		101 102	琼脂（饲料添加剂） 琼脂（有检疫要求食品添加剂）
130232	00		刺槐豆胶液及增稠剂	Mucilages and thickeners, whether or not modified, derived from locust beans, locust bean seeds or guar seeds	【最】10【普】80 【协亚太】6.7【协东盟】0【协巴基斯坦】0 【协智利】0【协新西兰】0【协新加坡】0 【协秘鲁】0【协哥斯达黎加】0【协冰岛】0 【协瑞士】6【协澳大利亚】3【协韩国】7.5 【协格鲁吉亚】0【协香港】0【协澳门】0 【特-1】0【特-2】0 【增】16【对美加征】10【出】0【退】16	千克	A		R		101 301	刺槐豆胶液及增稠剂（从刺槐豆、刺槐豆子或瓜尔豆制得的，不论是否改性）（饲料添加剂） 刺槐豆胶液及增稠剂（从刺槐豆、刺槐豆子或瓜尔豆制得的，不论是否改性）（有检疫要求食品添加剂）
130239	11		卡拉胶（不论是否改性）	Carrageenan, whether or not modified	【最】8【普】80 【协东盟】0【协巴基斯坦】12【协智利】0 【协新西兰】0【协新加坡】0【协秘鲁】0 【协哥斯达黎加】0【协冰岛】0【协瑞士】6 【协澳大利亚】3【协韩国】7.5 【协格鲁吉亚】0【协香港】0【协澳门】0 【特-1】0【特-2】0 【增】16【对美加征】5【出】0【退】16	千克	A		R		101 102 301	卡拉胶（不论是否改性）[硒化卡拉胶（有检疫要求食品添加剂）] 卡拉胶（不论是否改性）[卡拉胶（有检疫要求食品添加剂）] 卡拉胶（不论是否改性）(需申报仅用于工业用途不用于食品添加剂有检疫要求的化学品)
130239	12		褐藻胶（不论是否改性）	Algin, whether or not modified	【最】8【普】80 【协东盟】0【协巴基斯坦】12【协智利】0 【协新西兰】0【协新加坡】0【协秘鲁】0 【协哥斯达黎加】0【协冰岛】0【协瑞士】6 【协澳大利亚】3【协韩国】7.5【协格鲁吉亚】0 【协香港】0【协澳门】0 【特-1】0【特-2】0 【增】16【出】0【退】16	千克	A	B	P	Q	999	褐藻胶（不论是否改性）
130239	19		海草及其他藻类胶液及增稠剂（不论是否改性）	Other preparations of seaweeds and other algae, whether or not modified	【最】8【普】80 【协东盟】0【协巴基斯坦】12【协智利】0 【协新西兰】0【协新加坡】0【协秘鲁】6.2 【协哥斯达黎加】0【协冰岛】0【协瑞士】6 【协澳大利亚】3【协韩国】7.5【协格鲁吉亚】0 【协香港】0【协澳门】0 【特-1】0【特-2】0 【增】16【对美加征】10【出】0【退】16	千克	A	B	P	Q	103	海草及其他藻类胶液及增稠剂（不论是否改性）（非食品添加剂）
130239	90	10	未列名濒危植物胶液及增稠剂	Mucilages and thickeners, derived from endangered vegetable products, not elsewhere specified or included	【最】8【普】80 【协东盟】0【协巴基斯坦】12【协智利】0 【协新西兰】0【协新加坡】0【协秘鲁】2.5 【协哥斯达黎加】0【协冰岛】0【协瑞士】6 【协澳大利亚】3【协韩国】7.5【协格鲁吉亚】0 【协香港】0【协澳门】0 【特-1】0【特-2】0 【增】16【对美加征】10【出】0【退】0	千克	AF	BE	P	Q	101	未列名濒危植物胶液及增稠剂（有机过氧化物）
130239	90	90	其他未列名植物胶液及增稠剂	Mucilages and thickeners, derived from other vegetable products, not elsewhere specified or included	【最】8【普】80 【协东盟】0【协巴基斯坦】12【协智利】0 【协新西兰】0【协新加坡】0【协秘鲁】2.5 【协哥斯达黎加】0【协冰岛】0【协瑞士】6 【协澳大利亚】3【协韩国】7.5【协格鲁吉亚】0 【协香港】0【协澳门】 0【特-1】0【特-2】0 【增】16【对美加征】10【出】0【退】16	千克	A	B	MPR	Q	101 301	其他未列名植物胶液及增稠剂（土荆芥油） 其他未列名植物胶液及增稠剂（有检疫要求食品添加剂）

第十四章
编结用植物材料；
其他植物产品

Chapter 14
Vegetable plaiting materials; vegetable products not elsewhere specified or included

注释：

一、本章不包括归入第十一类的下列产品：
主要供纺织用的植物材料或植物纤维，不论其加工程度如何；或经过处理使其只能作为纺织原料用的其他植物材料。

二、税目14.01主要包括竹（不论是否劈开、纵锯、切段、圆端、漂白、磨光、染色或进行不燃处理）、劈开的柳条、芦苇及类似品和藤心、藤丝、藤片。但不包括木片条（税目44.04）。

三、税目14.04不包括木丝（税目44.05）及供制帚、制刷用成束、成簇的材料（税目96.03）。

Chapter Notes:

1. This Chapter does not cover the following products which are to be classified in Section XI:
vegetable materials or fibres of vegetable materials of a kind used primarily in the manufacture of textiles, however prepared, or other vegetable materials which have undergone treatment so as to render them suitable for use only as textile materials.

2. Heading 14.01 applies, *inter alia*, to bamboos (whether or not split, sawn lengthwise, cut to length, rounded at the ends, bleached, rendered non-inflammable, polished or dyed), split osier, reeds and the like, to rattan cores and to drawn or split rattans. The heading does not apply to chipwood (heading 44.04).

3. Heading 14.04 does not apply to wood wool (heading 44.05) and prepared knots or tufts for broom or brush making (heading 96.03).

税则号列			货品名称中英文		税费综合信息	计量单位	监管证件代码		检验检疫类别		检验检疫编码	检验检疫编码对应中文名称
HS国际统一前6位	本国子目 7~8位	本国子目 9~10位	中文 货物名称	英文 Article Description			进口	出口	进口	出口		
140110	00	10	酸竹	Acidosasa chinensis	【最】10【普】70 【协东盟】0【协巴基斯坦】5【协智利】0 【协新西兰】0【协新加坡】0【协秘鲁】0 【协哥斯达黎加】0【协冰岛】0【协瑞士】0 【协澳大利亚】0【协韩国】5【协格鲁吉亚】0 【协香港】0【协澳门】0 【特东老挝】0【特东柬埔寨】0【特-1】0 【特-2】0【特-3】0 【增】10【对美加征】10【出】0【退】10	千克	A	BE	P	Q	999	酸竹
140110	00	90	其他竹	Other bamboos	【最】10【普】70 【协东盟】0【协巴基斯坦】5【协智利】0 【协新西兰】0【协新加坡】0【协秘鲁】0 【协哥斯达黎加】0【协冰岛】0【协瑞士】0 【协澳大利亚】0【协韩国】5【协格鲁吉亚】0 【协香港】0【协澳门】0 【特东老挝】0【特东柬埔寨】0【特-1】0 【特-2】0【特-3】0 【增】10【对美加征】10【出】0【退】10	千克	A	B	P	Q	101 102	其他竹（原竹） 其他竹（其他竹及竹制品）
140120	00	10	濒危藤	Endangered rattans	【最】10【普】35 【协东盟】0【协巴基斯坦】5【协智利】0 【协新西兰】0【协新加坡】0【协秘鲁】0 【协哥斯达黎加】0【协冰岛】0【协瑞士】0 【协澳大利亚】0【协韩国】5【协格鲁吉亚】0 【协香港】0【协澳门】0 【特东老挝】0【特东柬埔寨】0【特-1】0 【特-2】0【特-3】0 【增】10【出】0【退】0	千克	AF	BE	P	Q	999	濒危藤
140120	00	90	其他藤	Other rattans	【最】10【普】35 【协东盟】0【协巴基斯坦】5【协智利】0 【协新西兰】0【协新加坡】0【协秘鲁】0 【协哥斯达黎加】0【协冰岛】0【协瑞士】0 【协澳大利亚】0【协韩国】5【协格鲁吉亚】0 【协香港】0【协澳门】0 【特东老挝】0【特东柬埔寨】0【特-1】0 【特-2】0【特-3】0 【增】11【出】0【退】10	千克	A	B	P	Q	999	其他藤

税则号列 HS国际统一前6位	本国子目 7~8位	本国子目 9~10位	货品名称中英文 中文 货物名称	英文 Article Description	税费综合信息	计量单位	监管证件代码 进口	监管证件代码 出口	检验检疫类别 进口	检验检疫类别 出口	检验检疫编码	检验检疫编码对应中文名称
140190	10		谷类植物的茎秆（麦秸除外）（已净、漂白或染色的）	Cereal straw (other than wheat straw), cleaned, bleached or dyed	【最】10【普】70 【协东盟】0【协巴基斯坦】5【协智利】0 【协新西兰】0【协新加坡】0【协秘鲁】0 【协哥斯达黎加】0【协冰岛】0【协瑞士】0 【协澳大利亚】0【协韩国】5【协格鲁吉亚】0 【协香港】0【协澳门】0 【特东柬埔寨】0【特-1】0【特-2】0【特-3】0 【增】10【出】0【退】10	千克	A	B	P	Q	999	谷类植物的茎秆（麦秸除外）（已净、漂白或染色的）
140190	20		芦苇（已净、漂白或染色的）	Reeds, cleaned, bleached or dyed	【最】10【普】70 【协东盟】0【协巴基斯坦】5【协智利】0 【协新西兰】0【协新加坡】0【协秘鲁】0 【协哥斯达黎加】0【协冰岛】0【协瑞士】0 【协澳大利亚】0【协韩国】5【协格鲁吉亚】0 【协香港】0【协澳门】0 【特东柬埔寨】0【特-1】0【特-2】0【特-3】0 【增】10【出】0【退】10	千克	A	B	P	Q	999	芦苇（已净、漂白或染色的）
140190	31		蔺草（已净、漂白或染色的）	Mat rush, cleaned, bleached or dyed	【最】10【普】70 【协东盟】0【协巴基斯坦】5【协智利】0 【协新西兰】0【协新加坡】0【协秘鲁】0 【协哥斯达黎加】0【协冰岛】0【协瑞士】0 【协澳大利亚】0【协韩国】5【协格鲁吉亚】0 【协香港】0【协澳门】0 【特东柬埔寨】0【特-1】0【特-2】0【特-3】0 【增】10【出】0【退】10	千克	A	B4xy	P	Q	999	蔺草（已净、漂白或染色的）
140190	39		其他灯芯草属植物材料（已净、漂白或染色的）	Other rushes, cleaned, bleached or dyed	【最】10【普】70 【协东盟】0【协巴基斯坦】5【协智利】0 【协新西兰】0【协新加坡】0【协秘鲁】0 【协哥斯达黎加】0【协冰岛】0【协瑞士】0 【协澳大利亚】0【协韩国】5【协格鲁吉亚】0 【协香港】0【协澳门】0 【特东柬埔寨】0【特-1】0【特-2】0【特-3】0 【增】10【出】0【退】10	千克	A	B	P	Q	999	其他灯芯草属植物材料（已净、漂白或染色的）
140190	90		未列名主要用作编结用的植物材料（已净、漂白或染色的）	Other vegetable materials of a kind used primarily for plaiting not elsewhere (cleaned, bleached or dyedspecified or included)	【最】10【普】70 【协东盟】0【协巴基斯坦】5【协智利】0 【协新西兰】0【协新加坡】0【协秘鲁】0 【协哥斯达黎加】0【协冰岛】0【协瑞士】0 【协澳大利亚】0【协韩国】5【协格鲁吉亚】0 【协香港】0【协澳门】0 【特东柬埔寨】0【特-1】0【特-2】0【特-3】0 【增】10【出】0【退】10	千克	A	B	P	Q	999	未列名主要用作编结用的植物材料（已净、漂白或染色的）
140420	00		棉短绒	Cotton linters	【最】4【普】30 【协东盟】0【协巴基斯坦】0【协智利】0 【协新西兰】0【协秘鲁】0【协哥斯达黎加】0 【协冰岛】0【协瑞士】0【协澳大利亚】0 【协韩国】0【协格鲁吉亚】0 【协香港】0【协澳门】0 【特-1】0【特-2】0【特-3】0 【增】10【对美加征】25【出】0【退】10	千克	A	B	P	Q	999	棉短绒
140490	10		主要供染料或鞣料用的植物原料	Raw vegetable materials of a kind used primarily in dyeing or tanning	【最】5【普】45 【协亚太】4.3【协东盟】0【协巴基斯坦】0 【协智利】0【协新西兰】0【协秘鲁】0.8 【协哥斯达黎加】0【协冰岛】0【协瑞士】0 【协澳大利亚】0【协韩国】0【协格鲁吉亚】0 【协香港】0【协澳门】0 【特-1】0【特-2】0【特-3】0 【增】10【出】0【退】10	千克	A	B	P	Q	999	主要供染料或鞣料用的植物原料
140490	90	10	椰糠（条/块）【电商】[①]	Coco coir (sripe/piece)	【最】15【普】70【暂进】4 【协东盟】0【协智利】0【协新西兰】0 【协新加坡】0【协秘鲁】0【协哥斯达黎加】0 【协冰岛】0【协瑞士】6【协澳大利亚】0 【协韩国】7.5【协格鲁吉亚】0 【协香港】0【协澳门】0 【特-1】0【特-2】0【特-3】0 【增】10【对美加征】10【出】0【退】10	千克	A	B	P	Q	999	椰糠（条/块）

① 仅限网购保税商品。

税则号列			货品名称中英文		税费综合信息	计量单位	监管证件代码		检验检疫类别		检验检疫编码	检验检疫编码对应中文名称
HS 国际统一前6位	本国子目 7~8位	本国子目 9~10位	中文 货物名称	英文 Article Description			进口	出口	进口	出口		
140490	90	90	其他编号未列名植物产品【电商】①	Other vegetable products not elsewhere specified or included	【最】15【普】70 【协东盟】0【协智利】0【协新西兰】0 【协新加坡】0【协秘鲁】0【协哥斯达黎加】0 【协冰岛】0【协瑞士】6【协澳大利亚】0 【协韩国】7.5【协格鲁吉亚】0 【协香港】0【协澳门】0 【特-1】0【特-2】0【特-3】0 【增】10【对美加征】10【出】0【退】10	千克	A	B	P	Q	101 102 103 104 105 ……	其他编号未列名植物产品（其他竹及竹制品） 其他编号未列名植物产品（藤及藤制品） 其他编号未列名植物产品（柳及柳制品） 其他编号未列名植物产品（其他草及草制品） 其他编号未列名植物产品（芦苇及芦苇制品） ……②

① 仅限网购保税商品。

② 该税号项下检验检疫编码及对应中文名称尚有：106 其他编号未列名植物产品（棕及棕制品），107 其他编号未列名植物产品（葵及葵制品），108 其他编号未列名植物产品（其他竹藤柳草类），109 其他编号未列名植物产品［软木（栽培介质）］，110 其他编号未列名植物产品［木屑（栽培介质）］，111 其他编号未列名植物产品［稻壳（栽培介质）］，112 其他编号未列名植物产品［花生壳（栽培介质）］，113 其他编号未列名植物产品［棉子壳（栽培介质）］，114 其他编号未列名植物产品（其他有机栽培介质），115 其他编号未列名植物产品（植物标本），116 其他编号未列名植物产品（未列出的其他植物产品）。

第 三 类
动、植物油、脂及其分解产品；精制的食用油脂；动、植物蜡

SECTION Ⅲ
ANIMAL OR VEGETABLE FATS AND OILS AND THEIR CLEAVAGE PRODUCTS; PREPARED EDIBLE FATS; ANIMAL OR VEGETABLE WAXES

第十五章
动、植物油、脂及其分解产品；精制的食用油脂；动、植物蜡

注释：

一、本章不包括：

（一）税目 02.09 的猪脂肪及家禽脂肪；

（二）可可脂、可可油（税目 18.04）；

（三）按重量计税目 04.05 所列产品的含量超过 15% 的食品（通常归入第二十一章）；

（四）税目 23.01 的油渣或税目 23.04 至 23.06 的残渣；

（五）第六类的脂肪酸、精制蜡、药品、油漆、清漆、肥皂、芳香料制品、化妆盥洗品、磺化油及其他货品；或

（六）从油类提取的油膏（税目 40.02）。

二、税目 15.09 不包括用溶剂提取的橄榄油（税目 15.10）。

三、税目 15.18 不包括变性的油、脂及其分离品，这些货品应归入其相应的未变性油、脂及其分离品的税号。

四、皂料、油脚、硬脂沥青、甘油沥青及羊毛脂残渣，归入税目 15.22。

子目注释：

子目 1514.11 及 1514.19 所称“低芥子酸菜子油”，是指按重量计芥子酸含量低于 2% 的固定油。

Chapter 15
Animal or vegetable fats and oils and their cleavage products; prepared edible fats; animal or vegetable waxes

Chapter Notes:

1. This Chapter does not cover:

(a) Pig fat or poultry fat of heading 02.09;

(b) Cocoa butter, fat or oil (heading 18.04);

(c) Edible preparations containing by weight more than 15% of the products of heading 04.05 (generally Chapter 21);

(d) Greaves (heading 23.01) or residues of headings 23.04 to 23.06;

(e) Fatty acids, prepared waxes, medicaments, paints, varnishes, soap, perfumery, cosmetic or toilet preparations, sulphonated oils or other goods of Section VI; or

(f) Factice derived from oils (heading 40.02).

2. Heading 15.09 does not apply to oils obtained from olives by solvent extraction (heading 15.10).

3. Heading 15.18 does not cover fats or oils or their fractions, merely denatured, which are to be classified in the heading appropriate to the corresponding undenatured fats and oils and their fractions.

4. Soap-stocks, oil foots and dregs, stearin pitch, glycerol pitch and wool grease residues fall in heading 15.22.

Subheading Note:

For the purposes of subheadings 1514.11 and 1514.19, the expression "low erucic acid rape or colzaoil" means the fixed oil which has an erucic acid content of less than 2% by weight.

税则号列			货品名称中英文		税费综合信息	计量单位	监管证件代码		检验检疫类别		检验检疫编码	检验检疫编码对应中文名称
HS国际统一前6位	本国子目 7~8位	9~10位	中文 货物名称	英文 Article Description			进口	出口	进口	出口		
150110	00		猪油	lard, other than that of heading No. 02. 09 or 15. 03	【最】10【普】35 【协东盟】0【协香港】0【协澳门】0【协智利】0 【协新西兰】0【协新加坡】0【协秘鲁】0 【协哥斯达黎加】0【协冰岛】0【协瑞士】0 【协澳大利亚】0【协韩国】5【协格鲁吉亚】0 【特-1】0【特-2】0【特-3】0 【增】16【出】0【退】16	千克	A	B	MPR	QS	101 102 103 104 105	猪油（但税目02.09及15.03的货品除外）(工业用猪油脂) 猪油（但税目02.09及15.03的货品除外）(饲料用猪油脂) 猪油（但税目02.09及15.03的货品除外）（饲料用野生猪、牛、羊油脂） 猪油（但税目02.09及15.03的货品除外）[未炼制的食用猪油（脂）] 猪油（但税目02.09及15.03的货品除外）[已炼制的食用猪油（脂）]
150120	00		其他猪脂肪（但税目02.09及15.03的货品除外）	Pig fat, other than that of heading No. 02. 09 or 15. 03	【最】10【普】35 【协东盟】0【协香港】0【协澳门】0【协智利】0 【协新西兰】0【协新加坡】0【协秘鲁】0 【协哥斯达黎加】0【协冰岛】0【协瑞士】0 【协澳大利亚】0【协韩国】5【协格鲁吉亚】0 【特-1】0【特-2】0【特-3】0 【增】16【出】0【退】16	千克	A	B	MPR	QS	101 102 103 104 105	其他猪脂肪（但税目02.09及15.03的货品除外）(工业用猪油脂) 其他猪脂肪（但税目02.09及15.03的货品除外）(饲料用猪油脂) 其他猪脂肪（但税目02.09及15.03的货品除外）(饲料用野生猪、牛、羊油脂) 其他猪脂肪（但税目02.09及15.03的货品除外）[未炼制的食用猪油（脂）] 其他猪脂肪（但税目02.09及15.03的货品除外）[已炼制的食用猪油（脂）]
150190	00		家禽脂肪（但税目02.09及15.03的货品除外）	Poultry fat, other than that of heading No. 02. 09 or 15. 03	【最】10【普】35 【协东盟】0【协香港】0【协澳门】0【协智利】0 【协新西兰】0【协新加坡】0【协秘鲁】0 【协哥斯达黎加】0【协冰岛】0【协瑞士】0 【协澳大利亚】0【协韩国】5【协格鲁吉亚】0 【特-1】0【特-2】0【特-3】0 【增】16【出】0【退】16	千克	A	B	MPR	QS	101 102 103 104	家禽脂肪（但税目02.09及15.03的货品除外）(工业用禽油脂) 家禽脂肪（但税目02.09及15.03的货品除外）(饲料用禽油脂) 家禽脂肪（但税目02.09及15.03的货品除外）[未炼制的食用家禽油（脂）] 家禽脂肪（但税目02.09及15.03的货品除外）[已炼制的食用家禽油（脂）]
150210	00		牛、羊油脂（但税目15.03的货品除外）	Other fats of bovine animals, sheep or goats, other than those of heading No. 15. 03	【最】8【普】30【暂进】2 【协亚太】0【协东盟】0【协澳门】0 【协香港】0【协巴基斯坦】0【协智利】0 【协新西兰】0【协秘鲁】0【协哥斯达黎加】0 【协冰岛】0【协瑞士】0【协澳大利亚】0 【协韩国】0【协格鲁吉亚】0 【特-1】0【特-2】0【特-3】0 【增】16【出】0【退】16	千克	A	B	MPR	QS	101 102 103 104 105 ……	牛、羊油脂（但税目15.03的货品除外）(工业用牛油脂) 牛、羊油脂（但税目15.03的货品除外）(工业用羊油脂) 牛、羊油脂（但税目15.03的货品除外）(工业用野生猪、牛、羊油脂) 牛、羊油脂（但税目15.03的货品除外）(饲料用牛油脂) 牛、羊油脂（但税目15.03的货品除外）(饲料用羊油脂) ……①

① 该税号项下检验检疫编码及对应中文名称尚有：106　牛、羊油脂（但税目15.03的货品除外）（饲料用野生猪、牛、羊油脂），107　牛、羊油脂（但税目15.03的货品除外）[未炼制的食用牛油（脂）]，108　牛、羊油脂（但税目15.03的货品除外）[未炼制的食用羊油（脂）]，109　牛、羊油脂（但税目15.03的货品除外）[已炼制的食用牛油（脂）]，110　牛、羊油脂（但税目15.03的货品除外）[已炼制的食用羊油（脂）]。

税则号列			货品名称中英文		税费综合信息	计量单位	监管证件代码		检验检疫类别		检验检疫编码	检验检疫编码对应中文名称
HS 国际统一前6位	本国子目 7~8位	本国子目 9~10位	中文 货物名称	英文 Article Description			进口	出口	进口	出口		
150290	00		其他牛、羊脂肪（但税目15.03的货品除外）	Raw fats of bovine animals, sheep or goats, other than those of heading No. 15.03	【最】8【普】70【暂进】4 【协亚太】0【协东盟】0【协澳门】0 【协香港】0【协巴基斯坦】0【协智利】0 【协新西兰】0【协秘鲁】0【协哥斯达黎加】0 【协冰岛】0【协瑞士】0【协澳大利亚】0 【协韩国】0【协格鲁吉亚】0 【特-1】0【特-2】0【特-3】0 【增】16【出】0【退】6	千克	A	B	MPR	QS	101 102 103 104 105 ……	其他牛、羊脂肪（但税目15.03的货品除外）（工业用牛油脂） 其他牛、羊脂肪（但税目15.03的货品除外）（工业用羊油脂） 其他牛、羊脂肪（但税目15.03的货品除外）（工业用野生猪、牛、羊油脂） 其他牛、羊脂肪（但税目15.03的货品除外）（饲料用牛油脂） 其他牛、羊脂肪（但税目15.03的货品除外）（饲料用羊油脂） ……①
150300	00		未经制作的猪油硬脂、油硬脂等	Lard stearin, lard oil, oleostearin, oleooil and tallow oil, not emulsified ormixed or otherwise prepared	【最】10【普】30 【协东盟】0【协澳门】0【协智利】0 【协香港】0【协新西兰】0【协新加坡】0 【协秘鲁】0【协哥斯达黎加】0【协冰岛】0 【协瑞士】0【协澳大利亚】0【协韩国】5 【协格鲁吉亚】0 【特-1】0【特-2】0【特 3】0 【增】16【出】0【退】16	千克	A	B	PR	QS	101 102 103 104 105 ……	未经制作的猪油硬脂、油硬脂等（包括液体猪油及脂油，未经乳化、混合或其他方法制作）（工业用猪油脂） 未经制作的猪油硬脂、油硬脂等（包括液体猪油及脂油，未经乳化、混合或其他方法制作）（工业用其他野生偶蹄动物油脂） 未经制作的猪油硬脂、油硬脂等（包括液体猪油及脂油，未经乳化、混合或其他方法制作）（未列出的工业用其他动物油脂） 未经制作的猪油硬脂、油硬脂等（包括液体猪油及脂油，未经乳化、混合或其他方法制作）（饲料用猪油脂） 未经制作的猪油硬脂、油硬脂等（包括液体猪油及脂油，未经乳化、混合或其他方法制作）（饲料用其他野生偶蹄动物油脂） ……②
150410	00	10	濒危鱼鱼肝油及其分离品【电商】③	Endangered species of fish cod-liver oil and its fractions	【最】12【普】30 【协东盟】0【协澳门】0【协智利】0 【协香港】0【协新西兰】0【协新加坡】0 【协秘鲁】0【协哥斯达黎加】0【协冰岛】0 【协瑞士】4.8【协澳大利亚】0【协韩国】6 【协格鲁吉亚】0 【特-1】0【特-2】0 【增】16【对美加征】10【出】0【退】0	千克	AF	BE	PR	QS	101	濒危鱼鱼肝油及其分离品（食用保健食品）

① 该税号项下检验检疫编码及对应中文名称尚有：106　其他牛、羊脂肪（但税目15.03的货品除外）（饲料用野生猪、牛、羊油脂），107　其他牛、羊脂肪（但税目15.03的货品除外）（未炼制的食用牛脂肪），108　其他牛、羊脂肪（但税目15.03的货品除外）（未炼制的食用羊脂肪），109　其他牛、羊脂肪（但税目15.03的货品除外）［已炼制的食用牛油（脂）］，110　其他牛、羊脂肪（但税目15.03的货品除外）［已炼制的食用羊油（脂）］。

② 该税号项下检验检疫编码及对应中文名称尚有：106　未经制作的猪油硬脂、油硬脂等（包括液体猪油及脂油，未经乳化、混合或其他方法制作）［未炼制的食用猪油（脂）］。

③ 仅限网购保税商品。

税则号列			货品名称中英文		税费综合信息	计量单位	监管证件代码		检验检疫类别		检验检疫编码	检验检疫编码对应中文名称
HS国际统一前6位	本国子目 7~8位	本国子目 9~10位	中文 货物名称	英文 Article Description			进口	出口	进口	出口		
150410	00	90	其他鱼鱼肝油及其分离品 【电商】①	Other fish cod-liver oil and its fractions	【最】12【普】30 【协东盟】0【协澳门】0【协智利】0 【协香港】0【协新西兰】0【协新加坡】0 【协秘鲁】0【协哥斯达黎加】0【协冰岛】0 【协瑞士】4.8【协澳大利亚】0【协韩国】6 【协格鲁吉亚】0 【特-1】0【特-2】0 【增】16【对美加征】10【出】0【退】16	千克	A	B	PR	QS	101 102 103 104 201	其他鱼鱼肝油及其分离品（工业用鱼油脂） 其他鱼鱼肝油及其分离品（未列出的工业用其他动物油脂） 其他鱼鱼肝油及其分离品（饲料用鱼油脂） 其他鱼鱼肝油及其分离品（未列出的饲料用其他动物油脂） 其他鱼鱼肝油及其分离品（保健食品）
150420	00	11	濒危鱼油软胶囊（鱼肝油除外） 【电商】②	Endangered fish oil capsules, other than liver oils	【最】12【普】50【暂进】6 【协东盟】0【协澳门】0【协智利】0 【协新西兰】0【协新加坡】0【协秘鲁】0 【协哥斯达黎加】0【协冰岛】0【协瑞士】6.8 【协澳大利亚】0【协韩国】6 【协格鲁吉亚】0 【特-1】0【特-2】0 【增】16【对美加征】10【出】0【退】0	千克	AF	BE	PR	QS	101 102	濒危鱼油软胶囊（鱼肝油除外）（保健食品） 濒危鱼油软胶囊（鱼肝油除外）（除保健食品以外）
150420	00	19	濒危鱼其他鱼油、脂及其分离品（鱼肝油除外） 【电商】③	Fats and oils and their fractions, of endangerd fish, other than liver oils	【最】12【普】50 【协东盟】0【协澳门】0【协智利】0 【协香港】0【协新西兰】0【协新加坡】0 【协秘鲁】0【协哥斯达黎加】0【协冰岛】0 【协瑞士】6.8【协澳大利亚】0【协韩国】6 【协格鲁吉亚】0 【特-1】0【特-2】0 【增】16【对美加征】10【出】0【退】0	千克	AF	BE	PR	QS	101 102 103 104 105 ……	濒危鱼其他鱼油、脂及其分离品（鱼肝油除外）（工业用鱼油脂） 濒危鱼其他鱼油、脂及其分离品（鱼肝油除外）（未列出的工业用其他动物油脂） 濒危鱼其他鱼油、脂及其分离品（鱼肝油除外）（饲料用鱼油脂） 濒危鱼其他鱼油、脂及其分离品（鱼肝油除外）（未列出的饲料用其他动物油脂） 濒危鱼其他鱼油、脂及其分离品（鱼肝油除外）（养殖鱼鱼油） ……④
150420	00	91	其他鱼油软胶囊（鱼肝油除外） 【电商】⑤	Other fish oil capsules, other than liver oils	【最】12【普】50【暂进】6 【协东盟】0【协澳门】0【协智利】0 【协香港】0【协新西兰】0【协新加坡】0 【协秘鲁】0【协哥斯达黎加】0【协冰岛】0 【协瑞士】6.8【协澳大利亚】0【协韩国】6 【协格鲁吉亚】0 【特-1】0【特-2】0 【增】16【对美加征】10【出】0【退】16	千克	A	B	PR	QS	101 102	其他鱼油软胶囊（鱼肝油除外）（保健食品） 其他鱼油软胶囊（鱼肝油除外）（除保健食品以外）

① 仅限网购保税商品。

② 列入《进出口野生动植物种商品目录》的商品除外；仅限网购保税商品。

③ 列入《进出口野生动植物种商品目录》的商品除外；仅限网购保税商品。

④ 该税号项下检验检疫编码及对应中文名称尚有：106 濒危鱼其他鱼油、脂及其分离品（鱼肝油除外）（野生鱼鱼油），107 濒危鱼其他鱼油、脂及其分离品（鱼肝油除外）（保健食品）。

⑤ 列入《进出口野生动植物种商品目录》的商品除外；仅限网购保税商品。

税则号列			货品名称中英文		税费综合信息	计量单位	监管证件代码		检验检疫类别		检验检疫编码	检验检疫编码对应中文名称
HS国际统一前6位	本国子目7~8位	9~10位	中文 货物名称	英文 Article Description			进口	出口	进口	出口		
150420	00	99	其他鱼油、脂及其分离品（鱼肝油除外） 【电商】①	Fats and oils and their fractions, of other fish, other than liver oils	【最】12【普】50 【协东盟】0【协澳门】0【协智利】0 【协香港】0【协新西兰】0【协新加坡】0 【协秘鲁】0【协哥斯达黎加】0【协冰岛】0 【协瑞士】6.8【协澳大利亚】0【协韩国】6 【协格鲁吉亚】0 【特-1】0【特-2】0 【增】16【对美加征】10【出】0【退】16	千克	A	B	PR	QS	101 102 103 104 105 ……	其他鱼油、脂及其分离品（鱼肝油除外）（工业用鱼油脂） 其他鱼油、脂及其分离品（鱼肝油除外）（未列出的工业用其他动物油脂） 其他鱼油、脂及其分离品（鱼肝油除外）（饲料用鱼油脂） 其他鱼油、脂及其分离品（鱼肝油除外）（未列出的饲料用其他动物油脂） 其他鱼油、脂及其分离品（鱼肝油除外）（养殖鱼鱼油） ……②
150430	00	10	濒危哺乳动物的油、脂及其分离品 【电商】③	Fats and oils and their fractions, of endangered marine mammals	【最】14【普】50 【协东盟】0【协澳门】0【协智利】0 【协香港】0【协新西兰】0【协新加坡】0 【协秘鲁】0【协哥斯达黎加】0【协冰岛】0 【协瑞士】5.8【协澳大利亚】0【协韩国】7.2 【协格鲁吉亚】0 【特-1】0【特-2】0 【增】16【出】0【退】0	千克	AF	BE	PR	QS	101 102 103 104	濒危哺乳动物的油、脂及其分离品（仅指海生）（工业用海生哺乳动物油脂） 濒危哺乳动物的油、脂及其分离品（仅指海生）（未列出的工业用其他动物油脂） 濒危哺乳动物的油、脂及其分离品（仅指海生）（饲料用海生哺乳动物油脂） 濒危哺乳动物的油、脂及其分离品（仅指海生）（野生鱼鱼油）
150430	00	90	其他海生哺乳动物油、脂及其分离 【电商】④	Other fats and oils and their fractions of marine mammals	【最】14【普】50 【协东盟】0【协澳门】0【协智利】0 【协香港】0【协新西兰】0【协新加坡】0 【协秘鲁】0【协哥斯达黎加】0【协冰岛】0 【协瑞士】5.8【协澳大利亚】0【协韩国】7.2 【协格鲁吉亚】0 【特-1】0【特-2】0 【增】16【出】0【退】16	千克	A	B	PR	QS	101 102 103 104	其他海生哺乳动物油、脂及其分离品（工业用海生哺乳动物油脂） 其他海生哺乳动物油、脂及其分离品（未列出的工业用其他动物油脂） 其他海生哺乳动物油、脂及其分离品（饲料用海生哺乳动物油脂） 其他海生哺乳动物油、脂及其分离品（野生鱼鱼油）
150500	00		羊毛脂及羊毛脂肪物质（包括纯净的羊毛脂）	Wool grease and fatty substances derived therefrom (including lanolin)	【最】20【普】70 【协东盟】0【协智利】0【协新西兰】0 【协新加坡】0【协秘鲁】0【协哥斯达黎加】0 【协冰岛】0【协瑞士】8【协澳大利亚】4 【协韩国】13.3【协格鲁吉亚】0 【协香港】0【协澳门】0 【特-1】0【特-2】0 【增】16【出】0【退】16	千克	A	B	P	QS	101 102	羊毛脂及羊毛脂肪物质（包括纯净的羊毛脂）（工业用羊毛脂） 羊毛脂及羊毛脂肪物质（包括纯净的羊毛脂）（饲料用羊毛脂）

① 列入《进出口野生动植物种商品目录》的商品除外；仅限网购保税商品。

② 该税号项下检验检疫编码及对应中文名称尚有：106　其他鱼油、脂及其分离品（鱼肝油除外）（野生鱼鱼油），107　其他鱼油、脂及其分离品（鱼肝油除外）（保健食品）。

③ 列入《进出口野生动植物种商品目录》的商品除外；仅限网购保税商品。

④ 列入《进出口野生动植物种商品目录》的商品除外；仅限网购保税商品。

税则号列			货品名称中英文		税费综合信息	计量单位	监管证件代码		检验检疫类别		检验检疫编码	检验检疫编码对应中文名称
HS 国际统一前6位	本国子目 7~8位	9~10位	中文 货物名称	英文 Article Description			进口	出口	进口	出口		
150600	00	10	其他濒危动物为原料制取的脂肪（包括河马、熊、野兔、海龟为原料的及海龟蛋油） 【电商】①	Fats made of materials of other endangered animals (including hippo, bear, hare, green turtle and green turtle egg)	【最】20【普】70 【协东盟】0【协澳门】0【协智利】0 【协香港】0【协新西兰】0【协新加坡】0 【协秘鲁】0【协哥斯达黎加】0【协冰岛】0 【协瑞士】8【协澳大利亚】0【协韩国】13.3 【协格鲁吉亚】0 【特-1】0【特-2】0 【增】16【对美加征】10【出】0【退】0	千克	AF	BE	PR	QS	101 102 103 104 105 ……	其他濒危动物为原料制取的脂肪（包括河马、熊、野兔、海龟为原料的及海龟蛋油）（工业用其他野生偶蹄动物油脂） 其他濒危动物为原料制取的脂肪（包括河马、熊、野兔、海龟为原料的及海龟蛋油）（未列出的工业用其他动物油脂） 其他濒危动物为原料制取的脂肪（包括河马、熊、野兔、海龟为原料的及海龟蛋油）（饲料用其他野生偶蹄动物油脂） 其他濒危动物为原料制取的脂肪（包括河马、熊、野兔、海龟为原料的及海龟蛋油）（未列出的饲料用其他动物油脂） 其他濒危动物为原料制取的脂肪（包括河马、熊、野兔、海龟为原料的及海龟蛋油）（未炼制的食用濒危动物油（脂）） ……②
150600	00	90	其他动物油、脂及其分离品（不论是否精制，但未经化学改性） 【电商】③	Other animals fats and oils and their fractions, whether or not refined, but not chemically modified	【最】20【普】70 【协东盟】0【协澳门】0【协智利】0 【协香港】0【协新西兰】0【协新加坡】0 【协秘鲁】0【协哥斯达黎加】0【协冰岛】0 【协瑞士】8【协澳大利亚】0【协韩国】13.3 【协格鲁吉亚】0 【特-1】0【特-2】0 【增】16【对美加征】10【出】0【退】16	千克	A	B	PR	QS	101 102 103 104 105 ……	其他动物油、脂及其分离品（不论是否精制，但未经化学改性）（工业用其他饲养偶蹄动物油脂） 其他动物油、脂及其分离品（不论是否精制，但未经化学改性）（工业用野生猪、牛、羊油脂） 其他动物油、脂及其分离品（不论是否精制，但未经化学改性）（工业用其他野生偶蹄动物油脂） 其他动物油、脂及其分离品（不论是否精制，但未经化学改性）（工业用马油脂） 其他动物油、脂及其分离品（不论是否精制，但未经化学改性）（未列出的工业用其他动物油脂） ……④

① 列入《进出口野生动植物种商品目录》的商品除外；仅限网购保税商品。

② 该税号项下检验检疫编码及对应中文名称尚有：106 其他濒危动物为原料制取的脂肪（包括河马、熊、野兔、海龟为原料的及海龟蛋油）［已炼制的食用濒危动物油（脂）］。

③ 列入《进出口野生动植物种商品目录》的商品除外；仅限网购保税商品。

④ 该税号项下检验检疫编码及对应中文名称尚有：106 其他动物油、脂及其分离品（不论是否精制，但未经化学改性）（饲料用其他饲养偶蹄动物油脂），107 其他动物油、脂及其分离品（不论是否精制，但未经化学改性）（饲料用其他野生偶蹄动物油脂），108 其他动物油、脂及其分离品（不论是否精制，但未经化学改性）（饲料用马油脂），109 其他动物油、脂及其分离品（不论是否精制，但未经化学改性）（未列出的饲料用其他动物油脂），110 其他动物油、脂及其分离品（不论是否精制，但未经化学改性）［未炼制的其他食用动物油（脂）］，111 其他动物油、脂及其分离品（不论是否精制，但未经化学改性）［已炼制的其他食用动物油（脂）］，113 其他动物油、脂及其分离品（不论是否精制，但未经化学改性）（养殖虾虾油），114 其他动物油、脂及其分离品（不论是否精制，但未经化学改性）（野生虾虾油），115 其他动物油、脂及其分离品（不论是否精制，但未经化学改性）（其他养殖水产动物油脂），116 其他动物油、脂及其分离品（不论是否精制，但未经化学改性）（其他野生水产动物油脂）。

税则号列			货品名称中英文		税费综合信息	计量单位	监管证件代码		检验检疫类别		检验检疫编码	检验检疫编码对应中文名称
HS国际统一前6位	本国子目 7~8位	本国子目 9~10位	中文 货物名称	英文 Article Description			进口	出口	进口	出口		
150710	00		初榨的豆油（但未经化学改性）	Crude soya-bean oil whether or not degummed, not chemically modified	【最】9【普】190 【协香港】0【协澳门】0 【增】10【对美加征】10【出】0【退】0	千克	7A	B	MPR	QS	999	初榨的豆油（但未经化学改性）
150790	00		精制的豆油及其分离品（包括初榨豆油的分离品，但未经化学改性）【电商】	Other Soya-bean oil and its fractions(including fractions of crude soya-bean oil, not chemically modified)	【最】9【普】190 【协香港】0【协澳门】0 【增】10【对美加征】10【出】0【退】0	千克	7A	B	MR	S	101 102	精制的豆油及其分离品（包括初榨豆油的分离品，但未经化学改性）（初榨食用大豆油） 精制的豆油及其分离品（包括初榨豆油的分离品，但未经化学改性）（食用豆油）
150810	00		初榨的花生油（但未经化学改性）【电商】	Crude ground-nut oil, but not chemically modified	【最】10【普】100 【协香港】0【协澳门】0 【协东盟】0【协新加坡】0 【增】10【对美加征】10【出】0【退】0	千克	A	B	PR	QS	999	初榨的花生油（但未经化学改性）
150890	00		精制的花生油及其分离品（包括初榨花生油的分离品，但未经化学改性）【电商】	Other ground-nut oil and its fractions(including fractions of crude ground-nut oil, but not chemically modified)	【最】10【普】100 【协香港】0【协澳门】0 【协东盟】0【协新加坡】0 【增】10【对美加征】10【出】0【退】0	千克	A	B	MR	S	999	精制的花生油及其分离品（包括初榨花生油的分离品，但未经化学改性）
150910	00		初榨油橄榄油（但未经化学改性）【电商】	Virgin olive oil, not chemically modified	【最】10【普】30 【协东盟】0【协澳门】0【协智利】0 【协香港】0【协新西兰】0【协新加坡】0 【协秘鲁】0【协哥斯达黎加】0【协冰岛】0 【协瑞士】0【协韩国】5 【特-1】0【特-2】0 【增】10【对美加征】10【出】0【退】0	千克	7A	B	PR	QS	999	初榨油橄榄油（但未经化学改性）
150990	00		精制的油橄榄油及其分离品（包括初榨油橄榄油的分离品，但未经化学改性）【电商】	Other Olive oil and its fractions, (including fractions of virgin olive oil, not chemically modified)	【最】10【普】30 【协东盟】0【协香港】0【协澳门】0【协智利】0 【协新西兰】0【协新加坡】0【协秘鲁】0 【协哥斯达黎加】0【协冰岛】0【协瑞士】0 【协韩国】5 【特-1】0【特-2】0 【增】16【对美加征】10【出】0【退】0	千克	7A	B	R	S	999	精制的油橄榄油及其分离品（包括初榨油橄榄油的分离品，但未经化学改性）
151000	00		其他橄榄油及其分离品（不论是否精制，但未经化学改性，包括掺有税目15.09的油或分离品的混合物）【电商】	Other oils and their fractions, obtained solely from olives, whether or not refined, but not chemically modified, including blends of these oils or fractions with oils or fractions of heading No. 15.09	【最】10【普】30 【协东盟】0【协澳门】0【协智利】0 【协香港】0【协新西兰】0【协新加坡】0 【协秘鲁】0【协哥斯达黎加】0【协冰岛】0 【协瑞士】0【协韩国】5 【特-1】0【特-2】0 【增】16【出】0【退】0	千克	7A	B	PR	QS	101 102 103	其他橄榄油及其分离品（不论是否精制，但未经化学改性，包括掺有税目15.09的油或分离品的混合物）（初榨食用橄榄油） 其他橄榄油及其分离品（不论是否精制，但未经化学改性，包括掺有税目15.09的油或分离品的混合物）（其他初榨植物食用油） 其他橄榄油及其分离品（不论是否精制，但未经化学改性，包括掺有税目15.09的油或分离品的混合物）（食用橄榄油）
151110	00		初榨的棕榈油（但未经化学改性）【电商】	Crude palm oil, not chemically modified	【最】9【普】60 【协香港】0【协澳门】0 【增】10【出】0【退】0	千克	7A	B	MPR	QS	999	初榨的棕榈油（但未经化学改性）
151190	10		棕榈液油（熔点为19℃~24℃，未经化学改性）	Palm olein (melting point19℃~24℃, not chemically modified)	【最】9【普】60 【协香港】0【协澳门】0 【增】10【出】0【退】0	千克	7A	B	MR	S	999	棕榈液油（熔点为19℃~24℃，未经化学改性）
151190	20	01	固态棕榈硬脂（50℃≤熔点≤56℃）（未经化学改性）	Palm stearin (melting point 50℃ ~ 56℃, not chemically modified)	【最】8【普】60【暂进】2 【协香港】0【协澳门】0 【增】10【出】0【退】0	千克	7A	B	MR	S	999	固态棕榈硬脂（50℃≤熔点≤56℃）（未经化学改性）

税则号列			货品名称中英文		税费综合信息	计量单位	监管证件代码		检验检疫类别		检验检疫编码	检验检疫编码对应中文名称
HS国际统一前6位	本国子目 7~8位	本国子目 9~10位	中文 货物名称	英文 Article Description			进口	出口	进口	出口		
151190	20	90	棕榈硬脂（44℃≤熔点<50℃，未经化学改性）	Palm stearin (melting point 44℃~50℃, not chemicallly modified)	【最】8【普】60 【协香港】0【协澳门】0 【增】10【出】0【退】0	千克	A	B	MR	S	999	棕榈硬脂（44℃≤熔点<50℃，未经化学改性）
151190	90		其他精制棕榈油（包括棕榈油的分离品，但未经化学改性）	Other refined palm oil and its fractions, not chemicallly modified	【最】9【普】60 【协香港】0【协澳门】0 【增】16【出】0【退】0	千克	7A	B	MR	S	999	其他精制棕榈油（包括棕榈油的分离品，但未经化学改性）
151211	00		初榨的葵花油和红花油（但未经化学改性） 【电商】	Crude sunflower-seed, safflower oil, not chemicallly modified	【最】9【普】160 【协东盟】0【协澳门】0【协香港】0 【增】10【对美加征】10【出】0【退】0	千克	A	B	PR	QS	101 102 103	初榨的葵花油和红花油（但未经化学改性）（初榨食用葵花油） 初榨的葵花油和红花油（但未经化学改性）（初榨食用红花油） 初榨的葵花油和红花油（但未经化学改性）（其他食用植物油）
151219	00		精制的葵花油和红花油及其分离品（包括初榨葵花油和红花油的分离品，但未经化学改性） 【电商】	Other sunflower-seed, safflower oil (including fractions of crude sunflower-seed, safflower oil, not chemicallly modified)	【最】9【普】160 【协东盟】0【协澳门】0【协香港】0 【增】16【对美加征】10【出】0【退】0	千克	A	B	R	S	101 102	精制的葵花油和红花油及其分离品（包括初榨葵花油和红花油的分离品，但未经化学改性）（食用葵花籽油） 精制的葵花油和红花油及其分离品（包括初榨葵花油和红花油的分离品，但未经化学改性）（其他食用植物油）
151221	00		初榨的棉子油（不论是否去除棉子酚）	Crude cottonseed oil, whether or not gossypol has been removed	【最】10【普】70 【协东盟】0【协澳门】0【协新加坡】0 【协香港】0 【增】10【出】0【退】0	千克	A	B	PR	QS	999	初榨的棉子油（不论是否去除棉子酚）
151229	00		精制的棉子油及其分离品（包括初榨棉子油的分离品，但未经化学改性）	Other cottonseed oil and its fractions (including fractions of crude cottonseed oil, not chemicallly modified)	【最】10【普】70 【协东盟】0【协澳门】0【协新加坡】0 【协香港】0 【增】16【对美加征】5【出】0【退】0	千克	A	B	R	S	999	精制的棉子油及其分离品（包括初榨棉子油的分离品，但未经化学改性）
151311	00		初榨椰子油（但未经化学改性） 【电商】	Crude coconut (copra) oil, not chemicallly modified	【最】9【普】40 【协亚太】4.5【协东盟】0【协澳门】0 【协香港】0【协巴基斯坦】4.5【协智利】0 【协新西兰】0【协秘鲁】0【协哥斯达黎加】0 【协冰岛】0【协瑞士】0【协韩国】0 【特-1】0【特-2】0 【增】10【对美加征】10【出】0【退】0	千克	A	B	MPR	QS	999	初榨椰子油（但未经化学改性）
151319	00		其他椰子油及其分离品（包括初榨椰子油的分离品，但未经化学改性） 【电商】	Other coconut (copra) oil and its fractions (including fractions of crude coconut (copra) oil, not chemicallly modified)	【最】9【普】40 【协亚太】4.5【协东盟】0【协澳门】0 【协香港】0【协巴基斯坦】4.5【协智利】0 【协新西兰】0【协秘鲁】0【协哥斯达黎加】0 【协冰岛】0【协瑞士】0【协韩国】0 【特-1】0【特-2】0【特-3】0 【增】10【对美加征】10【出】0【退】0	千克	A	B	MPR	QS	999	其他椰子油及其分离品（包括初榨椰子油的分离品，但未经化学改性）
151321	00		初榨棕榈仁油或巴巴苏棕榈果油（未经化学改性）	Crude palm kernel or babassu oil, not chemicallly modified	【最】9【普】40 【协东盟】0【协澳门】0【协智利】0 【协香港】0【协新西兰】0【协秘鲁】0 【协哥斯达黎加】0【协冰岛】0【协瑞士】0 【协韩国】0 【特-1】0【特-2】0 【增】10【出】0【退】0	千克	A	B	MPR	QS	101 102	初榨棕榈仁油或巴巴苏棕榈果油（未经化学改性）（初榨食用棕榈油） 初榨棕榈仁油或巴巴苏棕榈果油（未经化学改性）（其他初榨植物食用油）
151329	00		精制的棕榈仁油或巴巴苏棕榈果油（包括分离品，但未经化学改性，初榨的除外）	Other palm kernel or babassu oil (including fractions thereof, not chemicallly modified)	【最】9【普】40 【协东盟】0【协澳门】0【协智利】0 【协香港】0【协新西兰】0【协秘鲁】0 【协哥斯达黎加】0【协冰岛】0【协瑞士】0 【协韩国】0 【特-1】0【特-2】0 【增】16【出】0【退】0	千克	A	B	MR	S	999	精制的棕榈仁油或巴巴苏棕榈果油（包括分离品，但未经化学改性，初榨的除外）

税则号列 HS国际统一前6位	本国子目 7~8位	本国子目 9~10位	货品名称 中文 货物名称	货品名称 英文 Article Description	税费综合信息	计量单位	监管证件代码 进口	监管证件代码 出口	检验检疫类别 进口	检验检疫类别 出口	检验检疫编码	检验检疫编码对应中文名称
151411	00		初榨的低芥子酸菜子油（但未经化学改性） 【电商】	Crude low erucic acid rape of colza oil, not chemicallly modified	【最】9【普】170 【协香港】0【协澳门】0 【增】10【对美加征】10【出】0【退】0	千克	7A	B	MPR	QS	999	初榨的低芥子酸菜子油（但未经化学改性）
151419	00		其他低芥子酸菜子油（包括其分离品，但未经化学改性）	Other low erucic acid rape of colza oil(including its fractions, not chemicallly modified)	【最】9【普】170 【协香港】0【协澳门】0 【增】10【出】0【退】0	千克	7A	B	MPR	QS	999	其他低芥子酸菜子油（包括其分离品，但未经化学改性）
151491	10		初榨的非低芥子酸菜子油（但未经化学改性） 【电商】	Other crude rape oil, not chemicallly modified	【最】9【普】170 【协香港】0【协澳门】0【协东盟】9 【增】10【出】0【退】0	千克	7A	B	MPR	QS	999	初榨的非低芥子酸菜子油（但未经化学改性）
151491	90		初榨的芥子油（但未经化学改性） 【电商】	Crude mustard oil, not chemicallly modified	【最】9【普】170 【协香港】0【协澳门】0 【增】10【出】0【退】0	千克	7A	B	MPR	QS	999	初榨的芥子油（但未经化学改性）
151499	00		精制非低芥子酸菜子油、芥子油（包括其分离品，但未经化学改性） 【电商】	Other rape or mustard oil(including fractions thereof, not chemicallly modified)	【最】9【普】170 【协香港】0【协澳门】0【协东盟】9 【增】16【对美加征】10【出】0【退】0	千克	7A	B	MR	S	101 102	精制非低芥子酸菜子油、芥子油（包括其分离品，但未经化学改性）（食用菜籽油） 精制非低芥子酸菜子油、芥子油（包括其分离品，但未经化学改性）（其他食用植物油）
151511	00		初榨亚麻子油（但未经化学改性） 【电商】	Crude linseed oil, not chemicallly modified	【最】15【普】30 【协东盟】0【协澳门】0【协智利】0 【协香港】0【协新西兰】0【协新加坡】0 【协秘鲁】0【协哥斯达黎加】0【协冰岛】0 【协瑞士】6【协韩国】7.5 【特-1】0【特-2】0 【增】10【对美加征】10【出】0【退】0	千克	A	B	MPR	QS	999	初榨亚麻子油（但未经化学改性）
151519	00		精制的亚麻子油及其分离品（包括初榨亚麻子油的分离品，但未经化学改性） 【电商】	Other linseed oil and its fractions(including fractions of crude linseed oil, not chemicallly modified)	【最】15【普】30 【协东盟】0【协澳门】0【协智利】0 【协香港】0【协新西兰】0【协新加坡】0 【协秘鲁】0【协哥斯达黎加】0【协冰岛】0 【协瑞士】6【协韩国】7.5 【特-1】0【特-2】0 【增】16【对美加征】5【出】0【退】0	千克	A	B	R	S	999	精制的亚麻子油及其分离品（包括初榨亚麻子油的分离品，但未经化学改性）
151521	00		初榨的玉米油（但未经化学改性） 【电商】	Crude maize (corn) oil, not chemicallly modified	【最】10【普】160 【协东盟】0【协澳门】0【协新加坡】0 【协香港】0 【特东老挝】0【特东柬埔寨】0【特-1】0 【特-2】0【特-3】0 【增】10【出】0【退】0	千克	A	B	PR	QS	999	初榨的玉米油（但未经化学改性）
151529	00		精制的玉米油及其分离品（包括初榨玉米油的分离品，但未经化学改性） 【电商】	Other maize(corn) oil and its fractions(including fractions of crude maize(corn) oil, not chemicallly modified)	【最】10【普】160 【协东盟】0【协澳门】0【协新加坡】0 【协香港】0 【特东老挝】0【特东柬埔寨】0【特-1】0 【特-2】0【特-3】0 【增】16【对美加征】10【出】0【退】0	千克	A	B	R	S	999	精制的玉米油及其分离品（包括初榨玉米油的分离品，但未经化学改性）
151530	00		蓖麻油及其分离品（不论是否精制，但未经化学改性） 【电商】	Castor oil and its fractions, whether or not refined, but not chemically modified	【最】10【普】70 【协东盟】0【协澳门】0【协智利】0 【协香港】0【协新西兰】0【协新加坡】0 【协秘鲁】0【协哥斯达黎加】0【协冰岛】0 【协瑞士】0【协澳大利亚】0【协韩国】5 【特东老挝】0【特东柬埔寨】0【特-1】0 【特-2】0【特-3】0 【增】16【对美加征】10【出】0【退】6	千克	A	B	MP	QS	101	蓖麻油及其分离品（不论是否精制，但未经化学改性）（初榨食用蓖麻油）

税则号列			货品名称中英文		税费综合信息	计量单位	监管证件代码		检验检疫类别		检验检疫编码	检验检疫编码对应中文名称
HS国际统一前6位	本国子目 7~8位	本国子目 9~10位	中文 货物名称	英文 Article Description			进口	出口	进口	出口		
151550	00		芝麻油及其分离品（不论是否精制，但未经化学改性）【电商】	Sesame oil and its fractions, whether or not refined, but not chemically modified	【最】12【普】20 【协东盟】0【协澳门】0【协智利】0 【协香港】0【协新西兰】0【协新加坡】0 【协秘鲁】0【协哥斯达黎加】0【协冰岛】0 【协瑞士】4.8【协澳大利亚】0【协韩国】6 【特东老挝】0【特东柬埔寨】0【特-1】0 【特-2】0【特-3】0 【增】10【对美加征】10【出】0【退】0	千克	A	B	PR	QS	101 102	芝麻油及其分离品（不论是否精制，但未经化学改性）（初榨食用芝麻油） 芝麻油及其分离品（不论是否精制，但未经化学改性）（食用芝麻油）
151590	10		希蒙得木油及其分离品（不论是否精制，但未经化学改性）	Jojoba oil and its fractions, whether or not refined, but not chemically modified	【最】20【普】70 【协东盟】0【协澳门】0【协智利】0 【协香港】0【协新西兰】0【协新加坡】0 【协哥斯达黎加】0【协冰岛】0【协瑞士】8 【协澳大利亚】0【协韩国】13.3 【特东柬埔寨】0【特-1】0【特-2】0【特-3】0 【增】16【对美加征】10【出】0【退】6	千克	A	B	PR	QS	101 102	希蒙得木油及其分离品（不论是否精制，但未经化学改性）（初榨食用桐油） 希蒙得木油及其分离品（不论是否精制，但未经化学改性）（其他初榨植物食用油）
151590	20		印楝油及其分离品（不论是否精制，但未经化学改性）	Neem oil and its fractions, whether or not refined, but not chemically modified	【最】20【普】70 【协东盟】0【协澳门】0【协智利】0 【协香港】0【协新西兰】0【协新加坡】0 【协哥斯达黎加】0【协冰岛】0【协瑞士】8 【协澳大利亚】0【协韩国】13.3 【特-1】0【特-2】0 【增】16【出】0【退】6	千克	AS	BS	PR	QS	101 102 103	印楝油及其分离品（不论是否精制，但未经化学改性）（其他初榨植物食用油） 印楝油及其分离品（不论是否精制，但未经化学改性）（食用茶油） 印楝油及其分离品（不论是否精制，但未经化学改性）（其他食用植物油）
151590	30		桐油及其分离品（不论是否精制，但未经化学改性）	Tung oil and its fractions, whether or not refined, but not chemically modified	【最】20【普】70 【协东盟】0【协澳门】0【协智利】0 【协香港】0【协新西兰】0【协新加坡】0 【协哥斯达黎加】0【协冰岛】0【协瑞士】8 【协澳大利亚】0【协韩国】13.3 【特东柬埔寨】0【特-1】0【特-2】0【特-3】0 【增】16【出】0【退】6	千克	A	B	PR	QS	101 102 103	桐油及其分离品（不论是否精制，但未经化学改性）(初榨食用桐油） 桐油及其分离品（不论是否精制，但未经化学改性）（其他初榨植物食用油） 桐油及其分离品（不论是否精制，但未经化学改性）（其他食用植物油）
151590	90	10	红松籽油（不论是否精制，但未经化学改性）【电商】	Pine nut oil, whether or not refined, but not chemically modified	【最】20【普】70 【协东盟】0【协澳门】0【协智利】0 【协香港】0【协新西兰】0【协新加坡】0 【协哥斯达黎加】0【协冰岛】0【协瑞士】8 【协澳大利亚】0 【特东老挝】0【特东柬埔寨】0【特东缅甸】0 【特-1】0【特-2】0【特-3】0 【增】16【对美加征】10【出】0【退】0	千克	A	BE	PR	QS	101 102	红松籽油（不论是否精制，但未经化学改性）(其他初榨植物食用油) 红松籽油（不论是否精制，但未经化学改性）(其他食用植物油)
151590	90	90	其他固定植物油、脂及其分离品（不论是否精制，但未经化学改性）【电商】	Other fixed vegetable plan fats and oils and fractions thereof, (whether or not refined, but not chemically modified)	【最】20【普】70 【协东盟】0【协澳门】0【协智利】0 【协香港】0【协新西兰】0【协新加坡】0 【协哥斯达黎加】0【协冰岛】0【协瑞士】8 【协澳大利亚】0 【特东老挝】0【特东柬埔寨】0【特东缅甸】0 【特-1】0【特-2】0【特-3】0 【增】16【对美加征】10【出】0【退】0	千克	A	B	MPR	NQS	101 102 103 104	其他固定植物油、脂及其分离品（不论是否精制，但未经化学改性）(饲料添加剂) 其他固定植物油、脂及其分离品（不论是否精制，但未经化学改性）(其他初榨植物食用油) 其他固定植物油、脂及其分离品（不论是否精制，但未经化学改性）(食用茶油) 其他固定植物油、脂及其分离品（不论是否精制，但未经化学改性）(其他食用植物油)

税则号列			货品名称中英文		税费综合信息	计量单位	监管证件代码		检验检疫类别		检验检疫编码	检验检疫编码对应中文名称
HS国际统一前6位	本国子目 7~8位	本国子目 9~10位	中文 货物名称	英文 Article Description			进口	出口	进口	出口		
151590	90	90	其他固定植物油、脂及其分离品（不论是否精制，但未经化学改性）【电商】	Other fixed vegetable plan fats and oils and fractions thereof, (whether or not refined, but not chemically modified)	【最】20【普】70 【协东盟】0【协澳门】0【协智利】0 【协新西兰】0【协新加坡】0【协哥斯达黎加】0 【协冰岛】0【协瑞士】10【协澳大利亚】4 【特东老挝】0【特东柬埔寨】0【特东缅甸】0 【特-1】0【特-2】0【特-3】0 【增】16【对美加征】10【出】0【退】0	千克	A	B	MPR	NQS	301 302 303 304	其他固定植物油、脂及其分离品（不论是否精制，但未经化学改性）(属于危险化学品的食品添加剂) 其他固定植物油、脂及其分离品（不论是否精制，但未经化学改性）(一般化学品，需申报仅用于工业用途不用于食品添加剂有检疫要求) 其他固定植物油、脂及其分离品（不论是否精制，但未经化学改性）(易燃液体，需申报仅用于工业用途不用于食品添加剂有检疫要求) 其他固定植物油、脂及其分离品（不论是否精制，但未经化学改性）(有检疫要求食品添加剂)
151610	00		氢化、酯化或反油酸化动物油、脂（包括其分离品，不论是否精制，但未经进一步加工）【电商】	Animal fats and oils and fractions thereof, partly or wholly hydrogenated, interesterified, reesterified or elaidinized, whether or not refined, but not further prepared	【最】5【普】70 【协东盟】0【协澳门】0【协智利】0 【协香港】0【协新西兰】0【协秘鲁】0 【协哥斯达黎加】0【协冰岛】0【协瑞士】0 【协澳大利亚】0【协韩国】0【协格鲁吉亚】0 【特-1】0【特-2】0【特-3】0 【增】16【对美加征】10【出】0【退】16	千克	A	B	R	S	999	氢化、酯化或反油酸化动物油、脂（包括其分离品，不论是否精制，但未经进一步加工）
151620	00		氢化、酯化或反油酸化植物油、脂（包括其分离品，不论是否精制，但未经进一步加工）【电商】	Vegetable fats and oils and fractions thereof, partly or wholly hydrogenated, interesterified, reesterified or elaidinized, whether or not refined, but not further prepared	【最】25【普】70 【协东盟】0【协澳门】0【协智利】0 【协新西兰】0【协秘鲁】0【协哥斯达黎加】0 【协冰岛】0【协澳大利亚】0【协香港】0 【特-1】0【特-2】0 【增】16【对美加征】10【出】0【退】0	千克	A	B	R	S	101 103 104 301	氢化、酯化或反油酸化植物油、脂（包括其分离品，不论是否精制，但未经进一步加工）(其他食用植物油) 氢化、酯化或反油酸化植物油、脂（包括其分离品，不论是否精制，但未经进一步加工）(食用起酥油) 氢化、酯化或反油酸化植物油、脂（包括其分离品，不论是否精制，但未经进一步加工）(食用其他加工油脂) 氢化、酯化或反油酸化植物油、脂（包括其分离品，不论是否精制，但未经进一步加工）[氢化植物油（无检疫要求食品添加剂）]
151710	00		人造黄油（但不包括液态的）	Margarine, excluding liquid margarine	【最】30【普】80 【协东盟】0【协澳门】0【协智利】0 【协香港】0【协新西兰】0【协新加坡】0 【协哥斯达黎加】0【协澳大利亚】0 【增】16【对美加征】10【出】0【退】0	千克	A	B	MR	S	101 102 301	人造黄油（但不包括液态的）（食用植物奶油） 人造黄油（但不包括液态的）(食用其他加工油脂) 人造黄油（但不包括液态的）(无检疫要求食品添加剂)

税则号列 HS国际统一前6位	本国子目 7~8位	本国子目 9~10位	货品名称中英文 中文 货物名称	货品名称中英文 英文 Article Description	税费综合信息	计量单位	监管证件代码 进口	监管证件代码 出口	检验检疫类别 进口	检验检疫类别 出口	检验检疫编码	检验检疫编码对应中文名称
151790	10	01	动物油脂制造的起酥油（税目15.16的食用油、脂及其分离品除外）	Shortening, made of animal fats or oil (other than edible fats or oils, or their fractions of heading No. 15.16)	【最】25【普】70 【协东盟】0【协香港】0【协澳门】0【协智利】0 【协新西兰】0【协秘鲁】0【协哥斯达黎加】0 【协冰岛】0【协瑞士】10【协澳大利亚】0 【特-1】0【特-2】0 【增】16【对美加征】10【出】0【退】16	千克	A	B	R	S	301 999	动物油脂制造的起酥油（税目15.16的食用油、脂及其分离品除外）（无检疫要求食品添加剂） 动物油脂制造的起酥油（税目15.16的食用油、脂及其分离品除外）（动物油脂制造的食用起酥油）
151790	10	90	植物油脂制造的起酥油（税目15.16的食用油、脂及其分离品除外）	Shortening, made of vegetable oils (other than edible fats or oils, or their fractions of heading No. 15.16)	【最】25【普】70 【协东盟】0【协香港】0【协澳门】0【协智利】0 【协新西兰】0【协秘鲁】0【协哥斯达黎加】0 【协冰岛】0【协瑞士】10【协澳大利亚】0 【特-1】0【特-2】0 【增】10【对美加征】10【出】0【退】0	千克	A	B	R	S	101 102 301	植物油脂制造的起酥油（税目15.16的食用油、脂及其分离品除外）（食用植物调和油） 植物油脂制造的起酥油（税目15.16的食用油、脂及其分离品除外）（食用其他加工油脂） 植物油脂制造的起酥油（税目15.16的食用油、脂及其分离品除外）（无检疫要求食品添加剂）
151790	90	01	其他混合制成的动物质食用油脂或制品（税目15.16的食用油、脂及其分离品除外） 【电商】	Edible mixtures of animal fats or oils or products (other than edible fats or oil or their fractions of heading No. 15.16)	【最】25【普】70 【协东盟】0【协香港】0【协澳门】0【协智利】0 【协新西兰】0【协秘鲁】0【协哥斯达黎加】0 【协冰岛】0【协瑞士】14.3 【特-1】0【特-2】0 【增】16【对美加征】10【出】0【退】16	千克	A	B	R	S	101 102 301	其他混合制成的动物质食用油脂或制品（税目15.16的食用油、脂及其分离品除外）［混合制成的动物质食用油（脂）或制品］ 其他混合制成的动物质食用油脂或制品（税目15.16的食用油、脂及其分离品除外）（食用其他加工油脂） 其他混合制成的动物质食用油脂或制品（税目15.16的食用油、脂及其分离品除外）（无检疫要求食品添加剂）
151790	90	90	其他混合制成的植物质食用油脂或制品（税目15.16的食用油、脂及其分离品除外） 【电商】	Edible mixtures of vegetable fats or oils or products (other than edible fats or oil or their fractions of heading No. 15.16)	【最】25【普】70 【协东盟】0【协香港】0【协澳门】0【协智利】0 【协新西兰】0【协秘鲁】0【协哥斯达黎加】0 【协冰岛】0【协瑞士】14.3 【特-1】0【特-2】0 【增】10【对美加征】10【出】0【退】0	千克	A	B	R	S	101 102 103 301	其他混合制成的植物质食用油脂或制品（税目15.16的食用油、脂及其分离品除外）（食用植物调和油） 其他混合制成的植物质食用油脂或制品（税目15.16的食用油、脂及其分离品除外）（其他食用植物油） 其他混合制成的植物质食用油脂或制品（税目15.16的食用油、脂及其分离品除外）（食用其他加工油脂） 其他混合制成的植物质食用油脂或制品（税目15.16的食用油、脂及其分离品除外）（无检疫要求食品添加剂）

税则号列			货品名称中英文		税费综合信息	计量单位	监管证件代码		检验检疫类别		检验检疫编码	检验检疫编码对应中文名称
HS国际统一前6位	本国子目 7~8位	本国子目 9~10位	中文 货物名称	英文 Article Description			进口	出口	进口	出口		
151800	00		化学改性的动、植物油、脂（包括其分离品及本章油脂混合制成的非食用油脂或制品，税目15.16的产品除外） 【电商】	Animal or vegetable fats and oils and fractions thereof, boiled, oxidized, dehydrated, sulphurized, blown, polymerized by heat in vacuum or in inert gas or otherwise chemically modified, excluding those of heading No. 15.16; inedible mixtures or preparation	【最】10【普】70 【协东盟】0【协澳门】0【协智利】0 【协新西兰】0【协新加坡】0【协秘鲁】0 【协哥斯达黎加】0【协冰岛】0【协瑞士】0 【协韩国】7.5【协香港】0 【特-1】0【特-2】0【特-3】0 【增】16【对美加征】10【出】0【退】16	千克	A	B	MR	S	101 102 104 105 107 ……	101 化学改性的动、植物油、脂（包括其分离品及本章油脂混合制成的非食用油脂或制品，税目15.16的产品除外）[化学改性的动物质食用动物油（脂）] 102 化学改性的动、植物油、脂（包括其分离品及本章油脂混合制成的非食用油脂或制品，税目15.16的产品除外）（食用植物奶油） 104 化学改性的动、植物油、脂（包括其分离品及本章油脂混合制成的非食用油脂或制品，税目15.16的产品除外）（食用起酥油） 105 化学改性的动、植物油、脂（包括其分离品及本章油脂混合制成的非食用油脂或制品，税目15.16的产品除外）（食用其他加工油脂） 107 化学改性的动、植物油、脂（包括其分离品及本章油脂混合制成的非食用油脂或制品，税目15.16的产品除外）[饲用棕榈脂肪（油）粉] ……①
152000	00		粗甘油，甘油水及甘油碱液	Glycerol, crude; glycerol waters and glycerol lyes	【最】20【普】50【暂进】6 【协东盟】0【协香港】0【协澳门】0【协智利】0 【协新西兰】0【协新加坡】0【协秘鲁】0 【协哥斯达黎加】0【协冰岛】0【协瑞士】8 【协澳大利亚】0【协韩国】13.3【协格鲁吉亚】0 【特-1】0【特-2】0 【增】16【对美加征】10【出】0【退】16	千克	A	B	MR	S	301 302	301 粗甘油，甘油水及甘油碱液（无检疫要求食品添加剂） 302 粗甘油，甘油水及甘油碱液（需申报仅用于工业用途不用于食品添加剂无检疫要求的化学品）
152110	00	10	小烛树蜡	candelilla wax, whether or not refined or coloured	【最】20【普】80 【协东盟】0【协澳门】0【协智利】0 【协香港】0【协新西兰】0【协新加坡】0 【协秘鲁】0【协哥斯达黎加】0 【协冰岛】0【协瑞士】8【协澳大利亚】0 【协韩国】13.3【协格鲁吉亚】0 【特-1】0【特-2】0 【增】16【对美加征】10【出】0【退】16	千克	AF	BE	PR	Q	999	小烛树蜡
152110	00	90	其他植物蜡	other vegetable waxes, whether or not refined or coloured	【最】20【普】80 【协东盟】0【协澳门】0【协智利】0 【协香港】0【协新西兰】0【协新加坡】0 【协秘鲁】0【协哥斯达黎加】0 【协冰岛】0【协瑞士】8 【协澳大利亚】0【协韩国】13.3【协格鲁吉亚】0 【特-1】0【特-2】0 【增】16【对美加征】10【出】0【退】16	千克	A	B	PR	QS	101 102	101 其他植物蜡[吗琳脂肪酸盐（果蜡）] 102 其他植物蜡（巴西棕榈蜡）

① 该税号项下检验检疫编码及对应中文名称尚有：301　化学改性的动、植物油、脂（包括其分离品及本章油脂混合制成的非食用油脂或制品，税目15.16的产品除外）（无检疫要求食品添加剂），302　化学改性的动、植物油、脂（包括其分离品及本章油脂混合制成的非食用油脂或制品，税目15.16的产品除外）（属于危险化学品的食品添加剂），303　化学改性的动、植物油、脂（包括其分离品及本章油脂混合制成的非食用油脂或制品，税目15.16的产品除外）（一般化学品，需申报仅用于工业用途不用于食品添加剂无检疫要求），304　化学改性的动、植物油、脂（包括其分离品及本章油脂混合制成的非食用油脂或制品，税目15.16的产品除外）（易燃液体，需申报仅用于工业用途不用于食品添加剂无检疫要求）。

税则号列			货品名称中英文		税费综合信息	计量单位	监管证件代码		检验检疫类别		检验检疫编码	检验检疫编码对应中文名称
HS 国际统一前6位	本国子目 7~8位	本国子目 9~10位	中文 货物名称	英文 Article Description			进口	出口	进口	出口		
152190	10		蜂蜡（不论是否精制或着色）	Beeswax, whether or not refined or coloured	【最】20【普】80 【协东盟】0【协智利】0【协新西兰】0 【协新加坡】0【协秘鲁】0【协哥斯达黎加】0 【协冰岛】0【协瑞士】8【协澳大利亚】0 【协韩国】13.3【协格鲁吉亚】0 【特-1】0【特-2】0 【增】16【对美加征】5【出】0【退】16	千克	A	B	PR	QS	101	蜂蜡（不论是否精制或着色）（其他动物产品）
152190	90	10	鲸蜡（不论是否精制或着色）	Spermaceti, whether or not refined or coloured	【最】20【普】80 【协东盟】0【协智利】0【协新西兰】0 【协新加坡】0【协秘鲁】0【协哥斯达黎加】0 【协冰岛】0【协瑞士】8【协澳大利亚】0 【协韩国】13.3【协格鲁吉亚】0 【协香港】0【协澳门】0 【特-1】0【特-2】0 【增】16【出】0【退】16	千克	AF	EB	P	Q	999	鲸蜡（不论是否精制或着色）
152190	90	90	其他虫蜡（不论是否精制或着色）	Other insect waxs, whether or not refined or coloured	【最】20【普】80 【协东盟】0【协智利】0【协新西兰】0 【协新加坡】0【协秘鲁】0【协哥斯达黎加】0 【协冰岛】0【协瑞士】8【协澳大利亚】0 【协韩国】13.3【协格鲁吉亚】0 【协香港】0【协澳门】0 【特-1】0【特-2】0 【增】16【出】0【退】16	千克	A	B	P	Q	101 102	其他虫蜡（不论是否精制或着色）（其他动物产品） 其他虫蜡（不论是否精制或着色）（药用五倍子）
152200	00		油鞣回收脂（包括加工处理油脂物质及动、植物蜡所剩的残渣）	Degras; residues resulting from the treatment of fatty substances of animal or vegetable waxes	【最】20【普】50 【协东盟】0【协智利】0【协新西兰】0 【协新加坡】0【协秘鲁】0【协哥斯达黎加】0 【协冰岛】0【协瑞士】8【协澳大利亚】0 【协韩国】13.3【协格鲁吉亚】0 【协香港】0【协澳门】0 【特-1】0【特-2】0 【增】16【出】0【退】16	千克	9				999	油鞣回收脂（包括加工处理油脂物质及动、植物蜡所剩的残渣）

第　四　类
食品；饮料、酒及醋；烟草、烟草及烟草代用品的制品

注释：

本类所称“团粒”，是指直接挤压或加入按重量计比例不超过**3%**的黏合剂制成的粒状产品。

第十六章
肉、鱼、甲壳动物、软体动物及其他水生无脊椎动物的制品

注释：

一、本章不包括用第二章、第三章及税目 05.04 所列方法制作或保藏的肉、食用杂碎、鱼、甲壳动物、软体动物或其他水生无脊椎动物。

二、本章的食品按重量计必须含有 20%以上的香肠、肉、食用杂碎、动物血、鱼、甲壳动物、软体动物或其他水生无脊椎动物及其混合物。对于含有两种或两种以上前述产品的食品，则应按其中重量最大的产品归入第十六章的相应税号。但本条规定不适用于税目 19.02 的包馅食品和税目 21.03 及 21.04 的食品。

子目注释：

一、子目 1602.10 的“均化食品”，是指用肉、食用杂碎或动物血经精细均化制成适合供婴幼儿食用或营养用的零售包装食品（每件净重不超过 250 克）。为了调味、保藏或其他目的，均化食品中可以加入少量其他配料，还可以含有少量可见的肉粒或食用杂碎粒。归类时该子目优先于税目 16.02 的其他子目。

二、税目 16.04 或 16.05 项下各子目所列的是鱼、甲壳动物、软体动物及其他水生无脊椎动物的俗名，它们与第三章中相同名称的鱼、甲壳动物、软体动物及其他水生无脊椎动物种类范围相同。

SECTION Ⅳ
PREPARED FOODSTUFFS; BEVERAGES, SPIRITS AND VINEGAR; TOBACCO AND MANUFACTURED TOBACCO SUBSTITUTES

Chapter Note:

In this Section the term "pellets" means products which have been agglomerated either directly by compression or by the addition of a binder in a proportion not exceeding **3%** by weight.

Chapter 16
Preparations of meat, of fish or of crustaceans, molluscs or other aquatic invertebrates

Chapter Notes:

1. This Chapter does not cover meat, meat offal, fish, crustaceans, molluscs or other aquatic invertebrates, prepared or preserved by the processes specified in Chapter 2 or 3 or heading 05.04.

2. Food preparations fall in this Chapter provided that they contain more than 20% by weight of sausage, meat, meat offal, blood, fish or crustaceans, molluscs or other aquatic invertebrates, or any combination thereof. In cases where the preparation contains two or more of the products mentioned above, it is classified in the heading of Chapter 16 corresponding to the component or components which predominate by weight. These provisions do not apply to the stuffed products of heading 19.02 or to the preparations of heading 21.03 or 21.04.

Subheading Notes:

1. For the purposes of subheading 1602.10, the expression "homogenised preparations" means preparations of meat, meat offal or blood, finely homogenised, put up for retail sale as food suitable for infants or young children or for dietetic purposes, in containers of a net weight content not exceeding 250g. For the application of this definition no account is to be taken of small quantities of any ingredients which may have been added to the preparation for seasoning, preservation or other purposes. These preparations may contain a small quantity of visible pieces of meat or meat offal. This subheading takes precedence over all other subheadings of heading 16.02.

2. The fish, crustaceans, molluscs and other aquatic invertebrates specified in the subheadings of heading 16.04 or 16.05 under their common names only, are of the same species as those mentioned in Chapter 3 under the same name.

税则号列 HS国际统一前6位	本国子目 7~8位	本国子目 9~10位	货品名称中英文 中文 货物名称	货品名称中英文 英文 Article Description	税费综合信息	计量单位	监管证件代码 进口	监管证件代码 出口	检验检疫类别 进口	检验检疫类别 出口	检验检疫编码	检验检疫编码对应中文名称
160100	10	10	濒危野生动物肉、杂碎、血制天然肠衣香肠(含税目02.08的野生动物,包括类似品)	Sausages and similar products of meat, meat offal or blood of endangered wild animals, coated with natural casings (including wild animals of heading No. 02.08)	【最】5【普】90 【协东盟】0【协香港】0【协澳门】0 【协巴基斯坦】12【协智利】0【协新西兰】0 【协新加坡】0【协秘鲁】0【协哥斯达黎加】0 【协冰岛】0【协瑞士】5【协澳大利亚】0 【协韩国】7.5【协格鲁吉亚】0 【特-1】0【特-2】0 【增】16【对美加征】10【出】0【退】0	千克	AF	BE	PR	QS	101 102 103	濒危野生动物肉、杂碎、血制天然肠衣香肠(含税目02.08的野生动物,包括类似品)(动物肉及杂碎) 濒危野生动物肉、杂碎、血制天然肠衣香肠(含税目02.08的野生动物,包括类似品)(其他熟制禽肉制品) 濒危野生动物肉、杂碎、血制天然肠衣香肠(含税目02.08的野生动物,包括类似品)(其他熟制畜肉制品)
160100	10	90	其他动物肉,杂碎及血制天然肠衣(包括类似品)	Sausages and similar products of meat, meat offal or blood of other aminals, with natural casing	【最】5【普】90 【协东盟】0【协香港】0【协澳门】0 【协巴基斯坦】12【协智利】0【协新西兰】0 【协新加坡】0【协秘鲁】0【协哥斯达黎加】0 【协冰岛】0【协瑞士】5【协澳大利亚】0 【协韩国】7.5【协格鲁吉亚】0 【特-1】0【特-2】0 【增】16【对美加征】10【出】0【退】16	千克	A	B	PR	QS	101 102 103	其他动物肉,杂碎及血制天然肠衣香肠(包括类似品)[其他动物肉,杂碎(包括类似品)(动物肉及杂碎)] 其他动物肉,杂碎及血制天然肠衣香肠(包括类似品)[其他动物肠衣香肠(包括类似品)(其他熟制禽肉制品)] 其他动物肉,杂碎及血制天然肠衣香肠(包括类似品)[其他动物肠衣香肠(包括类似品)(其他熟制畜肉制品)]
160100	20	10	濒危野生动物肉、杂碎、血制其他肠衣香肠(含税目02.08的野生动物,包括类似品)	Sausages and similar products of meat, meal offal or blood of endangered wild animals, with other casing, (including wild animals of heading No. 02.08)	【最】5【普】90 【协东盟】0【协香港】0【协澳门】0 【协巴基斯坦】12【协智利】0【协新西兰】0 【协新加坡】0【协秘鲁】0【协哥斯达黎加】0 【协冰岛】0【协瑞士】5【协澳大利亚】0 【协韩国】7.5【协格鲁吉亚】0 【特-1】0【特-2】0 【增】16【对美加征】10【出】0【退】0	千克	AF	BE	PR	QS	101 102 103	濒危野生动物肉、杂碎、血制其他肠衣香肠(含税目02.08的野生动物,包括类似品)(动物肉及杂碎) 濒危野生动物肉、杂碎、血制其他肠衣香肠(含税目02.08的野生动物,包括类似品)(其他熟制禽肉制品) 濒危野生动物肉、杂碎、血制其他肠衣香肠(含税目02.08的野生动物,包括类似品)(其他熟制畜肉制品)
160100	20	90	其他动物肉,杂碎及血制其他肠衣香肠(包括类似品)	Sauages and simiple products of meat, meat offal or blood of other animals, with other casing	【最】5【普】90 【协东盟】0【协香港】0【协澳门】0 【协巴基斯坦】12【协智利】0【协新西兰】0 【协新加坡】0【协秘鲁】0【协哥斯达黎加】0 【协冰岛】0【协瑞士】5【协澳大利亚】0 【协韩国】7.5【协格鲁吉亚】0 【特-1】0【特-2】0 【增】16【对美加征】10【出】0【退】16	千克	A	B	PR	QS	101 102 103 104 105	其他动物肉,杂碎及血制其他肠衣香肠(包括类似品)[其他动物肉,杂碎(包括类似品)(动物肉及杂碎)] 其他动物肉,杂碎及血制其他肠衣香肠(包括类似品)[其他动物肠衣香肠(包括类似品)(其他熟制禽肉制品)] 其他动物肉,杂碎及血制其他肠衣香肠(包括类似品)[其他动物肠衣香肠(包括类似品)(其他熟制畜肉制品)] 其他动物肉,杂碎及血制其他肠衣香肠(包括类似品)(其他养殖制作及保藏水产制品) 其他动物肉,杂碎及血制其他肠衣香肠(包括类似品)(其他野生制作及保藏水产制品)

税则号列 HS国际统一前6位	本国子目 7~8位	本国子目 9~10位	货品名称中英文 中文 货物名称	货品名称中英文 英文 Article Description	税费综合信息	计量单位	监管证件代码 进口	监管证件代码 出口	检验检疫类别 进口	检验检疫类别 出口	检验检疫编码	检验检疫编码对应中文名称
160100	30	10	用含濒危野生动物成分的香肠制的食品（含税目02.08的野生动物）【电商】①	Food preparations based on sauagses, with composition of endangered wild animals (including endangered wild animals of heading No. 02.08)	【最】5【普】90 【协东盟】0【协澳门】0【协巴基斯坦】12 【协智利】0【协新西兰】0【协新加坡】0 【协秘鲁】0【协哥斯达黎加】0【协冰岛】0 【协瑞士】5【协澳大利亚】0【协韩国】7.5 【协格鲁吉亚】0【协香港】0 【特-1】0【特-2】0 【增】16【出】0【退】0	千克	AF	BE	PR	QS	101 102	用含濒危野生动物成分的香肠制的食品（含税目02.08的野生动物）(其他熟制禽肉制品) 用含濒危野生动物成分的香肠制的食品（含税目02.08的野生动物）(其他熟制畜肉制品)
160100	30	90	用含其他动物成分的香肠制的食品【电商】②	Food preparation based on sauages, with composition of other animals	【最】5【普】90 【协东盟】0【协澳门】0【协巴基斯坦】12 【协智利】0【协新西兰】0【协新加坡】0 【协秘鲁】0【协哥斯达黎加】0【协冰岛】0 【协瑞士】5【协澳大利亚】0【协韩国】7.5 【协格鲁吉亚】0【协香港】0 【特-1】0【特-2】0 【增】16【出】0【退】6	千克	A	B	PR	QS	101 102	用含其他动物成分的香肠制的食品（其他熟制禽肉制品） 用含其他动物成分的香肠制的食品（其他熟制畜肉制品）
160210	00	10	含濒危野生动物成分的均化食品（指用肉、食用杂碎或动物血经精细均化制成，零售包装）【电商】③	Homogenized preparations with compositions of endangered wild animals (homogenized meat, meat offal or blood, put up for retail sale)	【最】5【普】90 【协东盟】0【协巴基斯坦】12【协智利】0 【协新西兰】0【协新加坡】0【协秘鲁】0 【协哥斯达黎加】0【协冰岛】0【协瑞士】5 【协澳大利亚】0【协韩国】7.5【协格鲁吉亚】0 【协香港】0【协澳门】0 【特-1】0【特-2】0 【增】16【对美加征】10【出】0【退】0	千克	AF	BE	R	S	102 103 104 999	含濒危野生动物成分的均化食品（指用肉、食用杂碎或动物血经精细均化制成，零售包装）(其他熟制禽肉制品) 含濒危野生动物成分的均化食品（指用肉、食用杂碎或动物血经精细均化制成，零售包装）(其他去骨熟制畜肉制品) 含濒危野生动物成分的均化食品（指用肉、食用杂碎或动物血经精细均化制成，零售包装）(其他带骨熟制畜肉制品) 含濒危野生动物成分的均化食品（指用肉、食用杂碎或动物血经精细均化制成，零售包装）(未列出的其他动物肉脏及杂碎制品)
160210	00	90	其他动物肉或食用杂碎的均化食品（指用肉、食用杂碎或动物血经精细均化制成，零售包装）【电商】④	Homogenized preparations of other animals (homogenized meat, meat offal or blood, put up for retail sale)	【最】5【普】90 【协东盟】0【协巴基斯坦】12【协智利】0 【协新西兰】0【协新加坡】0【协秘鲁】0 【协哥斯达黎加】0【协冰岛】0【协瑞士】5 【协澳大利亚】0【协韩国】7.5【协格鲁吉亚】0 【协香港】0【协澳门】0 【特-1】0【特-2】0 【增】16【对美加征】10【出】0【退】16	千克	A	B	R	S	102 103 104 999	其他动物肉或食用杂碎的均化食品（指用肉、食用杂碎或动物血经精细均化制成，零售包装）（其他熟制禽肉制品） 其他动物肉或食用杂碎的均化食品（指用肉、食用杂碎或动物血经精细均化制成，零售包装）（其他去骨熟制畜肉制品） 其他动物肉或食用杂碎的均化食品（指用肉、食用杂碎或动物血经精细均化制成，零售包装）（其他带骨熟制畜肉制品） 其他动物肉或食用杂碎的均化食品（指用肉、食用杂碎或动物血经精细均化制成，零售包装）（未列出的其他动物肉脏及杂碎制品）

① 列入《进出口野生动植物种商品目录》的商品除外。
② 列入《进出口野生动植物种商品目录》的商品除外。
③ 列入《进出口野生动植物种商品目录》的商品除外。
④ 列入《进出口野生动植物种商品目录》的商品除外。

税则号列			货品名称中英文		税费综合信息	计量单位	监管证件代码		检验检疫类别		检验检疫编码	检验检疫编码对应中文名称
HS 国际统一前 6 位	本国子目 7~8 位	9~10 位	中文 货物名称	英文 Article Description			进口	出口	进口	出口		
160220	00	10	制作或保藏的濒危动物肝（第 2、3 章所列方法制作或保藏的除外）【电商】[①]	Prepared or preserved liver of endangered animal(other than that of chapter 2, 3)	【最】5【普】90 【协东盟】0【协香港】0【协澳门】0 【协巴基斯坦】12【协智利】0 【协新西兰】0【协新加坡】0【协秘鲁】0 【协哥斯达黎加】0【协冰岛】0 【协瑞士】5【协澳大利亚】0【协韩国】7.5 【协格鲁吉亚】0 【特-1】0【特-2】0 【增】16【出】0【退】0	千克	AF	BE	PR	QS	101 102 103	制作或保藏的濒危动物肝（第 2、3 章所列方法制作或保藏的除外）（动物肉及杂碎） 制作或保藏的濒危动物肝（第 2、3 章所列方法制作或保藏的除外）（其他熟制禽肉制品） 制作或保藏的濒危动物肝（第 2、3 章所列方法制作或保藏的除外）（其他熟制畜肉制品）
160220	00	90	制作或保藏的其他动物肝（第 2、3 章所列方法制作或保藏的除外）【电商】[②]	Prepared or preserved liver of other animal (other than that of chapter 2, 3)	【最】5【普】90 【协东盟】0【协香港】0【协澳门】0 【协智利】0【协新西兰】0【协新加坡】0 【协秘鲁】0【协哥斯达黎加】0【协冰岛】0 【协瑞士】5【协澳大利亚】0【协韩国】7.5 【协格鲁吉亚】0【协巴基斯坦】12 【特-1】0【特-2】0 【增】16【出】0【退】16	千克	A	B	PR	QS	101 102 103	制作或保藏的其他动物肝（第 2、3 章所列方法制作或保藏的除外）（动物肉及杂碎） 制作或保藏的其他动物肝（第 2、3 章所列方法制作或保藏的除外）（其他熟制禽肉制品） 制作或保藏的其他动物肝（第 2、3 章所列方法制作或保藏的除外）（其他熟制畜肉制品）
160231	00		制作或保藏的火鸡肉及杂碎（第 2、3 章所列方法制作或保藏的除外）	Prepared or preserved meat, meat offal of Of turkeys (other than that of chapter 2, 3)	【最】5【普】90 【协东盟】0【协香港】0【协澳门】0 【协智利】0【协新西兰】0【协新加坡】0 【协秘鲁】0【协哥斯达黎加】0【协冰岛】0 【协瑞士】5【协澳大利亚】0【协韩国】7.5 【协格鲁吉亚】0【协巴基斯坦】12 【特-1】0【特-2】0 【增】16【对美加征】5【出】0【退】16	千克	A	B	PR	QS	101 102 103	制作或保藏的火鸡肉及杂碎（第 2、3 章所列方法制作或保藏的除外）（火鸡肉及杂碎） 制作或保藏的火鸡肉及杂碎（第 2、3 章所列方法制作或保藏的除外）（热处理火鸡肉） 制作或保藏的火鸡肉及杂碎（第 2、3 章所列方法制作或保藏的除外）（其他热处理火鸡肉）
160232	10		鸡罐头	Meat, meat offal of fowls of the species Gallas domesticus, canned	【最】5【普】90 【协东盟】0【协澳门】0【协巴基斯坦】12 【协智利】0【协新西兰】0【协新加坡】0 【协秘鲁】0【协哥斯达黎加】0【协冰岛】0 【协瑞士】5【协澳大利亚】0【协韩国】7.5 【协格鲁吉亚】0【协香港】0 【特-1】0【特-2】0 【增】16【出】0【退】16	千克	A	B	PR	QS	999	鸡罐头
160232	91		其他方法制作或保藏的鸡胸肉（第 2、3 章所列方法制作或保藏的除外）	Other prepared or preserved chicken breast filets (other than that of chapter 2, 3)	【最】5【普】90 【协东盟】0【协香港】0【协澳门】0 【协巴基斯坦】12【协智利】0【协新西兰】0 【协新加坡】0【协秘鲁】0【协哥斯达黎加】0 【协冰岛】0【协瑞士】5【协澳大利亚】0 【协韩国】7.5【协格鲁吉亚】0 【特-1】0【特-2】0 【增】16【对美加征】5【出】0【退】16	千克	A	B	PR	QS	101 102 103	其他方法制作或保藏的鸡胸肉（第 2、3 章所列方法制作或保藏的除外）（非热处理鸡肉） 其他方法制作或保藏的鸡胸肉（第 2、3 章所列方法制作或保藏的除外）（热处理鸡肉） 其他方法制作或保藏的鸡胸肉（第 2、3 章所列方法制作或保藏的除外）（其他热处理鸡肉）

① 列入《进出口野生动植物种商品目录》的商品除外。
② 列入《进出口野生动植物种商品目录》的商品除外。

税则号列 HS国际统一前6位	本国子目 7~8位	本国子目 9~10位	货品名称 中文 货物名称	英文 Article Description	税费综合信息	计量单位	监管证件代码 进口	监管证件代码 出口	检验检疫类别 进口	检验检疫类别 出口	检验检疫编码	检验检疫编码对应中文名称
160232	92		其他方法制作或保藏的鸡腿肉（第2、3章所列方法制作或保藏的除外）	Other prepared or preserved chicken leg meat (other than that of chapter 2, 3)	【最】5【普】90 【协东盟】0【协香港】0【协澳门】0 【协巴基斯坦】12【协智利】0【协新西兰】0 【协新加坡】0【协秘鲁】0【协哥斯达黎加】0 【协冰岛】0【协瑞士】5【协澳大利亚】0 【协韩国】7.5【协格鲁吉亚】0 【特-1】0【特-2】0 【增】16【出】0【退】16	千克	A	B	PR	QS	101 102 103	其他方法制作或保藏的鸡腿肉（第2、3章所列方法制作或保藏的除外）（非热处理鸡肉） 其他方法制作或保藏的鸡腿肉（第2、3章所列方法制作或保藏的除外）（热处理鸡肉） 其他方法制作或保藏的鸡腿肉（第2、3章所列方法制作或保藏的除外）（其他热处理鸡肉）
160232	99		其他方法制作或保藏的其他鸡产品（第2、3章所列方法制作或保藏的除外；鸡胸肉、鸡腿肉除外） 【电商】	Other prepared or preserved chicken products (other than that of chapter 2, 3)	【最】5【普】90 【协东盟】0【协香港】0【协澳门】0 【协巴基斯坦】12【协智利】0【协新西兰】0 【协新加坡】0【协秘鲁】0【协哥斯达黎加】0 【协冰岛】0【协瑞士】5【协澳大利亚】0 【协韩国】7.5【协格鲁吉亚】0 【特-1】0【特-2】0 【增】16【出】0【退】16	千克	A	B	PR	QS	101 102 103	其他方法制作或保藏的其他鸡产品（第2、3章所列方法制作或保藏的除外；鸡胸肉、鸡腿肉除外）（非热处理其他禽肉） 其他方法制作或保藏的其他鸡产品（第2、3章所列方法制作或保藏的除外；鸡胸肉、鸡腿肉除外）（热处理鸡肉） 其他方法制作或保藏的其他鸡产品（第2、3章所列方法制作或保藏的除外；鸡胸肉、鸡腿肉除外）（其他热处理鸡肉）
160239	10		其他家禽肉及杂碎的罐头	Meat, meat offal of the poultry of heading No. 01.05 (other than fowls of the species Gallas domesticus), canned	【最】5【普】90 【协东盟】0【协澳门】0【协巴基斯坦】12 【协智利】0【协新西兰】0【协新加坡】0 【协秘鲁】0【协哥斯达黎加】0【协冰岛】0 【协瑞士】5【协澳大利亚】0【协韩国】7.5 【协格鲁吉亚】0【协香港】0 【特-1】0【特-2】0 【增】16【出】0【退】16	千克	A	B	PR	QS	101 102 103	其他家禽肉及杂碎的罐头（鸭肉罐头） 其他家禽肉及杂碎的罐头（鹅肉罐头） 其他家禽肉及杂碎的罐头（其他家禽肉及杂碎的罐头）
160239	91		其他方法制作或保藏的鸭（第2、3章所列方法制作或保藏的除外）	Other prepared or preserved meat, meat offal of duck (other than that of chapter 2, 3)	【最】5【普】90 【协东盟】0【协香港】0【协巴基斯坦】12 【协智利】0【协新西兰】0【协新加坡】0 【协秘鲁】0【协哥斯达黎加】0【协冰岛】0 【协瑞士】5【协澳大利亚】0【协韩国】7.5 【协格鲁吉亚】0【协香港】0 【特-1】0【特-2】0 【增】16【出】0【退】6	千克	A	B	PR	QS	101 102 103	其他方法制作或保藏的鸭（第2、3章所列方法制作或保藏的除外）（非热处理其他禽肉） 其他方法制作或保藏的鸭（第2、3章所列方法制作或保藏的除外）（热处理鸭肉） 其他方法制作或保藏的鸭（第2、3章所列方法制作或保藏的除外）（其他热处理鸭肉）

税则号列			货品名称中英文		税费综合信息	计量单位	监管证件代码		检验检疫类别		检验检疫编码	检验检疫编码对应中文名称
HS 国际统一前6位	本国子目 7~8位	9~10位	中文 货物名称	英文 Article Description			进口	出口	进口	出口		
160239	99		其他方法制作或保藏的其他家禽肉（第2、3章所列方法制作或保藏的除外；鸡、鸭除外）	Other prepared or preserved meat, meat offal of the poultry of heading No. 01. 05 (other than fowls of the species Gallas domesticus, duck), other than that of chapter 2, 3	【最】5【普】90 【协东盟】0【协澳门】0【协巴基斯坦】12 【协智利】0【协新西兰】0【协新加坡】0 【协秘鲁】0【协哥斯达黎加】0【协冰岛】0 【协瑞士】5【协澳大利亚】0【协韩国】7.5 【协格鲁吉亚】0 【特-1】0【特-2】0 【增】16【出】0【退】16	千克	A	B	PR	QS	101 102 103 104	其他方法制作或保藏的其他家禽肉及杂碎（第2、3章所列方法制作或保藏的除外；鸡、鸭除外）（非热处理其他禽肉） 其他方法制作或保藏的其他家禽肉及杂碎（第2、3章所列方法制作或保藏的除外；鸡、鸭除外）（热处理鹅肉） 其他方法制作或保藏的其他家禽肉及杂碎（第2、3章所列方法制作或保藏的除外；鸡、鸭除外）（其他热处理鹅肉） 其他方法制作或保藏的其他家禽肉及杂碎（第2、3章所列方法制作或保藏的除外；鸡、鸭除外）（其他熟制禽肉制品）
160241	00	10	制作或保藏的鹿豚、姬猪后腿及肉块	Hams and cuts of Babyrous, Porcula salvania, prepared or preserved	【最】5【普】90 【协东盟】0【协澳门】0【协巴基斯坦】12 【协智利】0【协新西兰】0【协新加坡】0 【协秘鲁】0【协哥斯达黎加】0【协冰岛】0 【协瑞士】5【协澳大利亚】0【协韩国】7.5 【协格鲁吉亚】0【协香港】0 【特-1】0【特-2】0 【增】16【对美加征】10【出】0【退】16	千克	AF	BE	PR	QS	101 102 103	制作或保藏的鹿豚、姬猪后腿及肉块（猪蹄） 制作或保藏的鹿豚、姬猪后腿及肉块（去骨熟制猪肉制品） 制作或保藏的鹿豚、姬猪后腿及肉块（带骨熟制猪肉制品）
160241	00	90	制作或保藏的猪后腿及其肉块	Hams and cuts of swine, prepared or preserved	【最】5【普】90 【协东盟】0【协澳门】0【协巴基斯坦】12 【协智利】0【协新西兰】0【协新加坡】0 【协秘鲁】0【协哥斯达黎加】0【协冰岛】0 【协瑞士】5【协澳大利亚】0【协韩国】7.5 【协格鲁吉亚】0【协香港】0 【特-1】0【特-2】0 【增】16【对美加征】10【出】0【退】16	千克	A	B	PR	QS	101 102 103	制作或保藏的猪后腿及其肉块（猪蹄） 制作或保藏的猪后腿及其肉块（去骨熟制猪肉制品） 制作或保藏的猪后腿及其肉块（带骨熟制猪肉制品）
160242	00	10	制作或保藏的鹿豚、姬猪前腿及肉	Shoulders and cuts of Babyrousa, Porcula salvania, prepared or preserved	【最】5【普】90 【协东盟】0【协澳门】0【协巴基斯坦】12 【协智利】0【协新西兰】0【协新加坡】0 【协秘鲁】0【协哥斯达黎加】0【协冰岛】0 【协瑞士】5【协澳大利亚】0【协韩国】7.5 【协格鲁吉亚】0【协香港】0 【特-1】0【特-2】0 【增】16【出】0【退】16	千克	AF	BE	PR	QS	101 102 103	制作或保藏的鹿豚、姬猪前腿及肉块（猪蹄） 制作或保藏的鹿豚、姬猪前腿及肉块（去骨熟制猪肉制品） 制作或保藏的鹿豚、姬猪前腿及肉块（带骨熟制猪肉制品）
160242	00	90	制作或保藏的猪前腿及其肉块	Shoulders and cuts of swine, prepared or preserved	【最】5【普】90 【协东盟】0【协澳门】0【协巴基斯坦】12 【协智利】0【协新西兰】0【协新加坡】0 【协秘鲁】0【协哥斯达黎加】0【协冰岛】0 【协瑞士】5【协澳大利亚】0【协韩国】7.5 【协格鲁吉亚】0【协香港】0 【特-1】0【特-2】0 【增】16【出】0【退】16	千克	A	B	PR	QS	101 102 103	制作或保藏的猪前腿及其肉块（猪蹄） 制作或保藏的猪前腿及其肉块（去骨熟制猪肉制品） 制作或保藏的猪前腿及其肉块（带骨熟制猪肉制品）
160249	10	10	其他含鹿豚、姬猪肉及杂碎的罐头【电商】①	Other meat, meat offal of Babyrousa Porcula salvania, canned	【最】5【普】90 【协东盟】0【协香港】0【协澳门】0 【协巴基斯坦】12【协智利】0【协新西兰】0 【协新加坡】0【协秘鲁】0【协哥斯达黎加】0 【协冰岛】0【协瑞士】5【协澳大利亚】0 【协韩国】7.5【协格鲁吉亚】0 【特-1】0【特-2】0 【增】16【出】0【退】16	千克	AF	BE	PR	QS	999	其他含鹿豚、姬猪肉及杂碎的罐头

① 列入《进出口野生动植物种商品目录》的商品除外。

税则号列 HS国际统一前6位	本国子目 7~8位	本国子目 9~10位	货品名称中文 货物名称	货品名称英文 Article Description	税费综合信息	计量单位	监管证件代码 进口	监管证件代码 出口	检验检疫类别 进口	检验检疫类别 出口	检验检疫编码	检验检疫编码对应中文名称
160249	10	90	其他猪肉及杂碎的罐头 【电商】①	Other meat, meat offal of swine, cannned	【最】5【普】90 【协东盟】0【协香港】0【协澳门】0 【协巴基斯坦】12【协智利】0【协新西兰】0 【协新加坡】0【协秘鲁】0【协哥斯达黎加】0 【协冰岛】0【协瑞士】5【协澳大利亚】0 【协韩国】7.5【协格鲁吉亚】0 【特-1】0【特-2】0 【增】16【出】0【退】16	千克	A	B	PR	QS	101 102 103 104 105	其他猪肉及杂碎的罐头（猪肉罐头） 其他猪肉及杂碎的罐头（午餐肉罐头） 其他猪肉及杂碎的罐头（火腿午餐肉罐头） 其他猪肉及杂碎的罐头（火腿罐头） 其他猪肉及杂碎的罐头（云腿罐头）
160249	90	10	制作或保藏的其他鹿豚、姬猪肉，杂碎（包括血等） 【电商】②	Meat, meat offal or blood of Babyrousa Porcula, prepared or preserved	【最】5【普】90 【协东盟】0【协香港】0【协澳门】0 【协巴基斯坦】12【协智利】0【协新西兰】0 【协新加坡】0【协秘鲁】0【协哥斯达黎加】0 【协冰岛】0【协瑞士】5【协澳大利亚】0 【协韩国】7.5【协格鲁吉亚】0 【特-1】0【特-2】0 【增】16【出】0【退】16	千克	AF	BE	PR	QS	101 102 103	制作或保藏的其他鹿豚、姬猪肉，杂碎（包括血等）（其他猪杂碎） 制作或保藏的其他鹿豚、姬猪肉，杂碎（包括血等）（去骨熟制猪肉制品） 制作或保藏的其他鹿豚、姬猪肉，杂碎（包括血等）（带骨熟制猪肉制品）
160249	90	90	制作或保藏的其他猪肉，杂碎，血 【电商】③	Meat, meat offal or blood of swine, prepared or preserved	【最】5【普】90 【协东盟】0【协香港】0【协澳门】0 【协巴基斯坦】12【协智利】0【协新西兰】0 【协新加坡】0【协秘鲁】0【协哥斯达黎加】0 【协冰岛】0【协瑞士】5【协澳大利亚】0 【协韩国】7.5【协格鲁吉亚】0 【特-1】0【特-2】0 【增】16【出】0【退】16	千克	A	B	PR	QS	101 102 103	制作或保藏的其他猪肉，杂碎，血［制作或保藏的其他猪肉，杂碎（猪杂碎）］ 制作或保藏的其他猪肉，杂碎，血［制作或保藏的其他猪肉，杂碎（去骨熟制猪肉制品）］ 制作或保藏的其他猪肉，杂碎，血［制作或保藏的其他猪肉，杂碎（带骨熟制猪肉制品）］
160250	10	10	含濒危野牛肉的罐头 【电商】④	Meat of endangered wild bovine animals, cannned	【最】5【普】90 【协东盟】0【协香港】0【协澳门】0 【协巴基斯坦】6【协智利】0【协新西兰】0 【协新加坡】0【协秘鲁】0【协哥斯达黎加】0 【协冰岛】0【协瑞士】4.8【协澳大利亚】0 【协韩国】6【协格鲁吉亚】0 【特-1】0【特-2】0 【增】16【出】0【退】0	千克	AF	BE	PR	QS	999	含濒危野牛肉的罐头
160250	10	90	其他牛肉及牛杂碎罐头（含野牛肉的除外） 【电商】⑤	Other meat, meat offal of bovine animals, cannned (other than meat of wild bovine animals)	【最】5【普】90 【协东盟】0【协香港】0【协澳门】0 【协巴基斯坦】6【协智利】0【协新西兰】0 【协新加坡】0【协秘鲁】0【协哥斯达黎加】0 【协冰岛】0【协瑞士】4.8【协澳大利亚】0 【协韩国】6【协格鲁吉亚】0 【特-1】0【特-2】0 【增】16【出】0【退】16	千克	A	B	PR	QS	999	其他牛肉及牛杂碎罐头（含野牛肉的除外）

① 列入《进出口野生动植物种商品目录》的商品除外。
② 列入《进出口野生动植物种商品目录》的商品除外。
③ 列入《进出口野生动植物种商品目录》的商品除外。
④ 列入《进出口野生动植物种商品目录》的商品除外。
⑤ 列入《进出口野生动植物种商品目录》的商品除外。

税则号列 HS国际统一前6位	本国子目 7~8位	本国子目 9~10位	货品名称中英文 中文 货物名称	英文 Article Description	税费综合信息	计量单位	监管证件代码 进口	监管证件代码 出口	检验检疫类别 进口	检验检疫类别 出口	检验检疫编码	检验检疫编码对应中文名称
160250	90	10	其他制作或保藏的濒危野牛肉、杂碎（包括血等） 【电商】①	Other meat, meat offal or blood of endangered wild bovine animals, prepared or preserved	【最】5【普】90 【协东盟】0【协香港】0【协澳门】0 【协巴基斯坦】6【协智利】0【协新西兰】0 【协新加坡】0【协秘鲁】0【协哥斯达黎加】0 【协冰岛】0【协瑞士】4.8【协澳大利亚】0 【协韩国】6【协格鲁吉亚】0 【特-1】0【特-2】0 【增】16【对美加征】10【出】0【退】0	千克	AF	BE	PR	QS	101 102 103	其他制作或保藏的濒危野牛肉、杂碎（包括血等）（野牛肉及杂碎） 其他制作或保藏的濒危野牛肉、杂碎（包括血等）（去骨熟制牛肉制品） 其他制作或保藏的濒危野牛肉、杂碎（包括血等）（带骨熟制牛肉制品）
160250	90	90	其他制作或保藏的牛肉，杂碎，血 【电商】②	Other meat, meat offal or blood of bovine animals, prepared or preserved	【最】5【普】90 【协东盟】0【协香港】0【协澳门】0 【协巴基斯坦】6【协智利】0【协新西兰】0 【协新加坡】0【协秘鲁】0【协哥斯达黎加】0 【协冰岛】0【协瑞士】4.8【协澳大利亚】0 【协韩国】6【协格鲁吉亚】0 【特-1】0【特-2】0 【增】16【对美加征】10【出】0【退】16	千克	A	B	PR	QS	101 102 103	其他制作或保藏的牛肉，杂碎，血（其他牛杂碎） 其他制作或保藏的牛肉，杂碎，血（去骨熟制牛肉制品） 其他制作或保藏的牛肉，杂碎，血（带骨熟制牛肉制品）
160290	10	10	其他濒危野生动物肉及杂碎罐头	Other meat, meat offal of endangered wild animal, canned	【最】5【普】90 【协东盟】0【协香港】0【协澳门】0 【协巴基斯坦】12【协智利】0【协新西兰】0 【协新加坡】0【协秘鲁】0【协哥斯达黎加】0 【协冰岛】0【协瑞士】5【协澳大利亚】0 【协韩国】7.5【协格鲁吉亚】0 【特-1】0【特-2】0 【增】16【出】0【退】0	千克	AF	BE	PR	QS	999	其他濒危野生动物肉及杂碎罐头
160290	10	90	其他肉及杂碎罐头	Other meat, meat offal of other animals, cannned	【最】5【普】90 【协东盟】0【协香港】0【协澳门】0 【协巴基斯坦】12【协智利】0【协新西兰】0 【协新加坡】0【协秘鲁】0【协哥斯达黎加】0 【协冰岛】0【协瑞士】5【协澳大利亚】0 【协韩国】7.5【协格鲁吉亚】0 【特-1】0【特-2】0 【增】16【出】0【退】16	千克	A	B	PR	QS	101 102 103 104 105 ……	其他肉及杂碎罐头（鸟肉罐头） 其他肉及杂碎罐头（香肠罐头） 其他肉及杂碎罐头（羊肉罐头） 其他肉及杂碎罐头（鹿肉罐头） 其他肉及杂碎罐头（袋鼠肉罐头） ……③
160290	90	10	制作或保藏的其他濒危野生动物肉（包括杂碎、血）	Other meat, meat offal or blood of endangered wild animals, prepared or preserved	【最】5【普】90 【协东盟】0【协澳门】0【协巴基斯坦】12 【协香港】0【协智利】0【协新西兰】0 【协新加坡】0【协秘鲁】0【协哥斯达黎加】0 【协冰岛】0【协瑞士】5【协澳大利亚】0 【协韩国】7.5【协格鲁吉亚】0 【特-1】0【特-2】0 【增】16【出】0【退】0	千克	AF	BE	PR	QS	101 102 103 104	制作或保藏的其他濒危野生动物肉（包括杂碎、血）（其他动物肉脏及杂碎） 制作或保藏的其他濒危野生动物肉（包括杂碎、血）（其他熟制禽肉制品） 制作或保藏的其他濒危野生动物肉（包括杂碎、血）（其他去骨熟制畜肉制品） 制作或保藏的其他濒危野生动物肉（包括杂碎、血）（其他带骨熟制畜肉制品）

① 列入《进出口野生动植物种商品目录》的商品除外。

② 列入《进出口野生动植物种商品目录》的商品除外。

③ 该税号项下检验检疫编码及对应中文名称尚有：106　其他肉及杂碎罐头（马肉罐头），107　其他肉及杂碎罐头（食用）。

税则号列 HS国际统一前6位	本国子目 7~8位	本国子目 9~10位	货品名称中文 货物名称	货品名称英文 Article Description	税费综合信息	计量单位	监管证件代码 进口	监管证件代码 出口	检验检疫类别 进口	检验检疫类别 出口	检验检疫编码	检验检疫编码对应中文名称
160290	90	90	经制作或保藏的其他肉、杂碎及血	Other meat, meat offal or blood of other animals, prepared or preserved	【最】5【普】90 【协东盟】0【协澳门】0【协巴基斯坦】12 【协香港】0【协智利】0【协新西兰】0 【协新加坡】0【协秘鲁】0【协哥斯达黎加】0 【协冰岛】0【协瑞士】5【协澳大利亚】0 【协韩国】7.5【协格鲁吉亚】0 【特-1】0【特-2】0 【增】16【出】0【退】16	千克	A	B	PR	QS	101 102 103 104 105 ……	经制作或保藏的其他肉、杂碎及血（其他动物肉脏及杂碎） 经制作或保藏的其他肉、杂碎及血（去骨熟制羊肉制品） 经制作或保藏的其他肉、杂碎及血（带骨熟制羊肉制品） 经制作或保藏的其他肉、杂碎及血（去骨熟制鹿肉制品） 经制作或保藏的其他肉、杂碎及血（带骨熟制鹿肉制品） ……①
160300	00	10	含濒危野生动物及鱼类成分的肉（指税目02.08及子目0301.92野生动物及鱼类）【电商】②	Meat with compositions of endangered wild animals and fish of heading No. 02.08 or of subheading 0301.92	【最】5【普】90 【协东盟】0【协香港】0【协智利】0 【协新西兰】0【协新加坡】0【协秘鲁】0 【协哥斯达黎加】0【协冰岛】0【协瑞士】5 【协澳大利亚】0【协韩国】17.2 【协格鲁吉亚】0 【特-1】0【特-2】0 【增】16【对美加征】25【出】0【退】0	千克	AF	BE	PR	QS	101 102	含濒危野生动物及鱼类成分的肉（指税目02.08及子目0301.92野生动物及鱼类）（水产制品） 含濒危野生动物及鱼类成分的肉（指税目02.08及子目0301.92野生动物及鱼类）（鱼类罐头）
160300	00	90	肉及水产品的精、汁（水产品指鱼、甲壳动物、软体动物或其他水生无脊椎动物）	Extracts and juices of meat, fish or crustaceans, molluscs or other aquatic invertebrates	【最】5【普】90 【协东盟】0【协香港】0【协智利】0 【协新西兰】0【协新加坡】0【协秘鲁】0 【协哥斯达黎加】0【协冰岛】0【协瑞士】5 【协澳大利亚】0【协韩国】17.2 【协格鲁吉亚】0 【特-1】0【特-2】0 【增】16【对美加征】25【出】0【退】16	千克	A	B	PR	QS	101 102	肉及水产品的精、汁（水产品指鱼、甲壳动物、软体动物或其他水生无脊椎动物）（养殖水产制品） 肉及水产品的精、汁（水产品指鱼、甲壳动物、软体动物或其他水生无脊椎动物）（野生水产制品）
160411	10		制作或保藏的大西洋鲑鱼（整条或切块，但未绞碎）	Atlantic salmon, prepared or preserved, whole or in pieces, but not minced	【最】10【普】90 【协东盟】0【协香港】0【协澳门】0 【协巴基斯坦】6【协智利】0【协新西兰】0 【协新加坡】0【协哥斯达黎加】0【协冰岛】0 【协澳大利亚】0【协韩国】6 【协格鲁吉亚】0 【特-1】0【特-2】0 【增】16【对美加征】25【出】0【退】16	千克	A	B	PR	QS	101 102 103 104	制作或保藏的大西洋鲑鱼（整条或切块，但未绞碎）（养殖水产制品） 制作或保藏的大西洋鲑鱼（整条或切块，但未绞碎）（野生水产制品） 制作或保藏的大西洋鲑鱼（整条或切块，但未绞碎）（养殖鱼类罐头） 制作或保藏的大西洋鲑鱼（整条或切块，但未绞碎）（野生鱼类罐头）
160411	90	10	制作或保藏的川陕哲罗鲑鱼（整条或切块，但未绞碎）【电商】	Hucho bleekeri Ts, prepared or preserved, whole or in pieces, but not minced	【最】10【普】90 【协东盟】0【协巴基斯坦】6【协智利】0 【协新西兰】0【协新加坡】0【协哥斯达黎加】0 【协冰岛】0【协澳大利亚】0【协韩国】6 【协格鲁吉亚】0【协香港】0【协澳门】0 【特-1】0【特-2】0 【增】16【对美加征】25【出】0【退】16	千克	A	B	PR	QS	101 102	制作或保藏的川陕哲罗鲑鱼（整条或切块，但未绞碎）（水产制品） 制作或保藏的川陕哲罗鲑鱼（整条或切块，但未绞碎）（鱼类罐头）
160411	90	20	制作或保藏的秦岭细鳞鲑鱼（整条或切块，但未绞碎）【电商】	Tslinling lenok (Brachymystax lenck), prepared or preserved, whole or in pieces, but not minced	【最】10【普】90 【协东盟】0【协巴基斯坦】6【协智利】0 【协新西兰】0【协新加坡】0【协哥斯达黎加】0 【协冰岛】0【协澳大利亚】0【协韩国】6 【协格鲁吉亚】0【协香港】0【协澳门】0 【特-1】0【特-2】0 【增】16【对美加征】25【出】0【退】16	千克	A	B	PR	QS	101 102	制作或保藏的秦岭细鳞鲑鱼（整条或切块，但未绞碎）（水产制品） 制作或保藏的秦岭细鳞鲑鱼（整条或切块，但未绞碎）（鱼类罐头）

① 该税号项下检验检疫编码及对应中文名称尚有：106　经制作或保藏的其他肉、杂碎及血（去骨熟制马肉制品），107　经制作或保藏的其他肉、杂碎及血（带骨熟制马肉制品），108　经制作或保藏的其他肉、杂碎及血（其他熟制禽肉制品），109　经制作或保藏的其他肉、杂碎及血（其他去骨熟制畜肉制品），110　经制作或保藏的其他肉、杂碎及血（其他带骨熟制畜肉制品）。

② 列入《进出口野生动植物种商品目录》的商品除外。

税则号列			货品名称中英文		税费综合信息	计量单位	监管证件代码		检验检疫类别		检验检疫编码	检验检疫编码对应中文名称
HS国际统一前6位	本国子目7~8位	本国子目9~10位	中文 货物名称	英文 Article Description			进口	出口	进口	出口		
160411	90	90	制作或保藏的其他鲑鱼 【电商】	Other salmon, prepared or preserved	【最】10【普】90 【协东盟】0【协巴基斯坦】6【协智利】0 【协新西兰】0【协新加坡】0【协哥斯达黎加】0 【协冰岛】0【协澳大利亚】0【协韩国】6 【协格鲁吉亚】0【协香港】0【协澳门】0 【特-1】0【特-2】0 【增】16【对美加征】25【出】0【退】16	千克	A	B	PR	QS	101 102	制作或保藏的其他鲑鱼(水产制品) 制作或保藏的其他鲑鱼(鱼类罐头)
160412	00		制作或保藏的鲱鱼（整条或切块，但未绞碎） 【电商】	Herrings, prepared or preserved, whole or in pieces, but not minced	【最】5【普】90 【协东盟】0【协巴基斯坦】6【协智利】0 【协新西兰】0【协新加坡】0【协秘鲁】0 【协哥斯达黎加】0【协冰岛】0【协瑞士】4.8 【协澳大利亚】0【协韩国】6 【协格鲁吉亚】0【协香港】0【协澳门】0 【特-1】0【特-2】0 【增】16【对美加征】25【出】0【退】16	千克	A	B	PR	QS	101 102	制作或保藏的鲱鱼（整条或切块，但未绞碎）(水产制品) 制作或保藏的鲱鱼（整条或切块，但未绞碎）(鱼类罐头)
160413	00		制作或保藏的沙丁鱼、小沙丁鱼属（整条或切块，但未绞碎） 【电商】	Sardines, sardinella and brisling or sprats, prepared or preserved, whole or in pieces, but not minced	【最】5【普】90 【协东盟】0【协澳门】0【协巴基斯坦】0 【协香港】0【协智利】0【协新西兰】0 【协秘鲁】0【协哥斯达黎加】0【协冰岛】0 【协瑞士】0【协澳大利亚】0【协韩国】0 【协格鲁吉亚】0 【特东埔寨】0【特-1】0【特-2】0【特-3】0 【增】16【对美加征】25【出】0【退】16	千克	A	B	PR	QS	101 102 103 104 105 ……	制作或保藏的沙丁鱼、小沙丁鱼属、黍鲱或西鲱（整条或切块，但未绞碎）（沙丁鱼水产制品） 制作或保藏的沙丁鱼、小沙丁鱼属、黍鲱或西鲱（整条或切块，但未绞碎）（小沙丁鱼属水产制品） 制作或保藏的沙丁鱼、小沙丁鱼属、黍鲱或西鲱（整条或切块，但未绞碎）（黍鲱水产制品） 制作或保藏的沙丁鱼、小沙丁鱼属、黍鲱或西鲱（整条或切块，但未绞碎）（西鲱水产制品） 制作或保藏的沙丁鱼、小沙丁鱼属、黍鲱或西鲱（整条或切块，但未绞碎）(沙丁鱼罐头) ……①

① 该税号项下检验检疫编码及对应中文名称尚有：106 制作或保藏的沙丁鱼、小沙丁鱼属、黍鲱或西鲱（整条或切块，但未绞碎）（小沙丁鱼属罐头），107 制作或保藏的沙丁鱼、小沙丁鱼属、黍鲱或西鲱（整条或切块，但未绞碎）（黍鲱罐头），108 制作或保藏的沙丁鱼、小沙丁鱼属、黍鲱或西鲱（整条或切块，但未绞碎）（西鲱罐头）。

税则号列 HS国际统一前6位	本国子目 7~8位	本国子目 9~10位	货品名称中英文 中文 货物名称	英文 Article Description	税费综合信息	计量单位	监管证件代码 进口	监管证件代码 出口	检验检疫类别 进口	检验检疫类别 出口	检验检疫编码	检验检疫编码对应中文名称
160414	00		制作或保藏的金枪鱼、鲣鱼及狐鲣（狐鲣属）（整条或切块，但未绞碎） 【电商】	Tunas, skipjack and bonito (Sarda spp.), prepared or preserved, whole or in pieces, but not minced	【最】5【普】90 【协东盟】0【协香港】0【协澳门】0 【协巴基斯坦】0【协智利】0【协新西兰】0 【协秘鲁】0【协哥斯达黎加】0【协冰岛】0 【协瑞士】0【协澳大利亚】0【协韩国】0 【协格鲁吉亚】0 【特东柬埔寨】0【特-1】0【特-2】0【特-3】0 【增】16【对美加征】25【出】0【退】16	千克	A	B	PR	QS	101 102 103 104 105 ……	制作或保藏的金枪鱼、鲣鱼及狐鲣（狐鲣属）（整条或切块，但未绞碎）（金枪鱼水产制品） 制作或保藏的金枪鱼、鲣鱼及狐鲣（狐鲣属）（整条或切块，但未绞碎）（鲣鱼水产制品） 制作或保藏的金枪鱼、鲣鱼及狐鲣（狐鲣属）（整条或切块，但未绞碎）［狐鲣（狐鲣属）水产制品］ 制作或保藏的金枪鱼、鲣鱼及狐鲣（狐鲣属）（整条或切块，但未绞碎）（金枪鱼罐头） 制作或保藏的金枪鱼、鲣鱼及狐鲣（狐鲣属）（整条或切块，但未绞碎）（鲣鱼罐头） ……①
160415	00		制作或保藏的鲭鱼（整条或切块，但未绞碎） 【电商】	Mackerel, prepared or preserved, whole or in pieces, but not minced	【最】5【普】90 【协东盟】0【协巴基斯坦】6【协智利】0 【协新西兰】0【协新加坡】0【协秘鲁】0 【协哥斯达黎加】0【协冰岛】0【协瑞士】4.8 【协澳大利亚】0【协韩国】6 【协格鲁吉亚】0【协香港】0【协澳门】0 【特-1】0【特-2】0 【增】16【对美加征】25【出】0【退】16	千克	A	B	PR	QS	101 102 103 104	制作或保藏的鲭鱼（整条或切块，但未绞碎）（养殖水产制品） 制作或保藏的鲭鱼（整条或切块，但未绞碎）（野生水产制品） 制作或保藏的鲭鱼（整条或切块，但未绞碎）（养殖鱼类罐头） 制作或保藏的鲭鱼（整条或切块，但未绞碎）（野生鱼类罐头）
160416	00		制作保藏的鳀鱼（整条或切块，但未绞碎）	Anchovies, prepared or preserved, whole or in pieces, but not minced	【最】5【普】90 【协东盟】0【协巴基斯坦】6【协智利】0 【协新西兰】0【协新加坡】0【协秘鲁】0 【协哥斯达黎加】0【协冰岛】0【协瑞士】4.8 【协澳大利亚】0【协韩国】6 【协格鲁吉亚】0【协香港】0【协澳门】0 【特-1】0【特-2】0 【增】16【对美加征】25【出】0【退】16	千克	A	B	PR	QS	101 102 103 104	制作保藏的鳀鱼（整条或切块，但未绞碎）（养殖水产制品） 制作保藏的鳀鱼（整条或切块，但未绞碎）（野生水产制品） 制作保藏的鳀鱼（整条或切块，但未绞碎）（养殖鱼类罐头） 制作保藏的鳀鱼（整条或切块，但未绞碎）（野生鱼类罐头）

① 该税号项下检验检疫编码及对应中文名称尚有：106 制作或保藏的金枪鱼、鲣鱼及狐鲣（狐鲣属）（整条或切块，但未绞碎）［狐鲣（狐鲣属）罐头］。

税则号列			货品名称中英文		税费综合信息	计量单位	监管证件代码		检验检疫类别		检验检疫编码	检验检疫编码对应中文名称
HS 国际统一前 6 位	本国子目 7~8 位	9~10 位	中文 货物名称	英文 Article Description			进口	出口	进口	出口		
160417	00	10	制作或保藏的花鳗鲡（整条或切块，但未绞碎） 【电商】①	Marbled eels (Anguilla marmorata), prepared or preserved, whole or in pieces, but not minced	【最】5【普】90 【协亚太】4.1【协东盟】0【协香港】0 【协澳门】0【协巴基斯坦】5【协智利】0 【协新西兰】0【协新加坡】0【协哥斯达黎加】0 【协冰岛】0【协瑞士】4.8【协澳大利亚】0 【协韩国】6【协格鲁吉亚】0 【特-1】0【特-2】0【特-3】0 【增】16【对美加征】25【出】0【退】16	千克	A	BE	PR	QS	103 104 105 106 107 ……	制作或保藏的花鳗鲡（整条或切块，但未绞碎）（养殖鱼类罐头） 制作或保藏的花鳗鲡（整条或切块，但未绞碎）（野生鱼类罐头） 制作或保藏的花鳗鲡（整条或切块，但未绞碎）（养殖花鳗鲡制成的烤鳗） 制作或保藏的花鳗鲡（整条或切块，但未绞碎）（野生花鳗鲡制成的烤鳗） 制作或保藏的花鳗鲡（整条或切块，但未绞碎）（养殖花鳗鲡制成的其他水产制品） ……②
160417	00	20	制作或保藏的欧洲鳗鲡（整条或切块，但未绞碎） 【电商】③	European eels, prepared or preserved, whole or inpieces, but not minced	【最】5【普】90 【协亚太】4.1【协东盟】0【协香港】0 【协澳门】0【协巴基斯坦】5【协智利】0 【协新西兰】0【协新加坡】0【协哥斯达黎加】0 【协冰岛】0【协瑞士】4.8【协澳大利亚】0 【协韩国】6【协格鲁吉亚】0 【特-1】0【特-2】0【特-3】0 【增】16【对美加征】25【出】0【退】16	千克	AF	BE	PR	QS	103 104 105 106 107 ……	制作或保藏的欧洲鳗鲡（整条或切块，但未绞碎）（养殖鱼类罐头） 制作或保藏的欧洲鳗鲡（整条或切块，但未绞碎）（野生鱼类罐头） 制作或保藏的欧洲鳗鲡（整条或切块，但未绞碎）（养殖欧洲鳗鲡制成的烤鳗） 制作或保藏的欧洲鳗鲡（整条或切块，但未绞碎）（野生欧洲鳗鲡制成的烤鳗） 制作或保藏的欧洲鳗鲡（整条或切块，但未绞碎）（养殖欧洲鳗鲡制成的其他水产制品） ……④
160417	00	90	其他制作或保藏的鳗鱼（整条或切块，但未绞碎） 【电商】⑤	Other eels, prepared or preserved, whole or in pieces, but not minced	【最】5【普】90 【协亚太】4.1【协东盟】0【协香港】0 【协澳门】0【协巴基斯坦】5【协智利】0 【协新西兰】0【协新加坡】0【协哥斯达黎加】0 【协冰岛】0【协瑞士】4.8【协澳大利亚】0 【协韩国】6【协格鲁吉亚】0 【特-1】0【特-2】0【特-3】0 【增】16【对美加征】25【出】0【退】16	千克	A	B	PR	QS	103 104 105 106 107 ……	其他制作或保藏的鳗鱼（整条或切块，但未绞碎）（养殖鱼类罐头） 其他制作或保藏的鳗鱼（整条或切块，但未绞碎）（野生鱼类罐头） 其他制作或保藏的鳗鱼（整条或切块，但未绞碎）（养殖日本鳗鲡制成的烤鳗） 其他制作或保藏的鳗鱼（整条或切块，但未绞碎）（野生日本鳗鲡制成的烤鳗） 其他制作或保藏的鳗鱼（整条或切块，但未绞碎）（养殖日本鳗鲡制成的其他水产制品） ……⑥

① 列入《进出口野生动植物种商品目录》的商品除外。

② 该税号项下检验检疫编码及对应中文名称尚有：108　制作或保藏的花鳗鲡（整条或切块，但未绞碎）（野生花鳗鲡制成的其他水产制品）。

③ 列入《进出口野生动植物种商品目录》的商品除外。

④ 该税号项下检验检疫编码及对应中文名称尚有：108　制作或保藏的欧洲鳗鲡（整条或切块，但未绞碎）（野生欧洲鳗鲡制成的其他水产制品）。

⑤ 列入《进出口野生动植物种商品目录》的商品除外。

⑥ 该税号项下检验检疫编码及对应中文名称尚有：108　其他制作或保藏的鳗鱼（整条或切块，但未绞碎）（野生日本鳗鲡制成的其他水产制品），109　其他制作或保藏的鳗鱼（整条或切块，但未绞碎）（其他养殖鳗鲡制成的烤鳗），110　其他制作或保藏的鳗鱼（整条或切块，但未绞碎）（其他野生鳗鲡制成的烤鳗），111　其他制作或保藏的鳗鱼（整条或切块，但未绞碎）（其他养殖鳗鲡制成的其他水产制品），112　其他制作或保藏的鳗鱼（整条或切块，但未绞碎）（其他野生鳗鲡制成的其他水产制品）。

税则号列			货品名称中英文		税费综合信息	计量单位	监管证件代码		检验检疫类别		检验检疫编码	检验检疫编码对应中文名称
HS国际统一前6位	本国子目 7~8位	9~10位	中文 货物名称	英文 Article Description			进口	出口	进口	出口		
160418	00	10	制作或保藏的濒危鲨鱼鱼翅（整条或切块，但未绞碎）【电商】①	Endangered shark's fins, prepared or preserved, whole nor in pieces, not not minced	【最】12【普】90 【协亚太】9.8【协东盟】0【协香港】0 【协澳门】0【协巴基斯坦】5【协智利】0 【协新西兰】0【协新加坡】0【协哥斯达黎加】0 【协冰岛】0【协瑞士】4.8【协澳大利亚】0 【协韩国】6【协格鲁吉亚】0 【特-1】0【特-2】0【特-3】0 【增】16【对美加征】25【出】0【退】0	千克	AF	EB	PR	QS	999	制作或保藏的濒危鲨鱼鱼翅（整条或切块，但未绞碎）
160418	00	90	制作或保藏的其他鲨鱼鱼翅（整条或切块，但未绞碎）	Other shark's fins, prepared or preserved, whole nor in pieces, not not minced	【最】12【普】90 【协亚太】9.8【协东盟】0【协香港】0 【协澳门】0【协巴基斯坦】5【协智利】0 【协新西兰】0【协新加坡】0【协哥斯达黎加】0 【协冰岛】0【协瑞士】4.8【协澳大利亚】0 【协韩国】6【协格鲁吉亚】0 【特-1】0【特-2】0【特-3】0 【增】16【对美加征】25【出】0【退】16	千克	A	B	PR	QS	999	制作或保藏的其他鲨鱼鱼翅（整条或切块，但未绞碎）
160419	20		制作或保藏的罗非鱼（整条或切块，但未绞碎）	Tilapia, prepared or preserved, whole or in pieces, but not minced	【最】5【普】90 【协东盟】0【协香港】0【协澳门】0 【协巴基斯坦】6【协智利】0【协新西兰】0 【协新加坡】0【协哥斯达黎加】0【协冰岛】0 【协瑞士】4.8【协澳大利亚】0【协韩国】6 【协格鲁吉亚】0 【特-1】0【特-2】0 【增】16【对美加征】25【出】0【退】16	千克	A	B	PR	QS	101 102 103 104	制作或保藏的罗非鱼（整条或切块，但未绞碎）（养殖水产制品） 制作或保藏的罗非鱼（整条或切块，但未绞碎）（野生水产制品） 制作或保藏的罗非鱼（整条或切块，但未绞碎）（养殖鱼类罐头） 制作或保藏的罗非鱼（整条或切块，但未绞碎）（野生鱼类罐头）
160419	31		制作或保藏的斑点叉尾鮰鱼（整条或切块，但未绞碎）	Channel catfish(Ictalurus punctatus), prepared or preserved, whole or in pieces, but not minced	【最】5【普】90 【协亚太】4.1【协东盟】0【协香港】0 【协澳门】0【协巴基斯坦】5【协智利】0 【协新西兰】0【协新加坡】0【协哥斯达黎加】0 【协冰岛】0【协瑞士】4.8【协澳大利亚】0 【协韩国】6【协格鲁吉亚】0 【特-1】0【特-2】0【特-3】0 【增】16【对美加征】25【出】0【退】16	千克	A	B	PR	QS	101 102 103 104	制作或保藏的斑点叉尾鮰鱼（整条或切块，但未绞碎）（养殖水产制品） 制作或保藏的斑点叉尾鮰鱼（整条或切块，但未绞碎）（野生水产制品） 制作或保藏的斑点叉尾鮰鱼（整条或切块，但未绞碎）（养殖鱼类罐头） 制作或保藏的斑点叉尾鮰鱼（整条或切块，但未绞碎）（野生鱼类罐头）
160419	39		制作或保藏的其他叉尾鮰鱼（整条或切块，但未绞碎）	Other Ictalurus, prepared or preserved, whole or in pieces, but not minced	【最】5【普】90 【协亚太】4.1【协东盟】0【协香港】0 【协澳门】0【协巴基斯坦】5【协智利】0 【协新西兰】0【协新加坡】0【协哥斯达黎加】0 【协冰岛】0【协瑞士】4.8【协澳大利亚】0 【协韩国】6【协格鲁吉亚】0 【特-1】0【特-2】0【特-3】0 【增】16【对美加征】25【出】0【退】16	千克	A	B	PR	QS	101 102 103 104	制作或保藏的其他叉尾鮰鱼（整条或切块，但未绞碎）（养殖水产制品） 制作或保藏的其他叉尾鮰鱼（整条或切块，但未绞碎）（野生水产制品） 制作或保藏的其他叉尾鮰鱼（整条或切块，但未绞碎）（养殖鱼类罐头） 制作或保藏的其他叉尾鮰鱼（整条或切块，但未绞碎）（野生鱼类罐头）

① 列入《进出口野生动植物种商品目录》的商品除外。

税则号列			货品名称中英文		税费综合信息	计量单位	监管证件代码		检验检疫类别		检验检疫编码	检验检疫编码对应中文名称
HS国际统一前6位	本国子目7~8位	9~10位	中文 货物名称	英文 Article Description			进口	出口	进口	出口		
160419	90	10	制作或保藏的濒危鱼类（整条或切块，但未绞碎） 【电商】①	Endangered fish, prepared or preserved, whole or in pieces, but not minced	【最】5【普】90 【协亚太】4.1【协东盟】0【协香港】0 【协澳门】0【协巴基斯坦】5【协智利】0 【协新西兰】0【协新加坡】0【协哥斯达黎加】0 【协冰岛】0【协瑞士】4.8【协澳大利亚】0 【协韩国】6【协格鲁吉亚】0 【特-1】0【特-2】0【特-3】0 【增】16【对美加征】25【出】0【退】0	千克	AF	EB	PR	QS	101 102	制作或保藏的濒危鱼类（整条或切块，但未绞碎）（野生水产制品） 制作或保藏的濒危鱼类（整条或切块，但未绞碎）（野生鱼类罐头）
160419	90	90	制作或保藏的其他鱼（整条或切块，但未绞碎） 【电商】②	Other fish, prepared or preserved, whole or in pieces, but not minced	【最】5【普】90 【协亚太】4.1【协东盟】0【协香港】0 【协澳门】0【协巴基斯坦】5【协智利】0 【协新西兰】0【协新加坡】0【协哥斯达黎加】0 【协冰岛】0【协瑞士】4.8【协澳大利亚】0 【协韩国】6【协格鲁吉亚】0 【特-1】0【特-2】0【特-3】0 【增】16【对美加征】25【出】0【退】16	千克	A	B	PR	QS	101 102 103 104 105 ……	制作或保藏的其他鱼（整条或切块，但未绞碎）（养殖石斑鱼） 制作或保藏的其他鱼（整条或切块，但未绞碎）（养殖鲥鱼） 制作或保藏的其他鱼（整条或切块，但未绞碎）（养殖鲷科） 制作或保藏的其他鱼（整条或切块，但未绞碎）（养殖安康鱼） 制作或保藏的其他鱼（整条或切块，但未绞碎）（养殖海鲂） ……③
160420	11	10	濒危鲨鱼鱼翅罐头	Endangered shark's fins, canned	【最】12【普】90 【协亚太】9.8【协东盟】0【协香港】0 【协澳门】0【协巴基斯坦】5【协智利】0 【协新西兰】0【协新加坡】0【协秘鲁】0 【协哥斯达黎加】0【协冰岛】0【协瑞士】4.8 【协格鲁吉亚】0 【特-1】0【特-2】0 【增】16【对美加征】25【出】0【退】0	千克	AF	BE	PR	QS	999	濒危鲨鱼鱼翅罐头
160420	11	90	其他鲨鱼鱼翅罐头	Other shark's fins, canned	【最】12【普】90 【协亚太】4.1【协东盟】0【协香港】0 【协澳门】0【协巴基斯坦】5【协智利】0 【协新西兰】0【协新加坡】0【协秘鲁】0 【协哥斯达黎加】0【协冰岛】0【协瑞士】4.8 【协格鲁吉亚】0 【特-1】0【特-2】0 【增】16【对美加征】25【出】0【退】16	千克	A	B	PR	QS	999	其他鲨鱼鱼翅罐头

① 列入《进出口野生动植物种商品目录》的商品除外。

② 列入《进出口野生动植物种商品目录》的商品除外。

③ 该税号项下检验检疫编码及对应中文名称尚有：106 制作或保藏的其他鱼（整条或切块，但未绞碎）（养殖鲆鱼），107 制作或保藏的其他鱼（整条或切块，但未绞碎）（养殖鲽鱼），108 制作或保藏的其他鱼（整条或切块，但未绞碎）（养殖红鱼），109 制作或保藏的其他鱼（整条或切块，但未绞碎）（养殖鲈鱼），110 制作或保藏的其他鱼（整条或切块，但未绞碎）（养殖黄鱼），111 制作或保藏的其他鱼（整条或切块，但未绞碎）（养殖鲮鱼），112 制作或保藏的其他鱼（整条或切块，但未绞碎）（其他养殖鱼），113 制作或保藏的其他鱼（整条或切块，但未绞碎）（野生石斑鱼），114 制作或保藏的其他鱼（整条或切块，但未绞碎）（野生鲥鱼），115 制作或保藏的其他鱼（整条或切块，但未绞碎）（野生鲷科），116 制作或保藏的其他鱼（整条或切块，但未绞碎）（野生安康鱼），117 制作或保藏的其他鱼（整条或切块，但未绞碎）（野生海鲂），118 制作或保藏的其他鱼（整条或切块，但未绞碎）（野生鲆鱼），119 制作或保藏的其他鱼（整条或切块，但未绞碎）（野生鲽鱼），120 制作或保藏的其他鱼（整条或切块，但未绞碎）（野生红鱼），121 制作或保藏的其他鱼（整条或切块，但未绞碎）（海鲫鱼），122 制作或保藏的其他鱼（整条或切块，但未绞碎）（金线鱼），123 制作或保藏的其他鱼（整条或切块，但未绞碎）（马面鱼），124 制作或保藏的其他鱼（整条或切块，但未绞碎）（野生鲮鱼），125 制作或保藏的其他鱼（整条或切块，但未绞碎）（野生鲈鱼），126 制作或保藏的其他鱼（整条或切块，但未绞碎）（野生黄鱼），127 制作或保藏的其他鱼（整条或切块，但未绞碎）（马鲛鱼），128 制作或保藏的其他鱼（整条或切块，但未绞碎）（带鱼），129 制作或保藏的其他鱼（整条或切块，但未绞碎）（其他野生鱼），130 制作或保藏的其他鱼（整条或切块，但未绞碎）（养殖石斑鱼罐头），131 制作或保藏的其他鱼（整条或切块，但未绞碎）（养殖鲥鱼罐头），132 制作或保藏的其他鱼（整条或切块，但未绞碎）（养殖鲷科罐头），133 制作或保藏的其他鱼（整条或切块，但未绞碎）（养殖安康鱼罐头），134 制作或保藏的其他鱼（整条或切块，但未绞碎）（养殖海鲂罐头），135 制作或保藏的其他鱼（整条或切块，但未绞碎）（养殖鲆鱼罐头），136 制作或保藏的其他鱼（整条或切块，但未绞碎）（养殖鲽鱼罐头），137 制作或保藏的其他鱼（整条或切块，但未绞碎）（养殖红鱼罐头），138 制作或保藏的其他鱼（整条或切块，但未绞碎）（其他养殖鱼罐头），139 制作或保藏的其他鱼（整条或切块，但未绞碎）（野生石斑鱼罐头），140 制作或保藏的其他鱼（整条或切块，但未绞碎）（野生鲥鱼罐头），141 制作或保藏的其他鱼（整条或切块，但未绞碎）（野生鲷科罐头），142 制作或保藏的其他鱼（整条或切块，但未绞碎）（野生安康鱼罐头），143 制作或保藏的其他鱼（整条或切块，但未绞碎）（野生海鲂罐头），144 制作或保藏的其他鱼（整条或切块，但未绞碎）（野生鲆鱼罐头），145 制作或保藏的其他鱼（整条或切块，但未绞碎）（野生鲽鱼罐头），146 制作或保藏的其他鱼（整条或切块，但未绞碎）（野生红鱼罐头），147 制作或保藏的其他鱼（整条或切块，但未绞碎）（海鲫鱼罐头），148 制作或保藏的其他鱼（整条或切块，但未绞碎）（金线鱼罐头），149 制作或保藏的其他鱼（整条或切块，但未绞碎）（马面鱼罐头），150 制作或保藏的其他鱼（整条或切块，但未绞碎）（马鲛鱼罐头），151 制作或保藏的其他鱼（整条或切块，但未绞碎）（其他野生鱼罐头）。

税则号列			货品名称中英文		税费综合信息	计量单位	监管证件代码		检验检疫类别		检验检疫编码	检验检疫编码对应中文名称
HS国际统一前6位	本国子目 7~8位	本国子目 9~10位	中文 货物名称	英文 Article Description			进口	出口	进口	出口		
160420	19	10	非整条或切块的濒危鱼罐头(鱼翅除外)【电商】[①]	Endangered fish, not whole nor in pieces, canned (other than shark's fins)	【最】5【普】90 【协亚太】4.1【协东盟】0【协香港】0 【协澳门】0【协巴基斯坦】5【协智利】0 【协新西兰】0【协新加坡】0【协秘鲁】0 【协哥斯达黎加】0【协冰岛】0【协瑞士】4.8 【协澳大利亚】0【协韩国】6 【协格鲁吉亚】0 【特-1】0【特-2】0 【增】16【对美加征】25【出】0【退】0	千克	AF	BE	PR	QS	999	非整条或切块的濒危鱼罐头(鱼翅除外)
160420	19	90	非整条或切块的其他鱼罐头(鱼翅除外)【电商】[②]	Other fish, not whole nor in pieces, canned, other than shark's fins	【最】5【普】90 【协亚太】4.1【协东盟】0【协香港】0 【协澳门】0【协巴基斯坦】5【协智利】0 【协新西兰】0【协新加坡】0【协秘鲁】0 【协哥斯达黎加】0【协冰岛】0【协瑞士】4.8 【协澳大利亚】0【协韩国】6 【协格鲁吉亚】0 【特-1】0【特-2】0 【增】16【对美加征】25【出】0【退】16	千克	A	B	PR	QS	101 102 103 104 105 ……	非整条或切块的其他鱼罐头(鱼翅除外)(养殖石斑鱼) 非整条或切块的其他鱼罐头(鱼翅除外)(养殖鲥鱼) 非整条或切块的其他鱼罐头(鱼翅除外)(养殖鲷科) 非整条或切块的其他鱼罐头(鱼翅除外)(养殖安康鱼) 非整条或切块的其他鱼罐头(鱼翅除外)(养殖海鲂) ……[③]
160420	91	10	制作或保藏的濒危鲨鱼鱼翅(非整条、非切块、非罐头)	Endangered shark's fins, prepared or preserved, not whole nor in pieces, not canned	【最】12【普】90 【协亚太】9.8【协东盟】0【协香港】0 【协澳门】0【协巴基斯坦】5【协智利】0 【协新西兰】0【协新加坡】0【协秘鲁】0 【协哥斯达黎加】0【协冰岛】0【协瑞士】4.8 【协格鲁吉亚】0 【特-1】0【特-2】0 【增】16【对美加征】25【出】0【退】0	千克	AF	BE	PR	QS	999	制作或保藏的濒危鲨鱼鱼翅(非整条、非切块、非罐头)
160420	91	90	制作或保藏其他鲨鱼鱼翅(非整条、非切块、非罐头)	Other shark's fins, prepared or preserved, not whole nor in pieces, not canned	【最】12【普】90 【协亚太】9.8【协东盟】0【协香港】0 【协澳门】0【协巴基斯坦】5【协智利】0 【协新西兰】0【协新加坡】0【协秘鲁】0 【协哥斯达黎加】0【协冰岛】0【协瑞士】4.8 【协格鲁吉亚】0 【特-1】0【特-2】0 【增】16【对美加征】25【出】0【退】16	千克	A	B	PR	QS	999	制作或保藏其他鲨鱼鱼翅(非整条、非切块、非罐头)
160420	99	10	其他制作或保藏的濒危鱼(非整条、非切块、非罐头,鱼翅除外)【电商】[④]	Prepared or preserved endangered fish, not whole nor in pieces, not canned, other than shark's fins	【最】5【普】90 【协亚太】4.1【协东盟】0【协香港】0 【协澳门】0【协巴基斯坦】5【协智利】0 【协新西兰】0【协新加坡】0【协秘鲁】0 【协哥斯达黎加】0【协冰岛】0【协瑞士】4.8 【协澳大利亚】0【协韩国】6 【协格鲁吉亚】0 【特-1】0【特-2】0 【增】16【对美加征】25【出】0【退】0	千克	AF	BE	PR	QS	999	其他制作或保藏的濒危鱼(非整条、非切块、非罐头,鱼翅除外)

① 列入《进出口野生动植物种商品目录》的商品除外。

② 列入《进出口野生动植物种商品目录》的商品除外。

③ 该税号项下检验检疫编码及对应中文名称尚有:106 非整条或切块的其他鱼罐头(鱼翅除外)(养殖鲆鱼),107 非整条或切块的其他鱼罐头(鱼翅除外)(养殖鲽鱼),108 非整条或切块的其他鱼罐头(鱼翅除外)(养殖红鱼),109 非整条或切块的其他鱼罐头(鱼翅除外)(其他养殖鱼),110 非整条或切块的其他鱼罐头(鱼翅除外)(野生石斑鱼),111 非整条或切块的其他鱼罐头(鱼翅除外)(野生鲥鱼),112 非整条或切块的其他鱼罐头(鱼翅除外)(野生鲷科),113 非整条或切块的其他鱼罐头(鱼翅除外)(野生安康鱼),114 非整条或切块的其他鱼罐头(鱼翅除外)(野生海鲂),115 非整条或切块的其他鱼罐头(鱼翅除外)(野生鲆鱼),116 非整条或切块的其他鱼罐头(鱼翅除外)(野生鲽鱼),117 非整条或切块的其他鱼罐头(鱼翅除外)(野生红鱼),118 非整条或切块的其他鱼罐头(鱼翅除外)(海鲫鱼),119 非整条或切块的其他鱼罐头(鱼翅除外)(金线鱼),120 非整条或切块的其他鱼罐头(鱼翅除外)(马面鱼),121 非整条或切块的其他鱼罐头(鱼翅除外)(马鲛鱼),122 非整条或切块的其他鱼罐头(鱼翅除外)(其他野生鱼)。

④ 列入《进出口野生动植物种商品目录》的商品除外。

税则号列			货品名称中英文		税费综合信息	计量单位	监管证件代码		检验检疫类别		检验检疫编码	检验检疫编码对应中文名称
HS国际统一前6位	本国子目 7~8位	9~10位	中文 货物名称	英文 Article Description			进口	出口	进口	出口		
160420	99	90	其他制作或保藏的鱼（非整条、非切块、非罐头，鱼翅除外） 【电商】①	Other prepared or preserved fish, not whole nor in pieces, not canned, other than shark's fins	【最】5【普】90 【协亚太】4.1【协东盟】0【协香港】0 【协澳门】0【协巴基斯坦】5【协智利】0 【协新西兰】0【协新加坡】0【协秘鲁】0 【协哥斯达黎加】0【协冰岛】0【协瑞士】4.8 【协澳大利亚】0【协韩国】6 【协格鲁吉亚】0 【特-1】0【特-2】0 【增】16【对美加征】25【出】0【退】16	千克	A	B	PR	QS	101 102 103 104 105 ……	其他制作或保藏的鱼（非整条、非切块、非罐头，鱼翅除外）（养殖石斑鱼） 其他制作或保藏的鱼（非整条、非切块、非罐头，鱼翅除外）（养殖鲥鱼） 其他制作或保藏的鱼（非整条、非切块、非罐头，鱼翅除外）（养殖鲷科） 其他制作或保藏的鱼（非整条、非切块、非罐头，鱼翅除外）（养殖安康鱼） 其他制作或保藏的鱼（非整条、非切块、非罐头，鱼翅除外）（养殖海鲂） ……②
160431	00		鲟鱼子酱	Caviar	【最】5【普】90 【协东盟】0【协巴基斯坦】6【协智利】0 【协新西兰】0【协新加坡】0【协秘鲁】0 【协哥斯达黎加】0【协冰岛】0【协瑞士】4.8 【协澳大利亚】0【协韩国】6 【协格鲁吉亚】0【协香港】0【协澳门】0 【特-1】0【特-2】0 【增】16【对美加征】25【出】0【退】16	千克	AF	BE	PR	QS	999	鲟鱼子酱
160432	00		鲟鱼子酱代用品 【电商】	Caviar substitutes	【最】5【普】90 【协东盟】0【协巴基斯坦】6【协智利】0 【协新西兰】0【协新加坡】0【协秘鲁】0 【协哥斯达黎加】0【协冰岛】0【协瑞士】4.8 【协澳大利亚】0【协韩国】6 【协格鲁吉亚】0【协香港】0【协澳门】0 【特-1】0【特-2】0 【增】16【对美加征】25【出】0【退】16	千克	A	B	PR	QS	999	鲟鱼子酱代用品
160510	00		制作或保藏的蟹 【电商】	Crab, prepared or preserved	【最】5【普】90 【协东盟】0【协香港】0【协澳门】0 【协巴基斯坦】0【协智利】0【协新西兰】0 【协秘鲁】0【协哥斯达黎加】0【协冰岛】0 【协瑞士】0【协澳大利亚】0【协韩国】0 【协格鲁吉亚】0 【特-1】0【特-2】0【特-3】0 【增】16【对美加征】25【出】0【退】16	千克	A	B	PR	QS	101 102 103 104	制作或保藏的蟹（养殖水产制品） 制作或保藏的蟹（野生水产制品） 制作或保藏的蟹（养殖甲壳类罐头） 制作或保藏的蟹（野生甲壳类罐头）

① 列入《进出口野生动植物种商品目录》的商品除外。

② 该税号项下检验检疫编码及对应中文名称尚有：106 其他制作或保藏的鱼（非整条、非切块、非罐头，鱼翅除外）（养殖鲆鱼），107 其他制作或保藏的鱼（非整条、非切块、非罐头，鱼翅除外）（养殖鲽鱼），108 其他制作或保藏的鱼（非整条、非切块、非罐头，鱼翅除外）（养殖红鱼），109 其他制作或保藏的鱼（非整条、非切块、非罐头，鱼翅除外）（其他养殖鱼），110 其他制作或保藏的鱼（非整条、非切块、非罐头，鱼翅除外）（野生石斑鱼），111 其他制作或保藏的鱼（非整条、非切块、非罐头，鱼翅除外）（野生鲥鱼），112 其他制作或保藏的鱼（非整条、非切块、非罐头，鱼翅除外）（野生鲷科），113 其他制作或保藏的鱼（非整条、非切块、非罐头，鱼翅除外）（野生安康鱼），114 其他制作或保藏的鱼（非整条、非切块、非罐头，鱼翅除外）（野生海鲂），115 其他制作或保藏的鱼（非整条、非切块、非罐头，鱼翅除外）（野生鲆鱼），116 其他制作或保藏的鱼（非整条、非切块、非罐头，鱼翅除外）（野生鲽鱼），117 其他制作或保藏的鱼（非整条、非切块、非罐头，鱼翅除外）（野生红鱼），118 其他制作或保藏的鱼（非整条、非切块、非罐头，鱼翅除外）（海鲫鱼），119 其他制作或保藏的鱼（非整条、非切块、非罐头，鱼翅除外）（金线鱼），120 其他制作或保藏的鱼（非整条、非切块、非罐头，鱼翅除外）（马面鱼），121 其他制作或保藏的鱼（非整条、非切块、非罐头，鱼翅除外）（马鲛鱼），122 其他制作或保藏的鱼（非整条、非切块、非罐头，鱼翅除外）（其他野生鱼）。

税则号列 HS国际统一前6位	本国子目 7~8位	本国子目 9~10位	货品名称中英文 中文 货物名称	英文 Article Description	税费综合信息	计量单位	监管证件代码 进口	监管证件代码 出口	检验检疫类别 进口	检验检疫类别 出口	检验检疫编码	检验检疫编码对应中文名称
160521	00		制作或保藏的非密封包装小虾及对虾	Shrimps and prawns, not in airtight container	【最】5【普】90 【协东盟】0【协香港】0【协澳门】0 【协巴基斯坦】0【协智利】0【协新西兰】0 【协秘鲁】0【协哥斯达黎加】0【协冰岛】0 【协瑞士】0【协澳大利亚】0【协韩国】0 【协格鲁吉亚】0 【特东柬埔寨】0【特-1】0【特-2】0【特-3】0 【增】16【对美加征】25【出】0【退】16	千克	A	B	PR	QS	101 102 103 104	制作或保藏的非密封包装小虾及对虾（养殖水产制品） 制作或保藏的非密封包装小虾及对虾（野生水产制品） 制作或保藏的非密封包装小虾及对虾（养殖甲壳类罐头） 制作或保藏的非密封包装小虾及对虾（野生甲壳类罐头）
160529	00		其他制作或保藏的小虾及对虾	Shrimps and prawns, prepared or preserved by other methods	【最】5【普】90 【协东盟】0【协香港】0【协澳门】0 【协巴基斯坦】0【协智利】0【协新西兰】0 【协秘鲁】0【协哥斯达黎加】0【协冰岛】0 【协瑞士】0【协澳大利亚】0【协韩国】0 【协格鲁吉亚】0 【特东柬埔寨】0【特-1】0【特-2】0【特-3】0 【增】16【对美加征】25【出】0【退】16	千克	A	B	PR	QS	101 102 103 104	其他制作或保藏的小虾及对虾（养殖水产制品） 其他制作或保藏的小虾及对虾（野生水产制品） 其他制作或保藏的小虾及对虾（养殖甲壳类罐头） 其他制作或保藏的小虾及对虾（野生甲壳类罐头）
160530	00		制作或保藏的龙虾 【电商】	Lobster, prepared or preserved	【最】5【普】90 【协东盟】0【协香港】0【协澳门】0 【协巴基斯坦】0【协智利】0【协新西兰】0 【协秘鲁】0【协哥斯达黎加】0【协冰岛】0 【协瑞士】0【协澳大利亚】0【协韩国】0 【协格鲁吉亚】0 【特东柬埔寨】0【特-1】0【特-2】0【特-3】0 【增】16【对美加征】25【出】0【退】16	千克	A	B	PR	QS	101 102 103 104	制作或保藏的龙虾（养殖水产制品） 制作或保藏的龙虾（野生水产制品） 制作或保藏的龙虾（养殖甲壳类罐头） 制作或保藏的龙虾（野生甲壳类罐头）
160540	11		制作或保藏的淡水小龙虾仁	Freshwater crawfish, Shelled, prepared or preserved	【最】5【普】90 【协东盟】0【协巴基斯坦】0【协智利】0 【协新西兰】0【协秘鲁】0【协哥斯达黎加】0 【协冰岛】0【协瑞士】0【协澳大利亚】0 【协韩国】0【协格鲁吉亚】0【协香港】0 【协澳门】0 【特东柬埔寨】0【特-1】0【特-2】0【特-3】0 【增】16【对美加征】25【出】0【退】16	千克	A	B	PR	QS	101 102 103 104	制作或保藏的淡水小龙虾仁（养殖水产制品） 制作或保藏的淡水小龙虾仁（野生水产制品） 制作或保藏的淡水小龙虾仁（养殖甲壳类罐头） 制作或保藏的淡水小龙虾仁（野生甲壳类罐头）
160540	19		制作或保藏的带壳淡水小龙虾	Freshwater crawfish, in Shell, prepared or preserved	【最】5【普】90 【协东盟】0【协巴基斯坦】0【协智利】0 【协新西兰】0【协秘鲁】0【协哥斯达黎加】0 【协冰岛】0【协瑞士】0【协澳大利亚】0 【协韩国】0【协格鲁吉亚】0【协香港】0 【协澳门】0 【特东柬埔寨】0【特-1】0【特-2】0【特-3】0 【增】16【对美加征】25【出】0【退】16	千克	A	B	PR	QS	101 102 103 104	制作或保藏的带壳淡水小龙虾（养殖水产制品） 制作或保藏的带壳淡水小龙虾（野生水产制品） 制作或保藏的带壳淡水小龙虾（养殖甲壳类罐头） 制作或保藏的带壳淡水小龙虾（野生甲壳类罐头）
160540	90		制作或保藏的其他甲壳动物	Other crustaceans, prepared or preserved	【最】5【普】90 【协东盟】0【协澳门】0【协巴基斯坦】0 【协香港】0【协智利】0【协新西兰】0 【协秘鲁】0【协哥斯达黎加】0【协冰岛】0 【协瑞士】0【协澳大利亚】0【协韩国】0 【协格鲁吉亚】0 【特东柬埔寨】0【特-1】0【特-2】0【特-3】0 【增】16【对美加征】25【出】0【退】16	千克	A	B	PR	QS	101 102 103 104	制作或保藏的其他甲壳动物（养殖水产制品） 制作或保藏的其他甲壳动物（野生水产制品） 制作或保藏的其他甲壳动物（养殖甲壳类罐头） 制作或保藏的其他甲壳动物（野生甲壳类罐头）

税则号列			货品名称中英文		税费综合信息	计量单位	监管证件代码		检验检疫类别		检验检疫编码	检验检疫编码对应中文名称
HS 国际统一前 6 位	本国子目 7~8 位	9~10 位	中文 货物名称	英文 Article Description			进口	出口	进口	出口		
160551	00		制作或保藏的牡蛎（蚝）	Oysters, prepared or preserved	【最】5【普】90 【协亚太】3.9【协东盟】0【协香港】0 【协澳门】0【协巴基斯坦】0【协智利】0 【协新西兰】0【协秘鲁】0【协哥斯达黎加】0 【协冰岛】0【协瑞士】0【协澳大利亚】0 【协韩国】0【协格鲁吉亚】0 【特-1】0【特-2】0【特-3】0 【增】16【对美加征】25【出】0【退】16	千克	A	B	PR	QS	101 102 103 104	制作或保藏的牡蛎（蚝）（养殖水产制品） 制作或保藏的牡蛎（蚝）（野生水产制品） 制作或保藏的牡蛎（蚝）（养殖贝类罐头） 制作或保藏的牡蛎（蚝）（野生贝类罐头）
160552	00	10	制作或保藏的大珠母贝【电商】	Pinctada maxima, prepared or preserved	【最】5【普】90 【协亚太】3.9【协东盟】0【协香港】0 【协澳门】0【协巴基斯坦】0【协智利】0 【协新西兰】0【协秘鲁】0【协哥斯达黎加】0 【协冰岛】0【协瑞士】0【协澳大利亚】0 【协韩国】0【协格鲁吉亚】0 【特-1】0【特-2】0【特-3】0 【增】16【对美加征】25【出】0【退】16	千克	A	BE	PR	QS	101 102 103 104	制作或保藏的大珠母贝（养殖水产制品） 制作或保藏的大珠母贝（野生水产制品） 制作或保藏的大珠母贝（养殖贝类罐头） 制作或保藏的大珠母贝（野生贝类罐头）
160552	00	90	其他制作或保藏的扇贝，包括海扇【电商】	Scallops, including queen scallops, prepared or preserved	【最】5【普】90 【协亚太】3.9【协东盟】0【协香港】0 【协澳门】0【协巴基斯坦】0【协智利】0 【协新西兰】0【协秘鲁】0【协哥斯达黎加】0 【协冰岛】0【协瑞士】0【协澳大利亚】0 【协韩国】0【协格鲁吉亚】0 【特-1】0【特-2】0【特-3】0 【增】16【对美加征】25【出】0【退】16	千克	A	B	PR	QS	101 102 103 104	其他制作或保藏的扇贝，包括海扇（养殖水产制品） 其他制作或保藏的扇贝，包括海扇（野生水产制品） 其他制作或保藏的扇贝，包括海扇（养殖贝类罐头） 其他制作或保藏的扇贝，包括海扇（野生贝类罐头）
160553	00		制作或保藏的贻贝	Mussels, prepared or preserved	【最】5【普】90 【协亚太】3.9【协东盟】0【协香港】0 【协澳门】0【协巴基斯坦】0【协智利】0 【协新西兰】0【协秘鲁】0【协哥斯达黎加】0 【协冰岛】0【协瑞士】0【协澳大利亚】0 【协韩国】0【协格鲁吉亚】0 【特-1】0【特-2】0【特-3】0 【增】16【对美加征】25【出】0【退】16	千克	A	B	PR	QS	101 102 103 104	制作或保藏的贻贝（养殖水产制品） 制作或保藏的贻贝（野生水产制品） 制作或保藏的贻贝（养殖贝类罐头） 制作或保藏的贻贝（野生贝类罐头）
160554	00		制作或保藏的墨鱼及鱿鱼【电商】	Cuttle fish and squid, prepared or preserved	【最】5【普】90 【协亚太】3.9【协东盟】0【协香港】0 【协澳门】0【协巴基斯坦】0【协智利】0 【协新西兰】0【协秘鲁】0【协哥斯达黎加】0 【协冰岛】0【协瑞士】0【协澳大利亚】0 【协韩国】0【协格鲁吉亚】0 【特-1】0【特-2】0【特-3】0 【增】16【对美加征】25【出】0【退】16	千克	A	B	PR	QS	101 102 103 104	制作或保藏的墨鱼及鱿鱼（养殖水产制品） 制作或保藏的墨鱼及鱿鱼（野生水产制品） 制作或保藏的墨鱼及鱿鱼（养殖水产罐头） 制作或保藏的墨鱼及鱿鱼（野生水产罐头）
160555	00		制作或保藏的章鱼	Octopus, prepared or preserved	【最】5【普】90 【协亚太】3.9【协东盟】0【协香港】0 【协澳门】0【协巴基斯坦】0【协智利】0 【协新西兰】0【协秘鲁】0【协哥斯达黎加】0 【协冰岛】0【协瑞士】0【协澳大利亚】0 【协韩国】0【协格鲁吉亚】0 【特-1】0【特-2】0【特-3】0 【增】16【对美加征】25【出】0【退】16	千克	A	B	PR	QS	101 102 103 104	制作或保藏的章鱼（养殖水产制品） 制作或保藏的章鱼（野生水产制品） 制作或保藏的章鱼（养殖水产罐头） 制作或保藏的章鱼（野生水产罐头）
160556	10		制作或保藏的蛤	Clams, prepared or preserved	【最】5【普】90 【协亚太】3.9【协东盟】0【协香港】0 【协澳门】0【协巴基斯坦】0【协智利】0 【协新西兰】0【协哥斯达黎加】0 【协冰岛】0【协瑞士】0【协澳大利亚】0 【协韩国】0【协格鲁吉亚】0 【特-1】0【特-2】0【特-3】0 【增】16【对美加征】25【出】0【退】10	千克	A	B	PR	QS	101 102 103 104	制作或保藏的蛤（养殖水产制品） 制作或保藏的蛤（野生水产制品） 制作或保藏的蛤（养殖贝类罐头） 制作或保藏的蛤（野生贝类罐头）
160556	20	10	制作或保藏的砗磲	Tridacna, prepared or preserved	【最】5【普】90 【协亚太】3.9【协东盟】0【协香港】0 【协澳门】0【协巴基斯坦】0【协智利】0 【协新西兰】0【协秘鲁】0【协哥斯达黎加】0 【协冰岛】0【协瑞士】0【协澳大利亚】0 【协韩国】0【协格鲁吉亚】0 【特-1】0【特-2】0【特-3】0 【增】16【对美加征】25【出】0【退】16	千克	AF	BE	PR	QS	101 102 103 104	制作或保藏的砗磲（养殖水产制品） 制作或保藏的砗磲（野生水产制品） 制作或保藏的砗磲（养殖贝类罐头） 制作或保藏的砗磲（野生贝类罐头）

税则号列 HS国际统一前6位	本国子目 7~8位	本国子目 9~10位	货品名称中文 货物名称	货品名称英文 Article Description	税费综合信息	计量单位	监管证件代码 进口	监管证件代码 出口	检验检疫类别 进口	检验检疫类别 出口	检验检疫编码	检验检疫编码对应中文名称
160556	20	90	其他制作或保藏的鸟蛤及舟贝	Cockles and ark-shells, prepared or preserved	【最】5【普】90 【协亚太】3.9【协东盟】0【协香港】0 【协澳门】0【协巴基斯坦】0【协智利】0 【协新西兰】0【协秘鲁】0【协哥斯达黎加】0 【协冰岛】0【协瑞士】0【协澳大利亚】0 【协韩国】0【协格鲁吉亚】0 【特-1】0【特-2】0【特-3】0 【增】16【对美加征】25【出】0【退】16	千克	A	B	PR	QS	101 102 103 104	其他制作或保藏的鸟蛤及舟贝（养殖水产制品） 其他制作或保藏的鸟蛤及舟贝（野生水产制品） 其他制作或保藏的鸟蛤及舟贝（养殖贝类罐头） 其他制作或保藏的鸟蛤及舟贝（野生贝类罐头）
160557	00		制作或保藏的鲍鱼	Abalone, prepared or preserved	【最】5【普】90 【协亚太】3.9【协东盟】0【协香港】0 【协澳门】0【协巴基斯坦】0【协智利】0 【协新西兰】0【协秘鲁】0【协哥斯达黎加】0 【协冰岛】0【协瑞士】0【协澳大利亚】0 【协韩国】0【协格鲁吉亚】0 【特-1】0【特-2】0【特-3】0 【增】16【对美加征】25【出】0【退】16	千克	A	B	PR	QS	101 102 103 104	制作或保藏的鲍鱼（养殖水产制品） 制作或保藏的鲍鱼（野生水产制品） 制作或保藏的鲍鱼（养殖贝类罐头） 制作或保藏的鲍鱼（野生贝类罐头）
160558	00	10	制作或保藏的濒危蜗牛及螺，海螺除外	Endangered snails, other than sea snails, prepared or preserved	【最】5【普】90 【协亚太】3.9【协东盟】0【协香港】0 【协澳门】0【协巴基斯坦】0【协智利】0 【协新西兰】0【协秘鲁】0【协哥斯达黎加】0 【协冰岛】0【协瑞士】0【协澳大利亚】0 【协韩国】0【协格鲁吉亚】0 【特-1】0【特-2】0【特-3】0 【增】16【对美加征】25【出】0【退】0	千克	AF	BE	PR	QS	101 102	制作或保藏的濒危蜗牛及螺，海螺除外（野生水产制品） 制作或保藏的濒危蜗牛及螺，海螺除外（野生水产罐头）
160558	00	90	其他制作或保藏的蜗牛及螺，海螺除外	Other snails, other than sea snails, prepared or preserved	【最】5【普】90 【协亚太】3.9【协东盟】0【协香港】0 【协澳门】0【协巴基斯坦】0【协智利】0 【协新西兰】0【协秘鲁】0【协哥斯达黎加】0 【协冰岛】0【协瑞士】0【协澳大利亚】0 【协韩国】0【协格鲁吉亚】0 【特-1】0【特-2】0【特-3】0 【增】16【对美加征】25【出】0【退】16	千克	A	B	PR	QS	101 102	其他制作或保藏的蜗牛及螺，海螺除外（野生水产制品） 其他制作或保藏的蜗牛及螺，海螺除外（野生水产罐头）
160559	00	10	其他制作或保藏的濒危软体动物	Other endangered molluscs, prepared or preserved	【最】5【普】90 【协亚太】3.9【协东盟】0【协香港】0 【协澳门】0【协巴基斯坦】0【协智利】0 【协新西兰】0【协秘鲁】0【协哥斯达黎加】0 【协冰岛】0【协瑞士】0【协澳大利亚】0 【协韩国】0【协格鲁吉亚】0 【特-1】0【特-2】0【特-3】0 【增】16【对美加征】25【出】0【退】0	千克	AF	BE	PR	QS	101 102	其他制作或保藏的濒危软体动物（野生水产制品） 其他制作或保藏的濒危软体动物（野生水产罐头）
160559	00	90	其他制作或保藏的软体动物	Other molluscs, prepared or preserved	【最】5【普】90【协亚太】3.9 【协东盟】0【协香港】0【协澳门】0 【协巴基斯坦】0【协智利】0 【协新西兰】0【协秘鲁】0【协哥斯达黎加】0 【协冰岛】0【协瑞士】0【协澳大利亚】0 【协韩国】0【协格鲁吉亚】0 【特-1】0【特-2】0【特-3】0 【增】16【对美加征】25【出】0【退】16	千克	A	B	PR	QS	101 102 103 104	其他制作或保藏的软体动物（养殖水产制品） 其他制作或保藏的软体动物（野生水产制品） 其他制作或保藏的软体动物（养殖水产罐头） 其他制作或保藏的软体动物（野生水产罐头）
160561	00	10	制作或保藏的暗色刺参	Isostichopus fuscus, prepared or preserved	【最】5【普】90 【协亚太】3.9【协东盟】0【协香港】0 【协澳门】0【协巴基斯坦】0【协智利】0 【协新西兰】0【协秘鲁】0【协哥斯达黎加】0 【协冰岛】0【协瑞士】0【协澳大利亚】0 【协韩国】0【协格鲁吉亚】0 【特-1】0【特-2】0【特-3】0 【增】16【对美加征】25【出】0【退】16	千克	AF	BE	PR	QS	101 102 103 104	制作或保藏的暗色刺参（养殖水产制品） 制作或保藏的暗色刺参（野生水产制品） 制作或保藏的暗色刺参（养殖水产罐头） 制作或保藏的暗色刺参（野生水产罐头）
160561	00	90	其他制作或保藏的海参	Sea cucumbers, prepared or preserved	【最】5【普】90 【协亚太】3.9【协东盟】0【协香港】0 【协澳门】0【协巴基斯坦】0【协智利】0 【协新西兰】0【协秘鲁】0【协哥斯达黎加】0 【协冰岛】0【协瑞士】0【协澳大利亚】0 【协韩国】0【协格鲁吉亚】0 【特-1】0【特-2】0【特-3】0 【增】16【对美加征】25【出】0【退】16	千克	A	B	PR	QS	101 102 103 104	其他制作或保藏的海参（养殖水产制品） 其他制作或保藏的海参（野生水产制品） 其他制作或保藏的海参（养殖水产罐头） 其他制作或保藏的海参（野生水产罐头）

税则号列			货品名称中英文		税费综合信息	计量单位	监管证件代码		检验检疫类别		检验检疫编码	检验检疫编码对应中文名称
HS国际统一前6位	本国子目 7~8位	9~10位	中文 货物名称	英文 Article Description			进口	出口	进口	出口		
160562	00		制作或保藏的海胆	Sea urchins, prepared or preserved	【最】5【普】90 【协亚太】3.9【协东盟】0【协香港】0 【协澳门】0【协巴基斯坦】0【协智利】0 【协新西兰】0【协秘鲁】0【协哥斯达黎加】0 【协冰岛】0【协瑞士】0【协澳大利亚】0 【协韩国】0【协格鲁吉亚】0 【特-1】0【特-2】0【特-3】0 【增】16【对美加征】25【出】0【退】16	千克	A	B	PR	QS	101 102	制作或保藏的海胆（野生水产制品） 制作或保藏的海胆（野生水产罐头）
160563	00		制作或保藏的海蜇	Jelly fish, prepared or preserved	【最】5【普】90 【协东盟】0【协香港】0【协澳门】0 【协巴基斯坦】12【协智利】0【协新西兰】0 【协新加坡】0【协哥斯达黎加】0【协冰岛】0 【协瑞士】5【协澳大利亚】0【协韩国】7.5 【协格鲁吉亚】0 【特-1】0【特-2】0【特-3】0 【增】16【对美加征】25【出】0【退】10	千克	A	B	PR	QS	101 102 103 104	制作或保藏的海蜇（养殖水产制品） 制作或保藏的海蜇（野生水产制品） 制作或保藏的海蜇（养殖水产罐头） 制作或保藏的海蜇（野生水产罐头）
160569	00	10	其他制作或保藏的濒危水生无脊椎动物	Other endangered aquatic invertebrates, prepared or preserved	【最】5【普】90 【协亚太】3.9【协东盟】0【协香港】0 【协澳门】0【协巴基斯坦】0【协智利】0 【协新西兰】0【协秘鲁】0【协哥斯达黎加】0 【协冰岛】0【协瑞士】0【协澳大利亚】0 【协韩国】0【协格鲁吉亚】0 【特-1】0【特-2】0【特-3】0 【增】16【对美加征】25【出】0【退】0	千克	AF	BE	PR	QS	101 102	其他制作或保藏的濒危水生无脊椎动物（野生水产制品） 其他制作或保藏的濒危水生无脊椎动物（野生水产罐头）
160569	00	90	其他制作或保藏的水生无脊椎动物	Other aquatic invertebrates, prepared or preserved	【最】5【普】90 【协亚太】3.9【协东盟】0【协香港】0 【协澳门】0【协巴基斯坦】0【协智利】0 【协新西兰】0【协秘鲁】0【协哥斯达黎加】0 【协冰岛】0【协瑞士】0【协澳大利亚】0 【协韩国】0【协格鲁吉亚】0 【特-1】0【特-2】0【特-3】0 【增】16【对美加征】25【出】0【退】16	千克	A	B	PR	QS	101 102 103 104	其他制作或保藏的水生无脊椎动物（养殖水产制品） 其他制作或保藏的水生无脊椎动物（野生水产制品） 其他制作或保藏的水生无脊椎动物（养殖水产罐头） 其他制作或保藏的水生无脊椎动物（野生水产罐头）

第十七章 糖及糖食

Chapter 17 Sugars and sugar confectionery

注释：

本章不包括：

一、含有可可的糖食（税目 18.06）；

二、税目 29.40 的化学纯糖（蔗糖、乳糖、麦芽糖、葡萄糖及果糖除外）及其他产品；或

三、第三十章的药品及其他产品。

子目注释：

一、子目 1701.12、1701.13 及 1701.14 所称“原糖”，是指按重量计干燥状态的蔗糖含量对应的旋光读数低于 99.5°的糖。

二、子目 1701.13 仅包括非离心甘蔗糖，其按重量计干燥状态的蔗糖含量对应的旋光读数不低于 69°但低于 93°。该产品仅含肉眼不可见的不规则形状天然他形微晶，外被糖蜜残余及其他甘蔗成分。

Chapter Notes:

This Chapter does not cover:

1. Sugar confectionery containing cocoa (heading 18.06);
2. Chemically pure sugars (other than sucrose, lactose, maltose, glucose and fructose) or other products of heading 29.40; or
3. Medicaments or other products of Chapter 30.

Subheading Note:

1. For the purposes of subheadings 1701.12, 1701.13 and 1701.14, “raw sugar” means sugar whose content of sucrose by weight, in the dry state, corresponds to a polarimeter reading of less than 99.5°.
2. Subheading 1701.13 covers only cane sugar obtained without centrifugation, whose content of sucrose by weight, in the dry state, corresponds to a polarimeter reading of 69° or more but less than 93°. The product contains only natural anhedral microcrystals, of irregular shape, not visible to the naked eye, which are surrounded by residues of molasses and other constituents of sugar cane.

税则号列 HS 国际统一前 6 位	本国子目 7~8 位	本国子目 9~10 位	货品名称中文 货物名称	英文 Article Description	税费综合信息	计量单位	监管证件代码 进口	监管证件代码 出口	检验检疫类别 进口	检验检疫类别 出口	检验检疫编码	检验检疫编码对应中文名称
170112	00	01	未加香料或着色剂的甜菜原糖［按重量计干燥状态的糖含量低于旋光读数 99.5 度（配额内）］	Raw beet sugar, without added flavouring or colouring matter (in-quota)	【最】15【普】125【配额】15【协香港】0【协澳门】0【增】16【出】0【退】16	千克	At	B	MPR	QS	999	未加香料或着色剂的甜菜原糖［按重量计干燥状态的糖含量低于旋光读数 99.5 度（配额内）］
170112	00	90	未加香料或着色剂的甜菜原糖［按重量计干燥状态的糖含量低于旋光读数 99.5 度（配额外）］	Raw beet sugar, without added flavouring or colouring matter (out-of-quota)	【最】50【普】125【配额】15【协香港】0【协澳门】0【增】16【出】0【退】16	千克	7A	B	MPR	QS	999	未加香料或着色剂的甜菜原糖［按重量计干燥状态的糖含量低于旋光读数 99.5 度（配额外）］
170113	00	01	未加香料或着色剂的本章子目注释［按重量计干燥状态的蔗糖含量对应的旋光读数不低于 69 度，但低于 93 度（配额内）］	Raw cane sugar, without added flavouring or colouring matter, a polarimeter reading of 69° or more but less than 93° by weight of sugar, in the dry state (in-quota)	【最】15【普】125【配额】15【协香港】0【协澳门】0【增】16【出】0【退】16	千克	At	B	MPR	QS	101	未加香料或着色剂的本章子目注释二所述的甘蔗原糖［按重量计干燥状态的蔗糖含量对应的旋光读数不低于 69 度，但低于 93 度（配额内）］（冰糖）
											102	未加香料或着色剂的本章子目注释二所述的甘蔗原糖［按重量计干燥状态的蔗糖含量对应的旋光读数不低于 69 度，但低于 93 度（配额内）］（冰片糖）

税则号列 HS国际统一前6位	本国子目 7~8位	本国子目 9~10位	货品名称中英文 中文 货物名称	英文 Article Description	税费综合信息	计量单位	监管证件代码 进口	监管证件代码 出口	检验检疫类别 进口	检验检疫类别 出口	检验检疫编码	检验检疫编码对应中文名称
											103	未加香料或着色剂的本章子目注释二所述的甘蔗原糖［按重量计干燥状态的蔗糖含量对应的旋光读数不低于69度，但低于93度（配额内）］（原糖）
170113	00	90	未加香料或着色剂的本章子目注释［按重量计干燥状态的蔗糖含量对应的旋光读数不低于69度，但低于93度（配额外）］	Raw cane sugar, without added flavouring or colouring matter, a polarimeter reading of 69° or more but less than 93° by weight of sugar, in the dry state (out-of-quota)	【最】50【普】125【配额】15【协香港】0【协澳门】0【增】16【出】0【退】16	千克	7A	B	MPR	QS	101	未加香料或着色剂的本章子目注释二所述的甘蔗原糖［按重量计干燥状态的蔗糖含量对应的旋光读数不低于69度，但低于93度（配额外）］（冰糖）
											102	未加香料或着色剂的本章子目注释二所述的甘蔗原糖［按重量计干燥状态的蔗糖含量对应的旋光读数不低于69度，但低于93度（配额外）］（冰片糖）
											103	未加香料或着色剂的本章子目注释二所述的甘蔗原糖［按重量计干燥状态的蔗糖含量对应的旋光读数不低于69度，但低于93度（配额外）］（原糖）
170114	00	01	未加香料或着色剂其他甘蔗原糖【电商】①	Other raw cane sugar, without added flavouring or colouring matter(in-quota)	【最】15【普】125【配额】15【协香港】0【协澳门】0【增】16【对美加征】10【出】0【退】16	千克	At	B	MPR	QS	101	未加香料或着色剂其他甘蔗原糖［按重量计干燥状态的糖含量低于旋光读数99.5度（配额内）］（冰糖）
											102	未加香料或着色剂其他甘蔗原糖［按重量计干燥状态的糖含量低于旋光读数99.5度（配额内）］（冰片糖）
											103	未加香料或着色剂其他甘蔗原糖［按重量计干燥状态的糖含量低于旋光读数99.5度（配额内）］（原糖）
170114	00	90	未加香料或着色剂其他甘蔗原糖【电商】②	Other raw cane sugar, without added flavouring or colouring matter(out-of-quota)	【最】50【普】125【配额】15【协香港】0【协澳门】0【增】16【对美加征】10【出】0【退】16	千克	7A	B	MPR	QS	101	未加香料或着色剂其他甘蔗原糖［按重量计干燥状态的糖含量低于旋光读数99.5度（配额外）］（冰糖）
											102	未加香料或着色剂其他甘蔗原糖［按重量计干燥状态的糖含量低于旋光读数99.5度（配额外）］（冰片糖）
											103	未加香料或着色剂其他甘蔗原糖［按重量计干燥状态的糖含量低于旋光读数99.5度（配额外）］（原糖）

① 每人每年进口1701.1400、1701.9100、1701.9910、1701.9990的商品合计不超过2公斤。

② 每人每年进口1701.1400、1701.9100、1701.9910、1701.9990的商品合计不超过2公斤。

税则号列 HS国际统一前6位	本国子目 7~8位	本国子目 9~10位	货品名称中英文 中文 货物名称	货品名称中英文 英文 Article Description	税费综合信息	计量单位	监管证件代码 进口	监管证件代码 出口	检验检疫类别 进口	检验检疫类别 出口	检验检疫编码	检验检疫编码对应中文名称
170191	00	01	加有香料或着色剂的糖［指甘蔗糖、甜菜糖及化学纯蔗糖（配额内）］【电商】①	Suger (referring to Cane or Beet sugar and chemically pure sucrose), containing added flavouring or colouring matter (in-quota)	【最】15【普】125【配额】15 【协香港】0【协澳门】0 【增】16【对美加征】5【出】0【退】16	千克	At	B	R	S	999	加有香料或着色剂的糖［指甘蔗糖、甜菜糖及化学纯蔗糖（配额内）］
170191	00	90	加有香料或着色剂的糖［指甘蔗糖、甜菜糖及化学纯蔗糖（配额外）］【电商】②	Suger (referring to cane or beet sugar and chemically pure sucrose), containing added flavouring, colouring matter (out-of-quota)	【最】50【普】125【配额】15 【协香港】0【协澳门】0 【增】16【对美加征】5【出】0【退】16	千克	7A	B	R	S	999	加有香料或着色剂的糖［指甘蔗糖、甜菜糖及化学纯蔗糖（配额外）］
170199	10	10	砂糖（配额内）【电商】③	Granulated sugar (in-quota)	【最】15【普】125【配额】15 【协香港】0【协澳门】0 【增】16【对美加征】10【出】0【退】16	千克	At	B	MR	S	101 102	砂糖（配额内）（白砂糖） 砂糖（配额内）（冰砂糖）
170199	10	90	砂糖（配额外）【电商】④	Granulated sugar (out-of-quota)	【最】50【普】125【配额】15 【协香港】0【协澳门】0 【增】16【对美加征】10【出】0【退】16	千克	7A	B	MR	S	101 102	砂糖（配额外）（白砂糖） 砂糖（配额外）（冰砂糖）
170199	20	01	绵白糖（配额内）	Superfine sugar (in-quota)	【最】15【普】125【配额】15 【协香港】0【协澳门】0 【增】16【出】0【退】16	千克	At	B	R	S	999	绵白糖（配额内）
170199	20	90	绵白糖（配额外）	Superfine sugar (out-of-quota)	【最】50【普】125【配额】15 【协香港】0【协澳门】0 【增】16【出】0【退】16	千克	7A	B	R	S	999	绵白糖（配额外）
170199	90	01	其他精制糖（配额内）【电商】⑤	Other refined sugar (in-quota)	【最】15【普】125【配额】15千克 【协香港】0【协澳门】0 【增】16【对美加征】10【出】0【退】16	千克	At	B	R	S	101 102 103 104 105 ……	其他精制糖（配额内）（方糖） 其他精制糖（配额内）（冰糖） 其他精制糖（配额内）（红塘） 其他精制糖（配额内）（冰片糖内） 其他精制糖（配额内）（糖浆） ……⑥
170199	90	90	其他精制糖（配额外）【电商】⑦	Other refined sugar (out-of-quota)	【最】50【普】125【配额】15 【协香港】0【协澳门】0 【增】16【对美加征】10【出】0【退】16	千克	7A	B	R	S	101 102 103 104 105 ……	其他精制糖（配额外）（方糖） 其他精制糖（配额外）（冰糖） 其他精制糖（配额外）（红塘） 其他精制糖（配额外）（冰片糖内） 其他精制糖（配额外）（糖浆） ……⑧

① 每人每年进口1701.1400、1701.9100、1701.9910、1701.9990的商品合计不超过2公斤。
② 每人每年进口1701.1400、1701.9100、1701.9910、17019990的商品合计不超过2公斤。
③ 每人每年进口1701.1400、1701.9100、1701.9910、1701.9990的商品合计不超过2公斤。
④ 每人每年进口1701.1400、1701.9100、1701.9910、1701.9990的商品合计不超过2公斤。
⑤ 每人每年进口1701.1400、1701.9100、1701.9910、1701.9990的商品合计不超过2公斤。
⑥ 该税号项下检验检疫编码及对应中文名称尚有：106 其他精制糖（配额内）（糖霜），107 其他精制糖（配额内）（其他食糖）。
⑦ 每人每年进口1701.1400、1701.9100、1701.9910、1701.9990的商品合计不超过2公斤。
⑧ 该税号项下检验检疫编码及对应中文名称尚有：106 其他精制糖（配额外）（糖霜），107 其他精制糖（配额外）（其他食糖）。

税则号列			货品名称中英文		税费综合信息	计量单位	监管证件代码		检验检疫类别		检验检疫编码	检验检疫编码对应中文名称
HS国际统一前6位	本国子目 7~8位	9~10位	中文 货物名称	英文 Article Description			进口	出口	进口	出口		
170211	00		无水乳糖（按重量计干燥无水乳糖含量在99%及以上）【电商】	Lactose and lactose syrup, containing by weight 99% or more lactose, expressed as anhydrous lactose, calculated on the dry matter	【最】10【普】80 【协东盟】0【协澳门】0【协巴基斯坦】5 【协香港】0【协智利】0【协新西兰】0 【协新加坡】0【协秘鲁】0【协哥斯达黎加】0 【协瑞士】0【协澳大利亚】0【协韩国】5 【协格鲁吉亚】0 【特-1】0【特-2】0【特-3】0 【增】16【对美加征】5【出】0【退】16	千克	A	B	R	S	999	无水乳糖（按重量计干燥无水乳糖含量在99%及以上）
170219	00		其他乳糖及乳糖浆	Other lactose and lactose syrup	【最】10【普】80 【协东盟】0【协澳门】0【协巴基斯坦】5 【协香港】0【协智利】0【协新西兰】0 【协新加坡】0【协秘鲁】0【协哥斯达黎加】0 【协瑞士】0【协澳大利亚】0【协韩国】5 【协格鲁吉亚】0 【特-1】0【特-2】0【特-3】0 【增】16【对美加征】5【出】0【退】16	千克	A	B	R	S	111 301 302	其他乳糖及乳糖浆（其他乳糖及乳糖浆） 其他乳糖及乳糖浆［可溶性大豆多糖（无检疫要求食品添加剂）］ 其他乳糖及乳糖浆［异构化乳糖液（无检疫要求食品添加剂）］
170220	00		槭糖及槭糖浆【电商】	Maple sugar and maple syrup	【最】30【普】80 【协东盟】0【协澳门】0【协智利】0 【协香港】0【协新西兰】0【协新加坡】0 【协秘鲁】0【协哥斯达黎加】0【协澳大利亚】0 【协韩国】22.5 【特-1】0【增】16【对美加征】10【出】0【退】16	千克	A	B	R	S	101 102 301	槭糖及槭糖浆（槭糖浆） 槭糖及槭糖浆（槭糖） 槭糖及槭糖浆（需申报仅用于工业用途不用于食品添加剂无检疫要求的化学品）
170230	00		低果糖含量的葡萄糖及糖浆（仅指按重量计干燥状态的果糖含量在20%以下的葡萄糖）【电商】	Glucose and glucose syrup, not containing fructose or containing in the dry state less than 20% by weight of fructose	【最】30【普】80 【协东盟】0【协香港】0【协澳门】0【协智利】0 【协新西兰】0【协新加坡】0 【协秘鲁】0 【协哥斯达黎加】0【协澳大利亚】0 【特-1】0 【增】16【对美加征】10【出】0【退】16	千克	A	B	R	S	101 102 103 301	低果糖含量的葡萄糖及糖浆（仅指按重量计干燥状态的果糖含量在20%以下的葡萄糖）（葡萄糖浆） 低果糖含量的葡萄糖及糖浆（仅指按重量计干燥状态的果糖含量在20%以下的葡萄糖）（葡萄糖） 低果糖含量的葡萄糖及糖浆（仅指按重量计干燥状态的果糖含量在20%以下的葡萄糖）（变性淀粉） 低果糖含量的葡萄糖及糖浆（仅指按重量计干燥状态的果糖含量在20%以下的葡萄糖）（无检疫要求食品添加剂）
170240	00		中果糖含量的葡萄糖及糖浆（仅指干燥果糖重量在20%~50%的葡萄糖，转化糖除外）【电商】	Glucose and glucose syrup, containing in the dry state at least 20% but less than 50% by weight of fructose	【最】30【普】80 【协东盟】0【协澳门】0【协智利】0 【协新西兰】0【协新加坡】0【协秘鲁】3 【协哥斯达黎加】0【协澳大利亚】0 【协香港】0 【特-1】0 【增】16【出】0【退】16	千克	A	B	R	S	101 102	中果糖含量的葡萄糖及糖浆（仅指干燥果糖重量在20%~50%的葡萄糖，转化糖除外）（葡萄糖浆） 中果糖含量的葡萄糖及糖浆（仅指干燥果糖重量在20%~50%的葡萄糖，转化糖除外）（葡萄糖）
170250	00		化学纯果糖	Chemically pure fructose	【最】30【普】80 【协东盟】0【协澳门】0【协智利】0 【协新西兰】0【协新加坡】0【协秘鲁】0 【协哥斯达黎加】0【协冰岛】0【协澳大利亚】0 【协香港】0 【特-1】0 【增】16【对美加征】10【出】0【退】16	千克	A	B	R	S	101 102 301	化学纯果糖（合成糖） 化学纯果糖［阿思巴甜（无检疫要求食品添加剂）］ 化学纯果糖（需申报仅用于工业用途不用于食品添加剂无检疫要求的化学品）

税则号列 HS国际统一前6位	本国子目 7~8位	本国子目 9~10位	货品名称中英文 中文 货物名称	英文 Article Description	税费综合信息	计量单位	监管证件代码 进口	监管证件代码 出口	检验检疫类别 进口	检验检疫类别 出口	检验检疫编码	检验检疫编码对应中文名称
170260	00		其他果糖及糖浆（仅指干燥果糖重量在50%以上的，转化糖除外） 【电商】	Other fructose and fructose syrup, containing in the dry state more than 50% by weight of fructose	【最】30【普】80 【协东盟】0【协澳门】0【协智利】0 【协新西兰】0【协新加坡】0【协秘鲁】0 【协哥斯达黎加】0【协冰岛】0【协澳大利亚】0 【协香港】0 【特-1】0 【增】16【对美加征】10【出】0【退】16	千克	A	B	R	S	101 102 103 104 105 ……	其他果糖及糖浆（仅指干燥果糖重量在50%以上的，转化糖除外）（冰糖） 其他果糖及糖浆（仅指干燥果糖重量在50%以上的，转化糖除外）（糖浆） 其他果糖及糖浆（仅指干燥果糖重量在50%以上的，转化糖除外）（其他食糖） 其他果糖及糖浆（仅指干燥果糖重量在50%以上的，转化糖除外）（合成糖） 其他果糖及糖浆（仅指干燥果糖重量在50%以上的，转化糖除外）（其他糖果） ……①
170290	00	10	人造蜜 【电商】	Honey substitute	【最】30【普】80 【协东盟】0【协香港】0【协澳门】0【协智利】0 【协新西兰】0【协新加坡】0【协秘鲁】12.4 【协哥斯达黎加】0【协冰岛】0【协瑞士】17.1 【协澳大利亚】0 【特-1】0【特-2】0【特-3】0 【增】16【对美加征】10【出】0【退】16	千克	A	B	R	S	101 102 103	人造蜜（人造蜂浆） 人造蜜（合成糖） 人造蜜［阿思巴甜（无检疫要求食品添加剂）］
170290	00	90	其他固体糖，焦糖（包括转化糖及按重量计干燥状态果糖含量50%的糖、糖浆） 【电商】	Other sugars in solid form, caramel, including invert sugar, (containing in the dry state 50% by weight of fructose)	【最】30【普】80 【协东盟】0【协香港】0【协澳门】0【协智利】0 【协新西兰】0【协新加坡】0【协秘鲁】12.4 【协哥斯达黎加】0【协冰岛】0【协瑞士】17.1 【协澳大利亚】0 【特-1】0【特-2】0【特-3】0 【增】16【对美加征】10【出】0【退】16	千克	A	B	R	S	101 103 301	其他固体糖，焦糖（包括转化糖及按重量计干燥状态果糖含量50%的糖、糖浆）（合成糖） 其他固体糖，焦糖（包括转化糖及按重量计干燥状态果糖含量50%的糖、糖浆）（其他糖果） 其他固体糖，焦糖（包括转化糖及按重量计干燥状态果糖含量50%的糖、糖浆）（无检疫要求食品添加剂）
170310	00		甘蔗糖蜜 【电商】	Cane molasses	【最】8【普】50 【协东盟】0【协巴基斯坦】5【协智利】0 【协新西兰】0【协秘鲁】0【协哥斯达黎加】0 【协冰岛】0【协瑞士】0【协澳大利亚】0 【协韩国】0【协格鲁吉亚】0【协香港】0 【协澳门】0 【特-1】0【特-2】0【特-3】0 【增】16【出】0【退】16	千克	9	B	R	S	101 102 103 104 105 ……	甘蔗糖蜜（冰片糖） 甘蔗糖蜜（糖浆） 甘蔗糖蜜（糖霜） 甘蔗糖蜜（其他食糖） 甘蔗糖蜜（废糖蜜） ……②
170390	00		其他糖蜜	Other Molasses resulting from the extraction or refining or sugar	【最】8【普】50 【协东盟】0【协巴基斯坦】5【协智利】0 【协新西兰】0【协秘鲁】0【协哥斯达黎加】0 【协冰岛】0【协瑞士】0【协澳大利亚】0 【协韩国】0【协格鲁吉亚】0【协香港】0 【协澳门】0 【特-1】0【特-2】0【特-3】0 【增】16【出】0【退】16	千克	9	B	R	S	101 102 103 104 106 ……	其他糖蜜（冰片糖） 其他糖蜜（糖浆） 其他糖蜜（糖霜） 其他糖蜜（其他食糖） 其他糖蜜（废糖蜜） ……③

① 该税号项下检验检疫编码及对应中文名称尚有：106　其他果糖及糖浆（仅指干燥果糖重量在50%以上的，转化糖除外）［低聚果糖（无检疫要求食品添加剂）］。

② 该税号项下检验检疫编码及对应中文名称尚有：301　甘蔗糖蜜（需申报仅用于工业用途不用于食品添加剂无检疫要求的化学品）。

③ 该税号项下检验检疫编码及对应中文名称尚有：301　其他糖蜜［糖蜜提取物（无检疫要求食品添加剂）］，302　其他糖蜜（需申报仅用于工业用途不用于食品添加剂无检疫要求的化学品）

税则号列			货品名称中英文		税费综合信息	计量单位	监管证件代码		检验检疫类别		检验检疫编码	检验检疫编码对应中文名称
HS 国际统一前6位	本国子目 7~8位	9~10位	中文 货物名称	英文 Article Description			进口	出口	进口	出口		
170410	00		口香糖（不论是否裹糖）	Chewing gum, whether or not sugarcoated	【最】12【普】50 【协亚太】9.5【协东盟】0【协香港】0 【协澳门】0【协巴基斯坦】5【协智利】0 【协新西兰】0【协新加坡】0【协秘鲁】4.9 【协哥斯达黎加】0【协冰岛】0【协瑞士】4.8 【协澳大利亚】0【协格鲁吉亚】0 【特-1】0【特-2】0【特-3】0 【增】16【对美加征】10【出】0【退】16	千克	A	B	R	S	102 103	口香糖（不论是否裹糖）（凝胶口香糖） 口香糖（不论是否裹糖）（胶基口香糖）
170490	00		其他不含可可的糖食（包括白巧克力）【电商】	Other sugar confectionery (including white chocolate), not containing cocoa	【最】10【普】50 【协亚太】8.2【协东盟】0【协香港】0 【协澳门】0【协巴基斯坦】8.2【协智利】0 【协新西兰】0【协新加坡】0【协秘鲁】0 【协哥斯达黎加】0【协冰岛】0【协瑞士】0 【协澳大利亚】0【协韩国】7.5【协格鲁吉亚】0 【特-1】0【特-2】0【特-3】0 【增】16【对美加征】10【出】0【退】16	千克	A	B	R	S	101 107 111 112 113	其他不含可可的糖食（包括白巧克力）（合成糖） 其他不含可可的糖食（包括白巧克力）（胶基糖果） 其他不含可可的糖食（包括白巧克力）（其他糖果） 其他不含可可的糖食（包括白巧克力）（巧克力，不适用非可可脂添加量超过5%的产品） 其他不含可可的糖食（包括白巧克力）（其他糖与糖果，巧克力与可可制品）

第十八章
可可及可可制品

Chapter 18
Cocoa and cocoa preparations

注释：

一、本章不包括税目 04.03、19.01、19.04、19.05、21.05、22.02、22.08、30.03、30.04 的制品。

二、税目 18.06 包括含有可可的糖食及注释一以外的其他含可可的食品。

Chapter Notes:

1. This Chapter does not cover the preparations of heading 04.03, 19.01, 19.04, 19.05, 21.05, 22.02, 22.08, 30.03 or 30.04.

2. Heading 18.06 includes sugar confectionery containing cocoa and, subject to Note 1 to this Chapter, other food preparations containing cocoa.

税则号列			货品名称中英文		税费综合信息	计量单位	监管证件代码		检验检疫类别		检验检疫编码	检验检疫编码对应中文名称
HS 国际统一前6位	本国子目 7~8位	9~10位	中文 货物名称	英文 Article Description			进口	出口	进口	出口		
180100	00		生或焙炒的整颗或破碎的可可豆 【电商】	Cocoa beans, whole or broken, raw or roasted	【最】8【普】30【暂进】2 【协东盟】0【协巴基斯坦】5【协智利】0 【协新西兰】0【协秘鲁】0【协哥斯达黎加】0 【协冰岛】0【协瑞士】0【协澳大利亚】0 【协韩国】0【协格鲁吉亚】0【协香港】0 【协澳门】0 【特-1】0【特-2】0【特-3】0 【增】16【对美加征】10【出】0【退】6	千克	A	B	MPR	QS	999	生或焙炒的整颗或破碎的可可豆
180200	00		可可荚、壳、皮及废料	Cocoa shells, husks, skins and other cocoa waste	【最】10【普】30 【协东盟】0【协巴基斯坦】5【协智利】0 【协新西兰】0【协新加坡】0【协秘鲁】0 【协哥斯达黎加】0【协冰岛】0【协瑞士】0 【协澳大利亚】0【协韩国】5【协格鲁吉亚】0 【协香港】0【协澳门】0 【特-1】0【特-2】0【特-3】0 【增】16【出】0【退】6	千克	A	B	P	QS	999	可可荚、壳、皮及废料
180310	00		未脱脂可可膏	Cocoa paste, not defatted	【最】10【普】30 【协东盟】0【协巴基斯坦】5【协智利】0 【协新西兰】0【协秘鲁】0【协哥斯达黎加】0 【协冰岛】0【协瑞士】0【协澳大利亚】0 【协韩国】5【协格鲁吉亚】0 【协香港】0【协澳门】0 【特-1】0【特-2】0 【增】16【对美加征】10【出】0【退】16	千克	A	B	R	S	999	未脱脂可可膏
180320	00		全脱脂或部分脱脂的可可膏	Cocoa paste, wholly or partly defatted	【最】10【普】30 【协东盟】0【协巴基斯坦】5【协智利】0 【协新西兰】0【协秘鲁】0【协哥斯达黎加】0 【协冰岛】0【协瑞士】0【协澳大利亚】0 【协韩国】5【协格鲁吉亚】0 【协香港】0【协澳门】0 【特-1】0【特-2】0 【增】16【出】0【退】16	千克	A	B	R	S	999	全脱脂或部分脱脂的可可膏
180400	00	10	可可脂	Cocoa butter	【最】22【普】70 【协东盟】0【协智利】0 【协新西兰】0【协秘鲁】0【协哥斯达黎加】0 【协冰岛】0【协瑞士】8.8【协澳大利亚】0 【协韩国】16.5【协格鲁吉亚】0 【协香港】0【协澳门】0 【特-1】0【特-2】0【特-3】0 【增】16【对美加征】10【出】0【退】16	千克	A	B	R	S	999	可可脂
180400	00	90	可可油	Cocoa fat and oil	【最】22【普】70 【协东盟】0【协智利】0 【协新西兰】0【协秘鲁】0【协哥斯达黎加】0 【协冰岛】0【协瑞士】8.8【协澳大利亚】0 【协韩国】16.5【协格鲁吉亚】0 【协香港】0【协澳门】0 【特-1】0【特-2】0【特-3】0 【增】16【对美加征】10【出】0【退】16	千克	A	B	R	S	101 102 103	可可油（可可油） 可可油［可可壳酊（无检疫要求食品添加剂）］ 可可油［可可酊（无检疫要求食品添加剂）］

税则号列			货品名称中英文		税费综合信息	计量单位	监管证件代码		检验检疫类别		检验检疫编码	检验检疫编码对应中文名称
HS国际统一前6位	本国子目7~8位	本国子目9~10位	中文货物名称	英文 Article Description			进口	出口	进口	出口		
180500	00		未加糖或其他甜物质的可可粉 【电商】	Cocoa powder, not containing added sugar or other sweetening matter	【最】15【普】40 【协东盟】0【协巴基斯坦】12【协智利】0 【协新西兰】0【协秘鲁】0【协哥斯达黎加】0 【协冰岛】0【协瑞士】6【协澳大利亚】0 【协韩国】7.5【协格鲁吉亚】0 【协香港】0【协澳门】0 【特-1】0【特-2】0 【增】16【对美加征】10【出】0【退】16	千克	A	B	PR	QS	101	未加糖或其他甜物质的可可粉（可可粉）
180610	00		含糖或其他甜物质的可可粉 【电商】	Cocoa powder, containing added sugar or other sweetening matter	【最】10【普】50 【协东盟】0【协澳门】0【协巴基斯坦】5 【协香港】0【协智利】0【协新西兰】0 【协秘鲁】0【协哥斯达黎加】0【协冰岛】0 【协瑞士】0【协澳大利亚】0【协韩国】5 【协格鲁吉亚】0 【特-1】0【特-2】0 【增】16【对美加征】5【出】0【退】16	千克	A	B	PR	QS	101 102	含糖或其他甜物质的可可粉（可可粉） 含糖或其他甜物质的可可粉（可可粉固体饮料）
180620	00		每件净重超过2千克的含可可食品	Other food preparations containing cocoa preparations in blocks, slabs or bars weighing more than 2kg or in liquid, paste, powder, granular or other bulk form in containers or immediate packings, of a content exceeding 2kg	【最】10【普】50 【协亚太】7.7【协东盟】0【协香港】0 【协澳门】0【协巴基斯坦】5【协智利】0 【协新西兰】0【协新加坡】0【协秘鲁】0 【协哥斯达黎加】0【协冰岛】0【协瑞士】0 【协澳大利亚】0【协韩国】5【协格鲁吉亚】0 【特-1】0【特-2】0 【增】16【对美加征】10【出】0【退】16	千克	A	B	PR	QS	102 103 104	每件净重超过2千克的含可可食品（巧克力，不适用非可可脂添加量超过5%的产品） 每件净重超过2千克的含可可食品（可可粉固体饮料） 每件净重超过2千克的含可可食品（巧克力）
180631	00		其他夹心块状或条状的含可可食品	Other food preparations containing cocoa, in blocks, slabs or bars, filled(in immediate packings of a content not exceeding 2kg)	【最】8【普】50 【协亚太】6.4【协东盟】0【协香港】0 【协澳门】0【协巴基斯坦】5【协智利】0 【协新西兰】0【协秘鲁】0 【协哥斯达黎加】0【协冰岛】0【协瑞士】0 【协澳大利亚】0【协韩国】5.3 【协格鲁吉亚】0 【特-1】0【特-2】0【特-3】0 【增】16【对美加征】10【出】0【退】16	千克	A	B	R	S	102 103	其他夹心块状或条状的含可可食品（每件净重不超过2千克）（巧克力，不适用非可可脂添加量超过5%的产品） 其他夹心块状或条状的含可可食品（每件净重不超过2千克）（巧克力，适用非可可脂添加量超过5%的产品）
180632	00		其他不夹心块状或条状含可可食品（每件净重不超过2千克） 【电商】	Other food preparations containing cocoa, in blocks, slabs or bars, not filled(in immediate packings of a content not exceeding 2kg)	【最】10【普】50 【协亚太】7.7【协东盟】0【协香港】0 【协澳门】0【协巴基斯坦】5【协智利】0 【协新西兰】0【协新加坡】0【协秘鲁】0 【协哥斯达黎加】0【协冰岛】0【协瑞士】0 【协澳大利亚】0【协韩国】6.6【协格鲁吉亚】0 【特-1】0【特-2】0 【增】16【对美加征】10【出】0【退】16	千克	A	B	R	S	101 102 103	其他不夹心块状或条状含可可食品（每件净重不超过2千克）（巧克力，不适用非可可脂添加量超过5%的产品） 其他不夹心块状或条状含可可食品（每件净重不超过2千克）（其他糖与糖果，巧克力与可可制品） 其他不夹心块状或条状含可可食品（每件净重不超过2千克）（巧克力，适用非可可脂添加量超过5%的产品）

税则号列			货品名称中英文		税费综合信息	计量单位	监管证件代码		检验检疫类别		检验检疫编码	检验检疫编码对应中文名称
HS国际统一前6位	本国子目 7~8位	本国子目 9~10位	中文 货物名称	英文 Article Description			进口	出口	进口	出口		
180690	00		其他巧克力及含可可的食品（每件净重不超过2千克）【电商】	Other chocolate and other food preparations containing cocoa (in immediate packings of a content not exceeding 2kg)	【最】8【普】50 【协亚太】6.4【协东盟】0【协香港】0 【协澳门】0【协巴基斯坦】5【协智利】0 【协新西兰】0【协秘鲁】0【协哥斯达黎加】0 【协冰岛】0【协瑞士】3.2【协澳大利亚】0 【协韩国】5.3【协格鲁吉亚】0 【特-1】0【特-2】0【特-3】0 【增】16【对美加征】10【出】0【退】16	千克	A	B	R	S	101 102 103 104	101 其他巧克力及含可可的食品（每件净重不超过2千克）（巧克力，不适用非可可脂添加量超过5%的产品） 102 其他巧克力及含可可的食品（每件净重不超过2千克）（其他可可制品） 103 其他巧克力及含可可的食品（每件净重不超过2千克）（其他糖与糖果，巧克力与可可制品） 104 其他巧克力及含可可的食品（每件净重不超过2千克）（巧克力，适用非可可脂添加量超过5%的产品）

第十九章
谷物、粮食粉、淀粉或乳的制品；糕饼点心

Chapter 19
Preparations of cereals, flour, starch or milk; pastrycooks' products

注释：

一、本章不包括：

（一）按重量计含香肠、肉、食用杂碎、动物血、鱼、甲壳动物、软体动物、其他水生无脊椎动物及其混合物超过 20% 的食品（第十六章），但税目 19.02 的包馅食品除外；

（二）用粮食粉或淀粉制的专作动物饲料用的饼干及其他制品（税目 23.09）；或

（三）第三十章的药品及其他产品。

二、税目 19.01 所称：

（一）"粗粒"是指第十一章的谷物粗粒。

（二）"细粉"及"粗粉"，是指：

1. 第十一章的谷物细粉及粗粉；以及
2. 其他章所列植物的细粉、粗粉及粉末，但不包括干蔬菜、马铃薯和干豆类的细粉、粗粉及粉末（应分别归入税目 07.12、11.05 和 11.06）。

三、税目 19.04 不包括按重量计全脱脂可可含量超过 6% 或用巧克力完全包裹的食品或税目 18.06 的其他含可可食品（税目 18.06）。

四、税目 19.04 所称"其他方法制作的"，是指制作或加工程度超过第十章或第十一章各税目或注释所规定范围的。

Chapter Notes:

1. This Chapter does not cover:

(a) Except in the case of stuffed products of heading 19.02, food preparations containing more than 20% by weight of sausage, meat, meat offal, blood, fish or crustaceans, molluscs or other aquatic invertebrates, or any combination thereof (Chapter 16);

(b) Biscuits or other articles made from flour or from starch, specially prepared for use in animal feeding (heading 23.09); or

(c) Medicaments or other products of Chapter 30.

2. For the purposes of heading 19.01:

(a) The term "groats" means cereal groats of Chapter 11.

(b) The terms "flour" and "meal" mean:

(i) Cereal flour and meal of Chapter 11; and

(ii) Flour, meal and power of vegetable origin of any Chapter, other than flour, meal or powder of dried vegetables (heading 07.12), of potatoes (heading 11.05) or of dried leguminous vegetables (heading 11.06).

3. Heading 19.04 does not cover preparations containing more than 6% by weight of cocoa calculated on a totally defatted basis or completely coated with chocolate or other food preparations containing cocoa of heading 18.06 (heading 18.06).

4. For the purposes of heading 19.04, the expression "otherwise prepared" means prepared or processed to an extent beyond that provided for in the headings of or Notes to Chapter 10 or 11.

税则号列 HS 国际统一前 6 位	本国子目 7~8 位	本国子目 9~10 位	货品名称中英文 中文 货物名称	货品名称中英文 英文 Article Description	税费综合信息	计量单位	监管证件代码 进口	监管证件代码 出口	检验检疫类别 进口	检验检疫类别 出口	检验检疫编码	检验检疫编码对应中文名称
190110	10		供婴幼儿食用的零售包装配方奶粉（按重量计全脱脂可可含量<5%乳品制） 【电商】	Formula milk powder prepared for infant use, put up for retail sale (cocoa contents: <5% of dairy products)	【最】15【普】40【暂进】5 【协东盟】0【协澳门】0【协巴基斯坦】12 【协香港】0【协智利】0【协新西兰】0 【协新加坡】0【协秘鲁】6【协哥斯达黎加】0 【协冰岛】0【协瑞士】6【协澳大利亚】0 【特-1】0【特-2】0 【增】16【对美加征】10【出】0【退】16	千克	7A	B	R	S	101 102 103 104	供婴幼儿食用的零售包装配方奶粉（按重量计全脱脂可可含量<5%乳品制）（乳基婴儿配方食品） 供婴幼儿食用的零售包装配方奶粉（按重量计全脱脂可可含量<5%乳品制）（乳基较大婴儿配方食品） 供婴幼儿食用的零售包装配方奶粉（按重量计全脱脂可可含量<5%乳品制）（早产/低出生体重婴儿配方食品） 供婴幼儿食用的零售包装配方奶粉（按重量计全脱脂可可含量<5%乳品制）（乳基幼儿配方食品）

税则号列 HS 国际统一前 6 位	本国子目 7~8 位	本国子目 9~10 位	货品名称中英文 中文 货物名称	货品名称中英文 英文 Article Description	税费综合信息	计量单位	监管证件代码 进口	监管证件代码 出口	检验检疫类别 进口	检验检疫类别 出口	检验检疫编码	检验检疫编码对应中文名称
190110	90		其他供婴幼儿食用的零售包装食品（按重量计全脱脂可可含量<40%粉、淀粉或麦精制；按重量计全脱脂可可含量<5%乳品制） 【电商】	Other Food prepared for infant use, put up for retail sale (cocoa contents: < 40% of powder, starch or malt extract, or cocoa contents: < 5% of dairy products)	【最】15【普】40【暂进】2 【协东盟】0【协澳门】0【协巴基斯坦】12 【协香港】0【协智利】0【协新西兰】0 【协新加坡】0【协秘鲁】0【协哥斯达黎加】0 【协冰岛】0 【协瑞士】6【协澳大利亚】0 【特-1】0【特-2】0 【增】16【对美加征】5【出】0【退】16	千克	A	B	R	S	101	其他供婴幼儿食用的零售包装食品（按重量计全脱脂可可含量<40%粉、淀粉或麦精制；按重量计全脱脂可可含量<5%乳品制）（其他含肉速冻粮食制品）
											102	其他供婴幼儿食用的零售包装食品（按重量计全脱脂可可含量<40%粉、淀粉或麦精制；按重量计全脱脂可可含量<5%乳品制）（其他不含肉速冻粮食制品）
											103	其他供婴幼儿食用的零售包装食品（按重量计全脱脂可可含量<40%粉、淀粉或麦精制；按重量计全脱脂可可含量<5%乳品制）（其他不含馅速冻粮食制品）
											104	其他供婴幼儿食用的零售包装食品（按重量计全脱脂可可含量<40%粉、淀粉或麦精制；按重量计全脱脂可可含量<5%乳品制）（豆基婴儿配方食品）
											105	其他供婴幼儿食用的零售包装食品（按重量计全脱脂可可含量<40%粉、淀粉或麦精制；按重量计全脱脂可可含量<5%乳品制）（豆基较大婴儿和幼儿配方食品）
											……	……①
190120	00		供烘焙税目 19.05 所列面包糕饼 【电商】	Mixes and doughs for the preparation of bakers'wares of heading No. 19.05	【最】10【普】80 【协东盟】0【协香港】0【协澳门】0【协智利】0 【协新西兰】0【协新加坡】0【协秘鲁】0 【协哥斯达黎加】0【协冰岛】0【协瑞士】10 【协澳大利亚】0【协韩国】18.7 【协格鲁吉亚】15 【特-1】0【特-2】0 【增】16【对美加征】10【出】0【退】6	千克	A	B	R	S	101	供烘焙税目 19.05 所列面包糕饼用的调制品及面团（按重量计全脱脂可可含量<40%粉、淀粉或麦精制；按重量计全脱脂可可含量<5%乳品制）（速食粮食产品）
											102	供烘焙税目 19.05 所列面包糕饼用的调制品及面团（按重量计全脱脂可可含量<40%粉、淀粉或麦精制；按重量计全脱脂可可含量<5%乳品制）（其他粮食制品）
											103	供烘焙税目 19.05 所列面包糕饼用的调制品及面团（按重量计全脱脂可可含量<40%粉、淀粉或麦精制；按重量计全脱脂可可含量<5%乳品制）（其他含肉速冻粮食制品）

① 该税号项下检验检疫编码及对应中文名称尚有：106　其他供婴幼儿食用的零售包装食品（按重量计全脱脂可可含量<40%粉、淀粉或麦精制；按重量计全脱脂可可含量<5%乳品制）（婴幼儿谷类辅助食品），107　其他供婴幼儿食用的零售包装食品（按重量计全脱脂可可含量<40%粉、淀粉或麦精制；按重量计全脱脂可可含量<5%乳品制）（婴幼儿罐装辅助食品）。

税则号列			货品名称中英文		税费综合信息	计量单位	监管证件代码		检验检疫类别		检验检疫编码	检验检疫编码对应中文名称
HS 国际统一前6位	本国子目 7~8位	本国子目 9~10位	中文 货物名称	英文 Article Description			进口	出口	进口	出口		
											104	供烘焙税目19.05所列面包糕饼用的调制品及面团（按重量计全脱脂可可含量<40%粉、淀粉或麦精制；按重量计全脱脂可可含量<5%乳品制）（其他不含肉速冻粮食制品）
											105	供烘焙税目19.05所列面包糕饼用的调制品及面团（按重量计全脱脂可可含量<40%粉、淀粉或麦精制；按重量计全脱脂可可含量<5%乳品制）（其他不含馅速冻粮食制品）
190190	00		麦精、粮食粉等制食品及乳制食品（按重量计全脱脂可可含量<40%粉、淀粉、麦精制；按重量计全脱脂可可含量<5%乳品制） 【电商】	Other food preparations of malt extract, flour; dairy products (cocoa contents: <40% of powder, starch or malt extract, or cocoa contents: <5% of dairy products)	【最】10【普】80【暂进】5 【协东盟】0【协香港】0【协澳门】0 【协巴基斯坦】5【协智利】0【协新西兰】0 【协新加坡】0【协秘鲁】0【协哥斯达黎加】0 【协冰岛】0【协瑞士】0【协澳大利亚】0 【协韩国】6.6【协格鲁吉亚】6 【特-1】0【特-2】0 【增】16【对美加征】10【出】0【退】16	千克	A	B	R	S	101	麦精、粮食粉等制食品及乳制食品（按重量计全脱脂可可含量<40%粉、淀粉、麦精制；按重量计全脱脂可可含量<5%乳品制）（其他冷冻饮品）
											102	麦精、粮食粉等制食品及乳制食品（按重量计全脱脂可可含量<40%粉、淀粉、麦精制；按重量计全脱脂可可含量<5%乳品制）（纯麦片）
											103	麦精、粮食粉等制食品及乳制食品（按重量计全脱脂可可含量<40%粉、淀粉、麦精制；按重量计全脱脂可可含量<5%乳品制）（发酵豆制品）
											104	麦精、粮食粉等制食品及乳制食品（按重量计全脱脂可可含量<40%粉、淀粉、麦精制；按重量计全脱脂可可含量<5%乳品制）（方便米、粉）

税则号列 HS国际统一前6位	本国子目 7~8位	本国子目 9~10位	货品名称中英文 中文 货物名称	货品名称中英文 英文 Article Description	税费综合信息	计量单位	监管证件代码 进口	监管证件代码 出口	检验检疫类别 进口	检验检疫类别 出口	检验检疫编码	检验检疫编码对应中文名称
											105 ……	麦精、粮食粉等制食品及乳制食品（按重量计全脱脂可可含量<40%粉、淀粉、麦精制；按重量计全脱脂可可含量<5%乳品制）（通心粉） ……①
190211	00		未包馅或未制作的含蛋生面食 【电商】	Uncooked pasta, not stuffed or otherwise prepared, containing eggs	【最】10【普】80 【协东盟】0【协香港】0【协澳门】0 【协巴基斯坦】12【协智利】0【协新西兰】0 【协新加坡】0【协秘鲁】0【协哥斯达黎加】0 【协瑞士】6【协澳大利亚】0【协韩国】7.5 【协格鲁吉亚】0 【特-1】0【特-2】0【特-3】0 【增】16【对美加征】10【出】0【退】6	千克	A	B	PR	QS	101 102 103 104 105	未包馅或未制作的含蛋生面食（生面食） 未包馅或未制作的含蛋生面食［面条（如挂面等）］ 未包馅或未制作的含蛋生面食（通心粉） 未包馅或未制作的含蛋生面食（速食粮食产品） 未包馅或未制作的含蛋生面食（其他粮食制品）
190219	00		其他未包馅或未制作的生面食 【电商】	Other uncooked pasta, not stuffed or otherwise prepared	【最】10【普】80【暂进】8 【协东盟】0【协香港】0【协澳门】0 【协巴基斯坦】12【协智利】0【协新西兰】0 【协新加坡】0【协秘鲁】0【协哥斯达黎加】0 【协瑞士】6【协澳大利亚】0【协韩国】10 【协格鲁吉亚】9 【特-1】0【特-2】0【特-3】0 【增】16【对美加征】10【出】0【退】10	千克	A	B	PR	QS	101 102 103 104 105 ……	其他未包馅或未制作的生面食（生面食） 其他未包馅或未制作的生面食［面条（如挂面等）］ 其他未包馅或未制作的生面食（通心粉） 其他未包馅或未制作的生面食（湿面） 其他未包馅或未制作的生面食（速食粮食产品） ……②

① 该税号项下检验检疫编码及对应中文名称尚有：106　麦精、粮食粉等制食品及乳制食品（按重量计全脱脂可可含量<40%粉、淀粉、麦精制；按重量计全脱脂可可含量<5%乳品制）（米粉），107　麦精、粮食粉等制食品及乳制食品（按重量计全脱脂可可含量<40%粉、淀粉、麦精制；按重量计全脱脂可可含量<5%乳品制）（速食粮食产品），108　麦精、粮食粉等制食品及乳制食品（按重量计全脱脂可可含量<40%粉、淀粉、麦精制；按重量计全脱脂可可含量<5%乳品制）（其他粮食制品），109　麦精、粮食粉等制食品及乳制食品（按重量计全脱脂可可含量<40%粉、淀粉、麦精制；按重量计全脱脂可可含量<5%乳品制）（其他含肉速冻粮食制品），110　麦精、粮食粉等制食品及乳制食品（按重量计全脱脂可可含量<40%粉、淀粉、麦精制；按重量计全脱脂可可含量<5%乳品制）（其他不含肉速冻粮食制品），111　麦精、粮食粉等制食品及乳制食品（按重量计全脱脂可可含量<40%粉、淀粉、麦精制；按重量计全脱脂可可含量<5%乳品制）（其他不含馅速冻粮食制品），112　麦精、粮食粉等制食品及乳制食品（按重量计全脱脂可可含量<40%粉、淀粉、麦精制；按重量计全脱脂可可含量<5%乳品制）（非发酵豆制品），113　麦精、粮食粉等制食品及乳制食品（按重量计全脱脂可可含量<40%粉、淀粉、麦精制；按重量计全脱脂可可含量<5%乳品制）（婴幼儿谷类辅助食品），114　麦精、粮食粉等制食品及乳制食品（按重量计全脱脂可可含量<40%粉、淀粉、麦精制；按重量计全脱脂可可含量<5%乳品制）（婴幼儿罐装辅助食品），115　麦精、粮食粉等制食品及乳制食品（按重量计全脱脂可可含量<40%粉、淀粉、麦精制；按重量计全脱脂可可含量<5%乳品制）（特殊医学用途配方食品），116　麦精、粮食粉等制食品及乳制食品（按重量计全脱脂可可含量<40%粉、淀粉、麦精制；按重量计全脱脂可可含量<5%乳品制）（灭菌工艺调制乳），117　麦精、粮食粉等制食品及乳制食品（按重量计全脱脂可可含量<40%粉、淀粉、麦精制；按重量计全脱脂可可含量<5%乳品制）（其他调制乳），118　麦精、粮食粉等制食品及乳制食品（按重量计全脱脂可可含量<40%粉、淀粉、麦精制；按重量计全脱脂可可含量<5%乳品制）（儿童调制乳粉），119　麦精、粮食粉等制食品及乳制食品（按重量计全脱脂可可含量<40%粉、淀粉、麦精制；按重量计全脱脂可可含量<5%乳品制）（孕产妇调制乳粉），120　麦精、粮食粉等制食品及乳制食品（按重量计全脱脂可可含量<40%粉、淀粉、麦精制；按重量计全脱脂可可含量<5%乳品制）（其他调制乳粉），121　麦精、粮食粉等制食品及乳制食品（按重量计全脱脂可可含量<40%粉、淀粉、麦精制；按重量计全脱脂可可含量<5%乳品制）（淡炼乳），122 麦精、粮食粉等制食品及乳制食品（按重量计全脱脂可可含量<40%粉、淀粉、麦精制；按重量计全脱脂可可含量<5%乳品制）（加糖炼乳），123　麦精、粮食粉等制食品及乳制食品（按重量计全脱脂可可含量<40%粉、淀粉、麦精制；按重量计全脱脂可可含量<5%乳品制）（调制淡炼乳），124　麦精、粮食粉等制食品及乳制食品（按重量计全脱脂可可含量<40%粉、淀粉、麦精制；按重量计全脱脂可可含量<5%乳品制）（调制加糖炼乳），125　麦精、粮食粉等制食品及乳制食品（按重量计全脱脂可可含量<40%粉、淀粉、麦精制；按重量计全脱脂可可含量<5%乳品制）（其他炼乳），126　麦精、粮食粉等制食品及乳制食品（按重量计全脱脂可可含量<40%粉、淀粉、麦精制；按重量计全脱脂可可含量<5%乳品制）（乳基婴儿配方乳粉基粉），127　麦精、粮食粉等制食品及乳制食品（按重量计全脱脂可可含量<40%粉、淀粉、麦精制；按重量计全脱脂可可含量<5%乳品制）（乳基较大婴儿和幼儿配方乳粉基粉），128　麦精、粮食粉等制食品及乳制食品（按重量计全脱脂可可含量<40%粉、淀粉、麦精制；按重量计全脱脂可可含量<5%乳品制）（其他乳与乳制品），129　麦精、粮食粉等制食品及乳制食品（按重量计全脱脂可可含量<40%粉、淀粉、麦精制；按重量计全脱脂可可含量<5%乳品制）（巴氏杀菌工艺调制乳），130　麦精、粮食粉等制食品及乳制食品（按重量计全脱脂可可含量<40%粉、淀粉、麦精制；按重量计全脱脂可可含量<5%乳品制）（其他纯谷物的冲调谷物制品），131　麦精、粮食粉等制食品及乳制食品（按重量计全脱脂可可含量<40%粉、淀粉、麦精制；按重量计全脱脂可可含量<5%乳品制）（含其他原料的谷物类冲调谷物制品），132　麦精、粮食粉等制食品及乳制食品（按重量计全脱脂可可含量<40%粉、淀粉、麦精制；按重量计全脱脂可可含量<5%乳品制）（淀粉质类冲调谷物制品），133　麦精、粮食粉等制食品及乳制食品（按重量计全脱脂可可含量<40%粉、淀粉、麦精制；按重量计全脱脂可可含量<5%乳品制）（其他食糖）。

② 该税号项下检验检疫编码及对应中文名称尚有：106　其他未包馅或未制作的生面食（其他粮食制品），107　其他未包馅或未制作的生面食（馒头）。

税则号列			货品名称中英文		税费综合信息	计量单位	监管证件代码		检验检疫类别		检验检疫编码	检验检疫编码对应中文名称
HS国际统一前6位	本国子目 7~8位	9~10位	中文 货物名称	英文 Article Description			进口	出口	进口	出口		
190220	00		包馅面食（不论是否烹煮或经其他方法制作） 【电商】	Stuffed pasta, whether or not cooked or otherwise prepared	【最】10【普】80 【协东盟】0【协香港】0【协澳门】0 【协巴基斯坦】12【协智利】0【协新西兰】0 【协新加坡】0【协秘鲁】0【协哥斯达黎加】0 【协冰岛】0【协澳大利亚】0【协韩国】10 【协格鲁吉亚】9 【特-1】0【特-2】0【特-3】0 【增】16【对美加征】10【出】0【退】10	千克	A	B	PR	QS	101 102 103 104 107 ……	包馅面食（不论是否烹煮或经其他方法制作）（月饼） 包馅面食（不论是否烹煮或经其他方法制作）（蛋糕） 包馅面食（不论是否烹煮或经其他方法制作）（其他糕点） 包馅面食（不论是否烹煮或经其他方法制作）（饼干） 包馅面食（不论是否烹煮或经其他方法制作）（面包） ……①
190230	10		米粉干 【电商】	Rice vermicelli, cooked	【最】10【普】80 【协东盟】0【协澳门】0【协巴基斯坦】12 【协香港】0【协智利】0【协新西兰】0 【协新加坡】0【协秘鲁】0【协哥斯达黎加】0 【协冰岛】0【协瑞士】6【协澳大利亚】0 【协韩国】7.5【协格鲁吉亚】0 【特-1】0【特-2】0 【增】16【对美加征】5【出】0【退】10	千克	A	B	PR	QS	101 102 103 104	米粉干（方便米、粉） 米粉干（米粉） 米粉干（其他粮食制品） 米粉干（其他不含馅速冻粮食制品）
190230	20		粉丝 【电商】	Bean vermicelli, cooked	【最】10【普】80 【协东盟】0【协澳门】0【协巴基斯坦】12 【协香港】0【协智利】0【协新西兰】0 【协新加坡】0【协秘鲁】0【协哥斯达黎加】0 【协冰岛】0【协瑞士】6【协澳大利亚】0 【协韩国】7.5【协格鲁吉亚】0 【特-1】0【特-2】0 【增】16【出】0【退】16	千克	A	B	PR	QS	101 102	粉丝（粉丝） 粉丝（其他粮食制品）
190230	30		即食或快熟面条 【电商】	Instant noodle	【最】10【普】80 【协亚太】8.7【协东盟】0【协香港】0 【协澳门】0【协巴基斯坦】7.5【协智利】0 【协新西兰】0【协新加坡】0【协秘鲁】0 【协哥斯达黎加】0【协冰岛】0【协瑞士】6 【协澳大利亚】0【协韩国】11.5【协格鲁吉亚】9 【特-1】0【特-2】0【特-3】0 【增】16【对美加征】10【出】0【退】10	千克	A	B	R	S	101 102 103 104 105 ……	即食或快熟面条（快熟面条） 即食或快熟面条（即食面条） 即食或快熟面条［面条（如挂面等）］ 即食或快熟面条（方便面） 即食或快熟面条（方便米、粉） ……②
190230	90		其他面食 【电商】	Other pasta	【最】10【普】80 【协亚太】8.7【协东盟】0【协香港】0 【协澳门】0【协巴基斯坦】7.5【协智利】0 【协新西兰】0【协新加坡】0【协秘鲁】0 【协哥斯达黎加】0【协冰岛】0【协澳大利亚】0 【协韩国】10【协格鲁吉亚】9 【特-1】0【特-2】0 【增】16【对美加征】10【出】0【退】10	千克	A	B	PR	QS	101 102 103 104 105 ……	其他面食（面食罐头） 其他面食（其他糕点饼干） 其他面食［面条（如挂面等）］ 其他面食（方便面） 其他面食（方便米、粉） ……③

① 该税号项下检验检疫编码及对应中文名称尚有：108　包馅面食（不论是否烹煮或经其他方法制作）（膨化食品），109　包馅面食（不论是否烹煮或经其他方法制作）（生面食），110　包馅面食（不论是否烹煮或经其他方法制作）（其他糕点饼干），111　包馅面食（不论是否烹煮或经其他方法制作）（速食粮食产品），112　包馅面食（不论是否烹煮或经其他方法制作）（其他粮食制品），113　包馅面食（不论是否烹煮或经其他方法制作）（含肉包子），114　包馅面食（不论是否烹煮或经其他方法制作）（不含肉包子），115　包馅面食（不论是否烹煮或经其他方法制作）（含肉饺子），116　包馅面食（不论是否烹煮或经其他方法制作）（不含肉饺子），117　包馅面食（不论是否烹煮或经其他方法制作）（含肉春卷），118　包馅面食（不论是否烹煮或经其他方法制作）（不含肉春卷），119　包馅面食（不论是否烹煮或经其他方法制作）（其他含肉速冻粮食制品），120　包馅面食（不论是否烹煮或经其他方法制作）（其他不含肉速冻粮食制品）。

② 该税号项下检验检疫编码及对应中文名称尚有：106　即食或快熟面条（速食通粉）。

③ 该税号项下检验检疫编码及对应中文名称尚有：106　其他面食（通心粉），107　其他面食（即食通粉沙律），108　其他面食（湿面），109　其他面食（速食粮食产品），110　其他面食（其他粮食制品），111　其他面食（馒头），112　其他面食（其他含肉速冻粮食制品），113　其他面食（其他不含肉速冻粮食制品），114　其他面食（其他不含馅速冻粮食制品）。

税则号列			货品名称中英文		税费综合信息	计量单位	监管证件代码		检验检疫类别		检验检疫编码	检验检疫编码对应中文名称
HS国际统一前6位	本国子目7~8位	本国子目9~10位	中文 货物名称	英文 Article Description			进口	出口	进口	出口		
190240	00		古斯古斯面食【电商】	Couscous	【最】10【普】80 【协东盟】0【协澳门】0【协智利】0 【协香港】0【协新西兰】0【协新加坡】0 【协秘鲁】0【协哥斯达黎加】0【协冰岛】0 【协瑞士】10【协澳大利亚】0【协韩国】18.7 【协格鲁吉亚】15 【特-1】0【特-2】0 【增】16【出】0【退】6	千克	A	B	R	S	101 102 103	古斯古斯面食（古斯古斯粉是一种经热处理的硬麦粗粉）（其他糕点饼干） 古斯古斯面食（古斯古斯粉是一种经热处理的硬麦粗粉）（速食粮食产品） 古斯古斯面食（古斯古斯粉是一种经热处理的硬麦粗粉）（其他粮食制品）
190300	00		珍粉及淀粉制成的珍粉代用品（片、粒、珠、粉或类似形状的）【电商】	Tapioca and substitutes therefor prepared from starch, in the form of flakes, grains, pearls, siftings or in similar forms	【最】10【普】80 【协东盟】0【协澳门】0【协巴基斯坦】12 【协香港】0【协智利】0【协新西兰】0 【协新加坡】0【协秘鲁】0【协哥斯达黎加】0 【协冰岛】0【协瑞士】6【协澳大利亚】0 【协韩国】7.5 【协格鲁吉亚】9 【特-1】0【特-2】0【特-3】0 【增】16【出】0【退】16	千克	A	B	R	S	101 102 103 104	珍粉及淀粉制成的珍粉代用品（片、粒、珠、粉或类似形状的）（其他糕点饼干） 珍粉及淀粉制成的珍粉代用品（片、粒、珠、粉或类似形状的）（速食粮食产品） 珍粉及淀粉制成的珍粉代用品（片、粒、珠、粉或类似形状的）（其他粮食制品） 珍粉及淀粉制成的珍粉代用品（片、粒、珠、粉或类似形状的）（其他淀粉制品）
190410	00		膨化或烘炒谷物制成的食品【电商】	Prepared foods obtained by the swelling or roasting of cereals or cereal products	【最】10【普】80 【协东盟】0【协澳门】0【协智利】0【协香港】0 【协新西兰】0【协新加坡】0【协秘鲁】0 【协哥斯达黎加】0【协冰岛】0【协瑞士】10 【协澳大利亚】0【协韩国】18.7 【协格鲁吉亚】0 【特-1】0【特-2】0 【增】16【对美加征】10【出】0【退】16	千克	A	B	R	S	101 102 103 104 105 ……	膨化或烘炒谷物制成的食品（熟制谷物坚果炒货） 膨化或烘炒谷物制成的食品（膨化食品） 膨化或烘炒谷物制成的食品（纯麦片） 膨化或烘炒谷物制成的食品（速食粮食产品） 膨化或烘炒谷物制成的食品（其他粮食制品） ……①
190420	00		未烘炒谷物片制成的食品（包括未烘炒谷物片与烘炒谷物片或膨化谷物混合制成食品）【电商】	Prepared foods obtained from unroasted cereal flakes or from mixtures of unroasted cereal flakes and roasted cereal flakes or swelled cereals	【最】10【普】80 【协东盟】0【协香港】0【协澳门】0 【协智利】0【协新西兰】0【协新加坡】0 【协秘鲁】10【协哥斯达黎加】0【协冰岛】0 【协瑞士】0【协澳大利亚】0【协韩国】22.5 【协格鲁吉亚】0 【特-1】0 【增】16【对美加征】10【出】0【退】16	千克	A	B	PR	QS	101 102 103 104	未烘炒谷物片制成的食品（包括未烘炒谷物片与烘炒谷物片或膨化谷物混合制成食品）（其他糕点饼干） 未烘炒谷物片制成的食品（包括未烘炒谷物片与烘炒谷物片或膨化谷物混合制成食品）（纯麦片） 未烘炒谷物片制成的食品（包括未烘炒谷物片与烘炒谷物片或膨化谷物混合制成食品）（湿粉） 未烘炒谷物片制成的食品（包括未烘炒谷物片与烘炒谷物片或膨化谷物混合制成食品）（速食粮食产品）

① 该税号项下检验检疫编码及对应中文名称尚有：106　膨化或烘炒谷物制成的食品（其他纯谷物的冲调谷物制品），107　膨化或烘炒谷物制成的食品（含其他原料的谷物类冲调谷物制品），108　膨化或烘炒谷物制成的食品（淀粉质类冲调谷物制品）。

税则号列 HS国际统一前6位	本国子目 7~8位	本国子目 9~10位	货品名称中英文 中文 货物名称	货品名称中英文 英文 Article Description	税费综合信息	计量单位	监管证件代码 进口	监管证件代码 出口	检验检疫类别 进口	检验检疫类别 出口	检验检疫编码	检验检疫编码对应中文名称
											105 ……	未烘炒谷物片制成的食品（包括未烘炒谷物片与烘炒谷物片或膨化谷物混合制成食品）（其他粮食制品） ……①
190430	00		碾碎的干小麦【电商】	Bulgur wheat	【最】10【普】80 【协东盟】0【协澳门】0【协智利】0【协香港】0 【协新西兰】0【协新加坡】0【协秘鲁】10 【协哥斯达黎加】0【协冰岛】0【协澳大利亚】0 【协韩国】22.5【协格鲁吉亚】18 【特-1】0 【增】16【对美加征】5【出】0【退】16	千克	A	B	PR	QS	101 102	碾碎的干小麦（食用小麦粉） 碾碎的干小麦（其他粮食制品）
190490	00		预煮或经其他方法制作的谷粒［包括其他经加工的谷粒（除细粉、粗粒及粗粉），玉米除外］【电商】	Other cereals (other than maize (corn)) in grain form or in the form of flakes or other worked grains (except flour, groats and meal), precooked or otherwise prepared	【最】10【普】80 【协东盟】0【协香港】0【协澳门】0 【协智利】0【协新西兰】0【协新加坡】0 【协秘鲁】5【协哥斯达黎加】0【协冰岛】0 【协瑞士】0【协澳大利亚】0【协韩国】22.5 【协格鲁吉亚】18 【特-1】0 【增】16【对美加征】10【出】0【退】16	千克	A	B	PR	QS	101 102 103 104 105 ……	预煮或经其他方法制作的谷粒［包括其他经加工的谷粒（除细粉、粗粒及粗粉），玉米除外］［其他粮食加工产品（食用）］ 预煮或经其他方法制作的谷粒［包括其他经加工的谷粒（除细粉、粗粒及粗粉），玉米除外］（膨化食品） 预煮或经其他方法制作的谷粒［包括其他经加工的谷粒（除细粉、粗粒及粗粉），玉米除外］（其他糕点饼干） 预煮或经其他方法制作的谷粒［包括其他经加工的谷粒（除细粉、粗粒及粗粉），玉米除外］（纯麦片） 预煮或经其他方法制作的谷粒［包括其他经加工的谷粒（除细粉、粗粒及粗粉），玉米除外］（方便米、粉） ……②
190510	00		黑麦脆面包片【电商】	Crispbread	【最】10【普】80 【协东盟】0【协澳门】0【协智利】0【协香港】0 【协新西兰】0【协新加坡】0【协秘鲁】0 【协哥斯达黎加】0【协冰岛】0【协瑞士】8 【协澳大利亚】0【协韩国】13.3 【协格鲁吉亚】0 【特-1】0【特-2】0 【增】16【出】0【退】16	千克	A	B	R	S	999	黑麦脆面包片

① 该税号项下检验检疫编码及对应中文名称尚有：106　未烘炒谷物片制成的食品（包括未烘炒谷物片与烘炒谷物片或膨化谷物混合制成食品）（其他含肉速冻粮食制品），107　未烘炒谷物片制成的食品（包括未烘炒谷物片与烘炒谷物片或膨化谷物混合制成食品）（其他不含肉速冻粮食制品），108　未烘炒谷物片制成的食品（包括未烘炒谷物片与烘炒谷物片或膨化谷物混合制成食品）（其他不含馅速冻粮食制品），109　未烘炒谷物片制成的食品（包括未烘炒谷物片与烘炒谷物片或膨化谷物混合制成食品）（其他纯谷物的冲调谷物制品），110　未烘炒谷物片制成的食品（包括未烘炒谷物片与烘炒谷物片或膨化谷物混合制成食品）（含其他原料的谷物类冲调谷物制品），111　未烘炒谷物片制成的食品（包括未烘炒谷物片与烘炒谷物片或膨化谷物混合制成食品）（淀粉质类冲调谷物制品）。

② 该税号项下检验检疫编码及对应中文名称尚有：106　预煮或经其他方法制作的谷粒［包括其他经加工的谷粒（除细粉、粗粒及粗粉），玉米除外］（速食粮食产品），107　预煮或经其他方法制作的谷粒［包括其他经加工的谷粒（除细粉、粗粒及粗粉），玉米除外］（其他粮食制品），108　预煮或经其他方法制作的谷粒［包括其他经加工的谷粒（除细粉、粗粒及粗粉），玉米除外］（其他含肉速冻粮食制品），109　预煮或经其他方法制作的谷粒［包括其他经加工的谷粒（除细粉、粗粒及粗粉），玉米除外］（其他不含肉速冻粮食制品），110　预煮或经其他方法制作的谷粒［包括其他经加工的谷粒（除细粉、粗粒及粗粉），玉米除外］（其他不含馅速冻粮食制品），111　预煮或经其他方法制作的谷粒［包括其他经加工的谷粒（除细粉、粗粒及粗粉），玉米除外］（其他纯谷物的冲调谷物制品），112　预煮或经其他方法制作的谷粒［包括其他经加工的谷粒（除细粉、粗粒及粗粉），玉米除外］（含其他原料的谷物类冲调谷物制品），113　预煮或经其他方法制作的谷粒［包括其他经加工的谷粒（除细粉、粗粒及粗粉），玉米除外］（淀粉质类冲调谷物制品）。

税则号列			货品名称中英文		税费综合信息	计量单位	监管证件代码		检验检疫类别		检验检疫编码	检验检疫编码对应中文名称
HS 国际统一前6位	本国子目 7~8位	本国子目 9~10位	中文 货物名称	英文 Article Description			进口	出口	进口	出口		
190520	00		姜饼及类似品	Gingerbread and the like	【最】10【普】80 【协东盟】0【协澳门】0【协智利】0【协香港】0 【协新西兰】0【协新加坡】0【协秘鲁】0 【协哥斯达黎加】0【协冰岛】0【协瑞士】8 【协澳大利亚】0【协韩国】13.3 【协格鲁吉亚】0 【特-1】0【特-2】0 【增】16【出】0【退】16	千克	A	B	R	S	101 102	姜饼及类似品（姜饼） 姜饼及类似品（姜饼类似品）
190531	00		甜饼干 【电商】	Sweet biscuits	【最】10【普】80 【协亚太】8.2【协东盟】0【协香港】0 【协澳门】0【协巴基斯坦】12.4【协智利】0 【协新西兰】0【协新加坡】0【协秘鲁】0 【协哥斯达黎加】0【协冰岛】0【协瑞士】7.5 【协澳大利亚】0【协韩国】10【协格鲁吉亚】0 【特亚太】5【特-1】0【特-2】0【特-3】0 【增】16【对美加征】10【出】0【退】16	千克	A	B	R	S	999	甜饼干
190532	00		华夫饼干及圣餐饼 【电商】	Waffles and wafers	【最】10【普】80 【协亚太】8.2【协东盟】0【协香港】0 【协澳门】0【协巴基斯坦】7.5【协智利】0 【协新西兰】0【协新加坡】0【协秘鲁】10 【协哥斯达黎加】0【协冰岛】0【协瑞士】0 【协澳大利亚】0【协韩国】10【协格鲁吉亚】0 【特亚太】5【特-1】0【特-2】0【特-3】0 【增】16【对美加征】10【出】0【退】16	千克	A	B	R	S	101 102 103	华夫饼干及圣餐饼（华夫饼干） 华夫饼干及圣餐饼（圣餐饼） 华夫饼干及圣餐饼（饼干）
190540	00		面包干、吐司及类似的烤面包 【电商】	Rusks, toasted bread and similar toasted products	【最】10【普】80 【协东盟】0【协澳门】0【协智利】0【协香港】0 【协新西兰】0【协新加坡】0【协秘鲁】0 【协哥斯达黎加】0【协瑞士】10【协澳大利亚】0 【协韩国】13.3【协格鲁吉亚】0 【特-1】0【特-2】0 【增】16【对美加征】10【出】0【退】16	千克	A	B	R	S	999	面包干、吐司及类似的烤面包
190590	00		其他面包、糕点、饼干及烘焙糕饼（包括装药空囊、封缄、糯米纸及类似制品） 【电商】	Other bread, pastry, cakes, biscuits and bakers' wares (including empty cachets of a kind suitable for pharmaceutical use, sealing wafers, rice paper and similar products)	【最】10【普】80 【协亚太】8.6【协东盟】0【协香港】0 【协澳门】0【协巴基斯坦】16【协智利】0 【协新西兰】0【协新加坡】0【协秘鲁】0 【协哥斯达黎加】0【协冰岛】0【协瑞士】8 【协澳大利亚】0【协韩国】15【协格鲁吉亚】12 【特亚太】5【特-1】0【特-2】0 【增】16【对美加征】10【出】0【退】16	千克	A	B	R	S	101 103 104 105 106 ……	其他面包、糕点、饼干及烘焙糕饼（包括装药空囊、封缄、糯米纸及类似制品）（未列出的其他熟制坚果炒货） 其他面包、糕点、饼干及烘焙糕饼（包括装药空囊、封缄、糯米纸及类似制品）（月饼） 其他面包、糕点、饼干及烘焙糕饼（包括装药空囊、封缄、糯米纸及类似制品）（蛋糕） 其他面包、糕点、饼干及烘焙糕饼（包括装药空囊、封缄、糯米纸及类似制品）（其他糕点） 其他面包、糕点、饼干及烘焙糕饼（包括装药空囊、封缄、糯米纸及类似制品）（饼干） ……①

① 该税号项下检验检疫编码及对应中文名称尚有：109　其他面包、糕点、饼干及烘焙糕饼（包括装药空囊、封缄、糯米纸及类似制品）（面包），110　其他面包、糕点、饼干及烘焙糕饼（包括装药空囊、封缄、糯米纸及类似制品）（膨化食品），111　其他面包、糕点、饼干及烘焙糕饼（包括装药空囊、封缄、糯米纸及类似制品）（其他糕点饼干），112　其他面包、糕点、饼干及烘焙糕饼（包括装药空囊、封缄、糯米纸及类似制品）（发酵豆制品），113　其他面包、糕点、饼干及烘焙糕饼（包括装药空囊、封缄、糯米纸及类似制品）（其他含肉速冻粮食制品），114　其他面包、糕点、饼干及烘焙糕饼（包括装药空囊、封缄、糯米纸及类似制品）（其他不含肉速冻粮食制品），115　其他面包、糕点、饼干及烘焙糕饼（包括装药空囊、封缄、糯米纸及类似制品）（其他不含馅速冻粮食制品），116　其他面包、糕点、饼干及烘焙糕饼（包括装药空囊、封缄、糯米纸及类似制品）（其他淀粉制品），117　其他面包、糕点、饼干及烘焙糕饼（包括装药空囊、封缄、糯米纸及类似制品）（非发酵豆制品）。

第二十章
蔬菜、水果、坚果或植物其他部分的制品

注释：

一、本章不包括：

（一）用第七章、第八章或第十一章所列方法制作或保藏的蔬菜、水果或坚果；

（二）按重量计含香肠、肉、食用杂碎、动物血、鱼、甲壳动物、软体动物、其他水生无脊椎动物及其混合物超过20%的食品（第十六章）；

（三）税目19.05的烘焙糕饼及其他制品；或

（四）税目21.04的均化混合食品。

二、税目20.07及20.08不包括制成糖食的果冻、果膏、糖衣杏仁或类似品（税目17.04）及巧克力糖食（税目18.06）。

三、税目20.01、20.04及20.05仅酌情包括用本章注释一（一）以外的方法制作或保藏的第七章或税目11.05、11.06的产品（第八章产品的细粉、粗粉除外）。

四、干重量在7%及以上的番茄汁归入税目20.02。

五、税目20.07所称“烹煮制成的”，是指在常压或减压状态下，通过减少产品中的水分或其他方法增加产品黏稠度的热处理制得的。

六、税目20.09所称“未发酵及未加酒精的水果汁”，是指按容量计酒精浓度（标准见第二十二章注释二）不超过0.5%的水果汁。

子目注释：

一、子目2005.10所称“均化蔬菜”，是指蔬菜经精细均化制成适合供婴幼儿食用或营养用的零售包装食品（每件净重不超过250克）。为了调味、保藏或其他目的，均化蔬菜中可以加入少量其他配料，还可以含有少量可见的蔬菜粒。归类时，子目2005.10优先于税目20.05的其他子目。

Chapter 20
Preparations of vegetables, fruit, nuts or other parts of plants

Chapter Notes:

1. This Chapter does not cover:

(a) Vegetables, fruit or nuts, prepared or preserved by the processes specified in Chapter 7, 8 or 11;

(b) Food preparations containing more than 20% by weight of sausage, meat, meat offal, blood, fish or crustaceans, molluscs or other aquatic invertebrates, or any combination thereof (Chapter 16);

(c) Bakers' wares and other products of heading 19.05; or

(d) Homogenised composite food preparations of heading 21.04.

2. Headings 20.07 and 20.08 do not apply to fruit jellies, fruit pastes, sugar-coated almonds or the like in the form of sugar confectionery (heading 17.04) or chocolate confectionery (heading 18.06).

3. Headings 20.01, 20.04 and 20.05 cover, as the case may be, only those products of Chapter 7 or of heading 11.05 or 11.06 (other than flour, meal and powder of the products of Chapter 8) which have been prepared or preserved by processes other than those referred to in Note 1 (a).

4. Tomato juice the dry weight content of which is 7% or more is to be classified in heading 20.02.

5. For the purposes of heading 20.07, the expression "obtained by cooking" means obtained by heat treatment at atmospheric pressure or under reduced pressure to increase the viscosity of a product through reduction of water content or other means.

6. For the purposes of heading 20.09, the expression "juices, unfermented and not containing added spirit" means juices of an alcoholic strength by volume (see Note 2 to Chapter 22) not exceeding 0.5% vol.

Subheading Notes:

1. For the purposes of subheading 2005.10, the expression "homogenised vegetables" means preparations of vegetables, finely homogenised, put up for retail sale as food suitable for infants or young children or for dietetic purposes, in containers of a net weight content not exceeding 250g. For the application of this definition no account is to be taken of small quantities of any ingredients which may have been added to the preparation for seasoning, preservation or other purposes. These preparations may contain a small quantity of visible pieces of vegetables. Subheading 2005.10 takes precedence over all other subheadings of heading 20.05.

二、子目 2007.10 所称“均化食品”，是指果实经精细均化制成适合供婴幼儿食用或营养用的零售包装食品（每件净重不超过 250 克）。为了调味、保藏或其他目的，均化食品中可以加入少量其他配料，还可以含有少量可见的果粒。归类时，子目 2007.10 优先于税目 20.07 的其他子目。

2. For the purposes of subheading 2007.10, the expression “homogenised preparations” means preparations of fruit, finely homogenised, put up for retail as food suitable for infants or young children or for dietetic purposes, in containers of a net weight content not exceeding 250g. For the application of this definition no account is to be taken of small quantities of any ingredients which may have been added to the preparation for seasoning, preservation or other purposes. These preparations may contain a small quantity of visible pieces of fruit. Subheading 2007.10 takes precedence over all other subheadings of heading 20.07.

三、子目 2009.12、2009.21、2009.31、2009.41、2009.61 及 2009.71 所称“白利糖度值”，是指在 20℃时直接从白利糖度计读取的度数或从折射计直接读取的以蔗糖百分比含量计的折射率，在其他温度下读取的数值应折算为 20℃时的数值。

3. For the purposes of subheadings 2009.12, 2009.21, 2009.31, 2009.41, 2009.61 and 2009.71, the expression “Brix value” means the direct reading of degrees Brix obtained form a Brix hydrometer or of refractive index expressed in terms of percentage sucrose content obtained from a refractometer, at a temperature of 20℃ or corrected for 20℃ if the reading is made at a different temperature.

税则号列 HS国际统一前6位	本国子目 7~8位	本国子目 9~10位	货品名称 中文 货物名称	英文 Article Description	税费综合信息	计量单位	监管证件代码 进口	监管证件代码 出口	检验检疫类别 进口	检验检疫类别 出口	检验检疫编码	检验检疫编码对应中文名称
200110	00		用醋或醋酸制作的黄瓜及小黄瓜 【电商】	Cucumbers and gherkins, prepared or preserved by vinegar or acetic acid	【最】5【普】70 【协东盟】0【协智利】0 【协新西兰】0【协新加坡】0【协秘鲁】0 【协哥斯达黎加】0【协冰岛】0【协瑞士】5 【协澳大利亚】0【协韩国】18.7【协格鲁吉亚】0 【协香港】0【协澳门】0【特-1】0【特-2】0 【增】16【对美加征】10【出】0【退】10	千克	A	B	R	S	999	用醋或醋酸制作的黄瓜及小黄瓜
200190	10	10	用醋或醋酸腌制的大蒜头、大蒜瓣（无论是否加糖或去皮）	Garlic heads and garlic bulblet, prepared by vinegar or acetic acid, whether or not added sugar or skinned	【最】5【普】70 【协东盟】0【协智利】0【协新西兰】0 【协新加坡】0【协秘鲁】0【协哥斯达黎加】0 【协冰岛】0【协瑞士】5【协澳大利亚】0 【协韩国】18.7【协格鲁吉亚】0【协香港】0 【协澳门】0【特亚太】2.5【特-1】0【特-2】0 【增】16【出】0【退】10	千克	A	B	R	S	999	用醋或醋酸腌制的大蒜头、大蒜瓣（无论是否加糖或去皮）
200190	10	90	用醋或醋酸腌制的其他大蒜（不含蒜头、蒜瓣，无论是否加糖或去皮）	Other garlic prepared by vinegar or acetic acid, whether or not added sugars or skinned (other than garlic heads and garlic bulblet)	【最】5【普】70 【协东盟】0【协智利】0【协新西兰】0 【协新加坡】0【协秘鲁】0【协哥斯达黎加】0 【协冰岛】0【协瑞士】5【协澳大利亚】0 【协韩国】18.7【协格鲁吉亚】0【协香港】0 【协澳门】0【特亚太】2.5【特-1】0【特-2】0 【增】16【出】0【退】10	千克	A	B	R	S	999	用醋或醋酸腌制的其他大蒜（不含蒜头、蒜瓣，无论是否加糖或去皮）
200190	90	10	用醋或醋酸制作或保藏的松茸 【电商】①	Sungmo, prepared or preserved by vinegar or acetic acid	【最】5【普】70 【协东盟】0【协澳门】0【协智利】0 【协香港】0【协新西兰】0【协新加坡】0 【协秘鲁】0【协哥斯达黎加】0【协冰岛】0 【协瑞士】5【协澳大利亚】0【协韩国】18.7 【协格鲁吉亚】0【特亚太】2.5 【特-1】0【特-2】0 【增】16【对美加征】10【出】0【退】10	千克	A	BE	R	S	999	用醋或醋酸制作或保藏的松茸
200190	90	20	用醋或醋酸制作或保藏的酸竹笋 【电商】②	Acidosasa chinensis shoots, prepared or preserved by vinegar or acetic acid	【最】5【普】70 【协东盟】0【协澳门】0【协智利】0 【协香港】0【协新西兰】0【协新加坡】0 【协秘鲁】0【协哥斯达黎加】0【协冰岛】0 【协瑞士】5【协澳大利亚】0【协韩国】18.7 【协格鲁吉亚】0【特亚太】2.5 【特-1】0【特-2】0 【增】16【对美加征】10【出】0【退】10	千克	A	BE	R	S	999	用醋或醋酸制作或保藏的酸竹笋

① 列入《进出口野生动植物种商品目录》的商品除外。

② 列入《进出口野生动植物种商品目录》的商品除外。

税则号列			货品名称中英文		税费综合信息	计量单位	监管证件代码		检验检疫类别		检验检疫编码	检验检疫编码对应中文名称
HS国际统一前6位	本国子目7~8位	9~10位	中文 货物名称	英文 Article Description			进口	出口	进口	出口		
200190	90	30	用醋或醋酸制作或保藏的芦荟 【电商】①	Aloe, prepared or preserved by vinegar or acetic acid	【最】5【普】70 【协东盟】0【协澳门】0【协智利】0 【协香港】0【协新西兰】0【协新加坡】0 【协秘鲁】0【协哥斯达黎加】0【协冰岛】0 【协瑞士】5【协澳大利亚】0【协韩国】18.7 【协格鲁吉亚】0【特亚太】2.5 【特-1】0【特-2】0 【增】16【对美加征】10【出】0【退】10	千克	AF	BE	R	S	999	用醋或醋酸制作或保藏的芦荟
200190	90	40	用醋或醋酸制作或保藏的仙人掌植物 【电商】②	Cactus, prepared or preserved by vinegar or acetic acid	【最】5【普】70 【协东盟】0【协澳门】0【协智利】0 【协香港】0【协新西兰】0【协新加坡】0 【协秘鲁】0【协哥斯达黎加】0【协冰岛】0 【协瑞士】5【协澳大利亚】0【协韩国】18.7 【协格鲁吉亚】0【特亚太】2.5 【特-1】0【特-2】0 【增】16【对美加征】10【出】0【退】10	千克	AF	BE	R	S	999	用醋或醋酸制作或保藏的仙人掌植物
200190	90	50	用醋或醋酸制作或保藏的莼菜 【电商】③	Water shield, prepared or preserved by vinegar or acetic acid	【最】5【普】70 【协东盟】0【协澳门】0【协智利】0 【协香港】0【协新西兰】0【协新加坡】0 【协秘鲁】0【协哥斯达黎加】0【协冰岛】0 【协瑞士】5【协澳大利亚】5【协韩国】18.7 【协格鲁吉亚】0【特亚太】2.5 【特-1】0【特-2】0 【增】16【对美加征】10【出】0【退】10	千克	A	BE	R	S	999	用醋或醋酸制作或保藏的莼菜
200190	90	90	用醋制作的其他果、菜及食用植物（包括用醋酸制作或保藏的） 【电商】④	Vegetables, fruit and other edible parts of plants, prepared or preserved by vinegar or acetic acid	【最】5【普】70 【协东盟】0【协澳门】0【协智利】0 【协香港】0【协新西兰】0【协新加坡】0 【协秘鲁】0【协哥斯达黎加】0【协冰岛】0 【协瑞士】5【协澳大利亚】0【协韩国】18.7 【协格鲁吉亚】0【特亚太】2.5 【特-1】0【特-2】0 【增】16【对美加征】10【出】0【退】10	千克	A	B	R	S	101 102	用醋制作的其他果、菜及食用植物（包括用醋酸制作或保藏的）（腌渍蘑菇） 用醋制作的其他果、菜及食用植物（包括用醋酸制作或保藏的）（腌渍其他未列出蔬菜）
200210	10		非用醋制作的整个或切片番茄罐头 【电商】	Tomatoes, whole or in pieces, prepared or preserved otherwise than by vinegar or acetic acid, canned	【最】5【普】80 【协东盟】0【协澳门】0【协智利】0 【协香港】0【协新西兰】0【协新加坡】0 【协秘鲁】0【协哥斯达黎加】0【协冰岛】0 【协瑞士】5【协澳大利亚】0【协韩国】12.6 【协格鲁吉亚】0 【特-1】0【特-2】0 【增】16【对美加征】10【出】0【退】16	千克	A	B	R	S	999	非用醋制作的整个或切片番茄罐头
200210	90		非用醋制作的其他整个或切片番茄 【电商】	Other tomatoes, whole or in pieces, prepared or preserved otherwise than by vinegar or acetic acid	【最】5【普】70 【协东盟】0【协智利】0 【协新西兰】0【协新加坡】0【协秘鲁】0 【协哥斯达黎加】0【协冰岛】0【协瑞士】5 【协澳大利亚】0【协韩国】18.7 【协格鲁吉亚】0【协香港】0【协澳门】0 【特-1】0【特-2】0 【增】16【出】0【退】10	千克	A	B	PR	Q	101 102	非用醋制作的其他整个或切片番茄（冷冻番茄） 非用醋制作的其他整个或切片番茄（脱水番茄）
200290	11		重量不超过5千克的番茄酱罐头 【电商】	Tomatoes paste, in airtight containers, weighing not more than 5kg	【最】5【普】80 【协东盟】0【协澳门】0【协智利】0【协香港】0 【协新西兰】0【协新加坡】0【协秘鲁】0 【协哥斯达黎加】0【协冰岛】0【协瑞士】5 【协澳大利亚】0【协韩国】13.3【协格鲁吉亚】0 【特-1】0【特-2】0 【增】16【对美加征】5【出】0【退】16	千克	A	B	R	S	999	重量不超过5千克的番茄酱罐头
200290	19		重量大于5千克的番茄酱罐头	Tomatoes paste, in airtight containers, weighing more than 5kg	【最】5【普】80 【协东盟】0【协澳门】0【协智利】0【协香港】0 【协新西兰】0【协新加坡】0【协秘鲁】0 【协哥斯达黎加】0【协冰岛】0【协瑞士】5 【协澳大利亚】0【协韩国】10【协格鲁吉亚】0 【特-1】0【特-2】0 【增】16【对美加征】5【出】0【退】16	千克	A	B	R	S	999	重量大于5千克的番茄酱罐头

① 列入《进出口野生动植物种商品目录》的商品除外。
② 列入《进出口野生动植物种商品目录》的商品除外。
③ 列入《进出口野生动植物种商品目录》的商品除外。
④ 列入《进出口野生动植物种商品目录》的商品除外。

税则号列			货品名称中英文		税费综合信息	计量单位	监管证件代码		检验检疫类别		检验检疫编码	检验检疫编码对应中文名称
HS国际统一前6位	本国子目 7~8位	9~10位	中文 货物名称	英文 Article Description			进口	出口	进口	出口		
200290	90		非用醋制作的绞碎番茄（用醋或醋酸以外其他方法制作或保藏的） 【电商】	Other tomatoes, minced (prepared or preserved otherwise than by vinegar or acetic acid)	【最】5【普】70 【协东盟】0【协澳门】0【协巴基斯坦】14.4 【协智利】0【协新西兰】0【协新加坡】0 【协香港】0【协秘鲁】0【协哥斯达黎加】0 【协冰岛】0【协瑞士】5【协澳大利亚】0 【协韩国】12【协格鲁吉亚】0 【特-1】0【特-2】0 【增】16【对美加征】5【出】0【退】10	千克	A	B	PR	QS	101 102	非用醋制作的绞碎番茄（用醋或醋酸以外其他方法制作或保藏的）（冷冻番茄） 非用醋制作的绞碎番茄（用醋或醋酸以外其他方法制作或保藏的）（脱水番茄）
200310	11		小白蘑菇罐头（指洋蘑菇，用醋或醋酸以外其他方法制作或保藏的）	Small white agaric, in air tight containers, prepared or preserved otherwise than by vinegar or acetic acid	【最】5【普】90 【协东盟】0【协澳门】0【协智利】0【协香港】0 【协新西兰】0【协新加坡】0【协秘鲁】0 【协哥斯达黎加】0【协冰岛】0【协瑞士】5 【协澳大利亚】0【协韩国】12.5【协格鲁吉亚】0 【特-1】0【特-2】0 【增】16【对美加征】10【出】0【退】16	千克	A	B	R	S	999	小白蘑菇罐头（指洋蘑菇，用醋或醋酸以外其他方法制作或保藏的）
200310	19		其他伞菌属蘑菇罐头（用醋或醋酸以外其他方法制作或保藏的） 【电商】	Other mushrooms, in air tight containers, prepared or preserved otherwise than by vinegar or acetic acid	【最】5【普】90 【协东盟】0【协澳门】0【协智利】0【协香港】0 【协新西兰】0【协新加坡】0【协秘鲁】0 【协哥斯达黎加】0【协冰岛】0【协瑞士】5 【协澳大利亚】0【协韩国】12.5【协格鲁吉亚】0 【特-1】0【特-2】0 【增】16【出】0【退】16	千克	A	B	R	S	101 102 103	其他伞菌属蘑菇罐头（用醋或醋酸以外其他方法制作或保藏的）（草菇罐头） 其他伞菌属蘑菇罐头（用醋或醋酸以外其他方法制作或保藏的）（金针菇罐头） 其他伞菌属蘑菇罐头（用醋或醋酸以外其他方法制作或保藏的）（其他食用菌罐头）
200310	90		非用醋制作的其他伞菌属蘑菇（用醋或醋酸以外其他方法制作或保藏的） 【电商】	Other mushrooms, prepared or preserved otherwise than by vinegar or acetic acid	【最】5【普】90 【协东盟】0【协澳门】0【协智利】0【协香港】0 【协新西兰】0【协新加坡】0【协秘鲁】0 【协哥斯达黎加】0【协冰岛】0【协瑞士】5 【协澳大利亚】0【协韩国】12.5【协格鲁吉亚】0 【特-1】0【特-2】0 【增】16【出】0【退】10	千克	A	B	R	S	101 102 103 104	非用醋制作的其他伞菌属蘑菇（用醋或醋酸以外其他方法制作或保藏的）（冷冻其他伞菌属蘑菇） 非用醋制作的其他伞菌属蘑菇（用醋或醋酸以外其他方法制作或保藏的）（脱水其他伞菌属蘑菇） 非用醋制作的其他伞菌属蘑菇（用醋或醋酸以外其他方法制作或保藏的）（腌渍蘑菇） 非用醋制作的其他伞菌属蘑菇（用醋或醋酸以外其他方法制作或保藏的）（腌渍其他伞菌属蘑菇）
200390	10	10	非用醋制作的香菇罐头［用醋或醋酸以外其他方法制作或保藏的（非伞菌属蘑菇）］	Shiitake, canned, prepared or preserved otherwise than by vinegar or acetic acid (not mushrooms)	【最】5【普】90 【协东盟】0【协澳门】0【协智利】0【协香港】0 【协新西兰】0【协新加坡】0【协秘鲁】0 【协哥斯达黎加】0【协冰岛】0【协瑞士】5 【协澳大利亚】0【协韩国】12.5【协格鲁吉亚】0 【特-1】0【特-2】0 【增】16【对美加征】10【出】0【退】16	千克	A	B	R	S	999	非用醋制作的香菇罐头［用醋或醋酸以外其他方法制作或保藏的（非伞菌属蘑菇）］
200390	10	20	非用醋制作的松茸罐头（用醋或醋酸以外其他方法制作或保藏的）	Sungmo, canned, prepared or preserved otherwise than by vinegar or acetic acid	【最】5【普】90 【协东盟】0【协澳门】0【协智利】0【协香港】0 【协新西兰】0【协新加坡】0【协秘鲁】0 【协哥斯达黎加】0【协冰岛】0【协瑞士】5 【协澳大利亚】0【协韩国】12.5【协格鲁吉亚】0 【特-1】0【特-2】0 【增】16【对美加征】10【出】0【退】16	千克	A	BE	R	S	999	非用醋制作的松茸罐头（用醋或醋酸以外其他方法制作或保藏的）

税则号列			货品名称中英文		税费综合信息	计量单位	监管证件代码		检验检疫类别		检验检疫编码	检验检疫编码对应中文名称
HS 国际统一前6位	本国子目 7~8位	本国子目 9~10位	中文 货物名称	英文 Article Description			进口	出口	进口	出口		
200390	10	90	非用醋制作的其他蘑菇罐头［用醋或醋酸以外其他方法制作或保藏的（非伞菌属蘑菇）］	Other shiitake, canned, prepared or preserved otherwise than by vinegar or acetic acid (not mushrooms)	【最】5【普】90 【协东盟】0【协澳门】0【协智利】0【协香港】0 【协新西兰】0【协新加坡】0【协秘鲁】0 【协哥斯达黎加】0【协冰岛】0【协瑞士】5 【协澳大利亚】0【协韩国】12.5【协格鲁吉亚】0 【特-1】0【特-2】0 【增】16【对美加征】10【出】0【退】16	千克	A	B	R	S	101 102 103 104 105 ……	非用醋制作的其他蘑菇罐头［用醋或醋酸以外其他方法制作或保藏的（非伞菌属蘑菇）］（滑子蘑罐头） 非用醋制作的其他蘑菇罐头［用醋或醋酸以外其他方法制作或保藏的（非伞菌属蘑菇）］（猴头菇罐头） 非用醋制作的其他蘑菇罐头［用醋或醋酸以外其他方法制作或保藏的（非伞菌属蘑菇）］（鸡油菌罐头） 非用醋制作的其他蘑菇罐头［用醋或醋酸以外其他方法制作或保藏的（非伞菌属蘑菇）］（牛肝菌罐头） 非用醋制作的其他蘑菇罐头［用醋或醋酸以外其他方法制作或保藏的（非伞菌属蘑菇）］（姬菇罐头） ……①
200390	90	10	非用醋制作的其他香菇［用醋或醋酸以外其他方法制作或保藏的（非伞菌属蘑菇）］	Other shiitake, prepared or preserved otherwise than by vinegar or acetic acid(not mushrooms)	【最】5【普】90 【协东盟】0【协澳门】0【协智利】0【协香港】0 【协新西兰】0【协新加坡】0【协秘鲁】0 【协哥斯达黎加】0【协冰岛】0【协瑞士】5 【协澳大利亚】0【协韩国】12.5【协格鲁吉亚】0 【特-1】0【特-2】0 【增】16【出】0【退】10	千克	A	B	PR	QS	101 102 103	非用醋制作的其他香菇［用醋或醋酸以外其他方法制作或保藏的（非伞菌属蘑菇）］（冷冻香菇） 非用醋制作的其他香菇［用醋或醋酸以外其他方法制作或保藏的（非伞菌属蘑菇）］（脱水香菇） 非用醋制作的其他香菇［用醋或醋酸以外其他方法制作或保藏的（非伞菌属蘑菇）］（腌渍香菇）
200390	90	20	非用醋制作的其他松茸（用醋或醋酸以外其他方法制作或保藏的）	Other sungmo, prepared or preserved otherwise than by vinegar or acetic acid	【最】5【普】90 【协东盟】0【协澳门】0【协智利】0【协香港】0 【协新西兰】0【协新加坡】0【协秘鲁】0 【协哥斯达黎加】0【协冰岛】0【协瑞士】5 【协澳大利亚】0【协韩国】12.5【协格鲁吉亚】0 【特-1】0【特-2】0 【增】16【出】0【退】10	千克	A	BE	PR	QS	101 102 103	非用醋制作的其他松茸（用醋或醋酸以外其他方法制作或保藏的）（冷冻松茸） 非用醋制作的其他松茸（用醋或醋酸以外其他方法制作或保藏的）（脱水松茸） 非用醋制作的其他松茸（用醋或醋酸以外其他方法制作或保藏的）（腌渍松茸）

① 该税号项下检验检疫编码及对应中文名称尚有：106　非用醋制作的其他蘑菇罐头［用醋或醋酸以外其他方法制作或保藏的（非伞菌属蘑菇）］（鲍鱼菇罐头），107　非用醋制作的其他蘑菇罐头［用醋或醋酸以外其他方法制作或保藏的（非伞菌属蘑菇）］（白灵菇罐头），108　非用醋制作的其他蘑菇罐头［用醋或醋酸以外其他方法制作或保藏的（非伞菌属蘑菇）］（平菇罐头），109　非用醋制作的其他蘑菇罐头［用醋或醋酸以外其他方法制作或保藏的（非伞菌属蘑菇）］（茶树菇罐头），110　非用醋制作的其他蘑菇罐头［用醋或醋酸以外其他方法制作或保藏的（非伞菌属蘑菇）］（凤尾菇罐头），111　非用醋制作的其他蘑菇罐头［用醋或醋酸以外其他方法制作或保藏的（非伞菌属蘑菇）］（灰树花菇罐头），112　非用醋制作的其他蘑菇罐头［用醋或醋酸以外其他方法制作或保藏的（非伞菌属蘑菇）］（黑木耳罐头），113　非用醋制作的其他蘑菇罐头［用醋或醋酸以外其他方法制作或保藏的（非伞菌属蘑菇）］（球盖菇罐头），114　非用醋制作的其他蘑菇罐头［用醋或醋酸以外其他方法制作或保藏的（非伞菌属蘑菇）］（鸡腿菇罐头），115　非用醋制作的其他蘑菇罐头［用醋或醋酸以外其他方法制作或保藏的（非伞菌属蘑菇）］（松茸罐头），116　非用醋制作的其他蘑菇罐头［用醋或醋酸以外其他方法制作或保藏的（非伞菌属蘑菇）］（什锦菇罐头），117　非用醋制作的其他蘑菇罐头［用醋或醋酸以外其他方法制作或保藏的（非伞菌属蘑菇）］（其他蘑菇类罐头），118　非用醋制作的其他蘑菇罐头［用醋或醋酸以外其他方法制作或保藏的（非伞菌属蘑菇）］（其他木耳类罐头），119　非用醋制作的其他蘑菇罐头［用醋或醋酸以外其他方法制作或保藏的（非伞菌属蘑菇）］（其他食用菌罐头）。

税则号列			货品名称中英文		税费综合信息	计量单位	监管证件代码		检验检疫类别		检验检疫编码	检验检疫编码对应中文名称
HS国际统一前6位	本国子目7~8位	本国子目9~10位	中文 货物名称	英文 Article Description			进口	出口	进口	出口		
200390	90	90	非用醋制作的其他蘑菇［用醋或醋酸以外其他方法制作或保藏的（非伞菌属蘑菇）］	Other mushrooms, prepared or preserved otherwise than by vinegar or acetic acid (not mushrooms)	【最】5【普】90 【协东盟】0【协澳门】0【协智利】0【协香港】0 【协新西兰】0【协新加坡】0【协秘鲁】0 【协哥斯达黎加】0【协冰岛】0【协瑞士】5 【协澳大利亚】0【协韩国】12.5【协格鲁吉亚】0 【特-1】0【特-2】0 【增】16【出】0【退】10	千克	A	B	PR	QS	101 102 103	非用醋制作的其他蘑菇［用醋或醋酸以外其他方法制作或保藏的（非伞菌属蘑菇）］（冷冻其他非伞菌属蘑菇） 非用醋制作的其他蘑菇［用醋或醋酸以外其他方法制作或保藏的（非伞菌属蘑菇）］（脱水其他非伞菌属蘑菇） 非用醋制作的其他蘑菇［用醋或醋酸以外其他方法制作或保藏的（非伞菌属蘑菇）］（腌渍其他非伞菌属蘑菇）
200410	00		非用醋制作的冷冻马铃薯（税目20.06的货品除外）	Potatoes, prepared or preserved otherwise than by vinegar or acetic acid, frozen, other than products of heading No. 20.06	【最】5【普】70 【协东盟】0【协巴基斯坦】6.5【协智利】0 【协新西兰】0【协新加坡】0【协秘鲁】0 【协哥斯达黎加】0【协瑞士】5 【协澳大利亚】0【协韩国】6.5 【协格鲁吉亚】0【协香港】0【协澳门】0 【特-1】0【特-2】0【特-3】0 【增】16【对美加征】5【出】0【退】10	千克	A	B	PR	QS	999	非用醋制作的冷冻马铃薯（税目20.06的货品除外）
200490	00	10	非用醋制作的冷冻松茸	Sungmo, frozen, not prepared by vinegar	【最】5【普】70 【协东盟】0【协智利】0【协新西兰】0 【协新加坡】0【协秘鲁】0【协哥斯达黎加】0 【协冰岛】0【协瑞士】5【协澳大利亚】0 【协韩国】12.5【协格鲁吉亚】0【协香港】0 【协澳门】0【特-1】0【特-2】0 【增】16【对美加征】10【出】0【退】10	千克	A	BE	PR	QS	999	非用醋制作的冷冻松茸
200490	00	20	非用醋制作的冷冻酸竹笋	Acidosasa chinensis shoots, frozen, not prepared by vinegar	【最】5【普】70 【协东盟】0【协智利】0【协新西兰】0 【协新加坡】0【协秘鲁】0【协哥斯达黎加】0 【协冰岛】0【协瑞士】5【协澳大利亚】0 【协韩国】12.5【协格鲁吉亚】0【协香港】0 【协澳门】0【特-1】0【特-2】0 【增】16【对美加征】10【出】0【退】10	千克	A	BE	PR	QS	999	非用醋制作的冷冻酸竹笋
200490	00	30	非用醋制作的冷冻芦荟	Aloe, frozen, not prepared by vinegar	【最】5【普】70 【协东盟】0【协智利】0【协新西兰】0 【协新加坡】0【协秘鲁】0【协哥斯达黎加】0 【协冰岛】0【协瑞士】5【协澳大利亚】0 【协韩国】12.5【协格鲁吉亚】0【协香港】0 【协澳门】0【特-1】0【特-2】0 【增】16【对美加征】10【出】0【退】10	千克	AF	BE	PR	QS	999	非用醋制作的冷冻芦荟
200490	00	40	非用醋制作的冷冻仙人掌植物	Cactus, frozen, not prepared by vinegar	【最】5【普】70 【协东盟】0【协智利】0【协新西兰】0 【协新加坡】0【协秘鲁】0【协哥斯达黎加】0 【协冰岛】0【协瑞士】5【协澳大利亚】0 【协韩国】12.5【协格鲁吉亚】0【协香港】0 【协澳门】0【特-1】0【特-2】0 【增】16【对美加征】10【出】0【退】10	千克	AF	BE	PR	QS	999	非用醋制作的冷冻仙人掌植物
200490	00	90	非用醋制作的其他冷冻蔬菜（税目20.06的货品除外）	Other vegetables, frozen, not prepared by vinegar, frozen (other than products of heading No. 20.06)	【最】5【普】70 【协东盟】0【协智利】0【协新西兰】0 【协新加坡】0【协秘鲁】0【协哥斯达黎加】0 【协冰岛】0【协瑞士】5【协澳大利亚】0 【协韩国】12.5【协格鲁吉亚】0【协香港】0 【协澳门】0 【特-1】0【特-2】0 【增】16【对美加征】10【出】0【退】10	千克	A	B	PR	QS	101 102 103 104	非用醋制作的其他冷冻蔬菜（税目20.06的货品除外）（其他冷冻植物产品） 非用醋制作的其他冷冻蔬菜（税目20.06的货品除外）（其他含肉速冻粮食制品） 非用醋制作的其他冷冻蔬菜（税目20.06的货品除外）（其他不含肉速冻粮食制品） 非用醋制作的其他冷冻蔬菜（税目20.06的货品除外）（冷冻其他未列出蔬菜）

税则号列			货品名称中英文		税费综合信息	计量单位	监管证件代码		检验检疫类别		检验检疫编码	检验检疫编码对应中文名称
HS 国际统一前6位	本国子目 7~8位	本国子目 9~10位	中文 货物名称	英文 Article Description			进口	出口	进口	出口		
200510	00		非用醋制作的未冷冻均化蔬菜 【电商】	Homogenized vegetables, prepared or preserved otherwise than by vinegar or acetic acid, not frozen	【最】5【普】70 【协东盟】0【协智利】0【协新西兰】0 【协新加坡】0【协秘鲁】0【协哥斯达黎加】0 【协冰岛】0【协瑞士】5【协澳大利亚】0 【协韩国】12.5【协格鲁吉亚】0【协香港】0 【协澳门】0【特-1】0【特-2】0 【增】16【对美加征】5【出】0【退】16	千克	A	B	PR	QS	999	非用醋制作的未冷冻均化蔬菜
200520	00		非用醋制作的未冷冻马铃薯 【电商】①	Potatoes, prepared or preserved otherwise than by vinegar or acetic acid, not frozen	【最】5【普】70 【协东盟】0【协香港】0【协澳门】0 【协巴基斯坦】12【协智利】0【协新西兰】0 【协新加坡】0【协秘鲁】0【协哥斯达黎加】0 【协瑞士】5【协澳大利亚】0【协韩国】7.5 【协格鲁吉亚】0【特-1】0【特-2】0 【增】16【对美加征】10【出】0【退】10	千克	A	B	PR	QS	999	非用醋制作的未冷冻马铃薯
200540	00		非用醋制作的未冷冻豌豆 【电商】	Peas (Pisum sativum), prepared or preserved otherwise than by vinegar or acetic acid, not frozen	【最】5【普】70 【协东盟】0【协智利】0【协新西兰】0 【协新加坡】0【协秘鲁】0【协哥斯达黎加】0 【协冰岛】0【协瑞士】5【协澳大利亚】0 【协韩国】12.5【协格鲁吉亚】0【协香港】0 【协澳门】0 【特-1】0【特-2】0 【增】16【对美加征】10【出】0【退】10	千克	A	B	PR	QS	101 102 103 104 105	非用醋制作的未冷冻豌豆（青豆罐头） 非用醋制作的未冷冻豌豆（即食豌豆沙律） 非用醋制作的未冷冻豌豆（熟制豌豆炒货） 非用醋制作的未冷冻豌豆（发酵豆制品） 非用醋制作的未冷冻豌豆（非发酵豆制品）
200551	11		非用醋制作的赤豆馅罐头	Red bean paste, prepared or preserved otherwise than by vinegar or acetic acid, canned	【最】5【普】80 【协东盟】0【协香港】0【协澳门】0【协智利】0 【协新西兰】0【协新加坡】0【协秘鲁】0 【协哥斯达黎加】0【协冰岛】0【协瑞士】5 【协澳大利亚】0【协韩国】12.5 【协格鲁吉亚】0【特-1】0【特-2】0 【增】16【出】0【退】16	千克	A	B	R	S	101 102	非用醋制作的赤豆馅罐头（红豆罐头） 非用醋制作的赤豆馅罐头（豆类罐头）
200551	19		其他非用醋制作的脱荚豇豆及菜豆罐头	Other beans, shelled, prepared or preserved otherwise than by vinegar or acetic acid, canned	【最】5【普】80 【协东盟】0【协香港】0【协澳门】0【协智利】0 【协新西兰】0【协新加坡】0【协秘鲁】0 【协哥斯达黎加】0【协冰岛】0【协瑞士】5 【协澳大利亚】0【协韩国】18.7 【协格鲁吉亚】0【特-1】0【特-2】0 【增】16【对美加征】10【出】0【退】16	千克	A	B	R	S	999	其他非用醋制作的脱荚豇豆及菜豆罐头
200551	91		非用醋制作的赤豆馅，罐头除外	Other red bean paste, prepared or preserved otherwise than by vinegar or acetic acid, not canned	【最】5【普】70 【协东盟】0【协智利】0【协新西兰】0 【协新加坡】0【协秘鲁】0【协哥斯达黎加】0 【协冰岛】0【协瑞士】5【协澳大利亚】0 【协韩国】12.5【协格鲁吉亚】0【协香港】0 【协澳门】0【特-1】0【特-2】0 【增】16【出】0【退】16	千克	A	B	PR	QS	101 102	非用醋制作的赤豆馅，罐头除外（红豆馅） 非用醋制作的赤豆馅，罐头除外（其他粮食制品）
200551	99		非用醋制作的其他脱荚豇豆及菜豆，罐头除外 【电商】	Other beans, shelled, prepared or preserved otherwise than by vinegar or acetic acid, not canned	【最】5【普】70 【协东盟】0【协香港】0【协澳门】0【协智利】0 【协新西兰】0【协新加坡】0【协秘鲁】0 【协哥斯达黎加】0【协瑞士】5 【协澳大利亚】0【协韩国】18.7【协格鲁吉亚】0 【特-1】0【特-2】0 【增】16【出】0【退】10	千克	A	B	PR	QS	101 102	非用醋制作的其他脱荚豇豆及菜豆，罐头除外（冷冻脱荚豇豆） 非用醋制作的其他脱荚豇豆及菜豆，罐头除外（冷冻脱荚菜豆）
200559	10		非用醋制作的其他豇豆及菜豆罐头	Other beans, in shell, prepared or preserved otherwise than by vinegar or acetic acid, canned	【最】5【普】80 【协东盟】0【协澳门】0【协智利】0【协香港】0 【协新西兰】0【协新加坡】0【协秘鲁】0 【协哥斯达黎加】0【协瑞士】5 【协澳大利亚】0【协韩国】12.5【协格鲁吉亚】0 【特-1】0【特-2】0 【增】16【对美加征】10【出】0【退】16	千克	A	B	R	S	999	非用醋制作的其他豇豆及菜豆罐头

① 仅限网购保税商品。

税则号列			货品名称中英文		税费综合信息	计量单位	监管证件代码		检验检疫类别		检验检疫编码	检验检疫编码对应中文名称
HS 国际统一前 6 位	本国子目 7~8 位	本国子目 9~10 位	中文 货物名称	英文 Article Description			进口	出口	进口	出口		
200559	90		非用醋制作的其他豇豆及菜豆【电商】	Other beans, in shell, prepared or preserved otherwise than by vinegar or acetic acid	【最】5【普】70 【协东盟】0【协智利】0【协新西兰】0 【协新加坡】0【协秘鲁】0【协哥斯达黎加】0 【协瑞士】5【协澳大利亚】0【协韩国】12.5 【协格鲁吉亚】0【协香港】0【协澳门】0 【特-1】0【特-2】0 【增】16【出】0【退】10	千克	A	B	PR	QS	101 102	非用醋制作的其他豇豆及菜豆（腌渍豇豆） 非用醋制作的其他豇豆及菜豆（腌渍菜豆）
200560	10		非用醋制作的芦笋罐头	Asparagus, prepared or preserved otherwise than by vinegar or acetic acid, canned	【最】5【普】80 【协东盟】0【协澳门】0【协智利】0【协香港】0 【协新西兰】0【协新加坡】0【协秘鲁】0 【协哥斯达黎加】0【协瑞士】5 【协澳大利亚】0【协韩国】12.5【协格鲁吉亚】0 【特-1】0【特-2】0 【增】16【出】0【退】16	千克	A	B	R	S	999	非用醋制作的芦笋罐头
200560	90		非用醋制作的其他芦笋	Other asparagus, prepared or preserved otherwise than by vinegar or acetic acid	【最】5【普】70 【协东盟】0【协智利】0【协新西兰】0 【协新加坡】0【协秘鲁】0【协哥斯达黎加】0 【协冰岛】0【协瑞士】5【协澳大利亚】0 【协韩国】12.5【协格鲁吉亚】0【协香港】0 【协澳门】0 【特-1】0【特-2】0 【增】16【出】0【退】10	千克	A	B	PR	QS	101 102 103	非用醋制作的其他芦笋（冷冻芦笋） 非用醋制作的其他芦笋（脱水芦笋） 非用醋制作的其他芦笋（腌渍芦笋）
200570	00		非用醋制作的未冷冻油橄榄【电商】	Olives, not frozen, prepared or preserved otherwise than by vinegar or acetic acid	【最】5【普】70 【协东盟】0【协巴基斯坦】5【协智利】0 【协新西兰】0【协新加坡】0【协秘鲁】0 【协哥斯达黎加】0【协冰岛】0【协瑞士】0 【协澳大利亚】0【协韩国】5【协格鲁吉亚】0 【协香港】0【协澳门】0 【特-1】0【特-2】0 【增】16【对美加征】10【出】0【退】10	千克	A	B	PR	QS	999	非用醋制作的未冷冻油橄榄
200580	00		非用醋制作的未冷冻甜玉米【电商】	Sweet corn(Zea mays var. Saccharata), prepared or preserved otherwise than by vinegar or acetic acid, not frozen	【最】5【普】80 【协东盟】0【协巴基斯坦】5【协智利】0 【协新西兰】0【协新加坡】0【协秘鲁】0 【协哥斯达黎加】0【协冰岛】0【协瑞士】0 【协澳大利亚】0【协韩国】5【协格鲁吉亚】0 【协香港】0【协澳门】0 【特-1】0【特-2】0 【增】16【对美加征】10【出】0【退】10	千克	A	B	PR	QS	101	非用醋制作的未冷冻甜玉米（甜玉米罐头）
200591	10	10	非用醋制作的酸竹笋罐头	Acidosasa chinensis shoots, canned, prepared otherwise than by vinegar	【最】5【普】80 【协东盟】0【协澳门】0【协智利】0【协香港】0 【协新西兰】0【协新加坡】0【协秘鲁】0 【协哥斯达黎加】0【协冰岛】0【协瑞士】5 【协澳大利亚】0【协韩国】12.5【协格鲁吉亚】0 【特-1】0【特-2】0 【增】16【出】0【退】16	千克	A	BE	R	S	999	非用醋制作的酸竹笋罐头
200591	10	90	非用醋制作的其他竹笋罐头	Other bamboo shoots, canned, prepared otherwise than by vinegar	【最】5【普】80 【协东盟】0【协澳门】0【协智利】0【协香港】0 【协新西兰】0【协新加坡】0【协秘鲁】0 【协哥斯达黎加】0【协冰岛】0【协瑞士】5 【协澳大利亚】0【协韩国】12.5【协格鲁吉亚】0 【特-1】0【特-2】0 【增】16【出】0【退】16	千克	A	B	R	S	999	非用醋制作的其他竹笋罐头
200591	90	10	非用醋制作的酸竹笋	Acidosasa chinensis shoots, prepared otherwise than by vinegar	【最】5【普】70 【协东盟】0【协智利】0【协新西兰】0 【协新加坡】0【协秘鲁】0【协哥斯达黎加】0 【协冰岛】0【协瑞士】5【协澳大利亚】0 【协韩国】12.5【协格鲁吉亚】0【协香港】0 【协澳门】0 【特-1】0【特-2】0 【增】16【出】0【退】10	千克	A	BE	PR	QS	999	非用醋制作的酸竹笋
200591	90	90	非用醋制作的其他竹笋	Other bamboo shoots, prepared otherwise than by vinegar	【最】5【普】70 【协东盟】0【协智利】0【协新西兰】0 【协新加坡】0【协秘鲁】0【协哥斯达黎加】0 【协冰岛】0【协瑞士】5【协澳大利亚】0 【协韩国】12.5【协格鲁吉亚】0【协香港】0 【协澳门】0 【特-1】0【特-2】0 【增】16【出】0【退】10	千克	A	B	PR	QS	101 102 103	非用醋制作的其他竹笋（冷冻竹笋） 非用醋制作的其他竹笋（腌渍竹笋） 非用醋制作的其他竹笋（脱水竹笋）

税则号列			货品名称中英文		税费综合信息	计量单位	监管证件代码		检验检疫类别		检验检疫编码	检验检疫编码对应中文名称
HS国际统一前6位	本国子目 7~8位	9~10位	中文 货物名称	英文 Article Description			进口	出口	进口	出口		
200599	20		非用醋制作的蚕豆罐头	Broad beans, in airtight containers	【最】5【普】80 【协东盟】0【协澳门】0【协智利】0【协香港】0 【协新西兰】0【协新加坡】0【协秘鲁】0 【协哥斯达黎加】0【协冰岛】0【协瑞士】5 【协澳大利亚】0【协韩国】12.5【协格鲁吉亚】0 【特-1】0【特-2】0 【增】16【出】0【退】16	千克	A	B	R	S	999	非用醋制作的蚕豆罐头
200599	40		榨菜	Hot pickled mustard tubers	【最】5【普】70 【协东盟】0【协智利】0【协新西兰】0 【协新加坡】0【协秘鲁】0【协哥斯达黎加】0 【协冰岛】0【协瑞士】5【协澳大利亚】0 【协韩国】12.5【协格鲁吉亚】0【协香港】0 【协澳门】0 【特-1】0【特-2】0 【增】16【出】0【退】10	千克	A	B	R	S	999	榨菜
200599	50		咸蕨菜	Chueh tsai (fiddlehead), salted	【最】5【普】70 【协东盟】0【协智利】0【协新西兰】0 【协新加坡】0【协秘鲁】0【协哥斯达黎加】0 【协冰岛】0【协瑞士】5【协澳大利亚】0 【协韩国】12.5【协格鲁吉亚】0【协香港】0 【协澳门】0 【特-1】0【特-2】0 【增】16【出】0【退】10	千克	A	B	R	S	999	咸蕨菜
200599	60		咸荞（藠）头	Scallion, salted	【最】5【普】70 【协东盟】0【协智利】0【协新西兰】0 【协新加坡】0【协秘鲁】0【协哥斯达黎加】0 【协冰岛】0【协瑞士】5【协澳大利亚】0 【协韩国】12.5【协格鲁吉亚】0【协香港】0 【协澳门】0 【特-1】0【特-2】0 【增】16【出】0【退】10	千克	A	B	R	S	999	咸荞（藠）头
200599	91		其他蔬菜及什锦蔬菜罐头（非用醋制作） 【电商】	other vegetables and mixtures of vegetables, in airtight containers, prepared otherwise than by vinegar	【最】5【普】70 【协东盟】0【协澳门】0【协智利】0【协香港】0 【协新西兰】0【协新加坡】0【协秘鲁】0 【协哥斯达黎加】0【协冰岛】0【协瑞士】5 【协澳大利亚】0【协韩国】18.7【协格鲁吉亚】0 【特-1】0【特-2】0 【增】16【对美加征】10【出】0【退】16	千克	A	B	R	S	101 102 103 104 105 ……	其他蔬菜及什锦蔬菜罐头（非用醋制作）（荞头罐头） 其他蔬菜及什锦蔬菜罐头（非用醋制作）（其他鳞茎类罐头） 其他蔬菜及什锦蔬菜罐头（非用醋制作）（红焖大头菜罐头） 其他蔬菜及什锦蔬菜罐头（非用醋制作）（其他芸苔属类罐头） 其他蔬菜及什锦蔬菜罐头（非用醋制作）（香菜心罐头） ……①
200599	99	10	非用醋制作的仙人掌 【电商】②	Cactus, prepared otherwise than by vinegar	【最】5【普】70 【协东盟】0【协智利】0【协新西兰】0 【协新加坡】0【协秘鲁】0【协哥斯达黎加】0 【协冰岛】0【协瑞士】5【协澳大利亚】0 【协韩国】18.7【协格鲁吉亚】0【协香港】0 【协澳门】0 【特-1】0【特-2】0 【增】16【对美加征】10【出】0【退】10	千克	AF	BE	PR	QS	101 102 103	非用醋制作的仙人掌（冷冻仙人掌） 非用醋制作的仙人掌（脱水仙人掌） 非用醋制作的仙人掌（腌渍仙人掌）

① 该税号项下检验检疫编码及对应中文名称尚有：106 其他蔬菜及什锦蔬菜罐头（非用醋制作）（雪菜罐头），107 其他蔬菜及什锦蔬菜罐头（非用醋制作）（橄榄菜罐头），108 其他蔬菜及什锦蔬菜罐头（非用醋制作）（其他叶菜类罐头），109 其他蔬菜及什锦蔬菜罐头（非用醋制作）（其他茄果类罐头），110 其他蔬菜及什锦蔬菜罐头（非用醋制作）（美味黄瓜罐头），111 其他蔬菜及什锦蔬菜罐头（非用醋制作）（苦瓜罐头），112 其他蔬菜及什锦蔬菜罐头（非用醋制作）（其他瓜类罐头），113 其他蔬菜及什锦蔬菜罐头（非用醋制作）（青刀豆罐头），114 其他蔬菜及什锦蔬菜罐头（非用醋制作）（芸豆罐头），115 其他蔬菜及什锦蔬菜罐头（非用醋制作）（红豆罐头），116 其他蔬菜及什锦蔬菜罐头（非用醋制作）（发酵豆类罐头），117 其他蔬菜及什锦蔬菜罐头（非用醋制作）（其他豆类罐头），118 其他蔬菜及什锦蔬菜罐头（非用醋制作）（其他茎类罐头），119 其他蔬菜及什锦蔬菜罐头（非用醋制作）（胡萝卜罐头），120 其他蔬菜及什锦蔬菜罐头（非用醋制作）（姜罐头），121 其他蔬菜及什锦蔬菜罐头（非用醋制作）（地瓜罐头），122 其他蔬菜及什锦蔬菜罐头（非用醋制作）（其他根茎类和薯芋类罐头），123 其他蔬菜及什锦蔬菜罐头（非用醋制作）（莲藕罐头），124 其他蔬菜及什锦蔬菜罐头（非用醋制作）（清水莲子罐头），125 其他蔬菜及什锦蔬菜罐头（非用醋制作）（其他水生类罐头），126 其他蔬菜及什锦蔬菜罐头（非用醋制作）（绿豆芽罐头），127 其他蔬菜及什锦蔬菜罐头（非用醋制作）（黄豆芽罐头），128 其他蔬菜及什锦蔬菜罐头（非用醋制作）（其他芽菜类罐头），129 其他蔬菜及什锦蔬菜罐头（非用醋制作）（其他多年生蔬菜罐头），130 其他蔬菜及什锦蔬菜罐头（非用醋制作）（玉米笋罐头），131 其他蔬菜及什锦蔬菜罐头（非用醋制作）（四鲜烤麸罐头），132 其他蔬菜及什锦蔬菜罐头（非用醋制作）（什锦蔬菜罐头），133 其他蔬菜及什锦蔬菜罐头（非用醋制作）（其他蔬菜罐头）。

② 列入《进出口野生动植物种商品目录》的商品除外。

税则号列			货品名称中英文		税费综合信息	计量单位	监管证件代码		检验检疫类别		检验检疫编码	检验检疫编码对应中文名称
HS国际统一前6位	本国子目7~8位	本国子目9~10位	中文 货物名称	英文 Article Description			进口	出口	进口	出口		
200599	99	20	非用醋制作的芦荟【电商】①	Aloe, prepared otherwise than by vinegar	【最】5【普】70 【协东盟】0【协智利】0【协新西兰】0 【协新加坡】0【协秘鲁】0【协哥斯达黎加】0 【协冰岛】0【协瑞士】5【协澳大利亚】0 【协韩国】18.7【协格鲁吉亚】0【协香港】0 【协澳门】0 【特-1】0【特-2】0 【增】16【对美加征】10【出】0【退】10	千克	AF	BE	PR	QS	101 102 103	非用醋制作的芦荟（冷冻芦荟） 非用醋制作的芦荟（脱水芦荟） 非用醋制作的芦荟（腌渍芦荟）
200599	99	90	非用醋制作的其他蔬菜及什锦蔬菜【电商】②	Other vegetables and mixtures of vegetables, prepared otherwise than by vinegar	【最】5【普】70 【协东盟】0【协智利】0【协新西兰】0 【协新加坡】0【协秘鲁】0【协哥斯达黎加】0 【协冰岛】0【协瑞士】5【协澳大利亚】0 【协韩国】18.7【协格鲁吉亚】0【协香港】0 【协澳门】0 【特-1】0【特-2】0 【增】16【对美加征】10【出】0【退】10	千克	A	B	PR	QS	999	非用醋制作的其他蔬菜及什锦蔬菜
200600	10		蜜枣	Jujubes, preserved by sugar	【最】5【普】90 【协东盟】0【协香港】0【协澳门】0【协智利】0 【协新西兰】0【协新加坡】0【协秘鲁】0 【协哥斯达黎加】0【协冰岛】0【协澳大利亚】0 【协韩国】22.5【协格鲁吉亚】0 【特东缅甸】0【特-1】0【特-2】0【特-3】0 【增】16【出】0【退】16	千克	A	B	R	S	999	蜜枣
200600	20		糖渍制橄榄	Olives, preserved by sugar	【最】5【普】90 【协东盟】0【协香港】0【协澳门】0【协智利】0 【协新西兰】0【协新加坡】0【协秘鲁】12.4 【协哥斯达黎加】0【协冰岛】0【协澳大利亚】0 【协韩国】22.5【协格鲁吉亚】0 【特东缅甸】0【特-1】0【特-2】0【特-3】0 【增】16【对美加征】10【出】0【退】16	千克	A	B	R	S	999	糖渍制橄榄
200600	90	10	糖渍制松茸【电商】	Sungmo, preserved by sugar	【最】5【普】90 【协东盟】0【协香港】0【协澳门】0【协智利】0 【协新西兰】0【协新加坡】0【协秘鲁】12.4 【协哥斯达黎加】0【协冰岛】0【协瑞士】0 【协澳大利亚】0【协韩国】22.5【协格鲁吉亚】0 【特东缅甸】0【特-1】0【特-2】0【特-3】0 【增】16【对美加征】10【出】0【退】16	千克	A	BE	R	S	999	糖渍制松茸
200600	90	90	其他糖渍蔬菜、水果、坚果、果皮（包括糖渍植物的其他部分）【电商】	Other vegetables, fruit, nuts, fruitpeel and other parts of plants, preserved by sugar	【最】5【普】90 【协东盟】0【协香港】0【协澳门】0【协智利】0 【协新西兰】0【协新加坡】0【协秘鲁】12.4 【协哥斯达黎加】0【协冰岛】0【协瑞士】0 【协澳大利亚】0【协韩国】22.5【协格鲁吉亚】0 【特东缅甸】0【特-1】0【特-2】0【特-3】0 【增】16【对美加征】10【出】0【退】16	千克	A	B	R	S	101 102 103 104	其他糖渍蔬菜、水果、坚果、果皮（包括糖渍植物的其他部分）（红豆馅） 其他糖渍蔬菜、水果、坚果、果皮（包括糖渍植物的其他部分）（果脯） 其他糖渍蔬菜、水果、坚果、果皮（包括糖渍植物的其他部分）（话梅） 其他糖渍蔬菜、水果、坚果、果皮（包括糖渍植物的其他部分）（其他蜜饯）
200710	00		烹煮的果子均化食品（包括果酱、果冻、果泥、果膏）【电商】	Homogenized preparations (including Jams, fruit jellies, marmalades, fruit or nut puree and fruit or nut pastes, being cooked preparations)	【最】5【普】80 【协东盟】0【协智利】0【协新西兰】0 【协新加坡】0【协秘鲁】12.4【协哥斯达黎加】0 【协冰岛】0【协瑞士】0【协澳大利亚】0 【协韩国】22.5【协格鲁吉亚】0【协香港】0 【协澳门】0 【特-1】0 【增】16【对美加征】10【出】0【退】16	千克	A	B	R	S	201 999	烹煮的果子均化食品（包括果酱、果冻、果泥、果膏）（非罐头工艺生产的果酱） 烹煮的果子均化食品（包括果酱、果冻、果泥、果膏）（果酱罐头）

① 列入《进出口野生动植物种商品目录》的商品除外。

② 列入《进出口野生动植物种商品目录》的商品除外。

税则号列			货品名称中英文		税费综合信息	计量单位	监管证件代码		检验检疫类别		检验检疫编码	检验检疫编码对应中文名称
HS 国际统一前6位	本国子目 7~8位	本国子目 9~10位	中文 货物名称	英文 Article Description			进口	出口	进口	出口		
200791	00		烹煮的柑橘属水果（包括果酱、果冻、果泥、果膏） 【电商】	Citrus fruit(including Jams, fruit jellies, marmalades, fruit or nut puree and fruit or nut pastes, being cooked preparations)	【最】5【普】80 【协东盟】0【协澳门】0【协智利】0【协香港】0 【协新西兰】0【协新加坡】0【协秘鲁】0 【协哥斯达黎加】0【协冰岛】0【协瑞士】0 【协澳大利亚】0【协韩国】22.5【协格鲁吉亚】0 【特东缅甸】0【特-1】0【特-2】0【特-3】0 【增】16【对美加征】10【出】0【退】16	千克	A	B	R	S	201 999	烹煮的柑橘属水果（包括果酱、果冻、果泥、果膏）（非罐头工艺生产的果酱） 烹煮的柑橘属水果（包括果酱、果冻、果泥、果膏）（果酱罐头）
200799	10		其他烹煮的果酱、果冻罐头（包括果泥、果膏） 【电商】	Other jams, fruit jellies, marmalades, fruit or nut puree and fruit or nut pastes, being cooked preparations, In airtight containers	【最】5【普】80 【协东盟】0【协澳门】0【协巴基斯坦】0 【协香港】0【协智利】0【协新西兰】0 【协秘鲁】0【协哥斯达黎加】0【协冰岛】0 【协瑞士】0【协澳大利亚】0【协韩国】0 【协格鲁吉亚】0【特亚太】2.5 【特-1】0【特-2】0【特-3】0 【增】16【对美加征】10【出】0【退】16	千克	A	B	R	S	101 102 103 104 105 ……	其他烹煮的果酱、果冻罐头（包括果泥、果膏）（什锦果酱罐头） 其他烹煮的果酱、果冻罐头（包括果泥、果膏）（杏酱罐头） 其他烹煮的果酱、果冻罐头（包括果泥、果膏）（菠萝酱罐头） 其他烹煮的果酱、果冻罐头（包括果泥、果膏）（苹果酱罐头） 其他烹煮的果酱、果冻罐头（包括果泥、果膏）（西瓜酱罐头） ……①
200799	90		其他烹煮的果酱、果冻（包括果泥、果膏） 【电商】	Other jams, fruit jellies, marmalades, fruit or nut puree and fruit or nut pastes, being cooked preparations	【最】5【普】80 【协东盟】0【协澳门】0【协巴基斯坦】0 【协香港】0【协智利】0【协新西兰】0 【协秘鲁】0【协哥斯达黎加】2【协冰岛】0 【协瑞士】0【协澳大利亚】0【协韩国】0 【协格鲁吉亚】0【特亚太】2.5 【特-1】0【特-2】0【特-3】0 【增】16【对美加征】10【出】0【退】16	千克	A	B	R	S	201 999	其他烹煮的果酱、果冻（包括果泥、果膏）（非罐头工艺生产的果酱） 其他烹煮的果酱、果冻（包括果泥、果膏）（果脯）
200811	10		花生米罐头 【电商】	Ground-nut kernels, in airtight containers	【最】5【普】90 【协东盟】0【协香港】0【协澳门】0【协智利】0 【协新西兰】0【协新加坡】0【协哥斯达黎加】0 【协冰岛】0【协澳大利亚】0【协韩国】22.5 【协格鲁吉亚】0 【特-1】0 【增】16【对美加征】10【出】0【退】16	千克	A	B	R	S	999	花生米罐头
200811	20		烘焙花生 【电商】	Roasted ground-nuts	【最】5【普】80 【协东盟】0【协香港】0【协澳门】0【协智利】0 【协新西兰】0【协新加坡】0【协哥斯达黎加】0 【协冰岛】0【协澳大利亚】0【协韩国】22.5 【协格鲁吉亚】0 【特东柬埔寨】0【特-1】0【特-2】0【特-3】0 【增】16【对美加征】5【出】0【退】16	千克	A	B	PR	QS	999	烘焙花生
200811	30		花生酱 【电商】	Ground-nut butter	【最】5【普】90 【协东盟】0【协澳门】0【协智利】0【协香港】0 【协新西兰】0【协新加坡】0【协哥斯达黎加】0 【协冰岛】0【协澳大利亚】0【协韩国】22.5 【协格鲁吉亚】0 【特-1】0 【增】16【对美加征】5【出】0【退】16	千克	A	B	R	S	999	花生酱
200811	90		其他非用醋制作的花生（用醋或醋酸以外其他方法制作或保藏的） 【电商】	Other ground-nuts, prepared otherwise than by vinegar or acetic acid	【最】5【普】80 【协东盟】0【协香港】0【协澳门】0【协智利】0 【协新西兰】0【协新加坡】0【协哥斯达黎加】0 【协冰岛】0【协澳大利亚】0【协韩国】22.5 【协格鲁吉亚】0 【特-1】0 【增】16【对美加征】10【出】0【退】10	千克	A	B	PR	QS	101 102	其他非用醋制作的花生（用醋或醋酸以外其他方法制作或保藏的）（熟制） 其他非用醋制作的花生（用醋或醋酸以外其他方法制作或保藏的）（花生罐头）

① 该税号项下检验检疫编码及对应中文名称尚有：106 其他烹煮的果酱、果冻罐头（包括果泥、果膏）（猕猴桃酱罐头），107 其他烹煮的果酱、果冻罐头（包括果泥、果膏）（其他果酱罐头），108 其他烹煮的果酱、果冻罐头（包括果泥、果膏）（果冻罐头）。

税则号列 HS国际统一前6位	税则号列 本国子目 7~8位	税则号列 本国子目 9~10位	货品名称中英文 中文 货物名称	货品名称中英文 英文 Article Description	税费综合信息	计量单位	监管证件代码 进口	监管证件代码 出口	检验检疫类别 进口	检验检疫类别 出口	检验检疫编码	检验检疫编码对应中文名称
200819	10		核桃仁罐头 【电商】	Walnut meats, in airtight containers	【最】5【普】90 【协亚太】2.5【协东盟】0【协香港】0 【协澳门】0【协巴基斯坦】10【协智利】0 【协新西兰】0【协新加坡】0【协秘鲁】0 【协哥斯达黎加】0【协冰岛】0【协瑞士】5 【协澳大利亚】0【协韩国】13.3【协格鲁吉亚】0 【特东老挝】0【特东柬埔寨】0【特-1】0 【特-2】0【特-3】0 【增】16【出】0【退】16	千克	A	B	R	S	999	核桃仁罐头
200819	20		其他果仁罐头 【电商】	Other nuts, in airtight containers	【最】5【普】90 【协亚太】2.5【协东盟】0【协香港】0 【协澳门】0【协巴基斯坦】5【协智利】0 【协新西兰】0【协新加坡】0【协秘鲁】0 【协哥斯达黎加】0【协冰岛】0【协瑞士】5 【协澳大利亚】0【协韩国】6.5 【协格鲁吉亚】0 【特东老挝】0【特东柬埔寨】0【特-1】0 【特-2】0【特-3】0 【增】16【对美加征】5【出】0【退】16	千克	A	B	R	S	999	其他果仁罐头
200819	91		栗仁	Chestnut seed, prepared otherwise than by vinegar or acetic acid	【最】5【普】80 【协亚太】2.5【协东盟】0【协香港】0【协澳门】0 【协巴基斯坦】5【协智利】0【协新西兰】0 【协新加坡】0【协秘鲁】0【协哥斯达黎加】0 【协冰岛】0【协瑞士】5【协澳大利亚】0 【协韩国】5【协格鲁吉亚】0 【特东老挝】0【特东柬埔寨】0【特-1】0 【特-2】0【特-3】0 【增】16【出】0【退】10	千克	A	B	PR	QS	999	栗仁（用醋或醋酸以外其他方法制作或保藏的）
200819	92		芝麻	Sesame, prepared otherwise than by vinegar or acetic acid	【最】5【普】80 【协亚太】2.5【协东盟】0【协香港】0【协澳门】0 【协巴基斯坦】5【协智利】0【协新西兰】0 【协新加坡】0【协秘鲁】0【协哥斯达黎加】0 【协瑞士】0【协澳大利亚】0【协韩国】5 【协格鲁吉亚】0 【特-1】0【特-2】0 【增】16【出】0【退】10	千克	A	B	PR	QS	101 102 103 104	芝麻（用醋或醋酸以外其他方法制作或保藏的）（芝麻罐头） 芝麻（用醋或醋酸以外其他方法制作或保藏的）（即食芝麻沙律） 芝麻（用醋或醋酸以外其他方法制作或保藏的）（熟制芝麻炒货） 芝麻（用醋或醋酸以外其他方法制作或保藏的）（芝麻酱）
200819	99	10	其他方法制作或保藏的红松子仁（用醋或醋酸以外其他方法制作或保藏的） 【电商】	Korean pine-nuts, prepared or preserved otherwise than by vinegar or acetic acid	【最】5【普】80 【协亚太】2.5【协东盟】0【协香港】0【协澳门】0 【协巴基斯坦】5【协智利】0【协新西兰】0 【协新加坡】0【协秘鲁】0【协哥斯达黎加】0 【协冰岛】0【协瑞士】0【协澳大利亚】0 【协韩国】5【协格鲁吉亚】0 【特东老挝】0【特东柬埔寨】0【特-1】0 【特-2】0【特-3】0 【增】16【对美加征】10【出】0【退】0	千克	A	BE	PR	QS	101 102	其他方法制作或保藏的红松子仁（用醋或醋酸以外其他方法制作或保藏的）（熟制红松子仁） 其他方法制作或保藏的红松子仁（用醋或醋酸以外其他方法制作或保藏的）（其他红松子仁炒货）
200819	99	90	未列名制作或保藏的坚果及其他子仁（用醋或醋酸以外其他方法制作或保藏的） 【电商】	Nuts and other seeds, prepared or preserved otherwise than by vinegar or acetic acid, not elsewhere specified or included	【最】5【普】80 【协亚太】2.5【协东盟】0【协香港】0【协澳门】0 【协巴基斯坦】5【协智利】0【协新西兰】0 【协新加坡】0【协秘鲁】0【协哥斯达黎加】0 【协冰岛】0【协瑞士】0【协澳大利亚】0 【协韩国】5【协格鲁吉亚】0 【特东老挝】0【特东柬埔寨】0【特-1】0 【特-2】0【特-3】0 【增】16【对美加征】10【出】0【退】10	千克	A	B	PR	QS	101 102 103 104	未列名制作或保藏的坚果及其他子仁（用醋或醋酸以外其他方法制作或保藏的）（杏仁罐头） 未列名制作或保藏的坚果及其他子仁（用醋或醋酸以外其他方法制作或保藏的）（银杏罐头） 未列名制作或保藏的坚果及其他子仁（用醋或醋酸以外其他方法制作或保藏的）（板栗罐头） 未列名制作或保藏的坚果及其他子仁（用醋或醋酸以外其他方法制作或保藏的）（腰果罐头）

税则号列			货品名称中英文		税费综合信息	计量单位	监管证件代码		检验检疫类别		检验检疫编码	检验检疫编码对应中文名称
HS 国际统一前6位	本国子目 7~8位	9~10位	中文 货物名称	英文 Article Description			进口	出口	进口	出口		
											105 ……	未列名制作或保藏的坚果及其他子仁（用醋或醋酸以外其他方法制作或保藏的）（其他坚果罐头） ……①
200820	10		菠萝罐头	Pineapples, in airtight containers	【最】5【普】90 【协东盟】5【协澳门】0【协智利】0【协香港】0 【协新西兰】0【协秘鲁】0【协哥斯达黎加】6 【协冰岛】0【协瑞士】5【协澳大利亚】0 【协韩国】7.5【协格鲁吉亚】0 【特东老挝】0【特-1】0【特-2】0【特-3】0 【增】16【出】0【退】16	千克	A	B	R	S	101 102 103 104	菠萝罐头（马口铁菠萝罐头） 菠萝罐头（玻璃瓶菠萝罐头） 菠萝罐头（复合塑料袋菠萝罐头） 菠萝罐头（其他材质菠萝罐头）
200820	90		非用醋制作的其他菠萝（用醋或醋酸以外其他方法制作或保藏的） 【电商】	Other pineapples, prepared or preserved otherwise than by vinegar or acetic acid	【最】5【普】80 【协东盟】5【协香港】0【协澳门】0【协智利】0 【协新西兰】0【协秘鲁】0【协哥斯达黎加】6 【协冰岛】0【协瑞士】5【协澳大利亚】0 【协韩国】7.5【协格鲁吉亚】0 【特东老挝】0【特-1】0【特-2】0【特-3】0 【增】16【出】0【退】10	千克	A	B	PR	Q	999	非用醋制作的其他菠萝（用醋或醋酸以外其他方法制作或保藏的）
200830	10		柑橘属水果罐头 【电商】	Citrus fruit, in airtight containers	【最】5【普】90 【协东盟】0【协澳门】0【协智利】0【协香港】0 【协新西兰】0【协新加坡】0【协秘鲁】0 【协哥斯达黎加】8【协冰岛】0【协瑞士】5 【协澳大利亚】0【协韩国】13.3【协格鲁吉亚】0 【特东老挝】0【特-1】0【特-2】0【特-3】0 【增】16【出】0【退】16	千克	A	B	R	S	101 102 103 104	柑橘属水果罐头（桔子罐头） 柑橘属水果罐头（糖水橘子罐头） 柑橘属水果罐头（橘子囊胞罐头） 柑橘属水果罐头（其他橘子罐头）
200830	90		非用醋制作的其他柑橘属水果（用醋或醋酸以外其他方法制作或保藏的）	Other citrus fruit, prepared or preserved otherwise than by vinegar or acetic acid	【最】5【普】80 【协东盟】0【协香港】0【协澳门】0【协智利】0 【协新西兰】0【协新加坡】0【协秘鲁】0 【协哥斯达黎加】0【协冰岛】0【协瑞士】5 【协澳大利亚】0【协韩国】15【协格鲁吉亚】0 【特东老挝】0【特-1】0【特-2】0【特-3】0 【增】16【对美加征】5【出】0【退】10	千克	A	B	PR	QS	101 999	非用醋制作的其他柑橘属水果（用醋或醋酸以外其他方法制作或保藏的）［食品工业用浓缩液（汁、浆）］ 非用醋制作的其他柑橘属水果（用醋或醋酸以外其他方法制作或保藏的）（果脯）
200840	10		梨罐头 【电商】	Pears, in airtight containers	【最】5【普】90 【协东盟】0【协澳门】0【协智利】0【协香港】0 【协新西兰】0【协新加坡】0【协秘鲁】0 【协哥斯达黎加】0【协冰岛】0【协瑞士】5 【协澳大利亚】0【协韩国】13.3【协格鲁吉亚】0 【特东老挝】0【特-1】0【特-2】0【特-3】0 【增】16【出】0【退】16	千克	A	B	R	S	101 102 103 104	梨罐头（梨罐头） 梨罐头（糖水梨罐头） 梨罐头（糖水洋梨罐头） 梨罐头（其他梨罐头）
200840	90		非用醋制作的其他梨（用醋或醋酸以外其他方法制作或保藏的）	Other pears, prepared or preserved otherwise than by vinegar or acetic acid	【最】5【普】80 【协东盟】0【协智利】0【协新西兰】0 【协新加坡】0【协秘鲁】0【协哥斯达黎加】0 【协冰岛】0【协瑞士】5【协澳大利亚】0 【协韩国】13.3【协格鲁吉亚】0【协香港】0 【协澳门】0【特东老挝】0 【特-1】0【特-2】0【特-3】0 【增】16【出】0【退】10	千克	A	B	PR	Q	999	非用醋制作的其他梨（用醋或醋酸以外其他方法制作或保藏的）

① 该税号项下检验检疫编码及对应中文名称尚有：106　未列名制作或保藏的坚果及其他子仁（用醋或醋酸以外其他方法制作或保藏的）（熟制杏仁），107　未列名制作或保藏的坚果及其他子仁（用醋或醋酸以外其他方法制作或保藏的）（熟制开心果），108　未列名制作或保藏的坚果及其他子仁（用醋或醋酸以外其他方法制作或保藏的）（熟制松子），109　未列名制作或保藏的坚果及其他子仁（用醋或醋酸以外其他方法制作或保藏的）（熟制夏威夷果），110　未列名制作或保藏的坚果及其他子仁（用醋或醋酸以外其他方法制作或保藏的）（熟制南瓜子），111　未列名制作或保藏的坚果及其他子仁（用醋或醋酸以外其他方法制作或保藏的）（熟制西瓜子），112　未列名制作或保藏的坚果及其他子仁（用醋或醋酸以外其他方法制作或保藏的）（未列名的即食坚果沙律），113　未列名制作或保藏的坚果及其他子仁（用醋或醋酸以外其他方法制作或保藏的）（未列出的其他熟制坚果炒货），114　未列名制作或保藏的坚果及其他子仁（用醋或醋酸以外其他方法制作或保藏的）（榛子酱），115　未列名制作或保藏的坚果及其他子仁（用醋或醋酸以外其他方法制作或保藏的）（扁桃仁酱），116　未列名制作或保藏的坚果及其他子仁（用醋或醋酸以外其他方法制作或保藏的）［其他坚果及籽类的泥（酱）］。

税则号列 HS国际统一前6位	本国子目 7~8位	本国子目 9~10位	货品名称中英文 中文 货物名称	货品名称中英文 英文 Article Description	税费综合信息	计量单位	监管证件代码 进口	监管证件代码 出口	检验检疫类别 进口	检验检疫类别 出口	检验检疫编码	检验检疫编码对应中文名称
200850	00		非用醋制作的杏（用醋或醋酸以外其他方法制作或保藏的） 【电商】	Apricots, prepared or preserved otherwise than by vinegar or acetic acid	【最】5【普】90 【协东盟】0【协智利】0【协新西兰】0 【协新加坡】0【协秘鲁】0【协哥斯达黎加】0 【协冰岛】0【协瑞士】5【协澳大利亚】0 【协韩国】13.3【协格鲁吉亚】0【协香港】0 【协澳门】0 【特-1】0【特-2】0 【增】16【对美加征】10【出】0【退】10	千克	A	B	PR	QS	101 102	非用醋制作的杏（用醋或醋酸以外其他方法制作或保藏的）（杏子罐头） 非用醋制作的杏（用醋或醋酸以外其他方法制作或保藏的）（果脯）
200860	10		非用醋制作的樱桃罐头（用醋或醋酸以外其他方法制作或保藏的）	Cherries, in airtight containers, prepared or preserved otherwise than by vinegar or acetic acid	【最】5【普】90 【协东盟】0【协智利】0【协新西兰】0 【协新加坡】0【协秘鲁】0【协哥斯达黎加】0 【协冰岛】0【协瑞士】5【协澳大利亚】0 【协韩国】13.3【协格鲁吉亚】0【协香港】0 【协澳门】0 【特-1】0【特-2】0 【增】16【对美加征】10【出】0【退】16	千克	A	B	PR	QS	101 102	非用醋制作的樱桃罐头（用醋或醋酸以外其他方法制作或保藏的）（樱桃罐头） 非用醋制作的樱桃罐头（用醋或醋酸以外其他方法制作或保藏的）（果脯）
200860	90		非用醋制作的樱桃，罐头除外（用醋或醋酸以外其他方法制作或保藏的） 【电商】	Other cherries, prepared or preserved otherwise than by vinegar or acetic acid	【最】5【普】90 【协东盟】0【协智利】0 【协新西兰】0【协新加坡】0【协秘鲁】0 【协哥斯达黎加】0【协冰岛】0【协瑞士】5 【协澳大利亚】0 【协韩国】13.3【协格鲁吉亚】0【协香港】0 【协澳门】0 【特-1】0【特-2】0 【增】16【对美加征】5【出】0【退】6	千克	A	B	PR	QS	101 102	非用醋制作的樱桃，罐头除外（用醋或醋酸以外其他方法制作或保藏的）（果脯） 非用醋制作的樱桃，罐头除外（用醋或醋酸以外其他方法制作或保藏的）（其他蜜饯）
200870	10		桃罐头，包括油桃罐头 【电商】	Peaches (including nectarine), in airtight containers	【最】5【普】90 【协东盟】0【协澳门】0【协巴基斯坦】5 【协香港】0【协智利】0【协新西兰】0 【协新加坡】0【协秘鲁】0【协哥斯达黎加】0 【协冰岛】0【协瑞士】0【协澳大利亚】2 【协韩国】5【协格鲁吉亚】0 【特东老挝】0【特-1】0【特-2】0【特-3】0 【增】16【对美加征】10【出】0【退】16	千克	A	B	R	S	999	桃罐头，包括油桃罐头
200870	90		非用醋制作的其他桃，包括油桃（用醋或醋酸以外其他方法制作或保藏的） 【电商】	Other peaches (including nectarine), prepared or preserved otherwise than by vinegar or acetic acid	【最】5【普】80 【协东盟】0【协香港】0【协澳门】0【协智利】0 【协新西兰】0【协新加坡】0【协秘鲁】0 【协哥斯达黎加】0【协冰岛】0【协瑞士】5 【协澳大利亚】0【协韩国】13.3【协格鲁吉亚】0 【特东老挝】0【特-1】0【特-2】0【特-3】0 【增】16【出】0【退】10	千克	A	B	PR	QS	101 102	非用醋制作的其他桃，包括油桃（用醋或醋酸以外其他方法制作或保藏的）（其他桃罐头） 非用醋制作的其他桃，包括油桃（用醋或醋酸以外其他方法制作或保藏的）（果脯）
200880	00		非用醋制作的草莓（用醋或醋酸以外其他方法制作或保藏的） 【电商】	Strawberries, prepared or preserved otherwise than by vinegar or acetic acid	【最】5【普】90 【协东盟】0【协巴基斯坦】12【协智利】0 【协新西兰】0【协新加坡】0【协秘鲁】0 【协哥斯达黎加】0【协冰岛】0【协瑞士】5 【协澳大利亚】0【协韩国】7.5【协格鲁吉亚】0 【协香港】0【协澳门】0 【特-1】0【特-2】0 【增】16【对美加征】10【出】0【退】10	千克	A	B	PR	QS	101 102	非用醋制作的草莓（用醋或醋酸以外其他方法制作或保藏的）（果脯） 非用醋制作的草莓（用醋或醋酸以外其他方法制作或保藏的）（其他蜜饯）
200891	00		非用醋制作的棕榈芯（用醋或醋酸以外其他方法制作或保藏的）	Palm hearts, prepared or preserved otherwise than by vinegar or acetic acid	【最】5【普】80 【协东盟】0【协巴基斯坦】0【协智利】0 【协新西兰】0【协秘鲁】0【协哥斯达黎加】0 【协冰岛】0【协瑞士】0【协澳大利亚】0 【协韩国】0【协格鲁吉亚】0【协香港】0 【协澳门】0【特东柬埔寨】0 【特-1】0【特-2】0【特-3】0 【增】16【出】0【退】6	千克	A	B	PR	QS	999	非用醋制作的棕榈芯（用醋或醋酸以外其他方法制作或保藏的）
200893	00		非用醋制作的蔓越橘（大果蔓越橘、小果蔓越橘、越橘） 【电商】	Cranberries, prepared or preserved otherwise than by vinegar or acetic acid	【最】15【普】80 【协东盟】0【协香港】0【协澳门】0 【协巴基斯坦】12【协智利】0【协新西兰】0 【协新加坡】0【协秘鲁】0【协哥斯达黎加】0 【协冰岛】0【协瑞士】0【协澳大利亚】0 【协韩国】7.5【协格鲁吉亚】0 【特东柬埔寨】0【特-1】0【特-2】0【特-3】0 【增】16【对美加征】25【出】0【退】10	千克	A	B	PR	QS	999	非用醋制作的蔓越橘（大果蔓越橘、小果蔓越橘、越橘）（用醋或醋酸以外其他方法制作或保藏的）

税则号列			货品名称中英文		税费综合信息	计量单位	监管证件代码		检验检疫类别		检验检疫编码	检验检疫编码对应中文名称
HS国际统一前6位	本国子目 7~8位	本国子目 9~10位	中文 货物名称	英文 Article Description			进口	出口	进口	出口		
200897	00		非用醋制作的什锦果实（子目2008.19以外的）（用醋或醋酸以外其他方法制作或保藏的） 【电商】	Mixtures other than those of subheading No. 2008.19, prepared or preserved otherwise than by vinegar or acetic acid	【最】5【普】80 【协东盟】0【协澳门】0【协巴基斯坦】5 【协香港】0【协智利】0【协新西兰】0 【协新加坡】0【协秘鲁】0【协哥斯达黎加】0 【协冰岛】0【协瑞士】0【协澳大利亚】0 【协韩国】5【协格鲁吉亚】0 【特东柬埔寨】0【特-1】0【特-2】0【特-3】0 【增】16【对美加征】10【出】0【退】10	千克	A	B	PR	QS	101 102 103 104 105	非用醋制作的什锦果实（用醋或醋酸以外其他方法制作或保藏的）（马口铁什锦水果罐头） 非用醋制作的什锦果实（用醋或醋酸以外其他方法制作或保藏的）（玻璃瓶什锦水果罐头） 非用醋制作的什锦果实（用醋或醋酸以外其他方法制作或保藏的）（复合塑料袋什锦水果罐头） 非用醋制作的什锦果实（用醋或醋酸以外其他方法制作或保藏的）（其他材质什锦水果罐头） 非用醋制作的什锦果实（用醋或醋酸以外其他方法制作或保藏的）（果脯）
200899	10		荔枝罐头	Lychee can	【最】5【普】90 【协东盟】0【协香港】0【协澳门】0【协智利】0 【协新西兰】0【协新加坡】0【协秘鲁】0 【协哥斯达黎加】0【协冰岛】0【协瑞士】5 【协澳大利亚】0【协韩国】13.3【协格鲁吉亚】0 【特-1】0【特-2】0 【增】16【出】0【退】16	千克	A	B	R	S	101 102 103 104	荔枝罐头（马口铁荔枝罐头） 荔枝罐头（玻璃瓶荔枝罐头） 荔枝罐头（复合塑料袋荔枝罐头） 荔枝罐头（其他材质荔枝罐头）
200899	20		龙眼罐头	Longan can	【最】5【普】80 【协东盟】5【协香港】0【协澳门】0【协智利】0 【协新西兰】0【协秘鲁】0【协哥斯达黎加】0 【协冰岛】0【协瑞士】5【协澳大利亚】0 【协韩国】7.5【协格鲁吉亚】0 【特东柬埔寨】0【特-1】0【特-2】0【特-3】0 【增】16【出】0【退】16	千克	A	B	R	S	101 102 103 104	龙眼罐头（马口铁龙眼罐头） 龙眼罐头（玻璃瓶龙眼罐头） 龙眼罐头（复合塑料袋龙眼罐头） 龙眼罐头（其他材质龙眼罐头）
200899	31		调味紫菜 【电商】	Seasoned laver	【最】15【普】90 【协亚太】13.8【协东盟】0【协香港】0 【协澳门】0【协智利】0【协新西兰】0 【协新加坡】0【协秘鲁】0【协哥斯达黎加】0 【协冰岛】0【协瑞士】6【协澳大利亚】0 【协韩国】11.2【协格鲁吉亚】0 【特东柬埔寨】0【特-1】0【特-2】0【特-3】0 【增】16【对美加征】10【出】0【退】16	千克	A	B	R	S	101 102	调味紫菜（养殖） 调味紫菜（野生）
200899	32		盐腌海带	Sea tangle, salted	【最】10【普】80 【协东盟】0【协香港】0【协澳门】0 【协巴基斯坦】12【协智利】0【协新西兰】0 【协秘鲁】0【协哥斯达黎加】0【协冰岛】0 【协瑞士】6【协澳大利亚】0【协韩国】7.5 【协格鲁吉亚】0 【特东柬埔寨】0【特-1】0【特-2】0【特-3】0 【增】16【出】0【退】6	千克	A	B	PR	QS	101 102	盐腌海带（养殖） 盐腌海带（野生）
200899	33		盐腌裙带菜	Pinnatifida salted	【最】10【普】80 【协东盟】0【协香港】0【协澳门】0 【协巴基斯坦】12【协智利】0【协新西兰】0 【协秘鲁】0【协哥斯达黎加】0【协冰岛】0 【协瑞士】6【协澳大利亚】0【协韩国】7.5 【协格鲁吉亚】0 【特东柬埔寨】0【特-1】0【特-2】0【特-3】0 【增】16【出】0【退】6	千克	A	B	PR	QS	101 102	盐腌裙带菜（养殖） 盐腌裙带菜（野生）

税则号列			货品名称中英文		税费综合信息	计量单位	监管证件代码		检验检疫类别		检验检疫编码	检验检疫编码对应中文名称
HS国际统一前6位	本国子目7~8位	本国子目9~10位	中文 货物名称	英文 Article Description			进口	出口	进口	出口		
200899	34		烤紫菜 【电商】	Roasted laver	【最】10【普】80 【协东盟】0【协香港】0【协澳门】0 【协巴基斯坦】12【协智利】0【协新西兰】0 【协秘鲁】0【协哥斯达黎加】0【协冰岛】0 【协瑞士】6【协澳大利亚】0【协韩国】7.5 【协格鲁吉亚】0 【特东柬埔寨】0【特-1】0【特-2】0【特-3】0 【增】16【出】0【退】16	千克	A	B	R	S	998 999	烤紫菜（养殖） 烤紫菜（野生）
200899	39		海草及其他藻类制品	Water chestnut, in airtight containers	【最】10【普】80 【协东盟】0【协香港】0【协澳门】0 【协巴基斯坦】12【协智利】0【协新西兰】0 【协秘鲁】0【协哥斯达黎加】0【协冰岛】0 【协瑞士】6【协澳大利亚】0【协韩国】7.5 【协格鲁吉亚】0 【特东柬埔寨】0【特-1】0【特-2】0【特-3】0 【增】16【出】0【退】16	千克	A	B	R	QS	104 105	海草及其他藻类制品（养殖水产制品） 海草及其他藻类制品（野生水产制品）
200899	40		清水荸荠（马蹄）罐头	Water chestnut, in airtight containers	【最】5【普】80 【协东盟】0【协澳门】0【协智利】0【协香港】0 【协新西兰】0【协新加坡】0【协秘鲁】0 【协哥斯达黎加】0【协冰岛】0【协瑞士】5 【协澳大利亚】0【协韩国】12.5【协格鲁吉亚】0 【特-1】0【特-2】0 【增】16【出】0【退】16	千克	A	B	R	S	999	清水荸荠（马蹄）罐头
200899	90		未列名制作或保藏的水果、坚果（包括植物的其他食用部分） 【电商】	Other fruit, nuts and other edible parts of plants, otherwise prepared or preserved, not elsewhere specified or included	【最】5【普】80 【协东盟】0【协香港】0【协澳门】0 【协巴基斯坦】12【协智利】0【协新西兰】0 【协新加坡】0【协秘鲁】0【协哥斯达黎加】0 【协冰岛】0【协瑞士】0【协澳大利亚】0 【协韩国】7.5【协格鲁吉亚】0 【特东柬埔寨】0【特-1】0【特-2】0【特-3】0 【增】16【对美加征】5【出】0【退】10	千克	A	B	PR	QS	101 102 103 104 105 ……	未列名制作或保藏的水果、坚果（包括植物的其他食用部分）（苹果罐头） 未列名制作或保藏的水果、坚果（包括植物的其他食用部分）（葡萄罐头） 未列名制作或保藏的水果、坚果（包括植物的其他食用部分）（海棠罐头） 未列名制作或保藏的水果、坚果（包括植物的其他食用部分）（干装苹果罐头） 未列名制作或保藏的水果、坚果（包括植物的其他食用部分）（什锦水果罐头） ……①
200911	00		冷冻的橙汁（未发酵及未加酒精的，不论是否加糖或其他甜物质）	Orange juices, frozen, unfermented and not containing added spirit, whether or not containing added sugar or other sweetening matter	【最】7.5【普】90 【协东盟】0【协香港】0【协澳门】0 【协巴基斯坦】5【协智利】0【协新西兰】0 【协秘鲁】0【协哥斯达黎加】0【协冰岛】0 【协瑞士】0【协澳大利亚】2.8【协韩国】0 【协格鲁吉亚】0 【特东老挝】0【特东柬埔寨】0【特-1】0 【特-2】0【特-3】0 【增】16【对美加征】25【出】0【退】16	千克	A	B	PR	QS	999	冷冻的橙汁（未发酵及未加酒精的，不论是否加糖或其他甜物质）

① 该税号项下检验检疫编码及对应中文名称尚有：106　未列名制作或保藏的水果、坚果（包括植物的其他食用部分）（马口铁什锦水果罐头），107　未列名制作或保藏的水果、坚果（包括植物的其他食用部分）（玻璃瓶什锦水果罐头），108　未列名制作或保藏的水果、坚果（包括植物的其他食用部分）（复合塑料袋什锦水果罐头），109　未列名制作或保藏的水果、坚果（包括植物的其他食用部分）（橄榄罐头），110　未列名制作或保藏的水果、坚果（包括植物的其他食用部分）（芒果罐头），111　未列名制作或保藏的水果、坚果（包括植物的其他食用部分）（双色罐头），112　未列名制作或保藏的水果、坚果（包括植物的其他食用部分）（枇杷罐头），113　未列名制作或保藏的水果、坚果（包括植物的其他食用部分）（杨梅罐头），114　未列名制作或保藏的水果、坚果（包括植物的其他食用部分）（猕猴桃罐头），115　未列名制作或保藏的水果、坚果（包括植物的其他食用部分）（番石榴罐头），116　未列名制作或保藏的水果、坚果（包括植物的其他食用部分）（番荔枝罐头），117　未列名制作或保藏的水果、坚果（包括植物的其他食用部分）（山楂罐头），118　未列名制作或保藏的水果、坚果（包括植物的其他食用部分）（李子罐头），119　未列名制作或保藏的水果、坚果（包括植物的其他食用部分）（榴莲罐头），120　未列名制作或保藏的水果、坚果（包括植物的其他食用部分）（其他瓜果类罐头），121　未列名制作或保藏的水果、坚果（包括植物的其他食用部分）（其他浆果和小型水果类罐头），122　未列名制作或保藏的水果、坚果（包括植物的其他食用部分）（其他核果类水果罐头），123　未列名制作或保藏的水果、坚果（包括植物的其他食用部分）（其他热带和亚热带水果罐头），124　未列名制作或保藏的水果、坚果（包括植物的其他食用部分）（其他未列名水果罐头），125　未列名制作或保藏的水果、坚果（包括植物的其他食用部分）（熟制葵花子），126　未列名制作或保藏的水果、坚果（包括植物的其他食用部分）（未列出的其他熟制坚果炒货），127　未列名制作或保藏的水果、坚果（包括植物的其他食用部分）（果脯），128　未列名制作或保藏的水果、坚果（包括植物的其他食用部分）（其他蜜饯），129　未列名制作或保藏的水果、坚果(包括植物的其他食用部分)(冷冻油炸甘薯)。

税则号列 HS国际统一前6位	本国子目 7~8位	本国子目 9~10位	货品名称中英文 中文 货物名称	货品名称中英文 英文 Article Description	税费综合信息	计量单位	监管证件代码 进口	监管证件代码 出口	检验检疫类别 进口	检验检疫类别 出口	检验检疫编码	检验检疫编码对应中文名称
200912	00		非冷冻白利糖浓度不超过20的橙汁（未发酵及未加酒精的，不论是否加糖或其他甜物质）【电商】	Orange juices, not frozen, of a Brix value not exceeding 20, unfermented and not containing added spirit, whether or not containing added sugar or other sweetening matter	【最】30【普】90 【协东盟】0【协香港】0【协澳门】0【协智利】0 【协新西兰】0【协新加坡】0【协秘鲁】0 【协冰岛】0【协瑞士】0【协澳大利亚】11.3 【协韩国】22.5【协格鲁吉亚】0 【特东老拭】0【特东柬埔寨】0【特-1】0 【特-2】0【特-3】0 【增】16【对美加征】25【出】0【退】16	千克	A	B	PR	QS	101 102 103	101 非冷冻白利糖浓度不超过20的橙汁（未发酵及未加酒精的，不论是否加糖或其他甜物质）（可直接饮用的蔬菜果汁类饮料） 102 非冷冻白利糖浓度不超过20的橙汁（未发酵及未加酒精的，不论是否加糖或其他甜物质）［浓缩蔬菜果汁类饮料（包括冷冻的）］ 103 非冷冻白利糖浓度不超过20的橙汁（未发酵及未加酒精的，不论是否加糖或其他甜物质）［食品工业用浓缩液（汁、浆）］
200919	00		非冷冻白利糖浓度超过20的橙汁（未发酵及未加酒精的，不论是否加糖或其他甜物质）【电商】	Orange juices, not frozen, of a Brix value exceeding 20, unfermented and not containing added spirit, whether or not containing added sugar or other sweetening matter	【最】30【普】90 【协东盟】0【协澳门】0【协智利】0【协香港】0 【协新西兰】0【协新加坡】0【协秘鲁】0 【协冰岛】0【协澳大利亚】11.3【协韩国】22.5 【协格鲁吉亚】0 【特东老拭】0【特东柬埔寨】0【特-1】0 【特-2】0【特-3】0 【增】16【对美加征】5【出】0【退】16	千克	A	B	R	S	101 102 103	101 非冷冻白利糖浓度超过20的橙汁（未发酵及未加酒精的，不论是否加糖或其他甜物质）（可直接饮用的蔬菜果汁类饮料） 102 非冷冻白利糖浓度超过20的橙汁（未发酵及未加酒精的，不论是否加糖或其他甜物质）［浓缩蔬菜果汁类饮料（包括冷冻的）］ 103 非冷冻白利糖浓度超过20的橙汁（未发酵及未加酒精的，不论是否加糖或其他甜物质）［食品工业用浓缩液（汁、浆）］
200921	00		白利糖浓度不超过20的葡萄柚（包括柚）汁（未发酵及未加酒精的，不论是否加糖或其他甜物质）【电商】	Grapefruit (including pomelo) juices, of a Brix value not exceeding 20, unfermented and not containing added spirit, whether or not containing added sugar or other sweetening matter	【最】5【普】90 【协东盟】0【协香港】0【协澳门】0 【协巴基斯坦】12【协智利】0【协新西兰】0 【协新加坡】0【协秘鲁】0【协哥斯达黎加】0 【协冰岛】0【协瑞士】5【协澳大利亚】0 【协韩国】7.5【协格鲁吉亚】0 【特东老拭】0【特-1】0【特-2】0【特-3】0 【增】16【对美加征】10【出】0【退】16	千克	A	B	PR	QS	101 102 103	101 白利糖浓度不超过20的葡萄柚（包括柚）汁（未发酵及未加酒精的，不论是否加糖或其他甜物质）（可直接饮用的蔬菜果汁类饮料） 102 白利糖浓度不超过20的葡萄柚（包括柚）汁（未发酵及未加酒精的，不论是否加糖或其他甜物质）［浓缩蔬菜果汁类饮料（包括冷冻的）］ 103 白利糖浓度不超过20的葡萄柚（包括柚）汁（未发酵及未加酒精的，不论是否加糖或其他甜物质）［食品工业用浓缩液（汁、浆）］

税则号列 HS国际统一前6位	本国子目 7~8位	本国子目 9~10位	货物名称 中文	Article Description 英文	税费综合信息	计量单位	监管证件代码 进口	监管证件代码 出口	检验检疫类别 进口	检验检疫类别 出口	检验检疫编码	检验检疫编码对应中文名称
200929	00		白利糖浓度超过20的葡萄柚（包括柚）汁（未发酵及未加酒精的，不论是否加糖或其他甜物质）【电商】	Grapefruit (including pomelo) juices, of a Brix value exceeding 20, unfermented and not containing added spirit, whether or not containing added sugar or other sweetening matter	【最】5【普】90 【协东盟】0【协澳门】0【协巴基斯坦】12 【协香港】0【协智利】0【协新西兰】0 【协新加坡】0【协秘鲁】0【协哥斯达黎加】0 【协冰岛】0【协瑞士】5【协澳大利亚】0 【协韩国】7.5【协格鲁吉亚】0 【特东老挝】0【特-1】0【特-2】0【特-3】0 【增】16【对美加征】10【出】0【退】16	千克	A	B	R	S	101 102 103	白利糖浓度超过20的葡萄柚（包括柚）汁（未发酵及未加酒精的，不论是否加糖或其他甜物质）（可直接饮用的蔬菜果汁类饮料） 白利糖浓度超过20的葡萄柚（包括柚）汁（未发酵及未加酒精的，不论是否加糖或其他甜物质）[浓缩蔬菜果汁类饮料（包括冷冻的）] 白利糖浓度超过20的葡萄柚（包括柚）汁（未发酵及未加酒精的，不论是否加糖或其他甜物质）[食品工业用浓缩液（汁、浆）]
200931	10		白利糖浓度不超过20的柠檬汁（未发酵及未加酒精的，不论是否加糖或其他甜物质）【电商】	Lemon juice, of a Brix value not exceeding 20, unfermented and not containing added spirit, whether or not containing added sugar or other sweetening matter	【最】5【普】90【协亚太】4.7 【协东盟】0【协香港】0【协澳门】0 【协巴基斯坦】14.4【协智利】0 【协新西兰】0【协新加坡】0【协秘鲁】0 【协哥斯达黎加】0 【协冰岛】0【协瑞士】5【协澳大利亚】0 【协韩国】12【协格鲁吉亚】0 【特亚太】2.5【特东柬埔寨】0【特-1】0 【特-2】0【特-3】0 【增】16【对美加征】10【出】0【退】16	千克	A	B	PR	QS	101 102 103	白利糖浓度不超过20的柠檬汁（未发酵及未加酒精的，不论是否加糖或其他甜物质）（可直接饮用的蔬菜果汁类饮料） 白利糖浓度不超过20的柠檬汁（未发酵及未加酒精的，不论是否加糖或其他甜物质）[浓缩蔬菜果汁类饮料（包括冷冻的）] 白利糖浓度不超过20的柠檬汁（未发酵及未加酒精的，不论是否加糖或其他甜物质）[食品工业用浓缩液（汁、浆）]
200931	90		其他未混合的白利糖浓度不超过20的柑橘属水果汁（未发酵及未加酒精的，柠檬汁除外）【电商】	Other juice of any other single citrus fruit, of a Brix value not exceeding 20, unfermented and not containing added spirit, whether or not containing added sugar or other sweetening matter	【最】5【普】90 【协亚太】4.7【协东盟】0【协香港】0 【协澳门】0【协巴基斯坦】14.4【协智利】0 【协新西兰】0【协新加坡】0【协秘鲁】0 【协哥斯达黎加】0【协冰岛】0【协瑞士】5 【协澳大利亚】0【协韩国】12 【协格鲁吉亚】0 【特亚太】2.5【特东柬埔寨】0【特-1】0 【特-2】0【特-3】0 【增】16【出】0【退】16	千克	A	B	PR	QS	101 102 103	其他未混合的白利糖浓度不超过20的柑橘属水果汁（未发酵及未加酒精的，柠檬汁除外）（可直接饮用的蔬菜果汁类饮料） 其他未混合的白利糖浓度不超过20的柑橘属水果汁（未发酵及未加酒精的，柠檬汁除外）[浓缩蔬菜果汁类饮料（包括冷冻的）] 其他未混合的白利糖浓度不超过20的柑橘属水果汁（未发酵及未加酒精的，柠檬汁除外）[食品工业用浓缩液（汁、浆）]
200939	10		白利糖浓度超过20的柠檬汁（未发酵及未加酒精的，不论是否加糖或其他甜物质）	Lemon Juice, of a Brix value exceeding 20, unfermented and not containing added spirit, whether or not containing added sugar or other sweetening matter	【最】5【普】90 【协亚太】4.7【协东盟】0【协澳门】0 【协香港】0【协巴基斯坦】14.4【协智利】0 【协新西兰】0【协新加坡】0【协秘鲁】0 【协哥斯达黎加】.0【协冰岛】0【协瑞士】5 【协澳大利亚】0【协韩国】12【协格鲁吉亚】0 【特亚太】2.5【特东柬埔寨】0【特-1】0 【特-2】0【特-3】0 【增】16【对美加征】10【出】0【退】16	千克	A	B	R	S	101 102 103	白利糖浓度超过20的柠檬汁（未发酵及未加酒精的，不论是否加糖或其他甜物质）[浓缩蔬菜果汁类饮料（包括冷冻的）] 白利糖浓度超过20的柠檬汁（未发酵及未加酒精的，不论是否加糖或其他甜物质）（可直接饮用的蔬菜果汁类饮料） 白利糖浓度超过20的柠檬汁（未发酵及未加酒精的，不论是否加糖或其他甜物质）[食品工业用浓缩液（汁、浆）]

税则号列 HS 国际统一前6位	本国子目 7~8位	本国子目 9~10位	货品名称中英文 中文 货物名称	货品名称中英文 英文 Article Description	税费综合信息	计量单位	监管证件代码 进口	监管证件代码 出口	检验检疫类别 进口	检验检疫类别 出口	检验检疫编码	检验检疫编码对应中文名称
200939	90		其他未混合白利糖浓度超过20的柑橘属果汁（未发酵及未加酒精的，柠檬汁除外）	Other juice of any other single citrus fruit, of a Brix value exceeding 20, unfermented and not containing added spirit, whether or not containing added sugar or other sweetening matter, other than lemon juice	【最】5【普】90 【协亚太】4.7【协东盟】0【协澳门】0 【协香港】0【协巴基斯坦】14.4【协智利】0 【协新西兰】0【协新加坡】0【协秘鲁】0 【协哥斯达黎加】0【协冰岛】0【协瑞士】5 【协澳大利亚】0【协韩国】12【协格鲁吉亚】0 【特亚太】2.5【特东柬埔寨】0【特-1】0 【特-2】0【特-3】0 【增】16【出】0【退】16	千克	A	B	R	S	999	其他未混合白利糖浓度超过20的柑橘属果汁（未发酵及未加酒精的；柠檬汁除外）
200941	00		白利糖浓度不超过20的菠萝汁（未发酵及未加酒精的，不论是否加糖或其他甜物质）【电商】	Pineapple juice, of a Brix value not exceeding 20, unfermented and not containing added spirit, whether or not containing added sugar or other sweetening matter	【最】5【普】90 【协东盟】5【协香港】0【协澳门】0【协智利】0 【协新西兰】0【协秘鲁】0【协哥斯达黎加】0 【协冰岛】0【协瑞士】0【协澳大利亚】0 【协韩国】5【协格鲁吉亚】0 【特东老挝】0【特东柬埔寨】0【特-1】0 【特-2】0【特-3】0 【增】16【对美加征】10【出】0【退】16	千克	A	B	PR	QS	101 102	白利糖浓度不超过20的菠萝汁（未发酵及未加酒精的，不论是否加糖或其他甜物质）（可直接饮用的蔬菜果汁类饮料） 白利糖浓度不超过20的菠萝汁（未发酵及未加酒精的，不论是否加糖或其他甜物质）［浓缩蔬菜果汁类饮料（包括冷冻的）］
200949	00		白利糖浓度超过20的菠萝汁（未发酵及未加酒精的，不论是否加糖或其他甜物质）	Pineapple juice, of a Brix value exceeding 20, unfermented and not containing added spirit, whether or not containing added sugar or other sweetening matter	【最】5【普】90 【协东盟】5【协澳门】0【协智利】0【协香港】0 【协新西兰】0【协秘鲁】0【协哥斯达黎加】0 【协冰岛】0【协瑞士】0【协澳大利亚】0 【协韩国】5【协格鲁吉亚】0 【特东老挝】0【特东柬埔寨】0【特-1】0 【特-2】0【特-3】0 【增】16【对美加征】10【出】0【退】16	千克	A	B	R	S	101 102	白利糖浓度超过20的菠萝汁（未发酵及未加酒精的，不论是否加糖或其他甜物质）（可直接饮用的蔬菜果汁类饮料） 白利糖浓度超过20的菠萝汁（未发酵及未加酒精的，不论是否加糖或其他甜物质）［浓缩蔬菜果汁类饮料（包括冷冻的）］
200950	00		番茄汁（未发酵及未加酒精的，不论是否加糖或其他甜物质）	Tomato juice, unfermented and not containing added spirit, whether or not containing added sugar or other sweetening matter	【最】5【普】80 【协东盟】0【协澳门】0【协智利】0【协香港】0 【协新西兰】0【协新加坡】0【协秘鲁】0 【协哥斯达黎加】0【协冰岛】0【协澳大利亚】0 【协韩国】22.5【协格鲁吉亚】0 【特亚太】2.5【特东老挝】0【特-1】0 【特-2】0【特-3】0 【增】16【对美加征】5【出】0【退】16	千克	A	B	R	S	101 102	番茄汁（未发酵及未加酒精的，不论是否加糖或其他甜物质）（可直接饮用的蔬菜果汁类饮料） 番茄汁（未发酵及未加酒精的，不论是否加糖或其他甜物质）［浓缩蔬菜果汁类饮料（包括冷冻的）］
200961	00		白利糖浓度不超过30的葡萄汁（包括酿酒葡萄汁）（未发酵及未加酒精的，不论是否加糖或其他甜物质）【电商】	Grape juice(including grape must), of a Brix value not exceeding 30, unfermented and not containing added spirit, whether or not containing added sugar or other sweetening matter	【最】5【普】90 【协东盟】0【协香港】0【协澳门】0【协智利】0 【协新西兰】0【协新加坡】0【协秘鲁】3.3 【协哥斯达黎加】0【协冰岛】0【协瑞士】5 【协澳大利亚】0【协韩国】13.3【协格鲁吉亚】0 【特-1】0【特-2】0 【增】16【对美加征】10【出】0【退】16	千克	A	B	PR	QS	101 102 103	白利糖浓度不超过30的葡萄汁（包括酿酒葡萄汁）（未发酵及未加酒精的，不论是否加糖或其他甜物质）［浓缩蔬菜果汁类饮料（包括冷冻的）］ 白利糖浓度不超过30的葡萄汁（包括酿酒葡萄汁）（未发酵及未加酒精的，不论是否加糖或其他甜物质）（未发酵葡萄酒） 白利糖浓度不超过30的葡萄汁（包括酿酒葡萄汁）（未发酵及未加酒精的，不论是否加糖或其他甜物质）（可直接饮用的蔬菜果汁类饮料）

税则号列			货品名称中英文		税费综合信息	计量单位	监管证件代码		检验检疫类别		检验检疫编码	检验检疫编码对应中文名称
HS国际统一前6位	本国子目 7~8位	9~10位	中文 货物名称	英文 Article Description			进口	出口	进口	出口		
200969	00		白利糖浓度超过30的葡萄汁（包括酿酒葡萄汁）（未发酵及未加酒精的，不论是否加糖或其他甜物质） 【电商】	Grape juice(including grape must), of a Brix value exceeding 30, unfermented and not containing added spirit, whether or not containing added sugar or other sweetening matter	【最】5【普】90 【协东盟】0【协澳门】0【协智利】0【协香港】0 【协新西兰】0【协新加坡】0【协秘鲁】3.3 【协哥斯达黎加】0【协冰岛】0【协瑞士】5 【协澳大利亚】0【协韩国】13.3【协格鲁吉亚】0 【特-1】0【特-2】0 【增】16【对美加征】10【出】0【退】16	千克	A	B	R	S	101 102	白利糖浓度超过30的葡萄汁（包括酿酒葡萄汁）（未发酵及未加酒精的，不论是否加糖或其他甜物质）［浓缩蔬菜果汁类饮料（包括冷冻的）］ 白利糖浓度超过30的葡萄汁（包括酿酒葡萄汁）（未发酵及未加酒精的，不论是否加糖或其他甜物质）（未发酵葡萄酒）
200971	00		白利糖浓度不超过20的苹果汁（未发酵及未加酒精的，不论是否加糖或其他甜物质） 【电商】	Apple juice, of a Brix value not exceeding 20, unfermented and not containing added spirit, whether or not containing added sugar or other sweetening matter	【最】5【普】90 【协东盟】0【协香港】0【协澳门】0【协智利】0 【协新西兰】0【协新加坡】0【协秘鲁】0 【协哥斯达黎加】0【协冰岛】0【协瑞士】5 【协澳大利亚】0【协韩国】13.3【协格鲁吉亚】0 【特-1】0【特-2】0 【增】16【对美加征】10【出】0【退】16	千克	A	B	PR	QS	101 102	白利糖浓度不超过20的苹果汁（未发酵及未加酒精的，不论是否加糖或其他甜物质）（可直接饮用的蔬菜果汁类饮料） 白利糖浓度不超过20的苹果汁（未发酵及未加酒精的，不论是否加糖或其他甜物质）［浓缩蔬菜果汁类饮料（包括冷冻的）］
200979	00		白利糖浓度超过20的苹果汁（未发酵及未加酒精的，不论是否加糖或其他甜物质） 【电商】	Apple juice, of a Brix value exceeding 20, unfermented and not containing added spirit, whether or not containing added sugar or other sweetening matter	【最】10【普】90 【协东盟】0【协澳门】0【协智利】0【协香港】0 【协新西兰】0【协新加坡】0【协秘鲁】0 【协哥斯达黎加】0【协冰岛】0【协瑞士】8 【协澳大利亚】0【协韩国】13.3【协格鲁吉亚】0 【特-1】0【特-2】0 【增】16【对美加征】10【出】0【退】16	千克	A	B	R	S	101 102	白利糖浓度超过20的苹果汁（未发酵及未加酒精的，不论是否加糖或其他甜物质）（可直接饮用的蔬菜果汁类饮料） 白利糖浓度超过20的苹果汁（未发酵及未加酒精的，不论是否加糖或其他甜物质）［浓缩蔬菜果汁类饮料（包括冷冻的）］
200981	00		未混合的蔓越橘汁（大果蔓越橘、小果蔓越橘、越橘）（未发酵及未加酒精的，不论是否加糖或其他甜物质） 【电商】	Cranberries juice, unfermented and not containing added spirit, whether or not containing added sugar or other sweetening matter	【最】5【普】90 【协亚太】2.5【协东盟】0【协香港】0 【协澳门】0【协巴基斯坦】10【协智利】0 【协新西兰】0【协新加坡】0【协秘鲁】0 【协哥斯达黎加】0【协冰岛】0【协瑞士】5 【协澳大利亚】0【协韩国】13.3【协格鲁吉亚】0 【特东老挝】0【特东缅甸】0【特-1】0 【特-2】0【特-3】0 【增】16【对美加征】5【出】0【退】16	千克	A	B	PR	QS	101 102 103	未混合的蔓越橘汁（大果蔓越橘、小果蔓越橘、越橘）（未发酵及未加酒精的，不论是否加糖或其他甜物质）（可直接饮用的蔬菜果汁类饮料） 未混合蔓越橘汁（大果蔓越橘、小果蔓越橘、越橘）（未发酵及未加酒精的，不论是否加糖或其他甜物质）［浓缩蔬菜果汁类饮料（包括冷冻的）］ 未混合蔓越橘汁（大果蔓越橘、小果蔓越橘、越橘）（未发酵及未加酒精的，不论是否加糖或其他甜物质）［食品工业用浓缩液（汁、浆）］

税则号列 HS国际统一前6位	本国子目 7~8位	本国子目 9~10位	货品名称中英文 中文 货物名称	货品名称中英文 英文 Article Description	税费综合信息	计量单位	监管证件代码 进口	监管证件代码 出口	检验检疫类别 进口	检验检疫类别 出口	检验检疫编码	检验检疫编码对应中文名称
200989	12		未混合的芒果汁（未发酵及未加酒精的，不论是否加糖或其他甜物质） 【电商】	Mango juice, unfermented and not containing added spirit, whether or not containing added sugar or other sweetening matter	【最】5【普】90 【协亚太】4.4【协东盟】0【协香港】0 【协澳门】0【协巴基斯坦】16【协智利】0 【协新西兰】0【协新加坡】0【协秘鲁】0 【协哥斯达黎加】0【协冰岛】0【协瑞士】5 【协澳大利亚】0【协韩国】13.3【协格鲁吉亚】0 【特东老挝】0【特东缅甸】0【特-1】0 【特-2】0【特-3】0 【增】16【对美加征】10【出】0【退】16	千克	A	B	PR	QS	101 102 103	未混合的芒果汁（未发酵及未加酒精的，不论是否加糖或其他甜物质）（可直接饮用的蔬菜果汁类饮料） 未混合芒果汁（未发酵及未加酒精的，不论是否加糖或其他甜物质）［浓缩蔬菜果汁类饮料（包括冷冻的）］ 未混合芒果汁（未发酵及未加酒精的，不论是否加糖或其他甜物质）［食品工业用浓缩液（汁、浆）］
200989	13		未混合的西番莲果汁（未发酵及未加酒精的，不论是否加糖或其他甜物质） 【电商】	Passion-fruit juice, unfermented and not containing added spirit, whether or not containing added sugar or other sweetening matter	【最】5【普】90 【协亚太】4.4【协东盟】0【协香港】0 【协澳门】0【协巴基斯坦】16【协智利】0 【协新西兰】0【协新加坡】0【协秘鲁】0 【协哥斯达黎加】0【协冰岛】0【协瑞士】5 【协澳大利亚】0【协韩国】13.3【协格鲁吉亚】0 【特东老挝】0【特东缅甸】0【特-1】0 【特-2】0【特-3】0 【增】16【对美加征】10【出】0【退】16	千克	A	B	PR	QS	101 102 103	未混合的西番莲果汁（未发酵及未加酒精的，不论是否加糖或其他甜物质）（可直接饮用的蔬菜果汁类饮料） 未混合的西番莲果汁（未发酵及未加酒精的，不论是否加糖或其他甜物质）［浓缩蔬菜果汁类饮料（包括冷冻的）］ 未混合的西番莲果汁（未发酵及未加酒精的，不论是否加糖或其他甜物质）［食品工业用浓缩液（汁、浆）］
200989	14		未混合的番石榴果汁（未发酵及未加酒精的，不论是否加糖或其他甜物质） 【电商】	Guva juice, unfermented and not containing added spirit, whether or not containing added sugar or other sweetening matter	【最】5【普】90 【协亚太】4.4【协东盟】0【协香港】0 【协澳门】0【协巴基斯坦】16【协智利】0 【协新西兰】0【协新加坡】0【协秘鲁】0 【协哥斯达黎加】0【协冰岛】0【协瑞士】5 【协澳大利亚】0【协韩国】13.3【协格鲁吉亚】0 【特东老挝】0【特东缅甸】0【特-1】0 【特-2】0【特-3】0 【增】16【对美加征】10【出】0【退】16	千克	A	B	PR	QS	101 102 103	未混合的番石榴果汁（未发酵及未加酒精的，不论是否加糖或其他甜物质）（可直接饮用的蔬菜果汁类饮料） 未混合的番石榴果汁（未发酵及未加酒精的，不论是否加糖或其他甜物质）［浓缩蔬菜果汁类饮料（包括冷冻的）］ 未混合的番石榴果汁（未发酵及未加酒精的，不论是否加糖或其他甜物质）［食品工业用浓缩液（汁、浆）］
200989	15		未混合的梨汁（未发酵及未加酒精的，不论是否加糖或其他甜物质） 【电商】	Pear Juice, unfermented and not containing added spirit, whether or not containing added sugar or other sweetening matter	【最】5【普】90 【协亚太】2.5【协东盟】0【协香港】0 【协澳门】0【协巴基斯坦】10【协智利】0 【协新西兰】0【协新加坡】0【协秘鲁】0 【协哥斯达黎加】0【协冰岛】0【协瑞士】5 【协澳大利亚】0【协韩国】13.3【协格鲁吉亚】0 【特东老挝】0【特东缅甸】0【特-1】0 【特-2】0【特-3】0 【增】16【出】0【退】16	千克	A	B	PR	QS	101 102 103	未混合的梨汁（未发酵及未加酒精的，不论是否加糖或其他甜物质）（可直接饮用的蔬菜果汁类饮料） 未混合的梨汁（未发酵及未加酒精的，不论是否加糖或其他甜物质）［浓缩蔬菜果汁类饮料（包括冷冻的）］ 未混合的梨汁（未发酵及未加酒精的，不论是否加糖或其他甜物质）［食品工业用浓缩液（汁、浆）］

税则号列			货品名称中英文		税费综合信息	计量单位	监管证件代码		检验检疫类别		检验检疫编码	检验检疫编码对应中文名称
HS国际统一前6位	本国子目7~8位	9~10位	中文 货物名称	英文 Article Description			进口	出口	进口	出口		
200989	19		其他未混合的水果汁（未发酵及未加酒精的，不论是否加糖或其他甜物质） 【电商】	Other juice of any other single fruit, unfermented and not containing added spirit, whether or not containing added sugar or other sweetening matter	【最】5【普】90 【协亚太】2.5【协东盟】0【协香港】0 【协澳门】0【协巴基斯坦】10【协智利】0 【协新西兰】0【协新加坡】0【协秘鲁】0 【协哥斯达黎加】0【协冰岛】0【协瑞士】5 【协澳大利亚】0【协韩国】13.3【协格鲁吉亚】0 【特东老挝】0【特东缅甸】0【特-1】0 【特-2】0【特-3】0 【增】16【对美加征】5【出】0【退】16	千克	A	B	PR	QS	101 102 103	其他未混合的水果汁（未发酵及未加酒精的，不论是否加糖或其他甜物质）（可直接饮用的蔬菜果汁类饮料） 其他未混合的水果汁（未发酵及未加酒精的，不论是否加糖或其他甜物质）［浓缩蔬菜果汁类饮料（包括冷冻的）］ 其他未混合的水果汁（未发酵及未加酒精的，不论是否加糖或其他甜物质）［食品工业用浓缩液（汁、浆）］
200989	20		其他未混合的蔬菜汁（未发酵及未加酒精的，不论是否加糖或其他甜物质） 【电商】	Other juice of any other single vegetable, unfermented and not containing added spirit, whether or not containing added sugar or other sweetening matter	【最】5【普】80 【协亚太】2.5【协东盟】0【协香港】0 【协澳门】0【协巴基斯坦】10【协智利】0 【协新西兰】0【协新加坡】0【协秘鲁】0 【协哥斯达黎加】0【协冰岛】0【协瑞士】5 【协澳大利亚】0【协韩国】13.3【协格鲁吉亚】0 【特东缅甸】0【特-1】0【特-2】0【特-3】0 【增】16【对美加征】10【出】0【退】16	千克	A	B	PR	QS	101 102 103	其他未混合的蔬菜汁（未发酵及未加酒精的，不论是否加糖或其他甜物质）（可直接饮用的蔬菜果汁类饮料） 其他未混合的蔬菜汁（未发酵及未加酒精的，不论是否加糖或其他甜物质）［浓缩蔬菜果汁类饮料（包括冷冻的）］ 其他未混合的蔬菜汁（未发酵及未加酒精的，不论是否加糖或其他甜物质）［食品工业用浓缩液（汁、浆）］
200990	10		混合水果汁（未发酵及未加酒精的，不论是否加糖或其他甜物质） 【电商】	Mixtures of fruit juices, unfermented and not containing added spirit, whether or not containing added sugar or other sweetening matter	【最】5【普】90 【协亚太】4.4【协东盟】0【协香港】0 【协澳门】0【协巴基斯坦】16【协智利】0 【协新西兰】0【协新加坡】0【协秘鲁】0 【协哥斯达黎加】0【协冰岛】0【协瑞士】5 【协澳大利亚】0【协韩国】13.3【协格鲁吉亚】0 【特亚太】2.5【特东老挝】0【特东柬埔寨】0 【特-1】0【特-2】0【特-3】0 【增】16【对美加征】10【出】0【退】16	千克	A	B	PR	QS	101 102 103	混合水果汁（未发酵及未加酒精的，不论是否加糖或其他甜物质）（可直接饮用的蔬菜果汁类饮料） 混合水果汁（未发酵及未加酒精的，不论是否加糖或其他甜物质）［浓缩蔬菜果汁类饮料（包括冷冻的）］ 混合水果汁（未发酵及未加酒精的，不论是否加糖或其他甜物质）［食品工业用浓缩液（汁、浆）］
200990	90		蔬菜汁、水果与蔬菜的混合汁（未发酵及未加酒精的，不论是否加糖或其他甜物质） 【电商】	Other mixtures of juices, unfermented and not containing added spirit, whether or not containing added sugar or other sweetening matter	【最】5【普】80 【协东盟】0【协香港】0【协澳门】0【协智利】0 【协新西兰】0【协新加坡】0【协秘鲁】0 【协哥斯达黎加】0【协冰岛】0【协瑞士】5 【协澳大利亚】0【协韩国】13.3【协格鲁吉亚】0 【特亚太】2.5【特东老挝】0【特东柬埔寨】0 【特-1】0【特-2】0【特-3】0 【增】16【对美加征】10【出】0【退】16	千克	A	B	PR	QS	101 102 103	蔬菜汁、水果与蔬菜的混合汁（未发酵及未加酒精的，不论是否加糖或其他甜物质）（可直接饮用的蔬菜果汁类饮料） 蔬菜汁、水果与蔬菜的混合汁（未发酵及未加酒精的，不论是否加糖或其他甜物质）［浓缩蔬菜果汁类饮料（包括冷冻的）］ 混合蔬菜汁、水果与蔬菜的混合汁（未发酵及未加酒精的，不论是否加糖或其他甜物质）［食品工业用浓缩液（汁、浆）］

第二十一章 杂项食品

Chapter 21 Miscellaneous edible preparations

注释：

一、本章不包括：

（一）税目 07.12 的什锦蔬菜；

（二）含咖啡的焙炒咖啡代用品（税目 09.01）；

（三）加香料的茶（税目 09.02）；

（四）税目 09.04 至 09.10 的调味香料或其他产品；

（五）按重量计含香肠、肉、食用杂碎、动物血、鱼、甲壳动物、软体动物、其他水生无脊椎动物及其混合物超过 20% 的食品（第十六章），但税目 21.03 或 21.04 的产品除外；

（六）税目 30.03 或 30.04 的药用酵母及其他产品；或

（七）税目 35.07 的酶制品。

二、上述注释一（二）所述咖啡代用品的精汁归入税目 21.01。

三、税目 21.04 所称"均化混合食品"，是指两种或两种以上的基本配料，例如，肉、鱼、蔬菜或果实等，经精细均化制成适合供婴幼儿食用或营养用的零售包装食品（每件净重不超过 250 克）。为了调味、保藏或其他目的，可以加入少量其他配料，还可以含有少量可见的小块配料。

Chapter Notes:

1. This Chapter does not cover:

(a) Mixed vegetables of heading 07.12;

(b) Roasted coffee substitutes containing coffee in any proportion (heading 09.01);

(c) Flavoured tea (heading 09.02);

(d) Spices or other products of headings 09.04 to 09.10;

(e) Food preparations, other than the products described in heading 21.03 or 21.04, containing more than 20% by weight of sausage, meat, meat offal, blood, fish or crustaceans, molluscs or other aquatic invertebrates, or any combination thereof (Chapter 16);

(f) Yeast put up as a medicament or other products of heading 30.03 or 30.04; or

(g) Prepared enzymes of heading 35.07.

2. Extracts of the substitutes referred to in Note 1 (b) above are to be classified in heading 21.01.

3. For the purposes of heading 21.04, the expression "homogenised composite food preparations" means preparations consisting of a finely homogenised mixture of two or more basic ingredients such as meat, fish, vegetables, fruit or nuts, put up for retail sale as food suitable for infants or young children or for dietetic purposes, in containers of a net weight content not exceeding 250g. For the application of this definition, no account is to be taken of small quantities of any ingredients which may be added to the mixture for seasoning, preservation or other purposes. Such preparations may contain a small quantity of visible pieces of ingredients.

税则号列 HS国际统一前6位	本国子目 7~8位	本国子目 9~10位	中文 货物名称	英文 Article Description	税费综合信息	计量单位	监管证件代码 进口	监管证件代码 出口	检验检疫类别 进口	检验检疫类别 出口	检验检疫编码	检验检疫编码对应中文名称
210111	00		咖啡浓缩精汁【电商】	Extracts, essences and concentrates of coffee	【最】12【普】130 【协东盟】0【协香港】0【协澳门】0 【协巴基斯坦】13.6【协智利】0【协新西兰】0 【协新加坡】0【协哥斯达黎加】0【协冰岛】0 【协澳大利亚】0【协韩国】11.3 【协格鲁吉亚】0 【特-1】0【特-2】0【特-3】0 【增】16【对美加征】10【出】0【退】16	千克	A	B	R	S	101 102 103 104	咖啡浓缩精汁（速溶咖啡） 咖啡浓缩精汁（其他咖啡） 咖啡浓缩精汁［植脂末（咖啡伴侣）］ 咖啡浓缩精汁（未列出的其他饮料、冷冻饮品、咖啡、果冻）
210112	00		以咖啡为基本成分的制品（包括以咖啡浓缩精汁为基本成分的制品）【电商】	Preparations with a basis of extracts, essences or concentrates or with a basis of coffee	【最】12【普】130 【协东盟】0【协香港】0【协澳门】0【协智利】0 【协新西兰】0【协新加坡】0【协哥斯达黎加】0 【协冰岛】0【协澳大利亚】0【协韩国】22.5 【协格鲁吉亚】0 【特-1】0 【增】16【对美加征】10【出】0【退】16	千克	A	B	R	S	101 102 103	以咖啡为基本成分的制品（包括以咖啡浓缩精汁为基本成分的制品）（茶饮料） 以咖啡为基本成分的制品（包括以咖啡浓缩精汁为基本成分的制品）（咖啡粉） 以咖啡为基本成分的制品（包括以咖啡浓缩精汁为基本成分的制品）（速溶咖啡）

税则号列 HS国际统一前6位	本国子目 7~8位	9~10位	货品名称中英文 中文 货物名称	英文 Article Description	税费综合信息	计量单位	监管证件代码 进口	出口	检验检疫类别 进口	出口	检验检疫编码	检验检疫编码对应中文名称
											104 105	以咖啡为基本成分的制品（包括以咖啡浓缩精汁为基本成分的制品）（其他咖啡） 以咖啡为基本成分的制品（包括以咖啡浓缩精汁为基本成分的制品）（未列出的其他饮料、冷冻饮品、咖啡、果冻）
210120	00		茶、马黛茶浓缩精汁及其制品 【电商】	Extracts, essences and concentrates, of tea or mate, and preparations with abasis of these extracts, essences or concentrates or with a basis of tea or mate	【最】12【普】130 【协亚太】6【协东盟】0【协香港】0 【协澳门】0【协巴基斯坦】16【协智利】0 【协新西兰】0【协新加坡】0【协秘鲁】0 【协哥斯达黎加】0【协冰岛】0【协瑞士】0 【协澳大利亚】0【协格鲁吉亚】0 【特-1】0【特-2】0 【增】16【对美加征】10【出】0【退】16	千克	A	B	R	S	999	茶、马黛茶浓缩精汁及其制品
210130	00		烘焙咖啡代用品及其浓缩精汁 【电商】	Roasted chicory and other roasted coffee substitutes, and extracts, essences and concentrates thereof	【最】12【普】130 【协东盟】0【协智利】0【协新西兰】0 【协新加坡】0【协哥斯达黎加】0 【协澳大利亚】0【协韩国】24 【协格鲁吉亚】0【协香港】0【协澳门】0 【特-1】0【特-2】0 【增】16【出】0【退】16	千克	A	B	R	S	101 102 103	烘焙咖啡代用品及其浓缩精汁（其他咖啡） 烘焙咖啡代用品及其浓缩精汁［植脂末（咖啡伴侣）］ 烘焙咖啡代用品及其浓缩精汁（未列出的其他饮料、冷冻饮品、咖啡、果冻）
210210	00		活性酵母	Active yeasts	【最】25【普】80 【协东盟】0【协香港】0【协澳门】0【协智利】0 【协新西兰】0【协新加坡】0【协秘鲁】0 【协哥斯达黎加】0【协冰岛】0【协瑞士】0 【协澳大利亚】0【协韩国】18.7【协格鲁吉亚】0 【特-1】0【特-2】0 【增】16【对美加征】10【出】0【退】16	千克	A	B	PR	QS	101 104	活性酵母（饲料添加剂） 活性酵母［食品加工用酵母制品（活性酵母）］
210220	00		非活性酵母，已死单细胞微生物	Inactive yeasts; other singlecell microorganisms, dead (but not including vaccines of heading No. 30.02)	【最】25【普】70 【协东盟】0【协澳门】0【协智利】0【协香港】0 【协新西兰】0【协新加坡】0【协秘鲁】0 【协哥斯达黎加】0【协冰岛】0【协瑞士】0 【协澳大利亚】0【协韩国】18.7【协格鲁吉亚】0 【特-1】0【特-2】0 【增】10【对美加征】10【出】0【退】16	千克	A	B	PR	QS	201 301 999	非活性酵母，已死单细胞微生物（税目30.02疫苗除外）［食品加工用酵母制品（非活性酵母）］ 非活性酵母，已死单细胞微生物（税目30.02疫苗除外）（有检疫要求的食品添加剂） 非活性酵母，已死单细胞微生物（税目30.02疫苗除外）（其他饲料添加剂）
210230	00		发酵粉 【电商】	Prepared baking powders	【最】25【普】70 【协东盟】0【协澳门】0【协智利】0【协香港】0 【协新西兰】0【协新加坡】0【协秘鲁】0 【协哥斯达黎加】0【协冰岛】0【协澳大利亚】0 【协韩国】18.7【协格鲁吉亚】0 【特-1】0【特-2】0 【增】16【对美加征】10【出】0【退】16	千克	A	B	PR	QS	101 102 103 104 105 ……	发酵粉（饲料添加剂） 发酵粉（其他粮食制品） 发酵粉［食品加工用酵母制品（活性酵母）］ 发酵粉［食品加工用酵母制品（非活性酵母）］ 发酵粉（食品加工用酵母衍生制品） ……①

① 该税号项下检验检疫编码及对应中文名称尚有：106　发酵粉（食品加工用其他酵母产品）。

税则号列			货品名称中英文		税费综合信息	计量单位	监管证件代码		检验检疫类别		检验检疫编码	检验检疫编码对应中文名称
HS国际统一前6位	本国子目 7~8位	本国子目 9~10位	中文 货物名称	英文 Article Description			进口	出口	进口	出口		
210310	00		酱油 【电商】	Soya sauce	【最】12【普】90 【协东盟】0【协香港】0【协澳门】0【协智利】0 【协新西兰】0【协新加坡】0【协秘鲁】0 【协哥斯达黎加】0【协冰岛】0【协瑞士】11.2 【协澳大利亚】0【协韩国】21 【协格鲁吉亚】0 【特东柬埔寨】0【特-1】0【特-2】0【特-3】0 【增】16【对美加征】10【出】0【退】16	千克	A	B	R	S	101 102 103 104	酱油（酿造酱油） 酱油（配制酱油） 酱油（鲜味汁） 酱油（其他酱油）
210320	00		番茄沙司及其他番茄调味汁 【电商】	Tomato ketchup and other tomato sauces	【最】12【普】90 【协东盟】0【协香港】0【协澳门】0 【协巴基斯坦】12【协智利】0【协新西兰】0 【协新加坡】0【协秘鲁】0【协哥斯达黎加】0 【协瑞士】6【协澳大利亚】0【协韩国】7.5 【协格鲁吉亚】0 【特东柬埔寨】0【特-1】0【特-2】0【特-3】0 【增】16【对美加征】5【出】0【退】16	千克	A	B	R	S	101 102	番茄沙司及其他番茄调味汁（番茄沙司） 番茄沙司及其他番茄调味汁（番茄调味汁）
210330	00		芥子粉及其调味品	Mustard flour and meal and prepared mustard	【最】12【普】70 【协东盟】0【协澳门】0【协巴基斯坦】12 【协香港】0【协智利】0【协新西兰】0 【协新加坡】0【协秘鲁】0【协哥斯达黎加】0 【协瑞士】6【协澳大利亚】0【协韩国】7.5 【协格鲁吉亚】0【特东柬埔寨】0 【特-1】0【特-2】0【特-3】0 【增】16【对美加征】5【出】0【退】16	千克	A	B	PR	QS	998 999	芥子粉及其调味品（未列出的其他调味品） 芥子粉及其调味品（香辛料）
210390	10		味精	Gourmet powder	【最】12【普】130 【协亚太】10.4【协东盟】0【协香港】0 【协澳门】0【协巴基斯坦】18.2【协智利】0 【协新西兰】0【协新加坡】0【协秘鲁】0 【协哥斯达黎加】0【协冰岛】0【协瑞士】8.4 【协澳大利亚】0【协韩国】15.7 【协格鲁吉亚】0 【特-1】0【特-2】0 【增】16【出】0【退】13	千克	A	B	R	S	999	味精
210390	20		别特酒，按体积计酒精含量44.2%~49.2%，按重量计含1.5%~6%的香料、各种配料以及4%~10%的糖	Aromatic bitters, 44.2% ~ 49.2% of which is alcoholic strength by volume, 1.5% ~ 6% of which is spiles and various ingredients by weight and 4% ~ 10% of which is sugar by weight	【最】12【普】90 【协东盟】0【协香港】0【协澳门】0【协智利】0 【协新西兰】0【协新加坡】0【协秘鲁】8.6 【协哥斯达黎加】0【协冰岛】0【协瑞士】8.4 【协澳大利亚】0【协韩国】15.7 【协格鲁吉亚】0 【特-1】0【特-2】0 【增】16【出】0【退】16	千克	A	B	R	S	999	别特酒（Aromatic bitters,仅做烹饪用，不适于饮用）
210390	90		其他调味品 【电商】	Other condiments and seasonings	【最】12【普】90 【协亚太】10.6【协东盟】0【协香港】0 【协澳门】0【协巴基斯坦】18.4【协智利】0 【协新西兰】0【协新加坡】0【协秘鲁】3.5 【协哥斯达黎加】0【协冰岛】0【协瑞士】10.5 【协澳大利亚】0【协韩国】15.7 【协格鲁吉亚】0 【特-1】0【特-2】0【特-3】0 【增】16【对美加征】10【出】0【退】10	千克	A	B	R	S	101 102 103 104 105 ……	其他调味品（食用茶油） 其他调味品（食用芝麻油） 其他调味品（食用植物调和油） 其他调味品（海鲜酱） 其他调味品（即食沙律酱） ……①

① 该税号项下检验检疫编码及对应中文名称尚有：106 其他调味品（冰梅酱），107 其他调味品（柱侯酱），108 其他调味品（排骨酱），109 其他调味品（沙茶酱），110 其他调味品（沙爹酱），111 其他调味品（豆瓣酱），112 其他调味品（甜酸酱），113 其他调味品（黄豆酱），114 其他调味品（其他酱），115 其他调味品（酿造食醋），116 其他调味品（配制食醋），117 其他调味品（白米醋），118 其他调味品（添丁甜醋），119 其他调味品（苹果醋），120 其他调味品（大红浙醋），121 其他调味品（其他食醋），122 其他调味品（调味剂），123 其他调味品（鸡精），124 其他调味品（鲜味粉），125 其他调味品（鲜味膏），126 其他调味品（其他鲜味剂），127 其他调味品（混合调味品），128 其他调味品（豆豉），129 其他调味品（姜豉），130 其他调味品（沙姜粉），131 其他调味品（五香粉），132 其他调味品（调味汁），133 其他调味品（未列出的其他调味品），134 其他调味品（红豆馅），135 其他调味品（芝麻酱），136 其他调味品（榛子酱），137 其他调味品（扁桃仁酱），138 其他调味品［其他坚果及籽类的泥（酱）］，139 其他调味品（水产调味品）。

税则号列			货品名称中英文		税费综合信息	计量单位	监管证件代码		检验检疫类别		检验检疫编码	检验检疫编码对应中文名称
HS国际统一前6位	本国子目 7~8位	9~10位	中文 货物名称	英文 Article Description			进口	出口	进口	出口		
210410	00		汤料及其制品 【电商】	Soups and broths and preparations therefor	【最】12【普】90 【协东盟】0【协香港】0【协澳门】0 【协巴基斯坦】12【协智利】0【协新西兰】0 【协新加坡】0【协秘鲁】0【协哥斯达黎加】0 【协冰岛】0【协瑞士】6【协澳大利亚】0 【协韩国】7.5【协格鲁吉亚】0 【特-1】0【特-2】0 【增】16【对美加征】10【出】0【退】16	千克	A	B	PR	QS	101 102 103	汤料及其制品（制汤调料） 汤料及其制品（其他含肉速冻粮食制品） 汤料及其制品（其他不含肉速冻粮食制品）
210420	00		均化混合食品 【电商】	Homogenized composite food preparations	【最】12【普】90 【协东盟】0【协澳门】0【协智利】0【协香港】0 【协新西兰】0【协新加坡】0【协秘鲁】0 【协哥斯达黎加】0【协澳大利亚】0 【协韩国】24【协格鲁吉亚】0 【特-1】0【特-2】0 【增】16【对美加征】5【出】0【退】16	千克	A	B	R	S	101 102 103 104	均化混合食品（汤料） 均化混合食品（混合调味品） 均化混合食品（未列出的其他调味品） 均化混合食品（具有保健食品批准文号）
210500	00		冰淇淋及其他冰制食品（不论是否含可可） 【电商】	Ice cream and other edible ice, whether or not containing cocoa	【最】12【普】90 【协东盟】0【协香港】0【协澳门】0【协智利】0 【协新西兰】0【协新加坡】0【协秘鲁】0 【协哥斯达黎加】0【协冰岛】0【协瑞士】0 【协澳大利亚】0【协格鲁吉亚】0 【特-1】0【特-2】0 【增】16【对美加征】10【出】0【退】16	千克	A	B	R	S	101 102 104 105	冰淇淋及其他冰制食品（不论是否含可可）（冰淇淋） 冰淇淋及其他冰制食品（不论是否含可可）（冷冻饮品制作料） 冰淇淋及其他冰制食品（不论是否含可可）（食用冰） 冰淇淋及其他冰制食品（不论是否含可可）（其他冷冻饮品）
210610	00		浓缩蛋白质及人造蛋白物质 【电商】	Protein concentrates and textured Protein substances	【最】10【普】90 【协东盟】0【协澳门】0【协巴基斯坦】5 【协香港】0【协智利】0【协新西兰】0 【协新加坡】0【协秘鲁】0【协哥斯达黎加】0 【协冰岛】0【协瑞士】0【协澳大利亚】0 【协韩国】5【协格鲁吉亚】0 【特-1】0【特-2】0 【增】16【对美加征】5【出】0【退】16	千克	A	B	R	S	101 102 104 105 106 ……	浓缩蛋白质及人造蛋白物质（蛋白型固体饮料） 浓缩蛋白质及人造蛋白物质（具有保健食品批准文号） 浓缩蛋白质及人造蛋白物质（大豆蛋白） 浓缩蛋白质及人造蛋白物质（豌豆蛋白） 浓缩蛋白质及人造蛋白物质（特殊医学用途配方食品） ……①
210690	10		制造碳酸饮料的浓缩物	Beverage bases	【最】12【普】100 【协东盟】0【协香港】0【协澳门】0【协智利】0 【协新西兰】0【协新加坡】0【协秘鲁】0 【协哥斯达黎加】0【协冰岛】0 【协澳大利亚】0【协韩国】26.2【协格鲁吉亚】0 【特-1】0【特-2】0 【增】16【出】0【退】16	千克	A	B	R	S	102 103	制造碳酸饮料的浓缩物［果香型固体饮料（如菊花精、柠檬茶、果珍）］ 制造碳酸饮料的浓缩物（未列出的其他饮料、冷冻饮品、咖啡、果冻）
210690	20		制造饮料用的复合酒精制品	Compound alcoholic preparations of a kind used for the manufacture of beverages	【最】12【普】180 【协东盟】0【协香港】0【协澳门】0【协智利】0 【协新西兰】0【协新加坡】0【协秘鲁】0 【协哥斯达黎加】0【协冰岛】0【协瑞士】8 【协澳大利亚】0【协韩国】13.3【协格鲁吉亚】0 【特-1】0【特-2】0 【增】16 【消】5【出】0【退】16	千克	A	B	R	S	999	制造饮料用的复合酒精制品

① 该税号项下检验检疫编码及对应中文名称尚有：107　浓缩蛋白质及人造蛋白物质（蚕豆蛋白），108　浓缩蛋白质及人造蛋白物质（其他豆类蛋白），109　浓缩蛋白质及人造蛋白物质（小麦蛋白），110　浓缩蛋白质及人造蛋白物质（燕麦蛋白），111　浓缩蛋白质及人造蛋白物质（大米蛋白），112　浓缩蛋白质及人造蛋白物质（玉米蛋白），113　浓缩蛋白质及人造蛋白物质（其他谷类蛋白），114　浓缩蛋白质及人造蛋白物质（花生蛋白），115　浓缩蛋白质及人造蛋白物质（其他坚果及籽类蛋白），116　浓缩蛋白质及人造蛋白物质（马铃薯蛋白），117　浓缩蛋白质及人造蛋白物质（其他薯类蛋白），118　浓缩蛋白质及人造蛋白物质（其他植物蛋白）。

税则号列 HS国际统一前6位	本国子目 7~8位	本国子目 9~10位	货品名称中英文 中文 货物名称	货品名称中英文 英文 Article Description	税费综合信息	计量单位	监管证件代码 进口	监管证件代码 出口	检验检疫类别 进口	检验检疫类别 出口	检验检疫编码	检验检疫编码对应中文名称
210690	30	10	含濒危植物成分的蜂王浆制剂 【电商】①	Royal jelly, put up as tonic essences containing composition of endangered plants	【最】3【普】80 【协东盟】0【协香港】0【协澳门】0 【协巴基斯坦】0【协智利】0【协新西兰】0 【协秘鲁】0【协哥斯达黎加】0【协冰岛】0 【协瑞士】0【协澳大利亚】0【协韩国】0 【协格鲁吉亚】0 【特东老挝】0【特-1】0【特-2】0【特-3】0 【增】16【出】0【退】0	千克	AF	BE	R	S	101 102	含濒危植物成分的蜂王浆制剂（具有保健食品批准文号） 含濒危植物成分的蜂王浆制剂（蜂王浆及制品）
210690	30	90	其他蜂王浆制剂 【电商】②	Other royal jelly, put up as tonic essences	【最】3【普】80 【协东盟】0【协香港】0【协澳门】0 【协巴基斯坦】0【协智利】0【协新西兰】0 【协秘鲁】0【协哥斯达黎加】0【协冰岛】0 【协瑞士】0【协澳大利亚】0【协韩国】0 【协格鲁吉亚】0 【特东老挝】0【特-1】0【特-2】0【特-3】0 【增】16【出】0【退】16	千克	A	B	R	S	101 102	其他蜂王浆制剂（具有保健食品批准文号） 其他蜂王浆制剂（蜂王浆及制品）
210690	40		椰子汁 【电商】	Coconut juice	【最】10【普】90 【协亚太】9【协东盟】5【协香港】0【协澳门】0 【协巴基斯坦】9【协智利】0【协新西兰】0 【协秘鲁】0【协哥斯达黎加】0【协冰岛】0 【协瑞士】0【协澳大利亚】0【协韩国】5 【协格鲁吉亚】0【特东老挝】0【特东缅甸】0 【特-1】0【特-2】0【特-3】0 【增】16【对美加征】10【出】0【退】16	千克	A	B	PR	QS	999	椰子汁
210690	50	10	濒危海豹油胶囊 【电商】	Endangered seal oil capsules	【最】5【普】90 【协亚太】4.6【协东盟】0【协香港】0 【协澳门】0【协巴基斯坦】18.4【协智利】0 【协新西兰】0【协新加坡】0【协秘鲁】0 【协哥斯达黎加】0【协冰岛】0【协瑞士】5 【协澳大利亚】0【协韩国】18.4【协格鲁吉亚】0 【特-1】0【特-2】0 【增】16【出】0【退】0	千克	AF	BE	R	S	999	濒危海豹油胶囊（食用保健食品）
210690	50	90	其他海豹油胶囊 【电商】	Other seal oil capsules	【最】5【普】90 【协亚太】4.6【协东盟】0【协香港】0 【协澳门】0【协巴基斯坦】18.4【协智利】0 【协新西兰】0【协新加坡】0【协秘鲁】0 【协哥斯达黎加】0【协冰岛】0【协瑞士】5 【协澳大利亚】0【协韩国】18.4【协格鲁吉亚】0 【特-1】0【特-2】0 【增】16【出】0【退】16	千克	A	B	R	S	999	其他海豹油胶囊（食用保健食品）
210690	90	01	乳蛋白部分水解配方、乳蛋白深度水解配方、氨基酸配方、无乳糖配方特殊婴幼儿奶粉 【电商】③	Special infant milk powder of partial hydrolysis formular of lactoprotein, deep hydrolysis formula of lactoprotein, amino acid formular	【最】12【普】90【暂进】0 【协亚太】11【协东盟】0【协香港】0 【协澳门】0【协巴基斯坦】18.4【协智利】0 【协新西兰】0【协新加坡】0【协秘鲁】0 【协哥斯达黎加】0【协冰岛】0【协瑞士】10 【协澳大利亚】0【协韩国】18.4 【特-1】0【特-2】0 【增】16【对美加征】5【出】0【退】16	千克	A	B	R	S	101 102 103 104	乳蛋白部分水解配方、乳蛋白深度水解配方、氨基酸配方、无乳糖配方特殊婴幼儿奶粉（乳基婴儿配方食品） 乳蛋白部分水解配方、乳蛋白深度水解配方、氨基酸配方、无乳糖配方特殊婴幼儿奶粉（乳基较大婴儿配方食品） 乳蛋白部分水解配方、乳蛋白深度水解配方、氨基酸配方、无乳糖配方特殊婴幼儿奶粉（氨基酸代谢障碍配方特殊医学用途婴儿配方食品） 乳蛋白部分水解配方、乳蛋白深度水解配方、氨基酸配方、无乳糖配方特殊婴幼儿奶粉（无乳糖配方特殊医学用途婴儿配方食品）

① 列入《进出口野生动植物种商品目录》的商品除外。
② 列入《进出口野生动植物种商品目录》的商品除外。
③ 列入《进出口野生动植物种商品目录》的商品除外。

税则号列			货品名称中英文		税费综合信息	计量单位	监管证件代码		检验检疫类别		检验检疫编码	检验检疫编码对应中文名称
HS国际统一前6位	本国子目 7~8位	9~10位	中文 货物名称	英文 Article Description			进口	出口	进口	出口		
											105 ……	乳蛋白部分水解配方、乳蛋白深度水解配方、氨基酸配方、无乳糖配方特殊婴幼儿奶粉（乳蛋白部分水解配方特殊医学用途婴儿配方食品） ……①
210690	90	11	含濒危鱼软骨素胶囊【电商】②	Endangered species of fish cartilage capsules	【最】12【普】90 【协亚太】11【协东盟】0【协香港】0 【协澳门】0【协巴基斯坦】18.4【协智利】0 【协新西兰】0【协新加坡】0【协秘鲁】0 【协哥斯达黎加】0【协冰岛】0【协瑞士】10 【协澳大利亚】0【协韩国】18.4 【特-1】0【特-2】0 【增】16【对美加征】5【出】0【退】0	千克	AF	BE	R	S	999	含濒危鱼软骨素胶囊
210690	90	19	含濒危动植物成分的其他编号未列名食品【电商】③	Other food preparations containing composition of endangered plants, not eleswhere specified or included	【最】12【普】90 【协亚太】11【协东盟】0【协香港】0 【协澳门】0【协巴基斯坦】18.4【协智利】0 【协新西兰】0【协新加坡】0【协秘鲁】0 【协哥斯达黎加】0【协冰岛】0【协瑞士】10 【协澳大利亚】0【协韩国】18.4 【特-1】0【特-2】0 【增】16【对美加征】5【出】0【退】0	千克	AF	BE	R	S	101 102 103 104 105 ……	含濒危动植物成分的其他编号未列名食品（蛋白型固体饮料） 含濒危动植物成分的其他编号未列名食品［果香型固体饮料（如菊花精、柠檬茶、果珍）］ 含濒危动植物成分的其他编号未列名食品（未列出的其他饮料、冷冻饮品、咖啡、果冻） 含濒危动植物成分的其他编号未列名食品（发酵豆制品） 含濒危动植物成分的其他编号未列名食品（红豆馅） ……④
210690	90	90	其他编号未列名的食品【电商】⑤	Other food preparations, not elsewhere specified or included	【最】12【普】90 【协亚太】11【协东盟】0【协香港】0 【协澳门】0【协巴基斯坦】18.4【协智利】0 【协新西兰】0【协新加坡】0【协秘鲁】0 【协哥斯达黎加】0【协冰岛】0【协瑞士】10 【协澳大利亚】0【协韩国】18.4 【特-1】0【特-2】0 【增】16【对美加征】5【出】0【退】6	千克	A	B	R	S	101 102 103 104	其他编号未列名的食品（其他食用植物调和油） 其他编号未列名的食品（其他食用植物油） 其他编号未列名的食品（代用茶） 其他编号未列名的食品（其他茶叶及制品）

① 该税号项下检验检疫编码及对应中文名称尚有：106　乳蛋白部分水解配方、乳蛋白深度水解配方、氨基酸配方、无乳糖配方特殊婴幼儿奶粉（乳蛋白深度水解配方特殊医学用途婴儿配方食品），107　乳蛋白部分水解配方、乳蛋白深度水解配方、氨基酸配方、无乳糖配方特殊婴幼儿奶粉（乳基幼儿配方食品）。

② 列入《进出口野生动植物种商品目录》的商品除外。

③ 列入《进出口野生动植物种商品目录》的商品除外。

④ 该税号项下检验检疫编码及对应中文名称尚有：106　含濒危动植物成分的其他编号未列名食品（其他粮食制品），107　含濒危动植物成分的其他编号未列名食品（具有保健食品批准文号），108　含濒危动植物成分的其他编号未列名食品（非发酵豆制品），109　含濒危动植物成分的其他编号未列名食品（婴幼儿谷类辅助食品），110　含濒危动植物成分的其他编号未列名食品（婴幼儿罐装辅助食品），111　含濒危动植物成分的其他编号未列名食品（特殊医学用途配方食品）。

⑤ 列入《进出口野生动植物种商品目录》的商品除外。

税则号列			货品名称中英文		税费综合信息	计量单位	监管证件代码		检验检疫类别		检验检疫编码	检验检疫编码对应中文名称
HS 国际统一前 6 位	本国子目 7~8 位	本国子目 9~10 位	中文 货物名称	英文 Article Description			进口	出口	进口	出口		
											105 ……	其他编号未列名的食品（其他乳与乳制品） ……①

① 该税号项下检验检疫编码及对应中文名称尚有：106 其他编号未列名的食品（即食坚果沙律），107 其他编号未列名的食品（熟制坚果炒货），108 其他编号未列名的食品（含乳饮料），109 其他编号未列名的食品（植物蛋白饮料），110 其他编号未列名的食品（蛋白型固体饮料），111 其他编号未列名的食品［果香型固体饮料（如菊花精、柠檬茶、果珍）］，112 其他编号未列名的食品（果冻），115 其他编号未列名的食品（未列出的其他饮料、冷冻饮品、咖啡、果冻），116 其他编号未列名的食品（其他原酒），118 其他编号未列名的食品（未列出的其他酒），119 其他编号未列名的食品（冰片糖），120 其他编号未列名的食品（糖浆），121 其他编号未列名的食品（糖霜），122 其他编号未列名的食品（胶基糖果），123 其他编号未列名的食品（其他食糖），127 其他编号未列名的食品（其他糖果），128 其他编号未列名的食品（其他糖与糖果、巧克力与可可制品），129 其他编号未列名的食品（发酵豆制品），130 其他编号未列名的食品（红豆馅），131 其他编号未列名的食品（即食通粉沙律），132 其他编号未列名的食品（湿粉），133 其他编号未列名的食品（湿面），134 其他编号未列名的食品（速食粮食产品），135 其他编号未列名的食品（其他粮食制品），136 其他编号未列名的食品（含肉饺子），137 其他编号未列名的食品（不含肉饺子），138 其他编号未列名的食品（其他不含馅速冻粮食制品），139 其他编号未列名的食品（其他蜜饯），140 其他编号未列名的食品（具有保健食品批准文号），141 其他编号未列名的食品（母乳营养补充剂），142 其他编号未列名的食品（婴幼儿谷类辅助食品），143 其他编号未列名的食品（婴幼儿罐装辅助食品），144 其他编号未列名的食品（特殊医学用途配方食品），146 其他编号未列名的食品（食用其他加工油脂），148 其他编号未列名的食品（其他未列出的加工食品），149 其他编号未列名的食品（燕窝制品，以燕窝为主要原料的食品），150 其他编号未列名的食品（运动营养食品），151 其他编号未列名的食品（孕产妇营养补充品），152 其他编号未列名的食品（辅食营养补充品），153 其他编号未列名的食品（非发酵豆制品），154 其他编号未列名的食品（其他蛋白饮料），155 其他编号未列名的食品（其他特殊用途饮料），156 其他编号未列名的食品（植物饮料），157 其他编号未列名的食品（其他酿酒原料），158 其他编号未列名的食品｛酵母制品［食品加工用酵母制品（活性酵母）］｝，159 其他编号未列名的食品｛酵母制品酵母制品［食品加工用酵母制品（非活性酵母）］｝，160 其他编号未列名的食品［酵母制品酵母衍生制品（食品加工用酵母衍生制品）］，161 其他编号未列名的食品［酵母制品（食品加工用其他酵母产品）］，162 其他编号未列名的食品［酵母制品（食品加工用乳酸菌）］，163 其他编号未列名的食品（食品加工用乳酸菌产品），164 其他编号未列名的食品［酵母制品（其他食品加工用菌种及其产品）］，165 其他编号未列名的食品［酵母制品（乳酸菌饮料）］，166 其他编号未列名的食品（大豆蛋白），167 其他编号未列名的食品（豌豆蛋白），168 其他编号未列名的食品（蚕豆蛋白），169 其他编号未列名的食品（其他豆类蛋白），170 其他编号未列名的食品（小麦蛋白），171 其他编号未列名的食品（燕麦蛋白），172 其他编号未列名的食品（大米蛋白），173 其他编号未列名的食品（玉米蛋白），174 其他编号未列名的食品（其他谷类蛋白），175 其他编号未列名的食品（花生蛋白），176 其他编号未列名的食品（其他坚果及籽类蛋白），177 其他编号未列名的食品（马铃薯蛋白），178 其他编号未列名的食品（其他薯类蛋白），179 其他编号未列名的食品（其他植物蛋白），180 其他编号未列名的食品（纯麦片），181 其他编号未列名的食品（其他纯谷物的冲调谷物制品），182 其他编号未列名的食品（含其他原料的谷物类冲调谷物制品），183 其他编号未列名的食品（淀粉质类冲调谷物制品），301 其他编号未列名的食品（无检疫要求食品添加剂）。

第二十二章 饮料、酒及醋

Chapter 22 Beverages, spirits and vinegar

注释：

一、本章不包括：

（一）本章的产品（税目 22.09 的货品除外）经配制后，用于烹饪而不适于作为饮料的制品（通常归入税目 21.03）；

（二）海水（税目 25.01）；

（三）蒸馏水、导电水及类似的纯净水（税目 28.53）；

（四）按重量计浓度超过 10%的醋酸（税目 29.15）；

（五）税目 30.03 或 30.04 的药品；或

（六）芳香料制品及盥洗品（第三十三章）。

二、本章及第二十章和第二十一章所称“按容量计酒精浓度”，应是温度在 20℃时测得的浓度。

三、税目 22.02 所称“无酒精饮料”，是指按容量计酒精浓度不超过 0.5%的饮料。含酒精饮料应分别归入税目 22.03 至 22.06 或税目 22.08。

子目注释：

子目 2204.10 所称“汽酒”，是指温度在 20℃时装在密封容器中超过大气压力 3 巴及以上的酒。

Chapter Notes:

1. This Chapter does not cover:

(a) Products of this Chapter (other than those of heading 22.09) prepared for culinary purposes and thereby rendered unsuitable for consumption as beverages (generally heading 21.03);

(b) Sea water (heading 25.01);

(c) Distilled or conductivity water or water of similar purity (heading 28.53);

(d) Acetic acid of a concentration exceeding 10% by weight of acetic acid (heading 29.15);

(e) Medicaments of heading 30.03 or 30.04; or

(f) Perfumery or toilet preparations (Chapter 33).

2. For the purposes of this Chapter and of Chapters 20 and 21, the “alcoholic strength by volume” shall be determined at a temperature of 20℃.

3. For the purposes of heading 22.02, the term “non-alcoholic beverages” means beverages of an alcoholic strength by volume not exceeding 0.5% vol. Alcoholic beverages are classified in headings 22.03 to 22.06 or heading 22.08 as appropriate.

Subheading Note:

For the purposes of subheading 2204.10, the expression “sparkling wine” means wine which, when kept at a temperature of 20℃ in closed containers, has an excess pressure of not less than 3 bars.

税则号列			货品名称中英文		税费综合信息	计量单位	监管证件代码		检验检疫类别		检验检疫编码	检验检疫编码对应中文名称
HS 国际统一前 6 位	本国子目 7~8 位	9~10 位	中文 货物名称	英文 Article Description			进口	出口	进口	出口		
220110	10		未加糖或其他甜物质及未加味的矿泉水（包括天然或人造矿泉水）【电商】	Mineral waters, including natural or artificial mineral waters and aerated waters, not containing added sugar or other sweetening matter or flavoured	【最】5【普】90 【协东盟】0【协香港】0【协澳门】0【协智利】0 【协新西兰】0【协新加坡】0【协秘鲁】0 【协哥斯达黎加】0【协冰岛】0【协瑞士】5 【协澳大利亚】0【协韩国】15【协格鲁吉亚】0 【特-1】0【特-2】0【特-3】0 【增】16【对美加征】10【出】0【退】0	升/千克	A	B	R	S	999	未加糖或其他甜物质及未加味的矿泉水（包括天然或人造矿泉水）（天然矿泉水）
220110	20		未加糖或其他甜物质及未加味的汽水【电商】	Aerated waters, not containing added sugar or other sweetening matter or flavoured	【最】5【普】90 【协东盟】0【协澳门】0【协智利】0【协香港】0 【协新西兰】0【协新加坡】0【协秘鲁】0 【协哥斯达黎加】0【协冰岛】0【协瑞士】5 【协澳大利亚】0【协韩国】13.3【协格鲁吉亚】0 【特-1】0【特-2】0【特-3】0 【增】16【对美加征】10【出】0【退】16	升/千克	A	B	R	S	101	未加糖及未加味的汽水（碳酸饮料）
220190	11		已包装的天然水（未加味、加糖或其他甜物质）【电商】	packaged, not containing added sugar or other sweetening matter or flavoured	【最】5【普】30 【协东盟】0【协香港】0【协澳门】0 【协巴基斯坦】5【协智利】0【协新西兰】0 【协新加坡】0【协秘鲁】0【协哥斯达黎加】0 【协冰岛】0【协瑞士】0【协澳大利亚】0 【协韩国】5【协格鲁吉亚】0 【特-1】0【特-2】0 【增】16【对美加征】10【出】0【退】0	千升/千克	A	B	R	S	999	已包装的天然水（未加味、加糖或其他甜物质）

税则号列			货品名称中英文		税费综合信息	计量单位	监管证件代码		检验检疫类别		检验检疫编码	检验检疫编码对应中文名称
HS国际统一前6位	本国子目 7~8位	9~10位	中文 货物名称	英文 Article Description			进口	出口	进口	出口		
220190	19		其他天然水【电商】	Other	【最】5【普】30 【协东盟】0【协香港】0【协澳门】0 【协巴基斯坦】5【协智利】0【协新西兰】0 【协新加坡】0【协秘鲁】0【协哥斯达黎加】0 【协冰岛】0【协瑞士】0【协澳大利亚】0 【协韩国】5【协格鲁吉亚】0 【特-1】0【特-2】0 【增】16【对美加征】10【出】0【退】0	千升/千克					999	其他天然水（未加味、加糖或其他甜物质）
220190	90		其他水、冰及雪（未加味、加糖或其他甜物质）【电商】	Other waters, ice and snow, not containing added sugar or other sweetening matter or flavoured	【最】5【普】30 【协东盟】0【协香港】0【协澳门】0 【协巴基斯坦】5【协智利】0【协新西兰】0 【协新加坡】0【协秘鲁】0【协哥斯达黎加】0 【协冰岛】0【协瑞士】0【协澳大利亚】0 【协韩国】5【协格鲁吉亚】0 【特-1】0【特-2】0 【增】16【对美加征】10【出】0【退】0	千升/千克	A	B	R	S	101 102 103 104 301	其他水、冰及雪（未加味、加糖或其他甜物质）［饮用水（如矿泉水、纯净水等）］ 其他水、冰及雪（未加味、加糖或其他甜物质）（食用冰） 其他水、冰及雪（未加味、加糖或其他甜物质）（其他冷冻饮品） 其他水、冰及雪（未加味、加糖或其他甜物质）（未列出的其他饮料、冷冻饮品、咖啡、果冻） 其他水、冰及雪（未加味、加糖或其他甜物质）（需申报仅用于工业用途不用于食品添加剂的无检疫要求的化学品）
220210	00	10	含濒危动植物成分的加味、加糖或其他甜物质的水（包括矿泉水及汽水）【电商】①	Waters, including mineral waters and aerated waters, containing added sugar or other sweetening matter or flavoured, and containing endangered animals or plants kcomposition	【最】5【普】100 【协东盟】0【协香港】0【协澳门】0【协智利】0 【协新西兰】0【协新加坡】0【协秘鲁】0 【协哥斯达黎加】0【协冰岛】0【协瑞士】5 【协澳大利亚】0【协韩国】15【协格鲁吉亚】0 【特-1】0【特-2】0 【增】16【对美加征】10【出】0【退】0	升/千克	AF	BE	R	S	101 102 103 104 105 ……	含濒危动植物成分的加味、加糖或其他甜物质的水（包括矿泉水及汽水）（碳酸饮料） 含濒危动植物成分的加味、加糖或其他甜物质的水（包括矿泉水及汽水）（可直接饮用的蔬菜果汁类饮料） 含濒危动植物成分的加味、加糖或其他甜物质的水（包括矿泉水及汽水）（含乳饮料） 含濒危动植物成分的加味、加糖或其他甜物质的水（包括矿泉水及汽水）（植物蛋白饮料） 含濒危动植物成分的加味、加糖或其他甜物质的水（包括矿泉水及汽水）（茶饮料） ……②

① 列入《进出口野生动植物种商品目录》的商品除外。

② 该税号项下检验检疫编码及对应中文名称尚有：106 含濒危动植物成分的加味、加糖或其他甜物质的水（包括矿泉水及汽水）（运动饮料），108 含濒危动植物成分的加味、加糖或其他甜物质的水（包括矿泉水及汽水）（具有保健食品批准文号），109 含濒危动植物成分的加味、加糖或其他甜物质的水（包括矿泉水及汽水）（植物饮料），110 含濒危动植物成分的加味、加糖或其他甜物质的水（包括矿泉水及汽水）（乳酸菌饮料）。

税则号列			货品名称中英文		税费综合信息	计量单位	监管证件代码		检验检疫类别		检验检疫编码	检验检疫编码对应中文名称
HS国际统一前6位	本国子目 7~8位	本国子目 9~10位	中文 货物名称	英文 Article Description			进口	出口	进口	出口		
220210	00	90	其他加味、加糖或其他甜物质的水（包括矿泉水及汽水） 【电商】①	Other waters, including mineral waters and aerated waters, containing added sugar or other sweetening matter or flavoured	【最】5【普】100 【协东盟】0【协香港】0【协澳门】0【协智利】0 【协新西兰】0【协新加坡】0【协秘鲁】0 【协哥斯达黎加】0【协冰岛】0【协瑞士】5 【协澳大利亚】0【协韩国】15【协格鲁吉亚】0 【特-1】0【特-2】0 【增】16【对美加征】10【出】0【退】16	升/千克	A	B	R	S	101 102 103 104 105 ……	其他加味、加糖或其他甜物质的水（包括矿泉水及汽水）（碳酸饮料） 其他加味、加糖或其他甜物质的水（包括矿泉水及汽水）（可直接饮用的蔬菜果汁类饮料） 其他加味、加糖或其他甜物质的水（包括矿泉水及汽水）（含乳饮料） 其他加味、加糖或其他甜物质的水（包括矿泉水及汽水）（植物蛋白饮料） 其他加味、加糖或其他甜物质的水（包括矿泉水及汽水）（茶饮料） ……②
220291	00	11	含濒危动植物成分散装无醇啤酒 【电商】③	Non alcoholic bulk beer containing endangered animal and plant ingredients	【最】5【普】100 【协亚太】4.2【协东盟】0【协香港】0 【协澳门】0【协巴基斯坦】29.5【协智利】0 【协新西兰】0【协新加坡】0【协秘鲁】0 【协哥斯达黎加】0【协冰岛】0【协瑞士】5 【协澳大利亚】0【协韩国】26.2【协格鲁吉亚】0 【特-1】0【特-2】0【特-3】0 【增】16【对美加征】10【出】0【退】0	升/千克	AF	BE	R	S	999	含濒危动植物成分散装无醇啤酒
220291	00	19	其他散装无醇啤酒	Other Non alcoholic bulk beer	【最】5【普】100 【协亚太】4.2【协东盟】0【协香港】0 【协澳门】0【协巴基斯坦】29.5【协智利】0 【协新西兰】0【协新加坡】0【协秘鲁】0 【协哥斯达黎加】0【协冰岛】0【协瑞士】5 【协澳大利亚】0【协韩国】26.2【协格鲁吉亚】0 【特-1】0【特-2】0【特-3】0 【增】16【对美加征】10【出】0【退】16	升/千克	A	B	R	S	999	其他散装无醇啤酒
220291	00	91	含濒危动植物成分其他包装无醇啤	Non alcoholic beer containing endangered animal and plant ingredients, in other package	【最】5【普】100 【协亚太】4.2【协东盟】0【协香港】0 【协澳门】0【协巴基斯坦】29.5【协智利】0 【协新西兰】0【协新加坡】0【协秘鲁】0 【协哥斯达黎加】0【协冰岛】0【协瑞士】5 【协澳大利亚】0【协韩国】26.2【协格鲁吉亚】0 【特-1】0【特-2】0【特-3】0 【增】16【对美加征】10【出】0【退】0	升/千克	AF	BE	R	S	999	含濒危动植物成分其他包装无醇啤酒
220291	00	99	其他包装无醇啤酒	Other non alcoholic bulk beverages containing endangered animal and plant ingredients, excluding the fruit and vebatable juice of heading No. 20.09	【最】5【普】100 【协亚太】4.2【协东盟】0【协香港】0 【协澳门】0【协巴基斯坦】29.5【协智利】0 【协新西兰】0【协新加坡】0【协秘鲁】0 【协哥斯达黎加】0【协冰岛】0【协瑞士】5 【协澳大利亚】0【协韩国】26.2【协格鲁吉亚】0 【特-1】0【特-2】0【特-3】0 【增】16【对美加征】10【出】0【退】16	升/千克	A	B	R	S	999	其他包装无醇啤酒

① 列入《进出口野生动植物种商品目录》的商品除外。

② 该税号项下检验检疫编码及对应中文名称尚有：106　其他加味、加糖或其他甜物质的水（包括矿泉水及汽水）（运动饮料），108　其他加味、加糖或其他甜物质的水（包括矿泉水及汽水）（具有保健食品批准文号），109　其他加味、加糖或其他甜物质的水（包括矿泉水及汽水）（植物饮料），110　其他加味、加糖或其他甜物质的水（包括矿泉水及汽水）（乳酸菌饮料）。

③ 列入《进出口野生动植物种商品目录》的商品除外。

税则号列			货品名称中英文		税费综合信息	计量单位	监管证件代码		检验检疫类别		检验检疫编码	检验检疫编码对应中文名称
HS 国际统一前 6 位	本国子目 7~8 位	本国子目 9~10 位	中文 货物名称	英文 Article Description			进口	出口	进口	出口		
220299	00	11	其他含濒危动植物成分散装无酒精饮料【电商】①	Other non alcoholic bulk beverages, excluding the fruit and vebatable juice of heading No. 20. 09	【最】5【普】100 【协亚太】4.2【协东盟】0【协香港】0 【协澳门】0【协巴基斯坦】29.5【协智利】0 【协新西兰】0【协新加坡】0【协秘鲁】0 【协哥斯达黎加】0【协冰岛】0【协瑞士】5 【协澳大利亚】0【协韩国】26.2【协格鲁吉亚】0 【特-1】0【特-2】0【特-3】0 【增】16【对美加征】10【出】0【退】0	升/千克	AF	BE	R	S	101 102 103 104 105 ……	其他含濒危动植物成分散装无酒精饮料（不包括税目 20.09 的水果汁或蔬菜汁）（碳酸饮料） 其他含濒危动植物成分散装无酒精饮料（不包括税目 20.09 的水果汁或蔬菜汁）（含乳饮料） 其他含濒危动植物成分散装无酒精饮料（不包括税目 20.09 的水果汁或蔬菜汁）（植物蛋白饮料） 其他含濒危动植物成分散装无酒精饮料（不包括税目 20.09 的水果汁或蔬菜汁）（茶饮料） 其他含濒危动植物成分散装无酒精饮料（不包括税目 20.09 的水果汁或蔬菜汁）（运动饮料） ……②
220299	00	19	其他散装无酒精饮料	Other non alcoholic bulk beverages, excluding the fruit and vebatable juice of heading No. 20. 09	【最】5【普】100 【协亚太】4.2【协东盟】0【协香港】0 【协澳门】0【协巴基斯坦】29.5【协智利】0 【协新西兰】0【协新加坡】0【协秘鲁】0 【协哥斯达黎加】0【协冰岛】0【协瑞士】5 【协澳大利亚】0【协韩国】26.2【协格鲁吉亚】0 【特-1】0【特-2】0【特-3】0 【增】16【对美加征】10【出】0【退】16	升/千克	A	B	R	S	101 102 103 104 105 ……	其他散装无酒精饮料（不包括税目 20.09 的水果汁或蔬菜汁）（碳酸饮料） 其他散装无酒精饮料（不包括税目 20.09 的水果汁或蔬菜汁）（含乳饮料） 其他散装无酒精饮料（不包括税目 20.09 的水果汁或蔬菜汁）（植物蛋白饮料） 其他散装无酒精饮料（不包括税目 20.09 的水果汁或蔬菜汁）（茶饮料） 其他散装无酒精饮料（不包括税目 20.09 的水果汁或蔬菜汁）（运动饮料） ……③

① 列入《进出口野生动植物种商品目录》的商品除外。

② 该税号项下检验检疫编码及对应中文名称尚有：106　其他含濒危动植物成分散装无酒精饮料（不包括税目 20.09 的水果汁或蔬菜汁）（其他软饮料），107　其他含濒危动植物成分散装无酒精饮料（不包括税目 20.09 的水果汁或蔬菜汁）（未列出的其他饮料、冷冻饮品、咖啡、果冻），108　其他含濒危动植物成分散装无酒精饮料（不包括税目 20.09 的水果汁或蔬菜汁）（具有保健食品批准文号），109　其他含濒危动植物成分散装无酒精饮料（不包括税目 20.09 的水果汁或蔬菜汁）（植物饮料），110　其他含濒危动植物成分散装无酒精饮料（不包括税目 20.09 的水果汁或蔬菜汁）（乳酸菌饮料）。

③ 该税号项下检验检疫编码及对应中文名称尚有：106　其他散装无酒精饮料（不包括税目 20.09 的水果汁或蔬菜汁）（其他软饮料），107　其他散装无酒精饮料（不包括税目 20.09 的水果汁或蔬菜汁）（未列出的其他饮料、冷冻饮品、咖啡、果冻），108　其他散装无酒精饮料（不包括税目 20.09 的水果汁或蔬菜汁）（植物饮料），109　其他散装无酒精饮料（不包括税目 20.09 的水果汁或蔬菜汁）（乳酸菌饮料），999　其他散装无酒精饮料（不包括税目 20.09 的水果汁或蔬菜汁）（保健食品）。

税则号列 HS国际统一前6位	本国子目 7~8位	本国子目 9~10位	货品名称中英文 中文 货物名称	货品名称中英文 英文 Article Description	税费综合信息	计量单位	监管证件代码 进口	监管证件代码 出口	检验检疫类别 进口	检验检疫类别 出口	检验检疫编码	检验检疫编码对应中文名称
220299	00	91	其他含濒危动植物成分其他包装无酒精饮料（不包括税目20.09的水果汁或蔬菜汁）	Other non alcoholic beverages containing endangered animal and plant ingredients in other package, excluding the fruit and vebatable juice of heading No. 20.09	【最】5【普】100 【协亚太】4.2【协东盟】0【协香港】0 【协澳门】0【协巴基斯坦】29.5【协智利】0 【协新西兰】0【协新加坡】0【协秘鲁】0 【协哥斯达黎加】0【协冰岛】0【协瑞士】5 【协澳大利亚】0【协韩国】26.2【协格鲁吉亚】0 【特-1】0【特-2】0【特-3】0 【增】16【对美加征】10【出】0【退】0	升/千克	AF	BE	R	S	101 102 103 104 105 ……	其他含濒危动植物成分其他包装无酒精饮料（不包括税目20.09的水果汁或蔬菜汁）（碳酸饮料） 其他含濒危动植物成分其他包装无酒精饮料（不包括税目20.09的水果汁或蔬菜汁）（含乳饮料） 其他含濒危动植物成分其他包装无酒精饮料（不包括税目20.09的水果汁或蔬菜汁）（植物蛋白饮料） 其他含濒危动植物成分其他包装无酒精饮料（不包括税目20.09的水果汁或蔬菜汁）（茶饮料） 其他含濒危动植物成分其他包装无酒精饮料（不包括税目20.09的水果汁或蔬菜汁）（运动饮料） ……①
220299	00	99	其他包装无酒精饮料（不包括税目20.09的水果汁或蔬菜汁）	Other non alcoholic beverages in other package, excluding the fruit and vebatable juice of heading No. 20.09	【最】5【普】100 【协亚太】4.2【协东盟】0【协香港】0 【协澳门】0【协巴基斯坦】29.5【协智利】0 【协新西兰】0【协新加坡】0【协秘鲁】0 【协哥斯达黎加】0【协冰岛】0【协瑞士】5 【协澳大利亚】0【协韩国】26.2【协格鲁吉亚】0 【特-1】0【特-2】0【特-3】0 【增】16【对美加征】10【出】0【退】16	升/千克	A	B	R	S	101 102 103 104 105 ……	其他包装无酒精饮料（不包括税目20.09的水果汁或蔬菜汁）（碳酸饮料） 其他包装无酒精饮料（不包括税目20.09的水果汁或蔬菜汁）（含乳饮料） 其他包装无酒精饮料（不包括税目20.09的水果汁或蔬菜汁）（植物蛋白饮料） 其他包装无酒精饮料（不包括税目20.09的水果汁或蔬菜汁）（茶饮料） 其他包装无酒精饮料（不包括税目20.09的水果汁或蔬菜汁）（运动饮料） ……②
220300	00		麦芽酿造的啤酒 【电商】	Beer made from malt	【最】0【普】0【特-1】0【特-2】0【特-3】0 【从量（最）】0【从量（普）】7.5元/升 【增】16 【消】（进口完税价格≥370美元/吨的麦芽酿造啤酒，税率为250元/吨）（进口完税价格<370美元/吨的麦芽酿造啤酒，税率为220元/吨） 【对美加征】10【出】0【退】16	升/千克	A	B	R	S	999	麦芽酿造的啤酒

① 该税号项下检验检疫编码及对应中文名称尚有：106　其他含濒危动植物成分其他包装无酒精饮料（不包括税目20.09的水果汁或蔬菜汁）（其他软饮料），107　其他含濒危动植物成分其他包装无酒精饮料（不包括税目20.09的水果汁或蔬菜汁）（未列出的其他饮料、冷冻饮品、咖啡、果冻），108　其他含濒危动植物成分其他包装无酒精饮料（不包括税目20.09的水果汁或蔬菜汁）（具有保健食品批准文号），109　其他含濒危动植物成分其他包装无酒精饮料（不包括税目20.09的水果汁或蔬菜汁）（植物饮料），110　其他含濒危动植物成分其他包装无酒精饮料（不包括税目20.09的水果汁或蔬菜汁）（乳酸菌饮料）。

② 该税号项下检验检疫编码及对应中文名称尚有：106　其他包装无酒精饮料（不包括税目20.09的水果汁或蔬菜汁）（其他软饮料），107　其他包装无酒精饮料（不包括税目20.09的水果汁或蔬菜汁）（蛋白型固体饮料），108　其他包装无酒精饮料（不包括税目20.09的水果汁或蔬菜汁）（其他咖啡），109　其他包装无酒精饮料（不包括税目20.09的水果汁或蔬菜汁）（未列出的其他饮料、冷冻饮品、咖啡、果冻），110　其他包装无酒精饮料（不包括税目20.09的水果汁或蔬菜汁）（燕窝制品，以燕窝主要原料制成的饮料），111　其他包装无酒精饮料（不包括税目20.09的水果汁或蔬菜汁）（乳酸菌饮料），112　其他包装无酒精饮料（不包括税目20.09的水果汁或蔬菜汁）（植物饮料）。

税则号列			货品名称中英文		税费综合信息	计量单位	监管证件代码		检验检疫类别		检验检疫编码	检验检疫编码对应中文名称
HS 国际统一前6位	本国子目 7~8位	本国子目 9~10位	中文 货物名称	英文 Article Description			进口	出口	进口	出口		
220410	00		葡萄汽酒 【电商】	Sparkling wine	【最】14【普】180 【协东盟】0【协澳门】0【协巴基斯坦】11.2 【协智利】0【协新西兰】0【协新加坡】0 【协香港】0【协秘鲁】0【协哥斯达黎加】0 【协冰岛】0【协瑞士】5.6【协澳大利亚】0 【协韩国】7【协格鲁吉亚】0 【特-1】0【特-2】0 【增】16【消】10【对美加征】15【出】0 【退】16	升/千克	A	B	R	S	999	葡萄汽酒
220421	00		小包装的鲜葡萄酿造的酒（小包装指装入两升及以下容器的） 【电商】	Other wine of fresh grapes, in containers holding 2L or less	【最】14【普】180 【协东盟】0【协香港】0【协澳门】0 【协巴基斯坦】11.2【协智利】0【协新西兰】0 【协新加坡】0【协秘鲁】4.7【协哥斯达黎加】0 【协冰岛】0【协瑞士】5.6【协澳大利亚】0 【协韩国】7【协格鲁吉亚】0 【特-1】0【特-2】0 【增】16【消】10【对美加征】15【出】0 【退】16	升/千克	A	B	R	S	999	小包装的鲜葡萄酿造的酒（小包装指装入两升及以下容器的）
220422	00		中等包装鲜葡萄酿造的酒（中等包装是指装入两升以上但不超过十升容器的）	In containers holding more than 2L but not more than 10L	【最】20【普】180 【协东盟】0【协智利】0 【协新西兰】0【协新加坡】0【协秘鲁】6.7 【协哥斯达黎加】0【协冰岛】0【协瑞士】8 【协澳大利亚】0【协韩国】13.3【协格鲁吉亚】0 【协香港】0【协澳门】0 【特-1】0【特-2】0 【增】16【对美加征】15【出】0【退】16	升/千克	A	B	R	S	101 102 103	中等包装鲜葡萄酿造的酒（中等包装是指装入两升以上但不超过十升容器的）（葡萄酒） 中等包装鲜葡萄酿造的酒（中等包装是指装入两升以上但不超过十升容器的）（未发酵葡萄酒） 中等包装鲜葡萄酿造的酒（中等包装是指装入两升以上但不超过十升容器的）（其他原酒）
220429	00		其他包装鲜葡萄酿造的酒（其他包装指装入十升以上容器的） 【电商】	Other wine of fresh grapes, in containers holding more than 2L	【最】20【普】180 【协东盟】0【协智利】0【协新西兰】0 【协新加坡】0【协秘鲁】6.7【协哥斯达黎加】0 【协冰岛】0【协瑞士】8【协澳大利亚】0 【协韩国】13.3【协格鲁吉亚】0【协香港】0 【协澳门】0 【特-1】0【特-2】0 【增】16 【消】10【对美加征】15【出】0 【退】16	升/千克	A	B	R	S	101 102 103	其他包装鲜葡萄酿造的酒（其他包装指装入十升以上容器的）（葡萄酒） 其他包装鲜葡萄酿造的酒（其他包装指装入十升以上容器的）（未发酵葡萄酒） 其他包装鲜葡萄酿造的酒（其他包装指装入十升以上容器的）（其他原酒）
220430	00		其他酿酒葡萄汁（税目20.09以外的） 【电商】	Other grape must other than that of heading No. 20.09	【最】30【普】90 【协东盟】0【协智利】0【协新西兰】0 【协新加坡】0【协秘鲁】5【协哥斯达黎加】0 【协冰岛】0【协澳大利亚】0【协韩国】22.5 【协格鲁吉亚】18【协香港】0【协澳门】0 【增】16 【消】10【对美加征】15【出】0 【退】16	升/千克	A	B	R	S	101 102 301	其他酿酒葡萄汁（税目20.09以外的）（未发酵葡萄酒） 其他酿酒葡萄汁（税目20.09以外的）（其他原酒） 其他酿酒葡萄汁（税目20.09以外的）（需申报仅用于工业用途不用于食品添加剂的无检疫要求的化学品）
220510	00		小包装的味美思酒及类似酒（两升及以下容器包装，加植物或香料的用鲜葡萄酿造的酒）	Vermouth and other wine of fresh grapes flavoured with plants or aromatic substances, in containers holding 2L or less	【最】65【普】180【暂进】14 【协东盟】0【协香港】0【协澳门】0【协智利】0 【协新西兰】0【协新加坡】0【协秘鲁】0.8 【协哥斯达黎加】0【协澳大利亚】0 【协韩国】48.7【协格鲁吉亚】0 【增】16 【消】10【对美加征】10【出】0 【退】16	升/千克	A	B	R	S	101 102	小包装的味美思酒及类似酒（两升及以下容器包装，加植物或香料的用鲜葡萄酿造的酒）（发酵酒配制酒） 小包装的味美思酒及类似酒（两升及以下容器包装，加植物或香料的用鲜葡萄酿造的酒）（未列出的其他酒）

税则号列			货品名称中英文		税费综合信息	计量单位	监管证件代码		检验检疫类别		检验检疫编码	检验检疫编码对应中文名称
HS国际统一前6位	本国子目 7~8位	本国子目 9~10位	中文 货物名称	英文 Article Description			进口	出口	进口	出口		
220590	00		其他包装的味美思酒及类似酒（两升以上容器包装，加植物或香料的用鲜葡萄酿造的酒）	Vermouth and other wine of fresh grapes flavoured with plants or aromatic substances, in containers holding more than 2L	【最】65【普】180 【协东盟】0【协智利】0【协新西兰】0 【协新加坡】0【协秘鲁】10.8 【协哥斯达黎加】0【协澳大利亚】0 【协韩国】48.7【协格鲁吉亚】0【协香港】0 【协澳门】0 【增】16【消】10【对美加征】5【出】0 【退】16	升/千克	A	B	R	S	102	其他包装的味美思酒及类似酒（两升以上容器包装，加植物或香料的用鲜葡萄酿造的酒）（未列出的其他酒）
220600	10		黄酒	Yellow rice wine	【最】40【普】180 【协东盟】0【协香港】0【协澳门】0【协智利】0 【协新西兰】0【协新加坡】0【协秘鲁】0 【协哥斯达黎加】0【协冰岛】0【协澳大利亚】0 【协韩国】30【协格鲁吉亚】0 【特-1】0【特-2】0 【增】16【消】10【出】0【退】16	升/千克	A	B	R	S	999	黄酒（以稻米、黍米、玉米、小米、小麦等为主要原料，经进一步加工制成）
220600	90		其他发酵饮料（未列名发酵饮料混合物及发酵饮料与无酒精饮料的混合物） 【电商】	Other fermented beverages, mixtures of fermented beverages and mixtures of fermented beverages and non-alcoholic beverages, not elsewhere specified or included	【最】40【普】180 【协东盟】0【协香港】0【协澳门】0【协智利】0 【协新西兰】0【协新加坡】0【协秘鲁】0 【协哥斯达黎加】0【协冰岛】0【协澳大利亚】0 【协韩国】30【协格鲁吉亚】0 【特-1】0【特-2】0 【增】16 【消】10【对美加征】10【出】0 【退】16	升/千克	A	B	R	S	101 102 103 104 105 ……	其他发酵饮料（未列名发酵饮料混合物及发酵饮料与无酒精饮料的混合物）（含乳饮料） 其他发酵饮料（未列名发酵饮料混合物及发酵饮料与无酒精饮料的混合物）（未列出的其他饮料、冷冻饮品、咖啡、果冻） 其他发酵饮料（未列名发酵饮料混合物及发酵饮料与无酒精饮料的混合物）（果酒） 其他发酵饮料（未列名发酵饮料混合物及发酵饮料与无酒精饮料的混合物）（清酒） 其他发酵饮料（未列名发酵饮料混合物及发酵饮料与无酒精饮料的混合物）（其他发酵酒） ……①
220710	00		酒精浓度在80%及以上的未改性乙醇	Undenatured ethyl alcohol of an alcoholic strength by volume of 80% vol or higher	【最】40【普】100 【协东盟】0【协澳门】0【协巴基斯坦】0 【协香港】0【协智利】0【协新西兰】0 【协新加坡】0【协秘鲁】0【协哥斯达黎加】0 【协冰岛】0【协澳大利亚】0【协韩国】30 【协格鲁吉亚】0 【特-1】0【特-2】0 【增】16【对美加征】10【出】0【退】13	升/千克	A	BG	MR	NS	101 102 301 302	酒精浓度在80%及以上的未改性乙醇（食用酒精） 酒精浓度在80%及以上的未改性乙醇（其他原酒） 酒精浓度在80%及以上的未改性乙醇（易燃液体，需申报仅用于工业用途不用于无检疫要求食品添加剂） 酒精浓度在80%及以上的未改性乙醇（属于危险化学品的食品添加剂）

① 该税号项下检验检疫编码及对应中文名称尚有：106　其他发酵饮料（未列名发酵饮料混合物及发酵饮料与无酒精饮料的混合物）（发酵酒配制酒）。

税则号列			货品名称中英文		税费综合信息	计量单位	监管证件代码		检验检疫类别		检验检疫编码	检验检疫编码对应中文名称
HS 国际统一前6位	本国子目 7~8位	9~10位	中文 货物名称	英文 Article Description			进口	出口	进口	出口		
220720	00	10	任何浓度的改性乙醇	Ethyl alcohol, denatured, of any strength	【最】30【普】80 【协东盟】0【协巴基斯坦】0【协智利】0 【协新西兰】0【协新加坡】0【协秘鲁】0 【协哥斯达黎加】0【协冰岛】0【协澳大利亚】0 【协韩国】22.5【协格鲁吉亚】0【协香港】0 【协澳门】0 【特-1】0【特-2】0 【增】16【对美加征】15【出】0【退】0	升/千克	A	BG	MR	NS	301 302 303 304	任何浓度的改性乙醇（属于危险化学品的食品添加剂） 任何浓度的改性乙醇（无检疫要求食品添加剂） 任何浓度的改性乙醇（一般化学品，需申报仅用于工业用途不用于无检疫要求食品添加剂） 任何浓度的改性乙醇（易燃液体，需申报仅用于工业用途不用于无检疫要求食品添加剂）
220720	00	90	任何浓度的其他酒精	Other spirits, of any strength	【最】30【普】80 【协东盟】0【协巴基斯坦】0【协智利】0 【协新西兰】0【协新加坡】0【协秘鲁】0 【协哥斯达黎加】0【协冰岛】0【协澳大利亚】0 【协韩国】22.5【协格鲁吉亚】0【协香港】0 【协澳门】0 【特-1】0【特-2】0 【增】16【对美加征】15【出】0【退】0	升/千克	A	BG	MR	NS	101 102 301 302 303 ……	任何浓度的其他酒精（食用酒精） 任何浓度的其他酒精（其他原酒） 任何浓度的其他酒精（属于危险化学品的食品添加剂） 任何浓度的其他酒精（无检疫要求食品添加剂） 任何浓度的其他酒精（一般化学品，需申报仅用于工业用途不用于无检疫要求食品添加剂） ……①
220820	00	10	装入200升及以上容器的蒸馏葡萄酒制得的烈性酒	In more than 200 litres and containers of alcohol distillation wine	【最】10【普】180【暂进】5 【协东盟】0【协巴基斯坦】5【协智利】0 【协新西兰】0【协新加坡】0【协秘鲁】0 【协哥斯达黎加】0【协冰岛】0【协瑞士】0 【协澳大利亚】0【协韩国】5【协格鲁吉亚】0 【协香港】0【协澳门】0 【特-1】0【特-2】0【特-3】0 【增】16【消】20【对美加征】10【出】0 【退】16	升/千克	A	B	R	S	101 102	装入200升及以上容器的蒸馏葡萄酒制得的烈性酒（白兰地） 装入200升及以上容器的蒸馏葡萄酒制得的烈性酒（其他蒸馏酒）
220820	00	90	其他蒸馏葡萄酒制得的烈性酒	Other wine of liquor distillation	【最】10【普】180【暂进】5 【协东盟】0【协巴基斯坦】5【协智利】0 【协新西兰】0【协新加坡】0【协秘鲁】0 【协哥斯达黎加】0【协冰岛】0【协瑞士】0 【协澳大利亚】0【协韩国】5【协格鲁吉亚】0 【协香港】0【协澳门】0 【特-1】0【特-2】0【特-3】0 【增】16【消】20【对美加征】10【出】0 【退】16	升/千克	A	B	R	S	101 102	其他蒸馏葡萄酒制得的烈性酒（白兰地） 其他蒸馏葡萄酒制得的烈性酒（其他蒸馏酒）
220830	00		威士忌酒	Whiskies	【最】10【普】180【暂进】5 【协东盟】0【协巴基斯坦】5【协智利】0 【协新西兰】0【协新加坡】0【协秘鲁】0 【协哥斯达黎加】0【协冰岛】0【协瑞士】0 【协澳大利亚】0【协韩国】5【协格鲁吉亚】0 【协香港】0【协澳门】0 【特-1】0【特-2】0【特-3】0 【增】16【消】20【对美加征】25【出】0 【退】16	升/千克	A	B	R	S	999	威士忌酒
220840	00		朗姆酒及蒸馏已发酵甘蔗产品制得的其他烈性酒	Rum and other spirits obtained by distilling fermented sugar-caneproducts	【最】10【普】180 【协东盟】0【协巴基斯坦】5【协智利】0 【协新西兰】0【协新加坡】0【协秘鲁】0 【协哥斯达黎加】0【协冰岛】0【协瑞士】0 【协澳大利亚】0【协韩国】5【协格鲁吉亚】6 【协香港】0【协澳门】0 【特-1】0【特-2】0【特-3】0 【增】16【消】20【对美加征】10【出】0 【退】16	升/千克	A	B	R	S	101 102	朗姆酒及蒸馏已发酵甘蔗产品制得的其他烈性酒（朗姆酒） 朗姆酒及蒸馏已发酵甘蔗产品制得的其他烈性酒（其他蒸馏酒）

① 该税号项下检验检疫编码及对应中文名称尚有：304　任何浓度的其他酒精（易燃液体，需申报仅用于工业用途不用于无检疫要求食品添加剂）。

税则号列			货品名称中英文		税费综合信息	计量单位	监管证件代码		检验检疫类别		检验检疫编码	检验检疫编码对应中文名称
HS国际统一前6位	本国子目 7~8位	本国子目 9~10位	中文 货物名称	英文 Article Description			进口	出口	进口	出口		
220850	00		杜松子酒	Gin and geneva	【最】10【普】180 【协东盟】0【协巴基斯坦】5【协智利】0 【协新西兰】0【协新加坡】0【协秘鲁】0 【协哥斯达黎加】0【协瑞士】0【协澳大利亚】0 【协韩国】5【协格鲁吉亚】6【协香港】0 【协澳门】0 【特-1】0【特-2】0【特-3】0 【增】16【消】20【对美加征】10【出】0 【退】16	升/千克	A	B	R	S	999	杜松子酒
220860	00		伏特加酒	Vodka	【最】10【普】180 【协亚太】8.8【协东盟】0【协巴基斯坦】5 【协智利】0【协新西兰】0【协新加坡】0 【协秘鲁】0【协哥斯达黎加】0【协瑞士】0 【协澳大利亚】0【协韩国】5【协格鲁吉亚】0 【协香港】0【协澳门】0 【特-1】0【特-2】0【特-3】0 【增】16【消】20【对美加征】10【出】0【退】16	升/千克	A	B	R	S	999	伏特加酒
220870	00		利口酒及柯迪尔酒	Liqueurs and cordials	【最】10【普】180 【协亚太】8.8【协东盟】0【协香港】0 【协澳门】0【协巴基斯坦】5【协智利】0 【协新西兰】0【协新加坡】0【协秘鲁】0 【协哥斯达黎加】0【协冰岛】0【协瑞士】0 【协澳大利亚】0【协韩国】5【协格鲁吉亚】0 【特-1】0【特-2】0【特-3】0 【增】16【消】20【对美加征】10【出】0 【退】16	升/千克	A	B	R	S	999	利口酒及柯迪尔酒
220890	10	10	濒危龙舌兰酒	Tequila, Mezcal, containing endangered wild animals and plants	【最】10【普】180 【协亚太】8.8【协东盟】0【协巴基斯坦】5 【协智利】0【协新西兰】0【协新加坡】0 【协秘鲁】0【协哥斯达黎加】0【协冰岛】0 【协瑞士】0【协澳大利亚】0【协韩国】5 【协香港】0【协澳门】0【协格鲁吉亚】6 【特-1】0【特-2】0 【增】16【消】20【对美加征】10【出】0【退】0	升/千克	AF	BE	R	S	999	濒危龙舌兰酒
220890	10	90	其他龙舌兰酒	OtherTequila, Mezcal	【最】10【普】180 【协亚太】8.8【协东盟】0【协巴基斯坦】5 【协智利】0【协新西兰】0【协新加坡】0 【协秘鲁】0【协哥斯达黎加】0【协冰岛】0 【协瑞士】0【协澳大利亚】0【协韩国】5 【协香港】0【协澳门】0【协格鲁吉亚】6 【特-1】0【特-2】0 【增】16【消】20【对美加征】10【出】0 【退】16	升/千克	A	B	R	S	999	其他龙舌兰酒
220890	20		白酒	Chinese distilled spirits	【最】10【普】180 【协亚太】8.8【协东盟】0【协澳门】0 【协香港】0【协巴基斯坦】5【协智利】0 【协新西兰】0【协新加坡】0【协秘鲁】0 【协哥斯达黎加】0【协冰岛】0【协瑞士】0 【协澳大利亚】0【协韩国】5【协格鲁吉亚】6 【特-1】0【特-2】0【特-3】0 【增】16【消】20【对美加征】10【出】0【退】16	升/千克	A	B	R	S	999	白酒
220890	90	01	酒精浓度在80%以下的未改性乙醇	Undenatured ethyl alcohol of an alcoholic strength by volume of less than 80% vol	【最】10【普】180 【协亚太】8.8【协东盟】0【协澳门】0 【协香港】0【协巴基斯坦】5【协智利】0 【协新西兰】0【协新加坡】0【协秘鲁】0 【协哥斯达黎加】0【协冰岛】0【协瑞士】0 【协澳大利亚】0【协韩国】7.5【协格鲁吉亚】0 【特-1】0【特-2】0【特-3】0 【增】16【对美加征】10【出】0【退】16	升/千克	A	B	R	S	101 102 301 302 303 ……	酒精浓度在80%以下的未改性乙醇（食用酒精） 酒精浓度在80%以下的未改性乙醇（其他原酒） 酒精浓度在80%以下的未改性乙醇（属于危险化学品的食品添加剂） 酒精浓度在80%以下的未改性乙醇（无检疫要求食品添加剂） 酒精浓度在80%以下的未改性乙醇（一般化学品，需申报仅用于工业用途不用于无检疫要求食品添加剂） ……①

① 该税号项下检验检疫编码及对应中文名称尚有：304 酒精浓度在80%以下的未改性乙醇（易燃液体，需申报仅用于工业用途不用于无检疫要求食品添加剂）。

税则号列			货品名称中英文		税费综合信息	计量单位	监管证件代码		检验检疫类别		检验检疫编码	检验检疫编码对应中文名称
HS 国际统一前6位	本国子目 7~8位	本国子目 9~10位	中文 货物名称	英文 Article Description			进口	出口	进口	出口		
220890	90	21	含濒危野生动植物成分的薯类蒸馏酒	Potato spirits containing endangered wild animals and plants	【最】10【普】180 【协亚太】8.8【协东盟】0【协澳门】0 【协香港】0【协巴基斯坦】5【协智利】0 【协新西兰】0【协新加坡】0【协秘鲁】0 【协哥斯达黎加】0【协冰岛】0【协瑞士】0 【协澳大利亚】0【协韩国】7.5【协格鲁吉亚】0 【特-1】0【特-2】0【特-3】0 【增】16 【消】20【对美加征】10【出】0 【退】0	升/千克	AF	BE	R	S	101 102 103 104 105	含濒危野生动植物成分的薯类蒸馏酒（中国白酒） 含濒危野生动植物成分的薯类蒸馏酒（其他蒸馏酒） 含濒危野生动植物成分的薯类蒸馏酒（蒸馏酒配制酒） 含濒危野生动植物成分的薯类蒸馏酒（未列出的其他酒） 含濒危野生动植物成分的薯类蒸馏酒（具有保健食品批准文号）
220890	90	29	其他薯类蒸馏酒	Other spirits obtained by distilling potatoes	【最】10【普】180 【协亚太】8.8【协东盟】0【协澳门】0 【协香港】0【协巴基斯坦】5【协智利】0 【协新西兰】0【协新加坡】0【协秘鲁】0 【协哥斯达黎加】0【协冰岛】0【协瑞士】0 【协澳大利亚】0【协韩国】7.5【协格鲁吉亚】0 【特-1】0【特-2】0【特-3】0 【增】16【消】20【对美加征】10【出】0 【退】16	升/千克	A	B	R	S	101 102 103 104	其他薯类蒸馏酒（中国白酒） 其他薯类蒸馏酒（其他蒸馏酒） 其他薯类蒸馏酒（蒸馏酒配制酒） 其他薯类蒸馏酒（未列出的其他酒）
220890	90	91	含濒危野生动植物成分的其他蒸馏酒及酒精饮料	Other spirits and spirituous beverages containing endangered wild animals and plants	【最】10【普】180 【协亚太】8.8【协东盟】0【协澳门】0 【协香港】0【协巴基斯坦】5【协智利】0 【协新西兰】0【协新加坡】0【协秘鲁】0 【协哥斯达黎加】0【协冰岛】0【协瑞士】0 【协澳大利亚】0【协韩国】7.5【协格鲁吉亚】0 【特-1】0【特-2】0【特-3】0 【增】16 【消】20【对美加征】10【出】0 【退】0	升/千克	AF	BE	R	S	101 102 103 104 105 ……	含濒危野生动植物成分的其他蒸馏酒及酒精饮料（中药酒） 含濒危野生动植物成分的其他蒸馏酒及酒精饮料（其他蒸馏酒） 含濒危野生动植物成分的其他蒸馏酒及酒精饮料（蒸馏酒配制酒） 含濒危野生动植物成分的其他蒸馏酒及酒精饮料（其他蒸馏配制酒） 含濒危野生动植物成分的其他蒸馏酒及酒精饮料（未列出的其他酒） ……①
220890	90	99	其他蒸馏酒及酒精饮料	Other spirits, spirituous beverages	【最】10【普】180 【协亚太】8.8【协东盟】0【协澳门】0 【协香港】0【协巴基斯坦】5【协智利】0 【协新西兰】0【协新加坡】0【协秘鲁】0 【协哥斯达黎加】0【协冰岛】0【协瑞士】0 【协澳大利亚】0【协韩国】7.5【协格鲁吉亚】0 【特-1】0【特-2】0【特-3】0 【增】16 【消】20【对美加征】10【出】0 【退】16	升/千克	A	B	MR	NS	101 102 103 104 105	其他蒸馏酒及酒精饮料（其他蒸馏酒） 其他蒸馏酒及酒精饮料（蒸馏酒配制酒） 其他蒸馏酒及酒精饮料（其他蒸馏配制酒） 其他蒸馏酒及酒精饮料（未列出的其他酒） 其他蒸馏酒及酒精饮料［含乙醇饮料（乙醇体积比超过24%，每一盛装容器超过5L的）］
220900	00		醋及用醋酸制得的醋代用品【电商】	Vinegar and substitutes for vinegar obtained from acetic acid	【最】5【普】70 【协东盟】0【协香港】0【协澳门】0【协智利】0 【协新西兰】0【协新加坡】0【协秘鲁】0 【协哥斯达黎加】0【协冰岛】0【协瑞士】5 【协澳大利亚】0【协韩国】13.3【协格鲁吉亚】0 【特-1】0【特-2】0 【增】16【对美加征】10【出】0【退】16	升/千克	A	B	R	S	101 102 103 104	醋及用醋酸制得的醋代用品（配制食醋） 醋及用醋酸制得的醋代用品（其他食醋） 醋及用醋酸制得的醋代用品（未列出的其他调味品） 醋及用醋酸制得的醋代用品（具有保健食品批准文号）

① 该税号项下检验检疫编码及对应中文名称尚有：106　含濒危野生动植物成分的其他蒸馏酒及酒精饮料（具有保健食品批准文号）。

第二十三章 食品工业的残渣及废料；配制的动物饲料

Chapter 23 Residues and waste from the food industries; prepared animal fodder

注释：

税目 23.09 包括其他税号未列名的配制动物饲料，这些饲料是由动、植物原料加工而成的，并且已改变了原料的基本特性，但加工过程中的植物废料、植物残渣及副产品除外。

Chapter Note:

Heading 23.09 includes products of a kind used in animal feeding, not elsewhere specified or included, obtained by processing vegetable or animal materials to such an extent that they have lost the essential characteristics of the original material, other than vegetable waste, vegetable residues and by-products of such processing.

子目注释：

子目 2306.41 所称的"低芥子酸油菜子"，是指第十二章子目注释一所定义的菜子。

Subheading Note:

For the purposes of subheading 2306.41, the expression "low erucic acid rape or colza seeds" means seeds as defined in Subheading Note 1 to Chapter 12.

税则号列			货品名称中英文		税费综合信息	计量单位	监管证件代码		检验检疫类别		检验检疫编码	检验检疫编码对应中文名称
HS国际统一前6位	本国子目 7~8位	9~10位	中文 货物名称	英文 Article Description			进口	出口	进口	出口		
230110	11		含牛羊成分的肉骨粉（不适于供人食用的）	Flours and meals of meat bones, of bovine and sheep, unfit for human consumption	【最】2【普】11 【协东盟】0【协巴基斯坦】0【协智利】0 【协新西兰】0【协秘鲁】0【协哥斯达黎加】0 【协冰岛】0【协瑞士】0【协澳大利亚】0 【协韩国】0【协格鲁吉亚】0【协香港】0 【协澳门】0 【特-1】0【特-2】0【特-3】0 【增】10【出】0【退】16	千克	A	B	MP	Q	101 102 103 104 105 ……	含牛羊成分的肉骨粉（不适于供人食用的）［饲料用牛肉粉（肉成分67%以上）］ 含牛羊成分的肉骨粉（不适于供人食用的）（饲料用牛肉骨粉） 含牛羊成分的肉骨粉（不适于供人食用的）（饲料用牛血粉） 含牛羊成分的肉骨粉（不适于供人食用的）［饲料用羊肉粉（肉成分67%以上）］ 含牛羊成分的肉骨粉（不适于供人食用的）（饲料用羊肉骨粉） ……①
230110	19		其他肉骨粉（不适于供人食用的）	Other flours and meals of meat bones, unfit for human consumption	【最】2【普】11 【协东盟】0【协巴基斯坦】0【协智利】0 【协新西兰】0【协秘鲁】0【协哥斯达黎加】0 【协冰岛】0【协瑞士】0【协澳大利亚】0 【协韩国】0【协格鲁吉亚】0【协香港】0 【协澳门】0 【特-1】0【特-2】0【特-3】0 【增】10【对美加征】5【出】0【退】16	千克	A	B	MP	Q	101 102 103 104 105 ……	其他肉骨粉（不适于供人食用的）［饲料用猪肉粉（肉成分67%以上）］ 其他肉骨粉（不适于供人食用的）（饲料用猪肉骨粉） 其他肉骨粉（不适于供人食用的）（饲料用猪血粉） 其他肉骨粉（不适于供人食用的）（饲料用鹿肉骨粉） 其他肉骨粉（不适于供人食用的）（饲料用鹿血粉） ……②

① 该税号项下检验检疫编码及对应中文名称尚有：106 含牛羊成分的肉骨粉（不适于供人食用的）（饲料用羊血粉），107 含牛羊成分的肉骨粉（不适于供人食用的）（饲料用混合型饲养偶蹄动物肉骨粉），108 含牛羊成分的肉骨粉（不适于供人食用的）（饲料用野生偶蹄猪、牛、羊肉骨粉），109 含牛羊成分的肉骨粉（不适于供人食用的）（饲料用野生偶蹄猪、牛、羊血粉）。

② 该税号项下检验检疫编码及对应中文名称尚有：106 其他肉骨粉（不适于供人食用的）（饲料用混合型饲养偶蹄动物肉骨粉），107 其他肉骨粉（不适于供人食用的）（饲料用其他饲养偶蹄动物粉），108 其他肉骨粉（不适于供人食用的）［饲料用野生偶蹄猪、牛、羊肉粉（肉成分67%以上）］，109 其他肉骨粉（不适于供人食用的）（饲料用其他野生偶蹄动物粉），110 其他肉骨粉（不适于供人食用的）（饲料用禽肉骨粉），111 其他肉骨粉（不适于供人食用的）（饲料用禽血粉），112 其他肉骨粉（不适于供人食用的）［饲料用其他动物肉粉（肉成分67%以上）］，113 其他肉骨粉（不适于供人食用的）（饲料用其他动物肉骨粉），114 其他肉骨粉（不适于供人食用的）（饲料用其他动物血粉）。

税则号列			货品名称中英文		税费综合信息	计量单位	监管证件代码		检验检疫类别		检验检疫编码	检验检疫编码对应中文名称
HS 国际统一前6位	本国子目 7~8位	9~10位	中文 货物名称	英文 Article Description			进口	出口	进口	出口		
230110	20		油渣（不适于供人食用的）	Greaves, unfit for human consumption	【最】5【普】50 【协东盟】0【协香港】0【协澳门】0 【协巴基斯坦】0【协智利】0【协新西兰】0 【协秘鲁】0【协哥斯达黎加】0【协冰岛】0 【协瑞士】0【协澳大利亚】0【协韩国】0 【协格鲁吉亚】0 【特-1】0【特-2】0【特-3】0 【增】10【出】0【退】0	千克	A	B	P	Q	101 102 103	油渣（不适于供人食用的）（工业用其他动物油脂） 油渣（不适于供人食用的）（饲料用动物油渣） 油渣（不适于供人食用的）（其他饲用加工植物蛋白）
230110	90		其他不适于供人食用的肉渣粉	Other flours, meals and pellets, of meat or meat offal, unfit for human consumption	【最】5【普】30 【协东盟】0【协巴基斯坦】0【协智利】0 【协新西兰】0【协秘鲁】0【协哥斯达黎加】0 【协冰岛】0【协瑞士】0【协澳大利亚】0 【协韩国】0【协格鲁吉亚】0【协香港】0 【协澳门】0 【特-1】0【特-2】0【特-3】0 【增】10【对美加征】5【出】0【退】0	千克	A	B	P	Q	999	其他不适于供人食用的肉渣粉（包括杂碎渣粉）
230120	10		饲料用鱼粉	Flours and meals of fish, of a kind used in animal feeding	【最】2【普】11 【协亚太】0【协东盟】0【协香港】0【协澳门】0 【协巴基斯坦】0【协智利】0【协新西兰】0 【协秘鲁】0【协哥斯达黎加】0.2【协冰岛】0 【协瑞士】0【协澳大利亚】0【协韩国】0 【协格鲁吉亚】0 【特-1】0【特-2】0【特-3】0 【增】0【对美加征】25【出】0【退】0	千克	A	B	MP	Q	101 102	饲料用鱼粉（饲料用红鱼粉） 饲料用鱼粉（饲料用白鱼粉）
230120	90		其他不适于供人食用的水产品渣粉	Other flours, meals and pellets, of fish or of crustaceans, molluscs or other aquatic invertebrates, unfit for human consumption	【最】5【普】30 【协亚太】0【协东盟】0【协香港】0【协澳门】0 【协巴基斯坦】0【协智利】0【协新西兰】0 【协秘鲁】0【协哥斯达黎加】0【协冰岛】0 【协瑞士】0【协澳大利亚】0【协韩国】0 【协格鲁吉亚】0 【特-1】0【特-2】0【特-3】0 【增】0【对美加征】10【出】0【退】0	千克	A	B	P	Q	999	其他不适于供人食用的水产品渣粉
230210	00		玉米糠、麸及其他残渣	Bran, sharps and other residues of maize (corn)	【最】5【普】30 【协东盟】0【协巴基斯坦】0【协智利】0 【协新西兰】0【协秘鲁】0【协哥斯达黎加】0 【协冰岛】0【协瑞士】0【协澳大利亚】0 【协韩国】0【协格鲁吉亚】3【协香港】0 【协澳门】0 【特-1】0【特-2】0【特-3】0 【增】0【对美加征】10【出】0【退】0	千克	A	B	MP	Q	999	玉米糠、麸及其他残渣
230230	00		小麦糠、麸及其他残渣	Bran, sharps and other residues of wheat	【最】3【普】30 【协东盟】0【协巴基斯坦】0【协智利】0 【协新西兰】0【协秘鲁】0【协哥斯达黎加】0 【协冰岛】0【协瑞士】0【协澳大利亚】0 【协韩国】0【协格鲁吉亚】1.8【协香港】0 【协澳门】0 【特-1】0【特-2】0【特-3】0 【增】0【出】0【退】0	千克	A	B	P	Q	101 102	小麦糠、麸及其他残渣（饲用麦麸） 小麦糠、麸及其他残渣（其他饲用加工植物蛋白）
230240	00		其他谷物糠、麸及其他残渣【电商】	Bran, sharps and other residues of other cereals	【最】5【普】30 【协东盟】0【协巴基斯坦】0【协智利】0 【协新西兰】0【协秘鲁】0【协哥斯达黎加】0 【协冰岛】0【协瑞士】0【协澳大利亚】0 【协韩国】0【协格鲁吉亚】3【协香港】0 【协澳门】0 【特-1】0【特-2】0【特-3】0 【增】0【对美加征】5【出】0【退】0	千克	A	B	P	Q	101 102	其他谷物糠、麸及其他残渣（饲用米糠） 其他谷物糠、麸及其他残渣（其他饲用加工植物蛋白）
230250	00		豆类植物糠、麸及其他残渣	Bran, sharps and other residues of leguminous plants	【最】5【普】30 【协东盟】0【协香港】0【协澳门】0 【协巴基斯坦】0【协智利】0【协新西兰】0 【协秘鲁】0【协哥斯达黎加】0【协冰岛】0 【协瑞士】0【协澳大利亚】0【协韩国】0 【协格鲁吉亚】3 【特-1】0【特-2】0【特-3】0 【增】10【出】0【退】0	千克	A	B	P	Q	999	豆类植物糠、麸及其他残渣

税则号列			货品名称中英文		税费综合信息	计量单位	监管证件代码		检验检疫类别		检验检疫编码	检验检疫编码对应中文名称
HS国际统一前6位	本国子目 7~8位	本国子目 9~10位	中文 货物名称	英文 Article Description			进口	出口	进口	出口		
230310	00		制造淀粉过程中的残渣及类似品	Residues of starch manufacture and similar residues	【最】5【普】30 【协东盟】0【协巴基斯坦】0【协智利】0 【协新西兰】0【协秘鲁】0【协哥斯达黎加】0 【协冰岛】0【协瑞士】0【协澳大利亚】0 【协韩国】0【协格鲁吉亚】3【协香港】0 【协澳门】0 【特-1】0【特-2】0【特-3】0 【增】10【出】0【退】10	千克	A	B	P	Q	101 102 103	制造淀粉过程中的残渣及类似品（其他饲用加工植物蛋白） 制造淀粉过程中的残渣及类似品（饲用植物颗粒和植物粉） 制造淀粉过程中的残渣及类似品（其他植物饲料）
230320	00		甜菜渣、甘蔗渣及类似残渣	Beet-pulp, bagasses and other waste of sugar manufacture	【最】5【普】30 【协东盟】0【协巴基斯坦】0【协智利】0 【协新西兰】0【协秘鲁】0【协哥斯达黎加】0 【协冰岛】0【协瑞士】0【协澳大利亚】0 【协韩国】0【协格鲁吉亚】3【协香港】0 【协澳门】0 【特-1】0【特-2】0【特-3】0 【增】10【对美加征】5【出】0【退】0	千克	A	B	P	Q	101 102 103	甜菜渣、甘蔗渣及类似残渣（饲用甜菜粕）(甜菜渣、甘蔗渣及类似残渣（其他饲用加工植物蛋白） 甜菜渣、甘蔗渣及类似残渣［甘蔗渣（栽培介质）］
230330	00	11	干玉米酒糟	Corn distillers solubles	【最】5【普】30 【协东盟】0【协巴基斯坦】0【协智利】0 【协新西兰】0【协秘鲁】0【协哥斯达黎加】0 【协冰岛】0【协瑞士】0【协澳大利亚】0 【协韩国】0【协格鲁吉亚】2【协香港】0 【协澳门】0 【特-1】0【特-2】0【特-3】0 【增】0【反倾】有【反补】有【对美加征】25 【出】0【退】0	千克	7A	B	P	Q	999	干玉米酒糟
230330	00	19	其他玉米酒糟	Corn distillers solubles	【最】5【普】30 【协东盟】0【协巴基斯坦】0【协智利】0 【协新西兰】0【协秘鲁】0【协哥斯达黎加】0 【协冰岛】0【协瑞士】0【协澳大利亚】0 【协韩国】0【协格鲁吉亚】3【协香港】0 【协澳门】0 【特-1】0【特-2】0【特-3】0 【增】10【对美加征】25【出】0【退】0	千克	7A	B	P	Q	999	其他玉米酒糟
230330	00	90	其他酿造及蒸馏过程中的糟粕及残渣	Brewing or distilling dregs and waste	【最】5【普】30 【协东盟】0【协巴基斯坦】0【协智利】0 【协新西兰】0【协秘鲁】0【协哥斯达黎加】0 【协冰岛】0【协瑞士】0【协澳大利亚】0 【协韩国】0【协格鲁吉亚】3【协香港】0 【协澳门】0 【特-1】0【特-2】0【特-3】0 【增】10【对美加征】25【出】0【退】0	千克	A	B	P	Q	999	其他酿造及蒸馏过程中的糟粕及残渣
230400	10		提炼豆油所得的油渣饼（豆饼）	Oil-cake, resulting from the extraction of soyabean oil	【最】5【普】30 【协亚太】0【协东盟】0【协巴基斯坦】0 【协智利】0【协新西兰】0【协秘鲁】0 【协哥斯达黎加】0【协冰岛】0【协瑞士】0 【协澳大利亚】0【协韩国】0【协格鲁吉亚】3 【协香港】0【协澳门】0 【特-1】0【特-2】0【特-3】0 【增】10【出】0【退】0	千克	7A	B	P	NQ	999	提炼豆油所得的油渣饼（豆饼）
230400	90		提炼豆油所得的其他固体残渣（不论是否研磨或制成团）	other solid residues, whether or not ground or in the form of pellets, resulting from the extraction of soyabean oil	【最】5【普】30 【协亚太】0【协东盟】0【协巴基斯坦】0 【协智利】0【协新西兰】0【协秘鲁】0 【协哥斯达黎加】0【协冰岛】0【协瑞士】0 【协澳大利亚】0【协韩国】0【协格鲁吉亚】3 【协香港】0【协澳门】0 【特-1】0【特-2】0【特-3】0 【增】10【对美加征】10【出】0【退】0	千克	7A	B	P	NQ	999	提炼豆油所得的其他固体残渣（不论是否研磨或制成团）
230500	00		花生饼及类似油渣	Oil-cake and other solid residues, whether or not ground or in the form of pellets, resulting from the extraction of ground nutoil	【最】5【普】30 【协东盟】0【协巴基斯坦】0【协智利】0 【协新西兰】0【协秘鲁】0【协哥斯达黎加】0 【协冰岛】0【协瑞士】0【协澳大利亚】0 【协韩国】0【协格鲁吉亚】3【协香港】0 【协澳门】0 【特-1】0【特-2】0【特-3】0 【增】0【出】0【退】0 【暂进】0	千克	A	B	P	NQ	999	花生饼及类似油渣

税则号列			货品名称中英文		税费综合信息	计量单位	监管证件代码		检验检疫类别		检验检疫编码	检验检疫编码对应中文名称
HS国际统一前6位	本国子目 7~8位	本国子目 9~10位	中文 货物名称	英文 Article Description			进口	出口	进口	出口		
230610	00		棉子油渣饼及固体残渣（税目23.04或23.05以外提炼植物油脂所得的）	Oil-cake and other solid residues of cotton seeds, resulting from the extraction of vegetable fats or oils, other than those of heading 23.04 or 23.05	【最】5【普】30【暂进】0 【协东盟】0【协巴基斯坦】0【协智利】0 【协新西兰】0【协秘鲁】0【协哥斯达黎加】0 【协冰岛】0【协瑞士】0【协澳大利亚】0 【协韩国】0【协格鲁吉亚】3【协香港】0 【协澳门】0 【特-1】0【特-2】0【特-3】0 【增】0【出】0【退】10	千克	A	B	P	NQ	999	棉子油渣饼及固体残渣（税目23.04或23.05以外提炼植物油脂所得的）
230620	00		亚麻子油渣饼及固体残渣（税目23.04或23.05以外提炼植物油脂所得的）	Oil-cake and other solid residues of linseed, resulting from the extraction of vegetable fats or oils, other than those of heading 23.04 or 23.05	【最】5【普】30【暂进】0 【协东盟】0【协巴基斯坦】0【协智利】0 【协新西兰】0【协秘鲁】0【协哥斯达黎加】0 【协冰岛】0【协瑞士】0【协澳大利亚】0 【协韩国】0【协格鲁吉亚】2【协香港】0 【协澳门】0 【特东老挝】0【特-1】0【特-2】0【特-3】0 【增】0【出】0【退】10	千克	A	B	P	NQ	999	亚麻子油渣饼及固体残渣（税目23.04或23.05以外提炼植物油脂所得的）
230630	00		葵花子油渣饼及固体残渣（税目23.04或23.05以外提炼植物油脂所得的）	Oil-cake and other solid residues of sunflower seeds, resulting from the extraction of vegetable fats or oils, other than those of heading 23.04 or 23.05	【最】5【普】30【暂进】0 【协东盟】0【协巴基斯坦】0【协智利】0 【协新西兰】0【协秘鲁】0【协哥斯达黎加】0 【协冰岛】0【协瑞士】0【协澳大利亚】0 【协韩国】0【协格鲁吉亚】3【协香港】0 【协澳门】0 【特-1】0【特-2】0【特-3】0 【增】0【出】0【退】10	千克	A	B	P	NQ	999	葵花子油渣饼及固体残渣（税目23.04或23.05以外提炼植物油脂所得的）
230641	00		低芥子酸油菜子油渣饼及固体残渣（税目23.04或23.06以外提炼植物油脂所得的）	Oil-cake and other solid residues of low erucic acid rape or colza seeds, resulting from the extraction of vegetable fats or oils, other than those of heading 23.04 or 23.05	【最】5【普】30【暂进】0 【协东盟】0【协巴基斯坦】0【协智利】0 【协新西兰】0【协秘鲁】0【协哥斯达黎加】0 【协冰岛】0【协瑞士】0【协澳大利亚】0 【协韩国】0【协格鲁吉亚】3【协香港】0 【协澳门】0 【特-1】0【特-2】0 【增】0【出】0【退】10	千克	A	B	P	NQ	999	低芥子酸油菜子油渣饼及固体残渣（税目23.04或23.06以外提炼植物油脂所得的）
230649	00		其他油菜子油渣饼及固体残渣（税目23.04或23.05以外提炼植物油脂所得的）	Oil-cake and other solid residues of other rape or colza seeds, resulting from the extraction of vegetable fats or oils, other than those of heading 23.04 or 23.05	【最】5【普】30【暂进】0 【协东盟】0【协巴基斯坦】0【协智利】0 【协新西兰】0【协秘鲁】0【协哥斯达黎加】0 【协冰岛】0【协瑞士】0【协澳大利亚】0 【协韩国】0【协格鲁吉亚】3【协香港】0 【协澳门】0 【特-1】0【特-2】0 【增】0【出】0【退】10	千克	A	B	P	NQ	999	其他油菜子油渣饼及固体残渣（税目23.04或23.05以外提炼植物油脂所得的）
230650	00		椰子或干椰肉油渣饼及固体残渣（税目23.04或23.05以外提炼植物油脂所得的）【电商】	Oil-cake and other solid residues of coconut or copra, resulting from the extraction of vegetable fats or oils, other than those of heading 23.04 or 23.05	【最】5【普】30【暂进】0 【协亚太】2.5【协东盟】0【协巴基斯坦】0 【协智利】0【协新西兰】0【协秘鲁】0 【协哥斯达黎加】0【协冰岛】0【协瑞士】0 【协澳大利亚】0【协韩国】0【协格鲁吉亚】0 【协香港】0【协澳门】0【特东柬埔寨】0 【特-1】0【特-2】0【特-3】0 【增】10【出】0【退】10	千克	A	B	P	NQ	999	椰子或干椰肉油渣饼及固体残渣（税目23.04或23.05以外提炼植物油脂所得的）
230660	00	10	濒危棕榈果或濒危棕榈仁油渣饼及固体残渣（税目23.04或23.05以外提炼植物油脂所得的）	Oil-cake and other solid residues of endangered palm nuts or kernels, resulting from the extraction of vegetable fats or oils, other than those of heading 23.04 or 23.05	【最】5【普】30【暂进】0 【协东盟】0【协巴基斯坦】0【协智利】0 【协新西兰】0【协秘鲁】0【协哥斯达黎加】0 【协冰岛】0【协瑞士】0【协澳大利亚】0 【协韩国】0【协格鲁吉亚】0【协香港】0 【协澳门】0【特东柬埔寨】0 【特-1】0【特-2】0【特-3】0 【增】10【出】0【退】0	千克	AF	BE	P	NQ	999	濒危棕榈果或濒危棕榈仁油渣饼及固体残渣（税目23.04或23.05以外提炼植物油脂所得的）

税则号列			货品名称中英文		税费综合信息	计量单位	监管证件代码		检验检疫类别		检验检疫编码	检验检疫编码对应中文名称
HS国际统一前6位	本国子目 7~8位	9~10位	中文 货物名称	英文 Article Description			进口	出口	进口	出口		
230660	00	90	其他棕榈果或其他棕榈仁油渣饼及固体残渣（税目23.04或23.05以外提炼植物油脂所得的）	Oil-cake and other solid residues of other palm nuts or kernels, resulting from the extraction of vegetable fats or oils, other than those of heading 23.04 or 23.05	【最】5【普】30【暂进】5 【协东盟】0【协巴基斯坦】0【协智利】0 【协新西兰】0【协秘鲁】0【协哥斯达黎加】0 【协冰岛】0【协瑞士】0【协澳大利亚】0 【协韩国】0【协格鲁吉亚】0【协香港】0 【协澳门】0【特东柬埔寨】0 【特-1】0【特-2】0【特-3】0 【增】10【出】0【退】10	千克	A	B	P	NQ	999	其他棕榈果或其他棕榈仁油渣饼及固体残渣（税目23.04或23.05以外提炼植物油脂所得的）
230690	00		其他油渣饼及固体残渣（税目23.04或23.05以外提炼植物油脂所得的）	Other oil-cake and other solid residues, resulting from the extraction of vegetable fats or oils, other than those of heading 23.04 or 23.05	【最】5【普】30【暂进】0 【协东盟】0【协巴基斯坦】0【协智利】0 【协新西兰】0【协秘鲁】0【协哥斯达黎加】0 【协冰岛】0【协瑞士】0【协澳大利亚】0 【协韩国】0【协格鲁吉亚】3【特东老挝】0 【协香港】0【协澳门】0 【特-1】0【特-2】0【特-3】0 【增】10【对美加征】10【出】0【退】0	千克	A	B	P	NQ	101 102	其他油渣饼及固体残渣（税目23.04或23.05以外提炼植物油脂所得的）（饲用芝麻饼、粕） 其他油渣饼及固体残渣（税目23.04或23.05以外提炼植物油脂所得的）（其他饲用加工植物蛋白）
230700	00		葡萄酒渣、粗酒石	Wine lees; argol	【最】5【普】30 【协东盟】0【协巴基斯坦】0【协智利】0 【协新西兰】0【协秘鲁】0【协哥斯达黎加】0 【协冰岛】0【协瑞士】0【协澳大利亚】0 【协韩国】0【协格鲁吉亚】0【协香港】0 【协澳门】0 【特-1】0【特-2】0【特-3】0 【增】0【出】0【退】0	千克	A	B	R	S	301 999	葡萄酒渣、粗酒石（需申报仅用于工业用途不用于无检疫要求食品添加剂的化学品） 葡萄酒渣、粗酒石（其他植物饲料）
230800	00		其他饲料用植物产品（包括废料、残渣及副产品）	Vegetable materials and vegetable waste, vegetable residues and by-products, whether or not in the form of pellets, of a kind used in animal feeding, not elsewhere specified or included	【最】5【普】35【暂进】0 【协东盟】0【协巴基斯坦】0【协智利】0 【协新西兰】0【协秘鲁】0【协哥斯达黎加】0 【协冰岛】0【协瑞士】0【协澳大利亚】0 【协韩国】0【协格鲁吉亚】0【协香港】0 【协澳门】0 【特-1】0【特-2】0 【增】10【出】0【退】0	千克	A	B	P	Q	101 102 103 104 105 ……	其他饲料用植物产品（包括废料、残渣及副产品）（饲用苜蓿草） 其他饲料用植物产品（包括废料、残渣及副产品）（饲用燕麦草） 其他饲料用植物产品（包括废料、残渣及副产品）（其他饲草） 其他饲料用植物产品（包括废料、残渣及副产品）（饲用其他淀粉） 其他饲料用植物产品（包括废料、残渣及副产品）（饲用青贮） ……①
230910	10		狗食或猫食罐头【电商】②	Dog and cat food, in airtight containers	【最】15【普】90【暂进】4 【协东盟】0【协香港】0【协澳门】0 【协巴基斯坦】12【协智利】0【协新西兰】0 【协新加坡】0【协秘鲁】0【协哥斯达黎加】0 【协冰岛】0【协瑞士】6【协澳大利亚】0 【协韩国】7.5【协格鲁吉亚】0 【特-1】0【特-2】0 【增】10【对美加征】25【出】0【退】10	千克	A	B	P	Q	999	狗食或猫食罐头
230910	90		其他零售包装的狗食或猫食【电商】	Other dog and cat food, put up for retail sale	【最】15【普】90【暂进】4 【协东盟】0【协香港】0【协澳门】0 【协巴基斯坦】12【协智利】0【协新西兰】0 【协新加坡】0【协秘鲁】0【协哥斯达黎加】0 【协冰岛】0【协瑞士】6【协澳大利亚】0 【协韩国】7.5【协格鲁吉亚】0 【特-1】0【特-2】0 【增】10【对美加征】25【出】0【退】10	千克	A	B	P	Q	101 102	其他零售包装的狗食或猫食（非罐装宠物食品） 其他零售包装的狗食或猫食（咀嚼物）

① 该税号项下检验检疫编码及对应中文名称尚有：106 其他饲料用植物产品（包括废料、残渣及副产品）（饲用植物颗粒和植物粉），107 其他饲料用植物产品（包括废料、残渣及副产品）（其他植物饲料）。

② 仅限网购保税商品和已获得检疫准入的产品。

税则号列			货品名称中英文		税费综合信息	计量单位	监管证件代码		检验检疫类别		检验检疫编码	检验检疫编码对应中文名称
HS 国际统一前6位	本国子目 7~8位	本国子目 9~10位	中文 货物名称	英文 Article Description			进口	出口	进口	出口		
230990	10		制成的饲料添加剂【电商】	Preparations for use in making the complete feeds or supplementary feeds	【最】5【普】14 【协亚太】2.5【协东盟】0【协香港】0 【协澳门】0【协巴基斯坦】0【协智利】0 【协新西兰】0【协秘鲁】0【协哥斯达黎加】0 【协冰岛】0【协瑞士】0【协澳大利亚】0 【协韩国】0【协格鲁吉亚】0 【特-1】0【特-2】0【特-3】0 【增】16【对美加征】5【出】0【退】10	千克	A	B	MP	Q	101 102 103	制成的饲料添加剂（含动物源性饲料添加剂） 制成的饲料添加剂（含植物源性饲料添加剂） 制成的饲料添加剂（其他饲料添加剂）
230990	90		其他配制的动物饲料【电商】①	Other preparations of a kind used in animal feeding	【最】6.5【普】14【暂进】4 【协亚太】3.3【协东盟】0【协香港】0 【协澳门】0【协巴基斯坦】0【协智利】0 【协新西兰】0【协秘鲁】0【协哥斯达黎加】0 【协冰岛】0【协瑞士】0【协澳大利亚】0 【协韩国】3.2【协格鲁吉亚】0 【特-1】0【特-2】0【特-3】0 【增】10【对美加征】5【出】0【退】0	千克	A	B	MP	Q	101 102 103 104 105 ……	其他配制的动物饲料（饲料用乳粉、蛋粉、乳清粉） 其他配制的动物饲料（未列出的饲料用其他动物粉） 其他配制的动物饲料（添加剂预混合饲料） 其他配制的动物饲料（浓缩饲料） 其他配制的动物饲料（全价配合饲料） ……②

① 仅限网购保税商品和已获得检疫准入的产品。

② 该税号项下检验检疫编码及对应中文名称尚有：106 其他配制的动物饲料（精料补充料），107 其他配制的动物饲料（其他配制的动物饲料），108 其他配制的动物饲料（其他宠物食品）。

第二十四章 烟草、烟草及烟草代用品的制品

Chapter 24 Tobacco and manufactured tobacco substitutes

注释：

本章不包括药用卷烟（第三十章）。

Chapter Note:

This Chapter does not cover medicinal cigarettes (Chapter 30).

子目注释：

子目 2403.11 所称"水烟料"，是指由烟草和甘油混合而成用水烟筒吸用的烟草，不论是否含有芳香油及提取物、糖蜜或糖，也不论是否用水果调味，但供在水烟筒中吸用的非烟草产品除外。

Subheading Notes:

For the purposes of Subheading 2403.11, the expression "water pipe tobacco" means tobacco intended for smoking in a water pipe and which consists of a mixture of tobacco and glycerol, whether or not containing aromatic oils and extracts, molasses or sugar, and whether or not flavoured with fruit. However, tobacco-free products intended for smoking in a water pipe are excluded from this Subheading.

税则号列			货品名称中英文		税费综合信息	计量单位	监管证件代码		检验检疫类别		检验检疫编码	检验检疫编码对应中文名称
HS国际统一前6位	本国子目 7~8位	9~10位	中文 货物名称	英文 Article Description			进口	出口	进口	出口		
240110	10		未去梗的烤烟	Flue-cured tobacco, not stemmed/stripped	【最】10【普】70 【协亚太】9.4【协东盟】5【协巴基斯坦】9.4 【协智利】0【协新西兰】0【协香港】0【协澳门】0 【增】16【对美加征】25【出】0【退】10	千克	7A	B	MP	QS	999	未去梗的烤烟
240110	90		其他未去梗的烟草	Other tobacco, not stemmed/stripped,	【最】10【普】70 【协东盟】5【协智利】0 【协新西兰】0【协香港】0【协澳门】0 【增】16【对美加征】25【出】0【退】10	千克	7A	B	MP	QS	101 102	其他未去梗的烟草（香料烟） 其他未去梗的烟草（白肋烟）
240120	10		部分或全部去梗的烤烟	Flue-cured tobacco, partly or wholly stemmed/stripped	【最】10【普】70 【协东盟】5【协智利】0【协新西兰】0 【协香港】0【协澳门】0 【增】16【对美加征】25【出】0【退】10	千克	7A	B	P	QS	999	部分或全部去梗的烤烟
240120	90		部分或全部去梗的其他烟草	Other tobacco, partly or wholly stemmed/stripped	【最】10【普】70 【协东盟】5【协智利】0【协新西兰】0 【协香港】0【协澳门】0 【增】16【对美加征】25【出】0【退】16	千克	7A	B	P	QS	101 102	部分或全部去梗的其他烟草（香料烟） 部分或全部去梗的其他烟草（白肋烟）
240130	00		烟草废料	Tobacco refuse	【最】10【普】70 【协东盟】5【协智利】0【协新西兰】0 【协秘鲁】0【协香港】0【协澳门】0 【特-1】0【特-2】0【特-3】0 【增】16【对美加征】25【出】0【退】10	千克	A7	B	P	QS	999	烟草废料
240210	00		烟草制的雪茄烟	Cigars, cheroots and cigarillos, containing tobacco	【最】25【普】180 【协智利】0【协新西兰】0【协香港】0【协澳门】0 【增】16【消】36【对美加征】25【出】0【退】0	千克/千支	7				999	烟草制的雪茄烟
240220	00		烟草制的卷烟	Cigarettes containing tobacco	【最】25【普】180 【协智利】0【协新西兰】0【协香港】0【协澳门】0 【增】16 【消】（每标准条进口完税价格≥50元人民币，45%+150元/标准箱）（每标准条进口完税价格<50元人民币，30%+150元/标准箱） 【对美加征】25【出】0【退】0	千克/千支	7				999	烟草制的卷烟
240290	00	01	烟草代用品制的卷烟	Cigarettes, of tobacco substitutes	【最】25【普】180 【协智利】0【协新西兰】0【协香港】0【协澳门】0 【增】16 【消】（每标准条进口完税价格≥50元人民币，45%+150元/标准箱）（每标准条进口完税价格<50元人民币，30%+150元/标准箱） 【对美加征】25【出】0【退】0	千克/千支	7				999	烟草代用品制的卷烟
240290	00	09	烟草代用品制的雪茄烟	Cigars, cheroots and cigarillos, of tobacco substitutes	【最】25【普】180 【协智利】0【协新西兰】0【协香港】0【协澳门】0 【增】16【消】36【对美加征】25【出】0 【退】0	千克/千支	7				999	烟草代用品制的雪茄烟

税则号列 HS国际统一前6位	本国子目 7~8位	本国子目 9~10位	货品名称中英文 中文 货物名称	货品名称中英文 英文 Article Description	税费综合信息	计量单位	监管证件代码 进口	监管证件代码 出口	检验检疫类别 进口	检验检疫类别 出口	检验检疫编码	检验检疫编码对应中文名称
240311	00		供吸用的本章子目注释所述的水烟	Water pipe tobacco-specified in sub-heading Note 1 of this Chapter	【最】57【普】180 【协亚太】50.2【协东盟】50【协巴基斯坦】50 【协智利】0【协新西兰】0【协香港】0 【协澳门】0 【增】16【消】30【对美加征】25【出】0 【退】16	千克	7A	B	P	QS	999	供吸用的本章子目注释所述的水烟料（不论是否含有任何比例的烟草代用品）
240319	00		其他供吸用的烟草	Other smoking tobacco	【最】57【普】180 【协亚太】50.2【协东盟】50【协巴基斯坦】50 【协智利】0【协新西兰】0【协香港】0 【协澳门】0 【增】16【消】30【对美加征】25【出】0 【退】16	千克	7A	B	P	QS	999	其他供吸用的烟草（不论是否含有任何比例的烟草代用品）
240391	00	10	再造烟草	Reconstituted tobacco	【最】57【普】180【暂进】40 【协东盟】50【协智利】0【协新西兰】0 【协香港】0【协澳门】0 【增】16【消】30【对美加征】25【出】0 【退】16	千克	A7	B	P	Q	999	再造烟草
240391	00	90	均化烟草	Homogenized tobacco	【最】57【普】180 【协东盟】50【协智利】0【协新西兰】0 【协香港】0【协澳门】0 【增】16【消】30【对美加征】25【出】0 【退】16	千克	A7	B	P	Q	999	均化烟草
240399	00	10	烟草精汁	Tobacco extracts and essences	【最】57【普】180 【协东盟】50【协智利】0【协新西兰】0 【协香港】0【协澳门】0 【增】16【对美加征】25【出】0【退】16	千克	7A	B	MP	NQS	999	烟草精汁
240399	00	90	其他烟草及烟草代用品的制品	Other manufactured tobacco and manufactured tobacco substitutes	【最】57【普】180 【协东盟】50【协智利】0【协新西兰】0 【协香港】0【协澳门】0 【增】16 【消】30【对美加征】25【出】0 【退】16	千克	A	B	P	QS	101 102	其他烟草及烟草代用品的制品（其他烟草及烟草代用品的制品） 其他烟草及烟草代用品的制品（烟用香精）

第 五 类
矿 产 品

SECTION V
MINERAL PRODUCTS

第二十五章
盐；硫磺；泥土及石料；石膏料、石灰及水泥

Chapter 25
Salt; sulphur; earth and stone; plastering materials, lime and cement

注释：

一、除条文及注释四另有规定的以外，本章各税目只包括原产状态的矿产品，或只经过洗涤（包括用化学物质清除杂质而未改变产品结构的）、破碎、磨碎、研粉、淘洗、筛分以及用浮选、磁选和其他机械物理方法（不包括结晶法）精选过的货品，但不得经过焙烧、煅烧、混合或超过税号所列的加工范围。

本章产品可含有添加的抗尘剂，但所加剂料并不使原产品改变其一般用途而适合于某些特殊用途。

二、本章不包括：

（一）升华硫磺、沉淀硫磺及胶态硫磺（税目 28.02）；

（二）土色料，按重量计三氧化二铁含量在70%及以上（税目 28.21）；

（三）第三十章的药品及其他产品；

（四）芳香料制品及化妆盥洗品（第三十三章）；

（五）长方砌石、路缘石、扁平石（税目 68.01）、镶嵌石或类似石料（税目 68.02）及铺屋顶、饰墙面或防潮用的板岩（税目 68.03）；

（六）宝石或半宝石（税目 71.02 或 71.03）；

（七）每颗重量不低于 2.5 克的氯化钠或氧化镁培养晶体（光学元件除外）（税目 38.24）；氯化钠或氧化镁制的光学元件（税目 90.01）；

（八）台球用粉块（税目 95.04）；或

（九）书写或绘画用粉笔及裁缝划粉（税目 96.09）。

三、既可归入税目 25.17，又可归入本章其他税号的产品，应归入税目 25.17。

四、税目 25.30 主要包括：未膨胀的蛭石、珍珠岩及绿泥石；不论是否煅烧或混合的土色料；天然云母氧化铁；海泡石（不论是否磨光成块）；琥珀；模制后未经进一步加工的片、条、杆或类似形状的黏聚海泡石及黏聚琥珀；黑玉；菱锶矿（不论是否煅烧），但不包括氧化锶；陶器、砖或混凝土的碎块。

Chapter Notes:

1. Except where their context or Note 4 to this Chapter otherwise requires, the headings of this Chapter cover only products which are in the crude state or which have been washed (even with chemical substances eliminating the impurities without changing the structure of the product), crushed, ground, powdered, levigated, sifted, screened, concentrated by flotation, magnetic separation or other mechanical or physical processes (except crystallisation), but not products which have been roasted, calcined, obtained by mixing or subjected to processing beyond that mentioned in each heading.

   The products of this Chapter may contain an added anti-dusting agent, provided that such addition does not render the product particularly suitable for specific use rather than for general use.

2. This Chapter does not cover:

   (a) Sublimed sulphur, precipitated sulphur or colloidal sulphur (heading 28.02);

   (b) Earth colours containing 70% or more by weight of combined iron evaluated as Fe_2O_3 (heading 28.21);

   (c) Medicaments or other products of Chapter 30;

   (d) Perfumery, cosmetic or toilet preparations (Chapter 33);

   (e) Setts, curbstones or flagstones (heading 68.01); mosaic cubes or the like (heading 68.02); roofing, facing or damp course slates (heading 68.03);

   (f) Precious or semi-precious stones (heading 71.02 or 71.03);

   (g) Cultured crystals (other than optical elements) weighing not less than 2.5g each, of sodium chloride or of magnesium oxide, of heading 38.24; optical elements of sodium chloride or of magnesium oxide (heading 90.01);

   (h) Billiard chalks (heading 95.04); or

   (ij) Writing or drawing chalks or tailors' chalks (heading 96.09).

3. Any products classifiable in heading 25.17 and any other heading of the Chapter are to be classified in heading 25.17.

4. Heading 25.30 applies, inter alia, to: vermiculite, perlite and chlorites, unexpanded; earth colours, whether or not calcined or mixed together; natural micaceous iron oxides; meerschaum (whether or not in polished pieces); amber; agglomerated meerschaum and agglomerated amber, in plates, rods, sticks or similar forms, not worked after moulding; jet; strontianite (whether or not calcined), other than strontium oxide; broken pieces of pottery, brick or concrete.

税则号列			货品名称中英文		税费综合信息	计量单位	监管证件代码		检验检疫类别		检验检疫编码	检验检疫编码对应中文名称
HS国际统一前6位	本国子目7~8位	本国子目9~10位	中文 货物名称	英文 Article Description			进口	出口	进口	出口		
250100	11		食用盐 【电商】	Edible salt	【最】0【普】0【特-1】0【特-2】0【特-3】0 【增】10【对美加征】10【出】0【退】10	千克	A	B	R	S	101 102	食用盐（饲料用盐） 食用盐（食盐）
250100	19		其他盐 【电商】	Other salt	【最】0【普】0【特-1】0【特-2】0【特-3】0 【增】16【对美加征】10【出】0【退】13	千克	A	B	R	S	101 102 103 104	其他盐（饲料添加剂） 其他盐（矿盐） 其他盐（海盐） 其他盐（除海盐、矿盐外）
250100	20		纯氯化钠	Pure sodium chloride	【最】3【普】35 【协亚太】1.5【协东盟】0【协巴基斯坦】0 【协智利】0【协新西兰】0【协秘鲁】0 【协哥斯达黎加】0【协冰岛】0【协瑞士】0 【协澳大利亚】0【协韩国】0【协格鲁吉亚】0 【协香港】0【协澳门】0 【特东老抵】0【特-1】0【特-2】0【特-3】0 【增】16【对美加征】5【出】0【退】13	千克					101 102	纯氯化钠（矿物源性饲料添加剂） 纯氯化钠（其他盐）
250100	30		海水	Sea water	【最】0【普】0【特-1】0【特-2】0【特-3】0 【增】16【对美加征】5【出】0【退】0	千克					999	海水
250200	00		未焙烧的黄铁矿	Unroasted iron pyrites	【最】3【普】20【暂进】2 【协亚太】1.5【协东盟】0【协巴基斯坦】0 【协智利】0【协新西兰】0【协秘鲁】0 【协哥斯达黎加】0【协冰岛】0【协瑞士】0 【协澳大利亚】0【协韩国】0【协格鲁吉亚】0 【协香港】0【协澳门】0 【特-1】0【特-2】0【特-3】0 【增】16【对美加征】10【出】0【退】0	千克					999	未焙烧的黄铁矿
250300	00		各种硫磺，但升华硫磺、沉淀硫磺及胶态硫磺除外	Sulphur of all kinds, other than sublimed sulphur, precipitated sulphur and colloidal sulphur	【最】3【普】17【暂进】1 【协亚太】1.5【协东盟】0【协巴基斯坦】0 【协智利】0【协新西兰】0【协秘鲁】0 【协哥斯达黎加】0【协冰岛】0【协瑞士】0 【协澳大利亚】0【协韩国】0【协格鲁吉亚】0 【协香港】0【协澳门】0 【特-1】0【特-2】0 【增】16【对美加征】10【出】0【退】0	千克	A	B	MR	NS	101 102	各种硫磺（升华硫磺、沉淀硫磺及胶态硫磺除外）（属于危险化学品的食品添加剂） 各种硫磺（升华硫磺、沉淀硫磺及胶态硫磺除外）（易燃固体，需申报仅用于工业用途不用于无检疫要求食品添加剂）
250410	10		磷片状天然石墨	Natural graphite, in flakes	【最】3【普】30【暂进】1 【协亚太】1.5【协东盟】0【协巴基斯坦】0 【协智利】0【协新西兰】0【协秘鲁】0 【协哥斯达黎加】0【协冰岛】0【协瑞士】1.2 【协澳大利亚】0【协韩国】0【协格鲁吉亚】0 【协香港】0【协澳门】0 【特-1】0【特-2】0【特-3】0 【增】16【对美加征】5【出】0【退】0	千克					999	磷片状天然石墨
250410	91		球化石墨	Spheroidized graphite	【最】3【普】30 【协东盟】0【协巴基斯坦】0【协智利】0 【协新西兰】0【协秘鲁】0【协哥斯达黎加】0 【协冰岛】0【协瑞士】0【协澳大利亚】0 【协韩国】0【协格鲁吉亚】0【协香港】0 【协澳门】0 【特-1】0【特-2】0【特-3】0 【增】16【对美加征】10【出】0【退】13	千克					999	球化石墨（天然石墨经球化加工、分级得到的产品，直径120微米以下）
250410	99		其他粉末状天然石墨	Other natural graphite, in powder	【最】3【普】30 【协亚太】1.5【协东盟】0【协巴基斯坦】0 【协智利】0【协新西兰】0【协秘鲁】0 【协哥斯达黎加】0【协冰岛】0【协瑞士】0 【协澳大利亚】0【协韩国】0【协格鲁吉亚】0 【协香港】0【协澳门】0 【特-1】0【特-2】0【特-3】0 【增】16【对美加征】10【出】0【退】0	千克					999	其他粉末状天然石墨
250490	00		其他天然石墨	Other natural graphite	【最】3【普】30 【协亚太】1.5【协东盟】0【协巴基斯坦】0 【协智利】0【协新西兰】0【协秘鲁】0 【协哥斯达黎加】0【协冰岛】0【协瑞士】0 【协澳大利亚】0【协韩国】0【协格鲁吉亚】0 【协香港】0【协澳门】0 【特-1】0【特-2】0【特-3】0 【增】16【对美加征】10【出】0【退】0	千克					999	其他天然石墨

税则号列			货品名称中英文		税费综合信息	计量单位	监管证件代码		检验检疫类别		检验检疫编码	检验检疫编码对应中文名称
HS 国际统一前6位	本国子目 7~8位	本国子目 9~10位	中文 货物名称	英文 Article Description			进口	出口	进口	出口		
250510	00		硅砂及石英砂（不论是否着色）	Silica sands and quartz sands, whether or not coloured	【最】3【普】40【暂进】1 【协东盟】0【协巴基斯坦】0【协智利】0 【协新西兰】0【协秘鲁】0【协哥斯达黎加】0 【协冰岛】0【协瑞士】0【协澳大利亚】0 【协韩国】0【协格鲁吉亚】0【协香港】0 【协澳门】0 【特-1】0【特-2】0【特-3】0 【增】16【对美加征】10【出】0【退】0	千克		48xy			101 102	硅砂及石英砂（不论是否着色）（栽培介质） 硅砂及石英砂（不论是否着色）（硅砂）
250590	00	10	标准砂（不论是否着色，第二十六章的金属矿砂除外）	Standard sand, whether or not coloured, other than metal-bearing sands of Chapter 26	【最】3【普】40【暂进】1 【协亚太】1.5【协东盟】0【协巴基斯坦】0 【协智利】0【协新西兰】0【协秘鲁】0 【协哥斯达黎加】0【协冰岛】0【协瑞士】0 【协澳大利亚】0【协韩国】0【协格鲁吉亚】0 【协香港】0【协澳门】0 【特-1】0【特-2】0【特-3】0 【增】16【对美加征】10【出】0【退】0	千克		4xy			101 102	标准砂（不论是否着色，第二十六章的金属矿砂除外）（栽培介质） 标准砂（不论是否着色，第二十六章的金属矿砂除外）（硅砂）
250590	00	90	其他天然砂（不论是否着色，第二十六章的金属矿砂除外）	Other natural sands, whether or not coloured, other than metal-bearing sands of Chapter 26	【最】3【普】40【暂进】1 【协亚太】1.5【协东盟】0【协巴基斯坦】0 【协智利】0【协新西兰】0【协秘鲁】0 【协哥斯达黎加】0【协冰岛】0【协瑞士】0 【协澳大利亚】0【协韩国】0【协格鲁吉亚】0 【协香港】0【协澳门】0 【特-1】0【特-2】0【特-3】0 【增】16【对美加征】10【出】0【退】0	千克		48xy			101 102	其他天然砂（不论是否着色，第二十六章的金属矿砂除外）（栽培介质） 其他天然砂（不论是否着色，第二十六章的金属矿砂除外）（硅砂）
250610	00		石英（天然砂除外）	Quartz (other than natural sands)	【最】3【普】40【暂进】1 【协亚太】1.5【协东盟】0【协巴基斯坦】0 【协智利】0【协新西兰】0【协秘鲁】0 【协哥斯达黎加】0【协冰岛】0【协瑞士】0 【协澳大利亚】0【协韩国】0【协格鲁吉亚】0 【协香港】0【协澳门】0 【特-1】0【特-2】0【特-3】0 【增】16【对美加征】5【出】0【退】0	千克					101 102 103 104 105	石英（天然砂除外）（石英砂） 石英（天然砂除外）（石英粉） 石英（天然砂除外）（熔融石英砂） 石英（天然砂除外）（熔融石英粉） 石英（天然砂除外）（其他石英）
250620	00		石英岩（不论是否粗加修整或仅用锯或其他方法切割成矩形板或块）	Quartzite, whether or not roughly trimmed or merely cut, by sawing or otherwise, into blocks or slabs of a rectangular (including square) shape	【最】3【普】40【暂进】1 【协亚太】1.5【协东盟】0【协巴基斯坦】0 【协智利】0【协新西兰】0【协秘鲁】0 【协哥斯达黎加】0【协冰岛】0【协瑞士】0 【协澳大利亚】0【协韩国】0【协格鲁吉亚】0 【协香港】0【协澳门】0 【特-1】0【特-2】0【特-3】0 【增】16【对美加征】10【出】0【退】0	千克					101 102	石英岩（不论是否粗加修整或仅用锯或其他方法切割成矩形板或块）（栽培介质） 石英岩（不论是否粗加修整或仅用锯或其他方法切割成矩形板或块）（石英岩）
250700	10		不论是否煅烧的高岭土	Kaolin, whether or not calcined	【最】3【普】50【暂进】1 【协东盟】0【协巴基斯坦】0【协智利】0 【协新西兰】0【协秘鲁】0【协哥斯达黎加】0 【协冰岛】0【协瑞士】0【协澳大利亚】0 【协韩国】0【协格鲁吉亚】0【协香港】0 【协澳门】0 【特-1】0【特-2】0【特-3】0 【增】16【对美加征】5【出】0【退】0	千克					102	不论是否煅烧的高岭土（高岭土）
250700	90		不论是否煅烧的其他高岭土类似土	Other kaolinic clays, whether or not calcined	【最】3【普】50【暂进】1 【协东盟】0【协巴基斯坦】0【协智利】0 【协新西兰】0【协秘鲁】0【协哥斯达黎加】0 【协冰岛】0【协瑞士】0【协澳大利亚】0 【协韩国】0【协格鲁吉亚】0【协香港】0 【协澳门】0 【特-1】0【特-2】0【特-3】0 【增】16【对美加征】10【出】0【退】0	千克					999	不论是否煅烧的其他高岭土类似土
250810	00		膨润土，不论是否煅烧	Bentonite	【最】3【普】50 【协亚太】1.5【协东盟】0【协巴基斯坦】0 【协智利】0【协新西兰】0【协秘鲁】0 【协哥斯达黎加】0【协冰岛】0【协瑞士】0 【协澳大利亚】0【协韩国】0【协格鲁吉亚】0 【协香港】0【协澳门】0 【特-1】0【特-2】0【特-3】0 【增】16【对美加征】5【出】0【退】0	千克					101 102	膨润土，不论是否煅烧（无检疫要求食品添加剂） 膨润土，不论是否煅烧（膨润土）

税则号列			货品名称中英文		税费综合信息	计量单位	监管证件代码		检验检疫类别		检验检疫编码	检验检疫编码对应中文名称
HS国际统一前6位	本国子目7~8位	本国子目9~10位	中文货物名称	英文 Article Description			进口	出口	进口	出口		
250830	00		耐火黏土，不论是否煅烧	Fire-clay	【最】3【普】20【暂进】1 【协亚太】1.5【协东盟】0【协巴基斯坦】0 【协智利】0【协新西兰】0【协秘鲁】0 【协哥斯达黎加】0【协冰岛】0【协瑞士】0 【协澳大利亚】0【协韩国】0【协格鲁吉亚】0 【协香港】0【协澳门】0 【特-1】0【特-2】0【特-3】0 【增】16【对美加征】10【出】0【退】0	千克		4xy			999	耐火黏土，不论是否煅烧（包括矾土、焦宝石及其他耐火黏土）
250840	00		其他黏土，不论是否煅烧	Other clays	【最】3【普】50【暂进】1 【协东盟】0【协巴基斯坦】0【协智利】0 【协新西兰】0【协秘鲁】0【协哥斯达黎加】0 【协冰岛】0【协瑞士】0【协澳大利亚】0 【协韩国】0【协格鲁吉亚】0【协香港】0 【协澳门】0 【特-1】0【特-2】0【特-3】0 【增】16【对美加征】10【出】0【退】0	千克					102	其他黏土，不论是否煅烧（其他黏土）
250850	00		红柱石、蓝晶石及硅线石，不论是否煅烧	Andalusite, kyanite and sillimanite	【最】3【普】40 【协亚太】1.5【协东盟】0【协巴基斯坦】0 【协智利】0【协新西兰】0【协秘鲁】0 【协哥斯达黎加】0【协冰岛】0【协瑞士】0 【协澳大利亚】0【协韩国】0【协格鲁吉亚】0 【协香港】0【协澳门】0 【特-1】0【特-2】0【特-3】0 【增】16【对美加征】5【出】0 【退】0	千克					999	红柱石、蓝晶石及硅线石，不论是否煅烧
250860	00		富铝红柱石	Mullite	【最】3【普】40 【协东盟】0【协巴基斯坦】0【协智利】0 【协新西兰】0【协秘鲁】0【协哥斯达黎加】0 【协冰岛】0【协瑞士】0【协澳大利亚】0 【协韩国】0【协格鲁吉亚】0【协香港】0 【协澳门】0 【特-1】0【特-2】0【特-3】0 【增】16【对美加征】5【出】0 【退】0	千克					999	富铝红柱石
250870	00		火泥及第纳斯土	Chamotte or dinas earths	【最】3【普】20 【协东盟】0【协巴基斯坦】0【协智利】0 【协新西兰】0【协秘鲁】0【协哥斯达黎加】0 【协冰岛】0【协瑞士】1.5【协澳大利亚】0 【协韩国】0【协格鲁吉亚】0【协香港】0 【协澳门】0 【特-1】0【特-2】0【特-3】0 【增】16【出】0【退】0	千克					998 999	火泥及第纳斯土（火泥） 火泥及第纳斯土（第纳斯土）
250900	00		白垩	Chalk	【最】3【普】45 【协东盟】0【协巴基斯坦】0【协智利】0 【协新西兰】0【协秘鲁】0【协哥斯达黎加】0 【协冰岛】0【协瑞士】0【协澳大利亚】0 【协韩国】0【协格鲁吉亚】0 【特-1】0【特-2】0【特-3】0 【增】16【对美加征】10【出】0【退】0	千克					999	白垩
251010	10		未碾磨磷灰石	Apatite, unground	【最】3【普】11【暂进】0 【协东盟】0【协巴基斯坦】0【协智利】0 【协新西兰】0【协秘鲁】0【协哥斯达黎加】0 【协冰岛】0【协瑞士】0【协澳大利亚】0 【协韩国】0【协格鲁吉亚】0【协香港】0 【协澳门】0 【特-1】0【特-2】0【特-3】0 【增】16【出】0【退】0	千克		4xy			999	未碾磨磷灰石
251010	90		其他未碾磨天然磷酸钙（包括天然磷酸铝钙及磷酸盐白垩，磷灰石除外）	Other natural calcium phosphates, natural aluminium calcium phosphates and phosphatic chalk (other than apatite), unground	【最】3【普】20 【协东盟】0【协巴基斯坦】0【协智利】0 【协新西兰】0【协秘鲁】0【协哥斯达黎加】0 【协冰岛】0【协瑞士】0【协澳大利亚】0 【协韩国】0【协格鲁吉亚】0【协香港】0 【协澳门】0 【特-1】0【特-2】0【特-3】0 【增】16【出】0【退】0	千克		4xy			999	其他未碾磨天然磷酸钙（包括天然磷酸铝钙及磷酸盐白垩，磷灰石除外）

税则号列			货品名称中英文		税费综合信息	计量单位	监管证件代码		检验检疫类别		检验检疫编码	检验检疫编码对应中文名称
HS 国际统一前 6 位	本国子目 7~8 位	9~10 位	中文 货物名称	英文 Article Description			进口	出口	进口	出口		
251020	10		已碾磨磷灰石	Apatite, ground	【最】3【普】11【暂进】0 【协东盟】0【协巴基斯坦】0【协智利】0 【协新西兰】0【协秘鲁】0【协哥斯达黎加】0 【协冰岛】0【协瑞士】0【协澳大利亚】0 【协韩国】0【协格鲁吉亚】0【协香港】0 【协澳门】0 【特-1】0【特-2】0【特-3】0 【增】16【对美加征】10【出】0【退】0	千克		4xy			999	已碾磨磷灰石
251020	90		其他已碾磨天然磷酸钙(包括天然磷酸铝钙及磷酸盐白垩，磷灰石除外)	Other natural calcium phosphates, natural aluminium calcium phosphates and phosphatic chalk (other than apatite), ground	【最】3【普】20 【协东盟】0【协巴基斯坦】0【协智利】0 【协新西兰】0【协秘鲁】0【协哥斯达黎加】0 【协冰岛】0【协瑞士】0【协澳大利亚】0 【协韩国】0【协格鲁吉亚】0【协香港】0 【协澳门】0 【特-1】0【特-2】0【特-3】0 【增】16【出】0【退】0	千克		4xy			999	其他已碾磨天然磷酸钙(包括天然磷酸铝钙及磷酸盐白垩，磷灰石除外)
251110	00		天然硫酸钡(重晶石)	Natural barium sulphate(barytes)	【最】3【普】45【协亚太】1.5 【协东盟】0【协巴基斯坦】0【协智利】0 【协新西兰】0【协秘鲁】0【协哥斯达黎加】0 【协冰岛】0【协瑞士】0【协澳大利亚】0 【协韩国】0【协格鲁吉亚】0【协香港】0 【协澳门】0 【特-1】0【特-2】0 【增】16【对美加征】5【出】0【退】0	千克					101 102	天然硫酸钡(重晶石)(重晶石块) 天然硫酸钡(重晶石)(重晶石粉)
251120	00		天然碳酸钡(毒重石)(不论是否煅烧，但税目 28.16 的氧化钡除外)	Natural barium carbonate (witherite), whether or not calcined, other than barium oxide of heading No. 28.16	【最】3【普】45 【协东盟】0【协巴基斯坦】0【协智利】0 【协新西兰】0【协秘鲁】0【协哥斯达黎加】0 【协冰岛】0【协瑞士】0【协澳大利亚】0 【协韩国】0【协格鲁吉亚】0【协香港】0 【协澳门】0 【特-1】0【特-2】0 【增】16【出】0【退】0	千克					999	天然碳酸钡(毒重石)(不论是否煅烧，但税目 28.16 的氧化钡除外)
251200	10		硅藻土(不论是否煅烧，表观比重不超过 1)	Kieselguhr, whether or not calcined, of an apparent specific gravity of 1 or less	【最】3【普】40 【协亚太】1.5【协东盟】0【协巴基斯坦】0 【协智利】0【协新西兰】0【协秘鲁】0 【协哥斯达黎加】0【协冰岛】0【协瑞士】0 【协澳大利亚】0【协韩国】0【协格鲁吉亚】0 【协香港】0【协澳门】0 【特-1】0【特-2】0【特-3】0 【增】16【对美加征】5【出】0【退】0	千克	A		R		101 102	硅藻土(不论是否煅烧，表观比重不超过 1)(无检疫要求食品添加剂) 硅藻土(不论是否煅烧，表观比重不超过 1)(硅藻土)
251200	90		其他硅质化石粗粉及类似的硅质土(不论是否煅烧，表观比重不超过 1)	Other Siliceous fossil meals and similar siliceous earths, whether or not calcined, of an apparent specific gravity of 1 or less	【最】3【普】40 【协亚太】1.5【协东盟】0【协巴基斯坦】0 【协智利】0【协新西兰】0【协秘鲁】0 【协哥斯达黎加】0【协冰岛】0【协瑞士】0 【协澳大利亚】0【协韩国】0【协格鲁吉亚】0 【协香港】0【协澳门】0 【特-1】0【特-2】0【特-3】0 【增】16【对美加征】10【出】0【退】0	千克					999	其他硅质化石粗粉及类似的硅质土(不论是否煅烧，表观比重不超过 1)
251310	00		浮石	Pumice stone	【最】3【普】35 【协东盟】0【协巴基斯坦】0【协智利】0 【协新西兰】0【协秘鲁】0【协哥斯达黎加】0 【协冰岛】0【协瑞士】0【协澳大利亚】0 【协香港】0【协澳门】0【协韩国】0 【协格鲁吉亚】0 【特-1】0【特-2】0【特-3】0 【增】16【对美加征】10【出】0【退】0	千克					999	浮石
251320	00		刚玉岩、天然刚玉砂等天然磨料	Emery, natural corundum, narural garnet and other natural abrasives	【最】3【普】17 【协亚太】1.5【协东盟】0【协巴基斯坦】0 【协智利】0【协新西兰】0【协秘鲁】0 【协哥斯达黎加】0【协冰岛】0【协瑞士】0 【协澳大利亚】0【协韩国】0【协格鲁吉亚】0 【协香港】0【协澳门】0 【特-1】0【特-2】0【特-3】0 【增】16【对美加征】5【出】0【退】0	千克					101 102 103	刚玉岩、天然刚玉砂等天然磨料(包括天然石榴石及其他天然磨料)(刚玉岩) 刚玉岩、天然刚玉砂等天然磨料(包括天然石榴石及其他天然磨料)(天然刚玉砂) 刚玉岩、天然刚玉砂等天然磨料(包括天然石榴石及其他天然磨料)(天然石榴石)

税则号列			货品名称中英文		税费综合信息	计量单位	监管证件代码		检验检疫类别		检验检疫编码	检验检疫编码对应中文名称
HS国际统一前6位	本国子目7~8位	本国子目9~10位	中文货物名称	英文 Article Description			进口	出口	进口	出口		
251400	00		板岩，不论是否粗加修整或仅用锯或其他方法切割成矩形（包括正方形）的板、块	Slate, whether or not roughly trimmed or merely cut, by sawing or otherwise, into blocks or slabs of a rectangular (including square) shape	【最】3【普】50 【协亚太】1.5【协东盟】0【协巴基斯坦】0 【协智利】0【协新西兰】0【协秘鲁】0 【协哥斯达黎加】0【协冰岛】0【协瑞士】0 【协澳大利亚】0【协韩国】0【协格鲁吉亚】0 【协香港】0【协澳门】0 【特-1】0【特-2】0【特-3】0 【增】16【出】0【退】0	千克					999	板岩（不论是否粗加修整或仅用锯或其他方法切割成矩形的板或块）
251511	00		原状或粗加修整的大理石及石灰华	Marble, travertine, crude or roughly trimmed	【最】4【普】80【暂进】0 【协亚太】2【协东盟】0【协巴基斯坦】0 【协智利】0【协新西兰】0【协秘鲁】0 【协哥斯达黎加】0【协冰岛】0【协瑞士】0 【协澳大利亚】0【协韩国】0【协格鲁吉亚】0 【协香港】0【协澳门】0 【特-1】0【特-2】0【特-3】0 【增】16【对美加征】10【出】0【退】0	千克					999	原状或粗加修整的大理石及石灰华
251512	00		矩形大理石及石灰华（用锯或其他方法切割成矩形）	Marble, travertine, cut by sawing or otherwise, into blocks or slabs of a rectangular (including square) shape	【最】4【普】80【暂进】0 【协亚太】2【协东盟】0【协巴基斯坦】0 【协智利】0【协新西兰】0【协秘鲁】0 【协哥斯达黎加】0【协冰岛】0【协瑞士】0 【协澳大利亚】0【协韩国】0【协格鲁吉亚】0 【协香港】0【协澳门】0 【特-1】0【特-2】0【特-3】0 【增】16【对美加征】10【出】0【退】0	千克					999	矩形大理石及石灰华（用锯或其他方法切割成矩形）
251520	00		其他石灰质碑用或建筑用石，蜡石	Ecaussine and other calcareous monumental or building stone; alabaster	【最】3【普】50【暂进】0 【协东盟】0【协巴基斯坦】0【协智利】0 【协新西兰】0【协秘鲁】0【协哥斯达黎加】0 【协冰岛】0【协瑞士】0【协澳大利亚】0 【协韩国】0【协格鲁吉亚】1.8【协香港】0 【协澳门】0 【特-1】0【特-2】0【特-3】0 【增】16【对美加征】10【出】0【退】0	千克					999	其他石灰质碑用或建筑用石，蜡石
251611	00		原状或粗加修整花岗岩	Granite, crude or roughly trimmed	【最】4【普】50【暂进】0 【协亚太】2【协东盟】0【协巴基斯坦】0 【协智利】0【协新西兰】0【协秘鲁】0 【协哥斯达黎加】0【协冰岛】0【协瑞士】0 【协澳大利亚】0【协韩国】0【协格鲁吉亚】0 【协香港】0【协澳门】0 【特-1】0【特-2】0【特-3】0 【增】16【对美加征】10【出】0【退】0	千克	A		M		999	原状或粗加修整花岗岩
251612	00		矩形花岗岩（用锯或其他方法切割成矩形）	Granite, cut by sawing or otherwise, into blocks or slabs of a rectangular (including square) shape	【最】4【普】50【暂进】0 【协亚太】2【协东盟】0【协巴基斯坦】0 【协智利】0【协新西兰】0【协秘鲁】0 【协哥斯达黎加】0【协冰岛】0【协瑞士】0 【协澳大利亚】0【协韩国】0【协格鲁吉亚】0 【协香港】0【协澳门】0 【特-1】0【特-2】0【特-3】0 【增】16【对美加征】10【出】0【退】0	千克	A		M		999	矩形花岗岩（用锯或其他方法切割成矩形）
251620	00	01	原状或粗加修整砂岩	Sandstone, crude or roughly trimmed	【最】3【普】50【暂进】0 【协亚太】2.1【协东盟】0【协巴基斯坦】0 【协智利】0【协新西兰】0【协秘鲁】0 【协哥斯达黎加】0【协冰岛】0【协瑞士】0 【协澳大利亚】0【协韩国】0【协格鲁吉亚】0 【协香港】0【协澳门】0 【特-1】0【特-2】0【特-3】0 【增】16【对美加征】10【出】0【退】0	千克	A		M		999	原状或粗加修整砂岩
251620	00	90	矩形（包括正方形）砂岩（用锯或其他方法切割成矩形的板、块）	Sandstone, cut by sawing or otherwise, into blocks or slabs of rectangular (including square)	【最】3【普】50【暂进】0 【协亚太】2.1【协东盟】0【协巴基斯坦】0 【协智利】0【协新西兰】0【协秘鲁】0 【协哥斯达黎加】0【协冰岛】0【协瑞士】0 【协澳大利亚】0【协韩国】0【协格鲁吉亚】0 【协香港】0【协澳门】0 【特-1】0【特-2】0【特-3】0 【增】16【对美加征】10【出】0【退】0	千克					999	矩形（包括正方形）砂岩（用锯或其他方法切割成矩形的板、块）

税则号列			货品名称中英文		税费综合信息	计量单位	监管证件代码		检验检疫类别		检验检疫编码	检验检疫编码对应中文名称
HS 国际统一前 6 位	本国子目 7~8 位	本国子目 9~10 位	中文 货物名称	英文 Article Description			进口	出口	进口	出口		
251690	00		其他碑用或建筑用石	Other monumental or building stone	【最】3【普】50【暂进】0 【协亚太】2.1【协东盟】0【协巴基斯坦】0 【协智利】0【协新西兰】0【协秘鲁】0 【协哥斯达黎加】0【协冰岛】0【协瑞士】0 【协澳大利亚】0【协韩国】0【协格鲁吉亚】0 【协香港】0【协澳门】0 【特-1】0【特-2】0【特-3】0 【增】16【对美加征】10【出】0【退】0	千克					999	其他碑用或建筑用石
251710	00		通常作混凝土粒料、铺路、铁道路基或其他路基用的卵石、砾石及碎石，圆石子及燧石，不论是否热处理	Pebbles, gravel, broken or crushed stone, of a kind commonly used for concrete aggregates, for road metalling or for railway or other ballast, shingle and flint, whether or not heat-treated	【最】4【普】50 【协亚太】2【协东盟】0【协巴基斯坦】0 【协智利】0【协新西兰】0【协秘鲁】0 【协哥斯达黎加】0【协冰岛】0【协瑞士】0 【协澳大利亚】0【协韩国】0【协格鲁吉亚】0 【协香港】0【协澳门】0 【特-1】0【特-2】0【特-3】0 【增】16【对美加征】10【出】0【退】0	千克					999	卵石、砾石及碎石，圆石子及燧石（通常作混凝土粒料、铺路或其他路基用，不论是否热处理）
251720	00		矿渣、浮渣及类似的工业残渣，不论是否混有子目 2517.10 所列的材料	Macadam of slag, dross or similar industrial waste, whether or not incorporating the materials cited in subheading No. 2517.10	【最】3【普】50 【协东盟】0【协巴基斯坦】0【协智利】0 【协新西兰】0【协秘鲁】0【协哥斯达黎加】0 【协冰岛】0【协瑞士】0【协澳大利亚】0 【协香港】0【协澳门】0【协韩国】0 【协格鲁吉亚】0 【特-1】0【特-2】0【特-3】0 【增】16【出】0【退】0	千克	9				999	矿渣、浮渣及类似的工业残渣（不论是否混有子目 2517.10 所列的材料）
251730	00		沥青碎石	Tarred macadam	【最】3【普】50 【协东盟】0【协巴基斯坦】0【协智利】0 【协新西兰】0【协秘鲁】0【协哥斯达黎加】0 【协冰岛】0【协瑞士】0【协澳大利亚】0 【协韩国】0【协格鲁吉亚】0【协香港】0 【协澳门】0 【特-1】0【特-2】0【特-3】0 【增】16【出】0【退】0	千克	9				999	沥青碎石
251741	00		大理石碎粒、碎屑及粉末	Granules, chipping and powder of marble, whether or not heat-treated	【最】3【普】50 【协亚太】1.5【协东盟】0【协巴基斯坦】0 【协智利】0【协新西兰】0【协秘鲁】0 【协哥斯达黎加】0【协冰岛】0【协瑞士】0 【协澳大利亚】0【协韩国】0【协格鲁吉亚】0 【协香港】0【协澳门】0 【特-1】0【特-2】0【特-3】0 【增】16【对美加征】5【出】0【退】0	千克					999	大理石碎粒、碎屑及粉末（不论是否热处理）
251749	00		税目 25.15 及 25.16 所列其他石碎粒等	Granules, chipping and powder of other stones of heading No. 25.15 or 25.16, whether or not heat-treated	【最】3【普】50 【协东盟】0【协巴基斯坦】0【协智利】0 【协新西兰】0【协秘鲁】0【协哥斯达黎加】0 【协冰岛】0【协瑞士】0【协澳大利亚】0 【协韩国】0【协格鲁吉亚】0【协香港】0 【协澳门】0 【特-1】0【特-2】0【特-3】0 【增】16【对美加征】10【出】0【退】0	千克					999	税目 25.15 及 25.16 所列其他石碎粒等（不论是否热处理）
251810	00		未煅烧或烧结的白云石（不论是否粗加修整或仅用锯或其他方法切割成矩形板、块）	Dolomite, not calcined or sintered (whether or not dolomite roughly trimmed or merely cut, by sawing or otherwise, into blocks or slabs of a rectangular)	【最】3【普】40【暂进】0【协亚太】1.5 【协东盟】0【协巴基斯坦】0【协智利】0 【协新西兰】0【协秘鲁】0【协哥斯达黎加】0 【协冰岛】0【协瑞士】0【协澳大利亚】0 【协韩国】0【协格鲁吉亚】0【协香港】0 【协澳门】0 【特-1】0【特-2】0【特-3】0 【增】16【对美加征】10【出】0【退】0	千克					999	未煅烧或烧结的白云石（不论是否粗加修整或仅用锯或其他方法切割成矩形板、块）
251820	00		已煅烧或烧结的白云石（不论是否粗加修整或仅用锯或其他方法切割成矩形板、块）	Calcined or sintered dolomite (whether or not dolomite roughly trimmed or merely cut, by sawing or otherwise, into blocks or slabs of a rectangular)	【最】3【普】40【暂进】0 【协东盟】0【协巴基斯坦】0【协智利】0 【协新西兰】0【协秘鲁】0【协哥斯达黎加】0 【协冰岛】0【协瑞士】0【协澳大利亚】0 【协韩国】0【协格鲁吉亚】0【协香港】0 【协澳门】0 【特-1】0【特-2】0【特-3】0 【增】16【出】0【退】0	千克					999	已煅烧或烧结的白云石（不论是否粗加修整或仅用锯或其他方法切割成矩形板、块）

税则号列			货品名称中英文		税费综合信息	计量单位	监管证件代码		检验检疫类别		检验检疫编码	检验检疫编码对应中文名称
HS 国际统一前6位	本国子目 7~8位	9~10位	中文 货物名称	英文 Article Description			进口	出口	进口	出口		
251830	00		夯混白云石	Dolomite ramming mix	【最】3【普】40【暂进】0 【协东盟】0【协巴基斯坦】0【协智利】0 【协新西兰】0【协秘鲁】0【协哥斯达黎加】0 【协冰岛】0【协瑞士】0【协澳大利亚】0 【协韩国】0【协格鲁吉亚】0【协香港】0 【协澳门】0 【特-1】0【特-2】0【特-3】0 【增】16【出】0【退】0	千克					999	夯混白云石（包括沥青白云石）
251910	00		天然碳酸镁（菱镁矿）	Natural magnesium carbonate(magnesite)	【最】3【普】40【暂进】1 【协东盟】0【协巴基斯坦】0【协智利】0 【协新西兰】0【协秘鲁】0【协哥斯达黎加】0 【协冰岛】0【协瑞士】0【协澳大利亚】0 【协韩国】0【协格鲁吉亚】0【协香港】0 【协澳门】0 【特-1】0【特-2】0【特-3】0 【增】16【出】0【退】0	千克		y4x			999	天然碳酸镁（菱镁矿）
251990	10		熔凝镁氧矿	Fused magnesia	【最】3【普】40【暂进】1 【协东盟】0【协巴基斯坦】0【协智利】0 【协新西兰】0【协秘鲁】0【协哥斯达黎加】0 【协冰岛】0【协瑞士】0【协澳大利亚】0 【协韩国】0【协格鲁吉亚】0【协香港】0 【协澳门】0 【特-1】0【特-2】0【特-3】0 【增】16【对美加征】10【出】0【退】0	千克		y4x			999	熔凝镁氧矿（电熔镁，包括喷补料）
251990	20		烧结镁氧矿（重烧镁）	Dead-burned (sintered) magnesia	【最】3【普】40【暂进】1 【协东盟】0【协巴基斯坦】0【协智利】0 【协新西兰】0【协秘鲁】0【协哥斯达黎加】0 【协冰岛】0【协瑞士】0【协澳大利亚】0 【协韩国】0【协格鲁吉亚】0【协香港】0 【协澳门】0 【特-1】0【特-2】0【特-3】0 【增】16【对美加征】10【出】0【退】0	千克		y4x			999	烧结镁氧矿（重烧镁）（包括喷补料）
251990	30		碱烧镁（轻烧镁）	Light-burned magnesia	【最】3【普】40【暂进】1 【协东盟】0【协巴基斯坦】0【协智利】0 【协新西兰】0【协秘鲁】0【协哥斯达黎加】0 【协冰岛】0【协瑞士】0【协澳大利亚】0 【协韩国】0【协格鲁吉亚】0【协香港】0 【协澳门】0 【特-1】0【特-2】0【特-3】0 【增】16【对美加征】10【出】0【退】0	千克		y4x			999	碱烧镁（轻烧镁）
251990	91		化学纯氧化镁	Magnesium oxide, chemically pure	【最】3【普】35 【协东盟】0【协巴基斯坦】0【协智利】0 【协新西兰】0【协秘鲁】0【协哥斯达黎加】0 【协冰岛】0【协瑞士】0【协澳大利亚】0 【协韩国】0【协格鲁吉亚】0【协香港】0 【协澳门】0 【特-1】0【特-2】0【特-3】0 【增】16【对美加征】10【出】0【退】0	千克	A		R		101 102 103	化学纯氧化镁（矿物源性饲料添加剂） 化学纯氧化镁［氧化镁（包括轻质和重质）（无检疫要求食品添加剂）］ 化学纯氧化镁（氧化镁）
251990	99	10	其他氧化镁含量在70%及以上的矿产品	Other mineral products containing by weight more than 70% of magnesium oxide	【最】3【普】40【暂进】1 【协东盟】0【协巴基斯坦】0【协智利】0 【协新西兰】0【协秘鲁】0【协哥斯达黎加】0 【协冰岛】0【协瑞士】0【协澳大利亚】0 【协韩国】0【协格鲁吉亚】0【协香港】0 【协澳门】0 【特-1】0【特-2】0【特-3】0 【增】16【对美加征】10【出】0【退】0	千克		4xy			101 102	其他氧化镁含量在70%及以上的矿产品（矿物源性饲料添加剂） 其他氧化镁含量在70%及以上的矿产品（氧化镁）
251990	99	90	其他氧化镁	Other magnesium oxide	【最】3【普】40 【协东盟】0【协巴基斯坦】0【协智利】0 【协新西兰】0【协秘鲁】0【协哥斯达黎加】0 【协冰岛】0【协瑞士】0【协澳大利亚】0 【协韩国】0【协格鲁吉亚】0【协香港】0 【协澳门】0 【特-1】0【特-2】0【特-3】0 【增】16【对美加征】10【出】0【退】0	千克					101 102	其他氧化镁（矿物源性饲料添加剂） 其他氧化镁（氧化镁）

税则号列			货品名称中英文		税费综合信息	计量单位	监管证件代码		检验检疫类别		检验检疫编码	检验检疫编码对应中文名称
HS国际统一前6位	本国子目 7~8位	9~10位	中文 货物名称	英文 Article Description			进口	出口	进口	出口		
252010	00		生石膏、硬石膏	Gypsum; anhydrite	【最】5【普】80 【协亚太】2.5【协东盟】0【协香港】0 【协澳门】0【协巴基斯坦】0【协智利】0 【协新西兰】0【协秘鲁】0【协哥斯达黎加】0 【协冰岛】0【协瑞士】0【协澳大利亚】0 【协韩国】0【协格鲁吉亚】3 【特东老拭】0【特-1】0【特-2】0【特-3】0 【增】16【对美加征】10【出】0【退】0	千克					999	生石膏、硬石膏
252020	10		牙科用熟石膏(不论是否着色或带有少量促凝剂或缓凝剂)	Plasters, for dental use, whether or not coloured, with or without small quantities of accelerators or retarders	【最】5【普】40 【协东盟】0【协巴基斯坦】0【协智利】0 【协新西兰】0【协秘鲁】0【协哥斯达黎加】0 【协冰岛】0【协瑞士】0【协澳大利亚】0 【协韩国】0【协格鲁吉亚】0【协香港】0 【协澳门】0 【特东老拭】0【特-1】0【特-2】0【特-3】0 【增】16【对美加征】5【出】0【退】0	千克					999	牙科用熟石膏（不论是否着色或带有少量促凝剂或缓凝剂）
252020	90		其他熟石膏(不论是否着色或带有少量促凝剂或缓凝剂)	Other plasters, whether or not coloured, with or without small quantities of accelerators or retarders	【最】5【普】80 【协东盟】0【协巴基斯坦】0【协智利】0 【协新西兰】0【协秘鲁】0【协哥斯达黎加】0 【协冰岛】0【协瑞士】0【协澳大利亚】0 【协韩国】2.5【协格鲁吉亚】0【协香港】0 【协澳门】0【特东老拭】0 【特-1】0【特-2】0【特-3】0 【增】16【对美加征】5【出】0【退】0	千克					999	其他熟石膏（不论是否着色或带有少量促凝剂或缓凝剂）
252100	00		石灰石助熔剂、石灰石及其他钙石	Limestone flux; limestone and other calcareous stone, of a kind used for the manufacture of lime or cement	【最】5【普】50 【协亚太】2.5【协东盟】0【协香港】0 【协澳门】0【协巴基斯坦】0【协智利】0 【协新西兰】0【协秘鲁】0【协哥斯达黎加】0 【协冰岛】0【协瑞士】0【协澳大利亚】0 【协韩国】0【协格鲁吉亚】0 【特-1】0【特-2】0【特-3】0 【增】16【对美加征】10【出】0【退】0	千克					999	石灰石助熔剂、石灰石及其他钙石
252210	00		生石灰	Quicklime	【最】5【普】80 【协亚太】2.5【协东盟】0【协巴基斯坦】0 【协智利】0【协新西兰】0【协秘鲁】0 【协哥斯达黎加】0【协冰岛】0【协瑞士】0 【协澳大利亚】0【协韩国】0【协格鲁吉亚】0 【协香港】0【协澳门】0 【特-1】0【特-2】0【特-3】0 【增】16【对美加征】10【出】0【退】0	千克					999	生石灰
252220	00		熟石灰	Slaked lime	【最】5【普】80 【协亚太】2.5【协东盟】0【协巴基斯坦】0 【协智利】0【协新西兰】0【协秘鲁】0 【协哥斯达黎加】0【协冰岛】0【协瑞士】0 【协澳大利亚】0【协韩国】0【协格鲁吉亚】0 【协香港】0【协澳门】0 【特-1】0【特-2】0【特-3】0 【增】16【对美加征】10【出】0【退】0	千克					999	熟石灰
252230	00		水硬石灰	Hydraulic lime	【最】5【普】80 【协东盟】0【协巴基斯坦】0【协智利】0 【协新西兰】0【协秘鲁】0【协哥斯达黎加】0 【协冰岛】0【协瑞士】0【协澳大利亚】0 【协韩国】0【协格鲁吉亚】0【协香港】0 【协澳门】0 【特-1】0【特-2】0【特-3】0 【增】16【出】0【退】0	千克					999	水硬石灰
252310	00		水泥熟料	Cement clinkers	【最】5【普】30 【协亚太】2.5【协东盟】0【协香港】0 【协巴基斯坦】5【协智利】0【协新西兰】0 【协秘鲁】0【协台湾】0【协哥斯达黎加】0 【协冰岛】0【协瑞士】0【协澳大利亚】0 【协韩国】0【协格鲁吉亚】0【协澳门】0 【特-1】0【特-2】0【特-3】0 【增】16【对美加征】10【出】0【退】0	千克					999	水泥熟料

税则号列 HS国际统一前6位	本国子目 7~8位	本国子目 9~10位	货品名称中文 货物名称	英文 Article Description	税费综合信息	计量单位	监管证件代码 进口	监管证件代码 出口	检验检疫类别 进口	检验检疫类别 出口	检验检疫编码	检验检疫编码对应中文名称
252321	00		白水泥，不论是否人工着色	White cement, whether or not artificially coloured	【最】5【普】30 【协亚太】3.8【协东盟】0【协巴基斯坦】0 【协智利】0【协新西兰】0【协秘鲁】0 【协台湾】0【协哥斯达黎加】0【协冰岛】0 【协瑞士】0【协澳大利亚】0【协韩国】0 【协格鲁吉亚】0【协香港】0【协澳门】0 【特-1】0【特-2】0【特-3】0 【增】16【对美加征】5【出】0【退】0	千克					999	白水泥，不论是否人工着色
252329	00		其他硅酸盐水泥	Other portland cement	【最】5【普】30 【协亚太】3.8【协东盟】0【协香港】0【协澳门】0 【协巴基斯坦】5【协智利】0【协新西兰】0 【协秘鲁】0【协台湾】0【协哥斯达黎加】0 【协冰岛】0【协瑞士】0【协澳大利亚】0 【协韩国】0【协格鲁吉亚】0 【特-1】0【特-2】0【特-3】0 【增】16【对美加征】5【出】0【退】0	千克	A		M		999	其他硅酸盐水泥
252330	00		矾土水泥	Aluminous cement	【最】5【普】30 【协亚太】2.5【协东盟】0【协巴基斯坦】5 【协智利】0【协新西兰】0【协秘鲁】0 【协哥斯达黎加】0【协冰岛】0【协瑞士】0 【协澳大利亚】0【协韩国】0【协格鲁吉亚】0 【协香港】0【协澳门】0 【特-1】0【特-2】0【特-3】0 【增】16【对美加征】10【出】0【退】0	千克					999	矾土水泥
252390	00		其他水凝水泥	Other hydraulic cements	【最】5【普】30 【协东盟】0【协巴基斯坦】5【协智利】0 【协新西兰】0【协秘鲁】0【协哥斯达黎加】0 【协冰岛】0【协瑞士】0【协澳大利亚】0 【协韩国】0【协格鲁吉亚】0【协香港】0 【协澳门】0 【特-1】0【特-2】0【特-3】0 【增】16【对美加征】5【出】0【退】0	千克	A		M		101 102	其他水凝水泥（矿渣水泥） 其他水凝水泥（其他水泥）
252410	00		青石棉	Crocidolite	【最】5【普】30 【协东盟】0【协巴基斯坦】0【协智利】0 【协新西兰】0【协秘鲁】0【协哥斯达黎加】0 【协冰岛】0【协瑞士】0【协澳大利亚】0 【协韩国】0【协格鲁吉亚】0【协香港】0 【协澳门】0 【特-1】0【特-2】0 【增】16【出】0【退】0	千克	9	8			101 301	青石棉（栽培介质） 青石棉（杂项物质）
252490	10	10	长纤维阳起石石棉（包括长纤维铁石棉、透闪石石棉及直闪石石棉）	Actinolite asbestos of long staple (including Amosa asbestos, Tremolite asbestos or Anthopyllite asbestos)	【最】5【普】30 【协东盟】0【协巴基斯坦】0【协智利】0 【协新西兰】0【协秘鲁】0【协哥斯达黎加】0 【协冰岛】0【协瑞士】0【协澳大利亚】0 【协韩国】0【协格鲁吉亚】0【协香港】0 【协澳门】0 【特-1】0【特-2】0 【增】16【出】0【退】0	千克	9	8			101 102 103 301	长纤维阳起石石棉（包括长纤维铁石棉、透闪石石棉及直闪石石棉）（栽培介质） 长纤维阳起石石棉（包括长纤维铁石棉、透闪石石棉及直闪石石棉）（毒害品） 长纤维阳起石石棉（包括长纤维铁石棉、透闪石石棉及直闪石石棉）（长纤维石棉） 长纤维阳起石石棉（包括长纤维铁石棉、透闪石石棉及直闪石石棉）（杂项物质）
252490	10	90	其他长纤维石棉	Other asbestos of long staple	【最】5【普】30 【协东盟】0【协巴基斯坦】0【协智利】0 【协新西兰】0【协秘鲁】0【协哥斯达黎加】0 【协冰岛】0【协瑞士】0【协澳大利亚】0 【协韩国】0【协格鲁吉亚】0【协香港】0 【协澳门】0 【特-1】0【特-2】0 【增】16【出】0【退】0	千克					101 102 301	其他长纤维石棉（栽培介质） 其他长纤维石棉（长纤维石棉） 其他长纤维石棉（杂项物质）

税则号列			货品名称中英文		税费综合信息	计量单位	监管证件代码		检验检疫类别		检验检疫编码	检验检疫编码对应中文名称
HS国际统一前6位	本国子目7~8位	本国子目9~10位	中文 货物名称	英文 Article Description			进口	出口	进口	出口		
252490	90	10	其他阳起石石棉（包括其他铁石棉、透闪石石棉及直闪石石棉）	Other actinolite asbestos(including other Amosa asbestos, Tremolite asbestos or Anthopyllite asbestos)	【最】5【普】35 【协东盟】0【协巴基斯坦】0【协智利】0 【协新西兰】0【协秘鲁】0【协哥斯达黎加】0 【协冰岛】0【协瑞士】0【协澳大利亚】0 【协韩国】0【协格鲁吉亚】0【协香港】0 【协澳门】0 【特-1】0【特-2】0 【增】16【对美加征】10【出】0【退】0	千克	9	8			101 102 301	其他阳起石石棉（包括其他铁石棉、透闪石石棉及直闪石石棉）（栽培介质） 其他阳起石石棉（包括其他铁石棉、透闪石石棉及直闪石石棉）（石棉） 其他阳起石石棉（包括其他铁石棉、透闪石石棉及直闪石石棉）（杂项物质）
252490	90	90	其他石棉	Other asbestos	【最】5【普】35 【协东盟】0【协巴基斯坦】0【协智利】0 【协新西兰】0【协秘鲁】0【协哥斯达黎加】0 【协冰岛】0【协瑞士】0【协澳大利亚】0 【协韩国】0【协格鲁吉亚】0【协香港】0 【协澳门】0 【特-1】0【特-2】0 【增】16【对美加征】10【出】0【退】0	千克					101 102 301	其他石棉（栽培介质） 其他石棉（石棉） 其他石棉（杂项物质）
252510	00		原状云母及劈开的云母片	Crude mica and mica rifted into sheets or splittings	【最】5【普】30【暂进】1 【协亚太】2.5【协东盟】0【协巴基斯坦】0 【协智利】0【协新西兰】0【协秘鲁】0 【协哥斯达黎加】0【协冰岛】0【协瑞士】0 【协澳大利亚】0【协韩国】0【协格鲁吉亚】0 【协香港】0【协澳门】0 【特-1】0【特-2】0【特-3】0 【增】16【对美加征】10【出】0【退】0	千克					999	原状云母及劈开的云母片
252520	00		云母粉	Mica powder	【最】5【普】30 【协亚太】2.5【协东盟】0【协巴基斯坦】0 【协智利】0【协新西兰】0【协秘鲁】0 【协哥斯达黎加】0【协冰岛】0【协瑞士】0 【协澳大利亚】0【协韩国】0【协格鲁吉亚】0 【协香港】0【协澳门】0 【特-1】0【特-2】0【特-3】0 【增】16【对美加征】5【出】0【退】0	千克					999	云母粉
252530	00		云母废料	Mica waste	【最】5【普】30 【协东盟】0【协巴基斯坦】0【协智利】0 【协新西兰】0【协秘鲁】0【协哥斯达黎加】0 【协冰岛】0【协瑞士】0【协澳大利亚】0 【协韩国】0【协格鲁吉亚】0【协香港】0 【协澳门】0 【特-1】0【特-2】0【特-3】0 【增】16【出】0【退】0	千克	9		M		101 102	云母废料（指云母机械加工产生的边角料）(其他云母) 云母废料（指云母机械加工产生的边角料）(废矿)
252610	10		未破碎及未研粉的天然冻石	Natural steatite, not crushed, not powdered, whether or not roughly trimmed or merely cut, by sawing or otherwise, into blocks or slabs or a rectangular(including square) shape	【最】3【普】50 【协东盟】0【协巴基斯坦】0【协智利】0 【协新西兰】0【协秘鲁】0【协哥斯达黎加】0 【协冰岛】0【协瑞士】0【协澳大利亚】0 【协韩国】0【协格鲁吉亚】0【协香港】0 【协澳门】0 【特-1】0【特-2】0【特-3】0 【增】16【出】0【退】0	千克					999	未破碎及未研粉的天然冻石（不论是否粗加修整或仅用锯或其他方法切割成矩形板、块）
252610	20		未破碎及未研粉的滑石（不论是否粗加修整或仅用锯或其他方法切割成矩形板、块）	Talc, not crushed, not powdered, whether or not roughly trimmed or merely cut, by sawing or otherwise, into blocks or slabs or a rectangular(including square) shape	【最】3【普】50【暂进】1 【协亚太】1.5【协东盟】0【协巴基斯坦】0 【协智利】0【协新西兰】0【协秘鲁】0 【协哥斯达黎加】0【协冰岛】0【协瑞士】0 【协澳大利亚】0【协韩国】0【协格鲁吉亚】0 【协香港】0【协澳门】0 【特-1】0【特-2】0【特-3】0 【增】16【出】0【退】0	千克		4xy			999	未破碎及未研粉的滑石(不论是否粗加修整或仅用锯或其他方法切割成矩形板、块)
252620	10		已破碎或已研粉的天然冻石	Natural steatite, crushed or powdered	【最】3【普】50 【协东盟】0【协巴基斯坦】0【协智利】0 【协新西兰】0【协秘鲁】0【协哥斯达黎加】0 【协冰岛】0【协瑞士】0【协澳大利亚】0 【协韩国】0【协格鲁吉亚】0【协香港】0 【协澳门】0 【特-1】0【特-2】0【特-3】0 【增】16【出】0【退】0	千克					999	已破碎或已研粉的天然冻石

税则号列			货品名称中英文		税费综合信息	计量单位	监管证件代码		检验检疫类别		检验检疫编码	检验检疫编码对应中文名称
HS 国际统一前6位	本国子目 7~8位	9~10位	中文 货物名称	英文 Article Description			进口	出口	进口	出口		
252620	20	01	滑石粉（体积百分比为90%及以上的产品颗粒度小于等于18微米的）	talc powder (products with the volume percentage exceeding 90% and the particle size less than or equal to 18μm)	【最】3【普】50【暂进】1 【协东盟】0【协巴基斯坦】0【协智利】0 【协新西兰】0【协秘鲁】0【协哥斯达黎加】0 【协冰岛】0【协瑞士】0【协澳大利亚】0 【协韩国】0【协格鲁吉亚】0【协香港】0 【协澳门】0 【特-1】0【特-2】0【特-3】0 【增】16【对美加征】5【出】0【退】0	千克	A	4xy	R		999	滑石粉（体积百分比为90%及以上的产品颗粒度小于等于18微米的）
252620	20	90	已破碎或已研粉的其他天然滑石	other natural talc, crushed or powered	【最】3【普】50【暂进】1 【协东盟】0【协巴基斯坦】0【协智利】0 【协新西兰】0【协秘鲁】0【协哥斯达黎加】0 【协冰岛】0【协瑞士】0【协澳大利亚】0 【协韩国】0【协格鲁吉亚】0【协香港】0 【协澳门】0 【特-1】0【特-2】0【特-3】0 【增】16【对美加征】5【出】0【退】0	千克		4xy			999	已破碎或已研粉的其他天然滑石
252800	10		天然硼砂及其精矿（不论是否煅烧）	Natural sodium borates and concentrates thereof (whether or not Calcined), not including borates separated from natural brine	【最】3【普】30【暂进】0 【协东盟】0【协巴基斯坦】0【协智利】0 【协新西兰】0【协秘鲁】0【协哥斯达黎加】0 【协冰岛】0【协瑞士】0【协澳大利亚】0 【协韩国】0【协格鲁吉亚】0【协香港】0 【协澳门】0 【特-1】0【特-2】0【特-3】0 【增】16【对美加征】10【出】0【退】0	千克	A		M		999	天然硼砂及其精矿（不论是否煅烧，不含从天然盐水析离的硼酸盐）
252800	90		其他天然硼酸盐及精矿；天然粗硼酸，含硼酸干重不超过85%	Other natural borates and concentrates thereof (not including borates separated from natural brine); natural boric acid containing not more than 85% of H_3BO_3 calculated on the dry weight	【最】5【普】30【暂进】0 【协东盟】0【协巴基斯坦】0【协智利】0 【协新西兰】0【协秘鲁】0【协哥斯达黎加】0 【协冰岛】0【协瑞士】0【协澳大利亚】0 【协韩国】0【协格鲁吉亚】0【协香港】0 【协澳门】0 【特-1】0【特-2】0【特-3】0 【增】16【对美加征】10【出】0【退】0	千克					999	其他天然硼酸盐及精矿；天然粗硼酸，含硼酸干重不超过85%
252910	00		长石	Felspar	【最】3【普】50【暂进】1 【协亚太】1.5【协东盟】0【协巴基斯坦】0 【协智利】0【协新西兰】0【协秘鲁】0 【协哥斯达黎加】0【协冰岛】0【协瑞士】0 【协澳大利亚】0【协韩国】0【协格鲁吉亚】0 【协香港】0【协澳门】0 【特-1】0【特-2】0【特-3】0 【增】16【对美加征】10【出】0【退】0	千克					101 102	长石（栽培介质） 长石（长石）
252921	00		按重量计氟化钙含量不超过97%的萤石	Fluorspar, containing by weight 97% or less of calcium fluoride	【最】3【普】50【协亚太】1.5 【协东盟】0【协巴基斯坦】0【协智利】0 【协新西兰】0【协秘鲁】0【协哥斯达黎加】0 【协冰岛】0【协瑞士】0【协澳大利亚】0 【协韩国】0【协格鲁吉亚】0【协香港】0 【协澳门】0 【特-1】0【特-2】0【特-3】0 【增】16【出】0【退】0	千克		4xy			999	按重量计氟化钙含量不超过97%的萤石
252922	00		按重量计氟化钙含量超过97%的萤石	Fluorspar, containing by weight more than 97% of calcium fluoride	【最】3【普】50 【协东盟】0【协巴基斯坦】0【协智利】0 【协新西兰】0【协秘鲁】0【协哥斯达黎加】0 【协冰岛】0【协瑞士】0【协澳大利亚】0 【协韩国】0【协格鲁吉亚】0【协香港】0 【协澳门】0 【特-1】0【特-2】0【特-3】0 【增】16【出】0【退】0	千克		4xy			999	按重量计氟化钙含量超过97%的萤石
252930	00		白榴石；霞石及霞石正长岩	Leucite; nepheline and nepheline syenite	【最】5【普】50 【协东盟】0【协巴基斯坦】0【协智利】0 【协新西兰】0【协秘鲁】0【协哥斯达黎加】0 【协冰岛】0【协瑞士】0【协澳大利亚】0 【协韩国】0【协格鲁吉亚】0【协香港】0 【协澳门】0 【特-1】0【特-2】0【特-3】0 【增】16【对美加征】10【出】0【退】0	千克					101 102	白榴石；霞石及霞石正长岩（栽培介质） 白榴石；霞石及霞石正长岩（石材）

税则号列			货品名称中英文		税费综合信息	计量单位	监管证件代码		检验检疫类别		检验检疫编码	检验检疫编码对应中文名称
HS国际统一前6位	本国子目7~8位	9~10位	中文 货物名称	英文 Article Description			进口	出口	进口	出口		
253010	10		未膨胀的绿泥石	Chlorites, unexpanded	【最】5【普】30 【协东盟】0【协巴基斯坦】0【协智利】0 【协新西兰】0【协秘鲁】0【协哥斯达黎加】0 【协冰岛】0【协瑞士】0【协澳大利亚】0 【协韩国】0【协格鲁吉亚】0【协香港】0 【协澳门】0 【特-1】0【特-2】0【特-3】0 【增】16【出】0【退】0	千克					999	未膨胀的绿泥石
253010	20		未膨胀的蛭石及珍珠岩	Vermiculite, perlite unexpanded	【最】5【普】30 【协亚太】2.5【协东盟】0【协巴基斯坦】0 【协智利】0【协新西兰】0【协秘鲁】0 【协哥斯达黎加】0【协冰岛】0【协瑞士】0 【协澳大利亚】0【协韩国】0【协格鲁吉亚】0 【协香港】0【协澳门】0 【特-1】0【特-2】0【特-3】0 【增】16【对美加征】10【出】0【退】0	千克					101 102 103	未膨胀的蛭石及珍珠岩[蛭石（栽培介质）] 未膨胀的蛭石及珍珠岩[珍珠岩（栽培介质）] 未膨胀的蛭石及珍珠岩（石材）
253020	00		硫镁矾矿及泻盐矿（天然硫酸镁）	Kieserite, epsomit (natural magnesium sulphates)	【最】3【普】30 【协东盟】0【协巴基斯坦】0【协智利】0 【协新西兰】0【协秘鲁】0【协哥斯达黎加】0 【协冰岛】0【协瑞士】0【协澳大利亚】0 【协韩国】0【协格鲁吉亚】0【协香港】0 【协澳门】0 【特 1】0【特-2】0【特-3】0 【增】16【对美加征】5【出】0【退】0	千克					999	硫镁矾矿及泻盐矿（天然硫酸镁）
253090	10		矿物性药材	Mineral medicinal substances	【最】3【普】30 【协东盟】0【协巴基斯坦】0【协智利】0 【协新西兰】0【协秘鲁】0【协哥斯达黎加】0 【协冰岛】0【协瑞士】0【协澳大利亚】0 【协韩国】0【协格鲁吉亚】0【协香港】0 【协澳门】0 【特-1】0【特-2】0【特-3】0 【增】16【出】0【退】0	千克					999	矿物性药材
253090	20		其他稀土金属矿	Ores of rare earth metals	【最】0【普】0【特-1】0【特-2】0【特-3】0 【增】16【对美加征】10【出】0【退】0	千克		4Bxy		N	999	其他稀土金属矿
253090	91		硅灰石	Wollastonite	【最】3【普】50 【协亚太】1.5【协东盟】0【协巴基斯坦】0 【协智利】0【协新西兰】0【协秘鲁】0 【协哥斯达黎加】0【协冰岛】0【协瑞士】0 【协澳大利亚】0【协韩国】0【协格鲁吉亚】0 【协香港】0【协澳门】0 【特-1】0【特-2】0【特-3】0 【增】16【对美加征】5【出】0【退】0	千克					999	硅灰石
253090	99	01	天青石	Celestite	【最】3【普】50【暂进】1 【协亚太】1.5【协东盟】0【协巴基斯坦】0 【协智利】0【协新西兰】0【协秘鲁】0 【协哥斯达黎加】0【协瑞士】0【协澳大利亚】0 【协韩国】0【协格鲁吉亚】0【协香港】0 【协澳门】0 【特-1】0【特-2】0【特-3】0 【增】16【对美加征】10【出】0【退】0	千克					999	天青石
253090	99	02	锂辉石矿	Spodumene	【最】3【普】50【暂进】0 【协亚太】1.5【协东盟】0【协巴基斯坦】0 【协智利】0【协新西兰】0【协秘鲁】0 【协哥斯达黎加】0【协瑞士】0【协澳大利亚】0 【协韩国】0【协格鲁吉亚】0【协香港】0 【协澳门】0 【特-1】0【特-2】0【特-3】0 【增】16【对美加征】10【出】0【退】0	千克					999	锂辉石矿
253090	99	10	废镁砖	Magnesia waste bricks	【最】3【普】50 【协亚太】1.5【协东盟】0【协巴基斯坦】0 【协智利】0【协新西兰】0【协秘鲁】0 【协哥斯达黎加】0【协瑞士】0【协澳大利亚】0 【协韩国】0【协格鲁吉亚】0【协香港】0 【协澳门】0 【特-1】0【特-2】0【特-3】0 【增】16【对美加征】10【出】0【退】0	千克	9	4xy			999	废镁砖

税则号列			货品名称中英文		税费综合信息	计量单位	监管证件代码		检验检疫类别		检验检疫编码	检验检疫编码对应中文名称
HS 国际统一前6位	本国子目 7~8位	本国子目 9~10位	中文 货物名称	英文 Article Description			进口	出口	进口	出口		
253090	99	20	叶腊石	Pyrophyllite	【最】3【普】50 【协亚太】1.5【协东盟】0【协巴基斯坦】0 【协智利】0【协新西兰】0【协秘鲁】0 【协哥斯达黎加】0【协瑞士】0【协澳大利亚】0 【协韩国】0【协格鲁吉亚】0【协香港】0 【协澳门】0 【特-1】0【特-2】0【特-3】0 【增】16【对美加征】10【出】0【退】0	千克					999	叶腊石
253090	99	30	未煅烧的水镁石	Brucite	【最】3【普】50【暂进】1 【协亚太】1.5【协东盟】0【协巴基斯坦】0 【协智利】0【协新西兰】0【协秘鲁】0 【协哥斯达黎加】0【协瑞士】0【协澳大利亚】0 【协韩国】0【协格鲁吉亚】0【协香港】0 【协澳门】0 【特-1】0【特-2】0【特-3】0 【增】16【对美加征】10【出】0【退】0	千克		4xy			999	未煅烧的水镁石
253090	99	40	钟乳石	Stalactite	【最】3【普】50 【协亚太】1.5【协东盟】0【协巴基斯坦】0 【协智利】0【协新西兰】0【协秘鲁】0 【协哥斯达黎加】0【协瑞士】0【协澳大利亚】0 【协韩国】0【协格鲁吉亚】0【协香港】0 【协澳门】0 【特-1】0【特-2】0【特-3】0 【增】16【对美加征】10【出】0【退】0	千克		u				
253090	99	92	其他税目未列名氧化镁含量在70%及以上的矿产品	Mineral substances, not elsewhere specified or included, containing by weight more than 70% of magnesium oxide	【最】3【普】50 【协亚太】1.5【协东盟】0【协巴基斯坦】0 【协智利】0【协新西兰】0【协秘鲁】0 【协哥斯达黎加】0【协瑞士】0【协澳大利亚】0 【协韩国】0【协格鲁吉亚】0【协香港】0 【协澳门】0 【特-1】0【特-2】0【特-3】0 【增】16【对美加征】10【出】0【退】0	千克					999	其他税目未列名氧化镁含量在70%及以上的矿产品
253090	99	99	其他矿产品	Other mineral substances	【最】3【普】50 【协亚太】1.5【协东盟】0【协巴基斯坦】0 【协智利】0【协新西兰】0【协秘鲁】0 【协哥斯达黎加】0【协瑞士】0【协澳大利亚】0 【协韩国】0【协格鲁吉亚】0【协香港】0 【协澳门】0 【特-1】0【特-2】0【特-3】0 【增】16【对美加征】10【出】0【退】0	千克					999	其他矿产品

第二十六章
矿砂、矿渣及矿灰

Chapter 26
Ores, slag and ash

注释:

一、本章不包括:

(一) 供铺路用的矿渣及类似的工业废渣(税目 25.17);

(二) 天然碳酸镁(菱镁矿),不论是否煅烧(税目 25.19);

(三) 主要含有石油的石油储罐的淤渣(税目 27.10);

(四) 第三十一章的碱性熔渣;

(五) 矿物棉(税目 68.06);

(六) 贵金属或包贵金属的废碎料;主要用于回收贵金属的含贵金属或贵金属化合物的其他废碎料(税目 71.12);或

(七) 通过熔炼所产生的铜锍、镍锍或钴锍(第十五类)。

二、税目 26.01 至 26.17 所称“矿砂”,是指冶金工业中提炼汞、税目 28.44 的金属以及第十四类、第十五类金属的矿物,即使这些矿物不用于冶金工业,也包括在内。但税目 26.01 至 26.17 不包括不是以冶金工业正常加工方法处理的各种矿物。

三、税目 26.20 仅适用于:

(一) 在工业上提炼金属或作为生产金属化合物基本原料的矿渣、矿灰及残渣,但焚化城市垃圾所产生的灰、渣除外(税目 26.21);以及

(二) 含有砷的矿渣、矿灰及残渣,不论其是否含有金属,用于提取或生产砷或金属及其化合物。

子目注释:

一、子目 2620.21 所称“含铅汽油的淤渣及含铅抗震化合物的淤渣”,是指含铅汽油及含铅抗震化合物(例如,四乙基铅)储罐的淤渣,主要含有铅、铅化合物以及铁的氧化物。

二、含有砷、汞、铊及其混合物的矿渣、矿灰及残渣,用于提取或生产砷、汞、铊及其化合物,归入子目 2620.60。

Chapter Notes:

1. This Chapter does not cover:

(a) Slag or similar industrial waste prepared as macadam (heading 25.17);

(b) Natural magnesium carbonate (magnesite), whether or not calcined (heading 25.19);

(c) Sludges from the storage tanks of petroleum oils consisting mainly of such oils (heading 27.10);

(d) Basic slag of Chapter 31;

(e) Slag wool, rock wool or similar mineral wools (heading 68.06);

(f) Waste or scrap of precious metal or of metal clad with precious metal; other waste or scrap containing precious metal or precious metal compounds, of a kind used principally for the recovery of precious metal (heading 71.12); or

(g) Copper, nickel or cobalt mattes produced by any process of smelting (Section XV).

2. For the purposes of headings 26.01 to 26.17, the term "ores" means minerals of mineralogical species actually used in the metallurgical industry for the extraction of mercury, of the metals of heading 28.44 or of the metals of Section XIV or XV, even if they are intended for non-metallurgical purposes. Headings 26.01 to 26.17 do not, however, include minerals which have been submitted to processes not normal to the metallurgical industry.

3. Heading 26.20 applies only to:

(a) Slag, ash and residues of a kind used in industry either for the extraction of metals or as a basis for the manufacture of chemical compounds of metals, excluding ash and residues from the incineration of municipal waste (heading 26.21); and

(b) Slag, ash and residues containing arsenic, whether or not containing metals, of a kind used either for the extraction of arsenic or metals or for the manufacture of their chemical compounds.

Subheading Notes:

1. For the purposes of subheading 2620.21, "leaded gasoline sludges and leaded anti-knock compound sludges" means sludges obtained from storage tanks of leaded gasoline and leaded anti-knock compounds (for example, tetraethyllead), and consisting essentially of lead, lead compounds and iron oxide.

2. Slag, ash and residues containing arsenic, mercury, thallium or their mixtures, of a kind used for the extraction of arsenic or those metals or for the manufacture of their chemical compounds, are to be classified in subheading 2620.60.

税则号列			货品名称中英文		税费综合信息	计量单位	监管证件代码		检验检疫类别		检验检疫编码	检验检疫编码对应中文名称
HS国际统一前6位	本国子目 7~8位	本国子目 9~10位	中文 货物名称	英文 Article Description			进口	出口	进口	出口		
260111	10		平均粒度小于0.8毫米的未烧结铁矿砂及其精矿，但焙烧黄铁矿除外	Iron ores and concentrates, non agglomerated, the average grain size less than 0.8mm (other than roasted iron pyrites)	【最】0【普】0【特-1】0【特-2】0【特-3】0【增】16【出】0【退】0	千克	7A		M		999	未烧结铁矿砂及其精矿（平均粒度小于0.8毫米的，焙烧黄铁矿除外）
260111	20		平均粒度小于0.8毫米，但不大于6.3毫米的未烧结铁矿砂及其精矿，但焙烧黄铁矿除外	Iron ores and concentrates, non agglomerated, the average grain size not less than 0.8mm, but not more than 6.3mm (other than roasted iron pyrites)	【最】0【普】0【特-1】0【特-2】0【特-3】0【增】16【出】0【退】0	千克	7A		M		999	未烧结铁矿砂及其精矿（平均粒度不小于0.8毫米，但不大于6.3毫米的，焙烧黄铁矿除外）
260111	90		平均粒度大于6.3毫米的未烧结铁矿砂及其精矿，但焙烧黄铁矿除外	Iron ores and concentrates, non agglomerated, the average grain size more than 6.3mm (other than roasted iron pyrites)	【最】0【普】0【特-1】0【特-2】0【特-3】0【增】16【出】0【退】0	千克	7A		M		999	平均粒度大于6.3毫米的未烧结铁矿砂及其精矿（焙烧黄铁矿除外）
260112	00		已烧结铁矿砂及其精矿	Iron ores and concentrates, agglomerated	【最】0【普】0【特-1】0【特-2】0【特-3】0【增】16【对美加征】10【出】0【退】0	千克	7A		M		999	已烧结铁矿砂及其精矿（焙烧黄铁矿除外）
260120	00		焙烧黄铁矿	roasted iron pyrites	【最】0【普】0【特-1】0【特-2】0【特-3】0【增】16【出】0【退】0	千克	7A		M		999	焙烧黄铁矿
260200	00		锰矿砂及其精矿（包括以干重计含锰量在20%及以上的锰铁矿及其精矿）	Manganese ores and concentrates, including ferruginous manganese ores and concentrates with a manganese content of 20% or more, calculated on the dry weight	【最】0【普】0【特-1】0【特-2】0【特-3】0【增】16【对美加征】10【出】0【退】0	千克	A		M		999	锰矿砂及其精矿（包括以干重计含锰量在20%及以上的锰铁矿及其精矿）
260300	00	10	铜矿砂及其精矿（黄金价值部分）	Copper ores and concentrates (part of the gold value)	【最】0【普】0【特-1】0【特-2】0【特-3】0【增】0【对美加征】10【出】0【退】0	千克	7A		M		998 999	铜矿砂及其精矿（黄金价值部分）（铜精矿） 铜矿砂及其精矿（黄金价值部分）（铜矿）
260300	00	90	铜矿砂及其精矿（非黄金价值部分）	Copper ores and concentrates (part of the non-gold value)	【最】0【普】0【特-1】0【特-2】0【特-3】0【增】16【对美加征】10【出】0【退】0	千克	7A		M		998 999	铜矿砂及其精矿（非黄金价值部分） 铜矿砂及其精矿（非黄金价值部分）（铜矿）
260400	00	01	镍矿砂及其精矿（黄金价值部分）	Nickel ores and concentrates(part of gold value)	【最】0【普】0【特-1】0【特-2】0【特-3】0【增】0【对美加征】10【出】0【退】0	千克					999	镍矿砂及其精矿（黄金价值部分）
260400	00	90	镍矿砂及其精矿（非黄金价值部分）	Nickel ores and concentrates(part of the non-gold value)	【最】0【普】0【特-1】0【特-2】0【特-3】0【增】16【对美加征】10【出】0【退】0	千克					999	镍矿砂及其精矿（非黄金价值部分）
260500	00	01	钴矿砂及其精矿（黄金价值部分）	Cobalt ores and concentrates (part of the gold value)	【最】0【普】0【特-1】0【特-2】0【特-3】0【增】0【出】0【退】0	千克					999	钴矿砂及其精矿（黄金价值部分）
260500	00	90	钴矿砂及其精矿（非黄金价值部分）	Cobalt ores and concentrates (part of the non-gold value)	【最】0【普】0【特-1】0【特-2】0【特-3】0【增】16【出】0【退】0	千克					999	钴矿砂及其精矿（非黄金价值部分）
260600	00		铝矿砂及其精矿	Aluminium ores and concentrates	【最】0【普】0【特-1】0【特-2】0【特-3】0【增】16【出】0【退】0	千克	7	4xy			999	铝矿砂及其精矿
260700	00	01	铅矿砂及其精矿（黄金价值部分）	Lead ores and concentrates (part of the gold value)	【最】0【普】0【特-1】0【特-2】0【特-3】0【增】0【对美加征】5【出】30【退】0	千克	A		M		998 999	铅矿砂及其精矿（黄金价值部分）（铅精矿） 铅矿砂及其精矿（黄金价值部分）（铅矿）
260700	00	90	铅矿砂及其精矿（非黄金价值部分）	Lead ores and concentrates (part of the non-gold value)	【最】0【普】0【特-1】0【特-2】0【特-3】0【增】16【对美加征】5【出】30【退】0	千克	A		M		998 999	铅矿砂及其精矿（非黄金价值部分）（铅精矿） 铅矿砂及其精矿（非黄金价值部分）（铅矿）

税则号列			货品名称中英文		税费综合信息	计量单位	监管证件代码		检验检疫类别		检验检疫编码	检验检疫编码对应中文名称
HS国际统一前6位	本国子目7~8位	本国子目9~10位	中文货物名称	英文 Article Description			进口	出口	进口	出口		
260800	00	01	灰色饲料氧化锌（氧化锌ZnO含量大于80%）	Grey zinc oxide feed, containing by weight more than 80% of ZnO	【最】0【普】0【暂进】0【特-1】0【特-2】0【特-3】0【增】16【对美加征】10【出】30【暂出】0【退】0	千克	A		M		999	灰色饲料氧化锌（氧化锌ZnO含量大于80%）
260800	00	90	其他锌矿砂及其精矿	Other zinc ores and concentrates	【最】0【普】0【特-1】0【特-2】0【特-3】0【增】16【对美加征】10【出】30【退】0	千克	A		M		998 999	其他锌矿砂及其精矿（锌精矿） 其他锌矿砂及其精矿（锌矿）
260900	00		锡矿砂及其精矿	Tin ores and concentrates	【最】0【普】0【特-1】0【特-2】0【特-3】0【增】16【出】50【暂出】0【退】0	千克		4xy			999	锡矿砂及其精矿
261000	00		铬矿砂及其精矿	Chromium ores and concentrates	【最】0【普】0【特-1】0【特-2】0【特-3】0【增】16【出】0【退】0	千克	A		M		999	铬矿砂及其精矿
261100	00		钨矿砂及其精矿	Tungsten ores and concentrates	【最】0【普】0【特-1】0【特-2】0【特-3】0【增】16【出】20【退】0	千克		4xy			999	钨矿砂及其精矿
261210	00		铀矿砂及其精矿	Uranium ores and concentrates	【最】0【普】0【特-1】0【特-2】0【特-3】0【增】16【出】0【退】0	千克					999	铀矿砂及其精矿
261220	00		钍矿砂及其精矿	Thorium ores and concentrates	【最】0【普】0【特-1】0【特-2】0【特-3】0【增】16【出】0【退】0	千克		4xy			999	钍矿砂及其精矿
261310	00		已焙烧钼矿砂及其精矿	Molybdenum ores and concentrates, roasted	【最】0【普】0【特-1】0【特-2】0【特-3】0【增】16【对美加征】5【出】0【退】0	千克		4xy			999	已焙烧钼矿砂及其精矿
261390	00		其他钼矿砂及其精矿	Other molybdenum ores and concentrates	【最】0【普】0【特-1】0【特-2】0【特-3】0【增】16【对美加征】5【出】0【退】0	千克		4xy			999	其他钼矿砂及其精矿
261400	00		钛矿砂及其精矿	Titanium ores and concentrates	【最】0【普】0【特-1】0【特-2】0【特-3】0【增】16【对美加征】10【出】0【退】0	千克					999	钛矿砂及其精矿
261510	00		锆矿砂及其精矿	Zirconium ores and concentrates	【最】0【普】0【特-1】0【特-2】0【特-3】0【增】16【对美加征】10【出】0【退】0	千克					101 102	锆矿砂及其精矿［锆（悬浮于易燃液体中的）］ 锆矿砂及其精矿（锆英砂矿）
261590	10		水合钽铌原料（钽铌矿富集物）	Hydrated Tantalum/Niobium materials or enriched materials from Tantalum/Niobium Ore	【最】0【普】0【特-1】0【特-2】0【特-3】0【增】16【出】30【退】0	千克					999	水合钽铌原料（钽铌矿富集物）
261590	90	10	铌、钽精矿及其矿砂	Niobium, tantalum concentrates and ores	【最】0【普】0【特-1】0【特-2】0【特-3】0【增】16【对美加征】10【出】30【退】0	千克					999	铌、钽精矿及其矿砂
261590	90	90	钒矿砂；钒精矿	Vanadium ores and concentrates	【最】0【普】0【特-1】0【特-2】0【特-3】0【增】16【对美加征】10【出】30【退】0	千克					999	钒矿砂；钒精矿
261610	00		银矿砂及其精矿	Silver ores and concentrates	【最】0【普】0【特-1】0【特-2】0【特-3】0【增】16【对美加征】10【出】0【退】0	千克					999	银矿砂及其精矿
261690	00	01	黄金矿砂	Gold ores	【最】0【普】0【特-1】0【特-2】0【特-3】0【增】0【对美加征】10【出】0【退】0	千克					999	黄金矿砂
261690	00	09	其他贵金属矿砂及其精矿	Other precious metal ores and concentrates	【最】0【普】0【特-1】0【特-2】0【特-3】0【增】16【对美加征】10【出】0【退】0	千克					999	其他贵金属矿砂及其精矿
261710	10		生锑（锑精矿，选矿产品）	Crude antimony(Antimony concentrates which are mineral products)	【最】0【普】0【特-1】0【特-2】0【特-3】0【增】16【出】20【退】0	千克		4xy			999	生锑（锑精矿，选矿产品）
261710	90	01	其他锑矿砂及其精矿（黄金价值部分）	Other antimony ores and concentrates(part of the gold value)	【最】0【普】0【特-1】0【特-2】0【特-3】0【增】0【出】0【退】0	千克		4xy			999	其他锑矿砂及其精矿（黄金价值部分）
261710	90	90	其他锑矿砂及其精矿（非黄金价值部分）	Other antimony ores and concentrates(part of the non-gold value)	【最】0【普】0【特-1】0【特-2】0【特-3】0【增】16【出】0【退】0	千克		4xy			999	其他锑矿砂及其精矿（非黄金价值部分）

税则号列 HS国际统一前6位	本国子目 7~8位	本国子目 9~10位	货品名称中英文 中文 货物名称	货品名称中英文 英文 Article Description	税费综合信息	计量单位	监管证件代码 进口	监管证件代码 出口	检验检疫类别 进口	检验检疫类别 出口	检验检疫编码	检验检疫编码对应中文名称
261790	10		朱砂（辰砂）	Cinnabar	【最】3【普】14 【协东盟】0【协巴基斯坦】0【协智利】0 【协新西兰】0【协秘鲁】0【协哥斯达黎加】0 【协冰岛】0【协瑞士】0【协澳大利亚】0 【协韩国】0【协格鲁吉亚】0【协香港】0 【协澳门】0 【特-1】0【特-2】0【特-3】0 【增】16【出】0【退】0	千克					301 999	朱砂（辰砂）（毒性物质和感染性物质） 朱砂（辰砂）（其他金属矿砂及精矿）
261790	90		其他矿砂及其精矿	Other ores and concentrates	【最】0【普】0【特-1】0【特-2】0【特-3】0 【增】16【对美加征】10【出】0【退】0	千克					999	其他矿砂及其精矿
261800	10	01	主要含锰的冶炼钢铁产生的粒状熔，含锰量>25%（包括熔渣砂）	Granulated slag (including slag sand) produced by smelting the steel that mainly containing manganic, with manganic more than 25%	【最】4【普】35 【协东盟】0【协巴基斯坦】0【协智利】0 【协新西兰】0【协秘鲁】0【协哥斯达黎加】0 【协冰岛】0【协瑞士】0【协澳大利亚】0 【协韩国】0【协格鲁吉亚】0【协香港】0 【协澳门】0 【特-1】0【特-2】0 【增】16【对美加征】25【出】0【退】0	千克	AP		M		999	主要含锰的冶炼钢铁产生的粒状熔渣，含锰量>25%（包括熔渣砂）
261800	10	90	其他主要含锰的冶炼钢铁产生的粒状熔渣（包括熔渣砂）	Other granulated slag (including slag sand) produced by smelting the steel that mainly containing manganic	【最】4【普】35 【协东盟】0【协巴基斯坦】0【协智利】0 【协新西兰】0【协秘鲁】0【协哥斯达黎加】0 【协冰岛】0【协瑞士】0【协澳大利亚】0 【协韩国】0【协格鲁吉亚】0【协香港】0 【协澳门】0 【特-1】0【特-2】0 【增】16【对美加征】25【出】0【退】0	千克	9A		M		999	其他主要含锰的冶炼钢铁产生的粒状熔渣（包括熔渣砂）
261800	90		其他的冶炼钢铁产生的粒状熔渣（包括熔渣砂）	Other granulated slag (including slag sand) produced by smelting the steel that mainly containing manganic	【最】4【普】35 【协亚太】3.2【协东盟】0【协巴基斯坦】0 【协智利】0【协新西兰】0【协秘鲁】0 【协哥斯达黎加】0【协冰岛】0【协瑞士】0 【协澳大利亚】0【协韩国】0【协格鲁吉亚】0 【协香港】0【协澳门】0 【特-1】0【特-2】0 【增】16【出】0【退】0	千克	9A		M		999	其他的冶炼钢铁产生的粒状熔渣（包括熔渣砂）
261900	00	10	轧钢产生的氧化皮	Scalings from the rolling of iron or steel	【最】4【普】35 【协东盟】0【协巴基斯坦】0【协智利】0 【协新西兰】0【协秘鲁】0【协哥斯达黎加】0 【协冰岛】0【协瑞士】0【协澳大利亚】0 【协韩国】0【协格鲁吉亚】0【协香港】0 【协澳门】0 【特-1】0【特-2】0 【增】16【对美加征】25【出】0【退】0	千克	AP		M		999	轧钢产生的氧化皮
261900	00	21	冶炼钢铁所产生的含钒浮渣、熔渣，五氧化二钒含量>20%（冶炼钢铁所产生的粒状熔渣除外）	The scum and slag with vanadium produced by smelting the steel, containing vanadium pentoxide more than 20% (other than granulated slag produced by smelting the steel)	【最】4【普】35 【协东盟】0【协巴基斯坦】0【协智利】0 【协新西兰】0【协秘鲁】0【协哥斯达黎加】0 【协冰岛】0【协瑞士】0【协澳大利亚】0 【协韩国】0【协格鲁吉亚】0【协香港】0 【协澳门】0 【特-1】0【特-2】0 【增】16【对美加征】25【出】0【退】0	千克	9		M		999	冶炼钢铁所产生的含钒浮渣、熔渣，五氧化二钒含量>20%（冶炼钢铁所产生的粒状熔渣除外）
261900	00	29	其他冶炼钢铁所产生的含钒浮渣、熔渣（冶炼钢铁所产生的粒状熔渣除外）	Other scum and slag with vanadium produced by smelting the steel (other than granulated slag produced by smelting the steel)	【最】4【普】35 【协东盟】0【协巴基斯坦】0【协智利】0 【协新西兰】0【协秘鲁】0【协哥斯达黎加】0 【协冰岛】0【协瑞士】0【协澳大利亚】0 【协香港】0【协澳门】0 【协韩国】0【协格鲁吉亚】0 【特-1】0【特-2】0 【增】16【对美加征】25【出】0【退】0	千克	9		M		999	其他冶炼钢铁所产生的含钒浮渣、熔渣（冶炼钢铁所产生的粒状熔渣除外）
261900	00	30	含铁大于80%的冶炼钢铁产生的渣钢铁	Slag, dross containing more than 80% of steel, from the manufacture of iron or steel	【最】4【普】35 【协东盟】0【协巴基斯坦】0【协智利】0 【协新西兰】0【协秘鲁】0【协哥斯达黎加】0 【协冰岛】0【协瑞士】0【协澳大利亚】0 【协韩国】0【协格鲁吉亚】0【协香港】0 【协澳门】0 【特-1】0【特-2】0 【增】16【对美加征】25【出】0【退】0	千克	AP		M		999	含铁大于80%的冶炼钢铁产生的渣钢铁

税则号列 HS国际统一前6位	本国子目 7~8位	本国子目 9~10位	货品名称中英文 中文 货物名称	货品名称中英文 英文 Article Description	税费综合信息	计量单位	监管证件代码 进口	监管证件代码 出口	检验检疫类别 进口	检验检疫类别 出口	检验检疫编码	检验检疫编码对应中文名称
261900	00	90	冶炼钢铁产生的其他熔渣、浮渣及其他废料（冶炼钢铁所产生的粒状熔渣除外）	Other slag, dross(other than granulated slag) and other waste from the manufacture of iron or steel	【最】4【普】35 【协东盟】0【协巴基斯坦】0【协智利】0 【协新西兰】0【协秘鲁】0【协哥斯达黎加】0 【协冰岛】0【协瑞士】0【协澳大利亚】0 【协韩国】0【协格鲁吉亚】0【协香港】0 【协澳门】0 【特-1】0【特-2】0 【增】16【对美加征】25【出】0【退】0	千克	9A		M		101 102	冶炼钢铁产生的其他熔渣、浮渣及其他废料（冶炼钢铁所产生的粒状熔渣除外）［炉渣（栽培介质）］ 冶炼钢铁产生的其他熔渣、浮渣及其他废料（冶炼钢铁所产生的粒状熔渣除外）［矿渣（栽培介质）］
262011	00		含硬锌的矿渣、矿灰及残渣（冶炼钢铁所产生灰、渣的除外）	Slag, ash and residues (other than from the manufacture of iron or steel) containing hard zinc spelter	【最】4【普】35 【协东盟】0【协巴基斯坦】0【协智利】0 【协新西兰】0【协秘鲁】0【协哥斯达黎加】0 【协冰岛】0【协瑞士】0【协澳大利亚】0 【协韩国】0【协格鲁吉亚】0【协香港】0 【协澳门】0 【特-1】0【特-2】0【特-3】0 【增】16【出】0【退】0	千克	9				999	含硬锌的矿渣、矿灰及残渣（冶炼钢铁所产生灰、渣的除外）
262019	00		其他主要含锌的矿渣、矿灰及残渣（冶炼钢铁所产生灰、渣的除外）	Other	【最】4【普】35 【协东盟】0【协巴基斯坦】0【协智利】0 【协新西兰】0【协秘鲁】0【协哥斯达黎加】0 【协冰岛】0【协瑞士】0【协澳大利亚】0 【协韩国】0【协格鲁吉亚】0【协香港】0 【协澳门】0 【特-1】0【特-2】0【特-3】0 【增】16【出】0【退】0	千克	9		M		999	其他主要含锌的矿渣、矿灰及残渣（冶炼钢铁所产生灰、渣的除外）
262021	00		含铅汽油的淤渣及含铅抗震化合物的淤渣	Leaded gasoline sludges and leaded anti-knock compound sludges	【最】4【普】35 【协东盟】0【协巴基斯坦】0【协智利】0 【协新西兰】0【协秘鲁】0【协哥斯达黎加】0 【协冰岛】0【协瑞士】0【协澳大利亚】0 【协韩国】0【协格鲁吉亚】0【协香港】0 【协澳门】0 【特-1】0【特-2】0【特-3】0 【增】16【出】0【退】0	千克	9				999	含铅汽油的淤渣及含铅抗震化合物的淤渣
262029	00		其他主要含铅的矿渣、矿灰及残渣（冶炼钢铁所产生灰、渣的除外）	Other Slag, ash and residues (other than from the manufacture of iron or steel), containing mainly lead	【最】4【普】35 【协东盟】0【协巴基斯坦】0【协智利】0 【协新西兰】0【协秘鲁】0【协哥斯达黎加】0 【协冰岛】0【协瑞士】0【协澳大利亚】0 【协韩国】0【协格鲁吉亚】0【协香港】0 【协澳门】0 【特-1】0【特-2】0【特-3】0 【增】16【出】0【退】0	千克	9				999	其他主要含铅的矿渣、矿灰及残渣（冶炼钢铁所产生灰、渣的除外）
262030	00		主要含铜的矿渣、矿灰及残渣（冶炼钢铁所产生灰、渣的除外）	Slag, ash and residues (other than from the manufacture of iron or steel), containing mainly copper	【最】4【普】35 【协东盟】0【协巴基斯坦】0【协智利】0 【协新西兰】0【协秘鲁】0【协哥斯达黎加】0 【协冰岛】0【协瑞士】0【协澳大利亚】0 【协韩国】0【协格鲁吉亚】0【协香港】0 【协澳门】0 【特-1】0【特-2】0【特-3】0 【增】16【出】0【退】0	千克	9				999	主要含铜的矿渣、矿灰及残渣（冶炼钢铁所产生灰、渣的除外）
262040	00		主要含铝的矿渣、矿灰及残渣（冶炼钢铁所产生灰、渣的除外）	Slag, ash and residues (other than from the manufacture of iron or steel), containing mainly aluminium	【最】4【普】35 【协东盟】0【协巴基斯坦】0【协智利】0 【协新西兰】0【协秘鲁】0【协哥斯达黎加】0 【协冰岛】0【协瑞士】0【协澳大利亚】0 【协韩国】0【协格鲁吉亚】0【协香港】0 【协澳门】0 【特-1】0【特-2】0【特-3】0 【增】16【出】0【退】0	千克	9				999	主要含铝的矿渣、矿灰及残渣（冶炼钢铁所产生灰、渣的除外）
262060	00		含有砷、汞、铊及其混合物，用于提取或生产砷、汞、铊及其化合物的矿渣、矿灰及残渣	Slag, ash and residues, containing arsenic, mercury, thallium or their mixtures, of a kind used for the extraction of arsenic or those metals or for the manufacture of their chemical compounds	【最】4【普】35 【协东盟】0【协巴基斯坦】0【协智利】0 【协新西兰】0【协秘鲁】0【协哥斯达黎加】0 【协冰岛】0【协瑞士】0【协澳大利亚】0 【协韩国】0【协格鲁吉亚】0【协香港】0 【协澳门】0 【特-1】0【特-2】0【特-3】0 【增】16【出】0【退】0	千克	9				999	含砷、汞、铊及混合物矿渣、矿灰与残渣（用于提取或生产砷、汞、铊及其化合物）

税则号列			货品名称中英文		税费综合信息	计量单位	监管证件代码		检验检疫类别		检验检疫编码	检验检疫编码对应中文名称
HS 国际统一前 6 位	本国子目 7~8 位	9~10 位	中文 货物名称	英文 Article Description			进口	出口	进口	出口		
262091	00		含锑、铍、镉、铬及其混合物的矿渣、矿灰及残渣	Slag, ash and residues, containing antimony, beryllium, cadmium, chromium or their mixtures	【最】4【普】35 【协东盟】0【协巴基斯坦】0【协智利】0 【协新西兰】0【协秘鲁】0【协哥斯达黎加】0 【协冰岛】0【协瑞士】0【协澳大利亚】0 【协韩国】0【协格鲁吉亚】0【协香港】0 【协澳门】0 【特-1】0【特-2】0【特-3】0 【增】16【出】0【退】0	千克	9				999	含锑、铍、镉、铬及混合物的矿渣、矿灰及残渣
262099	10		其他主要含钨的矿渣、矿灰及残渣	Other slag, ash and residues, Containing mainly tungsten	【最】4【普】35 【协东盟】0【协巴基斯坦】0【协智利】0 【协新西兰】0【协秘鲁】0【协哥斯达黎加】0 【协冰岛】0【协瑞士】0【协澳大利亚】0 【协韩国】0【协格鲁吉亚】0【协香港】0 【协澳门】0 【特-1】0【特-2】0【特-3】0 【增】16【出】0【退】0	千克	9	y4x			999	其他主要含钨的矿渣、矿灰及残渣
262099	90	11	含其他金属及其化合物的矿渣、矿灰及残渣，五氧化二钒含量>20%（冶炼钢铁所产生的及含钒废催化剂除外）	Slag, ash and residues, containing by weight more than 20% of V_2O_5 (other than from the manufacture of iron or steel)	【最】4【普】35 【协东盟】0【协巴基斯坦】0【协智利】0 【协新西兰】0【协秘鲁】0【协哥斯达黎加】0 【协冰岛】0【协瑞士】0【协澳大利亚】0 【协韩国】0【协格鲁吉亚】0【协香港】0 【协澳门】0 【特-1】0【特-2】0【特-3】0 【增】16【对美加征】25【出】0【退】0	千克	9		M		999	含其他金属及其化合物的矿渣、矿灰及残渣，五氧化二钒含量>20%（冶炼钢铁所产生的及含钒废催化剂除外）
262099	90	19	含其他金属及其化合物的矿渣、矿灰及残渣，10%<五氧化二钒含量≤20%的（冶炼钢铁所产生的及含钒废催化剂除外）	Slag, ash and residues, containing by weight more than 10% but not exceeding 20% of V_2O_5 (other than from the manufacture of iron or steel)	【最】4【普】35 【协东盟】0【协巴基斯坦】0【协智利】0 【协新西兰】0【协秘鲁】0【协哥斯达黎加】0 【协冰岛】0【协瑞士】0【协澳大利亚】0 【协韩国】0【协格鲁吉亚】0【协香港】0 【协澳门】0 【特-1】0【特-2】0【特-3】0 【增】16【对美加征】25【出】0【退】0	千克	9		M		999	含其他金属及其化合物的矿渣、矿灰及残渣，10%<五氧化二钒含量≤20%的（冶炼钢铁所产生的及含钒废催化剂除外）
262099	90	20	含铜大于10%的铜冶炼转炉渣及火法精炼渣、其他铜冶炼渣	Slag, ash and residues from the manufacture of copper, containing more than 10% of copper	【最】4【普】35 【协东盟】0【协巴基斯坦】0【协智利】0 【协新西兰】0【协秘鲁】0【协哥斯达黎加】0 【协冰岛】0【协瑞士】0【协澳大利亚】0 【协韩国】0【协格鲁吉亚】0【协香港】0 【协澳门】0 【特-1】0【特-2】0【特-3】0 【增】16【对美加征】25【出】0【退】0	千克	9		M		101 102	含铜大于10%的铜冶炼转炉渣及火法精炼渣、其他铜冶炼渣（用作铜冶炼的原料） 含铜大于10%的铜冶炼转炉渣及火法精炼渣、其他铜冶炼渣（用作除锈磨料的其他铜冶炼渣）
262099	90	90	含其他金属及其化合物的矿渣、矿灰及残渣（冶炼钢铁所产生灰、渣的除外）	Slag, ash and residues, containing other metals or their compounds (other than from the manufacture of iron or steel)	【最】4【普】35 【协东盟】0【协巴基斯坦】0【协智利】0 【协新西兰】0【协秘鲁】0【协哥斯达黎加】0 【协冰岛】0【协瑞士】0【协澳大利亚】0 【协韩国】0【协格鲁吉亚】0【协香港】0 【协澳门】0 【特-1】0【特-2】0【特-3】0 【增】16【对美加征】25【出】0【退】0	千克	9				999	含其他金属及其化合物的矿渣、矿灰及残渣（冶炼钢铁所产生灰、渣的除外）
262110	00		焚化城市垃圾所产生的灰、渣	Ash and Residues from the incineration of municipal waste	【最】4【普】35 【协东盟】0【协巴基斯坦】0【协智利】0 【协新西兰】0【协秘鲁】0【协哥斯达黎加】0 【协冰岛】0【协瑞士】0【协澳大利亚】0 【协格鲁吉亚】0【协香港】0【协澳门】0 【特-1】0【特-2】0【特-3】0 【增】16【出】0【退】0	千克	9				999	焚化城市垃圾所产生的灰、渣
262190	00	10	海藻灰及其他植物灰（包括稻壳灰）	Seaweed ash (kelp) and other plant ash, including rice husk ash	【最】4【普】35 【协东盟】0【协香港】0【协澳门】0 【协巴基斯坦】0【协智利】0【协新西兰】0 【协秘鲁】0【协哥斯达黎加】0【协冰岛】0 【协瑞士】0【协澳大利亚】0【协韩国】0 【协格鲁吉亚】0 【特-1】0【特-2】0【特-3】0 【增】16【对美加征】5【出】0【退】0	千克	9				999	海藻灰及其他植物灰（包括稻壳灰）

税则号列			货品名称中英文		税费综合信息	计量单位	监管证件代码		检验检疫类别		检验检疫编码	检验检疫编码对应中文名称
HS国际统一前6位	本国子目 7~8位	9~10位	中文 货物名称	英文 Article Description			进口	出口	进口	出口		
262190	00	90	其他矿渣及矿灰	Other slag and ash	【最】4【普】35 【协东盟】0【协香港】0【协澳门】0 【协巴基斯坦】0【协智利】0【协新西兰】0 【协秘鲁】0【协哥斯达黎加】0【协冰岛】0 【协瑞士】0【协澳大利亚】0【协韩国】0 【协格鲁吉亚】0 【特-1】0【特-2】0【特-3】0 【增】16【对美加征】5【出】0【退】0	千克	9				999	其他矿渣及矿灰

第二十七章
矿物燃料、矿物油及其蒸馏产品；沥青物质；矿物蜡

注释：

一、本章不包括：

（一）单独的已有化学定义的有机化合物，但纯甲烷及纯丙烷应归入税目27.11；

（二）税目30.03及30.04的药品；或

（三）税目33.01、33.02及38.05的不饱和烃混合物。

二、税目27.10所称"石油及从沥青矿物提取的油类"，不仅包括石油、从沥青矿物提取的油及类似油，还包括那些用任何方法提取的主要含有不饱和烃混合物的油，但其非芳族成分的重量必须超过芳族成分。

然而，它不包括采用减压蒸馏法，在压力转换为1013毫巴下的温度300℃时，以体积计馏出量小于60%的液体合成聚烯烃（第三十九章）。

三、税目27.10所称"废油"，是指主要含石油及从沥青矿物提取的油类（参见本章注释二）的废油，不论其是否与水混合。它们包括：

（一）不再适于作为原产品使用的废油（例如，用过的润滑油、液压油及变压器油）；

（二）石油储罐的淤渣油，主要含废油及高浓度的在生产原产品时使用的添加剂（例如，化学品）；以及

（三）水乳浊液状的或与水混合的废油，例如，浮油、清洗油罐所得的油或机械加工中已用过的切削油。

子目注释：

一、子目2701.11所称"无烟煤"，是指含挥发物（以干燥、无矿物质计）不超过14%的煤。

二、子目2701.12所称"烟煤"，是指含挥发物（以干燥、无矿物质计）超过14%，并且热值（以潮湿、无矿物质计）等于或大于5833大卡/千克的煤。

三、子目2707.10、2707.20、2707.30及2707.40所称"粗苯""粗甲苯""粗二甲苯"及"萘"，是分别指按重量计苯、甲苯、二甲苯或萘的含量在50%以上的产品。

Chapter 27
Mineral fuels, mineral oils and products of their distillation; bituminous substances; mineral waxes

Chapter Notes:

1. This Chapter does not cover:

(a) Separate chemically defined organic compounds, other than pure methane and propane which are to be classified in heading 27.11;

(b) Medicaments of heading 30.03 or 30.04; or

(c) Mixed unsaturated hydrocarbons of heading 33.01, 33.02 or 38.05.

2. References in heading 27.10 to "petroleum oils and oils obtained from bituminous minerals" include not only petroleum oils and oils obtained from bituminous minerals but also similar oils, as well as those consisting mainly of mixed unsaturated hydrocarbons, obtained by any process, provided that the weight of the non-aromatic constituents exceeds that of the aromatic constituents.

However, the references do not include liquid synthetic polyolefins of which less than 60% by volume distils at 300℃, after conversion to 1,013 millibar when a reduced-pressure distillation method is used (Chapter 39).

3. For the purposes of heading 27.10, "waste oils" means waste containing mainly petroleum oils and oils obtained from bituminous minerals (as described in Note 2 to this Chapter), whether or not mixed with water. These include:

(a) Such oils no longer fit for use as primary products (for example, used lubricating oils, used hydraulic oils and used transformer oils);

(b) Sludge oils from the storage tanks of petroleum oils, mainly containing such oils and a high concentration of additives (for example, chemicals) used in the manufacture of the primary products; and

(c) Such oils in the form of emulsions in water or mixtures with water, such as those resulting from oil spills or storage tank washings, or from the use of cutting oils for machining operations.

Subheading Notes:

1. For the purposes of subheading 2701.11, "anthracite" means coal having a volatile matter limit (on a dry, mineral-matter-free basis) not exceeding 14%.

2. For the purposes of subheading 2701.12, "bituminous coal" means coal having a volatile matter limit (on a dry, mineral-matter-free basis) exceeding 14% and a calorific value limit (on a moist, mineral-matter-free basis) equal to or greater than 5,833 kcal/kg.

3. For the purposes of subheadings 2707.10, 2707.20, 2707.30 and 2707.40 the terms "benzol (benzene)" "toluol (toluene)" "xylol (xylenes)" and "naphthalene" apply to products which contain more than 50% by weight of benzene, toluene, xylenes or naphthalene, respectively.

四、子目2710.12所称“轻油及其制品”，是指根据ISO 3405方法（等同于ASTM D 86方法），温度在210℃时以体积计馏出量（包括损耗）在90%及以上的产品。

4. For the purposes of subheading 2710.12, “light oils and preparations” are those of which 90 % or more by volume (including losses) distil at 210℃ according to the ISO 3405 method (equivalent to the ASTM D 86 method).

五、税目27.10的子目所称“生物柴油”，是指从动植物油脂（不论是否使用过）得到的用作燃料的脂肪酸单烷基酯。

5. For the purposes of the Subheadings of heading 27.10, the term “biodiesel” means mono-alkyl esters of fatty acids of a kind used as a fuel, derived from animal or vegetable fats and oils whether or not used.

税则号列			货品名称中英文		税费综合信息	计量单位	监管证件代码		检验检疫类别		检验检疫编码	检验检疫编码对应中文名称
HS国际统一前6位	本国子目 7~8位	本国子目 9~10位	中文 货物名称	英文 Article Description			进口	出口	进口	出口		
270111	00	10	无烟煤（不论是否粉化，但未制成型）	Anthracite, whether or not pulverized, but not agglomerated	【最】3【普】20 【协东盟】0【协巴基斯坦】0【协智利】0 【协新西兰】0【协秘鲁】0【协哥斯达黎加】0 【协冰岛】0【协瑞士】0【协澳大利亚】0 【协韩国】0【协格鲁吉亚】0【协香港】0 【协澳门】0【特东老拉】0 【特-1】0【特-2】0【特-3】0 【增】16【对美加征】25【出】0【退】0	千克	7A	4xy	M		999	无烟煤（不论是否粉化，但未制成型）
270111	00	90	无烟煤滤料	Anthracite filtering media	【最】3【普】20 【协东盟】0【协巴基斯坦】0【协智利】0 【协新西兰】0【协秘鲁】0【协哥斯达黎加】0 【协冰岛】0【协瑞士】0【协澳大利亚】0 【协韩国】0【协格鲁吉亚】0【协香港】0 【协澳门】0【特东老拉】0 【特-1】0【特-2】0【特-3】0 【增】16【对美加征】25【出】0【退】0	千克	7A		M		999	无烟煤滤料
270112	10		未制成型的炼焦煤（不论是否粉化）	Coking coal, whether or not pulverized, but not agglomerated	【最】3【普】20 【协东盟】0【协巴基斯坦】0【协智利】0 【协新西兰】0【协秘鲁】0【协哥斯达黎加】0 【协冰岛】0【协瑞士】0【协澳大利亚】0 【协韩国】0【协格鲁吉亚】0【协香港】0 【协澳门】0【特东老拉】0 【特-1】0【特-2】0【特-3】0 【增】16【对美加征】25【出】0【退】0	千克	7A	4xy	M		999	未制成型的炼焦煤（不论是否粉化）
270112	90		其他烟煤（不论是否粉化，但未制成型）	Other bituminous coal, whether or not pulverized, but not agglomerated	【最】6【普】20 【协东盟】0【协巴基斯坦】5【协智利】0 【协新西兰】0【协秘鲁】0【协哥斯达黎加】0 【协冰岛】0【协瑞士】0【协澳大利亚】0 【协韩国】0【协格鲁吉亚】0【协香港】0 【协澳门】0【特东老拉】0 【特-1】0【特-2】0【特-3】0 【增】16【对美加征】25【出】0【退】0	千克	7A	4xy	M		999	其他烟煤（不论是否粉化，但未制成型）
270119	00		其他煤（不论是否粉化，但未制成型）	Other coal, whether or not pulverized, but not agglomerated	【最】5【普】20 【协亚太】3.5【协东盟】0【协巴基斯坦】0 【协智利】0【协新西兰】0【协秘鲁】0 【协哥斯达黎加】0【协冰岛】0【协瑞士】0 【协澳大利亚】0【协韩国】0【协格鲁吉亚】0 【协香港】0【协澳门】0【特东老拉】0 【特-1】0【特-2】0【特-3】0 【增】16【对美加征】25【出】0【退】0	千克	7A	4xy	M		999	其他煤（不论是否粉化，但未制成型）
270120	00		煤砖、煤球及用煤制成的类似固体燃料	Briquettes, ovoids and similar solid fuels manufactured from coal	【最】5【普】50 【协东盟】0【协巴基斯坦】0【协智利】0 【协新西兰】0【协秘鲁】0【协哥斯达黎加】0 【协冰岛】0【协瑞士】0【协澳大利亚】0 【协韩国】0【协格鲁吉亚】0【协香港】0 【协澳门】0【特东老拉】0 【特-1】0【特-2】0【特-3】0 【增】16【对美加征】25【出】0【退】0	千克					999	煤砖、煤球及用煤制成的类似固体燃料
270210	00		褐煤（不论是否粉化，但未制成型）	Lignite, whether or not pulverized, but not agglomerated	【最】3【普】20 【协东盟】0【协巴基斯坦】0【协智利】0 【协新西兰】0【协秘鲁】0【协哥斯达黎加】0 【协冰岛】0【协瑞士】0【协澳大利亚】0 【协韩国】0【协格鲁吉亚】0【协香港】0 【协澳门】0 【特-1】0【特-2】0【特-3】0 【增】16【对美加征】25【出】0【退】0	千克	A	4xy	M		999	褐煤（不论是否粉化，但未制成型）

税则号列			货品名称中英文		税费综合信息	计量单位	监管证件代码		检验检疫类别		检验检疫编码	检验检疫编码对应中文名称
HS国际统一前6位	本国子目7~8位	本国子目9~10位	中文 货物名称	英文 Article Description			进口	出口	进口	出口		
270220	00		制成型的褐煤	Agglomerated lignite	【最】3【普】20 【协东盟】0【协巴基斯坦】0【协智利】0 【协新西兰】0【协秘鲁】0【协哥斯达黎加】0 【协冰岛】0【协瑞士】0【协澳大利亚】0 【协韩国】0【协格鲁吉亚】0【协香港】0 【协澳门】0 【特-1】0【特-2】0【特-3】0 【增】16【对美加征】25【出】0【退】0	千克	A		M		999	制成型的褐煤
270300	00	10	泥炭（草炭）［沼泽（湿地）中，地上植物枯死、腐烂堆积而成的有机矿体（不论干湿）］	Peat (peat moss), formed by dried or rotten plant in swamp and wetland, whether dry or wet	【最】5【普】20 【协亚太】2.5【协东盟】0【协巴基斯坦】0 【协智利】0【协新西兰】0【协秘鲁】0 【协哥斯达黎加】0【协冰岛】0【协瑞士】0 【协澳大利亚】0【协韩国】0【协格鲁吉亚】0 【协香港】0【协澳门】0 【特-1】0【特-2】0 【增】16【对美加征】25【出】0【退】0	千克	A	8B	P	Q	101 102	泥炭（草炭）［沼泽（湿地）中，地上植物枯死、腐烂堆积而成的有机矿体（不论干湿）］（栽培介质） 泥炭（草炭）［沼泽（湿地）中，地上植物枯死、腐烂堆积而成的有机矿体（不论干湿）］（化工产品）
270300	00	90	泥煤（包括肥料用泥煤）（不论是否制成型）	Peat (including peat litter), whether or not agglomerated	【最】5【普】20 【协亚太】2.5【协东盟】0【协巴基斯坦】0 【协智利】0【协新西兰】0【协秘鲁】0 【协哥斯达黎加】0【协冰岛】0【协瑞士】0 【协澳大利亚】0【协韩国】0【协格鲁吉亚】0 【协香港】0【协澳门】0 【特-1】0【特-2】0 【增】16【对美加征】25【出】0【退】0	千克	A	B	P	Q	101 102	泥煤（包括肥料用泥煤）（不论是否制成型）（栽培介质） 泥煤（包括肥料用泥煤）（不论是否制成型）（泥煤）
270400	10		焦炭及半焦炭	Coke and semi-coke	【最】5【普】11【暂进】0 【协亚太】2.5【协东盟】0【协巴基斯坦】0 【协智利】0【协新西兰】0【协秘鲁】0 【协哥斯达黎加】0【协冰岛】0【协瑞士】0 【协澳大利亚】0【协韩国】0【协格鲁吉亚】0 【协香港】0【协澳门】0 【特-1】0【特-2】0 【增】16【对美加征】25【出】0【退】0	千克		4xy			999	焦炭及半焦炭（煤、褐煤或泥煤制成的，不论是否成型）
270400	90		甑炭	Retort carbon	【最】5【普】11【暂进】0 【协亚太】2.5【协东盟】0【协巴基斯坦】0 【协智利】0【协新西兰】0【协秘鲁】0 【协哥斯达黎加】0【协冰岛】0【协瑞士】0 【协澳大利亚】0【协韩国】0【协格鲁吉亚】0 【协香港】0【协澳门】0 【特-1】0【特-2】0 【增】16【对美加征】25【出】0【退】0	千克					999	甑炭
270500	00	10	煤气	Coal gas	【最】5【普】20【暂进】1 【协东盟】0【协巴基斯坦】0【协智利】0 【协新西兰】0【协秘鲁】0【协哥斯达黎加】0 【协冰岛】0【协瑞士】0【协澳大利亚】0 【协韩国】0【协格鲁吉亚】0【协香港】0 【协澳门】0 【特-1】0【特-2】0 【增】10【对美加征】25【出】0【退】0	千克	A	B	M	N	999	煤气
270500	00	90	水煤气、炉煤气及类似气体（石油气及其他烃类气除外）	Water gas, producer gas and similar gases, other than petroleum gases and other gaseous hydrocarbons	【最】5【普】20【暂进】1 【协东盟】0【协巴基斯坦】0【协智利】0 【协新西兰】0【协秘鲁】0【协哥斯达黎加】0 【协冰岛】0【协瑞士】0【协澳大利亚】0 【协韩国】0【协格鲁吉亚】0【协香港】0 【协澳门】0 【特-1】0【特-2】0 【增】10【对美加征】25【出】0【退】0	千克					998 999	水煤气、炉煤气及类似气体（石油气及其他烃类气除外）（其他危险化学品） 水煤气、炉煤气及类似气体（石油气及其他烃类气除外）（其他化工产品）
270600	00	01	蒽油含量≥50%及沥青含量≥40%的“炭黑油”	carbon black oil, containing more than 50% of anthracene oil and more than 40% of pitch	【最】6【普】30【暂进】1 【协东盟】0【协巴基斯坦】5【协智利】0 【协新西兰】0【协秘鲁】0【协哥斯达黎加】0 【协冰岛】0【协瑞士】0【协澳大利亚】0 【协韩国】0【协格鲁吉亚】0【协香港】0 【协澳门】0 【特-1】0【特-2】0 【增】16【对美加征】25【出】0【退】0	千克					998 999	蒽油含量≥50%及沥青含量≥40%的“炭黑油”（其他危险化学品） 蒽油含量≥50%及沥青含量≥40%的“炭黑油”（其他化工产品）

税则号列 HS国际统一前6位	本国子目 7~8位	本国子目 9~10位	货品名称中英文 中文 货物名称	货品名称中英文 英文 Article Description	税费综合信息	计量单位	监管证件代码 进口	监管证件代码 出口	检验检疫类别 进口	检验检疫类别 出口	检验检疫编码	检验检疫编码对应中文名称
270600	00	90	其他从煤、褐煤或泥煤蒸馏所得的焦油及矿物焦油（不论是否脱水或部分蒸馏，包括再造焦油）	Other tar distilled from coal, from lignite or from peat, and other mineral tars, whether or not dehydrated or partially distilled, including reconstituted tars	【最】6【普】30【暂进】1 【协东盟】0【协巴基斯坦】5【协智利】0 【协新西兰】0【协秘鲁】0【协哥斯达黎加】0 【协冰岛】0【协瑞士】0【协澳大利亚】0 【协韩国】0【协格鲁吉亚】0【协香港】0 【协澳门】0 【特-1】0【特-2】0 【增】16【对美加征】25【出】0 【退】0	千克	A	B	M	N	101 102 103 104 105	其他从煤、褐煤或泥煤蒸馏所得的焦油及矿物焦油（不论是否脱水或部分蒸馏，包括再造焦油）（煤焦油） 其他从煤、褐煤或泥煤蒸馏所得的焦油及矿物焦油（不论是否脱水或部分蒸馏，包括再造焦油）（其他焦油） 其他从煤、褐煤或泥煤蒸馏所得的焦油及矿物焦油（不论是否脱水或部分蒸馏，包括再造焦油）（煤焦沥青） 其他从煤、褐煤或泥煤蒸馏所得的焦油及矿物焦油（不论是否脱水或部分蒸馏，包括再造焦油）［蒽油乳剂（其他危险化学品）］ 其他从煤、褐煤或泥煤蒸馏所得的焦油及矿物焦油（不论是否脱水或部分蒸馏，包括再造焦油）［蒽油乳膏（其他危险化学品）］
270710	00		粗苯	Benzole	【最】6【普】20 【协东盟】0【协巴基斯坦】5【协智利】0 【协新西兰】0【协秘鲁】0【协哥斯达黎加】0 【协冰岛】0【协瑞士】0【协澳大利亚】0 【协韩国】4.4【协格鲁吉亚】0【协香港】0 【协澳门】0 【特-1】0【特-2】0【特-3】0 【增】16【对美加征】25【出】0【退】0	千克	A	B	M	N	999	粗苯
270720	00		粗甲苯	Toluole	【最】6【普】30 【协东盟】0【协巴基斯坦】5【协智利】0 【协新西兰】0【协秘鲁】0【协哥斯达黎加】0 【协冰岛】0【协瑞士】0【协澳大利亚】0 【协韩国】0【协格鲁吉亚】0【协香港】0 【协澳门】0 【特-1】0【特-2】0【特-3】0 【增】16【对美加征】25【出】0【退】0	千克					999	粗甲苯
270730	00		粗二甲苯	Xylole	【最】6【普】20【暂进】2 【协东盟】0【协巴基斯坦】5【协智利】0 【协新西兰】0【协秘鲁】0【协哥斯达黎加】0 【协冰岛】0【协瑞士】0【协澳大利亚】0 【协韩国】4.4【协格鲁吉亚】0【协香港】0 【协澳门】0 【特-1】0【特-2】0【特-3】0 【增】16【对美加征】25【出】0【退】0	千克					999	粗二甲苯
270740	00		萘	Naphthalene	【最】7【普】30 【协亚太】6【协东盟】0【协巴基斯坦】5 【协智利】0【协新西兰】0【协秘鲁】0 【协哥斯达黎加】0【协冰岛】0【协瑞士】0 【协澳大利亚】0【协韩国】4.6 【协格鲁吉亚】0【协香港】0【协澳门】0 【特-1】0【特-2】0【特-3】0 【增】16【对美加征】25【出】0【退】0	千克	A	B	M	N	301	萘

税则号列			货品名称中英文		税费综合信息	计量单位	监管证件代码		检验检疫类别		检验检疫编码	检验检疫编码对应中文名称
HS国际统一前6位	本国子目 7~8位	9~10位	中文 货物名称	英文 Article Description			进口	出口	进口	出口		
270750	00		其他芳烃混合物，根据ISO3405方法(等同于ASTM D 86方法)，温度在250℃时的馏出量以体积计(包括损耗)在65%及以上	Other aromatic hydrocarbon mixtures of which 65 % or more by volume (including losses) distils at 250℃ by the ASTM D 86 method	【最】7【普】30 【协东盟】0【协巴基斯坦】5【协智利】0 【协新西兰】0【协秘鲁】0【协哥斯达黎加】0 【协冰岛】0【协瑞士】0【协澳大利亚】0 【协韩国】4.6【协格鲁吉亚】0【协香港】0 【协澳门】0 【特-1】0【特-2】0【特-3】0 【增】16【对美加征】25【出】0【退】0	千克					998 999	其他芳烃混合物[根据ISO3405方法(等同于ASTM D 86方法)，温度在250℃时的馏出量以体积计(包括损耗)在65%及以上](其他危险化学品) 其他芳烃混合物[根据ISO3405方法(等同于ASTM D 86方法)，温度在250℃时的馏出量以体积计(包括损耗)在65%及以上](其他化工产品)
270791	00		杂酚油	Creosote oils	【最】7【普】30 【协东盟】0【协巴基斯坦】5【协智利】0 【协新西兰】0【协秘鲁】0【协哥斯达黎加】0 【协冰岛】0【协瑞士】0【协澳大利亚】0 【协韩国】3.5【协格鲁吉亚】0【协香港】0 【协澳门】0 【特-1】0【特-2】0【特-3】0 【增】16【对美加征】25【出】0【退】0	千克					998 999	杂酚油(其他危险化学品) 杂酚油(其他化工产品)
270799	10		酚	Phenols	【最】7【普】30 【协东盟】0【协巴基斯坦】5【协智利】0 【协新西兰】0【协秘鲁】0【协哥斯达黎加】0 【协冰岛】0【协瑞士】0【协澳大利亚】0 【协韩国】0【协格鲁吉亚】0【协香港】0 【协澳门】0 【特-1】0【特-2】0【特-3】0 【增】16【对美加征】25【出】0【退】0	千克					998 999	酚(其他危险化学品) 酚(其他化工产品)
270799	90		蒸馏煤焦油所得的其他产品(包括芳族成分重量超过非芳族成分重量的其他类似产品)	Other products of the distillation of high temperature coal tar (similar products in which the weight of the aromatic constituents exceeds that of the non-aromatic constituents)	【最】7【普】30 【协东盟】0【协巴基斯坦】5【协智利】0 【协新西兰】0【协秘鲁】0【协哥斯达黎加】0 【协冰岛】0【协瑞士】0【协澳大利亚】0 【协韩国】4.6【协格鲁吉亚】0【协香港】0 【协澳门】0 【特-1】0【特-2】0【特-3】0 【增】16【对美加征】25【出】0【退】0	千克					101 102 103 104 105	蒸馏煤焦油所得的其他产品(包括芳族成分重量超过非芳族成分重量的其他类似产品)(分离焦油) 蒸馏煤焦油所得的其他产品(包括芳族成分重量超过非芳族成分重量的其他类似产品)(塑料印油) 蒸馏煤焦油所得的其他产品(包括芳族成分重量超过非芳族成分重量的其他类似产品)(偶氨紫苯溶液) 蒸馏煤焦油所得的其他产品(包括芳族成分重量超过非芳族成分重量的其他类似产品)(塑料薄膜油墨) 蒸馏煤焦油所得的其他产品(包括芳族成分重量超过非芳族成分重量的其他类似产品)(闪烁液)
270810	00		沥青	Pitch, obtained from coal tar or from other mineral tars	【最】7【普】35 【协东盟】0【协巴基斯坦】5【协智利】0 【协新西兰】0【协秘鲁】0【协哥斯达黎加】0 【协冰岛】0【协瑞士】0【协澳大利亚】1.4 【协韩国】0【协格鲁吉亚】0【协香港】0 【协澳门】0 【特-1】0【特-2】0 【增】16【对美加征】25【出】0【退】0	千克					998 999	沥青(其他危险化学品) 沥青(其他化工产品)

税则号列			货品名称中英文		税费综合信息	计量单位	监管证件代码		检验检疫类别		检验检疫编码	检验检疫编码对应中文名称
HS国际统一前6位	本国子目 7~8位	本国子目 9~10位	中文 货物名称	英文 Article Description			进口	出口	进口	出口		
270820	00	01	针状沥青焦	Needle-shaped pitch coke, obtained from coal tar or from other mineral tars	【最】6【普】11【暂进】3 【协东盟】0【协巴基斯坦】5【协智利】0 【协新西兰】0【协秘鲁】0【协哥斯达黎加】0 【协冰岛】0【协瑞士】0【协澳大利亚】0 【协韩国】3【协格鲁吉亚】0【协香港】0 【协澳门】0 【特-1】0【特-2】0 【增】16【对美加征】25【出】0【退】0	千克					998 999	针状沥青焦（其他危险化学品） 针状沥青焦（其他化工产品）
270820	00	90	其他沥青焦	Other pitch coke, obtained from coal tar or from other mineral tars	【最】6【普】11 【协东盟】0【协巴基斯坦】5【协智利】0 【协新西兰】0【协秘鲁】0【协哥斯达黎加】0 【协冰岛】0【协瑞士】0【协澳大利亚】0 【协韩国】3【协格鲁吉亚】0【协香港】0 【协澳门】0 【特-1】0【特-2】0 【增】16【对美加征】25【出】0【退】0	千克					998 999	其他沥青焦（其他危险化学品） 其他沥青焦（其他化工产品）
270900	00		石油原油（包括从沥青矿物提取的原油）	Petroleum oils and oils obtained from bituminous minerals, crude	【最】0【普】0【特-1】0【特-2】0【特-3】0 【从量（最）】0【从量（普）】85元/吨 【增】16【出】0【退】0	千克	7Av	4xBy	M	N	999	石油原油（包括从沥青矿物提取的原油）
271012	10		车用汽油及航空汽油，不含生物柴油	Motor gasoline, aviation gasoline	【最】5【普】14【暂进】1 【协东盟】0【协巴基斯坦】0【协智利】0 【协新西兰】0【协新加坡】0【协哥斯达黎加】0 【协冰岛】0【协瑞士】0【协澳大利亚】0 【协韩国】3.3【协格鲁吉亚】0【协香港】0 【协澳门】0 【特-1】0【特-2】0 【增】16【消】1.52元/升【对美加征】25 【出】0【退】16	千克/升	7Av	4By	M	N	301	车用汽油及航空汽油，不含生物柴油
271012	20		石脑油，不含生物柴油	Naphtha, other than those containing biodiesel	【最】6【普】20【暂进】0 【协亚太】5.4【协东盟】0【协巴基斯坦】0 【协智利】0【协新西兰】0【协新加坡】0 【协哥斯达黎加】0【协冰岛】0【协瑞士】0 【协澳大利亚】0【协韩国】4.4 【协格鲁吉亚】0【协香港】0【协澳门】0 【特-1】0【特-2】0 【增】16【消】1.52元/升【对美加征】25 【出】0【退】0	千克/升	7Av	4By	M	N	999	石脑油，不含生物柴油
271012	30		橡胶溶剂油、油漆溶剂油、抽提溶剂油	Rubber solvent, paint solvent, extrac-tive solvent, other than those containing biodiesel	【最】6【普】30 【协东盟】5【协智利】0【协新西兰】0 【协哥斯达黎加】0【协冰岛】0【协瑞士】0 【协澳大利亚】0【协韩国】4.4 【协格鲁吉亚】0【协香港】0【协澳门】0 【特-1】0 【增】16【消】1.52元/升【对美加征】25 【出】0【退】0	千克/升					999	橡胶溶剂油、油漆溶剂油、抽提溶剂油，不含生物柴油
271012	91	01	壬烯，不含生物柴油（碳九异构体混合物含量高于90%）	Nonene (mixture of C9 isomers content more than 90%), other than those containing biodiesel	【最】9【普】20【暂进】4 【协东盟】5【协智利】0【协新西兰】0 【协哥斯达黎加】0【协冰岛】0【协瑞士】0 【协澳大利亚】0【协韩国】6 【协格鲁吉亚】5.4【协香港】0【协澳门】0 【特-1】0 【增】16【对美加征】25【出】0【退】0	千克	A	4y	M		301 999	壬烯，不含生物柴油（碳九异构体混合物含量高于90%）（易燃液体） 壬烯，不含生物柴油（碳九异构体混合物含量高于90%）（其他化工产品）
271012	91	90	其他壬烯，不含生物柴油	Other nonene, other than those containing biodiesel	【最】9【普】20 【协东盟】5【协智利】0【协新西兰】0 【协哥斯达黎加】0【协冰岛】0【协瑞士】0 【协澳大利亚】0【协韩国】6 【协格鲁吉亚】5.4【协香港】0【协澳门】0 【特-1】0 【增】16【对美加征】25【出】0【退】0	千克	A	4y	M		301 999	其他壬烯，不含生物柴油（易燃液体） 其他壬烯，不含生物柴油（其他化工产品）
271012	99	10	异戊烯同分异构体混合物，不含生物柴油	Mixture of isomers of isoamylene, other than those containing biodiesel	【最】9【普】20【暂进】5 【协东盟】5【协智利】0【协新西兰】0 【协哥斯达黎加】0【协冰岛】0【协瑞士】0 【协澳大利亚】0【协韩国】6 【协格鲁吉亚】3.4【协香港】0【协澳门】0 【特-1】0 【增】16【对美加征】25【出】0【退】0	千克	A	4y	M		301 999	异戊烯同分异构体混合物，不含生物柴油（易燃液体） 异戊烯同分异构体混合物，不含生物柴油（其他化工产品）

税则号列			货品名称中英文		税费综合信息	计量单位	监管证件代码		检验检疫类别		检验检疫编码	检验检疫编码对应中文名称
HS 国际统一前 6 位	本国子目 7~8 位	本国子目 9~10 位	中文 货物名称	英文 Article Description			进口	出口	进口	出口		
271012	99	90	其他轻油及制品，不含生物柴油（包括按重量计含油超过 70% 的制品）	Other light oils and preparations containing by weight more than 70% of oils, other than those containing biodiesel	【最】9【普】20 【协东盟】5【协智利】0【协新西兰】0 【协哥斯达黎加】0【协冰岛】0【协瑞士】0 【协澳大利亚】0【协韩国】6 【协格鲁吉亚】5.4【协香港】0【协澳门】0 【特-1】0 【增】16【对美加征】25【出】0【退】0	千克	A	4y	M		301 999	其他轻油及制品，不含生物柴油（包括按重量计含油超过 70% 的制品）（其他化工产品） 其他轻油及制品，不含生物柴油（包括按重量计含油超过 70% 的制品）（易燃液体）
271019	11		航空煤油，不含生物柴油	Aviation kerosene, other than those containing biodiesel	【最】9【普】14【暂进】0 【协东盟】0【协巴基斯坦】5【协智利】0 【协新西兰】0【协新加坡】0【协秘鲁】0 【协台湾】0【协哥斯达黎加】0【协冰岛】0 【协瑞士】0【协澳大利亚】0【协韩国】0 【协格鲁吉亚】0【协香港】0【协澳门】0 【特-1】0【特-2】0 【增】16【消】1.2 元/升（暂缓实施） 【对美加征】25【出】0【退】16	千克/升	7Av	4By	M	N	301 999	航空煤油，不含生物柴油（易燃液体） 航空煤油，不含生物柴油（其他化工产品）
271019	12		灯用煤油，不含生物柴油	Lamp-kerosene, other than those containing biodiesel	【最】9【普】14 【协东盟】5【协智利】0【协新西兰】0 【协秘鲁】0【协哥斯达黎加】0【协冰岛】0 【协瑞士】0【协澳大利亚】0【协韩国】6 【协格鲁吉亚】5.4【协香港】0【协澳门】0 【特-1】0 【增】16 【消】1.2 元/升【对美加征】25【出】0【退】0	千克/升	7Av	4By	M	N	301 999	灯用煤油，不含生物柴油（易燃液体） 灯用煤油，不含生物柴油（其他化工产品）
271019	19	10	正构烷烃（C9-C13），不含生物柴油	Normal paraffin (C9-C13), other than those containing biodiesel	【最】6【普】20【暂进】2 【协东盟】0【协巴基斯坦】5【协智利】0 【协新西兰】0【协新加坡】0【协秘鲁】0 【协台湾】0【协哥斯达黎加】0【协冰岛】0 【协瑞士】0【协澳大利亚】0【协韩国】0 【协格鲁吉亚】0【协香港】0【协澳门】0 【特-1】0【特-2】0 【增】16 【消】1.2 元/升【对美加征】25【出】0【退】0	千克/升		4y			998 999	正构烷烃（C9-C13），不含生物柴油（其他危险化学品） 正构烷烃（C9-C13），不含生物柴油（其他化工产品）
271019	19	90	其他煤油馏分的油及制品，不含生物柴油	Other kerosene distillages oils and preparations, other than those containing biodiesel	【最】6【普】20 【协东盟】0【协巴基斯坦】5【协智利】0 【协新西兰】0【协新加坡】0【协秘鲁】0 【协台湾】0【协哥斯达黎加】0 【协冰岛】0【协瑞士】0【协澳大利亚】0 【协韩国】0【协格鲁吉亚】0【协香港】0 【协澳门】0 【特-1】0【特-2】0 【增】16 【消】1.2 元/升【对美加征】25【出】0【退】0	千克/升	A	4By	M	N	301 302	其他煤油馏分的油及制品，不含生物柴油（其他化工产品） 其他煤油馏分的油及制品，不含生物柴油（易燃液体）
271019	22		5~7 号燃料油，不含生物柴油	Fuel oils No. 5-No. 7, other than those containing biodiesel	【最】6【普】20【暂进】1 【协东盟】0【协巴基斯坦】5【协智利】0 【协新西兰】0【协新加坡】0【协秘鲁】0 【协哥斯达黎加】0【协冰岛】0【协瑞士】0 【协澳大利亚】0【协韩国】0 【协格鲁吉亚】0【协香港】0【协澳门】0 【特-1】0【特-2】0 【增】16 【消】1.2 元/升【对美加征】25【出】0【退】0	千克/升	7Av	B	M	N	998 999	5~7 号燃料油，不含生物柴油（其他危险化学品） 5~7 号燃料油，不含生物柴油（其他化工产品）
271019	23		柴油	Diesel engine	【最】6【普】11【暂进】1 【协东盟】5【协智利】0 【协新西兰】0【协秘鲁】0【协哥斯达黎加】0 【协冰岛】0【协瑞士】0【协澳大利亚】0 【协韩国】4.4【协格鲁吉亚】0【协香港】0 【协澳门】0 【增】16 【消】1.2 元/升【对美加征】25【出】0【退】16	千克/升	7Av	4By	M	N	999	柴油

税则号列 HS国际统一前6位	本国子目 7~8位	本国子目 9~10位	货品名称中文 货物名称	英文 Article Description	税费综合信息	计量单位	监管证件代码 进口	监管证件代码 出口	检验检疫类别 进口	检验检疫类别 出口	检验检疫编码	检验检疫编码对应中文名称
271019	29	10	蜡油，不含生物柴油（350℃以下馏出物体积<20%，550℃以下馏出物体积>80%）	Paraffin oils (which less than 20% by volume distils at below 350℃, which more than 80% by volume distils at below 550℃), other than those containing biodiesel	【最】6【普】20【暂进】0 【协东盟】0【协澳门】0【协巴基斯坦】5 【协香港】0【协智利】0【协新西兰】0 【协新加坡】0【协秘鲁】0【协哥斯达黎加】0 【协冰岛】0【协瑞士】0 【协澳大利亚】0【协韩国】4.4【协格鲁吉亚】0 【特-1】0 【增】16 【消】1.2元/升【对美加征】25【出】0【退】0	千克/升	7Av	B	M	N	998 999	蜡油，不含生物柴油（350℃以下馏出物体积<20%，550℃以下馏出物体积>80%）（其他危险化学品） 蜡油，不含生物柴油（350℃以下馏出物体积<20%，550℃以下馏出物体积>80%）（其他化工产品）
271019	29	90	其他燃料油，不含生物柴油	Other diesel oils and other fuel oils, other than those containing biodiesel	【最】6【普】20 【协东盟】0【协澳门】0【协巴基斯坦】5 【协智利】0【协新西兰】0【协新加坡】0 【协香港】0【协秘鲁】0【协哥斯达黎加】0 【协冰岛】0【协瑞士】0【协澳大利亚】0 【协韩国】4.4【协格鲁吉亚】0 【特-1】0 【增】16【消】1.2元/升【对美加征】25 【出】0【退】0	千克/升	7Av	B	M	N	301 999	其他燃料油，不含生物柴油（易燃液体） 其他燃料油，不含生物柴油（其他化工产品）
271019	91		润滑油，不含生物柴油【电商】	Lubricating oils, other than those containing biodiesel and other than waste oils	【最】6【普】17 【协亚太】5.4【协东盟】0【协香港】0 【协澳门】0【协巴基斯坦】0【协智利】0 【协新西兰】0【协秘鲁】0【协哥斯达黎加】0 【协冰岛】0【协瑞士】0【协澳大利亚】0 【协韩国】4.4【协格鲁吉亚】0 【特-1】0【特-2】0【特-3】0 【增】16【消】1.52元/升【对美加征】25 【出】0【退】0	千克/升	A	4xy	M		998 999	润滑油，不含生物柴油（其他危险化学品） 润滑油，不含生物柴油（其他化工产品）
271019	92		润滑脂，不含生物柴油【电商】	Lubricating grease, other those containing biodiesel and other than waste oils	【最】6【普】17 【协亚太】5.4【协东盟】0【协巴基斯坦】0 【协智利】0【协新西兰】0【协秘鲁】0 【协哥斯达黎加】0【协冰岛】0【协瑞士】0 【协澳大利亚】0【协韩国】4.4 【协格鲁吉亚】0【协香港】0【协澳门】0 【特-1】0【特-2】0 【增】16【消】1.52元/升【对美加征】25 【出】0【退】0	千克/升	A	4xy	M		998 999	润滑脂，不含生物柴油（其他危险化学品） 润滑脂，不含生物柴油（其他化工产品）
271019	93		润滑油基础油，不含生物柴油	Basic oils for lubricating oils, other than those containing biodiesel	【最】6【普】17 【协东盟】0【协巴基斯坦】5【协智利】0 【协新西兰】0【协秘鲁】0【协台湾】0 【协哥斯达黎加】0【协冰岛】0【协瑞士】0 【协澳大利亚】0【协韩国】4.4 【协格鲁吉亚】0【协香港】0【协澳门】0 【特-1】0【特-2】0 【增】16【消】1.52元/升【对美加征】25 【出】0【退】0	千克/升		4xy			998 999	润滑油基础油，不含生物柴油（其他危险化学品） 润滑油基础油，不含生物柴油（其他化工产品）
271019	94		液体石蜡和重质液体石蜡，不含生物柴油	Liquid paraffin and heavy liquid paraffin, other than those containing biodiesel	【最】6【普】20 【协亚太】5.4【协东盟】0【协巴基斯坦】0 【协智利】0【协新西兰】0【协秘鲁】0 【协台湾】0【协哥斯达黎加】0【协冰岛】0 【协瑞士】0【协澳大利亚】0【协韩国】0 【协格鲁吉亚】0【协香港】0【协澳门】0 【特-1】0【特-2】0 【增】16【对美加征】25【出】0【退】0	千克	A	B	MR	NS	301 302 303 304	液体石蜡和重质液体石蜡，不含生物柴油（属于危险化学品的食品添加剂） 液体石蜡和重质液体石蜡，不含生物柴油（无检疫要求食品添加剂） 液体石蜡和重质液体石蜡，不含生物柴油（一般化学品，需申报仅用于工业用途不用于无检疫要求食品添加剂） 液体石蜡和重质液体石蜡，不含生物柴油（易燃液体，需申报仅用于工业用途不用于无检疫要求食品添加剂）

税则号列			货品名称中英文		税费综合信息	计量单位	监管证件代码		检验检疫类别		检验检疫编码	检验检疫编码对应中文名称
HS 国际统一前6位	本国子目 7~8位	本国子目 9~10位	中文 货物名称	英文 Article Description			进口	出口	进口	出口		
271019	99		其他重油；其他重油制品，不含生物柴油	Other heavy oil; other heavy oil preparations (including preparations not elsewhere specified or included, containing by weight 70% or more of petroleum oils or of oils obtained from bituminous minerals, other than those containing biodiesel)	【最】6【普】20 【协东盟】0【协香港】0【协澳门】0 【协巴基斯坦】5【协智利】0【协新西兰】0 【协秘鲁】0【协哥斯达黎加】0【协冰岛】0 【协瑞士】0【协澳大利亚】0【协韩国】4.5 【协格鲁吉亚】0 【特-1】0【特-2】0 【增】16 【消】1.2元/升【对美加征】25【出】0【退】0	千克/升		B		N	999	其他重油；其他重油制品，不含生物柴油（包括按重量计含油≥70%的制品）
271020	00		石油及从沥青矿物提取的油类（但原油除外）以及以上述油为基本成分（按重量计≥70%）的其他税目未列名制品（含生物柴油<30%，废油除外）	Petroleum oils and oils obtained from bituminous minerals (other than crude) and preparations not elsewhere specified or included, containing by weight 70% or more of petroleum oils or of oils obtained from bituminous minerals, these oils being the basic c	【最】6【普】20 【协东盟】0【协巴基斯坦】0【协智利】0 【协新西兰】0【协新加坡】0【协台湾】0 【协哥斯达黎加】0【协冰岛】0【协瑞士】0 【协澳大利亚】0【协韩国】4.4【协格鲁吉亚】0 【协香港】0【协澳门】0 【特-1】0【特-2】0 【增】16 【消】1.2元/升【对美加征】25【出】0【退】0	千克/升	A	4y	M		301 999	石油及从沥青矿物提取的油类（但原油除外）以及以上述油为基本成分（按重量计≥70%）的其他税目未列名制品（含生物柴油<30%，废油除外）（易燃液体） 石油及从沥青矿物提取的油类（但原油除外）以及以上述油为基本成分（按重量计≥70%）的其他税目未列名制品（含生物柴油<30%，废油除外）（其他化工产品）
271091	00		含多氯联苯、多氯三联苯(PCTs)或多溴联苯（PBBs）的废油	Waste oils, containing poly chlorinated biphenyls(PCBs), polychlorinated terphenyls (PCTs) or polybrominated biphenyls (PBBs)	【最】6【普】20 【协东盟】0【协巴基斯坦】5【协智利】0 【协新西兰】0【协秘鲁】0【协哥斯达黎加】0 【协冰岛】0【协瑞士】0【协澳大利亚】0 【协格鲁吉亚】0【协香港】0【协澳门】0 【特-1】0【特-2】0 【增】16【对美加征】25【出】0【退】0	千克	9				998 999	含多氯联苯、多溴联苯的废油（包括含多氯三联苯的废油）（其他危险化学品） 含多氯联苯、多溴联苯的废油（包括含多氯三联苯的废油）（其他化工产品）
271099	00		其他废油	Other waste oils	【最】6【普】20 【协东盟】0【协巴基斯坦】5【协智利】0 【协新西兰】0【协秘鲁】0【协哥斯达黎加】0 【协冰岛】0【协瑞士】0【协澳大利亚】0 【协韩国】0【协格鲁吉亚】0【协香港】0 【协澳门】0 【特-1】0【特-2】0 【增】16【对美加征】25【出】0【退】0	千克	9				998 999	其他废油（其他危险化学品） 其他废油（其他化工产品）
271111	00		液化天然气	Liquefied natural gas	【最】0【普】20【特-1】0【特-2】0【特-3】0 【增】10【对美加征】10【出】0【退】0	千克	A	4By	M	N	301	液化天然气
271112	00		液化丙烷	Liquid Propane	【最】5【普】20【暂进】1【协亚太】3.5 【协东盟】0【协巴基斯坦】0【协智利】0 【协新西兰】0【协秘鲁】0【协哥斯达黎加】0 【协冰岛】0【协瑞士】0【协澳大利亚】0 【协韩国】0【协格鲁吉亚】0【协香港】0 【协澳门】0 【特-1】0【特-2】0 【增】10【对美加征】25【出】0【退】0	千克	A	B	M	N	301	液化丙烷
271113	10		直接灌注香烟打火机等用液化丁烷（包装容器的容积超过300立方厘米）	Liquefied butanes in containers of a kind used for filling or refilling cigarette or similar lighters and of a capacity exceeding $300cm^3$	【最】5【普】80 【协东盟】0【协巴基斯坦】5【协智利】0 【协新西兰】0【协新加坡】0【协秘鲁】0 【协哥斯达黎加】0【协冰岛】0【协瑞士】4.4 【协澳大利亚】0【协韩国】5.5 【协格鲁吉亚】0【协香港】0【协澳门】0 【特-1】0【特-2】0 【增】16【对美加征】25【出】0【退】0	千克					999	直接灌注香烟打火机等用液化丁烷（包装容器的容积超过300立方厘米）

税则号列			货品名称中英文		税费综合信息	计量单位	监管证件代码		检验检疫类别		检验检疫编码	检验检疫编码对应中文名称
HS国际统一前6位	本国子目 7~8位	本国子目 9~10位	中文 货物名称	英文 Article Description			进口	出口	进口	出口		
271113	90		其他液化丁烷	Other liquefied butane	【最】5【普】20【暂进】1 【协东盟】0【协巴基斯坦】0【协智利】0 【协新西兰】0【协秘鲁】0【协哥斯达黎加】0 【协冰岛】0【协瑞士】0【协澳大利亚】0 【协韩国】2.5【协格鲁吉亚】0【协香港】0 【协澳门】0 【特-1】0 【增】10【对美加征】25【出】0【退】0	千克					301	其他液化丁烷（易燃气体）
271114	00	10	液化的乙烯	Liquefied ethylene	【最】5【普】20 【协东盟】0【协巴基斯坦】0【协智利】0 【协新西兰】0【协秘鲁】0【协哥斯达黎加】0 【协冰岛】0【协瑞士】0【协澳大利亚】0 【协韩国】3.3【协格鲁吉亚】0【协香港】0 【协澳门】0 【特-1】0【特-2】0 【增】16【对美加征】25【出】0【退】0	千克	A	B	M	N	999	液化的乙烯
271114	00	90	液化的丙烯、丁烯及丁二烯	Liquefied ethylene, propylene, butylene and butadiene	【最】5【普】20 【协东盟】0【协巴基斯坦】0【协智利】0 【协新西兰】0【协秘鲁】0【协哥斯达黎加】0 【协冰岛】0【协瑞士】0【协澳大利亚】0 【协韩国】3.3【协格鲁吉亚】0【协香港】0 【协澳门】0 【特-1】0【特-2】0 【增】16【对美加征】25【出】0【退】0	千克					999	液化的丙烯、丁烯及丁二烯
271119	10		其他直接灌注打火机等用液化燃料（包装容器的容积超过300立方厘米）	Liquid or liquefied-gas fuels in containers of a kind used for filling or refilling cigarette or similar lighters and of a capacity exceeding 300cm^3	【最】5【普】80 【协亚太】3.5【协东盟】0【协巴基斯坦】5 【协智利】0【协新西兰】0【协秘鲁】0 【协哥斯达黎加】0【协冰岛】0【协瑞士】0 【协澳大利亚】0【协韩国】5【协格鲁吉亚】0 【协香港】0【协澳门】0 【特-1】0【特-2】0 【增】16【对美加征】25【出】0【退】0	千克					999	其他直接灌注打火机等用液化燃料（包装容器的容积超过300立方厘米）
271119	90	10	其他液化石油气	Other liquefied petroleum gases	【最】3【普】20 【协亚太】2.1【协东盟】0【协巴基斯坦】0 【协智利】0【协新西兰】0【协秘鲁】0 【协哥斯达黎加】0【协冰岛】0【协瑞士】0 【协澳大利亚】0【协韩国】0【协格鲁吉亚】0 【协香港】0【协澳门】0 【特-1】0 【增】10【对美加征】25【出】0【退】0	千克	A	B	M	N	999	其他液化石油气
271119	90	90	其他液化烃类气	Other liquefied gaseous hydrocarbons	【最】3【普】20 【协亚太】2.1【协东盟】0【协巴基斯坦】0 【协智利】0【协新西兰】0【协秘鲁】0 【协哥斯达黎加】0【协冰岛】0【协瑞士】0 【协澳大利亚】0【协韩国】0【协格鲁吉亚】0 【协香港】0【协澳门】0 【特-1】0 【增】10【对美加征】25【出】0【退】0	千克					999	其他液化烃类气
271121	00		气态天然气	Natural gas, in gaseous tate	【最】0【普】20【特-1】0【特-2】0【特-3】0 【增】10【对美加征】25【出】0【退】0	千克	A	B	M	N	301	气态天然气
271129	00	10	其他气态石油气	Other petroleum gases, in gaseous state	【最】5【普】20 【协东盟】0【协巴基斯坦】5【协智利】0 【协新西兰】0【协秘鲁】0【协哥斯达黎加】0 【协冰岛】0【协瑞士】0【协澳大利亚】0 【协韩国】0【协格鲁吉亚】0【协香港】0 【协澳门】0 【特-1】0【特-2】0 【增】10【对美加征】25【出】0【退】0	千克	A	B	M	N	999	其他气态石油气
271129	00	90	其他气态烃类气	Other gaseous hydrocarbons, in gaseous state	【最】5【普】20 【协东盟】0【协巴基斯坦】5【协智利】0 【协新西兰】0【协秘鲁】0【协哥斯达黎加】0 【协冰岛】0【协瑞士】0【协澳大利亚】0 【协韩国】0【协格鲁吉亚】0【协香港】0 【协澳门】0 【特-1】0【特-2】0 【增】10【对美加征】25【出】0【退】0	千克					999	其他气态烃类气

税则号列 HS国际统一前6位	本国子目 7~8位	本国子目 9~10位	货品名称中英文 中文 货物名称	货品名称中英文 英文 Article Description	税费综合信息	计量单位	监管证件代码 进口	监管证件代码 出口	检验检疫类别 进口	检验检疫类别 出口	检验检疫编码	检验检疫编码对应中文名称
271210	00		凡士林	Petroleum jelly	【最】8【普】45 【协东盟】0【协巴基斯坦】5【协智利】0 【协新西兰】0【协秘鲁】0【协哥斯达黎加】0 【协冰岛】0【协瑞士】0【协澳大利亚】0 【协韩国】0【协格鲁吉亚】0【协香港】0 【协澳门】0 【特-1】0【特-2】0【特-3】0 【增】16【对美加征】25【出】0【退】0	千克	A		R		999	凡士林（需申报仅用于工业用途不用于无检疫要求食品添加剂的化学品）
271220	00		石蜡，不论是否着色（按重量计含油量小于0.75%）	Paraffin wax containing by weight less than 0.75% of oil	【最】8【普】45 【协东盟】0【协巴基斯坦】5【协智利】0 【协新西兰】0【协秘鲁】0【协哥斯达黎加】0 【协冰岛】0【协瑞士】0【协澳大利亚】0 【协韩国】4【协格鲁吉亚】0【协香港】0 【协澳门】0 【特-1】0【特-2】0【特-3】0 【增】16【对美加征】25【出】0【退】0	千克	A	4x	R		301 998 999	石蜡，不论是否着色（按重量计含油量小于0.75%）（需申报仅用于工业用途不用于无检疫要求食品添加剂的化学品） 石蜡，不论是否着色（按重量计含油量小于0.75%）（其他危险化学品） 石蜡，不论是否着色（按重量计含油量小于0.75%）（其他化工产品）
271290	10		微晶石蜡	Microcrystalline petroleum wax	【最】8【普】45 【协东盟】0【协巴基斯坦】5【协智利】0 【协新西兰】0【协秘鲁】0【协哥斯达黎加】0 【协冰岛】0【协瑞士】0【协澳大利亚】0 【协韩国】4【协格鲁吉亚】0【协香港】0 【协澳门】0 【特-1】0【特-2】0【特-3】0 【增】16【对美加征】25【出】0【退】0	千克	A	4x	R		101 102 103	微晶石蜡［微晶蜡（无检疫要求食品添加剂）］ 微晶石蜡（无检疫要求食品添加剂） 微晶石蜡（需申报仅用于工业用途不用于无检疫要求食品添加剂的化学品）
271290	90		其他矿物蜡，不论是否着色（包括疏松石蜡、地蜡、褐煤蜡、泥煤蜡等）	Other mineral waxes (including slack wax, ozokerite, lignite wax, peat wax), whether or not coloured	【最】8【普】45 【协东盟】0【协巴基斯坦】5【协智利】0 【协新西兰】0【协秘鲁】0【协哥斯达黎加】0 【协冰岛】0【协瑞士】0【协澳大利亚】0 【协韩国】0【协格鲁吉亚】0【协香港】0 【协澳门】0 【特-1】0【特-2】0【特-3】0 【增】16【对美加征】25【出】0【退】0	千克					998 999	其他矿物蜡，不论是否着色（包括疏松石蜡、地蜡、褐煤蜡、泥煤蜡等）（其他危险化学品） 其他矿物蜡，不论是否着色（包括疏松石蜡、地蜡、褐煤蜡、泥煤蜡等）（其他化工产品）
271311	10		硫的重量百分比小于3%的未煅烧石油焦	Petroleum coke, not calcined, containing by weight less than 3% of Sulphur	【最】3【普】11 【协东盟】0【协巴基斯坦】0【协智利】0 【协新西兰】0【协秘鲁】0【协哥斯达黎加】0 【协冰岛】0【协瑞士】0【协澳大利亚】0 【协韩国】2.2【协格鲁吉亚】0【协香港】0 【协澳门】0 【特-1】0【特-2】0【特-3】0 【增】16【对美加征】25【出】0【退】0	千克					998 999	硫的重量百分比小于3%的未煅烧石油焦（其他危险化学品） 硫的重量百分比小于3%的未煅烧石油焦（其他化工产品）
271311	90		其他未煅烧石油焦	Other petroleum coke, not calcined	【最】3【普】11 【协东盟】0【协巴基斯坦】0【协智利】0 【协新西兰】0【协秘鲁】0【协哥斯达黎加】0 【协冰岛】0【协瑞士】0【协澳大利亚】0 【协韩国】2.2【协格鲁吉亚】0【协香港】0 【协澳门】0 【特-1】0【特-2】0【特-3】0 【增】16【对美加征】25【出】0【退】0	千克					998 999	其他未煅烧石油焦（其他危险化学品） 其他未煅烧石油焦（其他化工产品）
271312	10		已煅烧石油焦（硫的重量百分比小于0.8%）	Petroleum coke, calcined, containing by weight less than 0.8% of sulphur	【最】3【普】11 【协东盟】0【协巴基斯坦】0【协智利】0 【协新西兰】0【协秘鲁】0【协哥斯达黎加】0 【协冰岛】0【协瑞士】0【协澳大利亚】0 【协韩国】2.2【协格鲁吉亚】0【协香港】0 【协澳门】0 【特-1】0【特-2】0【特-3】0 【增】16【对美加征】25【出】0【退】0	千克					998 999	已煅烧石油焦（硫的重量百分比小于0.8%）（其他危险化学品） 已煅烧石油焦（硫的重量百分比小于0.8%）（其他化工产品）

税则号列			货品名称中英文		税费综合信息	计量单位	监管证件代码		检验检疫类别		检验检疫编码	检验检疫编码对应中文名称
HS国际统一前6位	本国子目 7~8位	本国子目 9~10位	中文 货物名称	英文 Article Description			进口	出口	进口	出口		
271312	90		其他已煅烧石油焦	Other petroleum coke, calcined	【最】3【普】11 【协东盟】0【协巴基斯坦】0【协智利】0 【协新西兰】0【协秘鲁】0【协哥斯达黎加】0 【协冰岛】0【协瑞士】0【协澳大利亚】0 【协韩国】2.2【协格鲁吉亚】0【协香港】0 【协澳门】0 【特-1】0【特-2】0【特-3】0 【增】16【对美加征】25【出】0【退】0	千克					998 999	其他已煅烧石油焦（其他危险化学品） 其他已煅烧石油焦（其他化工产品）
271320	00		石油沥青	Petroleum bitumen	【最】8【普】35【协亚太】5.6 【协东盟】0【协巴基斯坦】5【协智利】0 【协新西兰】0【协秘鲁】0【协哥斯达黎加】0 【协冰岛】0【协瑞士】0【协澳大利亚】0 【协韩国】5.3【协格鲁吉亚】0【协香港】0 【协澳门】0 【特-1】0【特-2】0【特-3】0 【增】16【对美加征】25【出】0【退】0	千克					998 999	石油沥青（其他危险化学品） 石油沥青（其他化工产品）
271390	00		其他石油等矿物油类的残渣	Other residues of petroleum oils or of oils obtained from bituminous minerals	【最】6【普】35 【协东盟】0【协巴基斯坦】5【协智利】0 【协新西兰】0【协秘鲁】0【协哥斯达黎加】0 【协冰岛】0【协瑞士】0【协澳大利亚】0 【协韩国】0【协格鲁吉亚】0【协香港】0 【协澳门】0 【特-1】0【特-2】0【特-3】0 【增】16【对美加征】25【出】0【退】0	千克	9				998 999	其他石油等矿物油类的残渣（其他危险化学品） 其他石油等矿物油类的残渣（其他化工产品）
271410	00		沥青页岩、油页岩及焦油砂	Bituminous or oil shale and tar sands	【最】6【普】20 【协东盟】0【协巴基斯坦】5【协智利】0 【协新西兰】0【协秘鲁】0【协哥斯达黎加】0 【协冰岛】0【协瑞士】0【协澳大利亚】0 【协韩国】0【协格鲁吉亚】0【协香港】0 【协澳门】0 【特-1】0【特-2】0【特-3】0 【增】16【对美加征】25【出】0【退】0	千克					998 999	沥青页岩、油页岩及焦油砂（其他危险化学品） 沥青页岩、油页岩及焦油砂（其他化工产品）
271490	10		天然沥青（地沥青）	Natural bitumen and asphalt	【最】8【普】35【暂进】4 【协东盟】0【协巴基斯坦】5【协智利】0 【协新西兰】0【协秘鲁】0【协哥斯达黎加】0 【协冰岛】0【协瑞士】0【协澳大利亚】0 【协韩国】5.3【协格鲁吉亚】0【协香港】0 【协澳门】0 【特-1】0【特-2】0【特-3】0 【增】16【对美加征】25【出】0【退】0	千克					998 999	天然沥青（地沥青）（其他危险化学品） 天然沥青（地沥青）（其他化工产品）
271490	20		乳化沥青	Emulsified bitumen and asphalt	【最】0【普】20【特-1】0【特-2】0【特-3】0 【增】16【对美加征】25【出】0【退】0	千克					998 999	乳化沥青（其他危险化学品） 乳化沥青（其他化工产品）
271490	90		沥青岩	Asphaltic rocks	【最】3【普】20 【协东盟】0【协巴基斯坦】0【协智利】0 【协新西兰】0【协秘鲁】0【协哥斯达黎加】0 【协冰岛】0【协瑞士】0【协澳大利亚】0 【协韩国】0【协格鲁吉亚】0【协香港】0 【协澳门】0 【特-1】0【特-2】0【特-3】0 【增】16【对美加征】25【出】0【退】0	千克					998 999	沥青岩（其他危险化学品） 沥青岩（其他化工产品）
271500	00		以天然沥青等为基本成分的沥青混合物（包括石油沥青、矿物焦油、矿物焦油沥青等的沥青混合物）	Bituminous mixtures based on natural asphalt, on natural bitumen, on petroleum bitumen, on mineral tar or on mineral tar pitch(for example, bituminous mastics, cut-backs):	【最】8【普】35 【协东盟】0【协澳门】0【协巴基斯坦】5 【协香港】0【协智利】0【协新西兰】0 【协秘鲁】0【协哥斯达黎加】0【协冰岛】0 【协瑞士】0【协澳大利亚】0【协韩国】4 【协格鲁吉亚】0 【特-1】0【特-2】0【特-3】0 【增】16【对美加征】25【出】0【退】0	千克					999	以天然沥青等为基本成分的沥青混合物（包括石油沥青、矿物焦油、矿物焦油沥青等的沥青混合物）
271600	00		电力	Electrical energy	【最】0【普】8【特-1】0【特-2】0【特-3】0 【增】16【出】0【退】16	千瓦时					999	电力

第 六 类
化学工业及其相关工业的产品

注释：

一、（一）凡符合税目 28.44 或 28.45 规定的货品（放射性矿砂除外），应分别归入这两个税号而不归入本协调制度的其他税号。

（二）除上述（一）款另有规定的以外，凡符合税目 28.43、28.46 或 28.52 规定的货品，应分别归入以上税号而不归入本类的其他税号。

二、除上述注释一另有规定的以外，凡由于按一定剂量或作为零售包装而可归入税目 30.04、30.05、30.06、32.12、33.03、33.04、33.05、33.06、33.07、35.06、37.07 或 38.08 的货品，应分别归入以上税号，而不归入本协调制度的其他税号。

三、由两种或两种以上单独成分配套的货品，其部分或全部成分属于本类范围以内，混合后则构成第六类或第七类的货品，应按混合后产品归入相应的税号，但其组成成分必须符合下列条件：

（一）其包装形式足以表明这些成分不需经过改装就可一起使用的；

（二）一起报验的；以及

（三）这些成分的属性及相互比例足以表明是相互配用的。

第二十八章
无机化学品；贵金属、稀土金属、放射性元素及其同位素的有机及无机化合物

注释：

一、除条文另有规定的以外，本章各税号只适用于：

（一）单独的化学元素及单独的已有化学定义的化合物，不论是否含有杂质；

（二）上述（一）款产品的水溶液；

（三）溶于其他溶剂的上述（一）款产品，但该产品处于溶液状态只是为了安全或运输所采取的正常必要方法，其所用溶剂并不使该产品改变其一般用途而适合于某些特殊用途；

（四）为了保存或运输需要，加入稳定剂（包括抗结块剂）的上述（一）、（二）、（三）款产品；

SECTION Ⅵ
PRODUCTS OF THE CHEMICAL OR ALLIED INDUSTRIES

Section Notes:

1. (a) Goods (other than radioactive ores) answering to a description in heading 28.44 or 28.45 are to be classified in those headings and in no other heading of the Nomenclature.

(b) Subject to paragraph (a) above, goods answering to a description in heading 28.43, 28.46 or 28.52 are to be classified in those headings and in no other heading of this Section.

2. Subject to Note 1 above, goods classifiable in heading 30.04, 30.05, 30.06, 32.12, 33.03, 33.04, 33.05, 33.06, 33.07, 35.06, 37.07 or 38.08 by reason of being put up in measured doses or for retail sale are to be classified in those headings and in no other heading of the Nomenclature.

3. Goods put up in sets consisting of two or more separate constituents, some or all of which fall in this Section and are intended to be mixed together to obtain a product of Section VI or VII, are to be classified in the heading appropriate to that product, provided that the constituents are:

(a) having regard to the manner in which they are put up, clearly identifiable as being intended to be used together without first being repacked;

(b) presented together; and

(c) identifiable, whether by their nature or by the relative proportions in which they are present, as being complementary one to another.

Chapter 28
Inorganic chemicals; organic or inorganic compounds of precious metals, of rare-earth metals, of radioactive elements or of isotopes

Chapter Notes:

1. Except where the context otherwise requires, the headings of this Chapter apply only to:

(a) Separate chemical elements and separate chemically defined compounds, whether or not containing impurities;

(b) The products mentioned in (a) above dissolved in water;

(c) The products mentioned in (a) above dissolved in other solvents provided that the solution constitutes a normal and necessary method of putting up these products adopted solely for reasons of safety or for transport and that the solvent does not render the product particularly suitable for specific use rather than for general use;

(d) The products mentioned in (a), (b) or (c) above with an added stabiliser (including an anti-caking a-

（五）为了便于识别或安全起见，加入抗尘剂或着色剂的上述（一）、（二）、（三）、（四）款产品，但所加剂料并不使原产品改变其一般用途而适合于某些特殊用途。

gent) necessary for their preservation or transport;

(e) The products mentioned in (a), (b), (c) or (d) above with an added anti-dusting agent or a colouring substance added to facilitate their identification or for safety reasons, provided that the additions do not render the product particularly suitable for specific use rather than for general use.

二、除以有机物质稳定的连二亚硫酸盐及次硫酸盐（税目28.31），无机碱的碳酸盐及过碳酸盐（税目28.36），无机碱的氰化物、氧氰化物及氰络合物（税目28.37），无机碱的雷酸盐、氰酸盐及硫氰酸盐（税目28.42），税目28.43至28.46及28.52的有机产品，以及碳化物（税目28.49）之外，本章仅包括下列碳化合物：

（一）碳的氧化物，氰化氢及雷酸、异氰酸、硫氰酸及其他简单或络合氰酸（税目28.11）；

（二）碳的卤氧化物（税目28.12）；

（三）二硫化碳（税目28.13）；

（四）硫代碳酸盐、硒代碳酸盐、碲代碳酸盐、硒代氰酸盐、碲代氰酸盐、四氰硫基二氨基络酸盐及其他无机碱络合氰酸盐（税目28.42）；

（五）用尿素固化的过氧化氢（税目28.47）、氧硫化碳、硫代羰基卤化物、氰、卤化氰、氨基氰及其金属衍生物（税目28.53），不论是否纯净，但氰氨化钙除外（第三十一章）。

2. In addition to dithionites and sulphoxylates, stabilised with organic substances (heading 28.31), carbonates and peroxocarbonates of inorganic bases (heading 28.36), cyanides, cyanide oxides and complex cyanides of inorganic bases (heading 28.37), fulminates, cyanates and thiocyanates, of inorganic bases (heading 28.42), organic products included in heading 28.43 to 28.46 and 28.52 and carbides (heading 28.49), only the following compounds of carbon are to be classified in this Chapter:

(a) Oxides of carbon, hydrogen cyanide and fulminic, isocyanic, thiocyanic and other simple or complex cyanogen acids (heading 28.11);

(b) Halide oxides of carbon (heading 28.12);

(c) Carbon disulphide (heading 28.13);

(d) Thiocarbonates, selenocarbonates, tellurocarbonates, selenocyanates, tellurocyanates, tetrathio-cyanatodiamminochromates (reineckates) and other complex cyanates, of inorganic bases (heading 28.42);

(e) Hydrogen peroxide, solidified with urea (heading 28.47), carbon oxysulphide, thiocarbonyl halides, cyanogen, cyanogen halides and cyanamide and its metal derivatives (heading 28.53) other than calcium cyanamide, whether or not pure (Chapter 31).

三、除第六类注释一另有规定的以外，本章不包括：

（一）氯化钠或氧化镁（不论是否纯净）及第五类的其他产品；

（二）上述注释二所述以外的有机—无机化合物；

（三）第三十一章注释二、三、四或五所述的产品；

（四）税目32.06的用作发光剂的无机产品；税目32.07的搪瓷玻璃料及其他玻璃，呈粉、粒或粉片状的；

（五）人造石墨（税目38.01）；税目38.13的灭火器的装配药及已装药的灭火弹；税目38.24的零售包装的除墨剂；税目38.24的每颗重量不少于2.5克的碱金属或碱土金属卤化物的培养晶体（光学元件除外）；

（六）宝石或半宝石（天然、合成或再造）及这些宝石、半宝石的粉末（税目71.02至71.05），第七十一章的贵金属及贵金属合金；

（七）第十五类的金属（不论是否纯净）、金属合金或金属陶瓷，包括硬质合金（与金属烧结的金属碳化物）；或

（八）光学元件，例如，用碱金属或碱土金属卤化物制成的（税目90.01）。

3. Subject to the provisions of Note 1 to Section VI, this Chapter does not cover:

(a) Sodium chloride or magnesium oxide, whether or not pure, or other products of Section V;

(b) Organo-inorganic compounds other than those mentioned in Note 2 above;

(c) Products mentioned in Note 2, 3, 4 or 5 to Chapter 31;

(d) Inorganic products of a kind used as luminophores, of heading 32.06; glass frit and other glass in the form of powder, granules or flakes, of heading 32.07;

(e) Artificial graphite (heading 38.01); products put up as charges for fire-extinguishers or put up in fire-extinguishing grenades, of heading 38.13; ink removers put up in packings for retail sale, of heading 38.24; cultured crystals (other than optical elements) weighing not less than 2.5g each, of the halides of the alkali or alkaline-earth metals, of heading 38.24;

(f) Precious or semi-precious stones (natural, synthetic or reconstructed) or dust or powder of such stones (headings 71.02 to 71.05), or precious metals or precious metal alloys of Chapter 71;

(g) The metals, whether or not pure, metal alloys or cermets, including sintered metal carbides (metal carbides sintered with a metal), of Section XV; or

(h) Optical elements, for example, of the halides of the alkali or alkaline-earth metals (heading 90.01).

四、由本章第二分章的非金属酸和第四分章的金属酸所构

4. Chemically defined complex acids consisting of a non-metal

成的已有化学定义的络酸，应归入税目 28.11。

acid of sub-Chapter II and a metal acid of sub-Chapter IV are to be classified in heading 28.11.

五、税目 28.26 至 28.42 只适用于金属盐、铵盐及过氧酸盐。

除条文另有规定的以外，复盐及络盐应归入税目 28.42。

5. Headings 28.26 to 28.42 apply only to metal or ammonium salts or peroxysalts.

Except where the context otherwise requires, double or complex salts are to be classified in heading 28.42.

六、税目 28.44 只适用于：

（一）锝（原子序数 43）、钷（原子序数 61）、钋（原子序数 84）及原子序数大于 84 的所有化学元素；

（二）天然或人造放射性同位素（包括第十四类及第十五类的贵金属和贱金属的放射性同位素），不论是否混合；

（三）上述元素或同位素的无机或有机化合物，不论是否已有化学定义或是否混合；

（四）含有上述元素或同位素及其无机或有机化合物并且具有某种放射性强度超过 74 贝克勒尔/克（0.002 微居里/克）的合金、分散体（包括金属陶瓷）、陶瓷产品及混合物；

（五）核反应堆已耗尽（已辐照）的燃料元件（释热元件）；

（六）放射性的残渣，不论是否有用。

税目 28.44、28.45 及本注释所称“同位素”，是指：

1. 单独的核素，但不包括自然界中以单一同位素状态存在的核素；
2. 同一元素的同位素混合物，其中一种或几种同位素已被浓缩，即人工地改变了该元素同位素的自然构成。

6. Heading 28.44 applies only to:

(a) Technetium (atomic No. 43), promethium (atomic No. 61), polonium (atomic No. 84) and all elements with an atomic number greater than 84;

(b) Natural or artificial radioactive isotopes (including those of the precious metals or of the base metals of Sections XIV and XV), whether or not mixed together;

(c) Compounds, inorganic or organic, of these elements or isotopes, whether or not chemically defined, whether or not mixed together;

(d) Alloys, dispersions (including cermets), ceramic products and mixtures containing these elements or isotopes or inorganic or organic compounds thereof and having a specific radioactivity exceeding 74 Bq/g (0.002 μci/g);

(e) Spent (irradiated) fuel elements (cartridges) of nuclear reactors;

(f) Radioactive residues whether or not usable.

The term "isotopes", for the purposes of this Note and of the wording of headings 28.44 and 28.45, refers to:

(i) individual nuclides, excluding, however, those existing in nature in the monoisotopic state;

(ii) mixtures of isotopes of one and the same element, enriched in one or several of the said isotopes, that is, elements of which the natural isotopic composition has been artificially modified.

七、税目 28.53 包括按重量计含磷量超过 15% 的磷化铜（磷铜）。

7. Heading 28.53 includes copper phosphide (phosphor copper) containing more than 15% by weight of phosphorus.

八、经掺杂用于电子工业的化学元素（例如，硅、硒），如果拉制后未经加工或呈圆筒形、棒形，应归入本章；如果已切成圆片、薄片或类似形状，则归入税目 38.18。

8. Chemical elements (for example, silicon and selenium) doped for use in electronics are to be classified in this Chapter, provided that they are in forms unworked as drawn, or in the form of cylinders or rods. When cut in the form of discs, wafers or similar forms, they fall in heading 38.18.

子目注释：

子目 2852.10 所称“已有化学定义”是指符合第二十八章注释一（一）至（五）或第二十九章注释一（一）至（八）规定的汞的无机或有机化合物。

Subheading Note:

For the purposes of Subheading 2852.10, the expression "chemically defined" means all organic or inorganic compounds of mercury meeting the requirements of paragraphs (a) to (e) of Note 1 to Chapter 28 or paragraphs (a) to (h) of Note 1 to Chapter 29.

税则号列			货品名称中英文		税费综合信息	计量单位	监管证件代码		检验检疫类别		检验检疫编码	检验检疫编码对应中文名称
HS国际统一前6位	本国子目 7~8位	本国子目 9~10位	中文 货物名称	英文 Article Description			进口	出口	进口	出口		
280110	00		氯	Chlorine	【最】5【普】80 【协东盟】0【协巴基斯坦】5【协智利】0 【协新西兰】0【协秘鲁】0【协哥斯达黎加】0 【协冰岛】0【协瑞士】0【协澳大利亚】0 【协韩国】0【协格鲁吉亚】0【协香港】0 【协澳门】0 【特-1】0【特-2】0 【增】16【对美加征】10【出】0【退】0	千克	A	B	M	N	999	氯
280120	00		碘	Iodine	【最】5【普】30 【协东盟】0【协巴基斯坦】5【协新西兰】0 【协哥斯达黎加】0【协冰岛】0【协瑞士】0 【协澳大利亚】0【协韩国】0【协格鲁吉亚】0 【协香港】0【协澳门】0 【特-1】0【特-2】0 【增】16【对美加征】10【出】0【退】0	千克		G			999	碘
280130	10		氟	Fluorine	【最】5【普】30 【协亚太】4.5【协东盟】0【协巴基斯坦】0 【协智利】0【协新西兰】0【协秘鲁】0 【协哥斯达黎加】0【协冰岛】0【协瑞士】0 【协澳大利亚】0【协韩国】0【协格鲁吉亚】0 【协香港】0【协澳门】0 【特-1】0【特-2】0 【增】16【出】0【退】0	千克	A	B	M	N	999	氟
280130	20		溴	Bromine	【最】5【普】30【暂进】1 【协东盟】0【协巴基斯坦】0【协智利】0 【协新西兰】0【协秘鲁】0【协哥斯达黎加】0 【协冰岛】0【协瑞士】0【协澳大利亚】0 【协香港】0【协澳门】0【协韩国】0 【协格鲁吉亚】0 【特-1】0【特-2】0 【增】16【对美加征】10【出】0【退】0	千克	A	B	M	N	999	溴
280200	00		升华、沉淀、胶态硫磺	Sulphur, sublimed or precipitated; colloidal sulphur	【最】5【普】17【暂进】1 【协东盟】0【协巴基斯坦】0【协智利】0 【协新西兰】0【协秘鲁】0【协哥斯达黎加】0 【协冰岛】0【协瑞士】0【协澳大利亚】0 【协韩国】0【协格鲁吉亚】0【协香港】0 【协澳门】0 【特-1】0【特-2】0 【增】16【对美加征】10【出】0【退】0	千克	A	B	M	N	101 102	升华、沉淀、胶态硫磺（胶体硫） 升华、沉淀、胶态硫磺（硫磺）
280300	00		碳（包括碳黑及其他税目未列名的其他形态的碳）	Carbon(carbon blacks and other forms of carbon not elsewhere specified or included)	【最】5【普】35 【协亚太】3.3【协东盟】0【协香港】0 【协澳门】0【协巴基斯坦】0【协智利】0 【协新西兰】0【协秘鲁】0【协台湾】0 【协哥斯达黎加】0【协瑞士】0【协澳大利亚】0 【协韩国】3.6【协格鲁吉亚】0 【特-1】0【特-2】0【特-3】0 【增】16【对美加征】5【出】0【退】0	千克					999	碳（包括碳黑及其他税目未列名的其他形态的碳）
280410	00		氢	Hydrogen	【最】5【普】30 【协东盟】0【协香港】0【协澳门】0 【协巴基斯坦】0【协智利】0【协新西兰】0 【协秘鲁】0【协哥斯达黎加】0【协冰岛】0 【协瑞士】0【协澳大利亚】0【协韩国】2.7 【协格鲁吉亚】0 【特-1】0【特-2】0【特-3】0 【增】16【对美加征】10【出】0【退】0	千克/立方米	A	B	M	N	103 301	氢［氢气和甲烷混合物(压缩的)］ 氢（压缩或液化的氢气）
280421	00		氩	Argon	【最】5【普】30 【协东盟】0【协香港】0【协澳门】0 【协巴基斯坦】5【协智利】0【协新西兰】0 【协秘鲁】0【协哥斯达黎加】0【协冰岛】0 【协瑞士】0【协澳大利亚】0【协韩国】0 【协格鲁吉亚】0 【特-1】0【特-2】0【特-3】0 【增】16【对美加征】10【出】0【退】0	千克/立方米	A	B	M	N	301	氩

税则号列 HS国际统一前6位	本国子目 7~8位	本国子目 9~10位	货品名称中英文 中文 货物名称	货品名称中英文 英文 Article Description	税费综合信息	计量单位	监管证件代码 进口	监管证件代码 出口	检验检疫类别 进口	检验检疫类别 出口	检验检疫编码	检验检疫编码对应中文名称
280429	00		其他稀有气体	Other rare gases	【最】5【普】30 【协东盟】0【协香港】0【协澳门】0 【协巴基斯坦】5【协智利】0【协新西兰】0 【协秘鲁】0【协哥斯达黎加】0【协冰岛】0 【协瑞士】0【协澳大利亚】0【协韩国】0 【协格鲁吉亚】0 【特-1】0【特-2】0【特-3】0 【增】16【对美加征】5【出】0【退】0	千克/立方米					109 301	其他稀有气体（稀有气体混合物，如：氦氖混合气） 其他稀有气体（其他稀有气体）
280430	00		氮	Nitrogen	【最】5【普】30 【协东盟】0【协香港】0【协澳门】0 【协巴基斯坦】5【协智利】0【协新西兰】0 【协秘鲁】0【协哥斯达黎加】0【协冰岛】0 【协瑞士】0【协澳大利亚】0【协韩国】0 【协格鲁吉亚】0 【特-1】0【特-2】0【特-3】0 【增】16【对美加征】5【出】0【退】0	千克/立方米	A	B	M	N	301	氮
280440	00		氧	Oxygen	【最】5【普】80 【协东盟】0【协香港】0【协澳门】0 【协巴基斯坦】5【协智利】0【协新西兰】0 【协秘鲁】0【协哥斯达黎加】0【协冰岛】0 【协瑞士】0【协澳大利亚】0【协韩国】0 【协格鲁吉亚】0 【特-1】0【特-2】0【特-3】0 【增】16【对美加征】5【出】0【退】0	千克/立方米	A	B	M	N	301	氧
280450	00	01	碲	Tellurium	【最】5【普】17【暂进】0 【协东盟】0【协巴基斯坦】0【协智利】0 【协新西兰】0【协秘鲁】0【协哥斯达黎加】0 【协冰岛】0【协瑞士】0【协澳大利亚】0 【协韩国】0【协格鲁吉亚】0【协香港】0 【协澳门】0 【特-1】0【特-2】0【特-3】0 【增】16【对美加征】10【出】0【退】13	千克					999	碲
280450	00	10	颗粒直径<500μm的硼及其合金（含量≥97%，不论球形、椭球体、雾化、片状、研碎金属燃料）	Boron and its alloys, granularity < 500μm (containing more than 97% by weight of boron whether in the form of spheroid, ellipsoid, flakes, atomized or pulverized metallic fuel)	【最】5【普】17 【协东盟】0【协巴基斯坦】0【协智利】0 【协新西兰】0【协秘鲁】0【协哥斯达黎加】0 【协冰岛】0【协瑞士】0【协澳大利亚】0 【协韩国】0【协格鲁吉亚】0【协香港】0 【协澳门】0 【特-1】0【特-2】0【特-3】0 【增】16【对美加征】10【出】0【退】13	千克		3			999	颗粒直径<500μm的硼及其合金（含量≥97%，不论球形，椭球体，雾化，片状，研碎金属燃料）
280450	00	20	能量密度>40MJ/kg的硼浆（硼溶于溶剂形成的硼浆）	Boron paste, energy density > 40MJ/kg, boron dissolved in solvent	【最】5【普】17 【协东盟】0【协巴基斯坦】0【协智利】0 【协新西兰】0【协秘鲁】0【协哥斯达黎加】0 【协冰岛】0【协瑞士】0【协澳大利亚】0 【协韩国】0【协格鲁吉亚】0【协香港】0 【协澳门】0 【特-1】0【特-2】0【特-3】0 【增】16【对美加征】10【出】0【退】13	千克		3			999	能量密度>40MJ/kg的硼浆（硼溶于溶剂形成的硼浆）
280450	00	90	其他硼	Other boron	【最】5【普】17 【协东盟】0【协巴基斯坦】0【协智利】0 【协新西兰】0【协秘鲁】0【协哥斯达黎加】0 【协冰岛】0【协瑞士】0【协澳大利亚】0 【协韩国】0【协格鲁吉亚】0【协香港】0 【协澳门】0 【特-1】0【特-2】0【特-3】0 【增】16【对美加征】10【出】0【退】13	千克					999	其他硼
280461	17		电子工业用直径≥30cm单晶硅（按重量计含硅量不少于99.99%）	Monocrystals doped for use in electronics, in the form of cylinders or rods, 30cm or more in diameter (containing by weight not less than 99.99% of silicon)	【最】4【普】11 【协东盟】0【协巴基斯坦】0【协智利】0 【协新西兰】0【协秘鲁】0【协哥斯达黎加】0 【协冰岛】0【协瑞士】0【协澳大利亚】0 【协韩国】0【协格鲁吉亚】0【协香港】0 【协澳门】0 【特-1】0【特-2】0【特-3】0 【增】16【对美加征】5【出】0【退】16	千克					999	电子工业用直径≥30cm单晶硅棒（按重量计含硅量不少于99.99%）

税则号列 HS国际统一前6位	本国子目 7~8位	本国子目 9~10位	货品名称中文 货物名称	货品名称英文 Article Description	税费综合信息	计量单位	监管证件代码 进口	监管证件代码 出口	检验检疫类别 进口	检验检疫类别 出口	检验检疫编码	检验检疫编码对应中文名称
280461	19		电子工业用单晶硅棒(7.5cm≤直径<30cm)(按重量计含硅量不少于99.99%)	Monocrystals doped for use in electronics, in the form of cylinders or rods, 7.5cm or more, less than 30cm in diameter (containing by weight not less than 99.99% of silicon)	【最】4【普】11 【协东盟】0【协巴基斯坦】0【协智利】0 【协新西兰】0【协秘鲁】0【协哥斯达黎加】0 【协冰岛】0【协瑞士】0【协澳大利亚】0 【协格鲁吉亚】0【协香港】0【协澳门】0 【特-1】0【特-2】0【特-3】0 【增】16【对美加征】5【出】0【退】0	千克					999	电子工业用单晶硅棒(7.5cm≤直径<30cm)(按重量计含硅量不少于99.99%)
280461	20		电子工业用直径<7.5cm单晶硅棒(按重量计含硅量不少于99.99%)	Monocrystals doped for use in electronics, in the form of cylinders or rods, less than 7.5cm in diameter (containing by weight not less than 99.99% of silicon)	【最】4【普】17 【协亚太】3.6【协东盟】0【协巴基斯坦】0 【协智利】0【协新西兰】0【协秘鲁】0 【协哥斯达黎加】0【协冰岛】0【协瑞士】0 【协澳大利亚】0【协韩国】0【协格鲁吉亚】0 【协香港】0【协澳门】0 【特-1】0【特-2】0【特-3】0 【增】16【对美加征】10【出】0【退】0	千克					999	电子工业用直径<7.5cm单晶硅棒(按重量计含硅量不少于99.99%)
280461	90	11	含硅量>99.9999999%的多晶硅废碎料(太阳能级多晶硅除外)	Polycrystalline silicon waste or scrap, containing by weight 99.9999999% of silicon or more, excluding solar-grade polysilicon	【最】4【普】30 【协东盟】0【协巴基斯坦】0【协智利】0 【协新西兰】0【协秘鲁】0【协哥斯达黎加】0 【协冰岛】0【协瑞士】0【协澳大利亚】0 【协韩国】2.6【协格鲁吉亚】0【协香港】0 【协澳门】0 【特-1】0【特-2】0【特-3】0 【增】16【对美加征】10【出】0【退】0	千克	9		M		101 102	含硅量>99.9999999%的多晶硅废碎料(太阳能级多晶硅除外)(多晶硅) 含硅量>99.9999999%的多晶硅废碎料(太阳能级多晶硅除外)(硅废碎料)
280461	90	12	含硅量>99.9999999%的太阳能级多晶硅	Solar-Grade Polycrystalline silicon, containing by weight 99.9999999% of silicon or more	【最】4【普】30 【协东盟】0【协巴基斯坦】0【协智利】0 【协新西兰】0【协秘鲁】0【协哥斯达黎加】0 【协冰岛】0【协瑞士】0【协澳大利亚】0 【协韩国】2.6【协格鲁吉亚】0【协香港】0 【协澳门】0 【特-1】0【特-2】0【特-3】0 【增】16【反倾】有【反补】有【对美加征】10 【出】0【退】0	千克					999	含硅量>99.9999999%的太阳能级多晶硅
280461	90	13	含硅量>99.9999999%的太阳能级多晶硅废碎料	Solar-Grade Polycrystalline silicon waste or scrap, containing by weight 99.9999999% of silicon or more	【最】4【普】30 【协东盟】0【协巴基斯坦】0【协智利】0 【协新西兰】0【协秘鲁】0【协哥斯达黎加】0 【协冰岛】0【协瑞士】0【协澳大利亚】0 【协韩国】2.6【协格鲁吉亚】0【协香港】0 【协澳门】0 【特-1】0【特-2】0【特-3】0 【增】16【反倾】有【反补】有【对美加征】10 【出】0【退】0	千克	AP		M		999	含硅量>99.9999999%的太阳能级多晶硅废碎料
280461	90	19	其他含硅量>99.9999999%的多晶硅(太阳能级多晶硅除外)	Other polycrystalline silicon, containing by weight 99.9999999% of silicon or more	【最】4【普】30 【协东盟】0【协巴基斯坦】0【协智利】0 【协新西兰】0【协秘鲁】0【协哥斯达黎加】0 【协冰岛】0【协瑞士】0【协澳大利亚】0 【协韩国】2.6【协格鲁吉亚】0【协香港】0 【协澳门】0 【特-1】0【特-2】0【特-3】0 【增】16【对美加征】10【出】0【退】0	千克					999	其他含硅量>99.9999999%的多晶硅(太阳能级多晶硅除外)
280461	90	91	其他含硅量≥99.99%的硅废碎料(太阳能级多晶硅除外)	Other silicon waste or scrap, containing by weight 99.99% of silicon or more, excluding solar-grade polysilicon	【最】4【普】30 【协东盟】0【协巴基斯坦】0【协智利】0 【协新西兰】0【协秘鲁】0【协哥斯达黎加】0 【协冰岛】0【协瑞士】0【协澳大利亚】0 【协韩国】2.6【协格鲁吉亚】0【协香港】0 【协澳门】0 【特-1】0【特-2】0【特-3】0 【增】16【对美加征】10【出】0【退】0	千克	9		M		101 102	其他含硅量≥99.99%的硅废碎料(太阳能级多晶硅除外)(其他硅) 其他含硅量≥99.99%的硅废碎料(太阳能级多晶硅除外)(硅废碎料)
280461	90	92	含硅量≥99.99%的太阳能级多晶硅	Solar-Grade Polycrystalline silicon, containing by weight 99.99% of silicon or more	【最】4【普】30 【协东盟】0【协巴基斯坦】0【协智利】0 【协新西兰】0【协秘鲁】0【协哥斯达黎加】0 【协冰岛】0【协瑞士】0【协澳大利亚】0 【协韩国】2.6【协格鲁吉亚】0【协香港】0 【协澳门】0 【特-1】0【特-2】0【特-3】0 【增】16【反倾】有【反补】有【对美加征】10 【出】0【退】0	千克					999	含硅量≥99.99%的太阳能级多晶硅

税则号列			货品名称中英文		税费综合信息	计量单位	监管证件代码		检验检疫类别		检验检疫编码	检验检疫编码对应中文名称
HS国际统一前6位	本国子目 7~8位	本国子目 9~10位	中文 货物名称	英文 Article Description			进口	出口	进口	出口		
280461	90	93	含硅量≥99.99%的太阳能级多晶硅废碎料	Solar-Grade Polycrystalline silicon waste or scrap, containing by weight 99.99% of silicon or more	【最】4【普】30 【协东盟】0【协巴基斯坦】0【协智利】0 【协新西兰】0【协秘鲁】0【协哥斯达黎加】0 【协冰岛】0【协瑞士】0【协澳大利亚】0 【协韩国】2.6【协格鲁吉亚】0【协香港】0 【协澳门】0 【特-1】0【特-2】0【特-3】0 【增】16【反倾】有【反补】有【对美加征】10 【出】0【退】0	千克	AP		M		999	含硅量≥99.99%的太阳能级多晶硅废碎料
280461	90	99	其他含硅量≥99.99%的硅(太阳能级多晶硅除外)	Other silicon, containing by weight 99.99% of silicon or more, excluding solar-grade polysilicon	【最】4【普】30 【协东盟】0【协巴基斯坦】0【协智利】0 【协新西兰】0【协秘鲁】0【协哥斯达黎加】0 【协冰岛】0【协瑞士】0【协澳大利亚】0 【协韩国】2.6【协格鲁吉亚】0【协香港】0 【协澳门】0 【特-1】0【特-2】0【特-3】0 【增】16【对美加征】10【出】0【退】0	千克					999	其他含硅量≥99.99%的硅(太阳能级多晶硅除外)
280469	00		其他含硅量<99.99%的硅	Other silicon, containing by weight less than 99.99% of silicon	【最】4【普】30 【协东盟】0【协巴基斯坦】0【协智利】0 【协新西兰】0【协秘鲁】0【协哥斯达黎加】0 【协冰岛】0【协瑞士】0【协澳大利亚】0 【协韩国】0【协格鲁吉亚】0【协香港】0 【协澳门】0 【特-1】0【特-2】0【特-3】0 【增】16【对美加征】10【出】0【退】0	千克					101 102 103	其他含硅量<99.99%的硅(化工产品) 其他含硅量<99.99%的硅(金属硅) 其他含硅量<99.99%的硅(其他硅)
280470	10		黄磷(白磷)	Yellow phosphorus (white phosphorus)	【最】5【普】30 【协东盟】0【协巴基斯坦】0【协智利】0 【协新西兰】0【协秘鲁】0【协哥斯达黎加】0 【协冰岛】0【协瑞士】0【协澳大利亚】0 【协韩国】0【协格鲁吉亚】0【协香港】0 【协澳门】0 【特-1】0【特-2】0【特-3】0 【增】16【出】20【退】0	千克	A	B	M	N	999	黄磷(白磷)
280470	90	10	红磷	Red phosphorus	【最】5【普】30 【协东盟】0【协巴基斯坦】0【协智利】0 【协新西兰】0【协秘鲁】0【协哥斯达黎加】0 【协冰岛】0【协瑞士】0【协澳大利亚】0 【协韩国】2.7【协格鲁吉亚】0【协香港】0 【协澳门】0 【特-1】0【特-2】0【特-3】0 【增】16【对美加征】10【出】20【暂出】10 【退】0	千克	A	BG	M	N	301	红磷
280470	90	90	其他磷	Other phosphorus	【最】5【普】30【暂进】5 【协东盟】0【协巴基斯坦】0【协智利】0 【协新西兰】0【协秘鲁】0【协哥斯达黎加】0 【协冰岛】0【协瑞士】0【协澳大利亚】0 【协韩国】2.7【协格鲁吉亚】0【协香港】0 【协澳门】0 【特-1】0【特-2】0【特-3】0 【增】16【对美加征】10【出】20【暂出】10 【退】0	千克					998 999	其他磷(其他危险化学品) 其他磷(其他化工产品)
280480	00		砷	Arsenic	【最】5【普】30 【协东盟】0【协巴基斯坦】0【协智利】0 【协新西兰】0【协秘鲁】0【协哥斯达黎加】0 【协冰岛】0【协瑞士】0【协澳大利亚】0 【协韩国】0【协格鲁吉亚】0【协香港】0 【协澳门】0 【特-1】0【特-2】0【特-3】0 【增】16【对美加征】10【出】0【退】0	千克	A	B	M	N	101 301	砷(砷) 砷(毒性物质和感染性物质)
280490	10		经掺杂用于电子工业的硒晶体棒	Crystals doped for use in electronics, in the form of cylinders or rods	【最】4【普】17 【协亚太】3.2【协东盟】0【协巴基斯坦】0 【协智利】0【协新西兰】0【协秘鲁】0 【协哥斯达黎加】0【协冰岛】0【协瑞士】0 【协澳大利亚】0【协韩国】0【协格鲁吉亚】0 【协香港】0【协澳门】0 【特-1】0【特-2】0【特-3】0 【增】16【出】0【退】0	千克					999	经掺杂用于电子工业的硒晶体棒

税则号列			货品名称中英文		税费综合信息	计量单位	监管证件代码		检验检疫类别		检验检疫编码	检验检疫编码对应中文名称
HS国际统一前6位	本国子目 7~8位	本国子目 9~10位	中文 货物名称	英文 Article Description			进口	出口	进口	出口		
280490	90		其他硒	Other selenium	【最】5【普】30【暂进】0 【协东盟】0【协巴基斯坦】0【协智利】0 【协新西兰】0【协秘鲁】2.3【协哥斯达黎加】0 【协冰岛】0【协瑞士】0【协澳大利亚】0 【协韩国】0【协格鲁吉亚】0【协香港】0 【协澳门】0 【特-1】0【特-2】0 【增】16【对美加征】10【出】0【退】13	千克					998 999	其他硒（其他危险化学品） 其他硒（其他化工产品）
280511	00		钠	Sodium	【最】5【普】30 【协东盟】0【协巴基斯坦】0【协智利】0 【协新西兰】0【协秘鲁】0【协哥斯达黎加】0 【协冰岛】0【协瑞士】0【协澳大利亚】0 【协韩国】0【协格鲁吉亚】0【协香港】0 【协澳门】0 【特-1】0【特-2】0 【增】16【对美加征】5【出】0【退】0	千克	A	B	M	N	101 102	钠（碱金属、碱土金属） 钠（金属钠）
280512	00	10	高纯度钙［金属杂质（除镁外）含量<1‰，硼含量小于十万分之一］	High-purity calcium, metal impurity (other than Magnesium) <1‰, containing less than $1/10^5$ by weight of boron	【最】5【普】30【暂进】1 【协东盟】0【协巴基斯坦】0【协智利】0 【协新西兰】0【协秘鲁】0【协哥斯达黎加】0 【协冰岛】0【协瑞士】0【协澳大利亚】0 【协韩国】0【协格鲁吉亚】0【协香港】0 【协澳门】0 【特-1】0【特-2】0 【增】16【对美加征】10【出】0【退】0	千克	A	3	M		101 102	高纯度钙［金属杂质（除镁外）含量<1‰，硼含量小于十万分之一］（碱金属、碱土金属） 高纯度钙［金属杂质（除镁外）含量<1‰，硼含量小于十万分之一］（金属钙）
280512	00	90	其他钙	Other calcium	【最】5【普】30【暂进】1 【协东盟】0【协巴基斯坦】0【协智利】0 【协新西兰】0【协秘鲁】0【协哥斯达黎加】0 【协冰岛】0【协瑞士】0【协澳大利亚】0 【协韩国】0【协格鲁吉亚】0【协香港】0 【协澳门】0 【特-1】0【特-2】0 【增】16【对美加征】10【出】0【退】0	千克					301	其他钙
280519	10		锂	Lithium	【最】5【普】30【暂进】1 【协东盟】0【协巴基斯坦】0【协智利】0 【协新西兰】0【协秘鲁】0【协哥斯达黎加】0 【协冰岛】0【协瑞士】0【协澳大利亚】0 【协韩国】0【协格鲁吉亚】0【协香港】0 【协澳门】0 【特-1】0【特-2】0 【增】16【对美加征】5【出】0【退】0	千克	A	B	M	N	999	锂（属于危险化学品的金属）
280519	90		其他碱金属及碱土金属	Other alkali metals or alkaline-earth metals	【最】5【普】30【暂进】1 【协东盟】0【协巴基斯坦】0【协智利】0 【协新西兰】0【协秘鲁】0【协哥斯达黎加】0 【协冰岛】0【协瑞士】0【协澳大利亚】0 【协韩国】0【协格鲁吉亚】0【协香港】0 【协澳门】0 【特-1】0【特-2】0 【增】16【对美加征】5【出】0【退】0	千克					101 102 103 104 105 ……	其他碱金属及碱土金属（碱金属、碱土金属） 其他碱金属及碱土金属（钡合金） 其他碱金属及碱土金属（金属钾） 其他碱金属及碱土金属（钾合金） 其他碱金属及碱土金属（钾钠合金） ……①
280530	11		钕（未相互混合或相互熔合）	Neodymium, not intermixed or interalloyed	【最】5【普】30【暂进】0 【协东盟】0【协巴基斯坦】0【协智利】0 【协新西兰】0【协秘鲁】0【协哥斯达黎加】0 【协冰岛】0【协瑞士】0【协澳大利亚】0 【协韩国】0【协格鲁吉亚】0【协香港】0 【协澳门】0 【特-1】0【特-2】0 【增】16【出】0【退】0	千克		4Bxy		N	301	钕（未相互混合或相互熔合）（属于危险化学品的稀土）

① 该税号项下检验检疫编码及对应中文名称尚有：106　其他碱金属及碱土金属（金属铷），107　其他碱金属及碱土金属（金属铯），108　其他碱金属及碱土金属（金属锶），109　其他碱金属及碱土金属（金属钡），110　其他碱金属及碱土金属（其他二级有机钡化合物），301　其他碱金属及碱土金属（易于自燃的物质），302　其他碱金属及碱土金属（遇水放出易燃气体的物质）。

税则号列 HS国际统一前6位	本国子目 7~8位	本国子目 9~10位	货品名称中英文 中文 货物名称	货品名称中英文 英文 Article Description	税费综合信息	计量单位	监管证件代码 进口	监管证件代码 出口	检验检疫类别 进口	检验检疫类别 出口	检验检疫编码	检验检疫编码对应中文名称
280530	12		镝（未相互混合或相互熔合）	Dysprosium, not intermixed or interalloyed	【最】5【普】30【暂进】0 【协东盟】0【协巴基斯坦】0【协智利】0 【协新西兰】0【协秘鲁】0【协哥斯达黎加】0 【协冰岛】0【协瑞士】0【协澳大利亚】0 【协韩国】0【协格鲁吉亚】0【协香港】0 【协澳门】0 【特-1】0【特-2】0 【增】16【对美加征】5【出】0【退】0	千克		4Bxy		N	999	镝（未相互混合或相互熔合）
280530	13		铽（未相互混合或相互熔合）	Terbium, not intermixed or interalloyed	【最】5【普】30【暂进】0 【协东盟】0【协巴基斯坦】0【协智利】0 【协新西兰】0【协秘鲁】0【协哥斯达黎加】0 【协冰岛】0【协瑞士】0【协澳大利亚】0 【协韩国】0【协格鲁吉亚】0【协香港】0 【协澳门】0 【特-1】0【特-2】0 【增】16【出】0【退】0	千克		4Bxy		N	999	铽（未相互混合或相互熔合）
280530	14		镧（未相互混合或相互熔合）	Lanthanum, not intermixed or interalloyed	【最】5【普】30【暂进】0 【协东盟】0【协巴基斯坦】0【协智利】0 【协新西兰】0【协秘鲁】0【协哥斯达黎加】0 【协冰岛】0【协瑞士】0【协澳大利亚】0 【协韩国】0【协格鲁吉亚】0【协香港】0 【协澳门】0 【特-1】0【特-2】0 【增】16【对美加征】5【出】0【退】0	千克		4Bxy		N	999	镧（未相互混合或相互熔合）（属于危险化学品的稀土）
280530	15	10	颗粒直径<500μm的铈及其合金（计重含量≥97%，不论球形、椭球体、雾化、片状、研碎金属燃料；未相互混合或相互熔合）	Cerium and its alloys, granularity<500μm, containing more than 97% by weight of cerium, whether in the form of spheroid, ellipsoid, flakes, atomized or pulverized metallic fuel	【最】5【普】30【暂进】0 【协东盟】0【协巴基斯坦】0【协智利】0 【协新西兰】0【协秘鲁】0【协哥斯达黎加】0 【协冰岛】0【协瑞士】0【协澳大利亚】0 【协韩国】0【协格鲁吉亚】0【协香港】0 【协澳门】0 【特-1】0【特-2】0 【增】16【对美加征】5【出】0【退】0	千克		3B		N	301	颗粒直径<500μm的铈及其合金（计重含量≥97%，不论球形、椭球体、雾化、片状、研碎金属燃料；未相互混合或相互熔合）（属于危险化学品的稀土）
280530	15	90	其他金属铈（未相互混合或相互熔合）	Other Cerium metal, not intermixed or interalloyed	【最】5【普】30【暂进】0 【协东盟】0【协巴基斯坦】0【协智利】0 【协新西兰】0【协秘鲁】0【协哥斯达黎加】0 【协冰岛】0【协瑞士】0【协澳大利亚】0 【协韩国】0【协格鲁吉亚】0【协香港】0 【协澳门】0 【特-1】0【特-2】0 【增】16【对美加征】5【出】0【退】0	千克		4Bxy		N	999	其他金属铈（未相互混合或相互熔合）（属于危险化学品的稀土）
280530	16		金属镨（未相互混合或相互熔合）	Praseodymium metal, not intermixed or interalloyed	【最】5【普】30【暂进】0 【协东盟】0【协巴基斯坦】0【协智利】0 【协新西兰】0【协秘鲁】0【协哥斯达黎加】0 【协冰岛】0【协瑞士】0【协澳大利亚】0 【协韩国】0【协格鲁吉亚】0【协香港】0 【协澳门】0 【特-1】0【特-2】0 【增】16【出】0【退】0	千克		4Bxy		N	999	金属镨（未相互混合或相互熔合）
280530	17		金属钇（未相互混合或相互熔合）	Yttrium metal, not intermixed or interalloyed	【最】5【普】30【暂进】0 【协东盟】0【协巴基斯坦】0【协智利】0 【协新西兰】0【协秘鲁】0【协哥斯达黎加】0 【协冰岛】0【协瑞士】0【协澳大利亚】0 【协韩国】0【协格鲁吉亚】0【协香港】0 【协澳门】0 【特-1】0【特-2】0 【增】16【对美加征】5【出】0【退】0	千克		4Bxy		N	999	金属钇（未相互混合或相互熔合）

税则号列			货品名称中英文		税费综合信息	计量单位	监管证件代码		检验检疫类别		检验检疫编码	检验检疫编码对应中文名称
HS国际统一前6位	本国子目 7~8位	9~10位	中文 货物名称	英文 Article Description			进口	出口	进口	出口		
280530	19		其他稀土金属（未相互混合或相互熔合）	Other rare-earth metals	【最】5【普】30【暂进】0 【协东盟】0【协巴基斯坦】0【协智利】0 【协新西兰】0【协秘鲁】0【协哥斯达黎加】0 【协冰岛】0【协瑞士】0【协澳大利亚】0 【协韩国】0【协格鲁吉亚】0【协香港】0 【协澳门】0 【特-1】0【特-2】0 【增】16【对美加征】5【出】0【退】0	千克		4Bxy		N	101 102 103 104 105 ……	其他稀土金属（未相互混合或相互熔合）（金属钐） 其他稀土金属（未相互混合或相互熔合）（金属铕） 其他稀土金属（未相互混合或相互熔合）（金属钪） 其他稀土金属（未相互混合或相互熔合）（稀土金属） 其他稀土金属（未相互混合或相互熔合）［金属镧（浸在煤油中的）］ ……①
280530	21		其他电池级的稀土金属、钪及钇	Battery grade	【最】5【普】30【暂进】0 【协东盟】0【协巴基斯坦】0【协智利】0 【协新西兰】0【协秘鲁】0【协哥斯达黎加】0 【协冰岛】0【协瑞士】0【协澳大利亚】0 【协韩国】0【协格鲁吉亚】0【协香港】0 【协澳门】0 【特-1】0【特-2】0 【增】16【出】0【退】0	千克		4Bxy		N	301	其他电池级的稀土金属、钪及钇（已相互混合或相互熔合）
280530	29		其他稀土金属、钪及钇	Other rare-earth metals, scandium and yttrium	【最】5【普】30【暂进】0 【协东盟】0【协巴基斯坦】0【协智利】0 【协新西兰】0【协秘鲁】0【协哥斯达黎加】0 【协冰岛】0【协瑞士】0【协澳大利亚】0 【协韩国】0【协格鲁吉亚】0【协香港】0 【协澳门】0 【特-1】0【特-2】0 【增】16【对美加征】10【出】0【退】0	千克		4Bxy		N	301 302	其他稀土金属、钪及钇（已相互混合或相互熔合）（米许合金，属于危险化学品的稀土） 其他稀土金属、钪及钇（已相互混合或相互熔合）（不属于危险化学品的稀土）
280540	00		汞	Mercury	【最】5【普】17 【协东盟】0【协巴基斯坦】0【协智利】0 【协新西兰】0【协秘鲁】0【协哥斯达黎加】0 【协冰岛】0【协瑞士】0【协澳大利亚】0 【协韩国】0【协格鲁吉亚】0【协香港】0 【协澳门】0 【特-1】0【特-2】0 【增】16【出】0【退】0	千克	AX	BX	M	N	999	汞（属于危险化学品的金属）
280610	00		氯化氢（盐酸）	Hydrogen chloride (hydrochloric acid)	【最】5【普】80 【协东盟】0【协巴基斯坦】5【协智利】0 【协新西兰】0【协秘鲁】0【协哥斯达黎加】0 【协冰岛】0【协瑞士】0【协澳大利亚】0 【协韩国】0【协格鲁吉亚】0【协香港】0 【协澳门】0 【特-1】0【特-2】0 【增】16【对美加征】5【出】0【退】0	千克	2A	3B	MR	NS	301 302 303	氯化氢（盐酸）（腐蚀性物质，需申报仅用于工业用途不用于无检疫要求食品添加剂） 氯化氢（盐酸）（属于危险化学品的食品添加剂） 氯化氢（盐酸）（毒性气体，需申报仅用于工业用途不用于无检疫要求食品添加剂）
280620	00		氯磺酸	Chlorosulphuric acid	【最】5【普】40 【协东盟】0【协巴基斯坦】0【协智利】0 【协新西兰】0【协秘鲁】0【协哥斯达黎加】0 【协冰岛】0【协瑞士】0【协澳大利亚】0 【协韩国】0【协格鲁吉亚】0【协香港】0 【协澳门】0 【特-1】0【特-2】0 【增】16【出】0【退】0	千克	A	B	M	N	999	氯磺酸

① 该税号项下检验检疫编码及对应中文名称尚有：106　其他稀土金属（未相互混合或相互熔合）［金属铈（浸在煤油中的）］。

税则号列			货品名称中英文		税费综合信息	计量单位	监管证件代码		检验检疫类别		检验检疫编码	检验检疫编码对应中文名称
HS 国际统一前 6 位	本国子目 7~8 位	本国子目 9~10 位	中文 货物名称	英文 Article Description			进口	出口	进口	出口		
280700	00	10	硫酸	Sulphuric acid	【最】5【普】35【暂进】1 【协东盟】0【协巴基斯坦】5【协智利】0 【协新西兰】0【协秘鲁】0【协哥斯达黎加】0 【协冰岛】0【协瑞士】0【协澳大利亚】0 【协韩国】0【协格鲁吉亚】0【协香港】0 【协澳门】0 【特-1】0【特-2】0 【增】16【对美加征】10【出】0【退】0	千克	2	3			101 102 103 104	硫酸（废硫酸） 硫酸［电池液（酸性的）］ 硫酸（危险化学品） 硫酸（属于危险化学品的食品添加剂）
280700	00	90	发烟硫酸	Oleum	【最】5【普】35【暂进】1 【协东盟】0【协巴基斯坦】5【协智利】0 【协新西兰】0【协秘鲁】0【协哥斯达黎加】0 【协冰岛】0【协瑞士】0【协澳大利亚】0 【协韩国】0【协格鲁吉亚】0【协香港】0 【协澳门】0 【特-1】0【特-2】0 【增】16【对美加征】10【出】0【退】0	千克	A	B	M	N	999	发烟硫酸
280800	00	10	红发烟硝酸	Red fuming nitric acid	【最】5【普】40 【协东盟】0【协巴基斯坦】5【协智利】0 【协新西兰】0【协秘鲁】0【协哥斯达黎加】0 【协冰岛】0【协瑞士】0【协澳大利亚】0 【协韩国】0【协格鲁吉亚】0【协香港】0 【协澳门】0 【特-1】0【特-2】0 【增】16【对美加征】10【出】0【退】0	千克	A	3	M		999	红发烟硝酸
280800	00	90	磺硝酸及其他硝酸	Sulphonitric acids and other nitric acids	【最】5【普】40 【协东盟】0【协巴基斯坦】5【协智利】0 【协新西兰】0【协秘鲁】0【协哥斯达黎加】0 【协冰岛】0【协瑞士】0【协澳大利亚】0 【协韩国】0【协格鲁吉亚】0【协香港】0 【协澳门】0 【特-1】0【特-2】0 【增】16【对美加征】10【出】0【退】0	千克					101 102	磺硝酸及其他硝酸（硝酸） 磺硝酸及其他硝酸（废硝酸）
280910	00		五氧化二磷	Diphosphorus pentaoxide	【最】1【普】8 【协东盟】0【协巴基斯坦】0【协智利】0 【协新西兰】0【协秘鲁】0【协哥斯达黎加】0 【协冰岛】0【协瑞士】0【协澳大利亚】0 【协韩国】0【协格鲁吉亚】0【协香港】0 【协澳门】0 【特-1】0【特-2】0 【增】16【对美加征】5【出】0【退】0	千克	A	B	M	N	999	五氧化二磷
280920	11		食品级磷酸	Phosphoric acid, food grade	【最】1【普】8 【协东盟】0【协巴基斯坦】0【协智利】0 【协新西兰】0【协秘鲁】0【协哥斯达黎加】0 【协冰岛】0【协瑞士】0【协澳大利亚】0 【协韩国】0【协格鲁吉亚】0【协香港】0 【协澳门】0 【特-1】0【特-2】0 【增】16【出】0【退】0	千克	A	B	R	NS	101 102	食品级磷酸（食品级磷酸的具体技术指标参考GB3149-2004）（饲料添加剂） 食品级磷酸（食品级磷酸的具体技术指标参考GB3149-2004）（属于危险化学品的食品添加剂）
280920	19		其他磷酸及偏磷酸、焦磷酸（食品级磷酸除外）	Other phosphoric acid, metaphosphoric acid and pyrophosphoric acid (other than phosphoric acid, food grade)	【最】1【普】8 【协东盟】0【协巴基斯坦】0【协智利】0 【协新西兰】0【协秘鲁】0【协哥斯达黎加】0 【协冰岛】0【协瑞士】0【协澳大利亚】0 【协韩国】0.5【协格鲁吉亚】0【协香港】0 【协澳门】0 【特-1】0【特-2】0 【增】16【对美加征】10【出】0【退】0	千克		B		N	101 102 301 302 303	其他磷酸及偏磷酸、焦磷酸（食品级磷酸除外）（饲料添加剂） 其他磷酸及偏磷酸、焦磷酸（食品级磷酸除外）［正磷酸（酸性腐蚀品）］ 其他磷酸及偏磷酸、焦磷酸（食品级磷酸除外）（腐蚀性物质） 其他磷酸及偏磷酸、焦磷酸（食品级磷酸除外）（需申报仅用于工业用途不用于无检疫要求食品添加剂的化学品） 其他磷酸及偏磷酸、焦磷酸（食品级磷酸除外）（其他化工产品）

税则号列			货品名称中英文		税费综合信息	计量单位	监管证件代码		检验检疫类别		检验检疫编码	检验检疫编码对应中文名称
HS国际统一前6位	本国子目 7~8位	9~10位	中文 货物名称	英文 Article Description			进口	出口	进口	出口		
280920	90		其他多磷酸	Other polyphosphoric acids	【最】5【普】35 【协东盟】0【协巴基斯坦】5【协智利】0 【协新西兰】0【协秘鲁】0【协哥斯达黎加】0 【协冰岛】0【协瑞士】0【协澳大利亚】0 【协韩国】0【协格鲁吉亚】0【协香港】0 【协澳门】0 【特-1】0【特-2】0 【增】16【对美加征】5【出】0【退】0	千克					101 102	其他多磷酸（饲料添加剂） 其他多磷酸（化工产品）
281000	10		硼的氧化物	Oxides of boron	【最】5【普】30 【协亚太】4.5【协东盟】0【协巴基斯坦】0 【协智利】0【协新西兰】0【协秘鲁】0 【协哥斯达黎加】0【协冰岛】0【协瑞士】0 【协澳大利亚】0【协韩国】0【协格鲁吉亚】0 【协香港】0【协澳门】0 【特-1】0【特-2】0 【增】16【对美加征】5【出】0【退】0	千克					999	硼的氧化物
281000	20		硼酸	Boric acids	【最】5【普】30 【协东盟】0【协巴基斯坦】0【协智利】0 【协新西兰】0【协秘鲁】0【协哥斯达黎加】0 【协冰岛】0【协瑞士】0【协澳大利亚】0 【协韩国】0【协格鲁吉亚】0【协香港】0 【协澳门】0 【特-1】0【特-2】0 【增】16【对美加征】5【出】0【退】0	千克	A	B	M	N	999	硼酸（其他危险化学品）
281111	10		电子级氢氟酸	Electronic grade hydrofluoric acid	【最】5.5【普】35 【协东盟】0【协巴基斯坦】0【协智利】0 【协新西兰】0【协秘鲁】0【协哥斯达黎加】0 【协冰岛】0【协瑞士】0【协澳大利亚】0 【协韩国】0【协格鲁吉亚】0【协香港】0 【协澳门】0 【特-1】0【特-2】0【特-3】0 【增】16【出】0【退】0	千克	A	3B	M	N	301	电子级氢氟酸
281111	90		其他氢氟酸	Other hydrofluoric acid	【最】5【普】35 【协东盟】0【协巴基斯坦】0【协智利】0 【协新西兰】0【协秘鲁】0【协哥斯达黎加】0 【协冰岛】0【协瑞士】0【协澳大利亚】0 【协韩国】0【协格鲁吉亚】0【协香港】0 【协澳门】0 【特-1】0【特-2】0【特-3】0 【增】16【对美加征】10【出】0【退】0	千克	A	3B	M	N	301	其他氢氟酸
281112	00		氢氰酸	Hydrocyanic acid	【最】5【普】35【协亚太】4 【协东盟】0【协巴基斯坦】0【协智利】0 【协新西兰】0【协秘鲁】0【协哥斯达黎加】0 【协冰岛】0【协瑞士】0【协澳大利亚】0 【协韩国】0【协格鲁吉亚】0【协香港】0 【协澳门】0 【特-1】0【特-2】0【特-3】0 【增】16【出】0【退】0	千克	2	3			999	氢氰酸（包括氰化氢）
281119	20		硒化氢	Hydrogen selenide	【最】5【普】35 【协东盟】0【协巴基斯坦】5【协智利】0 【协新西兰】0【协秘鲁】0【协哥斯达黎加】0 【协冰岛】0【协瑞士】0【协澳大利亚】0 【协韩国】2.7【协格鲁吉亚】0【协香港】0 【协澳门】0 【特-1】0【特-2】0【特-3】0 【增】16【出】0【退】0	千克	A	B	M	N	999	硒化氢
281119	90	10	氢碘酸	hydriodic acid	【最】5【普】35 【协东盟】0【协巴基斯坦】5【协智利】0 【协新西兰】0【协秘鲁】0【协哥斯达黎加】0 【协冰岛】0【协瑞士】0【协澳大利亚】0 【协韩国】2.7【协格鲁吉亚】0【协香港】0 【协澳门】0 【特-1】0【特-2】0【特-3】0 【增】16【反倾】有【对美加征】10【出】0 【退】0	千克	A	BG	M	N	999	氢碘酸

税则号列 HS 国际统一前6位	本国子目 7~8位	本国子目 9~10位	货品名称中英文 中文 货物名称	货品名称中英文 英文 Article Description	税费综合信息	计量单位	监管证件代码 进口	监管证件代码 出口	检验检疫类别 进口	检验检疫类别 出口	检验检疫编码	检验检疫编码对应中文名称
281119	90	20	砷酸、焦砷酸、偏砷酸	Arsenic acid, Pyroarsenic acid, Metaarsenic acid	【最】5【普】35 【协东盟】0【协巴基斯坦】5【协智利】0 【协新西兰】0【协秘鲁】0【协哥斯达黎加】0 【协冰岛】0【协瑞士】0【协澳大利亚】0 【协韩国】2.7【协格鲁吉亚】0【协香港】0 【协澳门】0 【特-1】0【特-2】0【特-3】0 【增】16【对美加征】10【出】0【退】0	千克					301	砷酸、焦砷酸、偏砷酸
281119	90	90	其他无机酸	Other inorganic acids	【最】5【普】35 【协东盟】0【协巴基斯坦】5【协智利】0 【协新西兰】0【协秘鲁】0【协哥斯达黎加】0 【协冰岛】0【协瑞士】0【协澳大利亚】0 【协韩国】2.7【协格鲁吉亚】0【协香港】0 【协澳门】0 【特-1】0【特-2】0【特-3】0 【增】16【对美加征】10【出】0【退】0	千克	A	B	MR	NS	301 302 303 304	其他无机酸（其他危险化学品，需申报仅用于工业用途不用于无检疫要求食品添加剂） 其他无机酸（无检疫要求食品添加剂） 其他无机酸（一般化学品，需申报仅用于工业用途不用于无检疫要求食品添加剂） 其他无机酸（属于危险化学品的食品添加剂）
281121	00		二氧化碳	Carbon dioxide	【最】5【普】30 【协东盟】0【协香港】0【协澳门】0 【协巴基斯坦】5【协智利】0【协新西兰】0 【协秘鲁】0【协哥斯达黎加】0【协冰岛】0 【协瑞士】0【协澳大利亚】0【协韩国】0 【协格鲁吉亚】0【协香港】0【协澳门】0 【特-1】0【特-2】0【特-3】0 【增】16【对美加征】10【出】0【退】0	千克	A	B	MR	NS	101 301 302 303 304	二氧化碳（二氧化碳和氧气混合物） 二氧化碳（二氧化碳和环氧乙烷混合物） 二氧化碳（非易燃无毒气体，需申报仅用于工业用途不用于无检疫要求食品添加剂） 二氧化碳（需申报仅用于工业用途不用于无检疫要求食品添加剂的化学品） 二氧化碳（属于危险化学品的食品添加剂）
281122	10		二氧化硅硅胶【电商】	Silicon gel	【最】5【普】30 【协东盟】0【协澳门】0【协巴基斯坦】5 【协智利】0【协新西兰】0【协秘鲁】0 【协香港】0【协哥斯达黎加】0【协冰岛】0 【协瑞士】0【协澳大利亚】0【协韩国】0 【协格鲁吉亚】0【协香港】0【协澳门】0 【特-1】0【特-2】0【特-3】0 【增】16【对美加征】5【出】0【退】10	千克	A		R		999	二氧化硅硅胶（本子目所指硅胶，包括全部或部分着色产品）
281122	90		其他二氧化硅	Other silicon dioxide	【最】5【普】30 【协东盟】0【协澳门】0【协巴基斯坦】5 【协智利】0【协新西兰】0【协秘鲁】0 【协香港】0【协哥斯达黎加】0【协冰岛】0 【协瑞士】0【协澳大利亚】0【协韩国】0 【协格鲁吉亚】0 【特-1】0【特-2】0【特-3】0 【增】16【对美加征】10【出】0【退】10	千克	A		R		101 102 301 302	其他二氧化硅（饲料添加剂） 其他二氧化硅［硅粉（非晶形的）］ 其他二氧化硅（需申报仅用于工业用途不用于无检疫要求食品添加剂的化学品） 其他二氧化硅（无检疫要求食品添加剂）
281129	00	10	三氧化二砷、五氧化二砷［亚砷（酸）酐、砒霜、白砒、氧化亚砷、砷（酸）酐、三氧化砷］	Arsenic trioxide; arsenic pentaoxide (including arsenious acid anhydride; White arsenic; acide arsenieux)	【最】5【普】30 【协东盟】0【协香港】0【协澳门】0 【协巴基斯坦】5【协智利】0【协新西兰】0 【协秘鲁】0【协哥斯达黎加】0【协冰岛】0 【协瑞士】0【协澳大利亚】0【协韩国】0 【协格鲁吉亚】0 【特-1】0【特-2】0【特-3】0 【增】16【对美加征】5【出】0【退】0	千克					301	三氧化二砷、五氧化二砷［亚砷（酸）酐、砒霜、白砒、氧化亚砷、砷（酸）酐、三氧化砷］
281129	00	20	四氧化二氮	Dinitrogen tetroxide (nitrogen tetroxide)	【最】5【普】30 【协东盟】0【协香港】0【协澳门】0 【协巴基斯坦】5【协智利】0【协新西兰】0 【协秘鲁】0【协哥斯达黎加】0【协冰岛】0 【协瑞士】0【协澳大利亚】0【协韩国】0 【协格鲁吉亚】0 【特-1】0【特-2】0【特-3】0 【增】16【对美加征】5【出】0【退】0	千克	A	3	M		999	四氧化二氮

税则号列 HS国际统一前6位	本国子目 7~8位	本国子目 9~10位	货品名称中英文 中文 货物名称	货品名称中英文 英文 Article Description	税费综合信息	计量单位	监管证件代码 进口	监管证件代码 出口	检验检疫类别 进口	检验检疫类别 出口	检验检疫编码	检验检疫编码对应中文名称
281129	00	90	其他非金属无机氧化物	Other inorganic oxygen compounds of non-metals	【最】5【普】30 【协东盟】0【协香港】0【协澳门】0 【协巴基斯坦】5【协智利】0【协新西兰】0 【协秘鲁】0【协哥斯达黎加】0【协冰岛】0 【协瑞士】0【协澳大利亚】0【协韩国】0 【协格鲁吉亚】0 【特-1】0【特-2】0【特-3】0 【增】16【对美加征】5【出】0【退】0	千克					301 302 303 304 305 ……	其他非金属无机氧化物(易燃气体) 其他非金属无机氧化物(非易燃无毒气体) 其他非金属无机氧化物(毒性气体) 其他非金属无机氧化物(氧化性物质) 其他非金属无机氧化物(毒性物质和感染性物质) ……①
281211	00		碳酰二氯(光气)	Carbonyl dichiloride (phosgene)	【最】5【普】30 【协东盟】0【协巴基斯坦】0【协智利】0 【协新西兰】0【协秘鲁】0【协哥斯达黎加】0 【协冰岛】0【协瑞士】0【协澳大利亚】0 【协韩国】0【协格鲁吉亚】0 【特-1】0【特-2】0 【增】16【出】0【退】0	千克	2	3			999	碳酰二氯(光气)
281212	00		氧氯化磷(即磷酰氯,三氯氧磷)	Phosphorus oxychloride(phosphoryl monochloride, phosphorus oxytrichloride)	【最】5【普】30 【协东盟】0【协巴基斯坦】5【协智利】0 【协新西兰】0【协秘鲁】0【协哥斯达黎加】0 【协冰岛】0【协瑞士】0【协澳大利亚】0 【协韩国】0【协格鲁吉亚】0【协香港】0 【协澳门】0 【特-1】0【特-2】0 【增】16【对美加征】5【出】0【退】0	千克	2	3			999	氧氯化磷(即磷酰氯,三氯氧磷)
281213	00		三氯化磷	Phosphorus trichloride	【最】5【普】30 【协东盟】0【协巴基斯坦】0【协智利】0 【协新西兰】0【协秘鲁】0【协哥斯达黎加】0 【协冰岛】0【协瑞士】0【协澳大利亚】0 【协韩国】0【协格鲁吉亚】0【协香港】0 【协澳门】0 【特-1】0【特-2】0 【增】16【出】0【退】0	千克	2A	3B	M	N	999	三氯化磷
281214	00		五氯化磷	Phosphorus pentachloride	【最】5【普】30 【协东盟】0【协巴基斯坦】0【协智利】0 【协新西兰】0【协秘鲁】0【协哥斯达黎加】0 【协冰岛】0【协瑞士】0【协澳大利亚】0 【协韩国】0【协格鲁吉亚】0【协香港】0 【协澳门】0 【特-1】0【特-2】0 【增】16【出】0【退】0	千克	2A	3B	M	N	999	五氯化磷
281215	00		一氯化硫(氯化硫)	Sulfur monochloride	【最】5【普】30 【协东盟】0【协巴基斯坦】0【协智利】0 【协新西兰】0【协秘鲁】0【协哥斯达黎加】0 【协冰岛】0【协瑞士】0【协澳大利亚】0 【协韩国】0【协格鲁吉亚】0【协香港】0 【协澳门】0 【特-1】0【特-2】0 【增】16【出】0【退】0	千克	2A	3B	M	N	999	一氯化硫(氯化硫)
281216	00		二氯化硫	Sulfur dichloride	【最】5【普】30 【协东盟】0【协巴基斯坦】0【协智利】0 【协新西兰】0【协秘鲁】0【协哥斯达黎加】0 【协冰岛】0【协瑞士】0【协澳大利亚】0 【协韩国】0【协格鲁吉亚】0【协香港】0 【协澳门】0 【特-1】0【特-2】0 【增】16【出】0【退】0	千克	2A	3B	M	N	999	二氯化硫

① 该税号项下检验检疫编码及对应中文名称尚有：306　其他非金属无机氧化物（腐蚀性物质），307　其他非金属无机氧化物（其他化工产品）。

税则号列 HS国际统一前6位	本国子目 7~8位	本国子目 9~10位	货品名称中文 货物名称	英文 Article Description	税费综合信息	计量单位	监管证件代码 进口	监管证件代码 出口	检验检疫类别 进口	检验检疫类别 出口	检验检疫编码	检验检疫编码对应中文名称
281217	00		亚硫酰氯	Thionyl chloride	【最】5【普】30 【协东盟】0【协巴基斯坦】0【协智利】0 【协新西兰】0【协秘鲁】0【协哥斯达黎加】0 【协冰岛】0【协瑞士】0【协澳大利亚】0 【协韩国】0【协格鲁吉亚】0【协香港】0 【协澳门】0 【特-1】0【特-2】0 【增】16【出】0【退】0	千克	2A	3B	M	N	999	亚硫酰氯
281219	00	20	三氯化砷	Arsenic trichloride	【最】5【普】30 【协东盟】0【协巴基斯坦】0【协智利】0 【协新西兰】0【协秘鲁】0【协哥斯达黎加】0 【协冰岛】0【协瑞士】0【协澳大利亚】0 【协韩国】0【协格鲁吉亚】0【协香港】0 【协澳门】0 【特-1】0【特-2】0 【增】16【对美加征】10【出】0【退】0	千克	2A	3B	M	N	999	三氯化砷
281219	00	91	其他非金属氯化物	Other chlorides of non-metals	【最】5【普】30 【协东盟】0【协巴基斯坦】0【协智利】0 【协新西兰】0【协秘鲁】0【协哥斯达黎加】0 【协冰岛】0【协瑞士】0【协澳大利亚】0 【协韩国】0【协格鲁吉亚】0【协香港】0 【协澳门】0 【特-1】0【特-2】0 【增】16【对美加征】10【出】0【退】0	千克					301 302 303 304 999	其他非金属氯化物（易燃气体） 其他非金属氯化物（毒性气体） 其他非金属氯化物（腐蚀性物质） 其他非金属氯化物（其他化工产品） 其他非金属氯化物（毒性物质和感染性物质）
281219	00	99	其他非金属氯氧化物	Other chloride oxides of non-metals	【最】5【普】30 【协东盟】0【协巴基斯坦】0【协智利】0 【协新西兰】0【协秘鲁】0【协哥斯达黎加】0 【协冰岛】0【协瑞士】0【协澳大利亚】0 【协韩国】0【协格鲁吉亚】0【协香港】0 【协澳门】0 【特-1】0【特-2】0 【增】16【对美加征】10【出】0【退】0	千克					301 302 999	其他非金属氯氧化物（毒性气体） 其他非金属氯氧化物（腐蚀性物质） 其他非金属氯氧化物（其他化工产品）
281290	11		三氟化氮	Nitrogen trifluoride	【最】5【普】30 【协东盟】0【协巴基斯坦】0【协智利】0 【协新西兰】0【协秘鲁】0【协哥斯达黎加】0 【协冰岛】0【协瑞士】0【协澳大利亚】0 【协韩国】3.6【协格鲁吉亚】0【协香港】0 【协澳门】0 【特-1】0【特-2】0 【增】16【对美加征】10【出】0【退】10	千克	A	B	M	N	999	三氟化氮
281290	19	10	三氟化氯	Chlorine trifluoride	【最】5【普】30 【协东盟】0【协巴基斯坦】0【协智利】0 【协新西兰】0【协秘鲁】0【协哥斯达黎加】0 【协冰岛】0【协瑞士】0【协澳大利亚】0 【协韩国】0【协格鲁吉亚】3.3【协香港】0 【协澳门】0 【特-1】0【特-2】0 【增】16【对美加征】5【出】0【退】0	千克	A	3	M		999	三氟化氯
281290	19	20	三氟化砷	Arsenous trifluoride	【最】5【普】30 【协东盟】0【协巴基斯坦】0【协智利】0 【协新西兰】0【协秘鲁】0【协哥斯达黎加】0 【协冰岛】0【协瑞士】0【协澳大利亚】0 【协韩国】0【协格鲁吉亚】3.3【协香港】0 【协澳门】0 【特-1】0【特-2】0 【增】16【对美加征】5【出】0【退】0	千克					999	三氟化砷（氟化亚砷）
281290	19	30	硫酰氟	Sulfuryl fluoride	【最】5【普】30 【协东盟】0【协巴基斯坦】0【协智利】0 【协新西兰】0【协秘鲁】0【协哥斯达黎加】0 【协冰岛】0【协瑞士】0【协澳大利亚】0 【协韩国】0【协格鲁吉亚】3.3【协香港】0 【协澳门】0 【特-1】0【特-2】0 【增】16【对美加征】5【出】0【退】0	千克	S	S			999	硫酰氟

税则号列 HS国际统一前6位	本国子目 7~8位	本国子目 9~10位	货品名称中英文 中文 货物名称	货品名称中英文 英文 Article Description	税费综合信息	计量单位	监管证件代码 进口	监管证件代码 出口	检验检疫类别 进口	检验检疫类别 出口	检验检疫编码	检验检疫编码对应中文名称
281290	19	90	其他氟化物及氟氧化物	Other fluoride and oxyfluoride	【最】5【普】30 【协东盟】0【协巴基斯坦】0【协智利】0 【协新西兰】0【协秘鲁】0【协哥斯达黎加】0 【协冰岛】0【协瑞士】0【协澳大利亚】0 【协韩国】0【协格鲁吉亚】3.3【协香港】0 【协澳门】0 【特-1】0【特-2】0 【增】16【对美加征】5【出】0【退】0	千克					301 302 303 304 305	其他氟化物及氟氧化物（非易然无毒气体） 其他氟化物及氟氧化物（毒性气体） 其他氟化物及氟氧化物（氧化性物质） 其他氟化物及氟氧化物（毒性物质和感染性物质） 其他氟化物及氟氧化物（其他化工产品）
281290	90	10	三溴化砷，三碘化砷	Arsenic tribromide, arsenic triiodide	【最】5【普】30 【协东盟】0【协巴基斯坦】0【协智利】0 【协新西兰】0【协秘鲁】0【协哥斯达黎加】0 【协冰岛】0【协瑞士】0【协澳大利亚】0 【协韩国】2.7【协格鲁吉亚】0【协香港】0 【协澳门】0 【特-1】0【特-2】0 【增】16【对美加征】5【出】0【退】0	千克					301	三溴化砷，三碘化砷（溴化亚砷，碘化亚砷）
281290	90	90	其他非金属卤化物及卤氧化物	Other halides and halide oxides of non-metal	【最】5【普】30 【协东盟】0【协巴基斯坦】0【协智利】0 【协新西兰】0【协秘鲁】0【协哥斯达黎加】0 【协冰岛】0【协瑞士】0【协澳大利亚】0 【协韩国】2.7【协格鲁吉亚】0【协香港】0 【协澳门】0 【特-1】0【特-2】0 【增】16【对美加征】5【出】0【退】0	千克					301 302 303 304 305	其他非金属卤化物及卤氧化物（易于自燃的物质） 其他非金属卤化物及卤氧化物（氧化性物质） 其他非金属卤化物及卤氧化物（毒性物质和感染性物质） 其他非金属卤化物及卤氧化物（腐蚀性物质） 其他非金属卤化物及卤氧化物（其他化工产品）
281310	00		二硫化碳	Carbon disulphide	【最】5【普】30 【协东盟】0【协香港】0【协澳门】0 【协巴基斯坦】0【协智利】0 【协新西兰】0【协秘鲁】0【协哥斯达黎加】0 【协冰岛】0【协瑞士】0【协澳大利亚】0 【协韩国】0【协格鲁吉亚】0 【特-1】0【特-2】0 【增】16【出】0【退】0	千克	A	B	M	N	999	二硫化碳
281390	00	10	五硫化二磷	Phosphorus pentasulfide	【最】5【普】30 【协东盟】0【协巴基斯坦】0【协智利】0 【协新西兰】0【协秘鲁】0【协哥斯达黎加】0 【协冰岛】0【协瑞士】0【协澳大利亚】0 【协韩国】0【协格鲁吉亚】0【协香港】0 【协澳门】0 【特-1】0【特-2】0 【增】16【对美加征】5【出】0【退】0	千克	2	3			999	五硫化二磷（遇水放出易燃气体的物质）
281390	00	20	三硫化二磷	Commercial phosphorus trisulphides	【最】5【普】30 【协东盟】0【协巴基斯坦】0【协智利】0 【协新西兰】0【协秘鲁】0【协哥斯达黎加】0 【协冰岛】0【协瑞士】0【协澳大利亚】0 【协韩国】0【协格鲁吉亚】0【协香港】0 【协澳门】0 【特-1】0【特-2】0 【增】16【对美加征】5【出】0【退】0	千克	A	B	M	N	999	三硫化二磷
281390	00	90	其他非金属硫化物	Other sulphides of non-metals	【最】5【普】30 【协东盟】0【协巴基斯坦】0【协智利】0 【协新西兰】0【协秘鲁】0【协哥斯达黎加】0 【协冰岛】0【协瑞士】0【协澳大利亚】0 【协韩国】0【协格鲁吉亚】0【协香港】0 【协澳门】0 【特-1】0【特-2】0 【增】16【对美加征】5【出】0【退】0	千克					301 302	其他非金属硫化物（毒性物质和感染性物质） 其他非金属硫化物（其他化工产品）

税则号列			货品名称中英文		税费综合信息	计量单位	监管证件代码		检验检疫类别		检验检疫编码	检验检疫编码对应中文名称
HS国际统一前6位	本国子目 7~8位	9~10位	中文 货物名称	英文 Article Description			进口	出口	进口	出口		
281410	00		氨	Anhydrous ammonia	【最】5【普】35【暂进】0 【协东盟】0【协巴基斯坦】0【协智利】0 【协新西兰】0【协秘鲁】0【协哥斯达黎加】0 【协冰岛】0【协瑞士】0【协澳大利亚】0 【协韩国】0【协格鲁吉亚】0【协香港】0 【协澳门】0 【特-1】0【特-2】0【特-3】0 【增】16【对美加征】10【出】0【退】0	千克	A	B	M	N	101 301	氨（饲料添加剂） 氨（毒性气体）
281420	00	10	氨水（含量≥10%）	Ammonia water (containing 10% or more)	【最】5【普】35【暂进】0 【协东盟】0【协巴基斯坦】0【协智利】0 【协新西兰】0【协秘鲁】0【协哥斯达黎加】0 【协冰岛】0【协瑞士】0【协澳大利亚】0 【协韩国】0【协格鲁吉亚】0【协香港】0 【协澳门】0 【特-1】0【特-2】0【特-3】0 【增】16【对美加征】10【出】0【退】0	千克	A	B	M	N	101 301	氨水（含量≥10%）（饲料添加剂） 氨水（含量≥10%）（腐蚀性物质）
281420	00	90	其他氨水	Other ammonia water	【最】5【普】35【暂进】0 【协东盟】0【协巴基斯坦】0【协智利】0 【协新西兰】0【协秘鲁】0【协哥斯达黎加】0 【协冰岛】0【协瑞士】0【协澳大利亚】0 【协韩国】0【协格鲁吉亚】0【协香港】0 【协澳门】0 【特-1】0【特-2】0【特-3】0 【增】16【对美加征】10【出】0【退】0	千克					101 102	其他氨水（饲料添加剂） 其他氨水（化工产品）
281511	00		固体氢氧化钠	Solid sodium hydroxide (caustic soda)	【最】5【普】35 【协亚太】3.3【协东盟】5【协巴基斯坦】7 【协智利】0【协新西兰】0【协秘鲁】0 【协哥斯达黎加】0【协冰岛】0【协瑞士】0 【协澳大利亚】0【协韩国】5【协格鲁吉亚】0 【协香港】0【协澳门】0 【特-1】0【特-2】0【特-3】0 【增】16【对美加征】10【出】0【退】0	千克	A	BG	MR	NS	101 103 301	固体氢氧化钠（饲料添加剂） 固体氢氧化钠（属于危险化学品的食品添加剂） 固体氢氧化钠（腐蚀性物质，需申报仅用于工业用途不用于无检疫要求食品添加剂）
281512	00		氢氧化钠水溶液，液体烧碱	Sodium hydroxide (caustic soda), in aqueous solution (soda lye or liquid soda)	【最】5【普】35 【协亚太】3.3【协东盟】5【协巴基斯坦】5.6 【协智利】0【协新西兰】0【协秘鲁】0 【协哥斯达黎加】0【协冰岛】0【协瑞士】0 【协澳大利亚】0【协韩国】4 【协格鲁吉亚】0【协香港】0【协澳门】0 【特-1】0【特-2】0【特-3】0 【增】16【对美加征】5【出】0【退】0	千克	A	BG	M	N	101 301	氢氧化钠水溶液，液体烧碱（饲料添加剂） 氢氧化钠水溶液，液体烧碱（腐蚀性物质）
281520	00		氢氧化钾（苛性钾）	Potassium hydroxide (caustic potash)	【最】5【普】30 【协东盟】0【协巴基斯坦】5【协智利】0 【协新西兰】0【协秘鲁】0【协哥斯达黎加】0 【协冰岛】0【协瑞士】0【协澳大利亚】0 【协韩国】0【协格鲁吉亚】0【协香港】0 【协澳门】0 【特-1】0【特-2】0【特-3】0 【增】16【对美加征】5【出】0【退】13	千克	A	B	MR	NS	301 302	氢氧化钾（苛性钾）（腐蚀性物质，需申报仅用于工业用途不用于无检疫要求食品添加剂） 氢氧化钾（苛性钾）（属于危险化学品的食品添加剂）
281530	00		过氧化钠及过氧化钾	Peroxides of sodium or potassium	【最】5【普】30 【协东盟】0【协巴基斯坦】0【协智利】0 【协新西兰】0【协秘鲁】0【协哥斯达黎加】0 【协冰岛】0【协瑞士】0【协澳大利亚】0 【协韩国】0【协格鲁吉亚】0【协香港】0 【协澳门】0 【特-1】0【特-2】0【特-3】0 【增】16【对美加征】10【出】0【退】0	千克	A	B	M	N	301	过氧化钠及过氧化钾
281610	00	10	过氧化镁	Peroxide of magnesium	【最】5【普】30 【协东盟】0【协巴基斯坦】5【协智利】0 【协新西兰】0【协秘鲁】0【协哥斯达黎加】0 【协冰岛】0【协瑞士】0【协澳大利亚】0 【协韩国】2.7【协格鲁吉亚】0【协香港】0 【协澳门】0 【特-1】0【特-2】0 【增】16【对美加征】10【出】0【退】0	千克	A	B	M	N	999	过氧化镁

税则号列			货品名称中英文		税费综合信息	计量单位	监管证件代码		检验检疫类别		检验检疫编码	检验检疫编码对应中文名称
HS国际统一前6位	本国子目 7~8位	9~10位	中文 货物名称	英文 Article Description			进口	出口	进口	出口		
281610	00	90	氢氧化镁	Hydroxide	【最】5【普】30 【协东盟】0【协巴基斯坦】5【协智利】0 【协新西兰】0【协秘鲁】0【协哥斯达黎加】0 【协冰岛】0【协瑞士】0【协澳大利亚】0 【协韩国】2.7【协格鲁吉亚】0【协香港】0 【协澳门】0 【特-1】0【特-2】0 【增】16【对美加征】10【出】0【退】0	千克					999	氢氧化镁
281640	00		锶或钡的氧化物、氢氧化物(及其过氧化物)	Oxides, hydroxides and peroxides, of strontium or barium	【最】5【普】30【暂进】2 【协东盟】0【协巴基斯坦】5【协智利】0 【协新西兰】0【协秘鲁】0【协哥斯达黎加】0 【协冰岛】0【协瑞士】0【协澳大利亚】0 【协韩国】0【协格鲁吉亚】0【协香港】0 【协澳门】0 【特-1】0【特-2】0 【增】16【对美加征】5【出】0【退】0	千克					301 302 303	锶或钡的氧化物、氢氧化物（及其过氧化物）(氧化性物质) 锶或钡的氧化物、氢氧化物（及其过氧化物）(腐蚀性物质) 锶或钡的氧化物、氢氧化物（及其过氧化物）(其他化工产品)
281700	10		氧化锌	Zinc oxide	【最】5【普】40 【协东盟】0【协巴基斯坦】0【协智利】0 【协新西兰】0【协秘鲁】0【协哥斯达黎加】0 【协冰岛】0【协瑞士】0【协澳大利亚】0 【协韩国】0【协格鲁吉亚】0【协香港】0 【协澳门】0 【特-1】0【特-2】0【特-3】0 【增】16【对美加征】10【出】0【退】0	千克	A		R		101 102 301	氧化锌（矿物源性饲料添加剂） 氧化锌（无检疫要求食品添加剂） 氧化锌（需申报仅用于工业用途不用于无检疫要求食品添加剂的化学品）
281700	90		过氧化锌	Zinc peroxide	【最】5【普】30【协亚太】4.5 【协东盟】0【协巴基斯坦】0【协智利】0 【协新西兰】0【协秘鲁】0【协哥斯达黎加】0 【协冰岛】0【协瑞士】0【协澳大利亚】0 【协韩国】0【协格鲁吉亚】0 【特-1】0【特-2】0【特-3】0 【增】16【对美加征】5【出】0【退】0	千克	A	B	M	N	999	过氧化锌
281810	10		棕刚玉（不论是否已有化学定义）	Brown fused alumina, whether or not chemically defined	【最】5【普】20 【协东盟】0【协巴基斯坦】0【协智利】0 【协新西兰】0【协秘鲁】0【协哥斯达黎加】0 【协冰岛】0【协瑞士】0【协澳大利亚】0 【协韩国】2.7【协格鲁吉亚】0【协香港】0 【协澳门】0 【特-1】0【特-2】0【特-3】0 【增】16【对美加征】10【出】0【退】0	千克					999	棕刚玉（不论是否已有化学定义）
281810	90		其他人造刚玉（不论是否已有化学定义，棕刚玉除外）	Other artificial corundum, whether or not chemically defined, other than brown fused alumina	【最】5【普】20 【协东盟】0【协巴基斯坦】0【协智利】0 【协新西兰】0【协秘鲁】0【协哥斯达黎加】0 【协冰岛】0【协瑞士】0【协澳大利亚】0 【协韩国】0【协格鲁吉亚】0【协香港】0 【协澳门】0 【特-1】0【特-2】0【特-3】0 【增】16【对美加征】5【出】0【退】0	千克					101 102 103 104 105	其他人造刚玉（不论是否已有化学定义，棕刚玉除外）(化工产品) 其他人造刚玉（不论是否已有化学定义，棕刚玉除外）(人造刚玉) 其他人造刚玉（不论是否已有化学定义，棕刚玉除外）(白刚玉) 其他人造刚玉（不论是否已有化学定义，棕刚玉除外）(黑刚玉) 其他人造刚玉（不论是否已有化学定义，棕刚玉除外）(锆刚玉)
281820	00		氧化铝，但人造刚玉除外	Aluminium oxide, other than artificial corundum	【最】5【普】30【暂进】0 【协东盟】0【协巴基斯坦】5【协智利】0 【协新西兰】0【协新加坡】0【协秘鲁】0 【协哥斯达黎加】0【协冰岛】0【协瑞士】0 【协澳大利亚】0【协韩国】0【协格鲁吉亚】0 【协香港】0【协澳门】0 【特-1】0【特-2】0【特-3】0 【增】16【对美加征】10【出】0【退】0	千克	7				101 102	氧化铝，但人造刚玉除外（饲料添加剂） 氧化铝，但人造刚玉除外（化工产品）

税则号列 HS国际统一前6位	本国子目 7~8位	本国子目 9~10位	货品名称中英文 中文 货物名称	货品名称中英文 英文 Article Description	税费综合信息	计量单位	监管证件代码 进口	监管证件代码 出口	检验检疫类别 进口	检验检疫类别 出口	检验检疫编码	检验检疫编码对应中文名称
281830	00		氢氧化铝	Aluminium hydroxide	【最】5【普】30 【协东盟】0【协巴基斯坦】0【协智利】0 【协新西兰】0【协秘鲁】0【协哥斯达黎加】0 【协冰岛】0【协瑞士】0【协澳大利亚】0 【协韩国】0【协格鲁吉亚】0【协香港】0 【协澳门】0 【特-1】0【特-2】0【特-3】0 【增】16【对美加征】10【出】0【退】0	千克					999	氢氧化铝
281910	00		三氧化铬	Chromium trioxide	【最】5【普】20 【协东盟】0【协巴基斯坦】0【协智利】0 【协新西兰】0【协秘鲁】0【协哥斯达黎加】0 【协冰岛】0【协瑞士】0【协澳大利亚】0 【协韩国】2.7【协格鲁吉亚】0【协香港】0 【协澳门】0 【特-1】0【特-2】0【特-3】0 【增】16【对美加征】5【出】0【退】0	千克	A	B	M	N	999	三氧化铬
281990	00		其他铬的氧化物及氢氧化物	Other chromium oxides and hydroxides	【最】5【普】30 【协东盟】0【协巴基斯坦】0【协智利】0 【协新西兰】0【协秘鲁】0【协哥斯达黎加】0 【协冰岛】0【协瑞士】0【协澳大利亚】0 【协韩国】0【协格鲁吉亚】0【协香港】0 【协澳门】0 【特-1】0【特-2】0【特-3】0 【增】16【对美加征】5【出】0【退】0	千克					998 999	其他铬的氧化物及氢氧化物（其他危险化学品） 其他铬的氧化物及氢氧化物（其他化工产品）
282010	00		二氧化锰	Manganese dioxide	【最】5【普】40 【协东盟】0【协巴基斯坦】0【协智利】0 【协新西兰】0【协秘鲁】0【协哥斯达黎加】0 【协冰岛】0【协瑞士】0【协澳大利亚】0 【协韩国】3.6【协格鲁吉亚】0【协香港】0 【协澳门】0 【特-1】0【特-2】0【特-3】0 【增】16【对美加征】5【出】0【退】0	千克					101 102	二氧化锰（矿物源性饲料添加剂） 二氧化锰（化工产品）
282090	00		其他锰的氧化物	Other manganese oxide	【最】5【普】30 【协东盟】0【协巴基斯坦】0【协智利】0 【协新西兰】0【协秘鲁】0【协哥斯达黎加】0 【协冰岛】0【协瑞士】0【协澳大利亚】0 【协韩国】0【协格鲁吉亚】0【协香港】0 【协澳门】0 【特-1】0【特-2】0【特-3】0 【增】16【对美加征】10【出】0【退】0	千克					101 102	其他锰的氧化物（矿物源性饲料添加剂） 其他锰的氧化物（化工产品）
282110	00		铁的氧化物及氢氧化物	Iron oxides and hydroxides	【最】5【普】30 【协东盟】0【协巴基斯坦】0【协智利】0 【协新西兰】0【协秘鲁】0【协哥斯达黎加】0 【协冰岛】0【协瑞士】0【协澳大利亚】0 【协韩国】3.6【协格鲁吉亚】0【协香港】0 【协澳门】0 【特-1】0【特-2】0【特-3】0 【增】16【对美加征】10【出】0【退】0	千克					101	铁的氧化物及氢氧化物（矿物源性饲料添加剂）
282120	00		土色料	Earth colours	【最】5【普】45 【协东盟】0【协巴基斯坦】0【协智利】0 【协新西兰】0【协秘鲁】0【协哥斯达黎加】0 【协冰岛】0【协瑞士】0【协澳大利亚】0 【协韩国】2.7【协格鲁吉亚】0【协香港】0 【协澳门】0 【特-1】0【特-2】0【特-3】0 【增】16【对美加征】5【出】0【退】0	千克					101 102	土色料（三氧化二铁含量在70%及以上）（矿物源性饲料添加剂） 土色料（三氧化二铁含量在70%及以上）（化工产品）
282200	10		四氧化三钴	Cobalt tetroxide	【最】5【普】30【暂进】2 【协东盟】0【协巴基斯坦】0【协智利】0 【协新西兰】0【协秘鲁】0【协哥斯达黎加】0 【协冰岛】0【协瑞士】0【协澳大利亚】0 【协韩国】0【协格鲁吉亚】0【协香港】0 【协澳门】0 【特-1】0【特-2】0 【增】16【出】0【退】13	千克		4xy			999	四氧化三钴

税则号列 HS国际统一前6位	本国子目 7~8位	本国子目 9~10位	货品名称中英文 中文 货物名称	英文 Article Description	税费综合信息	计量单位	监管证件代码 进口	监管证件代码 出口	检验检疫类别 进口	检验检疫类别 出口	检验检疫编码	检验检疫编码对应中文名称
282200	90		其他钴的氧化物及氢氧化物（包括商品氧化钴，但四氧化三钴除外）	Other cobalt oxides and hydroxides(including commercial cobalt oxides, other than Cobalt tetroxide)	【最】5【普】30【暂进】2 【协东盟】0【协巴基斯坦】0【协智利】0 【协新西兰】0【协秘鲁】0【协哥斯达黎加】0 【协冰岛】0【协瑞士】0【协澳大利亚】0 【协韩国】0【协格鲁吉亚】0【协香港】0 【协澳门】0 【特-1】0【特-2】0 【增】16【对美加征】10【出】0【退】0	千克		4xy			998 999	其他钴的氧化物及氢氧化物（包括商品氧化钴，但四氧化三钴除外）（其他危险化学品） 其他钴的氧化物及氢氧化物（包括商品氧化钴，但四氧化三钴除外）（其他化工产品）
282300	00		钛的氧化物	Titanium oxides	【最】5【普】30 【协东盟】0【协巴基斯坦】0【协智利】0 【协新西兰】0【协秘鲁】0【协哥斯达黎加】0 【协冰岛】0【协瑞士】0【协澳大利亚】0 【协韩国】0【协格鲁吉亚】0【协香港】0 【协澳门】0 【特-1】0【特-2】0 【增】16【对美加征】10【出】0【退】0	千克					999	钛的氧化物
282410	00		一氧化铅（铅黄、黄丹）	Lead monoxide (litharge, massicot)	【最】5【普】30 【协东盟】0【协巴基斯坦】0【协智利】0 【协新西兰】0【协秘鲁】0【协哥斯达黎加】0 【协冰岛】0【协瑞士】0【协澳大利亚】0 【协韩国】0【协格鲁吉亚】0【协香港】0 【协澳门】0 【特-1】0【特-2】0 【增】16【出】0【退】0	千克	A	B	M	N	301	一氧化铅（铅黄、黄丹）（其他危险化学品）
282490	10		铅丹及铅橙［四氧化（三）铅］	Red lead and orange lead	【最】5【普】45 【协东盟】0【协巴基斯坦】0【协智利】0 【协新西兰】0【协秘鲁】0【协哥斯达黎加】0 【协冰岛】0【协瑞士】0【协澳大利亚】0 【协韩国】0【协格鲁吉亚】0【协香港】0 【协澳门】0 【特-1】0【特-2】0 【增】16【出】0【退】0	千克	A	B	M	N	999	铅丹及铅橙［四氧化（三）铅］（红丹）
282490	90		其他铅的氧化物	Other lead oxides	【最】5【普】30 【协东盟】0【协巴基斯坦】0【协智利】0 【协新西兰】0【协秘鲁】0【协哥斯达黎加】0 【协冰岛】0【协瑞士】0【协澳大利亚】0 【协韩国】0【协格鲁吉亚】0【协香港】0 【协澳门】0 【特-1】0【特-2】0 【增】16【对美加征】5【出】0【退】0	千克					301 999	其他铅的氧化物（其他化工产品） 其他铅的氧化物（氧化性物质）
282510	10	10	纯度70%及以上的水合肼	Hydrazine hydrate, Purity of 70% and above	【最】5【普】30 【协东盟】0【协巴基斯坦】0【协智利】0 【协新西兰】0【协秘鲁】0【协哥斯达黎加】0 【协冰岛】0【协瑞士】0【协澳大利亚】0 【协韩国】2.7【协格鲁吉亚】0【协香港】0 【协澳门】0 【特-1】0【特-2】0【特-3】0 【增】16【出】0【退】0	千克	A	3	M		999	纯度70%及以上的水合肼
282510	10	90	纯度70%以下的水合肼	Hydrazine hydrate, Purity of 70% and below	【最】5【普】30 【协东盟】0【协巴基斯坦】0【协智利】0 【协新西兰】0【协秘鲁】0【协哥斯达黎加】0 【协冰岛】0【协瑞士】0【协澳大利亚】0 【协韩国】2.7【协格鲁吉亚】0【协香港】0 【协澳门】0 【特-1】0【特-2】0【特-3】0 【增】16【出】0【退】0	千克	A	B	M	N	301	纯度70%以下的水合肼
282510	20		硫酸羟胺	Hydroxylamine sulfate	【最】5【普】30 【协东盟】0【协巴基斯坦】5【协智利】0 【协新西兰】0【协秘鲁】0【协哥斯达黎加】0 【协冰岛】0【协瑞士】0【协澳大利亚】0 【协韩国】2.7【协格鲁吉亚】0【协香港】0 【协澳门】0 【特-1】0【特-2】0【特-3】0 【增】16【出】0【退】0	千克	A	B	M	N	999	硫酸羟胺

税则号列			货品名称中英文		税费综合信息	计量单位	监管证件代码		检验检疫类别		检验检疫编码	检验检疫编码对应中文名称
HS国际统一前6位	本国子目7~8位	9~10位	中文 货物名称	英文 Article Description			进口	出口	进口	出口		
282510	90		其他肼、胲及其无机盐	Other hydrazine and hydroxylamine and their inorganic salts	【最】5【普】30 【协东盟】0【协巴基斯坦】5【协智利】0 【协新西兰】0【协秘鲁】0【协哥斯达黎加】0 【协冰岛】0【协瑞士】0【协澳大利亚】0 【协韩国】0【协格鲁吉亚】0【协香港】0 【协澳门】0 【特-1】0【特-2】0【特-3】0 【增】16【对美加征】10【出】0【退】0	千克					301 302	其他肼、胲及其无机盐(爆炸品) 其他肼、胲及其无机盐(其他化工产品)
282520	10		氢氧化锂	Lithium hydroxide	【最】5【普】30 【协东盟】0【协巴基斯坦】0【协智利】0 【协新西兰】0【协秘鲁】0【协哥斯达黎加】0 【协冰岛】0【协瑞士】0【协澳大利亚】0 【协韩国】0【协格鲁吉亚】0【协香港】0 【协澳门】0 【特-1】0【特-2】0【特-3】0 【增】16【对美加征】10【出】0【退】0	千克	A	B	M	N	301	氢氧化锂
282520	90		锂的氧化物	Other lithium oxide	【最】5【普】30 【协东盟】0【协巴基斯坦】0【协智利】0 【协新西兰】0【协秘鲁】0【协哥斯达黎加】0 【协冰岛】0【协瑞士】0【协澳大利亚】0 【协韩国】0【协格鲁吉亚】0【协香港】0 【协澳门】0 【特-1】0【特-2】0【特-3】0 【增】16【出】0【退】0	千克					999	锂的氧化物
282530	10		五氧化二钒	Divanadium pentaoxide	【最】5【普】30 【协东盟】0【协巴基斯坦】0【协智利】0 【协新西兰】0【协秘鲁】0【协哥斯达黎加】0 【协冰岛】0【协瑞士】0【协澳大利亚】0 【协韩国】2.7【协格鲁吉亚】0【协香港】0 【协澳门】0 【特-1】0【特-2】0【特-3】0 【增】16【对美加征】10【出】0【退】0	千克	A	4Bxy	M	N	999	五氧化二钒
282530	90		其他钒的氧化物及氢氧化物	Other vanadium oxides and hydroxides	【最】5【普】30 【协东盟】0【协巴基斯坦】0【协智利】0 【协新西兰】0【协秘鲁】0【协哥斯达黎加】0 【协冰岛】0【协瑞士】0【协澳大利亚】0 【协韩国】0【协格鲁吉亚】0【协香港】0 【协澳门】0 【特-1】0【特-2】0【特-3】0 【增】16【对美加征】10【出】0【退】0	千克		4xy			999	其他钒的氧化物及氢氧化物
282540	00		镍的氧化物及氢氧化物	Nickel oxides and hydroxides	【最】5【普】30【暂进】2 【协东盟】0【协巴基斯坦】0【协智利】0 【协新西兰】0【协秘鲁】0【协哥斯达黎加】0 【协冰岛】0【协瑞士】0【协澳大利亚】0 【协韩国】0【协格鲁吉亚】0【协香港】0 【协澳门】0 【特-1】0【特-2】0【特-3】0 【增】16【出】0【退】13	千克					999	镍的氧化物及氢氧化物
282550	00		铜的氧化物及氢氧化物	Copper oxides and hydroxides	【最】5【普】30 【协东盟】0【协巴基斯坦】0【协智利】0 【协新西兰】0【协秘鲁】0【协哥斯达黎加】0 【协冰岛】0【协瑞士】0【协澳大利亚】0 【协韩国】0【协格鲁吉亚】0【协香港】0 【协澳门】0 【特-1】0【特-2】0【特-3】0 【增】16【对美加征】5【出】0【退】0	千克					101 102	铜的氧化物及氢氧化物(矿物源性饲料添加剂) 铜的氧化物及氢氧化物(化工产品)
282560	00	01	锗的氧化物	Germanium oxides	【最】5【普】30 【协东盟】0【协巴基斯坦】0【协智利】0 【协新西兰】0【协秘鲁】0【协哥斯达黎加】0 【协冰岛】0【协瑞士】0【协澳大利亚】0 【协韩国】0【协格鲁吉亚】0【协香港】0 【协澳门】0 【特-1】0【特-2】0【特-3】0 【增】16【对美加征】5【出】0【退】0	千克		4xy			999	锗的氧化物

税则号列			货品名称中英文		税费综合信息	计量单位	监管证件代码		检验检疫类别		检验检疫编码	检验检疫编码对应中文名称
HS国际统一前6位	本国子目 7~8位	本国子目 9~10位	中文 货物名称	英文 Article Description			进口	出口	进口	出口		
282560	00	90	二氧化锆	Zirconium dioxide	【最】5【普】30 【协东盟】0【协巴基斯坦】0【协智利】0 【协新西兰】0【协秘鲁】0【协哥斯达黎加】0 【协冰岛】0【协瑞士】0【协澳大利亚】0 【协韩国】0【协格鲁吉亚】0【协香港】0 【协澳门】0 【特-1】0【特-2】0【特-3】0 【增】16【对美加征】5【出】0【退】0	千克		3			999	二氧化锆
282570	00		钼的氧化物及氢氧化物	Molybdenum oxides and hydroxides	【最】5【普】30 【协东盟】0【协巴基斯坦】0【协智利】0 【协新西兰】0【协哥斯达黎加】0 【协冰岛】0【协瑞士】0【协澳大利亚】0 【协韩国】0【协格鲁吉亚】0【协香港】0 【协澳门】0 【特-1】0【特-2】0【特-3】0 【增】16【对美加征】5【出】0【退】0	千克		4xy			999	钼的氧化物及氢氧化物
282580	00		锑的氧化物	Antimony oxides	【最】5【普】30 【协东盟】0【协巴基斯坦】0【协智利】0 【协新西兰】0【协秘鲁】0【协哥斯达黎加】0 【协冰岛】0【协瑞士】0【协澳大利亚】0 【协韩国】0【协格鲁吉亚】0【协香港】0 【协澳门】0 【特-1】0【特-2】0【特-3】0 【增】16【对美加征】10【出】0【退】0	千克		4xBy		N	301 999	锑的氧化物（毒性物质和感染性物质） 锑的氧化物（其他化工产品）
282590	11		钨酸	Tungstic acid	【最】5【普】30 【协东盟】0【协巴基斯坦】0【协智利】0 【协新西兰】0【协秘鲁】0【协哥斯达黎加】0 【协冰岛】0【协瑞士】0【协澳大利亚】0 【协韩国】0【协格鲁吉亚】0【协香港】0 【协澳门】0 【特-1】0【特-2】0【特-3】0 【增】16【出】0【退】0	千克		4xy			999	钨酸
282590	12		三氧化钨	Tungstic oxide	【最】5【普】30 【协东盟】0【协巴基斯坦】0【协智利】0 【协新西兰】0【协秘鲁】0【协哥斯达黎加】0 【协冰岛】0【协瑞士】0【协澳大利亚】0 【协韩国】0【协格鲁吉亚】0【协香港】0 【协澳门】0 【特-1】0【特-2】0【特-3】0 【增】16【对美加征】10【出】0【退】0	千克		4xy			999	三氧化钨
282590	19	10	蓝色氧化钨	Blue tungsten oxides	【最】5【普】30 【协东盟】0【协巴基斯坦】0【协智利】0 【协新西兰】0【协秘鲁】0【协哥斯达黎加】0 【协冰岛】0【协瑞士】0【协澳大利亚】0 【协韩国】0【协格鲁吉亚】0【协香港】0 【协澳门】0 【特-1】0【特-2】0【特-3】0 【增】16【出】0【退】0	千克		4xy			999	蓝色氧化钨
282590	19	90	其他钨的氧化物及氢氧化物	Other tungsten oxides and hydroxides	【最】5【普】30 【协东盟】0【协巴基斯坦】0【协智利】0 【协新西兰】0【协秘鲁】0【协哥斯达黎加】0 【协冰岛】0【协瑞士】0【协澳大利亚】0 【协韩国】0【协格鲁吉亚】0【协香港】0 【协澳门】0 【特-1】0【特-2】0【特-3】0 【增】16【出】0【退】0	千克					999	其他钨的氧化物及氢氧化物
282590	21		三氧化二铋	Dibismuth trioxide	【最】5【普】30 【协东盟】0【协巴基斯坦】0【协智利】0 【协新西兰】0【协秘鲁】0【协哥斯达黎加】0 【协冰岛】0【协瑞士】0【协澳大利亚】0 【协韩国】0【协格鲁吉亚】0【协香港】0 【协澳门】0 【特-1】0【特-2】0【特-3】0 【增】16【对美加征】10【出】0【退】13	千克	A	4xy	R		999	三氧化二铋（需申报仅用于工业用途不用于无检疫要求食品添加剂的化学品）

税则号列			货品名称中英文		税费综合信息	计量单位	监管证件代码		检验检疫类别		检验检疫编码	检验检疫编码对应中文名称
HS 国际统一前6位	本国子目 7~8位	9~10位	中文 货物名称	英文 Article Description			进口	出口	进口	出口		
282590	29		其他铋的氧化物及氢氧化物	Other bismuth oxides and hydroxides	【最】5【普】30 【协东盟】0【协巴基斯坦】0【协智利】0 【协新西兰】0【协秘鲁】0【协哥斯达黎加】0 【协冰岛】0【协瑞士】0【协澳大利亚】0 【协韩国】0【协格鲁吉亚】0【协香港】0 【协澳门】0 【特-1】0【特-2】0【特-3】0 【增】16【出】0【退】0	千克	A	4xy	R		999	其他铋的氧化物及氢氧化物（需申报仅用于工业用途不用于无检疫要求食品添加剂的化学品）
282590	31		二氧化锡	Tin dioxide	【最】5【普】30 【协东盟】0【协巴基斯坦】0【协智利】0 【协新西兰】0【协秘鲁】0【协哥斯达黎加】0 【协冰岛】0【协瑞士】0【协澳大利亚】0 【协韩国】0【协格鲁吉亚】0【协香港】0 【协澳门】0 【特-1】0【特-2】0【特-3】0 【增】16【对美加征】10【出】0【退】0	千克	A	4xy	R		999	二氧化锡（需申报仅用于工业用途不用于无检疫要求食品添加剂的化学品）
282590	39		其他锡的氧化物及氢氧化物	Other tin oxides and hydroxides	【最】5【普】30 【协东盟】0【协巴基斯坦】0【协智利】0 【协新西兰】0【协秘鲁】0【协哥斯达黎加】0 【协冰岛】0【协瑞士】0【协澳大利亚】0 【协韩国】0【协格鲁吉亚】0【协香港】0 【协澳门】0 【特-1】0【特-2】0【特-3】0 【增】16【出】0【退】0	千克	A	4xy	R		999	其他锡的氧化物及氢氧化物（需申报仅用于工业用途不用于无检疫要求食品添加剂的化学品）
282590	41		一氧化铌	Niobium monoxide	【最】5【普】30 【协东盟】0【协巴基斯坦】0【协智利】0 【协新西兰】0【协秘鲁】0【协哥斯达黎加】0 【协冰岛】0【协瑞士】0【协澳大利亚】0 【协韩国】0【协格鲁吉亚】0【协香港】0 【协澳门】0 【特-1】0【特-2】0【特-3】0 【增】16【出】0【退】0	千克	A		M		999	一氧化铌
282590	49		其他铌的氧化物及氢氧化物	Other niobium oxides and hydroxides	【最】5【普】30 【协东盟】0【协巴基斯坦】0【协智利】0 【协新西兰】0【协秘鲁】0【协哥斯达黎加】0 【协冰岛】0【协瑞士】0【协澳大利亚】0 【协韩国】0【协格鲁吉亚】0【协香港】0 【协澳门】0 【特-1】0【特-2】0【特-3】0 【增】16【出】0【退】0	千克	A	B	MR	N	999	其他铌的氧化物及氢氧化物（需申报仅用于工业用途不用于无检疫要求食品添加剂的化学品）
282590	90		其他金属的氧化物及氢氧化物	Othermetal oxides and hydroxides	【最】5【普】30 【协东盟】0【协巴基斯坦】0【协智利】0 【协新西兰】0【协秘鲁】0【协哥斯达黎加】0 【协冰岛】0【协瑞士】0【协澳大利亚】0 【协韩国】0【协格鲁吉亚】0【协香港】0 【协澳门】0 【特-1】0【特-2】0【特-3】0 【增】16【对美加征】10【出】0【退】0	千克	A	B	MR	NS	301 302 303 304 305 ……	其他金属的氧化物及氢氧化物（其他危险化学品，需申报仅用于工业用途不用于无检疫要求食品添加剂） 其他金属的氧化物及氢氧化物［煅烧钙（无检疫要求食品添加剂）］ 其他金属的氧化物及氢氧化物［氢氧化钙（无检疫要求食品添加剂）］ 其他金属的氧化物及氢氧化物（无检疫要求食品添加剂） 其他金属的氧化物及氢氧化物（一般化学品，需申报仅用于工业用途不用于无检疫要求食品添加剂） ……①

① 该税号项下检验检疫编码及对应中文名称尚有：306　其他金属的氧化物及氢氧化物（属于危险化学品的食品添加剂）。

税则号列			货品名称中英文		税费综合信息	计量单位	监管证件代码		检验检疫类别		检验检疫编码	检验检疫编码对应中文名称
HS国际统一前6位	本国子目 7~8位	本国子目 9~10位	中文 货物名称	英文 Article Description			进口	出口	进口	出口		
282612	10		无水氟化铝	Aluminium fluoride (anhydrous)	【最】5.5【普】30 【协东盟】0【协巴基斯坦】0【协智利】0 【协新西兰】0【协秘鲁】0【协哥斯达黎加】0 【协冰岛】0【协瑞士】0【协澳大利亚】0 【协韩国】0【协格鲁吉亚】0【协香港】0 【协澳门】0 【特-1】0【特-2】0【特-3】0 【增】16【对美加征】10【出】0【退】0	千克					999	无水氟化铝
282612	90		其他氟化铝	Other fluoride of aluminium	【最】5【普】30 【协东盟】0【协巴基斯坦】0【协智利】0 【协新西兰】0【协秘鲁】0【协哥斯达黎加】0 【协冰岛】0【协瑞士】0【协澳大利亚】0 【协韩国】0【协格鲁吉亚】0【协香港】0 【协澳门】0 【特-1】0【特-2】0【特-3】0 【增】16【出】0【退】0	千克					999	其他氟化铝
282619	10	10	氟化氢铵	Ammonium hydrogen fluoride	【最】5【普】30 【协东盟】0【协巴基斯坦】0【协智利】0 【协新西兰】0【协秘鲁】0【协哥斯达黎加】0 【协冰岛】0【协瑞士】0【协澳大利亚】0 【协韩国】0【协格鲁吉亚】0【协香港】0 【协澳门】0 【特-1】0【特-2】0【特-3】0 【增】16【出】0【退】0	千克	A	3	M		999	氟化氢铵
282619	10	90	其他铵的氟化物	Other ammonium fluorid	【最】5【普】30 【协东盟】0【协巴基斯坦】0【协智利】0 【协新西兰】0【协秘鲁】0【协哥斯达黎加】0 【协冰岛】0【协瑞士】0【协澳大利亚】0 【协韩国】0【协格鲁吉亚】0【协香港】0 【协澳门】0 【特-1】0【特-2】0【特-3】0 【增】16【出】0【退】0	千克					301 999	其他铵的氟化物（其他化工产品） 其他铵的氟化物（毒性物质和感染性物质）
282619	20	10	氟化钠	Sodium fluoride	【最】5【普】30 【协东盟】0【协巴基斯坦】0【协智利】0 【协新西兰】0【协秘鲁】0【协哥斯达黎加】0 【协冰岛】0【协瑞士】0【协澳大利亚】0 【协韩国】0【协格鲁吉亚】0【协香港】0 【协澳门】0 【特-1】0【特-2】0【特-3】0 【增】16【对美加征】10【出】0【退】0	千克	A	3B	MR	NS	999	氟化钠（危险化学品，需申报仅用于工业用途不用于无检疫要求食品添加剂）
282619	20	20	氟化氢钠	Sodium bifluoride	【最】5【普】30 【协东盟】0【协巴基斯坦】0【协智利】0 【协新西兰】0【协秘鲁】0【协哥斯达黎加】0 【协冰岛】0【协瑞士】0【协澳大利亚】0 【协韩国】0【协格鲁吉亚】0【协香港】0 【协澳门】0 【特-1】0【特-2】0【特-3】0 【增】16【对美加征】10【出】0【退】0	千克	A	3	M		999	氟化氢钠
282619	20	90	其他钠的氟化物	Other sodium fluorid	【最】5【普】30 【协东盟】0【协巴基斯坦】0【协智利】0 【协新西兰】0【协秘鲁】0【协哥斯达黎加】0 【协冰岛】0【协瑞士】0【协澳大利亚】0 【协韩国】0【协格鲁吉亚】0【协香港】0 【协澳门】0 【特-1】0【特-2】0【特-3】0 【增】16【对美加征】10【出】0【退】0	千克					999	其他钠的氟化物
282619	90	10	氟化钾	Potassium fluoride	【最】5【普】30 【协东盟】0【协巴基斯坦】5【协智利】0 【协新西兰】0【协秘鲁】0【协哥斯达黎加】0 【协冰岛】0【协瑞士】0【协澳大利亚】0 【协韩国】0【协格鲁吉亚】0【协香港】0 【协澳门】0 【特-1】0【特-2】0【特-3】0 【增】16【对美加征】5【出】0【退】0	千克	A	3	M		999	氟化钾

税则号列			货品名称中英文		税费综合信息	计量单位	监管证件代码		检验检疫类别		检验检疫编码	检验检疫编码对应中文名称
HS 国际统一前6位	本国子目 7~8位	本国子目 9~10位	中文 货物名称	英文 Article Description			进口	出口	进口	出口		
282619	90	20	氟化氢钾	Potassium hydrogen fluoride	【最】5【普】30 【协东盟】0【协巴基斯坦】5【协智利】0 【协新西兰】0【协秘鲁】0【协哥斯达黎加】0 【协冰岛】0【协瑞士】0【协澳大利亚】0 【协韩国】0【协格鲁吉亚】0【协香港】0 【协澳门】0 【特-1】0【特-2】0【特-3】0 【增】16【对美加征】5【出】0【退】0	千克	A	3	M		999	氟化氢钾
282619	90	30	氟化铅、四氟化铅、氟化镉	Lead fluoride, lead tetrafluoride, cadmium fluoride	【最】5【普】30 【协东盟】0【协巴基斯坦】5【协智利】0 【协新西兰】0【协秘鲁】0【协哥斯达黎加】0 【协冰岛】0【协瑞士】0【协澳大利亚】0 【协韩国】0【协格鲁吉亚】0【协香港】0 【协澳门】0 【特-1】0【特-2】0【特-3】0 【增】16【对美加征】5【出】0【退】0	千克					301 302	氟化铅、四氟化铅、氟化镉（毒性物质和感染性物质） 氟化铅、四氟化铅、氟化镉（杂项物质）
282619	90	90	其他氟化物	Other fluorides	【最】5【普】30 【协东盟】0【协巴基斯坦】5【协智利】0 【协新西兰】0【协秘鲁】0【协哥斯达黎加】0 【协冰岛】0【协瑞士】0【协澳大利亚】0 【协韩国】0【协格鲁吉亚】0【协香港】0 【协澳门】0 【特-1】0【特-2】0【特-3】0 【增】16【对美加征】5【出】0【退】0	千克					301 302 303 304 305	其他氟化物（毒性物质和感染性物质） 其他氟化物（腐蚀性物质） 其他氟化物（杂项物质） 其他氟化物（其他危险化学品） 其他氟化物（其他化工产品）
282630	00		六氟铝酸钠（人造冰晶石）	Sodium hexafluoroaluminate(synthetic cryolite)	【最】5【普】30 【协东盟】0【协巴基斯坦】0【协智利】0 【协新西兰】0【协秘鲁】0【协哥斯达黎加】0 【协冰岛】0【协瑞士】0【协澳大利亚】0 【协韩国】0【协格鲁吉亚】0【协香港】0 【协澳门】0 【特-1】0【特-2】0【特-3】0 【增】16【出】0【退】13	千克					999	六氟铝酸钠（人造冰晶石）
282690	10		氟硅酸盐	Fluorosilicates	【最】5【普】30 【协东盟】0【协香港】0【协澳门】0 【协巴基斯坦】5【协智利】0【协新西兰】0 【协秘鲁】0【协哥斯达黎加】0【协冰岛】0 【协瑞士】0【协澳大利亚】0【协韩国】2.7 【协格鲁吉亚】0 【特-1】0【特-2】0【特-3】0 【增】16【对美加征】10【出】0【退】0	千克					301 302	氟硅酸盐（毒性物质和感染性物质） 氟硅酸盐（其他化工产品）
282690	20		六氟磷酸锂	Lithium Hexafluoroarsenate	【最】5.5【普】30 【协东盟】0【协巴基斯坦】5【协智利】0 【协新西兰】0【协秘鲁】0【协哥斯达黎加】0 【协冰岛】0【协瑞士】0【协澳大利亚】0 【协韩国】3.6【协格鲁吉亚】0【协香港】0 【协澳门】0 【特-1】0【特-2】0【特-3】0 【增】16【对美加征】10【出】0【退】13	千克					999	六氟磷酸锂
282690	90	10	氟钽酸钾	Potassium fluotantalate	【最】5【普】30 【协东盟】0【协巴基斯坦】5【协智利】0 【协新西兰】0【协秘鲁】0【协哥斯达黎加】0 【协冰岛】0【协瑞士】0【协澳大利亚】0 【协韩国】3.6【协格鲁吉亚】0【协香港】0 【协澳门】0 【特-1】0【特-2】0【特-3】0 【增】16【对美加征】10【出】30【退】0	千克					999	氟钽酸钾
282690	90	30	氟硼酸铅、氟硼酸镉	Lead fluoborate, cadmium fluoborate	【最】5【普】30 【协东盟】0【协巴基斯坦】5【协智利】0 【协新西兰】0【协秘鲁】0【协哥斯达黎加】0 【协冰岛】0【协瑞士】0【协澳大利亚】0 【协韩国】3.6【协格鲁吉亚】0【协香港】0 【协澳门】0 【特-1】0【特-2】0【特-3】0 【增】16【对美加征】10【出】0【退】0	千克					301	氟硼酸铅、氟硼酸镉（毒性物质和感染性物质）

税则号列 HS国际统一前6位	本国子目 7~8位	本国子目 9~10位	货品名称中英文 中文 货物名称	货品名称中英文 英文 Article Description	税费综合信息	计量单位	监管证件代码 进口	监管证件代码 出口	检验检疫类别 进口	检验检疫类别 出口	检验检疫编码	检验检疫编码对应中文名称
282690	90	90	氟铝酸盐及其他氟络盐	Fluoroaluminate, Other fluorine complex salt	【最】5【普】30 【协东盟】0【协巴基斯坦】5【协智利】0 【协新西兰】0【协秘鲁】0【协哥斯达黎加】0 【协冰岛】0【协瑞士】0【协澳大利亚】0 【协韩国】3.6【协格鲁吉亚】0【协香港】0 【协澳门】0 【特-1】0【特-2】0【特-3】0 【增】16【对美加征】10【出】0【退】0	千克					301 302 303	氟铝酸盐及其他氟络盐（毒性物质和感染性物质） 氟铝酸盐及其他氟络盐（腐蚀性物质） 氟铝酸盐及其他氟络盐（其他化工产品）
282710	10		肥料用氯化铵	Ammonium chloride, for use as fertilizer	【最】4【普】11 【协东盟】0【协巴基斯坦】0【协智利】0 【协新西兰】0【协秘鲁】0【协哥斯达黎加】0 【协冰岛】0【协瑞士】0【协澳大利亚】0 【协韩国】0【协格鲁吉亚】2.4【协香港】0 【协澳门】0 【特-1】0【特-2】0【特-3】0 【增】16【出】0【退】0	千克		G			999	肥料用氯化铵
282710	90		非肥料用氯化铵	Other ammonium chloride, not for use as fertilizer	【最】5【普】30 【协东盟】0【协巴基斯坦】5【协智利】0 【协新西兰】0【协秘鲁】0【协哥斯达黎加】0 【协冰岛】0【协瑞士】0【协澳大利亚】0 【协韩国】0【协格鲁吉亚】0【协香港】0 【协澳门】0 【特-1】0【特-2】0【特-3】0 【增】16【对美加征】10【出】0【退】0	千克		G			999	非肥料用氯化铵
282720	00		氯化钙	Calcium chloride	【最】5【普】50 【协东盟】0【协巴基斯坦】5【协智利】0 【协新西兰】0【协秘鲁】0【协哥斯达黎加】0 【协冰岛】0【协瑞士】0【协澳大利亚】0 【协韩国】0【协格鲁吉亚】0【协香港】0 【协澳门】0 【特-1】0【特-2】0【特-3】0 【增】16【对美加征】10【出】0【退】10	千克	A		R		101 102 103	氯化钙（矿物源性饲料添加剂） 氯化钙（无检疫要求食品添加剂） 氯化钙（需申报仅用于工业用途不用于无检疫要求食品添加剂的化学品）
282731	00		氯化镁	Magnesium chloride	【最】5【普】30 【协东盟】0【协巴基斯坦】5【协智利】0 【协新西兰】0【协秘鲁】0【协哥斯达黎加】0 【协冰岛】0【协瑞士】0【协澳大利亚】0 【协韩国】2.7【协格鲁吉亚】0【协香港】0 【协澳门】0 【特-1】0【特-2】0【特-3】0 【增】16【对美加征】5【出】0【退】0	千克	A		R		101 102 103	氯化镁（矿物源性饲料添加剂） 氯化镁（无检疫要求食品添加剂） 氯化镁（需申报仅用于工业用途不用于无检疫要求食品添加剂的化学品）
282732	00		氯化铝	Aluminium chloride	【最】5【普】30 【协东盟】0【协巴基斯坦】5【协智利】0 【协新西兰】0【协秘鲁】0【协哥斯达黎加】0 【协冰岛】0【协瑞士】0【协澳大利亚】0 【协韩国】0【协格鲁吉亚】0【协香港】0 【协澳门】0 【特-1】0【特-2】0【特-3】0 【增】16【对美加征】5【出】0【退】0	千克					101 102	氯化铝［三氯化铝（无水）］ 氯化铝（三氯化铝溶液）
282735	00		氯化镍	Nickel chloride	【最】5【普】30 【协东盟】0【协巴基斯坦】5【协智利】0 【协新西兰】0【协秘鲁】0【协哥斯达黎加】0 【协冰岛】0【协瑞士】0【协澳大利亚】0 【协韩国】0【协格鲁吉亚】0【协香港】0 【协澳门】0 【特-1】0【特-2】0【特-3】0 【增】16【对美加征】10【出】0【退】0	千克	A	B	M	N	999	氯化镍
282739	10		氯化锂	Lithium chloride	【最】5【普】30 【协亚太】3.3【协东盟】0【协巴基斯坦】0 【协智利】0【协新西兰】0【协哥斯达黎加】0 【协冰岛】0【协瑞士】0【协澳大利亚】0 【协韩国】0【协格鲁吉亚】0【协香港】0 【协澳门】0 【特-1】0【特-2】0【特-3】0 【增】16【对美加征】10【出】0【退】0	千克					999	氯化锂

税则号列			货品名称中英文		税费综合信息	计量单位	监管证件代码		检验检疫类别		检验检疫编码	检验检疫编码对应中文名称
HS国际统一前6位	本国子目 7~8位	9~10位	中文 货物名称	英文 Article Description			进口	出口	进口	出口		
282739	20		氯化钡	Barium chloride	【最】5【普】30 【协亚太】3.3【协东盟】0【协巴基斯坦】0 【协智利】0【协新西兰】0【协哥斯达黎加】0 【协冰岛】0【协澳大利亚】0【协韩国】0 【协格鲁吉亚】0【协香港】0【协澳门】0 【特-1】0【特-2】0【特-3】0 【增】16【对美加征】10【出】0【退】0	千克	A	B	M	N	999	氯化钡
282739	30		氯化钴	Cobalt chloride	【最】5【普】30 【协亚太】3.3【协东盟】0【协巴基斯坦】0 【协智利】0【协新西兰】0【协秘鲁】0 【协哥斯达黎加】0【协冰岛】0【协瑞士】0 【协澳大利亚】0【协韩国】0【协格鲁吉亚】0 【特-1】0【特-2】0【特-3】0【协香港】0 【协澳门】0 【增】16【对美加征】5【出】0【退】0	千克	A	4Bxy	MR	NS	101 102	氯化钴（矿物源性饲料添加剂） 氯化钴（危险化学品，需申报仅用于工业用途不用于无检疫要求食品添加剂）
282739	90		其他氯化物	Other chloride	【最】5【普】30 【协亚太】3.3【协东盟】0【协巴基斯坦】0 【协智利】0【协新西兰】0【协哥斯达黎加】0 【协冰岛】0【协瑞士】0【协澳大利亚】0 【协韩国】0【协格鲁吉亚】0【协香港】0 【协澳门】0 【特-1】0【特-2】0【特-3】0 【增】16【对美加征】5【出】0【退】0	千克	A	B	MR	NS	101 301 302 303 304	其他氯化物（矿物源性饲料添加剂） 其他氯化物（其他危险化学品，需申报仅用于工业用途不用于无检疫要求食品添加剂） 其他氯化物（无检疫要求食品添加剂） 其他氯化物（一般化学品，需申报仅用于工业用途不用于无检疫要求食品添加剂） 其他氯化物（属于危险化学品的食品添加剂）
282741	00		铜的氯氧化物及氢氧基氯化物	Chloride oxides and chloride hydroxides of copper	【最】5【普】30 【协东盟】0【协巴基斯坦】0【协智利】0 【协新西兰】0【协秘鲁】0【协哥斯达黎加】0 【协冰岛】0【协瑞士】0【协澳大利亚】0 【协韩国】0【协格鲁吉亚】0【协香港】0 【协澳门】0 【特-1】0【特-2】0【特-3】0 【增】16【对美加征】5【出】0【退】0	千克					999	铜的氯氧化物及氢氧基氯化物
282749	10		锆的氯氧化物及氢氧基氯化物	Chloride oxides and chloride hydroxides of zirconium	【最】5【普】30 【协东盟】0【协巴基斯坦】5【协智利】0 【协新西兰】0【协秘鲁】0【协哥斯达黎加】0 【协冰岛】0【协瑞士】0【协澳大利亚】0 【协韩国】0【协格鲁吉亚】0【协香港】0 【协澳门】0 【特-1】0【特-2】0【特-3】0 【增】16【对美加征】10【出】0【退】0	千克					999	锆的氯氧化物及氢氧基氯化物
282749	90		其他氯氧化物及氢氧基氯化物	Other Chloride oxides and chloride hydroxides	【最】5【普】30 【协东盟】0【协巴基斯坦】5【协智利】0 【协新西兰】0【协秘鲁】0【协哥斯达黎加】0 【协冰岛】0【协瑞士】0【协澳大利亚】0 【协韩国】0【协格鲁吉亚】0【协香港】0 【协澳门】0 【特-1】0【特-2】0【特-3】0 【增】16【对美加征】5【出】0【退】0	千克					301 302 303	其他氯氧化物及氢氧基氯化物（氧化性物质） 其他氯氧化物及氢氧基氯化物（毒性物质和感染性物质） 其他氯氧化物及氢氧基氯化物（其他化工产品）
282751	00		溴化钠及溴化钾	Bromides of sodium or of potassium	【最】5【普】30 【协东盟】0【协巴基斯坦】0【协智利】0 【协新西兰】0【协秘鲁】0【协哥斯达黎加】0 【协冰岛】0【协瑞士】0【协澳大利亚】0 【协韩国】0【协格鲁吉亚】0【协香港】0 【协澳门】0 【特-1】0【特-2】0【特-3】0 【增】16【对美加征】10【出】0【退】0	千克					999	溴化钠及溴化钾

税则号列			货品名称中英文		税费综合信息	计量单位	监管证件代码		检验检疫类别		检验检疫编码	检验检疫编码对应中文名称
HS国际统一前6位	本国子目7~8位	本国子目9~10位	中文货物名称	英文 Article Description			进口	出口	进口	出口		
282759	00		其他溴化物及溴氧化物	Other bromides and bromide oxides	【最】5【普】30 【协东盟】0【协巴基斯坦】5【协智利】0 【协新西兰】0【协秘鲁】0【协哥斯达黎加】0 【协冰岛】0【协瑞士】0【协澳大利亚】0 【协韩国】2.7【协格鲁吉亚】0【协香港】0 【协澳门】0 【特-1】0【特-2】0【特-3】0 【增】16【对美加征】10【出】0【退】0	千克					301 302 303	其他溴化物及溴氧化物（毒性物质和感染性物质） 其他溴化物及溴氧化物（腐蚀性物质） 其他溴化物及溴氧化物（其他化工产品）
282760	00		碘化物及碘氧化物	Iodides and iodide oxides	【最】5【普】30 【协东盟】0【协巴基斯坦】5【协智利】0 【协新西兰】0【协哥斯达黎加】0 【协冰岛】0【协瑞士】0【协澳大利亚】0 【协韩国】0【协格鲁吉亚】0【协香港】0 【协澳门】0 【特-1】0【特-2】0【特-3】0 【增】16【对美加征】10【出】0【退】0	千克	A	B	MR	NS	101	碘化物及碘氧化物（矿物源性饲料添加剂）
282760	00		碘化物及碘氧化物	Iodides and iodide oxides	【最】5【普】30 【协东盟】0【协巴基斯坦】5【协智利】0 【协新西兰】0【协哥斯达黎加】0 【协冰岛】0【协瑞士】0【协澳大利亚】0 【协韩国】1.1【协格鲁吉亚】0 【特-1】0【特-2】0【特-3】0 【增】16【对美加征】10【出】0【退】0	千克	A	B	MR	NS	301 302 303 304	碘化物及碘氧化物（其他危险化学品，需申报仅用于工业用途不用于无检疫要求食品添加剂） 碘化物及碘氧化物（无检疫要求食品添加剂） 碘化物及碘氧化物（一般化学品，需申报仅用于工业用途不用于无检疫要求食品添加剂） 碘化物及碘氧化物（属于危险化学品的食品添加剂）
282810	00		商品次氯酸钙及其他钙的次氯酸盐	Commercial calcium hypochlorite and other calcium hypochlorites	【最】5【普】80【协亚太】3.3 【协东盟】0【协巴基斯坦】5【协智利】0 【协新西兰】0【协新加坡】0【协秘鲁】0 【协哥斯达黎加】0【协冰岛】0【协瑞士】4.8 【协澳大利亚】0【协韩国】6 【协格鲁吉亚】0【协香港】0【协澳门】0 【特-1】0【特-2】0 【增】16【对美加征】5【出】0【退】6	千克					301	商品次氯酸钙及其他钙的次氯酸盐
282890	00		次溴酸盐、亚氯酸盐、其他次氯酸	Chlorites, hypobromites and other calcium hypochlorite	【最】5【普】30 【协东盟】0【协巴基斯坦】5【协智利】0 【协新西兰】0【协秘鲁】0【协哥斯达黎加】0 【协冰岛】0【协瑞士】0【协澳大利亚】0 【协韩国】0【协格鲁吉亚】0【协香港】0 【协澳门】0 【特-1】0【特-2】0 【增】16【对美加征】10【出】0【退】0	千克	A	B	MR	NS	301 302 303 304	次溴酸盐、亚氯酸盐、其他次氯酸盐（其他危险化学品，需申报仅用于工业用途不用于无检疫要求食品添加剂） 次溴酸盐、亚氯酸盐、其他次氯酸盐（无检疫要求食品添加剂） 次溴酸盐、亚氯酸盐、其他次氯酸盐（一般化学品，需申报仅用于工业用途不用于无检疫要求食品添加剂） 次溴酸盐、亚氯酸盐、其他次氯酸盐（属于危险化学品的食品添加剂）
282911	00		氯酸钠	Sodium chlorate	【最】5【普】30 【协东盟】0【协巴基斯坦】6【协智利】0 【协新西兰】0【协新加坡】0【协秘鲁】0 【协哥斯达黎加】0【协冰岛】0【协瑞士】4.8 【协澳大利亚】0【协韩国】6【协香港】0 【协澳门】0 【协格鲁吉亚】0 【特-1】0【特-2】0 【增】16【出】0【退】0	千克	A	B	M	N	301	氯酸钠

税则号列			货品名称中英文		税费综合信息	计量单位	监管证件代码		检验检疫类别		检验检疫编码	检验检疫编码对应中文名称
HS国际统一前6位	本国子目7~8位	9~10位	中文 货物名称	英文 Article Description			进口	出口	进口	出口		
282919	10		氯酸钾（洋硝）	Potassium chlorate	【最】5【普】20 【协东盟】0【协巴基斯坦】0【协智利】0 【协新西兰】0【协秘鲁】0【协哥斯达黎加】0 【协冰岛】0【协瑞士】0【协澳大利亚】0 【协韩国】0【协格鲁吉亚】0【协香港】0 【协澳门】0 【特-1】0【特-2】0 【增】16【出】0【退】0	千克	9	B		N	301	氯酸钾（洋硝）
282919	90		其他氯酸盐	Other chlorates	【最】5【普】30 【协东盟】0【协巴基斯坦】0【协智利】0 【协新西兰】0【协秘鲁】0【协哥斯达黎加】0 【协冰岛】0【协瑞士】0【协澳大利亚】0 【协韩国】0【协格鲁吉亚】0【协香港】0 【协澳门】0 【特-1】0【特-2】0 【增】16【出】0【退】0	千克					301 302	其他氯酸盐（氧化性物质） 其他氯酸盐（其他化工产品）
282990	00	10	颗粒直径<500μm的球形高氯酸铵	Ammonium perchlorate, spheroid, granularity less than 500μm	【最】5【普】30 【协东盟】0【协巴基斯坦】5【协智利】0 【协新西兰】0【协秘鲁】0【协哥斯达黎加】0 【协冰岛】0【协瑞士】0【协澳大利亚】0 【协韩国】0【协格鲁吉亚】0【协香港】0 【协澳门】0 【特-1】0【特-2】0 【增】16【对美加征】5【出】0【退】0	千克	A	3	M		301 302	颗粒直径<500μm的球形高氯酸铵（爆炸品） 颗粒直径<500μm的球形高氯酸铵（氧化性物质）
282990	00	90	其他高氯酸盐，溴酸盐等（包括过溴酸盐、碘酸盐及高碘酸盐）	Other perchlorates; bromates and perbromates; iodates and periodates	【最】5【普】30 【协东盟】0【协巴基斯坦】5【协智利】0 【协新西兰】0【协秘鲁】0【协哥斯达黎加】0 【协冰岛】0【协瑞士】0【协澳大利亚】0 【协韩国】0【协格鲁吉亚】0【协香港】0 【协澳门】0 【特-1】0【特-2】0 【增】16【对美加征】5【出】0【退】0	千克					101 301 302	其他高氯酸盐，溴酸盐等（包括过溴酸盐、碘酸盐及高碘酸盐）（矿物源性饲料添加剂） 其他高氯酸盐，溴酸盐等（包括过溴酸盐、碘酸盐及高碘酸盐）（氧化性物质） 其他高氯酸盐，溴酸盐等（包括过溴酸盐、碘酸盐及高碘酸盐）（其他化工产品）
283010	10		硫化钠	Sodium sulphide	【最】5【普】40 【协东盟】0【协巴基斯坦】5【协智利】0 【协新西兰】0【协秘鲁】0【协哥斯达黎加】0 【协冰岛】0【协瑞士】0【协澳大利亚】0 【协韩国】0【协格鲁吉亚】0【协香港】0 【协澳门】0 【特-1】0【特-2】0【特-3】0 【增】16【对美加征】5【出】0【退】0	千克	A	3B	M	N	101 102	硫化钠［硫化钠（无水或含结晶水<30%）］ 硫化钠［硫化钠（含结晶水≥30%）］
283010	90		其他钠的硫化物	Other sodium sulphides	【最】5【普】30 【协东盟】0【协巴基斯坦】0【协智利】0 【协新西兰】0【协秘鲁】0【协哥斯达黎加】0 【协冰岛】0【协瑞士】0【协澳大利亚】0 【协韩国】0【协格鲁吉亚】0【协香港】0 【协澳门】0 【特-1】0【特-2】0【特-3】0 【增】16【对美加征】5【出】0【退】0	千克					301 302	其他钠的硫化物（易于自燃的物质） 其他钠的硫化物（其他化工产品）
283090	20		硫化锑	Antimony sulphide	【最】5【普】45 【协东盟】0【协巴基斯坦】0【协智利】0 【协新西兰】0【协秘鲁】0【协哥斯达黎加】0 【协冰岛】0【协瑞士】0【协澳大利亚】0 【协韩国】0【协格鲁吉亚】0【协香港】0 【协澳门】0 【特-1】0【特-2】0【特-3】0 【增】16【出】0【退】0	千克		B		N	301 999	硫化锑（毒性物质和感染性物质） 硫化锑（硫化锑及其精矿）
283090	30		硫化钴	Cobalt sulphide	【最】5【普】30 【协东盟】0【协巴基斯坦】0【协智利】0 【协新西兰】0【协秘鲁】0【协哥斯达黎加】0 【协冰岛】0【协瑞士】0【协澳大利亚】0 【协韩国】2.7【协格鲁吉亚】0【协香港】0 【协澳门】0 【特-1】0【特-2】0【特-3】0 【增】16【对美加征】5【出】0【退】0	千克					999	硫化钴

税则号列			货品名称中英文		税费综合信息	计量单位	监管证件代码		检验检疫类别		检验检疫编码	检验检疫编码对应中文名称
HS 国际统一前 6 位	本国子目 7~8 位	9~10 位	中文 货物名称	英文 Article Description			进口	出口	进口	出口		
283090	90		其他硫化物、多硫化物	Other sulphides, polysulphides (other than polysulphides of mercury)	【最】5【普】30 【协东盟】0【协巴基斯坦】5【协智利】0 【协新西兰】0【协秘鲁】0【协哥斯达黎加】0 【协冰岛】0【协瑞士】0【协澳大利亚】0 【协韩国】0【协格鲁吉亚】0【协香港】0 【协澳门】0 【特-1】0【特-2】0【特-3】0 【增】16【对美加征】10【出】0【退】0	千克					301 302 303 304 305 ……	其他硫化物、多硫化物（易燃液体） 其他硫化物、多硫化物（易于自燃的物质） 其他硫化物、多硫化物（腐蚀性物质） 其他硫化物、多硫化物（杂项物质） 其他硫化物、多硫化物（其他危险化学品） ……①
283110	10		钠的连二亚硫酸盐	Sodium dithionites	【最】5【普】30 【协东盟】0【协巴基斯坦】5【协智利】0 【协新西兰】0【协秘鲁】0【协哥斯达黎加】0 【协冰岛】0【协瑞士】0【协澳大利亚】0 【协韩国】0【协格鲁吉亚】0【协香港】0 【协澳门】0 【特-1】0【特-2】0 【增】16【对美加征】10【出】0【退】0	千克	A	B	MR	NS	301 302 303 304	钠的连二亚硫酸盐（其他危险化学品，需申报仅用于工业用途不用于无检疫要求食品添加剂） 钠的连二亚硫酸盐（无检疫要求食品添加剂） 钠的连二亚硫酸盐（一般化学品，需申报仅用于工业用途不用于无检疫要求食品添加剂） 钠的连二亚硫酸盐（属于危险化学品的食品添加剂）
283110	20		钠的次硫酸盐	Sodium sulphoxylates	【最】5【普】30 【协东盟】0【协巴基斯坦】5【协智利】0 【协新西兰】0【协秘鲁】0【协哥斯达黎加】0 【协冰岛】0【协瑞士】0【协澳大利亚】0 【协韩国】0【协格鲁吉亚】0【协香港】0 【协澳门】0 【特-1】0【特-2】0 【增】16【出】0【退】0	千克					999	钠的次硫酸盐
283190	00		其他连二亚硫酸盐及次硫酸盐	Other dithionites and sulphoxylates	【最】5【普】30 【协东盟】0【协巴基斯坦】5【协智利】0 【协新西兰】0【协秘鲁】0【协哥斯达黎加】0 【协冰岛】0【协瑞士】0【协澳大利亚】0 【协韩国】0【协格鲁吉亚】0【协香港】0 【协澳门】0 【特-1】0【特-2】0 【增】16【出】0【退】0	千克					301 302	其他连二亚硫酸盐及次硫酸盐（易于自燃的物质） 其他连二亚硫酸盐及次硫酸盐（其他化工产品）
283210	00		钠的亚硫酸盐	Sodium sulphites	【最】5【普】30 【协东盟】0【协巴基斯坦】5【协智利】0 【协新西兰】0【协秘鲁】0【协哥斯达黎加】0 【协冰岛】0【协瑞士】0【协澳大利亚】0 【协韩国】0【协格鲁吉亚】0【协香港】0 【协澳门】0 【特-1】0【特-2】0 【增】16【对美加征】10【出】0【退】0	千克					101 104	钠的亚硫酸盐［亚硫酸氢钠（危险化学品）］ 钠的亚硫酸盐［亚硫酸氢钠（属于危险化学品的食品添加剂）］
283220	00		其他亚硫酸盐	Other sulphites	【最】5【普】30 【协东盟】0【协巴基斯坦】0【协智利】0 【协新西兰】0【协秘鲁】0【协哥斯达黎加】0 【协冰岛】0【协瑞士】0【协澳大利亚】0 【协韩国】0【协格鲁吉亚】0【协香港】0 【协澳门】0 【特-1】0【特-2】0 【增】16【对美加征】10【出】0【退】0	千克	A	B	MR	NS	301 302 303 304	其他亚硫酸盐（其他危险化学品，需申报仅用于工业用途不用于无检疫要求食品添加剂） 其他亚硫酸盐（无检疫要求食品添加剂） 其他亚硫酸盐（一般化学品，需申报仅用于工业用途不用于无检疫要求食品添加剂） 其他亚硫酸盐（属于危险化学品的食品添加剂）

① 该税号项下检验检疫编码及对应中文名称尚有：306　其他硫化物、多硫化物（其他化工产品）。

税则号列			货品名称中英文		税费综合信息	计量单位	监管证件代码		检验检疫类别		检验检疫编码	检验检疫编码对应中文名称
HS国际统一前6位	本国子目7~8位	9~10位	中文货物名称	英文 Article Description			进口	出口	进口	出口		
283230	00		硫代硫酸盐	Thiosulphates	【最】5【普】30 【协东盟】0【协巴基斯坦】5【协智利】0 【协新西兰】0【协秘鲁】0【协哥斯达黎加】0 【协冰岛】0【协瑞士】0【协澳大利亚】0 【协韩国】0【协格鲁吉亚】0【协香港】0 【协澳门】0 【特-1】0【特-2】0 【增】16【对美加征】10【出】0【退】0	千克					999	硫代硫酸盐
283311	00		硫酸二钠	Disodium sulphate	【最】5【普】40【协亚太】2.5 【协东盟】0【协巴基斯坦】5【协智利】0 【协新西兰】0【协秘鲁】0【协哥斯达黎加】0 【协冰岛】0【协瑞士】2.2【协澳大利亚】0 【协韩国】0【协格鲁吉亚】0【协香港】0 【协澳门】0 【特-1】0【特-2】0 【增】16【对美加征】10【出】0【退】0	千克		4xy			101 102	硫酸二钠（矿物源性饲料添加剂） 硫酸二钠（化工产品）
283319	00		钠的其他硫酸盐	Other sodium sulphates	【最】5【普】30 【协东盟】0【协巴基斯坦】5【协智利】0 【协新西兰】0【协秘鲁】0【协哥斯达黎加】0 【协冰岛】0【协瑞士】0【协澳大利亚】0 【协韩国】0【协格鲁吉亚】0【协香港】0 【协澳门】0 【特-1】0【特-2】0 【增】16【对美加征】5【出】0【退】0	千克					301 302	钠的其他硫酸盐（其他危险化学品） 钠的其他硫酸盐（其他化工产品）
283321	00		硫酸镁	Magnesium sulphate	【最】5【普】30 【协东盟】0【协巴基斯坦】5【协智利】0 【协新西兰】0【协秘鲁】0【协哥斯达黎加】0 【协冰岛】0【协瑞士】0【协澳大利亚】0 【协韩国】0【协格鲁吉亚】0【协香港】0 【协澳门】0 【特-1】0【特-2】0【特-3】0 【增】16【对美加征】10【出】0【退】0	千克	A		R		101 102 103	硫酸镁（矿物源性饲料添加剂） 硫酸镁（无检疫要求食品添加剂） 硫酸镁（需申报仅用于工业用途不用于无检疫要求食品添加剂的化学品）
283322	00		硫酸铝	Aluminium sulphate	【最】5【普】30 【协东盟】0【协巴基斯坦】5【协智利】0 【协新西兰】0【协秘鲁】0【协哥斯达黎加】0 【协冰岛】0【协瑞士】0【协澳大利亚】0 【协韩国】0【协格鲁吉亚】0【协香港】0 【协澳门】0 【特-1】0【特-2】0【特-3】0 【增】16【对美加征】10【出】0【退】0	千克					999	硫酸铝
283324	00		镍的硫酸盐	Nickel sulphate	【最】5【普】30【暂进】2 【协东盟】0【协巴基斯坦】5【协智利】0 【协新西兰】0【协秘鲁】0【协哥斯达黎加】0 【协冰岛】0【协瑞士】0【协澳大利亚】0 【协韩国】0【协格鲁吉亚】0【协香港】0 【协澳门】0 【特-1】0【特-2】0【特-3】0 【增】16【对美加征】10【出】0【退】0	千克					999	镍的硫酸盐
283325	00		铜的硫酸盐	Copper sulphate	【最】5【普】30 【协东盟】0【协巴基斯坦】5【协智利】0 【协新西兰】0【协秘鲁】0【协哥斯达黎加】0 【协冰岛】0【协瑞士】0【协澳大利亚】0 【协韩国】0【协格鲁吉亚】0【协香港】0 【协澳门】0 【特-1】0【特-2】0【特-3】0 【增】16【对美加征】5【出】0【退】0	千克					101 102 103	铜的硫酸盐（矿物源性饲料添加剂） 铜的硫酸盐［硫酸铜（危险化学品）］ 铜的硫酸盐［硫酸铜（属于危险化学品的食品添加剂）］
283327	00		硫酸钡	Barium sulphate	【最】5【普】30 【协东盟】0【协巴基斯坦】5【协智利】0 【协新西兰】0【协秘鲁】0【协哥斯达黎加】0 【协冰岛】0【协瑞士】0【协澳大利亚】0 【协韩国】2.7【协格鲁吉亚】0【协香港】0 【协澳门】0 【特-1】0【特-2】0【特-3】0 【增】16【对美加征】10【出】0【退】0	千克		G			999	硫酸钡

税则号列			货品名称中英文		税费综合信息	计量单位	监管证件代码		检验检疫类别		检验检疫编码	检验检疫编码对应中文名称
HS国际统一前6位	本国子目 7~8位	本国子目 9~10位	中文 货物名称	英文 Article Description			进口	出口	进口	出口		
283329	10		硫酸亚铁	Ferrous sulphate	【最】5【普】45 【协东盟】0【协巴基斯坦】5【协智利】0 【协新西兰】0【协秘鲁】0【协哥斯达黎加】0 【协冰岛】0【协瑞士】0【协澳大利亚】0 【协韩国】0【协格鲁吉亚】0【协香港】0 【协澳门】0 【特-1】0【特-2】0【特-3】0 【增】16【对美加征】10【出】0【退】0	千克	A		R		101 102 103	硫酸亚铁（矿物源性饲料添加剂） 硫酸亚铁（无检疫要求食品添加剂） 硫酸亚铁（需申报仅用于工业用途不用于无检疫要求食品添加剂的化学品）
283329	20		铬的硫酸盐	Chromium sulphates	【最】5【普】30 【协东盟】0【协巴基斯坦】0【协智利】0 【协新西兰】0【协秘鲁】0【协哥斯达黎加】0 【协冰岛】0【协瑞士】0【协澳大利亚】0 【协韩国】0【协格鲁吉亚】0【协香港】0 【协澳门】0 【特-1】0【特-2】0【特-3】0 【增】16【对美加征】10【出】0【退】0	千克					999	铬的硫酸盐
283329	30		硫酸锌	Zine sulphate	【最】5【普】30 【协东盟】0【协巴基斯坦】5【协智利】0 【协新西兰】0【协秘鲁】0【协哥斯达黎加】0 【协冰岛】0【协瑞士】0【协澳大利亚】0 【协韩国】2.7【协格鲁吉亚】0【协香港】0 【协澳门】0 【特-1】0【特-2】0【特-3】0 【增】16【对美加征】5【出】0【退】6	千克	A		R		101 102 103	硫酸锌（矿物源性饲料添加剂） 硫酸锌（无检疫要求食品添加剂） 硫酸锌（需申报仅用于工业用途不用于无检疫要求食品添加剂的化学品）
283329	90	10	硫酸钴	Cobalt sulphate	【最】5【普】30【暂进】2 【协东盟】0【协巴基斯坦】5【协智利】0 【协新西兰】0【协秘鲁】0【协哥斯达黎加】0 【协冰岛】0【协瑞士】2.2【协澳大利亚】0 【协韩国】0【协格鲁吉亚】0【协香港】0 【协澳门】0 【特-1】0【特-2】0【特-3】0 【增】16【对美加征】5【出】0【退】0	千克	A	4Bxy	R	S	101 301	硫酸钴（矿物源性饲料添加剂） 硫酸钴（其他危险化学品，需申报仅用于工业用途不用于无检疫要求食品添加剂）
283329	90	20	其他钴的硫酸盐	Other cobalt sulfate	【最】5【普】30【暂进】2 【协东盟】0【协巴基斯坦】5【协智利】0 【协新西兰】0【协秘鲁】0【协哥斯达黎加】0 【协冰岛】0【协瑞士】2.2【协澳大利亚】0 【协韩国】0【协格鲁吉亚】0【协香港】0 【协澳门】0 【特-1】0【特-2】0【特-3】0 【增】16【对美加征】5【出】0【退】0	千克	A	B	MR	NS	101 301	其他钴的硫酸盐（矿物源性饲料添加剂） 其他钴的硫酸盐（其他危险化学品，需申报仅用于工业用途不用于无检疫要求食品添加剂）
283329	90	90	其他硫酸盐	Other sulphates	【最】5【普】30 【协东盟】0【协巴基斯坦】5【协智利】0 【协新西兰】0【协秘鲁】0【协哥斯达黎加】0 【协冰岛】0【协瑞士】2.2【协澳大利亚】0 【协韩国】0【协格鲁吉亚】0【协香港】0 【协澳门】0 【特-1】0【特-2】0【特-3】0 【增】16【对美加征】5【出】0【退】0	千克	A	B	MR	N	101 301 302 303 304	其他硫酸盐（矿物源性饲料添加剂） 其他硫酸盐（其他危险化学品，需申报仅用于工业用途不用于无检疫要求食品添加剂） 其他硫酸盐（无检疫要求食品添加剂） 其他硫酸盐（需申报仅用于工业用途不用于无检疫要求食品添加剂的化学品） 其他硫酸盐（属于危险化学品的食品添加剂）
283330	10		钾铝矾	Potassium aluminum sulfate	【最】5【普】45 【协东盟】0【协巴基斯坦】0【协智利】0 【协新西兰】0【协秘鲁】0【协哥斯达黎加】0 【协冰岛】0【协瑞士】0【协澳大利亚】0 【协韩国】2.7【协格鲁吉亚】0【协香港】0 【协澳门】0 【特-1】0【特-2】0【特-3】0 【增】16【出】0【退】0	千克					999	钾铝矾（无检疫要求食品添加剂）

税则号列			货品名称中英文		税费综合信息	计量单位	监管证件代码		检验检疫类别		检验检疫编码	检验检疫编码对应中文名称
HS国际统一前6位	本国子目7~8位	9~10位	中文 货物名称	英文 Article Description			进口	出口	进口	出口		
283330	90		其他矾	Other alums	【最】5【普】30 【协东盟】0【协巴基斯坦】0【协智利】0 【协新西兰】0【协秘鲁】0【协哥斯达黎加】0 【协冰岛】0【协瑞士】0【协澳大利亚】0 【协韩国】2.7【协格鲁吉亚】0【协香港】0 【协澳门】0 【特-1】0【特-2】0【特-3】0 【增】16【对美加征】5【出】0【退】0	千克					101 102 301	其他矾（硫酸氧钒） 其他矾［硫酸铝铵（铵明矾）（无检疫要求食品添加剂）］ 其他矾（毒性物质和感染性物质）
283340	00		过硫酸盐	Peroxosulphates (persulphates)	【最】5【普】30 【协东盟】0【协巴基斯坦】5【协智利】0 【协新西兰】0【协秘鲁】0【协哥斯达黎加】0 【协冰岛】0【协瑞士】0【协澳大利亚】0 【协韩国】2.7【协格鲁吉亚】0【协香港】0 【协澳门】0 【特-1】0【特-2】0【特-3】0 【增】16【对美加征】5【出】0【退】0	千克					301	过硫酸盐（氧化性物质）
283410	00		亚硝酸盐	Nitrites	【最】5【普】30 【协东盟】0【协巴基斯坦】5【协智利】0 【协新西兰】0【协秘鲁】0【协哥斯达黎加】0 【协冰岛】0【协瑞士】0【协澳大利亚】0 【协韩国】0【协格鲁吉亚】0【协香港】0 【协澳门】0 【特-1】0【特-2】0【特-3】0 【增】16【对美加征】5【出】0【退】0	千克	A	B	MR	NS	301 302 303 304	亚硝酸盐（其他危险化学品，需申报仅用于工业用途不用于无检疫要求食品添加剂） 亚硝酸盐（无检疫要求食品添加剂） 亚硝酸盐（一般化学品，需申报仅用于工业用途不用于无检疫要求食品添加剂） 亚硝酸盐（属于危险化学品的食品添加剂）
283421	10		肥料用硝酸钾	Potassium nitrate, for use as fertilizer	【最】4【普】11【暂进】1 【协东盟】0【协巴基斯坦】0【协智利】0 【协新西兰】0【协秘鲁】0【协哥斯达黎加】0 【协冰岛】0【协瑞士】0【协澳大利亚】0 【协香港】0【协澳门】0【协韩国】0 【特-1】0【特-2】0【特-3】0 【增】16【出】0【退】0	千克	A	B	M	N	998 999	肥料用硝酸钾（其他危险化学品） 肥料用硝酸钾（其他化工产品）
283421	90		非肥料用硝酸钾	Other potassium nitrate	【最】5【普】30 【协东盟】0【协巴基斯坦】5【协智利】0 【协新西兰】0【协秘鲁】0【协哥斯达黎加】0 【协冰岛】0【协瑞士】0【协澳大利亚】0 【协韩国】0【协格鲁吉亚】0【协香港】0 【协澳门】0 【特-1】0【特-2】0【特-3】0 【增】16【对美加征】10【出】0【退】0	千克	A	B	M	N	102 301	非肥料用硝酸钾［硝酸钾（无检疫要求食品添加剂）］ 非肥料用硝酸钾（氧化性物质）
283429	10		硝酸钴	Bobalt nitrate	【最】5【普】30 【协东盟】0【协巴基斯坦】0【协智利】0 【协新西兰】0【协秘鲁】0【协哥斯达黎加】0 【协冰岛】0【协瑞士】0【协澳大利亚】0 【协韩国】0【协格鲁吉亚】0【协香港】0 【协澳门】0 【特-1】0【特-2】0【特-3】0 【增】16【对美加征】5【出】0【退】0	千克	A	B	M	N	999	硝酸钴
283429	90	01	硝酸钡	Barium nitrate	【最】5【普】30【暂进】2 【协东盟】0【协巴基斯坦】5【协智利】0 【协新西兰】0【协秘鲁】0【协哥斯达黎加】0 【协冰岛】0【协瑞士】0【协澳大利亚】0 【协韩国】0【协格鲁吉亚】0【协香港】0 【协澳门】0 【特-1】0【特-2】0【特-3】0 【增】16【对美加征】5【出】0【退】0	千克	A	B	M	N	999	硝酸钡
283429	90	90	其他硝酸盐	Other nitrates	【最】5【普】30 【协东盟】0【协巴基斯坦】5【协智利】0 【协新西兰】0【协秘鲁】0【协哥斯达黎加】0 【协冰岛】0【协瑞士】0【协澳大利亚】0 【协韩国】0【协格鲁吉亚】0【协香港】0 【协澳门】0 【特-1】0【特-2】0【特-3】0 【增】16【对美加征】5【出】0【退】0	千克					301 302 303 304	其他硝酸盐（爆炸品） 其他硝酸盐（氧化性物质） 其他硝酸盐［硝酸钠（无检疫要求食品添加剂）］ 其他硝酸盐（其他化工产品）

税则号列			货品名称中英文		税费综合信息	计量单位	监管证件代码		检验检疫类别		检验检疫编码	检验检疫编码对应中文名称
HS国际统一前6位	本国子目7~8位	本国子目9~10位	中文货物名称	英文 Article Description			进口	出口	进口	出口		
283510	00		次磷酸盐及亚磷酸盐	Phosphinates (hypophosphites) and phosphonates(phosphites)	【最】5【普】20 【协东盟】0【协巴基斯坦】5【协智利】0 【协新西兰】0【协秘鲁】0【协哥斯达黎加】0 【协冰岛】0【协瑞士】0【协澳大利亚】0 【协韩国】0【协格鲁吉亚】0【协香港】0 【协澳门】0 【特-1】0【特-2】0【特-3】0 【增】16【对美加征】10【出】0【退】0	千克					999	次磷酸盐及亚磷酸盐
283522	00		磷酸一钠及磷酸二钠	Phosphate of mono-or disodium	【最】5【普】20 【协东盟】0【协巴基斯坦】5【协智利】0 【协新西兰】0【协秘鲁】0【协哥斯达黎加】0 【协冰岛】0【协瑞士】0【协澳大利亚】0 【协韩国】2.7【协格鲁吉亚】0【协香港】0 【协澳门】0 【特-1】0【特-2】0【特-3】0 【增】16【对美加征】10【出】0【退】0	千克					101 102	磷酸一钠及磷酸二钠(矿物源性饲料添加剂) 磷酸一钠及磷酸二钠(化工产品)
283524	00		钾的磷酸盐	Phosphate of potassium	【最】5【普】20 【协东盟】0【协巴基斯坦】5【协智利】0 【协新西兰】0【协秘鲁】0【协哥斯达黎加】0 【协冰岛】0【协瑞士】0【协澳大利亚】0 【协韩国】0【协格鲁吉亚】0【协香港】0 【协澳门】0 【特-1】0【特-2】0【特-3】0 【增】16【对美加征】10【出】0【退】0	千克					101	钾的磷酸盐(矿物源性饲料添加剂)
283525	10		饲料级的正磷酸氢钙(磷酸二钙)	Calcium hydrogenorthophosphate (dicalcium phosphate), feed grade	【最】5【普】20 【协东盟】0【协巴基斯坦】5【协智利】0 【协新西兰】0【协秘鲁】0【协哥斯达黎加】0 【协冰岛】0【协瑞士】0【协澳大利亚】0 【协韩国】0【协格鲁吉亚】0【协香港】0 【协澳门】0 【特-1】0【特-2】0【特-3】0 【增】16【出】0【退】0	千克	A	B	R	S	101 102	饲料级的正磷酸氢钙(磷酸二钙)(矿物源性饲料添加剂) 饲料级的正磷酸氢钙(磷酸二钙)(化工产品)
283525	20		食品级的正磷酸氢钙(磷酸二钙)	Calcium hydrogenorthophosphate (dicalcium phosphate), food grade	【最】5【普】20 【协东盟】0【协巴基斯坦】5【协智利】0 【协新西兰】0【协秘鲁】0【协哥斯达黎加】0 【协冰岛】0【协瑞士】0【协澳大利亚】0 【协韩国】0【协格鲁吉亚】0【协香港】0 【协澳门】0 【特-1】0【特-2】0【特-3】0 【增】16【对美加征】10【出】0【退】6	千克	A		R	S	101 102	食品级的正磷酸氢钙(磷酸二钙)(矿物源性饲料添加剂) 食品级的正磷酸氢钙(磷酸二钙)[食品添加剂(无检疫要求食品添加剂]
283525	90		其他正磷酸氢钙(磷酸二钙)	Other calcium hydrogenorthophosphate (dicalcium phosphate)	【最】5【普】20 【协东盟】0【协巴基斯坦】5【协智利】0 【协新西兰】0【协秘鲁】0【协哥斯达黎加】0 【协冰岛】0【协瑞士】3.1【协澳大利亚】0 【协韩国】0【协格鲁吉亚】0【协香港】0 【协澳门】0 【特-1】0【特-2】0【特-3】0 【增】16【对美加征】5【出】0【退】0	千克					999	其他正磷酸氢钙(磷酸二钙)
283526	00		其他磷酸钙【电商】	Other phosphates of calcium	【最】5【普】20 【协东盟】0【协巴基斯坦】5【协智利】0 【协新西兰】0【协秘鲁】0【协哥斯达黎加】0 【协冰岛】0【协瑞士】0【协澳大利亚】0 【协韩国】2.7【协格鲁吉亚】0【协香港】0 【协澳门】0 【特-1】0【特-2】0【特-3】0 【增】16【对美加征】5【出】0【退】0	千克					101 104	其他磷酸钙(矿物源性饲料添加剂) 其他磷酸钙[磷酸钙(无检疫要求食品添加剂)]
283529	10		磷酸三钠	Trisodium phosphate	【最】5【普】20 【协东盟】0【协巴基斯坦】5【协智利】0 【协新西兰】0【协秘鲁】0【协哥斯达黎加】0 【协冰岛】0【协瑞士】0【协澳大利亚】0 【协韩国】0【协格鲁吉亚】0【协香港】0 【协澳门】0 【特-1】0【特-2】0【特-3】0 【增】16【对美加征】10【出】0【退】0	千克	A		R	S	301 999	磷酸三钠(需申报仅用于工业用途不用于无检疫要求食品添加剂的化学品) 磷酸三钠(其他化工产品)

税则号列			货品名称中英文		税费综合信息	计量单位	监管证件代码		检验检疫类别		检验检疫编码	检验检疫编码对应中文名称
HS 国际统一前6位	本国子目7~8位	本国子目9~10位	中文货物名称	英文 Article Description			进口	出口	进口	出口		
283529	90		其他磷酸盐	Other phosphates	【最】5【普】20 【协东盟】0【协巴基斯坦】5【协智利】0 【协新西兰】0【协秘鲁】0【协哥斯达黎加】0 【协冰岛】0【协瑞士】0【协澳大利亚】0 【协韩国】2.7【协格鲁吉亚】0【协香港】0 【协澳门】0 【特-1】0【特-2】0【特-3】0 【增】16【对美加征】10【出】0【退】0	千克	A		MR		101 301 302 303 304	其他磷酸盐（矿物源性饲料添加剂） 其他磷酸盐（其他危险化学品，需申报仅用于工业用途不用于无检疫要求食品添加剂） 其他磷酸盐（无检疫要求食品添加剂） 其他磷酸盐（一般化学品，需申报仅用于工业用途不用于无检疫要求食品添加剂） 其他磷酸盐（属于危险化学品的食品添加剂）
283531	10		食品级的三磷酸钠（三聚磷酸钠）	Sodium triphosphate (sodium tripolyphosphate), food grade	【最】5【普】20 【协东盟】0【协巴基斯坦】5【协智利】0 【协新西兰】0【协秘鲁】0【协哥斯达黎加】0 【协冰岛】0【协瑞士】0【协澳大利亚】0 【协韩国】0【协格鲁吉亚】0【协香港】0 【协澳门】0 【特-1】0【特-2】0【特-3】0 【增】16【对美加征】10【出】0【退】13	千克	A		R		999	食品级的三磷酸钠（三聚磷酸钠）（无检疫要求食品添加剂）
283531	90		其他三磷酸钠（三聚磷酸钠）	Other Sodium triphosphate (sodium tripolyphosphate)	【最】5【普】20 【协东盟】0【协巴基斯坦】5【协智利】0 【协新西兰】0【协秘鲁】0【协哥斯达黎加】0 【协冰岛】0【协瑞士】0【协澳大利亚】0 【协韩国】2.7【协格鲁吉亚】0【协香港】0 【协澳门】0 【特-1】0【特-2】0【特-3】0 【增】16【对美加征】5【出】0【退】13	千克					999	其他三磷酸钠（三聚磷酸钠）
283539	11		食品级的六偏磷酸钠	Sodium hexametaphosphate, food grade	【最】5【普】20 【协东盟】0【协巴基斯坦】5【协智利】0 【协新西兰】0【协秘鲁】0【协哥斯达黎加】0 【协冰岛】0【协瑞士】0【协澳大利亚】0 【协韩国】0【协格鲁吉亚】0【协香港】0 【协澳门】0 【特-1】0【特-2】0【特-3】0 【增】16【对美加征】5【出】0【退】10	千克	A		R		999	食品级的六偏磷酸钠（无检疫要求食品添加剂）
283539	19		其他六偏磷酸钠	Other sodium hexametaphosphate	【最】5【普】20 【协东盟】0【协巴基斯坦】5【协智利】0 【协新西兰】0【协秘鲁】0【协哥斯达黎加】0 【协冰岛】0【协瑞士】0【协澳大利亚】0 【协韩国】2.7【协格鲁吉亚】0【协香港】0 【协澳门】0 【特-1】0【特-2】0【特-3】0 【增】16【对美加征】5【出】0【退】0	千克					999	其他六偏磷酸钠
283539	90		其他多磷酸盐	Other polyphosphates	【最】5【普】20 【协东盟】0【协巴基斯坦】5【协智利】0 【协新西兰】0【协秘鲁】0【协哥斯达黎加】0 【协瑞士】0【协澳大利亚】0【协韩国】0 【协格鲁吉亚】0【协香港】0【协澳门】0 【特-1】0【特-2】0【特-3】0 【增】16【对美加征】5【出】0【退】0	千克					101 102	其他多磷酸盐（矿物源性饲料添加剂） 碳酸钠（纯碱）[食品添加剂（无检疫要求食品添加剂）]
283620	00		碳酸钠（纯碱）	Disodium carbonate	【最】5【普】35 【协东盟】0【协巴基斯坦】5【协智利】0 【协新西兰】0【协秘鲁】0【协哥斯达黎加】0 【协冰岛】0【协瑞士】0【协澳大利亚】0 【协韩国】0【协格鲁吉亚】0【协香港】0 【协澳门】0 【特-1】0【特-2】0【特-3】0 【增】16【对美加征】5【出】0【退】10	千克	A	G	MR		101 102 301	碳酸钠（纯碱）（矿物源性饲料添加剂） 碳酸钠（纯碱）[食品添加剂（无检疫要求食品添加剂）] 碳酸钠（纯碱）（需申报仅用于工业用途不用于无检疫要求食品添加剂的化学品）

税则号列			货品名称中英文		税费综合信息	计量单位	监管证件代码		检验检疫类别		检验检疫编码	检验检疫编码对应中文名称
HS国际统一前6位	本国子目7~8位	9~10位	中文货物名称	英文Article Description			进口	出口	进口	出口		
283630	00		碳酸氢钠（小苏打） 【电商】	Sodium hydrogencarbonate(Sodium bicarbonate)	【最】5【普】45 【协东盟】0【协巴基斯坦】5【协智利】0 【协新西兰】0【协秘鲁】0【协哥斯达黎加】0 【协冰岛】0【协瑞士】0【协澳大利亚】0 【协韩国】2.7【协格鲁吉亚】0【协香港】0 【协澳门】0 【特-1】0【特-2】0【特-3】0 【增】16【对美加征】5【出】0【退】10	千克	A	G	R		101 301 302 303	碳酸氢钠（小苏打）（矿物源性饲料添加剂） 碳酸氢钠（小苏打）[碳酸氢钠（无检疫要求食品添加剂）] 碳酸氢钠（小苏打）[复合膨松剂（无检疫要求食品添加剂）] 碳酸氢钠（小苏打）（需申报仅用于工业用途不用于无检疫要求食品添加剂的化学品）
283640	00		钾的碳酸盐	Potassium carbonates	【最】5【普】30 【协东盟】0【协巴基斯坦】5【协智利】0 【协新西兰】0【协秘鲁】0【协哥斯达黎加】0 【协冰岛】0【协瑞士】0【协澳大利亚】0 【协韩国】0【协格鲁吉亚】0【协香港】0 【协澳门】0 【特-1】0【特-2】0【特-3】0 【增】16【对美加征】5【出】0【退】0	千克					101 102	钾的碳酸盐（碳酸氢钾） 钾的碳酸盐（碳酸钾）
283650	00		碳酸钙 【电商】	Calcium carbonate	【最】5【普】45 【协东盟】0【协巴基斯坦】5【协智利】0 【协新西兰】0【协秘鲁】0【协哥斯达黎加】0 【协冰岛】0【协瑞士】0【协澳大利亚】0 【协韩国】0【协格鲁吉亚】0【协香港】0 【协澳门】0 【特-1】0【特-2】0【特-3】0 【增】16【对美加征】10【出】0【退】0	千克	A		R		101 102 103 104 301	碳酸钙（矿物源性饲料添加剂） 碳酸钙[碳酸钙（包括轻质和重质碳酸钙）（无检疫要求食品添加剂）] 碳酸钙[生物碳酸钙（无检疫要求食品添加剂）] 碳酸钙[活性钙（无检疫要求食品添加剂）] 碳酸钙（需申报仅用于工业用途不用于无检疫要求食品添加剂的化学品）
283660	00		碳酸钡	Barium carbonate	【最】5【普】40【暂进】1 【协东盟】0【协巴基斯坦】5【协智利】0 【协新西兰】0【协秘鲁】0【协哥斯达黎加】0 【协冰岛】0【协瑞士】0【协澳大利亚】0 【协韩国】0【协格鲁吉亚】0【协香港】0 【协澳门】0 【特-1】0【特-2】0【特-3】0 【增】16【对美加征】10【出】0【退】0	千克					999	碳酸钡
283691	00		锂的碳酸盐	Lithium carbonates	【最】5【普】30【暂进】2 【协东盟】0【协巴基斯坦】5【协智利】0 【协新西兰】0【协哥斯达黎加】0 【协冰岛】0【协瑞士】0【协澳大利亚】0 【协韩国】0【协格鲁吉亚】0【协香港】0 【协澳门】0 【特-1】0【特-2】0【特-3】0 【增】16【对美加征】10【出】0【退】0	千克					999	锂的碳酸盐
283692	00		锶的碳酸盐	Strontium carbonate	【最】5【普】30【暂进】2 【协东盟】0【协巴基斯坦】5【协智利】0 【协新西兰】0【协秘鲁】0【协哥斯达黎加】0 【协冰岛】0【协瑞士】0【协澳大利亚】0 【协韩国】0【协格鲁吉亚】0【协香港】0 【协澳门】0 【特-1】0【特-2】0【特-3】0 【增】16【对美加征】10【出】0【退】0	千克					999	锶的碳酸盐
283699	10		碳酸镁	Magnesium carbonate	【最】5【普】45 【协东盟】0【协巴基斯坦】5【协智利】0 【协新西兰】0【协秘鲁】0【协哥斯达黎加】0 【协冰岛】0【协瑞士】0【协澳大利亚】0 【协韩国】2.7【协格鲁吉亚】0【协香港】0 【协澳门】0 【特-1】0【特-2】0【特-3】0 【增】16【对美加征】10【出】0【退】0	千克	A		R		301 302	碳酸镁（无检疫要求食品添加剂） 碳酸镁（需申报仅用于工业用途不用于无检疫要求食品添加剂的化学品）

税则号列			货品名称中英文		税费综合信息	计量单位	监管证件代码		检验检疫类别		检验检疫编码	检验检疫编码对应中文名称
HS 国际统一前6位	本国子目 7~8位	9~10位	中文 货物名称	英文 Article Description			进口	出口	进口	出口		
283699	30		碳酸钴	Cobalt carbonate	【最】5【普】30【暂进】2【协亚太】4 【协东盟】0【协巴基斯坦】5【协智利】0 【协新西兰】0【协秘鲁】0【协哥斯达黎加】0 【协冰岛】0【协瑞士】0【协澳大利亚】0 【协韩国】0【协格鲁吉亚】0【协香港】0 【协澳门】0 【特-1】0【特-2】0【特-3】0 【增】16【出】0【退】0	千克		4xy			101 102	碳酸钴（矿物源性饲料添加剂） 碳酸钴（化工产品）
283699	40		商品碳酸铵及其他铵的碳酸盐	Commercial ammonium carbonate and other ammonium carbonates	【最】5【普】30 【协东盟】0【协巴基斯坦】0【协智利】0 【协新西兰】0【协秘鲁】0【协哥斯达黎加】0 【协冰岛】0【协瑞士】0【协澳大利亚】0 【协韩国】0【协格鲁吉亚】0【协香港】0 【协澳门】0 【特-1】0【特-2】0【特-3】0 【增】16【对美加征】10【出】0【退】0	千克					101	商品碳酸铵及其他铵的碳酸盐（矿物源性饲料添加剂）
283699	50		碳酸锆	Zirconium carbonate	【最】5【普】30 【协东盟】0【协巴基斯坦】5【协智利】0 【协新西兰】0【协秘鲁】0【协哥斯达黎加】0 【协冰岛】0【协瑞士】0【协澳大利亚】0 【协韩国】0【协格鲁吉亚】0【协香港】0 【协澳门】0 【特-1】0【特-2】0【特-3】0 【增】16【出】0【退】0	千克	A	B	R	S	999	碳酸锆
283699	90		其他碳酸盐及过碳酸盐	Other carbonates and peroxocarbonates (percarbonates)	【最】5【普】30 【协东盟】0【协澳门】0【协巴基斯坦】5 【协香港】0【协智利】0【协新西兰】0 【协秘鲁】0【协哥斯达黎加】0【协冰岛】0 【协瑞士】0【协澳大利亚】0【协韩国】0 【协格鲁吉亚】0 【特-1】0【特-2】0【特-3】0 【增】16【对美加征】5【出】0【退】13	千克	A		MR		101 301 302 303 304 ……	其他碳酸盐及过碳酸盐（矿物源性饲料添加剂） 其他碳酸盐及过碳酸盐（氧化性物质，需申报仅用于工业用途不用于无检疫要求食品添加剂） 其他碳酸盐及过碳酸盐（其他危险化学品，需申报仅用于工业用途不用于无检疫要求食品添加剂） 其他碳酸盐及过碳酸盐（无检疫要求食品添加剂） 其他碳酸盐及过碳酸盐（一般化学品，需申报仅用于工业用途不用于无检疫要求食品添加剂） ……①
283711	10		氰化钠	Sodium cyanide	【最】5【普】20 【协东盟】0【协巴基斯坦】0【协智利】0 【协新西兰】0【协秘鲁】0【协哥斯达黎加】0 【协冰岛】0【协瑞士】0【协澳大利亚】0 【协韩国】3.6【协格鲁吉亚】0【协香港】0 【协澳门】0 【特-1】0【特-2】0 【增】16【出】0【退】0	千克	2A	3B	M	N	999	氰化钠（山奈）
283711	20		氧氰化钠	Sodium cyanide oxide	【最】5【普】30 【协亚太】3.3【协东盟】0【协巴基斯坦】0 【协智利】0【协新西兰】0【协秘鲁】0 【协哥斯达黎加】0【协冰岛】0【协瑞士】0 【协澳大利亚】0【协韩国】0【协格鲁吉亚】0 【协香港】0【协澳门】0 【特-1】0【特-2】0 【增】16【出】0【退】0	千克					999	氧氰化钠

① 该税号项下检验检疫编码及对应中文名称尚有：305　其他碳酸盐及过碳酸盐（属于危险化学品的食品添加剂），306　其他碳酸盐及过碳酸盐［高锰酸钾（属于危险化学品的食品添加剂）］。

税则号列			货品名称中英文		税费综合信息	计量单位	监管证件代码		检验检疫类别		检验检疫编码	检验检疫编码对应中文名称
HS国际统一前6位	本国子目 7~8位	9~10位	中文 货物名称	英文 Article Description			进口	出口	进口	出口		
283719	10		氰化钾	Potassium cyanide	【最】5【普】20 【协亚太】4【协东盟】0【协巴基斯坦】0 【协智利】0【协新西兰】0【协秘鲁】0 【协哥斯达黎加】0【协冰岛】0【协瑞士】0 【协澳大利亚】0【协韩国】0【协格鲁吉亚】0 【协香港】0【协澳门】0 【特-1】0【特-2】0 【增】16【对美加征】10【出】0【退】0	千克	2A	3B	M	N	999	氰化钾
283719	90	11	氰化锌、氰化亚铜、氰化铜	Zinc cyanide, cuprous cyanide, copper cyanide(cupric cyanide)	【最】5【普】30 【协东盟】0【协巴基斯坦】0【协智利】0 【协新西兰】0【协秘鲁】0【协哥斯达黎加】0 【协冰岛】0【协瑞士】0【协澳大利亚】0 【协韩国】3.6【协格鲁吉亚】0【协香港】0 【协澳门】0 【特-1】0【特-2】0 【增】16【对美加征】10【出】0【退】0	千克					301	氰化锌、氰化亚铜、氰化铜（氰化高铜）
283719	90	12	氰化镍、氰化钙（氰化亚镍）	Nickel cyanide, calcium cyanide (Nickelous cyanide)	【最】5【普】30 【协东盟】0【协巴基斯坦】0【协智利】0 【协新西兰】0【协秘鲁】0【协哥斯达黎加】0 【协冰岛】0【协瑞士】0【协澳大利亚】0 【协韩国】3.6【协格鲁吉亚】0【协香港】0 【协澳门】0 【特-1】0【特-2】0 【增】16【对美加征】10【出】0【退】0	千克					103 301	氰化镍、氰化钙（氰化亚镍）（氰化镍钾） 氰化镍、氰化钙（氰化亚镍）（氰化亚镍）
283719	90	13	氰化钡、氰化镉、氰化铅	Barium cyanide, cadium cyanide, lead cyanide	【最】5【普】30 【协东盟】0【协巴基斯坦】0【协智利】0 【协新西兰】0【协秘鲁】0【协哥斯达黎加】0 【协冰岛】0【协瑞士】0【协澳大利亚】0 【协韩国】3.6【协格鲁吉亚】0【协香港】0 【协澳门】0 【特-1】0【特-2】0 【增】16【对美加征】10【出】0【退】0	千克					301	氰化钡、氰化镉、氰化铅
283719	90	14	氰化钴	Cobaltous cyanide	【最】5【普】30 【协东盟】0【协巴基斯坦】0【协智利】0 【协新西兰】0【协秘鲁】0【协哥斯达黎加】0 【协冰岛】0【协瑞士】0【协澳大利亚】0 【协韩国】3.6【协格鲁吉亚】0【协香港】0 【协澳门】0 【特-1】0【特-2】0 【增】16【对美加征】10【出】0【退】0	千克					999	氰化钴［氰化钴（II）、氰化钴（III）］
283719	90	90	其他氰化物及氧氰化物	Other cyanides and cyanide oxides	【最】5【普】30 【协东盟】0【协巴基斯坦】0【协智利】0 【协新西兰】0【协秘鲁】0【协哥斯达黎加】0 【协冰岛】0【协瑞士】0【协澳大利亚】0 【协韩国】3.6【协格鲁吉亚】0【协香港】0 【协澳门】0 【特-1】0【特-2】0 【增】16【对美加征】10【出】0【退】0	千克					998 999	其他氰化物及氧氰化物（其他危险化学品） 其他氰化物及氧氰化物（其他化工产品）
283720	00	11	氰化镍钾、氰化钠铜锌（氰化钾镍、镍氰化钾、铜盐）	Potassium nickel cyanide, Sodium copper-zinc cyanide salt, Nickel potassium cyanide, dipotassium nickel tetracyanide	【最】5【普】30 【协东盟】0【协巴基斯坦】0【协智利】0 【协新西兰】0【协秘鲁】0【协哥斯达黎加】0 【协冰岛】0【协瑞士】0【协澳大利亚】0 【协韩国】0【协格鲁吉亚】0【协香港】0 【协澳门】0 【特-1】0【特-2】0 【增】16【对美加征】10【出】0【退】0	千克					999	氰化镍钾、氰化钠铜锌（氰化钾镍、镍氰化钾、铜盐）
283720	00	12	氰化亚铜（三）钠，氰化亚铜（三）钾	Sodium cuprocyanide copper sodium cyanide; Sodium copper cyanide, Potassium cuprocyanide Potassium cuprous cyanide	【最】5【普】30 【协东盟】0【协巴基斯坦】0【协智利】0 【协新西兰】0【协秘鲁】0【协哥斯达黎加】0 【协冰岛】0【协瑞士】0【协澳大利亚】0 【协韩国】0【协格鲁吉亚】0【协香港】0 【协澳门】0 【特-1】0【特-2】0 【增】16【对美加征】10【出】0【退】0	千克					101	氰化亚铜（三）钠、氰化亚铜（三）钾（紫铜盐、紫铜矾、氰化铜钠、氰化亚铜钾、亚铜氰化钾）［氰化亚铜（三）钠］

税则号列 HS国际统一前6位	本国子目 7~8位	本国子目 9~10位	货品名称中英文 中文 货物名称	货品名称中英文 英文 Article Description	税费综合信息	计量单位	监管证件代码 进口	监管证件代码 出口	检验检疫类别 进口	检验检疫类别 出口	检验检疫编码	检验检疫编码对应中文名称
283720	00	90	其他氰络合物	Other complex cyanide	【最】5【普】30 【协东盟】0【协巴基斯坦】0【协智利】0 【协新西兰】0【协秘鲁】0【协哥斯达黎加】0 【协冰岛】0【协瑞士】0【协澳大利亚】0 【协韩国】0【协格鲁吉亚】0【协香港】0 【协澳门】0 【特-1】0【特-2】0 【增】16【对美加征】10【出】0【退】0	千克					998 999	其他氰络合物（其他危险化学品） 其他氰络合物（其他化工产品）
283911	00		偏硅酸钠	Sodium metasilicates	【最】5【普】40 【协东盟】0【协巴基斯坦】5【协智利】0 【协新西兰】0【协秘鲁】0【协哥斯达黎加】0 【协冰岛】0【协瑞士】0【协澳大利亚】0 【协韩国】2.7【协格鲁吉亚】0【协香港】0 【协澳门】0 【特-1】0【特-2】0 【增】16【对美加征】5【出】0【退】0	千克	A	B	M	N	999	偏硅酸钠
283919	10		硅酸钠	Metasilicate	【最】5【普】30 【协东盟】0【协巴基斯坦】5【协智利】0 【协新西兰】0【协秘鲁】0【协哥斯达黎加】0 【协冰岛】0【协瑞士】0【协澳大利亚】0 【协韩国】2.7【协格鲁吉亚】0【协香港】0 【协澳门】0 【特-1】0【特-2】0 【增】16【对美加征】5【出】0【退】0	千克	A		M		999	硅酸钠
283919	90		其他钠盐	Other sodium silicates	【最】5【普】30 【协东盟】0【协巴基斯坦】5【协智利】0 【协新西兰】0【协秘鲁】0【协哥斯达黎加】0 【协冰岛】0【协瑞士】0【协澳大利亚】0 【协韩国】2.7【协格鲁吉亚】0【协香港】0 【协澳门】0 【特-1】0【特-2】0 【增】16【对美加征】10【出】0【退】0	千克					999	其他钠盐
283990	00	01	锆的硅酸盐	Zirconium silicate	【最】5【普】30【暂进】2 【协东盟】0【协巴基斯坦】5【协智利】0 【协新西兰】0【协秘鲁】0【协哥斯达黎加】0 【协冰岛】0【协瑞士】2.2【协澳大利亚】0 【协韩国】0【协格鲁吉亚】0【协香港】0 【协澳门】0 【特-1】0【特-2】0 【增】16【对美加征】5【出】0【退】0	千克					999	锆的硅酸盐
283990	00	10	硅酸铅	Lead silicate	【最】5【普】30 【协东盟】0【协巴基斯坦】5【协智利】0 【协新西兰】0【协秘鲁】0【协哥斯达黎加】0 【协冰岛】0【协瑞士】2.2【协澳大利亚】0 【协韩国】0【协格鲁吉亚】0【协香港】0 【协澳门】0 【特-1】0【特-2】0 【增】16【对美加征】5【出】0【退】0	千克					999	硅酸铅
283990	00	90	其他硅酸盐；商品碱金属硅酸盐	Other silicate, commercial alkali metal silicates	【最】5【普】30 【协东盟】0【协巴基斯坦】5【协智利】0 【协新西兰】0【协秘鲁】0【协哥斯达黎加】0 【协冰岛】0【协瑞士】2.2【协澳大利亚】0 【协韩国】0【协格鲁吉亚】0【协香港】0 【协澳门】0 【特-1】0【特-2】0 【增】16【对美加征】5【出】0【退】0	千克					101 102	其他硅酸盐；商品碱金属硅酸盐（硅酸镁） 其他硅酸盐；商品碱金属硅酸盐（硅酸钙铝）
284011	00		无水四硼酸钠	Anhydrous	【最】5【普】20【暂进】2 【协东盟】0【协巴基斯坦】0【协智利】0 【协新西兰】0【协秘鲁】0【协哥斯达黎加】0 【协冰岛】0【协瑞士】0【协澳大利亚】0 【协韩国】0【协格鲁吉亚】0【协香港】0 【协澳门】0 【特-1】0【特-2】0 【增】16【对美加征】5【出】0【退】0	千克					999	无水四硼酸钠

税则号列			货品名称中英文		税费综合信息	计量单位	监管证件代码		检验检疫类别		检验检疫编码	检验检疫编码对应中文名称
HS国际统一前6位	本国子目 7~8位	本国子目 9~10位	中文 货物名称	英文 Article Description			进口	出口	进口	出口		
284019	00		其他四硼酸钠	Other disodium tetraborate (refined borax)	【最】5【普】20【暂进】2 【协东盟】0【协巴基斯坦】0【协智利】0 【协新西兰】0【协秘鲁】0【协哥斯达黎加】0 【协冰岛】0【协瑞士】0【协澳大利亚】0 【协韩国】0【协格鲁吉亚】0【协香港】0 【协澳门】0 【特-1】0【特-2】0 【增】16【对美加征】5【出】0【退】0	千克					999	其他四硼酸钠
284020	00	10	硼酸锌	Zinc borate	【最】5【普】30 【协东盟】0【协巴基斯坦】0【协智利】0 【协新西兰】0【协秘鲁】0【协哥斯达黎加】0 【协冰岛】0【协瑞士】0【协澳大利亚】0 【协韩国】2.7【协格鲁吉亚】0【协香港】0 【协澳门】0 【特-1】0【特-2】0 【增】16【对美加征】5【出】0【退】0	千克	S	S			999	硼酸锌
284020	00	90	其他硼酸盐	Othr borate	【最】5【普】30 【协东盟】0【协巴基斯坦】0【协智利】0 【协新西兰】0【协秘鲁】0【协哥斯达黎加】0 【协冰岛】0【协瑞士】0【协澳大利亚】0 【协韩国】2.7【协格鲁吉亚】0【协香港】0 【协澳门】0 【特-1】0【特-2】0 【增】16【对美加征】5【出】0【退】0	千克					999	其他硼酸盐
284030	00		过硼酸盐	Peroxoborates (perborates)	【最】5【普】30 【协东盟】0【协巴基斯坦】0【协智利】0 【协新西兰】0【协秘鲁】0【协哥斯达黎加】0 【协冰岛】0【协瑞士】0【协澳大利亚】0 【协韩国】0【协格鲁吉亚】0【协香港】0 【协澳门】0 【特-1】0【特-2】0 【增】16【对美加征】5【出】0【退】0	千克					999	过硼酸盐
284130	00		重铬酸钠	Sodium dichromate	【最】5.5【普】20 【协东盟】0【协巴基斯坦】0【协智利】0 【协新西兰】0【协秘鲁】0【协哥斯达黎加】0 【协冰岛】0【协瑞士】0【协澳大利亚】0 【协韩国】0【协格鲁吉亚】0【协香港】0 【协澳门】0 【特-1】0【特-2】0【特-3】0 【增】16【出】0【退】0	千克	A	B	M	N	999	重铬酸钠
284150	00		其他铬酸盐及重铬酸盐、过铬酸盐	Other chromates and dichromates, peroxochromates	【最】5.5【普】30 【协东盟】0【协巴基斯坦】5【协智利】0 【协新西兰】0【协秘鲁】0【协哥斯达黎加】0 【协冰岛】0【协瑞士】0【协澳大利亚】0 【协韩国】0【协格鲁吉亚】0【协香港】0 【协澳门】0 【特-1】0【特-2】0【特-3】0 【增】16【对美加征】10【出】0【退】0	千克					301	其他铬酸盐及重铬酸盐、过铬酸盐
284161	00		高锰酸钾	Potassium permanganate	【最】5.5【普】30 【协东盟】0【协巴基斯坦】5【协智利】0 【协新西兰】0【协秘鲁】0【协哥斯达黎加】0 【协冰岛】0【协瑞士】0【协澳大利亚】0 【协韩国】0【协格鲁吉亚】0【协香港】0 【协澳门】0 【特-1】0【特-2】0【特-3】0 【增】16【对美加征】5【出】0【退】0	千克	2A	3B	MR	NS	101 102	高锰酸钾（氧化性物质） 高锰酸钾（属于危险化学品的食品添加剂）
284169	10		锰酸锂	Lithium manganate	【最】5.5【普】30 【协东盟】0【协巴基斯坦】0【协智利】0 【协新西兰】0【协秘鲁】0【协哥斯达黎加】0 【协冰岛】0【协瑞士】0【协澳大利亚】0 【协韩国】0【协格鲁吉亚】0【协香港】0 【协澳门】0 【特-1】0【特-2】0【特-3】0 【增】16【出】0【退】13	千克					999	锰酸锂

税则号列			货品名称中英文		税费综合信息	计量单位	监管证件代码		检验检疫类别		检验检疫编码	检验检疫编码对应中文名称
HS 国际统一前6位	本国子目 7~8位	本国子目 9~10位	中文 货物名称	英文 Article Description			进口	出口	进口	出口		
284169	90		亚锰酸盐，其他锰酸盐及其他高锰	Other manganites, manganates and perman ganates	【最】5.5【普】30 【协东盟】0【协巴基斯坦】0【协智利】0 【协新西兰】0【协秘鲁】0【协哥斯达黎加】0 【协冰岛】0【协瑞士】0【协澳大利亚】0 【协韩国】0【协格鲁吉亚】0【协香港】0 【协澳门】0 【特-1】0【特-2】0【特-3】0 【增】16【对美加征】5【出】0【退】0	千克					301 302	亚锰酸盐，其他锰酸盐及其他高锰酸盐（氧化性物质） 亚锰酸盐，其他锰酸盐及其他高锰酸盐（其他化工产品）
284170	10		钼酸铵	Ammonium molybdates	【最】5.5【普】30 【协亚太】2.8【协东盟】0【协巴基斯坦】5 【协智利】0【协新西兰】0【协秘鲁】0 【协哥斯达黎加】0【协冰岛】0【协瑞士】0 【协澳大利亚】0【协韩国】0【协格鲁吉亚】0 【协香港】0【协澳门】0 【特-1】0【特-2】0【特-3】0 【增】16【对美加征】5【出】0【退】0	千克		4xy			999	钼酸铵
284170	90		其他钼酸盐	Other molybdates	【最】5.5【普】30 【协东盟】0【协巴基斯坦】5【协智利】0 【协新西兰】0【协秘鲁】0【协哥斯达黎加】0 【协冰岛】0【协瑞士】0【协澳大利亚】0 【协韩国】0【协格鲁吉亚】0【协香港】0 【协澳门】0 【特-1】0【特-2】0【特-3】0 【增】16【对美加征】10【出】0【退】0	千克		4xy			101 102	其他钼酸盐（矿物源性饲料添加剂） 其他钼酸盐（化工产品）
284180	10		仲钨酸铵	Ammonium paratungstate	【最】5.5【普】30 【协东盟】0【协巴基斯坦】0【协智利】0 【协新西兰】0【协秘鲁】0【协哥斯达黎加】0 【协冰岛】0【协瑞士】0【协澳大利亚】0 【协韩国】0【协格鲁吉亚】0【协香港】0 【协澳门】0 【特-1】0【特-2】0【特-3】0 【增】16【出】0【退】0	千克		4xy			999	仲钨酸铵
284180	20		钨酸钠	Sodium tungstate	【最】5.5【普】30 【协东盟】0【协巴基斯坦】0【协智利】0 【协新西兰】0【协秘鲁】0【协哥斯达黎加】0 【协冰岛】0【协瑞士】0【协澳大利亚】0 【协韩国】0【协格鲁吉亚】0【协香港】0 【协澳门】0 【特-1】0【特-2】0【特-3】0 【增】16【对美加征】5【出】0【退】0	千克		4xy			999	钨酸钠
284180	30		钨酸钙	Calcium wolframate	【最】5.5【普】30 【协东盟】0【协巴基斯坦】0【协智利】0 【协新西兰】0【协秘鲁】0【协哥斯达黎加】0 【协冰岛】0【协瑞士】0【协澳大利亚】0 【协韩国】0【协格鲁吉亚】0【协香港】0 【协澳门】0 【特-1】0【特-2】0【特-3】0 【增】16【出】0【退】0	千克		4xy			999	钨酸钙
284180	40		偏钨酸铵	Ammonium metatungstate	【最】5.5【普】30 【协东盟】0【协巴基斯坦】0【协智利】0 【协新西兰】0【协秘鲁】0【协哥斯达黎加】0 【协冰岛】0【协瑞士】0【协澳大利亚】0 【协韩国】0【协格鲁吉亚】0【协香港】0 【协澳门】0 【特-1】0【特-2】0【特-3】0 【增】16【出】0【退】0	千克		4xy			999	偏钨酸铵
284180	90		其他钨酸盐	Other tungstates(wolframates)	【最】5.5【普】30 【协亚太】2.8【协东盟】0【协巴基斯坦】0 【协智利】0【协新西兰】0【协秘鲁】0 【协哥斯达黎加】0【协冰岛】0【协瑞士】0 【协澳大利亚】0【协韩国】0【协格鲁吉亚】0 【协香港】0【协澳门】0 【特-1】0【特-2】0【特-3】0 【增】16【对美加征】5【出】0【退】0	千克					999	其他钨酸盐

税则号列			货品名称中英文		税费综合信息	计量单位	监管证件代码		检验检疫类别		检验检疫编码	检验检疫编码对应中文名称
HS国际统一前6位	本国子目7~8位	本国子目9~10位	中文货物名称	英文 Article Description			进口	出口	进口	出口		
284190	00	10	钴酸锂	Lithium cobaltate	【最】5.5【普】30【暂进】2 【协东盟】0【协巴基斯坦】5【协智利】0 【协新西兰】0【协秘鲁】0【协哥斯达黎加】0 【协冰岛】0【协瑞士】0【协澳大利亚】0 【协韩国】2.7【协格鲁吉亚】0【协香港】0 【协澳门】0 【特-1】0【特-2】0【特-3】0 【增】16【对美加征】10【出】0【退】13	千克					999	钴酸锂
284190	00	20	铼酸盐	Rhenate	【最】5.5【普】30【暂进】0 【协东盟】0【协巴基斯坦】5【协智利】0 【协新西兰】0【协秘鲁】0【协哥斯达黎加】0 【协冰岛】0【协瑞士】0【协澳大利亚】0 【协韩国】2.7【协格鲁吉亚】0【协香港】0 【协澳门】0 【特-1】0【特-2】0【特-3】0 【增】16【对美加征】10【出】0【退】0	千克					999	铼酸盐
284190	00	90	其他金属酸盐及过金属酸盐	Other salts of oxometallic or peroxometallic acids	【最】5.5【普】30 【协东盟】0【协巴基斯坦】5【协智利】0 【协新西兰】0【协秘鲁】0【协哥斯达黎加】0 【协冰岛】0【协瑞士】0【协澳大利亚】0 【协韩国】2.7【协格鲁吉亚】0【协香港】0 【协澳门】0 【特-1】0【特-2】0【特-3】0 【增】16【对美加征】10【出】0【退】0	千克					301 302 303	其他金属酸盐及过金属酸盐（毒性物质和感染性物质） 其他金属酸盐及过金属酸盐（腐蚀性物质） 其他金属酸盐及过金属酸盐（其他化工产品）
284210	00		硅酸复盐及硅酸络盐（包括不论是否已有化学定义的硅铝酸盐）	Double or complex silicates, including aluminosilicates whether or not chemically defined	【最】5.5【普】30 【协东盟】0【协香港】0【协巴基斯坦】5 【协智利】0【协新西兰】0【协秘鲁】0 【协哥斯达黎加】0【协冰岛】0【协瑞士】3.1 【协澳大利亚】0【协韩国】0【协格鲁吉亚】0 【协澳门】0 【特-1】0【特-2】0 【增】16【对美加征】10【出】0【退】0	千克	A	B	MR	NS	101 301 302 303 304	硅酸复盐及硅酸络盐（包括不论是否已有化学定义的硅铝酸盐）（矿物源性饲料添加剂） 硅酸复盐及硅酸络盐（包括不论是否已有化学定义的硅铝酸盐）（其他危险化学品，需申报仅用于工业用途不用于无检疫要求食品添加剂） 硅酸复盐及硅酸络盐（包括不论是否已有化学定义的硅铝酸盐）（无检疫要求食品添加剂） 硅酸复盐及硅酸络盐（包括不论是否已有化学定义的硅铝酸盐）（一般化学品，需申报仅用于工业用途不用于无检疫要求食品添加剂） 硅酸复盐及硅酸络盐（包括不论是否已有化学定义的硅铝酸盐）（属于危险化学品的食品添加剂）
284290	11		硫氰酸钠	Sodium thiocyanate	【最】5.5【普】30 【协东盟】0【协巴基斯坦】5【协智利】0 【协新西兰】0【协秘鲁】0【协哥斯达黎加】0 【协冰岛】0【协瑞士】0【协澳大利亚】0 【协韩国】0【协格鲁吉亚】0【协香港】0 【协澳门】0 【特-1】0【特-2】0 【增】16【出】0【退】0	千克					101 102 103 104 105	硫氰酸钠（硫氰酸钙） 硫氰酸钠（硫氰酸汞） 硫氰酸钠（硫氰酸汞钾） 硫氰酸钠（硫氰酸汞铵） 硫氰酸钠（一级其他液态农药）
284290	19	10	其他硫氰酸盐	Thiocyanates	【最】5.5【普】30 【协东盟】0【协巴基斯坦】5【协智利】0 【协新西兰】0【协秘鲁】0【协哥斯达黎加】0 【协冰岛】0【协瑞士】0【协澳大利亚】0 【协韩国】0【协格鲁吉亚】0【协香港】0 【协澳门】0 【特-1】0【特-2】0 【增】16【出】0【退】0	千克	A	B	M	N	301 302	其他硫氰酸盐（其他危险化学品） 其他硫氰酸盐（其他化工产品）

税则号列			货品名称中英文		税费综合信息	计量单位	监管证件代码		检验检疫类别		检验检疫编码	检验检疫编码对应中文名称
HS 国际统一前 6 位	本国子目 7~8 位	本国子目 9~10 位	中文 货物名称	英文 Article Description			进口	出口	进口	出口		
284290	19	90	雷酸盐及氰酸盐	Fulminates, cyanates	【最】5.5【普】30 【协东盟】0【协巴基斯坦】5【协智利】0 【协新西兰】0【协秘鲁】0【协哥斯达黎加】0 【协冰岛】0【协瑞士】0【协澳大利亚】0 【协韩国】0【协格鲁吉亚】0【协香港】0 【协澳门】0 【特-1】0【特-2】0 【增】16【出】0【退】0	千克					998 999	雷酸盐及氰酸盐（其他危险化学品） 雷酸盐及氰酸盐（其他化工产品）
284290	20		碲化镉	Cadmium telluride	【最】5.5【普】30 【协东盟】0【协巴基斯坦】5【协智利】0 【协新西兰】0【协秘鲁】0【协哥斯达黎加】0 【协冰岛】0【协瑞士】0【协澳大利亚】0 【协韩国】0【协格鲁吉亚】0【协香港】0 【协澳门】0 【特-1】0【特-2】0 【增】16【出】0【退】0	千克	A	B	M	N	999	碲化镉
284290	30		锂镍钴锰氧化物	Lithium, nickel, cobalt and manganese oxides	【最】5.5【普】30 【协东盟】0【协巴基斯坦】5【协智利】0 【协新西兰】0【协秘鲁】0【协哥斯达黎加】0 【协冰岛】0【协瑞士】0【协澳大利亚】0 【协韩国】0【协格鲁吉亚】0【协香港】0 【协澳门】0 【特-1】0【特-2】0 【增】16【对美加征】10【出】0【退】13	千克	A	B	R	S	999	锂镍钴锰氧化物
284290	40		磷酸铁锂	Lithium iron phosphate	【最】5.5【普】30 【协东盟】0【协巴基斯坦】5【协智利】0 【协新西兰】0【协秘鲁】0【协哥斯达黎加】0 【协冰岛】0【协瑞士】0【协澳大利亚】0 【协韩国】2.7【协格鲁吉亚】0【协香港】0 【协澳门】0 【特-1】0【特-2】0 【增】16【对美加征】10【出】0【退】0	千克	A		M		999	磷酸铁锂
284290	50		硒酸盐及亚硒酸盐	Selenate and selenite	【最】5.5【普】30 【协东盟】0【协巴基斯坦】5【协智利】0 【协新西兰】0【协秘鲁】0【协哥斯达黎加】0 【协冰岛】0【协瑞士】0【协澳大利亚】0 【协韩国】0【协格鲁吉亚】0【协香港】0 【协澳门】0 【特-1】0【特-2】0 【增】16【对美加征】10【出】0【退】0	千克	A	B	MR	NS	301 302 303 304	硒酸盐及亚硒酸盐（其他危险化学品，需申报仅用于工业用途不用于无检疫要求食品添加剂） 硒酸盐及亚硒酸盐（无检疫要求食品添加剂） 硒酸盐及亚硒酸盐（一般化学品，需申报仅用于工业用途不用于无检疫要求食品添加剂） 硒酸盐及亚硒酸盐（属于危险化学品的食品添加剂）
284290	60		锂镍钴铝氧化物	Lithium nickel cobalt aluminum oxide	【最】5.5【普】30 【协东盟】0【协巴基斯坦】5【协智利】0 【协新西兰】0【协秘鲁】0【协哥斯达黎加】0 【协冰岛】0【协瑞士】0【协澳大利亚】0 【协韩国】0【协格鲁吉亚】0【协香港】0 【协澳门】0 【特-1】0【特-2】0 【增】16【出】0【退】13	千克	A	B	MR	NS	999	锂镍钴铝氧化物
284290	90	13	亚砷酸钠、亚砷酸钾、亚砷酸钙	Sodium arsenite, Potassium arsenite, Calcium arsenite Stay, Sodium metaarsenite	【最】5.5【普】30 【协东盟】0【协巴基斯坦】5【协智利】0 【协新西兰】0【协秘鲁】0【协哥斯达黎加】0 【协冰岛】0【协瑞士】0【协澳大利亚】0 【协韩国】0【协格鲁吉亚】0【协香港】0 【协澳门】0 【特-1】0【特-2】0 【增】16【对美加征】10【出】0【退】13	千克					301	亚砷酸钠、亚砷酸钾、亚砷酸钙（偏亚砷酸钠）

税则号列			货品名称中英文		税费综合信息	计量单位	监管证件代码		检验检疫类别		检验检疫编码	检验检疫编码对应中文名称
HS国际统一前6位	本国子目 7~8位	9~10位	中文 货物名称	英文 Article Description			进口	出口	进口	出口		
284290	90	14	亚砷酸锶、亚砷酸钡、亚砷酸铁	Strontium arsenite, Barium arsenite Ferric arsenite	【最】5.5【普】30 【协东盟】0【协巴基斯坦】5【协智利】0 【协新西兰】0【协秘鲁】0【协哥斯达黎加】0 【协冰岛】0【协瑞士】0【协澳大利亚】0 【协韩国】0【协格鲁吉亚】0【协香港】0 【协澳门】0 【特-1】0【特-2】0 【增】16【对美加征】10【出】0【退】13	千克					301	亚砷酸锶、亚砷酸钡、亚砷酸铁
284290	90	15	亚砷酸铜、亚砷酸锌、亚砷酸铅	Copper arsenite, Zinc arsenite, Lead arsenite Cupric arsenite	【最】5.5【普】30 【协东盟】0【协巴基斯坦】5【协智利】0 【协新西兰】0【协秘鲁】0【协哥斯达黎加】0 【协冰岛】0【协瑞士】0【协澳大利亚】0 【协韩国】0【协格鲁吉亚】0【协香港】0 【协澳门】0 【特-1】0【特-2】0 【增】16【对美加征】10【出】0【退】13	千克					301	亚砷酸铜、亚砷酸锌、亚砷酸铅（亚砷酸氢铜）（毒性物质和感染性物质）
284290	90	16	亚砷酸锑、砷酸铵、砷酸氢二铵	Antimony arsenite, Ammonium arsenate, Diammonium hydrogen arsenate	【最】5.5【普】30 【协东盟】0【协巴基斯坦】5【协智利】0 【协新西兰】0【协秘鲁】0【协哥斯达黎加】0 【协冰岛】0【协瑞士】0【协澳大利亚】0 【协韩国】0【协格鲁吉亚】0【协香港】0 【协澳门】0 【特-1】0【特-2】0 【增】16【对美加征】10【出】0【退】13	千克					999	亚砷酸锑、砷酸铵、砷酸氢二铵
284290	90	17	砷酸钠、砷酸氢二钠、砷酸二氢钠	Sodium arsenate tribasic, Sodium arsenate dibasic, Sodium arsenate monobasic,	【最】5.5【普】30 【协东盟】0【协巴基斯坦】5【协智利】0 【协新西兰】0【协秘鲁】0【协哥斯达黎加】0 【协冰岛】0【协瑞士】0【协澳大利亚】0 【协韩国】0【协格鲁吉亚】0【协香港】0 【协澳门】0 【特-1】0【特-2】0 【增】16【对美加征】10【出】0【退】13	千克					301	砷酸钠、砷酸氢二钠、砷酸二氢钠（砷酸三钠）
284290	90	18	砷酸钾、砷酸二氢钾、砷酸镁	Trisodium arsenate Potassium arsenate, potassium dihydrogen arsenate, Magnesium arsenate	【最】5.5【普】30 【协东盟】0【协巴基斯坦】5【协智利】0 【协新西兰】0【协秘鲁】0【协哥斯达黎加】0 【协冰岛】0【协瑞士】0【协澳大利亚】0 【协韩国】0【协格鲁吉亚】0【协香港】0 【协澳门】0 【特-1】0【特-2】0 【增】16【对美加征】10【出】0【退】13	千克					301	砷酸钾、砷酸二氢钾、砷酸镁
284290	90	19	砷酸钙、砷酸钡、砷酸铁	Calcium arsenate, Barium arsenate, Ferric arsenate, Tricalcium arsenate	【最】5.5【普】30 【协东盟】0【协巴基斯坦】5【协智利】0 【协新西兰】0【协秘鲁】0【协哥斯达黎加】0 【协冰岛】0【协瑞士】0【协澳大利亚】0 【协韩国】0【协格鲁吉亚】0【协香港】0 【协澳门】0 【特-1】0【特-2】0 【增】16【对美加征】10【出】0【退】13	千克					301	砷酸钙、砷酸钡、砷酸铁（砷酸三钙）
284290	90	21	砷酸亚铁、砷酸铜、砷酸锌	Ferrous arsenate, Cupric arsenate, Zinc arsenate	【最】5.5【普】30 【协东盟】0【协巴基斯坦】5【协智利】0 【协新西兰】0【协秘鲁】0【协哥斯达黎加】0 【协冰岛】0【协瑞士】0【协澳大利亚】0 【协韩国】0【协格鲁吉亚】0【协香港】0 【协澳门】0 【特-1】0【特-2】0 【增】16【对美加征】10【出】0【退】13	千克					301	砷酸亚铁、砷酸铜、砷酸锌
284290	90	22	砷酸铅、砷酸锑、偏砷酸钠	Lead arsenate, Antimony arsenate, Sodium meta-arsenate	【最】5.5【普】30 【协东盟】0【协巴基斯坦】5【协智利】0 【协新西兰】0【协秘鲁】0【协哥斯达黎加】0 【协冰岛】0【协瑞士】0【协澳大利亚】0 【协韩国】0【协格鲁吉亚】0【协香港】0 【协澳门】0 【特-1】0【特-2】0 【增】16【对美加征】10【出】0【退】13	千克					301	砷酸铅、砷酸锑、偏砷酸钠

税则号列			货品名称中英文		税费综合信息	计量单位	监管证件代码		检验检疫类别		检验检疫编码	检验检疫编码对应中文名称
HS 国际统一前6位	本国子目 7~8位	9~10位	中文 货物名称	英文 Article Description			进口	出口	进口	出口		
284290	90	23	硒化铅、硒化镉	Lead Selenide, Cadmium selenide	【最】5.5【普】30 【协东盟】0【协巴基斯坦】5【协智利】0 【协新西兰】0【协秘鲁】0【协哥斯达黎加】0 【协冰岛】0【协瑞士】0【协澳大利亚】0 【协韩国】0【协格鲁吉亚】0【协香港】0 【协澳门】0 【特-1】0【特-2】0 【增】16【对美加征】10【出】0【退】13	千克					301 302	硒化铅、硒化镉（毒性物质和感染性物质） 硒化铅，硒化镉（杂项物质）
284290	90	90	其他无机酸盐及过氧酸盐（迭氮化物除外）	Other salts of inorganic acids or peroxoacids (other than azides)	【最】5.5【普】30 【协东盟】0【协巴基斯坦】5【协智利】0 【协新西兰】0【协秘鲁】0【协哥斯达黎加】0 【协冰岛】0【协瑞士】0【协澳大利亚】0 【协韩国】0【协格鲁吉亚】0【协香港】0 【协澳门】0 【特-1】0【特-2】0 【增】16【对美加征】10【出】0【退】13	千克	A	B	MR	NS	101 301 302 303 304	其他无机酸盐及过氧酸盐（迭氮化物除外）（矿物源性饲料添加剂） 其他无机酸盐及过氧酸盐（迭氮化物除外）（其他危险化学品，需申报仅用于工业用途不用于无检疫要求食品添加剂） 其他无机酸盐及过氧酸盐（迭氮化物除外）（无检疫要求食品添加剂） 其他无机酸盐及过氧酸盐（迭氮化物除外）（一般化学品，需申报仅用于工业用途不用于无检疫要求食品添加剂） 其他无机酸盐及过氧酸盐（迭氮化物除外）（属于危险化学品的食品添加剂）
284310	00		胶态贵金属	Colloidal precious metals	【最】5.5【普】30 【协东盟】0【协巴基斯坦】0【协智利】0 【协新西兰】0【协秘鲁】0【协哥斯达黎加】0 【协冰岛】0【协瑞士】0【协澳大利亚】0 【协韩国】0【协格鲁吉亚】0【协香港】0 【协澳门】0 【特-1】0【特-2】0 【增】16【对美加征】10【出】0【退】0	克					999	胶态贵金属
284321	00		硝酸银	Silver nitrate	【最】5.5【普】30 【协东盟】0【协香港】0【协澳门】0 【协巴基斯坦】0【协智利】0【协新西兰】0 【协秘鲁】0【协哥斯达黎加】0【协冰岛】0 【协瑞士】0【协澳大利亚】0【协韩国】0 【协格鲁吉亚】0 【特-1】0【特-2】0 【增】16【对美加征】5【出】0【退】0	克	A	B	M	N	999	硝酸银
284329	00	10	氰化银、氰化银钾、亚砷酸银	Silver cyanide, Potassium silver cyanide, Silver arsenite, Silver arsenate	【最】5.5【普】30 【协东盟】0【协香港】0【协澳门】0 【协巴基斯坦】0【协智利】0【协新西兰】0 【协秘鲁】0【协哥斯达黎加】0【协冰岛】0 【协瑞士】0【协澳大利亚】0【协韩国】0 【协格鲁吉亚】0 【特-1】0【特-2】0 【增】16【对美加征】5【出】0【退】0	克					301	氰化银、氰化银钾、亚砷酸银（银氰化钾、砷酸银）
284329	00	90	其他银化合物（不论是否已有化学定义）	Other silver compounds, whether or not chemically defined	【最】5.5【普】30 【协东盟】0【协香港】0【协澳门】0 【协巴基斯坦】0【协智利】0【协新西兰】0 【协秘鲁】0【协哥斯达黎加】0【协冰岛】0 【协瑞士】0【协澳大利亚】0【协韩国】0 【协格鲁吉亚】0 【特-1】0【特-2】0 【增】16【对美加征】5【出】0【退】0	克					301 302 303	其他银化合物（不论是否已有化学定义）（氧化性物质） 其他银化合物（不论是否已有化学定义）（腐蚀性物质） 其他银化合物（不论是否已有化学定义）（其他化工产品）

税则号列 HS国际统一前6位	本国子目 7~8位	本国子目 9~10位	货品名称中英文 中文 货物名称	货品名称中英文 英文 Article Description	税费综合信息	计量单位	监管证件代码 进口	监管证件代码 出口	检验检疫类别 进口	检验检疫类别 出口	检验检疫编码	检验检疫编码对应中文名称
284330	00	10	氰化金，氰化金钾（含金40%）等［包括氰化亚金（I）钾（含金68.3%）、氰化亚金（III）钾（含金57%）］	Gold(potassium) cyanide, containing 40% of gold; Potassium dicyanoaurate, 68.3% of gold; Aurate(1-), tetrakis(cyano-kC)-, potassium, (SP-4-1)-, 57% of gold	【最】5.5【普】30 【协亚太】4.4【协东盟】0【协香港】0 【协澳门】0【协巴基斯坦】0【协智利】0 【协新西兰】0【协秘鲁】0【协哥斯达黎加】0 【协冰岛】0【协瑞士】0【协澳大利亚】0 【协韩国】0【协格鲁吉亚】0 【特-1】0【特-2】0 【增】16【对美加征】5【出】0【退】0	克	J	J			999	氰化金，氰化金钾（含金40%）等［包括氰化亚金（I）钾（含金68.3%）、氰化亚金（III）钾（含金57%）］
284330	00	90	其他金化合物（不论是否已有化学定义）	Other gold compounds, whether or not chemically defined	【最】5.5【普】30 【协亚太】4.4【协东盟】0【协香港】0 【协澳门】0【协巴基斯坦】0【协智利】0 【协新西兰】0【协秘鲁】0【协哥斯达黎加】0 【协冰岛】0【协瑞士】0【协澳大利亚】0 【协韩国】0【协格鲁吉亚】0 【特-1】0【特-2】0 【增】16【对美加征】5【出】0【退】0	克					999	其他金化合物（不论是否已有化学定义）
284390	00	10	氯化钯	Palladium chloride	【最】5.5【普】30 【协东盟】0【协香港】0【协澳门】0 【协巴基斯坦】5【协智利】0【协新西兰】0 【协秘鲁】0【协哥斯达黎加】0【协冰岛】0 【协澳大利亚】0【协韩国】0【协格鲁吉亚】0 【特-1】0【特-2】0 【增】16【对美加征】5【出】0【退】0	克		G			999	氯化钯
284390	00	20	氯化铂	Platinum chloride	【最】5.5【普】30 【协东盟】0【协香港】0【协澳门】0 【协巴基斯坦】5【协智利】0【协新西兰】0 【协秘鲁】0【协哥斯达黎加】0【协冰岛】0 【协澳大利亚】0【协韩国】0【协格鲁吉亚】0 【特-1】0【特-2】0 【增】16【对美加征】5【出】0【退】0	克		4xy			999	氯化铂
284390	00	31	奥沙利铂、卡铂、奈达铂、顺铂及其他含铂的抗癌药品制剂及原料药	Oxaliplatin, Carboplatin, Nedaplatin, Cisplatin and other platinum－containing anticancer drug preparation and drug substance	【最】5.5【普】30【暂进】0 【协东盟】0【协香港】0【协澳门】0 【协巴基斯坦】5【协智利】0【协新西兰】0 【协秘鲁】0【协哥斯达黎加】0【协冰岛】0 【协澳大利亚】0【协韩国】0【协格鲁吉亚】0 【特-1】0【特-2】0 【增】3【对美加征】5【出】0【退】0	克		4xy			999	奥沙利铂、卡铂、奈达铂、顺铂及其他含铂的抗癌药品制剂及原料药
284390	00	39	其他铂化合物	Other platinum compounds (generated HS CODE by splitting anti-cancer drug substance)	【最】5.5【普】30 【协东盟】0【协香港】0【协澳门】0 【协巴基斯坦】5【协智利】0【协新西兰】0 【协秘鲁】0【协哥斯达黎加】0【协冰岛】0 【协澳大利亚】0【协韩国】0【协格鲁吉亚】0 【特-1】0【特-2】0 【增】16【对美加征】5【出】0【退】0	克		4xy			999	其他铂化合物（因拆分抗癌药品原料药产生的兜底税号）
284390	00	90	其他贵金属化合物，贵金属汞齐（不论是否已有化学定义）	Other precious metal compounds or precious amalgam, whether chemical definition exists or not	【最】5.5【普】30 【协东盟】0【协香港】0【协澳门】0 【协巴基斯坦】5【协智利】0【协新西兰】0 【协秘鲁】0【协哥斯达黎加】0【协冰岛】0 【协澳大利亚】0【协韩国】0【协格鲁吉亚】0 【特-1】0【特-2】0 【增】16【对美加征】5【出】0【退】0	克		4xy			101 102 103	其他贵金属化合物，贵金属汞齐（不论是否已有化学定义）（其他碱金属汞齐） 其他贵金属化合物，贵金属汞齐（不论是否已有化学定义）（硝酸铑） 其他贵金属化合物，贵金属汞齐（不论是否已有化学定义）（硝酸钯）
284410	00	10	天然铀及其化合物	Natural uranium and its compounds	【最】5【普】30【暂进】0 【协东盟】0【协巴基斯坦】0【协智利】0 【协新西兰】0【协秘鲁】0【协哥斯达黎加】0 【协冰岛】0【协瑞士】0【协澳大利亚】0 【协韩国】0【协格鲁吉亚】0【协香港】0 【协澳门】0 【特-1】0【特-2】0【特-3】0 【增】16【对美加征】10【出】0【退】0	克/百万贝可	2	3			999	天然铀及其化合物

税则号列 HS国际统一前6位	本国子目 7~8位	本国子目 9~10位	货品名称中英文 中文 货物名称	货品名称中英文 英文 Article Description	税费综合信息	计量单位	监管证件代码 进口	监管证件代码 出口	检验检疫类别 进口	检验检疫类别 出口	检验检疫编码	检验检疫编码对应中文名称
284410	00	90	含天然铀或天然铀化合物的合金、分散体（包括金属陶瓷）、陶瓷产品及混合物	Contains natural uranium alloy or natural uranium compounds, dispersions (including metal ceramic), ceramic products and mixture	【最】5【普】30 【协东盟】0【协巴基斯坦】0【协智利】0 【协新西兰】0【协秘鲁】0【协哥斯达黎加】0 【协冰岛】0【协瑞士】0【协澳大利亚】0 【协韩国】0【协格鲁吉亚】0【协香港】0 【协澳门】0 【特-1】0【特-2】0【特-3】0 【增】16【对美加征】10【出】0【退】0	克/百万贝可	2	3			999	含天然铀或天然铀化合物的合金、分散体（包括金属陶瓷）、陶瓷产品及混合物
284420	00	10	含U235浓度低于5%的低浓铀及其化合物	Containing U235 concentration less than 5% of lowenriched uranium and its compounds	【最】5【普】30【暂进】0 【协东盟】0【协巴基斯坦】0【协智利】0 【协新西兰】0【协秘鲁】0【协哥斯达黎加】0 【协冰岛】0【协瑞士】0【协澳大利亚】0 【协韩国】0【协格鲁吉亚】0【协香港】0 【协澳门】0 【特-1】0【特-2】0【特-3】0 【增】16【对美加征】10【出】0【退】0	克/百万贝可	2	3			999	含U235浓度低于5%的低浓铀及其化合物
284420	00	90	其他U235浓缩铀，钚及其化合物（包括其合金、分散体、陶瓷产品及混合物）	Other U235 enriched uranium and plutonium and its compounds (including its alloy, dispersions, ceramic products and mixture)	【最】5【普】30 【协东盟】0【协巴基斯坦】0【协智利】0 【协新西兰】0【协秘鲁】0【协哥斯达黎加】0 【协冰岛】0【协瑞士】0【协澳大利亚】0 【协韩国】0【协格鲁吉亚】0【协香港】0 【协澳门】0 【特-1】0【特-2】0【特-3】0 【增】16【对美加征】10【出】0【退】0	克/百万贝可	2	3			999	其他U235浓缩铀，钚及其化合物（包括其合金、分散体、陶瓷产品及混合物）
284430	00		U235贫化铀，钍及其化合物（包括其合金、分散体、陶瓷产品及混合物）	Uranium depleted in U235 and its compounds; thorium and its compounds; alloys, dispersions (including cermets), ceramic products and mixtures containing uranium depleted in U235, thorium or compounds of these products	【最】5【普】30 【协东盟】0【协巴基斯坦】0【协智利】0 【协新西兰】0【协秘鲁】0【协哥斯达黎加】0 【协冰岛】0【协瑞士】0【协澳大利亚】0 【协韩国】0【协格鲁吉亚】0【协香港】0 【协澳门】0 【特-1】0【特-2】0【特-3】0 【增】16【对美加征】5【出】0【退】0	克/百万贝可	2	3			999	U235贫化铀，钍及其化合物（包括其合金、分散体、陶瓷产品及混合物）
284440	10	10	镭-226及其化合物、混合物	Radium-226 and its compounds	【最】4【普】14 【协东盟】0【协巴基斯坦】0【协智利】0 【协新西兰】0【协秘鲁】0【协哥斯达黎加】0 【协冰岛】0【协瑞士】0【协澳大利亚】0 【协韩国】0【协格鲁吉亚】0【协香港】0 【协澳门】0 【特-1】0【特-2】0【特-3】0 【增】16【对美加征】10【出】0【退】0	克/百万贝可	2	3			999	镭-226及其化合物、混合物（两用物项管制商品）
284440	10	90	其他镭及镭盐	Other radium and its salts	【最】4【普】14 【协东盟】0【协巴基斯坦】0【协智利】0 【协新西兰】0【协秘鲁】0【协哥斯达黎加】0 【协冰岛】0【协瑞士】0【协澳大利亚】0 【协韩国】0【协格鲁吉亚】0【协香港】0 【协澳门】0 【特-1】0【特-2】0【特-3】0 【增】16【对美加征】10【出】0【退】0	克/百万贝可	2				999	其他镭及镭盐
284440	20		放射性钴及放射性钴盐	Cobalt and its salts	【最】4【普】14 【协东盟】0【协巴基斯坦】0【协智利】0 【协新西兰】0【协秘鲁】0【协哥斯达黎加】0 【协冰岛】0【协瑞士】0【协澳大利亚】0 【协韩国】0【协格鲁吉亚】0【协香港】0 【协澳门】0 【特-1】0【特-2】0【特-3】0 【增】16【对美加征】10【出】0【退】0	克/百万贝可	2				999	放射性钴及放射性钴盐（包括其合金，分散体，陶瓷产品等）
284440	90	10	铀-233及其化合物	Uranium-233 and its compounds, including metallic, alloys, compounds or concentration materials	【最】5【普】30 【协东盟】0【协巴基斯坦】0【协智利】0 【协新西兰】0【协秘鲁】0【协哥斯达黎加】0 【协冰岛】0【协瑞士】0【协澳大利亚】0 【协韩国】0【协格鲁吉亚】0【协香港】0 【协澳门】0 【特-1】0【特-2】0【特-3】0 【增】16【对美加征】5【出】0【退】0	克/百万贝可	2	3			999	铀-233及其化合物（包括呈金属、合金、化合物或浓缩物形态的各种材料）

税则号列 HS国际统一前6位	本国子目 7~8位	本国子目 9~10位	货品名称中英文 中文 货物名称	货品名称中英文 英文 Article Description	税费综合信息	计量单位	监管证件代码 进口	监管证件代码 出口	检验检疫类别 进口	检验检疫类别 出口	检验检疫编码	检验检疫编码对应中文名称
284440	90	20	氚、氚化物和氚的混合物，以及含有上述任何一种物质的产品［氚-氢原子比超过千分之一的，不包括含氚（任何形态）量小于1.48×10^3GBq的产品］	Tritium, compound of tritide and tritium and products containing any of the above mentioned material [tritium with hydrogen atoms ratio over 1 ‰, not including products whose tritium (any form)]	【最】5【普】30 【协东盟】0【协巴基斯坦】0【协智利】0 【协新西兰】0【协秘鲁】0【协哥斯达黎加】0 【协冰岛】0【协瑞士】0【协澳大利亚】0 【协韩国】0【协格鲁吉亚】0【协香港】0 【协澳门】0 【特-1】0【特-2】0【特-3】0 【增】16【对美加征】5【出】0【退】0	克/百万贝可	2	3			999	氚、氚化物和氚的混合物，以及含有上述任何一种物质的产品［氚-氢原子比超过千分之一的，不包括含氚（任何形态）量小于1.48×10^3GBq的产品］
284440	90	30	氦-3（3He）、含有氦-3的混合物（不包括氦-3的含量<1g的产品）	Helium-3, containing the compound with Helium-3 (not including products whose Helium-3 quantity less than 1g)	【最】5【普】30 【协东盟】0【协巴基斯坦】0【协智利】0 【协新西兰】0【协秘鲁】0【协哥斯达黎加】0 【协冰岛】0【协瑞士】0【协澳大利亚】0 【协韩国】0【协格鲁吉亚】0【协香港】0 【协澳门】0 【特-1】0【特-2】0【特-3】0 【增】16【对美加征】5【出】0【退】0	克/百万贝可		3			999	氦-3（3He）、含有氦-3的混合物（不包括氦-3的含量<1g的产品）
284440	90	40	发射α粒子，其α半衰期为10天或更长但小于200年的放射性核素	Emit radionuclide with α granule whose half-life-period is 10 days or longer but less than 200 years	【最】5【普】30 【协东盟】0【协巴基斯坦】0【协智利】0 【协新西兰】0【协秘鲁】0【协哥斯达黎加】0 【协冰岛】0【协瑞士】0【协澳大利亚】0 【协韩国】0【协格鲁吉亚】0【协香港】0 【协澳门】0 【特-1】0【特-2】0【特-3】0 【增】16【对美加征】5【出】0【退】0	克/百万贝可	2	3			999	发射α粒子，其α半衰期为10天或更长但小于200年的放射性核素（1. 单质；2. 含有α总活度为37GBq/kg或更大的任何这类放射性核素的化合物；3. 含有α总活度为37GBq/kg或更大的任何这类放射性核素的混合物；4. 含有任何上述物质的产品，不包括所含α活度小于3.7GBq的产品）
284440	90	90	其他放射性元素、同位素及其化合物（子目2844.10，2844.20，2844.30以外的放射性元素，同位素）	Other radioactive elements and isotopes and compounds, other than those of subheading No. 2844.10, 2844.20 or 2844.30	【最】5【普】30 【协东盟】0【协巴基斯坦】0【协智利】0 【协新西兰】0【协秘鲁】0【协哥斯达黎加】0 【协冰岛】0【协瑞士】0【协澳大利亚】0 【协韩国】0【协格鲁吉亚】0【协香港】0 【协澳门】0 【特-1】0【特-2】0【特-3】0 【增】16【对美加征】5【出】0【退】0	克/百万贝可	2				999	其他放射性元素、同位素及其化合物（子目2844.10、2844.20、2844.30以外的放射性元素、同位素）
284450	00		核反应堆已耗尽的燃料元件	Spent (irradiated) fuel elements (cartridges) of nuclear reactors	【最】5【普】30 【协东盟】0【协巴基斯坦】0【协智利】0 【协新西兰】0【协秘鲁】0【协哥斯达黎加】0 【协冰岛】0【协瑞士】0【协澳大利亚】0 【协韩国】0【协格鲁吉亚】0【协香港】0 【协澳门】0 【特-1】0【特-2】0 【增】16【出】0【退】0	克					999	核反应堆已耗尽的燃料元件
284510	00		重水（氧化氘）	Heavy water (deuterium oxide)	【最】5【普】30 【协东盟】0【协巴基斯坦】0【协智利】0 【协新西兰】0【协秘鲁】0【协哥斯达黎加】0 【协冰岛】0【协瑞士】0【协澳大利亚】0 【协韩国】0【协格鲁吉亚】0【协香港】0 【协澳门】0 【特-1】0【特-2】0 【增】16【对美加征】5【出】0【退】0	克		3			999	重水（氧化氘）
284590	00	10	除重水外的氘及氘化物	Deuterium and deuterides, other than heavy water	【最】5【普】30 【协东盟】0【协巴基斯坦】0【协智利】0 【协新西兰】0【协秘鲁】0【协哥斯达黎加】0 【协冰岛】0【协瑞士】0【协澳大利亚】0 【协韩国】0【协格鲁吉亚】0【协香港】0 【协澳门】0 【特-1】0【特-2】0 【增】16【对美加征】5【出】0【退】0	克		3			999	除重水外的氘及氘化物

税则号列			货品名称中英文		税费综合信息	计量单位	监管证件代码		检验检疫类别		检验检疫编码	检验检疫编码对应中文名称
HS 国际统一前6位	本国子目 7~8位	本国子目 9~10位	中文 货物名称	英文 Article Description			进口	出口	进口	出口		
284590	00	20	硼-10同位素及其化合物、混合物（硼-10同位素占硼总量>20%的硼及其化合物、混合物）	Boron-10 and its compounds, the total boron content containing boron-10 more than 20%	【最】5【普】30 【协东盟】0【协巴基斯坦】0【协智利】0 【协新西兰】0【协秘鲁】0【协哥斯达黎加】0 【协冰岛】0【协瑞士】0【协澳大利亚】0 【协韩国】0【协格鲁吉亚】0【协香港】0 【协澳门】0 【特-1】0【特-2】0 【增】16【对美加征】5【出】0【退】0	克		3			999	硼-10同位素及其化合物、混合物（硼-10同位素占硼总量>20%的硼及其化合物、混合物）
284590	00	30	富集锂-6同位素及其化合物、混合物［富集锂-6同位素指锂-6同位素富集度>7.5%（按原子数计）］	Lithium enriched in lithium-6 and its compounds and mixtures [lithium enriched in lithium-6 refers to enrichment of lithium-6 isotope more than7.5% (atomicity)]	【最】5【普】30 【协东盟】0【协巴基斯坦】0【协智利】0 【协新西兰】0【协秘鲁】0【协哥斯达黎加】0 【协冰岛】0【协瑞士】0【协澳大利亚】0 【协韩国】0【协格鲁吉亚】0【协香港】0 【协澳门】0 【特-1】0【特-2】0 【增】16【对美加征】5【出】0【退】0	克		3			999	富集锂-6同位素及其化合物、混合物［富集锂-6同位素指锂-6同位素富集度>7.5%（按原子数计）］
284590	00	90	其他同位素及其他化合物（税目28.44以外的同位素）	Other isotopes and other compounds (other than those of heading No. 28.44)	【最】5【普】30 【协东盟】0【协巴基斯坦】0【协智利】0 【协新西兰】0【协秘鲁】0【协哥斯达黎加】0 【协冰岛】0【协瑞士】0【协澳大利亚】0 【协韩国】0【协格鲁吉亚】0【协香港】0 【协澳门】0 【特-1】0【特-2】0 【增】16【对美加征】5【出】0【退】0	克					999	其他同位素及其他化合物（税目28.44以外的同位素）
284610	10		氧化铈	Cerium oxide	【最】5【普】30【暂进】0 【协亚太】2.5【协东盟】0【协巴基斯坦】0 【协智利】0【协新西兰】0【协秘鲁】0 【协哥斯达黎加】0【协冰岛】0【协瑞士】0 【协澳大利亚】0【协韩国】0【协格鲁吉亚】0 【协香港】0【协澳门】0 【特-1】0【特-2】0 【增】16【对美加征】10【出】0【退】0	千克		4Bxy		N	999	氧化铈
284610	20		氢氧化铈	Cerium hydroxide	【最】5【普】30【暂进】0 【协亚太】2.5【协东盟】0【协巴基斯坦】0 【协智利】0【协新西兰】0【协秘鲁】0 【协哥斯达黎加】0【协冰岛】0【协瑞士】0 【协澳大利亚】0【协韩国】0【协格鲁吉亚】0 【协香港】0【协澳门】0 【特-1】0【特-2】0 【增】16【对美加征】5【出】0【退】0	千克		4Bxy		N	999	氢氧化铈
284610	30		碳酸铈	Cerium carbonate	【最】5【普】30【暂进】0 【协亚太】2.5【协东盟】0【协巴基斯坦】0 【协智利】0【协新西兰】0【协秘鲁】0 【协哥斯达黎加】0【协冰岛】0【协瑞士】0 【协澳大利亚】0【协韩国】0【协格鲁吉亚】0 【协香港】0【协澳门】0 【特-1】0【特-2】0 【增】16【出】0【退】0	千克		4Bxy		N	999	碳酸铈
284610	90	10	氰化铈	Cerium cyanide	【最】5【普】30【暂进】0 【协亚太】2.5【协东盟】0【协巴基斯坦】0 【协智利】0【协新西兰】0【协秘鲁】0 【协哥斯达黎加】0【协冰岛】0【协瑞士】0 【协澳大利亚】0【协韩国】0【协格鲁吉亚】0 【协香港】0【协澳门】0 【特-1】0【特-2】0 【增】16【对美加征】5【出】0【退】0	千克		4Bxy		N	999	氰化铈
284610	90	90	铈的其他化合物	Other ceric compounds	【最】5【普】30【暂进】0 【协亚太】2.5【协东盟】0【协巴基斯坦】0 【协智利】0【协新西兰】0【协秘鲁】0 【协哥斯达黎加】0【协冰岛】0【协瑞士】0 【协澳大利亚】0【协韩国】0【协格鲁吉亚】0 【协香港】0【协澳门】0 【特-1】0【特-2】0 【增】16【对美加征】5【出】0【退】0	千克		4Bxy		N	101 103 301	铈的其他化合物（矿物源性饲料添加剂） 铈的其他化合物［稀土（不属于危险化学品的稀土）］ 铈的其他化合物（属于危险化学品的稀土）

税则号列			货品名称中英文		税费综合信息	计量单位	监管证件代码		检验检疫类别		检验检疫编码	检验检疫编码对应中文名称
HS国际统一前6位	本国子目 7~8位	9~10位	中文 货物名称	英文 Article Description			进口	出口	进口	出口		
284690	11		氧化钇	Yttrium oxide	【最】5【普】30【暂进】0 【协东盟】0【协巴基斯坦】0【协智利】0 【协新西兰】0【协秘鲁】0【协哥斯达黎加】0 【协冰岛】0【协瑞士】0【协澳大利亚】0 【协韩国】0【协格鲁吉亚】0【协香港】0 【协澳门】0 【特-1】0【特-2】0 【增】16【对美加征】10【出】0【退】0	千克		4xBy		N	999	氧化钇
284690	12		氧化镧	Lanthanum oxide	【最】5【普】30【暂进】0 【协东盟】0【协巴基斯坦】0【协智利】0 【协新西兰】0【协秘鲁】0【协哥斯达黎加】0 【协冰岛】0【协瑞士】0【协澳大利亚】0 【协韩国】0【协格鲁吉亚】0【协香港】0 【协澳门】0 【特-1】0【特-2】0 【增】16【对美加征】10【出】0【退】0	千克		4Bxy		N	999	氧化镧
284690	13		氧化钕	Neodymium oxide	【最】5【普】30【暂进】0 【协东盟】0【协巴基斯坦】0【协智利】0 【协新西兰】0【协秘鲁】0【协哥斯达黎加】0 【协冰岛】0【协瑞士】0【协澳大利亚】0 【协韩国】0【协格鲁吉亚】0【协香港】0 【协澳门】0 【特-1】0【特-2】0 【增】16【出】0【退】0	千克		4Bxy		N	999	氧化钕
284690	14		氧化铕	Eurapium oxide	【最】5【普】30【暂进】0 【协东盟】0【协巴基斯坦】0【协智利】0 【协新西兰】0【协秘鲁】0【协哥斯达黎加】0 【协冰岛】0【协瑞士】0【协澳大利亚】0 【协韩国】0【协格鲁吉亚】0【协香港】0 【协澳门】0 【特-1】0【特-2】0 【增】16【出】0【退】0	千克		4Bxy		N	999	氧化铕
284690	15		氧化镝	Dysprosium oxide	【最】5【普】30【暂进】0 【协东盟】0【协巴基斯坦】0【协智利】0 【协新西兰】0【协秘鲁】0【协哥斯达黎加】0 【协冰岛】0【协瑞士】0【协澳大利亚】0 【协韩国】0【协格鲁吉亚】0【协香港】0 【协澳门】0 【特-1】0【特-2】0 【增】16【出】0【退】0	千克		4Bxy		N	999	氧化镝
284690	16		氧化铽	Terbium oxide	【最】5【普】30【暂进】0 【协东盟】0【协巴基斯坦】0【协智利】0 【协新西兰】0【协秘鲁】0【协哥斯达黎加】0 【协冰岛】0【协瑞士】0【协澳大利亚】0 【协韩国】0【协格鲁吉亚】0【协香港】0 【协澳门】0 【特-1】0【特-2】0 【增】16【出】0【退】0	千克		4Bxy		N	999	氧化铽
284690	17		氧化镨	Praseodymium oxide (sesquioxide)	【最】5【普】30【暂进】0 【协东盟】0【协巴基斯坦】0【协智利】0 【协新西兰】0【协秘鲁】0【协哥斯达黎加】0 【协冰岛】0【协瑞士】0【协澳大利亚】0 【协韩国】0【协格鲁吉亚】0【协香港】0 【协澳门】0 【特-1】0【特-2】0 【增】16【对美加征】10【出】0【退】0	千克		4Bxy		N	999	氧化镨
284690	19	20	氧化铒	Erbium oxide	【最】5【普】30【暂进】0 【协东盟】0【协巴基斯坦】0【协智利】0 【协新西兰】0【协秘鲁】0【协哥斯达黎加】0 【协冰岛】0【协瑞士】0【协澳大利亚】0 【协韩国】0【协格鲁吉亚】0【协香港】0 【协澳门】0 【特-1】0【特-2】0 【增】16【对美加征】10【出】0【退】0	千克		4Bxy		N	999	氧化铒

税则号列			货品名称中英文		税费综合信息	计量单位	监管证件代码		检验检疫类别		检验检疫编码	检验检疫编码对应中文名称
HS国际统一前6位	本国子目7~8位	本国子目9~10位	中文 货物名称	英文 Article Description			进口	出口	进口	出口		
284690	19	30	氧化钆	Gadolinium oxide	【最】5【普】30【暂进】0 【协东盟】0【协巴基斯坦】0【协智利】0 【协新西兰】0【协秘鲁】0【协哥斯达黎加】0 【协冰岛】0【协瑞士】0【协澳大利亚】0 【协韩国】0【协格鲁吉亚】0【协香港】0 【协澳门】0 【特-1】0【特-2】0 【增】16【对美加征】10【出】0【退】0	千克		4Bxy		N	999	氧化钆
284690	19	40	氧化钐	Samarium oxide	【最】5【普】30【暂进】0 【协东盟】0【协巴基斯坦】0【协智利】0 【协新西兰】0【协秘鲁】0【协哥斯达黎加】0 【协冰岛】0【协瑞士】0【协澳大利亚】0 【协韩国】0【协格鲁吉亚】0【协香港】0 【协澳门】0 【特-1】0【特-2】0 【增】16【对美加征】10【出】0【退】0	千克		4Bxy		N	999	氧化钐
284690	19	70	氧化镱	Ytterbium oxide	【最】5【普】30【暂进】0 【协东盟】0【协巴基斯坦】0【协智利】0 【协新西兰】0【协秘鲁】0【协哥斯达黎加】0 【协冰岛】0【协瑞士】0【协澳大利亚】0 【协韩国】0【协格鲁吉亚】0【协香港】0 【协澳门】0 【特-1】0【特-2】0 【增】16【对美加征】10【出】0【退】0	千克		4Bxy		N	999	氧化镱
284690	19	80	氧化钪	Scandium oxide	【最】5【普】30【暂进】0 【协东盟】0【协巴基斯坦】0【协智利】0 【协新西兰】0【协秘鲁】0【协哥斯达黎加】0 【协冰岛】0【协瑞士】0【协澳大利亚】0 【协韩国】0【协格鲁吉亚】0【协香港】0 【协澳门】0 【特-1】0【特-2】0 【增】16【对美加征】10【出】0【退】0	千克		4Bxy		N	999	氧化钪
284690	19	91	灯用红粉	Illuminating red power	【最】5【普】30【暂进】0 【协东盟】0【协巴基斯坦】0【协智利】0 【协新西兰】0【协秘鲁】0【协哥斯达黎加】0 【协冰岛】0【协瑞士】0【协澳大利亚】0 【协韩国】0【协格鲁吉亚】0【协香港】0 【协澳门】0 【特-1】0【特-2】0 【增】16【对美加征】10【出】0【退】0	千克		4Bxy		N	999	灯用红粉
284690	19	92	按重量计中重稀土总含量≥30%的其他氧化稀土（灯用红粉、氧化铈除外）	Rare-earth oxides (other than illuminating red power, cerium oxide), measure the medium heavy tombarthite metal with a total content 30% or more by the weight	【最】5【普】30【暂进】0 【协东盟】0【协巴基斯坦】0【协智利】0 【协新西兰】0【协秘鲁】0【协哥斯达黎加】0 【协冰岛】0【协瑞士】0【协澳大利亚】0 【协韩国】0【协格鲁吉亚】0【协香港】0 【协澳门】0 【特-1】0【特-2】0 【增】16【对美加征】10【出】0【退】0	千克		4Bxy		N	999	按重量计中重稀土总含量≥30%的其他氧化稀土（灯用红粉、氧化铈除外）
284690	19	99	其他氧化稀土（灯用红粉、氧化铈除外）	Other rare-earth oxides (other than illuminating red power, cerium oxide)	【最】5【普】30【暂进】0 【协东盟】0【协巴基斯坦】0【协智利】0 【协新西兰】0【协秘鲁】0【协哥斯达黎加】0 【协冰岛】0【协瑞士】0【协澳大利亚】0 【协韩国】0【协格鲁吉亚】0【协香港】0 【协澳门】0 【特-1】0【特-2】0 【增】16【对美加征】10【出】0【退】0	千克		4Bxy		N	999	其他氧化稀土（灯用红粉、氧化铈除外）
284690	21		氯化铽	Terbium chloride	【最】5【普】30【暂进】0 【协东盟】0【协巴基斯坦】0【协智利】0 【协新西兰】0【协秘鲁】0【协哥斯达黎加】0 【协冰岛】0【协瑞士】0【协澳大利亚】0 【协韩国】0【协格鲁吉亚】0【协香港】0 【协澳门】0 【特-1】0【特-2】0 【增】16【对美加征】5【出】0【退】0	千克		4Bxy		N	999	氯化铽

税则号列			货品名称中英文		税费综合信息	计量单位	监管证件代码		检验检疫类别		检验检疫编码	检验检疫编码对应中文名称
HS国际统一前6位	本国子目 7~8位	9~10位	中文 货物名称	英文 Article Description			进口	出口	进口	出口		
284690	22		氯化镝	Dysprosium chlorides	【最】5【普】30【暂进】0 【协东盟】0【协巴基斯坦】0【协智利】0 【协新西兰】0【协秘鲁】0【协哥斯达黎加】0 【协冰岛】0【协瑞士】0【协澳大利亚】0 【协韩国】0【协格鲁吉亚】0【协香港】0 【协澳门】0 【特-1】0【特-2】0 【增】16【出】0【退】0	千克		4Bxy		N	999	氯化镝
284690	23		氯化镧	Lanthanum chloride	【最】5【普】30【暂进】0 【协东盟】0【协巴基斯坦】0【协智利】0 【协新西兰】0【协秘鲁】0【协哥斯达黎加】0 【协冰岛】0【协瑞士】0【协澳大利亚】0 【协韩国】0【协格鲁吉亚】0【协香港】0 【协澳门】0 【特-1】0【特-2】0 【增】16【对美加征】5【出】0【退】0	千克		4Bxy		N	999	氯化镧
284690	24		氯化钕	Neodymium chloride	【最】5【普】30【暂进】0 【协东盟】0【协巴基斯坦】0【协智利】0 【协新西兰】0【协秘鲁】0【协哥斯达黎加】0 【协冰岛】0【协瑞士】0【协澳大利亚】0 【协韩国】0【协格鲁吉亚】0【协香港】0 【协澳门】0 【特-1】0【特-2】0 【增】16【出】0【退】0	千克		4Bxy		N	999	氯化钕
284690	25		氯化镨	Praseodymium chloride	【最】5【普】30【暂进】0 【协东盟】0【协巴基斯坦】0【协智利】0 【协新西兰】0【协秘鲁】0【协哥斯达黎加】0 【协冰岛】0【协瑞士】0【协澳大利亚】0 【协韩国】0【协格鲁吉亚】0【协香港】0 【协澳门】0 【特-1】0【特-2】0 【增】16【出】0【退】0	千克		4Bxy		N	999	氯化镨
284690	26		氯化钇	Yttrium chloride	【最】5【普】30【暂进】0 【协东盟】0【协巴基斯坦】0【协智利】0 【协新西兰】0【协秘鲁】0【协哥斯达黎加】0 【协冰岛】0【协瑞士】0【协澳大利亚】0 【协韩国】0【协格鲁吉亚】0【协香港】0 【协澳门】0 【特-1】0【特-2】0 【增】16【对美加征】5【出】0【退】0	千克		4Bxy		N	999	氯化钇
284690	28		混合氯化稀土	Mixture of rareearth chlorides	【最】5【普】30【暂进】0 【协东盟】0【协巴基斯坦】0【协智利】0 【协新西兰】0【协秘鲁】0【协哥斯达黎加】0 【协冰岛】0【协瑞士】0【协澳大利亚】0 【协韩国】0【协格鲁吉亚】0【协香港】0 【协澳门】0 【特-1】0【特-2】0 【增】16【出】0【退】0	千克		4Bxy		N	999	混合氯化稀土
284690	29		其他未混合氯化稀土	Other rare-earth chlorides, not mixed	【最】5【普】30【暂进】0 【协东盟】0【协巴基斯坦】0【协智利】0 【协新西兰】0【协秘鲁】0【协哥斯达黎加】0 【协冰岛】0【协瑞士】0【协澳大利亚】0 【协韩国】0【协格鲁吉亚】0【协香港】0 【协澳门】0 【特-1】0【特-2】0 【增】16【对美加征】5【出】0【退】0	千克		4Bxy		N	999	其他未混合氯化稀土
284690	31		氟化铽	Terbium tetrafluoride	【最】5【普】30【暂进】0 【协东盟】0【协巴基斯坦】0【协智利】0 【协新西兰】0【协秘鲁】0【协哥斯达黎加】0 【协冰岛】0【协瑞士】0【协澳大利亚】0 【协韩国】0【协格鲁吉亚】0【协香港】0 【协澳门】0 【特-1】0【特-2】0 【增】16【出】0【退】0	千克		4Bxy		N	999	氟化铽

税则号列 HS国际统一前6位	本国子目 7~8位	本国子目 9~10位	货品名称中英文 中文 货物名称	货品名称中英文 英文 Article Description	税费综合信息	计量单位	监管证件代码 进口	监管证件代码 出口	检验检疫类别 进口	检验检疫类别 出口	检验检疫编码	检验检疫编码对应中文名称
284690	32		氟化镝	Dysprosium fluoride	【最】5【普】30【暂进】0 【协东盟】0【协巴基斯坦】0【协智利】0 【协新西兰】0【协秘鲁】0【协哥斯达黎加】0 【协冰岛】0【协瑞士】0【协澳大利亚】0 【协韩国】0【协格鲁吉亚】0【协香港】0 【协澳门】0 【特-1】0【特-2】0 【增】16【出】0【退】0	千克		4Bxy		N	999	氟化镝
284690	33		氟化镧	Lanthanum fluoride	【最】5【普】30【暂进】0 【协东盟】0【协巴基斯坦】0【协智利】0 【协新西兰】0【协秘鲁】0【协哥斯达黎加】0 【协冰岛】0【协瑞士】0【协澳大利亚】0 【协韩国】0【协格鲁吉亚】0【协香港】0 【协澳门】0 【特-1】0【特-2】0 【增】16【出】0【退】0	千克	A	4Bxy	M	N	999	氟化镧（属于危险化学品的稀土）
284690	34		氟化钕	Neodymium fluoride	【最】5【普】30【暂进】0 【协东盟】0【协巴基斯坦】0【协智利】0 【协新西兰】0【协秘鲁】0【协哥斯达黎加】0 【协冰岛】0【协瑞士】0【协澳大利亚】0 【协韩国】0【协格鲁吉亚】0【协香港】0 【协澳门】0 【特-1】0【特-2】0 【增】16【出】0【退】0	千克		4Bxy		N	999	氟化钕
284690	35		氟化镨	Praseodymium fluoride	【最】5【普】30【暂进】0 【协东盟】0【协巴基斯坦】0【协智利】0 【协新西兰】0【协秘鲁】0【协哥斯达黎加】0 【协冰岛】0【协瑞士】0【协澳大利亚】0 【协韩国】0【协格鲁吉亚】0【协香港】0 【协澳门】0 【特-1】0【特-2】0 【增】16【出】0【退】0	千克		4Bxy		N	999	氟化镨
284690	36		氟化钇	Yttrium fluoride	【最】5【普】30【暂进】0 【协东盟】0【协巴基斯坦】0【协智利】0 【协新西兰】0【协秘鲁】0【协哥斯达黎加】0 【协冰岛】0【协瑞士】0【协澳大利亚】0 【协韩国】0【协格鲁吉亚】0【协香港】0 【协澳门】0 【特-1】0【特-2】0 【增】16【出】0【退】0	千克		4Bxy		N	999	氟化钇
284690	39		其他氟化稀土	Other rare-earth fluorides	【最】5【普】30【暂进】0 【协东盟】0【协巴基斯坦】0【协智利】0 【协新西兰】0【协秘鲁】0【协哥斯达黎加】0 【协冰岛】0【协瑞士】0【协澳大利亚】0 【协韩国】0【协格鲁吉亚】0【协香港】0 【协澳门】0 【特-1】0【特-2】0 【增】16【出】0【退】0	千克		4Bxy		N	301 302	其他氟化稀土（不属于危险化学品的稀土） 其他氟化稀土（属于危险化学品的稀土）
284690	41		碳酸镧	Lanthanum carbonate	【最】5【普】30【暂进】0 【协东盟】0【协巴基斯坦】0【协智利】0 【协新西兰】0【协秘鲁】0【协哥斯达黎加】0 【协冰岛】0【协瑞士】0【协澳大利亚】0 【协韩国】0【协格鲁吉亚】0【协香港】0 【协澳门】0 【特-1】0【特-2】0 【增】16【出】0【退】0	千克		4Bxy		N	999	碳酸镧
284690	42		碳酸铽	Terbium carbonate	【最】5【普】30【暂进】0 【协东盟】0【协巴基斯坦】0【协智利】0 【协新西兰】0【协秘鲁】0【协哥斯达黎加】0 【协冰岛】0【协瑞士】0【协澳大利亚】0 【协韩国】0【协格鲁吉亚】0【协香港】0 【协澳门】0 【特-1】0【特-2】0 【增】16【出】0【退】0	千克		4Bxy		N	999	碳酸铽

税则号列			货品名称中英文		税费综合信息	计量单位	监管证件代码		检验检疫类别		检验检疫编码	检验检疫编码对应中文名称
HS国际统一前6位	本国子目 7~8位	9~10位	中文 货物名称	英文 Article Description			进口	出口	进口	出口		
284690	43		碳酸镝	Dysprosium carbonate	【最】5【普】30【暂进】0 【协东盟】0【协巴基斯坦】0【协智利】0 【协新西兰】0【协秘鲁】0【协哥斯达黎加】0 【协冰岛】0【协瑞士】0【协澳大利亚】0 【协韩国】0【协格鲁吉亚】0【协香港】0 【协澳门】0 【特-1】0【特-2】0 【增】16【出】0【退】0	千克		4Bxy		N	999	碳酸镝
284690	44		碳酸钕	Neodymium carbonate	【最】5【普】30【暂进】0 【协东盟】0【协巴基斯坦】0【协智利】0 【协新西兰】0【协秘鲁】0【协哥斯达黎加】0 【协冰岛】0【协瑞士】0【协澳大利亚】0 【协韩国】0【协格鲁吉亚】0【协香港】0 【协澳门】0 【特-1】0【特-2】0 【增】16【出】0【退】0	千克		4Bxy		N	999	碳酸钕
284690	45		碳酸镨	Praseodymium carbonate	【最】5【普】30【暂进】0 【协东盟】0【协巴基斯坦】0【协智利】0 【协新西兰】0【协秘鲁】0【协哥斯达黎加】0 【协冰岛】0【协瑞士】0【协澳大利亚】0 【协韩国】0【协格鲁吉亚】0【协香港】0 【协澳门】0 【特-1】0【特 2】0 【增】16【出】0【退】0	千克		4Bxy		N	999	碳酸镨
284690	46		碳酸钇	Yttrium carbonate	【最】5【普】30【暂进】0 【协东盟】0【协巴基斯坦】0【协智利】0 【协新西兰】0【协秘鲁】0【协哥斯达黎加】0 【协冰岛】0【协瑞士】0【协澳大利亚】0 【协韩国】0【协格鲁吉亚】0【协香港】0 【协澳门】0 【特-1】0【特-2】0 【增】16【出】0【退】0	千克		4Bxy		N	999	碳酸钇
284690	48	10	按重量计中重稀土总含量≥30%的混合碳酸稀土	Mixture of rare-earth carbonate, containing by weight 30% or more of heavy rare-earth	【最】5【普】30【暂进】0 【协东盟】0【协巴基斯坦】0【协智利】0 【协新西兰】0【协秘鲁】0【协哥斯达黎加】0 【协冰岛】0【协瑞士】0【协澳大利亚】0 【协韩国】0【协格鲁吉亚】0【协香港】0 【协澳门】0 【特-1】0【特-2】0 【增】16【对美加征】10【出】0【退】0	千克		4Bxy		N	999	按重量计中重稀土总含量≥30%的混合碳酸稀土
284690	48	90	其他混合碳酸稀土	Other mixture of rare-earth carbonate, measure the medium heavy tombarthite metal with a total content 30% or more by the weight	【最】5【普】30【暂进】0 【协东盟】0【协巴基斯坦】0【协智利】0 【协新西兰】0【协秘鲁】0【协哥斯达黎加】0 【协冰岛】0【协瑞士】0【协澳大利亚】0 【协韩国】0【协格鲁吉亚】0【协香港】0 【协澳门】0 【特-1】0【特-2】0 【增】16【对美加征】10【出】0【退】0	千克		4Bxy		N	999	其他混合碳酸稀土
284690	49		其他未混合碳酸稀土	Other rare-earth carbonate, not mixed	【最】5【普】30【暂进】0 【协东盟】0【协巴基斯坦】0【协智利】0 【协新西兰】0【协秘鲁】0【协哥斯达黎加】0 【协冰岛】0【协瑞士】0【协澳大利亚】0 【协韩国】0【协格鲁吉亚】0【协香港】0 【协澳门】0 【特-1】0【特-2】0 【增】16【出】0【退】0	千克		4Bxy		N	999	其他未混合碳酸稀土
284690	91		镧的其他化合物	Other compound of Lanthanum	【最】5【普】30【暂进】0 【协东盟】0【协巴基斯坦】0【协智利】0 【协新西兰】0【协秘鲁】0【协哥斯达黎加】0 【协冰岛】0【协瑞士】0【协澳大利亚】0 【协韩国】0【协格鲁吉亚】0【协香港】0 【协澳门】0 【特-1】0【特-2】0 【增】16【对美加征】5【出】0【退】0	千克		4Bxy		N	301 302	镧的其他化合物（不属于危险化学品的稀土） 镧的其他化合物（属于危险化学品的稀土）

税则号列			货品名称中英文		税费综合信息	计量单位	监管证件代码		检验检疫类别		检验检疫编码	检验检疫编码对应中文名称
HS 国际统一前6位	本国子目 7~8位	9~10位	中文 货物名称	英文 Article Description			进口	出口	进口	出口		
284690	92		钕的其他化合物	Other compound of Neodymium	【最】5【普】30【暂进】0 【协东盟】0【协巴基斯坦】0【协智利】0 【协新西兰】0【协秘鲁】0【协哥斯达黎加】0 【协冰岛】0【协瑞士】0【协澳大利亚】0 【协韩国】0【协格鲁吉亚】0【协香港】0 【协澳门】0 【特-1】0【特-2】0 【增】16【对美加征】5【出】0【退】0	千克		4Bxy		N	301 302	钕的其他化合物（不属于危险化学品的稀土） 钕的其他化合物（属于危险化学品的稀土）
284690	93		铽的其他化合物	Other compound of Terbium	【最】5【普】30【暂进】0 【协东盟】0【协巴基斯坦】0【协智利】0 【协新西兰】0【协秘鲁】0【协哥斯达黎加】0 【协冰岛】0【协瑞士】0【协澳大利亚】0 【协韩国】0【协格鲁吉亚】0【协香港】0 【协澳门】0 【特-1】0【特-2】0 【增】16【对美加征】10【出】0【退】0	千克		4Bxy		N	999	铽的其他化合物
284690	94		镝的其他化合物	Other compound of Dysprosium	【最】5【普】30【暂进】0 【协东盟】0【协巴基斯坦】0【协智利】0 【协新西兰】0【协秘鲁】0【协哥斯达黎加】0 【协冰岛】0【协瑞士】0【协澳大利亚】0 【协韩国】0【协格鲁吉亚】0【协香港】0 【协澳门】0 【特-1】0【特-2】0 【增】16【出】0【退】0	千克		4Bxy		N	301 302	镝的其他化合物（不属于危险化学品的稀土） 镝的其他化合物（属于危险化学品的稀土）
284690	95		镨的其他化合物	Other compound of Praseodymium	【最】5【普】30【暂进】0 【协东盟】0【协巴基斯坦】0【协智利】0 【协新西兰】0【协秘鲁】0【协哥斯达黎加】0 【协冰岛】0【协瑞士】0【协澳大利亚】0 【协韩国】0【协格鲁吉亚】0【协香港】0 【协澳门】0 【特-1】0【特-2】0 【增】16【出】0【退】0	千克		4Bxy		N	301 302	镨的其他化合物（不属于危险化学品的稀土） 镨的其他化合物（属于危险化学品的稀土）
284690	96	01	LED 用荧光粉	Phosphor powder for LED, with composition of other compounds of yttrium	【最】5【普】30【暂进】0 【协东盟】0【协巴基斯坦】0【协智利】0 【协新西兰】0【协秘鲁】0【协哥斯达黎加】0 【协冰岛】0【协瑞士】0【协澳大利亚】0 【协韩国】0【协格鲁吉亚】0【协香港】0 【协澳门】0 【特-1】0【特-2】0 【增】16【对美加征】10【出】0【退】0	千克		B		N	999	LED 用荧光粉（成分含钇的其他化合物）
284690	96	90	钇的其他化合物	Other compound of Yttrium	【最】5【普】30【暂进】0 【协东盟】0【协巴基斯坦】0【协智利】0 【协新西兰】0【协秘鲁】0【协哥斯达黎加】0 【协冰岛】0【协瑞士】0【协澳大利亚】0 【协韩国】0【协格鲁吉亚】0【协香港】0 【协澳门】0 【特-1】0【特-2】0 【增】16【对美加征】10【出】0【退】0	千克		4Bxy		N	301 302	钇的其他化合物（不属于危险化学品的稀土） 钇的其他化合物（属于危险化学品的稀土）
284690	99	01	LED 用荧光粉	LED phosphor (other compounds containing rare earth metals, scandium, except for cerium compounds)	【最】5【普】30【暂进】0 【协东盟】0【协巴基斯坦】0【协智利】0 【协新西兰】0【协秘鲁】0【协哥斯达黎加】0 【协冰岛】0【协瑞士】0【协澳大利亚】0 【协韩国】0【协格鲁吉亚】0【协香港】0 【协澳门】0 【特-1】0【特-2】0 【增】16【对美加征】10【出】0【退】0	千克		B		N	999	LED 用荧光粉（成分含稀土金属、钪的其他化合物，铈的化合物除外）
284690	99	10	按重量计中重稀土总含量≥30%的稀土金属、钪的其他化合物（铈的化合物除外）	Other compounds, of rare-earth metals(other than ceric compounds), measure the medium heavy tombarthite metal with a total content 30% or more by the weight	【最】5【普】30【暂进】0 【协东盟】0【协巴基斯坦】0【协智利】0 【协新西兰】0【协秘鲁】0【协哥斯达黎加】0 【协冰岛】0【协瑞士】0【协澳大利亚】0 【协韩国】0【协格鲁吉亚】0【协香港】0 【协澳门】0 【特-1】0【特-2】0 【增】16【对美加征】10【出】0【退】0	千克		4Bxy		N	999	按重量计中重稀土总含量≥30%的稀土金属、钪的其他化合物（铈的化合物除外）

税则号列			货品名称中英文		税费综合信息	计量单位	监管证件代码		检验检疫类别		检验检疫编码	检验检疫编码对应中文名称
HS国际统一前6位	本国子目 7~8位	本国子目 9~10位	中文 货物名称	英文 Article Description			进口	出口	进口	出口		
284690	99	90	其他稀土金属、钪的其他化合物（铈的化合物除外）	Other compounds, of rare-earth metals(other than ceric compounds)	【最】5【普】30【暂进】0 【协东盟】0【协巴基斯坦】0【协智利】0 【协新西兰】0【协秘鲁】0【协哥斯达黎加】0 【协冰岛】0【协瑞士】0【协澳大利亚】0 【协韩国】0【协格鲁吉亚】0【协香港】0 【协澳门】0 【特-1】0【特-2】0 【增】16【对美加征】10【出】0【退】0	千克		4Bxy		N	101 301 302	其他稀土金属、钪的其他化合物（铈的化合物除外）（饲料添加剂） 其他稀土金属、钪的其他化合物（铈的化合物除外）（不属于危险化学品的稀土） 其他稀土金属、钪的其他化合物（铈的化合物除外）（属于危险化学品的稀土）
284700	00		过氧化氢（不论是否用尿素固化）	Hydrogen peroxide, whether or not solidified with urea	【最】5.5【普】30 【协东盟】0【协巴基斯坦】5【协智利】0 【协新西兰】0【协秘鲁】0【协哥斯达黎加】0 【协冰岛】0【协瑞士】0【协澳大利亚】0 【协韩国】3.6【协格鲁吉亚】0【协香港】0 【协澳门】0 【特-1】0【特-2】0 【增】16【对美加征】10【出】0【退】0	千克	A	B	MR	NS	301 302	过氧化氢（不论是否用尿素固化）（氧化性物质，需申报仅用于工业用途不用于无检疫要求食品添加剂） 过氧化氢（不论是否用尿素固化）（属于危险化学品的食品添加剂）
284910	00		碳化钙	Calcium carbide	【最】5.5【普】45 【协东盟】0【协巴基斯坦】0【协智利】0 【协新西兰】0【协秘鲁】0【协哥斯达黎加】0 【协冰岛】0【协瑞士】0【协澳大利亚】0 【协韩国】0【协格鲁吉亚】0【协香港】0 【协澳门】0 【特-1】0【特-2】0 【增】16【出】0【退】0	千克	A	B	M	N	999	碳化钙
284920	00		碳化硅	Silicon carbide	【最】5.5【普】30 【协东盟】0【协巴基斯坦】5【协智利】0 【协新西兰】0【协秘鲁】0【协哥斯达黎加】0 【协冰岛】0【协瑞士】0【协澳大利亚】0 【协韩国】2.7【协格鲁吉亚】0【协香港】0 【协澳门】0 【特-1】0【特-2】0 【增】16【对美加征】10【出】0【退】0	千克		4xy			999	碳化硅
284990	10		碳化硼	Boron carbide	【最】5.5【普】30 【协东盟】0【协巴基斯坦】0【协智利】0 【协新西兰】0【协秘鲁】0【协哥斯达黎加】0 【协冰岛】0【协瑞士】0【协澳大利亚】0 【协韩国】0【协格鲁吉亚】0【协香港】0 【协澳门】0 【特-1】0【特-2】0 【增】16【出】0【退】0	千克					999	碳化硼
284990	20		碳化钨	Tungsten carbide	【最】5.5【普】30 【协东盟】0【协巴基斯坦】0【协智利】0 【协新西兰】0【协秘鲁】0【协哥斯达黎加】0 【协冰岛】0【协瑞士】0【协澳大利亚】0 【协韩国】0【协格鲁吉亚】0【协香港】0 【协澳门】0 【特-1】0【特-2】0 【增】16【对美加征】5【出】0【退】0	千克		4xy			999	碳化钨
284990	90		其他碳化物	Other carbides	【最】5.5【普】30 【协东盟】0【协巴基斯坦】0【协智利】0 【协新西兰】0【协秘鲁】0【协哥斯达黎加】0 【协冰岛】0【协瑞士】0【协澳大利亚】0 【协韩国】0【协格鲁吉亚】0【协香港】0 【协澳门】0 【特-1】0【特-2】0 【增】16【对美加征】10【出】0【退】0	千克					301 999	其他碳化物（其他化工产品） 其他碳化物（遇水放出易燃气体的物质）
285000	11		氮化锰	Ditrogenized manganese	【最】5.5【普】30 【协亚太】3.6【协东盟】0【协香港】0 【协澳门】0【协巴基斯坦】0【协智利】0 【协新西兰】0【协秘鲁】0【协哥斯达黎加】0 【协冰岛】0【协瑞士】0【协澳大利亚】0 【协韩国】0【协格鲁吉亚】0 【特-1】0【特-2】0 【增】16【出】0【退】0	千克					999	氮化锰

税则号列 HS国际统一前6位	本国子目 7~8位	本国子目 9~10位	货品名称中英文 中文 货物名称	货品名称中英文 英文 Article Description	税费综合信息	计量单位	监管证件代码 进口	监管证件代码 出口	检验检疫类别 进口	检验检疫类别 出口	检验检疫编码	检验检疫编码对应中文名称
285000	12		氮化硼	Boron Nitride	【最】5.5【普】30 【协亚太】3.6【协东盟】0【协香港】0 【协澳门】0【协巴基斯坦】0【协智利】0 【协新西兰】0【协秘鲁】0【协哥斯达黎加】0 【协冰岛】0【协瑞士】0【协澳大利亚】0 【协韩国】0【协格鲁吉亚】0 【特-1】0【特-2】0 【增】16【对美加征】5【出】0【退】0	千克					999	氮化硼
285000	19		其他氮化物（包括迭氮化物）	Other nitrides (including azides)	【最】5.5【普】30 【协亚太】3.6【协东盟】0【协香港】0 【协澳门】0【协巴基斯坦】0【协智利】0 【协新西兰】0【协秘鲁】0【协哥斯达黎加】0 【协冰岛】0【协瑞士】0【协澳大利亚】0 【协韩国】0【协格鲁吉亚】0 【特-1】0【特-2】0 【增】16【对美加征】10【出】0【退】0	千克					301 302 303 304 305 ……	其他氮化物（包括迭氮化物）（爆炸品） 其他氮化物（包括迭氮化物）（易燃气体） 其他氮化物（包括迭氮化物）（毒性气体） 其他氮化物（包括迭氮化物）（易燃固体） 其他氮化物（包括迭氮化物）（遇水放出易燃气体的物质） ……①
285000	90	10	砷化氢（砷烷、砷化三氢、胂）	Arsenic hydride Arsine (Arsenic hydride, Arsenic trihydride, Arsine)	【最】5.5【普】30 【协亚太】3.6【协东盟】0【协香港】0 【协澳门】0【协巴基斯坦】0【协智利】0 【协新西兰】0【协秘鲁】0【协哥斯达黎加】0 【协冰岛】0【协瑞士】0【协澳大利亚】0 【协韩国】3.6【协格鲁吉亚】0 【特-1】0【特-2】0 【增】16【对美加征】5【出】0【退】0	千克					999	砷化氢（砷烷、砷化三氢、胂）
285000	90	90	其他氢化物、硅化物等（包括硼化物，可归入税目28.49的碳化物除外）	Other hydrides, nitrides, azides, silicides and borides, other than compounds which are also carbides of heading No. 28.49	【最】5.5【普】30 【协亚太】3.6【协东盟】0【协香港】0 【协澳门】0【协巴基斯坦】0【协智利】0 【协新西兰】0【协秘鲁】0【协哥斯达黎加】0 【协冰岛】0【协瑞士】0【协澳大利亚】0 【协韩国】3.6【协格鲁吉亚】0 【特-1】0【特-2】0 【增】16【对美加征】5【出】0【退】0	千克					301 302 303 304 305 ……	其他氢化物、硅化物等（包括硼化物，可归入税目28.49的碳化物除外）（易燃气体） 其他氢化物、硅化物等（包括硼化物，可归入税目28.49的碳化物除外）（毒性气体） 其他氢化物、硅化物等（包括硼化物，可归入税目28.49的碳化物除外）（易燃固体） 其他氢化物、硅化物等（包括硼化物，可归入税目28.49的碳化物除外）（易于自燃的物质） 其他氢化物、硅化物等（包括硼化物，可归入税目28.49的碳化物除外）（遇水放出易燃气体的物质） ……②
285210	00		汞的无机或有机化合物，汞齐除外，已有化学定义的	Inorgnic or organic compounds of mercury, chemically defined, excluding amalagams	【最】5.5【普】30 【协东盟】0【协香港】0【协澳门】0 【协巴基斯坦】0【协智利】0【协新西兰】0 【协秘鲁】0【协哥斯达黎加】0【协冰岛】0 【协瑞士】0【协澳大利亚】0【协韩国】0 【协格鲁吉亚】0 【特-1】0【特-2】0 【增】16【出】0【退】0	千克					301 302	汞的无机或有机化合物，汞齐除外，已有化学定义的（毒性物质和感染性物质） 汞的无机或有机化合物，汞齐除外，已有化学定义的（不属于危险化学品的金属）

① 该税号项下检验检疫编码及对应中文名称尚有：306　其他氮化物（包括迭氮化物）（毒性物质和感染性物质），307　其他氮化物（包括迭氮化物）（其他化工产品）。

② 该税号项下检验检疫编码及对应中文名称尚有：306　其他氢化物、硅化物等（包括硼化物，可归入税目28.49的碳化物除外）（其他化工产品）。

税则号列			货品名称中英文		税费综合信息	计量单位	监管证件代码		检验检疫类别		检验检疫编码	检验检疫编码对应中文名称
HS 国际统一前 6 位	本国子目 7~8 位	本国子目 9~10 位	中文 货物名称	英文 Article Description			进口	出口	进口	出口		
285290	00		其他汞的无机或有机化合物，汞齐除外，已有化学定义的除外	Other inorgnic or organic compounds of mercury, not chemically defined, excluding amalagams	【最】5.5【普】30 【协东盟】0【协巴基斯坦】5【协智利】0 【协新西兰】0【协秘鲁】0【协哥斯达黎加】0 【协冰岛】0【协瑞士】0【协澳大利亚】0 【协韩国】0【协格鲁吉亚】0【协香港】0 【协澳门】0 【特-1】0【特-2】0【特-3】0 【增】16【出】0【退】0	千克					998 999	其他汞的无机或有机化合物，汞齐除外，已有化学定义的除外（其他危险化学品） 其他汞的无机或有机化合物，汞齐除外，已有化学定义的除外（其他化工产品）
285310	00		氯化氰	Cyanogen chlorde (chlorcyan)	【最】5.5【普】30 【协东盟】0【协巴基斯坦】0【协智利】0 【协新西兰】0【协秘鲁】0【协哥斯达黎加】0 【协冰岛】0【协瑞士】0【协澳大利亚】0 【协韩国】0【协格鲁吉亚】0【协香港】0 【协澳门】0 【特-1】0【特-2】0 【增】16【出】0【退】0	千克	2A	3B	M	N	999	氯化氰
285390	10		饮用蒸馏水【电商】	Distilled water for human consumption	【最】5.5【普】70 【协东盟】0【协香港】0【协澳门】0 【协巴基斯坦】0【协智利】0【协新西兰】0 【协秘鲁】0【协哥斯达黎加】0【协冰岛】0 【协瑞士】0【协澳大利亚】0【协韩国】0 【协格鲁吉亚】0 【特-1】0【特-2】0 【增】16【对美加征】10【出】0【退】0	千克	A	B	R	S	998 999	饮用蒸馏水（食用） 饮用蒸馏水（实验用）
285390	30		镍钴锰氢氧化物	Nickel cobalt manganese composite hydroxide	【最】6.5【普】30 【协东盟】0【协香港】0【协澳门】0 【协巴基斯坦】5【协智利】0【协新西兰】0 【协秘鲁】0【协哥斯达黎加】0【协冰岛】0 【协瑞士】0【协澳大利亚】0【协韩国】0 【协格鲁吉亚】0 【特-1】0【特-2】0 【增】16【出】0【退】13	千克					999	镍钴锰氢氧化物
285390	40	10	磷化铝、磷化锌	Aluminium phosphide, zinc phosphide	【最】5.5【普】20 【协东盟】0【协巴基斯坦】0【协智利】0 【协新西兰】0【协秘鲁】0【协哥斯达黎加】0 【协冰岛】0【协瑞士】0【协澳大利亚】0 【协韩国】2.7【协格鲁吉亚】0【协香港】0 【协澳门】0 【特-1】0【特-2】0 【增】16【对美加征】5【出】0【退】0	千克	S	S			999	磷化铝、磷化锌
285390	40	90	其他磷化物（不论是否已有化学定义，但不包括磷铁）	Other phosphides, whether or not chemieally defined, excluding ferrophosphorus	【最】5.5【普】20 【协东盟】0【协巴基斯坦】0【协智利】0 【协新西兰】0【协秘鲁】0【协哥斯达黎加】0 【协冰岛】0【协瑞士】0【协澳大利亚】0 【协韩国】2.7【协格鲁吉亚】0【协香港】0 【协澳门】0 【特-1】0【特-2】0 【增】16【对美加征】5【出】0【退】0	千克					301 302 303	其他磷化物（不论是否已有化学定义，但不包括磷铁）（毒性气体） 其他磷化物（不论是否已有化学定义，但不包括磷铁）（遇水放出易燃气体的物质） 其他磷化物（不论是否已有化学定义，但不包括磷铁）（其他化工产品）
285390	50		镍钴铝氢氧化物	Nickel cobalt aluminum hydroxide	【最】5.5【普】30 【协东盟】0【协香港】0【协澳门】0 【协巴基斯坦】5【协智利】0【协新西兰】0 【协秘鲁】0【协哥斯达黎加】0【协冰岛】0 【协瑞士】0【协澳大利亚】0【协韩国】0 【协格鲁吉亚】0 【特-1】0【特-2】0 【增】16【出】0【退】13	千克					999	镍钴铝氢氧化物

税则号列			货品名称中英文		税费综合信息	计量单位	监管证件代码		检验检疫类别		检验检疫编码	检验检疫编码对应中文名称
HS国际统一前6位	本国子目 7~8位	本国子目 9~10位	中文 货物名称	英文 Article Description			进口	出口	进口	出口		
285390	90	10	饮用纯净水【电商】①	Purified water for human consumption	【最】5.5【普】30 【协东盟】0【协香港】0【协澳门】0 【协巴基斯坦】5【协智利】0【协新西兰】0 【协秘鲁】0【协哥斯达黎加】0【协冰岛】0 【协瑞士】0【协澳大利亚】0【协韩国】0 【协格鲁吉亚】0 【特-1】0【特-2】0 【增】16【对美加征】5【出】0【退】0	千克	A	B	M	N	998 999	饮用纯净水（食用） 饮用纯净水（实验用）
285390	90	21	氰，氰化碘，氰化溴，铅汞齐（包括氰气、碘化氰、溴化氰）	Mercury Arsenide, Cyanogen, Cyanogen iodide, Bromine cyanide(including Cyanogen Dicyanogen, iodine cyanide, Bromine cyanide)	【最】5.5【普】30 【协东盟】0【协香港】0【协澳门】0 【协巴基斯坦】5【协智利】0【协新西兰】0 【协秘鲁】0【协哥斯达黎加】0【协冰岛】0 【协瑞士】0【协澳大利亚】0【协韩国】0 【协格鲁吉亚】0 【特-1】0【特-2】0 【增】16【对美加征】5【出】0【退】0	千克					301 302 999	氰，氰化碘，氰化溴，铅汞齐（包括氰气、碘化氰、溴化氰）（毒性气体） 氰，氰化碘，氰化溴，铅汞齐（包括氰气、碘化氰、溴化氰）（毒性物质和感染性物质） 氰，氰化碘，氰化溴，铅汞齐（包括氰气、碘化氰、溴化氰）（遇水放出易燃气体的物质）
285390	90	22	砷化锌、砷化镓	Zinc arsenide, gallium arsenide	【最】5.5【普】30 【协东盟】0【协香港】0【协澳门】0 【协巴基斯坦】5【协智利】0【协新西兰】0 【协秘鲁】0【协哥斯达黎加】0【协冰岛】0 【协瑞士】0【协澳大利亚】0【协韩国】0 【协格鲁吉亚】0 【特-1】0【特-2】0 【增】16【对美加征】5【出】0【退】0	千克					999	砷化锌、砷化镓
285390	90	90	其他无机化合物、压缩空气等（包括单氰胺、导电水、液态空气、汞齐等，贵金属汞齐除外）	Other inorganic compounds, compressed air(including conductivity water, liquid air, amalgams, other than amalgamms of precious metals)	【最】5.5【普】30 【协东盟】0【协香港】0【协澳门】0 【协巴基斯坦】5【协智利】0【协新西兰】0 【协秘鲁】0【协哥斯达黎加】0【协冰岛】0 【协瑞士】0【协澳大利亚】0【协韩国】0 【协格鲁吉亚】0 【特-1】0【特-2】0 【增】16【对美加征】5【出】0【退】0	千克					301 302 303 304 305	其他无机化合物、压缩空气等（包括单氰胺、导电水、液态空气、汞齐等，贵金属汞齐除外）（遇水放出易燃气体的物质） 其他无机化合物、压缩空气等（包括单氰胺、导电水、液态空气、汞齐等，贵金属汞齐除外）（毒性物质和感染性物质） 其他无机化合物、压缩空气等（包括单氰胺、导电水、液态空气、汞齐等，贵金属汞齐除外）（杂项物质） 其他无机化合物、压缩空气等（包括单氰胺、导电水、液态空气、汞齐等，贵金属汞齐除外）（其他危险化学品） 其他无机化合物、压缩空气等（包括单氰胺、导电水、液态空气、汞齐等，贵金属汞齐除外）（其他化工产品）

① 列入《中国严格限制的有毒化学税目录》的商品除外。

第二十九章
有机化学品

注释：

一、除条文另有规定的以外，本章各税号只适用于：

（一）单独的已有化学定义的有机化合物，不论是否含有杂质；

（二）同一有机化合物的两种或两种以上异构体的混合物（不论是否含有杂质），但无环烃异构体的混合物（立体异构体除外），不论是否饱和，应归入第二十七章；

（三）税目 29.36 至 29.39 的产品，税目 29.40 的糖醚、糖缩醛、糖酯及其盐类和税目 29.41 的产品，不论是否已有化学定义；

（四）上述（一）、（二）、（三）款产品的水溶液；

（五）溶于其他溶剂的上述（一）、（二）、（三）款的产品，但该产品处于溶液状态只是为了安全或运输所采取的正常必要方法，其所用溶剂并不使该产品改变其一般用途而适合于某些特殊用途；

（六）为了保存或运输的需要，加入稳定剂（包括抗结块剂）的上述（一）、（二）、（三）、（四）、（五）各款产品；

（七）为了便于识别或安全起见，加入抗尘剂、着色剂或气味剂的上述（一）、（二）、（三）、（四）、（五）、（六）各款产品，但所加剂料并不使原产品改变其一般用途而适合于某些特殊用途；

（八）为生产偶氮染料而稀释至标准浓度的下列产品：重氮盐，用于重氮盐、可重氮化的胺及其盐类的耦合剂。

二、本章不包括：

（一）税目 15.04 的货品及税目 15.20 的粗甘油；

（二）乙醇（税目 22.07 或 22.08）；

（三）甲烷及丙烷（税目 27.11）；

（四）第二十八章注释二所述的碳化合物；

（五）税目 30.02 的免疫制品；

（六）尿素（税目 31.02 或 31.05）；

（七）植物性或动物性着色料（税目 32.03）、合成有机着色料、用作荧光增白剂或发光体的合成有机产品（税目为 32.04）及零售包装的染料或其他着色料（税目 32.12）；

（八）酶（税目 35.07）；

（九）聚乙醛、六亚甲基四胺（乌洛托品）及类似物质，制成片、条或类似形状作为燃料用的，以

Chapter 29
Organic chemicals

Chapter Notes:

1. Except where the context otherwise requires, the headings of this Chapter apply only to:

(a) Separate chemically defined organic compounds, whether or not containing impurities;

(b) Mixtures of two or more isomers of the same organic compound (whether or not containing impurities), except mixtures of acyclic hydrocarbon isomers (other than stereoisomers), whether or not saturated (Chapter 27);

(c) The products of headings 29.36 to 29.39 or the sugar ethers, sugar acetals and sugar esters, and their salts, of heading 29.40, or the products of heading 29.41, whether or not chemically defined;

(d) The products mentioned in (a), (b) or (c) above dissolved in water;

(e) The products mentioned in (a), (b) or (c) above dissolved in other solvents provided that the solution constitutes a normal and necessary method of putting up these products adopted solely for reasons of safety or for transport and that the solvent does not render the product particularly suitable for specific use rather than for general use;

(f) The products mentioned in (a), (b), (c), (d) or (e) above with an added stabiliser (including an anti-caking agent) necessary for their preservation or transport;

(g) The products mentioned in (a), (b), (c), (d), (e) or (f) above with an added anti-dusting agent or a colouring or odoriferous substance added to facilitate their identification or for safety reasons, provided that the additions do not render the product particularly suitable for specific use rather than for general use;

(h) The following products, diluted to standard strengths, for the production of azo dyes: diazonium salts, couplers used for these salts and diazotisable amines and their salts.

2. This Chapter does not cover:

(a) Goods of heading 15.04 or crude glycerol of heading 15.20;

(b) Ethyl alcohol (heading 22.07 or 22.08);

(c) Methane or propane (heading 27.11);

(d) The compounds of carbon mentioned in Note 2 to Chapter 28;

(e) Immunological products of heading 30.02;

(f) Urea (heading 31.02 or 31.05);

(g) Colouring matter of vegetable or animal origin (heading 32.03), synthetic organic colouring matter, synthetic organic products of a kind used as fluorescent brightening agents or as luminophores (heading 32.04) or dyes or other colouring matter put up in forms or packings for retail sale (heading 32.12);

(h) Enzymes (heading 35.07);

(ij) Metaldehyde, hexamethylenetetramine or similar substances, put up in forms (for example, tab-

及包装容器的容积不超过300立方厘米的直接灌注香烟打火机及类似打火器用的液体燃料或液化气体燃料（税目36.06）；

（十）灭火器的装配药及已装药的灭火弹（税目38.13）；零售包装的除墨剂（税目38.24）；或

（十一）光学元件，例如，用酒石酸乙二胺制成的（税目90.01）。

三、可以归入本章两个或两个以上税号的货品，应归入有关税号中的最后一个税号。

四、税目29.04至29.06、29.08至29.11及29.13至29.20的卤化、磺化、硝化或亚硝化衍生物均包括复合衍生物，例如，卤磺化、卤硝化、磺硝化及卤磺硝化衍生物。

硝基及亚硝基不作为税目29.29的含氮基官能团。

税目29.11、29.12、29.14、29.18及29.22所称“含氧基”，仅限于税目29.05至29.20的各种含氧基（其特征为有机含氧基）。

五、（一）本章第一分章至第七分章的酸基有机化合物与这些分章的有机化合物构成的酯，应归入有关分章的最后一个税号。

（二）乙醇与本章第一分章至第七分章的酸基有机化合物所构成的酯，应按有关酸基化合物归类。

（三）除第六类注释一及第二十八章注释二另有规定的以外：

1. 第一分章至第十分章及税目29.42的有机化合物的无机盐，例如，含酸基、酚基或烯醇基的化合物及有机碱的无机盐，应归入相应的有机化合物的税号；

2. 第一分章至第十分章及税目29.42的有机化合物之间生成的盐，应按生成该盐的碱或酸（包括酚基或烯醇基化合物）归入本章有关税号中的最后一个税号；以及

3. 除第十一分章或税目29.41的产品外，配位化合物应按该化合物所有金属键（金属-碳键除外）“断开”所形成的片段归入第二十九章有关税号中的最后一个税号。

（四）除乙醇外，金属醇化物应按相应的醇归类（税目29.05）。

lets, sticks or similar forms) for use as fuels, or liquid or liquefied-gas fuels in containers of a kind used for filling or refilling cigarette or similar lighters and of a capacity not exceeding 300cm^3 (heading 36.06);

(k) Products put up as charges for fire-extinguisher or put up in fire-extinguishing grenades, of heading 38.13; ink removers put up in packings for retail sale of heading 38.24; or

(l) Optical elements, for example, of ethylenediamine tartrate (heading 90.01).

3. Goods which could be included in two or more of the headings of this Chapter are to be classified in that one of those headings which occurs last in numerical order.

4. In headings 29.04 to 29.06, 29.08 to 29.11 and 29.13 to 29.20, any reference to halogenated, sulphonated nitrated or nitrosated derivatives includes a reference to compound derivatives, such as sulphohalogenated nitrohalogenated, nitroslphonated or nitroslphohalogenated derivatives.

Nitro or nitroso groups are not to be taken a "nitrogen-functions" for the purpose of heading 29.29.

For the purposes of headings 29.11, 29.12, 29.14, 29.18 and 29.22, "oxygen-function" is to be restricted to the functions (the characteristic organic oxygen-containing groups) referred to in headings 29.05 to 29.20.

5. (a) The esters of acid-function organic compounds of sub-Chapters I to VII with organic compounds of these sub-Chapters are to be classified with that compound which is classified in the heading which occurs last in numerical order in these sub-Chapters.

(b) Esters of ethyl alcohol with acid-function organic compounds of sub-Chapters I to VII are to be classified in the same heading as the corresponding acid-function compounds.

(c) Subject to Note 1 to Section VI and Note 2 to Chapter 28:

(i) Inorganic salts of organic compounds such as acid-, phenol- or enol-function compounds or organic bases, of sub-Chapters I to X or heading 29.42, are to be classified in the heading appropriate to the organic compound;

(ii) Salts formed between organic compounds of sub-Chapters I to X or heading 29.42 are to be classified in the heading appropriate to the base or to the acid (including phenol- or enol-function compounds) from which they are formed, whichever occurs last in numerical order in the Chapter; and

(iii) Co-ordination compounds, other than products classifiable in sub-Chapter XI or heading 29.41, are to be classified in the heading which occurs last in numerical order in Chapter 29, among those appropriate to the fragments formed by "cleaving" of all metal bonds, other than metal-carbon bonds.

(d) Metal alcoholates are to be classified in the same heading as the corresponding alcohols except in the case of ethanol (heading 29.05).

（五）羧酸酰卤化物应按相应的酸归类。

(e) Halides of carboxylic acids are to be classified in the same heading as the corresponding acids.

六、税目29.30及29.31的化合物是指有机化合物，其分子中除含氢、氧或氮原子外，还含有与碳原子直接连接的其他非金属或金属原子（例如，硫、砷或铅）。

6. The compounds of headings 29.30 and 29.31 are organic compounds the molecules of which contain, in addition to atoms of hydrogen, oxygen or nitrogen, atoms of other non-metals or of metals (such as sulphur, arsenic or lead) directly linked to carbon atoms.

税目29.30（有机硫化合物）及税目29.31（其他有机-无机化合物）不包括某些磺化或卤化衍生物（含复合衍生物）。这些衍生物分子中除氢、氧、氮之外，只有具有磺化或卤化衍生物（或复合衍生物）性质的硫原子或卤素原子与碳原子直接连接。

Heading 29.30 (organo-sulphur compounds) and heading 29.31 (other organo-inorganic compounds) do not include sulphonated or halogenated derivatives (including compound derivatives) which, apart from hydrogen, oxygen and nitrogen, only have directly linked to carbon the atoms of sulphur or of a halogen which give them their nature of sulphonated or halogenated derivatives (or compound derivatives).

七、税目29.32、29.33及29.34不包括三节环环氧化物、过氧化酮、醛或硫醛的环聚合物、多元羧酸酐、多元醇或酚与多元酸构成的环酯及多元酸酰亚胺。

7. Headings 29.32, 29.33 and 29.34 do not include epoxides with a three-membered ring, ketone peroxides, cyclic polymers of aldehydes or of thioaldehydes, anhydrides of polybasic carboxylic acids, cyclic esters of polyhydric alcohols or phenols with polybasic acids, or imides of polybasic acids.

本条规定只适用于由本条所列环化功能形成环内杂原子的化合物。

These provisions apply only when the ring-position hetero-atoms are those resulting solely from the cyclising function or functions here listed.

八、税目29.37所称：

（一）"激素"，包括激素释放因子、激素刺激和释放因子、激素抑制剂以及激素抗体；

（二）"主要用作激素的"，不仅适用于主要起激素作用的激素衍生物及结构类似物，也适用于在本税号所列产品合成过程中主要用作中间体的激素衍生物及结构类似物。

8. For the purposes of heading 29.37:

(a) the term "hormones" includes hormone-releasing or hormone-stimulating factors, hormone inhibitors and hormone antagonists (anti-hormones);

(b) the expression "used primarily as hormones" applies not only to hormone derivatives and structural analogues used primarily for their hormonal effect, but also to those derivatives and structural analogues used primarily as intermediates in the synthesis of products of this heading.

子目注释：

一、属于本章任一税号项下的一种（组）化合物的衍生物，如果该税号其他子目未明确将其包括在内，而且有关的子目中又无列名为"其他"的子目，则应与该种（组）化合物归入同一子目。

二、第二十九章注释三不适用于本章的子目。

Subheading Notes:

1. Within any one heading of this Chapter, derivatives of a chemical compound (or group of chemical compounds) are to be classified in the same subheading as that compound (or group of compounds) provided that they are not more specifically covered by any other subheading and that there is no residual subheading named "Other" in the series of subheadings concerned.

2. Note 3 to chapter 29 does not apply to the subheading of this chapter.

税则号列			货品名称中英文		税费综合信息	计量单位	监管证件代码		检验检疫类别		检验检疫编码	检验检疫编码对应中文名称
HS国际统一前6位	本国子目 7~8位	本国子目 9~10位	中文 货物名称	英文 Article Description			进口	出口	进口	出口		
290110	00		饱和无环烃	Saturated acyclic hydrocarbons	【最】2【普】30 【协东盟】0【协香港】0【协澳门】0 【协巴基斯坦】0【协智利】0【协新西兰】0 【协秘鲁】0【协哥斯达黎加】0【协冰岛】0 【协瑞士】0【协澳大利亚】0【协韩国】0 【协格鲁吉亚】0 【特-1】0【特-2】0 【增】16【对美加征】5【出】0【退】10	千克					301 302 303	饱和无环烃（易燃气体） 饱和无环烃（易燃液体） 饱和无环烃（其他化工产品）

税则号列 HS国际统一前6位	本国子目 7~8位	本国子目 9~10位	货品名称中文 货物名称	货品名称英文 Article Description	税费综合信息	计量单位	监管证件代码 进口	监管证件代码 出口	检验检疫类别 进口	检验检疫类别 出口	检验检疫编码	检验检疫编码对应中文名称
290121	00		乙烯	Ethylene	【最】2【普】20【暂进】1 【协东盟】0【协巴基斯坦】0【协智利】0 【协新西兰】0【协秘鲁】0【协哥斯达黎加】0 【协冰岛】0【协瑞士】0【协澳大利亚】0 【协韩国】1.2【协格鲁吉亚】0【协香港】0 【协澳门】0 【特-1】0【特-2】0 【增】16【对美加征】25【出】0【退】10	千克	A	B	M	N	999	乙烯
290122	00		丙烯	Propene(propylene)	【最】2【普】20【暂进】1 【协东盟】0【协巴基斯坦】0【协智利】0 【协新西兰】0【协秘鲁】0【协台湾】0 【协哥斯达黎加】0【协冰岛】0【协瑞士】0 【协澳大利亚】0【协韩国】1.2【协格鲁吉亚】0 【协香港】0【协澳门】0 【特-1】0【特-2】0 【增】16【对美加征】25【出】0【退】10	千克	A	B	M	N	999	丙烯
290123	10		1-丁烯	1-Butene	【最】2【普】20 【协东盟】0【协巴基斯坦】0【协智利】0 【协新西兰】0【协秘鲁】0【协哥斯达黎加】0 【协冰岛】0【协瑞士】0【协澳大利亚】0 【协韩国】1.2【协格鲁吉亚】0【协香港】0 【协澳门】0 【特-1】0【特-2】0 【增】16【出】0【退】10	千克	A	B	M	N	999	1-丁烯
290123	20		2-丁烯	2-Butene	【最】2【普】20 【协亚太】1.6【协东盟】0【协巴基斯坦】0 【协智利】0【协新西兰】0【协秘鲁】0 【协哥斯达黎加】0【协冰岛】0【协瑞士】0 【协澳大利亚】0【协韩国】0【协格鲁吉亚】0 【协香港】0【协澳门】0 【特-1】0【特-2】0 【增】16【对美加征】5【出】0【退】10	千克	A	B	M	N	301	2-丁烯
290123	30		2-甲基丙烯	2-methyl propylene	【最】2【普】20 【协东盟】0【协巴基斯坦】0【协智利】0 【协新西兰】0【协秘鲁】0【协哥斯达黎加】0 【协冰岛】0【协瑞士】0【协澳大利亚】0 【协韩国】0【协格鲁吉亚】0【协香港】0 【协澳门】0 【特-1】0【特-2】0 【增】16【对美加征】10【出】0【退】10	千克					999	2-甲基丙烯
290124	10		1,3-丁二烯	Buta-1, 3-diene	【最】2【普】20 【协东盟】0【协巴基斯坦】0【协智利】0 【协新西兰】0【协秘鲁】0【协台湾】0 【协哥斯达黎加】0【协冰岛】0【协瑞士】0 【协澳大利亚】0【协韩国】1.2【协格鲁吉亚】0 【协香港】0【协澳门】0 【特-1】0【特-2】0 【增】16【对美加征】25【出】0【退】13	千克	A	B	M	N	301	1,3-丁二烯
290124	20		异戊二烯	Isoprene	【最】2【普】20 【协东盟】0【协巴基斯坦】0【协智利】0 【协新西兰】0【协秘鲁】0【协台湾】0 【协哥斯达黎加】0【协冰岛】0【协瑞士】0 【协澳大利亚】0【协韩国】1.3【协格鲁吉亚】0 【协香港】0【协澳门】0 【特-1】0【特-2】0 【增】16【对美加征】10【出】0【退】10	千克					999	异戊二烯
290129	10		异戊烯	Isopentene	【最】2【普】30 【协亚太】1.6【协东盟】0【协巴基斯坦】0 【协智利】0【协新西兰】0【协秘鲁】0 【协哥斯达黎加】0【协冰岛】0【协瑞士】0 【协澳大利亚】0【协韩国】0【协格鲁吉亚】0 【协香港】0【协澳门】0 【特-1】0【特-2】0 【增】16【出】0【退】10	千克	A	B	M	N	301	异戊烯

税则号列			货品名称中英文		税费综合信息	计量单位	监管证件代码		检验检疫类别		检验检疫编码	检验检疫编码对应中文名称
HS 国际统一前 6 位	本国子目 7~8 位	本国子目 9~10 位	中文 货物名称	英文 Article Description			进口	出口	进口	出口		
290129	20		乙炔	Acetylene	【最】2【普】45 【协亚太】1.6【协东盟】0【协巴基斯坦】0 【协智利】0【协新西兰】0【协秘鲁】0 【协哥斯达黎加】0【协冰岛】0【协瑞士】0 【协澳大利亚】0【协韩国】0【协格鲁吉亚】0 【协香港】0【协澳门】0 【特-1】0【特-2】0 【增】16【对美加征】10【出】0【退】10	千克	A	B	M	N	999	乙炔
290129	90	10	诱虫烯 【电商】①	Muscalure	【最】2【普】30 【协东盟】0【协巴基斯坦】0【协智利】0 【协新西兰】0【协秘鲁】0【协哥斯达黎加】0 【协冰岛】0.3【协瑞士】0【协澳大利亚】0 【协韩国】1.2【协格鲁吉亚】0【协香港】0 【协澳门】0 【特-1】0【特-2】0 【增】16【对美加征】5【出】0【退】10	千克	S	S			999	诱虫烯
290129	90	90	其他不饱和无环烃 【电商】②	Other unsaturated acyclic hydrocarbons	【最】2【普】30 【协东盟】0【协巴基斯坦】0【协智利】0 【协新西兰】0【协秘鲁】0【协哥斯达黎加】0 【协冰岛】0.3【协瑞士】0【协澳大利亚】0 【协韩国】1.2【协格鲁吉亚】0【协香港】0 【协澳门】0 【特-1】0【特-2】0 【增】16【对美加征】5【出】0【退】10	千克					301 302 303	其他不饱和无环烃（易燃气体） 其他不饱和无环烃（易燃液体） 其他不饱和无环烃（其他化工产品）
290211	00		环已烷	Cyclohexane	【最】2【普】30 【协东盟】0【协巴基斯坦】0【协智利】0 【协新西兰】0【协秘鲁】0【协哥斯达黎加】0 【协冰岛】0【协瑞士】0【协澳大利亚】0 【协韩国】0【协格鲁吉亚】0【协香港】0 【协澳门】0 【特-1】0【特-2】0 【增】16【对美加征】10【出】0【退】10	千克	A	B	M	N	301	环已烷
290219	10		蒎烯	Pinene	【最】2【普】30 【协东盟】0【协巴基斯坦】0【协智利】0 【协新西兰】0【协秘鲁】0【协哥斯达黎加】0 【协冰岛】0.3【协瑞士】0【协澳大利亚】0 【协韩国】0【协格鲁吉亚】0【协香港】0 【协澳门】0 【特-1】0【特-2】0 【增】16【对美加征】5【出】0【退】10	千克					101 102	蒎烯（α-蒎烯） 蒎烯（β-蒎烯）
290219	20		4-烷基-4'-烷基双环已烷	4-alkyl-4'-alkyl bicyclohexane	【最】2【普】30 【协东盟】0【协巴基斯坦】0【协智利】0 【协新西兰】0【协秘鲁】0【协哥斯达黎加】0 【协冰岛】0.3【协瑞士】0【协澳大利亚】0 【协韩国】0【协格鲁吉亚】0【协香港】0 【协澳门】0 【特-1】0【特-2】0 【增】16【出】0【退】10	千克					999	4-烷基-4'-烷基双环已烷
290219	90	11	1-甲基环丙烯	1-methyl cyclopropene	【最】2【普】30 【协东盟】0【协巴基斯坦】0【协智利】0 【协新西兰】0【协秘鲁】0【协哥斯达黎加】0 【协冰岛】0.3【协瑞士】0【协澳大利亚】0 【协韩国】0【协格鲁吉亚】0【协香港】0 【协澳门】0 【特-1】0【特-2】0 【增】16【对美加征】10【出】0【退】10	千克	S	S			999	1-甲基环丙烯
290219	90	12	d-柠檬烯	D-limonene	【最】2【普】30 【协东盟】0【协巴基斯坦】0【协智利】0 【协新西兰】0【协秘鲁】0【协哥斯达黎加】0 【协冰岛】0.3【协瑞士】0【协澳大利亚】0 【协韩国】0【协格鲁吉亚】0【协香港】0 【协澳门】0 【特-1】0【特-2】0 【增】16【对美加征】10【出】0【退】10	千克					999	d-柠檬烯

① 列入《农药进出口管理目录》的商品除外。

② 列入《农药进出口管理目录》的商品除外。

税则号列			货品名称中英文		税费综合信息	计量单位	监管证件代码		检验检疫类别		检验检疫编码	检验检疫编码对应中文名称
HS 国际统一前6位	本国子目 7~8位	本国子目 9~10位	中文 货物名称	英文 Article Description			进口	出口	进口	出口		
290219	90	90	其他环烷烃、环烯及环萜烯	Other cyclanes, cyclenes and cycloterpenes	【最】2【普】30 【协东盟】0【协巴基斯坦】0【协智利】0 【协新西兰】0【协秘鲁】0【协哥斯达黎加】0 【协冰岛】0.3【协瑞士】0【协澳大利亚】0 【协韩国】0【协格鲁吉亚】0【协香港】0 【协澳门】0 【特-1】0【特-2】0 【增】16【对美加征】10【出】0【退】10	千克					301 302 303	其他环烷烃、环烯及环萜烯（易燃液体） 其他环烷烃、环烯及环萜烯（易燃固体） 其他环烷烃、环烯及环萜烯（其他化工产品）
290220	00		苯	Benzene	【最】2【普】20 【协东盟】0【协巴基斯坦】0【协智利】0 【协新西兰】0【协秘鲁】0【协哥斯达黎加】0 【协冰岛】0【协瑞士】0【协澳大利亚】0 【协韩国】1.3【协格鲁吉亚】0【协香港】0 【协澳门】0 【特-1】0【特-2】0 【增】16【对美加征】25【出】40【暂出】0【退】0	千克	2A	3B	M	N	102	苯
290230	00		甲苯	Toluene	【最】2【普】30 【协东盟】0【协巴基斯坦】0【协智利】0 【协新西兰】0【协秘鲁】0【协哥斯达黎加】0 【协冰岛】0【协瑞士】0【协澳大利亚】0 【协韩国】1.3【协格鲁吉亚】0【协香港】0 【协澳门】0 【特-1】0【特-2】0 【增】16【对美加征】10【出】0【退】13	千克	2A	3B	M	N	999	甲苯
290241	00		邻二甲苯	o-Xylene	【最】2【普】20 【协东盟】0【协巴基斯坦】0【协智利】0 【协新西兰】0【协秘鲁】0【协台湾】0 【协哥斯达黎加】0【协冰岛】0【协瑞士】0 【协澳大利亚】0【协韩国】1.2【协香港】0 【协澳门】0 【协格鲁吉亚】1.2 【特-1】0【特-2】0 【增】16【对美加征】10【出】0【退】10	千克					999	邻二甲苯
290242	00		间二甲苯	m-Xylene	【最】2【普】20 【协东盟】0【协巴基斯坦】0【协智利】0 【协新西兰】0【协秘鲁】0【协台湾】0 【协哥斯达黎加】0【协冰岛】0【协瑞士】0 【协澳大利亚】0【协韩国】0【协格鲁吉亚】1.2 【协香港】0【协澳门】0 【特-1】0【特-2】0 【增】16【对美加征】10【出】0【退】10	千克					999	间二甲苯
290243	00		对二甲苯	p-Xylene	【最】2【普】20 【协东盟】0【协巴基斯坦】0【协智利】0 【协新西兰】0【协秘鲁】0【协台湾】0 【协哥斯达黎加】0【协冰岛】0【协瑞士】0.8 【协澳大利亚】0【协香港】0【协澳门】0 【特-1】0【特-2】0 【增】16【对美加征】10【出】0【退】13	千克					301	对二甲苯
290244	00		混合二甲苯异构体	Mixed xylene isomers	【最】2【普】20 【协东盟】0【协巴基斯坦】0【协智利】0 【协新西兰】0【协秘鲁】0【协台湾】0 【协哥斯达黎加】0【协冰岛】0【协瑞士】0 【协澳大利亚】0【协韩国】0【协格鲁吉亚】1.2 【协香港】0【协澳门】0 【特-1】0【特-2】0 【增】16【对美加征】10【出】0【退】13	千克					999	混合二甲苯异构体
290250	00		苯乙烯	Styrene	【最】2【普】30 【协亚太】1.3【协巴基斯坦】0【协智利】0 【协新西兰】0【协秘鲁】0【协哥斯达黎加】0 【协冰岛】0【协瑞士】0.8【协澳大利亚】0 【协韩国】1.5【协格鲁吉亚】0【协香港】0 【协澳门】0 【增】16【反倾】有【对美加征】25【出】0【退】10	千克	A	B	M	N	301	苯乙烯

税则号列 HS国际统一前6位	本国子目 7~8位	本国子目 9~10位	货品名称 中文 货物名称	货品名称 英文 Article Description	税费综合信息	计量单位	监管证件代码 进口	监管证件代码 出口	检验检疫类别 进口	检验检疫类别 出口	检验检疫编码	检验检疫编码对应中文名称
290260	00		乙苯	Ethylbenzene	【最】2【普】30 【协东盟】0【协巴基斯坦】0【协智利】0 【协新西兰】0【协秘鲁】0【协哥斯达黎加】0 【协冰岛】0【协瑞士】0【协澳大利亚】0 【协韩国】1.2【协格鲁吉亚】0【协香港】0 【协澳门】0 【特-1】0【特-2】0 【增】16【对美加征】10【出】0【退】10	千克	A	B	M	N	999	乙苯
290270	00		异丙基苯	Cumene	【最】2【普】30 【协东盟】0【协巴基斯坦】0【协智利】0 【协新西兰】0【协秘鲁】0【协哥斯达黎加】0 【协冰岛】0【协瑞士】0【协澳大利亚】0 【协韩国】0【协格鲁吉亚】0【协香港】0 【协澳门】0 【特-1】0【特-2】0 【增】16【对美加征】10【出】0【退】10	千克	A	B	M	N	301	异丙基苯
290290	10		四氢萘	Tetrahydronaphthalene(tetralin)	【最】2【普】11 【协东盟】0【协巴基斯坦】0【协智利】0 【协新西兰】0【协秘鲁】0【协哥斯达黎加】0 【协冰岛】0【协瑞士】0【协澳大利亚】0 【协韩国】0【协格鲁吉亚】0【协香港】0 【协澳门】0 【特-1】0【特-2】0 【增】16【对美加征】5【出】0【退】10	千克					999	四氢萘
290290	20		精萘	Naphthalene	【最】2【普】35 【协亚太】1.6【协东盟】0【协巴基斯坦】0 【协智利】0【协新西兰】0【协秘鲁】0 【协哥斯达黎加】0【协冰岛】0【协瑞士】0 【协澳大利亚】0【协韩国】1.3【协格鲁吉亚】0 【协香港】0【协澳门】0 【特-1】0【特-2】0 【增】16【对美加征】10【出】0【退】10	千克	A	B	M	N	999	精萘
290290	30		十二烷基苯	Dodecylbenzene	【最】2【普】30 【协东盟】0【协巴基斯坦】0【协智利】0 【协新西兰】0【协秘鲁】0【协台湾】0 【协哥斯达黎加】0【协冰岛】0【协瑞士】0 【协澳大利亚】0【协格鲁吉亚】0【协香港】0 【协澳门】0 【特-1】0【特-2】0 【增】16【出】0【退】10	千克					999	十二烷基苯
290290	40		4-（4'-烷基环己基）环己基乙烯	4-（4'-alkylcyclohexyl) cyclohexyl	【最】2【普】30 【协东盟】0【协巴基斯坦】0【协智利】0 【协新西兰】0【协秘鲁】0【协哥斯达黎加】0 【协冰岛】0【协瑞士】0【协澳大利亚】0 【协韩国】0【协格鲁吉亚】0【协香港】0 【协澳门】0 【特-1】0【特-2】0 【增】16【出】0【退】13	千克					999	4-（4'-烷基环己基）环己基乙烯
290290	50		1-烷基-4-（4-烷烯基-1，1'-双环已基）苯	1-Alkyl-4-(4-alkenyl-1, 1'-dicycloerhexyl) benzene	【最】2【普】30 【协东盟】0【协巴基斯坦】0【协智利】0 【协新西兰】0【协秘鲁】0【协哥斯达黎加】0 【协冰岛】0【协瑞士】0【协澳大利亚】0 【协韩国】0【协格鲁吉亚】0【协香港】0 【协澳门】0 【特-1】0【特-2】0 【增】16【出】0【退】10	千克					999	1-烷基-4-（4-烷烯基-1，1'-双环已基）苯
290290	90		其他环烃	Other	【最】2【普】30 【协东盟】0【协巴基斯坦】0【协智利】0 【协新西兰】0【协秘鲁】0【协哥斯达黎加】0 【协冰岛】0【协瑞士】0【协澳大利亚】0 【协韩国】0【协格鲁吉亚】0【协香港】0 【协澳门】0 【特-1】0【特-2】0 【增】16【对美加征】10【出】0【退】10	千克					101 102 105	其他环烃（易燃液体） 其他环烃（易燃固体） 其他环烃（其他化工产品）

税则号列 HS 国际统一前6位	本国子目 7~8位	本国子目 9~10位	货品名称中英文 中文 货物名称	货品名称中英文 英文 Article Description	税费综合信息	计量单位	监管证件代码 进口	监管证件代码 出口	检验检疫类别 进口	检验检疫类别 出口	检验检疫编码	检验检疫编码对应中文名称
290311	00		一氯甲烷及氯乙烷	Chloromethane(methyl chloride) and Chloro-ethane(ethyl chloride)	【最】5.5【普】30 【协东盟】0【协巴基斯坦】0【协智利】0 【协新西兰】0【协秘鲁】0【协哥斯达黎加】0 【协冰岛】0【协瑞士】0【协澳大利亚】0 【协韩国】0【协格鲁吉亚】0【协香港】0 【协澳门】0 【特-1】0【特-2】0 【增】16【对美加征】5【出】0【退】10	千克					999	一氯甲烷及氯乙烷
290312	00	01	纯度在99%及以上的二氯甲烷	Dichloromethane (methylene chloride),(purity of 99% or more)	【最】8【普】30 【协东盟】0【协香港】0【协澳门】0 【协巴基斯坦】5【协智利】0【协新西兰】0 【协秘鲁】0【协哥斯达黎加】0【协冰岛】0 【协瑞士】0【协澳大利亚】0【协韩国】5.3 【协格鲁吉亚】0 【特-1】0【特-2】0 【增】16【对美加征】5【出】0【退】10	千克					999	纯度在99%及以上的二氯甲烷
290312	00	90	其他二氯甲烷	Other dichloromethane(methylene chloride)	【最】8【普】30 【协东盟】0【协香港】0【协澳门】0 【协巴基斯坦】5【协智利】0【协新西兰】0 【协秘鲁】0【协哥斯达黎加】0【协冰岛】0 【协瑞士】0【协澳大利亚】0【协韩国】5.3 【协格鲁吉亚】0 【特-1】0【特-2】0 【增】16【对美加征】5【出】0【退】10	千克					999	其他二氯甲烷
290313	00		三氯甲烷(氯仿)	Chloroform (trichloromethane)	【最】10【普】30 【协亚太】9【协东盟】0【协香港】0【协澳门】0 【协巴基斯坦】5【协智利】0【协新西兰】0 【协秘鲁】0【协台湾】0【协哥斯达黎加】0 【协冰岛】0【协瑞士】0【协澳大利亚】0 【协韩国】5【协格鲁吉亚】0 【特-1】0【特-2】0 【增】16【出】0【退】10	千克	2A	3B	M	N	999	三氯甲烷(氯仿)
290314	00	10	非用于清洗剂的四氯化碳	Carbon tetrachloride, not used in cleaner	【最】8【普】30 【协东盟】0【协巴基斯坦】5【协智利】0 【协新西兰】0【协秘鲁】0【协哥斯达黎加】0 【协冰岛】0【协瑞士】0【协澳大利亚】0 【协韩国】0【协格鲁吉亚】0【协香港】0 【协澳门】0 【特-1】0【特-2】0 【增】16【出】0【退】10	千克	9	4Bxy		N	999	非用于清洗剂的四氯化碳
290314	00	90	用于清洗剂的四氯化碳	Carbon tetrachloride, used in cleaner	【最】8【普】30 【协东盟】0【协巴基斯坦】5【协智利】0 【协新西兰】0【协秘鲁】0【协哥斯达黎加】0 【协冰岛】0【协瑞士】0【协澳大利亚】0 【协韩国】0【协格鲁吉亚】0【协香港】0 【协澳门】0 【特-1】0【特-2】0 【增】16【出】0【退】10	千克	9	8			999	用于清洗剂的四氯化碳
290315	00		1,2-二氯乙烷(ISO)	1, 2-Dichloroethane (ethylene dichloride)	【最】5.5【普】30【暂进】1 【协东盟】5【协智利】0【协新西兰】0 【协哥斯达黎加】0【协冰岛】0【协瑞士】0 【协澳大利亚】0【协韩国】0【协格鲁吉亚】0 【协香港】0【协澳门】0 【特-1】0 【增】16【对美加征】25【出】0【退】0	千克	A	B	MR	NS	301 302	1,2-二氯乙烷(ISO)(易燃液体,需申报仅用于工业用途不用于无检疫要求食品添加剂) 1,2-二氯乙烷(ISO)(属于危险化学品的食品添加剂)
290319	10	10	1,1,1-三氯乙烷(甲基氯仿)(用于清洗剂的)	1,1, 1-Trichloroethane (methylchloroform) (other than used in cleaner)	【最】8【普】30 【协东盟】0【协巴基斯坦】5【协智利】0 【协新西兰】0【协秘鲁】0【协哥斯达黎加】0 【协冰岛】0【协瑞士】0【协澳大利亚】0 【协韩国】0【协格鲁吉亚】0【协香港】0 【协澳门】0 【特-1】0【特-2】0 【增】16【出】0【退】10	千克	1A	4Bxy	M	N	999	1,1,1-三氯乙烷(甲基氯仿)(用于清洗剂的)

税则号列 HS国际统一前6位	本国子目 7~8位	本国子目 9~10位	货品名称中英文 中文 货物名称	货品名称中英文 英文 Article Description	税费综合信息	计量单位	监管证件代码 进口	监管证件代码 出口	检验检疫类别 进口	检验检疫类别 出口	检验检疫编码	检验检疫编码对应中文名称
290319	10	90	1,1,1-三氯乙烷（甲基氯仿）（用于清洗剂的）	1, 1, 1-Trichloroethane (methylchloroform) (used in cleaner)	【最】8【普】30 【协东盟】0【协巴基斯坦】5【协智利】0 【协新西兰】0【协秘鲁】0【协哥斯达黎加】0 【协冰岛】0【协瑞士】0【协澳大利亚】0 【协韩国】0【协格鲁吉亚】0【协香港】0 【协澳门】0 【特-1】0【特-2】0 【增】16【出】0【退】10	千克	1A	8	M		999	1,1,1-三氯乙烷（甲基氯仿）（用于清洗剂的）
290319	90		其他无环烃的饱和氯化衍生物	Other saturated chlorinated derivatives of acyclic hydrocarbons	【最】5.5【普】30 【协东盟】0【协巴基斯坦】5【协智利】0 【协新西兰】0【协秘鲁】0【协哥斯达黎加】0 【协冰岛】0【协瑞士】0【协澳大利亚】0 【协韩国】2.7【协格鲁吉亚】0【协香港】0 【协澳门】0 【特-1】0【特-2】0 【增】16【对美加征】10【出】0【退】10	千克					301 302 303 304	其他无环烃的饱和氯化衍生物（易燃液体） 其他无环烃的饱和氯化衍生物（毒性物质和感染性物质） 其他无环烃的饱和氯化衍生物（杂项物质） 其他无环烃的饱和氯化衍生物（其他化工产品）
290321	00		氯乙烯	Vinyl chloride (chloroethylene)	【最】5.5【普】30【暂进】1 【协亚太】3.6【协东盟】0【协巴基斯坦】0 【协智利】0【协新西兰】0【协秘鲁】0 【协台湾】0【协哥斯达黎加】0【协冰岛】0 【协瑞士】0【协澳大利亚】0【协韩国】0 【协格鲁吉亚】0【协香港】0【协澳门】0 【特-1】0【特-2】0 【增】16【出】0【退】10	千克	A	B	M	N	999	氯乙烯
290322	00		三氯乙烯	Trichloroethylene	【最】8【普】30 【协东盟】0【协巴基斯坦】5【协智利】0 【协新西兰】0【协秘鲁】0【协哥斯达黎加】0 【协冰岛】0【协瑞士】0【协澳大利亚】0 【协韩国】5.3【协格鲁吉亚】0【协香港】0 【协澳门】0 【特-1】0【特-2】0 【增】16【对美加征】5【出】0【退】10	千克	A	B	M	N	999	三氯乙烯
290323	00		四氯乙烯	Tetrachloroethylene (perchloroethylene)	【最】5.5【普】30 【协亚太】4.4【协东盟】0【协巴基斯坦】0 【协智利】0【协新西兰】0【协秘鲁】0 【协哥斯达黎加】0【协冰岛】0【协瑞士】0 【协澳大利亚】0【协韩国】0【协格鲁吉亚】0 【协香港】0【协澳门】0 【特-1】0【特-2】0 【增】16【反倾】有【对美加征】10【出】0 【退】10	千克	A	B	M	N	999	四氯乙烯
290329	10		3-氯-1-丙烯（氯丙烯）	3-Chloro-1-propene (Chloropropene)	【最】5.5【普】30 【协东盟】0【协巴基斯坦】0【协智利】0 【协新西兰】0【协秘鲁】0【协哥斯达黎加】0 【协冰岛】0【协瑞士】0【协澳大利亚】0 【协韩国】0【协格鲁吉亚】0【协香港】0 【协澳门】0 【特-1】0【特-2】0 【增】16【对美加征】5【出】0【退】10	千克					999	3-氯-1-丙烯（氯丙烯）
290329	90	10	1,1-二氯乙烯	1,1-dichloroethylene	【最】5.5【普】30 【协东盟】0【协巴基斯坦】0【协智利】0 【协新西兰】0【协秘鲁】0【协哥斯达黎加】0 【协冰岛】0【协瑞士】0【协澳大利亚】0 【协韩国】0【协格鲁吉亚】0【协香港】0 【协澳门】0 【特-1】0【特-2】0 【增】16【对美加征】5【出】0【退】10	千克					999	1,1-二氯乙烯
290329	90	90	其他无环烃的不饱和氯化衍生物	Other unsaturated chlorinated derivatives of acyclic hydrocarbons	【最】5.5【普】30 【协东盟】0【协巴基斯坦】0【协智利】0 【协新西兰】0【协秘鲁】0【协哥斯达黎加】0 【协冰岛】0【协瑞士】0【协澳大利亚】0 【协韩国】0【协格鲁吉亚】0【协香港】0 【协澳门】0 【特-1】0【特-2】0 【增】16【对美加征】5【出】0【退】10	千克					301 302 303 304	其他无环烃的不饱和氯化衍生物（易燃气体） 其他无环烃的不饱和氯化衍生物（毒性气体） 其他无环烃的不饱和氯化衍生物（易燃液体） 其他无环烃的不饱和氯化衍生物（其他化工产品）

税则号列			货品名称中英文		税费综合信息	计量单位	监管证件代码		检验检疫类别		检验检疫编码	检验检疫编码对应中文名称
HS 国际统一前 6 位	本国子目 7~8 位	9~10 位	中文 货物名称	英文 Article Description			进口	出口	进口	出口		
290331	00		1,2-二溴乙烷(ISO)	Ethylene dibromide (ISO) (1, 2- dib- romoeth ane)	【最】5.5【普】30 【协东盟】0【协香港】0【协澳门】0 【协巴基斯坦】5【协智利】0【协新西兰】0 【协秘鲁】0【协哥斯达黎加】0【协冰岛】0 【协瑞士】0【协澳大利亚】0【协韩国】0 【协格鲁吉亚】0 【特-1】0【特-2】0 【增】16【出】0【退】0	千克	9	8			999	1,2-二溴乙烷(ISO)
290339	10		1,1,3,3,3-五氟-2-三氟甲基-1-丙烯(全氟异丁烯;八氟异丁烯)	1,1,3,3,3-Pentafluro-2-trifluromethyl-1-propene (Perfluoroli-sobutylene, isobutylene octafluoride)	【最】5.5【普】30 【协东盟】0【协巴基斯坦】0【协智利】0 【协澳门】0【协新西兰】0【协秘鲁】0 【协哥斯达黎加】0【协冰岛】0【协瑞士】0 【协澳大利亚】0【协韩国】0【协格鲁吉亚】0 【协香港】0【协澳门】0 【特-1】0【特-2】0 【增】16【出】0【退】10	千克	2	3			999	1,1,3,3,3-五氟-2-三氟甲基-1-丙烯(全氟异丁烯;八氟异丁烯)
290339	90	10	二溴甲烷	Dibromomethane	【最】5.5【普】30 【协东盟】0【协香港】0【协巴基斯坦】5 【协澳门】0【协智利】0【协新西兰】0 【协秘鲁】0【协哥斯达黎加】0【协冰岛】0 【协瑞士】0【协澳大利亚】0【协韩国】0 【协格鲁吉亚】0 【特-1】0【特-2】0 【增】16【对美加征】5【出】0【退】10	千克	A	B	M	N	999	二溴甲烷
290339	90	20	溴甲烷	Methyl bromide	【最】5.5【普】30 【协东盟】0【协香港】0【协澳门】0 【协巴基斯坦】5【协智利】0【协新西兰】0 【协秘鲁】0【协哥斯达黎加】0【协冰岛】0 【协瑞士】0【协澳大利亚】0【协韩国】0 【协格鲁吉亚】0 【特-1】0【特-2】0 【增】16【对美加征】5【出】0【退】0	千克	1A	4Bxy	M	N	102 103 301	溴甲烷(别名甲基溴)(三溴甲烷) 溴甲烷(别名甲基溴)(四溴甲烷) 溴甲烷(别名甲基溴)(一溴甲烷)
290339	90	30	碘甲烷	Methyl iodide	【最】5.5【普】30 【协东盟】0【协香港】0【协澳门】0 【协巴基斯坦】5【协智利】0【协新西兰】0 【协秘鲁】0【协哥斯达黎加】0【协冰岛】0 【协瑞士】0【协澳大利亚】0【协韩国】0 【协格鲁吉亚】0 【特-1】0【特-2】0 【增】16【对美加征】5【出】0【退】13	千克	A	B	M	N	999	碘甲烷
290339	90	90	其他无环烃的氟化、溴化或碘化衍生物	Other fluorinated, brominated or iodinated deriva- tives of acyclic hydrocarbons	【最】5.5【普】30 【协东盟】0【协香港】0【协澳门】0 【协巴基斯坦】5【协智利】0【协新西兰】0 【协秘鲁】0【协哥斯达黎加】0【协冰岛】0 【协瑞士】0【协澳大利亚】0【协韩国】0 【协格鲁吉亚】0 【特-1】0【特-2】0 【增】16【对美加征】5【出】0【退】13	千克					301 302 303 305 306 ……	其他无环烃的氟化、溴化或碘化衍生物(易燃气体) 其他无环烃的氟化、溴化或碘化衍生物(非易燃无毒气体) 其他无环烃的氟化、溴化或碘化衍生物(易燃液体) 其他无环烃的氟化、溴化或碘化衍生物(毒性物质和感染性物质) 其他无环烃的氟化、溴化或碘化衍生物(腐蚀性物质) ……①
290371	00		一氯二氟甲烷	Chlorodifluoromethane	【最】5.5【普】30 【协东盟】0【协巴基斯坦】5【协智利】0 【协新西兰】0【协秘鲁】0【协哥斯达黎加】0 【协冰岛】0【协瑞士】0【协澳大利亚】0 【协韩国】0【协格鲁吉亚】0【协香港】0 【协澳门】0 【特-1】0【特-2】0 【增】16【出】0【退】13	千克	1A	4Bxy	M	N	999	一氯二氟甲烷

① 该税号项下检验检疫编码及对应中文名称尚有：307 其他无环烃的氟化、溴化或碘化衍生物（杂项物质），308 其他无环烃的氟化、溴化或碘化衍生物（其他危险化学品），309 其他无环烃的氟化、溴化或碘化衍生物（其他化工产品）。

税则号列			货品名称中英文		税费综合信息	计量单位	监管证件代码		检验检疫类别		检验检疫编码	检验检疫编码对应中文名称
HS国际统一前6位	本国子目 7~8位	本国子目 9~10位	中文 货物名称	英文 Article Description			进口	出口	进口	出口		
290372	00		二氯三氟乙烷	Dichlorotrifluoroethanes	【最】5.5【普】30 【协东盟】0【协巴基斯坦】5【协智利】0 【协新西兰】0【协秘鲁】0【协哥斯达黎加】0 【协冰岛】0【协瑞士】0【协澳大利亚】0 【协韩国】0【协格鲁吉亚】0【协香港】0 【协澳门】0 【特-1】0【特-2】0 【增】16【出】0【退】10	千克	1	4xy			999	二氯三氟乙烷
290373	00		二氯一氟乙烷	Dichlorofluoroethanes	【最】5.5【普】30 【协东盟】0【协巴基斯坦】5【协智利】0 【协新西兰】0【协秘鲁】0【协哥斯达黎加】0 【协冰岛】0【协瑞士】0【协澳大利亚】0 【协韩国】0【协格鲁吉亚】0【协香港】0 【协澳门】0 【特-1】0【特-2】0 【增】16【出】0【退】10	千克	1	4xy			999	二氯一氟乙烷
290374	00		一氯二氟乙烷	Chlorodifluoroethanes	【最】5.5【普】30 【协东盟】0【协巴基斯坦】5【协智利】0 【协新西兰】0【协秘鲁】0【协哥斯达黎加】0 【协冰岛】0【协瑞士】0【协澳大利亚】0 【协韩国】0【协格鲁吉亚】0【协香港】0 【协澳门】0 【特-1】0【特-2】0 【增】16【出】0【退】10	千克	1	4xy			999	一氯二氟乙烷
290375	00	10	1,1,1,2,2-五氟-3,3-二氯丙烷	1,1,1,2,2-Pentafluoro-3, 3-Dichloropropane	【最】5.5【普】30 【协东盟】0【协巴基斯坦】5【协智利】0 【协新西兰】0【协秘鲁】0【协哥斯达黎加】0 【协冰岛】0【协瑞士】0【协澳大利亚】0 【协韩国】0【协格鲁吉亚】0【协香港】0 【协澳门】0 【特-1】0【特-2】0 【增】16【出】0【退】10	千克	1	4xy			999	1,1,1,2,2-五氟-3,3-二氯丙烷
290375	00	20	1,1,2,2,3-五氟-1,3-二氯丙烷	1,1,2,2,3-Pentafluoro-1, 3-Dichloropropane	【最】5.5【普】30 【协东盟】0【协巴基斯坦】5【协智利】0 【协新西兰】0【协秘鲁】0【协哥斯达黎加】0 【协冰岛】0【协瑞士】0【协澳大利亚】0 【协韩国】0【协格鲁吉亚】0【协香港】0 【协澳门】0 【特-1】0【特-2】0 【增】16【出】0【退】10	千克	1	4xy			999	1,1,2,2,3-五氟-1,3-二氯丙烷
290375	00	90	其他二氯五氟丙烷	Other dichloropentafluoropropanes	【最】5.5【普】30 【协东盟】0【协巴基斯坦】5【协智利】0 【协新西兰】0【协秘鲁】0【协哥斯达黎加】0 【协冰岛】0【协瑞士】0【协澳大利亚】0 【协韩国】0【协格鲁吉亚】0【协香港】0 【协澳门】0 【特-1】0【特-2】0 【增】16【出】0【退】10	千克	1	4xy			999	其他二氯五氟丙烷
290376	00	10	溴氯二氟甲烷(Halon-1211)	Bromochlorodifluoromethane (Halon-1211)	【最】5.5【普】30 【协东盟】0【协巴基斯坦】0【协智利】0 【协新西兰】0【协秘鲁】0【协哥斯达黎加】0 【协冰岛】0【协瑞士】0【协澳大利亚】0 【协韩国】0【协格鲁吉亚】0【协香港】0 【协澳门】0 【特-1】0【特-2】0 【增】16【出】0【退】10	千克	1	4xy			999	溴氯二氟甲烷(Halon-1211)
290376	00	20	溴三氟甲烷(Halon-1301)	Bromotrifluoro-methane(Halon-1301)	【最】5.5【普】30 【协东盟】0【协巴基斯坦】0【协智利】0 【协新西兰】0【协秘鲁】0【协哥斯达黎加】0 【协冰岛】0【协瑞士】0【协澳大利亚】0 【协韩国】0【协格鲁吉亚】0【协香港】0 【协澳门】0 【特-1】0【特-2】0 【增】16【出】0【退】10	千克	1A	4Bxy	M	N	999	溴三氟甲烷(Halon-1301)

税则号列			货品名称中英文		税费综合信息	计量单位	监管证件代码		检验检疫类别		检验检疫编码	检验检疫编码对应中文名称
HS国际统一前6位	本国子目 7~8位	本国子目 9~10位	中文 货物名称	英文 Article Description			进口	出口	进口	出口		
290376	00	30	二溴四氟乙烷	Dibromotetrafluoro-ethane	【最】5.5【普】30 【协东盟】0【协巴基斯坦】0【协智利】0 【协新西兰】0【协秘鲁】0【协哥斯达黎加】0 【协冰岛】0【协瑞士】0【协澳大利亚】0 【协韩国】0【协格鲁吉亚】0【协香港】0 【协澳门】0 【特-1】0【特-2】0 【增】16【出】0【退】10	千克					999	二溴四氟乙烷
290377	10		三氯氟甲烷(CFC-11)	Trichlorofluoromethane(CFC-11)	【最】5.5【普】30 【协东盟】0【协巴基斯坦】5【协智利】0 【协新西兰】0【协秘鲁】0【协哥斯达黎加】0 【协冰岛】0【协瑞士】0【协澳大利亚】0 【协韩国】0【协格鲁吉亚】0【协香港】0 【协澳门】0 【特-1】0【特-2】0 【增】16【出】0【退】10	千克	1	4xy			999	三氯氟甲烷(CFC-11)
290377	20	11	二氯二氟甲烷(CFC-12)	Dichlorodifluoromethane(CFC-12)	【最】5.5【普】30 【协东盟】0【协巴基斯坦】0【协智利】0 【协新西兰】0【协秘鲁】0【协哥斯达黎加】0 【协冰岛】0【协瑞士】0【协澳大利亚】0 【协韩国】0【协格鲁吉亚】0【协香港】0 【协澳门】0 【特-1】0【特-2】0 【增】16【出】0【退】10	千克	1A	4Bxy	M	N	101 102	二氯二氟甲烷(CFC-12)(不燃气体) 二氯二氟甲烷(CFC-12)[二氯二氟甲烷和环氧乙烷混合物(含环氧乙烷≤12%)]
290377	20	12	三氯三氟乙烷(CFC-13),用于清洗剂的除外	Trichloro trifluoro ethanes(CFC-113), other than used in cleaner	【最】5.5【普】30 【协东盟】0【协巴基斯坦】0【协智利】0 【协新西兰】0【协秘鲁】0【协哥斯达黎加】0 【协冰岛】0【协瑞士】0【协澳大利亚】0 【协韩国】0【协格鲁吉亚】0【协香港】0 【协澳门】0 【特-1】0【特-2】0 【增】16【出】0【退】10	千克	1	4xy			999	三氯三氟乙烷(CFC-113),用于清洗剂的除外
290377	20	13	三氯三氟乙烷(CFC-113),用于清洗剂	Trichloro trifluoro ethanes(CFC-113), used in cleaner	【最】5.5【普】30 【协东盟】0【协巴基斯坦】0【协智利】0 【协新西兰】0【协秘鲁】0【协哥斯达黎加】0 【协冰岛】0【协瑞士】0【协澳大利亚】0 【协韩国】0【协格鲁吉亚】0【协香港】0 【协澳门】0 【特-1】0【特-2】0 【增】16【出】0【退】10	千克	9	8			999	三氯三氟乙烷(CFC-113),用于清洗剂
290377	20	14	二氯四氟乙烷(CFC-114)	Dichlorotetrafluoro-ethanes(CFC-114)	【最】5.5【普】30 【协东盟】0【协巴基斯坦】0【协智利】0 【协新西兰】0【协秘鲁】0【协哥斯达黎加】0 【协冰岛】0【协瑞士】0【协澳大利亚】0 【协韩国】0【协格鲁吉亚】0【协香港】0 【协澳门】0 【特-1】0【特-2】0 【增】16【出】0【退】10	千克	1A	4Bxy	M	N	999	二氯四氟乙烷(CFC-114)
290377	20	15	一氯五氟乙烷(CFC-115)	Chloropenta-fluoro-ethanes(CFC-115)	【最】5.5【普】30 【协东盟】0【协巴基斯坦】0【协智利】0 【协新西兰】0【协秘鲁】0【协哥斯达黎加】0 【协冰岛】0【协瑞士】0【协澳大利亚】0 【协韩国】0【协格鲁吉亚】0【协香港】0 【协澳门】0 【特-1】0【特-2】0 【增】16【出】0【退】10	千克	1A	4Bxy	M	N	999	一氯五氟乙烷(CFC-115)
290377	20	16	一氯三氟甲烷(CFC-13)	Chlorotrifluoromethane(CFC-13)	【最】5.5【普】30 【协东盟】0【协巴基斯坦】0【协智利】0 【协新西兰】0【协秘鲁】0【协哥斯达黎加】0 【协冰岛】0【协瑞士】0【协澳大利亚】0 【协韩国】0【协格鲁吉亚】0【协香港】0 【协澳门】0 【特-1】0【特-2】0 【增】16【出】0【退】10	千克	1A	4Bxy	M	N	999	一氯三氟甲烷(CFC-13)

税则号列 HS国际统一前6位	本国子目 7~8位	本国子目 9~10位	货品名称中英文 中文 货物名称	货品名称中英文 英文 Article Description	税费综合信息	计量单位	监管证件代码 进口	监管证件代码 出口	检验检疫类别 进口	检验检疫类别 出口	检验检疫编码	检验检疫编码对应中文名称
290377	20	90	其他仅含氟和氯的甲烷、乙烷及丙烷的全卤化物	Other methane, ethane and propane halogenated derivatives only with fluorine and bromine	【最】5.5【普】30 【协东盟】0【协巴基斯坦】0【协智利】0 【协新西兰】0【协秘鲁】0【协哥斯达黎加】0 【协冰岛】0【协瑞士】0【协澳大利亚】0 【协韩国】0【协格鲁吉亚】0【协香港】0 【协澳门】0 【特-1】0【特-2】0 【增】16【出】0【退】10	千克					998 999	其他仅含氟和氯的甲烷、乙烷及丙烷的全卤化物（其他危险化学品） 其他仅含氟和氯的甲烷、乙烷及丙烷的全卤化物（其他化工产品）
290377	90		其他无环烃全卤化物（指仅含氟和氯的）	Other perhalogenated drivatives of acyclic hydrocarbons only with fluorine and chloirine	【最】5.5【普】30 【协东盟】0【协巴基斯坦】5【协智利】0 【协新西兰】0【协秘鲁】0【协哥斯达黎加】0 【协冰岛】0【协瑞士】0【协澳大利亚】0 【协韩国】2.7【协格鲁吉亚】0【协香港】0 【协澳门】0 【特-1】0【特-2】0 【增】16【出】0【退】13	千克					998 999	其他无环烃全卤化物（指仅含氟和氯的）（其他危险化学品） 其他无环烃全卤化物（指仅含氟和氯的）（其他化工产品）
290378	00		其他无环烃全卤化衍生物（指含两种或两种以上不同卤素的）	Other halogenated derivatives of acyclic hydrocarbons (containing two or more different halogens)	【最】5.5【普】30 【协东盟】0【协巴基斯坦】0【协智利】0 【协新西兰】0【协秘鲁】0【协哥斯达黎加】0 【协冰岛】0【协瑞士】0【协澳大利亚】0 【协韩国】0【协格鲁吉亚】0【协香港】0 【协澳门】0 【特-1】0【特-2】0 【增】16【对美加征】5【出】0【退】10	千克					998 999	其他无环烃全卤化衍生物（指含两种或两种以上不同卤素的）（其他危险化学品） 其他无环烃全卤化衍生物（指含两种或两种以上不同卤素的）（其他化工产品）
290379	10	11	一氟二氯甲烷	Dichloromonofluoromenthane	【最】5.5【普】30 【协东盟】0【协巴基斯坦】5【协智利】0 【协新西兰】0【协秘鲁】0【协哥斯达黎加】0 【协冰岛】0【协瑞士】0【协澳大利亚】0 【协韩国】0【协格鲁吉亚】0【协香港】0 【协澳门】0 【特-1】0【特-2】0 【增】16【出】0【退】10	千克	1	4xy			999	一氟二氯甲烷
290379	10	12	1,1,1,2-四氟-2-氯乙烷	1,1,1, 2-tetrafluorohydrazine-2-Ethyl Chloride	【最】5.5【普】30 【协东盟】0【协巴基斯坦】5【协智利】0 【协新西兰】0【协秘鲁】0【协哥斯达黎加】0 【协冰岛】0【协瑞士】0【协澳大利亚】0 【协韩国】0【协格鲁吉亚】0【协香港】0 【协澳门】0 【特-1】0【特-2】0 【增】16【出】0【退】10	千克	1	4xy			999	1,1,1,2-四氟-2-氯乙烷
290379	10	13	三氟一氯乙烷	Trifluoro-1 chloroethane	【最】5.5【普】30 【协东盟】0【协巴基斯坦】5【协智利】0 【协新西兰】0【协秘鲁】0【协哥斯达黎加】0 【协冰岛】0【协瑞士】0【协澳大利亚】0 【协韩国】0【协格鲁吉亚】0【协香港】0 【协澳门】0 【特-1】0【特-2】0 【增】16【出】0【退】10	千克	1	4xy			999	三氟一氯乙烷
290379	10	14	1-氟-1,1-二氯乙烷	1-fluorine-1, 1-dichloroethane	【最】5.5【普】30 【协东盟】0【协巴基斯坦】5【协智利】0 【协新西兰】0【协秘鲁】0【协哥斯达黎加】0 【协冰岛】0【协瑞士】0【协澳大利亚】0 【协韩国】0【协格鲁吉亚】0【协香港】0 【协澳门】0 【特-1】0【特-2】0 【增】16【出】0【退】10	千克	1	4xy			999	1-氟-1,1-二氯乙烷
290379	10	15	1,1-二氟-1-氯乙烷	1, 1-difluoro-1-chloroethane	【最】5.5【普】30 【协东盟】0【协巴基斯坦】5【协智利】0 【协新西兰】0【协秘鲁】0【协哥斯达黎加】0 【协冰岛】0【协瑞士】0【协澳大利亚】0 【协韩国】0【协格鲁吉亚】0【协香港】0 【协澳门】0 【特-1】0【特-2】0 【增】16【出】0【退】10	千克	1	4xy			999	1,1-二氟-1-氯乙烷

税则号列 HS国际统一前6位	本国子目 7~8位	本国子目 9~10位	货品名称中英文 中文 货物名称	货品名称中英文 英文 Article Description	税费综合信息	计量单位	监管证件代码 进口	监管证件代码 出口	检验检疫类别 进口	检验检疫类别 出口	检验检疫编码	检验检疫编码对应中文名称
290379	10	90	其他仅含氟和氯的甲烷、乙烷及丙烷的卤化衍生物	Other methane, ethane and propane halogenated derivatives only with fluorine and bromine	【最】5.5【普】30 【协东盟】0【协巴基斯坦】5【协智利】0 【协新西兰】0【协秘鲁】0【协哥斯达黎加】0 【协冰岛】0【协瑞士】0【协澳大利亚】0 【协韩国】0【协格鲁吉亚】0【协香港】0 【协澳门】0 【特-1】0【特-2】0 【增】16【出】0【退】10	千克	1	4xy			999	其他仅含氟和氯的甲烷、乙烷及丙烷的卤化衍生物
290379	90	10	二溴氯丙烷（1,2-二溴-3-氯丙烷）	Dibromochloropropane (1, 2-dibromo-3-chloro-propane)	【最】5.5【普】30 【协东盟】0【协巴基斯坦】0【协智利】0 【协新西兰】0【协秘鲁】0【协哥斯达黎加】0 【协冰岛】0【协瑞士】0【协澳大利亚】0 【协韩国】0【协格鲁吉亚】0【协香港】0 【协澳门】0 【特-1】0【特-2】0 【增】16【对美加征】5【出】0【退】10	千克	9	8			999	二溴氯丙烷（1,2-二溴-3-氯丙烷）
290379	90	21	其他仅含溴、氟的甲烷、乙烷和丙烷	Other methane, ethane and propane with bromine and fluorine	【最】5.5【普】30 【协东盟】0【协巴基斯坦】0【协智利】0 【协新西兰】0【协秘鲁】0【协哥斯达黎加】0 【协冰岛】0【协瑞士】0【协澳大利亚】0 【协韩国】0【协格鲁吉亚】0【协香港】0 【协澳门】0 【特-1】0【特-2】0 【增】16【对美加征】5【出】0【退】10	千克	1	4xy			301 999	其他仅含溴、氟的甲烷、乙烷和丙烷（非易燃无毒气体） 其他仅含溴、氟的甲烷、乙烷和丙烷（其他化工产品）
290379	90	90	其他无环烃卤化衍生物（含二种或二种以上不同卤素的其他无环烃卤化衍生物）	Other halogenated derivatives of acyclic hydro-carbons containing two or more different halogens	【最】5.5【普】30 【协东盟】0【协巴基斯坦】0【协智利】0 【协新西兰】0【协秘鲁】0【协哥斯达黎加】0 【协冰岛】0【协瑞士】0【协澳大利亚】0 【协韩国】0【协格鲁吉亚】0【协香港】0 【协澳门】0 【特-1】0【特-2】0 【增】16【对美加征】5【出】0【退】10	千克					101 102 103 104 105 ……	其他无环烃卤化衍生物（含二种或二种以上不同卤素的其他无环烃卤化衍生物）［三氟氯乙烯（抑制了的）］ 其他无环烃卤化衍生物（含二种或二种以上不同卤素的其他无环烃卤化衍生物）（三氟溴乙烯） 其他无环烃卤化衍生物（含二种或二种以上不同卤素的其他无环烃卤化衍生物）（氯溴甲烷） 其他无环烃卤化衍生物（含二种或二种以上不同卤素的其他无环烃卤化衍生物）(1-氯-2-溴乙烷) 其他无环烃卤化衍生物（含二种或二种以上不同卤素的其他无环烃卤化衍生物）（1-氯-1-溴丙烷） ……①
290381	00	10	林丹（ISO, INN）	Lindane(ISO, INN)	【最】5.5【普】30 【协东盟】0【协巴基斯坦】0【协智利】0 【协新西兰】0【协秘鲁】0【协哥斯达黎加】0 【协冰岛】0【协瑞士】0【协澳大利亚】0 【协韩国】0【协格鲁吉亚】0【协香港】0 【协澳门】0 【特-1】0【特-2】0 【增】16【出】0【退】0	千克	SX	SX			301	林丹（ISO, INN）
290381	00	20	α-六氯环己烷、β-六氯环己烷	α - hexachlorocyclohexane, β - hexachlorocyclohexane	【最】5.5【普】30 【协东盟】0【协巴基斯坦】0【协智利】0 【协新西兰】0【协秘鲁】0【协哥斯达黎加】0 【协冰岛】0【协瑞士】0【协澳大利亚】0 【协韩国】0【协格鲁吉亚】0【协香港】0 【协澳门】0 【特-1】0【特-2】0 【增】16【出】0【退】0	千克	9	8			999	α-六氯环己烷、β-六氯环己烷

① 该税号项下检验检疫编码及对应中文名称尚有：106　其他无环烃卤化衍生物（含二种或二种以上不同卤素的其他无环烃卤化衍生物）（1-氯-2-溴丙烷），107　其他无环烃卤化衍生物（含二种或二种以上不同卤素的其他无环烃卤化衍生物）（1-氯-3-溴丙烷），108　其他无环烃卤化衍生物（含二种或二种以上不同卤素的其他无环烃卤化衍生物）（2-氯-1-溴丙烷），109　其他无环烃卤化衍生物（含二种或二种以上不同卤素的其他无环烃卤化衍生物）（2-氯-2-溴丙烷）。

税则号列 HS国际统一前6位	本国子目 7~8位	本国子目 9~10位	货品名称中英文 中文 货物名称	货品名称中英文 英文 Article Description	税费综合信息	计量单位	监管证件代码 进口	监管证件代码 出口	检验检疫类别 进口	检验检疫类别 出口	检验检疫编码	检验检疫编码对应中文名称
290381	00	90	其他1,2,3,4,5,6-六氯环已烷［六六六(ISO)］(混合异构体)	1,2,3,4,5, 6-Beta hexachlorocyclohe-xane［666（ISO）］(mixed isomers)	【最】5.5【普】30 【协东盟】0【协巴基斯坦】0【协智利】0 【协新西兰】0【协秘鲁】0【协哥斯达黎加】0 【协冰岛】0【协瑞士】0【协澳大利亚】0 【协韩国】0【协格鲁吉亚】0【协香港】0 【协澳门】0 【特-1】0【特-2】0 【增】16【出】0【退】0	千克					301	其他1,2,3,4,5,6-六氯环已烷［六六六(ISO)］(混合异构体)
290382	00	10	艾氏剂（ISO）及七氯（ISO）	Aldrin(ISO) or hapta-chlor(ISO)	【最】5.5【普】30 【协东盟】0【协巴基斯坦】0【协智利】0 【协新西兰】0【协秘鲁】0【协哥斯达黎加】0 【协冰岛】0【协瑞士】0【协澳大利亚】0 【协韩国】0【协格鲁吉亚】0【协香港】0 【协澳门】0 【特-1】0【特-2】0 【增】16【出】0【退】0	千克	9	8			101 102 103 104 105 ……	艾氏剂（ISO）及七氯(ISO)［艾氏剂（含量>75%）］ 艾氏剂（ISO）及七氯(ISO)［异艾氏剂（含量>10%）］ 艾氏剂（ISO）及七氯(ISO)(狄氏剂) 艾氏剂（ISO）及七氯(ISO)［艾氏剂乳剂（含量>75%）］ 艾氏剂（ISO）及七氯(ISO)［异艾氏剂乳剂（含量>10%）］ ……①
290382	00	90	氯丹（ISO)	Chlordane(ISO)(another name octa-klor)	【最】5.5【普】30 【协东盟】0【协巴基斯坦】0【协智利】0 【协新西兰】0【协秘鲁】0【协哥斯达黎加】0 【协冰岛】0【协瑞士】0【协澳大利亚】0 【协韩国】0【协格鲁吉亚】0【协香港】0 【协澳门】0 【特-1】0【特-2】0 【增】16【出】0【退】0	千克	9	8			301	氯丹（ISO)(别名八氯化甲桥茚)
290383	00		灭蚁灵	Mirex(ISO)	【最】5.5【普】30 【协东盟】0【协巴基斯坦】0【协智利】0 【协新西兰】0【协秘鲁】0【协哥斯达黎加】0 【协冰岛】0【协瑞士】0【协澳大利亚】0 【协韩国】0【协格鲁吉亚】0【协香港】0 【协澳门】0 【特-1】0【特-2】0 【增】16【出】0【退】0	千克	9	8			999	灭蚁灵
290389	00	10	毒杀芬	Toxaphene（camphechlor)	【最】5.5【普】30 【协东盟】0【协巴基斯坦】0【协智利】0 【协新西兰】0【协秘鲁】0【协哥斯达黎加】0 【协冰岛】0【协瑞士】0【协澳大利亚】0 【协韩国】0【协格鲁吉亚】0【协香港】0 【协澳门】0 【特-1】0【特-2】0 【增】16【对美加征】10【出】0【退】0	千克	9	8			301	毒杀芬
290389	00	20	六溴环十二烷	Hexabromocyclododecane	【最】5.5【普】30 【协东盟】0【协巴基斯坦】0【协智利】0 【协新西兰】0【协秘鲁】0【协哥斯达黎加】0 【协冰岛】0【协瑞士】0【协澳大利亚】0 【协韩国】0【协格鲁吉亚】0【协香港】0 【协澳门】0 【特-1】0【特-2】0 【增】16【对美加征】10【出】0【退】13	千克	X	X			999	六溴环十二烷

① 该税号项下检验检疫编码及对应中文名称尚有：106　艾氏剂（ISO)及七氯（ISO)［异狄氏剂乳剂（含量>5%）］，107　艾氏剂（ISO)及七氯（ISO)(其他一级有机氯液态农药)，108　艾氏剂（ISO)及七氯（ISO)［艾氏剂可湿性粉剂（含量7%~75%）］，109　艾氏剂（ISO)及七氯（ISO)［七氯（含量>8%）］，110　艾氏剂(ISO)及七氯（ISO)［艾氏剂乳剂（含量2%~75%）］，111　艾氏剂（ISO)及七氯（ISO)(七氯乳剂（含量2%~80%）］，301　艾氏剂（ISO)及七氯（ISO)(七氯)。

税则号列			货品名称中英文		税费综合信息	计量单位	监管证件代码		检验检疫类别		检验检疫编码	检验检疫编码对应中文名称
HS 国际统一前6位	本国子目 7~8位	本国子目 9~10位	中文 货物名称	英文 Article Description			进口	出口	进口	出口		
290389	00	90	其他环烷烃、环烯烃或环萜烯烃的卤化衍生物	Other halogenated derivatives of cyclanic or cyclenic	【最】5.5【普】30 【协东盟】0【协巴基斯坦】0【协智利】0 【协新西兰】0【协秘鲁】0【协哥斯达黎加】0 【协冰岛】0【协瑞士】0【协澳大利亚】0 【协韩国】0【协格鲁吉亚】0【协香港】0 【协澳门】0 【特-1】0【特-2】0 【增】16【对美加征】10【出】0【退】13	千克					301 302 303 304	其他环烷烃、环烯烃或环萜烯烃的卤化衍生物(非易燃无毒气体) 其他环烷烃、环烯烃或环萜烯烃的卤化衍生物(易燃液体) 其他环烷烃、环烯烃或环萜烯烃的卤化衍生物（毒性物质和感染性物质） 其他环烷烃、环烯烃或环萜烯烃的卤化衍生物(其他化工产品)
290391	10		邻二氯苯	o-dichlorobenzene	【最】5.5【普】30 【协东盟】0【协巴基斯坦】0【协智利】0 【协新西兰】0【协秘鲁】0【协哥斯达黎加】0 【协冰岛】0【协瑞士】0【协澳大利亚】0 【协韩国】2.7【协格鲁吉亚】0【协香港】0 【协澳门】0 【特-1】0【特-2】0 【增】16【反倾】有【出】0【退】10	千克					999	邻二氯苯
290391	90	10	1，4-二氯苯(又称对二氯苯)	1，4-dichlorobenzene (P-dichlorobenzene)	【最】5.5【普】30 【协东盟】0【协巴基斯坦】5【协智利】0 【协新西兰】0【协秘鲁】0【协哥斯达黎加】0 【协冰岛】0【协瑞士】0【协澳大利亚】0 【协韩国】0【协格鲁吉亚】0【协香港】0 【协澳门】0 【特-1】0【特-2】0 【增】16【对美加征】10【出】0【退】10	千克	S	S			999	1,4-二氯苯（又称对二氯苯）
290391	90	90	氯苯	Chlorobenzene	【最】5.5【普】30 【协东盟】0【协巴基斯坦】5【协智利】0 【协新西兰】0【协秘鲁】0【协哥斯达黎加】0 【协冰岛】0【协瑞士】0【协澳大利亚】0 【协韩国】0【协格鲁吉亚】0【协香港】0 【协澳门】0 【特-1】0【特-2】0 【增】16【对美加征】10【出】0【退】10	千克	A	B	M	N	999	氯苯
290392	00		六氯苯(ISO)及滴滴涕(ISO, INN)｛六氯苯别名过氯苯，滴滴涕别名［1,1,1-三氯-2,2-双(4-氯苯基)乙烷］｝	Hexachlorobenzene (ISO) and DDT(ISO) [clofenotane (INN), 1, 1, 1-trichloro-2, 2-bis (p-chlorophenyl) ethane]	【最】5.5【普】30 【协东盟】0【协巴基斯坦】0【协智利】0 【协新西兰】0【协秘鲁】0【协哥斯达黎加】0 【协冰岛】0【协瑞士】0【协澳大利亚】0 【协韩国】0【协格鲁吉亚】0【协香港】0 【协澳门】0 【特-1】0【特-2】0 【增】16【出】0【退】0	千克	9	8			101 102 103 301	六氯苯（ISO)及滴滴涕(ISO, INN)｛六氯苯别名过氯苯，滴滴涕别名［1，1，1-三氯-2，2-双(4-氯苯基）乙烷］｝［滴滴涕（含量>20%）］ 六氯苯（ISO)及滴滴涕(ISO, INN)｛六氯苯别名过氯苯，滴滴涕别名［1，1，1-三氯-2，2-双(4-氯苯基）乙烷］｝(滴滴涕乳剂) 六氯苯（ISO)及滴滴涕(ISO, INN)｛六氯苯别名过氯苯，滴滴涕别名［1，1，1-三氯-2，2-双(4-氯苯基）乙烷］｝(滴滴混剂) 六氯苯（ISO)及滴滴涕(ISO, INN)｛六氯苯别名过氯苯，滴滴涕别名［1，1，1-三氯-2，2-双(4-氯苯基）乙烷］｝(其他)
290393	00		五氯苯	Pentachlorobenzene	【最】5.5【普】30 【协东盟】0【协巴基斯坦】5【协智利】0 【协新西兰】0【协秘鲁】0【协哥斯达黎加】0 【协冰岛】0【协瑞士】0【协澳大利亚】0 【协韩国】0【协格鲁吉亚】0【协香港】0 【协澳门】0 【特-1】0【特-2】0 【增】16【出】0【退】10	千克	9	8			999	五氯苯

税则号列			货品名称中英文		税费综合信息	计量单位	监管证件代码		检验检疫类别		检验检疫编码	检验检疫编码对应中文名称
HS国际统一前6位	本国子目 7~8位	9~10位	中文 货物名称	英文 Article Description			进口	出口	进口	出口		
290394	00		六溴联苯	Hexabromobiphenyls	【最】5.5【普】30 【协东盟】0【协巴基斯坦】5【协智利】0 【协新西兰】0【协秘鲁】0【协哥斯达黎加】0 【协冰岛】0【协瑞士】0【协澳大利亚】0 【协韩国】0【协格鲁吉亚】0【协香港】0 【协澳门】0 【特-1】0【特-2】0 【增】16【出】0【退】10	千克					999	六溴联苯
290399	10		对氯甲苯	p-Chlorotoluene	【最】5.5【普】30 【协东盟】0【协巴基斯坦】0【协智利】0 【协新西兰】0【协秘鲁】0【协哥斯达黎加】0 【协冰岛】0【协瑞士】0【协澳大利亚】0 【协韩国】0【协格鲁吉亚】0【协香港】0 【协澳门】0 【特-1】0【特-2】0 【增】16【出】0【退】10	千克	A	B	M	N	999	对氯甲苯
290399	20		3，4-二氯三氟甲苯	3，4-Dichlorotrifluoride toluene	【最】5.5【普】30 【协亚太】4.4【协东盟】0【协巴基斯坦】0 【协智利】0【协新西兰】0【协秘鲁】0 【协哥斯达黎加】0【协冰岛】0【协瑞士】0 【协澳大利亚】0【协韩国】0【协格鲁吉亚】0 【协香港】0【协澳门】0 【特-1】0【特-2】0 【增】16【出】0【退】10	千克					999	3,4-二氯三氟甲苯
290399	30		4-（4'-烷基苯基）-1-（4'-烷基苯基）-2-氟苯	4-(4'-alkylphenyl)-1-(4'-alkylphenyl)-2-fluorobenzene	【最】5.5【普】30 【协东盟】0【协巴基斯坦】5【协智利】0 【协新西兰】0【协秘鲁】0【协哥斯达黎加】0 【协冰岛】0【协瑞士】0【协澳大利亚】0 【协韩国】0【协格鲁吉亚】0【协香港】0 【协澳门】0 【特-1】0【特-2】0 【增】16【出】0【退】13	千克					999	4-（4'-烷基苯基）-1-（4'-烷基苯基）-2-氟苯
290399	90	10	多氯联苯、多溴联苯	Polychlorinated biphenyls(PCB), polybrominated biphenyls(PBB)	【最】5.5【普】30 【协东盟】0【协巴基斯坦】5【协智利】0 【协新西兰】0【协秘鲁】0【协哥斯达黎加】0 【协冰岛】0【协瑞士】0【协澳大利亚】0 【协韩国】0【协格鲁吉亚】0【协香港】0 【协澳门】0 【特-1】0【特-2】0 【增】16【对美加征】5【出】0【退】10	千克	9	8			101 102	多氯联苯、多溴联苯（多氯联苯） 多氯联苯、多溴联苯[α, α, α-三氯甲（基）苯]
290399	90	30	多氯三联苯(PCT)	Polychlorinated terphenyls(PCT)	【最】5.5【普】30 【协东盟】0【协巴基斯坦】5【协智利】0 【协新西兰】0【协秘鲁】0【协哥斯达黎加】0 【协冰岛】0【协瑞士】0【协澳大利亚】0 【协韩国】0【协格鲁吉亚】0【协香港】0 【协澳门】0 【特-1】0【特-2】0 【增】16【对美加征】5【出】0【退】10	千克	X	X			999	多氯三联苯（PCT）
290399	90	40	稗草烯	Tavron	【最】5.5【普】30 【协东盟】0【协巴基斯坦】5【协智利】0 【协新西兰】0【协秘鲁】0【协哥斯达黎加】0 【协冰岛】0【协瑞士】0【协澳大利亚】0 【协韩国】0【协格鲁吉亚】0【协香港】0 【协澳门】0 【特-1】0【特-2】0 【增】16【对美加征】5【出】0【退】0	千克	S	S			999	稗草烯
290399	90	90	其他芳烃卤化衍生物	Other halogenated derivatives of aromatic hydrocarbons	【最】5.5【普】30 【协东盟】0【协巴基斯坦】5【协智利】0 【协新西兰】0【协秘鲁】0【协哥斯达黎加】0 【协冰岛】0【协瑞士】0【协澳大利亚】0 【协韩国】0【协格鲁吉亚】0【协香港】0 【协澳门】0 【特-1】0【特-2】0 【增】16【对美加征】5【出】0【退】10	千克					301 302 303 304	其他芳烃卤化衍生物（易燃液体） 其他芳烃卤化衍生物（毒性物质和感染性物质） 其他芳烃卤化衍生物（杂项物质） 其他芳烃卤化衍生物（其他化工产品）

税则号列			货品名称中英文		税费综合信息	计量单位	监管证件代码		检验检疫类别		检验检疫编码	检验检疫编码对应中文名称
HS国际统一前6位	本国子目 7~8位	本国子目 9~10位	中文 货物名称	英文 Article Description			进口	出口	进口	出口		
290410	00		仅含磺基的衍生物及其盐和乙酯	Derivatives containing only sulphogroups, their salts and ethyl esters	【最】5.5【普】30 【协东盟】0【协香港】0【协澳门】0 【协巴基斯坦】5【协智利】0【协新西兰】0 【协秘鲁】0【协哥斯达黎加】0【协冰岛】0 【协瑞士】0【协澳大利亚】0【协韩国】0 【协格鲁吉亚】0【协香港】0【协澳门】0 【特-1】0【特-2】0 【增】16【对美加征】5【出】0【退】10	千克					301 302	仅含磺基的衍生物及其盐和乙酯（腐蚀性物质） 仅含磺基的衍生物及其盐和乙酯（其他化工产品）
290420	10		硝基苯	Nitrobenzene	【最】5.5【普】20 【协亚太】4.4【协东盟】0【协巴基斯坦】0 【协智利】0【协新西兰】0【协秘鲁】0 【协哥斯达黎加】0【协冰岛】0【协瑞士】0 【协澳大利亚】0【协韩国】0【协格鲁吉亚】0 【协香港】0【协澳门】0 【特-1】0【特-2】0 【增】16【出】0【退】10	千克	A	B	M	N	101 102	硝基苯［1,3,5-三硝基苯（干的或含水＜30%）］ 硝基苯（毒性物质和感染性物质）
290420	20		硝基甲苯	Nitrotoluene and nitrochlorobenzene	【最】5.5【普】30 【协东盟】0【协巴基斯坦】0【协智利】0 【协新西兰】0【协秘鲁】0【协哥斯达黎加】0 【协冰岛】0【协瑞士】0【协澳大利亚】0 【协韩国】0【协格鲁吉亚】0【协香港】0 【协澳门】0 【特-1】0【特-2】0 【增】16【出】0【退】10	千克					101 102 103	硝基甲苯（2-硝基甲苯） 硝基甲苯（3-硝基甲苯） 硝基甲苯（4-硝基甲苯）
290420	30		二硝基甲苯	Dinitrotoluene and dinitrochlorobenzene	【最】5.5【普】20 【协亚太】4.4【协东盟】0【协巴基斯坦】0 【协智利】0【协新西兰】0【协秘鲁】0 【协哥斯达黎加】0【协冰岛】0【协瑞士】0 【协澳大利亚】0【协韩国】0【协格鲁吉亚】0 【协香港】0【协澳门】0 【特-1】0【特-2】0 【增】16【出】0【退】10	千克	A	B	M	N	301	二硝基甲苯
290420	40		三硝基甲苯（TNT）	Trinitrotoluene	【最】5.5【普】40 【协亚太】4.4【协东盟】0【协巴基斯坦】0 【协智利】0【协新西兰】0【协秘鲁】0 【协哥斯达黎加】0【协冰岛】0【协瑞士】0 【协澳大利亚】0【协韩国】0【协格鲁吉亚】0 【协香港】0【协澳门】0 【特-1】0【特-2】0 【增】16【出】0【退】10	千克	Ak	Bk	M	N	101 102 103	三硝基甲苯（TNT）［2,4,6-三硝基甲苯（干的或含水<30%）］ 三硝基甲苯（TNT）(2,4,6-三硝基二甲苯) 三硝基甲苯（TNT）［2,4,6-三硝基甲苯（含水≥30%）］
290420	90	10	六硝基芪	Hexanitrostilbene	【最】5.5【普】30 【协东盟】0【协巴基斯坦】5【协智利】0 【协新西兰】0【协秘鲁】0【协哥斯达黎加】0 【协冰岛】0【协瑞士】0【协澳大利亚】0 【协韩国】0【协格鲁吉亚】0【协香港】0 【协澳门】0 【特-1】0【特-2】0 【增】16【对美加征】5【出】0【退】10	千克		3			999	六硝基芪
290420	90	20	4-硝基联苯	4-Nitrobiphenyl	【最】5.5【普】30 【协东盟】0【协巴基斯坦】5【协智利】0 【协新西兰】0【协秘鲁】0【协哥斯达黎加】0 【协冰岛】0【协瑞士】0【协澳大利亚】0 【协韩国】0【协格鲁吉亚】0【协香港】0 【协澳门】0 【特-1】0【特-2】0 【增】16【对美加征】5【出】0【退】10	千克					999	4-硝基联苯
290420	90	90	其他仅含硝基或亚硝基衍生物	Other derivatives containing only nitro or only nitroso groups	【最】5.5【普】30 【协东盟】0【协巴基斯坦】5【协智利】0 【协新西兰】0【协秘鲁】0【协哥斯达黎加】0 【协冰岛】0【协瑞士】0【协澳大利亚】0 【协韩国】0【协格鲁吉亚】0【协香港】0 【协澳门】0 【特-1】0【特-2】0 【增】16【对美加征】5【出】0【退】10	千克					301 302 303 304 305 ……	其他仅含硝基或亚硝基衍生物（爆炸品） 其他仅含硝基或亚硝基衍生物（易燃液体） 其他仅含硝基或亚硝基衍生物（易燃固体） 其他仅含硝基或亚硝基衍生物（毒性物质和感染性物质） 其他仅含硝基或亚硝基衍生物（杂项物质） ……①

① 该税号项下检验检疫编码及对应中文名称尚有：306　其他仅含硝基或亚硝基衍生物（其他化工产品）。

税则号列			货品名称中英文		税费综合信息	计量单位	监管证件代码		检验检疫类别		检验检疫编码	检验检疫编码对应中文名称
HS国际统一前6位	本国子目 7~8位	9~10位	中文 货物名称	英文 Article Description			进口	出口	进口	出口		
290431	00		全氟辛基磺酸	Perfluorooctane sul-phonic acid	【最】5.5【普】30 【协东盟】0【协巴基斯坦】5【协智利】0 【协新西兰】0【协秘鲁】0【协哥斯达黎加】0 【协冰岛】0【协瑞士】0【协澳大利亚】0 【协韩国】0【协格鲁吉亚】0【协香港】0 【协澳门】0 【特-1】0【特-2】0 【增】16【出】0【退】10	千克	X	X			999	全氟辛基磺酸
290432	00		全氟辛基磺酸铵	Ammonium perfluo-rooctane sulphonate	【最】5.5【普】30 【协东盟】0【协巴基斯坦】5【协智利】0 【协新西兰】0【协秘鲁】0【协哥斯达黎加】0 【协冰岛】0【协瑞士】0【协澳大利亚】0 【协韩国】0【协格鲁吉亚】0【协香港】0 【协澳门】0 【特-1】0【特-2】0 【增】16【出】0【退】10	千克	X	X			999	全氟辛基磺酸铵
290433	00		全氟辛基磺酸锂	Lithium perfluo-rooctane sul-phonate	【最】5.5【普】30 【协东盟】0【协巴基斯坦】5【协智利】0 【协新西兰】0【协秘鲁】0【协哥斯达黎加】0 【协冰岛】0【协瑞士】0【协澳大利亚】0 【协韩国】0【协格鲁吉亚】0【协香港】0 【协澳门】0 【特-1】0【特-2】0 【增】16【出】0【退】10	千克	X	X			999	全氟辛基磺酸锂
290434	00		全氟辛基磺酸钾	Potassium perfluo-rooctane sul-phonate	【最】5.5【普】30 【协东盟】0【协巴基斯坦】5【协智利】0 【协新西兰】0【协秘鲁】0【协哥斯达黎加】0 【协冰岛】0【协瑞士】0【协澳大利亚】0 【协韩国】0【协格鲁吉亚】0【协香港】0 【协澳门】0 【特-1】0【特-2】0 【增】16【出】0【退】10	千克	X	X			999	全氟辛基磺酸钾
290435	00		其他全氟辛基磺酸盐	Other salts of perfluo-rooctane sulphonic acid	【最】5.5【普】30 【协东盟】0【协巴基斯坦】5【协智利】0 【协新西兰】0【协秘鲁】0【协哥斯达黎加】0 【协冰岛】0【协瑞士】0【协澳大利亚】0 【协韩国】0【协格鲁吉亚】0【协香港】0 【协澳门】0 【特-1】0【特-2】0 【增】16【出】0【退】10	千克	X	X			301 302 999	其他全氟辛基磺酸盐(其他危险化学品) 其他全氟辛基磺酸盐(其他化工产品) 其他全氟辛基磺酸盐(杂项物质)
290436	00		全氟辛基磺酰氟	Perfluorooctane sul-phonyl flu-oride	【最】5.5【普】30 【协东盟】0【协巴基斯坦】5【协智利】0 【协新西兰】0【协秘鲁】0【协哥斯达黎加】0 【协冰岛】0【协瑞士】0【协澳大利亚】0 【协韩国】0【协格鲁吉亚】0【协香港】0 【协澳门】0 【特-1】0【特-2】0 【增】16【出】0【退】10	千克	X	X			999	全氟辛基磺酰氟
290491	00		三氯硝基甲烷(氯化苦)	Trichloronitromethane (chloropicrin)	【最】5.5【普】30 【协东盟】0【协巴基斯坦】0【协智利】0 【协新西兰】0【协秘鲁】0【协哥斯达黎加】0 【协冰岛】0【协瑞士】0【协澳大利亚】0 【协韩国】0【协格鲁吉亚】0【协香港】0 【协澳门】0 【特-1】0【特-2】0 【增】16【出】0【退】0	千克	2S	3S			999	三氯硝基甲烷(氯化苦)
290499	00	11	氯硝丙烷	Sodium chloride Pro-pane	【最】5.5【普】30 【协东盟】0【协巴基斯坦】5【协智利】0 【协新西兰】0【协秘鲁】0【协哥斯达黎加】0 【协冰岛】0【协瑞士】0【协澳大利亚】0 【协韩国】0【协格鲁吉亚】0【协香港】0 【协澳门】0 【特-1】0【特-2】0 【增】16【对美加征】10【出】0【退】0	千克	S	S			999	氯硝丙烷

税则号列 HS国际统一前6位	本国子目 7~8位	本国子目 9~10位	货品名称 中文	Article Description 英文	税费综合信息	计量单位	监管证件代码 进口	监管证件代码 出口	检验检疫类别 进口	检验检疫类别 出口	检验检疫编码	检验检疫编码对应中文名称
290499	00	12	四氯硝基苯	Tecnazene	【最】5.5【普】30 【协东盟】0【协巴基斯坦】5【协智利】0 【协新西兰】0【协秘鲁】0【协哥斯达黎加】0 【协冰岛】0【协瑞士】0【协澳大利亚】0 【协韩国】0【协格鲁吉亚】0【协香港】0 【协澳门】0 【特-1】0【特-2】0 【增】16【对美加征】10【出】0【退】0	千克	S	S			999	四氯硝基苯
290499	00	13	五氯硝基苯	Quintozene	【最】5.5【普】30 【协东盟】0【协巴基斯坦】5【协智利】0 【协新西兰】0【协秘鲁】0【协哥斯达黎加】0 【协冰岛】0【协瑞士】0【协澳大利亚】0 【协韩国】0【协格鲁吉亚】0【协香港】0 【协澳门】0 【特-1】0【特-2】0 【增】16【对美加征】10【出】0【退】0	千克	S	S			999	五氯硝基苯
290499	00	90	其他烃的磺化、硝化、亚硝化衍生物(不论是否卤化)	Other sulphonated, nitrated, nitrosalted derivatives of hydrocarbons, whether or not halogenated	【最】5.5【普】30 【协东盟】0【协巴基斯坦】5【协智利】0 【协新西兰】0【协秘鲁】0【协哥斯达黎加】0 【协冰岛】0【协瑞士】0【协澳大利亚】0 【协韩国】0【协格鲁吉亚】0【协香港】0 【协澳门】0 【特-1】0【特-2】0 【增】16【对美加征】10【出】0【退】10	千克					301 302 303 304 305	其他烃的磺化、硝化、亚硝化衍生物（不论是否卤化）（爆炸品） 其他烃的磺化、硝化、亚硝化衍生物（不论是否卤化）（毒性物质和感染性物质） 其他烃的磺化、硝化、亚硝化衍生物（不论是否卤化）（腐蚀性物质） 其他烃的磺化、硝化、亚硝化衍生物（不论是否卤化）（杂项物质） 其他烃的磺化、硝化、亚硝化衍生物（不论是否卤化）（其他化工产品）
290511	00		甲醇	Methanol (methyl alcohol)	【最】5.5【普】30 【协东盟】0【协香港】0【协澳门】0 【协巴基斯坦】0【协智利】0【协新西兰】0 【协哥斯达黎加】0【协冰岛】0【协瑞士】0 【协澳大利亚】0【协格鲁吉亚】0 【增】16【对美加征】10【出】0【退】13	千克	A	B	M	N	301	甲醇
290512	10		正丙醇	Propan-1-ol (propyl alcohol)	【最】5.5【普】30【暂进】3 【协东盟】0【协巴基斯坦】0【协智利】0 【协新西兰】0【协秘鲁】0【协哥斯达黎加】0 【协冰岛】0【协瑞士】0【协澳大利亚】0 【协韩国】3.6【协格鲁吉亚】0【协香港】0 【协澳门】0 【特-1】0【特-2】0 【增】16【对美加征】5【出】0【退】10	千克	A	B	M	N	301	正丙醇
290512	20		异丙醇	Propan-2-ol (isopropyl alcohol)	【最】5.5【普】30 【协东盟】0【协巴基斯坦】0【协智利】0 【协新西兰】0【协秘鲁】0【协台湾】0 【协哥斯达黎加】0【协冰岛】0【协瑞士】0 【协澳大利亚】0【协韩国】3.6【协格鲁吉亚】0 【协香港】0【协澳门】0 【特-1】0【特-2】0 【增】16【对美加征】10【出】0【退】10	千克	A	BG	M	N	301	异丙醇
290513	00		正丁醇	Butan-l-ol (n-butyl alcohol)	【最】5.5【普】30 【协东盟】0【协巴基斯坦】0【协智利】0 【协新西兰】0【协秘鲁】0【协台湾】0 【协哥斯达黎加】0【协冰岛】0【协瑞士】0 【协澳大利亚】0【协韩国】3.6【协格鲁吉亚】0 【协香港】0【协澳门】0 【特-1】0【特-2】0 【增】16【反倾】有【对美加征】5【出】0 【退】13	千克	A	B	MR	NS	301 302	正丁醇（易燃液体，需申报仅用于工业用途不用于无检疫要求食品添加剂） 正丁醇（属于危险化学品的食品添加剂）

税则号列 HS国际统一前6位	本国子目 7~8位	本国子目 9~10位	货品名称中英文 中文 货物名称	货品名称中英文 英文 Article Description	税费综合信息	计量单位	监管证件代码 进口	监管证件代码 出口	检验检疫类别 进口	检验检疫类别 出口	检验检疫编码	检验检疫编码对应中文名称
290514	10		异丁醇	iso-butyl alcohol	【最】5.5【普】30 【协东盟】0【协巴基斯坦】0【协智利】0 【协新西兰】0【协秘鲁】0【协台湾】0 【协哥斯达黎加】0【协冰岛】0【协瑞士】0 【协澳大利亚】0【协韩国】3.6【协格鲁吉亚】0 【协香港】0【协澳门】0 【特-1】0【特-2】0 【增】16【对美加征】5【出】0【退】10	千克					999	异丁醇
290514	20		仲丁醇	sec-butyl alconol	【最】5.5【普】30 【协东盟】0【协巴基斯坦】0【协智利】0 【协新西兰】0【协秘鲁】0【协哥斯达黎加】0 【协冰岛】0【协瑞士】0【协澳大利亚】0 【协韩国】3.6【协格鲁吉亚】0【协香港】0 【协澳门】0 【特-1】0【特-2】0 【增】16【出】0【退】10	千克					999	仲丁醇
290514	30		叔丁醇	Tertiary butyl alcohol	【最】5.5【普】30 【协东盟】0【协巴基斯坦】0【协智利】0 【协新西兰】0【协秘鲁】0【协哥斯达黎加】0 【协冰岛】0【协瑞士】0【协澳大利亚】0 【协韩国】3.6【协格鲁吉亚】0【协香港】0 【协澳门】0 【特-1】0【特-2】0 【增】16【对美加征】10【出】0【退】10	千克					999	叔丁醇
290516	10		正辛醇	n-octanol	【最】5.5【普】30 【协东盟】0【协巴基斯坦】5【协智利】0 【协新西兰】0【协哥斯达黎加】0【协冰岛】0 【协瑞士】0【协澳大利亚】0【协格鲁吉亚】0 【协香港】0【协澳门】0 【增】16【对美加征】10【出】0【退】13	千克					101 102	正辛醇（2-辛醇） 正辛醇（非工业用无检疫要求食品添加剂）
290516	90		辛醇的异构体	Isomers of octanol	【最】5.5【普】30 【协东盟】0【协巴基斯坦】5【协智利】0 【协新西兰】0【协哥斯达黎加】0【协冰岛】0 【协瑞士】0【协澳大利亚】0【协格鲁吉亚】0 【协香港】0【协澳门】0 【增】16【对美加征】10【出】0【退】10	千克					999	辛醇的异构体
290517	00		十二醇、十六醇及十八醇	Dodecan-1-ol (lauryl alcohol), hexadecan-1-ol (cetyl alcohol) and octadecan-1-ol (stearyl alcohol)	【最】7【普】30 【协东盟】0【协巴基斯坦】5【协智利】0 【协新西兰】0【协秘鲁】0【协哥斯达黎加】0 【协冰岛】0【协瑞士】0【协澳大利亚】0 【协韩国】4.6【协格鲁吉亚】0【协香港】0 【协澳门】0 【特-1】0【特-2】0 【增】16【对美加征】10【出】0【退】10	千克					999	十二醇、十六醇及十八醇
290519	10		3,3-二甲基丁-2-醇（频哪基醇）	3,3-Dimethyl-2-butanol (pinacolyl alcohol)	【最】5.5【普】30 【协亚太】4.4【协东盟】0【协巴基斯坦】0 【协智利】0【协新西兰】0【协秘鲁】0 【协哥斯达黎加】0【协冰岛】0【协瑞士】0 【协澳大利亚】0【协韩国】0【协格鲁吉亚】0 【协香港】0【协澳门】0 【特-1】0【特-2】0 【增】16【出】0【退】10	千克	2	3			999	3,3-二甲基丁-2-醇（频哪基醇）
290519	90	10	三十烷醇	Triacontanol	【最】5.5【普】30 【协东盟】0【协巴基斯坦】5【协智利】0 【协新西兰】0【协秘鲁】0【协哥斯达黎加】0 【协冰岛】0【协瑞士】2.2【协澳大利亚】0 【协韩国】0【协格鲁吉亚】0【协香港】0 【协澳门】0 【特-1】0【特-2】0 【增】16【对美加征】10【出】0【退】10	千克	S	S			999	三十烷醇
290519	90	90	其他饱和一元醇	Other saturated monohydric alcohols	【最】5.5【普】30 【协东盟】0【协巴基斯坦】5【协智利】0 【协新西兰】0【协秘鲁】0【协哥斯达黎加】0 【协冰岛】0【协瑞士】2.2【协澳大利亚】0 【协韩国】0【协格鲁吉亚】0【协香港】0 【协澳门】0 【特-1】0【特-2】0 【增】16【对美加征】10【出】0【退】16	千克					301 302 303	其他饱和一元醇（易燃液体） 其他饱和一元醇（毒性物质和感染性物质） 其他饱和一元醇（其他化工产品）

税则号列			货品名称中英文		税费综合信息	计量单位	监管证件代码		检验检疫类别		检验检疫编码	检验检疫编码对应中文名称
HS国际统一前6位	本国子目 7~8位	本国子目 9~10位	中文 货物名称	英文 Article Description			进口	出口	进口	出口		
290522	10		香叶醇、橙花醇（3,7-二甲基-2,6-辛二烯-1-醇）	Geraniol, nerol(cis-3, 7-Dimethyl-2, 6-octa-dien-1-ol)	【最】5.5【普】30 【协东盟】0【协巴基斯坦】0【协智利】0 【协新西兰】0【协秘鲁】0【协哥斯达黎加】0 【协冰岛】0【协瑞士】0【协澳大利亚】0 【协韩国】0【协格鲁吉亚】0【协香港】0 【协澳门】0 【特-1】0【特-2】0 【增】16【对美加征】5【出】0【退】13	千克					101 102 103	香叶醇、橙花醇（3,7-二甲基-2,6-辛二烯-1-醇）（反式-3-已烯醇） 香叶醇、橙花醇（3,7-二甲基-2,6-辛二烯-1-醇）（香叶醇） 香叶醇、橙花醇（3,7-二甲基-2,6-辛二烯-1-醇）（橙花醇）
290522	20		香茅醇（3,7-二甲基-6-辛烯-1-醇）	Citronellol(3, 7-Dimethyl-6-octen-1-ol)	【最】5.5【普】30 【协东盟】0【协巴基斯坦】5【协智利】0 【协新西兰】0【协秘鲁】0【协哥斯达黎加】0 【协冰岛】0【协瑞士】0【协澳大利亚】0 【协韩国】0【协格鲁吉亚】0【协香港】0 【协澳门】0 【特-1】0【特-2】0 【增】16【对美加征】5【出】0【退】13	千克					999	香茅醇（3,7-二甲基-6-辛烯-1-醇）
290522	30		芳樟醇	Linalool	【最】5.5【普】30 【协东盟】0【协巴基斯坦】5【协智利】0 【协新西兰】0【协秘鲁】0【协哥斯达黎加】0 【协冰岛】0【协澳大利亚】0 【协韩国】0【协格鲁吉亚】0【协香港】0 【协澳门】0 【特-1】0【特-2】0 【增】16【对美加征】5【出】0【退】16	千克	A		R		102 301	芳樟醇（无检疫要求食品添加剂） 芳樟醇（需申报仅用于工业用途不用于无检疫要求食品添加剂的化学品）
290522	90		其他无环萜烯醇	Other acyclic terpene alcohols	【最】5.5【普】30 【协东盟】0【协巴基斯坦】5【协智利】0 【协新西兰】0【协秘鲁】0【协哥斯达黎加】0 【协冰岛】0【协瑞士】3.1【协澳大利亚】0 【协韩国】0【协格鲁吉亚】0【协香港】0 【协澳门】0 【特-1】0【特-2】0 【增】16【对美加征】10【出】0【退】10	千克					301 302 303 304	其他无环萜烯醇（易燃液体） 其他无环萜烯醇（毒性物质和感染性物质） 其他无环萜烯醇（腐蚀性物质） 其他无环萜烯醇（其他化工产品）
290529	00		其他不饱和一元醇	Other unsaturated monohydric alcohols	【最】5.5【普】30 【协东盟】0【协巴基斯坦】5【协智利】0 【协新西兰】0【协秘鲁】0【协哥斯达黎加】0 【协冰岛】0【协瑞士】0【协澳大利亚】0 【协韩国】0【协格鲁吉亚】0【协香港】0 【协澳门】0 【特-1】0【特-2】0 【增】16【对美加征】10【出】0【退】13	千克					101 102 103 104 105 ……	其他不饱和一元醇（环丙基甲醇） 其他不饱和一元醇（丙炔醇） 其他不饱和一元醇（1-丁炔-3-醇） 其他不饱和一元醇（2-甲基-3-丁炔-2-醇） 其他不饱和一元醇（3-甲基-1-戊炔-3-醇） ……①
290531	00		1,2-乙二醇	Ethylene glycol (ethanediol)	【最】5.5【普】30 【协东盟】5【协智利】0 【协新西兰】0【协哥斯达黎加】0 【协冰岛】0【协澳大利亚】0【协香港】0 【协澳门】0 【增】16【对美加征】25【出】0【退】10	千克					999	1,2-乙二醇
290532	00		1,2-丙二醇	Propylene glycol(propane-1, 2-diol)	【最】5.5【普】30【暂进】3 【协东盟】0【协巴基斯坦】5【协智利】0 【协新西兰】0【协秘鲁】0【协哥斯达黎加】0 【协冰岛】0【协瑞士】0【协澳大利亚】0 【协韩国】2.7【协格鲁吉亚】0【协香港】0 【协澳门】0 【特-1】0【特-2】0 【增】16【对美加征】5【出】0【退】10	千克					101	1,2-丙二醇（饲料添加剂）

① 该税号项下检验检疫编码及对应中文名称尚有：106　其他不饱和一元醇（3-甲基-2-戊烯-4-炔醇）。

税则号列			货品名称中英文		税费综合信息	计量单位	监管证件代码		检验检疫类别		检验检疫编码	检验检疫编码对应中文名称
HS国际统一前6位	本国子目7~8位	9~10位	中文 货物名称	英文 Article Description			进口	出口	进口	出口		
290539	10		2,5-二甲基己二醇	2.5-dimethyl hexandiol	【最】4【普】11 【协东盟】0【协巴基斯坦】0【协智利】0 【协新西兰】0【协秘鲁】0【协哥斯达黎加】0 【协冰岛】0【协瑞士】0【协澳大利亚】0 【协韩国】0【协格鲁吉亚】0【协香港】0 【协澳门】0 【特-1】0【特-2】0 【增】16【对美加征】10【出】0【退】10	千克					999	2,5-二甲基己二醇
290539	90	01	1,3-丙二醇	1,3-Propanediol	【最】5.5【普】30【暂进】3 【协东盟】0【协巴基斯坦】5【协智利】0 【协新西兰】0【协秘鲁】0【协哥斯达黎加】0 【协冰岛】0【协瑞士】0【协澳大利亚】0 【协格鲁吉亚】0【协香港】0【协澳门】0 【特-1】0【特-2】0 【增】16【对美加征】5【出】0【退】10	千克	A	B	R	S	101 102	1,3-丙二醇（饲料添加剂） 1,3-丙二醇（化工产品）
290539	90	02	1,4-丁二醇	1,4-Butylene glycal	【最】5.5【普】30 【协东盟】0【协巴基斯坦】5【协智利】0 【协新西兰】0【协秘鲁】0【协哥斯达黎加】0 【协冰岛】0【协瑞士】0【协澳大利亚】0 【协格鲁吉亚】0【协香港】0【协澳门】0 【特-1】0【特-2】0 【增】16【对美加征】5【出】0【退】10	千克	A	B	R	S	999	1,4-丁二醇
290539	90	10	驱蚊醇	Ethohexadiol	【最】5.5【普】30 【协东盟】0【协巴基斯坦】5【协智利】0 【协新西兰】0【协秘鲁】0【协哥斯达黎加】0 【协冰岛】0【协瑞士】0【协澳大利亚】0 【协格鲁吉亚】0【协香港】0【协澳门】0 【特-1】0【特-2】0 【增】16【对美加征】5【出】0【退】10	千克	S	S			999	驱蚊醇
290539	90	91	白消安及其他抗癌药品原料药	Busulfan and other anti - cancer drugs substance	【最】5.5【普】30【暂进】0 【协东盟】0【协巴基斯坦】5【协智利】0 【协新西兰】0【协秘鲁】0【协哥斯达黎加】0 【协冰岛】0【协瑞士】0【协澳大利亚】0 【协格鲁吉亚】0【协香港】0【协澳门】0 【特-1】0【特-2】0 【增】3【对美加征】5【出】0【退】10	千克	A	B	MR	NS	301 302	白消安及其他抗癌药品原料药（无检疫要求食品添加剂） 白消安及其他抗癌药品原料药（需申报仅用于工业用途不用于无检疫要求食品添加剂的化学品）
290539	90	99	其他二元醇（因拆分抗癌药品原料药产生的兜底税号）	Other diols (generated HS CODE by splitting anti-cancer drug substance)	【最】5.5【普】30 【协东盟】0【协巴基斯坦】5【协智利】0 【协新西兰】0【协秘鲁】0【协哥斯达黎加】0 【协冰岛】0【协瑞士】0【协澳大利亚】0 【协格鲁吉亚】0【协香港】0【协澳门】0 【特-1】0【特-2】0 【增】16【对美加征】5【出】0【退】10	千克	A	B	MR	NS	301 302 303	其他二元醇（因拆分抗癌药品原料药产生的兜底税号）（无检疫要求食品添加剂） 其他二元醇（因拆分抗癌药品原料药产生的兜底税号）（需申报仅用于工业用途不用于无检疫要求食品添加剂的化学品） 其他二元醇（因拆分抗癌药品原料药产生的兜底税号）（属于危险化学品的食品添加剂）
290541	00		三羟甲基丙烷[2-乙基-2-（羟甲基）丙烷-1,3-二醇]	2-Ethyl-2-(hydroxymethyl) propane-1, 3-diol (trimethylolpropane)	【最】5.5【普】30 【协东盟】0【协巴基斯坦】0【协智利】0 【协新西兰】0【协秘鲁】0【协哥斯达黎加】0 【协冰岛】0【协瑞士】0【协澳大利亚】0 【协韩国】0【协格鲁吉亚】0【协香港】0 【协澳门】0 【特-1】0【特-2】0 【增】16【对美加征】10【出】0【退】10	千克					999	三羟甲基丙烷[2-乙基-2-（羟甲基）丙烷-1,3-二醇]
290542	00		季戊四醇	Pentaerythritol	【最】5.5【普】30 【协东盟】0【协巴基斯坦】5【协智利】0 【协新西兰】0【协秘鲁】0【协哥斯达黎加】0 【协冰岛】0【协瑞士】0【协澳大利亚】0 【协韩国】2.7【协格鲁吉亚】0【协香港】0 【协澳门】0 【特-1】0【特-2】0 【增】16【对美加征】10【出】0【退】13	千克					999	季戊四醇

税则号列			货品名称中英文		税费综合信息	计量单位	监管证件代码		检验检疫类别		检验检疫编码	检验检疫编码对应中文名称
HS 国际统一前6位	本国子目7~8位	本国子目9~10位	中文 货物名称	英文 Article Description			进口	出口	进口	出口		
290543	00		甘露糖醇	Mannitol	【最】8【普】30 【协东盟】0【协巴基斯坦】5【协智利】0 【协新西兰】0【协秘鲁】0【协哥斯达黎加】0 【协冰岛】0【协瑞士】0【协澳大利亚】0 【协韩国】0【协格鲁吉亚】0【协香港】0 【协澳门】0 【特-1】0【特-2】0【特-3】0 【增】16【对美加征】10【出】0【退】13	千克	A		R		101 102 103	甘露糖醇（饲料添加剂） 甘露糖醇（无检疫要求食品添加剂） 甘露糖醇（需申报仅用于工业用途不用于无检疫要求食品添加剂的化学品）
290544	00		山梨醇	D-glucitol(sorbitol)	【最】8【普】40 【协东盟】0【协巴基斯坦】11.2【协智利】0 【协新西兰】0【协新加坡】0【协秘鲁】0 【协哥斯达黎加】0【协冰岛】0【协瑞士】5.6 【协澳大利亚】0【协韩国】7 【协格鲁吉亚】0【协香港】0【协澳门】0 【特-1】0【特-2】0 【增】16【对美加征】5【出】0【退】13	千克					101 102	山梨醇（饲料添加剂） 山梨醇（非工业用无检疫要求食品添加剂）
290545	00		丙三醇（甘油）	Glycerol	【最】8【普】50【暂进】3 【协亚太】5.2【协东盟】0【协澳门】0 【协香港】0【协巴基斯坦】7【协智利】0 【协新西兰】0【协新加坡】0【协秘鲁】0 【协哥斯达黎加】0【协冰岛】0【协瑞士】5.6 【协澳大利亚】0【协韩国】7【协格鲁吉亚】0 【特-1】0【特-2】0 【增】16【对美加征】10【出】0【退】13	千克	A		R		101 102 103	丙三醇（甘油）（饲料添加剂） 丙三醇（甘油）（无检疫要求食品添加剂） 丙三醇（甘油）（需申报仅用于工业用途不用于无检疫要求食品添加剂的化学品）
290549	10		木糖醇 【电商】	Xylitol	【最】5.5【普】30 【协东盟】0【协巴基斯坦】5【协智利】0 【协新西兰】0【协秘鲁】0【协哥斯达黎加】0 【协冰岛】0【协瑞士】0【协澳大利亚】0 【协韩国】0【协格鲁吉亚】0【协香港】0 【协澳门】0 【特-1】0【特-2】0 【增】16【对美加征】5【出】0【退】10	千克	A		R		999	木糖醇（无检疫要求食品添加剂）
290549	90		其他多元醇	Other polyhydric alcohols	【最】5.5【普】30 【协东盟】0【协巴基斯坦】5【协智利】0 【协新西兰】0【协秘鲁】0【协哥斯达黎加】0 【协冰岛】0【协瑞士】0【协澳大利亚】0 【协韩国】0【协格鲁吉亚】0【协香港】0 【协澳门】0 【特-1】0【特-2】0 【增】16【对美加征】5【出】0【退】10	千克					101 102 103 104 105 ……	其他多元醇（2-苯乙硫醇） 其他多元醇（赤藓糖醇） 其他多元醇（2，5-二甲基-3-呋喃硫醇） 其他多元醇（2-丙硫醇） 其他多元醇（2-甲基-1-丁硫醇） ……①
290551	00		乙氯维诺	Ethchlorvynol(INN)	【最】5.5【普】30 【协东盟】0【协巴基斯坦】0【协智利】0 【协新西兰】0【协秘鲁】0【协哥斯达黎加】0 【协冰岛】0【协瑞士】0【协澳大利亚】0 【协韩国】0【协格鲁吉亚】0【协香港】0 【协澳门】0 【特-1】0【特-2】0 【增】16【出】0【退】10	千克	I	I			999	乙氯维诺（INN）
290559	00	10	乙氯维诺的盐	Salts of Ethchlorvynol (INN)	【最】5.5【普】30 【协东盟】0【协巴基斯坦】5【协智利】0 【协新西兰】0【协秘鲁】0【协哥斯达黎加】0 【协冰岛】0【协瑞士】0【协澳大利亚】0 【协韩国】2.7【协格鲁吉亚】0【协香港】0 【协澳门】0 【特-1】0【特-2】0 【增】16【对美加征】10【出】0【退】10	千克	I	I			999	乙氯维诺的盐

① 该税号项下检验检疫编码及对应中文名称尚有：106　其他多元醇（2-戊基硫醇），107　其他多元醇（3-甲基-2-丁硫醇），108　其他多元醇（3-甲基丁基硫醇），109　其他多元醇（4-甲氧基-2-甲基-2-丁硫醇）。

税则号列			货品名称中英文		税费综合信息	计量单位	监管证件代码		检验检疫类别		检验检疫编码	检验检疫编码对应中文名称
HS国际统一前6位	本国子目7~8位	本国子目9~10位	中文货物名称	英文Article Description			进口	出口	进口	出口		
290559	00	20	2-氯乙醇	2-Chloroethanol	【最】5.5【普】30 【协东盟】0【协巴基斯坦】5【协智利】0 【协新西兰】0【协秘鲁】0【协哥斯达黎加】0 【协冰岛】0【协瑞士】0【协澳大利亚】0 【协韩国】2.7【协格鲁吉亚】0【协香港】0 【协澳门】0 【特-1】0【特-2】0 【增】16【对美加征】10【出】0【退】10	千克	A	3	M		999	2-氯乙醇
290559	00	40	鼠甘伏	Gliftor	【最】5.5【普】30 【协东盟】0【协巴基斯坦】5【协智利】0 【协新西兰】0【协秘鲁】0【协哥斯达黎加】0 【协冰岛】0【协瑞士】0【协澳大利亚】0 【协韩国】2.7【协格鲁吉亚】0【协香港】0 【协澳门】0 【特-1】0【特-2】0 【增】16【对美加征】10【出】0【退】10	千克	S	S			999	鼠甘伏
290559	00	90	其他无环醇的卤化、磺化等衍生物	Other halogenated, sulphonated derivatives of acyclic alcohol	【最】5.5【普】30 【协东盟】0【协巴基斯坦】5【协智利】0 【协新西兰】0【协秘鲁】0【协哥斯达黎加】0 【协冰岛】0【协瑞士】0【协澳大利亚】0 【协韩国】2.7【协格鲁吉亚】0【协香港】0 【协澳门】0 【特-1】0【特-2】0 【增】16【对美加征】10【出】0【退】10	千克					301 302 303 304 305	其他无环醇的卤化、磺化等衍生物（易燃液体） 其他无环醇的卤化、磺化等衍生物（遇水放出易燃气体的物质） 其他无环醇的卤化、磺化等衍生物（毒性物质和感染性物质） 其他无环醇的卤化、磺化等衍生物（腐蚀性物质） 其他无环醇的卤化、磺化等衍生物（其他化工产品）
290611	00		薄荷醇	Menthol	【最】5【普】70 【协东盟】0【协巴基斯坦】0【协智利】0 【协新西兰】0【协秘鲁】0【协哥斯达黎加】0 【协冰岛】0【协瑞士】0【协澳大利亚】0 【协韩国】0【协格鲁吉亚】0【协香港】0 【协澳门】0 【特-1】0【特-2】0 【增】16【对美加征】10【出】0【退】13	千克					301	薄荷醇（无检疫要求食品添加剂）
290612	00	10	甲基环己醇	Methylcyclohexanols	【最】5.5【普】30 【协东盟】0【协巴基斯坦】5【协智利】0 【协新西兰】0【协秘鲁】0【协哥斯达黎加】0 【协冰岛】0【协瑞士】0【协澳大利亚】0 【协韩国】0【协格鲁吉亚】0【协香港】0 【协澳门】0 【特-1】0【特-2】0 【增】16【对美加征】5【出】0【退】10	千克	A	B	M	N	999	甲基环己醇
290612	00	90	环己醇，二甲基环己醇	Cyclohexanol and dimethylcyctohexanols	【最】5.5【普】30 【协东盟】0【协巴基斯坦】5【协智利】0 【协新西兰】0【协秘鲁】0【协哥斯达黎加】0 【协冰岛】0【协瑞士】0【协澳大利亚】0 【协韩国】0【协格鲁吉亚】0【协香港】0 【协澳门】0 【特-1】0【特-2】0 【增】16【对美加征】5【出】0【退】10	千克					999	环己醇，二甲基环己醇
290613	10		固醇	Sterol	【最】5.5【普】30【暂进】3 【协东盟】0【协巴基斯坦】0【协智利】0 【协新西兰】0【协秘鲁】0【协哥斯达黎加】0 【协冰岛】0【协瑞士】0【协澳大利亚】0 【协韩国】2.7【协格鲁吉亚】0【协香港】0 【协澳门】0 【特-1】0【特-2】0 【增】16【对美加征】5【出】0【退】10	千克					999	固醇

税则号列			货品名称中英文		税费综合信息	计量单位	监管证件代码		检验检疫类别		检验检疫编码	检验检疫编码对应中文名称
HS 国际统一前6位	本国子目 7~8位	9~10位	中文 货物名称	英文 Article Description			进口	出口	进口	出口		
290613	20		肌醇	Inositol	【最】5.5【普】30 【协东盟】0【协巴基斯坦】5【协智利】0 【协新西兰】0【协秘鲁】0【协哥斯达黎加】0 【协冰岛】0【协瑞士】0【协澳大利亚】0 【协韩国】0【协格鲁吉亚】0【协香港】0 【协澳门】0 【特-1】0【特-2】0 【增】16【对美加征】10【出】0【退】10	千克	A		R		101 102 103	肌醇（饲料添加剂） 肌醇（无检疫要求食品添加剂） 肌醇（需申报仅用于工业用途不用于无检疫要求食品添加剂的化学品）
290619	10		萜品醇	Terpineols	【最】5.5【普】30 【协东盟】0【协巴基斯坦】5【协智利】0 【协新西兰】0【协秘鲁】0【协哥斯达黎加】0 【协冰岛】0【协瑞士】0【协澳大利亚】0 【协韩国】0【协格鲁吉亚】0【协香港】0 【协澳门】0 【特-1】0【特-2】0 【增】16【对美加征】5【出】0【退】10	千克					101 102	萜品醇（松油醇） 萜品醇（α-松油醇）
290619	90	14	2-雄烯醇(5α-雄甾-2-烯-17-醇)	2-androstene (5α-androst-2-ene-17-ol)	【最】5.5【普】30 【协东盟】0【协香港】0【协澳门】0 【协巴基斯坦】5【协智利】0【协新西兰】0 【协秘鲁】0【协哥斯达黎加】0【协冰岛】0 【协澳大利亚】0【协韩国】0【协格鲁吉亚】0 【特-1】0【特-2】0【增】16【对美加征】10 【出】0【退】13	千克	L	L			999	2-雄烯醇（5α-雄甾-2-烯-17-醇）
290619	90	15	3-雄烯醇(5α-雄甾-3-烯-17-醇)	3-androstene (5α-androst-3-ene-17-ol)	【最】5.5【普】30 【协东盟】0【协香港】0【协澳门】0 【协巴基斯坦】5【协智利】0【协新西兰】0 【协秘鲁】0【协哥斯达黎加】0【协冰岛】0 【协澳大利亚】0【协韩国】0【协格鲁吉亚】0 【特-1】0【特-2】0【增】16【对美加征】10 【出】0【退】13	千克	L	L			999	3-雄烯醇（5α-雄甾-3-烯-17-醇）
290619	90	11	5α-雄烷-3α, 17α-二醇（阿法雄烷二醇）[包括5α-雄烷-3β, 17β-二醇（倍他雄烷二醇）]	5 α - androstane -3 α, 17 α - diol (including 5 α - androstane -3 β, 17 β - estradiol)	【最】5.5【普】30 【协东盟】0【协巴基斯坦】5【协智利】0 【协新西兰】0【协秘鲁】0【协哥斯达黎加】0 【协冰岛】0【协澳大利亚】0 【协韩国】0【协格鲁吉亚】0【协香港】0 【协澳门】0 【特-1】0【特-2】0 【增】16【对美加征】10【出】0【退】13	千克	L	L			999	5α-雄烷-3α，17α-二醇（阿法雄烷二醇）[包括5α-雄烷-3β，17β-二醇（倍他雄烷二醇）]
290619	90	12	雄甾-4-烯-3α, 17α-二醇[4-雄烯二醇(3α, 17α)]{包括雄甾-4-烯-3α, 17β-二醇[4-雄烯二醇(3α, 17β)]}	Androst -4- allyl -3 α, 17 α - diol (including androst -4- allyl -3 α, 17 β - estrad)	【最】5.5【普】30 【协东盟】0【协巴基斯坦】5【协智利】0 【协新西兰】0【协秘鲁】0【协哥斯达黎加】0 【协冰岛】0【协澳大利亚】0 【协韩国】0【协格鲁吉亚】0【协香港】0 【协澳门】0 【特-1】0【特-2】0 【增】16【对美加征】10【出】0【退】13	千克	L	L			999	雄甾-4-烯-3α, 17α-二醇[4-雄烯二醇（3α, 17α)]{包括雄甾-4-烯-3α, 17β-二醇[4-雄烯二醇（3α, 17β)]}
290619	90	13	雄甾-5-烯-3α, 17α-二醇[5-雄烯二醇(3α, 17α)]{包括雄甾-5-烯-3α, 17β-二醇[5-雄烯二醇(3α, 17β)]}	androst-5-ene-3α, 17α-diol, (including androst-5-ene-3α, 17β- diol)	【最】5.5【普】30 【协东盟】0【协巴基斯坦】5【协智利】0 【协新西兰】0【协秘鲁】0【协哥斯达黎加】0 【协冰岛】0【协澳大利亚】0 【协韩国】0【协格鲁吉亚】0【协香港】0 【协澳门】0 【特-1】0【特-2】0 【增】16【对美加征】10【出】0【退】13	千克	L	L			999	雄甾-5-烯-3α, 17α-二醇[5-雄烯二醇（3α, 17α)]{包括雄甾-5-烯-3α, 17β-二醇[5-雄烯二醇（3α, 17β)]}
290619	90	90	其他环烷醇、环烯醇及环萜烯醇	Other cyclanic, cyclenic or cycloterpenic	【最】5.5【普】30 【协东盟】0【协巴基斯坦】5【协智利】0 【协新西兰】0【协秘鲁】0【协哥斯达黎加】0 【协冰岛】0【协澳大利亚】0 【协韩国】0【协格鲁吉亚】0【协香港】0 【协澳门】0 【特-1】0【特-2】0 【增】16【对美加征】10【出】0【退】13	千克					301 302 303	其他环烷醇、环烯醇及环萜烯醇（易燃固体） 其他环烷醇、环烯醇及环萜烯醇（毒性物质和感染性物质） 其他环烷醇、环烯醇及环萜烯醇（其他化工产品）

税则号列			货品名称中英文		税费综合信息	计量单位	监管证件代码		检验检疫类别		检验检疫编码	检验检疫编码对应中文名称
HS国际统一前6位	本国子目 7~8位	本国子目 9~10位	中文 货物名称	英文 Article Description			进口	出口	进口	出口		
290621	00		苄醇	Benzyl alcohol	【最】5【普】30 【协东盟】0【协巴基斯坦】0【协智利】0 【协新西兰】0【协秘鲁】0【协哥斯达黎加】0 【协冰岛】0【协瑞士】0【协澳大利亚】0 【协韩国】0【协格鲁吉亚】0【协香港】0 【协澳门】0 【特-1】0【特-2】0 【增】16【对美加征】10【出】0【退】10	千克					999	苄醇
290629	10		2-苯基乙醇	2-Phenylethyl alcohol	【最】5.5【普】30 【协东盟】0【协巴基斯坦】5【协智利】0 【协新西兰】0【协秘鲁】0【协哥斯达黎加】0 【协冰岛】0【协瑞士】0【协澳大利亚】0 【协韩国】0【协格鲁吉亚】0【协香港】0 【协澳门】0 【特-1】0【特-2】0 【增】16【对美加征】5【出】0【退】10	千克					999	2-苯基乙醇
290629	90	10	三氯杀螨醇、杀螨醇	dicofol, chlorfenethol	【最】5.5【普】30 【协东盟】0【协巴基斯坦】5【协智利】0 【协新西兰】0【协秘鲁】0【协哥斯达黎加】0 【协冰岛】0【协瑞士】3.1【协澳大利亚】0 【协韩国】2.7【协格鲁吉亚】0【协香港】0 【协澳门】0 【特-1】0【特-2】0 【增】16【对美加征】10【出】0【退】10	千克	S	S			999	三氯杀螨醇、杀螨醇
290629	90	90	其他芳香醇	Other aromatic alcohols	【最】5.5【普】30 【协东盟】0【协巴基斯坦】5【协智利】0 【协新西兰】0【协秘鲁】0【协哥斯达黎加】0 【协冰岛】0【协瑞士】3.1【协澳大利亚】0 【协韩国】2.7【协格鲁吉亚】0【协香港】0 【协澳门】0 【特-1】0【特-2】0 【增】16【对美加征】10【出】0【退】10	千克					301 302	其他芳香醇（毒性物质和感染性物质） 其他芳香醇（其他化工产品）
290711	10		苯酚	Phenol	【最】5.5【普】30 【协东盟】0【协巴基斯坦】0【协智利】0 【协新西兰】0【协秘鲁】0【协哥斯达黎加】0 【协冰岛】0【协瑞士】0【协澳大利亚】0 【协格鲁吉亚】0【协香港】0【协澳门】0 【特-1】0【特-2】0【特-3】0 【增】16【对美加征】5【出】0【退】13	千克	A	B	M	N	301	苯酚
290711	90		苯酚的盐	Salts of phenol	【最】5.5【普】30 【协东盟】0【协巴基斯坦】0【协智利】0 【协新西兰】0【协秘鲁】0【协哥斯达黎加】0 【协冰岛】0【协瑞士】2.2【协澳大利亚】0 【协香港】0【协澳门】0 【协格鲁吉亚】0 【特-1】0【特-2】0【特-3】0 【增】16【对美加征】5【出】0【退】10	千克					301 302	苯酚的盐（腐蚀性物质） 苯酚的盐（其他化工产品）
290712	11		间甲酚	m-Cresol	【最】5.5【普】30【暂进】3 【协东盟】0【协巴基斯坦】0【协智利】0 【协新西兰】0【协秘鲁】0【协哥斯达黎加】0 【协冰岛】0【协瑞士】0【协澳大利亚】0 【协韩国】0【协格鲁吉亚】0【协香港】0 【协澳门】0 【特-1】0【特-2】0【特-3】0 【增】16【对美加征】5【出】0【退】10	千克					101 102 103 104	间甲酚［2-甲（苯）酚］ 间甲酚［2，5-二甲（苯）酚］ 间甲酚［2，6-二甲（苯）酚］ 间甲酚［3，5-二甲（苯）酚］
290712	12		邻甲酚	o-Cresol	【最】5.5【普】30【暂进】3 【协东盟】0【协巴基斯坦】0【协智利】0 【协新西兰】0【协秘鲁】0【协哥斯达黎加】0 【协冰岛】0【协瑞士】0【协澳大利亚】0 【协韩国】0【协格鲁吉亚】0【协香港】0 【协澳门】0 【特-1】0【特-2】0【特-3】0 【增】16【对美加征】10【出】0【退】10	千克					101 102	邻甲酚［3-甲（苯）酚］ 邻甲酚［3，4-二甲（苯）酚］

税则号列			货品名称中英文		税费综合信息	计量单位	监管证件代码		检验检疫类别		检验检疫编码	检验检疫编码对应中文名称
HS国际统一前6位	本国子目 7~8位	本国子目 9~10位	中文 货物名称	英文 Article Description			进口	出口	进口	出口		
290712	19		其他甲酚	Other cresol	【最】5.5【普】30 【协东盟】0【协巴基斯坦】5【协智利】0 【协新西兰】0【协秘鲁】0【协哥斯达黎加】0 【协冰岛】0【协瑞士】0【协澳大利亚】0 【协韩国】2.7【协格鲁吉亚】0【协香港】0 【协澳门】0 【特-1】0【特-2】0【特-3】0 【增】16【对美加征】10【出】0【退】10	千克	A	B	MR	NS	301 302 303 304	其他甲酚（其他危险化学品，需申报仅用于工业用途不用于无检疫要求食品添加剂） 其他甲酚（无检疫要求食品添加剂） 其他甲酚（一般化学品，需申报仅用于工业用途不用于无检疫要求食品添加剂） 其他甲酚（属于危险化学品的食品添加剂）
290712	90		甲酚的盐	Salts of cresol	【最】5.5【普】30 【协东盟】0【协巴基斯坦】0【协智利】0 【协新西兰】0【协秘鲁】0【协哥斯达黎加】0 【协冰岛】0【协瑞士】0【协澳大利亚】0 【协韩国】0【协格鲁吉亚】0【协香港】0 【协澳门】0 【特-1】0【特-2】0【特-3】0 【增】16【出】0【退】10	千克					101	甲酚的盐（焦油酸）
290713	10		壬基酚、对壬基酚、支链-4-壬基酚	Nonylphenol and its isomers	【最】5.5【普】30 【协东盟】0【协巴基斯坦】0【协智利】0 【协新西兰】0【协秘鲁】0【协哥斯达黎加】0 【协冰岛】0【协瑞士】0【协澳大利亚】0 【协格鲁吉亚】0【协香港】0【协澳门】0 【特-1】0【特-2】0【特-3】0 【增】16【反倾】有【出】0【退】10	千克	A	B	M	N	999	壬基酚、对壬基酚、支链-4-壬基酚（包括4-壬基苯酚、壬基苯酚）
290713	90		辛基酚及其异构体（包括辛基酚及其异构体的盐和壬基酚盐）	Octylphenol and its isomers(incuding salts of octylphenol and its isomers, salts of nonylphenol)	【最】5.5【普】30 【协东盟】0【协巴基斯坦】0【协智利】0 【协新西兰】0【协秘鲁】0【协哥斯达黎加】0 【协冰岛】0【协瑞士】0【协澳大利亚】0 【协韩国】3.6【协格鲁吉亚】0【协香港】0 【协澳门】0 【特-1】0【特-2】0【特-3】0 【增】16【出】0【退】10	千克					999	辛基酚及其异构体（包括辛基酚及其异构体的盐和壬基酚盐）
290715	10		β-萘酚（2-萘酚）	2-Naphthols(β-naphthol)	【最】5.5【普】30 【协东盟】0【协巴基斯坦】0【协智利】0 【协新西兰】0【协秘鲁】0【协哥斯达黎加】0 【协冰岛】0【协瑞士】0【协澳大利亚】0 【协韩国】0【协格鲁吉亚】0【协香港】0 【协澳门】0 【特-1】0【特-2】0【特-3】0 【增】16【出】0【退】10	千克					999	β-萘酚（2-萘酚）
290715	90		其他萘酚及萘酚盐	Other naphthols and salts of naphthols	【最】5.5【普】30 【协东盟】0【协巴基斯坦】5【协智利】0 【协新西兰】0【协秘鲁】0【协哥斯达黎加】0 【协冰岛】0【协瑞士】0【协澳大利亚】0 【协韩国】0【协格鲁吉亚】0【协香港】0 【协澳门】0 【特-1】0【特-2】0【特-3】0 【增】16【对美加征】5【出】0【退】10	千克	A	B	R	S	301 302 303 304	其他萘酚及萘酚盐（其他危险化学品，需申报仅用于工业用途不用于无检疫要求食品添加剂） 其他萘酚及萘酚盐（无检疫要求食品添加剂） 其他萘酚及萘酚盐（一般化学品，需申报仅用于工业用途不用于无检疫要求食品添加剂） 其他萘酚及萘酚盐（属于危险化学品的食品添加剂）
290719	10	10	邻异丙基（苯）酚	o-isopropyl phenol	【最】4【普】11【暂进】2 【协东盟】0【协巴基斯坦】0【协智利】0 【协新西兰】0【协秘鲁】0【协哥斯达黎加】0 【协冰岛】0【协瑞士】1.6【协澳大利亚】0 【协韩国】0【协格鲁吉亚】0【协香港】0 【协澳门】0 【特-1】0【特-2】0【特-3】0 【增】16【对美加征】5【出】0【退】10	千克	A	B	M	N	999	邻异丙基（苯）酚

税则号列 HS国际统一前6位	本国子目 7~8位	本国子目 9~10位	货品名称中英文 中文 货物名称	货品名称中英文 英文 Article Description	税费综合信息	计量单位	监管证件代码 进口	监管证件代码 出口	检验检疫类别 进口	检验检疫类别 出口	检验检疫编码	检验检疫编码对应中文名称
290719	10	90	邻仲丁基酚	o-Sec-butyl phenol	【最】4【普】11【暂进】2 【协东盟】0【协巴基斯坦】0【协智利】0 【协新西兰】0【协秘鲁】0【协哥斯达黎加】0 【协冰岛】0【协瑞士】1.6【协澳大利亚】0 【协韩国】0【协格鲁吉亚】0【协香港】0 【协澳门】0 【特-1】0【特-2】0【特-3】0 【增】16【对美加征】5【出】0【退】10	千克					999	邻仲丁基酚
290719	90	12	邻烯丙基苯酚及盐	O-allyl phenol and salt	【最】5.5【普】30 【协东盟】0【协巴基斯坦】5【协智利】0 【协新西兰】0【协秘鲁】0【协哥斯达黎加】0 【协冰岛】0【协瑞士】2.2【协澳大利亚】0 【协韩国】0【协格鲁吉亚】0【协香港】0 【协澳门】0 【特-1】0【特-2】0【特-3】0 【增】16【对美加征】5【出】0【退】0	千克	S	S			301 302	邻烯丙基苯酚及盐（腐蚀性物质） 邻烯丙基苯酚及盐（其他化工产品）
290719	90	90	其他一元酚	Other Monophenols	【最】5.5【普】30 【协东盟】0【协巴基斯坦】5【协智利】0 【协新西兰】0【协秘鲁】0【协哥斯达黎加】0 【协冰岛】0【协瑞士】2.2【协澳大利亚】0 【协韩国】0【协格鲁吉亚】0【协香港】0 【协澳门】0 【特-1】0【特-2】0【特-3】0 【增】16【对美加征】5【出】0【退】10	千克					301 302 303	其他一元酚（腐蚀性物质） 其他一元酚（杂项物质） 其他一元酚（其他化工产品）
290721	00	01	间苯二酚	m-Dihydroxybenzene (resorcinol)	【最】5.5【普】30 【协东盟】0【协巴基斯坦】5【协智利】0 【协新西兰】0【协秘鲁】0【协哥斯达黎加】0 【协冰岛】0【协瑞士】0【协澳大利亚】0 【协韩国】2.7【协格鲁吉亚】0【协香港】0 【协澳门】0 【特-1】0【特-2】0【特-3】0 【增】16【反倾】有【对美加征】10【出】0 【退】10	千克					301	间苯二酚
290721	00	90	间苯二酚盐	Salts of m-Dihydroxy-benzene(resorcinol)	【最】5.5【普】30 【协东盟】0【协巴基斯坦】5【协智利】0 【协新西兰】0【协秘鲁】0【协哥斯达黎加】0 【协冰岛】0【协瑞士】0【协澳大利亚】0 【协韩国】2.7【协格鲁吉亚】0【协香港】0 【协澳门】0 【特-1】0【特-2】0【特-3】0 【增】16【对美加征】10【出】0【退】10	千克					101 102	间苯二酚盐（属于危险化学品的食品添加剂） 间苯二酚盐（化工产品）
290722	10		对苯二酚	Hydroquinone	【最】5.5【普】30 【协东盟】0【协巴基斯坦】5【协智利】0 【协新西兰】0【协秘鲁】0【协哥斯达黎加】0 【协冰岛】0【协瑞士】0【协澳大利亚】0 【协韩国】0【协格鲁吉亚】0【协香港】0 【协澳门】0 【特-1】0【特-2】0【特-3】0 【增】16【对美加征】5【出】0【退】10	千克					301	对苯二酚
290722	90		对苯二酚的盐	Salts of hydroquinone	【最】5.5【普】30 【协东盟】0【协巴基斯坦】0【协智利】0 【协新西兰】0【协秘鲁】0【协哥斯达黎加】0 【协冰岛】0【协瑞士】0【协澳大利亚】0 【协韩国】0【协格鲁吉亚】0【协香港】0 【协澳门】0 【特-1】0【特-2】0【特-3】0 【增】16【对美加征】5【出】0【退】10	千克					999	对苯二酚的盐
290723	00	01	双酚A(4,4'-异亚丙基联苯酚)	Bisphenol-A (4, 4'-Isopropylidenedi-phenol)	【最】5.5【普】30 【协东盟】0【协巴基斯坦】5【协智利】0 【协新西兰】0【协秘鲁】0【协哥斯达黎加】0 【协冰岛】0【协瑞士】0【协澳大利亚】0 【协格鲁吉亚】0【协香港】0【协澳门】0 【特-1】0【特-2】0【特-3】0 【增】16【反倾】有【对美加征】10【出】0 【退】10	千克					999	双酚A(4,4'-异亚丙基联苯酚)

税则号列 HS国际统一前6位	本国子目 7~8位	本国子目 9~10位	货品名称中英文 中文 货物名称	货品名称中英文 英文 Article Description	税费综合信息	计量单位	监管证件代码 进口	监管证件代码 出口	检验检疫类别 进口	检验检疫类别 出口	检验检疫编码	检验检疫编码对应中文名称
290723	00	90	双酚A的盐	Salts of bisphenol-A (4, 4'- Isopropylidene- diphenol)	【最】5.5【普】30 【协东盟】0【协巴基斯坦】5【协智利】0 【协新西兰】0【协秘鲁】0【协哥斯达黎加】0 【协冰岛】0【协瑞士】0【协澳大利亚】0 【协格鲁吉亚】0【协香港】0【协澳门】0 【特-1】0【特-2】0【特-3】0 【增】16【对美加征】10【出】0【退】10	千克					999	双酚A的盐（4,4'-异亚丙基联苯酚的盐）
290729	10		邻苯二酚	o-Dihydroxybenzene (catechol, pyrocatechol)	【最】4【普】11 【协东盟】0【协巴基斯坦】0【协智利】0 【协新西兰】0【协秘鲁】0【协哥斯达黎加】0 【协冰岛】0【协瑞士】0【协澳大利亚】0 【协格鲁吉亚】0【协香港】0【协澳门】0 【特-1】0【特-2】0【特-3】0 【增】16【对美加征】5【出】0【退】10	千克					999	邻苯二酚
290729	90	01	特丁基对苯二酚	tert - Butylhydroquinone	【最】5.5【普】30 【协东盟】0【协巴基斯坦】5【协智利】0 【协新西兰】0【协秘鲁】0【协哥斯达黎加】0 【协冰岛】0【协瑞士】0【协澳大利亚】0 【协韩国】3.6【协格鲁吉亚】0【协香港】0 【协澳门】0 【特-1】0【特-2】0【特-3】0 【增】16【反倾】有【对美加征】5【出】0 【退】10	千克	A	B	MR	NS	999	特丁基对苯二酚
290729	90	10	毒菌酚	Hexachlorophene	【最】5.5【普】30 【协东盟】0【协巴基斯坦】5【协智利】0 【协新西兰】0【协秘鲁】0【协哥斯达黎加】0 【协冰岛】0【协瑞士】0【协澳大利亚】0 【协韩国】3.6【协格鲁吉亚】0【协香港】0 【协澳门】0 【特-1】0【特-2】0【特-3】0 【增】16【对美加征】5【出】0【退】0	千克	S	S			999	毒菌酚
290729	90	90	其他多元酚；酚醇	Other Polyphenols; phenol-alcohols	【最】5.5【普】30 【协东盟】0【协巴基斯坦】5【协智利】0 【协新西兰】0【协秘鲁】0【协哥斯达黎加】0 【协冰岛】0【协瑞士】0【协澳大利亚】0 【协韩国】3.6【协格鲁吉亚】0【协香港】0 【协澳门】0 【特-1】0【特-2】0【特-3】0 【增】16【对美加征】5【出】0【退】10	千克	A	B	MR	NS	301 302 303 304	其他多元酚；酚醇（其他危险化学品，需申报仅用于工业用途不用于无检疫要求食品添加剂） 其他多元酚；酚醇（无检疫要求食品添加剂） 其他多元酚；酚醇（一般化学品，需申报仅用于工业用途不用于无检疫要求食品添加剂） 其他多元酚；酚醇（属于危险化学品的食品添加剂）
290811	00		五氯苯酚（五氯酚）	Pentachlorophenol (ISO)	【最】5.5【普】30 【协东盟】0【协巴基斯坦】5【协智利】0 【协新西兰】0【协秘鲁】0【协哥斯达黎加】0 【协冰岛】0【协瑞士】0【协澳大利亚】0 【协韩国】0【协格鲁吉亚】0【协香港】0 【协澳门】0 【特-1】0【特-2】0 【增】16【出】0【退】0	千克	A	B	M	N	301	五氯苯酚（五氯酚）
290819	10		对氯苯酚	p-Chlorophenol	【最】4【普】11 【协东盟】0【协巴基斯坦】0【协智利】0 【协新西兰】0【协秘鲁】0【协哥斯达黎加】0 【协冰岛】0【协瑞士】0【协澳大利亚】0 【协韩国】0【协格鲁吉亚】0【协香港】0 【协澳门】0 【特-1】0【特-2】0 【增】16【出】0【退】10	千克					999	对氯苯酚
290819	90	21	格螨酯	Genite	【最】5.5【普】30 【协东盟】0【协巴基斯坦】5【协智利】0 【协新西兰】0【协秘鲁】0【协哥斯达黎加】0 【协冰岛】0【协瑞士】0【协澳大利亚】0 【协韩国】0【协格鲁吉亚】0【协香港】0 【协澳门】0 【特-1】0【特-2】0 【增】16【对美加征】5【出】0【退】0	千克	S	S			999	格螨酯

税则号列 HS国际统一前6位	本国子目 7~8位	本国子目 9~10位	货品名称中英文 中文 货物名称	英文 Article Description	税费综合信息	计量单位	监管证件代码 进口	监管证件代码 出口	检验检疫类别 进口	检验检疫类别 出口	检验检疫编码	检验检疫编码对应中文名称
290819	90	22	双氯酚	Dichlorophene	【最】5.5【普】30 【协东盟】0【协巴基斯坦】5【协智利】0 【协新西兰】0【协秘鲁】0【协哥斯达黎加】0 【协冰岛】0【协瑞士】0【协澳大利亚】0 【协韩国】0【协格鲁吉亚】0【协香港】0 【协澳门】0 【特-1】0【特-2】0 【增】16【对美加征】5【出】0【退】0	千克	S	S			999	双氯酚
290819	90	23	五氯酚钠	Sodium pentachlorophenate	【最】5.5【普】30 【协东盟】0【协巴基斯坦】5【协智利】0 【协新西兰】0【协秘鲁】0【协哥斯达黎加】0 【协冰岛】0【协瑞士】0【协澳大利亚】0 【协韩国】0【协格鲁吉亚】0【协香港】0 【协澳门】0 【特-1】0【特-2】0 【增】16【对美加征】5【出】0【退】0	千克	S	S			999	五氯酚钠
290819	90	90	其他仅含卤素取代基的衍生物及盐	Other derivatives containing only halogen substituents and their salts	【最】5.5【普】30 【协东盟】0【协巴基斯坦】5【协智利】0 【协新西兰】0【协秘鲁】0【协哥斯达黎加】0 【协冰岛】0【协瑞士】0【协澳大利亚】0 【协韩国】0【协格鲁吉亚】0【协香港】0 【协澳门】0 【特-1】0【特-2】0 【增】16【对美加征】5【出】0【退】10	千克					301 302	其他仅含卤素取代基的衍生物及盐（毒性物质和感染性物质） 其他仅含卤素取代基的衍生物及盐（其他化工产品）
290891	00		地乐酚及其盐和酯	Dinoseb(ISO) and its salts	【最】5.5【普】30 【协东盟】0【协巴基斯坦】5【协智利】0 【协新西兰】0【协秘鲁】0【协哥斯达黎加】0 【协冰岛】0【协瑞士】0【协澳大利亚】0 【协韩国】0【协格鲁吉亚】0【协香港】0 【协澳门】0 【特-1】0【特-2】0 【增】16【出】0【退】0	千克	9	8			301 302	地乐酚及其盐和酯（毒性物质和感染性物质） 地乐酚及其盐和酯（其他化工产品）
290892	00		4,6-二硝基邻甲酚［二硝酚(ISO)］及其盐	4, 6-Dinitro-o-cresol (DNOC(ISO)) and its salts	【最】5.5【普】30 【协东盟】0【协巴基斯坦】5【协智利】0 【协新西兰】0【协秘鲁】0【协哥斯达黎加】0 【协冰岛】0【协瑞士】0【协澳大利亚】0 【协韩国】0【协格鲁吉亚】0【协香港】0 【协澳门】0 【特-1】0【特-2】0 【增】16【出】0【退】10	千克	9	8			999	4,6-二硝基邻甲酚［二硝酚(ISO)］及其盐
290899	10	10	4-硝基苯酚（对硝基苯酚）	4- Nitrophenol (p-nitrophenol)	【最】5.5【普】30 【协东盟】0【协巴基斯坦】0【协智利】0 【协新西兰】0【协秘鲁】0【协哥斯达黎加】0 【协冰岛】0【协瑞士】0【协澳大利亚】0 【协韩国】0【协格鲁吉亚】0【协香港】0 【协澳门】0 【特-1】0【特-2】0 【增】16【出】0【退】10	千克					101 102	4-硝基苯酚（对硝基苯酚）［2-硝基-4-甲（苯）酚］ 4-硝基苯酚（对硝基苯酚）［4-硝基（苯）酚］
290899	10	90	对硝基苯酚钠	Sodium para-nitrophenolate	【最】5.5【普】30 【协东盟】0【协巴基斯坦】0【协智利】0 【协新西兰】0【协秘鲁】0【协哥斯达黎加】0 【协冰岛】0【协瑞士】0【协澳大利亚】0 【协韩国】0【协格鲁吉亚】0【协香港】0 【协澳门】0 【特-1】0【特-2】0 【增】16【出】0【退】0	千克	S	S			301	对硝基苯酚钠
290899	90	21	芬螨酯	Fenson	【最】5.5【普】30 【协东盟】0【协巴基斯坦】5【协智利】0 【协新西兰】0【协秘鲁】0【协哥斯达黎加】0 【协冰岛】0【协瑞士】0【协澳大利亚】0 【协韩国】2.7【协格鲁吉亚】0【协香港】0 【协澳门】0 【特-1】0【特-2】0 【增】16【对美加征】10【出】0【退】0	千克	S	S			999	芬螨酯

税则号列			货品名称中英文		税费综合信息	计量单位	监管证件代码		检验检疫类别		检验检疫编码	检验检疫编码对应中文名称
HS 国际统一前 6 位	本国子目 7~8 位	本国子目 9~10 位	中文 货物名称	英文 Article Description			进口	出口	进口	出口		
290899	90	22	消螨酚	Dinex	【最】5.5【普】30 【协东盟】0【协巴基斯坦】5【协智利】0 【协新西兰】0【协秘鲁】0【协哥斯达黎加】0 【协冰岛】0【协瑞士】0【协澳大利亚】0 【协韩国】2.7【协格鲁吉亚】0【协香港】0 【协澳门】0 【特-1】0【特-2】0 【增】16【对美加征】10【出】0【退】0	千克	S	S			999	消螨酚
290899	90	23	戊硝酚	Dinosam	【最】5.5【普】30 【协东盟】0【协巴基斯坦】5【协智利】0 【协新西兰】0【协秘鲁】0【协哥斯达黎加】0 【协冰岛】0【协瑞士】0【协澳大利亚】0 【协韩国】2.7【协格鲁吉亚】0【协香港】0 【协澳门】0 【特-1】0【特-2】0 【增】16【对美加征】10【出】0【退】0	千克	S	S			999	戊硝酚
290899	90	24	特乐酚	Dinoterb	【最】5.5【普】30 【协东盟】0【协巴基斯坦】5【协智利】0 【协新西兰】0【协秘鲁】0【协哥斯达黎加】0 【协冰岛】0【协瑞士】0【协澳大利亚】0 【协韩国】2.7【协格鲁吉亚】0【协香港】0 【协澳门】0 【特-1】0【特-2】0 【增】16【对美加征】10【出】0【退】0	千克	S	S			999	特乐酚
290899	90	30	苦味酸（2,4,6-三硝基苯酚）	Picric acid (2, 4, 6-trinitrophenol)	【最】5.5【普】30 【协东盟】0【协巴基斯坦】5【协智利】0 【协新西兰】0【协秘鲁】0【协哥斯达黎加】0 【协冰岛】0【协瑞士】0【协澳大利亚】0 【协韩国】2.7【协格鲁吉亚】0【协香港】0 【协澳门】0 【特-1】0【特-2】0 【增】16【对美加征】10【出】0	千克	k	k			999	苦味酸（2,4,6-三硝基苯酚）
290899	90	90	其他酚及酚醇的卤化等衍生物（包括其磺化、硝化或亚硝化衍生物）	Other Halogenated, sulphonated, nitrated or nitrosated derivatives of phenols or phenolalcohols	【最】5.5【普】30 【协东盟】0【协巴基斯坦】5【协智利】0 【协新西兰】0【协秘鲁】0【协哥斯达黎加】0 【协冰岛】0【协瑞士】0【协澳大利亚】0 【协韩国】2.7【协格鲁吉亚】0【协香港】0 【协澳门】0 【特-1】0【特-2】0 【增】16【对美加征】10【出】0【退】10	千克					301 302 303 304 305 ……	其他酚及酚醇的卤化等衍生物（包括其磺化、硝化或亚硝化衍生物）（爆炸品） 其他酚及酚醇的卤化等衍生物（包括其磺化、硝化或亚硝化衍生物）（易燃液体） 其他酚及酚醇的卤化等衍生物（包括其磺化、硝化或亚硝化衍生物）（易燃固体） 其他酚及酚醇的卤化等衍生物（包括其磺化、硝化或亚硝化衍生物）（毒性物质和感染性物质） 其他酚及酚醇的卤化等衍生物（包括其磺化、硝化或亚硝化衍生物）（腐蚀性物质） ……①
290911	00		乙醚	Diethyl ether	【最】5.5【普】30 【协东盟】0【协巴基斯坦】0【协智利】0 【协新西兰】0【协秘鲁】0【协哥斯达黎加】0 【协冰岛】0【协瑞士】0【协澳大利亚】0 【协韩国】0【协格鲁吉亚】0【协香港】0 【协澳门】0 【特-1】0【特-2】0【特-3】0 【增】16【对美加征】5【出】0【退】10	千克	2A	3B	M	N	301	乙醚

① 该税号项下检验检疫编码及对应中文名称尚有：306　其他酚及酚醇的卤化等衍生物（包括其磺化、硝化或亚硝化衍生物）（杂项物质），307　其他酚及酚醇的卤化等衍生物（包括其磺化、硝化或亚硝化衍生物）（其他化工产品）。

税则号列			货品名称中英文		税费综合信息	计量单位	监管证件代码		检验检疫类别		检验检疫编码	检验检疫编码对应中文名称
HS国际统一前6位	本国子目 7~8位	本国子目 9~10位	中文 货物名称	英文 Article Description			进口	出口	进口	出口		
290919	10		甲醚	Methyl ether	【最】5.5【普】30 【协东盟】0【协巴基斯坦】5【协智利】0 【协新西兰】0【协哥斯达黎加】0 【协冰岛】0【协瑞士】0【协澳大利亚】0 【协韩国】3.6【协格鲁吉亚】0【协香港】0 【协澳门】0 【特-1】0 【增】16【对美加征】5【出】0【退】10	千克					999	甲醚
290919	90	11	八氯二丙醚	Octachlorodipropyl ether	【最】5.5【普】30 【协东盟】0【协巴基斯坦】5【协智利】0 【协新西兰】0【协哥斯达黎加】0 【协冰岛】0【协瑞士】0【协澳大利亚】0 【协韩国】3.6【协格鲁吉亚】0【协香港】0 【协澳门】0 【特-1】0 【增】16【对美加征】10【出】0【退】10	千克	S	S			999	八氯二丙醚
290919	90	12	二氯异丙醚	Nemamort(DCIP)	【最】5.5【普】30 【协东盟】0【协巴基斯坦】5【协智利】0 【协新西兰】0【协哥斯达黎加】0 【协冰岛】0【协瑞士】0【协澳大利亚】0 【协韩国】3.6【协格鲁吉亚】0【协香港】0 【协澳门】0 【特-1】0 【增】16【对美加征】10【出】0【退】10	千克	S	S			999	二氯异丙醚
290919	90	90	其他无环醚及其卤化等衍生物（包括其磺化、硝化或亚硝化衍生物）	Other acyclic ethers and their halogenated, sulphonated, nitrated or nitrosated derivatives	【最】5.5【普】30 【协东盟】0【协巴基斯坦】5【协智利】0 【协新西兰】0【协哥斯达黎加】0 【协冰岛】0【协瑞士】0【协澳大利亚】0 【协韩国】3.6【协格鲁吉亚】0【协香港】0 【协澳门】0 【特-1】0 【增】16【对美加征】10【出】0【退】10	千克					301 302 303 304 305	其他无环醚及其卤化等衍生物（包括其磺化、硝化或亚硝化衍生物）（易燃气体） 其他无环醚及其卤化等衍生物（包括其磺化、硝化或亚硝化衍生物）（易燃液体） 其他无环醚及其卤化等衍生物（包括其磺化、硝化或亚硝化衍生物）（毒性物质和感染性物质） 其他无环醚及其卤化等衍生物（包括其磺化、硝化或亚硝化衍生物）（腐蚀性物质） 其他无环醚及其卤化等衍生物（包括其磺化、硝化或亚硝化衍生物）（其他化工产品）
290920	00		环烷醚、环烯醚或环萜烯醚及其卤化、磺化、硝化或亚硝化衍生物	Cyclanic, cyclenic or cycloterpenic ethers and their halogenated, sulphonated, nitrated or nitrosated derivatives	【最】5.5【普】30 【协东盟】0【协巴基斯坦】0【协智利】0 【协新西兰】0【协秘鲁】0【协哥斯达黎加】0 【协冰岛】0【协瑞士】0【协澳大利亚】0 【协韩国】0【协格鲁吉亚】0【协香港】0 【协澳门】0 【特-1】0【特-2】0【特-3】0 【增】16【对美加征】10【出】0【退】10	千克					101 102	环烷醚、环烯醚或环萜烯醚及其卤化、磺化、硝化或亚硝化衍生物（桉叶油醇） 环烷醚、环烯醚或环萜烯醚及其卤化、磺化、硝化或亚硝化衍生物（1,2-环氧-3-乙氧基丙烷）
290930	10		1-烷氧基-4-（4-乙烯基环己基）-2，3-二氟苯	1-alkoxyl-4-(4-ethenylcyclohexyl)-2, 3-difluoro benzene	【最】5.5【普】30 【协东盟】0【协巴基斯坦】5【协智利】0 【协新西兰】0【协秘鲁】0【协哥斯达黎加】0 【协冰岛】0【协瑞士】0【协澳大利亚】0 【协韩国】0【协格鲁吉亚】0【协香港】0 【协澳门】0 【特-1】0【特-2】0【特-3】0 【增】16【出】0【退】10	千克					999	1-烷氧基-4-（4-乙烯基环己基）-2,3-二氟苯
290930	20		4-（4-烷氧基苯基）-4'-烷烯基-1，1'-双环己烷及其氟代衍生物	4-(4-alkoxy phenyl)-4' alkenyl-1, 1'-dicyclohexane and its fluorinated derivatives	【最】5.5【普】30 【协东盟】0【协巴基斯坦】5【协智利】0 【协新西兰】0【协秘鲁】0【协哥斯达黎加】0 【协冰岛】0【协瑞士】0【协澳大利亚】0 【协韩国】0【协格鲁吉亚】0【协香港】0 【协澳门】0 【特-1】0【特-2】0【特-3】0 【增】16【出】0【退】13	千克					999	4-（4-烷氧基苯基）-4'-烷烯基-1,1'-双环己烷及其氟代衍生物

税则号列 HS国际统一前6位	本国子目 7~8位	本国子目 9~10位	货品名称中英文 中文 货物名称	货品名称中英文 英文 Article Description	税费综合信息	计量单位	监管证件代码 进口	监管证件代码 出口	检验检疫类别 进口	检验检疫类别 出口	检验检疫编码	检验检疫编码对应中文名称
290930	90	11	甲氧滴滴涕、除草醚	Methoxychlor, nitrofen	【最】5.5【普】30 【协东盟】0【协巴基斯坦】5【协智利】0 【协新西兰】0【协秘鲁】0【协哥斯达黎加】0 【协冰岛】0【协瑞士】0【协澳大利亚】0 【协韩国】0【协格鲁吉亚】0【协香港】0 【协澳门】0 【特-1】0【特-2】0【特-3】0 【增】16【对美加征】10【出】0【退】0	千克	S	S			999	甲氧滴滴涕、除草醚
290930	90	12	醚菊酯、苄螨醚、三氟醚	Ethofenprox, halfenprox, trifluoro	【最】5.5【普】30 【协东盟】0【协巴基斯坦】5【协智利】0 【协新西兰】0【协秘鲁】0【协哥斯达黎加】0 【协冰岛】0【协瑞士】0【协澳大利亚】0 【协韩国】0【协格鲁吉亚】0【协香港】0 【协澳门】0 【特-1】0【特-2】0【特-3】0 【增】16【对美加征】10【出】0【退】10	千克	S	S			999	醚菊酯、苄螨醚、三氟醚
290930	90	13	氯苯甲醚、甲氧除草醚	Choroanisole, chlomethoxyfen	【最】5.5【普】30 【协东盟】0【协巴基斯坦】5【协智利】0 【协新西兰】0【协秘鲁】0【协哥斯达黎加】0 【协冰岛】0【协瑞士】0【协澳大利亚】0 【协韩国】0【协格鲁吉亚】0【协香港】0 【协澳门】0 【特-1】0【特-2】0【特-3】0 【增】16【对美加征】10【出】0【退】10	千克	S	S			999	氯苯甲醚、甲氧除草醚
290930	90	14	三氟硝草醚、草枯醚	Trifluoro-ethyl nitrate, chlornitrofen	【最】5.5【普】30 【协东盟】0【协巴基斯坦】5【协智利】0 【协新西兰】0【协秘鲁】0【协哥斯达黎加】0 【协冰岛】0【协瑞士】0【协澳大利亚】0 【协韩国】0【协格鲁吉亚】0【协香港】0 【协澳门】0 【特-1】0【特-2】0【特-3】0 【增】16【对美加征】10【出】0【退】10	千克	S	S			999	三氟硝草醚、草枯醚
290930	90	15	氟除草醚、乙氧氟草醚	Fluoronitrofen, oxyfluorfen	【最】5.5【普】30 【协东盟】0【协巴基斯坦】5【协智利】0 【协新西兰】0【协秘鲁】0【协哥斯达黎加】0 【协冰岛】0【协瑞士】0【协澳大利亚】0 【协韩国】0【协格鲁吉亚】0【协香港】0 【协澳门】0 【特-1】0【特-2】0【特-3】0 【增】16【对美加征】10【出】0【退】10	千克	S	S			999	氟除草醚、乙氧氟草醚
290930	90	16	四溴二苯醚、五溴二苯醚、六溴二苯醚、七溴二苯醚	Tetrabromodiphenyl ether, Pentabromodiphenyl ether, Hexabromodiphenyl ether, Heptabromodiphenyl ether	【最】5.5【普】30 【协东盟】0【协巴基斯坦】5【协智利】0 【协新西兰】0【协秘鲁】0【协哥斯达黎加】0 【协冰岛】0【协瑞士】0【协澳大利亚】0 【协韩国】0【协格鲁吉亚】0【协香港】0 【协澳门】0 【特-1】0【特-2】0【特-3】0 【增】16【对美加征】10【出】0【退】10	千克	9	8			999	四溴二苯醚、五溴二苯醚、六溴二苯醚、七溴二苯醚
290930	90	90	其他芳香醚及其卤化、磺化、硝化衍生物（包括其亚硝化衍生物）	Other aromatic ethers and their halogenated, sulphonated, nitrated or nitrosated derivatives	【最】5.5【普】30 【协东盟】0【协巴基斯坦】5【协智利】0 【协新西兰】0【协秘鲁】0【协哥斯达黎加】0 【协冰岛】0【协瑞士】0【协澳大利亚】0 【协韩国】0【协格鲁吉亚】0【协香港】0 【协澳门】0 【特-1】0【特-2】0【特-3】0 【增】16【对美加征】10【出】0【退】10	千克					101 301 302 303 304	其他芳香醚及其卤化、磺化、硝化衍生物（包括其亚硝化衍生物）（饲料添加剂） 其他芳香醚及其卤化、磺化、硝化衍生物（包括其亚硝化衍生物）（爆炸品） 其他芳香醚及其卤化、磺化、硝化衍生物（包括其亚硝化衍生物）（易燃气体） 其他芳香醚及其卤化、磺化、硝化衍生物（包括其亚硝化衍生物）（易燃固体） 其他芳香醚及其卤化、磺化、硝化衍生物（包括其亚硝化衍生物）（毒性物质和感染性物质）

税则号列			货品名称中英文		税费综合信息	计量单位	监管证件代码		检验检疫类别		检验检疫编码	检验检疫编码对应中文名称
HS国际统一前6位	本国子目7~8位	9~10位	中文 货物名称	英文 Article Description			进口	出口	进口	出口		
											305 ……	其他芳香醚及其卤化、磺化、硝化衍生物（包括其亚硝化衍生物）（杂项物质） ……①
290941	00		2，2-氧联二乙醇（二甘醇）	2, 2-Oxydiethanol (diethylene glycol, digol)	【最】5.5【普】30【暂进】3 【协东盟】0【协巴基斯坦】0【协智利】0 【协新西兰】0【协台湾】0【协哥斯达黎加】0 【协冰岛】0【协瑞士】0【协澳大利亚】0 【协韩国】0【协格鲁吉亚】0【协香港】0 【协澳门】0 【特-1】0 【增】16【对美加征】10【出】0【退】10	千克					999	2,2-氧联二乙醇（二甘醇）
290943	00		乙二醇或二甘醇的单丁醚	Monobutyl ethers of ethylene glycol or of diethylene glycol	【最】5.5【普】30 【协东盟】0【协澳门】0【协巴基斯坦】5 【协智利】0【协新西兰】0【协秘鲁】0 【协台湾】0【协哥斯达黎加】0【协冰岛】0 【协瑞士】0【协澳大利亚】0【协韩国】0 【协格鲁吉亚】0【协香港】0 【特-1】0【特-2】0【特-3】0 【增】16【反倾】有【对美加征】5【出】0 【退】10	千克					101 102	乙二醇或二甘醇的单丁醚（1，2-二甲氧基乙烷） 乙二醇或二甘醇的单丁醚（2，2-二甲氧基丙烷）
290944	00		乙二醇或二甘醇的其他单烷基醚	Other monoalkylethers of ethylene glycol or of diethylene glycol	【最】5.5【普】30 【协东盟】0【协巴基斯坦】5【协智利】0 【协新西兰】0【协秘鲁】0【协哥斯达黎加】0 【协冰岛】0【协瑞士】0【协澳大利亚】0 【协韩国】3.6【协格鲁吉亚】0【协香港】0 【协澳门】0 【特-1】0【特-2】0【特-3】0 【增】16【对美加征】5【出】0【退】10	千克					301 302	乙二醇或二甘醇的其他单烷基醚（易燃液体） 乙二醇或二甘醇的其他单烷基醚（其他化工产品）
290949	10		间苯氧基苄醇	m-Phenoxy benzalcohol	【最】4【普】11 【协东盟】0【协巴基斯坦】0【协智利】0 【协新西兰】0【协秘鲁】0【协哥斯达黎加】0 【协冰岛】0【协瑞士】0【协澳大利亚】0 【协韩国】0【协格鲁吉亚】0【协香港】0 【协澳门】0 【特-1】0【特-2】0【特-3】0 【增】16【出】0【退】10	千克					999	间苯氧基苄醇
290949	90		其他醚醇及其衍生物（包括其卤化、磺化、硝化或亚硝化衍生物）	Other ether-alcohols and their halogenated, sulphonated, nitrated or nitrosated derivatives	【最】5.5【普】30 【协东盟】0【协巴基斯坦】5【协智利】0 【协新西兰】0【协秘鲁】0【协哥斯达黎加】0 【协冰岛】0【协瑞士】0【协澳大利亚】0 【协韩国】3.6【协格鲁吉亚】0【协香港】0 【协澳门】0 【特-1】0【特-2】0【特-3】0 【增】16【对美加征】5【出】0【退】10	千克					301 302 303	其他醚醇及其衍生物（包括其卤化、磺化、硝化或亚硝化衍生物）（易燃液体） 其他醚醇及其衍生物（包括其卤化、磺化、硝化或亚硝化衍生物）（毒性物质和感染性物质） 其他醚醇及其衍生物（包括其卤化、磺化、硝化或亚硝化衍生物）（其他化工产品）
290950	00		醚酚、醚醇酚及其衍生物（包括其卤化、磺化、硝化或亚硝化衍生物）	Ether-phenols, ether-alcohol-phenols and their halogenated, sulphonated, nitrated or nitrosated derivatives	【最】5.5【普】30 【协东盟】0【协巴基斯坦】5【协智利】0 【协新西兰】0【协秘鲁】0【协哥斯达黎加】0 【协瑞士】0【协澳大利亚】0【协韩国】3.6 【协格鲁吉亚】0【协香港】0【协澳门】0 【特-1】0【特-2】0【特-3】0 【增】16【对美加征】10【出】0【退】10	千克					301 302	醚酚、醚醇酚及其衍生物（包括其卤化、磺化、硝化或亚硝化衍生物）（其他危险化学品） 醚酚、醚醇酚及其衍生物（包括其卤化、磺化、硝化或亚硝化衍生物）（其他化工产品）

① 该税号项下检验检疫编码及对应中文名称尚有：306　其他芳香醚及其卤化、磺化、硝化衍生物（包括其亚硝化衍生物）（其他化工产品）。

税则号列			货品名称中英文		税费综合信息	计量单位	监管证件代码		检验检疫类别		检验检疫编码	检验检疫编码对应中文名称
HS国际统一前6位	本国子目7~8位	9~10位	中文 货物名称	英文 Article Description			进口	出口	进口	出口		
290960	00		过氧化醇、过氧化醚、过氧化酮（含其卤化、磺化、硝化或亚硝化衍生物）	Alcohol peroxides, ether peroxides, ketone peroxides and their halogenated, sulphonated, nitrated or nitrosated derivatives	【最】5.5【普】30 【协东盟】0【协巴基斯坦】5【协智利】0 【协新西兰】0【协秘鲁】0【协哥斯达黎加】0 【协冰岛】0【协瑞士】0【协澳大利亚】0 【协韩国】3.6【协格鲁吉亚】0【协香港】0 【协澳门】0 【特-1】0【特-2】0【特-3】0 【增】16【对美加征】5【出】0【退】10	千克					301 302 303	过氧化醇、过氧化醚、过氧化酮（含其卤化、磺化、硝化或亚硝化衍生物）（自反应物质） 过氧化醇、过氧化醚、过氧化酮（含其卤化、磺化、硝化或亚硝化衍生物）（有机过氧化物） 过氧化醇、过氧化醚、过氧化酮（含其卤化、磺化、硝化或亚硝化衍生物）（其他化工品）
291010	00		环氧乙烷	Oxirane(ethylene oxide)	【最】5.5【普】30 【协东盟】0【协巴基斯坦】0【协智利】0 【协新西兰】0【协秘鲁】0【协哥斯达黎加】0 【协冰岛】0【协瑞士】0【协澳大利亚】0 【协韩国】3.6【协格鲁吉亚】0【协香港】0 【协澳门】0 【特-1】0【特-2】0 【增】16【出】0【退】13	千克	A	B	M	N	301	环氧乙烷
291020	00		甲基环氧乙烷（氧化丙烯）	Methyloxirane (propylene oxide)	【最】5.5【普】30 【协东盟】0【协巴基斯坦】0【协智利】0 【协新西兰】0【协秘鲁】0【协哥斯达黎加】0 【协冰岛】0【协瑞士】0【协澳大利亚】0 【协韩国】3.6【协格鲁吉亚】0【协香港】0 【协澳门】0 【特-1】0【特-2】0 【增】16【对美加征】5【出】0【退】0	千克					101 102	甲基环氧乙烷（氧化丙烯）［1，2-环氧丙烷（抑制了的）］ 甲基环氧乙烷（氧化丙烯）［环氧乙烷和氧化丙烯混合物（含环氧乙烷≤30%）］
291030	00		1-氯-2,3-环氧丙烷（表氯醇）（环氧氯丙烷）	1-Chloro-2, 3-epoxypropane(epichlorohydrin)	【最】5.5【普】30 【协东盟】0【协巴基斯坦】5【协智利】0 【协新西兰】0【协秘鲁】0【协台湾】0 【协哥斯达黎加】0【协冰岛】0【协瑞士】0 【协澳大利亚】0【协韩国】2.7【协格鲁吉亚】0 【协香港】0【协澳门】0 【特-1】0【特-2】0 【增】16【对美加征】10【出】0【退】0	千克	A	B	M	N	999	1-氯-2,3-环氧丙烷（表氯醇）（环氧氯丙烷）
291040	00		狄氏剂（ISO、INN）	Dieldrin(ISO, INN)	【最】5.5【普】30 【协东盟】0【协巴基斯坦】5【协智利】0 【协新西兰】0【协秘鲁】0【协哥斯达黎加】0 【协冰岛】0【协瑞士】0【协澳大利亚】0 【协韩国】0【协格鲁吉亚】0【协香港】0 【协澳门】0 【特-1】0【特-2】0 【增】16【出】0【退】0	千克	9	8			101 102 301	狄氏剂（ISO、INN）［狄氏剂粉剂、颗粒剂（含量10%~90%）］ 狄氏剂（ISO、INN）［狄氏剂乳剂（含量2%~90%）］ 狄氏剂（ISO、INN）（其他）
291050	00		异狄氏剂	Endrin(ISO)	【最】5.5【普】30 【协东盟】0【协澳门】0【协巴基斯坦】5 【协香港】0【协智利】0【协新西兰】0 【协秘鲁】0【协哥斯达黎加】0【协冰岛】0 【协瑞士】3.1【协澳大利亚】0【协韩国】0 【协格鲁吉亚】0 【特-1】0【特-2】0 【增】16【出】0【退】0	千克	9	8			999	异狄氏剂
291090	00	20	灭草环	Tridiphane	【最】5.5【普】30 【协东盟】0【协澳门】0【协巴基斯坦】5 【协香港】0【协智利】0【协新西兰】0 【协秘鲁】0【协哥斯达黎加】0【协冰岛】0 【协瑞士】3.1【协澳大利亚】0【协韩国】0 【协格鲁吉亚】0 【特-1】0【特-2】0 【增】16【对美加征】5【出】0【退】10	千克	S	S			999	灭草环

税则号列			货品名称中英文		税费综合信息	计量单位	监管证件代码		检验检疫类别		检验检疫编码	检验检疫编码对应中文名称
HS国际统一前6位	本国子目 7~8位	本国子目 9~10位	中文 货物名称	英文 Article Description			进口	出口	进口	出口		
291090	00	90	三节环环氧化物，环氧醇（酚、醚）（包括其卤化、磺化、硝化或亚硝化的衍生物）	Other epoxides, epoxyalcohols (phenols, ethers), with a three-membered ring, and their halogenated, sulphonated, nitrated or nitrosated derivatives	【最】5.5【普】30 【协东盟】0【协澳门】0【协巴基斯坦】5 【协香港】0【协智利】0【协新西兰】0 【协秘鲁】0【协哥斯达黎加】0【协冰岛】0 【协瑞士】3.1【协澳大利亚】0【协韩国】0 【协格鲁吉亚】0 【特-1】0【特-2】0 【增】16【对美加征】5【出】0【退】13	千克					301 302 303	三节环环氧化物，环氧醇（酚、醚）（包括其卤化、磺化、硝化或亚硝化的衍生物）（有机过氧化物） 三节环环氧化物，环氧醇（酚、醚）（包括其卤化、磺化、硝化或亚硝化的衍生物）（毒性物质和感染性物质） 三节环环氧化物，环氧醇（酚、醚）（包括其卤化、磺化、硝化或亚硝化的衍生物）（其他化工产品）
291100	00		缩醛、半缩醛，不论是否含有其他含氧基（包括其卤化、磺化、硝化或亚硝化的衍生物）	Acetals and hemiacetals, whether or not with other oxygen function, and their halogenated, sulphonated, nitrated or nitrosated derivatives:	【最】5.5【普】30 【协东盟】0【协巴基斯坦】5【协智利】0 【协新西兰】0【协秘鲁】0【协哥斯达黎加】0 【协冰岛】0【协瑞士】3.1【协澳大利亚】0 【协韩国】2.7【协格鲁吉亚】0【协香港】0 【协澳门】0 【特-1】0【特-2】0 【增】16【对美加征】10【出】0【退】10	千克					301 302	缩醛、半缩醛，不论是否含有其他含氧基（包括其卤化、磺化、硝化或亚硝化的衍生物）（易燃液体） 缩醛、半缩醛，不论是否含有其他含氧基（包括其卤化、磺化、硝化或亚硝化的衍生物）（其他化工产品）
291211	00		甲醛	Methanal (formaldehyde)	【最】5.5【普】30 【协东盟】0【协巴基斯坦】0【协智利】0 【协新西兰】0【协秘鲁】0【协哥斯达黎加】0 【协冰岛】0【协瑞士】0【协澳大利亚】0 【协韩国】0【协格鲁吉亚】0【协香港】0 【协澳门】0 【特-1】0【特-2】0 【增】16【对美加征】5【出】0【退】10	千克	A	B	M	N	301 302	甲醛（易燃液体） 甲醛（腐蚀性物质）
291212	00		乙醛	Ethanal (acetaldehyde)	【最】5.5【普】30 【协东盟】0【协巴基斯坦】0【协智利】0 【协新西兰】0【协秘鲁】0【协哥斯达黎加】0 【协冰岛】0【协瑞士】0【协澳大利亚】0 【协韩国】0【协格鲁吉亚】0【协香港】0 【协澳门】0 【特-1】0【特-2】0 【增】16【出】0【退】10	千克	A	B	M	N	301	乙醛
291219	00	01	乙二醛	Glyoxal	【最】5.5【普】30【暂进】3 【协东盟】0【协巴基斯坦】5【协智利】0 【协新西兰】0【协秘鲁】0【协哥斯达黎加】0 【协冰岛】0【协瑞士】2.2【协澳大利亚】0 【协韩国】3.6【协格鲁吉亚】0【协香港】0 【协澳门】0 【特-1】0【特-2】0 【增】16【对美加征】5【出】0【退】13	千克					999	乙二醛
291219	00	30	丙烯醛	Acrolein	【最】5.5【普】30 【协东盟】0【协巴基斯坦】5【协智利】0 【协新西兰】0【协秘鲁】0【协哥斯达黎加】0 【协冰岛】0【协瑞士】2.2【协澳大利亚】0 【协韩国】3.6【协格鲁吉亚】0【协香港】0 【协澳门】0 【特-1】0【特-2】0 【增】16【对美加征】5【出】0【退】13	千克					999	丙烯醛

税则号列			货品名称中英文		税费综合信息	计量单位	监管证件代码		检验检疫类别		检验检疫编码	检验检疫编码对应中文名称
HS 国际统一前 6 位	本国子目 7~8 位	本国子目 9~10 位	中文 货物名称	英文 Article Description			进口	出口	进口	出口		
291219	00	90	其他无环醛	Other acyclic aldehydes without other oxygen function	【最】5.5【普】30 【协东盟】0【协巴基斯坦】5【协智利】0 【协新西兰】0【协秘鲁】0【协哥斯达黎加】0 【协冰岛】0【协瑞士】2.2【协澳大利亚】0 【协韩国】3.6【协格鲁吉亚】0【协香港】0 【协澳门】0 【特-1】0【特-2】0 【增】16【对美加征】5【出】0【退】13	千克					101 102 103 104 105 ……	其他无环醛（指不含其他含氧基）［异丁醛（危险化学品）］ 其他无环醛（指不含其他含氧基）（正丁醛） 其他无环醛（指不含其他含氧基）（正戊醛） 其他无环醛（指不含其他含氧基）（3-甲基丁醛） 其他无环醛（指不含其他含氧基）（2-乙基丁醛） ……①
291221	00		苯甲醛	Benzaldehyde	【最】5.5【普】30 【协东盟】0【协巴基斯坦】5【协智利】0 【协新西兰】0【协秘鲁】0【协哥斯达黎加】0 【协冰岛】0【协瑞士】0【协澳大利亚】0 【协韩国】0【协格鲁吉亚】0【协香港】0 【协澳门】0 【特-1】0【特-2】0 【增】16【对美加征】10【出】0【退】10	千克					101 102	苯甲醛（2-羰基-4-甲基苯甲醛） 苯甲醛（非工业用无检疫要求食品添加剂）
291229	10		铃兰醛	Lilia (p-tert-butyl-α-methyl-oxocinn amalde- hyde)	【最】5.5【普】30 【协亚太】4.4【协东盟】0【协巴基斯坦】5 【协智利】0【协新西兰】0【协秘鲁】0 【协哥斯达黎加】0【协冰岛】0【协瑞士】0 【协澳大利亚】0【协韩国】0【协格鲁吉亚】0 【协香港】0【协澳门】0 【特-1】0【特-2】0 【增】16【对美加征】5【出】0【退】10	千克					999	铃兰醛（即对叔丁基-α-甲基-氧化肉桂醛）
291229	90		其他环醛（指不含其他含氧基）	Other cyclic aldehydes without other oxygen function	【最】5.5【普】30 【协东盟】0【协巴基斯坦】5【协智利】0 【协新西兰】0【协秘鲁】0【协哥斯达黎加】0 【协冰岛】0【协瑞士】3.1【协澳大利亚】0 【协韩国】0【协格鲁吉亚】0【协香港】0 【协澳门】0 【特-1】0【特-2】0 【增】16【对美加征】5【出】0【退】16	千克					101 301 302 303	其他环醛（指不含其他含氧基）（1，2，3，6-四氢化苯甲醛） 其他环醛（指不含其他含氧基）（易燃液体） 其他环醛（指不含其他含氧基）（毒性物质和感染性物质） 其他环醛（指不含其他含氧基）（其他化工产品）
291241	00		香草醛（3-甲氧基-4-羟基苯甲醛）	Vanillin (4-hydroxy-3-methoxybenzaldehyde)	【最】5.5【普】30 【协东盟】0【协巴基斯坦】5【协智利】0 【协新西兰】0【协秘鲁】0【协哥斯达黎加】0 【协冰岛】0【协瑞士】0【协澳大利亚】0 【协韩国】0【协格鲁吉亚】0【协香港】0 【协澳门】0 【特-1】0【特-2】0 【增】16【对美加征】10【出】0【退】13	千克					101 102	香草醛（3-甲氧基-4-羟基苯甲醛）（双香兰素） 香草醛（3-甲氧基-4-羟基苯甲醛）（香兰素）
291242	00		乙基香草醛	Ethylvanillin (3-ethoxy-4-hydroxybenzaldehyde)	【最】5.5【普】30 【协东盟】0【协巴基斯坦】5【协智利】0 【协新西兰】0【协秘鲁】0【协哥斯达黎加】0 【协冰岛】0【协瑞士】0【协澳大利亚】0 【协韩国】0【协格鲁吉亚】0【协香港】0 【协澳门】0 【特-1】0【特-2】0 【增】16【对美加征】5【出】0【退】13	千克					999	乙基香草醛

① 该税号项下检验检疫编码及对应中文名称尚有：106　其他无环醛（指不含其他含氧基）（3，3-二乙氧基丙烯），107　其他无环醛（指不含其他含氧基）［2-丁烯醛（抑制了的）］，108　其他无环醛（指不含其他含氧基）（α-甲基丙烯醛），109　其他无环醛（指不含其他含氧基）［丙醛（危险化学品）］，110　其他无环醛（指不含其他含氧基）（正己醛），111　其他无环醛（指不含其他含氧基）［2-甲基戊醛（危险化学品）］，112　其他无环醛（指不含其他含氧基）（正庚醛），113　其他无环醛（指不含其他含氧基）（2，3-二甲基戊醛），114　其他无环醛（指不含其他含氧基）（其他辛醛），115　其他无环醛（指不含其他含氧基）（乙基己醛），116　其他无环醛（指不含其他含氧基）［3-羟（基）丁醛］，117　其他无环醛（指不含其他含氧基）（2-羟基苯甲醛），185　其他无环醛（指不含其他含氧基）［2-甲基戊醛（属于危险化学品的食品添加剂）］，186　其他无环醛（指不含其他含氧基）［异丁醛（属于危险化学品的食品添加剂）］，187　其他无环醛（指不含其他含氧基）［丙醛（属于危险化学品的食品添加剂）］，301　其他无环醛（指不含其他含氧基）（易燃液体），302　其他无环醛（指不含其他含氧基）（毒性物质和感染性物质），303　其他无环醛（指不含其他含氧基）（其他化工产品）。

税则号列			货品名称中英文		税费综合信息	计量单位	监管证件代码		检验检疫类别		检验检疫编码	检验检疫编码对应中文名称
HS国际统一前6位	本国子目 7~8位	本国子目 9~10位	中文 货物名称	英文 Article Description			进口	出口	进口	出口		
291249	10		醛醇	Aldehyde-alcohols	【最】5.5【普】30 【协东盟】0【协巴基斯坦】5【协智利】0 【协新西兰】0【协秘鲁】0【协哥斯达黎加】0 【协冰岛】0【协瑞士】0【协澳大利亚】0 【协韩国】0【协格鲁吉亚】0【协香港】0 【协澳门】0 【特-1】0【特-2】0 【增】16【对美加征】10【出】0【退】16	千克					999	醛醇（指不含其他含氧基）
291249	90	10	间苯氧基苯甲醛	3-Phenoxy-benzaldehyde	【最】5.5【普】30 【协东盟】0【协巴基斯坦】5【协智利】0 【协新西兰】0【协秘鲁】0【协哥斯达黎加】0 【协冰岛】0【协瑞士】0【协澳大利亚】0 【协韩国】0【协格鲁吉亚】0【协香港】0 【协澳门】0 【特-1】0【特-2】0 【增】16【反倾】有【对美加征】10【出】0 【退】10	千克					301	间苯氧基苯甲醛
291249	90	90	其他醛醚、醛酚	Other Aldehyde-ethers, Aldehyde-phenols (including other Aldehyde containing oxy groups) (2, 3-epoxy-1-propanal)	【最】5.5【普】30 【协东盟】0【协巴基斯坦】5【协智利】0 【协新西兰】0【协秘鲁】0【协哥斯达黎加】0 【协冰岛】0【协瑞士】0【协澳大利亚】0 【协韩国】0【协格鲁吉亚】0【协香港】0 【协澳门】0 【特-1】0【特-2】0 【增】16【对美加征】10【出】0【退】10	千克					301	其他醛醚、醛酚（包括含其他含氧基的醛）(2,3-环氧-1-丙醛)
291250	00	10	四聚乙醛	Metaldehyde	【最】5.5【普】30 【协东盟】0【协巴基斯坦】0【协智利】0 【协新西兰】0【协秘鲁】0【协哥斯达黎加】0 【协冰岛】0【协澳大利亚】0【协韩国】3.6 【协格鲁吉亚】0【协香港】0【协澳门】0 【特-1】0【特-2】0 【增】16【出】0【退】10	千克	S	S			999	四聚乙醛
291250	00	90	其他环聚醛	Other cyclic polymers of aldehydes	【最】5.5【普】30 【协东盟】0【协巴基斯坦】0【协智利】0 【协新西兰】0【协秘鲁】0【协哥斯达黎加】0 【协冰岛】0【协澳大利亚】0【协韩国】3.6 【协格鲁吉亚】0【协香港】0【协澳门】0 【特-1】0【特-2】0 【增】16【出】0【退】10	千克					301 302	其他环聚醛（易燃固体） 其他环聚醛（其他化工产品）
291260	00		多聚甲醛	Paraformaldehyde	【最】5.5【普】30 【协东盟】0【协巴基斯坦】5【协智利】0 【协新西兰】0【协秘鲁】0【协哥斯达黎加】0 【协冰岛】0【协瑞士】0【协澳大利亚】0 【协韩国】3.6【协格鲁吉亚】0【协香港】0 【协澳门】0 【特-1】0【特-2】0 【增】16【对美加征】5【出】0【退】10	千克	A	B	M	N	999	多聚甲醛
291300	00	10	三氯乙醛	Chloral hydrate	【最】5.5【普】30 【协东盟】0【协巴基斯坦】5【协智利】0 【协新西兰】0【协秘鲁】0【协哥斯达黎加】0 【协冰岛】0【协瑞士】0【协澳大利亚】0 【协韩国】0【协格鲁吉亚】0【协香港】0 【协澳门】0 【特-1】0【特-2】0 【增】16【对美加征】10【出】0【退】10	千克	A	BG	M	N	999	三氯乙醛
291300	00	90	税目29.12所列产品的其他衍生物（指卤化、磺化、硝化或亚硝化的衍生物）	Other halogenated, sulphonated, nitrated or nitrosated derivatives of articles of heading No. 29.12	【最】5.5【普】30 【协东盟】0【协巴基斯坦】5【协智利】0 【协新西兰】0【协秘鲁】0【协哥斯达黎加】0 【协冰岛】0【协瑞士】0【协澳大利亚】0 【协韩国】0【协格鲁吉亚】0【协香港】0 【协澳门】0 【特-1】0【特-2】0 【增】16【对美加征】10【出】0【退】10	千克					301 302 303	税目29.12所列产品的其他衍生物（指卤化、磺化、硝化或亚硝化的衍生物）（毒性物质和感染性物质） 税目29.12所列产品的其他衍生物（指卤化、磺化、硝化或亚硝化的衍生物）（腐蚀性物质） 税目29.12所列产品的其他衍生物（指卤化、磺化、硝化或亚硝化的衍生物）（其他化工产品）

税则号列 HS 国际统一前6位	本国子目 7~8位	本国子目 9~10位	货品名称中文 货物名称	货品名称英文 Article Description	税费综合信息	计量单位	监管证件代码 进口	监管证件代码 出口	检验检疫类别 进口	检验检疫类别 出口	检验检疫编码	检验检疫编码对应中文名称
291411	00		丙酮	Acetone	【最】5.5【普】20 【协东盟】0【协巴基斯坦】0【协智利】0 【协新西兰】0【协秘鲁】0【协哥斯达黎加】0 【协冰岛】0【协瑞士】0【协澳大利亚】0 【协格鲁吉亚】0【协香港】0【协澳门】0 【特-1】0【特-2】0 【增】16【反倾】有【对美加征】25【出】0 【退】13	千克	2A	3B	M	N	301	丙酮（二甲基甲酮、二甲酮、醋酮、木酮）
291412	00		丁酮［甲基乙基（甲）酮］	Butanone(methyl ethyl ketone)	【最】5.5【普】30 【协东盟】0【协澳门】0【协巴基斯坦】0 【协智利】0【协新西兰】0【协秘鲁】0 【协哥斯达黎加】0【协冰岛】0【协瑞士】0 【协澳大利亚】0【协格鲁吉亚】0【协香港】0 【特-1】0【特-2】0 【增】16【反倾】有【对美加征】10【出】0 【退】10	千克	2	3			101	丁酮［甲基乙基（甲）酮］（甲乙酮）（2-丁酮）
291413	00		4-甲基-2-戊酮［甲基异丁基（甲）酮］	4-Methl1-2-pentanone (isobutylmethyl ketone)	【最】5.5【普】30 【协东盟】0【协巴基斯坦】0【协智利】0 【协新西兰】0【协秘鲁】0【协哥斯达黎加】0 【协冰岛】0【协瑞士】0【协澳大利亚】0 【协韩国】3.6【协格鲁吉亚】0【协香港】0 【协澳门】0 【特-1】0【特-2】0 【增】16【反倾】有【对美加征】10【出】0 【退】10	千克	A	B	M	N	999	4-甲基-2-戊酮［甲基异丁基（甲）酮］
291419	00	10	频哪酮	Pinacolone	【最】5.5【普】30 【协东盟】0【协巴基斯坦】5【协智利】0 【协新西兰】0【协秘鲁】0【协哥斯达黎加】0 【协冰岛】0【协瑞士】0【协澳大利亚】0 【协韩国】3.6【协格鲁吉亚】0【协香港】0 【协澳门】0 【特-1】0【特-2】0 【增】16【对美加征】5【出】0【退】10	千克	2	3			999	频哪酮
291419	00	90	其他不含其他含氧基的无环酮	Other acyclic ketones, without other oxygen function	【最】5.5【普】30 【协东盟】0【协巴基斯坦】5【协智利】0 【协新西兰】0【协秘鲁】0【协哥斯达黎加】0 【协冰岛】0【协瑞士】0【协澳大利亚】0 【协韩国】3.6【协格鲁吉亚】0【协香港】0 【协澳门】0 【特-1】0【特-2】0 【增】16【对美加征】5【出】0【退】10	千克					301 302	其他不含其他含氧基的无环酮（易燃液体） 其他不含其他含氧基的无环酮（其他化工产品）
291422	00		环已酮及甲基环已酮	Cyclohexanone and methylcyclohexanone	【最】5.5【普】30 【协东盟】0【协巴基斯坦】0【协智利】0 【协新西兰】0【协秘鲁】0【协哥斯达黎加】0 【协冰岛】0【协瑞士】0【协澳大利亚】0 【协韩国】3.6【协格鲁吉亚】0【协香港】0 【协澳门】0 【特-1】0【特-2】0 【增】16【对美加征】5【出】0【退】10	千克	A	B	M	N	301	环已酮及甲基环已酮
291423	00		芷香酮及甲基芷香酮	Ionones and methylionones	【最】5.5【普】30 【协东盟】0【协巴基斯坦】0【协智利】0 【协新西兰】0【协秘鲁】0【协哥斯达黎加】0 【协冰岛】0【协澳大利亚】0 【协韩国】0【协格鲁吉亚】0【协香港】0 【协澳门】0 【特-1】0【特-2】0 【增】16【对美加征】10【出】0【退】13	千克					999	芷香酮及甲基芷香酮
291429	10		樟脑	Camphor	【最】5.5【普】40 【协东盟】0【协巴基斯坦】5【协智利】0 【协新西兰】0【协秘鲁】0【协哥斯达黎加】0 【协冰岛】0【协瑞士】0【协澳大利亚】0 【协韩国】0【协格鲁吉亚】0【协香港】0 【协澳门】0 【特-1】0【特-2】0 【增】16【对美加征】5【出】0【退】10	千克		B		N	101	樟脑（2-莰酮）

税则号列			货品名称中英文		税费综合信息	计量单位	监管证件代码		检验检疫类别		检验检疫编码	检验检疫编码对应中文名称
HS国际统一前6位	本国子目7~8位	本国子目9~10位	中文货物名称	英文 Article Description			进口	出口	进口	出口		
291429	90	10	5α-雄烷-2-烯-17-酮	5α-androstane-2-ene-17-ketone	【最】5.5【普】30 【协东盟】0【协巴基斯坦】5【协智利】0 【协新西兰】0【协秘鲁】0【协哥斯达黎加】0 【协冰岛】0【协澳大利亚】0 【协韩国】2.7【协格鲁吉亚】0【协香港】0 【协澳门】0 【特-1】0【特-2】0 【增】16【对美加征】5【出】0【退】13	千克	L	L			301 302 303 304	5α-雄烷-2-烯-17-酮（易燃液体） 5α-雄烷-2-烯-17-酮（毒性物质和感染性物质） 5α-雄烷-2-烯-17-酮（腐蚀性物质） 5α-雄烷-2-烯-17-酮（其他化工产品）
291429	90	11	3-雄烯酮（5α-雄甾-3-烯-17-酮）（指不含其他含氧基的）	3-androstene (5α-androst-3-ene-17-ol) (no other oxygen-containing)	【最】5.5【普】30 【协东盟】0【协香港】0【协澳门】0 【协巴基斯坦】5【协智利】0【协新西兰】0 【协秘鲁】0【协哥斯达黎加】0【协冰岛】0 【协澳大利亚】0【协韩国】2.7【协格鲁吉亚】0 【特-1】0【特-2】0【增】16【对美加征】5 【出】0 【退】13	千克	L	L			999	3-雄烯酮（5α-雄甾-3-烯-17-酮）
291429	90	90	其他环烷酮、环烯酮或环萜烯酮（指不含其他含氧基的）	Other cyclanic, cyclenic or cycloterpenic ketones without other oxygen function	【最】5.5【普】30 【协东盟】0【协巴基斯坦】5【协智利】0 【协新西兰】0【协秘鲁】0【协哥斯达黎加】0 【协冰岛】0【协澳大利亚】0 【协韩国】2.7【协格鲁吉亚】0【协香港】0 【协澳门】0 【特-1】0【特 2】0 【增】16【对美加征】5【出】0【退】13	千克					301 302 303 304	其他环烷酮、环烯酮或环萜烯酮（指不含其他含氧基的）（易燃液体） 其他环烷酮、环烯酮或环萜烯酮（指不含其他含氧基的）（毒性物质和感染性物质） 其他环烷酮、环烯酮或环萜烯酮（指不含其他含氧基的）（腐蚀性物质） 其他环烷酮、环烯酮或环萜烯酮（指不含其他含氧基的）（其他化工产品）
291431	00		苯丙酮（苯基丙-2-酮）	Propiophenone (phenyl propan-2-one)	【最】5.5【普】30 【协东盟】0【协巴基斯坦】0【协智利】0 【协新西兰】0【协秘鲁】0【协哥斯达黎加】0 【协冰岛】0【协瑞士】0【协澳大利亚】0 【协韩国】0【协格鲁吉亚】0【协香港】0 【协澳门】0 【特-1】0【特-2】0 【增】16【出】0【退】10	千克	2	3			999	苯丙酮（苯基丙-2-酮）
291439	10		苯乙酮	Acetophenone	【最】4【普】11 【协东盟】0【协巴基斯坦】0【协智利】0 【协新西兰】0【协秘鲁】0【协哥斯达黎加】0 【协冰岛】0【协瑞士】0【协澳大利亚】0 【协韩国】0【协格鲁吉亚】0【协香港】0 【协澳门】0 【特-1】0【特-2】0 【增】16【对美加征】10【出】0【退】10	千克					101 102	苯乙酮（4-甲基苯乙酮） 苯乙酮（非工业用无检疫要求食品添加剂）
291439	90	11	杀鼠酮	Duocide	【最】5.5【普】30 【协东盟】0【协巴基斯坦】5【协智利】0 【协新西兰】0【协秘鲁】0【协哥斯达黎加】0 【协冰岛】0【协瑞士】2.2【协澳大利亚】0 【协韩国】0【协格鲁吉亚】0【协香港】0 【协澳门】0 【特-1】0【特-2】0 【增】16【对美加征】10【出】0【退】10	千克	S	S			999	杀鼠酮
291439	90	12	鼠完	Pindone	【最】5.5【普】30 【协东盟】0【协巴基斯坦】5【协智利】0 【协新西兰】0【协秘鲁】0【协哥斯达黎加】0 【协冰岛】0【协瑞士】2.2【协澳大利亚】0 【协韩国】0【协格鲁吉亚】0【协香港】0 【协澳门】0 【特-1】0【特-2】0 【增】16【对美加征】10【出】0【退】0	千克	S	S			999	鼠完

税则号列			货品名称中英文		税费综合信息	计量单位	监管证件代码		检验检疫类别		检验检疫编码	检验检疫编码对应中文名称
HS国际统一前6位	本国子目 7~8位	9~10位	中文 货物名称	英文 Article Description			进口	出口	进口	出口		
291439	90	13	敌鼠	Diphacinone	【最】5.5【普】30 【协东盟】0【协巴基斯坦】5【协智利】0 【协新西兰】0【协秘鲁】0【协哥斯达黎加】0 【协冰岛】0【协瑞士】2.2【协澳大利亚】0 【协韩国】0【协格鲁吉亚】0【协香港】0 【协澳门】0 【特-1】0【特-2】0 【增】16【对美加征】10【出】0【退】10	千克	S	S			101 102	敌鼠（含量<2%） 敌鼠［敌鼠乳剂（含量<2%）］
291439	90	14	邻氯苯基环戊酮	o-Chlorophenyl cyclopentyl ketone	【最】5.5【普】30 【协东盟】0【协巴基斯坦】5【协智利】0 【协新西兰】0【协秘鲁】0【协哥斯达黎加】0 【协冰岛】0【协瑞士】2.2【协澳大利亚】0 【协韩国】0【协格鲁吉亚】0【协香港】0 【协澳门】0 【特-1】0【特-2】0 【增】16【对美加征】10【出】0【退】10	千克	2	3			999	邻氯苯基环戊酮
291439	90	90	其他不含其他含氧基的芳香酮	Other aromatic ketones without other oxygen function	【最】5.5【普】30 【协东盟】0【协巴基斯坦】5【协智利】0 【协新西兰】0【协秘鲁】0【协哥斯达黎加】0 【协冰岛】0【协瑞士】2.2【协澳大利亚】0 【协韩国】0【协格鲁吉亚】0【协香港】0 【协澳门】0 【特-1】0【特-2】0 【增】16【对美加征】10【出】0【退】13	千克					101 102	其他不含其他含氧基的芳香酮（2-甲基苯乙酮） 其他不含其他含氧基的芳香酮（二苯甲酮）
291440	00	10	敌鼠钠	Sodium diphacinone	【最】5.5【普】30 【协东盟】0【协巴基斯坦】5【协智利】0 【协新西兰】0【协秘鲁】0【协哥斯达黎加】0 【协冰岛】0【协瑞士】2.2【协澳大利亚】0 【协韩国】0【协格鲁吉亚】0【协香港】0 【协澳门】0 【特-1】0【特-2】0 【增】16【对美加征】10【出】0【退】0	千克	S	S			999	敌鼠钠
291440	00	20	表雄酮（3β-羟基-5α-雄烷-17-酮）、表睾酮	3β-Hydroxy-5α-androstane-17- ketone, epitestosterone	【最】5.5【普】30 【协东盟】0【协巴基斯坦】5【协智利】0 【协新西兰】0【协秘鲁】0【协哥斯达黎加】0 【协冰岛】0【协瑞士】2.2【协澳大利亚】0 【协韩国】0【协格鲁吉亚】0【协香港】0 【协澳门】0 【特-1】0【特-2】0 【增】16【对美加征】10【出】0【退】10	千克	L	L			999	表雄酮（3β-羟基-5α-雄烷-17-酮）、表睾酮
291440	00	90	其他酮醇及酮醛	Other ketoe-alcohols and ketoe-aldehydes	【最】5.5【普】30 【协东盟】0【协巴基斯坦】5【协智利】0 【协新西兰】0【协秘鲁】0【协哥斯达黎加】0 【协冰岛】0【协瑞士】2.2【协澳大利亚】0 【协韩国】0【协格鲁吉亚】0【协香港】0 【协澳门】0 【特-1】0【特-2】0 【增】16【对美加征】10【出】0【退】10	千克					101 102 103 301 302	其他酮醇及酮醛（4-羟基-4-甲基-2-戊酮） 其他酮醇及酮醛（3-羟基-2-丁酮） 其他酮醇及酮醛（5-羟基-2-戊酮） 其他酮醇及酮醛（易燃液体） 其他酮醇及酮醛（其他化工产品）
291450	11		覆盆子酮	Raspberry ketone	【最】5.5【普】30 【协东盟】0【协巴基斯坦】0【协智利】0 【协新西兰】0【协秘鲁】0【协哥斯达黎加】0 【协冰岛】0【协瑞士】0【协澳大利亚】0 【协韩国】0【协格鲁吉亚】0【协香港】0 【协澳门】0 【特-1】0【特-2】0 【增】16【对美加征】5【出】0【退】13	千克					101 102	覆盆子酮［覆盆子酮（悬钩子酮）］ 覆盆子酮（复盆子酮）
291450	19		其他酮酚	Other ketone phenols	【最】5.5【普】30 【协东盟】0【协巴基斯坦】5【协智利】0 【协新西兰】0【协秘鲁】0【协哥斯达黎加】0 【协冰岛】0【协瑞士】2.2【协澳大利亚】0 【协韩国】0【协格鲁吉亚】0【协香港】0 【协澳门】0 【特-1】0【特-2】0 【增】16【对美加征】10【出】0【退】10	千克					999	其他酮酚

税则号列 HS国际统一前6位	本国子目 7~8位	本国子目 9~10位	货品名称中英文 中文 货物名称	货品名称中英文 英文 Article Description	税费综合信息	计量单位	监管证件代码 进口	监管证件代码 出口	检验检疫类别 进口	检验检疫类别 出口	检验检疫编码	检验检疫编码对应中文名称
291450	20		2-羟基-4-甲氧基二苯甲酮	2-hydroxyl-4-methoxyl diphenyl ketone	【最】5.5【普】30 【协东盟】0【协巴基斯坦】5【协智利】0 【协新西兰】0【协秘鲁】0【协哥斯达黎加】0 【协冰岛】0【协瑞士】0【协澳大利亚】0 【协韩国】0【协格鲁吉亚】0【协香港】0 【协澳门】0 【特-1】0【特-2】0 【增】16【对美加征】10【出】0【退】10	千克					999	2-羟基-4-甲氧基二苯甲酮
291450	90	11	苯草酮，双炔酰菌胺	Tralkoxydim	【最】5.5【普】30 【协东盟】0【协巴基斯坦】5【协智利】0 【协新西兰】0【协秘鲁】0【协哥斯达黎加】0 【协冰岛】0【协瑞士】0【协澳大利亚】0 【协韩国】2.7【协格鲁吉亚】0【协香港】0 【协澳门】0 【特-1】0【特-2】0 【增】16【对美加征】10【出】0【退】10	千克	S	S			999	苯草酮，双炔酰菌胺
291450	90	12	甲氧虫酰肼	Methoxyfenozide	【最】5.5【普】30 【协东盟】0【协巴基斯坦】5【协智利】0 【协新西兰】0【协秘鲁】0【协哥斯达黎加】0 【协冰岛】0【协瑞士】0【协澳大利亚】0 【协韩国】2.7【协格鲁吉亚】0【协香港】0 【协澳门】0 【特-1】0【特-2】0 【增】16【对美加征】10【出】0【退】10	千克	S	S			999	甲氧虫酰肼
291450	90	90	含其他含氧基的酮	etone with other oxygen function	【最】5.5【普】30 【协东盟】0【协巴基斯坦】5【协智利】0 【协新西兰】0【协秘鲁】0【协哥斯达黎加】0 【协冰岛】0【协瑞士】0【协澳大利亚】0 【协韩国】2.7【协格鲁吉亚】0【协香港】0 【协澳门】0 【特-1】0【特-2】0 【增】16【对美加征】10【出】0【退】10	千克					101 301 302	含其他含氧基的酮（4-甲氧基-4-甲基-2-戊酮） 含其他含氧基的酮（易燃液体） 含其他含氧基的酮（其他化工产品）
291461	00		蒽醌	Anthraquinone	【最】5.5【普】30 【协东盟】0【协巴基斯坦】5【协智利】0 【协新西兰】0【协秘鲁】0【协哥斯达黎加】0 【协冰岛】0【协瑞士】0【协澳大利亚】0 【协韩国】2.7【协格鲁吉亚】0【协香港】0 【协澳门】0 【特-1】0【特-2】0 【增】16【对美加征】10【出】0【退】10	千克					999	蒽醌
291462	00		辅酶Q10	Coenzyme Q10 (ubidecarenone(INN))	【最】5.5【普】30 【协东盟】0【协巴基斯坦】0【协智利】0 【协新西兰】0【协秘鲁】0【协哥斯达黎加】0 【协冰岛】0【协瑞士】0【协澳大利亚】0 【协韩国】2.7【协格鲁吉亚】0【协香港】0 【协澳门】0 【特-1】0【特-2】0 【增】16【对美加征】5【出】0【退】13	千克					999	辅酶Q10
291469	00	10	大黄素甲醚	Physcione	【最】5.5【普】30 【协东盟】0【协巴基斯坦】0【协智利】0 【协新西兰】0【协秘鲁】0【协哥斯达黎加】0 【协冰岛】0【协瑞士】0【协澳大利亚】0 【协韩国】2.7【协格鲁吉亚】0【协香港】0 【协澳门】0 【特-1】0【特-2】0 【增】16【对美加征】10【出】0【退】10	千克	S	S			999	大黄素甲醚
291469	00	90	其他醌	Other quinones	【最】5.5【普】30 【协东盟】0【协巴基斯坦】0【协智利】0 【协新西兰】0【协秘鲁】0【协哥斯达黎加】0 【协冰岛】0【协瑞士】0【协澳大利亚】0 【协韩国】2.7【协格鲁吉亚】0【协香港】0 【协澳门】0 【特-1】0【特-2】0 【增】16【对美加征】10【出】0【退】10	千克					999	其他醌

税则号列			货品名称中英文		税费综合信息	计量单位	监管证件代码		检验检疫类别		检验检疫编码	检验检疫编码对应中文名称
HS 国际统一前6位	本国子目 7~8位	本国子目 9~10位	中文 货物名称	英文 Article Description			进口	出口	进口	出口		
291471	00		十氯酮	Chlordecone (ISO)	【最】5.5【普】30 【协东盟】0【协巴基斯坦】5【协智利】0 【协新西兰】0【协秘鲁】0【协哥斯达黎加】0 【协冰岛】0【协澳大利亚】0 【协韩国】2.7【协格鲁吉亚】0【协香港】0 【协澳门】0 【特-1】0【特-2】0 【增】16【出】0【退】10	千克	9	8			999	十氯酮
291479	00	11	氯鼠酮、苯茵酮、茚草酮	Chlorophacinone	【最】5.5【普】30 【协东盟】0【协巴基斯坦】5【协智利】0 【协新西兰】0【协秘鲁】0【协哥斯达黎加】0 【协冰岛】0【协澳大利亚】0 【协韩国】2.7【协格鲁吉亚】0【协香港】0 【协澳门】0 【特-1】0【特-2】0 【增】16【对美加征】5【出】0【退】0	千克	S	S			999	氯鼠酮、苯茵酮、茚草酮
291479	00	12	二氯萘醌	Dichlone	【最】5.5【普】30 【协东盟】0【协巴基斯坦】5【协智利】0 【协新西兰】0【协秘鲁】0【协哥斯达黎加】0 【协冰岛】0【协澳大利亚】0 【协韩国】2.7【协格鲁吉亚】0【协香港】0 【协澳门】0 【特-1】0【特-2】0 【增】16【对美加征】5【出】0【退】0	千克	S	S			999	二氯萘醌
291479	00	13	四氯对醌	Chloranil	【最】5.5【普】30 【协东盟】0【协巴基斯坦】5【协智利】0 【协新西兰】0【协秘鲁】0【协哥斯达黎加】0 【协冰岛】0【协澳大利亚】0 【协韩国】2.7【协格鲁吉亚】0【协香港】0 【协澳门】0 【特-1】0【特-2】0 【增】16【对美加征】5【出】0【退】0	千克	S	S			999	四氯对醌
291479	00	14	六氯丙酮	Hexachloroacetone	【最】5.5【普】30 【协东盟】0【协巴基斯坦】5【协智利】0 【协新西兰】0【协秘鲁】0【协哥斯达黎加】0 【协冰岛】0【协澳大利亚】0 【协韩国】2.7【协格鲁吉亚】0【协香港】0 【协澳门】0 【特-1】0【特-2】0 【增】16【对美加征】5【出】0【退】0	千克	S	S			999	六氯丙酮
291479	00	15	氯敌鼠钠盐	Chlorophacinone	【最】5.5【普】30 【协东盟】0【协巴基斯坦】5【协智利】0 【协新西兰】0【协秘鲁】0【协哥斯达黎加】0 【协冰岛】0【协澳大利亚】0 【协韩国】2.7【协格鲁吉亚】0【协香港】0 【协澳门】0 【特-1】0【特-2】0 【增】16【对美加征】5【出】0【退】10	千克	S	S			999	氯敌鼠钠盐
291479	00	16	1-苯基-2-溴-1-丙酮	1-Bromo-1-phenyl-2-propanone	【最】5.5【普】30 【协东盟】0【协巴基斯坦】5【协智利】0 【协新西兰】0【协秘鲁】0【协哥斯达黎加】0 【协冰岛】0【协澳大利亚】0 【协韩国】2.7【协格鲁吉亚】0【协香港】0 【协澳门】0 【特-1】0【特-2】0 【增】16【对美加征】5【出】0【退】10	千克	2	3			999	1-苯基-2-溴-1-丙酮

税则号列			货品名称中英文		税费综合信息	计量单位	监管证件代码		检验检疫类别		检验检疫编码	检验检疫编码对应中文名称
HS国际统一前6位	本国子目7~8位	本国子目9~10位	中文 货物名称	英文 Article Description			进口	出口	进口	出口		
291479	00	90	其他酮及醌的卤化、磺化衍生物	Halogenated, sulphonated, nitrated or nitrosated derivatives of other ketones and quinones	【最】5.5【普】30 【协东盟】0【协巴基斯坦】5【协智利】0 【协新西兰】0【协秘鲁】0【协哥斯达黎加】0 【协冰岛】0【协澳大利亚】0 【协韩国】2.7【协格鲁吉亚】0【协香港】0 【协澳门】0 【特-1】0【特-2】0 【增】16【对美加征】5【出】0【退】10	千克					301 302 303 304 305 ……	其他酮及醌的卤化、磺化衍生物（包括硝化或亚硝化衍生物）（爆炸品） 其他酮及醌的卤化、磺化衍生物（包括硝化或亚硝化衍生物）（毒性气体） 其他酮及醌的卤化、磺化衍生物（包括硝化或亚硝化衍生物）（易燃液体） 其他酮及醌的卤化、磺化衍生物（包括硝化或亚硝化衍生物）（易燃固体） 其他酮及醌的卤化、磺化衍生物（包括硝化或亚硝化衍生物）（毒性物质和感染性物质） ……①
291511	00		甲酸	Formic acid	【最】5.5【普】40 【协东盟】0【协巴基斯坦】5【协智利】0 【协新西兰】0【协秘鲁】0【协哥斯达黎加】0 【协冰岛】0【协瑞士】0【协澳大利亚】0 【协韩国】2.7【协格鲁吉亚】0【协香港】0 【协澳门】0 【特-1】0【特-2】0【特-3】0 【增】16【对美加征】10【出】0【退】10	千克	A	B	M	N	101 301	甲酸（饲料添加剂） 甲酸（腐蚀性物质）
291512	00		甲酸盐	Salts of formic acid	【最】5.5【普】30 【协东盟】0【协巴基斯坦】5【协智利】0 【协新西兰】0【协秘鲁】0【协哥斯达黎加】0 【协冰岛】0【协瑞士】0【协澳大利亚】0 【协韩国】2.7【协格鲁吉亚】0【协香港】0 【协澳门】0 【特-1】0【特-2】0【特-3】0 【增】16【对美加征】10【出】0【退】10	千克					101 102 103 301 302	甲酸盐（饲料添加剂） 甲酸盐（甲酸亚铊） 甲酸盐（甲酸钡） 甲酸盐（毒性物质和感染性物质） 甲酸盐（其他化工产品）
291513	00		甲酸酯	Esters of formic acid	【最】5.5【普】30 【协东盟】0【协巴基斯坦】5【协智利】0 【协新西兰】0【协秘鲁】0【协哥斯达黎加】0 【协冰岛】0【协瑞士】0【协澳大利亚】0 【协韩国】0【协格鲁吉亚】0【协香港】0 【协澳门】0 【特-1】0【特-2】0【特-3】0 【增】16【对美加征】10【出】0【退】10	千克					101 102 103 104 105 ……	甲酸酯（甲酸甲酯） 甲酸酯［甲酸乙酯（危险化学品）］ 甲酸酯（甲酸正丙酯） 甲酸酯（甲酸异丙酯） 甲酸酯（甲酸正丁酯） ……②
291521	11		食品级冰乙酸（冰醋酸）	Acetic acid, glacial, food-grade	【最】5.5【普】30 【协东盟】0【协巴基斯坦】5【协智利】0 【协新西兰】0【协秘鲁】0【协台湾】0 【协哥斯达黎加】0【协冰岛】0【协瑞士】0 【协澳大利亚】0【协韩国】0【协格鲁吉亚】0 【协香港】0【协澳门】0 【特-1】0【特-2】0【特-3】0 【增】16【出】0【退】10	千克	A	BG	MR	NS	101 301	食品级冰乙酸（冰醋酸）(GB1903-2008)(饲料添加剂) 食品级冰乙酸（冰醋酸）(GB1903-2008)(属于危险化学品的食品添加剂)

① 该税号项下检验检疫编码及对应中文名称尚有：306 其他酮及醌的卤化、磺化衍生物（包括硝化或亚硝化衍生物）（腐蚀性物质），307 其他酮及醌的卤化、磺化衍生物（包括硝化或亚硝化衍生物）（其他化工产品）。

② 该税号项下检验检疫编码及对应中文名称尚有：106 甲酸酯（甲酸异丁酯），107 甲酸酯［原甲酸（三）甲酯］，108 甲酸酯（甲酸烯丙酯），109 甲酸酯（氯甲酸甲酯），110 甲酸酯（氯甲酸乙酯），111 甲酸酯（氯甲酸异丙酯），112 甲酸酯（其他甲酸酯类化合物），113 甲酸酯（甲酸正戊酯），114 甲酸酯［甲酸异戊酯（危险化学品）］，115 甲酸酯（甲酸正己酯），116 甲酸酯［原甲酸（三）乙酯］，117 甲酸酯（甲酸环己酯），136 甲酸酯［甲酸异戊酯（属于危险化学品的食品添加剂）］，137 甲酸酯［甲酸乙酯（属于危险化学品的食品添加剂）］，301 甲酸酯（易燃液体），302 甲酸酯（毒性物质和感染性物质），303 甲酸酯（其他化工产品）。

税则号列			货品名称中英文		税费综合信息	计量单位	监管证件代码		检验检疫类别		检验检疫编码	检验检疫编码对应中文名称
HS国际统一前6位	本国子目 7~8位	本国子目 9~10位	中文 货物名称	英文 Article Description			进口	出口	进口	出口		
291521	19		其他冰乙酸(冰醋酸)	Other Acetic acid, glacial	【最】5.5【普】30 【协东盟】0【协巴基斯坦】5【协智利】0 【协新西兰】0【协秘鲁】0【协台湾】0 【协哥斯达黎加】0【协冰岛】0【协瑞士】0 【协澳大利亚】0【协韩国】0【协格鲁吉亚】0 【协香港】0【协澳门】0 【特-1】0【特-2】0【特-3】0 【增】16【对美加征】10【出】0【退】10	千克		G			101 102	其他冰乙酸(冰醋酸)(饲料添加剂) 其他冰乙酸(冰醋酸)(化工产品)
291521	90	10	乙酸溶液,80%≥含量>10%	Acetic acid solution, with content more than 10% but not exceed 80%	【最】5.5【普】50 【协东盟】0【协巴基斯坦】5【协智利】0 【协新西兰】0【协秘鲁】0【协哥斯达黎加】0 【协冰岛】0【协瑞士】0【协澳大利亚】0 【协韩国】0【协格鲁吉亚】0【协香港】0 【协澳门】0 【特-1】0【特-2】0【特-3】0 【增】16【对美加征】10【出】0【退】10	千克	A	BG	M	N	101 301	乙酸溶液,80%≥含量>10%(饲料添加剂) 乙酸溶液,80%≥含量>10%(腐蚀性物质)
291521	90	20	乙酸,含量>80%	Acetic acid solution, with content more than 80%	【最】5.5【普】50 【协东盟】0【协巴基斯坦】5【协智利】0 【协新西兰】0【协秘鲁】0【协哥斯达黎加】0 【协冰岛】0【协瑞士】0【协澳大利亚】0 【协韩国】0【协格鲁吉亚】0【协香港】0 【协澳门】0 【特-1】0【特-2】0【特-3】0 【增】16【对美加征】10【出】0【退】10	千克	A	BG	M	N	301	乙酸,含量>80%(腐蚀性物质)
291521	90	90	其他乙酸	Other acetic acid	【最】5.5【普】50 【协东盟】0【协巴基斯坦】5【协智利】0 【协新西兰】0【协秘鲁】0【协哥斯达黎加】0 【协冰岛】0【协瑞士】0【协澳大利亚】0 【协韩国】0【协格鲁吉亚】0【协香港】0 【协澳门】0 【特-1】0【特-2】0【特-3】0 【增】16【对美加征】10【出】0【退】10	千克	A	BG	MR	NS	301 302 303 304	其他乙酸(腐蚀性物质,需申报仅用于工业用途不用于无检疫要求食品添加剂) 其他乙酸(无检疫要求食品添加剂) 其他乙酸(需申报仅用于工业用途不用于无检疫要求食品添加剂的化学品) 其他乙酸(属于危险化学品的食品添加剂)
291524	00		乙酸酐(醋酸酐)	Acetic anhydride	【最】5.5【普】50【协亚太】4.4 【协东盟】0【协巴基斯坦】0【协智利】0 【协新西兰】0【协秘鲁】0【协哥斯达黎加】0 【协冰岛】0【协瑞士】0【协澳大利亚】0 【协韩国】0【协格鲁吉亚】0【协香港】0 【协澳门】0 【特-1】0【特-2】0【特-3】0 【增】16【对美加征】10【出】0【退】10	千克	2A	3B	M	N	999	乙酸酐(醋酸酐)
291529	10		乙酸钠	Sodium acetate	【最】5.5【普】50 【协东盟】0【协巴基斯坦】5【协智利】0 【协新西兰】0【协秘鲁】0【协哥斯达黎加】0 【协冰岛】0【协瑞士】0【协澳大利亚】0 【协韩国】0【协格鲁吉亚】0【协香港】0 【协澳门】0 【特-1】0【特-2】0【特-3】0 【增】16【对美加征】5【出】0【退】10	千克	A	G	R		101 301 302	乙酸钠(饲料添加剂) 乙酸钠(无检疫要求食品添加剂) 乙酸钠(需申报仅用于工业用途不用于无检疫要求食品添加剂的化学品)
291529	90	11	乙酸铜	Blue verdigris	【最】5.5【普】50 【协东盟】0【协巴基斯坦】5【协智利】0 【协新西兰】0【协秘鲁】0【协哥斯达黎加】0 【协冰岛】0【协瑞士】0【协澳大利亚】0 【协韩国】2.7【协格鲁吉亚】0【协香港】0 【协澳门】0 【特-1】0【特-2】0【特-3】0 【增】16【对美加征】5【出】0【退】10	千克					999	乙酸铜
291529	90	23	乙酸铅	Lead acetate	【最】5.5【普】50 【协东盟】0【协巴基斯坦】5【协智利】0 【协新西兰】0【协秘鲁】0【协哥斯达黎加】0 【协冰岛】0【协瑞士】0【协澳大利亚】0 【协韩国】2.7【协格鲁吉亚】0【协香港】0 【协澳门】0 【特-1】0【特-2】0【特-3】0 【增】16【对美加征】5【出】0【退】10	千克					999	乙酸铅(醋酸铅)

税则号列 HS国际统一前6位	本国子目 7~8位	本国子目 9~10位	货品名称中英文 中文 货物名称	货品名称中英文 英文 Article Description	税费综合信息	计量单位	监管证件代码 进口	监管证件代码 出口	检验检疫类别 进口	检验检疫类别 出口	检验检疫编码	检验检疫编码对应中文名称
291529	90	90	其他乙酸盐	Other salts of acetate acid	【最】5.5【普】50 【协东盟】0【协巴基斯坦】5【协智利】0 【协新西兰】0【协秘鲁】0【协哥斯达黎加】0 【协冰岛】0【协瑞士】0【协澳大利亚】0 【协韩国】2.7【协格鲁吉亚】0【协香港】0 【协澳门】0 【特-1】0【特-2】0【特-3】0 【增】16【对美加征】5【出】0【退】10	千克	A	B	MR	NS	101 301 302 303 304	其他乙酸盐（饲料添加剂） 其他乙酸盐（其他危险化学品，需申报仅用于工业用途不用于无检疫要求食品添加剂） 其他乙酸盐（无检疫要求食品添加剂） 其他乙酸盐（一般化学品，需申报仅用于工业用途不用于无检疫要求食品添加剂） 其他乙酸盐（属于危险化学品的食品添加剂）
291531	00		乙酸乙酯	Ethyl acetate	【最】5.5【普】30 【协东盟】0【协巴基斯坦】5【协智利】0 【协新西兰】0【协秘鲁】0【协哥斯达黎加】0 【协冰岛】0【协瑞士】0【协澳大利亚】0 【协韩国】0【协格鲁吉亚】0【协香港】0 【协澳门】0 【特-1】0【特-2】0【特-3】0 【增】16【对美加征】10【出】0【退】10	千克	A	BG	MR	NS	301 302	乙酸乙酯（易燃液体，需申报仅用于工业用途不用于无检疫要求食品添加剂） 乙酸乙酯（属于危险化学品的食品添加剂）
291532	00		乙酸乙烯酯	Vinyl acetate	【最】5.5【普】30 【协东盟】0【协巴基斯坦】5【协智利】0 【协新西兰】0【协秘鲁】0【协台湾】0 【协哥斯达黎加】0【协冰岛】0【协瑞士】0 【协澳大利亚】0【协韩国】0【协格鲁吉亚】0 【协香港】0【协澳门】0 【特-1】0【特-2】0【特-3】0 【增】16【对美加征】10【出】0【退】13	千克	A	B	M	N	999	乙酸乙烯酯
291533	00		乙酸正丁酯	n-Butyl acetate	【最】5.5【普】30 【协东盟】0【协巴基斯坦】0【协智利】0 【协新西兰】0【协秘鲁】0【协哥斯达黎加】0 【协冰岛】0【协瑞士】0【协澳大利亚】0 【协韩国】3.6【协格鲁吉亚】0【协香港】0 【协澳门】0 【特-1】0【特-2】0【特-3】0 【增】16【对美加征】5【出】0【退】10	千克	A	B	M	N	301	乙酸正丁酯
291536	00		地乐酚（ISO）乙酸酯	Dinoseb(ISO) acetate	【最】5.5【普】30 【协东盟】0【协巴基斯坦】5【协智利】0 【协新西兰】0【协秘鲁】0【协哥斯达黎加】0 【协冰岛】0【协瑞士】0【协澳大利亚】0 【协韩国】0【协格鲁吉亚】0【协香港】0 【协澳门】0 【特-1】0【特-2】0【特-3】0 【增】16【出】0【退】0	千克	S	S			999	地乐酚（ISO)乙酸酯
291539	00	11	三氯杀虫酯	Benzethazet acetofenate	【最】5.5【普】30 【协东盟】0【协巴基斯坦】5【协智利】0 【协新西兰】0【协秘鲁】0【协哥斯达黎加】0 【协冰岛】0【协瑞士】2.2【协澳大利亚】0 【协韩国】3.6【协格鲁吉亚】0【协香港】0 【协澳门】0 【特-1】0【特-2】0【特-3】0 【增】16【对美加征】5【出】0【退】10	千克	S	S			999	三氯杀虫酯
291539	00	13	特乐酯	Dinoterb acetate	【最】5.5【普】30 【协东盟】0【协巴基斯坦】5【协智利】0 【协新西兰】0【协秘鲁】0【协哥斯达黎加】0 【协冰岛】0【协瑞士】2.2【协澳大利亚】0 【协韩国】3.6【协格鲁吉亚】0【协香港】0 【协澳门】0 【特-1】0【特-2】0【特-3】0 【增】16【对美加征】5【出】0【退】10	千克	S	S			999	特乐酯

税则号列			货品名称中英文		税费综合信息	计量单位	监管证件代码		检验检疫类别		检验检疫编码	检验检疫编码对应中文名称
HS国际统一前6位	本国子目 7~8位	本国子目 9~10位	中文 货物名称	英文 Article Description			进口	出口	进口	出口		
291539	00	14	灭螨醌	Acequinocyl	【最】5.5【普】30 【协东盟】0【协巴基斯坦】5【协智利】0 【协新西兰】0【协秘鲁】0【协哥斯达黎加】0 【协冰岛】0【协瑞士】2.2【协澳大利亚】0 【协韩国】3.6【协格鲁吉亚】0【协香港】0 【协澳门】0 【特-1】0【特-2】0【特-3】0 【增】16【对美加征】5【出】0【退】0	千克	S	S			999	灭螨醌
291539	00	15	信铃酯	11-hexadecadien-1-yl acetate	【最】5.5【普】30 【协东盟】0【协巴基斯坦】5【协智利】0 【协新西兰】0【协秘鲁】0【协哥斯达黎加】0 【协冰岛】0【协瑞士】2.2【协澳大利亚】0 【协韩国】3.6【协格鲁吉亚】0【协香港】0 【协澳门】0 【特-1】0【特-2】0【特-3】0 【增】16【对美加征】5【出】0【退】10	千克	S	S			999	信铃酯
291539	00	16	种衣酯	Fenitropan	【最】5.5【普】30 【协东盟】0【协巴基斯坦】5【协智利】0 【协新西兰】0【协秘鲁】0【协哥斯达黎加】0 【协冰岛】0【协瑞士】2.2【协澳大利亚】0 【协韩国】3.6【协格鲁吉亚】0【协香港】0 【协澳门】0 【特-1】0【特-2】0【特-3】0 【增】16【对美加征】5【出】0【退】10	千克	S	S			999	种衣酯
291539	00	90	其他乙酸酯	Other esters of acetic acid	【最】5.5【普】30 【协东盟】0【协巴基斯坦】5【协智利】0 【协新西兰】0【协秘鲁】0【协哥斯达黎加】0 【协冰岛】0【协瑞士】2.2【协澳大利亚】0 【协韩国】3.6【协格鲁吉亚】0【协香港】0 【协澳门】0 【特-1】0【特-2】0【特-3】0 【增】16【对美加征】5【出】0【退】16	千克	A	B	MR	NS	301 302 303 304	其他乙酸酯（其他危险化学品，需申报仅用于工业用途不用于无检疫要求食品添加剂） 其他乙酸酯（无检疫要求食品添加剂） 其他乙酸酯（一般化学品，需申报仅用于工业用途不用于无检疫要求食品添加剂） 其他乙酸酯（属于危险化学品的食品添加剂）
291540	00	10	一氯醋酸钠	Sodium monochloracetate	【最】5.5【普】30 【协东盟】0【协巴基斯坦】5【协智利】0 【协新西兰】0【协秘鲁】0【协哥斯达黎加】0 【协冰岛】0【协瑞士】0【协澳大利亚】0 【协韩国】0【协格鲁吉亚】0【协香港】0 【协澳门】0 【特-1】0【特-2】0【特-3】0 【增】16【对美加征】10【出】0【退】0	千克					999	一氯醋酸钠
291540	00	90	其他一氯代乙酸的盐和酯（包括二氯乙酸或三氯乙酸的盐和酯）	Other salts and esters of monochloroacetic acid (including salts and esters of dichloroacetic acid or trichloroacetic acid)	【最】5.5【普】30 【协东盟】0【协巴基斯坦】5【协智利】0 【协新西兰】0【协秘鲁】0【协哥斯达黎加】0 【协冰岛】0【协瑞士】0【协澳大利亚】0 【协韩国】0【协格鲁吉亚】0【协香港】0 【协澳门】0 【特-1】0【特-2】0【特-3】0 【增】16【对美加征】10【出】0【退】10	千克					301 302 303 304	其他一氯代乙酸的盐和酯（包括二氯乙酸或三氯乙酸的盐和酯）（毒性物质和感染性物质） 其他一氯代乙酸的盐和酯（包括二氯乙酸或三氯乙酸的盐和酯）（腐蚀性物质） 其他一氯代乙酸的盐和酯（包括二氯乙酸或三氯乙酸的盐和酯）（其他危险化学品） 其他一氯代乙酸的盐和酯（包括二氯乙酸或三氯乙酸的盐和酯）（其他化工产品）
291550	10		丙酸	Propionic acid	【最】5.5【普】30【暂进】3 【协东盟】0【协巴基斯坦】5【协智利】0 【协新西兰】0【协秘鲁】0【协哥斯达黎加】0 【协冰岛】0【协瑞士】0【协澳大利亚】0 【协韩国】0【协格鲁吉亚】0【协香港】0 【协澳门】0 【特-1】0【特-2】0【特-3】0 【增】16【对美加征】5【出】0【退】10	千克	A	B	MR	NS	101 103 301 302	丙酸（饲料添加剂） 丙酸（危险化学品&食品添加剂） 丙酸（腐蚀性物质） 丙酸（属于危险化学品的食品添加剂）

税则号列 HS国际统一前6位	本国子目 7~8位	本国子目 9~10位	货品名称中文 货物名称	货品名称英文 Article Description	税费综合信息	计量单位	监管证件代码 进口	监管证件代码 出口	检验检疫类别 进口	检验检疫类别 出口	检验检疫编码	检验检疫编码对应中文名称
291550	90		丙酸盐和酯	Salts and esters of propionic acid	【最】5.5【普】30 【协东盟】0【协巴基斯坦】5【协智利】0 【协新西兰】0【协秘鲁】0【协哥斯达黎加】0 【协冰岛】0【协瑞士】0【协澳大利亚】0 【协韩国】3.6【协格鲁吉亚】0【协香港】0 【协澳门】0 【特-1】0【特-2】0【特-3】0 【增】16【对美加征】10【出】0【退】10	千克	A	B	MR	NS	101 301 302 303 304	丙酸盐和酯（饲料添加剂） 丙酸盐和酯（其他危险化学品，需申报仅用于工业用途不用于无检疫要求食品添加剂） 丙酸盐和酯（无检疫要求食品添加剂） 丙酸盐和酯（一般化学品，需申报仅用于工业用途不用于无检疫要求食品添加剂） 丙酸盐和酯（属于危险化学品的食品添加剂）
291560	00		丁酸、戊酸及其盐和酯	Butanoic acids, pentanoic acids, their salts and esters	【最】5.5【普】30 【协东盟】0【协巴基斯坦】5【协智利】0 【协新西兰】0【协秘鲁】0【协哥斯达黎加】0 【协冰岛】0【协瑞士】0【协澳大利亚】0 【协韩国】2.7【协格鲁吉亚】0【协香港】0 【协澳门】0 【特-1】0【特-2】0【特-3】0 【增】16【对美加征】5【出】0【退】10	千克					101 301 302 303 304	丁酸、戊酸及其盐和酯（饲料添加剂） 丁酸、戊酸及其盐和酯（易燃液体） 丁酸、戊酸及其盐和酯（腐蚀性物质） 丁酸、戊酸及其盐和酯（杂项物质） 丁酸、戊酸及其盐和酯（其他化工产品）
291570	10		硬脂酸（以干燥重量计，纯度在90%及以上）	Stearic acid(purity of 90% or more in dried weight)	【最】7【普】50 【协东盟】0【协巴基斯坦】5【协智利】0 【协新西兰】0【协秘鲁】0【协哥斯达黎加】0 【协冰岛】0【协瑞士】0【协澳大利亚】0 【协韩国】0【协格鲁吉亚】0【协香港】0 【协澳门】0 【特-1】0【特-2】0【特-3】0 【增】16【对美加征】10【出】0【退】10	千克	A		R		101 102 301 302	硬脂酸（以干燥重量计，纯度在90%及以上）（饲料添加剂） 硬脂酸（以干燥重量计，纯度在90%及以上）（化工产品） 硬脂酸（以干燥重量计，纯度在90%及以上）（无检疫要求食品添加剂） 硬脂酸（以干燥重量计，纯度在90%及以上）（需申报仅用于工业用途不用于无检疫要求食品添加剂的化学品）
291570	90		棕榈酸及其盐和酯、硬脂酸盐、酯	Palmitic aicd and its salts and esters, salts and esters of stearic acid	【最】5.5【普】30 【协东盟】0【协巴基斯坦】5【协智利】0 【协新西兰】0【协秘鲁】0【协哥斯达黎加】0 【协冰岛】0【协瑞士】0【协澳大利亚】0 【协韩国】3.6【协格鲁吉亚】0【协香港】0 【协澳门】0 【特-1】0【特-2】0【特-3】0 【增】16【对美加征】10【出】0【退】13	千克					101 102	棕榈酸及其盐和酯、硬脂酸盐、酯（饲料添加剂） 棕榈酸及其盐和酯、硬脂酸盐、酯（十二酸钡）
291590	00	11	茅草枯	Dalapon	【最】5.5【普】30 【协东盟】0【协澳门】0【协巴基斯坦】5 【协智利】0【协新西兰】0【协秘鲁】0 【协香港】0【协哥斯达黎加】0【协冰岛】0 【协瑞士】2.2【协澳大利亚】0【协韩国】0 【协格鲁吉亚】0 【特-1】0【特-2】0【特-3】0 【增】16【对美加征】10【出】0【退】0	千克	S	S			999	茅草枯
291590	00	12	抑草蓬	Erbon	【最】5.5【普】30 【协东盟】0【协澳门】0【协巴基斯坦】5 【协香港】0【协智利】0【协新西兰】0 【协秘鲁】0【协哥斯达黎加】0【协冰岛】0 【协瑞士】2.2【协澳大利亚】0【协韩国】0 【协格鲁吉亚】0 【特-1】0【特-2】0【特-3】0 【增】16【对美加征】10【出】0【退】0	千克	S	S			999	抑草蓬

税则号列 HS国际统一前6位	本国子目 7~8位	本国子目 9~10位	货品名称中英文 中文 货物名称	货品名称中英文 英文 Article Description	税费综合信息	计量单位	监管证件代码 进口	监管证件代码 出口	检验检疫类别 进口	检验检疫类别 出口	检验检疫编码	检验检疫编码对应中文名称
291590	00	13	四氟丙酸	Flupropanate	【最】5.5【普】30 【协东盟】0【协澳门】0【协巴基斯坦】5 【协香港】0【协智利】0【协新西兰】0 【协秘鲁】0【协哥斯达黎加】0【协冰岛】0 【协瑞士】2.2【协澳大利亚】0【协韩国】0 【协格鲁吉亚】0 【特-1】0【特-2】0【特-3】0 【增】16【对美加征】10【出】0【退】10	千克	S	S			999	四氟丙酸
291590	00	20	氟乙酸钠	Sodium fluoroacetate	【最】5.5【普】30 【协东盟】0【协澳门】0【协巴基斯坦】5 【协香港】0【协智利】0【协新西兰】0 【协秘鲁】0【协哥斯达黎加】0【协冰岛】0 【协瑞士】2.2【协澳大利亚】0【协韩国】0 【协格鲁吉亚】0 【特-1】0【特-2】0【特-3】0 【增】16【对美加征】10【出】0【退】10	千克	9	8			999	氟乙酸钠
291590	00	90	其他饱和无环一元羧酸及其酸酐（酰卤、过氧化物，过氧酸及其卤化、硝化、磺化、亚硝化衍生物）	Other Saturated acyclic monocarboxylic acids and their anhydrides, halides, peroxides and peroxyacids; their halogenated, sulphonated, nitrated or nitrosated derivatives	【最】5.5【普】30 【协东盟】0【协澳门】0【协巴基斯坦】5 【协香港】0【协智利】0【协新西兰】0 【协秘鲁】0 【协哥斯达黎加】0【协冰岛】0 【协瑞士】2.2【协澳大利亚】0【协韩国】0 【协格鲁吉亚】0 【特-1】0【特-2】0【特-3】0 【增】16【对美加征】10【出】0【退】10	千克	A	B	MR	NS	301 302 303 304	301 其他饱和无环一元羧酸及其酸酐（酰卤、过氧化物，过氧酸及其卤化、硝化、磺化、亚硝化衍生物）（其他危险化学品，需申报仅用于工业用途不用于无检疫要求食品添加剂） 302 其他饱和无环一元羧酸及其酸酐（酰卤、过氧化物，过氧酸及其卤化、硝化、磺化、亚硝化衍生物）（无检疫要求食品添加剂） 303 其他饱和无环一元羧酸及其酸酐（酰卤、过氧化物，过氧酸及其卤化、硝化、磺化、亚硝化衍生物）（一般化学品，需申报仅用于工业用途不用于无检疫要求食品添加剂） 304 其他饱和无环一元羧酸及其酸酐（酰卤、过氧化物，过氧酸及其卤化、硝化、磺化、亚硝化衍生物）（属于危险化学品的食品添加剂）
291611	00		丙烯酸及其盐	Acrylic acid and its salts	【最】6.5【普】30 【协东盟】0【协智利】0【协新西兰】0 【协秘鲁】0【协哥斯达黎加】0【协冰岛】0 【协瑞士】0【协澳大利亚】0【协韩国】4.3 【协格鲁吉亚】0【协香港】0【协澳门】0 【特-1】0【特-2】0 【增】16【对美加征】10【出】0【退】10	千克					301 302	301 丙烯酸及其盐（腐蚀性物质） 302 丙烯酸及其盐（其他化工产品）
291612	10		丙烯酸甲酯	Methyl acrrylate	【最】6.5【普】30 【协东盟】0【协巴基斯坦】5【协智利】0 【协新西兰】0【协新加坡】0【协秘鲁】0 【协哥斯达黎加】0【协冰岛】0【协瑞士】3.7 【协澳大利亚】0【协韩国】4.3 【协格鲁吉亚】0【协香港】0【协澳门】0 【特-1】0【特-2】0 【增】16【出】0【退】10	千克	A	B	M	N	999	丙烯酸甲酯
291612	20		丙烯酸乙酯	Ethyl acrylate	【最】6.5【普】30 【协东盟】0【协巴基斯坦】5【协智利】0 【协新西兰】0【协新加坡】0【协秘鲁】0 【协哥斯达黎加】0【协冰岛】0【协瑞士】0 【协澳大利亚】0【协韩国】4.3 【协格鲁吉亚】0【协香港】0【协澳门】0 【特-1】0【特-2】0 【增】16【对美加征】5【出】0【退】10	千克	A	B	M	N	301	丙烯酸乙酯

税则号列 HS国际统一前6位	本国子目 7~8位	本国子目 9~10位	货品名称中英文 中文 货物名称	英文 Article Description	税费综合信息	计量单位	监管证件代码 进口	监管证件代码 出口	检验检疫类别 进口	检验检疫类别 出口	检验检疫编码	检验检疫编码对应中文名称
291612	30	01	丙烯酸正丁酯	N-butyl acrylate	【最】6.5【普】30 【协东盟】0【协巴基斯坦】5【协智利】0 【协新西兰】0【协新加坡】0【协秘鲁】0 【协哥斯达黎加】0【协冰岛】0【协瑞士】0 【协澳大利亚】0【协格鲁吉亚】0【协香港】0 【协澳门】0 【特-1】0【特-2】0 【增】16【对美加征】5【出】0【退】10	千克	A	B	M	N	999	丙烯酸正丁酯
291612	30	90	丙烯酸异丁酯	Isobutyl acrylate	【最】6.5【普】30 【协东盟】0【协巴基斯坦】5【协智利】0 【协新西兰】0【协新加坡】0【协秘鲁】0 【协哥斯达黎加】0【协冰岛】0【协瑞士】0 【协澳大利亚】0【协格鲁吉亚】0【协香港】0 【协澳门】0 【特-1】0【特-2】0 【增】16【对美加征】5【出】0【退】10	千克	A	B	M	N	999	丙烯酸异丁酯
291612	40		丙烯酸异辛酯	Isooctyl acrylate	【最】6.5【普】30 【协东盟】0【协巴基斯坦】5【协智利】0 【协新西兰】0【协新加坡】0【协秘鲁】0 【协哥斯达黎加】0【协冰岛】0【协瑞士】0 【协澳大利亚】0【协韩国】4.3 【协格鲁吉亚】0【协香港】0【协澳门】0 【特-1】0【特-2】0 【增】16【对美加征】10【出】0【退】10	千克					999	丙烯酸异辛酯
291612	90		其他丙烯酸酯	Other esters of arcylic acid	【最】6.5【普】30 【协东盟】0【协巴基斯坦】5【协智利】0 【协新西兰】0【协新加坡】0【协秘鲁】0 【协哥斯达黎加】0【协冰岛】0【协瑞士】0 【协澳大利亚】0【协格鲁吉亚】0【协香港】0 【协澳门】0 【特-1】0【特-2】0 【增】16【对美加征】10【出】0【退】10	千克					301 302 303 304	其他丙烯酸酯（易燃液体） 其他丙烯酸酯（腐蚀性物质） 其他丙烯酸酯（杂项物质） 其他丙烯酸酯（其他化工产品）
291613	00	10	甲基丙烯酸	Methacrylie acid	【最】6.5【普】80 【协东盟】0【协巴基斯坦】5【协智利】0 【协新西兰】0【协秘鲁】0【协台湾】0 【协哥斯达黎加】0【协冰岛】0【协瑞士】0 【协澳大利亚】0【协韩国】0【协格鲁吉亚】0 【协香港】0【协澳门】0 【特-1】0【特-2】0 【增】16【对美加征】10【出】0【退】13	千克	A	B	M	N	999	甲基丙烯酸
291613	00	90	甲基丙烯酸盐	Salts of methacrylie acid	【最】6.5【普】80 【协东盟】0【协巴基斯坦】5【协智利】0 【协新西兰】0【协秘鲁】0【协台湾】0 【协哥斯达黎加】0【协冰岛】0【协瑞士】0 【协澳大利亚】0【协韩国】0【协格鲁吉亚】0 【协香港】0【协澳门】0 【特-1】0【特-2】0 【增】16【对美加征】10【出】0【退】13	千克					999	甲基丙烯酸盐
291614	00	10	甲基丙烯酸甲酯	Methyl methacrylate	【最】6.5【普】80 【协东盟】0【协巴基斯坦】5【协智利】0 【协新西兰】0【协秘鲁】0【协台湾】0 【协哥斯达黎加】0【协冰岛】0【协瑞士】0 【协澳大利亚】0【协韩国】0【协格鲁吉亚】0 【协香港】0【协澳门】0 【特-1】0【特-2】0 【增】16【反倾】有【对美加征】10【出】0 【退】13	千克					301 302	甲基丙烯酸甲酯（爆炸品） 甲基丙烯酸甲酯（易燃液体）
291614	00	90	其他甲基丙烯酸酯	Other methyl methacrylate	【最】6.5【普】80 【协东盟】0【协巴基斯坦】5【协智利】0 【协新西兰】0【协秘鲁】0【协台湾】0 【协哥斯达黎加】0 【协冰岛】0【协瑞士】0【协澳大利亚】0 【协韩国】0【协格鲁吉亚】0【协香港】0 【协澳门】0 【特-1】0【特-2】0 【增】16【反倾】有【对美加征】10【出】0 【退】13	千克					301 302	其他甲基丙烯酸酯（爆炸品） 其他甲基丙烯酸酯（易燃液体）

税则号列			货品名称中英文		税费综合信息	计量单位	监管证件代码		检验检疫类别		检验检疫编码	检验检疫编码对应中文名称
HS国际统一前6位	本国子目 7~8位	本国子目 9~10位	中文 货物名称	英文 Article Description			进口	出口	进口	出口		
291615	00		油酸、亚油酸或亚麻酸及其盐和酯 【电商】	Oleic, linoleic or linolenic acids, their salts and esters	【最】6.5【普】30 【协东盟】0【协香港】0【协澳门】0 【协巴基斯坦】5【协智利】0【协新西兰】0 【协秘鲁】0【协哥斯达黎加】0【协冰岛】0 【协瑞士】0【协澳大利亚】0【协韩国】4.3 【协格鲁吉亚】0 【特-1】0【特-2】0 【增】16【对美加征】5【出】0【退】10	千克					101 102 103 104 105 ……	油酸、亚油酸或亚麻酸及其盐和酯（亚麻酸） 油酸、亚油酸或亚麻酸及其盐和酯（亚油酸） 油酸、亚油酸或亚麻酸及其盐和酯［亚油酸甲酯（48%），亚麻酸甲酯（52%）混合物］ 油酸、亚油酸或亚麻酸及其盐和酯（亚油酸乙酯） 油酸、亚油酸或亚麻酸及其盐和酯（油酸乙酯） ……①
291616	00		乐杀螨（ISO）	Binapacryl(ISO)	【最】6.5【普】30 【协东盟】0【协巴基斯坦】5【协智利】0 【协新西兰】0【协秘鲁】0【协哥斯达黎加】0 【协冰岛】0【协瑞士】0【协澳大利亚】0 【协韩国】0【协格鲁吉亚】0【协香港】0 【协澳门】0 【特-1】0【特-2】0 【增】16【出】0【退】0	千克	S	S			301	乐杀螨（ISO）
291619	00	11	烯虫乙酯	Hydroprene	【最】6.5【普】30 【协东盟】0【协巴基斯坦】5【协智利】0 【协新西兰】0【协秘鲁】0【协哥斯达黎加】0 【协冰岛】0【协澳大利亚】0 【协韩国】0【协格鲁吉亚】0【协香港】0 【协澳门】0 【特-1】0【特-2】0 【增】16【对美加征】5【出】0【退】10	千克	S	S			999	烯虫乙酯
291619	00	12	烯虫炔酯	Kinoprene	【最】6.5【普】30 【协东盟】0【协巴基斯坦】5【协智利】0 【协新西兰】0【协秘鲁】0【协哥斯达黎加】0 【协冰岛】0【协澳大利亚】0 【协韩国】0【协格鲁吉亚】0【协香港】0 【协澳门】0 【特-1】0【特-2】0 【增】16【对美加征】5【出】0【退】10	千克	S	S			999	烯虫炔酯
291619	00	13	消螨普	Dinocap	【最】6.5【普】30 【协东盟】0【协巴基斯坦】5【协智利】0 【协新西兰】0【协秘鲁】0【协哥斯达黎加】0 【协冰岛】0【协澳大利亚】0 【协韩国】0【协格鲁吉亚】0【协香港】0 【协澳门】0 【特-1】0【特-2】0 【增】16【对美加征】5【出】0【退】10	千克	S	S			999	消螨普
291619	00	90	其他不饱和无环一元羧酸	Other unsaturated acyclic monocarboxylic acids, their anhydrides, halides, peroxides, peroxyacids and their derivatives	【最】6.5【普】30 【协东盟】0【协巴基斯坦】5【协智利】0 【协新西兰】0【协秘鲁】0【协哥斯达黎加】0 【协冰岛】0【协澳大利亚】0 【协韩国】0【协格鲁吉亚】0【协香港】0 【协澳门】0 【特-1】0【特-2】0 【增】16【对美加征】5【出】0【退】10	千克	A	B	MR	NS	101 301 302	其他不饱和无环一元羧酸（包括其酸酐、酰卤化物，过氧化物和过氧酸及它们的衍生物）（饲料添加剂） 其他不饱和无环一元羧酸（包括其酸酐、酰卤化物，过氧化物和过氧酸及它们的衍生物）（其他危险化学品） 其他不饱和无环一元羧酸（包括其酸酐、酰卤化物，过氧化物和过氧酸及它们的衍生物）（无检疫要求的食品添加剂）

① 该税号项下检验检疫编码及对应中文名称尚有：106　油酸、亚油酸或亚麻酸及其盐和酯（单、双甘油脂肪酸酯）。

税则号列 HS国际统一前6位	本国子目 7~8位	本国子目 9~10位	货品名称 中文 货物名称	货品名称 英文 Article Description	税费综合信息	计量单位	监管证件代码 进口	监管证件代码 出口	检验检疫类别 进口	检验检疫类别 出口	检验检疫编码	检验检疫编码对应中文名称
											303	其他不饱和无环一元羧酸（包括其酸酐、酰卤化物，过氧化物和过氧酸及它们的衍生物）(需申报仅用于工业用途不用于无检疫要求食品添加剂的化学品)
											304	其他不饱和无环一元羧酸（包括其酸酐、酰卤化物，过氧化物和过氧酸及它们的衍生物）(属于危险化学品的食品添加剂)
291620	10		DV菊酸甲酯、二溴菊酸	Dibromochrysanthermic acid, DVchrysanthemimono carboxylate	【最】4【普】11 【协东盟】0【协巴基斯坦】0【协智利】0 【协新西兰】0【协秘鲁】0【协哥斯达黎加】0 【协冰岛】0【协瑞士】0【协澳大利亚】0 【协韩国】0【协格鲁吉亚】0【协香港】0 【协澳门】0 【特-1】0【特-2】0 【增】16【出】0【退】10	千克					999	DV菊酸甲酯、二溴菊酸
291620	90	21	苄菊酯、苯醚菊酯	Dimethirn, Phenothrin (including dphenothrin, rich-d-trans-phenothrin)	【最】6.5【普】30 【协东盟】0【协巴基斯坦】5【协智利】0 【协新西兰】0【协秘鲁】0【协哥斯达黎加】0 【协冰岛】0【协瑞士】3.7【协澳大利亚】0 【协韩国】0【协格鲁吉亚】0【协香港】0 【协澳门】0 【特-1】0【特-2】0 【增】16【对美加征】10【出】0【退】10	千克	S	S			999	苄菊酯、苯醚菊酯（包括右旋苯醚菊酯、富右旋反式苯醚菊酯）
291620	90	22	苄烯菊酯、氯菊酯	Butethrin, permethrin (including bio-permethrin)	【最】6.5【普】30 【协东盟】0【协巴基斯坦】5【协智利】0 【协新西兰】0【协秘鲁】0【协哥斯达黎加】0 【协冰岛】0【协瑞士】3.7【协澳大利亚】0 【协韩国】0【协格鲁吉亚】0【协香港】0 【协澳门】0 【特-1】0【特-2】0 【增】16【对美加征】10【出】0【退】10	千克	S	S			101 102 103	苄烯菊酯、氯菊酯（包括生物氯菊酯）（苄氯菊酯乙醇溶液） 苄烯菊酯、氯菊酯（包括生物氯菊酯）（氯氰菊酯） 苄烯菊酯、氯菊酯（包括生物氯菊酯）［丙烯菊酯（含量>30%）］
291620	90	23	氯烯炔菊酯、联苯菊酯	Chlorempenthrin, Bifenthrin	【最】6.5【普】30 【协东盟】0【协巴基斯坦】5【协智利】0 【协新西兰】0【协秘鲁】0【协哥斯达黎加】0 【协冰岛】0【协瑞士】3.7【协澳大利亚】0 【协韩国】0【协格鲁吉亚】0【协香港】0 【协澳门】0 【特-1】0【特-2】0 【增】16【对美加征】10【出】0【退】10	千克	S	S			999	氯烯炔菊酯、联苯菊酯
291620	90	24	七氟菊酯、四氟苯菊酯、五氟苯菊酯、七氟甲醚菊酯（包括甲氧苄氟菊酯、氯氟醚菊酯）	Tefluthrin, transfluthrin, fenfluthrin	【最】6.5【普】30 【协东盟】0【协巴基斯坦】5【协智利】0 【协新西兰】0【协秘鲁】0【协哥斯达黎加】0 【协冰岛】0【协瑞士】3.7【协澳大利亚】0 【协韩国】0【协格鲁吉亚】0【协香港】0 【协澳门】0 【特-1】0【特-2】0 【增】16【对美加征】10【出】0【退】10	千克	S	S			999	七氟菊酯、四氟苯菊酯、五氟苯菊酯、七氟甲醚菊酯（包括甲氧苄氟菊酯、氯氟醚菊酯）
291620	90	25	戊菊酯、环螨酯	Valerate, cyclopropate	【最】6.5【普】30 【协东盟】0【协巴基斯坦】5【协智利】0 【协新西兰】0【协秘鲁】0【协哥斯达黎加】0 【协冰岛】0【协瑞士】3.7【协澳大利亚】0 【协韩国】0【协格鲁吉亚】0【协香港】0 【协澳门】0 【特-1】0【特-2】0 【增】16【对美加征】10【出】0【退】10	千克	S	S			999	戊菊酯、环螨酯

税则号列			货品名称中英文		税费综合信息	计量单位	监管证件代码		检验检疫类别		检验检疫编码	检验检疫编码对应中文名称
HS国际统一前6位	本国子目 7~8位	本国子目 9~10位	中文 货物名称	英文 Article Description			进口	出口	进口	出口		
291620	90	26	四氟甲醚菊酯、烯炔菊酯、四氟醚菊酯（包括右旋烯炔菊酯、富右旋反式烯炔菊酯）	Dimefluthrin empenthrin(including d-empenthrin, rich-d-t-enpenthrin)	【最】6.5【普】30 【协东盟】0【协巴基斯坦】5【协智利】0 【协新西兰】0【协秘鲁】0【协哥斯达黎加】0 【协冰岛】0【协瑞士】3.7【协澳大利亚】0 【协韩国】0【协格鲁吉亚】0【协香港】0 【协澳门】0 【特-1】0【特-2】0 【增】16【对美加征】10【出】0【退】10	千克	S	S			999	四氟甲醚菊酯、烯炔菊酯、四氟醚菊酯（包括右旋烯炔菊酯、富右旋反式烯炔菊酯）
291620	90	27	炔丙菊酯	Prallethrin (including d-prallethrin, rich-d-t-prallethrin)	【最】6.5【普】30 【协东盟】0【协巴基斯坦】5【协智利】0 【协新西兰】0【协秘鲁】0【协哥斯达黎加】0 【协冰岛】0【协瑞士】3.7【协澳大利亚】0 【协韩国】0【协格鲁吉亚】0【协香港】0 【协澳门】0 【特-1】0【特-2】0 【增】16【对美加征】10【出】0【退】10	千克	S	S			999	炔丙菊酯（包括右旋炔丙菊酯、富右旋反式炔丙菊酯）
291620	90	28	氯丙炔菊酯	Chlorpromazine acetylene Permethrin (including d-trans-permethrin chlorpromazine acetylene)	【最】6.5【普】30 【协东盟】0【协巴基斯坦】5【协智利】0 【协新西兰】0【协秘鲁】0【协哥斯达黎加】0 【协冰岛】0【协瑞士】3.7【协澳大利亚】0 【协韩国】0【协格鲁吉亚】0【协香港】0 【协澳门】0 【特-1】0【特-2】0 【增】16【对美加征】10【出】0【退】10	千克	S	S			999	氯丙炔菊酯（包括右旋反式氯丙炔菊酯）
291620	90	90	其他（环烷、环烯、环萜烯）一元羧酸（包括酸酐、酰卤化物、过氧化物和过氧酸及其衍生物）	Other (cycloalkane, cyclenes, acyclic terpene) monocarboxylic acids (including acid anhydride, etheride, peroxide and peroxyacid and their derivatives)	【最】6.5【普】30 【协东盟】0【协巴基斯坦】5【协智利】0 【协新西兰】0【协秘鲁】0【协哥斯达黎加】0 【协冰岛】0【协瑞士】3.7【协澳大利亚】0 【协韩国】0【协格鲁吉亚】0【协香港】0 【协澳门】0 【特-1】0【特-2】0 【增】16【对美加征】10【出】0【退】10	千克	A	B	MR	NS	301 302 303 304	其他（环烷、环烯、环萜烯）一元羧酸（包括酸酐、酰卤化物、过氧化物和过氧酸及其衍生物）（其他危险化学品，需申报仅用于工业用途不用于无检疫要求食品添加剂） 其他（环烷、环烯、环萜烯）一元羧酸（包括酸酐、酰卤化物、过氧化物和过氧酸及其衍生物）（无检疫要求食品添加剂） 其他（环烷、环烯、环萜烯）一元羧酸（包括酸酐、酰卤化物、过氧化物和过氧酸及其衍生物）（一般化学品，需申报仅用于工业用途不用于无检疫要求食品添加剂） 其他（环烷、环烯、环萜烯）一元羧酸（包括酸酐、酰卤化物、过氧化物和过氧酸及其衍生物）（属于危险化学品的食品添加剂）
291631	00		其他苯甲酸及其盐和酯	Benzoic acid, its salts and esters	【最】6.5【普】30 【协东盟】0【协巴基斯坦】5【协智利】0 【协新西兰】0【协秘鲁】0【协哥斯达黎加】0 【协冰岛】0【协澳大利亚】0 【协韩国】3.2【协格鲁吉亚】0【协香港】0 【协澳门】0 【特-1】0【特-2】0 【增】16【对美加征】10【出】0【退】10	千克	A	B	MR	NS	101 301 302 303 304	其他苯甲酸及其盐和酯（饲料添加剂） 其他苯甲酸及其盐和酯（其他危险化学品，需申报仅用于工业用途不用于无检疫要求食品添加剂） 其他苯甲酸及其盐和酯（无检疫要求食品添加剂） 其他苯甲酸及其盐和酯（一般化学品，需申报仅用于工业用途不用于无检疫要求食品添加剂） 其他苯甲酸及其盐和酯（属于危险化学品的食品添加剂）

税则号列			货品名称中英文		税费综合信息	计量单位	监管证件代码		检验检疫类别		检验检疫编码	检验检疫编码对应中文名称
HS国际统一前6位	本国子目7~8位	9~10位	中文货物名称	英文Article Description			进口	出口	进口	出口		
291632	00		过氧化苯甲酰及苯甲酰氯	Benzoyl peroxied and benzoyl chloride	【最】6.5【普】30 【协东盟】0【协巴基斯坦】5【协智利】0 【协新西兰】0【协秘鲁】0【协哥斯达黎加】0 【协冰岛】0【协瑞士】0【协澳大利亚】0 【协韩国】3.2【协格鲁吉亚】0【协香港】0 【协澳门】0 【特-1】0【特-2】0 【增】16【对美加征】10【出】0【退】10	千克	A	B	MR	NS	301 302	过氧化苯甲酰及苯甲酰氯（其他危险化学品，需申报仅用于工业用途不用于无检疫要求食品添加剂） 过氧化苯甲酰及苯甲酰氯（属于危险化学品的食品添加剂）
291634	00	10	苯乙酸	Phenylacetic acid	【最】6.5【普】30 【协东盟】0【协巴基斯坦】5【协智利】0 【协新西兰】0【协秘鲁】0【协哥斯达黎加】0 【协冰岛】0【协澳大利亚】0 【协韩国】0【协格鲁吉亚】0【协香港】0 【协澳门】0 【特-1】0【特-2】0 【增】16【对美加征】10【出】0【退】10	千克	2	3			101	苯乙酸（苯乙酸乙醇溶液）
291634	00	90	苯乙酸盐	Salts of phenylacetic acid	【最】6.5【普】30 【协东盟】0【协巴基斯坦】5【协智利】0 【协新西兰】0【协秘鲁】0【协哥斯达黎加】0 【协冰岛】0【协澳大利亚】0 【协韩国】0【协格鲁吉亚】0【协香港】0 【协澳门】0 【特-1】0【特-2】0 【增】16【对美加征】10【出】0【退】10	千克					999	苯乙酸盐
291639	10		邻甲基苯甲酸	m-Methylbenzoic acid	【最】6.5【普】30 【协东盟】0【协巴基斯坦】5【协智利】0 【协新西兰】0【协秘鲁】0【协哥斯达黎加】0 【协冰岛】0【协瑞士】0【协澳大利亚】0 【协韩国】0【协格鲁吉亚】0【协香港】0 【协澳门】0 【特-1】0【特-2】0 【增】16【对美加征】5【出】0【退】10	千克					999	邻甲基苯甲酸
291639	20		布洛芬	Brufen(Ibuprofen)	【最】6.5【普】30 【协东盟】0【协巴基斯坦】5【协智利】0 【协新西兰】0【协秘鲁】0【协哥斯达黎加】0 【协冰岛】0【协瑞士】0【协澳大利亚】0 【协韩国】0【协格鲁吉亚】0【协香港】0 【协澳门】0 【特-1】0【特-2】0 【增】16【对美加征】5【出】0【退】10	千克					999	布洛芬
291639	30		2-（3-碘-4-乙基苯基）-2-甲基丙酸	2-(3-iodo-ethylphenyl)-propionic acid	【最】6.5【普】30 【协东盟】0【协巴基斯坦】5【协智利】0 【协新西兰】0【协秘鲁】0【协哥斯达黎加】0 【协冰岛】0【协瑞士】3.7【协澳大利亚】0 【协韩国】0【协格鲁吉亚】0【协香港】0 【协澳门】0 【特-1】0【特-2】0 【增】16【出】0【退】13	千克					999	2-（3-碘-4-乙基苯基）-2-甲基丙酸
291639	90	12	草芽畏、燕麦酯	2,3,6-TBA, methachlorphenprop	【最】6.5【普】30 【协东盟】0【协巴基斯坦】5【协智利】0 【协新西兰】0【协秘鲁】0【协哥斯达黎加】0 【协冰岛】0【协瑞士】3.7【协澳大利亚】0 【协韩国】0【协格鲁吉亚】0【协香港】0 【协澳门】0 【特-1】0【特-2】0 【增】16【对美加征】5【出】0【退】10	千克	S	S			999	草芽畏、燕麦酯
291639	90	13	5-硝基邻甲氧基苯酚钠	5-Sodium nitro-o-methoxy-benzene	【最】6.5【普】30 【协东盟】0【协巴基斯坦】5【协智利】0 【协新西兰】0【协秘鲁】0【协哥斯达黎加】0 【协冰岛】0【协瑞士】3.7【协澳大利亚】0 【协韩国】0【协格鲁吉亚】0【协香港】0 【协澳门】0 【特-1】0【特-2】0 【增】16【对美加征】5【出】0【退】0	千克	S	S			999	5-硝基邻甲氧基苯酚钠

税则号列			货品名称中英文		税费综合信息	计量单位	监管证件代码		检验检疫类别		检验检疫编码	检验检疫编码对应中文名称
HS 国际统一前 6 位	本国子目 7~8 位	本国子目 9~10 位	中文 货物名称	英文 Article Description			进口	出口	进口	出口		
291639	90	14	对氯苯氧乙酸及其盐	P-chlorophenoxyacetic acid and its salt	【最】6.5【普】30 【协东盟】0【协巴基斯坦】5【协智利】0 【协新西兰】0【协秘鲁】0【协哥斯达黎加】0 【协冰岛】0【协瑞士】3.7【协澳大利亚】0 【协韩国】0【协格鲁吉亚】0【协香港】0 【协澳门】0 【特-1】0【特-2】0 【增】16【对美加征】5【出】0【退】10	千克	S	S			999	对氯苯氧乙酸及其盐
291639	90	15	三碘苯甲酸	Triiodobenzoic acid	【最】6.5【普】30 【协东盟】0【协巴基斯坦】5【协智利】0 【协新西兰】0【协秘鲁】0【协哥斯达黎加】0 【协冰岛】0【协瑞士】3.7【协澳大利亚】0 【协韩国】0【协格鲁吉亚】0【协香港】0 【协澳门】0 【特-1】0【特-2】0 【增】16【对美加征】5【出】0【退】0	千克	S	S			999	三碘苯甲酸
291639	90	16	萘乙酸	Naphthylacetic acid	【最】6.5【普】30 【协东盟】0【协巴基斯坦】5【协智利】0 【协新西兰】0【协秘鲁】0【协哥斯达黎加】0 【协冰岛】0【协瑞士】3.7【协澳大利亚】0 【协韩国】0【协格鲁吉亚】0【协香港】0 【协澳门】0 【特-1】0【特-2】0 【增】16【对美加征】5【出】0【退】10	千克	S	S			999	萘乙酸
291639	90	17	伐草克	Chlorfenac	【最】6.5【普】30 【协东盟】0【协巴基斯坦】5【协智利】0 【协新西兰】0【协秘鲁】0【协哥斯达黎加】0 【协冰岛】0【协瑞士】3.7【协澳大利亚】0 【协韩国】0【协格鲁吉亚】0【协香港】0 【协澳门】0 【特-1】0【特-2】0 【增】16【对美加征】5【出】0【退】10	千克	S	S			999	伐草克
291639	90	18	α-萘乙酸及其盐	α-Naphthylacetic acid and its salt	【最】6.5【普】30 【协东盟】0【协巴基斯坦】5【协智利】0 【协新西兰】0【协秘鲁】0【协哥斯达黎加】0 【协冰岛】0【协瑞士】3.7【协澳大利亚】0 【协韩国】0【协格鲁吉亚】0【协香港】0 【协澳门】0 【特-1】0【特-2】0 【增】16【对美加征】5【出】0【退】10	千克	S	S			999	α-萘乙酸及其盐
291639	90	90	其他芳香一元羧酸	Other aromatic monocarboxylic acids	【最】6.5【普】30 【协东盟】0【协巴基斯坦】5【协智利】0 【协新西兰】0【协秘鲁】0【协哥斯达黎加】0 【协冰岛】0【协瑞士】3.7【协澳大利亚】0 【协韩国】0【协格鲁吉亚】0【协香港】0 【协澳门】0 【特-1】0【特-2】0 【增】16【对美加征】5【出】0【退】10	千克					101 102 103 104 105 ……	其他芳香一元羧酸（可得然胶） 其他芳香一元羧酸［硫酸钙（石膏）］ 其他芳香一元羧酸（4-茴香酸） 其他芳香一元羧酸（肉桂酸） 其他芳香一元羧酸（肉桂酸-3-苯丙酯） ……①
291711	10		草酸	Oxalic acid	【最】6.5【普】40 【协东盟】0【协巴基斯坦】5【协智利】0 【协新西兰】0【协秘鲁】0【协哥斯达黎加】0 【协冰岛】0【协瑞士】0【协澳大利亚】0 【协韩国】3.2【协格鲁吉亚】0【协香港】0 【协澳门】0 【特-1】0【特-2】0 【增】16【对美加征】10【出】0【退】10	千克					999	草酸

① 该税号项下检验检疫编码及对应中文名称尚有：106 其他芳香一元羧酸（肉桂酸苯乙酯），107 其他芳香一元羧酸（肉桂酸苄酯），108 其他芳香一元羧酸（肉桂酸芳樟酯），109 其他芳香一元羧酸（肉桂酸甲酯），110 其他芳香一元羧酸（肉桂酸肉桂酯），111 其他芳香一元羧酸（肉桂酸烯丙酯），112 其他芳香一元羧酸（肉桂酸乙酯），113 其他芳香一元羧酸（肉桂酸异丁酯），114 其他芳香一元羧酸（肉桂酸异戊酯），115 其他芳香一元羧酸（薪草提取物）。

税则号列			货品名称中英文		税费综合信息	计量单位	监管证件代码		检验检疫类别		检验检疫编码	检验检疫编码对应中文名称
HS国际统一前6位	本国子目 7~8位	9~10位	中文 货物名称	英文 Article Description			进口	出口	进口	出口		
291711	20		草酸钴	Cobalt oxalate	【最】9【普】30 【协东盟】0【协巴基斯坦】5【协智利】0 【协新西兰】0【协秘鲁】0【协哥斯达黎加】0 【协冰岛】0【协瑞士】0【协澳大利亚】0 【协韩国】0【协格鲁吉亚】0【协香港】0 【协澳门】0 【特-1】0【特-2】0 【增】16【出】0【退】10	千克		4xy			999	草酸钴
291711	90		其他草酸盐和酯	Other salts and esters of oxalie acid	【最】6.5【普】30 【协东盟】0【协巴基斯坦】5【协智利】0 【协新西兰】0【协秘鲁】0【协哥斯达黎加】0 【协冰岛】0【协瑞士】0【协澳大利亚】0 【协韩国】3.2【协格鲁吉亚】0【协香港】0 【协澳门】0 【特-1】0【特-2】0 【增】16【对美加征】5【出】0【退】10	千克					301 302	其他草酸盐和酯（其他危险化学品） 其他草酸盐和酯（需申报仅用于工业用途不用于无检疫要求食品添加剂的化学品）
291712	00	01	己二酸	Adipic acid	【最】6.5【普】30 【协东盟】0【协巴基斯坦】5【协智利】0 【协新西兰】0【协秘鲁】0【协哥斯达黎加】0 【协冰岛】0【协瑞士】0【协澳大利亚】0 【协格鲁吉亚】0【协香港】0【协澳门】0 【特-1】0【特-2】0 【增】16【反倾】有【对美加征】10【出】0 【退】13	千克	A		R		999	己二酸（无检疫要求食品添加剂）
291712	00	90	己二酸盐和酯	Salts and esters of adipic acid	【最】6.5【普】30 【协东盟】0【协巴基斯坦】5【协智利】0 【协新西兰】0【协秘鲁】0【协哥斯达黎加】0 【协冰岛】0【协瑞士】0【协澳大利亚】0 【协格鲁吉亚】0【协香港】0【协澳门】0 【特-1】0【特-2】0 【增】16【对美加征】10【出】0【退】13	千克	A		R		301 302 999	己二酸盐和酯（无检疫要求食品添加剂） 己二酸盐和酯（需申报仅用于工业用途不用于无检疫要求食品添加剂的化学品） 己二酸盐和酯（其他化工产品）
291713	10		癸二酸及其盐和酯	Sebacic acid, its salts and esters	【最】6.5【普】30 【协东盟】0【协巴基斯坦】5【协智利】0 【协新西兰】0【协秘鲁】0【协哥斯达黎加】0 【协冰岛】0【协瑞士】0【协澳大利亚】0 【协韩国】4.3【协格鲁吉亚】0【协香港】0 【协澳门】0 【特-1】0【特-2】0 【增】16【对美加征】10【出】0【退】10	千克					999	癸二酸及其盐和酯
291713	90		壬二酸及其盐和酯	Azelaic acid, its salts and esters	【最】6.5【普】30【协亚太】5.2 【协东盟】0【协巴基斯坦】5【协智利】0 【协新西兰】0【协秘鲁】0【协哥斯达黎加】0 【协冰岛】0【协瑞士】0【协澳大利亚】0 【协韩国】0【协格鲁吉亚】0【协香港】0 【协澳门】0 【特-1】0【特-2】0 【增】16【对美加征】5【出】0【退】10	千克					999	壬二酸及其盐和酯
291714	00		马来酐	Maleic anhydride	【最】6.5【普】30 【协东盟】0【协巴基斯坦】5【协智利】0 【协新西兰】0【协秘鲁】0【协哥斯达黎加】0 【协冰岛】0【协瑞士】0【协澳大利亚】0 【协韩国】3.2【协格鲁吉亚】0【协香港】0 【协澳门】0 【特-1】0【特-2】0 【增】16【对美加征】10【出】0【退】10	千克					999	马来酐
291719	00	10	驱虫特，硝苯菌酯	Dibutyl Succinate	【最】6.5【普】30 【协东盟】0【协澳门】0【协巴基斯坦】5 【协智利】0【协新西兰】0【协秘鲁】0 【协香港】0 【协哥斯达黎加】0【协冰岛】0【协瑞士】0 【协澳大利亚】0【协韩国】0 【协格鲁吉亚】0 【特-1】0【特-2】0 【增】16【对美加征】5【出】0【退】0	千克	S	S			999	驱虫特，硝苯菌酯

税则号列			货品名称中英文		税费综合信息	计量单位	监管证件代码		检验检疫类别		检验检疫编码	检验检疫编码对应中文名称
HS国际统一前6位	本国子目7~8位	9~10位	中文货物名称	英文 Article Description			进口	出口	进口	出口		
291719	00	90	其他无环多元羧酸	Other acyclic polycarboxylic acid	【最】6.5【普】30 【协东盟】0【协澳门】0【协巴基斯坦】5 【协智利】0【协新西兰】0【协秘鲁】0 【协哥斯达黎加】0【协冰岛】0【协瑞士】0 【协澳大利亚】0【协韩国】0【协香港】0 【协格鲁吉亚】0 【特-1】0【特-2】0 【增】16【对美加征】5【出】0【退】10	千克					101 301 302 303	其他无环多元羧酸（饲料添加剂） 其他无环多元羧酸（有机过氧化物） 其他无环多元羧酸（毒性物质和感染性物质） 其他无环多元羧酸（其他化工产品）
291720	10		四氢苯酐	Tetrahydrobenzoic anhydride	【最】4【普】11 【协东盟】0【协巴基斯坦】0【协智利】0 【协新西兰】0【协秘鲁】0【协哥斯达黎加】0 【协冰岛】0【协瑞士】0【协澳大利亚】0 【协韩国】2.6【协格鲁吉亚】0【协香港】0 【协澳门】0 【特-1】0【特-2】0 【增】16【对美加征】10【出】0【退】10	千克					999	四氢苯酐
291720	90	10	驱蚊灵	Dimethyl carbate	【最】6.5【普】30 【协东盟】0【协巴基斯坦】5【协智利】0 【协新西兰】0【协秘鲁】0【协哥斯达黎加】0 【协冰岛】0【协瑞士】0【协澳大利亚】0 【协韩国】4.3【协格鲁吉亚】0【协香港】0 【协澳门】0 【特-1】0【特-2】0 【增】16【对美加征】10【出】0【退】0	千克	S	S			999	驱蚊灵
291720	90	90	其他（环烷、环烯、环萜烯）多元羧酸	Other (Cyclanic, cyclenic or cycloterpenic) polycarboxylic acids	【最】6.5【普】30 【协东盟】0【协巴基斯坦】5【协智利】0 【协新西兰】0【协秘鲁】0【协哥斯达黎加】0 【协冰岛】0【协瑞士】0【协澳大利亚】0 【协韩国】4.3【协格鲁吉亚】0【协香港】0 【协澳门】0 【特-1】0【特-2】0 【增】16【对美加征】10【出】0【退】10	千克	A	B	MR	NS	301 302 303 304	其他（环烷、环烯、环萜烯）多元羧酸（其他危险化学品，需申报仅用于工业用途不用于无检疫要求食品添加剂） 其他（环烷、环烯、环萜烯）多元羧酸（无检疫要求食品添加剂） 其他（环烷、环烯、环萜烯）多元羧酸（一般化学品，需申报仅用于工业用途不用于无检疫要求食品添加剂） 其他（环烷、环烯、环萜烯）多元羧酸（属于危险化学品的食品添加剂）
291732	00		邻苯二甲酸二辛酯	Dioctyl orthophthalates	【最】6.5【普】30 【协东盟】0【协巴基斯坦】5【协智利】0 【协新西兰】0【协秘鲁】0【协台湾】0 【协哥斯达黎加】0【协冰岛】0【协瑞士】0 【协澳大利亚】0【协格鲁吉亚】0【协香港】0 【协澳门】0 【特-1】0【特-2】0 【增】16【对美加征】10【出】0【退】10	千克					999	邻苯二甲酸二辛酯
291733	00		邻苯二甲酸二壬酯等	Dinonyl or didecyl orthophthalates	【最】6.5【普】30 【协东盟】0【协巴基斯坦】5【协智利】0 【协新西兰】0【协秘鲁】0【协台湾】0 【协哥斯达黎加】0【协冰岛】0【协瑞士】0 【协澳大利亚】0【协韩国】0【协格鲁吉亚】0 【协香港】0【协澳门】0 【特-1】0【特-2】0 【增】16【对美加征】5【出】0【退】10	千克					999	邻苯二甲酸二壬酯等（包括邻苯二甲酸二癸酯）
291734	10	10	驱蚊叮	Dibutyl phthalate	【最】6.5【普】30 【协东盟】0【协巴基斯坦】5【协智利】0 【协新西兰】0【协秘鲁】0【协哥斯达黎加】0 【协冰岛】0【协瑞士】0【协澳大利亚】0 【协韩国】3.2【协格鲁吉亚】0【协香港】0 【协澳门】0 【特-1】0【特-2】0 【增】16【对美加征】10【出】0【退】0	千克	S	S			999	驱蚊叮

税则号列 HS国际统一前6位	本国子目 7~8位	本国子目 9~10位	货品名称中英文 中文 货物名称	货品名称中英文 英文 Article Description	税费综合信息	计量单位	监管证件代码 进口	监管证件代码 出口	检验检疫类别 进口	检验检疫类别 出口	检验检疫编码	检验检疫编码对应中文名称
291734	10	90	其他邻苯二甲酸二丁酯	Other dibutyl phthalate	【最】6.5【普】30 【协东盟】0【协巴基斯坦】5【协智利】0 【协新西兰】0【协秘鲁】0【协哥斯达黎加】0 【协冰岛】0【协瑞士】0【协澳大利亚】0 【协韩国】3.2【协格鲁吉亚】0【协香港】0 【协澳门】0 【特-1】0【特-2】0 【增】16【对美加征】10【出】0【退】10	千克					301 302	其他邻苯二甲酸二丁酯(杂项物质) 其他邻苯二甲酸二丁酯(其他化工产品)
291734	90		其他邻苯二甲酸酯	Other esters of orthophthalic acid	【最】6.5【普】30 【协东盟】0【协巴基斯坦】5【协智利】0 【协新西兰】0【协秘鲁】0【协台湾】0 【协哥斯达黎加】0【协冰岛】0【协瑞士】0 【协澳大利亚】0【协韩国】0【协格鲁吉亚】0 【协香港】0【协澳门】0 【特-1】0【特-2】0 【增】16【对美加征】5【出】0【退】10	千克					999	其他邻苯二甲酸酯
291735	00		邻苯二甲酸酐(苯酐)	Phthalic anhydride	【最】6.5【普】30 【协东盟】0【协巴基斯坦】5【协智利】0 【协新西兰】0【协秘鲁】0【协哥斯达黎加】0 【协冰岛】0【协瑞士】0【协澳大利亚】0 【协格鲁吉亚】0【协香港】0【协澳门】0 【特-1】0【特-2】0 【增】16【出】0【退】10	千克	A	B	M	N	301 302	邻苯二甲酸酐(苯酐)(腐蚀性物质) 邻苯二甲酸酐(苯酐)(其他化工产品)
291736	11		精对苯二甲酸	PTA(Purified terephthalic acid)	【最】6.5【普】30 【协亚太】6【协东盟】0【协巴基斯坦】6 【协智利】0【协新西兰】0【协新加坡】0 【协哥斯达黎加】0【协冰岛】0【协瑞士】3.7 【协澳大利亚】0【协香港】0【协澳门】0 【特-1】0【特-2】0 【增】16【反倾】有【对美加征】25【出】0 【退】13	千克					999	精对苯二甲酸[白色针状结晶或粉末,密度为1.510,主要技术指标为4-羧基苯甲醛(4-CBA)≤25PPM]
291736	19		其他对苯二甲酸	Other terephthalic acid	【最】6.5【普】30 【协亚太】6【协东盟】0【协巴基斯坦】6 【协智利】0【协新西兰】0【协新加坡】0 【协秘鲁】0【协哥斯达黎加】0【协冰岛】0 【协瑞士】3.7【协澳大利亚】0 【协格鲁吉亚】3.9【协香港】0【协澳门】0 【特-1】0【特-2】0 【增】16【对美加征】10【出】0【退】10	千克					999	其他对苯二甲酸
291736	90		对苯二甲酸盐	Salts of terephthalic acid	【最】6.5【普】30 【协东盟】0【协巴基斯坦】5【协智利】0 【协新西兰】0【协秘鲁】0【协哥斯达黎加】0 【协冰岛】0【协瑞士】0【协澳大利亚】0 【协格鲁吉亚】0【协香港】0【协澳门】0 【特-1】0【特-2】0 【增】16【对美加征】5【出】0【退】10	千克					999	对苯二甲酸盐
291737	00		对苯二甲酸二甲酯	Dimethyl terephthalate	【最】6.5【普】30 【协东盟】0【协巴基斯坦】5【协智利】0 【协新西兰】0【协秘鲁】0【协哥斯达黎加】0 【协冰岛】0【协瑞士】0【协澳大利亚】0 【协韩国】4.3【协格鲁吉亚】0【协香港】0 【协澳门】0 【特-1】0【特-2】0 【增】16【对美加征】10【出】0【退】10	千克					999	对苯二甲酸二甲酯
291739	10		间苯二甲酸	m-phthalic acid	【最】6.5【普】30 【协东盟】0【协巴基斯坦】5【协智利】0 【协新西兰】0【协秘鲁】0【协哥斯达黎加】0 【协冰岛】0【协瑞士】0【协澳大利亚】0 【协格鲁吉亚】0【协香港】0【协澳门】0 【特-1】0【特-2】0 【增】16【对美加征】10【出】0【退】10	千克					999	间苯二甲酸

税则号列			货品名称中英文		税费综合信息	计量单位	监管证件代码		检验检疫类别		检验检疫编码	检验检疫编码对应中文名称
HS 国际统一前6位	本国子目7~8位	本国子目9~10位	中文 货物名称	英文 Article Description			进口	出口	进口	出口		
291739	90	11	酞菌酯	Nitrotalisopropyl	【最】6.5【普】30 【协东盟】0【协巴基斯坦】5【协智利】0 【协新西兰】0【协秘鲁】0【协哥斯达黎加】0 【协冰岛】0【协瑞士】0【协澳大利亚】0 【协韩国】4.3【协格鲁吉亚】0【协香港】0 【协澳门】0 【特-1】0【特-2】0 【增】16【对美加征】10【出】0【退】10	千克	S	S			999	酞菌酯
291739	90	12	氯酞酸甲酯	Chlorthal-dimethyl	【最】6.5【普】30 【协东盟】0【协巴基斯坦】5【协智利】0 【协新西兰】0【协秘鲁】0【协哥斯达黎加】0 【协冰岛】0【协瑞士】0【协澳大利亚】0 【协韩国】4.3【协格鲁吉亚】0【协香港】0 【协澳门】0 【特-1】0【特-2】0 【增】16【对美加征】10【出】0【退】10	千克	S	S			999	氯酞酸甲酯
291739	90	13	氯酞酸	Chlorthal	【最】6.5【普】30 【协东盟】0【协巴基斯坦】5【协智利】0 【协新西兰】0【协秘鲁】0【协哥斯达黎加】0 【协冰岛】0【协瑞士】0【协澳大利亚】0 【协韩国】4.3【协格鲁吉亚】0【协香港】0 【协澳门】0 【特-1】0【特-2】0 【增】16【对美加征】10【出】0【退】10	千克	S	S			999	氯酞酸
291739	90	90	其他芳香多元羧酸	Other aromatic polycarboxylic acid	【最】6.5【普】30 【协东盟】0【协巴基斯坦】5【协智利】0 【协新西兰】0【协秘鲁】0【协哥斯达黎加】0 【协冰岛】0【协瑞士】0【协澳大利亚】0 【协韩国】4.3【协格鲁吉亚】0【协香港】0 【协澳门】0 【特-1】0【特-2】0 【增】16【对美加征】10【出】0【退】10	千克					301 302 303 304	其他芳香多元羧酸（易燃固体） 其他芳香多元羧酸（腐蚀性物质） 其他芳香多元羧酸（其他危险化学品） 其他芳香多元羧酸（其他化工产品）
291811	00		乳酸及其盐和酯	Lactic acid, its salts and esters	【最】6.5【普】30 【协东盟】0【协巴基斯坦】5【协智利】0 【协新西兰】0【协秘鲁】0【协哥斯达黎加】0 【协冰岛】0【协瑞士】0【协澳大利亚】0 【协韩国】3.2【协格鲁吉亚】0【协香港】0 【协澳门】0 【特-1】0【特-2】0 【增】16【对美加征】10【出】0【退】13	千克	A	B	MR	NS	101 301 302 303 304	乳酸及其盐和酯（饲料添加剂） 乳酸及其盐和酯（其他危险化学品，需申报仅用于工业用途不用于无检疫要求食品添加剂） 乳酸及其盐和酯（无检疫要求食品添加剂） 乳酸及其盐和酯（一般化学品，需申报仅用于工业用途不用于无检疫要求食品添加剂） 乳酸及其盐和酯（属于危险化学品的食品添加剂）
291812	00		酒石酸	Tartaric acid	【最】6.5【普】35 【协东盟】0【协巴基斯坦】5【协智利】0 【协新西兰】0【协秘鲁】0【协哥斯达黎加】0 【协冰岛】0【协瑞士】0【协澳大利亚】0 【协韩国】0【协格鲁吉亚】0【协香港】0 【协澳门】0 【特-1】0【特-2】0 【增】16【对美加征】10【出】0【退】10	千克	A		R		101 301 302	酒石酸（饲料添加剂） 酒石酸（无检疫要求食品添加剂） 酒石酸（需申报仅用于工业用途不用于无检疫要求食品添加剂的化学品）
291813	00		酒石酸盐及酒石酸酯	Salts and esters of tartaric acid	【最】6.5【普】30 【协东盟】0【协巴基斯坦】5【协智利】0 【协新西兰】0【协秘鲁】0【协哥斯达黎加】0 【协冰岛】0【协瑞士】0【协澳大利亚】0 【协韩国】0【协格鲁吉亚】0【协香港】0 【协澳门】0 【特-1】0【特-2】0 【增】16【对美加征】10【出】0【退】10	千克	A	B	MR	NS	301 302 303 304	酒石酸盐及酒石酸酯（毒性物质和感染性物质） 酒石酸盐及酒石酸酯（无检疫要求食品添加剂） 酒石酸盐及酒石酸酯（属于危险化学品的食品添加剂） 酒石酸盐及酒石酸酯（一般化工品）

税则号列 HS国际统一前6位	本国子目 7~8位	本国子目 9~10位	货品名称中文 货物名称	货品名称英文 Article Description	税费综合信息	计量单位	监管证件代码 进口	监管证件代码 出口	检验检疫类别 进口	检验检疫类别 出口	检验检疫编码	检验检疫编码对应中文名称
291814	00		柠檬酸	Citric acid	【最】6.5【普】35 【协东盟】0【协巴基斯坦】5【协智利】0 【协新西兰】0【协秘鲁】0【协哥斯达黎加】0 【协冰岛】0【协瑞士】0【协澳大利亚】0 【协韩国】3.2【协格鲁吉亚】0【协香港】0 【协澳门】0 【特-1】0【特-2】0 【增】16【对美加征】10【出】0【退】13	千克	A	4xy	R		101 102 103	柠檬酸（饲料添加剂） 柠檬酸（无检疫要求食品添加剂） 柠檬酸（需申报仅用于工业用途不用于无检疫要求食品添加剂的化学品）
291815	00		柠檬酸盐及柠檬酸酯	Salts and esters of citric acid	【最】6.5【普】30 【协东盟】0【协巴基斯坦】5【协智利】0 【协新西兰】0【协秘鲁】0【协哥斯达黎加】0 【协冰岛】0【协瑞士】0【协澳大利亚】0 【协韩国】0【协格鲁吉亚】0【协香港】0 【协澳门】0 【特-1】0【特-2】0 【增】16【对美加征】5【出】0【退】13	千克	A	4xy	R		101 301 302	柠檬酸盐及柠檬酸酯（饲料添加剂） 柠檬酸盐及柠檬酸酯（无检疫要求食品添加剂） 柠檬酸盐及柠檬酸酯（需申报仅用于工业用途不用于无检疫要求食品添加剂的化学品）
291816	00		葡糖酸及其盐和酯	Gluconic acid, its salts and esters	【最】6.5【普】30 【协东盟】0【协巴基斯坦】5【协智利】0 【协新西兰】0【协秘鲁】0【协哥斯达黎加】0 【协冰岛】0【协瑞士】0【协澳大利亚】0 【协韩国】0【协格鲁吉亚】0【协香港】0 【协澳门】0 【特-1】0【特-2】0 【增】16【对美加征】5【出】0【退】13	千克					101 102 103 104	葡糖酸及其盐和酯（葡萄糖酸钙） 葡糖酸及其盐和酯（葡萄糖酸锌） 葡糖酸及其盐和酯（葡萄糖酸亚铁） 葡糖酸及其盐和酯（葡萄糖酸钠）
291817	00		2,2-二苯基-2-羟基乙酸	2, 2-Dipheny1-2-hydroxyacetic acid (benzilic acid)	【最】6.5【普】30 【协东盟】0【协巴基斯坦】5【协智利】0 【协新西兰】0【协秘鲁】0【协哥斯达黎加】0 【协冰岛】0【协瑞士】0【协澳大利亚】0 【协韩国】0【协格鲁吉亚】0【协香港】0 【协澳门】0 【特-1】0【特-2】0 【增】16【出】0【退】10	千克	2	3			999	2,2-二苯基-2-羟基乙酸（二苯羟乙酸，二苯乙醇酸）
291818	00		乙酯杀螨醇(ISO)	Chlorobenzilate(ISO)	【最】6.5【普】30 【协东盟】0【协巴基斯坦】5【协智利】0 【协新西兰】0【协秘鲁】0【协哥斯达黎加】0 【协冰岛】0【协瑞士】0【协澳大利亚】0 【协韩国】0【协格鲁吉亚】0【协香港】0 【协澳门】0 【特-1】0【特-2】0 【增】16【出】0【退】0	千克	S	S			301	乙酯杀螨醇（包括其酸酐、酰卤化物、过氧化物和过氧酸及其衍生物）（毒性物质和感染性物质）
291819	00	10	二苯乙醇酸甲酯	Methyl benzilate (including their anhydrides, halides, peroxides, peroxyacids and their derivatives)	【最】6.5【普】30 【协东盟】0【协巴基斯坦】5【协智利】0 【协新西兰】0【协秘鲁】0【协哥斯达黎加】0 【协冰岛】0【协瑞士】0【协澳大利亚】0 【协韩国】0【协格鲁吉亚】0【协香港】0 【协澳门】0 【特-1】0【特-2】0 【增】16【对美加征】5【出】0【退】10	千克	2	3			999	二苯乙醇酸甲酯（包括其酸酐、酰卤化物、过氧化物和过氧酸及其衍生物）
291819	00	30	γ-羟基丁酸及其盐	γ-hydroxybutyric acid and its salts	【最】6.5【普】30 【协东盟】0【协巴基斯坦】5【协智利】0 【协新西兰】0【协秘鲁】0【协哥斯达黎加】0 【协冰岛】0【协瑞士】0【协澳大利亚】0 【协韩国】0【协格鲁吉亚】0【协香港】0 【协澳门】0 【特-1】0【特-2】0 【增】16【对美加征】5【出】0【退】10	千克	I	I			999	γ-羟基丁酸及其盐
291819	00	41	丙酯杀螨醇	Acaralate	【最】6.5【普】30 【协东盟】0【协巴基斯坦】5【协智利】0 【协新西兰】0【协秘鲁】0【协哥斯达黎加】0 【协冰岛】0【协瑞士】0【协澳大利亚】0 【协韩国】0【协格鲁吉亚】0【协香港】0 【协澳门】0 【特-1】0【特-2】0 【增】16【对美加征】5【出】0【退】0	千克	S	S			999	丙酯杀螨醇

税则号列 HS国际统一前6位	本国子目 7~8位	本国子目 9~10位	货品名称中文 货物名称	英文 Article Description	税费综合信息	计量单位	监管证件代码 进口	监管证件代码 出口	检验检疫类别 进口	检验检疫类别 出口	检验检疫编码	检验检疫编码对应中文名称
291819	00	42	溴螨酯	Bromopropylate	【最】6.5【普】30 【协东盟】0【协巴基斯坦】5【协智利】0 【协新西兰】0【协秘鲁】0【协哥斯达黎加】0 【协冰岛】0【协瑞士】0【协澳大利亚】0 【协韩国】0【协格鲁吉亚】0【协香港】0 【协澳门】0 【特-1】0【特-2】0 【增】16【对美加征】5【出】0【退】10	千克	S	S			999	溴螨酯
291819	00	43	芴丁酯	Fluorenol butyl ester	【最】6.5【普】30 【协东盟】0【协巴基斯坦】5【协智利】0 【协新西兰】0【协秘鲁】0【协哥斯达黎加】0 【协冰岛】0【协瑞士】0【协澳大利亚】0 【协韩国】0【协格鲁吉亚】0【协香港】0 【协澳门】0 【特-1】0【特-2】0 【增】16【对美加征】5【出】0【退】10	千克	S	S			999	芴丁酯
291819	00	44	整形醇	Chlorflurenol	【最】6.5【普】30 【协东盟】0【协巴基斯坦】5【协智利】0 【协新西兰】0【协秘鲁】0【协哥斯达黎加】0 【协冰岛】0【协瑞士】0【协澳大利亚】0 【协韩国】0【协格鲁吉亚】0【协香港】0 【协澳门】0 【特-1】0【特-2】0 【增】16【对美加征】5【出】0【退】10	千克	S	S			999	整形醇
291819	00	90	其他含醇基但不含其他含氧基羧酸	Other carboxylic acids with alcohol function but without other oxygen function (including their anhydrides, etheride, peroxides, peroxyacids and their derivatives	【最】6.5【普】30 【协东盟】0【协巴基斯坦】5【协智利】0 【协新西兰】0【协秘鲁】0【协哥斯达黎加】0 【协冰岛】0【协瑞士】0【协澳大利亚】0 【协韩国】0【协格鲁吉亚】0【协香港】0 【协澳门】0 【特-1】0【特-2】0 【增】16【对美加征】5【出】0【退】10	千克					101 999	其他含醇基但不含其他含氧基羧酸（包括其酸酐、酰卤化物，过氧化物和过氧酸及其衍生物）（饲料添加剂） 其他含醇基但不含其他含氧基羧酸（包括其酸酐、酰卤化物，过氧化物和过氧酸及其衍生物）（毒害品）
291821	10		水杨酸、水杨酸钠	Salicylic acid and sodium salicylate	【最】6.5【普】20 【协东盟】0【协巴基斯坦】5【协智利】0 【协新西兰】0【协秘鲁】0【协哥斯达黎加】0 【协冰岛】0【协瑞士】3.7【协澳大利亚】0 【协韩国】3.2【协格鲁吉亚】0【协香港】0 【协澳门】0 【特-1】0【特-2】0 【增】16【对美加征】10【出】0【退】10	千克					999	水杨酸、水杨酸钠
291821	90		其他水杨酸盐	Other salts of Salicylic acid	【最】6.5【普】30 【协东盟】0【协巴基斯坦】5【协智利】0 【协新西兰】0【协秘鲁】0【协哥斯达黎加】0 【协冰岛】0【协瑞士】0【协澳大利亚】0 【协韩国】0【协格鲁吉亚】0【协香港】0 【协澳门】0 【特-1】0【特-2】0 【增】16【对美加征】5【出】0【退】10	千克					999	其他水杨酸盐
291822	10		邻乙酰水杨酸（阿斯匹林）	Acetylsalicylic acid	【最】6【普】20 【协东盟】0【协巴基斯坦】5【协智利】0 【协新西兰】0【协秘鲁】0【协哥斯达黎加】0 【协冰岛】0【协瑞士】0【协澳大利亚】0 【协韩国】0【协格鲁吉亚】0【协香港】0 【协澳门】0 【特-1】0【特-2】0 【增】16【对美加征】5【出】0【退】10	千克					999	邻乙酰水杨酸（阿斯匹林）
291822	90		邻乙酰水杨酸盐和酯	Salts and esters of acetylsalicylic acid	【最】6.5【普】30 【协东盟】0【协巴基斯坦】5【协智利】0 【协新西兰】0【协秘鲁】0【协哥斯达黎加】0 【协冰岛】0【协瑞士】0【协澳大利亚】0 【协韩国】0【协格鲁吉亚】0【协香港】0 【协澳门】0 【特-1】0【特-2】0 【增】16【出】0【退】10	千克					999	邻乙酰水杨酸盐和酯

税则号列			货品名称中英文		税费综合信息	计量单位	监管证件代码		检验检疫类别		检验检疫编码	检验检疫编码对应中文名称
HS国际统一前6位	本国子目 7~8位	本国子目 9~10位	中文 货物名称	英文 Article Description			进口	出口	进口	出口		
291823	00		水杨酸其他酯及其盐	Other esters of salicylic acid and their salts	【最】6.5【普】30 【协东盟】0【协巴基斯坦】5【协智利】0 【协新西兰】0【协秘鲁】0【协哥斯达黎加】0 【协冰岛】0【协澳大利亚】0 【协韩国】0【协格鲁吉亚】0【协香港】0 【协澳门】0 【特-1】0【特-2】0 【增】16【对美加征】5【出】0【退】13	千克					101 102 103 104 105 ……	水杨酸其他酯及其盐（水杨酸苯乙酯） 水杨酸其他酯及其盐（水杨酸苯酯） 水杨酸其他酯及其盐［水杨酸苄酯（柳酸苄酯）］ 水杨酸其他酯及其盐［水杨酸甲酯（柳酸甲酯）］ 水杨酸其他酯及其盐［水杨酸乙酯（柳酸乙酯）］ ……①
291829	00		其他含酚基但不含其他含氧基羧酸（包括其酸酐、酰卤化物、过氧化物和过氧酸及其衍生物）	Other carboxylic acids with phenol function but without other oxygen function (including their anhydrides, etheride, peroxides, peroxyacids and their derivatives)	【最】6.5【普】30 【协东盟】0【协澳门】0【协巴基斯坦】5 【协智利】0【协新西兰】0【协秘鲁】0 【协哥斯达黎加】0【协冰岛】0【协瑞士】0 【协澳大利亚】0【协韩国】4.3 【协格鲁吉亚】0【协香港】0 【特-1】0【特-2】0 【增】16【对美加征】10【出】0【退】10	千克	A		R		301 302	其他含酚基但不含其他含氧基羧酸（包括其酸酐、酰卤化物、过氧化物和过氧酸及其衍生物）（无检疫要求食品添加剂） 其他含酚基但不含其他含氧基羧酸（包括其酸酐、酰卤化物、过氧化物和过氧酸及其衍生物）［对羟基苯甲酸乙酯（需申报仅用于工业用途不用于无检疫要求食品添加剂的化学品）］
291830	00	11	除虫菊素Ⅰ、除虫菊素Ⅱ	Pyrethrum Ⅰ, PyrethrumⅡ	【最】6.5【普】30 【协东盟】0【协巴基斯坦】5【协智利】0 【协新西兰】0【协秘鲁】0【协哥斯达黎加】0 【协冰岛】0【协瑞士】3.7【协澳大利亚】0 【协韩国】0【协格鲁吉亚】0【协香港】0 【协澳门】0 【特-1】0【特-2】0 【增】16【对美加征】5【出】0	千克	S	S			999	除虫菊素Ⅰ、除虫菊素Ⅱ
291830	00	12	瓜叶菊素Ⅰ、瓜叶菊素Ⅱ	Cinerin Ⅰ, CinerinⅡ	【最】6.5【普】30 【协东盟】0【协巴基斯坦】5【协智利】0 【协新西兰】0【协秘鲁】0【协哥斯达黎加】0 【协冰岛】0【协瑞士】3.7【协澳大利亚】0 【协韩国】0【协格鲁吉亚】0【协香港】0 【协澳门】0 【特-1】0【特-2】0 【增】16【对美加征】5【出】0	千克	S	S			999	瓜叶菊素Ⅰ、瓜叶菊素Ⅱ
291830	00	13	茉酮菊素Ⅰ、茉酮菊素Ⅱ	Jasmolin Ⅰ, JasmolinⅡ	【最】6.5【普】30 【协东盟】0【协巴基斯坦】5【协智利】0 【协新西兰】0【协秘鲁】0【协哥斯达黎加】0 【协冰岛】0【协瑞士】3.7【协澳大利亚】0 【协韩国】0【协格鲁吉亚】0【协香港】0 【协澳门】0 【特-1】0【特-2】0 【增】16【对美加征】5【出】0	千克	S	S			999	茉酮菊素Ⅰ、茉酮菊素Ⅱ
291830	00	14	环戊烯丙菊酯	Terallethrin	【最】6.5【普】30 【协东盟】0【协巴基斯坦】5【协智利】0 【协新西兰】0【协秘鲁】0【协哥斯达黎加】0 【协冰岛】0【协瑞士】3.7【协澳大利亚】0 【协韩国】0【协格鲁吉亚】0【协香港】0 【协澳门】0 【特-1】0【特-2】0 【增】16【对美加征】5【出】0	千克	S	S			999	环戊烯丙菊酯

① 该税号项下检验检疫编码及对应中文名称尚有：106 水杨酸其他酯及其盐（水杨酸异丁酯），107 水杨酸其他酯及其盐［水杨酸异戊酯（柳酸异戊酯）］，108 水杨酸其他酯及其盐［柳酸丁酯（水杨酸丁酯）］。

税则号列			货品名称中英文		税费综合信息	计量单位	监管证件代码		检验检疫类别		检验检疫编码	检验检疫编码对应中文名称
HS国际统一前6位	本国子目 7~8位	本国子目 9~10位	中文 货物名称	英文 Article Description			进口	出口	进口	出口		
291830	00	15	调环酸、抗倒酯、环虫菊酯	Prohexadione, trinexapac-ethyl, Cyclethrin	【最】6.5【普】30 【协东盟】0【协巴基斯坦】5【协智利】0 【协新西兰】0【协秘鲁】0【协哥斯达黎加】0 【协冰岛】0【协瑞士】3.7【协澳大利亚】0 【协韩国】0【协格鲁吉亚】0【协香港】0 【协澳门】0 【特-1】0【特-2】0 【增】16【对美加征】5【出】0	千克	S	S			999	调环酸、抗倒酯、环虫菊酯
291830	00	16	烯丙菊酯等	Allethrin(including d-allethrin, rich-d-trans-allethrin, d-trans-allethrin)	【最】6.5【普】30 【协东盟】0【协巴基斯坦】5【协智利】0 【协新西兰】0【协秘鲁】0【协哥斯达黎加】0 【协冰岛】0【协瑞士】3.7【协澳大利亚】0 【协韩国】0【协格鲁吉亚】0【协香港】0 【协澳门】0 【特-1】0【特-2】0 【增】16【对美加征】5【出】0	千克	S	S			999	烯丙菊酯等（包括右旋烯丙菊酯、富右旋反式烯丙菊酯、右旋反式烯丙菊酯）
291830	00	17	Es-生物烯丙菊酯、生物烯丙菊酯等	E-bioallethrin, bioallethrin(including S-bioalle- thrin)	【最】6.5【普】30 【协东盟】0【协巴基斯坦】5【协智利】0 【协新西兰】0【协秘鲁】0【协哥斯达黎加】0 【协冰岛】0【协瑞士】3.7【协澳大利亚】0 【协韩国】0【协格鲁吉亚】0【协香港】0 【协澳门】0 【特-1】0【特-2】0 【增】16【对美加征】5【出】0	千克	S	S			999	Es-生物烯丙菊酯、生物烯丙菊酯等（包括S-生物烯丙菊酯）
291830	00	18	乙酰氟菊酯	Acetyl fluthrinate	【最】6.5【普】30 【协东盟】0【协巴基斯坦】5【协智利】0 【协新西兰】0【协秘鲁】0【协哥斯达黎加】0 【协冰岛】0【协瑞士】3.7【协澳大利亚】0 【协韩国】0【协格鲁吉亚】0【协香港】0 【协澳门】0 【特-1】0【特-2】0 【增】16【对美加征】5【出】0【退】13	千克	S	S			999	乙酰氟菊酯
291830	00	90	其他含醛基或酮基不含其他含氧基羧酸（包括酸酐、酰卤化物、过氧化物和过氧酸及其衍生物）	Other carboxylic acids with aldehyde or ketone function but without other oxygen function, their anhydrides, halides, peroxides, peroxyacids and their derivatives	【最】6.5【普】30 【协东盟】0【协巴基斯坦】5【协智利】0 【协新西兰】0【协秘鲁】0【协哥斯达黎加】0 【协冰岛】0【协瑞士】3.7【协澳大利亚】0 【协韩国】0【协格鲁吉亚】0【协香港】0 【协澳门】0 【特-1】0【特-2】0 【增】16【对美加征】5【出】0	千克					101 102 103 104 105 ……	其他含醛基或酮基不含其他含氧基羧酸（包括酸酐、酰卤化物、过氧化物和过氧酸及其衍生物）（乙酰丙酸） 其他含醛基或酮基不含其他含氧基羧酸（包括酸酐、酰卤化物、过氧化物和过氧酸及其衍生物）（乙酰丙酸乙酯） 其他含醛基或酮基不含其他含氧基羧酸（包括酸酐、酰卤化物、过氧化物和过氧酸及其衍生物）（乙酰乙酸乙酯） 其他含醛基或酮基不含其他含氧基羧酸（包括酸酐、酰卤化物、过氧化物和过氧酸及其衍生物）（乙酰化双淀粉己二酸酯） 其他含醛基或酮基不含其他含氧基羧酸（包括酸酐、酰卤化物、过氧化物和过氧酸及其衍生物）（丙酮酸） ……①

① 该税号项下检验检疫编码及对应中文名称尚有：106 其他含醛基或酮基不含其他含氧基羧酸（包括酸酐、酰卤化物、过氧化物和过氧酸及其衍生物）[丙酮酸顺式-3-己烯酯（丙酮酸叶醇酯）]，107 其他含醛基或酮基不含其他含氧基羧酸（包括酸酐、酰卤化物、过氧化物和过氧酸及其衍生物）[丙酮酸叶醇酯（丙酮酸顺式-3-己烯酯）]，108 其他含醛基或酮基不含其他含氧基羧酸（包括酸酐、酰卤化物、过氧化物和过氧酸及其衍生物）（丙酮酸乙酯），109 其他含醛基或酮基不含其他含氧基羧酸（包括酸酐、酰卤化物、过氧化物和过氧酸及其衍生物）（丙酮酸异戊酯），110 其他含醛基或酮基不含其他含氧基羧酸（包括酸酐、酰卤化物、过氧化物和过氧酸及其衍生物）（茉莉酮酸甲酯）。

税则号列 HS国际统一前6位	本国子目 7~8位	本国子目 9~10位	货品名称中英文 中文 货物名称	货品名称中英文 英文 Article Description	税费综合信息	计量单位	监管证件代码 进口	监管证件代码 出口	检验检疫类别 进口	检验检疫类别 出口	检验检疫编码	检验检疫编码对应中文名称
291891	00		2,4,5-涕(ISO)(2,4,5-三氯苯氧乙酸)及其盐或酯	2,4,5-T(ISO)(2,4,5-trichlorophenoxy acetic acid), its salts and esters	【最】6.5【普】30 【协东盟】0【协巴基斯坦】5【协智利】0 【协新西兰】0【协秘鲁】0【协哥斯达黎加】0 【协冰岛】0【协瑞士】0【协澳大利亚】0 【协韩国】0【协格鲁吉亚】0【协香港】0 【协澳门】0 【特-1】0【特-2】0 【增】16【出】0【退】0	千克	9	8			301	2,4,5-涕(ISO)(2,4,5-三氯苯氧乙酸)及其盐或酯(毒性物质和感染性物质)
291899	00	21	2,4-滴、2,4-滴丙酸、2,4-滴丙酸、苯醚菌酯)	2,4-d,2,4-Dichlorprop-p,2,4-Embutox(including J2,4-Dichlorprop-p)	【最】6.5【普】30 【协东盟】0【协巴基斯坦】5【协智利】0 【协新西兰】0【协秘鲁】0【协哥斯达黎加】0 【协冰岛】0【协瑞士】3.7【协澳大利亚】0 【协韩国】0【协格鲁吉亚】0【协香港】0 【协澳门】0 【特-1】0【特-2】0 【增】16【对美加征】5【出】0【退】10	千克	S	S			301	2,4-滴、2,4-滴丙酸、2,4-滴丁酸等(包括精2,4-滴丙酸、苯醚菌酯)(毒性物质和感染性物质)
291899	00	22	2甲4氯、2甲4氯丙酸等(包括精2甲4氯丙酸)	MCPA, Mecoprop(including mecoprop-P)	【最】6.5【普】30 【协东盟】0【协巴基斯坦】5【协智利】0 【协新西兰】0【协秘鲁】0【协哥斯达黎加】0 【协冰岛】0【协瑞士】3.7【协澳大利亚】0 【协韩国】0【协格鲁吉亚】0【协香港】0 【协澳门】0 【特-1】0【特-2】0 【增】16【对美加征】5【出】0【退】10	千克	S	S			101 102 103 104 105	2甲4氯、2甲4氯丙酸等(包括精2甲4氯丙酸)(2甲4氯) 2甲4氯、2甲4氯丙酸等(包括精2甲4氯丙酸)(2甲4氯丙酸) 2甲4氯、2甲4氯丙酸等(包括精2甲4氯丙酸)(除草佳) 2甲4氯、2甲4氯丙酸等(包括精2甲4氯丙酸)[2甲4氯乳剂(含量>35%)] 2甲4氯、2甲4氯丙酸等(包括精2甲4氯丙酸)[2甲4氯丙酸乳剂(含量>30%)]
291899	00	23	2甲4氯丁酸	MCPA butyric acid	【最】6.5【普】30 【协东盟】0【协巴基斯坦】5【协智利】0 【协新西兰】0【协秘鲁】0【协哥斯达黎加】0 【协冰岛】0【协瑞士】3.7【协澳大利亚】0 【协韩国】0【协格鲁吉亚】0【协香港】0 【协澳门】0 【特-1】0【特-2】0 【增】16【对美加征】5【出】0【退】10	千克	S	S			999	2甲4氯丁酸
291899	00	24	麦草畏、杀草畏	Dicamba, tricamba	【最】6.5【普】30 【协东盟】0【协巴基斯坦】5【协智利】0 【协新西兰】0【协秘鲁】0【协哥斯达黎加】0 【协冰岛】0【协瑞士】3.7【协澳大利亚】0 【协韩国】0【协格鲁吉亚】0【协香港】0 【协澳门】0 【特-1】0【特-2】0 【增】16【对美加征】5【出】0【退】10	千克	S	S			101 102 103 104	麦草畏、杀草畏[杀草畏(含量>60%)] 麦草畏、杀草畏(麦草畏) 麦草畏、杀草畏[杀草畏乳剂(含量>50%)] 麦草畏、杀草畏[麦草畏乳剂(含量>50%)]
291899	00	25	禾草灵、乳氟禾草灵	Diclofop-methyl, lactofen	【最】6.5【普】30 【协东盟】0【协巴基斯坦】5【协智利】0 【协新西兰】0【协秘鲁】0【协哥斯达黎加】0 【协冰岛】0【协瑞士】3.7【协澳大利亚】0 【协韩国】0【协格鲁吉亚】0【协香港】0 【协澳门】0 【特-1】0【特-2】0 【增】16【对美加征】5【出】0【退】10	千克	S	S			999	禾草灵、乳氟禾草灵
291899	00	26	氟萘禾草灵、甲羧除草醚	Fluoro-naphthalene Diclofop, bifenox	【最】6.5【普】30 【协东盟】0【协巴基斯坦】5【协智利】0 【协新西兰】0【协秘鲁】0【协哥斯达黎加】0 【协冰岛】0【协瑞士】3.7【协澳大利亚】0 【协韩国】0【协格鲁吉亚】0【协香港】0 【协澳门】0 【特-1】0【特-2】0 【增】16【对美加征】5【出】0【退】10	千克	S	S			999	氟萘禾草灵、甲羧除草醚

税则号列			货品名称中英文		税费综合信息	计量单位	监管证件代码		检验检疫类别		检验检疫编码	检验检疫编码对应中文名称
HS 国际统一前 6 位	本国子目 7~8 位	9~10 位	中文 货物名称	英文 Article Description			进口	出口	进口	出口		
291899	00	27	三氟羧草醚、乙羧氟草醚	Acifluorfen, benzofluorfen	【最】6.5【普】30 【协东盟】0【协巴基斯坦】5【协智利】0 【协新西兰】0【协秘鲁】0【协哥斯达黎加】0 【协冰岛】0【协瑞士】3.7【协澳大利亚】0 【协韩国】0【协格鲁吉亚】0【协香港】0 【协澳门】0 【特-1】0【特-2】0 【增】16【对美加征】5【出】0【退】10	千克	S	S			999	三氟羧草醚、乙羧氟草醚
291899	00	28	氟乳醚、调果酸、座果酸	Ethoxycarbofen, clopro, cloxyfonac	【最】6.5【普】30 【协东盟】0【协巴基斯坦】5【协智利】0 【协新西兰】0【协秘鲁】0【协哥斯达黎加】0 【协冰岛】0【协瑞士】3.7【协澳大利亚】0 【协韩国】0【协格鲁吉亚】0【协香港】0 【协澳门】0 【特-1】0【特-2】0 【增】16【对美加征】5【出】0【退】10	千克	S	S			999	氟乳醚、调果酸、座果酸
291899	00	29	增糖酯、S-诱抗素	Dicamba-methyl-ester, abscisic acid, ethoxyfen ethyl ester	【最】6.5【普】30 【协东盟】0【协巴基斯坦】5【协智利】0 【协新西兰】0【协秘鲁】0【协哥斯达黎加】0 【协冰岛】0【协瑞士】3.7【协澳大利亚】0 【协韩国】0【协格鲁吉亚】0【协香港】0 【协澳门】0 【特-1】0【特-2】0 【增】16【对美加征】5【出】0【退】10	千克	S	S			999	增糖酯、S-诱抗素（包括烯虫酯）
291899	00	30	调环酸钙	Adjusted calcium sulfonate	【最】6.5【普】30 【协东盟】0【协巴基斯坦】5【协智利】0 【协新西兰】0【协秘鲁】0【协哥斯达黎加】0 【协冰岛】0【协瑞士】3.7【协澳大利亚】0 【协韩国】0【协格鲁吉亚】0【协香港】0 【协澳门】0 【特-1】0【特-2】0 【增】16【对美加征】5【出】0【退】13	千克	S	S			999	调环酸钙
291899	00	41	2 甲 4 氯异辛酯	2 a 4 chloride isooctyl	【最】6.5【普】30 【协东盟】0【协巴基斯坦】5【协智利】0 【协新西兰】0【协秘鲁】0【协哥斯达黎加】0 【协冰岛】0【协瑞士】3.7【协澳大利亚】0 【协韩国】0【协格鲁吉亚】0【协香港】0 【协澳门】0 【特-1】0【特-2】0 【增】16【对美加征】5【出】0【退】10	千克	S	S			999	2 甲 4 氯异辛酯
291899	00	90	其他含其他附加含氧基羧酸（包括其酸酐、酰卤化物、过氧化物和过氧酸及其衍生物）	Other carboxylic acids with other additional oxygen function and their anhydrides, halides, peroxides and peroxyacids	【最】6.5【普】30 【协东盟】0【协巴基斯坦】5【协智利】0 【协新西兰】0【协秘鲁】0【协哥斯达黎加】0 【协冰岛】0【协瑞士】3.7【协澳大利亚】0 【协韩国】0【协格鲁吉亚】0【协香港】0 【协澳门】0 【特-1】0【特-2】0 【增】16【对美加征】5【出】0【退】13	千克					301	其他含其他附加含氧基羧酸（包括其酸酐、酰卤化物、过氧化物和过氧酸及其衍生物）（有机过氧化物）
291910	00		三（2，3-二溴丙基）磷酸酯	Tris (2, 3-dibromopropyl) phosphate	【最】6.5【普】30 【协东盟】0【协巴基斯坦】5【协智利】0 【协新西兰】0【协秘鲁】0【协哥斯达黎加】0 【协冰岛】0【协瑞士】0【协澳大利亚】0 【协韩国】0【协格鲁吉亚】0【协香港】0 【协澳门】0 【特-1】0【特-2】0 【增】16【出】0【退】10	千克	9	8			999	三（2，3-二溴丙基）磷酸酯
291990	00	20	磷酸三丁酯	Tributyl phosphate	【最】6.5【普】30 【协东盟】0【协巴基斯坦】5【协智利】0 【协新西兰】0【协秘鲁】0【协哥斯达黎加】0 【协冰岛】0【协瑞士】0【协澳大利亚】0 【协韩国】0【协格鲁吉亚】0【协香港】0 【协澳门】0 【特-1】0【特-2】0 【增】16【对美加征】10【出】0【退】10	千克		3			999	磷酸三丁酯

税则号列			货品名称中英文		税费综合信息	计量单位	监管证件代码		检验检疫类别		检验检疫编码	检验检疫编码对应中文名称
HS国际统一前6位	本国子目 7~8位	本国子目 9~10位	中文 货物名称	英文 Article Description			进口	出口	进口	出口		
291990	00	31	敌敌钙、敌敌畏	Calvinphos, dichlorovos	【最】6.5【普】30 【协东盟】0【协巴基斯坦】5【协智利】0 【协新西兰】0【协秘鲁】0【协哥斯达黎加】0 【协冰岛】0【协瑞士】0【协澳大利亚】0 【协韩国】0【协格鲁吉亚】0【协香港】0 【协澳门】0 【特-1】0【特-2】0 【增】16【对美加征】10【出】0【退】10	千克	S	S			301	敌敌钙、敌敌畏（毒性物质和感染性物质）
291990	00	32	速灭磷、二溴磷	Mevinphos, naled	【最】6.5【普】30 【协东盟】0【协巴基斯坦】5【协智利】0 【协新西兰】0【协秘鲁】0【协哥斯达黎加】0 【协冰岛】0【协瑞士】0【协澳大利亚】0 【协韩国】0【协格鲁吉亚】0【协香港】0 【协澳门】0 【特-1】0【特-2】0 【增】16【对美加征】10【出】0【退】10	千克	S	S			301	速灭磷、二溴磷［二溴磷乳剂（毒性物质和感染性物质）］
291990	00	33	巴毒磷、杀虫畏	Crotoxyphos, tetrachlorvinphos	【最】6.5【普】30 【协东盟】0【协巴基斯坦】5【协智利】0 【协新西兰】0【协秘鲁】0【协哥斯达黎加】0 【协冰岛】0【协瑞士】0【协澳大利亚】0 【协韩国】0【协格鲁吉亚】0【协香港】0 【协澳门】0 【特-1】0【特-2】0 【增】16【对美加征】10【出】0【退】0	千克	S	S			301	巴毒磷、杀虫畏（毒性物质和感染性物质）
291990	00	34	毒虫畏、甲基毒虫畏	Chlorfenvinphos, dimethylvinphos	【最】6.5【普】30 【协东盟】0【协巴基斯坦】5【协智利】0 【协新西兰】0【协秘鲁】0【协哥斯达黎加】0 【协冰岛】0【协瑞士】0【协澳大利亚】0 【协韩国】0【协格鲁吉亚】0【协香港】0 【协澳门】0 【特-1】0【特-2】0 【增】16【对美加征】10【出】0【退】0	千克	S	S			301	毒虫畏、甲基毒虫畏（毒性物质和感染性物质）
291990	00	35	庚烯磷、特普	Heptenophos, tepp	【最】6.5【普】30 【协东盟】0【协巴基斯坦】5【协智利】0 【协新西兰】0【协秘鲁】0【协哥斯达黎加】0 【协冰岛】0【协瑞士】0【协澳大利亚】0 【协韩国】0【协格鲁吉亚】0【协香港】0 【协澳门】0 【特-1】0【特-2】0 【增】16【对美加征】10【出】0【退】0	千克	S	S			999	庚烯磷、特普
291990	00	36	三乙膦酸铝、乙膦酸	Fosetyl-aluminium, phosphonoacetic acid	【最】6.5【普】30 【协东盟】0【协巴基斯坦】5【协智利】0 【协新西兰】0【协秘鲁】0【协哥斯达黎加】0 【协冰岛】0【协瑞士】0【协澳大利亚】0 【协韩国】0【协格鲁吉亚】0【协香港】0 【协澳门】0 【特-1】0【特-2】0 【增】16【对美加征】10【出】0【退】10	千克	S	S			999	三乙膦酸铝、乙膦酸
291990	00	37	氯瘟磷、伐草磷	Phosdiphen, grasskilling phosphate	【最】6.5【普】30 【协东盟】0【协巴基斯坦】5【协智利】0 【协新西兰】0【协秘鲁】0【协哥斯达黎加】0 【协冰岛】0【协瑞士】0【协澳大利亚】0 【协韩国】0【协格鲁吉亚】0【协香港】0 【协澳门】0 【特-1】0【特-2】0 【增】16【对美加征】10【出】0【退】0	千克	S	S			999	氯瘟磷、伐草磷

税则号列 HS国际统一前6位	本国子目 7~8位	本国子目 9~10位	货品名称中英文 中文 货物名称	货品名称中英文 英文 Article Description	税费综合信息	计量单位	监管证件代码 进口	监管证件代码 出口	检验检疫类别 进口	检验检疫类别 出口	检验检疫编码	检验检疫编码对应中文名称
291990	00	90	其他磷酸酯及其盐（包括乳磷酸盐）（包括它们的卤化、磺化、硝化或亚硝化衍生物）	Other phosphoric esters and their salts, including lactophosphates; their halogenated, sulphonated, nitrated or nitrosated derivatives	【最】6.5【普】30 【协东盟】0【协巴基斯坦】5【协智利】0 【协新西兰】0【协秘鲁】0【协哥斯达黎加】0 【协冰岛】0【协瑞士】0【协澳大利亚】0 【协韩国】0【协格鲁吉亚】0【协香港】0 【协澳门】0 【特-1】0【特-2】0 【增】16【对美加征】10【出】0【退】10	千克	A	B	MR	NS	301 302 303 304	301 其他磷酸酯及其盐（包括乳磷酸盐）（包括它们的卤化、磺化、硝化或亚硝化衍生物）（毒性物质和感染性物质，需申报仅用于工业用途不用于无检疫要求食品添加剂） 302 其他磷酸酯及其盐（包括乳磷酸盐）（包括它们的卤化、磺化、硝化或亚硝化衍生物）（无检疫要求食品添加剂） 303 其他磷酸酯及其盐（包括乳磷酸盐）（包括它们的卤化、磺化、硝化或亚硝化衍生物）（一般化学品，需申报仅用于工业用途不用于无检疫要求食品添加剂） 304 其他磷酸酯及其盐（包括乳磷酸盐）（包括它们的卤化、磺化、硝化或亚硝化衍生物）（属于危险化学品的食品添加剂）
292011	00		对硫磷（ISO）及甲基对硫磷（ISO）（毒性物质和感染性物质）	Parathion (ISO) and parathion-methyl (ISO) (metyl-parathion)	【最】6.5【普】30 【协东盟】0【协巴基斯坦】5【协智利】0 【协新西兰】0【协秘鲁】0【协哥斯达黎加】0 【协冰岛】0【协瑞士】0【协澳大利亚】0 【协韩国】0【协格鲁吉亚】0【协香港】0 【协澳门】0 【特-1】0【特-2】0 【增】16【出】0【退】0	千克					301	对硫磷（ISO）及甲基对硫磷（ISO）（毒性物质和感染性物质）
292019	00	12	氯氧磷、虫螨畏	Chlorethoxyfos, methacrifos	【最】6.5【普】30 【协东盟】0【协巴基斯坦】5【协智利】0 【协新西兰】0【协秘鲁】0【协哥斯达黎加】0 【协冰岛】0【协瑞士】0【协澳大利亚】0 【协韩国】0【协格鲁吉亚】0【协香港】0 【协澳门】0 【特-1】0【特-2】0 【增】16【对美加征】10【出】0【退】0	千克	S	S			999	氯氧磷、虫螨畏
292019	00	13	杀螟硫磷、除线磷	Fenitrothion, dichlofenthion	【最】6.5【普】30 【协东盟】0【协巴基斯坦】5【协智利】0 【协新西兰】0【协秘鲁】0【协哥斯达黎加】0 【协冰岛】0【协瑞士】0【协澳大利亚】0 【协韩国】0【协格鲁吉亚】0【协香港】0 【协澳门】0 【特-1】0【特-2】0 【增】16【对美加征】10【出】0【退】10	千克	S	S			101 102 103 104	101 杀螟硫磷、除线磷（杀螟硫磷粉剂、可湿性粉剂） 102 杀螟硫磷、除线磷［除线磷（含量>50%）］ 103 杀螟硫磷、除线磷［杀螟硫磷（含量>10%）］ 104 杀螟硫磷、除线磷［除线磷乳剂（含量>10%）］
292019	00	14	异氯磷、皮蝇磷	Isochlorthion, fenchlorphos	【最】6.5【普】30 【协东盟】0【协巴基斯坦】5【协智利】0 【协新西兰】0【协秘鲁】0【协哥斯达黎加】0 【协冰岛】0【协瑞士】0【协澳大利亚】0 【协韩国】0【协格鲁吉亚】0【协香港】0 【协澳门】0 【特-1】0【特-2】0 【增】16【对美加征】10【出】0【退】10	千克	S	S			101 102 103	101 异氯磷、皮蝇磷（异氯磷粉剂、可湿性粉剂） 102 异氯磷、皮蝇磷（皮蝇磷粉剂、丸剂、可湿性粉剂） 103 异氯磷、皮蝇磷（皮蝇磷乳剂、水混悬剂）
292019	00	15	溴硫磷、乙基溴硫磷、硝虫硫磷	Bromophos, bromofos-ethyl, parathion	【最】6.5【普】30 【协东盟】0【协巴基斯坦】5【协智利】0 【协新西兰】0【协秘鲁】0【协哥斯达黎加】0 【协冰岛】0【协瑞士】0【协澳大利亚】0 【协韩国】0【协格鲁吉亚】0【协香港】0 【协澳门】0 【特-1】0【特-2】0 【增】16【对美加征】10【出】0【退】10	千克	S	S			301 302	301 溴硫磷、乙基溴硫磷、硝虫硫磷（毒性物质和感染性物质） 302 溴硫磷、乙基溴硫磷、硝虫硫磷（其他化工产品）

税则号列			货品名称中英文		税费综合信息	计量单位	监管证件代码		检验检疫类别		检验检疫编码	检验检疫编码对应中文名称
HS国际统一前6位	本国子目7~8位	本国子目9~10位	中文 货物名称	英文 Article Description			进口	出口	进口	出口		
292019	00	17	碘硫磷、苯稻瘟净	Idofenphos, inezin	【最】6.5【普】30 【协东盟】0【协巴基斯坦】5【协智利】0 【协新西兰】0【协秘鲁】0【协哥斯达黎加】0 【协冰岛】0【协瑞士】0【协澳大利亚】0 【协韩国】0【协格鲁吉亚】0【协香港】0 【协澳门】0 【特-1】0【特-2】0 【增】16【对美加征】10【出】0【退】0	千克	S	S			999	碘硫磷、苯稻瘟净
292019	00	18	甲基立枯磷、克菌磷	Tolclofos-methyl, pyrazophos	【最】6.5【普】30 【协东盟】0【协巴基斯坦】5【协智利】0 【协新西兰】0【协秘鲁】0【协哥斯达黎加】0 【协冰岛】0【协瑞士】0【协澳大利亚】0 【协韩国】0【协格鲁吉亚】0【协香港】0 【协澳门】0 【特-1】0【特-2】0 【增】16【对美加征】10【出】0【退】10	千克	S	S			999	甲基立枯磷、克菌磷
292019	00	19	速杀硫磷、丰丙磷	Heterophos, Aphidan	【最】6.5【普】30 【协东盟】0【协巴基斯坦】5【协智利】0 【协新西兰】0【协秘鲁】0【协哥斯达黎加】0 【协冰岛】0【协瑞士】0【协澳大利亚】0 【协韩国】0【协格鲁吉亚】0【协香港】0 【协澳门】0 【特-1】0【特-2】0 【增】16【对美加征】10【出】0【退】10	千克	S	S			301	速杀硫磷、丰丙磷（毒性物质和感染性物质）
292019	00	90	其他硫代磷酸酯及其盐（包括它们的卤化、磺化、硝化或亚硝化衍生物）	Other thiophosphoric esters (phosphorothioates) and their salts; their halogenated, sulphonated, nitrated or nitrosated derivatives	【最】6.5【普】30 【协东盟】0【协巴基斯坦】5【协智利】0 【协新西兰】0【协秘鲁】0【协哥斯达黎加】0 【协冰岛】0【协瑞士】0【协澳大利亚】0 【协韩国】0【协格鲁吉亚】0【协香港】0 【协澳门】0 【特-1】0【特-2】0 【增】16【对美加征】10【出】0【退】10	千克					301 302	其他硫代磷酸酯及其盐（包括它们的卤化、磺化、硝化或亚硝化衍生物）（毒性物质和感染性物质） 其他硫代磷酸酯及其盐（包括它们的卤化、磺化、硝化或亚硝化衍生物）（其他化工产品）
292021	00		亚磷酸二甲酯	Dimethyl phosphite	【最】6.5【普】30 【协亚太】5.2【协东盟】0【协巴基斯坦】5 【协智利】0【协新西兰】0【协秘鲁】0 【协哥斯达黎加】0【协冰岛】0【协瑞士】0 【协澳大利亚】0【协韩国】0 【协格鲁吉亚】0【协香港】0【协澳门】0 【特-1】0【特-2】0 【增】16【出】0【退】10	千克	2	3			999	亚磷酸二甲酯
292022	00		亚磷酸二乙酯	Diethyl phosphite	【最】6.5【普】30 【协亚太】5.2【协东盟】0【协巴基斯坦】5 【协智利】0【协新西兰】0【协秘鲁】0 【协哥斯达黎加】0【协冰岛】0【协瑞士】0 【协澳大利亚】0【协韩国】0 【协格鲁吉亚】0【协香港】0【协澳门】0 【特-1】0【特-2】0 【增】16【出】0【退】10	千克	2	3			999	亚磷酸二乙酯
292023	00		亚磷酸三甲酯	Trimethyl phosphite	【最】6.5【普】30 【协亚太】5.2【协东盟】0【协巴基斯坦】5 【协智利】0【协新西兰】0【协秘鲁】0 【协哥斯达黎加】0【协冰岛】0【协瑞士】0 【协澳大利亚】0【协韩国】0 【协格鲁吉亚】0【协香港】0【协澳门】0 【特-1】0【特-2】0 【增】16【对美加征】5【出】0【退】10	千克	2A	3B	M	N	999	亚磷酸三甲酯
292024	00		亚磷酸三乙酯	Triethyl phosphite	【最】6.5【普】30 【协亚太】5.2【协东盟】0【协巴基斯坦】5 【协智利】0【协新西兰】0【协秘鲁】0 【协哥斯达黎加】0【协冰岛】0【协瑞士】0 【协澳大利亚】0【协韩国】0 【协格鲁吉亚】0【协香港】0【协澳门】0 【特-1】0【特-2】0 【增】16【出】0【退】10	千克	2A	3B	M	N	999	亚磷酸三乙酯

税则号列 HS国际统一前6位	本国子目 7~8位	本国子目 9~10位	货品名称 中文	Article Description 英文	税费综合信息	计量单位	监管证件代码 进口	监管证件代码 出口	检验检疫类别 进口	检验检疫类别 出口	检验检疫编码	检验检疫编码对应中文名称
292029	10		其他亚磷酸酯	Other Phosphite esters	【最】6.5【普】30 【协东盟】0【协巴基斯坦】5【协智利】0 【协新西兰】0【协秘鲁】0【协哥斯达黎加】0 【协冰岛】0【协瑞士】0【协澳大利亚】0 【协韩国】0【协格鲁吉亚】0【协香港】0 【协澳门】0 【特-1】0【特-2】0 【增】16【对美加征】5【出】0【退】10	千克					301 302 303 999	其他亚磷酸酯（易燃液体） 其他亚磷酸酯（杂项物质） 其他亚磷酸酯（其他化工产品） 其他亚磷酸酯（毒性物质和感染性物质）
292029	90	10	浸种磷	Izopamfos	【最】6.5【普】30 【协东盟】0【协巴基斯坦】5【协智利】0 【协新西兰】0【协秘鲁】0【协哥斯达黎加】0 【协冰岛】0【协瑞士】0【协澳大利亚】0 【协韩国】0【协格鲁吉亚】0【协香港】0 【协澳门】0 【特-1】0【特-2】0 【增】16【对美加征】5【出】0【退】0	千克	S	S			999	浸种磷
292029	90	90	其他亚磷酸酯及其盐以及它们的卤化、磺化、硝化或亚硝化衍生物	Phosphite esters and their salts, their halogenated, sulphonated, nitrated or nitrosated derivatives	【最】6.5【普】30 【协东盟】0【协巴基斯坦】5【协智利】0 【协新西兰】0【协秘鲁】0【协哥斯达黎加】0 【协冰岛】0【协瑞士】0【协澳大利亚】0 【协韩国】0【协格鲁吉亚】0【协香港】0 【协澳门】0 【特-1】0【特-2】0 【增】16【对美加征】5【出】0【退】10	千克					301 302 999	其他亚磷酸酯及其盐以及它们的卤化、磺化、硝化或亚硝化衍生物（其他危险化学品） 其他亚磷酸酯及其盐以及它们的卤化、磺化、硝化或亚硝化衍生物（其他化工产品） 其他亚磷酸酯及其盐以及它们的卤化、磺化、硝化或亚硝化衍生物（毒性物质和感染性物质）
292030	00		硫丹	Endosulfan (ISO)	【最】6.5【普】30 【协东盟】0【协巴基斯坦】5【协智利】0 【协新西兰】0【协秘鲁】0【协哥斯达黎加】0 【协冰岛】0【协瑞士】0【协澳大利亚】0 【协韩国】0【协格鲁吉亚】0【协香港】0 【协澳门】0 【特-1】0【特-2】0 【增】16【出】0【退】0	千克	S	S			999	硫丹
292090	00	11	碳酸二苯酯	Diphenyl carbonate	【最】6.5【普】30【暂进】2 【协东盟】0【协巴基斯坦】5【协智利】0 【协新西兰】0【协秘鲁】0【协哥斯达黎加】0 【协冰岛】0【协瑞士】0【协澳大利亚】0 【协韩国】0【协格鲁吉亚】0【协香港】0 【协澳门】0 【特-1】0【特-2】0 【增】16【对美加征】5【出】0【退】10	千克					999	碳酸二苯酯
292090	00	12	治螟磷	Sulfotepp	【最】6.5【普】30 【协东盟】0【协巴基斯坦】5【协智利】0 【协新西兰】0【协秘鲁】0【协哥斯达黎加】0 【协冰岛】0【协瑞士】0【协澳大利亚】0 【协韩国】0【协格鲁吉亚】0【协香港】0 【协澳门】0 【特-1】0【特-2】0 【增】16【对美加征】5【出】0【退】0	千克	S	S			301 302	治螟磷（毒性物质和感染性物质） 治螟磷（其他化工产品）
292090	00	13	消螨通	Dinobuton	【最】6.5【普】30 【协东盟】0【协巴基斯坦】5【协智利】0 【协新西兰】0【协秘鲁】0【协哥斯达黎加】0 【协冰岛】0【协瑞士】0【协澳大利亚】0 【协韩国】0【协格鲁吉亚】0【协香港】0 【协澳门】0 【特-1】0【特-2】0 【增】16【对美加征】5【出】0【退】0	千克	S	S			999	消螨通

税则号列 HS国际统一前6位	本国子目 7~8位	本国子目 9~10位	货品名称中英文 中文 货物名称	英文 Article Description	税费综合信息	计量单位	监管证件代码 进口	监管证件代码 出口	检验检疫类别 进口	检验检疫类别 出口	检验检疫编码	检验检疫编码对应中文名称
292090	00	14	炔螨特	Propargite	【最】6.5【普】30 【协东盟】0【协巴基斯坦】5【协智利】0 【协新西兰】0【协秘鲁】0【协哥斯达黎加】0 【协冰岛】0【协瑞士】0【协澳大利亚】0 【协韩国】0【协格鲁吉亚】0【协香港】0 【协澳门】0 【特-1】0【特-2】0 【增】16【对美加征】5【出】0【退】10	千克	S	S			999	炔螨特
292090	00	15	赛松	Sesone	【最】6.5【普】30 【协东盟】0【协巴基斯坦】5【协智利】0 【协新西兰】0【协秘鲁】0【协哥斯达黎加】0 【协冰岛】0【协瑞士】0【协澳大利亚】0 【协韩国】0【协格鲁吉亚】0【协香港】0 【协澳门】0 【特-1】0【特-2】0 【增】16【对美加征】5【出】0【退】0	千克	S	S			999	赛松
292090	00	16	三乙基砷酸酯	Thiethyl arsenate	【最】6.5【普】30 【协东盟】0【协巴基斯坦】5【协智利】0 【协新西兰】0【协秘鲁】0【协哥斯达黎加】0 【协冰岛】0【协瑞士】0【协澳大利亚】0 【协韩国】0【协格鲁吉亚】0【协香港】0 【协澳门】0 【特-1】0【特-2】0 【增】16【对美加征】5【出】0【退】10	千克					999	三乙基砷酸酯
292090	00	20	太安（PETN）(季戊四醇四硝酸酯)	PETN, Pentaerythritol tetranitrate	【最】6.5【普】30 【协东盟】0【协巴基斯坦】5【协智利】0 【协新西兰】0【协秘鲁】0【协哥斯达黎加】0 【协冰岛】0【协瑞士】0【协澳大利亚】0 【协韩国】0【协格鲁吉亚】0【协香港】0 【协澳门】0 【特-1】0【特-2】0 【增】16【对美加征】5【出】0	千克	k	k			999	太安（PETN）(季戊四醇四硝酸酯)
292090	00	90	其他无机酸酯(不包括卤化氢的酯)(包括其盐以及它们的卤化、磺化、硝化或亚硝化衍生物)	Other Esters of other inorganicacids (excluding esters of hydrogen halides (and their salts, their halogenated, ulphonated, nitrated or nitrosated derivatives	【最】6.5【普】30 【协东盟】0【协巴基斯坦】5【协智利】0 【协新西兰】0【协秘鲁】0【协哥斯达黎加】0 【协冰岛】0【协瑞士】0【协澳大利亚】0 【协韩国】0【协格鲁吉亚】0【协香港】0 【协澳门】0 【特-1】0【特-2】0 【增】16【对美加征】5【出】0【退】10	千克					301 302 303 304 305 ……	其他无机酸酯（不包括卤化氢的酯）（包括其盐以及它们的卤化、磺化、硝化或亚硝化衍生物）（爆炸品） 其他无机酸酯（不包括卤化氢的酯）（包括其盐以及它们的卤化、磺化、硝化或亚硝化衍生物）（易燃气体） 其他无机酸酯（不包括卤化氢的酯）（包括其盐以及它们的卤化、磺化、硝化或亚硝化衍生物）（易燃液体） 其他无机酸酯（不包括卤化氢的酯）（包括其盐以及它们的卤化、磺化、硝化或亚硝化衍生物）（有机过氧化物） 其他无机酸酯（不包括卤化氢的酯）（包括其盐以及它们的卤化、磺化、硝化或亚硝化衍生物）（毒性物质和感染性物质） ……①

① 该税号项下检验检疫编码及对应中文名称尚有：306　其他无机酸酯（不包括卤化氢的酯）（包括其盐以及它们的卤化、磺化、硝化或亚硝化衍生物）（腐蚀性物质），307　其他无机酸酯（不包括卤化氢的酯）（包括其盐以及它们的卤化、磺化、硝化或亚硝化衍生物）（杂项物质），308　其他无机酸酯（不包括卤化氢的酯）（包括其盐以及它们的卤化、磺化、硝化或亚硝化衍生物）（其他化工产品）。

税则号列			货品名称中英文		税费综合信息	计量单位	监管证件代码		检验检疫类别		检验检疫编码	检验检疫编码对应中文名称
HS 国际统一前 6 位	本国子目 7~8 位	9~10 位	中文货物名称	英文 Article Description			进口	出口	进口	出口		
292111	00	10	二甲胺	Dimethylamine	【最】6.5【普】30 【协东盟】0【协巴基斯坦】5【协智利】0 【协新西兰】0【协秘鲁】0【协哥斯达黎加】0 【协冰岛】0【协瑞士】0【协澳大利亚】0 【协韩国】0【协格鲁吉亚】0【协香港】0 【协澳门】0 【特-1】0【特-2】0 【增】16【对美加征】10【出】0【退】10	千克	2	3			301 302	二甲胺（易燃气体） 二甲胺（易燃液体）
292111	00	20	二甲胺盐酸盐	Dimethylamine hydrochloride	【最】6.5【普】30 【协东盟】0【协巴基斯坦】5【协智利】0 【协新西兰】0【协秘鲁】0【协哥斯达黎加】0 【协冰岛】0【协瑞士】0【协澳大利亚】0 【协韩国】0【协格鲁吉亚】0【协香港】0 【协澳门】0 【特-1】0【特-2】0 【增】16【对美加征】10【出】0【退】10	千克	2	3			999	二甲胺盐酸盐
292111	00	30	甲胺盐	Salt of methylamine	【最】6.5【普】30 【协东盟】0【协巴基斯坦】5【协智利】0 【协新西兰】0【协秘鲁】0【协哥斯达黎加】0 【协冰岛】0【协瑞士】0【协澳大利亚】0 【协韩国】0【协格鲁吉亚】0【协香港】0 【协澳门】0 【特-1】0【特-2】0 【增】16【对美加征】10【出】0【退】10	千克					999	甲胺盐
292111	00	90	甲胺，三甲胺及其盐，其他二甲胺盐	Methylamine, trimethylamine and it salt	【最】6.5【普】30 【协东盟】0【协巴基斯坦】5【协智利】0 【协新西兰】0【协秘鲁】0【协哥斯达黎加】0 【协冰岛】0【协瑞士】0【协澳大利亚】0 【协韩国】0【协格鲁吉亚】0【协香港】0 【协澳门】0 【特-1】0【特-2】0 【增】16【对美加征】10【出】0【退】10	千克	A	B	M	N	301 302 303	甲胺，三甲胺及其盐，其他二甲胺盐（易燃气体） 甲胺，三甲胺及其盐，其他二甲胺盐（易燃液体） 甲胺，三甲胺及其盐，其他二甲胺盐（其他化工产品）
292112	00		2-（N,N-二甲基氨基）氯乙烷盐酸盐	2-（N, N-Dimethylamino） ethylchloride hydrochloride	【最】6.5【普】30 【协东盟】0【协巴基斯坦】5【协智利】0 【协新西兰】0【协秘鲁】0【协哥斯达黎加】0 【协冰岛】0【协瑞士】0【协澳大利亚】0 【协韩国】0【协格鲁吉亚】0【协香港】0 【协澳门】0 【特-1】0【特-2】0 【增】16【对美加征】5【出】0【退】10	千克					999	2-（N, N-二甲基氨基）氯乙烷盐酸盐
292113	00		2-（N,N-二乙基氨基）氯乙烷盐酸盐	2-（N, N-Diethylamino ） ethylchloride hydrochloride	【最】6.5【普】30 【协东盟】0【协巴基斯坦】5【协智利】0 【协新西兰】0【协秘鲁】0【协哥斯达黎加】0 【协冰岛】0【协瑞士】0【协澳大利亚】0 【协韩国】0【协格鲁吉亚】0【协香港】0 【协澳门】0 【特-1】0【特-2】0 【增】16【出】0【退】10	千克					999	2-（N, N-二乙基氨基）氯乙烷盐酸盐
292114	00		2-（N,N-二异丙基氨基）氯乙烷盐酸盐	2-（N, N-Diisopropylamino） ehylchloride hydrochloride	【最】6.5【普】30 【协东盟】0【协巴基斯坦】5【协智利】0 【协新西兰】0【协秘鲁】0【协哥斯达黎加】0 【协冰岛】0【协瑞士】0【协澳大利亚】0 【协韩国】0【协格鲁吉亚】0【协香港】0 【协澳门】0 【特-1】0【特-2】0 【增】16【出】0【退】10	千克					999	2-（N, N-二异丙基氨基）氯乙烷盐酸盐
292119	10		二正丙胺	Di-n-propylamine	【最】4【普】11【协亚太】3.6 【协东盟】0【协巴基斯坦】0【协智利】0 【协新西兰】0【协秘鲁】0【协哥斯达黎加】0 【协冰岛】0【协瑞士】0【协澳大利亚】0 【协韩国】0【协格鲁吉亚】0【协香港】0 【协澳门】0 【特-1】0【特-2】0 【增】16【出】0【退】10	千克	A	B	M	N	301	二正丙胺（易燃液体）

税则号列			货品名称中英文		税费综合信息	计量单位	监管证件代码		检验检疫类别		检验检疫编码	检验检疫编码对应中文名称
HS国际统一前6位	本国子目7~8位	本国子目9~10位	中文 货物名称	英文 Article Description			进口	出口	进口	出口		
292119	20		异丙胺	Isopropyl amine	【最】6.5【普】30【暂进】2 【协东盟】0【协巴基斯坦】5【协智利】0 【协新西兰】0【协秘鲁】0【协哥斯达黎加】0 【协冰岛】0【协瑞士】0【协澳大利亚】0 【协韩国】0【协格鲁吉亚】0【协香港】0 【协澳门】0 【特-1】0【特-2】0 【增】16【出】0【退】10	千克					999	异丙胺
292119	30		N,N-二(2-氯乙基)乙胺	N, N-Bis (2-chloroethyl) ethylamine	【最】6.5【普】30 【协亚太】5.2【协东盟】0【协巴基斯坦】5 【协智利】0【协新西兰】0【协秘鲁】0 【协哥斯达黎加】0【协冰岛】0【协瑞士】0 【协澳大利亚】0【协韩国】0 【协格鲁吉亚】0【协香港】0【协澳门】0 【特-1】0【特-2】0 【增】16【出】0【退】10	千克	2	3			999	N,N-二(2-氯乙基)乙胺
292119	40		N,N-二(2-氯乙基)甲胺	N, N-Bis (2-chloroethyl) methylamine	【最】6.5【普】30 【协亚太】5.2【协东盟】0【协巴基斯坦】5 【协智利】0【协新西兰】0【协秘鲁】0 【协哥斯达黎加】0【协冰岛】0【协瑞士】0 【协澳大利亚】0【协韩国】0 【协格鲁吉亚】0【协香港】0【协澳门】0 【特-1】0【特-2】0 【增】16【出】0【退】10	千克	2	3			999	N,N-二(2-氯乙基)甲胺
292119	50		三(2-氯乙基)胺	Tri-(2-chloroethyl) amine	【最】6.5【普】30 【协亚太】5.2【协东盟】0【协巴基斯坦】5 【协智利】0【协新西兰】0【协秘鲁】0 【协哥斯达黎加】0【协冰岛】0【协瑞士】0 【协澳大利亚】0【协韩国】0 【协格鲁吉亚】0【协香港】0【协澳门】0 【特-1】0【特-2】0 【增】16【出】0【退】10	千克	2	3			999	三(2-氯乙基)胺
292119	60		二烷氨基乙基-2-氯及相应质子盐(其中烷基指甲、乙、正丙或异丙基)	N, N-Dialkyl(Me, Et, n-Pr or i-Pr) aminoethyl-2- chlorides and correspo- nding protonated salts	【最】6.5【普】30 【协亚太】5.2【协东盟】0【协巴基斯坦】5 【协智利】0【协新西兰】0【协秘鲁】0 【协哥斯达黎加】0【协冰岛】0【协瑞士】0 【协澳大利亚】0【协韩国】0 【协格鲁吉亚】0【协香港】0【协澳门】0 【特-1】0【特-2】0 【增】16【出】0【退】10	千克	2	3			999	二烷氨基乙基-2-氯及相应质子盐(其中烷基指甲、乙、正丙或异丙基)
292119	90	11	三乙胺(单一成分,用做点火剂)	Triethylamine (Single component, used for igniter)	【最】6.5【普】30 【协东盟】0【协巴基斯坦】5【协智利】0 【协新西兰】0【协秘鲁】0【协哥斯达黎加】0 【协冰岛】0【协瑞士】0【协澳大利亚】0 【协韩国】0【协格鲁吉亚】0【协香港】0 【协澳门】0 【特-1】0【特-2】0 【增】16【对美加征】5【出】0【退】10	千克	A	3	M		301	三乙胺(单一成分,用做点火剂)(易燃液体)
292119	90	20	二异丙胺	Diisopropylamine	【最】6.5【普】30 【协东盟】0【协巴基斯坦】5【协智利】0 【协新西兰】0【协秘鲁】0【协哥斯达黎加】0 【协冰岛】0【协瑞士】0【协澳大利亚】0 【协韩国】0【协格鲁吉亚】0【协香港】0 【协澳门】0 【特-1】0【特-2】0 【增】16【对美加征】5【出】0【退】10	千克		3			999	二异丙胺
292119	90	31	2-氨基丁烷	2-aminobutane	【最】6.5【普】30 【协东盟】0【协巴基斯坦】5【协智利】0 【协新西兰】0【协秘鲁】0【协哥斯达黎加】0 【协冰岛】0【协瑞士】0【协澳大利亚】0 【协韩国】0【协格鲁吉亚】0【协香港】0 【协澳门】0 【特-1】0【特-2】0 【增】16【对美加征】5【出】0【退】0	千克	S	S			999	2-氨基丁烷

税则号列			货品名称中英文		税费综合信息	计量单位	监管证件代码		检验检疫类别		检验检疫编码	检验检疫编码对应中文名称
HS 国际统一前6位	本国子目 7~8位	本国子目 9~10位	中文 货物名称	英文 Article Description			进口	出口	进口	出口		
292119	90	33	胺鲜酯	Diethyl aminoethyl hexanoate	【最】6.5【普】30 【协东盟】0【协巴基斯坦】5【协智利】0 【协新西兰】0【协秘鲁】0【协哥斯达黎加】0 【协冰岛】0【协瑞士】0【协澳大利亚】0 【协韩国】0【协格鲁吉亚】0【协香港】0 【协澳门】0 【特-1】0【特-2】0 【增】16【对美加征】5【出】0【退】10	千克	S	S			999	胺鲜酯
292119	90	90	其他无环单胺及其衍生物及其盐	Other acyclic monoamines and their derivatives and salts thereof	【最】6.5【普】30 【协东盟】0【协巴基斯坦】5【协智利】0 【协新西兰】0【协秘鲁】0【协哥斯达黎加】0 【协冰岛】0【协瑞士】0【协澳大利亚】0 【协韩国】0【协格鲁吉亚】0【协香港】0 【协澳门】0 【特-1】0【特-2】0 【增】16【对美加征】5【出】0【退】10	千克					301 302 303 304 305 ……	其他无环单胺及其衍生物及其盐（易燃气体） 其他无环单胺及其衍生物及其盐（易燃液体） 其他无环单胺及其衍生物及其盐（易燃固体） 其他无环单胺及其衍生物及其盐（毒性物质和感染性物质） 其他无环单胺及其衍生物及其盐（腐蚀性物质） ……①
292121	10		乙二胺	Ethylenediamine	【最】6.5【普】30 【协东盟】0【协巴基斯坦】5【协智利】0 【协新西兰】0【协秘鲁】0【协哥斯达黎加】0 【协冰岛】0【协瑞士】0【协澳大利亚】0 【协韩国】4.3【协格鲁吉亚】0【协香港】0 【协澳门】0 【特-1】0【特-2】0 【增】16【对美加征】5【出】0【退】10	千克					999	乙二胺
292121	90		乙二胺盐	Salts of ethylenediamine	【最】6.5【普】30 【协东盟】0【协巴基斯坦】5【协智利】0 【协新西兰】0【协秘鲁】0【协哥斯达黎加】0 【协冰岛】0【协瑞士】3.7【协澳大利亚】0 【协韩国】3.2【协格鲁吉亚】0【协香港】0 【协澳门】0 【特-1】0【特-2】0 【增】16【对美加征】5【出】0【退】10	千克					301	乙二胺盐（腐蚀性物质）
292122	10		已二酸已二胺盐（尼龙-66盐）	Hexamethylene adipamide (nylon-66 salt)	【最】6.5【普】20 【协亚太】5.2【协东盟】0【协巴基斯坦】5 【协智利】0【协新西兰】0【协秘鲁】0 【协哥斯达黎加】0【协冰岛】0【协瑞士】0 【协澳大利亚】0【协韩国】0 【协格鲁吉亚】0【协香港】0【协澳门】0 【特-1】0【特-2】0 【增】16【出】0【退】10	千克					999	已二酸已二胺盐（尼龙-66盐）
292122	90		六亚甲基二胺及其他盐	Hexamethylenediamine and its salts [other than hexamethylene adipamide (nylon-66 salt)]	【最】6.5【普】30 【协东盟】0【协巴基斯坦】5【协智利】0 【协新西兰】0【协秘鲁】0【协哥斯达黎加】0 【协冰岛】0【协瑞士】0【协澳大利亚】0 【协韩国】3.2【协格鲁吉亚】0【协香港】0 【协澳门】0 【特-1】0【特-2】0 【增】16【对美加征】5【出】0【退】10	千克					301 302	六亚甲基二胺及其他盐（易燃液体） 六亚甲基二胺及其他盐（腐蚀性物质）
292129	00	10	辛菌胺	N-octyl-N-[2-(octylamino) Jethyl (lnendia-mine)]	【最】6.5【普】30 【协东盟】0【协巴基斯坦】5【协智利】0 【协新西兰】0【协秘鲁】0【协哥斯达黎加】0 【协冰岛】0【协瑞士】0【协澳大利亚】0 【协韩国】3.2【协格鲁吉亚】0【协香港】0 【协澳门】0 【特-1】0【特-2】0 【增】16【对美加征】5【出】0【退】10	千克	S	S			101 301 302 303 304	辛菌胺（饲料添加剂） 辛菌胺（易燃液体） 辛菌胺（毒性物质和感染性物质） 辛菌胺（腐蚀性物质） 辛菌胺（其他化工产品）

① 该税号项下检验检疫编码及对应中文名称尚有：306　其他无环单胺及其衍生物及其盐（其他化工产品）。

税则号列 HS国际统一前6位	本国子目 7~8位	本国子目 9~10位	中文 货物名称	英文 Article Description	税费综合信息	计量单位	监管证件代码 进口	监管证件代码 出口	检验检疫类别 进口	检验检疫类别 出口	检验检疫编码	检验检疫编码对应中文名称
292129	00	90	其他无环多胺及其衍生物(包括它们的盐)	Other acyclic polyamines and their derivatives (including salts thereof)	【最】6.5【普】30 【协东盟】0【协巴基斯坦】5【协智利】0 【协新西兰】0【协秘鲁】0【协哥斯达黎加】0 【协冰岛】0【协瑞士】0【协澳大利亚】0 【协韩国】3.2【协格鲁吉亚】0【协香港】0 【协澳门】0 【特-1】0【特-2】0 【增】16【对美加征】5【出】0【退】10	千克					101 301 302 303 304	其他无环多胺及其衍生物(包括它们的盐)(饲料添加剂) 其他无环多胺及其衍生物(包括它们的盐)(易燃液体) 其他无环多胺及其衍生物(包括它们的盐)(毒性物质和感染性物质) 其他无环多胺及其衍生物(包括它们的盐)(腐蚀性物质) 其他无环多胺及其衍生物(包括它们的盐)(其他化工产品)
292130	00	10	丙己君及其盐	Propylhexedrine and its salts	【最】6.5【普】30 【协东盟】0【协巴基斯坦】5【协智利】0 【协新西兰】0【协秘鲁】0【协哥斯达黎加】0 【协冰岛】0【协瑞士】0【协澳大利亚】0 【协韩国】0【协格鲁吉亚】0【协香港】0 【协澳门】0 【特-1】0【特-2】0 【增】16【对美加征】10【出】0【退】10	千克	I	I			999	丙己君及其盐
292130	00	30	氨基羧酸环丙烷	l-aminocyclopropane-l-carboxylic acid (ACC)	【最】6.5【普】30 【协东盟】0【协巴基斯坦】5【协智利】0 【协新西兰】0【协秘鲁】0【协哥斯达黎加】0 【协冰岛】0【协瑞士】0【协澳大利亚】0 【协韩国】0【协格鲁吉亚】0【协香港】0 【协澳门】0 【特-1】0【特-2】0 【增】16【对美加征】10【出】0【退】10	千克	S	S			999	氨基羧酸环丙烷
292130	00	40	乙撑亚胺	Ethylenimine	【最】6.5【普】30 【协东盟】0【协巴基斯坦】5【协智利】0 【协新西兰】0【协秘鲁】0【协哥斯达黎加】0 【协冰岛】0【协瑞士】0【协澳大利亚】0 【协韩国】0【协格鲁吉亚】0【协香港】0 【协澳门】0 【特-1】0【特-2】0 【增】16【对美加征】10【出】0【退】10	千克	A	B	M	N	999	乙撑亚胺
292130	00	90	其他环(烷、烯、萜烯)单胺或多胺(包括其衍生物及它们的盐)	Other Cylanic, cyclenic or cycloterpenic monoor polyamines, and their derivatives; salts thereof	【最】6.5【普】30 【协东盟】0【协巴基斯坦】5【协智利】0 【协新西兰】0【协秘鲁】0【协哥斯达黎加】0 【协冰岛】0【协瑞士】0【协澳大利亚】0 【协韩国】0【协格鲁吉亚】0【协香港】0 【协澳门】0 【特-1】0【特-2】0 【增】16【对美加征】10【出】0【退】10	千克					301 302 303 304 305	其他环(烷、烯、萜烯)单胺或多胺(包括其衍生物及它们的盐)(易燃液体) 其他环(烷、烯、萜烯)单胺或多胺(包括其衍生物及它们的盐)(易燃固体) 其他环(烷、烯、萜烯)单胺或多胺(包括其衍生物及它们的盐)(毒性物质和感染性物质) 其他环(烷、烯、萜烯)单胺或多胺(包括其衍生物及它们的盐)(腐蚀性物质) 其他环(烷、烯、萜烯)单胺或多胺(包括其衍生物及它们的盐)(其他化工产品)
292141	10		苯胺	Aniline	【最】6.5【普】20【协亚太】5.2 【协东盟】0【协巴基斯坦】5【协智利】0 【协新西兰】0【协秘鲁】0【协哥斯达黎加】0 【协冰岛】0【协瑞士】0【协澳大利亚】0 【协韩国】0【协格鲁吉亚】0【协香港】0 【协澳门】0 【特-1】0【特-2】0 【增】16【出】0【退】10	千克	A	B	M	N	999	苯胺

税则号列			货品名称中英文		税费综合信息	计量单位	监管证件代码		检验检疫类别		检验检疫编码	检验检疫编码对应中文名称
HS国际统一前6位	本国子目 7~8位	9~10位	中文 货物名称	英文 Article Description			进口	出口	进口	出口		
292141	90		苯胺盐	Salts of aniline	【最】6.5【普】30 【协东盟】0【协巴基斯坦】5【协智利】0 【协新西兰】0【协秘鲁】0【协哥斯达黎加】0 【协冰岛】0【协澳大利亚】0 【协韩国】0【协格鲁吉亚】0【协香港】0 【协澳门】0 【特-1】0【特-2】0 【增】16【出】0【退】10	千克					999	苯胺盐
292142	00	12	敌锈钠	Sodium-p-amino-benzensulfonate	【最】6.5【普】30 【协东盟】0【协巴基斯坦】5【协智利】0 【协新西兰】0【协秘鲁】0【协哥斯达黎加】0 【协冰岛】0【协澳大利亚】0【协韩国】3.2 【协格鲁吉亚】0【协香港】0【协澳门】0 【特-1】0【特-2】0 【增】16【对美加征】10【出】0【退】10	千克	S	S			999	敌锈钠
292142	00	13	苯草醚	Aclonifen	【最】6.5【普】30 【协东盟】0【协巴基斯坦】5【协智利】0 【协新西兰】0【协秘鲁】0【协哥斯达黎加】0 【协冰岛】0【协澳大利亚】0【协韩国】3.2 【协格鲁吉亚】0【协香港】0【协澳门】0 【特-1】0【特-2】0 【增】16【对美加征】10【出】0【退】10	千克	S	S			999	苯草醚
292142	00	20	邻氯对硝基苯胺	O-chloro-p-nitroaniline	【最】6.5【普】30 【协东盟】0【协巴基斯坦】5【协智利】0 【协新西兰】0【协秘鲁】0【协哥斯达黎加】0 【协冰岛】0【协澳大利亚】0【协韩国】3.2 【协格鲁吉亚】0【协香港】0【协澳门】0 【特-1】0【特-2】0 【增】16【反倾】有【反补】有【对美加征】10 【出】0【退】10	千克					999	邻氯对硝基苯胺
292142	00	90	其他苯胺衍生物及其盐	Other aniline derivatives and their salts	【最】6.5【普】30 【协东盟】0【协巴基斯坦】5【协智利】0 【协新西兰】0【协秘鲁】0【协哥斯达黎加】0 【协冰岛】0【协澳大利亚】0【协韩国】3.2 【协格鲁吉亚】0【协香港】0【协澳门】0 【特-1】0【特-2】0 【增】16【对美加征】10【出】0【退】10	千克					301 302 303 304 305 ……	其他苯胺衍生物及其盐(爆炸品) 其他苯胺衍生物及其盐(易燃液体) 其他苯胺衍生物及其盐(易于自燃的物质) 其他苯胺衍生物及其盐(毒性物质和感染性物质) 其他苯胺衍生物及其盐(杂项物质) ……①
292143	00	01	间甲苯胺或对甲苯胺	M-toluidine or p-toluidine	【最】6.5【普】30 【协东盟】0【协巴基斯坦】5【协智利】0 【协新西兰】0【协秘鲁】0【协哥斯达黎加】0 【协冰岛】0【协瑞士】0【协澳大利亚】0 【协韩国】4.3【协格鲁吉亚】0【协香港】0 【协澳门】0 【特-1】0【特-2】0 【增】16【反倾】有【对美加征】10【出】0 【退】10	千克					999	间甲苯胺或对甲苯胺
292143	00	10	氟乐灵	Trifluralin	【最】6.5【普】30 【协东盟】0【协巴基斯坦】5【协智利】0 【协新西兰】0【协秘鲁】0【协哥斯达黎加】0 【协冰岛】0【协瑞士】0【协澳大利亚】0 【协韩国】4.3【协格鲁吉亚】0【协香港】0 【协澳门】0 【特-1】0【特-2】0 【增】16【对美加征】10【出】0【退】10	千克	S	S			999	氟乐灵

① 该税号项下检验检疫编码及对应中文名称尚有：306 其他苯胺衍生物及其盐（其他危险化学品），307 其他苯胺衍生物及其盐（其他化工产品）。

税则号列			货品名称中英文		税费综合信息	计量单位	监管证件代码		检验检疫类别		检验检疫编码	检验检疫编码对应中文名称
HS 国际统一前6位	本国子目 7~8位	9~10位	中文 货物名称	英文 Article Description			进口	出口	进口	出口		
292143	00	20	邻甲苯胺	o-Toluidine	【最】6.5【普】30 【协东盟】0【协巴基斯坦】5【协智利】0 【协新西兰】0【协秘鲁】0【协哥斯达黎加】0 【协冰岛】0【协瑞士】0【协澳大利亚】0 【协韩国】4.3【协格鲁吉亚】0【协香港】0 【协澳门】0 【特-1】0【特-2】0 【增】16【反倾】有【对美加征】10【出】0 【退】10	千克					999	邻甲苯胺
292143	00	31	溴鼠胺	Bromethalin	【最】6.5【普】30 【协东盟】0【协巴基斯坦】5【协智利】0 【协新西兰】0【协秘鲁】0【协哥斯达黎加】0 【协冰岛】0【协瑞士】0【协澳大利亚】0 【协韩国】4.3【协格鲁吉亚】0【协香港】0 【协澳门】0 【特-1】0【特-2】0 【增】16【对美加征】10【出】0【退】0	千克	S	S			999	溴鼠胺
292143	00	32	乙丁氟灵	Benfluralin	【最】6.5【普】30 【协东盟】0【协巴基斯坦】5【协智利】0 【协新西兰】0【协秘鲁】0【协哥斯达黎加】0 【协冰岛】0【协瑞士】0【协澳大利亚】0 【协韩国】4.3【协格鲁吉亚】0【协香港】0 【协澳门】0 【特-1】0【特-2】0 【增】16【对美加征】10【出】0【退】10	千克	S	S			999	乙丁氟灵
292143	00	33	氯乙氟灵	Fluchloralin	【最】6.5【普】30 【协东盟】0【协巴基斯坦】5【协智利】0 【协新西兰】0【协秘鲁】0【协哥斯达黎加】0 【协冰岛】0【协瑞士】0【协澳大利亚】0 【协韩国】4.3【协格鲁吉亚】0【协香港】0 【协澳门】0 【特-1】0【特-2】0 【增】16【对美加征】10【出】0【退】10	千克	S	S			999	氯乙氟灵
292143	00	34	环丙氟灵	Profluralin	【最】6.5【普】30 【协东盟】0【协巴基斯坦】5【协智利】0 【协新西兰】0【协秘鲁】0【协哥斯达黎加】0 【协冰岛】0【协瑞士】0【协澳大利亚】0 【协韩国】4.3【协格鲁吉亚】0【协香港】0 【协澳门】0 【特-1】0【特-2】0 【增】16【对美加征】10【出】0【退】10	千克	S	S			999	环丙氟灵
292143	00	35	乙丁烯氟灵	Ethalfluralin	【最】6.5【普】30 【协东盟】0【协巴基斯坦】5【协智利】0 【协新西兰】0【协秘鲁】0【协哥斯达黎加】0 【协冰岛】0【协瑞士】0【协澳大利亚】0 【协韩国】4.3【协格鲁吉亚】0【协香港】0 【协澳门】0 【特-1】0【特-2】0 【增】16【对美加征】10【出】0【退】10	千克	S	S			999	乙丁烯氟灵
292143	00	36	地乐灵	Dipropalin	【最】6.5【普】30 【协东盟】0【协巴基斯坦】5【协智利】0 【协新西兰】0【协秘鲁】0【协哥斯达黎加】0 【协冰岛】0【协瑞士】0【协澳大利亚】0 【协韩国】4.3【协格鲁吉亚】0【协香港】0 【协澳门】0 【特-1】0【特-2】0 【增】16【对美加征】10【出】0【退】10	千克	S	S			999	地乐灵
292143	00	37	氯乙灵	Chlornidine	【最】6.5【普】30 【协东盟】0【协巴基斯坦】5【协智利】0 【协新西兰】0【协秘鲁】0【协哥斯达黎加】0 【协冰岛】0【协瑞士】0【协澳大利亚】0 【协韩国】4.3【协格鲁吉亚】0【协香港】0 【协澳门】0 【特-1】0【特-2】0 【增】16【对美加征】10【出】0【退】10	千克	S	S			999	氯乙灵

税则号列			货品名称中英文		税费综合信息	计量单位	监管证件代码		检验检疫类别		检验检疫编码	检验检疫编码对应中文名称
HS 国际统一前6位	本国子目 7~8位	本国子目 9~10位	中文 货物名称	英文 Article Description			进口	出口	进口	出口		
292143	00	38	氟节胺	Flumetralin	【最】6.5【普】30 【协东盟】0【协巴基斯坦】5【协智利】0 【协新西兰】0【协秘鲁】0【协哥斯达黎加】0 【协冰岛】0【协瑞士】0【协澳大利亚】0 【协韩国】4.3【协格鲁吉亚】0【协香港】0 【协澳门】0 【特-1】0【特-2】0 【增】16【对美加征】10【出】0【退】10	千克	S	S			999	氟节胺
292143	00	90	甲苯胺盐、甲苯胺衍生物及其盐	Toluidines and their derivatives, salts thereof	【最】6.5【普】30 【协东盟】0【协巴基斯坦】5【协智利】0 【协新西兰】0【协秘鲁】0【协哥斯达黎加】0 【协冰岛】0【协瑞士】0【协澳大利亚】0 【协韩国】4.3【协格鲁吉亚】0【协香港】0 【协澳门】0 【特-1】0【特-2】0 【增】16【对美加征】10【出】0【退】10	千克					301 302 303	甲苯胺盐、甲苯胺衍生物及其盐（毒性物质和感染性物质） 甲苯胺盐、甲苯胺衍生物及其盐（其他危险化学品） 甲苯胺盐、甲苯胺衍生物及其盐（其他化工产品）
292144	00		二苯胺及其衍生物以及它们的盐	Diphenylamine and its derivatives; salts thereof	【最】6.5【普】30 【协东盟】0【协巴基斯坦】5【协智利】0 【协新西兰】0【协秘鲁】0【协哥斯达黎加】0 【协冰岛】0【协澳大利亚】0【协韩国】3.2 【协格鲁吉亚】0【协香港】0【协澳门】0 【特-1】0【特-2】0 【增】16【对美加征】10【出】0【退】16	千克					301 302 303	二苯胺及其衍生物以及它们的盐（毒性物质和感染性物质） 二苯胺及其衍生物以及它们的盐（腐蚀性物质） 二苯胺及其衍生物以及它们的盐（其他化工产品）
292145	00	10	2-萘胺	2-Naphthylamine	【最】6.5【普】30 【协东盟】0【协巴基斯坦】5【协智利】0 【协新西兰】0【协秘鲁】0【协哥斯达黎加】0 【协冰岛】0【协澳大利亚】0【协韩国】0 【协格鲁吉亚】0【协香港】0【协澳门】0 【特-1】0【特-2】0 【增】16【对美加征】10【出】0【退】10	千克					999	2-萘胺
292145	00	90	1-萘胺和2-萘胺的衍生物及盐（包括1-萘胺）	1-Naphthylamine and 2-Naphthylamine and their derivatives salts thereof (including 1naphthy- lamine)	【最】6.5【普】30 【协东盟】0【协巴基斯坦】5【协智利】0 【协新西兰】0【协秘鲁】0【协哥斯达黎加】0 【协冰岛】0【协澳大利亚】0【协韩国】0 【协格鲁吉亚】0【协香港】0【协澳门】0 【特-1】0【特-2】0 【增】16【对美加征】10【出】0【退】10	千克					111 301 302 303	1-萘胺和2-萘胺的衍生物及盐（包括1-萘胺）（盐酸-1-萘乙二胺） 1-萘胺和2-萘胺的衍生物及盐（包括1-萘胺）（杂项物质） 1-萘胺和2-萘胺的衍生物及盐（包括1-萘胺）（其他危险化学品） 1-萘胺和2-萘胺的衍生物及盐（包括1-萘胺）（其他化工产品）
292146	00	11	安非他明、苄非他明、右苯丙胺	Amfetamine (INN), benzfetamine (INN), dexamfetamine (INN) (including their salts)	【最】6.5【普】30 【协东盟】0【协巴基斯坦】5【协智利】0 【协新西兰】0【协秘鲁】0【协哥斯达黎加】0 【协冰岛】0【协瑞士】0【协澳大利亚】0 【协韩国】0【协格鲁吉亚】0【协香港】0 【协澳门】0 【特-1】0【特-2】0 【增】16【对美加征】5【出】0【退】10	千克	I	I			999	安非他明、苄非他明、右苯丙胺（包括它们的盐）
292146	00	12	乙非他明、芬坎法明、利非他明	Etilamfetamine (INN), fencamfamin (INN), lefetamine (INN) (including their salts)	【最】6.5【普】30 【协东盟】0【协巴基斯坦】5【协智利】0 【协新西兰】0【协秘鲁】0【协哥斯达黎加】0 【协冰岛】0【协瑞士】0【协澳大利亚】0 【协韩国】0【协格鲁吉亚】0【协香港】0 【协澳门】0 【特-1】0【特-2】0 【增】16【对美加征】5【出】0【退】10	千克	I	I			999	乙非他明、芬坎法明、利非他明（包括它们的盐）
292146	00	13	左苯丙胺、美芬雷司、芬特明	Levamfetamine (INN), mefenorex (INN) and phentermine(INN) (including their salts)	【最】6.5【普】30 【协东盟】0【协巴基斯坦】5【协智利】0 【协新西兰】0【协秘鲁】0【协哥斯达黎加】0 【协冰岛】0【协瑞士】0【协澳大利亚】0 【协韩国】0【协格鲁吉亚】0【协香港】0 【协澳门】0 【特-1】0【特-2】0 【增】16【对美加征】5【出】0【退】10	千克	I	I			999	左苯丙胺、美芬雷司、芬特明（包括它们的盐）

税则号列			货品名称中英文		税费综合信息	计量单位	监管证件代码		检验检疫类别		检验检疫编码	检验检疫编码对应中文名称
HS国际统一前6位	本国子目 7~8位	本国子目 9~10位	中文 货物名称	英文 Article Description			进口	出口	进口	出口		
292149	10		对异丙基苯胺	P-Isopropyl-aniline	【最】4【普】11 【协东盟】0【协巴基斯坦】0【协智利】0 【协新西兰】0【协秘鲁】0【协哥斯达黎加】0 【协冰岛】0【协瑞士】0【协澳大利亚】0 【协韩国】0【协格鲁吉亚】0【协香港】0 【协澳门】0 【特-1】0【特-2】0 【增】16【出】0【退】13	千克					999	对异丙基苯胺
292149	20		二甲基苯胺	Dimethylanilines	【最】6.5【普】20 【协东盟】0【协巴基斯坦】5【协智利】0 【协新西兰】0【协秘鲁】0【协哥斯达黎加】0 【协冰岛】0【协瑞士】0【协澳大利亚】0 【协韩国】3.2【协格鲁吉亚】0【协香港】0 【协澳门】0 【特-1】0【特-2】0 【增】16【对美加征】10【出】0【退】13	千克					301 302	二甲基苯胺（毒性物质和感染性物质） 二甲基苯胺（杂项物质）
292149	30		2，6-甲基乙基苯胺	2，6-Methyl ethyl aniline	【最】4【普】11 【协亚太】3.2【协东盟】0【协巴基斯坦】0 【协智利】0【协新西兰】0【协秘鲁】0 【协哥斯达黎加】0【协冰岛】0【协瑞士】0 【协澳大利亚】0【协韩国】0【协格鲁吉亚】0 【协香港】0【协澳门】0 【特-1】0【特-2】0 【增】16【对美加征】5【出】0【退】13	千克					999	2，6-甲基乙基苯胺
292149	40		2，6-二乙基苯胺	2，6-Diethylaniline	【最】6.5【普】20 【协东盟】0【协巴基斯坦】5【协智利】0 【协新西兰】0【协秘鲁】0【协哥斯达黎加】0 【协冰岛】0【协澳大利亚】0【协韩国】0 【协格鲁吉亚】0【协香港】0【协澳门】0 【特-1】0【特-2】0 【增】16【出】0【退】13	千克					999	2，6-二乙基苯胺
292149	90	11	异丙乐灵	Isopropalin	【最】6.5【普】30 【协东盟】0【协巴基斯坦】5【协智利】0 【协新西兰】0【协秘鲁】0【协哥斯达黎加】0 【协冰岛】0【协澳大利亚】0【协韩国】0 【协格鲁吉亚】0【协香港】0【协澳门】0 【特-1】0【特-2】0 【增】16【对美加征】10【出】0【退】10	千克	S	S			999	异丙乐灵
292149	90	12	仲丁灵	Butralin	【最】6.5【普】30 【协东盟】0【协巴基斯坦】5【协智利】0 【协新西兰】0【协秘鲁】0【协哥斯达黎加】0 【协冰岛】0【协澳大利亚】0【协韩国】0 【协格鲁吉亚】0【协香港】0【协澳门】0 【特-1】0【特-2】0 【增】16【对美加征】10【出】0【退】10	千克	S	S			999	仲丁灵
292149	90	13	二甲戊灵	Pendimethalin	【最】6.5【普】30 【协东盟】0【协巴基斯坦】5【协智利】0 【协新西兰】0【协秘鲁】0【协哥斯达黎加】0 【协冰岛】0【协澳大利亚】0【协韩国】0 【协格鲁吉亚】0【协香港】0【协澳门】0 【特-1】0【特-2】0 【增】16【对美加征】10【出】0【退】10	千克	S	S			999	二甲戊灵
292149	90	20	4-氨基联苯	4 - aminobiphenyl	【最】6.5【普】30 【协东盟】0【协巴基斯坦】5【协智利】0 【协新西兰】0【协秘鲁】0【协哥斯达黎加】0 【协冰岛】0【协澳大利亚】0【协韩国】0 【协格鲁吉亚】0【协香港】0【协澳门】0 【特-1】0【特-2】0 【增】16【对美加征】10【出】0【退】13	千克					999	4-氨基联苯
292149	90	31	乙环利定、二甲基安非他明（以及它们的盐）	Eticyclidine, dimethylamphetamine (and their salts)	【最】6.5【普】30 【协东盟】0【协巴基斯坦】5【协智利】0 【协新西兰】0【协秘鲁】0【协哥斯达黎加】0 【协冰岛】0【协澳大利亚】0【协韩国】0 【协格鲁吉亚】0【协香港】0【协澳门】0 【特-1】0【特-2】0 【增】16【对美加征】10【出】0【退】13	千克	I	I			999	乙环利定、二甲基安非他明（以及它们的盐）

税则号列 HS国际统一前6位	本国子目 7~8位	本国子目 9~10位	货品名称中英文 中文 货物名称	货品名称中英文 英文 Article Description	税费综合信息	计量单位	监管证件代码 进口	监管证件代码 出口	检验检疫类别 进口	检验检疫类别 出口	检验检疫编码	检验检疫编码对应中文名称
292149	90	32	芬氟拉明、右旋芬氟拉明(以及它们的盐)	Fenfluramine, d-fenfluramine (and their salts)	【最】6.5【普】30 【协东盟】0【协巴基斯坦】5【协智利】0 【协新西兰】0【协秘鲁】0【协哥斯达黎加】0 【协冰岛】0【协澳大利亚】0【协韩国】0 【协格鲁吉亚】0【协香港】0【协澳门】0 【特-1】0【特-2】0 【增】16【对美加征】10【出】0【退】13	千克	I	I			999	芬氟拉明、右旋芬氟拉明(以及它们的盐)
292149	90	90	其他芳香单胺及衍生物及它们的盐	Other aromatic monoamine and derivants and their salts	【最】6.5【普】30 【协东盟】0【协巴基斯坦】5【协智利】0 【协新西兰】0【协秘鲁】0【协哥斯达黎加】0 【协冰岛】0【协澳大利亚】0【协韩国】0 【协格鲁吉亚】0【协香港】0【协澳门】0 【特-1】0【特-2】0 【增】16【对美加征】10【出】0【退】13	千克					301 302 303 304 305	其他芳香单胺及衍生物及它们的盐(爆炸品) 其他芳香单胺及衍生物及它们的盐(腐蚀性物质) 其他芳香单胺及衍生物及它们的盐(杂项物质) 其他芳香单胺及衍生物及它们的盐(其他危险化学品) 其他芳香单胺及衍生物及它们的盐(其他化工产品)
292151	10		邻苯二胺	o-Phenylenediamine	【最】4【普】11 【协亚太】3.2【协东盟】0【协巴基斯坦】0 【协智利】0【协新西兰】0【协秘鲁】0 【协哥斯达黎加】0【协冰岛】0【协瑞士】0 【协澳大利亚】0【协韩国】0【协格鲁吉亚】0 【协香港】0【协澳门】0 【特-1】0【特-2】0 【增】16【对美加征】5【出】0【退】10	千克					999	邻苯二胺
292151	90	11	氨氟灵	Dinitramine	【最】6.5【普】30 【协东盟】0【协巴基斯坦】5【协智利】0 【协新西兰】0【协秘鲁】0【协哥斯达黎加】0 【协冰岛】0【协瑞士】0【协澳大利亚】0 【协韩国】0【协格鲁吉亚】0【协香港】0 【协澳门】0 【特-1】0【特-2】0 【增】16【对美加征】10【出】0【退】10	千克	S	S			999	氨氟灵
292151	90	12	氨氟乐灵	Prodiamine	【最】6.5【普】30 【协东盟】0【协巴基斯坦】5【协智利】0 【协新西兰】0【协秘鲁】0【协哥斯达黎加】0 【协冰岛】0【协瑞士】0【协澳大利亚】0 【协韩国】0【协格鲁吉亚】0【协香港】0 【协澳门】0 【特-1】0【特-2】0 【增】16【对美加征】10【出】0【退】10	千克	S	S			999	氨氟乐灵
292151	90	20	2,4-二氨基甲苯	2,4 -diaminotoluene	【最】6.5【普】30 【协东盟】0【协巴基斯坦】5【协智利】0 【协新西兰】0【协秘鲁】0【协哥斯达黎加】0 【协冰岛】0【协瑞士】0【协澳大利亚】0 【协韩国】0【协格鲁吉亚】0【协香港】0 【协澳门】0 【特-1】0【特-2】0 【增】16【对美加征】10【出】0【退】16	千克					999	2,4-二氨基甲苯
292151	90	90	间-、对-苯二胺、二氨基甲苯等(包括衍生物及它们的盐)	o-, m-, p-phenylene diamine, diaminotoluene etc (including their derivatives and salts)	【最】6.5【普】30 【协东盟】0【协巴基斯坦】5【协智利】0 【协新西兰】0【协秘鲁】0【协哥斯达黎加】0 【协冰岛】0【协瑞士】0【协澳大利亚】0 【协韩国】0【协格鲁吉亚】0【协香港】0 【协澳门】0 【特-1】0【特-2】0 【增】16【对美加征】10【出】0【退】16	千克					301 302 303 304	间-、对-苯二胺、二氨基甲苯等(包括衍生物及它们的盐)(毒性物质和感染性物质) 间-、对-苯二胺、二氨基甲苯等(包括衍生物及它们的盐)(杂项物质) 间-、对-苯二胺、二氨基甲苯等(包括衍生物及它们的盐)(其他危险化学品) 间-、对-苯二胺、二氨基甲苯等(包括衍生物及它们的盐)(其他化工产品)

税则号列			货品名称中英文		税费综合信息	计量单位	监管证件代码		检验检疫类别		检验检疫编码	检验检疫编码对应中文名称
HS国际统一前6位	本国子目7~8位	本国子目9~10位	中文货物名称	英文 Article Description			进口	出口	进口	出口		
292159	00	10	三氨基三硝基苯	Triamino trinitro-benzene	【最】6.5【普】30 【协东盟】0【协巴基斯坦】5【协智利】0 【协新西兰】0【协秘鲁】0【协哥斯达黎加】0 【协冰岛】0【协澳大利亚】0【协韩国】3.2 【协格鲁吉亚】0【协香港】0【协澳门】0 【特-1】0【特-2】0 【增】16【对美加征】10【出】0【退】10	千克		3			999	三氨基三硝基苯
292159	00	20	联苯胺（4,4'-二氨基联苯）	Benzidine(4, 4' - diaminodiphenyl)	【最】6.5【普】30 【协东盟】0【协巴基斯坦】5【协智利】0 【协新西兰】0【协秘鲁】0【协哥斯达黎加】0 【协冰岛】0【协澳大利亚】0【协韩国】3.2 【协格鲁吉亚】0【协香港】0【协澳门】0 【特-1】0【特-2】0 【增】16【对美加征】10【出】0【退】10	千克	9	8			999	联苯胺（4,4'-二氨基联苯）
292159	00	31	4,4'-二氨基-3,3'-二氯二苯基甲烷	4,4' - diamido -3, 3' - dicophane	【最】6.5【普】30 【协东盟】0【协巴基斯坦】5【协智利】0 【协新西兰】0【协秘鲁】0【协哥斯达黎加】0 【协冰岛】0【协澳大利亚】0【协韩国】3.2 【协格鲁吉亚】0【协香港】0【协澳门】0 【特-1】0【特-2】0 【增】16【对美加征】10【出】0【退】10	千克					999	4,4'-二氨基-3,3'-二氯二苯基甲烷
292159	00	32	3,3'-二氯联苯胺	3,3' - dichloro-benzidinc	【最】6.5【普】30 【协东盟】0【协巴基斯坦】5【协智利】0 【协新西兰】0【协秘鲁】0【协哥斯达黎加】0 【协冰岛】0【协澳大利亚】0【协韩国】3.2 【协格鲁吉亚】0【协香港】0【协澳门】0 【特-1】0【特-2】0 【增】16【对美加征】10【出】0【退】10	千克					999	3,3'-二氯联苯胺
292159	00	33	4,4'-二氨基二苯基甲烷	4,4' - diaminodiphenylmethane	【最】6.5【普】30 【协东盟】0【协巴基斯坦】5【协智利】0 【协新西兰】0【协秘鲁】0【协哥斯达黎加】0 【协冰岛】0【协澳大利亚】0【协韩国】3.2 【协格鲁吉亚】0【协香港】0【协澳门】0 【特-1】0【特-2】0 【增】16【对美加征】10【出】0【退】13	千克					999	4,4'-二氨基二苯基甲烷
292159	00	90	其他芳香多胺及衍生物及它们的盐	Other aromatic polyamines and derivatives and their salts	【最】6.5【普】30 【协东盟】0【协巴基斯坦】5【协智利】0 【协新西兰】0【协秘鲁】0【协哥斯达黎加】0 【协冰岛】0【协澳大利亚】0【协韩国】3.2 【协格鲁吉亚】0【协香港】0【协澳门】0 【特-1】0【特-2】0 【增】16【对美加征】10【出】0【退】13	千克					301 302 303 304 305	其他芳香多胺及衍生物及它们的盐（毒性物质和感染性物质） 其他芳香多胺及衍生物及它们的盐（腐蚀性物质） 其他芳香多胺及衍生物及它们的盐（杂项物质） 其他芳香多胺及衍生物及它们的盐（其他危险化学品） 其他芳香多胺及衍生物及它们的盐（其他化工产品）
292211	00	01	单乙醇胺	Monoethanolamine	【最】6.5【普】30 【协东盟】0【协巴基斯坦】5【协智利】0 【协新西兰】0【协秘鲁】0【协哥斯达黎加】0 【协冰岛】0【协瑞士】0【协澳大利亚】0 【协格鲁吉亚】0【协香港】0【协澳门】0 【特-1】0【特-2】0 【增】16【反倾】有【对美加征】5【出】0 【退】10	千克	A	B	MR	NS	301 302 303 304 305	单乙醇胺（1-氨基乙醇，无检疫要求食品添加剂） 单乙醇胺（1-氨基乙醇，一般化学品，需申报仅用于工业用途不用于无检疫要求食品添加剂） 单乙醇胺（N,N-二甲基乙醇胺，易燃液体，需申报仅用于工业用途不用于无检疫要求食品添加剂） 单乙醇胺（2-氨基乙醇，腐蚀性物质，需申报仅用于工业用途不用于无检疫要求食品添加剂） 单乙醇胺（属于危险化学品的食品添加剂）

税则号列			货品名称中英文		税费综合信息	计量单位	监管证件代码		检验检疫类别		检验检疫编码	检验检疫编码对应中文名称
HS 国际统一前6位	本国子目 7~8位	9~10位	中文 货物名称	英文 Article Description			进口	出口	进口	出口		
292211	00	90	单乙醇胺盐	Salts of monoethanolamine	【最】6.5【普】30 【协东盟】0【协巴基斯坦】5【协智利】0 【协新西兰】0【协秘鲁】0【协哥斯达黎加】0 【协冰岛】0【协瑞士】0【协澳大利亚】0 【协格鲁吉亚】0【协香港】0【协澳门】0 【特-1】0【特-2】0 【增】16【对美加征】5【出】0【退】10	千克					999	单乙醇胺盐（腐蚀性物质）
292212	00	01	二乙醇胺	Diethanolamine	【最】6.5【普】30 【协东盟】0【协巴基斯坦】5【协智利】0 【协新西兰】0【协秘鲁】0【协哥斯达黎加】0 【协冰岛】0【协瑞士】0【协澳大利亚】0 【协格鲁吉亚】0【协香港】0【协澳门】0 【特-1】0【特-2】0 【增】16【反倾】有【对美加征】5【出】0 【退】10	千克					999	二乙醇胺
292212	00	90	二乙醇胺盐	Diethanolamine salt	【最】6.5【普】30 【协东盟】0【协巴基斯坦】5【协智利】0 【协新西兰】0【协秘鲁】0【协哥斯达黎加】0 【协冰岛】0【协瑞士】0【协澳大利亚】0 【协格鲁吉亚】0【协香港】0【协澳门】0 【特-1】0【特-2】0 【增】16【对美加征】5【出】0【退】10	千克					301 302 999	二乙醇胺盐（毒性物质和感染性物质） 二乙醇胺盐（腐蚀性物质） 二乙醇胺盐（其他化工产品）
292214	00		右丙氧吩(INN)及其盐	Dextropropoxyphene (INN) and its salts	【最】6.5【普】30 【协东盟】0【协巴基斯坦】5【协智利】0 【协新西兰】0【协秘鲁】0【协哥斯达黎加】0 【协冰岛】0【协瑞士】0【协澳大利亚】0 【协韩国】0【协格鲁吉亚】0【协香港】0 【协澳门】0 【特-1】0【特-2】0 【增】16【出】0【退】10	千克	I	I			999	右丙氧吩(INN)及其盐
292215	00		三乙醇胺	Triethanolamine	【最】6.5【普】30 【协东盟】0【协巴基斯坦】5【协智利】0 【协新西兰】0【协秘鲁】0【协哥斯达黎加】0 【协冰岛】0【协瑞士】0【协澳大利亚】0 【协韩国】4.3【协格鲁吉亚】0【协香港】0 【协澳门】0 【特-1】0【特-2】0 【增】16【反倾】有【对美加征】5【出】0 【退】10	千克	2A	3	R		999	三乙醇胺
292216	00		全氟辛基磺酸二乙醇胺	Diethanolammonium perfluorooctane sulphonate	【最】6.5【普】30 【协东盟】0【协巴基斯坦】5【协智利】0 【协新西兰】0【协秘鲁】0【协哥斯达黎加】0 【协冰岛】0【协瑞士】0【协澳大利亚】0 【协韩国】0【协格鲁吉亚】0【协香港】0 【协澳门】0 【特-1】0【特-2】0 【增】16【出】0【退】10	千克					999	全氟辛基磺酸二乙醇胺
292217	00		甲基二乙醇胺和乙基二乙醇胺	Methyldiethanolamine and ethyldiethanolamine	【最】6.5【普】30 【协东盟】0【协巴基斯坦】5【协智利】0 【协新西兰】0【协秘鲁】0【协哥斯达黎加】0 【协冰岛】0【协瑞士】0【协澳大利亚】0 【协韩国】0【协格鲁吉亚】0【协香港】0 【协澳门】0 【特-1】0【特-2】0 【增】16【对美加征】5【出】0【退】10	千克	2	3			999	甲基二乙醇胺和乙基二乙醇胺
292218	00		2-(N,N-二异丙基氨基)乙醇	2-(N, N-Diisopropylamino) ethanol	【最】6.5【普】30 【协东盟】0【协巴基斯坦】5【协智利】0 【协新西兰】0【协秘鲁】0【协哥斯达黎加】0 【协冰岛】0【协瑞士】0【协澳大利亚】0 【协韩国】0【协格鲁吉亚】0【协香港】0 【协澳门】0 【特-1】0【特-2】0 【增】16【出】0【退】13	千克					999	2-(N, N-二异丙基氨基)乙醇

税则号列			货品名称中英文		税费综合信息	计量单位	监管证件代码		检验检疫类别		检验检疫编码	检验检疫编码对应中文名称
HS 国际统一前 6 位	本国子目 7~8 位	9~10 位	中文 货物名称	英文 Article Description			进口	出口	进口	出口		
292219	10		乙胺丁醇	Ethylamino butanol (Ethambutol)	【最】6.5【普】30 【协东盟】0【协巴基斯坦】5【协智利】0 【协新西兰】0【协秘鲁】0【协哥斯达黎加】0 【协冰岛】0【协瑞士】0【协澳大利亚】0 【协韩国】0【协格鲁吉亚】0【协香港】0 【协澳门】0 【特-1】0【特-2】0 【增】16【出】0【退】13	千克					999	乙胺丁醇
292219	21		二甲氨基乙醇及其质子化盐	N, N-Dimethylaminoethanol and corresponding protonated salts	【最】6.5【普】30 【协东盟】0【协巴基斯坦】5【协智利】0 【协新西兰】0【协秘鲁】0【协哥斯达黎加】0 【协冰岛】0【协瑞士】0【协澳大利亚】0 【协韩国】0【协格鲁吉亚】0【协香港】0 【协澳门】0 【特-1】0【特-2】0 【增】16【对美加征】5【出】0【退】13	千克					301 302	二甲氨基乙醇及其质子化盐（腐蚀性物质） 二甲氨基乙醇及其质子化盐（其他化工产品）
292219	22	10	2-二乙氨基乙醇（或称 N, N-二乙基乙醇胺）	2-diethylaminoethanol (N, N-diethyl ethylene diamine)	【最】6.5【普】30 【协东盟】0【协巴基斯坦】5【协智利】0 【协新西兰】0【协秘鲁】0【协哥斯达黎加】0 【协冰岛】0【协瑞士】0【协澳大利亚】0 【协韩国】0【协格鲁吉亚】0【协香港】0 【协澳门】0 【特-1】0【特-2】0 【增】16【对美加征】5【出】0【退】10	千克		3			999	2-二乙氨基乙醇（或称 N, N-二乙基乙醇胺）
292219	22	90	二乙氨基乙醇的质子化盐	Protonated salts of diethylaminoethanol	【最】6.5【普】30 【协东盟】0【协巴基斯坦】5【协智利】0 【协新西兰】0【协秘鲁】0【协哥斯达黎加】0 【协冰岛】0【协瑞士】0【协澳大利亚】0 【协韩国】0【协格鲁吉亚】0【协香港】0 【协澳门】0 【特-1】0【特-2】0 【增】16【对美加征】5【出】0【退】10	千克					999	二乙氨基乙醇的质子化盐
292219	29		其他二烷氨基乙-2-醇及质子化盐（烷基指正丙或异丙基）	Other N, N-Dialkyl aminoethanol and corresponding protonated salts	【最】6.5【普】30【协亚太】5.2 【协东盟】0【协巴基斯坦】5【协智利】0 【协新西兰】0【协秘鲁】0【协哥斯达黎加】0 【协冰岛】0【协瑞士】0【协澳大利亚】0 【协韩国】0【协格鲁吉亚】0【协香港】0 【协澳门】0 【特-1】0【特-2】0 【增】16【出】0【退】10	千克	2	3			301 302	其他二烷氨基乙-2-醇及质子化盐（烷基指正丙或异丙基）（腐蚀性物质） 其他二烷氨基乙-2-醇及质子化盐（烷基指正丙或异丙基）（其他化工产品）
292219	30		乙基二乙醇胺的盐	Ethyldiethanolamine	【最】6.5【普】30【协亚太】5.2 【协东盟】0【协巴基斯坦】5【协智利】0 【协新西兰】0【协秘鲁】0【协哥斯达黎加】0 【协冰岛】0【协瑞士】0【协澳大利亚】0 【协韩国】0【协格鲁吉亚】0【协香港】0 【协澳门】0 【特-1】0【特-2】0 【增】16【出】0【退】10	千克	2	3			999	乙基二乙醇胺的盐
292219	40		甲基二乙醇胺的盐	Methyldiethanolamine	【最】6.5【普】30【协亚太】5.2 【协东盟】0【协巴基斯坦】5【协智利】0 【协新西兰】0【协秘鲁】0【协哥斯达黎加】0 【协冰岛】0【协瑞士】0【协澳大利亚】0 【协韩国】0【协格鲁吉亚】0【协香港】0 【协澳门】0 【特-1】0【特-2】0 【增】16【对美加征】5【出】0【退】13	千克	2	3			999	甲基二乙醇胺的盐
292219	50		本芴醇	Benflumetol	【最】6.5【普】30 【协东盟】0【协巴基斯坦】5【协智利】0 【协新西兰】0【协秘鲁】0【协哥斯达黎加】0 【协冰岛】0【协瑞士】0【协澳大利亚】0 【协韩国】0【协格鲁吉亚】0【协香港】0 【协澳门】0 【特-1】0【特-2】0 【增】16【对美加征】10【出】0【退】13	千克					999	本芴醇

税则号列			货品名称中英文		税费综合信息	计量单位	监管证件代码		检验检疫类别		检验检疫编码	检验检疫编码对应中文名称
HS国际统一前6位	本国子目7~8位	9~10位	中文货物名称	英文 Article Description			进口	出口	进口	出口		
292219	90	10	增产胺	Guayule	【最】6.5【普】30 【协东盟】0【协巴基斯坦】5【协智利】0 【协新西兰】0【协秘鲁】0【协哥斯达黎加】0 【协冰岛】0【协瑞士】0【协澳大利亚】0 【协韩国】0【协格鲁吉亚】0【协香港】0 【协澳门】0 【特-1】0【特-2】0 【增】16【对美加征】5【出】0【退】10	千克	S	S			999	增产胺
292219	90	20	克仑特罗	Clenbuterol	【最】6.5【普】30 【协东盟】0【协巴基斯坦】5【协智利】0 【协新西兰】0【协秘鲁】0【协哥斯达黎加】0 【协冰岛】0【协瑞士】0【协澳大利亚】0 【协韩国】0【协格鲁吉亚】0【协香港】0 【协澳门】0 【特-1】0【特-2】0 【增】16【对美加征】5【出】0【退】10	千克	L	L			999	克仑特罗
292219	90	31	醋美沙朵、阿醋美沙朵、阿法美沙朵（以及它们的盐）	Acetylmethadol, alphacetylmethadol, alphamethadol (and their salts)	【最】6.5【普】30 【协东盟】0【协巴基斯坦】5【协智利】0 【协新西兰】0【协秘鲁】0【协哥斯达黎加】0 【协冰岛】0【协瑞士】0【协澳大利亚】0 【协韩国】0【协格鲁吉亚】0【协香港】0 【协澳门】0 【特-1】0【特-2】0 【增】16【对美加征】5【出】0【退】10	千克	I	I			999	醋美沙朵、阿醋美沙朵、阿法美沙朵（以及它们的盐）
292219	90	32	倍醋美沙多、倍他美沙多（以及它们的盐）	Betacetylmethadol, betamethadol (and their salts)	【最】6.5【普】30 【协东盟】0【协巴基斯坦】5【协智利】0 【协新西兰】0【协秘鲁】0【协哥斯达黎加】0 【协冰岛】0【协瑞士】0【协澳大利亚】0 【协韩国】0【协格鲁吉亚】0【协香港】0 【协澳门】0 【特-1】0【特-2】0 【增】16【对美加征】5【出】0【退】10	千克	I	I			999	倍醋美沙多、倍他美沙多（以及它们的盐）
292219	90	33	地美沙多、地美庚醇、诺美沙多（以及它们的盐）	Dimenoxadol, dimepheptanol, noracymethadol (and their salts)	【最】6.5【普】30 【协东盟】0【协巴基斯坦】5【协智利】0 【协新西兰】0【协秘鲁】0【协哥斯达黎加】0 【协冰岛】0【协瑞士】0【协澳大利亚】0 【协韩国】0【协格鲁吉亚】0【协香港】0 【协澳门】0 【特-1】0【特-2】0 【增】16【对美加征】5【出】0【退】10	千克	I	I			999	地美沙多、地美庚醇、诺美沙多（以及它们的盐）
292219	90	41	三乙醇胺盐酸盐	Triethanolamine hydrochloride	【最】6.5【普】30 【协东盟】0【协巴基斯坦】5【协智利】0 【协新西兰】0【协秘鲁】0【协哥斯达黎加】0 【协冰岛】0【协瑞士】0【协澳大利亚】0 【协韩国】0【协格鲁吉亚】0【协香港】0 【协澳门】0 【特-1】0【特-2】0 【增】16【对美加征】5【出】0【退】10	千克	2	3			999	三乙醇胺盐酸盐
292219	90	49	其他三乙醇胺的盐	Other salts of triethanolamine	【最】6.5【普】30 【协东盟】0【协巴基斯坦】5【协智利】0 【协新西兰】0【协秘鲁】0【协哥斯达黎加】0 【协冰岛】0【协瑞士】0【协澳大利亚】0 【协韩国】0【协格鲁吉亚】0【协香港】0 【协澳门】0 【特-1】0【特-2】0 【增】16【对美加征】5【出】0【退】10	千克					999	其他三乙醇胺的盐
292219	90	90	其他氨基醇及其醚、酯和它们的盐（但含有一种以上含氧基的除外）	Other alkamine and their ethers, esters and their salts (other than those containing more than one kind of Oxygen function)	【最】6.5【普】30 【协东盟】0【协巴基斯坦】5【协智利】0 【协新西兰】0【协秘鲁】0【协哥斯达黎加】0 【协冰岛】0【协瑞士】0【协澳大利亚】0 【协韩国】0【协格鲁吉亚】0【协香港】0 【协澳门】0 【特-1】0【特-2】0 【增】16【对美加征】5【出】0【退】10	千克					301 302 303	其他氨基醇及其醚、酯和它们的盐（但含有一种以上含氧基的除外）（易燃液体） 其他氨基醇及其醚、酯和它们的盐（但含有一种以上含氧基的除外）（腐蚀性物质） 其他氨基醇及其醚、酯和它们的盐（但含有一种以上含氧基的除外）（其他危险化学品）

税则号列 HS国际统一前6位	本国子目 7~8位	本国子目 9~10位	货品名称中文 货物名称	货品名称英文 Article Description	税费综合信息	计量单位	监管证件代码 进口	监管证件代码 出口	检验检疫类别 进口	检验检疫类别 出口	检验检疫编码	检验检疫编码对应中文名称
											304	其他氨基醇及其醚、酯和它们的盐（但含有一种以上含氧基的除外）（其他化工产品）
292221	00		氨基羟基萘磺酸及其盐（但含有一种以上含氧基的除外）	Aminohydroxynaphthalenesulphonic acid and their salts	【最】6.5【普】30 【协东盟】0【协巴基斯坦】5【协智利】0 【协新西兰】0【协秘鲁】0【协哥斯达黎加】0 【协冰岛】0【协瑞士】0【协澳大利亚】0 【协韩国】3.2【协格鲁吉亚】0【协香港】0 【协澳门】0 【特-1】0【特-2】0 【增】16【对美加征】5【出】0【退】13	千克					301 302	氨基羟基萘磺酸及其盐（但含有一种以上含氧基的除外）（毒性物质和感染性物质） 氨基羟基萘磺酸及其盐（但含有一种以上含氧基的除外）（其他化工产品）
292229	10		茴香胺、二茴香胺、氨基苯乙醚等	Anisidines, dianisidine, phenetidines, and their salts	【最】6.5【普】30 【协东盟】0【协巴基斯坦】5【协智利】0 【协新西兰】0【协秘鲁】0【协哥斯达黎加】0 【协冰岛】0【协瑞士】0【协澳大利亚】0 【协韩国】3.2【协格鲁吉亚】0【协香港】0 【协澳门】0 【特-1】0【特-2】0 【增】16【出】0【退】13	千克					999	茴香胺、二茴香胺、氨基苯乙醚等（但含有一种以上含氧基的除外）
292229	90	11	布苯丙胺、二甲氧基乙基安非他明（以及它们的盐）	Brolamfetamine, dimethoxy-ethyl amphetamine (and their salts)	【最】6.5【普】30 【协东盟】0【协巴基斯坦】5【协智利】0 【协新西兰】0【协秘鲁】0【协哥斯达黎加】0 【协冰岛】0【协瑞士】0【协澳大利亚】0 【协韩国】0【协格鲁吉亚】0【协香港】0 【协澳门】0 【特-1】0【特-2】0 【增】16【对美加征】10【出】0【退】13	千克	I	I			999	布苯丙胺、二甲氧基乙基安非他明（以及它们的盐）
292229	90	12	二甲氧基安非他明、副甲氧基安非他明（以及它们的盐）	Dimethoxyamfetamine, paramethoxyamphetamine (and their salts)	【最】6.5【普】30 【协东盟】0【协巴基斯坦】5【协智利】0 【协新西兰】0【协秘鲁】0【协哥斯达黎加】0 【协冰岛】0【协瑞士】0【协澳大利亚】0 【协韩国】0【协格鲁吉亚】0【协香港】0 【协澳门】0 【特-1】0【特-2】0 【增】16【对美加征】10【出】0【退】13	千克	I	I			999	二甲氧基安非他明、副甲氧基安非他明（以及它们的盐）
292229	90	13	二甲氧基甲苯异丙胺、三甲氧基安非他明（以及它们的盐）	Domdimethoxymethylamphetamine, trimethoxyamph etamine (and their salts)	【最】6.5【普】30 【协东盟】0【协巴基斯坦】5【协智利】0 【协新西兰】0【协秘鲁】0【协哥斯达黎加】0 【协冰岛】0【协瑞士】0【协澳大利亚】0 【协韩国】0【协格鲁吉亚】0【协香港】0 【协澳门】0 【特-1】0【特-2】0 【增】16【对美加征】10【出】0【退】13	千克	I	I			999	二甲氧基甲苯异丙胺、三甲氧基安非他明（以及它们的盐）
292229	90	14	2，5-二甲氧基-4-溴苯乙胺、地佐辛（以及它们的盐）	2, 5-dimethoxy-4-bromobenzene-ethylamine, dezocine (and their salts)	【最】6.5【普】30 【协东盟】0【协巴基斯坦】5【协智利】0 【协新西兰】0【协秘鲁】0【协哥斯达黎加】0 【协冰岛】0【协瑞士】0【协澳大利亚】0 【协韩国】0【协格鲁吉亚】0【协香港】0 【协澳门】0 【特-1】0【特-2】0 【增】16【对美加征】10【出】0【退】13	千克	I	I			999	2,5-二甲氧基-4-溴苯乙胺、地佐辛（以及它们的盐）
292229	90	15	他喷他多	Tapentadol (CAS: 175591-23-8)	【最】6.5【普】30 【协东盟】0【协巴基斯坦】5【协智利】0 【协新西兰】0【协秘鲁】0【协哥斯达黎加】0 【协冰岛】0【协瑞士】0【协澳大利亚】0 【协韩国】0【协格鲁吉亚】0【协香港】0 【协澳门】0 【特-1】0【特-2】0 【增】16【对美加征】10【出】0【退】13	千克	I	I			999	他喷他多（Tapentadol; CAS号：175591-23-8）
292229	90	16	2,5-二甲氧基-4-碘苯乙胺	2, 5-Dimethoxy-4-iodophenethylamine (CAS: 69587-11-7)	【最】6.5【普】30 【协东盟】0【协巴基斯坦】5【协智利】0 【协新西兰】0【协秘鲁】0【协哥斯达黎加】0 【协冰岛】0【协瑞士】0【协澳大利亚】0 【协韩国】0【协格鲁吉亚】0【协香港】0 【协澳门】0 【特-1】0【特-2】0 【增】16【对美加征】10【出】0【退】13	千克	I	I			999	2,5-二甲氧基-4-碘苯乙胺（2, 5-Dimethoxy-4-iodophenethylamine; CAS号：69587-11-7）

税则号列			货品名称中英文		税费综合信息	计量单位	监管证件代码		检验检疫类别		检验检疫编码	检验检疫编码对应中文名称
HS国际统一前6位	本国子目7~8位	本国子目9~10位	中文货物名称	英文 Article Description			进口	出口	进口	出口		
292229	90	17	2,5-二甲氧基苯乙胺（CAS号：3600-86-0）	2, 5-Dimethoxy-phenethylamine (CAS: 3600-86-0)	【最】6.5【普】30 【协东盟】0【协巴基斯坦】5【协智利】0 【协新西兰】0【协秘鲁】0【协哥斯达黎加】0 【协冰岛】0【协瑞士】0【协澳大利亚】0 【协韩国】0【协格鲁吉亚】0【协香港】0 【协澳门】0 【特-1】0【特-2】0 【增】16【对美加征】10【出】0【退】13	千克	I	I			999	2, 5-二甲氧基苯乙胺（2, 5-Dimethoxy-phenethylamine; CAS号：3600-86-0）
292229	90	90	其他氨基（萘酚、酚）及醚、酯（包括它们的盐，但含有一种以上含氧基的除外）	Other Amino-naphthols and amino-phenols, other than those containing more than one kind of oxygen function, their ethers and esters; salts thereof	【最】6.5【普】30 【协东盟】0【协巴基斯坦】5【协智利】0 【协新西兰】0【协秘鲁】0【协哥斯达黎加】0 【协冰岛】0【协瑞士】0【协澳大利亚】0 【协韩国】0【协格鲁吉亚】0【协香港】0 【协澳门】0 【特-1】0【特-2】0 【增】16【对美加征】10【出】0【退】13	千克					301 302	其他氨基（萘酚、酚）及醚、酯（包括它们的盐，但含有一种以上含氧基的除外）（毒性物质和感染性物质） 其他氨基（萘酚、酚）及醚、酯（包括它们的盐，但含有一种以上含氧基的除外）（其他化工产品）
292231	00	10	安非拉酮及其盐	Amfepramone (INN) and its salts	【最】6.5【普】30 【协东盟】0【协巴基斯坦】5【协智利】0 【协新西兰】0【协秘鲁】0【协哥斯达黎加】0 【协冰岛】0【协瑞士】0【协澳大利亚】0 【协韩国】0【协格鲁吉亚】0【协香港】0 【协澳门】0 【特-1】0【特-2】0 【增】16【对美加征】5【出】0【退】10	千克	I	I			999	安非拉酮及其盐
292231	00	20	美沙酮、去甲美沙酮及它们的盐	Methadone (INN), normethadone (INN) and their salts	【最】6.5【普】30 【协东盟】0【协巴基斯坦】5【协智利】0 【协新西兰】0【协秘鲁】0【协哥斯达黎加】0 【协冰岛】0【协瑞士】0【协澳大利亚】0 【协韩国】0【协格鲁吉亚】0【协香港】0 【协澳门】0 【特-1】0【特-2】0 【增】16【对美加征】5【出】0【退】10	千克	I	I			999	美沙酮、去甲美沙酮及它们的盐
292239	10		4-甲基甲卡西酮及其盐	Methcathinone and its salts	【最】6.5【普】30 【协东盟】0【协巴基斯坦】5【协智利】0 【协新西兰】0【协秘鲁】0【协哥斯达黎加】0 【协冰岛】0【协瑞士】0【协澳大利亚】0 【协韩国】0【协格鲁吉亚】0【协香港】0 【协澳门】0 【特-1】0【特-2】0 【增】16【出】0【退】10	千克	I	I			999	4-甲基甲卡西酮及其盐
292239	20		安非他酮及其盐	Bupropion and salt	【最】6.5【普】30 【协东盟】0【协巴基斯坦】5【协智利】0 【协新西兰】0【协秘鲁】0【协哥斯达黎加】0 【协冰岛】0【协瑞士】0【协澳大利亚】0 【协韩国】0【协格鲁吉亚】0【协香港】0 【协澳门】0 【特-1】0【特-2】0 【增】16【出】0【退】10	千克					999	安非他酮及其盐
292239	90	10	氯胺酮及其盐	Ketamine and its salts	【最】6.5【普】30 【协东盟】0【协巴基斯坦】5【协智利】0 【协新西兰】0【协秘鲁】0【协哥斯达黎加】0 【协冰岛】0【协瑞士】0【协澳大利亚】0 【协韩国】0【协格鲁吉亚】0【协香港】0 【协澳门】0 【特-1】0【特-2】0 【增】16【对美加征】10【出】0【退】10	千克	I	I			999	氯胺酮及其盐
292239	90	20	灭藻醌	Quinoclamine	【最】6.5【普】30 【协东盟】0【协巴基斯坦】5【协智利】0 【协新西兰】0【协秘鲁】0【协哥斯达黎加】0 【协冰岛】0【协瑞士】0【协澳大利亚】0 【协韩国】0【协格鲁吉亚】0【协香港】0 【协澳门】0 【特-1】0【特-2】0 【增】16【对美加征】10【出】0【退】10	千克	S	S			999	灭藻醌

税则号列 HS国际统一前6位	本国子目 7~8位	本国子目 9~10位	货品名称中英文 中文 货物名称	货品名称中英文 英文 Article Description	税费综合信息	计量单位	监管证件代码 进口	监管证件代码 出口	检验检疫类别 进口	检验检疫类别 出口	检验检疫编码	检验检疫编码对应中文名称
292239	90	30	异美沙酮及其盐	Isomethadone and its salts	【最】6.5【普】30 【协东盟】0【协巴基斯坦】5【协智利】0 【协新西兰】0【协秘鲁】0【协哥斯达黎加】0 【协冰岛】0【协瑞士】0【协澳大利亚】0 【协韩国】0【协格鲁吉亚】0【协香港】0 【协澳门】0 【特-1】0【特-2】0 【增】16【对美加征】10【出】0【退】10	千克	I	I			999	异美沙酮及其盐
292239	90	40	甲卡西酮及其盐	Methcathinone and its salts	【最】6.5【普】30 【协东盟】0【协巴基斯坦】5【协智利】0 【协新西兰】0【协秘鲁】0【协哥斯达黎加】0 【协冰岛】0【协瑞士】0【协澳大利亚】0 【协韩国】0【协格鲁吉亚】0【协香港】0 【协澳门】0 【特-1】0【特-2】0 【增】16【对美加征】10【出】0【退】10	千克	I	I			999	甲卡西酮及其盐
292239	90	50	4-甲基乙卡西酮（4-MEC）（CAS号：1225617-18-4）	4-Methylethcathinone（CAS: 1225617-18-4）	【最】6.5【普】30 【协东盟】0【协巴基斯坦】5【协智利】0 【协新西兰】0【协秘鲁】0【协哥斯达黎加】0 【协冰岛】0【协瑞士】0【协澳大利亚】0 【协韩国】0【协格鲁吉亚】0【协香港】0 【协澳门】0 【特-1】0【特-2】0 【增】16【对美加征】10【出】0【退】10	千克	I	I			999	4-甲基乙卡西酮(4-MEC)（4-Methylethcathinone; CAS号：1225617-18-4）
292239	90	90	其他氨基醛、氨基酮及其盐（包括氨基醌及其盐，但含有一种以上含氧基的除外）	Other amino-aldehydes, amino-ketones and amin o-quinones; salts thereof（other than those containing more than one kind of oxygen function)	【最】6.5【普】30 【协东盟】0【协巴基斯坦】5【协智利】0 【协新西兰】0【协秘鲁】0【协哥斯达黎加】0 【协冰岛】0【协瑞士】0【协澳大利亚】0 【协韩国】0【协格鲁吉亚】0【协香港】0 【协澳门】0 【特-1】0【特-2】0 【增】16【对美加征】10【出】0【退】10	千克					101	其他氨基醛、氨基酮及其盐（包括氨基醌及其盐，但含有一种以上含氧基的除外）（异佛尔酮二胺）
292241	10		赖氨酸	Lysine	【最】5【普】20 【协东盟】0【协巴基斯坦】0【协智利】0 【协新西兰】0【协秘鲁】0【协哥斯达黎加】0 【协冰岛】0【协瑞士】0【协澳大利亚】0 【协韩国】3.3【协格鲁吉亚】0【协香港】0 【协澳门】0 【特-1】0【特-2】0 【增】16【对美加征】10【出】0【退】13	千克	A	B	MP	Q	101 301 302	赖氨酸（饲料添加剂） 赖氨酸［L-赖氨酸（有检疫要求食品添加剂）］ 赖氨酸［L-盐酸赖氨酸（有检疫要求食品添加剂）］
292241	90		赖氨酸酯和赖氨酸盐（包括赖氨酸酯的盐）	Esters of lysine (including its salts) and salts of lysine	【最】6【普】30【暂进】5 【协东盟】0【协巴基斯坦】5【协智利】0 【协新西兰】0【协秘鲁】0【协哥斯达黎加】0 【协冰岛】0【协瑞士】0【协澳大利亚】0 【协韩国】0【协格鲁吉亚】0【协香港】0 【协澳门】0 【特-1】0【特-2】0 【增】16【对美加征】5【出】0【退】13	千克	A	B	MPR	Q	101 102	赖氨酸酯和赖氨酸盐（包括赖氨酸酯的盐）（饲料添加剂） 赖氨酸酯和赖氨酸盐（包括赖氨酸酯的盐）［L-赖氨酸盐酸盐（有检疫要求食品添加剂）］
292242	10		谷氨酸	Glutamic acid	【最】5【普】90 【协亚太】3.3【协东盟】0【协巴基斯坦】5 【协智利】0【协新西兰】0【协新加坡】0 【协秘鲁】0【协哥斯达黎加】0【协冰岛】0 【协瑞士】0【协澳大利亚】0【协韩国】5 【协格鲁吉亚】0【协香港】0【协澳门】0 【特-1】0【特-2】0 【增】16【对美加征】10【出】0【退】10	千克	A		MP		101 102	谷氨酸（饲料添加剂） 谷氨酸［L-谷氨酸（有检疫要求食品添加剂）］
292242	20		谷氨酸钠	Sodium glutamate	【最】5【普】130 【协东盟】0【协香港】0【协澳门】0 【协巴基斯坦】5【协智利】0【协新西兰】0 【协新加坡】0【协秘鲁】0【协哥斯达黎加】0 【协冰岛】0【协瑞士】0【协澳大利亚】0 【协韩国】5【协格鲁吉亚】0 【特-1】0【特-2】0 【增】16【对美加征】10【出】0【退】13	千克	A		MP		101 102	谷氨酸钠（饲料添加剂） 谷氨酸钠（有检疫要求食品添加剂）

税则号列 HS国际统一前6位	本国子目 7~8位	本国子目 9~10位	货物名称 中文	Article Description 英文	税费综合信息	计量单位	监管证件代码 进口	监管证件代码 出口	检验检疫类别 进口	检验检疫类别 出口	检验检疫编码	检验检疫编码对应中文名称
292242	90		其他谷氨酸盐	Other salts of glutamic acid	【最】6.5【普】30 【协东盟】0【协巴基斯坦】5【协智利】0 【协新西兰】0【协秘鲁】0【协哥斯达黎加】0 【协冰岛】0【协瑞士】0【协澳大利亚】0 【协韩国】0【协格鲁吉亚】0【协香港】0 【协澳门】0 【特-1】0【特-2】0 【增】16【对美加征】10【出】0【退】10	千克	A		MP		101 102	其他谷氨酸盐（饲料添加剂） 其他谷氨酸盐［L-谷氨酰胺（有检疫要求食品添加剂）］
292243	10		邻氨基苯甲酸（氨茴酸）	Anthranilic acid	【最】6.5【普】20 【协东盟】0【协巴基斯坦】5【协智利】0 【协新西兰】0【协秘鲁】0【协哥斯达黎加】0 【协冰岛】0【协瑞士】0【协澳大利亚】0 【协韩国】0【协格鲁吉亚】0【协香港】0 【协澳门】0 【特-1】0【特-2】0 【增】16【出】0【退】10	千克	2	3			101 102	邻氨基苯甲酸（氨茴酸）（饲料添加剂） 邻氨基苯甲酸（氨茴酸）（化工产品）
292243	90		邻氨基苯甲酸（氨茴酸）盐	Salts of anthranilic acid	【最】6.5【普】30 【协东盟】0【协巴基斯坦】5【协智利】0 【协新西兰】0【协秘鲁】0【协哥斯达黎加】0 【协冰岛】0【协瑞士】0【协澳大利亚】0 【协韩国】0【协格鲁吉亚】0【协香港】0 【协澳门】0 【特-1】0【特-2】0 【增】16【对美加征】5【出】0【退】10	千克					101	邻氨基苯甲酸（氨茴酸）盐（饲料添加剂）
292244	00		替利定（INN）及其盐	Tilidine(INN) and its salts	【最】6.5【普】30 【协东盟】0【协巴基斯坦】5【协智利】0 【协新西兰】0【协秘鲁】0【协哥斯达黎加】0 【协冰岛】0【协瑞士】0【协澳大利亚】0 【协韩国】0【协格鲁吉亚】0【协香港】0 【协澳门】0 【特-1】0【特-2】0 【增】16【出】0【退】10	千克	I	I			999	替利定（INN）及其盐
292249	11		氨甲环酸	Tranexamic acid	【最】6.5【普】20 【协东盟】0【协巴基斯坦】5【协智利】0 【协新西兰】0【协秘鲁】0【协哥斯达黎加】0 【协冰岛】0【协瑞士】0【协澳大利亚】0 【协韩国】4.3【协格鲁吉亚】0【协香港】0 【协澳门】0 【特-1】0【特-2】0 【增】16【对美加征】10【出】0【退】13	千克	A	B	MR	S	101 102	氨甲环酸（饲料添加剂） 氨甲环酸（化工产品）
292249	19	10	安咪奈丁	Amineptine	【最】6.5【普】20 【协东盟】0【协巴基斯坦】5【协智利】0 【协新西兰】0【协秘鲁】0【协哥斯达黎加】0 【协冰岛】0【协瑞士】0【协澳大利亚】0 【协韩国】4.3【协格鲁吉亚】0【协香港】0 【协澳门】0 【特-1】0【特-2】0 【增】16【对美加征】5【出】0【退】13	千克	I	I			101 102	安咪奈丁（饲料添加剂） 安咪奈丁（化工产品）
292249	19	90	其他氨基酸	Other amino acids	【最】6.5【普】20 【协东盟】0【协巴基斯坦】5【协智利】0 【协新西兰】0【协秘鲁】0【协哥斯达黎加】0 【协冰岛】0【协瑞士】0【协澳大利亚】0 【协韩国】4.3【协格鲁吉亚】0【协香港】0 【协澳门】0 【特-1】0【特-2】0 【增】16【对美加征】5【出】0【退】13	千克	A	B	MPR	Q	101 102 103 104 105 ……	其他氨基酸（饲料添加剂） 其他氨基酸［天门冬氨酸钙（有检疫要求食品添加剂）］ 其他氨基酸［L-丝氨酸（有检疫要求食品添加剂）］ 其他氨基酸［10-十一烯酸烯丙酯（有检疫要求食品添加剂）］ 其他氨基酸［dL-缬氨酸（有检疫要求食品添加剂）］ ……①

① 该税号项下检验检疫编码及对应中文名称尚有：106 其他氨基酸［L-精氨酸（有检疫要求食品添加剂）］，107 其他氨基酸［l-组氨酸（有检疫要求食品添加剂）］，108 其他氨基酸［甘氨酸（有检疫要求食品添加剂）］，109 其他氨基酸［牛磺酸（2-氨基乙基磺酸）（有检疫要求食品添加剂）］，110 其他氨基酸［L-酪氨酸（有检疫要求食品添加剂）］，301 其他氨基酸（需申报仅用于工业用途不用于食品添加剂有检疫要求的化学品）。

税则号列 HS国际统一前6位	本国子目 7~8位	本国子目 9~10位	货品名称中英文 中文 货物名称	货品名称中英文 英文 Article Description	税费综合信息	计量单位	监管证件代码 进口	监管证件代码 出口	检验检疫类别 进口	检验检疫类别 出口	检验检疫编码	检验检疫编码对应中文名称
292249	91		普鲁卡因	Procaine	【最】6【普】20 【协亚太】3.6【协东盟】0【协巴基斯坦】5 【协智利】0【协新西兰】0【协秘鲁】0 【协哥斯达黎加】0【协冰岛】0【协瑞士】0 【协澳大利亚】0【协韩国】0【协格鲁吉亚】0 【协香港】0【协澳门】0 【特-1】0【特-2】0 【增】16【对美加征】5【出】0【退】13	千克					999	普鲁卡因
292249	99	11	草灭畏	Chloramben	【最】6.5【普】30 【协东盟】0【协巴基斯坦】5【协智利】0 【协新西兰】0【协秘鲁】0【协哥斯达黎加】0 【协冰岛】0【协瑞士】0【协澳大利亚】0 【协韩国】0【协格鲁吉亚】0【协香港】0 【协澳门】0 【特-1】0【特-2】0 【增】16【对美加征】5【出】0【退】10	千克	AS	S	MP		999	草灭畏
292249	99	12	灭杀威、灭除威、混灭威等（害扑威、速灭威、残杀威、猛杀威）	Meobal, XMC, dimethacarb etc. (etrofol, MTMC, propoxur, promecarb)	【最】6.5【普】30 【协东盟】0【协巴基斯坦】5【协智利】0 【协新西兰】0【协秘鲁】0【协哥斯达黎加】0 【协冰岛】0【协瑞士】0【协澳大利亚】0 【协韩国】0【协格鲁吉亚】0【协香港】0 【协澳门】0 【特-1】0【特-2】0 【增】16【对美加征】5【出】0【退】10	千克	AS	BS	M	N	301 302	灭杀威、灭除威、混灭威等（害扑威、速灭威、残杀威、猛杀威）（毒性物质和感染性物质） 灭杀威、灭除威、混灭威等（害扑威、速灭威、残杀威、猛杀威）（其他化工产品）
292249	99	13	兹克威、除害威	Mexacarbate, aminocarb, allyxycarb	【最】6.5【普】30 【协东盟】0【协巴基斯坦】5【协智利】0 【协新西兰】0【协秘鲁】0【协哥斯达黎加】0 【协冰岛】0【协瑞士】0【协澳大利亚】0 【协韩国】0【协格鲁吉亚】0【协香港】0 【协澳门】0 【特-1】0【特-2】0 【增】16【对美加征】5【出】0【退】0	千克	AS	BS	M	N	101 102 103 104 105 ……	兹克威、除害威［灭多威（含量>30%）］ 兹克威、除害威［灭害威粉剂（含量6%～60%）］ 兹克威、除害威［自克威粉剂（含量2%～25%）］ 兹克威、除害威（除害威） 兹克威、除害威［灭害威乳剂（含量1%～60%）］ ……①
292249	99	14	异丙威	Isoprocarb	【最】6.5【普】30 【协东盟】0【协巴基斯坦】5【协智利】0 【协新西兰】0【协秘鲁】0【协哥斯达黎加】0 【协冰岛】0【协瑞士】0【协澳大利亚】0 【协韩国】0【协格鲁吉亚】0【协香港】0 【协澳门】0 【特-1】0【特-2】0 【增】16【对美加征】5【出】0【退】10	千克	AS	BS	M	N	301	异丙威（毒性物质和感染性物质）
292249	99	15	仲丁威、畜虫威、合杀威	Fenobucarb, butacarb, bufencarb	【最】6.5【普】30 【协东盟】0【协巴基斯坦】5【协智利】0 【协新西兰】0【协秘鲁】0【协哥斯达黎加】0 【协冰岛】0【协瑞士】0【协澳大利亚】0 【协韩国】0【协格鲁吉亚】0【协香港】0 【协澳门】0 【特-1】0【特-2】0 【增】16【对美加征】5【出】0【退】10	千克	AS	BS	M	N	101 102 103 104	仲丁威、畜虫威、合杀威（仲丁威） 仲丁威、畜虫威、合杀威（合杀威） 仲丁威、畜虫威、合杀威（仲丁威乳剂） 仲丁威、畜虫威、合杀威（合杀威乳剂）
292249	99	16	甲萘威、地麦威、蜱虱威	Carbaryl, dimetan, promacyl	【最】6.5【普】30 【协东盟】0【协巴基斯坦】5【协智利】0 【协新西兰】0【协秘鲁】0【协哥斯达黎加】0 【协冰岛】0【协瑞士】0【协澳大利亚】0 【协韩国】0【协格鲁吉亚】0【协香港】0 【协澳门】0 【特-1】0【特-2】0 【增】16【对美加征】5【出】0【退】10	千克	AS	S	MP		999	甲萘威、地麦威、蜱虱威

① 该税号项下检验检疫编码及对应中文名称尚有：106　兹克威、除害威［自克威乳剂（含量<25%）］，107　兹克威、除害威（除害威乳剂）。

税则号列			货品名称中英文		税费综合信息	计量单位	监管证件代码		检验检疫类别		检验检疫编码	检验检疫编码对应中文名称
HS国际统一前6位	本国子目 7~8位	本国子目 9~10位	中文 货物名称	英文 Article Description			进口	出口	进口	出口		
292249	99	17	除线威	Fenoxycarb, cloethocarb	【最】6.5【普】30 【协东盟】0【协巴基斯坦】5【协智利】0 【协新西兰】0【协秘鲁】0【协哥斯达黎加】0 【协冰岛】0【协瑞士】0【协澳大利亚】0 【协韩国】0【协格鲁吉亚】0【协香港】0 【协澳门】0 【特-1】0【特-2】0 【增】16【对美加征】5【出】0【退】10	千克	AS	S	MP		999	除线威
292249	99	18	氨酰丙酸（盐酸盐）	Hydrochloride	【最】6.5【普】30 【协东盟】0【协巴基斯坦】5【协智利】0 【协新西兰】0【协秘鲁】0【协哥斯达黎加】0 【协冰岛】0【协瑞士】0【协澳大利亚】0 【协韩国】0【协格鲁吉亚】0【协香港】0 【协澳门】0 【特-1】0【特-2】0 【增】16【对美加征】5【出】0【退】10	千克	AS	S	MP		101 102	氨酰丙酸（盐酸盐）（饲料添加剂） 氨酰丙酸（盐酸盐）（化工产品）
292249	99	19	安咪奈丁的盐	Salts of amineptine	【最】6.5【普】20 【协东盟】0【协巴基斯坦】5【协智利】0 【协新西兰】0【协秘鲁】0【协哥斯达黎加】0 【协冰岛】0【协瑞士】0【协澳大利亚】0 【协韩国】0【协格鲁吉亚】0【协香港】0 【协澳门】0 【特-1】0【特-2】0 【增】16【对美加征】5【出】0【退】13	千克	I	I			999	安咪奈丁的盐
292249	99	90	其他氨基酸及其酯及它们的盐（含有一种以上含氧基的除外）	Other amino-acids, and their esters; salts thereof (other than those containing more than one kind of oxygen function)	【最】6.5【普】30 【协东盟】0【协巴基斯坦】5【协智利】0 【协新西兰】0【协秘鲁】0【协哥斯达黎加】0 【协冰岛】0【协瑞士】0【协澳大利亚】0 【协韩国】0【协格鲁吉亚】0【协香港】0 【协澳门】0 【特-1】0【特-2】0 【增】16【对美加征】5【出】0【退】10	千克	A	B	MR	NQ	101 301 302 303 304	其他氨基酸及其酯及它们的盐（含有一种以上含氧基的除外）（饲料添加剂） 其他氨基酸及其酯及它们的盐（含有一种以上含氧基的除外）（有检疫要求食品添加剂） 其他氨基酸及其酯及它们的盐（含有一种以上含氧基的除外）（需申报仅用于工业用途不用于无检疫要求食品添加剂的化学品） 其他氨基酸及其酯及它们的盐（含有一种以上含氧基的除外）（需申报仅用于工业用途不用于食品添加剂有检疫要求的化学品） 其他氨基酸及其酯及它们的盐（含有一种以上含氧基的除外）（毒性物质和感染性物质）
292250	10		对羟基苯甘氨酸及其邓钾盐	D-p-hydroxyphenylglycine and its monopotassium salt	【最】6.5【普】30 【协东盟】0【协巴基斯坦】5【协智利】0 【协新西兰】0【协秘鲁】0【协哥斯达黎加】0 【协冰岛】0【协瑞士】0【协澳大利亚】0 【协韩国】0【协格鲁吉亚】0【协香港】0 【协澳门】0 【特-1】0【特-2】0 【增】16【出】0【退】13	千克	A		R		999	对羟基苯甘氨酸及其邓钾盐
292250	20		莱克多巴胺和盐酸莱克多巴胺	Ractopamine and ractopamine hydrochloride	【最】6.5【普】30 【协东盟】0【协巴基斯坦】5【协智利】0 【协新西兰】0【协秘鲁】0【协哥斯达黎加】0 【协冰岛】0【协瑞士】0【协澳大利亚】0 【协韩国】4.3【协格鲁吉亚】0【协香港】0 【协澳门】0 【特-1】0【特-2】0 【增】16【出】0【退】10	千克	9	8			999	莱克多巴胺和盐酸莱克多巴胺

税则号列 HS国际统一前6位	本国子目 7~8位	本国子目 9~10位	货品名称中英文 中文 货物名称	货品名称中英文 英文 Article Description	税费综合信息	计量单位	监管证件代码 进口	监管证件代码 出口	检验检疫类别 进口	检验检疫类别 出口	检验检疫编码	检验检疫编码对应中文名称
292250	90	10	曲马多	Tramadol	【最】6.5【普】30 【协东盟】0【协巴基斯坦】5【协智利】0 【协新西兰】0【协秘鲁】0【协哥斯达黎加】0 【协冰岛】0【协瑞士】0【协澳大利亚】0 【协韩国】3.2【协格鲁吉亚】0【协香港】0 【协澳门】0 【特-1】0【特-2】0 【增】16【对美加征】10【出】0【退】13	千克	I	I			999	曲马多
292250	90	20	苏氨酸	threonine	【最】6.5【普】20【暂进】5 【协东盟】0【协巴基斯坦】5【协智利】0 【协新西兰】0【协秘鲁】0【协哥斯达黎加】0 【协冰岛】0【协瑞士】0【协澳大利亚】0 【协韩国】3.2【协格鲁吉亚】0【协香港】0 【协澳门】0 【特-1】0【特-2】0 【增】16【对美加征】10【出】0【退】13	千克	A		R		101 301 999	苏氨酸（饲用） 苏氨酸（有检疫要求食品添加剂） 苏氨酸（其他化工产品）
292250	90	91	盐酸米托蒽醌及其他抗癌药品原料药	Mitoxantrone hydrochloride and other anti-cancer drugs ingredients	【最】6.5【普】30【暂进】0 【协东盟】0【协巴基斯坦】5【协智利】0 【协新西兰】0【协秘鲁】0【协哥斯达黎加】0 【协冰岛】0【协瑞士】0【协澳大利亚】0 【协韩国】3.2【协格鲁吉亚】0【协香港】0 【协澳门】0 【特-1】0【特-2】0 【增】3【对美加征】10【出】0【退】13	千克	A		R		301 302	盐酸米托蒽醌及其他抗癌药品原料药（无检疫要求食品添加剂） 盐酸米托蒽醌及其他抗癌药品原料药（需申报仅用于工业用途不用于无检疫要求食品添加剂的化学品）
292250	90	99	其他氨基醇酚、氨基酸酚（包括其他含氧基氨基化合物）（因拆分抗癌药品原料药产生的兜底税号）	Other amino alcohol phenols, amino acid phenols (including other oxy-containing amino compounds) (generated HS CODE by splitting anti-cancer drug substance)	【最】6.5【普】30 【协东盟】0【协巴基斯坦】5【协智利】0 【协新西兰】0【协秘鲁】0【协哥斯达黎加】0 【协冰岛】0【协瑞士】0【协澳大利亚】0 【协韩国】3.2【协格鲁吉亚】0【协香港】0 【协澳门】0 【特-1】0【特-2】0 【增】16【对美加征】10【出】0【退】13	千克	A		R		301 302	其他氨基醇酚、氨基酸酚（包括其他含氧基氨基化合物）（因拆分抗癌药品原料药产生的兜底税号）（无检疫要求食品添加剂） 其他氨基醇酚、氨基酸酚（包括其他含氧基氨基化合物）（因拆分抗癌药品原料药产生的兜底税号）（需申报仅用于工业用途不用于无检疫要求食品添加剂的化学品）
292310	00		胆碱及其盐	Choline and its salts	【最】6.5【普】30 【协东盟】0【协巴基斯坦】5【协智利】0 【协新西兰】0【协秘鲁】0【协哥斯达黎加】0 【协冰岛】0【协瑞士】0【协澳大利亚】0 【协韩国】0【协格鲁吉亚】0【协香港】0 【协澳门】0 【特-1】0【特-2】0 【增】16【对美加征】5【出】0【退】10	千克	A		R		101 102 103	胆碱及其盐（饲料添加剂） 胆碱及其盐［胆碱（无检疫要求食品添加剂）］ 胆碱及其盐（需申报仅用于工业用途不用于无检疫要求食品添加剂的化学品）
292320	00		卵磷脂及其他磷氨基类脂【电商】	Lecithins and other phosphoaminolipids	【最】6.5【普】30 【协东盟】0【协巴基斯坦】5【协智利】0 【协新西兰】0【协秘鲁】0【协哥斯达黎加】0 【协冰岛】0【协瑞士】0【协澳大利亚】0 【协韩国】3.2【协格鲁吉亚】0【协香港】0 【协澳门】0 【特-1】0【特-2】0 【增】16【对美加征】5【出】0【退】10	千克	A		R		101 102 301 302 303	卵磷脂及其他磷氨基类脂（饲料添加剂） 卵磷脂及其他磷氨基类脂（具有保健食品批准文号） 卵磷脂及其他磷氨基类脂［改性大豆磷脂（无检疫要求食品添加剂）］ 卵磷脂及其他磷氨基类脂［酶解大豆磷脂（无检疫要求食品添加剂）］ 卵磷脂及其他磷氨基类脂（需申报仅用于工业用途不用于无检疫要求食品添加剂的化学品）

税则号列 HS国际统一前6位	本国子目 7~8位	本国子目 9~10位	货品名称中英文 中文 货物名称	货品名称中英文 英文 Article Description	税费综合信息	计量单位	监管证件代码 进口	监管证件代码 出口	检验检疫类别 进口	检验检疫类别 出口	检验检疫编码	检验检疫编码对应中文名称
292330	00		全氟辛基磺酸四乙基铵	Tetraethylammonium perfluorooctane sulphonate	【最】6.5【普】30 【协东盟】0【协巴基斯坦】5【协智利】0 【协新西兰】0【协秘鲁】0【协哥斯达黎加】0 【协冰岛】0【协瑞士】0【协澳大利亚】0 【协韩国】0【协格鲁吉亚】0【协香港】0 【协澳门】0 【特-1】0【特-2】0 【增】16【出】0【退】10	千克					301 999	全氟辛基磺酸四乙基铵（毒性物质和感染性物质） 全氟辛基磺酸四乙基铵（其他化工产品）
292340	00		全氟辛基磺酸二癸基二甲基铵	Didecyldimethylammonium perfluorooctane sulphonate	【最】6.5【普】30 【协东盟】0【协巴基斯坦】5【协智利】0 【协新西兰】0【协秘鲁】0【协哥斯达黎加】0 【协冰岛】0【协瑞士】0【协澳大利亚】0 【协韩国】0【协格鲁吉亚】0【协香港】0 【协澳门】0 【特-1】0【特-2】0 【增】16【出】0【退】10	千克					301 999	全氟辛基磺酸二癸基二甲基铵（其他危险化学品） 全氟辛基磺酸二癸基二甲基铵（其他化工产品）
292390	00	11	矮壮素 【电商】①	Chlorocholine chloride	【最】6.5【普】30 【协东盟】0【协巴基斯坦】5【协智利】0 【协新西兰】0【协秘鲁】0【协哥斯达黎加】0 【协冰岛】0【协瑞士】0【协澳大利亚】0 【协韩国】0【协格鲁吉亚】0【协香港】0 【协澳门】0 【特-1】0【特-2】0 【增】16【对美加征】5【出】0【退】10	千克	S	S			101 102	矮壮素［矮壮素水剂（含量>30%）］ 矮壮素（其他）
292390	00	12	菊胺酯 【电商】②	Tetramethrin	【最】6.5【普】30 【协东盟】0【协巴基斯坦】5【协智利】0 【协新西兰】0【协秘鲁】0【协哥斯达黎加】0 【协冰岛】0【协瑞士】0【协澳大利亚】0 【协韩国】0【协格鲁吉亚】0【协香港】0 【协澳门】0 【特-1】0【特-2】0 【增】16【对美加征】5【出】0【退】10	千克	S	S			999	菊胺酯
292390	00	90	其他季铵盐及季铵碱 【电商】③	Other quaternary ammonium salts and hydroxides	【最】6.5【普】30 【协东盟】0【协巴基斯坦】5【协智利】0 【协新西兰】0【协秘鲁】0【协哥斯达黎加】0 【协冰岛】0【协瑞士】0【协澳大利亚】0 【协韩国】0【协格鲁吉亚】0【协香港】0 【协澳门】0 【特-1】0【特-2】0 【增】16【对美加征】5【出】0【退】10	千克					101 301 302 303 304 ……	其他季铵盐及季铵碱（饲料添加剂） 其他季铵盐及季铵碱（易燃液体） 其他季铵盐及季铵碱（毒性物质和感染性物质） 其他季铵盐及季铵碱（腐蚀性物质） 其他季铵盐及季铵碱（其他化工产品） ……④
292411	00		甲丙氨酯（INN）	Meprobamate（INN）	【最】6.5【普】30 【协东盟】0【协巴基斯坦】5【协智利】0 【协新西兰】0【协秘鲁】0【协哥斯达黎加】0 【协冰岛】0【协瑞士】0【协澳大利亚】0 【协韩国】0【协格鲁吉亚】0【协香港】0 【协澳门】0 【特-1】0【特-2】0 【增】16【出】0【退】10	千克	I	I			999	甲丙氨酯（INN）
292412	00	10	氟乙酰胺（ISO）	Fluoroacetamide（ISO）	【最】6.5【普】30 【协东盟】0【协巴基斯坦】5【协智利】0 【协新西兰】0【协秘鲁】0【协哥斯达黎加】0 【协冰岛】0【协瑞士】0【协澳大利亚】0 【协韩国】0【协格鲁吉亚】0【协香港】0 【协澳门】0 【特-1】0【特-2】0 【增】16【出】0【退】0	千克	9	8			301	氟乙酰胺（ISO）（氟乙酰胺别名敌蚜胺）（毒性物质和感染性物质）

① 列入《农药进出口管理目录》《中国严格限制的有毒化学品目录》的商品除外。
② 列入《农药进出口管理目录》《中国严格限制的有毒化学品目录》的商品除外。
③ 列入《农药进出口管理目录》《中国严格限制的有毒化学品目录》的商品除外。
④ 该税号项下检验检疫编码及对应中文名称尚有：305　其他季铵盐及季铵碱（无检疫要求食品添加剂）。

税则号列 HS国际统一前6位	本国子目 7~8位	本国子目 9~10位	货品名称中英文 中文 货物名称	货品名称中英文 英文 Article Description	税费综合信息	计量单位	监管证件代码 进口	监管证件代码 出口	检验检疫类别 进口	检验检疫类别 出口	检验检疫编码	检验检疫编码对应中文名称
292412	00	90	久效磷（ISO）及磷胺（ISO）	Monocrotophos（ISO）and phosphamidon（ISO）	【最】6.5【普】30 【协东盟】0【协巴基斯坦】5【协智利】0 【协新西兰】0【协秘鲁】0【协哥斯达黎加】0 【协冰岛】0【协瑞士】0【协澳大利亚】0 【协韩国】0【协格鲁吉亚】0【协香港】0 【协澳门】0 【特-1】0【特-2】0 【增】16【出】0【退】0	千克					301	久效磷（ISO）及磷胺（ISO）（毒性物质和感染性物质）
292419	10		二甲基甲酰胺	N, N-dimethylformamide	【最】6.5【普】30 【协东盟】0【协香港】0【协澳门】0 【协巴基斯坦】5【协智利】0【协新西兰】0 【协秘鲁】0【协台湾】0【协哥斯达黎加】0 【协冰岛】0【协瑞士】0【协澳大利亚】0 【协韩国】0【协格鲁吉亚】0 【特-1】0【特-2】0 【增】16【对美加征】5【出】0【退】10	千克					999	二甲基甲酰胺
292419	90	12	百治磷	Dicrotophos	【最】6.5【普】30 【协东盟】0【协巴基斯坦】5【协智利】0 【协新西兰】0【协秘鲁】0【协哥斯达黎加】0 【协冰岛】0【协瑞士】0【协澳大利亚】0 【协韩国】4.3【协格鲁吉亚】0【协香港】0 【协澳门】0 【特-1】0【特-2】0 【增】16【对美加祉】10【出】0【退】0	千克	S	S			301	百治磷
292419	90	13	溴乙酰胺	Bromoacetamide	【最】6.5【普】30 【协东盟】0【协巴基斯坦】5【协智利】0 【协新西兰】0【协秘鲁】0【协哥斯达黎加】0 【协冰岛】0【协瑞士】0【协澳大利亚】0 【协韩国】4.3【协格鲁吉亚】0【协香港】0 【协澳门】0 【特-1】0【特-2】0 【增】16【对美加征】10【出】0【退】0	千克	S	S			999	溴乙酰胺
292419	90	14	霜霉威	Propamocarb	【最】6.5【普】30 【协东盟】0【协巴基斯坦】5【协智利】0 【协新西兰】0【协秘鲁】0【协哥斯达黎加】0 【协冰岛】0【协瑞士】0【协澳大利亚】0 【协韩国】4.3【协格鲁吉亚】0【协香港】0 【协澳门】0 【特-1】0【特-2】0 【增】16【对美加征】10【出】0【退】10	千克	S	S			999	霜霉威
292419	90	15	叶枯炔	Cellocidin	【最】6.5【普】30 【协东盟】0【协巴基斯坦】5【协智利】0 【协新西兰】0【协秘鲁】0【协哥斯达黎加】0 【协冰岛】0【协瑞士】0【协澳大利亚】0 【协韩国】4.3【协格鲁吉亚】0【协香港】0 【协澳门】0 【特-1】0【特-2】0 【增】16【对美加征】10【出】0【退】0	千克	S	S			999	叶枯炔
292419	90	16	二丙烯草胺	Allidochlor	【最】6.5【普】30 【协东盟】0【协巴基斯坦】5【协智利】0 【协新西兰】0【协秘鲁】0【协哥斯达黎加】0 【协冰岛】0【协瑞士】0【协澳大利亚】0 【协韩国】4.3【协格鲁吉亚】0【协香港】0 【协澳门】0 【特-1】0【特-2】0 【增】16【对美加征】10【出】0【退】10	千克	S	S			101 102	二丙烯草胺［草毒死颗粒剂（含量>35%）］ 二丙烯草胺［草毒死（含量>35%）］
292419	90	18	驱蚊酯	Dimethyl phthalate	【最】6.5【普】30 【协东盟】0【协巴基斯坦】5【协智利】0 【协新西兰】0【协秘鲁】0【协哥斯达黎加】0 【协冰岛】0【协瑞士】0【协澳大利亚】0 【协韩国】4.3【协格鲁吉亚】0【协香港】0 【协澳门】0 【特-1】0【特-2】0 【增】16【对美加征】10【出】0【退】10	千克	S	S			999	驱蚊酯

税则号列			货品名称中英文		税费综合信息	计量单位	监管证件代码		检验检疫类别		检验检疫编码	检验检疫编码对应中文名称
HS国际统一前6位	本国子目 7~8位	本国子目 9~10位	中文 货物名称	英文 Article Description			进口	出口	进口	出口		
292419	90	30	甲丙氨酯的盐(INN)	Salts of meprobamate (INN)	【最】6.5【普】30 【协东盟】0【协巴基斯坦】5【协智利】0 【协新西兰】0【协秘鲁】0【协哥斯达黎加】0 【协冰岛】0【协瑞士】0【协澳大利亚】0 【协韩国】4.3【协格鲁吉亚】0【协香港】0 【协澳门】0 【特-1】0【特-2】0 【增】16【对美加征】10【出】0【退】10	千克	I	I			999	甲丙氨酯的盐(INN)
292419	90	40	丙烯酰胺	Acrylamide	【最】6.5【普】30 【协东盟】0【协巴基斯坦】5【协智利】0 【协新西兰】0【协秘鲁】0【协哥斯达黎加】0 【协冰岛】0【协瑞士】0【协澳大利亚】0 【协韩国】4.3【协格鲁吉亚】0【协香港】0 【协澳门】0 【特-1】0【特-2】0 【增】16【对美加征】10【出】0【退】10	千克					999	丙烯酰胺
292419	90	90	其他无环酰胺(包括无环氨基甲酸酯)(包括其衍生物及其盐)	Other cyclic amidesi(ncluding acyclic carbamates) and their derivatives; salts thereof	【最】6.5【普】30 【协东盟】0【协巴基斯坦】5【协智利】0 【协新西兰】0【协秘鲁】0【协哥斯达黎加】0 【协冰岛】0【协瑞士】0【协澳大利亚】0 【协韩国】4.3【协格鲁吉亚】0【协香港】0 【协澳门】0 【特-1】0【特-2】0 【增】16【对美加征】10【出】0【退】13	千克					101 301 302 303 304 ……	其他无环酰胺(包括无环氨基甲酸酯)(包括其衍生物及其盐)(饲料添加剂) 其他无环酰胺(包括无环氨基甲酸酯)(包括其衍生物及其盐)(爆炸品) 其他无环酰胺(包括无环氨基甲酸酯)(包括其衍生物及其盐)(易燃液体) 其他无环酰胺(包括无环氨基甲酸酯)(包括其衍生物及其盐)(易燃固体) 其他无环酰胺(包括无环氨基甲酸酯)(包括其衍生物及其盐)(毒性物质和感染性物质) ……①
292421	00	10	氟环脲	Flucycloxuron	【最】6.5【普】30 【协东盟】0【协巴基斯坦】5【协智利】0 【协新西兰】0【协秘鲁】0【协哥斯达黎加】0 【协冰岛】0【协瑞士】0【协澳大利亚】0 【协韩国】0【协格鲁吉亚】0【协香港】0 【协澳门】0 【特-1】0【特-2】0 【增】16【对美加征】10【出】0【退】10	千克	S	S			999	氟环脲
292421	00	20	绿麦隆	chlortoluron	【最】6.5【普】30 【协东盟】0【协巴基斯坦】5【协智利】0 【协新西兰】0【协秘鲁】0【协哥斯达黎加】0 【协冰岛】0【协瑞士】0【协澳大利亚】0 【协韩国】0【协格鲁吉亚】0【协香港】0 【协澳门】0 【特-1】0【特-2】0 【增】16【对美加征】10【出】0【退】10	千克	S	S			999	绿麦隆
292421	00	90	其他酰脲及其衍生物以及它们的盐	Other ureides and their derivants and salts thereof	【最】6.5【普】30 【协东盟】0【协巴基斯坦】5【协智利】0 【协新西兰】0【协秘鲁】0【协哥斯达黎加】0 【协冰岛】0【协瑞士】0【协澳大利亚】0 【协韩国】0【协格鲁吉亚】0【协香港】0 【协澳门】0 【特-1】0【特-2】0 【增】16【对美加征】10【出】0【退】10	千克					101 301 302	其他酰脲及其衍生物以及它们的盐(饲料添加剂) 其他酰脲及其衍生物以及它们的盐(杂项物质) 其他酰脲及其衍生物以及它们的盐(其他化工产品)

① 该税号项下检验检疫编码及对应中文名称尚有:305　其他无环酰胺(包括无环氨基甲酸酯)(包括其衍生物及其盐)(其他危险化学品),306　其他无环酰胺(包括无环氨基甲酸酯)(包括其衍生物及其盐)(其他化工产品)。

税则号列			货品名称中英文		税费综合信息	计量单位	监管证件代码		检验检疫类别		检验检疫编码	检验检疫编码对应中文名称
HS国际统一前6位	本国子目 7~8位	9~10位	中文 货物名称	英文 Article Description			进口	出口	进口	出口		
292423	00	10	2-乙酰氨基苯甲酸、N-乙酰邻氨基苯酸	2-Acetamidobenzoic acid, N-acetylanthranilic acid	【最】6.5【普】30 【协东盟】0【协巴基斯坦】5【协智利】0 【协新西兰】0【协秘鲁】0【协哥斯达黎加】0 【协冰岛】0【协澳大利亚】0 【协韩国】0【协格鲁吉亚】0【协香港】0 【协澳门】0 【特-1】0【特-2】0 【增】16【出】0【退】10	千克	2	3			999	2-乙酰氨基苯甲酸、N-乙酰邻氨基苯酸（包括N-乙酰邻氨基苯甲酸）
292423	00	90	2-乙酰氨基苯甲酸的盐	Salts of N-acetamidobenzoic aicd	【最】6.5【普】30 【协东盟】0【协巴基斯坦】5【协智利】0 【协新西兰】0【协秘鲁】0【协哥斯达黎加】0 【协冰岛】0【协澳大利亚】0 【协韩国】0【协格鲁吉亚】0【协香港】0 【协澳门】0 【特-1】0【特-2】0 【增】16【出】0【退】10	千克					999	2-乙酰氨基苯甲酸的盐
292424	00		炔已蚁胺(INN)	Ethinamate(INN)	【最】6.5【普】30 【协东盟】0【协巴基斯坦】5【协智利】0 【协新西兰】0【协秘鲁】0【协哥斯达黎加】0 【协冰岛】0【协瑞士】0【协澳大利亚】0 【协韩国】0【协格鲁吉亚】0【协香港】0 【协澳门】0 【特-1】0【特-2】0 【增】16【出】0【退】10	千克	I	I			999	炔已蚁胺（INN）
292425	00		甲草胺	Alachlor(ISO)	【最】6.5【普】30 【协东盟】0【协澳门】0【协巴基斯坦】5 【协香港】0 【协智利】0【协新西兰】0【协秘鲁】0 【协哥斯达黎加】0【协冰岛】0【协瑞士】2.6 【协澳大利亚】0【协韩国】0 【协格鲁吉亚】0 【特-1】0【特-2】0 【增】16【出】0【退】10	千克	S	S			999	甲草胺
292429	10		对乙酰氨基苯乙醚（非那西丁）	Phenacetin	【最】6【普】30 【协亚太】4.8【协东盟】0【协巴基斯坦】5 【协智利】0【协新西兰】0【协秘鲁】0 【协哥斯达黎加】0【协冰岛】0【协瑞士】0 【协澳大利亚】0【协韩国】0【协格鲁吉亚】0 【协香港】0【协澳门】0 【特-1】0【特-2】0 【增】16【出】0【退】10	千克	Q				999	对乙酰氨基苯乙醚（非那西丁）
292429	20		对乙酰氨基酚（扑热息痛）	p-Acetaminophenol (paracetanol)	【最】6【普】30 【协亚太】4.8【协东盟】0【协巴基斯坦】5 【协智利】0【协新西兰】0【协秘鲁】0 【协哥斯达黎加】0【协冰岛】0【协瑞士】0 【协澳大利亚】0【协韩国】0【协格鲁吉亚】0 【协香港】0【协澳门】0 【特-1】0【特-2】0 【增】16【对美加征】10【出】0【退】10	千克	Q				999	对乙酰氨基酚（扑热息痛）
292429	30		阿斯巴甜	APM(Aspartame)	【最】6.5【普】30 【协东盟】0【协澳门】0【协巴基斯坦】5 【协智利】0【协新西兰】0【协秘鲁】0 【协哥斯达黎加】0【协冰岛】0【协瑞士】2.6 【协澳大利亚】0【协韩国】0 【协格鲁吉亚】0【协香港】0 【特-1】0【特-2】0 【增】16【对美加征】10【出】0【退】13	千克					999	阿斯巴甜
292429	90	11	避蚊胺、灭锈胺、叶枯酞、水杨菌胺、氟丁酰草胺（包括苯酰菌胺）	Deat, mepronil, tecloftalam, trichlamide, buflubutamidi(ncluding zoxamide)	【最】6.5【普】30 【协东盟】0【协澳门】0【协巴基斯坦】5 【协智利】0【协新西兰】0【协秘鲁】0 【协哥斯达黎加】0【协冰岛】0【协瑞士】2.6 【协澳大利亚】0【协韩国】0 【协格鲁吉亚】0【协香港】0 【特-1】0【特-2】0 【增】16【对美加征】10【出】0【退】10	千克	S	S			999	避蚊胺、灭锈胺、叶枯酞、水杨菌胺、氟丁酰草胺（包括苯酰菌胺）

税则号列			货品名称中英文		税费综合信息	计量单位	监管证件代码		检验检疫类别		检验检疫编码	检验检疫编码对应中文名称
HS国际统一前6位	本国子目 7~8位	9~10位	中文 货物名称	英文 Article Description			进口	出口	进口	出口		
292429	90	12	萘草胺、新燕灵、非草隆、氯炔灵、苄草隆	Napropamide, benzoylpropethyl, fenuron, chlorbufam, chlorbufam	【最】6.5【普】30 【协东盟】0【协澳门】0【协巴基斯坦】5 【协智利】0【协新西兰】0【协秘鲁】0 【协哥斯达黎加】0【协冰岛】0【协瑞士】2.6 【协澳大利亚】0【协韩国】0 【协格鲁吉亚】0【协香港】0 【特-1】0【特-2】0 【增】16【对美加征】10【出】0【退】10	千克	S	S			301 302	萘草胺、新燕灵、非草隆、氯炔灵、苄草隆（杂项物质） 萘草胺、新燕灵、非草隆、氯炔灵、苄草隆（其他化工产品）
292429	90	13	燕麦灵、苄胺灵、特草灵、特胺灵、环丙酰亚胺	Barban, dichlormate, terbutol, karbutilate	【最】6.5【普】30 【协东盟】0【协澳门】0【协巴基斯坦】5 【协智利】0【协新西兰】0【协秘鲁】0 【协哥斯达黎加】0【协冰岛】0【协瑞士】2.6 【协澳大利亚】0【协韩国】0 【协格鲁吉亚】0【协香港】0 【特-1】0【特-2】0 【增】16【对美加征】10【出】0【退】10	千克	S	S			301 302	燕麦灵、苄胺灵、特草灵、特胺灵、环丙酰亚胺（杂项物质） 燕麦灵、苄胺灵、特草灵、特胺灵、环丙酰亚胺（其他化工产品）
292429	90	14	毒草胺、丁烯草胺、二氯己酰草胺	Propachlor, butenachlor, dichloro acetyl theny- lchlor	【最】6.5【普】30 【协东盟】0【协澳门】0【协巴基斯坦】5 【协智利】0【协新西兰】0【协秘鲁】0 【协哥斯达黎加】0【协冰岛】0【协瑞士】2.6 【协澳大利亚】0【协韩国】0 【协格鲁吉亚】0【协香港】0 【特-1】0【特-2】0 【增】16【对美加征】10【出】0【退】10	千克	S	S			301 302	毒草胺、丁烯草胺、二氯己酰草胺（杂项物质） 毒草胺、丁烯草胺、二氯己酰草胺（其他化工产品）
292429	90	15	萘丙胺、牧草胺、溴丁酰草胺	Naproanilide, tebutam, bromobutide	【最】6.5【普】30 【协东盟】0【协澳门】0【协巴基斯坦】5 【协智利】0【协新西兰】0【协秘鲁】0 【协哥斯达黎加】0【协冰岛】0【协瑞士】2.6 【协澳大利亚】0【协韩国】0 【协格鲁吉亚】0【协香港】0 【特-1】0【特-2】0 【增】16【对美加征】10【出】0【退】10	千克	S	S			999	萘丙胺、牧草胺、溴丁酰草胺
292429	90	16	氯甲酰草胺、麦草伏 M、麦草伏	Clomeprop, flamprop M, flamprop	【最】6.5【普】30 【协东盟】0【协澳门】0【协巴基斯坦】5 【协智利】0【协新西兰】0【协秘鲁】0 【协哥斯达黎加】0【协冰岛】0【协瑞士】2.6 【协澳大利亚】0【协韩国】0 【协格鲁吉亚】0【协香港】0 【特-1】0【特-2】0 【增】16【对美加征】10【出】0【退】10	千克	S	S			999	氯甲酰草胺、麦草伏M、麦草伏
292429	90	17	氯虫酰肼、异丙甲草胺、苯肽胺酸等（包括精异丙甲草胺、缬霉威）	Halofenozide, metolachlor, phthalanillic etc (including s-metolachlor, iprovalicarb)	【最】6.5【普】30 【协东盟】0【协澳门】0【协巴基斯坦】5 【协智利】0【协新西兰】0【协秘鲁】0 【协哥斯达黎加】0【协冰岛】0【协瑞士】2.6 【协澳大利亚】0【协韩国】0 【协格鲁吉亚】0【协香港】0 【特-1】0【特-2】0 【增】16【对美加征】10【出】0【退】10	千克	S	S			999	氯虫酰肼、异丙甲草胺、苯肽胺酸等（包括精异丙甲草胺、缬霉威）
292429	90	18	灭害威	aminocarb	【最】6.5【普】30 【协东盟】0【协澳门】0【协巴基斯坦】5 【协智利】0【协新西兰】0【协秘鲁】0 【协哥斯达黎加】0【协冰岛】0【协瑞士】2.6 【协澳大利亚】0【协韩国】0 【协格鲁吉亚】0【协香港】0 【特-1】0【特-2】0 【增】16【对美加征】10【出】0【退】10	千克	S	S			999	灭害威
292429	90	19	苯氧威	fenoxycarb	【最】6.5【普】30 【协东盟】0【协澳门】0【协巴基斯坦】5 【协智利】0【协新西兰】0【协秘鲁】0 【协哥斯达黎加】0【协冰岛】0【协瑞士】2.6 【协澳大利亚】0【协韩国】0 【协格鲁吉亚】0【协香港】0 【特-1】0【特-2】0 【增】16【对美加征】10【出】0【退】10	千克	S	S			999	苯氧威

税则号列			货品名称中英文		税费综合信息	计量单位	监管证件代码		检验检疫类别		检验检疫编码	检验检疫编码对应中文名称
HS国际统一前6位	本国子目7~8位	本国子目9~10位	中文 货物名称	英文 Article Description			进口	出口	进口	出口		
292429	90	20	氟酰脲、环丙酰草胺、烯草胺	Cyanuric fluoride, cyclopropancarboxylic acid, pethoxamid	【最】6.5【普】30 【协东盟】0【协澳门】0【协巴基斯坦】5 【协智利】0【协新西兰】0【协秘鲁】0 【协哥斯达黎加】0【协冰岛】0【协瑞士】2.6 【协澳大利亚】0【协韩国】0 【协格鲁吉亚】0【协香港】0 【特-1】0【特-2】0 【增】16【对美加征】10【出】0【退】10	千克	S	S			999	氟酰脲、环丙酰草胺、烯草胺
292429	90	31	苯胺灵、苯霜灵、丙草胺、敌稗等（包括丙炔草胺、草不隆、草完隆、除虫脲、除幼脲）	Propham, Benalaxyl, Pretilachlor, Propanil etc(including prynachlor, neburon, tricuron, diflubenzuron, dichlorbenzuron)	【最】6.5【普】30 【协东盟】0【协澳门】0【协巴基斯坦】5 【协智利】0【协新西兰】0【协秘鲁】0 【协哥斯达黎加】0【协冰岛】0【协瑞士】2.6 【协澳大利亚】0【协韩国】0 【协格鲁吉亚】0【协香港】0 【特-1】0【特-2】0 【增】16【对美加征】10【出】0【退】10	千克	S	S			101 102	苯胺灵、苯霜灵、丙草胺、敌稗等（包括丙炔草胺、草不隆、草完隆、除虫脲、除幼脲）（敌稗） 苯胺灵、苯霜灵、丙草胺、敌稗等（包括丙炔草胺、草不隆、草完隆、除虫脲、除幼脲）［敌稗乳剂（含量>25%）］
292429	90	32	敌草胺、敌草隆、二甲苯草胺等（包括丁草胺、丁酰草胺、二甲草胺、氟苯脲、氟草隆）	Napropamide, Diuron, xylachlor etc(including Butachlor, chloranocryl, dimethachlor, tefluben- zuron, Fluometuron)	【最】6.5【普】30 【协东盟】0【协澳门】0【协巴基斯坦】5 【协智利】0【协新西兰】0【协秘鲁】0 【协哥斯达黎加】0【协冰岛】0【协瑞士】2.6 【协澳大利亚】0【协韩国】0 【协格鲁吉亚】0【协香港】0 【特-1】0【特-2】0 【增】16【对美加征】10【出】0【退】10	千克	S	S			999	敌草胺、敌草隆、二甲苯草胺等（包括丁草胺、丁酰草胺、二甲草胺、氟苯脲、氟草隆）
292429	90	33	庚酰草胺、环丙草胺、环酰草胺等（包括氟虫脲、氟铃脲、氟酰胺、氟蚁灵、氟幼脲）	Monalide, cypromid, thenylchlor etc(including flufenoxuron, hexaflumuron, flutolanil, nifluridide, penfluron)	【最】6.5【普】30 【协东盟】0【协澳门】0【协巴基斯坦】5 【协智利】0【协新西兰】0【协秘鲁】0 【协哥斯达黎加】0【协冰岛】0【协瑞士】2.6 【协澳大利亚】0【协韩国】0 【协格鲁吉亚】0【协香港】0 【特-1】0【特-2】0 【增】16【对美加征】10【出】0【退】10	千克	S	S			999	庚酰草胺、环丙草胺、环酰草胺等（包括氟虫脲、氟铃脲、氟酰胺、氟蚁灵、氟幼脲）
292429	90	34	甲氯酰草胺、甲霜灵、环草隆等（包括环莠隆、甲氧隆、克草胺、枯草隆）	Pentanochlor, Metalaxyl, Siduron etc(including alipuro, alachlor, metoxuron, kecaoan, chloroxuron)	【最】6.5【普】30 【协东盟】0【协澳门】0【协巴基斯坦】5 【协智利】0【协新西兰】0【协秘鲁】0 【协哥斯达黎加】0【协冰岛】0【协瑞士】2.6 【协澳大利亚】0【协韩国】0 【协格鲁吉亚】0【协香港】0 【特-1】0【特-2】0 【增】16【对美加征】10【出】0【退】10	千克	S	S			301 302	甲氯酰草胺、甲霜灵、环草隆等（包括环莠隆、甲氧隆、克草胺、枯草隆）（杂项物质） 甲氯酰草胺、甲霜灵、环草隆等（包括环莠隆、甲氧隆、克草胺、枯草隆）（其他化工产品）
292429	90	35	甲基杀草隆、枯莠隆、邻酰胺等（包括氯苯胺灵、麦草氟甲酯、麦草氟异丙酯）	Methyldymron, difenoxuron, mebenil etc(including chlortoluron, chlorpropham, flamprop-methyl, flamprop-isopropyl)	【最】6.5【普】30 【协东盟】0【协澳门】0【协巴基斯坦】5 【协智利】0【协新西兰】0【协秘鲁】0 【协哥斯达黎加】0【协冰岛】0【协瑞士】2.6 【协澳大利亚】0【协韩国】0 【协格鲁吉亚】0【协香港】0 【特-1】0【特-2】0 【增】16【对美加征】10【出】0【退】10	千克	S	S			999	甲基杀草隆、枯莠隆、邻酰胺等（包括氯苯胺灵、麦草氟甲酯、麦草氟异丙酯）
292429	90	36	灭草隆、灭幼脲、炔苯酰草胺等（包括麦锈灵、棉胺宁、灭草灵、炔草隆、杀草胺）	Monuron, chlorbenzuron, propyzamide etc(including benodanil, phenisopham, swep, buturon, ethaprochlor)	【最】6.5【普】30 【协东盟】0【协澳门】0【协巴基斯坦】5 【协智利】0【协新西兰】0【协秘鲁】0 【协哥斯达黎加】0【协冰岛】0【协瑞士】2.6 【协澳大利亚】0【协韩国】0 【协格鲁吉亚】0【协香港】0 【特-1】0【特-2】0 【增】16【对美加征】10【出】0【退】10	千克	S	S			101 102	灭草隆、灭幼脲、炔苯酰草胺等（包括麦锈灵、棉胺宁、灭草灵、炔草隆、杀草胺）（灭草灵） 灭草隆、灭幼脲、炔苯酰草胺等（包括麦锈灵、棉胺宁、灭草灵、炔草隆、杀草胺）（灭草灵乳剂）

税则号列			货品名称中英文		税费综合信息	计量单位	监管证件代码		检验检疫类别		检验检疫编码	检验检疫编码对应中文名称
HS国际统一前6位	本国子目7~8位	本国子目9~10位	中文货物名称	英文 Article Description			进口	出口	进口	出口		
292429	90	37	虱螨脲、双苯酰草胺、双酰草胺等（包括杀草隆、杀铃脲、杀螺胺、莎稗磷）	Lufenuron, diphenamid, carbetamide etc (including daimuron, triflumuron, niclosamide, anilofos, dichlormid)	【最】6.5【普】30 【协东盟】0【协澳门】0【协巴基斯坦】5 【协智利】0【协新西兰】0【协秘鲁】0 【协哥斯达黎加】0【协冰岛】0【协瑞士】2.6 【协澳大利亚】0【协韩国】0 【协格鲁吉亚】0【协香港】0 【特-1】0【特-2】0 【增】16【对美加征】10【出】0【退】10	千克	S	S			101 102	虱螨脲、双苯酰草胺、双酰草胺等（包括杀草隆、杀铃脲、杀螺胺、莎稗磷）［草乃敌（含量>55%）］ 虱螨脲、双苯酰草胺、双酰草胺等（包括杀草隆、杀铃脲、杀螺胺、莎稗磷）［草乃敌乳剂（含量>10%）］
292429	90	38	甜菜安、特丁草胺、乙氧苯草胺等（包括甜菜宁、戊菌隆、酰草隆、乙草胺、乙霉威）	Desmedipham, terbuchlor, ethobenzanid etc (including Phenmedipham, Pencycuron, phenobenzuron, Acetochlor, diethofencarb)	【最】6.5【普】30 【协东盟】0【协澳门】0【协巴基斯坦】5 【协智利】0【协新西兰】0【协秘鲁】0 【协哥斯达黎加】0【协冰岛】0【协瑞士】2.6 【协澳大利亚】0【协韩国】0 【协格鲁吉亚】0【协香港】0 【特-1】0【特-2】0 【增】16【对美加征】10【出】0【退】10	千克	S	S			301 302	甜菜安、特丁草胺、乙氧苯草胺等（包括甜菜宁、戊菌隆、酰草隆、乙草胺、乙霉威）（杂项物质） 甜菜安、特丁草胺、乙氧苯草胺等（包括甜菜宁、戊菌隆、酰草隆、乙草胺、乙霉威）（其他化工产品）
292429	90	39	乙酰甲草胺、异丙隆、异草完隆等（包括异丙草胺、异丁草胺）	Diethatyl, isoproturon, Isonoruron etc (including propisochlor, delachlor)	【最】6.5【普】30 【协东盟】0【协澳门】0【协巴基斯坦】5 【协智利】0【协新西兰】0【协秘鲁】0 【协哥斯达黎加】0【协冰岛】0【协瑞士】2.6 【协澳大利亚】0【协韩国】0 【协格鲁吉亚】0【协香港】0 【特-1】0【特-2】0 【增】16【对美加征】10【出】0【退】10	千克	S	S			999	乙酰甲草胺、异丙隆、异草完隆等（包括异丙草胺、异丁草胺）
292429	90	40	炔已蚁胺的盐（INN）	Salts of ethinamate (INN)	【最】6.5【普】30 【协东盟】0【协澳门】0【协巴基斯坦】5 【协智利】0【协新西兰】0【协秘鲁】0 【协哥斯达黎加】0【协冰岛】0【协瑞士】2.6 【协澳大利亚】0【协韩国】0 【协格鲁吉亚】0【协香港】0 【特-1】0【特-2】0 【增】16【对美加征】10【出】0【退】13	千克	I	I			999	炔已蚁胺的盐（INN）
292429	90	50	地恩丙胺及其盐	Diampromide and its salts	【最】6.5【普】30 【协东盟】0【协澳门】0【协巴基斯坦】5 【协智利】0【协新西兰】0【协秘鲁】0 【协哥斯达黎加】0【协冰岛】0【协瑞士】2.6 【协澳大利亚】0【协韩国】0 【协格鲁吉亚】0【协香港】0 【特-1】0【特-2】0 【增】16【对美加征】10【出】0【退】13	千克	I	I			999	地恩丙胺及其盐
292429	90	91	氟他胺及其他抗癌药品原料药	Flutamide and other anti - cancer drugs substance	【最】6.5【普】30【暂进】0 【协东盟】0【协澳门】0【协巴基斯坦】5 【协智利】0【协新西兰】0【协秘鲁】0 【协哥斯达黎加】0【协冰岛】0【协瑞士】2.6 【协澳大利亚】0【协韩国】0【协格鲁吉亚】0 【协香港】0 【特-1】0【特-2】0 【增】3【对美加征】10【出】0【退】13	千克					999	氟他胺及其他抗癌药品原料药
292429	90	99	其他环酰胺（包括环氨基甲酸酯）（包括其衍生物以及它们的盐）（因拆分抗癌药品原料药产生的兜底税号）	Other cyclic amides (including cyclic carbamates) (including derivatives thereof and its salts) (generated HS CODE by splitting anti - cancer drug substance)	【最】6.5【普】30 【协东盟】0【协澳门】0【协巴基斯坦】5 【协智利】0【协新西兰】0【协秘鲁】0 【协哥斯达黎加】0【协冰岛】0【协瑞士】2.6 【协澳大利亚】0【协韩国】0 【协格鲁吉亚】0【协香港】0 【特-1】0【特-2】0 【增】16【对美加征】10【出】0【退】13	千克					301 302	其他环酰胺（包括环氨基甲酸酯）（包括其衍生物以及它们的盐）（因拆分抗癌药品原料药产生的兜底税号）（易燃固体、自反应物质及固态退敏爆炸品） 其他环酰胺（包括环氨基甲酸酯）（包括其衍生物以及它们的盐）（因拆分抗癌药品原料药产生的兜底税号）（毒性物质和感染性物质）

税则号列 HS国际统一前6位	本国子目 7~8位	本国子目 9~10位	中文 货物名称	英文 Article Description	税费综合信息	计量单位	监管证件代码 进口	监管证件代码 出口	检验检疫类别 进口	检验检疫类别 出口	检验检疫编码	检验检疫编码对应中文名称
											303 304	其他环酰胺（包括环氨基甲酸酯）（包括其衍生物以及它们的盐）（因拆分抗癌药品原料药产生的兜底税号）（其他危险化学品） 其他环酰胺（包括环氨基甲酸酯）（包括其衍生物以及它们的盐）（因拆分抗癌药品原料药产生的兜底税号）（其他化工产品）
292511	00		糖精及其盐	Saccharin and its salts	【最】9【普】90 【协东盟】0【协巴基斯坦】5【协智利】0 【协新西兰】0【协秘鲁】0【协哥斯达黎加】0 【协冰岛】0【协瑞士】0【协澳大利亚】0 【协韩国】4.5【协香港】0【协澳门】0 【特-1】0【特-2】0 【增】16【对美加征】10【出】0【退】10	千克	A		R		101 102 103	糖精及其盐（饲料添加剂） 糖精及其盐［糖精钠（无检疫要求食品添加剂）］ 糖精及其盐（需申报仅用于工业用途不用于无检疫要求食品添加剂的化学品）
292512	00		格鲁米特（INN）	Glutethimide(INN)	【最】6.5【普】30 【协东盟】0【协巴基斯坦】5【协智利】0 【协新西兰】0【协秘鲁】0【协哥斯达黎加】0 【协冰岛】0【协瑞士】0【协澳大利亚】0 【协韩国】0【协格鲁吉亚】0【协香港】0 【协澳门】0 【特-1】0【特-2】0 【增】16【出】0【退】10	千克	I	I			999	格鲁米特（INN）
292519	00	10	格鲁米特的盐	Salts of glutethimide (INN)	【最】6.5【普】30 【协东盟】0【协巴基斯坦】5【协智利】0 【协新西兰】0【协秘鲁】0【协哥斯达黎加】0 【协冰岛】0【协瑞士】3.7【协澳大利亚】0 【协韩国】0【协格鲁吉亚】0【协香港】0 【协澳门】0 【特-1】0【特-2】0 【增】16【对美加征】5【出】0【退】10	千克	I	I			999	格鲁米特的盐
292519	00	21	腐霉利	Procymidone	【最】6.5【普】30 【协东盟】0【协巴基斯坦】5【协智利】0 【协新西兰】0【协秘鲁】0【协哥斯达黎加】0 【协冰岛】0【协瑞士】3.7【协澳大利亚】0 【协韩国】0【协格鲁吉亚】0【协香港】0 【协澳门】0 【特-1】0【特-2】0 【增】16【对美加征】5【出】0【退】10	千克	S	S			999	腐霉利
292519	00	22	菌核净、菌核利、甲菌利、乙菌利	Dimetachlone, dichlozolin, myclozolin, chlozolinate	【最】6.5【普】30 【协东盟】0【协巴基斯坦】5【协智利】0 【协新西兰】0【协秘鲁】0【协哥斯达黎加】0 【协冰岛】0【协瑞士】3.7【协澳大利亚】0 【协韩国】0【协格鲁吉亚】0【协香港】0 【协澳门】0 【特-1】0【特-2】0 【增】16【对美加征】5【出】0【退】10	千克	S	S			999	菌核净、菌核利、甲菌利、乙菌利
292519	00	23	氟烯草酸	Flumiclorac-pentyl	【最】6.5【普】30 【协东盟】0【协巴基斯坦】5【协智利】0 【协新西兰】0【协秘鲁】0【协哥斯达黎加】0 【协冰岛】0【协瑞士】3.7【协澳大利亚】0 【协韩国】0【协格鲁吉亚】0【协香港】0 【协澳门】0 【特-1】0【特-2】0 【增】16【对美加征】5【出】0【退】10	千克	S	S			999	氟烯草酸

税则号列 HS国际统一前6位	本国子目 7~8位	本国子目 9~10位	货品名称中英文 中文 货物名称	货品名称中英文 英文 Article Description	税费综合信息	计量单位	监管证件代码 进口	监管证件代码 出口	检验检疫类别 进口	检验检疫类别 出口	检验检疫编码	检验检疫编码对应中文名称
292519	00	24	胺菊酯（包括右旋胺菊酯、右旋反式胺菊酯、富右旋反式胺菊酯）	Tetramethrin(including d-tetramethrin, d-trans-Tetramethrin, rich-d-t-tetramethrin)	【最】6.5【普】30 【协东盟】0【协巴基斯坦】5【协智利】0 【协新西兰】0【协秘鲁】0【协哥斯达黎加】0 【协冰岛】0【协瑞士】3.7【协澳大利亚】0 【协韩国】0【协格鲁吉亚】0【协香港】0 【协澳门】0 【特-1】0【特-2】0 【增】16【对美加征】5【出】0【退】10	千克	S	S			999	胺菊酯（包括右旋胺菊酯、右旋反式胺菊酯、富右旋反式胺菊酯）
292519	00	90	其他酰亚胺及其衍生物、盐	Other imides and their derivatives; salts thereof	【最】6.5【普】30 【协东盟】0【协巴基斯坦】5【协智利】0 【协新西兰】0【协秘鲁】0【协哥斯达黎加】0 【协冰岛】0【协瑞士】3.7【协澳大利亚】0 【协韩国】0【协格鲁吉亚】0【协香港】0 【协澳门】0 【特-1】0【特-2】0 【增】16【对美加征】5【出】0【退】10	千克					999	其他酰亚胺及其衍生物、盐
292521	00		杀虫脒（ISO）	Chlordimeform(ISO)	【最】6.5【普】30 【协东盟】0【协巴基斯坦】5【协智利】0 【协新西兰】0【协秘鲁】0【协哥斯达黎加】0 【协冰岛】0【协瑞士】0【协澳大利亚】0 【协韩国】0【协格鲁吉亚】0【协香港】0 【协澳门】0 【特-1】0【特-2】0 【增】16【出】0【退】0	千克	9	8			301 302	杀虫脒（ISO）(毒性物质和感染性物质) 杀虫脒（ISO）(杂项物质)
292529	00	11	杀螨特、杀螨脒	Aracide, Formetanate hydrochloride	【最】6.5【普】30 【协东盟】0【协巴基斯坦】5【协智利】0 【协新西兰】0【协秘鲁】0【协哥斯达黎加】0 【协冰岛】0【协瑞士】0【协澳大利亚】0 【协韩国】0【协格鲁吉亚】0【协香港】0 【协澳门】0 【特-1】0【特-2】0 【增】16【对美加征】10【出】0【退】10	千克	S	S			999	杀螨特、杀螨脒
292529	00	12	单甲脒、伐虫脒、丙烷脒	Semiamitraz, formetanate, Propamidine	【最】6.5【普】30 【协东盟】0【协巴基斯坦】5【协智利】0 【协新西兰】0【协秘鲁】0【协哥斯达黎加】0 【协冰岛】0【协瑞士】0【协澳大利亚】0 【协韩国】0【协格鲁吉亚】0【协香港】0 【协澳门】0 【特-1】0【特-2】0 【增】16【对美加征】10【出】0【退】10	千克	S	S			301 302	单甲脒、伐虫脒、丙烷脒（毒性物质和感染性物质） 单甲脒、伐虫脒、丙烷脒（其他化工产品）
292529	00	13	烯肟菌胺、烯肟菌酯、醚菌酯	Trichlamide, enostroburin, kresoxim-methy	【最】6.5【普】30 【协东盟】0【协巴基斯坦】5【协智利】0 【协新西兰】0【协秘鲁】0【协哥斯达黎加】0 【协冰岛】0【协瑞士】0【协澳大利亚】0 【协韩国】0【协格鲁吉亚】0【协香港】0 【协澳门】0 【特-1】0【特-2】0 【增】16【对美加征】10【出】0【退】10	千克	S	S			999	烯肟菌胺、烯肟菌酯、醚菌酯
292529	00	14	双胍辛胺、多果啶、双胍辛胺乙酸盐等（包括双胍三辛烷基苯磺酸盐）	Iminoctadine, Dodine, minoctadine triacetate etc. (including iminoctadine)	【最】6.5【普】30 【协东盟】0【协巴基斯坦】5【协智利】0 【协新西兰】0【协秘鲁】0【协哥斯达黎加】0 【协冰岛】0【协瑞士】0【协澳大利亚】0 【协韩国】0【协格鲁吉亚】0【协香港】0 【协澳门】0 【特-1】0【特-2】0 【增】16【对美加征】10【出】0【退】10	千克	S	S			999	双胍辛胺、多果啶、双胍辛胺乙酸盐等（包括双胍三辛烷基苯磺酸盐）
292529	00	15	禾草灭、氟草醚、增产肟	Alloxydim, ethoxyfenethyl, heptopargil	【最】6.5【普】30 【协东盟】0【协巴基斯坦】5【协智利】0 【协新西兰】0【协秘鲁】0【协哥斯达黎加】0 【协冰岛】0【协瑞士】0【协澳大利亚】0 【协韩国】0【协格鲁吉亚】0【协香港】0 【协澳门】0 【特-1】0【特-2】0 【增】16【对美加征】10【出】0【退】10	千克	S	S			999	禾草灭、氟草醚、增产肟

税则号列 HS国际统一前6位	本国子目 7~8位	本国子目 9~10位	货品名称中英文 中文 货物名称	货品名称中英文 英文 Article Description	税费综合信息	计量单位	监管证件代码 进口	监管证件代码 出口	检验检疫类别 进口	检验检疫类别 出口	检验检疫编码	检验检疫编码对应中文名称
292529	00	16	氯代水杨胺、双胍辛乙酸盐、顺己烯醇	LDS, Iminoctadine triacetate, cis-hexenyl	【最】6.5【普】30 【协东盟】0【协巴基斯坦】5【协智利】0 【协新西兰】0【协秘鲁】0【协哥斯达黎加】0 【协冰岛】0【协瑞士】0【协澳大利亚】0 【协韩国】0【协格鲁吉亚】0【协香港】0 【协澳门】0 【特-1】0【特-2】0 【增】16【对美加征】10【出】0【退】10	千克	S	S			999	氯代水杨胺、双胍辛乙酸盐、顺己烯醇
292529	00	20	羟亚胺及其盐	Oxyamino and its salts	【最】6.5【普】30 【协东盟】0【协巴基斯坦】5【协智利】0 【协新西兰】0【协秘鲁】0【协哥斯达黎加】0 【协冰岛】0【协瑞士】0【协澳大利亚】0 【协韩国】0【协格鲁吉亚】0【协香港】0 【协澳门】0 【特-1】0【特-2】0 【增】16【对美加征】10【出】0【退】10	千克	2	3			999	羟亚胺及其盐
292529	00	30	双甲脒	Amitraz	【最】6.5【普】30 【协东盟】0【协巴基斯坦】5【协智利】0 【协新西兰】0【协秘鲁】0【协哥斯达黎加】0 【协冰岛】0【协瑞士】0【协澳大利亚】0 【协韩国】0【协格鲁吉亚】0【协香港】0 【协澳门】0 【特-1】0【特-2】0 【增】16【对美加征】10【出】0【退】10	千克	S	S			999	双甲脒
292529	00	90	其他亚胺及其衍生物以及它们的盐	Other imines and their derivatives and their salts	【最】6.5【普】30 【协东盟】0【协巴基斯坦】5【协智利】0 【协新西兰】0【协秘鲁】0【协哥斯达黎加】0 【协冰岛】0【协瑞士】0【协澳大利亚】0 【协韩国】0【协格鲁吉亚】0【协香港】0 【协澳门】0 【特-1】0【特-2】0 【增】16【对美加征】10【出】0【退】10	千克					301 302 303 304	其他亚胺及其衍生物以及它们的盐（易燃液体） 其他亚胺及其衍生物以及它们的盐（易燃固体） 其他亚胺及其衍生物以及它们的盐（氧化性物质） 其他亚胺及其衍生物以及它们的盐（其他化工产品）
292610	00		丙烯腈	Achybnitrile	【最】6.5【普】30【暂进】3 【协东盟】5【协智利】0【协新西兰】0 【协秘鲁】0【协哥斯达黎加】0【协冰岛】0 【协瑞士】0【协澳大利亚】0【协香港】0 【协澳门】0 【特-1】0【特-2】0 【增】16【对美加征】25【出】0【退】13	千克					999	丙烯腈（2-丙烯腈、乙烯基氰）
292620	00		1-氰基胍（双氰胺）	1-cyanoguanidine (dicyandiamide)	【最】6.5【普】30 【协东盟】0【协巴基斯坦】5【协智利】0 【协新西兰】0【协秘鲁】0【协哥斯达黎加】0 【协冰岛】0【协瑞士】0【协澳大利亚】0 【协韩国】3.2【协格鲁吉亚】0【协香港】0 【协澳门】0 【特-1】0【特-2】0 【增】16【对美加征】5【出】0【退】13	千克					999	1-氰基胍（双氰胺）
292630	00	10	美沙酮中间体（4-氰基-2-二甲氨基-4，4-二苯基丁烷）	Methadone (INN) intermediate (4-cyano-2-dimethylamino-4, 4-diphenylbutane)	【最】6.5【普】30 【协东盟】0【协巴基斯坦】5【协智利】0 【协新西兰】0【协秘鲁】0【协哥斯达黎加】0 【协冰岛】0【协瑞士】0【协澳大利亚】0 【协韩国】0【协格鲁吉亚】0【协香港】0 【协澳门】0 【特-1】0【特-2】0 【增】16【出】0【退】10	千克	I	I			999	美沙酮中间体（4-氰基-2-二甲氨基-4，4-二苯基丁烷）
292630	00	20	芬普雷司及其盐	Fenproporex (INN) and its salts	【最】6.5【普】30 【协东盟】0【协巴基斯坦】5【协智利】0 【协新西兰】0【协秘鲁】0【协哥斯达黎加】0 【协冰岛】0【协瑞士】0【协澳大利亚】0 【协韩国】0【协格鲁吉亚】0【协香港】0 【协澳门】0 【特-1】0【特-2】0 【增】16【出】0【退】10	千克	I	I			999	芬普雷司及其盐

税则号列 HS国际统一前6位	本国子目 7~8位	本国子目 9~10位	货品名称中英文 中文 货物名称	货品名称中英文 英文 Article Description	税费综合信息	计量单位	监管证件代码 进口	监管证件代码 出口	检验检疫类别 进口	检验检疫类别 出口	检验检疫编码	检验检疫编码对应中文名称
292640	00		α-苯基乙酰基乙腈	Alpha-Phenylaceto-acetonitrile	【最】6.5【普】30 【协东盟】0【协香港】0【协澳门】0 【协巴基斯坦】5【协智利】0【协新西兰】0 【协秘鲁】0【协哥斯达黎加】0【协冰岛】0 【协瑞士】2.6【协澳大利亚】0【协韩国】0 【协格鲁吉亚】0 【特-1】0【特-2】0 【增】16【出】0【退】10	千克					999	α-苯基乙酰基乙腈
292690	10		对氯氰苄	P-Chlorobenzyl cyanide	【最】4【普】11 【协东盟】0【协巴基斯坦】0【协智利】0 【协新西兰】0【协秘鲁】0【协哥斯达黎加】0 【协冰岛】0【协瑞士】0【协澳大利亚】0 【协韩国】0【协格鲁吉亚】0【协香港】0 【协澳门】0 【特-1】0【特-2】0 【增】16【出】0【退】10	千克					999	对氯氰苄
292690	20		间苯二甲腈	M-Phthalonitrile	【最】6.5【普】30 【协亚太】5.2【协东盟】0【协巴基斯坦】5 【协智利】0【协新西兰】0【协秘鲁】0 【协哥斯达黎加】0【协冰岛】0【协瑞士】0 【协澳大利亚】0【协韩国】0【协格鲁吉亚】0 【协香港】0【协澳门】0 【特-1】0【特-2】0 【增】16【出】0【退】10	千克					999	间苯二甲腈
292690	90	10	甲氰菊酯、S-氰戊菊酯、氯氟氰菊酯	Fenpropathrin, S-fenvalerate, cyhalothrin	【最】6.5【普】30 【协东盟】0【协香港】0【协巴基斯坦】5 【协澳门】0【协智利】0【协新西兰】0 【协秘鲁】0【协哥斯达黎加】0【协冰岛】0 【协瑞士】2.6【协澳大利亚】0【协韩国】0 【协格鲁吉亚】0 【特-1】0【特-2】0 【增】16【对美加征】5【出】0【退】10	千克	S	S			999	甲氰菊酯、S-氰戊菊酯、氯氟氰菊酯（包括氰氟虫腙）
292690	90	20	己二腈	Hexanedinitrile	【最】6.5【普】30【暂进】1 【协东盟】0【协香港】0【协巴基斯坦】5 【协澳门】0【协智利】0【协新西兰】0 【协秘鲁】0【协哥斯达黎加】0【协冰岛】0 【协瑞士】2.6【协澳大利亚】0【协韩国】0 【协格鲁吉亚】0 【特-1】0【特-2】0 【增】16【对美加征】5【出】0【退】10	千克					999	己二腈
292690	90	31	氯氰菊酯、氟氯氰菊酯等（包括高效氯氰菊酯、高效反式氯氰菊酯、高效氟氯氰菊酯）	Cypermethrin, cynuthrin etc. (including beta- cypermethrin, theta-cypermethrin, Beta-cyfluthrin)	【最】6.5【普】30 【协东盟】0【协香港】0【协澳门】0 【协巴基斯坦】5【协智利】0【协新西兰】0 【协秘鲁】0【协哥斯达黎加】0【协冰岛】0 【协瑞士】2.6【协澳大利亚】0【协韩国】0 【协格鲁吉亚】0 【特-1】0【特-2】0 【增】16【对美加征】5【出】0【退】10	千克	S	S			301 302	氯氰菊酯、氟氯氰菊酯等（包括高效氯氰菊酯、高效反式氯氰菊酯、高效氟氯氰菊酯）（杂项物质） 氯氰菊酯、氟氯氰菊酯等（包括高效氯氰菊酯、高效反式氯氰菊酯、高效氟氯氰菊酯）（其他化工产品）
292690	90	32	杀螟腈、甲基辛硫磷等（包括敌草腈、碘苯腈、辛酰碘苯腈、溴苯腈、辛酰溴苯腈）	Cyanophos Phoxim-methyl etc. (including dichlobenil, Ioxynil, Ioxynil octanoate, Bromoxynil, Bromoxynil octanoate)	【最】6.5【普】30 【协东盟】0【协香港】0【协澳门】0 【协巴基斯坦】5【协智利】0【协新西兰】0 【协秘鲁】0【协哥斯达黎加】0【协冰岛】0 【协瑞士】2.6【协澳大利亚】0【协韩国】0 【协格鲁吉亚】0 【特-1】0【特-2】0 【增】16【对美加征】5【出】0【退】10	千克	S	S			301 302	杀螟腈、甲基辛硫磷等（包括敌草腈、碘苯腈、辛酰碘苯腈、溴苯腈、辛酰溴苯腈）（毒性物质和感染性物质） 杀螟腈、甲基辛硫磷等（包括敌草腈、碘苯腈、辛酰碘苯腈、溴苯腈、辛酰溴苯腈）（其他化工产品）
292690	90	33	氯辛硫磷、戊氰威、苯醚氰菊酯等（包括稻瘟酰胺、丙螨氰、右旋苯醚氰菊酯）	Chlorphoxim, nitrilacarb, cyphenothrin etc. (including fenoxanil, folcisteine, d-phenothrin)	【最】6.5【普】30 【协东盟】0【协香港】0【协澳门】0 【协巴基斯坦】5【协智利】0【协新西兰】0 【协秘鲁】0【协哥斯达黎加】0【协冰岛】0 【协瑞士】2.6【协澳大利亚】0【协韩国】0 【协格鲁吉亚】0 【特-1】0【特-2】0 【增】16【对美加征】5【出】0【退】10	千克	S	S			999	氯辛硫磷、戊氰威、苯醚氰菊酯等（包括稻瘟酰胺、丙螨氰、右旋苯醚氰菊酯）

税则号列			货品名称中英文		税费综合信息	计量单位	监管证件代码		检验检疫类别		检验检疫编码	检验检疫编码对应中文名称
HS国际统一前6位	本国子目7~8位	本国子目9~10位	中文 货物名称	英文 Article Description			进口	出口	进口	出口		
292690	90	34	戊烯氰氯菊酯、溴氯氰菊酯（包括高效氯氟氰菊酯、精高效氯氟氰菊酯）	Pentmethrin, tralocythrin (including Lambda-cyhalothrin, gamma-cyhalothrin)	【最】6.5【普】30 【协东盟】0【协香港】0【协澳门】0 【协巴基斯坦】5【协智利】0【协新西兰】0 【协秘鲁】0【协哥斯达黎加】0【协冰岛】0 【协瑞士】2.6【协澳大利亚】0【协韩国】0 【协格鲁吉亚】0 【特-1】0【特-2】0 【增】16【对美加征】5【出】0【退】10	千克	S	S			999	戊烯氰氯菊酯、溴氯氰菊酯（包括高效氯氟氰菊酯、精高效氯氟氰菊酯）
292690	90	35	溴氰菊酯、四溴菊酯、氟丙菊酯	Deltamethrin, tralomerhrin, acrinathrin	【最】6.5【普】30 【协东盟】0【协香港】0【协澳门】0 【协巴基斯坦】5【协智利】0【协新西兰】0 【协秘鲁】0【协哥斯达黎加】0【协冰岛】0 【协瑞士】2.6【协澳大利亚】0【协韩国】0 【协格鲁吉亚】0 【特-1】0【特-2】0 【增】16【对美加征】5【出】0【退】10	千克	S	S			999	溴氰菊酯、四溴菊酯、氟丙菊酯
292690	90	36	氟氯苯菊酯、氰戊菊酯、乙氰菊酯	Flumethrin, fenvalerate, cycloprothrin	【最】6.5【普】30 【协东盟】0【协香港】0【协澳门】0 【协巴基斯坦】5【协智利】0【协新西兰】0 【协秘鲁】0【协哥斯达黎加】0【协冰岛】0 【协瑞士】2.6【协澳大利亚】0【协韩国】0 【协格鲁吉亚】0 【特-1】0【特-2】0 【增】16【对美加征】5【出】0【退】10	千克	S	S			999	氟氯苯菊酯、氰戊菊酯、乙氰菊酯
292690	90	37	氟氰戊菊酯、溴氟菊酯、溴灭菊酯	Flucythrinate, brofluthrinate, brofenvalerate	【最】6.5【普】30 【协东盟】0【协香港】0【协澳门】0 【协巴基斯坦】5【协智利】0【协新西兰】0 【协秘鲁】0【协哥斯达黎加】0【协冰岛】0 【协瑞士】2.6【协澳大利亚】0【协韩国】0 【协格鲁吉亚】0 【特-1】0【特-2】0 【增】16【对美加征】5【出】0【退】10	千克	S	S			999	氟氰戊菊酯、溴氟菊酯、溴灭菊酯
292690	90	38	氰菌胺、百菌清、霜脲氰、溴菌腈	Fenoxanil, chlorothalonil, cymoxanil, bromothalonil	【最】6.5【普】30 【协东盟】0【协香港】0【协澳门】0 【协巴基斯坦】5【协智利】0【协新西兰】0 【协秘鲁】0【协哥斯达黎加】0【协冰岛】0 【协瑞士】2.6【协澳大利亚】0【协韩国】0 【协格鲁吉亚】0 【特-1】0【特-2】0 【增】16【对美加征】5【出】0【退】10	千克	S	S			999	氰菌胺、百菌清、霜脲氰、溴菌腈
292690	90	39	氟胺氰菊酯、氰氟草酯（包括富右旋反式苯氰菊酯）	Taufluralinate, cyhalofop-butyl, cyphenothrin (including rich d-trans-cyphenothrin)	【最】6.5【普】30 【协东盟】0【协香港】0【协澳门】0 【协巴基斯坦】5【协智利】0【协新西兰】0 【协秘鲁】0【协哥斯达黎加】0【协冰岛】0 【协瑞士】2.6【协澳大利亚】0【协韩国】0 【协格鲁吉亚】0 【特-1】0【特-2】0 【增】16【对美加征】5【出】0【退】10	千克	S	S			999	氟胺氰菊酯、氰氟草酯（包括富右旋反式苯氰菊酯）
292690	90	41	氰烯菌酯	js399-19	【最】6.5【普】30 【协东盟】0【协香港】0【协澳门】0 【协巴基斯坦】5【协智利】0【协新西兰】0 【协秘鲁】0【协哥斯达黎加】0【协冰岛】0 【协瑞士】2.6【协澳大利亚】0【协韩国】0 【协格鲁吉亚】0 【特-1】0【特-2】0 【增】16【对美加征】5【出】0【退】10	千克	S	S			999	氰烯菌酯
292690	90	50	辛硫磷	Phoxim	【最】6.5【普】30 【协东盟】0【协香港】0【协澳门】0 【协巴基斯坦】5【协智利】0【协新西兰】0 【协秘鲁】0【协哥斯达黎加】0【协冰岛】0 【协瑞士】2.6【协澳大利亚】0【协韩国】0 【协格鲁吉亚】0 【特-1】0【特-2】0 【增】16【对美加征】5【出】0【退】10	千克	S	S			999	辛硫磷

税则号列			货品名称中英文		税费综合信息	计量单位	监管证件代码		检验检疫类别		检验检疫编码	检验检疫编码对应中文名称
HS 国际统一前6位	本国子目 7~8位	9~10位	中文 货物名称	英文 Article Description			进口	出口	进口	出口		
292690	90	60	丁氟螨酯	Cyflumetofen	【最】6.5【普】30 【协东盟】0【协香港】0【协澳门】0 【协巴基斯坦】5【协智利】0【协新西兰】0 【协秘鲁】0【协哥斯达黎加】0【协冰岛】0 【协瑞士】2.6【协澳大利亚】0【协韩国】0 【协格鲁吉亚】0 【特-1】0【特-2】0 【增】16【对美加征】5【出】0【退】10	千克	S	S			999	丁氟螨酯
292690	90	70	3-氧-2-苯基丁腈	3 - Metyl - 2 - phenylbutyronitrile	【最】6.5【普】30 【协东盟】0【协香港】0【协澳门】0 【协巴基斯坦】5【协智利】0【协新西兰】0 【协秘鲁】0【协哥斯达黎加】0【协冰岛】0 【协瑞士】2.6【协澳大利亚】0【协韩国】0 【协格鲁吉亚】0 【特-1】0【特-2】0 【增】16【对美加征】5【出】0【退】10	千克	2	3			999	3-氧-2-苯基丁腈
292690	90	90	其他腈基化合物	Other nitrile function compound	【最】6.5【普】30 【协东盟】0【协香港】0【协澳门】0 【协巴基斯坦】5【协智利】0【协新西兰】0 【协秘鲁】0【协哥斯达黎加】0【协冰岛】0 【协瑞士】2.6【协澳大利亚】0【协韩国】0 【协格鲁吉亚】0 【特-1】0【特-2】0 【增】16【对美加征】5【出】0【退】10	千克					301 302 303 304 305	其他腈基化合物（易燃液体） 其他腈基化合物（毒性物质和感染性物质） 其他腈基化合物（杂项物质） 其他腈基化合物（其他危险化学品） 其他腈基化合物（其他化工产品）
292700	00	10	敌磺钠（包括氧化偶氮化合物）	Fenaminosulf (including azoxy-compounds)	【最】6.5【普】30 【协东盟】0【协澳门】0【协巴基斯坦】5 【协智利】0【协新西兰】0【协秘鲁】0 【协哥斯达黎加】0【协冰岛】0【协瑞士】0 【协澳大利亚】0【协韩国】0 【协格鲁吉亚】0【协香港】0 【特-1】0【特-2】0 【增】16【对美加征】10【出】0【退】10	千克	S	S			999	敌磺钠（包括氧化偶氮化合物）
292700	00	90	其他重氮化合物、偶氮化合物等（包括氧化偶氮化合物）	Other diazo-azo-compounds (including azoxy- compounds)	【最】6.5【普】30 【协东盟】0【协澳门】0【协巴基斯坦】5 【协智利】0【协新西兰】0【协秘鲁】0 【协哥斯达黎加】0【协冰岛】0【协瑞士】0 【协澳大利亚】0【协韩国】0 【协格鲁吉亚】0【协香港】0 【特-1】0【特-2】0 【增】16【对美加征】10【出】0【退】10	千克					301 302 303 304 305 ……	其他重氮化合物、偶氮化合物等（包括氧化偶氮化合物）（爆炸品） 其他重氮化合物、偶氮化合物等（包括氧化偶氮化合物）（易燃气体） 其他重氮化合物、偶氮化合物等（包括氧化偶氮化合物）（易燃液体） 其他重氮化合物、偶氮化合物等（包括氧化偶氮化合物）（易燃固体） 其他重氮化合物、偶氮化合物等（包括氧化偶氮化合物）（自反应物质和混合物） ……①
292800	00	10	偏二甲肼	Dimethylhydrazine	【最】6.5【普】20 【协东盟】0【协巴基斯坦】5【协智利】0 【协新西兰】0【协秘鲁】0【协哥斯达黎加】0 【协冰岛】0【协瑞士】0【协澳大利亚】0 【协韩国】3.2【协格鲁吉亚】0 【协香港】0【协澳门】0 【特-1】0【特-2】0 【增】16【对美加征】10【出】0【退】10	千克		3			999	偏二甲肼

① 该税号项下检验检疫编码及对应中文名称尚有：306　其他重氮化合物、偶氮化合物等（包括氧化偶氮化合物）（易于自燃的物质），307　其他重氮化合物、偶氮化合物等（包括氧化偶氮化合物）（毒性物质和感染性物质），308　其他重氮化合物、偶氮化合物等（包括氧化偶氮化合物）（其他化工产品）。

税则号列			货品名称中英文		税费综合信息	计量单位	监管证件代码		检验检疫类别		检验检疫编码	检验检疫编码对应中文名称
HS国际统一前6位	本国子目 7~8位	本国子目 9~10位	中文 货物名称	英文 Article Description			进口	出口	进口	出口		
292800	00	20	甲基肼	Methylhydrazine	【最】6.5【普】20 【协东盟】0【协巴基斯坦】5【协智利】0 【协新西兰】0【协秘鲁】0【协哥斯达黎加】0 【协冰岛】0【协瑞士】0【协澳大利亚】0 【协韩国】3.2【协格鲁吉亚】0 【协香港】0【协澳门】0 【特-1】0【特-2】0 【增】16【对美加征】10【出】0【退】10	千克	A	3	M		999	甲基肼
292800	00	31	抑食肼、虫酰肼、丁酰肼、联苯肼酯（包括肟菌酯、苯氧菌胺）	RH-5849, tebufenozide, daminozide, bifenazate (including trifloxystrobin, metominostrobin)	【最】6.5【普】20 【协东盟】0【协巴基斯坦】5【协智利】0 【协新西兰】0【协秘鲁】0【协哥斯达黎加】0 【协冰岛】0【协瑞士】0【协澳大利亚】0 【协韩国】3.2【协格鲁吉亚】0 【协香港】0【协澳门】0 【特-1】0【特-2】0 【增】16【对美加征】10【出】0【退】10	千克	S	S			999	抑食肼、虫酰肼、丁酰肼、联苯肼酯（包括肟菌酯、苯氧菌胺）
292800	00	32	绿谷隆、溴谷隆、利谷隆、氯溴隆	Monolinuron, metobromuron, linuron, chlorbromuron	【最】6.5【普】20 【协东盟】0【协巴基斯坦】5【协智利】0 【协新西兰】0【协秘鲁】0【协哥斯达黎加】0 【协冰岛】0【协瑞士】0【协澳大利亚】0 【协韩国】3.2【协格鲁吉亚】0 【协香港】0【协澳门】0 【特-1】0【特-2】0 【增】16【对美加征】10【出】0【退】10	千克	S	S			999	绿谷隆、溴谷隆、利谷隆、氯溴隆
292800	00	33	溴酚肟、乙二肟	Bromofenoxim, glyoxime	【最】6.5【普】20 【协东盟】0【协巴基斯坦】5【协智利】0 【协新西兰】0【协秘鲁】0【协哥斯达黎加】0 【协冰岛】0【协瑞士】0【协澳大利亚】0 【协韩国】3.2【协格鲁吉亚】0 【协香港】0【协澳门】0 【特-1】0【特-2】0 【增】16【对美加征】10【出】0【退】10	千克	S	S			999	溴酚肟、乙二肟
292800	00	34	苯螨特	Benzoximate	【最】6.5【普】20 【协东盟】0【协巴基斯坦】5【协智利】0 【协新西兰】0【协秘鲁】0【协哥斯达黎加】0 【协冰岛】0【协瑞士】0【协澳大利亚】0 【协韩国】3.2【协格鲁吉亚】0 【协香港】0【协澳门】0 【特-1】0【特-2】0 【增】16【对美加征】10【出】0【退】10	千克	S	S			999	苯螨特
292800	00	35	醌肟腙	Benquinox	【最】6.5【普】20 【协东盟】0【协巴基斯坦】5【协智利】0 【协新西兰】0【协秘鲁】0【协哥斯达黎加】0 【协冰岛】0【协瑞士】0【协澳大利亚】0 【协韩国】3.2【协格鲁吉亚】0 【协香港】0【协澳门】0 【特-1】0【特-2】0 【增】16【对美加征】10【出】0【退】10	千克	S	S			999	醌肟腙
292800	00	36	三甲苯草酮	Tralkoxydim	【最】6.5【普】20 【协东盟】0【协巴基斯坦】5【协智利】0 【协新西兰】0【协秘鲁】0【协哥斯达黎加】0 【协冰岛】0【协瑞士】0【协澳大利亚】0 【协韩国】3.2【协格鲁吉亚】0 【协香港】0【协澳门】0 【特-1】0【特-2】0 【增】16【对美加征】10【出】0【退】10	千克	S	S			999	三甲苯草酮
292800	00	90	其他肼（联氨）及胲（羟胺）的有机衍生物	Other Organic derivatives of hydrazine or of hydroxylamine	【最】6.5【普】20 【协东盟】0【协巴基斯坦】5【协智利】0 【协新西兰】0【协秘鲁】0【协哥斯达黎加】0 【协冰岛】0【协瑞士】0【协澳大利亚】0 【协韩国】3.2【协格鲁吉亚】0 【协香港】0【协澳门】0 【特-1】0【特-2】0 【增】16【对美加征】10【出】0【退】10	千克					301 302 303 304	其他肼（联氨）及胲（羟胺）的有机衍生物（爆炸品） 其他肼（联氨）及胲（羟胺）的有机衍生物（易燃液体） 其他肼（联氨）及胲（羟胺）的有机衍生物（易燃固体） 其他肼（联氨）及胲（羟胺）的有机衍生物（自反应物质和混合物）

税则号列 HS国际统一前6位	本国子目 7~8位	本国子目 9~10位	货品名称中英文 中文 货物名称	货品名称中英文 英文 Article Description	税费综合信息	计量单位	监管证件代码 进口	监管证件代码 出口	检验检疫类别 进口	检验检疫类别 出口	检验检疫编码	检验检疫编码对应中文名称
											305 ……	其他肼（联氨）及胲（羟胺）的有机衍生物（易于自燃的物质） ……①
292910	10		甲苯二异氰酸酯（TDI）	Toluene diisocyanate	【最】6.5【普】30 【协东盟】0【协巴基斯坦】5【协智利】0 【协新西兰】0【协秘鲁】0【协台湾】0 【协哥斯达黎加】0【协冰岛】0【协瑞士】0 【协澳大利亚】0【协韩国】4.3 【协格鲁吉亚】0【协香港】0【协澳门】0 【特-1】0【特-2】0 【增】16【对美加征】10【出】0【退】10	千克	A	B	M	N	999	甲苯二异氰酸酯（TDI）
292910	20		二甲苯二异氰酸酯（TODI）	O-Xylene diisocyanate	【最】6.5【普】30 【协东盟】0【协巴基斯坦】5【协智利】0 【协新西兰】0【协秘鲁】0【协哥斯达黎加】0 【协冰岛】0【协澳大利亚】0 【协韩国】0【协格鲁吉亚】0 【协香港】0【协澳门】0 【特-1】0【特-2】0 【增】16【出】0【退】10	千克					999	二甲苯二异氰酸酯（TODI）
292910	30		二苯基甲烷二异氰酸酯（纯MDI）	Diphenylmethane diisocyanate	【最】6.5【普】30 【协东盟】0【协巴基斯坦】5【协智利】0 【协新西兰】0【协秘鲁】0【协哥斯达黎加】0 【协冰岛】0【协瑞士】2.6【协澳大利亚】0 【协格鲁吉亚】0【协香港】0【协澳门】0 【特-1】0【特-2】0 【增】16【对美加征】10【出】0【退】16	千克					999	二苯基甲烷二异氰酸酯（纯MDI）
292910	40		六亚基甲烷二异氰酸酯	Hexamethelene diisocyanate	【最】6.5【普】30 【协东盟】0【协巴基斯坦】5【协智利】0 【协新西兰】0【协秘鲁】0【协哥斯达黎加】0 【协冰岛】0【协瑞士】0【协澳大利亚】0 【协韩国】3.2【协格鲁吉亚】0 【协香港】0【协澳门】0 【特-1】0【特-2】0 【增】16【出】0【退】10	千克					999	六亚基甲烷二异氰酸酯
292910	90		其他异氰酸酯	Other isocyanates	【最】6.5【普】30 【协东盟】0【协巴基斯坦】5【协智利】0 【协新西兰】0【协秘鲁】0【协哥斯达黎加】0 【协冰岛】0【协瑞士】0【协澳大利亚】0 【协韩国】0【协格鲁吉亚】0 【协香港】0【协澳门】0 【特-1】0【特-2】0 【增】16【对美加征】5【出】0【退】13	千克					301 302 303 304 305	其他异氰酸酯（易燃液体） 其他异氰酸酯（毒性物质和感染性物质） 其他异氰酸酯（腐蚀性物质） 其他异氰酸酯（其他危险化学品） 其他异氰酸酯（其他化工产品）
292990	10		环已基氨基磺酸钠（甜蜜素）	Sodium cyclamate	【最】9【普】90【协亚太】7.2 【协东盟】0【协巴基斯坦】5【协智利】0 【协新西兰】0【协秘鲁】0【协哥斯达黎加】0 【协冰岛】0【协瑞士】0【协澳大利亚】0 【协韩国】0【协格鲁吉亚】0 【协香港】0【协澳门】0 【特-1】0【特-2】0 【增】16【出】0【退】10	千克	A		R		301 302 303	环已基氨基磺酸钠（甜蜜素）［环已基氨基磺酸钙（无检疫要求食品添加剂）］ 环已基氨基磺酸钠（甜蜜素）［环已基氨基磺酸钠，环已基氨基磺酸钙（甜蜜素）（无检疫要求食品添加剂）］ 环已基氨基磺酸钠（甜蜜素）（需申报仅用于工业用途不用于无检疫要求食品添加剂的化学品）

① 该税号项下检验检疫编码及对应中文名称尚有：306 其他肼（联氨）及胲（羟胺）的有机衍生物（毒性物质和感染性物质），307 其他肼（联氨）及胲（羟胺）的有机衍生物（杂项物质），308 其他肼（联氨）及胲（羟胺）的有机衍生物（其他危险化学品），309 其他肼（联氨）及胲（羟胺）的有机衍生物（其他化工产品）。

税则号列			货品名称中英文		税费综合信息	计量单位	监管证件代码		检验检疫类别		检验检疫编码	检验检疫编码对应中文名称
HS国际统一前6位	本国子目 7~8位	本国子目 9~10位	中文 货物名称	英文 Article Description			进口	出口	进口	出口		
292990	20		二烷氨基膦酰二卤（其中烷基指甲、乙、正丙或异丙基）	N, N-Dialkyl(Me, Et, n-Pr or i-Pr) phosphoramidic dihalides	【最】6.5【普】30 【协亚太】5.2【协东盟】0【协巴基斯坦】5 【协智利】0【协新西兰】0【协秘鲁】0 【协哥斯达黎加】0【协冰岛】0【协瑞士】0 【协澳大利亚】0【协韩国】0 【协格鲁吉亚】0【协香港】0【协澳门】0 【特-1】0【特-2】0 【增】16【出】0【退】10	千克	2	3			999	二烷氨基膦酰二卤（其中烷基指甲、乙、正丙或异丙基）
292990	30		二烷氨基膦酸二烷酯（其中烷基指甲、乙、正丙或异丙基）	Dialkyl(Me, Et, n-Pr or i-Pr) N, N-dialkyl (Me, Et, n-Pr or i-Pr)-phosphoramidates	【最】6.5【普】30 【协亚太】5.2【协东盟】0【协巴基斯坦】5 【协智利】0【协新西兰】0【协秘鲁】0 【协哥斯达黎加】0【协冰岛】0【协瑞士】0 【协澳大利亚】0【协韩国】0 【协格鲁吉亚】0【协香港】0【协澳门】0 【特-1】0【特-2】0 【增】16【出】0【退】10	千克	2	3			999	二烷氨基膦酸二烷酯（其中烷基指甲、乙、正丙或异丙基）
292990	40		乙酰甲胺磷	Acephate	【最】6.5【普】30 【协东盟】0【协巴基斯坦】5【协智利】0 【协新西兰】0【协秘鲁】0【协哥斯达黎加】0 【协冰岛】0【协瑞士】0【协澳大利亚】0 【协韩国】0【协格鲁吉亚】0 【协香港】0【协澳门】0 【特-1】0【特-2】0 【增】16【出】0【退】10	千克	S	S			999	乙酰甲胺磷
292990	90	11	胺丙畏、胺草磷、抑草磷、丁苯草酮等（包括甲基胺草磷）	Propetamphos, amiprophos, butamifos, etc. (including amiprophos-methl)	【最】6.5【普】30 【协东盟】0【协巴基斯坦】5【协智利】0 【协新西兰】0【协秘鲁】0【协哥斯达黎加】0 【协冰岛】0【协瑞士】0【协澳大利亚】0 【协韩国】4.3【协格鲁吉亚】0 【协香港】0【协澳门】0 【特-1】0【特-2】0 【增】16【对美加征】10【出】0【退】10	千克	S	S			999	胺丙畏、胺草磷、抑草磷，丁苯草酮等（包括甲基胺草磷）
292990	90	12	异柳磷、甲基异柳磷、丙胺氟磷等	Isofenphos, isofenphos-methyl, mipafox, etc.	【最】6.5【普】30 【协东盟】0【协巴基斯坦】5【协智利】0 【协新西兰】0【协秘鲁】0【协哥斯达黎加】0 【协冰岛】0【协瑞士】0【协澳大利亚】0 【协韩国】4.3【协格鲁吉亚】0 【协香港】0【协澳门】0 【特-1】0【特-2】0 【增】16【对美加征】10【出】0【退】0	千克	S	S			301 302 303	异柳磷、甲基异柳磷、丙胺氟磷等（毒性物质和感染性物质） 异柳磷、甲基异柳磷、丙胺氟磷等（其他危险化学品） 异柳磷、甲基异柳磷、丙胺氟磷等（其他化工产品）
292990	90	13	八甲磷、育畜磷、甘氨硫磷等	Schradan, crufomate, phosglycin etc., (including dimefox, phosazetin, isocarbophs)	【最】6.5【普】30 【协东盟】0【协巴基斯坦】5【协智利】0 【协新西兰】0【协秘鲁】0【协哥斯达黎加】0 【协冰岛】0【协瑞士】0【协澳大利亚】0 【协韩国】4.3【协格鲁吉亚】0 【协香港】0【协澳门】0 【特-1】0【特-2】0 【增】16【对美加征】10【出】0【退】10	千克	S	S			301 302	八甲磷、育畜磷、甘氨硫磷等（包括甲氟磷、毒鼠磷、水胺硫磷）（毒性物质和感染性物质） 八甲磷、育畜磷、甘氨硫磷等（包括甲氟磷、毒鼠磷、水胺硫磷）（其他化工产品）
292990	90	90	其他含氮基化合物	Compounds with other nitrogen function	【最】6.5【普】30 【协东盟】0【协巴基斯坦】5【协智利】0 【协新西兰】0【协秘鲁】0【协哥斯达黎加】0 【协冰岛】0【协瑞士】0【协澳大利亚】0 【协韩国】4.3【协格鲁吉亚】0 【协香港】0【协澳门】0 【特-1】0【特-2】0 【增】16【对美加征】10【出】0【退】10	千克					301 302 303	其他含氮基化合物（爆炸品） 其他含氮基化合物（毒性物质和感染性物质） 其他含氮基化合物（其他化工产品）
293020	00	11	禾草丹、杀螟丹	Thiobencarb, cartap	【最】6.5【普】30 【协东盟】0【协巴基斯坦】5【协智利】0 【协新西兰】0【协秘鲁】0【协哥斯达黎加】0 【协冰岛】0【协瑞士】0【协澳大利亚】0 【协韩国】0【协格鲁吉亚】0 【协香港】0【协澳门】0 【特-1】0【特-2】0 【增】16【对美加征】5【出】0【退】10	千克	S	S			101 102 103	禾草丹、杀螟丹（巴丹） 禾草丹、杀螟丹（杀草丹颗粒剂） 禾草丹、杀螟丹（杀草丹）

税则号列			货品名称中英文		税费综合信息	计量单位	监管证件代码		检验检疫类别		检验检疫编码	检验检疫编码对应中文名称
HS国际统一前6位	本国子目 7~8位	9~10位	中文 货物名称	英文 Article Description			进口	出口	进口	出口		
293020	00	12	威百亩、代森钠、丙森锌、福美铁等（包括福美锌、代森福美锌、安百亩）	Metam-sodium, nabam, propineb, ferbam etc. (including ziram, polycarbamate, metaammonium)	【最】6.5【普】30 【协东盟】0【协巴基斯坦】5【协智利】0 【协新西兰】0【协秘鲁】0【协哥斯达黎加】0 【协冰岛】0【协瑞士】0【协澳大利亚】0 【协韩国】0【协格鲁吉亚】0 【协香港】0【协澳门】0 【特-1】0【特-2】0 【增】16【对美加征】5【出】0【退】10	千克	S	S			301 302 303	威百亩、代森钠、丙森锌、福美铁等（包括福美锌、代森福美锌、安百亩）（毒性物质和感染性物质） 威百亩、代森钠、丙森锌、福美铁等（包括福美锌、代森福美锌、安百亩）（杂项物质） 威百亩、代森钠、丙森锌、福美铁等（包括福美锌、代森福美锌、安百亩）（其他化工产品）
293020	00	13	燕麦敌、野麦畏、硫草敌	Diallate, triallate, ethiolate	【最】6.5【普】30 【协东盟】0【协巴基斯坦】5【协智利】0 【协新西兰】0【协秘鲁】0【协哥斯达黎加】0 【协冰岛】0【协瑞士】0【协澳大利亚】0 【协韩国】0【协格鲁吉亚】0 【协香港】0【协澳门】0 【特-1】0【特-2】0 【增】16【对美加征】5【出】0【退】10	千克	S	S			101 102 103 104 105 ……	燕麦敌、野麦畏、硫草敌［野麦畏（含量>30%）］ 燕麦敌、野麦畏、硫草敌［燕麦敌粉剂（含量>80%）］ 燕麦敌、野麦畏、硫草敌（燕麦敌二号） 燕麦敌、野麦畏、硫草敌［燕麦敌乳剂（含量>20%）］ 燕麦敌、野麦畏、硫草敌（燕麦敌二号乳剂） ……①
293020	00	14	苄草丹、戊草丹、坪草丹、仲草丹	Prosulfocarb, esprocarb, orbencarb, tiocarbazil	【最】6.5【普】30 【协东盟】0【协巴基斯坦】5【协智利】0 【协新西兰】0【协秘鲁】0【协哥斯达黎加】0 【协冰岛】0【协瑞士】0【协澳大利亚】0 【协韩国】0【协格鲁吉亚】0 【协香港】0【协澳门】0 【特-1】0【特-2】0 【增】16【对美加征】5【出】0【退】10	千克	S	S			999	苄草丹、戊草丹、坪草丹、仲草丹
293020	00	15	丁草敌、克草敌、茵草敌、灭草敌等（包括环草敌）	Butylate, pebulate, eradicane, vernolate (including cycloate)	【最】6.5【普】30 【协东盟】0【协巴基斯坦】5【协智利】0 【协新西兰】0【协秘鲁】0【协哥斯达黎加】0 【协冰岛】0【协瑞士】0【协澳大利亚】0 【协韩国】0【协格鲁吉亚】0 【协香港】0【协澳门】0 【特-1】0【特-2】0 【增】16【对美加征】5【出】0【退】10	千克	S	S			999	丁草敌、克草敌、茵草敌、灭草敌等（包括环草敌）
293020	00	16	硫菌威、菜草畏	Prothiocarb, sulfallate	【最】6.5【普】30 【协东盟】0【协巴基斯坦】5【协智利】0 【协新西兰】0【协秘鲁】0【协哥斯达黎加】0 【协冰岛】0【协瑞士】0【协澳大利亚】0 【协韩国】0【协格鲁吉亚】0 【协香港】0【协澳门】0 【特-1】0【特-2】0 【增】16【对美加征】5【出】0【退】10	千克	S	S			301 302	硫菌威、菜草畏（杂项物质） 硫菌威、菜草畏（其他化工产品）
293020	00	90	其他硫代氨基甲酸盐（或酯）	Other thiocarbamates (including dithiocarbamates)	【最】6.5【普】30 【协东盟】0【协巴基斯坦】5【协智利】0 【协新西兰】0【协秘鲁】0【协哥斯达黎加】0 【协冰岛】0【协瑞士】0【协澳大利亚】0 【协韩国】0【协格鲁吉亚】0 【协香港】0【协澳门】0 【特-1】0【特-2】0 【增】16【对美加征】5【出】0【退】10	千克					101 102	其他硫代氨基甲酸盐（或酯）（包括二硫代氨基甲酸盐）（草克死颗粒剂） 福美双

① 该税号项下检验检疫编码及对应中文名称尚有：106 燕麦敌、野麦畏、硫草敌（燕麦敌二号蒽油乳油）。

税则号列			货品名称中英文		税费综合信息	计量单位	监管证件代码		检验检疫类别		检验检疫编码	检验检疫编码对应中文名称
HS国际统一前6位	本国子目 7~8位	9~10位	中文 货物名称	英文 Article Description			进口	出口	进口	出口		
293030	00	10	福美双	Thiram	【最】6.5【普】30 【协东盟】0【协香港】0【协澳门】0 【协巴基斯坦】5【协智利】0【协新西兰】0 【协秘鲁】0【协哥斯达黎加】0【协冰岛】0 【协瑞士】0【协澳大利亚】0【协韩国】0 【协格鲁吉亚】0 【特-1】0【特-2】0【增】16【对美加征】10 【出】0【退】10	千克	S	S			102	福美双
293030	00	90	其他一硫化二烃氨基硫羰等	Other thiuram mono-, di-or tetrasulphide	【最】6.5【普】30 【协东盟】0【协巴基斯坦】5【协智利】0 【协新西兰】0【协秘鲁】0【协哥斯达黎加】0 【协冰岛】0【协瑞士】0【协澳大利亚】0 【协韩国】0【协格鲁吉亚】0 【协香港】0【协澳门】0 【特-1】0【特-2】0 【增】16【对美加征】10【出】0【退】10	千克					999	其他一硫化二烃氨基硫羰等（包括二硫化二烃氨基硫羰及四硫化二烃氨基硫羰）
293040	00		甲硫氨酸（蛋氨酸）	Methionine	【最】6.5【普】30【暂进】5 【协东盟】0【协巴基斯坦】5【协智利】0 【协新西兰】0【协秘鲁】0【协哥斯达黎加】0 【协冰岛】0【协瑞士】0【协澳大利亚】0 【协韩国】0【协格鲁吉亚】0 【协香港】0【协澳门】0 【特-1】0【特-2】0 【增】16【对美加征】10【出】0【退】16	千克	A		MP		101	甲硫氨酸（蛋氨酸）（饲料添加剂）
293060	00		2-（N, N-二乙基氨基）乙硫醇	2-（N, N-Diethylamino) ethanethiol	【最】6.5【普】30 【协东盟】0【协香港】0【协澳门】0 【协巴基斯坦】5【协智利】0【协新西兰】0 【协秘鲁】0【协哥斯达黎加】0【协冰岛】0 【协瑞士】0【协澳大利亚】0【协韩国】0 【协格鲁吉亚】0 【特-1】0【特-2】0 【增】16【出】0【退】13	千克					999	2-（N, N-二乙基氨基）乙硫醇
293070	00		硫二甘醇［二（2-羟乙基）硫醚、硫代双乙醇］	Bis（2-hydroxyethyl) sulfide ［thiodiglycol (INN)］	【最】6.5【普】30 【协东盟】0【协香港】0【协澳门】0 【协巴基斯坦】5【协智利】0【协新西兰】0 【协秘鲁】0【协哥斯达黎加】0【协冰岛】0 【协瑞士】0【协澳大利亚】0【协韩国】0 【协格鲁吉亚】0 【特-1】0【特-2】0 【增】16【出】0【退】10	千克	2	3			999	硫二甘醇［二（2-羟乙基）硫醚、硫代双乙醇］
293080	00	10	甲胺磷（ISO）	Methamidophos (ISO)	【最】6.5【普】30 【协东盟】0【协香港】0【协澳门】0 【协巴基斯坦】5【协智利】0【协新西兰】0 【协秘鲁】0【协哥斯达黎加】0【协冰岛】0 【协瑞士】0【协澳大利亚】0【协韩国】0 【协格鲁吉亚】0 【特-1】0【特-2】0 【增】16【出】0【退】0	千克					999	甲胺磷（ISO）
293080	00	20	敌菌丹（ISO）	Coptafol(ISO)	【最】6.5【普】30 【协东盟】0【协香港】0【协澳门】0 【协巴基斯坦】5【协智利】0【协新西兰】0 【协秘鲁】0【协哥斯达黎加】0【协冰岛】0 【协瑞士】0【协澳大利亚】0【协韩国】0 【协格鲁吉亚】0 【特-1】0【特-2】0 【增】16【出】0【退】0	千克	S	S			999	敌菌丹（ISO）
293080	00	30	涕灭威（ISO）	Aldicarb(ISO)	【最】6.5【普】30 【协东盟】0【协香港】0【协澳门】0 【协巴基斯坦】5【协智利】0【协新西兰】0 【协秘鲁】0【协哥斯达黎加】0【协冰岛】0 【协瑞士】0【协澳大利亚】0【协韩国】0 【协格鲁吉亚】0 【特-1】0【特-2】0 【增】16【出】0【退】0	千克	S	S			999	涕灭威（ISO）101 双巯丙氨酸（胱氨酸）（饲料添加剂）

税则号列			货品名称中英文		税费综合信息	计量单位	监管证件代码		检验检疫类别		检验检疫编码	检验检疫编码对应中文名称
HS国际统一前6位	本国子目 7~8位	9~10位	中文 货物名称	英文 Article Description			进口	出口	进口	出口		
293090	10		双巯丙氨酸(胱氨酸)	Cystine	【最】6.5【普】30 【协东盟】0【协巴基斯坦】5【协智利】0 【协新西兰】0【协秘鲁】0【协哥斯达黎加】0 【协冰岛】0【协瑞士】0【协澳大利亚】0 【协韩国】0【协格鲁吉亚】0 【协香港】0【协澳门】0 【特-1】0【特-2】0 【增】16【对美加征】10【出】0【退】10	千克	A		MP		101	双巯丙氨酸(胱氨酸)(饲料添加剂)
293090	20		二硫代碳酸酯(或盐)［黄原酸酯(或盐)］	Dithiocarbonates(xanthates)	【最】6.5【普】30 【协东盟】0【协巴基斯坦】5【协智利】0 【协新西兰】0【协秘鲁】0【协哥斯达黎加】0 【协冰岛】0【协瑞士】0【协澳大利亚】0 【协韩国】0【协格鲁吉亚】0 【协香港】0【协澳门】0 【特-1】0【特-2】0 【增】16【对美加征】10【出】0【退】13	千克					999	二硫代碳酸酯(或盐)［黄原酸酯(或盐)］
293090	90	11	烯禾啶，双环磺草酮，氟虫酰胺，氟苯虫酰胺	Sethoxydim, benzobicylon, flubendiamide	【最】6.5【普】30 【协东盟】0【协香港】0【协澳门】0 【协巴基斯坦】5【协智利】0【协新西兰】0 【协秘鲁】0【协哥斯达黎加】0【协冰岛】0 【协瑞士】0【协澳大利亚】0【协韩国】0 【协格鲁吉亚】0 【特-1】0【特-2】0 【增】16【对美加征】5【出】0【退】10	千克	S	S			999	烯禾啶，双环磺草酮，氟虫酰胺，氟苯虫酰胺
293090	90	13	2-氯乙基氯甲基硫醚	2-chloroethyl chloromethyl sulfide	【最】6.5【普】30 【协东盟】0【协香港】0【协澳门】0 【协巴基斯坦】5【协智利】0【协新西兰】0 【协秘鲁】0【协哥斯达黎加】0【协冰岛】0 【协瑞士】0【协澳大利亚】0【协韩国】0 【协格鲁吉亚】0 【特-1】0【特-2】0 【增】16【对美加征】5【出】0【退】10	千克	2	3			999	2-氯乙基氯甲基硫醚
293090	90	14	二(2-氯乙基)硫醚(即芥子气)	Bis(2-chloroethyl) thioether (mustard gas)	【最】6.5【普】30 【协东盟】0【协香港】0【协澳门】0 【协巴基斯坦】5【协智利】0【协新西兰】0 【协秘鲁】0【协哥斯达黎加】0【协冰岛】0 【协瑞士】0【协澳大利亚】0【协韩国】0 【协格鲁吉亚】0 【特-1】0【特-2】0 【增】16【对美加征】5【出】0【退】10	千克	2	3			999	二(2-氯乙基)硫醚(即芥子气)
293090	90	15	二(2-氯乙硫基)甲烷	Bis(2-chloroethyl sulfide) methane	【最】6.5【普】30 【协东盟】0【协香港】0【协澳门】0 【协巴基斯坦】5【协智利】0【协新西兰】0 【协秘鲁】0【协哥斯达黎加】0【协冰岛】0 【协瑞士】0【协澳大利亚】0【协韩国】0 【协格鲁吉亚】0 【特-1】0【特-2】0 【增】16【对美加征】5【出】0【退】10	千克	2	3			999	二(2-氯乙硫基)甲烷
293090	90	16	1,2-二(2-氯乙硫基)乙烷(即倍半芥气)	l,2-Bis(2-chloroethyl sulfide) ethane	【最】6.5【普】30 【协东盟】0【协香港】0【协澳门】0 【协巴基斯坦】5【协智利】0【协新西兰】0 【协秘鲁】0【协哥斯达黎加】0【协冰岛】0 【协瑞士】0【协澳大利亚】0【协韩国】0 【协格鲁吉亚】0 【特-1】0【特-2】0 【增】16【对美加征】5【出】0【退】10	千克	2	3			999	1,2-二(2-氯乙硫基)乙烷(即倍半芥气)
293090	90	17	1,3-二(2-氯乙硫基)正丙烷	1,3-Bis(2-chloroethyl sulfide) propane	【最】6.5【普】30 【协东盟】0【协香港】0【协澳门】0 【协巴基斯坦】5【协智利】0【协新西兰】0 【协秘鲁】0【协哥斯达黎加】0【协冰岛】0 【协瑞士】0【协澳大利亚】0【协韩国】0 【协格鲁吉亚】0 【特-1】0【特-2】0 【增】16【对美加征】5【出】0【退】10	千克	2	3			999	1,3-二(2-氯乙硫基)正丙烷

税则号列 HS国际统一前6位	本国子目 7~8位	本国子目 9~10位	货品名称中英文 中文 货物名称	货品名称中英文 英文 Article Description	税费综合信息	计量单位	监管证件代码 进口	监管证件代码 出口	检验检疫类别 进口	检验检疫类别 出口	检验检疫编码	检验检疫编码对应中文名称
293090	90	18	1,4-二（2-氯乙硫基）正丁烷	1,4-Bis(2-chloroethyl sulfide) butane	【最】6.5【普】30 【协东盟】0【协香港】0【协澳门】0 【协巴基斯坦】5【协智利】0【协新西兰】0 【协秘鲁】0【协哥斯达黎加】0【协冰岛】0 【协瑞士】0【协澳大利亚】0【协韩国】0 【协格鲁吉亚】0 【特-1】0【特-2】0 【增】16【对美加征】5【出】0【退】10	千克	2	3			999	1,4-二（2-氯乙硫基）正丁烷
293090	90	19	1,5-二（2-氯乙硫基）正戊烷	1,5-Bis(2-chloroethyl sulfide) pentane	【最】6.5【普】30 【协东盟】0【协香港】0【协澳门】0 【协巴基斯坦】5【协智利】0【协新西兰】0 【协秘鲁】0【协哥斯达黎加】0【协冰岛】0 【协瑞士】0【协澳大利亚】0【协韩国】0 【协格鲁吉亚】0 【特-1】0【特-2】0 【增】16【对美加征】5【出】0【退】10	千克	2	3			999	1,5-二（2-氯乙硫基）正戊烷
293090	90	21	二（2-氯乙硫基甲基）醚	Bis(2-chloroethyl sulfide methyl) ester	【最】6.5【普】30 【协东盟】0【协香港】0【协澳门】0 【协巴基斯坦】5【协智利】0【协新西兰】0 【协秘鲁】0【协哥斯达黎加】0【协冰岛】0 【协瑞士】0【协澳大利亚】0【协韩国】0 【协格鲁吉亚】0 【特-1】0【特-2】0 【增】16【对美加征】5【出】0【退】10	千克	2	3			999	二（2-氯乙硫基甲基）醚
293090	90	22	二（2-氯乙硫基乙基）醚（即氧芥气）	Bis(2-chloroethyl sulfide ethyl) ester	【最】6.5【普】30 【协东盟】0【协香港】0【协澳门】0 【协巴基斯坦】5【协智利】0【协新西兰】0 【协秘鲁】0【协哥斯达黎加】0【协冰岛】0 【协瑞士】0【协澳大利亚】0【协韩国】0 【协格鲁吉亚】0 【特-1】0【特-2】0 【增】16【对美加征】5【出】0【退】10	千克	2	3			999	二（2-氯乙硫基乙基）醚（即氧芥气）
293090	90	23	胺吸膦（硫代磷酸二乙基-S-2-二乙氨基乙酯及烷基化或质子化盐）	Amiton O, O-Diethyl S-2-(diethy lamino) ethyl phosphorothiolate and corresponding alkylated or protonated salts	【最】6.5【普】30 【协东盟】0【协香港】0【协澳门】0 【协巴基斯坦】5【协智利】0【协新西兰】0 【协秘鲁】0【协哥斯达黎加】0【协冰岛】0 【协瑞士】0【协澳大利亚】0【协韩国】0 【协格鲁吉亚】0 【特-1】0【特-2】0 【增】16【对美加征】5【出】0【退】10	千克	2	3			999	胺吸膦（硫代磷酸二乙基-S-2-二乙氨基乙酯及烷基化或质子化盐）
293090	90	24	烷基氨基乙-2-硫醇及相应质子盐	N. N-dialkyl aminoethane-2-thiols and corresponding protonated salts	【最】6.5【普】30 【协东盟】0【协香港】0【协澳门】0 【协巴基斯坦】5【协智利】0【协新西兰】0 【协秘鲁】0【协哥斯达黎加】0【协冰岛】0 【协瑞士】0【协澳大利亚】0【协韩国】0 【协格鲁吉亚】0 【特-1】0【特-2】0 【增】16【对美加征】5【出】0【退】10	千克	2	3			999	烷基氨基乙-2-硫醇及相应质子盐
293090	90	26	烷基硫代膦酸烷S-2-二烷氨基乙酯（包括相应烷基化盐，质子化盐，烷基指甲、乙、正丙、异丙基）	Alkyl alkane thiophosphate-S-2-aminoethyl, including cyclo alkane-S-2-dialkane(Me, Et, n-Pr or i-Pr) aminoethyl and corresponding alkylated or protonated salts	【最】6.5【普】30 【协东盟】0【协香港】0【协澳门】0 【协巴基斯坦】5【协智利】0【协新西兰】0 【协秘鲁】0【协哥斯达黎加】0【协冰岛】0 【协瑞士】0【协澳大利亚】0【协韩国】0 【协格鲁吉亚】0 【特-1】0【特-2】0 【增】16【对美加征】5【出】0【退】10	千克	2	3			999	烷基硫代膦酸烷S-2-二烷氨基乙酯（包括相应烷基化盐，质子化盐，烷基指甲、乙、正丙、异丙基）
293090	90	27	含一磷原子与甲、乙、丙基结合化合物（不包括地虫磷）	Chemicals, containing a phosphorus atom to which is boned one methyl, ethyl or propyl group	【最】6.5【普】30 【协东盟】0【协香港】0【协澳门】0 【协巴基斯坦】5【协智利】0【协新西兰】0 【协秘鲁】0【协哥斯达黎加】0【协冰岛】0 【协瑞士】0【协澳大利亚】0【协韩国】0 【协格鲁吉亚】0 【特-1】0【特-2】0 【增】16【对美加征】5【出】0【退】10	千克	2	3			999	含一磷原子与甲、乙、丙基结合化合物（不包括地虫磷）

税则号列			货品名称中英文		税费综合信息	计量单位	监管证件代码		检验检疫类别		检验检疫编码	检验检疫编码对应中文名称
HS国际统一前6位	本国子目 7~8位	9~10位	中文 货物名称	英文 Article Description			进口	出口	进口	出口		
293090	90	28	内吸磷	Demeton	【最】6.5【普】30 【协东盟】0【协香港】0【协澳门】0 【协巴基斯坦】5【协智利】0【协新西兰】0 【协秘鲁】0【协哥斯达黎加】0【协冰岛】0 【协瑞士】0【协澳大利亚】0【协韩国】0 【协格鲁吉亚】0 【特-1】0【特-2】0 【增】16【对美加征】5【出】0【退】10	千克					999	内吸磷
293090	90	31	4-甲基硫基安非他明	4-methylthioamfetamine	【最】6.5【普】30 【协东盟】0【协香港】0【协澳门】0 【协巴基斯坦】5【协智利】0【协新西兰】0 【协秘鲁】0【协哥斯达黎加】0【协冰岛】0 【协瑞士】0【协澳大利亚】0【协韩国】0 【协格鲁吉亚】0 【特-1】0【特-2】0 【增】16【对美加征】5【出】0【退】10	千克	I	I			999	4-甲基硫基安非他明
293090	90	32	莫达非尼	Modafinil	【最】6.5【普】30 【协东盟】0【协香港】0【协澳门】0 【协巴基斯坦】5【协智利】0【协新西兰】0 【协秘鲁】0【协哥斯达黎加】0【协冰岛】0 【协瑞士】0【协澳大利亚】0【协韩国】0 【协格鲁吉亚】0 【特-1】0【特-2】0 【增】16【对美加征】5【出】0【退】10	千克	I	I			999	莫达非尼
293090	90	51	甲基硫菌灵、硫菌灵、苯螨醚等（包括乙蒜素、敌灭生、丁酮威、丁酮砜威、棉铃威）	Thiophanate-methyl, thiophanate, phenproxide etc. (including ethylsulfonothiolate, dimexano, butocarboxim, butoxycarboxim, alanycarb)	【最】6.5【普】30 【协东盟】0【协香港】0【协澳门】0 【协巴基斯坦】5【协智利】0【协新西兰】0 【协秘鲁】0【协哥斯达黎加】0【协冰岛】0 【协瑞士】0【协澳大利亚】0【协韩国】0 【协格鲁吉亚】0 【特-1】0【特-2】0 【增】16【对美加征】5【出】0【退】10	千克	S	S			999	甲基硫菌灵、硫菌灵、苯螨醚等（包括乙蒜素、敌灭生、丁酮威、丁酮砜威、棉铃威）
293090	90	52	灭多威、乙硫苯威等（包括杀线威、甲硫威、多杀威、涕灭砜威、硫双威）	Methomyl, aldicarb, ethiofencarb etc. (including oxamyl, methiocarb, toxisamate, aldoxycarb, thiodicarb)	【最】6.5【普】30 【协东盟】0【协香港】0【协澳门】0 【协巴基斯坦】5【协智利】0【协新西兰】0 【协秘鲁】0【协哥斯达黎加】0【协冰岛】0 【协瑞士】0【协澳大利亚】0【协韩国】0 【协格鲁吉亚】0 【特-1】0【特-2】0 【增】16【对美加征】5【出】0【退】0	千克	S	S			301 302 303	灭多威、乙硫苯威等（包括杀线威、甲硫威、多杀威、涕灭砜威、硫双威）（毒性物质和感染性物质） 灭多威、乙硫苯威等（包括杀线威、甲硫威、多杀威、涕灭砜威、硫双威）（杂项物质） 灭多威、乙硫苯威等（包括杀线威、甲硫威、多杀威、涕灭砜威、硫双威）（其他化工产品）
293090	90	53	丁醚脲、久效威、苯硫威等（包括敌螨特、2甲4氯乙硫酯）	Diafenthiuron, thiofanox, fenothiocarb etc. (including chlorfensulphide, MCPA-thioethyl)	【最】6.5【普】30 【协东盟】0【协香港】0【协澳门】0 【协巴基斯坦】5【协智利】0【协新西兰】0 【协秘鲁】0【协哥斯达黎加】0【协冰岛】0 【协瑞士】0【协澳大利亚】0【协韩国】0 【协格鲁吉亚】0 【特-1】0【特-2】0 【增】16【对美加征】5【出】0【退】10	千克	S	S			301 302 303	丁醚脲、久效威、苯硫威等（包括敌螨特、2甲4氯乙硫酯）（毒性物质和感染性物质） 丁醚脲、久效威、苯硫威等（包括敌螨特、2甲4氯乙硫酯）（杂项物质） 丁醚脲、久效威、苯硫威等（包括敌螨特、2甲4氯乙硫酯）（其他化工产品）
293090	90	54	杀虫双、杀虫单、灭虫脲等（包括避虫醇、烯虫硫酯、三氯杀螨砜、杀螨醚、杀螨酯）	Dimehypo, monosultap, chloromethiuron etc. [including (octylthio) ethanol, triprene, tetradifon, chlorbenside, chlorfenson]	【最】6.5【普】30 【协东盟】0【协香港】0【协澳门】0 【协巴基斯坦】5【协智利】0【协新西兰】0 【协秘鲁】0【协哥斯达黎加】0【协冰岛】0 【协瑞士】0【协澳大利亚】0【协韩国】0 【协格鲁吉亚】0 【特-1】0【特-2】0 【增】16【对美加征】5【出】0【退】10	千克	S	S			101 102	杀虫双、杀虫单、灭虫脲等（包括避虫醇、烯虫硫酯、三氯杀螨砜、杀螨醚、杀螨酯）（一氯杀螨砜） 杀虫双、杀虫单、灭虫脲等（包括避虫醇、烯虫硫酯、三氯杀螨砜、杀螨醚、杀螨酯）（杀螨酯）

税则号列			货品名称中英文		税费综合信息	计量单位	监管证件代码		检验检疫类别		检验检疫编码	检验检疫编码对应中文名称
HS国际统一前6位	本国子目 7~8位	9~10位	中文 货物名称	英文 Article Description			进口	出口	进口	出口		
											103 104	杀虫双、杀虫单、灭虫脲等（包括避虫醇、烯虫硫酯、三氯杀螨砜、杀螨醚、杀螨酯）（一氯杀螨砜乳剂） 杀虫双、杀虫单、灭虫脲等（包括避虫醇、烯虫硫酯、三氯杀螨砜、杀螨醚、杀螨酯）（杀螨酯乳剂）
293090	90	55	代森锌、代森锰、代森锰锌等（包括福美胂、福美甲胂、代森铵、代森联）	Zineb, maneb, mancozeb etc. (including asomate, urbacide, amobam, metiram)	【最】6.5【普】30 【协东盟】0【协香港】0【协澳门】0 【协巴基斯坦】5【协智利】0【协新西兰】0 【协秘鲁】0【协哥斯达黎加】0【协冰岛】0 【协瑞士】0【协澳大利亚】0【协韩国】0 【协格鲁吉亚】0 【特-1】0【特-2】0 【增】16【对美加征】5【出】0【退】10	千克	S	S			301 302	代森锌、代森锰、代森锰锌等（包括福美胂、福美甲胂、代森铵、代森联）（易于自燃的物质） 代森锌、代森锰、代森锰锌等（包括福美胂、福美甲胂、代森铵、代森联）（其他化工产品）
293090	90	56	烯草酮、磺草酮、嗪草酸甲酯、硝磺草酮等（包括苯氟磺胺、甲磺乐灵、氯硫酰草胺、脱叶磷）	Clethodim, sulcotrione, fluthiacet-methyl, mesotrione etc. (including dichlofluanid, nitralin, chlorthiamide, tribuphos)	【最】6.5【普】30 【协东盟】0【协香港】0【协澳门】0 【协巴基斯坦】5【协智利】0【协新西兰】0 【协秘鲁】0【协哥斯达黎加】0【协冰岛】0 【协瑞士】0【协澳大利亚】0【协韩国】0 【协格鲁吉亚】0 【特-1】0【特-2】0 【增】16【对美加征】5【出】0【退】10	千克	S	S			301 302 303	烯草酮、磺草酮、嗪草酸甲酯、硝磺草酮等（包括苯氟磺胺、甲磺乐灵、氯硫酰草胺、脱叶磷）（毒性物质和感染性物质） 烯草酮、磺草酮、嗪草酸甲酯、硝磺草酮等（包括苯氟磺胺、甲磺乐灵、氯硫酰草胺、脱叶磷）（杂项物质） 烯草酮、磺草酮、嗪草酸甲酯、硝磺草酮等（包括苯氟磺胺、甲磺乐灵、氯硫酰草胺、脱叶磷）（其他化工产品）
293090	90	57	灭菌丹、克菌丹、杀螨硫醚等（包括氟杀螨、硫肟醚、莠不生）	Folpet, captan, tetrasul etc. (including fluorbenside, pyriproxyfen)	【最】6.5【普】30 【协东盟】0【协香港】0【协澳门】0 【协巴基斯坦】5【协智利】0【协新西兰】0 【协秘鲁】0【协哥斯达黎加】0【协冰岛】0 【协瑞士】0【协澳大利亚】0【协韩国】0 【协格鲁吉亚】0 【特-1】0【特-2】0 【增】16【对美加征】5【出】0【退】10	千克	S	S			999	灭菌丹、克菌丹、杀螨硫醚等（包括氟杀螨、硫肟醚、莠不生）
293090	90	58	稻瘟净、异稻瘟净、稻丰散等（包括敌瘟磷）	Kitazine, iprobenfos, phenthoate etc. (including edifenphos)	【最】6.5【普】30 【协东盟】0【协香港】0【协澳门】0 【协巴基斯坦】5【协智利】0【协新西兰】0 【协秘鲁】0【协哥斯达黎加】0【协冰岛】0 【协瑞士】0【协澳大利亚】0【协韩国】0 【协格鲁吉亚】0 【特-1】0【特-2】0 【增】16【对美加征】5【出】0【退】10	千克	S	S			301 302	稻瘟净、异稻瘟净、稻丰散等（包括敌瘟磷）（毒性物质和感染性物质） 稻瘟净、异稻瘟净、稻丰散等（包括敌瘟磷）（其他化工产品）
293090	90	59	安妥、灭鼠特、二硫氰基甲烷等（包括灭鼠肼、氟硫隆）	Antu, thiosemicarbazide, dithiocyano-Methane etc. (including promurit, fluothiuron)	【最】6.5【普】30 【协东盟】0【协香港】0【协澳门】0 【协巴基斯坦】5【协智利】0【协新西兰】0 【协秘鲁】0【协哥斯达黎加】0【协冰岛】0 【协瑞士】0【协澳大利亚】0【协韩国】0 【协格鲁吉亚】0 【特-1】0【特-2】0 【增】16【对美加征】5【出】0【退】10	千克	S	S			301 302	安妥、灭鼠特、二硫氰基甲烷等（包括灭鼠肼、氟硫隆）（毒性物质和感染性物质） 安妥、灭鼠特、二硫氰基甲烷等（包括灭鼠肼、氟硫隆）（其他化工产品）
293090	90	61	马拉硫磷、苏硫磷、赛硫磷等（包括丙虫磷、双硫磷、亚砜磷、异亚砜磷）	Malathion, sophamide, amidithion etc. (including propaphos, temephos, oxydemeton _ methyl, oxydeprofos)	【最】6.5【普】30 【协东盟】0【协香港】0【协澳门】0 【协巴基斯坦】5【协智利】0【协新西兰】0 【协秘鲁】0【协哥斯达黎加】0【协冰岛】0 【协瑞士】0【协澳大利亚】0【协韩国】0 【协格鲁吉亚】0 【特-1】0【特-2】0 【增】16【对美加征】5【出】0【退】10	千克	S	S			301 302	马拉硫磷、苏硫磷、赛硫磷等（包括丙虫磷、双硫磷、亚砜磷、异亚砜磷）（杂项物质） 马拉硫磷、苏硫磷、赛硫磷等（包括丙虫磷、双硫磷、亚砜磷、异亚砜磷）（其他化工产品）

税则号列 HS国际统一前6位	本国子目 7~8位	本国子目 9~10位	货品名称中英文 中文 货物名称	货品名称中英文 英文 Article Description	税费综合信息	计量单位	监管证件代码 进口	监管证件代码 出口	检验检疫类别 进口	检验检疫类别 出口	检验检疫编码	检验检疫编码对应中文名称
293090	90	62	丙溴磷、田乐磷、特丁硫磷等（包括硫丙磷、地虫硫膦、乙硫磷、丙硫磷、甲基乙拌磷）	Profenofos, cymetox, , terbufos etc. (including sulprofos, fonofos, ethion, prothiofos, thiometo-n)	【最】6.5【普】30 【协东盟】0【协香港】0【协澳门】0 【协巴基斯坦】5【协智利】0【协新西兰】0 【协秘鲁】0【协哥斯达黎加】0【协冰岛】0 【协瑞士】0【协澳大利亚】0【协韩国】0 【协格鲁吉亚】0 【特-1】0【特-2】0 【增】16【对美加征】5【出】0【退】10	千克	S	S			301 302	丙溴磷、田乐磷、特丁硫磷等（包括硫丙磷、地虫硫膦、乙硫磷、丙硫磷、甲基乙拌磷）（毒性物质和感染性物质） 丙溴磷、田乐磷、特丁硫磷等（包括硫丙磷、地虫硫膦、乙硫磷、丙硫磷、甲基乙拌磷）（其他化工产品）
293090	90	63	乐果、益硫磷、氧乐果等（包括甲拌磷、乙拌磷、虫螨磷、果虫磷）	Dimethoate, ethoate-methyl, omethoate etc (. including phorate, disulfoton, chlorthiophos, cyanthoate)	【最】6.5【普】30 【协东盟】0【协香港】0【协澳门】0 【协巴基斯坦】5【协智利】0【协新西兰】0 【协秘鲁】0【协哥斯达黎加】0【协冰岛】0 【协瑞士】0【协澳大利亚】0【协韩国】0 【协格鲁吉亚】0 【特-1】0【特-2】0 【增】16【对美加征】5【出】0【退】10	千克	S	S			301 302	乐果、益硫磷、氧乐果等（包括甲拌磷、乙拌磷、虫螨磷、果虫磷）（毒性物质和感染性物质） 乐果、益硫磷、氧乐果等（包括甲拌磷、乙拌磷、虫螨磷、果虫磷）（其他化工产品）
293090	90	64	氯胺磷、家蝇磷、灭蚜磷等（包括安硫磷、四甲磷、丁苯硫磷、苯线磷、蚜灭磷）	Chloramine phosphorus, acethion, mecarbam etc. (including formothion, mecarphon, fosmethilan, fenamiphos, vamidothion)	【最】6.5【普】30 【协东盟】0【协香港】0【协澳门】0 【协巴基斯坦】5【协智利】0【协新西兰】0 【协秘鲁】0【协哥斯达黎加】0【协冰岛】0 【协瑞士】0【协澳大利亚】0【协韩国】0 【协格鲁吉亚】0 【特-1】0【特-2】0 【增】16【对美加征】5【出】0【退】10	千克	S	S			301 302	氯胺磷、家蝇磷、灭蚜磷等（包括安硫磷、四甲磷、丁苯硫磷、苯线磷、蚜灭磷）（毒性物质和感染性物质） 氯胺磷、家蝇磷、灭蚜磷等（包括安硫磷、四甲磷、丁苯硫磷、苯线磷、蚜灭磷）（其他化工产品）
293090	90	65	硫线磷、氯甲硫磷、杀虫磺等（包括砜吸磷、砜拌磷、异拌磷、三硫磷、芬硫磷）	Cadusafos, chlormephos, bensultap etc. (including oxydemeton methyl, oxydisulfoton, isothioate, carbophenothion, phenkapton)	【最】6.5【普】30 【协东盟】0【协香港】0【协澳门】0 【协巴基斯坦】5【协智利】0【协新西兰】0 【协秘鲁】0【协哥斯达黎加】0【协冰岛】0 【协瑞士】0【协澳大利亚】0【协韩国】0 【协格鲁吉亚】0 【特-1】0【特-2】0 【增】16【对美加征】5【出】0【退】10	千克	S	S			301 302	硫线磷、氯甲硫磷、杀虫磺等（包括砜吸磷、砜拌磷、异拌磷、三硫磷、芬硫磷）（毒性物质和感染性物质） 硫线磷、氯甲硫磷、杀虫磺等（包括砜吸磷、砜拌磷、异拌磷、三硫磷、芬硫磷）（其他化工产品）
293090	90	66	倍硫磷、甲基内吸磷、乙酯磷等（包括丰索磷、内吸磷、发硫磷）	Fenthion, demeton-S-methyl, acetoxon etc. (inclu-deing fensulfothion, demeton, prothoate, methy-lacetophos)	【最】6.5【普】30 【协东盟】0【协香港】0【协澳门】0 【协巴基斯坦】5【协智利】0【协新西兰】0 【协秘鲁】0【协哥斯达黎加】0【协冰岛】0 【协瑞士】0【协澳大利亚】0【协韩国】0 【协格鲁吉亚】0 【特-1】0【特-2】0 【增】16【对美加征】5【出】0【退】10	千克	S	S			301 302	倍硫磷、甲基内吸磷、乙酯磷等（包括丰索磷、内吸磷、发硫磷）（毒性物质和感染性物质） 倍硫磷、甲基内吸磷、乙酯磷等（包括丰索磷、内吸磷、发硫磷）（其他化工产品）
293090	90	67	灭线磷	Ethoprophos	【最】6.5【普】30 【协东盟】0【协香港】0【协澳门】0 【协巴基斯坦】5【协智利】0【协新西兰】0 【协秘鲁】0【协哥斯达黎加】0【协冰岛】0 【协瑞士】0【协澳大利亚】0【协韩国】0 【协格鲁吉亚】0 【特-1】0【特-2】0 【增】16【对美加征】5【出】0【退】10	千克	S	S			999	灭线磷
293090	90	68	青霉胺	Penicillamine	【最】6.5【普】30【暂进】0 【协东盟】0【协香港】0【协澳门】0 【协巴基斯坦】5【协智利】0【协新西兰】0 【协秘鲁】0【协哥斯达黎加】0【协冰岛】0 【协瑞士】0【协澳大利亚】0【协韩国】0 【协格鲁吉亚】0 【特-1】0【特-2】0【增】3【对美加征】5 【出】0	千克					999	青霉胺

税则号列 HS国际统一前6位	本国子目 7~8位	本国子目 9~10位	货物名称 中文	Article Description 英文	税费综合信息	计量单位	监管证件代码 进口	监管证件代码 出口	检验检疫类别 进口	检验检疫类别 出口	检验检疫编码	检验检疫编码对应中文名称
293090	90	91	DL-羟基蛋氨酸	DL - hydroxy methionine	【最】6.5【普】30 【协东盟】0【协香港】0【协澳门】0 【协巴基斯坦】5【协智利】0【协新西兰】0 【协秘鲁】0【协哥斯达黎加】0【协冰岛】0 【协瑞士】0【协澳大利亚】0【协韩国】0 【协格鲁吉亚】0 【特-1】0【特-2】0 【增】16【对美加征】5【出】0【退】13	千克	A		MP		101 102	DL-羟基蛋氨酸（饲料添加剂） DL-羟基蛋氨酸（化工产品）
293090	90	92	比卡鲁胺、美司钠、舒林酸及其他抗癌药品原料药	Bicalutamide, Mesna, Sulindac and other anti－cancer drugs substance	【最】6.5【普】30【暂进】0 【协东盟】0【协香港】0【协澳门】0 【协巴基斯坦】5【协智利】0【协新西兰】0 【协秘鲁】0【协哥斯达黎加】0【协冰岛】0 【协瑞士】0【协澳大利亚】0【协韩国】0 【协格鲁吉亚】0 【特-1】0【特-2】0 【增】3【对美加征】5【出】0【退】13	千克					999	比卡鲁胺、美司钠、舒林酸及其他抗癌药品原料药
293090	90	99	其他有机硫化合物	Other organic sulfur compounds	【最】6.5【普】30 【协东盟】0【协香港】0【协澳门】0 【协巴基斯坦】5【协智利】0【协新西兰】0 【协秘鲁】0【协哥斯达黎加】0【协冰岛】0 【协瑞士】0【协澳大利亚】0【协韩国】0 【协格鲁吉亚】0 【特-1】0【特-2】0 【增】16【对美加征】5【出】0【退】13	千克					248	其他有机硫化合物（其他化工产品）
293090	90	99	其他有机硫化合物	Other organic sulfur compounds	【最】6.5【普】30 【协东盟】0【协香港】0【协澳门】0 【协巴基斯坦】5【协智利】0【协新西兰】0 【协秘鲁】0【协哥斯达黎加】0【协冰岛】0 【协瑞士】0【协澳大利亚】1.3【协韩国】1.3 【协格鲁吉亚】0 【特-1】0【特-2】0 【增】16【对美加征】5【出】0【退】13	千克					301 302 303 304 305 ……	其他有机硫化合物（爆炸品） 其他有机硫化合物（易燃气体） 其他有机硫化合物（毒性气体） 其他有机硫化合物（易燃液体） 其他有机硫化合物（易于自燃的物质） ……①
293110	00		四甲基铅及四乙基铅	Tetramethyl lead and tetraethyl lead	【最】6.5【普】30 【协东盟】0【协巴基斯坦】5【协智利】0 【协新西兰】0【协秘鲁】0【协哥斯达黎加】0 【协冰岛】0【协瑞士】0【协澳大利亚】0 【协韩国】0【协格鲁吉亚】0【协香港】0 【协澳门】0 【特-1】0【特-2】0 【增】16【出】0【退】10	千克	AX	BX	M	N	101 102	四甲基铅及四乙基铅（四甲基铅） 四甲基铅及四乙基铅（四乙基铅）
293120	00		三丁基锡化合物	Tributyltin compounds	【最】6.5【普】30 【协东盟】0【协巴基斯坦】5【协智利】0 【协新西兰】0【协秘鲁】0【协哥斯达黎加】0 【协冰岛】0【协瑞士】0【协澳大利亚】0 【协韩国】0【协格鲁吉亚】0【协香港】0 【协澳门】0 【特-1】0【特-2】0 【增】16【出】0【退】0	千克	X	X			999	三丁基锡化合物
293131	00		甲基膦酸二甲酯	Dimethyl methylphosphonate	【最】6.5【普】30 【协东盟】0【协巴基斯坦】5【协智利】0 【协新西兰】0【协秘鲁】0【协哥斯达黎加】0 【协冰岛】0【协瑞士】0【协澳大利亚】0 【协韩国】0【协格鲁吉亚】0【协香港】0 【协澳门】0 【特-1】0【特-2】0 【增】16【出】0【退】10	千克	2	3			999	甲基膦酸二甲酯

① 该税号项下检验检疫编码及对应中文名称尚有：306　其他有机硫化合物（毒性物质和感染性物质），307　其他有机硫化合物（腐蚀性物质），308　其他有机硫化合物（杂项物质），309　其他有机硫化合物（其他危险化学品）。

税则号列			货品名称中英文		税费综合信息	计量单位	监管证件代码		检验检疫类别		检验检疫编码	检验检疫编码对应中文名称
HS 国际统一前 6 位	本国子目 7~8 位	本国子目 9~10 位	中文 货物名称	英文 Article Description			进口	出口	进口	出口		
293132	00		丙基膦酸二甲酯	Dimethyl propylphosphonate	【最】6.5【普】30 【协东盟】0【协巴基斯坦】5【协智利】0 【协新西兰】0【协秘鲁】0【协哥斯达黎加】0 【协冰岛】0【协瑞士】0【协澳大利亚】0 【协韩国】0【协格鲁吉亚】【协香港】0 【协澳门】0 【特-1】0【特-2】0 【增】16【出】0【退】10	千克	A	B	MR	NS	999	丙基膦酸二甲酯
293133	00		乙基膦酸二乙酯	Diethyl ethylphosphonate	【最】6.5【普】30 【协东盟】0【协巴基斯坦】5【协智利】0 【协新西兰】0【协秘鲁】0【协哥斯达黎加】0 【协冰岛】0【协瑞士】0【协澳大利亚】0 【协韩国】0【协格鲁吉亚】0【协香港】0 【协澳门】0 【特-1】0【特-2】0 【增】16【出】0【退】10	千克	2	3			999	乙基膦酸二乙酯
293134	00		3-（三羟基硅烷基）丙基甲基膦酸钠	Sodium 3-(trihydroxysilyl) propyl methylphosphonate	【最】6.5【普】30 【协东盟】0【协巴基斯坦】5【协智利】0 【协新西兰】0【协秘鲁】0【协哥斯达黎加】0 【协冰岛】0【协瑞士】0【协澳大利亚】0 【协韩国】0【协格鲁吉亚】0【协香港】0 【协澳门】0 【特-1】0【特-2】0 【增】16【出】0【退】10	千克	A	B	MR	NS	999	3-(三羟基硅烷基）丙基甲基膦酸钠
293135	00		1-丙基磷酸环酐	2, 4, 6-Tripropyl-1, 3, 5, 2, 4, 6-trioxatriphosphinane 2, 4, 6-trioxide	【最】6.5【普】30 【协东盟】0【协巴基斯坦】5【协智利】0 · 【协新西兰】0【协秘鲁】0【协哥斯达黎加】0 【协冰岛】0【协瑞士】0【协澳大利亚】0 【协韩国】0【协格鲁吉亚】0【协香港】0 【协澳门】0 【特-1】0【特-2】0 【增】16【出】0【退】10	千克	A	B	MR	NS	999	1-丙基磷酸环酐
293136	00		（5-乙基-2-甲基-2-氧代-1,3,2-二氧磷杂环己-5-基）甲基膦酸二甲酯	(5-Ethyl-2-methyl-2-oxido-1, 3, 2-dioxaphosphinan-5-Yl) methyl methylphosphonate	【最】6.5【普】30 【协东盟】0【协巴基斯坦】5【协智利】0 【协新西兰】0【协秘鲁】0【协哥斯达黎加】0 【协冰岛】0【协瑞士】0【协澳大利亚】0 【协韩国】0【协格鲁吉亚】0【协香港】0 【协澳门】0 【特-1】0【特-2】0 【增】16【出】0【退】10	千克	2	3			999	(5-乙基-2-甲基-2-氧代-1, 3, 2-二氧磷杂环己-5-基）甲基膦酸二甲酯（CAS 号：41203-81-0）
293137	00		双［(5-乙基-2-甲基-2-氧代-1,3,2-二氧磷杂环己-5-基）甲基］甲基膦酸酯（阻燃剂 FRC-1)	Bis [5-ethyl-2-methyl-2-ox-ido-1, 3, 2-dioxaphosphinan-5-Yl) methyl methylphosphonate	【最】6.5【普】30 【协东盟】0【协巴基斯坦】5【协智利】0 【协新西兰】0【协秘鲁】0【协哥斯达黎加】0 【协冰岛】0【协瑞士】0【协澳大利亚】0 【协韩国】0【协格鲁吉亚】0【协香港】0 【协澳门】0 【特-1】0【特-2】0 【增】16【出】0【退】10	千克	A	B	MR	NS	999	双［(5-乙基-2-甲基-2-氧代-1,3,2-二氧磷杂环己-5-基）甲基］甲基膦酸酯（阻燃剂 FRC-1)（CAS 号：42595-45-9）
293138	00		甲基膦酸和脒基尿素（1:1）生成的盐	Salt of methylphosphonic acid and (aminoiminomethyl) urea (1:1)	【最】6.5【普】30 【协东盟】0【协巴基斯坦】5【协智利】0 【协新西兰】0【协秘鲁】0【协哥斯达黎加】0 【协冰岛】0【协瑞士】0【协澳大利亚】0 【协韩国】0【协格鲁吉亚】0【协香港】0 【协澳门】0 【特-1】0【特-2】0 【增】16【出】0【退】10	千克	A	B	MR	NS	999	甲基膦酸和脒基尿素（1:1）生成的盐
293139	10		双甘膦	N-(Phosphonomethyl) iminodiacetic acid	【最】6.5【普】30 【协东盟】0【协巴基斯坦】5【协智利】0 【协新西兰】0【协秘鲁】0【协哥斯达黎加】0 【协冰岛】0【协瑞士】0【协澳大利亚】0 【协韩国】0【协格鲁吉亚】0【协香港】0 【协澳门】0 【特-1】0【特-2】0 【增】16【出】0【退】0	千克	A	B	R	S	999	双甘膦（需申报仅用于工业用途不用于无检疫要求食品添加剂的化学品）

税则号列 HS国际统一前6位	本国子目 7~8位	本国子目 9~10位	货品名称 中文 货物名称	货品名称 英文 Article Description	税费综合信息	计量单位	监管证件代码 进口	监管证件代码 出口	检验检疫类别 进口	检验检疫类别 出口	检验检疫编码	检验检疫编码对应中文名称
293139	90	11	烷基亚膦酰烷基-2-二烷氨基乙酯（包括相应烷基化盐或质子化盐）	Alkyl-phosphonic alkyl 2-n-diethyl(including corresponding alkylated salt or protonated salt)	【最】6.5【普】30 【协东盟】0【协巴基斯坦】5【协智利】0 【协新西兰】0【协秘鲁】0【协哥斯达黎加】0 【协冰岛】0【协瑞士】0【协澳大利亚】0 【协韩国】0【协格鲁吉亚】0【协香港】0 【协澳门】0 【特-1】0【特-2】0 【增】16【对美加征】10【出】0【退】10	千克	2	3			999	烷基亚膦酰烷基-2-二烷氨基乙酯（包括相应烷基化盐或质子化盐）
293139	90	12	氯沙林、氯梭曼（氯沙林即甲基氯膦酸异丙酯，氯梭曼即甲基氯膦酸频那酯）	Chlorosarin (O-Isopropylmethyl phosphonochloridate); Chlorosoman(O-Pinacolylmethyl phosphonochloridate)	【最】6.5【普】30 【协东盟】0【协巴基斯坦】5【协智利】0 【协新西兰】0【协秘鲁】0【协哥斯达黎加】0 【协冰岛】0【协瑞士】0【协澳大利亚】0 【协韩国】0【协格鲁吉亚】0【协香港】0 【协澳门】0 【特-1】0【特-2】0 【增】16【对美加征】10【出】0【退】10	千克	2	3			999	氯沙林、氯梭曼（氯沙林即甲基氯膦酸异丙酯，氯梭曼即甲基氯膦酸频那酯）
293139	90	13	烷基氟膦酸烷酯，10碳原子以下（烷基指甲、乙、正丙、异丙基，例如沙林、梭曼）	Alkyl(Me, Et, n-Pr, i-Pr) alkane fluorophosphates esters, below 10-carbon atoms, for example, sarin, Soman	【最】6.5【普】30 【协东盟】0【协巴基斯坦】5【协智利】0 【协新西兰】0【协秘鲁】0【协哥斯达黎加】0 【协冰岛】0【协瑞士】0【协澳大利亚】0 【协韩国】0【协格鲁吉亚】【协香港】0 【协澳门】0 【特-1】0【特-2】0 【增】16【对美加征】10【出】0【退】10	千克	2	3			999	烷基氟膦酸烷酯，10碳原子以下（烷基指甲、乙、正丙、异丙基，例如沙林、梭曼）
293139	90	14	二烷氨基氰膦酸烷酯10碳原子以下（烷基指甲、乙、正丙、异丙基，例如塔崩）	Dialkyl (Me, Et, n-Pr, i-Pr) cyanamide alkane phosphate esters, below 10-carbon atoms, for example, tabun	【最】6.5【普】30 【协东盟】0【协巴基斯坦】5【协智利】0 【协新西兰】0【协秘鲁】0【协哥斯达黎加】0 【协冰岛】0【协瑞士】0【协澳大利亚】0 【协韩国】0【协格鲁吉亚】【协香港】0 【协澳门】0 【特-1】0【特-2】0 【增】16【对美加征】10【出】0【退】10	千克	2	3			999	二烷氨基氰膦酸烷酯10碳原子以下（烷基指甲、乙、正丙、异丙基，例如塔崩）
293139	90	15	烷基膦酰二氟（烷基指甲、乙、正丙、异丙基，例如，DF：甲基膦酰二氟）	Alkyl(Me, Et, n-Pr, i-Pr) phosphoryl difluoride, for example, DF: Methylphosphonic dichloride	【最】6.5【普】30 【协东盟】0【协巴基斯坦】5【协智利】0 【协新西兰】0【协秘鲁】0【协哥斯达黎加】0 【协冰岛】0【协瑞士】0【协澳大利亚】0 【协韩国】0【协格鲁吉亚】0【协香港】0 【协澳门】0 【特-1】0【特-2】0 【增】16【对美加征】10【出】0【退】10	千克	2	3			999	烷基膦酰二氟（烷基指甲、乙、正丙、异丙基，例如，DF：甲基膦酰二氟）
293139	90	16	草甘膦	Glyphosate	【最】6.5【普】30 【协东盟】0【协巴基斯坦】5【协智利】0 【协新西兰】0【协秘鲁】0【协哥斯达黎加】0 【协冰岛】0【协瑞士】0【协澳大利亚】0 【协韩国】0【协格鲁吉亚】【协香港】0 【协澳门】0 【特-1】0【特-2】0 【增】16【对美加征】10【出】0【退】0	千克	S	S			999	草甘膦
293139	90	17	草铵膦，草硫膦，杀木膦等（包括双丙氨膦、增甘膦及其盐）	Glufosinate-ammonium, glyphosate-trimesium, fosamine-ammonium etc. (including bialaphos, glyphosine and its salt)	【最】6.5【普】30 【协东盟】0【协巴基斯坦】5【协智利】0 【协新西兰】0【协秘鲁】0【协哥斯达黎加】0 【协冰岛】0【协瑞士】0【协澳大利亚】0 【协韩国】0【协格鲁吉亚】0【协香港】0 【协澳门】0 【特-1】0【特-2】0 【增】16【对美加征】10【出】0【退】10	千克	S	S			999	草铵膦，草硫膦，杀木膦等（包括双丙氨膦、增甘膦及其盐）
293139	90	18	三丁氯苄鏻	Chlorphonium (BSI, ISO)	【最】6.5【普】30 【协东盟】0【协巴基斯坦】5【协智利】0 【协新西兰】0【协秘鲁】0【协哥斯达黎加】0 【协冰岛】0【协瑞士】0【协澳大利亚】0 【协韩国】0【协格鲁吉亚】0【协香港】0 【协澳门】0 【特-1】0【特-2】0 【增】16【对美加征】10【出】0【退】10	千克	S	S			999	三丁氯苄鏻

税则号列 HS国际统一前6位	本国子目 7~8位	本国子目 9~10位	货品名称中英文 中文 货物名称	货品名称中英文 英文 Article Description	税费综合信息	计量单位	监管证件代码 进口	监管证件代码 出口	检验检疫类别 进口	检验检疫类别 出口	检验检疫编码	检验检疫编码对应中文名称
293139	90	19	乙烯利	Ethephon	【最】6.5【普】30 【协东盟】0【协巴基斯坦】5【协智利】0 【协新西兰】0【协秘鲁】0【协哥斯达黎加】0 【协冰岛】0【协瑞士】0【协澳大利亚】0 【协韩国】0【协格鲁吉亚】0【协香港】0 【协澳门】0 【特-1】0【特-2】0 【增】16【对美加征】10【出】0【退】10	千克	S	S			999	乙烯利
293139	90	21	敌百虫、氟硅菊酯、毒壤膦等（包括苯硫膦、溴苯膦、苯腈膦、丁酯膦）	Trichlorfon, silafluofen, trichloronat etc. (including EPN (ESA), leptophos, cyan-ofenphos, butonate	【最】6.5【普】30 【协东盟】0【协巴基斯坦】5【协智利】0 【协新西兰】0【协秘鲁】0【协哥斯达黎加】0 【协冰岛】0【协瑞士】0【协澳大利亚】0 【协韩国】0【协格鲁吉亚】0【协香港】0 【协澳门】0 【特-1】0【特-2】0 【增】16【对美加征】10【出】0【退】10	千克	S	S			999	敌百虫、氟硅菊酯、毒壤膦等（包括苯硫膦、溴苯膦、苯腈膦、丁酯膦）
293139	90	22	甲基膦酰二氯、丙基膦酸、甲基膦酸、甲基膦酸二聚乙二醇酯（CAS号：294675-51-7）{甲基膦酸二［5-（5-乙基-2-甲基-2-氧代-1,3,2-二氧磷杂环己基）甲基］酯（CAS号：42595-45-9），地虫磷除外}	Methyl phosphonic acid chlorin, dimethyl methanephosphonate, propylphosphonate, methylphosphonate, diethyl ethylphosphonate, methyl phosphonate poly (ethylene glycol) ester (CAS number: 294675-51-7) (including methylphospho-natedi (5-(5-ethyl-2-methyl-2-oxide-1, 3, 2-dioxaphosphorinanyl) methyl) ester (CAS number: 42595-45-9), other than dyfonate)	【最】6.5【普】30 【协东盟】0【协巴基斯坦】5【协智利】0 【协新西兰】0【协秘鲁】0【协哥斯达黎加】0 【协冰岛】0【协瑞士】0【协澳大利亚】0 【协韩国】0【协格鲁吉亚】0【协香港】0 【协澳门】0 【特-1】0【特-2】0 【增】16【对美加征】10【出】0【退】10	千克	2	3			999	甲基膦酰二氯、丙基膦酸、甲基膦酸、甲基膦酸二聚乙二醇酯（CAS号：294675-51-7）{甲基膦酸二［5-（5-乙基-2-甲基-2-氧代-1,3,2-二氧磷杂环己基）甲基］酯（CAS号：42595-45-9），地虫磷除外}
293139	90	90	其他含磷原子的有机一无机化合物	Other organo-inorganic compounds containing Phosphorus atoms	【最】6.5【普】30 【协东盟】0【协巴基斯坦】5【协智利】0 【协新西兰】0【协秘鲁】0【协哥斯达黎加】0 【协冰岛】0【协瑞士】0【协澳大利亚】0 【协韩国】0【协格鲁吉亚】0【协香港】0 【协澳门】0 【特-1】0【特-2】0 【增】16【对美加征】10【出】0【退】10	千克	A	B	MR	NS	301 302 303 304 999	301 其他含磷原子的有机一无机化合物（需申报仅用于工业用途不用于无检疫要求食品添加剂的化学品） 302 其他含磷原子的有机一无机化合物（其他危险化学品） 303 其他含磷原子的有机一无机化合物（无检疫要求的食品添加剂） 304 其他含磷原子的有机一无机化合物（属于危险化学品的食品添加剂） 999 其他含磷原子的有机一无机化合物（毒性物质和感染性物质）
293190	00	01	六甲基环三硅氧烷（包括八甲基环四硅氧烷、十甲基环五硅氧烷、十二甲基环六硅氧烷）	Hexamethylcyclotrisiloxane (including octamethylcyotetrasiloxane, decamethylcyclotrisiloxane, decamethylcyclopentasilo xane)	【最】6.5【普】30 【协东盟】0【协巴基斯坦】5【协智利】0 【协新西兰】0【协秘鲁】0【协哥斯达黎加】0 【协冰岛】0【协瑞士】0【协澳大利亚】0 【协韩国】0【协格鲁吉亚】0【协香港】0 【协澳门】0 【特-1】0【特-2】0 【增】16【对美加征】5【出】0【退】10	千克					999	六甲基环三硅氧烷（包括八甲基环四硅氧烷、十甲基环五硅氧烷、十二甲基环六硅氧烷）
293190	00	11	2-氯乙烯基二氯胂	2-chlorovinyl dichloroarsine	【最】6.5【普】30 【协东盟】0【协巴基斯坦】5【协智利】0 【协新西兰】0【协秘鲁】0【协哥斯达黎加】0 【协冰岛】0【协瑞士】0【协澳大利亚】0 【协韩国】0【协格鲁吉亚】0【协香港】0 【协澳门】0 【特-1】0【特-2】0 【增】16【对美加征】5【出】0【退】0	千克	2	3			999	2-氯乙烯基二氯胂

税则号列			货品名称中英文		税费综合信息	计量单位	监管证件代码		检验检疫类别		检验检疫编码	检验检疫编码对应中文名称
HS国际统一前6位	本国子目7~8位	9~10位	中文 货物名称	英文 Article Description			进口	出口	进口	出口		
293190	00	12	二（2-氯乙烯基）氯胂	Di（2-Chlorovinyl）chloroarsine	【最】6.5【普】30 【协东盟】0【协巴基斯坦】5【协智利】0 【协新西兰】0【协秘鲁】0【协哥斯达黎加】0 【协冰岛】0【协瑞士】0【协澳大利亚】0 【协韩国】0【协格鲁吉亚】0【协香港】0 【协澳门】0 【特-1】0【特-2】0 【增】16【对美加征】5【出】0【退】0	千克	2	3			999	二（2-氯乙烯基）氯胂
293190	00	13	三（2-氯乙烯基）胂	Tri(2-Chlorovinyl) arsine	【最】6.5【普】30 【协东盟】0【协巴基斯坦】5【协智利】0 【协新西兰】0【协秘鲁】0【协哥斯达黎加】0 【协冰岛】0【协瑞士】0【协澳大利亚】0 【协韩国】0【协格鲁吉亚】0【协香港】0 【协澳门】0 【特-1】0【特-2】0 【增】16【对美加征】5【出】0【退】0	千克	2	3			999	三（2-氯乙烯基）胂
293190	00	14	锆试剂，二甲胂酸等（包括4-二甲氨基偶氮苯-4'-胂酸，卡可基酸，二甲基胂酸钠）	Zirconin, cacodylic acid, etc. (including 4-dimethyl-aminoazobenzene-4'-arsonic acid, cacodylic acid, sodium cacodylate)	【最】6.5【普】30 【协东盟】0【协巴基斯坦】5【协智利】0 【协新西兰】0【协秘鲁】0【协哥斯达黎加】0 【协冰岛】0【协瑞士】0【协澳大利亚】0 【协韩国】0【协格鲁吉亚】0【协香港】0 【协澳门】0 【特-1】0【特-2】0 【增】16【对美加征】5【出】0【退】0	千克					999	锆试剂，二甲胂酸等（包括4-二甲氨基偶氮苯-4'-胂酸，卡可基酸，二甲基胂酸钠）
293190	00	15	4-氨基苯胂酸钠，二氯化苯胂（对氨基苯胂酸钠，二氯苯胂，苯胂化二氯）	4-sodium arsanilate, phenyldichloroarsine (sodium rho-aminophenylarsonate, dichlorophenarsine, phenylarsine dichloride)	【最】6.5【普】30 【协东盟】0【协巴基斯坦】5【协智利】0 【协新西兰】0【协秘鲁】0【协哥斯达黎加】0 【协冰岛】0【协瑞士】0【协澳大利亚】0 【协韩国】0【协格鲁吉亚】0【协香港】0 【协澳门】0 【特-1】0【特-2】0 【增】16【对美加征】5【出】0【退】0	千克					999	4-氨基苯胂酸钠，二氯化苯胂（对氨基苯胂酸钠，二氯苯胂，苯胂化二氯）
293190	00	16	蒽醌-1-胂酸、三环锡（普特丹）等（包括月桂酸三丁基锡、醋酸三丁基锡）	Anthraquinone-1-arsonic acid, cyhexatin etc. (including lauric acid tributyltin, acetic acid tributyltin)	【最】6.5【普】30 【协东盟】0【协巴基斯坦】5【协智利】0 【协新西兰】0【协秘鲁】0【协哥斯达黎加】0 【协冰岛】0【协瑞士】0【协澳大利亚】0 【协韩国】0【协格鲁吉亚】0【协香港】0 【协澳门】0 【特-1】0【特-2】0 【增】16【对美加征】5【出】0【退】0	千克					999	蒽醌-1-胂酸、三环锡（普特丹）等（包括月桂酸三丁基锡、醋酸三丁基锡）
293190	00	17	硫酸三乙基锡，二丁基氧化锡等（包括氧化二丁基锡，乙酸三乙基锡，三乙基乙酸锡）	Triethyltin sulphate, Dibutyltin oxide etc. (including oxidation dibutyltin Acetoxytriethylstannane, triethyl ethyl stannic acid)	【最】6.5【普】30 【协东盟】0【协巴基斯坦】5【协智利】0 【协新西兰】0【协秘鲁】0【协哥斯达黎加】0 【协冰岛】0【协瑞士】0【协澳大利亚】0 【协韩国】0【协格鲁吉亚】0【协香港】0 【协澳门】0 【特-1】0【特-2】0 【增】16【对美加征】5【出】0【退】10	千克					999	硫酸三乙基锡，二丁基氧化锡等（包括氧化二丁基锡，乙酸三乙基锡，三乙基乙酸锡）
293190	00	18	四乙基锡，乙酸三甲基锡（四乙锡，醋酸三甲基锡）	Tetraethyltin, trimethyltin acetate	【最】6.5【普】30 【协东盟】0【协巴基斯坦】5【协智利】0 【协新西兰】0【协秘鲁】0【协哥斯达黎加】0 【协冰岛】0【协瑞士】0【协澳大利亚】0 【协韩国】0【协格鲁吉亚】0【协香港】0 【协澳门】0 【特-1】0【特-2】0 【增】16【对美加征】5【出】0【退】10	千克					999	四乙基锡，乙酸三甲基锡（四乙锡，醋酸三甲基锡）
293190	00	19	毒菌锡［三苯基羟基锡（含量>20%）］	Fentin hydroxide (Triphenyltin hydroxide(content>20%))	【最】6.5【普】30 【协东盟】0【协巴基斯坦】5【协智利】0 【协新西兰】0【协秘鲁】0【协哥斯达黎加】0 【协冰岛】0【协瑞士】0【协澳大利亚】0 【协韩国】0【协格鲁吉亚】0【协香港】0 【协澳门】0 【特-1】0【特-2】0 【增】16【对美加征】5【出】0【退】10	千克					999	毒菌锡［三苯基羟基锡（含量>20%）］

税则号列			货品名称中英文		税费综合信息	计量单位	监管证件代码		检验检疫类别		检验检疫编码	检验检疫编码对应中文名称
HS 国际统一前6位	本国子目 7~8位	9~10位	中文 货物名称	英文 Article Description			进口	出口	进口	出口		
293190	00	21	乙酰亚砷酸铜，二苯(基)胺氯胂(祖母绿；翡翠绿；醋酸亚砷酸铜，吩吡嗪化氯；亚当氏气)	Copper acetoarsenite, phenarsazinechloride	【最】6.5【普】30 【协东盟】0【协巴基斯坦】5【协智利】0 【协新西兰】0【协秘鲁】0【协哥斯达黎加】0 【协冰岛】0【协瑞士】0【协澳大利亚】0 【协韩国】0【协格鲁吉亚】0【协香港】0 【协澳门】0 【特-1】0【特-2】0 【增】16【对美加征】5【出】0【退】0	千克					999	乙酰亚砷酸铜，二苯(基)胺氯胂(祖母绿；翡翠绿；醋酸亚砷酸铜，吩吡嗪化氯；亚当氏气)
293190	00	22	3-硝基-4-羟基苯胂酸(4-羟基-3-硝基苯胂酸)	4-Hydroxy-3-nitro phenylarsonic acid	【最】6.5【普】30 【协东盟】0【协巴基斯坦】5【协智利】0 【协新西兰】0【协秘鲁】0【协哥斯达黎加】0 【协冰岛】0【协瑞士】0【协澳大利亚】0 【协韩国】0【协格鲁吉亚】0【协香港】0 【协澳门】0 【特-1】0【特-2】0 【增】16【对美加征】5【出】0【退】0	千克					999	3-硝基-4-羟基苯胂酸(4-羟基-3-硝基苯胂酸)
293190	00	23	乙基二氯胂，二苯(基)氯胂(包括二氯化乙基胂，氯化二苯胂)	Ethyldichloroarsine diphenylchloroarsine etc. (including dichloroethyl arsenic, diphenylarsine chloride)	【最】6.5【普】30 【协东盟】0【协巴基斯坦】5【协智利】0 【协新西兰】0【协秘鲁】0【协哥斯达黎加】0 【协冰岛】0【协瑞士】0【协澳大利亚】0 【协韩国】0【协格鲁吉亚】0【协香港】0 【协澳门】0 【特-1】0【特-2】0 【增】16【对美加征】5【出】0【退】0	千克					999	乙基二氯胂，二苯(基)氯胂(包括二氯化乙基胂，氯化二苯胂)
293190	00	24	甲(基)胂酸，丙(基)胂酸，二碘化苯胂(苯基二碘胂)	Methanearsonic acid, propylarsonic acid, phenyl diiodoarsine etc. (including phenylarsine diiondide)	【最】6.5【普】30 【协东盟】0【协巴基斯坦】5【协智利】0 【协新西兰】0【协秘鲁】0【协哥斯达黎加】0 【协冰岛】0【协瑞士】0【协澳大利亚】0 【协韩国】0【协格鲁吉亚】【协香港】0 【协澳门】0 【特-1】0【特-2】0 【增】16【对美加征】5【出】0【退】0	千克					999	甲(基)胂酸，丙(基)胂酸，二碘化苯胂(苯基二碘胂)
293190	00	25	苯胂酸，2-硝基苯胂酸等(包括邻硝基苯胂酸，3-硝基苯胂酸，间硝基苯胂酸等)	Phenylarsonic acid, 2-nitrophenylarsonic acid (including o-nitrophenyl arsonic acid, 3-nitrophenylarsonic acid, m-nitrophenol arsonic acid etc.)	【最】6.5【普】30 【协东盟】0【协巴基斯坦】5【协智利】0 【协新西兰】0【协秘鲁】0【协哥斯达黎加】0 【协冰岛】0【协瑞士】0【协澳大利亚】0 【协韩国】0【协格鲁吉亚】0【协香港】0 【协澳门】0 【特-1】0【特-2】0 【增】16【对美加征】5【出】0【退】0	千克					999	苯胂酸，2-硝基苯胂酸等(包括邻硝基苯胂酸，3-硝基苯胂酸，间硝基苯胂酸等)
293190	00	26	4-硝基苯胂酸，2-氨基苯胂酸(对硝基苯胂酸，邻氨基苯胂酸)	4-Nitrophenylarsonic acid, 2-aminophenylarsonic acid(para-nitrotoluene arsonic acid, o-phenetidine arsonic acid)	【最】6.5【普】30 【协东盟】0【协巴基斯坦】5【协智利】0 【协新西兰】0【协秘鲁】0【协哥斯达黎加】0 【协冰岛】0【协瑞士】0【协澳大利亚】0 【协韩国】0【协格鲁吉亚】0【协香港】0 【协澳门】0 【特-1】0【特-2】0 【增】16【对美加征】5【出】0【退】0	千克					999	4-硝基苯胂酸，2-氨基苯胂酸(对硝基苯胂酸，邻氨基苯胂酸)
293190	00	27	3-氨基苯胂酸、4-氨基苯胂酸(间氨基苯胂酸、对氨基苯胂酸)	3-Aminophenylarsonic acid, Aminophenylars-onic acid(m-aminophenol arsonic acid, pamin-ophenylarsonic acid)	【最】6.5【普】30 【协东盟】0【协巴基斯坦】5【协智利】0 【协新西兰】0【协秘鲁】0【协哥斯达黎加】0 【协冰岛】0【协瑞士】0【协澳大利亚】0 【协韩国】0【协格鲁吉亚】0 【协香港】0【协澳门】0 【特-1】0【特-2】0 【增】16【对美加征】5【出】0【退】0	千克					999	3-氨基苯胂酸、4-氨基苯胂酸(间氨基苯胂酸、对氨基苯胂酸)
293190	00	28	三苯锡，三苯基乙酸锡等(包括三苯基氯化锡，三苯基氢氧化锡，苯丁锡，三唑锡)	Fentin, fentin acetate etc. (including fentinChloride, fentin hydroxide, fenbutatin oxide, azocyclotin)	【最】6.5【普】30 【协东盟】0【协巴基斯坦】5【协智利】0 【协新西兰】0【协秘鲁】0【协哥斯达黎加】0 【协冰岛】0【协瑞士】0【协澳大利亚】0 【协韩国】0【协格鲁吉亚】0【协香港】0 【协澳门】0 【特-1】0【特-2】0 【增】16【对美加征】5【出】0【退】10	千克	S	S			999	三苯锡，三苯基乙酸锡等(包括三苯基氯化锡，三苯基氢氧化锡，苯丁锡，三唑锡)

税则号列 HS国际统一前6位	本国子目 7~8位	本国子目 9~10位	货品名称中英文 中文 货物名称	英文 Article Description	税费综合信息	计量单位	监管证件代码 进口	监管证件代码 出口	检验检疫类别 进口	检验检疫类别 出口	检验检疫编码	检验检疫编码对应中文名称
293190	00	29	田安	Neoasozin	【最】6.5【普】30 【协东盟】0【协巴基斯坦】5【协智利】0 【协新西兰】0【协秘鲁】0【协哥斯达黎加】0 【协冰岛】0【协瑞士】0【协澳大利亚】0 【协韩国】0【协格鲁吉亚】0【协香港】0 【协澳门】0 【特-1】0【特-2】0 【增】16【对美加征】5【出】0【退】10	千克	S	S			999	田安
293190	00	31	乙烯硅	Etacelasil	【最】6.5【普】30 【协东盟】0【协巴基斯坦】5【协智利】0 【协新西兰】0【协秘鲁】0【协哥斯达黎加】0 【协冰岛】0【协瑞士】0【协澳大利亚】0 【协韩国】0【协格鲁吉亚】0【协香港】0 【协澳门】0 【特-1】0【特-2】0 【增】16【对美加征】5【出】0【退】10	千克	S	S			999	乙烯硅
293190	00	90	其他有机—无机化合物	Other organo-inorganic compound	【最】6.5【普】30 【协东盟】0【协巴基斯坦】5【协智利】0 【协新西兰】0【协秘鲁】0【协哥斯达黎加】0 【协冰岛】0【协瑞士】0【协澳大利亚】0 【协韩国】0【协格鲁吉亚】0【协香港】0 【协澳门】0 【特-1】0【特-2】0 【增】16【对美加征】5【出】0【退】13	千克	A	B	MR	NS	301 302 303 999	其他有机—无机化合物（其他危险化学品） 其他有机—无机化合物（无检疫要求的食品添加剂） 其他有机—无机化合物（属于危险化学品的食品添加剂） 其他有机—无机化合物（毒性物质和感染性物质）
293211	00		四氢呋喃	Tetrahydrofuran	【最】6【普】20 【协东盟】0【协香港】0【协澳门】0 【协巴基斯坦】5【协智利】0【协新西兰】0 【协秘鲁】0【协台湾】0【协哥斯达黎加】0 【协冰岛】0【协瑞士】0【协澳大利亚】0 【协韩国】0【协格鲁吉亚】0 【特-1】0【特-2】0 【增】16【对美加征】10【出】0【退】10	千克	A	B	M	N	102 301 302 303	四氢呋喃（2-甲基四氢呋喃） 四氢呋喃（易燃液体） 四氢呋喃［2,5-二乙基四氢呋喃（无检疫要求食品添加剂）］ 四氢呋喃［2-甲基-3-四氢呋喃硫醇（无检疫要求食品添加剂）］
293212	00		2-糠醛	2-Furaldehyde(furfuraldehyde)	【最】6【普】20 【协东盟】0【协巴基斯坦】5【协智利】0 【协新西兰】0【协秘鲁】0【协哥斯达黎加】0 【协冰岛】0【协瑞士】0【协澳大利亚】0 【协韩国】0【协格鲁吉亚】0 【协香港】0【协澳门】0 【特-1】0【特-2】0 【增】16【对美加征】10【出】0【退】10	千克		B		N	301	2-糠醛（毒性物质和感染性物质）
293213	00		糠醇及四氢糠醇	Furfuryl alcohol and tetrahydrofurfuryl alcohol	【最】6【普】20 【协东盟】0【协巴基斯坦】5【协智利】0 【协新西兰】0【协秘鲁】0【协哥斯达黎加】0 【协冰岛】0【协瑞士】0【协澳大利亚】0 【协韩国】0【协格鲁吉亚】0【协香港】0 【协澳门】0 【特-1】0【特-2】0 【增】16【对美加征】5【出】0【退】10	千克					101	糠醇及四氢糠醇（2-呋喃甲醇）
293214	00		三氯蔗糖	Sucralose	【最】6.5【普】20 【协东盟】0【协巴基斯坦】5【协智利】0 【协新西兰】0【协秘鲁】0【协哥斯达黎加】0 【协冰岛】0【协澳大利亚】0 【协韩国】0【协格鲁吉亚】0【协香港】0 【协澳门】0 【特-1】0【特-2】0 【增】16【对美加征】5【出】0【退】13	千克					999	三氯蔗糖
293219	00	11	喃烯菊酯，炔呋菊酯等（包括甲呋炔菊酯，溴苄呋菊酯，右旋炔呋菊酯）	Japothrins, furamethrin etc. (including proparthrin, bromethrin, d-furamethrin)	【最】6.5【普】20 【协东盟】0【协巴基斯坦】5【协智利】0 【协新西兰】0【协秘鲁】0【协哥斯达黎加】0 【协冰岛】0【协澳大利亚】0 【协韩国】0【协格鲁吉亚】0【协香港】0 【协澳门】0 【特-1】0【特-2】0 【增】16【对美加征】5【出】0【退】10	千克	S	S			999	喃烯菊酯，炔呋菊酯等（包括甲呋炔菊酯，溴苄呋菊酯，右旋炔呋菊酯）

税则号列			货品名称中英文		税费综合信息	计量单位	监管证件代码		检验检疫类别		检验检疫编码	检验检疫编码对应中文名称
HS 国际统一前6位	本国子目 7~8位	9~10位	中文 货物名称	英文 Article Description			进口	出口	进口	出口		
293219	00	12	呋菌胺，酯菌胺，抑霉胺等（包括环菌胺，甲呋酰胺，二甲呋酰胺）	Methuroxam, cyprofuram, vangard etc (including cyprodinil, fenfuram, furcarbanil)	【最】6.5【普】20 【协东盟】0【协巴基斯坦】5【协智利】0 【协新西兰】0【协秘鲁】0【协哥斯达黎加】0 【协冰岛】0【协澳大利亚】0 【协韩国】0【协格鲁吉亚】0【协香港】0 【协澳门】0 【特-1】0【特-2】0 【增】16【对美加征】5【出】0【退】10	千克	S	S			999	呋菌胺，酯菌胺，抑霉胺等（包括环菌胺，甲呋酰胺，二甲呋酰胺）
293219	00	13	呋氧草醚，环庚草醚，呋草酮等（包括茵多酸）	Furyloxyfen, cinmethylin, flurtamone etc. (including endothall)	【最】6.5【普】20 【协东盟】0【协巴基斯坦】5【协智利】0 【协新西兰】0【协秘鲁】0【协哥斯达黎加】0 【协冰岛】0【协澳大利亚】0 【协韩国】0【协格鲁吉亚】0【协香港】0 【协澳门】0 【特-1】0【特-2】0 【增】16【对美加征】5【出】0【退】10	千克	S	S			999	呋氧草醚，环庚草醚，呋草酮等（包括茵多酸）
293219	00	14	楝素，呋霜灵等（包括呋菌隆，螺螨酯）	Toosedarin, furalaxyl etc. (including furophanate, spirodiclofen)	【最】6.5【普】20 【协东盟】0【协巴基斯坦】5【协智利】0 【协新西兰】0【协秘鲁】0【协哥斯达黎加】0 【协冰岛】0【协澳大利亚】0 【协韩国】0【协格鲁吉亚】0【协香港】0 【协澳门】0 【特-1】0【特-2】0 【增】16【对美加征】5【出】0【退】10	千克	S	S			999	楝素，呋霜灵等（包括呋菌隆，螺螨酯）
293219	00	15	苄呋菊酯（包括右旋苄呋菊酯，生物苄呋菊酯）	Resmethrin (including d-resmethrin, bioresmethrin)	【最】6.5【普】20 【协东盟】0【协巴基斯坦】5【协智利】0 【协新西兰】0【协秘鲁】0【协哥斯达黎加】0 【协冰岛】0【协澳大利亚】0 【协韩国】0【协格鲁吉亚】0【协香港】0 【协澳门】0 【特-1】0【特-2】0 【增】16【对美加征】5【出】0【退】10	千克	S	S			999	苄呋菊酯（包括右旋苄呋菊酯，生物苄呋菊酯）
293219	00	16	呋虫胺	Dinotefuran	【最】6.5【普】20 【协东盟】0【协巴基斯坦】5【协智利】0 【协新西兰】0【协秘鲁】0【协哥斯达黎加】0 【协冰岛】0【协澳大利亚】0 【协韩国】0【协格鲁吉亚】0【协香港】0 【协澳门】0 【特-1】0【特-2】0 【增】16【对美加征】5【出】0【退】10	千克	S	S			999	呋虫胺
293219	00	20	呋芬雷司	Furfennorex	【最】6.5【普】20 【协东盟】0【协巴基斯坦】5【协智利】0 【协新西兰】0【协秘鲁】0【协哥斯达黎加】0 【协冰岛】0【协澳大利亚】0 【协韩国】0【协格鲁吉亚】0【协香港】0 【协澳门】0 【特-1】0【特-2】0 【增】16【对美加征】5【出】0【退】10	千克	I	I			999	呋芬雷司
293219	00	90	其他结构上有非稠合呋喃环化合物	Other compounds containing an unfused Furan ring in the structure	【最】6.5【普】20 【协东盟】0【协巴基斯坦】5【协智利】0 【协新西兰】0【协秘鲁】0【协哥斯达黎加】0 【协冰岛】0【协澳大利亚】0 【协韩国】0【协格鲁吉亚】0【协香港】0 【协澳门】0 【特-1】0【特-2】0 【增】16【对美加征】5【出】0【退】10	千克					301	其他结构上有非稠合呋喃环化合物（易燃液体）
293220	10		香豆素、甲基香豆素及乙基香豆素	Coumarin, methylcoumarins and ethylcoumarins	【最】6.5【普】20 【协东盟】0【协巴基斯坦】5【协智利】0 【协新西兰】0【协秘鲁】0【协哥斯达黎加】0 【协冰岛】0【协瑞士】0【协澳大利亚】0 【协韩国】0【协格鲁吉亚】0【协香港】0 【协澳门】0 【特-1】0【特-2】0 【增】16【对美加征】10【出】0【退】13	千克					301 302	香豆素、甲基香豆素及乙基香豆素（无检疫要求食品添加剂） 香豆素、甲基香豆素及乙基香豆素（其他化工产品）

税则号列			货品名称中英文		税费综合信息	计量单位	监管证件代码		检验检疫类别		检验检疫编码	检验检疫编码对应中文名称
HS 国际统一前 6 位	本国子目 7~8 位	9~10 位	中文 货物名称	英文 Article Description			进口	出口	进口	出口		
293220	90	11	杀鼠灵，克鼠灵，敌鼠灵，溴鼠灵（包括氯灭鼠灵，氟鼠灵，鼠得克，杀鼠醚）【电商】①	Warfarin, coumafuryl, melitoxin, brodifacoum etc. (including coumachlor, flocoumafen, difenacoum, coumatetralyl)	【最】6.5【普】20 【协东盟】0【协巴基斯坦】5【协智利】0 【协新西兰】0【协秘鲁】0【协哥斯达黎加】0 【协冰岛】0【协瑞士】2.6【协澳大利亚】0 【协韩国】0【协格鲁吉亚】0【协香港】0 【协澳门】0 【特-1】0【特-2】0 【增】16【对美加征】10【出】0【退】0	千克	S	S			301 302	杀鼠灵，克鼠灵，敌鼠灵，溴鼠灵等（包括氯灭鼠灵，氟鼠灵，鼠得克，杀鼠醚）（其他危险化学品） 杀鼠灵，克鼠灵，敌鼠灵，溴鼠灵等（包括氯灭鼠灵，氟鼠灵，鼠得克，杀鼠醚）（毒性物质和感染性物质）
293220	90	12	赤霉酸【电商】②	Gibberellic acid	【最】6.5【普】20 【协东盟】0【协巴基斯坦】5【协智利】0 【协新西兰】0【协秘鲁】0【协哥斯达黎加】0 【协冰岛】0【协瑞士】2.6【协澳大利亚】0 【协韩国】0【协格鲁吉亚】0【协香港】0 【协澳门】0 【特-1】0【特-2】0 【增】16【对美加征】10【出】0【退】10	千克	S	S			999	赤霉酸
293220	90	13	蝇毒磷，茴蒿素，溴敌隆，呋酰胺等（包括四氯苯酞，畜虫磷）【电商】③	Coumaphos, santonin, bromadiolone, fenfuram etc. (including phthalide, coumithoate)	【最】6.5【普】20 【协东盟】0【协巴基斯坦】5【协智利】0 【协新西兰】0【协秘鲁】0【协哥斯达黎加】0 【协冰岛】0【协瑞士】2.6【协澳大利亚】0 【协韩国】0【协格鲁吉亚】0【协香港】0 【协澳门】0 【特-1】0【特-2】0 【增】16【对美加征】10【出】0【退】0	千克	S	S			301	蝇毒磷，茴蒿素，溴敌隆，呋酰胺等（包括四氯苯酞，畜虫磷）（毒性物质和感染性物质）
293220	90	14	丁香菌酯【电商】④	Coumoxystrobin	【最】6.5【普】20 【协东盟】0【协巴基斯坦】5【协智利】0 【协新西兰】0【协秘鲁】0【协哥斯达黎加】0 【协冰岛】0【协瑞士】2.6【协澳大利亚】0 【协韩国】0【协格鲁吉亚】0【协香港】0 【协澳门】0 【特-1】0【特-2】0 【增】16【对美加征】10【出】0【退】10	千克	S	S			999	丁香菌酯
293220	90	15	甲氨基阿维菌素苯甲酸盐【电商】⑤	Emamectin benzoate	【最】6.5【普】20 【协东盟】0【协巴基斯坦】5【协智利】0 【协新西兰】0【协秘鲁】0【协哥斯达黎加】0 【协冰岛】0【协瑞士】2.6【协澳大利亚】0 【协韩国】0【协格鲁吉亚】0【协香港】0 【协澳门】0 【特-1】0【特-2】0 【增】16【对美加征】10【出】0【退】10	千克	S	S			999	甲氨基阿维菌素苯甲酸盐
293220	90	16	阿维菌素【电商】⑥	Avermectin	【最】6.5【普】20 【协东盟】0【协巴基斯坦】5【协智利】0 【协新西兰】0【协秘鲁】0【协哥斯达黎加】0 【协冰岛】0【协瑞士】2.6【协澳大利亚】0 【协韩国】0【协格鲁吉亚】0【协香港】0 【协澳门】0 【特-1】0【特-2】0 【增】16【对美加征】10【出】0【退】10	千克	S	S			999	阿维菌素
293220	90	20	鬼臼毒素【电商】⑦	Podophyllotoxin	【最】6.5【普】20 【协东盟】0【协巴基斯坦】5【协智利】0 【协新西兰】0【协秘鲁】0【协哥斯达黎加】0 【协冰岛】0【协瑞士】2.6【协澳大利亚】0 【协韩国】0【协格鲁吉亚】0【协香港】0 【协澳门】0 【特-1】0【特-2】0 【增】16【对美加征】10【出】0【退】13	千克	F	E			999	鬼臼毒素

① 列入《农药进出口管理目录》的商品除外。
② 列入《农药进出口管理目录》的商品除外。
③ 列入《农药进出口管理目录》的商品除外。
④ 列入《农药进出口管理目录》的商品除外。
⑤ 列入《农药进出口管理目录》的商品除外。
⑥ 列入《农药进出口管理目录》的商品除外。
⑦ 列入《农药进出口管理目录》的商品除外。

税则号列			货品名称中英文		税费综合信息	计量单位	监管证件代码		检验检疫类别		检验检疫编码	检验检疫编码对应中文名称
HS 国际统一前6位	本国子目 7~8位	本国子目 9~10位	中文 货物名称	英文 Article Description			进口	出口	进口	出口		
293220	90	90	其他内酯 【电商】①	Other lactones	【最】6.5【普】20 【协东盟】0【协巴基斯坦】5【协智利】0 【协新西兰】0【协秘鲁】0【协哥斯达黎加】0 【协冰岛】0【协瑞士】2.6【协澳大利亚】0 【协韩国】0【协格鲁吉亚】0【协香港】0 【协澳门】0 【特-1】0【特-2】0 【增】16【对美加征】10【出】0【退】13	千克					301 302 303	其他内酯（毒性物质和感染性物质） 其他内酯（无检疫要求食品添加剂） 其他内酯（其他化工产品）
293291	00		4-丙烯基-1,2-亚甲二氧基苯（异黄樟脑）	Isosafrole	【最】6.5【普】20 【协东盟】0【协巴基斯坦】5【协智利】0 【协新西兰】0【协秘鲁】0【协哥斯达黎加】0 【协冰岛】0【协瑞士】0【协澳大利亚】0 【协韩国】0【协格鲁吉亚】0【协香港】0 【协澳门】0 【特-1】0【特-2】0 【增】16【出】0【退】10	千克	2	3			999	4-丙烯基-1,2-亚甲二氧基苯（异黄樟脑）
293292	00		1-（1,3-苯并二噁茂-5-基）丙烷-2-酮	1-（1,3-Benzodioxol-5-y1) propan-2-one	【最】6.5【普】20 【协东盟】0【协巴基斯坦】5【协智利】0 【协新西兰】0【协秘鲁】0【协哥斯达黎加】0 【协冰岛】0【协瑞士】0【协澳大利亚】0 【协韩国】0【协格鲁吉亚】0【协香港】0 【协澳门】0 【特-1】0【特-2】0 【增】16【出】0【退】10	千克	2	3			999	1-（1,3-苯并二噁茂-5-基）丙烷-2-酮（3,4-亚甲基二氧苯基-2-丙酮）
293293	00		3,4-亚甲二氧基苯甲醛（胡椒醛）	Piperonal	【最】6.5【普】20 【协东盟】0【协巴基斯坦】5【协智利】0 【协新西兰】0【协秘鲁】0【协哥斯达黎加】0 【协冰岛】0【协瑞士】0【协澳大利亚】0 【协韩国】0【协格鲁吉亚】0【协香港】0 【协澳门】0 【特-1】0【特-2】0 【增】16【出】0【退】13	千克	2	3			999	3,4-亚甲二氧基苯甲醛（胡椒醛）（别名洋茉莉醛、天芥菜精）
293294	00		4-烯丙基-1,2-亚甲二氧基苯（黄樟脑）	Safrole	【最】6.5【普】20 【协东盟】0【协巴基斯坦】5【协智利】0 【协新西兰】0【协秘鲁】0【协哥斯达黎加】0 【协冰岛】0【协瑞士】0【协澳大利亚】0 【协韩国】0【协格鲁吉亚】0【协香港】0 【协澳门】0 【特-1】0【特-2】0 【增】16【出】0【退】13	千克	2	3			999	4-烯丙基-1,2-亚甲二氧基苯（黄樟脑）
293295	00		四氢大麻酚（所有异构体）	Tetrahydrocannabinols (all isomers)	【最】6.5【普】20 【协东盟】0【协巴基斯坦】5【协智利】0 【协新西兰】0【协秘鲁】0【协哥斯达黎加】0 【协冰岛】0【协瑞士】0【协澳大利亚】0 【协韩国】0【协格鲁吉亚】0【协香港】0 【协澳门】0 【特-1】0【特-2】0 【增】16【对美加征】5【出】0【退】10	千克	I	I			999	四氢大麻酚（所有异构体）
293299	10		呋喃酚	Furan phenol	【最】4【普】11【协亚太】3.6 【协东盟】0【协巴基斯坦】0【协智利】0 【协新西兰】0【协秘鲁】0【协哥斯达黎加】0 【协冰岛】0【协瑞士】0【协澳大利亚】0 【协韩国】2.6【协格鲁吉亚】0【协香港】0 【协澳门】0 【特-1】0【特-2】0 【增】16【出】0【退】13	千克					999	呋喃酚
293299	20		联苯双酯	Bifendate	【最】6.5【普】20【协亚太】5.2 【协东盟】0【协巴基斯坦】5【协智利】0 【协新西兰】0【协秘鲁】0【协哥斯达黎加】0 【协冰岛】0【协瑞士】0【协澳大利亚】0 【协韩国】0【协格鲁吉亚】0【协香港】0 【协澳门】0 【特-1】0【特-2】0 【增】16【出】0【退】13	千克					999	联苯双酯（4,4 双甲氧基 5,6,56 双次甲二氧基 2,2 双甲氧羰基苯）

① 列入《农药进出口管理目录》的商品除外。

税则号列			货品名称中英文		税费综合信息	计量单位	监管证件代码		检验检疫类别		检验检疫编码	检验检疫编码对应中文名称
HS国际统一前6位	本国子目 7~8位	9~10位	中文 货物名称	英文 Article Description			进口	出口	进口	出口		
293299	30		蒿甲醚	Artemether	【最】6.5【普】20 【协东盟】0【协巴基斯坦】5【协智利】0 【协新西兰】0【协秘鲁】0【协哥斯达黎加】0 【协冰岛】0【协瑞士】2.6【协澳大利亚】0 【协韩国】0【协格鲁吉亚】0【协香港】0 【协澳门】0 【特-1】0【特-2】0 【增】16【对美加征】5【出】0【退】13	千克					999	蒿甲醚
293299	90	11	克百威 【电商】①	Carbofuran	【最】6.5【普】20 【协东盟】0【协巴基斯坦】5【协智利】0 【协新西兰】0【协秘鲁】0【协哥斯达黎加】0 【协冰岛】0【协瑞士】2.6【协澳大利亚】0 【协韩国】0【协格鲁吉亚】0【协香港】0 【协澳门】0 【特-1】0【特-2】0 【增】16【对美加征】10【出】0【退】10	千克	S	S			301	克百威（毒性物质和感染性物质）
293299	90	12	二氧威，恶虫威，丙硫克百威等（包括丁硫克百威，呋线威） 【电商】②	Dioxocarb, bendiocarb, benfuracarb (including carbosulfan, furathiocarb)	【最】6.5【普】20 【协东盟】0【协巴基斯坦】5【协智利】0 【协新西兰】0【协秘鲁】0【协哥斯达黎加】0 【协冰岛】0【协瑞士】2.6【协澳大利亚】0 【协韩国】0【协格鲁吉亚】0【协香港】0 【协澳门】0 【特-1】0【特-2】0 【增】16【对美加征】10【出】0【退】10	千克	S	S			101 102 103 104 105	101 二氧威，恶虫威，丙硫克百威等（包括丁硫克百威，呋线威）（丁硫威粉剂） 102 二氧威，恶虫威，丙硫克百威等（包括丁硫克百威，呋线威）［恶虫威粉剂（含量5%～65%）］ 103 二氧威，恶虫威，丙硫克百威等（包括丁硫克百威，呋线威）［二氧威乳剂（含量>3%）］ 104 二氧威，恶虫威，丙硫克百威等（包括丁硫克百威，呋线威）（丁硫威） 105 二氧威，恶虫威，丙硫克百威等（包括丁硫克百威，呋线威）［二氧威粉剂（含量>10%）］
293299	90	13	因毒磷，敌恶磷，碳氯灵 【电商】③	Endothion, dioxathion, isobenzan	【最】6.5【普】20 【协东盟】0【协巴基斯坦】5【协智利】0 【协新西兰】0【协秘鲁】0【协哥斯达黎加】0 【协冰岛】0【协瑞士】2.6【协澳大利亚】0 【协韩国】0【协格鲁吉亚】0【协香港】0 【协澳门】0 【特-1】0【特-2】0 【增】16【对美加征】10【出】0【退】10	千克	S	S			301	因毒磷，敌恶磷，碳氯灵（毒性物质和感染性物质）
293299	90	14	增效特，增效砜，增效醚，增效酯等（包括增效环，增效散） 【电商】④	Bucarpolate, sufoxide, piperonyl butoxide, propyli- sorne etc. (including CPR dust, pipepxonyl cyclrnene)	【最】6.5【普】20 【协东盟】0【协巴基斯坦】5【协智利】0 【协新西兰】0【协秘鲁】0【协哥斯达黎加】0 【协冰岛】0【协瑞士】2.6【协澳大利亚】0 【协韩国】0【协格鲁吉亚】0【协香港】0 【协澳门】0 【特-1】0【特-2】0 【增】16【对美加征】10【出】0【退】10	千克					999	增效特，增效砜，增效醚，增效酯等（包括增效环，增效散）
293299	90	15	吡喃灵，吡喃隆，乙氧呋草黄等（包括呋草黄，氟草肟） 【电商】⑤	Pyracarbolin, metobenzuron, ethofumesate etc. (includingethofumesate, fluxofenim)	【最】6.5【普】20 【协东盟】0【协巴基斯坦】5【协智利】0 【协新西兰】0【协秘鲁】0【协哥斯达黎加】0 【协冰岛】0【协瑞士】2.6【协澳大利亚】0 【协韩国】0【协格鲁吉亚】0【协香港】0 【协澳门】0 【特-1】0【特-2】0 【增】16【对美加征】10【出】0【退】10	千克	S	S			999	吡喃灵，吡喃隆，乙氧呋草黄等（包括呋草黄，氟草肟）

① 列入《农药进出口管理目录》《中国严格限制的有毒化学税目录》的商品除外；麻醉药品和精神药品除外。
② 列入《农药进出口管理目录》《中国严格限制的有毒化学税目录》的商品除外；麻醉药品和精神药品除外。
③ 列入《农药进出口管理目录》《中国严格限制的有毒化学税目录》的商品除外；麻醉药品和精神药品除外。
④ 列入《农药进出口管理目录》《中国严格限制的有毒化学税目录》的商品除外；麻醉药品和精神药品除外。
⑤ 列入《农药进出口管理目录》《中国严格限制的有毒化学税目录》的商品除外；麻醉药品和精神药品除外。

税则号列 HS国际统一前6位	本国子目 7~8位	本国子目 9~10位	货品名称中英文 中文 货物名称	货品名称中英文 英文 Article Description	税费综合信息	计量单位	监管证件代码 进口	监管证件代码 出口	检验检疫类别 进口	检验检疫类别 出口	检验检疫编码	检验检疫编码对应中文名称
293299	90	16	避蚊酮，苯虫醚，鱼藤酮 【电商】①	Butopyronoxyl, difenolan, rotenone	【最】6.5【普】20 【协东盟】0【协巴基斯坦】5【协智利】0 【协新西兰】0【协秘鲁】0【协哥斯达黎加】0 【协冰岛】0【协瑞士】2.6【协澳大利亚】0 【协韩国】0【协格鲁吉亚】0【协香港】0 【协澳门】0 【特-1】0【特-2】0 【增】16【对美加征】10【出】0【退】10	千克	S	S			999	避蚊酮，苯虫醚，鱼藤酮
293299	90	17	调呋酸，芸苔素内酯 【电商】②	Dikegulac, brassinolide	【最】6.5【普】20 【协东盟】0【协巴基斯坦】5【协智利】0 【协新西兰】0【协秘鲁】0【协哥斯达黎加】0 【协冰岛】0【协瑞士】2.6【协澳大利亚】0 【协韩国】0【协格鲁吉亚】0【协香港】0 【协澳门】0 【特-1】0【特-2】0 【增】16【对美加征】10【出】0【退】10	千克	S	S			999	调呋酸，芸苔素内酯
293299	90	21	紫杉醇 【电商】③	Taxinol	【最】6.5【普】20【暂进】0 【协东盟】0【协巴基斯坦】5【协智利】0 【协新西兰】0【协秘鲁】0【协哥斯达黎加】0 【协冰岛】0【协瑞士】2.6【协澳大利亚】0 【协韩国】0【协格鲁吉亚】0【协香港】0 【协澳门】0 【特-1】0【特-2】0 【增】3【对美加征】10【出】0【退】0	千克	QF	E			999	紫杉醇
293299	90	22	三尖杉宁碱 【电商】④	Cephalomannine	【最】6.5【普】20 【协东盟】0【协巴基斯坦】5【协智利】0 【协新西兰】0【协秘鲁】0【协哥斯达黎加】0 【协冰岛】0【协瑞士】2.6【协澳大利亚】0 【协韩国】0【协格鲁吉亚】0【协香港】0 【协澳门】0 【特-1】0【特-2】0 【增】16【对美加征】10【出】0【退】13	千克	F	E			999	三尖杉宁碱
293299	90	23	十去乙酰基巴卡丁三（红豆杉提取物 10-DAB) 【电商】⑤	10-deacetylate-baccatin III, extracted from taxus 10-DAB	【最】6.5【普】20 【协东盟】0【协巴基斯坦】5【协智利】0 【协新西兰】0【协秘鲁】0【协哥斯达黎加】0 【协冰岛】0【协瑞士】2.6【协澳大利亚】0 【协韩国】0【协格鲁吉亚】0【协香港】0 【协澳门】0 【特-1】0【特-2】0 【增】16【对美加征】10【出】0【退】13	千克	F	E			999	十去乙酰基巴卡丁三（红豆杉提取物 10-DAB)
293299	90	24	十去乙酰基紫杉醇（红豆杉提取物 10-DAT) 【电商】⑥	10-deacetylate-paclitaxel, extracted from taxus 10-DAT	【最】6.5【普】20 【协东盟】0【协巴基斯坦】5【协智利】0 【协新西兰】0【协秘鲁】0【协哥斯达黎加】0 【协冰岛】0【协瑞士】2.6【协澳大利亚】0 【协韩国】0【协格鲁吉亚】0【协香港】0 【协澳门】0 【特-1】0【特-2】0 【增】16【对美加征】10【出】0【退】0	千克	F	E			999	十去乙酰基紫杉醇（红豆杉提取物 10-DAT)
293299	90	25	巴卡丁三 【电商】⑦	Baccatin III	【最】6.5【普】20 【协东盟】0【协巴基斯坦】5【协智利】0 【协新西兰】0【协秘鲁】0【协哥斯达黎加】0 【协冰岛】0【协瑞士】2.6【协澳大利亚】0 【协韩国】0【协格鲁吉亚】0【协香港】0 【协澳门】0 【特-1】0【特-2】0 【增】16【对美加征】10【出】0【退】13	千克	F	E			999	巴卡丁三

① 列入《农药进出口管理目录》《中国严格限制的有毒化学税目录》的商品除外；麻醉药品和精神药品除外。
② 列入《农药进出口管理目录》《中国严格限制的有毒化学税目录》的商品除外；麻醉药品和精神药品除外。
③ 列入《农药进出口管理目录》《中国严格限制的有毒化学税目录》的商品除外；麻醉药品和精神药品除外。
④ 列入《农药进出口管理目录》《中国严格限制的有毒化学税目录》的商品除外；麻醉药品和精神药品除外。
⑤ 列入《农药进出口管理目录》《中国严格限制的有毒化学税目录》的商品除外；麻醉药品和精神药品除外。
⑥ 列入《农药进出口管理目录》《中国严格限制的有毒化学税目录》的商品除外；麻醉药品和精神药品除外。
⑦ 列入《农药进出口管理目录》《中国严格限制的有毒化学税目录》的商品除外；麻醉药品和精神药品除外。

税则号列 HS国际统一前6位	本国子目 7~8位	本国子目 9~10位	货品名称中英文 中文 货物名称	货品名称中英文 英文 Article Description	税费综合信息	计量单位	监管证件代码 进口	监管证件代码 出口	检验检疫类别 进口	检验检疫类别 出口	检验检疫编码	检验检疫编码对应中文名称
293299	90	26	7-表紫杉醇 【电商】[1]	7-epi-taxinol	【最】6.5【普】20 【协东盟】0【协巴基斯坦】5【协智利】0 【协新西兰】0【协秘鲁】0【协哥斯达黎加】0 【协冰岛】0【协瑞士】2.6【协澳大利亚】0 【协韩国】0【协格鲁吉亚】0【协香港】0 【协澳门】0 【特-1】0【特-2】0 【增】16【对美加征】10【出】0【退】0	千克	F	E			999	7-表紫杉醇
293299	90	27	10-去乙酰7-表紫杉醇 【电商】[2]	10-deacetyl-7-epi-taxinol	【最】6.5【普】20 【协东盟】0【协巴基斯坦】5【协智利】0 【协新西兰】0【协秘鲁】0【协哥斯达黎加】0 【协冰岛】0【协瑞士】2.6【协澳大利亚】0 【协韩国】0【协格鲁吉亚】0【协香港】0 【协澳门】0 【特-1】0【特-2】0 【增】16【对美加征】10【出】0【退】0	千克	F	E			999	10-去乙酰7-表紫杉醇
293299	90	28	7,10-双(三氯乙酰基)-10-去乙酰基巴卡丁三类似物 【电商】[3]	7,10-bis(trichloroacetyl)-10-deacetyl baccatin Ⅲ analogues	【最】6.5【普】20 【协东盟】0【协巴基斯坦】5【协智利】0 【协新西兰】0【协秘鲁】0【协哥斯达黎加】0 【协冰岛】0【协瑞士】2.6【协澳大利亚】0 【协韩国】0【协格鲁吉亚】0【协香港】0 【协澳门】0 【特-1】0【特-2】0 【增】16【对美加征】10【出】0【退】13	千克	F	E			999	7,10-双(三氯乙酰基)-10-去乙酰基巴卡丁三类似物
293299	90	29	多烯紫杉醇 【电商】[4]	Docetaxel	【最】6.5【普】20【暂进】0 【协东盟】0【协巴基斯坦】5【协智利】0 【协新西兰】0【协秘鲁】0【协哥斯达黎加】0 【协冰岛】0【协瑞士】2.6【协澳大利亚】0 【协韩国】0【协格鲁吉亚】0【协香港】0 【协澳门】0 【特-1】0【特-2】0 【增】3【对美加征】10【出】0【退】0	千克	F	E			999	多烯紫杉醇
293299	90	31	7,10-双(三氯乙酰基)-多西他赛 【电商】[5]	7,10-bis(trichloroacetyl)-docetaxel	【最】6.5【普】20 【协东盟】0【协巴基斯坦】5【协智利】0 【协新西兰】0【协秘鲁】0【协哥斯达黎加】0 【协冰岛】0【协瑞士】2.6【协澳大利亚】0 【协韩国】0【协格鲁吉亚】0【协香港】0 【协澳门】0 【特-1】0【特-2】0 【增】16【对美加征】10【出】0【退】13	千克	F	E			999	7,10-双(三氯乙酰基)-多西他赛
293299	90	40	替苯丙胺及其盐 【电商】[6]	Tenamfetamine and its salts	【最】6.5【普】20 【协东盟】0【协巴基斯坦】5【协智利】0 【协新西兰】0【协秘鲁】0【协哥斯达黎加】0 【协冰岛】0【协瑞士】2.6【协澳大利亚】0 【协韩国】0【协格鲁吉亚】0【协香港】0 【协澳门】0 【特-1】0【特-2】0 【增】16【对美加征】10【出】0【退】13	千克	I	I			999	替苯丙胺及其盐
293299	90	51	(1,2-二甲基庚基)羟基四氢甲基二苯吡喃(包括六氢大麻酚) 【电商】[7]	(1,2-Dimetol) Hydroxytetrahydrobiopterin-DMHP (including Parahexyl)	【最】6.5【普】20 【协东盟】0【协巴基斯坦】5【协智利】0 【协新西兰】0【协秘鲁】0【协哥斯达黎加】0 【协冰岛】0【协瑞士】2.6【协澳大利亚】0 【协韩国】0【协格鲁吉亚】0【协香港】0 【协澳门】0 【特-1】0【特-2】0 【增】16【对美加征】10【出】0【退】13	千克	I	I			999	(1,2-二甲基庚基)羟基四氢甲基二苯吡喃(包括六氢大麻酚)

① 列入《农药进出口管理目录》《中国严格限制的有毒化学税目录》的商品除外；麻醉药品和精神药品除外。
② 列入《农药进出口管理目录》《中国严格限制的有毒化学税目录》的商品除外；麻醉药品和精神药品除外。
③ 列入《农药进出口管理目录》《中国严格限制的有毒化学税目录》的商品除外；麻醉药品和精神药品除外。
④ 列入《农药进出口管理目录》《中国严格限制的有毒化学税目录》的商品除外；麻醉药品和精神药品除外。
⑤ 列入《农药进出口管理目录》《中国严格限制的有毒化学税目录》的商品除外；麻醉药品和精神药品除外。
⑥ 列入《农药进出口管理目录》《中国严格限制的有毒化学税目录》的商品除外；麻醉药品和精神药品除外。
⑦ 列入《农药进出口管理目录》《中国严格限制的有毒化学税目录》的商品除外；麻醉药品和精神药品除外。

税则号列			货品名称中英文		税费综合信息	计量单位	监管证件代码		检验检疫类别		检验检疫编码	检验检疫编码对应中文名称
HS 国际统一前6位	本国子目 7~8位	本国子目 9~10位	中文 货物名称	英文 Article Description			进口	出口	进口	出口		
293299	90	52	甲羟芬胺，乙芬胺，羟芬胺 【电商】①	MMDA, N-ethyl MDA, N-hydroxy MDA.	【最】6.5【普】20 【协东盟】0【协巴基斯坦】5【协智利】0 【协新西兰】0【协秘鲁】0【协哥斯达黎加】0 【协冰岛】0【协瑞士】2.6【协澳大利亚】0 【协韩国】0【协格鲁吉亚】0【协香港】0 【协澳门】0 【特-1】0【特-2】0 【增】16【对美加征】10【出】0【退】13	千克	I	I			999	甲羟芬胺，乙芬胺，羟芬胺
293299	90	53	二亚甲基双氧安非他明及其盐 【电商】②	Two methylenedioxy-methamphtamine amphetamine and its salts	【最】6.5【普】20 【协东盟】0【协巴基斯坦】5【协智利】0 【协新西兰】0【协秘鲁】0【协哥斯达黎加】0 【协冰岛】0【协瑞士】2.6【协澳大利亚】0 【协韩国】0【协格鲁吉亚】0【协香港】0 【协澳门】0 【特-1】0【特-2】0 【增】16【对美加征】10【出】0【退】13	千克	I	I			999	二亚甲基双氧安非他明及其盐（MDMA）
293299	90	54	3,4-亚甲二氧基甲卡西酮 【电商】③	3, 4-methylenedioxy-N-methylcathinone (CAS: 186028-79-5)	【最】6.5【普】20 【协东盟】0【协巴基斯坦】5【协智利】0 【协新西兰】0【协秘鲁】0【协哥斯达黎加】0 【协冰岛】0【协瑞士】2.6【协澳大利亚】0 【协韩国】0【协格鲁吉亚】0【协香港】0 【协澳门】0 【特-1】0【特-2】0 【增】16【对美加征】10【出】0【退】10	千克	I	I			999	3,4-亚甲二氧基甲卡西酮（3,4-methylenedioxy-N-methylcathinone; CAS号：186028-79-5）
293299	90	60	二恶英、呋喃（多氯二苯并对二恶英、多氯二苯并呋喃） 【电商】④	Dioxin, Furan (Polychlorinated dibenzo-p-dioxins, Polychlorinated dibenzofurans)	【最】6.5【普】20 【协东盟】0【协巴基斯坦】5【协智利】0 【协新西兰】0【协秘鲁】0【协哥斯达黎加】0 【协冰岛】0【协瑞士】2.6【协澳大利亚】0 【协韩国】0【协格鲁吉亚】0【协香港】0 【协澳门】0 【特-1】0【特-2】0 【增】16【对美加征】10【出】0【退】13	千克	9	8			999	二恶英、呋喃（多氯二苯并对二恶英、多氯二苯并呋喃）
293299	90	70	1,4-二噁烷 【电商】⑤	1,4-Dioxane	【最】6.5【普】20 【协东盟】0【协巴基斯坦】5【协智利】0 【协新西兰】0【协秘鲁】0【协哥斯达黎加】0 【协冰岛】0【协瑞士】2.6【协澳大利亚】0 【协韩国】0【协格鲁吉亚】0【协香港】0 【协澳门】0 【特-1】0【特-2】0 【增】16【对美加征】10【出】0【退】13	千克					999	1,4-二噁烷
293299	90	80	二氢黄樟素 【电商】⑥	Dihydrosafrole	【最】6.5【普】20 【协东盟】0【协巴基斯坦】5【协智利】0 【协新西兰】0【协秘鲁】0【协哥斯达黎加】0 【协冰岛】0【协瑞士】2.6【协澳大利亚】0 【协韩国】0【协格鲁吉亚】0【协香港】0 【协澳门】0 【特-1】0【特-2】0 【增】16【对美加征】10【出】0【退】13	千克		G			999	二氢黄樟素
293299	90	91	其他濒危植物提取的仅含氧杂原子的杂环化合物 【电商】⑦	Other heterocyclic compounds with oxygen hetero-atom only, distilled from endangered plants	【最】6.5【普】20 【协东盟】0【协巴基斯坦】5【协智利】0 【协新西兰】0【协秘鲁】0【协哥斯达黎加】0 【协冰岛】0【协瑞士】2.6【协澳大利亚】0 【协韩国】0【协格鲁吉亚】0【协香港】0 【协澳门】0 【特-1】0【特-2】0 【增】16【对美加征】10【出】0【退】0	千克	F	E			999	其他濒危植物提取的仅含氧杂原子的杂环化合物

① 列入《农药进出口管理目录》《中国严格限制的有毒化学税目录》的商品除外；麻醉药品和精神药品除外。
② 列入《农药进出口管理目录》《中国严格限制的有毒化学税目录》的商品除外；麻醉药品和精神药品除外。
③ 列入《农药进出口管理目录》《中国严格限制的有毒化学税目录》的商品除外；麻醉药品和精神药品除外。
④ 列入《农药进出口管理目录》《中国严格限制的有毒化学税目录》的商品除外；麻醉药品和精神药品除外。
⑤ 列入《农药进出口管理目录》《中国严格限制的有毒化学税目录》的商品除外；麻醉药品和精神药品除外。
⑥ 列入《农药进出口管理目录》《中国严格限制的有毒化学税目录》的商品除外；麻醉药品和精神药品除外。
⑦ 列入《农药进出口管理目录》《中国严格限制的有毒化学税目录》的商品除外；麻醉药品和精神药品除外。

税则号列			货品名称中英文		税费综合信息	计量单位	监管证件代码		检验检疫类别		检验检疫编码	检验检疫编码对应中文名称
HS国际统一前6位	本国子目 7~8位	9~10位	中文 货物名称	英文 Article Description			进口	出口	进口	出口		
293299	90	92	阿卡波糖水合物 【电商】①	Acarbose hydrate	【最】6.5【普】20【暂进】0 【协东盟】0【协巴基斯坦】5【协智利】0 【协新西兰】0【协秘鲁】0【协哥斯达黎加】0 【协冰岛】0【协瑞士】2.6【协澳大利亚】0 【协韩国】0【协格鲁吉亚】0【协香港】0 【协澳门】0 【特-1】0【特-2】0 【增】16【对美加征】10【出】0【退】13	千克					999	阿卡波糖水合物
293299	90	99	其他仅含氧杂原子的杂环化合物 【电商】②	Other heterocyclic compounds with oxygen hetero-atom(s) only	【最】6.5【普】20 【协东盟】0【协巴基斯坦】5【协智利】0 【协新西兰】0【协秘鲁】0【协哥斯达黎加】0 【协冰岛】0【协瑞士】2.6【协澳大利亚】0 【协韩国】0【协格鲁吉亚】0【协香港】0 【协澳门】0 【特-1】0【特-2】0 【增】16【对美加征】10【出】0【退】10	千克					301 302	其他仅含氧杂原子的杂环化合物（易燃液体） 其他仅含氧杂原子的杂环化合物（毒性物质和感染性物质）
293311	00		二甲基苯基吡唑酮及其衍生物	Phenazone(antipyrin) and its derivatives	【最】6.5【普】20【协亚太】4.2 【协东盟】0【协巴基斯坦】5【协智利】0 【协新西兰】0【协秘鲁】0【协哥斯达黎加】0 【协冰岛】0【协瑞士】0【协澳大利亚】0 【协韩国】0【协格鲁吉亚】0【协香港】0 【协澳门】0 【特-1】0【特-2】0 【增】16【对美加征】10【出】0【退】10	千克					999	二甲基苯基吡唑酮及其衍生物（二甲基苯基吡唑酮即安替比林）
293319	20		安乃近	Analgin	【最】6【普】20【协亚太】4.8 【协东盟】0【协巴基斯坦】5【协智利】0 【协新西兰】0【协秘鲁】0【协哥斯达黎加】0 【协冰岛】0【协瑞士】0【协澳大利亚】0 【协韩国】0【协格鲁吉亚】0【协香港】0 【协澳门】0 【特-1】0【特-2】0 【增】16【出】0【退】10	千克	Q				999	安乃近
293319	90	11	吡硫磷、吡唑硫磷、敌蝇威、乙虫腈等（包括异索威、吡唑威）	Pyrazothion, pyraclofos, dimetilan etc. (including isolan, pyrolan)	【最】6.5【普】20 【协东盟】0【协巴基斯坦】5【协智利】0 【协新西兰】0【协秘鲁】0【协哥斯达黎加】0 【协冰岛】0【协瑞士】0【协澳大利亚】0 【协韩国】0【协格鲁吉亚】0【协香港】0 【协澳门】0 【特-1】0【特-2】0 【增】16【对美加征】10【出】0【退】10	千克	S	S			101 102 103 104	吡硫磷、吡唑硫磷、敌蝇威、乙虫腈等（包括异索威、吡唑威）［异索威粉剂（含量2%~20%）］ 吡硫磷、吡唑硫磷、敌蝇威、乙虫腈等（包括异索威、吡唑威）［敌蝇威粉剂（含量5%~50%）］ 吡硫磷、吡唑硫磷、敌蝇威、乙虫腈等（包括异索威、吡唑威）［异索威乳剂（含量0.5%~20%）］ 吡硫磷、吡唑硫磷、敌蝇威、乙虫腈等（包括异索威、吡唑威）［敌蝇威乳剂（含量1%~50%）］
293319	90	12	氟虫腈、唑螨酯、吡螨胺等（包括吡唑醚菌酯）	Fipronil, fenpyroximate, tebufenpyrad etc. (including pyrazoles kresoxim-methyl)	【最】6.5【普】20 【协东盟】0【协巴基斯坦】5【协智利】0 【协新西兰】0【协秘鲁】0【协哥斯达黎加】0 【协冰岛】0【协瑞士】0【协澳大利亚】0 【协韩国】0【协格鲁吉亚】0【协香港】0 【协澳门】0 【特-1】0【特-2】0 【增】16【对美加征】10【出】0【退】10	千克	S	S			999	氟虫腈、唑螨酯、吡螨胺等（包括吡唑醚菌酯）

① 列入《农药进出口管理目录》《中国严格限制的有毒化学税目录》的商品除外；麻醉药品和精神药品除外。

② 列入《农药进出口管理目录》《中国严格限制的有毒化学税目录》的商品除外；麻醉药品和精神药品除外。

税则号列			货品名称中英文		税费综合信息	计量单位	监管证件代码		检验检疫类别		检验检疫编码	检验检疫编码对应中文名称
HS国际统一前6位	本国子目 7~8位	9~10位	中文 货物名称	英文 Article Description			进口	出口	进口	出口		
293319	90	13	吡草醚、吡唑草胺、氟氯草胺等（包括野燕枯、苄草唑、吡唑特、吡草酮）	Pyraflufenethyl, metazachlor, nipyralofen etc. (including difenzoquat, pyrazoxyfen, pyrazolate, benzofenap)	【最】6.5【普】20 【协东盟】0【协巴基斯坦】5【协智利】0 【协新西兰】0【协秘鲁】0【协哥斯达黎加】0 【协冰岛】0【协瑞士】0【协澳大利亚】0 【协韩国】0【协格鲁吉亚】0【协香港】0 【协澳门】0 【特-1】0【特-2】0 【增】16【对美加征】10【出】0【退】10	千克	S	S			999	吡草醚、吡唑草胺、氟氯草胺等（包括野燕枯、苄草唑、吡唑特、吡草酮）
293319	90	14	吡唑萘菌胺（包括氟唑菌胺、乙唑螨腈、异丙吡草酯、唑虫酰胺）	Mefenpyr-diethyl (including chlorfenapyr, pyraclostrobin, fluazolate and tolfenpxrad)	【最】6.5【普】20 【协东盟】0【协巴基斯坦】5【协智利】0 【协新西兰】0【协秘鲁】0【协哥斯达黎加】0 【协冰岛】0【协瑞士】0【协澳大利亚】0 【协韩国】0【协格鲁吉亚】0【协香港】0 【协澳门】0 【特-1】0【特-2】0 【增】16【对美加征】10【出】0【退】10	千克	S	S			999	吡唑萘菌胺（包括氟唑菌胺、乙唑螨腈、异丙吡草酯、唑虫酰胺）
293319	90	15	苯并烯氟菌唑	Benzene and olefin triflumizole	【最】6.5【普】20 【协东盟】0【协巴基斯坦】5【协智利】0 【协新西兰】0【协秘鲁】0【协哥斯达黎加】0 【协冰岛】0【协瑞士】0【协澳大利亚】0 【协韩国】0【协格鲁吉亚】0【协香港】0 【协澳门】0 【特-1】0【特-2】0 【增】16【对美加征】10【出】0【退】13	千克	S	S			999	苯并烯氟菌唑
293319	90	90	其他结构上有非稠合吡唑环化合物	Other compounds containing an unfused pyrazole ring in the structure	【最】6.5【普】20 【协东盟】0【协巴基斯坦】5【协智利】0 【协新西兰】0【协秘鲁】0【协哥斯达黎加】0 【协冰岛】0【协瑞士】0【协澳大利亚】0 【协韩国】0【协格鲁吉亚】0【协香港】0 【协澳门】0 【特-1】0【特-2】0 【增】16【对美加征】10【出】0【退】13	千克					999	其他结构上有非稠合吡唑环化合物
293321	00		乙内酰脲及其衍生物	Hydantoin and its derivatives	【最】6.5【普】30 【协东盟】0【协巴基斯坦】5【协智利】0 【协新西兰】0【协秘鲁】0【协哥斯达黎加】0 【协冰岛】0【协瑞士】0【协澳大利亚】0 【协韩国】0【协格鲁吉亚】0【协香港】0 【协澳门】0 【特-1】0【特-2】0 【增】16【对美加征】5【出】0【退】10	千克					999	乙内酰脲及其衍生物
293329	00	11	异菌脲	Iprodione	【最】6.5【普】20 【协东盟】0【协巴基斯坦】5【协智利】0 【协新西兰】0【协秘鲁】0【协哥斯达黎加】0 【协冰岛】0【协瑞士】3.7【协澳大利亚】0 【协韩国】3.2【协格鲁吉亚】0【协香港】0 【协澳门】0 【特-1】0【特-2】0 【增】16【对美加征】10【出】0【退】10	千克	S	S			999	异菌脲
293329	00	12	抑霉唑、咪菌腈、咪菌酮、咪鲜胺等（包括克霉唑、咪鲜胺锰盐）	Imazalil, fenapanil, climbazole, prochloraz etc. (including clotrimazole, prochloraz)	【最】6.5【普】20 【协东盟】0【协巴基斯坦】5【协智利】0 【协新西兰】0【协秘鲁】0【协哥斯达黎加】0 【协冰岛】0【协瑞士】3.7【协澳大利亚】0 【协韩国】3.2【协格鲁吉亚】0【协香港】0 【协澳门】0 【特-1】0【特-2】0 【增】16【对美加征】10【出】0【退】10	千克	S	S			999	抑霉唑、咪菌腈、咪菌酮、咪鲜胺等（包括克霉唑、咪鲜胺锰盐）
293329	00	13	咪草酸、丁咪酰胺	Imazamethabenz-methyl, isocarbamide	【最】6.5【普】20 【协东盟】0【协巴基斯坦】5【协智利】0 【协新西兰】0【协秘鲁】0【协哥斯达黎加】0 【协冰岛】0【协瑞士】3.7【协澳大利亚】0 【协韩国】3.2【协格鲁吉亚】0【协香港】0 【协澳门】0 【特-1】0【特-2】0 【增】16【对美加征】10【出】0【退】10	千克	S	S			999	咪草酸、丁咪酰胺

税则号列 HS国际统一前6位	本国子目 7~8位	本国子目 9~10位	货品名称中英文 中文 货物名称	货品名称中英文 英文 Article Description	税费综合信息	计量单位	监管证件代码 进口	监管证件代码 出口	检验检疫类别 进口	检验检疫类别 出口	检验检疫编码	检验检疫编码对应中文名称
293329	00	14	果绿啶	Glyodin	【最】6.5【普】20 【协东盟】0【协巴基斯坦】5【协智利】0 【协新西兰】0【协秘鲁】0【协哥斯达黎加】0 【协冰岛】0【协瑞士】3.7【协澳大利亚】0 【协韩国】3.2【协格鲁吉亚】0【协香港】0 【协澳门】0 【特-1】0【特-2】0 【增】16【对美加征】10【出】0【退】10	千克	S	S			999	果绿啶
293329	00	15	氟菌唑	Triflumizole	【最】6.5【普】20 【协东盟】0【协巴基斯坦】5【协智利】0 【协新西兰】0【协秘鲁】0【协哥斯达黎加】0 【协冰岛】0【协瑞士】3.7【协澳大利亚】0 【协韩国】3.2【协格鲁吉亚】0【协香港】0 【协澳门】0 【特-1】0【特-2】0 【增】16【对美加征】10【出】0【退】10	千克	S	S			999	氟菌唑
293329	00	90	其他结构上有非稠合咪唑环化合物	Other compounds containing an unfused imidazole ring in the structure	【最】6.5【普】20 【协东盟】0【协巴基斯坦】5【协智利】0 【协新西兰】0【协秘鲁】0【协哥斯达黎加】0 【协冰岛】0【协瑞士】3.7【协澳大利亚】0 【协韩国】3.2【协格鲁吉亚】0【协香港】0 【协澳门】0 【特-1】0【特-2】0 【增】16【对美加征】10【出】0【退】13	千克					999	其他结构上有非稠合咪唑环化合物
293331	00	10	吡啶	Pyridine	【最】6【普】20 【协东盟】0【协巴基斯坦】5【协智利】0 【协新西兰】0【协秘鲁】0【协台湾】0 【协哥斯达黎加】0【协冰岛】0【协瑞士】0 【协澳大利亚】0【协韩国】0【协格鲁吉亚】0 【协香港】0【协澳门】0 【特-1】0【特-2】0 【增】16【反倾】有【对美加征】5【出】0 【退】10	千克	A	B	M	N	301	吡啶（易燃液体）
293331	00	90	吡啶盐	Salts of pyridine	【最】6【普】20 【协东盟】0【协巴基斯坦】5【协智利】0 【协新西兰】0【协秘鲁】0【协台湾】0 【协哥斯达黎加】0【协冰岛】0【协瑞士】0 【协澳大利亚】0【协韩国】0【协格鲁吉亚】0 【协香港】0【协澳门】0 【特-1】0【特-2】0 【增】16【对美加征】5【出】0【退】10	千克					999	吡啶盐
293332	10		哌啶（六氢吡啶）	Hexahydropyridine (piperidine)	【最】4【普】11 【协东盟】0【协巴基斯坦】0【协智利】0 【协新西兰】0【协秘鲁】0【协哥斯达黎加】0 【协冰岛】0【协瑞士】0【协澳大利亚】0 【协韩国】0【协格鲁吉亚】0【协香港】0 【协澳门】0 【特-1】0【特-2】0 【增】16【对美加征】10【出】0【退】10	千克	2	3			301	哌啶（六氢吡啶）（腐蚀性物质）
293332	20		哌啶（六氢吡啶）盐	Isoniazidum	【最】6.5【普】20 【协东盟】0【协巴基斯坦】5【协智利】0 【协新西兰】0【协秘鲁】0【协哥斯达黎加】0 【协冰岛】0【协瑞士】0【协澳大利亚】0 【协韩国】0【协格鲁吉亚】0【协香港】0 【协澳门】0 【特-1】0【特-2】0 【增】16【出】0【退】10	千克					999	哌啶（六氢吡啶）盐
293333	00	11	阿芬太尼、芬太尼（以及它们的盐）	Alfentanil(INN), fentanyl(INN)(and its salts)	【最】6.5【普】20 【协东盟】0【协巴基斯坦】5【协智利】0 【协新西兰】0【协秘鲁】0【协哥斯达黎加】0 【协冰岛】0【协瑞士】0【协澳大利亚】0 【协韩国】4.3【协格鲁吉亚】0【协香港】0 【协澳门】0 【特-1】0【特-2】0 【增】16【对美加征】5【出】0【退】10	千克	I	I			999	阿芬太尼、芬太尼（以及它们的盐）

税则号列 HS国际统一前6位	本国子目 7~8位	本国子目 9~10位	货品名称中英文 中文 货物名称	货品名称中英文 英文 Article Description	税费综合信息	计量单位	监管证件代码 进口	监管证件代码 出口	检验检疫类别 进口	检验检疫类别 出口	检验检疫编码	检验检疫编码对应中文名称
293333	00	12	哌替啶、地芬诺酯（以及它们的盐）	Pethidine (INN), diphenoxylate (INN) (and its salts)	【最】6.5【普】20 【协东盟】0【协巴基斯坦】5【协智利】0 【协新西兰】0【协秘鲁】0【协哥斯达黎加】0 【协冰岛】0【协瑞士】0【协澳大利亚】0 【协韩国】4.3【协格鲁吉亚】0【协香港】0 【协澳门】0 【特-1】0【特-2】0 【增】16【对美加征】5【出】0【退】10	千克	I	I			999	哌替啶、地芬诺酯（以及它们的盐）
293333	00	13	哌腈（氰）米特、丙吡兰（哌丙吡胺）（以及它们的盐）	Piridolan (INN), propiram (INN) (and its salts)	【最】6.5【普】20 【协东盟】0【协巴基斯坦】5【协智利】0 【协新西兰】0【协秘鲁】0【协哥斯达黎加】0 【协冰岛】0【协瑞士】0【协澳大利亚】0 【协韩国】4.3【协格鲁吉亚】0【协香港】0 【协澳门】0 【特-1】0【特-2】0 【增】16【对美加征】5【出】0【退】10	千克	I	I			999	哌腈（氰）米特、丙吡兰（哌丙吡胺）（以及它们的盐）
293333	00	21	哌醋甲酯、喷他左辛、溴西泮（以及它们的盐）	Methylphenidate (INN), pentazocine (INN), bromazepam (INN) (and its salts)	【最】6.5【普】20 【协东盟】0【协巴基斯坦】5【协智利】0 【协新西兰】0【协秘鲁】0【协哥斯达黎加】0 【协冰岛】0【协瑞士】0【协澳大利亚】0 【协韩国】4.3【协格鲁吉亚】0【协香港】0 【协澳门】0 【特-1】0【特-2】0 【增】16【对美加征】5【出】0【退】10	千克	I	I			999	哌醋甲酯、喷他左辛、溴西泮（以及它们的盐）
293333	00	22	苯环利定、哌苯甲醇（以及它们的盐）	Phencyclidine (INN) (PCP), pipradrol (INN), trimeperidine (INN) (and its salts)	【最】6.5【普】20 【协东盟】0【协巴基斯坦】5【协智利】0 【协新西兰】0【协秘鲁】0【协哥斯达黎加】0 【协冰岛】0【协瑞士】0【协澳大利亚】0 【协韩国】4.3【协格鲁吉亚】0【协香港】0 【协澳门】0 【特-1】0【特-2】0 【增】16【对美加征】5【出】0【退】10	千克	I	I			999	苯环利定、哌苯甲醇（以及它们的盐）
293333	00	31	地匹哌酮、凯托米酮、地芬诺新（以及它们的盐）	Dipipanone (INN), ketobemidone (INN), difenoxin (INN) (and its salts)	【最】6.5【普】20 【协东盟】0【协巴基斯坦】5【协智利】0 【协新西兰】0【协秘鲁】0【协哥斯达黎加】0 【协冰岛】0【协瑞士】0【协澳大利亚】0 【协韩国】4.3【协格鲁吉亚】0【协香港】0 【协澳门】0 【特-1】0【特-2】0 【增】16【对美加征】5【出】0【退】10	千克	L	L			999	地匹哌酮、凯托米酮、地芬诺新（以及它们的盐）
293333	00	32	哌替啶中间体A、苯哌利定、三甲利定（以及它们的盐）	Pethidine (INN), phenoperidine (INN) (and its salts)	【最】6.5【普】20 【协东盟】0【协巴基斯坦】5【协智利】0 【协新西兰】0【协秘鲁】0【协哥斯达黎加】0 【协冰岛】0【协瑞士】0【协澳大利亚】0 【协韩国】4.3【协格鲁吉亚】0【协香港】0 【协澳门】0 【特-1】0【特-2】0 【增】16【对美加征】5【出】0【退】10	千克	L	L			999	哌替啶中间体A、苯哌利定、三甲利定（以及它们的盐）
293333	00	33	阿尼利定、苯氰米特（以及它们的盐）	Anileridine (INN), piritramide (INN) (and its salts)	【最】6.5【普】20 【协东盟】0【协巴基斯坦】5【协智利】0 【协新西兰】0【协秘鲁】0【协哥斯达黎加】0 【协冰岛】0【协瑞士】0【协澳大利亚】0 【协韩国】4.3【协格鲁吉亚】0【协香港】0 【协澳门】0 【特-1】0【特-2】0 【增】16【对美加征】5【出】0【退】10	千克	L	L			999	阿尼利定、苯氰米特（以及它们的盐）
293339	10		二苯乙醇酸-3-奎宁环酯	Benzilic acid-3-quinuclidinate	【最】6.5【普】20 【协亚太】5.2【协东盟】0【协巴基斯坦】5 【协智利】0【协新西兰】0【协秘鲁】0 【协哥斯达黎加】0【协冰岛】0【协瑞士】0 【协澳大利亚】0【协韩国】0 【协格鲁吉亚】0【协香港】0【协澳门】0 【特-1】0【特-2】0 【增】16【出】0【退】10	千克	2	3			999	二苯乙醇酸-3-奎宁环酯（BZ）

税则号列			货品名称中英文		税费综合信息	计量单位	监管证件代码		检验检疫类别		检验检疫编码	检验检疫编码对应中文名称
HS国际统一前6位	本国子目7~8位	9~10位	中文货物名称	英文 Article Description			进口	出口	进口	出口		
293339	20		奎宁环-3-醇	Quinuclidine-3-ol	【最】6.5【普】20 【协亚太】5.2【协东盟】0【协巴基斯坦】5 【协智利】0【协新西兰】0【协秘鲁】0 【协哥斯达黎加】0【协冰岛】0【协瑞士】0 【协澳大利亚】0【协韩国】0 【协格鲁吉亚】0【协香港】0【协澳门】0 【特-1】0【特-2】0 【增】16【出】0【退】10	千克	2	3			999	奎宁环-3-醇
293339	90	21	精吡氟禾草灵、毒死蜱、二氯氨基吡啶羧酸	Fluazifop-p-butyl, chlorpyrifos	【最】6.5【普】20 【协东盟】0【协巴基斯坦】5【协智利】0 【协新西兰】0【协秘鲁】0【协哥斯达黎加】0 【协冰岛】0【协瑞士】2.6【协澳大利亚】0 【协韩国】0【协格鲁吉亚】0【协香港】0 【协澳门】0 【特-1】0【特-2】0 【增】16【对美加征】5【出】0【退】10	千克	S	S			101 102	精吡氟禾草灵、毒死蜱、二氯氨基吡啶羧酸（包括二氟吡隆、三氟甲吡醚、氯虫苯甲酰胺）［毒死蜱粉剂、颗粒剂（含量>15%）］ 精吡氟禾草灵、毒死蜱、二氯氨基吡啶羧酸（包括二氟吡隆、三氟甲吡醚、氯虫苯甲酰胺）［毒死蜱乳剂（含量>4%）］
293339	90	22	百草枯、啶虫脒	Paraquat, acetamiprid	【最】6.5【普】20 【协东盟】0【协巴基斯坦】5【协智利】0 【协新西兰】0【协秘鲁】0【协哥斯达黎加】0 【协冰岛】0【协瑞士】2.6【协澳大利亚】0 【协韩国】0【协格鲁吉亚】0【协香港】0 【协澳门】0 【特-1】0【特-2】0 【增】16【对美加征】5【出】0【退】10	千克	S	S			101 102	百草枯、啶虫脒［百草枯（含量>4%）］ 百草枯、啶虫脒［百草枯水剂（含量4%～40%）］
293339	90	23	精喹禾灵	Quizalofop-p-ethyl	【最】6.5【普】20 【协东盟】0【协巴基斯坦】5【协智利】0 【协新西兰】0【协秘鲁】0【协哥斯达黎加】0 【协冰岛】0【协瑞士】2.6【协澳大利亚】0 【协韩国】0【协格鲁吉亚】0【协香港】0 【协澳门】0 【特-1】0【特-2】0 【增】16【对美加征】5【出】0【退】10	千克	S	S			999	精喹禾灵
293339	90	24	喹禾灵，氟吡禾灵，吡氟禾草灵等（包括炔禾灵，氟吡乙禾灵，氟吡菌胺，卤草啶）	Quizalofop, haloxyfop, fluazifop etc. (including chloroazifop-propyny, haloxyfop-methyl, picolinafe, haloxydine etc.)	【最】6.5【普】20 【协东盟】0【协巴基斯坦】5【协智利】0 【协新西兰】0【协秘鲁】0【协哥斯达黎加】0 【协冰岛】0【协瑞士】2.6【协澳大利亚】0 【协韩国】0【协格鲁吉亚】0【协香港】0 【协澳门】0 【特-1】0【特-2】0 【增】16【对美加征】5【出】0【退】10	千克	S	S			999	喹禾灵，氟吡禾灵，吡氟禾草灵等（包括炔禾灵，氟吡乙禾灵，氟吡菌胺，卤草啶）
293339	90	25	高效氟吡甲禾灵，氟吡甲禾灵等（包括鼠特灵，灭鼠优，灭鼠安，氟鼠啶）	Haloxyfop-P-methyl, haloxyfop-methyl etc. (including norbormide, pyrinuron, flupropadine)	【最】6.5【普】20 【协东盟】0【协巴基斯坦】5【协智利】0 【协新西兰】0【协秘鲁】0【协哥斯达黎加】0 【协冰岛】0【协瑞士】2.6【协澳大利亚】0 【协韩国】0【协格鲁吉亚】0【协香港】0 【协澳门】0 【特-1】0【特-2】0 【增】16【对美加征】5【出】0【退】10	千克	S	S			101 102	高效氟吡甲禾灵，氟吡甲禾灵等（包括鼠特灵，灭鼠优，灭鼠安，氟鼠啶）(RH-908) 高效氟吡甲禾灵，氟吡甲禾灵等（包括鼠特灵，灭鼠优，灭鼠安，氟鼠啶）［敌鼠（含量>2%）］
293339	90	26	甲基毒死蜱，吡虫啉等（包括吡氯氰菊酯，啶蜱脲，氟啶脲，哒幼酮，吡丙醚）	Chlorpyrifos-methyl, midacloprid etc. (including cypermethrin, fluazuron, chlorfluazuron, pyridaben, pyriproxyfen)	【最】6.5【普】20 【协东盟】0【协巴基斯坦】5【协智利】0 【协新西兰】0【协秘鲁】0【协哥斯达黎加】0 【协冰岛】0【协瑞士】2.6【协澳大利亚】0 【协韩国】0【协格鲁吉亚】0【协香港】0 【协澳门】0 【特-1】0【特-2】0 【增】16【对美加征】5【出】0【退】10	千克	S	S			999	甲基毒死蜱，吡虫啉等（包括吡氯氰菊酯，啶蜱脲，氟啶脲，哒幼酮，吡丙醚）

税则号列			货品名称中英文		税费综合信息	计量单位	监管证件代码		检验检疫类别		检验检疫编码	检验检疫编码对应中文名称
HS国际统一前6位	本国子目 7~8位	9~10位	中文 货物名称	英文 Article Description			进口	出口	进口	出口		
293339	90	27	驱蝇啶，烯啶虫胺	Dipropyl pyridine, nitenpyram	【最】6.5【普】20 【协东盟】0【协巴基斯坦】5【协智利】0 【协新西兰】0【协秘鲁】0【协哥斯达黎加】0 【协冰岛】0【协瑞士】2.6【协澳大利亚】0 【协韩国】0【协格鲁吉亚】0【协香港】0 【协澳门】0 【特-1】0【特-2】0 【增】16【对美加征】5【出】0【退】10	千克	S	S			999	驱蝇啶，烯啶虫胺
293339	90	28	咪唑烟酸，甲咪唑烟酸，咪唑乙烟酸等（包括氨氯吡啶酸，三氯吡氧乙酸，氯氟吡氧乙酸，二氯吡啶酸）	Imazapyr, imazapic, imazethapyr etc. (including picloram, trichlopyr, fluroxypyr, clopyralid)	【最】6.5【普】20 【协东盟】0【协巴基斯坦】5【协智利】0 【协新西兰】0【协秘鲁】0【协哥斯达黎加】0 【协冰岛】0【协瑞士】2.6【协澳大利亚】0 【协韩国】0【协格鲁吉亚】0【协香港】0 【协澳门】0 【特-1】0【特-2】0 【增】16【对美加征】5【出】0【退】10	千克	S	S			999	咪唑烟酸，甲咪唑烟酸，咪唑乙烟酸等（包括氨氯吡啶酸，三氯吡氧乙酸，氯氟吡氧乙酸，二氯吡啶酸）
293339	90	29	炔草酸，哌草磷，哌草丹，稗草丹等（包括吡氟酰草胺，氟啶草酮，氟硫草啶，甲氧咪草烟）	Clodinafop-propargyl, piperophos, dimepiperate, pyributicarb etc. (including diflufenican, fluridone, dithiopyr, lmazamox)	【最】6.5【普】20 【协东盟】0【协巴基斯坦】5【协智利】0 【协新西兰】0【协秘鲁】0【协哥斯达黎加】0 【协冰岛】0【协瑞士】2.6【协澳大利亚】0 【协韩国】0【协格鲁吉亚】0【协香港】0 【协澳门】0 【特-1】0【特-2】0 【增】16【对美加征】5【出】0【退】10	千克	S	S			999	炔草酸，哌草磷，哌草丹，稗草丹等（包括吡氟酰草胺，氟啶草酮，氟硫草啶，甲氧咪草烟）
293339	90	30	3-羟基-1-甲基哌啶	3-hydroxy-1-methyl piperidine	【最】6.5【普】20 【协东盟】0【协巴基斯坦】5【协智利】0 【协新西兰】0【协秘鲁】0【协哥斯达黎加】0 【协冰岛】0【协瑞士】2.6【协澳大利亚】0 【协韩国】0【协格鲁吉亚】0【协香港】0 【协澳门】0 【特-1】0【特-2】0 【增】16【对美加征】5【出】0【退】13	千克	2	3			999	3-羟基-1-甲基哌啶
293339	90	40	3-奎宁环酮	3-Quinuclidone	【最】6.5【普】20 【协东盟】0【协巴基斯坦】5【协智利】0 【协新西兰】0【协秘鲁】0【协哥斯达黎加】0 【协冰岛】0【协瑞士】2.6【协澳大利亚】0 【协韩国】0【协格鲁吉亚】0【协香港】0 【协澳门】0 【特-1】0【特-2】0 【增】16【对美加征】5【出】0【退】13	千克	2	3			999	3-奎宁环酮
293339	90	51	甲哌鎓，抗倒胺，氯吡脲，吡啶醇	Mepiquatechloride, inabenfide, forchlorfenuron, TCPyr	【最】6.5【普】20 【协东盟】0【协巴基斯坦】5【协智利】0 【协新西兰】0【协秘鲁】0【协哥斯达黎加】0 【协冰岛】0【协瑞士】2.6【协澳大利亚】0 【协韩国】0【协格鲁吉亚】0【协香港】0 【协澳门】0 【特-1】0【特-2】0 【增】16【对美加征】5【出】0【退】10	千克	S	S			999	甲哌鎓，抗倒胺，氯吡脲，吡啶醇
293339	90	52	啶菌噁唑，苯锈啶，啶斑肟等（包括啶菌腈）	Fenpropidin, pyrifenox etc. (including pyridinitril)	【最】6.5【普】20 【协东盟】0【协巴基斯坦】5【协智利】0 【协新西兰】0【协秘鲁】0【协哥斯达黎加】0 【协冰岛】0【协瑞士】2.6【协澳大利亚】0 【协韩国】0【协格鲁吉亚】0【协香港】0 【协澳门】0 【特-1】0【特-2】0 【增】16【对美加征】5【出】0【退】10	千克	S	S			999	啶菌噁唑，苯锈啶，啶斑肟等（包括啶菌腈）
293339	90	53	氟啶胺，氟啶虫酰胺，三氯甲基吡啶	Fluazinam, flonicamid, Nitrapyrin	【最】6.5【普】20 【协东盟】0【协巴基斯坦】5【协智利】0 【协新西兰】0【协秘鲁】0【协哥斯达黎加】0 【协冰岛】0【协瑞士】2.6【协澳大利亚】0 【协韩国】0【协格鲁吉亚】0【协香港】0 【协澳门】0 【特-1】0【特-2】0 【增】16【对美加征】5【出】0【退】10	千克	S	S			999	氟啶胺，氟啶虫酰胺，三氯甲基吡啶

税则号列			货品名称中英文		税费综合信息	计量单位	监管证件代码		检验检疫类别		检验检疫编码	检验检疫编码对应中文名称
HS国际统一前6位	本国子目7~8位	本国子目9~10位	中文 货物名称	英文 Article Description			进口	出口	进口	出口		
293339	90	54	咪唑嗪，丁硫啶，氯苯吡啶，哌丙灵	Triazoxide, buthiobate, parinol, piperlin etc.	【最】6.5【普】20 【协东盟】0【协巴基斯坦】5【协智利】0 【协新西兰】0【协秘鲁】0【协哥斯达黎加】0 【协冰岛】0【协瑞士】2.6【协澳大利亚】0 【协韩国】0【协格鲁吉亚】0【协香港】0 【协澳门】0 【特-1】0【特-2】0 【增】16【对美加征】5【出】0【退】10	千克	S	S			999	咪唑嗪，丁硫啶，氯苯吡啶，哌丙灵
293339	90	55	氟吡菌酰胺	Fluopicolide	【最】6.5【普】20 【协东盟】0【协巴基斯坦】5【协智利】0 【协新西兰】0【协秘鲁】0【协哥斯达黎加】0 【协冰岛】0【协瑞士】2.6【协澳大利亚】0 【协韩国】0【协格鲁吉亚】0【协香港】0 【协澳门】0 【特-1】0【特-2】0 【增】16【对美加征】5【出】0【退】10	千克	S	S			999	氟吡菌酰胺
293339	90	56	氯啶菌酯	Triclopyricarb	【最】6.5【普】20 【协东盟】0【协巴基斯坦】5【协智利】0 【协新西兰】0【协秘鲁】0【协哥斯达黎加】0 【协冰岛】0【协瑞士】2.6【协澳大利亚】0 【协韩国】0【协格鲁吉亚】0【协香港】0 【协澳门】0 【特-1】0【特-2】0 【增】16【对美加征】5【出】0【退】13	千克	S	S			999	氯啶菌酯
293339	90	57	氯氨吡啶酸	Picloram	【最】6.5【普】20 【协东盟】0【协巴基斯坦】5【协智利】0 【协新西兰】0【协秘鲁】0【协哥斯达黎加】0 【协冰岛】0【协瑞士】2.6【协澳大利亚】0 【协韩国】0【协格鲁吉亚】0【协香港】0 【协澳门】0 【特-1】0【特-2】0 【增】16【对美加征】5【出】0【退】13	千克	S	S			999	氯氨吡啶酸
293339	90	58	哌壮素	Pai Zhuang Su	【最】6.5【普】20 【协东盟】0【协巴基斯坦】5【协智利】0 【协新西兰】0【协秘鲁】0【协哥斯达黎加】0 【协冰岛】0【协瑞士】2.6【协澳大利亚】0 【协韩国】0【协格鲁吉亚】0【协香港】0 【协澳门】0 【特-1】0【特-2】0 【增】16【对美加征】5【出】0【退】10	千克	S	S			999	哌壮素
293339	90	60	啶氧菌酯（包括氟啶虫胺腈、环啶菌胺、四氯虫酰胺、溴氰虫酰胺、玉雄杀、氟吡菌胺）	Picoxystrobin	【最】6.5【普】20 【协东盟】0【协巴基斯坦】5【协智利】0 【协新西兰】0【协秘鲁】0【协哥斯达黎加】0 【协冰岛】0【协瑞士】2.6【协澳大利亚】0 【协韩国】0【协格鲁吉亚】0【协香港】0 【协澳门】0 【特-1】0【特-2】0 【增】16【对美加征】5【出】0【退】10	千克	S	S			999	啶氧菌酯（包括氟啶虫胺腈、环啶菌胺、四氯虫酰胺、溴氰虫酰胺、玉雄杀、氟吡菌胺）
293339	90	71	乙酰阿法甲基芬太尼、烯丙罗定、阿法美罗定（以及它们的盐）	Acetyl-alpha-methylfentanyl, allylprodine, alphamepro dine (and their salts)	【最】6.5【普】20 【协东盟】0【协巴基斯坦】5【协智利】0 【协新西兰】0【协秘鲁】0【协哥斯达黎加】0 【协冰岛】0【协瑞士】2.6【协澳大利亚】0 【协韩国】0【协格鲁吉亚】0【协香港】0 【协澳门】0 【特-1】0【特-2】0 【增】16【对美加征】5【出】0【退】13	千克	I	I			999	乙酰阿法甲基芬太尼、烯丙罗定、阿法美罗定（以及它们的盐）
293339	90	72	阿法甲基芬太尼、阿法罗定、苄替啶（以及它们的盐）	Alpha-methylfentanyl, alphaprodine, benzethi-dine (and their salts)	【最】6.5【普】20 【协东盟】0【协巴基斯坦】5【协智利】0 【协新西兰】0【协秘鲁】0【协哥斯达黎加】0 【协冰岛】0【协瑞士】2.6【协澳大利亚】0 【协韩国】0【协格鲁吉亚】0【协香港】0 【协澳门】0 【特-1】0【特-2】0 【增】16【对美加征】5【出】0【退】13	千克	I	I			999	阿法甲基芬太尼、阿法罗定、苄替啶（以及它们的盐）

税则号列			货品名称中英文		税费综合信息	计量单位	监管证件代码		检验检疫类别		检验检疫编码	检验检疫编码对应中文名称
HS 国际统一前6位	本国子目 7~8位	9~10位	中文 货物名称	英文 Article Description			进口	出口	进口	出口		
293339	90	73	倍他羟基芬太尼、倍他羟基-3-甲基芬太尼、倍他美罗定（以及它们的盐）	Betahydroxyfentanyl, betahydroxy-3-methylf-entanyl, betameprodine (and their salts)	【最】6.5【普】20 【协东盟】0【协巴基斯坦】5【协智利】0 【协新西兰】0【协秘鲁】0【协哥斯达黎加】0 【协冰岛】0【协瑞士】2.6【协澳大利亚】0 【协韩国】0【协格鲁吉亚】0【协香港】0 【协澳门】0 【特-1】0【特-2】0 【增】16【对美加征】5【出】0【退】13	千克	I	I			999	倍他羟基芬太尼、倍他羟基-3-甲基芬太尼、倍他美罗定（以及它们的盐）
293339	90	74	倍他罗定、依托利定、羟哌替啶、美他佐辛（以及它们的盐）	Betaprodine, etoxeridine, hydroxypethidine, metazo-cine (and their salts)	【最】6.5【普】20 【协东盟】0【协巴基斯坦】5【协智利】0 【协新西兰】0【协秘鲁】0【协哥斯达黎加】0 【协冰岛】0【协瑞士】2.6【协澳大利亚】0 【协韩国】0【协格鲁吉亚】0【协香港】0 【协澳门】0 【特-1】0【特-2】0 【增】16【对美加征】5【出】0【退】13	千克	I	I			999	倍他罗定、依托利定、羟哌替啶、美他佐辛（以及它们的盐）
293339	90	75	3-甲基芬太尼、1-甲基-4-苯基-4-哌啶丙酸酯、诺匹哌酮（以及它们的盐）	3-methylfentanyl, 1-methyl-4-phenyl-4-piperi-dine propionate, norpipanone (and their salts)	【最】6.5【普】20 【协东盟】0【协巴基斯坦】5【协智利】0 【协新西兰】0【协秘鲁】0【协哥斯达黎加】0 【协冰岛】0【协瑞士】2.6【协澳大利亚】0 【协韩国】0【协格鲁吉亚】0【协香港】0 【协澳门】0 【特-1】0【特-2】0 【增】16【对美加征】5【出】0【退】13	千克	I	I			999	3-甲基芬太尼、1-甲基-4-苯基-4-哌啶丙酸酯、诺匹哌酮（以及它们的盐）
293339	90	76	对氟芬太尼、1-苯乙基-4-苯基-4-哌啶乙酸酯（以及它们的盐）	Parafluorofentanyl, 1-phenethyl-4-phenyl-4-pi-peridin e acetate (and their salts)	【最】6.5【普】20 【协东盟】0【协巴基斯坦】5【协智利】0 【协新西兰】0【协秘鲁】0【协哥斯达黎加】0 【协冰岛】0【协瑞士】2.6【协澳大利亚】0 【协韩国】0【协格鲁吉亚】0【协香港】0 【协澳门】0 【特-1】0【特-2】0 【增】16【对美加征】5【出】0【退】13	千克	I	I			999	对氟芬太尼、1-苯乙基-4-苯基-4-哌啶乙酸酯（以及它们的盐）
293339	90	77	哌替啶中间体B、哌替啶中间体C（以及它们的盐）	Pethidine intermediate B, pethidine intermediate C (and their salts)	【最】6.5【普】20 【协东盟】0【协巴基斯坦】5【协智利】0 【协新西兰】0【协秘鲁】0【协哥斯达黎加】0 【协冰岛】0【协瑞士】2.6【协澳大利亚】0 【协韩国】0【协格鲁吉亚】0【协香港】0 【协澳门】0 【特-1】0【特-2】0 【增】16【对美加征】5【出】0【退】13	千克	I	I			999	哌替啶中间体B、哌替啶中间体C（以及它们的盐）
293339	90	78	非那丙胺、非那佐辛、匹米诺定、丙哌利定（以及它们的盐）	Phenampromide, phenazocine, piminodine, porperidin e (and their salts)	【最】6.5【普】20 【协东盟】0【协巴基斯坦】5【协智利】0 【协新西兰】0【协秘鲁】0【协哥斯达黎加】0 【协冰岛】0【协瑞士】2.6【协澳大利亚】0 【协韩国】0【协格鲁吉亚】0【协香港】0 【协澳门】0 【特-1】0【特-2】0 【增】16【对美加征】5【出】0【退】13	千克	I	I			999	非那丙胺、非那佐辛、匹米诺定、丙哌利定（以及它们的盐）
293339	90	80	瑞芬太尼及其盐	Remifentanil and its salts	【最】6.5【普】20 【协东盟】0【协巴基斯坦】5【协智利】0 【协新西兰】0【协秘鲁】0【协哥斯达黎加】0 【协冰岛】0【协瑞士】2.6【协澳大利亚】0 【协韩国】0【协格鲁吉亚】0【协香港】0 【协澳门】0 【特-1】0【特-2】0 【增】16【对美加征】5【出】0【退】13	千克	I	I			999	瑞芬太尼及其盐
293339	90	91	吉美嘧啶、甲磺酸阿帕替尼、西达本胺及其他抗癌药品原料药	Gempyrimidine, Apatinib mesylate, Sidaben and other anti-cancer drugs substance	【最】6.5【普】20【暂进】0 【协东盟】0【协巴基斯坦】5【协智利】0 【协新西兰】0【协秘鲁】0【协哥斯达黎加】0 【协冰岛】0【协瑞士】2.6【协澳大利亚】0 【协韩国】0【协格鲁吉亚】0【协香港】0 【协澳门】0 【特-1】0【特-2】0 【增】3【对美加征】5【出】0【退】13	千克					301 302	吉美嘧啶、甲磺酸阿帕替尼、西达本胺及其他抗癌药品原料药（其他危险化学品） 吉美嘧啶、甲磺酸阿帕替尼、西达本胺及其他抗癌药品原料药（其他化工产品）

税则号列 HS国际统一前6位	本国子目 7~8位	本国子目 9~10位	货品名称 中文 货物名称	货品名称 英文 Article Description	税费综合信息	计量单位	监管证件代码 进口	监管证件代码 出口	检验检疫类别 进口	检验检疫类别 出口	检验检疫编码	检验检疫编码对应中文名称
293339	90	99	其他结构上含有一个非稠合吡啶环（不论是否氢化）的化合物	Other compounds containing a non-fused pyridine ring (whether or not hydrogenated) (generated HS CODE by splitting anti-cancer drug substance)	【最】6.5【普】20 【协东盟】0【协巴基斯坦】5【协智利】0 【协新西兰】0【协秘鲁】0【协哥斯达黎加】0 【协冰岛】0【协瑞士】2.6【协澳大利亚】0 【协韩国】0【协格鲁吉亚】0【协香港】0 【协澳门】0 【特-1】0【特-2】0 【增】16【对美加征】5【出】0【退】13	千克					301 302 303 304	其他结构上含有一个非稠合吡啶环（不论是否氢化）的化合物（因拆分抗癌药品原料药产生的兜底税号）（易燃液体） 其他结构上含有一个非稠合吡啶环（不论是否氢化）的化合物（因拆分抗癌药品原料药产生的兜底税号）（易燃固体、自反应物质及固态退敏爆炸品） 其他结构上含有一个非稠合吡啶环（不论是否氢化）的化合物（因拆分抗癌药品原料药产生的兜底税号）（毒性物质和感染性物质） 其他结构上含有一个非稠合吡啶环（不论是否氢化）的化合物（因拆分抗癌药品原料药产生的兜底税号）（其他危险化学品）
293341	00		左非诺（INN）及其盐	Levorpharol(INN) and its salts	【最】6.5【普】20 【协东盟】0【协巴基斯坦】5【协智利】0 【协新西兰】0【协秘鲁】0【协哥斯达黎加】0 【协冰岛】0【协瑞士】0【协澳大利亚】0 【协韩国】0【协格鲁吉亚】0【协香港】0 【协澳门】0 【特-1】0【特-2】0 【增】16【对美加征】5【出】0【退】10	千克	I	I			999	左非诺（INN)及其盐
293349	00	11	丙烯酸喹啉酯、苯氧喹啉	Halacrinate, quinoxyfen	【最】6.5【普】20 【协东盟】0【协巴基斯坦】5【协智利】0 【协新西兰】0【协秘鲁】0【协哥斯达黎加】0 【协冰岛】0【协瑞士】0【协澳大利亚】0 【协韩国】0【协格鲁吉亚】0【协香港】0 【协澳门】0 【特-1】0【特-2】0 【增】16【对美加征】10【出】0【退】10	千克	S	S			999	丙烯酸喹啉酯、苯氧喹啉
293349	00	12	咯喹酮	Pyroquilon	【最】6.5【普】20 【协东盟】0【协巴基斯坦】5【协智利】0 【协新西兰】0【协秘鲁】0【协哥斯达黎加】0 【协冰岛】0【协瑞士】0【协澳大利亚】0 【协韩国】0【协格鲁吉亚】0【协香港】0 【协澳门】0 【特-1】0【特-2】0 【增】16【对美加征】10【出】0【退】10	千克	S	S			999	咯喹酮
293349	00	13	氯甲喹啉酸、乙氧喹啉	Ouinmerac, quinmerac, ethoxyquin	【最】6.5【普】20 【协东盟】0【协巴基斯坦】5【协智利】0 【协新西兰】0【协秘鲁】0【协哥斯达黎加】0 【协冰岛】0【协瑞士】0【协澳大利亚】0 【协韩国】0【协格鲁吉亚】0【协香港】0 【协澳门】0 【特-1】0【特-2】0 【增】16【对美加征】10【出】0【退】10	千克	S	S			101 102	氯甲喹啉酸、乙氧喹啉（饲料添加剂） 氯甲喹啉酸、乙氧喹啉（化工产品）
293349	00	14	二氯喹啉酸	Quinclorac	【最】6.5【普】20 【协东盟】0【协巴基斯坦】5【协智利】0 【协新西兰】0【协秘鲁】0【协哥斯达黎加】0 【协冰岛】0【协瑞士】0【协澳大利亚】0 【协韩国】0【协格鲁吉亚】0【协香港】0 【协澳门】0 【特-1】0【特-2】0 【增】16【对美加征】10【出】0【退】10	千克	S	S			999	二氯喹啉酸

税则号列			货品名称中英文		税费综合信息	计量单位	监管证件代码		检验检疫类别		检验检疫编码	检验检疫编码对应中文名称
HS 国际统一前6位	本国子目 7~8位	9~10位	中文 货物名称	英文 Article Description			进口	出口	进口	出口		
293349	00	15	FG-4592(CAS号 808118-40-3)(一种缺氧诱导因子-脯氨酸羟化酶抑制剂)	FG-4592 (CAS: 808118-40-3) (a kind of hypoxia inducible factor - prolinehydroxylase inhibitor)	【最】6.5【普】20 【协东盟】0【协巴基斯坦】5【协智利】0 【协新西兰】0【协秘鲁】0【协哥斯达黎加】0 【协冰岛】0【协瑞士】0【协澳大利亚】0 【协韩国】0【协格鲁吉亚】0【协香港】0 【协澳门】0 【特-1】0【特-2】0 【增】16【对美加征】10【出】0【退】13	千克					999	FG-4592(CAS 号 808118-40-3)(一种缺氧诱导因子-脯氨酸羟化酶抑制剂)
293349	00	21	羟蒂巴酚、左美沙芬、左芬啡烷	Drotebanol, levomethorphan, levophenacylmorphan	【最】6.5【普】20 【协东盟】0【协巴基斯坦】5【协智利】0 【协新西兰】0【协秘鲁】0【协哥斯达黎加】0 【协冰岛】0【协瑞士】0【协澳大利亚】0 【协韩国】0【协格鲁吉亚】0【协香港】0 【协澳门】0 【特-1】0【特-2】0 【增】16【对美加征】10【出】0【退】13	千克	I	I			999	羟蒂巴酚、左美沙芬、左芬啡烷
293349	00	22	去甲左啡诺、非诺啡烷、消旋甲啡烷、消旋啡烷	Norlevorphanol, phenomorphan, racemethorphan, recemorphan	【最】6.5【普】20 【协东盟】0【协巴基斯坦】5【协智利】0 【协新西兰】0【协秘鲁】0【协哥斯达黎加】0 【协冰岛】0【协瑞士】0【协澳大利亚】0 【协韩国】0【协格鲁吉亚】0【协香港】0 【协澳门】0 【特-1】0【特-2】0 【增】16【对美加征】10【出】0【退】13	千克	I	I			999	去甲左啡诺、非诺啡烷、消旋甲啡烷、消旋啡烷
293349	00	30	布托啡诺	Butorphanol	【最】6.5【普】20 【协东盟】0【协巴基斯坦】5【协智利】0 【协新西兰】0【协秘鲁】0【协哥斯达黎加】0 【协冰岛】0【协瑞士】0【协澳大利亚】0 【协韩国】0【协格鲁吉亚】0【协香港】0 【协澳门】0 【特-1】0【特-2】0 【增】16【对美加征】10【出】0【退】13	千克	I	I			999	布托啡诺
293349	00	90	其他含喹琳或异喹啉环系的化合物(但未进一步稠合的)	Other compounds containingan quinoline or isoquinoline ringsysterm (not further fused)	【最】6.5【普】20 【协东盟】0【协巴基斯坦】5【协智利】0 【协新西兰】0【协秘鲁】0【协哥斯达黎加】0 【协冰岛】0【协瑞士】0【协澳大利亚】0 【协韩国】0【协格鲁吉亚】0【协香港】0 【协澳门】0 【特-1】0【特-2】0 【增】16【对美加征】10【出】0【退】13	千克					301 302 303 304	其他含喹琳或异喹啉环系的化合物(但未进一步稠合的)(易燃液体) 其他含喹琳或异喹啉环系的化合物(但未进一步稠合的)(毒性物质和感染性物质) 其他含喹琳或异喹啉环系的化合物(但未进一步稠合的)(其他危险化学品) 其他含喹琳或异喹啉环系的化合物(但未进一步稠合的)(其他化工产品)
293352	00		丙二酰脲(巴比妥酸)及其盐	Malonylurea (barbituric acid) and its salts	【最】6.5【普】20 【协东盟】0【协巴基斯坦】5【协智利】0 【协新西兰】0【协秘鲁】0【协哥斯达黎加】0 【协冰岛】0【协瑞士】0【协澳大利亚】0 【协韩国】0【协格鲁吉亚】0【协香港】0 【协澳门】0 【特-1】0【特-2】0 【增】16【对美加征】5【出】0【退】10	千克					999	丙二酰脲(巴比妥酸)及其盐
293353	00	11	阿洛巴比妥、仲丁巴比妥(以及它们的盐)	Allobarbita (INN), secbutabarbita(IINN) (and their salts)	【最】6.5【普】20 【协东盟】0【协巴基斯坦】5【协智利】0 【协新西兰】0【协秘鲁】0【协哥斯达黎加】0 【协冰岛】0【协瑞士】0【协澳大利亚】0 【协韩国】0【协格鲁吉亚】0【协香港】0 【协澳门】0 【特-1】0【特-2】0 【增】16【对美加征】10【出】0【退】10	千克	I	I			999	阿洛巴比妥、仲丁巴比妥(以及它们的盐)

税则号列 HS国际统一前6位	本国子目 7~8位	9~10位	货品名称中英文 中文 货物名称	英文 Article Description	税费综合信息	计量单位	监管证件代码 进口	出口	检验检疫类别 进口	出口	检验检疫编码	检验检疫编码对应中文名称
293353	00	12	乙烯比妥，布他比妥，丁巴比妥（以及它们的盐）	Vinylbita(INN), butalbita(INN), butobarbita(INN) (and their salts)	【最】6.5【普】20 【协东盟】0【协巴基斯坦】5【协智利】0 【协新西兰】0【协秘鲁】0【协哥斯达黎加】0 【协冰岛】0【协瑞士】0【协澳大利亚】0 【协韩国】0【协格鲁吉亚】0【协香港】0 【协澳门】0 【特-1】0【特-2】0 【增】16【对美加征】10【出】0【退】10	千克	I	I			999	乙烯比妥，布他比妥，丁巴比妥（以及它们的盐）
293353	00	13	环已巴比妥，甲苯巴比妥（以及它们的盐）	Cyclobarbital(INN), methylphenobarbital(INN) (and their salts)	【最】6.5【普】20 【协东盟】0【协巴基斯坦】5【协智利】0 【协新西兰】0【协秘鲁】0【协哥斯达黎加】0 【协冰岛】0【协瑞士】0【协澳大利亚】0 【协韩国】0【协格鲁吉亚】0【协香港】0 【协澳门】0 【特-1】0【特-2】0 【增】16【对美加征】10【出】0【退】10	千克	I	I			999	环已巴比妥，甲苯巴比妥（以及它们的盐）
293353	00	14	司可巴比妥，异戊巴比妥（以及它们的盐）	Secobarbital(INN), amobarbital(INN) (and their salts)	【最】6.5【普】20 【协东盟】0【协巴基斯坦】5【协智利】0 【协新西兰】0【协秘鲁】0【协哥斯达黎加】0 【协冰岛】0【协瑞士】0【协澳大利亚】0 【协韩国】0【协格鲁吉亚】0【协香港】0 【协澳门】0 【特-1】0【特-2】0 【增】16【对美加征】10【出】0【退】10	千克	I	I			999	司可巴比妥，异戊巴比妥（以及它们的盐）
293353	00	15	戊巴比妥，苯巴比妥，巴比妥（以及它们的盐）	Pentobarbital(INN), phenobarbital(INN), Barbital(INN) (and their salts)	【最】6.5【普】20 【协东盟】0【协巴基斯坦】5【协智利】0 【协新西兰】0【协秘鲁】0【协哥斯达黎加】0 【协冰岛】0【协瑞士】0【协澳大利亚】0 【协韩国】0【协格鲁吉亚】0【协香港】0 【协澳门】0 【特-1】0【特-2】0 【增】16【对美加征】10【出】0【退】10	千克	I	I			999	戊巴比妥，苯巴比妥，巴比妥（以及它们的盐）
293354	00		其他丙二酰脲的衍生物及它们的盐	Other derivatives of malonylurea (barbituric acid); salts thereof	【最】6.5【普】20 【协东盟】0【协巴基斯坦】5【协智利】0 【协新西兰】0【协秘鲁】0【协哥斯达黎加】0 【协冰岛】0【协瑞士】0【协澳大利亚】0 【协韩国】0【协格鲁吉亚】0【协香港】0 【协澳门】0 【特-1】0【特-2】0 【增】16【出】0【退】10	千克					999	其他丙二酰脲的衍生物及它们的盐
293355	00	11	甲氯喹酮，甲喹酮（以及它们的盐）	Mecloqualone(INN), methaqualone(INN) (and their salts)	【最】6.5【普】20 【协东盟】0【协巴基斯坦】5【协智利】0 【协新西兰】0【协秘鲁】0【协哥斯达黎加】0 【协冰岛】0【协瑞士】0【协澳大利亚】0 【协韩国】0【协格鲁吉亚】0【协香港】0 【协澳门】0 【特-1】0【特-2】0 【增】16【出】0【退】10	千克	I	I			999	甲氯喹酮，甲喹酮（以及它们的盐）
293355	00	12	氯普唑仑，齐培丙醇（以及它们的盐）	Loprazolam(INN), zipepro(INN) (and their salts)	【最】6.5【普】20 【协东盟】0【协巴基斯坦】5【协智利】0 【协新西兰】0【协秘鲁】0【协哥斯达黎加】0 【协冰岛】0【协瑞士】0【协澳大利亚】0 【协韩国】0【协格鲁吉亚】0【协香港】0 【协澳门】0 【特-1】0【特-2】0 【增】16【出】0【退】10	千克	I	I			999	氯普唑仑，齐培丙醇（以及它们的盐）
293359	10		胞嘧啶	Cytosine	【最】6.5【普】20 【协亚太】4.2【协东盟】0【协巴基斯坦】0 【协智利】0【协新西兰】0【协秘鲁】0 【协哥斯达黎加】0【协冰岛】0【协瑞士】0 【协澳大利亚】0【协韩国】0 【协格鲁吉亚】0【协香港】0【协澳门】0 【特-1】0【特-2】0 【增】16【对美加征】5【出】0【退】13	千克					999	胞嘧啶

税则号列 HS国际统一前6位	本国子目 7~8位	本国子目 9~10位	货品名称 中文	货品名称 英文 Article Description	税费综合信息	计量单位	监管证件代码 进口	监管证件代码 出口	检验检疫类别 进口	检验检疫类别 出口	检验检疫编码	检验检疫编码对应中文名称
293359	20		环丙氟哌酸	Ciprofloxacin	【最】6.5【普】20 【协亚太】4.2【协东盟】0【协巴基斯坦】5 【协智利】0【协新西兰】0【协秘鲁】0 【协哥斯达黎加】0【协冰岛】0【协瑞士】0 【协澳大利亚】0【协韩国】0 【协格鲁吉亚】0【协香港】0【协澳门】0 【特-1】0【特-2】0 【增】16【出】0【退】10	千克					999	环丙氟哌酸
293359	90	11	嘧啶磷，甲基嘧啶磷，二嗪磷，双苯嘧草酮等（包括嘧啶氧磷，乙嘧硫磷）	Pyrimithate, pirimiphos-methyl, diazinon etc.(including midinyanglin, etrimfos)	【最】6.5【普】20 【协亚太】4.2【协东盟】0【协巴基斯坦】0 【协智利】0【协新西兰】0【协秘鲁】0 【协哥斯达黎加】0【协冰岛】0【协瑞士】2.6 【协澳大利亚】0【协韩国】0 【协格鲁吉亚】0【协香港】0【协澳门】0 【特-1】0【特-2】0 【增】16【对美加征】10【出】0【退】10	千克	S	S			101 102	嘧啶磷，甲基嘧啶磷，二嗪磷，双苯嘧草酮等（包括嘧啶氧磷，乙嘧硫磷）（嘧啶氧磷粉剂） 嘧啶磷，甲基嘧啶磷，二嗪磷，双苯嘧草酮等（包括嘧啶氧磷，乙嘧硫磷）（嘧啶氧磷）
293359	90	12	烯腺嘌呤，苄腺嘌呤，丁基嘧啶磷，嘧啶肟草醚等（包括苄氨基嘌呤，羟烯腺嘌呤）	Enadenine, benzylaminopurine etc.(including benzyladenine, oxyenadenine)	【最】6.5【普】20 【协亚太】4.2【协东盟】0【协巴基斯坦】0 【协智利】0【协新西兰】0【协秘鲁】0 【协哥斯达黎加】0【协冰岛】0【协瑞士】2.6 【协澳大利亚】0【协韩国】0 【协格鲁吉亚】0【协香港】0【协澳门】0 【特-1】0【特-2】0 【增】16【对美加征】10【出】0【退】10	千克	S	S			999	烯腺嘌呤，苄腺嘌呤，丁基嘧啶磷，嘧啶肟草醚等（包括苄氨基嘌呤，羟烯腺嘌呤）
293359	90	13	嘧草醚，双草醚，除草啶，环草啶等（包括异草啶，异丙酯草醚，嘧草硫醚，特草啶）	Pyriminobac-methyl, bispyribac-sodium, bromacil, lenacil etc.(including isocil, flupropacil-pyrafluf-enethyl, pyrithiobac, terbacil)	【最】6.5【普】20 【协亚太】4.2【协东盟】0【协巴基斯坦】0 【协智利】0【协新西兰】0【协秘鲁】0 【协哥斯达黎加】0【协冰岛】0【协瑞士】2.6 【协澳大利亚】0【协韩国】0 【协格鲁吉亚】0【协香港】0【协澳门】0 【特-1】0【特-2】0 【增】16【对美加征】10【出】0【退】10	千克	S	S			999	嘧草醚，双草醚，除草啶，环草啶等（包括异草啶，异丙酯草醚，嘧草硫醚，特草啶）
293359	90	14	吡菌磷，嘧霉胺，嘧菌胺，嘧菌酯等（包括嘧菌环胺，嘧菌腙）	Pyrazophos, pyrimethanil, mepanipyrim, Azoxystro-bin etc.(includingferimzone)	【最】6.5【普】20 【协亚太】4.2【协东盟】0【协巴基斯坦】0 【协智利】0【协新西兰】0【协秘鲁】0 【协哥斯达黎加】0【协冰岛】0【协瑞士】2.6 【协澳大利亚】0【协韩国】0 【协格鲁吉亚】0【协香港】0【协澳门】0 【特-1】0【特-2】0 【增】16【对美加征】10【出】0【退】10	千克	S	S			999	吡菌磷，嘧霉胺，嘧菌胺，嘧菌酯等（包括嘧菌环胺，嘧菌腙）
293359	90	15	嘧啶威，抗蚜威，环虫腈，嘧螨醚等（包括嘧螨酯）	Pyramat, Pirimicarb, dicyclanil, pyrimidifen etc.(including fluacrypyrim)	【最】6.5【普】20 【协亚太】4.2【协东盟】0【协巴基斯坦】0 【协智利】0【协新西兰】0【协秘鲁】0 【协哥斯达黎加】0【协冰岛】0【协瑞士】2.6 【协澳大利亚】0【协韩国】0 【协格鲁吉亚】0【协香港】0【协澳门】0 【特-1】0【特-2】0 【增】16【对美加征】10【出】0【退】10	千克	S	S			101 102 103	嘧啶威，抗蚜威，环虫腈，嘧螨醚等（包括嘧螨酯）［抗蚜威粉剂（含量>75%）］ 嘧啶威，抗蚜威，环虫腈，嘧螨醚等（包括嘧螨酯）（嘧啶威可湿性粉剂、颗粒剂） 嘧啶威，抗蚜威，环虫腈，嘧螨醚等（包括嘧螨酯）（嘧啶威）
293359	90	16	氯苯嘧啶醇，环丙嘧啶醇，呋嘧醇等（包括氟苯嘧啶醇）	Fenarimol, ancymidol, flurprimidol etc.(including nuarimol)	【最】6.5【普】20 【协亚太】4.2【协东盟】0【协巴基斯坦】0 【协智利】0【协新西兰】0【协秘鲁】0 【协哥斯达黎加】0【协冰岛】0【协瑞士】2.6 【协澳大利亚】0【协韩国】0 【协格鲁吉亚】0【协香港】0【协澳门】0 【特-1】0【特-2】0 【增】16【对美加征】10【出】0【退】10	千克	S	S			999	氯苯嘧啶醇，环丙嘧啶醇，呋嘧醇等（包括氟苯嘧啶醇）
293359	90	17	氟蚁腙，鼠立死	Hydramethylnon, crimidine	【最】6.5【普】20 【协亚太】4.2【协东盟】0【协巴基斯坦】0 【协智利】0【协新西兰】0【协秘鲁】0 【协哥斯达黎加】0【协冰岛】0【协瑞士】2.6 【协澳大利亚】0【协韩国】0 【协格鲁吉亚】0【协香港】0【协澳门】0 【特-1】0【特-2】0 【增】16【对美加征】10【出】0【退】10	千克	S	S			999	氟蚁腙，鼠立死

税则号列			货品名称中英文		税费综合信息	计量单位	监管证件代码		检验检疫类别		检验检疫编码	检验检疫编码对应中文名称
HS 国际统一前6位	本国子目7~8位	9~10位	中文货物名称	英文 Article Description			进口	出口	进口	出口		
293359	90	18	二甲嘧酚，乙嘧酚，乙嘧酚磺酸酯	Dimethirimol, ethirimol, bupirimate	【最】6.5【普】20 【协亚太】4.2【协东盟】0【协巴基斯坦】0 【协智利】0【协新西兰】0【协秘鲁】0 【协哥斯达黎加】0【协冰岛】0【协瑞士】2.6 【协澳大利亚】0【协韩国】0 【协格鲁吉亚】0【协香港】0【协澳门】0 【特-1】0【特-2】0 【增】16【对美加征】10【出】0【退】10	千克	S	S			999	二甲嘧酚，乙嘧酚，乙嘧酚磺酸酯
293359	90	19	嗪氨灵，咪唑喹啉酸，丙酯草醚	Triforine, imazaquin, pyribambenz-propyl	【最】6.5【普】20 【协亚太】4.2【协东盟】0【协巴基斯坦】0 【协智利】0【协新西兰】0【协秘鲁】0 【协哥斯达黎加】0【协冰岛】0【协瑞士】2.6 【协澳大利亚】0【协韩国】0 【协格鲁吉亚】0【协香港】0【协澳门】0 【特-1】0【特-2】0 【增】16【对美加征】10【出】0【退】10	千克	S	S			999	嗪氨灵，咪唑喹啉酸，丙酯草醚
293359	90	20	氟丙嘧草酯、氯丙嘧啶酸	Butafenacil, chloropropionic orotic acid	【最】6.5【普】20 【协亚太】4.2【协东盟】0【协巴基斯坦】0 【协智利】0【协新西兰】0【协秘鲁】0 【协哥斯达黎加】0【协冰岛】0【协瑞士】2.6 【协澳大利亚】0【协韩国】0 【协格鲁吉亚】0【协香港】0【协澳门】0 【特-1】0【特-2】0 【增】16【对美加征】10【出】0【退】10	千克	S	S			999	氟丙嘧草酯、氯丙嘧啶酸
293359	90	30	溴嘧草醚	Bromopyriminobac-Methyl	【最】6.5【普】20 【协亚太】4.2【协东盟】0【协巴基斯坦】0 【协智利】0【协新西兰】0【协秘鲁】0 【协哥斯达黎加】0【协冰岛】0【协瑞士】2.6 【协澳大利亚】0【协韩国】0 【协格鲁吉亚】0【协香港】0【协澳门】0 【特-1】0【特-2】0 【增】16【对美加征】10【出】0【退】10	千克	S	S			999	溴嘧草醚
293359	90	40	唑嘧菌胺	Ametoctradin	【最】6.5【普】20 【协亚太】4.2【协东盟】0【协巴基斯坦】0 【协智利】0【协新西兰】0【协秘鲁】0 【协哥斯达黎加】0【协冰岛】0【协瑞士】2.6 【协澳大利亚】0【协韩国】0 【协格鲁吉亚】0【协香港】0【协澳门】0 【特-1】0【特-2】0 【增】16【对美加征】10【出】0【退】13	千克	S	S			999	唑嘧菌胺
293359	90	51	依他喹酮	Etaqualone (CAS: 7432-25-9)	【最】6.5【普】20 【协亚太】4.2【协东盟】0【协巴基斯坦】0 【协智利】0【协新西兰】0【协秘鲁】0 【协哥斯达黎加】0【协冰岛】0【协瑞士】2.6 【协澳大利亚】0【协韩国】0 【协格鲁吉亚】0【协香港】0【协澳门】0 【特-1】0【特-2】0 【增】16【对美加征】10【出】0【退】13	千克	I	I			999	依他喹酮（Etaqualone; CAS 号：7432-25-9）
293359	90	52	苄基哌嗪	Benzylpiperazine (CAS 号：2759-28-6)	【最】6.5【普】20 【协亚太】4.2【协东盟】0【协巴基斯坦】0 【协智利】0【协新西兰】0【协秘鲁】0 【协哥斯达黎加】0【协冰岛】0【协瑞士】2.6 【协澳大利亚】0【协韩国】0 【协格鲁吉亚】0【协香港】0【协澳门】0 【特-1】0【特-2】0 【增】16【对美加征】10【出】0【退】13	千克	I	I			999	苄基哌嗪（Benzylpiperazine; CAS 号：2759-28-6）
293359	90	53	恩替卡韦	Entecavir	【最】6.5【普】20【暂进】0 【协亚太】4.2【协东盟】0【协香港】0 【协澳门】0【协巴基斯坦】0【协智利】0 【协新西兰】0【协秘鲁】0【协哥斯达黎加】0 【协冰岛】0【协瑞士】2.6【协澳大利亚】0 【协韩国】0【协格鲁吉亚】0 【特-1】0【特-2】0【增】3【对美加征】10 【出】0	千克					999	恩替卡韦

税则号列			货品名称中英文		税费综合信息	计量单位	监管证件代码		检验检疫类别		检验检疫编码	检验检疫编码对应中文名称
HS 国际统一前6位	本国子目 7~8位	本国子目 9~10位	中文 货物名称	英文 Article Description			进口	出口	进口	出口		
293359	90	91	甲磺酸伊马替尼、硫唑嘌呤、培美曲塞二钠、左亚叶酸钙及其他抗癌药品原料药（其他化工产品）	Imatinib mesylate, azathioprine, pemetrexed disodium, calcium leucovorin and other anti - cancer drugs substance (other chemical products)	【最】6.5【普】20【暂进】0 【协亚太】4.2【协东盟】0【协巴基斯坦】0 【协智利】0【协新西兰】0【协秘鲁】0 【协哥斯达黎加】0【协冰岛】0【协瑞士】2.6 【协澳大利亚】0【协韩国】0 【协格鲁吉亚】0【协香港】0【协澳门】0 【特-1】0【特-2】0 【增】3【对美加征】10【出】0【退】13	千克					999	甲磺酸伊马替尼、硫唑嘌呤、培美曲塞二钠、左亚叶酸钙及其他抗癌药品原料药（其他化工产品）
293359	90	99	其他结构上有嘧啶环等的化合物（包括其他结构上有哌嗪环的化合物）	Other compounds having a pyrimidine ring or the like (including other compounds having a piperazine ring) (generated HS CODE by splitting anti - cancer drug substance)	【最】6.5【普】20 【协亚太】4.2【协东盟】0【协巴基斯坦】0 【协智利】0【协新西兰】0【协秘鲁】0 【协哥斯达黎加】0【协冰岛】0【协瑞士】2.6 【协澳大利亚】）【协韩国】0 【协格鲁吉亚】0 【特-1】0【特-2】0 【增】16【对美加征】10【出】0【退】13	千克					301 302	其他结构上有嘧啶环等的化合物（包括其他结构上有哌嗪环的化合物）（因拆分抗癌药品原料药产生的兜底税号）（腐蚀性物质） 其他结构上有嘧啶环等的化合物（包括其他结构上有哌嗪环的化合物）（因拆分抗癌药品原料药产生的兜底税号）（其他化工产品）
293361	00		三聚氰胺（蜜胺）	Melamine	【最】6.5【普】20 【协东盟】0【协巴基斯坦】5【协智利】0 【协新西兰】0【协秘鲁】0【协哥斯达黎加】0 【协冰岛】0【协瑞士】0【协澳大利亚】0 【协韩国】0【协格鲁吉亚】0【协香港】0 【协澳门】0 【特-1】0【特-2】0 【增】16【对美加征】10【出】0【退】10	千克	A		M		999	三聚氰胺（蜜胺）
293369	10		三聚氰氯	Cyanuric chloride	【最】6【普】20 【协亚太】5.4【协东盟】0【协澳门】0 【协巴基斯坦】5【协智利】0【协新西兰】0 【协秘鲁】0【协哥斯达黎加】0【协冰岛】0 【协瑞士】0【协澳大利亚】0【协韩国】0 【协格鲁吉亚】0【协香港】0 【特-1】0【特-2】0 【增】16【出】0【退】10	千克					999	三聚氰氯
293369	21		二氯异氰脲酸	Dichloroisooyanurate acid	【最】6.5【普】20 【协亚太】5.2【协东盟】0【协澳门】0 【协巴基斯坦】5【协智利】0【协新西兰】0 【协秘鲁】0【协哥斯达黎加】0【协冰岛】0 【协瑞士】0【协澳大利亚】0【协韩国】0 【协格鲁吉亚】0【协香港】0 【特-1】0【特-2】0 【增】16【出】0【退】10	千克					999	二氯异氰脲酸
293369	22		三氯异氰脲酸	Trichloroisocyanurate acid	【最】6.5【普】20 【协东盟】0【协澳门】0【协巴基斯坦】5 【协智利】0【协新西兰】0【协秘鲁】0 【协哥斯达黎加】0【协冰岛】0【协瑞士】0 【协澳大利亚】0【协韩国】0 【协格鲁吉亚】0【协香港】0 【特-1】0【特-2】0 【增】16【出】0【退】10	千克	A	B	M	N	999	三氯异氰脲酸
293369	29	10	二氯异氰尿酸钠	Sodium dichloroisocyanurate	【最】6.5【普】20 【协东盟】0【协澳门】0【协巴基斯坦】5 【协智利】0【协新西兰】0【协秘鲁】0 【协哥斯达黎加】0【协冰岛】0【协瑞士】0 【协澳大利亚】0【协韩国】0 【协格鲁吉亚】0【协香港】0 【特-1】0【特-2】0 【增】16【对美加征】10【出】0【退】10	千克	A		R		999	二氯异氰尿酸钠
293369	29	90	其他异氰脲酸氯化衍生物	Other derivatives of chloroisocyanuric acid	【最】6.5【普】20 【协东盟】0【协澳门】0【协巴基斯坦】5 【协智利】0【协新西兰】0【协秘鲁】0 【协哥斯达黎加】0【协冰岛】0【协瑞士】0 【协澳大利亚】0【协韩国】0 【协格鲁吉亚】0【协香港】0 【特-1】0【特-2】0 【增】16【对美加征】10【出】0【退】10	千克					999	其他异氰脲酸氯化衍生物（腐蚀性物质）

税则号列			货品名称中英文		税费综合信息	计量单位	监管证件代码		检验检疫类别		检验检疫编码	检验检疫编码对应中文名称
HS国际统一前6位	本国子目 7~8位	本国子目 9~10位	中文 货物名称	英文 Article Description			进口	出口	进口	出口		
293369	90	11	西玛津，莠去津，扑灭津，草达津等（包括特丁津，氰草津，环丙津，甘扑津，甘草津）	Simazine, atrazine, propazine, trietazine etc. (including terbuthylazine, cyanazine, cyprazine, proglinazine, eglinazine)	【最】6.5【普】20 【协东盟】0【协澳门】0【协巴基斯坦】5 【协智利】0【协新西兰】0【协秘鲁】0 【协哥斯达黎加】0【协冰岛】0【协瑞士】0 【协澳大利亚】0【协韩国】3.2 【协格鲁吉亚】0【协香港】0 【特-1】0【特-2】0 【增】16【对美加征】5【出】0【退】10	千克	S	S			999	西玛津，莠去津，扑灭津，草达津等（包括特丁津，氰草津，环丙津，甘扑津，甘草津）
293369	90	12	西草净，扑草净，敌草净，莠灭净等（包括特丁净，异丙净，异戊乙净，氰草净，氟草净，甲氧丙净）	Simetryn, prometryn, desmetryn, ametryn etc. (including terbutryn, dipropetryn, dimethametryn, cyanatryn, Fluorine-Terbutryn, methprotryne)	【最】6.5【普】20 【协东盟】0【协澳门】0【协巴基斯坦】5 【协智利】0【协新西兰】0【协秘鲁】0 【协哥斯达黎加】0【协冰岛】0【协瑞士】0 【协澳大利亚】0【协韩国】3.2 【协格鲁吉亚】0【协香港】0 【特-1】0【特-2】0 【增】16【对美加征】5【出】0【退】10	千克	S	S			101 102 103 104 105	西草净，扑草净，敌草净，莠灭净等（包括特丁净，异丙净，异戊乙净，氰草净，氟草净，甲氧丙净）（扑草灭颗粒剂） 西草净，扑草净，敌草净，莠灭净等（包括特丁净，异丙净，异戊乙净，氰草净，氟草净，甲氧丙净）［扑草灭（含量>80%）］ 西草净，扑草净，敌草净，莠灭净等（包括特丁净，异丙净，异戊乙净，氰草净，氟草净，甲氧丙净）（西草净） 西草净，扑草净，敌草净，莠灭净等（包括特丁净，异丙净，异戊乙净，氰草净，氟草净，甲氧丙净）（莠灭净） 西草净，扑草净，敌草净，莠灭净等（包括特丁净，异丙净，异戊乙净，氰草净，氟草净，甲氧丙净）（敌草净）
293369	90	13	扑灭通，仲丁通	Prometon, secbumeton	【最】6.5【普】20 【协东盟】0【协澳门】0【协巴基斯坦】5 【协智利】0【协新西兰】0【协秘鲁】0 【协哥斯达黎加】0【协冰岛】0【协瑞士】0 【协澳大利亚】0【协韩国】3.2 【协格鲁吉亚】0【协香港】0 【特-1】0【特-2】0 【增】16【对美加征】5【出】0【退】10	千克	S	S			999	扑灭通，仲丁通
293369	90	14	丁嗪草酮，环嗪酮，嗪草酮等（包括苯嗪草酮，乙嗪草酮）	Isomethiozin, hexazinone, metribuzin etc. (including metamitron, ethiozin)	【最】6.5【普】20 【协东盟】0【协澳门】0【协巴基斯坦】5 【协智利】0【协新西兰】0【协秘鲁】0 【协哥斯达黎加】0【协冰岛】0【协瑞士】0 【协澳大利亚】0【协韩国】3.2 【协格鲁吉亚】0【协香港】0 【特-1】0【特-2】0 【增】16【对美加征】5【出】0【退】10	千克	S	S			999	丁嗪草酮，环嗪酮，嗪草酮等（包括苯嗪草酮，乙嗪草酮）
293369	90	15	灭蚜硫磷，灭蝇胺，吡蚜酮等（包括敌菌灵）	Menazon, cyromazine, pymetrozine etc. (including anilazine)	【最】6.5【普】20 【协东盟】0【协澳门】0【协巴基斯坦】5 【协智利】0【协新西兰】0【协秘鲁】0 【协哥斯达黎加】0【协冰岛】0【协瑞士】0 【协澳大利亚】0【协韩国】3.2 【协格鲁吉亚】0【协香港】0 【特-1】0【特-2】0 【增】16【对美加征】5【出】0【退】10	千克	S	S			999	灭蚜硫磷，灭蝇胺，吡蚜酮等（包括敌菌灵）
293369	90	16	三嗪氟草胺	Triaziflam	【最】6.5【普】20 【协东盟】0【协澳门】0【协巴基斯坦】5 【协智利】0【协新西兰】0【协秘鲁】0 【协哥斯达黎加】0【协冰岛】0【协瑞士】0 【协澳大利亚】0【协韩国】3.2 【协格鲁吉亚】0【协香港】0 【特-1】0【特-2】0 【增】16【对美加征】5【出】0【退】10	千克	S	S			999	三嗪氟草胺

税则号列			货品名称中英文		税费综合信息	计量单位	监管证件代码		检验检疫类别		检验检疫编码	检验检疫编码对应中文名称
HS国际统一前6位	本国子目 7~8位	9~10位	中文 货物名称	英文 Article Description			进口	出口	进口	出口		
293369	90	20	工业黑索今(RDX)(环三亚甲	1, 3, 5-trinitro-1,3,5-triazinane (RDX)	【最】6.5【普】20 【协东盟】0【协澳门】0【协巴基斯坦】5 【协智利】0【协新西兰】0【协秘鲁】0 【协哥斯达黎加】0【协冰岛】0【协瑞士】0 【协澳大利亚】0【协韩国】3.2 【协格鲁吉亚】0【协香港】0 【特-1】0【特-2】0 【增】16【对美加征】5【出】0【退】10	千克	k	k				
293369	90	91	奥替拉西钾及其他抗癌药品原料药	Oturacil potassium and other anti-cancer drugs substance	【最】6.5【普】20【暂进】0 【协东盟】0【协澳门】0【协巴基斯坦】5 【协智利】0【协新西兰】0【协秘鲁】0 【协哥斯达黎加】0【协冰岛】0【协瑞士】0 【协澳大利亚】0【协韩国】3.2 【协格鲁吉亚】0【协香港】0 【特-1】0【特-2】0 【增】3【对美加征】5【出】0【退】10	千克					301 302	奥替拉西钾及其他抗癌药品原料药（其他危险化学品） 奥替拉西钾及其他抗癌药品原料药（其他化工产）
293369	90	99	其他结构上含非稠合三嗪环化合物（因拆分抗癌药品原料药产生的兜底税号）	Other structurally containing non-fused triazine ring compounds (generated HS CODE by splitting anti-cancer drug substance)	【最】6.5【普】20 【协东盟】0【协澳门】0【协巴基斯坦】5 【协智利】0【协新西兰】0【协秘鲁】0 【协哥斯达黎加】0【协冰岛】0【协瑞士】0 【协澳大利亚】0【协韩国】3.2 【协格鲁吉亚】0【协香港】0 【特-1】0【特-2】0 【增】16【对美加征】5【出】0【退】10	千克					999	其他结构上含非稠合三嗪环化合物（因拆分抗癌药品原料药产生的兜底税号）
293371	00		6-己内酰胺	6-Hexanolactam(epsilon-caprolactam)	【最】9【普】35 【协东盟】5【协智利】0【协新西兰】0 【协哥斯达黎加】0【协冰岛】0【协瑞士】0 【协澳大利亚】0【协格鲁吉亚】5.4 【协香港】0【协澳门】0 【增】16【反倾】有【出】0【退】10	千克	A		M		999	6-己内酰胺
293372	00		氯巴占和甲乙哌酮	Clobazam (INN) and methyprylon(INN)	【最】9【普】15 【协东盟】0【协巴基斯坦】5【协智利】0 【协新西兰】0【协秘鲁】0【协哥斯达黎加】0 【协冰岛】0【协瑞士】0【协澳大利亚】0 【协韩国】0【协格鲁吉亚】5.4 【协香港】0【协澳门】0 【特-1】0【特-2】0 【增】16【出】0【退】10	千克	I	I			999	氯巴占和甲乙哌酮(INN)
293379	00	42	吡非尼酮	Pirfenidone	【最】9【普】20【暂进】0 【协东盟】0【协香港】0【协澳门】0 【协巴基斯坦】5【协智利】0【协新西兰】0 【协秘鲁】0【协哥斯达黎加】0【协冰岛】0 【协澳大利亚】0【协韩国】0【协格鲁吉亚】0 【协香港】0【协澳门】0 【特-1】0【特-2】0【增】16【对美加征】5 【出】0【退】10	千克					999	吡非尼酮
293379	00	10	氯巴占和甲乙哌酮的盐	Salts of clobazam (INN) and methyprylon(INN)	【最】9【普】20 【协东盟】0【协巴基斯坦】5【协智利】0 【协新西兰】0【协秘鲁】0【协哥斯达黎加】0 【协冰岛】0【协澳大利亚】0【协韩国】0 【协格鲁吉亚】0【协香港】0【协澳门】0 【特-1】0【特-2】0 【增】16【对美加征】5【出】0【退】10	千克	I	I			999	氯巴占和甲乙哌酮的盐
293379	00	20	灭菌磷，螺虫乙酯	Ditalimfos, spirotamide	【最】9【普】20 【协东盟】0【协巴基斯坦】5【协智利】0 【协新西兰】0【协秘鲁】0【协哥斯达黎加】0 【协冰岛】0【协澳大利亚】0【协韩国】0 【协格鲁吉亚】0【协香港】0【协澳门】0 【特-1】0【特-2】0 【增】16【对美加征】5【出】0【退】10	千克	S	S			999	灭菌磷，螺虫乙酯
293379	00	30	佐匹克隆	Zopiclone (CAS: 43200-80-2)	【最】9【普】20 【协东盟】0【协巴基斯坦】5【协智利】0 【协新西兰】0【协秘鲁】0【协哥斯达黎加】0 【协冰岛】0【协澳大利亚】1.8【协韩国】1.8 【协格鲁吉亚】0【协香港】0【协澳门】0 【特-1】0【特-2】0 【增】16【对美加征】5【出】0【退】10	千克	I	I			999	佐匹克隆（Zopiclone; CAS号：43200-80-2）

税则号列 HS国际统一前6位	本国子目 7~8位	本国子目 9~10位	货品名称 中文 货物名称	货品名称 英文 Article Description	税费综合信息	计量单位	监管证件代码 进口	监管证件代码 出口	检验检疫类别 进口	检验检疫类别 出口	检验检疫编码	检验检疫编码对应中文名称
293379	00	90	其他内酰胺	Other lactams	【最】9【普】20 【协东盟】0【协巴基斯坦】5【协智利】0 【协新西兰】0【协秘鲁】0【协哥斯达黎加】0 【协冰岛】0【协澳大利亚】1.8【协韩国】1.8 【协格鲁吉亚】0 【特-1】0【特-2】0 【增】16【对美加征】5【出】0【退】10	千克					999	其他内酰胺
293391	00	11	阿普唑仑，卡马西泮，氯氮卓	Alprazolam (INN), camazepam (INN), chlordiaze-poxide (INN) (and their salts)	【最】6.5【普】20 【协东盟】0【协巴基斯坦】5【协智利】0 【协新西兰】0【协秘鲁】0【协哥斯达黎加】0 【协冰岛】0【协瑞士】0【协澳大利亚】1.3 【协韩国】0【协格鲁吉亚】0【协香港】0 【协澳门】0 【特-1】0【特-2】0 【增】16【对美加征】5【出】0【退】13	千克	I	I			999	阿普唑仑，卡马西泮，氯氮卓（以及它们的盐）
293391	00	12	氯硝西泮，氯拉卓酸，地洛西泮（以及它们的盐）	Halazepam (INN), orazepam (INN), lormeta-zepam (INN) (and their salts)	【最】6.5【普】20 【协东盟】0【协巴基斯坦】5【协智利】0 【协新西兰】0【协秘鲁】0【协哥斯达黎加】0 【协冰岛】0【协瑞士】0【协澳大利亚】0 【协韩国】0【协格鲁吉亚】0【协香港】0 【协澳门】0 【特-1】0【特-2】0 【增】16【对美加征】5【出】0【退】13	千克	I	I			999	氯硝西泮，氯拉卓酸，地洛西泮（以及它们的盐）
293391	00	13	地西泮，艾司唑仑，氯氟卓乙酯（以及它们的盐）	Clonazepam (INN), clorazepate, deloraze-pam (INN) (and their salts)	【最】6.5【普】20 【协东盟】0【协巴基斯坦】5【协智利】0 【协新西兰】0【协秘鲁】0【协哥斯达黎加】0 【协冰岛】0【协瑞士】0【协澳大利亚】0 【协韩国】0【协格鲁吉亚】0【协香港】0 【协澳门】0 【特-1】0【特-2】0 【增】16【对美加征】5【出】0【退】13	千克	I	I			999	地西泮，艾司唑仑，氯氟卓乙酯（以及它们的盐）
293391	00	14	氟地西泮，氟硝西泮，氟西泮（以及它们的盐）	Diazepam (INN), estazolam (INN), ethyl loflazepate (INN) (and their salts)	【最】6.5【普】20 【协东盟】0【协巴基斯坦】5【协智利】0 【协新西兰】0【协秘鲁】0【协哥斯达黎加】0 【协冰岛】0【协瑞士】0【协澳大利亚】0 【协韩国】0【协格鲁吉亚】0【协香港】0 【协澳门】0 【特-1】0【特-2】0 【增】16【对美加征】5【出】0【退】13	千克	I	I			999	氟地西泮，氟硝西泮，氟西泮（以及它们的盐）
293391	00	15	哈拉西泮，劳拉西泮，氯甲西泮（以及它们的盐）	Fludiazepam (INN), flunitrazepam (INN), flurazepam (INN) (and their salts)	【最】6.5【普】20 【协东盟】0【协巴基斯坦】5【协智利】0 【协新西兰】0【协秘鲁】0【协哥斯达黎加】0 【协冰岛】0【协瑞士】0【协澳大利亚】0 【协韩国】0【协格鲁吉亚】0【协香港】0 【协澳门】0 【特-1】0【特-2】0 【增】16【对美加征】5【出】0【退】13	千克	I	I			999	哈拉西泮，劳拉西泮，氯甲西泮（以及它们的盐）
293391	00	16	马吲哚，咪达唑仑，硝西泮（以及它们的盐）	Mazindol (INN), midazolam (INN), nitrazepam (INN) (and their salts)	【最】6.5【普】20 【协东盟】0【协巴基斯坦】5【协智利】0 【协新西兰】0【协秘鲁】0【协哥斯达黎加】0 【协冰岛】0【协瑞士】0【协澳大利亚】0 【协韩国】0【协格鲁吉亚】0【协香港】0 【协澳门】0 【特-1】0【特-2】0 【增】16【对美加征】5【出】0【退】13	千克	I	I			999	马吲哚，咪达唑仑，硝西泮（以及它们的盐）
293391	00	17	奥沙西泮，匹那西泮，普拉西泮（以及它们的盐）	Oxazepam (INN), pinazepam (INN) prazepam (INN) (and their salts)	【最】6.5【普】20 【协东盟】0【协巴基斯坦】5【协智利】0 【协新西兰】0【协秘鲁】0【协哥斯达黎加】0 【协冰岛】0【协瑞士】0【协澳大利亚】0 【协韩国】0【协格鲁吉亚】0【协香港】0 【协澳门】0 【特-1】0【特-2】0 【增】16【对美加征】5【出】0【退】13	千克	I	I			999	奥沙西泮，匹那西泮，普拉西泮（以及它们的盐）

税则号列 HS国际统一前6位	税则号列 本国子目 7~8位	税则号列 本国子目 9~10位	货品名称中英文 中文 货物名称	货品名称中英文 英文 Article Description	税费综合信息	计量单位	监管证件代码 进口	监管证件代码 出口	检验检疫类别 进口	检验检疫类别 出口	检验检疫编码	检验检疫编码对应中文名称
293391	00	18	去甲西泮，三唑仑（以及它们的盐）	Nordazepam（INN），triazolam（INN）（and their salts）	【最】6.5【普】20 【协东盟】0【协巴基斯坦】5【协智利】0 【协新西兰】0【协秘鲁】0【协哥斯达黎加】0 【协冰岛】0【协瑞士】0【协澳大利亚】0 【协韩国】0【协格鲁吉亚】0【协香港】0 【协澳门】0 【特-1】0【特-2】0 【增】16【对美加征】5【出】0【退】13	千克	I	I			999	去甲西泮，三唑仑（以及它们的盐）
293391	00	21	硝甲西泮，美达西泮（以及它们的盐）	Nimetazepam（INN），medazepam（INN）（and their salts）	【最】6.5【普】20 【协东盟】0【协巴基斯坦】5【协智利】0 【协新西兰】0【协秘鲁】0【协哥斯达黎加】0 【协冰岛】0【协瑞士】0【协澳大利亚】0 【协韩国】0【协格鲁吉亚】0【协香港】0 【协澳门】0 【特-1】0【特-2】0 【增】16【对美加征】5【出】0【退】13	千克	I	I			999	硝甲西泮，美达西泮（以及它们的盐）
293391	00	22	吡咯戊酮，替马西泮，四氢西泮（以及它们的盐）	Pyrovalerone（INN），temazepam（INN），tetrazepam（INN）（and their salts）	【最】6.5【普】20 【协东盟】0【协巴基斯坦】5【协智利】0 【协新西兰】0【协秘鲁】0【协哥斯达黎加】0 【协冰岛】0【协瑞士】0【协澳大利亚】0 【协韩国】0【协格鲁吉亚】0【协香港】0 【协澳门】0 【特-1】0【特-2】0 【增】16【对美加征】5【出】0【退】13	千克	I	I			999	吡咯戊酮，替马西泮，四氢西泮（以及它们的盐）
293392	00		甲基谷硫磷（ISO）	Azinphos-methyl（ISO）	【最】6.5【普】20 【协东盟】0【协巴基斯坦】5【协智利】0 【协新西兰】0【协秘鲁】0【协哥斯达黎加】0 【协冰岛】0【协瑞士】3.7【协澳大利亚】0 【协韩国】0【协格鲁吉亚】0【协香港】0 【协澳门】0 【特-1】0【特-2】0 【增】16【出】0【退】13	千克					999	甲基谷硫磷（ISO）
293399	00	11	抑芽丹，三唑磷，虫线磷，喹硫磷，唑啶草酮等（包括哒嗪硫磷，亚胺硫磷，氯亚胺硫磷，保棉磷，益棉磷，威菌磷）	Maleic hydrazide, triazophos, thionazin, quinalphos etc.（including pyridaphenthion, phosmet, dialifos, azinphos-methyl, azinphos-ethyl, triamiphos）	【最】6.5【普】20 【协东盟】0【协巴基斯坦】5【协智利】0 【协新西兰】0【协秘鲁】0【协哥斯达黎加】0 【协冰岛】0【协瑞士】3.7【协澳大利亚】0 【协韩国】0【协格鲁吉亚】0【协香港】0 【协澳门】0 【特-1】0【特-2】0 【增】16【对美加征】10【出】0【退】10	千克	S	S			301	抑芽丹，三唑磷，虫线磷，喹硫磷，唑啶草酮等（包括哒嗪硫磷，亚胺硫磷，氯亚胺硫磷，保棉磷，益棉磷，威菌磷）（毒性物质和感染性物质）
293399	00	12	氯唑磷，炔咪菊酯，吲哚酮草酯等（包括呋喃虫酰肼，唑蚜威，不育胺，虫螨腈，抗螨唑，四螨嗪）	Isazofos, imiprothrin etc.（including fufenozide, triazamate, chlorfenapyr, fenazaflor, clofentezine）	【最】6.5【普】20 【协东盟】0【协巴基斯坦】5【协智利】0 【协新西兰】0【协秘鲁】0【协哥斯达黎加】0 【协冰岛】0【协瑞士】3.7【协澳大利亚】0 【协韩国】0【协格鲁吉亚】0【协香港】0 【协澳门】0 【特-1】0【特-2】0 【增】16【对美加征】10【出】0【退】10	千克	S	S			999	氯唑磷，炔咪菊酯，吲哚酮草酯等（包括呋喃虫酰肼，唑蚜威，不育胺，虫螨腈，抗螨唑，四螨嗪）
293399	00	13	多菌灵，苯菌灵，氰菌灵，麦穗宁，氟哒嗪草酯等（包括咪菌威，丙硫多菌灵，氟氯菌核利，哒菌酮，拌种咯，杀草强）	Carbendazim, benomyl, cypendazole, fuberidazole（including debacarb, albendazole, fluoromide, diclomezine, fenpiclonil, amitrole）	【最】6.5【普】20 【协东盟】0【协巴基斯坦】5【协智利】0 【协新西兰】0【协秘鲁】0【协哥斯达黎加】0 【协冰岛】0【协瑞士】3.7【协澳大利亚】0 【协韩国】0【协格鲁吉亚】0【协香港】0 【协澳门】0 【特-1】0【特-2】0 【增】16【对美加征】10【出】0【退】10	千克	S	S			999	多菌灵，苯菌灵，氰菌灵，麦穗宁，氟哒嗪草酯等（包括咪菌威，丙硫多菌灵，氟氯菌核利，哒菌酮，拌种咯，杀草强）（杂项物质）
293399	00	14	三唑酮，醚草敏，三唑醇，唑草酮等（包括四氯喹恶啉，己唑醇，腈苯唑，亚胺唑，四氟醚唑，氟环唑）	Triadimefo, credazine（JMAF），triadimenol, carfentrazone-ethyl etc.（including tetrachloroquinoxaline, hexaconazole, fenbuconazole, imibenconazole, tertraconazole, epoxiconazole）	【最】6.5【普】20 【协东盟】0【协巴基斯坦】5【协智利】0 【协新西兰】0【协秘鲁】0【协哥斯达黎加】0 【协冰岛】0【协瑞士】3.7【协澳大利亚】0 【协韩国】0【协格鲁吉亚】0【协香港】0 【协澳门】0 【特-1】0【特-2】0 【增】16【对美加征】10【出】0【退】10	千克	S	S			101 102	三唑酮，醚草敏，三唑醇，唑草酮等（包括四氯喹恶啉，己唑醇，腈苯唑，亚胺唑，四氟醚唑，氟环唑）（三唑酮） 三唑酮，醚草敏，三唑醇，唑草酮等（包括四氯喹恶啉，己唑醇，腈苯唑，亚胺唑，四氟醚唑，氟环唑）（三唑醇）

税则号列			货品名称中英文		税费综合信息	计量单位	监管证件代码		检验检疫类别		检验检疫编码	检验检疫编码对应中文名称
HS国际统一前6位	本国子目7~8位	本国子目9~10位	中文货物名称	英文Article Description			进口	出口	进口	出口		
293399	00	15	苄氯三唑醇，戊菌唑，粉唑醇等（包括联苯三唑醇，腈菌唑，环丙唑醇，烯唑醇，戊唑醇，氟硅唑）	Diclobutrazol, penconazole, flutriafol etc. (including bitertanol, myclobutanil, cyproconazole, diniconazole, tebuconazole, flusilazole)	【最】6.5【普】20 【协东盟】0【协巴基斯坦】5【协智利】0 【协新西兰】0【协秘鲁】0【协哥斯达黎加】0 【协冰岛】0【协瑞士】3.7【协澳大利亚】0 【协韩国】0【协格鲁吉亚】0【协香港】0 【协澳门】0 【特-1】0【特-2】0 【增】16【对美加征】10【出】0【退】10	千克	S	S			999	苄氯三唑醇，戊菌唑，粉唑醇等（包括联苯三唑醇，腈菌唑，环丙唑醇，烯唑醇，戊唑醇，氟硅唑）
293399	00	16	环菌唑，叶菌唑，灭菌唑，种菌唑等（包括申嗪霉素，氟喹唑，哒螨灵，喹螨醚，氟草敏，氟咯草酮）	Cyproconazole, metconazole, triticonazole, ipconazole etc. (including fluquinconazole, pyridaben, fenazaquin, no-rflurazon, fluorochloridone)	【最】6.5【普】20 【协东盟】0【协巴基斯坦】5【协智利】0 【协新西兰】0【协秘鲁】0【协哥斯达黎加】0 【协冰岛】0【协瑞士】3.7【协澳大利亚】0 【协韩国】0【协格鲁吉亚】0【协香港】0 【协澳门】0 【特-1】0【特-2】0 【增】16【对美加征】10【出】0【退】10	千克	S	S			999	环菌唑，叶菌唑，灭菌唑，种菌唑等（包括申嗪霉素，氟喹唑，哒螨灵，喹螨醚，氟草敏，氟咯草酮）
293399	00	17	唑草酯，四环唑，恶草酸等（包括喹禾糠酯，哒草特，咯草隆，禾草敌，唑草胺，敌草快，氯草敏）	Carfentrazone-ethyl, tetcyclacis, propaquizafop ect. (including quizalofop-P-tefuryl, pyridate, cisanilide, molinate, cafenstrole, diquat, chloridazon)	【最】6.5【普】20 【协东盟】0【协巴基斯坦】5【协智利】0 【协新西兰】0【协秘鲁】0【协哥斯达黎加】0 【协冰岛】0【协瑞士】3.7【协澳大利亚】0 【协韩国】0【协格鲁吉亚】0【协香港】0 【协澳门】0 【特-1】0【特-2】0 【增】16【对美加征】10【出】0【退】10	千克	S	S			101 102 103 104	唑草酯，四环唑，恶草酸等（包括喹禾糠酯，哒草特，咯草隆，禾草敌，唑草胺，敌草快，氯草敏）（草达灭颗粒剂） 唑草酯，四环唑，恶草酸等（包括喹禾糠酯，哒草特，咯草隆，禾草敌，唑草胺，敌草快，氯草敏）［草达灭（含量>25%）］ 唑草酯，四环唑，恶草酸等（包括喹禾糠酯，哒草特，咯草隆，禾草敌，唑草胺，敌草快，氯草敏）［敌草快（含量>45%）］ 唑草酯，四环唑，恶草酸等（包括喹禾糠酯，哒草特，咯草隆，禾草敌，唑草胺，敌草快，氯草敏）［敌草快浓水剂（含量>10%）］
293399	00	18	氟胺草唑，氨唑草酮，三氟苯唑等（包括吲哚丁酸，溴莠敏，吲熟酯，三唑磺，四唑酰草胺）	Flupoxam, foramsulfuron, flutrimazole etc. [inclu- deing Indolebutyric acid, brompyrazon, piproot- anly, ethychlozat (JMAF), fentrazamide]	【最】6.5【普】20 【协东盟】0【协巴基斯坦】5【协智利】0 【协新西兰】0【协秘鲁】0【协哥斯达黎加】0 【协冰岛】0【协瑞士】3.7【协澳大利亚】0 【协韩国】0【协格鲁吉亚】0【协香港】0 【协澳门】0 【特-1】0【特-2】0 【增】16【对美加征】10【出】0【退】10	千克	S	S			999	氟胺草唑，氨唑草酮，三氟苯唑等（包括吲哚丁酸，溴莠敏，吲熟酯，三唑磺，四唑酰草胺）
293399	00	19	多效唑，烯效唑，抑芽唑等（包括叶枯净，叶锈特，吡喃草酮，吲哚乙酸）	Paclobutrazol, uniconazole, triapenthenol etc. bifenthrin (including phenazine oxide, butfizol, tepraloxydim, indoleacetic acid)	【最】6.5【普】20 【协东盟】0【协巴基斯坦】5【协智利】0 【协新西兰】0【协秘鲁】0【协哥斯达黎加】0 【协冰岛】0【协瑞士】3.7【协澳大利亚】0 【协韩国】0【协格鲁吉亚】0【协香港】0 【协澳门】0 【特-1】0【特-2】0 【增】16【对美加征】10【出】0【退】10	千克	S	S			999	多效唑，烯效唑，抑芽唑等（包括叶枯净，叶锈特，吡喃草酮，吲哚乙酸）
293399	00	21	氯尼他秦	Clonitazene	【最】6.5【普】20 【协东盟】0【协巴基斯坦】5【协智利】0 【协新西兰】0【协秘鲁】0【协哥斯达黎加】0 【协冰岛】0【协瑞士】3.7【协澳大利亚】0 【协韩国】0【协格鲁吉亚】0【协香港】0 【协澳门】0 【特-1】0【特-2】0 【增】16【对美加征】10【出】0【退】13	千克	I	I			999	氯尼他秦

税则号列			货品名称中英文		税费综合信息	计量单位	监管证件代码		检验检疫类别		检验检疫编码	检验检疫编码对应中文名称
HS 国际统一前6位	本国子目 7~8位	9~10位	中文 货物名称	英文 Article Description			进口	出口	进口	出口		
293399	00	22	依托尼秦	Etonitazene	【最】6.5【普】20 【协东盟】0【协巴基斯坦】5【协智利】0 【协新西兰】0【协秘鲁】0【协哥斯达黎加】0 【协冰岛】0【协瑞士】3.7【协澳大利亚】0 【协韩国】0【协格鲁吉亚】0【协香港】0 【协澳门】0 【特-1】0【特-2】0 【增】16【对美加征】10【出】0【退】13	千克	I	I			999	依托尼秦
293399	00	23	普罗庚嗪，布桂嗪	Proheptazine, bucinnazine	【最】6.5【普】20 【协东盟】0【协巴基斯坦】5【协智利】0 【协新西兰】0【协秘鲁】0【协哥斯达黎加】0 【协冰岛】0【协瑞士】3.7【协澳大利亚】0 【协韩国】0【协格鲁吉亚】0【协香港】0 【协澳门】0 【特-1】0【特-2】0 【增】16【对美加征】10【出】0【退】13	千克	I	I			999	普罗庚嗪，布桂嗪
293399	00	30	扎莱普隆，唑吡坦（以及它们的盐）	Zaleplon, zolpidem (and their salts)	【最】6.5【普】20 【协东盟】0【协巴基斯坦】5【协智利】0 【协新西兰】0【协秘鲁】0【协哥斯达黎加】0 【协冰岛】0【协瑞士】3.7【协澳大利亚】0 【协韩国】0【协格鲁吉亚】0【协香港】0 【协澳门】0 【特-1】0【特-2】0 【增】16【对美加征】10【出】0【退】13	千克	I	I			999	扎莱普隆，唑吡坦（以及它们的盐）
293399	00	40	齐帕特罗	Zilpaterol	【最】6.5【普】20 【协东盟】0【协巴基斯坦】5【协智利】0 【协新西兰】0【协秘鲁】0【协哥斯达黎加】0 【协冰岛】0【协瑞士】3.7【协澳大利亚】0 【协韩国】0【协格鲁吉亚】0【协香港】0 【协澳门】0 【特-1】0【特-2】0 【增】16【对美加征】10【出】0【退】13	千克	L	L			999	齐帕特罗
293399	00	51	二甲基色胺，二乙基色胺	Dimethyltryptamine, diethyltryptamine	【最】6.5【普】20 【协东盟】0【协巴基斯坦】5【协智利】0 【协新西兰】0【协秘鲁】0【协哥斯达黎加】0 【协冰岛】0【协瑞士】3.7【协澳大利亚】0 【协韩国】0【协格鲁吉亚】0【协香港】0 【协澳门】0 【特-1】0【特-2】0 【增】16【对美加征】10【出】0【退】13	千克	I	I			999	二甲基色胺，二乙基色胺
293399	00	52	乙色胺，咯环利定	Etryptamine, rolicyclidine	【最】6.5【普】20 【协东盟】0【协巴基斯坦】5【协智利】0 【协新西兰】0【协秘鲁】0【协哥斯达黎加】0 【协冰岛】0【协瑞士】3.7【协澳大利亚】0 【协韩国】0【协格鲁吉亚】0【协香港】0 【协澳门】0 【特-1】0【特-2】0 【增】16【对美加征】10【出】0【退】13	千克	I	I			999	乙色胺，咯环利定
293399	00	53	［1-（5-氟戊基）-1H-吲哚-3-基］（2-碘苯基）甲酮	1-［（5-Fluoropentyl）-1H-indol-3-yl］-(2-iodophenyl) methanone(CAS: 335161-03-0)	【最】6.5【普】20 【协东盟】0【协巴基斯坦】5【协智利】0 【协新西兰】0【协秘鲁】0【协哥斯达黎加】0 【协冰岛】0【协瑞士】3.7【协澳大利亚】0 【协韩国】0【协格鲁吉亚】0【协香港】0 【协澳门】0 【特-1】0【特-2】0 【增】16【对美加征】10【出】0【退】13	千克	I	I			999	[1-(5-氟戊基）-1H-吲哚-3-基］（2-碘苯基）甲酮（1-［（5-Fluoropentyl) -1H-indol-3-yl] -(2-iodophenyl) methanone; CAS号：335161-03-0)
293399	00	54	1-（5-氟戊基）-3-（1-萘甲酰基）-1H-吲哚	1-（5-Fluoropentyl）-3-(1-naphthoyl）indole（CAS: 335161-24-5)	【最】6.5【普】20 【协东盟】0【协巴基斯坦】5【协智利】0 【协新西兰】0【协秘鲁】0【协哥斯达黎加】0 【协冰岛】0【协瑞士】3.7【协澳大利亚】0 【协韩国】0【协格鲁吉亚】0【协香港】0 【协澳门】0 【特-1】0【特-2】0 【增】16【对美加征】10【出】0【退】13	千克	I	I			999	1-(5-氟戊基）-3-（1-萘甲酰基）-1H-吲哚（1-(5-Fluoropentyl）-3-(1-naphthoyl）indole; CAS号：335161-24-5)

税则号列			货品名称中英文		税费综合信息	计量单位	监管证件代码		检验检疫类别		检验检疫编码	检验检疫编码对应中文名称
HS国际统一前6位	本国子目 7~8位	9~10位	中文 货物名称	英文 Article Description			进口	出口	进口	出口		
293399	00	55	1-戊基-3-（1-萘甲酰基）吲哚	1-Pentyl-3-(1-naphthoyl) indole (CAS: 209414-07-3)	【最】6.5【普】20 【协东盟】0【协巴基斯坦】5【协智利】0 【协新西兰】0【协秘鲁】0【协哥斯达黎加】0 【协冰岛】0【协瑞士】3.7【协澳大利亚】0 【协韩国】0【协格鲁吉亚】0【协香港】0 【协澳门】0 【特-1】0【特-2】0 【增】16【对美加征】10【出】0【退】13	千克	I	I			999	1-戊基-3-（1-萘甲酰基）吲哚（1-Pentyl-3-(1-naphthoyl) indole; CAS号：209414-07-3）
293399	00	56	1-丁基-3-（1-萘甲酰基）吲哚	1-Butyl-3-(1-naphthoyl) indole (CAS: 208987-48-8)	【最】6.5【普】20 【协东盟】0【协巴基斯坦】5【协智利】0 【协新西兰】0【协秘鲁】0【协哥斯达黎加】0 【协冰岛】0【协瑞士】3.7【协澳大利亚】0 【协韩国】0【协格鲁吉亚】0【协香港】0 【协澳门】0 【特-1】0【特-2】0 【增】16【对美加征】10【出】0【退】13	千克	I	I			999	1-丁基-3-（1-萘甲酰基）吲哚（1-Butyl-3-(1-naphthoyl) indole; CAS号：208987-48-8）
293399	00	57	2-（2-甲氧基苯基）-1-（1-戊基-1H-吲哚-3-基）乙酮	2-(2-Methoxyphenyl)-1-(1-pentyl-1H-indol-3-yl) ethanone (CAS: 864445-43-2)	【最】6.5【普】20 【协东盟】0【协巴基斯坦】5【协智利】0 【协新西兰】0【协秘鲁】0【协哥斯达黎加】0 【协冰岛】0【协瑞士】3.7【协澳大利亚】0 【协韩国】0【协格鲁吉亚】0【协香港】0 【协澳门】0 【特-1】0【特-2】0 【增】16【对美加征】10【出】0【退】13	千克	I	I			999	2-(2-甲氧基苯基)-1-(1-戊基-1H-吲哚-3-基)乙酮（2-(2-Methoxyphenyl)-1-(1-pentyl-1H-indol-3-yl) ethanone; CAS号：864445-43-2）
293399	00	60	（环）四亚甲基四硝胺（俗名奥托金HMX）	Cyclotetramethylene tetranitramine (HMX)	【最】6.5【普】20 【协东盟】0【协巴基斯坦】5【协智利】0 【协新西兰】0【协秘鲁】0【协哥斯达黎加】0 【协冰岛】0【协瑞士】3.7【协澳大利亚】0 【协韩国】0【协格鲁吉亚】0【协香港】0 【协澳门】0 【特-1】0【特-2】0 【增】16【对美加征】10【出】0【退】13	千克		3			999	（环）四亚甲基四硝胺（俗名奥托金HMX）
293399	00	70	（环）三亚甲基三硝基胺（俗名黑索金RDX）	Trimethylene-trinitramine (RDX)	【最】6.5【普】20 【协东盟】0【协巴基斯坦】5【协智利】0 【协新西兰】0【协秘鲁】0【协哥斯达黎加】0 【协冰岛】0【协瑞士】3.7【协澳大利亚】0 【协韩国】0【协格鲁吉亚】0【协香港】0 【协澳门】0 【特-1】0【特-2】0 【增】16【对美加征】10【出】0【退】13	千克		3			999	（环）三亚甲基三硝基胺（俗名黑索金RDX）
293399	00	80	丁羟咯酮（包括杀雄啉、杀雄嗪酸、双唑草腈、唑酮草酯）	Tenuazonic acid (including sintofen, clofencet, pyraclonil and carfentrazone-ethyl)	【最】6.5【普】20 【协东盟】0【协巴基斯坦】5【协智利】0 【协新西兰】0【协秘鲁】0【协哥斯达黎加】0 【协冰岛】0【协瑞士】3.7【协澳大利亚】0 【协韩国】0【协格鲁吉亚】0【协香港】0 【协澳门】0 【特-1】0【特-2】0 【增】16【对美加征】10【出】0【退】13	千克	S	S			999	丁羟咯酮（包括杀雄啉、杀雄嗪酸、双唑草腈、唑酮草酯）
293399	00	91	阿托伐他汀钙	Atorvastatin calcium	【最】6.5【普】20【暂进】0 【协东盟】0【协巴基斯坦】5【协智利】0 【协新西兰】0【协秘鲁】0【协哥斯达黎加】0 【协冰岛】0【协瑞士】3.7【协澳大利亚】0 【协韩国】0【协格鲁吉亚】0【协香港】0 【协澳门】0 【特-1】0【特-2】0 【增】16【对美加征】10【出】0【退】13	千克					999	阿托伐他汀钙
293399	00	92	阿那曲唑、来曲唑、硼替佐米、替莫唑胺及其他抗癌药品原料药	Anastrozole, letrozole, bortezomib, temozolomide and other anti - cancer drugs substance	【最】6.5【普】20【暂进】0 【协东盟】0【协巴基斯坦】5【协智利】0 【协新西兰】0【协秘鲁】0【协哥斯达黎加】0 【协冰岛】0【协瑞士】3.7【协澳大利亚】0 【协韩国】0【协格鲁吉亚】0【协香港】0 【协澳门】0 【特-1】0【特-2】0 【增】3【对美加征】10【出】0【退】13	千克					999	阿那曲唑、来曲唑、硼替佐米、替莫唑胺及其他抗癌药品原料药

税则号列			货品名称中英文		税费综合信息	计量单位	监管证件代码		检验检疫类别		检验检疫编码	检验检疫编码对应中文名称
HS 国际统一前6位	本国子目 7~8位	本国子目 9~10位	中文 货物名称	英文 Article Description			进口	出口	进口	出口		
293399	00	93	奥克托今(HMX)	HMX, cyclotetramethylenete - tranitramine	【最】6.5【普】20 【协东盟】0【协巴基斯坦】5【协智利】0 【协新西兰】0【协秘鲁】0【协哥斯达黎加】0 【协冰岛】0【协瑞士】3.7【协澳大利亚】0 【协韩国】0【协格鲁吉亚】0【协香港】0 【协澳门】0 【特-1】0【特-2】0 【增】16【对美加征】10【出】0	千克	k	k				
293399	00	99	其他仅含氮杂原子的杂环化合物	Nitrogen containing heterocyclic compounds other atoms	【最】6.5【普】20 【协东盟】0【协巴基斯坦】5【协智利】0 【协新西兰】0【协秘鲁】0【协哥斯达黎加】0 【协冰岛】0【协瑞士】3.7【协澳大利亚】0 【协韩国】0【协格鲁吉亚】0【协香港】0 【协澳门】0 【特-1】0【特-2】0 【增】16【对美加征】10【出】0【退】13	千克					301 302 303 304 305	其他仅含氮杂原子的杂环化合物（爆炸品） 其他仅含氮杂原子的杂环化合物（易燃液体） 其他仅含氮杂原子的杂环化合物（易燃固体） 其他仅含氮杂原子的杂环化合物（杂项物质） 其他仅含氮杂原子的杂环化合物（一般化工产品）
293410	10		三苯甲基氨噻肟酸	Three benzothiothiotaxime acid	【最】6.5【普】20 【协东盟】0【协巴基斯坦】5【协智利】0 【协新西兰】0【协秘鲁】0【协哥斯达黎加】0 【协冰岛】0【协瑞士】0【协澳大利亚】0 【协韩国】4.3【协格鲁吉亚】0【协香港】0 【协澳门】0 【特-1】0【特-2】0 【增】16【出】0【退】10	千克					999	三苯甲基氨噻肟酸
293410	90	11	噻螨酮	Hexythiazox	【最】6.5【普】20 【协东盟】0【协巴基斯坦】5【协智利】0 【协新西兰】0【协秘鲁】0【协哥斯达黎加】0 【协冰岛】0【协瑞士】3.7【协澳大利亚】0 【协韩国】4.3【协格鲁吉亚】0【协香港】0 【协澳门】0 【特-1】0【特-2】0 【增】16【对美加征】10【出】0【退】10	千克	S	S			999	噻螨酮
293410	90	12	噻唑膦，噻唑硫磷	Thiazolidazole	【最】6.5【普】20 【协东盟】0【协巴基斯坦】5【协智利】0 【协新西兰】0【协秘鲁】0【协哥斯达黎加】0 【协冰岛】0【协瑞士】0【协澳大利亚】0 【协韩国】4.3【协格鲁吉亚】0【协香港】0 【协澳门】0 【特-1】0【特-2】0 【增】16【对美加征】10【出】0【退】10	千克	S	S			999	噻唑膦，噻唑硫磷
293410	90	13	噻唑烟酸，噻唑菌胺	Thiazolidic acid, thiazolamide	【最】6.5【普】20 【协东盟】0【协巴基斯坦】5【协智利】0 【协新西兰】0【协秘鲁】0【协哥斯达黎加】0 【协冰岛】0【协瑞士】0【协澳大利亚】0 【协韩国】4.3【协格鲁吉亚】0【协香港】0 【协澳门】0 【特-1】0【特-2】0 【增】16【对美加征】10【出】0【退】10	千克	S	S			999	噻唑烟酸，噻唑菌胺
293410	90	14	氯噻啉，氟螨噻	Chlorothiazoline	【最】6.5【普】20 【协东盟】0【协巴基斯坦】5【协智利】0 【协新西兰】0【协秘鲁】0【协哥斯达黎加】0 【协冰岛】0【协瑞士】0【协澳大利亚】0 【协韩国】4.3【协格鲁吉亚】0【协香港】0 【协澳门】0 【特-1】0【特-2】0 【增】16【对美加征】10【出】0【退】10	千克	S	S			999	氯噻啉，氟螨噻
293410	90	15	噻菌灵，噻菌胺，噻丙腈	Thiabendazole, Sai Fluopicolide, Sai propanenitrile	【最】6.5【普】20 【协东盟】0【协巴基斯坦】5【协智利】0 【协新西兰】0【协秘鲁】0【协哥斯达黎加】0 【协冰岛】0【协瑞士】0【协澳大利亚】0 【协韩国】4.3【协格鲁吉亚】0【协香港】0 【协澳门】0 【特-1】0【特-2】0 【增】16【对美加征】10【出】0【退】10	千克	S	S			999	噻菌灵，噻菌胺，噻丙腈

税则号列			货品名称中英文		税费综合信息	计量单位	监管证件代码		检验检疫类别		检验检疫编码	检验检疫编码对应中文名称
HS国际统一前6位	本国子目7~8位	本国子目9~10位	中文 货物名称	英文 Article Description			进口	出口	进口	出口		
293410	90	16	噻呋酰胺、噻虫胺、噻虫嗪、噻虫啉	Thioacetamide, thiamide, thiamoxin and thiamidine	【最】6.5【普】20 【协东盟】0【协巴基斯坦】5【协智利】0 【协新西兰】0【协秘鲁】0【协哥斯达黎加】0 【协冰岛】0【协瑞士】0【协澳大利亚】0 【协韩国】4.3【协格鲁吉亚】0【协香港】0 【协澳门】0 【特-1】0【特-2】0 【增】16【对美加征】10【出】0【退】10	千克	S	S			999	噻呋酰胺、噻虫胺、噻虫嗪、噻虫啉
293410	90	17	辛噻酮，拌种灵	Essien Thiazone, Seedvax	【最】6.5【普】20 【协东盟】0【协巴基斯坦】5【协智利】0 【协新西兰】0【协秘鲁】0【协哥斯达黎加】0 【协冰岛】0【协瑞士】0【协澳大利亚】0 【协韩国】4.3【协格鲁吉亚】0【协香港】0 【协澳门】0 【特-1】0【特-2】0 【增】16【对美加征】10【出】0【退】10	千克	S	S			999	辛噻酮，拌种灵
293410	90	18	稻瘟灵	Isoprothiolane	【最】6.5【普】20 【协东盟】0【协巴基斯坦】5【协智利】0 【协新西兰】0【协秘鲁】0【协哥斯达黎加】0 【协冰岛】0【协瑞士】0【协澳大利亚】0 【协韩国】4.3【协格鲁吉亚】0【协香港】0 【协澳门】0 【特-1】0【特-2】0 【增】16【对美加征】10【出】0【退】10	千克	S	S			999	稻瘟灵
293410	90	19	甲噻诱胺	Methiadinil	【最】6.5【普】20 【协东盟】0【协巴基斯坦】5【协智利】0 【协新西兰】0【协秘鲁】0【协哥斯达黎加】0 【协冰岛】0【协瑞士】0【协澳大利亚】0 【协韩国】4.3【协格鲁吉亚】0【协香港】0 【协澳门】0 【特-1】0【特-2】0 【增】16【对美加征】10【出】0【退】10	千克	S	S			999	甲噻诱胺
293410	90	91	达沙替尼及其他抗癌药品原料药	Dasatinib Tablets and other anti - cancer drugs substance	【最】6.5【普】20【暂进】0 【协东盟】0【协巴基斯坦】5【协智利】0 【协新西兰】0【协秘鲁】0【协哥斯达黎加】0 【协冰岛】0【协瑞士】0【协澳大利亚】0 【协韩国】4.3【协格鲁吉亚】0【协香港】0 【协澳门】0 【特-1】0【特-2】0 【增】3【对美加征】10【出】0【退】10	千克					301 302	达沙替尼及其他抗癌药品原料药（其他危险化学品） 达沙替尼及其他抗癌药品原料药（其他化工产品）
293410	90	99	其他结构上含有非稠合噻唑环的化合物	Other compounds containing a non - fused thiazole ring (whether or not a non-fused thiazole ring is hydrogenated) (generated HS CODE by splitting anti - cancer drug substance)	【最】6.5【普】20 【协东盟】0【协巴基斯坦】5【协智利】0 【协新西兰】0【协秘鲁】0【协哥斯达黎加】0 【协冰岛】0【协瑞士】0【协澳大利亚】0 【协韩国】4.3【协格鲁吉亚】0【协香港】0 【协澳门】0 【特-1】0【特-2】0 【增】16【对美加征】10【出】0【退】10	千克					301 302 303	其他结构上含有非稠合噻唑环的化合物（非稠合噻唑环不论是否氢化）（因拆分抗癌药品原料药产生的兜底税号）（麦草净） 其他结构上含有非稠合噻唑环的化合物（非稠合噻唑环不论是否氢化）（因拆分抗癌药品原料药产生的兜底税号）（2-氨基噻唑硫酸盐） 其他结构上含有非稠合噻唑环的化合物（非稠合噻唑环不论是否氢化）（因拆分抗癌药品原料药产生的兜底税号）（2-氨基噻唑盐酸盐）
293420	00	11	噻螨威，噻霉酮	Tazimcarb	【最】6.5【普】20 【协东盟】0【协巴基斯坦】5【协智利】0 【协新西兰】0【协秘鲁】0【协哥斯达黎加】0 【协冰岛】0【协瑞士】0【协澳大利亚】0 【协韩国】3.2【协格鲁吉亚】0【协香港】0 【协澳门】0 【特-1】0【特-2】0 【增】16【对美加征】10【出】0【退】10	千克	S	S			999	噻螨威，噻霉酮

税则号列 HS国际统一前6位	本国子目 7~8位	本国子目 9~10位	中文 货物名称	英文 Article Description	税费综合信息	计量单位	监管证件代码 进口	监管证件代码 出口	检验检疫类别 进口	检验检疫类别 出口	检验检疫编码	检验检疫编码对应中文名称
293420	00	12	苯噻硫氰	Benthiozole	【最】6.5【普】20 【协东盟】0【协巴基斯坦】5【协智利】0 【协新西兰】0【协秘鲁】0【协哥斯达黎加】0 【协冰岛】0【协瑞士】0【协澳大利亚】0 【协韩国】3.2【协格鲁吉亚】0【协香港】0 【协澳门】0 【特-1】0【特-2】0 【增】16【对美加征】10【出】0【退】10	千克	S	S			999	苯噻硫氰
293420	00	13	烯丙苯噻唑	Pobenazole	【最】6.5【普】20 【协东盟】0【协巴基斯坦】5【协智利】0 【协新西兰】0【协秘鲁】0【协哥斯达黎加】0 【协冰岛】0【协瑞士】0【协澳大利亚】0 【协韩国】3.2【协格鲁吉亚】0【协香港】0 【协澳门】0 【特-1】0【特-2】0 【增】16【对美加征】10【出】0【退】10	千克	S	S			999	烯丙苯噻唑
293420	00	14	草除灵	Benazolin-ethyl	【最】6.5【普】20 【协东盟】0【协巴基斯坦】5【协智利】0 【协新西兰】0【协秘鲁】0【协哥斯达黎加】0 【协冰岛】0【协瑞士】0【协澳大利亚】0 【协韩国】3.2【协格鲁吉亚】0【协香港】0 【协澳门】0 【特-1】0【特-2】0 【增】16【对美加征】10【出】0【退】10	千克	S	S			999	草除灵
293420	00	15	噻唑禾草灵	Fenthiaprop	【最】6.5【普】20 【协东盟】0【协巴基斯坦】5【协智利】0 【协新西兰】0【协秘鲁】0【协哥斯达黎加】0 【协冰岛】0【协瑞士】0【协澳大利亚】0 【协韩国】3.2【协格鲁吉亚】0【协香港】0 【协澳门】0 【特-1】0【特-2】0 【增】16【对美加征】10【出】0【退】10	千克	S	S			999	噻唑禾草灵
293420	00	16	苯噻隆	Benzthiazuron	【最】6.5【普】20 【协东盟】0【协巴基斯坦】5【协智利】0 【协新西兰】0【协秘鲁】0【协哥斯达黎加】0 【协冰岛】0【协瑞士】0【协澳大利亚】0 【协韩国】3.2【协格鲁吉亚】0【协香港】0 【协澳门】0 【特-1】0【特-2】0 【增】16【对美加征】10【出】0【退】10	千克	S	S			999	苯噻隆
293420	00	17	甲基苯噻隆	Methabenzthiazuron	【最】6.5【普】20 【协东盟】0【协巴基斯坦】5【协智利】0 【协新西兰】0【协秘鲁】0【协哥斯达黎加】0 【协冰岛】0【协瑞士】0【协澳大利亚】0 【协韩国】3.2【协格鲁吉亚】0【协香港】0 【协澳门】0 【特-1】0【特-2】0 【增】16【对美加征】10【出】0【退】10	千克	S	S			999	甲基苯噻隆
293420	00	18	苯噻酰草胺	Mefenacet	【最】6.5【普】20 【协东盟】0【协巴基斯坦】5【协智利】0 【协新西兰】0【协秘鲁】0【协哥斯达黎加】0 【协冰岛】0【协瑞士】0【协澳大利亚】0 【协韩国】3.2【协格鲁吉亚】0【协香港】0 【协澳门】0 【特-1】0【特-2】0 【增】16【对美加征】10【出】0【退】10	千克	S	S			999	苯噻酰草胺
293420	00	19	苯噻菌酯	Benzothiostrobin	【最】6.5【普】20 【协东盟】0【协巴基斯坦】5【协智利】0 【协新西兰】0【协秘鲁】0【协哥斯达黎加】0 【协冰岛】0【协瑞士】0【协澳大利亚】0 【协韩国】3.2【协格鲁吉亚】0【协香港】0 【协澳门】0 【特-1】0【特-2】0 【增】16【对美加征】10【出】0【退】10	千克	S	S			999	苯噻菌酯

税则号列			货品名称中英文		税费综合信息	计量单位	监管证件代码		检验检疫类别		检验检疫编码	检验检疫编码对应中文名称
HS国际统一前6位	本国子目 7~8位	9~10位	中文 货物名称	英文 Article Description			进口	出口	进口	出口		
293420	00	21	利鲁唑	Riluzole	【最】6. 5【普】20【暂进】0 【协东盟】0【协香港】0【协澳门】0 【协巴基斯坦】5【协智利】0【协新西兰】0 【协秘鲁】0【协哥斯达黎加】0【协冰岛】0 【协瑞士】0【协澳大利亚】0【协韩国】3. 2 【协格鲁吉亚】0 【特-1】0【特-2】0【增】3【对美加征】10 【出】0	千克					999	利鲁唑
293420	00	90	其他含一个苯并噻唑环系的化合物	Other Compounds containing in the structure a benzothiazole ring-system	【最】6.5【普】20 【协东盟】0【协巴基斯坦】5【协智利】0 【协新西兰】0【协秘鲁】0【协哥斯达黎加】0 【协冰岛】0【协瑞士】0【协澳大利亚】0 【协韩国】3.2【协格鲁吉亚】0【协香港】0 【协澳门】0 【特-1】0【特-2】0 【增】16【对美加征】10【出】0【退】13	千克					999	其他含一个苯并噻唑环系的化合物
293430	00		含一个吩噻嗪环系的化合物（吩噻嗪环系不论是否氢化，化合物未经进一步稠合的）	Compounds containing in the structure a phen- othiazine ring-system(whether or not hydrogen- ated), not further fused	【最】6.5【普】20 【协东盟】0【协巴基斯坦】5【协智利】0 【协新西兰】0【协秘鲁】0【协哥斯达黎加】0 【协冰岛】0【协瑞士】0【协澳大利亚】0 【协韩国】0【协格鲁吉亚】0【协香港】0 【协澳门】0 【特-1】0【特-2】0 【增】16【对美加征】10【出】0【退】13	千克					999	含一个吩噻嗪环系的化合物（吩噻嗪环系不论是否氢化，化合物未经进一步稠合的）
293491	00	11	阿米雷司，溴替唑仑，氯噻西泮（以及它们的盐）	Aminorex(INN), brotizolam(INN), clotiazepam(INN)(and their salts)	【最】6.5【普】20 【协东盟】0【协巴基斯坦】5【协智利】0 【协新西兰】0【协秘鲁】0【协哥斯达黎加】0 【协冰岛】0【协瑞士】0【协澳大利亚】0 【协韩国】0【协格鲁吉亚】0【协香港】0 【协澳门】0 【特-1】0【特-2】0 【增】16【对美加征】5【出】0【退】13	千克	I	I			999	阿米雷司，溴替唑仑，氯噻西泮（以及它们的盐）
293491	00	12	氯恶唑仑，卤沙（恶）唑仑（以及它们的盐）	Cloxazolam(INN), haloxazolam(INN)(and their salts)	【最】6.5【普】20 【协东盟】0【协巴基斯坦】5【协智利】0 【协新西兰】0【协秘鲁】0【协哥斯达黎加】0 【协冰岛】0【协瑞士】0【协澳大利亚】0 【协韩国】0【协格鲁吉亚】0【协香港】0 【协澳门】0 【特-1】0【特-2】0 【增】16【对美加征】5【出】0【退】13	千克	I	I			999	氯恶唑仑，卤沙（恶）唑仑（以及它们的盐）
293491	00	13	凯他唑仑，美索卡，奥沙（恶）唑仑（以及它们的盐）	Ketazolam(INN), mesocarb(INN), oxazolam(INN and their salts)	【最】6.5【普】20 【协东盟】0【协巴基斯坦】5【协智利】0 【协新西兰】0【协秘鲁】0【协哥斯达黎加】0 【协冰岛】0【协瑞士】0【协澳大利亚】0 【协韩国】0【协格鲁吉亚】0【协香港】0 【协澳门】0 【特-1】0【特-2】0 【增】16【对美加征】5【出】0【退】13	千克	I	I			999	凯他唑仑，美索卡，奥沙（恶）唑仑（以及它们的盐）
293491	00	14	匹莫林，苯甲曲嗪，芬美曲嗪（以及它们的盐）	Pemoline(INN), phendimetrazine(INN), phenmetrazine(INN)(and their salts)	【最】6.5【普】20 【协东盟】0【协巴基斯坦】5【协智利】0 【协新西兰】0【协秘鲁】0【协哥斯达黎加】0 【协冰岛】0【协瑞士】0【协澳大利亚】0 【协韩国】0【协格鲁吉亚】0【协香港】0 【协澳门】0 【特-1】0【特-2】0 【增】16【对美加征】5【出】0【退】13	千克	I	I			999	匹莫林，苯甲曲嗪，芬美曲嗪（以及它们的盐）
293491	00	20	右吗拉胺，舒芬太尼（以及它们的盐）	Dextromoramide(INN), sufentanil(INN)(and their salts)	【最】6.5【普】20 【协东盟】0【协巴基斯坦】5【协智利】0 【协新西兰】0【协秘鲁】0【协哥斯达黎加】0 【协冰岛】0【协瑞士】0【协澳大利亚】0 【协韩国】0【协格鲁吉亚】0【协香港】0 【协澳门】0 【特-1】0【特-2】0 【增】16【对美加征】5【出】0【退】13	千克	I	I			999	右吗拉胺，舒芬太尼（以及它们的盐）

税则号列			货品名称中英文		税费综合信息	计量单位	监管证件代码		检验检疫类别		检验检疫编码	检验检疫编码对应中文名称
HS国际统一前6位	本国子目 7~8位	9~10位	中文 货物名称	英文 Article Description			进口	出口	进口	出口		
293499	10		磺内酯及磺内酰胺	Sultones and sultams	【最】6.5【普】30 【协东盟】0【协巴基斯坦】5【协智利】0 【协新西兰】0【协秘鲁】0【协哥斯达黎加】0 【协冰岛】0【协瑞士】0【协澳大利亚】0 【协韩国】0【协格鲁吉亚】0【协香港】0 【协澳门】0 【特-1】0【特-2】0 【增】16【对美加征】10【出】0【退】13	千克					999	磺内酯及磺内酰胺
293499	20		呋喃唑酮	Furazolidone	【最】6【普】20 【协亚太】4.8【协东盟】0【协巴基斯坦】5 【协智利】0【协新西兰】0【协秘鲁】0 【协哥斯达黎加】0【协冰岛】0 【协澳大利亚】0【协韩国】0【协香港】0 【协澳门】0 【协格鲁吉亚】0 【特-1】0【特-2】0 【增】16【出】0【退】13	千克	A		M		999	呋喃唑酮
293499	30	10	人类核酸及其盐	Human nucleic acid and its salts	【最】6.5【普】35 【协东盟】0【协巴基斯坦】5【协智利】0 【协新西兰】0【协秘鲁】0【协哥斯达黎加】0 【协冰岛】0【协瑞士】0【协澳大利亚】0 【协韩国】0【协格鲁吉亚】0【协香港】0 【协澳门】0 【特-1】0【特-2】0 【增】16【对美加征】5【出】0【退】13	千克		V			999	人类核酸及其盐
293499	30	90	其他核酸及其盐	Other nucleic acid and its salts (medical or life science use)	【最】6.5【普】35 【协东盟】0【协巴基斯坦】5【协智利】0 【协新西兰】0【协秘鲁】0【协哥斯达黎加】0 【协冰岛】0【协瑞士】0【协澳大利亚】0 【协韩国】0【协格鲁吉亚】0【协香港】0 【协澳门】0 【特-1】0【特-2】0 【增】16【对美加征】5【出】0【退】13	千克					101 102	其他核酸及其盐（医学或生命科学用途） 其他核酸及其盐（非医学或生命科学用途）
293499	40		奈韦拉平、依发韦仑、利托那韦及它们的盐	Nevirapine, efavirenz, ritonavir and their salts	【最】6.5【普】20 【协东盟】0【协巴基斯坦】5【协智利】0 【协新西兰】0【协秘鲁】0【协哥斯达黎加】0 【协冰岛】0【协瑞士】0【协澳大利亚】0 【协韩国】0【协格鲁吉亚】0【协香港】0 【协澳门】0 【特-1】0【特-2】0 【增】16【出】0【退】13	千克					999	奈韦拉平、依发韦仑、利托那韦及它们的盐
293499	50		克拉维酸及其盐	Clavulanic acid and its salts	【最】6.5【普】20 【协东盟】0【协巴基斯坦】5【协智利】0 【协新西兰】0【协秘鲁】0【协哥斯达黎加】0 【协冰岛】0【协瑞士】0【协澳大利亚】0 【协韩国】0【协格鲁吉亚】0【协香港】0 【协澳门】0 【特-1】0【特-2】0 【增】16【出】0【退】13	千克					999	克拉维酸及其盐
293499	60		7-苯乙酰氨基-3-氯甲基-4头孢烷酸对甲氧基苄酯、7-氨基头孢烷酸、7-氨基脱乙酰氧基头孢烷酸	7-aminocephalosporianic acid, 7-aminodea- cetoxycefanoic acid	【最】6【普】20 【协亚太】5【协东盟】0【协巴基斯坦】0 【协智利】0【协新西兰】0【协秘鲁】0 【协哥斯达黎加】0【协冰岛】0【协瑞士】0 【协澳大利亚】0【协韩国】0 【协格鲁吉亚】0【协香港】0【协澳门】0 【特-1】0【特-2】0 【增】16【出】0【退】10	千克					999	7-苯乙酰氨基-3-氯甲基-4-头孢烷酸对甲氧基苄酯、7-氨基头孢烷酸、7-氨基脱乙酰氧基头孢烷酸
293499	90	01	核苷酸类食品添加剂	Nucleotides food additives, hgslmof	【最】6.5【普】20 【协东盟】0【协巴基斯坦】5【协智利】0 【协新西兰】0【协秘鲁】0【协哥斯达黎加】0 【协冰岛】0【协瑞士】0【协澳大利亚】0 【协韩国】0【协格鲁吉亚】0【协香港】0 【协澳门】0 【特-1】0【特-2】0 【增】16【对美加征】25【出】0【退】13	千克	A		R		301 302	核苷酸类食品添加剂（无检疫要求食品添加剂） 核苷酸类食品添加剂（需申报仅用于工业用途不用于无检疫要求食品添加剂的化学品）

税则号列 HS国际统一前6位	本国子目 7~8位	本国子目 9~10位	货品名称中文 货物名称	货品名称英文 Article Description	税费综合信息	计量单位	监管证件代码 进口	监管证件代码 出口	检验检疫类别 进口	检验检疫类别 出口	检验检疫编码	检验检疫编码对应中文名称
293499	90	10	恶草酮，氟噻草胺，活化酯，高效二甲吩草胺（包括吡噻菌胺）	Oxadiazon, flufenacet, acibenzolar, dimethenamid (including penthiopyrad)	【最】6.5【普】20 【协东盟】0【协巴基斯坦】5【协智利】0 【协新西兰】0【协秘鲁】0【协哥斯达黎加】0 【协冰岛】0【协瑞士】0【协澳大利亚】0 【协韩国】0【协格鲁吉亚】0【协香港】0 【协澳门】0 【特-1】0【特-2】0 【增】16【对美加征】25【出】0【退】10	千克	S	S			999	恶草酮，氟噻草胺，活化酯，高效二甲吩草胺（包括吡噻菌胺）
293499	90	21	恶唑磷，蔬果磷，茂硫磷，除害磷等（包括甲基吡恶磷，丁硫环磷，硫环磷，杀扑磷，伏杀硫磷，地胺磷）	Isoxathion, salithion, dioxabenzofos, morphothion etc. (including azamethiphos, fosthietan, phosfolan, methidathion, phosalone, mephosfolan)	【最】6.5【普】20 【协东盟】0【协巴基斯坦】5【协智利】0 【协新西兰】0【协秘鲁】0【协哥斯达黎加】0 【协冰岛】0【协瑞士】0【协澳大利亚】0 【协韩国】0【协格鲁吉亚】0【协香港】0 【协澳门】0 【特-1】0【特-2】0 【增】16【对美加征】25【出】0【退】10	千克	S	S			301	恶唑磷，蔬果磷，茂硫磷，除害磷等（包括甲基吡恶磷，丁硫环磷，硫环磷，杀扑磷，伏杀硫磷，地胺磷）（毒性物质和感染性物质）
293499	90	22	环线威，杀虫环，杀虫钉，多噻烷等（包括甲基硫环磷，噻嗪酮，恶虫酮，茚虫威）	Tirpate, thiocyclam, trithialan, polythiacycloa-lkane etc. (including phosfolan methyl, kadethrin, buprofezin, metoxadiazone, indoxacarb)	【最】6.5【普】20 【协东盟】0【协巴基斯坦】5【协智利】0 【协新西兰】0【协秘鲁】0【协哥斯达黎加】0 【协冰岛】0【协瑞士】0【协澳大利亚】0 【协韩国】0【协格鲁吉亚】0【协香港】0 【协澳门】0 【特-1】0【特-2】0 【增】16【对美加征】25【出】0【退】10	千克	S	S			101	环线威，杀虫环，杀虫钉，多噻烷等（包括甲基硫环磷，噻嗪酮，恶虫酮，茚虫威）（甲基硫环磷颗粒剂）
293499	90	23	恶唑禾草灵，毒鼠硅，噻鼠灵等（包括福拉比，噻节因，糠菌唑，精恶唑禾草灵）	Fenoxaprop-ethyl, silatrane, difethialone etc. (inclu- ding furametpyr, dimethipin, bromuconazole, fenoxaprop-p-ethyl)	【最】6.5【普】20 【协东盟】0【协巴基斯坦】5【协智利】0 【协新西兰】0【协秘鲁】0【协哥斯达黎加】0 【协冰岛】0【协瑞士】0【协澳大利亚】0 【协韩国】0【协格鲁吉亚】0【协香港】0 【协澳门】0 【特-1】0【特-2】0 【增】16【对美加征】25【出】0【退】10	千克	S	S			999	恶唑禾草灵，毒鼠硅，噻鼠灵等（包括福拉比，噻节因，糠菌唑，精恶唑禾草灵）
293499	90	24	代森硫，代森环，氟吗啉，咯菌腈等（包括稻瘟酯，烯酰吗啉，噻菌腈，土菌灵，恶霜灵，恶霉灵）	Etem (BSI), milmeb (BSI), flumorph, fludioxonil etc. (including pefurazoate, dimethomorph, thicyofen, etridiazole, oxadixyl, hym-e-exazol)	【最】6.5【普】20 【协东盟】0【协巴基斯坦】5【协智利】0 【协新西兰】0【协秘鲁】0【协哥斯达黎加】0 【协冰岛】0【协瑞士】0【协澳大利亚】0 【协韩国】0【协格鲁吉亚】0【协香港】0 【协澳门】0 【特-1】0【特-2】0 【增】16【对美加征】25【出】0【退】10	千克	S	S			101 102	代森硫，代森环，氟吗啉，咯菌腈等（包括稻瘟酯，烯酰吗啉，噻菌腈，土菌灵，恶霜灵，恶霉灵）（代森硫） 代森硫，代森环，氟吗啉，咯菌腈等（包括稻瘟酯，烯酰吗啉，噻菌腈，土菌灵，恶霜灵，恶霉灵）（代森环）
293499	90	25	噻森铜，丙环唑，乙环唑等（包括噁唑菌酮，金核霉素，呋菌唑，叶枯唑，呋醚唑，苯醚甲环唑）	Benziothiazolinone, propiconazole, etaconazole, etc. (including famoxadone, aureonucleomycin, furconazole, bismerthiazol, furconazole, difenoconazole)	【最】6.5【普】20 【协东盟】0【协巴基斯坦】5【协智利】0 【协新西兰】0【协秘鲁】0【协哥斯达黎加】0 【协冰岛】0【协瑞士】0【协澳大利亚】0 【协韩国】0【协格鲁吉亚】0【协香港】0 【协澳门】0 【特-1】0【特-2】0 【增】16【对美加征】25【出】0【退】10	千克	S	S			999	噻森铜，丙环唑，乙环唑等（包括噁唑菌酮，金核霉素，呋菌唑，叶枯唑，呋醚唑，苯醚甲环唑）
293499	90	26	嗪草酸，噻氟隆，丁噻隆，异恶隆等（包括噻苯隆，磺噻隆，恶唑隆，异恶草醚，噻吩草胺，二甲吩草胺）	Fluthiacet, thiazfluron, tebuthiuron, isouron etc. (including thidiazuron, ethidimuron, dimefuron, isoxapyrifop, thenychlor, dimethenamid)	【最】6.5【普】20 【协东盟】0【协巴基斯坦】5【协智利】0 【协新西兰】0【协秘鲁】0【协哥斯达黎加】0 【协冰岛】0【协瑞士】0【协澳大利亚】0 【协韩国】0【协格鲁吉亚】0【协香港】0 【协澳门】0 【特-1】0【特-2】0 【增】16【对美加征】25【出】0【退】10	千克	S	S			999	嗪草酸，噻氟隆，丁噻隆，异恶隆等（包括噻苯隆，磺噻隆，恶唑隆，异恶草醚，噻吩草胺，二甲吩草胺）
293499	90	27	苯草灭，灭草松，灭草唑等（包括异噁草松，恶嗪草酮，环苯草酮，丙炔氟草胺）	Bentranil, bentazone, methazole etc. (including clomazone, oxaziclomefone, clefoxidim, flumioxzin)	【最】6.5【普】20 【协东盟】0【协巴基斯坦】5【协智利】0 【协新西兰】0【协秘鲁】0【协哥斯达黎加】0 【协冰岛】0【协瑞士】0【协澳大利亚】0 【协韩国】0【协格鲁吉亚】0【协香港】0 【协澳门】0 【特-1】0【特-2】0 【增】16【对美加征】25【出】0【退】10	千克	S	S			999	苯草灭，灭草松，灭草唑等（包括异噁草松，恶嗪草酮，环苯草酮，丙炔氟草胺）

税则号列			货品名称中英文		税费综合信息	计量单位	监管证件代码		检验检疫类别		检验检疫编码	检验检疫编码对应中文名称
HS 国际统一前6位	本国子目 7~8位	本国子目 9~10位	中文 货物名称	英文 Article Description			进口	出口	进口	出口		
293499	90	28	丙炔恶草酮，噻草酮等（包括糖氨基嘌呤，苯螨噻，异恶酰草胺，异恶唑草酮）	Fluthiacet-methyl, oxadiargyl, cycloxydim etc. (including kinetin, triarathene, isoxaben, isoxaflutole)	【最】6.5【普】20 【协东盟】0【协巴基斯坦】5【协智利】0 【协新西兰】0【协秘鲁】0【协哥斯达黎加】0 【协冰岛】0【协瑞士】0【协澳大利亚】0 【协韩国】0【协格鲁吉亚】0【协香港】0 【协澳门】0 【特-1】0【特-2】0 【增】16【对美加征】25【出】0【退】10	千克	S	S			999	丙炔恶草酮，噻草酮等（包括糖氨基嘌呤，苯螨噻，异恶酰草胺，异恶唑草酮）
293499	90	29	炔丙恶唑草，噻唑锌等	Oxadiargyl, ethaboxam, zinc thiazole etc.	【最】6.5【普】20 【协东盟】0【协巴基斯坦】5【协智利】0 【协新西兰】0【协秘鲁】0【协哥斯达黎加】0 【协冰岛】0【协瑞士】0【协澳大利亚】0 【协韩国】0【协格鲁吉亚】0【协香港】0 【协澳门】0 【特-1】0【特-2】0 【增】16【对美加征】25【出】0【退】10	千克	S	S			999	炔丙恶唑草，噻唑锌等（包括噻菌茂，硅丰环）
293499	90	31	多抗霉素，灰瘟素	Polyoxin, blasticidin	【最】6.5【普】20 【协东盟】0【协巴基斯坦】5【协智利】0 【协新西兰】0【协秘鲁】0【协哥斯达黎加】0 【协冰岛】0【协瑞士】0【协澳大利亚】0 【协韩国】0【协格鲁吉亚】0【协香港】0 【协澳门】0 【特-1】0【特-2】0 【增】16【对美加征】25【出】0【退】10	千克	S	S			999	多抗霉素，灰瘟素（毒性物质和感染性物质）
293499	90	32	三环唑，氧环唑	Tricyclazole, azaconazole	【最】6.5【普】20 【协东盟】0【协巴基斯坦】5【协智利】0 【协新西兰】0【协秘鲁】0【协哥斯达黎加】0 【协冰岛】0【协瑞士】0【协澳大利亚】0 【协韩国】0【协格鲁吉亚】0【协香港】0 【协澳门】0 【特-1】0【特-2】0 【增】16【对美加征】25【出】0【退】10	千克	S	S			999	三环唑，氧环唑
293499	90	33	灭螨猛，克杀螨，螨蜱胺	Chinomethionate, thioquinox, tifatol	【最】6.5【普】20 【协东盟】0【协巴基斯坦】5【协智利】0 【协新西兰】0【协秘鲁】0【协哥斯达黎加】0 【协冰岛】0【协瑞士】0【协澳大利亚】0 【协韩国】0【协格鲁吉亚】0【协香港】0 【协澳门】0 【特-1】0【特-2】0 【增】16【对美加征】25【出】0【退】10	千克	S	S			999	灭螨猛，克杀螨，螨蜱胺
293499	90	34	二氰蒽醌，吗菌威	Dithianon, carbamorph	【最】6.5【普】20 【协东盟】0【协巴基斯坦】5【协智利】0 【协新西兰】0【协秘鲁】0【协哥斯达黎加】0 【协冰岛】0【协瑞士】0【协澳大利亚】0 【协韩国】0【协格鲁吉亚】0【协香港】0 【协澳门】0 【特-1】0【特-2】0 【增】16【对美加征】25【出】0【退】10	千克	S	S			101 102	二氰蒽醌，吗菌威（二噻农） 二氰蒽醌，吗菌威［二噻农乳剂（含量>50%）］
293499	90	35	十二环吗啉，十三吗啉	Dodemorph, tridemorph	【最】6.5【普】20 【协东盟】0【协巴基斯坦】5【协智利】0 【协新西兰】0【协秘鲁】0【协哥斯达黎加】0 【协冰岛】0【协瑞士】0【协澳大利亚】0 【协韩国】0【协格鲁吉亚】0【协香港】0 【协澳门】0 【特-1】0【特-2】0 【增】16【对美加征】25【出】0【退】10	千克	S	S			999	十二环吗啉，十三吗啉
293499	90	36	杀螺吗啉，丁苯吗啉	Trifenmorph, fenpropimorph	【最】6.5【普】20 【协东盟】0【协巴基斯坦】5【协智利】0 【协新西兰】0【协秘鲁】0【协哥斯达黎加】0 【协冰岛】0【协瑞士】0【协澳大利亚】0 【协韩国】0【协格鲁吉亚】0【协香港】0 【协澳门】0 【特-1】0【特-2】0 【增】16【对美加征】25【出】0【退】10	千克	S	S			101 102	杀螺吗啉，丁苯吗啉（蜗螺净粉剂、颗粒剂） 杀螺吗啉，丁苯吗啉（蜗螺净乳剂）

税则号列 HS国际统一前6位	本国子目 7~8位	本国子目 9~10位	货品名称中英文 中文 货物名称	货品名称中英文 英文 Article Description	税费综合信息	计量单位	监管证件代码 进口	监管证件代码 出口	检验检疫类别 进口	检验检疫类别 出口	检验检疫编码	检验检疫编码对应中文名称
293499	90	37	喹菌酮，肼菌酮	Oxolinic acid, drazoxolon	【最】6.5【普】20 【协东盟】0【协巴基斯坦】5【协智利】0 【协新西兰】0【协秘鲁】0【协哥斯达黎加】0 【协冰岛】0【协瑞士】0【协澳大利亚】0 【协韩国】0【协格鲁吉亚】0【协香港】0 【协澳门】0 【特-1】0【特-2】0 【增】16【对美加征】25【出】0【退】10	千克	S	S			999	喹菌酮，肼菌酮
293499	90	38	萎锈灵，氧化萎锈灵	Carboxin, oxycarboxin	【最】6.5【普】20 【协东盟】0【协巴基斯坦】5【协智利】0 【协新西兰】0【协秘鲁】0【协哥斯达黎加】0 【协冰岛】0【协瑞士】0【协澳大利亚】0 【协韩国】0【协格鲁吉亚】0【协香港】0 【协澳门】0 【特-1】0【特-2】0 【增】16【对美加征】25【出】0【退】10	千克	S	S			999	萎锈灵，氧化萎锈灵
293499	90	39	棉隆，乙烯菌核利	Dazomet, vinclozolin	【最】6.5【普】20 【协东盟】0【协巴基斯坦】5【协智利】0 【协新西兰】0【协秘鲁】0【协哥斯达黎加】0 【协冰岛】0【协瑞士】0【协澳大利亚】0 【协韩国】0【协格鲁吉亚】0【协香港】0 【协澳门】0 【特-1】0【特-2】0 【增】16【对美加征】25【出】0【退】10	千克	S	S			999	棉隆，乙烯菌核利
293499	90	41	环酯草醚	Pyriftalid	【最】6.5【普】20 【协东盟】0【协巴基斯坦】5【协智利】0 【协新西兰】0【协秘鲁】0【协哥斯达黎加】0 【协冰岛】0【协瑞士】0【协澳大利亚】0 【协韩国】0【协格鲁吉亚】0【协香港】0 【协澳门】0 【特-1】0【特-2】0 【增】16【对美加征】25【出】0【退】10	千克	S	S			999	环酯草醚
293499	90	42	噻菌铜	Thiodiazolecopper	【最】6.5【普】20 【协东盟】0【协巴基斯坦】5【协智利】0 【协新西兰】0【协秘鲁】0【协哥斯达黎加】0 【协冰岛】0【协瑞士】0【协澳大利亚】0 【协韩国】0【协格鲁吉亚】0【协香港】0 【协澳门】0 【特-1】0【特-2】0 【增】16【对美加征】25【出】0【退】10	千克	S	S			999	噻菌铜
293499	90	43	苯唑草酮	Topramezone	【最】6.5【普】20 【协东盟】0【协巴基斯坦】5【协智利】0 【协新西兰】0【协秘鲁】0【协哥斯达黎加】0 【协冰岛】0【协瑞士】0【协澳大利亚】0 【协韩国】0【协格鲁吉亚】0【协香港】0 【协澳门】0 【特-1】0【特-2】0 【增】16【对美加征】25【出】0【退】10	千克	S	S			999	苯唑草酮
293499	90	44	丁吡吗啉	Pyrimorph	【最】6.5【普】20 【协东盟】0【协巴基斯坦】5【协智利】0 【协新西兰】0【协秘鲁】0【协哥斯达黎加】0 【协冰岛】0【协瑞士】0【协澳大利亚】0 【协韩国】0【协格鲁吉亚】0【协香港】0 【协澳门】0 【特-1】0【特-2】0 【增】16【对美加征】25【出】0【退】10	千克	S	S			999	丁吡吗啉
293499	90	45	环戊噁草酮	Pentoxazone	【最】6.5【普】20 【协东盟】0【协巴基斯坦】5【协智利】0 【协新西兰】0【协秘鲁】0【协哥斯达黎加】0 【协冰岛】0【协瑞士】0【协澳大利亚】0 【协韩国】0【协格鲁吉亚】0【协香港】0 【协澳门】0 【特-1】0【特-2】0 【增】16【对美加征】25【出】0【退】13	千克	S	S			999	环戊噁草酮

税则号列			货品名称中英文		税费综合信息	计量单位	监管证件代码		检验检疫类别		检验检疫编码	检验检疫编码对应中文名称
HS国际统一前6位	本国子目7~8位	本国子目9~10位	中文货物名称	英文 Article Description			进口	出口	进口	出口		
293499	90	50	恶唑酰草胺(包括环氧虫啶、噻嗯菊酯、双苯嘧唑酯、乙螨唑、异恶氯草酮、唑啉草酯)	Metamifop (including Kadethrin, isoxadifen, Etoxazole, Clomazone and Pinoxaden)	【最】6.5【普】20 【协东盟】0【协巴基斯坦】5【协智利】0 【协新西兰】0【协秘鲁】0【协哥斯达黎加】0 【协冰岛】0【协瑞士】0【协澳大利亚】0 【协韩国】0【协格鲁吉亚】0【协香港】0 【协澳门】0 【特-1】0【特-2】0 【增】16【对美加征】25【出】0【退】10	千克	S	S			999	恶唑酰草胺(包括环氧虫啶、噻嗯菊酯、双苯嘧唑酯、乙螨唑、异恶氯草酮、唑啉草酯)
293499	90	61	甲米雷司及其盐	4-methylaminorex and its salts	【最】6.5【普】20 【协东盟】0【协巴基斯坦】5【协智利】0 【协新西兰】0【协秘鲁】0【协哥斯达黎加】0 【协冰岛】0【协瑞士】0【协澳大利亚】0 【协韩国】0【协格鲁吉亚】0【协香港】0 【协澳门】0 【特-1】0【特-2】0 【增】16【对美加征】25【出】0【退】13	千克	I	I			999	甲米雷司及其盐
293499	90	62	替诺环定及其盐	Tenocyclidine and its salts	【最】6.5【普】20 【协东盟】0【协巴基斯坦】5【协智利】0 【协新西兰】0【协秘鲁】0【协哥斯达黎加】0 【协冰岛】0【协瑞士】0【协澳大利亚】0 【协韩国】0【协格鲁吉亚】0【协香港】0 【协澳门】0 【特-1】0【特-2】0 【增】16【对美加征】25【出】0【退】13	千克	I	I			999	替诺环定及其盐
293499	90	71	硫代芬太尼、阿法甲基硫代芬太尼(以及它们的盐)	Thiofentanyl, alpha-methylthiofentanyl (and their salts)	【最】6.5【普】20 【协东盟】0【协巴基斯坦】5【协智利】0 【协新西兰】0【协秘鲁】0【协哥斯达黎加】0 【协冰岛】0【协瑞士】0【协澳大利亚】0 【协韩国】0【协格鲁吉亚】0【协香港】0 【协澳门】0 【特-1】0【特-2】0 【增】16【对美加征】25【出】0【退】13	千克	I	I			999	硫代芬太尼、阿法甲基硫代芬太尼(以及它们的盐)
293499	90	72	二乙噻丁、二甲噻丁、吗苯丁酯、乙甲噻丁(以及它们的盐)	Diethylthiambutene, dimethylthiambutene, dioxap- hetylbutyrate, ethylmethylthiambutene (and their salts)	【最】6.5【普】20 【协东盟】0【协巴基斯坦】5【协智利】0 【协新西兰】0【协秘鲁】0【协哥斯达黎加】0 【协冰岛】0【协瑞士】0【协澳大利亚】0 【协韩国】0【协格鲁吉亚】0【协香港】0 【协澳门】0 【特-1】0【特-2】0 【增】16【对美加征】25【出】0【退】13	千克	I	I			999	二乙噻丁、二甲噻丁、吗苯丁酯、乙甲噻丁(以及它们的盐)
293499	90	73	呋替啶、左吗拉胺、3-甲基硫代芬太尼(以及它们的盐)	Furethidine, levomoramide, 3-methylthiofenta-nyl (and their salts)	【最】6.5【普】20 【协东盟】0【协巴基斯坦】5【协智利】0 【协新西兰】0【协秘鲁】0【协哥斯达黎加】0 【协冰岛】0【协瑞士】0【协澳大利亚】0 【协韩国】0【协格鲁吉亚】0【协香港】0 【协澳门】0 【特-1】0【特-2】0 【增】16【对美加征】25【出】0【退】13	千克	I	I			999	呋替啶、左吗拉胺、3-甲基硫代芬太尼(以及它们的盐)
293499	90	74	吗拉胺中间体、吗哌利定、苯吗庚酮、消旋吗拉胺(以及它们的盐)	Moramideintermediate, morpheridine, phenadoxone, r acemoramide (and their salts)	【最】6.5【普】20 【协东盟】0【协巴基斯坦】5【协智利】0 【协新西兰】0【协秘鲁】0【协哥斯达黎加】0 【协冰岛】0【协瑞士】0【协澳大利亚】0 【协韩国】0【协格鲁吉亚】0【协香港】0 【协澳门】0 【特-1】0【特-2】0 【增】16【对美加征】25【出】0【退】13	千克	I	I			999	吗拉胺中间体、吗哌利定、苯吗庚酮、消旋吗拉胺(以及它们的盐)
293499	90	75	亚甲基二氧吡咯戊酮	Methylenedioxypyrovalerone(CAS: 687603-66-3)	【最】6.5【普】20 【协东盟】0【协巴基斯坦】5【协智利】0 【协新西兰】0【协秘鲁】0【协哥斯达黎加】0 【协冰岛】0【协瑞士】0【协澳大利亚】0 【协韩国】0【协格鲁吉亚】0【协香港】0 【协澳门】0 【特-1】0【特-2】0 【增】16【对美加征】25【出】0【退】13	千克	I	I			999	亚甲基二氧吡咯戊酮

税则号列			货品名称中英文		税费综合信息	计量单位	监管证件代码		检验检疫类别		检验检疫编码	检验检疫编码对应中文名称
HS国际统一前6位	本国子目 7~8位	本国子目 9~10位	中文 货物名称	英文 Article Description			进口	出口	进口	出口		
293499	90	91	地西他滨、氟脲苷、环磷酰胺、吉非替尼、卡培他滨、雷替曲塞、磷酸氟达拉滨、替加氟、盐酸阿糖胞苷、盐酸吉西他滨、盐酸埃克替尼、异环磷酰胺及其他抗癌药品原料药	Decitabine, fluorouridine, cyclophosphamide, gefitinib, capecitabine, raltitrexed, fludarabine phosphate, tegafur, cytarabine hydrochloride, gemcitabine hydrochloride, eke hydrochloride Tinidil, ifosfamide and other anti - cancer drugs substance	【最】6.5【普】20【暂进】0 【协东盟】0【协巴基斯坦】5【协智利】0 【协新西兰】0【协秘鲁】0【协哥斯达黎加】0 【协冰岛】0【协瑞士】0【协澳大利亚】0 【协韩国】0【协格鲁吉亚】0【协香港】0 【协澳门】0 【特-1】0【特-2】0 【增】3【对美加征】25【出】0【退】13	千克					999	地西他滨、氟脲苷、环磷酰胺、吉非替尼、卡培他滨、雷替曲塞、磷酸氟达拉滨、替加氟、盐酸阿糖胞苷、盐酸吉西他滨、盐酸埃克替尼、异环磷酰胺及其他抗癌药品原料药
293499	90	99	其他杂环化合物	Other heterocyclic vompounclsOther heterocyclic compound (generated HS CODE by splitting anti - cancer drug substance)	【最】6.5【普】20 【协东盟】0【协巴基斯坦】5【协智利】0 【协新西兰】0【协秘鲁】0【协哥斯达黎加】0 【协冰岛】0【协瑞士】0【协澳大利亚】0 【协韩国】0【协格鲁吉亚】0【协香港】0 【协澳门】0 【特-1】0【特-2】0 【增】16【对美加征】25【出】0【退】13	千克					301 302 303 304	其他杂环化合物（因拆分抗癌药品原料药产生的兜底税号）（易燃液体） 其他杂环化合物（因拆分抗癌药品原料药产生的兜底税号）（毒性物质和感染性物质） 其他杂环化合物（因拆分抗癌药品原料药产生的兜底税号）（腐蚀性物质） 其他杂环化合物（因拆分抗癌药品原料药产生的兜底税号）（其他化工产品）
293510	00		N-甲基全氟辛基磺酰胺	N-Methylperfluorooctane sulphonamide	【最】6.5【普】35 【协东盟】0【协巴基斯坦】5【协智利】0 【协新西兰】0【协秘鲁】0【协哥斯达黎加】0 【协冰岛】0【协瑞士】3.7【协澳大利亚】0 【协韩国】0【协格鲁吉亚】0【协香港】0 【协澳门】0 【特-1】0【特-2】0 【增】16【出】0【退】10	千克					999	N-甲基全氟辛基磺酰胺
293520	00		N-乙基全氟辛基磺酰胺	N-Ethylperfluorooctane sulphonamide	【最】6.5【普】35 【协东盟】0【协巴基斯坦】5【协智利】0 【协新西兰】0【协秘鲁】0【协哥斯达黎加】0 【协冰岛】0【协瑞士】3.7【协澳大利亚】0 【协韩国】0【协格鲁吉亚】0【协香港】0 【协澳门】0 【特-1】0【特-2】0 【增】16【出】0【退】10	千克					999	N-乙基全氟辛基磺酰胺
293530	00		N-乙基-N-(2-羟乙基）全氟辛基磺酰胺	N-Ethyl-N-(2-hydroxyethyl) perfluorooctane sulphonamide	【最】6.5【普】35 【协东盟】0【协巴基斯坦】5【协智利】0 【协新西兰】0【协秘鲁】0【协哥斯达黎加】0 【协冰岛】0【协瑞士】3.7【协澳大利亚】0 【协韩国】0【协格鲁吉亚】0【协香港】0 【协澳门】0 【特-1】0【特-2】0 【增】16【出】0【退】10	千克					999	N-乙基-N-(2-羟乙基）全氟辛基磺酰胺
293540	00		N-(2-羟乙基）-N-甲基全氟辛基磺酰胺	N-(2-Hydroxyethyl) - N-methylperfluorooctane sulphonamide	【最】6.5【普】35 【协东盟】0【协巴基斯坦】5【协智利】0 【协新西兰】0【协秘鲁】0【协哥斯达黎加】0 【协冰岛】0【协瑞士】3.7【协澳大利亚】0 【协韩国】0【协格鲁吉亚】0【协香港】0 【协澳门】0 【特-1】0【特-2】0 【增】16【出】0【退】10	千克					999	N-(2-羟乙基）-N-甲基全氟辛基磺酰胺

税则号列			货品名称中英文		税费综合信息	计量单位	监管证件代码		检验检疫类别		检验检疫编码	检验检疫编码对应中文名称
HS 国际统一前6位	本国子目 7~8位	9~10位	中文 货物名称	英文 Article Description			进口	出口	进口	出口		
293550	00		其他全氟辛基磺酰胺	Other perfluorooctane sulphonamides	【最】6.5【普】35 【协东盟】0【协巴基斯坦】5【协智利】0 【协新西兰】0【协秘鲁】0【协哥斯达黎加】0 【协冰岛】0【协瑞士】3.7【协澳大利亚】0 【协韩国】0【协格鲁吉亚】0【协香港】0 【协澳门】0 【特-1】0【特-2】0 【增】16【出】0【退】10	千克					999	其他全氟辛基磺酰胺
293590	00	11	氟唑磺隆，氟吡磺隆，磺酰磺隆，氯酯磺草胺等（包括甲酰氨基嘧磺隆，乙氧磺隆，氯磺隆，甲磺隆，苯磺隆，胺苯磺隆）	Flucarbazone, flucetosulfuron, sulfosulfuron, cloransulam-methy etc (including formamide-sulfometuron, ethoxysulfuron, chlorsulfuron, metsulfuronmethyl, tribenuronmethyl, ethametsulfuron-methyl)	【最】6.5【普】35 【协东盟】0【协巴基斯坦】5【协智利】0 【协新西兰】0【协秘鲁】0【协哥斯达黎加】0 【协冰岛】0【协瑞士】3.7【协澳大利亚】0 【协韩国】0【协格鲁吉亚】0【协香港】0 【协澳门】0 【特-1】0【特-2】0 【增】16【对美加征】10【出】0【退】10	千克	S	S			999	氟唑磺隆，氟吡磺隆，磺酰磺隆，氯酯磺草胺等（包括甲酰氨基嘧磺隆，乙氧磺隆，氯磺隆，甲磺隆，苯磺隆，胺苯磺隆）
293590	00	12	醚苯磺隆，噻吩磺隆，醚磺隆，氟啶嘧磺隆等（包括氟胺磺隆，氟磺隆，甲嘧磺隆，氯嘧磺隆，氟嘧磺隆）	Triasulfuron, thifensulfuron-methyl, cinosulfuron, flupyrsulfuron-methyl-sodium etc (including triflusulfuronmethyl, prosulfuron, sulfometuron-methyl, chlorimuron-ethyl, primisulfuron-methy)	【最】6.5【普】35 【协东盟】0【协巴基斯坦】5【协智利】0 【协新西兰】0【协秘鲁】0【协哥斯达黎加】0 【协冰岛】0【协瑞士】3.7【协澳大利亚】0 【协韩国】0【协格鲁吉亚】0【协香港】0 【协澳门】0 【特-1】0【特-2】0 【增】16【对美加征】10【出】0【退】10	千克	S	S			999	醚苯磺隆，噻吩磺隆，醚磺隆，氟啶嘧磺隆等（包括氟胺磺隆，氟磺隆，甲嘧磺隆，氯嘧磺隆，氟嘧磺隆）
293590	00	13	苄嘧磺隆，吡嘧磺隆，烟嘧磺隆，双氯磺草胺等（包括啶嘧磺隆，砜嘧磺隆，唑嘧磺隆）	Bensulfuron-methyl, pyrazosulfuron-ethyl, nicosulfuron, diclosulam etc(including flazasulfuron, rimsulfuron, imazosulfuron)	【最】6.5【普】35 【协东盟】0【协巴基斯坦】5【协智利】0 【协新西兰】0【协秘鲁】0【协哥斯达黎加】0 【协冰岛】0【协瑞士】3.7【协澳大利亚】0 【协韩国】0【协格鲁吉亚】0【协香港】0 【协澳门】0 【特-1】0【特-2】0 【增】16【对美加征】10【出】0【退】10	千克	S	S			999	苄嘧磺隆，吡嘧磺隆，烟嘧磺隆，双氯磺草胺等（包括啶嘧磺隆，砜嘧磺隆，唑嘧磺隆）
293590	00	14	四唑嘧磺隆，唑吡嘧磺隆，三氟甲磺隆等（包括氯吡嘧磺隆，酰嘧磺隆，环丙嘧磺隆，甲基二磺隆）	Azimsulfuron, mazosulfuron, tritosulfuron etc. (including halosulfuron-methyl, amidosulfuron, cyclosulfamuron, 爛 esosulfuron-methyl)	【最】6.5【普】35 【协东盟】0【协巴基斯坦】5【协智利】0 【协新西兰】0【协秘鲁】0【协哥斯达黎加】0 【协冰岛】0【协瑞士】3.7【协澳大利亚】0 【协韩国】0【协格鲁吉亚】0【协香港】0 【协澳门】0 【特-1】0【特-2】0 【增】16【对美加征】10【出】0【退】10	千克	S	S			999	四唑嘧磺隆，唑吡嘧磺隆，三氟甲磺隆等（包括氯吡嘧磺隆，酰嘧磺隆，环丙嘧磺隆，甲基二磺隆）
293590	00	15	氟磺酰草胺，甲磺草胺，嘧苯胺磺隆等（包括唑嘧磺草胺，双氟磺草胺，五氟磺草胺）	Mefluidide, sulfentrazone, orthosulfamuron etc. (including flumetsulam, florasulam, penoxsulam)	【最】6.5【普】35 【协东盟】0【协巴基斯坦】5【协智利】0 【协新西兰】0【协秘鲁】0【协哥斯达黎加】0 【协冰岛】0【协瑞士】3.7【协澳大利亚】0 【协韩国】0【协格鲁吉亚】0【协香港】0 【协澳门】0 【特-1】0【特-2】0 【增】16【对美加征】10【出】0【退】10	千克	S	S			999	氟磺酰草胺，甲磺草胺，嘧苯胺磺隆等（包括唑嘧磺草胺，双氟磺草胺，五氟磺草胺）
293590	00	16	氟磺胺草醚，磺草灵，吲唑磺菌胺等（包括单嘧磺酯，磺草唑胺，三氟啶磺隆钠）	Fomesafen. asulam. amisulbrom etc. (including monosulfuron ester. metosulam)	【最】6.5【普】35 【协东盟】0【协巴基斯坦】5【协智利】0 【协新西兰】0【协秘鲁】0【协哥斯达黎加】0 【协冰岛】0【协瑞士】3.7【协澳大利亚】0 【协韩国】0【协格鲁吉亚】0【协香港】0 【协澳门】0 【特-1】0【特-2】0 【增】16【对美加征】10【出】0【退】10	千克	S	S			999	氟磺胺草醚，磺草灵，吲唑磺菌胺等（包括单嘧磺酯，磺草唑胺，三氟啶磺隆钠）
293590	00	17	磺草膦，氨磺乐灵，三氟啶磺隆，啶磺草胺等（包括甲基碘磺隆钠盐）	Mesyl (methyl) caramoylmethyla-minome-thyl phosphonic acid, oryzalin, trifloxysulfuron, pyroxsulam etc. (including iodosulfuron methyl sodium)	【最】6.5【普】35 【协东盟】0【协巴基斯坦】5【协智利】0 【协新西兰】0【协秘鲁】0【协哥斯达黎加】0 【协冰岛】0【协瑞士】3.7【协澳大利亚】0 【协韩国】0【协格鲁吉亚】0【协香港】0 【协澳门】0 【特-1】0【特-2】0 【增】16【对美加征】10【出】0【退】10	千克	S	S			999	磺草膦，氨磺乐灵，三氟啶磺隆，啶磺草胺等（包括甲基碘磺隆钠盐）

税则号列			货品名称中英文		税费综合信息	计量单位	监管证件代码		检验检疫类别		检验检疫编码	检验检疫编码对应中文名称
HS国际统一前6位	本国子目 7~8位	9~10位	中文 货物名称	英文 Article Description			进口	出口	进口	出口		
293590	00	18	磺菌胺，增糖胺等（包括甲苯氟磺胺，氟虫胺）	Flusulfamide, fluoridamid etc.（including toly-lflua-nid, sulfluramid)	【最】6.5【普】35 【协东盟】0【协巴基斯坦】5【协智利】0 【协新西兰】0【协秘鲁】0【协哥斯达黎加】0 【协冰岛】0【协瑞士】3.7【协澳大利亚】0 【协韩国】0【协格鲁吉亚】0【协香港】0 【协澳门】0 【特-1】0【特-2】0 【增】16【对美加征】10【出】0【退】10	千克	S	S			999	磺菌胺，增糖胺等（包括甲苯氟磺胺，氟虫胺）
293590	00	19	畜蜱磷，伐灭磷，地散磷等（包括磺菌威，氰霜唑）	Cythioate, famphur (ESA), bensulide etc. (including methasulfocarb, cyazofamid)	【最】6.5【普】35 【协东盟】0【协巴基斯坦】5【协智利】0 【协新西兰】0【协秘鲁】0【协哥斯达黎加】0 【协冰岛】0【协瑞士】3.7【协澳大利亚】0 【协韩国】0【协格鲁吉亚】0【协香港】0 【协澳门】0 【特-1】0【特-2】0 【增】16【对美加征】10【出】0【退】10	千克	S	S			999	畜蜱磷，伐灭磷，地散磷等（包括磺菌威，氰霜唑）
293590	00	20	环氧嘧磺隆	Oxasulfuron	【最】6.5【普】35 【协东盟】0【协巴基斯坦】5【协智利】0 【协新西兰】0【协秘鲁】0【协哥斯达黎加】0 【协冰岛】0【协瑞士】3.7【协澳大利亚】0 【协韩国】0【协格鲁吉亚】0【协香港】0 【协澳门】0 【特-1】0【特-2】0 【增】16【对美加征】10【出】0【退】10	千克	S	S			999	环氧嘧磺隆
293590	00	31	苯嘧磺草胺	Saflufenacil	【最】6.5【普】35 【协东盟】0【协巴基斯坦】5【协智利】0 【协新西兰】0【协秘鲁】0【协哥斯达黎加】0 【协冰岛】0【协瑞士】3.7【协澳大利亚】0 【协韩国】0【协格鲁吉亚】0【协香港】0 【协澳门】0 【特-1】0【特-2】0 【增】16【对美加征】10【出】0【退】10	千克	S	S			999	苯嘧磺草胺
293590	00	32	噻酮磺隆	Thiencarbazone-methyl	【最】6.5【普】35 【协东盟】0【协巴基斯坦】5【协智利】0 【协新西兰】0【协秘鲁】0【协哥斯达黎加】0 【协冰岛】0【协瑞士】3.7【协澳大利亚】0 【协韩国】0【协格鲁吉亚】0【协香港】0 【协澳门】0 【特-1】0【特-2】0 【增】16【对美加征】10【出】0【退】10	千克	S	S			999	噻酮磺隆
293590	00	33	磺胺嘧啶	Sulphadiazine	【最】6.5【普】35 【协东盟】0【协巴基斯坦】5【协智利】0 【协新西兰】0【协秘鲁】0【协哥斯达黎加】0 【协冰岛】0【协瑞士】3.7【协澳大利亚】0 【协韩国】0【协格鲁吉亚】0【协香港】0 【协澳门】0 【特-1】0【特-2】0 【增】16【对美加征】10【出】0【退】10	千克					999	磺胺嘧啶 999 磺胺双甲基嘧啶
293590	00	34	磺胺双甲基嘧啶	Sulfadimidine	【最】6.5【普】35 【协东盟】0【协巴基斯坦】5【协智利】0 【协新西兰】0【协秘鲁】0【协哥斯达黎加】0 【协冰岛】0【协瑞士】3.7【协澳大利亚】0 【协韩国】0【协格鲁吉亚】0【协香港】0 【协澳门】0 【特-1】0【特-2】0 【增】16【对美加征】10【出】0【退】10	千克	A		M		999	磺胺双甲基嘧啶
293590	00	35	磺胺甲噁唑（磺胺甲基异噁唑，新诺明、新明磺）	Sulfamethoxazole	【最】6.5【普】35 【协东盟】0【协巴基斯坦】5【协智利】0 【协新西兰】0【协秘鲁】0【协哥斯达黎加】0 【协冰岛】0【协瑞士】3.7【协澳大利亚】0 【协韩国】0【协格鲁吉亚】0【协香港】0 【协澳门】0 【特-1】0【特-2】0 【增】16【对美加征】10【出】0【退】10	千克					999	磺胺甲噁唑（磺胺甲基异噁唑，新诺明、新明磺）

税则号列			货品名称中英文		税费综合信息	计量单位	监管证件代码		检验检疫类别		检验检疫编码	检验检疫编码对应中文名称
HS 国际统一前6位	本国子目 7~8位	本国子目 9~10位	中文 货物名称	英文 Article Description			进口	出口	进口	出口		
293590	00	36	波生坦	Bosentan	【最】6.5【普】20【暂进】0 【协东盟】0【协香港】0【协澳门】0 【协巴基斯坦】5【协智利】0【协新西兰】0 【协秘鲁】0【协哥斯达黎加】0【协冰岛】0 【协瑞士】3.7【协澳大利亚】0【协韩国】0 【协格鲁吉亚】0 【特-1】0【特-2】0【增】3【对美加征】10 【出】0【退】10	千克					999	波生坦
293590	00	90	其他磺（酰）胺	Other sulphonamides	【最】6.5【普】35 【协东盟】0【协巴基斯坦】5【协智利】0 【协新西兰】0【协秘鲁】0【协哥斯达黎加】0 【协冰岛】0【协瑞士】3.7【协澳大利亚】0 【协韩国】0【协格鲁吉亚】0【协香港】0 【协澳门】0 【特-1】0【特-2】0 【增】16【对美加征】10【出】0【退】10	千克					101 102	其他磺（酰）胺（偶氮甲酰胺） 其他磺（酰）胺（4-甲基-5-（β-羟乙基）噻唑）
293621	00		未混合的维生素A及其衍生物（不论是否溶于溶剂）【电商】	Vitamins A and their derivatives, whether or not in any solvent, unmixed	【最】4【普】20 【协东盟】0【协澳门】0【协巴基斯坦】0 【协智利】0【协新西兰】0【协秘鲁】0 【协哥斯达黎加】0【协冰岛】0【协瑞士】2.3 【协澳大利亚】0【协韩国】0【协格鲁吉亚】0 【协香港】0 【特-1】0【特-2】0【特-3】0 【增】16【对美加征】10【出】0【退】16	千克	A		R		101 301 302	未混合的维生素A及其衍生物（不论是否溶于溶剂）（饲料添加剂） 未混合的维生素A及其衍生物（不论是否溶于溶剂）［维生素A(包括视黄醇、醋酸视黄酯、棕榈酸视黄醇)（无检疫要求食品添加剂）］ 未混合的维生素A及其衍生物（不论是否溶于溶剂）（需申报仅用于工业用途不用于无检疫要求食品添加剂的化学品）
293622	00		未混合的维生素B1及其衍生物（不论是否溶于溶剂）【电商】	Vitamin B1 and its derivatives, whether or not in any solvent, unmixed	【最】4【普】20 【协东盟】0【协澳门】0【协巴基斯坦】0 【协智利】0【协新西兰】0【协秘鲁】0 【协哥斯达黎加】0【协冰岛】0【协瑞士】0 【协澳大利亚】0【协韩国】0【协格鲁吉亚】0 【协香港】0 【特-1】0【特-2】0【特-3】0 【增】16【对美加征】10【出】0【退】16	千克	A		R		101 301 302 303	未混合的维生素B1及其衍生物（不论是否溶于溶剂）（饲料添加剂） 未混合的维生素B1及其衍生物（不论是否溶于溶剂）［维生素B1(无检疫要求食品添加剂)］ 未混合的维生素B1及其衍生物（不论是否溶于溶剂）［盐酸硫胺素(无检疫要求食品添加剂)］ 未混合的维生素B1及其衍生物（不论是否溶于溶剂）（需申报仅用于工业用途不用于无检疫要求食品添加剂的化学品）
293623	00		未混合的维生素B2及其衍生物（不论是否溶于溶剂）【电商】	Vitamin B2 and its derivatives, whether or not in any solvent, unmixed	【最】4【普】20 【协东盟】0【协澳门】0【协巴基斯坦】0 【协智利】0【协新西兰】0【协秘鲁】0 【协哥斯达黎加】0【协冰岛】0【协瑞士】0 【协澳大利亚】0【协韩国】0.8【协格鲁吉亚】0 【协香港】0 【特-1】0【特-2】0【特-3】0 【增】16【对美加征】10【出】0【退】16	千克	A		R		101 301 302 303	未混合的维生素B2及其衍生物（不论是否溶于溶剂）（饲料添加剂） 未混合的维生素B2及其衍生物（不论是否溶于溶剂）［维生素B2(无检疫要求食品添加剂)］ 未混合的维生素B2及其衍生物（不论是否溶于溶剂）［核黄素5'—磷酸钠（无检疫要求食品添加剂）］ 未混合的维生素B2及其衍生物（不论是否溶于溶剂）（需申报仅用于工业用途不用于无检疫要求食品添加剂的化学品）

税则号列			货品名称中英文		税费综合信息	计量单位	监管证件代码		检验检疫类别		检验检疫编码	检验检疫编码对应中文名称
HS国际统一前6位	本国子目7~8位	本国子目9~10位	中文 货物名称	英文 Article Description			进口	出口	进口	出口		
293624	00		未混合的D或DL-泛酸及其衍生物（不论是否溶于溶剂） 【电商】	D-or DL-Pantothenic acid (Vitamin B3 or Vitamin B5) and its derivatives, whether or not in any solvent, unmixed	【最】4【普】20 【协东盟】0【协澳门】0【协巴基斯坦】0 【协智利】0【协新西兰】0【协秘鲁】0 【协哥斯达黎加】0【协冰岛】0【协瑞士】0 【协澳大利亚】0【协韩国】0【协格鲁吉亚】0 【协香港】0 【特-1】0【特-2】0【特-3】0 【增】16【对美加征】10【出】0【退】16	千克	A		R		101 301 302 303 304 ……	未混合的D或DL-泛酸及其衍生物（不论是否溶于溶剂）（饲料添加剂） 未混合的D或DL-泛酸及其衍生物（不论是否溶于溶剂）［维生素D2（无检疫要求食品添加剂）］ 未混合的D或DL-泛酸及其衍生物（不论是否溶于溶剂）［烟酸（无检疫要求食品添加剂）］ 未混合的D或DL-泛酸及其衍生物（不论是否溶于溶剂）［烟酰胺（无检疫要求食品添加剂）］ 未混合的D或DL-泛酸及其衍生物（不论是否溶于溶剂）［泛酸（无检疫要求食品添加剂）］ ……①
293625	00		未混合的维生素B6及其衍生物（不论是否溶于溶剂） 【电商】	Vitamin B6 and its derivatives, whether or not in any solvent, unmixed	【最】4【普】20 【协东盟】0【协澳门】0【协巴基斯坦】0 【协智利】0【协新西兰】0【协秘鲁】0 【协哥斯达黎加】0【协冰岛】0【协瑞士】0 【协澳大利亚】0【协韩国】0【协格鲁吉亚】0 【协香港】0 【特-1】0【特-2】0【特-3】0 【增】16【对美加征】10【出】0【退】16	千克	A		R		101 301 302	未混合的维生素B6及其衍生物（不论是否溶于溶剂）（饲料添加剂） 未混合的维生素B6及其衍生物（不论是否溶于溶剂）［维生素B6（无检疫要求食品添加剂）］ 未混合的维生素B6及其衍生物（不论是否溶于溶剂）（需申报仅用于工业用途不用于无检疫要求食品添加剂的化学品）
293626	00		未混合的维生素B12及其衍生物（不论是否溶于溶剂） 【电商】	Vitamin B12 and its derivatives, whether or not in any solvent, unmixed	【最】4【普】20 【协东盟】0【协澳门】0【协巴基斯坦】0 【协智利】0【协新西兰】0【协秘鲁】0 【协哥斯达黎加】0【协冰岛】0【协瑞士】1.6 【协澳大利亚】0【协韩国】0【协格鲁吉亚】0 【协香港】0 【特-1】0【特-2】0【特-3】0 【增】16【对美加征】10【出】0【退】16	千克	A		R		101 301 302 303	未混合的维生素B12及其衍生物（不论是否溶于溶剂）（饲料添加剂） 未混合的维生素B12及其衍生物（不论是否溶于溶剂）［维生素B12（氰钴铵或羟钴铵）（无检疫要求食品添加剂）］ 未混合的维生素B12及其衍生物（不论是否溶于溶剂）［氰钴胺（无检疫要求食品添加剂）］ 未混合的维生素B12及其衍生物（不论是否溶于溶剂）（需申报仅用于工业用途不用于无检疫要求食品添加剂的化学品）

① 该税号项下检验检疫编码及对应中文名称尚有：305　未混合的D或DL-泛酸及其衍生物（不论是否溶于溶剂）［泛酸钙（无检疫要求食品添加剂）］，306　未混合的D或DL-泛酸及其衍生物（不论是否溶于溶剂）（需申报仅用于工业用途不用于无检疫要求食品添加剂的化学品）。

税则号列			货品名称中英文		税费综合信息	计量单位	监管证件代码		检验检疫类别		检验检疫编码	检验检疫编码对应中文名称
HS 国际统一前6位	本国子目 7~8位	9~10位	中文 货物名称	英文 Article Description			进口	出口	进口	出口		
293627	00	10	未混合的维生素C原粉(不论是否溶于溶剂) 【电商】	Natural concentrates of Vitamin C, whether or not in any solvent, unmixed	【最】4【普】20 【协东盟】0【协澳门】0【协巴基斯坦】0 【协智利】0【协新西兰】0【协秘鲁】0 【协哥斯达黎加】0【协冰岛】0【协瑞士】0 【协澳大利亚】0【协韩国】0【协格鲁吉亚】0 【协香港】0 【特-1】0【特-2】0【特-3】0 【增】16【对美加征】10【出】0【退】16	千克	A	4xy	R		301 302	未混合的维生素C原粉(不论是否溶于溶剂)(无检疫要求食品添加剂) 未混合的维生素C原粉(不论是否溶于溶剂)(需申报仅用于工业用途不用于无检疫要求食品添加剂的化学品)
293627	00	20	未混合的维生素C钙、维生素C钠(不论是否溶于溶剂) 【电商】	Vitamin C calcium, Vitamin C sodium, whether or not in any solvent, unmixed	【最】4【普】20 【协东盟】0【协澳门】0【协巴基斯坦】0 【协智利】0【协新西兰】0【协秘鲁】0 【协哥斯达黎加】0【协冰岛】0【协瑞士】0 【协澳大利亚】0【协韩国】0【协格鲁吉亚】0 【协香港】0 【特-1】0【特-2】0【特-3】0 【增】16【对美加征】10【出】0【退】16	千克	A	4xy	R	S	103 301 302 303	未混合的维生素C钙、维生素C钠(不论是否溶于溶剂)(化工产品) 未混合的维生素C钙、维生素C钠(不论是否溶于溶剂)[抗坏血酸钙(无检疫要求食品添加剂)] 未混合的维生素C钙、维生素C钠(不论是否溶于溶剂)[抗坏血酸钠(无检疫要求食品添加剂)] 未混合的维生素C钙、维生素C钠(不论是否溶于溶剂)(需申报仅用于工业用途不用于无检疫要求食品添加剂的化学品)
293627	00	30	颗粒或包衣维生素C(不论是否溶于溶剂) 【电商】	Granule or lagging cover Vitamin C, whether or not in any solvent	【最】4【普】20 【协东盟】0【协澳门】0【协巴基斯坦】0 【协智利】0【协新西兰】0【协秘鲁】0 【协哥斯达黎加】0【协冰岛】0【协瑞士】0 【协澳大利亚】0【协韩国】0【协格鲁吉亚】0 【协香港】0 【特-1】0【特-2】0【特-3】0 【增】16【对美加征】10【出】0【退】16	千克	A	4xy	R		301 302 999	颗粒或包衣维生素C(不论是否溶于溶剂)(无检疫要求食品添加剂) 颗粒或包衣维生素C(不论是否溶于溶剂)(需申报仅用于工业用途不用于无检疫要求食品添加剂的化学品) 颗粒或包衣维生素C(不论是否溶于溶剂)(其他化工产品)
293627	00	90	维生素C酯类及其他(不论是否溶于溶剂) 【电商】	Vitamin C esters and others, whether or not in any solvent	【最】4【普】20 【协东盟】0【协澳门】0【协巴基斯坦】0 【协智利】0【协新西兰】0【协秘鲁】0 【协哥斯达黎加】0【协冰岛】0【协瑞士】0 【协澳大利亚】0【协韩国】0【协格鲁吉亚】0 【协香港】0 【特-1】0【特-2】0【特-3】0 【增】16【对美加征】10【出】0【退】16	千克	A	4xy	R		101 102 301 302	维生素C酯类及其他(不论是否溶于溶剂)(饲料添加剂) 维生素C酯类及其他(不论是否溶于溶剂)(化工产品) 维生素C酯类及其他(不论是否溶于溶剂)(无检疫要求食品添加剂) 维生素C酯类及其他(不论是否溶于溶剂)(需申报仅用于工业用途不用于无检疫要求食品添加剂的化学品)
293628	00		未混合的维生素E及其衍生物(不论是否溶于溶剂) 【电商】	Vitamin E and its derivatives, whether or not in any solvent, unmixed	【最】4【普】20 【协东盟】0【协澳门】0【协巴基斯坦】0 【协智利】0【协新西兰】0【协秘鲁】0 【协哥斯达黎加】0【协冰岛】0【协瑞士】1.6 【协澳大利亚】0【协韩国】0【协格鲁吉亚】0 【协香港】0 【特-1】0【特-2】0【特-3】0 【增】16【对美加征】5【出】0【退】16	千克	A		R		101 102 301 302	未混合的维生素E及其衍生物(不论是否溶于溶剂)(饲料添加剂) 未混合的维生素E及其衍生物(不论是否溶于溶剂)(具有保健食品批准文号) 未混合的维生素E及其衍生物(不论是否溶于溶剂)[生育酚(无检疫要求食品添加剂)] 未混合的维生素E及其衍生物(不论是否溶于溶剂)[维生素E(无检疫要求食品添加剂)]

税则号列			货品名称中英文		税费综合信息	计量单位	监管证件代码		检验检疫类别		检验检疫编码	检验检疫编码对应中文名称
HS国际统一前6位	本国子目7~8位	本国子目9~10位	中文 货物名称	英文 Article Description			进口	出口	进口	出口		
											303 ……	未混合的维生素E及其衍生物（不论是否溶于溶剂）［天然维生素E(无检疫要求食品添加剂）］ ……①
293629	00	10	胆钙化醇（不论是否溶于溶剂） 【电商】②	Cholecalciferol, whether or not in any solvent	【最】4【普】20 【协东盟】0【协澳门】0【协巴基斯坦】0 【协智利】0【协新西兰】0【协秘鲁】0 【协哥斯达黎加】0【协冰岛】0【协瑞士】1.6 【协澳大利亚】0【协韩国】0【协格鲁吉亚】0 【协香港】0 【特-1】0【特-2】0【特-3】0 【增】16【对美加征】5【出】0【退】16	千克	AS	S	R		101 301 302	胆钙化醇（不论是否溶于溶剂）（饲料添加剂） 胆钙化醇（不论是否溶于溶剂）［胆钙化醇(维生素D3)(无检疫要求食品添加剂）］ 胆钙化醇（不论是否溶于溶剂）（需申报仅用于工业用途不用于无检疫要求食品添加剂的化学品）
293629	00	90	其他未混合的维生素及其衍生物（不论是否溶于溶剂） 【电商】③	Other vitamins and their deviants, unmixed, whether or not in any solvent	【最】4【普】20 【协东盟】0【协澳门】0【协巴基斯坦】0 【协智利】0【协新西兰】0【协秘鲁】0 【协哥斯达黎加】0【协冰岛】0【协瑞士】1.6 【协澳大利亚】0【协韩国】0【协格鲁吉亚】0 【协香港】0 【特-1】0【特-2】0【特-3】0 【增】16【对美加征】5【出】0【退】16	千克	A		R		101 301 302 303 304 ……	其他未混合的维生素及其衍生物（不论是否溶于溶剂）（饲料添加剂） 其他未混合的维生素及其衍生物（不论是否溶于溶剂）［生物素（无检疫要求食品添加剂）］ 其他未混合的维生素及其衍生物（不论是否溶于溶剂）［维生素D(无检疫要求食品添加剂）］ 其他未混合的维生素及其衍生物（不论是否溶于溶剂）［维生素B族(无检疫要求食品添加剂）］ 其他未混合的维生素及其衍生物（不论是否溶于溶剂）［维生素k(植物甲萘醌）（无检疫要求食品添加剂）］ ……④
293690	10		维生素AD3(包括天然浓缩物，不论是否溶于溶剂） 【电商】	Vitamin AD3	【最】4【普】20 【协东盟】0【协澳门】0【协巴基斯坦】0 【协智利】0【协新西兰】0【协秘鲁】0 【协哥斯达黎加】0【协冰岛】0【协瑞士】0 【协澳大利亚】0【协韩国】0【协格鲁吉亚】0 【协香港】0 【特-1】0【特-2】0【特-3】0 【增】16【出】0【退】16	千克	A		R		101 102 103	维生素AD3(包括天然浓缩物，不论是否溶于溶剂）（饲料添加剂） 维生素AD3(包括天然浓缩物，不论是否溶于溶剂）（具有保健食品批准文号） 维生素AD3(包括天然浓缩物，不论是否溶于溶剂）（无检疫要求食品添加剂）

① 该税号项下检验检疫编码及对应中文名称尚有：304　未混合的维生素E及其衍生物（不论是否溶于溶剂）［d-α 醋酸生育酚（无检疫要求食品添加剂）］，305　未混合的维生素E及其衍生物（不论是否溶于溶剂）（需申报仅用于工业用途不用于无检疫要求食品添加剂的化学品）。

② 列入《农药进出口管理目录》的商品除外。

③ 列入《农药进出口管理目录》的商品除外。

④ 该税号项下检验检疫编码及对应中文名称尚有：305　其他未混合的维生素及其衍生物（不论是否溶于溶剂）（需申报仅用于工业用途不用于无检疫要求食品添加剂的化学品）。

税则号列			货品名称中英文		税费综合信息	计量单位	监管证件代码		检验检疫类别		检验检疫编码	检验检疫编码对应中文名称
HS国际统一前6位	本国子目 7~8位	9~10位	中文 货物名称	英文 Article Description			进口	出口	进口	出口		
293690	90		维生素原，混合维生素原、其他混合维生素及其衍生物（包括天然浓缩物，不论是否溶于溶剂）【电商】	Other	【最】4【普】20 【协东盟】0【协澳门】0【协巴基斯坦】0 【协智利】0【协新西兰】0【协秘鲁】0 【协哥斯达黎加】0【协冰岛】0【协瑞士】0 【协澳大利亚】0【协韩国】0【协格鲁吉亚】0 【协香港】0 【特-1】0【特-2】0【特-3】0 【增】16【对美加征】5【出】0【退】16	千克	A		R		101 102 301 302	101 维生素原，混合维生素原、其他混合维生素及其衍生物（包括天然浓缩物，不论是否溶于溶剂）（饲料添加剂） 102 维生素原，混合维生素原、其他混合维生素及其衍生物（包括天然浓缩物，不论是否溶于溶剂）（具有保健食品批准文号） 301 维生素原，混合维生素原、其他混合维生素及其衍生物（包括天然浓缩物，不论是否溶于溶剂）［叶酸（无检疫要求食品添加剂）］ 302 维生素原，混合维生素原、其他混合维生素及其衍生物（包括天然浓缩物，不论是否溶于溶剂）（需申报仅用于工业用途不用于无检疫要求食品添加剂的化学品）
293711	00	10	生长激素（GH）	Somatotropin	【最】4【普】20 【协东盟】0【协巴基斯坦】0【协智利】0 【协新西兰】0【协秘鲁】0【协哥斯达黎加】0 【协冰岛】0【协瑞士】0【协澳大利亚】0 【协韩国】0【协格鲁吉亚】0【协香港】0 【协澳门】0 【特-1】0【特-2】0 【增】16【出】0【退】16	千克	L	L			999	生长激素（GH）
293711	00	90	生长激素的衍生物和结构类似物	Derivatives and structural analogues of somatotropin	【最】4【普】20 【协东盟】0【协巴基斯坦】0【协智利】0 【协新西兰】0【协秘鲁】0【协哥斯达黎加】0 【协冰岛】0【协瑞士】0【协澳大利亚】0 【协韩国】0【协格鲁吉亚】0【协香港】0 【协澳门】0 【特-1】0【特-2】0 【增】16【出】0【退】16	千克					999	生长激素的衍生物和结构类似物
293712	10		重组人胰岛素及其盐	Recombinant human insulin and its salts	【最】4【普】20【暂进】0 【协东盟】0【协巴基斯坦】0【协智利】0 【协新西兰】0【协秘鲁】0【协哥斯达黎加】0 【协冰岛】0【协瑞士】0【协澳大利亚】0 【协韩国】0【协格鲁吉亚】0【协香港】0 【协澳门】0 【特-1】0【特-2】0 【增】16【对美加征】10【出】0【退】16	千克	L	L			999	重组人胰岛素及其盐
293712	90		其他胰岛素及其盐	Other insulin and its salts	【最】4【普】20【暂进】0 【协东盟】0【协巴基斯坦】0【协智利】0 【协新西兰】0【协秘鲁】0【协哥斯达黎加】0 【协冰岛】0【协瑞士】0【协澳大利亚】0 【协韩国】0【协格鲁吉亚】0【协香港】0 【协澳门】0 【特-1】0【特-2】0 【增】16【对美加征】10【出】0【退】16	千克	L	L			999	其他胰岛素及其盐
293719	00	13	绒促性素、促黄体生成素等	Chorionic Gonadotrophin and luteinizing hormone	【最】4【普】20 【协东盟】0【协巴基斯坦】0【协智利】0 【协新西兰】0【协秘鲁】0【协哥斯达黎加】0 【协冰岛】0【协瑞士】1.6【协澳大利亚】0 【协韩国】0【协格鲁吉亚】0【协香港】0 【协澳门】0 【特-1】0【特-2】0 【增】16【对美加征】10【出】0【退】13	千克	L	L			999	绒促性素、促黄体生成素等（包括生长激素释放肽类（GHRPs）、普拉莫瑞林（生长激素释放肽-2）、CJC-1295（CAS号863288-34-0）、生长激素释放肽-6、生长激素释放激素及其类似物、生长激素促分泌剂）

税则号列 HS国际统一前6位	税则号列 本国子目 7~8位	税则号列 本国子目 9~10位	货品名称中英文 中文 货物名称	货品名称中英文 英文 Article Description	税费综合信息	计量单位	监管证件代码 进口	监管证件代码 出口	检验检疫类别 进口	检验检疫类别 出口	检验检疫编码	检验检疫编码对应中文名称
293719	00	15	促皮质素类等肽类激素	Corticotrophin and other peptide hormones	【最】4【普】20 【协东盟】0【协巴基斯坦】0【协智利】0 【协新西兰】0【协秘鲁】0【协哥斯达黎加】0 【协冰岛】0【协瑞士】1.6【协澳大利亚】0 【协韩国】0【协格鲁吉亚】0【协香港】0 【协澳门】0 【特-1】0【特-2】0 【增】16【对美加征】10【出】0【退】13	千克	L	L			999	促皮质素类等肽类激素（包括艾瑞莫瑞林、阿那瑞林、布舍瑞林、可的瑞林、海沙瑞林、伊莫瑞林、舍莫瑞林、替莫瑞林、戈那瑞林、葛瑞林（脑肠肽）及其模拟物类）
293719	00	16	亮丙瑞林	Leuprorelin	【最】4【普】20 【协东盟】0【协巴基斯坦】0【协智利】0 【协新西兰】0【协秘鲁】0【协哥斯达黎加】0 【协冰岛】0【协瑞士】1.6【协澳大利亚】0 【协韩国】0【协格鲁吉亚】0【协香港】0 【协澳门】0 【特-1】0【特-2】0 【增】16【对美加征】10【出】0【退】13	千克	L	L			999	亮丙瑞林
293719	00	91	醋酸曲普瑞林及其他抗癌药品原料	Triptorelin acetate and other anti-cancer drugs substance	【最】4【普】20【暂进】0 【协东盟】0【协巴基斯坦】0【协智利】0 【协新西兰】0【协秘鲁】1.6【协哥斯达黎加】0 【协冰岛】0【协瑞士】2【协澳大利亚】0 【协韩国】0【协格鲁吉亚】0【协香港】0 【协澳门】0 【特-1】0【特-2】0 【增】3【对美加征】10【出】0【退】13	千克	Q				999	醋酸曲普瑞林及其他抗癌药品原料药
293719	00	93	卵泡抑素	Follicle inhibitor	【最】4【普】20 【协东盟】0【协香港】0【协澳门】0 【协巴基斯坦】0【协智利】0【协新西兰】0 【协秘鲁】0【协哥斯达黎加】0【协冰岛】0 【协瑞士】1.6【协澳大利亚】0【协韩国】0 【协格鲁吉亚】0 【特-1】0【特-2】0【增】16【对美加征】10 【出】0【退】13	千克	L	L			999	卵泡抑素
293719	00	99	其他多肽激素及衍生物和结构类似物	Other pdypeptide hormones and their derivatives and structural analoguesOther polypeptide hormones and derivatives and structural analogs (including protein hormones, glycoprotein hormones and its derivatives and structural analogs) (generated HS CODE by splitting anti-cancer drug substance) (other chemical products)	【最】4【普】20 【协东盟】0【协巴基斯坦】0【协智利】0 【协新西兰】0【协秘鲁】0【协哥斯达黎加】0 【协冰岛】0【协瑞士】1.6【协澳大利亚】0 【协韩国】0【协格鲁吉亚】0【协香港】0 【协澳门】0 【特-1】0【特-2】0 【增】16【对美加征】10【出】0【退】13	千克	Q				999	其他多肽激素及衍生物和结构类似物（包括蛋白激素、糖蛋白激素及其衍生物和结构类似物）（因拆分抗癌药品原料药产生的兜底税号）
293721	00		可的松、氢化可的松等	Cortisone, hydrocortisone, prednisone (dehyd-rocortisone) and prednisolone (dehydrocortisone)	【最】4【普】20 【协东盟】0【协巴基斯坦】0【协智利】0 【协新西兰】0【协秘鲁】0【协哥斯达黎加】0 【协冰岛】0【协瑞士】0【协澳大利亚】0 【协韩国】0【协格鲁吉亚】0【协香港】0 【协澳门】0 【特-1】0【特-2】0 【增】16【出】0【退】10	千克	Q				999	可的松、氢化可的松等［包括脱氢皮（质甾）醇］
293722	10		地塞米松	Dexamethasone	【最】4【普】30 【协东盟】0【协巴基斯坦】0【协智利】0 【协新西兰】0【协秘鲁】0【协哥斯达黎加】0 【协冰岛】0【协瑞士】0【协澳大利亚】0 【协韩国】0【协格鲁吉亚】0【协香港】0 【协澳门】0 【特-1】0【特-2】0 【增】16【出】0【退】10	千克	Q				999	地塞米松

税则号列			货品名称中英文		税费综合信息	计量单位	监管证件代码		检验检疫类别		检验检疫编码	检验检疫编码对应中文名称
HS国际统一前6位	本国子目 7~8位	本国子目 9~10位	中文 货物名称	英文 Article Description			进口	出口	进口	出口		
293722	90		其他肾上腺皮质激素的卤化衍生物	Other halogenated derivatives of corticosteroidal hormones	【最】4【普】30 【协东盟】0【协巴基斯坦】0【协智利】0 【协新西兰】0【协秘鲁】0【协哥斯达黎加】0 【协冰岛】0【协瑞士】0【协澳大利亚】0 【协韩国】0【协格鲁吉亚】0【协香港】0 【协澳门】0 【特-1】0【特-2】0 【增】16【对美加征】10【出】0【退】10	千克	Q				999	其他肾上腺皮质激素的卤化衍生物
293723	11		孕马结合雌激素	Progesterone conjugated equine estrogen	【最】4【普】30 【协东盟】0【协巴基斯坦】0【协智利】0 【协新西兰】0【协秘鲁】0【协哥斯达黎加】0 【协冰岛】0【协瑞士】0【协澳大利亚】0 【协韩国】0【协格鲁吉亚】0【协香港】0 【协澳门】0 【特-1】0【特-2】0 【增】16【出】0【退】13	千克	Q				999	孕马结合雌激素
293723	19	10	福美坦及其他抗癌药品原料药	Formante and other anti - cancer drugs substance	【最】4【普】30【暂进】0 【协东盟】0【协巴基斯坦】0【协智利】0 【协新西兰】0【协秘鲁】0【协哥斯达黎加】0 【协冰岛】0【协瑞士】0【协澳大利亚】0 【协韩国】0【协格鲁吉亚】0【协香港】0 【协澳门】0 【特-1】0【特-2】0 【增】3【出】0【退】13	千克	Q				999	福美坦及其他抗癌药品原料药
293723	19	90	其他动物源雌（甾）激素和孕激素	Other animal sources of estrogen and progesterone (generated HS CODE by splitting anti-cancer drug substance)	【最】4【普】30 【协东盟】0【协巴基斯坦】0【协智利】0 【协新西兰】0【协秘鲁】0【协哥斯达黎加】0 【协冰岛】0【协瑞士】0【协澳大利亚】0 【协韩国】0【协格鲁吉亚】0【协香港】0 【协澳门】0 【特-1】0【特-2】0 【增】16【出】0【退】13	千克	Q				999	其他动物源雌（甾）激素和孕激素（因拆分抗癌药品原料药产生的兜底税号）
293723	90	10	泽仑诺；孕三烯酮；替勃龙（包括四氢孕三烯酮）	Zeranol, gestrinone, tibolone (including tetrahyd- rogestrinone)	【最】4【普】30 【协东盟】0【协巴基斯坦】0【协智利】0 【协新西兰】0【协秘鲁】0【协哥斯达黎加】0 【协冰岛】0【协瑞士】0【协澳大利亚】0 【协韩国】0【协格鲁吉亚】0【协香港】0 【协澳门】0 【特-1】0【特-2】0 【增】16【对美加征】10【出】0【退】13	千克	L	L			999	泽仑诺；孕三烯酮；替勃龙（包括四氢孕三烯酮）
293723	90	99	其他雌（甾）激素及孕激素	Other estrogen and progesterone (generated HS CODE by splitting anti - cancer drug substance) (other chemical products)	【最】4【普】30 【协东盟】0【协巴基斯坦】0【协智利】0 【协新西兰】0【协秘鲁】0【协哥斯达黎加】0 【协冰岛】0【协瑞士】0【协澳大利亚】0 【协韩国】0【协格鲁吉亚】0 【特-1】0【特-2】0 【增】16【对美加征】10【出】0【退】13	千克	Q				999	其他雌（甾）激素及孕激素（因拆分抗癌药品原料药产生的兜底税号）
293729	00	11	1-雄烯二醇；1-雄烯二酮{包括雄甾-4-烯-3β, 17α-二醇［4-雄烯二醇（3β, 17α）］；雄甾-5-烯-3β, 17α-二醇［5-雄烯二醇（3β, 17α）］}	1- androstenediol; 1-androstene two ketone (including androst -4-allyl -3 β, 17 α - glycol; androst -5- allyl -3 β, 17 α - diol	【最】4【普】30 【协东盟】0【协巴基斯坦】0【协智利】0 【协新西兰】0【协秘鲁】0【协哥斯达黎加】0 【协冰岛】0【协瑞士】0【协澳大利亚】0 【协韩国】0【协格鲁吉亚】0【协香港】0 【协澳门】0 【特-1】0【特-2】0 【增】16【对美加征】10【出】0【退】13	千克	L	L			999	1-雄烯二醇；1-雄烯二酮{包括雄甾-4-烯-3β, 17α-二醇［4-雄烯二醇（3β, 17α）］；雄甾-5-烯-3β, 17α-二醇［5-雄烯二醇（3β, 17α）］}

税则号列			货品名称中英文		税费综合信息	计量单位	监管证件代码		检验检疫类别		检验检疫编码	检验检疫编码对应中文名称
HS国际统一前6位	本国子目 7~8位	本国子目 9~10位	中文 货物名称	英文 Article Description			进口	出口	进口	出口		
293729	00	12	4-雄烯二醇；5-雄烯二酮｛包括5α-雄烷-3α，17β-二醇［雄烷二醇（3α，17β）］；5α-雄烷-3β，17α-二醇［雄烷二醇（3β，17α）］；勃拉睾酮；5β-雄烷-3α，17β-二醇［5β-雄烷二醇（3α，17β）］｝	Androst-4-enediol, androstendione isoform(Including 5 α -androstane -3 α, 17 β - estradiol; 5 α - androstane -3 β, 17 α - glycol; bolas)	【最】4【普】30 【协东盟】0【协巴基斯坦】0【协智利】0 【协新西兰】0【协秘鲁】0【协哥斯达黎加】0 【协冰岛】0【协瑞士】0【协澳大利亚】0 【协韩国】0【协格鲁吉亚】0【协香港】0 【协澳门】0 【特-1】0【特-2】0 【增】16【对美加征】10【出】0【退】13	千克	L	L			999	4-雄烯二醇；5-雄烯二酮｛包括5α-雄烷-3α，17β-二醇［雄烷二醇（3α，17β）］；5α-雄烷-3β，17α-二醇［雄烷二醇（3β，17α）］；勃拉睾酮；5β-雄烷-3α，17β-二醇［5β-雄烷二醇（3α，17β）］｝
293729	00	13	勃地酮；卡芦睾酮（包括勃二酮；氯司替勃）	Boldenone, calusterone (including boldione, clostebol)	【最】4【普】30 【协东盟】0【协巴基斯坦】0【协智利】0 【协新西兰】0【协秘鲁】0【协哥斯达黎加】0 【协冰岛】0【协瑞士】0【协澳大利亚】0 【协韩国】0【协格鲁吉亚】0【协香港】0 【协澳门】0 【特-1】0【特-2】0 【增】16【对美加征】10【出】0【退】13	千克	L	L			999	勃地酮；卡芦睾酮（包括勃二酮；氯司替勃）
293729	00	14	达那唑；去氢氯甲睾酮（包括普拉睾酮；去氧甲睾酮）	Danazol, dehydrochlormethyltestosterone (including prasterone, desoxymethyl testosterone)	【最】4【普】30 【协东盟】0【协巴基斯坦】0【协智利】0 【协新西兰】0【协秘鲁】0【协哥斯达黎加】0 【协冰岛】0【协瑞士】0【协澳大利亚】0 【协韩国】0【协格鲁吉亚】0【协香港】0 【协澳门】0 【特-1】0【特-2】0 【增】16【对美加征】10【出】0【退】13	千克	L	L			999	达那唑；去氢氯甲睾酮（包括普拉睾酮；去氧甲睾酮）
293729	00	15	双氢睾酮；屈他雄酮（包括表双氢睾酮；乙雌烯醇；氟甲睾酮；甲酰勃龙）	Dihydrotestosterone, dromostanolon (including epi-dihydrotestosterone, ethylestrenol, fluoxymesterone, formyldienolone)	【最】4【普】30 【协东盟】0【协巴基斯坦】0【协智利】0 【协新西兰】0【协秘鲁】0【协哥斯达黎加】0 【协冰岛】0【协瑞士】0【协澳大利亚】0 【协韩国】0【协格鲁吉亚】0【协香港】0 【协澳门】0 【特-1】0【特-2】0 【增】16【对美加征】10【出】0【退】13	千克	L	L			999	双氢睾酮；屈他雄酮（包括表双氢睾酮；乙雌烯醇；氟甲睾酮；甲酰勃龙）
293729	00	16	夫拉扎勃（包括4-羟基睾酮；3α-羟基-5α-雄烷-17-酮）	Furazabol (including 4- hydroxyl testosterone, 4- hydroxyl nandrolone, 3α-hydroxyl-5α-androstane-17-ketone)	【最】4【普】30 【协东盟】0【协巴基斯坦】0【协智利】0 【协新西兰】0【协秘鲁】0【协哥斯达黎加】0 【协冰岛】0【协瑞士】0【协澳大利亚】0 【协韩国】0【协格鲁吉亚】0【协香港】0 【协澳门】0 【特-1】0【特-2】0 【增】16【对美加征】10【出】0【退】13	千克	L	L			999	夫拉扎勃（包括4-羟基睾酮；3α-羟基-5α-雄烷-17-酮）
293729	00	17	美雄诺龙；美睾酮；美雄酮（包括甲基屈他雄酮）	Mestanolone, mesterolone, methandienone (including Methasterone)	【最】4【普】30 【协东盟】0【协巴基斯坦】0【协智利】0 【协新西兰】0【协秘鲁】0【协哥斯达黎加】0 【协冰岛】0【协瑞士】0【协澳大利亚】0 【协韩国】0【协格鲁吉亚】0【协香港】0 【协澳门】0 【特-1】0【特-2】0 【增】16【对美加征】10【出】0【退】13	千克	L	L			999	美雄诺龙；美睾酮；美雄酮（包括甲基屈他雄酮）
293729	00	18	甲基-1-睾酮；甲睾酮；甲诺睾酮（包括甲二烯诺龙；去甲雄酮）	Methyl-1-testosterone, methyltestosterone, methylnortestosterone (including methylclienolone norandrosterone)	【最】4【普】30 【协东盟】0【协巴基斯坦】0【协智利】0 【协新西兰】0【协秘鲁】0【协哥斯达黎加】0 【协冰岛】0【协瑞士】0【协澳大利亚】0 【协韩国】0【协格鲁吉亚】0【协香港】0 【协澳门】0 【特-1】0【特-2】0 【增】16【对美加征】10【出】0【退】13	千克	L	L			999	甲基-1-睾酮；甲睾酮；甲诺睾酮（包括甲二烯诺龙；去甲雄酮）

税则号列 HS 国际统一前 6 位	本国子目 7~8 位	本国子目 9~10 位	货品名称中英文 中文 货物名称	英文 Article Description	税费综合信息	计量单位	监管证件代码 进口	监管证件代码 出口	检验检疫类别 进口	检验检疫类别 出口	检验检疫编码	检验检疫编码对应中文名称
293729	00	19	美替诺龙；美雄醇（包括美曲勃龙）	Methenolone, methandriol(including methibolne)	【最】4【普】30 【协东盟】0【协巴基斯坦】0【协智利】0 【协新西兰】0【协秘鲁】0【协哥斯达黎加】0 【协冰岛】0【协瑞士】0【协澳大利亚】0 【协韩国】0【协格鲁吉亚】0【协香港】0 【协澳门】0 【特-1】0【特-2】0 【增】16【对美加征】10【出】0【退】13	千克	L	L			999	美替诺龙；美雄醇（包括美曲勃龙）
293729	00	21	米勃酮；诺龙；诺勃酮；诺司替勃（包括19-去甲雄烯二酮；诺乙雄龙）	Mibolerone, nandrolone, norbolethone, norclos-tebol (including 19-norandrostenedione, norethandrolone)	【最】4【普】30 【协东盟】0【协巴基斯坦】0【协智利】0 【协新西兰】0【协秘鲁】0【协哥斯达黎加】0 【协冰岛】0【协瑞士】0【协澳大利亚】0 【协韩国】0【协格鲁吉亚】0【协香港】0 【协澳门】0 【特-1】0【特-2】0 【增】16【对美加征】10【出】0【退】13	千克	L	L			999	米勃酮；诺龙；诺勃酮；诺司替勃（包括19-去甲雄烯二酮；诺乙雄龙）
293729	00	22	19-去甲胆烷醇酮（包括羟勃龙；氧雄龙）	19-noretiocholanolone (including oxabolone, oxandrolone)	【最】4【普】30 【协东盟】0【协巴基斯坦】0【协智利】0 【协新西兰】0【协秘鲁】0【协哥斯达黎加】0 【协冰岛】0【协瑞士】0【协澳大利亚】0 【协韩国】0【协格鲁吉亚】0【协香港】0 【协澳门】0 【特-1】0【特-2】0 【增】16【对美加征】10【出】0【退】13	千克	L	L			999	19-去甲胆烷醇酮（包括羟勃龙；氧雄龙）
293729	00	23	羟甲睾酮；羟甲烯龙（包括前列他唑）	Oxymesterone, oxymetholone (including prost-anozo1)	【最】4【普】30 【协东盟】0【协巴基斯坦】0【协智利】0 【协新西兰】0【协秘鲁】0【协哥斯达黎加】0 【协冰岛】0【协瑞士】0【协澳大利亚】0 【协韩国】0【协格鲁吉亚】0【协香港】0 【协澳门】0 【特-1】0【特-2】0 【增】16【对美加征】10【出】0【退】13	千克	L	L			999	羟甲睾酮；羟甲烯龙（包括前列他唑）
293729	00	24	奎勃龙；司坦唑醇；司腾勃龙（包括1-睾酮；睾酮；群勃龙）	Quinbolone, stanozolol, Stenbolone(including 1-Testosterone, Testosterone, trenbolone)	【最】4【普】30 【协东盟】0【协巴基斯坦】0【协智利】0 【协新西兰】0【协秘鲁】0【协哥斯达黎加】0 【协冰岛】0【协瑞士】0【协澳大利亚】0 【协韩国】0【协格鲁吉亚】0【协香港】0 【协澳门】0 【特-1】0【特-2】0 【增】16【对美加征】10【出】0【退】13	千克	L	L			999	奎勃龙；司坦唑醇；司腾勃龙（包括1-睾酮；睾酮；群勃龙）
293729	00	25	7α-羟基-普拉睾酮	7α-hydroxy-prasterone	【最】4【普】30 【协东盟】0【协巴基斯坦】0【协智利】0 【协新西兰】0【协秘鲁】0【协哥斯达黎加】0 【协冰岛】0【协瑞士】0【协澳大利亚】0 【协韩国】0【协格鲁吉亚】0【协香港】0 【协澳门】0 【特-1】0【特-2】0 【增】16【对美加征】10【出】0【退】13	千克	L	L			999	7α-羟基-普拉睾酮
293729	00	26	7β-羟基-普拉睾酮	7β-hydroxy-prasterone	【最】4【普】30 【协东盟】0【协巴基斯坦】0【协智利】0 【协新西兰】0【协秘鲁】0【协哥斯达黎加】0 【协冰岛】0【协瑞士】0【协澳大利亚】0 【协韩国】0【协格鲁吉亚】0【协香港】0 【协澳门】0 【特-1】0【特-2】0 【增】16【对美加征】10【出】0【退】13	千克	L	L			999	7β-羟基-普拉睾酮
293729	00	27	7-羰基-普拉睾酮	7-carbonyl-prasterone	【最】4【普】30 【协东盟】0【协巴基斯坦】0【协智利】0 【协新西兰】0【协秘鲁】0【协哥斯达黎加】0 【协冰岛】0【协瑞士】0【协澳大利亚】0 【协韩国】0【协格鲁吉亚】0【协香港】0 【协澳门】0 【特-1】0【特-2】0 【增】16【对美加征】10【出】0【退】13	千克	L	L			999	7-羰基-普拉睾酮

税则号列 HS国际统一前6位	本国子目 7~8位	本国子目 9~10位	货品名称中英文 中文 货物名称	货品名称中英文 英文 Article Description	税费综合信息	计量单位	监管证件代码 进口	监管证件代码 出口	检验检疫类别 进口	检验检疫类别 出口	检验检疫编码	检验检疫编码对应中文名称
293729	00	28	胆烷醇酮	Etiocholanol one	【最】4【普】30 【协东盟】0【协巴基斯坦】0【协智利】0 【协新西兰】0【协秘鲁】0【协哥斯达黎加】0 【协冰岛】0【协瑞士】0【协澳大利亚】0 【协韩国】0【协格鲁吉亚】0【协香港】0 【协澳门】0 【特-1】0【特-2】0 【增】16【对美加征】10【出】0【退】13	千克	L	L			999	胆烷醇酮
293729	00	31	雄甾-5-烯-3β, 17β-二醇	Androst -5- allyl -3 β, 17 β -diol	【最】4【普】30 【协东盟】0【协巴基斯坦】0【协智利】0 【协新西兰】0【协秘鲁】0【协哥斯达黎加】0 【协冰岛】0【协瑞士】0【协澳大利亚】0 【协韩国】0【协格鲁吉亚】0【协香港】0 【协澳门】0 【特-1】0【特-2】0 【增】16【对美加征】10【出】0【退】13	千克	L	L			999	雄甾-5-烯-3β, 17β-二醇［5-雄烯二醇（3β, 17β）］
293729	00	32	雄甾-4-烯-3, 17-二酮（4-雄烯二酮）	Androst -4- allyl -3, 17-dione	【最】4【普】30 【协东盟】0【协巴基斯坦】0【协智利】0 【协新西兰】0【协秘鲁】0【协哥斯达黎加】0 【协冰岛】0【协瑞士】0【协澳大利亚】0 【协韩国】0【协格鲁吉亚】0【协香港】0 【协澳门】0 【特-1】0【特-2】0 【增】16【对美加征】10【出】0【退】13	千克	L	L			999	雄甾-4-烯-3, 17-二酮（4-雄烯二酮）
293729	00	34	雄酮	Androsterone	【最】4【普】30 【协东盟】0【协巴基斯坦】0【协智利】0 【协新西兰】0【协秘鲁】0【协哥斯达黎加】0 【协冰岛】0【协瑞士】0【协澳大利亚】0 【协韩国】0【协格鲁吉亚】0【协香港】0 【协澳门】0 【特-1】0【特-2】0 【增】16【对美加征】10【出】0【退】13	千克	L	L			999	雄酮
293729	00	35	1, 4-雄烯二酮（雄甾-1, 4-二烯-3, 17-二酮）	1, 4-androstenedione (andros-1, 4-diene-3, 17-dione)	【最】4【普】30 【协东盟】0【协香港】0【协澳门】0 【协巴基斯坦】0【协智利】0【协新西兰】0 【协秘鲁】0【协哥斯达黎加】0【协冰岛】0 【协瑞士】0【协澳大利亚】0【协韩国】0 【协格鲁吉亚】0 【特-1】0【特-2】0【增】16【对美加征】10 【出】0【退】13	千克	L	L			999	1, 4-雄烯二酮（雄甾-1, 4-二烯-3, 17-二酮）
293729	00	91	依西美坦及其他抗癌药品原料药	Exemestane and other anti - cancer drugs substance	【最】4【普】30 【协东盟】0【协巴基斯坦】0【协智利】0 【协新西兰】0【协秘鲁】0【协哥斯达黎加】0 【协冰岛】0【协瑞士】0【协澳大利亚】0 【协韩国】0【协格鲁吉亚】0【协香港】0 【协澳门】0 【特-1】0【特-2】0 【增】3【对美加征】10【出】0【退】13	千克	Q				999	依西美坦及其他抗癌药品原料药
293729	00	99	其他甾类激素及其衍生物和结构类	Other terpenoid hormones and its derivatives and structural analogues (generated HS CODE by splitting anti-cancer drug substance) (other chemical products)	【最】4【普】30 【协东盟】0【协巴基斯坦】0【协智利】0 【协新西兰】0【协秘鲁】0【协哥斯达黎加】0 【协冰岛】0【协瑞士】0【协澳大利亚】0 【协韩国】0【协格鲁吉亚】0【协香港】0 【协澳门】0 【特-1】0【特-2】0 【增】16【对美加征】10【出】0【退】13	千克	Q				999	其他甾类激素及其衍生物和结构类似物（因拆分抗癌药品原料药产生的兜底税号）
293750	00		前列腺素、血栓烷和白细胞三烯	Prostaglandins, thromboxanes and leukotrienes, their derivatives and structural analogues	【最】4【普】30 【协东盟】0【协巴基斯坦】0【协智利】0 【协新西兰】0【协秘鲁】0【协哥斯达黎加】0 【协冰岛】0【协瑞士】0【协澳大利亚】0 【协韩国】0【协格鲁吉亚】0【协香港】0 【协澳门】0 【特-1】0【特-2】0 【增】16【对美加征】10【出】0【退】10	千克					999	前列腺素、血栓烷和白细胞三烯（包括它们的衍生物和结构类似物）

税则号列 HS 国际统一前 6 位	本国子目 7~8 位	本国子目 9~10 位	货品名称中英文 中文 货物名称	货品名称中英文 英文 Article Description	税费综合信息	计量单位	监管证件代码 进口	监管证件代码 出口	检验检疫类别 进口	检验检疫类别 出口	检验检疫编码	检验检疫编码对应中文名称
293790	00	10	氨基酸衍生物	Derivatives of amino acids	【最】4【普】30 【协东盟】0【协巴基斯坦】0【协智利】0 【协新西兰】0【协秘鲁】0【协哥斯达黎加】0 【协冰岛】0【协瑞士】0【协澳大利亚】0 【协韩国】0【协格鲁吉亚】0【协香港】0 【协澳门】0 【特-1】0【特-2】0 【增】16【对美加征】5【出】0【退】10	千克	AQ		R		999	氨基酸衍生物（需申报仅用于工业用途不用于无检疫要求食品添加剂的化学品）
293790	00	11	马昔瑞林	Macillin	【最】4【普】30 【协东盟】0【协香港】0【协澳门】0 【协巴基斯坦】0【协智利】0【协新西兰】0 【协秘鲁】0【协哥斯达黎加】0【协冰岛】0 【协瑞士】0【协澳大利亚】0【协韩国】0 【协格鲁吉亚】0 【特-1】0【特-2】0【增】16【对美加征】5 【出】0【退】10	千克	L	L			999	马昔瑞林
293790	00	90	其他激素及其衍生物和结构类似物	Other hormones (including their derivatives and structural analogues)	【最】4【普】30 【协东盟】0【协巴基斯坦】0【协智利】0 【协新西兰】0【协秘鲁】0【协哥斯达黎加】0 【协冰岛】0【协瑞士】0【协澳大利亚】0 【协韩国】0【协格鲁吉亚】0【协香港】0 【协澳门】0 【特-1】0【特-2】0 【增】16【对美加征】5【出】0【退】10	千克	Q				999	其他激素及其衍生物和结构类似物
293810	00		芸香苷及其衍生物 【电商】	Rutoside (rutin) and its derivatives	【最】6.5【普】20 【协东盟】0【协巴基斯坦】5【协智利】0 【协新西兰】0【协秘鲁】0【协哥斯达黎加】0 【协冰岛】0【协瑞士】0【协澳大利亚】1.3 【协韩国】0【协格鲁吉亚】0【协香港】0 【协澳门】0 【特-1】0【特-2】0 【增】16【出】0【退】16	千克	Q				999	芸香苷及其衍生物
293890	10		齐多夫定、拉米夫定、司他夫定、地达诺新及它们的盐	Zidovudine, lamivudine, stavudine, didanosine and their salts	【最】6.5【普】20 【协东盟】0【协巴基斯坦】5【协智利】0 【协新西兰】0【协秘鲁】0【协哥斯达黎加】0 【协冰岛】0【协瑞士】0【协澳大利亚】0 【协韩国】0【协格鲁吉亚】0【协香港】0 【协澳门】0 【特-1】0【特-2】0 【增】16【出】0【退】16	千克					999	齐多夫定、拉米夫定、司他夫定、地达诺新及它们的盐
293890	90	10	甘草酸粉	Glycyrrhizinic acid powder	【最】6.5【普】20 【协东盟】0【协巴基斯坦】5【协智利】0 【协新西兰】0【协秘鲁】0【协哥斯达黎加】0 【协冰岛】0【协瑞士】0【协澳大利亚】0 【协韩国】0【协格鲁吉亚】0【协香港】0 【协澳门】0 【特-1】0【特-2】0 【增】16【对美加征】10【出】0【退】16	千克		y4x			999	甘草酸粉
293890	90	20	甘草酸盐类	Salts of glycyrrhizinate acid	【最】6.5【普】20 【协东盟】0【协巴基斯坦】5【协智利】0 【协新西兰】0【协秘鲁】0【协哥斯达黎加】0 【协冰岛】0【协瑞士】0【协澳大利亚】0 【协韩国】0【协格鲁吉亚】0【协香港】0 【协澳门】0 【特-1】0【特-2】0 【增】16【对美加征】10【出】0【退】16	千克	A	4xy	R		301 302	甘草酸盐类（需申报仅用于工业用途不用于无检疫要求食品添加剂的化学品） 甘草酸盐类（无检疫要求食品添加剂）
293890	90	30	甘草次酸及其衍生物	Glycyrrhetic acid and its derivatives	【最】6.5【普】20 【协东盟】0【协巴基斯坦】5【协智利】0 【协新西兰】0【协秘鲁】0【协哥斯达黎加】0 【协冰岛】0【协瑞士】0【协澳大利亚】0 【协韩国】0【协格鲁吉亚】0【协香港】0 【协澳门】0 【特-1】0【特-2】0 【增】16【对美加征】10【出】0【退】16	千克		y4x			999	甘草次酸及其衍生物

税则号列			货品名称中英文		税费综合信息	计量单位	监管证件代码		检验检疫类别		检验检疫编码	检验检疫编码对应中文名称
HS国际统一前6位	本国子目7~8位	本国子目9~10位	中文 货物名称	英文 Article Description			进口	出口	进口	出口		
293890	90	90	其他天然或合成再制的苷及其盐等(包括醚、酯和其他衍生物)	Other glycosides, natural or reproduced by synthesis, and their salts, ethers, esters and other derivatives	【最】6.5【普】20 【协东盟】0【协巴基斯坦】5【协智利】0 【协新西兰】0【协秘鲁】0【协哥斯达黎加】0 【协冰岛】0【协瑞士】0【协澳大利亚】0 【协韩国】0【协格鲁吉亚】0【协香港】0 【协澳门】0 【特-1】0【特-2】0 【增】16【对美加征】10【出】0【退】16	千克					301 302 303	其他天然或合成再制的苷及其盐等(包括醚、酯和其他衍生物)(毒性物质和感染性物质) 其他天然或合成再制的苷及其盐等(包括醚、酯和其他衍生物)(无检疫要求食品添加剂) 其他天然或合成再制的苷及其盐等(包括醚、酯和其他衍生物)(其他化工产品)
293911	00	11	罂粟杆浓缩物	Concentrates of poppy straw	【最】4【普】50 【协东盟】0【协巴基斯坦】0【协智利】0 【协新西兰】0【协秘鲁】0【协哥斯达黎加】0 【协冰岛】0【协瑞士】0【协澳大利亚】0 【协韩国】0【协格鲁吉亚】0【协香港】0 【协澳门】0 【特-1】0【特-2】0【特-3】0 【增】16【对美加征】10【出】0【退】13	千克	I	I			999	罂粟杆浓缩物
293911	00	12	可待因、双氢可待因、乙基吗啡(以及它们的盐)	Codeine, dihydrocodeine (INN), ethylmorphine (and their salts)	【最】4【普】50 【协东盟】0【协巴基斯坦】0【协智利】0 【协新西兰】0【协秘鲁】0【协哥斯达黎加】0 【协冰岛】0【协瑞士】0【协澳大利亚】0 【协韩国】0【协格鲁吉亚】0【协香港】0 【协澳门】0 【特-1】0【特-2】0【特-3】0 【增】16【对美加征】10【出】0【退】13	千克	I	I			999	可待因、双氢可待因、乙基吗啡(以及它们的盐)
293911	00	13	埃托啡、海洛因、氢可酮(以及它们的盐)	Etorphine(INN), heroin, hydrocodone (INN) (and their salts)	【最】4【普】50 【协东盟】0【协巴基斯坦】0【协智利】0 【协新西兰】0【协秘鲁】0【协哥斯达黎加】0 【协冰岛】0【协瑞士】0【协澳大利亚】0 【协韩国】0【协格鲁吉亚】0【协香港】0 【协澳门】0 【特-1】0【特-2】0【特-3】0 【增】16【对美加征】10【出】0【退】13	千克	I	I			999	埃托啡、海洛因、氢可酮(以及它们的盐)
293911	00	14	氢吗啡酮、吗啡、尼可吗啡(以及它们的盐)	Hydromorphone (INN), morphine, nicomorphine (INN) (and their salts)	【最】4【普】50 【协东盟】0【协巴基斯坦】0【协智利】0 【协新西兰】0【协秘鲁】0【协哥斯达黎加】0 【协冰岛】0【协瑞士】0【协澳大利亚】0 【协韩国】0【协格鲁吉亚】0【协香港】0 【协澳门】0 【特-1】0【特-2】0【特-3】0 【增】16【对美加征】10【出】0【退】13	千克	I	I			999	氢吗啡酮、吗啡、尼可吗啡(以及它们的盐)
293911	00	15	羟考酮、羟吗啡酮、福尔可定(以及它们的盐)	Oxycodone (INN), oxymorphone (INN) pholcodine (INN) (and their salts)	【最】4【普】50 【协东盟】0【协巴基斯坦】0【协智利】0 【协新西兰】0【协秘鲁】0【协哥斯达黎加】0 【协冰岛】0【协瑞士】0【协澳大利亚】0 【协韩国】0【协格鲁吉亚】0【协香港】0 【协澳门】0 【特-1】0【特-2】0【特-3】0 【增】16【对美加征】10【出】0【退】13	千克	I	I			999	羟考酮、羟吗啡酮、福尔可定(以及它们的盐)
293911	00	16	醋氢可酮,蒂巴因(以及它们的盐)	Thebacon (INN) and thebaine (and their salts)	【最】4【普】50 【协东盟】0【协巴基斯坦】0【协智利】0 【协新西兰】0【协秘鲁】0【协哥斯达黎加】0 【协冰岛】0【协瑞士】0【协澳大利亚】0 【协韩国】0【协格鲁吉亚】0【协香港】0 【协澳门】0 【特-1】0【特-2】0【特-3】0 【增】16【对美加征】10【出】0【退】13	千克	I	I			999	醋氢可酮,蒂巴因(以及它们的盐)
293911	00	20	丁丙诺啡及其盐	Buprenorphine and its salts	【最】4【普】50 【协东盟】0【协巴基斯坦】0【协智利】0 【协新西兰】0【协秘鲁】0【协哥斯达黎加】0 【协冰岛】0【协瑞士】0【协澳大利亚】0 【协韩国】0【协格鲁吉亚】0【协香港】0 【协澳门】0 【特-1】0【特-2】0【特-3】0 【增】16【对美加征】10【出】0【退】13	千克	I	I			999	丁丙诺啡及其盐

税则号列			货品名称中英文		税费综合信息	计量单位	监管证件代码		检验检疫类别		检验检疫编码	检验检疫编码对应中文名称
HS 国际统一前 6 位	本国子目 7~8 位	9~10 位	中文 货物名称	英文 Article Description			进口	出口	进口	出口		
293919	00	10	二氢埃托啡及其盐	Dihydroetorphine and its salts	【最】4【普】50 【协东盟】0【协巴基斯坦】0【协智利】0 【协新西兰】0【协秘鲁】0【协哥斯达黎加】0 【协冰岛】0【协瑞士】0【协澳大利亚】0 【协韩国】0【协格鲁吉亚】0【协香港】0 【协澳门】0 【特-1】0【特-2】0【特-3】0 【增】16【对美加征】10【出】0【退】13	千克	I	I			999	二氢埃托啡及其盐
293919	00	21	苄吗啡、可多克辛、地索吗啡、醋托啡(以及它们的盐)	Benzylmorphine, codoxime, desomorphine, acetorphine (and their salts)	【最】4【普】50 【协东盟】0【协巴基斯坦】0【协智利】0 【协新西兰】0【协秘鲁】0【协哥斯达黎加】0 【协冰岛】0【协瑞士】0【协澳大利亚】0 【协韩国】0【协格鲁吉亚】0【协香港】0 【协澳门】0 【特-1】0【特-2】0【特-3】0 【增】16【对美加征】10【出】0【退】13	千克	I	I			999	苄吗啡、可多克辛、地索吗啡、醋托啡（以及它们的盐）
293919	00	22	双氢吗啡、氢吗啡醇、甲地索啡、甲二氢吗啡（以及它们的盐）	Dihydromorphine, hydromorphinol, methyldesorphine, methyldihydromorphine (and their salts)	【最】4【普】50 【协东盟】0【协巴基斯坦】0【协智利】0 【协新西兰】0【协秘鲁】0【协哥斯达黎加】0 【协冰岛】0【协瑞士】0【协澳大利亚】0 【协韩国】0【协格鲁吉亚】0【协香港】0 【协澳门】0 【特-1】0【特-2】0【特-3】0 【增】16【对美加征】10【出】0【退】13	千克	I	I			999	双氢吗啡、氢吗啡醇、甲地索啡、甲二氢吗啡（以及它们的盐）
293919	00	23	美托酮、吗啡-N-氧化物、麦罗啡、去甲吗啡(以及它们的盐)	Metopon, morphine-N-oxide, myrophine normorphine (and their salts)	【最】4【普】50 【协东盟】0【协巴基斯坦】0【协智利】0 【协新西兰】0【协秘鲁】0【协哥斯达黎加】0 【协冰岛】0【协瑞士】0【协澳大利亚】0 【协韩国】0【协格鲁吉亚】0【协香港】0 【协澳门】0 【特-1】0【特-2】0【特-3】0 【增】16【对美加征】10【出】0【退】13	千克	I	I			999	美托酮、吗啡-N-氧化物、麦罗啡、去甲吗啡（以及它们的盐）
293919	00	24	醋氢可待因、尼可待因、尼二氢可待因、去甲可待因(以及它们的盐)	Acetyldihydrocodeine, nicocodine, nicodicodine, norcodene (and their salts)	【最】4【普】50 【协东盟】0【协巴基斯坦】0【协智利】0 【协新西兰】0【协秘鲁】0【协哥斯达黎加】0 【协冰岛】0【协瑞士】0【协澳大利亚】0 【协韩国】0【协格鲁吉亚】0【协香港】0 【协澳门】0 【特-1】0【特-2】0【特-3】0 【增】16【对美加征】10【出】0【退】13	千克	I	I			999	醋氢可待因、尼可待因、尼二氢可待因、去甲可待因（以及它们的盐）
293919	00	25	吗啡甲溴化物及其盐	Morphine methobromide and its salts	【最】4【普】50 【协东盟】0【协巴基斯坦】0【协智利】0 【协新西兰】0【协秘鲁】0【协哥斯达黎加】0 【协冰岛】0【协瑞士】0【协澳大利亚】0 【协韩国】0【协格鲁吉亚】0【协香港】0 【协澳门】0 【特-1】0【特-2】0【特-3】0 【增】16【对美加征】10【出】0【退】13	千克	I	I			999	吗啡甲溴化物及其盐
293919	00	30	纳布啡及其盐	Nalbuphine and its salts	【最】4【普】50 【协东盟】0【协巴基斯坦】0【协智利】0 【协新西兰】0【协秘鲁】0【协哥斯达黎加】0 【协冰岛】0【协瑞士】0【协澳大利亚】0 【协韩国】0【协格鲁吉亚】0【协香港】0 【协澳门】0 【特-1】0【特-2】0【特-3】0 【增】16【对美加征】10【出】0【退】13	千克	I	I			999	纳布啡及其盐
293919	00	40	奥列巴文	Oripavine(CAS: 467-04-9)	【最】4【普】50 【协东盟】0【协巴基斯坦】0【协智利】0 【协新西兰】0【协秘鲁】0【协哥斯达黎加】0 【协冰岛】0【协瑞士】0【协澳大利亚】0 【协韩国】0【协格鲁吉亚】0【协香港】0 【协澳门】0 【特-1】0【特-2】0【特-3】0 【增】16【对美加征】10【出】0【退】13	千克	I	I			999	奥列巴文（Oripavine; CAS 号：467-04-9）

税则号列			货品名称中英文		税费综合信息	计量单位	监管证件代码		检验检疫类别		检验检疫编码	检验检疫编码对应中文名称
HS国际统一前6位	本国子目 7~8位	本国子目 9~10位	中文 货物名称	英文 Article Description			进口	出口	进口	出口		
293919	00	90	其他鸦片碱及其衍生物及它们的盐	Other alkaloids of opium and their derivatives; salts thereof	【最】4【普】50 【协东盟】0【协巴基斯坦】0【协智利】0 【协新西兰】0【协秘鲁】0【协哥斯达黎加】0 【协冰岛】0【协瑞士】0【协澳大利亚】0 【协韩国】0【协格鲁吉亚】0【协香港】0 【协澳门】0 【特-1】0【特-2】0【特-3】0 【增】16【对美加征】10【出】0【退】13	千克	Q				999	其他鸦片碱及其衍生物及它们的盐
293920	00		金鸡纳生物碱及其衍生物以及它们的盐	Alkaloids of cinchona and their derivatives; salts thereof	【最】4【普】20 【协东盟】0【协巴基斯坦】0【协智利】0 【协新西兰】0【协秘鲁】0【协哥斯达黎加】0 【协冰岛】0【协瑞士】0【协澳大利亚】0 【协韩国】0【协格鲁吉亚】0【协香港】0 【协澳门】0 【特-1】0【特-2】0【特-3】0 【增】16【出】0【退】13	千克	Q				999	金鸡纳生物碱及其衍生物以及它们的盐
293930	00	10	咖啡因	Caffeine	【最】4【普】20 【协东盟】0【协巴基斯坦】0【协智利】0 【协新西兰】0【协秘鲁】0【协哥斯达黎加】0 【协冰岛】0【协瑞士】0【协澳大利亚】0 【协韩国】0【协格鲁吉亚】0【协香港】0 【协澳门】0 【特-1】0【特-2】0【特-3】0 【增】16【对美加征】5【出】0【退】10	千克	AI	I	R		301 302	咖啡因（无检疫要求食品添加剂） 咖啡因（需申报仅用于工业用途不用于无检疫要求食品添加剂的化学品）
293930	00	90	咖啡因的盐	Salts of caffeine	【最】4【普】20 【协东盟】0【协巴基斯坦】0【协智利】0 【协新西兰】0【协秘鲁】0【协哥斯达黎加】0 【协冰岛】0【协瑞士】0【协澳大利亚】0 【协韩国】0【协格鲁吉亚】0【协香港】0 【协澳门】0 【特-1】0【特-2】0【特-3】0 【增】16【对美加征】5【出】0【退】10	千克	AI	I	R		301 999	咖啡因的盐（需申报仅用于工业用途不用于无检疫要求食品添加剂的化学品） 咖啡因的盐（其他化工产品）
293941	00	10	麻黄碱（麻黄素，盐酸麻黄碱）	Ephedrine (ephedrine, ephedrini hydrochloride)	【最】4【普】20 【协东盟】0【协巴基斯坦】0【协智利】0 【协新西兰】0【协秘鲁】0【协哥斯达黎加】0 【协冰岛】0【协瑞士】0【协澳大利亚】0 【协韩国】0【协格鲁吉亚】0【协香港】0 【协澳门】0 【特-1】0【特-2】0【特-3】0 【增】16【出】0【退】13	千克	2Q	3			999	麻黄碱（麻黄素，盐酸麻黄碱）
293941	00	20	硫酸麻黄碱	Ephedrine sulfate	【最】4【普】20 【协东盟】0【协巴基斯坦】0【协智利】0 【协新西兰】0【协秘鲁】0【协哥斯达黎加】0 【协冰岛】0【协瑞士】0【协澳大利亚】0 【协韩国】0【协格鲁吉亚】0【协香港】0 【协澳门】0 【特-1】0【特-2】0【特-3】0 【增】16【出】0【退】13	千克	2Q	3			999	硫酸麻黄碱
293941	00	30	消旋盐酸麻黄碱	Racephedrine hydrochloride	【最】4【普】20 【协东盟】0【协巴基斯坦】0【协智利】0 【协新西兰】0【协秘鲁】0【协哥斯达黎加】0 【协冰岛】0【协瑞士】0【协澳大利亚】0 【协韩国】0【协格鲁吉亚】0【协香港】0 【协澳门】0 【特-1】0【特-2】0【特-3】0 【增】16【出】0【退】13	千克	2Q	3			999	消旋盐酸麻黄碱
293941	00	40	草酸麻黄碱	Ephedrine oxalate	【最】4【普】20 【协东盟】0【协巴基斯坦】0【协智利】0 【协新西兰】0【协秘鲁】0【协哥斯达黎加】0 【协冰岛】0【协瑞士】0【协澳大利亚】0 【协韩国】0【协格鲁吉亚】0【协香港】0 【协澳门】0 【特-1】0【特-2】0【特-3】0 【增】16【出】0【退】13	千克	2Q	3			999	草酸麻黄碱

税则号列			货品名称中英文		税费综合信息	计量单位	监管证件代码		检验检疫类别		检验检疫编码	检验检疫编码对应中文名称
HS 国际统一前6位	本国子目 7~8位	9~10位	中文 货物名称	英文 Article Description			进口	出口	进口	出口		
293941	00	90	麻黄碱盐	Salts of ephedrine	【最】4【普】20 【协东盟】0【协巴基斯坦】0【协智利】0 【协新西兰】0【协秘鲁】0【协哥斯达黎加】0 【协冰岛】0【协瑞士】0【协澳大利亚】0 【协韩国】0【协格鲁吉亚】0【协香港】0 【协澳门】0 【特-1】0【特-2】0【特-3】0 【增】16【出】0【退】13	千克	Q				999	麻黄碱盐
293942	00	10	伪麻黄碱（伪麻黄素，盐酸伪麻黄碱）	Pseudoephedrine (pseudoephedrine, pseudoephedrine hydrochloride)	【最】4【普】20 【协东盟】0【协巴基斯坦】0【协智利】0 【协新西兰】0【协秘鲁】0【协哥斯达黎加】0 【协冰岛】0【协瑞士】0【协澳大利亚】0 【协韩国】0【协格鲁吉亚】0【协香港】0 【协澳门】0 【特-1】0【特-2】0【特-3】0 【增】16【对美加征】5【出】0【退】13	千克	2Q	3			999	伪麻黄碱（伪麻黄素，盐酸伪麻黄碱）
293942	00	20	硫酸伪麻黄碱	Pseudoephedrine sulfate	【最】4【普】20 【协东盟】0【协巴基斯坦】0【协智利】0 【协新西兰】0【协秘鲁】0【协哥斯达黎加】0 【协冰岛】0【协瑞士】0【协澳大利亚】0 【协韩国】0【协格鲁吉亚】0【协香港】0 【协澳门】0 【特-1】0【特-2】0【特-3】0 【增】16【对美加征】5【出】0【退】13	千克	2Q	3			999	硫酸伪麻黄碱
293942	00	90	假麻黄碱盐（D-2-甲胺基-1-苯基丙醇）	Salts of pseudoephedrine (D-2-methyl amino-1- phenylethyl carbinol)	【最】4【普】20 【协东盟】0【协巴基斯坦】0【协智利】0 【协新西兰】0【协秘鲁】0【协哥斯达黎加】0 【协冰岛】0【协瑞士】0【协澳大利亚】0 【协韩国】0【协格鲁吉亚】0【协香港】0 【协澳门】0 【特-1】0【特-2】0【特-3】0 【增】16【对美加征】5【出】0【退】13	千克	Q				999	假麻黄碱盐（D-2-甲胺基-1-苯基丙醇）
293943	00		d-去甲假麻黄碱（INN）及其盐	d-Norpseudoephedrine and its salts	【最】4【普】20 【协东盟】0【协巴基斯坦】0【协智利】0 【协新西兰】0【协秘鲁】0【协哥斯达黎加】0 【协冰岛】0【协瑞士】0【协澳大利亚】0 【协韩国】0【协格鲁吉亚】0【协香港】0 【协澳门】0 【特-1】0【特-2】0【特-3】0 【增】16【出】0【退】13	千克	I	I			999	d-去甲假麻黄碱（INN）及其盐
293944	00		去甲麻黄碱及其盐	Norpseudoephedrine and its salts	【最】4【普】20 【协东盟】0【协巴基斯坦】0【协智利】0 【协新西兰】0【协秘鲁】0【协哥斯达黎加】0 【协冰岛】0【协瑞士】0【协澳大利亚】0 【协韩国】0【协格鲁吉亚】0【协香港】0 【协澳门】0 【特-1】0【特-2】0【特-3】0 【增】16【出】0【退】13	千克	2	3			999	去甲麻黄碱及其盐
293949	00	10	盐酸甲基麻黄碱	Methylephedrine hydrochloride	【最】4【普】20 【协东盟】0【协巴基斯坦】0【协智利】0 【协新西兰】0【协秘鲁】0【协哥斯达黎加】0 【协冰岛】0【协瑞士】0【协澳大利亚】0 【协韩国】0【协格鲁吉亚】0【协香港】0 【协澳门】0 【特-1】0【特-2】0【特-3】0 【增】16【出】0【退】13	千克	Q2	3			999	盐酸甲基麻黄碱
293949	00	20	消旋盐酸甲基麻黄碱	DL-Methylephedrine hydrochloride	【最】4【普】20 【协东盟】0【协巴基斯坦】0【协智利】0 【协新西兰】0【协秘鲁】0【协哥斯达黎加】0 【协冰岛】0【协瑞士】0【协澳大利亚】0 【协韩国】0【协格鲁吉亚】0【协香港】0 【协澳门】0 【特-1】0【特-2】0【特-3】0 【增】16【出】0【退】13	千克	Q2	3			999	消旋盐酸甲基麻黄碱

税则号列			货品名称中英文		税费综合信息	计量单位	监管证件代码		检验检疫类别		检验检疫编码	检验检疫编码对应中文名称
HS国际统一前6位	本国子目 7~8位	9~10位	中文 货物名称	英文 Article Description			进口	出口	进口	出口		
293949	00	90	其他麻黄碱及其盐	Other ephedrines and its salts	【最】4【普】20 【协东盟】0【协巴基斯坦】0【协智利】0 【协新西兰】0【协秘鲁】0【协哥斯达黎加】0 【协冰岛】0【协瑞士】0【协澳大利亚】0 【协韩国】0【协格鲁吉亚】0【协香港】0 【协澳门】0 【特-1】0【特-2】0【特-3】0 【增】16【出】0【退】13	千克	Q				999	其他麻黄碱及其盐
293951	00		芬乙茶碱及其盐	Fenetylline(INN) and its salts	【最】4【普】20 【协东盟】0【协巴基斯坦】0【协智利】0 【协新西兰】0【协秘鲁】0【协哥斯达黎加】0 【协冰岛】0【协瑞士】0【协澳大利亚】0 【协韩国】0【协格鲁吉亚】0【协香港】0 【协澳门】0 【特-1】0【特-2】0【特-3】0 【增】16【出】0【退】13	千克	I	I			999	芬乙茶碱及其盐
293959	00		其他茶碱和氨茶碱及其衍生物、盐	Other theophylline and aminophylline and their derivatives; salts thereof	【最】4【普】20 【协东盟】0【协巴基斯坦】0【协智利】0 【协新西兰】0【协秘鲁】0【协哥斯达黎加】0 【协冰岛】0【协瑞士】0【协澳大利亚】0 【协韩国】0【协格鲁吉亚】0【协香港】0 【协澳门】0 【特-1】0【特-2】0【特-3】0 【增】16【出】0【退】13	千克	Q				999	其他茶碱和氨茶碱及其衍生物、盐
293961	00	10	麦角新碱	Ergometrine(INN)	【最】4【普】20 【协东盟】0【协巴基斯坦】0【协智利】0 【协新西兰】0【协秘鲁】0【协哥斯达黎加】0 【协冰岛】0【协瑞士】0【协澳大利亚】0 【协韩国】0【协格鲁吉亚】0【协香港】0 【协澳门】0 【特-1】0【特-2】0【特-3】0 【增】16【出】0【退】13	千克	Q2	3			999	麦角新碱
293961	00	90	麦角新碱盐	Salt of ergometrine (INN)	【最】4【普】20 【协东盟】0【协巴基斯坦】0【协智利】0 【协新西兰】0【协秘鲁】0【协哥斯达黎加】0 【协冰岛】0【协瑞士】0【协澳大利亚】0 【协韩国】0【协格鲁吉亚】0【协香港】0 【协澳门】0 【特-1】0【特-2】0【特-3】0 【增】16【出】0【退】13	千克	Q				999	麦角新碱盐
293962	00	10	麦角胺	Ergotamine(INN)	【最】4【普】20 【协东盟】0【协巴基斯坦】0【协智利】0 【协新西兰】0【协秘鲁】0【协哥斯达黎加】0 【协冰岛】0【协瑞士】0【协澳大利亚】0 【协韩国】0【协格鲁吉亚】0【协香港】0 【协澳门】0 【特-1】0【特-2】0【特-3】0 【增】16【出】0【退】13	千克	Q2	3			999	麦角胺
293962	00	90	麦角胺盐	Salts of ergotamine (INN)	【最】4【普】20 【协东盟】0【协巴基斯坦】0【协智利】0 【协新西兰】0【协秘鲁】0【协哥斯达黎加】0 【协冰岛】0【协瑞士】0【协澳大利亚】0 【协韩国】0【协格鲁吉亚】0【协香港】0 【协澳门】0 【特-1】0【特-2】0【特-3】0 【增】16【出】0【退】13	千克	Q				999	麦角胺盐
293963	00	10	麦角酸	Lysergic acid	【最】4【普】20 【协东盟】0【协巴基斯坦】0【协智利】0 【协新西兰】0【协秘鲁】0【协哥斯达黎加】0 【协冰岛】0【协瑞士】0【协澳大利亚】0 【协韩国】0【协格鲁吉亚】0【协香港】0 【协澳门】0 【特-1】0【特-2】0【特-3】0 【增】16【出】0【退】13	千克	Q2	3			999	麦角酸

税则号列 HS国际统一前6位	本国子目 7~8位	本国子目 9~10位	货品名称中英文 中文 货物名称	货品名称中英文 英文 Article Description	税费综合信息	计量单位	监管证件代码 进口	监管证件代码 出口	检验检疫类别 进口	检验检疫类别 出口	检验检疫编码	检验检疫编码对应中文名称
293963	00	90	麦角酸盐	Salts of lysergic acid	【最】4【普】20 【协东盟】0【协巴基斯坦】0【协智利】0 【协新西兰】0【协秘鲁】0【协哥斯达黎加】0 【协冰岛】0【协瑞士】0【协澳大利亚】0 【协韩国】0【协格鲁吉亚】0【协香港】0 【协澳门】0 【特-1】0【特-2】0【特-3】0 【增】16【出】0【退】13	千克	Q				999	麦角酸盐
293969	00	10	麦角二乙胺及其盐	Lysergide and its salts	【最】4【普】20 【协东盟】0【协巴基斯坦】0【协智利】0 【协新西兰】0【协秘鲁】0【协哥斯达黎加】0 【协冰岛】0【协瑞士】1. 6【协澳大利亚】0 【协韩国】0【协格鲁吉亚】0【协香港】0 【协澳门】0 【特-1】0【特-2】0【特-3】0 【增】16【出】0【退】13	千克	I	I			999	麦角二乙胺及其盐
293969	00	90	其他麦角生物碱及其衍生物(包括它们的盐)	Other alkaloids rye ergot and their derivatives; salts thereof	【最】4【普】20 【协东盟】0【协巴基斯坦】0【协智利】0 【协新西兰】0【协秘鲁】0【协哥斯达黎加】0 【协冰岛】0【协瑞士】1.6【协澳大利亚】0 【协韩国】0【协格鲁吉亚】0【协香港】0 【协澳门】0 【特-1】0【特-2】0【特-3】0 【增】16【出】0【退】13	千克	Q				999	其他麦角生物碱及其衍生物(包括它们的盐)
293971	10		可卡因及其盐	Cacaine and its salts	【最】4【普】20 【协东盟】0【协巴基斯坦】0【协智利】0 【协新西兰】0【协秘鲁】0【协哥斯达黎加】0 【协冰岛】0【协瑞士】0【协澳大利亚】0 【协韩国】0【协格鲁吉亚】0【协香港】0 【协澳门】0 【特-1】0【特-2】0【特-3】0 【增】16【出】0【退】13	千克	I	I			999	可卡因及其盐
293971	90	11	左甲苯丙胺(以及它们的盐、酯及其他衍生物)	Levometamfet-amine (and their salts, esters and other derivatives)	【最】4【普】20 【协东盟】0【协巴基斯坦】0【协智利】0 【协新西兰】0【协秘鲁】0【协哥斯达黎加】0 【协冰岛】0【协瑞士】0【协澳大利亚】0 【协韩国】0【协格鲁吉亚】0【协香港】0 【协澳门】0 【特-1】0【特-2】0【特-3】0 【增】16【对美加征】5【出】0【退】13	千克	I	I			999	左甲苯丙胺(以及它们的盐、酯及其他衍生物)
293971	90	12	去氧麻黄碱(以及它们的盐、酯及其他衍生物)	Metamfetamine(INN) (and their salts, esters and other derivatives)	【最】4【普】20 【协东盟】0【协巴基斯坦】0【协智利】0 【协新西兰】0【协秘鲁】0【协哥斯达黎加】0 【协冰岛】0【协瑞士】0【协澳大利亚】0 【协韩国】0【协格鲁吉亚】0【协香港】0 【协澳门】0 【特-1】0【特-2】0【特-3】0 【增】16【对美加征】5【出】0【退】13	千克	I	I			999	去氧麻黄碱(以及它们的盐、酯及其他衍生物)
293971	90	13	去氧麻黄碱外消旋体(以及它们的盐、酯及其他衍生物)	Metamfetamine racemate (and their salts, esters and other derivatives)	【最】4【普】20 【协东盟】0【协巴基斯坦】0【协智利】0 【协新西兰】0【协秘鲁】0【协哥斯达黎加】0 【协冰岛】0【协瑞士】0【协澳大利亚】0 【协韩国】0【协格鲁吉亚】0【协香港】0 【协澳门】0 【特-1】0【特-2】0【特-3】0 【增】16【对美加征】5【出】0【退】13	千克	I	I			999	去氧麻黄碱外消旋体(以及它们的盐、酯及其他衍生物)
293971	90	20	芽子碱(以及它们的盐、酯及其他衍生物)	Ecgonine and its salts	【最】4【普】20 【协东盟】0【协巴基斯坦】0【协智利】0 【协新西兰】0【协秘鲁】0【协哥斯达黎加】0 【协冰岛】0【协瑞士】0【协澳大利亚】0 【协韩国】0【协格鲁吉亚】0【协香港】0 【协澳门】0 【特-1】0【特-2】0【特-3】0 【增】16【对美加征】5【出】0【退】13	千克	I	I			999	芽子碱(以及它们的盐、酯及其他衍生物)

税则号列 HS国际统一前6位	本国子目 7~8位	本国子目 9~10位	货品名称中文 货物名称	英文 Article Description	税费综合信息	计量单位	监管证件代码 进口	监管证件代码 出口	检验检疫类别 进口	检验检疫类别 出口	检验检疫编码	检验检疫编码对应中文名称
293979	10	10	烟碱	Nicotine	【最】4【普】20 【协东盟】0【协巴基斯坦】0【协智利】0 【协新西兰】0【协秘鲁】0【协哥斯达黎加】0 【协冰岛】0【协瑞士】0【协澳大利亚】0 【协韩国】0【协格鲁吉亚】0【协香港】0 【协澳门】0 【特-1】0【特-2】0【特-3】0 【增】16【出】0【退】13	千克	AQ	B	M	N	999	烟碱
293979	10	90	烟碱盐	Salts of nicotine	【最】4【普】20 【协东盟】0【协巴基斯坦】0【协智利】0 【协新西兰】0【协秘鲁】0【协哥斯达黎加】0 【协冰岛】0【协瑞士】0【协澳大利亚】0 【协韩国】0【协格鲁吉亚】0【协香港】0 【协澳门】0 【特-1】0【特-2】0【特-3】0 【增】16【出】0【退】13	千克	Q				999	烟碱盐
293979	20	10	番木鳖碱	Strychnine	【最】4【普】17 【协东盟】0【协巴基斯坦】0【协智利】0 【协新西兰】0【协秘鲁】0【协哥斯达黎加】0 【协冰岛】0【协瑞士】0【协澳大利亚】0 【协韩国】0【协格鲁吉亚】0【协香港】0 【协澳门】0 【特-1】0【特-2】0【特-3】0 【增】16【出】0【退】13	千克	AQ	B	M	N	999	番木鳖碱
293979	20	90	番木鳖碱盐	Salts of strychnine	【最】4【普】17 【协东盟】0【协巴基斯坦】0【协智利】0 【协新西兰】0【协秘鲁】0【协哥斯达黎加】0 【协冰岛】0【协瑞士】0【协澳大利亚】0 【协韩国】0【协格鲁吉亚】0【协香港】0 【协澳门】0 【特-1】0【特-2】0【特-3】0 【增】16【出】0【退】13	千克	Q				999	番木鳖碱盐
293979	90	11	卡西酮、麦司卡林（以及它们的盐）	Cathinone, mescaline and their salts	【最】4【普】20 【协东盟】0【协巴基斯坦】0【协智利】0 【协新西兰】0【协秘鲁】0【协哥斯达黎加】0 【协冰岛】0【协瑞士】1.6【协澳大利亚】0 【协韩国】0【协格鲁吉亚】0【协香港】0 【协澳门】0 【特-1】0【特-2】0【特-3】0 【增】16【出】0【退】13	千克	I	I			999	卡西酮、麦司卡林（以及它们的盐）
293979	90	12	赛洛新、赛洛西宾（以及它们的盐）	Psilocine, psilocybin (and their salts)	【最】4【普】20 【协东盟】0【协巴基斯坦】0【协智利】0 【协新西兰】0【协秘鲁】0【协哥斯达黎加】0 【协冰岛】0【协瑞士】1.6【协澳大利亚】0 【协韩国】0【协格鲁吉亚】0【协香港】0 【协澳门】0 【特-1】0【特-2】0【特-3】0 【增】16【出】0【退】13	千克	I	I			999	赛洛新、赛洛西宾（以及它们的盐）
293979	90	91	酒石酸长春瑞滨、硫酸长春新碱、盐酸托泊替康、盐酸伊立替康及其他抗癌药品原料药	Vinorelbine tartrate, vincristine sulfate, topotecan hydrochloride, irinotecan hydrochloride and other anti - cancer drugs substance	【最】4【普】20【暂进】0 【协东盟】0【协巴基斯坦】0【协智利】0 【协新西兰】0【协秘鲁】0【协哥斯达黎加】0 【协冰岛】0【协瑞士】1.6【协澳大利亚】0 【协韩国】0【协格鲁吉亚】0【协香港】0 【协澳门】0 【特-1】0【特-2】0【特-3】0 【增】3【出】0【退】13	千克	AQ	B	MR	N	301 302	酒石酸长春瑞滨、硫酸长春新碱、盐酸托泊替康、盐酸伊立替康及其他抗癌药品原料药（无检疫要求食品添加剂） 酒石酸长春瑞滨、硫酸长春新碱、盐酸托泊替康、盐酸伊立替康及其他抗癌药品原料药（需申报仅用于工业用途不用于无检疫要求食品添加剂的化学品）

税则号列			货品名称中英文		税费综合信息	计量单位	监管证件代码		检验检疫类别		检验检疫编码	检验检疫编码对应中文名称
HS国际统一前6位	本国子目 7~8位	本国子目 9~10位	中文 货物名称	英文 Article Description			进口	出口	进口	出口		
293979	90	99	其他植物碱及其衍生物（包括植物碱的盐、酯及其他衍生物）	Other plant bases alkaloids and its derivatives (including salts, esters and other derivatives of plant bases alkaloids) (generated HS CODE by splitting anti-cancer drug substance)	【最】4【普】20 【协东盟】0【协巴基斯坦】0【协智利】0 【协新西兰】0【协秘鲁】0【协哥斯达黎加】0 【协冰岛】0【协瑞士】1.6【协澳大利亚】0 【协韩国】0【协格鲁吉亚】0【协香港】0 【协澳门】0 【特-1】0【特-2】0【特-3】0 【增】16【出】0【退】13	千克	AQ	B	MR	N	301 302 303	其他植物碱及其衍生物（包括植物碱的盐、酯及其他衍生物）（因拆分抗癌药品原料药产生的兜底税号）（毒性物质和感染性物质） 其他植物碱及其衍生物（包括植物碱的盐、酯及其他衍生物）（因拆分抗癌药品原料药产生的兜底税号）（其他危险化学品） 其他植物碱及其衍生物（包括植物碱的盐、酯及其他衍生物）（因拆分抗癌药品原料药产生的兜底税号）（需申报仅用于工业用途不用于食品添加剂无检要求的化学品）
293980	00		其他生物碱及其衍生物	Other alkaloids and their derivatives	【最】4【普】20 【协东盟】0【协巴基斯坦】0【协智利】0 【协新西兰】0【协秘鲁】0【协哥斯达黎加】0 【协冰岛】0【协瑞士】1.6【协澳大利亚】0 【协韩国】0【协格鲁吉亚】0【协香港】0 【协澳门】0 【特-1】0【特-2】0【特-3】0 【增】16【对美加征】10【出】0【退】13	千克	AQ	B	MR	N	301 999	其他生物碱及其衍生物（包括生物碱的盐、酯及其他衍生物）（需申报仅用于工业用途不用于无检疫要求食品添加剂的化学品） 其他生物碱及其衍生物（包括生物碱的盐、酯及其他衍生物）（毒性物质和感染性物质）
294000	10		木糖	Xylose	【最】6【普】30 【协东盟】0【协巴基斯坦】5【协智利】0 【协新西兰】0【协秘鲁】0【协哥斯达黎加】0 【协冰岛】0【协瑞士】0【协澳大利亚】0 【协韩国】3【协香港】0【协澳门】0 【特-1】0【特-2】0【特-3】0 【增】16【出】0【退】16	千克	AQ		R		101 301 302 303 304 ……	木糖（饲料添加剂） 木糖［蔗糖脂肪酸酯（无检疫要求食品添加剂）］ 木糖［乙酰磺胺酸钾（安赛蜜）（无检疫要求食品添加剂）］ 木糖［蔗糖聚丙烯醚（无检疫要求食品添加剂）］ 木糖［麦芽糖醇液（无检疫要求食品添加剂）］ ……①
294000	90		其他化学纯糖，糖醚、糖酯及其盐 【电商】	Other	【最】6【普】30 【协东盟】0【协巴基斯坦】5【协智利】0 【协新西兰】0【协秘鲁】0【协哥斯达黎加】0 【协冰岛】0【协瑞士】0【协澳大利亚】0 【协韩国】3【协香港】0【协澳门】0 【特-1】0【特-2】0【特-3】0 【增】16【对美加征】10【出】0【退】16	千克	AQ		R		101 201 301	其他化学纯糖，糖醚、糖酯及其盐（蔗糖、乳糖、麦芽糖、葡萄糖、税目29.37~29.39产品除外）（饲料添加剂） 其他化学纯糖，糖醚、糖酯及其盐（蔗糖、乳糖、麦芽糖、葡萄糖、税目29.37~29.39产品除外）（合成糖） 其他化学纯糖，糖醚、糖酯及其盐（蔗糖、乳糖、麦芽糖、葡萄糖、税目29.37~29.39产品除外）［蔗糖脂肪酸酯（无检疫要求食品添加剂）］

① 该税号项下检验检疫编码及对应中文名称尚有：305 木糖［d-核糖（无检疫要求食品添加剂）］，306 木糖［d-木糖（无检疫要求食品添加剂）］，307 木糖［L-阿戊糖（无检疫要求食品添加剂）］，308 木糖［L-鼠李糖（无检疫要求食品添加剂）］，309 木糖［八乙酸蔗糖酯（无检疫要求食品添加剂）］。

税则号列			货品名称中英文		税费综合信息	计量单位	监管证件代码		检验检疫类别		检验检疫编码	检验检疫编码对应中文名称
HS国际统一前6位	本国子目7~8位	9~10位	中文货物名称	英文 Article Description			进口	出口	进口	出口		
											302	其他化学纯糖，糖醚、糖酯及其盐（蔗糖、乳糖、麦芽糖、葡萄糖、税目29.37~29.39产品除外）［乙酰磺胺酸钾(安赛蜜)（无检疫要求食品添加剂）］
											303	其他化学纯糖，糖醚、糖酯及其盐（蔗糖、乳糖、麦芽糖、葡萄糖、税目29.37~29.39产品除外）［蔗糖聚丙烯醚(无检疫要求食品添加剂)］
											……	……①
294110	11		氨苄青霉素	Ampicillin	【最】6【普】20 【协亚太】3【协东盟】0【协巴基斯坦】0 【协智利】0【协新西兰】0【协秘鲁】0 【协哥斯达黎加】0【协冰岛】0【协瑞士】0 【协澳大利亚】0【协韩国】0【协格鲁吉亚】0 【协香港】0【协澳门】0 【特-1】0【特-2】0【特-3】0 【增】16【出】0【退】13	千克	Q				999	氨苄青霉素
294110	12		氨苄青霉素三水酸	Ampicillin trihydrate	【最】6【普】20 【协亚太】3【协东盟】0【协巴基斯坦】0 【协智利】0【协新西兰】0【协秘鲁】0 【协哥斯达黎加】0【协冰岛】0【协瑞士】0 【协澳大利亚】0【协韩国】0【协格鲁吉亚】0 【协香港】0【协澳门】0 【特-1】0【特-2】0【特-3】0 【增】16【出】0【退】13	千克	Q				999	氨苄青霉素三水酸
294110	19		氨苄青霉素盐	Salts of ampicillin	【最】6【普】20 【协亚太】3【协东盟】0【协巴基斯坦】0 【协智利】0【协新西兰】0【协秘鲁】0 【协哥斯达黎加】0【协冰岛】0【协瑞士】0 【协澳大利亚】0【协韩国】0【协格鲁吉亚】0 【协香港】0【协澳门】0 【特-1】0【特-2】0【特-3】0 【增】16【对美加征】5【出】0【退】13	千克	Q				999	氨苄青霉素盐
294110	91		羟氨苄青霉素	Amoxycillin	【最】4【普】20 【协东盟】0【协巴基斯坦】0【协智利】0 【协新西兰】0【协秘鲁】0【协哥斯达黎加】0 【协冰岛】0【协瑞士】0【协澳大利亚】0 【协韩国】0【协格鲁吉亚】0【协香港】0 【协澳门】0 【特-1】0【特-2】0【特-3】0 【增】16【出】0【退】13	千克	Q				999	羟氨苄青霉素
294110	92		羟氨苄青霉素三水酸	Amoxycillin trihydrate	【最】4【普】20【协亚太】3.2 【协东盟】0【协巴基斯坦】0【协智利】0 【协新西兰】0【协秘鲁】0【协哥斯达黎加】0 【协冰岛】0【协瑞士】0【协澳大利亚】0 【协韩国】0【协格鲁吉亚】0【协香港】0 【协澳门】0 【特-1】0【特-2】0【特-3】0 【增】16【出】0【退】13	千克	Q				999	羟氨苄青霉素三水酸

① 该税号项下检验检疫编码及对应中文名称尚有：304 其他化学纯糖，糖醚、糖酯及其盐（蔗糖、乳糖、麦芽糖、葡萄糖、税目29.37~29.39产品除外）［麦芽糖醇液（无检疫要求食品添加剂）］，305 其他化学纯糖，糖醚、糖酯及其盐（蔗糖、乳糖、麦芽糖、葡萄糖、税目29.37-29.39产品除外）［d-核糖（无检疫要求食品添加剂）］，306 其他化学纯糖，糖醚、糖酯及其盐（蔗糖、乳糖、麦芽糖、葡萄糖、税目29.37-29.39产品除外）［d-木糖（无检疫要求食品添加剂）］，307 其他化学纯糖，糖醚、糖酯及其盐（蔗糖、乳糖、麦芽糖、葡萄糖、税目29.37-29.39产品除外）［L-阿戊糖（无检疫要求食品添加剂）］，308 其他化学纯糖，糖醚、糖酯及其盐（蔗糖、乳糖、麦芽糖、葡萄糖、税目29.37-29.39产品除外）［L-鼠李糖（无检疫要求食品添加剂）］，309 其他化学纯糖，糖醚、糖酯及其盐（蔗糖、乳糖、麦芽糖、葡萄糖、税目29.37-29.39产品除外）［八乙酸蔗糖酯（无检疫要求食品添加剂）］，310 其他化学纯糖，糖醚、糖酯及其盐（蔗糖、乳糖、麦芽糖、葡萄糖、税目29.37-29.39产品除外）(需申报仅用于工业用途不用于无检疫要求食品添加剂的化学品)。

税则号列 HS 国际统一前6位	本国子目 7~8位	本国子目 9~10位	货品名称中英文 中文 货物名称	货品名称中英文 英文 Article Description	税费综合信息	计量单位	监管证件代码 进口	监管证件代码 出口	检验检疫类别 进口	检验检疫类别 出口	检验检疫编码	检验检疫编码对应中文名称
294110	93		6-氨基青霉烷酸（6APA）	6-Aminopenicillanic acid	【最】4【普】20 【协东盟】0【协巴基斯坦】0【协智利】0 【协新西兰】0【协秘鲁】0【协哥斯达黎加】0 【协冰岛】0【协瑞士】0【协澳大利亚】0 【协韩国】0【协格鲁吉亚】0【协香港】0 【协澳门】0 【特-1】0【特-2】0【特-3】0 【增】16【对美加征】10【出】0【退】13	千克					999	6-氨基青霉烷酸(6APA)
294110	94		青霉素V	Penicillin V	【最】4【普】20 【协东盟】0【协巴基斯坦】0【协智利】0 【协新西兰】0【协秘鲁】0【协哥斯达黎加】0 【协冰岛】0【协瑞士】0【协澳大利亚】0 【协韩国】0【协格鲁吉亚】0【协香港】0 【协澳门】0 【特-1】0【特-2】0【特-3】0 【增】16【出】0【退】13	千克	Q				999	青霉素V
294110	95		磺苄青霉素	Sulfobenzylpenicillin	【最】4【普】20 【协东盟】0【协巴基斯坦】0【协智利】0 【协新西兰】0【协秘鲁】0【协哥斯达黎加】0 【协冰岛】0【协瑞士】0【协澳大利亚】0 【协韩国】0【协格鲁吉亚】0【协香港】0 【协澳门】0 【特-1】0【特-2】0【特-3】0 【增】16【出】0【退】13	千克	Q				999	磺苄青霉素
294110	96		邻氯青霉素	Cloxacillin	【最】4【普】20 【协东盟】0【协巴基斯坦】0【协智利】0 【协新西兰】0【协秘鲁】0【协哥斯达黎加】0 【协冰岛】0【协瑞士】0【协澳大利亚】0 【协韩国】0【协格鲁吉亚】0【协香港】0 【协澳门】0 【特-1】0【特-2】0【特-3】0 【增】16【出】0【退】13	千克	Q				999	邻氯青霉素
294110	99		其他青霉素或衍生物及其盐	Other penicillins and their derivatives with a penicillanic acid structure; salts thereof	【最】4【普】20 【协东盟】0【协巴基斯坦】0【协智利】0 【协新西兰】0【协秘鲁】0【协哥斯达黎加】0 【协冰岛】0【协瑞士】0【协澳大利亚】0 【协韩国】0【协格鲁吉亚】0【协香港】0 【协澳门】0 【特-1】0【特-2】0【特-3】0 【增】16【出】0【退】13	千克	Q	4xy			999	其他青霉素或衍生物及其盐（包括具有青霉烷酸结构和青霉素衍生物及其盐）
294120	00	11	硫酸链霉素	Streptomycin sulfate	【最】4【普】20 【协东盟】0【协巴基斯坦】0【协智利】0 【协新西兰】0【协秘鲁】0【协哥斯达黎加】0 【协冰岛】0【协瑞士】0【协澳大利亚】0 【协韩国】0【协格鲁吉亚】0【协香港】0 【协澳门】0 【特-1】0【特-2】0【特-3】0 【增】16【对美加征】5【出】0【退】13	千克	QS	S			999	硫酸链霉素
294120	00	90	其他链霉素及其衍生物、盐	Other streptomycin and its derivatives, salt-Tetracyclines and their derivatives; salts thereof: Tetracyclines and their salts	【最】4【普】20 【协东盟】0【协巴基斯坦】0【协智利】0 【协新西兰】0【协秘鲁】0【协哥斯达黎加】0 【协冰岛】0【协瑞士】0【协澳大利亚】0 【协韩国】0【协格鲁吉亚】0【协香港】0 【协澳门】0 【特-1】0【特-2】0【特-3】0 【增】16【对美加征】5【出】0【退】13	千克	Q				999	其他链霉素及其衍生物、盐
294130	11		四环素	Tetracyclines	【最】4【普】20 【协东盟】0【协澳门】0【协巴基斯坦】0 【协智利】0【协新西兰】0【协秘鲁】0 【协哥斯达黎加】0【协冰岛】0【协瑞士】0 【协澳大利亚】0【协韩国】0【协格鲁吉亚】0 【协香港】0 【特-1】0【特-2】0【特-3】0 【增】16【出】0【退】13	千克	Q				999	四环素

税则号列 HS国际统一前6位	税则号列 本国子目 7~8位	税则号列 本国子目 9~10位	货品名称中英文 中文 货物名称	货品名称中英文 英文 Article Description	税费综合信息	计量单位	监管证件代码 进口	监管证件代码 出口	检验检疫类别 进口	检验检疫类别 出口	检验检疫编码	检验检疫编码对应中文名称
294130	12		四环素盐	Salts of tetracyclines	【最】4【普】20 【协东盟】0【协澳门】0【协巴基斯坦】0 【协智利】0【协新西兰】0【协秘鲁】0 【协哥斯达黎加】0【协冰岛】0【协瑞士】0 【协澳大利亚】0【协韩国】0【协格鲁吉亚】0 【协香港】0 【特-1】0【特-2】0【特-3】0 【增】16【出】0【退】13	千克	Q				999	四环素盐
294130	20		四环素衍生物及其盐	Tetracyclines derivatives and their salts	【最】4【普】20 【协东盟】0【协澳门】0【协巴基斯坦】0 【协智利】0【协新西兰】0【协秘鲁】0 【协哥斯达黎加】0【协冰岛】0【协瑞士】0 【协澳大利亚】0【协韩国】0【协格鲁吉亚】0 【协香港】0 【特-1】0【特-2】0【特-3】0 【增】16【出】0【退】13	千克	Q				999	四环素衍生物及其盐
294140	00		氯霉素及其衍生物以及它们的盐	Chloramphenicol and its derivatives, salts thereof	【最】4【普】20 【协东盟】0【协巴基斯坦】0【协智利】0 【协新西兰】0【协秘鲁】0【协哥斯达黎加】0 【协冰岛】0【协瑞士】0【协澳大利亚】0 【协韩国】0【协格鲁吉亚】0【协香港】0 【协澳门】0 【特-1】0【特-2】0【特-3】0 【增】16【出】0【退】13	千克	Q				999	氯霉素及其衍生物以及它们的盐
294150	00		红霉素及其衍生物、盐	Erythromycin and its derivatives, salts thereof	【最】4【普】20 【协东盟】0【协澳门】0【协巴基斯坦】0 【协智利】0【协新西兰】0【协秘鲁】0 【协哥斯达黎加】0【协冰岛】0【协瑞士】0 【协澳大利亚】0【协韩国】0【协格鲁吉亚】0 【协香港】0 【特-1】0【特-2】0【特-3】0 【增】16【出】0【退】13	千克	Q				999	红霉素及其衍生物、盐
294190	10		庆大霉素及其衍生物、盐	Gentamycin and its derivatives; salts thereof	【最】4【普】20 【协东盟】0【协巴基斯坦】0【协智利】0 【协新西兰】0【协秘鲁】0【协哥斯达黎加】0 【协冰岛】0【协瑞士】0【协澳大利亚】0 【协韩国】0【协格鲁吉亚】0【协香港】0 【协澳门】0 【特-1】0【特-2】0【特-3】0 【增】16【对美加征】10【出】0【退】13	千克	Q				999	庆大霉素及其衍生物、盐
294190	20		卡那霉素及其衍生物、盐	Kanamycin and its derivatives; salts thereof	【最】4【普】20 【协东盟】0【协巴基斯坦】0【协智利】0 【协新西兰】0【协秘鲁】0【协哥斯达黎加】0 【协冰岛】0【协瑞士】0【协澳大利亚】0 【协韩国】0【协格鲁吉亚】0【协香港】0 【协澳门】0 【特-1】0【特-2】0【特-3】0 【增】16【出】0【退】13	千克	Q				999	卡那霉素及其衍生物、盐
294190	30		利福平及其衍生物、盐	Rifampicin（RFP）; salts thereof	【最】4【普】20 【协东盟】0【协巴基斯坦】0【协智利】0 【协新西兰】0【协秘鲁】0【协哥斯达黎加】0 【协冰岛】0【协瑞士】0【协澳大利亚】0 【协韩国】0【协格鲁吉亚】0【协香港】0 【协澳门】0 【特-1】0【特-2】0【特-3】0 【增】16【出】0【退】13	千克	Q				999	利福平及其衍生物、盐
294190	40		林可霉素及其衍生物、盐	Lincomycin and its derivatives; salts thereof	【最】4【普】20 【协东盟】0【协巴基斯坦】0【协智利】0 【协新西兰】0【协秘鲁】0【协哥斯达黎加】0 【协冰岛】0【协瑞士】0【协澳大利亚】0 【协韩国】0【协格鲁吉亚】0【协香港】0 【协澳门】0 【特-1】0【特-2】0【特-3】0 【增】16【出】0【退】13	千克	Q				999	林可霉素及其衍生物、盐

税则号列			货品名称中英文		税费综合信息	计量单位	监管证件代码		检验检疫类别		检验检疫编码	检验检疫编码对应中文名称
HS国际统一前6位	本国子目7~8位	9~10位	中文 货物名称	英文 Article Description			进口	出口	进口	出口		
294190	52		头孢氨苄及其盐	Cefalexin and its salts	【最】6【普】20 【协亚太】3.9【协东盟】0【协巴基斯坦】0 【协智利】0【协新西兰】0【协秘鲁】0 【协哥斯达黎加】0【协冰岛】0【协瑞士】0 【协澳大利亚】0【协韩国】0【协格鲁吉亚】0 【协香港】0【协澳门】0 【特-1】0【特-2】0【特-3】0 【增】16【出】0【退】13	千克	Q				999	头孢氨苄及其盐
294190	53		头孢唑啉及其盐	Cefazolin and its salts	【最】6【普】20 【协亚太】3【协东盟】0【协巴基斯坦】0 【协智利】0【协新西兰】0【协秘鲁】0 【协哥斯达黎加】0【协冰岛】0【协瑞士】0 【协澳大利亚】0【协韩国】0【协格鲁吉亚】0 【协香港】0【协澳门】0 【特-1】0【特-2】0【特-3】0 【增】16【出】0【退】13	千克	Q				999	头孢唑啉及其盐
294190	54		头孢拉啶及其盐	Cefradine and its salts	【最】6【普】20 【协亚太】3【协东盟】0【协巴基斯坦】0 【协智利】0【协新西兰】0【协秘鲁】0 【协哥斯达黎加】0【协冰岛】0【协瑞士】0 【协澳大利亚】0【协韩国】0【协格鲁吉亚】0 【协香港】0【协澳门】0 【特-1】0【特-2】0【特-3】0 【增】16【出】0【退】13	千克	Q				999	头孢拉啶及其盐
294190	55		头孢三嗪（头孢曲松）及其盐	Ceftriaxone and its salts	【最】6【普】20 【协亚太】3【协东盟】0【协巴基斯坦】0 【协智利】0【协新西兰】0【协秘鲁】0 【协哥斯达黎加】0【协冰岛】0【协瑞士】3.4 【协澳大利亚】0【协韩国】0【协格鲁吉亚】0 【协香港】0【协澳门】0 【特-1】0【特-2】0【特-3】0 【增】16【出】0【退】13	千克	Q				999	头孢三嗪（头孢曲松）及其盐
294190	56		头孢哌酮及其盐	Cefoperazone and its salts	【最】6【普】20 【协亚太】3【协东盟】0【协巴基斯坦】0 【协智利】0【协新西兰】0【协秘鲁】0 【协哥斯达黎加】0【协冰岛】0【协瑞士】0 【协澳大利亚】0【协韩国】0【协格鲁吉亚】0 【协香港】0【协澳门】0 【特-1】0【特-2】0【特-3】0 【增】16【出】0【退】13	千克	Q				999	头孢哌酮及其盐
294190	57		头孢噻肟及其盐	Cefotaxime and its salts	【最】6【普】20 【协亚太】3【协东盟】0【协巴基斯坦】0 【协智利】0【协新西兰】0【协秘鲁】0 【协哥斯达黎加】0【协冰岛】0【协瑞士】0 【协澳大利亚】0【协韩国】0【协格鲁吉亚】0 【协香港】0【协澳门】0 【特-1】0【特-2】0【特-3】0 【增】16【出】0【退】13	千克	Q				999	头孢噻肟及其盐
294190	58		头孢克罗及其盐	Cefaclor and its salts	【最】6【普】20 【协亚太】5【协东盟】0【协巴基斯坦】0 【协智利】0【协新西兰】0【协秘鲁】0 【协哥斯达黎加】0【协冰岛】0【协瑞士】0 【协澳大利亚】0【协韩国】0【协格鲁吉亚】0 【协香港】0【协澳门】0 【特-1】0【特-2】0【特-3】0 【增】16【出】0【退】13	千克	Q				999	头孢克罗及其盐
294190	59	10	放线菌酮	Actidione	【最】6【普】20 【协亚太】5【协东盟】0【协巴基斯坦】0 【协智利】0【协新西兰】0【协秘鲁】0 【协哥斯达黎加】0【协冰岛】0【协瑞士】0 【协澳大利亚】0【协韩国】3【协格鲁吉亚】0 【协香港】0【协澳门】0 【特-1】0【特-2】0【特-3】0 【增】16【对美加征】10【出】0【退】13	千克	QS	S			999	放线菌酮

税则号列 HS国际统一前6位	本国子目7~8位	本国子目9~10位	货品名称中文 货物名称	英文 Article Description	税费综合信息	计量单位	监管证件代码 进口	监管证件代码 出口	检验检疫类别 进口	检验检疫类别 出口	检验检疫编码	检验检疫编码对应中文名称
294190	59	90	其他头孢菌素及其衍生物（包括它们的盐）	Other cephalosporins and their deviants (including their salts)	【最】6【普】20 【协亚太】5【协东盟】0【协巴基斯坦】0 【协智利】0【协新西兰】0【协秘鲁】0 【协哥斯达黎加】0【协冰岛】0【协瑞士】0 【协澳大利亚】0【协韩国】3【协格鲁吉亚】0 【协香港】0【协澳门】0 【特-1】0【特-2】0【特-3】0 【增】16【对美加征】10【出】0【退】13	千克	Q				999	其他头孢菌素及其衍生物（包括它们的盐）
294190	60		麦迪霉素及其衍生物（包括它们的盐）	Midecamycin and its derivatives; salts thereof	【最】6【普】20 【协亚太】3【协东盟】0【协巴基斯坦】0 【协智利】0【协新西兰】0【协秘鲁】0 【协哥斯达黎加】0【协冰岛】0【协瑞士】0 【协澳大利亚】0【协韩国】0【协格鲁吉亚】0 【协香港】0【协澳门】0 【特-1】0【特-2】0【特-3】0 【增】16【出】0【退】13	千克	Q				999	麦迪霉素及其衍生物（包括它们的盐）
294190	70		乙酰螺旋霉素及其衍生物（包括它们的盐）	Acetyl-spiramycin and its derivatives, salts thereof	【最】4【普】20 【协东盟】0【协巴基斯坦】0【协智利】0 【协新西兰】0【协秘鲁】0【协哥斯达黎加】0 【协澳大利亚】0【协韩国】0【协格鲁吉亚】0 【协香港】0【协澳门】0 【特-1】0【特-2】0【特-3】0 【增】16【出】0【退】13	千克	Q				999	乙酰螺旋霉素及其衍生物（包括它们的盐）
294190	90	11	中生菌素	Zhongshengmycin	【最】6【普】20 【协亚太】3.9【协东盟】0【协巴基斯坦】0 【协智利】0【协新西兰】0【协秘鲁】0 【协哥斯达黎加】0【协冰岛】0【协瑞士】0 【协澳大利亚】0【协韩国】0【协格鲁吉亚】0 【协香港】0【协澳门】0 【特-1】0【特-2】0【特-3】0 【增】16【对美加征】5【出】0【退】16	千克	QS	S			101	中生菌素
294190	90	12	春雷霉素	Kasugamycin	【最】6【普】20 【协亚太】3.9【协东盟】0【协巴基斯坦】0 【协智利】0【协新西兰】0【协秘鲁】0 【协哥斯达黎加】0【协冰岛】0【协瑞士】0 【协澳大利亚】0【协韩国】0【协格鲁吉亚】0 【协香港】0【协澳门】0 【特-1】0【特-2】0【特-3】0 【增】16【对美加征】5【出】0【退】16	千克	QS	S			101	春雷霉素
294190	90	13	吗替麦考酚酯	Mycophenolate mofetil	【最】6【普】20【暂进】0 【协亚太】3.9【协东盟】0【协巴基斯坦】0 【协智利】0【协新西兰】0【协秘鲁】0 【协哥斯达黎加】0【协冰岛】0【协瑞士】0 【协澳大利亚】0【协韩国】0【协格鲁吉亚】0 【协香港】0【协澳门】0 【特-1】0【特-2】0【特-3】0 【增】16【对美加征】5【出】0【退】16	千克	Q				999	吗替麦考酚酯
294190	90	14	盐酸阿柔比星	Arubicin hydrochloride	【最】6【普】20【暂进】0 【协亚太】3.9【协东盟】0【协香港】0 【协澳门】0【协巴基斯坦】0【协智利】0 【协新西兰】0【协秘鲁】0【协哥斯达黎加】0 【协冰岛】0【协瑞士】0【协澳大利亚】0 【协韩国】0【协格鲁吉亚】0 【特-1】0【特-2】0【特-3】0【增】16 【对美加征】5【出】0【退】16	千克	Q				999	盐酸阿柔比星
294190	90	91	吡柔比星、放线菌素D、丝裂霉素、盐酸表柔比星、盐酸多柔比星、盐酸平阳霉素、盐酸柔红霉素、盐酸伊达比星及其他抗癌药品原料药	Pirarubicin, actinomycin D, mitomycin, epirubicin hydrochloride, doxorubicin hydrochloride, pingyangmycin hydrochloride, daunorubicin hydrochloride, idarubicin hydrochloride and other anti-cancer drugs substance	【最】6【普】20【暂进】0 【协亚太】3.9【协东盟】0【协巴基斯坦】0 【协智利】0【协新西兰】0【协秘鲁】0 【协哥斯达黎加】0【协冰岛】0【协瑞士】0 【协澳大利亚】0【协韩国】0【协格鲁吉亚】0 【协香港】0【协澳门】0 【特-1】0【特-2】0【特-3】0 【增】3【对美加征】5【出】0【退】16	千克	Q				999	吡柔比星、放线菌素D、丝裂霉素、盐酸表柔比星、盐酸多柔比星、盐酸平阳霉素、盐酸柔红霉素、盐酸伊达比星及其他抗癌药品原料药

税则号列			货品名称中英文		税费综合信息	计量单位	监管证件代码		检验检疫类别		检验检疫编码	检验检疫编码对应中文名称
HS 国际统一前6位	本国子目 7~8位	9~10位	中文 货物名称	英文 Article Description			进口	出口	进口	出口		
294190	90	99	其他抗菌素	Other antibiotic (generated HS CODE by splitting anti-cancer drug substance)	【最】6【普】20 【协亚太】3.9【协东盟】0【协巴基斯坦】0 【协智利】0【协新西兰】0【协秘鲁】0 【协哥斯达黎加】0【协冰岛】0【协瑞士】0 【协澳大利亚】0【协韩国】0【协格鲁吉亚】0 【协香港】0【协澳门】0 【特-1】0【特-2】0【特-3】0 【增】16【对美加征】5【出】0【退】16	千克	Q				999	其他抗菌素（因拆分抗癌药品原料药产生的兜底税号）
294200	00		其他有机化合物	Other organic compounds	【最】6.5【普】30 【协东盟】0【协巴基斯坦】5【协智利】0 【协新西兰】0【协秘鲁】0【协哥斯达黎加】0 【协冰岛】0【协瑞士】0【协澳大利亚】0 【协韩国】0【协格鲁吉亚】0【协香港】0 【协澳门】0 【特-1】0【特-2】0【特-3】0 【增】16【对美加征】5【出】0【退】10	千克					101 301 302 303 304 ……	其他有机化合物（饲料添加剂） 其他有机化合物（爆炸品） 其他有机化合物（易燃气体） 其他有机化合物（非易燃无毒气体） 其他有机化合物（毒性气体） ……①

① 该税号项下检验检疫编码及对应中文名称尚有：305　其他有机化合物（易燃液体），306　其他有机化合物（易燃固体），307　其他有机化合物（易于自燃的物质），308　其他有机化合物（遇水放出易燃气体的物质），309　其他有机化合物（氧化性物质），310　其他有机化合物（有机过氧化物），311　其他有机化合物（毒性物质和感染性物质），312　其他有机化合物（腐蚀性物质），313　其他有机化合物（杂项物质），314　其他有机化合物（其他危险化学品）。

第三十章 药 品

Chapter 30 Pharmaceutical products

注释：

一、本章不包括：

（一）食品及饮料（例如，营养品、糖尿病食品、强化食品、保健食品、滋补饮料及矿泉水），但不包括供静脉摄入用的滋养品（第四类）；

（二）用于帮助吸烟者戒烟的制剂，例如，片剂、咀嚼胶或透皮贴片（税目 21.06 或 38.24）；

（三）经特殊煅烧或精细研磨的牙科用熟石膏（税目 25.20）；

（四）适合医药用的精油水馏液及水溶液（税目 33.01）；

（五）税目 33.03 至 33.07 的制品，不论是否具有治疗及预防疾病的作用；

（六）加有药料的肥皂及税目 34.01 的其他产品；

（七）以熟石膏为基本成分的牙科用制品（税目 34.07）；或

（八）不作治疗及预防疾病用的血清蛋白（税目 35.02）。

二、税目 30.02 所称的“免疫制品”是指直接参与免疫过程调节的多肽及蛋白质（税目 29.37 的货品除外），例如，单克隆抗体（MAB）、抗体片段、抗体偶联物及抗体片段偶联物、白介素、干扰素（IFN）、趋化因子及特定的肿瘤坏死因子（TNF）、生长因子（GF）、促红细胞生成素及集落刺激因子（CSF）。

三、税目 30.03 及 30.04，以及本章注释四（四）所述的非混合产品及混合产品，按下列规定处理：

（一）非混合产品：

1. 溶于水的非混合产品；
2. 第二十八章及第二十九章的所有货品；以及
3. 税目 13.02 的单一植物浸膏，只经标定或溶于溶剂的。

（二）混合产品：

1. 胶体溶液及悬浮液（胶态硫磺除外）；
2. 从植物性混合物加工所得的植物浸膏；以及
3. 蒸发天然矿质水所得的盐及浓缩物。

四、税目 30.06 仅适用于下列物品（这些物品只能归入税目 30.06，而不得归入本协调制度其他税号）：

（一）无菌外科肠线、类似的无菌缝合材料（包括外科或牙科用无菌可吸收缝线）及外伤创口闭合用的无菌黏合胶布；

（二）无菌昆布及无菌昆布塞条；

（三）外科或牙科用无菌吸收性止血材料；外科或牙科用无菌抗粘连阻隔材料，不论是否可吸收；

Chapter Notes:

1. This Chapter does not cover:

(a) Foods or beverages (such as dietetic, diabetic or fortified foods, food supplements, tonic beverages and mineral waters), other than nutritional preparations for intravenous administration (Section IV);

(b) Preparations, such as tablets, chewing gum or patches (transdermal systems), intended to assist smokers to stop smoking (heading 21.06 or 38.24);

(c) Plasters specially calcined or finely ground for use in dentistry (heading 25.20);

(d) Aqueous distillates or aqueous solutions of essential oils, suitable for medicinal uses (heading 33.01);

(e) Preparations of headings 33.03 to 33.07, even if they have therapeutic or prophylactic properties;

(f) Soap or other products of heading 34.01 containing added medicaments;

(g) Preparations with a basis of plaster for use in dentistry (heading 34.07); or

(h) Blood albumin not prepared for therapeutic or prophylactic uses (heading 35.02).

2. For the purposes of heading 30.02, the expression "immunological products" applies to peptides and proteins (other than goods of heading 29.37) which are directly involved in the regulation of immunological processes, such as monoclonal antibodies (MAB), antibody fragments, antibody conjugates and antibody fragment conjugates, interleukins, interferons (IFN), chemokines and certain tumor necrosis factors (TNF), growth factors (GF), hematopoietins and colony stimulating factors (CSF).

3. For the purposes of headings 30.03 and 30.04 and of Note 4 (d) to this Chapter, the following are to be treated:

(a) As unmixed products:

(i) Unmixed products dissolved in water;

(ii) All goods of Chapter 28 or 29; and

(iii) Simple vegetable extracts of heading 13.02, merely standardised or dissolved in any solvent.

(b) As products which have been mixed:

(i) Colloidal solutions and suspensions (other than colloidal sulphur);

(ii) Vegetable extracts obtained by the treatment of mixtures of vegetable materials; and

(iii) Salts and concentrates obtained by evaporating natural mineral waters.

4. Heading 30.06 applies only to the following, which are to be classified in that heading and in no other heading of the Nomenclature:

(a) Sterile surgical catgut, similar sterile suture materials (including sterile absorbable surgical or dental yarns) and sterile tissue adhesives for surgical wound closure;

(b) Sterile laminaria and sterile laminaria tents;

(c) Sterile absorbable surgical or dental haemostatics; sterile surgical or dental adhesion barriers, whether or not absorbable;

（四）用于病人的X光检查造影剂及其他诊断试剂，这些药剂是由单一产品配定剂量或由两种以上成分混合而成的；

（五）血型试剂；

（六）牙科粘固剂及其他牙科填料；骨骼粘固剂；

（七）急救药箱、药包；

（八）以激素、税目29.37的其他产品或杀精子剂为基本成分的化学避孕药物；

（九）专用于人类或作兽药用的凝胶制品，作为外科手术或体检时躯体部位的润滑剂，或者作为躯体和医疗器械之间的耦合剂；

（十）废药物，即因超过有效保存期等原因而不适合作原用途的药品；以及

（十一）可确定用于造口术的用具，即裁切成型的结肠造口术、回肠造口术、尿道造口术用袋及其具有黏性的片或底盘。

(d) Opacifying preparations for X-ray examinations and diagnostic reagents designed to be administered to the patient, being unmixed products put up in measured doses or products consisting of two or more ingredients which have been mixed together for such uses;

(e) Blood-grouping reagents;

(f) Dental cements and other dental fillings; bone reconstruction cements;

(g) First-aid boxes and kits;

(h) Chemical contraceptive preparations based on hormones, on other products of heading 29.37 or on spermicides;

(ij) Gel preparations designed to be used in human or veterinary medicine as a lubricant for parts of the body for surgical operations or physical examinations or as a coupling agent between the body and medical instruments;

(k) Waste pharmaceuticals, that is, pharmaceutical products which are unfit for their original intended purpose due to, for example, expiry of shelf life; and

(l) Appliances identifiable for ostomy use, that is, colostomy, ileostomy and urostomy pouches cut to shape and their adhesive wafers or faceplates.

子目注释：

一、子目3002.13及3002.14所述的非混合产品、纯物质及混合产品，按下列规定处理：

（一）非混合产品或纯物质，不论是否含有杂质；

（二）混合产品：

1. 上述（一）款所述的产品溶于水或其他溶剂的；
2. 为保存或运输需要，上述（一）款及（二）1.项所述的产品加入稳定剂的；以及
3. 上述（一）款、（二）1.项及（二）2.项所述的产品添加其他添加剂的。

二、子目3003.60和3004.60包括的药品含有与其他药用活性成分配伍的口服用青蒿素（INN），或者含有下列任何一种活性成分，不论是否与其他药用活性成分配伍：阿莫地喹（INN）、蒿醚林酸及其盐（INN）、双氢青蒿素（INN）、蒿乙醚（INN）、蒿甲醚（INN）、青蒿琥酯（INN）、氯喹（INN）、二氢青蒿素（INN）、苯芴醇（INN）、甲氟喹（INN）、哌喹（INN）、乙胺嘧啶（INN）或磺胺多辛（INN）。

Subheading Notes:

1. For the purposes of subheadings 3002.13 and 3002.14, the following are to be treated :

(a) As unmixed products, pure products, whether or not containing impurities;

(b) As products which have been mixed:

(i) The products mentioned in (a) above dissolved in water or in other solvents;

(ii) The products mentioned in (a) and (b) (1) above with an added stabiliser necessary for their preservation or transport; and

(iii) The products mentioned in (a), (b) (1) and (b) (2) above with any other additive.

2. Subheadings 3003.60 and 3004.60 cover medicaments containingartemisinin (INN) for oral ingestion combined with other pharmaceutical active ingredients, or containing any of the following active principles, whether or not combined with other pharmaceutical active ingredients: amodiaquine (INN); artelinic acid or its salts; artenimol (INN); artemotil (INN); artemether (INN); artesunate (INN); chloroquine (INN); dihydroartemisinin (INN); lumefantrine (INN); mefloquine (INN); piperaquine (INN); pyrimethamine (INN) or sulfadoxine (INN).

税则号列			货品名称中英文		税费综合信息	计量单位	监管证件代码		检验检疫类别		检验检疫编码	检验检疫编码对应中文名称
HS国际统一前6位	本国子目 7~8位	9~10位	中文 货物名称	英文 Article Description			进口	出口	进口	出口		
300120	00	10	其他濒危野生动物腺体、器官（包括分泌物）	Extracts of glands or other organs or of their secretions of endangered wild animals	【最】3【普】30 【协东盟】0【协巴基斯坦】0【协智利】0 【协新西兰】0【协秘鲁】0【协哥斯达黎加】0 【协冰岛】0【协瑞士】0【协澳大利亚】0 【协韩国】0【协格鲁吉亚】0【协香港】0 【协澳门】0 【特-1】0【特-2】0 【增】16【出】0【退】0	千克	AQF	EB	P	Q	101 102 103 104 105 ……	其他濒危野生动物腺体、器官（包括分泌物）（动物培养器官） 其他濒危野生动物腺体、器官（包括分泌物）（动物培养细胞） 其他濒危野生动物腺体、器官（包括分泌物）（动物微生物培养培养基） 其他濒危野生动物腺体、器官（包括分泌物）（其他动物器官、细胞、培养基） 其他濒危野生动物腺体、器官（包括分泌物）（未列出的其他动物产品） ……①
300120	00	21	含有人类遗传资源的人类腺体、器官及其分泌物提取物	Human glands, organs and its secretion extracts containing human genetic resources (human organs)	【最】3【普】30 【协东盟】0【协巴基斯坦】0【协智利】0 【协新西兰】0【协秘鲁】0【协哥斯达黎加】0 【协冰岛】0【协瑞士】0【协澳大利亚】0 【协韩国】0【协格鲁吉亚】0【协香港】0 【协澳门】0 【特-1】0【特-2】0 【增】16【出】0	千克	A	BV	V	W	101 102 103 104 105 ……	含有人类遗传资源的人类腺体、器官及其分泌物提取物（人体器官） 含有人类遗传资源的人类腺体、器官及其分泌物提取物（人体组织） 含有人类遗传资源的人类腺体、器官及其分泌物提取物（人体细胞） 含有人类遗传资源的人类腺体、器官及其分泌物提取物（人源细胞系） 含有人类遗传资源的人类腺体、器官及其分泌物提取物（人体胚胎、人胚活细胞） ……②
300120	00	29	其他人类的腺体、器官及其分泌物提取物	Other human glands, organs and its secretion extract	【最】3【普】30 【协东盟】0【协巴基斯坦】0【协智利】0 【协新西兰】0【协秘鲁】0【协哥斯达黎加】0 【协冰岛】0【协瑞士】0【协澳大利亚】0 【协韩国】0【协格鲁吉亚】0【协香港】0 【协澳门】0 【特-1】0【特-2】0 【增】16【出】0	千克	A	BV	V	W	999	其他人类的腺体、器官及其分泌物提取物
300120	00	90	其他腺体、器官及其分泌物提取物	Other extracts of glands or other organs or of their secretions	【最】3【普】30 【协东盟】0【协巴基斯坦】0【协智利】0 【协新西兰】0【协秘鲁】0【协哥斯达黎加】0 【协冰岛】0【协瑞士】0【协澳大利亚】0 【协韩国】0【协格鲁吉亚】0【协香港】0 【协澳门】0 【特-1】0【特-2】0 【增】16【出】0【退】16	千克	A	B	P	Q	101 102 103 104 105 ……	其他腺体、器官及其分泌物提取物（动物白蛋白） 其他腺体、器官及其分泌物提取物（动物球蛋白） 其他腺体、器官及其分泌物提取物（动物纤维蛋白原） 其他腺体、器官及其分泌物提取物（其他动物血清蛋白） 其他腺体、器官及其分泌物提取物（动物培养器官） ……③

① 该税号项下检验检疫编码及对应中文名称尚有：106　其他濒危野生动物腺体、器官（包括分泌物）（其他化工产品）。

② 该税号项下检验检疫编码及对应中文名称尚有：106　含有人类遗传资源的人类腺体、器官及其分泌物提取物（人体排泄物、分泌物），107　含有人类遗传资源的人类腺体、器官及其分泌物提取物（殡葬目的的人类尸体、骸骨），108　含有人类遗传资源的人类腺体、器官及其分泌物提取物（其他人体组织器官）。

③ 该税号项下检验检疫编码及对应中文名称尚有：106　其他腺体、器官及其分泌物提取物（动物培养细胞），107　其他腺体、器官及其分泌物提取物（动物微生物培养培养基），108　其他腺体、器官及其分泌物提取物（其他动物器官、细胞、培养基），109　其他腺体、器官及其分泌物提取物（未列出的其他动物产品），110　其他腺体、器官及其分泌物提取物（其他化工产品），111　其他腺体、器官及其分泌物提取物（医用动物细胞系），112　其他腺体、器官及其分泌物提取物（其他医用生物制品）。

税则号列			货品名称中英文		税费综合信息	计量单位	监管证件代码		检验检疫类别		检验检疫编码	检验检疫编码对应中文名称
HS国际统一前6位	本国子目 7~8位	本国子目 9~10位	中文 货物名称	英文 Article Description			进口	出口	进口	出口		
300190	10		肝素及其盐	Heparin and its salts	【最】3【普】30 【协东盟】0【协巴基斯坦】0【协智利】0 【协新西兰】0【协秘鲁】0【协哥斯达黎加】0 【协冰岛】0【协瑞士】0【协澳大利亚】0 【协韩国】0【协格鲁吉亚】0【协香港】0 【协澳门】0 【特-1】0【特-2】0 【增】16【出】0【退】16	千克	Q				999	肝素及其盐
300190	90	10	蛇毒制品（供治疗或预防疾病用）	Snake venom substances, prepared for therapeutic or prophylactic uses	【最】3【普】30 【协东盟】0【协巴基斯坦】0【协智利】0 【协新西兰】0【协秘鲁】0【协哥斯达黎加】0 【协冰岛】0【协瑞士】0【协澳大利亚】0 【协韩国】0【协格鲁吉亚】0【协香港】0 【协澳门】0 【特-1】0【特-2】0 【增】16【出】0【退】16	千克	AQF	EB	PV	QW	999	蛇毒制品（供治疗或预防疾病用）
300190	90	20	含有人类遗传资源的人体制品	Human substances containing human genetic resources (prepared for therapeutic or prophylactic uses, Crinis Carbonisatus)	【最】3【普】30 【协东盟】0【协巴基斯坦】0【协智利】0 【协新西兰】0【协秘鲁】0【协哥斯达黎加】0 【协冰岛】0【协瑞士】0【协澳大利亚】0 【协韩国】0【协格鲁吉亚】0【协香港】0 【协澳门】0 【特-1】0【特-2】0 【增】16【出】0	千克	AQ	BV	V	W	101 102 103 104 105	含有人类遗传资源的人体制品（供治疗或预防疾病用、药用血余炭） 含有人类遗传资源的人体制品（供治疗或预防疾病用、药用紫河车） 含有人类遗传资源的人体制品（供治疗或预防疾病用、医用抗体） 含有人类遗传资源的人体制品（供治疗或预防疾病用、医用抗原） 含有人类遗传资源的人体制品（供治疗或预防疾病用、其他医用生物制品）
300190	90	91	其他濒危动物制品	Other substances of endangered animal, prepared for therapeutic or prophylactic uses	【最】3【普】30 【协东盟】0【协巴基斯坦】0【协智利】0 【协新西兰】0【协秘鲁】0【协哥斯达黎加】0 【协冰岛】0【协瑞士】0【协澳大利亚】0 【协韩国】0【协格鲁吉亚】0【协香港】0 【协澳门】0 【特-1】0【特-2】0 【增】16【出】0【退】0	千克	AFQ	BE	P	Q	101 102	其他濒危动物制品（供治疗或预防疾病用）（动物性血液制品） 其他濒危动物制品（供治疗或预防疾病用）（其他化工产品）
300190	90	99	其他未列名的人体或动物制品	Other human or animal substances prepared for therapeutic or prophylactic uses, not elsewhere specified or included	【最】3【普】30 【协东盟】0【协巴基斯坦】0【协智利】0 【协新西兰】0【协秘鲁】0【协哥斯达黎加】0 【协冰岛】0【协瑞士】0【协澳大利亚】0 【协韩国】0【协格鲁吉亚】0【协香港】0 【协澳门】0 【特-1】0【特-2】0 【增】16【出】0【退】10	千克	AQ	B	PV	QW	101 102 103 104 105 ……	其他未列名的人体或动物制品（供治疗或预防疾病用、动物性血液制品） 其他未列名的人体或动物制品（供治疗或预防疾病用、其他化工产品） 其他未列名的人体或动物制品（供治疗或预防疾病用、医用抗体） 其他未列名的人体或动物制品（供治疗或预防疾病用、医用抗原） 其他未列名的人体或动物制品（供治疗或预防疾病用、诊疗目的的组织标本、手术样本） ……①

① 该税号项下检验检疫编码及对应中文名称尚有：105 其他未列名的人体或动物制品（供治疗或预防疾病用）（医用抗体），106 其他未列名的人体或动物制品（供治疗或预防疾病用、其他医用生物制品），107 其他未列名的人体或动物制品（供治疗或预防疾病用）（其他医用生物制品）。

税则号列			货品名称中英文		税费综合信息	计量单位	监管证件代码		检验检疫类别		检验检疫编码	检验检疫编码对应中文名称
HS国际统一前6位	本国子目7~8位	本国子目9~10位	中文 货物名称	英文 Article Description			进口	出口	进口	出口		
300211	00		疟疾诊断试剂盒	Malaria diagnostic tesk kits	【最】3【普】20【暂进】0 【协东盟】0【协巴基斯坦】0【协智利】0 【协新西兰】0【协秘鲁】0【协哥斯达黎加】0 【协冰岛】0【协瑞士】1.7【协澳大利亚】0 【协韩国】0【协格鲁吉亚】0【协香港】0 【协澳门】0 【特-1】0【特-2】0【特-3】0 【增】16【出】0【退】16	千克	A	B	PV	QW	101 999	疟疾诊断试剂盒（医用诊断试剂） 疟疾诊断试剂盒（其他化工产品）
300212	00	11	唾液酸促红素、促红素衍生肽、氨甲酰促红素、达促红素、促红素(EPO)类等促红素	Erythropoietin(EPO)(including methoxy polyethylene glycol-epoetin beta(CERA), hypoxia inducible factor (HIF) stabilizer, ARA-290, asialo EPO	【最】3【普】20【暂进】0 【协东盟】0【协巴基斯坦】0【协智利】0 【协新西兰】0【协秘鲁】0【协哥斯达黎加】0 【协冰岛】0【协瑞士】1.7【协澳大利亚】0 【协韩国】0【协格鲁吉亚】0【协香港】0 【协澳门】0 【特-1】0【特-2】0【特-3】0 【增】16【出】0【退】16	千克	AL	BL	PV	QW	101 999	唾液酸促红素、促红素衍生肽、氨甲酰促红素、达促红素、促红素(EPO)类等促红素（医用细胞因子） 唾液酸促红素、促红素衍生肽、氨甲酰促红素、达促红素、促红素(EPO)类等促红素（其他化工产品）
300212	00	12	胰岛素样生长因子1(IGF-1)及其类似物	Type-1 insulin like growth factor	【最】3【普】20【暂进】0 【协东盟】0【协巴基斯坦】0【协智利】0 【协新西兰】0【协秘鲁】0【协哥斯达黎加】0 【协冰岛】0【协瑞士】1.7【协澳大利亚】0 【协韩国】0【协格鲁吉亚】0【协香港】0 【协澳门】0 【特-1】0【特-2】0【特-3】0 【增】16【出】0【退】16	千克	AL	BL	PV	QW	101 999	胰岛素样生长因子1(IGF-1)及其类似物(医用细胞因子) 胰岛素样生长因子1(IGF-1)及其类似物(其他化工产品)
300212	00	13	机械生长因子类	Mechano Growth Factor	【最】3【普】20【暂进】0 【协东盟】0【协巴基斯坦】0【协智利】0 【协新西兰】0【协秘鲁】0【协哥斯达黎加】0 【协冰岛】0【协瑞士】1.7【协澳大利亚】0 【协韩国】0【协格鲁吉亚】0【协香港】0 【协澳门】0 【特-1】0【特-2】0【特-3】0 【增】16【出】0【退】16	千克	AL	BL	PV	QW	101 999	机械生长因子类（医用细胞因子） 机械生长因子类（其他化工产品）
300212	00	14	成纤维细胞生长因子类(FGFs)	Fibroblast growth factor	【最】3【普】20【暂进】0 【协东盟】0【协巴基斯坦】0【协智利】0 【协新西兰】0【协秘鲁】0【协哥斯达黎加】0 【协冰岛】0【协瑞士】1.7【协澳大利亚】0 【协韩国】0【协格鲁吉亚】0【协香港】0 【协澳门】0 【特-1】0【特-2】0【特-3】0 【增】16【出】0【退】16	千克	AL	BL	PV	QW	101 999	成纤维细胞生长因子类(FGFs)(医用细胞因子) 成纤维细胞生长因子类(FGFs)(其他化工产品)
300212	00	15	肝细胞生长因子(HGF)	Hepatocyte growth factor	【最】3【普】20【暂进】0 【协东盟】0【协巴基斯坦】0【协智利】0 【协新西兰】0【协秘鲁】0【协哥斯达黎加】0 【协冰岛】0【协瑞士】1.7【协澳大利亚】0 【协韩国】0【协格鲁吉亚】0【协香港】0 【协澳门】0 【特-1】0【特-2】0【特-3】0 【增】16【出】0【退】16	千克	AL	BL	PV	QW	101 999	肝细胞生长因子(HGF)(医用细胞因子) 肝细胞生长因子(HGF)(其他化工产品)
300212	00	16	血小板衍生生长因子(PDGF)	Platelet derived growth factor	【最】3【普】20【暂进】0 【协东盟】0【协巴基斯坦】0【协智利】0 【协新西兰】0【协秘鲁】0【协哥斯达黎加】0 【协冰岛】0【协瑞士】1.7【协澳大利亚】0 【协韩国】0【协格鲁吉亚】0【协香港】0 【协澳门】0 【特-1】0【特-2】0【特-3】0 【增】16【出】0【退】16	千克	AL	BL	PV	QW	101 999	血小板衍生生长因子(PDGF)(医用细胞因子) 血小板衍生生长因子(PDGF)(其他化工产品)
300212	00	17	血管内皮生长因子(VEGF)	Vascular endothelial growth factor	【最】3【普】20【暂进】0 【协东盟】0【协巴基斯坦】0【协智利】0 【协新西兰】0【协秘鲁】0【协哥斯达黎加】0 【协冰岛】0【协瑞士】1.7【协澳大利亚】0 【协韩国】0【协格鲁吉亚】0【协香港】0 【协澳门】0 【特-1】0【特-2】0【特-3】0 【增】16【出】0【退】16	千克	AL	BL	PV	QW	101 999	血管内皮生长因子(VEGF)(医用细胞因子) 血管内皮生长因子(VEGF)(其他化工产品)

税则号列			货品名称中英文		税费综合信息	计量单位	监管证件代码		检验检疫类别		检验检疫编码	检验检疫编码对应中文名称
HS 国际统一前6位	本国子目 7~8位	9~10位	中文 货物名称	英文 Article Description			进口	出口	进口	出口		
300212	00	18	转化生长因子-β(TGF-β)抑制剂类	Transforming growth factor -β (TGF-β) inhibitors	【最】3【普】20【暂进】0 【协东盟】0【协巴基斯坦】0【协智利】0 【协新西兰】0【协秘鲁】0【协哥斯达黎加】0 【协冰岛】0【协瑞士】1.7【协澳大利亚】0 【协韩国】0【协格鲁吉亚】0【协香港】0 【协澳门】0 【特-1】0【特-2】0【特-3】0 【增】16【出】0【退】16	千克	AL	BL	PV	QW	101 999	转化生长因子-β(TGF-β)抑制剂类（医用细胞因子） 转化生长因子-β(TGF-β)抑制剂类（其他化工产品）
300212	00	19	培尼沙肽、罗特西普	Peinisha peptide, Roth Heap	【最】3【普】20【暂进】0 【协东盟】0【协巴基斯坦】0【协智利】0 【协新西兰】0【协秘鲁】0【协哥斯达黎加】0 【协冰岛】0【协瑞士】1.7【协澳大利亚】0 【协韩国】0【协格鲁吉亚】0【协香港】0 【协澳门】0 【特-1】0【特-2】0【特-3】0 【增】16【出】0【退】16	千克	AL	BL	PV	QW	101 999	培尼沙肽、罗特西普（其他医用蛋白） 培尼沙肽、罗特西普（其他化工产品）
300212	00	21	缺氧诱导因子(HIF)激活剂类、缺氧诱导因子(HIF)稳定剂类	Hypoxia inducible factor (HIF) activator, hypoxia inducible factor (HIF) stabilizer	【最】3【普】20【暂进】0 【协东盟】0【协巴基斯坦】0【协智利】0 【协新西兰】0【协秘鲁】0【协哥斯达黎加】0 【协冰岛】0【协瑞士】1.7【协澳大利亚】0 【协韩国】0【协格鲁吉亚】0【协香港】0 【协澳门】0 【特-1】0【特-2】0【特-3】0 【增】16【出】0【退】16	千克	AL	BL	PV	QW	101 999	缺氧诱导因子(HIF)激活剂类、缺氧诱导因子(HIF)稳定剂类（其他医用蛋白） 缺氧诱导因子(HIF)激活剂类、缺氧诱导因子(HIF)稳定剂类（其他化工产品）
300212	00	22	EPO-Fc(IgG4)融合蛋、EPO-Fc融合蛋白	EPO-Fc (IgG4) fusion protein, EPO-Fc fusion protein	【最】3【普】20【暂进】0 【协东盟】0【协巴基斯坦】0【协智利】0 【协新西兰】0【协秘鲁】0【协哥斯达黎加】0 【协冰岛】0【协瑞士】1.7【协澳大利亚】0 【协韩国】0【协格鲁吉亚】0【协香港】0 【协澳门】0 【特-1】0【特-2】0【特-3】0 【增】16【出】0【退】16	千克	AL	BL	PV	QW	101 999	EPO-Fc(IgG4)融合蛋白、EPO-Fc融合蛋白（其他医用蛋白） EPO-Fc(IgG4)融合蛋白、EPO-Fc融合蛋白（其他化工产品）
300212	00	23	含有人类遗传资源的抗血清及其他血份	Antisera, other blood fractions and immunological products containing human genetic resources	【最】3【普】20【暂进】0 【协东盟】0【协巴基斯坦】0【协智利】0 【协新西兰】0【协秘鲁】0【协哥斯达黎加】0 【协冰岛】0【协瑞士】1.7【协澳大利亚】0 【协韩国】0【协格鲁吉亚】0【协香港】0 【协澳门】0 【特-1】0【特-2】0【特-3】0 【增】16【出】0【退】13	千克	A	BV	PV	QW	999	含有人类遗传资源的抗血清及其他血份
300212	00	91	抗（防）癌药品制剂（不含癌症辅助治疗药品）	Anti - cancer drug preparation (excluding cancer adjuvant treatment drugs)	【最】3【普】20【暂进】0 【协东盟】0【协巴基斯坦】0【协智利】0 【协新西兰】0【协秘鲁】0【协哥斯达黎加】0 【协冰岛】0【协瑞士】1.7【协澳大利亚】0 【协韩国】0【协格鲁吉亚】0【协香港】0 【协澳门】0 【特-1】0【特-2】0【特-3】13 【增】3【出】0【退】16	千克	A	B	PV	QW	301 401	抗（防）癌药品制剂（不含癌症辅助治疗药品）（其他化工产品） 抗（防）癌药品制剂（不含癌症辅助治疗药品）（其他人血制品）
300212	00	99	其他抗血清及其他血份	Other antisera, other blood fractions and immunological products (generated HS CODE by splitting anti - cancer drug substance)	【最】3【普】20【暂进】0 【协东盟】0【协巴基斯坦】0【协智利】0 【协新西兰】0【协秘鲁】0【协哥斯达黎加】0 【协冰岛】0【协瑞士】1.7【协澳大利亚】0 【协韩国】0【协格鲁吉亚】0【协香港】0 【协澳门】0 【特-1】0【特-2】0【特-3】0 【增】16【出】0【退】16	千克	A	B	PV	QW	301 401	其他抗血清及其他血份（因拆分抗癌药产生的兜底税号）（其他化工产品） 其他抗血清及其他血份（因拆分抗癌药产生的兜底税号）（其他人血制品）
300213	00		非混合的免疫制品，未配定剂量或制成零售包装	Immunological products, unmixed, not put up in measured doses or in forms or packings for retail sale	【最】3【普】20【暂进】0 【协东盟】0【协巴基斯坦】0【协智利】0 【协新西兰】0【协秘鲁】0【协哥斯达黎加】0 【协冰岛】0【协瑞士】1.7【协澳大利亚】0 【协韩国】0【协格鲁吉亚】0【协香港】0 【协澳门】0 【特-1】0【特-2】0【特-3】0 【增】16【出】0【退】16	千克	A	B	PV	QW	101 999	非混合的免疫制品，未配定剂量或制成零售包装（其他医用生物制品） 非混合的免疫制品，未配定剂量或制成零售包装（其他化工产品）

税则号列 HS国际统一前6位	本国子目 7~8位	本国子目 9~10位	货品名称中英文 中文 货物名称	货品名称中英文 英文 Article Description	税费综合信息	计量单位	监管证件代码 进口	监管证件代码 出口	检验检疫类别 进口	检验检疫类别 出口	检验检疫编码	检验检疫编码对应中文名称
300214	00		混合的免疫制品，未配定剂量或制成零售包装	Immunological products, mixed, not put up in measured doses or in forms or packings for retail sale	【最】3【普】20【暂进】0 【协东盟】0【协巴基斯坦】0【协智利】0 【协新西兰】0【协秘鲁】0【协哥斯达黎加】0 【协冰岛】0【协瑞士】1.7【协澳大利亚】0 【协韩国】0【协格鲁吉亚】0【协香港】0 【协澳门】0 【特-1】0【特-2】0【特-3】0 【增】16【出】0【退】16	千克	A	B	PV	QW	101 999	混合的免疫制品，未配定剂量或制成零售包装（其他医用生物制品） 混合的免疫制品，未配定剂量或制成零售包装（其他化工产品）
300215	00	10	抗（防）癌药品制剂（不含癌症辅	Anti - cancer drug preparation (excluding cancer adjuvant treatment drugs)	【最】3【普】20【暂进】0 【协东盟】0【协巴基斯坦】0【协智利】0 【协新西兰】0【协秘鲁】0【协哥斯达黎加】0 【协冰岛】0【协瑞士】1.7【协澳大利亚】0 【协韩国】0【协格鲁吉亚】0【协香港】0 【协澳门】0 【特-1】0【特-2】0【特-3】0 【增】3【出】0【退】16	千克	A	B	PV	QW	301 401	抗（防）癌药品制剂（不含癌症辅助治疗药品）（其他化工产品） 抗（防）癌药品制剂（不含癌症辅助治疗药品）（其他医用生物制品）
300215	00	90	其他免疫制品，已配定剂量或制成零售包装	Other immunological products, unmixed, not put up in measured doses or in forms or packings for retail sale (generated HS CODE by splitting anti - cancer drug substance)	【最】3【普】20【暂进】0 【协东盟】0【协巴基斯坦】0【协智利】0 【协新西兰】0【协秘鲁】0【协哥斯达黎加】0 【协冰岛】0【协瑞士】1.7【协澳大利亚】0 【协韩国】0【协格鲁吉亚】0【协香港】0 【协澳门】0 【特-1】0【特-2】0【特-3】0 【增】16【出】0【退】16	千克	A	B	PV	QW	301 401	其他免疫制品，已配定剂量或制成零售包装（因拆分抗癌药产生的兜底税号）（其他化工产品） 其他免疫制品，已配定剂量或制成零售包装（因拆分抗癌药产生的兜底税号）（其他医用生物制品）
300219	00	10	抗（防）癌药品制剂（不含癌症辅助治疗药品）	Anti - cancer drug preparation (excluding cancer adjuvant treatment drugs)	【最】3【普】20【暂进】0 【协东盟】0【协巴基斯坦】0【协智利】0 【协新西兰】0【协秘鲁】0【协哥斯达黎加】0 【协冰岛】0【协瑞士】1.7【协澳大利亚】0 【协韩国】0【协格鲁吉亚】0【协香港】0 【协澳门】0 【特-1】0【特-2】0【特-3】0 【增】3【出】0【退】16	千克	A	B	PV	QW	301 401	抗（防）癌药品制剂（不含癌症辅助治疗药品）（其他化工产品） 抗（防）癌药品制剂（不含癌症辅助治疗药品）（其他医用生物制品）
300219	00	90	其他抗血清、其他血份及免疫制品，不论是否修饰或通过生物工艺加工制得	Other antisera, other blood fractions and immunological products, whether or not modified or obtained by means of biotechnological processes (generated HS CODE by splitting anti - cancer drug substance) (Pig serum)	【最】3【普】20【暂进】0 【协东盟】0【协巴基斯坦】0【协智利】0 【协新西兰】0【协秘鲁】0【协哥斯达黎加】0 【协冰岛】0【协瑞士】1.7【协澳大利亚】0 【协韩国】0【协格鲁吉亚】0【协香港】0 【协澳门】0 【特-1】0【特-2】0【特-3】0 【增】16【出】0【退】16	千克	A	B	PV	QW	101 102 103 104	其他抗血清、其他血份及免疫制品，不论是否修饰或通过生物工艺加工制得（因拆分抗癌药产生的兜底税号）（猪全血） 其他抗血清、其他血份及免疫制品，不论是否修饰或通过生物工艺加工制得（因拆分抗癌药产生的兜底税号）（马全血） 其他抗血清、其他血份及免疫制品，不论是否修饰或通过生物工艺加工制得（因拆分抗癌药产生的兜底税号）（兔全血） 其他抗血清、其他血份及免疫制品，不论是否修饰或通过生物工艺加工制得（因拆分抗癌药产生的兜底税号）（狗全血）

税则号列			货品名称中英文		税费综合信息	计量单位	监管证件代码		检验检疫类别		检验检疫编码	检验检疫编码对应中文名称
HS国际统一前6位	本国子目 7~8位	9~10位	中文 货物名称	英文 Article Description			进口	出口	进口	出口		
											105 ……	其他抗血清、其他血份及免疫制品，不论是否修饰或通过生物工艺加工制得（因拆分抗癌药产生的兜底税号）（其他动物全血） ……①
300220	00		人用疫苗	Vaccines for human medicine	【最】3【普】20【暂进】0 【协东盟】0【协巴基斯坦】0【协智利】0 【协新西兰】0【协秘鲁】0【协哥斯达黎加】0 【协冰岛】0【协瑞士】1.2【协澳大利亚】0 【协韩国】0【协格鲁吉亚】0【协香港】0 【协澳门】0 【特-1】0【特-2】0【特-3】0 【增】16【出】0【退】16	千克	QA	B	V	W	999	人用疫苗
300230	00		兽用疫苗	Vaccines for veterinary medicine	【最】3【普】20 【协东盟】0【协巴基斯坦】0【协智利】0 【协新西兰】0【协秘鲁】0【协哥斯达黎加】0 【协冰岛】0【协瑞士】0【协澳大利亚】0 【协韩国】0【协格鲁吉亚】0【协香港】0 【协澳门】0 【特-1】0【特-2】0【特-3】0 【增】16【出】0【退】16	千克	R				101 102 103 104 105 ……	兽用疫苗（动检灭活疫苗） 兽用疫苗（动检强毒疫苗） 兽用疫苗（动检弱毒疫苗） 兽用疫苗（动检基因疫苗） 兽用疫苗（动检菌苗） ……②
300290	10		石房蛤毒素	Saxitoxin	【最】3【普】20 【协东盟】0【协巴基斯坦】0【协智利】0 【协新西兰】0【协秘鲁】0【协哥斯达黎加】0 【协冰岛】0【协瑞士】0【协澳大利亚】0 【协韩国】0【协格鲁吉亚】0【协香港】0 【协澳门】0 【特-1】0【特-2】0【特-3】0 【增】16【出】0【退】16	千克	2Q	3			999	石房蛤毒素

① 该税号项下检验检疫编码及对应中文名称尚有：106 其他抗血清、其他血份及免疫制品，不论是否修饰或通过生物工艺加工制得（因拆分抗癌药产生的兜底税号）（猪血浆），107 其他抗血清、其他血份及免疫制品，不论是否修饰或通过生物工艺加工制得（因拆分抗癌药产生的兜底税号）（马血浆），108 其他抗血清、其他血份及免疫制品，不论是否修饰或通过生物工艺加工制得（因拆分抗癌药产生的兜底税号）（兔血浆），109 其他抗血清、其他血份及免疫制品，不论是否修饰或通过生物工艺加工制得（因拆分抗癌药产生的兜底税号）（狗血浆），110 其他抗血清、其他血份及免疫制品，不论是否修饰或通过生物工艺加工制得（因拆分抗癌药产生的兜底税号）（其他动物血浆），111 其他抗血清、其他血份及免疫制品，不论是否修饰或通过生物工艺加工制得（因拆分抗癌药产生的兜底税号）（胎牛血清），112 其他抗血清、其他血份及免疫制品，不论是否修饰或通过生物工艺加工制得（因拆分抗癌药产生的兜底税号）（小（犊）牛血清），113 其他抗血清、其他血份及免疫制品，不论是否修饰或通过生物工艺加工制得（因拆分抗癌药产生的兜底税号）（猪血清），114 其他抗血清、其他血份及免疫制品，不论是否修饰或通过生物工艺加工制得（因拆分抗癌药产生的兜底税号）（马血清），115 其他抗血清、其他血份及免疫制品，不论是否修饰或通过生物工艺加工制得（因拆分抗癌药产生的兜底税号）（兔血清），116 其他抗血清、其他血份及免疫制品，不论是否修饰或通过生物工艺加工制得（因拆分抗癌药产生的兜底税号）（小鼠血清），117 其他抗血清、其他血份及免疫制品，不论是否修饰或通过生物工艺加工制得（因拆分抗癌药产生的兜底税号）（其他动物血清），118 其他抗血清、其他血份及免疫制品，不论是否修饰或通过生物工艺加工制得（因拆分抗癌药产生的兜底税号）（动检抗原），119 其他抗血清、其他血份及免疫制品，不论是否修饰或通过生物工艺加工制得（因拆分抗癌药产生的兜底税号）（动检抗体），120 其他抗血清、其他血份及免疫制品，不论是否修饰或通过生物工艺加工制得（因拆分抗癌药产生的兜底税号）（动检抗血清），121 其他抗血清、其他血份及免疫制品，不论是否修饰或通过生物工艺加工制得（因拆分抗癌药产生的兜底税号）（动检补体），122 其他抗血清、其他血份及免疫制品，不论是否修饰或通过生物工艺加工制得（因拆分抗癌药产生的兜底税号）（动检溶血素），123 其他抗血清、其他血份及免疫制品，不论是否修饰或通过生物工艺加工制得（因拆分抗癌药产生的兜底税号）（动物球蛋白），124 其他抗血清、其他血份及免疫制品，不论是否修饰或通过生物工艺加工制得（因拆分抗癌药产生的兜底税号）（动物纤维蛋白原），125 其他抗血清、其他血份及免疫制品，不论是否修饰或通过生物工艺加工制得（因拆分抗癌药产生的兜底税号）（其他动物血清蛋白），126 其他抗血清、其他血份及免疫制品，不论是否修饰或通过生物工艺加工制得（因拆分抗癌药产生的兜底税号）（其他动物性血液制品），127 其他抗血清、其他血份及免疫制品，不论是否修饰或通过生物工艺加工制得（因拆分抗癌药产生的兜底税号）（动物微生物培养培养基），128 其他抗血清、其他血份及免疫制品，不论是否修饰或通过生物工艺加工制得（因拆分抗癌药产生的兜底税号）（诊断用试剂及试剂盒），301 其他抗血清、其他血份及免疫制品，不论是否修饰或通过生物工艺加工制得（因拆分抗癌药产生的兜底税号）（其他化工产品），401 其他抗血清、其他血份及免疫制品，不论是否修饰或通过生物工艺加工制得（因拆分抗癌药产生的兜底税号）（医用诊断试剂），402 其他抗血清、其他血份及免疫制品，不论是否修饰或通过生物工艺加工制得（因拆分抗癌药产生的兜底税号）（医用检测试剂），403 其他抗血清、其他血份及免疫制品，不论是否修饰或通过生物工艺加工制得（因拆分抗癌药产生的兜底税号）（医用抗体），404 其他抗血清、其他血份及免疫制品，不论是否修饰或通过生物工艺加工制得（因拆分抗癌药产生的兜底税号）（医用抗毒素），405 其他抗血清、其他血份及免疫制品，不论是否修饰或通过生物工艺加工制得（因拆分抗癌药产生的兜底税号）（医用抗原），406 其他抗血清、其他血份及免疫制品，不论是否修饰或通过生物工艺加工制得（因拆分抗癌药产生的兜底税号）（医用变态反应原），407 其他抗血清、其他血份及免疫制品，不论是否修饰或通过生物工艺加工制得（因拆分抗癌药产生的兜底税号）（生长因子之外医用细胞因子），408 其他抗血清、其他血份及免疫制品，不论是否修饰或通过生物工艺加工制得（因拆分抗癌药产生的兜底税号）（其他医用蛋白），409 其他抗血清、其他血份及免疫制品，不论是否修饰或通过生物工艺加工制得（因拆分抗癌药产生的兜底税号）（其他医用生物制品）。

② 该税号项下检验检疫编码及对应中文名称尚有：106 兽用疫苗（其他动物疫苗）。

税则号列			货品名称中英文		税费综合信息	计量单位	监管证件代码		检验检疫类别		检验检疫编码	检验检疫编码对应中文名称
HS国际统一前6位	本国子目 7~8位	本国子目 9~10位	中文 货物名称	英文 Article Description			进口	出口	进口	出口		
300290	20		蓖麻毒素	Ricitoxin	【最】3【普】20 【协东盟】0【协巴基斯坦】0【协智利】0 【协新西兰】0【协秘鲁】0【协哥斯达黎加】0 【协冰岛】0【协瑞士】0【协澳大利亚】0 【协韩国】0【协格鲁吉亚】0【协香港】0 【协澳门】0 【特-1】0【特-2】0【特-3】0 【增】16【出】0【退】16	千克	2Q	3			999	蓖麻毒素
300290	30	10	两用物项管制细菌及病毒	Bacteria, virus under control of sensitive items	【最】3【普】20 【协东盟】0【协巴基斯坦】0【协智利】0 【协新西兰】0【协秘鲁】0【协哥斯达黎加】0 【协冰岛】0【协瑞士】1.2【协澳大利亚】0 【协韩国】0【协格鲁吉亚】0【协香港】0 【协澳门】0 【特-1】0【特-2】0【特-3】0 【增】16【出】0【退】16	千克	A	3B	PV	QW	101 102 103 104 105 ……	两用物项管制细菌及病毒（动检细菌） 两用物项管制细菌及病毒（动检病毒） 两用物项管制细菌及病毒（动检真菌） 两用物项管制细菌及病毒（动检放线菌） 两用物项管制细菌及病毒（动检螺旋体） ……①
300290	30	20	苏云金杆菌	Bacillus thurinsiensis	【最】3【普】20 【协东盟】0【协巴基斯坦】0【协智利】0 【协新西兰】0【协秘鲁】0【协哥斯达黎加】0 【协冰岛】0【协瑞士】1.2【协澳大利亚】0 【协韩国】0【协格鲁吉业】0【协香港】0 【协澳门】0 【特-1】0【特-2】0【特-3】0 【增】16【出】0【退】16	千克	AS	BS	P	Q	999	苏云金杆菌
300290	30	30	枯草芽孢杆菌	Bacillus subtilis	【最】3【普】20 【协东盟】0【协巴基斯坦】0【协智利】0 【协新西兰】0【协秘鲁】0【协哥斯达黎加】0 【协冰岛】0【协瑞士】1.2【协澳大利亚】0 【协韩国】0【协格鲁吉亚】0【协香港】0 【协澳门】0 【特-1】0【特-2】0【特-3】0 【增】16【出】0【退】16	千克	AS	BS	PV	QW	999	枯草芽孢杆菌
300290	30	90	其他细菌及病毒	Other bacteria and virus	【最】3【普】20 【协东盟】0【协巴基斯坦】0【协智利】0 【协新西兰】0【协秘鲁】0【协哥斯达黎加】0 【协冰岛】0【协瑞士】1.2【协澳大利亚】0 【协韩国】0【协格鲁吉亚】0【协香港】0 【协澳门】0 【特-1】0【特-2】0【特-3】0 【增】16【出】0【退】16	千克	A	B	PV	QW	101 102 103 104 105 ……	其他细菌及病毒（动检细菌） 其他细菌及病毒（动检病毒） 其他细菌及病毒（动检真菌） 其他细菌及病毒（动检放线菌） 其他细菌及病毒（动检螺旋体） ……②

① 该税号项下检验检疫编码及对应中文名称尚有：106 两用物项管制细菌及病毒（动检立克次氏体），107 两用物项管制细菌及病毒（动检支原体），108 两用物项管制细菌及病毒（动检衣原体），109 两用物项管制细菌及病毒（动检菌种），110 两用物项管制细菌及病毒（动检毒种），111 两用物项管制细菌及病毒（其他动检微生物），112 两用物项管制细菌及病毒（动检寄生虫），113 两用物项管制细菌及病毒（植物细菌），114 两用物项管制细菌及病毒（植物病毒），115 两用物项管制细菌及病毒（医用细菌），116 两用物项管制细菌及病毒（医用病毒），117 两用物项管制细菌及病毒（其他医用微生物）。

② 该税号项下检验检疫编码及对应中文名称尚有：106 其他细菌及病毒（动检立克次氏体），107 其他细菌及病毒（动检支原体），108 其他细菌及病毒（动检衣原体），109 其他细菌及病毒（动检菌种），110 其他细菌及病毒（动检毒种），111 其他细菌及病毒（其他动检微生物），112 其他细菌及病毒（动检寄生虫），113 其他细菌及病毒（植物细菌），114 其他细菌及病毒（植物病毒），115 其他细菌及病毒（医用细菌），116 其他细菌及病毒（医用病毒），117 其他细菌及病毒（医用真菌），118 其他细菌及病毒（除细菌、真菌、病毒以外的其他医用微生物），119 其他细菌及病毒（环保微生物），120 其他细菌及病毒（人体寄生虫），121 其他细菌及病毒（医用微生态制剂），131 其他细菌及病毒［食品加工用酵母制品（活性酵母）］，132 其他细菌及病毒［食品加工用酵母制品（非活性酵母）］，133 其他细菌及病毒（食品加工用酵母衍生制品），134 其他细菌及病毒（食品加工用其他酵母产品），135 其他细菌及病毒（食品加工用乳酸菌），136 其他细菌及病毒（食品加工用乳酸菌产品），137 其他细菌及病毒（其他食品加工用菌种及其产品）。

税则号列 HS国际统一前6位	本国子目 7~8位	本国子目 9~10位	货品名称中英文 中文 货物名称	货品名称中英文 英文 Article Description	税费综合信息	计量单位	监管证件代码 进口	监管证件代码 出口	检验检疫类别 进口	检验检疫类别 出口	检验检疫编码	检验检疫编码对应中文名称
300290	40	10	两用物项管制遗传物质和基因修饰生物体	Genetics materials and gene-modified organisms under control of sensitive items	【最】3【普】20【暂进】0 【协东盟】0【协巴基斯坦】0【协智利】0 【协新西兰】0【协秘鲁】0【协哥斯达黎加】0 【协冰岛】0【协瑞士】0【协澳大利亚】0 【协韩国】0【协格鲁吉亚】0【协香港】0 【协澳门】0 【特-1】0【特-2】0【特-3】0 【增】16【出】0【退】16	千克	A	3B	PV	QW	101 102 103 104 105 ……	两用物项管制遗传物质和基因修饰生物体（动检细菌） 两用物项管制遗传物质和基因修饰生物体（动检病毒） 两用物项管制遗传物质和基因修饰生物体（动检真菌） 两用物项管制遗传物质和基因修饰生物体（动检放线菌） 两用物项管制遗传物质和基因修饰生物体（动检螺旋体） ……①
300290	40	90	其他遗传物质和基因修饰生物体	Other genetics materials and gene-modified organisms	【最】3【普】20【暂进】0 【协东盟】0【协巴基斯坦】0【协智利】0 【协新西兰】0【协秘鲁】0【协哥斯达黎加】0 【协冰岛】0【协瑞士】0【协澳大利亚】0 【协韩国】0【协格鲁吉亚】0【协香港】0 【协澳门】0 【特-1】0【特-2】0【特-3】0 【增】16【出】0【退】16	千克	A	B	PV	QW	101 102 103 104 105 ……	其他遗传物质和基因修饰生物体（动检细菌） 其他遗传物质和基因修饰生物体（动检病毒） 其他遗传物质和基因修饰生物体（动检真菌） 其他遗传物质和基因修饰生物体（动检放线菌） 其他遗传物质和基因修饰生物体（动检螺旋体） ……②
300290	90	11	濒危动物血制品	Blood preparations of endangered animals	【最】3【普】20【暂进】0 【协东盟】0【协香港】0【协澳门】0 【协巴基斯坦】0【协智利】0【协新西兰】0 【协秘鲁】0【协哥斯达黎加】0【协冰岛】0 【协瑞士】0【协澳大利亚】0【协韩国】0 【协格鲁吉亚】0 【特-1】0【特-2】0【特-3】0 【增】16【出】0【退】0	千克	AQF	BE	P	Q	101 102 103 104 105 ……	濒危动物血制品（猪全血） 濒危动物血制品（马全血） 濒危动物血制品（兔全血） 濒危动物血制品（狗全血） 濒危动物血制品（其他动物全血） ……③

① 该税号项下检验检疫编码及对应中文名称尚有：106　两用物项管制遗传物质和基因修饰生物体（动检立克次氏体），107　两用物项管制遗传物质和基因修饰生物体（动检支原体），108　两用物项管制遗传物质和基因修饰生物体（动检衣原体），109　两用物项管制遗传物质和基因修饰生物体（动检菌种），110　两用物项管制遗传物质和基因修饰生物体（动检毒种），111　两用物项管制遗传物质和基因修饰生物体（其他动检微生物），112　两用物项管制遗传物质和基因修饰生物体（动检寄生虫），113　两用物项管制遗传物质和基因修饰生物体（其他化工产品），114　两用物项管制遗传物质和基因修饰生物体（医用核酸及其制品），115　两用物项管制遗传物质和基因修饰生物体（其他医用生物制品）。

② 该税号项下检验检疫编码及对应中文名称尚有：106　其他遗传物质和基因修饰生物体（动检立克次氏体），107　其他遗传物质和基因修饰生物体（动检支原体），108　其他遗传物质和基因修饰生物体（动检衣原体），109　其他遗传物质和基因修饰生物体（动检菌种），110　其他遗传物质和基因修饰生物体（动检毒种），111　其他遗传物质和基因修饰生物体（其他动检微生物），112　其他遗传物质和基因修饰生物体（动检寄生虫），113　其他遗传物质和基因修饰生物体（医用核酸及其制品），114　其他遗传物质和基因修饰生物体（其他医用生物制品）。

③ 该税号项下检验检疫编码及对应中文名称尚有：106　濒危动物血制品（猪血浆），107　濒危动物血制品（马血浆），108　濒危动物血制品（兔血浆），109　濒危动物血制品（狗血浆），110　濒危动物血制品（其他动物血浆），111　濒危动物血制品（胎牛血清），112　濒危动物血制品（小（犊）牛血清），113　濒危动物血制品（猪血清），114　濒危动物血制品（马血清），115　濒危动物血制品（兔血清），116　濒危动物血制品（小鼠血清），117　濒危动物血制品（其他动物血清），118　濒危动物血制品（动检抗原），119　濒危动物血制品（动检抗体），120　濒危动物血制品（动检抗血清），121　濒危动物血制品（动检补体），122　濒危动物血制品（动检溶血素），123　濒危动物血制品（动物球蛋白），124　濒危动物血制品（动物纤维蛋白原），125　濒危动物血制品（其他动物血清蛋白），126　濒危动物血制品（其他动物性血液制品），127　濒危动物血制品（动物微生物培养培养基），128　濒危动物血制品（诊断用试剂及试剂盒），129　濒危动物血制品（其他化工产品）。

税则号列			货品名称中英文		税费综合信息	计量单位	监管证件代码		检验检疫类别		检验检疫编码	检验检疫编码对应中文名称
HS 国际统一前 6 位	本国子目 7~8 位	本国子目 9~10 位	中文 货物名称	英文 Article Description			进口	出口	进口	出口		
300290	90	19	其他人血制品、动物血制品	Other human or animal blood products	【最】3【普】20【暂进】0 【协东盟】0【协香港】0【协澳门】0 【协巴基斯坦】0【协智利】0【协新西兰】0 【协秘鲁】0【协哥斯达黎加】0【协冰岛】0 【协瑞士】0【协澳大利亚】0【协韩国】0 【协格鲁吉亚】0 【特-1】0【特-2】0【特-3】0 【增】16【出】0【退】16	千克	AQ	B	PV	QW	101 102 103 104 105 ……	其他人血制品、动物血制品（猪全血） 其他人血制品、动物血制品（马全血） 其他人血制品、动物血制品（兔全血） 其他人血制品、动物血制品（狗全血） 其他人血制品、动物血制品（其他动物全血） ……①
300290	90	21	噬菌核霉	Sclerotinia Rot mildew bite	【最】3【普】20【暂进】0 【协东盟】0【协香港】0【协澳门】0 【协巴基斯坦】0【协智利】0【协新西兰】0 【协秘鲁】0【协哥斯达黎加】0【协冰岛】0 【协瑞士】0【协澳大利亚】0【协韩国】0 【协格鲁吉亚】0 【特-1】0【特-2】0【特-3】0 【增】16【出】0【退】16	千克	AS	BS	PV	QW	101 102	噬菌核霉（用于非医学、环保领域） 噬菌核霉（用于医学、环保领域）
300290	90	22	淡紫拟青霉	Paecilomyces lilacinus	【最】3【普】20【暂进】0 【协东盟】0【协香港】0【协巴基斯坦】0 【协智利】0【协新西兰】0【协秘鲁】0 【协哥斯达黎加】0【协冰岛】0【协瑞士】0 【协澳大利亚】0【协韩国】0【协格鲁吉亚】0 【特-1】0【特-2】0【特-3】0 【增】16【出】0【退】16	千克	AS	BS	PV	QW	101 102	淡紫拟青霉（用于非医学、环保领域） 淡紫拟青霉（用于医学、环保领域）
300290	90	23	哈茨木霉菌	Trichoderma harzianum	【最】3【普】20【暂进】0 【协东盟】0【协香港】0【协巴基斯坦】0 【协智利】0【协新西兰】0【协秘鲁】0 【协哥斯达黎加】0【协冰岛】0【协瑞士】0 【协澳大利亚】0【协韩国】0【协格鲁吉亚】0 【特-1】0【特-2】0【特-3】0 【增】16【出】0【退】16	千克	AS	BS	PV	QW	101 102	哈茨木霉菌（用于非医学、环保领域） 哈茨木霉菌（用于医学、环保领域）
300290	90	24	寡雄腐霉	Pythium oligandrum	【最】3【普】20【暂进】0 【协东盟】0【协香港】0【协巴基斯坦】0 【协智利】0【协新西兰】0【协秘鲁】0 【协哥斯达黎加】0【协冰岛】0【协瑞士】0 【协澳大利亚】0【协韩国】0【协格鲁吉亚】0 【特-1】0【特-2】0【特-3】0 【增】16【出】0【退】16	千克	AS	BS	PV	QW	101 102	寡雄腐霉（用于非医学、环保领域） 寡雄腐霉（用于医学、环保领域）
300290	90	91	两用物项管制毒素	Toxins under control of sensitive items	【最】3【普】20【暂进】0 【协东盟】0【协香港】0【协巴基斯坦】0 【协智利】0【协新西兰】0【协秘鲁】0 【协哥斯达黎加】0【协冰岛】0【协瑞士】0 【协澳大利亚】0【协韩国】0【协格鲁吉亚】0 【特-1】0【特-2】0【特-3】0 【增】16【出】0【退】16	千克	A	3B	PV	QW	101 102 103 104	两用物项管制毒素（动检细菌） 两用物项管制毒素（动检病毒） 两用物项管制毒素（动检真菌） 两用物项管制毒素（动检放线菌）

① 该税号项下检验检疫编码及对应中文名称尚有：106　其他人血制品、动物血制品（猪血浆），107　其他人血制品、动物血制品（马血浆），108　其他人血制品、动物血制品（兔血浆），109　其他人血制品、动物血制品（狗血浆），110　其他人血制品、动物血制品（其他动物血浆），111　其他人血制品、动物血制品（胎牛血清），112　其他人血制品、动物血制品（小（犊）牛血清），113　其他人血制品、动物血制品（猪血清），114　其他人血制品、动物血制品（马血清），115　其他人血制品、动物血制品（兔血清），116　其他人血制品、动物血制品（小鼠血清），117　其他人血制品、动物血制品（其他动物血清），118　其他人血制品、动物血制品（动检抗原），119　其他人血制品、动物血制品（动检抗体），120　其他人血制品、动物血制品（动检抗血清），121　其他人血制品、动物血制品（动检补体），122　其他人血制品、动物血制品（动检溶血素），123　其他人血制品、动物血制品（动物球蛋白），124　其他人血制品、动物血制品（动物纤维蛋白原），125　其他人血制品、动物血制品（其他动物血清蛋白），126　其他人血制品、动物血制品（其他动物性血液制品），127　其他人血制品、动物血制品（动物微生物培养培养基），128　其他人血制品、动物血制品（诊断用试剂及试剂盒），129　其他人血制品、动物血制品（医用抗体），130　其他人血制品、动物血制品（医用抗原），131　其他人血制品、动物血制品（其他医用生物制品），132　其他人血制品、动物血制品（人源血浆），133　其他人血制品、动物血制品（人源血清），134　其他人血制品、动物血制品｛血细胞［人源血细胞（红细胞、白细胞、血小板）］｝，135　其他人血制品、动物血制品｛血浆蛋白［人血浆蛋白（白蛋白、球蛋白、纤维蛋白原）］｝，136　其他人血制品、动物血制品（人血液因子制剂），137　其他人血制品、动物血制品（其他人血制品）。

税则号列			货品名称中英文		税费综合信息	计量单位	监管证件代码		检验检疫类别		检验检疫编码	检验检疫编码对应中文名称
HS国际统一前6位	本国子目 7~8位	9~10位	中文 货物名称	英文 Article Description			进口	出口	进口	出口		
											105 ……	两用物项管制毒素（动检螺旋体） ……①
300290	90	92	人血	Human blood (human whole blood)	【最】3【普】20【暂进】0 【协东盟】0【协香港】0【协巴基斯坦】0 【协智利】0【协新西兰】0【协秘鲁】0 【协哥斯达黎加】0【协冰岛】0【协瑞士】0 【协澳大利亚】0【协韩国】0【协格鲁吉亚】0 【特-1】0【特-2】0【特-3】0 【增】16【出】0	千克	A	BV	PV	QW	101 102 103 104 105 ……	人血（人源全血） 人血（人源血浆） 人血（人源血清） 人血（血细胞、人源血细胞、红细胞、白细胞、血小板） 人血（脐带血） ……②
300290	90	99	其他毒素等［包括培养微生物（不包括酵母）及类似产品］	Human blood, other toxins, cultures of microorganism (excluding yeasts) and similar products	【最】3【普】20【暂进】0 【协东盟】0【协香港】0【协巴基斯坦】0 【协智利】0【协新西兰】0【协秘鲁】0 【协哥斯达黎加】0【协冰岛】0【协瑞士】0 【协澳大利亚】0【协韩国】0【协格鲁吉亚】0 【特-1】0【特-2】0【特-3】0 【增】16【出】0【退】16	千克	A	B	PV	QW	101 102 103 104 105 ……	其他毒素等［包括培养微生物（不包括酵母）及类似产品］（动检细菌） 其他毒素等［包括培养微生物（不包括酵母）及类似产品］（动检病毒） 其他毒素等［包括培养微生物（不包括酵母）及类似产品］（动检真菌） 其他毒素等［包括培养微生物（不包括酵母）及类似产品］（动检放线菌） 其他毒素等［包括培养微生物（不包括酵母）及类似产品］（动检螺旋体） ……③

① 该税号项下检验检疫编码及对应中文名称尚有：106 两用物项管制毒素（动检立克次氏体），107 两用物项管制毒素（动检支原体），108 两用物项管制毒素（动检衣原体），109 两用物项管制毒素（其他动检微生物），110 两用物项管制毒素（动检寄生虫），111 两用物项管制毒素（猪全血），112 两用物项管制毒素（马全血），113 两用物项管制毒素（兔全血），114 两用物项管制毒素（狗全血），115 两用物项管制毒素（其他动物全血），116 两用物项管制毒素（猪血浆），117 两用物项管制毒素（马血浆），118 两用物项管制毒素（兔血浆），119 两用物项管制毒素（狗血浆），120 两用物项管制毒素（其他动物血浆），121 两用物项管制毒素（胎牛血清），122 两用物项管制毒素（小牛血清（小（犊）牛血清），123 两用物项管制毒素（猪血清），124 两用物项管制毒素（马血清），125 两用物项管制毒素（兔血清），126 两用物项管制毒素（小鼠血清），127 两用物项管制毒素（其他动物血清），128 两用物项管制毒素（动检抗原），129 两用物项管制毒素（动检抗体），130 两用物项管制毒素（动检抗血清），131 两用物项管制毒素（动检补体），132 两用物项管制毒素（动检溶血素），133 两用物项管制毒素（动物球蛋白），134 两用物项管制毒素（动物纤维蛋白原），135 两用物项管制毒素（其他动物血清蛋白），136 两用物项管制毒素（其他动物性血液制品），137 两用物项管制毒素（动物微生物培养培养基），138 两用物项管制毒素（诊断用试剂及试剂盒），139 两用物项管制毒素（其他化工产品），140 两用物项管制毒素（毒素）。

② 该税号项下检验检疫编码及对应中文名称尚有：106 人血（其他人血制品）。

③ 该税号项下检验检疫编码及对应中文名称尚有：106 其他毒素等［包括培养微生物（不包括酵母）及类似产品］（动检立克次氏体），107 其他毒素等［包括培养微生物（不包括酵母）及类似产品］（动检支原体），108 其他毒素等［包括培养微生物（不包括酵母）及类似产品］（动检衣原体），109 其他毒素等［包括培养微生物（不包括酵母）及类似产品］（其他动检微生物），110 其他毒素等［包括培养微生物（不包括酵母）及类似产品］（动检寄生虫），111 其他毒素等［包括培养微生物（不包括酵母）及类似产品］（猪全血），112 其他毒素等［包括培养微生物（不包括酵母）及类似产品］（马全血），113 其他毒素等［包括培养微生物（不包括酵母）及类似产品］（兔全血），114 其他毒素等［包括培养微生物（不包括酵母）及类似产品］（狗全血），115 其他毒素等［包括培养微生物（不包括酵母）及类似产品］（其他动物全血），116 其他毒素等［包括培养微生物（不包括酵母）及类似产品］（猪血浆），117 其他毒素等［包括培养微生物（不包括酵母）及类似产品］（马血浆），118 其他毒素等［包括培养微生物（不包括酵母）及类似产品］（兔血浆），119 其他毒素等［包括培养微生物（不包括酵母）及类似产品］（狗血浆），120 其他毒素等［包括培养微生物（不包括酵母）及类似产品］（其他动物血浆），121 其他毒素等［包括培养微生物（不包括酵母）及类似产品］（胎牛血清），122 其他毒素等［包括培养微生物（不包括酵母）及类似产品］（小（犊）牛血清），123 其他毒素等［包括培养微生物（不包括酵母）及类似产品］（猪血清），124 其他毒素等［包括培养微生物（不包括酵母）及类似产品］（马血清），125 其他毒素等［包括培养微生物（不包括酵母）及类似产品］（兔血清），126 其他毒素等［包括培养微生物（不包括酵母）及类似产品］（小鼠血清），127 其他毒素等［包括培养微生物（不包括酵母）及类似产品］（其他动物血清），128 其他毒素等［包括培养微生物（不包括酵母）及类似产品］（动检抗原），129 其他毒素等［包括培养微生物（不包括酵母）及类似产品］（动检抗体），130 其他毒素等［包括培养微生物（不包括酵母）及类似产品］（动检抗血清），131 其他毒素等［包括培养微生物（不包括酵母）及类似产品］（动检补体），132 其他毒素等［包括培养微生物（不包括酵母）及类似产品］（动检溶血素），133 其他毒素等［包括培养微生物（不包括酵母）及类似产品］（动物白蛋白），134 其他毒素等［包括培养微生物（不包括酵母）及类似产品］（动物球蛋白），135 其他毒素等［包括培养微生物（不包括酵母）及类似产品］（动物纤维蛋白原），136 其他毒素等［包括培养微生物（不包括酵母）及类似产品］（其他动物血清蛋白），137 其他毒素等［包括培养微生物（不包括酵母）及类似产品］（其他动物性血液制品），138 其他毒素等［包括培养微生物（不包括酵母）及类似产品］（动物微生物培养培养基），139 其他毒素等［包括培养微生物（不包括酵母）及类似产品］（诊断用试剂及试剂盒），140 其他毒素等［包括培养微生物（不包括酵母）及类似产品］（医用抗体），141 其他毒素等［包括培养微生物（不包括酵母）及类似产品］（医用抗原），142 其他毒素等［包括培养微生物（不包括酵母）及类似产品］（毒素），143 其他毒素等［包括培养微生物（不包括酵母）及类似产品］（其他医用生物制品），144 其他毒素等［包括培养微生物（不包括酵母）及类似产品］（环保微生物），145 人血、其他毒素等［包括培养微生物（不包括酵母）及类似产品］（人源血浆），146 人血、其他毒素等［包括培养微生物（不包括酵母）及类似产品］（人源血清），147 人血、其他毒素等［包括培养微生物（不包括酵母）及类似产品］｛血细胞（人源血细胞［红细胞、白细胞、血小板］）｝，148 人血、其他毒素等［包括培养微生物（不包括酵母）及类似产品］（脐带血），149 人血、其他毒素等［包括培养微生物（不包括酵母）及类似产品］（其他人血制品），150 人血、其他毒素等［包括培养微生物（不包括酵母）及类似产品］（环保微生物）。

税则号列 HS国际统一前6位	本国子目 7~8位	本国子目 9~10位	货品名称中英文 中文 货物名称	货品名称中英文 英文 Article Description	税费综合信息	计量单位	监管证件代码 进口	监管证件代码 出口	检验检疫类别 进口	检验检疫类别 出口	检验检疫编码	检验检疫编码对应中文名称
300310	11		氨苄青霉素（未配定剂量或非零售包装）	Ampicillin (not put up in measured doses or in forms or packings for retail sale)	【最】0【普】30 【特-1】0【特-2】0【特-3】0 【增】16【出】0【退】16	千克	Q				101 999	氨苄青霉素（未配定剂量或非零售包装）（其他化工产品） 氨苄青霉素（未配定剂量或非零售包装）［含有青霉素及链霉素的药品（未配定剂量）］
300310	12		羟氨苄青霉素（未配定剂量或非零售包装）	Amoxycillin (not put up in measured doses or in forms or packings for retail sale)	【最】0【普】30 【特-1】0【特-2】0【特-3】0 【增】16【出】0【退】16	千克	Q				101 999	羟氨苄青霉素（未配定剂量或非零售包装）（其他化工产品） 羟氨苄青霉素（未配定剂量或非零售包装）［含有青霉素及链霉素的药品（未配定剂量）］
300310	13		青霉素V	Penicillin V (not put up in measured doses or in forms or packings for retail sale)	【最】0【普】30 【特-1】0【特-2】0【特-3】0 【增】16【出】0【退】16	千克	Q				101 999	青霉素V(未配定剂量或非零售包装）（其他化工产品） 青霉素V(未配定剂量或非零售包装）［含有青霉素及链霉素的药品（未配定剂量）］
300310	19		其他青霉素（未配定剂量或非零售包装）	Other medicaments containing penicillins (not put up in measured doses or in forms or packings for retail sale)	【最】0【普】30 【特-1】0【特-2】0【特-3】0 【增】16【出】0【退】16	千克	Q				101 999	其他青霉素（未配定剂量或非零售包装）（其他化工产品） 其他青霉素（未配定剂量或非零售包装）［含有青霉素及链霉素的药品（未配定剂量）］
300310	90		其他含有青霉素或链霉素的混合药	Other medicaments consisting of penicillins or streptomycins (consisting of two or more constituents which have been mixed together, not put up in measured doses or in forms or packings for retail sale)	【最】0【普】30 【特-1】0【特-2】0【特-3】0 【增】16【出】0【退】16	千克	Q				101 999	其他含有青霉素或链霉素的混合药（未配定剂量或非零售包装，混合指含两种或两种以上成分）(其他化工产品） 其他含有青霉素或链霉素的混合药（未配定剂量或非零售包装，混合指含两种或两种以上成分）［含有青霉素及链霉素的药品（未配定剂量）］
300320	11		头孢噻肟（未配定剂量或非零售包装）	Cefotaxime (not put up in measured doses or in forms or packings for retail sale)	【最】0【普】30 【特-1】0【特-2】0【特-3】0 【增】16【出】0【退】16	千克	Q				999	头孢噻肟（未配定剂量或非零售包装）
300320	12		头孢他啶（未配定剂量或非零售包装）	Ceftazidime (not put up in measured doses or in forms or packings for retail sale)	【最】0【普】30 【特-1】0【特-2】0【特-3】0 【增】16【出】0【退】16	千克	Q				999	头孢他啶（未配定剂量或非零售包装）
300320	13		头孢西丁（未配定剂量或非零售包装）	Cefoxitin (not put up in measured doses or in forms or packings for retail sale)	【最】0【普】30 【特-1】0【特-2】0【特-3】0 【增】16【出】0【退】16	千克	Q				999	头孢西丁（未配定剂量或非零售包装）
300320	14		头孢替唑	Ceftezole (not put up in measured doses or in forms or packings for retail sale)	【最】0【普】30 【特-1】0【特-2】0【特-3】0 【增】16【出】0【退】16	千克	Q				999	头孢替唑（未配定剂量或非零售包装）
300320	15		头孢克罗（未配定剂量或非零售包装）	Cefaclor (not put up in measured doses or in forms or packings for retail sale)	【最】0【普】30 【特-1】0【特-2】0【特-3】0 【增】16【出】0【退】16	千克	Q				999	头孢克罗（未配定剂量或非零售包装）
300320	16		头孢呋辛（未配定剂量或非零售包装）	Cefuroxime (not put up in measured doses or in forms or packings for retail sale)	【最】0【普】30 【特-1】0【特-2】0【特-3】0 【增】16【出】0【退】16	千克	Q				999	头孢呋辛（未配定剂量或非零售包装）

税则号列			货品名称中英文		税费综合信息	计量单位	监管证件代码		检验检疫类别		检验检疫编码	检验检疫编码对应中文名称
HS 国际统一前6位	本国子目 7~8位	9~10位	中文 货物名称	英文 Article Description			进口	出口	进口	出口		
300320	17		头孢三嗪（头孢曲松）	Ceftriaxone (not put up in measured doses or in forms or packings for retail sale)	【最】0【普】30 【特-1】0【特-2】0【特-3】0 【增】16【出】0【退】16	千克	Q				999	头孢三嗪（头孢曲松）(未配定剂量或非零售包装)
300320	18		头孢哌酮（未配定剂量或非零售包装）	Cefoperazone(not put up in measured doses or in forms or packings for retail sale)	【最】0【普】30 【特-1】0【特-2】0【特-3】0 【增】16【出】0【退】16	千克	Q				999	头孢哌酮（未配定剂量或非零售包装）
300320	19		其他头孢菌素（未配定剂量或非零售包装）	Other medicaments containing cephamycins(consisting of two or more constituents which have been mixed together, not put up in measured doses or in forms or packings for retail sale)	【最】0【普】30 【特-1】0【特-2】0【特-3】0 【增】16【出】0【退】16	千克	Q				999	其他头孢菌素（未配定剂量或非零售包装）
300320	90		含有其他抗菌素的混合药品（未配定剂量或非零售包装，混合指含两种或两种以上成分）	Medicaments consisting of other antibiotics(consisting of two or more constituents which have been mixed together, not put up in measured doses or in forms or packings for retail sale)	【最】0【普】30 【特-1】0【特-2】0【特-3】0 【增】16【出】0【退】16	千克	Q				999	含有其他抗菌素的混合药品（未配定剂量或非零售包装，混合指含两种或两种以上成分）
300331	00		含有胰岛素的混合药品（不含抗菌素且未配定剂量或非零售包装，混合指含两种或两种以上成分）	Medicaments containing insulin (consisting of two or more constituents which have been mixed together, but not containing antibiotics, not put up in measured doses or in forms or packings for retail sale)	【最】0【普】30 【特-1】0【特-2】0【特-3】0 【增】16【出】0【退】16	千克	Q				999	含有胰岛素的混合药品（不含抗菌素且未配定剂量或非零售包装，混合指含两种或两种以上成分）
300339	00		其他含税目29.37激素等的混合药（不含抗菌素且未配定剂量或非零售包装，混合指含两种或两种以上成分）	Other medicaments containing hormones or other prouducts of heading 29.37 (consisting of two or more constituents which have been mixed together, but not containing antibiotics, not put up in measured doses or in forms or packings for retail sale)	【最】0【普】30 【特-1】0【特-2】0【特-3】0 【增】16【出】0【退】16	千克	Q				101 999	其他含税目29.37激素等的混合药（不含抗菌素且未配定剂量或非零售包装，混合指含两种或两种以上成分）（其他化工产品） 其他含税目29.37激素等的混合药（不含抗菌素且未配定剂量或非零售包装，混合指含两种或两种以上成分）［其他含有激素的药品（未配定剂量）］
300341	00		含有麻黄碱及其盐的混合药品	Containing ephedrine or its salts	【最】5【普】35 【协东盟】0【协巴基斯坦】0【协智利】0 【协新西兰】0【协秘鲁】0【协哥斯达黎加】0 【协冰岛】0【协瑞士】0【协澳大利亚】0 【协韩国】0【协格鲁吉亚】0【协香港】0 【协澳门】0 【特-1】0【特-2】0【特-3】0 【增】16【出】0【退】16	千克	Q				998 999	含有麻黄碱及其盐的混合药品（未配定剂量或非零售包装，混合指含两种或两种以上成分）（药品） 含有麻黄碱及其盐的混合药品（未配定剂量或非零售包装，混合指含两种或两种以上成分）（其他化工产品）

税则号列 HS国际统一前6位	本国子目 7~8位	本国子目 9~10位	货品名称 中文 货物名称	货品名称 英文 Article Description	税费综合信息	计量单位	监管证件代码 进口	监管证件代码 出口	检验检疫类别 进口	检验检疫类别 出口	检验检疫编码	检验检疫编码对应中文名称
300342	00		含有伪麻黄碱(INN)及其盐的	Containing pseudo-ephedrine (INN) or its salts	【最】5【普】30 【协东盟】0【协巴基斯坦】0【协智利】0 【协新西兰】0【协秘鲁】0【协哥斯达黎加】0 【协冰岛】0【协瑞士】0【协澳大利亚】0 【协韩国】0【协格鲁吉亚】0【协香港】0 【协澳门】0 【特-1】0【特-2】0【特-3】0 【增】16【出】0【退】16	千克	Q				998 999	含有伪麻黄碱（INN)及其盐的混合药品（未配定剂量或非零售包装，混合指含两种或两种以上成分）(药品) 含有伪麻黄碱（INN)及其盐的混合药品（未配定剂量或非零售包装，混合指含两种或两种以上成分）（其他化工产品）
300343	00		含有去甲麻黄碱及其盐的混合药品	Containing norephed-rine or its salts	【最】5【普】35 【协东盟】0【协巴基斯坦】0【协智利】0 【协新西兰】0【协秘鲁】0【协哥斯达黎加】0 【协冰岛】0【协瑞士】0【协澳大利亚】0 【协韩国】0【协格鲁吉亚】0【协香港】0 【协澳门】0 【特-1】0【特-2】0【特-3】0 【增】16【出】0【退】16	千克	Q				998 999	含有去甲麻黄碱及其盐的混合药品（未配定剂量或非零售包装，混合指含两种或两种以上成分）(药品) 含有去甲麻黄碱及其盐的混合药品（未配定剂量或非零售包装，混合指含两种或两种以上成分）(其他化工产品)
300349	00	10	含奎宁或其盐的混合药品（未配定剂量或非零售包装，混合指含两种或两种以上成分)	Medicaments containing quinine or its salts(consisting of two or more constituents which have been mixed together, not put up in measured doses or in forms or packings for retail sale)	【最】5【普】35 【协东盟】0【协巴基斯坦】0【协智利】0 【协新西兰】0【协秘鲁】0【协哥斯达黎加】0 【协冰岛】0【协瑞士】0【协澳大利亚】0 【协韩国】0【协格鲁吉亚】0【协香港】0 【协澳门】0 【特-1】0【特-2】0【特-3】0 【增】16【出】0【退】16	千克	Q				998 999	含奎宁或其盐的混合药品（未配定剂量或非零售包装，混合指含两种或两种以上成分）（药品) 含奎宁或其盐的混合药品（未配定剂量或非零售包装，混合指含两种或两种以上成分）（其他化工产品)
300349	00	90	含其他生物碱及衍生物的混合药品（未配定剂量或非零售包装，混合指含两种或两种以上成分)	Other medicaments containing alkaloids or derivatives thereof (consisting of two or more constituents which have been mixed together, but not containing hormones or other prouducts of heading 29. 37 or an-tibiotics, not put up in measured doses or in forms or packings for retail sale)	【最】5【普】30 【协东盟】0【协巴基斯坦】0【协智利】0 【协新西兰】0【协秘鲁】0【协哥斯达黎加】0 【协冰岛】0【协瑞士】0【协澳大利亚】0 【协韩国】0【协格鲁吉亚】0【协香港】0 【协澳门】0 【特-1】0【特-2】0【特-3】0 【增】16【出】0【退】16	千克	Q				998 999	含其他生物碱及衍生物的混合药品（未配定剂量或非零售包装，混合指含两种或两种以上成分）(药品) 含其他生物碱及衍生物的混合药品（未配定剂量或非零售包装，混合指含两种或两种以上成分）(其他化工产品)
300360	10		含有青蒿素及其衍生物的混合药品	Containing artemisinins and their derivatives	【最】0【普】30 【协东盟】0【协澳门】0 【特-1】0【特-2】0【特-3】0 【增】16【出】0【退】16	千克	Q				998 999	含有青蒿素及其衍生物的混合药品（未配定剂量或非零售包装，混合指含两种或两种以上成分）(药品) 含有青蒿素及其衍生物的混合药品（未配定剂量或非零售包装，混合指含两种或两种以上成分）(其他化工产品)
300360	90	10	含有磺胺类的混合药品（未配定剂量或非零售包装，混合指含两种或两种以上成分)	Medicaments containing sulfa drugs (consisting of two or more constituents which have been mixed together, not put up in measured doses or in forms or packings for retail sale)	【最】0【普】30 【协澳门】0 【特-1】0【特-2】0【特-3】0 【增】16【出】0【退】16	千克	Q				998 999	含有磺胺类的混合药品（未配定剂量或非零售包装，混合指含两种或两种以上成分）(药品) 含有磺胺类的混合药品（未配定剂量或非零售包装，混合指含两种或两种以上成分）（其他化工产品)

税则号列 HS 国际统一前6位	本国子目 7~8位	本国子目 9~10位	货物名称（中文）	Article Description（英文）	税费综合信息	计量单位	监管证件代码 进口	监管证件代码 出口	检验检疫类别 进口	检验检疫类别 出口	检验检疫编码	检验检疫编码对应中文名称
300360	90	20	含濒危动植物的混合药品（未配定剂量或非零售包装，混合指含两种或两种以上成分）	Medicaments containing endangered animals and plants(consisting of two or more constituents which have been mixed together, not put up in measured doses or in forms or packings for retail sale)	【最】0【普】30 【协澳门】0 【特-1】0【特-2】0【特-3】0 【增】16【出】0【退】0	千克	FQ	E			998 999	含濒危动植物的混合药品（未配定剂量或非零售包装，混合指含两种或两种以上成分）（药品） 含濒危动植物的混合药品（未配定剂量或非零售包装，混合指含两种或两种以上成分）（其他化工产品）
300360	90	90	其他含有本章子目注释二所列抗疟疾活性成分的混合药品（未配定剂量或非零售包装，混合指含两种或两种以上成分）	Other, containing antimalarial active principles described in Subheading Note 2 to this Chapter (consisting of two or more constituents which have been mixed together, but not containing hormones or other prouducts of heading 29.37 or antibiotics, not put up in measured doses or in forms or packings for retail sale)	【最】0【普】30 【协澳门】0 【特-1】0【特-2】0【特-3】0 【增】16【出】0【退】16	千克	Q				998 999	其他含有本章子目注释二所列抗疟疾活性成分的混合药品（未配定剂量或非零售包装，混合指含两种或两种以上成分）（药品） 其他含有本章子目注释二所列抗疟疾活性成分的混合药品（未配定剂量或非零售包装，混合指含两种或两种以上成分）（其他化工产品）
300390	00	10	含紫杉醇的混合药品（未配定剂量或非零售包装，混合指含两种或两种以上成分）	Other medicaments containing sulfa drugs (consisting of two or more constituents which have been mixed together, not put up in measured doses or in forms or packings for retail sale)	【最】0【普】30 【协澳门】0 【特-1】0【特-2】0【特-3】0 【增】16【出】0【退】0	千克	FQ	E			998 999	含紫杉醇的混合药品（未配定剂量或非零售包装，混合指含两种或两种以上成分）（药品） 含紫杉醇的混合药品（未配定剂量或非零售包装，混合指含两种或两种以上成分）（其他化工产品）
300390	00	20	其他含未列名濒危动植物混合药品（未配定剂量或非零售包装，混合指含两种或两种以上成分）	Other medicaments containing endangered animals and plants (consisting of two or more constituents which have been mixed together, not put up in measured doses or in forms or packings for retail sale)	【最】0【普】30 【协澳门】0 【特-1】0【特-2】0【特-3】0 【增】16【出】0【退】0	千克	FQ	E			998 999	其他含未列名濒危动植物混合药品（未配定剂量或非零售包装，混合指含两种或两种以上成分）（药品） 其他含未列名濒危动植物混合药品（未配定剂量或非零售包装，混合指含两种或两种以上成分）（其他化工产品）
300390	00	30	其他含磺胺类的混合药品（未配定剂量或非零售包装，混合指含两种或两种以上成分）	Other medicaments containing sulfa drugs (consisting of two or more constituents which have been mixed together, not put up in measured doses or in forms or packings for retail sale)	【最】0【普】30 【协澳门】0 【特-1】0【特-2】0【特-3】0 【增】16【出】0【退】16	千克	Q				998 999	其他含磺胺类的混合药品（未配定剂量或非零售包装，混合指含两种或两种以上成分）（药品） 其他含磺胺类的混合药品（未配定剂量或非零售包装，混合指含两种或两种以上成分）（其他化工产品）
300390	00	90	其他含未列名成分混合药品（未配定剂量或非零售包装，混合指含两种或两种以上成分）	Other medicaments, containing other two or more constituents, not elsewhere specified or included, not put up in measured doses or in forms of packings for retail sale	【最】0【普】30 【协澳门】0 【特-1】0【特-2】0【特-3】0 【增】16【出】0【退】16	千克	Q				998 999	其他含未列名成分混合药品（未配定剂量或非零售包装，混合指含两种或两种以上成分）（药品） 其他含未列名成分混合药品（未配定剂量或非零售包装，混合指含两种或两种以上成分）（其他化工产品）

税则号列 HS国际统一前6位	本国子目7~8位	本国子目9~10位	货品名称中文 货物名称	英文 Article Description	税费综合信息	计量单位	监管证件代码 进口	监管证件代码 出口	检验检疫类别 进口	检验检疫类别 出口	检验检疫编码	检验检疫编码对应中文名称
300410	11	10	兽用普鲁卡因青霉素、奈夫西林钠制剂	Procaine penicillin and nafcillin sodium formulateons, veterinary, in forms of packings for retail sale	【最】0【普】30 【特-1】0【特-2】0【特-3】0 【增】16【出】0【退】16	千克	R				999	兽用普鲁卡因青霉素、奈夫西林钠制剂（包括制成零售包装）
300410	11	90	氨苄青霉素制剂	Ampicillin, put up in measured doses or in forms of packings for retail sale	【最】0【普】30 【特-1】0【特-2】0【特-3】0 【增】16【出】0【退】16	千克	Q				101 999	氨苄青霉素制剂（包括制成零售包装）（其他化工产品） 氨苄青霉素制剂（包括制成零售包装）［含有青霉素和链霉素及其衍生物的药品（已配定剂量）］
300410	12		羟氨苄青霉素制剂	Amoxycillin, put up in measured doses or in forms of packings for retail sale	【最】0【普】30 【特-1】0【特-2】0【特-3】0 【增】16【出】0【退】16	千克	Q				101 999	羟氨苄青霉素制剂（包括制成零售包装）（其他化工产品） 羟氨苄青霉素制剂（包括制成零售包装）［含有青霉素和链霉素及其衍生物的药品（已配定剂量）］
300410	13		青霉素V制剂	Penicillin V, put up in measured doses or in forms of packings for retail sale	【最】0【普】30 【特-1】0【特-2】0【特-3】0 【增】16【出】0【退】16	千克	Q				101 999	青霉素V制剂（包括制成零售包装）（其他化工产品） 青霉素V制剂（包括制成零售包装）［含有青霉素和链霉素及其衍生物的药品（已配定剂量）］
300410	19		其他已配剂量青霉素制剂（包括制成零售包装）	Other medicaments containing penicillins (put up in measured doses or in forms or packings for retail sale)	【最】0【普】30 【特-1】0【特-2】0【特-3】0 【增】16【出】0【退】16	千克	Q				999	其他已配剂量青霉素制剂（包括制成零售包装）
300410	90	10	抗（防）癌药品制剂（不含癌症辅助治疗药品）	Anti - cancer drug preparation (excluding cancer adjuvant treatment drugs)	【最】0【普】30 【特-1】0【特-2】0【特-3】0 【增】3【出】0【退】16	千克	Q				999	抗（防）癌药品制剂（不含癌症辅助治疗药品）
300410	90	90	其他已配剂量含有青霉素或链霉素药品	Other medicaments containing penicillin or streptomycin, put up in measured doses (generated HS CODE by splitting anti - cancer drug substance)	【最】0【普】30 【特-1】0【特-2】0【特-3】0 【增】16【出】0【退】16	千克	Q				999	其他已配剂量含有青霉素或链霉素药品（因拆分抗癌药产生的兜底税号）
300420	11		已配剂量头孢噻肟制剂	Cefotaxime, put up in measured doses or in forms or packings for retail sale	【最】0【普】30 【特-1】0【特-2】0【特-3】0 【增】16【出】0【退】16	千克	Q				999	已配剂量头孢噻肟制剂（包括制成零售包装）
300420	12		已配剂量头孢他啶制剂	Ceftazidime, put up in measured doses or in forms or packings for retail sale	【最】0【普】30 【特-1】0【特-2】0【特-3】0 【增】16【出】0【退】16	千克	Q				999	已配剂量头孢他啶制剂（包括制成零售包装）
300420	13		已配剂量头孢西丁制剂	Cefoxitin, put up in measured doses or in forms or packings for retail sale	【最】0【普】30 【特-1】0【特-2】0【特-3】0 【增】16【出】0【退】16	千克	Q				999	已配剂量头孢西丁制剂（包括制成零售包装）
300420	14		已配剂量头孢替唑制剂	Ceftezole, put up in measured doses or in forms or packings for retail sale	【最】0【普】30 【特-1】0【特-2】0【特-3】0 【增】16【出】0【退】16	千克	Q				999	已配剂量头孢替唑制剂（包括制成零售包装）

税则号列			货品名称中英文		税费综合信息	计量单位	监管证件代码		检验检疫类别		检验检疫编码	检验检疫编码对应中文名称
HS 国际统一	本国子目		中文	英文								
前6位	7~8位	9~10位	货物名称	Article Description			进口	出口	进口	出口		
300420	15		已配剂量头孢克罗制剂	Cefaclor, put up in measured doses or in forms or packings for retail sale	【最】0【普】30 【特-1】0【特-2】0【特-3】0 【增】16【出】0【退】16	千克	Q				999	已配剂量头孢克罗制剂(包括制成零售包装)
300420	16		已配剂量头孢呋辛制剂	Cefuroxime, put up in measured doses or in forms or packings for retail sale	【最】0【普】30 【特-1】0【特-2】0【特-3】0 【增】16【出】0【退】16	千克	Q				999	已配剂量头孢呋辛制剂(包括制成零售包装)
300420	17		已配剂量头孢三嗪(头孢曲松)制剂	Ceftriaxone, put up in measured doses or in forms or packings for retail sale	【最】0【普】30 【特-1】0【特-2】0【特-3】0 【增】16【出】0【退】16	千克	Q				999	已配剂量头孢三嗪(头孢曲松)制剂(包括制成零售包装)
300420	18		已配剂量头孢哌酮制剂	Cefoperazone, put up in measured doses or in forms or packings for retail sale	【最】0【普】30 【特-1】0【特-2】0【特-3】0 【增】16【出】0【退】16	千克	Q				999	已配剂量头孢哌酮制剂(包括制成零售包装)
300420	19	11	兽用已配剂量的头孢氨苄,头孢噻呋钠制剂	Cefalexin and Ceftiofur sodium formulations, veterinary, put up in measured doses or in forms of packings for retail sale	【最】0【普】30 【协韩国】3 【特-1】0【特-2】0【特-3】0 【增】16【出】0【退】16	千克	R				999	兽用已配剂量的头孢氨苄,头孢噻呋钠制剂(包括零售包装的制成品)
300420	19	12	兽用已配剂量的头孢噻呋晶体,硫酸头孢喹肟制剂	Ceftiofur crystal and Cefquinome sulphate, veterinary, put up in measured doses of in forms or packings for retail sale	【最】0【普】30 【协韩国】3 【特-1】0【特-2】0【特-3】0 【增】16【出】0【退】16	千克	R				999	兽用已配剂量的头孢噻呋晶体,硫酸头孢喹肟制剂(包括零售包装的制成品)
300420	19	90	其他已配剂量头孢菌素制剂	Other Cephalosporin preparations, put up in measured doses or in forms of packings for retail sale	【最】0【普】30 【协韩国】3 【特-1】0【特-2】0【特-3】0 【增】16【出】0【退】16	千克	Q				999	其他已配剂量头孢菌素制剂(包括零售包装的制成品)
300420	90	11	兽用已配剂量的土霉素,延胡索酸泰妙菌素,泰拉霉素制剂	Terramycin, Tiamulin Fumarate and Tyra mycin, veterinary, put up in measured doses or in forms of packings for retail sale	【最】0【普】30 【特-1】0【特-2】0【特-3】0 【增】16【出】0【退】16	千克	R				999	兽用已配剂量的土霉素,延胡索酸泰妙菌素,泰拉霉素制剂(包括制成零售包装)
300420	90	12	兽用已配剂量的氟苯尼考,多拉菌素,硫酸庆大霉素制剂	Florfenicol, Doramectin and Gentamicin sulphate, veterinary, put up in measured doses or in forms of packings for retail sale	【最】0【普】30 【特-1】0【特-2】0【特-3】0 【增】16【出】0【退】16	千克	R				999	兽用已配剂量的氟苯尼考,多拉菌素,硫酸庆大霉素制剂(包括制成零售包装)
300420	90	13	兽用已配剂量的硫酸双羟链霉素制剂	Streptomycin Sulfate, veterinary, put up in measured doses or in forms of packings for retail sale	【最】0【普】30 【特-1】0【特-2】0【特-3】0 【增】16【出】0【退】16	千克	R				999	兽用已配剂量的硫酸双羟链霉素制剂(包括制成零售包装)
300420	90	91	抗(防)癌药品制剂(不含癌症辅助治疗药品)	Anti - cancer drug preparation (excluding cancer adjuvant treatment drugs)	【最】0【普】30 【特-1】0【特-2】0【特-3】0 【增】3【出】0【退】16	千克	Q				999	抗(防)癌药品制剂(不含癌症辅助治疗药品)
300420	90	99	其他已配剂量含有其他抗菌素的药品	Other medicaments containing antibiotics, put up in measured doses (in forms or packing for retail sale) (generated HS CODE by splitting anti-cancer drug substance)	【最】0【普】30 【特-1】0【特-2】0【特-3】0 【增】16【出】0【退】16	千克	Q				999	其他已配剂量含有其他抗菌素的药品(包括制成零售包装)(因拆分抗癌药产生的兜底税号)

税则号列 HS国际统一前6位	本国子目 7~8位	本国子目 9~10位	货品名称中英文 中文 货物名称	货品名称中英文 英文 Article Description	税费综合信息	计量单位	监管证件代码 进口	监管证件代码 出口	检验检疫类别 进口	检验检疫类别 出口	检验检疫编码	检验检疫编码对应中文名称
300431	10	10	已配剂量含重组人胰岛素的单方制剂	Single preparations, containing recombinant human insulin, put up in measured doses or packings for retail sale	【最】0【普】30 【特-1】0【特-2】0【特-3】0 【增】16【出】0【退】16	千克	L	L			999	已配剂量含重组人胰岛素的单方制剂（包括零售包装）
300431	10	90	已配剂量含重组人胰岛素的其他药品	Other Medicaments, containing recombinant human insulin, without antibiotics, put up in measured doses or packings for retail sale	【最】0【普】30 【特-1】0【特-2】0【特-3】0 【增】16【出】0【退】16	千克	Q				999	已配剂量含重组人胰岛素的其他药品（不含抗菌素，包括零售包装）
300431	90	10	其他已配剂量含胰岛素的单方制剂	Other single preparations, containing insulin, put up in measured doses or packings for retail sale	【最】0【普】30 【特-1】0【特-2】0【特-3】0 【增】16【出】0【退】16	千克	L	L			999	其他已配剂量含胰岛素的单方制剂（包括零售包装）
300431	90	90	其他已配剂量含胰岛素的其他药品	Other Medicaments, containing insulin, without antibiotics, put up in measured doses or packings for retail sale	【最】0【普】30 【特-1】0【特-2】0【特-3】0 【增】16【出】0【退】16	千克	Q				999	其他已配剂量含胰岛素的其他药品（不含抗菌素，包括零售包装）
300432	00	11	已配剂量含1-雄烯二醇或1-雄烯二酮的单方制剂	Single preparation containing andostenediol or androstenedione, including their derivatives and structural analogues, put up in measured doses, packings for retail sale	【最】0【普】30 【特-1】0【特-2】0【特-3】0 【增】16【出】0【退】16	千克	L	L			999	已配剂量含1-雄烯二醇或1-雄烯二酮的单方制剂（包括其衍生物及结构类似物，包括零售包装）
300432	00	12	已配剂量含甲酰勃龙的单方制剂	Single preparation containing formebolone, inclu- ding their derivatives and structural analog- ues, put up in measured doses, packings for retail sale	【最】0【普】30 【特-1】0【特-2】0【特-3】0 【增】16【出】0【退】16	千克	L	L			999	已配剂量含甲酰勃龙的单方制剂（包括其衍生物及结构类似物，包括零售包装）
300432	00	13	已配剂量含雄甾-4-烯-3β，17α-二醇［4-雄烯二醇(3β，17α)］的单方制剂（包括其衍生物及结构类似物，包括零售包装）	Single preparation containing androst-4-ene- 3β, 17α-diol, including their derivatives and structural analogues, put up in measured doses, packings for retail sale	【最】0【普】30 【特-1】0【特-2】0【特-3】0 【增】16【出】0【退】16	千克	L	L			999	已配剂量含雄甾-4-烯-3β，17α-二醇［4-雄烯二醇(3β，17α)］的单方制剂（包括其衍生物及结构类似物，包括零售包装）
300432	00	14	已配剂量含雄甾-5-烯-3β，17α-二醇［5-雄烯二醇(3β，17α)］的单方制剂（包括其衍生物及结构类似物，包括零售包装）	Single preparation containing androst-5-ene- 3β, 17α-diol, including their derivatives and structural analogues, put up in measured doses, packings for retail sale	【最】0【普】30 【特-1】0【特-2】0【特-3】0 【增】16【出】0【退】16	千克	L	L			999	已配剂量含雄甾-5-烯-3β，17α-二醇［5-雄烯二醇(3β，17α)］的单方制剂（包括其衍生物及结构类似物，包括零售包装）

税则号列 HS国际统一前6位	本国子目 7~8位	本国子目 9~10位	货品名称中英文 中文 货物名称	货品名称中英文 英文 Article Description	税费综合信息	计量单位	监管证件代码 进口	监管证件代码 出口	检验检疫类别 进口	检验检疫类别 出口	检验检疫编码	检验检疫编码对应中文名称
300432	00	15	已配剂量含4-雄烯二醇或乙雌烯醇的单方制剂	Single preparation with 4-androstenediol and ethylestrenol, including their derivatives and structural analogues, put up in measured doses, packings for retail sale	【最】0【普】30【特-1】0【特-2】0【特-3】0【增】16【出】0【退】16	千克	L	L			999	已配剂量含4-雄烯二醇或乙雌烯醇的单方制剂（包括其衍生物及结构类似物，包括零售包装）
300432	00	16	已配剂量含5-雄烯二酮的单方制剂	Single preparation containing androstene- dione isomer, including their derivatives and structural analogues, put up in measured doses, packings for retail sale	【最】0【普】30【特-1】0【特-2】0【特-3】0【增】16【出】0【退】16	千克	L	L			999	已配剂量含5-雄烯二酮的单方制剂（包括其衍生物及结构类似物，包括零售包装）
300432	00	17	已配剂量含5α-雄烷-3α,17β-二醇［雄烷二醇（3α,17β)］或5β-雄烷-3α,17β-二醇［5β-雄烷二醇（3α,17β)］的单方制剂	Single preparation containing β-androstane- diol isomer, including their derivatives and structural analogues, put up in measured doses, packings for retail sale	【最】0【普】30【特-1】0【特-2】0【特-3】0【增】16【出】0【退】16	千克	L	L			999	已配剂量含5α-雄烷-3α,17β-二醇［雄烷二醇（3α,17β)］或5β-雄烷-3α,17β-二醇［5β-雄烷二醇（3α,17β)］的单方制剂（包括其衍生物及其结构类似物，包括零售包装）
300432	00	18	已配剂量5α-雄烷-3β,17α-二醇［雄烷二醇（3β,17α)］的单方制剂	Single preparation containing androstanediol isomer, including their derivatives and structural analogues, put up in measured doses, packings for retail sale	【最】0【普】30【特-1】0【特-2】0【特-3】0【增】16【出】0【退】16	千克	L	L			999	已配剂量5α-雄烷-3β,17α-二醇［雄烷二醇(3β,17α)］的单方制剂（包括其衍生物及结构类似物，包括零售包装）
300432	00	19	已配剂量含勃拉睾酮的单方制剂（包括其衍生物及结构类似物，包括零售包装）	Single preparation containing androstanediol isomer, including their derivatives and structural analogues, put up in measured doses, packings for retail sale	【最】0【普】30【特-1】0【特-2】0【特-3】0【增】16【出】0【退】16	千克	L	L			999	已配剂量含勃拉睾酮的单方制剂（包括其衍生物及结构类似物，包括零售包装）
300432	00	21	已配剂量含勃地酮的单方制剂（包括其衍生物及结构类似物，包括零售包装）	Single preparation containing boldenone, including their derivatives and structural analogues, put up in measured doses, packings for retail sale	【最】0【普】30【特-1】0【特-2】0【特-3】0【增】16【出】0【退】16	千克	L	L			999	已配剂量含勃地酮的单方制剂（包括其衍生物及结构类似物，包括零售包装）
300432	00	22	已配剂量含勃二酮的单方制剂（包括其衍生物及结构类似物，包括零售包装）	Single preparation containing 1,4-androstadien-3, 17-diketone, including their derivatives and structural analogues, put up in measured doses, packings for retail sale	【最】0【普】30【特-1】0【特-2】0【特-3】0【增】16【出】0【退】16	千克	L	L			999	已配剂量含勃二酮的单方制剂（包括其衍生物及结构类似物，包括零售包装）

税则号列			货品名称中英文		税费综合信息	计量单位	监管证件代码		检验检疫类别		检验检疫编码	检验检疫编码对应中文名称
HS国际统一前6位	本国子目7~8位	9~10位	中文 货物名称	英文 Article Description			进口	出口	进口	出口		
300432	00	23	已配剂量含卡芦睾酮或达那唑的单方制剂（包括其衍生物及结构类似物，包括零售包装）	Single preparation containing calusterone or danazol, including their derivatives and structural analogues, put up in measured doses, packings for retail sale	【最】0【普】30【特-1】0【特-2】0【特-3】0【增】16【出】0【退】16	千克	L	L			999	已配剂量含卡芦睾酮或达那唑的单方制剂（包括其衍生物及结构类似物，包括零售包装）
300432	00	24	已配剂量含氯司替勃的单方制剂（包括其衍生物及结构类似物，包括零售包装）	Single preparation containing clostebol, including their derivatives and structural analogues, put up in measured doses, packings for retail sale	【最】0【普】30【特-1】0【特-2】0【特-3】0【增】16【出】0【退】16	千克	L	L			999	已配剂量含氯司替勃的单方制剂（包括其衍生物及结构类似物，包括零售包装）
300432	00	25	已配剂量含去氢氯甲睾酮的单方制剂（包括其衍生物及结构类似物，包括零售包装）	Single preparation containing dehydrochlorme- thyltestosterone, including their derivatives and structural analogues, put up in measured doses, packings for retail sale	【最】0【普】30【特-1】0【特-2】0【特-3】0【增】16【出】0【退】16	千克	L	L			999	已配剂量含去氢氯甲睾酮的单方制剂（包括其衍生物及结构类似物，包括零售包装）
300432	00	28	已配剂量含普拉睾酮或屈他雄酮的单方制剂（包括其衍生物及结构类似物，包括零售包装）	Single preparation containing prasterone or dromostanolone, including their derivatives and structural analogues, put up in measured doses, packings for retail sale	【最】0【普】30【特-1】0【特-2】0【特-3】0【增】16【出】0【退】16	千克	L	L			999	已配剂量含普拉睾酮或屈他雄酮的单方制剂（包括其衍生物及结构类似物，包括零售包装）
300432	00	29	已配剂量含去氧甲睾酮或双氢睾酮的单方制剂（包括其衍生物及结构类似物，包括零售包装）	Single preparation containing deoxymethyltestosterone or dihydrotestosterone, and their derivatives and structural analogues, put up in measured doses, packings for retail sale	【最】0【普】30【特-1】0【特-2】0【特-3】0【增】16【出】0【退】16	千克	L	L			999	已配剂量含去氧甲睾酮或双氢睾酮的单方制剂（包括其衍生物及结构类似物，包括零售包装）
300432	00	31	已配剂量含表双氢睾酮或氟甲睾酮的单方制剂（包括其衍生物及结构类似物，包括零售包装）	Single preparation containing epi-dihydrotestosterone or fluoxymesterone, and their derivatives and structural analogues, put up in measured doses, packings for retail sale	【最】0【普】30【特-1】0【特-2】0【特-3】0【增】16【出】0【退】16	千克	L	L			999	已配剂量含表双氢睾酮或氟甲睾酮的单方制剂（包括其衍生物及结构类似物，包括零售包装）
300432	00	32	已配剂量含夫拉扎勃的单方制剂（包括其衍生物及结构类似物，包括零售包装）	Single preparation containing furazabol, and their derivatives and structural analogues, in measured doses, packings for retail sale	【最】0【普】30【特-1】0【特-2】0【特-3】0【增】16【出】0【退】16	千克	L	L			999	已配剂量含夫拉扎勃的单方制剂（包括其衍生物及结构类似物，包括零售包装）

税则号列 HS国际统一前6位	本国子目 7~8位	本国子目 9~10位	货品名称中英文 中文 货物名称	货品名称中英文 英文 Article Description	税费综合信息	计量单位	监管证件代码 进口	监管证件代码 出口	检验检疫类别 进口	检验检疫类别 出口	检验检疫编码	检验检疫编码对应中文名称
300432	00	33	已配剂量含孕三烯酮或4-羟基睾酮的单方制剂（包括其衍生物及结构类似物，包括零售包装）	Single preparation containing gestrinone or 4-hydroxyltestosterone, and their derivatives and struct- ural analogues, put up in measured doses, pack- ings for retail sale	【最】0【普】30【特-1】0【特-2】0【特-3】0【增】16【出】0【退】16	千克	L	L			999	已配剂量含孕三烯酮或4-羟基睾酮的单方制剂（包括其衍生物及结构类似物，包括零售包装）
300432	00	34	含3α-羟基-5α-雄烷-17-酮的单方制剂（包括其衍生物及结构类似物，已配剂量或制成零售包装）	Single preparation containing 3α-hydroxide5α- androstane-17-ketone, and their derivatives and structural analogues, put up in measured doses, packings for retail sale	【最】0【普】30【特-1】0【特-2】0【特-3】0【增】16【出】0【退】16	千克					999	含3α-羟基-5α-雄烷-17-酮的单方制剂（包括其衍生物及结构类似物，已配剂量或制成零售包装）
300432	00	35	已配剂量含美睾酮或美雄酮的单方制剂（包括其衍生物及结构类似物，包括零售包装）	Single preparation containing mestanolone or methandienone, and their derivatives and struct- ural analogues, put up in measured doses, packi- ngs for retail sale	【最】0【普】30【特-1】0【特-2】0【特-3】0【增】16【出】0【退】16	千克	L	L			999	已配剂量含美睾酮或美雄酮的单方制剂.（包括其衍生物及结构类似物，包括零售包装）
300432	00	36	已配剂量含甲基屈他雄酮的单方制剂（包括其衍生物及结构类似物，包括零售包装）	Single preparation containing 2α, 17α-dimethyl-5α- androstane-3-ketone -17β-alcohol, and their derivatives, structural analogues, in measured doses, packings for retail sale	【最】0【普】30【特-1】0【特-2】0【特-3】0【增】16【出】0【退】16	千克	L	L			999	已配剂量含甲基屈他雄酮的单方制剂（包括其衍生物及结构类似物，包括零售包装）
300432	00	37	已配剂量含甲二烯诺龙的单方制剂（包括其衍生物及结构类似物，包括零售包装）	Single preparation containing 17α-meth-yl-17β- hydroxide-4, 9(10)-diolefin-3-ketone, including their derivatives and structural analogues, put up in measured doses, packings for retail sale	【最】0【普】30【特-1】0【特-2】0【特-3】0【增】16【出】0【退】16	千克	L	L			999	已配剂量含甲二烯诺龙的单方制剂（包括其衍生物及结构类似物，包括零售包装）
300432	00	38	已配剂量含甲基-1-睾酮或甲诺睾酮的单方制剂（包括其衍生物及结构类似物，包括零售包装）	Single preparation containing methyl-1-testosteroneor methylnortestosterone, and their derivatives and structural analogues, in measured doses, packings for retail sale	【最】0【普】30【特-1】0【特-2】0【特-3】0【增】16【出】0【退】16	千克	L	L			999	已配剂量含甲基-1-睾酮或甲诺睾酮的单方制剂（包括其衍生物及结构类似物，包括零售包装）
300432	00	39	已配剂量含美曲勃龙的单方制剂（包括其衍生物及结构类似物，包括零售包装）	Single preparation containing 7α-methyl-17β- hydroxide -4, 9, 11- triene -3-ketone, and their derivatives and structural analogues, put up in measured doses, packings for retail sale	【最】0【普】30【特-1】0【特-2】0【特-3】0【增】16【出】0【退】16	千克	L	L			999	已配剂量含美曲勃龙的单方制剂（包括其衍生物及结构类似物，包括零售包装）

税则号列 HS国际统一前6位	本国子目 7~8位	本国子目 9~10位	货品名称中英文 中文 货物名称	货品名称中英文 英文 Article Description	税费综合信息	计量单位	监管证件代码 进口	监管证件代码 出口	检验检疫类别 进口	检验检疫类别 出口	检验检疫编码	检验检疫编码对应中文名称
300432	00	41	已配剂量含美雄诺龙或美替诺龙的单方制剂（包括其衍生物及结构类似物，包括零售包装）	Single preparation containing mestanolone or methenolone, and their derivatives and structural analogues, put up in measured doses, packings for retail sale	【最】0【普】30 【特-1】0【特-2】0【特-3】0 【增】16【出】0【退】16	千克	L	L			999	已配剂量含美雄诺龙或美替诺龙的单方制剂（包括其衍生物及结构类似物，包括零售包装）
300432	00	42	已配剂量含美雄醇或甲睾酮或米勃酮的单方制剂（包括其衍生物及结构类似物，包括零售包装）	Single preparation containing methandriol or methyltestosterone or mibloerone, and their derivatives and structural analogues, put up in measured doses, packings for retail sale Single preparation containing nandrolone or	【最】0【普】30 【特-1】0【特-2】0【特-3】0 【增】16【出】0【退】16	千克	L	L			999	已配剂量含美雄醇或甲睾酮或米勃酮的单方制剂（包括其衍生物及结构类似物，包括零售包装）
300432	00	43	已配剂量含诺龙或诺勃酮或诺司替勃的单方制剂（包括其衍生物及结构类似物，包括零售包装）	Single preparation containing norbolethone or norclostebol, and their derivatives and structural analogues, put up in measured doses, packings for retail sale	【最】0【普】30 【特-1】0【特-2】0【特-3】0 【增】16【出】0【退】16	千克	L	L			999	已配剂量含诺龙或诺勃酮或诺司替勃的单方制剂（包括其衍生物及结构类似物，包括零售包装）
300432	00	44	已配剂量含19-去甲雄烯二酮的单方制剂（包括其衍生物及结构类似物，包括零售包装）	Single preparation containing 19-norandrostenediol or 19-norandrostenedione, and their derivatives and structural analogues, in measured doses, packings for retail sale	【最】0【普】30 【特-1】0【特-2】0【特-3】0 【增】16【出】0【退】16	千克	L	L			999	已配剂量含19-去甲雄烯二酮的单方制剂（包括其衍生物及结构类似物，包括零售包装）
300432	00	45	已配剂量含去甲雄酮或诺乙雄龙的单方制剂（包括其衍生物及结构类似物，包括零售包装）	Single preparation containing norandrosterone or norethandrolone, and their derivatives and structural analogues, put up in measured doses, packings for retail sale	【最】0【普】30 【特-1】0【特-2】0【特-3】0 【增】16【出】0【退】16	千克	L	L			999	已配剂量含去甲雄酮或诺乙雄龙的单方制剂（包括其衍生物及结构类似物，包括零售包装）
300432	00	46	已配剂量含19-去甲胆烷醇酮的单方制剂（包括其衍生物及结构类似物，包括零售包装）	Single preparation containing19- noretiocholanolone, and their derivatives and structural analogues, put up in measured doses, packings for retail sale	【最】0【普】30 【特-1】0【特-2】0【特-3】0 【增】16【出】0【退】16	千克	L	L			999	已配剂量含19-去甲胆烷醇酮的单方制剂（包括其衍生物及结构类似物，包括零售包装）
300432	00	47	已配剂量含羟勃龙或氧雄龙的单方制剂（包括其衍生物及结构类似物，包括零售包装）	Single preparation containing oxabolone or oxandrolone, and their derivatives and structural analogues, put up in measured doses, packings for retail sale	【最】0【普】30 【特-1】0【特-2】0【特-3】0 【增】16【出】0【退】16	千克	L	L			999	已配剂量含羟勃龙或氧雄龙的单方制剂（包括其衍生物及结构类似物，包括零售包装）

税则号列			货品名称中英文		税费综合信息	计量单位	监管证件代码		检验检疫类别		检验检疫编码	检验检疫编码对应中文名称
HS 国际统一前6位	本国子目 7~8位	本国子目 9~10位	中文 货物名称	英文 Article Description			进口	出口	进口	出口		
300432	00	48	已配剂量含羟甲睾酮或羟甲烯龙的单方制剂（包括其衍生物及结构类似物，包括零售包装）	Single preparation containing oxymesterone or oxymetholone, and their derivatives and structural analogues, put up in measured doses, packings for retail sale	【最】0【普】30 【特-1】0【特-2】0【特-3】0 【增】16【出】0【退】16	千克	L	L			999	已配剂量含羟甲睾酮或羟甲烯龙的单方制剂（包括其衍生物及结构类似物，包括零售包装）
300432	00	49	已配剂量含前列他唑的单方制剂（包括其衍生物及结构类似物，包括零售包装）	Single preparation containing 17β-hydroxy-5α-androstane [3, 2-c] pyrazole, and their derivatives and structuralanalogues, put up in measured doses, packings for retail sale	【最】0【普】30 【特-1】0【特-2】0【特-3】0 【增】16【出】0【退】16	千克	L	L			999	已配剂量含前列他唑的单方制剂（包括其衍生物及结构类似物，包括零售包装）
300432	00	51	含奎勃龙或替勃龙或群勃龙的单方制剂（包括其衍生物及结构类似物，已配剂量或制成零售包装）	Single preparation containing quinbolone or tibolone or trenbolone, and their derivatives and structural analogues, put up in measured doses, packings for retail sale	【最】0【普】30 【特-1】0【特-2】0【特-3】0 【增】16【出】0【退】16	千克	L	L			999	含奎勃龙或替勃龙或群勃龙的单方制剂（包括其衍生物及结构类似物，已配剂量或制成零售包装）
300432	00	52	已配剂量含司坦唑醇或司腾勃龙的单方制剂（包括其衍生物及结构类似物，包括零售包装）	Single preparation containing Stanozolol or stenbolone, and their derivatives and structural analogues, put up in measured doses, packings for retail sale	【最】0【普】30 【特-1】0【特-2】0【特-3】0 【增】16【出】0【退】16	千克	L	L			999	已配剂量含司坦唑醇或司腾勃龙的单方制剂（包括其衍生物及结构类似物，包括零售包装）
300432	00	53	已配剂量含1-睾酮或睾酮的单方制剂（包括其衍生物及结构类似物，包括零售包装）	Single preparation containing 1-testosterone or testosterone, and their derivatives and structural analogues, put up in measured doses, packings for retail sale	【最】0【普】30 【特-1】0【特-2】0【特-3】0 【增】16【出】0【退】16	千克	L	L			999	已配剂量含1-睾酮或睾酮的单方制剂（包括其衍生物及结构类似物，包括零售包装）
300432	00	54	已配剂量含四氢孕三烯酮或泽仑诺的单方制剂（包括其衍生物及结构类似物，包括零售包装）	Single preparation containing tetrahydrogestrinone or zeranol, and their derivatives and structural analogues, put up in measured doses, packings for retail sale	【最】0【普】30 【特-1】0【特-2】0【特-3】0 【增】16【出】0【退】16	千克	L	L			999	已配剂量含四氢孕三烯酮或泽仑诺的单方制剂（包括其衍生物及结构类似物，包括零售包装）
300432	00	60	兽用已配剂量倍他米松戊酸酯制剂（包括其衍生物及结构类似物，包括零售包装）	Betamethasone Valerate, veterinary, put up in measured doses or in forms of packings for retail sale, including including their derivatives and structural analogues	【最】0【普】30 【特-1】0【特-2】0【特-3】0 【增】16【出】0【退】16	千克	R				999	兽用已配剂量倍他米松戊酸酯制剂（包括其衍生物及结构类似物，包括零售包装）

税则号列 HS 国际统一前 6 位	本国子目 7~8 位	本国子目 9~10 位	货品名称 中文 货物名称	货品名称 英文 Article Description	税费综合信息	计量单位	监管证件代码 进口	监管证件代码 出口	检验检疫类别 进口	检验检疫类别 出口	检验检疫编码	检验检疫编码对应中文名称
300432	00	71	已配剂量含雄甾-5-烯-3β，17β-二醇［5-雄烯二醇（3β，17β）］的单方制剂（包括其衍生物及结构类似物，不含抗菌素，包括零售包装）	Single preparation containing 5-androstene diol（3 β，17 β），and their derivatives and structuralanalogues，not containing antibiotics，put up in measured doses	【最】0【普】30【特-1】0【特-2】0【特-3】0【增】16【出】0【退】16	千克	L	L			999	已配剂量含雄甾-5-烯-3β，17β-二醇［5-雄烯二醇（3β，17β）］的单方制剂（包括其衍生物及结构类似物，不含抗菌素，包括零售包装）
300432	00	72	已配剂量含雄甾-4-烯-3，17-二酮（4-雄烯二酮）的单方制剂（包括其衍生物及结构类似物，不含抗菌素，包括零售包装）	Single preparation containing 4-Androstenedione，and their derivatives and structuralanalogues，not containing antibiotics，put up in measured doses	【最】0【普】30【特-1】0【特-2】0【特-3】0【增】16【出】0【退】16	千克	L	L			999	已配剂量含雄甾-4-烯-3，17-二酮（4-雄烯二酮）的单方制剂（包括其衍生物及结构类似物，不含抗菌素，包括零售包装）
300432	00	74	已配剂量含7α-羟基-普拉睾酮的单方制剂（包括其衍生物及结构类似物，不含抗菌素，包括零售包装）	Single preparation containing 7α-Hydroxytestosterone，and their derivatives and structuralanalogues，put up in measured doses	【最】0【普】30【特-1】0【特-2】0【特-3】0【增】16【出】0【退】16	千克	L	L			999	已配剂量含7α-羟基-普拉睾酮的单方制剂（包括其衍生物及结构类似物，不含抗菌素，包括零售包装）
300432	00	75	已配剂量含7β-羟基-普拉睾酮的单方制剂（包括其衍生物及结构类似物，不含抗菌素，包括零售包装）	Single preparation containing 7β-Hydroxytestosterone，and their derivatives and structuralanalogues，not containing antibiotics，put up in measured doses	【最】0【普】30【特-1】0【特-2】0【特-3】0【增】16【出】0【退】16	千克	L	L			999	已配剂量含7β-羟基-普拉睾酮的单方制剂（包括其衍生物及结构类似物，不含抗菌素，包括零售包装）
300432	00	76	已配剂量含7-羰基-普拉睾酮的单方制剂（包括其衍生物及结构类似物，不含抗菌素，包括零售包装）	Single preparation containing 7-Hydroxytestosterone，and their derivatives and structuralanalogues，not containing antibiotics，put up in measured doses	【最】0【普】30【特-1】0【特-2】0【特-3】0【增】16【出】0【退】16	千克	L	L			999	已配剂量含7-羰基-普拉睾酮的单方制剂（包括其衍生物及结构类似物，不含抗菌素，包括零售包装）
300432	00	77	已配剂量含胆烷醇酮的单方制剂（包括其衍生物及结构类似物，不含抗菌素，包括零售包装）	Single preparation containing etiocholanolone，and their derivatives and structuralanalogues，not containing antibiotics，put up in measured doses	【最】0【普】30【特-1】0【特-2】0【特-3】0【增】16【出】0【退】16	千克	L	L			999	已配剂量含胆烷醇酮的单方制剂（包括其衍生物及结构类似物，不含抗菌素，包括零售包装）
300432	00	78	已配剂量含1，4-雄烯二酮（雄甾-1，4-二烯-3，17-二酮）的单方制剂（包括其衍生物及结构类似物，不含抗菌素，包括零售包装）	Unilateral preparation containing 1，4-androstenedione（andros-1，4-diene-3，17-dione）（including derivatives and structural analogs，free of antibiotics，including retail packaging））	【最】0【普】30【特-1】0【特-2】0【特-3】0【增】16【出】0【退】16	千克	L	L			999	已配剂量含1，4-雄烯二酮（雄甾-1，4-二烯-3，17-二酮）的单方制剂（包括其衍生物及结构类似物，不含抗菌素，包括零售包装）
300432	00	91	抗（防）癌药品制剂（不含癌症辅助治疗药品）	Anti - cancer drug preparation（excluding cancer adjuvant treatment drugs）	【最】0【普】30【特-1】0【特-2】0【特-3】0【增】3【出】0【退】16	千克	Q				999	抗（防）癌药品制剂（不含癌症辅助治疗药品）

税则号列			货品名称中英文		税费综合信息	计量单位	监管证件代码		检验检疫类别		检验检疫编码	检验检疫编码对应中文名称
HS 国际统一前6位	本国子目 7~8位	本国子目 9~10位	中文 货物名称	英文 Article Description			进口	出口	进口	出口		
300432	00	99	其他已配剂量含其他皮质甾类激素的药品（包括其衍生物及结构类似物，不含抗菌素，包括零售包装）	Other medicaments containing corticosteroid put up in measured doses (including its derivatives and structural analogues, in forms or packing for retail sale, excluding antibiotics) (generated HS CODE by splitting anti - cancer drug substance)	【最】0【普】30 【特-1】0【特-2】0【特-3】0 【增】16【出】0【退】16	千克	Q				301 999	其他已配剂量含其他皮质甾类激素的药品（包括其衍生物及结构类似物，不含抗菌素，包括零售包装）（因拆分抗癌药产生的兜底税号）[氢化可的松涂膜剂(易燃液体)] 其他已配剂量含其他皮质甾类激素的药品（包括其衍生物及结构类似物，不含抗菌素，包括零售包装）（因拆分抗癌药产生的兜底税号）(其他)
300439	00	11	已配剂量含克仑特罗的单方制剂（包括零售包装）	Single preparation containing clenbuterol, put up in measured doses, packings for retail sale	【最】0【普】30 【特-1】0【特-2】0【特-3】0 【增】16【出】0【退】16	千克	L	L			999	已配剂量含克仑特罗的单方制剂（包括零售包装）
300439	00	22	已配剂量含生长激素（GH）的单方制剂（包括零售包装）	Single preparation containing growth hormone, in measured doses, packings for retail sale	【最】0【普】30 【特-1】0【特-2】0【特-3】0 【增】16【出】0【退】16	千克	L	L			999	已配剂量含生长激素(GH)的单方制剂（包括零售包装）
300439	00	25	已配剂量含绒促性素、促黄体生成素等的单方制剂	Single preparation containing gonadotrophins, in measured doses, packings for retail sale	【最】0【普】30 【特-1】0【特-2】0【特-3】0 【增】16【出】0【退】16	千克	L	L			999	已配剂量含绒促性素、促黄体生成素等的单方制剂［包括含生长激素释放肽类（GHRPs）、普拉莫瑞林（生长激素释放肽-2）、CJC-1295(CAS 号 863288-34-0)、生长激素释放肽-6、生长激素释放激素及其类似物、生长激素促分泌剂，零售包装］
300439	00	26	已配剂量含促皮质素类等肽类激素的单方制剂	Single preparation containing corticotrophins, in measured doses, packings for retail sale	【最】0【普】30 【特-1】0【特-2】0【特-3】0 【增】16【出】0【退】16	千克	L	L			999	已配剂量含促皮质素类等肽类激素的单方制剂［包括零售包装，以及已配剂量或零售包装的艾瑞莫瑞林、阿那瑞林、布舍瑞林、可的瑞林、海沙瑞林、伊莫瑞林、舍莫瑞林、替莫瑞林、戈那瑞林、葛瑞林(脑肠肽)及其模拟物类的单方制剂］
300439	00	27	已配剂量含亮丙瑞林的单方制剂	Monomer preparation dose containing leuprolide	【最】0【普】30 【特-1】0【特-2】0【特-3】0 【增】16【出】0【退】16	千克	L	L			999	已配剂量含亮丙瑞林的单方制剂
300439	00	28	已配剂量含雄酮的单方制剂	Monomer preparation containing dose of DHEA therapy	【最】0【普】30 【特-1】0【特-2】0【特-3】0 【增】16【出】0【退】16	千克	L	L			999	已配剂量含雄酮的单方制剂
300439	00	30	兽用血促性素、绒促性素制剂（包括零售包装）	Serum gonadotrophin and chorionic gonadotropin, veterinary, in forms of packings for retail sale	【最】0【普】30 【特-1】0【特-2】0【特-3】0 【增】16【出】0【退】16	千克	R				999	兽用血促性素、绒促性素制剂（包括零售包装）
300439	00	91	抗（防）癌药品制剂（不含癌症辅助治疗药品）	Anti - cancer drug preparation (excluding cancer adjuvant treatment drugs)	【最】0【普】30 【特-1】0【特-2】0【特-3】0 【增】3【出】0【退】16	千克	Q				999	抗（防）癌药品制剂（不含癌症辅助治疗药品）
300439	00	92	其他已配剂量含卵泡抑素的单方制剂	Unilateral preparation containing follistatin	【最】0【普】30 【特-1】0【特-2】0【特-3】0 【增】16【出】0【退】16	千克	L	L			999	其他已配剂量含卵泡抑素的单方制剂

税则号列			货品名称中英文		税费综合信息	计量单位	监管证件代码		检验检疫类别		检验检疫编码	检验检疫编码对应中文名称
HS国际统一前6位	本国子目 7~8位	本国子目 9~10位	中文 货物名称	英文 Article Description			进口	出口	进口	出口		
300439	00	93	其他已配剂量含马昔瑞林的单方制剂	Unilateral preparation containing Macillin	【最】0【普】30 【特-1】0【特-2】0【特-3】0 【增】16【出】0【退】16	千克	L	L			999	其他已配剂量含马昔瑞林的单方制剂
300439	00	99	其他已配剂量含激素或税目29.37产品的药品	Other medicaments containing hormone or heading 2937 put up in measured doses (in forms or packing for retail sale, excluding antibiotics) (generated HS CODE by splitting anti-cancer drug substance)	【最】0【普】30 【特-1】0【特-2】0【特-3】0 【增】16【出】0【退】16	千克	Q				999	其他已配剂量含激素或税目29.37产品的药品(不含抗菌素,包括零售包装)(因拆分抗癌药产生的兜底税号)
300441	00	10	盐酸麻黄碱片、盐酸麻黄碱注射剂、硫酸麻黄碱片	Ephedrine Hydrochloride Tablets, ephedrine hydrochloride injection, ephedrine sulfate tablets	【最】5【普】30 【协东盟】0【协香港】0【协巴基斯坦】0 【协智利】0【协新西兰】0【协秘鲁】0 【协哥斯达黎加】0【协冰岛】0【协瑞士】0 【协澳大利亚】0【协韩国】0【协格鲁吉亚】0 【特-1】0【特-2】0【特-3】0 【增】16【出】0【退】16	千克	2Q	3			998 999	盐酸麻黄碱片、盐酸麻黄碱注射剂、硫酸麻黄碱片(药品) 盐酸麻黄碱片、盐酸麻黄碱注射剂、硫酸麻黄碱片(其他化工产品)
300441	00	20	其他含麻黄碱及其盐的单方制剂(已配定剂量或制成零售包装)	Other preparations containing ephedrine and its salts, put up in measured doses or in forms or packings for retail sale	【最】5【普】30 【协东盟】0【协香港】0【协巴基斯坦】0 【协智利】0【协新西兰】0【协秘鲁】0 【协哥斯达黎加】0【协冰岛】0【协瑞士】0 【协澳大利亚】0【协韩国】0【协格鲁吉亚】0 【特-1】0【特-2】0【特-3】0 【增】16【出】0【退】16	千克	I	I			998 999	其他含麻黄碱及其盐的单方制剂(已配定剂量或制成零售包装)(药品) 其他含麻黄碱及其盐的单方制剂(已配定剂量或制成零售包装)(其他化工产品)
300441	00	90	其他含有麻黄碱及其盐的药品(已配定剂量或制成零售包装)	Other drugs containing ephedrine and its salts, put up in measured doses or in forms or packings for retail sale	【最】5【普】30 【协东盟】0【协香港】0【协巴基斯坦】0 【协智利】0【协新西兰】0【协秘鲁】0 【协哥斯达黎加】0【协冰岛】0【协瑞士】0 【协澳大利亚】0【协韩国】0【协格鲁吉亚】0 【特-1】0【特-2】0【特-3】0 【增】16【出】0【退】16	千克	Q				998 999	其他含有麻黄碱及其盐的药品(已配定剂量或制成零售包装)(药品) 其他含有麻黄碱及其盐的药品(已配定剂量或制成零售包装)(其他化工产品)
300442	00	10	盐酸伪麻黄碱片	Pseudoephedrine Hydrochloride Tablets	【最】5【普】30 【协东盟】0【协香港】0【协巴基斯坦】0 【协智利】0【协新西兰】0【协秘鲁】0 【协哥斯达黎加】0【协冰岛】0【协瑞士】0 【协澳大利亚】0【协韩国】0【协格鲁吉亚】0 【特-1】0【特-2】0【特-3】0 【增】16【出】0【退】16	千克	2Q	3			998 999	盐酸伪麻黄碱片(药品) 盐酸伪麻黄碱片(其他化工产品)
300442	00	20	其他含伪麻黄碱及其盐的单方制剂(已配定剂量或制成零售包装)	Other preparations containing pseudoephedrine and its salts, put up in measured doses or in forms or packings for retail sale	【最】5【普】30 【协东盟】0【协香港】0【协巴基斯坦】0 【协智利】0【协新西兰】0【协秘鲁】0 【协哥斯达黎加】0【协冰岛】0【协瑞士】0 【协澳大利亚】0【协韩国】0【协格鲁吉亚】0 【特-1】0【特-2】0【特-3】0 【增】16【出】0【退】16	千克	I	I			998 999	其他含伪麻黄碱及其盐的单方制剂(已配定剂量或制成零售包装)(药品) 其他含伪麻黄碱及其盐的单方制剂(已配定剂量或制成零售包装)(其他化工产品)
300442	00	90	其他含有伪麻黄碱及其盐的药品(已配定剂量或制成零售包装)	Other drugs containing pseudoephedrine and its salts, put up in measured doses or in forms or packings for retail sale	【最】5【普】30 【协东盟】0【协香港】0【协巴基斯坦】0 【协智利】0【协新西兰】0【协秘鲁】0 【协哥斯达黎加】0【协冰岛】0【协瑞士】0 【协澳大利亚】0【协韩国】0【协格鲁吉亚】0 【特-1】0【特-2】0【特-3】0 【增】16【出】0【退】16	千克	Q				998 999	其他含有伪麻黄碱及其盐的药品(已配定剂量或制成零售包装)(药品) 其他含有伪麻黄碱及其盐的药品(已配定剂量或制成零售包装)(其他化工产品)
300443	00	10	去甲麻黄碱及其盐的单方制剂(已配定剂量或制成零售包装)	Preparations cathine and its salts, put up in measured doses, packings for retail sale	【最】5【普】30 【协东盟】0【协香港】0【协巴基斯坦】0 【协智利】0【协新西兰】0【协秘鲁】0 【协哥斯达黎加】0【协冰岛】0【协瑞士】0 【协澳大利亚】0【协韩国】0【协格鲁吉亚】0 【特-1】0【特-2】0【特-3】0 【增】16【出】0【退】16	千克	I	I			998 999	去甲麻黄碱及其盐的单方制剂(已配定剂量或制成零售包装)(药品) 去甲麻黄碱及其盐的单方制剂(已配定剂量或制成零售包装)(其他化工产品)

税则号列			货品名称中英文		税费综合信息	计量单位	监管证件代码		检验检疫类别		检验检疫编码	检验检疫编码对应中文名称
HS国际统一前6位	本国子目 7~8位	9~10位	中文 货物名称	英文 Article Description			进口	出口	进口	出口		
300443	00	90	其他含有去甲麻黄碱及其盐的药品（已配定剂量或制成零售包装）	Other drugs containing norephedrine and salts, put up in measured doses, packings for retail sale	【最】5【普】30 【协东盟】0【协香港】0【协巴基斯坦】0 【协智利】0【协新西兰】0【协秘鲁】0 【协哥斯达黎加】0【协冰岛】0【协瑞士】0 【协澳大利亚】0【协韩国】0【协格鲁吉亚】0 【特-1】0【特-2】0【特-3】0 【增】16【出】0【退】16	千克	Q				998 999	其他含有去甲麻黄碱及其盐的药品（已配定剂量或制成零售包装）（药品） 其他含有去甲麻黄碱及其盐的药品（已配定剂量或制成零售包装）（其他化工产品）
300449	00	10	含有奎宁或其盐的药品（已配定剂量或制成零售包装）	Medicaments containing quinine or its salts, put up in measured doses, packings for retail sale	【最】5【普】35 【协东盟】0【协香港】0【协巴基斯坦】0 【协智利】0【协新西兰】0【协秘鲁】0 【协哥斯达黎加】0【协冰岛】0【协瑞士】0 【协澳大利亚】0【协韩国】0【协格鲁吉亚】0 【特-1】0【特-2】0【特-3】0 【增】16【出】0【退】16	千克	Q				998 999	含有奎宁或其盐的药品（已配定剂量或制成零售包装）（药品） 含有奎宁或其盐的药品（已配定剂量或制成零售包装）（其他化工产品）
300449	00	20	含可待因及衍生物及盐的复方制剂（已配定剂量或制成零售包装）	Compound preparations, containing codeine, its derivatives and salts, put up in measured doses, packings for retail sale	【最】5【普】30 【协东盟】0【协香港】0【协巴基斯坦】0 【协智利】0【协新西兰】0【协秘鲁】0 【协哥斯达黎加】0【协冰岛】0【协瑞士】0 【协澳大利亚】0【协韩国】0【协格鲁吉亚】0 【特-1】0【特-2】0【特-3】0 【增】16【出】0【退】16	千克	I	I			998 999	含可待因及衍生物及盐的复方制剂（已配定剂量或制成零售包装）（药品） 含可待因及衍生物及盐的复方制剂（已配定剂量或制成零售包装）（其他化工产品）
300449	00	31	丁丙诺啡透皮贴剂（包括其衍生物，已配定剂量或制成零售包装）	Buprenorphine Transdermal patch, and its salts, put up in measured doses, packings for retail sale	【最】5【普】30 【协东盟】0【协香港】0【协巴基斯坦】0 【协智利】0【协新西兰】0【协秘鲁】0 【协哥斯达黎加】0【协冰岛】0【协瑞士】0 【协澳大利亚】0【协韩国】0【协格鲁吉亚】0 【特-1】0【特-2】0【特-3】0 【增】16【出】0【退】16	千克	I	I			998 999	丁丙诺啡透皮贴剂（包括其衍生物，已配定剂量或制成零售包装）（药品） 丁丙诺啡透皮贴剂（包括其衍生物，已配定剂量或制成零售包装）（其他化工产品）
300449	00	39	其他含生物碱类精神药品的单方制剂（包括其衍生物，已配定剂量或制成零售包装）	Other single preparations, containing alkaloids spirit drug and its derivatives, put up in measured doses, packings for retail	【最】5【普】30 【协东盟】0【协香港】0【协巴基斯坦】0 【协智利】0【协新西兰】0【协秘鲁】0 【协哥斯达黎加】0【协冰岛】0【协瑞士】0 【协澳大利亚】0【协韩国】0【协格鲁吉亚】0 【特-1】0【特-2】0【特-3】0 【增】16【出】0【退】16	千克	I	I			998 999	其他含生物碱类精神药品的单方制剂（包括其衍生物，已配定剂量或制成零售包装）（药品） 其他含生物碱类精神药品的单方制剂（包括其衍生物，已配定剂量或制成零售包装）（其他化工产品）
300449	00	40	含生物碱类麻醉药品的单方制剂（包括其衍生物，已配定剂量或制成零售包装）	Single preparations, containing alkaloids narcotic drugs and its derivatives, put up in measured doses, packings for retail sale	【最】5【普】30 【协东盟】0【协香港】0【协巴基斯坦】0 【协智利】0【协新西兰】0【协秘鲁】0 【协哥斯达黎加】0【协冰岛】0【协瑞士】0 【协澳大利亚】0【协韩国】0【协格鲁吉亚】0 【特-1】0【特-2】0【特-3】0 【增】16【出】0【退】16	千克	I	I			998 999	含生物碱类麻醉药品的单方制剂（包括其衍生物，已配定剂量或制成零售包装）（药品） 含生物碱类麻醉药品的单方制剂（包括其衍生物，已配定剂量或制成零售包装）（其他化工产品）
300449	00	50	吗啡阿托品注射液	Morphine and atropine sulfate injection	【最】5【普】30 【协东盟】0【协香港】0【协巴基斯坦】0 【协智利】0【协新西兰】0【协秘鲁】0 【协哥斯达黎加】0【协冰岛】0【协瑞士】0 【协澳大利亚】0【协韩国】0【协格鲁吉亚】0 【特-1】0【特-2】0【特-3】0 【增】16【出】0【退】16	千克	I	I			998 999	吗啡阿托品注射液（药品） 吗啡阿托品注射液（其他化工产品）
300449	00	61	含有氨酚氢可酮片或其盐	Medicaments containing paracetamol and hydrocodone bitartrate tablet or its salt	【最】5【普】30 【协东盟】0【协香港】0【协巴基斯坦】0 【协智利】0【协新西兰】0【协秘鲁】0 【协哥斯达黎加】0【协冰岛】0【协瑞士】0 【协澳大利亚】0【协韩国】0【协格鲁吉亚】0 【特-1】0【特-2】0【特-3】0 【增】16【出】0【退】16	千克	I	I			998 999	含有氨酚氢可酮片或其盐（药品） 含有氨酚氢可酮片或其盐（其他化工产品）

税则号列			货品名称中英文		税费综合信息	计量单位	监管证件代码		检验检疫类别		检验检疫编码	检验检疫编码对应中文名称
HS国际统一前6位	本国子目 7~8位	9~10位	中文 货物名称	英文 Article Description			进口	出口	进口	出口		
300449	00	62	含有麦角胺咖啡因片/安钠咖或其盐	Medicaments containing ergotamine and caffeine tablet or caffeine and sodium benzoate or its salt	【最】5【普】30 【协东盟】0【协香港】0【协巴基斯坦】0 【协智利】0【协新西兰】0【协秘鲁】0 【协哥斯达黎加】0【协冰岛】0【协瑞士】0 【协澳大利亚】0【协韩国】0【协格鲁吉亚】0 【特-1】0【特-2】0【特-3】0 【增】16【出】0【退】16	千克	I	I			998 999	含有麦角胺咖啡因片/安钠咖或其盐（药品） 含有麦角胺咖啡因片/安钠咖或其盐（其他化工产品）
300449	00	63	阿桔片、复方甘草片（含阿片粉，已配定剂量或制成零售包装）	Compound Platycodon and Liquorice tablets? put up in measured doses or in forms of packings for retail sale	【最】5【普】30 【协东盟】0【协香港】0【协巴基斯坦】0 【协智利】0【协新西兰】0【协秘鲁】0 【协哥斯达黎加】0【协冰岛】0【协瑞士】0 【协澳大利亚】0【协韩国】0【协格鲁吉亚】0 【特-1】0【特-2】0【特-3】0 【增】16【出】0【退】16	千克	I	I			998 999	阿桔片、复方甘草片（含阿片粉，已配定剂量或制成零售包装）（药品） 阿桔片、复方甘草片（含阿片粉，已配定剂量或制成零售包装）（其他化工产品）
300449	00	70	氨酚双氢可待因片	Paracetamol and Dihydrocodeine Tartrate Tablets	【最】5【普】30 【协东盟】0【协香港】0【协巴基斯坦】0 【协智利】0【协新西兰】0【协秘鲁】0 【协哥斯达黎加】0【协冰岛】0【协瑞士】0 【协澳大利亚】0【协韩国】0【协格鲁吉亚】0 【特-1】0【特-2】0【特-3】0 【增】16【出】0【退】16	千克	I	I			998 999	氨酚双氢可待因片（药品） 氨酚双氢可待因片（其他化工产品）
300449	00	91	具有抗癌作用的含有生物碱及其衍生物的药品（混合或非混合，治病或防病用已配定剂量或零售包装）	Anti-cancer medicaments containing alkaloids and its derivatives (mixed or unmixed, put up in measured doses or packing for retail sale)	【最】5【普】30【暂进】0 【协东盟】0【协香港】0【协巴基斯坦】0 【协智利】0【协新西兰】0【协秘鲁】0 【协哥斯达黎加】0【协冰岛】0【协瑞士】0 【协澳大利亚】0【协韩国】0【协格鲁吉亚】0 【特-1】0【特-2】0【特-3】0 【增】3【出】0【退】16	千克	Q				999	具有抗癌作用的含有生物碱及其衍生物的药品（混合或非混合，治病或防病用已配定剂量或零售包装）
300449	00	99	其他含有生物碱及其衍生物的药品（已配定剂量或制成零售包装）	Medicaments containing alkaloids and its derivatives (put up in measured doses or packing for retail sale)	【最】5【普】30 【协东盟】0【协香港】0【协巴基斯坦】0 【协智利】0【协新西兰】0【协秘鲁】0 【协哥斯达黎加】0【协冰岛】0【协瑞士】0 【协澳大利亚】0【协韩国】0【协格鲁吉亚】0 【特-1】0【特-2】0【特-3】0 【增】16【出】0【退】16	千克	Q				301 999	其他含有生物碱及其衍生物的药品（已配定剂量或制成零售包装）（其他化工产品） 其他含有生物碱及其衍生物的药品（已配定剂量或制成零售包装）（药品）
300450	00		已配剂量含有维生素等的其他药品（包括含有税目29.36所列产品的，包括零售包装）	Other medicaments containing vitamins or other products of heading No. 29.36, put up in measured doses or in forms of packings for retail sale	【最】0【普】40 【特-1】0【特-2】0【特-3】0 【增】16【出】0【退】16	千克	Q				999	已配剂量含有维生素等的其他药品（包括含有税目29.36所列产品的，包括零售包装）
300460	10		含有青蒿素及其衍生物的药品（已配定剂量或制成零售包装）	Containing artemisinins and their derivatives	【最】0【普】30 【特-1】0【特-2】0【特-3】0 【增】16【出】0【退】16	千克	Q				998 999	含有青蒿素及其衍生物的药品（已配定剂量或制成零售包装）（药品） 含有青蒿素及其衍生物的药品（已配定剂量或制成零售包装）（其他化工产品）
300460	90	10	含有磺胺类的混合药品	Medicaments containing sulfa drugs, put up in measured doses, packings for retail sale	【最】0【普】30 【特-1】0【特-2】0 【增】16【出】0【退】16	千克	Q				998 999	含有磺胺类的混合药品（已配定剂量或制成零售包装）（药品） 含有磺胺类的混合药品（已配定剂量或制成零售包装）（其他化工产品）
300460	90	21	含濒危动植物成分的中式成药（已配定剂量或零售包装）	Medicaments of Chinese style, containing endangered animals or vegetables, put up in measured doses, packings for retail sale	【最】0【普】30 【特-1】0【特-2】0 【增】16【出】0【退】0	千克	FQ	E			998 999	含濒危动植物成分的中式成药（已配定剂量或零售包装）（药品） 含濒危动植物成分的中式成药（已配定剂量或零售包装）（其他化工产品）

税则号列			货品名称中英文		税费综合信息	计量单位	监管证件代码		检验检疫类别		检验检疫编码	检验检疫编码对应中文名称
HS国际统一前6位	本国子目 7~8位	9~10位	中文 货物名称	英文 Article Description			进口	出口	进口	出口		
300460	90	29	含其他成分的中式成药（已配定剂量或零售包装）	Medicaments of Chinese style, containing other composition, put up in measured doses, packings for retail sale	【最】0【普】30 【特-1】0【特-2】0 【增】16【出】0【退】16	千克	Q				998 999	含其他成分的中式成药（已配定剂量或零售包装）（药品） 含其他成分的中式成药（已配定剂量或零售包装）（其他化工产品）
300460	90	30	其他含濒危野生动植物成分的药品（已配定剂量或零售包装）	Other medicaments of Chinese style, containing endangered animals or vegetables, put up in measured doses, packings for retail sale	【最】0【普】30 【特-1】0【特-2】0 【增】16【出】0【退】0	千克	FQ	E			998 999	其他含濒危野生动植物成分的药品（已配定剂量或零售包装）（药品） 其他含濒危野生动植物成分的药品（已配定剂量或零售包装）（其他化工产品）
300460	90	90	其他含有本章子目注释二所列抗疟疾活性成分的药品（已配定剂量或零售包装）	Other medicaments, containing antimalarial active principles described in Subheading Note 2 to this Chapter, put up in measured doses, packings for retail sale	【最】0【普】30 【特-1】0【特-2】0 【增】16【出】0【退】16	千克	Q				998 999	其他含有本章子目注释二所列抗疟疾活性成分的药品（已配定剂量或零售包装）（药品） 其他含有本章子目注释二所列抗疟疾活性成分的药品（已配定剂量或零售包装）（其他化工产品）
300490	10		已配剂量含有磺胺类的药品（包括零售包装）	Medicaments containing sulfa drugs, put up in measured doses or in forms of packings for retail sale	【最】0【普】40 【特-1】0【特-2】0【特-3】0 【增】16【出】0【退】16	千克	Q				999	已配剂量含有磺胺类的药品（包括零售包装）
300490	20		含联苯双酯的药品（包括零售包装）	Containing biphenyl dicarbxybte, put up in measured doses or in forms of packings for retail sale	【最】4【普】30 【协亚太】2【协东盟】0【协澳门】0 【协巴基斯坦】0【协智利】0【协新西兰】0 【协秘鲁】0【协哥斯达黎加】0【协冰岛】0 【协瑞士】0【协澳大利亚】0【协韩国】0 【协格鲁吉亚】0【协香港】0 【特-1】0【特-2】0【特-3】0 【增】16【出】0【退】16	千克	Q				999	含联苯双酯的药品（包括零售包装）
300490	51	10	含濒危动植物成分的中药酒（已配定剂量或零售包装）【电商】	Medicated liquors or wines, containing endangered animals or vegetables, put up in measured doses, packings for retail sale	【最】0【普】30 【特-1】0【特-2】0【特-3】0 【增】16【出】0【退】0	千克	F	E			101 102 999	含濒危动植物成分的中药酒（已配定剂量或零售包装）（中药酒） 含濒危动植物成分的中药酒（已配定剂量或零售包装）［具有保健食品批准文号（保健食品）］ 含濒危动植物成分的中药酒（已配定剂量或零售包装）（其他）
300490	51	90	含其他成分的中药酒（已配定剂量或零售包装）	Medicated liquors or wines, containing other composition, put up in measured doses, packings for retail sale	【最】0【普】30 【特-1】0【特-2】0【特-3】0 【增】16【出】0【退】16	千克					101 102 103 999	含其他成分的中药酒（已配定剂量或零售包装）（中药酒） 含其他成分的中药酒（已配定剂量或零售包装）（具有保健食品批准文号） 含其他成分的中药酒（已配定剂量或零售包装）（其他化工产品） 含其他成分的中药酒（已配定剂量或零售包装）（其他）
300490	52		片仔癀（已配定剂量或零售包装）	Pien Tzu Huang, put up in measured doses or in forms of packings for retail sale	【最】3【普】30 【协亚太】1.5【协东盟】0【协香港】0 【协澳门】0【协巴基斯坦】0【协智利】0 【协新西兰】0【协秘鲁】0【协哥斯达黎加】0 【协冰岛】0【协瑞士】0【协澳大利亚】0 【协韩国】0【协格鲁吉亚】0 【特-1】0【特-2】0【特-3】0 【增】16【出】0【退】16	千克	QF	E			101 999	片仔癀（已配定剂量或零售包装）（其他化工产品） 片仔癀（已配定剂量或零售包装）（其他）

税则号列			货品名称中英文		税费综合信息	计量单位	监管证件代码		检验检疫类别		检验检疫编码	检验检疫编码对应中文名称
HS国际统一前6位	本国子目7~8位	本国子目9~10位	中文 货物名称	英文 Article Description			进口	出口	进口	出口		
300490	53	10	含天然麝香的白药（已配定剂量或零售包装）	Bai Yao, conttaining with natural musk, put up in measured doses or in forms of packings for retail sale	【最】3【普】30 【协亚太】1.5【协东盟】0【协香港】0 【协澳门】0【协巴基斯坦】0【协智利】0 【协新西兰】0【协秘鲁】0【协哥斯达黎加】0 【协冰岛】0【协瑞士】0【协澳大利亚】0 【协韩国】0【协格鲁吉亚】0 【特-1】0【特-2】0【特-3】0 【增】16【出】0【退】16	千克	FQ	E			999	含天然麝香的白药（已配定剂量或零售包装）
300490	53	90	含人工麝香的白药（已配定剂量或零售包装）	Bai Yao, conttaining with artificial musk, put up in measured doses or in forms of packings for retail sale	【最】3【普】30 【协亚太】1.5【协东盟】0【协香港】0 【协澳门】0【协巴基斯坦】0【协智利】0 【协新西兰】0【协秘鲁】0【协哥斯达黎加】0 【协冰岛】0【协瑞士】0【协澳大利亚】0 【协韩国】0【协格鲁吉亚】0 【特-1】0【特-2】0【特-3】0 【增】16【出】0【退】16	千克	Q				999	含人工麝香的白药（已配定剂量或零售包装）
300490	54		清凉油（已配定剂量或零售包装） 【电商】	Essential balm, put up in measured doses or in forms of packings for retail sale	【最】0【普】30 【特-1】0【特-2】0【特-3】0 【增】16【出】0【退】16	千克	Q				101 999	清凉油（已配定剂量或零售包装）（其他化工产品） 清凉油（已配定剂量或零售包装）（其他）
300490	55	10	含天然麝香的安宫牛黄丸（已配定剂量或零售包装）	Cow-bezoar bolus for resurrection containing natural musk (put up in measured doses, packing for retail sale)	【最】3【普】30 【协亚太】1.5【协东盟】0【协香港】0 【协澳门】0【协巴基斯坦】0【协智利】0 【协新西兰】0【协秘鲁】0【协哥斯达黎加】0 【协冰岛】0【协瑞士】0【协澳大利亚】0 【协韩国】0【协格鲁吉亚】0 【特-1】0【特-2】0【特-3】0 【增】16【出】0【退】0	千克	QF	E			999	含天然麝香的安宫牛黄丸（已配定剂量或零售包装）
300490	55	90	其他安宫牛黄丸（已配定剂量或零售包装）	Other Cow-bezoar bolus for resurrection (put up in measured doses, packing for retail sale)	【最】3【普】30 【协亚太】1.5【协东盟】0【协香港】0 【协澳门】0【协巴基斯坦】0【协智利】0 【协新西兰】0【协秘鲁】0【协哥斯达黎加】0 【协冰岛】0【协瑞士】0【协澳大利亚】0 【协韩国】0【协格鲁吉亚】0 【特-1】0【特-2】0【特-3】0 【增】16【出】0【退】16	千克	Q				101 999	其他安宫牛黄丸（已配定剂量或零售包装）（其他化工产品） 其他安宫牛黄丸（已配定剂量或零售包装）（其他）
300490	59	10	含濒危动植物成分的中式成药（已配定剂量或零售包装）	Medicaments of Chinese style, containing endangered animals or vegetables, put up in measured doses, packings for retail sale	【最】0【普】30 【特-1】0【特-2】0【特-3】0 【增】16【出】0【退】0	千克	QF	E			999	含濒危动植物成分的中式成药（已配定剂量或零售包装）
300490	59	90	含其他成分的中式成药（已配定剂量或零售包装）	Medicaments of Chinese style, containing other composition, put up in measured doses, packings for retail sale	【最】0【普】30 【特-1】0【特-2】0【特-3】0 【增】16【出】0【退】16	千克	Q				101 999	含其他成分的中式成药（已配定剂量或零售包装）（其他化工产品） 含其他成分的中式成药（已配定剂量或零售包装）（其他）
300490	90	10	含濒危野生动植物成分的药品（已配定剂量或零售包装，不含紫杉醇）	Medicaments containing composition of endangered animals or vegetables, without taxinol, put up in measured doses, packings for retail sale	【最】0【普】30 【特-1】0【特-2】0 【增】16【出】0【退】0	千克	FQ	E			999	含濒危野生动植物成分的药品（已配定剂量或零售包装，不含紫杉醇）
300490	90	20	含紫杉醇成分的药品（已配定剂量或制成零售包装）	Medicaments containing taxinol, put up in measured doses, packings for retail sale	【最】0【普】30 【特-1】0【特-2】0 【增】3【出】0【退】0	千克	FQ	E			999	含紫杉醇成分的药品（已配定剂量或制成零售包装）

税则号列			货品名称中英文		税费综合信息	计量单位	监管证件代码		检验检疫类别		检验检疫编码	检验检疫编码对应中文名称
HS 国际统一前 6 位	本国子目 7~8 位	本国子目 9~10 位	中文 货物名称	英文 Article Description			进口	出口	进口	出口		
300490	90	30	其他含第 29 章麻醉药品的单方制（已配定剂量或制成零售包装）	Other single preparations containing narcotic drugs of Chapter 29, put up in measured doses, packings for retail sale	【最】0【普】30 【特-1】0【特-2】0 【增】16【出】0【退】16	千克	I	I			101 999	其他含第 29 章麻醉药品的单方制剂（已配定剂量或制成零售包装）(其他化工产品) 其他含第 29 章麻醉药品的单方制剂（已配定剂量或制成零售包装）(其他)
300490	90	41	地芬诺酯复方制剂（已配定剂量或制成零售包装）	Compound preparation of Diphenoxylate, put up in measured doses or packings for retail sale	【最】0【普】30 【特-1】0【特-2】0 【增】16【出】0【退】16	千克	I	I			101 999	地芬诺酯复方制剂（已配定剂量或制成零售包装）(其他化工产品) 地芬诺酯复方制剂（已配定剂量或制成零售包装）(其他)
300490	90	49	其他含第 29 章精神药品的单方制剂（已配定剂量或制成零售包装）	Other single preparations containing psychotropic substances of Chapter 29, put up in measured doses or packings for retail sale	【最】0【普】30 【特-1】0【特-2】0 【增】16【出】0【退】16	千克	I	I			101 999	其他含第 29 章精神药品的单方制剂（已配定剂量或制成零售包装）(其他化工产品) 其他含第 29 章精神药品的单方制剂（已配定剂量或制成零售包装）(其他)
300490	90	50	含右丙氧芬及其盐的复方制剂（已配定剂量或制成零售包装）	Compound preparations containing dextropropoxyphene and its salts, put up in measured doses, packings for retail sale	【最】0【普】30 【特-1】0【特-2】0 【增】16【出】0【退】16	千克	I	I			999	含右丙氧芬及其盐的复方制剂（已配定剂量或制成零售包装）
300490	90	60	复方樟脑酊（含阿片酊、樟脑、苯甲酸、八角茴香油等，包括零售包装）	Compound camphor tincture (Tincture of opium, camphor, Benzoic acid, oleum anisi stellati), packings for retail sale	【最】0【普】30 【特-1】0【特-2】0 【增】16【出】0【退】16	千克	I	I			999	复方樟脑酊（含阿片酊、樟脑、苯甲酸、八角茴香油等，包括零售包装）
300490	90	71	已配剂量含雄甾-4-烯-3α, 17β-二醇［4-雄烯二醇 (3α, 17β)］的单方制剂（包括零售包装）	Single preparation, containing androst-4-ene -3α, 17β- diol, 17β-diol, put up in measured doses, packings for retail sale	【最】0【普】30 【特-1】0【特-2】0 【增】16【出】0【退】16	千克	L	L			999	已配剂量含雄甾-4-烯-3α, 17β-二醇［4-雄烯二醇 (3α, 17β)］的单方制剂（包括零售包装）
300490	90	72	已配剂量含雄甾-5-烯-3α, 17α-二醇［5-雄烯二醇 (3α, 17α)］的单方制剂（包括零售包装）	Single preparation, containing androst-5-ene -3α, 17α-diol, put up in measured doses, packings for retail sale	【最】0【普】30 【特-1】0【特-2】0 【增】16【出】0【退】16	千克	L	L			999	已配剂量含雄甾-5-烯-3α, 17α-二醇［5-雄烯二醇 (3α, 17α)］的单方制剂（包括零售包装）
300490	90	73	已配剂量含雄甾-5-烯-3α, 17β-二醇［5-雄烯二醇 (3α, 17β)］的单方制剂（包括零售包装）	Single preparation, containing androst-5-ene -3α, 17β- diol, put up in measured doses, packings for retail sale	【最】0【普】30 【特-1】0【特-2】0 【增】16【出】0【退】16	千克	L	L			999	已配剂量含雄甾-5-烯-3α, 17β-二醇［5-雄烯二醇 (3α, 17β)］的单方制剂（包括零售包装）
300490	90	74	已配剂量含5α-雄烷-3α, 17α-二醇（阿法雄烷二醇）或雄甾-4-烯-3α, 17α-二醇［4-雄烯二醇 (3α, 17α)］的单方制剂（包括零售包装）	Single preparation, containing α-androstanediol and androstenediol isomer, put up in measured doses, packings for retail sale	【最】0【普】30 【特-1】0【特-2】0 【增】16【出】0【退】16	千克	L	L			999	已配剂量含 5α-雄烷-3α, 17α-二醇（阿法雄烷二醇）或雄甾-4-烯-3α, 17α-二醇［4-雄烯二醇 (3α, 17α)］的单方制剂（包括零售包装）

税则号列			货品名称中英文		税费综合信息	计量单位	监管证件代码		检验检疫类别		检验检疫编码	检验检疫编码对应中文名称
HS国际统一前6位	本国子目7~8位	9~10位	中文货物名称	英文 Article Description			进口	出口	进口	出口		
300490	90	75	已配剂量含5α-雄烷-3β,17β-二醇（倍他雄烷二醇）的单方制剂（包括零售包装）	Single preparation, containing β-androstanediol and androstenediol isomer, put up in measured doses, packings for retail sale	【最】0【普】30 【特-1】0【特-2】0 【增】16【出】0【退】16	千克	L	L			999	已配剂量含5α-雄烷-3β,17β-二醇（倍他雄烷二醇）的单方制剂（包括零售包装）
300490	90	77	含表雄酮（3β-羟基-5α-雄烷-17-酮）的单方制剂（已配剂量或制成零售包装）	Single preparation, containing 3β-hydroxyl -5α- androstane -17β-ketone, put up in measured doses, packings for retail sale	【最】0【普】30 【特-1】0【特-2】0 【增】16【出】0【退】16	千克	L	L			101 999	含表雄酮（3β-羟基-5α-雄烷-17-酮）的单方制剂（已配剂量或制成零售包装）（其他化工产品） 含表雄酮（3β-羟基-5α-雄烷-17-酮）的单方制剂（已配剂量或制成零售包装）（其他）
300490	90	78	已配剂量含齐帕特罗的单方制剂（包括零售包装）	Single preparation, containing zilpaterol, put up in measured doses, packings for retail sale	【最】0【普】30 【特-1】0【特-2】0 【增】16【出】0【退】16	千克	L	L			999	已配剂量含齐帕特罗的单方制剂（包括零售包装）
300490	90	79	已配剂量含表睾酮的单方制剂（包括零售包装）	Single preparations containing cpitcstosterone, put up in measured doses or packings for retail sale	【最】0【普】30 【特 1】0【特-2】0 【增】16【出】0【退】16	千克	L	L			999	已配剂量含表睾酮的单方制剂（包括零售包装）
300490	90	81	兽用已配剂量含右旋糖苷铁、替泊沙林、布他磷制剂（包括零售包装）	Preparations containing Iron dextran, Tepoxalin and Butafosfan, veterinary, put up in measured doses or in forms of packings for retail sale	【最】0【普】30 【特-1】0【特-2】0 【增】16【出】0【退】16	千克	R				999	兽用已配剂量含右旋糖苷铁、替泊沙林、布他磷制剂（包括零售包装）
300490	90	82	兽用已配剂量含硝碘酚腈、氟尼辛葡甲胺、美洛昔康制剂（包括零售包装）	Preparations containing Nitroxinil, Flunixin meglumine and meloxicam, veterinary, put up in measured doses or in forms of packings for retail sale	【最】0【普】30 【特-1】0【特-2】0 【增】16【出】0【退】16	千克	R				999	兽用已配剂量含硝碘酚腈、氟尼辛葡甲胺、美洛昔康制剂（包括零售包装）
300490	90	91	含FG-4592（CAS号808118-40-3，一种缺氧诱导因子-脯氨酸羟化酶抑制剂）的已配定剂量的制剂（包括零售包装）	With FG-4592 (CAS 808118-40-3, a kind of hypoxia inducible factor - prolinehydroxylase inhibitors) have been preparations dosage (including retail wrapping)	【最】0【普】30 【特-1】0【特-2】0 【增】16【出】0【退】16	千克	Q				999	含FG-4592（CAS号808118-40-3，一种缺氧诱导因子-脯氨酸羟化酶抑制剂）的已配定剂量的制剂（包括零售包装）
300490	90	92	已配剂量含5α-雄烷-2-烯-17-酮的单方制剂（包括零售包装）	Medicaments containing 5α-androstane-2-ene-17-ketone, put up in measured doses (including in forms or packings for retail sale)	【最】0【普】30 【特-1】0【特-2】0 【增】16【出】0【退】16	千克	Q				999	已配剂量含5α-雄烷-2-烯-17-酮的单方制剂（包括零售包装）
300490	90	93	抗（防）癌药品制剂（不含癌症辅助治疗药品）	Anti - cancer drug preparation (excluding cancer adjuvant treatment drugs)	【最】0【普】30 【特-1】0【特-2】0 【增】3【出】0【退】16	千克	Q				999	抗（防）癌药品制剂（不含癌症辅助治疗药品）

税则号列			货品名称中英文		税费综合信息	计量单位	监管证件代码		检验检疫类别		检验检疫编码	检验检疫编码对应中文名称
HS 国际统一前6位	本国子目 7~8位	本国子目 9~10位	中文 货物名称	英文 Article Description			进口	出口	进口	出口		
300490	90	94	已配剂量含2-雄烯醇（5α-雄甾-2-烯-17-醇）的单方制剂（包括零售包装）	Unilateral preparation containing 2-androstene (5α-androst-2-ene-17-ol) (including retail packaging)	【最】0【普】30 【特-1】0【特-2】0 【增】3【出】0【退】暂无数据	千克	L	L			999	已配剂量含2-雄烯醇（5α-雄甾-2-烯-17-醇）的单方制剂（包括零售包装）
300490	90	95	已配剂量含3-雄烯醇（5α-雄甾-3-烯-17-醇）的单方制剂（包括零售包装）	Unilateral preparation containing 3-androstene (5α-androst-3-ene-17-ol) (including retail packaging)	【最】0【普】30 【特-1】0【特-2】0 【增】3【出】0【退】暂无数据	千克	L	L			999	已配剂量含3-雄烯醇（5α-雄甾-3-烯-17-醇）的单方制剂（包括零售包装）
300490	90	96	已配剂量含3-雄烯酮（5α-雄甾-3-烯-17-酮）的单方制剂（包括零售包装）	Unilateral preparation containing 3-ketone (5α-androst-3-ene-17-ketone) (including retail packaging)	【最】0【普】30 【特-1】0【特-2】0 【增】3【出】0【退】暂无数据	千克	L	L			999	已配剂量含3-雄烯酮（5α-雄甾-3-烯-17-酮）的单方制剂（包括零售包装）
300490	90	99	其他已配定剂量的药品（包括零售包装）	Other equipped with fixed dose drug (including retail wrapping)	【最】0【普】30 【特-1】0【特-2】0 【增】16【出】0【退】16	千克	Q				101 102 999	其他已配定剂量的药品（包括零售包装）（鸡眼水） 其他已配定剂量的药品（包括零售包装）（硫汞白癜疯擦药） 其他已配定剂量的药品（包括零售包装）（其他）
300510	10		橡皮膏（制成零售包装供医疗、外科、牙科或兽医用）【电商】	Adhesive plasters, put up in forms or packings for retail sale for medical, surgical, dental or veterinary purposes	【最】5【普】70 【协亚太】4【协东盟】0【协澳门】0 【协巴基斯坦】0【协智利】0【协新西兰】0 【协秘鲁】0【协哥斯达黎加】0【协冰岛】0 【协瑞士】0【协澳大利亚】0【协韩国】0 【协格鲁吉亚】0【协香港】0 【特-1】0【特-2】0【特-3】0 【增】16【对美加征】10【出】0【退】16	千克					101 999	橡皮膏（制成零售包装供医疗、外科、牙科或兽医用）（其他化工产品） 橡皮膏（制成零售包装供医疗、外科、牙科或兽医用）（其他）
300510	90		其他胶粘敷料及有胶粘涂层的物品（经药物浸涂或制成零售包装，供医疗、外科、牙科或兽医用）【电商】	Other adhesives dressing and other article having an adhesives lays, impregnated or coated with pharmaceutical substances or put up in forms or packings for retail sale for medical, surgical, dental or veterinary purposes	【最】5【普】35 【协东盟】0【协澳门】0【协巴基斯坦】0 【协智利】0【协新西兰】0【协秘鲁】0 【协哥斯达黎加】0【协瑞士】0【协澳大利亚】0 【协韩国】0【协格鲁吉亚】0【协香港】0 【特-1】0【特-2】0【特-3】0 【增】16【对美加征】5【出】0【退】16	千克					101 999	其他胶粘敷料及有胶粘涂层的物品（经药物浸涂或制成零售包装，供医疗、外科、牙科或兽医用）（其他化工产品） 其他胶粘敷料及有胶粘涂层的物品（经药物浸涂或制成零售包装，供医疗、外科、牙科或兽医用）（其他）
300590	10		药棉、纱布、绷带（经药物浸涂或制成零售包装，供医疗、外科、牙科或兽医用）【电商】	Absorbent cotton, gauze, bandages, impregnated or coated with pharmaceutical substances or put up in forms or packings for retail sale for medical, surgical, dental or veterinary purposes	【最】5【普】70 【协亚太】3【协东盟】0【协香港】0 【协巴基斯坦】0【协智利】0【协新西兰】0 【协秘鲁】0【协哥斯达黎加】0【协冰岛】0 【协瑞士】0【协澳大利亚】0【协韩国】0 【协格鲁吉亚】0 【特-1】0【特-2】0【特-3】0 【增】16【对美加征】5【出】0【退】16	千克					999	药棉、纱布、绷带（经药物浸涂或制成零售包装，供医疗、外科、牙科或兽医用）
300590	90		其他软填料及类似物品（经药物浸涂或制成零售包装，供医疗、外科、牙科或兽医用）【电商】	Other Wadding and similar articles, impregnated or coated with pharmaceutical substances or put up in forms or packings for retail sale for medical, surgical, dental or veterinary purposes	【最】5【普】35 【协东盟】0【协香港】0【协澳门】0 【协巴基斯坦】0【协智利】0【协新西兰】0 【协秘鲁】0【协哥斯达黎加】0【协瑞士】0 【协澳大利亚】0【协韩国】0【协格鲁吉亚】0 【特-1】0【特-2】0【特-3】0 【增】16【对美加征】5【出】0【退】16	千克					101 999	其他软填料及类似物品（经药物浸涂或制成零售包装，供医疗、外科、牙科或兽医用）（其他化工产品） 其他软填料及类似物品（经药物浸涂或制成零售包装，供医疗、外科、牙科或兽医用）（其他）

税则号列			货品名称中英文		税费综合信息	计量单位	监管证件代码		检验检疫类别		检验检疫编码	检验检疫编码对应中文名称
HS 国际统一前6位	本国子目 7~8位	本国子目 9~10位	中文 货物名称	英文 Article Description			进口	出口	进口	出口		
300610	00		无菌外科肠线、类似的无菌缝合材料，无菌昆布及其塞条（无菌吸收性止血材料，无菌抗粘连阻隔材料，外伤创口闭合用无菌黏合胶布） 【电商】	Sterile surgical catgut, similar sterile suture materials (including sterile absorbable surgical or dental yarns) and sterile tissue adhesives for surgical wound closure; sterile laminaria and sterile laminaria tents; sterile absorbable surgical or dental	【最】5【普】30 【协东盟】0【协香港】0【协澳门】0 【协巴基斯坦】0【协智利】0【协新西兰】0 【协秘鲁】0【协哥斯达黎加】0【协冰岛】0 【协瑞士】0【协澳大利亚】0【协韩国】0 【协格鲁吉亚】0 【特-1】0【特-2】0【特-3】0 【增】16【对美加征】5【出】0【退】16	千克					101 999	无菌外科肠线、类似的无菌缝合材料，无菌昆布及其塞条（无菌吸收性止血材料，无菌抗粘连阻隔材料，外伤创口闭合用无菌黏合胶布）（其他化工产品） 无菌外科肠线、类似的无菌缝合材料，无菌昆布及其塞条（无菌吸收性止血材料，无菌抗粘连阻隔材料，外伤创口闭合用无菌黏合胶布）（其他）
300620	00		血型试剂	Blood-grouping reagents	【最】3【普】20 【协东盟】0【协巴基斯坦】0【协智利】0 【协新西兰】0【协秘鲁】0【协哥斯达黎加】0 【协冰岛】0【协瑞士】1.2【协澳大利亚】0 【协韩国】0【协格鲁吉亚】0【协香港】0 【协澳门】0 【特-1】0【特-2】0【特-3】0 【增】16【对美加征】5【出】0【退】16	千克	A	B	V	W	999	血型试剂
300630	00		X 光检查造影剂、诊断试剂	Opacifying preparations for Xray examinations; diagnostic reagents designed to be administered to the patient	【最】4【普】30 【协东盟】0【协巴基斯坦】0【协智利】0 【协新西兰】0【协秘鲁】0【协哥斯达黎加】0 【协冰岛】0【协瑞士】0【协澳大利亚】0 【协韩国】0【协格鲁吉亚】0【协香港】0 【协澳门】0 【特-1】0【特-2】0【特-3】0 【增】16【对美加征】10【出】0【退】16	千克	AQ	B	V	W	101 102	X 光检查造影剂、诊断试剂（其他化工产品） X 光检查造影剂、诊断试剂（医用诊断试剂）
300640	00		牙科粘固剂及其他牙科填料（包括骨骼粘固剂）	Dental cements and other dental fillings, bone reconstruction cements	【最】5【普】30 【协东盟】0【协巴基斯坦】0【协智利】0 【协新西兰】0【协秘鲁】0【协哥斯达黎加】0 【协冰岛】0【协瑞士】0【协澳大利亚】0 【协韩国】2.5【协格鲁吉亚】0【协香港】0 【协澳门】0 【特-1】0【特-2】0【特-3】0 【增】16【对美加征】5【出】0【退】16	千克					101 999	牙科粘固剂及其他牙科填料（包括骨骼粘固剂）（其他化工产品） 牙科粘固剂及其他牙科填料（包括骨骼粘固剂）（其他）
300650	00		急救药箱、药包	First-aid boxes and kits	【最】5【普】30 【协东盟】0【协巴基斯坦】0【协智利】0 【协新西兰】0【协秘鲁】0【协哥斯达黎加】0 【协冰岛】0【协瑞士】0【协澳大利亚】0 【协韩国】0【协格鲁吉亚】0【协香港】0 【协澳门】0 【特-1】0【特-2】0【特-3】0 【增】16【对美加征】5【出】0【退】16	千克					101 999	急救药箱、药包（其他化工产品） 急救药箱、药包（其他）
300660	10		以激素为基本成分的避孕药	Contraceptive preparations based on hormones	【最】0【普】0 【特-1】0【特-2】0【特-3】0 【增】0【对美加征】10【出】0【退】0	千克	Q				101 999	以激素为基本成分的避孕药（其他化工产品） 以激素为基本成分的避孕药（其他）
300660	90		其他化学避孕药（以税目29.37的其他产品或杀精子剂为基本成分）	Other chemical contraceptive preparations based on other products of heading 29.37 or spermicides	【最】0【普】0 【特-1】0【特-2】0【特-3】0 【增】0【出】0【退】0	千克	Q				101 999	其他化学避孕药（以税目29.37的其他产品或杀精子剂为基本成分）（其他化工产品） 其他化学避孕药（以税目29.37的其他产品或杀精子剂为基本成分）（其他）
300670	00		医用凝胶制品、润滑剂、偶合剂（用于人类或作兽药用，或外科手术，体检时用） 【电商】	Gel preparations designed to be used in human or veterinary medicine as a lubricant for parts of the body for surgical operations or physical examinations or as a coupling agent between the body and medical instruments	【最】6.5【普】30 【协东盟】0【协香港】0【协巴基斯坦】5 【协智利】0【协新西兰】0【协秘鲁】0 【协哥斯达黎加】0【协冰岛】0【协瑞士】0 【协澳大利亚】0【协韩国】0 【协格鲁吉亚】0 【特-1】0【特-2】0【特-3】0 【增】16【对美加征】5【出】0【退】16	千克					999	医用凝胶制品、润滑剂、偶合剂（用于人类或作兽药用，或外科手术，体检时用）

税则号列			货品名称中英文		税费综合信息	计量单位	监管证件代码		检验检疫类别		检验检疫编码	检验检疫编码对应中文名称
HS 国际统一前6位	本国子目 7~8位	本国子目 9~10位	中文 货物名称	英文 Article Description			进口	出口	进口	出口		
300691	00		可确定用于造口术的用具	Appliances identifiable for ostomy use	【最】10【普】80 【协亚太】5【协东盟】0【协香港】0【协澳门】0 【协巴基斯坦】9.2【协智利】0【协新西兰】0 【协新加坡】0【协秘鲁】0【协哥斯达黎加】0 【协冰岛】0【协瑞士】0【协澳大利亚】0 【协韩国】5【协格鲁吉亚】0 【特-1】0【特-2】0【特-3】0 【增】16【对美加征】10【出】0【退】16	千克					101 999	可确定用于造口术的用具（其他化工产品） 可确定用于造口术的用具（其他）
300692	00		废药物（超过有效保存期等原因而不适于原用途的药品）	Waste pharmaceuticals	【最】5【普】30 【协东盟】0【协巴基斯坦】0【协智利】0 【协新西兰】0【协秘鲁】0【协哥斯达黎加】0 【协冰岛】0【协瑞士】0【协澳大利亚】0 【协韩国】0【协格鲁吉亚】0【协香港】0 【协澳门】0 【特-1】0【特-2】0【特-3】0 【增】16【出】0【退】16	千克	9				101 999	废药物（超过有效保存期等原因而不适于原用途的药品）（其他化工产品） 废药物（超过有效保存期等原因而不适于原用途的药品）（其他）

第三十一章 肥 料

Chapter 31 Fertilisers

注释：

一、本章不包括：

（一）税目05.11的动物血；

（二）单独的已有化学定义的化合物［符合下列注释二（一）、三（一）、四（一）或五所规定的化合物除外］；或

（三）税目38.24的每颗重量不低于2.5克的氯化钾培养晶体（光学元件除外）；氯化钾光学元件（税目90.01）。

二、税目31.02只适用于下列货品，但未制成税目31.05所述形状或包装：

（一）符合下列任何一条规定的货品：

1. 硝酸钠，不论是否纯净；
2. 硝酸铵，不论是否纯净；
3. 硫酸铵及硝酸铵的复盐，不论是否纯净；
4. 硫酸铵，不论是否纯净；
5. 硝酸钙及硝酸铵的复盐（不论是否纯净）或硝酸钙及硝酸铵的混合物；
6. 硝酸钙及硝酸镁的复盐（不论是否纯净）或硝酸钙及硝酸镁的混合物；
7. 氰氨化钙，不论是否纯净或用油处理；
8. 尿素，不论是否纯净。

（二）由上述（一）款任何货品相互混合的肥料。

（三）由氯化铵或上述（一）或（二）款任何货品与白垩、石膏或其他无肥效无机物混合而成的肥料。

（四）由上述（一）2或8项的货品或其混合物溶于水或液氨的液体肥料。

三、税目31.03只适用于下列货品，但未制成税目31.05所述形状或包装：

（一）符合下列任何一条规定的货品：

1. 碱性熔渣；
2. 税目25.10的天然磷酸盐，已焙烧或经过超出清除杂质范围的热处理；
3. 过磷酸钙（一过磷酸钙、二过磷酸钙或三过磷酸钙）；
4. 磷酸氢钙，按干燥无水产品重量计含氟量不低于0.2%。

（二）由上述（一）款的任何货品相互混合的肥料，不论含氟量多少。

（三）由上述（一）或（二）款的任何货品与白垩、石膏或其他无肥效无机物混合而成的肥料，不

Chapter Notes:

1. This Chapter does not cover:
   (a) Animal blood of heading 05.11;
   (b) Separate chemically defined compounds (other than those answering to the descriptions in Note 2 (a), 3 (a), 4 (a) or 5 below); or
   (c) Cultured potassium chloride crystals (other than optical elements) weighing not less than 2.5g each, of heading 38.24; optical elements of potassium chloride (heading 90.01).

2. Heading 31.02 applies only to the following goods, provided that they are notput up in the forms or packages described in heading 31.05:
   (a) Goods which answer to one or other of the descriptions given below:
   (i) Sodium nitrate, whether or not pure;
   (ii) Ammonium nitrate, whether or not pure;
   (iii) Double salts, whether or not pure, of ammonium sulphate and ammoniumnitrate;
   (iv) Ammonium sulphate, whether or not pure;
   (v) Double salts (whether or not pure) or mixtures of calcium nitrate and ammonium nitrate;
   (vi) Double salts (whether or not pure) or mixtures of calcium nitrate and magnesium nitrate;
   (vii) Calcium cyanamide, whether or not pure or treated with oil;
   (viii) Urea, whether or not pure.
   (b) Fertilisers consisting of any of the goods described in (a) above mixed together.
   (c) Fertilisers consisting of ammonium chloride or of any of the goods described in (a) or (b) above mixed with chalk, gypsum or other inorganic non-fertilising substances.
   (d) Liquid fertilisers consisting of the goods of subparagraph (a) (ii) or (viii) above, or of mixtures of those goods, in an aqueous or ammoniacal solution.

3. Heading 31.03 applies only to the following goods, provided that they are not put up in the forms or packages described in heading 31.05:
   (a) Goods which answer to one or other of the descriptions given below:
   (i) Basic slag;
   (ii) Natural phosphates of heading 25.10, calcined or further heat-treated than for the removal of impurities;
   (iii) Superphosphates (single, double or triple);
   (iv) Calcium hydrogenorthophosphate containing not less than 0.2% by weight of fluorine calculated on the dry anhydrous product.
   (b) Fertilisers consisting of any of the goods described in (a) above mixed together, but with no account being taken of the fluorine content limit.
   (c) Fertilisers consisting of any of the goods described in (a) or (b) above, but with no account being taken of

论含氟量多少。

the fluorine content limit, mixed with chalk, gypsum or other inorganic non-fertilising substances.

四、税目 31.04 只适用于下列货品，但未制成税目 31.05 所述形状或包装：

（一）符合下列任何一条规定的货品：

1. 天然粗钾盐（例如，光卤石、钾盐镁矾及钾盐）；
2. 氯化钾，不论是否纯净，但上述注释一（三）所述的产品除外；
3. 硫酸钾，不论是否纯净；
4. 硫酸镁钾，不论是否纯净。

（二）由上述（一）款任何货品相互混合的肥料。

4. Heading 31.04 applies only to the following goods, provided that they are not put up in the forms or packages described in heading 31.05:

(a) Goods which answer to one or other of the descriptions given below:

(i) Crude natural potassium salts (for example, carnallite, kainite and sylvite);
(ii) Potassium chloride, whether or not pure, except as provided in Note 1 (c) above;
(iii) Potassium sulphate, whether or not pure;
(iv) Magnesium potassium sulphate, whether or not pure.

(b) Fertilisers consisting of any of the goods described in (a) above mixed together.

五、磷酸二氢铵及磷酸氢二铵（不论是否纯净）及其相互之间的混合物应归入税目 31.05。

5. Ammonium dihydrogenorthophosphate (monoammonium phosphate) and diammonium hydrogenorthophosphate (diammonium phosphate), whether or not pure, and intermixtures thereof, are to be classified in heading 31.05.

六、税目 31.05 所称“其他肥料”，仅适用于其基本成分至少含有氮、磷、钾中一种肥效元素的肥料用产品。

6. For the purposes of heading 31.05, the term "other fertilisers" applies only to products of a kind used as fertilisers and containing, as an essential constituent, at least one of the fertilising elements nitrogen, phosphorus or potassium.

税则号列 HS 国际统一前6位	本国子目 7~8位	本国子目 9~10位	货品名称 中文 货物名称	货品名称 英文 Article Description	税费综合信息	计量单位	监管证件代码 进口	监管证件代码 出口	检验检疫类别 进口	检验检疫类别 出口	检验检疫编码	检验检疫编码对应中文名称
310100	11		未经化学处理的鸟粪	Guano, not chemically treated	【最】3【普】11 【协东盟】0【协巴基斯坦】0【协智利】0 【协新西兰】0【协秘鲁】0【协哥斯达黎加】0 【协冰岛】0【协瑞士】0【协澳大利亚】0 【协韩国】0【协格鲁吉亚】0【协香港】0 【协澳门】0 【特-1】0【特-2】0【特-3】0 【增】10【出】0【退】0	千克	A	B	P	Q	999	未经化学处理的鸟粪
310100	19	10	未经化学处理的森林凋落物（包括腐叶、腐根、树皮、树叶、树根等森林腐殖质）	Forest litter, not chemically treated, including rotten leaves, rotten roots, bark, leaves, roots and forest humus	【最】6.5【普】30 【协亚太】3.3【协东盟】0【协澳门】0 【协香港】0【协巴基斯坦】5【协智利】0 【协新西兰】0【协秘鲁】0【协哥斯达黎加】0 【协冰岛】0【协瑞士】0【协澳大利亚】0 【协韩国】0【协格鲁吉亚】0 【特-1】0【特-2】0【特-3】0 【增】10【对美加征】5【出】0【退】0	千克	A	8B	P	Q	101 102 103 104	未经化学处理的森林凋落物（包括腐叶、腐根、树皮、树叶、树根等森林腐殖质）［树皮（栽培介质）］ 未经化学处理的森林凋落物（包括腐叶、腐根、树皮、树叶、树根等森林腐殖质）（其他有机栽培介质） 未经化学处理的森林凋落物（包括腐叶、腐根、树皮、树叶、树根等森林腐殖质）（植物有机肥） 未经化学处理的森林凋落物（包括腐叶、腐根、树皮、树叶、树根等森林腐殖质）（其他动植物肥料）

税则号列			货品名称中英文		税费综合信息	计量单位	监管证件代码		检验检疫类别		检验检疫编码	检验检疫编码对应中文名称
HS国际统一前6位	本国子目 7~8位	本国子目 9~10位	中文 货物名称	英文 Article Description			进口	出口	进口	出口		
310100	19	90	未经化学处理的其他动植物肥料	Other animal and vegetable fertilizer, not chemically treated	【最】6.5【普】30 【协亚太】3.3【协东盟】0【协澳门】0 【协香港】0【协巴基斯坦】5【协智利】0 【协新西兰】0【协秘鲁】0【协哥斯达黎加】0 【协冰岛】0【协瑞士】0【协澳大利亚】0 【协韩国】0【协格鲁吉亚】0 【特-1】0【特-2】0【特-3】0 【增】10【对美加征】5【出】0【退】0	千克	A	B	P	Q	101 102 103 104 105 ……	未经化学处理的其他动植物肥料（其他动物器官、细胞、培养基） 未经化学处理的其他动植物肥料（猪、牛、羊等偶蹄动物粪便） 未经化学处理的其他动植物肥料（马等奇蹄动物粪） 未经化学处理的其他动植物肥料（其他动物粪便） 未经化学处理的其他动植物肥料（动物性肥料、垃圾） ……①
310100	90	10	经化学处理的含动物源性成分（如粪、羽毛等）动植物肥料	Animal or vegetable fertilizer, chemically treated, containing composition of animal origin	【最】4【普】11 【协东盟】0【协香港】0【协巴基斯坦】0 【协智利】0【协新西兰】0【协秘鲁】0 【协哥斯达黎加】0【协冰岛】0【协瑞士】0 【协澳大利亚】0【协韩国】2.6【协格鲁吉亚】0 【特-1】0【特-2】0【特-3】0 【增】10【对美加征】10【出】0【退】0	千克	A	B	P	Q	101 102 103 104 105 ……	经化学处理的含动物源性成分（如粪、羽毛等）动植物肥料（其他动物器官、细胞、培养基） 经化学处理的含动物源性成分（如粪、羽毛等）动植物肥料（猪、牛、羊等偶蹄动物粪便） 经化学处理的含动物源性成分（如粪、羽毛等）动植物肥料（马等奇蹄动物粪） 经化学处理的含动物源性成分（如粪、羽毛等）动植物肥料（其他动物粪便） 经化学处理的含动物源性成分（如粪、羽毛等）动植物肥料（动物性肥料、垃圾） ……②
310100	90	20	经化学处理的森林凋落物（包括腐叶、腐根、树皮、树叶、树根等森林腐殖质）	Animal or vegetable litter, chemically treated, including rotten leaves, rotten roots, bark, leaves, roots and forest humus	【最】4【普】11 【协东盟】0【协香港】0【协巴基斯坦】0 【协智利】0【协新西兰】0【协秘鲁】0 【协哥斯达黎加】0【协冰岛】0【协瑞士】0 【协澳大利亚】0【协韩国】2.6【协格鲁吉亚】0 【特-1】0【特-2】0【特-3】0 【增】10【对美加征】10【出】0【退】0	千克	A	8B	P	Q	101 102 103	经化学处理的森林凋落物（包括腐叶、腐根、树皮、树叶、树根等森林腐殖质）（其他动物器官、细胞、培养基） 经化学处理的森林凋落物（包括腐叶、腐根、树皮、树叶、树根等森林腐殖质）（植物有机肥） 经化学处理的森林凋落物（包括腐叶、腐根、树皮、树叶、树根等森林腐殖质）（其他化工产品）

① 该税号项下检验检疫编码及对应中文名称尚有：106 未经化学处理的其他动植物肥料（其他动物性废弃物），107 未经化学处理的其他动植物肥料（植物有机肥），108 未经化学处理的其他动植物肥料（其他动物源性肥料）。

② 该税号项下检验检疫编码及对应中文名称尚有：106 经化学处理的含动物源性成分（如粪、羽毛等）动植物肥料（其他动物性废弃物），107 经化学处理的含动物源性成分（如粪、羽毛等）动植物肥料（其他化工产品）。

税则号列			货品名称中英文		税费综合信息	计量单位	监管证件代码		检验检疫类别		检验检疫编码	检验检疫编码对应中文名称
HS国际统一前6位	本国子目 7~8位	本国子目 9~10位	中文 货物名称	英文 Article Description			进口	出口	进口	出口		
310100	90	90	经化学处理的其他动植物肥料	Other animal or vegetable fertilizer, chemically treated	【最】4【普】11 【协东盟】0【协香港】0【协巴基斯坦】0 【协智利】0【协新西兰】0【协秘鲁】0 【协哥斯达黎加】0【协冰岛】0【协瑞士】0 【协澳大利亚】0【协韩国】2.6【协格鲁吉亚】0 【特-1】0【特-2】0【特-3】0 【增】10【对美加征】10【出】0【退】0	千克	A	B	P	Q	101 102 103 104 105 ……	经化学处理的其他动植物肥料（其他动物器官、细胞、培养基） 经化学处理的其他动植物肥料（猪、牛、羊等偶蹄动物粪便） 经化学处理的其他动植物肥料（马等奇蹄动物粪） 经化学处理的其他动植物肥料（其他动物粪便） 经化学处理的其他动植物肥料（动物性肥料、垃圾） ……①
310210	00	10	尿素	Urea (whether or not in aqueous solution, in-quota)	【最】4【普】150【暂进】1 【协亚太】40【协香港】0【协巴基斯坦】40 【配额】4 【增】10【对美加征】10【出】0【退】0	千克	tA		M		101 102	尿素（配额内，不论是否水溶液）（饲料添加剂） 尿素（配额内，不论是否水溶液）（其他化工产品）
310210	00	90	尿素	Urea, whether or not in aqueous solution, out-of- quota	【最】50【普】150 【协亚太】40【协香港】0【协巴基斯坦】40 【配额】4 【增】10【对美加征】10【出】0【退】0	千克	A		M		101 102	尿素（配额外，不论是否水溶液）（饲料添加剂） 尿素（配额外，不论是否水溶液）（其他化工产品）
310221	00		硫酸铵	Ammonium sulphate	【最】4【普】11 【协东盟】0【协巴基斯坦】0【协智利】0 【协新西兰】0【协秘鲁】0【协哥斯达黎加】0 【协冰岛】0【协瑞士】0【协澳大利亚】0 【协韩国】0【协格鲁吉亚】0【协香港】0 【协澳门】0 【特-1】0【特-2】0 【增】10【对美加征】5【出】0【退】0	千克	7A		R		101 102 103	硫酸铵（矿物源性饲料添加剂） 硫酸铵（无检疫要求食品添加剂） 硫酸铵（需申报仅用于工业用途不用于无检疫要求食品添加剂的化学品）
310229	00		硫酸铵和硝酸铵的复盐及混合物	Double salts and mixtures of ammonium sulphate and ammonium nitrate	【最】4【普】11 【协东盟】0【协巴基斯坦】0【协智利】0 【协新西兰】0【协秘鲁】0【协哥斯达黎加】0 【协冰岛】0【协瑞士】0【协澳大利亚】0 【协韩国】0【协格鲁吉亚】0【协香港】0 【协澳门】0 【特-1】0【特-2】0 【增】10【出】0【退】0	千克	7				999	硫酸铵和硝酸铵的复盐及混合物
310230	00		硝酸铵（不论是否水溶液）	Ammonium nitrate, whether or not in aqueous solution	【最】4【普】11 【协东盟】0【协巴基斯坦】0【协智利】0 【协新西兰】0【协秘鲁】0【协哥斯达黎加】0 【协冰岛】0【协瑞士】0【协澳大利亚】0 【协韩国】0【协格鲁吉亚】0【协香港】0 【协澳门】0 【特-1】0【特-2】0 【增】10【出】0【退】0	千克	9k	k	M		301 302	硝酸铵（不论是否水溶液）（爆炸品） 硝酸铵（不论是否水溶液）（氧化性物质）
310240	00		硝酸铵与碳酸钙等的混合物	Mixtures of ammonium nitrate with calcium carb- onate or other inorganic non-fertilizing substances	【最】4【普】11 【协东盟】0【协巴基斯坦】0【协智利】0 【协新西兰】0【协秘鲁】0【协哥斯达黎加】0 【协冰岛】0【协瑞士】0【协澳大利亚】0 【协韩国】0【协格鲁吉亚】0【协香港】0 【协澳门】0 【特-1】0【特-2】0 【增】10【出】0【退】0	千克	7				999	硝酸铵与碳酸钙等的混合物（包括硝酸铵与其他无效肥及无机物的混合物）

① 该税号项下检验检疫编码及对应中文名称尚有：106　经化学处理的其他动植物肥料（其他动物性废弃物），107　经化学处理的其他动植物肥料（植物有机肥），108　经化学处理的其他动植物肥料（其他动物源性肥料），109　经化学处理的其他动植物肥料（其他化工产品）。

税则号列 HS国际统一前6位	本国子目 7~8位	本国子目 9~10位	货品名称 中文 货物名称	货品名称 英文 Article Description	税费综合信息	计量单位	监管证件代码 进口	监管证件代码 出口	检验检疫类别 进口	检验检疫类别 出口	检验检疫编码	检验检疫编码对应中文名称
310250	00		硝酸钠	Sodium nitrate	【最】4【普】11 【协东盟】0【协巴基斯坦】0【协智利】0 【协新西兰】0【协秘鲁】0【协哥斯达黎加】0 【协冰岛】0【协瑞士】0【协澳大利亚】0 【协韩国】0【协格鲁吉亚】0【协香港】0 【协澳门】0 【特-1】0【特-2】0 【增】10【对美加征】10【出】0【退】0	千克	7A	B	M	NS	301 302 303 304	硝酸钠（氧化性物质，需申报仅用于工业用途不用于无检疫要求食品添加剂） 硝酸钠（无检疫要求食品添加剂） 硝酸钠（一般化学品，需申报仅用于工业用途不用于无检疫要求食品添加剂） 硝酸钠（属于危险化学品的食品添加剂）
310260	00		硝酸钙和硝酸铵的复盐及混合物	Double salts and mixtures of calcium nitrate and ammonium nitrate	【最】4【普】11 【协东盟】0【协巴基斯坦】0【协智利】0 【协新西兰】0【协秘鲁】0【协哥斯达黎加】0 【协冰岛】0【协瑞士】0【协澳大利亚】0 【协韩国】0【协格鲁吉亚】0【协香港】0 【协澳门】0 【特-1】0【特-2】0 【增】10【出】0【退】0	千克	7				999	硝酸钙和硝酸铵的复盐及混合物
310280	00		尿素及硝酸铵混合物的水溶液（包括氨水溶液）	Mixtures of Urea and Ammonium nitrate in aqueous or ammoniacal solution	【最】4【普】11 【协东盟】0【协巴基斯坦】0【协智利】0 【协新西兰】0【协秘鲁】0【协哥斯达黎加】0 【协冰岛】0【协瑞士】0【协澳大利亚】0 【协韩国】0【协格鲁吉亚】2.4【协香港】0 【协澳门】0 【特-1】0【特-2】0 【增】10【出】0【退】0	千克	7				999	尿素及硝酸铵混合物的水溶液（包括氨水溶液）
310290	10		氰氨化钙	Calcium cyanamide	【最】4【普】11 【协东盟】0【协巴基斯坦】0【协智利】0 【协新西兰】0【协秘鲁】0【协哥斯达黎加】0 【协冰岛】0【协瑞士】0【协澳大利亚】0 【协韩国】0【协格鲁吉亚】0【协香港】0 【协澳门】0 【特-1】0【特-2】0 【增】10【出】0【退】0	千克	7A	B	M	N	301 302	氰氨化钙（遇水放出易燃气体的物质） 氰氨化钙（其他化工产品）
310290	90		其他矿物氮肥及化学氮肥（包括上述子目未列名的混合物）	Other mineral or chemical fertilizers, nitrogenous(including mixtures not specified in the foregoing subheadings)	【最】4【普】11 【协东盟】0【协巴基斯坦】0【协智利】0 【协新西兰】0【协秘鲁】0【协哥斯达黎加】0 【协冰岛】0【协瑞士】0【协澳大利亚】0 【协韩国】0【协格鲁吉亚】0【协香港】0 【协澳门】0 【特-1】0【特-2】0 【增】10【对美加征】10【出】0【退】0	千克	7				999	其他矿物氮肥及化学氮肥（包括上述子目未列名的混合物）
310311	10		重过磷酸钙［按重量计五氧化二磷（P_2O_5）含量在35%及以上］	Triple superphosphates	【最】4【普】11【暂进】1 【协东盟】0【协巴基斯坦】0【协智利】0 【协新西兰】0【协秘鲁】0【协哥斯达黎加】0 【协冰岛】0【协瑞士】0【协澳大利亚】0 【协韩国】0【协格鲁吉亚】0【协香港】0 【协澳门】0 【特-1】0【特-2】0 【增】10【出】0【退】0	千克	7A		M		999	重过磷酸钙［按重量计五氧化二磷（P_2O_5）含量在35%及以上］
310311	90		其他按重量计五氧化二磷（P_2O_5）含量在35%及以上的过磷酸钙	Other	【最】4【普】11【暂进】1 【协东盟】0【协巴基斯坦】0【协智利】0 【协新西兰】0【协秘鲁】0【协哥斯达黎加】0 【协冰岛】0【协瑞士】0【协澳大利亚】0 【协韩国】0【协格鲁吉亚】0【协香港】0 【协澳门】0 【特-1】0【特-2】0 【增】10【出】0【退】0	千克	7A		M		999	其他按重量计五氧化二磷（P_2O_5）含量在35%及以上的过磷酸钙
310319	00		其他过磷酸钙	Other	【最】4【普】11【暂进】1 【协东盟】0【协巴基斯坦】0【协智利】0 【协新西兰】0【协秘鲁】0【协哥斯达黎加】0 【协冰岛】0【协瑞士】0【协澳大利亚】0 【协韩国】0【协格鲁吉亚】0【协香港】0 【协澳门】0 【特-1】0【特-2】0 【增】10【对美加征】5【出】0【退】0	千克	7A		M		999	其他过磷酸钙

税则号列 HS国际统一前6位	本国子目 7~8位	本国子目 9~10位	货品名称中英文 中文 货物名称	英文 Article Description	税费综合信息	计量单位	监管证件代码 进口	监管证件代码 出口	检验检疫类别 进口	检验检疫类别 出口	检验检疫编码	检验检疫编码对应中文名称
310390	00		其他矿物磷肥或化学磷肥	Other Mineral or chemical fertilizers, phosphatic	【最】4【普】11【暂进】1 【协东盟】0【协巴基斯坦】0【协智利】0 【协新西兰】0【协秘鲁】0【协哥斯达黎加】0 【协冰岛】0【协瑞士】0【协澳大利亚】0 【协韩国】0【协格鲁吉亚】2.4【协香港】0 【协澳门】0 【特-1】0【特-2】0 【增】10【出】0【退】0	千克	7				999	其他矿物磷肥或化学磷肥
310420	20		纯氯化钾	Pure potassiun chloride	【最】3【普】11 【协东盟】0【协巴基斯坦】0【协智利】0 【协新西兰】0【协秘鲁】0【协哥斯达黎加】0 【协冰岛】0【协瑞士】0【协澳大利亚】0 【协韩国】0【协格鲁吉亚】0【协香港】0 【协澳门】0 【特-1】0【特-2】0 【增】10【对美加征】10【出】0【退】0	千克	7A		M		999	纯氯化钾（按重量计氯化钾含量不小于99.5%）
310420	90		其他氯化钾	Other potassiun chloride	【最】3【普】11【暂进】1 【协东盟】0【协巴基斯坦】0【协智利】0 【协新西兰】0【协秘鲁】0【协哥斯达黎加】0 【协冰岛】0【协瑞士】0【协澳大利亚】0 【协韩国】0【协格鲁吉亚】0【协香港】0 【协澳门】0 【特-1】0【特-2】0 【增】10【对美加征】10【出】0 【退】0	千克	7A		R		101 102 301	其他氯化钾（矿物源性饲料添加剂） 其他氯化钾（化工产品） 其他氯化钾（需申报仅用于工业用途不用于无检疫要求食品添加剂的化学品）
310430	00		硫酸钾	Potassium sulphate	【最】3【普】11【暂进】1 【协东盟】0【协巴基斯坦】0【协智利】0 【协新西兰】0【协秘鲁】0【协哥斯达黎加】0 【协冰岛】0【协瑞士】0【协澳大利亚】0 【协韩国】2.2【协格鲁吉亚】0【协香港】0 【协澳门】0 【特-1】0【特-2】0 【增】10【对美加征】10【出】0 【退】0	千克	7A		M		101 102	硫酸钾（矿物源性饲料添加剂） 硫酸钾（化工产品）
310490	10		光卤石、钾盐及其他天然粗钾盐	Carnallite, sylvite and other crude natural potassium salts	【最】3【普】11【暂进】1 【协东盟】0【协巴基斯坦】0【协智利】0 【协新西兰】0【协秘鲁】0【协哥斯达黎加】0 【协冰岛】0【协瑞士】0【协澳大利亚】0 【协韩国】0【协格鲁吉亚】0【协香港】0 【协澳门】0 【特-1】0【特-2】0 【增】10【出】0【退】0	千克	7				999	光卤石、钾盐及其他天然粗钾盐
310490	90		其他矿物钾肥及化学钾肥	Other mineral or chemical fertilizers, potassic	【最】3【普】11【暂进】1 【协东盟】0【协巴基斯坦】0【协智利】0 【协新西兰】0【协秘鲁】0【协哥斯达黎加】0 【协冰岛】0【协瑞士】0【协澳大利亚】0 【协香港】0【协澳门】0【协韩国】0 【特-1】0【特-2】0 【增】10【对美加征】5【出】 【退】0	千克	7				999	其他矿物钾肥及化学钾肥
310510	00	10	制成片状及类似形状或零售包装的硝酸铵（零售包装每包毛重不超过10千克）	Ammonium nitrate, in tablets or similar forms or in packages for retail sale, of a gross weight not exceeding 10kg	【最】4【普】11【暂进】1 【协东盟】0【协香港】0【协巴基斯坦】0 【协智利】0【协新西兰】0【协秘鲁】0 【协哥斯达黎加】0【协冰岛】0【协瑞士】0 【协澳大利亚】0【协韩国】0【协格鲁吉亚】0 【特-1】0【特-2】0 【增】10【对美加征】10【出】0【退】0	千克	9				999	制成片状及类似形状或零售包装的硝酸铵（零售包装每包毛重不超过10千克）
310510	00	90	制成片状及类似形状或零售包装的第31章其他货品（零售包装每包毛重不超过10千克）	Other goods of the Chapter 31, in tablets or similar forms or in packages for retail sale, of a gross weight not exceeding 10kg	【最】4【普】11【暂进】1 【协东盟】0【协香港】0【协巴基斯坦】0 【协智利】0【协新西兰】0【协秘鲁】0 【协哥斯达黎加】0【协冰岛】0【协瑞士】0 【协澳大利亚】0【协韩国】0【协格鲁吉亚】0 【特-1】0【特-2】0 【增】10【对美加征】10【出】0【退】0	千克	7				999	制成片状及类似形状或零售包装的第31章其他货品（零售包装每包毛重不超过10千克）

税则号列			货品名称中英文		税费综合信息	计量单位	监管证件代码		检验检疫类别		检验检疫编码	检验检疫编码对应中文名称
HS国际统一前6位	本国子目 7~8位	本国子目 9~10位	中文 货物名称	英文 Article Description			进口	出口	进口	出口		
310520	00	10	化学肥料或矿物肥料（配额内，含氮、磷、钾三种肥效元素）	Mineral or chemical fertilizers containing the three fertilizing elemtnts nitrogen, phosphorus and potassium, in-quota	【最】4【普】150【暂进】1【协香港】0【配额】4【增】10【对美加征】10【出】0【退】0	千克	At		M		999	化学肥料或矿物肥料（配额内，含氮、磷、钾三种肥效元素）
310520	00	90	化学肥料或矿物肥料（配额外，含氮、磷、钾三种肥效元素）	Mineral or chemical fertilizers containing the three fertilizing elements nitrogen, phosphorus and potassium, out-of-quota	【最】50【普】150【协香港】0【配额】4【增】10【对美加征】10【出】0【退】0	千克	A		M		999	化学肥料或矿物肥料（配额外，含氮、磷、钾三种肥效元素）
310530	00	10	磷酸氢二铵（配额内）	Diammonium hydrogenortho phosphate (diammonium phosphate), in-quota	【最】4【普】150【暂进】1【配额】4【协香港】0【协澳门】0【增】10【对美加征】5【出】0【退】0	千克	At		R		101 301	磷酸氢二铵（配额内）（饲料添加剂） 磷酸氢二铵（配额内）（需申报仅用于工业用途不用于无检疫要求食品添加剂的化学品）
310530	00	90	磷酸氢二铵（配额外）	Diammonium hydrogenortho phosphate(diamm- onium phosphate), out-of-quota	【最】50【普】150【配额】4【协香港】0【协澳门】0【增】10【对美加征】5【出】0【退】0	千克	A		R		101 102 301	磷酸氢二铵（配额外）（矿物源性饲料添加剂） 磷酸氢二铵（配额外）（化工产品） 磷酸氢二铵（配额外）（需申报仅用于工业用途不用于无检疫要求食品添加剂的化学品）
310540	00		磷酸二氢铵（包括磷酸二氢铵与磷酸氢二铵的混合物）	Ammonium dihydrogenortho phosphate (monoammonium phosphate) and mixtures thereof with diammonium hydrogenortho phosphate(diammo-nium phosphate)	【最】4【普】11【暂进】1 【协东盟】0【协巴基斯坦】0【协智利】0 【协新西兰】0【协秘鲁】0【协哥斯达黎加】0 【协冰岛】0【协瑞士】0【协澳大利亚】0 【协韩国】0【协格鲁吉亚】0【协香港】0 【协澳门】0 【特-1】0【特-2】0 【增】10【对美加征】10【出】0【退】0	千克	7A		M		101 102	磷酸二氢铵（包括磷酸二氢铵与磷酸氢二铵的混合物）（矿物源性饲料添加剂） 磷酸二氢铵（包括磷酸二氢铵与磷酸氢二铵的混合物）（化工产品）
310551	00		含有硝酸盐及磷酸盐的肥料（包括矿物肥料或化学肥料）	Mineral or chemical fertilizers, containing nitrates and phosphates	【最】4【普】11【暂进】1 【协东盟】0【协香港】0【协巴基斯坦】0 【协智利】0【协新西兰】0【协秘鲁】0 【协哥斯达黎加】0【协冰岛】0【协瑞士】0 【协澳大利亚】0【协韩国】0【协格鲁吉亚】2.4 【特-1】0【特-2】0 【增】10【出】0【退】0	千克	7A		M		301 302 303	含有硝酸盐及磷酸盐的肥料（包括矿物肥料或化学肥料）（其他危险化学品） 含有硝酸盐及磷酸盐的肥料（包括矿物肥料或化学肥料）（无检疫要求的食品添加剂） 含有硝酸盐及磷酸盐的肥料（包括矿物肥料或化学肥料）（属于危险化学品的食品添加剂）
310559	00		其他含氮、磷两种元素肥料（包括矿物肥料或化学肥料）	Other mineral or chemical fertilizers, containing the two fertilizing elements nitrogen and phosphorus	【最】4【普】11【暂进】1 【协东盟】0【协巴基斯坦】0【协智利】0 【协新西兰】0【协秘鲁】0【协哥斯达黎加】0 【协冰岛】0【协瑞士】0【协澳大利亚】0 【协韩国】0【协格鲁吉亚】2.4【协香港】0 【协澳门】0 【特-1】0【特-2】0 【增】10【对美加征】5【出】0【退】0	千克	7A		M		101 102	其他含氮、磷两种元素肥料（包括矿物肥料或化学肥料）（矿物源性饲料添加剂） 其他含氮、磷两种元素肥料（包括矿物肥料或化学肥料）（化工产品）
310560	00		含磷、钾两种元素的肥料（包括矿物肥料或化学肥料）	Mineral or chemical fertilizers containing the two fertilizing elements phosphorus and potassium	【最】4【普】11【暂进】1 【协东盟】0【协香港】0【协巴基斯坦】0 【协智利】0【协新西兰】0【协秘鲁】0 【协哥斯达黎加】0【协冰岛】0【协瑞士】0 【协澳大利亚】0【协韩国】0【协格鲁吉亚】2.4 【特-1】0【特-2】0 【增】10【对美加征】10【出】0 【退】0	千克	7A		M		999	含磷、钾两种元素的肥料（包括矿物肥料或化学肥料）

税则号列			货品名称中英文		税费综合信息	计量单位	监管证件代码		检验检疫类别		检验检疫编码	检验检疫编码对应中文名称
HS 国际统一前 6 位	本国子目 7~8 位	本国子目 9~10 位	中文 货物名称	英文 Article Description			进口	出口	进口	出口		
310590	10		有机-无机复混肥料	Organic -iaorganic compound fertilizers	【最】4【普】11【暂进】1 【协东盟】0【协香港】0【协巴基斯坦】0 【协智利】0【协新西兰】0【协秘鲁】0 【协哥斯达黎加】0【协冰岛】0【协瑞士】0 【协澳大利亚】0【协韩国】0【协格鲁吉亚】2.4 【特-1】0【特-2】0 【增】10【对美加征】5【出】0【退】0	千克	7A		M		301 999	有机-无机复混肥料(其他危险化学品) 有机-无机复混肥料(其他化工产品)
310590	90		其他肥料	Other	【最】4【普】11【暂进】1 【协东盟】0【协香港】0【协巴基斯坦】0 【协智利】0【协新西兰】0【协秘鲁】0 【协哥斯达黎加】0【协冰岛】0【协瑞士】0 【协澳大利亚】0【协韩国】0【协格鲁吉亚】2.4 【特-1】0【特-2】0 【增】10【对美加征】10【出】0【退】0	千克	7A		M		301 999	其他肥料(其他危险化学品) 其他肥料(其他化工产品)

第三十二章
鞣料浸膏及染料浸膏；鞣酸及其衍生物；染料、颜料及其他着色料；油漆及清漆；油灰及其他类似胶黏剂；墨水、油墨

注释：

一、本章不包括：

（一）单独的已有化学定义的化学元素及化合物（税目32.03及32.04的货品、税目32.06的用作发光体的无机产品、税目32.07所述形状的熔融石英或其他熔融硅石制成的玻璃及税目32.12的零售形状或零售包装的染料及其他着色料除外）；

（二）税目29.36至29.39、29.41及35.01至35.04的鞣酸盐及其他鞣酸衍生物；或

（三）沥青胶黏剂（税目27.15）。

二、税目32.04包括生产偶氮染料用的稳定重氮盐与偶合物的混合物。

三、税目32.03、32.04、32.05及32.06也包括以着色料为基本成分的制品（例如，税目32.06包括以税目25.30或第二十八章的颜料，金属粉片及金属粉末为基本成分的制品）。该制品是用作原材料着色剂的拼料。但以上税号不包括分散在非水介质中呈液状或浆状的制漆用颜料，例如，税目32.12的瓷漆及税目32.07、32.08、32.09、32.10、32.12、32.13及32.15的其他制品。

四、税目32.08包括由税目39.01至39.13所列产品溶于挥发性有机溶剂的溶液（胶棉除外），但溶剂重量必须超过溶液重量的50%。

五、本章所称“着色料”，不包括作为油漆填料的产品，不论这些产品能否用于水浆涂料的着色。

六、税目32.12所称“压印箔”，只包括用以压印诸如书本封面或帽带之类的薄片，这些薄片由以下材料构成：

（一）金属粉（包括贵金属粉）或颜料经胶水、明胶及其他黏合剂凝结而成的；或

（二）金属（包括贵金属）或颜料沉积于任何材料衬片上的。

Chapter 32
Tanning or dyeing extracts; tannins and their derivatives; dyes, pigments and other colouring matter; paints and varnishes; putty and other mastics; inks

Chapter Notes:

1. This Chapter does not cover:

(a) Separate chemically defined elements or compounds (except those of heading 32.03 or 32.04, inorganic products of a kind used as luminophores (heading 32.06), glass obtained from fused quartz or other fused silica in the forms provided for in heading 32.07, and also dyes and other colouring matter put up in forms or packings for retail sale, of heading 32.12);

(b) Tannates or other tannin derivatives of products of headings 29.36 to 29.39, 29.41 or 35.01 to 35.04; or

(c) Mastics of asphalt or other bituminous mastics (heading 27.15).

2. Heading 32.04 includes mixtures of stabilised diazonium salts and couplers for the production of azo dyes.

3. Headings 32.03, 32.04, 32.05 and 32.06 apply also to preparations based on colouring matter (including, in the case of heading 32.06, colouring pigments of heading 25.30 or Chapter 28, metal flakes and metal powders), of a kind used for colouring any material or used as ingredients in the manufacture of colouring preparations. The headings do not apply, however, to pigments dispersed in non-aqueous media, in liquid or paste form, of a kind used in the manufacture of paints, including enamels (heading 32.12), or to other preparations of heading 32.07, 32.08, 32.09, 32.10, 32.12, 32.13 or 32.15.

4. Heading 32.08 includes solutions (other than collodions) consisting of any of the products specified in headings 39.01 to 39.13 in volatile organic solvents when the weight of the solvent exceeds 50% of the weight of the solution.

5. The expression "colouring matter" in this Chapter does not include products of a kind used as extenders in oil paints, whether or not they are also suitable for colouring distempers.

6. The expression "stamping foils" in heading 32.12 applies only to thin sheets of a kind used for printing, for example, book covers or hat bands, and consisting of:

(a) Metallic powder (including powder of precious metal) or pigment, agglomerated with glue, gelatin or other binder; or

(b) Metal (including precious metal) or pigment, deposited on a supporting sheet of any material.

税则号列 HS国际统一前6位	本国子目 7~8位	本国子目 9~10位	货品名称中英文 中文 货物名称	货品名称中英文 英文 Article Description	税费综合信息	计量单位	监管证件代码 进口	监管证件代码 出口	检验检疫类别 进口	检验检疫类别 出口	检验检疫编码	检验检疫编码对应中文名称
320110	00		坚木浸膏	Quebracho extract	【最】5【普】35 【协东盟】0【协巴基斯坦】0【协智利】0 【协新西兰】0【协秘鲁】0【协哥斯达黎加】0 【协冰岛】0【协瑞士】0【协澳大利亚】0 【协韩国】0【协格鲁吉亚】0【协香港】0 【协澳门】0 【特-1】0【特-2】0 【增】16【对美加征】10【出】0【退】0	千克					999	坚木浸膏
320120	00		荆树皮浸膏	Wattle extract	【最】6.5【普】35 【协东盟】0【协巴基斯坦】5【协智利】0 【协新西兰】0【协秘鲁】0【协哥斯达黎加】0 【协冰岛】0【协瑞士】0【协澳大利亚】0 【协韩国】0【协格鲁吉亚】0【协香港】0 【协澳门】0 【特-1】0【特-2】0 【增】16【出】0【退】0	千克					999	荆树皮浸膏
320190	10	10	其他濒危植物鞣料浸膏	Other tanning extracts of endangered vegetable origin	【最】6.5【普】40 【协东盟】0【协巴基斯坦】5【协智利】0 【协新西兰】0【协秘鲁】0【协哥斯达黎加】0 【协冰岛】0【协瑞士】0【协澳大利亚】0 【协韩国】0【协格鲁吉亚】0【协香港】0 【协澳门】0 【特-1】0【特-2】0 【增】16【对美加征】10【出】0【退】0	千克	F	E			999	其他濒危植物鞣料浸膏
320190	10	90	其他植物鞣料浸膏	Other tanning extracts of vegetable origin	【最】6.5【普】40 【协东盟】0【协巴基斯坦】5【协智利】0 【协新西兰】0【协秘鲁】0【协哥斯达黎加】0 【协冰岛】0【协瑞士】0【协澳大利亚】0 【协韩国】0【协格鲁吉亚】0【协香港】0 【协澳门】0 【特-1】0【特-2】0 【增】16【对美加征】10【出】0【退】0	千克					999	其他植物鞣料浸膏
320190	90		鞣酸及其盐、醚、酯和其他衍生物	Tannins and their salts, ethers, esters and other derivatives	【最】6.5【普】35 【协东盟】0【协巴基斯坦】5【协智利】0 【协新西兰】0【协秘鲁】0【协哥斯达黎加】0 【协冰岛】0【协瑞士】0【协澳大利亚】0 【协韩国】0【协格鲁吉亚】0【协香港】0 【协澳门】0 【特-1】0【特-2】0 【增】16【对美加征】10【出】0【退】0	千克					101 102 103	鞣酸及其盐、醚、酯和其他衍生物（食用单宁） 鞣酸及其盐、醚、酯和其他衍生物（单宁酸） 鞣酸及其盐、醚、酯和其他衍生物（固化单宁）
320210	00		有机合成鞣料	Synthetic organic tanning substances	【最】6.5【普】35 【协东盟】0【协香港】0【协巴基斯坦】5 【协智利】0【协新西兰】0【协秘鲁】0 【协哥斯达黎加】0【协冰岛】0【协瑞士】0 【协澳大利亚】0【协韩国】0 【协格鲁吉亚】0 【特-1】0【特-2】0 【增】16【对美加征】10【出】0【退】0	千克					999	有机合成鞣料
320290	00	10	无铬鞣料（不论是否含有天然鞣料，包括预鞣用酶制剂）	Chrome free tainning (whether or not containing natural substances, including enzyme preparation for pretanning)	【最】6.5【普】35【暂进】3 【协东盟】0【协香港】0【协澳门】0 【协巴基斯坦】5【协智利】0【协新西兰】0 【协秘鲁】0【协哥斯达黎加】0【协冰岛】0 【协瑞士】0【协澳大利亚】0【协韩国】0 【协格鲁吉亚】0 【特-1】0【特-2】0 【增】16【对美加征】10【出】0【退】0	千克					999	无铬鞣料（不论是否含有天然鞣料，包括预鞣用酶制剂）
320290	00	90	其他无机鞣料、鞣料制剂等（不论是否含有天然鞣料，包括预鞣用酶制剂）	Other inorganic tanning and tanning agents (whether or not containing natural substances, including enzyme preparation for pre tanning)	【最】6.5【普】35 【协东盟】0【协香港】0【协澳门】0 【协巴基斯坦】5【协智利】0【协新西兰】0 【协秘鲁】0【协哥斯达黎加】0【协冰岛】0 【协瑞士】0【协澳大利亚】0【协韩国】0 【协格鲁吉亚】0 【特-1】0【特-2】0 【增】16【对美加征】10【出】0【退】0	千克					999	其他无机鞣料、鞣料制剂等（不论是否含有天然鞣料，包括预鞣用酶制剂）

税则号列			货品名称中英文		税费综合信息	计量单位	监管证件代码		检验检疫类别		检验检疫编码	检验检疫编码对应中文名称
HS国际统一前6位	本国子目 7~8位	本国子目 9~10位	中文 货物名称	英文 Article Description			进口	出口	进口	出口		
320300	11		天然靛蓝及以其为基本成分的制品	Natural indigo and preparations based thereon	【最】6.5【普】80 【协东盟】0【协巴基斯坦】5【协智利】0 【协新西兰】0【协秘鲁】2.7【协哥斯达黎加】0 【协冰岛】0【协瑞士】0【协澳大利亚】0 【协韩国】0【协格鲁吉亚】0【协香港】0 【协澳门】0 【特-1】0【特-2】0【特-3】0 【增】16【对美加征】5【出】0【退】0	千克	A		R		301 302	天然靛蓝及以其为基本成分的制品（无检疫要求食品添加剂） 天然靛蓝及以其为基本成分的制品（需申报仅用于工业用途不用于无检疫要求食品添加剂的化学品）
320300	19	10	濒危植物质着色料及制品【电商】[①]	Colouring matter of endangered vegetable origin and preparations based thereon	【最】6.5【普】45 【协东盟】0【协澳门】0【协巴基斯坦】5 【协香港】0【协智利】0【协新西兰】0 【协秘鲁】2.7【协哥斯达黎加】0【协冰岛】0 【协瑞士】0【协澳大利亚】0【协韩国】0 【协格鲁吉亚】0 【特-1】0【特-2】0【特-3】0 【增】16【对美加征】10【出】0【退】0	千克	AF	BE	R	S	101 301 302 303 304	濒危植物质着色料及制品（制品是指以植物质着色料为基本成分的）（饲料添加剂） 濒危植物质着色料及制品（制品是指以植物质着色料为基本成分的）（其他危险化学品，需申报仅用于工业用途不用于无检疫要求食品添加剂） 濒危植物质着色料及制品（制品是指以植物质着色料为基本成分的）（无检疫要求食品添加剂） 濒危植物质着色料及制品（制品是指以植物质着色料为基本成分的）（一般化学品，需申报仅用于工业用途不用于无检疫要求食品添加剂） 濒危植物质着色料及制品（制品是指以植物质着色料为基本成分的）（属于危险化学品的食品添加剂）
320300	19	90	其他植物质着色料及制品【电商】[②]	Other colouring matter of vegetable origin and preparations based thereon	【最】6.5【普】45 【协东盟】0【协澳门】0【协巴基斯坦】5 【协香港】0【协智利】0【协新西兰】0 【协秘鲁】2.7【协哥斯达黎加】0【协冰岛】0 【协瑞士】0【协澳大利亚】0【协韩国】0 【协格鲁吉亚】0 【特-1】0【特-2】0【特-3】0 【增】16【对美加征】10【出】0【退】13	千克	A	B	R	S	101 301 302 303 304	其他植物质着色料及制品（制品是指以植物质着色料为基本成分的）（饲料添加剂） 其他植物质着色料及制品（制品是指以植物质着色料为基本成分的）（其他危险化学品，需申报仅用于工业用途不用于无检疫要求食品添加剂） 其他植物质着色料及制品（制品是指以植物质着色料为基本成分的）（无检疫要求食品添加剂） 其他植物质着色料及制品（制品是指以植物质着色料为基本成分的）（一般化学品，需申报仅用于工业用途不用于无检疫要求食品添加剂） 其他植物质着色料及制品（制品是指以植物质着色料为基本成分的）（属于危险化学品的食品添加剂）

① 列入《进出口野生动植物种商品目录》的商品除外。

② 列入《进出口野生动植物种商品目录》的商品除外。

税则号列			货品名称中英文		税费综合信息	计量单位	监管证件代码		检验检疫类别		检验检疫编码	检验检疫编码对应中文名称
HS国际统一前6位	本国子目7~8位	本国子目9~10位	中文货物名称	英文 Article Description			进口	出口	进口	出口		
320300	20		动物质着色料及制品（制品是指以动物质着色料为基本成分的）	Colouring matter of animal origin and preparations based thereon	【最】6.5【普】50 【协东盟】0【协巴基斯坦】5【协智利】0 【协新西兰】0【协秘鲁】2.7【协哥斯达黎加】0 【协冰岛】0【协瑞士】0【协澳大利亚】0 【协韩国】0【协格鲁吉亚】0【协香港】0 【协澳门】0 【特-1】0【特-2】0【特-3】0 【增】16【出】0【退】13	千克	A		MR		301 302 303 304	动物质着色料及制品（制品是指以动物质着色料为基本成分的）（其他危险化学品，需申报仅用于工业用途不用于无检疫要求食品添加剂） 动物质着色料及制品（制品是指以动物质着色料为基本成分的）（无检疫要求食品添加剂） 动物质着色料及制品（制品是指以动物质着色料为基本成分的）（一般化学品，需申报仅用于工业用途不用于无检疫要求食品添加剂） 动物质着色料及制品（制品是指以动物质着色料为基本成分的）（属于危险化学品的食品添加剂）
320411	00		分散染料及以其为基本成分的制品，不论是否有化学定义	Disperse dyes and preparations based thereon, whether or not chemically defined	【最】6.5【普】35 【协亚太】4.2【协东盟】0【协巴基斯坦】0 【协智利】0【协新西兰】0【协秘鲁】0 【协哥斯达黎加】0【协冰岛】0 【协澳大利亚】0【协韩国】0 【协格鲁吉亚】0【协香港】0【协澳门】0 【特-1】0【特-2】0【特-3】0 【增】16【对美加征】10【出】0【退】0	千克	A	B	R	S	301 302 303 304 305	分散染料及以其为基本成分的制品，不论是否有化学定义（其他危险化学品，需申报仅用于工业用途不用于无检疫要求食品添加剂） 分散染料及以其为基本成分的制品，不论是否有化学定义（无检疫要求食品添加剂） 分散染料及以其为基本成分的制品，不论是否有化学定义（需申报仅用于工业用途不用于无检疫要求食品添加剂的化学品） 分散染料及以其为基本成分的制品，不论是否有化学定义（一般化学品，需申报仅用于工业用途不用于无检疫要求食品添加剂） 分散染料及以其为基本成分的制品，不论是否有化学定义（属于危险化学品的食品添加剂）
320412	00		酸性染料及制品、媒染染料及制品（包括以酸性染料或媒染染料为基本成分的制品，不论是否有化学定义）	Acid dyes, whether or not premetallized, and preparations based thereon; mordant dyes and preparations based thereon, whether or not chemically defined	【最】6.5【普】35 【协亚太】4.2【协东盟】0【协香港】0 【协巴基斯坦】0【协智利】0【协新西兰】0 【协秘鲁】0【协台湾】0【协哥斯达黎加】0 【协冰岛】0【协瑞士】3.7【协澳大利亚】0 【协韩国】0【协格鲁吉亚】0 【特-1】0【特-2】0【特-3】0 【增】16【对美加征】10【出】0【退】0	千克	A	B	R	S	301 302	酸性染料及制品、媒染染料及制品（包括以酸性染料或媒染染料为基本成分的制品，不论是否有化学定义）（其他危险化学品，需申报仅用于工业用途不用于无检疫要求食品添加剂） 酸性染料及制品、媒染染料及制品（包括以酸性染料或媒染染料为基本成分的制品，不论是否有化学定义）（无检疫要求食品添加剂）

税则号列			货品名称中英文		税费综合信息	计量单位	监管证件代码		检验检疫类别		检验检疫编码	检验检疫编码对应中文名称
HS 国际统一前 6 位	本国子目 7~8 位	9~10 位	中文 货物名称	英文 Article Description			进口	出口	进口	出口		
											303 304	酸性染料及制品、媒染染料及制品（包括以酸性染料或媒染染料为基本成分的制品，不论是否有化学定义）（一般化学品，需申报仅用于工业用途不用于无检疫要求食品添加剂） 酸性染料及制品、媒染染料及制品（包括以酸性染料或媒染染料为基本成分的制品，不论是否有化学定义）（属于危险化学品的食品添加剂）
320413	00		碱性染料及以其为基本成分的制品	Basic dyes and preparations based thereon	【最】6.5【普】35 【协亚太】4.2【协东盟】0【协巴基斯坦】0 【协智利】0【协新西兰】0【协秘鲁】0 【协哥斯达黎加】0【协冰岛】0【协瑞士】0 【协澳大利亚】0【协韩国】0 【协格鲁吉亚】0【协香港】0【协澳门】0 【特-1】0【特-2】0【特-3】0 【增】16【对美加征】10【出】0【退】0	千克	A	B	R	S	301 302 303 304 305	碱性染料及以其为基本成分的制品（其他危险化学品，需申报仅用于工业用途不用于无检疫要求食品添加剂） 碱性染料及以其为基本成分的制品（无检疫要求食品添加剂） 碱性染料及以其为基本成分的制品（需申报仅用于工业用途不用于无检疫要求食品添加剂的化学品） 碱性染料及以其为基本成分的制品（一般化学品，需申报仅用于工业用途不用于无检疫要求食品添加剂） 碱性染料及以其为基本成分的制品（属于危险化学品的食品添加剂）
320414	00		直接染料及以其为基本成分的制品	Direct dyes and preparations based thereon	【最】6.5【普】35 【协亚太】4.2【协东盟】0【协巴基斯坦】0 【协智利】0【协新西兰】0【协秘鲁】0 【协台湾】0【协哥斯达黎加】0【协冰岛】0 【协瑞士】2.6【协澳大利亚】0【协韩国】0 【协格鲁吉亚】0【协香港】0【协澳门】0 【特-1】0【特-2】0【特-3】0 【增】16【对美加征】5【出】0【退】0	千克	A	B	R	S	301 302 303 304	直接染料及以其为基本成分的制品（其他危险化学品，需申报仅用于工业用途不用于无检疫要求食品添加剂） 直接染料及以其为基本成分的制品（无检疫要求食品添加剂） 直接染料及以其为基本成分的制品（一般化学品，需申报仅用于工业用途不用于无检疫要求食品添加剂） 直接染料及以其为基本成分的制品（属于危险化学品的食品添加剂）
320415	10		合成靛蓝（还原靛蓝）	Synthetic indigo (reductive indigo)	【最】6.5【普】35 【协亚太】4.2【协东盟】0【协巴基斯坦】0 【协智利】0【协新西兰】0【协秘鲁】0 【协哥斯达黎加】0【协冰岛】0【协瑞士】0 【协澳大利亚】0【协韩国】3.2 【协格鲁吉亚】0【协香港】0【协澳门】0 【特-1】0【特-2】0【特-3】0 【增】16【对美加征】5【出】0【退】0	千克	A		R		101 102 103	合成靛蓝（还原靛蓝）[靛蓝（无检疫要求食品添加剂）] 合成靛蓝（还原靛蓝）[靛蓝铝色淀（无检疫要求食品添加剂）] 合成靛蓝（还原靛蓝）(需申报仅用于工业用途不用于无检疫要求食品添加剂的化学品）
320415	90		其他还原染料及以其为基本成分品（包括颜料用的）	Other reductive dyes and preparations based thereon	【最】6.5【普】35 【协亚太】4.2【协东盟】0【协巴基斯坦】0 【协智利】0【协新西兰】0【协秘鲁】0 【协哥斯达黎加】0【协冰岛】0【协瑞士】0 【协澳大利亚】0【协韩国】3.2 【协格鲁吉亚】0【协香港】0【协澳门】0 【特-1】0【特-2】0【特-3】0 【增】16【对美加征】10【出】0【退】0	千克					999	其他还原染料及以其为基本成分品（包括颜料用的）

税则号列			货品名称中英文		税费综合信息	计量单位	监管证件代码		检验检疫类别		检验检疫编码	检验检疫编码对应中文名称
HS国际统一前6位	本国子目 7~8位	9~10位	中文 货物名称	英文 Article Description			进口	出口	进口	出口		
320416	00		活性染料及以其为基本成分的制品（不论是否有化学定义）	Reactive dyes and preparations based thereon	【最】6.5【普】35 【协亚太】4.2【协东盟】0【协香港】0 【协巴基斯坦】0【协智利】0【协新西兰】0 【协秘鲁】0【协台湾】0【协哥斯达黎加】0 【协冰岛】0【协瑞士】3.7【协澳大利亚】0 【协韩国】0【协格鲁吉亚】0 【特-1】0【特-2】0【特-3】0 【增】16【对美加征】10【出】0【退】0	千克					999	活性染料及以其为基本成分的制品（不论是否有化学定义）
320417	00		颜料及以其为基本成分的制品 【电商】	Pigments and preparations based thereon	【最】6.5【普】35 【协亚太】4.2【协东盟】0【协香港】0 【协巴基斯坦】0【协智利】0【协新西兰】0 【协秘鲁】0【协台湾】0【协哥斯达黎加】0 【协冰岛】0【协瑞士】2.6【协澳大利亚】0 【协韩国】0【协格鲁吉亚】0 【特-1】0【特-2】0【特-3】0 【增】16【对美加征】10【出】0【退】0	千克					999	颜料及以其为基本成分的制品
320419	11		硫化黑及以其为基本成分的制品（硫化黑即硫化青）	Sulphur black and preparations based thereon	【最】6.5【普】35 【协亚太】4.2【协东盟】0【协巴基斯坦】0 【协智利】0【协新西兰】0【协秘鲁】0 【协哥斯达黎加】0【协冰岛】0【协瑞士】0 【协澳大利亚】0【协韩国】3.2 【协格鲁吉亚】0【协香港】0【协澳门】0 【特-1】0【特-2】0【特-3】0 【增】16【对美加征】10【出】0【退】0	千克					999	硫化黑及以其为基本成分的制品（硫化黑即硫化青）
320419	19		其他硫化染料及以其为基本成分品	Other sulphur dyes and preparations based thereon	【最】6.5【普】35 【协亚太】4.2【协东盟】0【协巴基斯坦】0 【协智利】0【协新西兰】0【协秘鲁】0 【协哥斯达黎加】0【协冰岛】0【协瑞士】0 【协澳大利亚】0【协韩国】3.2 【协格鲁吉亚】0【协香港】0【协澳门】0 【特-1】0【特-2】0【特-3】0 【增】16【对美加征】10【出】0【退】0	千克					999	其他硫化染料及以其为基本成分品
320419	90		其他着色料组成的混合物	Other mixtures of colouring matter	【最】6.5【普】35 【协亚太】4.2【协东盟】0【协巴基斯坦】0 【协智利】0【协新西兰】0【协秘鲁】0 【协台湾】0【协哥斯达黎加】0【协冰岛】0 【协澳大利亚】0【协韩国】0【协格鲁吉亚】0 【协香港】0【协澳门】0 【特-1】0【特-2】0【特-3】0 【增】16【对美加征】10【出】0【退】0	千克	A	B	R	S	101 301 302 303 304	其他着色料组成的混合物（饲料添加剂） 其他着色料组成的混合物（其他危险化学品，需申报仅用于工业用途不用于无检疫要求食品添加剂） 其他着色料组成的混合物（无检疫要求食品添加剂） 其他着色料组成的混合物（一般化学品，需申报仅用于工业用途不用于无检疫要求食品添加剂） 其他着色料组成的混合物（属于危险化学品的食品添加剂）
320420	00		用作荧光增白剂的有机合成产品 【电商】	Synthetic organic products of a kind used as flourescent brightening agents	【最】6.5【普】40 【协亚太】4.2【协东盟】0【协香港】0 【协巴基斯坦】0【协智利】0【协新西兰】0 【协秘鲁】0【协台湾】0【协哥斯达黎加】0 【协冰岛】0【协瑞士】3.7【协澳大利亚】0 【协韩国】0【协格鲁吉亚】0 【特-1】0【特-2】0【特-3】0 【增】16【对美加征】5【出】0【退】13	千克	A		M		301 302	用作荧光增白剂的有机合成产品（其他危险化学品） 用作荧光增白剂的有机合成产品（其他化工产品）
320490	10		生物染色剂及染料指示剂	Biological stains and dye indicators	【最】6.5【普】20 【协亚太】4.2【协东盟】0【协巴基斯坦】0 【协智利】0【协新西兰】0【协秘鲁】0 【协哥斯达黎加】0【协冰岛】0【协瑞士】2.6 【协澳大利亚】0【协韩国】0 【协格鲁吉亚】0【协香港】0【协澳门】0 【特-1】0【特-2】0【特-3】0 【增】16【对美加征】10【出】0【退】0	千克					999	生物染色剂及染料指示剂

税则号列 HS国际统一前6位	本国子目 7~8位	本国子目 9~10位	货品名称 中文 货物名称	货品名称 英文 Article Description	税费综合信息	计量单位	监管证件代码 进口	监管证件代码 出口	检验检疫类别 进口	检验检疫类别 出口	检验检疫编码	检验检疫编码对应中文名称
320490	20		胡萝卜素及类胡萝卜素	Carotene and Carotenoid	【最】6.5【普】20 【协亚太】4.2【协东盟】0【协巴基斯坦】0 【协智利】0【协新西兰】0【协秘鲁】0 【协哥斯达黎加】0【协冰岛】0【协瑞士】0 【协澳大利亚】0【协韩国】0 【协格鲁吉亚】0【协香港】0【协澳门】0 【特-1】0【特-2】0【特-3】0 【增】16【对美加征】10【出】0【退】13	千克					998 999	胡萝卜素及类胡萝卜素（无检疫要求食品添加剂） 胡萝卜素及类胡萝卜素（其他化工产品）
320490	90		其他用作发光体的有机合成产品	Other synthetic organic products of a kind used as luminophores	【最】6.5【普】40 【协亚太】4.2【协东盟】0【协巴基斯坦】0 【协智利】0【协新西兰】0【协秘鲁】0 【协哥斯达黎加】0【协冰岛】0【协瑞士】0 【协澳大利亚】0【协韩国】0 【协格鲁吉亚】0【协香港】0【协澳门】0 【特-1】0【特-2】0【特-3】0 【增】16【对美加征】10【出】0【退】0	千克					999	其他用作发光体的有机合成产品
320500	00		色淀；本章注释三所述的色淀为基本成分的制品	Colour lakes; preparations as specified in Note 3 to this Chapter based on colour lakes	【最】6.5【普】35 【协东盟】0【协巴基斯坦】5【协智利】0 【协新西兰】0【协秘鲁】0【协哥斯达黎加】0 【协冰岛】0【协瑞士】0【协澳大利亚】0 【协韩国】4.3【协格鲁吉亚】0 【协香港】0【协澳门】0 【特-1】0【特-2】0【特-3】0 【增】16【对美加征】5【出】0【退】0	千克	A		R		301 302 303	色淀；本章注释三所述的色淀为基本成分的制品［新红（无检疫要求食品添加剂）］ 色淀；本章注释三所述的色淀为基本成分的制品［新红铝色淀（无检疫要求食品添加剂）］ 色淀；本章注释三所述的色淀为基本成分的制品（需申报仅用于工业用途不用于无检疫要求食品添加剂的化学品）
320611	10		钛白粉	Titanium White	【最】6.5【普】30 【协东盟】0【协巴基斯坦】5【协智利】0 【协新西兰】0【协秘鲁】0【协台湾】0 【协哥斯达黎加】0【协冰岛】0【协瑞士】0 【协澳大利亚】0【协韩国】0【协格鲁吉亚】0 【协香港】0【协澳门】0 【特-1】0【特-2】0【特-3】0 【增】16【对美加征】5【出】0【退】0	千克		4xy			999	钛白粉
320611	90		其他干量计二氧化钛≥80%的颜料	Other pigments and preparations, containing 80% or more by weight of titanium dioxide calculated on the dry matter	【最】6.5【普】30 【协东盟】0【协巴基斯坦】5【协智利】0 【协新西兰】0【协秘鲁】0【协哥斯达黎加】0 【协冰岛】0【协瑞士】0【协澳大利亚】0 【协韩国】0【协格鲁吉亚】0【协香港】0 【协澳门】0 【特-1】0【特-2】0【特-3】0 【增】16【对美加征】10【出】0【退】0	千克					999	其他干量计二氧化钛≥80%的颜料
320619	00		其他二氧化钛为基料的颜料及制品	Other pigments and preparations based on titanium dioxide	【最】10【普】30 【协东盟】0【协香港】0【协巴基斯坦】5 【协智利】0【协新西兰】0【协新加坡】0 【协秘鲁】0【协台湾】0【协哥斯达黎加】0 【协冰岛】0【协瑞士】0【协澳大利亚】0 【协韩国】5【协格鲁吉亚】0 【特-1】0【特-2】0【特-3】0 【增】16【对美加征】5【出】0【退】0	千克					999	其他二氧化钛为基料的颜料及制品
320620	00		铬化合物为基本成分的颜料及制品	Pigments and preparations based on chromium compounds	【最】6.5【普】35 【协东盟】0【协巴基斯坦】5【协智利】0 【协新西兰】0【协秘鲁】0【协哥斯达黎加】0 【协冰岛】0【协瑞士】0【协澳大利亚】0 【协韩国】0【协格鲁吉亚】0【协香港】0 【协澳门】0 【特-1】0【特-2】0【特-3】0 【增】16【对美加征】5【出】0【退】0	千克					999	铬化合物为基本成分的颜料及制品
320641	00		群青及以其为基本成分的制品	Ultramarine and preparations based thereon	【最】6.5【普】35 【协东盟】0【协巴基斯坦】5【协智利】0 【协新西兰】0【协秘鲁】0【协哥斯达黎加】0 【协冰岛】0【协瑞士】0【协澳大利亚】0 【协韩国】0【协格鲁吉亚】0【协香港】0 【协澳门】0 【特-1】0【特-2】0【特-3】0 【增】16【对美加征】10【出】0【退】0	千克					999	群青及以其为基本成分的制品

税则号列			货品名称中英文		税费综合信息	计量单位	监管证件代码		检验检疫类别		检验检疫编码	检验检疫编码对应中文名称
HS国际统一前6位	本国子目 7~8位	9~10位	中文 货物名称	英文 Article Description			进口	出口	进口	出口		
320642	10		锌钡白	Lithopone	【最】6.5【普】30 【协东盟】0【协巴基斯坦】5【协智利】0 【协新西兰】0【协秘鲁】0【协哥斯达黎加】0 【协冰岛】0【协瑞士】0【协澳大利亚】0 【协韩国】0【协格鲁吉亚】0【协香港】0 【协澳门】0 【特-1】0【特-2】0【特-3】0 【增】16【对美加征】10【出】0【退】0	千克					999	锌钡白
320642	90		其他以硫化锌为基本成分的颜料（包括制品）	Other pigments and preparations based on zinc sulphide	【最】6.5【普】30 【协东盟】0【协巴基斯坦】5【协智利】0 【协新西兰】0【协秘鲁】0【协哥斯达黎加】0 【协冰岛】0【协瑞士】0【协澳大利亚】0 【协韩国】3.2【协格鲁吉亚】0【协香港】0 【协澳门】0 【特-1】0【特-2】0【特-3】0 【增】16【对美加征】10【出】0【退】0	千克					999	其他以硫化锌为基本成分的颜料（包括制品）
320649	11		以钒酸铋为基本成分的颜料及制品	Pigmenlts and preparations based on pucherite	【最】6.5【普】35 【协亚太】3.3【协东盟】0【协香港】0 【协巴基斯坦】0【协智利】0【协新西兰】0 【协秘鲁】0【协台湾】0【协哥斯达黎加】0 【协冰岛】0【协瑞士】0【协澳大利亚】0 【协韩国】3.2【协格鲁吉亚】0 【特-1】0【特-2】0【特-3】0 【增】16【对美加征】10【出】0【退】0	千克					999	以钒酸铋为基本成分的颜料及制品
320649	19		其他以铋化合物为基本成分的颜料及制品	Other pigmenlts and preparations based on bismuth compound	【最】6.5【普】35 【协亚太】3.3【协东盟】0【协香港】0 【协巴基斯坦】0【协智利】0【协新西兰】0 【协秘鲁】0【协台湾】0【协哥斯达黎加】0 【协冰岛】0【协瑞士】0【协澳大利亚】0 【协韩国】3.2【协格鲁吉亚】0 【特-1】0【特-2】0【特-3】0 【增】16【对美加征】5【出】0【退】0	千克					999	其他以铋化合物为基本成分的颜料及制品
320649	90		其他无机着色料及其制品	Other colouring matter and other preparations	【最】6.5【普】35 【协亚太】3.3【协东盟】0【协香港】0 【协巴基斯坦】0【协智利】0【协新西兰】0 【协秘鲁】0【协台湾】0【协哥斯达黎加】0 【协冰岛】0【协瑞士】0【协澳大利亚】0 【协韩国】3.2【协格鲁吉亚】0 【特-1】0【特-2】0【特-3】0 【增】16【对美加征】5【出】0【退】0	千克					999	其他无机着色料及其制品
320650	00		用作发光体的无机产品	Inorganic products of a kind used as luminophores	【最】6.5【普】35 【协亚太】4.2【协东盟】0【协巴基斯坦】5 【协智利】0【协新西兰】0【协秘鲁】0 【协哥斯达黎加】0【协冰岛】0【协瑞士】0 【协澳大利亚】0【协韩国】3.2 【协格鲁吉亚】0【协香港】0【协澳门】0 【特-1】0【特-2】0【特-3】0 【增】16【对美加征】5【出】0【退】0	千克					999	用作发光体的无机产品
320710	00		调制颜料，遮光剂，着色剂及类似品	Prepared pigments, prepared opacifiers, prepared colours and similar preparations	【最】5【普】50 【协东盟】0【协巴基斯坦】0【协智利】0 【协新西兰】0【协秘鲁】0【协哥斯达黎加】0 【协冰岛】0【协瑞士】0【协澳大利亚】0 【协韩国】2.5【协格鲁吉亚】0【协香港】0 【协澳门】0 【特-1】0【特-2】0【特-3】0 【增】16【对美加征】10【出】0【退】0	千克					999	调制颜料，遮光剂，着色剂及类似品
320720	00		珐琅和釉料、釉底料及类似制品	Vitrifiable enamels and glazes, engobes (slips) and similar preparations	【最】5【普】50 【协东盟】0【协巴基斯坦】0【协智利】0 【协新西兰】0【协秘鲁】0【协哥斯达黎加】0 【协冰岛】0【协瑞士】0【协澳大利亚】0 【协韩国】3.3【协格鲁吉亚】0【协香港】0 【协澳门】0 【特-1】0【特-2】0【特-3】0 【增】16【对美加征】10【出】0【退】0	千克					999	珐琅和釉料、釉底料及类似制品

税则号列 HS 国际统一前 6 位	本国子目 7~8 位	本国子目 9~10 位	货品名称中文 货物名称	货品名称英文 Article Description	税费综合信息	计量单位	监管证件代码 进口	监管证件代码 出口	检验检疫类别 进口	检验检疫类别 出口	检验检疫编码	检验检疫编码对应中文名称
320730	00		光瓷釉及类似制品	Liquid lustres and similar preparations	【最】5【普】50 【协东盟】0【协巴基斯坦】0【协智利】0 【协新西兰】0【协秘鲁】0【协哥斯达黎加】0 【协冰岛】0【协瑞士】0【协澳大利亚】0 【协韩国】0【协格鲁吉亚】0【协香港】0 【协澳门】0 【特-1】0【特-2】0【特-3】0 【增】16【对美加征】10【出】0【退】0	千克					999	光瓷釉及类似制品
320740	00		呈粉、粒状搪瓷玻璃料及其他玻璃	Glass frit and other glass, in the form of powder, granules or flakes	【最】5【普】50 【协东盟】0【协巴基斯坦】0【协智利】0 【协新西兰】0【协秘鲁】0【协哥斯达黎加】0 【协冰岛】0【协瑞士】0【协澳大利亚】0 【协韩国】0【协格鲁吉亚】0【协香港】0 【协澳门】0 【特-1】0【特-2】0【特-3】0 【增】16【对美加征】5【出】0【退】0	千克					999	呈粉、粒状搪瓷玻璃料及其他玻璃
320810	00	10	分散于或溶于非水介质的聚酯油漆及清漆，施工状态下挥发性有机物含量大于 420 克/升［以聚酯为基本成分的（包括瓷漆及大漆）］	Soluble in non-aqueous medium polyester paint and varnish and so on, the construction condition of volatile organic matter content is more than 420grams/liter, polyester as the basic ingredients (including enamel and Chinese lacquer)	【最】10【普】50 【协亚太】9【协东盟】0【协香港】0 【协澳门】0【协巴基斯坦】5【协智利】0 【协新西兰】0【协新加坡】0【协秘鲁】0 【协台湾】0【协哥斯达黎加】0【协冰岛】0 【协瑞士】0【协澳大利亚】0【协韩国】7.5 【协格鲁吉亚】0 【特-1】0【特-2】0【特 3】0 【增】16 【消】4【对美加征】10【出】0【退】0	千克	A		M		301	分散于或溶于非水介质的聚酯油漆及清漆，施工状态下挥发性有机物含量大于 420 克/升［以聚酯为基本成分的（包括瓷漆及大漆）］（属于危险化学品的涂料）
320810	00	90	其他分散于或溶于非水介质的聚酯油漆及清漆；以聚酯为基本成分的本章注释四所述溶液［以聚酯为基本成分的（包括瓷漆及大漆）］	Other soluble in non-aqueous medium polyester paint and varnish and so on, with polyester as the basic ingredients(including enamel and Chinese lacquer)	【最】10【普】50 【协亚太】9【协东盟】0【协香港】0 【协澳门】0【协巴基斯坦】5【协智利】0 【协新西兰】0【协新加坡】0【协秘鲁】0 【协台湾】0【协哥斯达黎加】0【协冰岛】0 【协瑞士】0【协澳大利亚】0【协韩国】7.5 【协格鲁吉亚】0 【特-1】0【特-2】0【特-3】0 【增】16【对美加征】10【出】0【退】0	千克	A		M		301	其他分散于或溶于非水介质的聚酯油漆及清漆；以聚酯为基本成分的本章注释四所述溶液［以聚酯为基本成分的（包括瓷漆及大漆）］（属于危险化学品的涂料）
320820	10	11	分散于或溶于非水介质的光导纤维用涂料，施工状态下挥发性有机物含量大于 420 克/升（主要成分为聚胺酯丙烯酸酯类化合物，以丙烯酸聚合物为基本成分）	Scattered or dissolve in non-aqueous medium of optical fiber coating; Construction condition of volatile organic matter content is more than 420 grams/liter, main composition of polyurethane and acrylic ester compounds with acrylic polymer as the basic ingr	【最】10【普】50【暂进】6 【协亚太】9【协东盟】0【协巴基斯坦】5 【协智利】0【协新西兰】0【协新加坡】0 【协秘鲁】0【协台湾】0【协哥斯达黎加】0 【协冰岛】0【协瑞士】0【协澳大利亚】0 【协韩国】7.5【协格鲁吉亚】0【协香港】0 【协澳门】0 【特-1】0【特-2】0 【增】16 【消】4【对美加征】10【出】0【退】13	千克	A		M		998 999	分散于或溶于非水介质的光导纤维用涂料，施工状态下挥发性有机物含量大于 420 克/升（主要成分为聚胺酯丙烯酸酯类化合物，以丙烯酸聚合物为基本成分）（属于危险化学品的涂料） 分散于或溶于非水介质的光导纤维用涂料，施工状态下挥发性有机物含量大于 420 克/升（主要成分为聚胺酯丙烯酸酯类化合物，以丙烯酸聚合物为基本成分）（不属于危险化学品的涂料）
320820	10	19	其他分散于或溶于非水介质的光导纤维用涂料（主要成分为聚胺酯丙烯酸酯类化合物，以丙烯酸聚合物为基本成分）	Other scattered or dissolve in non-aqueous medium of optical fiber coating; Main composition of polyurethane and acrylic ester compounds with arcylic polymer as the basic ingredients	【最】10【普】50【暂进】6 【协亚太】9【协东盟】0【协巴基斯坦】5 【协智利】0【协新西兰】0【协新加坡】0 【协秘鲁】0【协台湾】0【协哥斯达黎加】0 【协冰岛】0【协瑞士】0【协澳大利亚】0 【协韩国】7.5【协格鲁吉亚】0【协香港】0 【协澳门】0 【特-1】0【特-2】0 【增】16【对美加征】10【出】0【退】13	千克	A		M		998 999	其他分散于或溶于非水介质的光导纤维用涂料（主要成分为聚胺酯丙烯酸酯类化合物，以丙烯酸聚合物为基本成分）（属于危险化学品的涂料） 其他分散于或溶于非水介质的光导纤维用涂料（主要成分为聚胺酯丙烯酸酯类化合物，以丙烯酸聚合物为基本成分）（不属于危险化学品的涂料）

税则号列 HS国际统一前6位	本国子目 7~8位	本国子目 9~10位	货品名称中英文 中文 货物名称	货品名称中英文 英文 Article Description	税费综合信息	计量单位	监管证件代码 进口	监管证件代码 出口	检验检疫类别 进口	检验检疫类别 出口	检验检疫编码	检验检疫编码对应中文名称
320820	10	91	其他以丙烯酸聚合物为基本成分的油漆、清漆等，施工状态下挥发性有机物含量大于420克/升（分散于或溶于非水质的以丙烯酸聚合物为基本成分，包括瓷漆大漆）	Other poly acrylic paint, varnish, construction condition of volatile organic matter content is more than 420g/l; Dissolve in the water quality of acrylic polymer as basic elements, including enamel Chinese lacquer	【最】10【普】50 【协亚太】9【协东盟】0【协巴基斯坦】5 【协智利】0【协新西兰】0【协新加坡】0 【协秘鲁】0【协台湾】0【协哥斯达黎加】0 【协冰岛】0【协瑞士】0【协澳大利亚】0 【协韩国】7.5【协格鲁吉亚】0【协香港】0 【协澳门】0 【特-1】0【特-2】0 【增】16 【消】4【对美加征】10【出】0【退】0	千克	A		M		301	其他以丙烯酸聚合物为基本成分的油漆、清漆等，施工状态下挥发性有机物含量大于420克/升（分散于或溶于非水质的以丙烯酸聚合物为基本成分，包括瓷漆大漆）（属于危险化学品的涂料）
320820	10	99	其他以丙烯酸聚合物为基本成分的油漆、清漆等；以丙烯酸聚合物为基本成分的本章注释四所述溶液（分散于或溶于非水质的以丙烯酸聚合物为基本成分，包括瓷漆大漆）	Other poly acrylic paint, varnish, construction condition of volatile organic matter content is not more than 420g/l; Dissolve in the water quality of acrylic polymer as basic elements, including enamel Chinese lacquer	【最】10【普】50 【协亚太】9【协东盟】0【协巴基斯坦】5 【协智利】0【协新西兰】0【协新加坡】0 【协秘鲁】0【协台湾】0【协哥斯达黎加】0 【协冰岛】0【协瑞士】0【协澳大利亚】0 【协韩国】7.5【协格鲁吉亚】0【协香港】0 【协澳门】0 【特-1】0【特-2】0 【增】16【对美加征】10【出】0【退】0	千克	A		M		301	其他以丙烯酸聚合物为基本成分的油漆、清漆等；以丙烯酸聚合物为基本成分的本章注释四所述溶液（分散于或溶于非水质的以丙烯酸聚合物为基本成分，包括瓷漆大漆）（属于危险化学品的涂料）
320820	20	10	溶于非水介质的聚乙烯油漆及清漆，施工状态下挥发性有机物含量大于420克/升［以乙烯聚合物为基本成分（包括瓷漆及大漆）］	Soluble in non-aqueous medium PE paint and varnish, construction condition of volatile organic matter content is more than 420g/l; Vinyl polymer as basic ingredients (including enamel and Chinese lacquer)	【最】10【普】50 【协亚太】9【协东盟】0【协巴基斯坦】5 【协智利】0【协新西兰】0【协秘鲁】0 【协哥斯达黎加】0【协冰岛】0【协瑞士】0 【协澳大利亚】0【协韩国】5【协格鲁吉亚】0 【协香港】0【协澳门】0 【特-1】0【特-2】0 【增】16 【消】4【对美加征】10【出】0【退】0	千克	A		M		301	溶于非水介质的聚乙烯油漆及清漆，施工状态下挥发性有机物含量大于420克/升［以乙烯聚合物为基本成分（包括瓷漆及大漆）］（属于危险化学品的涂料）
320820	20	90	其他分散于或溶于非水介质的以乙烯聚合物为基本成分的油漆及清漆；以乙烯聚合物基本成分的本章注释四所述溶液［以乙烯聚合物为基本成分（包括瓷漆及大漆）］	Other soluble in non-aqueous medium polyethylenepaint and varnish; Vinyl polymer as basic ingredients(including enamel and Chinese lacquer)	【最】10【普】50 【协亚太】9【协东盟】0【协巴基斯坦】5 【协智利】0【协新西兰】0【协秘鲁】0 【协哥斯达黎加】0【协冰岛】0【协瑞士】0 【协澳大利亚】0【协韩国】5【协格鲁吉亚】0 【协香港】0【协澳门】0 【特-1】0【特-2】0 【增】16【对美加征】10【出】0【退】0	千克	A		M		301	其他分散于或溶于非水介质的以乙烯聚合物为基本成分的油漆及清漆；以乙烯聚合物基本成分的本章注释四所述溶液［以乙烯聚合物为基本成分（包括瓷漆及大漆）］（属于危险化学品的涂料）
320890	10	11	分散于或溶于非水介质的光导纤维用涂料，施工状态下挥发性有机物含量大于420克/升（主要成分为聚胺酯丙烯酸酯类化合物，以聚胺酯类化合物为基本成分）	Dispersion in optical fiber or dissolve in the water medium with coating, construction condition of volatile organic matter content is more than 420g/l; Main composition of polyurethane and acrylic ester compounds with polyurethane compounds of the basic in	【最】10【普】50【暂进】6 【协亚太】9【协东盟】0【协巴基斯坦】5 【协智利】0【协新西兰】0【协新加坡】0 【协秘鲁】0【协哥斯达黎加】0【协冰岛】0 【协瑞士】0【协澳大利亚】0【协韩国】5 【协格鲁吉亚】0【协香港】0【协澳门】0 【特-1】0【特-2】0 【增】16 【消】4【对美加征】10【出】0【退】0	千克	A		M		999	分散于或溶于非水介质的光导纤维用涂料，施工状态下挥发性有机物含量大于420克/升（主要成分为聚胺酯丙烯酸酯类化合物，以聚胺酯类化合物为基本成分）（属于危险化学品的涂料）

税则号列			货品名称中英文		税费综合信息	计量单位	监管证件代码		检验检疫类别		检验检疫编码	检验检疫编码对应中文名称
HS国际统一前6位	本国子目 7~8位	9~10位	中文 货物名称	英文 Article Description			进口	出口	进口	出口		
320890	10	19	其他分散于或溶于非水介质的光导纤维用涂料（主要成分为聚胺酯丙烯酸酯类化合物，以聚胺酯类化合物为基本成分）	Other scattered or dissolve in non - aqueous medium of optical fiber coating; Main composition of polyurethane and acrylic ester compounds with polyurethane compounds of the basic ingredients	【最】10【普】50【暂进】6 【协亚太】9【协东盟】0【协巴基斯坦】5 【协智利】0【协新西兰】0【协新加坡】0 【协秘鲁】0【协哥斯达黎加】0【协冰岛】0 【协瑞士】0【协澳大利亚】0【协韩国】5 【协格鲁吉亚】0【协香港】0【协澳门】0 【特-1】0【特-2】0 【增】16【对美加征】10【出】0【退】0	千克	A		M		999	其他分散于或溶于非水介质的光导纤维用涂料（主要成分为聚胺酯丙烯酸酯类化合物，以聚胺酯类化合物为基本成分）（属于危险化学品的涂料）
320890	10	91	其他聚胺酯油漆清漆等，施工状态下挥发性有机物含量大于420克/升（溶于非水介质以聚胺酯类化合物为基本成分，含瓷漆大漆）	Other polyurethane paint varnish, etc. the construction condition of volatile organic matter content is not more than 420g/l; with polyurethane compounds dissolve in the water as the basic composition, containing enamel Chinese lacquer	【最】10【普】50 【协亚太】9【协东盟】0【协巴基斯坦】5 【协智利】0【协新西兰】0【协新加坡】0 【协秘鲁】0【协哥斯达黎加】0【协冰岛】0 【协瑞士】0【协澳大利亚】0【协韩国】5 【协格鲁吉亚】0【协香港】0【协澳门】0 【特-1】0【特-2】0 【增】16 【消】4【对美加征】10【出】0【退】0	千克	A		LM		999	其他聚胺酯油漆清漆等，施工状态下挥发性有机物含量大于420克/升（溶于非水介质以聚胺酯类化合物为基本成分，含瓷漆大漆）（属于危险化学品的涂料）
320890	10	99	其他聚胺酯油漆清漆等；以聚氨酯类化合物为基本成分的本章注释四所述溶液（分散于或溶于非水介质以聚胺酯类化合物为基本成分，含瓷漆大漆）	Other polyurethane paint varnish, etc. the construction condition of volatile organic matter content is not more than 420g/l; With polyurethane compounds dissolve in the water as the basic composition, containing enamel Chinese lacquer	【最】10【普】50 【协亚太】9【协东盟】0【协巴基斯坦】5 【协智利】0【协新西兰】0【协新加坡】0 【协秘鲁】0【协哥斯达黎加】0【协冰岛】0 【协瑞士】0【协澳大利亚】0【协韩国】5 【协格鲁吉亚】0【协香港】0【协澳门】0 【特-1】0【特-2】0 【增】16【对美加征】10【出】0【退】0	千克	A		LM		999	其他聚胺酯油漆清漆等；以聚氨酯类化合物为基本成分的本章注释四所述溶液（分散于或溶于非水介质以聚胺酯类化合物为基本成分，含瓷漆大漆）（属于危险化学品的涂料）
320890	90	10	分散于或溶于非水介质其他油漆、清漆溶液，施工状态下挥发性有机物含量大于420克/升（包括以聚合物为基本成分的漆，本章注释四所述溶液）	Soluble in non-aqueous medium other paint, varnish solution, construction condition of volatile organic matter content is more than 420g/l; Including the polymer as the basic ingredients of paint, this chapter four mentioned solution comment	【最】10【普】50 【协亚太】9【协东盟】0【协香港】0 【协澳门】0【协巴基斯坦】5【协智利】0 【协新西兰】0【协新加坡】0【协秘鲁】0 【协台湾】0【协哥斯达黎加】0【协冰岛】0 【协瑞士】4【协澳大利亚】0【协韩国】7.5 【协格鲁吉亚】0 【特-1】0【特-2】0 【增】16 【消】4【对美加征】10【出】0【退】0	千克	A		LM		101 102 103 104	分散于或溶于非水介质其他油漆、清漆溶液，施工状态下挥发性有机物含量大于420克/升（包括以聚合物为基本成分的漆，本章注释四所述溶液）（属于危险化学品的涂料） 分散于或溶于非水介质其他油漆、清漆溶液，施工状态下挥发性有机物含量大于420克/升（包括以聚合物为基本成分的漆，本章注释四所述溶液）（银幕白漆） 分散于或溶于非水介质其他油漆、清漆溶液，施工状态下挥发性有机物含量大于420克/升（包括以聚合物为基本成分的漆，本章注释四所述溶液）（聚酯树脂清漆） 分散于或溶于非水介质其他油漆、清漆溶液，施工状态下挥发性有机物含量大于420克/升（包括以聚合物为基本成分的漆，本章注释四所述溶液）（红丹油性防锈漆）

税则号列			货品名称中英文		税费综合信息	计量单位	监管证件代码		检验检疫类别		检验检疫编码	检验检疫编码对应中文名称
HS国际统一前6位	本国子目 7~8位	本国子目 9~10位	中文 货物名称	英文 Article Description			进口	出口	进口	出口		
											105 ……	分散于或溶于非水介质其他油漆、清漆溶液，施工状态下挥发性有机物含量大于420克/升（包括以聚合物为基本成分的漆，本章注释四所述溶液）（远红外线辐射涂料） ……①
320890	90	90	分散于或溶于非水介质其他油漆、清漆溶液；其他本章注释四所述溶液（包括以聚合物为基本成分的漆，本章注释四所述溶液）	Soluble in non-aqueous medium other paint, varnish solution, construction condition of volatile organic matter content is not more than 420g/l; Including the polymer as the basic ingredients of paint, this chapter four mentioned solution comment	【最】10【普】50 【协亚太】9【协东盟】0【协香港】0 【协澳门】0【协巴基斯坦】5【协智利】0 【协新西兰】0【协新加坡】0【协秘鲁】0 【协台湾】0【协哥斯达黎加】0【协冰岛】0 【协瑞士】4【协澳大利亚】0【协韩国】7.5 【协格鲁吉亚】0 【特-1】0【特-2】0 【增】16【对美加征】10【出】0【退】0	千克	A		LM		301	分散于或溶于非水介质其他油漆、清漆溶液；其他本章注释四所述溶液（包括以聚合物为基本成分的漆，本章注释四所述溶液）（属于危险化学品的涂料）

① 该税号项下检验检疫编码及对应中文名称尚有：106　分散于或溶于非水介质其他油漆、清漆溶液，施工状态下挥发性有机物含量大于420克/升（包括以聚合物为基本成分的漆，本章注释四所述溶液）（硼钡酚醛防锈漆），107　分散于或溶于非水介质其他油漆、清漆溶液，施工状态下挥发性有机物含量大于420克/升（包括以聚合物为基本成分的漆，本章注释四所述溶液）（互感器环氧酯磁漆），108　分散于或溶于非水介质其他油漆、清漆溶液，施工状态下挥发性有机物含量大于420克/升（包括以聚合物为基本成分的漆，本章注释四所述溶液）（环氧防腐漆），109　分散于或溶于非水介质其他油漆、清漆溶液，施工状态下挥发性有机物含量大于420克/升（包括以聚合物为基本成分的漆，本章注释四所述溶液）（环氧绝缘烘漆），110　分散于或溶于非水介质其他油漆、清漆溶液，施工状态下挥发性有机物含量大于420克/升（包括以聚合物为基本成分的漆，本章注释四所述溶液）（环氧绝缘漆），111　分散于或溶于非水介质其他油漆、清漆溶液，施工状态下挥发性有机物含量大于420克/升（包括以聚合物为基本成分的漆，本章注释四所述溶液）（环氧烘漆），112　分散于或溶于非水介质其他油漆、清漆溶液，施工状态下挥发性有机物含量大于420克/升（包括以聚合物为基本成分的漆，本章注释四所述溶液）（环氧清漆），113　分散于或溶于非水介质其他油漆、清漆溶液，施工状态下挥发性有机物含量大于420克/升（包括以聚合物为基本成分的漆，本章注释四所述溶液）（环氧磁漆），114　分散于或溶于非水介质其他油漆、清漆溶液，施工状态下挥发性有机物含量大于420克/升（包括以聚合物为基本成分的漆，本章注释四所述溶液）（环氧醇酸清烘漆），115　分散于或溶于非水介质其他油漆、清漆溶液，施工状态下挥发性有机物含量大于420克/升（包括以聚合物为基本成分的漆，本章注释四所述溶液）（环氧酚醛防腐烘漆），116　分散于或溶于非水介质其他油漆、清漆溶液，施工状态下挥发性有机物含量大于420克/升（包括以聚合物为基本成分的漆，本章注释四所述溶液）（环氧腻子），117　分散于或溶于非水介质其他油漆、清漆溶液，施工状态下挥发性有机物含量大于420克/升（包括以聚合物为基本成分的漆，本章注释四所述溶液）（环氧富锌底漆），118　分散于或溶于非水介质其他油漆、清漆溶液，施工状态下挥发性有机物含量大于420克/升（包括以聚合物为基本成分的漆，本章注释四所述溶液）（环氧聚氯酯耐水漆），119　分散于或溶于非水介质其他油漆、清漆溶液，施工状态下挥发性有机物含量大于420克/升（包括以聚合物为基本成分的漆，本章注释四所述溶液）（环烷酸铜防虫漆），120　分散于或溶于非水介质其他油漆、清漆溶液，施工状态下挥发性有机物含量大于420克/升（包括以聚合物为基本成分的漆，本章注释四所述溶液）（松香防污漆），121　分散于或溶于非水介质其他油漆、清漆溶液，施工状态下挥发性有机物含量大于420克/升（包括以聚合物为基本成分的漆，本章注释四所述溶液）（氨基透明烘漆），122　分散于或溶于非水介质其他油漆、清漆溶液，施工状态下挥发性有机物含量大于420克/升（包括以聚合物为基本成分的漆，本章注释四所述溶液）（氨基清烘漆），123　分散于或溶于非水介质其他油漆、清漆溶液，施工状态下挥发性有机物含量大于420克/升（包括以聚合物为基本成分的漆，本章注释四所述溶液）（氨基静电清烘漆），124　分散于或溶于非水介质其他油漆、清漆溶液，施工状态下挥发性有机物含量大于420克/升（包括以聚合物为基本成分的漆，本章注释四所述溶液）（氨基醇酸绝缘漆），125　分散于或溶于非水介质其他油漆、清漆溶液，施工状态下挥发性有机物含量大于420克/升（包括以聚合物为基本成分的漆，本章注释四所述溶液）（酚醛绝缘漆），126　分散于或溶于非水介质其他油漆、清漆溶液，施工状态下挥发性有机物含量大于420克/升（包括以聚合物为基本成分的漆，本章注释四所述溶液）（酚醛烘漆），127　分散于或溶于非水介质其他油漆、清漆溶液，施工状态下挥发性有机物含量大于420克/升（包括以聚合物为基本成分的漆，本章注释四所述溶液）（酚醛清漆），128　分散于或溶于非水介质其他油漆、清漆溶液，施工状态下挥发性有机物含量大于420克/升（包括以聚合物为基本成分的漆，本章注释四所述溶液）（酚醛漆包线漆），129　分散于或溶于非水介质其他油漆、清漆溶液，施工状态下挥发性有机物含量大于420克/升（包括以聚合物为基本成分的漆，本章注释四所述溶液）（酚醛透明漆），130　分散于或溶于非水介质其他油漆、清漆溶液，施工状态下挥发性有机物含量大于420克/升（包括以聚合物为基本成分的漆，本章注释四所述溶液）（酚醛硅钢片漆），131　分散于或溶于非水介质其他油漆、清漆溶液，施工状态下挥发性有机物含量大于420克/升（包括以聚合物为基本成分的漆，本章注释四所述溶液）（铝红酚醛防锈漆），132　分散于或溶于非水介质其他油漆、清漆溶液，施工状态下挥发性有机物含量大于420克/升（包括以聚合物为基本成分的漆，本章注释四所述溶液）（铝粉酚醛磁漆），133　分散于或溶于非水介质其他油漆、清漆溶液，施工状态下挥发性有机物含量大于420克/升（包括以聚合物为基本成分的漆，本章注释四所述溶液）（铝粉缩醛磁漆），134　分散于或溶于非水介质其他油漆、清漆溶液，施工状态下挥发性有机物含量大于420克/升（包括以聚合物为基本成分的漆，本章注释四所述溶液）（铝粉醇酸磁漆），135　分散于或溶于非水介质其他油漆、清漆溶液，施工状态下挥发性有机物含量大于420克/升（包括以聚合物为基本成分的漆，本章注释四所述溶液）（银灰氨基锤纹漆），136　分散于或溶于非水介质其他油漆、清漆溶液，施工状态下挥发性有机物含量大于420克/升（包括以聚合物为基本成分的漆，本章注释四所述溶液）（银灰酚醛磁漆），137　分散于或溶于非水介质其他油漆、清漆溶液，施工状态下挥发性有机物含量大于420克/升（包括以聚合物为基本成分的漆，本章注释四所述溶液）（聚酰亚胺漆包线漆），138　分散于或溶于非水介质其他油漆、清漆溶液，施工状态下挥发性有机物含量大于420克/升（包括以聚合物为基本成分的漆，本章注释四所述溶液）（醇酸绝缘漆），139　分散于或溶于非水介质其他油漆、清漆溶液，施工状态下挥发性有机物含量大于420克/升（包括以聚合物为基本成分的漆，本章注释四所述溶液）（醇酸烘漆），140　分散于或溶于非水介质其他油漆、清漆溶液，施工状态下挥发性有机物含量大于420克/升（包括以聚合物为基本成分的漆，本章注释四所述溶液）（醇酸清漆），141　分散于或溶于非水介质其他油漆、清漆溶液，施工状态下挥发性有机物含量大于420克/升（包括以聚合物为基本成分的漆，本章注释四所述溶液）（醇酸漆包线漆）301 分散于或溶于非水介质其他油漆、清漆溶液；其他本章注释四所述溶液（包括以聚合物为基本成分的漆，本章注释四所述溶液）（属于危险化学品的涂料）301 溶于水介质的聚丙烯酸油漆及清漆，施工状态下挥发性有机物含量大于420克/升［以聚丙烯酸或聚乙烯为基本成分的（包括瓷漆及大漆）］（不属于危险化学品的涂料）302 溶于水介质的聚丙烯酸油漆及清漆，施工状态下挥发性有机物含量大于420克/升［以聚丙烯酸或聚乙烯为基本成分的（包括瓷漆及大漆）］（属于危险化学品的涂料）301 其他溶于水介质的聚丙烯酸油漆及清漆［以聚丙烯酸或聚乙烯为基本成分的（包括瓷漆及大漆）］（不属于危险化学品的涂料）。

税则号列			货品名称中英文		税费综合信息	计量单位	监管证件代码		检验检疫类别		检验检疫编码	检验检疫编码对应中文名称
HS国际统一前6位	本国子目 7~8位	本国子目 9~10位	中文 货物名称	英文 Article Description			进口	出口	进口	出口		
320910	00	10	溶于水介质的聚丙烯酸油漆及清漆，施工状态下挥发性有机物含量大于420克/升［以聚丙烯酸或聚乙烯为基本成分的（包括瓷漆及大漆）］	Soluble in water medium poly acrylic paint and varnish, construction condition of volatile organic matter content is more than 420g/l; With polyacrylic acid or polyethylene as basic ingredients (including Chinese lacquer and enamel)	【最】10【普】50 【协亚太】6.5【协东盟】0【协澳门】0 【协香港】0【协巴基斯坦】5【协智利】0 【协新西兰】0【协新加坡】0【协秘鲁】0 【协哥斯达黎加】0【协冰岛】0【协瑞士】0 【协澳大利亚】0【协韩国】5【协格鲁吉亚】0 【特-1】0【特-2】0【特-3】0 【增】16 【消】4【对美加征】5【出】0【退】0	千克	A		M		301 302	溶于水介质的聚丙烯酸油漆及清漆，施工状态下挥发性有机物含量大于420克/升［以聚丙烯酸或聚乙烯为基本成分的（包括瓷漆及大漆）］（不属于危险化学品的涂料） 溶于水介质的聚丙烯酸油漆及清漆，施工状态下挥发性有机物含量大于420克/升［以聚丙烯酸或聚乙烯为基本成分的（包括瓷漆及大漆）］（属于危险化学品的涂料）
320910	00	90	其他溶于水介质的聚丙烯酸油漆及清漆［以聚丙烯酸或聚乙烯为基本成分的（包括瓷漆及大漆）］	Other soluble in water medium of poly (acrylic paint and varnish; With polyacrylic acid or polyethylene as basic ingredients (including Chinese lacquer and enamel)	【最】10【普】50 【协亚太】6.5【协东盟】0【协澳门】0 【协香港】0【协巴基斯坦】5【协智利】0 【协新西兰】0【协新加坡】0【协秘鲁】0 【协哥斯达黎加】0【协冰岛】0【协瑞士】0 【协澳大利亚】0【协韩国】5【协格鲁吉亚】0 【特-1】0【特-2】0【特-3】0 【增】16【对美加征】5【出】0【退】0	千克	A		M		301 302	其他溶于水介质的聚丙烯酸油漆及清漆［以聚丙烯酸或聚乙烯为基本成分的（包括瓷漆及大漆）］（不属于危险化学品的涂料） 其他溶于水介质的聚丙烯酸油漆及清漆［以聚丙烯酸或聚乙烯为基本成分的（包括瓷漆及大漆）］（属于危险化学品的涂料）
320990	10	10	以环氧树脂为基本成分的油漆及清漆，施工状态下挥发性有机物含量大于420克/升（包括瓷漆及大漆，分散或溶于水介质）	With epoxy resin as the basic composition of the paint and varnish, construction condition of volatile organic matter content is more than 420g/l; Including enamel and Chinese lacquer, dispersed or dissolved in water medium	【最】10【普】50 【协东盟】0【协巴基斯坦】5【协智利】0 【协新西兰】0【协新加坡】0【协秘鲁】0 【协台湾】0【协哥斯达黎加】0【协冰岛】0 【协瑞士】0【协澳大利亚】0【协韩国】7.5 【协格鲁吉亚】0【协香港】0【协澳门】0 【特-1】0【特-2】0 【增】16 【消】4【对美加征】10【出】0【退】0	千克	A		M		301 302	以环氧树脂为基本成分的油漆及清漆，施工状态下挥发性有机物含量大于420克/升（包括瓷漆及大漆，分散或溶于水介质）（不属于危险化学品的涂料） 以环氧树脂为基本成分的油漆及清漆，施工状态下挥发性有机物含量大于420克/升（包括瓷漆及大漆，分散或溶于水介质）（属于危险化学品的涂料）
320990	10	90	其他以环氧树脂为基本成分的油漆及清漆（包括瓷漆及大漆，分散或溶于水介质）	Other with epoxy resin as the basic composition of the paint and varnish; Including enamel and Chinese lacquer, dispersed or dissolved in water medium	【最】10【普】50 【协东盟】0【协巴基斯坦】5【协智利】0 【协新西兰】0【协新加坡】0【协秘鲁】0 【协台湾】0【协哥斯达黎加】0【协冰岛】0 【协瑞士】0【协澳大利亚】0【协韩国】7.5 【协格鲁吉亚】0【协香港】0【协澳门】0 【特-1】0【特-2】0 【增】16【对美加征】10【出】0【退】0	千克	A		M		301 302	其他以环氧树脂为基本成分的油漆及清漆（包括瓷漆及大漆，分散或溶于水介质）（不属于危险化学品的涂料） 其他以环氧树脂为基本成分的油漆及清漆（包括瓷漆及大漆，分散或溶于水介质）（属于危险化学品的涂料）
320990	20	10	以氟树脂为基本成分的油漆及清漆，施工状态下挥发性有机物含量大于420克/升（包括瓷漆及大漆，分散于或溶于水介质）	Fluorine resin as the basic ingredients of paint, varnish, construction condition of volatile organic matter content is more than 420g/l; Including enamel and Chinese lacquer, decentralised or dissolve in water medium	【最】10【普】50 【协东盟】0【协巴基斯坦】5【协智利】0 【协新西兰】0【协新加坡】0【协秘鲁】0 【协哥斯达黎加】0【协冰岛】0【协瑞士】0 【协澳大利亚】0【协韩国】5【协格鲁吉亚】0 【协香港】0【协澳门】0 【特-1】0【特-2】0 【增】16 【消】4【对美加征】10【出】0【退】13	千克	A		M		301 302	以氟树脂为基本成分的油漆及清漆，施工状态下挥发性有机物含量大于420克/升（包括瓷漆及大漆，分散于或溶于水介质）（不属于危险化学品的涂料） 以氟树脂为基本成分的油漆及清漆，施工状态下挥发性有机物含量大于420克/升（包括瓷漆及大漆，分散于或溶于水介质）（属于危险化学品的涂料）

税则号列			货品名称中英文		税费综合信息	计量单位	监管证件代码		检验检疫类别		检验检疫编码	检验检疫编码对应中文名称
HS 国际统一前6位	本国子目 7~8位	本国子目 9~10位	中文 货物名称	英文 Article Description			进口	出口	进口	出口		
320990	20	90	其他以氟树脂为基本成分的油漆及清漆（包括瓷漆及大漆，分散于或溶于水介质）	Other fluorine resin as the basic composition of the paint and varnish; Including enamel and Chinese lacquer, decentralised or dissolve in water medium	【最】10【普】50 【协东盟】0【协巴基斯坦】5【协智利】0 【协新西兰】0【协新加坡】0【协秘鲁】0 【协哥斯达黎加】0【协冰岛】0【协瑞士】0 【协澳大利亚】0【协韩国】5【协格鲁吉亚】0 【协香港】0【协澳门】0 【特-1】0【特-2】0 【增】16【对美加征】10【出】0【退】13	千克	A		M		301 302	其他以氟树脂为基本成分的油漆及清漆（包括瓷漆及大漆，分散于或溶于水介质）（不属于危险化学品的涂料） 其他以氟树脂为基本成分的油漆及清漆（包括瓷漆及大漆，分散于或溶于水介质）（属于危险化学品的涂料）
320990	90	10	溶于水介质其他聚合物油漆及清漆，施工状态下挥发性有机物含量大于420克/升（以合成聚合物或化学改性天然聚合物为基本成分的）	Soluble in water medium and other polymer paint varnish, construction condition of volatile organic matter content is more than 420 g/l; Synthetic polymer or chemical modification of natural polymers as basic elements	【最】10【普】50 【协东盟】0【协香港】0【协巴基斯坦】5 【协智利】0【协新西兰】0【协新加坡】0 【协秘鲁】0【协台湾】0【协哥斯达黎加】0 【协冰岛】0【协瑞士】4【协澳大利亚】0 【协韩国】7.5【协格鲁吉亚】0 【特-1】0【特-2】0 【增】16 【消】4【对美加征】10【出】0【退】0	千克	A		M		301 302	溶于水介质其他聚合物油漆及清漆，施工状态下挥发性有机物含量大于420克/升（以合成聚合物或化学改性天然聚合物为基本成分的）（不属于危险化学品的涂料） 溶于水介质其他聚合物油漆及清漆，施工状态下挥发性有机物含量大于420克/升（以合成聚合物或化学改性天然聚合物为基本成分的）（属于危险化学品的涂料）
320990	90	90	溶于水介质其他聚合物油漆及清漆，施工状态下挥发性有机物含量不大于420克/升（以合成聚合物或化学改性天然聚合物为基本成分的）	Soluble in water medium and other polymer paint varnish, construction condition of volatile organic matter content is not more than 420 g/l; Synthetic polymer or chemical modification of natural polymers as basic elements	【最】10【普】50 【协东盟】0【协香港】0【协巴基斯坦】5 【协智利】0【协新西兰】0【协新加坡】0 【协秘鲁】0【协台湾】0【协哥斯达黎加】0 【协冰岛】0【协瑞士】4【协澳大利亚】0 【协韩国】7.5【协格鲁吉亚】0 【特-1】0【特-2】0 【增】16【对美加征】10【出】0【退】0	千克	A		M		301 302	溶于水介质其他聚合物油漆及清漆，施工状态下挥发性有机物含量不大于420克/升（以合成聚合物或化学改性天然聚合物为基本成分的）（不属于危险化学品的涂料） 溶于水介质其他聚合物油漆及清漆，施工状态下挥发性有机物含量不大于420克/升（以合成聚合物或化学改性天然聚合物为基本成分的）（属于危险化学品的涂料）
321000	00	11	其他光导纤维用涂料，施工状态下挥发性有机物含量大于420克/升	Other optical fiber coating, construction condition of volatile organic matter content is more than 420grams/liter	【最】10【普】50【暂进】6 【协亚太】6.5【协东盟】0【协香港】0 【协澳门】0【协巴基斯坦】5【协智利】0 【协新西兰】0【协新加坡】0【协秘鲁】0 【协台湾】0【协哥斯达黎加】0【协冰岛】0 【协瑞士】0【协澳大利亚】0【协韩国】0 【协格鲁吉亚】0 【特-1】0【特-2】0【特-3】0 【增】16 【消】4【对美加征】10【出】0【退】0	千克					998 999	其他光导纤维用涂料，施工状态下挥发性有机物含量大于420克/升（属于危险化学品的涂料） 其他光导纤维用涂料，施工状态下挥发性有机物含量大于420克/升（不属于危险化学品的涂料）
321000	00	19	其他光导纤维用涂料，施工状态下挥发性有机物含量不大于420克/升	Other optical fiber coating, construction condition of volatile organic matter content is not more than 420grams/liter	【最】10【普】50【暂进】6 【协亚太】6.5【协东盟】0【协香港】0 【协澳门】0【协巴基斯坦】5【协智利】0 【协新西兰】0【协新加坡】0【协秘鲁】0 【协台湾】0【协哥斯达黎加】0【协冰岛】0 【协瑞士】0【协澳大利亚】0【协韩国】0 【协格鲁吉亚】0 【特-1】0【特-2】0【特-3】0 【增】16【对美加征】10【出】0【退】0	千克					998 999	其他光导纤维用涂料，施工状态下挥发性有机物含量不大于420克/升（属于危险化学品的涂料） 其他光导纤维用涂料，施工状态下挥发性有机物含量不大于420克/升（不属于危险化学品的涂料）

税则号列			货品名称中英文		税费综合信息	计量单位	监管证件代码		检验检疫类别		检验检疫编码	检验检疫编码对应中文名称
HS国际统一前6位	本国子目 7~8位	9~10位	中文 货物名称	英文 Article Description			进口	出口	进口	出口		
321000	00	91	其他油漆及清漆，皮革用水性颜料，施工状态下挥发性有机物含量大于420克/升（包括非聚合物为基料的瓷漆，大漆及水浆涂料）	Other paint and varnish, leather with acrylic paint, construction condition of volatile organic matter content is more than 420g/l; Including the polymer materials for the enamel, Chinese lacquer and water slurry coating	【最】10【普】50 【协亚太】6.5【协东盟】0【协香港】0 【协澳门】0【协巴基斯坦】5【协智利】0 【协新西兰】0【协新加坡】0【协秘鲁】0 【协台湾】0【协哥斯达黎加】0【协冰岛】0 【协瑞士】0【协澳大利亚】0【协韩国】0 【协格鲁吉亚】0 【特-1】0【特-2】0【特-3】0 【增】16 【消】4【对美加征】10【出】0【退】0	千克			L		101	其他油漆及清漆，皮革用水性颜料，施工状态下挥发性有机物含量大于420克/升（包括非聚合物为基料的瓷漆，大漆及水浆涂料）（染皮鞋水）
											102	其他油漆及清漆，皮革用水性颜料，施工状态下挥发性有机物含量大于420克/升（包括非聚合物为基料的瓷漆，大漆及水浆涂料）（再生胶沥青涂料）
											103	其他油漆及清漆，皮革用水性颜料，施工状态下挥发性有机物含量大于420克/升（包括非聚合物为基料的瓷漆，大漆及水浆涂料）（银灰三防锤纹漆）
											104	其他油漆及清漆，皮革用水性颜料，施工状态下挥发性有机物含量大于420克/升（包括非聚合物为基料的瓷漆，大漆及水浆涂料）（有机硅耐高温漆）
											105	其他油漆及清漆，皮革用水性颜料，施工状态下挥发性有机物含量大于420克/升（包括非聚合物为基料的瓷漆，大漆及水浆涂料）（沥青半导体漆）
											……	……①

① 该税号项下检验检疫编码及对应中文名称尚有：106　其他油漆及清漆，皮革用水性颜料，施工状态下挥发性有机物含量大于420克/升（包括非聚合物为基料的瓷漆，大漆及水浆涂料）（沥青防污漆），107　其他油漆及清漆，皮革用水性颜料，施工状态下挥发性有机物含量大于420克/升（包括非聚合物为基料的瓷漆，大漆及水浆涂料）（沥青底漆），108　其他油漆及清漆，皮革用水性颜料，施工状态下挥发性有机物含量大于420克/升（包括非聚合物为基料的瓷漆，大漆及水浆涂料）（沥青绝缘漆），109　其他油漆及清漆，皮革用水性颜料，施工状态下挥发性有机物含量大于420克/升（包括非聚合物为基料的瓷漆，大漆及水浆涂料）（沥青清烘漆），110　其他油漆及清漆，皮革用水性颜料，施工状态下挥发性有机物含量大于420克/升（包括非聚合物为基料的瓷漆，大漆及水浆涂料）（沥青清漆），111　其他油漆及清漆，皮革用水性颜料，施工状态下挥发性有机物含量大于420克/升（包括非聚合物为基料的瓷漆，大漆及水浆涂料）（沥青耐酸漆），112　其他油漆及清漆，皮革用水性颜料，施工状态下挥发性有机物含量大于420克/升（包括非聚合物为基料的瓷漆，大漆及水浆涂料）（沥青锅炉漆），113　其他油漆及清漆，皮革用水性颜料，施工状态下挥发性有机物含量大于420克/升（包括非聚合物为基料的瓷漆，大漆及水浆涂料）（沥青磁漆），114　其他油漆及清漆，皮革用水性颜料，施工状态下挥发性有机物含量大于420克/升（包括非聚合物为基料的瓷漆，大漆及水浆涂料）（沥青醇酸氨基烘漆），115　其他油漆及清漆，皮革用水性颜料，施工状态下挥发性有机物含量大于420克/升（包括非聚合物为基料的瓷漆，大漆及水浆涂料）（鱼油沥青涂料），116　其他油漆及清漆，皮革用水性颜料，施工状态下挥发性有机物含量大于420克/升（包括非聚合物为基料的瓷漆，大漆及水浆涂料）（油封清漆），117　其他油漆及清漆，皮革用水性颜料，施工状态下挥发性有机物含量大于420克/升（包括非聚合物为基料的瓷漆，大漆及水浆涂料）（油基硅钢片漆），118　其他油漆及清漆，皮革用水性颜料，施工状态下挥发性有机物含量大于420克/升（包括非聚合物为基料的瓷漆，大漆及水浆涂料）（玻璃管绝缘漆），119　其他油漆及清漆，皮革用水性颜料，施工状态下挥发性有机物含量大于420克/升（包括非聚合物为基料的瓷漆，大漆及水浆涂料）（贴花快燥清漆），120　其他油漆及清漆，皮革用水性颜料，施工状态下挥发性有机物含量大于420克/升（包括非聚合物为基料的瓷漆，大漆及水浆涂料）（钙酯清漆），121　其他油漆及清漆，皮革用水性颜料，施工状态下挥发性有机物含量大于420克/升（包括非聚合物为基料的瓷漆，大漆及水浆涂料）（铝粉有机硅耐热漆），122　其他油漆及清漆，皮革用水性颜料，施工状态下挥发性有机物含量大于420克/升（包括非聚合物为基料的瓷漆，大漆及水浆涂料）（铝粉环氧沥青耐油底漆），123　其他油漆及清漆，皮革用水性颜料，施工状态下挥发性有机物含量大于420克/升（包括非聚合物为基料的瓷漆，大漆及水浆涂料）（铝粉氯化橡胶底漆），124　其他油漆及清漆，皮革用水性颜料，施工状态下挥发性有机物含量大于420克/升（包括非聚合物为基料的瓷漆，大漆及水浆涂料）（黑色氯丁橡胶可剥漆），125　其他油漆及清漆，皮革用水性颜料，施工状态下挥发性有机物含量大于420克/升（包括非聚合物为基料的瓷漆，大漆及水浆涂料）（酯胶清烘漆），126　其他油漆及清漆，皮革用水性颜料，施工状态下挥发性有机物含量大于420克/升（包括非聚合物为基料的瓷漆，大漆及水浆涂料）（酯胶清漆），127　其他油漆及清漆，皮革用水性颜料，施工状态下挥发性有机物含量大于420克/升（包括非聚合物为基料的瓷漆，大漆及水浆涂料）（煤焦沥青清漆），128　其他油漆及清漆，皮革用水性颜料，施工状态下挥发性有机物含量大于420克/升（包括非聚合物为基料的瓷漆，大漆及水浆涂料）（聚合清油），129　其他油漆及清漆，皮革用水性颜料，施工状态下挥发性有机物含量大于420克/升（包括非聚合物为基料的瓷漆，大漆及水浆涂料）（硝化纤维漆布），130　其他油漆及清漆，皮革用水性颜料，施工状态下挥发性有机物含量大于420克/升（包括非聚合物为基料的瓷漆，大漆及水浆涂料）（硝化纤维漆纸），131　其他油漆及清漆，皮革用水性颜料，施工状态下挥发性有机物含量大于420克/升（包括非聚合物为基料的瓷漆，大漆及水浆涂料）（硝化纤维漆片）

税则号列			货品名称中英文		税费综合信息	计量单位	监管证件代码		检验检疫类别		检验检疫编码	检验检疫编码对应中文名称
HS 国际统一前6位	本国子目 7~8位	本国子目 9~10位	中文 货物名称	英文 Article Description			进口	出口	进口	出口		
321000	00	99	其他油漆及清漆，皮革用水性颜料，施工状态下挥发性有机物含量不大于420克/升（包括非聚合物为基料的瓷漆，大漆及水浆涂料）	Other paint and varnish, leather with acrylic paint, construction condition of volatile organic matter content is not more than 420g/l; Including the polymer materials for the enamel, Chinese lacquer and water slurry coating	【最】10【普】50 【协亚太】6.5【协东盟】0【协香港】0 【协澳门】0【协巴基斯坦】5【协智利】0 【协新西兰】0【协新加坡】0【协秘鲁】0 【协台湾】0【协哥斯达黎加】0【协冰岛】0 【协瑞士】0【协澳大利亚】0【协韩国】0 【协格鲁吉亚】0 【特-1】0【特-2】0【特-3】0 【增】16【对美加征】10【出】0【退】0	千克			L		101	其他油漆及清漆，皮革用水性颜料，施工状态下挥发性有机物含量不大于420克/升（包括非聚合物为基料的瓷漆，大漆及水浆涂料）(染皮鞋水)
											102	其他油漆及清漆，皮革用水性颜料，施工状态下挥发性有机物含量不大于420克/升（包括非聚合物为基料的瓷漆，大漆及水浆涂料）(再生胶沥青涂料)
											103	其他油漆及清漆，皮革用水性颜料，施工状态下挥发性有机物含量不大于420克/升（包括非聚合物为基料的瓷漆，大漆及水浆涂料）(银灰三防锤纹漆)
											104	其他油漆及清漆，皮革用水性颜料，施工状态下挥发性有机物含量不大于420克/升（包括非聚合物为基料的瓷漆，大漆及水浆涂料）(有机硅耐高温漆)
											105	其他油漆及清漆，皮革用水性颜料，施工状态下挥发性有机物含量不大于420克/升（包括非聚合物为基料的瓷漆，大漆及水浆涂料）(沥青半导体漆)
											……	……①

① 该税号项下检验检疫编码及对应中文名称尚有：106 其他油漆及清漆，皮革用水性颜料，施工状态下挥发性有机物含量不大于420克/升（包括非聚合物为基料的瓷漆，大漆及水浆涂料）（沥青防污漆），107 其他油漆及清漆，皮革用水性颜料，施工状态下挥发性有机物含量不大于420克/升（包括非聚合物为基料的瓷漆，大漆及水浆涂料）（沥青底漆），108 其他油漆及清漆，皮革用水性颜料，施工状态下挥发性有机物含量不大于420克/升（包括非聚合物为基料的瓷漆，大漆及水浆涂料）（沥青绝缘漆），109 其他油漆及清漆，皮革用水性颜料，施工状态下挥发性有机物含量不大于420克/升（包括非聚合物为基料的瓷漆，大漆及水浆涂料）（沥青清烘漆），110 其他油漆及清漆，皮革用水性颜料，施工状态下挥发性有机物含量不大于420克/升（包括非聚合物为基料的瓷漆，大漆及水浆涂料）（沥青清漆），111 其他油漆及清漆，皮革用水性颜料，施工状态下挥发性有机物含量不大于420克/升（包括非聚合物为基料的瓷漆，大漆及水浆涂料）（沥青耐酸漆），112 其他油漆及清漆，皮革用水性颜料，施工状态下挥发性有机物含量不大于420克/升（包括非聚合物为基料的瓷漆，大漆及水浆涂料）（沥青锅炉漆），113 其他油漆及清漆，皮革用水性颜料，施工状态下挥发性有机物含量不大于420克/升（包括非聚合物为基料的瓷漆，大漆及水浆涂料）（沥青磁漆），114 其他油漆及清漆，皮革用水性颜料，施工状态下挥发性有机物含量不大于420克/升（包括非聚合物为基料的瓷漆，大漆及水浆涂料）（沥青醇酸氨基烘漆），115 其他油漆及清漆，皮革用水性颜料，施工状态下挥发性有机物含量不大于420克/升（包括非聚合物为基料的瓷漆，大漆及水浆涂料）（鱼油沥青涂料），116 其他油漆及清漆，皮革用水性颜料，施工状态下挥发性有机物含量不大于420克/升（包括非聚合物为基料的瓷漆，大漆及水浆涂料）（油封清漆），117 其他油漆及清漆，皮革用水性颜料，施工状态下挥发性有机物含量不大于420克/升（包括非聚合物为基料的瓷漆，大漆及水浆涂料）（油基硅钢片漆），118 其他油漆及清漆，皮革用水性颜料，施工状态下挥发性有机物含量不大于420克/升（包括非聚合物为基料的瓷漆，大漆及水浆涂料）（玻璃管绝缘漆），119 其他油漆及清漆，皮革用水性颜料，施工状态下挥发性有机物含量不大于420克/升（包括非聚合物为基料的瓷漆，大漆及水浆涂料）（贴花快燥清漆），120 其他油漆及清漆，皮革用水性颜料，施工状态下挥发性有机物含量不大于420克/升（包括非聚合物为基料的瓷漆，大漆及水浆涂料）（钙酯清漆），121 其他油漆及清漆，皮革用水性颜料，施工状态下挥发性有机物含量不大于420克/升（包括非聚合物为基料的瓷漆，大漆及水浆涂料）（铝粉有机硅耐热漆），122 其他油漆及清漆，皮革用水性颜料，施工状态下挥发性有机物含量不大于420克/升（包括非聚合物为基料的瓷漆，大漆及水浆涂料）（铝粉环氧沥青耐油底漆），123 其他油漆及清漆，皮革用水性颜料，施工状态下挥发性有机物含量不大于420克/升（包括非聚合物为基料的瓷漆，大漆及水浆涂料）（铝粉氯化橡胶底漆），124 其他油漆及清漆，皮革用水性颜料，施工状态下挥发性有机物含量不大于420克/升（包括非聚合物为基料的瓷漆，大漆及水浆涂料）（黑色氯丁橡胶可剥漆），125 其他油漆及清漆，皮革用水性颜料，施工状态下挥发性有机物含量不大于420克/升（包括非聚合物为基料的瓷漆，大漆及水浆涂料）（酯胶清烘漆），126 其他油漆及清漆，皮革用水性颜料，施工状态下挥发性有机物含量不大于420克/升（包括非聚合物为基料的瓷漆，大漆及水浆涂料）（酯胶清漆），127 其他油漆及清漆，皮革用水性颜料，施工状态下挥发性有机物含量不大于420克/升（包括非聚合物为基料的瓷漆，大漆及水浆涂料）（煤焦沥青清漆），128 其他油漆及清漆，皮革用水性颜料，施工状态下挥发性有机物含量不大于420克/升（包括非聚合物为基料的瓷漆，大漆及水浆涂料）（聚合清油），129 其他油漆及清漆，皮革用水性颜料，施工状态下挥发性有机物含量不大于420克/升（包括非聚合物为基料的瓷漆，大漆及水浆涂料）（硝化纤维漆布），130 其他油漆及清漆，皮革用水性颜料，施工状态下挥发性有机物含量不大于420克/升（包括非聚合物为基料的瓷漆，大漆及水浆涂料）（硝化纤维漆纸），131 其他油漆及清漆，皮革用水性颜料，施工状态下挥发性有机物含量不大于420克/升（包括非聚合物为基料的瓷漆，大漆及水浆涂料）（硝化纤维漆片）。

税则号列			货品名称中英文		税费综合信息	计量单位	监管证件代码		检验检疫类别		检验检疫编码	检验检疫编码对应中文名称
HS国际统一前6位	本国子目7~8位	本国子目9~10位	中文 货物名称	英文 Article Description			进口	出口	进口	出口		
321100	00		配制的催干剂	Prepared driers	【最】10【普】50 【协东盟】0【协巴基斯坦】5【协智利】0 【协新西兰】0【协新加坡】0【协秘鲁】0 【协哥斯达黎加】0【协冰岛】0【协瑞士】4 【协澳大利亚】0【协韩国】6.6【协格鲁吉亚】0 【协香港】0【协澳门】0 【特-1】0【特-2】0 【增】16【对美加征】10【出】0【退】0	千克					999	配制的催干剂
321210	00		压印箔	Stamping foils	【最】15【普】80 【协东盟】0【协巴基斯坦】12【协智利】0 【协新西兰】0【协新加坡】0【协秘鲁】0 【协哥斯达黎加】0【协冰岛】0【协瑞士】6 【协澳大利亚】0【协韩国】7.5【协格鲁吉亚】0 【协香港】0【协澳门】0 【特-1】0【特-2】0 【增】16【对美加征】10【出】0【退】0	千克					999	压印箔
321290	00		制漆用颜料及零售包装染料、色料（制漆用颜料指溶于非水介质中呈液状或浆状的）	Pigments dispersed in non-aqueous media, in liquid or paste form, of a kind used in the man-ufacture of paints; dyes and other colouring matter put up in forms or packings for retail sale	【最】10【普】50 【协东盟】0【协巴基斯坦】5【协智利】0 【协新西兰】0【协新加坡】0【协秘鲁】0 【协哥斯达黎加】0【协冰岛】0【协瑞士】0 【协澳大利亚】0【协韩国】5【协格鲁吉亚】0 【协香港】0【协澳门】0 【特-1】0【特-2】0 【增】16【对美加征】5【出】0【退】0	千克					998 999	制漆用颜料及零售包装染料、色料（制漆用颜料指溶于非水介质中呈液状或浆状的）（其他危险化学品） 制漆用颜料及零售包装染料、色料（制漆用颜料指溶于非水介质中呈液状或浆状的）（其他化工产品）
321310	00		成套的颜料（艺术家，学生和广告美工用的） 【电商】	Artists', students' or signboard painters' colours in sets	【最】6.5【普】70 【协东盟】0【协巴基斯坦】5【协智利】0 【协新西兰】0【协秘鲁】0【协哥斯达黎加】0 【协冰岛】0【协瑞士】0【协澳大利亚】0 【协韩国】5【协格鲁吉亚】0【协香港】0 【协澳门】0 【特-1】0【特-2】0 【增】16【对美加征】5【出】0【退】13	千克					998 999	成套的颜料（艺术家，学生和广告美工用的）（其他危险化学品） 成套的颜料（艺术家，学生和广告美工用的）（其他化工产品）
321390	00		非成套颜料、调色料及类似品（片状、管装、罐装、瓶装、扁盒装等类似形状或包装的）	Other colours, modifying tints and the like (in tablets, tubes, jars, bottles, pans or in similar forms or packings), not in sets	【最】6.5【普】70 【协亚太】4.2【协东盟】0【协巴基斯坦】5 【协智利】0【协新西兰】0【协秘鲁】0 【协哥斯达黎加】0【协冰岛】0【协瑞士】0 【协澳大利亚】0【协韩国】5【协格鲁吉亚】0 【协香港】0【协澳门】0 【特-1】0【特-2】0【特-3】0 【增】16【对美加征】5【出】0【退】13	千克					998 999	非成套颜料、调色料及类似品（片状、管装、罐装、瓶装、扁盒装等类似形状或包装的）（其他危险化学品） 非成套颜料、调色料及类似品（片状、管装、罐装、瓶装、扁盒装等类似形状或包装的）（其他化工产品）
321410	10		半导体器件封装材料	Encapsulation material of semiconductor device	【最】9【普】70 【协东盟】0【协巴基斯坦】5【协智利】0 【协新西兰】0【协秘鲁】0【协哥斯达黎加】0 【协冰岛】0【协瑞士】0【协澳大利亚】0 【协格鲁吉亚】5.4【协香港】0【协澳门】0 【特-1】0【特-2】0【特-3】0 【增】16【对美加征】10【出】0【退】13	千克					999	半导体器件封装材料
321410	90		其他安装玻璃用油灰等；漆工用填料（包括接缝用油灰、树脂胶泥、嵌缝胶及其他胶粘剂）	Glaziers' putty; painters' fillings (including grafting putty, resin cements, caulking compounds and other mastics)	【最】9【普】70 【协东盟】0【协巴基斯坦】5【协智利】0 【协新西兰】0【协秘鲁】0【协哥斯达黎加】0 【协冰岛】0【协瑞士】3.6【协澳大利亚】0 【协韩国】0【协格鲁吉亚】0【协香港】0 【协澳门】0 【特-1】0【特-2】0【特-3】0 【增】16【对美加征】5【出】0【退】13	千克					101 102 103	其他安装玻璃用油灰等；漆工用填料（包括接缝用油灰、树脂胶泥、嵌缝胶及其他胶粘剂）（贴胡胶） 其他安装玻璃用油灰等；漆工用填料（包括接缝用油灰、树脂胶泥、嵌缝胶及其他胶粘剂）（聚氨酯导电黏合剂） 其他安装玻璃用油灰等；漆工用填料（包括接缝用油灰、树脂胶泥、嵌缝胶及其他胶粘剂）（多用粘结胶）

税则号列			货品名称中英文		税费综合信息	计量单位	监管证件代码		检验检疫类别		检验检疫编码	检验检疫编码对应中文名称
HS国际统一前6位	本国子目 7~8位	9~10位	中文 货物名称	英文 Article Description			进口	出口	进口	出口		
											104 105 ……	其他安装玻璃用油灰等；漆工用填料（包括接缝用油灰、树脂胶泥、嵌缝胶及其他胶粘剂）（FS203C胶） 其他安装玻璃用油灰等；漆工用填料（包括接缝用油灰、树脂胶泥、嵌缝胶及其他胶粘剂）（压敏胶） ……①
321490	00	10	非耐火涂面制剂，施工状态下挥发性有机物含量大于420克/升（涂门面、内墙、地板、天花板等用）	The refractory coating preparation, the construction condition of volatile organic matter content is more than 420 g/l; Coated fa?ade, interior wall, floor, ceiling, ect	【最】9【普】70 【协东盟】0【协香港】0【协巴基斯坦】5 【协智利】0【协新西兰】0【协秘鲁】0 【协哥斯达黎加】0【协冰岛】0【协瑞士】0 【协澳大利亚】0【协韩国】6 【协格鲁吉亚】0 【特-1】0【特-2】0【特-3】0 【增】16 【消】4【对美加征】5【出】0【退】0	千克					999	非耐火涂面制剂，施工状态下挥发性有机物含量大于420克/升（涂门面、内墙、地板、天花板等用）
321490	00	90	其他非耐火涂面制剂（涂门面、内墙、地板、天花板等用）	Other, refractory coating agent; Coated facade, interior wall, floor, ceiling, etc.	【最】9【普】70 【协东盟】0【协香港】0【协巴基斯坦】5 【协智利】0【协新西兰】0【协秘鲁】0 【协哥斯达黎加】0【协冰岛】0【协瑞士】0 【协澳大利亚】0【协韩国】6 【协格鲁吉亚】0 【特-1】0【特-2】0【特-3】0 【增】16【对美加征】5【出】0【退】0	千克					999	其他非耐火涂面制剂（涂门面、内墙、地板、天花板等用）
321511	00	10	黑色，用于装入税号8443.31、8443.32或8443.39所列设备的工程形态的固体油墨	Black, solid ink, for the engineering equipment of subheading No. 8443.31, 8443.32 or 8443.39	【最】3.3【普】45 【协亚太】4.2【协东盟】0【协香港】0 【协澳门】0【协巴基斯坦】0【协智利】0 【协新西兰】0【协秘鲁】0【协哥斯达黎加】0 【协冰岛】0【协瑞士】0【协澳大利亚】0 【协韩国】0【协格鲁吉亚】0 【特-1】0【特-2】0【特-3】0 【增】16【对美加征】10【出】0【退】0	千克	A	B	M	N	998 999	黑色，用于装入税号8443.31、8443.32或8443.39所列设备的工程形态的固体油墨（其他危险化学品） 黑色，用于装入税号8443.31、8443.32或8443.39所列设备的工程形态的固体油墨（其他化工产品）
321511	00	90	其他黑色印刷油墨（不论是否固体或浓缩）	Other black printing oil, whether or not concentrated or solid	【最】6.5【普】45 【协亚太】4.2【协东盟】0【协香港】0 【协澳门】0【协巴基斯坦】0【协智利】0 【协新西兰】0【协秘鲁】0【协哥斯达黎加】0 【协冰岛】0【协瑞士】0【协澳大利亚】0 【协韩国】0【协格鲁吉亚】0 【特-1】0【特-2】0【特-3】0 【增】16【对美加征】10【出】0【退】0	千克	A	B	M	N	998 999	其他黑色印刷油墨（不论是否固体或浓缩）（其他危险化学品） 其他黑色印刷油墨（不论是否固体或浓缩）（其他化工产品）
321519	00	10	其他用于装入税号8443.31、8443.32或8443.39所列设备的工程形态的固体油墨【电商】②	Other solid ink, for the engineering equipment of subheading No. 8443.31, 8443.32 or 8443.39	【最】3.3【普】45 【协亚太】4.6【协东盟】0【协香港】0 【协澳门】0【协巴基斯坦】0【协智利】0 【协新西兰】0【协秘鲁】0【协台湾】0 【协哥斯达黎加】0【协冰岛】0【协瑞士】2.6 【协澳大利亚】0【协韩国】3.2 【协格鲁吉亚】0 【特-1】0【特-2】0【特-3】0 【增】16【对美加征】10【出】0【退】0	千克					998 999	其他用于装入税号8443.31、8443.32或8443.39所列设备的工程形态的固体油墨（其他危险化学品） 其他用于装入税号8443.31、8443.32或8443.39所列设备的工程形态的固体油墨（其他化工产品）

① 该税号项下检验检疫编码及对应中文名称尚有：106 其他安装玻璃用油灰等；漆工用填料（包括接缝用油灰、树脂胶泥、嵌缝胶及其他胶粘剂）（嵌缝油膏）。

② 仅限家用打印机墨水。

税则号列 HS 国际统一前 6 位	本国子目 7~8 位	本国子目 9~10 位	货品名称中英文 中文 货物名称	英文 Article Description	税费综合信息	计量单位	监管证件代码 进口	监管证件代码 出口	检验检疫类别 进口	检验检疫类别 出口	检验检疫编码	检验检疫编码对应中文名称
321519	00	90	其他印刷油墨（不论是否固体或浓缩）【电商】①	Other printing oil, whether or not concentrated or solid	【最】6.5【普】45 【协亚太】4.6【协东盟】0【协香港】0 【协澳门】0【协巴基斯坦】0【协智利】0 【协新西兰】0【协秘鲁】0【协台湾】0 【协哥斯达黎加】0【协冰岛】0【协瑞士】2.6 【协澳大利亚】0【协韩国】3.2 【协格鲁吉亚】0 【特-1】0【特-2】0【特-3】0 【增】16【对美加征】10【出】0【退】0	千克					101 102 103 104 105 ……	其他印刷油墨（不论是否固体或浓缩）（醇溶凹印油墨） 其他印刷油墨（不论是否固体或浓缩）（其他塑料油墨） 其他印刷油墨（不论是否固体或浓缩）（塑料凸板油墨） 其他印刷油墨（不论是否固体或浓缩）（塑料喷涂油墨） 其他印刷油墨（不论是否固体或浓缩）（影印油墨） ……②
321590	10		书写墨水（不论是否固体或浓缩）【电商】	Writing inks, whether or not concentrated or solid	【最】5【普】70 【协东盟】0【协香港】0【协澳门】0 【协巴基斯坦】5【协智利】0【协新西兰】0 【协秘鲁】0【协哥斯达黎加】0【协冰岛】0 【协瑞士】0【协澳大利亚】0【协韩国】0 【协格鲁吉亚】0 【特-1】0【特-2】0【特-3】0 【增】16【对美加征】10【出】0【退】13	千克					998 999	书写墨水（不论是否固体或浓缩）（其他危险化学品） 书写墨水（不论是否固体或浓缩）（其他化工产品）
321590	20		水性喷墨墨水	Aqueous ink jet ink	【最】10【普】70 【协东盟】0【协香港】0【协澳门】0 【协巴基斯坦】5【协智利】0【协新西兰】0 【协新加坡】0【协秘鲁】0【协哥斯达黎加】0 【协冰岛】0【协瑞士】4【协澳大利亚】0 【协韩国】0【协格鲁吉亚】0 【特-1】0【特-2】0【特-3】0 【增】16【对美加征】5【出】0【退】13	千克					999	水性喷墨墨水
321590	90		其他绘图墨水及其他墨类（不论是否固体或浓缩）【电商】	Drawing inks and other inks, whether or not concentrated or solid	【最】10【普】70 【协东盟】0【协香港】0【协澳门】0 【协巴基斯坦】5【协智利】0【协新西兰】0 【协新加坡】0【协秘鲁】0【协哥斯达黎加】0 【协冰岛】0【协瑞士】4【协澳大利亚】0 【协韩国】0【协格鲁吉亚】0 【特-1】0【特-2】0【特-3】0 【增】16【对美加征】5【出】0【退】13	千克					101 102 103	其他绘图墨水及其他墨类（不论是否固体或浓缩）（软管滚涂油墨） 其他绘图墨水及其他墨类（不论是否固体或浓缩）（软管白墨） 其他绘图墨水及其他墨类（不论是否固体或浓缩）（其他化工产品）

① 仅限家用打印机墨水。

② 该税号项下检验检疫编码及对应中文名称尚有：106　其他印刷油墨（不论是否固体或浓缩）（氧化锌静电复印油墨）。

第三十三章
精油及香膏；芳香料制品及化妆盥洗品

Chapter 33
Essential oils and resinoids; perfumery, cosmetic or toilet preparations

注释：

一、本章不包括：

（一）税目13.01或13.02的天然油树脂或植物浸膏；

（二）税目34.01的肥皂及其他产品；或

（三）税目38.05的脂松节油、木松节油和硫酸盐松节油及其他产品。

二、税目33.02所称“香料”，仅指税目33.01所列的物质、从这些物质离析出来的香料组分，以及合成芳香剂。

三、税目33.03至33.07主要包括适合作这些税号所列用途的零售包装产品，不论其是否混合（精油水馏液及水溶液除外）。

四、税目33.07所称“芳香料制品及化妆盥洗品”，主要适用于下列产品：香袋；通过燃烧散发香气的制品；香纸及用化妆品浸渍或涂布的纸；隐形眼镜片或假眼用的溶液；用香水或化妆品浸渍、涂布、包覆的絮胎、毡呢及无纺织物；动物用盥洗品。

Chapter Notes:

1. This Chapter does not cover:
   (a) Natural oleoresins or vegetable extracts of heading 13.01 or 13.02;
   (b) Soap or other products of heading 34.01; or
   (c) Gum, wood or sulphate turpentine or other products of heading 38.05.

2. The expression “odoriferous substances” in heading 33.02 refers only to the substances of heading 33.01, to odoriferous constituents isolated from those substances or to synthetic aromatics.

3. Headings 33.03 to 33.07 apply, inter alia, to products, whether or not mixed (other than aqueous distillates and aqueous solutions of essential oils), suitable for use as goods of these headings and put up in packings of a kind sold by retail for such use.

4. The expression “perfumery, cosmetic or toilet preparations” in heading 33.07 applies, inter alia, to the following products: scented sachets; odoriferous preparations which operate by burning; perfumed papers and papers impregnated or coated with cosmetics; contact lens or artificial eye solutions; wadding, felt and nonwovens, impregnated, coated or covered with perfume or cosmetics; animal toilet preparations.

税则号列			货品名称中英文		税费综合信息	计量单位	监管证件代码		检验检疫类别		检验检疫编码	检验检疫编码对应中文名称
HS国际统一前6位	本国子目 7~8位	本国子目 9~10位	中文 货物名称	英文 Article Description			进口	出口	进口	出口		
330112	00		橙油（包括浸膏及净油）【电商】	Essential oils of orange (including concretes and absolutes)	【最】20【普】80 【协东盟】0【协澳门】0【协智利】0 【协香港】0【协新西兰】0【协新加坡】0 【协秘鲁】0【协哥斯达黎加】0【协冰岛】0 【协瑞士】10【协澳大利亚】0【协韩国】13.3 【协格鲁吉亚】12 【特-1】0【特-2】0 【增】16【对美加征】5【出】0【退】10	千克	A		R		111 112 113 301 302 ……	橙油（包括浸膏及净油）（面部香精油） 橙油（包括浸膏及净油）（发用香精精油） 橙油（包括浸膏及净油）（体用香精精油） 橙油（包括浸膏及净油）（易燃液体） 橙油（包括浸膏及净油）（无检疫要求食品添加剂） ……①

① 该税号项下检验检疫编码及对应中文名称尚有：303 橙油（包括浸膏及净油）（无检疫要求的食品添加剂），304 橙油（包括浸膏及净油）（属于危险化学品的食品添加剂）111柠檬油（包括浸膏及净油）（面部香精油）112柠檬油（包括浸膏及净油）（发用香精精油）113柠檬油（包括浸膏及净油）（体用香精精油）301 柠檬油（包括浸膏及净油）（易燃液体）。

税则号列 HS国际统一前6位	本国子目 7~8位	本国子目 9~10位	货品名称 中文 货物名称	英文 Article Description	税费综合信息	计量单位	监管证件代码 进口	监管证件代码 出口	检验检疫类别 进口	检验检疫类别 出口	检验检疫编码	检验检疫编码对应中文名称
330113	00		柠檬油（包括浸膏及净油）【电商】	Essential oils of lemon (including concretes and absolutes)	【最】20【普】80 【协东盟】0【协澳门】0【协智利】0 【协香港】0【协新西兰】0【协新加坡】0 【协秘鲁】0【协哥斯达黎加】0【协冰岛】0 【协瑞士】0【协澳大利亚】0【协韩国】13.3 【协格鲁吉亚】0 【特-1】0【特-2】0【特-3】0 【增】16【对美加征】5【出】0【退】13	千克	A		R		111 112 113 301 302 ……	柠檬油（包括浸膏及净油）（面部香精油） 柠檬油（包括浸膏及净油）（发用香精精油） 柠檬油（包括浸膏及净油）（体用香精精油） 柠檬油（包括浸膏及净油）（易燃液体） 柠檬油（包括浸膏及净油）（无检疫要求食品添加剂） ……①
330119	10		白柠檬油（酸橙油）	Essential oils of lime (including concretes and absolutes)	【最】20【普】80 【协东盟】0【协澳门】0【协智利】0 【协香港】0【协新西兰】0【协新加坡】0 【协秘鲁】0【协哥斯达黎加】0【协冰岛】0 【协瑞士】8【协澳大利亚】0【协韩国】13.3 【协格鲁吉亚】0 【特-1】0【特-2】0 【增】16【对美加征】5【出】0【退】10	千克	A		R		111 112 113 301 302 ……	白柠檬油（酸橙油）（包括浸膏及净油）（面部香精油） 白柠檬油（酸橙油）（包括浸膏及净油）（发用香精精油） 白柠檬油（酸橙油）（包括浸膏及净油）（体用香精精油） 白柠檬油（酸橙油）（包括浸膏及净油）（易燃液体） 白柠檬油（酸橙油）（包括浸膏及净油）（无检疫要求食品添加剂） ……②
330119	90		其他柑橘属果实的精油（包括浸膏及净油）【电商】	Essential oils of other citrus fruit (including concretes and absolutes)	【最】20【普】80 【协东盟】0【协澳门】0【协智利】0 【协香港】0【协新西兰】0【协新加坡】0 【协秘鲁】0【协哥斯达黎加】0【协冰岛】0 【协瑞士】8【协澳大利亚】0【协韩国】13.3 【协格鲁吉亚】0 【特-1】0【特-2】0 【增】16【对美加征】5【出】0【退】10	千克	A		R		111 112 113 301	其他柑橘属果实的精油（包括浸膏及净油）（面部香精油） 其他柑橘属果实的精油（包括浸膏及净油）（发用香精精油） 其他柑橘属果实的精油（包括浸膏及净油）（体用香精精油） 其他柑橘属果实的精油（包括浸膏及净油）（无检疫要求食品添加剂）
330124	00		胡椒薄荷油（包括浸膏及净油）	Essential oils of peppermint (Mentha piperita) (including concretes and absolutes)	【最】20【普】90 【协东盟】0【协澳门】0【协智利】0 【协香港】0【协新西兰】0【协新加坡】0 【协秘鲁】0【协哥斯达黎加】0【协冰岛】0 【协瑞士】8【协澳大利亚】0【协韩国】13.3 【协格鲁吉亚】0 【特-1】0【特-2】0 【增】16【对美加征】5【出】0【退】10	千克	A		R		111 112 113 301	胡椒薄荷油（包括浸膏及净油）（面部香精油） 胡椒薄荷油（包括浸膏及净油）（发用香精精油） 胡椒薄荷油（包括浸膏及净油）（体用香精精油） 胡椒薄荷油（包括浸膏及净油）（无检疫要求食品添加剂）

① 该税号项下检验检疫编码及对应中文名称尚有：303　柠檬油（包括浸膏及净油）（无检疫要求的食品添加剂），304　柠檬油（包括浸膏及净油）（属于危险化学品的食品添加剂）111 白柠檬油（酸橙油）（包括浸膏及净油）（面部香精油）112 白柠檬油（酸橙油）（包括浸膏及净油）（发用香精精油）113 白柠檬油（酸橙油）（包括浸膏及净油）（体用香精精油）301 白柠檬油（酸橙油）（包括浸膏及净油）（易燃液体）。

② 该税号项下检验检疫编码及对应中文名称尚有：303　白柠檬油（酸橙油）（包括浸膏及净油）（无检疫要求的食品添加剂），304　白柠檬油（酸橙油）（包括浸膏及净油）（属于危险化学品的食品添加剂）。

税则号列 HS国际统一前6位	本国子目 7~8位	本国子目 9~10位	货品名称中英文 中文 货物名称	货品名称中英文 英文 Article Description	税费综合信息	计量单位	监管证件代码 进口	监管证件代码 出口	检验检疫类别 进口	检验检疫类别 出口	检验检疫编码	检验检疫编码对应中文名称
330125	00		其他薄荷油（包括浸膏及净油） 【电商】	Essential oils of other (mintsincluding concretes and absolutes)	【最】15【普】90【暂进】5 【协亚太】14【协东盟】0【协澳门】0 【协香港】0【协巴基斯坦】12【协智利】0 【协新西兰】0【协新加坡】0【协秘鲁】0 【协哥斯达黎加】0【协冰岛】0【协瑞士】6 【协澳大利亚】0【协韩国】7.5【协格鲁吉亚】0 【特-1】0【特-2】0【特-3】0 【增】16【对美加征】5【出】0【退】13	千克	A		R		111 112 113 301 302	其他薄荷油（包括浸膏及净油）（面部香精油） 其他薄荷油（包括浸膏及净油）（发用香精精油） 其他薄荷油（包括浸膏及净油）（体用香精精油） 其他薄荷油（包括浸膏及净油）（无检疫要求食品添加剂） 其他薄荷油（包括浸膏及净油）（需申报仅用于工业用途不用于无检疫要求食品添加剂的化学品）
330129	10		樟脑油（包括浸膏及精油）	Essential oils of camphor (including concretes and absolutes)	【最】20【普】90 【协东盟】0【协澳门】0【协智利】0 【协香港】0【协新西兰】0【协新加坡】0 【协秘鲁】0【协哥斯达黎加】0【协冰岛】0 【协瑞士】8【协澳大利亚】0【协韩国】13.3 【协格鲁吉亚】0 【特-1】0【特-2】0 【增】16【对美加征】5【出】0【退】10	千克	A	BE	MR	N	111 112 113 301 302 ……	樟脑油（包括浸膏及精油）（面部香精油） 樟脑油（包括浸膏及精油）（发用香精精油） 樟脑油（包括浸膏及精油）（体用香精精油） 樟脑油（包括浸膏及精油）（易燃液体） 樟脑油（包括浸膏及精油）（无检疫要求食品添加剂） ……①
330129	20		香茅油（包括浸膏及净油） 【电商】	Essential oils of citronella (including concretes and absolutes)	【最】15【普】70 【协东盟】0【协澳门】0【协巴基斯坦】12 【协香港】0【协智利】0【协新西兰】0 【协新加坡】0【协秘鲁】0【协哥斯达黎加】0 【协冰岛】0【协瑞士】6【协澳大利亚】0 【协韩国】7.5【协格鲁吉亚】0 【特-1】0【特-2】0【特-3】0 【增】16【对美加征】10【出】0【退】10	千克	A		R		111 112 113 301	香茅油（包括浸膏及净油）（面部香精油） 香茅油（包括浸膏及净油）（发用香精精油） 香茅油（包括浸膏及净油）（体用香精精油） 香茅油（包括浸膏及净油）（无检疫要求食品添加剂）
330129	30		茴香油（包括浸膏及净油）	Essential oils of aniseed (including concretes and absolutes)	【最】20【普】80 【协东盟】0【协澳门】0【协智利】0 【协香港】0【协新西兰】0【协新加坡】0 【协秘鲁】0【协哥斯达黎加】0【协冰岛】0 【协瑞士】8【协澳大利亚】0【协韩国】13.3 【协格鲁吉亚】0 【特-1】0【特-2】0 【增】16【对美加征】5【出】0【退】10	千克	A		R		111 112 113 301	茴香油（包括浸膏及净油）（面部香精油） 茴香油（包括浸膏及净油）（发用香精精油） 茴香油（包括浸膏及净油）（体用香精精油） 茴香油（包括浸膏及净油）（无检疫要求食品添加剂）
330129	40		桂油（包括浸膏及净油）	Essential oils Of cassia (including concretes and absolutes)	【最】20【普】80 【协东盟】0【协澳门】0【协智利】0 【协香港】0【协新西兰】0【协新加坡】0 【协秘鲁】0【协哥斯达黎加】0【协冰岛】0 【协瑞士】8【协澳大利亚】0【协韩国】13.3 【协格鲁吉亚】0 【特-1】0【特-2】0 【增】16【对美加征】10【出】0【退】10	千克	A		R		111 112 113 301	桂油（包括浸膏及净油）（面部香精油） 桂油（包括浸膏及净油）（发用香精精油） 桂油（包括浸膏及净油）（体用香精精油） 桂油（包括浸膏及净油）（无检疫要求食品添加剂）
330129	50		山苍子油（包括浸膏及净油）	Essential oils of litsea cubeba (including concretes and absolutes)	【最】20【普】80 【协东盟】0【协澳门】0【协智利】0 【协香港】0【协新西兰】0【协新加坡】0 【协秘鲁】0【协哥斯达黎加】0【协冰岛】0 【协瑞士】8【协澳大利亚】0【协韩国】13.3 【协格鲁吉亚】0 【特-1】0【特-2】0 【增】16【对美加征】5【出】0【退】10	千克	A		R		111 112 113 301	山苍子油（包括浸膏及净油）（面部香精油） 山苍子油（包括浸膏及净油）（发用香精精油） 山苍子油（包括浸膏及净油）（体用香精精油） 山苍子油（包括浸膏及净油）（无检疫要求食品添加剂）

① 该税号项下检验检疫编码及对应中文名称尚有：303　樟脑油（包括浸膏及精油）（无检疫要求的食品添加剂），304　樟脑油（包括浸膏及精油）（属于危险化学品的食品添加剂）111 香茅油（包括浸膏及净油）（面部香精油）112 香茅油（包括浸膏及净油）（发用香精精油）113 香茅油（包括浸膏及净油）（体用香精精油）301 香茅油（包括浸膏及净油）（无检疫要求食品添加剂）。

税则号列			货品名称中英文		税费综合信息	计量单位	监管证件代码		检验检疫类别		检验检疫编码	检验检疫编码对应中文名称
HS国际统一前6位	本国子目7~8位	本国子目9~10位	中文 货物名称	英文 Article Description			进口	出口	进口	出口		
330129	60		桉叶油（包括浸膏及净油） 【电商】	Essential oils of eucalyptus(including concretes and absolutes)	【最】20【普】80 【协东盟】0【协澳门】0【协智利】0 【协香港】0【协新西兰】0【协新加坡】0 【协秘鲁】0【协哥斯达黎加】0【协冰岛】0 【协瑞士】8【协澳大利亚】0【协韩国】13.3 【协格鲁吉亚】0 【特-1】0【特-2】0 【增】16【对美加征】5【出】0【退】10	千克	A	B	MR	N	111 112 113 301	桉叶油（包括浸膏及净油）（面部香精油） 桉叶油（包括浸膏及净油）（发用香精精油） 桉叶油（包括浸膏及净油）（体用香精精油） 桉叶油（包括浸膏及净油）（无检疫要求食品添加剂）
330129	91		老鹳草油（香叶油）（包括浸膏及精油）	Essential oils of geranium(including concretes and absolutes)	【最】20【普】80 【协东盟】0【协澳门】0【协智利】0 【协香港】0【协新西兰】0【协新加坡】0 【协秘鲁】0【协哥斯达黎加】0【协冰岛】0 【协瑞士】8【协澳大利亚】0【协韩国】13.3 【协格鲁吉亚】0 【特-1】0【特-2】0 【增】16【对美加征】10【出】0【退】10	千克	A		R		101 102 103 301	老鹳草油（香叶油）（包括浸膏及精油）（面部香精油） 老鹳草油（香叶油）（包括浸膏及精油）（发用香精精油） 老鹳草油（香叶油）（包括浸膏及精油）（体用香精精油） 老鹳草油（香叶油）（包括浸膏及精油）（无检疫要求食品添加剂）
330129	99	10	黄樟油 【电商】①	Oil of sassafras	【最】15【普】80【暂进】7 【协东盟】0【协澳门】0【协巴基斯坦】12 【协香港】0【协智利】0【协新西兰】0 【协新加坡】0【协秘鲁】0【协哥斯达黎加】0 【协冰岛】0【协瑞士】6【协澳大利亚】0 【协韩国】10【协格鲁吉亚】0 【特-1】0【特-2】0【特-3】0 【增】16【对美加征】5【出】0【退】10	千克	2A	3	R		101 102 103 301	黄樟油（面部香精油） 黄樟油（发用香精精油） 黄樟油（体用香精精油） 黄樟油（无检疫要求食品添加剂）
330129	99	91	其他濒危植物精油（柑桔属果实除外） 【电商】②	Other essential oils other than those of endangered citrus fruit(including concretes and absolutes)	【最】15【普】80 【协东盟】0【协澳门】0【协巴基斯坦】12 【协智利】0【协新西兰】0【协新加坡】0 【协香港】0【协秘鲁】0【协哥斯达黎加】0 【协冰岛】0【协瑞士】6【协澳大利亚】0 【协韩国】10【协格鲁吉亚】0 【特-1】0【特-2】0【特-3】0 【增】16【对美加征】5【出】0【退】0	千克	AF	E	R		111 112 113 301	其他濒危植物精油（柑桔属果实除外）（包括浸膏及净油）（面部香精油） 其他濒危植物精油（柑桔属果实除外）（包括浸膏及净油）（发用香精精油） 其他濒危植物精油（柑桔属果实除外）（包括浸膏及净油）（体用香精精油） 其他濒危植物精油（柑桔属果实除外）（包括浸膏及净油）（无检疫要求食品添加剂）
330129	99	99	其他非柑橘属果实的精油（包括浸膏及净油） 【电商】③	Other essential oils other than those of citrus fruit(including concretes and absolutes)	【最】15【普】80 【协东盟】0【协澳门】0【协巴基斯坦】12 【协香港】0【协智利】0【协新西兰】0 【协新加坡】0【协秘鲁】0【协哥斯达黎加】0 【协冰岛】0【协瑞士】6【协澳大利亚】0 【协韩国】10【协格鲁吉亚】0 【特-1】0【特-2】0【特-3】0 【增】16【对美加征】5【出】0【退】10	千克	A		R		338 339 401 402 403	其他非柑橘属果实的精油（包括浸膏及净油）（工业用精油） 其他非柑橘属果实的精油（包括浸膏及净油）（无检疫要求食品添加剂） 其他非柑橘属果实的精油（包括浸膏及净油）（面部香精油） 其他非柑橘属果实的精油（包括浸膏及净油）（发用香精精油） 其他非柑橘属果实的精油（包括浸膏及净油）（体用香精精油）

① 列入《两用物项和技术进出口许可证管理目录》《进出口野生动植物种商品目录》的商品除外。
② 列入《两用物项和技术进出口许可证管 理目录》《进出口野生动植物种商品 目录》的商品除外；首次进口的化妆品除外。
③ 列入《两用物项和技术进出口许可证管 理目录》《进出口野生动植物种商品 目录》的商品除外；首次进口的化妆品除外。

税则号列 HS国际统一前6位	本国子目 7~8位	本国子目 9~10位	货品名称 中文 货物名称	货品名称 英文 Article Description	税费综合信息	计量单位	监管证件代码 进口	监管证件代码 出口	检验检疫类别 进口	检验检疫类别 出口	检验检疫编码	检验检疫编码对应中文名称
330130	10		鸢尾凝脂（香膏类）	Balsam of irises	【最】20【普】80【暂进】10 【协东盟】0【协澳门】0【协智利】0 【协香港】0【协新西兰】0【协新加坡】0 【协秘鲁】0【协哥斯达黎加】0【协冰岛】0 【协瑞士】8【协澳大利亚】0【协韩国】13.3 【协格鲁吉亚】0 【特-1】0【特-2】0 【增】16【对美加征】10【出】0【退】13	千克					101	鸢尾凝脂（香膏类）
330130	90	10	其他濒危植物香膏 【电商】①	Other resinoids of endangered vegetable	【最】20【普】80 【协东盟】0【协澳门】0【协智利】0 【协香港】0【协新西兰】0【协新加坡】0 【协秘鲁】0【协哥斯达黎加】0【协冰岛】0 【协瑞士】8【协澳大利亚】0【协韩国】13.3 【协格鲁吉亚】0 【特-1】0【特-2】0 【增】16【对美加征】10【出】0【退】0	千克	F	E			999	其他濒危植物香膏
330130	90	90	其他香膏 【电商】②	Other resinoids	【最】20【普】80 【协东盟】0【协澳门】0【协智利】0 【协香港】0【协新西兰】0【协新加坡】0 【协秘鲁】0【协哥斯达黎加】0【协冰岛】0 【协瑞士】8【协澳大利亚】0【协韩国】13.3 【协格鲁吉亚】0 【特-1】0【特-2】0 【增】16【对美加征】10【出】0【退】10	千克					103 104 105 106 107	其他香膏（吐鲁香膏） 其他香膏（晚香玉浸膏） 其他香膏（香榧子壳浸膏） 其他香膏（秘鲁香膏油） 其他香膏（秘鲁香脂）
330190	10	10	濒危植物提取的油树脂 【电商】③	Extracted oleoresins of endangered vegetable	【最】20【普】80 【协亚太】13【协东盟】0【协澳门】0 【协香港】0【协巴基斯坦】18【协智利】0 【协新西兰】0【协新加坡】0【协秘鲁】0 【协哥斯达黎加】0【协冰岛】0【协瑞士】8 【协澳大利亚】0【协韩国】13.3【协格鲁吉亚】0 【特-1】0【特-2】0 【增】16【对美加征】5【出】0【退】0	千克	F	E			999	濒危植物提取的油树脂
330190	10	90	其他提取的油树脂 【电商】④	Other extracted oleoresins	【最】20【普】80 【协亚太】13【协东盟】0【协澳门】0 【协香港】0【协巴基斯坦】18【协智利】0 【协新西兰】0【协新加坡】0【协秘鲁】0 【协哥斯达黎加】0【协冰岛】0【协瑞士】8 【协澳大利亚】0【协韩国】13.3 【协格鲁吉亚】0 【特-1】0【特-2】0 【增】16【对美加征】5【出】0【退】10	千克					301 302 303	其他提取的油树脂（易燃液体） 其他提取的油树脂（无检疫要求食品添加剂） 其他提取的油树脂（属于危险化学品的食品添加剂）
330190	20		柑橘属果实精油脱萜的萜烯副产品	Terpenic byproducts of the deterpenation of essential oils of citrus fruit.	【最】20【普】80 【协亚太】13【协东盟】0【协澳门】0 【协香港】0【协巴基斯坦】18【协智利】0 【协新西兰】0【协新加坡】0【协秘鲁】0 【协哥斯达黎加】0【协冰岛】0【协瑞士】8 【协澳大利亚】0【协韩国】13.3 【协格鲁吉亚】0 【特-1】0【特-2】0 【增】16【对美加征】5【出】0【退】10	千克					101	柑橘属果实精油脱萜的萜烯副产品
330190	90		吸取浸渍法制成含浓缩精油的脂肪 【电商】	Concentrates of essential oils in fats, in fixedoils, in waxes or the like, obtained by maceration; aqueous distillates and aqueous solutions of essential oils	【最】20【普】80 【协亚太】13【协东盟】0【协澳门】0 【协香港】0【协巴基斯坦】18【协智利】0 【协新西兰】0【协新加坡】0【协秘鲁】0 【协哥斯达黎加】0【协冰岛】0【协瑞士】8 【协澳大利亚】0【协韩国】13.3 【协格鲁吉亚】0 【特-1】0【特-2】0【特-3】0 【增】16【对美加征】10【出】0【退】10	千克					101	吸取浸渍法制成含浓缩精油的脂肪（含固定油、蜡及类似品，精油水溶液及水馏液）

① 列入《进出口野生动植物种商品目录》的商品除外。
② 列入《进出口野生动植物种商品目录》的商品除外；首次进口的化妆品除外。
③ 列入《进出口野生动植物种商品目录》的商品除外。
④ 列入《进出口野生动植物种商品目录》的商品除外。

税则号列			货品名称中英文		税费综合信息	计量单位	监管证件代码		检验检疫类别		检验检疫编码	检验检疫编码对应中文名称
HS国际统一前6位	本国子目7~8位	本国子目9~10位	中文 货物名称	英文 Article Description			进口	出口	进口	出口		
330210	10		以香料为基本成分的制品（生产饮料用，按容量计酒精浓度≤0.5%）	Preparations based on odoriferous substances, of a kind used for the manufacture of beverages, alcoholic strength by volume not exceeding 0.5% vol.	【最】15【普】90 【协亚太】9.8【协东盟】0【协澳门】0 【协香港】0【协巴基斯坦】7.5【协智利】0 【协新西兰】0【协新加坡】0【协秘鲁】0 【协哥斯达黎加】0【协冰岛】0【协瑞士】6 【协澳大利亚】0【协韩国】7.5【协格鲁吉亚】9 【特-1】0【特-2】0 【增】16【对美加征】10【出】0【退】13	千克	A		R		999	以香料为基本成分的制品（生产饮料用，按容量计酒精浓度≤0.5%）
330210	90	01	生产食品、饮料用混合香料及制品（含以香料为基本成分的混合物，按容量计酒精浓度>0.5%）	Mixtures of odoriferous substances and products, of a kind used for the manufacture of beverages and food, alcoholic strength by volume exceeding 0.5%	【最】15【普】130 【协东盟】0【协澳门】0【协巴基斯坦】12 【协香港】0【协智利】0【协新西兰】0 【协新加坡】0【协秘鲁】0【协哥斯达黎加】0 【协冰岛】0【协瑞士】6【协澳大利亚】0 【协韩国】7.5【协格鲁吉亚】0 【特-1】0【特-2】0【特-3】0 【增】16 【消】5【对美加征】5【出】0【退】13	千克	A		R		301 302 303 304	301 生产食品、饮料用混合香料及制品（含以香料为基本成分的混合物，按容量计酒精浓度>0.5%）（易燃液体） 302 生产食品、饮料用混合香料及制品（含以香料为基本成分的混合物，按容量计酒精浓度>0.5%）（无检疫要求食品添加剂） 303 生产食品、饮料用混合香料及制品（含以香料为基本成分的混合物，按容量计酒精浓度>0.5%）（无检疫要求的食品添加剂） 304 生产食品、饮料用混合香料及制品（含以香料为基本成分的混合物，按容量计酒精浓度>0.5%）（属于危险化学品的食品添加剂）
330210	90	90	其他生产食品用混合香料及制品（含以香料为基本成分的混合物）	Other mixtures of odoriferous substances, of a kind used for the manufacture of food, preparations based on odoriferous substances	【最】15【普】130 【协东盟】0【协澳门】0【协巴基斯坦】12 【协香港】0【协智利】0【协新西兰】0 【协新加坡】0【协秘鲁】0【协哥斯达黎加】0 【协冰岛】0【协瑞士】6【协澳大利亚】0 【协韩国】7.5【协格鲁吉亚】0 【特-1】0【特-2】0【特-3】0 【增】16【对美加征】5【出】0【退】13	千克	A		R		501 502 503 504	501 其他生产食品用混合香料及制品（含以香料为基本成分的混合物）（其他危险化学品） 502 其他生产食品用混合香料及制品（含以香料为基本成分的混合物）（无检疫要求食品添加剂） 503 其他生产食品用混合香料及制品（含以香料为基本成分的混合物）（无检疫要求的食品添加剂） 504 其他生产食品用混合香料及制品（含以香料为基本成分的混合物）（属于危险化学品的食品添加剂）
330290	00		其他工业用混合香料及香料混合物	Other mixtures of odoriferous substances and mixtures with a basis of one or more of these substances, of a kind used as raw materials in industry	【最】10【普】130 【协东盟】0【协香港】0【协澳门】0 【协巴基斯坦】5 【协智利】0【协新西兰】0 【协新加坡】0【协秘鲁】0【协哥斯达黎加】0 【协冰岛】0【协瑞士】0【协澳大利亚】0 【协韩国】5【协格鲁吉亚】0 【特-1】0【特-2】0【特-3】0 【增】16【对美加征】10【出】0【退】16	千克					103	其他工业用混合香料及香料混合物｛以一种或多种香料为基本成分的混合物［（-）-高圣草酚钠盐］｝

税则号列			货品名称中英文		税费综合信息	计量单位	监管证件代码		检验检疫类别		检验检疫编码	检验检疫编码对应中文名称
HS 国际统一前6位	本国子目 7~8位	9~10位	中文 货物名称	英文 Article Description			进口	出口	进口	出口		
330300	00	10	包装标注含量以重量计的香水及花露水【电商】①	Perfumes and toilet waters	【最】3【普】150 【协亚太】2【协东盟】0【协香港】0 【协澳门】0【协巴基斯坦】5【协智利】0 【协新西兰】0【协新加坡】0【协秘鲁】0 【协哥斯达黎加】0【协冰岛】0【协瑞士】0 【协澳大利亚】0【协格鲁吉亚】0 【特-1】0【特-2】0【特-3】0 【增】16 【消】完税价格≥10元/克的，税率为15% 【对美加征】10【出】0【退】16	千克/件	A	B	M	N	101 102 103	包装标注含量以重量计的香水及花露水（液体香水、香氛） 包装标注含量以重量计的香水及花露水［固体香膏（粉）］ 包装标注含量以重量计的香水及花露水（花露水、去痱水）
330300	00	20	包装标注含量以体积计的香水及花露水【电商】②	Perfumes and toilet waters	【最】3【普】150 【协亚太】2【协东盟】0【协香港】0 【协澳门】0【协巴基斯坦】5【协智利】0 【协新西兰】0【协新加坡】0【协秘鲁】0 【协哥斯达黎加】0【协冰岛】0【协瑞士】0 【协澳大利亚】0【协格鲁吉亚】0 【特-1】0【特-2】0【特-3】0 【增】16 【消】完税价格≥10元/毫升的，税率为15% 【对美加征】10【出】0【退】16	千克/件	A	B	M	N	101 102 103	包装标注含量以体积计的香水及花露水（液体香水、香氛） 包装标注含量以体积计的香水及花露水［固体香膏（粉）］ 包装标注含量以体积计的香水及花露水（花露水、去痱水）
330410	00	11	包装标注含量以重量计的含濒危植物成分唇用化妆品【电商】③	Lip make-up preparations	【最】5【普】150 【协东盟】0【协香港】0【协澳门】0 【协巴基斯坦】5【协智利】0【协新西兰】0 【协新加坡】0【协秘鲁】0【协哥斯达黎加】0 【协冰岛】0【协瑞士】0【协澳大利亚】0 【协格鲁吉亚】0 【特-1】0【特-2】0 【增】16 【消】完税价格≥10元/克的，税率为15%【对美加征】10【出】0【退】0	千克/件	AF	BE	M	N	101 102 103 104 105 ……	包装标注含量以重量计的含濒危植物成分唇用化妆品（防晒化妆品） 包装标注含量以重量计的含濒危植物成分唇用化妆品（婴幼儿驻留类肤用化妆品） 包装标注含量以重量计的含濒危植物成分唇用化妆品（成人口唇驻留类化妆品） 包装标注含量以重量计的含濒危植物成分唇用化妆品（成人口唇淋洗类化妆品） 包装标注含量以重量计的含濒危植物成分唇用化妆品（成人口唇膜类化妆品） ……④
330410	00	12	包装标注含量以体积计的含濒危植物成分唇用化妆品【电商】⑤	Lip make-up preparations	【最】5【普】150 【协东盟】0【协香港】0【协澳门】0 【协巴基斯坦】5【协智利】0【协新西兰】0 【协新加坡】0【协秘鲁】0【协哥斯达黎加】0 【协冰岛】0【协瑞士】0【协澳大利亚】0 【协格鲁吉亚】0 【特-1】0【特-2】0 【增】16 【消】完税价格≥10元/毫升的，税率为15% 【对美加征】10【出】0【退】0	千克/件	AF	BE	M	N	101 102 103 104 105 ……	包装标注含量以体积计的含濒危植物成分唇用化妆品（防晒化妆品） 包装标注含量以体积计的含濒危植物成分唇用化妆品（婴幼儿驻留类肤用化妆品） 包装标注含量以体积计的含濒危植物成分唇用化妆品（成人口唇驻留类化妆品） 包装标注含量以体积计的含濒危植物成分唇用化妆品（成人口唇淋洗类化妆品） 包装标注含量以体积计的含濒危植物成分唇用化妆品（成人口唇膜类化妆品） ……⑥

① 首次进口的化妆品除外。
② 首次进口的化妆品除外。
③ 列入《进出口野生动植物种商品目录》的商品除外。
④ 该税号项下检验检疫编码及对应中文名称尚有：106　包装标注含量以重量计的含濒危植物成分唇用化妆品（成人口唇美容化妆品）。
⑤ 列入《进出口野生动植物种商品目录》的商品除外；首次进口的化妆品除外。
⑥ 该税号项下检验检疫编码及对应中文名称尚有：106　包装标注含量以体积计的含濒危植物成分唇用化妆品（成人口唇美容化妆品）。

税则号列			货品名称中英文		税费综合信息	计量单位	监管证件代码		检验检疫类别		检验检疫编码	检验检疫编码对应中文名称
HS国际统一前6位	本国子目 7~8位	本国子目 9~10位	中文 货物名称	英文 Article Description			进口	出口	进口	出口		
330410	00	13	包装标注规格为“片”或“张”的含濒危植物成分唇用化妆品【电商】[①]	Lip make-up preparations	【最】5【普】150 【协东盟】0【协香港】0【协澳门】0 【协巴基斯坦】5【协智利】0【协新西兰】0 【协新加坡】0【协秘鲁】0【协哥斯达黎加】0 【协冰岛】0【协瑞士】0【协澳大利亚】0 【协格鲁吉亚】0 【特-1】0【特-2】0 【增】16 【消】完税价格≥15元/片（张）的，税率为15% 【对美加征】10【出】0【退】0	千克/件	AF	BE	M	N	101	包装标注规格为“片”或“张”的含濒危植物成分唇用化妆品（成人口唇膜类化妆品）
330410	00	91	包装标注含量以重量计的其他唇用化妆品【电商】[②]	Lip make-up preparations	【最】5【普】150 【协东盟】0【协香港】0【协澳门】0 【协巴基斯坦】5【协智利】0【协新西兰】0 【协新加坡】0【协秘鲁】0【协哥斯达黎加】0 【协冰岛】0【协瑞士】0【协澳大利亚】0 【协格鲁吉亚】0 【特-1】0【特-2】0 【增】16 【消】完税价格≥10元/克的，税率为15%【对美加征】10【出】0【退】16	千克/件	A	B	M	N	101 102 103 104 105 ……	包装标注含量以重量计的其他唇用化妆品（防晒化妆品） 包装标注含量以重量计的其他唇用化妆品（婴幼儿驻留类肤用化妆品） 包装标注含量以重量计的其他唇用化妆品（成人口唇驻留类化妆品） 包装标注含量以重量计的其他唇用化妆品（成人口唇淋洗类化妆品） 包装标注含量以重量计的其他唇用化妆品（成人口唇膜类化妆品） ……[③]
330410	00	92	包装标注含量以体积计的其他唇用化妆品【电商】[④]	Lip make-up preparations	【最】5【普】150 【协东盟】0【协香港】0【协澳门】0 【协巴基斯坦】5【协智利】0【协新西兰】0 【协新加坡】0【协秘鲁】0【协哥斯达黎加】0 【协冰岛】0【协瑞士】0【协澳大利亚】0 【协格鲁吉亚】0 【特-1】0【特-2】0 【增】16 【消】完税价格≥10元/毫升的，税率为15% 【对美加征】10【出】0【退】16	千克/件	A	B	M	N	101 102 103 104 105 ……	包装标注含量以体积计的其他唇用化妆品（防晒化妆品） 包装标注含量以体积计的其他唇用化妆品（婴幼儿驻留类肤用化妆品） 包装标注含量以体积计的其他唇用化妆品（成人口唇驻留类化妆品） 包装标注含量以体积计的其他唇用化妆品（成人口唇淋洗类化妆品） 包装标注含量以体积计的其他唇用化妆品（成人口唇膜类化妆品） ……[⑤]
330410	00	93	包装标注规格为“片”或“张”的其他唇用化妆品【电商】[⑥]	Lip make-up preparations	【最】5【普】150 【协东盟】0【协香港】0【协澳门】0 【协巴基斯坦】5【协智利】0【协新西兰】0 【协新加坡】0【协秘鲁】0【协哥斯达黎加】0 【协冰岛】0【协瑞士】0【协澳大利亚】0 【协格鲁吉亚】0 【特-1】0【特-2】0 【增】16 【消】完税价格≥15元/片（张）的，税率为15% 【对美加征】10【出】0【退】16	千克/件	A	B	M	N	101	包装标注规格为“片”或“张”的其他唇用化妆品（成人口唇膜类化妆品）

① 列入《进出口野生动植物种商品目录》的商品除外；首次进口的化妆品除外。

② 列入《进出口野生动植物种商品目录》的商品除外；首次进口的化妆品除外。

③ 该税号项下检验检疫编码及对应中文名称尚有：106　包装标注含量以重量计的其他唇用化妆品（成人口唇美容化妆品）。

④ 列入《进出口野生动植物种商品目录》的商品除外；首次进口的化妆品除外。

⑤ 该税号项下检验检疫编码及对应中文名称尚有：106　包装标注含量以体积计的其他唇用化妆品（成人口唇美容化妆品）。

⑥ 列入《进出口野生动植物种商品目录》的商品除外；首次进口的化妆品除外。

税则号列			货品名称中英文		税费综合信息	计量单位	监管证件代码		检验检疫类别		检验检疫编码	检验检疫编码对应中文名称
HS 国际统一前6位	本国子目 7~8位	9~10位	中文 货物名称	英文 Article Description			进口	出口	进口	出口		
330420	00	11	包装标注含量以重量计的含濒危植物成分眼用化妆品【电商】①	Eye make-up preparations	【最】5【普】150 【协东盟】0【协香港】0【协澳门】0 【协巴基斯坦】5【协智利】0【协新西兰】0 【协新加坡】0【协秘鲁】0【协哥斯达黎加】0 【协冰岛】0【协瑞士】0【协澳大利亚】0 【协格鲁吉亚】0 【特-1】0【特-2】0 【增】16 【消】完税价格≥10元/克的，税率为15%【对美加征】10【出】0【退】0	千克/件	AF	BE	M	N	101 102 103 104 105 ……	包装标注含量以重量计的含濒危植物成分眼用化妆品（美白化妆品） 包装标注含量以重量计的含濒危植物成分眼用化妆品（防晒化妆品） 包装标注含量以重量计的含濒危植物成分眼用化妆品（婴幼儿驻留类肤用化妆品） 包装标注含量以重量计的含濒危植物成分眼用化妆品（成人眼部驻留类化妆品） 包装标注含量以重量计的含濒危植物成分眼用化妆品（成人眼部淋洗类化妆品） ……②
330420	00	12	包装标注含量以体积计的含濒危植物成分眼用化妆品【电商】③	Eye make-up preparations	【最】5【普】150 【协东盟】0【协香港】0【协澳门】0 【协巴基斯坦】5【协智利】0【协新西兰】0 【协新加坡】0【协秘鲁】0【协哥斯达黎加】0 【协冰岛】0【协瑞士】0【协澳大利亚】0 【协格鲁吉亚】0 【特-1】0【特-2】0 【增】16 【消】完税价格≥10元/毫升的，税率为15% 【对美加征】10【出】0【退】0	千克/件	AF	BE	M	N	101 102 103 104 105 ……	包装标注含量以体积计的含濒危植物成分眼用化妆品（美白化妆品） 包装标注含量以体积计的含濒危植物成分眼用化妆品（防晒化妆品） 包装标注含量以体积计的含濒危植物成分眼用化妆品（婴幼儿驻留类肤用化妆品） 包装标注含量以体积计的含濒危植物成分眼用化妆品（成人眼部驻留类化妆品） 包装标注含量以体积计的含濒危植物成分眼用化妆品（成人眼部淋洗类化妆品） ……④
330420	00	13	包装标注规格为“片”或“张”的含濒危植物成分眼用化妆品【电商】⑤	Eye make-up preparations	【最】5【普】150 【协东盟】0【协香港】0【协澳门】0 【协巴基斯坦】5【协智利】0【协新西兰】0 【协新加坡】0【协秘鲁】0【协哥斯达黎加】0 【协冰岛】0【协瑞士】0【协澳大利亚】0 【协格鲁吉亚】0 【特-1】0【特-2】0 【增】16 【消】完税价格≥15元/片（张）的，税率为15% 【对美加征】10【出】0【退】0	千克/件	AF	BE	M	N	101	包装标注规格为“片”或“张”的含濒危植物成分眼用化妆品（成人眼部膜类化妆品）

① 列入《进出口野生动植物种商品目录》的商品除外。

② 该税号项下检验检疫编码及对应中文名称尚有：106 包装标注含量以重量计的含濒危植物成分眼用化妆品（成人眼部膜类化妆品），107 包装标注含量以重量计的含濒危植物成分眼用化妆品（成人眼部美容化妆品）。

③ 列入《进出口野生动植物种商品目录》的商品除外；首次进口的化妆品除外。

④ 该税号项下检验检疫编码及对应中文名称尚有：106 包装标注含量以体积计的含濒危植物成分眼用化妆品（成人眼部膜类化妆品），107 包装标注含量以体积计的含濒危植物成分眼用化妆品（成人眼部美容化妆品）。

⑤ 列入《进出口野生动植物种商品目录》的商品除外；首次进口的化妆品除外。

税则号列			货品名称中英文		税费综合信息	计量单位	监管证件代码		检验检疫类别		检验检疫编码	检验检疫编码对应中文名称
HS国际统一前6位	本国子目7~8位	9~10位	中文货物名称	英文 Article Description			进口	出口	进口	出口		
330420	00	91	包装标注含量以重量计的其他眼用化妆品【电商】①	Eye make-up preparations	【最】5【普】150 【协东盟】0【协香港】0【协澳门】0 【协巴基斯坦】5【协智利】0【协新西兰】0 【协新加坡】0【协秘鲁】0【协哥斯达黎加】0 【协冰岛】0【协瑞士】0【协澳大利亚】0 【协格鲁吉亚】0 【特-1】0【特-2】0 【增】16 【消】完税价格≥10元/克的，税率为15%【对美加征】10【出】0【退】16	千克/件	A	B	M	N	101 102 103 104 105 ……	包装标注含量以重量计的其他眼用化妆品（美白化妆品） 包装标注含量以重量计的其他眼用化妆品（防晒化妆品） 包装标注含量以重量计的其他眼用化妆品（婴幼儿驻留类肤用化妆品） 包装标注含量以重量计的其他眼用化妆品（成人眼部驻留类化妆品） 包装标注含量以重量计的其他眼用化妆品（成人眼部淋洗类化妆品） ……②
330420	00	92	包装标注含量以体积计的其他眼用化妆品【电商】③	Eye make-up preparations	【最】5【普】150 【协东盟】0【协香港】0【协澳门】0 【协巴基斯坦】5【协智利】0【协新西兰】0 【协新加坡】0【协秘鲁】0【协哥斯达黎加】0 【协冰岛】0【协瑞士】0【协澳大利亚】0 【协格鲁吉亚】0 【特-1】0【特-2】0 【增】16 【消】完税价格≥10元/毫升的，税率为15% 【对美加征】10【出】0【退】16	千克/件	A	B	M	N	101 102 103 104 105 ……	包装标注含量以体积计的其他眼用化妆品（美白化妆品） 包装标注含量以体积计的其他眼用化妆品（防晒化妆品） 包装标注含量以体积计的其他眼用化妆品（婴幼儿驻留类肤用化妆品） 包装标注含量以体积计的其他眼用化妆品（成人眼部驻留类化妆品） 包装标注含量以体积计的其他眼用化妆品（成人眼部淋洗类化妆品） ……④
330420	00	93	包装标注规格为“片”或“张”的其他眼用化妆品【电商】⑤	Eye make-up preparations	【最】5【普】150 【协东盟】0【协香港】0【协澳门】0 【协巴基斯坦】5【协智利】0【协新西兰】0 【协新加坡】0【协秘鲁】0【协哥斯达黎加】0 【协冰岛】0【协瑞士】0【协澳大利亚】0 【协格鲁吉亚】0 【特-1】0【特-2】0 【增】16 【消】30【对美加征】10【出】0 【退】16	千克/件	A	B	M	N	101	包装标注规格为“片”或“张”的其他眼用化妆品（成人眼部膜类化妆品）
330430	00	01	包装标注含量以重量计的指（趾）甲化妆品【电商】	Manicture or pedicure preparations	【最】5【普】150 【协东盟】0【协香港】0【协澳门】0 【协巴基斯坦】12【协智利】0【协新西兰】0 【协新加坡】0【协秘鲁】0【协哥斯达黎加】0 【协冰岛】0【协瑞士】5【协澳大利亚】0 【协格鲁吉亚】0 【特-1】0【特-2】0 【增】16 【消】完税价格≥10元/克的，税率为15%【对美加征】10【出】0【退】16	千克/件	A	B	M	N	101 102 103	包装标注含量以重量计的指（趾）甲化妆品（成人指（趾）甲护理化妆品） 包装标注含量以重量计的指（趾）甲化妆品（成人指（趾）甲美容化妆品） 包装标注含量以重量计的指（趾）甲化妆品（婴幼儿指（趾）甲化妆品）

① 列入《进出口野生动植物种商品目录》的商品除外；首次进口的化妆品除外。

② 该税号项下检验检疫编码及对应中文名称尚有：106　包装标注含量以重量计的其他眼用化妆品（成人眼部膜类化妆品），107　包装标注含量以重量计的其他眼用化妆品（成人眼部美容化妆品）。

③ 列入《进出口野生动植物种商品目录》的商品除外；首次进口的化妆品除外。

④ 该税号项下检验检疫编码及对应中文名称尚有：106　包装标注含量以体积计的其他眼用化妆品（成人眼部膜类化妆品），107　包装标注含量以体积计的其他眼用化妆品（成人眼部美容化妆品）。

⑤ 列入《进出口野生动植物种商品目录》的商品除外；首次进口的化妆品除外。

税则号列			货品名称中英文		税费综合信息	计量单位	监管证件代码		检验检疫类别		检验检疫编码	检验检疫编码对应中文名称
HS国际统一前6位	本国子目7~8位	9~10位	中文 货物名称	英文 Article Description			进口	出口	进口	出口		
330430	00	02	包装标注含量以体积计的指(趾)甲化妆品 【电商】	Manicture or pedicure preparations	【最】5【普】150 【协东盟】0【协香港】0【协澳门】0 【协巴基斯坦】12【协智利】0【协新西兰】0 【协新加坡】0【协秘鲁】0【协哥斯达黎加】0 【协冰岛】0【协瑞士】5【协澳大利亚】0 【协格鲁吉亚】0 【特-1】0【特-2】0 【增】16 【消】完税价格≥10元/毫升的，税率为15% 【对美加征】10【出】0【退】16	千克/件	A	B	M	N	101 102 103	包装标注含量以体积计的指(趾)甲化妆品(成人指(趾)甲护理化妆品) 包装标注含量以体积计的指(趾)甲化妆品(成人指(趾)甲美容化妆品) 包装标注含量以体积计的指(趾)甲化妆品(婴幼儿指(趾)甲化妆品)
330430	00	03	包装标注规格为“片”或“张”的指(趾)甲化妆品 【电商】	Manicture or pedicure preparations	【最】5【普】150 【协东盟】0【协香港】0【协澳门】0 【协巴基斯坦】12【协智利】0【协新西兰】0 【协新加坡】0【协秘鲁】0【协哥斯达黎加】0 【协冰岛】0【协瑞士】5【协澳大利亚】0 【协格鲁吉亚】0 【特-1】0【特-2】0 【增】16 【消】完税价格≥15元/片(张)的，税率为15% 【对美加征】10【出】0【退】16	千克/件	A	B	M	N	101 102 103	包装标注规格为“片”或“张”的指(趾)甲化妆品(成人指(趾)甲护理化妆品) 包装标注规格为“片”或“张”的指(趾)甲化妆品(成人指(趾)甲美容化妆品) 包装标注规格为“片”或“张”的指(趾)甲化妆品(婴幼儿指(趾)甲化妆品)
330491	00		包装标注含量以重量计的粉，不论是否压紧 【电商】	Powders, whether or not compressed	【最】5【普】150 【协东盟】0【协澳门】0【协巴基斯坦】5 【协香港】0【协智利】0【协新西兰】0 【协新加坡】0【协秘鲁】0【协哥斯达黎加】0 【协冰岛】0【协瑞士】0【协澳大利亚】0 【协格鲁吉亚】6 【特-1】0【特-2】0 【增】16 【消】完税价格≥10元/克的，税率为15% 【对美加征】10【出】0【退】16	千克/件	A	B	M	N	101 102 103 104 105 ……	包装标注含量以重量计的粉，不论是否压紧(成人爽身粉) 包装标注含量以重量计的粉，不论是否压紧(成人面部用美容化妆品) 包装标注含量以重量计的粉，不论是否压紧(成人体用美容化妆品) 包装标注含量以重量计的粉，不论是否压紧(婴幼儿美容化妆品) 包装标注含量以重量计的粉，不论是否压紧[固体香膏(粉)] ……①
330499	00	21	包装标注含量以重量计含濒危物种成分的美容品或化妆品及护肤品(包括防晒油或晒黑油，但药品除外) 【电商】②	Packaging and labeling content containing by weight of endangered species composition of cosmetics or cosmetics and skin care products (including sunscreen or suntan oil, but the drugs except)	【最】1【普】150 【协东盟】0【协香港】0【协澳门】0 【协巴基斯坦】5.2【协智利】0【协新西兰】0 【协新加坡】0【协秘鲁】0【协哥斯达黎加】0 【协冰岛】0【协瑞士】0【协澳大利亚】0 【协韩国】5.2【协格鲁吉亚】0 【特-1】0【特-2】0 【增】16 【消】完税价格≥10元/克的，税率为15% 【对美加征】10【出】0【退】0	千克/件	AF	BE	M	N	201 202 203	包装标注含量以重量计含濒危物种成分的美容品或化妆品及护肤品(包括防晒油或晒黑油，但药品除外)(婴幼儿驻留类肤用化妆品) 包装标注含量以重量计含濒危物种成分的美容品或化妆品及护肤品(包括防晒油或晒黑油，但药品除外)(婴幼儿淋洗类肤用化妆品) 包装标注含量以重量计含濒危物种成分的美容品或化妆品及护肤品(包括防晒油或晒黑油，但药品除外)(成人面部驻留类化妆品)

① 该税号项下检验检疫编码及对应中文名称尚有：106　包装标注含量以重量计的粉，不论是否压紧(美白化妆品)，107　包装标注含量以重量计的粉，不论是否压紧(防晒化妆品)，108　包装标注含量以重量计的粉，不论是否压紧(婴幼儿爽身粉)，109　包装标注含量以重量计的粉，不论是否压紧(婴幼儿驻留类肤用化妆品)，110　包装标注含量以重量计的粉，不论是否压紧(婴幼儿淋洗类肤用化妆品)，111　包装标注含量以重量计的粉，不论是否压紧(成人面部驻留类化妆品)，112　包装标注含量以重量计的粉，不论是否压紧(成人面部淋洗类化妆品)，113　包装标注含量以重量计的粉，不论是否压紧(婴幼儿淋洗类发用化妆品)，114　包装标注含量以重量计的粉，不论是否压紧(成人淋洗类毛发用化妆品)，115　包装标注含量以重量计的粉，不论是否压紧(成人驻留类毛发用化妆品)，116　包装标注含量以重量计的粉，不论是否压紧(成人眼部美容化妆品)，117　包装标注含量以重量计的粉，不论是否压紧(成人眉用美容化妆品)。

② 列入《进出口野生动植物种商品目录》的商品除外。

税则号列 HS 国际统一前 6 位	本国子目 7~8 位	本国子目 9~10 位	货品名称中英文 中文 货物名称	货品名称中英文 英文 Article Description	税费综合信息	计量单位	监管证件代码 进口	监管证件代码 出口	检验检疫类别 进口	检验检疫类别 出口	检验检疫编码	检验检疫编码对应中文名称
											204	包装标注含量以重量计含濒危物种成分的美容品或化妆品及护肤品（包括防晒油或晒黑油，但药品除外）（成人面部淋洗类化妆品）
											205	包装标注含量以重量计含濒危物种成分的美容品或化妆品及护肤品（包括防晒油或晒黑油，但药品除外）（成人面部膜类化妆品）
											……	……①
330499	00	29	包装标注含量以重量计的其他美容品或化妆品及护肤品（包括防晒油或晒黑油，但药品除外）【电商】②	Packaging and labeling content by weight of other cosmetics or cosmetics and skin care products (including sunscreen or suntan oil, but the drugs except)	【最】1【普】150 【协东盟】0【协香港】0【协澳门】0 【协巴基斯坦】5.2【协智利】0【协新西兰】0 【协新加坡】0【协秘鲁】0【协哥斯达黎加】0 【协冰岛】0【协瑞士】0【协澳大利亚】0 【协韩国】5.2【协格鲁吉亚】0 【特-1】0【特-2】0 【增】16 【消】完税价格≥10 元/克的，税率为 15% 【对美加征】10【出】0【退】16	千克/件	A	B	M	N	201	包装标注含量以重量计的其他美容品或化妆品及护肤品（包括防晒油或晒黑油，但药品除外）（婴幼儿驻留类肤用化妆品）
											202	包装标注含量以重量计的其他美容品或化妆品及护肤品（包括防晒油或晒黑油，但药品除外）（婴幼儿淋洗类肤用化妆品）
											203	包装标注含量以重量计的其他美容品或化妆品及护肤品（包括防晒油或晒黑油，但药品除外）（成人面部驻留类化妆品）
											204	包装标注含量以重量计的其他美容品或化妆品及护肤品（包括防晒油或晒黑油，但药品除外）（成人面部淋洗类化妆品）

① 该税号项下检验检疫编码及对应中文名称尚有：206　包装标注含量以重量计含濒危物种成分的美容品或化妆品及护肤品（包括防晒油或晒黑油，但药品除外）（成人眼部驻留类化妆品），207　包装标注含量以重量计含濒危物种成分的美容品或化妆品及护肤品（包括防晒油或晒黑油，但药品除外）（成人口唇驻留类化妆品），208　包装标注含量以重量计含濒危物种成分的美容品或化妆品及护肤品（包括防晒油或晒黑油，但药品除外）（成人眼部淋洗类化妆品），209　包装标注含量以重量计含濒危物种成分的美容品或化妆品及护肤品（包括防晒油或晒黑油，但药品除外）（成人口唇淋洗类化妆品），210　包装标注含量以重量计含濒危物种成分的美容品或化妆品及护肤品（包括防晒油或晒黑油，但药品除外）（成人体用驻留类化妆品），211　包装标注含量以重量计含濒危物种成分的美容品或化妆品及护肤品（包括防晒油或晒黑油，但药品除外）（成人体用淋洗类化妆品），212　包装标注含量以重量计含濒危物种成分的美容品或化妆品及护肤品（包括防晒油或晒黑油，但药品除外）（成人体用膜类化妆品），213　包装标注含量以重量计含濒危物种成分的美容品或化妆品及护肤品（包括防晒油或晒黑油，但药品除外）（成人面部用美容化妆品），214　包装标注含量以重量计含濒危物种成分的美容品或化妆品及护肤品（包括防晒油或晒黑油，但药品除外）（成人体用美容化妆品），215　包装标注含量以重量计含濒危物种成分的美容品或化妆品及护肤品（包括防晒油或晒黑油，但药品除外）（成人睫毛用美容化妆品），216　包装标注含量以重量计含濒危物种成分的美容品或化妆品及护肤品（包括防晒油或晒黑油，但药品除外）（成人眉用美容化妆品），217　包装标注含量以重量计含濒危物种成分的美容品或化妆品及护肤品（包括防晒油或晒黑油，但药品除外）（婴幼儿美容化妆品），218　包装标注含量以重量计含濒危物种成分的美容品或化妆品及护肤品（包括防晒油或晒黑油，但药品除外）（面部香精油），219　包装标注含量以重量计含濒危物种成分的美容品或化妆品及护肤品（包括防晒油或晒黑油，但药品除外）（发用香精精油），220　包装标注含量以重量计含濒危物种成分的美容品或化妆品及护肤品（包括防晒油或晒黑油，但药品除外）（体用香精精油），221　包装标注含量以重量计含濒危物种成分的美容品或化妆品及护肤品（包括防晒油或晒黑油，但药品除外）（美白化妆品），222　包装标注含量以重量计含濒危物种成分的美容品或化妆品及护肤品（包括防晒油或晒黑油，但药品除外）（防晒化妆品），223　包装标注含量以重量计含濒危物种成分的美容品或化妆品及护肤品（包括防晒油或晒黑油，但药品除外）（美乳化妆品），224　包装标注含量以重量计含濒危物种成分的美容品或化妆品及护肤品（包括防晒油或晒黑油，但药品除外）（健美化妆品），225　包装标注含量以重量计含濒危物种成分的美容品或化妆品及护肤品（包括防晒油或晒黑油，但药品除外）（脱毛化妆品）。

② 列入《进出口野生动植物种商品目录》的商品除外；首次进口的化妆品除外。

税则号列			货品名称中英文		税费综合信息	计量单位	监管证件代码		检验检疫类别		检验检疫编码	检验检疫编码对应中文名称
HS 国际统一前6位	本国子目 7~8位	9~10位	中文 货物名称	英文 Article Description			进口	出口	进口	出口		
											205 ……	包装标注含量以重量计的其他美容品或化妆品及护肤品（包括防晒油或晒黑油，但药品除外）（成人面部膜类化妆品） ……①
330499	00	31	包装标注含量以体积计的含濒危物种成分美容品或化妆品及护肤品（包括防晒油或晒黑油，但药品除外）【电商】②	Packaging and labeling content by volume containing the endangered species components of cosmetics or cosmetics and skin care products (including sunscreen or suntan oil, but the drugs except)	【最】1【普】150 【协东盟】0【协香港】0【协澳门】0 【协巴基斯坦】5.2【协智利】0【协新西兰】0 【协新加坡】0【协秘鲁】0【协哥斯达黎加】0 【协冰岛】0【协瑞士】0【协澳大利亚】0 【协韩国】5.2【协格鲁吉亚】0 【特-1】0【特-2】0 【增】16 【消】完税价格≥10元/克的，税率为15% 【对美加征】10【出】0【退】0	千克/件	AF	BE	M	N	201 202 203 204	201 包装标注含量以体积计的含濒危物种成分美容品或化妆品及护肤品（包括防晒油或晒黑油，但药品除外）（婴幼儿驻留类肤用化妆品） 202 包装标注含量以体积计的含濒危物种成分美容品或化妆品及护肤品（包括防晒油或晒黑油，但药品除外）（婴幼儿淋洗类肤用化妆品） 203 包装标注含量以体积计的含濒危物种成分美容品或化妆品及护肤品（包括防晒油或晒黑油，但药品除外）（成人面部驻留类化妆品） 204 包装标注含量以体积计的含濒危物种成分美容品或化妆品及护肤品（包括防晒油或晒黑油，但药品除外）（成人面部淋洗类化妆品）

① 该税号项下检验检疫编码及对应中文名称尚有：206　包装标注含量以重量计的其他美容品或化妆品及护肤品（包括防晒油或晒黑油，但药品除外）（成人眼部驻留类化妆品），207　包装标注含量以重量计的其他美容品或化妆品及护肤品（包括防晒油或晒黑油，但药品除外）（成人口唇驻留类化妆品），208　包装标注含量以重量计的其他美容品或化妆品及护肤品（包括防晒油或晒黑油，但药品除外）（成人眼部淋洗类化妆品），209　包装标注含量以重量计的其他美容品或化妆品及护肤品（包括防晒油或晒黑油，但药品除外）（成人口唇淋洗类化妆品），210　包装标注含量以重量计的其他美容品或化妆品及护肤品（包括防晒油或晒黑油，但药品除外）（成人体用驻留类化妆品），211　包装标注含量以重量计的其他美容品或化妆品及护肤品（包括防晒油或晒黑油，但药品除外）（成人体用淋洗类化妆品），212　包装标注含量以重量计的其他美容品或化妆品及护肤品（包括防晒油或晒黑油，但药品除外）（成人体用膜类化妆品），213　包装标注含量以重量计的其他美容品或化妆品及护肤品（包括防晒油或晒黑油，但药品除外）（成人面部用美容化妆品），214　包装标注含量以重量计的其他美容品或化妆品及护肤品（包括防晒油或晒黑油，但药品除外）（成人体用美容化妆品），215　包装标注含量以重量计的其他美容品或化妆品及护肤品（包括防晒油或晒黑油，但药品除外）（成人睫毛用美容化妆品），216　包装标注含量以重量计的其他美容品或化妆品及护肤品（包括防晒油或晒黑油，但药品除外）（成人眉用美容化妆品），217　包装标注含量以重量计的其他美容品或化妆品及护肤品（包括防晒油或晒黑油，但药品除外）（婴幼儿美容化妆品），218　包装标注含量以重量计的其他美容品或化妆品及护肤品（包括防晒油或晒黑油，但药品除外）（面部香精油），219　包装标注含量以重量计的其他美容品或化妆品及护肤品（包括防晒油或晒黑油，但药品除外）（发用香精精油），220　包装标注含量以重量计的其他美容品或化妆品及护肤品（包括防晒油或晒黑油，但药品除外）（体用香精精油），221　包装标注含量以重量计的其他美容品或化妆品及护肤品（包括防晒油或晒黑油，但药品除外）（美白化妆品），222　包装标注含量以重量计的其他美容品或化妆品及护肤品（包括防晒油或晒黑油，但药品除外）（防晒化妆品），223　包装标注含量以重量计的其他美容品或化妆品及护肤品（包括防晒油或晒黑油，但药品除外）（美乳化妆品），224 包装标注含量以重量计的其他美容品或化妆品及护肤品（包括防晒油或晒黑油，但药品除外）（健美化妆品），225　包装标注含量以重量计的其他美容品或化妆品及护肤品（包括防晒油或晒黑油，但药品除外）（脱毛化妆品）。

② 列入《进出口野生动植物种商品目录》的商品除外；首次进口的化妆品除外。

税则号列			货品名称中英文		税费综合信息	计量单位	监管证件代码		检验检疫类别		检验检疫编码	检验检疫编码对应中文名称
HS国际统一前6位	本国子目 7~8位	9~10位	中文 货物名称	英文 Article Description			进口	出口	进口	出口		
											205 ……	包装标注含量以体积计的含濒危物种成分美容品或化妆品及护肤品（包括防晒油或晒黑油，但药品除外）（成人面部膜类化妆品） ……①
330499	00	39	包装标注含量以体积计的其他美容品或化妆品及护肤品（包括防晒油或晒黑油，但药品除外）【电商】②	Packaging and labeling content by volume of other cosmetics or cosmetics and skin care products (including sunscreen or suntan oil, but the drugs except)	【最】1【普】150 【协东盟】0【协香港】0【协澳门】0 【协巴基斯坦】5.2【协智利】0【协新西兰】0 【协新加坡】0【协秘鲁】0【协哥斯达黎加】0 【协冰岛】0【协瑞士】0【协澳大利亚】0 【协韩国】5.2【协格鲁吉亚】0 【特-1】0【特-2】0 【增】16 【消】完税价格≥10元/克的，税率为15% 【对美加征】10【出】0【退】16	千克/件	A	B	M	N	201 202 203 204	201 包装标注含量以体积计的其他美容品或化妆品及护肤品（包括防晒油或晒黑油，但药品除外）（婴幼儿驻留类肤用化妆品） 202 包装标注含量以体积计的其他美容品或化妆品及护肤品（包括防晒油或晒黑油，但药品除外）（婴幼儿淋洗类肤用化妆品） 203 包装标注含量以体积计的其他美容品或化妆品及护肤品（包括防晒油或晒黑油，但药品除外）（成人面部驻留类化妆品） 204 包装标注含量以体积计的其他美容品或化妆品及护肤品（包括防晒油或晒黑油，但药品除外）（成人面部淋洗类化妆品）

① 该税号项下检验检疫编码及对应中文名称尚有：206　包装标注含量以体积计的含濒危物种成分美容品或化妆品及护肤品（包括防晒油或晒黑油，但药品除外）（成人眼部驻留类化妆品），207　包装标注含量以体积计的含濒危物种成分美容品或化妆品及护肤品（包括防晒油或晒黑油，但药品除外）（成人口唇驻留类化妆品），208　包装标注含量以体积计的含濒危物种成分美容品或化妆品及护肤品（包括防晒油或晒黑油，但药品除外）（成人眼部淋洗类化妆品），209　包装标注含量以体积计的含濒危物种成分美容品或化妆品及护肤品（包括防晒油或晒黑油，但药品除外）（成人口唇淋洗类化妆品），210　包装标注含量以体积计的含濒危物种成分美容品或化妆品及护肤品（包括防晒油或晒黑油，但药品除外）（成人体用驻留类化妆品），211　包装标注含量以体积计的含濒危物种成分美容品或化妆品及护肤品（包括防晒油或晒黑油，但药品除外）（成人体用淋洗类化妆品），212　包装标注含量以体积计的含濒危物种成分美容品或化妆品及护肤品（包括防晒油或晒黑油，但药品除外）（成人体用膜类化妆品），213　包装标注含量以体积计的含濒危物种成分美容品或化妆品及护肤品（包括防晒油或晒黑油，但药品除外）（成人面部用美容化妆品），214　包装标注含量以体积计的含濒危物种成分美容品或化妆品及护肤品（包括防晒油或晒黑油，但药品除外）（成人体用美容化妆品），215　包装标注含量以体积计的含濒危物种成分美容品或化妆品及护肤品（包括防晒油或晒黑油，但药品除外）（成人睫毛用美容化妆品），216 包装标注含量以体积计的含濒危物种成分美容品或化妆品及护肤品（包括防晒油或晒黑油，但药品除外）（成人眉用美容化妆品），217　包装标注含量以体积计的含濒危物种成分美容品或化妆品及护肤品（包括防晒油或晒黑油，但药品除外）（婴幼儿美容化妆品），218　包装标注含量以体积计的含濒危物种成分美容品或化妆品及护肤品（包括防晒油或晒黑油，但药品除外）（面部香精油），219　包装标注含量以体积计的含濒危物种成分美容品或化妆品及护肤品（包括防晒油或晒黑油，但药品除外）（发用香精精油），220　包装标注含量以体积计的含濒危物种成分美容品或化妆品及护肤品（包括防晒油或晒黑油，但药品除外）（体用香精精油），221　包装标注含量以体积计的含濒危物种成分美容品或化妆品及护肤品（包括防晒油或晒黑油，但药品除外）（美白化妆品），222　包装标注含量以体积计的含濒危物种成分美容品或化妆品及护肤品（包括防晒油或晒黑油，但药品除外）（防晒化妆品），223　包装标注含量以体积计的含濒危物种成分美容品或化妆品及护肤品（包括防晒油或晒黑油，但药品除外）（美乳化妆品），224　包装标注含量以体积计的含濒危物种成分美容品或化妆品及护肤品（包括防晒油或晒黑油，但药品除外）（健美化妆品），225　包装标注含量以体积计的含濒危物种成分美容品或化妆品及护肤品（包括防晒油或晒黑油，但药品除外）（脱毛化妆品）。

② 列入《进出口野生动植物种商品目录》的商品除外；首次进口的化妆品除外。

税则号列			货品名称中英文		税费综合信息	计量单位	监管证件代码		检验检疫类别		检验检疫编码	检验检疫编码对应中文名称
HS 国际统一前6位	本国子目 7~8位	本国子目 9~10位	中文 货物名称	英文 Article Description			进口	出口	进口	出口		
											205 ……	包装标注含量以体积计的其他美容品或化妆品及护肤品（包括防晒油或晒黑油，但药品除外）（成人面部膜类化妆品） ……①
330499	00	41	包装标注规格为“片”或“张”的含濒危物种成分美容品或化妆品及护肤品（包括防晒油或晒黑油，但药品除外）【电商】②	Packaging and labeling specifications for the endangered species composition of cosmetics or cosmetics and skin care products containing or a (including sunscreen or suntan oil, but the drugs except)	【最】1【普】150 【协东盟】0【协香港】0【协澳门】0 【协巴基斯坦】5.2【协智利】0【协新西兰】0 【协新加坡】0【协秘鲁】0【协哥斯达黎加】0 【协冰岛】0【协瑞士】0【协澳大利亚】0 【协韩国】5.2【协格鲁吉亚】0 【特-1】0【特-2】0 【增】16 【消】完税价格≥15元/片（张）的，税率为15% 【对美加征】10【出】0【退】0	千克/件	AF	BE	M	N	201 202 203 204 205	包装标注规格为“片”或“张”的含濒危物种成分美容品或化妆品及护肤品（包括防晒油或晒黑油，但药品除外）（成人面部膜类化妆品） 包装标注规格为“片”或“张”的含濒危物种成分美容品或化妆品及护肤品（包括防晒油或晒黑油，但药品除外）（成人眼部膜类化妆品） 包装标注规格为“片”或“张”的含濒危物种成分美容品或化妆品及护肤品（包括防晒油或晒黑油，但药品除外）（成人口唇膜类化妆品） 包装标注规格为“片”或“张”的含濒危物种成分美容品或化妆品及护肤品（包括防晒油或晒黑油，但药品除外）（成人体用膜类化妆品） 包装标注规格为“片”或“张”的含濒危物种成分美容品或化妆品及护肤品（包括防晒油或晒黑油，但药品除外）（美白化妆品）

① 该税号项下检验检疫编码及对应中文名称尚有：206 包装标注含量以体积计的其他美容品或化妆品及护肤品（包括防晒油或晒黑油，但药品除外）（成人眼部驻留类化妆品），207 包装标注含量以体积计的其他美容品或化妆品及护肤品（包括防晒油或晒黑油，但药品除外）（成人口唇驻留类化妆品），208 包装标注含量以体积计的其他美容品或化妆品及护肤品（包括防晒油或晒黑油，但药品除外）（成人眼部淋洗类化妆品），209 包装标注含量以体积计的其他美容品或化妆品及护肤品（包括防晒油或晒黑油，但药品除外）（成人口唇淋洗类化妆品），210 包装标注含量以体积计的其他美容品或化妆品及护肤品（包括防晒油或晒黑油，但药品除外）（成人体用驻留类化妆品），211 包装标注含量以体积计的其他美容品或化妆品及护肤品（包括防晒油或晒黑油，但药品除外）（成人体用淋洗类化妆品），212 包装标注含量以体积计的其他美容品或化妆品及护肤品（包括防晒油或晒黑油，但药品除外）（成人体用膜类化妆品），213 包装标注含量以体积计的其他美容品或化妆品及护肤品（包括防晒油或晒黑油，但药品除外）（成人面部用美容化妆品），214 包装标注含量以体积计的其他美容品或化妆品及护肤品（包括防晒油或晒黑油，但药品除外）（成人体用美容化妆品），215 包装标注含量以体积计的其他美容品或化妆品及护肤品（包括防晒油或晒黑油，但药品除外）（成人睫毛用美容化妆品），216 包装标注含量以体积计的其他美容品或化妆品及护肤品（包括防晒油或晒黑油，但药品除外）（成人眉用美容化妆品），217 包装标注含量以体积计的其他美容品或化妆品及护肤品（包括防晒油或晒黑油，但药品除外）（婴幼儿美容化妆品），218 包装标注含量以体积计的其他美容品或化妆品及护肤品（包括防晒油或晒黑油，但药品除外）（面部香精油），219 包装标注含量以体积计的其他美容品或化妆品及护肤品（包括防晒油或晒黑油，但药品除外）（发用香精精油），220 包装标注含量以体积计的其他美容品或化妆品及护肤品（包括防晒油或晒黑油，但药品除外）（体用香精精油），221 包装标注含量以体积计的其他美容品或化妆品及护肤品（包括防晒油或晒黑油，但药品除外）（美白化妆品），222 包装标注含量以体积计的其他美容品或化妆品及护肤品（包括防晒油或晒黑油，但药品除外）（防晒化妆品），223 包装标注含量以体积计的其他美容品或化妆品及护肤品（包括防晒油或晒黑油，但药品除外）（美乳化妆品），224 包装标注含量以体积计的其他美容品或化妆品及护肤品（包括防晒油或晒黑油，但药品除外）（健美化妆品），225 包装标注含量以体积计的其他美容品或化妆品及护肤品（包括防晒油或晒黑油，但药品除外）（脱毛化妆品）。

② 列入《进出口野生动植物种商品目录》的商品除外；首次进口的化妆品除外。

税则号列			货品名称中英文		税费综合信息	计量单位	监管证件代码		检验检疫类别		检验检疫编码	检验检疫编码对应中文名称
HS国际统一前6位	本国子目 7~8位	9~10位	中文 货物名称	英文 Article Description			进口	出口	进口	出口		
330499	00	49	包装标注规格为“片”或“张”的其他美容品或化妆品及护肤品（包括防晒油或晒黑油，但药品除外）【电商】①	Packaging and labeling specifications for the slice or card or other cosmetics cosmetics and skin care products (including sunscreen or suntan oil, but the drugs except)	【最】1【普】150 【协东盟】0【协香港】0【协澳门】0 【协巴基斯坦】5.2【协智利】0【协新西兰】0 【协新加坡】0【协秘鲁】0【协哥斯达黎加】0 【协冰岛】0【协瑞士】0【协澳大利亚】0 【协韩国】5.2【协格鲁吉亚】0 【特-1】0【特-2】0 【增】16 【消】完税价格≥15元/片（张）的，税率为15% 【对美加征】10【出】0【退】16	千克/件	A	B	M	N	201 202 203 204 205	包装标注规格为“片”或“张”的其他美容品或化妆品及护肤品（包括防晒油或晒黑油，但药品除外）（成人面部膜类化妆品） 包装标注规格为“片”或“张”的其他美容品或化妆品及护肤品（包括防晒油或晒黑油，但药品除外）（成人眼部膜类化妆品） 包装标注规格为“片”或“张”的其他美容品或化妆品及护肤品（包括防晒油或晒黑油，但药品除外）（成人口唇膜类化妆品） 包装标注规格为“片”或“张”的其他美容品或化妆品及护肤品（包括防晒油或晒黑油，但药品除外）（成人体用膜类化妆品） 包装标注规格为“片”或“张”的其他美容品或化妆品及护肤品（包括防晒油或晒黑油，但药品除外）（美白化妆品）
330499	00	91	其他包装标注规格的含濒危物种成分美容品或化妆品及护肤品（包括防晒油或晒黑油，但药品除外）【电商】②	Other packaging labeling specifications containing endangered species composition of cosmetics or cosmetic and skin care products (including sunscreen or suntan oil, but the drugs except)	【最】1【普】150 【协东盟】0【协香港】0【协澳门】0 【协巴基斯坦】5.2【协智利】0【协新西兰】0 【协新加坡】0【协秘鲁】0【协哥斯达黎加】0 【协冰岛】0【协瑞士】0【协澳大利亚】0 【协韩国】5.2【协格鲁吉亚】0 【特-1】0【特-2】0 【增】16 【消】完税价格≥10元/克的，税率为15% 【对美加征】10【出】0【退】0	千克/件	AF	BE	M	N	101 103 104 105	其他包装标注规格的含濒危物种成分美容品或化妆品及护肤品（包括防晒油或晒黑油，但药品除外）（婴幼儿驻留类肤用化妆品） 其他包装标注规格的含濒危物种成分美容品或化妆品及护肤品（包括防晒油或晒黑油，但药品除外）（成人面部驻留类化妆品） 其他包装标注规格的含濒危物种成分美容品或化妆品及护肤品（包括防晒油或晒黑油，但药品除外）（成人体用驻留类化妆品） 其他包装标注规格的含濒危物种成分美容品或化妆品及护肤品（包括防晒油或晒黑油，但药品除外）（婴幼儿淋洗类肤用化妆品）

① 列入《进出口野生动植物种商品目录》的商品除外；首次进口的化妆品除外。
② 列入《进出口野生动植物种商品目录》的商品除外；首次进口的化妆品除外。

税则号列			货品名称中英文		税费综合信息	计量单位	监管证件代码		检验检疫类别		检验检疫编码	检验检疫编码对应中文名称
HS 国际统一前6位	本国子目 7~8位	9~10位	中文 货物名称	英文 Article Description			进口	出口	进口	出口		
											106 ……	其他包装标注规格的含濒危物种成分美容品或化妆品及护肤品（包括防晒油或晒黑油，但药品除外）（成人面部淋洗类化妆品） ……①
330499	00	99	其他包装标注规格的其他美容品或化妆品及护肤品（包括防晒油或晒黑油，但药品除外） 【电商】②	Other packaging labeling specifications of other cosmetics or cosmetics and skin care products (including sunscreen or suntan oil, but the drugs except)	【最】1【普】150 【协东盟】0【协香港】0【协澳门】0 【协巴基斯坦】5.2【协智利】0【协新西兰】0 【协新加坡】0【协秘鲁】0【协哥斯达黎加】0 【协冰岛】0【协瑞士】0【协澳大利亚】0 【协韩国】5.2【协格鲁吉亚】0 【特-1】0【特-2】0 【增】16 【消】完税价格≥10元/克的，税率为15% 【对美加征】10【出】0【退】16	千克/件	A	B	M	N	101 103 104 105 106 ……	其他包装标注规格的其他美容品或化妆品及护肤品（包括防晒油或晒黑油，但药品除外）（婴幼儿驻留类肤用化妆品） 其他包装标注规格的其他美容品或化妆品及护肤品（包括防晒油或晒黑油，但药品除外）（成人面部驻留类化妆品） 其他包装标注规格的其他美容品或化妆品及护肤品（包括防晒油或晒黑油，但药品除外）（成人体用驻留类化妆品） 其他包装标注规格的其他美容品或化妆品及护肤品（包括防晒油或晒黑油，但药品除外）（婴幼儿淋洗类肤用化妆品） 其他包装标注规格的其他美容品或化妆品及护肤品（包括防晒油或晒黑油，但药品除外）（成人面部淋洗类化妆品） ……③

① 该税号项下检验检疫编码及对应中文名称尚有：107　其他包装标注规格的含濒危物种成分美容品或化妆品及护肤品（包括防晒油或晒黑油，但药品除外）（成人口唇淋洗类化妆品），108　其他包装标注规格的含濒危物种成分美容品或化妆品及护肤品（包括防晒油或晒黑油，但药品除外）（成人体用淋洗类化妆品），112　其他包装标注规格的含濒危物种成分美容品或化妆品及护肤品（包括防晒油或晒黑油，但药品除外）（防晒化妆品），120　其他包装标注规格的含濒危物种成分美容品或化妆品及护肤品（包括防晒油或晒黑油，但药品除外）（成人面部膜类化妆品），121　其他包装标注规格的含濒危物种成分美容品或化妆品及护肤品（包括防晒油或晒黑油，但药品除外）（成人眼部驻留类化妆品），122　其他包装标注规格的含濒危物种成分美容品或化妆品及护肤品（包括防晒油或晒黑油，但药品除外）（成人口唇驻留类化妆品），123　其他包装标注规格的含濒危物种成分美容品或化妆品及护肤品（包括防晒油或晒黑油，但药品除外）（成人眼部淋洗类化妆品），124　其他包装标注规格的含濒危物种成分美容品或化妆品及护肤品（包括防晒油或晒黑油，但药品除外）（成人体用膜类化妆品），125　其他包装标注规格的含濒危物种成分美容品或化妆品及护肤品（包括防晒油或晒黑油，但药品除外）（面部香精油），126　其他包装标注规格的含濒危物种成分美容品或化妆品及护肤品（包括防晒油或晒黑油，但药品除外）（发用香精精油），127　其他包装标注规格的含濒危物种成分美容品或化妆品及护肤品（包括防晒油或晒黑油，但药品除外）（体用香精精油），128　其他包装标注规格的含濒危物种成分美容品或化妆品及护肤品（包括防晒油或晒黑油，但药品除外）（美白化妆品）。

② 列入《进出口野生动植物种商品目录》的商品除外；首次进口的化妆品除外。

③ 该税号项下检验检疫编码及对应中文名称尚有：107　其他包装标注规格的其他美容品或化妆品及护肤品（包括防晒油或晒黑油，但药品除外）（成人口唇淋洗类化妆品），108　其他包装标注规格的其他美容品或化妆品及护肤品（包括防晒油或晒黑油，但药品除外）（成人体用淋洗类化妆品），112　其他包装标注规格的其他美容品或化妆品及护肤品（包括防晒油或晒黑油，但药品除外）（防晒化妆品），120　其他包装标注规格的其他美容品或化妆品及护肤品（包括防晒油或晒黑油，但药品除外）（成人面部膜类化妆品），121　其他包装标注规格的其他美容品或化妆品及护肤品（包括防晒油或晒黑油，但药品除外）（成人眼部驻留类化妆品），122　其他包装标注规格的其他美容品或化妆品及护肤品（包括防晒油或晒黑油，但药品除外）（成人口唇驻留类化妆品），123　其他包装标注规格的其他美容品或化妆品及护肤品（包括防晒油或晒黑油，但药品除外）（成人眼部淋洗类化妆品），124　其他包装标注规格的其他美容品或化妆品及护肤品（包括防晒油或晒黑油，但药品除外）（成人体用膜类化妆品），125　其他包装标注规格的其他美容品或化妆品及护肤品（包括防晒油或晒黑油，但药品除外）（面部香精油），126　其他包装标注规格的其他美容品或化妆品及护肤品（包括防晒油或晒黑油，但药品除外）（发用香精精油），127　其他包装标注规格的其他美容品或化妆品及护肤品（包括防晒油或晒黑油，但药品除外）（体用香精精油），128　其他包装标注规格的其他美容品或化妆品及护肤品（包括防晒油或晒黑油，但药品除外）（美白化妆品）。

税则号列			货品名称中英文		税费综合信息	计量单位	监管证件代码		检验检疫类别		检验检疫编码	检验检疫编码对应中文名称
HS国际统一前6位	本国子目 7~8位	本国子目 9~10位	中文 货物名称	英文 Article Description			进口	出口	进口	出口		
330510	00	10	含濒危植物成分的洗发剂【电商】①	Shampoos containing endangered vegetable	【最】3【普】150【暂进】2 【协亚太】2【协东盟】0【协香港】0 【协澳门】0【协巴基斯坦】5【协智利】0 【协新西兰】0【协新加坡】0【协秘鲁】0 【协哥斯达黎加】0【协瑞士】0 【协澳大利亚】0【协韩国】4.2 【协格鲁吉亚】0 【特-1】0【特-2】0【特-3】0 【增】16【对美加征】10【出】0【退】0	千克	AF	BE	M	N	102 107	含濒危植物成分的洗发剂（婴幼儿淋洗类发用化妆品） 含濒危植物成分的洗发剂（成人淋洗类毛发用化妆品）
330510	00	90	其他洗发剂（香波）【电商】②	Other shampoos	【最】3【普】150【暂进】2 【协亚太】2【协东盟】0【协香港】0 【协澳门】0【协巴基斯坦】5【协智利】0 【协新西兰】0【协新加坡】0【协秘鲁】0 【协哥斯达黎加】0【协瑞士】0 【协澳大利亚】0【协韩国】4.2 【协格鲁吉亚】0 【特-1】0【特-2】0【特-3】0 【增】16【对美加征】10【出】0【退】16	千克	A	B	M	N	102 107	其他洗发剂（香波）（婴幼儿淋洗类发用化妆品） 其他洗发剂（香波）（成人淋洗类毛发用化妆品）
330520	00		烫发剂【电商】	Preparations for permanent waving or straightening	【最】3【普】150 【协东盟】0【协澳门】0【协巴基斯坦】12 【协香港】0【协智利】0【协新西兰】0 【协新加坡】0【协秘鲁】0【协哥斯达黎加】0 【协冰岛】0【协瑞士】3【协澳大利亚】0 【协格鲁吉亚】0 【特-1】0【特-2】0 【增】16【对美加征】10【出】0【退】16	千克	A	B	M	N	101 301	烫发剂（烫发化妆品） 烫发剂（其他危险化学品）
330530	00		定型剂【电商】	Hair lacquers	【最】3【普】150 【协东盟】0【协澳门】0【协巴基斯坦】12 【协香港】0【协智利】0【协新西兰】0 【协新加坡】0【协秘鲁】0【协哥斯达黎加】0 【协冰岛】0【协瑞士】3【协澳大利亚】0 【协格鲁吉亚】0 【特-1】0【特-2】0 【增】16【对美加征】10【出】0【退】16	千克	A	B	M	N	107 108 301	定型剂（婴幼儿驻留类发用化妆品） 定型剂（成人驻留类毛发用化妆品） 定型剂（其他危险化学品）
330590	00		其他护发品【电商】	Other preparations for use on the hair	【最】3【普】150 【协亚太】2【协东盟】0【协香港】0 【协澳门】0【协巴基斯坦】5【协智利】0 【协新西兰】0【协新加坡】0【协秘鲁】0 【协哥斯达黎加】0【协瑞士】0【协澳大利亚】0 【协韩国】6.5【协格鲁吉亚】0 【特-1】0【特-2】0【特-3】0 【增】16【对美加征】10【出】0【退】16	千克	A	B	M	N	108 109 110 111 112 ……	其他护发品（染发化妆品） 其他护发品（育发化妆品） 其他护发品（婴幼儿淋洗类发用化妆品） 其他护发品（婴幼儿驻留类发用化妆品） 其他护发品（成人淋洗类毛发用化妆品） ……③
330610	10	10	含濒危植物成分牙膏	Toothpastes containing endangered vegetable	【最】3【普】150 【协亚太】2【协东盟】0【协香港】0 【协澳门】0【协巴基斯坦】5【协智利】0 【协新西兰】0【协新加坡】0【协秘鲁】0 【协哥斯达黎加】0【协冰岛】0【协瑞士】0 【协澳大利亚】0【协韩国】5【协格鲁吉亚】0 【特-1】0【特-2】0【特-3】0 【增】16【对美加征】10【出】0【退】0	千克	AF	BE	R	S	104 105	含濒危植物成分牙膏（成人牙膏） 含濒危植物成分牙膏（婴幼儿口腔类产品）
330610	10	90	其他牙膏	Toothpastes containing endangered vegetable	【最】3【普】150 【协亚太】2【协东盟】0【协香港】0 【协澳门】0【协巴基斯坦】5【协智利】0 【协新西兰】0【协新加坡】0【协秘鲁】0 【协哥斯达黎加】0【协冰岛】0【协瑞士】0 【协澳大利亚】0【协韩国】5【协格鲁吉亚】0 【特-1】0【特-2】0【特-3】0 【增】16【对美加征】10【出】0【退】13	千克	A	B	R	S	104 105	其他牙膏（成人牙膏） 其他牙膏（婴幼儿口腔类产品）

① 列入《进出口野生动植物种商品目录》的商品除外。

② 列入《进出口野生动植物种商品目录》的商品除外；首次进口的化妆品除外。

③ 该税号项下检验检疫编码及对应中文名称尚有：113　其他护发品（成人驻留类毛发用化妆品），301　其他护发品（其他危险化学品）。

税则号列			货品名称中英文		税费综合信息	计量单位	监管证件代码		检验检疫类别		检验检疫编码	检验检疫编码对应中文名称
HS 国际统一前6位	本国子目 7~8位	本国子目 9~10位	中文 货物名称	英文 Article Description			进口	出口	进口	出口		
330610	90		其他洁齿品 【电商】	Other dentifrices	【最】3【普】150 【协亚太】2【协东盟】0【协澳门】0 【协香港】0【协巴基斯坦】5【协智利】0 【协新西兰】0【协新加坡】0【协秘鲁】0 【协哥斯达黎加】0【协冰岛】0【协瑞士】0 【协澳大利亚】0【协韩国】5【协格鲁吉亚】0 【特-1】0【特-2】0 【增】16【对美加征】10【出】0【退】10	千克					999	其他洁齿品
330620	00		清洁牙缝用的纱线（牙线） 【电商】	Yarn used to clean between the teeth (dental floss)	【最】3【普】70 【协亚太】2【协东盟】0【协澳门】0 【协香港】0【协巴基斯坦】5【协智利】0 【协新西兰】0【协秘鲁】0【协哥斯达黎加】0 【协冰岛】0【协瑞士】0【协澳大利亚】0 【协韩国】5【协格鲁吉亚】0 【特-1】0【特-2】0 【增】16【对美加征】10【出】0【退】10	千克					999	清洁牙缝用的纱线（牙线）
330690	10		漱口剂（包括假牙模膏及粉） 【电商】	Mouthwash (including denture paste and powder)	【最】3【普】70 【协东盟】0【协香港】0【协澳门】0 【协巴基斯坦】5【协智利】0【协新西兰】0 【协新加坡】0【协秘鲁】0【协哥斯达黎加】0 【协冰岛】0【协瑞士】0【协澳大利亚】0 【协韩国】5【协格鲁吉亚】0 【特-1】0【特-2】0 【增】16【对美加征】10【出】0【退】13	千克	A	B	R	S	201 202 203	漱口剂（包括假牙模膏及粉）（包括漱口水、口腔清新喷雾） 漱口剂（包括假牙模膏及粉）［成人非液体口腔产品（包括牙粉、牙贴、假牙模膏）］ 漱口剂（包括假牙模膏及粉）［婴幼儿口腔类产品（包括漱口水、口腔清新喷雾）］
330690	90		其他口腔及牙齿清洁剂 【电商】	Other preparations for oral or dental hygiene	【最】3【普】70 【协东盟】0【协香港】0【协澳门】0 【协巴基斯坦】5【协智利】0【协新西兰】0 【协新加坡】0【协秘鲁】0【协哥斯达黎加】0 【协冰岛】0【协瑞士】0【协澳大利亚】0 【协韩国】5【协格鲁吉亚】0 【特-1】0【特-2】0 【增】16【对美加征】10【出】0【退】13	千克	A	B	R	S	201 202 203	其他口腔及牙齿清洁剂（包括假牙模膏及粉）［成人非液体口腔产品（包括牙粉、牙贴、假牙模膏）］ 其他口腔及牙齿清洁剂（包括假牙模膏及粉）（婴幼儿口腔类产品） 其他口腔及牙齿清洁剂（包括假牙模膏及粉）（其他）
330710	00		剃须用制剂	Pre-shave, shaving or after-shave preparations	【最】3【普】150 【协亚太】2【协东盟】0【协澳门】0 【协香港】0【协巴基斯坦】5【协智利】0 【协新西兰】0【协新加坡】0【协秘鲁】0 【协哥斯达黎加】0【协冰岛】0【协瑞士】0 【协澳大利亚】0【协格鲁吉亚】0 【特-1】0【特-2】0 【增】16【对美加征】10【出】0【退】16	千克	A	B	M	N	103 104	剃须用制剂（成人面部驻留类化妆品） 剃须用制剂（成人淋洗类毛发用化妆品）
330720	00		人体除臭剂及止汗剂 【电商】	Personal deodorants and antiperspirants	【最】3【普】150 【协亚太】2【协东盟】0【协澳门】0 【协香港】0【协巴基斯坦】5【协智利】0 【协新西兰】0【协新加坡】0【协秘鲁】0 【协哥斯达黎加】0【协冰岛】0【协瑞士】0 【协澳大利亚】0【协格鲁吉亚】0 【特-1】0【特-2】0 【增】16【对美加征】10【出】0【退】16	千克	A	B	M	N	106	人体除臭剂及止汗剂（除臭化妆品）
330730	00		香浴盐及其他沐浴用制剂 【电商】	Perfumed bath salts and other bath preparations	【最】3【普】150 【协亚太】2【协东盟】0【协香港】0 【协澳门】0【协巴基斯坦】5【协智利】0 【协新西兰】0【协新加坡】0【协秘鲁】0 【协哥斯达黎加】0【协冰岛】0【协瑞士】0 【协澳大利亚】0【协韩国】6.5【协格鲁吉亚】0 【特-1】0【特-2】0 【增】16【对美加征】10【出】0【退】16	千克	A	B	M	N	101 112	香浴盐及其他沐浴用制剂（婴幼儿淋洗类肤用化妆品） 香浴盐及其他沐浴用制剂（成人体用淋洗类化妆品）

税则号列			货品名称中英文		税费综合信息	计量单位	监管证件代码		检验检疫类别		检验检疫编码	检验检疫编码对应中文名称
HS国际统一前6位	本国子目		中文	英文								
	7~8位	9~10位	货物名称	Article Description			进口	出口	进口	出口		
330741	00		神香及其他通过燃烧散发香气制品 【电商】	Agarbatti and other odoriferous preparations which operate by burning	【最】3【普】150 【协东盟】0【协香港】0【协澳门】0 【协巴基斯坦】5【协智利】0【协新西兰】0 【协新加坡】0【协秘鲁】0【协哥斯达黎加】0 【协冰岛】0【协瑞士】0【协澳大利亚】0 【协韩国】5【协格鲁吉亚】0 【特-1】0【特-2】0【特-3】0 【增】16【对美加征】10【出】0【退】13	千克					999	神香及其他通过燃烧散发香气制品
330749	00		其他室内除臭制品（不论是否加香水或消毒剂） 【电商】	Other preparations for perfuming or deodorizing rooms, whether or not perfumed or having disinfectant properties	【最】3【普】150 【协东盟】0【协香港】0【协澳门】0 【协巴基斯坦】5【协智利】0【协新西兰】0 【协新加坡】0【协秘鲁】0【协哥斯达黎加】0 【协冰岛】0【协瑞士】0【协澳大利亚】0 【协韩国】5【协格鲁吉亚】0 【特-1】0【特-2】0【特-3】0 【增】16【对美加征】10【出】0【退】13	千克					999	其他室内除臭制品（不论是否加香水或消毒剂）
330790	00		其他编号未列名的芳香料制品（包括化妆盥洗品） 【电商】	Other perfumery, not elsewhere specified or included (cosmetic or toilet preparations)	【最】3【普】150 【协亚太】2【协东盟】0【协澳门】0 【协香港】0【协巴基斯坦】5【协智利】0 【协新西兰】0【协秘鲁】0【协哥斯达黎加】0 【协冰岛】0【协瑞士】0【协澳大利亚】0 【协韩国】5.8【协格鲁吉亚】0 【特-1】0【特-2】0【特-3】0 【增】16【对美加征】10【出】0【退】16	千克					999	其他编号未列名的芳香料制品（包括化妆盥洗品）

第三十四章
肥皂、有机表面活性剂、洗涤剂、润滑剂、人造蜡、调制蜡、光洁剂、蜡烛及类似品、塑型用膏、“牙科用蜡”及牙科用熟石膏制剂

注释：

一、本章不包括：

（一）用作脱模剂的食用动植物油、脂混合物或制品（税目 15.17）；

（二）单独的已有化学定义的化合物；或

（三）含肥皂或其他有机表面活性剂的洗发剂、洁齿品、剃须膏及沐浴用制剂（税目 33.05、33.06 及 33.07）。

二、税目 34.01 所称“肥皂”，只适用于水溶性肥皂。税目 34.01 的肥皂及其他产品可以含有添加料（例如，消毒剂、磨料粉、填料或药料）。含磨料粉的产品，只有条状、块状或模制形状可以归入税目 34.01。其他形状的应作为“去污粉及类似品”归入税目 34.05。

三、税目 34.02 所称“有机表面活性剂”，是指温度在 20℃时与水混合配成 0.5%浓度的水溶液，并在同样温度下搁置 1 小时后与下列规定相符的产品：

（一）成为透明或半透明的液体或稳定的乳油液而未离析出不溶解物质；以及

（二）将水的表面张力降低到每厘米 45 达因及以下。

四、税目 34.03 所称“石油及从沥青矿物提取的油类”，适用于第二十七章注释二所规定的产品。

五、税目 34.04 所称“人造蜡及调制蜡”，仅适用于：

（一）用化学方法生产的具有蜡质特性的有机产品，不论是否为水溶性的；

（二）各种蜡混合制成的产品；

（三）以一种或几种蜡为基本原料并含有油脂、树脂、矿物质或其他原料的具有蜡质特性的产品。

本税号不包括：

（一）税目 15.16、34.02 或 38.23 的产品，不论是否具有蜡质特性；

（二）税目 15.21 的未混合的动物蜡或未混合的植物蜡，不论是否精制或着色；

（三）税目 27.12 的矿物蜡或类似产品，不论是否相互混合或仅经着色；或

（四）混合、分散或溶解于液体溶剂的蜡（税目 34.05、38.09 等）。

Chapter 34
Soap, organic surface-active agents, washing preparations, lubricating preparations, artificial waxes, prepared waxes, polishing or scouring preparations, candles and similar articles, modelling pastes, “detal waxes” and dental preparations with a basis of plaster

Chapter Notes:

1. This Chapter does not cover:

(a) Edible mixtures or preparations of animal or vegetable fats or oils of a kind used as mould release preparations (heading 15.17);

(b) Separate chemically defined compounds; or

(c) Shampoos, dentifrices, shaving creams and foams, or bath preparations, containing soap or other organic surface-active agents (heading 33.05, 33.06 or 33.07).

2. For the purposes of heading 34.01, the expression “soap” applies only to soap soluble in water. Soap and the other products of heading 34.01 may contain added substances (for example, disinfectants, abrasive powders, fillers or medicaments). Products containing abrasive powders remain classified in heading 34.01 only if in the form of bars, cakes or moulded pieces or shapes. In other forms they are to be classified in heading 34.05 as “scouring powders and similar preparations”.

3. For the purposes of heading 34.02, “organic surface-active agents” are products which when mixed with water at a concentration of 0.5% at 20℃ and left to stand for one hour at the same temperature:

(a) give a transparent or translucent liquid or stable emulsion without separation of insoluble matter; and

(b) reduce the surface tension of water to 4.5×10^{-2} N/m (45 dyne/cm) or less.

4. In heading 34.03 the expression “petroleum oils and oils obtained from bituminous minerals” applies to the products defined in Note 2 to Chapter 27.

5. In heading 34.04, subject to the exclusions provided below, the expression “artificial waxes and prepared waxes” applies only to:

(a) Chemically produced organic products of a waxy character, whether or not water-soluble;

(b) Products obtained by mixing different waxes;

(c) Products of a waxy character with a basis of one or more waxes and containing fats, resins, mineral substances or other materials.

The heading does not apply to:

(a) Products of heading 15.16, 34.02 or 38.23, even if having a waxy character;

(b) Unmixed animal waxes or unmixed vegetable waxes, whether or not refined or coloured, of heading 15.21;

(c) Mineral waxes or similar products of heading 27.12, whether or not intermixed or merely coloured; or

(d) Waxes mixed with, dispersed in or dissolved in a liquid medium (headings 34.05, 38.09, etc.).

税则号列 HS国际统一前6位	本国子目 7~8位	本国子目 9~10位	货品名称 中文 货物名称	货品名称 英文 Article Description	税费综合信息	计量单位	监管证件代码 进口	监管证件代码 出口	检验检疫类别 进口	检验检疫类别 出口	检验检疫编码	检验检疫编码对应中文名称
340111	00		盥洗用皂及有机表面活性产品（包括含有药物的产品、呈条状、块状或模制形状）【电商】	Soap and organic surface-active products and preparations, for toilet use (including medicated products, in the form of bars, cakes, moulded pieces or shapes)	【最】6.5【普】130 【协亚太】4.2【协东盟】0【协香港】0 【协澳门】0【协巴基斯坦】8.3【协智利】0 【协新西兰】0【协新加坡】0【协秘鲁】0 【协哥斯达黎加】0【协冰岛】0【协瑞士】0 【协澳大利亚】0【协韩国】5【协格鲁吉亚】0 【特亚太】0【特-1】0【特-2】0【特-3】0 【增】16【对美加征】10【出】0【退】16	千克	A	B	M	N	101 109 110 111	盥洗用皂及有机表面活性产品（包括含有药物的产品、呈条状、块状或模制形状）（婴幼儿淋洗类肤用化妆品） 盥洗用皂及有机表面活性产品（包括含有药物的产品、呈条状、块状或模制形状）（成人面部淋洗类化妆品） 盥洗用皂及有机表面活性产品（包括含有药物的产品、呈条状、块状或模制形状）（成人体用淋洗类化妆品） 盥洗用皂及有机表面活性产品（包括含有药物的产品、呈条状、块状或模制形状）（其他产品）
340119	10		洗衣皂（呈条状、块状或模制形状的）【电商】	Laundry soap (in the form of bars, cakes, moulded pieces or shapes)	【最】6.5【普】80 【协东盟】0【协澳门】0【协巴基斯坦】5 【协香港】0【协智利】0【协新西兰】0 【协新加坡】0【协秘鲁】0【协哥斯达黎加】0 【协冰岛】0【协瑞士】0【协澳大利亚】0 【协格鲁吉亚】0 【特-1】0【特-2】0【特-3】0 【增】16【对美加征】10【出】0【退】16	千克					999	洗衣皂（呈条状、块状或模制形状的）
340119	90		其他有机表面活性产品及制品（包括用肥皂或洗涤剂浸、涂或包覆的纸、絮胎及无纺织物）	Other organic surface-active products and preparations (including paper, wadding, felt and nonwovens, impregn-ated, coated or covered with soap or detergent)	【最】6.5【普】130 【协东盟】0【协巴基斯坦】12【协智利】0 【协新西兰】0【协秘鲁】0【协哥斯达黎加】0 【协冰岛】0【协瑞士】6【协澳大利亚】0 【协韩国】7.5【协格鲁吉亚】0【协香港】0 【协澳门】0 【特-1】0【特-2】0 【增】16【对美加征】10【出】0【退】16	千克					105	其他有机表面活性产品及制品（包括用肥皂或洗涤剂浸、涂或包覆的纸、絮胎及无纺织物）（皂素母液）
340120	00		其他形状的肥皂（除条状、块状或模制形状以外的）【电商】	Soap in other forms (other than in the form of bars, cakes, moulded pieces or shapes)	【最】6.5【普】130 【协亚太】4.2【协东盟】0【协香港】0 【协澳门】0【协巴基斯坦】7.5【协智利】0 【协新西兰】0【协秘鲁】0【协哥斯达黎加】0 【协冰岛】0【协瑞士】6【协澳大利亚】0 【协韩国】7.5【协格鲁吉亚】0 【特亚太】0【特-1】0【特-2】0【特-3】0 【增】16【对美加征】10【出】0【退】16	千克					999	其他形状的肥皂（除条状、块状或模制形状以外的）
340130	00		洁肤用有机表面活性产品及制品（液状或膏状并制成零售包装的，不论是否含有肥皂）【电商】	Organic surface-active products and preparations for washing the skin, in the form of liquid or cream and put up for retail sale, whether or not containing soap	【最】6.5【普】130 【协东盟】0【协澳门】0【协巴基斯坦】5 【协香港】0【协智利】0【协新西兰】0 【协新加坡】0【协秘鲁】0【协哥斯达黎加】0 【协冰岛】0【协瑞士】0【协澳大利亚】0 【协韩国】5【协格鲁吉亚】0 【特-1】0【特-2】0【特-3】0 【增】16【对美加征】5【出】0【退】16	千克	A	B	M	N	101 109 110	洁肤用有机表面活性产品及制品（液状或膏状并制成零售包装的，不论是否含有肥皂）（婴幼儿淋洗类肤用化妆品） 洁肤用有机表面活性产品及制品（液状或膏状并制成零售包装的，不论是否含有肥皂）（成人面部淋洗类化妆品） 洁肤用有机表面活性产品及制品（液状或膏状并制成零售包装的，不论是否含有肥皂）（成人体用淋洗类化妆品）
340211	00		阴离子型有机表面活性剂（不论是否零售包装，肥皂除外）【电商】	Organic surface-active agents (other than soap), anionic, whether or not put up for retail sale	【最】6.5【普】30 【协亚太】4.2【协东盟】0【协香港】0 【协澳门】0【协巴基斯坦】5【协智利】0 【协新西兰】0【协秘鲁】0【协哥斯达黎加】0 【协冰岛】0【协瑞士】0【协澳大利亚】0 【协韩国】4.2【协格鲁吉亚】0 【特-1】0【特-2】0【特-3】0 【增】16【对美加征】5【出】0【退】16	千克					999	阴离子型有机表面活性剂（不论是否零售包装，肥皂除外）

税则号列			货品名称中英文		税费综合信息	计量单位	监管证件代码		检验检疫类别		检验检疫编码	检验检疫编码对应中文名称
HS 国际统一前 6 位	本国子目 7~8 位	本国子目 9~10 位	中文 货物名称	英文 Article Description			进口	出口	进口	出口		
340212	00		阳离子型有机表面活性剂（不论是否零售包装，肥皂除外） 【电商】	Organic surface-active agents (other than soap), cationic, whether or not put up for retail sale	【最】6.5【普】30 【协亚太】4.2【协东盟】0【协香港】0 【协澳门】0【协巴基斯坦】5【协智利】0 【协新西兰】0【协秘鲁】0【协哥斯达黎加】0 【协冰岛】0【协瑞士】0【协澳大利亚】0 【协韩国】4.2【协格鲁吉亚】0 【特-1】0【特-2】0【特-3】0 【增】16【对美加征】5【出】0【退】16	千克					106	阳离子型有机表面活性剂（不论是否零售包装，肥皂除外）（阳离子表面活性洗涤剂）
340213	00	10	含有壬基酚聚氧乙烯醚的有机表面活性剂（不论是否零售包装，肥皂除外） 【电商】①	Organic surface-active agents, containing polyoxyethylene nonyl-phenol ether (whether or not put up for retail sale, other than soap)	【最】6.5【普】30 【协亚太】4.2【协东盟】0【协香港】0 【协澳门】0【协巴基斯坦】5【协智利】0 【协新西兰】0【协秘鲁】0【协台湾】0 【协哥斯达黎加】0【协冰岛】0【协瑞士】2.6 【协澳大利亚】0【协韩国】4.3 【协格鲁吉亚】0 【特-1】0【特-2】0【特-3】0 【增】16【对美加征】25【出】0【退】16	千克					999	含有壬基酚聚氧乙烯醚的有机表面活性剂（不论是否零售包装，肥皂除外）
340213	00	90	其他非离子型有机表面活性剂（不论是否零售包装，肥皂除外） 【电商】②	Organic Other non i-onic surface-active a-gents (whether or not put up for retail sale, other than soap)	【最】6.5【普】30 【协亚太】4.2【协东盟】0【协香港】0 【协澳门】0【协巴基斯坦】5【协智利】0 【协新西兰】0【协秘鲁】0【协台湾】0 【协哥斯达黎加】0【协冰岛】0【协瑞士】2.6 【协澳大利亚】0【协韩国】4.3 【协格鲁吉亚】0 【特-1】0【特-2】0【特-3】0 【增】16【对美加征】25【出】0【退】16	千克					999	其他非离子型有机表面活性剂（不论是否零售包装，肥皂除外）
340219	00		其他有机表面活性剂（不论是否零售包装，肥皂除外） 【电商】	Other organic surface-active agents(whether or not put up for retail sale, other than soap)	【最】6.5【普】30 【协亚太】4.2【协东盟】0【协澳门】0 【协香港】0【协巴基斯坦】5【协智利】0 【协新西兰】0【协秘鲁】0【协哥斯达黎加】0 【协冰岛】0【协瑞士】0【协澳大利亚】0 【协韩国】4.2【协格鲁吉亚】0 【特-1】0【特-2】0【特-3】0 【增】16【对美加征】5【出】0【退】16	千克					999	其他有机表面活性剂（不论是否零售包装，肥皂除外）
340220	10		零售包装的合成洗涤粉 【电商】	Synthetic detergents in powder form, put up for retail sale	【最】6.5【普】80 【协亚太】4.2【协东盟】0【协澳门】0 【协香港】0【协巴基斯坦】5【协智利】0 【协新西兰】0【协新加坡】0【协秘鲁】0 【协哥斯达黎加】0【协冰岛】0【协瑞士】0 【协澳大利亚】0 【协韩国】6.5【协格鲁吉亚】0 【特-1】0【特-2】0 【增】16【对美加征】10【出】0【退】16	千克					999	零售包装的合成洗涤粉
340220	90		其他零售包装有机表面活性剂制品（包括洗涤剂及清洁剂，不论是否含有肥皂） 【电商】	Other organic surface-active products and preparations (including washing and cleaning preparations, whether or not containing soap), put up for retail sale	【最】6.5【普】80 【协亚太】4.2【协东盟】0【协香港】0 【协澳门】0【协巴基斯坦】5【协智利】0 【协新西兰】0【协新加坡】0【协秘鲁】0 【协哥斯达黎加】0【协冰岛】0【协瑞士】0 【协澳大利亚】0【协韩国】6.5【协格鲁吉亚】0 【特-1】0【特-2】0 【增】16【对美加征】5【出】0【退】16	千克					999	其他零售包装有机表面活性剂制品（包括洗涤剂及清洁剂，不论是否含有肥皂）
340290	00	01	十二烷基苯磺酸钙甲醇溶液（非零售包装，十二烷基苯磺酸钙含量高于 70%） 【电商】	Methanol solution of calcium dodecyl ben-zene sulfonate (contai-ning more than 70% of calcium dodecyl benzosulfonate, not put up for retail sale)	【最】6.5【普】80 【协亚太】4.2【协东盟】0【协香港】0 【协澳门】0【协巴基斯坦】5【协智利】0 【协新西兰】0【协新加坡】0【协秘鲁】0 【协哥斯达黎加】0【协冰岛】0【协瑞士】3.6 【协澳大利亚】0【协韩国】0 【协格鲁吉亚】5.4 【特-1】0【特-2】0【特-3】0 【增】16【对美加征】5【出】0【退】16	千克					999	十二烷基苯磺酸钙甲醇溶液（非零售包装，十二烷基苯磺酸钙含量高于 70%）

① 列入《中国严格限制进出口的有毒化学税目录》的商品除外。

② 列入《中国严格限制进出口的有毒化学税目录》的商品除外。

税则号列 HS国际统一前6位	本国子目 7~8位	本国子目 9~10位	货品名称中文 货物名称	货品名称英文 Article Description	税费综合信息	计量单位	监管证件代码 进口	监管证件代码 出口	检验检疫类别 进口	检验检疫类别 出口	检验检疫编码	检验检疫编码对应中文名称
340290	00	90	非零售包装有机表面活性剂制品（包括洗涤剂及清洁剂，不论是否含有肥皂）	Organic surface-active products and preparations (including washing and cleaning preparations, whether or not containing soap), not put up for retail sale	【最】6.5【普】80 【协亚太】4.2【协东盟】0【协香港】0 【协澳门】0【协巴基斯坦】5【协智利】0 【协新西兰】0【协新加坡】0【协秘鲁】0 【协哥斯达黎加】0【协冰岛】0【协瑞士】3.6 【协澳大利亚】0【协韩国】0 【协格鲁吉亚】5.4 【特-1】0【特-2】0【特-3】0 【增】16【对美加征】5【出】0【退】16	千克					103	非零售包装有机表面活性剂制品（包括洗涤剂及清洁剂，不论是否含有肥皂）（煤炭浮选剂）
340311	00		含有石油类的处理纺织等材料制剂［指含石油或沥青矿物油（重量<70%）的制剂］	Preparations for the treatment of textile materials, leather, furskins or other materials(containing petroleum oils or oils obtained from bituminous minerals less 70% by weight)	【最】10【普】50【暂进】8 【协亚太】6.5【协东盟】0【协香港】0 【协巴基斯坦】5【协智利】0【协新西兰】0 【协新加坡】0【协秘鲁】0【协哥斯达黎加】0 【协冰岛】0【协瑞士】0【协澳大利亚】0 【协韩国】5【协格鲁吉亚】0 【特-1】0【特-2】0 【增】16【对美加征】10【出】0【退】13	千克					999	含有石油类的处理纺织等材料制剂［指含石油或沥青矿物油（重量<70%）的制剂］
340319	00		其他含有石油或矿物提取油类制剂［指含石油或沥青矿物油（重量<70%）的制剂］	Other preparations containing petroleum oils or oils obtained from bituminous minerals(containing petroleum oils or oils obtained from bituminous minerals less 70% by weight)	【最】10【普】50【暂进】8 【协东盟】0【协香港】0【协巴基斯坦】5 【协智利】0【协新西兰】0【协新加坡】0 【协秘鲁】0【协哥斯达黎加】0【协冰岛】0 【协瑞士】0【协澳大利亚】0【协韩国】0 【协格鲁吉亚】0 【特-1】0【特-2】0【特-3】0 【增】16【对美加征】25【出】0【退】13	千克					999	其他含有石油或矿物提取油类制剂［指含石油或沥青矿物油（重量<70%）的制剂］
340391	00		其他处理纺织等材料的制剂（包括处理皮革、毛皮或其他材料的制剂）	Other preparations for the treatment of textile materials, leather, furskins or other materials	【最】10【普】50【暂进】8 【协东盟】0【协香港】0【协巴基斯坦】5 【协智利】0【协新西兰】0【协新加坡】0 【协秘鲁】0【协哥斯达黎加】0【协冰岛】0 【协瑞士】0【协澳大利亚】0【协韩国】0 【协格鲁吉亚】0 【特-1】0【特-2】0 【增】16【对美加征】10【出】0【退】13	千克					999	其他处理纺织等材料的制剂（包括处理皮革、毛皮或其他材料的制剂）
340399	00		其他润滑剂（含油<70%）（包括以润滑剂为基本成分的切削油制剂、螺栓松开剂等）【电商】	Other lubricating preparations(including cutting-oil preparations, bolt or nutrelease preparations, anti-rust or anticorosion preparations and mould release preparations, based on lubricants)	【最】10【普】50 【协东盟】0【协澳门】0【协巴基斯坦】5 【协智利】0【协新西兰】0【协新加坡】0 【协秘鲁】0【协哥斯达黎加】0【协冰岛】0 【协瑞士】4【协澳大利亚】0【协韩国】0 【协格鲁吉亚】0【协香港】0 【特-1】0【特-2】0 【增】16【对美加征】25【出】0【退】13	千克					102 103 104 105 106	其他润滑剂（含油<70%）（包括以润滑剂为基本成分的切削油制剂、螺栓松开剂等）（汽油稀释型防锈油） 其他润滑剂（含油<70%）（包括以润滑剂为基本成分的切削油制剂、螺栓松开剂等）（半干型防锈油） 其他润滑剂（含油<70%）（包括以润滑剂为基本成分的切削油制剂、螺栓松开剂等）（溶剂稀释型防锈油） 其他润滑剂（含油<70%）（包括以润滑剂为基本成分的切削油制剂、螺栓松开剂等）（薄层防锈油） 其他润滑剂（含油<70%）（包括以润滑剂为基本成分的切削油制剂、螺栓松开剂等）（驻退液）
340420	00		聚乙二醇蜡	Of poly(oxyethylene)(polyethyleneglycol)	【最】10【普】70 【协东盟】0【协巴基斯坦】5【协智利】0 【协新西兰】0【协秘鲁】0【协哥斯达黎加】0 【协冰岛】0【协瑞士】0【协澳大利亚】0 【协格鲁吉亚】0【协香港】0【协澳门】0 【特-1】0【特-2】0 【增】16【对美加征】5【出】0【退】13	千克					999	聚乙二醇蜡

税则号列			货品名称中英文		税费综合信息	计量单位	监管证件代码		检验检疫类别		检验检疫编码	检验检疫编码对应中文名称
HS国际统一前6位	本国子目 7~8位	本国子目 9~10位	中文 货物名称	英文 Article Description			进口	出口	进口	出口		
340490	00		其他人造蜡及调制蜡 【电商】	Other artificial waxes and prepared waxes	【最】10【普】70 【协东盟】0【协香港】0【协巴基斯坦】5 【协智利】0【协新西兰】0【协秘鲁】0 【协哥斯达黎加】0【协冰岛】0【协瑞士】0 【协澳大利亚】0【协韩国】0【协格鲁吉亚】0 【特-1】0【特-2】0【特-3】0 【增】16【对美加征】5【出】0【退】0	千克					301 999	其他人造蜡及调制蜡（其他化工产品） 其他人造蜡及调制蜡（无检疫要求食品添加剂）
340510	00		鞋靴或皮革用的上光剂及类似制品 【电商】	Polishes, creams and similar preparations for footwear or leather	【最】6.5【普】80 【协东盟】0【协香港】0【协巴基斯坦】5 【协智利】0【协新西兰】0【协新加坡】0 【协秘鲁】0【协哥斯达黎加】0【协冰岛】0 【协瑞士】0【协澳大利亚】0【协韩国】5 【协格鲁吉亚】0 【特-1】0【特-2】0 【增】16【对美加征】10【出】0【退】13	千克					101 102 103	鞋靴或皮革用的上光剂及类似制品（皮革光滑剂） 鞋靴或皮革用的上光剂及类似制品（皮革顶层涂饰剂） 鞋靴或皮革用的上光剂及类似制品（皮革光亮剂）
340520	00		保养木制品的上光剂及类似制品 【电商】	Polishes, creams and similar preparations for the maintenance of wooden furniture, floors or other woodwork	【最】6.5【普】80 【协东盟】0【协香港】0【协巴基斯坦】5 【协智利】0【协新西兰】0【协新加坡】0 【协秘鲁】0【协哥斯达黎加】0【协冰岛】0 【协瑞士】0【协澳大利亚】0【协韩国】5 【协格鲁吉亚】0 【特-1】0【特-2】0 【增】16【对美加征】5【出】0【退】13	千克					999	保养木制品的上光剂及类似制品（指保养木家具、地板或其他木制品的上光剂及类似制品）
340530	00		车身用的上光剂及类似制品（但金属用的光洁剂除外） 【电商】①	Polishes and similar preparations for coachwork, other than metal polishes	【最】6.5【普】80 【协东盟】0【协巴基斯坦】5【协智利】0 【协新西兰】0【协新加坡】0【协秘鲁】0 【协哥斯达黎加】0【协冰岛】0【协瑞士】0 【协澳大利亚】0【协韩国】5【协格鲁吉亚】0 【协香港】0【协澳门】0 【特-1】0【特-2】0 【增】16【对美加征】5【出】0【退】13	千克					999	车身用的上光剂及类似制品（但金属用的光洁剂除外）
340540	00		擦洗膏、去污粉及类似品 【电商】②	Scouring pastes and Powders and other Scouring preparations	【最】6.5【普】80 【协东盟】0【协巴基斯坦】5【协智利】0 【协新西兰】0【协秘鲁】0【协哥斯达黎加】0 【协冰岛】0【协瑞士】0【协澳大利亚】0 【协韩国】5【协格鲁吉亚】0【协香港】0 【协澳门】0 【特-1】0【特-2】0 【增】16【对美加征】5【出】0【退】13	千克					999	擦洗膏、去污粉及类似品
340590	00		其他玻璃或金属用的光洁剂（不包括擦洗膏、去污粉及类似制品）	Other polishes and creams for glass or metal (other than scouring pastes and powders and similar preparations)	【最】6.5【普】80 【协亚太】4.2【协东盟】0【协香港】0 【协巴基斯坦】5【协智利】0【协新西兰】0 【协秘鲁】0【协哥斯达黎加】0【协冰岛】0 【协瑞士】0【协澳大利亚】0【协韩国】0 【协格鲁吉亚】0 【特-1】0【特-2】0 【增】16【对美加征】5【出】0【退】13	千克					102 103 104 105	其他玻璃或金属用的光洁剂（不包括擦洗膏、去污粉及类似制品）（修相油） 其他玻璃或金属用的光洁剂（不包括擦洗膏、去污粉及类似制品）（油画上光油） 其他玻璃或金属用的光洁剂（不包括擦洗膏、去污粉及类似制品）（油画色调合油） 其他玻璃或金属用的光洁剂（不包括擦洗膏、去污粉及类似制品）（闪烁体材料）
340600	00	10	含濒危动物成分的蜡烛及类似品 【电商】②	Candles and tapers and the like, containing composition of endangered animals	【最】6.5【普】130 【协东盟】0【协澳门】0【协巴基斯坦】5 【协智利】0【协新西兰】0【协新加坡】0 【协秘鲁】0【协哥斯达黎加】0【协冰岛】0 【协瑞士】0【协澳大利亚】0【协韩国】5 【协格鲁吉亚】0【协香港】0 【特-1】0【特-2】0 【增】16【对美加征】5【出】0【退】0	千克	F	E			101 102	含濒危动物成分的蜡烛及类似品（含木制品） 含濒危动物成分的蜡烛及类似品（不含木制品）

① 仅限汽车抛光剂。

② 列入《进出口野生动植物种商品目录》的商品除外。

税则号列			货品名称中英文		税费综合信息	计量单位	监管证件代码		检验检疫类别		检验检疫编码	检验检疫编码对应中文名称
HS国际统一前6位	本国子目 7~8位	本国子目 9~10位	中文 货物名称	英文 Article Description			进口	出口	进口	出口		
340600	00	90	其他各种蜡烛及类似品【电商】①	Other candles, tapers and the like	【最】6.5【普】130 【协东盟】0【协澳门】0【协巴基斯坦】5 【协智利】0【协新西兰】0【协新加坡】0 【协秘鲁】0【协哥斯达黎加】0【协冰岛】0 【协瑞士】0【协澳大利亚】0【协韩国】5 【协格鲁吉亚】0【协香港】0 【特-1】0【特-2】0 【增】16【对美加征】5【出】0【退】16	千克					101 102	其他各种蜡烛及类似品（含木制品） 其他各种蜡烛及类似品（不含木制品）
340700	10		牙科用蜡及造型膏	Preparations of a kind known as "dental wax" or as "dental impression compounds"	【最】6.5【普】30 【协东盟】0【协巴基斯坦】5【协智利】0 【协新西兰】0【协秘鲁】0【协哥斯达黎加】0 【协冰岛】0【协瑞士】2.6【协澳大利亚】0 【协韩国】3.2【协格鲁吉亚】0【协香港】0 【协澳门】0 【特-1】0【特-2】0【特-3】0 【增】16【对美加征】5【出】0【退】10	千克					999	牙科用蜡及造型膏（成套、零售包装或制成片状、马蹄形、条状及类似形状的）
340700	20		以熟石膏为成分的牙科用其他制品	Other preparations for use in dentistry, with a basis of plaster	【最】6.5【普】40 【协东盟】0【协巴基斯坦】5【协智利】0 【协新西兰】0【协秘鲁】0【协哥斯达黎加】0 【协冰岛】0【协瑞士】0【协澳大利亚】0 【协韩国】0【协格鲁吉亚】0【协香港】0 【协澳门】0 【特-1】0【特-2】0【特-3】0 【增】16【对美加征】10【出】0【退】10	千克					999	以熟石膏为成分的牙科用其他制品（包括以煅石膏或硫酸钙为基本成分的）
340700	90		其他塑型用膏【电商】	Other modelling pastes, including those put up for children's amusement	【最】10【普】100 【协东盟】0【协巴基斯坦】5【协智利】0 【协新西兰】0【协秘鲁】0【协哥斯达黎加】0 【协冰岛】0【协瑞士】0【协澳大利亚】0 【协韩国】5【协格鲁吉亚】0【协香港】0 【协澳门】0 【特-1】0【特-2】0 【增】16【对美加征】10【出】0【退】10	千克					999	其他塑型用膏（包括供儿童娱乐用物品）

① 列入《进出口野生动植物种商品目录》的商品除外。

第三十五章
蛋白类物质；改性淀粉；胶；酶

Chapter 35
Albuminoidal substances; modified starches; glues; enzymes

注释：

一、本章不包括：

（一）酵母（税目 21.02）；

（二）第三十章的血份（非治病、防病用的血清白蛋白除外）、药品及其他产品；

（三）预鞣用酶制剂（税目 32.02）；

（四）第三十四章的加酶的浸透剂、洗涤剂及其他产品；

（五）硬化蛋白（税目 39.13）；或

（六）印刷工业用的明胶产品（第四十九章）。

二、税目 35.05 所称“糊精”，是指淀粉的降解产品，其还原糖含量以右旋糖的干重量计不超过 10%。

如果还原糖含量超过 10%，应归入税目 17.02。

Chapter Notes:

1. This Chapter does not cover:

(a) Yeasts (heading 21.02);

(b) Blood fractions (other than blood albumin not prepared for therapeutic or prophylactic uses), medicaments or other products of Chapter 30;

(c) Enzymatic preparations for pre-tanning (heading 32.02);

(d) Enzymatic soaking or washing preparations or other products of Chapter 34;

(e) Hardened proteins (heading 39.13); or

(f) Gelatin products of the printing industry (Chapter 49).

2. For the purposes of heading 35.05, the term “dextrins” means starch degradation products with a reducing sugar content, expressed as dextrose on the dry substance, not exceeding 10%.

Such products with a reducing sugar content exceeding 10% fall in heading 17.02.

税则号列			货品名称中英文		税费综合信息	计量单位	监管证件代码		检验检疫类别		检验检疫编码	检验检疫编码对应中文名称
HS 国际统一前 6 位	本国子目 7~8 位	本国子目 9~10 位	中文 货物名称	英文 Article Description			进口	出口	进口	出口		
350110	00		酪蛋白【电商】	Casein	【最】10【普】35 【协东盟】0【协巴基斯坦】5【协智利】0 【协新西兰】0【协新加坡】0【协秘鲁】0 【协哥斯达黎加】0【协冰岛】0【协瑞士】0 【协澳大利亚】0【协韩国】5【协格鲁吉亚】0 【协香港】0【协澳门】0 【特-1】0【特-2】0 【增】16【对美加征】10【出】0【退】13	千克	A	B	R	S	101 301 302 999	酪蛋白（食用） 酪蛋白（无检疫要求食品添加剂） 酪蛋白（需申报仅用于工业用途不用于无检疫要求食品添加剂的化学品） 酪蛋白（非食用性乳品）
350190	00		酪蛋白酸盐及其衍生物，酪蛋白胶	Caseinates and other casein deriva- tives, casein glues	【最】10【普】35 【协东盟】0【协巴基斯坦】5【协智利】0 【协新西兰】0【协秘鲁】0【协哥斯达黎加】0 【协冰岛】0【协瑞士】0【协澳大利亚】0 【协韩国】5【协格鲁吉亚】0【协香港】0 【协澳门】0 【特-1】0【特-2】0 【增】16【对美加征】10【出】0【退】13	千克	A		R		101 102 103	酪蛋白酸盐及其衍生物，酪蛋白胶（非食用性乳品） 酪蛋白酸盐及其衍生物，酪蛋白胶［酪蛋白酸钠［酪朊酸钠］（无检疫要求食品添加剂）］ 酪蛋白酸盐及其衍生物，酪蛋白胶（需申报仅用于工业用途，不用于无检疫要求食品添加剂的化学品）
350211	00		干的卵清蛋白【电商】	Dried egg albumin	【最】10【普】80 【协东盟】0【协巴基斯坦】5【协智利】0 【协新西兰】0【协秘鲁】0【协哥斯达黎加】0 【协冰岛】0【协瑞士】0【协澳大利亚】0 【协韩国】5【协格鲁吉亚】0【协香港】0 【协澳门】0 【特-1】0【特-2】0 【增】16【对美加征】5【出】0【退】13	千克	A	B	P	Q	101	干的卵清蛋白（食用）
350219	00		其他卵清蛋白	Other egg albumin	【最】10【普】80 【协东盟】0【协巴基斯坦】5【协智利】0 【协新西兰】0【协秘鲁】0【协哥斯达黎加】0 【协冰岛】0【协瑞士】0【协澳大利亚】0 【协韩国】5【协格鲁吉亚】0【协香港】0 【协澳门】0 【特-1】0【特-2】0 【增】16【出】0【退】13	千克	A	B	P	Q	101	其他卵清蛋白（食用）

税则号列			货品名称中英文		税费综合信息	计量单位	监管证件代码		检验检疫类别		检验检疫编码	检验检疫编码对应中文名称
HS 国际统一前6位	本国子目 7~8位	9~10位	中文 货物名称	英文 Article Description			进口	出口	进口	出口		
350220	00		乳白蛋白 【电商】	Milk albumin, including concentrates of two or more whey proteins	【最】10【普】35 【协东盟】0【协巴基斯坦】5【协智利】0 【协新西兰】0【协秘鲁】0【协哥斯达黎加】0 【协冰岛】0【协瑞士】0【协澳大利亚】0 【协韩国】5【协格鲁吉亚】0【协香港】0 【协澳门】0 【特-1】0【特-2】0 【增】16【对美加征】5【出】0【退】13	千克	A	B	R	S	101 102 301 302 999	101 乳白蛋白（包括两种或两种以上乳清蛋白浓缩物）（食用浓缩乳清蛋白粉） 102 乳白蛋白（包括两种或两种以上乳清蛋白浓缩物）（乳清蛋白粉） 301 乳白蛋白（包括两种或两种以上乳清蛋白浓缩物）（无检疫要求食品添加剂） 302 乳白蛋白（包括两种或两种以上乳清蛋白浓缩物）（需申报仅用于工业用途不用于无检疫要求食品添加剂的化学品） 999 乳白蛋白（包括两种或两种以上乳清蛋白浓缩物）（动物白蛋白）
350290	00		其他白蛋白及白蛋白盐 【电商】	Other albumins, albuminates and other albumin derivatives	【最】10【普】35 【协东盟】0【协香港】0【协巴基斯坦】5 【协智利】0【协新西兰】0【协秘鲁】0 【协哥斯达黎加】0【协冰岛】0【协瑞士】0 【协澳大利亚】0【协韩国】5【协格鲁吉亚】0 【特-1】0【特-2】0 【增】16【对美加征】10【出】0【退】13	千克	A		R		301 302 999	301 其他白蛋白及白蛋白盐（包括白蛋白衍生物）（无检疫要求食品添加剂） 302 其他白蛋白及白蛋白盐（包括白蛋白衍生物）（需申报仅用于工业用途不用于无检疫要求食品添加剂的化学品） 999 其他白蛋白及白蛋白盐（包括白蛋白衍生物）（动物白蛋白）
350300	10	01	明胶 【电商】	Gelatin	【最】12【普】35【暂进】5 【协亚太】9.6【协东盟】0【协巴基斯坦】6 【协智利】0【协新西兰】0【协新加坡】0 【协秘鲁】0【协哥斯达黎加】0【协冰岛】0 【协瑞士】4.8【协澳大利亚】0【协韩国】6 【协格鲁吉亚】0【协香港】0【协澳门】0 【特-1】0【特-2】0 【增】16【对美加征】5【出】0【退】13	千克	A	B	PR	Q	101 102 103	101 明胶（饲用） 102 明胶（工业用） 103 明胶（有检疫要求食品添加剂）
350300	10	90	明胶的衍生物（包括长方形、正方形明胶薄片，不论是否表面加工或着色）	Gelatin derivatives, including gelatin in rectangular (including square) sheets, whether or not surface-worked or coloured	【最】12【普】35 【协亚太】9.6【协东盟】0【协巴基斯坦】6 【协智利】0【协新西兰】0【协新加坡】0 【协秘鲁】0【协哥斯达黎加】0【协冰岛】0 【协瑞士】4.8【协澳大利亚】0【协韩国】6 【协格鲁吉亚】0【协香港】0【协澳门】0 【特-1】0【特-2】0 【增】16【对美加征】5【出】0【退】13	千克	A	B	P	Q	101 102	101 明胶的衍生物（包括长方形、正方形明胶薄片，不论是否表面加工或着色）（饲用） 102 明胶的衍生物（包括长方形、正方形明胶薄片，不论是否表面加工或着色）（工业用）
350300	90		鱼鳔胶、其他动物胶（但不包括税目35.01的酪蛋白胶） 【电商】①	Isinglass; other glues of animal origin, excluding casein glues of heading No. 35.01	【最】12【普】50 【协亚太】9.6【协东盟】0【协巴基斯坦】6 【协智利】0【协新西兰】0【协新加坡】0 【协秘鲁】0【协哥斯达黎加】0【协冰岛】0 【协瑞士】4.8【协澳大利亚】0【协韩国】6 【协格鲁吉亚】0【协香港】0【协澳门】0 【特-1】0【特-2】0 【增】16【出】0【退】13	千克	A	B	PR	Q	101 102 103 104	101 鱼鳔胶、其他动物胶（但不包括税目35.01的酪蛋白胶）（药用龟甲胶） 102 鱼鳔胶、其他动物胶（但不包括税目35.01的酪蛋白胶）（药用阿胶） 103 鱼鳔胶、其他动物胶（但不包括税目35.01的酪蛋白胶）（药用鹿角胶） 104 鱼鳔胶、其他动物胶（但不包括税目35.01的酪蛋白胶）［紫胶（虫胶）（有检疫要求食品添加剂）］

① 仅限网购保税商品和已获得检疫准入产品。

税则号列			货品名称中英文		税费综合信息	计量单位	监管证件代码		检验检疫类别		检验检疫编码	检验检疫编码对应中文名称
HS 国际统一前 6 位	本国子目 7~8 位	本国子目 9~10 位	中文 货物名称	英文 Article Description			进口	出口	进口	出口		
350400	10		蛋白胨	Peptones	【最】3【普】11 【协东盟】0【协澳门】0【协巴基斯坦】0 【协智利】0【协新西兰】0【协秘鲁】0 【协哥斯达黎加】0【协冰岛】0【协瑞士】0 【协澳大利亚】0【协韩国】0【协格鲁吉亚】0 【协香港】0 【特-1】0【特-2】0【特-3】0 【增】16【对美加征】5【出】0【退】13	千克	A		R		101 102 301	蛋白胨（具有保健食品批准文号） 蛋白胨（无检疫要求食品添加剂） 蛋白胨（需申报仅用于工业用途不用于无检疫要求食品添加剂的化学品）
350400	90		其他编号未列名蛋白质及其衍生物［包括蛋白胨的衍生物及皮粉（不论是否加入铬矾）］ 【电商】	Other protein substances and their derivatives (including derivatives of peptones), not elsewhere specified or included; hide powder, whether or not chromed	【最】8【普】35 【协东盟】0【协澳门】0【协巴基斯坦】5 【协智利】0【协新西兰】0【协秘鲁】0 【协哥斯达黎加】0【协冰岛】0【协瑞士】0 【协澳大利亚】0【协韩国】0【协格鲁吉亚】0 【协香港】0 【特-1】0【特-2】0【特-3】0 【增】16【对美加征】5【出】0【退】13	千克	A		R		101 102 103 104 105 ……	其他编号未列名蛋白质及其衍生物［包括蛋白胨的衍生物及皮粉（不论是否加入铬矾）］（具有保健食品批准文号） 其他编号未列名蛋白质及其衍生物［包括蛋白胨的衍生物及皮粉（不论是否加入铬矾）］［乳铁蛋白（无检疫要求食品添加剂）］ 其他编号未列名蛋白质及其衍生物［包括蛋白胨的衍生物及皮粉（不论是否加入铬矾）］（需申报仅用于工业用途不用于无检疫要求食品添加剂的化学品） 其他编号未列名蛋白质及其衍生物［包括蛋白胨的衍生物及皮粉（不论是否加入铬矾）］（其他医用蛋白） 其他编号未列名蛋白质及其衍生物［包括蛋白胨的衍生物及皮粉（不论是否加入铬矾）］（大豆蛋白） ……①
350510	00		糊精及其他改性淀粉	Dextrins and other modified starches	【最】12【普】50【暂进】6 【协东盟】0【协香港】0【协澳门】0 【协巴基斯坦】6【协智利】0【协新西兰】0 【协新加坡】0【协秘鲁】0【协哥斯达黎加】0 【协冰岛】0【协瑞士】4.8【协澳大利亚】0 【协韩国】6【协格鲁吉亚】0 【特-1】0【特-2】0 【增】16【对美加征】5【出】0【退】13	千克	A		MR		101 102 301 302 303 ……	糊精及其他改性淀粉（饲料添加剂） 糊精及其他改性淀粉（变性淀粉） 糊精及其他改性淀粉（爆炸品，需申报仅用于工业用途不用于无检疫要求食品添加剂） 糊精及其他改性淀粉（无检疫要求食品添加剂） 糊精及其他改性淀粉（一般化学品，需申报仅用于工业用途不用于无检疫要求食品添加剂） ……②

① 该税号项下检验检疫编码及对应中文名称尚有：106　其他编号未列名蛋白质及其衍生物［包括蛋白胨的衍生物及皮粉（不论是否加入铬矾）］（豌豆蛋白），107　其他编号未列名蛋白质及其衍生物［包括蛋白胨的衍生物及皮粉（不论是否加入铬矾）］（蚕豆蛋白），108　其他编号未列名蛋白质及其衍生物［包括蛋白胨的衍生物及皮粉（不论是否加入铬矾）］（其他豆类蛋白），109　其他编号未列名蛋白质及其衍生物［包括蛋白胨的衍生物及皮粉（不论是否加入铬矾）］（小麦蛋白），110　其他编号未列名蛋白质及其衍生物［包括蛋白胨的衍生物及皮粉（不论是否加入铬矾）］（燕麦蛋白），111　其他编号未列名蛋白质及其衍生物［包括蛋白胨的衍生物及皮粉（不论是否加入铬矾）］（大米蛋白），112　其他编号未列名蛋白质及其衍生物［包括蛋白胨的衍生物及皮粉（不论是否加入铬矾）］（玉米蛋白），113　其他编号未列名蛋白质及其衍生物［包括蛋白胨的衍生物及皮粉（不论是否加入铬矾）］（其他谷类蛋白），114　其他编号未列名蛋白质及其衍生物［包括蛋白胨的衍生物及皮粉（不论是否加入铬矾）］（花生蛋白），115　其他编号未列名蛋白质及其衍生物［包括蛋白胨的衍生物及皮粉（不论是否加入铬矾）］（其他坚果及籽类蛋白），116　其他编号未列名蛋白质及其衍生物［包括蛋白胨的衍生物及皮粉（不论是否加入铬矾）］（马铃薯蛋白），117　其他编号未列名蛋白质及其衍生物［包括蛋白胨的衍生物及皮粉（不论是否加入铬矾）］（其他薯类蛋白），118　其他编号未列名蛋白质及其衍生物［包括蛋白胨的衍生物及皮粉（不论是否加入铬矾）］（其他植物蛋白），119　其他编号未列名蛋白质及其衍生物［包括蛋白胨的衍生物及皮粉（不论是否加入铬矾）］（浓缩牛奶蛋白）。

② 该税号项下检验检疫编码及对应中文名称尚有：304　糊精及其他改性淀粉（属于危险化学品的食品添加剂）。

税则号列			货品名称中英文		税费综合信息	计量单位	监管证件代码		检验检疫类别		检验检疫编码	检验检疫编码对应中文名称
HS国际统一前6位	本国子目7~8位	本国子目9~10位	中文货物名称	英文 Article Description			进口	出口	进口	出口		
350520	00		以淀粉糊精等为基本成分的胶 【电商】	Glues based on starches, or on dextrins or other modified starches	【最】20【普】50 【协东盟】0【协智利】0【协新西兰】0 【协新加坡】0【协秘鲁】0【协哥斯达黎加】0 【协冰岛】0【协瑞士】8【协澳大利亚】0 【协韩国】13.3【协格鲁吉亚】0【协香港】0 【协澳门】0 【特-1】0【特-2】0 【增】16【对美加征】5【出】0【退】13	千克	A		MR		101 301 302 303 304	以淀粉糊精等为基本成分的胶（变性淀粉） 以淀粉糊精等为基本成分的胶（其他危险化学品，需申报仅用于工业用途不用于无检疫要求食品添加剂） 以淀粉糊精等为基本成分的胶（无检疫要求食品添加剂） 以淀粉糊精等为基本成分的胶（一般化学品，需申报仅用于工业用途不用于无检疫要求食品添加剂） 以淀粉糊精等为基本成分的胶（属于危险化学品的食品添加剂）
350610	00	10	硅酮结构密封胶（零售包装每件净重不超过1千克） 【电商】	Structural silicone sealant, put up for retail sale, not exceeding a net weight of 1 kg	【最】10【普】90 【协亚太】6.5【协东盟】0【协香港】0 【协巴基斯坦】5【协智利】0【协新西兰】0 【协新加坡】0【协秘鲁】0【协台湾】0 【协哥斯达黎加】0【协瑞士】4【协澳大利亚】0 【协韩国】0【协格鲁吉亚】0 【特-1】0【特-2】0【特-3】0 【增】16【对美加征】5【出】0【退】13	千克	A		M		301 302	硅酮结构密封胶（零售包装每件净重不超过1千克）（其他危险化学品） 硅酮结构密封胶（零售包装每件净重不超过1千克）（其他化工产品）
350610	00	90	其他适于作胶或黏合剂的零售产品（零售包装每件净重不超过1千克） 【电商】	Other products suitable for use as glues or adhe-sives, put up for retail sale as glues or adhesives, not exceeding a net weight of 1 kg	【最】10【普】90 【协亚太】6.5【协东盟】0【协香港】0 【协巴基斯坦】5【协智利】0【协新西兰】0 【协新加坡】0【协秘鲁】0【协台湾】0 【协哥斯达黎加】0【协瑞士】4 【协澳大利亚】0【协韩国】0【协格鲁吉亚】0 【特-1】0【特-2】0【特-3】0 【增】16【对美加征】5【出】0【退】13	千克					301 302 303 304	其他适于作胶或黏合剂的零售产品（零售包装每件净重不超过1千克）（易燃液体） 其他适于作胶或黏合剂的零售产品（零售包装每件净重不超过1千克）（腐蚀性物质） 其他适于作胶或黏合剂的零售产品（零售包装每件净重不超过1千克）（其他危险化学品） 其他适于作胶或黏合剂的零售产品（零售包装每件净重不超过1千克）（其他化工产品）
350691	10		以聚酰胺为基本成分的黏合剂 【电商】	Adhesives based on polyamide	【最】10【普】90 【协亚太】7【协东盟】0【协香港】0 【协澳门】0【协巴基斯坦】5【协智利】0 【协新西兰】0【协新加坡】0【协秘鲁】0 【协台湾】0【协哥斯达黎加】0【协冰岛】0 【协瑞士】0【协澳大利亚】0【协韩国】6.6 【协格鲁吉亚】0 【特-1】0【特-2】0【特-3】0 【增】16【对美加征】5【出】0【退】13	千克					999	以聚酰胺为基本成分的黏合剂
350691	20		以环氧树脂为基本成分的黏合剂	Adhesives based on epoxy resin	【最】10【普】90 【协亚太】6.5【协东盟】0【协香港】0 【协澳门】0【协巴基斯坦】5【协智利】0 【协新西兰】0【协新加坡】0【协秘鲁】0 【协台湾】0【协哥斯达黎加】0【协冰岛】0 【协瑞士】4【协澳大利亚】0【协韩国】7.5 【协格鲁吉亚】0 【特-1】0【特-2】0【特-3】0 【增】16【对美加征】5【出】0【退】13	千克					999	以环氧树脂为基本成分的黏合剂
350691	90	10	非零售，硅酮结构密封胶 【电商】	Structural silicone sealant, not put up for retail sale	【最】10【普】90 【协亚太】7【协东盟】0【协香港】0 【协澳门】0【协巴基斯坦】5【协智利】0 【协新西兰】0【协新加坡】0【协秘鲁】0 【协台湾】0【协哥斯达黎加】0【协冰岛】0 【协瑞士】4【协澳大利亚】0【协韩国】5 【协格鲁吉亚】6 【特-1】0【特-2】0【特-3】0 【增】16【对美加征】25【出】0【退】16	千克	A		M		301 302	非零售，硅酮结构密封胶（其他危险化学品） 非零售，硅酮结构密封胶（其他化工产品）

税则号列 HS国际统一前6位	本国子目 7~8位	本国子目 9~10位	货品名称中英文 中文 货物名称	货品名称中英文 英文 Article Description	税费综合信息	计量单位	监管证件代码 进口	监管证件代码 出口	检验检疫类别 进口	检验检疫类别 出口	检验检疫编码	检验检疫编码对应中文名称
350691	90	20	专门或主要用于显示屏或触摸屏制造的光学透明膜黏合剂和光固化液体黏合剂［包括以人造树脂（环氧树脂除外）为基本成分的］ 【电商】	Specially built or is mainly used to display or touch screen optical transparent film adhesive and light curing liquid adhesive (including synthetic resin (epoxy resin except) as the basic component of)	【最】2.5【普】90 【协亚太】7【协东盟】0【协香港】0 【协澳门】0【协巴基斯坦】5【协智利】0 【协新西兰】0【协新加坡】0【协秘鲁】0 【协台湾】0【协哥斯达黎加】0【协冰岛】0 【协瑞士】4【协澳大利亚】0【协韩国】5 【协格鲁吉亚】6 【特-1】0【特-2】0【特-3】0 【增】16【对美加征】25【出】0【退】16	千克					999	专门或主要用于显示屏或触摸屏制造的光学透明膜黏合剂和光固化液体黏合剂［包括以人造树脂（环氧树脂除外）为基本成分的］
350691	90	90	其他橡胶或塑料为基本成分黏合剂［包括以人造树脂（环氧树脂除外） 【电商】	Other adhesives based on rubber or plastic or artificial resin (other than epoxy resin)	【最】10【普】90 【协亚太】7【协东盟】0【协香港】0 【协澳门】0【协巴基斯坦】5【协智利】0 【协新西兰】0【协新加坡】0【协秘鲁】0 【协台湾】0【协哥斯达黎加】0【协冰岛】0 【协瑞士】4【协澳大利亚】0【协韩国】5 【协格鲁吉亚】6 【特-1】0【特-2】0【特-3】0 【增】16【对美加征】25【出】0【退】16	千克					301 302 303 999	其他橡胶或塑料为基本成分黏合剂［包括以人造树脂（环氧树脂除外）为基本成分的］（易燃液体） 其他橡胶或塑料为基本成分黏合剂［包括以人造树脂（环氧树脂除外）为基本成分的］（腐蚀性物质） 其他橡胶或塑料为基本成分黏合剂［包括以人造树脂（环氧树脂除外）为基本成分的］（其他危险化学品） 其他橡胶或塑料为基本成分黏合剂［包括以人造树脂（环氧树脂除外）为基本成分的］（其他化工产品）
350699	00		其他编号未列名的调制胶，黏合剂 【电商】	Other prepared glues and adhesives, not elsewhere specified or included	【最】10【普】90 【协亚太】6.5【协东盟】0【协香港】0 【协澳门】0【协巴基斯坦】5【协智利】0 【协新西兰】0【协新加坡】0【协秘鲁】0 【协台湾】0【协哥斯达黎加】0【协冰岛】0 【协瑞士】4【协澳大利亚】0【协韩国】7.5 【协格鲁吉亚】0 【特-1】0【特-2】0【特-3】0 【增】16【对美加征】5【出】0【退】13	千克					999	其他编号未列名的调制胶，黏合剂
350710	00		粗制凝乳酶及其浓缩物	Rennet and concentrates thereof	【最】6【普】30 【协东盟】0【协巴基斯坦】5【协智利】0 【协新西兰】0【协秘鲁】0【协哥斯达黎加】0 【协冰岛】0【协瑞士】0【协澳大利亚】0 【协韩国】0【协格鲁吉亚】0【协香港】0 【协澳门】0 【特-1】0【特-2】0【特-3】0 【增】16【出】0【退】13	千克	A		R		301 302 999	粗制凝乳酶及其浓缩物（无检疫要求食品添加剂） 粗制凝乳酶及其浓缩物（需申报仅用于工业用途不用于无检疫要求食品添加剂的化学品） 粗制凝乳酶及其浓缩物（饲用酶制剂）
350790	10		碱性蛋白酶	Basic proteinase	【最】6【普】30 【协东盟】0【协巴基斯坦】5【协智利】0 【协新西兰】0【协秘鲁】0【协哥斯达黎加】0 【协冰岛】0【协瑞士】0【协澳大利亚】0 【协韩国】3【协格鲁吉亚】0【协香港】0 【协澳门】0 【特-1】0【特-2】0【特-3】0 【增】16【对美加征】5【出】0【退】13	千克	A		R		301 302 999	碱性蛋白酶（无检疫要求食品添加剂） 碱性蛋白酶（需申报仅用于工业用途不用于无检疫要求食品添加剂的化学品） 碱性蛋白酶（饲用酶制剂）
350790	20		碱性脂肪酶	Basic lipase	【最】6【普】30 【协东盟】0【协巴基斯坦】5【协智利】0 【协新西兰】0【协秘鲁】0【协哥斯达黎加】0 【协冰岛】0【协瑞士】0【协澳大利亚】0 【协韩国】3【协格鲁吉亚】0【协香港】0 【协澳门】0 【特-1】0【特-2】0【特-3】0 【增】16【对美加征】5【出】0【退】13	千克	A		R		301 302 999	碱性脂肪酶（无检疫要求食品添加剂） 碱性脂肪酶（需申报仅用于工业用途不用于无检疫要求食品添加剂的化学品） 碱性脂肪酶饲（用酶制剂）

税则号列 HS国际统一前6位	本国子目 7~8位	本国子目 9~10位	中文 货物名称	英文 Article Description	税费综合信息	计量单位	监管证件代码 进口	监管证件代码 出口	检验检疫类别 进口	检验检疫类别 出口	检验检疫编码	检验检疫编码对应中文名称
350790	90	10	门冬酰胺酶及其他抗癌药品原料药【电商】	Asparaginase and other anti-cancer drug substance	【最】6【普】30【暂进】0 【协东盟】0【协澳门】0【协巴基斯坦】5 【协智利】0【协新西兰】0【协秘鲁】0 【协哥斯达黎加】0【协冰岛】0【协瑞士】0 【协澳大利亚】0【协韩国】0【协格鲁吉亚】0 【协香港】0 【特-1】0【特-2】0【特-3】0 【增】3【对美加征】5【出】0【退】13	千克	A	B	RV	W	301 401	门冬酰胺酶及其他抗癌药品原料药（其他化工产品） 门冬酰胺酶及其他抗癌药品原料药（医用酶及酶制剂）
350790	90	90	其他酶及酶制品【电商】	Other enzymes and prepared enzymes (generated HS CODE by splitting anti-cancer drug substance)	【最】6【普】30 【协东盟】0【协澳门】0【协巴基斯坦】5 【协智利】0【协新西兰】0【协秘鲁】0 【协哥斯达黎加】0【协冰岛】0【协瑞士】0 【协澳大利亚】0【协韩国】0【协格鲁吉亚】0 【协香港】0 【特-1】0【特-2】0【特-3】0 【增】16【对美加征】5【出】0【退】13	千克	A	B	RV	W	101 301 302 401 402 ……	其他酶及酶制品（因拆分抗癌药品原料药产生的兜底税号）（饲用酶制剂） 其他酶及酶制品（因拆分抗癌药品原料药产生的兜底税号）（无检疫要求食品添加剂） 其他酶及酶制品（因拆分抗癌药品原料药产生的兜底税号）（需申报仅用于工业用途不用于无检疫要求食品添加剂的化学品） 其他酶及酶制品（因拆分抗癌药品原料药产生的兜底税号）（医用诊断试剂） 其他酶及酶制品（因拆分抗癌药品原料药产生的兜底税号）（医用检测试剂） ……①

① 该税号项下检验检疫编码及对应中文名称尚有：403　其他酶及酶制品（因拆分抗癌药品原料药产生的兜底税号）（医用酶及酶制剂），404　其他酶及酶制品（因拆分抗癌药品原料药产生的兜底税号）（其他医用生物制品）。

第三十六章 炸药；烟火制品；火柴；引火合金；易燃材料制品

Chapter 36 Explosives; pyrotechnic products; matches; pyrophoric alloys; certain combustible preparations

注释：

一、本章不包括单独的已有化学定义的化合物，但下列注释二（一）、（二）所述物品除外。

二、税目 36.06 所称“易燃材料制品”，只适用于：

（一）聚乙醛、六亚甲基四胺（六甲撑四胺）及类似物质，已制成片、棒或类似形状作燃料用的；以酒精为基本成分的固体或半固体燃料及类似的配制燃料；

（二）直接灌注香烟打火机及类似打火器用的液体燃料或液化气体燃料，其包装容器的容积不超过 300 立方厘米；以及

（三）树脂火炬、引火物及类似品。

Chapter Notes:

1. This Chapter does not cover separate chemically defined compounds other than those described in Note 2 (a) or (b) below.

2. The expression “articles of combustible materials” in heading 36.06 applies only to:

(a) Metaldehyde, hexamethylenetetramine and similar substances, put up in forms (for example, tablets, sticks or similar forms) for use as fuels; fuels with a basis of alcohol, and similar prepared fuels, in solid or semi-solid form;

(b) Liquid or liquefied-gas fuels in containers of a kind used for filling or refilling cigarette or similar lighters and of a capacity not exceeding $300cm^3$; and

(c) Resin torches, firelighters and the like.

税则号列 HS 国际统一前6位	本国子目 7~8位	本国子目 9~10位	货品名称中英文 中文 货物名称	货品名称中英文 英文 Article Description	税费综合信息	计量单位	监管证件代码 进口	监管证件代码 出口	检验检疫类别 进口	检验检疫类别 出口	检验检疫编码	检验检疫编码对应中文名称
360100	00	10	模压的胶质推进剂	Mold pressing colloidal molded propellant	【最】9【普】50 【协东盟】0【协巴基斯坦】5【协智利】0 【协新西兰】0【协秘鲁】0【协哥斯达黎加】0 【协冰岛】0【协瑞士】0【协澳大利亚】0 【协韩国】0【协格鲁吉亚】0【协香港】0 【协澳门】0 【特-1】0【特-2】0 【增】16【对美加征】5【出】0【退】0	千克		3			999	模压的胶质推进剂
360100	00	20	含硝化粘接剂及铝粉>5%的推进剂	Propellant, containing nitrification adhesives and more than 5% of aluminum powder	【最】9【普】50 【协东盟】0【协巴基斯坦】5【协智利】0 【协新西兰】0【协秘鲁】0【协哥斯达黎加】0 【协冰岛】0【协瑞士】0【协澳大利亚】0 【协韩国】0【协格鲁吉亚】0【协香港】0 【协澳门】0 【特-1】0【特-2】0 【增】16【对美加征】5【出】0【退】0	千克		3			999	含硝化粘接剂及铝粉>5%的推进剂
360100	00	30	黑火药	Black powder	【最】9【普】50 【协东盟】0【协巴基斯坦】5【协智利】0 【协新西兰】0【协秘鲁】0【协哥斯达黎加】0 【协冰岛】0【协瑞士】0【协澳大利亚】0 【协韩国】0【协格鲁吉亚】0【协香港】0 【协澳门】0 【特-1】0【特-2】0 【增】16【对美加征】5【出】0【退】0	千克	k	k			999	黑火药
360100	00	91	民用的其他发射药	Other Propellent powders for civil use	【最】9【普】50 【协东盟】0【协巴基斯坦】5【协智利】0 【协新西兰】0【协秘鲁】0【协哥斯达黎加】0 【协冰岛】0【协瑞士】0【协澳大利亚】0 【协韩国】0【协格鲁吉亚】0【协香港】0 【协澳门】0 【特-1】0【特-2】0 【增】16【对美加征】5【出】0【退】0	千克	k	k			999	民用的其他发射药
360100	00	99	其他发射药	Other Propellent powders	【最】9【普】50 【协东盟】0【协巴基斯坦】5【协智利】0 【协新西兰】0【协秘鲁】0【协哥斯达黎加】0 【协冰岛】0【协瑞士】0【协澳大利亚】0 【协韩国】0【协格鲁吉亚】0【协香港】0 【协澳门】0 【特-1】0【特-2】0 【增】16【对美加征】5【出】0【退】0	千克					999	其他发射药

税则号列			货品名称中英文		税费综合信息	计量单位	监管证件代码		检验检疫类别		检验检疫编码	检验检疫编码对应中文名称
HS国际统一前6位	本国子目 7~8位	本国子目 9~10位	中文 货物名称	英文 Article Description			进口	出口	进口	出口		
360200	10	10	符合特定标准的硝铵炸药(硝胺类物质超过2%,或密度>1.8g/cm³、爆速>8000m/s)	Based on ammonals nitrate ammonium nitrate explosives meets specific criteria (containing more than 2% of nitramines, density>1.8g/cm³, explosion velocity>8000m/s)	【最】9【普】50 【协东盟】0【协巴基斯坦】5【协智利】0 【协新西兰】0【协秘鲁】0【协哥斯达黎加】0 【协冰岛】0【协瑞士】0【协澳大利亚】0 【协韩国】0【协格鲁吉亚】0【协香港】0 【协澳门】0 【特-1】0【特-2】0 【增】16【出】0【退】0	千克		3			301	符合特定标准的硝铵炸药(硝胺类物质超过2%,或密度>1.8g/cm³、爆速>8000m/s)(爆炸品)
360200	10	91	其他铵梯类炸药、铵油类炸药、膨化硝铵炸药、胶状乳化炸药、粉状乳化炸药、震源药柱、其他工业炸药	Other ammonium ladder explosives, ammonium oil explosives, expanded ammonium nitrate explosives, colloidal emulsion explosives, powdered emulsion explosives, seismic medicine columns, and other industrial explosives	【最】9【普】50 【协东盟】0【协巴基斯坦】5【协智利】0 【协新西兰】0【协秘鲁】0【协哥斯达黎加】0 【协冰岛】0【协瑞士】0【协澳大利亚】0 【协韩国】0【协格鲁吉亚】0【协香港】0 【协澳门】0 【特-1】0【特-2】0 【增】16【出】0【退】0	千克	k	k			999	其他铵梯类炸药、铵油类炸药、膨化硝铵炸药、胶状乳化炸药、粉状乳化炸药、震源药柱、其他工业炸药
360200	10	99	其他硝铵炸药,但发射药除外	Other ammonium nitrate explosives, other than propellent powders	【最】9【普】50 【协东盟】0【协巴基斯坦】5【协智利】0 【协新西兰】0【协秘鲁】0【协哥斯达黎加】0 【协冰岛】0【协瑞士】0【协澳大利亚】0 【协韩国】0【协格鲁吉亚】0【协香港】0 【协澳门】0 【特-1】0【特-2】0 【增】16【出】0【退】0	千克					999	其他硝铵炸药,但发射药除外
360200	90	10	符合特定标准的其他配制炸药[含有超过2%(按重量计)的下述任何一种物质:(环)四亚甲基四硝胺(HMX);(环)三亚甲基三硝基胺(RDX);三氨基三硝基苯(TATB);氨基二硝基苯并氧化呋咱或7-氨基-4,6-硝基苯并呋咱-1-氧化物;六硝基芪(HNS)等;或晶体密度大于1.8g/cm³、爆速超过8000m/s的各种炸药]	Preparation of other explosives that meet specific criteria (containing more than 2% (by weight) of any one of the following materials: (ring) four methylene four nitramine (HMX); Sanya (ring) methyl three nitro amine (RDX); three amino three nitrobenzene (TATB); two amino and nitrobenzene furoxan or 7-4, 6--1- and nitrobenzene amino furazan oxide; six nitro stilbene (HNS); or the crystal density greater than 1.8g/cm³, more than 8000m/s of various explosives detonation velocity).	【最】9【普】50 【协东盟】0【协巴基斯坦】5【协智利】0 【协新西兰】0【协秘鲁】0【协哥斯达黎加】0 【协冰岛】0【协瑞士】0【协澳大利亚】0 【协韩国】0【协格鲁吉亚】0【协香港】0 【协澳门】0 【特-1】0【特-2】0 【增】16【出】0【退】0	千克	k	3k			301	符合特定标准的其他配制炸药[含有超过2%(按重量计)的下述任何一种物质:(环)四亚甲基四硝胺(HMX);(环)三亚甲基三硝基胺(RDX);三氨基三硝基苯(TATB);氨基二硝基苯并氧化呋咱或7-氨基-4,6-硝基苯并呋咱-1-氧化物;六硝基芪(HNS)等;或晶体密度大于1.8g/cm³、爆速超过8000m/s的各种炸药](爆炸品)
360200	90	91	民用的其他配置炸药,但发射药除外	Other ammonium nitrate explosives for civil use, other than propellent powders	【最】9【普】50 【协东盟】0【协巴基斯坦】5【协智利】0 【协新西兰】0【协秘鲁】0【协哥斯达黎加】0 【协冰岛】0【协瑞士】0【协澳大利亚】0 【协韩国】0【协格鲁吉亚】0【协香港】0 【协澳门】0 【特-1】0【特-2】0 【增】16【出】0【退】0	千克	k	k			999	民用的其他硝铵炸药,但发射药除外
360200	90	99	其他配制炸药,但发射药除外	Other prepared explosives, other than propellent powders	【最】9【普】50 【协东盟】0【协巴基斯坦】5【协智利】0 【协新西兰】0【协秘鲁】0【协哥斯达黎加】0 【协冰岛】0【协瑞士】0【协澳大利亚】0 【协韩国】0【协格鲁吉亚】0【协香港】0 【协澳门】0 【特-1】0【特-2】0 【增】16【出】0【退】0	千克					999	其他配制炸药,但发射药除外

税则号列			货品名称中英文		税费综合信息	计量单位	监管证件代码		检验检疫类别		检验检疫编码	检验检疫编码对应中文名称
HS国际统一前6位	本国子目7~8位	本国子目9~10位	中文 货物名称	英文 Article Description			进口	出口	进口	出口		
360300	00	10	爆炸桥	Exploding bridge	【最】9【普】50 【协东盟】0【协巴基斯坦】5【协智利】0 【协新西兰】0【协秘鲁】0【协哥斯达黎加】0 【协冰岛】0【协瑞士】0【协澳大利亚】0 【协韩国】0【协格鲁吉亚】0【协香港】0 【协澳门】0 【特-1】0【特-2】0【特-3】0 【增】16【对美加征】5【出】0【退】0	千克		3			999	爆炸桥
360300	00	20	爆炸桥丝	Exploding bridge filaments	【最】9【普】50 【协东盟】0【协巴基斯坦】5【协智利】0 【协新西兰】0【协秘鲁】0【协哥斯达黎加】0 【协冰岛】0【协瑞士】0【协澳大利亚】0 【协韩国】0【协格鲁吉亚】0【协香港】0 【协澳门】0 【特-1】0【特-2】0【特-3】0 【增】16【对美加征】5【出】0【退】0	千克		3			999	爆炸桥丝
360300	00	30	冲击片	Slapper detonators	【最】9【普】50 【协东盟】0【协巴基斯坦】5【协智利】0 【协新西兰】0【协秘鲁】0【协哥斯达黎加】0 【协冰岛】0【协瑞士】0【协澳大利亚】0 【协韩国】0【协格鲁吉亚】0【协香港】0 【协澳门】0 【特-1】0【特-2】0【特-3】0 【增】16【对美加征】5【出】0【退】0	千克		3			999	冲击片
360300	00	40	爆炸箔起爆器	Exploding foil initiator	【最】9【普】50 【协东盟】0【协巴基斯坦】5【协智利】0 【协新西兰】0【协秘鲁】0【协哥斯达黎加】0 【协冰岛】0【协瑞士】0【协澳大利亚】0 【协韩国】0【协格鲁吉亚】0【协香港】0 【协澳门】0 【特-1】0【特-2】0【特-3】0 【增】16【对美加征】5【出】0【退】0	千克		3			999	爆炸箔起爆器
360300	00	50	使用单个或多个雷管的装置（由单一点火信号同时起爆，不包括仅使用起药的雷管）	Devices with one or more detonator (the ignition signal from a single initiation at the same time, other than those used detonating powder only)	【最】9【普】50 【协东盟】0【协巴基斯坦】5【协智利】0 【协新西兰】0【协秘鲁】0【协哥斯达黎加】0 【协冰岛】0【协瑞士】0【协澳大利亚】0 【协韩国】0【协格鲁吉亚】0【协香港】0 【协澳门】0 【特-1】0【特-2】0【特-3】0 【增】16【对美加征】5【出】0【退】0	千克		3			999	使用单个或多个雷管的装置（由单一点火信号同时起爆，不包括仅使用起药的雷管）
360300	00	61	工业用炸药雷管点火装置	Industrial explosive detonator ignition device	【最】9【普】50 【协东盟】0【协巴基斯坦】5【协智利】0 【协新西兰】0【协秘鲁】0【协哥斯达黎加】0 【协冰岛】0【协瑞士】0【协澳大利亚】0 【协韩国】0【协格鲁吉亚】0【协香港】0 【协澳门】0 【特-1】0【特-2】0【特-3】0 【增】16【对美加征】5【出】0【退】0	千克		3				
360300	00	69	其他炸药雷管点火装置	Other explosive detonator ignition device	【最】9【普】50 【协东盟】0【协巴基斯坦】5【协智利】0 【协新西兰】0【协秘鲁】0【协哥斯达黎加】0 【协冰岛】0【协瑞士】0【协澳大利亚】0 【协韩国】0【协格鲁吉亚】0【协香港】0 【协澳门】0 【特-1】0【特-2】0【特-3】0 【增】16【对美加征】5【出】0【退】0	千克		3				
360300	00	91	民用的其他安全导火索、导爆索等	Other safety fuses, detonating fuses for civil use	【最】9【普】50 【协东盟】0【协巴基斯坦】5【协智利】0 【协新西兰】0【协秘鲁】0【协哥斯达黎加】0 【协冰岛】0【协瑞士】0【协澳大利亚】0 【协韩国】0【协格鲁吉亚】0【协香港】0 【协澳门】0 【特-1】0【特-2】0【特-3】0 【增】16【对美加征】5【出】0【退】0	千克	k	k			999	民用的其他安全导火索、导爆索等引爆器件

税则号列			货品名称中英文		税费综合信息	计量单位	监管证件代码		检验检疫类别		检验检疫编码	检验检疫编码对应中文名称
HS国际统一前6位	本国子目 7~8位	本国子目 9~10位	中文 货物名称	英文 Article Description			进口	出口	进口	出口		
360300	00	99	其他安全导火索、导爆索等引爆器件	Other safety fuses and detonating devices, igniters; (including percussion or detonating caps, detonators, electric detonators)	【最】9【普】50 【协东盟】0【协巴基斯坦】5【协智利】0 【协新西兰】0【协秘鲁】0【协哥斯达黎加】0 【协冰岛】0【协瑞士】0【协澳大利亚】0 【协韩国】0【协格鲁吉亚】0【协香港】0 【协澳门】0 【特-1】0【特-2】0【特-3】0 【增】16【对美加征】5【出】0【退】0	千克					999	其他安全导火索、导爆索等引爆器件（包括火帽或雷管、引爆器、电雷管）
360410	00		烟花、爆竹	Fireworks	【最】6【普】130 【协东盟】0【协巴基斯坦】5【协智利】0 【协新西兰】0【协秘鲁】0【协哥斯达黎加】0 【协冰岛】0【协瑞士】0【协澳大利亚】0 【协韩国】0【协格鲁吉亚】0【协香港】0 【协澳门】0 【特-1】0【特-2】0 【增】16 【消】15【对美加征】5【出】0 【退】13	千克	A	B	M	N	101 102 103 104 105 ……	烟花、爆竹（喷花类玩具烟花爆竹） 烟花、爆竹（旋转类玩具烟花爆竹） 烟花、爆竹（旋转升空类玩具烟花爆竹） 烟花、爆竹（火箭类玩具烟花爆竹） 烟花、爆竹（吐珠类玩具烟花爆竹） ……①
360490	00	10	人工影响天气用燃爆器材、海上救生烟火信号及其他特殊用途烟火制品	Explosive equipment for artificially influencing weather, marine life - saving fireworks signals and other special - purpose pyrotechnic products	【最】6【普】100 【协东盟】0【协巴基斯坦】5【协智利】0 【协新西兰】0【协秘鲁】0【协哥斯达黎加】0 【协冰岛】0【协瑞士】0【协澳大利亚】0 【协韩国】0【协格鲁吉亚】0【协香港】0 【协澳门】0 【特-1】0【特-2】0 【增】16【对美加征】5【出】0	千克	k	k			999	人工影响天气用燃爆器材、海上救生烟火信号及其他特殊用途烟火制品
360490	00	90	其他信号弹，降雨火箭及其他烟火	Signal flares, rainfall rockets and other pyrotechnic products (including dense fog flares)	【最】6【普】100 【协东盟】0【协巴基斯坦】5【协智利】0 【协新西兰】0【协秘鲁】0【协哥斯达黎加】0 【协冰岛】0【协瑞士】0【协澳大利亚】0 【协韩国】0【协格鲁吉亚】0【协香港】0 【协澳门】0 【特-1】0【特-2】0 【增】16【对美加征】5【出】0	千克					999	信号弹，降雨火箭及其他烟火制品（包括浓雾信号弹）
360500	00		火柴，但税目36.04的烟火制品除外	Matches, other than pyrotechnic articles of heading No. 36.04	【最】6【普】100 【协东盟】0【协巴基斯坦】5【协智利】0 【协新西兰】0【协秘鲁】0【协哥斯达黎加】0 【协冰岛】0【协瑞士】0【协澳大利亚】0 【协韩国】0【协格鲁吉亚】0【协香港】0 【协澳门】0 【特-1】0【特-2】0【特-3】0 【增】16【出】0【退】0	千克					101 102	火柴，但税目36.04的烟火制品除外（含木制品的其他轻工品） 火柴，但税目36.04的烟火制品除外［火柴（任何地方可擦燃）］
360610	00		打火机等用液体或液化气体燃料（其包装容器的容积≤300立方厘米）	Liquid or liquefied-gas fuels in containers of a kind used for filling or refilling cigarette or similar lighters and of a capacity not exceeding 300cm^3	【最】6【普】80 【协东盟】0【协香港】0【协巴基斯坦】5 【协智利】0【协新西兰】0【协秘鲁】0 【协哥斯达黎加】0【协冰岛】0【协瑞士】0 【协澳大利亚】0【协韩国】5【协格鲁吉亚】0 【特-1】0【特-2】0 【增】16【对美加征】5【出】0【退】0	千克					999	打火机等用液体或液化气体燃料（其包装容器的容积≤300立方厘米）
360690	11		已切成形可直接使用的铈铁	Ferro-cerium and other pyrophoric alloys, cut to shape, for immediate use	【最】6【普】80 【协东盟】0【协巴基斯坦】5【协智利】0 【协新西兰】0【协秘鲁】0【协哥斯达黎加】0 【协冰岛】0【协瑞士】0【协澳大利亚】0 【协韩国】0【协格鲁吉亚】0【协香港】0 【协澳门】0 【特-1】0【特-2】0【特-3】0 【增】16【对美加征】5【出】0【退】0	千克					999	已切成形可直接使用的铈铁（包括其他引火合金）

① 该税号项下检验检疫编码及对应中文名称尚有：106　烟花、爆竹（线香类玩具烟花爆竹），107　烟花、爆竹（摩擦炮类玩具烟花爆竹），108　烟花、爆竹（造型玩具类玩具烟花爆竹），109　烟花、爆竹（地面礼花类玩具烟花爆竹），110　烟花、爆竹（烟雾类玩具烟花爆竹），111　烟花、爆竹（礼花弹类玩具烟花爆竹），112　烟花、爆竹（玩具烟花爆竹组合），113　烟花、爆竹（爆竹），114　烟花、爆竹（喷花类大型烟花），115　烟花、爆竹（旋转类大型烟花），116　烟花、爆竹（火箭类大型烟花），117　烟花、爆竹（吐珠类大型烟花），118　烟花、爆竹（地面礼花类大型烟花），119　烟花、爆竹（礼花弹类大型烟花），120　烟花、爆竹（大型烟花组合）。

税则号列			货品名称中英文		税费综合信息	计量单位	监管证件代码		检验检疫类别		检验检疫编码	检验检疫编码对应中文名称
HS 国际统一前6位	本国子目 7~8位	9~10位	中文 货物名称	英文 Article Description			进口	出口	进口	出口		
360690	19		未切成形，不可直接使用的铈铁	Other ferro-cerium and other pyrophoric alloys, not cut to shape and not for immediate use	【最】6【普】50 【协东盟】0【协巴基斯坦】5【协智利】0 【协新西兰】0【协秘鲁】0【协哥斯达黎加】0 【协冰岛】0【协瑞士】0【协澳大利亚】0 【协韩国】0【协格鲁吉亚】0【协香港】0 【协澳门】0 【特-1】0【特-2】0【特-3】0 【增】16【出】0【退】0	千克					102	未切成形，不可直接使用的铈铁（包括其他引火合金）（铁铈齐）
360690	90		其他易燃材料制品（本章注释二所述的）	Other articles of combustible materials as specified in Note 2 to this Chapter	【最】6【普】80 【协东盟】0【协巴基斯坦】5【协智利】0 【协新西兰】0【协秘鲁】0【协哥斯达黎加】0 【协冰岛】0【协瑞士】0【协澳大利亚】0 【协韩国】0【协格鲁吉亚】0【协香港】0 【协澳门】0 【特-1】0【特-2】0【特-3】0 【增】16【出】0【退】0	千克					301	其他易燃材料制品（本章注释二所述的）（易燃固体）

第三十七章 照相及电影用品

Chapter 37 Photographic or cinematographic goods

注释：

一、本章不包括废碎料。

二、本章所称“摄影”，是指光或其他射线作用于感光面上直接或间接形成可见影像的过程。

Chapter Notes:

1. This Chapter does not cover waste or scrap.

2. In this Chapter the word “photographic” relates to the process by which visible images are formed, directly or indirectly, by the action of light or other forms of radiation on photosensitive surfaces.

税则号列			货品名称中英文		税费综合信息	计量单位	监管证件代码		检验检疫类别		检验检疫编码	检验检疫编码对应中文名称
HS国际统一前6位	本国子目 7~8位	本国子目 9~10位	中文 货物名称	英文 Article Description			进口	出口	进口	出口		
370110	00		未曝光的X光感光硬片及平面软片	Unexposed photographic plates and film in the flat, sensitized, for X-ray	【最】20【普】40【暂进】10 【协亚太】16【协东盟】5【协智利】0 【协新西兰】0【协秘鲁】0【协哥斯达黎加】0 【协冰岛】0【协瑞士】8【协澳大利亚】0 【协韩国】16【协格鲁吉亚】0【协香港】0 【协澳门】0 【特-1】0【特-2】0 【增】16【对美加征】5【出】0【退】16	千克/平方米					999	未曝光的X光感光硬片及平面软片
370120	00		未曝光的一次成像感光平片（平面，不论是否分装）	Unexposed instant print film in the flat, sensitized, whether or not in packs	【最】5【普】40 【协东盟】0【协巴基斯坦】0【协智利】0 【协新西兰】0【协秘鲁】0【协哥斯达黎加】0 【协冰岛】0【协瑞士】2.9【协澳大利亚】0 【协韩国】2.5【协格鲁吉亚】0【协香港】0 【协澳门】0 【特-1】0【特-2】0【特-3】0 【增】16【对美加征】10【出】0【退】16	千克					999	未曝光的一次成像感光平片（平面，不论是否分装）
370130	21		未曝光照相制版用激光照排片（任何一边>255mm）	Unexposed laser photypesetting film (with any side exceeding 255mm)	【最】2.5【普】50 【协东盟】5【协澳门】0【协智利】0 【协新西兰】0【协秘鲁】0【协哥斯达黎加】0 【协冰岛】0【协瑞士】2.5【协澳大利亚】0 【协韩国】1.8元/平方米【协格鲁吉亚】0 【协香港】0 【特-1】0【特-2】0 【增】16【出】0【退】16	千克/平方米					999	未曝光照相制版用激光照排片（任何一边>255mm）
370130	22		未曝光照相制版用PS版（任何一边>255mm）	Unexposed precoated sensitized plate (with any side exceeding 255mm)	【最】2.5【普】50 【协亚太】2【协东盟】5【协澳门】0【协智利】0 【协新西兰】0【协秘鲁】0【协哥斯达黎加】0 【协冰岛】0【协瑞士】0【协澳大利亚】0 【协韩国】4元/平方米【协格鲁吉亚】0 【协香港】0 【特-1】0【特-2】0 【增】16【对美加征】10【出】0【退】16	千克/平方米					999	未曝光照相制版用PS版（任何一边>255mm）
370130	24		未曝光照相制版用CTP版（任何一边>255mm）	Unexposed CTP plate for preparing printing plates or cylinders (with any side exceeding 255mm)	【最】2.5【普】50 【协东盟】0【协澳门】0【协巴基斯坦】5 【协智利】0【协新西兰】0【协秘鲁】0 【协哥斯达黎加】0【协冰岛】0【协瑞士】0 【协澳大利亚】0【协韩国】4元/平方米 【协格鲁吉亚】0【协香港】0 【特-1】0【特-2】0 【增】16【对美加征】10【出】0【退】16	千克/平方米					999	未曝光照相制版用CTP版（任何一边>255mm）
370130	25		柔性印刷版（厚度小于3mm的）（任何一边>255mm）	Flexible printed board	【最】2.5【普】50 【协澳门】0【协智利】0【协新西兰】0 【协秘鲁】0【协哥斯达黎加】0【协冰岛】0 【协瑞士】2.5【协澳大利亚】0 【协韩国】7.5元/平方米【协格鲁吉亚】0 【协香港】0 【特-1】0【特-2】0 【增】16【对美加征】5【出】0【退】16	千克/平方米					999	柔性印刷版（厚度小于3mm的）（任何一边>255mm）

税则号列			货品名称中英文		税费综合信息	计量单位	监管证件代码		检验检疫类别		检验检疫编码	检验检疫编码对应中文名称
HS 国际统一前6位	本国子目 7~8位	9~10位	中文 货物名称	英文 Article Description			进口	出口	进口	出口		
370130	29		其他未曝光照相制版用感光硬软片（任何一边>255mm）	Other photographic plates and film in the flat for preparing printing plates or cylinders (with any side exceeding 255mm), sensitized, unexposed	【最】2.5【普】50 【协东盟】5【协澳门】0【协智利】0 【协新西兰】0【协秘鲁】0【协哥斯达黎加】0 【协冰岛】0【协瑞士】2.5【协澳大利亚】0 【协韩国】0元/平方米【协格鲁吉亚】0 【协香港】0 【特-1】0【特-2】0 【增】16【对美加征】5【出】0【退】16	千克/平方米					999	其他未曝光照相制版用感光硬软片(任何一边>255mm)
370130	90		未曝光其他用途的感光硬片及软片（平面软片，任何一边>255mm）	Other photographic plates and film in the flat (with any side exceeding 255mm), sensitized, unexposed	【最】5【普】70 【协亚太】4.5【协东盟】0【协智利】0 【协新西兰】0【协新加坡】0【协秘鲁】0 【协哥斯达黎加】0【协冰岛】0【协瑞士】5 【协澳大利亚】0【协韩国】13.3【协格鲁吉亚】0 【协香港】0【协澳门】0 【特-1】0【特-2】0 【增】16【对美加征】10【出】0【退】16	千克/平方米					999	未曝光其他用途的感光硬片及软片（平面软片，任何一边>255mm）
370191	00		其他用未曝光彩色硬片及平面软片（边长≤255mm）	Other photographic plates and film in the flat for colour photography (polychrome) (of side lengths not exceeding 255mm), sensitized, unexposed	【最】20【普】70 【协东盟】0【协智利】0【协新西兰】0 【协新加坡】0【协秘鲁】0【协哥斯达黎加】0 【协冰岛】0【协瑞士】8.8【协澳大利亚】0 【协格鲁吉亚】0【协香港】0【协澳门】0 【特-1】0【特-2】0 【增】16【对美加征】10【出】0【退】16	千克					999	其他用未曝光彩色硬片及平面软片（边长≤255mm）
370199	20	01	石英玻璃基质的未曝光感光硬片	Unexposed plates, quartz glass matrix	【最】6.3【普】40【暂进】5 【协东盟】0【协巴基斯坦】5【协智利】0 【协新西兰】0【协秘鲁】0【协哥斯达黎加】0 【协冰岛】0【协瑞士】0【协澳大利亚】0 【协韩国】5【协格鲁吉亚】0【协香港】0 【协澳门】0 【特-1】0【特-2】0 【增】16【对美加征】10【出】0【退】16	千克/平方米					999	石英玻璃基质的未曝光感光硬片
370199	20	90	照相制版用其他未曝光软片及硬片（非彩色摄影用，边长≤255mm）	Other plates and film in the flat, sensitized, unexposed, for preparing printing plates or cylinders, not for colour photography, of side lengths not exceeding 255mm, other than ultrafine-grain plate	【最】6.3【普】40 【协东盟】0【协巴基斯坦】5【协智利】0 【协新西兰】0【协秘鲁】0【协哥斯达黎加】0 【协冰岛】0【协瑞士】0【协澳大利亚】0 【协韩国】5【协格鲁吉亚】0【协香港】0 【协澳门】0 【特-1】0【特-2】0 【增】16【对美加征】10【出】0【退】16	千克/平方米					999	照相制版用其他未曝光软片及硬片（非彩色摄影用，边长≤255mm）
370199	90		其他用未曝光软片及硬片（非彩色摄影用，边长≤255mm）	Other plates and film in the flat, sensitized, unexposed (not for colour photography, of side lengths not exceeding 255mm)	【最】15.6【普】70 【协东盟】0【协智利】0【协新西兰】0 【协新加坡】0【协秘鲁】0【协哥斯达黎加】0 【协冰岛】0【协瑞士】10【协澳大利亚】0 【协格鲁吉亚】0【协香港】0【协澳门】0 【特-1】0【特-2】0 【增】16【对美加征】5【出】0【退】16	千克/平方米					999	其他用未曝光软片及硬片（非彩色摄影用，边长≤255mm）
370210	00		成卷的未曝光的X光感光胶片	Photographic film in rolls, for X-ray, sensitized, unexposed	【最】10【普】40 【协亚太】8【协东盟】5【协智利】0 【协新西兰】0【协秘鲁】0【协哥斯达黎加】0 【协冰岛】0【协瑞士】0【协澳大利亚】0 【协韩国】6.6【协格鲁吉亚】0【协香港】0 【协澳门】0 【特-1】0【特-2】0 【增】16【对美加征】10【出】0【退】16	千克/平方米					999	成卷的未曝光的X光感光胶片
370231	10		未曝光无齿孔彩色窄一次成像感光（窄胶卷指宽度≤105mm，彩色摄影用）	Instant print film in rolls, for colour photography (polychrome) without perforations, sensitized, unexposed (of a width not exceeding 105mm)	【最】5【普】40 【协东盟】0【协巴基斯坦】0【协智利】0 【协新西兰】0【协秘鲁】0【协哥斯达黎加】0 【协冰岛】0【协瑞士】0【协澳大利亚】0 【协韩国】0【协格鲁吉亚】0【协香港】0 【协澳门】0 【特-1】0【特-2】0【特-3】0 【增】16【出】0【退】16	个/平方米					999	未曝光无齿孔彩色窄一次成像感光卷片（窄胶卷指宽度≤105mm，彩色摄影用）

税则号列 HS国际统一前6位	本国子目 7~8位	本国子目 9~10位	货品名称 中文 货物名称	货品名称 英文 Article Description	税费综合信息	计量单位	监管证件代码 进口	监管证件代码 出口	检验检疫类别 进口	检验检疫类别 出口	检验检疫编码	检验检疫编码对应中文名称
370231	90		其他未曝光无齿孔彩色窄胶卷（窄胶卷指宽度≤105mm，彩色摄影用）	Other film in rolls, for colour photography (polychrome) without perforations, sensitized, unexposed (of a width not exceeding 105mm)	【最】0【普】0 【协东盟】0【协智利】0【协新西兰】0 【协新加坡】0【协秘鲁】0【协哥斯达黎加】0 【协冰岛】0【协澳大利亚】0【协格鲁吉亚】0 【协香港】0【协澳门】0 【特-1】0【特-2】0 【从量（最）】56元/平方米 【从量（普）】433元/平方米 【增】16【对美加征】5【出】0【退】16	个/平方米					999	其他未曝光无齿孔彩色窄胶卷（窄胶卷指宽度≤105mm，彩色摄影用）
370232	10		照相制版涂卤化银液无齿孔窄一次成像感光卷片（成卷未曝光感光胶片，窄胶卷指宽度≤105mm）	Instant print film in rolls, with silver halide emulsion, without perforations, sensitized, unexposed (of a width not exceeding 105mm)	【最】5【普】40 【协东盟】0【协巴基斯坦】0【协智利】0 【协新西兰】0【协秘鲁】0【协哥斯达黎加】0 【协冰岛】0【协瑞士】0【协澳大利亚】0 【协韩国】0【协格鲁吉亚】0【协香港】0 【协澳门】0 【特-1】0【特-2】0【特-3】0 【增】16【出】0【退】16	千克/平方米					999	照相制版涂卤化银液无齿孔窄一次成像感光卷片（成卷未曝光感光胶片，窄胶卷指宽度≤105mm）
370232	20		照相制版涂卤化银液无齿孔窄胶卷（成卷未曝光感光胶片，窄胶卷指宽度≤105mm）	Photographic film in rolls, for preparing printing plates or cylinders, with silver halide emulsion, without perforations, sensitized, unexposed (of a width not exceeding 105mm)	【最】0【普】0 【协东盟】0【协巴基斯坦】2.25元/平方米 【协智利】0【协新西兰】0【协秘鲁】0 【协哥斯达黎加】0【协冰岛】0【协瑞士】0 【协澳大利亚】0【协韩国】2.2元/平方米 【协格鲁吉亚】0【协香港】0【协澳门】0 【特-1】0【特-2】0【从量（最）】4.5元/平方米【从量（普）】104元/平方米 【增】16【出】0【退】16	千克/平方米					999	照相制版涂卤化银液无齿孔窄胶卷（成卷未曝光感光胶片，窄胶卷指宽度≤105mm）
370232	90		其他涂卤化银乳液无齿孔窄胶卷（成卷未曝光感光胶片，窄胶卷指宽度≤105mm）	Other photographic film in rolls, with silver halide emulsion, without perforations, sensitized, unexposed (of a width not exceeding 105mm)	【最】0【普】0 【协东盟】0【协智利】0【协新西兰】0 【协新加坡】0【协秘鲁】0【协哥斯达黎加】0 【协冰岛】0【协瑞士】8.8【协澳大利亚】0 【协韩国】15.7元/平方米【协格鲁吉亚】0 【协香港】0【协澳门】0 【特-1】0【特-2】0 【从量（最）】21元/平方米 【从量（普）】202元/平方米 【增】16【对美加征】5【出】0【退】16	千克/平方米					999	其他涂卤化银乳液无齿孔窄胶卷（成卷未曝光感光胶片，窄胶卷指宽度≤105mm）
370239	20		照相制版用其他无齿孔窄感光胶卷（成卷未曝光感光胶片，窄胶卷指宽度≤105mm）	Other photographic film in rolls, for preparing printing plates or cylinders, without perforations, sensitized, unexposed (of a width not exceeding 105mm)	【最】0【普】0 【协东盟】0【协巴基斯坦】6元/平方米 【协智利】0【协新西兰】0【协秘鲁】0 【协哥斯达黎加】0【协冰岛】0【协瑞士】0 【协澳大利亚】0【协韩国】6元/平方米 【协格鲁吉亚】0【协香港】0【协澳门】0 【特-1】0【特-2】0 【从量（最）】12元/平方米 【从量（普）】104元/平方米 【增】16【对美加征】5【出】0【退】16	千克/平方米					999	照相制版用其他无齿孔窄感光胶卷（成卷未曝光感光胶片，窄胶卷指宽度≤105mm）
370239	90		其他用无齿孔窄感光胶卷（成卷未曝光感光胶片，窄胶卷指宽度≤105mm）	Other photographic film in rolls, without perforations, sensitized, unexposed (of a width not exceeding 105mm)	【最】0【普】0 【协东盟】0【协智利】0【协新西兰】0 【协新加坡】0【协秘鲁】0【协哥斯达黎加】0 【协冰岛】0【协瑞士】8.8【协澳大利亚】0 【协韩国】18元/平方米【协格鲁吉亚】0 【协香港】0【协澳门】0 【特-1】0【特-2】0 【从量（最）】24元/平方米 【从量（普）】202元/平方米 【增】16【对美加征】5【出】0【退】16	千克/平方米					999	其他用无齿孔窄感光胶卷（成卷未曝光感光胶片，窄胶卷指宽度≤105mm）
370241	00		未曝光无齿孔宽长彩色胶卷（宽长胶卷指宽度>610mm，长度>200m）	Other film, without perforations, for colour photography (polychrome), of a width exceeding 610mm and of a length exceeding 200m	【最】0【普】0 【协智利】0【协新西兰】0【协秘鲁】0 【协哥斯达黎加】0【协冰岛】0【协瑞士】6.4 【协澳大利亚】0【协格鲁吉亚】0【协香港】0 【协澳门】0 【特-1】0【特-2】0 【从量（最）】7.1元/平方米 【从量（普）】202元/平方米 【增】16【出】0【退】16	千克/平方米					999	未曝光无齿孔宽长彩色胶卷（宽长胶卷指宽度>610mm，长度>200m）

税则号列			货品名称中英文		税费综合信息	计量单位	监管证件代码		检验检疫类别		检验检疫编码	检验检疫编码对应中文名称
HS国际统一前6位	本国子目 7~8位	9~10位	中文 货物名称	英文 Article Description			进口	出口	进口	出口		
370242	21		印刷电路板制造用光致抗蚀干膜	Wide anticorrosive photographic plate for printed circuit processing	【最】0【普】0 【协东盟】0【协巴基斯坦】0.3元/平方米 【协智利】0【协新西兰】0【协新加坡】0 【协秘鲁】0【协哥斯达黎加】0【协冰岛】0 【协瑞士】0【协澳大利亚】0【协格鲁吉亚】0 【协香港】0【协澳门】0 【特-1】0【特-2】0 【从量（最）】0.6元/平方米 【从量（普）】110元/平方米 【增】16【对美加征】10【出】0【退】16	千克/平方米					999	印刷电路板制造用光致抗蚀干膜（指宽度>610mm，长度>200m）
370242	29		照相制版其他未曝光无齿宽长胶卷（宽长指宽度>610mm，长度>200m，非彩色摄影用）	Other film, without perforations, for preparing printing plates or cylinders, of a width exceeding 610mm and of a length exceeding 200m	【最】0【普】0 【协亚太】8【协东盟】0 【协巴基斯坦】0.8元/平方米【协智利】0 【协新西兰】0【协秘鲁】0【协哥斯达黎加】0 【协冰岛】0【协瑞士】0【协澳大利亚】0 【协韩国】0.8元/平方米【协格鲁吉亚】0 【协香港】0【协澳门】0 【特-1】0【特-2】0 【从量（最）】1.6元/平方米 【从量（普）】110元/平方米 【增】16【对美加征】10【出】0【退】16	千克/平方米					999	照相制版其他未曝光无齿宽长胶卷（宽长指宽度>610mm，长度>200m，非彩色摄影用）
370242	92	01	未曝光红色或红外激光胶片	Unexposed red or infra-red laser film, of a width exceeding 800mm, of a length exceeding 1000m	【最】0【普】0【暂进】0 【协亚太】12.8【协东盟】0【协智利】0 【协新西兰】0【协新加坡】0【协秘鲁】0 【协哥斯达黎加】0【协冰岛】0【协瑞士】6.4 【协澳大利亚】0【协韩国】1.2元/平方米 【协格鲁吉亚】0【协香港】0【协澳门】0 【特-1】0【特-2】0 【从量（最）】2.4元/平方米 【从量（普）】213元/平方米 【增】16【对美加征】10【出】0【退】16	千克/平方米					999	未曝光红色或红外激光胶片（宽长胶卷指宽度>800mm，长度>1000m）
370242	92	90	其他未曝光红色或红外激光胶片（610mm<宽度≤800mm，200m<长度≤1000m）	Other unexposed red or infrared laser film (610mm<of a width≤800mm, 200m<of a length≤1000m)	【最】0【普】0 【协亚太】12.8【协东盟】0【协智利】0 【协新西兰】0【协新加坡】0【协秘鲁】0 【协哥斯达黎加】0【协冰岛】0【协瑞士】6.4 【协澳大利亚】0【协韩国】1.2元/平方米 【协格鲁吉亚】0【协香港】0【协澳门】0 【特-1】0【特-2】0 【从量（最）】2.4元/平方米 【从量（普）】213元/平方米 【增】16【对美加征】10【出】0【退】16	千克/平方米					999	其他未曝光红色或红外激光胶片（610mm<宽度≤800mm，200m<长度≤1000m）
370242	99		其他未曝光无齿孔宽长胶卷（宽长胶卷指宽度>610mm，长度>200m，非彩色摄影用）	Other film, without perforations, unexposed, of a width exceeding 610mm and of a length exceeding 200m (not for colour photography (polychrome))	【最】0【普】0 【协亚太】12.8【协东盟】0【协智利】0 【协新西兰】0【协新加坡】0【协秘鲁】0 【协哥斯达黎加】0【协冰岛】0【协瑞士】6.4 【协澳大利亚】0【协韩国】3.5元/平方米 【协格鲁吉亚】0【协香港】0【协澳门】0 【特-1】0【特-2】0【从量（最）】7元/平方米 【从量（普）】213元/平方米 【增】16【对美加征】10【出】0【退】16	千克/平方米					999	其他未曝光无齿孔宽长胶卷（宽长胶卷指宽度>610mm，长度>200m，非彩色摄影用）
370243	21		照相制版用激光照排片（宽度>610mm，长度≤200m）	Laser phototypesetting film (of a width exceeding 610mm and of a length not exceeding 200m)	【最】0【普】0 【协亚太】8【协东盟】0 【协巴基斯坦】0.9元/平方米【协智利】0 【协新西兰】0【协秘鲁】0【协哥斯达黎加】0 【协冰岛】0【协瑞士】0【协澳大利亚】0 【协韩国】0.9元/平方米【协格鲁吉亚】0 【协香港】0【协澳门】0 【特-1】0【特-2】0【从量（最）】10 【从量（普）】104元/平方米 【增】16【出】0【退】16	千克/平方米					999	照相制版用激光照排片（宽度>610mm，长度≤200m）

税则号列			货品名称中英文		税费综合信息	计量单位	监管证件代码		检验检疫类别		检验检疫编码	检验检疫编码对应中文名称
HS国际统一前6位	本国子目7~8位	9~10位	中文 货物名称	英文 Article Description			进口	出口	进口	出口		
370243	29		其他照相制版用未曝光无齿孔胶卷(指宽度>610mm,长度≤200m)	Other film, without perforations, unexposed, for preparing printing plates or cylinders, of a width exceeding 610mm and of a length not exceeding 200m	【最】0【普】0 【协亚太】9【协东盟】0 【协巴基斯坦】1.85元/平方米【协智利】0 【协新西兰】0【协秘鲁】0【协哥斯达黎加】0 【协冰岛】0【协瑞士】0【协澳大利亚】0 【协韩国】1.8元/平方米【协格鲁吉亚】0 【协香港】0【协澳门】0 【特-1】0【特-2】0 【从量(最)】3.7元/平方米 【从量(普)】104元/平方米 【增】16【对美加征】5【出】0【退】16	千克/平方米					999	其他照相制版用未曝光无齿孔胶卷(指宽度>610mm,长度≤200m)
370243	90		其他用未曝光无齿孔中长胶卷(中长胶卷指宽度>610mm,长度≤200m)	Other film, without perforations, munexposed, of a width exceeding 610mm and of a length not exceeding 200m	【最】0【普】0 【协亚太】16【协东盟】0【协智利】0 【协新西兰】0【协新加坡】0【协秘鲁】0 【协哥斯达黎加】0【协冰岛】0【协瑞士】8 【协澳大利亚】0【协韩国】11.3元/平方米 【协格鲁吉亚】0【协香港】0【协澳门】0 【特-1】0【特-2】0 【从量(最)】17元/平方米 【从量(普)】202元/平方米 【增】16【对美加征】5【出】0【退】16	千克/平方米					999	其他用未曝光无齿孔中长胶卷(中长胶卷指宽度>610mm,长度≤200m)
370244	21		照相制版用未曝光激光照排片(105mm<宽度≤610mm)	Laser phototypesetting film, unexposed (of a width exceeding 105mm and not exceeding 610mm)	【最】0【普】0 【协亚太】9【协东盟】0 【协巴基斯坦】1元/平方米【协智利】0 【协新西兰】0【协秘鲁】0【协哥斯达黎加】0 【协冰岛】0【协瑞士】0【协澳大利亚】0 【协韩国】1元/平方米【协格鲁吉亚】0 【协香港】0【协澳门】0 【特-1】0【特-2】0 【从量(最)】2.0元/平方米 【从量(普)】115元/平方米 【增】16【出】0【退】16	千克/平方米					999	照相制版用未曝光激光照排片(105mm<宽度≤610mm)
370244	22		印刷电路板制造用光致抗蚀干膜(105mm<宽度≤610mm)	Narrow anticorrosive photographic plate for printed circuit processing(of a width exceeding 105mm and not exceeding 610mm)	【最】0【普】0 【协东盟】0【协巴基斯坦】0.45元/平方米 【协智利】0【协新西兰】0【协秘鲁】0 【协哥斯达黎加】0【协冰岛】0【协瑞士】0 【协澳大利亚】0【协格鲁吉亚】0【协香港】0 【协澳门】0 【特-1】0【特-2】0【从量(最)】5元/平方米 【从量(普)】115元/平方米 【增】16【对美加征】10【出】0【退】16	千克/平方米					999	印刷电路板制造用光致抗蚀干膜(105mm<宽度≤610mm)
370244	29		其他照相制版用无齿孔未曝光胶卷(105mm<宽度≤610mm)	Other film, without perforations, unexposed, for preparing printing plates or cylinders(of a width exceeding 105mm and not exceeding 610mm)	【最】0【普】0 【协东盟】0【协巴基斯坦】1.45元/平方米 【协智利】0【协新西兰】0【协秘鲁】0 【协哥斯达黎加】0【协冰岛】0【协瑞士】0 【协澳大利亚】0【协韩国】1.4元/平方米 【协格鲁吉亚】0【协香港】0【协澳门】0 【特-1】0【特-2】0 【从量(最)】2.9元/平方米 【从量(普)】115元/平方米 【增】16【对美加征】10【出】0【退】16	千克/平方米					999	其他照相制版用无齿孔未曝光胶卷(105mm<宽度≤610mm)
370244	90		其他用无齿孔未曝光中宽胶卷(中宽胶卷指105mm<宽度≤610mm)	Other film, without perforations, unexposed(of a width exceeding 105mm and not exceeding 610mm)	【最】0【普】0 【协亚太】16【协东盟】0【协智利】0 【协新西兰】0【协新加坡】0【协秘鲁】0 【协哥斯达黎加】0【协冰岛】0【协瑞士】8 【协澳大利亚】0【协韩国】18元/平方米 【协格鲁吉亚】0【协香港】0【协澳门】0 【特-1】0【特-2】0 【从量(最)】27元/平方米 【从量(普)】202元/平方米 【增】16【对美加征】10【出】0【退】16	千克/平方米					999	其他用无齿孔未曝光中宽胶卷(中宽胶卷指105mm<宽度≤610mm)

税则号列			货品名称中英文		税费综合信息	计量单位	监管证件代码		检验检疫类别		检验检疫编码	检验检疫编码对应中文名称
HS 国际统一前6位	本国子目 7~8位	9~10位	中文 货物名称	英文 Article Description			进口	出口	进口	出口		
370252	00		未曝光中窄彩色胶卷（中窄胶卷指宽度≤16mm）	Other film for colour photography (polychrome), unexposed, of a width not exceeding 16mm	【最】0【普】0 【协东盟】0【协智利】0【协新西兰】0 【协新加坡】0【协秘鲁】0【协哥斯达黎加】0 【协冰岛】0【协澳大利亚】0【协格鲁吉亚】0 【协香港】0【协澳门】0 【特-1】0【特-2】0 【从量（最）】95 元/平方米 【从量（普）】433 元/平方米 【增】16【对美加征】5【出】0【退】16	米/平方米					999	未曝光中窄彩色胶卷（中窄胶卷指宽度≤16mm）
370253	00		幻灯片用未曝光彩色摄影胶卷（16mm<宽度≤35mm，长度≤30m）	Other film for colour photography (polychrome), unexposed, of a width exceeding 16mm but not exceeding 35mm and of a length not exceeding 30m, for slides	【最】0【普】0 【协东盟】0【协香港】0【协智利】0 【协新西兰】0【协新加坡】0【协秘鲁】0 【协哥斯达黎加】0【协冰岛】0 【协澳大利亚】0【协格鲁吉亚】0 【特-1】0【特-2】0 【从量（最）】128 元/平方米 【从量（普）】433 元/平方米 【增】16【出】0【退】16	米/平方米					999	幻灯片用未曝光彩色摄影胶卷（16mm<宽度≤35mm，长度≤30m）
370254	10		非幻灯片用彩色摄影胶卷（宽度=35mm，长度≤2m）	Other film for colour photography (polychrome), of a width 35mm and of a length not exceeding 2m, not for slides	【最】0【普】0 【协亚太】8【协东盟】5【协香港】0 【协智利】0【协新西兰】0【协秘鲁】0 【协哥斯达黎加】0【协冰岛】0【协瑞士】7.2 【协澳大利亚】0【协韩国】14.6 元/平方米 【协格鲁吉亚】0 【特-1】0【特-2】0 【从量（最）】18 元/平方米 【从量（普）】433 元/平方米 【增】16【对美加征】5【出】0【退】16	米/平方米					999	非幻灯片用彩色摄影胶卷（宽度=35mm，长度≤2m）
370254	90		其他非幻灯片用彩色摄影胶卷（16mm<宽度≤35mm，长度≤30m）	Other film for colour photography (polychrome), of a width exceeding 16mm but not exceeding 35mm and of a length not exceeding 30m, not for slides	【最】0【普】0 【协亚太】14.4【协东盟】5【协香港】0 【协智利】0【协新西兰】0【协秘鲁】0 【协哥斯达黎加】0【协冰岛】0【协瑞士】7.2 【协澳大利亚】0【协韩国】16 元/平方米 【协格鲁吉亚】0 【特-1】0【特-2】0 【从量（最）】24 元/平方米 【从量（普）】433 元/平方米 【增】16【出】0【退】16	米/平方米					999	其他非幻灯片用彩色摄影胶卷（16mm<宽度≤35mm，长度≤30m）
370255	20		未曝光的彩色电影胶卷（16mm<宽度≤35mm，长度>30m）	Cinematographic film, unexposed, of a width exceeding 16mm but not exceeding 35mm and of a length exceeding 30m	【最】0【普】0 【协亚太】20【协东盟】5【协智利】0 【协香港】0【协澳门】0【协新西兰】0 【协秘鲁】0【协哥斯达黎加】0【协冰岛】0 【协澳大利亚】0【协格鲁吉亚】0 【特-1】0【特-2】0【从量（最）】9 元/平方米 【从量（普）】232 元/平方米 【增】16【对美加征】5【出】0【退】16	米/平方米					999	未曝光的彩色电影胶卷（16mm<宽度≤35mm，长度>30m）
370255	90		其他未曝光窄长彩色胶卷（窄长胶卷指16mm<宽度≤35mm，长度>30m）	Other film, unexposed, of a width exceeding 16mm but not exceeding 35mm and of a length exceeding 30m	【最】0【普】0 【协亚太】32【协东盟】5【协智利】0 【协新西兰】0【协哥斯达黎加】0【协冰岛】0 【协澳大利亚】0【协格鲁吉亚】0【协香港】0 【协澳门】0 【特-1】0【从量（最）】27 元/平方米 【从量（普）】433 元/平方米 【增】16【出】0【退】16	米/平方米					999	其他未曝光窄长彩色胶卷（窄长胶卷指16mm<宽度≤35mm，长度>30m）
370256	20		未曝光的中宽彩色电影胶卷（中宽胶卷指宽度>35mm）	Cinematographic film, unexposed, of a width exceeding 35mm	【最】0【普】0 【协东盟】0【协智利】0【协新西兰】0 【协新加坡】0【协秘鲁】0【协哥斯达黎加】0 【协冰岛】0【协瑞士】9.6【协澳大利亚】0 【协韩国】9.7 元/平方米【协格鲁吉亚】0 【协香港】0【协澳门】0 【特-1】0【特-2】0 【从量（最）】13 元/平方米 【从量（普）】232 元/平方米 【增】16【对美加征】5【出】0【退】16	米/平方米					999	未曝光的中宽彩色电影胶卷（中宽胶卷指宽度>35mm）

税则号列 HS 国际统一前 6 位	本国子目 7~8 位	本国子目 9~10 位	货品名称中文 货物名称	货品名称英文 Article Description	税费综合信息	计量单位	监管证件代码 进口	监管证件代码 出口	检验检疫类别 进口	检验检疫类别 出口	检验检疫编码	检验检疫编码对应中文名称
370256	90		其他未曝光的中宽彩色胶卷（中宽胶卷指宽度>35mm）	Other film, unexposed, of a width exceeding 35mm	【最】0【普】0 【协东盟】0【协智利】0【协新西兰】0 【协新加坡】0【协秘鲁】0【协哥斯达黎加】0 【协冰岛】0【协澳大利亚】0【协格鲁吉亚】0 【协香港】0【协澳门】0 【特-1】0【特-2】0 【从量（最）】74 元/平方米 【从量（普）】433 元/平方米 【增】16【对美加征】5【出】0【退】16	米/平方米					999	其他未曝光的中宽彩色胶卷（中宽胶卷指宽度>35mm）
370296	00		宽度≤35mm，长度≤30m，有齿孔未曝光非彩色胶卷	Other film, unexposed, not for colour photography, of a width not exceeding 35mm and of a length not exceeding 30m	【最】0【普】0 【协东盟】5【协智利】0【协新西兰】0 【协秘鲁】0【协哥斯达黎加】0【协冰岛】0 【协瑞士】8【协澳大利亚】0 【协韩国】14 元/平方米【协格鲁吉亚】0 【协香港】0【协澳门】0 【特-1】0【特-2】0 【增】16【对美加征】5【出】0【退】16	米/平方米					999	宽度≤35mm，长度≤30m，有齿孔未曝光非彩色胶卷（用纸、纸板及纺织物以外任何材料制成）
370297	00		宽度≤35mm，长度>30m，有齿孔未曝光非彩色胶卷	Other film, unexposed, not for colour photography, of a width not exceeding 35mm and of a length exceeding 30m	【最】0【普】0 【协东盟】5【协巴基斯坦】9 元/平方米 【协智利】0【协新西兰】0【协秘鲁】0 【协哥斯达黎加】0【协冰岛】0【协瑞士】7.2 【协澳大利亚】0【协韩国】6 元/平方米 【协格鲁吉亚】0【协香港】0【协澳门】0 【特-1】0【特-2】0【从量（最）】9 元/平方米 【从量（普）】210 元/平方米 【增】16【对美加征】5【出】0【退】16	米/平方米					101 999	宽度≤35mm，长度>30m，有齿孔未曝光非彩色胶卷（用纸、纸板及纺织物以外任何材料制成）（硝化纤维片基） 宽度≤35 毫米，长度>30 米，有齿孔未曝光非彩色胶卷（用纸、纸板及纺织物以外任何材料制成）（其他）
370298	00		宽度>35 毫米，有齿孔未曝光非彩色胶卷	Black and white film, unexposed, of a width exceeding 35mm	【最】0【普】0 【协东盟】0【协巴基斯坦】8 元/平方米 【协智利】0【协新西兰】0【协新加坡】0 【协秘鲁】0【协哥斯达黎加】0【协冰岛】0 【协瑞士】7.2【协澳大利亚】0 【协韩国】5 元/平方米【协格鲁吉亚】0 【协香港】0【协澳门】0 【特-1】0【特-2】0 【从量（最）】10 元/平方米 【从量（普）】210 元/平方米 【增】16【出】0【退】16	米/平方米					999	宽度>35 毫米，有齿孔未曝光非彩色胶卷（用纸、纸板及纺织物以外任何材料制成）
370310	10		成卷未曝光的宽幅感光纸及纸板（宽幅指成卷宽度>610 毫米） 【电商】	Photographic paper and paperboard in rolls of a width exceeding 610mm, unexposed	【最】18【普】100 【协亚太】14.4【协东盟】5【协智利】0 【协新西兰】0【协秘鲁】0【协哥斯达黎加】0 【协冰岛】0【协瑞士】7.2【协澳大利亚】0 【协韩国】12【协格鲁吉亚】0【协香港】0 【协澳门】0 【特-1】0【特-2】0 【增】16【反倾】有【对美加征】5【出】0 【退】16	千克					999	成卷未曝光的宽幅感光纸及纸板（宽幅指成卷宽度>610 毫米）
370310	90		成卷未曝光的宽幅感光布（宽幅指成卷宽度>610 毫米）	Photographic textiles in rolls of a width exceeding 610mm, unexposed	【最】18【普】70 【协亚太】14.4【协东盟】5【协智利】0 【协新西兰】0【协秘鲁】0【协哥斯达黎加】0 【协冰岛】0【协瑞士】7.2【协澳大利亚】0 【协韩国】12【协格鲁吉亚】0【协香港】0 【协澳门】0 【特-1】0【特-2】0 【增】16【出】0【退】16	千克					999	成卷未曝光的宽幅感光布（宽幅指成卷宽度>610 毫米）
370320	10		未曝光的彩色感光纸及纸板（成卷的宽幅感光纸及纸板除外） 【电商】	Photographic paper and paperboard, for colour photography (polychrome), nunexposed, other than photographic paper and paperboard in rolls of a width exceeding 610mm	【最】35【普】100 【协东盟】5【协香港】0【协智利】0 【协新西兰】0【协哥斯达黎加】0【协冰岛】0 【协澳大利亚】0【协格鲁吉亚】0 【特-1】0 【增】16【反倾】有【对美加征】5【出】0 【退】16	千克					999	未曝光的彩色感光纸及纸板（成卷的宽幅感光纸及纸板除外）

税则号列			货品名称中英文		税费综合信息	计量单位	监管证件代码		检验检疫类别		检验检疫编码	检验检疫编码对应中文名称
HS国际统一前6位	本国子目 7~8位	本国子目 9~10位	中文 货物名称	英文 Article Description			进口	出口	进口	出口		
370320	90		未曝光的彩色感光布（成卷的宽幅感光布除外）	Other photographic textiles for colour photography (polychrome), unexposed, other than photographic textiles in rolls of a width exceeding 610mm	【最】18【普】70 【协东盟】5【协香港】0【协智利】0 【协新西兰】0【协秘鲁】0【协哥斯达黎加】0 【协冰岛】0【协瑞士】7.2【协澳大利亚】0 【协韩国】12【协格鲁吉亚】0 【特-1】0【特-2】0 【增】16【出】0【退】16	千克					999	未曝光的彩色感光布（成卷的宽幅感光布除外）
370390	10		其他未曝光的非彩色感光纸及纸板（成卷的宽幅感光纸及纸板除外）	Other photographic paper and paperboard, not for colour photography (polychrome), unexposed, other than photographic paper and paperboard in rolls of a width exceeding 610mm	【最】35【普】100 【协东盟】5【协智利】0【协新西兰】0 【协哥斯达黎加】0【协冰岛】0【协澳大利亚】0 【协格鲁吉亚】0【协香港】0【协澳门】0 【特-1】0 【增】16【反倾】有【对美加征】5【出】0 【退】16	千克					999	其他未曝光的非彩色感光纸及纸板（成卷的宽幅感光纸及纸板除外）
370390	90		其他未曝光的非彩色感光布（成卷的宽幅感光布除外）	Other photographic textiles not for colour photography (polychrome), unexposed, other than photographic textiles in rolls of a width exceeding 610mm	【最】18【普】70 【协东盟】5【协智利】0【协新西兰】0 【协秘鲁】0【协哥斯达黎加】0【协冰岛】0 【协瑞士】7.2【协澳大利亚】0【协韩国】12 【协格鲁吉亚】0【协香港】0【协澳门】0 【特-1】0【特-2】0 【增】16【出】0【退】16	千克					999	其他未曝光的非彩色感光布（成卷的宽幅感光布除外）
370400	10	10	含有人类遗传资源信息资料的电影胶片	Cinematographic film containing information on human genetic resources (exposure but not flushed)	【最】6.5【普】30 【协东盟】0【协巴基斯坦】5【协智利】0 【协新西兰】0【协秘鲁】0【协哥斯达黎加】0 【协冰岛】0【协瑞士】0【协澳大利亚】0 【协韩国】0【协格鲁吉亚】0【协香港】0 【协澳门】0 【特-1】0【特-2】0 【增】16【出】0【退】16	千克		V			999	含有人类遗传资源信息资料的电影胶片（已曝光但未冲洗）
370400	10	20	录有广播电影电视节目的电影胶片	Cinematographic film recorded radio and television programs (exposure but not flushed)	【最】6.5【普】30 【协东盟】0【协巴基斯坦】5【协智利】0 【协新西兰】0【协秘鲁】0【协哥斯达黎加】0 【协冰岛】0【协瑞士】0【协澳大利亚】0 【协韩国】0【协格鲁吉亚】0【协香港】0 【协澳门】0 【特-1】0【特-2】0 【增】16【出】0【退】16	千克	b				999	录有广播电影电视节目的电影胶片（已曝光但未冲洗）
370400	10	90	其他电影胶片（已曝光但未冲洗）	Other cinematographic film (exposure but not flushed)	【最】6.5【普】30 【协东盟】0【协巴基斯坦】5【协智利】0 【协新西兰】0【协秘鲁】0【协哥斯达黎加】0 【协冰岛】0【协瑞士】0【协澳大利亚】0 【协韩国】0【协格鲁吉亚】0【协香港】0 【协澳门】0 【特-1】0【特-2】0 【增】16【出】0【退】16	千克					999	其他电影胶片（已曝光但未冲洗）
370400	90	10	含有人类遗传资源信息资料的其他已曝光未冲洗的摄影硬、软片	Photographic plates, film, containing information on human genetic resources (exposure but not flushed)	【最】18【普】70 【协东盟】0【协巴基斯坦】14.4【协智利】0 【协新西兰】0【协新加坡】0【协秘鲁】0 【协哥斯达黎加】0【协冰岛】0【协瑞士】7.2 【协澳大利亚】0【协韩国】9 【协格鲁吉亚】0【协香港】0【协澳门】0 【特-1】0【特-2】0 【增】16【对美加征】5【出】0【退】16	千克		V			999	含有人类遗传资源信息资料的其他已曝光未冲洗的摄影硬、软片
370400	90	90	其他已曝光未冲洗的摄影硬、软片	Other photographic plates, film (exposure but not flushed)	【最】18【普】70 【协东盟】0【协巴基斯坦】14.4【协智利】0 【协新西兰】0【协新加坡】0【协秘鲁】0 【协哥斯达黎加】0【协冰岛】0【协瑞士】7.2 【协澳大利亚】0【协韩国】9 【协格鲁吉亚】0【协香港】0【协澳门】0 【特-1】0【特-2】0 【增】16【对美加征】5【出】0【退】16	千克					999	其他已曝光未冲洗的摄影硬、软片

税则号列			货品名称中英文		税费综合信息	计量单位	监管证件代码		检验检疫类别		检验检疫编码	检验检疫编码对应中文名称
HS国际统一前6位	本国子目 7~8位	本国子目 9~10位	中文 货物名称	英文 Article Description			进口	出口	进口	出口		
370500	10	10	含有人类遗传资源信息资料的教学专用幻灯片	Slides for educational use only, containing information on human genetic resources (exposure and flushed)	【最】0【普】0【特-1】0【特-2】0【特-3】0 【增】16【对美加征】5【出】0【退】16	千克		V			999	含有人类遗传资源信息资料的教学专用幻灯片(已曝光已冲洗)
370500	10	20	录有广播电影电视节目的教学专用幻灯片	Slides for educational use only, recorded radio and television programs (exposure and flushed)	【最】0【普】0【特-1】0【特-2】0【特-3】0 【增】16【对美加征】5【出】0【退】16	千克	b				999	录有广播电影电视节目的教学专用幻灯片(已曝光已冲洗)
370500	10	90	其他教学专用幻灯片(已曝光已冲洗)	Other slides for educational use only (exposure and flushed)	【最】0【普】0【特-1】0【特-2】0【特-3】0 【增】16【对美加征】5【出】0【退】16	千克					999	其他教学专用幻灯片(已曝光已冲洗)
370500	21	10	含有人类遗传资源信息资料的书籍、报刊用缩微胶片	Microfilms for printed books and newspapers, containing information on human genetic resources (exposure and flushed)	【最】0【普】0【特-1】0【特-2】0【特-3】0 【增】16【对美加征】5【出】0【退】16	千克		V			999	含有人类遗传资源信息资料的书籍、报刊用缩微胶片(已曝光已冲洗)
370500	21	90	其他书籍、报刊用缩微胶片(已曝光已冲洗)	Other microfilms for printed books and newspapers (exposure and fluched)	【最】0【普】0【特-1】0【特-2】0【特-3】0 【增】16【对美加征】5【出】0【退】16	千克					999	其他书籍、报刊用缩微胶片(已曝光已冲洗)
370500	29	10	含有人类遗传资源信息资料的其他缩微胶片	Other microfilms, containing information on human genetic resources (exposure and flushed)	【最】1【普】14 【协东盟】0【协巴基斯坦】0【协智利】0 【协新西兰】0【协秘鲁】0【协哥斯达黎加】0 【协冰岛】0【协瑞士】0【协澳大利亚】0 【协韩国】0【协格鲁吉亚】0【协香港】0 【协澳门】0 【特-1】0【特-2】0 【增】16【出】0【退】16	千克		V			999	含有人类遗传资源信息资料的其他缩微胶片(已曝光已冲洗)
370500	29	90	其他缩微胶片(已曝光已冲洗)	Other microfilms (exposure and flushed)	【最】1【普】14 【协东盟】0【协巴基斯坦】0【协智利】0 【协新西兰】0【协秘鲁】0【协哥斯达黎加】0 【协冰岛】0【协瑞士】0【协澳大利亚】0 【协韩国】0【协格鲁吉亚】0【协香港】0 【协澳门】0 【特-1】0【特-2】0 【增】16【出】0【退】16	千克					999	其他缩微胶片(已曝光已冲洗)
370500	90	10	含有人类遗传资源信息资料的其他摄影硬、软片	Other photographic plates, film, containing information on human genetic resources (exposure and flushed)	【最】4.5【普】70 【协东盟】0【协巴基斯坦】14.4【协智利】0 【协新西兰】0【协新加坡】0【协秘鲁】0 【协哥斯达黎加】0【协冰岛】0【协瑞士】4.5 【协澳大利亚】0【协韩国】9 【协格鲁吉亚】0【协香港】0【协澳门】0 【特-1】0【特-2】0 【增】16【对美加征】5【出】0【退】16	千克		V			999	含有人类遗传资源信息资料的其他摄影硬、软片(已曝光已冲洗)
370500	90	90	其他摄影硬、软片(已曝光已冲洗)	Other photographic plates, film (exposure and flushed)	【最】4.5【普】70 【协东盟】0【协巴基斯坦】14.4【协智利】0 【协新西兰】0【协新加坡】0【协秘鲁】0 【协哥斯达黎加】0【协冰岛】0【协瑞士】4.5 【协澳大利亚】0【协韩国】9 【协格鲁吉亚】0【协香港】0【协澳门】0 【特-1】0【特-2】0 【增】16【对美加征】5【出】0【退】16	千克					999	其他摄影硬、软片(已曝光已冲洗)
370610	10	10	录有广播电影电视节目的已冲洗的	Cinematographic film, recorded radio and television programs, flushed	【最】0【普】0【特-1】0【特-2】0【特-3】0 【增】16【对美加征】5【出】0【退】16	千克/米	b					
370610	10	90	其他已冲洗的教学专用中宽电影胶	Other cinematographic film for educational use only, flushed, of a middle width	【最】0【普】0【特-1】0【特-2】0【特-3】0 【增】16【对美加征】5【出】0【退】16	千克/米						

税则号列			货品名称中英文		税费综合信息	计量单位	监管证件代码		检验检疫类别		检验检疫编码	检验检疫编码对应中文名称
HS 国际统一前6位	本国子目 7~8位	9~10位	中文 货物名称	英文 Article Description			进口	出口	进口	出口		
370610	90	10	录有广播电影电视节目的已冲洗的	Other cinematographic film, recorded radio and television programs, flushed	【最】5【普】14 【协东盟】0【协香港】0【协巴基斯坦】0 【协新西兰】0【协秘鲁】0【协哥斯达黎加】0 【协冰岛】0【协瑞士】0【协澳大利亚】0 【协韩国】3.3【协格鲁吉亚】0【协智利】0 【特-1】0【特-2】0【特-3】0 【增】16【对美加征】5【出】0【退】16	千克/米	b					
370610	90	90	其他已冲洗的其他中宽电影胶片	Other cinematographic film, flushed	【最】5【普】14 【协东盟】0【协香港】0【协巴基斯坦】0 【协智利】0【协新西兰】0【协秘鲁】0 【协哥斯达黎加】0【协冰岛】0【协瑞士】0 【协澳大利亚】0【协韩国】3.3【协格鲁吉亚】0 【特-1】0【特-2】0【特-3】0 【增】16【对美加征】5【出】0【退】16	千克/米						
370690	10	10	录有广播电影电视节目的教学专用	Other cinematographic film for educational use only recorded radio and television programs	【最】0【普】0【特-1】0【特-2】0【特-3】0 【增】16【出】0【退】16	千克/米	b					
370690	10	90	其他教学专用其他已冲洗的电影胶	Other cinematographic film for educational use only, flushed	【最】0【普】0【特-1】0【特-2】0【特-3】0 【增】16【出】0【退】16	千克/米						
370690	90	10	录有广播电影电视节目的其他已冲	Other cinematographic film recorded radio and television programs, flushed	【最】4【普】14 【协东盟】0【协香港】0【协巴基斯坦】0 【协智利】0【协新西兰】0【协秘鲁】0 【协哥斯达黎加】0【协冰岛】0【协瑞士】0 【协澳大利亚】0【协韩国】0【协格鲁吉亚】0 【特-1】0【特-2】0【特-3】0 【增】16【出】0【退】16	千克/米	b					
370690	90	90	其他已冲洗的电影胶片	Other cinematographic film, flushed	【最】4【普】14 【协东盟】0【协香港】0【协巴基斯坦】0 【协智利】0【协新西兰】0【协秘鲁】0 【协哥斯达黎加】0【协冰岛】0【协瑞士】0 【协澳大利亚】0【协韩国】0【协格鲁吉亚】0 【特-1】0【特-2】0【特-3】0 【增】16【出】0【退】16	千克/米						
370710	00	01	不含银的感光乳液剂	Non-silver light-sensitive emulsion agent	【最】8【普】35【暂进】4 【协东盟】0【协澳门】0【协巴基斯坦】5 【协智利】0【协新西兰】0【协秘鲁】0 【协哥斯达黎加】0【协冰岛】0【协瑞士】3.2 【协澳大利亚】0【协韩国】5.3 【协格鲁吉亚】0【协香港】0 【特-1】0【特-2】0【特-3】0 【增】16【出】0【退】16	千克					301	不含银的感光乳液剂（易燃液体）
370710	00	90	其他感光乳液	Other light-sensitive emulsion agent	【最】8【普】35 【协东盟】0【协澳门】0【协巴基斯坦】5 【协智利】0【协新西兰】0【协秘鲁】0 【协哥斯达黎加】0【协冰岛】0【协瑞士】3.2 【协澳大利亚】0【协韩国】5.3 【协格鲁吉亚】0【协香港】0 【特-1】0【特-2】0【特-3】0 【增】16【出】0【退】16	千克					101 102	其他感光乳液（尼龙丝网感光浆） 其他感光乳液（易燃液体）
370790	10		冲洗胶卷及相片用化学制剂	For use in developing photographic film and photographs	【最】10【普】100 【协东盟】0【协香港】0【协巴基斯坦】12.8 【协智利】0【协新西兰】0【协新加坡】0 【协秘鲁】0【协哥斯达黎加】0【协冰岛】0 【协瑞士】6.4【协澳大利亚】0【协韩国】10.6 【协格鲁吉亚】0 【特-1】0【特-2】0 【增】16【对美加征】10【出】0【退】16	千克					101 102	冲洗胶卷及相片用化学制剂（包括摄影用未混合产品，定量或零售包装即可使用的）（照相红碘水） 冲洗胶卷及相片用化学制剂（包括摄影用未混合产品，定量或零售包装即可使用的）（显影液）

税则号列 HS国际统一前6位	本国子目 7~8位	本国子目 9~10位	货品名称 中文 货物名称	货品名称 英文 Article Description	税费综合信息	计量单位	监管证件代码 进口	监管证件代码 出口	检验检疫类别 进口	检验检疫类别 出口	检验检疫编码	检验检疫编码对应中文名称
370790	20		复印机用化学制剂	For use in photo-copying apparatus	【最】6.3【普】45 【协东盟】0【协香港】0【协澳门】0 【协巴基斯坦】5【协智利】0【协新西兰】0 【协新加坡】0【协秘鲁】0【协哥斯达黎加】0 【协冰岛】0【协瑞士】0【协澳大利亚】0 【协韩国】5【协格鲁吉亚】0 【特-1】0【特-2】0【特-3】0 【增】16【对美加征】10【出】0【退】16	千克					999	复印机用化学制剂（不包括上光漆、胶水、黏合剂及类似制剂）
370790	90		其他摄影用化学制剂	Other chemical prepara-tions for photographic uses	【最】5【普】35 【协东盟】0【协香港】0【协澳门】0 【协巴基斯坦】5【协智利】0【协新西兰】0 【协秘鲁】0【协哥斯达黎加】0【协冰岛】0 【协瑞士】3.2【协澳大利亚】0【协韩国】4 【协格鲁吉亚】0 【特-1】0【特-2】0【特-3】0 【增】16【对美加征】10【出】0【退】16	千克					101 102	其他摄影用化学制剂(包括摄影用未混合产品)［清除液（照相用）］ 其他摄影用化学制剂(包括摄影用未混合产品)［涂底液（照相用）］

第三十八章
杂项化学产品

注释：

一、本章不包括：

（一）单独的已有化学定义的元素及化合物，但下列各项除外：

1. 人造石墨（税目 38.01）；
2. 制成税目 38.08 所述的形状或包装的杀虫剂、杀鼠剂、杀菌剂、除草剂、抗萌剂、植物生长调节剂、消毒剂及类似产品；
3. 灭火器的装配药及已装药的灭火弹（税目 38.13）；
4. 下列注释二所规定的检定参照物；
5. 下列注释三（一）及三（三）所规定的产品。

（二）化学品与食品或其他营养物质的混合物，配制食品用的（一般归入税目 21.06）。

（三）含有金属、砷及其混合物，并符合第二十六章注释三（一）或三（二）的规定的矿渣、矿灰和残渣（包括淤渣，但下水道淤泥除外）（税目 26.20）。

（四）药品（税目 30.03 及 30.04）。

（五）用于提取贱金属或生产贱金属化合物的废催化剂（税目 26.20），主要用于回收贵金属的废催化剂（税目 71.12），或某种形状（例如，精细粉末或纱网状）的金属或金属合金催化剂（第十四类或第十五类）。

二、（一）税目 38.22 所称的"检定参照物"，是指附有证书的参照物，该证书标明了参照物属性的指标、确定这些指标的方法以及与每一指标相关的确定度，这些参照物用于分析、校准和比较。

（二）除第二十八和二十九章的产品外，检定参照物在本目录中应优先归入税目 38.22。

三、税目 38.24 包括不归入本协调制度其他税号的下列货品：

（一）每颗重量不小于 2.5 克的氧化镁、碱金属或碱土金属卤化物制成的培养晶体（光学元件除外）；

（二）杂醇油；骨焦油；

（三）零售包装的除墨剂；

（四）零售包装的蜡纸改正液、其他改正液及改正带（税目 96.12 的产品除外）；以及

（五）可熔性陶瓷测温器（例如，塞格测温锥）。

Chapter 38
Miscellaneous chemical products

Chapter Notes:

1. This Chapter does not cover:

(a) Separate chemically defined elements or compounds with the exception of the following:

(i) Artificial graphite (heading 38.01);

(ii) Insecticides, rodenticides, fungicides, herbicides, anti-sprouting products and plant-growth regulators, disinfectants and similar products, put up as described in heading 38.08;

(iii) Products put up as charges for fire-extinguishers or put up in fire-extinguishing grenades (heading 38.13);

(iv) Certified reference materials specified in Note 2 below;

(v) Products specified in Note 3 (a) or 3 (c) below.

(b) Mixtures of chemicals with foodstuffs or other substances with nutritive value, of a kind used in the preparation of human foodstuffs (generally heading 21.06).

(c) Slag, ash and residues (including sludges, other than sewage sludge), containing metals, arsenic or their mixtures and meeting the requirements of Note 3 (a) or 3 (b) to Chapter 26 (heading 26.20).

(d) Medicaments (heading 30.03 or 30.04); or

(e) Spent catalysts of a kind used for the extraction of base metals or for the manufacture of chemical compounds of base metals (heading 26.20), spent catalysts of a kind used principally for the recovery of precious metal (heading 71.12) or catalysts consisting of metals or metal alloys in the form of, for example, finely divided powder or woven gauze (Section XIV or XV).

2. (a) For the purpose of heading 38.22, the expression "certified reference materials" means reference materials which are accompanied by a certificate which indicates the values of the certified properties, the methods used to determine these values and the degree of certainty associated with each value and which are suitable for analytical, calibrating or referencing purposes.

(b) With the exception of the products of Chapter 28 or 29, for the classification of certified reference materials, heading 38.22 shall take precedence over any other heading in the Nomenclature.

3. Heading 38.24 includes the following goods which are not to be classified in any other heading of the Nomenclature:

(a) Cultured crystals (other than optical elements) weighing not less than 2.5g each, of magnesium oxide or of the halides of the alkali or alkaline-earth metals;

(b) Fusel oil; Dippel's oil;

(c) Ink removers put up in packings for retail sale;

(d) Stencil correctors, other correcting fluids and correction tapes (other than those of heading 96.12), put up in packings for retail sale; and

(e) Ceramic firing testers, fusible (for example, Seger cones).

四、本目录所称"城市垃圾"，是指从家庭、宾馆、餐厅、医院、商店、办公室等收集来的废物，马路和人行道的垃圾，以及建筑垃圾或拆建垃圾。城市垃圾通常含有大量各种各样的材料，例如，塑料、橡胶、木材、纸张、纺织品、玻璃、金属、食物、破烂家具和其他已损坏或被丢弃的物品。但"城市垃圾"不包括：

（一）已从垃圾中分拣出来的单独的材料或物品，例如，废的塑料、橡胶、木材、纸张、纺织品、玻璃、金属和电池的废品，这些材料或物品应归入本目录中适当税号；

（二）工业废物；

（三）第三十章注释四（十）所规定的废药物；或

（四）本章注释六（一）所规定的医疗废物。

4. Throughout the Nomenclature, "municipal waste" means waste of a kind collected from households, hotels, restaurants, hospitals, shops, offices, etc., road and pavement sweepings, as well as construction and demolition waste. Municipal waste generally contains a large variety of materials such as plastics, rubber, wood, paper, textiles, glass, metals, food materials, broken furniture and other damaged or discarded articles. The term "municipal waste", however, does not cover:

(a) Individual materials or articles segregated from the waste, such as wastes of plastics, rubber, wood, paper, textiles, glass or metals and spent batteries which fall in their appropriate headings of the Nomenclature;

(b) Industrial waste;

(c) Waste pharmaceuticals, as defined in Note 4 (k) to Chapter 30; or

(d) Clinical waste, as defined in Note 6 (a) below.

五、税目38.25所称"下水道淤泥"，是指经城市污水处理厂处理的淤泥，包括预处理的废料、刷洗污垢和性质不稳定的淤泥。但适合作为肥料用的性质稳定的淤泥除外（第三十一章）。

5. For the purposes of heading 38.25, "sewage sludge" means sludge arising from urban effluent treatment plant and includes pre-treatment waste, scourings and unstabilised sludge. Stabilised sludge when suitable for use as fertiliser is excluded (Chapter 31).

六、税目38.25所称的"其他废物"适用于：

（一）医疗废物，即医学研究、诊断、治疗，以及其他内科、外科、牙科或兽医治疗所产生的被污染的废物，通常含有病菌和药物，需作专门处理（例如，脏的敷料、用过的手套及注射器）；

（二）废有机溶剂；

（三）废的金属酸洗液、液压油、制动油及防冻液；以及

（四）化学工业及相关工业的其他废物。

但不包括主要含有石油及从沥青矿物提取的油类的废油（税目27.10）。

6. For the purposes of heading 38.25, the expression "other wastes" applies to:

(a) Clinical waste, that is, contaminated waste arising from medical research, diagnosis, treatment or other medical, surgical, dental or veterinary procedures, which often contain pathogens and pharmaceutical substances and require special disposal procedures (for example, soiled dressings, used gloves and used syringes);

(b) Waste organic solvents;

(c) Wastes of metal pickling liquors, hydraulic fluids, brake fluids and anti-freezing fluids; and

(d) Other wastes from chemical or allied industries.

The expression "other wastes" does not, however, cover wastes which contain mainly petroleum oils or oils obtained from bituminous minerals (heading 27.10).

七、税目38.26所称的"生物柴油"，是指从动植物油脂（不论是否使用过）得到的用作燃料的脂肪酸单烷基酯。

7. For the purposes of heading 38.26, the term "biodiesel" means mono-alkyl esters of fatty acids of a kind used as a fuel, derived from animal or vegetable fats and oils whether or not used.

子目注释：

一、子目3808.52及3808.59仅包括税目38.08的货品，含有一种或多种下列物质：甲草胺（ISO）、涕灭威（ISO）、艾氏剂（ISO）、谷硫磷（ISO）、乐杀螨（ISO）、毒杀芬（ISO）、敌菌丹（ISO）、氯丹（ISO）、杀虫脒（ISO）、乙酯杀螨醇（ISO）、滴滴涕（ISO，INN）［1,1,1-三氯-2,2-双（4-氯苯基）乙烷］、狄氏剂（ISO，INN）、4,6-二硝基邻甲酚［二硝酚（ISO）］及其盐、地乐酚（ISO）及其盐或酯、硫丹（ISO）、1,2-二溴乙烷（ISO）、1,2-二氯乙烷

Subheading Notes:

1. Subheadings 3808.52 and 3808.59 cover only goods of heading 38.08, containing one or more of the following substances : alachlor (ISO); aldicarb (ISO); aldrin (ISO); azinphos-methyl (ISO); binapacryl (ISO); camphechlor (ISO) (toxaphene); captafol (ISO); chlordane (ISO); chlordimeform (ISO); chlorobenzilate (ISO); DDT (ISO) (clofenotane (INN), 1,1,1-trichloro-2,2-bis (p-chlorophenyl) ethane); dieldrin (ISO, INN); 4, 6-dinitro-o-cresol (DNOC (ISO)) or its salts; dinoseb

(ISO)、氟乙酰胺(ISO)、七氯(ISO)、六氯苯(ISO)、1,2,3,4,5,6-六氯环己烷[六六六(ISO)],包括林丹(ISO, INN)、汞化合物、甲胺磷(ISO)、久效磷(ISO)、环氧乙烷(氧化乙烯)、对硫磷(ISO)、甲基对硫磷(ISO)、五溴二苯醚及八溴二苯醚、五氯苯酚(ISO)及其盐或酯、全氟辛基磺酸及其盐、全氟辛基磺胺、全氟辛基磺酰氯、磷胺(ISO)、2,4,5-涕(ISO)(2,4,5-三氯苯氧基乙酸)及其盐或酯、三丁基锡化合物。

(ISO), its salts or itsesters; endosulfan (ISO); ethylene dibromide (ISO) (1,2-dibromoethane); ethylene dichloride (ISO) (1, 2-dichloroethane); fluoroacetamide (ISO); heptachlor (ISO); hexachlorobenzene (ISO); 1, 2, 3, 4, 5, 6- hexachlorocyclohexane (HCH (ISO)), including lindane (ISO, INN); mercury compounds; methamidophos (ISO); monocrotophos (ISO); oxirane (ethylene oxide); parathion (ISO); parathion-methyl (ISO) (methyl- parathion); penta- and octabromodiphenyl ethers; pentachlorophenol (ISO), its salts or its esters; perfluorooctane sulphonic acid and its salts; perfluorooctane sulphonamides; perfluorooctane sulphonyl fluoride; phosphamidon (ISO); 2,4,5-T (ISO) (2,4,5-trichlorophenoxyacetic acid), its salts or its esters; tributyltin compounds.

子目 3808.59 还包括含有苯菌灵(ISO)、克百威(ISO)及福美双(ISO)混合物的粉状制剂。

Subheading 3808.59 also covers dustable powder formulations containing a mixture of benomyl (ISO), carbofuran (ISO) and thiram (ISO).

二、子目 3808.61 至 3808.69 仅包括税目 38.08 项下含有下列物质的货品:α-氯氰菊酯(ISO)、恶虫威(ISO)、联苯菊酯(ISO)、虫螨腈(ISO)、氟氯氰菊酯(ISO)、溴氰菊酯(INN, ISO)、醚菊酯(INN)、杀螟硫磷(ISO)、高效氯氟氰菊酯(ISO)、马拉硫磷(ISO)、甲基嘧啶磷(ISO)、或残杀威(ISO)。

2. Subheadings 3808.61 to 3808.69 cover only goods of heading 38.08, containing alpha-cypermethrin (ISO), bendiocarb (ISO), bifenthrin (ISO), chlorfenapyr (ISO), cyfluthrin (ISO), deltamethrin (INN, ISO), etofenprox (INN), fenitrothion (ISO), lambda-cyhalothrin (ISO), malathion (ISO), pirimiphos-methyl (ISO) or propoxur (ISO).

三、子目 3824.81 至 3824.88 仅包括含有下列一种或多种物质的混合物及制品:环氧乙烷(氧化乙烯)、多溴联苯(PBBs)、多氯联苯(PCBs)、多氯三联苯(PCTs)、三(2,3-二溴丙基)磷酸酯、艾氏剂(ISO)、毒杀芬(ISO)、氯丹(ISO)、十氯酮(ISO)、滴滴涕(ISO, INN)[1,1,1-三氯-2,2-双(4-氯苯基)乙烷]、狄氏剂(ISO, INN)、硫丹(ISO)、异狄氏剂(ISO)、七氯(ISO)、灭蚁灵(ISO)、1,2,3,4,5,6-六氯环已烷[六六六(ISO)],包括林丹(ISO, INN)、五氯苯(ISO)、六氯苯(ISO)、全氟辛基磺酸及其盐、全氟辛基磺胺、全氟辛基磺酰氯,或四、五、六、七或八溴联苯醚。

3. Subheadings 3824.81 to 3824.88 cover only mixtures and preparations containing one or more of the following substances: oxirane (ethylene oxide), polybrominated biphenyls (PBBs), polychlorinated biphenyls (PCBs), polychlorinated terphenyls (PCTs), tris (2, 3-dibromopropyl) phosphate, aldrin (ISO), camphechlor (ISO) (toxaphene), chlordane (ISO), chlordecone (ISO), DDT (ISO) (clofenotane (INN), 1,1,1-trichloro-2,2- bis (p-chlorophenyl) ethane), dieldrin (ISO, INN), endosulfan (ISO), endrin (ISO), heptachlor (ISO), mirex (ISO), 1,2,3,4,5,6-hexachlorocyclohexane [HCH (ISO)], including lindane (ISO, INN), pentachlorobenzene (ISO), hexachlorobenzene (ISO), perfluorooctane sulphonic acid, its salts, perfluorooctane sulphonamides, perfluorooctane sulphonyl flouride or tetra-, penta-, hexa-, hepta- or octabromodiphenyl ethers.

四、子目 3825.41 和 3825.49 所称"废有机溶剂",是指主要含有有机溶剂的废物,不适合再作原产品使用,不论其是否用于回收溶剂。

4. For the purposes of subheadings 3825.41 and 3825.49, "waste organic solvents" are wastes containing mainly organic solvents, not fit for further use as presented as primary products, whether or not intended for recovery of the solvents.

税则号列			货品名称中英文		税费综合信息	计量单位	监管证件代码		检验检疫类别		检验检疫编码	检验检疫编码对应中文名称
HS国际统一前6位	本国子目 7~8位	9~10位	中文 货物名称	英文 Article Description			进口	出口	进口	出口		
380110	00	10	核级石墨（纯度高于百万分之五硼当量，密度大于1.50g/cm^3）	Nuclear graphite (the purity is higher than 5/million boron equivalent, the density is bigger than 1.50g/cm^3)	【最】6.5【普】30【暂进】3 【协东盟】0【协香港】0【协巴基斯坦】5 【协智利】0【协新西兰】0【协秘鲁】0 【协哥斯达黎加】0【协冰岛】0【协瑞士】2.6 【协澳大利亚】0【协韩国】3.2 【协格鲁吉亚】0 【特-1】0【特-2】0【特-3】0 【增】16【对美加征】5【出】0【退】0	千克		3			999	核级石墨（纯度高于百万分之五硼当量，密度大于1.50g/cm^3）
380110	00	20	人造细晶粒整体石墨（20℃下的密度、拉伸断裂应变、热膨胀系数符合特殊要求）	Artificial fine-grained graphite (density, tensile fracture strain, coefficient of thermal expansion in line with specific requirements at 20℃ or below)	【最】6.5【普】30【暂进】3 【协东盟】0【协香港】0【协巴基斯坦】5 【协智利】0【协新西兰】0【协秘鲁】0 【协哥斯达黎加】0【协冰岛】0【协瑞士】2.6 【协澳大利亚】0【协韩国】3.2 【协格鲁吉亚】0 【特-1】0【特-2】0【特-3】0 【增】16【对美加征】5【出】0【退】0	千克		3			999	人造细晶粒整体石墨（20℃下的密度、拉伸断裂应变、热膨胀系数符合特殊要求）
380110	00	90	其他人造石墨	Other artificial graphite	【最】6.5【普】30【暂进】3 【协东盟】0【协香港】0【协巴基斯坦】5 【协智利】0【协新西兰】0【协秘鲁】0 【协哥斯达黎加】0【协冰岛】0【协瑞士】2.6 【协澳大利亚】0【协韩国】3.2【协格鲁吉亚】0 【特-1】0【特-2】0【特-3】0 【增】16【对美加征】5【出】0【退】0	千克		3			999	其他人造石墨
380120	00		胶态或半胶态石墨	Colloidal or semi-colloidal graphite	【最】6.5【普】30 【协东盟】0【协巴基斯坦】5【协智利】0 【协新西兰】0【协秘鲁】0【协哥斯达黎加】0 【协冰岛】0【协瑞士】0【协澳大利亚】0 【协韩国】4.3【协格鲁吉亚】0【协香港】0 【协澳门】0 【特-1】0【特-2】0【特-3】0 【增】16【对美加征】5【出】0【退】0	千克					101 102 103 104	胶态或半胶态石墨（电子束管石墨乳） 胶态或半胶态石墨（电子数码管石墨乳） 胶态或半胶态石墨（胶体石墨乙醇制剂） 胶态或半胶态石墨（其他石墨）
380130	00		电极用碳糊及炉衬用的类似糊	Carbonaceous pastes for electrodes and similar pastes for furnace linings	【最】6.5【普】35 【协东盟】0【协巴基斯坦】5【协智利】0 【协新西兰】0【协秘鲁】0【协哥斯达黎加】0 【协冰岛】0【协瑞士】2.6【协澳大利亚】0 【协韩国】0【协格鲁吉亚】0【协香港】0 【协澳门】0 【特-1】0【特-2】0【特-3】0 【增】16【对美加征】5【出】0【退】0	千克					999	电极用碳糊及炉衬用的类似糊
380190	10		表面处理的球化石墨	Spheroidized graphite by surface treatment	【最】6.5【普】35 【协东盟】0【协巴基斯坦】5【协智利】0 【协新西兰】0【协秘鲁】0【协哥斯达黎加】0 【协冰岛】0【协瑞士】0【协澳大利亚】0 【协韩国】0【协格鲁吉亚】0【协香港】0 【协澳门】0 【特-1】0【特-2】0【特-3】0 【增】16【对美加征】10【出】0【退】13	千克		3			999	表面处理的球化石墨
380190	90		其他以石墨或其他碳为基料的制品	Other preparations based on graphite or other carbon (in the form of pastes, blocks, plates) or other semimanufactures	【最】6.5【普】35 【协东盟】0【协巴基斯坦】5【协智利】0 【协新西兰】0【协秘鲁】0【协哥斯达黎加】0 【协冰岛】0【协瑞士】0【协澳大利亚】0 【协韩国】0【协格鲁吉亚】0【协香港】0 【协澳门】0 【特-1】0【特-2】0【特-3】0 【增】16【对美加征】5【出】0【退】0	千克		3			999	其他以石墨或其他碳为基料的制品（呈糊状、块状、板状的制品或其他半制品）
380210	10		木质的活性碳【电商】	Wood based activated carbon	【最】6.5【普】20 【协亚太】4.2【协东盟】0【协巴基斯坦】5 【协智利】0【协新西兰】0【协秘鲁】0 【协哥斯达黎加】0【协冰岛】0【协瑞士】0 【协澳大利亚】0【协韩国】0 【协格鲁吉亚】0【协香港】0【协澳门】0 【特-1】0【特-2】0 【增】16【对美加征】5【出】0【退】0	千克		G			101	木质的活性碳（自燃物品）

税则号列			货品名称中英文		税费综合信息	计量单位	监管证件代码		检验检疫类别		检验检疫编码	检验检疫编码对应中文名称
HS 国际统一前6位	本国子目 7~8位	9~10位	中文 货物名称	英文 Article Description			进口	出口	进口	出口		
380210	90		其他活性碳	Other activated carbon	【最】6.5【普】20 【协亚太】4.2【协东盟】0【协巴基斯坦】5 【协智利】0【协新西兰】0【协秘鲁】0 【协哥斯达黎加】0【协冰岛】0【协瑞士】0 【协澳大利亚】0【协韩国】0 【协格鲁吉亚】0【协香港】0【协澳门】0 【特-1】0【特-2】0 【增】16【对美加征】10【出】0【退】0	千克		G			999	其他活性碳
380290	00	10	濒危动物炭黑【电商】[1]	Endangered animal black(including spent animal black)	【最】10【普】45 【协东盟】0【协巴基斯坦】5【协智利】0 【协新西兰】0【协新加坡】0【协秘鲁】0 【协哥斯达黎加】0【协冰岛】0【协瑞士】0 【协澳大利亚】0【协韩国】5【协格鲁吉亚】0 【协香港】0【协澳门】0 【特-1】0【特-2】0 【增】16【对美加征】5【出】0【退】0	千克	F	E			999	濒危动物炭黑（包括废动物炭黑）
380300	00		妥尔油，不论是否精炼	Tall oil, whether or not refined	【最】6.5【普】35 【协东盟】0【协巴基斯坦】5【协智利】0 【协新西兰】0【协秘鲁】0【协哥斯达黎加】0 【协冰岛】0【协瑞士】0【协澳大利亚】0 【协韩国】0【协格鲁吉亚】0【协香港】0 【协澳门】0 【特-1】0【特-2】0【特-3】0 【增】16【对美加征】5【出】0【退】0	千克					999	妥尔油，不论是否精炼
380400	00	10	未经浓缩、脱糖或经过化学处理的木浆残余碱液（妥尔油除外）	Residual lyes from the manufacture of wood pulp, not concentrated, not desugared nor chemically treated (excluding tall oil)	【最】6.5【普】35 【协东盟】0【协巴基斯坦】5【协智利】0 【协新西兰】0【协秘鲁】0【协哥斯达黎加】0 【协冰岛】0【协瑞士】0【协澳大利亚】0 【协韩国】3.2【协格鲁吉亚】0【协香港】0 【协澳门】0 【特-1】0【特-2】0 【增】16【对美加征】5【出】0【退】0	千克	9				999	未经浓缩、脱糖或经过化学处理的木浆残余碱液（妥尔油除外）
380400	00	90	经浓缩、脱糖或经过化学处理的木浆残余碱液，包括木素磺酸盐（妥尔油除外）	Residual lyes from the manufacture of wood pulp, concentrated, desugared or chemically treated, including lignin sulphonates, but excluding tall oil	【最】6.5【普】35 【协东盟】0【协巴基斯坦】5【协智利】0 【协新西兰】0【协秘鲁】0【协哥斯达黎加】0 【协冰岛】0【协瑞士】0【协澳大利亚】0 【协韩国】3.2【协格鲁吉亚】0【协香港】0 【协澳门】0 【特-1】0【特-2】0 【增】16【对美加征】5【出】0【退】0	千克					999	经浓缩、脱糖或经过化学处理的木浆残余碱液，包括木素磺酸盐（妥尔油除外）
380510	00		松节油（包括脂松节油、木松节油和硫酸盐松节油）	Gum, wood or sulphate turpentine oils	【最】6.5【普】50 【协东盟】0【协巴基斯坦】5【协智利】0 【协新西兰】0【协秘鲁】0【协哥斯达黎加】0 【协冰岛】0【协瑞士】0【协澳大利亚】0 【协韩国】0【协格鲁吉亚】0【协香港】0 【协澳门】0 【特-1】0【特-2】0【特-3】0 【增】16【对美加征】10【出】0【退】0	千克	A	B	M	N	301 302	松节油（包括脂松节油、木松节油和硫酸盐松节油）（易燃液体） 松节油（包括脂松节油、木松节油和硫酸盐松节油）（其他化工产品）
380590	10		以α萜品醇为基本成分的松油	Pine oil containing alpha terpineol as the main constituent	【最】6.5【普】50 【协东盟】0【协巴基斯坦】5【协智利】0 【协新西兰】0【协秘鲁】0【协哥斯达黎加】0 【协冰岛】0【协瑞士】0【协澳大利亚】0 【协韩国】0【协格鲁吉亚】0【协香港】0 【协澳门】0 【特-1】0【特-2】0【特-3】0 【增】16【对美加征】10【出】0【退】0	千克	A	B	M	N	301 302	以α萜品醇为基本成分的松油（易燃液体） 以α萜品醇为基本成分的松油（其他化工产品）

① 列入《进出口野生动植物种商品目录》的商品除外。

税则号列			货品名称中英文		税费综合信息	计量单位	监管证件代码		检验检疫类别		检验检疫编码	检验检疫编码对应中文名称
HS国际统一前6位	本国子目7~8位	9~10位	中文货物名称	英文 Article Description			进口	出口	进口	出口		
380590	90		粗制二聚戊烯、亚硫酸盐松节油等（包括其他粗制对异丙基苯甲烷及其他萜烯油）	Crude dipentene, sulphite turpentine (including other crude paracymene)	【最】6.5【普】50 【协东盟】0【协巴基斯坦】5【协智利】0 【协新西兰】0【协秘鲁】0【协哥斯达黎加】0 【协冰岛】0【协瑞士】0【协澳大利亚】0 【协韩国】0【协格鲁吉亚】0【协香港】0 【协澳门】0 【特-1】0【特-2】0【特-3】0 【增】16【对美加征】10【出】0【退】0	千克					101 102 103	粗制二聚戊烯、亚硫酸盐松节油等（包括其他粗制对异丙基苯甲烷及其他萜烯油）（松节油混合萜） 粗制二聚戊烯、亚硫酸盐松节油等（包括其他粗制对异丙基苯甲烷及其他萜烯油）（双戊烯） 粗制二聚戊烯、亚硫酸盐松节油等（包括其他粗制对异丙基苯甲烷及其他萜烯油）（萜品油烯）
380610	10		松香	Rosin	【最】10【普】70 【协东盟】0【协澳门】0【协巴基斯坦】5 【协智利】0【协新西兰】0【协新加坡】0 【协秘鲁】0【协哥斯达黎加】0【协冰岛】0 【协瑞士】0【协澳大利亚】0【协韩国】5 【协格鲁吉亚】0【协香港】0 【特-1】0【特-2】0 【增】16【对美加征】10【出】0【退】0	千克					999	松香（包括松香渣）
380610	20		树脂酸	Resin acids	【最】10【普】70 【协东盟】0【协澳门】0【协巴基斯坦】5 【协智利】0【协新西兰】0【协秘鲁】0 【协哥斯达黎加】0【协冰岛】0【协瑞士】0 【协澳大利亚】0【协韩国】5【协格鲁吉亚】0 【协香港】0 【特-1】0【特-2】0 【增】16【出】0【退】0	千克					999	树脂酸
380620	10		松香盐及树脂酸盐	Salts of rosin, of resin acids	【最】6.5【普】40 【协东盟】0【协澳门】0【协巴基斯坦】5 【协智利】0【协新西兰】0【协秘鲁】0 【协哥斯达黎加】0【协冰岛】0【协瑞士】0 【协澳大利亚】0【协韩国】0 【协格鲁吉亚】0【协香港】0 【特-1】0【特-2】0 【增】16【对美加征】5【出】0【退】13	千克					301	松香盐及树脂酸盐（易燃固体）
380620	90		松香或树脂酸衍生物的盐（松香加合物的盐除外）	Salts, of dervatives of rosin or resin acids, other than salts of rosin adduts	【最】6.5【普】40 【协东盟】0【协澳门】0【协巴基斯坦】5 【协智利】0【协新西兰】0【协秘鲁】0 【协哥斯达黎加】0【协冰岛】0【协瑞士】0 【协澳大利亚】0【协韩国】0 【协格鲁吉亚】0【协香港】0 【特-1】0【特-2】0 【增】16【对美加征】5【出】0【退】13	千克					999	松香或树脂酸衍生物的盐（松香加合物的盐除外）
380630	00		酯胶	Ester gums	【最】6.5【普】50 【协东盟】0【协澳门】0【协巴基斯坦】5 【协智利】0【协新西兰】0【协秘鲁】0 【协哥斯达黎加】0【协冰岛】0【协瑞士】0 【协澳大利亚】0【协韩国】0 【协格鲁吉亚】0【协香港】0 【特-1】0【特-2】0 【增】16【对美加征】5【出】0【退】0	千克	A	B	PR	QS	301 302 303	酯胶（其他危险化学品） 酯胶（无检疫要求的食品添加剂） 酯胶（属于危险化学品的食品添加剂）
380690	00		其他松香及树脂酸衍生物	Other rosin and dervatives of resin acids	【最】6.5【普】40 【协东盟】0【协澳门】0【协巴基斯坦】5 【协智利】0【协新西兰】0【协秘鲁】0 【协哥斯达黎加】0【协冰岛】0【协瑞士】0 【协澳大利亚】0【协韩国】0 【协格鲁吉亚】0【协香港】0 【特-1】0【特-2】0 【增】16【对美加征】5【出】0【退】0	千克					999	其他松香及树脂酸衍生物（包括松香精及松香油；再熔胶）

税则号列			货品名称中英文		税费综合信息	计量单位	监管证件代码		检验检疫类别		检验检疫编码	检验检疫编码对应中文名称
HS国际统一前6位	本国子目 7~8位	本国子目 9~10位	中文 货物名称	英文 Article Description			进口	出口	进口	出口		
380700	00		木焦油木杂酚油粗木精植物沥青等	Wood tar; wood tar oils; wood creosote; wood naphtha; vegetable pitch; brewers pitch and similar preparations based on rosin, resin acids or on vegetable pitch	【最】6.5【普】35 【协东盟】0【协巴基斯坦】5【协智利】0 【协新西兰】0【协秘鲁】0【协哥斯达黎加】0 【协冰岛】0【协瑞士】0【协澳大利亚】0 【协韩国】0【协格鲁吉亚】0【协香港】0 【协澳门】0 【特-1】0【特-2】0 【增】16【对美加征】5【出】0【退】0	千克					301	木焦油木杂酚油粗木精植物沥青等（包括以松香、树脂酸植物沥青为基料的啤酒桶沥青及类似品）（腐蚀性物质）
380852	00		DDT(ISO)[滴滴涕(INN)]，每包净重不超过300克	DDT (ISO) (clofenotane (INN)), in packings of a net weight content not exceeding 300g	【最】9【普】35 【协东盟】0【协香港】0【协巴基斯坦】5 【协智利】0【协新西兰】0【协秘鲁】0 【协哥斯达黎加】0【协冰岛】0【协瑞士】0 【协澳大利亚】0【协韩国】0 【协格鲁吉亚】0 【特-1】0【特-2】0【特-3】0 【增】10【出】0【退】6	千克	S	S			301 999	DDT(ISO)[滴滴涕(INN)]，每包净重不超过300克（其他危险化学品） DDT(ISO)[滴滴涕(INN)]，每包净重不超过300克（其他化工产品）
380859	10	10	零售包装含一种第38章子目注释一所列物质的货品	Goods put up for retail sale, containing one substance specified in subheading Note 1 to Chapter 38	【最】9【普】35 【协东盟】0【协香港】0【协巴基斯坦】5 【协智利】0【协新西兰】0【协秘鲁】0 【协哥斯达黎加】0【协冰岛】0【协瑞士】0 【协澳大利亚】0【协韩国】0 【协格鲁吉亚】0 【特-1】0【特-2】0【特-3】0 【增】10【出】0【退】6	千克	S	S			301 999	零售包装含一种第38章子目注释一所列物质的货品（其他危险化学品） 零售包装含一种第38章子目注释一所列物质的货品（其他化工产品）
380859	10	90	零售包装含多种第38章子目注释目注释一所列物质的货品	Goods put up for retail sale, containing more than one substance specified in subheading Note 1 to Chapter 38	【最】9【普】35 【协东盟】0【协香港】0【协巴基斯坦】5 【协智利】0【协新西兰】0【协秘鲁】0 【协哥斯达黎加】0【协冰岛】0【协瑞士】0 【协澳大利亚】0【协韩国】0 【协格鲁吉亚】0 【特-1】0【特-2】0【特-3】0 【增】10【出】0【退】6	千克					301 999	零售包装含多种第38章子目注释一所列物质的货品（其他危险化学品） 零售包装含多种第38章子目注释一所列物质的货品（其他化工产品）
380859	90	10	非零售包装的含有一种第38章子目注释一所列物质的货品	Goods not put up for retail sale, containing one substance specified in Subheading Note 1 to Chapter 38	【最】5【普】11 【协东盟】0【协香港】0【协智利】0 【协新西兰】0【协秘鲁】0【协哥斯达黎加】0 【协冰岛】0【协瑞士】0【协澳大利亚】0 【协韩国】0【协格鲁吉亚】0 【特-1】0【特-2】0【特-3】0 【增】10【出】0【退】6	千克	AS	S	M		301 999	非零售包装的含有一种第38章子目注释一所列物质的货品（其他危险化学品） 非零售包装的含有一种第38章子目注释一所列物质的货品（其他化工产品）
380859	90	90	非零售包装含多种第38章子目注释一所列物质的货品	Goods not put up for retail sale, containing more than one substance specified in Subheading Note 1 to Chapter 38	【最】5【普】11 【协东盟】0【协香港】0【协智利】0 【协新西兰】0【协秘鲁】0【协哥斯达黎加】0 【协冰岛】0【协瑞士】0【协澳大利亚】0 【协韩国】0【协格鲁吉亚】0 【特-1】0【特-2】0【特-3】0 【增】10【出】0【退】6	千克					301 302	非零售包装含多种第38章子目注释一所列物质的货品（其他危险化学品） 非零售包装含多种第38章子目注释一所列物质的货品（其他化工产品）
380861	00		含第38章子目注释二所列物质的货品，每包净重不超过300克	In packings of a net weight content not exceeding 300g	【最】10【普】35 【协亚太】6.5【协东盟】0【协香港】0 【协澳门】0【协巴基斯坦】5【协智利】0 【协新西兰】0【协秘鲁】0【协哥斯达黎加】0 【协冰岛】0【协瑞士】0【协澳大利亚】0 【协韩国】5【协格鲁吉亚】0 【增】10【出】0【退】6	千克	AS	S	M		301 302	含第38章子目注释二所列物质的货品，每包净重不超过300克（其他危险化学品） 含第38章子目注释二所列物质的货品，每包净重不超过300克（其他化工产品）
380862	00		含第38章子目注释二所列物质的货品，每包净重超过300克，但不超过7.5千克	In packings of a net weight content not exceeding 300g but not exceeding 7.5kg	【最】10【普】35 【协亚太】6.5【协东盟】0【协香港】0 【协澳门】0【协巴基斯坦】5【协智利】0 【协新西兰】0【协秘鲁】0【协哥斯达黎加】0 【协冰岛】0【协瑞士】0【协澳大利亚】0 【协韩国】5【协格鲁吉亚】0 【特-1】0【特-2】0【特-3】0 【增】10【出】0【退】6	千克	AS	S	M		301 999	含第38章子目注释二所列物质的货品，每包净重超过300克，但不超过7.5千克（其他危险化学品） 含第38章子目注释二所列物质的货品，每包净重超过300克，但不超过7.5千克（其他化工产品）

税则号列 HS国际统一前6位	本国子目 7~8位	本国子目 9~10位	货品名称 中文	货品名称 英文 Article Description	税费综合信息	计量单位	监管证件代码 进口	监管证件代码 出口	检验检疫类别 进口	检验检疫类别 出口	检验检疫编码	检验检疫编码对应中文名称
380869	00		其他含第38章子目注释二所列物质的货品	Other	【最】6【普】11 【协亚太】3.9【协东盟】0【协香港】0 【协澳门】0【协巴基斯坦】0【协智利】0 【协新西兰】0【协秘鲁】0【协哥斯达黎加】0 【协冰岛】0【协瑞士】2.4【协澳大利亚】0 【协韩国】0【协格鲁吉亚】0 【特-1】0【特-2】0【特-3】0 【增】10【对美加征】10【出】0【退】6	千克	AS	S	M		301 999	其他含第38章子目注释二所列物质的货品（其他危险化学品） 其他含第38章子目注释二所列物质的货品（其他化工产品）
380891	11		蚊香	Mosquito smudges	【最】10【普】80 【协亚太】0【协东盟】0【协澳门】0 【协巴基斯坦】0【协智利】0【协新西兰】0 【协秘鲁】0【协哥斯达黎加】0【协冰岛】0 【协瑞士】0【协澳大利亚】0【协韩国】0 【协格鲁吉亚】0【协香港】0 【特-1】0【特-2】0【特-3】0 【增】16【出】0【退】6	千克	AS	S	M		301 302	蚊香（不含有一种或多种第38章子目注释一所列物质的货品）（其他危险化学品） 蚊香（不含有一种或多种第38章子目注释一所列物质的货品）（其他化工产品）
380891	12		零售包装的生物杀虫剂	Biopesticide, put up for retail sale	【最】10【普】35 【协亚太】6.5【协东盟】0【协香港】0 【协澳门】0【协巴基斯坦】5【协智利】0 【协新西兰】0【协秘鲁】0【协哥斯达黎加】0 【协冰岛】0【协瑞士】0【协澳大利亚】0 【协韩国】5【协格鲁吉亚】0 【特-1】0【特-2】0【特-3】0 【增】10【出】0【退】6	千克	AS	S	M		301 302	零售包装的生物杀虫剂（其他危险化学品） 零售包装的生物杀虫剂（其他化工产品）
380891	19		零售包装的其他杀虫剂成药【电商】[①]	Other insecticides, put up for retail sale	【最】10【普】35 【协亚太】6.5【协东盟】0【协香港】0 【协澳门】0【协巴基斯坦】5【协智利】0 【协新西兰】0【协秘鲁】0【协哥斯达黎加】0 【协冰岛】0【协瑞士】0【协澳大利亚】0 【协韩国】5【协格鲁吉亚】0 【特-1】0【特-2】0【特-3】0 【增】10【对美加征】10【出】0【退】6	千克	AS	S	M		301 302	零售包装的其他杀虫剂成药（其他危险化学品） 零售包装的其他杀虫剂成药（其他化工产品）
380891	90		非零售包装杀虫剂成药	Insecticides, not put up for retail sale	【最】6【普】11 【协亚太】3.9【协东盟】0【协香港】0 【协澳门】0【协巴基斯坦】0【协智利】0 【协新西兰】0【协秘鲁】0【协哥斯达黎加】0 【协冰岛】0【协瑞士】2.4【协澳大利亚】0 【协韩国】0【协格鲁吉亚】0 【特-1】0【特-2】0【特-3】0 【增】10【对美加征】5【出】0【退】6	千克	AS	S	M		301 302	非零售包装杀虫剂成药（其他危险化学品） 非零售包装杀虫剂成药（其他化工产品）
380892	10		零售包装的杀菌剂成药【电商】[②]	Fungicides, put up for retail sale	【最】9【普】35 【协东盟】0【协香港】0【协澳门】0 【协巴基斯坦】5【协智利】0【协新西兰】0 【协秘鲁】0【协哥斯达黎加】0【协冰岛】0 【协瑞士】3.6【协澳大利亚】0【协韩国】0 【协格鲁吉亚】0 【特-1】0【特-2】0【特-3】0 【增】16【对美加征】10【出】0【退】6	千克	S	S			999	零售包装的杀菌剂成药
380892	90	10	非零售包装的医用杀菌剂	Medical fungicides, not put up for retail sale	【最】6【普】11 【协东盟】0【协巴基斯坦】5【协智利】0 【协新西兰】0【协秘鲁】0【协哥斯达黎加】0 【协冰岛】0【协瑞士】2.4【协澳大利亚】0 【协韩国】0【协格鲁吉亚】0【协香港】0 【协澳门】0 【特-1】0【特-2】0【特-3】0 【增】16【对美加征】10【出】0【退】6	千克					999	非零售包装的医用杀菌剂
380892	90	21	经农药杀菌剂浸渍的纸质水果套袋	Paper bag for fruit bagging, impregnated by pesticide fungicide	【最】6【普】11 【协东盟】0【协巴基斯坦】5【协智利】0 【协新西兰】0【协秘鲁】0【协哥斯达黎加】0 【协冰岛】0【协瑞士】2.4【协澳大利亚】0 【协韩国】0【协格鲁吉亚】0【协香港】0 【协澳门】0 【特-1】0【特-2】0【特-3】0 【增】16【对美加征】10【出】0【退】6	千克	S	S			999	经农药杀菌剂浸渍的纸质水果套袋

① 列入《农药进出口管理目录》的商品除外。

② 列入《农药进出口管理目录》的商品除外。

税则号列 HS 国际统一前6位	本国子目 7~8位	本国子目 9~10位	货品名称中英文 中文 货物名称	货品名称中英文 英文 Article Description	税费综合信息	计量单位	监管证件代码 进口	监管证件代码 出口	检验检疫类别 进口	检验检疫类别 出口	检验检疫编码	检验检疫编码对应中文名称
380892	90	29	非零售包装的其他农用杀菌剂成药	Other agricultural fungicides medicine, not put up for retail sale	【最】6【普】11 【协东盟】0【协巴基斯坦】5【协智利】0 【协新西兰】0【协秘鲁】0【协哥斯达黎加】0 【协冰岛】0【协瑞士】2.4【协澳大利亚】0 【协韩国】0【协格鲁吉亚】0【协香港】0 【协澳门】0 【特-1】0【特-2】0【特-3】0 【增】10【对美加征】10【出】0【退】6	千克	S	S			999	非零售包装的其他农用杀菌剂成药
380892	90	90	非零售包装的非农用杀菌剂成药（包括非医用杀菌剂）	Non-agricultural fungicides medicines and non- medical fungicides, not put up for retail sale	【最】6【普】11 【协东盟】0【协巴基斯坦】5【协智利】0 【协新西兰】0【协秘鲁】0【协哥斯达黎加】0 【协冰岛】0【协瑞士】2.4【协澳大利亚】0 【协韩国】0【协格鲁吉亚】0【协香港】0 【协澳门】0 【特-1】0【特-2】0【特-3】0 【增】10【对美加征】10【出】0【退】6	千克	S	S			999	非零售包装的非农用杀菌剂成药（包括非医用杀菌剂）
380893	11		零售包装的除草剂成药	Herbicides, put up for retail sale	【最】9【普】35 【协东盟】0【协巴基斯坦】5【协智利】0 【协新西兰】0【协秘鲁】0【协哥斯达黎加】0 【协冰岛】0【协瑞士】0【协澳大利亚】0 【协韩国】0【协格鲁吉亚】0【协香港】0 【协澳门】0 【特-1】0【特-2】0【特-3】0 【增】10【对美加征】10【出】0【退】6	千克	AS	S	M		301 302	零售包装的除草剂成药（其他危险化学品） 零售包装的除草剂成药（其他化工产品）
380893	19	10	非零售包装百草枯母液	Ammonium glyphosate, not put up for retail sale	【最】5【普】11 【协亚太】3.3【协东盟】0【协巴基斯坦】0 【协智利】0【协新西兰】0【协秘鲁】0 【协哥斯达黎加】0【协冰岛】0【协瑞士】2 【协澳大利亚】0【协韩国】0【协格鲁吉亚】0 【协香港】0【协澳门】0 【特-1】0【特-2】0【特-3】0 【增】10【对美加征】5【出】0【退】6	千克	AS	S	M		301	非零售包装百草枯母液（毒性物质和感染性物质）
380893	19	90	其他非零售包装的除草剂成药	Other herbicides, not put up for retail sale	【最】5【普】11 【协亚太】3.3【协东盟】0【协巴基斯坦】0 【协智利】0【协新西兰】0【协秘鲁】0 【协哥斯达黎加】0【协冰岛】0【协瑞士】2 【协澳大利亚】0【协韩国】0【协格鲁吉亚】0 【协香港】0【协澳门】0 【特-1】0【特-2】0【特-3】0 【增】10【对美加征】5【出】0【退】6	千克	AS	S	M		301 302	其他非零售包装的除草剂成药（其他危险化学品） 其他非零售包装的除草剂成药（其他化工产品）
380893	91		零售包装抗萌剂及植物生长调节剂	Anti-sprouting products and plantgrowth regulators, put up for retail sale	【最】9【普】35 【协亚太】5.9【协东盟】0【协巴基斯坦】5 【协智利】0【协新西兰】0【协秘鲁】0 【协哥斯达黎加】0【协冰岛】0【协瑞士】0 【协澳大利亚】0【协韩国】1.8 【协格鲁吉亚】0【协香港】0【协澳门】0 【特-1】0【特-2】0【特-3】0 【增】10【对美加征】5【出】0【退】6	千克	S	S			999	零售包装抗萌剂及植物生长调节剂
380893	99		非零售抗萌剂及植物生长调节剂	Anti-sprouting products and plantgrowth regulators, not put up for retail sale	【最】6【普】14 【协亚太】3.9【协东盟】0【协巴基斯坦】5 【协智利】0【协新西兰】0【协秘鲁】0 【协哥斯达黎加】0【协冰岛】0【协瑞士】0 【协澳大利亚】0【协韩国】0 【协格鲁吉亚】0【协香港】0【协澳门】0 【特-1】0【特-2】0【特-3】0 【增】10【对美加征】5【出】0【退】6	千克	S	S			999	非零售抗萌剂及植物生长调节剂
380894	00	10	医用消毒剂【电商】①	Medical disinfectants	【最】9【普】35 【协东盟】0【协香港】0【协澳门】0 【协巴基斯坦】5【协智利】0【协新西兰】0 【协秘鲁】0【协哥斯达黎加】0【协冰岛】0 【协瑞士】3.6【协澳大利亚】0【协韩国】0 【协格鲁吉亚】5.4 【特-1】0【特-2】0【特-3】0 【增】16【对美加征】5【出】0【退】6	千克					999	医用消毒剂

① 兽用消毒剂除外。

税则号列 HS国际统一前6位	本国子目 7~8位	本国子目 9~10位	货品名称中英文 中文 货物名称	货品名称中英文 英文 Article Description	税费综合信息	计量单位	监管证件代码 进口	监管证件代码 出口	检验检疫类别 进口	检验检疫类别 出口	检验检疫编码	检验检疫编码对应中文名称
380894	00	20	兽用已配剂量含戊二醛、癸甲溴铵消毒剂等（包括复方煤焦油酸溶液消毒防腐药） 【电商】①	Glutaraldehyde and decyl bromide disinfectant, etc. veterinary (including disinfectants and antiseptics for compound coal tar acid solution)	【最】9【普】35 【协东盟】0【协香港】0【协澳门】0 【协巴基斯坦】5【协智利】0【协新西兰】0 【协秘鲁】0【协哥斯达黎加】0【协冰岛】0 【协瑞士】3.6【协澳大利亚】0【协韩国】0 【协格鲁吉亚】5.4 【特-1】0【特-2】0【特-3】0 【增】10【对美加征】5【出】0【退】6	千克	R				999	兽用已配剂量含戊二醛、癸甲溴铵消毒剂等（包括复方煤焦油酸溶液消毒防腐药）
380894	00	90	其他非医用消毒剂 【电商】②	Other non-medical disinfectants	【最】9【普】35 【协东盟】0【协香港】0【协澳门】0 【协巴基斯坦】5【协智利】0【协新西兰】0 【协秘鲁】0【协哥斯达黎加】0【协冰岛】0 【协瑞士】3.6【协澳大利亚】0【协韩国】0 【协格鲁吉亚】5.4 【特-1】0【特-2】0【特-3】0 【增】10【对美加征】5【出】0【退】6	千克					999	其他非医用消毒剂
380899	10		零售包装的杀鼠剂及其他农药（包括类似品）	Rodenticides and other pesticides (including similar products), put up for retail sale	【最】9【普】35 【协东盟】0【协香港】0【协巴基斯坦】5 【协智利】0【协新西兰】0【协秘鲁】0 【协哥斯达黎加】0【协冰岛】0【协瑞士】0 【协澳大利亚】0【协韩国】0 【协格鲁吉亚】0 【特-1】0【特-2】0【特-3】0 【增】10【出】0【退】6	千克	S	S			999	零售包装的杀鼠剂及其他农药（包括类似品）
380899	90		非零售包装的杀鼠剂及其他农药（包括类似品）	Rodenticides and other pesticides (including similar products), not put up for retail sale	【最】9【普】14 【协东盟】0【协澳门】0【协巴基斯坦】5 【协智利】0【协新西兰】0【协秘鲁】0 【协哥斯达黎加】0【协冰岛】0【协瑞士】0 【协澳大利亚】0【协韩国】0 【协格鲁吉亚】0【协香港】0 【特-1】0【特-2】0【特-3】0 【增】10【对美加征】5【出】0【退】6	千克	S	S			301	非零售包装的杀鼠剂及其他农药（包括类似品）（毒性物质和感染性物质）
380910	00		以淀粉为基料的纺织等工业用制剂（纺织、造纸、制革等工业用整理剂、固色剂及其他制剂）	Finishing agents, dye carriers to accelerate the dyeing or fixing of dyestuffs and other products and preparations, of a kind used in the textile, paper, leather or like industries, with a basis of amylaceous substances	【最】10【普】35 【协东盟】0【协巴基斯坦】0【协智利】0 【协新西兰】0【协新加坡】0【协秘鲁】0 【协哥斯达黎加】0【协冰岛】0【协瑞士】0 【协澳大利亚】0【协韩国】5【协格鲁吉亚】0 【协香港】0【协澳门】0 【特-1】0【特-2】0【特-3】0 【增】16【对美加征】10【出】0【退】0	千克					999	以淀粉为基料的纺织等工业用制剂（纺织、造纸、制革等工业用整理剂、固色剂及其他制剂）
380991	00		纺织工业用其他未列名产品和制剂 【电商】③	Other finishing agents, dye carriers to accelerate the dyeing or fixing of dyestuffs and other products and preparations, of a kind used in the textile or like industries, not elsewhere specified or included	【最】6.5【普】35 【协亚太】6【协东盟】0【协香港】0 【协巴基斯坦】0【协智利】0【协新西兰】0 【协秘鲁】0【协哥斯达黎加】0【协冰岛】0 【协瑞士】2.6【协澳大利亚】0【协韩国】0 【协格鲁吉亚】0 【特-1】0【特-2】0【特-3】0 【增】16【对美加征】10【出】0【退】0	千克					101 102 999	纺织工业用其他未列名产品和制剂（包括整理剂、染料加速着色或固色助剂及其他制剂）（塑料增光剂） 纺织工业用其他未列名产品和制剂（包括整理剂、染料加速着色或固色助剂及其他制剂）（硬脂酰氯化铬） 纺织工业用其他未列名产品和制剂（包括整理剂、染料加速着色或固色助剂及其他制剂）（其他）

① 兽用消毒剂除外。
② 兽用消毒剂除外。
③ 仅限衣物柔顺剂。

税则号列 HS 国际统一前6位	本国子目 7~8位	本国子目 9~10位	货品名称中英文 中文 货物名称	货品名称中英文 英文 Article Description	税费综合信息	计量单位	监管证件代码 进口	监管证件代码 出口	检验检疫类别 进口	检验检疫类别 出口	检验检疫编码	检验检疫编码对应中文名称
380992	00		造纸工业用其他未列名产品和制剂（包括整理剂、染料加速着色或固色助剂及其他制剂）	Other finishing agents, dye carriers to accelerate the dyeing or fixing of dyestuffs and other products and preparations, of a kind used in the paper or like industries, not elsewhere specified or included	【最】6.5【普】35 【协东盟】0【协香港】0【协巴基斯坦】0 【协智利】0【协新西兰】0【协秘鲁】0 【协哥斯达黎加】0【协冰岛】0【协瑞士】0 【协澳大利亚】0【协韩国】3.2 【协格鲁吉亚】0 【特-1】0【特-2】0【特-3】0 【增】16【对美加征】5【出】0【退】0	千克					999	造纸工业用其他未列名产品和制剂（包括整理剂、染料加速着色或固色助剂及其他制剂）
380993	00		制革工业用其他未列名产品和制剂（包括整理剂、染料加速着色或固色助剂及其他制剂）	Other finishing agents, dye carriers to accelerate the dyeing or fixing of dyestuffs and other products and preparations, of a kind used in the leather or like industries, not elsewhere specified or included	【最】6.5【普】35 【协东盟】0【协香港】0【协巴基斯坦】0 【协智利】0【协新西兰】0【协秘鲁】0 【协哥斯达黎加】0【协冰岛】0【协瑞士】0 【协澳大利亚】0【协韩国】0 【协格鲁吉亚】0 【特-1】0【特-2】0【特-3】0 【增】16【对美加征】10【出】0【退】0	千克					999	制革工业用其他未列名产品和制剂（包括整理剂、染料加速着色或固色助剂及其他制剂）
381010	00		金属表面酸洗剂焊粉或焊膏【电商】	Pickling preparations for metal surfaces; soldering, brazing or welding powders and pastes consisting of metal and other materials	【最】6.5【普】35 【协亚太】6【协东盟】0【协香港】0 【协澳门】0【协巴基斯坦】5【协智利】0 【协新西兰】0【协秘鲁】0【协哥斯达黎加】0 【协冰岛】0【协瑞士】0【协澳大利亚】0 【协韩国】4.3【协格鲁吉亚】0 【特-1】0【特-2】0【特-3】0 【增】16【对美加征】10【出】0【退】13	千克					999	金属表面酸洗剂焊粉或焊膏（金属及其他材料制成的焊粉或焊膏）
381090	00		焊接用的焊剂及其他辅助剂等（包括作焊条芯子或焊条涂料用的制品）	Fluxes and other auxiliary preparations for soldering, brazing or welding; preparations of a kind used as cores or coatings for welding electrodes or rods	【最】6.5【普】35 【协东盟】0【协巴基斯坦】5【协智利】0 【协新西兰】0【协秘鲁】0【协哥斯达黎加】0 【协冰岛】0【协瑞士】0【协澳大利亚】0 【协韩国】4.3【协格鲁吉亚】0【协香港】0 【协澳门】0 【特-1】0【特-2】0【特-3】0 【增】16【对美加征】5【出】0【退】0	千克					101 999	焊接用的焊剂及其他辅助剂等（包括作焊条芯子或焊条涂料用的制品）（快干助焊剂） 焊接用的焊剂及其他辅助剂等（包括作焊条芯子或焊条涂料用的制品）（其他）
381111	00		以铅化合物为基本成分的抗震剂	Anti-knock preparations, based on lead compounds	【最】6.5【普】35 【协东盟】0【协巴基斯坦】5【协智利】0 【协新西兰】0【协秘鲁】0【协哥斯达黎加】0 【协冰岛】0【协瑞士】0【协澳大利亚】0 【协韩国】0【协格鲁吉亚】0【协香港】0 【协澳门】0 【特-1】0【特-2】0 【增】16【出】0【退】0	千克					999	以铅化合物为基本成分的抗震剂
381119	00		其他抗震剂	Other anti-knock preparations	【最】6.5【普】35 【协东盟】0【协巴基斯坦】5【协智利】0 【协新西兰】0【协秘鲁】0【协哥斯达黎加】0 【协冰岛】0【协瑞士】0【协澳大利亚】0 【协韩国】0【协格鲁吉亚】0【协香港】0 【协澳门】0 【特-1】0【特-2】0 【增】16【对美加征】5【出】0【退】0	千克					999	其他抗震剂
381121	00		含有石油的润滑油添加剂（包括含有从沥青矿物提取的油类的润滑油添加剂）	Additives for lubricating oils, containing petroleum oils or oils obtained from bituminous minerals	【最】6.5【普】35 【协东盟】0【协巴基斯坦】5【协智利】0 【协新西兰】0【协秘鲁】0【协哥斯达黎加】0 【协冰岛】0【协瑞士】0【协澳大利亚】0 【协韩国】0【协格鲁吉亚】0【协香港】0 【协澳门】0 【特-1】0【特-2】0 【增】16【对美加征】5【出】0【退】0	千克					999	含有石油的润滑油添加剂（包括含有从沥青矿物提取的油类的润滑油添加剂）
381129	00		不含石油的润滑油添加剂	Additives for lubricating oils, not containing petroleum oils or oils obtained from bituminous minerals	【最】6.5【普】35 【协亚太】5.5【协东盟】0【协澳门】0 【协巴基斯坦】5【协智利】0【协新西兰】0 【协秘鲁】0【协哥斯达黎加】0【协冰岛】0 【协瑞士】0【协澳大利亚】0【协韩国】3.2 【协格鲁吉亚】0【协香港】0 【特-1】0【特-2】0 【增】16【出】0【退】0	千克					999	不含石油的润滑油添加剂

税则号列 HS国际统一前6位	本国子目 7~8位	本国子目 9~10位	货品名称 中文 货物名称	货品名称 英文 Article Description	税费综合信息	计量单位	监管证件代码 进口	监管证件代码 出口	检验检疫类别 进口	检验检疫类别 出口	检验检疫编码	检验检疫编码对应中文名称
381190	00		其他矿物油用的配制添加剂（抗氧剂、防胶剂、粘度改良剂、防腐剂及其他配制添加剂）	Other prepared additives, for mineral oils (including gasoline) or for other liquids used for the same purposes as mineral oils (oxidation inhibitors, gum inhibitors, viscosity improvers, anti- corrosive preparations)	【最】6.5【普】35 【协东盟】0【协香港】0【协澳门】0 【协巴基斯坦】5【协智利】0【协新西兰】0 【协秘鲁】0【协哥斯达黎加】0【协冰岛】0 【协瑞士】0【协澳大利亚】0【协韩国】0 【协格鲁吉亚】3.9 【特-1】0【特-2】0 【增】16【对美加征】5【出】0【退】0	千克					999	其他矿物油用的配制添加剂（抗氧剂、防胶剂、粘度改良剂、防腐剂及其他配制添加剂）
381210	00		配制的橡胶促进剂	Prepared rubber accelerators	【最】6【普】20 【协东盟】0【协巴基斯坦】5【协智利】0 【协新西兰】0【协秘鲁】0【协哥斯达黎加】0 【协冰岛】0【协瑞士】0【协澳大利亚】0 【协韩国】4.4【协格鲁吉亚】0【协香港】0 【协澳门】0 【特-1】0【特-2】0【特-3】0 【增】16【对美加征】10【出】0【退】13	千克					999	配制的橡胶促进剂
381220	00		橡胶或塑料用复合增塑剂	Compound plasticizers for rubber or plastics	【最】6.5【普】35 【协东盟】0【协巴基斯坦】5【协智利】0 【协新西兰】0【协秘鲁】0【协哥斯达黎加】0 【协冰岛】0【协瑞士】0【协澳大利亚】0 【协韩国】4.3【协格鲁吉亚】0【协香港】0 【协澳门】0 【特-1】0【特-2】0【特-3】0 【增】16【对美加征】5【出】0【退】6	千克					999	橡胶或塑料用复合增塑剂
381231	00		2,2,4-三甲基-1,2-二氢化喹啉(TMQ)低聚体混合物	Mixtures of oligomers of 2, 2, 4-trimethyl-1, 2-dihydroquino-line (TMQ)	【最】6【普】20 【协东盟】0【协香港】0【协巴基斯坦】5 【协智利】0【协新西兰】0【协秘鲁】0 【协哥斯达黎加】0【协冰岛】0【协瑞士】0 【协澳大利亚】0【协韩国】4.4 【协格鲁吉亚】0 【特-1】0【特-2】0【特-3】0 【增】16【对美加征】10【出】0【退】6	千克					999	2,2,4-三甲基-1,2-二氢化喹啉（TMQ)低聚体混合物
381239	10		其他橡胶防老剂	Other rubber antioxidants	【最】6【普】20 【协东盟】0【协香港】0【协巴基斯坦】5 【协智利】0【协新西兰】0【协秘鲁】0 【协哥斯达黎加】0【协冰岛】0【协瑞士】0 【协澳大利亚】0【协韩国】4.4 【协格鲁吉亚】0 【特-1】0【特-2】0【特-3】0 【增】16【对美加征】5【出】0【退】6	千克					301 302 999	其他橡胶防老剂（易燃固体） 其他橡胶防老剂（其他危险化学品） 其他橡胶防老剂（其他化工产品）
381239	90		其他橡胶或塑料用抗氧制剂及其他复合稳定剂	Other anti-oxidizing preparations and other compound stabilivers for rubber or plastics	【最】6.5【普】35 【协亚太】4.6【协东盟】0【协香港】0 【协巴基斯坦】0【协智利】0【协新西兰】0 【协秘鲁】0【协哥斯达黎加】0【协冰岛】0 【协瑞士】2.6【协澳大利亚】0【协韩国】0 【协格鲁吉亚】0 【特-1】0【特-2】0【特-3】0 【增】16【对美加征】5【出】0【退】6	千克					301 302 999	其他橡胶或塑料用抗氧制剂及其他复合稳定剂（易燃固体） 其他橡胶或塑料用抗氧制剂及其他复合稳定剂（其他危险化学品） 其他橡胶或塑料用抗氧制剂及其他复合稳定剂（其他化工产品）
381300	10		灭火器的装配药	Preparations and charges for fire-extinguishers	【最】6.5【普】35 【协东盟】0【协巴基斯坦】5【协智利】0 【协新西兰】0【协秘鲁】0【协哥斯达黎加】0 【协冰岛】0【协瑞士】0【协澳大利亚】0 【协韩国】3.2【协格鲁吉亚】0【协香港】0 【协澳门】0 【特-1】0【特-2】0【特-3】0 【增】16【对美加征】5【出】0【退】0	千克			L		101	灭火器的装配药［灭火器药剂（腐蚀性液体）］
381300	20		已装药的灭火弹	Charged fire-extinguishing grenades	【最】10【普】70 【协东盟】0【协巴基斯坦】5【协智利】0 【协新西兰】0【协秘鲁】0【协哥斯达黎加】0 【协冰岛】0【协瑞士】0【协澳大利亚】0 【协韩国】5【协格鲁吉亚】0【协香港】0 【协澳门】0 【特-1】0【特-2】0【特-3】0 【增】16【对美加征】5【出】0【退】0	千克					999	已装药的灭火弹

税则号列			货品名称中英文		税费综合信息	计量单位	监管证件代码		检验检疫类别		检验检疫编码	检验检疫编码对应中文名称
HS国际统一前6位	本国子目 7~8位	本国子目 9~10位	中文 货物名称	英文 Article Description			进口	出口	进口	出口		
381400	00		有机复合溶剂及稀释剂，除漆剂（指其他编号未列名的）	Organic composite solvents and thinners, not elsewhere specified or included; prepared paint or varnish removers	【最】10【普】50 【协亚太】9【协东盟】0【协香港】0 【协澳门】0【协巴基斯坦】5【协智利】0 【协新西兰】0【协新加坡】0【协秘鲁】0 【协哥斯达黎加】0【协冰岛】0【协瑞士】4 【协澳大利亚】0【协韩国】7.5【协格鲁吉亚】0 【特-1】0【特-2】0【特-3】0 【增】16【对美加征】5【出】0【退】0	千克					101 102 103 104 105 ……	有机复合溶剂及稀释剂，除漆剂（指其他编号未列名的）（脱漆剂） 有机复合溶剂及稀释剂，除漆剂（指其他编号未列名的）（有机硅漆稀释剂） 有机复合溶剂及稀释剂，除漆剂（指其他编号未列名的）（过氯乙烯锤纹漆稀释剂） 有机复合溶剂及稀释剂，除漆剂（指其他编号未列名的）（过氯乙烯漆稀释剂） 有机复合溶剂及稀释剂，除漆剂（指其他编号未列名的）（沥青漆稀释剂） ……①
381511	00		以镍为活性物的载体催化剂	With nickel or nickel compounds as the active substance	【最】6.5【普】35 【协东盟】0【协巴基斯坦】5【协智利】0 【协新西兰】0【协秘鲁】0【协哥斯达黎加】0 【协冰岛】0【协瑞士】0【协澳大利亚】0 【协韩国】3.2【协格鲁吉亚】0【协香港】0 【协澳门】0 【特-1】0【特-2】0【特-3】0 【增】16【对美加征】5【出】0【退】13	千克					301 999	以镍为活性物的载体催化剂（包括以镍化合物为活性物的）（易燃固体） 以镍为活性物的载体催化剂（包括以镍化合物为活性物的）（其他）
381512	00	10	载铂催化剂（为了从重水中回收氚或为了生产重水而专门设计或制备，用于加速氢和水之间的氢同位素交换反应）	Supported platinum catalyst (for recycling tritium from heavy water or for producing heavy water especially designed or prepared, used for acceler- ating hydrogen and water, the hydrogen isotope exchange reaction between)	【最】6.5【普】35【暂进】4 【协东盟】0【协香港】0【协巴基斯坦】5 【协智利】0【协新西兰】0【协秘鲁】0 【协哥斯达黎加】0【协冰岛】0【协瑞士】0 【协澳大利亚】0【协韩国】3.2 【协格鲁吉亚】0 【特-1】0【特-2】0【特-3】0 【增】16【出】0【退】13	千克		3			999	载铂催化剂（为了从重水中回收氚或为了生产重水而专门设计或制备，用于加速氢和水之间的氢同位素交换反应）
381512	00	90	其他以贵金属为活性物的载体催化	Other supported catalysts with precious metal or its compounds as the active substance	【最】6.5【普】35【暂进】4 【协东盟】0【协香港】0【协巴基斯坦】5 【协智利】0【协新西兰】0【协秘鲁】0 【协哥斯达黎加】0【协冰岛】0【协瑞士】0 【协澳大利亚】0【协韩国】3.2 【协格鲁吉亚】0 【特-1】0【特-2】0【特-3】0 【增】16【出】0【退】13	千克					999	其他以贵金属为活性物的载体催化剂
381519	00		其他载体催化剂	Other supported catalysts	【最】6.5【普】35 【协亚太】4.6【协东盟】0【协巴基斯坦】0 【协智利】0【协新西兰】0【协秘鲁】0 【协哥斯达黎加】0【协冰岛】0【协瑞士】0 【协澳大利亚】0【协韩国】0 【协格鲁吉亚】0【协香港】0【协澳门】0 【特-1】0【特-2】0【特-3】0 【增】16【出】0【退】13	千克					999	其他载体催化剂

① 该税号项下检验检疫编码及对应中文名称尚有：106 有机复合溶剂及稀释剂，除漆剂（指其他编号未列名的）（环氧漆稀释剂），107 有机复合溶剂及稀释剂，除漆剂（指其他编号未列名的）（氨基漆稀释剂），108 有机复合溶剂及稀释剂，除漆剂（指其他编号未列名的）（氨基静电漆稀释剂），109 有机复合溶剂及稀释剂，除漆剂（指其他编号未列名的）（酚醛皱纹漆稀释剂），110 有机复合溶剂及稀释剂，除漆剂（指其他编号未列名的）（硝基铝箔漆稀释剂），111 有机复合溶剂及稀释剂，除漆剂（指其他编号未列名的）（硝基漆稀释剂），112 有机复合溶剂及稀释剂，除漆剂（指其他编号未列名的）（聚氨酯漆稀释剂），113 有机复合溶剂及稀释剂，除漆剂（指其他编号未列名的）（聚酯漆包线漆稀释剂），114 有机复合溶剂及稀释剂，除漆剂（指其他编号未列名的）（聚酯漆稀释剂），115 有机复合溶剂及稀释剂，除漆剂（指其他编号未列名的）（缩醛漆稀释剂），116 有机复合溶剂及稀释剂，除漆剂（指其他编号未列名的）（醇酸漆稀释剂）。

税则号列			货品名称中英文		税费综合信息	计量单位	监管证件代码		检验检疫类别		检验检疫编码	检验检疫编码对应中文名称
HS国际统一前6位	本国子目 7~8位	9~10位	中文 货物名称	英文 Article Description			进口	出口	进口	出口		
381590	00		其他未列名的反应引发剂、促进剂	Reaction initiators, accelerators and other catalytic preparations, not elsewhere specified or included	【最】6.5【普】35 【协亚太】4.2【协东盟】0【协澳门】0 【协巴基斯坦】5【协智利】0【协新西兰】0 【协秘鲁】0【协哥斯达黎加】0【协冰岛】0 【协瑞士】2.6【协澳大利亚】0【协韩国】0 【协格鲁吉亚】0【协香港】0 【特-1】0【特-2】0【特-3】0 【增】16【出】0【退】13	千克					301 302 999	其他未列名的反应引发剂、促进剂（包括反应催化剂）（腐蚀性物质） 其他未列名的反应引发剂、促进剂（包括反应催化剂）（易于自燃的物质） 其他未列名的反应引发剂、促进剂（包括反应催化剂）（其他）
381600	00		耐火水泥、灰泥及类似耐火材料（耐火混凝土及类似耐火混合制品，但税目38.01的产品除外）	Refractory cements, mortars, concretes and similar compositions, other than products of heading No. 38.01	【最】6.5【普】35 【协东盟】0【协巴基斯坦】5【协智利】0 【协新西兰】0【协秘鲁】0【协哥斯达黎加】0 【协冰岛】0【协瑞士】0【协澳大利亚】0 【协韩国】0【协格鲁吉亚】0【协香港】0 【协澳门】0 【特-1】0【特-2】0 【增】16【对美加征】5【出】0【退】0	千克					999	耐火水泥、灰泥及类似耐火材料（耐火混凝土及类似耐火混合制品，但税目38.01的产品除外）
381700	00		混合烷基苯和混合烷基萘	Mixed alkylbenzenes and alkylnaphthalenes	【最】6.5【普】35 【协东盟】0【协巴基斯坦】5【协智利】0 【协新西兰】0【协秘鲁】0【协台湾】0 【协哥斯达黎加】0【协冰岛】0【协瑞士】0 【协澳大利亚】0【协韩国】4.3 【协格鲁吉亚】0【协香港】0【协澳门】0 【特-1】0【特-2】0【特-3】0 【增】16【对美加征】10【出】0【退】13	千克					101 102 103	混合烷基苯和混合烷基萘（税目27.07及29.02的货品除外）（但马酸二甲苯溶液） 混合烷基苯和混合烷基萘（税目27.07及29.02的货品除外）（环化橡胶二甲苯溶液） 混合烷基苯和混合烷基萘（税目27.07及29.02的货品除外）（环庚亚胺二甲苯溶剂）
381800	11		7.5cm≤直径≤15.24cm单晶硅片（经掺杂用于电子工业的）	Monocrystalline sillicon, in the form of discs, wafers or similar form, diameter 7.5cm or more but not exceeding 15.24cm, chemical compounds doped for use in electronics	【最】0【普】11【特-1】0【特-2】0【特-3】0 【增】16【对美加征】5【出】0【退】13	千克/片					999	7.5cm≤直径≤15.24cm单晶硅片（经掺杂用于电子工业的化合物）
381800	19		直径>15.24cm的单晶硅片（经掺杂用于电子工业的化合物）	Monocrystalline sillicon, in the form of discs, wafers or similar form, diameter exceeding 15.24cm, chemical compounds doped for use in electronics	【最】0【普】11【特-1】0【特-2】0【特-3】0 【增】16【对美加征】10【出】0【退】13	千克/片					999	直径>15.24cm的单晶硅片（经掺杂用于电子工业的化合物）
381800	90		其他经掺杂用于工业的晶体切片（包括经掺杂用于电子工业的化学元素及化合物）	Other monocrystalline sillicon, in the form of discs, wafers or similar form, chemical compounds doped for use in electronics	【最】0【普】17【特-1】0【特-2】0【特-3】0 【增】16【对美加征】10【出】0【退】13	千克					999	其他经掺杂用于工业的晶体切片（包括经掺杂用于电子工业的化学元素及化合物）
381900	00		闸用液压油及其他液压传动用液体（按重量计石油或从矿物提取的油类含量低于70%）	Hydraulic brake fluids and other prepared liquids for hydraulic transmission, not containing or containing less than 70% by weight of petroleum oils or oils obtaines from bituminous minerals	【最】6.5【普】35 【协东盟】0【协澳门】0【协巴基斯坦】5 【协智利】0【协新西兰】0【协秘鲁】0 【协哥斯达黎加】0【协冰岛】0【协瑞士】0 【协澳大利亚】0【协韩国】0 【协格鲁吉亚】0【协香港】0 【特-1】0【特-2】0 【增】16【对美加征】5【出】0【退】0	千克					999	闸用液压油及其他液压传动用液体（按重量计石油或从矿物提取的油类含量低于70%）

税则号列 HS国际统一前6位	本国子目 7~8位	本国子目 9~10位	货品名称中英文 中文 货物名称	货品名称中英文 英文 Article Description	税费综合信息	计量单位	监管证件代码 进口	监管证件代码 出口	检验检疫类别 进口	检验检疫类别 出口	检验检疫编码	检验检疫编码对应中文名称
382000	00		防冻剂及解冻剂	Anti-freezing preparations and prepared deicing fluids	【最】10【普】35 【协东盟】0【协澳门】0【协巴基斯坦】5 【协智利】0【协新西兰】0【协新加坡】0 【协秘鲁】0【协哥斯达黎加】0【协冰岛】0 【协瑞士】0【协澳大利亚】0【协韩国】5 【协格鲁吉亚】0【协香港】0 【特-1】0【特-2】0【特-3】0 【增】16【对美加征】5【出】0【退】13	千克					999	防冻剂及解冻剂
382100	00		制成的供微生物（包括病毒及类似品）生长或维持用培养基及制成的供植物、人体或动物细胞生长或维持用的培养基	Prepared culture media for the development or maintenance of micro-organisms (including viruses and the like) or of plant, human or animal cells	【最】3【普】11 【协东盟】0【协香港】0【协巴基斯坦】0 【协智利】0【协新西兰】0【协秘鲁】0 【协哥斯达黎加】0【协冰岛】0【协瑞士】0 【协澳大利亚】0【协韩国】0【协格鲁吉亚】0 【特-1】0【特-2】0 【增】16【对美加征】5【出】0【退】0	千克					101 102	制成的供微生物（包括病毒及类似品）生长或维持用培养基及制成的供植物、人体或动物细胞生长或维持用的培养基（动物微生物培养培养基） 制成的供微生物（包括病毒及类似品）生长或维持用培养基及制成的供植物、人体或动物细胞生长或维持用的培养基（其他医用生物制品）
382200	10		附于衬背上的诊断或实验用试剂【电商】	Diagnostic or laboratory reagents on a backing	【最】4【普】35 【协东盟】0【协香港】0【协巴基斯坦】0 【协智利】0【协新西兰】0【协秘鲁】0 【协哥斯达黎加】0【协冰岛】0.7【协瑞士】0 【协澳大利亚】0【协韩国】0【协格鲁吉亚】0 【特-1】0【特-2】0【特-3】0 【增】16【出】0【退】13	千克	A	B	V	W	101 102 103 104 105 ……	附于衬背上的诊断或实验用试剂（包括不论是否附于衬背上的诊断或实验用配制试剂）（其他动物性血液制品） 附于衬背上的诊断或实验用试剂（包括不论是否附于衬背上的诊断或实验用配制试剂）（诊断用试剂及试剂盒） 附于衬背上的诊断或实验用试剂（包括不论是否附于衬背上的诊断或实验用配制试剂）（医用诊断试剂） 附于衬背上的诊断或实验用试剂（包括不论是否附于衬背上的诊断或实验用配制试剂）（医用检测试剂） 附于衬背上的诊断或实验用试剂（包括不论是否附于衬背上的诊断或实验用配制试剂）（其他医用生物制品） ……①
382200	90		其他诊断或实验用配制试剂	Other diagnostic or laboratory reagents	【最】5【普】35 【协东盟】0【协香港】0【协巴基斯坦】0 【协智利】0【协新西兰】0【协秘鲁】0 【协哥斯达黎加】0【协冰岛】0.8【协瑞士】0 【协澳大利亚】0【协韩国】0【协格鲁吉亚】0 【特-1】0【特-2】0【特-3】0 【增】16【出】0【退】13	千克	A	B	V	W	101 102 103 104 105	其他诊断或实验用配制试剂（诊断用试剂及试剂盒） 其他诊断或实验用配制试剂（医用诊断试剂） 其他诊断或实验用配制试剂（医用检测试剂） 其他诊断或实验用配制试剂（其他医用生物制品） 其他诊断或实验用配制试剂（化学试剂）

① 该税号项下检验检疫编码及对应中文名称尚有：106　附于衬背上的诊断或实验用试剂（包括不论是否附于衬背上的诊断或实验用配制试剂）（化学试剂）。

税则号列			货品名称中英文		税费综合信息	计量单位	监管证件代码		检验检疫类别		检验检疫编码	检验检疫编码对应中文名称
HS国际统一前6位	本国子目 7~8位	9~10位	中文 货物名称	英文 Article Description			进口	出口	进口	出口		
382311	00		硬脂酸	Stearic acid	【最】16【普】50 【协东盟】0【协巴基斯坦】12.8【协智利】0 【协新西兰】0【协秘鲁】0【协哥斯达黎加】0 【协瑞士】6.4【协澳大利亚】0【协韩国】10.6 【协格鲁吉亚】0【协香港】0【协澳门】0 【特-1】0【特-2】0 【增】16【对美加征】10【出】0【退】13	千克					101 999	硬脂酸（其他饲料添加剂） 硬脂酸（其他）
382312	00		油酸	Oleic acid	【最】16【普】50【暂进】8 【协东盟】0【协香港】0【协巴基斯坦】12.8 【协智利】0【协新西兰】0【协新加坡】0 【协秘鲁】0【协哥斯达黎加】0【协瑞士】6.4 【协澳大利亚】0【协韩国】10.6 【协格鲁吉亚】0 【特-1】0【特-2】0 【增】16【对美加征】10【出】0【退】10	千克	A		R		301 302	油酸（无检疫要求食品添加剂） 油酸（需申报仅用于工业用途不用于无检疫要求食品添加剂的化学品）
382313	00		妥尔油脂肪酸	Tall oil fatty acids	【最】16【普】50 【协东盟】0【协巴基斯坦】12.8【协智利】0 【协新西兰】0【协新加坡】0【协秘鲁】0 【协哥斯达黎加】0【协冰岛】0【协瑞士】6.4 【协澳大利亚】0【协韩国】10.6 【协格鲁吉亚】0【协香港】0【协澳门】0 【特-1】0【特-2】0 【增】16【对美加征】5【出】0【退】0	千克					999	妥尔油脂肪酸
382319	00	01	植物酸性油（酸性油仅指精炼所得的）	Plant acid oil (refers to the refined acid oil only)	【最】16【普】50【暂进】5 【协东盟】0【协香港】0【协澳门】0 【协巴基斯坦】12.8【协智利】0【协新西兰】0 【协新加坡】0【协秘鲁】0【协哥斯达黎加】0 【协冰岛】0【协瑞士】6.4【协澳大利亚】0 【协韩国】10.6【协格鲁吉亚】0 【特-1】0【特-2】0 【增】16【对美加征】10【出】0【退】0	千克					999	植物酸性油（酸性油仅指精炼所得的）
382319	00	90	其他工业用单羧脂肪酸、酸性油（酸性油仅指精炼所得的）	Other monocarboxylic fatty acids for industrial use and acid oil (refers to the refined acid oil only)	【最】16【普】50 【协东盟】0【协香港】0【协澳门】0 【协巴基斯坦】12.8【协智利】0【协新西兰】0 【协新加坡】0【协秘鲁】0【协哥斯达黎加】0 【协冰岛】0【协瑞士】6.4【协澳大利亚】0 【协韩国】10.6【协格鲁吉亚】0 【特-1】0【特-2】0 【增】16【对美加征】10【出】0【退】0	千克					999	其他工业用单羧脂肪酸、酸性油（酸性油仅指精炼所得的）
382370	00		工业用脂肪醇	Industrial fatty alcohols	【最】13【普】50【暂进】9 【协东盟】0【协巴基斯坦】6.5【协智利】0 【协新西兰】0【协新加坡】0【协秘鲁】0 【协哥斯达黎加】0【协冰岛】0【协瑞士】5.2 【协澳大利亚】0【协韩国】8.6 【协格鲁吉亚】0【协香港】0【协澳门】0 【特-1】0【特-2】0 【增】16【对美加征】10【出】0【退】0	千克					999	工业用脂肪醇
382410	00		铸模及铸芯用黏合剂	Prepared binders for foundry moulds or cores	【最】6.5【普】35 【协东盟】0【协巴基斯坦】5【协智利】0 【协新西兰】0【协秘鲁】0【协哥斯达黎加】0 【协冰岛】0【协瑞士】0【协澳大利亚】0 【协韩国】3.2【协格鲁吉亚】0【协香港】0 【协澳门】0 【特-1】0【特-2】0【特-3】0 【增】16【对美加征】5【出】0【退】6	千克					999	铸模及铸芯用黏合剂
382430	00	10	混合的未烧结金属碳化钨（包括自身混合或与金属黏合剂混合的）	Non-agglomerated metal carbides, mixed together or with metallic binders	【最】6.5【普】35 【协东盟】0【协巴基斯坦】5【协智利】0 【协新西兰】0【协秘鲁】0【协哥斯达黎加】0 【协冰岛】0【协瑞士】0【协澳大利亚】0 【协韩国】0【协格鲁吉亚】0【协香港】0 【协澳门】0 【特-1】0【特-2】0【特-3】0 【增】16【对美加征】5【出】0【退】0	千克		4xy			999	混合的未烧结金属碳化钨（包括自身混合或与金属黏合剂混合的）

税则号列			货品名称中英文		税费综合信息	计量单位	监管证件代码		检验检疫类别		检验检疫编码	检验检疫编码对应中文名称
HS 国际统一前6位	本国子目 7~8位	9~10位	中文 货物名称	英文 Article Description			进口	出口	进口	出口		
382430	00	90	其他混合的未烧结金属碳化物（包括自身混合或与金属黏合剂混合的）	Other non-agglomerated metal carbides, mixed together or with metallic binders	【最】6.5【普】35 【协东盟】0【协巴基斯坦】5【协智利】0 【协新西兰】0【协秘鲁】0【协哥斯达黎加】0 【协冰岛】0【协瑞士】0【协澳大利亚】0 【协韩国】0【协格鲁吉亚】0【协香港】0 【协澳门】0 【特-1】0【特-2】0【特-3】0 【增】16【对美加征】5【出】0【退】0	千克					999	其他混合的未烧结金属碳化物（包括自身混合或与金属黏合剂混合的）
382440	10		高效减水剂	High efficiency water reducing agent	【最】6.5【普】35 【协东盟】0【协香港】0【协巴基斯坦】5 【协智利】0【协新西兰】0【协秘鲁】0 【协哥斯达黎加】0【协冰岛】0【协瑞士】0 【协澳大利亚】0【协韩国】4.3 【协格鲁吉亚】0 【特-1】0【特-2】0【特-3】0 【增】16【对美加征】10【出】0【退】13	千克					999	高效减水剂
382440	90		其他水泥、灰泥及混凝土用添加剂	Other prepared additives for cements, mortars and concretes	【最】6.5【普】35 【协东盟】0【协香港】0【协巴基斯坦】5 【协智利】0【协新西兰】0【协秘鲁】0 【协哥斯达黎加】0【协冰岛】0【协瑞士】0 【协澳大利亚】0【协韩国】0【协格鲁吉亚】0 【特-1】0【特-2】0【特-3】0 【增】16【对美加征】5【出】0【退】0	千克			L		999	其他水泥、灰泥及混凝土用添加剂
382450	00		非耐火的灰泥及混凝土	Non-refractory mortars and concretes	【最】6.5【普】35 【协东盟】0【协香港】0【协澳门】0 【协巴基斯坦】5【协智利】0【协新西兰】0 【协秘鲁】0【协哥斯达黎加】0【协冰岛】0 【协瑞士】0【协澳大利亚】0【协韩国】0 【协格鲁吉亚】0 【特-1】0【特-2】0【特-3】0 【增】16【对美加征】10【出】0【退】0	千克					999	非耐火的灰泥及混凝土
382460	00		子目 2905.44 以外的山梨醇	Sorbitol other than that of subheading No. 2905.44	【最】14【普】40 【协东盟】0【协巴基斯坦】11.2【协智利】0 【协新西兰】0【协新加坡】0【协秘鲁】0 【协哥斯达黎加】0【协冰岛】0【协瑞士】5.6 【协澳大利亚】0【协韩国】7 【协格鲁吉亚】0【协香港】0【协澳门】0 【特-1】0【特-2】0 【增】16【对美加征】5【出】0【退】0	千克					999	子目 2905.44 以外的山梨醇
382471	00	11	二氯二氟甲烷和二氟乙烷的混合物（R-500）	Mixtures of dichlorodifluoromethane and difluoroethane (R-500)	【最】6.5【普】35 【协东盟】0【协香港】0【协澳门】0 【协巴基斯坦】5【协智利】0【协新西兰】0 【协秘鲁】0【协哥斯达黎加】0【协冰岛】0 【协瑞士】0【协澳大利亚】0【协韩国】0 【协格鲁吉亚】0 【特-1】0【特-2】0【特-3】0 【增】16【对美加征】5【出】0【退】0	千克	1A	4Bxy	M	N	301	二氯二氟甲烷和二氟乙烷的混合物（R-500）(非易燃无毒气体)
382471	00	12	一氯二氟甲烷和二氯二氟甲烷的混合物（R-501）	Mixtures of difluorochloromethane and dichlorodifluoromethane (R-501)	【最】6.5【普】35 【协东盟】0【协香港】0【协澳门】0 【协巴基斯坦】5【协智利】0【协新西兰】0 【协秘鲁】0【协哥斯达黎加】0【协冰岛】0 【协瑞士】0【协澳大利亚】0【协韩国】0 【协格鲁吉亚】0 【特-1】0【特-2】0【特-3】0 【增】16【对美加征】5【出】0【退】0	千克	1	4xy			999	一氯二氟甲烷和二氯二氟甲烷的混合物（R-501）
382471	00	13	一氯二氟甲烷和一氯五氟乙烷的混合物（R-502）	Mixtures of difluorochloromethane and chloropentafluoroethane (R-502)	【最】6.5【普】35 【协东盟】0【协香港】0【协澳门】0 【协巴基斯坦】5【协智利】0【协新西兰】0 【协秘鲁】0【协哥斯达黎加】0【协冰岛】0 【协瑞士】0【协澳大利亚】0【协韩国】0 【协格鲁吉亚】0 【特-1】0【特-2】0【特-3】0 【增】16【对美加征】5【出】0【退】0	千克	1A	4Bxy	M	N	301	一氯二氟甲烷和一氯五氟乙烷的混合物（R-502）(非易燃无毒气体)

税则号列 HS 国际统一前 6 位	本国子目 7~8 位	本国子目 9~10 位	货品名称中英文 中文 货物名称	英文 Article Description	税费综合信息	计量单位	监管证件代码 进口	监管证件代码 出口	检验检疫类别 进口	检验检疫类别 出口	检验检疫编码	检验检疫编码对应中文名称
382471	00	14	三氟甲烷和一氯三氟甲烷的混合物（R-503)	Mixtures of trifluoromethane and monochlorotrifluoromethane (R-503)	【最】6.5【普】35 【协东盟】0【协香港】0【协澳门】0 【协巴基斯坦】5【协智利】0【协新西兰】0 【协秘鲁】0【协哥斯达黎加】0【协冰岛】0 【协瑞士】0【协澳大利亚】0【协韩国】0 【协格鲁吉亚】0 【特-1】0【特-2】0【特-3】0 【增】16【对美加征】5【出】0【退】0	千克	1A	4Bxy	M	N	301	三氟甲烷和一氯三氟甲烷的混合物（R-503)(非易燃无毒气体)
382471	00	15	二氟甲烷和一氯五氟乙烷的混合物（R-504)	Mixtures of difluoromethane and chloropentafluoroethane (R-504)	【最】6.5【普】35 【协东盟】0【协香港】0【协澳门】0 【协巴基斯坦】5【协智利】0【协新西兰】0 【协秘鲁】0【协哥斯达黎加】0【协冰岛】0 【协瑞士】0【协澳大利亚】0【协韩国】0 【协格鲁吉亚】0 【特-1】0【特-2】0【特-3】0 【增】16【对美加征】5【出】0【退】0	千克	1	4xy			999	二氟甲烷和一氯五氟乙烷的混合物（R-504)
382471	00	16	二氯二氟甲烷和一氟一氯甲烷的混合物(R-505)	Mixtures of dichlorodifluoromethane and fluorochloromethane (R-505)	【最】6.5【普】35 【协东盟】0【协香港】0【协澳门】0 【协巴基斯坦】5【协智利】0【协新西兰】0 【协秘鲁】0【协哥斯达黎加】0【协冰岛】0 【协瑞士】0【协澳大利亚】0【协韩国】0 【协格鲁吉亚】0 【特-1】0【特-2】0【特-3】0 【增】16【对美加征】5【出】0【退】0	千克	1	4xy			999	二氯二氟甲烷和一氟一氯甲烷的混合物（R-505)
382471	00	17	一氟一氯甲烷和二氯四氟乙烷的混合物(R-506)	Mixtures of fluorochloromethane and dichlorotetrafluoroethane(R-506)	【最】6.5【普】35 【协东盟】0【协香港】0【协澳门】0 【协巴基斯坦】5【协智利】0【协新西兰】0 【协秘鲁】0【协哥斯达黎加】0【协冰岛】0 【协瑞士】0【协澳大利亚】0【协韩国】0 【协格鲁吉亚】0 【特-1】0【特-2】0【特-3】0 【增】16【对美加征】5【出】0【退】0	千克	1	4xy			999	一氟一氯甲烷和二氯四氟乙烷的混合物（R-506)
382471	00	18	二氯二氟甲烷和二氯四氟乙烷的混合物(R-400)	Mixtures of dichlorodifluoromethane and dichlorotetrafluoroethane (R-400)	【最】6.5【普】35 【协东盟】0【协香港】0【协澳门】0 【协巴基斯坦】5【协智利】0【协新西兰】0 【协秘鲁】0【协哥斯达黎加】0【协冰岛】0 【协瑞士】0【协澳大利亚】0【协韩国】0 【协格鲁吉亚】0 【特-1】0【特-2】0【特-3】0 【增】16【对美加征】5【出】0【退】0	千克	1	4xy			999	二氯二氟甲烷和二氯四氟乙烷的混合物（R-400)
382471	00	90	其他含甲烷、乙烷或丙烷的全氯氟烃(CFCs)混合物［不论是否含甲烷、乙烷或丙烷的氢氯氟烃（HCFCs)、全氟烃(PFCs)或氢氟烃（HFCs)］	Other mixtures of chlorofluorocarbons (CFCs) containing methane, ethane or propane (whether or not containing hydrochlorofluorocarbons (HCFCs), perfluorocarbons (PFCs), or hydrofluorocarbons (HFCs))	【最】6.5【普】35 【协东盟】0【协香港】0【协澳门】0 【协巴基斯坦】5【协智利】0【协新西兰】0 【协秘鲁】0【协哥斯达黎加】0【协冰岛】0 【协瑞士】0【协澳大利亚】0【协韩国】0 【协格鲁吉亚】0 【特-1】0【特-2】0【特-3】0 【增】16【对美加征】5【出】0【退】0	千克					999	其他含甲烷、乙烷或丙烷的全氯氟烃（CFCs)混合物［不论是否含甲烷、乙烷或丙烷的氢氯氟烃（HCFCs)、全氟烃(PFCs)或氢氟烃（HFCs)］
382472	00		含溴氯二氟甲烷、溴三氟甲烷或二溴四氟乙烷的混合物	Mixtures containing bromochlorodifluoromethane, bromotrifluoromethane or dibromotetrafluoroethanes	【最】6.5【普】35 【协东盟】0【协巴基斯坦】5【协智利】0 【协新西兰】0【协秘鲁】0【协哥斯达黎加】0 【协冰岛】0【协瑞士】0【协澳大利亚】0 【协韩国】0【协格鲁吉亚】0【协香港】0 【协澳门】0 【特-1】0【特-2】0【特-3】0 【增】16【出】0【退】0	千克					999	含溴氯二氟甲烷、溴三氟甲烷或二溴四氟乙烷的混合物
382473	00		含甲烷、乙烷或丙烷的氢溴氟烃（HBFCs)的混合物	Mixtures containing hydrobromofluorocarbons (HBFCs)	【最】6.5【普】35 【协东盟】0【协香港】0【协澳门】0 【协巴基斯坦】5【协智利】0【协新西兰】0 【协秘鲁】0【协哥斯达黎加】0【协冰岛】0 【协瑞士】0【协澳大利亚】0【协韩国】0 【协格鲁吉亚】0 【特-1】0【特-2】0【特-3】0 【增】16【出】0【退】0	千克					999	含甲烷、乙烷或丙烷的氢溴氟烃（HBFCs)的混合物

税则号列			货品名称中英文		税费综合信息	计量单位	监管证件代码		检验检疫类别		检验检疫编码	检验检疫编码对应中文名称
HS国际统一前6位	本国子目 7~8位	本国子目 9~10位	中文 货物名称	英文 Article Description			进口	出口	进口	出口		
382474	00	11	二氟一氯甲烷、二氟乙烷和一氯四氟乙烷的混合物(R-401)	Mixtures of chlorodifluoromethane, difluoroethane and Chlorotetrafluoroethane (R-401)	【最】6.5【普】35 【协东盟】0【协香港】0【协澳门】0 【协巴基斯坦】5【协智利】0【协新西兰】0 【协秘鲁】0【协哥斯达黎加】0【协冰岛】0 【协瑞士】0【协澳大利亚】0【协韩国】0 【协格鲁吉亚】0 【特-1】0【特-2】0【特-3】0 【增】16【出】0【退】13	千克	1	4xy			999	二氟一氯甲烷、二氟乙烷和一氯四氟乙烷的混合物(R-401)
382474	00	12	五氟乙烷、丙烷和二氟一氯甲烷的混合物(R402)	Mixtures of pentafluoroethane, propane and chlorodifuoromethane (R402)	【最】6.5【普】35 【协东盟】0【协香港】0【协澳门】0 【协巴基斯坦】5【协智利】0【协新西兰】0 【协秘鲁】0【协哥斯达黎加】0【协冰岛】0 【协瑞士】0【协澳大利亚】0【协韩国】0 【协格鲁吉亚】0 【特-1】0【特-2】0【特-3】0 【增】16【出】0【退】13	千克	1	4xy			999	五氟乙烷、丙烷和二氟一氯甲烷的混合物(R402)
382474	00	13	丙烷、二氟一氯甲烷和八氟丙烷的混合物(R403)	Mixtures of propane, chlorodifuoromethane and octafluorpropane (R403)	【最】6.5【普】35 【协东盟】0【协香港】0【协澳门】0 【协巴基斯坦】5【协智利】0【协新西兰】0 【协秘鲁】0【协哥斯达黎加】0【协冰岛】0 【协瑞士】0【协澳大利亚】0【协韩国】0 【协格鲁吉亚】0 【特-1】0【特-2】0【特-3】0 【增】16【出】0【退】13	千克	1	4xy			999	丙烷、二氟一氯甲烷和八氟丙烷的混合物(R403)
382474	00	14	二氟一氯甲烷、二氟乙烷、一氯二氟乙烷和八氟环丁烷的混合物(R405)	Mixtures of chlorodifuoromethane, difluoroethane, chlorodifluoroethane and octafluorocyclobutane (R405)	【最】6.5【普】35 【协东盟】0【协香港】0【协澳门】0 【协巴基斯坦】5【协智利】0【协新西兰】0 【协秘鲁】0【协哥斯达黎加】0【协冰岛】0 【协瑞士】0【协澳大利亚】0【协韩国】0 【协格鲁吉亚】0 【特-1】0【特-2】0【特-3】0 【增】16【出】0【退】13	千克	1	4xy			999	二氟一氯甲烷、二氟乙烷、一氯二氟乙烷和八氟环丁烷的混合物(R405)
382474	00	15	二氟一氯甲烷、2-甲基丙烷(异丁烷)和一氯二氟乙烷的混合物(R406)	Mixtures of chlorodifuoromethane, 2-methylpropane (isobutene) and chlorodifluoroethane (R406)	【最】6.5【普】35 【协东盟】0【协香港】0【协澳门】0 【协巴基斯坦】5【协智利】0【协新西兰】0 【协秘鲁】0【协哥斯达黎加】0【协冰岛】0 【协瑞士】0【协澳大利亚】0【协韩国】0 【协格鲁吉亚】0 【特-1】0【特-2】0【特-3】0 【增】16【出】0【退】13	千克	1	4xy			999	二氟一氯甲烷、2-甲基丙烷(异丁烷)和一氯二氟乙烷的混合物(R406)
382474	00	16	五氟乙烷、三氟乙烷和二氟一氯甲烷的混合物(R408)	Mixtures of pentafluoroethane, trifluoroethane and chlorodifuoromethane(R408)	【最】6.5【普】35 【协东盟】0【协香港】0【协澳门】0 【协巴基斯坦】5【协智利】0【协新西兰】0 【协秘鲁】0【协哥斯达黎加】0【协冰岛】0 【协瑞士】0【协澳大利亚】0【协韩国】0 【协格鲁吉亚】0 【特-1】0【特-2】0【特-3】0 【增】16【出】0【退】13	千克	1	4xy			999	五氟乙烷、三氟乙烷和二氟一氯甲烷的混合物(R408)
382474	00	17	二氟一氯甲烷、一氯四氟乙烷和一氯二氟乙烷的混合物(R409)	Mixtures of chlorodifuoromethane, chlorotetrafluoroethane and chlorodifluoroethane(R409)	【最】6.5【普】35 【协东盟】0【协香港】0【协澳门】0 【协巴基斯坦】5【协智利】0【协新西兰】0 【协秘鲁】0【协哥斯达黎加】0【协冰岛】0 【协瑞士】0【协澳大利亚】0【协韩国】0 【协格鲁吉亚】0 【特-1】0【特-2】0【特-3】0 【增】16【出】0【退】13	千克	1	4xy			999	二氟一氯甲烷、一氯四氟乙烷和一氯二氟乙烷的混合物(R409)
382474	00	18	丙烯、二氟一氯甲烷和二氟乙烷的混合物(R411)	Mixtures of propylene, chlorodifuoromethane and difluoroethane (R411)	【最】6.5【普】35 【协东盟】0【协香港】0【协澳门】0 【协巴基斯坦】5【协智利】0【协新西兰】0 【协秘鲁】0【协哥斯达黎加】0【协冰岛】0 【协瑞士】0【协澳大利亚】0【协韩国】0 【协格鲁吉亚】0 【特-1】0【特-2】0【特-3】0 【增】16【出】0【退】13	千克	1	4xy			999	丙烯、二氟一氯甲烷和二氟乙烷的混合物(R411)

税则号列			货品名称中英文		税费综合信息	计量单位	监管证件代码		检验检疫类别		检验检疫编码	检验检疫编码对应中文名称
HS 国际统一前6位	本国子目 7~8位	本国子目 9~10位	中文 货物名称	英文 Article Description			进口	出口	进口	出口		
382474	00	19	二氟一氯甲烷、八氟丙烷和一氯二氟乙烷的混合物(R412)	Mixtures of chlorodifuoromethane, octafluorpropane and chlorodifluoroethane (R412)	【最】6.5【普】35 【协东盟】0【协香港】0【协澳门】0 【协巴基斯坦】5【协智利】0【协新西兰】0 【协秘鲁】0【协哥斯达黎加】0【协冰岛】0 【协瑞士】0【协澳大利亚】0【协韩国】0 【协格鲁吉亚】0 【特-1】0【特-2】0【特-3】0 【增】16【出】0【退】13	千克	1	4xy			999	二氟一氯甲烷、八氟丙烷和一氯二氟乙烷的混合物（R412）
382474	00	21	二氟一氯甲烷、一氯四氟乙烷、一氯二氟乙烷和2-甲基丙烷的混合物（R414）	Mixtures of chlorodifuoromethane, chlorotetrafluoroethane, chlorodifluoroethane and 2-methylpropane(R414)	【最】6.5【普】35 【协东盟】0【协香港】0【协澳门】0 【协巴基斯坦】5【协智利】0【协新西兰】0 【协秘鲁】0【协哥斯达黎加】0【协冰岛】0 【协瑞士】0【协澳大利亚】0【协韩国】0 【协格鲁吉亚】0 【特-1】0【特-2】0【特-3】0 【增】16【出】0【退】13	千克	1	4xy			999	二氟一氯甲烷、一氯四氟乙烷、一氯二氟乙烷和2-甲基丙烷的混合物（R414）
382474	00	22	二氟一氯甲烷和二氟乙烷的混合物(R415)	Mixtures of chlorodifuoromethane and difluoroethane(R415)	【最】6.5【普】35 【协东盟】0【协香港】0【协澳门】0 【协巴基斯坦】5【协智利】0【协新西兰】0 【协秘鲁】0【协哥斯达黎加】0【协冰岛】0 【协瑞士】0【协澳大利亚】0【协韩国】0 【协格鲁吉亚】0 【特-1】0【特-2】0【特-3】0 【增】16【出】0【退】13	千克	1	4xy			999	二氟一氯甲烷和二氟乙烷的混合物（R415）
382474	00	23	四氟乙烷、一氯四氟乙烷和丁烷的混合物(R416)	Mixtures of tetrafluoroethane, chlorotetrafluoroethane and butane(R416)	【最】6.5【普】35 【协东盟】0【协香港】0【协澳门】0 【协巴基斯坦】5【协智利】0【协新西兰】0 【协秘鲁】0【协哥斯达黎加】0【协冰岛】0 【协瑞士】0【协澳大利亚】0【协韩国】0 【协格鲁吉亚】0 【特-1】0【特-2】0【特-3】0 【增】16【出】0【退】13	千克	1	4xy			999	四氟乙烷、一氯四氟乙烷和丁烷的混合物（R416）
382474	00	24	丙烷、二氟一氯甲烷和二氟乙烷的混合物(R418)	Mixtures of propane, chlorodifuoromethane and difluoroethane (R418)	【最】6.5【普】35 【协东盟】0【协香港】0【协澳门】0 【协巴基斯坦】5【协智利】0【协新西兰】0 【协秘鲁】0【协哥斯达黎加】0【协冰岛】0 【协瑞士】0【协澳大利亚】0【协韩国】0 【协格鲁吉亚】0 【特-1】0【特-2】0【特-3】0 【增】16【出】0【退】13	千克	1	4xy			999	丙烷、二氟一氯甲烷和二氟乙烷的混合物（R418）
382474	00	25	二氟一氯甲烷和八氟丙烷的混合物(R509)	Mixtures of chlorodifuoromethane and octafluorpropane(R509)	【最】6.5【普】35 【协东盟】0【协香港】0【协澳门】0 【协巴基斯坦】5【协智利】0【协新西兰】0 【协秘鲁】0【协哥斯达黎加】0【协冰岛】0 【协瑞士】0【协澳大利亚】0【协韩国】0 【协格鲁吉亚】0 【特-1】0【特-2】0【特-3】0 【增】16【出】0【退】13	千克	1	4xy			999	二氟一氯甲烷和八氟丙烷的混合物（R509）
382474	00	26	二氟一氯甲烷和一氯二氟乙烷的混合物	Mixtures of chlorodifuoromethane and chlorodifluoroethane	【最】6.5【普】35 【协东盟】0【协香港】0【协澳门】0 【协巴基斯坦】5【协智利】0【协新西兰】0 【协秘鲁】0【协哥斯达黎加】0【协冰岛】0 【协瑞士】0【协澳大利亚】0【协韩国】0 【协格鲁吉亚】0 【特-1】0【特-2】0【特-3】0 【增】16【出】0【退】13	千克	1	4xy			101 999	二氟一氯甲烷和一氯二氟乙烷的混合物（二氟一氯甲烷，氯二氟甲烷） 二氟一氯甲烷和一氯二氟乙烷的混合物（其他）
382474	00	90	其他含甲烷、乙烷或丙烷的氢氯氟烃混合物（不论是否含甲烷、乙烷或丙烷的全氟烃或氢氟烃，但不含全氯氟烃）	Other HCFCs mixtures containing methane, ethane or propane (perfluorocarbons or hydrofluorocarbons whether or not containing methane, ethane or propane, but not containing CFCs)	【最】6.5【普】35 【协东盟】0【协香港】0【协澳门】0 【协巴基斯坦】5【协智利】0【协新西兰】0 【协秘鲁】0【协哥斯达黎加】0【协冰岛】0 【协瑞士】0【协澳大利亚】0【协韩国】0 【协格鲁吉亚】0 【特-1】0【特-2】0【特-3】0 【增】16【出】0【退】13	千克	1	4xy			999	其他含甲烷、乙烷或丙烷的氢氯氟烃混合物（不论是否含甲烷、乙烷或丙烷的全氟烃或氢氟烃，但不含全氯氟烃）

税则号列			货品名称中英文		税费综合信息	计量单位	监管证件代码		检验检疫类别		检验检疫编码	检验检疫编码对应中文名称
HS国际统一前6位	本国子目7~8位	9~10位	中文 货物名称	英文 Article Description			进口	出口	进口	出口		
382475	00		含四氯化碳的混合物	Mixtures containing carbon tetrachloride	【最】6.5【普】35 【协亚太】4.2【协东盟】0【协香港】0 【协澳门】0【协巴基斯坦】5【协智利】0 【协新西兰】0【协秘鲁】0【协哥斯达黎加】0 【协冰岛】0【协瑞士】0【协澳大利亚】0 【协韩国】0【协格鲁吉亚】0 【特-1】0【特-2】0【特-3】0 【增】16【对美加征】5【出】0【退】0	千克					999	含四氯化碳的混合物
382476	00		含1,1,1-三氯乙烷(甲基氯仿)的混合物	Mixtures containing 1,1,1-trichloroethane (methyl chloroform)	【最】6.5【普】35 【协亚太】4.2【协东盟】0【协香港】0 【协澳门】0【协巴基斯坦】5【协智利】0 【协新西兰】0【协秘鲁】0【协哥斯达黎加】0 【协冰岛】0【协瑞士】0【协澳大利亚】0 【协韩国】0【协格鲁吉亚】0 【特-1】0【特-2】0【特-3】0 【增】16【对美加征】10【出】0【退】0	千克					101 999	含1,1,1-三氯乙烷（甲基氯仿）的混合物（汽油氯仿混合液） 含1,1,1-三氯乙烷（甲基氯仿）的混合物（其他）
382477	00		含溴化甲烷（甲基溴）或溴氯甲烷的混合物	Mixtures containing bromomethane (methyl bromide) or bromochloro methane	【最】6.5【普】35 【协东盟】0【协香港】0【协澳门】0 【协巴基斯坦】5【协智利】0【协新西兰】0 【协秘鲁】0【协哥斯达黎加】0【协冰岛】0 【协瑞士】0【协澳大利亚】0【协韩国】0 【协格鲁吉亚】0 【特-1】0【特-2】0【特-3】0 【增】16【出】0【退】0	千克					999	含溴化甲烷（甲基溴）或溴氯甲烷的混合物
382478	00		含甲、乙或丙烷的全氟烃（PFCs）混合物（但不含甲烷、乙烷或丙烷的全氯氟烃（CFCs）或氢氯氟烃（HCFCs）的混合物）	Mixtures containing perfluorocarbons (PFCs) or hydrofluorocarbons (HFCs), but not containing chlorofluorocarbons (CFCs) or hydrochlorofluorocarbons (HCFCs)	【最】6.5【普】35 【协亚太】4.2【协东盟】0【协香港】0 【协澳门】0【协巴基斯坦】5【协智利】0 【协新西兰】0【协秘鲁】0【协哥斯达黎加】0 【协冰岛】0【协瑞士】0【协澳大利亚】0 【协韩国】0【协格鲁吉亚】0 【特-1】0【特-2】0【特-3】0 【增】16【对美加征】10【出】0【退】13	千克					999	含甲、乙或丙烷的全氟烃（PFCs）或氢氟烃（HFCs）混合物（但不含甲烷、乙烷或丙烷的全氯氟烃（CFCs）或氢氯氟烃（HCFCs）的混合物）
382479	00		其他含甲烷、乙烷或丙烷的卤化衍生物的混合物	Other mixtures containing halogenated derivatives of methane, ethane or propane	【最】6.5【普】35 【协东盟】0【协香港】0【协澳门】0 【协巴基斯坦】5【协智利】0【协新西兰】0 【协秘鲁】0【协哥斯达黎加】0【协冰岛】0 【协瑞士】0【协澳大利亚】0【协韩国】0 【协格鲁吉亚】0 【特-1】0【特-2】0【特-3】0 【增】16【对美加征】10【出】0【退】0	千克					101 301 999	其他含甲烷、乙烷或丙烷的卤化衍生物的混合物（氯甲烷和二氯甲烷混合物） 其他含甲烷、乙烷或丙烷的卤化衍生物的混合物（遇水放出易燃气体的物质） 其他含甲烷、乙烷或丙烷的卤化衍生物的混合物（其他）
382481	00		含环氧乙烷（氧化乙烯）的混合物	Mixtures containing oxirane (ethylene oxide)	【最】6.5【普】35 【协亚太】4.2【协东盟】0【协香港】0 【协澳门】0【协巴基斯坦】5【协智利】0 【协新西兰】0【协秘鲁】0【协哥斯达黎加】0 【协冰岛】0【协瑞士】0【协澳大利亚】0 【协韩国】0【协格鲁吉亚】0 【特-1】0【特-2】0【特-3】0 【增】16【对美加征】10【出】0【退】0	千克					999	含环氧乙烷（氧化乙烯）的混合物
382482	00		含多氯联苯(PCBs)、多氯三联苯(PCTs)或多溴联苯(PBBs)的混合物	Mixtures containing polychlorinated biphenyls (PCBs), polychlorinated terphenyls (PCTs) or polybrominated biphenyls (PBBs)	【最】6.5【普】35 【协亚太】4.2【协东盟】0【协香港】0 【协澳门】0【协巴基斯坦】5【协智利】0 【协新西兰】0【协秘鲁】0【协哥斯达黎加】0 【协冰岛】0【协瑞士】0【协澳大利亚】0 【协韩国】0【协格鲁吉亚】0 【特-1】0【特-2】0【特-3】0 【增】16【出】0【退】0	千克					999	含多氯联苯（PCBs）、多氯三联苯（PCTs）或多溴联苯（PBBs）的混合物

税则号列 HS国际统一前6位	本国子目 7~8位	本国子目 9~10位	货品名称中文 货物名称	英文 Article Description	税费综合信息	计量单位	监管证件代码 进口	监管证件代码 出口	检验检疫类别 进口	检验检疫类别 出口	检验检疫编码	检验检疫编码对应中文名称
382483	00		含三（2,3-二溴丙基）磷酸酯的混合物	Mixtures containing tris (2, 3-dibromopropyl) phosphate	【最】6.5【普】35 【协亚太】4.2【协东盟】0【协香港】0 【协澳门】0【协巴基斯坦】5【协智利】0 【协新西兰】0【协秘鲁】0【协哥斯达黎加】0 【协冰岛】0【协瑞士】0【协澳大利亚】0 【协韩国】0【协格鲁吉亚】0 【特-1】0【特-2】0【特-3】0 【增】16【出】0【退】0	千克					999	含三（2,3-二溴丙基）磷酸酯的混合物
382484	00		含艾氏剂（ISO）、毒杀芬（ISO）、氯丹（ISO）、十氯酮（ISO）、DDT（ISO）[滴滴涕（INN），1,1,1-三氯-2，2-双（4-氯苯基）乙烷]、狄氏剂（ISO，INN）、硫丹（ISO）、异狄氏剂（ISO）、七氯（ISO）或灭蚁灵（ISO）的	Containing aldrin (ISO), cam-phechlor (ISO) (toxaphene), chlordane (ISO), chlordecone (ISO), DDT (ISO) clofenotane (INN), 1, 1, 1-trichloro-2, 2-bis (p-chlorophenyl) ethane), dieldrin (ISO, INN), endosulfan (ISO), en-drin (ISO), heptachlor (ISO) or mirex (ISO)	【最】6.5【普】35 【协亚太】4.2【协东盟】0【协香港】0 【协澳门】0【协巴基斯坦】5【协智利】0 【协新西兰】0【协秘鲁】0【协哥斯达黎加】0 【协冰岛】0【协澳大利亚】0【协韩国】4.3 【协格鲁吉亚】0 【特-1】0【特-2】0【特-3】0 【增】16【出】0【退】0	千克					301 999	含艾氏剂（ISO）、毒杀芬（ISO）、氯丹（ISO）、十氯酮（ISO）、DDT（ISO）[滴滴涕（INN）、1,1,1-三氯-2,2-双（4-氯苯基）乙烷]、狄氏剂（ISO，INN）、硫丹（ISO）、异狄氏剂（ISO）、七氯（ISO）或灭蚁灵（ISO）的（其他危险化学品） 含艾氏剂（ISO）、毒杀芬（ISO）、氯丹（ISO）、十氯酮（ISO）、DDT（ISO）[滴滴涕（INN）、1,1,1-三氯-2,2-双（4-氯苯基）乙烷]、狄氏剂（ISO，INN）、硫丹（ISO）、异狄氏剂（ISO）、七氯（ISO）或灭蚁灵（ISO）的（其他化工产品）
382485	00		含1,2,3,4,5,6-六氯环已烷[六六六（ISO）]，包括林丹（ISO，INN）的	Containing 1, 2, 3, 4, 5, 6-hexa-chlorocyclohexane (HCH (ISO)), including lindane (ISO, INN)	【最】6.5【普】35 【协亚太】4.2【协东盟】0【协香港】0 【协澳门】0【协巴基斯坦】5【协智利】0 【协新西兰】0【协秘鲁】0【协哥斯达黎加】0 【协冰岛】0【协澳大利亚】0【协韩国】4.3 【协格鲁吉亚】0 【特-1】0【特-2】0【特-3】0 【增】16【出】0【退】0	千克					301 999	含1,2,3,4,5,6-六氯环已烷［六六六（ISO）］，包括林丹（ISO，INN）的（其他危险化学品） 含1,2,3,4,5,6-六氯环已烷［六六六（ISO）］，包括林丹（ISO，INN）的（其他化工产品）
382486	00		含五氯苯（ISO）或六氯苯（ISO）的	Containing pentachlorobenzene (ISO) or hexachlorobenzene (ISO)	【最】6.5【普】35 【协亚太】4.2【协东盟】0【协香港】0 【协澳门】0【协巴基斯坦】5【协智利】0 【协新西兰】0【协秘鲁】0【协哥斯达黎加】0 【协冰岛】0【协澳大利亚】0【协韩国】4.3 【协格鲁吉亚】0 【特-1】0【特-2】0【特-3】0 【增】16【出】0【退】6	千克					301 999	含五氯苯（ISO）或六氯苯（ISO）的（其他危险化学品） 含五氯苯（ISO）或六氯苯（ISO）的（其他化工产品）
382487	00		含全氟辛基磺酸及其盐，全氟辛基磺胺或全氟辛基磺酰氯的	Containing perfluorooctane sulphonic acid, its salts, per-fluorooctane sulphonamides, or perfluo rooctane sulphonyl fluoride	【最】6.5【普】35【协亚太】4.2 【协东盟】0【协香港】0【协澳门】0 【协巴基斯坦】5【协智利】0【协新西兰】0 【协秘鲁】0【协哥斯达黎加】0【协冰岛】0 【协澳大利亚】0【协韩国】4.3【协格鲁吉亚】0 【特-1】0【特-2】0【特-3】0 【增】16【出】0【退】6	千克					301 999	含全氟辛基磺酸及其盐，全氟辛基磺胺或全氟辛基磺酰氯的（其他危险化学品） 含全氟辛基磺酸及其盐，全氟辛基磺胺或全氟辛基磺酰氯的（其他化工产品）
382488	00		含四、五、六、七或八溴联苯醚的	Containing tetra-, penta-, hexa-hepta-or octabromodiphe-nyl ethers	【最】6.5【普】35【协亚太】4.2 【协东盟】0【协香港】0【协澳门】0 【协巴基斯坦】5【协智利】0【协新西兰】0 【协秘鲁】0【协哥斯达黎加】0 【协冰岛】0【协澳大利亚】0 【协韩国】4.3【协格鲁吉亚】0 【特-1】0【特-2】0【特-3】0 【增】16【出】0【退】6	千克					301 999	含四、五、六、七或八溴联苯醚的（其他危险化学品） 含四、五、六、七或八溴联苯醚的（其他化工产品）

税则号列			货品名称中英文		税费综合信息	计量单位	监管证件代码		检验检疫类别		检验检疫编码	检验检疫编码对应中文名称
HS 国际统一前6位	本国子目 7~8位	9~10位	中文 货物名称	英文 Article Description			进口	出口	进口	出口		
382491	00		主要由(5-乙基-2-甲基-2氧代-1,3,2-二氧磷杂环已-5-基)甲基膦酸二甲酯和双[(5-乙基-2-甲基-2氧代-1,3,2-二氧磷杂环已-5-基)甲基]甲基膦酸酯(阻燃剂FRC-1)组成的混合物及制品	Mixtures and preparations consisting mainly of(5-ethyl-2-methyl-2-oxido-1, 3, 2-dioxaphosphinan-5-Yl) menthylmethyl methylphosphonate and bis((5-ethyl-2-methyl-2-oxido-1, 3, 2-dioxaphosphinan-5-Yl) methyl) methylphosphonate	【最】6.5【普】35 【协亚太】4.2【协东盟】0【协香港】0 【协澳门】0【协巴基斯坦】5【协智利】0 【协新西兰】0【协秘鲁】0【协哥斯达黎加】0 【协冰岛】0【协澳大利亚】0【协韩国】4.3 【协格鲁吉亚】0 【特-1】0【特-2】0【特-3】0 【增】16【出】0【退】6	千克					301 999	主要由(5-乙基-2-甲基-2氧代-1,3,2-二氧磷杂环已-5-基)甲基膦酸二甲酯和双[(5-乙基-2-甲基-2氧代-1,3,2-二氧磷杂环已-5-基)甲基]甲基膦酸酯(阻燃剂FRC-1)组成的混合物及制品(其他危险化学品) 主要由(5-乙基-2-甲基-2氧代-1,3,2-二氧磷杂环已-5-基)甲基膦酸二甲酯和双[(5-乙基-2-甲基-2氧代-1,3,2-二氧磷杂环已-5-基)甲基]甲基膦酸酯(阻燃剂FRC-1)组成的混合物及制品(其他化工产品)
382499	10		杂醇油	Fusel oil	【最】6.5【普】40 【协亚太】4.2【协东盟】0【协巴基斯坦】5 【协智利】0【协新西兰】0【协秘鲁】0 【协哥斯达黎加】0【协冰岛】0【协瑞士】0 【协澳大利亚】0【协韩国】3.2 【协格鲁吉亚】0【协香港】0【协澳门】0 【特-1】0【特-2】0【特-3】0 【增】16【对美加征】5【出】0【退】0	千克					301 999	杂醇油(易燃液体) 杂醇油(其他化工产品)
382499	20		除墨剂、蜡纸改正液及类似品 【电商】	Ink-removers, stencil correc-tors and the like	【最】9【普】80 【协亚太】5.9【协东盟】0【协巴基斯坦】5 【协智利】0【协新西兰】0【协新加坡】0 【协秘鲁】0【协哥斯达黎加】0【协冰岛】0 【协瑞士】0【协澳大利亚】0【协韩国】0 【协格鲁吉亚】0【协香港】0【协澳门】0 【特-1】0【特-2】0【特-3】0 【增】16【对美加征】10【出】0【退】0	千克					301 999	除墨剂、蜡纸改正液及类似品(其他危险化学品) 除墨剂、蜡纸改正液及类似品(其他化工产品)
382499	30		增炭剂	Carburetant	【最】6.5【普】35 【协亚太】5.2【协东盟】0【协巴基斯坦】5 【协智利】0【协新西兰】0【协秘鲁】0 【协哥斯达黎加】0【协冰岛】0【协瑞士】0 【协澳大利亚】0【协韩国】0 【协格鲁吉亚】0【协香港】0【协澳门】0 【特-1】0【特-2】0【特-3】0 【增】16【出】0【退】0	千克					301 999	增炭剂(其他危险化学品) 增炭剂(其他化工产品)
382499	91		按重量计含滑石50%以上的混合物	Mixtures containing more than 50% by weight of talc	【最】6.5【普】35 【协亚太】4.2【协东盟】0【协香港】0 【协澳门】0【协巴基斯坦】5【协智利】0 【协新西兰】0【协秘鲁】0【协哥斯达黎加】0 【协冰岛】0【协瑞士】0【协澳大利亚】0 【协韩国】0【协格鲁吉亚】0 【特-1】0【特-2】0【特-3】0 【增】16【对美加征】10【出】0【退】0	千克	4xy				999	按重量计含滑石50%以上的混合物
382499	92		按重量计含氧化镁70%以上的混合物	Mixtures containing more than 70% by weight of mag nesium oxide	【最】6.5【普】35 【协亚太】4.2【协东盟】0【协香港】0 【协澳门】0【协巴基斯坦】5【协智利】0 【协新西兰】0【协秘鲁】0【协哥斯达黎加】0 【协冰岛】0【协瑞士】0【协澳大利亚】0 【协韩国】0【协格鲁吉亚】0 【特-1】0【特-2】0【特-3】0 【增】16【出】0【退】0	千克	4xy				999	按重量计含氧化镁70%以上的混合物
382499	93		表层包覆钴化合物的氢氧化镍(掺杂碳)	Nickelous hydroxide (doped carbon) covered on the face side with cobalt compound	【最】6.5【普】35 【协亚太】4.2【协东盟】0【协香港】0 【协澳门】0【协巴基斯坦】5【协智利】0 【协新西兰】0【协秘鲁】0【协哥斯达黎加】0 【协冰岛】0【协澳大利亚】0 【协韩国】4.3【协格鲁吉亚】0 【特-1】0【特-2】0【特-3】0 【增】16【出】0【退】6	千克					301 999	表层包覆钴化合物的氢氧化镍(掺杂碳)(其他危险化学品) 表层包覆钴化合物的氢氧化镍(掺杂碳)(其他化工产品)

税则号列			货品名称中英文		税费综合信息	计量单位	监管证件代码		检验检疫类别		检验检疫编码	检验检疫编码对应中文名称
HS国际统一前6位	本国子目7~8位	本国子目9~10位	中文货物名称	英文 Article Description			进口	出口	进口	出口		
382499	99	10	粗制碳化硅［其中碳化硅含量大于15%（按重量计）］【电商】①	Crude silicon carbide, containing more than 15% by weight of silicon carbide	【最】6.5【普】35 【协亚太】4.2【协东盟】0【协香港】0 【协澳门】0【协巴基斯坦】5【协智利】0 【协新西兰】0【协秘鲁】0【协哥斯达黎加】0 【协冰岛】0【协澳大利亚】0【协韩国】4.3 【协格鲁吉亚】0 【特-1】0【特-2】0【特-3】0 【增】16【出】0【退】0	千克		y4x			999	粗制碳化硅［其中碳化硅含量大于15%（按重量计）］
382499	99	20	混胺（二甲胺和三乙胺混合物的水溶液）【电商】②	Mixed amine(dimethylamine and triethylamine mixture in aqueous solution)	【最】6.5【普】35 【协亚太】4.2【协东盟】0【协香港】0 【协澳门】0【协巴基斯坦】5【协智利】0 【协新西兰】0【协秘鲁】0【协哥斯达黎加】0 【协冰岛】0【协澳大利亚】0【协韩国】4.3 【协格鲁吉亚】0 【特-1】0【特-2】0【特-3】0 【增】16【出】0【退】0	千克		3			999	混胺（二甲胺和三乙胺混合物的水溶液）
382499	99	30	氰化物的混合物【电商】③	Mixtures of cyanide	【最】6.5【普】35 【协亚太】4.2【协东盟】0【协香港】0 【协澳门】0【协巴基斯坦】5【协智利】0 【协新西兰】0【协秘鲁】0【协哥斯达黎加】0 【协冰岛】0【协澳大利亚】0【协韩国】4.3 【协格鲁吉亚】0 【特-1】0【特-2】0【特-3】0 【增】16【出】0【退】0	千克					999	氰化物的混合物
382499	99	40	膨胀石墨【电商】④	Expanded graphite	【最】6.5【普】35 【协亚太】4.2【协东盟】0【协香港】0 【协澳门】0【协巴基斯坦】5【协智利】0 【协新西兰】0【协秘鲁】0【协哥斯达黎加】0 【协冰岛】0【协澳大利亚】0【协韩国】4.3 【协格鲁吉亚】0 【特-1】0【特-2】0【特-3】0 【增】16【出】0【退】0	千克		3			999	膨胀石墨
382499	99	50	三乙醇胺混合物、甲基二乙醇胺混合物、环状膦酸酯A和环状膦酸酯B的混合物【电商】⑤	Mixture of methylphosphonic acid (CAS No.170836-68-7), consisting of a mixture of phosphonic acid, methyl -, bis (5-ethyl-2-methyl-2, 2-dioxido-1, 3, 2-dioxaphosphorinan-5-yl) methyl ester (CAS No.41203-81-0) and (5-ethyl-2-methyl-2-oxido-1, 3, 2-dioxaphosphorinan-5-yl) methyl methyl methylphosphonate (CAS No. 42595-45-9)	【最】6.5【普】35 【协亚太】4.2【协东盟】0【协香港】0 【协澳门】0【协巴基斯坦】5【协智利】0 【协新西兰】0【协秘鲁】0【协哥斯达黎加】0 【协冰岛】0【协澳大利亚】0【协韩国】4.3 【协格鲁吉亚】0 【特-1】0【特-2】0【特-3】0 【增】16【出】0【退】6	千克	2	3			999	三乙醇胺混合物、甲基二乙醇胺混合物、环状膦酸酯A和环状膦酸酯B的混合物
382499	99	60	高钛渣（二氧化钛质量百分含量>70%的）【电商】⑥	Titanium slag (containing more than 70% by weight of titanium dioxide)	【最】6.5【普】35【暂进】0 【协亚太】4.2【协东盟】0【协香港】0 【协澳门】0【协巴基斯坦】5【协智利】0 【协新西兰】0【协秘鲁】0【协哥斯达黎加】0 【协冰岛】0【协澳大利亚】0【协韩国】4.3 【协格鲁吉亚】0 【特-1】0【特-2】0【特-3】0 【增】16【出】0【退】0	千克					301 999	高钛渣（二氧化钛质量百分含量>70%的）（其他危险化学品） 高钛渣（二氧化钛质量百分含量>70%的）（其他化工产品）

① 仅限蒸汽眼罩、暖宝宝贴、暖宫贴、肩颈贴。
② 仅限蒸汽眼罩、暖宝宝贴、暖宫贴、肩颈贴。
③ 仅限蒸汽眼罩、暖宝宝贴、暖宫贴、肩颈贴。
④ 仅限蒸汽眼罩、暖宝宝贴、暖宫贴、肩颈贴。
⑤ 仅限蒸汽眼罩、暖宝宝贴、暖宫贴、肩颈贴。
⑥ 仅限蒸汽眼罩、暖宝宝贴、暖宫贴、肩颈贴。

税则号列			货品名称中英文		税费综合信息	计量单位	监管证件代码		检验检疫类别		检验检疫编码	检验检疫编码对应中文名称
HS国际统一前6位	本国子目 7~8位	9~10位	中文 货物名称	英文 Article Description			进口	出口	进口	出口		
382499	99	70	核苷酸类食品添加剂 【电商】①	Nucleotide food additives	【最】6.5【普】35 【协亚太】4.2【协东盟】0【协香港】0 【协澳门】0【协巴基斯坦】5【协智利】0 【协新西兰】0【协秘鲁】0【协哥斯达黎加】0 【协冰岛】0【协澳大利亚】0【协韩国】4.3 【协格鲁吉亚】0 【特-1】0【特-2】0【特-3】0 【增】16【出】0【退】6	千克	A	B	R	S	301 302 999	核苷酸类食品添加剂(有检疫要求食品添加剂) 核苷酸类食品添加剂(需申报仅用于工业用途不用于食品添加剂有检疫要求的化学品) 核苷酸类食品添加剂(其他化工产品)
382499	99	80	按重量计氧化锌含量在50%及以上的混合物 【电商】②	Mixtures containing more than 50% by weight of zinc oxide	【最】6.5【普】35【暂进】3 【协亚太】4.2【协东盟】0【协香港】0 【协澳门】0【协巴基斯坦】5【协智利】0 【协新西兰】0【协秘鲁】0【协哥斯达黎加】0 【协冰岛】0【协澳大利亚】0【协韩国】4.3 【协格鲁吉亚】0 【特-1】0【特-2】0【特-3】0 【增】16【出】0【退】0	千克					301 999	按重量计氧化锌含量在50%及以上的混合物(其他危险化学品) 按重量计氧化锌含量在50%及以上的混合物(其他化工产品)
382499	99	90	其他编号未列名的化工产品[包括水解物或水解料、DMC(六甲基环三硅氧烷,八甲基环四硅氧烷,十甲基环五硅氧烷,十二甲基环六硅氧烷中任何2种,3种或4种组成的混合物)] 【电商】③	Other chemical products, not elsewhere specified or Included, including Hydrolyzate or hydrolysis materials, DMC (the mixtures, composed of any 2,3 or 4 kinds of 6-methyl siloxane ring 3,8-methyl	【最】6.5【普】35 【协亚太】4.2【协东盟】0【协香港】0 【协澳门】0【协巴基斯坦】5【协智利】0 【协新西兰】0【协秘鲁】0【协哥斯达黎加】0 【协冰岛】0【协澳大利亚】0【协韩国】4.3 【协格鲁吉亚】0 【特-1】0【特-2】0【特-3】0 【增】16【出】0【退】6	千克					301 999	其他编号未列名的化工产品[包括水解物或水解料、DMC(六甲基环三硅氧烷,八甲基环四硅氧烷,十甲基环五硅氧烷,十二甲基环六硅氧烷中任何2种,3种或4种组成的混合物)](其他危险化学品) 其他编号未列名的化工产品[包括水解物或水解料、DMC(六甲基环三硅氧烷,八甲基环四硅氧烷,十甲基环五硅氧烷,十二甲基环六硅氧烷中任何2种,3种或4种组成的混合物)](其他化工产品)
382510	00		城市垃圾	Municipal waste	【最】6.5【普】35 【协东盟】0【协巴基斯坦】5【协智利】0 【协新西兰】0【协秘鲁】0【协哥斯达黎加】0 【协冰岛】0【协瑞士】0【协澳大利亚】0 【协韩国】0【协格鲁吉亚】0【协香港】0 【协澳门】0 【特-1】0【特-2】0 【增】16【出】0【退】0	千克	9				999	城市垃圾(包括未经分拣的混合生活垃圾)
382520	00		下水道淤泥	Sewage sludge	【最】6.5【普】35 【协东盟】0【协巴基斯坦】5【协智利】0 【协新西兰】0【协秘鲁】0【协哥斯达黎加】0 【协冰岛】0【协瑞士】0【协澳大利亚】0 【协韩国】0【协格鲁吉亚】0【协香港】0 【协澳门】0 【特-1】0【特-2】0 【增】16【出】0【退】0	千克	9				999	下水道淤泥
382530	00		医疗废物	Clinical waste	【最】6.5【普】35 【协东盟】0【协巴基斯坦】5【协智利】0 【协新西兰】0【协秘鲁】0【协哥斯达黎加】0 【协冰岛】0【协瑞士】0【协澳大利亚】0 【协韩国】0【协格鲁吉亚】0【协香港】0 【协澳门】0 【特-1】0【特-2】0 【增】16【出】0【退】0	千克	9				999	医疗废物

① 仅限蒸汽眼罩、暖宝宝贴、暖宫贴、肩颈贴。
② 仅限蒸汽眼罩、暖宝宝贴、暖宫贴、肩颈贴。
③ 仅限蒸汽眼罩、暖宝宝贴、暖宫贴、肩颈贴。

税则号列			货品名称中英文		税费综合信息	计量单位	监管证件代码		检验检疫类别		检验检疫编码	检验检疫编码对应中文名称
HS 国际统一前 6 位	本国子目 7~8 位	本国子目 9~10 位	中文 货物名称	英文 Article Description			进口	出口	进口	出口		
382541	00		废卤化物的有机溶剂	Waste organic solvents, halogenated	【最】6.5【普】35 【协东盟】0【协巴基斯坦】5【协智利】0 【协新西兰】0【协秘鲁】0【协哥斯达黎加】0 【协冰岛】0【协瑞士】0【协澳大利亚】0 【协韩国】0【协格鲁吉亚】0【协香港】0 【协澳门】0 【特-1】0【特-2】0 【增】16【出】0【退】0	千克	9				999	废卤化物的有机溶剂
382549	00		其他废有机溶剂	Other waste organic solvents	【最】6.5【普】35 【协东盟】0【协巴基斯坦】5【协智利】0 【协新西兰】0【协秘鲁】0【协哥斯达黎加】0 【协冰岛】0【协瑞士】0【协澳大利亚】0 【协韩国】0【协格鲁吉亚】0【协香港】0 【协澳门】0 【特-1】0【特-2】0 【增】16【出】0【退】0	千克	9				999	其他废有机溶剂
382550	00		废的金属酸洗液、液压油及制动油（还包括废的防冻液）	Wastes of metal pickling liquors, hydraulic fluids, brake fluids and antifreeze fluids	【最】6.5【普】35 【协东盟】0【协巴基斯坦】5【协智利】0 【协新西兰】0【协新加坡】0【协秘鲁】0 【协哥斯达黎加】0【协冰岛】0【协瑞士】0 【协澳大利亚】0【协韩国】0 【协格鲁吉亚】0【协香港】0【协澳门】0 【特-1】0【特-2】0 【增】16【出】0【退】0	千克	9				999	废的金属酸洗液、液压油及制动油（还包括废的防冻液）
382561	00		主要含有有机成分的化工废物	Mainly containing organic constituents	【最】6.5【普】35 【协东盟】0【协巴基斯坦】5【协智利】0 【协新西兰】0【协秘鲁】0【协哥斯达黎加】0 【协冰岛】0【协瑞士】0【协澳大利亚】0 【协韩国】0【协格鲁吉亚】0【协香港】0 【协澳门】0 【特-1】0【特-2】0 【增】16【出】0【退】0	千克	9				999	主要含有有机成分的化工废物（其他化学工业及相关工业的废物）
382569	00		其他化工废物	Other waste from chemical or allied industries	【最】6.5【普】35 【协东盟】0【协巴基斯坦】5【协智利】0 【协新西兰】0【协秘鲁】0【协哥斯达黎加】0 【协冰岛】0【协瑞士】0【协澳大利亚】0 【协韩国】0【协格鲁吉亚】0【协香港】0 【协澳门】0 【特-1】0【特-2】0 【增】16【出】0【退】0	千克	9				999	其他化工废物（其他化学工业及相关工业的废物）
382590	00	10	浓缩糖蜜发酵液	Condensed molasses fermentation solubles	【最】6.5【普】35 【协东盟】0【协香港】0【协巴基斯坦】5 【协智利】0【协新西兰】0【协秘鲁】0 【协哥斯达黎加】0【协冰岛】0【协瑞士】0 【协澳大利亚】0【协韩国】0 【协格鲁吉亚】0 【特-1】0【特-2】0 【增】16【对美加征】10【出】0【退】0	千克	A		R		301 302	浓缩糖蜜发酵液（无检疫要求食品添加剂） 浓缩糖蜜发酵液（需申报仅用于工业用途不用于无检疫要求食品添加剂的化学品）
382590	00	90	其他商品编号未列名化工副产品及废物	Other chemical by-products or waste, not else where specified or included	【最】6.5【普】35 【协东盟】0【协香港】0【协巴基斯坦】5 【协智利】0【协新西兰】0【协秘鲁】0 【协哥斯达黎加】0【协冰岛】0【协瑞士】0 【协澳大利亚】0【协韩国】0 【协格鲁吉亚】0 【特-1】0【特-2】0 【增】16【对美加征】10【出】0【退】0	千克	9				999	其他商品编号未列名化工副产品及废物
382600	00	01	纯生物柴油	Pure biodiesel	【最】6.5【普】35 【协亚太】4.2【协东盟】0【协香港】0 【协澳门】0【协巴基斯坦】5【协智利】0 【协新西兰】0【协秘鲁】0【协哥斯达黎加】0 【协冰岛】0【协澳大利亚】0【协韩国】4.3 【协格鲁吉亚】0 【特-1】0【特-2】0【特-3】0 【增】16【对美加征】10【出】0【退】0	千克/升					999	纯生物柴油

税则号列			货品名称中英文		税费综合信息	计量单位	监管证件代码		检验检疫类别		检验检疫编码	检验检疫编码对应中文名称
HS国际统一前6位	本国子目 7~8位	9~10位	中文 货物名称	英文 Article Description			进口	出口	进口	出口		
382600	00	90	其他生物柴油及其混合物	Other biodiesel and mixtures thereof	【最】6.5【普】35 【协亚太】4.2【协东盟】0【协香港】0 【协澳门】0【协巴基斯坦】5【协智利】0 【协新西兰】0【协秘鲁】0【协哥斯达黎加】0 【协冰岛】0【协澳大利亚】0【协韩国】4.3 【协格鲁吉亚】0 【特-1】0【特-2】0【特-3】0 【增】16 【消】1.2元/升【对美加征】10【出】0【退】0	千克/升					999	其他生物柴油及其混合物

第　七　类
塑料及其制品；
橡胶及其制品

SECTION Ⅶ
PLASTICS AND ARTICLES THEREOF;
RUBBER AND ARTICLES THEREOF

注释：

一、由两种或两种以上单独成分配套的货品，其部分或全部成分属于本类范围以内，混合后则构成第六类或第七类的货品，应按混合后产品归入相应的税号，但其组成成分必须同时符合下列条件：

（一）其包装形式足以表明这些成分不需经过改装就可以一起使用的；

（二）一起报验的；以及

（三）这些成分的属性及相互比例足以表明是相互配用的。

二、除税目 39.18 或 39.19 的货品外，印有花纹、文字、图画的塑料、橡胶及其制品，如果所印花纹、字画作为其主要用途，应归入第四十九章。

Section Notes:

1. Goods put up in sets consisting of two or more separate constituents, some or all of which fall in this Section and are intended to be mixed together to obtain a product of Section VI or VII, are to be classified in the heading appropriate to that product, provided that the constituents are:

(a) having regard to the manner in which they are put up, clearly identifiable as being intended to be used together without first being repacked;

(b) presented together; and

(c) identifiable, whether by their nature or by the relative proportions in which they are present, as being complementary one to another.

2. Except for the goods of heading 39.18 or 39.19, plastics, rubber, and articles thereof, printed with motifs, characters or pictorial representations, which are not merely incidental to the primary use of the goods, fall in Chapter 49.

第三十九章
塑料及其制品

Chapter 39
Plastics and articles thereof

注释：

一、本协调制度所称“塑料”，是指税目 39.01 至 39.14 的材料，这些材料能够在聚合时或聚合后在外力（一般是热力和压力，必要时加入溶剂或增塑剂）作用下通过模制、浇铸、挤压、滚轧或其他工序制成一定的形状，成形后除去外力，其形状仍保持不变。

本协调制度所称“塑料”，还应包括钢纸，但不包括第十一类的纺织材料。

二、本章不包括：

（一）税目 27.10 或 34.03 的润滑剂；

（二）税目 27.12 或 34.04 的蜡；

（三）单独的已有化学定义的有机化合物（第二十九章）；

（四）肝素及其盐（税目 30.01）；

（五）税目 39.01 至 39.13 所列的任何产品溶于挥发性有机溶剂的溶液（胶棉除外），但溶剂的重量必须超过溶液重量的 50%（税目 32.08）；税目 32.12 的压印箔；

（六）有机表面活性剂或税目 34.02 的制剂；

（七）再熔胶及酯胶（税目 38.06）；

（八）矿物油（包括汽油）或与矿物油用途相同的其他液体用的配制添加剂（税目 38.11）；

（九）以第三十九章的聚乙二醇、聚硅氧烷或其他聚合物为基本成分配制的液压用液体（税目 38.19）；

Chapter Notes:

1. Throughout the Nomenclature the expression "plastics" means those materials of headings 39.01 to 39.14 which are or have been capable, either at the moment of polymerisation or at some subsequent stage, of being formed under external influence (usually heat and pressure, if necessary with a solvent or plasticiser) by moulding, casting, extruding, rolling or other process into shapes which are retained on the removal of the external influence.

Throughout the Nomenclature any reference to "plastics" also includes vulcanised fibre. The expression, however, does not apply to materials regarded as textile materials of Section XI.

2. This Chapter does not cover:

(a) Lubricating preparations of heading 27.10 or 34.03;

(b) Waxes of heading 27.12 or 34.04;

(c) Separate chemically defined organic compounds (Chapter 29);

(d) Heparin or its salts (heading 30.01);

(e) Solutions (other than collodions) consisting of any of the products specified in headings 39.01 to 39.13 in volatile organic solvents when the weight of the solvent exceeds 50% of the weight of the solution (heading 32.08); stamping foils of heading 32.12;

(f) Organic surface-active agents or preparations of heading 34.02;

(g) Run gums or ester gums (heading 38.06);

(h) Prepared additives for mineral oils (including gasoline) or for other liquids used for the same purposes as mineral oils (heading 38.11);

(ij) Prepared hydraulic fluids based on polyglycols, silicones or other polymers of Chapter 39 (heading 38.19);

（十）附于塑料衬背上的诊断或实验用试剂（税目38.22）；

（十一）第四十章规定的合成橡胶及其制品；

（十二）鞍具及挽具（税目42.01）；税目42.02的衣箱、提箱、手提包及其他容器；

（十三）第四十六章的缏条、编结品及其他制品；

（十四）税目48.14的壁纸；

（十五）第十一类的货品（纺织原料及纺织制品）；

（十六）第十二类的物品（例如，鞋靴、帽类、雨伞、阳伞、手杖、鞭子、马鞭及其零件）；

（十七）税目71.17的仿首饰；

（十八）第十六类的物品（机器、机械器具或电气器具）；

（十九）第十七类的航空器零件及车辆零件；

（二十）第九十章的物品（例如，光学元件、眼镜架及绘图仪器）；

（二十一）第九十一章的物品（例如，钟壳及表壳）；

（二十二）第九十二章的物品（例如，乐器及其零件）；

（二十三）第九十四章的物品（例如，家具、灯具、照明装置、灯箱及活动房屋）；

（二十四）第九十五章的物品（例如，玩具、游戏品及运动用品）；或

（二十五）第九十六章的物品（例如，刷子、纽扣、拉链、梳子、烟斗的嘴及柄、香烟嘴及类似品、保温瓶的零件及类似品、钢笔、活动铅笔、独脚架、双脚架、三角架及类似品）。

(k) Diagnostic or laboratory reagents on a backing of plastics (heading 38.22);

(l) Synthetic rubber, as defined for the purposes of Chapter 40, or articles thereof;

(m) Saddlery or harness (heading 42.01) or trunks, suitcases, handbags or other containers of heading 42.02;

(n) Plaits, wickerwork or other articles of Chapter 46;

(o) Wall coverings of heading 48.14;

(p) Goods of Section XI (textiles and textile articles);

(q) Articles of Section XII (for example, footwear, headgear, umbrellas, sun umbrellas, walking-sticks, whips, riding-crops or parts thereof);

(r) Imitation jewellery of heading 71.17;

(s) Articles of Section XVI (machines and mechanical or electrical appliances);

(t) Parts of aircraft or vehicles of Section XVII;

(u) Articles of Chapter 90 (for example, optical elements, spectacle frames, drawing instruments);

(v) Articles of Chapter 91 (for example, clock or watch cases);

(w) Articles of Chapter 92 (for example, musical instruments or parts thereof);

(x) Articles of Chapter 94 (for example, furniture, lamps and lighting fittings, illuminated signs, prefabricated buildings);

(y) Articles of Chapter 95 (for example, toys, games, sports requisites); or

(z) Articles of Chapter 96 (for example, brushes, buttons, slide fasteners, combs, mouthpieces or stems for smoking pipes, cigarette-holders or the like, parts of vacuum flasks or the like, pens, propelling pencils, and monopods, bipods, tripods and similar articles).

三、税目39.01至39.11仅适用于化学合成的下列货品：

（一）采用减压蒸馏法，在压力转换为1013毫巴下的温度300℃时，以体积计馏出量小于60%的液体合成聚烯烃（税目39.01及39.02）；

（二）非高度聚合的苯并呋喃-茚树脂（税目39.11）；

（三）平均至少有五个单体单元的其他合成聚合物；

（四）聚硅氧烷（税目39.10）；

（五）甲阶酚醛树脂（税目39.09）及其他预聚物。

3. Headings 39.01 to 39.11 apply only to goods of a kind produced by chemical synthesis, falling in the following categories:

(a) Liquid synthetic polyolefins of which less than 60% by volume distils at 300℃, after conversion to 1013 millibars when a reduced-pressure distillation method is used (headings 39.01 and 39.02);

(b) Resins, not highly polymerised, of the coumarone-indene type (heading 39.11);

(c) Other synthetic polymers with an average of at least 5 monomer units;

(d) Silicones (heading 39.10);

(e) Resols (heading 39.09) and other prepolymers.

四、所称"共聚物"，包括在整个聚合物中按重量计没有一种单体单元的含量在95%及以上的各种聚合物。

在本章中，除条文另有规定的以外，共聚物（包括共缩聚物、共加聚物，嵌段共聚物及接枝共聚物）及聚合物混合体应按聚合物中重量最大的那种共聚单体单元所构成的聚合物归入相应税号。在本注释中，归入同一税号的聚合物的共聚单体单元应作为一种单体单元对待。

如果没有任何一种共聚单体单元重量为最大，共聚物或聚合物混合体应按号列顺序归入其可归入的最末一个税号。

4. The expression "copolymers" covers all polymers in which no single monomer unit contributes 95% or more by weight to the total polymer content.

For the purposes of this Chapter, except where the context otherwise requires, copolymers (including co-polycondensates, co-polyaddition products, block copolymers and graft copolymers) and polymer blends are to be classified in the heading covering polymers of that comonomer unit which predominates by weight over every other single comonomer unit. For the purposes of this Note, constituent comonomer units of polymers falling in the same heading shall be taken together.

If no single comonomer unit predominates, copolymers or polymer blends, as the case may be, are to be classified in the heading which occurs last in numerical order among those which equally merit consideration.

五、化学改性聚合物，即聚合物主链上的支链通过化学反应发生了变化的聚合物，应按未改性的聚合物的相应税号归类。本规定不适用于接枝共聚物。

5. Chemically modified polymers, that is those in which only appendages to the main polymer chain have been changed by chemical reaction, are to be classified in the heading appropriate to the unmodified polymer. This provision does not apply to graft copolymers.

六、税目39.01至39.14所称"初级形状"，只限于下列各种形状：

（一）液状及糊状，包括分散体（乳浊液及悬浮液）及溶液；

（二）不规则形状的块，团、粉（包括压型粉）、颗粒、粉片及类似的散装形状。

6. In headings 39.01 to 39.14, the expression "primary forms" applies only to the following forms:

(a) Liquids and pastes, including dispersions (emulsions and suspensions) and solutions;

(b) Blocks of irregular shape, lumps, powders (including moulding powders), granules, flakes and similar bulk forms.

七、税目39.15不适用于已制成初级形状的单一的热塑材料废碎料及下脚料（税目39.01至39.14）。

7. Heading 39.15 does not apply to waste, parings and scrap of a single thermoplastic material, transformed into primary forms (headings 39.01 to 39.14).

八、税目39.17所称"管子"，是指通常用于输送或供给气体或液体的空心制品或半制品（例如，肋纹浇花软管、多孔管），还包括香肠用肠衣及其他扁平管。除肠衣及扁平管外，内截面如果不呈圆形、椭圆形、矩形（其长度不超过宽度的1.5倍）或正几何形，则不能视为管子，而应作为异型材。

8. For the purposes of heading 39.17, the expression "tubes, pipes and hoses" means hollow products, whether semi-manufactures or finished products, of a kind generally used for conveying, conducting or distributing gases or liquids (for example, ribbed garden hose, perforated tubes). This expression also includes sausage casings and other lay-flat tubing. However, except for the last-mentioned, those having an internal cross-section other than round, oval, rectangular (in which the length does not exceed 1.5 times the width) or in the shape of a regular polygon are not to be regarded as tubes, pipes and hoses but as profile shapes.

九、税目39.18所称"塑料糊墙品"，适用于墙壁或天花板装饰用的宽度不小于45厘米的成卷产品，这类产品是将塑料牢固地附着在除纸张以外任何材料的衬背上，并且在塑料面起纹、压花、着色、印制图案或用其他方法装饰。

9. For the purposes of heading 39.18, the expression "wall or ceiling coverings of plastics" applies to products in rolls, of a width not less than 45cm, suitable for wall or ceiling decoration, consisting of plastics fixed permanently on a backing of any material other than paper, the layer of plastics (on the face side) being grained, embossed, coloured, design-printed or otherwise decorated.

十、税目39.20及39.21所称"板、片、膜、箔、扁条"，只适用于未切割或仅切割成矩形（包括正方形）（含切割后即可供使用的），但未经进一步加工的板、片、膜、箔、扁条（第五十四章的物品除外）及正几何形块，不论是否经过印制或其他表面加工。

10. In headings 39.20 and 39.21, the expression "plates, sheets, film, foil and strip" applies only to plates, sheets, film, foil and strip (other than those of Chapter 54) and to blocks of regular geometric shape, whether or not printed or otherwise surface-worked, uncut or cut into rectangles (including squares) but not further worked (even if when so cut they become articles ready for use).

十一、税目39.25只适用于第二分章以前各税号未包括的下列物品：

（一）容积超过300升的囤、柜（包括化粪池）、罐、桶及类似容器；

（二）用于地板、墙壁、隔墙、天花板或屋顶等方面的结构件；

（三）槽管及其附件；

（四）门、窗及其框架和门槛；

（五）阳台、栏杆、栅栏、栅门及类似品；

（六）窗板、百叶窗（包括威尼斯式百叶窗）或类似品及其零件、附件；

11. Heading 39.25 applies only to the following articles, not being products covered by any of the earlier headings of sub-Chapter II:

(a) Reservoirs, tanks (including septic tanks), vats and similar containers, of a capacity exceeding 300L;

(b) Structural elements used, for example, in floors, walls or partitions, ceilings or roofs;

(c) Gutters and fittings thereof;

(d) Doors, windows and their frames and thresholds for doors;

(e) Balconies, balustrades, fencing, gates and similar barriers;

(f) Shutters, blinds (including Venetian blinds) and similar articles and parts and fittings thereof;

（七）商店、工棚、仓库等用的拼装式固定大形货架；

（八）建筑用的特色（例如，凹槽、圆顶及鸽棚式）装饰件；以及

（九）固定装于门窗、楼梯、墙壁或建筑物其他部位的附件及架座，例如，球形把手、拉手、挂钩、托架、毛巾架、开关板及其他护板。

(g) Large-scale shelving for assembly and permanent installation, for example, in shops, workshops, warehouses;

(h) Ornamental architectural features, for example, flutings, cupolas, dovecotes; and

(ij) Fittings and mountings intended for permanent installation in or on doors, windows, staircases, walls or other parts of buildings, for example, knobs, handles, hooks, brackets, towel rails, switch-plates and other protective plates.

子目注释：

一、属于本章任一税号项下的聚合物（包括共聚物）及化学改性聚合物应按下列规则归类：

（一）在同级子目中有一个“其他”子目的：

1. 子目所列聚合物名称冠有“聚（多）”的（例如，聚乙烯及聚酰胺-6,6），是指列名的该种聚合物单体单元含量在整个聚合物中按重量计必须占95%及以上。

2. 子目3901.30、3901.40、3903.20、3903.30及3904.30所列的共聚物，如果该种共聚单体单元含量在整个聚合物中按重量计占95%及以上，应归入上述子目。

3. 化学改性聚合物如未在其他子目具体列名，应归入列明为“其他”的子目内。

4. 不符合上述1、2、3款规定的聚合物，应按聚合物中重量最大的那种单体单元（与其他各种单一的共聚单体单元相比）所构成的聚合物归入该级其他相应子目。为此，归入同一子目的聚合物单体单元应作为一种单体单元对待。只有在同级子目中的聚合物共聚单体单元才可以进行比较。

（二）在同级子目中没有“其他”子目的：

1. 聚合物应按聚合物中重量最大的那种单体单元（与其他各种单一的共聚单体单元相比）所构成的聚合物归入该级相应子目。为此，归入同一子目的聚合物单体单元应作为一种单体单元对待。只有在同级子目中的聚合物共聚单体单元才可以进行比较。

2. 化学改性聚合物应按相应的未改性聚合物的子目归类。

聚合物混合体应按单体单元比例相等、种类相同的聚合物归入相应子目。

Subheading Notes:

1. Within any one heading of this Chapter, polymers (including copolymers) and chemically modified polymers are to be classified according to the following provisions:

(a) Where there is a subheading named "Other" in the same series:

(i) The designation in a subheading of a polymer by the prefix "poly" (for example, polyethylene and polyamide-6,6) means that the constituent monomer unit or monomer units of the named polymer taken together must contribute 95% or more by weight of the total polymer content.

(ii) The copolymers named in subheadings 3901.30, 3901.40, 3903.20, 3903.30 and 3904.30 are to be classified in those subheadings, provided that the comonomer units of the named copolymers contribute 95% or more by weight of the total polymer content.

(iii) Chemically modified polymers are to be classified in the subheading named "Other", provided that the chemically modified polymers are not more specifically covered by another subheading.

(iv) Polymers not meeting (i), (ii) or (iii) above, are to be classified in the subheading, among the remaining subheadings in the series, covering polymers of that monomer unit which predominates by weight over every other single comonomer unit. For this purpose, constituent monomer units of polymers falling in the same subheading shall be taken together. Only the constituent comonomer units of the polymers in the series of subheadings under consideration are to be compared.

(b) Where there is no subheading named "Other" in the same series:

(i) Polymers are to be classified in the subheading covering polymers of that monomer unit which predominates by weight over every other single comonomer unit. For this purpose, constituent monomer units of polymers falling in the same subheading shall be taken together. Only the constituent comonomer units of the polymers in the series under consideration are to be compared.

(ii) Chemically modified polymers are to be classified in the subheading appropriate to the unmodified polymer.

Polymer blends are to be classified in the same subheading as polymers of the same monomer units in the same proportions.

二、子目3920.43所称“增塑剂”，包括“次级增塑剂”。

2. For the purposes of subheading 3920.43, the term “plasticisers” includes secondary plasticisers.

税则号列 HS国际统一前6位	本国子目 7~8位	本国子目 9~10位	货品名称中英文 中文 货物名称	货品名称中英文 英文 Article Description	税费综合信息	计量单位	监管证件代码 进口	监管证件代码 出口	检验检疫类别 进口	检验检疫类别 出口	检验检疫编码	检验检疫编码对应中文名称
390110	00	01	初级形状比重<0.94的聚乙烯（进口CIF价高于3800美元/吨）	Polyethylene having a specific gravity of less than 0.94, in primary forms, import CIF price is more than 3800 U.S. dollars/ton, in primary forms	【最】6.5【普】45【暂进】3 【协亚太】6【协香港】0【协澳门】0 【协巴基斯坦】6【协智利】0【协新西兰】0 【协哥斯达黎加】0【协冰岛】0【协瑞士】3.7 【协澳大利亚】0【协韩国】5.9 【增】16【出】0【退】16	千克					999	初级形状比重<0.94的聚乙烯（进口CIF价高于3800美元/吨）
390110	00	90	初级形状比重<0.94的聚乙烯	Polyethylene having a specific gravity of less than 0.94, in primary forms, import CIF price is not more than 3800 U.S. dollars/ton, in primary forms	【最】6.5【普】45 【协亚太】6【协香港】0【协澳门】0 【协巴基斯坦】6【协智利】0【协新西兰】0 【协哥斯达黎加】0【协冰岛】0【协瑞士】3.7 【协澳大利亚】0【协韩国】5.9 【增】16【出】0【退】16	千克					999	初级形状比重<0.94的聚乙烯
390120	00	01	初级形状比重≥0.94的聚乙烯（进口CIF价高于3800美元/吨）	Polyethylene having a specific gravity of 0.94 or more, in primary forms, import CIF price is more than 3800 U.S. dollars/ton, in primary forms	【最】6.5【普】45【暂进】3 【协亚太】6【协香港】0【协澳门】0 【协巴基斯坦】6【协智利】0【协新西兰】0 【协哥斯达黎加】0【协冰岛】0【协瑞士】3.7 【协澳大利亚】0【协韩国】5.9 【增】16【对美加征】25【出】0【退】16	千克					999	初级形状比重≥0.94的聚乙烯（进口CIF价高于3800美元/吨）
390120	00	90	初级形状比重≥0.94的聚乙烯	Polyethylene having a specific gravity of 0.94 or more, in primary forms, import CIF price is not more than 3800 U.S. dollars/ton, in primary forms	【最】6.5【普】45 【协亚太】6【协香港】0【协澳门】0 【协巴基斯坦】6【协智利】0【协新西兰】0 【协哥斯达黎加】0【协冰岛】0【协瑞士】3.7 【协澳大利亚】0【协韩国】5.9 【增】16【对美加征】25【出】0【退】16	千克					999	初级形状比重≥0.94的聚乙烯
390130	00		初级形状乙烯-乙酸乙烯酯共聚物	Ethylene-vinyl acetate copolymers, in primary forms	【最】6.5【普】45 【协亚太】6【协东盟】0【协香港】0 【协巴基斯坦】5【协智利】0【协新西兰】0 【协秘鲁】0【协哥斯达黎加】0【协冰岛】0 【协瑞士】0【协澳大利亚】0【协韩国】5.9 【特-1】0【特-2】0 【增】16【对美加征】25【出】0【退】10	千克					999	初级形状乙烯-乙酸乙烯酯共聚物
390140	10		乙烯-丙烯共聚物（乙丙橡胶），比重小于0.94	Ethylene-propylene copolymers	【最】6.5【普】45 【协东盟】0【协巴基斯坦】5【协智利】0 【协新西兰】0【协新加坡】0【协秘鲁】0 【协哥斯达黎加】0【协冰岛】0【协瑞士】0 【协澳大利亚】0【协韩国】4.3 【协格鲁吉亚】0【协香港】0【协澳门】0 【特-1】0【特-2】0 【增】16【对美加征】25【出】0【退】10	千克					999	乙烯-丙烯共聚物（乙丙橡胶），比重小于0.94（初级形状，乙烯单体单元的含量大于丙烯单体单元）
390140	20		线型低密度聚乙烯，比重小于0.94	Linearity low density polyeth-Ylene	【最】6.5【普】45 【协东盟】0【协巴基斯坦】5【协智利】0 【协新西兰】0【协新加坡】0【协哥斯达黎加】0 【协冰岛】0【协澳大利亚】0【协香港】0 【协澳门】0 【特-1】0【特-2】0【特-3】0 【增】16【对美加征】25【出】0【退】16	千克					999	线型低密度聚乙烯，比重小于0.94（初级形状的）
390140	90		其他乙烯-α-烯烃共聚物，比重小于0.94	Other ethylene-alpha-otefcn copolymers	【最】6.5【普】45 【协亚太】4.2【协东盟】0【协香港】0 【协澳门】0【协巴基斯坦】5【协智利】0 【协新西兰】0【协新加坡】0【协秘鲁】0 【协哥斯达黎加】0【协冰岛】0【协瑞士】0 【协澳大利亚】0【协韩国】4.2 【协格鲁吉亚】0 【特-1】0【特-2】0 【增】16【出】0【退】16	千克					999	其他乙烯-α-烯烃共聚物，比重小于0.94

税则号列 HS国际统一前6位	本国子目 7~8位	本国子目 9~10位	货品名称中英文 中文 货物名称	英文 Article Description	税费综合信息	计量单位	监管证件代码 进口	监管证件代码 出口	检验检疫类别 进口	检验检疫类别 出口	检验检疫编码	检验检疫编码对应中文名称
390190	10		其他乙烯-丙烯共聚物（乙丙橡胶）（初级形状，乙烯单体单元的含量大于丙烯单体单元）	Ethylene-propylene copolymers (ethylene monomer unit by weight is over propylene monomer unit), in primary forms	【最】6.5【普】45 【协东盟】0【协巴基斯坦】5【协智利】0 【协新西兰】0【协新加坡】0【协秘鲁】0 【协哥斯达黎加】0【协冰岛】0【协瑞士】0 【协澳大利亚】0【协韩国】4.3 【协格鲁吉亚】0【协香港】0【协澳门】0 【特-1】0【特-2】0 【增】16【对美加征】25【出】0【退】10	千克					999	其他乙烯-丙烯共聚物（乙丙橡胶）（初级形状，乙烯单体单元的含量大于丙烯单体单元）
390190	90		其他初级形状的乙烯聚合物	Other polymers of ethylene, in primary forms	【最】6.5【普】45 【协亚太】4.2【协东盟】0【协香港】0 【协澳门】0【协巴基斯坦】5【协智利】0 【协新西兰】0【协新加坡】0【协秘鲁】0 【协哥斯达黎加】0【协冰岛】0【协瑞士】0 【协澳大利亚】0【协韩国】4.2 【协格鲁吉亚】0 【特-1】0【特-2】0 【增】16【出】0【退】16	千克					999	其他初级形状的乙烯聚合物
390210	00	10	电工级初级形状聚丙烯树脂（灰分含量不大于30ppm）	Polypropylene of electrical grade, in primary forms, containing not more than 30ppm of ash	【最】6.5【普】45【暂进】3 【协东盟】0【协香港】0【协澳门】0 【协巴基斯坦】5【协智利】0【协新西兰】0 【协新加坡】0【协哥斯达黎加】0【协冰岛】0 【协瑞士】3.7【协澳大利亚】0 【增】16【对美加征】25【出】0【退】16	千克					999	电工级初级形状聚丙烯树脂（灰分含量不大于30ppm）
390210	00	90	其他初级形状的聚丙烯	Other polypropylene in primary forms	【最】6.5【普】45 【协东盟】0【协香港】0【协澳门】0 【协巴基斯坦】5【协智利】0【协新西兰】0 【协新加坡】0【协哥斯达黎加】0【协冰岛】0 【协瑞士】3.7【协澳大利亚】0 【增】16【对美加征】25【出】0【退】16	千克					999	其他初级形状的聚丙烯
390220	00		初级形状的聚异丁烯	Polyisobutylene, in primary forms	【最】6.5【普】45 【协东盟】0【协巴基斯坦】5【协智利】0 【协新西兰】0【协秘鲁】0【协哥斯达黎加】0 【协冰岛】0【协瑞士】0【协澳大利亚】0 【协格鲁吉亚】0【协香港】0【协澳门】0 【特-1】0【特-2】0【特-3】0 【增】16【对美加征】10【出】0【退】10	千克	A		R		101 301	初级形状的聚异丁烯（无检疫要求食品添加剂） 初级形状的聚异丁烯（需申报仅用于工业用途不用于无检疫要求食品添加剂的化学品）
390230	10		乙烯-丙烯共聚物（乙丙橡胶）（丙烯单体单元的含量大于乙烯单体单元）	Ethylene-propylene copolymers(propylene monomer unit by weight is over ethylene monomer unit), in primary forms	【最】6.5【普】45 【协亚太】6【协东盟】0【协香港】0 【协巴基斯坦】5【协智利】0【协新西兰】0 【协新加坡】0【协秘鲁】0【协台湾】0 【协哥斯达黎加】0【协冰岛】0【协瑞士】0 【协澳大利亚】0【协韩国】4.3 【协格鲁吉亚】0 【特-1】0【特-2】0【特-3】0 【增】16【对美加征】25【出】0【退】10	千克					999	乙烯-丙烯共聚物（乙丙橡胶）（丙烯单体单元的含量大于乙烯单体单元）
390230	90		其他初级形状的丙烯共聚物	Other propylene copolymers, in primary forms	【最】6.5【普】45【协亚太】6 【协东盟】0【协香港】0【协巴基斯坦】5 【协智利】0【协新西兰】0【协新加坡】0 【协秘鲁】0【协哥斯达黎加】0【协冰岛】0 【协瑞士】0【协澳大利亚】0【协韩国】6 【协香港】0【协澳门】0 【特-1】0【特-2】0【特-3】0 【增】16【对美加征】25【出】0【退】13	千克					999	其他初级形状的丙烯共聚物
390290	00	10	端羧基聚丁二烯，CTPB	Carboxyl-terminated polybutadiene, of a kind used as adhesive or fuel	【最】6.5【普】45 【协东盟】0【协巴基斯坦】5【协智利】0 【协新西兰】0【协新加坡】0【协秘鲁】0 【协台湾】0【协哥斯达黎加】0【协冰岛】0 【协瑞士】0【协澳大利亚】0【协格鲁吉亚】0 【协香港】0【协澳门】0 【特-1】0【特-2】0【特-3】0 【增】16【对美加征】5【出】0【退】10	千克		3			999	端羧基聚丁二烯，CTPB（做粘接剂或燃料）

税则号列			货品名称中英文		税费综合信息	计量单位	监管证件代码		检验检疫类别		检验检疫编码	检验检疫编码对应中文名称
HS国际统一前6位	本国子目 7~8位	9~10位	中文 货物名称	英文 Article Description			进口	出口	进口	出口		
390290	00	20	端羟基聚丁二烯，HTPB	Hydroxyl-terminated polybutadiene, of a kind used as adhesive or fuel	【最】6.5【普】45 【协东盟】0【协巴基斯坦】5【协智利】0 【协新西兰】0【协新加坡】0【协秘鲁】0 【协台湾】0【协哥斯达黎加】0【协冰岛】0 【协瑞士】0【协澳大利亚】0【协格鲁吉亚】0 【协香港】0【协澳门】0 【特-1】0【特-2】0【特-3】0 【增】16【对美加征】5【出】0【退】10	千克		3			999	端羟基聚丁二烯，HTPB（做粘接剂或燃料）
390290	00	90	其他初级形状的烯烃聚合物	Polymers of other olefins, in primary forms	【最】6.5【普】45 【协东盟】0【协巴基斯坦】5【协智利】0 【协新西兰】0【协新加坡】0【协秘鲁】0 【协台湾】0【协哥斯达黎加】0【协冰岛】0 【协瑞士】0【协澳大利亚】0【协格鲁吉亚】0 【协香港】0【协澳门】0 【特-1】0【特-2】0【特-3】0 【增】16【对美加征】5【出】0【退】10	千克					999	其他初级形状的烯烃聚合物
390311	00		初级形状的可发性聚苯乙烯	Polystyrene, expansible, in primary forms	【最】6.5【普】45 【协亚太】6【协东盟】0【协巴基斯坦】5 【协智利】0【协新西兰】0【协新加坡】0 【协秘鲁】0【协哥斯达黎加】0【协冰岛】0 【协瑞士】0【协澳大利亚】0【协韩国】5.9 【协格鲁吉亚】3.9【协香港】0【协澳门】0 【特-1】0【特-2】0【特-3】0 【增】16【对美加征】5【出】0【退】10	千克					301	初级形状的可发性聚苯乙烯（杂项物质）
390319	10		改性的初级形状的非可发性的聚苯乙烯	Polystyrene, modified, unexpansible, in primary forms	【最】6.5【普】45 【协亚太】6【协东盟】0【协香港】0 【协巴基斯坦】5【协智利】0【协新西兰】0 【协新加坡】0【协秘鲁】0【协哥斯达黎加】0 【协冰岛】0【协瑞士】0【协澳大利亚】0 【协韩国】4.8 【特-1】0【特-2】0【特-3】0 【增】16【对美加征】10【出】0【退】16	千克					999	改性的初级形状的非可发性的聚苯乙烯
390319	90		其他初级形状的聚苯乙烯	Other polystyrene, in primary forms	【最】6.5【普】45【协亚太】6 【协东盟】0【协香港】0【协巴基斯坦】5 【协智利】0【协新西兰】0【协新加坡】0 【协秘鲁】0【协哥斯达黎加】0【协冰岛】0 【协瑞士】0【协澳大利亚】0【协韩国】4.8 【特-1】0【特-2】0【特-3】0 【增】16【对美加征】10【出】0【退】10	千克					999	其他初级形状的聚苯乙烯
390320	00		初级形状苯乙烯-丙烯腈共聚物	Styrene-acrylonitrile (SAN) copolymers, in primary forms	【最】12【普】45 【协东盟】0【协巴基斯坦】6【协智利】0 【协新西兰】0【协新加坡】0【协秘鲁】0 【协台湾】0【协哥斯达黎加】0【协冰岛】0 【协瑞士】4.8【协澳大利亚】0【协韩国】9.6 【协格鲁吉亚】0【协香港】0【协澳门】0 【特-1】0【特-2】0 【增】16【对美加征】10【出】0【退】10	千克					999	初级形状苯乙烯-丙烯腈共聚物
390330	10		改性的丙烯腈-丁二烯-苯乙烯共聚物	Acrylonitrile-butadiene-styrene (ABS), modified	【最】6.5【普】45 【协亚太】6【协东盟】0【协香港】0【协澳门】0 【协巴基斯坦】5【协智利】0【协新西兰】0 【协新加坡】0【协秘鲁】0【协哥斯达黎加】0 【协冰岛】0【协瑞士】3.7【协澳大利亚】0 【协韩国】4.8 【特-1】0【特-2】0【特-3】0 【增】16【对美加征】10【出】0【退】16	千克					999	改性的丙烯腈-丁二烯-苯乙烯共聚物（初级形状的ABS树脂）
390330	90		其他丙烯腈-丁二烯-苯乙烯共聚	Acrylonitrile-butadiene-styrene(ABS)	【最】6.5【普】45 【协亚太】6【协东盟】0【协香港】0 【协澳门】0【协巴基斯坦】5【协智利】0 【协新西兰】0【协新加坡】0【协秘鲁】0 【协哥斯达黎加】0【协冰岛】0【协瑞士】2.6 【协澳大利亚】0【协韩国】4.8 【特-1】0【特-2】0【特-3】0 【增】16【对美加征】10【出】0【退】10	千克					999	其他丙烯腈-丁二烯-苯乙烯共聚物（初级形状的ABS树脂）

税则号列			货品名称中英文		税费综合信息	计量单位	监管证件代码		检验检疫类别		检验检疫编码	检验检疫编码对应中文名称
HS国际统一前6位	本国子目 7~8位	9~10位	中文 货物名称	英文 Article Description			进口	出口	进口	出口		
390390	00		初级形状的其他苯乙烯聚合物	Other polymers of styrene, in primary forms	【最】6.5【普】45 【协亚太】6【协东盟】0【协香港】0 【协巴基斯坦】5【协智利】0【协新西兰】0 【协新加坡】0【协秘鲁】0【协台湾】0 【协哥斯达黎加】0【协冰岛】0【协瑞士】0 【协澳大利亚】0【协韩国】4.3 【协格鲁吉亚】0 【特-1】0【特-2】0【特-3】0 【增】16【对美加征】5【出】0【退】10	千克					999	初级形状的其他苯乙烯聚合物
390410	10		聚氯乙烯糊树脂	Poly(vinyl chloride) paste resin, not mixed with any other substances	【最】6.5【普】45 【协亚太】4.2【协东盟】0【协巴基斯坦】6 【协智利】0【协新西兰】0【协新加坡】0 【协秘鲁】0【协哥斯达黎加】0【协冰岛】0 【协瑞士】0【协澳大利亚】0【协韩国】4.8 【协格鲁吉亚】3.9【协香港】0【协澳门】0 【特-1】0【特-2】0【特-3】0 【增】16【对美加征】10【出】0【退】16	千克					999	聚氯乙烯糊树脂（纯指未掺其他物质）
390410	90	01	聚氯乙烯纯粉	Pure poly(vinyl chloride) powder, not mixed with any other substances	【最】6.5【普】45 【协亚太】4.2【协东盟】0【协巴基斯坦】6 【协智利】0【协新西兰】0【协新加坡】0 【协秘鲁】0【协哥斯达黎加】0【协冰岛】0 【协瑞士】0【协澳大利亚】0【协韩国】4.2 【协香港】0【协澳门】0 【特-1】0【特-2】0【特-3】0 【增】16【反倾】有【出】0【退】16	千克					999	聚氯乙烯纯粉（纯指未掺其他物质）
390410	90	90	其他初级形状的纯聚氯乙烯	Other pure poly(vinyl chloride) in primary forms, not mixed with any other substances	【最】6.5【普】45 【协亚太】4.2【协东盟】0【协巴基斯坦】6 【协智利】0【协新西兰】0【协新加坡】0 【协秘鲁】0【协哥斯达黎加】0【协冰岛】0 【协瑞士】0【协澳大利亚】0【协韩国】4.2 【协香港】0【协澳门】0 【特-1】0【特-2】0【特-3】0 【增】16【出】0【退】16	千克					999	其他初级形状的纯聚氯乙烯（纯指未掺其他物质）
390421	00		初级形状未塑化的聚氯乙烯	Poly(vinyl chloride), non-plasticized, in primary forms	【最】6.5【普】45 【协东盟】0【协香港】0【协巴基斯坦】5 【协智利】0【协新西兰】0【协新加坡】0 【协秘鲁】0【协哥斯达黎加】0【协冰岛】0 【协瑞士】0【协澳大利亚】0【协韩国】4.8 【协格鲁吉亚】3.9 【特-1】0【特-2】0【特-3】0 【增】16【对美加征】5【出】0【退】16	千克					999	初级形状未塑化的聚氯乙烯
390422	00		初级形状已塑化的聚氯乙烯	Poly(vinyl chloride), plasticized, in primary forms	【最】6.5【普】45 【协东盟】0【协香港】0【协智利】0 【协新西兰】0【协新加坡】0【协秘鲁】0 【协哥斯达黎加】0【协冰岛】0【协瑞士】0 【协澳大利亚】0【协韩国】4.8 【特-1】0【特-2】0【特-3】0 【增】16【对美加征】5【出】0【退】16	千克					999	初级形状已塑化的聚氯乙烯
390430	00		氯乙烯-乙酸乙烯酯共聚物	Vinyl chloride-vinyl acetate copolymers, in primary forms	【最】9【普】45 【协亚太】8.6【协东盟】0【协巴基斯坦】5 【协智利】0【协新西兰】0【协秘鲁】0 【协哥斯达黎加】0【协冰岛】0【协瑞士】0 【协澳大利亚】0【协韩国】6 【协格鲁吉亚】0【协香港】0【协澳门】0 【特-1】0【特-2】0【特-3】0 【增】16【对美加征】10【出】0【退】10	千克					999	氯乙烯-乙酸乙烯酯共聚物（初级形状的）
390440	00		初级形状的其他氯乙烯共聚物	Other vinyl chloride copolymers, in primary forms	【最】12【普】45 【协亚太】7.8【协东盟】0【协巴基斯坦】6 【协智利】0【协新西兰】0【协新加坡】0 【协秘鲁】0【协哥斯达黎加】0【协冰岛】0 【协瑞士】4.8【协澳大利亚】0【协韩国】8 【协格鲁吉亚】0【协香港】0【协澳门】0 【特-1】0【特-2】0 【增】16【对美加征】10【出】0【退】10	千克					999	初级形状的其他氯乙烯共聚物

税则号列 HS国际统一前6位	本国子目 7~8位	本国子目 9~10位	货品名称 中文 货物名称	货品名称 英文 Article Description	税费综合信息	计量单位	监管证件代码 进口	监管证件代码 出口	检验检疫类别 进口	检验检疫类别 出口	检验检疫编码	检验检疫编码对应中文名称
390450	00	10	偏二氯乙烯-氯乙烯共聚树脂	Vinylidene chloride - vinyl chloride copolymer resin	【最】6.5【普】45 【协东盟】0【协巴基斯坦】5【协智利】0 【协新西兰】0【协秘鲁】0【协哥斯达黎加】0 【协冰岛】0【协瑞士】0【协澳大利亚】0 【协韩国】0【协格鲁吉亚】0【协香港】0 【协澳门】0 【特-1】0【特-2】0【特-3】0 【增】16【反倾】有【对美加征】10【出】0 【退】10	千克					999	偏二氯乙烯-氯乙烯共聚树脂
390450	00	90	其他偏二氯乙烯聚合物	Other vinylidene chloride polymers, in primary forms	【最】6.5【普】45 【协东盟】0【协巴基斯坦】5【协智利】0 【协新西兰】0【协秘鲁】0【协哥斯达黎加】0 【协冰岛】0【协瑞士】0【协澳大利亚】0 【协韩国】0【协格鲁吉亚】0【协香港】0 【协澳门】0 【特-1】0【特-2】0【特-3】0 【增】16【对美加征】10【出】0【退】10	千克					999	其他偏二氯乙烯聚合物
390461	00		初级形状的聚四氟乙烯	Polytetrafluoroethylene, in primary forms	【最】10【普】45 【协东盟】0【协巴基斯坦】5【协智利】0 【协新西兰】0【协新加坡】0【协秘鲁】0 【协哥斯达黎加】0【协冰岛】0【协瑞士】0 【协澳大利亚】0【协韩国】5【协格鲁吉亚】0 【协香港】0【协澳门】0 【特-1】0【特-2】0【特-3】0 【增】16【对美加征】5【出】0【退】16	千克					999	初级形状的聚四氟乙烯
390469	00		初级形状的其他氟聚合物	Other fluoro-polymers, in primary forms	【最】6.5【普】45 【协东盟】0【协巴基斯坦】5【协智利】0 【协新西兰】0【协秘鲁】0【协哥斯达黎加】0 【协冰岛】0【协瑞士】0【协澳大利亚】0 【协韩国】0【协格鲁吉亚】0【协香港】0 【协澳门】0 【特-1】0【特-2】0【特-3】0 【增】16【对美加征】5【出】0【退】16	千克					999	初级形状的其他氟聚合物
390490	00		初级形状的其他卤化烯烃聚合物	Other polymers of other halogenated olefins, in primary forms	【最】10【普】45 【协东盟】0【协巴基斯坦】5【协智利】0 【协新西兰】0【协秘鲁】0【协哥斯达黎加】0 【协冰岛】0【协瑞士】0【协澳大利亚】0 【协韩国】6.6【协格鲁吉亚】0【协香港】0 【协澳门】0 【特-1】0【特-2】0【特-3】0 【增】16【对美加征】5【出】0【退】10	千克					999	初级形状的其他卤化烯烃聚合物
390512	00		聚乙酸乙烯酯的水分散体	Poly(vinyl acetate), in aqueous dispersion	【最】10【普】45 【协东盟】0【协智利】0【协新西兰】0 【协新加坡】0【协秘鲁】0【协哥斯达黎加】0 【协冰岛】0【协瑞士】0【协澳大利亚】0 【协韩国】6.6【协格鲁吉亚】0【协香港】0 【协澳门】0 【特-1】0【特-2】0 【增】16【对美加征】5【出】0【退】10	千克					101 999	聚乙酸乙烯酯的水分散体(PM2035溶液) 聚乙酸乙烯酯的水分散体(其他)
390519	00		其他初级形状聚乙酸乙烯酯	Other poly(vinyl acetate), in primary forms	【最】10【普】45 【协东盟】0【协巴基斯坦】5【协智利】0 【协新西兰】0【协秘鲁】0【协哥斯达黎加】0 【协冰岛】0【协瑞士】0【协澳大利亚】0 【协韩国】6.6【协格鲁吉亚】0【协香港】0 【协澳门】0 【特-1】0【特-2】0 【增】16【对美加征】10【出】0【退】10	千克					999	其他初级形状聚乙酸乙烯酯
390521	00		乙酸乙烯酯共聚物的水分散体	Vinyl acetate copolymers, in aqueous dispersion	【最】10【普】45 【协东盟】0【协巴基斯坦】5【协智利】0 【协新西兰】0【协新加坡】0【协秘鲁】0 【协台湾】0【协哥斯达黎加】0【协冰岛】0 【协瑞士】0【协澳大利亚】0【协韩国】6.6 【协格鲁吉亚】0【协香港】0【协澳门】0 【特-1】0【特-2】0 【增】16【对美加征】10【出】0【退】10	千克					999	乙酸乙烯酯共聚物的水分散体

税则号列			货品名称中英文		税费综合信息	计量单位	监管证件代码		检验检疫类别		检验检疫编码	检验检疫编码对应中文名称
HS 国际统一前6位	本国子目 7~8位	本国子目 9~10位	中文 货物名称	英文 Article Description			进口	出口	进口	出口		
390529	00		其他初级形状的乙酸乙烯酯共聚物	Other vinyl acetate copolymers, in primary forms	【最】10【普】45 【协东盟】0【协巴基斯坦】5【协智利】0 【协新西兰】0【协新加坡】0【协秘鲁】0 【协哥斯达黎加】0【协冰岛】0【协澳大利亚】0 【协韩国】6.6【协格鲁吉亚】0【协香港】0 【协澳门】0 【特-1】0【特-2】0 【增】16【对美加征】10【出】0【退】10	千克					999	其他初级形状的乙酸乙烯酯共聚物
390530	00		初级形状的聚乙烯醇（不论是否含有未水解的乙酸酯基）	Poly(vinyl alcohol), whether or not containing unhydrolyzed acetate groups	【最】14【普】45 【协东盟】0【协巴基斯坦】11.2【协智利】0 【协新西兰】0【协新加坡】0【协秘鲁】0 【协台湾】0【协哥斯达黎加】0【协冰岛】0 【协瑞士】5.6【协澳大利亚】0【协韩国】7 【协格鲁吉亚】0【协香港】0【协澳门】0 【特-1】0【特-2】0 【增】16【对美加征】10【出】0【退】10	千克	A		R		101 301	初级形状的聚乙烯醇（不论是否含有未水解的乙酸酯基）［聚乙烯醇（无检疫要求食品添加剂）］ 初级形状的聚乙烯醇（不论是否含有未水解的乙酸酯基）（需申报仅用于工业用途不用于无检疫要求食品添加剂的化学品）
390591	00		其他乙烯酯或乙烯基的共聚物	Polymers of other vinyl esters or other vinyl polymers, copolymers, in primary forms	【最】10【普】45 【协东盟】0【协巴基斯坦】5【协智利】0 【协新西兰】0【协秘鲁】0【协哥斯达黎加】0 【协冰岛】0【协瑞士】0【协澳大利亚】0 【协韩国】6.6【协格鲁吉亚】0【协香港】0 【协澳门】0 【特-1】0【特-2】0 【增】16【对美加征】5【出】0【退】10	千克					999	其他乙烯酯或乙烯基的共聚物（初级形状的）
390599	00		其他乙烯酯或乙烯基的聚合物（初级形状的，共聚物除外）	Polymers of other vinyl esters or other vinyl polymers (other than copolymers), in primary forms	【最】10【普】45 【协东盟】0【协香港】0【协智利】0 【协新西兰】0【协秘鲁】0【协哥斯达黎加】0 【协冰岛】0【协瑞士】0【协澳大利亚】0 【协韩国】6.6【协格鲁吉亚】0 【特-1】0【特-2】0 【增】16【对美加征】5【出】0【退】10	千克					999	其他乙烯酯或乙烯基的聚合物（初级形状的，共聚物除外）
390610	00		初级形状的聚甲基丙烯酸甲酯	Poly(methyl methacrylate)	【最】6.5【普】45 【协亚太】6【协东盟】0【协香港】0 【协巴基斯坦】5【协智利】0【协新西兰】0 【协秘鲁】0【协台湾】0【协哥斯达黎加】0 【协冰岛】0【协瑞士】0【协澳大利亚】0 【协韩国】5.9【协格鲁吉亚】3.9 【特-1】0【特-2】0【特-3】0 【增】16【对美加征】10【出】0【退】16	千克					999	初级形状的聚甲基丙烯酸甲酯
390690	10		聚丙烯酰胺	Polyacrylamide	【最】6.5【普】45 【协亚太】6【协东盟】0【协香港】0 【协巴基斯坦】5【协智利】0【协新西兰】0 【协秘鲁】0【协台湾】0【协哥斯达黎加】0 【协冰岛】0【协瑞士】0【协澳大利亚】0 【协韩国】5.9【协格鲁吉亚】0 【特-1】0【特-2】0【特-3】0 【增】16【对美加征】10【出】0【退】10	千克	A		R		301 302	聚丙烯酰胺（无检疫要求食品添加剂） 聚丙烯酰胺（需申报仅用于工业用途不用于无检疫要求食品添加剂的化学品）
390690	90		其他初级形状的丙烯酸聚合物	Other acrylic polymers in primary forms	【最】6.5【普】45 【协亚太】6【协东盟】0【协香港】0 【协巴基斯坦】5【协智利】0【协新西兰】0 【协秘鲁】0【协台湾】0【协哥斯达黎加】0 【协冰岛】0【协瑞士】2.6【协澳大利亚】0 【协韩国】3.2【协格鲁吉亚】0 【特-1】0【特-2】0【特-3】0 【增】16【出】0【退】10	千克					999	其他初级形状的丙烯酸聚合物（饲料添加剂）
390710	10	10	聚甲醛（均聚聚甲醛及改性聚甲醛除外）	Polyoxymethylene (POM), other than homo POM and modification of POM	【最】6.5【普】45 【协亚太】6.1【协东盟】0【协香港】0 【协巴基斯坦】5【协智利】0【协新西兰】0 【协新加坡】0【协秘鲁】0【协台湾】0 【协哥斯达黎加】0【协冰岛】0【协瑞士】0 【协澳大利亚】0【协韩国】4.3 【协格鲁吉亚】0 【特-1】0【特-2】0【特-3】0 【增】16【反倾】有【对美加征】10【出】0 【退】16	千克					999	聚甲醛（均聚聚甲醛及改性聚甲醛除外）

税则号列			货品名称中英文		税费综合信息	计量单位	监管证件代码		检验检疫类别		检验检疫编码	检验检疫编码对应中文名称
HS国际统一前6位	本国子目 7~8位	9~10位	中文 货物名称	英文 Article Description			进口	出口	进口	出口		
390710	10	90	其他聚甲醛	Other Polyoxymethylene(POM)	【最】6.5【普】45 【协亚太】6.1【协东盟】0【协香港】0 【协巴基斯坦】5【协智利】0【协新西兰】0 【协新加坡】0【协秘鲁】0【协台湾】0 【协哥斯达黎加】0【协冰岛】0【协瑞士】0 【协澳大利亚】0【协韩国】4.3 【协格鲁吉亚】0 【特-1】0【特-2】0【特-3】0 【增】16【对美加征】10【出】0【退】16	千克					999	其他聚甲醛
390710	90	10	共聚聚甲醛(改性聚甲醛除外)	Polyformaldehyde, other than modification of POM	【最】6.5【普】45 【协亚太】4.2【协东盟】0【协香港】0 【协巴基斯坦】5【协智利】0【协新西兰】0 【协新加坡】0【协秘鲁】0【协哥斯达黎加】0 【协冰岛】0【协瑞士】0【协澳大利亚】0 【协韩国】0【协格鲁吉亚】0 【特-1】0【特-2】0【特-3】0 【增】16【反倾】有【对美加征】10【出】0 【退】10	千克					999	共聚聚甲醛(改性聚甲醛除外)
390710	90	90	其他聚缩醛	Other polyacetals	【最】6.5【普】45 【协亚太】4.2【协东盟】0【协香港】0 【协巴基斯坦】5【协智利】0【协新西兰】0 【协新加坡】0【协秘鲁】0【协哥斯达黎加】0 【协冰岛】0【协瑞士】0【协澳大利亚】0 【协韩国】0【协格鲁吉亚】0 【特-1】0【特-2】0【特-3】0 【增】16【对美加征】10【出】0【退】10	千克					999	其他聚缩醛
390720	10		聚四亚甲基醚二醇	Polytetramethylene ether glycol(PTMEG)	【最】6.5【普】45【暂进】3 【协亚太】6.1【协东盟】0【协巴基斯坦】5 【协智利】0【协新西兰】0【协新加坡】0 【协秘鲁】0【协台湾】0【协哥斯达黎加】0 【协冰岛】0【协瑞士】0【协澳大利亚】0 【协韩国】0【协格鲁吉亚】0【协香港】0 【协澳门】0 【特-1】0【特-2】0【特-3】0 【增】16【对美加征】10【出】0【退】10	千克					999	聚四亚甲基醚二醇
390720	90		初级形状的其他聚醚	Other polyethers, in primary forms	【最】6.5【普】45 【协亚太】6.1【协东盟】0【协巴基斯坦】5 【协智利】0【协新西兰】0【协新加坡】0 【协秘鲁】0【协哥斯达黎加】0【协冰岛】0 【协瑞士】2.6【协澳大利亚】0【协韩国】4.3 【协格鲁吉亚】0【协香港】0【协澳门】0 【特-1】0【特-2】0【特-3】0 【增】16【出】0【退】16	千克					101 999	初级形状的其他聚醚[含一级易燃溶剂的合成树脂(-18℃≤闪点<23℃),环氧树脂] 初级形状的其他聚醚
390730	00	01	初级形状溴质量≥18%或进口CIF价>3800美元/吨的环氧树脂(如溶于溶剂,以纯环氧树脂折算溴的百分比含量)	Epoxide resins, in primary forms (containing ≥ 18% by weight of bromine or import CIF price is more than 3800 U.S. dollars / ton, if soluting in solvent, pureepoxide resins are converted to content of pecentage of bromine	【最】6.5【普】45【暂进】4 【协亚太】6.1【协东盟】0【协香港】0 【协巴基斯坦】5【协智利】0【协新西兰】0 【协新加坡】0【协秘鲁】0【协台湾】0 【协哥斯达黎加】0【协冰岛】0【协瑞士】3.7 【协澳大利亚】0【协韩国】4.3 【协格鲁吉亚】0 【特-1】0【特-2】0【特-3】0 【增】16【出】0【退】10	千克	A		M		301 999	初级形状溴质量≥18%或进口CIF价>3800美元/吨的环氧树脂(如溶于溶剂,以纯环氧树脂折算溴的百分比含量)(其他危险化学品) 初级形状溴质量≥18%或进口CIF价>3800美元/吨的环氧树脂(如溶于溶剂,以纯环氧树脂折算溴的百分比含量)(其他)
390730	00	90	初级形状的环氧树脂(溴重量百分比含量在18%以下)	Epoxide resins, in primary forms, containing less than 18% by weight of bromine	【最】6.5【普】45 【协亚太】6.1【协东盟】0【协香港】0 【协巴基斯坦】5【协智利】0【协新西兰】0 【协新加坡】0【协秘鲁】0【协台湾】0 【协哥斯达黎加】0【协冰岛】0【协瑞士】3.7 【协澳大利亚】0【协韩国】4.3 【协格鲁吉亚】0 【特-1】0【特-2】0【特-3】0 【增】16【出】0【退】10	千克	A	B	M	N	301 999	初级形状的环氧树脂(溴重量百分比含量在18%以下)(其他危险化学品) 初级形状的环氧树脂(溴重量百分比含量在18%以下)(其他)

税则号列 HS国际统一前6位	本国子目 7~8位	本国子目 9~10位	货品名称中英文 中文 货物名称	货品名称中英文 英文 Article Description	税费综合信息	计量单位	监管证件代码 进口	监管证件代码 出口	检验检疫类别 进口	检验检疫类别 出口	检验检疫编码	检验检疫编码对应中文名称
390740	00		初级形状的聚碳酸酯	Polycarbonates, in primary forms	【最】6.5【普】45【暂进】3 【协亚太】6.1【协东盟】0【协香港】0 【协巴基斯坦】5【协智利】0【协新西兰】0 【协秘鲁】0【协台湾】0【协哥斯达黎加】0 【协冰岛】0【协瑞士】2.6【协澳大利亚】0 【协韩国】4.3【协格鲁吉亚】0 【特-1】0【特-2】0【特-3】0 【增】16【出】0【退】16	千克					999	初级形状的聚碳酸酯
390750	00		初级形状的醇酸树脂	Alkyd resins, in primary forms	【最】10【普】45 【协亚太】6.5【协东盟】0【协巴基斯坦】5 【协智利】0【协新西兰】0【协新加坡】0 【协秘鲁】0【协台湾】0【协哥斯达黎加】0 【协冰岛】0【协瑞士】0【协澳大利亚】0 【协韩国】5【协格鲁吉亚】0【协香港】0 【协澳门】0 【特-1】0【特-2】0【特-3】0 【增】16【对美加征】10【出】0【退】10	千克	A	B	M	N	301 999	初级形状的醇酸树脂（易燃液体） 初级形状的醇酸树脂（其他）
390761	10		聚对苯二甲酸乙二酯切片，粘数在78毫升/克或以上	In the form of slices or chips, hawing a viscosity number of 78 mllg or higer	【最】6.5【普】45 【协东盟】5【协智利】0【协新西兰】0 【协秘鲁】0【协哥斯达黎加】0【协冰岛】0 【协瑞士】0【协澳大利亚】0【协韩国】4.8 【协格鲁吉亚】3.9【协香港】0【协澳门】0 【特-1】0【特-2】0【特-3】0 【增】16【对美加征】10【出】0【退】16	千克					301 999	聚对苯二甲酸乙二酯切片，粘数在78毫升/克或以上（易燃液体） 聚对苯二甲酸乙二酯切片，粘数在78毫升/克或以上（其他化工产品）
390761	90		其他初级形状聚对苯二甲酸乙二酯，粘数在78毫升/克或以上	Other poly (ethylene terephthal-ate)	【最】6.5【普】45 【协东盟】0【协澳门】0【协智利】0 【协香港】05【协新西兰】0【协秘鲁】0 【协哥斯达黎加】0【协冰岛】0【协瑞士】0 【协澳大利亚】0【协韩国】4.3【协格鲁吉亚】0 【特-1】0【特-2】0【特-3】0 【增】16【对美加征】10【出】0【退】16	千克					301 999	其他初级形状聚对苯二甲酸乙二酯，粘数在78毫升/克或以上（易燃液体） 其他初级形状聚对苯二甲酸乙二酯，粘数在78毫升/克或以上（其他化工产品）
390769	10		其他聚对苯二甲酸乙二酯切片，粘数在78毫升/克以下	Other poly lethylene terephthalate), in the form of slices or chips	【最】6.5【普】45 【协东盟】5【协香港】0【协澳门】0【协智利】0 【协新西兰】0【协秘鲁】0【协哥斯达黎加】0 【协冰岛】0【协瑞士】0【协澳大利亚】0 【协韩国】4.8【特-1】0【特-2】0【特-3】0 【增】16【对美加征】5【出】0【退】16	千克					301 999	其他聚对苯二甲酸乙二酯切片，粘数在78毫升/克以下（易燃液体） 其他聚对苯二甲酸乙二酯切片，粘数在78毫升/克以下（其他化工产品）
390769	90		其他初级形状聚对苯二甲酸乙二酯，粘数在78毫升/克以下	Other poly (ethylene terephthal-ate)	【最】6.5【普】45 【协东盟】0【协澳门】0【协智利】0 【协香港】0【协新西兰】0【协秘鲁】0 【协哥斯达黎加】0【协冰岛】0【协瑞士】0 【协澳大利亚】0【协韩国】4.3【协格鲁吉亚】0 【特-1】0【特-2】0【特-3】0 【增】16【对美加征】10【出】0【退】16	千克					301 999	其他初级形状聚对苯二甲酸乙二酯，粘数在78毫升/克以下（易燃液体） 其他初级形状聚对苯二甲酸乙二酯，粘数在78毫升/克以下（其他化工产品）
390770	00		初级形状的聚乳酸	Poly(lactic acid), in primary forms	【最】6.5【普】45【暂进】3 【协亚太】4.2【协东盟】0【协香港】0 【协澳门】0【协巴基斯坦】5【协智利】0 【协新西兰】0【协秘鲁】0【协哥斯达黎加】0 【协冰岛】0【协瑞士】0【协澳大利亚】0 【协韩国】0【协格鲁吉亚】0 【特-1】0【特-2】0【特-3】0 【增】16【对美加征】5【出】0【退】10	千克					999	初级形状的聚乳酸
390791	00		初级形状的不饱和聚酯	Other polyesters, unsaturated, in primary forms	【最】6.5【普】45 【协东盟】0【协巴基斯坦】5【协智利】0 【协新西兰】0【协新加坡】0【协秘鲁】0 【协台湾】0【协哥斯达黎加】0【协冰岛】0 【协瑞士】0【协澳大利亚】0【协韩国】3.2 【协格鲁吉亚】0【协香港】0【协澳门】0 【特-1】0【特-2】0【特-3】0 【增】16【对美加征】10【出】0【退】10	千克					101 999	初级形状的不饱和聚酯[含一级易燃溶剂的合成树脂（-18℃≤闪点<23℃），不饱和聚酯树脂] 初级形状的不饱和聚酯（其他）

税则号列 HS国际统一前6位	本国子目 7~8位	本国子目 9~10位	货品名称 中文 货物名称	英文 Article Description	税费综合信息	计量单位	监管证件代码 进口	监管证件代码 出口	检验检疫类别 进口	检验检疫类别 出口	检验检疫编码	检验检疫编码对应中文名称
390799	10	01	未经增强或改性的初级形状PBT	PBT resins, in primary forms, not reinforced or modified	【最】6.5【普】45 【协亚太】4.2【协东盟】0【协香港】0 【协澳门】0【协巴基斯坦】5【协智利】0 【协新西兰】0【协秘鲁】0【协哥斯达黎加】0 【协冰岛】0【协瑞士】0【协澳大利亚】0 【协韩国】4.3 【特-1】0【特-2】0【特-3】0 【增】16【对美加征】10【出】0【退】16	千克					999	未经增强或改性的初级形状PBT树脂
390799	10	90	其他聚对苯二甲酸丁二酯	Other PBT(polybutylene terephthalate)	【最】6.5【普】45 【协亚太】4.2【协东盟】0【协香港】0 【协澳门】0【协巴基斯坦】5【协智利】0 【协新西兰】0【协秘鲁】0【协哥斯达黎加】0 【协冰岛】0【协瑞士】0【协澳大利亚】0 【协韩国】4.3 【特-1】0【特-2】0【特-3】0 【增】16【对美加征】10【出】0【退】16	千克					999	其他聚对苯二甲酸丁二酯
390799	91	10	初级形状的热塑性液晶聚对苯二甲酸-己二醇-丁二醇酯	Poly terephthalic acid hexylene glycol - butanediol J28, thermoplastic liquid crystal, in primary forms	【最】3.3【普】45 【协亚太】4.2【协东盟】0【协香港】0 【协澳门】0【协巴基斯坦】5【协智利】0 【协新西兰】0【协秘鲁】0【协台湾】0 【协哥斯达黎加】0【协冰岛】0【协瑞士】0 【协澳大利亚】0【协韩国】0【协格鲁吉亚】0 【特-1】0【特-2】0【特-3】0 【增】16【对美加征】5【出】0【退】10	千克	A	B	R	S	999	初级形状的热塑性液晶聚对苯二甲酸-己二醇-丁二醇酯
390799	91	90	其他初级形状的聚对苯二甲酸-己二醇-丁二醇酯	Poly terephthalic acid hexylene glycol - butanediol J28, in other forms	【最】6.5【普】45 【协亚太】4.2【协东盟】0【协香港】0 【协澳门】0【协巴基斯坦】5【协智利】0 【协新西兰】0【协秘鲁】0【协台湾】0 【协哥斯达黎加】0【协冰岛】0【协瑞士】0 【协澳大利亚】0【协韩国】0【协格鲁吉亚】0 【特-1】0【特-2】0【特-3】0 【增】16【对美加征】5【出】0【退】10	千克	A	B	R	S	999	其他初级形状的聚对苯二甲酸-己二醇-丁二醇酯
390799	99	10	初级形状的热塑性液晶其他聚酯	Polyesters, thermoplastic liquid crystal, in primary forms	【最】3.3【普】45 【协亚太】4.2【协东盟】0【协香港】0 【协澳门】0【协巴基斯坦】5【协智利】0 【协新西兰】0【协秘鲁】0【协台湾】0 【协哥斯达黎加】0【协冰岛】0【协瑞士】0 【协澳大利亚】0【协韩国】0【协格鲁吉亚】0 【特-1】0【特-2】0【特-3】0 【增】16【出】0【退】10	千克	A	B	R	S	999	初级形状的热塑性液晶其他聚酯
390799	99	90	初级形状的其他聚酯	Other polyesters, in primary forms	【最】6.5【普】45 【协亚太】4.2【协东盟】0【协香港】0 【协澳门】0【协巴基斯坦】5【协智利】0 【协新西兰】0【协秘鲁】0【协台湾】0 【协哥斯达黎加】0【协冰岛】0【协瑞士】0 【协澳大利亚】0【协韩国】0【协格鲁吉亚】0 【特-1】0【特-2】0【特-3】0 【增】16【出】0【退】10	千克	A	B	R	S	301 302 999	初级形状的其他聚酯(无检疫要求食品添加剂) 初级形状的其他聚酯(需申报仅用于工业用途不用于无检疫要求食品添加剂的化学品) 初级形状的其他聚酯(其他)
390810	11	01	聚酰胺-6,6切片	Polyamide -6, 6, slices or chips	【最】6.5【普】45 【协东盟】0【协香港】0【协巴基斯坦】5 【协智利】0【协新西兰】0【协新加坡】0 【协秘鲁】0【协哥斯达黎加】0【协冰岛】0 【协瑞士】2.6【协澳大利亚】0 【特-1】0【特-2】0【特-3】0 【增】16【反倾】有【出】0【退】16	千克					999	聚酰胺-6,6切片
390810	11	90	改性聚酰胺-6,6切片(经螺杆二次混炼加入玻璃纤维、矿物质、增韧剂、阻燃剂的改性聚酰胺-6,6切片)	Modified polyamide -6,6 slices (by adding glass fiber, minerals, toughening agents, flame retardants via screw-secondary mixing)	【最】6.5【普】45 【协东盟】0【协香港】0【协巴基斯坦】5 【协智利】0【协新西兰】0【协新加坡】0 【协秘鲁】0【协哥斯达黎加】0【协冰岛】0 【协瑞士】2.6【协澳大利亚】0 【特-1】0【特-2】0【特-3】0 【增】16【出】0【退】16	千克					999	改性聚酰胺-6,6切片(经螺杆二次混炼加入玻璃纤维、矿物质、增韧剂、阻燃剂的改性聚酰胺-6,6切片)

税则号列			货品名称中英文		税费综合信息	计量单位	监管证件代码		检验检疫类别		检验检疫编码	检验检疫编码对应中文名称
HS国际统一前6位	本国子目 7~8位	本国子目 9~10位	中文 货物名称	英文 Article Description			进口	出口	进口	出口		
390810	12		聚酰胺-6切片（锦纶6切片）	Polyamide -6 slices (Nylon -6 slice)	【最】6.5【普】45 【协东盟】0【协香港】0【协巴基斯坦】5 【协智利】0【协新西兰】0【协新加坡】0 【协秘鲁】0【协哥斯达黎加】0【协冰岛】0 【协瑞士】3.7【协澳大利亚】0 【特-1】0【特-2】0【特-3】0 【增】16【反倾】有【对美加征】10【出】0 【退】16	千克					999	聚酰胺-6切片（锦纶6切片）
390810	19		其他聚酰胺切片	Other polyamide	【最】6.5【普】45 【协东盟】0【协香港】0【协巴基斯坦】5 【协智利】0【协新西兰】0【协新加坡】0 【协秘鲁】0【协哥斯达黎加】0【协冰岛】0 【协瑞士】3.7【协澳大利亚】0 【特-1】0【特-2】0【特-3】0 【增】16【对美加征】5【出】0【退】16	千克					999	其他聚酰胺切片（包括聚酰胺-11、-12、-6,9、-6,10、-6,12）
390810	90		其他初级形状的聚酰胺-6，6等	Other polyamide-6, 6, -6, -6, 9, 6, 10, -6, 12, -11, -12, in primary forms	【最】6.5【普】45 【协东盟】0【协香港】0【协巴基斯坦】5 【协智利】0【协新西兰】0【协秘鲁】0 【协哥斯达黎加】0【协冰岛】0【协瑞士】2.6 【协澳大利亚】0 【特-1】0【特-2】0【特-3】0 【增】16【对美加征】10【出】0【退】10	千克					999	其他初级形状的聚酰胺-6，6等（包括聚酰胺-6、-6，9、-6，10、-6，12、-11、-12）
390890	10		初级形状的芳香族聚酰胺及其共聚物	Aromatic polyamide and copolymerl	【最】10【普】45 【协东盟】0【协香港】0【协巴基斯坦】5 【协智利】0【协新西兰】0【协新加坡】0 【协秘鲁】0【协哥斯达黎加】0【协冰岛】0 【协澳大利亚】0 【特-1】0【特-2】0【特-3】0 【增】16【出】0【退】10	千克					101 102 103	初级形状的芳香族聚酰胺及其共聚物［含易燃溶剂的合成树脂（闭杯闪点≤60℃）］ 初级形状的芳香族聚酰胺及其共聚物［含一级易燃溶剂的合成树脂（-18℃≤闪点<23℃），酚醛树脂］ 初级形状的芳香族聚酰胺及其共聚物（其他）
390890	20		初级形状的半芳香族聚酰胺及其共聚物	Semi aromatic polyamide and copolymerl	【最】10【普】45 【协东盟】0【协香港】0【协巴基斯坦】5 【协智利】0【协新西兰】0【协新加坡】0 【协秘鲁】0【协哥斯达黎加】0【协冰岛】0 【协澳大利亚】0 【特-1】0【特-2】0【特-3】0 【增】16【出】0【退】10	千克					101 102 103	初级形状的半芳香族聚酰胺及其共聚物［含易燃溶剂的合成树脂（闭杯闪点≤60℃）］ 初级形状的半芳香族聚酰胺及其共聚物［含一级易燃溶剂的合成树脂（-18℃≤闪点<23℃），酚醛树脂］ 初级形状的半芳香族聚酰胺及其共聚物（其他）
390890	90		初级形状的其他聚酰胺	Other polyamides in primary forms	【最】10【普】45 【协东盟】0【协香港】0【协巴基斯坦】5 【协智利】0【协新西兰】0【协新加坡】0 【协秘鲁】0【协哥斯达黎加】0【协冰岛】0 【协澳大利亚】0 【特-1】0【特-2】0【特-3】0 【增】16【出】0【退】10	千克					101 102 103	初级形状的其他聚酰胺［含易燃溶剂的合成树脂（闭杯闪点≤60℃）］ 初级形状的其他聚酰胺［含一级易燃溶剂的合成树脂（-18℃≤闪点<23℃），酚醛树脂］ 初级形状的其他聚酰胺（其他）
390910	00		初级形状的尿素树脂及硫尿树脂	Urea resins; thiourea resins, in primary forms	【最】6.5【普】45 【协亚太】4.2【协东盟】0【协巴基斯坦】5 【协智利】0【协新西兰】0【协秘鲁】0 【协台湾】0【协哥斯达黎加】0【协冰岛】0 【协瑞士】0【协澳大利亚】0【协韩国】0 【协格鲁吉亚】0【协香港】0【协澳门】0 【特-1】0【特-2】0【特-3】0 【增】16【对美加征】10【出】0【退】10	千克					999	初级形状的尿素树脂及硫尿树脂

税则号列 HS国际统一前6位	本国子目 7~8位	本国子目 9~10位	货品名称中英文 中文 货物名称	货品名称中英文 英文 Article Description	税费综合信息	计量单位	监管证件代码 进口	监管证件代码 出口	检验检疫类别 进口	检验检疫类别 出口	检验检疫编码	检验检疫编码对应中文名称
390920	00		初级形状的蜜胺树脂	Melamine resins, in primary forms	【最】6.5【普】45 【协亚太】4.2【协东盟】0【协巴基斯坦】5 【协智利】0【协新西兰】0【协秘鲁】0 【协台湾】0【协哥斯达黎加】0【协冰岛】0 【协瑞士】0【协澳大利亚】0【协韩国】0 【协格鲁吉亚】0【协香港】0【协澳门】0 【特-1】0【特-2】0【特-3】0 【增】16【对美加征】5【出】0【退】10	千克					101 102 103 104 999	初级形状的蜜胺树脂[含一级易燃溶剂的合成树脂（-18℃≤闪点<23℃），三聚氰胺甲醛树酯] 初级形状的蜜胺树脂[含一级易燃溶剂的合成树脂（-18℃≤闪点<23℃），三聚氰胺树酯] 初级形状的蜜胺树脂[含一级易燃溶剂的合成树脂（-18℃≤闪点<23℃），甲醇改性三羟甲基三聚氰胺甲醛树脂] 初级形状的蜜胺树脂[含一级易燃溶剂的合成树脂（-18℃≤闪点<23℃），苯代三聚氰胺甲醛树脂] 初级形状的蜜胺树脂（其他）
390931	00		聚（亚甲基苯基异氰酸酯）（聚合MDI或粗MDI）	Poly (methylene phenyl isocy-anate) (crude MDI, polymeric MDI)	【最】6.5【普】35 【协亚太】6.1【协东盟】0【协香港】0 【协巴基斯坦】5【协智利】0【协新西兰】0 【协新加坡】0【协秘鲁】0【协哥斯达黎加】0 【协冰岛】0【协瑞士】0【协澳大利亚】0 【协韩国】4.3【协格鲁吉亚】0 【特-1】0【特-2】0【特-3】0 【增】16【对美加征】10【出】0【退】16	千克					999	聚（亚甲基苯基异氰酸酯）（聚合MDI或粗MDI）
390939	00		其他初级形状的氨基树脂	Other amino-resins, in primary forms	【最】6.5【普】45 【协东盟】0【协巴基斯坦】5【协智利】0 【协新西兰】0【协新加坡】0【协秘鲁】0 【协台湾】0【协哥斯达黎加】0【协冰岛】0 【协瑞士】0【协澳大利亚】0【协韩国】0 【协格鲁吉亚】0【协香港】0【协澳门】0 【特-1】0【特-2】0【特-3】0 【增】16【对美加征】10【出】0【退】10	千克	A	B	M	N	301 999	其他初级形状的氨基树脂（易燃液体） 其他初级形状的氨基树脂（其他化工产品）
390940	00		初级形状的酚醛树脂	Phenolic resins, in primary forms	【最】6.5【普】45 【协亚太】6.1【协东盟】0【协巴基斯坦】5 【协智利】0【协新西兰】0【协秘鲁】0 【协台湾】0【协哥斯达黎加】0【协冰岛】0 【协瑞士】0【协澳大利亚】0【协韩国】3.2 【协格鲁吉亚】0【协香港】0【协澳门】0 【特-1】0【特-2】0【特-3】0 【增】16【对美加征】10【出】0【退】10	千克	A	B	M	N	301 999	初级形状的酚醛树脂（易燃液体） 初级形状的酚醛树脂（其他）
390950	00		初级形状的聚氨基甲酸酯	Polyurethanes, in primary forms	【最】6.5【普】45 【协亚太】4.2【协东盟】0【协香港】0 【协澳门】0【协巴基斯坦】5【协智利】0 【协新西兰】0【协新加坡】0【协秘鲁】0 【协台湾】0【协哥斯达黎加】0【协冰岛】0 【协瑞士】0【协澳大利亚】0【协韩国】0 【协格鲁吉亚】0 【特-1】0【特-2】0【特-3】0 【增】16【对美加征】10【出】0【退】16	千克	A	B	M	N	102 103 301 302	初级形状的聚氨基甲酸酯（含二级易燃溶剂的合成树脂，聚氨酯树脂） 初级形状的聚氨基甲酸酯（含二级易燃溶剂的合成树脂，潮气固化型聚氨基甲酸酯） 初级形状的聚氨基甲酸酯（易燃液体） 初级形状的聚氨基甲酸酯（其他化工产品）
391000	00		初级形状的聚硅氧烷	Silicones in primary forms	【最】6.5【普】45 【协亚太】6.1【协东盟】0【协香港】0 【协巴基斯坦】5【协智利】0【协新西兰】0 【协秘鲁】0【协台湾】0【协哥斯达黎加】0 【协冰岛】0【协瑞士】0【协澳大利亚】0 【协韩国】3.2【协格鲁吉亚】0 【特-1】0【特-2】0【特-3】0 【增】16【出】0【退】16	千克					101 999	初级形状的聚硅氧烷[含一级易燃溶剂的合成树脂（-18℃≤闪点<23℃），有机硅树脂] 初级形状的聚硅氧烷（其他）

税则号列			货品名称中英文		税费综合信息	计量单位	监管证件代码		检验检疫类别		检验检疫编码	检验检疫编码对应中文名称
HS国际统一前6位	本国子目 7~8位	本国子目 9~10位	中文 货物名称	英文 Article Description			进口	出口	进口	出口		
391110	00		初级形状的石油树脂等（等指苯并呋喃树脂、茚树脂、苯并呋喃-茚树脂及多萜树脂）	Petroleum resins, coumarone, indene or coumarone-indene resins and polyterpenes	【最】6.5【普】45 【协亚太】4.2【协东盟】0【协巴基斯坦】5 【协智利】0【协新西兰】0【协秘鲁】0 【协台湾】0【协哥斯达黎加】0【协冰岛】0 【协瑞士】0【协澳大利亚】0【协韩国】4.3 【协格鲁吉亚】0【协香港】0【协澳门】0 【特-1】0【特-2】0【特-3】0 【增】16【对美加征】5【出】0【退】10	千克					999	初级形状的石油树脂等（等指苯并呋喃树脂、茚树脂、苯并呋喃-茚树脂及多萜树脂）
391190	00	01	芳基酸与芳基胺预缩聚物	Prepoly condensate of aryl acid and aryl amine	【最】6.5【普】45【暂进】3 【协东盟】0【协巴基斯坦】5【协智利】0 【协新西兰】0【协秘鲁】0【协哥斯达黎加】0 【协冰岛】0【协瑞士】0【协澳大利亚】0 【协韩国】0【协格鲁吉亚】0【协香港】0 【协澳门】0 【特-1】0【特-2】0【特-3】0 【增】16【出】0【退】10	千克					999	芳基酸与芳基胺预缩聚物
391190	00	03	改性三羟乙基脲酸酯类预缩聚物	Prepoly condensate of modified 3-hydroxyethyl urea esters	【最】6.5【普】45【暂进】3 【协东盟】0【协巴基斯坦】5【协智利】0 【协新西兰】0【协秘鲁】0【协哥斯达黎加】0 【协冰岛】0【协瑞士】0【协澳大利亚】0 【协韩国】0【协格鲁吉亚】0【协香港】0 【协澳门】0 【特-1】0【特-2】0【特-3】0 【增】16【出】0【退】10	千克					999	改性三羟乙基脲酸酯类预缩聚物
391190	00	04	聚苯硫醚	Poly (p-phenylene sulfide)	【最】6.5【普】45 【协东盟】0【协巴基斯坦】5【协智利】0 【协新西兰】0【协秘鲁】0【协哥斯达黎加】0 【协冰岛】0【协瑞士】0【协澳大利亚】0 【协韩国】0【协格鲁吉亚】0【协香港】0 【协澳门】0 【特-1】0【特-2】0【特-3】0 【增】16【出】0【退】16	千克					999	聚苯硫醚
391190	00	05	偏苯三酸酐和异氰酸预缩聚物	Prepoly condensate of trimelltic anhydride and isocyanic acid	【最】6.5【普】45【暂进】3 【协东盟】0【协巴基斯坦】5【协智利】0 【协新西兰】0【协秘鲁】0【协哥斯达黎加】0 【协冰岛】0【协瑞士】0【协澳大利亚】0 【协韩国】0【协格鲁吉亚】0【协香港】0 【协澳门】0 【特-1】0【特-2】0【特-3】0 【增】16【出】0【退】10	千克					999	偏苯三酸酐和异氰酸预缩聚物
391190	00	90	其他初级形状的多硫化物、聚砜等（等包括本章注释三所规定的其他编号未列名产品）	Other polysulphides, polysulphones and other products specified in Note 3 to this Chapter, not elsewhere specified or included, in primary forms	【最】6.5【普】45 【协东盟】0【协巴基斯坦】5【协智利】0 【协新西兰】0【协秘鲁】0【协哥斯达黎加】0 【协冰岛】0【协瑞士】0【协澳大利亚】0 【协韩国】0【协格鲁吉亚】0【协香港】0 【协澳门】0 【特-1】0【特-2】0【特-3】0 【增】16【出】0【退】13	千克					301 999	其他初级形状的多硫化物、聚砜等（等包括本章注释三所规定的其他编号未列名产品）（无检疫要求食品添加剂） 其他初级形状的多硫化物、聚砜等（等包括本章注释三所规定的其他编号未列名产品）（其他）
391211	00		初级形状的未塑化醋酸纤维素	non-plasticized	【最】6.5【普】40 【协东盟】0【协巴基斯坦】5【协智利】0 【协新西兰】0【协秘鲁】0【协哥斯达黎加】0 【协冰岛】0【协瑞士】0【协澳大利亚】0 【协韩国】3.2【协格鲁吉亚】0【协香港】0 【协澳门】0 【特-1】0【特-2】0 【增】16【出】0【退】0	千克					999	初级形状的未塑化醋酸纤维素
391212	00		初级形状的已塑化醋酸纤维素	Cellulose acetates, plasticized, in primary forms	【最】6.5【普】40 【协亚太】5.9【协东盟】0【协巴基斯坦】5 【协智利】0【协新西兰】0【协秘鲁】0 【协哥斯达黎加】0【协冰岛】0【协瑞士】0 【协澳大利亚】0【协韩国】0 【协格鲁吉亚】0【协香港】0【协澳门】0 【特-1】0【特-2】0 【增】16【对美加征】5【出】0【退】0	千克					999	初级形状的已塑化醋酸纤维素

税则号列			货品名称中英文		税费综合信息	计量单位	监管证件代码		检验检疫类别		检验检疫编码	检验检疫编码对应中文名称
HS国际统一前6位	本国子目 7~8位	9~10位	中文 货物名称	英文 Article Description			进口	出口	进口	出口		
391220	00		初级形状的硝酸纤维素（包括棉胶）	Cellulose nitrates (including collodions), in primary forms	【最】6.5【普】45 【协东盟】0【协巴基斯坦】5【协智利】0 【协新西兰】0【协秘鲁】0【协哥斯达黎加】0 【协冰岛】0【协瑞士】0【协澳大利亚】0 【协韩国】0【协格鲁吉亚】0【协香港】0 【协澳门】0 【特-1】0【特-2】0 【增】16【对美加征】10【出】0【退】0	千克					301 302 303 999	初级形状的硝酸纤维素（包括棉胶）（爆炸品） 初级形状的硝酸纤维素（包括棉胶）（易燃液体） 初级形状的硝酸纤维素（包括棉胶）（易燃固体） 初级形状的硝酸纤维素（包括棉胶）（其他）
391231	00		初级形状的羧甲基纤维素及其盐	Carboxymethylcellulose and its salts, in primary forms	【最】6.5【普】45 【协东盟】0【协巴基斯坦】5【协智利】0 【协新西兰】0【协秘鲁】0【协哥斯达黎加】0 【协冰岛】0【协瑞士】0【协澳大利亚】0 【协韩国】0【协格鲁吉亚】0【协香港】0 【协澳门】0 【特-1】0【特-2】0 【增】16【对美加征】5【出】0【退】0	千克					101 999	初级形状的羧甲基纤维素及其盐（其他饲料添加剂） 初级形状的羧甲基纤维素及其盐（其他）
391239	00		初级形状的其他纤维素醚	Other cellulose ethers, in primary forms	【最】6.5【普】45 【协东盟】0【协巴基斯坦】5【协智利】0 【协新西兰】0【协秘鲁】0【协哥斯达黎加】0 【协冰岛】0【协瑞士】0【协澳大利亚】0 【协韩国】0【协格鲁吉亚】0【协香港】0 【协澳门】0 【特-1】0【特-2】0 【增】16【对美加征】5【出】0【退】0	千克					999	初级形状的其他纤维素醚
391290	00		初级形状的其他未列名的纤维素（包括化学衍生物）	Other cellulose (including its chemical derivatives) not elsewhere specified or included, in primary forms	【最】6.5【普】45 【协东盟】0【协香港】0【协巴基斯坦】5 【协智利】0【协新西兰】0【协秘鲁】0 【协哥斯达黎加】0【协冰岛】0【协瑞士】0 【协澳大利亚】0【协韩国】0 【协格鲁吉亚】0 【特-1】0【特-2】0 【增】16【对美加征】5【出】0【退】0	千克					301 999	初级形状的其他未列名的纤维素（包括化学衍生物）（易于自燃的物质） 初级形状的其他未列名的纤维素（包括化学衍生物）（不易于自燃的物质）
391310	00		初级形状的藻酸及盐和酯	Alginic acid, its salts and esters, in primary forms	【最】10【普】45 【协东盟】0【协巴基斯坦】5【协智利】0 【协新西兰】0【协新加坡】0【协哥斯达黎加】0 【协冰岛】0【协瑞士】0【协澳大利亚】0 【协韩国】5【协格鲁吉亚】0【协香港】0 【协澳门】0 【特-1】0【特-2】0【特-3】0 【增】16【对美加征】10【出】0【退】0	千克	A	B	R	S	101 301 302 303 304	初级形状的藻酸及盐和酯（其他饲料添加剂） 初级形状的藻酸及盐和酯（其他危险化学品，需申报仅用于工业用途不用于无检疫要求食品添加剂） 初级形状的藻酸及盐和酯（无检疫要求食品添加剂） 初级形状的藻酸及盐和酯（一般化学品，需申报仅用于工业用途不用于无检疫要求食品添加剂） 初级形状的藻酸及盐和酯（属于危险化学品的食品添加剂）
391390	00	11	香菇多糖	Mushrooms polysaccharide	【最】6.5【普】50 【协东盟】0【协巴基斯坦】5【协智利】0 【协新西兰】0【协秘鲁】0【协哥斯达黎加】0 【协冰岛】0【协瑞士】0【协澳大利亚】0 【协韩国】0【协格鲁吉亚】3.9【协香港】0 【协澳门】0 【特-1】0【特-2】0【特-3】0 【增】16【对美加征】5【出】0【退】16	千克	S	S			101 999	香菇多糖（其他饲料添加剂） 香菇多糖（其他）
391390	00	90	其他初级形状的未列名天然聚合物［包括改性天然聚合物（如硬化蛋白）］	Other natural polymers, including modified natural polymers (for example, hardened proteins), not elsewhere specified or included, in primary forms	【最】6.5【普】50 【协东盟】0【协巴基斯坦】5【协智利】0 【协新西兰】0【协秘鲁】0【协哥斯达黎加】0 【协冰岛】0【协瑞士】0【协澳大利亚】0 【协韩国】0【协格鲁吉亚】3.9【协香港】0 【协澳门】0 【特-1】0【特-2】0【特-3】0 【增】16【对美加征】5【出】0【退】16	千克					101 999	其他初级形状的未列名天然聚合物［包括改性天然聚合物（如硬化蛋白）］（其他饲料添加剂） 其他初级形状的未列名天然聚合物［包括改性天然聚合物（如硬化蛋白）］（其他）

税则号列			货品名称中英文		税费综合信息	计量单位	监管证件代码		检验检疫类别		检验检疫编码	检验检疫编码对应中文名称
HS 国际统一前6位	本国子目 7~8位	本国子目 9~10位	中文 货物名称	英文 Article Description			进口	出口	进口	出口		
391400	00		初级形状的离子交换剂（以税目39.01至39.13的聚合物为基本成分的）	In-exchangers based on polymers of headings No. 39.01 to 39.13, in primary forms	【最】6.5【普】45 【协东盟】0【协巴基斯坦】5【协智利】0 【协新西兰】0【协秘鲁】0【协哥斯达黎加】0 【协瑞士】0【协澳大利亚】0【协韩国】0 【协格鲁吉亚】0【协香港】0【协澳门】0 【特-1】0【特-2】0【特-3】0 【增】16【对美加征】5【出】0【退】10	千克					999	初级形状的离子交换剂（以税目39.01至39.13的聚合物为基本成分的）
391510	00		乙烯聚合物的废碎料及下脚料	Waste, parings and scrap of polymers of ethylene	【最】6.5【普】50 【协东盟】0【协香港】0【协澳门】0 【协巴基斯坦】5【协智利】0【协新西兰】0 【协新加坡】0【协秘鲁】0【协哥斯达黎加】0 【协冰岛】0【协瑞士】0【协澳大利亚】0 【协韩国】4.3【协格鲁吉亚】0 【特-1】0【特-2】0【特-3】0 【增】16【对美加征】25【出】0【退】0	千克	AP		M		101 102	乙烯聚合物的废碎料及下脚料（不包括铝塑复合膜） 乙烯聚合物的废碎料及下脚料（铝塑复合膜）
391520	00		苯乙烯聚合物的废碎料及下脚料	Waste, parings and scrap of polymers of styrene	【最】6.5【普】50 【协东盟】0【协香港】0【协澳门】0 【协巴基斯坦】5【协智利】0【协新西兰】0 【协新加坡】0【协秘鲁】0【协哥斯达黎加】0 【协冰岛】0【协瑞士】0【协澳大利亚】0 【协韩国】4.3【协格鲁吉亚】0 【特-1】0【特-2】0【特-3】0 【增】16【对美加征】25【出】0【退】0	千克	AP		M		999	苯乙烯聚合物的废碎料及下脚料
391530	00		氯乙烯聚合物的废碎料及下脚料	Waste, parings and scrap of polymers of vinyl chloride	【最】6.5【普】50 【协东盟】0【协香港】0【协澳门】0 【协巴基斯坦】5【协智利】0【协新西兰】0 【协新加坡】0【协秘鲁】0【协哥斯达黎加】0 【协冰岛】0【协瑞士】0【协澳大利亚】0 【协韩国】4.3【协格鲁吉亚】0 【特-1】0【特-2】0【特-3】0 【增】16【对美加征】25【出】0【退】0	千克	AP		M		999	氯乙烯聚合物的废碎料及下脚料
391590	10		聚对苯二甲酸乙二酯废碎料及下脚料	Waste, parings and scrap of polyethylene glycol terephthalate	【最】6.5【普】50 【协东盟】0【协香港】0【协澳门】0 【协巴基斯坦】5【协智利】0【协新西兰】0 【协新加坡】0【协秘鲁】0【协哥斯达黎加】0 【协冰岛】0【协瑞士】2.6【协澳大利亚】0 【协韩国】4.3【协格鲁吉亚】0 【特-1】0【特-2】0【特-3】0 【增】16【对美加征】25【出】0【退】0	千克	AP		M		101 102	聚对苯二甲酸乙二酯废碎料及下脚料［不包括废PET饮料瓶（砖）］ 聚对苯二甲酸乙二酯废碎料及下脚料［废PET饮料瓶（砖）］
391590	90		其他塑料的废碎料及下脚料	Other waste, parings and scrap, of plastics	【最】6.5【普】50 【协东盟】0【协香港】0【协澳门】0 【协巴基斯坦】5【协智利】0【协新西兰】0 【协新加坡】0【协秘鲁】0【协哥斯达黎加】0 【协冰岛】0【协瑞士】2.6【协澳大利亚】0 【协韩国】4.3【协格鲁吉亚】0 【特-1】0【特-2】0【特-3】0 【增】16【对美加征】25【出】0【退】0	千克	AP		M		101 102	其他塑料的废碎料及下脚料（不包括废光盘破碎料） 其他塑料的废碎料及下脚料（废光盘破碎料）
391610	00		乙烯聚合物制单丝、条、杆及型材（包括异型材，单丝截面直径超过1mm）	Monofilament of which any cross-sectional dimension exceeds 1 mm, rods, sticks and profile shapes, whether or not surfaceworked but not otherwise worked, of polymers of ethylene	【最】10【普】45 【协东盟】0【协巴基斯坦】5【协智利】0 【协新西兰】0【协新加坡】0【协秘鲁】0 【协哥斯达黎加】0【协冰岛】0【协瑞士】0 【协澳大利亚】0【协韩国】5【协格鲁吉亚】0 【协香港】0【协澳门】0 【特-1】0【特-2】0 【增】16【对美加征】10【出】0【退】16	千克					999	乙烯聚合物制单丝、条、杆及型材（包括异型材，单丝截面直径超过1mm）
391620	10		氯乙烯聚合物制异型材	Profile shapes of polymers of vinyl chloride	【最】10【普】45 【协亚太】6.5【协东盟】0【协巴基斯坦】5 【协智利】0【协新西兰】0【协秘鲁】0 【协哥斯达黎加】0【协冰岛】0【协瑞士】0 【协澳大利亚】0【协韩国】5【协格鲁吉亚】0 【协香港】0【协澳门】0 【特-1】0【特-2】0 【增】16【对美加征】10【出】0【退】16	千克					999	氯乙烯聚合物制异型材

税则号列 HS国际统一前6位	本国子目 7~8位	本国子目 9~10位	货品名称中英文 中文 货物名称	货品名称中英文 英文 Article Description	税费综合信息	计量单位	监管证件代码 进口	监管证件代码 出口	检验检疫类别 进口	检验检疫类别 出口	检验检疫编码	检验检疫编码对应中文名称
391620	90		其他氯乙烯聚合物制单丝、条、杆及型材（单丝截面直径超过1mm）	Other monofilament of which any cross-sectional dimension exceeds 1 mm, rods, sticks, whether or not surfaceworked but not otherwise worked, of polymers of vinyl chloride	【最】10【普】45 【协亚太】6.5【协东盟】0【协巴基斯坦】5 【协智利】0【协新西兰】0【协秘鲁】0 【协哥斯达黎加】0【协冰岛】0【协瑞士】0 【协澳大利亚】0【协韩国】5【协格鲁吉亚】0 【协香港】0【协澳门】0 【特-1】0【特-2】0 【增】16【对美加征】10【出】0【退】16	千克					999	其他氯乙烯聚合物制单丝、条、杆及型材（单丝截面直径超过1mm）
391690	10		聚酰胺制的单丝、条、杆及型材（包括异型材，单丝截面直径超过1mm）	Monofilament of which any cross-sectional dimension exceeds 1 mm, rods, sticks and profile shapes, whether or not surfaceworked but not otherwise worked, of polyamides	【最】10【普】45 【协东盟】0【协香港】0【协巴基斯坦】5 【协智利】0【协新西兰】0【协新加坡】0 【协秘鲁】0【协哥斯达黎加】0【协冰岛】0 【协瑞士】0【协澳大利亚】0【协韩国】5 【协格鲁吉亚】0 【特-1】0【特-2】0 【增】16【对美加征】10【出】0【退】16	千克					999	聚酰胺制的单丝、条、杆及型材（包括异型材，单丝截面直径超过1mm）
391690	90		其他塑料制单丝、条、杆及型材（包括异型材，单丝截面直径超过1mm）	Monofilament of which any cross-sectional dimension exceeds 1 mm, rods, sticks and profile shapes, whether or not surfaceworked but not otherwise worked, of other plastics	【最】10【普】45 【协东盟】0【协巴基斯坦】5【协智利】0 【协新西兰】0【协新加坡】0【协秘鲁】0 【协哥斯达黎加】0【协冰岛】0【协瑞士】0 【协澳大利亚】0【协韩国】5【协格鲁吉亚】0 【协香港】0【协澳门】0 【特-1】0【特-2】0 【增】16【对美加征】5【出】0【退】16	千克					999	其他塑料制单丝、条、杆及型材（包括异型材，单丝截面直径超过1mm）
391710	00		硬化蛋白或纤维素材料制人造肠衣（香肠用肠衣）	Artificial guts (sausage casings) of hardened protein or of cellulosic materials	【最】10【普】50 【协亚太】8【协东盟】0【协巴基斯坦】5 【协智利】0【协新西兰】0【协秘鲁】0 【协哥斯达黎加】0【协冰岛】0【协瑞士】0 【协澳大利亚】0【协韩国】5【协格鲁吉亚】0 【协香港】0【协澳门】0 【特-1】0【特-2】0 【增】16【对美加征】10【出】0【退】16	千克	A		R		999	硬化蛋白或纤维素材料制人造肠衣（香肠用肠衣）
391721	00		乙烯聚合物制的硬管	Tubes, pipes and hoses, rigid, of polymers of ethylene	【最】10【普】45 【协东盟】0【协巴基斯坦】5【协智利】0 【协新西兰】0【协新加坡】0【协秘鲁】0 【协哥斯达黎加】0【协冰岛】0【协瑞士】0 【协澳大利亚】0【协韩国】5【协格鲁吉亚】0 【协香港】0【协澳门】0 【特-1】0【特-2】0【特-3】0 【增】16【对美加征】10【出】0【退】16	千克					999	乙烯聚合物制的硬管
391722	00		丙烯聚合物制的硬管	Tubes, pipes and hoses, rigid, of polymers of propylene	【最】10【普】45 【协东盟】0【协巴基斯坦】5【协智利】0 【协新西兰】0【协秘鲁】0【协哥斯达黎加】0 【协冰岛】0【协瑞士】0【协澳大利亚】0 【协韩国】5【协格鲁吉亚】0【协香港】0 【协澳门】0 【特-1】0【特-2】0【特-3】0 【增】16【对美加征】10【出】0【退】16	千克					999	丙烯聚合物制的硬管
391723	00		氯乙烯聚合物制的硬管	Tubes, pipes and hoses, rigid, of polymers of vinyl chloride	【最】10【普】45 【协东盟】0【协香港】0【协巴基斯坦】5 【协智利】0【协新西兰】0【协新加坡】0 【协秘鲁】0【协哥斯达黎加】0【协冰岛】0 【协瑞士】0【协澳大利亚】0【协韩国】5 【协格鲁吉亚】0 【特-1】0【特-2】0【特-3】0 【增】16【对美加征】10【出】0【退】16	千克					999	氯乙烯聚合物制的硬管
391729	00		其他塑料制的硬管	Tubes, pipes and hoses, rigid, of other plastics	【最】10【普】45 【协东盟】0【协巴基斯坦】5【协智利】0 【协新西兰】0【协新加坡】0【协秘鲁】0 【协哥斯达黎加】0【协冰岛】0【协瑞士】4 【协澳大利亚】0【协韩国】5【协格鲁吉亚】0 【协香港】0【协澳门】0 【特-1】0【特-2】0【特-3】0 【增】16【对美加征】5【出】0【退】16	千克					999	其他塑料制的硬管

税则号列 HS国际统一前6位	本国子目 7~8位	本国子目 9~10位	货品名称中英文 中文 货物名称	货品名称中英文 英文 Article Description	税费综合信息	计量单位	监管证件代码 进口	监管证件代码 出口	检验检疫类别 进口	检验检疫类别 出口	检验检疫编码	检验检疫编码对应中文名称
391731	00		塑料制的软管（最小爆破压力为27.6MPa）	Flexible tubes, pipes and hoses, having a minimum burst pressure of 27.6 MPa	【最】10【普】45 【协亚太】6.5【协东盟】0【协香港】0 【协巴基斯坦】5【协智利】0【协新西兰】0 【协新加坡】0【协秘鲁】0【协哥斯达黎加】0 【协冰岛】0【协瑞士】0【协澳大利亚】0 【协韩国】0【协格鲁吉亚】0 【特-1】0【特-2】0【特-3】0 【增】16【对美加征】5【出】0【退】16	千克					999	塑料制的软管（最小爆破压力为27.6MPa）
391732	00		其他未装有附件的塑料制管子（未经加强也未与其他材料合制） 【电商】	Other, not reinforced or otherwise combined with other materials, without fittings	【最】6.5【普】45 【协亚太】4.6【协东盟】0【协巴基斯坦】0 【协智利】0【协新西兰】0【协秘鲁】0 【协哥斯达黎加】0【协冰岛】0【协瑞士】2.6 【协澳大利亚】0【协韩国】0 【协格鲁吉亚】0【协香港】0【协澳门】0 【特-1】0【特-2】0【特-3】0 【增】16【对美加征】5【出】0【退】16	千克					999	其他未装有附件的塑料制管子（未经加强也未与其他材料合制）
391733	00		其他装有附件的塑料管子（未经加强也未与其他材料合制）	Other, not reinforced or otherwise combined with other materials, with fittings	【最】6.5【普】45 【协亚太】4.2【协东盟】0【协巴基斯坦】0 【协智利】0【协新西兰】0【协秘鲁】0 【协哥斯达黎加】0【协冰岛】0【协瑞士】0 【协澳大利亚】0【协韩国】0 【协格鲁吉亚】0【协香港】0【协澳门】0 【特-1】0【特-2】0【特-3】0 【增】16【对美加征】5【出】0【退】16	千克					999	其他装有附件的塑料管子（未经加强也未与其他材料合制）
391739	00		塑料制的其他管子 【电商】	Other tubes, pipes and hoses, of plastics	【最】6.5【普】45 【协亚太】4.2【协东盟】0【协巴基斯坦】4.5 【协智利】0【协新西兰】0【协新加坡】0 【协秘鲁】0【协哥斯达黎加】0【协冰岛】0 【协瑞士】0【协澳大利亚】0【协韩国】4.3 【协格鲁吉亚】0【协香港】0【协澳门】0 【特-1】0【特-2】0【特-3】0 【增】16【对美加征】5【出】0【退】16	千克					999	塑料制的其他管子（经加强或与其他材料合制的）
391740	00		塑料制的管子附件（如接头、衬管及法兰等）	Fittings (for example, joints, elbows, flanges) of tubes, pipes and hoses, of plastics	【最】10【普】45 【协亚太】6.5【协东盟】0【协巴基斯坦】5 【协智利】0【协新西兰】0【协新加坡】0 【协秘鲁】0【协哥斯达黎加】0【协冰岛】0 【协瑞士】4【协澳大利亚】0【协韩国】0 【协格鲁吉亚】0【协香港】0【协澳门】0 【特-1】0【特-2】0【特-3】0 【增】16【对美加征】5【出】0【退】16	千克					999	塑料制的管子附件（如接头、衬管及法兰等）
391810	10		氯乙烯聚合物制糊墙品（本章注释九所规定的糊墙品）	Wall or ceiling coverings (as defined in Note 9 to this chapter), of polymers of vinyl chloride	【最】10【普】45 【协东盟】0【协巴基斯坦】5【协智利】0 【协新西兰】0【协秘鲁】0【协哥斯达黎加】0 【协冰岛】0【协瑞士】0【协澳大利亚】0 【协韩国】5【协格鲁吉亚】0【协香港】0 【协澳门】0 【特-1】0【特-2】0 【增】16【对美加征】5【出】0【退】16	千克					999	氯乙烯聚合物制糊墙品（本章注释九所规定的糊墙品）
391810	90		氯乙烯聚合物制的铺地制品（块状或成卷的，不论是否胶粘） 【电商】	Floor coverings (whether or not self-adhesive, in rolls or in the form of tiles), of polymers of vinyl chloride	【最】10【普】45 【协东盟】0【协巴基斯坦】5【协智利】0 【协新西兰】0【协秘鲁】0【协哥斯达黎加】0 【协冰岛】0【协瑞士】4【协澳大利亚】0 【协格鲁吉亚】0【协香港】0【协澳门】0 【特-1】0【特-2】0 【增】16【对美加征】10【出】0【退】16	千克					999	氯乙烯聚合物制的铺地制品（块状或成卷的，不论是否胶粘）
391890	10		其他塑料制的糊墙品（成卷或块状的）	Wall or ceiling coverings (in rolls or in the form of tiles), of other plastic	【最】10【普】45 【协东盟】0【协香港】0【协巴基斯坦】5 【协智利】0【协新西兰】0【协秘鲁】0 【协哥斯达黎加】0【协冰岛】0【协瑞士】0 【协澳大利亚】0【协韩国】5【协格鲁吉亚】0 【特-1】0【特-2】0 【增】16【对美加征】5【出】0【退】16	千克					999	其他塑料制的糊墙品（成卷或块状的）

税则号列 HS 国际统一前 6 位	本国子目 7~8 位	本国子目 9~10 位	货品名称中英文 中文 货物名称	货品名称中英文 英文 Article Description	税费综合信息	计量单位	监管证件代码 进口	监管证件代码 出口	检验检疫类别 进口	检验检疫类别 出口	检验检疫编码	检验检疫编码对应中文名称
391890	90		其他塑料制的铺地制品（成卷或块状的，不论是否胶粘） 【电商】	Floor coverings (whether or not self-adhesive, in rolls or in the form of tiles), of other plastic	【最】10【普】45 【协东盟】0【协香港】0【协巴基斯坦】5 【协智利】0【协新西兰】0【协秘鲁】0 【协哥斯达黎加】0【协冰岛】0【协瑞士】0 【协澳大利亚】0【协韩国】5【协格鲁吉亚】0 【特-1】0【特-2】0 【增】16【对美加征】5【出】0【退】16	千克					999	其他塑料制的铺地制品（成卷或块状的，不论是否胶粘）
391910	10		丙烯酸树脂类为主的自粘塑料板等（含片膜箔带扁条及其他扁平形状材料，成卷的，宽≤20cm）	Self-adhesive plates, sheets, film, foil, tape, strip and other flat shapes, based on acrylic resin, in rolls of a width not exceeding 20cm	【最】6.5【普】45 【协东盟】0【协巴基斯坦】5【协智利】0 【协新西兰】0【协秘鲁】0【协哥斯达黎加】0 【协冰岛】0【协瑞士】0【协澳大利亚】0 【协韩国】0【协格鲁吉亚】0【协香港】0 【协澳门】0 【特-1】0【特-2】0【特-3】0 【增】16【对美加征】5【出】0【退】16	千克					999	丙烯酸树脂类为主的自粘塑料板等（含片膜箔带扁条及其他扁平形状材料，成卷的，宽≤20cm）
391910	91		宽度≤20cm 的胶囊型反光膜	Encapsulant reflective film, of a width not exceeding 20cm	【最】6.5【普】45 【协东盟】0【协巴基斯坦】5【协智利】0 【协新西兰】0【协秘鲁】0【协哥斯达黎加】0 【协冰岛】0【协瑞士】0【协澳大利亚】0 【协韩国】0【协格鲁吉亚】0【协香港】0 【协澳门】0 【特-1】0【特-2】0【特-3】0 【增】16【对美加征】10【出】0【退】16	千克					999	宽度≤20cm 的胶囊型反光膜
391910	99		其他宽度≤20cm 的自粘塑料板片等（包括膜，箔，带，扁条及其他扁平形状材料，成卷的） 【电商】	Other self-adhesive plates, sheets, film, foil, tape, strip and other flat shapes, in rolls of a width not exceeding 20cm	【最】6.5【普】45 【协东盟】0【协巴基斯坦】5【协智利】0 【协新西兰】0【协秘鲁】0【协台湾】0 【协哥斯达黎加】0【协冰岛】0【协瑞士】2.6 【协澳大利亚】0【协格鲁吉亚】0【协香港】0 【协澳门】0 【特-1】0【特-2】0【特-3】0 【增】16【对美加征】5【出】0【退】16	千克					999	其他宽度≤20cm 的自粘塑料板片等（包括膜，箔，带，扁条及其他扁平形状材料，成卷的）
391990	10		其他胶囊型反光膜	Other encapsulant reflective film	【最】6.5【普】45 【协亚太】4.2【协东盟】0【协香港】0 【协巴基斯坦】0【协智利】0【协新西兰】0 【协秘鲁】0【协哥斯达黎加】0【协冰岛】0 【协瑞士】0【协澳大利亚】0【协韩国】4.3 【协格鲁吉亚】0 【特-1】0【特-2】0【特-3】0 【增】16【对美加征】10【出】0【退】16	千克					999	其他胶囊型反光膜
391990	90	10	半导体晶圆制造用自粘式圆形抛光垫 【电商】	Self-adhesive circular polishing pad for manufacturing semi-conductor wafer	【最】3.3【普】45 【协亚太】4.6【协东盟】0【协香港】0 【协巴基斯坦】0【协智利】0【协新西兰】0 【协秘鲁】0【协台湾】0【协哥斯达黎加】0 【协冰岛】0【协瑞士】0【协澳大利亚】0 【协韩国】4.3【协格鲁吉亚】0 【特-1】0【特-2】0【特-3】0 【增】16【出】0【退】16	千克					999	半导体晶圆制造用自粘式圆形抛光垫
391990	90	90	其他自粘塑料板、片、膜等材料（包括箔，带，扁条及其他扁平形状材料，不论是否成卷） 【电商】	Other self-adhesive plates, sheets, film, foil, tape, strip and other flat shapes, of plastics, whether or not in rolls	【最】6.5【普】45 【协亚太】4.6【协东盟】0【协香港】0 【协巴基斯坦】0【协智利】0【协新西兰】0 【协秘鲁】0【协台湾】0【协哥斯达黎加】0 【协冰岛】0【协瑞士】0【协澳大利亚】0 【协韩国】4.3【协格鲁吉亚】0 【特-1】0【特-2】0【特-3】0 【增】16【出】0【退】16	千克					101 999	其他自粘塑料板、片、膜等材料（包括箔，带，扁条及其他扁平形状材料，不论是否成卷）（车身反光标识零部件） 其他自粘塑料板、片、膜等材料（包括箔，带，扁条及其他扁平形状材料，不论是否成卷）（其他）
392010	10		乙烯聚合物制电池隔膜	Battery separator, of polymers of ethylene	【最】6.5【普】45【暂进】3 【协亚太】4.2【协东盟】0【协香港】0 【协巴基斯坦】0【协智利】0【协新西兰】0 【协秘鲁】0【协哥斯达黎加】0【协冰岛】0 【协瑞士】0【协澳大利亚】0【协韩国】3.2 【协格鲁吉亚】0 【特-1】0【特-2】0【特-3】0 【增】16【对美加征】10【出】0【退】16	千克					999	乙烯聚合物制电池隔膜

税则号列			货品名称中英文		税费综合信息	计量单位	监管证件代码		检验检疫类别		检验检疫编码	检验检疫编码对应中文名称
HS国际统一前6位	本国子目 7~8位	本国子目 9~10位	中文 货物名称	英文 Article Description			进口	出口	进口	出口		
392010	90	10	农用非泡沫聚乙烯薄膜（未用其他材料强化，层压，支撑或用类似方法合制）【电商】	Film of polymers of ethylene, non-cellular and not reinforced, laminated, supported or similarly combined with other materials, for agricultural use	【最】6.5【普】45 【协亚太】4.6【协东盟】0【协香港】0 【协澳门】0【协巴基斯坦】0【协智利】0 【协新西兰】0【协秘鲁】0【协台湾】0 【协哥斯达黎加】0【协冰岛】0【协瑞士】2.6 【协澳大利亚】0【协韩国】4.3 【协格鲁吉亚】0 【特-1】0【特-2】0【特-3】0 【增】10【出】0【退】0	千克					999	农用非泡沫聚乙烯薄膜（未用其他材料强化，层压，支撑或用类似方法合制）
392010	90	90	其他非泡沫乙烯聚合物板，片，膜，箔及扁条（未用其他材料强化，层压，支撑或用类似方法合制，非农用）【电商】	Plates, sheets, film, foil and strip, of polymers of ethylene, non-cellular, not reinforced, laminated, supported or similarly combined with other materials, not for agricultural use	【最】6.5【普】45 【协亚太】4.6【协东盟】0【协香港】0 【协澳门】0【协巴基斯坦】0【协智利】0 【协新西兰】0【协秘鲁】0【协台湾】0 【协哥斯达黎加】0【协冰岛】0【协瑞士】2.6 【协澳大利亚】0【协韩国】4.3 【协格鲁吉亚】0 【特-1】0【特-2】0【特-3】0 【增】16【出】0【退】13	千克					999	其他非泡沫乙烯聚合物板，片，膜，箔及扁条（未用其他材料强化，层压，支撑或用类似方法合制，非农用）
392020	10		丙烯聚合物制电池隔膜	Battery separator, of polymers of propylene	【最】6.5【普】45 【协东盟】0【协香港】0【协巴基斯坦】5 【协智利】0【协新西兰】0【协秘鲁】0 【协哥斯达黎加】0【协冰岛】0【协瑞士】0 【协澳大利亚】0【协格鲁吉亚】0 【特-1】0【特-2】0【特-3】0 【增】16【对美加征】5【出】0【退】16	千克					999	丙烯聚合物制电池隔膜
392020	90	10	农用非泡沫聚丙烯薄膜（未用其他材料强化，层压，支撑或用类似方法合制）	Film of polymers of propylene, non-cellular and not reinforced, laminated, supported or similarly combined with other materials, for agricultural use	【最】6.5【普】45 【协东盟】0【协香港】0【协澳门】0 【协巴基斯坦】5【协智利】0【协新西兰】0 【协秘鲁】0【协台湾】0【协哥斯达黎加】0 【协冰岛】0【协瑞士】2.6【协澳大利亚】0 【协韩国】3.2【协格鲁吉亚】0 【特-1】0【特-2】0【特-3】0 【增】10【对美加征】10【出】0【退】0	千克					999	农用非泡沫聚丙烯薄膜（未用其他材料强化，层压，支撑或用类似方法合制）
392020	90	90	非泡沫丙烯聚合物板，片，膜，箔及扁条（未用其他材料强化，层压，支撑或用类似方法合制，非农用）	Plates, sheets, film, foil and strip, of polymers of propylene, non-cellular and not reinforced, laminated, supported or similarly combined with other materials not for agricultural use	【最】6.5【普】45 【协东盟】0【协香港】0【协澳门】0 【协巴基斯坦】5【协智利】0【协新西兰】0 【协秘鲁】0【协台湾】0【协哥斯达黎加】0 【协冰岛】0【协瑞士】2.6【协澳大利亚】0 【协韩国】3.2【协格鲁吉亚】0 【特-1】0【特-2】0【特-3】0 【增】16【对美加征】10【出】0【退】10	千克					999	非泡沫丙烯聚合物板，片，膜，箔及扁条（未用其他材料强化，层压，支撑或用类似方法合制，非农用）
392030	00		非泡沫苯乙烯聚合物板，片，膜，箔，扁条（未用其他材料强化，层压，支撑或用类似方法合制）	Plates, sheets, film, foil and strip, of polymers of styrene, non-cellular and not reinforced, laminated, supported or similarly combined with other materials	【最】6.5【普】45 【协亚太】4.2【协东盟】0【协香港】0 【协巴基斯坦】0【协智利】0【协新西兰】0 【协秘鲁】0【协台湾】0【协哥斯达黎加】0 【协冰岛】0【协瑞士】0【协澳大利亚】0 【协韩国】3.2【协格鲁吉亚】0 【特-1】0【特-2】0【特-3】0 【增】16【对美加征】10【出】0【退】16	千克					999	非泡沫苯乙烯聚合物板，片，膜，箔，扁条（未用其他材料强化，层压，支撑或用类似方法合制）
392043	00	10	农用软质聚氯乙烯薄膜（增塑剂含量≥6%，未用其他材料强化、层压、支撑）【电商】	Soft polymers of vinyl chloride film, containing by weight not less than 6% of plasticisers, not reinforced, laminated, supported with other materials, for agricultural use	【最】6.5【普】45 【协亚太】4.2【协东盟】0【协香港】0 【协巴基斯坦】4.5【协智利】0【协新西兰】0 【协新加坡】0【协秘鲁】0【协台湾】0 【协哥斯达黎加】0【协冰岛】0【协瑞士】0 【协澳大利亚】0【协韩国】3.2 【协格鲁吉亚】0 【特-1】0【特-2】0【特-3】0 【增】10【对美加征】10【出】0【退】0	千克					999	农用软质聚氯乙烯薄膜（增塑剂含量≥6%，未用其他材料强化、层压、支撑）
392043	00	90	氯乙烯聚合物板，片，膜，箔及扁条（增塑剂含量≥6%，未用其他材料强化、层压、支撑）【电商】	Plates, sheets, film, foil and strip, of PVC, containing by weight not less than 6% of plasticisers, not reinforced, laminated, supported with other materials	【最】6.5【普】45 【协亚太】4.2【协东盟】0【协香港】0 【协巴基斯坦】4.5【协智利】0【协新西兰】0 【协新加坡】0【协秘鲁】0【协台湾】0 【协哥斯达黎加】0【协冰岛】0【协瑞士】0 【协澳大利亚】0【协韩国】3.2 【协格鲁吉亚】0 【特-1】0【特-2】0【特-3】0 【增】16【对美加征】10【出】0【退】10	千克					999	氯乙烯聚合物板，片，膜，箔及扁条（增塑剂含量≥6%，未用其他材料强化、层压、支撑）

税则号列			货品名称中英文		税费综合信息	计量单位	监管证件代码		检验检疫类别		检验检疫编码	检验检疫编码对应中文名称
HS国际统一前6位	本国子目 7~8位	本国子目 9~10位	中文 货物名称	英文 Article Description			进口	出口	进口	出口		
392049	00	10	其他农用软质聚氯乙烯薄膜（非泡沫料的，未用其他材料强化、层压、支撑）【电商】	Other soft PVC film, non-cellular, not reinforced laminated, supported with other materials, for agricultural use	【最】6.5【普】45 【协亚太】4.2【协东盟】0【协香港】0 【协澳门】0【协巴基斯坦】4.5【协智利】0 【协新西兰】0【协秘鲁】0【协台湾】0 【协哥斯达黎加】0【协冰岛】0【协瑞士】2.6 【协澳大利亚】0【协韩国】4.3 【协格鲁吉亚】0 【特-1】0【特-2】0【特-3】0 【增】10【对美加征】5【出】0【退】0	千克					999	其他农用软质聚氯乙烯薄膜（非泡沫料的，未用其他材料强化、层压、支撑）
392049	00	90	其他氯乙烯聚合物板，片，膜，箔及扁条（非泡沫料的，未用其他材料强化，层压、支撑、非农用）【电商】	Other plates, sheets, film, foil and strip, of PVC, non-cellular and not reinorced, laminated, supported with other materials, not for agricultural use	【最】6.5【普】45 【协亚太】4.2【协东盟】0【协香港】0 【协澳门】0【协巴基斯坦】4.5【协智利】0 【协新西兰】0【协秘鲁】0【协台湾】0 【协哥斯达黎加】0【协冰岛】0【协瑞士】2.6 【协澳大利亚】0【协韩国】4.3 【协格鲁吉亚】0 【特-1】0【特-2】0【特-3】0 【增】16【对美加征】5【出】0【退】10	千克					999	其他氯乙烯聚合物板，片，膜，箔及扁条（非泡沫料的，未用其他材料强化，层压、支撑、非农用）
392051	00		聚甲基丙烯酸甲酯板片膜箔及扁条（非泡沫料的，未用其他材料强化、层压、支撑）	Plates, sheets, film, foil and strip, of poly (methyl methacrylate), non-cellular and not reinforced, laminated, supported with other materials	【最】6.5【普】45 【协亚太】4.6【协东盟】0【协巴基斯坦】0 【协智利】0【协新西兰】0【协秘鲁】0 【协台湾】0【协哥斯达黎加】0【协冰岛】0 【协瑞士】0【协澳大利亚】0【协韩国】3.2 【协格鲁吉亚】0【协香港】0【协澳门】0 【特-1】0【特-2】0【特-3】0 【增】16【对美加征】10【出】0【退】16	千克					999	聚甲基丙烯酸甲酯板片膜箔及扁条（非泡沫料的，未用其他材料强化、层压、支撑）
392059	00		其他丙烯酸聚合物板片膜箔及扁条（非泡沫料的，未用其他材料强化、层压、支撑）	Plates, sheets, film, foil and strip, of other acrylic polymers, non-cellular and not reinforced, laminated, supported with other materials	【最】6.5【普】45 【协东盟】0【协巴基斯坦】5【协智利】0 【协新西兰】0【协秘鲁】0【协哥斯达黎加】0 【协冰岛】0【协瑞士】0【协澳大利亚】0 【协韩国】4.3【协格鲁吉亚】0【协香港】0 【协澳门】0 【特-1】0【特-2】0【特-3】0 【增】16【对美加征】10【出】0【退】16	千克					999	其他丙烯酸聚合物板片膜箔及扁条（非泡沫料的，未用其他材料强化、层压、支撑）
392061	00		聚碳酸酯制板，片，膜，箔，扁条（非泡沫料的，未用其他材料强化、层压、支撑）	Plates, sheets, film, foil and strip, of polycarbonates, non-cellular and not reinforced, laminated, supported with other materials	【最】6.5【普】45 【协亚太】4.6【协东盟】0【协巴基斯坦】0 【协智利】0【协新西兰】0【协秘鲁】0 【协台湾】0【协哥斯达黎加】0【协冰岛】0 【协瑞士】0【协澳大利亚】0【协韩国】4.3 【协格鲁吉亚】0【协香港】0【协澳门】0 【特-1】0【特-2】0【特-3】0 【增】16【对美加征】10【出】0【退】16	千克					999	聚碳酸酯制板，片，膜，箔，扁条（非泡沫料的，未用其他材料强化、层压、支撑）
392062	00		聚对苯二甲酸乙二酯板片膜等【电商】	Of poly (ethylene terephthalate)	【最】6.5【普】45 【协亚太】4.6【协东盟】0【协香港】0 【协澳门】0【协巴基斯坦】0【协智利】0 【协新西兰】0【协秘鲁】0【协台湾】0 【协哥斯达黎加】0【协冰岛】0【协瑞士】0 【协澳大利亚】0【协韩国】4.3 【协格鲁吉亚】0 【特-1】0【特-2】0【特-3】0 【增】16【出】0【退】16	千克					999	聚对苯二甲酸乙二酯板片膜等（包括箔及扁条，非泡沫料，未用其他材料强化、层压、支撑）
392063	00		不饱和聚酯板，片，膜，箔及扁条（非泡沫料的，未用其他材料强化、层压、支撑）	Plates, sheets, film, foil and strip, of unsaturated polyester, non-cellular and not reinforced, laminated, supported with other materials	【最】10【普】45 【协东盟】0【协巴基斯坦】5【协智利】0 【协新西兰】0【协秘鲁】0【协哥斯达黎加】0 【协冰岛】0【协瑞士】0【协澳大利亚】0 【协韩国】5【协格鲁吉亚】0【协香港】0 【协澳门】0 【特-1】0【特-2】0【特-3】0 【增】16【对美加征】10【出】0【退】16	千克					999	不饱和聚酯板，片，膜，箔及扁条（非泡沫料的，未用其他材料强化、层压、支撑）
392069	00		其他聚酯板，片，膜，箔及扁条（非泡沫料的，未用其他材料强化、层压、支撑）	Plates, sheets, film, foil and strip, of other polyesters, non-cellular and not reinforced, laminated, supported with other materials	【最】10【普】45 【协亚太】6.5【协东盟】0【协巴基斯坦】5 【协智利】0【协新西兰】0【协新加坡】0 【协秘鲁】0【协台湾】0【协哥斯达黎加】0 【协冰岛】0【协瑞士】0【协澳大利亚】0 【协韩国】7.5【协格鲁吉亚】0【协香港】0 【协澳门】0 【特-1】0【特-2】0【特-3】0 【增】16【对美加征】5【出】0【退】16	千克					999	其他聚酯板，片，膜，箔及扁条（非泡沫料的，未用其他材料强化、层压、支撑）

税则号列			货品名称中英文		税费综合信息	计量单位	监管证件代码		检验检疫类别		检验检疫编码	检验检疫编码对应中文名称
HS国际统一前6位	本国子目 7~8位	本国子目 9~10位	中文 货物名称	英文 Article Description			进口	出口	进口	出口		
392071	00		再生纤维素制板，片，膜，箔及扁条（非泡沫料的，未用其他材料强化、层压、支撑）	Plates, sheets, film, foil and strip, of regenerated cellulose, non-cellular and not reinforced, laminated, supported with other materials	【最】6.5【普】45 【协东盟】0【协巴基斯坦】5【协智利】0 【协新西兰】0【协秘鲁】0【协哥斯达黎加】0 【协冰岛】0【协瑞士】0【协澳大利亚】0 【协韩国】3.2【协格鲁吉亚】0【协香港】0 【协澳门】0 【特-1】0【特-2】0【特-3】0 【增】16【对美加征】5【出】0【退】16	千克					999	再生纤维素制板，片，膜，箔及扁条（非泡沫料的，未用其他材料强化、层压、支撑）
392073	00		醋酸纤维素制板，片，膜，箔及扁条（非泡沫料，未用其他材料强化、层压、支撑）	Plates, sheets, film, foil and strip, of cellulose acetate, non-cellular and not reinforced, laminated, supported with other materials	【最】6.5【普】45 【协东盟】0【协香港】0【协巴基斯坦】5 【协智利】0【协新西兰】0【协秘鲁】0 【协哥斯达黎加】0【协冰岛】0【协瑞士】0 【协澳大利亚】0【协韩国】0 【协格鲁吉亚】0 【特-1】0【特-2】0【特-3】0 【增】16【对美加征】10【出】0【退】16	千克					999	醋酸纤维素制板，片，膜，箔及扁条（非泡沫料，未用其他材料强化、层压、支撑）
392079	00		其他纤维素衍生物制板，片，膜箔及扁条（非泡沫料的，未用其他材料强化、层压、支撑）	Plates, sheets, film, foil and strip, of other cellulose derivatives, non-cellular and not reinforced, aminated, supported with other materials	【最】10【普】45 【协东盟】0【协巴基斯坦】5【协智利】0 【协新西兰】0【协秘鲁】0【协哥斯达黎加】0 【协冰岛】0【协瑞士】0【协澳大利亚】0 【协韩国】5【协格鲁吉亚】0【协香港】0 【协澳门】0 【特-1】0【特-2】0【特-3】0 【增】16【对美加征】10【出】0【退】16	千克					999	其他纤维素衍生物制板，片，膜箔及扁条（非泡沫料的，未用其他材料强化、层压、支撑）
392091	00	01	聚乙烯醇缩丁醛膜（厚度不超过3毫米）（非泡沫料的，未用其他材料强化、层压、支撑）【电商】	Poly (vinyl butyral) film, (of a thickness exceeding 3mm) non-cellular, not reinforced, laminated, supported with other materials	【最】6.5【普】45【暂进】3 【协东盟】0【协巴基斯坦】5【协智利】0 【协新西兰】0【协秘鲁】0【协哥斯达黎加】0 【协冰岛】0【协瑞士】0【协澳大利亚】0 【协韩国】4.3【协格鲁吉亚】0【协香港】0 【协澳门】0 【特-1】0【特-2】0【特-3】0 【增】16【对美加征】10【出】0【退】16	千克					999	聚乙烯醇缩丁醛膜（厚度不超过3毫米）（非泡沫料的，未用其他材料强化、层压、支撑）
392091	00	90	聚乙烯醇缩丁醛板，片，箔，扁条及厚度超过3毫米的膜（非泡沫料的，未用其他材料强化、层压、支撑）【电商】	Plates, sheets, foil and strip, of poly(vinyl butyral), and film (of a thickness exceeding 3mm) non-cellular, not reinforced, supported with other materials	【最】6.5【普】45 【协东盟】0【协巴基斯坦】5【协智利】0 【协新西兰】0【协秘鲁】0【协哥斯达黎加】0 【协冰岛】0【协瑞士】0【协澳大利亚】0 【协韩国】4.3【协格鲁吉亚】0【协香港】0 【协澳门】0 【特-1】0【特-2】0【特-3】0 【增】16【对美加征】10【出】0【退】16	千克					999	聚乙烯醇缩丁醛板，片，箔，扁条及厚度超过3毫米的膜（非泡沫料的，未用其他材料强化、层压、支撑）
392092	00		聚酰胺板，片，膜，箔，扁条（非泡沫料的，未用其他材料强化、层压、支撑）	Plates, sheets, film, foil and strip, of polyamides, non-cellular, not reinforced, supported with other materials	【最】10【普】45 【协东盟】0【协巴基斯坦】5【协智利】0 【协新西兰】0【协新加坡】0【协秘鲁】0 【协哥斯达黎加】0【协冰岛】0【协瑞士】0 【协澳大利亚】0【协韩国】0【协格鲁吉亚】0 【协香港】0【协澳门】0 【特-1】0【特-2】0【特-3】0 【增】16【对美加征】10【出】0【退】16	千克					999	聚酰胺板，片，膜，箔，扁条（非泡沫料的，未用其他材料强化、层压、支撑）
392093	00		氨基树脂板，片，膜，箔，扁条（非泡沫料的，未用其他材料强化、层压、支撑）	Plates, sheets, film, foil and strip, of amino-resins, non-cellular, not reinforced, supported with other materials	【最】6.5【普】45 【协东盟】0【协巴基斯坦】5【协智利】0 【协新西兰】0【协秘鲁】0【协哥斯达黎加】0 【协冰岛】0【协瑞士】0【协澳大利亚】0 【协韩国】0【协格鲁吉亚】0【协香港】0 【协澳门】0 【特-1】0【特-2】0【特-3】0 【增】16【对美加征】5【出】0【退】16	千克					999	氨基树脂板，片，膜，箔，扁条（非泡沫料的，未用其他材料强化、层压、支撑）
392094	00		酚醛树脂板，片，膜，箔，扁条（非泡沫料的，未用其他材料强化、层压、支撑）	Plates, sheets, films, foil and strip, of phenolic resin, non-cellular, not reinforced, supported with other materials	【最】10【普】45 【协亚太】6.5【协东盟】0【协巴基斯坦】5 【协智利】0【协新西兰】0【协新加坡】0 【协秘鲁】0【协哥斯达黎加】0【协冰岛】0 【协瑞士】0【协澳大利亚】0【协韩国】5 【协格鲁吉亚】0【协香港】0【协澳门】0 【特-1】0【特-2】0【特-3】0 【增】16【对美加征】10【出】0【退】16	千克					999	酚醛树脂板，片，膜，箔，扁条（非泡沫料的，未用其他材料强化、层压、支撑）

税则号列			货品名称中英文		税费综合信息	计量单位	监管证件代码		检验检疫类别		检验检疫编码	检验检疫编码对应中文名称
HS国际统一前6位	本国子目 7~8位	本国子目 9~10位	中文 货物名称	英文 Article Description			进口	出口	进口	出口		
392099	10		聚四氟乙烯制非泡沫塑料板，片，箔（含膜及扁条，未用其他材料层压，支撑或类似方法合制）	Plates, sheets, film, foil and strip, of polytetrafluoroethylene, non-cellular, not reinforced, supported or similarly combined with other materials	【最】6.5【普】45 【协东盟】0【协巴基斯坦】5【协智利】0 【协新西兰】0【协秘鲁】0【协哥斯达黎加】0 【协冰岛】0【协瑞士】0【协澳大利亚】0 【协韩国】4.3【协格鲁吉亚】0【协香港】0 【协澳门】0 【特-1】0【特-2】0【特-3】0 【增】16【对美加征】5【出】0【退】13	千克					999	聚四氟乙烯制非泡沫塑料板，片，箔（含膜及扁条，未用其他材料层压，支撑或类似方法合制）
392099	90	01	聚酰亚胺膜，厚度≤0.03mm（未用其他材料强化、层压、支撑） 【电商】	Polyimide film, of a thickness not exceeding 0.03mm (not reinforced, laminated, supported with other materials)	【最】6.5【普】45【暂进】3 【协东盟】0【协香港】0【协巴基斯坦】5 【协智利】0【协新西兰】0【协秘鲁】0 【协台湾】0【协哥斯达黎加】0【协冰岛】0 【协瑞士】0【协澳大利亚】0【协韩国】3.2 【协格鲁吉亚】0 【特-1】0【特-2】0【特-3】0 【增】16【出】0【退】16	千克					999	聚酰亚胺膜，厚度≤0.03mm（未用其他材料强化、层压、支撑）
392099	90	90	其他非泡沫塑料板，片，膜，箔，扁条（未用其他材料强化、层压、支撑） 【电商】	Other plates, sheets, film, foil and strip, of plastics (not reinforced, laminated, supported)	【最】6.5【普】45 【协东盟】0【协香港】0【协巴基斯坦】5 【协智利】0【协新西兰】0【协秘鲁】0 【协台湾】0【协哥斯达黎加】0【协冰岛】0 【协瑞士】0【协澳大利亚】0【协韩国】3.2 【协格鲁吉亚】0 【特-1】0【特-2】0【特-3】0 【增】16【出】0【退】16	千克					999	其他非泡沫塑料板，片，膜，箔，扁条（未用其他材料强化、层压、支撑）
392111	00		泡沫聚苯乙烯板，片，带，箔，扁条 【电商】	Plates, sheets, film, foil and strip, of cellular polymers of styrene	【最】10【普】45 【协亚太】6.5【协东盟】0【协巴基斯坦】5 【协智利】0【协新西兰】0【协秘鲁】0 【协哥斯达黎加】0【协冰岛】0【协瑞士】0 【协澳大利亚】0【协韩国】5【协格鲁吉亚】0 【协香港】0【协澳门】0 【特-1】0【特-2】0【特-3】0 【增】16【对美加征】5【出】0【退】16	千克					999	泡沫聚苯乙烯板，片，带，箔，扁条
392112	10		泡沫聚氯乙烯人造革及合成革	Of cellular polymers of vinyl chloride combined with textile fabrics	【最】9【普】70 【协东盟】0【协香港】0【协巴基斯坦】5 【协智利】0【协新西兰】0【协新加坡】0 【协秘鲁】0【协台湾】0【协哥斯达黎加】0 【协冰岛】0【协瑞士】0【协澳大利亚】0 【协韩国】6【协格鲁吉亚】0 【特-1】0【特-2】0【特-3】0 【增】16【对美加征】10【出】0【退】16	千克/米					999	泡沫聚氯乙烯人造革及合成革
392112	90		泡沫聚氯乙烯板，片，带，箔，扁条 【电商】	Other plates, sheets, film, foil and strip, of cellular polymers of vinyl chloride	【最】6.5【普】45 【协东盟】0【协香港】0【协巴基斯坦】5 【协智利】0【协新西兰】0【协秘鲁】0 【协哥斯达黎加】0【协冰岛】0【协瑞士】2.6 【协澳大利亚】0【协韩国】0 【协格鲁吉亚】0 【特-1】0【特-2】0【特-3】0 【增】16【对美加征】10【出】0【退】16	千克					999	泡沫聚氯乙烯板，片，带，箔，扁条
392113	10		泡沫聚氨酯制人造革及合成革	Of celluar polyurethanes combined with textile fabrics	【最】9【普】70 【协亚太】5.9【协东盟】0【协香港】0 【协巴基斯坦】5【协智利】0【协新西兰】0 【协新加坡】0【协秘鲁】0【协台湾】0 【协哥斯达黎加】0【协冰岛】0【协瑞士】0 【协澳大利亚】0【协韩国】6 【协格鲁吉亚】0 【特-1】0【特-2】0【特-3】0 【增】16【对美加征】10【出】0【退】16	千克/米					999	泡沫聚氨酯制人造革及合成革
392113	90		泡沫聚氨酯板，片，带，箔，扁条 【电商】	Other plates, sheets, film, foil and strip, of celluar polyurethane	【最】6.5【普】45 【协亚太】4.6【协东盟】0【协香港】0 【协巴基斯坦】0【协智利】0【协新西兰】0 【协秘鲁】0【协哥斯达黎加】0【协冰岛】0 【协瑞士】0【协澳大利亚】0【协韩国】3.2 【协格鲁吉亚】0 【特-1】0【特-2】0【特-3】0 【增】16【对美加征】5【出】0【退】16	千克					999	泡沫聚氨酯板，片，带，箔，扁条

税则号列			货品名称中英文		税费综合信息	计量单位	监管证件代码		检验检疫类别		检验检疫编码	检验检疫编码对应中文名称
HS 国际统一前6位	本国子目 7~8位	本国子目 9~10位	中文 货物名称	英文 Article Description			进口	出口	进口	出口		
392114	00		泡沫再生纤维素板，片，膜，箔，扁条	Plates, sheets, film, foil and strip of cellular regenerated cellulose	【最】10【普】45 【协东盟】0【协巴基斯坦】5【协智利】0 【协新西兰】0【协秘鲁】0【协哥斯达黎加】0 【协冰岛】0【协瑞士】0【协澳大利亚】0 【协韩国】5【协格鲁吉亚】0【协香港】0 【协澳门】0 【特-1】0【特-2】0【特-3】0 【增】16【对美加征】5【出】0【退】16	千克					999	泡沫再生纤维素板，片，膜，箔，扁条
392119	10		其他泡沫塑料制人造革及合成革	Of other cellular plastics combined with textile fabrics	【最】9【普】45 【协亚太】6.3【协东盟】0【协巴基斯坦】5 【协智利】0【协新西兰】0【协秘鲁】0 【协哥斯达黎加】0【协冰岛】0【协瑞士】0 【协澳大利亚】0【协韩国】6 【协格鲁吉亚】0【协香港】0【协澳门】0 【特-1】0【特-2】0【特-3】0 【增】16【对美加征】5【出】0【退】16	千克/米					999	其他泡沫塑料制人造革及合成革
392119	90		其他泡沫塑料板，片，膜，箔，扁条【电商】	plates, sheets, film, foil and strip, of other cellular plastics	【最】6.5【普】45 【协亚太】4.2【协东盟】0【协巴基斯坦】0 【协智利】0【协新西兰】0【协秘鲁】0 【协台湾】0【协哥斯达黎加】0【协冰岛】0 【协瑞士】2.6【协澳大利亚】0【协韩国】4.3 【协格鲁吉亚】0【协香港】0【协澳门】0 【特-1】0【特-2】0【特-3】0 【增】16【对美加征】5【出】0【退】16	千克					999	其他泡沫塑料板，片，膜，箔，扁条
392190	20		以聚乙烯为基本成分的板片（以玻璃纤维加强的）	Plates, sheets of polyethylene with glass fibres	【最】6.5【普】45 【协亚太】4.2【协东盟】0【协香港】0 【协巴基斯坦】0【协智利】0【协新西兰】0 【协秘鲁】0【协哥斯达黎加】0【协冰岛】0 【协瑞士】2.6【协澳大利亚】0【协韩国】0 【协格鲁吉亚】0 【特-1】0【特-2】0【特-3】0 【增】16【对美加征】10【出】0【退】16	千克					999	以聚乙烯为基本成分的板片（以玻璃纤维加强的）
392190	30		聚异丁烯为基本成分的板片卷材（附有人造毛毡的）	Plates, sheets, coils of polyisobutylene with man-made felt	【最】6.5【普】45 【协亚太】4.2【协东盟】0【协香港】0 【协巴基斯坦】0【协智利】0【协新西兰】0 【协秘鲁】0【协哥斯达黎加】0【协冰岛】0 【协瑞士】0【协澳大利亚】0【协韩国】3.2 【协格鲁吉亚】0 【特-1】0【特-2】0【特-3】0 【增】16【对美加征】10【出】0【退】16	千克					999	聚异丁烯为基本成分的板片卷材（附有人造毛毡的）
392190	90	01	离子交换膜【电商】	Ion (ic) exchange membrane	【最】6.5【普】45【暂进】5 【协亚太】4.6【协东盟】0【协香港】0 【协巴基斯坦】0【协智利】0【协新西兰】0 【协秘鲁】0【协台湾】0【协哥斯达黎加】0 【协冰岛】0【协瑞士】2.6【协澳大利亚】0 【协韩国】4.3【协格鲁吉亚】0 【特-1】0【特-2】0【特-3】0 【增】16【出】0【退】16	千克					999	离子交换膜
392190	90	10	两用物项管制结构复合材料的层压板（用纤维和丝材增强而制成的各种预浸件和预成形件，其中增强材料的比拉伸强度大于 7.62×10^4 米和比模量大于 3.18×10^6 米）【电商】	Laminated board made of structure of composite materials under control of Dual-use item and technologies (various prepreg and pre-formed parts reinforced by fibers and threads, the specific tensile strength of reinforcing materials is greater than 7.62×10^4m and specific modulus greater than 3.18×10^6m)	【最】6.5【普】45 【协亚太】4.6【协东盟】0【协香港】0 【协巴基斯坦】0【协智利】0【协新西兰】0 【协秘鲁】0【协台湾】0【协哥斯达黎加】0 【协冰岛】0【协瑞士】2.6【协澳大利亚】0 【协韩国】4.3【协格鲁吉亚】0 【特-1】0【特-2】0【特-3】0 【增】16【出】0【退】16	千克		3			999	两用物项管制结构复合材料的层压板（用纤维和丝材增强而制成的各种预浸件和预成形件，其中增强材料的比拉伸强度大于 7.62×10^4 米和比模量大于 3.18×10^6 米）

税则号列			货品名称中英文		税费综合信息	计量单位	监管证件代码		检验检疫类别		检验检疫编码	检验检疫编码对应中文名称
HS国际统一前6位	本国子目7~8位	本国子目9~10位	中文 货物名称	英文 Article Description			进口	出口	进口	出口		
392190	90	90	未列名塑料板，片，膜，箔，扁条（离子交换膜、两用物项管制结构复合材料的层压板除外） 【电商】	Other plates, sheets, film, foil and strip of plastic, not elsewhere specified or included (other than ion exchange membrane, laminated board made of structure of composite materials under control of Dual-use item and technologies)	【最】6.5【普】45 【协亚太】4.6【协东盟】0【协香港】0 【协巴基斯坦】0【协智利】0【协新西兰】0 【协秘鲁】0【协台湾】0【协哥斯达黎加】0 【协冰岛】0【协瑞士】2.6【协澳大利亚】0 【协韩国】4.3【协格鲁吉亚】0 【特-1】0【特-2】0【特-3】0 【增】16【出】0【退】16	千克					999	未列名塑料板，片，膜，箔，扁条（离子交换膜、两用物项管制结构复合材料的层压板除外）
392210	00		塑料浴缸，淋浴盘，洗涤槽及盥洗盆 【电商】	Baths, shower-baths, sinks and wash-basins	【最】6.5【普】80 【协东盟】0【协澳门】0【协巴基斯坦】5 【协香港】0【协智利】0【协新西兰】0 【协秘鲁】0【协哥斯达黎加】0【协冰岛】0 【协瑞士】0【协澳大利亚】0【协韩国】5 【协格鲁吉亚】0 【特东老挝】0【特-1】0【特-2】0【特-3】0 【增】16【对美加征】10【出】0【退】13	千克					999	塑料浴缸，淋浴盘，洗涤槽及盥洗盆
392220	00		塑料马桶座圈及盖 【电商】[1]	Lavatory seats and covers	【最】6.5【普】80 【协东盟】0【协澳门】0【协巴基斯坦】5 【协香港】0【协智利】0【协新西兰】0 【协秘鲁】0【协哥斯达黎加】0【协冰岛】0 【协瑞士】0【协澳大利亚】0【协韩国】5 【协格鲁吉亚】0 【特东老挝】0【特-1】0【特-2】0【特-3】0 【增】16【对美加征】10【出】0【退】13	千克					999	塑料马桶座圈及盖
392290	00		塑料便盆，抽水箱等类似卫生洁具 【电商】	Lavatory pans, flushing cisterns and similar sanitary ware, of plastics	【最】6.5【普】80 【协东盟】0【协巴基斯坦】5【协智利】0 【协新西兰】0【协秘鲁】0【协哥斯达黎加】0 【协冰岛】0【协瑞士】0【协澳大利亚】0 【协韩国】5【协格鲁吉亚】0【协香港】0 【协澳门】0 【特-1】0【特-2】0【特-3】0 【增】16【对美加征】10【出】0【退】13	千克					999	塑料便盆，抽水箱等类似卫生洁具
392310	00	10	具有特定形状或装置，供运输或包装半导体晶圆、掩模或光罩的塑料盒、箱、板条箱及类似物品 【电商】	Plastic boxes, boxes, crates and similar items, with a specific shape or device, for the conveyance or packing of semiconductor wafer and mask	【最】2.5【普】80 【协亚太】6.5【协东盟】0【协香港】0 【协澳门】0【协巴基斯坦】5【协智利】0 【协新西兰】0【协新加坡】0【协秘鲁】0 【协台湾】0【协哥斯达黎加】0【协冰岛】0 【协瑞士】0【协澳大利亚】0【协韩国】7.5 【协格鲁吉亚】0 【特-1】0【特-2】0【特-3】0 【增】16【对美加征】10【出】0【退】16	千克					999	具有特定形状或装置，供运输或包装半导体晶圆、掩模或光罩的塑料盒、箱、板条箱及类似物品
392310	00	90	其他塑料制盒，箱及类似品（包括塑料制板条箱，供运输或包装货物用的） 【电商】	Other plastic boxes, boxes and similar articles, including plastic crates, for transport or packaging of goods	【最】10【普】80 【协亚太】6.5【协东盟】0【协香港】0 【协澳门】0【协巴基斯坦】5【协智利】0 【协新西兰】0【协新加坡】0【协秘鲁】0 【协台湾】0【协哥斯达黎加】0【协冰岛】0 【协瑞士】0【协澳大利亚】0【协韩国】7.5 【协格鲁吉亚】0 【特-1】0【特-2】0【特-3】0 【增】16【对美加征】10【出】0【退】16	千克					101 999	其他塑料制盒，箱及类似品（包括塑料制板条箱，供运输或包装货物用的）（食品用其他塑料包装） 其他塑料制盒，箱及类似品（包括塑料制板条箱，供运输或包装货物用的）（非食品用塑料制品）
392321	00		乙烯聚合物制袋及包（供运输或包装货物用的） 【电商】	Sacks and bags of polymers of ethylene, for the conveyance or packing of goods	【最】10【普】80 【协东盟】0【协香港】0【协澳门】0 【协巴基斯坦】5【协智利】0【协新西兰】0 【协新加坡】0【协秘鲁】0【协哥斯达黎加】0 【协冰岛】0【协瑞士】0【协澳大利亚】0 【协韩国】0【协格鲁吉亚】0 【特-1】0【特-2】0 【增】16【对美加征】5【出】0【退】16	千克					101 999	乙烯聚合物制袋及包（供运输或包装货物用的）（食品用其他塑料包装） 乙烯聚合物制袋及包（供运输或包装货物用的）（非食品用塑料制品）

① 列入《进出口野生动植物种商品目录》的商品除外。

税则号列			货品名称中英文		税费综合信息	计量单位	监管证件代码		检验检疫类别		检验检疫编码	检验检疫编码对应中文名称
HS国际统一前6位	本国子目 7~8位	9~10位	中文 货物名称	英文 Article Description			进口	出口	进口	出口		
392329	00		其他塑料制的袋及包（供运输或包装货物用的） 【电商】	Sacks and bags of other plastics, for the conveyance or packing of goods	【最】10【普】80 【协东盟】0【协香港】0【协澳门】0 【协巴基斯坦】5【协智利】0【协新西兰】0 【协新加坡】0【协秘鲁】0【协哥斯达黎加】0 【协冰岛】0【协瑞士】0【协澳大利亚】0 【协韩国】6.6【协格鲁吉亚】0 【特-1】0【特-2】0【特-3】0 【增】16【对美加征】5【出】0【退】16	千克					101 999	其他塑料制的袋及包（供运输或包装货物用的）（食品用其他塑料包装） 其他塑料制的袋及包（供运输或包装货物用的）（非食品用塑料制品）
392330	00		塑料制坛，瓶及类似品 【电商】	Carboys, bottles, flasks and similar articles of plastics	【最】6.5【普】80 【协东盟】0【协香港】0【协巴基斯坦】5 【协智利】0【协新西兰】0【协新加坡】0 【协哥斯达黎加】0【协冰岛】0【协瑞士】0 【协澳大利亚】0【协韩国】4.3 【协格鲁吉亚】0 【特-1】0【特-2】0【特-3】0 【增】16【对美加征】5【出】0【退】16	千克					101 999	塑料制坛，瓶及类似品（供运输或包装货物用的）（食品用其他塑料包装） 塑料制坛，瓶及类似品（供运输或包装货物用的）（非食品用塑料制品）
392340	00		塑料制卷轴，纡子，筒管及类似品	Spools, cops, bobbins and similar supports of plastics	【最】10【普】35 【协亚太】6.5【协东盟】0【协巴基斯坦】5 【协智利】0【协新西兰】0【协新加坡】0 【协秘鲁】0【协哥斯达黎加】0【协冰岛】0 【协瑞士】0【协澳大利亚】0【协韩国】6.6 【协格鲁吉亚】0【协香港】0【协澳门】0 【特-1】0【特-2】0 【增】16【对美加征】10【出】0【退】16	千克					101 102 999	塑料制卷轴，纡子，筒管及类似品（食品接触其他塑料产品） 塑料制卷轴，纡子，筒管及类似品（食品用其他塑料包装） 塑料制卷轴，纡子，筒管及类似品（非食品用塑料制品）
392350	00		塑料制塞子，盖子及类似品 【电商】	Stoppers, lids, caps and other closures of plastics	【最】10【普】80 【协东盟】0【协香港】0【协巴基斯坦】5 【协智利】0【协新西兰】0【协新加坡】0 【协秘鲁】0【协台湾】0【协哥斯达黎加】0 【协冰岛】0【协瑞士】4【协澳大利亚】0 【协韩国】5【协格鲁吉亚】0 【特-1】0【特-2】0【特-3】0 【增】16【对美加征】5【出】0【退】16	千克					101 999	塑料制塞子，盖子及类似品（食品用其他塑料包装） 塑料制塞子，盖子及类似品（非食品用塑料制品）
392390	00		供运输或包装货物用其他塑料制品 【电商】	Other articles of plastics, for the conveyance or packing of goods	【最】10【普】80 【协亚太】6.5【协东盟】0【协香港】0 【协澳门】0【协巴基斯坦】5【协智利】0 【协新西兰】0【协新加坡】0【协秘鲁】0 【协台湾】0【协哥斯达黎加】0【协冰岛】0 【协瑞士】0【协澳大利亚】0【协韩国】7.5 【协格鲁吉亚】0 【特-1】0【特-2】0 【增】16【对美加征】10【出】0【退】16	千克					101 999	供运输或包装货物用其他塑料制品（食品用其他塑料包装） 供运输或包装货物用其他塑料制品（非食品用塑料制品）
392410	00		塑料制餐具及厨房用具 【电商】	Tableware and kitchenware of plastics	【最】6.5【普】80 【协东盟】0【协香港】0【协澳门】0 【协巴基斯坦】5【协智利】0【协新西兰】0 【协新加坡】0【协秘鲁】0【协哥斯达黎加】0 【协冰岛】0【协瑞士】0【协澳大利亚】0 【协韩国】6.6【协格鲁吉亚】0 【特亚太】0【特-1】0【特-2】0【特-3】0 【增】16【对美加征】10【出】0【退】13	千克	A		R		101 102 103 104 105 ……	塑料制餐具及厨房用具（食品接触聚苯乙烯产品） 塑料制餐具及厨房用具（食品接触聚乙烯产品） 塑料制餐具及厨房用具（食品接触聚丙烯产品） 塑料制餐具及厨房用具（食品接触聚氯乙烯产品） 塑料制餐具及厨房用具（食品接触三聚氰胺-甲醛产品） ……①

① 该税号项下检验检疫编码及对应中文名称尚有：106　塑料制餐具及厨房用具（食品接触丙烯腈-丁二烯-苯乙烯产品），107　塑料制餐具及厨房用具（食品接触丙烯腈-苯乙烯产品），108　塑料制餐具及厨房用具（食品接触不饱和聚酯树脂及其玻璃钢产品），109　塑料制餐具及厨房用具（食品接触对苯二甲酸乙二醇酯产品），110　塑料制餐具及厨房用具（食品接触尼龙产品），111　塑料制餐具及厨房用具（食品接触聚碳酸酯产品），112　塑料制餐具及厨房用具（食品接触聚偏二氯乙烯产品），113　塑料制餐具及厨房用具（食品接触聚甲基丙烯酸甲酯产品），114　塑料制餐具及厨房用具（食品接触聚甲基戊烯产品），115　塑料制餐具及厨房用具［食品接触复合塑料（仅指多种塑料材质复合）产品］，116　塑料制餐具及厨房用具（食品接触其他塑料产品），117　塑料制餐具及厨房用具（食品用聚苯乙烯包装），118　塑料制餐具及厨房用具（食品用聚乙烯包装），119　塑料制餐具及厨房用具（食品用聚丙烯包装），120　塑料制餐具及厨房用具（食品用聚氯乙烯瓶盖垫片），121　塑料制餐具及厨房用具（食品用其他聚氯乙烯包装），122　塑料制餐具及厨房用具（食品用三聚氰胺-甲醛包装），123　塑料制餐具及厨房用具（食品用丙烯腈-丁二烯-苯乙烯包装），124　塑料制餐具及厨房用具（食品用丙烯腈-苯乙烯包装），125　塑料制餐具及厨房用具（食品用不饱和聚酯树脂及其玻璃钢包装），126　塑料制餐具及厨房用具（食品用对苯二甲酸乙二醇酯包装），127　塑料制餐具及厨房用具（食品用尼龙包装），128　塑料制餐具及厨房用具（食品用聚碳酸酯包装），129　塑料制餐具及厨房用具（食品用聚偏二氯乙烯包装），130　塑料制餐具及厨房用具（食品用聚甲基丙烯酸甲酯包装），131　塑料制餐具及厨房用具（食品用聚甲基戊烯包装），132　塑料制餐具及厨房用具［食品用复合塑料（仅指多种塑料材质复合）包装］，133　塑料制餐具及厨房用具（食品用其他塑料包装），999　塑料制餐具及厨房用具（非食品用塑料容器用具）。

税则号列			货品名称中英文		税费综合信息	计量单位	监管证件代码		检验检疫类别		检验检疫编码	检验检疫编码对应中文名称
HS国际统一前6位	本国子目7~8位	本国子目9~10位	中文货物名称	英文 Article Description			进口	出口	进口	出口		
392490	00		塑料制其他家庭用具及卫生或盥洗用具 【电商】	Other household articles and hygienic or toilet articles, of plastics	【最】6.5【普】80 【协东盟】0【协香港】0【协澳门】0 【协巴基斯坦】5【协智利】0【协新西兰】0 【协新加坡】0【协秘鲁】0【协哥斯达黎加】0 【协冰岛】0【协瑞士】0【协澳大利亚】0 【协韩国】5【协格鲁吉亚】0 【特-1】0【特-2】0【特-3】0 【增】16【对美加征】10【出】0【退】13	千克	A		M		999	塑料制其他家庭用具及卫生或盥洗用具
392510	00		塑料制囤，柜，罐，桶及类似容器（容积超过300升） 【电商】	Reservoirs, tanks, vats and similar containers, of a capacity exceeding 300L	【最】6.5【普】80 【协东盟】0【协巴基斯坦】5【协智利】0 【协新西兰】0【协秘鲁】0【协哥斯达黎加】0 【协冰岛】0【协瑞士】0【协澳大利亚】0 【协韩国】5【协格鲁吉亚】0【协香港】0 【协澳门】0 【特-1】0【特-2】0【特-3】0 【增】16【对美加征】10【出】0【退】16	千克					101 999	塑料制囤，柜，罐，桶及类似容器（容积超过300升）（食品用其他塑料包装） 塑料制囤，柜，罐，桶及类似容器（容积超过300升）（非食品用塑料容器）
392520	00		塑料制门，窗及其框架，门槛	Doors, windows and their frames and thresholds for doors of plastics	【最】6.5【普】80 【协亚太】4.2【协东盟】0【协巴基斯坦】5 【协智利】0【协新西兰】0【协秘鲁】0 【协哥斯达黎加】0【协冰岛】0【协瑞士】0 【协澳大利亚】0【协韩国】5【协格鲁吉亚】0 【协香港】0【协澳门】0 【特-1】0【特-2】0 【增】16【对美加征】5【出】0【退】13	千克					999	塑料制门，窗及其框架，门槛
392530	00		塑料制窗板，百叶窗及类似制品（包括威尼斯式百叶窗和塑料制窗零件）	Shutters, blinds (including Venetian blinds) and similar articles and parts thereof, of plastics	【最】6.5【普】80 【协东盟】0【协巴基斯坦】5【协智利】0 【协新西兰】0【协秘鲁】0【协哥斯达黎加】0 【协冰岛】0【协瑞士】0【协澳大利亚】0 【协韩国】5【协格鲁吉亚】0【协香港】0 【协澳门】0 【特-1】0【特-2】0 【增】16【对美加征】10【出】0【退】13	千克					999	塑料制窗板，百叶窗及类似制品（包括威尼斯式百叶窗和塑料制窗零件）
392590	00		其他未列名的建筑用塑料制品	Other builders'ware of plastics, not elsewhere specified or included	【最】6.5【普】80 【协东盟】0【协香港】0【协巴基斯坦】5 【协智利】0【协新西兰】0【协秘鲁】0 【协哥斯达黎加】0【协冰岛】0【协瑞士】5.7 【协澳大利亚】0【协韩国】5【协格鲁吉亚】0 【特-1】0【特-2】0 【增】16【对美加征】5【出】0【退】16	千克					999	其他未列名的建筑用塑料制品
392610	00		办公室或学校用塑料制品 【电商】	Office or school supplies of plastics	【最】10【普】80 【协东盟】0【协巴基斯坦】5【协智利】0 【协新西兰】0【协新加坡】0【协秘鲁】0 【协哥斯达黎加】0【协冰岛】0【协瑞士】0 【协澳大利亚】0【协韩国】5【协格鲁吉亚】0 【协香港】0【协澳门】0 【特-1】0【特-2】0【特-3】0 【增】16【对美加征】10【出】0【退】16	千克					999	办公室或学校用塑料制品
392620	11		聚氯乙烯制手套（包括分指手套、连指手套及露指手套） 【电商】	Gloves (including gloves, mittens and mitts) of poly (vinyl chloride)	【最】6.5【普】90 【协东盟】0【协香港】0【协智利】0 【协新西兰】0【协新加坡】0【协秘鲁】0 【协哥斯达黎加】0【协冰岛】5【协瑞士】0 【协澳大利亚】0【协韩国】6【协格鲁吉亚】0 【特-1】0【特-2】0 【增】16【对美加征】5【出】0【退】16	千克/双					999	聚氯乙烯制手套（包括分指手套、连指手套及露指手套）
392620	19		其他塑料制手套（包括分指手套、连指手套及露指手套）	Gloves (including gloves, mittens and mitts) of other plastics	【最】6.5【普】90 【协东盟】0【协香港】0【协智利】0 【协新西兰】0【协新加坡】0【协秘鲁】0 【协哥斯达黎加】0【协冰岛】0【协瑞士】0 【协澳大利亚】0【协韩国】5【协格鲁吉亚】0 【特-1】0【特-2】0 【增】16【对美加征】5【出】0【退】16	千克/双					999	其他塑料制手套（包括分指手套、连指手套及露指手套）（聚氯乙烯制除外）
392620	90		其他塑料制衣服及衣着附件 【电商】	Other articles of apparel and clothing accessories of plastics (other than gloves)	【最】6.5【普】90 【协东盟】0【协香港】0【协智利】0 【协新西兰】0【协新加坡】0【协秘鲁】0 【协哥斯达黎加】0【协冰岛】0【协瑞士】0 【协澳大利亚】0【协韩国】5【协格鲁吉亚】0 【特-1】0【特-2】0【特-3】0 【增】16【对美加征】10【出】0【退】16	千克					999	其他塑料制衣服及衣着附件［手套（包括分指手套、连指手套及露指手套）除外］

税则号列			货品名称中英文		税费综合信息	计量单位	监管证件代码		检验检疫类别		检验检疫编码	检验检疫编码对应中文名称
HS国际统一前6位	本国子目 7~8位	本国子目 9~10位	中文 货物名称	英文 Article Description			进口	出口	进口	出口		
392630	00		塑料制家具、车厢及类似品的附件 【电商】	Fittings for furniture, coachwork or the like, of plastics	【最】10【普】80 【协东盟】0【协巴基斯坦】5【协智利】0 【协新西兰】0【协新加坡】0【协秘鲁】0 【协哥斯达黎加】0【协冰岛】0【协瑞士】0 【协澳大利亚】0【协韩国】6.6【协格鲁吉亚】0 【协香港】0【协澳门】0 【特-1】0【特-2】0【特-3】0 【增】16【对美加征】10【出】0【退】16	千克			L		101 999	塑料制家具、车厢及类似品的附件（车辆内饰零部件） 塑料制家具、车厢及类似品的附件（其他）
392640	00		塑料制小雕塑品及其他装饰品 【电商】	Statuettes and other ornamental articles, of plastics	【最】6.5【普】100 【协亚太】4.2【协东盟】0【协巴基斯坦】5 【协智利】0【协新西兰】0【协秘鲁】0 【协哥斯达黎加】0【协冰岛】0【协瑞士】0 【协澳大利亚】0【协韩国】5【协格鲁吉亚】0 【协香港】0【协澳门】0 【特-1】0【特-2】0【特-3】0 【增】16【对美加征】10【出】0【退】16	千克					999	塑料制小雕塑品及其他装饰品
392690	10		塑料制机器及仪器用零件 【电商】	Plastics articles of a kind for used in machines or instruments	【最】10【普】35 【协亚太】6.5【协东盟】0【协香港】0 【协澳门】0【协巴基斯坦】5【协智利】0 【协新西兰】0【协新加坡】0【协秘鲁】0 【协台湾】0【协哥斯达黎加】0【协冰岛】0 【协瑞士】4【协澳大利亚】0【协韩国】5 【协格鲁吉亚】0 【特-1】0【特-2】0【特-3】0 【增】16【对美加征】5【出】0【退】16	千克					999	塑料制机器及仪器用零件
392690	90	10	两用物项管制结构复合材料的预成形件和制品（用纤维和丝材增强而制成的各种预浸件和预成形件，其中增强材料的比拉伸强度大于 7.62×10^4 米和比模量大于 3.18×10^6 米） 【电商】	Laminated board made of structure composite materials under control of Dual-use item and technologies (various prepreg and pre-formed parts reinforced by fibers and threads, the specific tensile strength of reinforcing materials is greater than 7.62×10^4m and specific modulus greater than 3.18×10^6m)	【最】10【普】80 【协亚太】6.5【协东盟】0【协香港】0 【协澳门】0【协巴基斯坦】9.2【协智利】0 【协新西兰】0【协新加坡】0【协秘鲁】0 【协台湾】0【协哥斯达黎加】0【协冰岛】0 【协瑞士】4【协澳大利亚】0【协韩国】5 【协格鲁吉亚】0 【特-1】0【特-2】0【特-3】0 【增】16【出】0【退】16	千克		3			999	两用物项管制结构复合材料的预成形件和制品（用纤维和丝材增强而制成的各种预浸件和预成形件，其中增强材料的比拉伸强度大于 7.62×10^4 米和比模量大于 3.18×10^6 米）
392690	90	20	聚氨酯制避孕套 【电商】	Polyurethane condom	【最】10【普】80【暂进】0 【协亚太】6.5【协东盟】0【协香港】0 【协澳门】0【协巴基斯坦】9.2【协智利】0 【协新西兰】0【协新加坡】0【协秘鲁】0 【协台湾】0【协哥斯达黎加】0【协冰岛】0 【协瑞士】4【协澳大利亚】0【协韩国】5 【协格鲁吉亚】0 【特-1】0【特-2】0【特-3】0 【增】0【出】0【退】0	千克					999	聚氨酯制避孕套
392690	90	90	其他塑料制品（包括税目39.01至39.14所列材料的制品） 【电商】	Other articles of plastics and articles of other materials of heading No. 39.01 to 39.14	【最】10【普】80 【协亚太】6.5【协东盟】0【协香港】0 【协澳门】0【协巴基斯坦】9.2【协智利】0 【协新西兰】0【协新加坡】0【协秘鲁】0 【协台湾】0【协哥斯达黎加】0【协冰岛】0 【协瑞士】4【协澳大利亚】0【协韩国】5 【协格鲁吉亚】0 【特-1】0【特-2】0【特-3】0 【增】16【出】0【退】16	千克					101 102 999	其他塑料制品（包括税目39.01至39.14所列材料的制品）［含一级易燃溶剂的其他制品（-18℃≤闪点<23℃），胶套］ 其他塑料制品（包括税目39.01至39.14所列材料的制品）（塑料沥青） 其他塑料制品（包括税目39.01至39.14所列材料的制品）（其他）

第四十章
橡胶及其制品

注释：

一、除条文另有规定的以外，本协调制度所称“橡胶”，是指不论是否硫化或硬化的下列产品：天然橡胶、巴拉塔胶、古塔波胶、银胶菊胶、糖胶树胶及类似的天然树胶、合成橡胶、从油类中提取的油膏，以及上述物品的再生品。

二、本章不包括：

（一）第十一类的货品（纺织原料及纺织制品）；

（二）第六十四章的鞋靴及其零件；

（三）第六十五章的帽类及其零件（包括游泳帽）；

（四）第十六类的硬质橡胶制的机械器具、电气器具及其零件（包括各种电气用品）；

（五）第九十章、第九十二章、第九十四章或第九十六章的物品；或

（六）第九十五章的物品（运动用分指手套、连指手套及露指手套及税目 40.11 至 40.13 的制品除外）。

三、税目 40.01 至 40.03 及 40.05 所称“初级形状”，只限于下列形状：

（一）液状及糊状，包括胶乳（不论是否预硫化）及其他分散体和溶液；

（二）不规则形状的块，团，包、粉、粒、碎屑及类似的散装形状。

四、本章注释一和税目 40.02 所称“合成橡胶”，适用于：

（一）不饱和合成物质，即用硫磺硫化能使其不可逆地变为非热塑物质，这种物质能在温度 18℃～29℃之间被拉长到其原长度的 3 倍而不致断裂，拉长到原长度的 2 倍时，在 5 分钟内能回复到不超过原长度的 1.5 倍。为了进行上述试验，可以加入交联所需的硫化活化剂或促进剂；也允许含有注释五（二）2 及 3 所述的物质。但不能加入非交联所需的物质，例如，增量剂、增塑剂及填料。

（二）聚硫橡胶（TM）。

（三）与塑料接枝共聚或混合而改性的天然橡胶、解聚天然橡胶，以及不饱和合成物质与饱和合成高聚物的混合物，但这些产品必须符合以上（一）款关于硫化、延伸及回复的要求。

五、（一）税目 40.01 及 40.02 不适用于任何凝结前或凝结后与下列物质相混合的橡胶或橡胶混合物：

Chapter 40
Rubber and articles thereof

Chapter Notes:

1. Except where the context otherwise requires, throughout the Nomenclature the expression "rubber" means the following products, whether or not vulcanised or hard: natural rubber, balata, gutta-percha, guayule, chicle and similar natural gums, synthetic rubber, factice derived from oils, and such substances reclaimed.

2. This Chapter does not cover:
   (a) Goods of Section XI (textiles and textile articles);
   (b) Footwear or parts thereof of Chapter 64;
   (c) Headgear or parts thereof (including bathing caps) of Chapter 65;
   (d) Mechanical or electrical appliances or parts thereof of Section XVI (including electrical goods of all kinds), of hard rubber;
   (e) Articles of Chapter 90, 92, 94 or 96; or
   (f) Articles of Chapter 95 (other than sports gloves, mittens and mitts and articles of headings 40.11 to 40.13).

3. In headings 40.01 to 40.03 and 40.05, the expression "primary forms" applies only to the following forms:
   (a) Liquids and pastes (including latex, whether or not pre-vulcanised, and other dispersions and solutions);
   (b) Blocks of irregular shape, lumps, bales, powders, granules, crumbs and similar bulk forms.

4. In Note 1 to this Chapter and in heading 40.02, the expression "synthetic rubber" applies to:
   (a) Unsaturated synthetic substances which can be irreversibly transformed by vulcanisation with sulphur into non-thermoplastic substances which, at a temperature between 18℃ and 29℃, will not break on being extended to three times their original length and will return, after being extended to twice their original length, within a period of five minutes, to a length not greater than one and a half times their original length. For the purposes of this test, substances necessary for the cross-linking, such as vulcanising activators or accelerators, may be added; the presence of substances as provided for by Note 5 (b) (ii) and (iii) is also permitted. However, the presence of any substances not necessary for the cross-linking, such as extenders, plasticisers and fillers, is not permitted.
   (b) Thioplasts (TM); and
   (c) Natural rubber modified by grafting or mixing with plastics, depolymerised natural rubber, mixtures of unsaturated synthetic substances with saturated synthetic high polymers provided that all the above-mentioned products comply with the requirements concerning vulcanisation, elongation and recovery in (a) above.

5. (a) Headings 40.01 and 40.02 do not apply to any rubber or mixture of rubbers which has been compounded, be-

1. 硫化剂、促进剂、防焦剂或活性剂（为制造预硫胶乳所加入的除外）；

2. 颜料或其他着色料，但仅为易于识别而加入的除外；

3. 增塑剂或增量剂（用油增量的橡胶中所加的矿物油除外）、填料、增强剂、有机溶剂或其他物质，但以下（二）款所述的除外。

（二）含有下列物质的橡胶或橡胶混合物，只要仍具有原料的基本特性，应归入税目 40.01 或 40.02：

1. 乳化剂或防粘剂；
2. 少量的乳化剂分解产品；

3. 微量的下列物质：热敏剂（一般为制造热敏胶乳用）、阳离子表面活性剂（一般为制造阳性胶乳用）、抗氧剂、凝固剂、碎裂剂、抗冻剂、胶溶剂、保存剂、稳定剂、黏度控制剂或类似的特殊用途添加剂。

fore or after coagulation, with:

(i) vulcanising agents, accelerators, retarders or activators (other than those added for the preparation of pre-vulcanised rubber latex);

(ii) pigments or other colouring matter, other than those added solely for the purpose of identification;

(iii) plasticisers or extenders (except mineral oil in the case of oil-extended rubber), fillers, reinforcing agents, organic solvents or any other substances, except those permitted under (b);

(b) The presence of the following substances in any rubber or mixture of rubbers shall not affect its classification in heading 40.01 or 40.02, as the case may be, provided that such rubber or mixture of rubbers retains its essential character as a raw material:

(i) emulsifiers or anti-tack agents;

(ii) small amounts of breakdown products of emulsifiers;

(iii) very small amounts of the following: heat-sensitive agents (generally for obtaining thermosensitive rubber latexes), cationic surface-active agents (generally for obtaining electropositive rubber latexes), antioxidants, coagulants, crumbling agents, freeze-resisting agents, peptisers, preservatives, stabilisers, viscosity-control agents, or similar special-purpose additives.

六、税目 40.04 所称"废碎料及下脚料"，是指在橡胶或橡胶制品生产或加工过程中由于切割、磨损或其他原因明显不能按橡胶或橡胶制品使用的废橡胶及下脚料。

6. For the purposes of heading 40.04, the expression "waste, parings and scrap" means rubber waste, parings and scrap from the manufacture or working of rubber and rubber goods definitely not usable as such because of cutting-up, wear or other reasons.

七、全部用硫化橡胶制成的线，其任一截面的尺寸超过 5 毫米的，应作为带、杆或型材及异型材归入税目 40.08。

7. Thread wholly of vulcanised rubber, of which any cross-sectional dimension exceeds 5mm, is to be classified as strip, rods or profile shapes, of heading 40.08.

八、税目 40.10 包括用橡胶浸渍、涂布、包覆或层压的织物制成的或用橡胶浸渍、涂布、包覆或套裹的纱线或绳制成的传动带、输送带。

8. Heading 40.10 includes conveyor or transmission belts or belting of textile fabric impregnated, coated, covered or laminated with rubber or made from textile yarn or cord impregnated, coated, covered or sheathed with rubber.

九、税目 40.01、40.02、40.03、40.05 及 40.08 所称"板""片""带"，仅指未切割或只简单切割成矩形（包括正方形）的板、片、带及正几何形块，不论是否具有成品的特征，也不论是否经过印制或其他表面加工，但未切割成其他形状或进一步加工。

税目 40.08 所称"杆"或"型材及异型材"，仅指不论是否切割成一定长度或表面加工，但未经进一步加工的该类产品。

9. In headings 40.01, 40.02, 40.03, 40.05 and 40.08, the expressions "plates" "sheets" and "strip" apply only to plates, sheets and strip and to blocks of regular geometric shape, uncut or simply cut to rectangular (including square) shape, whether or not having the character of articles and whether or not printed or otherwise surface-worked, but not otherwise cut to shape or further worked.

In heading 40.08 the expressions "rods" and "profile shapes" apply only to such products, whether or not cut to length or surface-worked but not otherwise worked.

税则号列			货品名称中英文		税费综合信息	计量单位	监管证件代码		检验检疫类别		检验检疫编码	检验检疫编码对应中文名称
HS国际统一前6位	本国子目7~8位	本国子目9~10位	中文货物名称	英文Article Description			进口	出口	进口	出口		
400110	00		天然胶乳（不论是否预硫化）	Natural rubber latex, whether or not prevulcanized	【最】20【普】40【暂进】10 【暂进】10%或900元/吨，两者从低 【协智利】0【协新西兰】0【协哥斯达黎加】0 【协冰岛】0【协瑞士】8【协澳大利亚】0 【协韩国】13.3【协香港】0【协澳门】0 【增】16【出】0【退】10	千克	A	B	MP	Q	101 999	天然胶乳（不论是否预硫化）［天然橡胶（乳胶固形物）（有检疫要求食品添加剂）］ 天然胶乳（不论是否预硫化）（其他）
400121	00		天然橡胶烟胶片	Natural rubber, smoked sheets	【最】20【普】40【暂进】20 【暂进】20%或1500元/吨，两者从低 【协亚太】17【协巴基斯坦】17【协智利】0 【协新西兰】0【协哥斯达黎加】0【协冰岛】0 【协瑞士】8【协澳大利亚】0【协韩国】13.3 【协香港】0【协澳门】0 【增】16【出】0【退】10	千克	A	B	MP	Q	999	天然橡胶烟胶片
400122	00		技术分类天然橡胶（TSNR）	Technically specified natural rubber (TSNR)	【最】20【普】40【暂进】20 【暂进】20%或1500元/吨，两者从低 【协智利】0【协新西兰】0【协哥斯达黎加】0 【协冰岛】0【协瑞士】8【协澳大利亚】0 【协香港】0【协澳门】0 【增】16【出】0【退】10	千克					999	技术分类天然橡胶(TSNR)[初级形状（胶乳，烟胶片除外）或板，片，带]
400129	00		其他初级形状的天然橡胶（胶乳除外的初级形状或板，片，带状）	Other natural rubber, in primary forms or in plates, sheets or strip	【最】20【普】40 【协亚太】17【协巴基斯坦】17【协智利】0 【协新西兰】0【协哥斯达黎加】0 【协冰岛】0【协瑞士】8【协澳大利亚】0 【协香港】0【协澳门】0 【增】16【对美加征】10【出】0【退】10	千克					999	其他初级形状的天然橡胶（胶乳除外的初级形状或板，片，带状）
400130	00		巴拉塔胶等及类似的天然树胶	Balata, gutta-percha, guayule, chicle and similar natural gums	【最】20【普】40 【协东盟】0【协智利】0【协新西兰】0 【协新加坡】0【协秘鲁】0【协哥斯达黎加】0 【协冰岛】0【协瑞士】8【协澳大利亚】0 【协韩国】13.3【协格鲁吉亚】0【协香港】0 【协澳门】0 【特-1】0【特-2】0 【增】16【出】0【退】10	千克					101 999	巴拉塔胶等及类似的天然树胶（包括古塔波胶，糖胶树胶等，胶乳外的初级形状或板，片，带）（杜仲胶溶液） 巴拉塔胶等及类似的天然树胶（包括古塔波胶，糖胶树胶等，胶乳外的初级形状或板，片，带）（其他）
400211	10		羧基丁苯橡胶胶乳	Carboxylated Styrene-butadiene rubber (XSBR) latex	【最】7.5【普】14 【协东盟】0【协香港】0【协巴基斯坦】5 【协智利】0【协新西兰】0【协秘鲁】0 【协哥斯达黎加】0【协冰岛】0【协瑞士】0 【协澳大利亚】0【协韩国】5 【协格鲁吉亚】0 【特-1】0【特-2】0【特-3】0 【增】16【对美加征】10【出】0【退】10	千克					999	羧基丁苯橡胶胶乳
400211	90		其他胶乳	Other styrene-butadiene rubber (SBR) latex	【最】7.5【普】14 【协东盟】0【协香港】0【协巴基斯坦】5 【协智利】0【协新西兰】0【协秘鲁】0 【协哥斯达黎加】0【协冰岛】0【协瑞士】0 【协澳大利亚】0【协韩国】5 【协格鲁吉亚】0 【特-1】0【特-2】0【特-3】0 【增】16【对美加征】5【出】0【退】10	千克					999	其他胶乳
400219	11		初级形状未经任何加工丁苯橡胶（溶聚的除外）（胶乳除外）	SBR, not worked, in primary forms (other than latex)	【最】7.5【普】14 【协东盟】0【协香港】0【协巴基斯坦】5 【协智利】0【协新西兰】0【协秘鲁】0 【协哥斯达黎加】0【协冰岛】0【协瑞士】0 【协澳大利亚】0【协韩国】5 【协格鲁吉亚】0 【特-1】0【特-2】0【特-3】0 【增】16【对美加征】5【出】0【退】13	千克					999	初级形状未经任何加工丁苯橡胶（溶聚的除外）（胶乳除外）
400219	12		初级形状充油丁苯橡胶（溶聚的除外）（胶乳除外）	SBR, oil-filled, in primary forms (other than latex)	【最】7.5【普】14 【协东盟】0【协香港】0【协巴基斯坦】5 【协智利】0【协新西兰】0【协秘鲁】0 【协哥斯达黎加】0【协冰岛】0【协瑞士】0 【协澳大利亚】0【协韩国】5 【协格鲁吉亚】0 【特-1】0【特-2】0【特-3】0 【增】16【对美加征】10【出】0【退】10	千克					999	初级形状充油丁苯橡胶（溶聚的除外）（胶乳除外）

税则号列			货品名称中英文		税费综合信息	计量单位	监管证件代码		检验检疫类别		检验检疫编码	检验检疫编码对应中文名称
HS 国际统一前 6 位	本国子目 7~8 位	9~10 位	中文 货物名称	英文 Article Description			进口	出口	进口	出口		
400219	13		初级形状热塑丁苯橡胶（胶乳除外）	SBR, thermo-plasticated, in primary forms (other than latex)	【最】7.5【普】14 【协东盟】0【协香港】0【协巴基斯坦】5 【协智利】0【协新西兰】0【协秘鲁】0 【协哥斯达黎加】0【协冰岛】0【协瑞士】0 【协澳大利亚】0【协韩国】5 【协格鲁吉亚】0 【特-1】0【特-2】0【特-3】0 【增】16【对美加征】10【出】0【退】10	千克					999	初级形状热塑丁苯橡胶（胶乳除外）
400219	14		初级形状充油热塑丁苯橡胶（胶乳除外）	SBR, oil-filled and thermo-plasticated, in primary forms (other than latex)	【最】7.5【普】14 【协东盟】0【协香港】0【协巴基斯坦】5 【协智利】0【协新西兰】0【协秘鲁】0 【协哥斯达黎加】0【协冰岛】0【协瑞士】0 【协澳大利亚】0【协韩国】5 【协格鲁吉亚】0 【特-1】0【特-2】0【特-3】0 【增】16【对美加征】10【出】0【退】10	千克					999	初级形状充油热塑丁苯橡胶（胶乳除外）
400219	15		初级形状未经任何加工的溶聚丁苯橡胶	SBR, Solution polymerized, not worked	【最】7.5【普】14 【协东盟】0【协香港】0【协巴基斯坦】5 【协智利】0【协新西兰】0【协秘鲁】0 【协哥斯达黎加】0【协冰岛】0【协瑞士】0 【协澳大利亚】0【协韩国】5 【协格鲁吉亚】0 【特-1】0【特-2】0【特-3】0 【增】16【对美加征】10【出】0【退】13	千克					999	初级形状未经任何加工的溶聚丁苯橡胶（胶乳除外）
400219	16		初级形状充油溶聚丁苯橡胶	SBR, Solution polymerized, oil-filled	【最】7.5【普】14 【协东盟】0【协香港】0【协巴基斯坦】5 【协智利】0【协新西兰】0【协秘鲁】0 【协哥斯达黎加】0【协冰岛】0【协瑞士】0 【协澳大利亚】0【协韩国】5 【协格鲁吉亚】0 【特-1】0【特-2】0【特-3】0 【增】16【对美加征】10【出】0【退】10	千克					999	初级形状充油溶聚丁苯橡胶（胶乳除外）
400219	19		其他初级形状羧基丁苯橡胶等（胶乳除外）	Other XSBR, in primary forms (other than latex)	【最】7.5【普】14 【协东盟】5【协香港】0【协智利】0 【协新西兰】0【协秘鲁】0【协哥斯达黎加】0 【协冰岛】0【协瑞士】0【协澳大利亚】0 【协韩国】5【协格鲁吉亚】0 【特-1】0【特-2】0【特-3】0 【增】16【对美加征】5【出】0【退】10	千克					999	其他初级形状羧基丁苯橡胶等（胶乳除外）
400219	90	01	简单处理的丁苯橡胶，热塑或充油热塑丁苯橡胶除外（指为便于运输，对初级形状进行压缩、挤压等简单成型处理）	Styrene-butadiene rubber (SBR), (to facilitate transport, the shape of primary of compression, extrusion and other simple processing), other than oil-filled and thermo-plasticated SBR	【最】7.5【普】35 【协亚太】4.9【协东盟】0【协香港】0 【协巴基斯坦】5【协智利】0【协新西兰】0 【协秘鲁】0【协哥斯达黎加】0【协冰岛】0 【协瑞士】0【协澳大利亚】0【协韩国】5 【协格鲁吉亚】0 【特-1】0【特-2】0【特-3】0 【增】16【对美加征】10【出】0【退】10	千克					999	简单处理的丁苯橡胶，热塑或充油热塑丁苯橡胶除外（指为便于运输，对初级形状进行压缩、挤压等简单成型处理）
400219	90	90	其他丁苯橡胶及羧基丁苯橡胶板，片，带（40021990.01 项下的除外）	Other SBR and XSBR in plates, sheets or strip (other than any products of heading No. 40021990.01)	【最】7.5【普】35 【协亚太】4.9【协东盟】0【协香港】0 【协巴基斯坦】5【协智利】0【协新西兰】0 【协秘鲁】0【协哥斯达黎加】0【协冰岛】0 【协瑞士】0【协澳大利亚】0【协韩国】5 【协格鲁吉亚】0 【特-1】0【特-2】0【特-3】0 【增】16【对美加征】10【出】0【退】0	千克					999	其他丁苯橡胶及羧基丁苯橡胶板，片，带（40021990.01 项下的除外）
400220	10		初级形状的丁二烯橡胶	Butadiene rubber (BR), in primary forms	【最】7.5【普】14 【协东盟】0【协巴基斯坦】5【协智利】0 【协新西兰】0【协秘鲁】0【协哥斯达黎加】0 【协冰岛】0【协瑞士】0【协澳大利亚】0 【协韩国】5【协格鲁吉亚】0【协香港】0 【协澳门】0 【特-1】0【特-2】0【特-3】0 【增】16【对美加征】10【出】0【退】10	千克					999	初级形状的丁二烯橡胶

税则号列			货品名称中英文		税费综合信息	计量单位	监管证件代码		检验检疫类别		检验检疫编码	检验检疫编码对应中文名称
HS国际统一前6位	本国子目7~8位	本国子目9~10位	中文 货物名称	英文 Article Description			进口	出口	进口	出口		
400220	90		丁二烯橡胶板、片、带	BR, in plates, sheets or strip	【最】7.5【普】35 【协亚太】7【协东盟】0【协巴基斯坦】5 【协智利】0【协新西兰】0【协秘鲁】0 【协哥斯达黎加】0【协冰岛】0【协瑞士】0 【协澳大利亚】0【协韩国】5 【协格鲁吉亚】0【协香港】0【协澳门】0 【特-1】0【特-2】0【特-3】0 【增】16【对美加征】10【出】0【退】0	千克					999	丁二烯橡胶板、片、带
400231	10		初级形状的异丁烯-异戊二烯橡胶	Isobutene-isoprene (butyl) rubber(IIR), In primary forms	【最】6【普】14 【协亚太】3.9【协东盟】0【协巴基斯坦】5 【协智利】0【协新西兰】0【协秘鲁】0 【协哥斯达黎加】0【协冰岛】0【协瑞士】0 【协澳大利亚】0【协韩国】4.4 【协格鲁吉亚】0【协香港】0【协澳门】0 【特-1】0【特-2】0【特-3】0 【增】16【对美加征】10【出】0【退】10	千克					999	初级形状的异丁烯-异戊二烯橡胶
400231	90		异丁烯-异戊二烯橡胶板、片、带	IIR, in plates, sheets or strip	【最】7.5【普】35 【协亚太】4.9【协东盟】0【协巴基斯坦】5 【协智利】0【协新西兰】0【协秘鲁】0 【协哥斯达黎加】0【协冰岛】0【协瑞士】0 【协澳大利亚】0【协韩国】5 【协格鲁吉亚】0【协香港】0【协澳门】0 【特-1】0【特-2】0【特-3】0 【增】16【对美加征】5【出】0【退】0	千克					999	异丁烯-异戊二烯橡胶板、片、带
400239	10		初级形状的其他卤代丁基橡胶	Halo-isobutene-isoprene rubber(CIIR or BIIR), in pimary forms	【最】7.5【普】14 【协东盟】0【协巴基斯坦】5【协智利】0 【协新西兰】0【协秘鲁】0【协哥斯达黎加】0 【协冰岛】0【协瑞士】0【协澳大利亚】0 【协韩国】5【协格鲁吉亚】0【协香港】0 【协澳门】0 【特-1】0【特-2】0【特-3】0 【增】16【反倾】有【对美加征】5【出】0 【退】10	千克					999	初级形状的其他卤代丁基橡胶
400239	90		卤代丁基橡胶板、片、带	CIIR or BIIR, in plates, sheets or strip	【最】7.5【普】35 【协亚太】4.9【协东盟】0【协巴基斯坦】5 【协智利】0【协新西兰】0【协秘鲁】0 【协哥斯达黎加】0【协冰岛】0【协瑞士】0 【协澳大利亚】0【协韩国】5 【协格鲁吉亚】0【协香港】0【协澳门】0 【特-1】0【特-2】0【特-3】0 【增】16【反倾】有【对美加征】25【出】0 【退】0	千克					999	卤代丁基橡胶板、片、带
400241	00		氯丁二烯橡胶胶乳	Chloroprene (chlorobutadienne) rubber (CR) atex	【最】7.5【普】14 【协亚太】4.9【协东盟】0【协巴基斯坦】5 【协智利】0【协新西兰】0【协秘鲁】0 【协哥斯达黎加】0【协冰岛】0【协瑞士】0 【协澳大利亚】0【协韩国】0 【协格鲁吉亚】0【协香港】0【协澳门】0 【特-1】0【特-2】0【特-3】0 【增】16【对美加征】5【出】0【退】10	千克					999	氯丁二烯橡胶胶乳
400249	10		初级形状的氯丁二烯橡胶(胶乳除外)	CR, in primary forms (other than latex)	【最】7.5【普】14 【协东盟】0【协巴基斯坦】5【协智利】0 【协新西兰】0【协秘鲁】0【协哥斯达黎加】0 【协冰岛】0【协瑞士】0【协澳大利亚】0 【协格鲁吉亚】0【协香港】0【协澳门】0 【特-1】0【特-2】0【特-3】0 【增】16【反倾】有【对美加征】10【出】0 【退】10	千克					999	初级形状的氯丁二烯橡胶(胶乳除外)
400249	90		氯丁二烯橡胶板、片、带	CR, in plates, sheets or strip	【最】7.5【普】35 【协亚太】4.9【协东盟】0【协巴基斯坦】5 【协智利】0【协新西兰】0【协秘鲁】0 【协哥斯达黎加】0【协冰岛】0【协瑞士】0 【协澳大利亚】0【协韩国】5 【协格鲁吉亚】0【协香港】0【协澳门】0 【特-1】0【特-2】0【特-3】0 【增】16【反倾】有【对美加征】10【出】0 【退】0	千克					999	氯丁二烯橡胶板、片、带

税则号列			货品名称中英文		税费综合信息	计量单位	监管证件代码		检验检疫类别		检验检疫编码	检验检疫编码对应中文名称
HS 国际统一前 6 位	本国子目 7~8 位	9~10 位	中文货物名称	英文 Article Description			进口	出口	进口	出口		
400251	00		丁腈橡胶胶乳	Acrylonitrile-butadirnt rubber(NBR) latex	【最】7.5【普】14 【协亚太】4.9【协东盟】0【协巴基斯坦】5 【协智利】0【协新西兰】0【协秘鲁】0 【协哥斯达黎加】0【协冰岛】0【协瑞士】0 【协澳大利亚】0【协韩国】5 【协格鲁吉亚】0【协香港】0【协澳门】0 【特-1】0【特-2】0【特-3】0 【增】16【对美加征】10【出】0【退】10	千克					999	丁腈橡胶胶乳
400259	10		初级形状的丁腈橡胶（胶乳除外）	NBR, in primary forms (other than latex)	【最】7.5【普】14 【协东盟】0【协巴基斯坦】5【协智利】0 【协新西兰】0【协秘鲁】0【协哥斯达黎加】0 【协冰岛】0【协瑞士】0【协澳大利亚】0 【协韩国】5【协格鲁吉亚】0【协香港】0 【协澳门】0 【特-1】0【特-2】0【特-3】0 【增】16【反倾】有【对美加征】10【出】0 【退】10	千克					999	初级形状的丁腈橡胶（胶乳除外）
400259	90		丁腈橡胶板、片、带	NBR, in plates, sheets or strip	【最】7.5【普】35 【协东盟】0【协巴基斯坦】5【协智利】0 【协新西兰】0【协秘鲁】0【协哥斯达黎加】0 【协冰岛】0【协瑞士】0【协澳大利亚】0 【协韩国】5【协格鲁吉亚】0【协香港】0 【协澳门】0 【特-1】0【特-2】0【特-3】0 【增】16【反倾】有【对美加征】10【出】0 【退】0	千克					999	丁腈橡胶板、片、带
400260	10		初级形状的异戊二烯橡胶	Isoprene rubber(IR), in primary forms	【最】3【普】14 【协东盟】0【协巴基斯坦】0【协智利】0 【协新西兰】0【协秘鲁】0【协哥斯达黎加】0 【协冰岛】0【协瑞士】0【协澳大利亚】0 【协韩国】2.2【协格鲁吉亚】0【协香港】0 【协澳门】0 【特-1】0【特-2】0【特-3】0 【增】16【对美加征】5【出】0【退】10	千克					999	初级形状的异戊二烯橡胶
400260	90		异戊二烯橡胶板、片、带	IR, in plates, sheets or strip	【最】5【普】35 【协亚太】3.3【协东盟】0【协巴基斯坦】0 【协智利】0【协新西兰】0【协秘鲁】0 【协哥斯达黎加】0【协冰岛】0【协瑞士】0 【协澳大利亚】0【协韩国】3.3【协格鲁吉亚】0 【协香港】0【协澳门】0 【特-1】0【特-2】0【特-3】0 【增】16【对美加征】10【出】0【退】0	千克					999	异戊二烯橡胶板、片、带
400270	10		初级形状的乙丙非共轭二烯橡胶	Ethylene-propylene-non-conjugated diene rubber (EPDM), in primary forms	【最】7.5【普】14 【协东盟】0【协巴基斯坦】5【协智利】0 【协新西兰】0【协秘鲁】0【协哥斯达黎加】0 【协冰岛】0【协瑞士】0【协澳大利亚】0 【协韩国】5【协格鲁吉亚】0【协香港】0 【协澳门】0 【特-1】0【特-2】0【特-3】0 【增】16【对美加征】5【出】0【退】10	千克					999	初级形状的乙丙非共轭二烯橡胶
400270	90		乙丙非共轭二烯橡胶板、片、带	EPDM, in plates, sheets or strip	【最】7.5【普】35 【协亚太】7.1【协东盟】0【协巴基斯坦】5 【协智利】0【协新西兰】0【协秘鲁】0 【协哥斯达黎加】0【协冰岛】0【协瑞士】0 【协澳大利亚】0【协韩国】5【协香港】0 【协澳门】0【协格鲁吉亚】0 【特-1】0【特-2】0【特-3】0 【增】16【对美加征】5【出】0【退】0	千克					999	乙丙非共轭二烯橡胶板、片、带
400280	00		天然橡胶与合成橡胶的混合物	Mixtures of any product of heading No. 40.01 with any product of this heading	【最】7.5【普】35 【协东盟】0【协巴基斯坦】5【协智利】0 【协新西兰】0【协秘鲁】0【协哥斯达黎加】0 【协冰岛】0【协瑞士】0【协澳大利亚】0 【协韩国】5【协格鲁吉亚】0【协香港】0 【协澳门】0 【特-1】0【特-2】0【特-3】0 【增】16【对美加征】10【出】0【退】0	千克					999	天然橡胶与合成橡胶的混合物

税则号列			货品名称中英文		税费综合信息	计量单位	监管证件代码		检验检疫类别		检验检疫编码	检验检疫编码对应中文名称
HS国际统一前6位	本国子目 7~8位	本国子目 9~10位	中文 货物名称	英文 Article Description			进口	出口	进口	出口		
400291	00		本税号其他未列名的胶乳	Latex, not else where specified or included of this heading	【最】7.5【普】14 【协东盟】0【协巴基斯坦】5【协智利】0 【协新西兰】0【协秘鲁】0【协哥斯达黎加】0 【协冰岛】0【协瑞士】0【协澳大利亚】0 【协韩国】5【协格鲁吉亚】0【协香港】0 【协澳门】0 【特-1】0【特-2】0【特-3】0 【增】16【对美加征】10【出】0【退】0	千克					999	本税号其他未列名的胶乳
400299	11		其他初级形状的合成橡胶	Other synthetic, in primary forms	【最】7.5【普】14 【协东盟】0【协香港】0【协巴基斯坦】5 【协智利】0【协新西兰】0【协秘鲁】0 【协台湾】0【协哥斯达黎加】0【协冰岛】0 【协瑞士】0【协澳大利亚】0【协韩国】5 【协格鲁吉亚】0 【特-1】0【特-2】0【特-3】0 【增】16【对美加征】5【出】0【退】13	千克					999	其他初级形状的合成橡胶
400299	19		其他合成橡胶板、片、带	Other synthetic, in plates, sheets or strip	【最】7.5【普】35 【协东盟】0【协香港】0【协巴基斯坦】5 【协智利】0【协新西兰】0【协秘鲁】0 【协哥斯达黎加】0【协冰岛】0【协瑞士】0 【协澳大利亚】0【协韩国】5 【协格鲁吉亚】0 【特-1】0【特-2】0【特-3】0 【增】16【对美加征】5【出】0【退】0	千克					999	其他合成橡胶板、片、带（胶乳除外）
400299	90		从油类提取的油膏	Factice derived from oils	【最】4【普】14 【协东盟】0【协巴基斯坦】0【协智利】0 【协新西兰】0【协秘鲁】0【协哥斯达黎加】0 【协冰岛】0【协瑞士】0【协澳大利亚】0 【协韩国】0【协格鲁吉亚】0【协香港】0 【协澳门】0 【特-1】0【特-2】0【特-3】0 【增】16【对美加征】10【出】0【退】13	千克					999	从油类提取的油膏
400300	00		初级形状或板、片、带状再生橡胶	Reclaimed rubber in primary forms or in plates, sheets or strip	【最】8【普】30 【协东盟】0【协香港】0【协巴基斯坦】5 【协智利】0【协新西兰】0【协秘鲁】0 【协哥斯达黎加】0【协冰岛】0【协瑞士】0 【协澳大利亚】0【协韩国】5.3 【协格鲁吉亚】0 【特-1】0【特-2】0【特-3】0 【增】16【对美加征】10【出】0【退】13	千克					999	初级形状或板、片、带状再生橡胶
400400	00	10	废轮胎及其切块	Waste rubber tyres and their cuts	【最】8【普】30 【协亚太】5.2【协东盟】0【协巴基斯坦】5 【协智利】0【协新西兰】0【协秘鲁】0 【协哥斯达黎加】0【协冰岛】0【协瑞士】0 【协澳大利亚】0【协韩国】0 【协格鲁吉亚】0【协香港】0【协澳门】0 【特-1】0【特-2】0 【增】16【出】0【退】0	千克	9				999	废轮胎及其切块
400400	00	20	硫化橡胶废碎料、下脚料及其粉、粒（硬质橡胶的除外）	Vulcanized rubber waste and scrap, and powders and granules obtained therefrom (other than hard rubber)	【最】8【普】30 【协亚太】5.2【协东盟】0【协巴基斯坦】5 【协智利】0【协新西兰】0【协秘鲁】0 【协哥斯达黎加】0【协冰岛】0【协瑞士】0 【协澳大利亚】0【协韩国】0 【协格鲁吉亚】0【协香港】0【协澳门】0 【特-1】0【特-2】0 【增】16【出】0【退】0	千克	9				999	硫化橡胶废碎料、下脚料及其粉、粒（硬质橡胶的除外）（不包括符合GB/T19208标准的硫化橡胶粉产品）
400400	00	90	未硫化橡胶废碎料、下脚料及其粉、粒	Not vulcanized rubber waste and scrap, and powders and granules obtained therefrom	【最】8【普】30 【协亚太】5.2【协东盟】0【协巴基斯坦】5 【协智利】0【协新西兰】0【协秘鲁】0 【协哥斯达黎加】0【协冰岛】0【协瑞士】0 【协澳大利亚】0【协韩国】0 【协格鲁吉亚】0【协香港】0【协澳门】0 【特-1】0【特-2】0 【增】16【出】0【退】0	千克	9		M		101 999	未硫化橡胶废碎料、下脚料及其粉、粒（橡胶皮革废碎料） 未硫化橡胶废碎料、下脚料及其粉、粒（其他）

税则号列 HS国际统一前6位	本国子目 7~8位	本国子目 9~10位	货品名称中英文 中文 货物名称	货品名称中英文 英文 Article Description	税费综合信息	计量单位	监管证件代码 进口	监管证件代码 出口	检验检疫类别 进口	检验检疫类别 出口	检验检疫编码	检验检疫编码对应中文名称
400510	00		与碳黑等混合的未硫化复合橡胶	Compounded rubber, unvulcanized, compounded with carbon black or silica	【最】8【普】35 【协东盟】0【协澳门】0【协巴基斯坦】5 【协智利】0【协新西兰】0【协秘鲁】0 【协哥斯达黎加】0【协冰岛】0【协瑞士】0 【协澳大利亚】0【协韩国】5.3 【协香港】0 【特-1】0【特-2】0【特-3】0 【增】16【对美加征】10【出】0【退】0	千克	A		M		999	与碳黑等混合的未硫化复合橡胶（包括与硅石混合，初级形状或板、片带）
400520	00		未硫化的复合橡胶溶液及分散体（分散体指子目4005.10以外的）	Solutions of compounded rubber, unvulcanized; dispersions other than those of subheading No. 4005.10	【最】8【普】35 【协东盟】0【协巴基斯坦】5【协智利】0 【协新西兰】0【协秘鲁】0【协哥斯达黎加】0 【协冰岛】0【协瑞士】0【协澳大利亚】0 【协韩国】5.3【协香港】0【协澳门】0 【特-1】0【特-2】0【特-3】0 【增】16【对美加征】10【出】0【退】0	千克	A		M		999	未硫化的复合橡胶溶液及分散体（分散体指子目4005.10以外的）
400591	00		其他未硫化的复合橡胶板、片、带	Other compounded rubber, unvulcanized, in Plates, sheets and strip	【最】8【普】35 【协东盟】0【协巴基斯坦】5【协智利】0 【协新西兰】0【协秘鲁】0【协哥斯达黎加】0 【协冰岛】0【协瑞士】0【协澳大利亚】0 【协韩国】0【协香港】0【协澳门】0 【特-1】0【特-2】0【特-3】0 【增】16【对美加征】5【出】0【退】0	千克	A		M		999	其他未硫化的复合橡胶板、片、带
400599	00		其他未硫化的初级形状复合橡胶	Other compounded rubber, unvulcanized, in primary forms	【最】8【普】35 【协东盟】0【协香港】0【协巴基斯坦】5 【协智利】0【协新西兰】0【协秘鲁】0 【协哥斯达黎加】0【协冰岛】0【协瑞士】0 【协澳大利亚】0【协韩国】5.3 【特-1】0【特-2】0【特-3】0 【增】16【对美加征】10【出】0【退】0	千克	A		M		999	其他未硫化的初级形状复合橡胶
400610	00		未硫化轮胎翻新用胎面补料胎条	Camel-back strips for retreading rubber tyres	【最】8【普】35 【协东盟】0【协巴基斯坦】5【协智利】0 【协新西兰】0【协秘鲁】0【协哥斯达黎加】0 【协冰岛】0【协瑞士】0【协澳大利亚】0 【协韩国】0【协格鲁吉亚】0【协香港】0 【协澳门】0 【特-1】0【特-2】0【特-3】0 【增】16【对美加征】10【出】0【退】0	千克					999	未硫化轮胎翻新用胎面补料胎条
400690	10		未硫化橡胶的杆，管，型材及异型材	Other forms of unvulcanized rubber	【最】8【普】35 【协东盟】0【协巴基斯坦】5【协智利】0 【协新西兰】0【协秘鲁】0【协哥斯达黎加】0 【协冰岛】0【协瑞士】0【协澳大利亚】0 【协韩国】4【协格鲁吉亚】0【协香港】0 【协澳门】0 【特-1】0【特-2】0【特-3】0 【增】16【对美加征】5【出】0【退】0	千克					999	未硫化橡胶的杆，管，型材及异型材（初级形状或板、片、带以外形状）
400690	20		未硫化橡胶制品	Articles of unvulcanized rubber	【最】14【普】80 【协东盟】0【协巴基斯坦】11.2【协智利】0 【协新西兰】0【协新加坡】0【协秘鲁】0 【协哥斯达黎加】0【协冰岛】0【协瑞士】5.6 【协澳大利亚】0【协韩国】7【协香港】0 【协澳门】0【协格鲁吉亚】0 【特-1】0【特-2】0 【增】16【对美加征】5【出】0【退】0	千克					999	未硫化橡胶制品（盘、环等）
400700	00		硫化橡胶线及绳 【电商】	Vulcanized rubber thread and cord	【最】14【普】80 【协东盟】0【协香港】0【协巴基斯坦】11.2 【协智利】0【协新西兰】0【协新加坡】0 【协秘鲁】0【协哥斯达黎加】0【协冰岛】0 【协瑞士】5.6【协澳大利亚】0【协韩国】7 【协格鲁吉亚】0 【特-1】0【特-2】0 【增】16【对美加征】10【出】0【退】13	千克					999	硫化橡胶线及绳

税则号列 HS国际统一前6位	本国子目 7~8位	本国子目 9~10位	货品名称中英文 中文 货物名称	货品名称中英文 英文 Article Description	税费综合信息	计量单位	监管证件代码 进口	监管证件代码 出口	检验检疫类别 进口	检验检疫类别 出口	检验检疫编码	检验检疫编码对应中文名称
400811	00		海绵硫化橡胶制的板、片及带 【电商】	Plates, sheets and strip of cellular rubber	【最】8【普】35 【协东盟】0【协巴基斯坦】5【协智利】0 【协新西兰】0【协秘鲁】0【协哥斯达黎加】0 【协冰岛】0【协瑞士】0【协澳大利亚】0 【协韩国】5.3【协格鲁吉亚】0【协香港】0 【协澳门】0 【特-1】0【特-2】0【特-3】0 【增】16【对美加征】10【出】0【退】13	千克					999	海绵硫化橡胶制的板、片及带
400819	00		海绵硫化橡胶制型材、异型材及杆 【电商】	Rods and profile shapes of cellular rubber	【最】8【普】35 【协东盟】0【协巴基斯坦】5【协智利】0 【协新西兰】0【协秘鲁】0【协哥斯达黎加】0 【协冰岛】0【协瑞士】0【协澳大利亚】0 【协韩国】0【协格鲁吉亚】0【协香港】0 【协澳门】0 【特-1】0【特-2】0【特-3】0 【增】16【对美加征】5【出】0【退】13	千克					999	海绵硫化橡胶制型材、异型材及杆
400821	00		非海绵硫化橡胶制板、片及带	Plates, sheets and strip of non cellular rubber	【最】8【普】35 【协东盟】0【协巴基斯坦】5【协智利】0 【协新西兰】0【协秘鲁】0【协哥斯达黎加】0 【协冰岛】0【协瑞士】0【协澳大利亚】0 【协韩国】0【协格鲁吉亚】0【协香港】0 【协澳门】0 【特-1】0【特-2】0【特-3】0 【增】16【对美加征】5【出】0【退】13	千克					999	非海绵硫化橡胶制板、片及带
400829	00		非海绵硫化橡胶型材、异型材及杆	Rods and profile shapes of non cellular rubber	【最】8【普】35 【协东盟】0【协巴基斯坦】5【协智利】0 【协新西兰】0【协秘鲁】0【协哥斯达黎加】0 【协冰岛】0【协瑞士】0【协澳大利亚】0 【协韩国】0【协格鲁吉亚】0 【协香港】0【协澳门】0 【特-1】0【特-2】0【特-3】0 【增】16【对美加征】10【出】0【退】13	千克					999	非海绵硫化橡胶型材、异型材及杆
400911	00		未加强或其他材料合制硫化橡胶管（不带附件、硬质橡胶除外）	Tubes, pipes and hoses, of vulcanized rubber other than hard rubber, not reinforced or otherwise combined with other materials, without fittings	【最】10【普】40 【协东盟】0【协巴基斯坦】5【协智利】0 【协新西兰】0【协新加坡】0【协秘鲁】0 【协哥斯达黎加】0【协冰岛】0【协瑞士】4.2 【协澳大利亚】0【协韩国】5.2 【协格鲁吉亚】0【协香港】0【协澳门】0 【特-1】0【特-2】0 【增】16【对美加征】10【出】0【退】13	千克			L		999	未加强或其他材料合制硫化橡胶管（不带附件、硬质橡胶除外）
400912	00		未加强或其他材料合制硫化橡胶管（装有附件、硬质橡胶除外）	Tubes, pipes and hoses, of vulcanized rubber other than hard rubber, not reinforced or otherwise combined with other materials, with fittings	【最】10【普】40 【协东盟】0【协巴基斯坦】5【协智利】0 【协新西兰】0【协秘鲁】0【协哥斯达黎加】0 【协冰岛】0【协瑞士】0【协澳大利亚】0 【协韩国】5【协格鲁吉亚】0【协香港】0 【协澳门】0 【特-1】0【特-2】0 【增】16【对美加征】10【出】0【退】10	千克			L		999	未加强或其他材料合制硫化橡胶管（装有附件、硬质橡胶除外）
400921	00		加强或只与金属合制的硫化橡胶管（不带附件、硬质橡胶除外）	Tubes, pipes and hoses, of vulcanized rubber other than hard rubber, reinforced or otherwise combined only with metal, without fittings	【最】10【普】40 【协东盟】0【协巴基斯坦】5【协智利】0 【协新西兰】0【协新加坡】0【协秘鲁】0 【协哥斯达黎加】0【协冰岛】0【协瑞士】4.2 【协澳大利亚】0【协韩国】5.2 【协格鲁吉亚】0【协香港】0【协澳门】0 【特-1】0【特-2】0 【增】16【对美加征】5【出】0【退】13	千克			L		999	加强或只与金属合制的硫化橡胶管（不带附件、硬质橡胶除外）
400922	00		加强或只与金属合制的硫化橡胶管（装有附件、硬质橡胶除外）	Tubes, pipes and hoses, of vulcanized rubber other than hard rubber, reinforced or otherwise combined only with metal, with fittings	【最】10【普】40 【协东盟】0【协巴基斯坦】5【协智利】0 【协新西兰】0【协新加坡】0【协秘鲁】0 【协哥斯达黎加】0【协冰岛】0【协瑞士】0 【协澳大利亚】0【协韩国】5【协格鲁吉亚】0 【协香港】0【协澳门】0 【特-1】0【特-2】0 【增】16【对美加征】5【出】0【退】13	千克			L		999	加强或只与金属合制的硫化橡胶管（装有附件、硬质橡胶除外）

税则号列			货品名称中英文		税费综合信息	计量单位	监管证件代码		检验检疫类别		检验检疫编码	检验检疫编码对应中文名称
HS 国际统一前6位	本国子目 7~8位	9~10位	中文 货物名称	英文 Article Description			进口	出口	进口	出口		
400931	00		加强或与纺织材料合制硫化橡胶管（不带附件、硬质橡胶除外）	Tubes, pipes and hoses, of vulcanized rubber other than hard rubber, reinforced or otherwise combined only with textile materials, without fittings	【最】10【普】40 【协东盟】0【协巴基斯坦】5【协智利】0 【协新西兰】0【协新加坡】0【协秘鲁】0 【协哥斯达黎加】0【协冰岛】0【协瑞士】4.2 【协澳大利亚】0【协韩国】7.8 【协格鲁吉亚】0【协香港】0【协澳门】0 【特-1】0【特-2】0 【增】16【对美加征】10【出】0【退】13	千克			L		999	加强或与纺织材料合制硫化橡胶管（不带附件、硬质橡胶除外）
400932	00		加强或与纺织材料合制硫化橡胶管（装有附件、硬质橡胶除外）	Tubes, pipes and hoses, of vulcanized rubber other than hard rubber, reinforced or otherwise combined only with textile materials, with fittings	【最】10【普】40 【协东盟】0【协巴基斯坦】5【协智利】0 【协新西兰】0【协秘鲁】0【协哥斯达黎加】0 【协冰岛】0【协瑞士】0【协澳大利亚】0 【协韩国】5【协格鲁吉亚】6【协香港】0 【协澳门】0 【特-1】0【特-2】0 【增】16【对美加征】10【出】0【退】13	千克			L		999	加强或与纺织材料合制硫化橡胶管（装有附件、硬质橡胶除外）
400941	00		加强或与其他材料合制硫化橡胶管（不带附件、硬质橡胶除外）	Tubes, pipes and hoses, of vulcanized rubber other than hard rubber, reinforced or otherwise combined with other materials, without fittings	【最】10【普】40 【协东盟】0【协巴基斯坦】5【协智利】0 【协新西兰】0【协新加坡】0【协秘鲁】0 【协哥斯达黎加】0【协冰岛】0【协瑞士】4.2 【协澳大利亚】0【协韩国】5.2 【协格鲁吉亚】0【协香港】0【协澳门】0 【特-1】0【特-2】0 【增】16【对美加征】5【出】0【退】13	千克					999	加强或与其他材料合制硫化橡胶管（不带附件、硬质橡胶除外）
400942	00		加强或与其他材料合制硫化橡胶管（装有附件、硬质橡胶除外）	Tubes, pipes and hoses, of vulcanized rubber other than hard rubber, reinforced or otherwise combined with other materials, with fittings	【最】10【普】40 【协东盟】0【协巴基斯坦】5【协智利】0 【协新西兰】0【协新加坡】0【协秘鲁】0 【协哥斯达黎加】0【协冰岛】0【协瑞士】0 【协澳大利亚】0【协韩国】5【协格鲁吉亚】0 【协香港】0【协澳门】0 【特-1】0【特-2】0 【增】16【对美加征】5【出】0【退】10	千克					999	加强或与其他材料合制硫化橡胶管（装有附件、硬质橡胶除外）
401011	00		金属加强的硫化橡胶输送带	Conveyor belts or belting, of vulcanized rubber, reinforced only with metal	【最】10【普】35 【协东盟】0【协香港】0【协巴基斯坦】5 【协智利】0【协新西兰】0【协秘鲁】0 【协哥斯达黎加】0【协冰岛】0【协瑞士】5 【协澳大利亚】0【协韩国】5【协格鲁吉亚】0 【特-1】0【特-2】0 【增】16【对美加征】10【出】0【退】13	千克					999	金属加强的硫化橡胶输送带（包括带料）
401012	00		纺织材料加强的硫化橡胶输送带	Conveyor belts or belting, of vulcanized rubber, reinforced only with textile materials	【最】10【普】35 【协东盟】0【协巴基斯坦】5【协智利】0 【协新西兰】0【协秘鲁】0【协哥斯达黎加】0 【协冰岛】0【协瑞士】0【协澳大利亚】0 【协韩国】5【协格鲁吉亚】0【协香港】0 【协澳门】0 【特-1】0【特-2】0 【增】16【对美加征】5【出】0【退】13	千克					999	纺织材料加强的硫化橡胶输送带（包括带料）
401019	00		其他硫化橡胶制的输送带及带料	Other conveyor belts or belting, of vulcanized rubber	【最】10【普】35 【协东盟】0【协巴基斯坦】5【协智利】0 【协新西兰】0【协秘鲁】0【协哥斯达黎加】0 【协冰岛】0【协瑞士】0【协澳大利亚】0 【协韩国】5【协格鲁吉亚】0【协香港】0 【协澳门】0 【特-1】0【特-2】0 【增】16【对美加征】5【出】0【退】13	千克					999	其他硫化橡胶制的输送带及带料
401031	00		60cm<周长≤180cmV形肋状三角带	Endless transmission belts of trapezoidal cross-section (V-belts), of an outside circumference exceeding 60cm but not exceeding 180cm, of vulcanized rubber	【最】8【普】35 【协东盟】0【协巴基斯坦】5【协智利】0 【协新西兰】0【协秘鲁】0【协哥斯达黎加】0 【协冰岛】0【协瑞士】0【协澳大利亚】0 【协韩国】0【协格鲁吉亚】0【协香港】0 【协澳门】0 【特-1】0【特-2】0【特-3】0 【增】16【对美加征】10【出】0【退】13	千克					999	60cm<周长≤180cmV形肋状三角带（硫化橡胶制梯形截面的环形传动带，不论是否开槽）

税则号列 HS国际统一前6位	本国子目 7~8位	本国子目 9~10位	货品名称中英文 中文 货物名称	货品名称中英文 英文 Article Description	税费综合信息	计量单位	监管证件代码 进口	监管证件代码 出口	检验检疫类别 进口	检验检疫类别 出口	检验检疫编码	检验检疫编码对应中文名称
401032	00		60cm<周长≤180cm三角带	Endless transmission belts of trapezoidal cross-section (V-belts), other than V-ribbed, of an outside circumference exceeding 60cm but not exceeding 180cm, of vulcanized rubber	【最】8【普】35 【协东盟】0【协巴基斯坦】5【协智利】0 【协新西兰】0【协秘鲁】0【协哥斯达黎加】0 【协冰岛】0【协瑞士】0【协澳大利亚】0 【协韩国】0【协格鲁吉亚】0【协香港】0 【协澳门】0 【特-1】0【特-2】0【特-3】0 【增】16【对美加征】10【出】0【退】13	千克					999	60cm<周长≤180cm三角带（硫化橡胶制梯形截面的环形传动带，V形肋状带除外）
401033	00		180cm < 周长≤ 240cmV形肋状带	Endless transmission belts of trapezoidal cross-section (V-belts), V-ribbed, of an outside circumference exceeding 180cm but not exceeding 240cm, of vulcanized rubber	【最】8【普】35 【协东盟】0【协巴基斯坦】5【协智利】0 【协新西兰】0【协秘鲁】0【协哥斯达黎加】0 【协冰岛】0【协瑞士】0【协澳大利亚】0 【协韩国】0【协格鲁吉亚】0【协香港】0 【协澳门】0 【特-1】0【特-2】0【特-3】0 【增】16【对美加征】10【出】0【退】13	千克					999	180cm<周长≤240cmV形肋状带（硫化橡胶制梯形截面的环形传动带）
401034	00		180cm < 周长≤ 240cmV形肋状带除外	Endless transmission belts of trapezoidal cross-section (V-belts), other than V-ibbed, of an outside circumference exceeeding 180cm but not exceeding 240cm, of vulcanized rubber	【最】8【普】35 【协东盟】0【协巴基斯坦】5【协智利】0 【协新西兰】0【协秘鲁】0【协哥斯达黎加】0 【协冰岛】0【协瑞士】0【协澳大利亚】0 【协韩国】0【协格鲁吉亚】0【协香港】0 【协澳门】0 【特-1】0【特-2】0【特-3】0 【增】16【对美加征】10【出】0【退】13	千克					999	180cm<周长≤240cmV形肋状带除外（硫化橡胶制梯形截面的环形传动带）
401035	00		60cm<周长≤150cm的环形同步带	Endless transmission belts, of an outside circumference exceeding 60cm but not exceeding 150cm, of vulcanized rubber	【最】10【普】35 【协东盟】0【协巴基斯坦】5【协智利】0 【协新西兰】0【协新加坡】0【协秘鲁】0 【协哥斯达黎加】0【协冰岛】0【协瑞士】0 【协澳大利亚】0【协韩国】5【协格鲁吉亚】0 【协香港】0【协澳门】0 【特-1】0【特-2】0 【增】16【对美加征】10【出】0【退】13	千克					999	60cm<周长≤150cm的环形同步带（硫化橡胶制）
401036	00		150cm < 周长≤198cm的环形同步带	Endless synchronous belts, of an outside circumference exceeding 150cm but not exceeding 198cm, of vulcanized rubber	【最】10【普】35 【协东盟】0【协巴基斯坦】5【协智利】0 【协新西兰】0【协秘鲁】0【协哥斯达黎加】0 【协冰岛】0【协瑞士】0【协澳大利亚】0 【协韩国】5【协格鲁吉亚】0【协香港】0 【协澳门】0 【特-1】0【特-2】0 【增】16【对美加征】10【出】0【退】13	千克					999	150cm<周长≤198cm的环形同步带（硫化橡胶制）
401039	00		其他硫化橡胶制的传动带及带料	Other transmission belts or belting, of vulcanized rubber	【最】8【普】35 【协亚太】5.2【协东盟】0【协巴基斯坦】5 【协智利】0【协新西兰】0【协秘鲁】0 【协哥斯达黎加】0【协冰岛】0【协瑞士】0 【协澳大利亚】0【协韩国】0 【协格鲁吉亚】0【协香港】0【协澳门】0 【特-1】0【特-2】0【特-3】0 【增】16【对美加征】10【出】0【退】13	千克					999	其他硫化橡胶制的传动带及带料
401110	00		机动小客车用新的充气轮胎（橡胶轮胎，包括旅行小客车及赛车用）	Of a kind used on motor cars (including station wagons and racing cars)	【最】10【普】50 【协亚太】6.5【协东盟】0【协巴基斯坦】5 【协智利】0【协新西兰】0【协新加坡】0 【协台湾】0【协哥斯达黎加】0【协冰岛】0 【协瑞士】0【协澳大利亚】0【协韩国】6.6 【协格鲁吉亚】0【协香港】0【协澳门】0 【特-1】0【特-2】0【特-3】0 【增】16【对美加征】5【出】0【退】13	千克/条	A		LM		101 102 999	机动小客车用新的充气轮胎（橡胶轮胎，包括旅行小客车及赛车用）(有内胎) 机动小客车用新的充气轮胎（橡胶轮胎，包括旅行小客车及赛车用）(无内胎) 机动小客车用新的充气轮胎（橡胶轮胎，包括旅行小客车及赛车用）(其他车辆零部件)

税则号列 HS国际统一前6位	本国子目 7~8位	本国子目 9~10位	货品名称中英文 中文 货物名称	英文 Article Description	税费综合信息	计量单位	监管证件代码 进口	监管证件代码 出口	检验检疫类别 进口	检验检疫类别 出口	检验检疫编码	检验检疫编码对应中文名称
401120	00	10	断面宽≥30英寸客或货车用新充气橡胶轮胎（指机动车辆用橡胶轮胎，断面宽度≥30英寸）	The section width is greater than or equal to 30 inches off or a truck with new rubber tyres(of a motor vehicle with rubber tires section sidth is more than or equal to 30 inches	【最】10【普】50【暂进】8 【协亚太】6.5【协东盟】0【协巴基斯坦】5 【协智利】0【协新西兰】0【协新加坡】0 【协秘鲁】1【协台湾】0【协哥斯达黎加】0 【协冰岛】0【协瑞士】0【协澳大利亚】0 【协韩国】6.6【协格鲁吉亚】0【协香港】0 【协澳门】0 【特-1】0【特-2】0 【增】16【对美加征】5【出】0【退】13	千克/条	A		M		101 102 999	断面宽≥30英寸客或货车用新充气橡胶轮胎（指机动车辆用橡胶轮胎，断面宽度≥30英寸）（轻型、微型载重汽车轮胎） 断面宽≥30英寸客或货车用新充气橡胶轮胎（指机动车辆用橡胶轮胎，断面宽度≥30英寸）（其他载重轮胎） 断面宽≥30英寸客或货车用新充气橡胶轮胎（指机动车辆用橡胶轮胎，断面宽度≥30英寸）（其他车辆零部件）
401120	00	90	其他客或货车用新充气橡胶轮胎（指机动车辆用橡胶轮胎）	Other passengers or freight cars with new rubber tyres (refers to rubber tirefor motor vehicles)	【最】10【普】50 【协亚太】6.5【协东盟】0【协巴基斯坦】5 【协智利】0【协新西兰】0【协新加坡】0 【协秘鲁】0【协台湾】0【协哥斯达黎加】0 【协冰岛】0【协瑞士】0【协澳大利亚】0 【协韩国】6.6【协格鲁吉亚】0【协香港】0 【协澳门】0 【特-1】0【特-2】0 【增】16【对美加征】5【出】0【退】13	千克/条	A		LM		101 102 999	其他客或货车用新充气橡胶轮胎（指机动车辆用橡胶轮胎）（轻型、微型载重汽车轮胎） 其他客或货车用新充气橡胶轮胎（指机动车辆用橡胶轮胎）（其他载重轮胎） 其他客或货车用新充气橡胶轮胎（指机动车辆用橡胶轮胎）（其他车辆零部件）
401130	00		航空器用新的充气橡胶轮胎	New pneumatic tyres of rubber, used on aircraft	【最】1【普】11 【协东盟】0【协巴基斯坦】0【协智利】0 【协新西兰】0【协秘鲁】0【协哥斯达黎加】0 【协冰岛】0【协瑞士】0【协澳大利亚】0 【协韩国】0【协格鲁吉亚】0【协香港】0 【协澳门】0 【特-1】0【特-2】0【特-3】0 【增】16【对美加征】5【出】0【退】13	千克/条					999	航空器用新的充气橡胶轮胎
401140	00		摩托车用新的充气橡胶轮胎	New pneumatic tyres of rubber, used on motorcycles	【最】15【普】80 【协东盟】0【协巴基斯坦】12【协智利】0 【协新西兰】0【协新加坡】0【协秘鲁】0 【协台湾】0【协哥斯达黎加】0【协冰岛】0 【协瑞士】6【协澳大利亚】0【协韩国】10 【协格鲁吉亚】0【协香港】0【协澳门】0 【特-1】0【特-2】0 【增】16【对美加征】10【出】0【退】13	千克/条	A		LM		999	摩托车用新的充气橡胶轮胎
401150	00		自行车用新的充气橡胶轮胎	New pneumatic tyres of rubber, used on bicycles	【最】20【普】80 【协东盟】0【协智利】0【协新西兰】0 【协新加坡】0【协秘鲁】0【协台湾】0 【协哥斯达黎加】0【协冰岛】0【协瑞士】8 【协澳大利亚】0【协韩国】13.3【协格鲁吉亚】0 【协香港】0【协澳门】0 【特-1】0【特-2】0 【增】16【出】0【退】13	千克/条					999	自行车用新的充气橡胶轮胎
401170	10	10	断面宽≥24英寸人字轮胎（新充气橡胶轮胎，含胎面类似人字形的，农林车辆及机器用）	New pneumatic tyres of rubber, with “herring-bone” tread, of a cross-section width ≥ 24 inches, of a kind used on agricultural or forestry vehicles and machines	【最】17【普】50【暂进】8 【协东盟】0【协巴基斯坦】14【协智利】0 【协新西兰】0【协新加坡】0【协秘鲁】0 【协台湾】0【协哥斯达黎加】0【协冰岛】0 【协瑞士】7【协澳大利亚】0【协韩国】8.7 【协格鲁吉亚】0【协香港】0【协澳门】0 【特-1】0【特-2】0 【增】16【对美加征】10【出】0【退】13	千克/条	A		M		999	断面宽≥24英寸人字轮胎（新充气橡胶轮胎，含胎面类似人字形的，农林车辆及机器用）
401170	10	90	其他人字形胎面轮胎（新充气橡胶轮胎，含胎面类似人字形的，农林车辆及机器用）	Other new pneumatic tyres of rubber, with “herring-bone” tread, of a kind used on agricultural or forestry vehicles and machines	【最】17【普】50 【协东盟】0【协巴基斯坦】14【协智利】0 【协新西兰】0【协新加坡】0【协秘鲁】0 【协台湾】0【协哥斯达黎加】0【协冰岛】0 【协瑞士】7【协澳大利亚】0【协韩国】8.7 【协格鲁吉亚】0【协香港】0【协澳门】0 【特-1】0【特-2】0 【增】16【对美加征】10【出】0【退】13	千克/条	A		M		999	其他人字形胎面轮胎（新充气橡胶轮胎，含胎面类似人字形的，农林车辆及机器用）

税则号列			货品名称中英文		税费综合信息	计量单位	监管证件代码		检验检疫类别		检验检疫编码	检验检疫编码对应中文名称
HS国际统一前6位	本国子目 7~8位	本国子目 9~10位	中文 货物名称	英文 Article Description			进口	出口	进口	出口		
401170	90		其他新的充气橡胶轮胎(非人字形胎面,农林车辆及机器用)	Other new pneumatic tyres of rubber	【最】25【普】50 【协东盟】0【协智利】0【协新西兰】0 【协新加坡】0【协台湾】0【协哥斯达黎加】0 【协冰岛】0【协澳大利亚】0【协韩国】18.7 【协格鲁吉亚】0【协香港】0【协澳门】0 【特-1】0【特-2】0【特-3】0 【增】16【对美加征】5【出】0【退】13	千克/条					999	其他新的充气橡胶轮胎(非人字形胎面,农林车辆及机器用)
401180	11	10	断面宽≥24英寸人字形轮胎(建筑业、采矿业或工业搬运车辆及机器用,辋圈≤61cm,新充气橡胶胎,含类似人字形)	New pneumatic tyres of rubber, with "herring-bone" tread, of a cross-section width ≥ 24 inches, on construction or industrial uses and having a rim size ≤ 61cm	【最】17【普】50 【协东盟】0【协巴基斯坦】14【协智利】0 【协新西兰】0【协新加坡】0【协秘鲁】0 【协哥斯达黎加】0【协冰岛】0【协瑞士】7 【协澳大利亚】0【协韩国】8.7 【协格鲁吉亚】0【协香港】0【协澳门】0 【特-1】0【特-2】0 【增】16【对美加征】10【出】0【退】13	千克/条	A		M		999	断面宽≥24英寸人字形轮胎(建筑业、采矿业或工业搬运车辆及机器用,辋圈≤61cm,新充气橡胶胎,含类似人字形)
401180	11	90	其他人字形胎面轮胎(建筑业、采矿业或工业搬运车辆及机器用,辋圈≤61cm,新充气橡胶胎,含类似人字形)	Other new pneumatic tyres of rubber, with "herring-bone" tread, on construction or industrial uses and having a rim size not exceeding 61cm	【最】17【普】50 【协东盟】0【协巴基斯坦】14【协智利】0 【协新西兰】0【协新加坡】0【协秘鲁】0 【协哥斯达黎加】0【协冰岛】0【协瑞士】7 【协澳大利亚】0【协韩国】8.7 【协格鲁吉亚】0【协香港】0【协澳门】0 【特-1】0【特-2】0 【增】16【对美加征】10【出】0【退】13	千克/条	A		M		999	其他人字形胎面轮胎(建筑业、采矿业或工业搬运车辆及机器用,辋圈≤61cm,新充气橡胶胎,含类似人字形)
401180	12	10	断面宽≥24英寸人字形子轮胎(建筑业、采矿业或工业搬运车辆及机器用,辋圈>61cm,新充气橡胶胎,含类人字形)	Other new pneumatic tyres of rubber, other than "herring-bone" tread, of a cross-section width ≥ 24 inches, on construction or industrial uses and having a rim size > 61cm	【最】17【普】50【暂进】8 【协东盟】0【协巴基斯坦】14【协智利】0 【协新西兰】0【协新加坡】0【协秘鲁】0 【协哥斯达黎加】0【协冰岛】0【协瑞士】7 【协澳大利亚】0【协韩国】8.7 【协格鲁吉亚】0【协香港】0【协澳门】0 【特-1】0【特-2】0 【增】16【对美加征】10【出】0【退】13	千克/条	A		M		999	断面宽≥24英寸人字形子轮胎(建筑业、采矿业或工业搬运车辆及机器用,辋圈>61cm,新充气橡胶胎,含类人字形)
401180	12	90	其他人字形胎面轮胎(建筑业、采矿业或工业搬运车辆及机器用,辋圈>61cm,新充气橡胶胎,含类人字形)	New pneumatic tyres of rubber, with "herring-bone" Tread, of a cross-section width ≥ 24 inches, on construction or industrial uses and having a rim size > 61cm	【最】17【普】50 【协东盟】0【协巴基斯坦】14【协智利】0 【协新西兰】0【协新加坡】0【协秘鲁】0 【协哥斯达黎加】0【协冰岛】0【协瑞士】7 【协澳大利亚】0【协韩国】8.7 【协格鲁吉亚】0【协香港】0【协澳门】0 【特-1】0【特-2】0 【增】16【对美加征】10【出】0【退】13	千克/条	A		M		999	其他人字形胎面轮胎(建筑业、采矿业或工业搬运车辆及机器用,辋圈>61cm,新充气橡胶胎,含类人字形)
401180	91		建筑业、采矿业或工业搬运车辆及机器用,辋圈尺寸≤61cm的非人字形胎面的新充气橡胶胎	Rim size not exceeding 61cm	【最】25【普】50 【协东盟】0【协智利】0【协新西兰】0 【协新加坡】0【协哥斯达黎加】0【协冰岛】0 【协澳大利亚】0【协韩国】18.7 【协格鲁吉亚】0【协香港】0【协澳门】0 【特-1】0 【增】16【对美加征】10【出】0【退】13	千克/条					999	建筑业、采矿业或工业搬运车辆及机器用,辋圈尺寸≤61cm的非人字形胎面的新充气橡胶胎
401180	92	10	其他断面宽度≥24英寸轮胎(建筑业、采矿业或工业搬运车辆及机器用,辋圈>61cm,新充气橡胶胎,非人字形胎面)	Other new pneumatic tyres of rubber, other than "herring-bone" tread, on construction or industrial uses and having a rim size not exceeding 61cm	【最】25【普】50【暂进】8 【协东盟】0【协智利】0【协新西兰】0 【协新加坡】0【协哥斯达黎加】0【协冰岛】0 【协澳大利亚】0【协韩国】18.7 【协格鲁吉亚】0【协香港】0【协澳门】0 【特-1】0 【增】16【对美加征】5【出】0【退】13	千克/条					999	其他断面宽度≥24英寸轮胎(建筑业、采矿业或工业搬运车辆及机器用,辋圈>61cm,新充气橡胶胎,非人字形胎面)
401180	92	90	其他新的充气橡胶轮胎(建筑业、采矿业或工业搬运车辆及机器用,辋圈>61cm,新充气橡胶胎,非人字形胎面)	Other new pneumatic tyres of rubber, other than "herring-bone" tread, on construction or industrial uses and having a rim size > 61cm	【最】25【普】50 【协东盟】0【协智利】0【协新西兰】0 【协新加坡】0【协哥斯达黎加】0【协冰岛】0 【协澳大利亚】0【协韩国】18.7【协格鲁吉亚】0 【协香港】0【协澳门】0 【特-1】0 【增】16【对美加征】5【出】0【退】13	千克/条					999	其他新的充气橡胶轮胎(建筑业、采矿业或工业搬运车辆及机器用,辋圈>61cm,新充气橡胶胎,非人字形胎面)

税则号列 HS国际统一前6位	本国子目 7~8位	本国子目 9~10位	货品名称中英文 中文 货物名称	货品名称中英文 英文 Article Description	税费综合信息	计量单位	监管证件代码 进口	监管证件代码 出口	检验检疫类别 进口	检验检疫类别 出口	检验检疫编码	检验检疫编码对应中文名称
401190	10	10	断面宽≥30英寸人字形轮胎（其他用途，新充气橡胶轮胎，含胎面类似人字形的）	New pneumatic tyres of rubber, with "herring-bone" Tread, of a cross-section width ≥ 30 inches, for other uses	【最】17【普】50【暂进】8 【协东盟】0【协巴基斯坦】14【协智利】0 【协新西兰】0【协新加坡】0【协秘鲁】0 【协台湾】0【协哥斯达黎加】0【协冰岛】0 【协瑞士】7【协澳大利亚】0【协韩国】8.5 【协格鲁吉亚】0【协香港】0【协澳门】0 【特-1】0【特-2】0 【增】16【对美加征】5【出】0【退】13	千克/条	A		M		999	断面宽≥30英寸人字形轮胎（其他用途，新充气橡胶轮胎，含胎面类似人字形的）
401190	10	90	其他人字形胎面轮胎（其他用途，新充气橡胶轮胎，含胎面类似人字形的）	Other new pneumatic tyres of rubber, "herring-bone" tread similar, for other uses	【最】17【普】50 【协东盟】0【协巴基斯坦】14【协智利】0 【协新西兰】0【协新加坡】0【协秘鲁】0 【协台湾】0【协哥斯达黎加】0【协冰岛】0 【协瑞士】7【协澳大利亚】0【协韩国】8.7 【协格鲁吉亚】0【协香港】0【协澳门】0 【特-1】0【特-2】0 【增】16【对美加征】5【出】0【退】13	千克/条	A		M		999	其他人字形胎面轮胎（其他用途，新充气橡胶轮胎，含胎面类似人字形的）
401190	90	10	其他断面宽度≥30英寸轮胎（其他用途，新充气橡胶轮胎，非人字形胎面）	Other new pneumatic tyres of rubber, other than "herring-bone" tread, of a cross-section width ≥ 30 inches, for other uses	【最】25【普】50【暂进】8 【协东盟】0【协智利】0【协新西兰】0 【协新加坡】0【协哥斯达黎加】0【协冰岛】0 【协澳大利亚】0【协韩国】18.7【协格鲁吉亚】0 【协香港】0【协澳门】0 【特-1】0 【增】16【对美加征】10【出】0【退】13	千克/条					999	其他断面宽度≥30英寸轮胎（其他用途，新充气橡胶轮胎，非人字形胎面）
401190	90	90	其他新的充气橡胶轮胎（其他用途，新充气橡胶轮胎，非人字形胎面）	Other new pneumatic tyres of rubber, with "herring-bone" tread, for other uses	【最】25【普】50 【协东盟】0【协智利】0【协新西兰】0 【协新加坡】0【协哥斯达黎加】0【协冰岛】0 【协澳大利亚】0【协韩国】18.7【协格鲁吉亚】0 【协香港】0【协澳门】0 【特-1】0 【增】16【对美加征】10【出】0【退】13	千克/条			L		999	其他新的充气橡胶轮胎（其他用途，新充气橡胶轮胎，非人字形胎面）
401211	00		机动小客车用翻新轮胎（包括旅行小客车及赛车用翻新轮胎）	Retreaded tyres, used on motor cars (including station wagons and racing cars)	【最】20【普】50 【协东盟】0【协智利】0【协新西兰】0 【协新加坡】0【协秘鲁】0【协哥斯达黎加】0 【协冰岛】0【协瑞士】8【协澳大利亚】0 【协韩国】13.3【协格鲁吉亚】0【协香港】0 【协澳门】0 【特-1】0【特-2】0 【增】16【出】0【退】13	千克/条	A		M		999	机动小客车用翻新轮胎（包括旅行小客车及赛车用翻新轮胎）
401212	00		机动大客车或货运车用翻新轮胎	Retreaded tyres, used on buses or lorries	【最】20【普】50 【协东盟】0【协香港】0【协智利】0 【协新西兰】0【协新加坡】0【协秘鲁】0 【协哥斯达黎加】0【协冰岛】0【协瑞士】8 【协澳大利亚】0【协韩国】13.3【协格鲁吉亚】0 【特-1】0【特-2】0 【增】16【对美加征】5【出】0【退】13	千克/条	A		M		999	机动大客车或货运车用翻新轮胎
401213	00		航空器用翻新轮胎	Retreaded tyres, used on aircraft	【最】20【普】50【暂进】4 【协东盟】0【协香港】0【协智利】0 【协新西兰】0【协新加坡】0【协秘鲁】0 【协哥斯达黎加】0【协冰岛】0【协瑞士】8 【协澳大利亚】0【协韩国】13.3【协格鲁吉亚】0 【特-1】0【特-2】0 【增】16【对美加征】10【出】0【退】13	千克/条					999	航空器用翻新轮胎
401219	00		其他翻新轮胎	Other retreaded tyres	【最】20【普】50 【协东盟】0【协智利】0【协新西兰】0 【协新加坡】0【协秘鲁】0【协哥斯达黎加】0 【协冰岛】0【协瑞士】8【协澳大利亚】0 【协韩国】13.3【协格鲁吉亚】0【协香港】0 【协澳门】0 【特-1】0【特-2】0 【增】16【出】0【退】13	千克/条					999	其他翻新轮胎
401220	10		汽车用旧的充气橡胶轮胎	Of a kind used on motro cars, buses or lorries	【最】25【普】50 【协东盟】0【协香港】0【协智利】0 【协新西兰】0【协新加坡】0【协哥斯达黎加】0 【协冰岛】0【协澳大利亚】0【协韩国】18.7 【协格鲁吉亚】0 【增】16【对美加征】10【出】0【退】13	千克/条	A		M		999	汽车用旧的充气橡胶轮胎

税则号列			货品名称中英文		税费综合信息	计量单位	监管证件代码		检验检疫类别		检验检疫编码	检验检疫编码对应中文名称
HS国际统一前6位	本国子目 7~8位	9~10位	中文 货物名称	英文 Article Description			进口	出口	进口	出口		
401220	90		其他用途旧的充气橡胶轮胎	Other lorries	【最】25【普】80 【协东盟】0【协香港】0【协智利】0 【协新西兰】0【协新加坡】0【协哥斯达黎加】0 【协冰岛】0【协澳大利亚】0【协韩国】18.7 【协格鲁吉亚】0 【增】16【对美加征】10【出】0【退】13	千克/条					999	其他用途旧的充气橡胶轮胎
401290	10		航空器用实心或半实心橡胶轮胎（包括橡胶胎面及橡胶轮胎衬带）	Solid or cushion tyres (including tyre treads and tyre flaps) of rubber, used on aircraft	【最】3【普】11 【协东盟】0【协巴基斯坦】0【协智利】0 【协新西兰】0【协秘鲁】0【协哥斯达黎加】0 【协冰岛】0【协瑞士】0【协澳大利亚】0 【协韩国】0【协格鲁吉亚】0【协香港】0 【协澳门】0 【特-1】0【特-2】0 【增】16【对美加征】5【出】0【退】13	千克					999	航空器用实心或半实心橡胶轮胎（包括橡胶胎面及橡胶轮胎衬带）
401290	20		汽车用实心或半实心轮胎	Of a kind used on motro cars, buses or lorries	【最】22【普】50 【协东盟】0【协智利】0【协新西兰】0 【协新加坡】0【协秘鲁】0【协哥斯达黎加】0 【协冰岛】0【协瑞士】8.8【协澳大利亚】8 【协韩国】16.5【协格鲁吉亚】0【协香港】0 【协澳门】0 【特-1】0【特-2】0 【增】16【对美加征】5【出】0【退】13	千克	A		M		101 102 999	汽车用实心或半实心轮胎（充气轮胎轮辋实心轮胎） 汽车用实心或半实心轮胎（压配式实心轮胎） 汽车用实心或半实心轮胎（其他车辆零部件）
401290	90		其他用实心或半实心轮胎	Other lorries	【最】22【普】50 【协东盟】0【协智利】0【协新西兰】0 【协新加坡】0【协秘鲁】0【协哥斯达黎加】0 【协冰岛】0【协瑞士】8.8【协澳大利亚】0 【协韩国】16.5【协格鲁吉亚】0【协香港】0 【协澳门】0 【特-1】0【特-2】0 【增】16【对美加征】10【出】0【退】13	千克					999	其他用实心或半实心轮胎
401310	00		汽车用橡胶内胎［机动小客车（包括旅行小客车及赛车）、客运车或货运车用）］	Inner tubes of rubber, used on motor cars (including station wagons and racing cars), buses or lorries	【最】15【普】50 【协亚太】13.1【协东盟】0【协巴基斯坦】7.5 【协智利】0【协新西兰】0【协新加坡】0 【协秘鲁】0【协哥斯达黎加】0【协冰岛】0 【协瑞士】6【协澳大利亚】0【协韩国】10 【协格鲁吉亚】0【协香港】0【协澳门】0 【特-1】0【特-2】0 【增】16 【消】3【对美加征】5【出】0【退】13	千克/条	A		M		101 102 999	汽车用橡胶内胎［机动小客车（包括旅行小客车及赛车）、客运车或货运车用）］（轿车轮胎） 汽车用橡胶内胎［机动小客车（包括旅行小客车及赛车）、客运车或货运车用］（载重轮胎） 汽车用橡胶内胎［机动小客车（包括旅行小客车及赛车）、客运车或货运车用］（其他车辆零部件）
401320	00		自行车用橡胶内胎	Inner tubes of rubber, used on bicycles	【最】15【普】80 【协东盟】0【协巴基斯坦】12【协智利】0 【协新西兰】0【协新加坡】0【协秘鲁】0 【协哥斯达黎加】0【协冰岛】0【协瑞士】6 【协澳大利亚】0【协韩国】7.5【协格鲁吉亚】0 【协香港】0【协澳门】0 【特-1】0【特-2】0 【增】16【出】0【退】13	千克/条					999	自行车用橡胶内胎
401390	10		航空器用橡胶内胎	Inner tubes of rubber, used on aircraft	【最】3【普】11 【协亚太】1.8【协东盟】0【协巴基斯坦】0 【协智利】0【协新西兰】0【协秘鲁】0 【协哥斯达黎加】0【协冰岛】0【协瑞士】0 【协澳大利亚】0【协韩国】0【协格鲁吉亚】0 【协香港】0【协澳门】0 【特-1】0【特-2】0【特-3】0 【增】16【对美加征】5【出】0【退】13	千克/条					999	航空器用橡胶内胎

税则号列 HS国际统一前6位	本国子目 7~8位	本国子目 9~10位	货品名称 中文 货物名称	货品名称 英文 Article Description	税费综合信息	计量单位	监管证件代码 进口	监管证件代码 出口	检验检疫类别 进口	检验检疫类别 出口	检验检疫编码	检验检疫编码对应中文名称
401390	90		其他用橡胶内胎	Other inner tubes of rubber	【最】15【普】50 【协东盟】0【协巴基斯坦】12【协智利】0 【协新西兰】0【协新加坡】0【协秘鲁】0 【协哥斯达黎加】0【协冰岛】0【协瑞士】6 【协澳大利亚】0【协韩国】7.5【协格鲁吉亚】0 【协香港】0【协澳门】0 【特-1】0【特-2】0 【增】16 【消】3【对美加征】10【出】0 【退】13	千克/条					999	其他用橡胶内胎
401410	00		硫化橡胶制避孕套 【电商】	Sheath contraceptives of vulcanized rubber	【最】0【普】0【特-1】0【特-2】0【特-3】0 【增】0【对美加征】10【出】0【退】0	千克					999	硫化橡胶制避孕套
401490	00		硫化橡胶制其他卫生及医疗用品（包括奶嘴，不论有无硬质橡胶配件，硬化橡胶的除外） 【电商】	Other hygienic or pharmaceutical articles (including teats), of vulcanized rubber other than hard rubber, with or without fittings of hard rubber	【最】17【普】50 【协东盟】0【协澳门】0【协巴基斯坦】14 【协香港】0【协智利】0【协新西兰】0 【协新加坡】0【协秘鲁】0【协哥斯达黎加】0 【协冰岛】0【协瑞士】7【协澳大利亚】0 【协韩国】8.7【协格鲁吉亚】0 【特-1】0【特-2】0 【增】16【对美加征】5【出】0【退】13	千克	A		M		101 102 103	硫化橡胶制其他卫生及医疗用品（包括奶嘴，不论有无硬质橡胶配件，硬化橡胶的除外）（其他医疗器具） 硫化橡胶制其他卫生及医疗用品（包括奶嘴，不论有无硬质橡胶配件，硬化橡胶的除外）（食品接触橡胶产品） 硫化橡胶制其他卫生及医疗用品（包括奶嘴，不论有无硬质橡胶配件，硬化橡胶的除外）（食品用橡胶包装）
401511	00		硫化橡胶制外科用手套（硬化橡胶的除外）	Surgical gloves of vulcanized rubber other than hard rubber	【最】8【普】30 【协东盟】0【协巴基斯坦】5【协智利】0 【协新西兰】0【协秘鲁】0【协哥斯达黎加】0 【协冰岛】0【协瑞士】0【协澳大利亚】0 【协韩国】0【协格鲁吉亚】0【协香港】0 【协澳门】0 【特-1】0【特-2】0【特-3】0 【增】16【对美加征】10【出】0【退】13	千克/双					999	硫化橡胶制外科用手套（硬化橡胶的除外）
401519	00		硫化橡胶制其他手套（硬化橡胶的除外） 【电商】	Other gloves of vulcanized rubber other than hard rubber	【最】10【普】80 【协东盟】0【协智利】0【协新西兰】0 【协新加坡】0【协秘鲁】0【协哥斯达黎加】0 【协冰岛】0【协瑞士】7.2【协澳大利亚】0 【协韩国】9【协格鲁吉亚】0【协香港】0 【协澳门】0 【特-1】0【特-2】0【特-3】0 【增】16【对美加征】10【出】0【退】13	千克/双					999	硫化橡胶制其他手套（硬化橡胶的除外）
401590	10		医疗用硫化橡胶衣着用品及附件（硬化橡胶的除外）	Articles of apparel and clothing accessories for medical purpose of vulcanized rubber other than hard rubber	【最】8【普】30 【协东盟】0【协巴基斯坦】5【协智利】0 【协新西兰】0【协秘鲁】0【协哥斯达黎加】0 【协瑞士】0【协澳大利亚】0【协韩国】0 【协格鲁吉亚】0【协香港】0【协澳门】0 【特-1】0【特-2】0【特-3】0 【增】16【对美加征】5【出】0【退】13	千克					999	医疗用硫化橡胶衣着用品及附件（硬化橡胶的除外）
401590	90		其他硫化橡胶制衣着用品及附件（硬化橡胶的除外） 【电商】	Other articles of apparel and clothing accessories of vulcanized rubber other than hard rubber	【最】10【普】90 【协东盟】0【协智利】0【协新西兰】0 【协新加坡】0【协秘鲁】0【协哥斯达黎加】0 【协冰岛】0【协瑞士】6【协澳大利亚】0 【协韩国】7.5【协格鲁吉亚】0【协香港】0 【协澳门】0 【特-1】0【特-2】0 【增】16【对美加征】10【出】0【退】13	千克					999	其他硫化橡胶制衣着用品及附件（硬化橡胶的除外）
401610	10		硫化海绵橡胶制机器及仪器用零件（硬质橡胶的除外）	Articles of vulcanized cellular rubber (other than hard rubber) used in machines or instruments	【最】8【普】30 【协东盟】0【协巴基斯坦】5【协智利】0 【协新西兰】0【协秘鲁】0【协哥斯达黎加】0 【协冰岛】0【协瑞士】0【协澳大利亚】0 【协韩国】5.3【协格鲁吉亚】0【协香港】0 【协澳门】0 【特-1】0【特-2】0【特-3】0 【增】16【对美加征】5【出】0【退】13	千克					999	硫化海绵橡胶制机器及仪器用零件（硬质橡胶的除外）

税则号列			货品名称中英文		税费综合信息	计量单位	监管证件代码		检验检疫类别		检验检疫编码	检验检疫编码对应中文名称
HS 国际统一前6位	本国子目 7~8位	本国子目 9~10位	中文 货物名称	英文 Article Description			进口	出口	进口	出口		
401610	90		硫化海绵橡胶制其他制品（硬质橡胶的除外） 【电商】	Other articles of vulcanized cellular rubber (other than hard rubber)	【最】15【普】80 【协东盟】0【协巴基斯坦】12【协智利】0 【协新西兰】0【协新加坡】0【协秘鲁】0 【协哥斯达黎加】0【协冰岛】0【协瑞士】6 【协澳大利亚】0【协韩国】7.5【协格鲁吉亚】0 【协香港】0【协澳门】0 【特-1】0【特-2】0 【增】16【对美加征】5【出】0【退】13	千克					999	硫化海绵橡胶制其他制品（硬质橡胶的除外）
401691	00		硫化橡胶制铺地制品及门垫（硬质橡胶的除外）	Floor coverings and mats of vulcanized rubber (other than hard rubber)	【最】10【普】80 【协东盟】0【协香港】0【协智利】0 【协新西兰】0【协新加坡】0【协秘鲁】0 【协哥斯达黎加】0【协冰岛】0【协瑞士】7.2 【协澳大利亚】0【协韩国】9 【协格鲁吉亚】0 【特-1】0【特-2】0 【增】16【对美加征】10【出】0【退】13	千克			L		999	硫化橡胶制铺地制品及门垫（硬质橡胶的除外）
401692	00		硫化橡胶制橡皮擦 【电商】	Erasers of vulcanized rubber	【最】10【普】80 【协东盟】0【协智利】0【协新西兰】0 【协秘鲁】0【协哥斯达黎加】0【协冰岛】0 【协瑞士】7.2【协澳大利亚】0【协韩国】9 【协格鲁吉亚】0【协香港】0【协澳门】0 【特-1】0【特-2】0 【增】16【对美加征】10【出】0【退】13	千克					999	硫化橡胶制橡皮擦
401693	10		其他硫化橡胶制密封制品（硫化橡胶密封圈，机器、仪器用，硬质橡胶的除外）	Gaskets, washers and other seals of vulcanized rubber (other than hard rubber), of a kind used in machines or instruments	【最】8【普】30 【协东盟】0【协香港】0【协巴基斯坦】5 【协智利】0【协新西兰】0【协秘鲁】0 【协哥斯达黎加】0【协冰岛】0【协瑞士】3.2 【协澳大利亚】0【协韩国】0 【协格鲁吉亚】4.8 【特-1】0【特-2】0【特-3】0 【增】16【对美加征】5【出】0【退】13	千克					999	其他硫化橡胶制密封制品（硫化橡胶密封圈，机器、仪器用，硬质橡胶的除外）
401693	90		硫化橡胶制其他用垫片，垫圈（包括密封垫，硬质橡胶除外） 【电商】	Other gaskets, washers and other seals of vulcanized rubber (other than hard rubber)	【最】15【普】80 【协东盟】0【协香港】0【协智利】0 【协新西兰】0【协新加坡】0【协秘鲁】0 【协哥斯达黎加】0【协冰岛】0【协瑞士】6 【协澳大利亚】0【协韩国】0【协格鲁吉亚】0 【特-1】0【特-2】0【特-3】0 【增】16【对美加征】5【出】0【退】13	千克					999	硫化橡胶制其他用垫片，垫圈（包括密封垫，硬质橡胶除外）
401694	00		硫化橡胶制船舶或码头的碰垫（不论是否可充气，硬质橡胶除外）	Boat or dock fenders of vulcanized rubber (other than hard rubber), whether or not inflatable	【最】18【普】80 【协东盟】0【协智利】0【协新西兰】0 【协新加坡】0【协秘鲁】0【协哥斯达黎加】0 【协冰岛】0【协瑞士】7.2【协澳大利亚】0 【协韩国】9【协格鲁吉亚】0【协香港】0 【协澳门】0 【特-1】0【特-2】0 【增】16【对美加征】10【出】0【退】13	千克					999	硫化橡胶制船舶或码头的碰垫（不论是否可充气，硬质橡胶除外）
401695	00	01	硫化橡胶制液压隔离式蓄能器用胶囊 【电商】	Of a kind used on hydraulic separator accumulator, capsule	【最】18【普】80【暂进】9 【协东盟】0【协澳门】0【协智利】0 【协新西兰】0【协新加坡】0【协秘鲁】0 【协哥斯达黎加】0【协冰岛】0【协瑞士】7.2 【协澳大利亚】0【协韩国】9【协格鲁吉亚】0 【协香港】0 【特-1】0【特-2】0 【增】16【对美加征】5【出】0【退】13	千克					999	硫化橡胶制液压隔离式蓄能器用胶囊
401695	00	90	硫化橡胶制其他可充气制品 【电商】	Other inflatable articles of vulcanized rubber	【最】18【普】80 【协东盟】0【协澳门】0【协智利】0 【协新西兰】0【协新加坡】0【协秘鲁】0 【协哥斯达黎加】0【协冰岛】0【协瑞士】7.2 【协澳大利亚】0【协韩国】9【协格鲁吉亚】0 【协香港】0 【特-1】0【特-2】0 【增】16【对美加征】5【出】0【退】13	千克					999	硫化橡胶制其他可充气制品

税则号列			货品名称中英文		税费综合信息	计量单位	监管证件代码		检验检疫类别		检验检疫编码	检验检疫编码对应中文名称
HS 国际统一前6位	本国子目 7~8位	本国子目 9~10位	中文 货物名称	英文 Article Description			进口	出口	进口	出口		
401699	10	01	奶衬（硬质橡胶除外）	Milking liner (other than hard rubber)	【最】8【普】30【暂进】4 【协亚太】7.6【协东盟】0【协澳门】0 【协香港】0【协巴基斯坦】5【协智利】0 【协新西兰】0【协秘鲁】0【协哥斯达黎加】0 【协冰岛】0【协瑞士】3.2【协澳大利亚】0 【协韩国】5.3【协格鲁吉亚】4.8 【特-1】0【特-2】0【特-3】0 【增】16【对美加征】10【出】0【退】13	千克					999	奶衬（硬质橡胶除外）
401699	10	90	硫化橡胶制机器及仪器用其他零件（硬质橡胶除外）	Other articles of vulcanized rubber (other than hard rubber), of a kind used in machines or instruments	【最】8【普】30 【协亚太】7.6【协东盟】0【协澳门】0 【协香港】0【协巴基斯坦】5【协智利】0 【协新西兰】0【协秘鲁】0【协哥斯达黎加】0 【协冰岛】0【协瑞士】3.2【协澳大利亚】0 【协韩国】5.3【协格鲁吉亚】4.8 【特-1】0【特-2】0【特-3】0 【增】16【对美加征】10【出】0【退】13	千克					999	硫化橡胶制机器及仪器用其他零件（硬质橡胶除外）
401699	90	01	动车组用胶囊，外风挡板【电商】	Capsule and baffle for motor train set (other than hard rubber)	【最】10【普】80【暂进】5 【协亚太】6.5【协东盟】0【协澳门】0 【协香港】0【协巴基斯坦】5【协智利】0 【协新西兰】0【协新加坡】0【协秘鲁】0 【协哥斯达黎加】0【协冰岛】0【协瑞士】4 【协澳大利亚】0【协韩国】5【协格鲁吉亚】6 【特-1】0【特-2】0【特-3】0 【增】16【对美加征】5【出】0【退】13	千克					101 102 103	动车组用胶囊，外风挡板（硬质橡胶除外）（硫化橡胶制品） 动车组用胶囊，外风挡板（硬质橡胶除外）（食品接触橡胶产品） 动车组用胶囊，外风挡板（硬质橡胶除外）（食品用橡胶包装）
401699	90	90	其他未列名硫化橡胶制品（硬质橡胶除外）【电商】	Other articles of vulcanized rubber (other than hard rubber), not else where specified or included	【最】10【普】80 【协亚太】6.5【协东盟】0【协澳门】0 【协香港】0【协巴基斯坦】5【协智利】0 【协新西兰】0【协新加坡】0【协秘鲁】0 【协哥斯达黎加】0【协冰岛】0【协瑞士】4 【协澳大利亚】0【协韩国】5【协格鲁吉亚】6 【特-1】0【特-2】0【特-3】0 【增】16【对美加征】5【出】0【退】13	千克					101 103 104	其他未列名硫化橡胶制品（硬质橡胶除外）（硫化橡胶制品） 其他未列名硫化橡胶制品（硬质橡胶除外）（食品接触橡胶产品） 其他未列名硫化橡胶制品（硬质橡胶除外）（食品用橡胶包装）
401700	10	10	各种形状的硬质橡胶废碎料	Hard rubber waste and scrap in all forms	【最】8【普】35 【协亚太】4.8【协东盟】0【协澳门】0 【协香港】0【协巴基斯坦】5【协智利】0 【协新西兰】0【协秘鲁】0【协哥斯达黎加】0 【协冰岛】0【协瑞士】0【协澳大利亚】0 【协韩国】4【协格鲁吉亚】0 【特-1】0【特-2】0 【增】16【对美加征】10【出】0【退】10	千克	9				999	各种形状的硬质橡胶废碎料
401700	10	90	各种形状的硬质橡胶	Hard rubber in all forms	【最】8【普】35 【协亚太】4.8【协东盟】0【协澳门】0 【协香港】0【协巴基斯坦】5【协智利】0 【协新西兰】0【协秘鲁】0【协哥斯达黎加】0 【协冰岛】0【协瑞士】0【协澳大利亚】0 【协韩国】4【协格鲁吉亚】0 【特-1】0【特-2】0 【增】16【对美加征】10【出】0【退】10	千克					999	各种形状的硬质橡胶
401700	20		硬质橡胶制品【电商】	Articles of hard rubber	【最】15【普】90 【协东盟】0【协澳门】0【协巴基斯坦】12 【协香港】0【协智利】0【协新西兰】0 【协新加坡】0【协秘鲁】0【协哥斯达黎加】0 【协冰岛】0【协瑞士】6【协澳大利亚】0 【协韩国】7.5【协格鲁吉亚】0 【特-1】0【特-2】0 【增】16【对美加征】5【出】0【退】13	千克					999	硬质橡胶制品

第 八 类
生皮、皮革、毛皮及其制品；鞍具及挽具；旅行用品、手提包及类似容器；动物肠线（蚕胶丝除外）制品

SECTION Ⅷ
RAW HIDES AND SKINS, LEATHER, FURSKINS AND ARTICLES THEREOF; SADDLERY AND HARNESS; TRAVEL GOODS, HANDBAGS AND SIMILAR CONTAINERS; ARTICLES OF ANIMAL GUT (OTHER THAN SILK-WORM GUT)

第四十一章
生皮（毛皮除外）及皮革

注释：

一、本章不包括：

（一）生皮的边角废料（税目05.11）。

（二）税目05.05或67.01的带羽毛或羽绒的整张或部分鸟皮。

（三）带毛生皮或已鞣的带毛皮张（第四十三章）；但下列动物的带毛生皮应归入第四十一章：牛（包括水牛）、马、绵羊及羔羊（不包括阿斯特拉罕、喀拉科尔、波斯羔羊或类似羔羊、印度、中国或蒙古羔羊）、山羊或小山羊（不包括也门、蒙古或西藏的山羊及小山羊）、猪（包括野猪）、小羚羊、瞪羚、骆驼（包括单峰骆驼）、驯鹿、麋、鹿、狍或狗。

二、（一）税目41.04至41.06不包括经逆鞣（包括预鞣）加工的皮（酌情归入税目41.01至41.03）。

（二）税目41.04至41.06所称"坯革"，包括在干燥前经复鞣、染色或加油（加脂）的皮。

三、本协调制度所称"再生皮革"，仅指税目41.15的皮革。

Chapter 41
Raw hides and skins (other than furskins) and leather

Chapter Notes:

1. This Chapter does not cover:

(a) Parings or similar waste, of raw hides or skins (heading 05.11).

(b) Birdskins or parts of birdskins, with their feathers or down, of heading 05.05 or 67.01; or

(c) Hides or skins, with the hair or wool on, raw, tanned or dressed (Chapter 43); the following are, however, to be classified in Chapter 41, namely, raw hides and skins with the hair or wool on, of bovine animals (including buffalo), of equine animals, of sheep or lambs (except Astrakhan, Broadtail, Caracul, Persian or similar lambs, Indian, Chinese, Mongolian or Tibetan lambs), of goats or kids (except Yemen, Mongolian or Tibetan goats and kids), of swine (including peccary), of chamois, of gazelle of camels (including dromedaries), of reindeer, of elk, of deer, of roebucks or of dogs.

2. (a) Headings 41.04 to 41.06 do not cover hides and skins which have undergone a tanning (including pre-tanning) process which is reversible (headings 41.01 to 41.03, as the case may be).

(b) For the purposes of headings 41.04 to 41.06, the term "crust" includes hides and skins that have been retanned, coloured or fat-liquored (stuffed) prior to drying.

3. Throughout the Nomenclature the expression "composition leather" means only substances of the kind referred to in heading 41.15.

税则号列 HS国际统一前6位	本国子目 7~8位	本国子目 9~10位	货品名称中英文 中文 货物名称	货品名称中英文 英文 Article Description	税费综合信息	计量单位	监管证件代码 进口	监管证件代码 出口	检验检疫类别 进口	检验检疫类别 出口	检验检疫编码	检验检疫编码对应中文名称
410120	11	10	规定重量退鞣未剖层整张濒危生野牛皮（指每张，简单干燥≤8千克，干盐渍≤10千克，鲜或湿盐≤16千克）	Whole raw hides and skins of endangered wild bovine, unsplit, have undergone a reversible tanning process, of a weight per skin not exceeding 8kg when simply dried, 10kg when dry-salted, or 16kg when fresh, wet-salted	【最】8【普】17 【协亚太】6【协东盟】0【协香港】0 【协巴基斯坦】5【协智利】0【协新西兰】0 【协秘鲁】0【协哥斯达黎加】0【协冰岛】0 【协瑞士】0【协澳大利亚】3【协韩国】0 【协格鲁吉亚】0 【特-1】0【特-2】0【特-3】0 【增】10【出】0【退】0	千克/张	AF	BE	MP	Q	999	规定重量退鞣未剖层整张濒危生野牛皮（指每张，简单干燥≤8千克，干盐渍≤10千克，鲜或湿盐≤16千克）
410120	11	90	规定重量未剖层退鞣处理整张生牛皮（包括水牛皮）（指每张，简单干燥≤8千克，干盐渍≤10千克，鲜或湿盐≤16千克）	Whole raw hides and skins of bovine, unsplit, have undergone a reversible tanning process, of a weight per skin not exceeding 8kg when simply dried, 10kg when dry-salted, or 16kg when fresh, wet-salted	【最】8【普】17 【协亚太】6【协东盟】0【协香港】0 【协巴基斯坦】5【协智利】0【协新西兰】0 【协秘鲁】0【协哥斯达黎加】0【协冰岛】0 【协瑞士】0【协澳大利亚】3【协韩国】0 【协格鲁吉亚】0 【特-1】0【特-2】0【特-3】0 【增】10【出】0【退】0	千克/张	A	B	MP	Q	101 102 103	规定重量未剖层退鞣处理整张生牛皮（包括水牛皮）（指每张，简单干燥≤8千克，干盐渍≤10千克，鲜或湿盐≤16千克）（牛皮） 规定重量未剖层退鞣处理整张生牛皮（包括水牛皮）（指每张，简单干燥≤8千克，干盐渍≤10千克，鲜或湿盐≤16千克）（水牛皮） 规定重量未剖层退鞣处理整张生牛皮（包括水牛皮）（指每张，简单干燥≤8千克，干盐渍≤10千克，鲜或湿盐≤16千克）（牦牛皮）
410120	19	10	规定重量非退鞣未剖层整张濒危生野牛皮（指每张，简单干燥≤8千克，干盐渍≤10千克，鲜或湿盐≤16千克）	Whole raw hides and skins of endangered wild bovine, unsplit, not have undergone a reversible tanning process, of a weight per skin not exceeding 8kg when simply dried, 10kg when dry-salted, or 16kg when fresh, wet-salted	【最】5【普】17 【协东盟】0【协香港】0【协巴基斯坦】0 【协智利】0【协新西兰】0【协秘鲁】0 【协哥斯达黎加】0【协冰岛】0【协瑞士】0 【协澳大利亚】1.9【协韩国】0【协格鲁吉亚】0 【特东老挝】0【特东柬埔寨】0【特-1】0 【特-2】0【特-3】0 【增】10【对美加征】10【出】0【退】0	千克/张	AF	BE	MP	Q	999	规定重量非退鞣未剖层整张濒危生野牛皮（指每张，简单干燥≤8千克，干盐渍≤10千克，鲜或湿盐≤16千克）
410120	19	90	规定重量非退鞣未剖层处理整张生牛皮（包括水牛皮）（指每张，简单干燥≤8千克，干盐渍≤10千克，鲜或湿盐≤16千克）	Whole raw hides and skins of bovine animals, unsplit, not have undergone a reversible tanning process, of a weight per skin not exceeding 8kg when simply dried, 10kg when dry-salted, or 16kg when fresh, wet-salted	【最】5【普】17 【协东盟】0【协香港】0【协巴基斯坦】0 【协智利】0【协新西兰】0【协秘鲁】0 【协哥斯达黎加】0【协冰岛】0【协瑞士】0 【协澳大利亚】1.9【协韩国】0【协格鲁吉亚】0 【特东老挝】0【特东柬埔寨】0【特-1】0 【特-2】0【特-3】0 【增】10【对美加征】10【出】0【退】0	千克/张	A	B	MP	Q	101 102 103	规定重量非退鞣未剖层处理整张生牛皮（包括水牛皮）（指每张，简单干燥≤8千克，干盐渍≤10千克，鲜或湿盐≤16千克）（牛皮） 规定重量非退鞣未剖层处理整张生牛皮（包括水牛皮）（指每张，简单干燥≤8千克，干盐渍≤10千克，鲜或湿盐≤16千克）（水牛皮） 规定重量非退鞣未剖层处理整张生牛皮（包括水牛皮）（指每张，简单干燥≤8千克，干盐渍≤10千克，鲜或湿盐≤16千克）（牦牛皮）

税则号列 HS国际统一前6位	本国子目 7~8位	本国子目 9~10位	货品名称中英文 中文 货物名称	货品名称中英文 英文 Article Description	税费综合信息	计量单位	监管证件代码 进口	监管证件代码 出口	检验检疫类别 进口	检验检疫类别 出口	检验检疫编码	检验检疫编码对应中文名称
410120	20	11	规定重量未剖层整张濒危生野驴皮（指每张，简单干燥≤8千克，干盐渍≤10千克，鲜或湿盐≤16千克）	Provisions did not split the whole weight of endangered wild life (of each simple, dry skin is less than or equal to 8kg, less than 10kg of dry saline, fresh or wet salt is less than or equal to 16kg)	【最】5【普】30【暂进】2 【协东盟】0【协香港】0【协巴基斯坦】0 【协智利】0【协新西兰】0【协秘鲁】0 【协哥斯达黎加】0.5【协冰岛】0【协瑞士】0 【协澳大利亚】0【协韩国】0【协格鲁吉亚】0 【特东老挝】0【特东柬埔寨】0【特-1】0 【特-2】0【特-3】0 【增】10【出】0【退】0	千克/张	AF	BE	MP	Q	999	规定重量未剖层整张濒危生野驴皮（指每张，简单干燥≤8千克，干盐渍≤10千克，鲜或湿盐≤16千克）
410120	20	19	规定重量未剖层整张其他濒危生野马科动物皮（指每张，简单干燥≤8千克，干盐渍≤10千克，鲜或湿盐≤16千克）	Provisions did not split the whole weight of other endangered animal skins, raw Mustang (refers to each, simple drying is less than or equal to 8kg, less than 10kg of dry saline, fresh or wet salt is less than or equal to 16kg)	【最】5【普】30 【协东盟】【协香港】0【协巴基斯坦】0 【协智利】0【协新西兰】0【协秘鲁】0 【协哥斯达黎加】0.5【协冰岛】0【协瑞士】0 【协澳大利亚】0【协韩国】0【协格鲁吉亚】0 【特东老挝】0【特东柬埔寨】0【特-1】0 【特-2】0【特-3】0 【增】10【出】0【退】0	千克/张	AF	BE	MP	Q	999	规定重量未剖层整张其他濒危生野马科动物皮（指每张，简单干燥≤8千克，干盐渍≤10千克，鲜或湿盐≤16千克）
410120	20	91	规定重量未剖层整张生驴皮（指每张，简单干燥≤8千克，干盐渍≤10千克，鲜或湿盐≤16千克）	Provisions did not split the whole weight of raw donkey skin (of each simple, less than 8kg dry, dry saline is less than 10kg, fresh or wet salt is less than or equal to 16kg)	【最】5【普】30【暂进】2 【协东盟】0【协香港】0【协巴基斯坦】0 【协智利】0【协新西兰】0【协秘鲁】0 【协哥斯达黎加】0.5【协冰岛】0【协瑞士】0 【协澳大利亚】0【协韩国】0【协格鲁吉亚】0 【特东老挝】0【特东柬埔寨】0【特-1】0 【特-2】0【特-3】0 【增】10【出】0【退】0	千克/张	A	B	MP	Q	999	规定重量未剖层整张生驴皮（指每张，简单干燥≤8千克，干盐渍≤10千克，鲜或湿盐≤16千克）
410120	20	99	规定重量未剖层整张其他生马科动物皮（指每张，简单干燥≤8千克，干盐渍≤10千克，鲜或湿盐≤16千克）	Provisions did not split the whole weight of other equine animal skin (which is less than or equal to 8kg each, easy drying, dry salted less than 10kg, fresh or wet salt is less than or equal to 16kg)	【最】5【普】30 【协东盟】0【协香港】0【协巴基斯坦】0 【协智利】0【协新西兰】0【协秘鲁】0 【协哥斯达黎加】0.5【协冰岛】0【协瑞士】0 【协澳大利亚】0【协韩国】0【协格鲁吉亚】0 【特东老挝】0【特东柬埔寨】0【特-1】0 【特-2】0【特-3】0 【增】10【出】0【退】0	千克/张	A	B	MP	Q	999	规定重量未剖层整张其他生马科动物皮（指每张，简单干燥≤8千克，干盐渍≤10千克，鲜或湿盐≤16千克）
410150	11	10	重>16千克退鞣整张濒危生野牛皮	Whole raw hides and skins of endangered wild bovine, have undergone a reversible tanning process, of a weight exceeding 16kg	【最】8【普】17 【协亚太】6.6【协东盟】0【协巴基斯坦】5 【协智利】0【协新西兰】0【协秘鲁】0 【协哥斯达黎加】0【协冰岛】0【协瑞士】0 【协澳大利亚】3.2【协韩国】0 【协格鲁吉亚】0【协香港】0【协澳门】0 【特-1】0【特-2】0【特-3】0 【增】10【出】0【退】0	千克/张	AF	BE	MP	Q	999	重>16千克退鞣整张濒危生野牛皮
410150	11	90	重>16千克退鞣处理整张生牛皮（包括水牛皮）	Whole raw hides and skins of bovine, (including buffalo) have undergone a reversible tanning process, of a weight exceeding 16kg	【最】8【普】17 【协亚太】6.6【协东盟】0【协巴基斯坦】5 【协智利】0【协新西兰】0【协秘鲁】0 【协哥斯达黎加】0【协冰岛】0【协瑞士】0 【协澳大利亚】3.2【协韩国】0 【协格鲁吉亚】0【协香港】0【协澳门】0 【特-1】0【特-2】0【特-3】0 【增】10【出】0【退】0	千克/张	A	B	MP	Q	101 102 103	重>16千克退鞣处理整张生牛皮（包括水牛皮）（牛皮） 重>16千克退鞣处理整张生牛皮（包括水牛皮）（水牛皮） 重>16千克退鞣处理整张生牛皮（包括水牛皮）（牦牛皮）
410150	19	10	重>16千克非退鞣整张濒危生野牛皮	Whole raw hides and skins of endangered wild bovine, have not undergone a reversible tanning process, of a weight exceeding 16kg	【最】5【普】17 【协东盟】0【协巴基斯坦】0【协智利】0 【协新西兰】0【协秘鲁】0【协哥斯达黎加】0 【协冰岛】0【协瑞士】0【协澳大利亚】1.9 【协韩国】0【协格鲁吉亚】0【协香港】0 【协澳门】0 【特东老挝】0【特东柬埔寨】0【特-1】0 【特-2】0【特-3】0 【增】10【对美加征】5【出】0【退】0	千克/张	AF	BE	MP	Q	999	重>16千克非退鞣整张濒危生野牛皮

税则号列			货品名称中英文		税费综合信息	计量单位	监管证件代码		检验检疫类别		检验检疫编码	检验检疫编码对应中文名称
HS国际统一前6位	本国子目 7~8位	本国子目 9~10位	中文 货物名称	英文 Article Description			进口	出口	进口	出口		
410150	19	90	重>16千克非退鞣处理整张生牛皮（包括水牛皮）	Whole raw hides and skins of bovine(including buffalo), have not undergone a reversible tanning process, of a weight exceeding 16kg	【最】5【普】17 【协东盟】0【协巴基斯坦】0【协智利】0 【协新西兰】0【协秘鲁】0【协哥斯达黎加】0 【协冰岛】0【协瑞士】0【协澳大利亚】1.9 【协韩国】0【协格鲁吉亚】0【协香港】0 【协澳门】0 【特东老挝】0【特东柬埔寨】0【特-1】0 【特-2】0【特-3】0 【增】10【对美加征】5【出】0【退】0	千克/张	A	B	MP	Q	101 102 103	重>16千克非退鞣处理整张生牛皮（包括水牛皮）（牛皮） 重>16千克非退鞣处理整张生牛皮（包括水牛皮）（水牛皮） 重>16千克非退鞣处理整张生牛皮（包括水牛皮）（牦牛皮）
410150	20	10	重>16千克整张濒危生野马科动物皮	Whole raw hides and skins of endangered equine animals, of a weight exceeding 16kg	【最】5【普】30 【协东盟】0【协巴基斯坦】0【协智利】0 【协新西兰】0【协秘鲁】0【协哥斯达黎加】0.5 【协冰岛】0【协瑞士】0【协澳大利亚】0 【协韩国】0【协格鲁吉亚】0【协香港】0 【协澳门】0 【特东老挝】0【特东柬埔寨】0【特-1】0 【特-2】0【特-3】0 【增】10【出】0【退】0	千克/张	AF	BE	MP	Q	999	重>16千克整张濒危生野马科动物皮
410150	20	90	重>16千克整张生马科动物皮	Whole raw hides and skins of equine animals, of a weight exceeding 16kg	【最】5【普】30 【协东盟】0【协巴基斯坦】0【协智利】0 【协新西兰】0【协秘鲁】0【协哥斯达黎加】0.5 【协冰岛】0【协瑞士】0【协澳大利亚】0 【协韩国】0【协格鲁吉亚】0【协香港】0 【协澳门】0 【特东老挝】0【特东柬埔寨】0【特-1】0 【特-2】0【特-3】0 【增】10【出】0【退】0	千克/张	A	B	MP	Q	999	重>16千克整张生马科动物皮
410190	11	10	其他退鞣处理濒危生野牛皮（包括整张或半张的背皮及腹皮）	Other whole raw hides and skins of endangered wild bovine, have undergone a reversible tanning process, (including butts, bends and bellies)	【最】8【普】17 【协亚太】6.6【协东盟】0【协巴基斯坦】5 【协智利】0【协新西兰】0【协秘鲁】0 【协哥斯达黎加】0【协冰岛】0【协瑞士】0 【协澳大利亚】3.2【协韩国】0 【协格鲁吉亚】0【协香港】0【协澳门】0 【特-1】0【特-2】0【特-3】0 【增】10【出】0【退】0	千克	FA	EB	MP	Q	999	其他退鞣处理濒危生野牛皮（包括整张或半张的背皮及腹皮）
410190	11	90	其他退鞣处理生牛皮（包括整张或半张的背皮及腹皮）	Other whole raw hides and skins of bovine, have undergone a reversible tanning process (including butts, bends and bellies)	【最】8【普】17 【协亚太】6.6【协东盟】0【协巴基斯坦】5 【协智利】0【协新西兰】0【协秘鲁】0 【协哥斯达黎加】0【协冰岛】0【协瑞士】0 【协澳大利亚】3.2【协韩国】0 【协格鲁吉亚】0【协香港】0【协澳门】0 【特-1】0【特-2】0【特-3】0 【增】10【出】0【退】0	千克	A	B	MP	Q	101 102 103	其他退鞣处理生牛皮（包括整张或半张的背皮及腹皮）（牛皮） 其他退鞣处理生牛皮（包括整张或半张的背皮及腹皮）（水牛皮） 其他退鞣处理生牛皮（包括整张或半张的背皮及腹皮）（牦牛皮）
410190	19	10	其他濒危生野牛皮（包括整张或半张的背皮及腹皮）	Other whole raw hides and skins of endangered wild bovine (including butts, bends and bellies)	【最】5【普】17 【协东盟】0【协巴基斯坦】0【协智利】0 【协新西兰】0【协秘鲁】0【协哥斯达黎加】0 【协冰岛】0【协瑞士】0【协澳大利亚】1.9 【协韩国】0【协格鲁吉亚】0【协香港】0 【协澳门】0 【特东老挝】0【特东柬埔寨】0【特-1】0 【特-2】0【特-3】0 【增】10【对美加征】10【出】0【退】0	千克	FA	EB	MP	Q	999	其他濒危生野牛皮（包括整张或半张的背皮及腹皮）
410190	19	90	其他生牛皮（包括整张或半张的背皮及腹皮）	Other whole raw hides and skins of bovine animals (including butts, bends and bellies)	【最】5【普】17 【协东盟】0【协巴基斯坦】0【协智利】0 【协新西兰】0【协秘鲁】0【协哥斯达黎加】0 【协冰岛】0【协瑞士】0【协澳大利亚】1.9 【协韩国】0【协格鲁吉亚】0【协香港】0 【协澳门】0 【特东老挝】0【特东柬埔寨】0【特-1】0 【特-2】0【特-3】0 【增】10【对美加征】10【出】0【退】0	千克	A	B	MP	Q	101 102 103	其他生牛皮（包括整张或半张的背皮及腹皮）（牛皮） 其他生牛皮（包括整张或半张的背皮及腹皮）（水牛皮） 其他生牛皮（包括整张或半张的背皮及腹皮）（牦牛皮）

税则号列 HS国际统一前6位	本国子目 7~8位	本国子目 9~10位	货品名称中英文 中文 货物名称	货品名称中英文 英文 Article Description	税费综合信息	计量单位	监管证件代码 进口	监管证件代码 出口	检验检疫类别 进口	检验检疫类别 出口	检验检疫编码	检验检疫编码对应中文名称
410190	20	10	其他濒危生野马科动物皮（包括整张或半张的背皮及腹皮）	Other whole raw hides and skins of endangered equine animals (including butts, bends and bellies)	【最】5【普】30 【协东盟】0【协巴基斯坦】0【协智利】0 【协新西兰】0【协秘鲁】0【协哥斯达黎加】0.5 【协冰岛】0【协瑞士】0【协澳大利亚】0 【协韩国】0【协格鲁吉亚】0【协香港】0 【协澳门】0 【特东老挝】0【特东柬埔寨】0【特-1】0 【特-2】0【特-3】0 【增】10【出】0【退】0	千克	FA	EB	P	Q	999	其他濒危生野马科动物皮（包括整张或半张的背皮及腹皮）
410190	20	90	其他生马科动物皮（包括整张或半张的背皮及腹皮）	Other whole raw hides and skins of equine animals (including butts, bends and bellies)	【最】5【普】30 【协东盟】0【协巴基斯坦】0【协智利】0 【协新西兰】0【协秘鲁】0【协哥斯达黎加】0.5 【协冰岛】0【协瑞士】0【协澳大利亚】0 【协韩国】0【协格鲁吉亚】0【协香港】0 【协澳门】0 【特东老挝】0【特东柬埔寨】0【特-1】0 【特-2】0【特-3】0 【增】10【出】0【退】0	千克	A	B	P	Q	999	其他生马科动物皮（包括整张或半张的背皮及腹皮）
410210	00		带毛的绵羊或羔羊生皮［本章注释一（三）所述不包括的生皮除外］	Raw skins of sheep or lambs with wool on, other than those excluded by Note 1(c) to this chapter	【最】7【普】30 【协东盟】0【协巴基斯坦】5【协智利】0 【协新西兰】0【协哥斯达黎加】0.7【协冰岛】0 【协瑞士】0【协澳大利亚】0【协韩国】0 【协格鲁吉亚】0【协香港】0【协澳门】0 【特-1】0【特-2】0【特-3】0 【增】10【对美加征】10【出】0【退】0	千克/张	A	B	MP	Q	999	带毛的绵羊或羔羊生皮［本章注释一（三）所述不包括的生皮除外］
410221	10		浸酸退鞣不带毛绵羊或羔羊生皮［本章注释一（三）所述不包括的生皮除外］	Raw skins of sheep or lambs without wool on, pickled and have undergone a reversible tanning process, other than those excluded by Note 1(c) to this chapter	【最】14【普】30 【协东盟】0【协巴基斯坦】11.2【协智利】0 【协新西兰】0【协新加坡】0 【协哥斯达黎加】1.4【协冰岛】0【协瑞士】5.6 【协澳大利亚】5.3【协韩国】7【协格鲁吉亚】0 【协香港】0【协澳门】0 【特-1】0【特-2】0 【增】10【出】0【退】0	千克/张	A	B	MP	Q	999	浸酸退鞣不带毛绵羊或羔羊生皮［本章注释一（三）所述不包括的生皮除外］
410221	90		浸酸非退鞣不带毛绵羊或羔羊生皮［本章注释一（三）所述不包括的生皮除外］	Raw skins of sheep or lambs without wool on, pickled and not have undergone a reversible tanning process, other than those excluded by Note 1 (c) to this chapter	【最】9【普】30 【协亚太】8【协东盟】0【协巴基斯坦】5 【协智利】0【协新西兰】0【协秘鲁】0 【协哥斯达黎加】0.9【协冰岛】0【协瑞士】0 【协澳大利亚】3.4【协韩国】0 【协格鲁吉亚】0【协香港】0【协澳门】0 【特-1】0【特-2】0【特-3】0 【增】10【出】0【退】0	千克/张	A	B	MP	Q	999	浸酸非退鞣不带毛绵羊或羔羊生皮［本章注释一（三）所述不包括的生皮除外］
410229	10		其他不带毛退鞣绵羊或羔羊生皮［浸酸的及本章注释一（三）所述不包括的生皮除外］	Other raw skins of sheep or lambs without wool on, and have undergone a reversible tanning process, other than those excluded by Note 1(c) to this chapter	【最】14【普】30 【协东盟】0【协巴基斯坦】7【协智利】0 【协新西兰】0【协新加坡】0【协秘鲁】0 【协哥斯达黎加】1.4【协冰岛】0【协瑞士】5.6 【协澳大利亚】5.3【协韩国】7【协格鲁吉亚】0 【协香港】0【协澳门】0 【特-1】0【特-2】0 【增】10【出】0【退】0	千克/张	A	B	P	Q	999	其他不带毛退鞣绵羊或羔羊生皮［浸酸的及本章注释一（三）所述不包括的生皮除外］
410229	90		其他不带毛非退鞣绵羊或羔羊生皮［浸酸的及本章注释一（三）所述不包括的生皮除外］	Other raw skins of sheep or lambs without wool on, not have undergone a reversible tanning process, other than those excluded by Note 1(c) to this chapter	【最】7【普】30 【协亚太】6【协东盟】0【协巴基斯坦】5 【协智利】0【协新西兰】0【协秘鲁】0 【协哥斯达黎加】0.7【协冰岛】0【协瑞士】0 【协澳大利亚】2.6【协韩国】0【协格鲁吉亚】0 【协香港】0【协澳门】0 【特-1】0【特-2】0【特-3】0 【增】10【出】0【退】0	千克/张	A	B	P	Q	999	其他不带毛非退鞣绵羊或羔羊生皮［浸酸的及本章注释一（三）所述不包括的生皮除外］

税则号列			货品名称中英文		税费综合信息	计量单位	监管证件代码		检验检疫类别		检验检疫编码	检验检疫编码对应中文名称
HS国际统一前6位	本国子目 7~8位	本国子目 9~10位	中文 货物名称	英文 Article Description			进口	出口	进口	出口		
410320	00	10	濒危爬行动物的生皮	Endangered raw hides and skins of reptiles	【最】9【普】30 【协东盟】0【协巴基斯坦】5【协智利】0 【协新西兰】0【协秘鲁】0【协哥斯达黎加】0.9 【协冰岛】0【协瑞士】0【协澳大利亚】3.4 【协韩国】0【协格鲁吉亚】0【协香港】0 【协澳门】0 【特-1】0【特-2】0【特-3】0 【增】10【出】0【退】0	千克/张	FA	EB	P	Q	101 102 103 104 105	濒危爬行动物的生皮（鳄鱼皮） 濒危爬行动物的生皮（蜥蜴皮） 濒危爬行动物的生皮（蛇皮） 濒危爬行动物的生皮（蟒蛇皮） 濒危爬行动物的生皮（未列出的其他动物皮张）
410320	00	90	其他爬行动物的生皮	Other raw hides and skins of reptiles	【最】9【普】30 【协东盟】0【协巴基斯坦】5【协智利】0 【协新西兰】0【协秘鲁】0【协哥斯达黎加】0.9 【协冰岛】0【协瑞士】0【协澳大利亚】3.4 【协韩国】0【协格鲁吉亚】0【协香港】0 【协澳门】0 【特-1】0【特-2】0【特-3】0 【增】10【出】0【退】0	千克/张	A	B	P	Q	101 102 103 104 105	其他爬行动物的生皮（鳄鱼皮） 其他爬行动物的生皮（蜥蜴皮） 其他爬行动物的生皮（蛇皮） 其他爬行动物的生皮（蟒蛇皮） 其他爬行动物的生皮（未列出的其他动物皮张）
410330	00	10	生鹿豚、姬猪皮	Raw hides and skins of baby rousa, porcula salvania	【最】9【普】30 【协东盟】0【协巴基斯坦】5【协智利】0 【协新西兰】0【协秘鲁】0【协哥斯达黎加】0.9 【协冰岛】0【协瑞士】0【协澳大利亚】0 【协韩国】0【协格鲁吉亚】0【协香港】0 【协澳门】0 【特东缅甸】0【特-1】0【特-2】0【特-3】0 【增】10【对美加征】5【出】0【退】0	千克/张	AF	BE	MP	Q	999	生鹿豚、姬猪皮
410330	00	90	生猪皮	Raw hides and skins of swine	【最】9【普】30 【协东盟】0【协巴基斯坦】5【协智利】0 【协新西兰】0【协秘鲁】0【协哥斯达黎加】0.9 【协冰岛】0【协瑞士】0【协澳大利亚】0 【协韩国】0【协格鲁吉亚】0【协香港】0 【协澳门】0 【特东缅甸】0【特-1】0【特-2】0【特-3】0 【增】10【对美加征】5【出】0【退】0	千克/张	A	B	MP	Q	999	生猪皮
410390	11		退鞣山羊板皮［本章注释一（三）所述不包括的生皮除外］	Dried hides and skins of goats, have undergone a reversible tanning process, other than those excluded by Note 1(c) to this chapter	【最】14【普】35 【协东盟】0【协巴基斯坦】7【协智利】0 【协新西兰】0【协新加坡】0【协秘鲁】0 【协哥斯达黎加】1.4【协冰岛】0【协瑞士】5.6 【协澳大利亚】5.3【协韩国】7【协格鲁吉亚】0 【协香港】0【协澳门】0 【特-1】0【特-2】0 【增】10【出】20【退】0	千克/张	A	B	MP	Q	101 102	退鞣山羊板皮［本章注释一（三）所述不包括的生皮除外］（山羊皮） 退鞣山羊板皮［本章注释一（三）所述不包括的生皮除外］（野羊皮）
410390	19		非退鞣山羊板皮［本章注释一（三）所述不包括的生皮除外］	Dried hides and skins of goats, not have undergone a reversible tanning process, other than those excluded by Note 1(c) to this chapter	【最】9【普】35 【协东盟】0【协巴基斯坦】5【协智利】0 【协新西兰】0【协秘鲁】0【协哥斯达黎加】0.9 【协冰岛】0【协瑞士】0【协澳大利亚】1.5 【协韩国】0【协格鲁吉亚】0【协香港】0 【协澳门】0 【特-1】0【特-2】0【特-3】0 【增】10【出】20【退】0	千克/张	A	B	MP	Q	101 102	非退鞣山羊板皮［本章注释一（三）所述不包括的生皮除外］（山羊皮） 非退鞣山羊板皮［本章注释一（三）所述不包括的生皮除外］（野羊皮）
410390	21		其他退鞣山羊或小山羊皮	Other raw hides and skins of goats or kids, have undergone a reversible tanning process	【最】14【普】30 【协东盟】0【协巴基斯坦】7【协智利】0 【协新西兰】0【协新加坡】0【协秘鲁】0 【协哥斯达黎加】1.4【协冰岛】0【协瑞士】5.6 【协澳大利亚】5.3【协韩国】7【协格鲁吉亚】0 【协香港】0【协澳门】0 【特-1】0【特-2】0 【增】10【出】0【退】0	千克/张	A	B	MP	Q	101 102	其他退鞣山羊或小山羊皮［山羊板皮及本章注释一（三）所述不包括的生皮除外］（山羊皮） 其他退鞣山羊或小山羊皮［山羊板皮及本章注释一（三）所述不包括的生皮除外］（野羊皮）

税则号列			货品名称中英文		税费综合信息	计量单位	监管证件代码		检验检疫类别		检验检疫编码	检验检疫编码对应中文名称
HS国际统一前6位	本国子目7~8位	本国子目9~10位	中文 货物名称	英文 Article Description			进口	出口	进口	出口		
410390	29		其他非退鞣山羊或小山羊皮[山羊板皮及本章注释一(三)所述不包括的生皮除外]	Other raw hides and skins of goats or kids, not have undergone a reversible tanning process, other than those excluded by Note 1(c) to this chapter	【最】9【普】30 【协东盟】0【协巴基斯坦】5【协智利】0 【协新西兰】0【协秘鲁】0【协哥斯达黎加】0.9 【协冰岛】0【协瑞士】0【协澳大利亚】1.5 【协韩国】0【协格鲁吉亚】0【协香港】0 【协澳门】0 【特-1】0【特-2】0【特-3】0 【增】10【出】0【退】0	千克/张	A	B	MP	Q	101 102	其他非退鞣山羊或小山羊皮[山羊板皮及本章注释一(三)所述不包括的生皮除外](山羊皮) 其他非退鞣山羊或小山羊皮[山羊板皮及本章注释一(三)所述不包括的生皮除外](野羊皮)
410390	90	10	其他濒危野生动物生皮[本章注释一(二)或(三)所述不包括的生皮除外]	Other raw hides and skins of endangered wild animals, other than those excluded by Note 1(b) or 1(c) to this chapter	【最】9【普】30 【协东盟】0【协香港】0【协巴基斯坦】5 【协智利】0【协新西兰】0【协秘鲁】0 【协哥斯达黎加】0.9【协冰岛】0【协瑞士】0 【协澳大利亚】1.8【协韩国】0 【协格鲁吉亚】0 【特东缅甸】0【特-1】0【特-2】0【特-3】0 【增】10【对美加征】5【出】0【退】0	千克/张	AF	BE	MP	Q	101 102 103 104 105 ……	其他濒危野生动物生皮[本章注释一(二)或(三)所述不包括的生皮除外](斑马皮) 其他濒危野生动物生皮[本章注释一(二)或(三)所述不包括的生皮除外](野驴皮) 其他濒危野生动物生皮[本章注释一(二)或(三)所述不包括的生皮除外](其他野生奇蹄动物皮张) 其他濒危野生动物生皮[本章注释一(二)或(三)所述不包括的生皮除外](野骆驼皮) 其他濒危野生动物生皮[本章注释一(二)或(三)所述不包括的生皮除外](野鹿皮) ……①
410390	90	90	其他生皮	Other raw hides and skins of animals, other than those excluded by Note 1(b) 1(c) to this chapter	【最】9【普】30 【协东盟】0【协香港】0【协巴基斯坦】5 【协智利】0【协新西兰】0【协秘鲁】0 【协哥斯达黎加】0.9【协冰岛】0【协瑞士】0 【协澳大利亚】1.8【协韩国】0 【协格鲁吉亚】0 【特东缅甸】0【特-1】0【特-2】0【特-3】0 【增】10【对美加征】5【出】0【退】0	千克/张	A	B	MP	Q	101 102 103 104 105 ……	其他生皮(本章注释一(二)或(三)所述不包括的生皮除外)(驴皮) 其他生皮(本章注释一(二)或(三)所述不包括的生皮除外)(骡皮) 其他生皮(本章注释一(二)或(三)所述不包括的生皮除外)(其他饲养奇蹄动物皮张) 其他生皮(本章注释一(二)或(三)所述不包括的生皮除外)(骆驼皮) 其他生皮(本章注释一(二)或(三)所述不包括的生皮除外)(鹿皮) ……②

① 该税号项下检验检疫编码及对应中文名称尚有：106　其他濒危野生动物生皮[本章注释一(二)或(三)所述不包括的生皮除外](其他野生偶蹄动物皮张)，107　其他濒危野生动物生皮[本章注释一(二)或(三)所述不包括的生皮除外](其他禽鸟皮)，108　其他濒危野生动物生皮[本章注释一(二)或(三)所述不包括的生皮除外](象皮)，109　其他濒危野生动物生皮[本章注释一(二)或(三)所述不包括的生皮除外](袋鼠皮)，110　其他濒危野生动物生皮[本章注释一(二)或(三)所述不包括的生皮除外](海豹皮)，111　其他濒危野生动物生皮[本章注释一(二)或(三)所述不包括的生皮除外](蛇皮)，112　其他濒危野生动物生皮[本章注释一(二)或(三)所述不包括的生皮除外](貂皮)，113　其他濒危野生动物生皮[本章注释一(二)或(三)所述不包括的生皮除外](狐狸皮)，114　其他濒危野生动物生皮[本章注释一(二)或(三)所述不包括的生皮除外](未列出的其他动物皮张)。

② 该税号项下检验检疫编码及对应中文名称尚有：106　其他生皮[本章注释一(二)或(三)所述不包括的生皮除外](其他饲养偶蹄动物皮张)，107　其他生皮(本章注释一(二)或(三)所述不包括的生皮除外)(其他禽鸟皮)，108　其他生皮[本章注释一(二)或(三)所述不包括的生皮除外](象皮)，109　其他生皮[本章注释一(二)或(三)所述不包括的生皮除外](袋鼠皮)，110　其他生皮[本章注释一(二)或(三)所述不包括的生皮除外](海豹皮)，111　其他生皮[本章注释一(二)或(三)所述不包括的生皮除外](蛇皮)，112　其他生皮[本章注释一(二)或(三)所述不包括的生皮除外](貂皮)，113　其他生皮[本章注释一(二)或(三)所述不包括的生皮除外](狐狸皮)，114　其他生皮[本章注释一(二)或(三)所述不包括的生皮除外](未列出的其他动物皮张)。

税则号列			货品名称中英文		税费综合信息	计量单位	监管证件代码		检验检疫类别		检验检疫编码	检验检疫编码对应中文名称
HS国际统一前6位	本国子目 7~8位	9~10位	中文 货物名称	英文 Article Description			进口	出口	进口	出口		
410411	11	10	蓝湿濒危野牛皮（全粒面未剖或粒面剖层，经鞣制不带毛）	Tanned or crust hides and skins of endangered wild bovine, without hair on, in the wet-blue state (full grains, unsplit or grain splits)	【最】6【普】17【暂进】3 【协亚太】3【协东盟】0【协巴基斯坦】0 【协智利】0【协新西兰】0【协秘鲁】0 【协哥斯达黎加】0.7【协冰岛】0【协瑞士】0 【协澳大利亚】0【协韩国】0 【协格鲁吉亚】0【协香港】0【协澳门】0 【特亚太】1.2【特-1】0【特-2】0【特-3】0 【增】16【对美加征】5【出】0【退】0	千克	AF	BE	MP	Q	999	蓝湿濒危野牛皮（全粒面未剖或粒面剖层，经鞣制不带毛）
410411	11	90	全粒面未剖层或粒面剖层蓝湿牛皮（经鞣制不带毛）	Tanned or crust hides and skins of bovine, without hair on, in the wet-blue state (full grains, unsplit or grain splits)	【最】6【普】17【暂进】3 【协亚太】3【协东盟】0【协巴基斯坦】0 【协智利】0【协新西兰】0【协秘鲁】0 【协哥斯达黎加】0.7【协冰岛】0【协瑞士】0 【协澳大利亚】0【协韩国】0 【协格鲁吉亚】0【协香港】0【协澳门】0 【特亚太】1.2【特-1】0【特-2】0【特-3】0 【增】16【对美加征】5【出】0【退】0	千克	A	B	MP	Q	999	全粒面未剖层或粒面剖层蓝湿牛皮（经鞣制不带毛）
410411	19	10	湿濒危野牛皮（全粒面未剖或粒面剖层，经鞣制不带毛）	Tanned or crust wet hides and skins of endangered wild bovine, without hair on, full grains, unsplit or grain splits	【最】6【普】35 【协亚太】3【协东盟】0【协香港】0 【协巴基斯坦】0【协智利】0【协新西兰】0 【协秘鲁】0【协哥斯达黎加】0.8【协冰岛】0 【协瑞士】0【协澳大利亚】0【协韩国】0 【协格鲁吉亚】0 【特亚太】1.5【特-1】0【特-2】0【特-3】0 【增】16【对美加征】5【出】0【退】0	千克	F	E			999	湿濒危野牛皮（全粒面未剖或粒面剖层，经鞣制不带毛）
410411	19	90	全粒面未剖层或粒面剖层湿牛皮（经鞣制不带毛）	Tanned or crust wet hides and skins of bovine, without hair on, full grains, unsplit or grain splits	【最】6【普】35 【协亚太】3【协东盟】0【协香港】0 【协巴基斯坦】0【协智利】0【协新西兰】0 【协秘鲁】0【协哥斯达黎加】0.8【协冰岛】0 【协瑞士】0【协澳大利亚】0【协韩国】0 【协格鲁吉亚】0 【特亚太】1.5【特-1】0【特-2】0【特-3】0 【增】16【对美加征】5【出】0【退】0	千克					999	全粒面未剖层或粒面剖层湿牛皮（经鞣制不带毛）
410411	20	10	湿濒危野马科动物皮（全粒面未剖或粒面剖层，经鞣制不带毛）	Tanned or crust wet hides and skins of endangered equine animals, without hair on, full grains, unsplit or grain splits	【最】5【普】35 【协亚太】2.5【协东盟】0【协香港】0 【协巴基斯坦】0【协智利】0【协新西兰】0 【协秘鲁】0【协哥斯达黎加】0.5【协冰岛】0 【协瑞士】0【协澳大利亚】0【协韩国】0 【协格鲁吉亚】0 【特亚太】2【特-1】0【特-2】0【特-3】0 【增】16【出】0【退】0	千克	F	E			999	湿濒危野马科动物皮（全粒面未剖或粒面剖层，经鞣制不带毛）
410411	20	90	全粒面未剖层或粒面剖层湿马科动物皮（经鞣制不带毛）	Tanned or crust wet hides and skins of equine animals, without hair on, full grains, unsplit or grain splits	【最】5【普】35 【协亚太】2.5【协东盟】0【协香港】0 【协巴基斯坦】0【协智利】0【协新西兰】0 【协秘鲁】0【协哥斯达黎加】0.5【协冰岛】0 【协瑞士】0【协澳大利亚】0【协韩国】0 【协格鲁吉亚】0 【特亚太】2【特-1】0【特-2】0【特-3】0 【增】16【出】0【退】0	千克					999	全粒面未剖层或粒面剖层湿马科动物皮（经鞣制不带毛）
410419	11	10	其他蓝湿濒危野牛皮（经鞣制不带毛）	Other tanned or crust hides and skins of endangered wild bovine, in the wet-blue state, without hair on	【最】6【普】17【暂进】3 【协亚太】3【协东盟】0【协巴基斯坦】3 【协智利】0【协新西兰】0【协秘鲁】0 【协哥斯达黎加】0.7【协冰岛】0【协瑞士】0 【协澳大利亚】0【协韩国】0 【协格鲁吉亚】0【协香港】0【协澳门】0 【特亚太】1.5【特-1】0【特-2】0【特-3】0 【增】16【对美加征】10【出】0【退】0	千克	AF	BE	MP	Q	999	其他蓝湿濒危野牛皮（经鞣制不带毛）
410419	11	90	其他蓝湿牛皮（经鞣制不带毛）	Other tanned or crust hides and skins of bovine, in the wet-blue state, without hair on	【最】6【普】17【暂进】3 【协亚太】3【协东盟】0【协巴基斯坦】3 【协智利】0【协新西兰】0【协秘鲁】0 【协哥斯达黎加】0.7【协冰岛】0【协瑞士】0 【协澳大利亚】0【协韩国】0 【协格鲁吉亚】0【协香港】0【协澳门】0 【特亚太】1.5【特-1】0【特-2】0【特-3】0 【增】16【对美加征】10【出】0【退】0	千克	A	B	MP	Q	999	其他蓝湿牛皮（经鞣制不带毛）

税则号列			货品名称中英文		税费综合信息	计量单位	监管证件代码		检验检疫类别		检验检疫编码	检验检疫编码对应中文名称
HS国际统一前6位	本国子目7~8位	9~10位	中文 货物名称	英文 Article Description			进口	出口	进口	出口		
410419	19	10	其他湿濒危野牛皮（经鞣制不带毛）	Other tanned or crust wet hides and skins of endangered wild bovine, without hair on	【最】7【普】35 【协亚太】3.5【协东盟】0【协香港】0 【协巴基斯坦】0【协智利】0【协新西兰】0 【协秘鲁】0【协哥斯达黎加】0.7【协冰岛】0 【协瑞士】0【协澳大利亚】0【协韩国】0 【协格鲁吉亚】0 【特亚太】1.8【特-1】0【特-2】0【特-3】0 【增】16【出】0【退】0	千克	F	E			999	其他湿濒危野牛皮（经鞣制不带毛）
410419	19	90	其他湿牛皮（经鞣制不带毛）	Other tanned or crust wet hides and skins of bovine, without hair on	【最】7【普】35 【协亚太】3.5【协东盟】0【协香港】0 【协巴基斯坦】0【协智利】0【协新西兰】0 【协秘鲁】0【协哥斯达黎加】0.7【协冰岛】0 【协瑞士】0【协澳大利亚】0【协韩国】0 【协格鲁吉亚】0 【特亚太】1.8【特-1】0【特-2】0【特-3】0 【增】16【出】0【退】0	千克					999	其他湿牛皮（经鞣制不带毛）
410419	20	10	其他湿濒危野马科动物皮（经鞣制不带毛）	Other tanned or crust wet hides and skins of endangered wild equine animals, without hair on	【最】5【普】35 【协亚太】2.5【协东盟】0【协香港】0 【协巴基斯坦】0【协智利】0【协新西兰】0 【协秘鲁】0【协哥斯达黎加】0.7【协冰岛】0 【协瑞士】0【协澳大利亚】0【协韩国】0 【协格鲁吉亚】0 【特亚太】1.5【特 1】0【特-2】0【特-3】0 【增】16【出】0【退】0	千克	F	E			999	其他湿濒危野马科动物皮（经鞣制不带毛）
410419	20	90	其他湿马科动物皮（经鞣制不带毛）	Other tanned or crust wet hides and skins of equine animals, without hair on	【最】5【普】35 【协亚太】2.5【协东盟】0【协香港】0 【协巴基斯坦】0【协智利】0【协新西兰】0 【协秘鲁】0【协哥斯达黎加】0.7【协冰岛】0 【协瑞士】0【协澳大利亚】1.4【协韩国】0 【协格鲁吉亚】0 【特亚太】1.5【特-1】0【特-2】0【特-3】0 【增】16【出】0【退】0	千克					999	其他湿马科动物皮（经鞣制不带毛）
410441	00	10	濒危野牛马干革（全粒面未剖或粒面剖层，经鞣制不带毛）	Tanned or crust, dry hides and skins of endangered wild bovine or equine animals, without hair on, full grains, unsplit or grain splits	【最】5【普】35【暂进】3 【协亚太】3.5【协东盟】0【协香港】0 【协巴基斯坦】0【协智利】0【协新西兰】0 【协秘鲁】0【协哥斯达黎加】0.5【协冰岛】0 【协瑞士】0【协澳大利亚】0【协韩国】0 【协格鲁吉亚】0 【特亚太】2【特-1】0【特-2】0【特-3】0 【增】16【对美加征】10【出】0【退】0	千克	F	E			999	濒危野牛马干革（全粒面未剖或粒面剖层，经鞣制不带毛）
410441	00	90	全粒面未剖层或粒面剖层干革（经鞣制不带毛）	Tanned or crust, dry hides and skins of animals, without hair on, full grains, unsplit or grain splits	【最】5【普】35【暂进】3 【协亚太】3.5【协东盟】0【协香港】0 【协巴基斯坦】0【协智利】0【协新西兰】0 【协秘鲁】0【协哥斯达黎加】0.5【协冰岛】0 【协瑞士】0【协澳大利亚】0【协韩国】0 【协格鲁吉亚】0 【特亚太】2【特-1】0【特-2】0【特-3】0 【增】16【对美加征】10【出】0【退】0	千克					999	全粒面未剖层或粒面剖层干革（经鞣制不带毛）
410449	10	10	其他机器带用濒危野牛马皮革（经鞣制不带毛）	Tanned or crust hides and skins of endangered wild bovine or equine animals, without hair on, for machinery belting	【最】5【普】20 【协亚太】3.5【协东盟】0【协巴基斯坦】0 【协智利】0【协新西兰】0【协秘鲁】0 【协哥斯达黎加】0.5【协冰岛】0【协瑞士】0 【协澳大利亚】0【协韩国】0【协格鲁吉亚】0 【协香港】0【协澳门】0 【特亚太】0【特-1】0【特-2】0【特-3】0 【增】16【出】0【退】0	千克	F	E			999	其他机器带用濒危野牛马皮革（经鞣制不带毛）
410449	10	90	其他机器带用牛马皮革（经鞣制不带毛）	Tanned or crust hides and skins of bovine, equine animals, without hair on, for machinery belting	【最】5【普】20 【协亚太】3.5【协东盟】0【协巴基斯坦】0 【协智利】0【协新西兰】0【协秘鲁】0 【协哥斯达黎加】0.5【协冰岛】0【协瑞士】0 【协澳大利亚】0【协韩国】0【协格鲁吉亚】0 【协香港】0【协澳门】0 【特亚太】0【特-1】0【特-2】0【特-3】0 【增】16【出】0【退】0	千克					101 102	其他机器带用牛马皮革（经鞣制不带毛）（马皮革） 其他机器带用牛马皮革（经鞣制不带毛）（牛皮革）

税则号列			货品名称中英文		税费综合信息	计量单位	监管证件代码		检验检疫类别		检验检疫编码	检验检疫编码对应中文名称
HS国际统一前6位	本国子目 7~8位	9~10位	中文 货物名称	英文 Article Description			进口	出口	进口	出口		
410449	90	10	其他濒危野牛马皮革（经鞣制不带毛）	Other tanned or crust hides and skins of endangered wild bovine or equine animals, without hair on	【最】7【普】35 【协亚太】4.9【协东盟】0【协香港】0 【协巴基斯坦】4.9【协智利】0【协新西兰】0 【协秘鲁】0【协哥斯达黎加】0.7【协冰岛】0 【协瑞士】0【协澳大利亚】0【协韩国】4.6 【协格鲁吉亚】0 【特亚太】2.1【特-1】0【特-2】0【特-3】0 【增】16【对美加征】10【出】0【退】0	千克	F	E			999	其他濒危野牛马皮革（经鞣制不带毛）
410449	90	90	其他牛马皮革（经鞣制不带毛）	Other tanned or crust hides and skins of bovine, equine animals, without hair on	【最】7【普】35 【协亚太】4.9【协东盟】0【协香港】0 【协巴基斯坦】4.9【协智利】0【协新西兰】0 【协秘鲁】0【协哥斯达黎加】0.7【协冰岛】0 【协瑞士】0【协澳大利亚】0【协韩国】4.6 【协格鲁吉亚】0 【特亚太】2.1【特-1】0【特-2】0【特-3】0 【增】16【对美加征】10【出】0【退】0	千克					101 102	其他牛马皮革（经鞣制不带毛）（马皮革） 其他牛马皮革（经鞣制不带毛）（牛皮革）
410510	10		蓝湿绵羊或羔羊皮（经鞣制不带毛）	Tanned or crust skins of sheep or lambs, without wool on, in the wet-blue state	【最】14【普】50【暂进】10 【协亚太】7【协东盟】0【协巴基斯坦】5 【协智利】0【协新西兰】0【协新加坡】0 【协哥斯达黎加】1.4【协冰岛】0【协瑞士】5.6 【协澳大利亚】0【协韩国】7 【协格鲁吉亚】0【协香港】0【协澳门】0 【特亚太】2.1【特-1】0【特-2】0【特-3】0 【增】16【出】0【退】0	千克	A	B	MP	Q	999	蓝湿绵羊或羔羊皮（经鞣制不带毛）
410510	90		其他绵羊或羔羊湿革（经鞣制不带毛）	Tanned or crust wet skins of sheep or lambs, without wool on	【最】10【普】50 【协亚太】5【协东盟】0【协巴基斯坦】5 【协智利】0【协新西兰】0【协秘鲁】0 【协哥斯达黎加】1【协冰岛】0【协瑞士】0 【协澳大利亚】0【协韩国】5【协格鲁吉亚】0 【协香港】0【协澳门】0 【特亚太】2【特-1】0【特-2】0【特-3】0 【增】16【出】0【退】0	千克					999	其他绵羊或羔羊湿革（经鞣制不带毛）
410530	00		绵羊或羔羊干革（经鞣制不带毛）	Tanned or crust dry skins of sheep or lambs, without wool on	【最】8【普】50 【协亚太】5.6【协东盟】0【协巴基斯坦】5.6 【协智利】0【协新西兰】0【协秘鲁】0 【协哥斯达黎加】0.8【协冰岛】0【协瑞士】0 【协澳大利亚】0【协韩国】4 【协格鲁吉亚】0【协香港】0【协澳门】0 【特亚太】4.8【特-1】0【特-2】0【特-3】0 【增】16【出】0【退】0	千克					999	绵羊或羔羊干革（经鞣制不带毛）
410621	00	01	蓝湿山羊皮（经鞣制不带毛）	Tanned or crust, wet-blue hides and skins of goats, without wool or hair on	【最】14【普】50【暂进】10 【协亚太】12【协东盟】0【协巴基斯坦】12 【协智利】0【协新西兰】0【协新加坡】0 【协秘鲁】0【协哥斯达黎加】1.4【协冰岛】0 【协瑞士】5.6【协澳大利亚】0【协韩国】7 【协格鲁吉亚】0【协香港】0【协澳门】0 【特亚太】2.1【特-1】0【特-2】0【特-3】0 【增】16【出】0【退】0	千克					999	蓝湿山羊皮（经鞣制不带毛）
410621	00	90	其他山羊或小山羊湿革（经鞣制不带毛）	Other tanned or crust, wet hides and skins of goats or kids, without wool or hair on	【最】14【普】50 【协亚太】12【协东盟】0【协巴基斯坦】12 【协智利】0【协新西兰】0【协新加坡】0 【协秘鲁】0【协哥斯达黎加】1.4【协冰岛】0 【协瑞士】5.6【协澳大利亚】0【协韩国】7 【协格鲁吉亚】0【协香港】0【协澳门】0 【特亚太】2.1【特-1】0【特-2】0【特-3】0 【增】16【出】0【退】0	千克					101 102	其他山羊或小山羊湿革（经鞣制不带毛）（山羊皮革） 其他山羊或小山羊湿革（经鞣制不带毛）（未列出的其他动物皮革）
410622	00		山羊或小山羊干革（经鞣制不带毛）	Tanned or crust dry hides and skins of goats or kids, without wool or hair on	【最】14【普】50 【协亚太】9.8【协东盟】0【协巴基斯坦】9.8 【协智利】0【协新西兰】0【协新加坡】0 【协哥斯达黎加】1.4【协冰岛】0【协瑞士】5.6 【协澳大利亚】0【协韩国】7 【协格鲁吉亚】0【协香港】0【协澳门】0 【特亚太】8.4【特-1】0【特-2】0【特-3】0 【增】16【出】0【退】0	千克					101 102	山羊或小山羊干革（经鞣制不带毛）（山羊皮革） 山羊或小山羊干革（经鞣制不带毛）（未列出的其他动物皮革）

税则号列 HS国际统一前6位	本国子目 7~8位	本国子目 9~10位	货品名称中英文 中文 货物名称	货品名称中英文 英文 Article Description	税费综合信息	计量单位	监管证件代码 进口	监管证件代码 出口	检验检疫类别 进口	检验检疫类别 出口	检验检疫编码	检验检疫编码对应中文名称
410631	10	10	蓝湿鹿豚、姬猪皮（经鞣制不带毛）	Tanned or crust, wet-blue hides and skins of babyrousa, porcula salvania, without hair on	【最】14【普】50【暂进】10 【协东盟】0【协巴基斯坦】11.2【协智利】0 【协新西兰】0【协新加坡】0【协秘鲁】0 【协哥斯达黎加】1.4【协冰岛】0【协瑞士】5.6 【协澳大利亚】0【协韩国】7 【协格鲁吉亚】0【协香港】0【协澳门】0 【特亚太】4.2【特-1】0【特-2】0 【增】16【对美加征】10【出】0【退】0	千克	FA	EB	P	Q	999	蓝湿鹿豚、姬猪皮（经鞣制不带毛）
410631	10	90	其他蓝湿猪皮（经鞣制不带毛）	Other tanned or crust, wet-blue hides and skins of swine, without hair on	【最】14【普】50【暂进】10 【协东盟】0【协巴基斯坦】11.2【协智利】0 【协新西兰】0【协新加坡】0【协秘鲁】0 【协哥斯达黎加】1.4【协冰岛】0【协瑞士】5.6 【协澳大利亚】0【协韩国】7 【协格鲁吉亚】0【协香港】0【协澳门】0 【特亚太】4.2【特-1】0【特-2】0 【增】16【对美加征】10【出】0【退】0	千克	A	B	P	Q	999	其他蓝湿猪皮（经鞣制不带毛）
410631	90	10	鹿豚、姬猪湿革（经鞣制不带毛）	Tanned or crust, wet hides and skins of babyrousa, porcula salvania, without hair on	【最】14【普】50 【协东盟】0【协巴基斯坦】7【协智利】0 【协新西兰】0【协新加坡】0【协秘鲁】0 【协哥斯达黎加】1.4【协冰岛】0【协瑞士】5.6 【协澳大利亚】0【协韩国】7 【协格鲁吉亚】0【协香港】0【协澳门】0 【特亚太】4.2【特-1】0【特-2】0 【增】16【出】0【退】0	千克	F	E			999	鹿豚、姬猪湿革（经鞣制不带毛）
410631	90	90	其他猪湿革（经鞣制不带毛）	Other tanned or crust, wet hides and skins of swine, without hair on	【最】14【普】50 【协东盟】0【协巴基斯坦】7【协智利】0 【协新西兰】0【协新加坡】0【协秘鲁】0 【协哥斯达黎加】1.4【协冰岛】0【协瑞士】5.6 【协澳大利亚】0【协韩国】7 【协格鲁吉亚】0【协香港】0【协澳门】0 【特亚太】4.2【特-1】0【特-2】0 【增】16【出】0【退】0	千克					999	其他猪湿革（经鞣制不带毛）
410632	00	10	鹿豚、姬猪干革（经鞣制不带毛，坯革）	Tanned or crust, dry hides and skins of babyrousa, porcula salvania, without hair on	【最】14【普】50 【协东盟】0【协巴基斯坦】11.2【协智利】0 【协新西兰】0【协新加坡】0【协秘鲁】0 【协哥斯达黎加】1.4【协冰岛】0【协瑞士】5.6 【协澳大利亚】0【协韩国】7 【协格鲁吉亚】0【协香港】0【协澳门】0 【特亚太】4.2【特-1】0【特-2】0 【增】16【出】0【退】0	千克	F	E			999	鹿豚、姬猪干革（经鞣制不带毛，坯革）
410632	00	90	其他猪干革	Other tannd or crust, dry hides and skins of swine, without hair on	【最】14【普】50 【协东盟】0【协巴基斯坦】11.2【协智利】0 【协新西兰】0【协新加坡】0【协秘鲁】0 【协哥斯达黎加】1.4【协冰岛】0【协瑞士】5.6 【协澳大利亚】0【协韩国】7 【协格鲁吉亚】0【协香港】0【协澳门】0 【特亚太】4.2【特-1】0【特-2】0 【增】16【出】0【退】0	千克					999	其他猪干革（经鞣制不带毛，坯革）
410640	00	10	濒危爬行动物皮革（经鞣制不带毛）	Endangered tanned or crust hides and skins of reptiles, without wool or hair on	【最】14【普】50 【协东盟】0【协巴基斯坦】7【协智利】0 【协新西兰】0【协新加坡】0【协秘鲁】0 【协哥斯达黎加】1.4【协冰岛】0【协瑞士】5.6 【协澳大利亚】0【协韩国】7 【协格鲁吉亚】0【协香港】0【协澳门】0 【特亚太】0【特-1】0【特-2】0【特-3】0 【增】16【出】0【退】0	千克	F	E			101 102 103 104 105 ……	濒危爬行动物皮革（经鞣制不带毛）（鳄鱼皮） 濒危爬行动物皮革（经鞣制不带毛）（鳄鱼皮革） 濒危爬行动物皮革（经鞣制不带毛）（蜥蜴皮） 濒危爬行动物皮革（经鞣制不带毛）（蟒蛇皮） 濒危爬行动物皮革（经鞣制不带毛）（蛇皮革） ……①

① 该税号项下检验检疫编码及对应中文名称尚有：106　濒危爬行动物皮革（经鞣制不带毛）（未列出的其他动物皮革）。

税则号列 HS国际统一前6位	本国子目 7~8位	本国子目 9~10位	货品名称中英文 中文 货物名称	货品名称中英文 英文 Article Description	税费综合信息	计量单位	监管证件代码 进口	监管证件代码 出口	检验检疫类别 进口	检验检疫类别 出口	检验检疫编码	检验检疫编码对应中文名称
410640	00	90	其他爬行动物皮革（经鞣制不带毛）	Other tanned or crust hides and skins of reptiles, without wool or hair on	【最】14【普】50 【协东盟】0【协巴基斯坦】7【协智利】0 【协新西兰】0【协新加坡】0【协秘鲁】0 【协哥斯达黎加】1.4【协冰岛】0【协瑞士】5.6 【协澳大利亚】0【协韩国】7 【协格鲁吉亚】0【协香港】0【协澳门】0 【特亚太】0【特-1】0【特-2】0【特-3】0 【增】16【出】0【退】0	千克					101 102 103 104 105 ……	其他爬行动物皮革（经鞣制不带毛）（鳄鱼皮） 其他爬行动物皮革（经鞣制不带毛）（鳄鱼皮革） 其他爬行动物皮革（经鞣制不带毛）（蜥蜴皮） 其他爬行动物皮革（经鞣制不带毛）（蟒蛇皮） 其他爬行动物皮革（经鞣制不带毛）（蛇皮革） ……①
410691	00	10	其他濒危野生动物湿革（经鞣制不带毛）	Tanned or crust, wet hides and skins of other endangered wild animals, without wool or hair on	【最】14【普】50 【协东盟】0【协巴基斯坦】11.2【协智利】0 【协新西兰】0【协新加坡】0【协秘鲁】0 【协哥斯达黎加】1.4【协冰岛】0【协瑞士】5.6 【协澳大利亚】0【协韩国】7 【协格鲁吉亚】0【协香港】0【协澳门】0 【特亚太】0【特-1】0【特-2】0【特-3】0 【增】16【出】0【退】0	千克	F	E			999	其他濒危野生动物湿革（经鞣制不带毛）
410691	00	90	其他动物湿革（经鞣制不带毛）	Tanned or crust, wet hides and skins of other animals, without wool or hair on	【最】14【普】50 【协东盟】0【协巴基斯坦】11.2【协智利】0 【协新西兰】0【协新加坡】0【协秘鲁】0 【协哥斯达黎加】1.4【协冰岛】0【协瑞士】5.6 【协澳大利亚】0【协韩国】7 【协格鲁吉亚】0【协香港】0【协澳门】0 【特亚太】0【特-1】0【特-2】0【特-3】0 【增】16【出】0【退】0	千克					999	其他动物湿革（经鞣制不带毛）
410692	00	10	其他濒危野生动物干革（经鞣制不带毛）	Tanned or crust, dry hides and skins of other endangered wild animals, without wool or hair on	【最】14【普】50 【协东盟】0【协巴基斯坦】11.2【协智利】0 【协新西兰】0【协新加坡】0【协秘鲁】0 【协哥斯达黎加】1.4【协冰岛】0【协瑞士】5.6 【协澳大利亚】0【协韩国】7 【协格鲁吉亚】0【协香港】0【协澳门】0 【特亚太】0【特-1】0【特-2】0【特-3】0 【增】16【出】0【退】0	千克	F	E			999	其他濒危野生动物干革（经鞣制不带毛）
410692	00	90	其他动物干革（经鞣制不带毛）	Tanned or crust, dry hides and skins of other animals, without wool or hair on	【最】14【普】50 【协东盟】0【协巴基斯坦】11.2【协智利】0 【协新西兰】0【协新加坡】0【协秘鲁】0 【协哥斯达黎加】1.4【协冰岛】0【协瑞士】5.6 【协澳大利亚】0【协韩国】7 【协格鲁吉亚】0【协香港】0【协澳门】0 【特亚太】0【特-1】0【特-2】0【特-3】0 【增】16【出】0【退】0	千克					999	其他动物干革（经鞣制不带毛）
410711	10	10	全粒面未剖层整张濒危野牛皮（经鞣制或半硝后进一步加工，羊皮纸化处理）	Leather further prepared after tanning or crusting, including parchment-dressed leather, of endangered bovine, whole hides and skins, full grains, unsplit	【最】6【普】50 【协东盟】0【协香港】0【协智利】0 【协新西兰】0【协秘鲁】0【协哥斯达黎加】0.8 【协冰岛】0【协瑞士】0【协澳大利亚】0 【协韩国】5.3【协格鲁吉亚】0 【增】16【对美加征】10【出】0【退】0	千克/张	F	E			999	全粒面未剖层整张濒危野牛皮（经鞣制或半硝后进一步加工，羊皮纸化处理）
410711	10	90	全粒面未剖层整张牛皮（经鞣制或半硝后进一步加工，羊皮纸化处理）	Leather further prepared after tanning or crusting, including parchment-dressed leather, of bovine, whole hides and skins, full grains, unsplit	【最】6【普】50 【协东盟】0【协香港】0【协智利】0 【协新西兰】0【协秘鲁】0【协哥斯达黎加】0.8 【协冰岛】0【协瑞士】0【协澳大利亚】0 【协韩国】5.3【协格鲁吉亚】0 【增】16【对美加征】10【出】0【退】0	千克/张					999	全粒面未剖层整张牛皮（经鞣制或半硝后进一步加工，羊皮纸化处理）

① 该税号项下检验检疫编码及对应中文名称尚有：106　其他爬行动物皮革（经鞣制不带毛）（未列出的其他动物皮革）。

税则号列 HS国际统一前6位	本国子目 7~8位	本国子目 9~10位	货品名称中英文 中文 货物名称	货品名称中英文 英文 Article Description	税费综合信息	计量单位	监管证件代码 进口	监管证件代码 出口	检验检疫类别 进口	检验检疫类别 出口	检验检疫编码	检验检疫编码对应中文名称
410711	20	10	全粒面未剖层整张濒危野马科动物（经鞣制或半硝后进一步加工，羊皮纸化处理）	Leather further prepared after tanning or crusting, including parchment-dressed leather, of endangered wild equine animals, whole hides and skins, full grains, unsplit	【最】5【普】50 【协东盟】0【协香港】0【协巴基斯坦】0 【协智利】0【协新西兰】0【协秘鲁】0 【协哥斯达黎加】0.5【协冰岛】0【协瑞士】0 【协澳大利亚】0【协韩国】0【协格鲁吉亚】0 【特-1】0【特-2】0【特-3】0 【增】16【出】0【退】0	千克/张	F	E			999	全粒面未剖层整张濒危野马科动物皮（经鞣制或半硝后进一步加工，羊皮纸化处理）
410711	20	90	全粒面未剖层整张马科动物皮（经鞣制或半硝后进一步加工，羊皮纸化处理）	Leather further prepared after tanning or crusting, including parchment-dressed leather, of equine animals, whole hides and skins, full grains, unsplit	【最】5【普】50 【协东盟】0【协香港】0【协巴基斯坦】0 【协智利】0【协新西兰】0【协秘鲁】0 【协哥斯达黎加】0.5【协冰岛】0【协瑞士】0 【协澳大利亚】0【协韩国】0【协格鲁吉亚】0 【特-1】0【特-2】0【特-3】0 【增】16【出】0【退】0	千克/张					999	全粒面未剖层整张马科动物皮（经鞣制或半硝后进一步加工，羊皮纸化处理）
410712	10	10	粒面剖层整张濒危野牛皮（经鞣制或半硝后进一步加工，羊皮纸化处理）	Leather further prepared after tanning or crusting, including parchment-dressed leather, of endangered wild bovine, whole hides and skins, grain, split	【最】6【普】50 【协东盟】0【协香港】0【协智利】0 【协新西兰】0【协秘鲁】0【协哥斯达黎加】0.8 【协冰岛】0【协瑞士】0【协澳大利亚】0 【协韩国】4【协格鲁吉亚】0 【增】16【对美加征】10【出】0【退】0	千克/张	F	E			999	粒面剖层整张濒危野牛皮（经鞣制或半硝后进一步加工，羊皮纸化处理）
410712	10	90	粒面剖层整张牛皮（经鞣制或半硝后进一步加工，羊皮纸化处理）	Leather further prepared after tanning or crusting, including parchment-dressed leather, of bovine, whole hides and skins, grain, splits	【最】6【普】50 【协东盟】0【协香港】0【协智利】0 【协新西兰】0【协秘鲁】0【协哥斯达黎加】0.8 【协冰岛】0【协瑞士】0【协澳大利亚】0 【协韩国】4【协格鲁吉亚】0 【增】16【对美加征】10【出】0【退】0	千克/张					999	粒面剖层整张牛皮（经鞣制或半硝后进一步加工，羊皮纸化处理）
410712	20	10	粒面剖层整张濒危野马科动物皮（经鞣制或半硝后进一步加工，羊皮纸化处理）	Leather further prepared after tanning or crusting, including parchment-dressed leather, of endangered wild equine animals, whole hides and skins, grain, splits	【最】5【普】50 【协东盟】0【协香港】0【协巴基斯坦】0 【协智利】0【协新西兰】0【协秘鲁】0 【协哥斯达黎加】0.5【协冰岛】0【协瑞士】0 【协澳大利亚】0【协韩国】0【协格鲁吉亚】0 【特-1】0【特-2】0【特-3】0 【增】16【对美加征】5【出】0【退】0	千克/张	F	E			999	粒面剖层整张濒危野马科动物皮（经鞣制或半硝后进一步加工，羊皮纸化处理）
410712	20	90	粒面剖层整张马科动物皮（经鞣制或半硝后进一步加工，羊皮纸化处理）	Leather further prepared after tanning orcrusting, including parchment-dressed leather, of equine animals, whole hides and skins, grain, splits	【最】5【普】50 【协东盟】0【协香港】0【协巴基斯坦】0 【协智利】0【协新西兰】0【协秘鲁】0 【协哥斯达黎加】0.5【协冰岛】0【协瑞士】0 【协澳大利亚】0【协韩国】0【协格鲁吉亚】0 【特-1】0【特-2】0【特-3】0 【增】16【对美加征】5【出】0【退】0	千克/张					999	粒面剖层整张马科动物皮（经鞣制或半硝后进一步加工，羊皮纸化处理）
410719	10	10	其他机器带用整张濒危野牛马皮革（经鞣制或半硝后进一步加工，羊皮纸化处理）	Other leather further prepared after tanning or crusting, including parchment-dressed leather, of endangered wild bovine or equine animals, whole hides and skins, for machinery belting	【最】5【普】50 【协东盟】0【协巴基斯坦】0【协智利】0 【协新西兰】0【协秘鲁】0【协哥斯达黎加】0.5 【协冰岛】0【协瑞士】0【协澳大利亚】0 【协韩国】2.5【协格鲁吉亚】0【协香港】0 【协澳门】0 【特-1】0【特-2】0【特-3】0 【增】16【出】0【退】0	千克/张	F	E			999	其他机器带用整张濒危野牛马皮革（经鞣制或半硝后进一步加工，羊皮纸化处理）
410719	10	90	其他机器带用整张牛马皮革（经鞣制或半硝后进一步加工，羊皮纸化处理）	Other leather further prepared after tanning or crusting, ncluding parchment-dressed leather, of bevine or equine animals, whole hides and skins, for machinery belting	【最】5【普】50 【协东盟】0【协巴基斯坦】0【协智利】0 【协新西兰】0【协秘鲁】0【协哥斯达黎加】0.5 【协冰岛】0【协瑞士】0【协澳大利亚】0 【协韩国】2.5【协格鲁吉亚】0【协香港】0 【协澳门】0 【特-1】0【特-2】0【特-3】0 【增】16【出】0【退】0	千克/张					101 102	其他机器带用整张牛马皮革（经鞣制或半硝后进一步加工，羊皮纸化处理）（马皮革） 其他机器带用整张牛马皮革（经鞣制或半硝后进一步加工，羊皮纸化处理）（牛皮革）

税则号列			货品名称中英文		税费综合信息	计量单位	监管证件代码		检验检疫类别		检验检疫编码	检验检疫编码对应中文名称
HS国际统一前6位	本国子目 7~8位	本国子目 9~10位	中文 货物名称	英文 Article Description			进口	出口	进口	出口		
410719	90	10	其他整张濒危野牛马皮革（经鞣制或半硝后进一步加工，羊皮纸化处理）	Other leather further prepared after tanning or crusting, including parchment-dressed leather of endangered wild bovine or equine animals, whole hides and skins00000	【最】7【普】50 【协东盟】0【协香港】0【协智利】0 【协新西兰】0【协哥斯达黎加】0.7【协冰岛】0 【协瑞士】0【协澳大利亚】0【协韩国】0 【协格鲁吉亚】0 【增】16【对美加征】10【出】0【退】0	千克/张	F	E			999	其他整张濒危野牛马皮革（经鞣制或半硝后进一步加工，羊皮纸化处理）
410719	90	90	其他整张牛马皮革（经鞣制或半硝后进一步加工，羊皮纸化处理）	Other leather further prepared after tanning or crusting, including parchment-dressed leather, of bovine or equine animals, whole hides and skins	【最】7【普】50 【协东盟】0【协香港】0【协智利】0 【协新西兰】0【协哥斯达黎加】0.7【协冰岛】0 【协瑞士】0【协澳大利亚】0【协韩国】0 【协格鲁吉亚】0 【增】16【对美加征】10【出】0【退】0	千克/张					101 102	其他整张牛马皮革（经鞣制或半硝后进一步加工，羊皮纸化处理）（马皮革） 其他整张牛马皮革（经鞣制或半硝后进一步加工，羊皮纸化处理）（牛皮革）
410791	00	10	全粒面未剖层非整张濒危野牛马皮（经鞣制或半硝后进一步加工，羊皮纸化处理）	Other leather further prepared after tanning or crusting, including parchment-dressed leather, of endangered wild bovine or equine animals, other than whole hides and skins, full grains, unsplit	【最】5【普】50 【协东盟】0【协巴基斯坦】0【协智利】0 【协新西兰】0【协秘鲁】0【协哥斯达黎加】0.5 【协冰岛】0【协瑞士】0【协澳大利亚】0 【协韩国】2.5【协格鲁吉亚】0【协香港】0 【协澳门】0 【特-1】0【特-2】0【特-3】0 【增】16【对美加征】10【出】0【退】0	千克	F	E			999	全粒面未剖层非整张濒危野牛马皮（经鞣制或半硝后进一步加工，羊皮纸化处理）
410791	00	90	全粒面未剖层非整张革（经鞣制或半硝后进一步加工，羊皮纸化处理）	Leather further prepared after tanning or crusting, ncluding parchment-dressed leather, other than whole hides and skins, full grains, unsplit	【最】5【普】50 【协东盟】0【协巴基斯坦】0【协智利】0 【协新西兰】0【协秘鲁】0【协哥斯达黎加】0.5 【协冰岛】0【协瑞士】0【协澳大利亚】0 【协韩国】2.5【协格鲁吉亚】0【协香港】0 【协澳门】0 【特-1】0【特-2】0【特-3】0 【增】16【对美加征】10【出】0【退】0	千克					101 102 103	全粒面未剖层非整张革（经鞣制或半硝后进一步加工，羊皮纸化处理）（马皮革） 全粒面未剖层非整张革（经鞣制或半硝后进一步加工，羊皮纸化处理）（牛皮革） 全粒面未剖层非整张革（经鞣制或半硝后进一步加工，羊皮纸化处理）（未列出的其他动物皮革）
410792	00	10	粒面剖层非整张濒危野牛马皮革（经鞣制或半硝后进一步加工，羊皮纸化处理）	Leather further prepared after tanning or crusting, including parchment-dressed leather, of engangered wild bovine or equine animals, other than whole hides and skins, grain, split	【最】5【普】50 【协东盟】0【协智利】0 【协新西兰】0【协秘鲁】0【协哥斯达黎加】0.5 【协冰岛】0【协瑞士】0【协澳大利亚】0 【协韩国】3.3【协格鲁吉亚】0【协香港】0 【协澳门】0 【特-1】0【特-2】0【特-3】0 【增】16【对美加征】10【出】0【退】0	千克	F	E			999	粒面剖层非整张濒危野牛马皮革（经鞣制或半硝后进一步加工，羊皮纸化处理）
410792	00	90	粒面剖层非整张革（经鞣制或半硝后进一步加工，羊皮纸化处理）	Leather further prepared after tanning or crusting, including parchment-dressed leather, other than whole hides and skins, grain split	【最】5【普】50 【协东盟】0【协智利】0 【协新西兰】0【协秘鲁】0【协哥斯达黎加】0.5 【协冰岛】0【协瑞士】0【协澳大利亚】0 【协韩国】3.3【协格鲁吉亚】0【协香港】0 【协澳门】0 【特-1】0【特-2】0【特-3】0 【增】16【对美加征】10【出】0【退】0	千克					101 102 103	粒面剖层非整张革（经鞣制或半硝后进一步加工，羊皮纸化处理）（马皮革） 粒面剖层非整张革（经鞣制或半硝后进一步加工，羊皮纸化处理）（牛皮革） 粒面剖层非整张革（经鞣制或半硝后进一步加工，羊皮纸化处理）（未列出的其他动物皮革）

税则号列 HS国际统一前6位	本国子目 7~8位	本国子目 9~10位	货品名称中英文 中文 货物名称	货品名称中英文 英文 Article Description	税费综合信息	计量单位	监管证件代码 进口	监管证件代码 出口	检验检疫类别 进口	检验检疫类别 出口	检验检疫编码	检验检疫编码对应中文名称
410799	10	10	其他机器带用非整张濒危野牛马皮（经鞣制或半硝后进一步加工，羊皮纸化处理）	Other leather further prepared after tanning or crusting, including parchment-dressed leather of endangered bovine or equine animals, other than whole hides and skins, for machinery belting	【最】5【普】50 【协东盟】0【协巴基斯坦】0【协智利】0 【协新西兰】0【协秘鲁】0【协哥斯达黎加】0.5 【协冰岛】0【协瑞士】0【协澳大利亚】0 【协韩国】0【协格鲁吉亚】0【协香港】0 【协澳门】0 【特-1】0【特-2】0【特-3】0 【增】16【出】0【退】0	千克	F	E			999	其他机器带用非整张濒危野牛马皮（经鞣制或半硝后进一步加工，羊皮纸化处理）
410799	10	90	其他机器带用非整张牛马皮革（经鞣制或半硝后进一步加工，羊皮纸化处理）	Other leather further prepared after tanning or crusting, including parchment-dressed leather, of bovine or equine animals, other than whole hides and skins, for machinery belting	【最】5【普】50 【协东盟】0【协巴基斯坦】0【协智利】0 【协新西兰】0【协秘鲁】0【协哥斯达黎加】0.5 【协冰岛】0【协瑞士】0【协澳大利亚】0 【协韩国】0【协格鲁吉亚】0【协香港】0 【协澳门】0 【特-1】0【特-2】0【特-3】0 【增】16【出】0【退】0	千克					101 102	其他机器带用非整张牛马皮革（经鞣制或半硝后进一步加工，羊皮纸化处理）（马皮革） 其他机器带用非整张牛马皮革（经鞣制或半硝后进一步加工，羊皮纸化处理）（牛皮革）
410799	90	10	其他非整张濒危野牛马皮革（经鞣制或半硝后进一步加工，羊皮纸化处理）	Other leather further prepared after tanning or crusting, including parehment-dressed leather, of endangered wild bovine or equine animals, other than whole hides and skins	【最】7【普】50 【协东盟】0【协香港】0【协智利】0 【协新西兰】0【协秘鲁】0【协哥斯达黎加】0.7 【协冰岛】0【协瑞士】0【协澳大利亚】0 【协韩国】4.6【协格鲁吉亚】0 【特-1】0【特-2】0【特-3】0 【增】16【对美加征】10【出】0【退】0	千克	F	E			999	其他非整张濒危野牛马皮革（经鞣制或半硝后进一步加工，羊皮纸化处理）
410799	90	90	其他非整张牛马皮革（经鞣制或半硝后进一步加工，羊皮纸化处理）	Other leather further prepared after tanning or crusting, including parchment-dressed leather, of bovine or equine animals, not whole hides and skins	【最】7【普】50 【协东盟】0【协香港】0【协智利】0 【协新西兰】0【协秘鲁】0【协哥斯达黎加】0.7 【协冰岛】0【协瑞士】0【协澳大利亚】0 【协韩国】4.6【协格鲁吉亚】0 【特-1】0【特-2】0【特-3】0 【增】16【对美加征】10【出】0【退】0	千克					101 102	其他非整张牛马皮革（经鞣制或半硝后进一步加工，羊皮纸化处理）（马皮革） 其他非整张牛马皮革（经鞣制或半硝后进一步加工，羊皮纸化处理）（牛皮革）
411200	00		加工的绵羊或羔羊皮革（经鞣制或半硝后进一步加工，不带毛，羊皮纸化处理）	Leather further prepared after tanning or crusting, including parchment-dressed leather, of sheep or lamb, without wool on, whether or not split, other than leather of heading 41.14:	【最】8【普】50 【协亚太】5.6【协东盟】0【协香港】0 【协巴基斯坦】5.6【协智利】0【协新西兰】0 【协秘鲁】0【协哥斯达黎加】0.8【协冰岛】0 【协瑞士】0【协澳大利亚】0【协韩国】5.3 【协格鲁吉亚】0 【特-1】0【特-2】0【特-3】0 【增】16【对美加征】10【出】0【退】0	千克					999	加工的绵羊或羔羊皮革（经鞣制或半硝后进一步加工，不带毛，羊皮纸化处理）
411310	00		加工的山羊或小山羊皮革（经鞣制或半硝后进一步加工，不带毛，羊皮纸化处理）	Leather further prepared after tanning or crusting, including parchment-dressed leather, of goats or kids, without wool or hair on	【最】14【普】50 【协亚太】9.8【协东盟】0【协香港】0 【协巴基斯坦】9.8【协智利】0【协新西兰】0 【协新加坡】0【协哥斯达黎加】1.4 【协瑞士】5.6【协澳大利亚】0【协韩国】7 【协格鲁吉亚】0 【特-1】0【特-2】0【特-3】0 【增】16【对美加征】10【出】0【退】0	千克					101 102	加工的山羊或小山羊皮革（经鞣制或半硝后进一步加工，不带毛，羊皮纸化处理）（山羊皮革） 加工的山羊或小山羊皮革（经鞣制或半硝后进一步加工，不带毛，羊皮纸化处理）（未列出的其他动物皮革）
411320	00	10	加工的鹿豚、姬猪皮革（经鞣制或半硝后进一步加工，不带毛，羊皮纸化处理）	Leather further prepared after tanning or crusting, including parchment-dressed leather, of babyrousa, porcula salvania, without wool or hair on	【最】14【普】50 【协东盟】0【协香港】0【协智利】0 【协新西兰】0【协新加坡】0【协秘鲁】0 【协哥斯达黎加】1.4【协冰岛】0【协瑞士】5.6 【协澳大利亚】0【协韩国】7 【协格鲁吉亚】0 【特-1】0【特-2】0 【增】16【对美加征】10【出】0【退】0	千克	F	E			999	加工的鹿豚、姬猪皮革（经鞣制或半硝后进一步加工，不带毛，羊皮纸化处理）

税则号列			货品名称中英文		税费综合信息	计量单位	监管证件代码		检验检疫类别		检验检疫编码	检验检疫编码对应中文名称
HS国际统一前6位	本国子目 7~8位	9~10位	中文 货物名称	英文 Article Description			进口	出口	进口	出口		
411320	00	90	加工的猪皮革（经鞣制或半硝后进一步加工，不带毛，羊皮纸化处理）	Leather further prepared after tanning or crusting, including parchment-dressed leather, of swine, without wool or hair on	【最】14【普】50 【协东盟】0【协香港】0【协智利】0 【协新西兰】0【协新加坡】0【协秘鲁】0 【协哥斯达黎加】1.4【协冰岛】0【协瑞士】5.6 【协澳大利亚】0【协韩国】7 【协格鲁吉亚】0 【特-1】0【特-2】0 【增】16【对美加征】10【出】0【退】0	千克					999	加工的猪皮革（经鞣制或半硝后进一步加工，不带毛，羊皮纸化处理）
411330	00	10	加工的濒危爬行动物皮革（经鞣制或半硝后进一步加工，不带毛，羊皮纸化处理）	Endangered leather further prepared after tanning or crusting, including parchment-dressed leather, of reptiles, without wool or hair on	【最】14【普】50 【协东盟】0【协巴基斯坦】11.2【协智利】0 【协新西兰】0【协新加坡】0【协秘鲁】0 【协哥斯达黎加】1.4【协瑞士】5.6 【协澳大利亚】0【协韩国】7 【协格鲁吉亚】0【协香港】0【协澳门】0 【特-1】0【特-2】0【特-3】0 【增】16【对美加征】10【出】0【退】0	千克	F	E			101 102 103 104 105 ……	加工的濒危爬行动物皮革（经鞣制或半硝后进一步加工，不带毛，羊皮纸化处理）（鳄鱼皮） 加工的濒危爬行动物皮革（经鞣制或半硝后进一步加工，不带毛，羊皮纸化处理）（鳄鱼皮革） 加工的濒危爬行动物皮革（经鞣制或半硝后进一步加工，不带毛，羊皮纸化处理）（蜥蜴皮） 加工的濒危爬行动物皮革（经鞣制或半硝后进一步加工，不带毛，羊皮纸化处理）（蟒蛇皮） 加工的濒危爬行动物皮革（经鞣制或半硝后进一步加工，不带毛，羊皮纸化处理）（蛇皮革） ……①
411330	00	90	加工的其他爬行动物皮革（经鞣制或半硝后进一步加工，不带毛，羊皮纸化处理）	Other leather further prepared after tanning or crusting, including parchment-dressed leather, of reptiles, without wool or hair on	【最】14【普】50 【协东盟】0【协巴基斯坦】11.2【协智利】0 【协新西兰】0【协新加坡】0【协秘鲁】0 【协哥斯达黎加】1.4【协瑞士】5.6 【协澳大利亚】0【协韩国】7 【协格鲁吉亚】0【协香港】0【协澳门】0 【特-1】0【特-2】0【特-3】0 【增】16【对美加征】10【出】0【退】0	千克					101 102 103 104 105 ……	加工的其他爬行动物皮革（经鞣制或半硝后进一步加工，不带毛，羊皮纸化处理）（鳄鱼皮） 加工的其他爬行动物皮革（经鞣制或半硝后进一步加工，不带毛，羊皮纸化处理）（鳄鱼皮革） 加工的其他爬行动物皮革（经鞣制或半硝后进一步加工，不带毛，羊皮纸化处理）（蜥蜴皮） 加工的其他爬行动物皮革（经鞣制或半硝后进一步加工，不带毛，羊皮纸化处理）（蟒蛇皮） 加工的其他爬行动物皮革（经鞣制或半硝后进一步加工，不带毛，羊皮纸化处理）（蛇皮革） ……②

① 该税号项下检验检疫编码及对应中文名称尚有：106　加工的濒危爬行动物皮革（经鞣制或半硝后进一步加工，不带毛，羊皮纸化处理）（未列出的其他动物皮革）。

② 该税号项下检验检疫编码及对应中文名称尚有：106　加工的其他爬行动物皮革（经鞣制或半硝后进一步加工，不带毛，羊皮纸化处理）（未列出的其他动物皮革）。

税则号列 HS国际统一前6位	本国子目 7~8位	本国子目 9~10位	货品名称中英文 中文 货物名称	货品名称中英文 英文 Article Description	税费综合信息	计量单位	监管证件代码 进口	监管证件代码 出口	检验检疫类别 进口	检验检疫类别 出口	检验检疫编码	检验检疫编码对应中文名称
411390	00	10	加工的其他濒危野生动物皮革（经鞣制或半硝后进一步加工，不带毛，羊皮纸化处理）	Leather further prepared after tanning or crusting, including parchment-dressed leather, of other endangered wild animals, without wool or hair on	【最】14【普】50 【协香港】0【协澳门】0【协东盟】0 【协智利】0【协新西兰】0【协新加坡】0 【协秘鲁】0【协哥斯达黎加】1.4【协冰岛】0 【协瑞士】7【协澳大利亚】0【协韩国】7 【协格鲁吉亚】0 【特-1】0【特-2】0【特-3】0 【增】16【对美加征】10【出】0【退】0	千克	F	E			101 102 103 104 105 ……	加工的其他濒危野生动物皮革（经鞣制或半硝后进一步加工，不带毛，羊皮纸化处理）（其他奇蹄动物皮革） 加工的其他濒危野生动物皮革（经鞣制或半硝后进一步加工，不带毛，羊皮纸化处理）（骆驼皮革） 加工的其他濒危野生动物皮革（经鞣制或半硝后进一步加工，不带毛，羊皮纸化处理）（鹿皮革） 加工的其他濒危野生动物皮革（经鞣制或半硝后进一步加工，不带毛，羊皮纸化处理）（其他偶蹄动物皮革） 加工的其他濒危野生动物皮革（经鞣制或半硝后进一步加工，不带毛，羊皮纸化处理）（象皮革） ……①
411390	00	90	加工的其他动物皮革（经鞣制或半硝后进一步加工，不带毛，羊皮纸化处理）	Leather further prepared after tanning or crusting, including parchment-dressed leather, of other animals, without hair on	【最】14【普】50 【协香港】0【协澳门】0【协东盟】0 【协智利】0【协新西兰】0【协新加坡】0 【协秘鲁】0【协哥斯达黎加】1.4【协冰岛】0 【协瑞士】7【协澳大利亚】0 【协韩国】7【协格鲁吉亚】0 【特-1】0【特-2】0【特-3】0 【增】16【对美加征】10【出】0【退】0	千克					101 102 103 104 105 ……	加工的其他动物皮革（经鞣制或半硝后进一步加工，不带毛，羊皮纸化处理）（驴皮革） 加工的其他动物皮革（经鞣制或半硝后进一步加工，不带毛，羊皮纸化处理）（骡皮革） 加工的其他动物皮革（经鞣制或半硝后进一步加工，不带毛，羊皮纸化处理）（其他奇蹄动物皮革） 加工的其他动物皮革（经鞣制或半硝后进一步加工，不带毛，羊皮纸化处理）（骆驼皮革） 加工的其他动物皮革（经鞣制或半硝后进一步加工，不带毛，羊皮纸化处理）（鹿皮革） ……②
411410	00	10	油鞣其他濒危野生动物皮革（包括结合鞣制的油鞣皮革）	Chamois (including combination chamois) leather of othere endangered wild animals	【最】14【普】50 【协香港】0【协澳门】0【协东盟】0 【协智利】0【协新西兰】0【协新加坡】0 【协秘鲁】0【协哥斯达黎加】1.4【协冰岛】0 【协瑞士】5.6【协澳大利亚】0【协韩国】7 【协格鲁吉亚】0 【特-1】0【特-2】0 【增】16【对美加征】10【出】0【退】0	千克	F	E			999	油鞣其他濒危野生动物皮革（包括结合鞣制的油鞣皮革）

① 该税号项下检验检疫编码及对应中文名称尚有：106　加工的其他濒危野生动物皮革（经鞣制或半硝后进一步加工，不带毛，羊皮纸化处理）（袋鼠皮革），107　加工的其他濒危野生动物皮革（经鞣制或半硝后进一步加工，不带毛，羊皮纸化处理）（兔皮革），108　加工的其他濒危野生动物皮革（经鞣制或半硝后进一步加工，不带毛，羊皮纸化处理）（海豹皮革），109　加工的其他濒危野生动物皮革（经鞣制或半硝后进一步加工，不带毛，羊皮纸化处理）（未列出的其他动物皮革）。

② 该税号项下检验检疫编码及对应中文名称尚有：106　加工的其他动物皮革（经鞣制或半硝后进一步加工，不带毛，羊皮纸化处理）（其他偶蹄动物皮革），107　加工的其他动物皮革（经鞣制或半硝后进一步加工，不带毛，羊皮纸化处理）（象皮革），108　加工的其他动物皮革（经鞣制或半硝后进一步加工，不带毛，羊皮纸化处理）（袋鼠皮革），109　加工的其他动物皮革（经鞣制或半硝后进一步加工，不带毛，羊皮纸化处理）（兔皮革），110　加工的其他动物皮革（经鞣制或半硝后进一步加工，不带毛，羊皮纸化处理）（未列出的其他动物皮革）。

税则号列 HS国际统一前6位	本国子目 7~8位	本国子目 9~10位	货品名称中英文 中文 货物名称	货品名称中英文 英文 Article Description	税费综合信息	计量单位	监管证件代码 进口	监管证件代码 出口	检验检疫类别 进口	检验检疫类别 出口	检验检疫编码	检验检疫编码对应中文名称
411410	00	90	油鞣其他动物皮革（包括结合鞣制的油鞣皮革；野生动物皮革除外）	Chamois (including combination chamois) leather of other animals, other than leather of endangered wild animals	【最】14【普】50 【协香港】0【协澳门】0【协东盟】0 【协智利】0【协新西兰】0【协新加坡】0 【协秘鲁】0【协哥斯达黎加】1.4【协冰岛】0 【协瑞士】5.6【协澳大利亚】0【协韩国】7 【协格鲁吉亚】0 【特-1】0【特-2】0 【增】16【对美加征】10【出】0【退】0	千克					999	油鞣其他动物皮革（包括结合鞣制的油鞣皮革；野生动物皮革除外）
411420	00		漆皮及层压漆皮；镀金属皮革	Patent leather and patent laminated leather; metallised leather	【最】10【普】50 【协香港】0【协澳门】0【协亚太】9【协东盟】0 【协巴基斯坦】9【协智利】0【协新西兰】0 【协新加坡】0【协哥斯达黎加】1【协冰岛】0 【协瑞士】0【协澳大利亚】0【协韩国】7.5 【协格鲁吉亚】0 【增】16【对美加征】10【出】0【退】0	千克					999	漆皮及层压漆皮；镀金属皮革
411510	00		再生皮革（以皮革或皮革纤维为基本成分，成块、张、条，不论是否成卷）	Composition leather with a basis of leather or leather fibre, in slabs, sheets or strip, whether or not in rolls	【最】14【普】50 【协香港】0【协澳门】0【协东盟】0【协智利】0 【协新西兰】0【协新加坡】0 【协哥斯达黎加】1.4【协冰岛】0【协瑞士】5.6 【协澳大利亚】0【协韩国】7【协格鲁吉亚】0 【增】16【对美加征】10【出】0【退】0	千克					999	再生皮革（以皮革或皮革纤维为基本成分，成块、张、条，不论是否成卷）
411520	00	10	皮革废渣、灰渣、淤渣及粉末	Waste residue, dust, powder and flour of leather	【最】14【普】50 【协香港】0【协澳门】0【协东盟】0【协智利】0 【协新西兰】0【协新加坡】0【协秘鲁】0 【协哥斯达黎加】1.4【协冰岛】0【协瑞士】5.6 【协澳大利亚】0【协韩国】7【协格鲁吉亚】0 【特亚太】4.2【特-1】0【特-2】0 【增】16【出】0【退】0	千克	9				999	皮革废渣、灰渣、淤渣及粉末
411520	00	90	成品皮革、皮革制品或再生皮革的边角料	Parings and other waste of leather or of composition leather	【最】14【普】50 【协香港】0【协澳门】0【协东盟】0【协智利】0 【协新西兰】0【协新加坡】0【协秘鲁】0 【协哥斯达黎加】1.4【协冰岛】0【协瑞士】5.6 【协澳大利亚】0【协韩国】7【协格鲁吉亚】0 【特亚太】4.2【特-1】0【特-2】0 【增】16【出】0【退】0	千克	9		M		101 102	成品皮革、皮革制品或再生皮革的边角料（未列出的其他动物皮革） 成品皮革、皮革制品或再生皮革的边角料（橡胶皮革废碎料）

第四十二章
皮革制品；鞍具及挽具；旅行用品、手提包及类似容器；动物肠线（蚕胶丝除外）制品

注释：

一、本章所称的“皮革”包括油鞣皮革（含结合鞣制的油鞣皮革）、漆皮、层压漆皮和镀金属皮革。

二、本章不包括：

（一）外科用无菌肠线或类似的无菌缝合材料（税目30.06）；

（二）以毛皮或人造毛皮衬里或作面（仅饰边的除外）的衣服及衣着附件（分指手套、连指手套及露指手套除外）（税目43.03或43.04）；

（三）网线袋及类似品（税目56.08）；

（四）第六十四章的物品；

（五）第六十五章的帽类及其零件；

（六）税目66.02的鞭子、马鞭或其他物品；

（七）袖扣、手镯或其他仿首饰（税目71.17）；

（八）单独报验的挽具附件或装饰物，例如，马镫、马嚼子、马铃铛及类似品、带扣（一般归入第十五类）；

（九）弦线、鼓面皮或类似品及其他乐器零件（税目92.09）；

（十）第九十四章的物品（例如，家具，灯具及照明装置）；

（十一）第九十五章的物品（例如，玩具、游戏品及运动用品）；或

（十二）税目96.06的纽扣、揿扣、纽扣芯或这些物品的其他零件、纽扣坯。

三、（一）除上述注释二所规定的以外，税目42.02也不包括：

1. 非供长期使用的带把手塑料薄膜袋，不论是否印制（税目39.23）；

2. 编结材料制品（税目46.02）。

（二）税目42.02及42.03的制品，如果装有用贵金属、包贵金属、天然或养殖珍珠、宝石或半宝石（天然、合成或再造）制的零件，即使这些零件不是仅作为小配件或小饰物的，只要其未构成物品的基本特征，仍应归入上述税号。但如果这些零件已构成物品的基本特征，则应归入第七十一章。

Chapter 42
Articles of leather; saddlery and harness; travel goods, handbags and similar containers; articles of animal gut (other than silk-worm gut)

Chapter Notes:

1. For the purposes of this Chapter, the term “leather” includes chamois (including combination chamois) leather, patent leather, patent laminated leather and metallised leather.

2. This Chapter does not cover:

(a) Sterile surgical catgut or similar sterile suture materials (heading 30.06);

(b) Articles of apparel or clothing accessories (except gloves, mittens and mitts), lined with furskin or artificial fur or to which furskin or artificial fur is attached on the outside except as mere trimming (heading 43.03 or 43.04);

(c) Made up articles of netting (heading 56.08);

(d) Articles of Chapter 64;

(e) Headgear or parts thereof of Chapter 65;

(f) Whips, riding-crops or other articles of heading 66.02;

(g) Cuff-links, bracelets or other imitation jewellery (heading 71.17);

(h) Fittings or trimmings for harness, such as stirrups, bits, horse brasses and buckles, separately presented (generally Section XV);

(ij) Strings, skins for drums or the like, or other parts of musical instruments (heading 92.09);

(k) Articles of Chapter 94 (for example, furniture, lamps and lighting fittings);

(l) Articles of Chapter 95 (for example, toys, games, sports requisites); or

(m) Buttons, press-fasteners, snap-fasteners, press-studs, button moulds or other parts of these articles, button blanks, of heading 96.06.

3. (a) In addition to the provisions of Note 2 above, heading 42.02 does not cover:

(i) Bags made of sheeting of plastics, whether or not printed, with handles, not designed for prolonged use (heading 39.23);

(ii) Articles of plaiting materials (heading 46.02).

(b) Articles of headings 42.02 and 42.03 which have parts of precious metal or metal clad with precious metal, of natural or cultured pearls, of precious or semi-precious stones (natural, synthetic or reconstructed) remain classified in those headings even if such parts constitute more than minor fittings or minor ornamentation, provided that these parts do not give the articles their essential character. If, on the other hand, the parts give the articles their essential character, the articles are to be classified in Chapter 71.

四、税目42.03所称“衣服及衣着附件”，主要适用于分指手套、连指手套及露指手套（包括运动手套及防护手套）、围裙及其他防护用衣着、裤吊带、腰带、子弹带及腕带，但不包括表带（税目91.13）。

4. For the purposes of heading 42.03, the expression “articles of apparel and clothing accessories” applies, inter alia, to gloves, mittens and mitts (including those for sport or for protection), aprons and other protective clothing, braces, belts, bandoliers and wrist straps, but excluding watch straps (heading 91.13).

税则号列 HS国际统一前6位	本国子目 7~8位	本国子目 9~10位	货品名称中英文 中文 货物名称	货品名称中英文 英文 Article Description	税费综合信息	计量单位	监管证件代码 进口	监管证件代码 出口	检验检疫类别 进口	检验检疫类别 出口	检验检疫编码	检验检疫编码对应中文名称
420100	00	10	濒危野生动物材料制的鞍具及挽具（适合各种动物用）【电商】①	Saddlery and harness for any animal (including traces, leads, knee pads, muzzles, saddle cloths, saddle bags, dog coats and the like), of materials of endangered wild animals	【最】10【普】100 【协亚太】6【协东盟】0【协澳门】0【协香港】0 【协巴基斯坦】10【协智利】0【协新西兰】0 【协新加坡】0【协秘鲁】0【协哥斯达黎加】0 【协冰岛】0【协瑞士】8【协澳大利亚】0 【协韩国】13.3【协格鲁吉亚】0 【特亚太】4【特-1】0【特-2】0【特-3】0 【增】16【对美加征】10【出】0【退】0	千克	F	E			101 102	濒危野生动物材料制的鞍具及挽具（适合各种动物用）（含木制品） 濒危野生动物材料制的鞍具及挽具（适合各种动物用）（不含木制品）
420100	00	90	各种材料制成的鞍具及挽具（野生动物材料制的除外，适合各种动物用）【电商】②	Saddlery and harness for any animal (including traces, leads, knee pads, muzzles, saddle cloths, saddle bags, dog coats and the like), of any material (other than the material of wild animals)	【最】10【普】100 【协亚太】6【协东盟】0【协澳门】0【协香港】0 【协巴基斯坦】10【协智利】0【协新西兰】0 【协新加坡】0【协秘鲁】0【协哥斯达黎加】0 【协冰岛】0【协瑞士】8【协澳大利亚】0 【协韩国】13.3【协格鲁吉亚】0 【特亚太】4【特-1】0【特-2】0【特-3】0 【增】16【对美加征】10【出】0【退】13	千克					101 102	各种材料制成的鞍具及挽具（野生动物材料制的除外，适合各种动物用）（含木制品） 各种材料制成的鞍具及挽具（野生动物材料制的除外，适合各种动物用）（不含木制品）
420211	10	10	以含濒危野生动物皮革或再生皮革作面的衣箱【电商】③	Trunks with outer surface of leather or of composition leather, of endangered wild animals	【最】8【普】100 【协香港】0【协澳门】0【协东盟】0 【协巴基斯坦】12【协智利】0【协新西兰】0 【协新加坡】0【协秘鲁】0【协哥斯达黎加】0 【协冰岛】0【协瑞士】6【协澳大利亚】0 【协韩国】7.5【协格鲁吉亚】0 【特亚太】4.4【特-1】0【特-2】0 【增】16【对美加征】10【出】0【退】0	千克/个	F	E			999	以含濒危野生动物皮革或再生皮革作面的衣箱
420211	10	90	其他以皮革或再生皮革作面的衣箱【电商】④	Trunks with outer surface of leather or of composition leather (other than leather of wild animals)	【最】8【普】100 【协香港】0【协澳门】0【协东盟】0 【协巴基斯坦】12【协智利】0【协新西兰】0 【协新加坡】0【协秘鲁】0【协哥斯达黎加】0 【协冰岛】0【协瑞士】6【协澳大利亚】0 【协韩国】7.5【协格鲁吉亚】0 【特亚太】4.4【特-1】0【特-2】0 【增】16【对美加征】10【出】0【退】16	千克/个					999	其他以皮革或再生皮革作面的衣箱
420211	90	10	以含濒危野生动物皮革或再生皮革作面的箱包【电商】⑤	Cases with outer surface of leather or of composition leather, of endangered wild animals	【最】6【普】100 【协香港】0【协澳门】0【协东盟】0 【协巴基斯坦】5【协智利】0【协新西兰】0 【协秘鲁】0【协哥斯达黎加】0【协冰岛】0 【协瑞士】4【协澳大利亚】0【协韩国】5 【协格鲁吉亚】0 【特亚太】4.8【特-1】0【特-2】0【特-3】0 【增】16【对美加征】10【出】0【退】0	千克/个	F	E			101 102	以含濒危野生动物皮革或再生皮革作面的箱包（包括提箱、小手袋、公文包、书包及类似容器，但不包括衣箱）（皮箱） 以含濒危野生动物皮革或再生皮革作面的箱包（包括提箱、小手袋、公文包、书包及类似容器，但不包括衣箱）（皮包）

① 列入《进出口野生动植物种商品目录》的商品除外。
② 列入《进出口野生动植物种商品目录》的商品除外。
③ 列入《进出口野生动植物种商品目录》的商品除外。
④ 列入《进出口野生动植物种商品目录》的商品除外。
⑤ 列入《进出口野生动植物种商品目录》的商品除外。

税则号列 HS国际统一前6位	本国子目 7~8位	本国子目 9~10位	货品名称中英文 中文 货物名称	货品名称中英文 英文 Article Description	税费综合信息	计量单位	监管证件代码 进口	监管证件代码 出口	检验检疫类别 进口	检验检疫类别 出口	检验检疫编码	检验检疫编码对应中文名称
420211	90	90	其他以皮革或再生皮革作面的箱包（包括提箱、小手袋、公文包、书包及类似容器，但不包括衣箱） 【电商】[1]	Cases (suit-cases, executive-cases, brief-cases, school satchels and similar containers, other than trunks) with outer surface of leather or of composition leather	【最】6【普】100 【协香港】0【协澳门】0【协东盟】0 【协巴基斯坦】5【协智利】0【协新西兰】0 【协秘鲁】0【协哥斯达黎加】0【协冰岛】0 【协瑞士】4【协澳大利亚】0【协韩国】5 【协格鲁吉亚】0 【特亚太】4.8【特-1】0【特-2】0【特-3】0 【增】16【对美加征】10【出】0【退】16	千克/个					101 102 103	其他以皮革或再生皮革作面的箱包（包括提箱、小手袋、公文包、书包及类似容器，但不包括衣箱）（皮箱） 其他以皮革或再生皮革作面的箱包（包括提箱、小手袋、公文包、书包及类似容器，但不包括衣箱）（儿童用皮包） 其他以皮革或再生皮革作面的箱包（包括提箱、小手袋、公文包、书包及类似容器，但不包括衣箱）（非儿童用皮包）
420212	10		以塑料或纺织材料作面的衣箱 【电商】	Trunks and suit-cases with outer surface of plastics or of textile	【最】10【普】100 【协香港】0【协澳门】0【协亚太】6.5 【协东盟】0【协巴基斯坦】16【协智利】0 【协新西兰】0【协新加坡】0【协秘鲁】0 【协台湾】0【协哥斯达黎加】0【协冰岛】0 【协瑞士】8【协澳大利亚】0【协韩国】13.3 【协格鲁吉亚】0 【特-1】0【特-2】0 【增】16【对美加征】10【出】0【退】16	千克/个					101 102	以塑料或纺织材料作面的衣箱（塑料类） 以塑料或纺织材料作面的衣箱（纺织材料类）
420212	90		以塑料或纺织材料作面的其他箱包（包括提箱、小手袋、公文箱、公文包、书包及类似容器） 【电商】	Cases (suit-cases, vanity-cases, executive-cases, brief-cases, school satchels and similar containers, other than trunks) with outer surface of vulcanized fibre or of paperboard.	【最】10【普】100 【协亚太】13【协东盟】0【协澳门】0 【协香港】0【协巴基斯坦】16【协智利】0 【协新西兰】0【协新加坡】0【协秘鲁】0 【协台湾】0【协哥斯达黎加】0【协冰岛】0 【协瑞士】8【协澳大利亚】0【协韩国】10 【协格鲁吉亚】0 【特-1】0【特-2】0【特-3】0 【增】16【对美加征】10【出】0【退】16	千克/个					101 102 103 104 105 ……	以塑料或纺织材料作面的其他箱包（包括提箱、小手袋、公文箱、公文包、书包及类似容器）（塑料箱） 以塑料或纺织材料作面的其他箱包（包括提箱、小手袋、公文箱、公文包、书包及类似容器）（纺织材料箱） 以塑料或纺织材料作面的其他箱包（包括提箱、小手袋、公文箱、公文包、书包及类似容器）（儿童用塑料包） 以塑料或纺织材料作面的其他箱包（包括提箱、小手袋、公文箱、公文包、书包及类似容器）（非儿童用塑料包） 以塑料或纺织材料作面的其他箱包（包括提箱、小手袋、公文箱、公文包、书包及类似容器）（儿童用纺织材料包） ……[2]
420219	00		以钢纸或纸板作面的衣箱等（包括提箱、小手袋、公文箱、公文包、书包及类似容器） 【电商】	Trunks(including suit-cases, vanity-cases, executive-cases, brief-cases, school satchels and similar containers, other than trunks) with outer surface of plastics or of textile	【最】10【普】100 【协香港】0【协澳门】0【协东盟】0【协智利】0【协新西兰】0 【协新加坡】0【协秘鲁】0【协台湾】0 【协哥斯达黎加】0【协冰岛】0【协瑞士】8 【协澳大利亚】0【协韩国】13.3【协格鲁吉亚】0 【特亚太】4【特-1】0【特-2】0【特-3】0 【增】16【对美加征】10【出】0【退】16	千克/个					101 102	以钢纸或纸板作面的衣箱等（包括提箱、小手袋、公文箱、公文包、书包及类似容器）（其他箱） 以钢纸或纸板作面的衣箱等（包括提箱、小手袋、公文箱、公文包、书包及类似容器）（其他包）

① 列入《进出口野生动植物种商品目录》的商品除外。

② 该税号项下检验检疫编码及对应中文名称尚有：106 以塑料或纺织材料作面的其他箱包（包括提箱、小手袋、公文箱、公文包、书包及类似容器）（非儿童用纺织材料包）。

税则号列			货品名称中英文		税费综合信息	计量单位	监管证件代码		检验检疫类别		检验检疫编码	检验检疫编码对应中文名称
HS国际统一前6位	本国子目 7~8位	本国子目 9~10位	中文 货物名称	英文 Article Description			进口	出口	进口	出口		
420221	00	10	以含濒危野生动物皮革或再生皮革作面的手提包 【电商】[①]	Handbags with outer surface of leather or of composition leather, of endangered wild animals	【最】6【普】100 【协亚太】3.9【协东盟】0【协香港】0 【协澳门】0【协巴基斯坦】5【协智利】0 【协新西兰】0【协秘鲁】0【协哥斯达黎加】0 【协冰岛】0【协瑞士】4【协澳大利亚】0 【协韩国】5【协格鲁吉亚】0 【特-1】0【特-2】0【特-3】0 【增】16【对美加征】10【出】0【退】0	千克/个	F	E			999	以含濒危野生动物皮革或再生皮革作面的手提包（不论是否有背带，包括无把手的）
420221	00	90	其他以皮革或再生皮革作面的手提包（不论是否有背带，包括无把手的） 【电商】[②]	Handbags with outer surface of leather or of compo sition leather (with or without shoulder strap, including those without handle)	【最】6【普】100 【协亚太】3.9【协东盟】0【协香港】0 【协澳门】0【协巴基斯坦】5【协智利】0 【协新西兰】0【协秘鲁】0【协哥斯达黎加】0 【协冰岛】0【协瑞士】4【协澳大利亚】0 【协韩国】5【协格鲁吉亚】0 【特-1】0【特-2】0【特-3】0 【增】16【对美加征】10【出】0【退】16	千克/个					999	其他以皮革或再生皮革作面的手提包（不论是否有背带，包括无把手的）
420222	00		以塑料片或纺织材料作面的手提包（不论是否有背带，包括无把手的） 【电商】	Handbags with outer surface of plastic sheeting or of textile materials(with or without shoulder strap, including those without handle)	【最】6【普】100 【协亚太】3.9【协东盟】0【协澳门】0 【协巴基斯坦】5【协智利】0【协新西兰】0 【协新加坡】0【协秘鲁】0【协台湾】0 【协哥斯达黎加】0【协冰岛】0【协瑞士】4 【协澳大利亚】0【协韩国】5【协格鲁吉亚】0 【协香港】0 【特-1】0【特-2】0【特-3】0 【增】16【对美加征】10【出】0【退】16	千克/个					101 102	以塑料片或纺织材料作面的手提包（不论是否有背带，包括无把手的）（塑料包） 以塑料片或纺织材料作面的手提包（不论是否有背带，包括无把手的）（纺织材料包）
420229	00		以钢纸或纸板作面的手提包（不论是否有背带，包括无把手的） 【电商】	Handbags with outer surface of vulcanized fibre or of paperboard (with or without shoulder strap, including those without handle)	【最】10【普】100 【协亚太】6.5【协东盟】0【协澳门】0 【协香港】0【协巴基斯坦】14【协智利】0 【协新西兰】0【协新加坡】0【协秘鲁】0 【协哥斯达黎加】0【协冰岛】0【协瑞士】8 【协澳大利亚】0【协韩国】13.3 【协格鲁吉亚】0 【特亚太】4【特-1】0【特-2】0 【增】16【出】0【退】16	千克/个					999	以钢纸或纸板作面的手提包（不论是否有背带，包括无把手的）
420231	00	10	以含濒危野生动物皮革或再生皮革作面的钱包等物品（指通常置于口袋或手提包内的物品） 【电商】[③]	Wallets or purses(referring to articles of a kind normally carried in the pocket or in the handbag) with outer surface of leather or of composition leather, of endangered wild animals	【最】6【普】100 【协亚太】3.9【协东盟】0【协澳门】0 【协香港】0【协巴基斯坦】5【协智利】0 【协新西兰】0【协秘鲁】0【协哥斯达黎加】0 【协冰岛】0【协瑞士】4【协澳大利亚】0 【协韩国】5【协格鲁吉亚】0 【特-1】0【特-2】0【特-3】0 【增】16【对美加征】10【出】0【退】0	千克/个	F	E			999	以含濒危野生动物皮革或再生皮革作面的钱包等物品（指通常置于口袋或手提包内的物品）
420231	00	90	以皮革或再生皮革作面的钱包等物品（指通常置于口袋或手提包内的物品） 【电商】[④]	Wallets or purses(referring to articles of a kind normally carried in the pocket or in the handbag) with outer surface of leather or of composition leather	【最】6【普】100 【协亚太】3.9【协东盟】0【协澳门】0 【协香港】0【协巴基斯坦】5【协智利】0 【协新西兰】0【协秘鲁】0【协哥斯达黎加】0 【协冰岛】0【协瑞士】4【协澳大利亚】0 【协韩国】5【协格鲁吉亚】0 【特-1】0【特-2】0【特-3】0 【增】16【对美加征】10【出】0【退】16	千克/个					999	以皮革或再生皮革作面的钱包等物品（指通常置于口袋或手提包内的物品）
420232	00		塑料片或纺织材料作面的钱包等物品（指通常置于口袋或手提包内的物品） 【电商】	Wallets or purses(referring to articles of a kind normally carried in the pocket or in the handbag) with outer surface of plastic sheeting or of textile materials	【最】10【普】100 【协亚太】6.5【协东盟】0【协澳门】0 【协香港】0【协巴基斯坦】14【协智利】0 【协新西兰】0【协新加坡】0【协秘鲁】0 【协哥斯达黎加】0【协冰岛】0【协瑞士】8 【协澳大利亚】0【协韩国】10【协格鲁吉亚】0 【特-1】0【特-2】0【特-3】0 【增】16【对美加征】10【出】0【退】16	千克/个					101 102	塑料片或纺织材料作面的钱包等物品（指通常置于口袋或手提包内的物品）（塑料包） 塑料片或纺织材料作面的钱包等物品（指通常置于口袋或手提包内的物品）（纺织材料包）

① 列入《进出口野生动植物种商品目录》的商品除外。
② 列入《进出口野生动植物种商品目录》的商品除外。
③ 列入《进出口野生动植物种商品目录》的商品除外。
④ 列入《进出口野生动植物种商品目录》的商品除外。

税则号列 HS国际统一前6位	本国子目 7~8位	本国子目 9~10位	货品名称中英文 中文 货物名称	货品名称中英文 英文 Article Description	税费综合信息	计量单位	监管证件代码 进口	监管证件代码 出口	检验检疫类别 进口	检验检疫类别 出口	检验检疫编码	检验检疫编码对应中文名称
420239	00		以钢纸或纸板作面的钱包等物品（指通常置于口袋或手提包内的物品） 【电商】	Wallets or purses(referring to articles of a kind normally carried in the pocket or in the handbag) with outer surface of vulcanized fibre or of paperboard.	【最】10【普】100 【协香港】0【协澳门】0【协亚太】6.5 【协东盟】0【协巴基斯坦】14【协智利】0 【协新西兰】0【协新加坡】0【协秘鲁】0 【协哥斯达黎加】0【协冰岛】0【协瑞士】8 【协澳大利亚】0【协韩国】13.3 【协格鲁吉亚】0 【特亚太】4【特-1】0【特-2】0 【增】16【对美加征】10【出】0【退】16	千克/个					999	以钢纸或纸板作面的钱包等物品（指通常置于口袋或手提包内的物品）
420291	00	10	以含濒危野生动物皮革或再生皮革作面的其他容器 【电商】[1]	Other containers with outer surface of leather or of composition leather, of endangered wild animals	【最】6【普】100 【协亚太】3.9【协东盟】0【协澳门】0 【协香港】0【协巴基斯坦】5【协智利】0 【协新西兰】0【协秘鲁】0【协哥斯达黎加】0 【协冰岛】0【协瑞士】4【协澳大利亚】0 【协韩国】5【协格鲁吉亚】0 【特-1】0【特-2】0【特-3】0 【增】16【对美加征】10【出】0【退】0	千克/个	F	E			999	以含濒危野生动物皮革或再生皮革作面的其他容器
420291	00	90	其他皮革或再生皮革作面的其他容器 【电商】[2]	Other containers with outer surface of other leather or composition leather	【最】6【普】100 【协亚太】3.9【协东盟】0【协澳门】0 【协香港】0【协巴基斯坦】5【协智利】0 【协新西兰】0【协秘鲁】0【协哥斯达黎加】0 【协冰岛】0【协瑞士】4【协澳大利亚】0 【协韩国】5【协格鲁吉亚】0 【特-1】0【特-2】0【特-3】0 【增】16【对美加征】10【出】0【退】16	千克/个					999	其他皮革或再生皮革作面的其他容器
420292	00		塑料片或纺织材料作面的其他容器 【电商】	Other containers with outer surface of plastic sheeting or of textile materials	【最】6【普】100 【协亚太】3.9【协东盟】0【协香港】0 【协澳门】0【协巴基斯坦】5【协智利】0 【协新西兰】0【协新加坡】0【协秘鲁】0 【协哥斯达黎加】0【协冰岛】0【协瑞士】0 【协澳大利亚】0【协韩国】5【协格鲁吉亚】0 【特-1】0【特-2】0【特-3】0 【增】16【对美加征】10【出】0【退】16	千克/个					101 102	塑料片或纺织材料作面的其他容器（塑料包） 塑料片或纺织材料作面的其他容器（纺织材料包）
420299	00		以钢纸或纸板作面的其他容器 【电商】	Other containers with outer surface of vulcanized fibre or of paperboard.	【最】10【普】100 【协东盟】0【协澳门】0【协智利】0 【协新西兰】0【协新加坡】0【协秘鲁】0 【协哥斯达黎加】0【协冰岛】0【协瑞士】10 【协澳大利亚】0【协韩国】13.3【协格鲁吉亚】0 【特-1】0【特-2】0 【增】16【对美加征】10【出】0【退】16	千克/个					999	以钢纸或纸板作面的其他容器
420310	00	10	濒危野生动物皮革制的衣服（包括再生野生动物皮革制作的） 【电商】[3]	Articles of apparel of leather or of composition leather, of endangered wild animals	【最】6【普】100 【协东盟】0【协香港】0【协澳门】0 【协香港】0【协巴基斯坦】0【协智利】0 【协新西兰】0【协秘鲁】0【协哥斯达黎加】0 【协冰岛】0【协瑞士】0【协澳大利亚】0 【协韩国】0【协格鲁吉亚】0 【特亚太】4.8【特-1】0【特-2】0【特-3】0 【增】16【对美加征】10【出】0【退】0	千克/件	F	E			999	濒危野生动物皮革制的衣服（包括再生野生动物皮革制作的）
420310	00	90	皮革或再生皮革制的衣服（野生动物皮革制作的除外） 【电商】[4]	Articles of apparel of leather or of composition leather(other than of leather of wild animals)	【最】6【普】100 【协东盟】0【协香港】0【协澳门】0 【协巴基斯坦】0【协智利】0【协新西兰】0 【协秘鲁】0【协哥斯达黎加】0【协冰岛】0 【协瑞士】0【协澳大利亚】0【协韩国】0 【协格鲁吉亚】0 【特亚太】4.8【特-1】0【特-2】0【特-3】0 【增】16【对美加征】10【出】0【退】13	千克/件					999	皮革或再生皮革制的衣服（野生动物皮革制作的除外）

① 列入《进出口野生动植物种商品目录》的商品除外。
② 列入《进出口野生动植物种商品目录》的商品除外。
③ 列入《进出口野生动植物种商品目录》的商品除外。
④ 列入《进出口野生动植物种商品目录》的商品除外。

税则号列 HS国际统一前6位	本国子目 7~8位	本国子目 9~10位	货品名称 中文 货物名称	货品名称 英文 Article Description	税费综合信息	计量单位	监管证件代码 进口	监管证件代码 出口	检验检疫类别 进口	检验检疫类别 出口	检验检疫编码	检验检疫编码对应中文名称
420321	00	10	濒危野生动物皮革制的运动手套（包括再生野生动物皮革制作的）【电商】①	Sports gloves of leather or of composition leather, of endangered wild animals	【最】10【普】100 【协亚太】6.5【协东盟】0【协香港】0 【协澳门】0【协巴基斯坦】0【协智利】0 【协新西兰】0【协新加坡】0【协秘鲁】0 【协哥斯达黎加】0【协瑞士】8【协澳大利亚】0 【协韩国】13.3【协格鲁吉亚】0 【特-1】0【特-2】0 【增】16【对美加征】10【出】0【退】0	千克/双	F	E			999	濒危野生动物皮革制的运动手套（包括再生野生动物皮革制作的）
420321	00	90	皮革或再生皮革制专供运动用手套（包括连指或露指的，野生动物皮革制作的除外）【电商】②	Sports gloves, mittens and mitts, of leather or of composition leather(other than of leather of wild animals)	【最】10【普】100 【协亚太】6.5【协东盟】0【协香港】0 【协澳门】0【协巴基斯坦】0【协智利】0 【协新西兰】0【协新加坡】0【协秘鲁】0 【协哥斯达黎加】0【协瑞士】8【协澳大利亚】0 【协韩国】13.3【协格鲁吉亚】0 【特-1】0【特-2】0 【增】16【对美加征】10【出】0【退】13	千克/双					999	皮革或再生皮革制专供运动用手套（包括连指或露指的，野生动物皮革制作的除外）
420329	10	10	濒危野生动物皮革制的劳保手套（包括再生野生动物皮革制作的）	Working gloves, of leather or of composition leather, of endangered wild animals	【最】10【普】100 【协东盟】0【协香港】0【协澳门】0 【协巴基斯坦】0【协智利】0【协新西兰】0 【协新加坡】0【协秘鲁】0【协哥斯达黎加】0 【协瑞士】8【协澳大利亚】0【协韩国】13.3 【协格鲁吉亚】0 【特亚太】4【特-1】0【特-2】0 【增】16【对美加征】10【出】0【退】0	千克/双	F	E			999	濒危野生动物皮革制的劳保手套（包括再生野生动物皮革制作的）
420329	10	90	皮革或再生皮革制的劳保手套（野生动物皮革制作的除外）	Working gloves, of leather or of composition leather (other than of leather of wild animals)	【最】10【普】100 【协东盟】0【协香港】0【协澳门】0 【协巴基斯坦】0【协智利】0【协新西兰】0 【协新加坡】0【协秘鲁】0【协哥斯达黎加】0 【协瑞士】8【协澳大利亚】0【协韩国】13.3 【协格鲁吉亚】0 【特亚太】4【特-1】0【特-2】0 【增】16【对美加征】10【出】0【退】13	千克/双					999	皮革或再生皮革制的劳保手套（野生动物皮革制作的除外）
420329	90	10	濒危野生动物皮革制的其他手套（包括再生野生动物皮革制作的）【电商】③	Other gloves, of leather or of composition leather of endangered wild animals	【最】10【普】100 【协东盟】0【协香港】0【协澳门】0 【协巴基斯坦】0【协智利】0【协新西兰】0 【协新加坡】0【协秘鲁】0【协哥斯达黎加】0 【协瑞士】8【协澳大利亚】0【协韩国】13.3 【协格鲁吉亚】0 【特亚太】4【特-1】0【特-2】0 【增】16【对美加征】10【出】0【退】0	千克/双	F	E			999	濒危野生动物皮革制的其他手套（包括再生野生动物皮革制作的）
420329	90	90	皮革或再生皮革制的其他手套（包括连指或露指的）【电商】④	Other gloves, mittens and mitts, of leather or of composition leather of other animals	【最】10【普】100 【协东盟】0【协香港】0【协澳门】0 【协巴基斯坦】0【协智利】0【协新西兰】0 【协新加坡】0【协秘鲁】0【协哥斯达黎加】0 【协瑞士】8【协澳大利亚】0【协韩国】13.3 【协格鲁吉亚】0 【特亚太】4【特-1】0【特-2】0 【增】16【对美加征】10【出】0【退】13	千克/双					999	皮革或再生皮革制的其他手套（包括连指或露指的）
420330	10	10	濒危野生动物皮革制的腰带（包括再生野生动物皮革制作的）【电商】⑤	Belts, of leather or of composition leather, of endangered wild animals	【最】6【普】100 【协东盟】0【协香港】0【协澳门】0 【协巴基斯坦】0【协智利】0【协新西兰】0 【协秘鲁】0【协哥斯达黎加】0【协冰岛】0 【协瑞士】0【协澳大利亚】0【协韩国】5 【协格鲁吉亚】0 【特亚太】4.8【特-1】0【特-2】0【特-3】0 【增】16【对美加征】10【出】0【退】0	千克	F	E			999	濒危野生动物皮革制的腰带（包括再生野生动物皮革制作的）

① 列入《进出口野生动植物种商品目录》的商品除外。
② 列入《进出口野生动植物种商品目录》的商品除外。
③ 列入《进出口野生动植物种商品目录》的商品除外。
④ 列入《进出口野生动植物种商品目录》的商品除外。
⑤ 列入《进出口野生动植物种商品目录》的商品除外。

税则号列			货品名称中英文		税费综合信息	计量单位	监管证件代码		检验检疫类别		检验检疫编码	检验检疫编码对应中文名称
HS国际统一前6位	本国子目 7~8位	本国子目 9~10位	中文 货物名称	英文 Article Description			进口	出口	进口	出口		
420330	10	90	其他动物皮革制的腰带（包括再生动物皮革制作的）【电商】①	Belts, of leather or of composition leather, of other animals	【最】6【普】100 【协东盟】0【协香港】0【协澳门】0 【协巴基斯坦】0【协智利】0【协新西兰】0 【协秘鲁】0【协哥斯达黎加】0【协冰岛】0 【协瑞士】0【协澳大利亚】0【协韩国】5 【协格鲁吉亚】0 【特亚太】4.8【特-1】0【特-2】0【特-3】0 【增】16【对美加征】10【出】0【退】13	千克					999	其他动物皮革制的腰带（包括再生动物皮革制作的）
420330	20	10	濒危野生动物皮革制的子弹带（包括再生野生动物皮革制作的）	Bandoliers, of leather or of composition leather, of endangered wild animals	【最】6【普】100 【协亚太】5.4【协东盟】0【协香港】0 【协巴基斯坦】0【协智利】0【协新西兰】0 【协秘鲁】0【协哥斯达黎加】0【协冰岛】0 【协瑞士】0【协澳大利亚】0【协韩国】5 【协格鲁吉亚】0 【特亚太】4.8【特-1】0【特-2】0【特-3】0 【增】16【出】0【退】0	千克	F	E			999	濒危野生动物皮革制的子弹带（包括再生野生动物皮革制作的）
420330	20	90	其他动物皮革制的子弹带（包括再生动物皮革制作的）	Bandoliers, of leather or of composition leather, of other animals	【最】6【普】100 【协亚太】5.4【协东盟】0【协香港】0 【协巴基斯坦】0【协智利】0【协新西兰】0 【协秘鲁】0【协哥斯达黎加】0【协冰岛】0 【协瑞士】0【协澳大利亚】0【协韩国】5 【协格鲁吉亚】0 【特亚太】4.8【特-1】0【特-2】0【特-3】0 【增】16【出】0【退】13	千克					999	其他动物皮革制的子弹带（包括再生动物皮革制作的）
420340	00	10	濒危野生动物皮革制的衣着附件（包括再生野生动物皮革制作的）【电商】②	Clothing accessories, of leather or of composition leather, of endangered wild animals	【最】10【普】100 【协东盟】0【协香港】0【协澳门】0 【协巴基斯坦】0【协智利】0【协新西兰】0 【协新加坡】0【协秘鲁】0【协哥斯达黎加】0 【协瑞士】8【协澳大利亚】0【协韩国】13.3 【协格鲁吉亚】0 【特亚太】4【特-1】0【特-2】0 【增】16【对美加征】10【出】0【退】0	千克	F	E			999	濒危野生动物皮革制的衣着附件（包括再生野生动物皮革制作的）
420340	00	90	皮革或再生皮革制的其他衣着附件【电商】③	Other clothing accessories, of leather or of composition leather	【最】10【普】100 【协东盟】0【协香港】0【协澳门】0 【协巴基斯坦】0【协智利】0【协新西兰】0 【协新加坡】0【协秘鲁】0【协哥斯达黎加】0 【协瑞士】8【协澳大利亚】0【协韩国】13.3 【协格鲁吉亚】0 【特亚太】4【特-1】0【特-2】0 【增】16【对美加征】10【出】0【退】13	千克					999	皮革或再生皮革制的其他衣着附件
420500	10	10	濒危野生动物皮革制的坐具套（包括再生野生动物皮革制作的）	Cover of seats, of leather or of composition leather, of endangered wild animals	【最】6【普】100 【协东盟】0【协香港】0【协巴基斯坦】6 【协智利】0【协新西兰】0【协新加坡】0 【协秘鲁】0【协哥斯达黎加】0【协冰岛】0 【协瑞士】4.8【协澳大利亚】0【协格鲁吉亚】0 【特亚太】3.9【特-1】0【特-2】0【特-3】0 【增】16【对美加征】10【出】0【退】0	千克	F	E			999	濒危野生动物皮革制的坐具套（包括再生野生动物皮革制作的）
420500	10	90	其他动物皮革制的坐具套（包括再生皮革制作的）	Cover of seats, of leather or of composition leather, of other animals	【最】6【普】100 【协东盟】0【协香港】0【协巴基斯坦】6 【协智利】0【协新西兰】0【协新加坡】0 【协秘鲁】0【协哥斯达黎加】0【协冰岛】0 【协瑞士】4.8【协澳大利亚】0【协格鲁吉亚】0 【特亚太】3.9【特-1】0【特-2】0【特-3】0 【增】16【对美加征】10【出】0【退】13	千克					999	其他动物皮革制的坐具套（包括再生皮革制作的）
420500	20	10	濒危野生动物皮革制工业用皮革或再生皮革制品（工业用指机器、机械器具或其他专门技术用途的）	Articles of leather or of composition leather of endangered wild animals, of a kind used in machinery or mechanial appilances or for other technical uses	【最】6【普】35 【协香港】0【协澳门】0【协东盟】0 【协巴基斯坦】5【协智利】0【协新西兰】0 【协秘鲁】0【协哥斯达黎加】0【协冰岛】0 【协瑞士】4.6【协澳大利亚】0【协韩国】4 【协格鲁吉亚】0 【特-1】0【特-2】0【特-3】0 【增】16【对美加征】10【出】0【退】0	千克	F	E			999	濒危野生动物皮革制工业用皮革或再生皮革制品（工业用指机器、机械器具或其他专门技术用途的）

① 列入《进出口野生动植物种商品目录》的商品除外。
② 列入《进出口野生动植物种商品目录》的商品除外。
③ 列入《进出口野生动植物种商品目录》的商品除外。

税则号列			货品名称中英文		税费综合信息	计量单位	监管证件代码		检验检疫类别		检验检疫编码	检验检疫编码对应中文名称
HS国际统一前6位	本国子目 7~8位	本国子目 9~10位	中文 货物名称	英文 Article Description			进口	出口	进口	出口		
420500	20	90	其他工业用皮革或再生皮革制品（工业用指机器、机械器具或其他专门技术用途的）	Other articles of leather or of composition leather, of a kind used in machinery or mechanial appilances or for other technical uses	【最】6【普】35 【协香港】0【协澳门】0【协东盟】0 【协巴基斯坦】5【协智利】0【协新西兰】0 【协秘鲁】0【协哥斯达黎加】0【协冰岛】0 【协瑞士】4.6【协澳大利亚】0【协韩国】4 【协格鲁吉亚】0 【特-1】0【特-2】0【特-3】0 【增】16【对美加征】10【出】0【退】13	千克					999	其他工业用皮革或再生皮革制品（工业用指机器、机械器具或其他专门技术用途的）
420500	90	10	含濒危野生动物皮革的其他制品（包括再生野生动物皮革制作的）【电商】[①]	Other articles, of leather or of composition leather, of endangered wild animals	【最】6【普】100 【协东盟】0【协香港】0【协巴基斯坦】6 【协智利】0【协新西兰】0【协新加坡】0 【协秘鲁】0【协哥斯达黎加】0【协冰岛】0 【协瑞士】4.8【协澳大利亚】0【协韩国】8 【协格鲁吉亚】0 【特亚太】3.9【特-1】0【特-2】0【特-3】0 【增】16【对美加征】10【出】0【退】0	千克	F	E			999	含濒危野生动物皮革的其他制品（包括再生野生动物皮革制作的）
420500	90	20	皮革或再生皮革制宠物用品【电商】[②]	Articles for pets, of leather or of composition leather	【最】6【普】100 【协东盟】0【协香港】0【协巴基斯坦】6 【协智利】0【协新西兰】0【协新加坡】0 【协秘鲁】0【协哥斯达黎加】0【协冰岛】0 【协瑞士】4.8【协澳大利亚】0【协韩国】8 【协格鲁吉亚】0 【特亚太】3.9【特-1】0【特-2】0【特-3】0 【增】16【对美加征】10【出】0【退】13	千克	A	B	P	Q	999	皮革或再生皮革制宠物用品
420500	90	90	皮革或再生皮革的其他制品【电商】[③]	Other articles, of leather or of composition leather	【最】6【普】100 【协东盟】0【协香港】0【协巴基斯坦】6 【协智利】0【协新西兰】0【协新加坡】0 【协秘鲁】0【协哥斯达黎加】0【协冰岛】0 【协瑞士】4.8【协澳大利亚】0【协韩国】8 【协格鲁吉亚】0 【特亚太】3.9【特-1】0【特-2】0【特-3】0 【增】16【对美加征】10【出】0【退】13	千克					999	皮革或再生皮革的其他制品
420600	00		肠线、肠膜、膀胱或筋腱制品（不包括外科用无菌肠线或制成乐器弦的肠线，蚕胶丝除外）	Articles of gut (other than silkwormgut), of goldbeater's skin, of bladders or of tendons	【最】10【普】90 【协香港】0【协澳门】0【协东盟】0【协智利】0 【协新西兰】0【协新加坡】0【协秘鲁】0 【协哥斯达黎加】0【协冰岛】0【协瑞士】8 【协澳大利亚】0【协韩国】13.3 【协格鲁吉亚】0 【特-1】0【特-2】0 【增】16【出】0【退】6	千克					999	肠线、肠膜、膀胱或筋腱制品（不包括外科用无菌肠线或制成乐器弦的肠线，蚕胶丝除外）

① 列入《进出口野生动植物种商品目录》的商品除外。
② 列入《进出口野生动植物种商品目录》的商品除外。
③ 列入《进出口野生动植物种商品目录》的商品除外。

第四十三章
毛皮、人造毛皮及其制品

注释：

一、本协调制度所称“毛皮”，是指已鞣的各种动物的带毛毛皮，但不包括税目 43.01 的生毛皮。

二、本章不包括：

（一）带羽毛或羽绒的整张或部分鸟皮（税目 05.05 或 67.01）；

（二）第四十一章的带毛生皮［参见该章注释一（三）］；

（三）用皮革与毛皮或用皮革与人造毛皮制成的分指手套、连指手套及露指手套（税目 42.03）；

（四）第六十四章的物品；

（五）第六十五章的帽件及其零件；或

（六）第九十五章的物品（例如，玩具、游戏品及运动用品）。

三、税目 43.03 包括加有其他材料缝合的毛皮和毛皮部分品，以及缝合成衣服、衣服部分品、衣着附件或其他制品的毛皮和毛皮部分品。

四、以毛皮或人造毛皮衬里或作面（仅饰边的除外）的衣服及衣着附件（不包括注释二所述的货品），应分别归入税目 43.03 或 43.04，但毛皮或人造毛皮仅作为装饰的除外。

五、本协调制度所称“人造毛皮”，是指以毛、发或其他纤维粘附或缝合于皮革、织物或其他材料之上而构成的仿毛皮，但不包括以机织或针织方法制得的仿毛皮（一般应归入税目 58.01 或 60.01）。

Chapter 43
Furskins and artificial fur; manufactures thereof

Chapter Notes:

1. Throughout the Nomenclature references to “furskins”, other than to raw furskins of heading 43. 01, apply to hides or skins of all animals which have been tanned or dressed with the hair or wool on.

2. This Chapter does not cover:

(a) Birdskins or parts of birdskins, with their feathers or down (heading 05. 05 or 67. 01);

(b) Raw hides or skins, with the hair or wool on, of Chapter 41 (see Note 1(c) to that Chapter);

(c) Gloves, mittens and mitts, consisting of leather and furskin or of leather and artificial fur (heading 42. 03);

(d) Articles of Chapter 64;

(e) Headgear or parts thereof of Chapter 65; or

(f) Articles of Chapter 95 (for example, toys, games, sports requisites).

3. Heading 43. 03 includes furskins and parts thereof, assembled with the addition of other materials, and furskins and parts thereof, sewn together in the form of garments or parts or accessories of garments or in the form of other articles.

4. Articles of apparel and clothing accessories (except those excluded by Note 2) lined with furskin or artificial fur or to which furskin or artificial fur is attached on the outside except as mere trimming are to be classified in heading 43. 03 or 43. 04 as the case may be.

5. Throughout the Nomenclature the expression “artificial fur” means any imitation of furskin consisting of wool, hair or other fibres gummed or sewn on to leather, woven fabric or other materials, but does not include imitation furskins obtained by weaving or knitting (generally, heading 58. 01 or 60. 01).

税则号列 HS 国际统一前6位	本国子目 7~8位	本国子目 9~10位	货品名称中英文 中文 货物名称	英文 Article Description	税费综合信息	计量单位	监管证件代码 进口	监管证件代码 出口	检验检疫类别 进口	检验检疫类别 出口	检验检疫编码	检验检疫编码对应中文名称
430110	00		整张生水貂皮（不论是否带头，尾或爪）	Raw furskins of mink, whole, with or without head, tail or paws	【最】15【普】100【暂进】10 【协亚太】12【协东盟】0【协香港】0 【协巴基斯坦】12【协智利】0【协新西兰】0 【协新加坡】0【协秘鲁】0【协哥斯达黎加】0 【协冰岛】0【协瑞士】6【协澳大利亚】0 【协韩国】7.5【协格鲁吉亚】0 【特-1】0【特-2】0 【增】10【对美加征】10【出】0【退】0	千克	A	B	P	Q	999	整张生水貂皮（不论是否带头，尾或爪）

税则号列 HS国际统一前6位	本国子目 7~8位	本国子目 9~10位	货品名称中英文 中文 货物名称	货品名称中英文 英文 Article Description	税费综合信息	计量单位	监管证件代码 进口	监管证件代码 出口	检验检疫类别 进口	检验检疫类别 出口	检验检疫编码	检验检疫编码对应中文名称
430130	00		阿斯特拉罕等羔羊的整张生毛皮（还包括喀拉科尔，波斯，印度，中国或蒙古等羔羊）	Raw furskins of lamb, the following: Astrakhan, Broadtail, Caracul, Persian and similar lamb, Indian, Chinese, Mongolian or Tibetan lamb, whole, with or without head, tail or paws	【最】20【普】90 【协东盟】0【协香港】0【协智利】0 【协新西兰】0【协新加坡】0【协秘鲁】0 【协哥斯达黎加】0【协冰岛】0【协瑞士】8 【协澳大利亚】0【协韩国】13.3【协格鲁吉亚】0 【特-1】0【特-2】0 【增】10【出】0【退】0	千克	A	B	P	Q	101 102	阿斯特拉罕等羔羊的整张生毛皮（还包括喀拉科尔，波斯，印度，中国或蒙古等羔羊）（绵羊皮） 阿斯特拉罕等羔羊的整张生毛皮（还包括喀拉科尔，波斯，印度，中国或蒙古等羔羊）（山羊皮）
430160	00	10	整张濒危生狐皮（不论是否带头、尾或爪）	Raw furskins of endangered fox, whole (with or without head, tail or paws)	【最】20【普】100【暂进】10 【协亚太】14【协东盟】0【协香港】0 【协智利】0【协新西兰】0【协新加坡】0 【协秘鲁】0【协哥斯达黎加】0【协冰岛】0 【协瑞士】8【协澳大利亚】0【协韩国】13.3 【协格鲁吉亚】0 【特-1】0【特-2】0 【增】10【出】0【退】0	千克/张	AF	EB	P	Q	999	整张濒危生狐皮（不论是否带头、尾或爪）
430160	00	90	其他整张生狐皮（不论是否带头、尾或爪）	Other raw furskins of fox, whole (with or without head, tail or paws)	【最】20【普】100【暂进】10 【协亚太】14【协东盟】0【协香港】0 【协智利】0【协新西兰】0【协新加坡】0 【协秘鲁】0【协哥斯达黎加】0【协冰岛】0 【协瑞士】8【协澳大利亚】0【协韩国】13.3 【协格鲁吉亚】0 【特-1】0【特-2】0 【增】10【出】0【退】0	千克/张	A	B	P	Q	999	其他整张生狐皮（不论是否带头、尾或爪）
430180	10	10	整张生濒危野兔皮（不论是否带头、尾或爪）	Raw furskins of endangered rabbit or hare, whole (with or without head, tail or paws)	【最】20【普】90 【协亚太】14【协东盟】0【协香港】0 【协智利】0【协新西兰】0【协新加坡】0 【协秘鲁】0【协哥斯达黎加】0【协冰岛】0 【协瑞士】8【协澳大利亚】0【协韩国】13.3 【协格鲁吉亚】0 【特-1】0【特-2】0 【增】10【出】0【退】0	千克/张	AF	EB	P	Q	999	整张生濒危野兔皮（不论是否带头、尾或爪）
430180	10	90	整张生兔皮（不论是否带头、尾或爪）	Raw furskins of rabbit or hare, whole (with or without head, tail or paws)	【最】20【普】90 【协亚太】14【协东盟】0【协香港】0 【协智利】0【协新西兰】0【协新加坡】0 【协秘鲁】0【协哥斯达黎加】0【协冰岛】0 【协瑞士】8【协澳大利亚】0【协韩国】13.3 【协格鲁吉亚】0 【特-1】0【特-2】0 【增】10【出】0【退】0	千克/张	A	B	P	Q	999	整张生兔皮（不论是否带头、尾或爪）
430180	90	10	整张的其他生濒危野生动物毛皮（不论是否带头、尾或爪，包括整张濒危生海豹皮）	Raw furskins of other endangered wild animals, whole (with or without head, tail or paws, including endangered raw sealskin)	【最】20【普】90【暂进】15 【协亚太】14【协东盟】0【协香港】0 【协智利】0【协新西兰】0【协新加坡】0 【协秘鲁】0【协哥斯达黎加】0【协冰岛】0 【协瑞士】8【协澳大利亚】0【协韩国】13.3 【协格鲁吉亚】0 【特-1】0【特-2】0 【增】10【对美加征】5【出】0【退】0	千克/张	AF	BE	P	Q	101 102 103 104	整张的其他生濒危野生动物毛皮（不论是否带头、尾或爪，包括整张濒危生海豹皮）（斑马皮） 整张的其他生濒危野生动物毛皮（不论是否带头、尾或爪，包括整张濒危生海豹皮）（野驴皮） 整张的其他生濒危野生动物毛皮（不论是否带头、尾或爪，包括整张濒危生海豹皮）（其他野生奇蹄动物皮张） 整张的其他生濒危野生动物毛皮（不论是否带头、尾或爪，包括整张濒危生海豹皮）（野猪皮）

税则号列 HS国际统一前6位	本国子目 7~8位	本国子目 9~10位	货品名称中英文 中文 货物名称	货品名称中英文 英文 Article Description	税费综合信息	计量单位	监管证件代码 进口	监管证件代码 出口	检验检疫类别 进口	检验检疫类别 出口	检验检疫编码	检验检疫编码对应中文名称
											105 ……	整张的其他生濒危野生动物毛皮（不论是否带头、尾或爪，包括整张濒危生海豹皮）（野羊皮） ……①
430180	90	90	整张的其他生毛皮（不论是否带头、尾或爪，包括整张生海豹皮）	Raw furskins of other animals, whole (with or without head, tail or paws, including raw sealskin)	【最】20【普】90【暂进】15 【协亚太】14【协东盟】0【协香港】0 【协智利】0【协新西兰】0【协新加坡】0 【协秘鲁】0【协哥斯达黎加】0【协冰岛】0 【协瑞士】8【协澳大利亚】0【协韩国】13.3 【协格鲁吉亚】0 【特-1】0【特-2】0 【增】10【对美加征】5【出】0【退】0	千克/张	A	B	P	Q	101 102 103 104 105 ……	整张的其他生毛皮（不论是否带头、尾或爪，包括整张生海豹皮）（驴皮） 整张的其他生毛皮（不论是否带头、尾或爪，包括整张生海豹皮）（骡皮） 整张的其他生毛皮（不论是否带头、尾或爪，包括整张生海豹皮）（其他饲养奇蹄动物皮张） 整张的其他生毛皮（不论是否带头、尾或爪，包括整张生海豹皮）（猪皮） 整张的其他生毛皮（不论是否带头、尾或爪，包括整张生海豹皮）（绵羊皮） ……②
430190	10		未鞣制的黄鼠狼尾	Weasel tails, not tanned nor dressed	【最】20【普】50 【协东盟】0【协香港】0【协智利】0 【协新西兰】0【协新加坡】0【协秘鲁】0 【协哥斯达黎加】0【协冰岛】0【协瑞士】8 【协澳大利亚】0【协韩国】13.3【协格鲁吉亚】0 【特-1】0【特-2】0 【增】10【出】0【退】0	千克	AF	BE	P	Q	999	未鞣制的黄鼠狼尾
430190	90	10	其他濒危野生动物未鞣头尾（加工皮货用，包括爪及其他块、片）	Heads or tails (including paws and other pieces or cuttings) of endangered wild animals, not tanned nor dressed, suitable for furriers'use	【最】20【普】90 【协东盟】0【协香港】0【协智利】0 【协新西兰】0【协新加坡】0【协秘鲁】0 【协哥斯达黎加】0【协冰岛】0【协瑞士】8 【协澳大利亚】0【协韩国】13.3【协格鲁吉亚】0 【特-1】0【特-2】0 【增】10【对美加征】10【出】0【退】0	千克	AF	BE	P	Q	999	其他濒危野生动物未鞣头尾（加工皮货用，包括爪及其他块、片）
430190	90	90	适合加工皮货用的其他未鞣头、尾（包括爪及其他块、片）	Other heads or tails (including paws and other pieces or cuttings) of animals, not tanned nor dressed, suitable for furriers'use	【最】20【普】90 【协东盟】0【协香港】0【协智利】0 【协新西兰】0【协新加坡】0【协秘鲁】0 【协哥斯达黎加】0【协冰岛】0【协瑞士】8 【协澳大利亚】0【协韩国】13.3【协格鲁吉亚】0 【特-1】0【特-2】0 【增】10【对美加征】10【出】0【退】0	千克	A	B	P	Q	999	适合加工皮货用的其他未鞣头、尾（包括爪及其他块、片）

① 该税号项下检验检疫编码及对应中文名称尚有：106　整张的其他生濒危野生动物毛皮（不论是否带头、尾或爪，包括整张濒危生海豹皮）（野骆驼皮），107　整张的其他生濒危野生动物毛皮（不论是否带头、尾或爪，包括整张濒危生海豹皮）（野鹿皮），108　整张的其他生濒危野生动物毛皮（不论是否带头、尾或爪，包括整张濒危生海豹皮）（其他野生偶蹄动物皮张），109　整张的其他生濒危野生动物毛皮（不论是否带头、尾或爪，包括整张濒危生海豹皮）（其他禽鸟皮），110　整张的其他生濒危野生动物毛皮（不论是否带头、尾或爪，包括整张濒危生海豹皮）（象皮），111　整张的其他生濒危野生动物毛皮（不论是否带头、尾或爪，包括整张濒危生海豹皮）（袋鼠皮），112　整张的其他生濒危野生动物毛皮（不论是否带头、尾或爪，包括整张濒危生海豹皮）（海豹皮），113　整张的其他生濒危野生动物毛皮（不论是否带头、尾或爪，包括整张濒危生海豹皮）（鳄鱼皮），114　整张的其他生濒危野生动物毛皮（不论是否带头、尾或爪，包括整张濒危生海豹皮）（蜥蜴皮），115　整张的其他生濒危野生动物毛皮（不论是否带头、尾或爪，包括整张濒危生海豹皮）（蛇皮），116　整张的其他生濒危野生动物毛皮（不论是否带头、尾或爪，包括整张濒危生海豹皮）（蟒蛇皮），117　整张的其他生濒危野生动物毛皮（不论是否带头、尾或爪，包括整张濒危生海豹皮）（未列出的其他动物皮张）。

② 该税号项下检验检疫编码及对应中文名称尚有：106　整张的其他生毛皮（不论是否带头、尾或爪，包括整张生海豹皮）（山羊皮），107　整张的其他生毛皮（不论是否带头、尾或爪，包括整张生海豹皮）（骆驼皮），108　整张的其他生毛皮（不论是否带头、尾或爪，包括整张生海豹皮）（鹿皮），109　整张的其他生毛皮（不论是否带头、尾或爪，包括整张生海豹皮）（其他饲养偶蹄动物皮张），110　整张的其他生毛皮（不论是否带头、尾或爪，包括整张生海豹皮）（鸡、鸭、鹅皮），111　整张的其他生毛皮（不论是否带头、尾或爪，包括整张生海豹皮）（兔皮），112　整张的其他生毛皮（不论是否带头、尾或爪，包括整张生海豹皮）（未列出的其他动物皮张）。

税则号列			货品名称中英文		税费综合信息	计量单位	监管证件代码		检验检疫类别		检验检疫编码	检验检疫编码对应中文名称
HS国际统一前6位	本国子目 7~8位	9~10位	中文 货物名称	英文 Article Description			进口	出口	进口	出口		
430211	00		已鞣未缝制的整张水貂皮（不论是否带头、尾或爪）	Whole furskins of mink, tanned or dressed, unassembled, with or without head, tail or paws	【最】12【普】130 【协亚太】8.4【协东盟】0【协香港】0 【协巴基斯坦】6【协智利】0【协新西兰】0 【协新加坡】0【协秘鲁】0【协哥斯达黎加】0 【协冰岛】0【协瑞士】4.8【协澳大利亚】0 【协韩国】6【协格鲁吉亚】0 【特-1】0【特-2】0 【增】16【对美加征】10【出】0【退】6	千克/张					999	已鞣未缝制的整张水貂皮（不论是否带头、尾或爪）
430219	10	10	已鞣未缝制的濒危狐皮（兰狐皮、银狐皮除外）	Furskins of endangered fox, tanned or dressed, unassembled (other than furskins of blue fox or silver fox)	【最】10【普】130 【协亚太】7【协东盟】0【协香港】0 【协巴基斯坦】5【协智利】0【协新西兰】0 【协秘鲁】0【协哥斯达黎加】0【协冰岛】0 【协瑞士】0【协澳大利亚】0【协韩国】5 【协格鲁吉亚】0 【特-1】0【特-2】0 【增】16【对美加征】10【出】0【退】0	千克/张	F	E			999	已鞣未缝制的濒危狐皮（兰狐皮、银狐皮除外）
430219	10	20	已鞣未缝制的兰狐皮、银狐皮	Furskins of blue fox or silver fox, tanned or dressed, unassembled	【最】10【普】130 【协亚太】7【协东盟】0【协香港】0 【协巴基斯坦】5【协智利】0【协新西兰】0 【协秘鲁】0【协哥斯达黎加】0【协冰岛】0 【协瑞士】0【协澳大利亚】0【协韩国】5 【协格鲁吉亚】0 【特-1】0【特-2】0 【增】16【对美加征】10【出】0【退】6	千克/张					999	已鞣未缝制的兰狐皮、银狐皮
430219	10	90	已鞣未缝制的其他贵重濒危动物毛（灰鼠皮、白鼬皮、其他貂皮、水獭皮、旱獭皮、猞猁皮）	Furskins of other precious endangered animals(grey squirrel、ermine、other marten、fox, otter、marmot and lynx) tanned or dressed, assembled	【最】10【普】130 【协亚太】7【协东盟】0【协香港】0 【协巴基斯坦】5【协智利】0【协新西兰】0 【协秘鲁】0【协哥斯达黎加】0【协冰岛】0 【协瑞士】0【协澳大利亚】0【协韩国】5 【协格鲁吉亚】0 【特-1】0【特-2】0 【增】16【对美加征】10【出】0【退】0	千克/张	F	E			999	已鞣未缝制的其他贵重濒危动物毛皮（灰鼠皮、白鼬皮、其他貂皮、水獭皮、旱獭皮、猞猁皮）
430219	20	10	已鞣未缝制的整张濒危野兔皮（不论是否带头、尾或爪）	Furskins of endangered rabbit and hare, whole, tanned or dressed, unassembled, with or without head, tail or paws	【最】10【普】100 【协东盟】0【协香港】0【协巴基斯坦】5 【协智利】0【协新西兰】0【协秘鲁】0 【协哥斯达黎加】0【协冰岛】0【协瑞士】0 【协澳大利亚】0【协韩国】5【协格鲁吉亚】0 【特-1】0【特-2】0【特-3】0 【增】16【出】0【退】0	千克/张	F	E			999	已鞣未缝制的整张濒危野兔皮（不论是否带头、尾或爪）
430219	20	90	已鞣未缝制的整张兔皮（不论是否带头、尾或爪）	Furskins of rabbit and hare, whole, tanned or dressed, unassembled, with or without head, tail or paws	【最】10【普】100 【协东盟】0【协香港】0【协巴基斯坦】5 【协智利】0【协新西兰】0【协秘鲁】0 【协哥斯达黎加】0【协冰岛】0【协瑞士】0 【协澳大利亚】0【协韩国】5【协格鲁吉亚】0 【特-1】0【特-2】0【特-3】0 【增】16【出】0【退】6	千克/张					999	已鞣未缝制的整张兔皮（不论是否带头、尾或爪）
430219	30		已鞣未缝制阿斯特拉罕等羔羊皮（还包括喀拉科尔，波斯，印度，中国或蒙古羔羊皮）	Furskins of lamb, the following: Astrakhan, Broadtail, Caracul, Persian and similar lamb, Indian, Chinese, Mongolian or Tibetan lamb, tanned or dressed, unassembled	【最】20【普】100 【协东盟】0【协香港】0【协智利】0 【协新西兰】0【协新加坡】0【协秘鲁】0 【协哥斯达黎加】0【协瑞士】8【协澳大利亚】0 【协韩国】13.3【协格鲁吉亚】0 【特-1】0【特-2】0【特-3】0 【增】16【出】0【退】6	千克/张					999	已鞣未缝制阿斯特拉罕等羔羊皮（还包括喀拉科尔，波斯，印度，中国或蒙古羔羊皮）
430219	90	10	已鞣未缝制其他濒危野生动物毛皮	Furskins of other endangered wild animals, tanned or dressed, unassembled	【最】10【普】100 【协东盟】0【协香港】0【协智利】0 【协新西兰】0【协秘鲁】0【协哥斯达黎加】0 【协冰岛】0【协瑞士】0【协澳大利亚】0 【协韩国】5【协格鲁吉亚】0 【特-1】0【特-2】0【特-3】0 【增】16【对美加征】10【出】0【退】0	千克/张	F	E			999	已鞣未缝制其他濒危野生动物毛皮
430219	90	90	已鞣未缝制的其他毛皮	Other furskins of other animals, tanned or dressed, unassembled	【最】10【普】100 【协东盟】0【协香港】0【协智利】0 【协新西兰】0【协秘鲁】0【协哥斯达黎加】0 【协冰岛】0【协瑞士】0【协澳大利亚】0 【协韩国】5【协格鲁吉亚】0 【特-1】0【特-2】0【特-3】0 【增】16【对美加征】10【出】0【退】6	千克/张					999	已鞣未缝制的其他毛皮

税则号列			货品名称中英文		税费综合信息	计量单位	监管证件代码		检验检疫类别		检验检疫编码	检验检疫编码对应中文名称
HS 国际统一前6位	本国子目 7~8位	本国子目 9~10位	中文 货物名称	英文 Article Description			进口	出口	进口	出口		
430220	00	10	已鞣未缝濒危野生动物头、尾、爪等（包括块、片）	Heads, tails, paws and other pieces or cuttings, of endangered wild animals, tanned or dressed, unassembled	【最】20【普】100 【协东盟】0【协香港】0【协智利】0 【协新西兰】0【协新加坡】0【协秘鲁】0 【协哥斯达黎加】0【协冰岛】0【协瑞士】8 【协澳大利亚】0【协韩国】13.3【协格鲁吉亚】0 【特-1】0【特-2】0 【增】16【对美加征】10【出】0【退】0	千克	F	E			999	已鞣未缝濒危野生动物头、尾、爪等（包括块、片）
430220	00	90	已鞣未缝制的头、尾、爪及其他块片	Tanned or dressed heads, tails, paws and other pieces or cuttings of other animals, unassembled	【最】20【普】100 【协东盟】0【协香港】0【协智利】0 【协新西兰】0【协新加坡】0【协秘鲁】0 【协哥斯达黎加】0【协冰岛】0【协瑞士】8 【协澳大利亚】0【协韩国】13.3【协格鲁吉亚】0 【特-1】0【特-2】0 【增】16【对美加征】10【出】0【退】6	千克					999	已鞣未缝制的头、尾、爪及其他块片
430230	10	10	已鞣已缝制貂皮、狐皮及其块、片（兰狐、银狐、水貂、艾虎的整张毛皮及块、片除外）	Whole skins and pieces or cuttings thereof, of marten or fox, tanned or dressed, assembled (other than of blue fox, silver fox, mink, fitch)	【最】20【普】130 【协东盟】0【协香港】0【协智利】0 【协新西兰】0【协新加坡】0【协秘鲁】0 【协哥斯达黎加】0【协冰岛】0【协瑞士】8 【协澳大利亚】0【协韩国】13.3【协格鲁吉亚】0 【特-1】0【特-2】0 【增】16【出】0【退】6	千克	F	E			999	已鞣已缝制貂皮、狐皮及其块、片（兰狐、银狐、水貂、艾虎的整张毛皮及块、片除外）
430230	10	90	已鞣已缝制的贵重濒危动物毛皮及其块、片（灰鼠皮、白鼬皮、其他貂皮、水獭皮、旱獭皮、猞猁皮及块、片）	Whole skins and pieces or cuttings thereof of endangered precious animal, tanned or dressed, assembled (of grey squirrel, ermine, other marten, fox, otter, marmot and lynx)	【最】20【普】130 【协东盟】0【协香港】0【协智利】0 【协新西兰】0【协新加坡】0【协秘鲁】0 【协哥斯达黎加】0【协冰岛】0【协瑞士】8 【协澳大利亚】0【协韩国】13.3【协格鲁吉亚】0 【特-1】0【特-2】0 【增】16【出】0【退】0	千克	F	E			999	已鞣已缝制的贵重濒危动物毛皮及其块、片（灰鼠皮、白鼬皮、其他貂皮、水獭皮、旱獭皮、猞猁皮及块、片）
430230	90	10	已鞣缝的其他整张濒危野生毛皮（包括块、片）	Whole skins and pieces or cuttings thereof, of other endangered wild animals, tanned or dressed, assembled	【最】20【普】100 【协东盟】0【协香港】0【协智利】0 【协新西兰】0【协新加坡】0【协秘鲁】0 【协哥斯达黎加】0【协瑞士】8【协澳大利亚】0 【协韩国】13.3【协格鲁吉亚】0 【特-1】0【特-2】0 【增】16【出】0【退】0	千克	F	E			999	已鞣缝的其他整张濒危野生毛皮（包括块、片）
430230	90	90	已鞣已缝制的其他整张毛皮及块片	Whole skins and pieces or cuttings thereof, of other animals, tanned or dressed, assembled	【最】20【普】100 【协东盟】0【协香港】0【协智利】0 【协新西兰】0【协新加坡】0【协秘鲁】0 【协哥斯达黎加】0【协瑞士】8【协澳大利亚】0 【协韩国】13.3【协格鲁吉亚】0 【特-1】0【特-2】0 【增】16【出】0【退】6	千克					999	已鞣已缝制的其他整张毛皮及块片
430310	10	10	濒危野生动物毛皮衣服【电商】①	Articles of apparel of endangered wild animals	【最】10【普】150 【协东盟】0【协香港】0【协智利】0 【协新西兰】0【协新加坡】0【协秘鲁】0 【协哥斯达黎加】0【协瑞士】9.2 【协澳大利亚】0【协韩国】17.2 【协格鲁吉亚】0 【特亚太】4.5【特-1】0【特-2】0 【增】16【对美加征】10【出】0【退】0	千克/件	F	E			999	濒危野生动物毛皮衣服
430310	10	90	其他毛皮衣服【电商】②	Articles of apparel of other animals	【最】10【普】150 【协东盟】0【协香港】0【协智利】0 【协新西兰】0【协新加坡】0【协秘鲁】0 【协哥斯达黎加】0【协瑞士】9.2 【协澳大利亚】0【协韩国】17.2 【协格鲁吉亚】0 【特亚太】4.5【特-1】0【特-2】0 【增】16【对美加征】10【出】0【退】13	千克/件					999	其他毛皮衣服

① 列入《进出口野生动植物种商品目录》的商品除外。

② 列入《进出口野生动植物种商品目录》的商品除外。

税则号列			货品名称中英文		税费综合信息	计量单位	监管证件代码		检验检疫类别		检验检疫编码	检验检疫编码对应中文名称
HS 国际统一前6位	本国子目 7~8位	本国子目 9~10位	中文 货物名称	英文 Article Description			进口	出口	进口	出口		
430310	20	10	濒危野生动物毛皮衣着附件	Clothing accessories of endangered wild animals	【最】10【普】150 【协东盟】0【协香港】0【协智利】0 【协新西兰】0【协新加坡】0【协秘鲁】0 【协哥斯达黎加】0【协瑞士】7.2 【协澳大利亚】0【协韩国】9【协格鲁吉亚】0 【特亚太】5.5【特-1】0【特-2】0 【增】16【对美加征】10【出】0【退】0	千克	F	E			999	濒危野生动物毛皮衣着附件
430310	20	90	其他毛皮衣着附件	Clothing accessories of other animals	【最】10【普】150 【协东盟】0【协香港】0【协智利】0 【协新西兰】0【协新加坡】0【协秘鲁】0 【协哥斯达黎加】0【协瑞士】7.2 【协澳大利亚】0【协韩国】9【协格鲁吉亚】0 【特亚太】5.5【特-1】0【特-2】0 【增】16【对美加征】10【出】0【退】13	千克					999	其他毛皮衣着附件
430390	00	10	濒危野生动物毛皮制其他物品 【电商】①	Other articles of furskin of endangered wild animals	【最】10【普】150 【协东盟】0【协香港】0【协巴基斯坦】14.4 【协智利】0【协新西兰】0【协新加坡】0 【协秘鲁】0【协哥斯达黎加】0【协瑞士】7.2 【协澳大利亚】0【协韩国】9【协格鲁吉亚】0 【特亚太】5.5【特-1】0【特-2】0 【增】16【对美加征】10【出】0【退】0	千克	F	E			999	濒危野生动物毛皮制其他物品
430390	00	90	其他毛皮制物品 【电商】②	Other articles of furskin of other animals	【最】10【普】150 【协东盟】0【协香港】0【协巴基斯坦】14.4 【协智利】0【协新西兰】0【协新加坡】0 【协秘鲁】0【协哥斯达黎加】0【协瑞士】7.2 【协澳大利亚】0【协韩国】9【协格鲁吉亚】0 【特亚太】5.5【特-1】0【特-2】0 【增】16【对美加征】10【出】0【退】13	千克					999	其他毛皮制物品
430400	10		人造毛皮	Artificial fur	【最】10【普】130 【协东盟】0【协香港】0【协智利】0 【协新西兰】0【协新加坡】0【协秘鲁】0 【协哥斯达黎加】0【协瑞士】7.2 【协澳大利亚】0【协韩国】9【协格鲁吉亚】0 【特亚太】6【特-1】0【特-2】0 【增】16【出】0【退】13	千克					999	人造毛皮
430400	20		人造毛皮制品 【电商】	Articles of artificial fur	【最】10【普】150 【协东盟】0【协香港】0【协巴基斯坦】0 【协智利】0【协新西兰】0【协新加坡】0 【协秘鲁】1.8【协哥斯达黎加】0【协瑞士】7.2 【协澳大利亚】0【协韩国】9【协格鲁吉亚】0 【特亚太】6【特-1】0【特-2】0 【增】16【对美加征】10【出】0【退】13	千克					101 102	人造毛皮制品（其他装饰用纺织制品） 人造毛皮制品（其他纺织制品）

① 列入《进出口野生动植物种商品目录》的商品除外。

② 列入《进出口野生动植物种商品目录》的商品除外。

第　九　类
木及木制品；木炭；软木及软木制品；稻草、秸秆、针茅或其他编结材料制品；篮筐及柳条编结品

SECTION IX
WOOD AND ARTICLES OF WOOD; WOOD CHARCOAL; CORK AND ARTICLES OF CORK; MANUFACTURES OF STRAW, OF ESPARTO OR OF OTHER PLAITING MATERIALS; BASKETWARE AND WICKERWORK

第四十四章
木及木制品；木炭

注释：

一、本章不包括：

（一）主要作香料、药料、杀虫、杀菌或类似用途的木片、刨花、碎木、木粒或木粉（税目12.11）；

（二）竹或主要作编结用的其他木质材料，呈原木状，不论是否经劈开、纵锯或切段（税目14.01）；

（三）主要作染料或鞣料用的木片、刨花、木粒或木粉（税目14.04）；

（四）活性炭（税目38.02）；

（五）税目42.02的物品；

（六）第四十六章的货品；

（七）第六十四章的鞋靴及其零件；

（八）第六十六章的货品（例如，伞、手杖及其零件）；

（九）税目68.08的货品；

（十）税目71.17的仿首饰；

（十一）第十六类或第十七类的货品（例如，机器零件，机器及器具的箱、罩、壳，车辆部件）；

（十二）第十八类的货品（例如，钟壳、乐器及其零件）；

（十三）火器的零件（税目93.05）；

（十四）第九十四章的物品（例如，家具、灯具及照明装置、活动房屋）；

（十五）第九十五章的物品（例如，玩具、游戏品及运动用品）；

（十六）第九十六章的物品（例如，烟斗及其零件、纽扣、铅笔、独脚架、双脚架、三脚架及类似品），但税目96.03所列物品的木身及木柄除外；或

（十七）第九十七章的物品（例如，艺术品）。

二、本章所称“强化木”，是指经过化学或物理方法处理（对于多层黏合木材，其处理应超出一般黏合需要），从而增加了密度或硬度并改善了机械强度、抗化学或抗电性能的木材。

Chapter 44
Wood and articles of wood; wood charcoal

Chapter Notes:

1. This Chapter does not cover:

(a) Wood, in chips, in shavings, crushed, ground or powdered, of a kind used primarily in perfumery, in pharmacy, or for insecticidal, fungicidal or similar purposes (heading 12.11);

(b) Bamboos or other materials of a woody nature of a kind used primarily for plaiting, in the rough, whether or not split, sawn lengthwise or cut to length (heading 14.01);

(c) Wood, in chips, in shavings, ground or powdered, of a kind used primarily in dyeing or in tanning (heading 14.04);

(d) Activated charcoal (heading 38.02);

(e) Articles of heading 42.02;

(f) Goods of Chapter 46;

(g) Footwear or parts thereof of Chapter 64;

(h) Goods of Chapter 66 (for example, umbrellas and walking-sticks and parts thereof);

(ij) Goods of heading 68.08;

(k) Imitation jewellery of heading 71.17;

(l) Goods of Section XVI or Section XVII (for example, machine parts, cases, covers, cabinets for machines and apparatus and wheelwrights' wares);

(m) Goods of Section XVIII (for example, clock cases and musical instruments and parts thereof);

(n) Parts of firearms (heading 93.05);

(o) Articles of Chapter 94 (for example, furniture, lamps and lighting fittings, prefabricated buildings);

(p) Articles of Chapter 95 (for example, toys, games, sports requisites);

(q) Articles of Chapter 96 (for example, smoking pipes and parts thereof, buttons, pencils, and monopods, bipods, tripods and similar articles) excluding bodies and handles, of wood, for articles of heading 96.03; or

(r) Articles of Chapter 97 (for example, works of art).

2. In this Chapter, the expression "densified wood" means wood which has been subjected to chemical or physical treatment (being, in the case of layers bonded together, treatment in excess of that needed to ensure a good bond), and which has thereby acquired increased density or hardness together with improved mechanical strength or resist-

ance to chemical or electrical agencies.

三、税目44.14至44.21适用于碎料板或类似木质材料板、纤维板、层压板或强化木的制品。

3. Headings 44.14 to 44.21 apply to articles of the respective descriptions of particle board or similar board, fibreboard, laminated wood or densified wood as they apply to such articles of wood.

四、税目44.10、44.11或44.12的产品，可以加工成税目44.09所述的各种形状，也可以加工成弯曲、瓦楞、多孔或其他形状（正方形或矩形除外），以及经其他任何加工，但未具有其他税号所列制品的特性。

4. Products of heading 44.10, 44.11 or 44.12 may be worked to form the shapes provided for in respect of the goods of heading 44.09, curved, corrugated, perforated, cut or formed to shapes other than square or rectangular or submitted to any other operation provided it does not give them the character of articles of other headings.

五、税目44.17不包括装有第八十二章注释一所述材料制成的刀片、工作刃、工作面或其他工作部件的工具。

5. Heading 44.17 does not apply to tools in which the blade, working edge, working surface or other working part is formed by any of the materials specified in Note 1 to Chapter 82.

六、除上述注释一及其他条文另有规定的以外，本章税号中所称"木"，也包括竹及其他木质材料。

6. Subject to Note 1 above and except where the context otherwise requires, any reference to "wood" in a heading of this Chapter applies also to bamboos and other materials of a woody nature.

子目注释：

一、子目4401.31所称"木屑棒"是指由木材加工业、家具制造业及其他木材加工活动中产生的副产品（例如，刨花、锯末及碎木片）直接压制而成或加入按重量计不超过3%的黏合剂后黏聚而成的产品。此类产品呈圆柱状，其直径不超过25毫米，长度不超过100毫米。

Subheading Notes:

1. For the purposes of Subheading 4401.31, the expression "wood pellets" means by-products such as cutter shavings, sawdust or chips, of the mechanical wood processing industry, furniture-making industry or other wood transformation activities, which have been agglomerated either directly by compression or by the addition of a binder in a proportion not exceeding 3% by weight. Such pellets are cylindrical, with a diameter not exceeding 25mm and a length not exceeding 100mm.

税则号列			货品名称中英文		税费综合信息	计量单位	监管证件代码		检验检疫类别		检验检疫编码	检验检疫编码对应中文名称
HS国际统一前6位	本国子目7~8位	9~10位	中文货物名称	英文 Article Description			进口	出口	进口	出口		
440111	00		针叶木薪柴	Coniferous	【最】0【普】70【特-1】0【特-2】0【特-3】0【增】16【出】0【退】0	千克	A	B	P	Q	999	针叶木薪柴（圆木段，块，枝，成捆或类似形状）
440112	00		非针叶木薪柴	Non-coniferous	【最】0【普】70【特-1】0【特-2】0【特-3】0【增】16【对美加征】10【出】0【退】0	千克	A	B	P	Q	999	非针叶木薪柴（圆木段，块，枝，成捆或类似形状）
440121	00	10	濒危针叶木木片或木粒	Endangered coniferous wood in chips or particles	【最】0【普】8【特-1】0【特-2】0【特-3】0【增】16【对美加征】10【出】0【退】0	千克	AF	BE	P	Q	999	濒危针叶木木片或木粒
440121	00	90	其他针叶木木片或木粒	Other coniferous wood in chips or particles	【最】0【普】8【特-1】0【特-2】0【特-3】0【增】16【对美加征】10【出】0【退】0	千克	A	B	P	Q	999	其他针叶木木片或木粒
440122	00	10	濒危非针叶木木片或木粒	Endangered non-coniferous wood in chips or particles	【最】0【普】8【特-1】0【特-2】0【特-3】0【增】16【对美加征】10【出】0【退】0	千克	AF	BE	P	Q	999	濒危非针叶木木片或木粒
440122	00	90	其他非针叶木木片或木粒	Other non-coniferous wood chips or particles of	【最】0【普】8【特-1】0【特-2】0【特-3】0【增】16【对美加征】10【出】0【退】0	千克	A	B	P	Q	999	其他非针叶木木片或木粒
440131	00		木屑棒	Wood pellets	【最】0【普】8【特-1】0【特-2】0【特-3】0【增】16【对美加征】25【出】0【退】0	千克	A	B	MP	Q	999	木屑棒

税则号列			货品名称中英文		税费综合信息	计量单位	监管证件代码		检验检疫类别		检验检疫编码	检验检疫编码对应中文名称
HS 国际统一前6位	本国子目 7~8位	9~10位	中文 货物名称	英文 Article Description			进口	出口	进口	出口		
440139	00		其他锯末、木废料及碎片（粘结成圆木段、块、片或类似形状）	Other sawdust and wood waste and scrap, whether or not agglomerated in logs, briquettes, pellets or similar forms, other than wood pellets	【最】0【普】8【特-1】0【特-2】0【特-3】0 【增】16【对美加征】25【出】0【退】0	千克	A	B	MP	Q	102	其他锯末、木废料及碎片（粘结成圆木段、块、片或类似形状）（木废料）
440140	00		锯末、木废料及碎片（未粘结成圆木段、块、片或类似形状）	Sawdust and wood waste and sctap, whether or not agglomerated in logs, briquettes, pellets or similar	【最】0【普】8【特-1】0【特-2】0【特-3】0 【增】16【对美加征】10【出】0【退】0	千克	A	B	MP	Q	999	锯末、木废料及碎片（未粘结成圆木段、块、片或类似形状）
440210	00		竹炭	Wood charcoal, of bamboo	【最】6【普】70 【协东盟】0【协巴基斯坦】5【协智利】0 【协新西兰】0【协新加坡】0【协秘鲁】0 【协哥斯达黎加】0【协冰岛】0【协瑞士】4.2 【协澳大利亚】0【协韩国】5.2【协香港】0 【协澳门】0 【特-1】0【特-2】0 【增】16【出】0【退】0	千克					999	竹炭
440290	00	10	以木材为原料直接烧制的木炭	Wood charcoal, directly burnt from wood	【最】6【普】70 【协东盟】0【协巴基斯坦】5【协智利】0 【协新西兰】0【协新加坡】0【协秘鲁】0 【协哥斯达黎加】0【协冰岛】0【协瑞士】4.2 【协澳大利亚】0【协韩国】5.2【协香港】0 【协澳门】0 【特-1】0【特-2】0 【增】16【对美加征】10【出】0【退】0	千克		8			999	以木材为原料直接烧制的木炭
440290	00	90	其他木炭（包括果壳炭及果核炭，不论是否结块）	Other wood charcoal (including shell or nut charcoal, whether or not agglomerated)	【最】6【普】70 【协东盟】0【协巴基斯坦】5【协智利】0 【协新西兰】0【协新加坡】0【协秘鲁】0 【协哥斯达黎加】0【协冰岛】0【协瑞士】4.2 【协澳大利亚】0【协韩国】5.2【协香港】0 【协澳门】0 【特-1】0【特-2】0 【增】16【对美加征】10【出】0【退】0	千克					999	其他木炭（包括果壳炭及果核炭，不论是否结块）
440311	00	10	油漆，着色剂等处理的红豆杉原木（包括用杂酚油或其他防腐剂处理）	Rough wood of taxaceae, treated with paint, stains, creosote or other preservatives	【最】0【普】8【特-1】0【特-2】0【特-3】0 【增】10【对美加征】10【出】0【退】0	千克/立方米	AF	8	MP	Q	999	油漆，着色剂等处理的红豆杉原木（包括用杂酚油或其他防腐剂处理）
440311	00	20	油漆，着色剂等处理的其他濒危针叶木原木（包括用杂酚油或其他防腐剂处理）	Other endangered rough wood of coniferous, treated with paint, stains, creosote or other preservatives	【最】0【普】8【特-1】0【特-2】0【特-3】0 【增】10【对美加征】10【出】0【退】0	千克/立方米	AF	8	MP	Q	999	油漆，着色剂等处理的其他濒危针叶木原木（包括用杂酚油或其他防腐剂处理）
440311	00	90	其他油漆，着色剂等处理的针叶木原木（包括用杂酚油或其他防腐剂处理）	Other rough wood of coniferous, treated with paint, stains, creosote or other preservatives	【最】0【普】8【特-1】0【特-2】0【特-3】0 【增】10【对美加征】10【出】0【退】0	千克/立方米	A	8	MP	Q	999	其他油漆，着色剂等处理的针叶木原木（包括用杂酚油或其他防腐剂处理）
440312	00	10	油漆，着色剂等处理的濒危非针叶木原木（包括用杂酚油或其他防腐剂处理）	Endangered rough wood of non-coniferous, treated with paint, stains, creosote or other preservatives	【最】0【普】8【特-1】0【特-2】0【特-3】0 【增】10【对美加征】10【出】0【退】0	千克/立方米	AF	8	MP	Q	999	油漆，着色剂等处理的濒危非针叶木原木（包括用杂酚油或其他防腐剂处理）
440312	00	90	其他油漆，着色剂等处理的非针叶木原木（包括用杂酚油或其他防腐剂处理）	Rough wood of non-coniferous, treated with paint, stains, creosote or other preservatives	【最】0【普】8【特-1】0【特-2】0【特-3】0 【增】10【对美加征】10【出】0【退】0	千克/立方米	A	8	MP	Q	999	其他油漆，着色剂等处理的非针叶木原木（包括用杂酚油或其他防腐剂处理）

税则号列 HS国际统一前6位	本国子目 7~8位	本国子目 9~10位	货品名称中英文 中文 货物名称	货品名称中英文 英文 Article Description	税费综合信息	计量单位	监管证件代码 进口	监管证件代码 出口	检验检疫类别 进口	检验检疫类别 出口	检验检疫编码	检验检疫编码对应中文名称
440321	10	10	截面尺寸在15厘米及以上的红松原木（用油漆着色剂，杂酚油或其他防腐剂处理的除外）	Korean pine rough wood (other than that treated with paint, stains, creosote or other preservatives), of which cross-sectional dimension≥15cm	【最】0【普】8【特-1】0【特-2】0【特-3】0【增】10【对美加征】10【出】0【退】0	千克/立方米	AF	8E	MP	Q	999	截面尺寸在15厘米及以上的红松原木（用油漆着色剂，杂酚油或其他防腐剂处理的除外）
440321	10	90	截面尺寸在15厘米及以上的樟子松原木（用油漆着色剂，杂酚油或其他防腐剂处理的除外）	Mongolian scotch pine rough wood (other than that treated with paint, stains, creosote or other preservatives), of which cross-sectional dimension ≥ 15cm	【最】0【普】8【特-1】0【特-2】0【特-3】0【增】10【对美加征】10【出】0【退】0	千克/立方米	A	8	MP	Q	999	截面尺寸在15厘米及以上的樟子松原木（用油漆着色剂，杂酚油或其他防腐剂处理的除外）
440321	20		截面尺寸在15厘米及以上的辐射松原木（用油漆着色剂，杂酚油或其他防腐剂处理的除外）	Radiata pine	【最】0【普】8【特-1】0【特-2】0【特-3】0【增】10【出】0【退】0	千克/立方米	A	8	MP	Q	999	截面尺寸在15厘米及以上的辐射松原木（用油漆着色剂，杂酚油或其他防腐剂处理的除外）
440321	30		截面尺寸在15厘米及以上的落叶松原木（用油漆着色剂，杂酚油或其他防腐剂处理的除外）	Larch	【最】0【普】8【特-1】0【特-2】0【特-3】0【增】10【对美加征】10【出】0【退】0	千克/立方米	A	8	MP	Q	999	截面尺寸在15厘米及以上的落叶松原木（用油漆着色剂，杂酚油或其他防腐剂处理的除外）
440321	40		截面尺寸在15厘米及以上的花旗松原木（用油漆着色剂，杂酚油或其他防腐剂处理的除外）	Douglas fir	【最】0【普】8【特-1】0【特-2】0【特-3】0【增】10【对美加征】5【出】0【退】0	千克/立方米	A	8	MP	Q	999	截面尺寸在15厘米及以上的花旗松原木（用油漆着色剂，杂酚油或其他防腐剂处理的除外）
440321	90	10	截面尺寸在15厘米及以上的濒危松木原木（用油漆着色剂，杂酚油或其他防腐剂处理的除外）	Endangered pine rough wood (other than that treated with paint, stains, creosote or other preservatives), of which cross-sectional dimension≥15cm	【最】0【普】8【特-1】0【特-2】0【特-3】0【增】10【对美加征】25【出】0【退】0	千克/立方米	AF	8	MP	Q	999	截面尺寸在15厘米及以上的濒危松木原木（用油漆着色剂，杂酚油或其他防腐剂处理的除外）
440321	90	90	截面尺寸在15厘米及以上的其他松木原木（用油漆着色剂，杂酚油或其他防腐剂处理的除外）	Other pine rough wood (other than that treated with paint, stains, creosote or other preservatives), of which cross-sectional dimension ≥ 15cm	【最】0【普】8【特-1】0【特-2】0【特-3】0【增】10【对美加征】25【出】0【退】0	千克/立方米	A	8	MP	Q	999	截面尺寸在15厘米及以上的其他松木原木（用油漆着色剂，杂酚油或其他防腐剂处理的除外）
440322	10	10	截面尺寸在15厘米以下的红松原木（用油漆着色剂，杂酚油或其他防腐剂处理的除外）	Korean pine rough wood (other than that treated with paint, stains, creosote or other preservatives), of which cross-sectional dimension<15cm	【最】0【普】8【特-1】0【特-2】0【特-3】0【增】10【出】0【退】0	千克/立方米	AF	8E	MP	Q	999	截面尺寸在15厘米以下的红松原木（用油漆着色剂，杂酚油或其他防腐剂处理的除外）
440322	10	90	截面尺寸在15厘米以下的樟子松原木（用油漆着色剂，杂酚油或其他防腐剂处理的除外）	Mongolian scotch pine rough wood (other than that treated with paint, stains, creosote or other preservatives), of which cross-sectional dimension < 15cm	【最】0【普】8【特-1】0【特-2】0【特-3】0【增】10【出】0【退】0	千克/立方米	A	8	MP	Q	999	截面尺寸在15厘米以下的樟子松原木（用油漆着色剂，杂酚油或其他防腐剂处理的除外）

税则号列			货品名称中英文		税费综合信息	计量单位	监管证件代码		检验检疫类别		检验检疫编码	检验检疫编码对应中文名称
HS 国际统一前6位	本国子目 7~8位	9~10位	中文 货物名称	英文 Article Description			进口	出口	进口	出口		
440322	20		截面尺寸在15厘米以下的辐射松原木(用油漆着色剂,杂酚油或其他防腐剂处理的除外)	Radiata pine	【最】0【普】8【特-1】0【特-2】0【特-3】0【增】10【出】0【退】0	千克/立方米	A	8	MP	Q	999	截面尺寸在15厘米以下的辐射松原木(用油漆着色剂,杂酚油或其他防腐剂处理的除外)
440322	30		截面尺寸在15厘米以下的落叶松原木(用油漆着色剂,杂酚油或其他防腐剂处理的除外)	Of fir (Abies spp.) and spruce (Picea spp.), of which any cross-sectional dimension is 15 cm or more	【最】0【普】8【特-1】0【特-2】0【特-3】0【增】10【出】0【退】0	千克/立方米	A	8	MP	Q	999	截面尺寸在15厘米以下的落叶松原木(用油漆着色剂,杂酚油或其他防腐剂处理的除外)
440322	40		截面尺寸在15厘米以下的花旗松原木(用油漆着色剂,杂酚油或其他防腐剂处理的除外)	Of fir (Abies spp.) and spruce (Picea spp.), other	【最】0【普】8【特-1】0【特-2】0【特-3】0【增】10【对美加征】10【出】0【退】0	千克/立方米	A	8	MP	Q	999	截面尺寸在15厘米以下的花旗松原木(用油漆着色剂,杂酚油或其他防腐剂处理的除外)
440322	90	10	截面尺寸在15厘米以下的濒危其他松木原木(用油漆着色剂,杂酚油或其他防腐剂处理的除外)	Other endangered pine rough wood (other than that treated with paint, stains, creosote or other preservatives), of which cross-sectional dimension<15cm	【最】0【普】8【特-1】0【特-2】0【特-3】0【增】10【对美加征】10【出】0【退】0	千克/立方米	AF	8	MP	Q	999	截面尺寸在15厘米以下的濒危其他松木原木(用油漆着色剂,杂酚油或其他防腐剂处理的除外)
440322	90	90	截面尺寸在15厘米以下的其他松木原木(用油漆着色剂,杂酚油或其他防腐剂处理的除外)	Other pine rough wood (other than that treated with paint, stains, creosote or other preservatives), of which cross-sectional dimension ≥ 15cm	【最】0【普】8【特-1】0【特-2】0【特-3】0【增】10【对美加征】10【出】0【退】0	千克/立方米	A	8	MP	Q	999	截面尺寸在15厘米以下的其他松木原木(用油漆着色剂,杂酚油或其他防腐剂处理的除外)
440323	00	10	截面尺寸在15厘米及以上的濒危云杉和冷杉原木(用油漆着色剂,杂酚油或其他防腐剂处理的除外)	Endangered pine (spruce and fir) rough wood (other than that treated with paint, stains, creosote or other preservatives), of which cross-sectional dimension ≥ 15cm	【最】0【普】8【特-1】0【特-2】0【特-3】0【增】10【对美加征】10【出】0【退】0	千克/立方米	AF	8	MP	Q	999	截面尺寸在15厘米及以上的濒危云杉和冷杉原木(用油漆着色剂,杂酚油或其他防腐剂处理的除外)
440323	00	90	截面尺寸在15厘米及以上的其他云杉和冷杉原木(用油漆着色剂,杂酚油或其他防腐剂处理的除外)	Other pine (spruce and fir) rough wood (other than that treated with paint, stains, creosote or other preservatives), of which cross-sectional dimension≥15cm	【最】0【普】8【特-1】0【特-2】0【特-3】0【增】10【对美加征】10【出】0【退】0	千克/立方米	A	8	MP	Q	999	截面尺寸在15厘米及以上的其他云杉和冷杉原木(用油漆着色剂,杂酚油或其他防腐剂处理的除外)
440324	00	10	截面尺寸在15厘米以下的濒危云杉和冷杉原木(用油漆着色剂,杂酚油或其他防腐剂处理的除外)	Endangered pine (spruce and fir) rough wood (other than that treated with paint, stains, creosote or other preservatives), of which cross-sectional dimension < 15cm	【最】0【普】8【特-1】0【特-2】0【特-3】0【增】10【对美加征】10【出】0【退】0	千克/立方米	AF	8	MP	Q	999	截面尺寸在15厘米以下的濒危云杉和冷杉原木(用油漆着色剂,杂酚油或其他防腐剂处理的除外)
440324	00	90	截面尺寸在15厘米以下的其他云杉和冷杉原木(用油漆着色剂,杂酚油或其他防腐剂处理的除外)	Other pine (spruce and fir) rough wood (other than that treated with paint, stains, creosote or other preservatives), of which cross-sectional dimension<15cm	【最】0【普】8【特-1】0【特-2】0【特-3】0【增】10【对美加征】10【出】0【退】0	千克/立方米	A	8	MP	Q	999	截面尺寸在15厘米以下的其他云杉和冷杉原木(用油漆着色剂,杂酚油或其他防腐剂处理的除外)

税则号列			货品名称中英文		税费综合信息	计量单位	监管证件代码		检验检疫类别		检验检疫编码	检验检疫编码对应中文名称
HS 国际统一前6位	本国子目 7~8位	9~10位	中文 货物名称	英文 Article Description			进口	出口	进口	出口		
440325	00	10	截面尺寸在15厘米及以上的红豆杉原木（用油漆着色剂，杂酚油或其他防腐剂处理的除外）	Taxaceae pine rough wood (other than that treated with paint, stains, creosote or other preservatives), of which cross-sectional dimension ≥ 15cm	【最】0【普】8【特-1】0【特-2】0【特-3】0【增】10【对美加征】5【出】0【退】0	千克/立方米	AF	8	MP	Q	999	截面尺寸在15厘米及以上的红豆杉原木（用油漆着色剂，杂酚油或其他防腐剂处理的除外）
440325	00	20	截面尺寸在15厘米及以上的其他濒危针叶木原木（用油漆着色剂，杂酚油或其他防腐剂处理的除外）	Other endangered rough wood of coniferous (other than that treated with paint, stains, creosote or other preservatives), of which cross-sectional dimension ≥ 15cm	【最】0【普】8【特-1】0【特-2】0【特-3】0【增】10【对美加征】5【出】0【退】0	千克/立方米	AF	8	MP	Q	999	截面尺寸在15厘米及以上的其他濒危针叶木原木（用油漆着色剂，杂酚油或其他防腐剂处理的除外）
440325	00	90	截面尺寸在15厘米及以上的其他针叶木原木（用油漆着色剂，杂酚油或其他防腐剂处理的除外）	Rough wood of coniferous (other than that treated with paint, stains, creosote or other preservatives), of which cross-sectional dimension ≥ 15cm	【最】0【普】8【特-1】0【特-2】0【特-3】0【增】10【对美加征】5【出】0【退】0	千克/立方米	A	8	MP	Q	999	截面尺寸在15厘米及以上的其他针叶木原木（用油漆着色剂，杂酚油或其他防腐剂处理的除外）
440326	00	10	截面尺寸在15厘米以下的红豆杉原木（用油漆着色剂，杂酚油或其他防腐剂处理的除外）	Taxaceae pine rough wood (other than that treated with paint, stains, creosote or other preservatives), of which cross-sectional dimension < 15cm	【最】0【普】8【特-1】0【特-2】0【特-3】0【增】10【对美加征】10【出】0【退】0	千克/立方米	AF	8	MP	Q	999	截面尺寸在15厘米以下的红豆杉原木（用油漆着色剂，杂酚油或其他防腐剂处理的除外）
440326	00	20	截面尺寸在15厘米以下的其他濒危针叶木原木（用油漆着色剂，杂酚油或其他防腐剂处理的除外）	Other endangered rough wood of coniferous (other than that treated with paint, stains, creosote or other preservatives), of which cross-sectional dimension<15cm	【最】0【普】8【特-1】0【特-2】0【特-3】0【增】10【对美加征】10【出】0【退】0	千克/立方米	AF	8	MP	Q	999	截面尺寸在15厘米以下的其他濒危针叶木原木（用油漆着色剂，杂酚油或其他防腐剂处理的除外）
440326	00	90	截面尺寸在15厘米以下的其他针叶木原木（用油漆着色剂，杂酚油或其他防腐剂处理的除外）	Other rough wood of coniferous (other than that treated with paint, stains, creosote or other preservatives), of which cross-sectional dimension < 15cm	【最】0【普】8【特-1】0【特-2】0【特-3】0【增】10【对美加征】10【出】0【退】0	千克/立方米	A	8	MP	Q	999	截面尺寸在15厘米以下的其他针叶木原木（用油漆着色剂，杂酚油或其他防腐剂处理的除外）
440341	00		其他红柳桉木原木（指深红色红柳桉木，浅红色红柳桉木及巴栲红色红柳桉木）	Other Dark Red Meranti, Light Red Meranti and Meranti Bakau rough wood	【最】0【普】8【特-1】0【特-2】0【特-3】0【增】10【出】0【退】0	千克/立方米	A	8	MP	Q	999	其他红柳桉木原木（指深红色红柳桉木，浅红色红柳桉及巴栲红色红柳桉木）
440349	10		其他柚木原木（用油漆，着色剂，杂酚油或其他防腐剂处理的除外）	Other Teak rough wood (other than that treated with paint, stains, creosote or other preservatives)	【最】0【普】35【特-1】0【特-2】0【特-3】0【增】10【出】0【退】0	千克/立方米	A	8	MP	Q	999	其他柚木原木（用油漆，着色剂，杂酚油或其他防腐剂处理的除外）
440349	20		其他奥克曼原木	Other Okoume (Aukoumed klaineana) rough wood	【最】0【普】35【特-1】0【特-2】0【特-3】0【增】10【出】0【退】0	千克/立方米	A	8	MP	Q	999	其他奥克曼原木
440349	30		其他龙脑香木、克隆原木	Other Dipterocarpus spp. Keruing rough wood	【最】0【普】35【特-1】0【特-2】0【特-3】0【增】10【出】0【退】0	千克/立方米	A	8	MP	Q	999	其他龙脑香木、克隆原木

税则号列			货品名称中英文		税费综合信息	计量单位	监管证件代码		检验检疫类别		检验检疫编码	检验检疫编码对应中文名称
HS国际统一前6位	本国子目7~8位	本国子目9~10位	中文 货物名称	英文 Article Description			进口	出口	进口	出口		
440349	40		其他山樟原木（香木）	Other Kapur(Dryobalanops spp) rough wood	【最】0【普】35【特-1】0【特-2】0【特-3】0【增】10【出】0【退】0	千克/立方米	A	8	MP	Q	999	其他山樟原木（香木）
440349	50		其他印加木原木（波罗格）	Other Intsia spp. (Mengaris) rough wood	【最】0【普】35【特-1】0【特-2】0【特-3】0【增】10【出】0【退】0	千克/立方米	A	8	MP	Q	999	其他印加木原木（波罗格）
440349	60		其他大干巴豆（门格里斯或康派斯）	Other Koompassia spp (Mengaris or Kempas) rough wood	【最】0【普】35【特-1】0【特-2】0【特-3】0【增】10【出】0【退】0	千克/立方米	A	8	MP	Q	999	其他大干巴豆（门格里斯或康派斯）
440349	70		其他异翅香木	Other Anisopter spp. rough wood	【最】0【普】35【特-1】0【特-2】0【特-3】0【增】10【出】0【退】0	千克/立方米	A	8	MP	Q	999	其他异翅香木
440349	80	10	濒危热带红木原木（用油漆着色剂，杂酚油或其他防腐剂处理的除外）	Endangered tropic rose wood(other than that treated with paint, stains, creosote or other preservatives)	【最】0【普】35【特-1】0【特-2】0【特-3】0【增】10【出】0【退】0	千克/立方米	AF	8E	MP	Q	999	濒危热带红木原木（用油漆着色剂，杂酚油或其他防腐剂处理的除外）
440349	80	90	其他热带红木原木（用油漆着色剂，杂酚油或其他防腐剂处理的除外）	Other tropic rose wood(other than that treated with paint, stains, creosote or other preservatives)	【最】0【普】35【特-1】0【特-2】0【特-3】0【增】10【出】0【退】0	千克/立方米	A	8	MP	Q	999	其他热带红木原木（用油漆着色剂，杂酚油或其他防腐剂处理的除外）
440349	90	10	南美蒺藜木（玉檀木）原木（用油漆，着色剂，杂酚油或其他防腐剂处理的除外）	Endangered tropical rough wood, specified in Subheading Note 1 to this Chapter(other than that treated with paint, stains, creosote or other preservatives)	【最】0【普】8【特-1】0【特-2】0【特-3】0【增】10【出】0【退】0	千克/立方米	AF	8E	MP	Q	101	南美蒺藜木（玉檀木）原木（用油漆，着色剂，杂酚油或其他防腐剂处理的除外）
440349	90	20	其他濒危热带原木（用油漆，着色剂，杂酚油或其他防腐剂处理的除外）	Other endangered tropic rough wood (other than that treated with paint, stains, creosote or other preservatives)	【最】0【普】8【特-1】0【特-2】0【特-3】0【增】10【出】0【退】0	千克/立方米	AF	8	MP	Q	999	其他濒危热带原木（用油漆，着色剂，杂酚油或其他防腐剂处理的除外）
440349	90	90	其他热带原木（用油漆，着色剂，杂酚油或其他防腐剂处理的除外）	Tropical rough wood, specified in subheading Note 1 to this chapter, other than that treated with paint, stains, creosote or other preservatives	【最】0【普】8【特-1】0【特-2】0【特-3】0【增】10【出】0【退】0	千克/立方米	A	8	MP	Q	101	其他热带原木（用油漆，着色剂，杂酚油或其他防腐剂处理的除外）（针叶原木）
											102	其他热带原木（用油漆，着色剂，杂酚油或其他防腐剂处理的除外）（白柳桉原木及其他柳桉原木）
											103	其他热带原木（用油漆，着色剂，杂酚油或其他防腐剂处理的除外）（羯布罗香木等原木）
											104	其他热带原木（用油漆，着色剂，杂酚油或其他防腐剂处理的除外）（安哥拉香桃花心木等原木）
											105	其他热带原木（用油漆，着色剂，杂酚油或其他防腐剂处理的除外）（其他非针叶原木）
440391	00	10	蒙古栎原木（用油漆，着色剂，杂酚油或其他防腐剂处理的除外）	Mongolia oak logs (paint, colorant, creosote or other preservative treatmentexcept)	【最】0【普】8【特-1】0【特-2】0【特-3】0【增】10【对美加征】10【出】0【退】0	千克/立方米	AF	8E	MP	Q	999	蒙古栎原木（用油漆，着色剂，杂酚油或其他防腐剂处理的除外）

税则号列 HS 国际统一前6位	本国子目 7~8位	本国子目 9~10位	货品名称中文 货物名称	货品名称英文 Article Description	税费综合信息	计量单位	监管证件代码 进口	监管证件代码 出口	检验检疫类别 进口	检验检疫类别 出口	检验检疫编码	检验检疫编码对应中文名称
440391	00	90	其他栎木（橡木）原木（用油漆，着色剂，杂酚油或其他防腐剂处理的除外）	Other oak (oak) log (paint, colorant, creosote or other preservative treatmentexcept)	【最】0【普】8【特-1】0【特-2】0【特-3】0【增】10【对美加征】10【出】0【退】0	千克/立方米	A	8	MP	Q	999	其他栎木（橡木）原木（用油漆，着色剂，杂酚油或其他防腐剂处理的除外）
440393	00		水青冈木（山毛榉木），截面尺寸在15厘米及以上	Of beech (Fagus spp.), of which any cross-sectional dimension is 15cm or more	【最】0【普】8【特-1】0【特-2】0【特-3】0【增】10【出】0【退】0	千克/立方米	A	8	MP	Q	999	水青冈木（山毛榉木），截面尺寸在15厘米及以上（用油漆，着色剂，杂酚油或其他防腐剂处理的除外）
440394	00		其他水青冈木（山毛榉木）	Of beech (Fagus spp.), other	【最】0【普】8【特-1】0【特-2】0【特-3】0【增】10【出】0【退】0	千克/立方米	A	8	MP	Q	999	其他水青冈木（山毛榉木）（用油漆，着色剂，杂酚油或其他防腐剂处理的除外）
440395	00	10	濒危的桦木，截面尺寸在15厘米及以上（用油漆，着色剂，杂酚油或其他防腐剂处理的除外）	Of endangered birch (Betula spp.), (other than that treated with paint, stains, creosote or other preservatives) of which any cross-sectional di-mension is 15cm or more	【最】0【普】8【特-1】0【特-2】0【特-3】0【增】10【对美加征】10【出】0【退】0	千克/立方米	AF	8	MP	Q	999	濒危的桦木，截面尺寸在15厘米及以上（用油漆，着色剂，杂酚油或其他防腐剂处理的除外）
440395	00	90	其他桦木，截面尺寸在15厘米及以上（用油漆，着色剂，杂酚油或其他防腐剂处理的除外）	Of other birch (Betula spp.), (other than that treated with paint, stains, creosote or other preservatives) of which any cross-sectional di-mension is 15cm or more	【最】0【普】8【特-1】0【特-2】0【特-3】0【增】10【对美加征】10【出】0【退】0	千克/立方米	A	8	MP	Q	999	其他桦木，截面尺寸在15厘米及以上（用油漆，着色剂，杂酚油或其他防腐剂处理的除外）
440396	00	10	濒危的桦木，截面尺寸在15厘米及以下（用油漆，着色剂，杂酚油或其他防腐剂处理的除外）	Of endangered birch (Betula spp.), (other than that treated with paint, stains, creosote or other preservatives) of which any cross-sectional di-mension is 15cm or less	【最】0【普】8【特-1】0【特-2】0【特-3】0【增】10【出】0【退】0	千克/立方米	AF	8	MP	Q	999	濒危的桦木，截面尺寸在15厘米及以下（用油漆，着色剂，杂酚油或其他防腐剂处理的除外）
440396	00	90	其他桦木，截面尺寸在15厘米及以下（用油漆，着色剂，杂酚油或其他防腐剂处理的除外）	Of other birch (Betula spp.), (other than that treated with paint, stains, creosote or other preservatives) of which any cross-sectional dimension is 15cm or less	【最】0【普】8【特-1】0【特-2】0【特-3】0【增】10【出】0【退】0	千克/立方米	A	8	MP	Q	999	其他桦木，截面尺寸在15厘米及以下（用油漆，着色剂，杂酚油或其他防腐剂处理的除外）
440397	00		杨木	Of poplar and aspen (Populus spp.)	【最】0【普】8【特-1】0【特-2】0【特-3】0【增】10【对美加征】10【出】0【退】0	千克/立方米	A	8	MP	Q	999	杨木（用油漆，着色剂，杂酚油或其他防腐剂处理的除外）
440398	00		桉木	Of eucalyptus (Eucalyptus spp.)	【最】0【普】8【特-1】0【特-2】0【特-3】0【增】10【对美加征】10【出】0【退】0	千克/立方米	A	8	MP	Q	999	桉木（用油漆，着色剂，杂酚油或其他防腐剂处理的除外）
440399	30	10	濒危红木原木，但税号4403.4980所列热带红木除外	Endangered rosewood logs (with paint, colorant, cresote or other preservatives except)	【最】0【普】35【特-1】0【特-2】0【特-3】0【增】10【出】0【退】0	千克/立方米	AF	8E	MP	Q	999	濒危红木原木，但税号4403.4980所列热带红木除外（用油漆，着色剂，杂酚油或其他防腐剂处理的除外）
440399	30	90	其他红木原木，但税号4403.4980所列热带红木除外	Other mahogany (paint, colorant, creosote or other preservatives except)	【最】0【普】35【特-1】0【特-2】0【特-3】0【增】10【出】0【退】0	千克/立方米	A	8	MP	Q	999	其他红木原木，但税号4403.4980所列热带红木除外（用油漆，着色剂，杂酚油或其他防腐剂处理的除外）

税则号列			货品名称中英文		税费综合信息	计量单位	监管证件代码		检验检疫类别		检验检疫编码	检验检疫编码对应中文名称
HS国际统一前6位	本国子目7~8位	本国子目9~10位	中文 货物名称	英文 Article Description			进口	出口	进口	出口		
440399	40		泡桐木原木（用油漆，着色剂，杂酚油或其他防腐剂处理的除外）	Rough wood of Kiri (Paulownia) (other than that treated with paint, stains, creosote or other preservatives)	【最】0【普】8【特-1】0【特-2】0【特-3】0【增】10【出】0【退】0	千克/立方米	A	8	P	Q	999	泡桐木原木（用油漆，着色剂，杂酚油或其他防腐剂处理的除外）
440399	50		水曲柳原木（用油漆，着色剂，杂酚油或其他防腐剂处理的除外）	Rough wood of Ash (other than that treated with paint, stains, creosote or other preservatives)	【最】0【普】8【特-1】0【特-2】0【特-3】0【增】10【出】0【退】0	千克/立方米	AF	8	MP	Q	999	水曲柳原木（用油漆，着色剂，杂酚油或其他防腐剂处理的除外）
440399	60		北美硬阔叶木	North American hard wood (including cherry, walnut, and maple)	【最】0【普】8【特-1】0【特-2】0【特-3】0【增】10【对美加征】10【出】0【退】0	千克/立方米	A	8	MP	Q	999	北美硬阔叶木
440399	80	10	其他未列名温带濒危非针叶木原木（用油漆，着色剂，杂酚油或其他防腐剂处理的除外）	Other endangered temperate non-coniferous wood, not specified (other than that treated with paint, stains, creosote or otherpreservatives)	【最】0【普】8【特-1】0【特-2】0【特-3】0【增】10【对美加征】10【出】0【退】0	千克/立方米	AF	8	MP	Q	101 102 103 104 105	其他未列名温带濒危非针叶木原木（用油漆，着色剂，杂酚油或其他防腐剂处理的除外）（加蓬榄木、非洲白梧桐木等原木） 其他未列名温带濒危非针叶木原木（用油漆，着色剂，杂酚油或其他防腐剂处理的除外）（白柳桉原木及其他柳桉原木） 其他未列名温带濒危非针叶木原木（用油漆，着色剂，杂酚油或其他防腐剂处理的除外）（羯布罗香木等原木） 其他未列名温带濒危非针叶木原木（用油漆，着色剂，杂酚油或其他防腐剂处理的除外）（安哥拉香桃花心木等原木） 其他未列名温带濒危非针叶木原木（用油漆，着色剂，杂酚油或其他防腐剂处理的除外）（其他非针叶原木）
440399	80	90	其他未列名温带非针叶木原木（用油漆，着色剂，杂酚油或其他防腐剂处理的除外）	Other temperate non-coniferous wood, not specified, other than that treated with paint, stains, creosote or other preservatives	【最】0【普】8【特-1】0【特-2】0【特-3】0【增】10【对美加征】10【出】0【退】0	千克/立方米	A	8	MP	Q	101 102 103 104 105	其他未列名温带非针叶木原木（用油漆，着色剂，杂酚油或其他防腐剂处理的除外）（加蓬榄木、非洲白梧桐木等原木） 其他未列名温带非针叶木原木（用油漆，着色剂，杂酚油或其他防腐剂处理的除外）（白柳桉原木及其他柳桉原木） 其他未列名温带非针叶木原木（用油漆，着色剂，杂酚油或其他防腐剂处理的除外）（羯布罗香木等原木） 其他未列名温带非针叶木原木（用油漆，着色剂，杂酚油或其他防腐剂处理的除外）（安哥拉香桃花心木等原木） 其他未列名温带非针叶木原木（用油漆，着色剂，杂酚油或其他防腐剂处理的除外）（其他非针叶原木）

税则号列			货品名称中英文		税费综合信息	计量单位	监管证件代码		检验检疫类别		检验检疫编码	检验检疫编码对应中文名称
HS国际统一前6位	本国子目7~8位	9~10位	中文 货物名称	英文 Article Description			进口	出口	进口	出口		
440399	90	12	沉香木及拟沉香木原木（用油漆，着色剂，杂酚油或其他防腐剂处理的除外）	Aloewood in the rough (other than that treated with paint, stains, creosote or other preservatives)	【最】0【普】8【特-1】0【特-2】0【特-3】0【增】10【对美加征】10【出】0【退】0	千克/立方米	AF	8E	MP	Q	999	沉香木及拟沉香木原木（用油漆，着色剂，杂酚油或其他防腐剂处理的除外）
440399	90	19	其他未列名濒危非针叶原木（用油漆，着色剂，杂酚油或其他防腐剂处理的除外）	Other endangered non-coniferous rough wood (not specified, other than that treated with paint, stains, creosote or other preservatives)	【最】0【普】8【特-1】0【特-2】0【特-3】0【增】10【对美加征】10【出】0【退】0	千克/立方米	AF	8E	MP	Q	101 102 103 104 105	其他未列名濒危非针叶原木（用油漆，着色剂，杂酚油或其他防腐剂处理的除外）（加蓬榄木、非洲白梧桐木等原木） 其他未列名濒危非针叶原木（用油漆，着色剂，杂酚油或其他防腐剂处理的除外）（白柳桉原木及其他柳桉原木） 其他未列名濒危非针叶原木（用油漆，着色剂，杂酚油或其他防腐剂处理的除外）（羯布罗香木等原木） 其他未列名濒危非针叶原木（用油漆，着色剂，杂酚油或其他防腐剂处理的除外）（安哥拉香桃花心木等原木） 其他未列名濒危非针叶原木（用油漆，着色剂，杂酚油或其他防腐剂处理的除外）（其他非针叶原木）
440399	90	90	其他未列名非针叶原木（用油漆，着色剂，杂酚油或其他防腐剂处理的除外）	Other non-coniferous rough wood, not specified, other than that treated with paint, stains, creosote or other preservatives	【最】0【普】8【特-1】0【特-2】0【特-3】0【增】10【对美加征】10【出】0【退】0	千克/立方米	A	8	MP	Q	101 102 103 104 105	其他未列名非针叶原木（用油漆，着色剂，杂酚油或其他防腐剂处理的除外）（加蓬榄木、非洲白梧桐木等原木） 其他未列名非针叶原木（用油漆，着色剂，杂酚油或其他防腐剂处理的除外）（白柳桉原木及其他柳桉原木） 其他未列名非针叶原木（用油漆，着色剂，杂酚油或其他防腐剂处理的除外）（羯布罗香木等原木） 其他未列名非针叶原木（用油漆，着色剂，杂酚油或其他防腐剂处理的除外）（安哥拉香桃花心木等原木） 其他未列名非针叶原木（用油漆，着色剂，杂酚油或其他防腐剂处理的除外）（其他非针叶原木）
440410	00	10	濒危针叶木的箍木等及类似品（包括木劈条，棒及类似品）	Hoopwood, split poles, wooden sticks and the like, of endangered coniferous wood	【最】6【普】50 【协东盟】0【协巴基斯坦】5【协智利】0 【协新西兰】0【协新加坡】0【协秘鲁】0 【协哥斯达黎加】0【协冰岛】0【协瑞士】0 【协澳大利亚】0【协韩国】0【协香港】0【协澳门】0 【特-1】0【特-2】0 【增】16【出】0【退】0	千克	AF	BE	P	Q	999	濒危针叶木的箍木等及类似品（包括木劈条，棒及类似品）

税则号列			货品名称中英文		税费综合信息	计量单位	监管证件代码		检验检疫类别		检验检疫编码	检验检疫编码对应中文名称
HS国际统一前6位	本国子目 7~8位	9~10位	中文 货物名称	英文 Article Description			进口	出口	进口	出口		
440410	00	90	其他针叶木的箍木等及类似品（包括木劈条，棒及类似品）	Hoopwood, split poles, wooden sticks and the like, of other coniferous wood	【最】6【普】50 【协东盟】0【协巴基斯坦】5【协智利】0 【协新西兰】0【协新加坡】0【协秘鲁】0 【协哥斯达黎加】0【协冰岛】0【协瑞士】0 【协澳大利亚】0【协韩国】0【协香港】0 【协澳门】0 【特-1】0【特-2】0 【增】16【出】0【退】0	千克	A	B	P	Q	999	其他针叶木的箍木等及类似品（包括木劈条，棒及类似品）
440420	00	10	濒危非针叶木箍木等（包括木劈条，棒及类似品）	Hoopwood, split poles, wooden sticks and the like, of endangered non-coniferous wood	【最】6【普】50 【协东盟】0【协巴基斯坦】5【协智利】0 【协新西兰】0【协新加坡】0【协秘鲁】0 【协哥斯达黎加】0【协冰岛】0【协瑞士】0 【协澳大利亚】0【协韩国】0【协香港】0 【协澳门】0 【特-1】0【特-2】0 【增】16【对美加征】10【出】0【退】0	千克	AF	BE	P	Q	999	濒危非针叶木箍木等（包括木劈条，棒及类似品）
440420	00	90	其他非针叶木箍木等（包括木劈条，棒及类似品）	Hoopwood, split poles, wooden sticks and the like, of other non-coniferous wood	【最】6【普】50 【协东盟】0【协巴基斯坦】5【协智利】0 【协新西兰】0【协新加坡】0【协秘鲁】0 【协哥斯达黎加】0【协冰岛】0【协瑞士】0 【协澳大利亚】0【协韩国】0【协香港】0 【协澳门】0 【特-1】0【特-2】0 【增】16【对美加征】10【出】0【退】0	千克	A	B	P	Q	101 102	其他非针叶木箍木等（包括木劈条，棒及类似品）（其他木制品） 其他非针叶木箍木等（包括木劈条，棒及类似品）（其他碎木料、锯末、刨花）
440500	00		木丝及木粉	Wood wool; wood flour	【最】6【普】40 【协东盟】0【协巴基斯坦】5【协智利】0 【协新西兰】0【协新加坡】0【协秘鲁】0 【协哥斯达黎加】0【协冰岛】0【协瑞士】0 【协澳大利亚】0【协韩国】0【协香港】0 【协澳门】0 【特-1】0【特-2】0【特-3】0 【增】16【对美加征】10【出】0【退】0	千克	A	B	P	Q	999	木丝及木粉
440611	00		未浸渍的铁道及电车道针叶木枕木	Railway or tramway sleepers (crossties) of coniferous, not impregnated	【最】0【普】14【特-1】0【特-2】0【特-3】0 【增】16【出】0【退】0	千克/立方米	A	4Bxy	P	Q	999	未浸渍的铁道及电车道针叶木枕木
440612	00		未浸渍的铁道及电车道非针叶木枕木	Railway or tramway sleepers (crossties) of non-coniferous, not impregnated	【最】0【普】14【特-1】0【特-2】0【特-3】0 【增】16【出】0【退】0	千克/立方米	A	4Bxy	P	Q	999	未浸渍的铁道及电车道非针叶木枕木
440691	00	10	濒危已浸渍针叶木铁道及电车道枕木	Railway or tramway sleepers (crossties) of endangered coniferous wood, impregnated	【最】0【普】14【特-1】0【特-2】0【特-3】0 【增】16【对美加征】5【出】0【退】0	千克/立方米	F	E			999	濒危已浸渍针叶木铁道及电车道枕木
440691	00	90	其他已浸渍的针叶木铁道及电车道枕木	Railway or tramway sleepers (crossties) of other coniferous wood, impregnated	【最】0【普】14【特-1】0【特-2】0【特-3】0 【增】16【对美加征】5【出】0【退】0	千克/立方米					999	其他已浸渍的针叶木铁道及电车道枕木
440692	00	10	濒危已浸渍非针叶木铁道及电车道枕木	Railway or tramway sleepers (crossties) of endangered non-coniferous wood, impregnated	【最】0【普】14【特-1】0【特-2】0【特-3】0 【增】16【出】0【退】0	千克/立方米	F	E			999	濒危已浸渍非针叶木铁道及电车道枕木
440692	00	90	其他已浸渍的非针叶木铁道及电车道枕木	Railway or tramway sleepers (crossties) of other non-coniferous wood, impregnated	【最】0【普】14【特-1】0【特-2】0【特-3】0 【增】16【出】0【退】0	千克/立方米					999	其他已浸渍的非针叶木铁道及电车道枕木
440711	10	11	端部接合的红松厚板材（经纵锯、纵切、刨切或旋切的，厚度超过6mm）	Korean pine wood, sawn or chipped lengthwise, sliced or peeled, end-jointed, of a thickness exceeding 6mm	【最】0【普】14【特-1】0【特-2】0【特-3】0 【增】16【对美加征】10【出】0【退】0	千克/立方米	AF	BE	MP	Q	999	端部接合的红松厚板材（经纵锯、纵切、刨切或旋切的，厚度超过6mm）

税则号列			货品名称中英文		税费综合信息	计量单位	监管证件代码		检验检疫类别		检验检疫编码	检验检疫编码对应中文名称
HS国际统一前6位	本国子目 7~8位	9~10位	中文 货物名称	英文 Article Description			进口	出口	进口	出口		
440711	10	19	端部接合的樟子松厚板材（经纵锯、纵切、刨切或旋切的，厚度超过6mm）	Mongolian scotch pine wood sawn or chipped lengthwise, sliced or peeled, end-jointed, of a thickness exceeding 6mm	【最】0【普】14【特-1】0【特-2】0【特-3】0【增】16【对美加征】10【出】0【退】0	千克/立方米	A	B	MP	Q	999	端部接合的樟子松厚板材（经纵锯、纵切、刨切或旋切的，厚度超过6mm）
440711	10	91	非端部接合的红松厚板材（经纵锯、纵切、刨切或旋切的，厚度超过6mm）	Korean pine and Mongolian scotch pine wood, sawn or chipped lengthwise, sliced or peeled, not end-jointed, of a thickness exceeding 6mm	【最】0【普】14【特-1】0【特-2】0【特-3】0【增】16【对美加征】10【出】0【退】0	千克/立方米	AF	4BExy	MP	Q	999	非端部接合的红松厚板材（经纵锯、纵切、刨切或旋切的，厚度超过6mm）
440711	10	99	非端部接合的樟子松厚板材（经纵锯、纵切、刨切或旋切的，厚度超过6mm）	Wood sawn or chipped lengthwise, sliced or peeled, not end jointed, of Mongolian scocth pine, of a thickness exceeding 6mm	【最】0【普】14【特-1】0【特-2】0【特-3】0【增】16【对美加征】10【出】0【退】0	千克/立方米	A	4Bxy	MP	Q	999	非端部接合的樟子松厚板材（经纵锯、纵切、刨切或旋切的，厚度超过6mm）
440711	20	10	端部接合的辐射松厚板材（经纵锯、纵切、刨切或旋切的，厚度超过6mm）	Radiata pine wood sawn or chipped lengthwise, sliced or peeled, end-jointed, of a thickness exceeding 6mm	【最】0【普】14【特-1】0【特-2】0【特-3】0【增】16【对美加征】10【出】0【退】0	千克/立方米	A	B	MP	Q	999	端部接合的辐射松厚板材（经纵锯、纵切、刨切或旋切的，厚度超过6mm）
440711	20	90	非端部接合的辐射松厚板材（经纵锯、纵切、刨切或旋切的，厚度超过6mm）	Radiata pine wood sawn or chipped lengthwise, sliced or peeled, end-jointed, of a thickness exceeding 6mm	【最】0【普】14【特-1】0【特-2】0【特-3】0【增】16【对美加征】10【出】0【退】0	千克/立方米	A	4Bxy	MP	Q	999	非端部接合的辐射松厚板材（经纵锯、纵切、刨切或旋切的，厚度超过6mm）
440711	30	10	端部接合的花旗松厚板材（经纵锯、纵切、刨切或旋切的，厚度超过6mm）	Radiata pine wood sawn or chipped lengthwise, sliced or peeled, end-jointed, of a thickness exceeding 6mm	【最】0【普】14【特-1】0【特-2】0【特-3】0【增】16【对美加征】10【出】0【退】0	千克/立方米	A	B	MP	Q	999	端部接合的花旗松厚板材（经纵锯、纵切、刨切或旋切的，厚度超过6mm）
440711	30	90	非端部接合的花旗松厚板材（经纵锯、纵切、刨切或旋切的，厚度超过6mm）	Douglas fir wood sawn or chipped lengthwise, sliced or peeled, not end-jointed, of a thickness exceeding 6mm	【最】0【普】14【特-1】0【特-2】0【特-3】0【增】16【对美加征】10【出】0【退】0	千克/立方米	A	4Bxy	MP	Q	999	非端部接合的花旗松厚板材（经纵锯、纵切、刨切或旋切的，厚度超过6mm）
440711	90	11	端部接合其他濒危松木厚板材（经纵锯、纵切、刨切或旋切的，厚度超过6mm）	Other endangered spine wood of conifer, sawn or chipped lengthwise, sliced or peeled, end-jointed, of a thickness exceeding 6mm	【最】0【普】14【特-1】0【特-2】0【特-3】0【增】16【对美加征】10【出】0【退】0	千克/立方米	AF	BE	MP	Q	999	端部接合其他濒危松木厚板材（经纵锯、纵切、刨切或旋切的，厚度超过6mm）
440711	90	19	端部接合其他松木厚板材（经纵锯、纵切、刨切或旋切的，厚度超过6mm）	Other pine wood of conifes sawn or chipped lengthwise, sliced or peeled, end-jointed, of a thickness exceeding 6mm	【最】0【普】14【特-1】0【特-2】0【特-3】0【增】16【对美加征】10【出】0【退】0	千克/立方米	A	B	MP	Q	999	端部接合其他松木厚板材（经纵锯、纵切、刨切或旋切的，厚度超过6mm）
440711	90	91	非端部接合其他濒危松木厚板材（经纵锯、纵切、刨切或旋切的，厚度超过6mm）	Other endangered pine wood sawn or chipped lengthwise, sliced or peeled, end-jointed, of a thickness exceeding 6mm	【最】0【普】14【特-1】0【特-2】0【特-3】0【增】16【对美加征】10【出】0【退】0	千克/立方米	AF	4BExy	MP	Q	999	非端部接合其他濒危松木厚板材（经纵锯、纵切、刨切或旋切的，厚度超过6mm）

税则号列			货品名称中英文		税费综合信息	计量单位	监管证件代码		检验检疫类别		检验检疫编码	检验检疫编码对应中文名称
HS国际统一前6位	本国子目7~8位	本国子目9~10位	中文 货物名称	英文 Article Description			进口	出口	进口	出口		
440711	90	99	非端部接合的其他松木厚板材（经纵锯、纵切、刨切或旋切的，厚度超过6mm）	Other pine wood, sawn or chipped lengthwise, sliced or peeled, not end-jointed, of a thickness exceeding 6mm	【最】0【普】14【特-1】0【特-2】0【特-3】0【增】16【对美加征】10【出】0【退】0	千克/立方米	A	4Bxy	MP	Q	999	非端部接合的其他松木厚板材（经纵锯、纵切、刨切或旋切的，厚度超过6mm）
440712	00	11	端部接合的濒危云杉及冷杉厚板材（经纵锯、纵切、刨切或旋切的，厚度超过6mm）	Endangered spruce and fir, sawn or chipped lengthwise, sliced or peeled, end-jointed, of a thickness exceeding 6mm	【最】0【普】14【特-1】0【特-2】0【特-3】0【增】16【对美加征】10【出】0【退】0	千克/立方米	AF	BE	MP	Q	999	端部接合的濒危云杉及冷杉厚板材（经纵锯、纵切、刨切或旋切的，厚度超过6mm）
440712	00	19	端部接合的其他云杉及冷杉厚板材（经纵锯、纵切、刨切或旋切的，厚度超过6mm）	Other spruce and fir, sawn or chipped lengthwise, sliced or peeled, end-jointed, of a thickness exceeding 6mm	【最】0【普】14【特-1】0【特-2】0【特-3】0【增】16【对美加征】10【出】0【退】0	千克/立方米	A	B	MP	Q	999	端部接合的其他云杉及冷杉厚板材（经纵锯、纵切、刨切或旋切的，厚度超过6mm）
440712	00	91	非端部接合濒危云杉及冷杉厚板材（经纵锯、纵切、刨切或旋切的，厚度超过6mm）	Endangered spruce and fir, sawn or chipped lengthwise, sliced or peeled, not end-jointed, of a thickness exceeding 6mm	【最】0【普】14【特-1】0【特-2】0【特-3】0【增】16【对美加征】10【出】0【退】0	千克/立方米	AF	4BExy	MP	Q	999	非端部接合濒危云杉及冷杉厚板材（经纵锯、纵切、刨切或旋切的，厚度超过6mm）
440712	00	99	非端部接合其他云杉及冷杉厚板材（经纵锯、纵切、刨切或旋切的，厚度超过6mm）	Other spruce and fir, sawn or chipped lengthwise, sliced or peeled, not endjointed, of a thickness exceeding 6mm	【最】0【普】14【特-1】0【特-2】0【特-3】0【增】16【对美加征】10【出】0【退】0	千克/立方米	A	4Bxy	MP	Q	999	非端部接合其他云杉及冷杉厚板材（经纵锯、纵切、刨切或旋切的，厚度超过6mm）
440719	00	11	端部接合其他濒危针叶木厚板材（经纵锯、纵切、刨切或旋切的，厚度超过6mm）	Endangered coniferous, sawn or chipped lengthwise, sliced or peeled, end-jointed, of a thickness exceeding 6mm	【最】0【普】14【特-1】0【特-2】0【特-3】0【增】16【对美加征】10【出】0【退】0	千克/立方米	AF	BE	MP	Q	999	端部接合其他濒危针叶木厚板材（经纵锯、纵切、刨切或旋切的，厚度超过6mm）
440719	00	19	端部接合其他针叶木厚板材（经纵锯、纵切、刨切或旋切的，厚度超过6mm）	Other coniferous and fir, sawn or chipped lengthwise, sliced or peeled, end-jointed, of a thickness exceeding 6mm	【最】0【普】14【特-1】0【特-2】0【特-3】0【增】16【对美加征】10【出】0【退】0	千克/立方米	A	B	MP	Q	999	端部接合其他针叶木厚板材（经纵锯、纵切、刨切或旋切的，厚度超过6mm）
440719	00	91	非端部接合其他濒危针叶木厚板材（经纵锯、纵切、刨切或旋切的，厚度超过6mm）	Endangered coniferous, sawn or chipped lengthwise, sliced or peeled, not end-jointed, of a thickness exceeding 6mm	【最】0【普】14【特-1】0【特-2】0【特-3】0【增】16【对美加征】10【出】0【退】0	千克/立方米	AF	4BExy	MP	Q	999	非端部接合其他濒危针叶木厚板材（经纵锯、纵切、刨切或旋切的，厚度超过6mm）
440719	00	99	非端部接合的其他针叶木厚板材（经纵锯、纵切、刨切或旋切的，厚度超过6mm）	Other coniferous and fir, sawn or chipped lengthwise, sliced or peeled, not end-jointed, of a thickness exceeding 6mm	【最】0【普】14【特-1】0【特-2】0【特-3】0【增】16【对美加征】10【出】0【退】0	千克/立方米	A	4Bxy	MP	Q	999	非端部接合的其他针叶木厚板材（经纵锯、纵切、刨切或旋切的，厚度超过6mm）
440721	00	10	端部接合美洲桃花心木（经纵锯、纵切、刨切或旋切的，厚度超过6mm）	Mahogany wood sawn or chipped lengthwise, sliced or peeled, end-jointed, of a thickness exceeding 6mm	【最】0【普】14【特-1】0【特-2】0【特-3】0【增】16【出】0【退】0	千克/立方米	FA	EB	MP	Q	999	端部接合美洲桃花心木（经纵锯、纵切、刨切或旋切的，厚度超过6mm）

税则号列			货品名称中英文		税费综合信息	计量单位	监管证件代码		检验检疫类别		检验检疫编码	检验检疫编码对应中文名称
HS国际统一前6位	本国子目 7~8位	本国子目 9~10位	中文 货物名称	英文 Article Description			进口	出口	进口	出口		
440721	00	90	非端部接合美洲桃花心木（经纵锯、纵切、刨切或旋切的，厚度超过6mm）	Mahogany wood sawn or chipped lengthwise, sliced or peeled, not-endjointed, of a thickness exceeding 6mm	【最】0【普】14【特-1】0【特-2】0【特-3】0【增】16【出】0【退】0	千克/立方米	AF	4BExy	MP	Q	999	非端部接合美洲桃花心木（经纵锯、纵切、刨切或旋切的，厚度超过6mm）
440722	00	10	端部接合的苏里南肉豆蔻木、细孔绿心樟及美洲轻木（经纵锯、纵切、刨切或旋切的，厚度超过6mm）	Virola, Imbuia and Balsa wood sawn or chipped lengthwise sliced or peeled, end-jointed, of a thickness exceeding 6mm	【最】0【普】14【特-1】0【特-2】0【特-3】0【增】16【出】0【退】0	千克/立方米	A	B	MP	Q	999	端部接合的苏里南肉豆蔻木、细孔绿心樟及美洲轻木（经纵锯、纵切、刨切或旋切的，厚度超过6mm）
440722	00	90	非端部接合的苏里南肉豆蔻木、细孔绿心樟及美洲轻木（经纵锯、纵切、刨切或旋切的，厚度超过6mm）	Virola, Imbuia and Balsa wood sawn or chipped lengthwise, sliced or peeled, not end-joined, of a thickness exceeding 6mm	【最】0【普】14【特-1】0【特-2】0【特-3】0【增】16【出】0【退】0	千克/立方米	A	4Bxy	MP	Q	999	非端部接合的苏里南肉豆蔻木、细孔绿心樟及美洲轻木（经纵锯、纵切、刨切或旋切的，厚度超过6mm）
440725	00	10	端部接合的红柳桉木板材（指深红色、浅红色及巴椤红柳桉木，厚度超过6mm）	Wood sawn or chipped lengthwise, sliced or peeled, of Dark Red Meranti, Light Red Meranti and Meranti Bakau, end-jointed, of a thickness exceeding 6mm	【最】0【普】14【特-1】0【特-2】0【特-3】0【增】16【出】0【退】0	千克/立方米	A	B	MP	Q	999	端部接合的红柳桉木板材（指深红色、浅红色及巴椤红柳桉木，厚度超过6mm）
440725	00	90	非端部接合的红柳桉木板材（指深红色、浅红色及巴椤红柳桉木，经纵锯、纵切、刨切或旋切的，厚度超过6mm）	Wood sawn or chipped lengthwise, sliced or peeled, of Dark Red Meranti, Light Red Meranti and Meranti Bakau, not end-jointed, of a thickness exceeding 6mm	【最】0【普】14【特-1】0【特-2】0【特-3】0【增】16【出】0【退】0	千克/立方米	A	y4xB	MP	Q	999	非端部接合的红柳桉木板材（指深红色、浅红色及巴椤红柳桉木，经纵锯、纵切、刨切或旋切的，厚度超过6mm）
440726	00	10	端部接合的白柳桉、其他柳桉木和阿兰木板材（经纵锯、纵切、刨切或旋切的，厚度超过6mm）	Wood sawn or chipped lengthwise, sliced or peeled, of White Lauan, White Meranti, White Seraya, Yellow Meranti and Alan, end-jointed, of a thickness exceeding 6mm	【最】0【普】14【特-1】0【特-2】0【特-3】0【增】16【出】0【退】0	千克/立方米	A	B	MP	Q	999	端部接合的白柳桉、其他柳桉木和阿兰木板材（经纵锯、纵切、刨切或旋切的，厚度超过6mm）
440726	00	90	非端部接合的白柳桉、其他柳桉木和阿兰木板材（经纵锯、纵切、刨切或旋切的，厚度超过6mm）	Wood sawn or chipped lengthwise, sliced or peeled, of White Lauan, White Meranti, White Seraya, Yellow Meranti and Alan, not end-jointed, of a thickness exceeding 6mm	【最】0【普】14【特-1】0【特-2】0【特-3】0【增】16【出】0	千克/立方米	A	y4xB	MP	Q	999	非端部接合的白柳桉、其他柳桉木和阿兰木板材（经纵锯、纵切、刨切或旋切的，厚度超过6mm）
440727	00	10	端部接合的沙比利木板材（经纵锯、纵切、刨切或旋切的，厚度超过6mm）	Sapelli wood sawn or chipped lengthwise, sliced or peeled, end-jointed, of a thickness exceeding 6mm	【最】0【普】40【特-1】0【特-2】0【特-3】0【增】16【出】0【退】0	千克/立方米	A	B	MP	Q	999	端部接合的沙比利木板材（经纵锯、纵切、刨切或旋切的，厚度超过6mm）
440727	00	90	非端部接合的沙比利木板材（经纵锯、纵切、刨切或旋切的，厚度超过6mm）	Sapelli wood sawn or chipped lengthwise, sliced or peeled, not end-jointed, of a thickness exceeding 6mm	【最】0【普】40【特-1】0【特-2】0【特-3】0【增】16【出】0【退】0	千克/立方米	A	4Bxy	MP	Q	999	非端部接合的沙比利木板材（经纵锯、纵切、刨切或旋切的，厚度超过6mm）

税则号列			货品名称中英文		税费综合信息	计量单位	监管证件代码		检验检疫类别		检验检疫编码	检验检疫编码对应中文名称
HS国际统一前6位	本国子目 7~8位	9~10位	中文 货物名称	英文 Article Description			进口	出口	进口	出口		
440728	00	10	端部接合的伊罗科木板材（经纵锯、纵切、刨切或旋切的，厚度超过6mm）	Iroko wood sawn or chipped lengthwise, sliced or peeled, end-jointed, of a thickness exceeding 6mm	【最】0【普】14【特-1】0【特-2】0【特-3】0【增】16【出】0【退】0	千克/立方米	A	B	MP	Q	999	端部接合的伊罗科木板材（经纵锯、纵切、刨切或旋切的，厚度超过6mm）
440728	00	90	非端部接合的伊罗科木板材（经纵锯、纵切、刨切或旋切的，厚度超过6mm）	Iroko wood sawn or chipped lengthwise, sliced or peeled, not end-jointed, of a thickness exceeding 6mm	【最】0【普】14【特-1】0【特-2】0【特-3】0【增】16【出】0【退】0	千克/立方米	A	4Bxy	MP	Q	999	非端部接合的伊罗科木板材（经纵锯、纵切、刨切或旋切的，厚度超过6mm）
440729	10	10	端部接合的柚木板材（经纵锯、纵切、刨切或旋切的，厚度超过6mm）	Teak wood sawn or chipped lengthwise, sliced or peeled, end-jointed, of a thickness exceeding 6mm	【最】0【普】40【特-1】0【特-2】0【特-3】0【增】16【对美加征】10【出】0【退】0	千克/立方米	A	B	P	Q	999	端部接合的柚木板材（经纵锯、纵切、刨切或旋切的，厚度超过6mm）
440729	10	90	非端部接合的柚木板材（经纵锯、纵切、刨切或旋切的，厚度超过6mm）	Teak wood sawn or chipped lengthwise, sliced or peeled, not end-jointed, of a thickness exceeding 6mm	【最】0【普】40【特-1】0【特-2】0【特-3】0【增】16【对美加征】10【出】0【退】0	千克/立方米	A	y4xB	P	Q	999	非端部接合的柚木板材（经纵锯、纵切、刨切或旋切的，厚度超过6mm）
440729	20	10	端部接合的非洲桃花心木板材（经纵锯、纵切、刨切或旋切的，厚度超过6mm）	Acajou wood sawn or chipped lengthwise, sliced or peeled, end-jointed, of a thickness exceeding 6mm	【最】0【普】40【特-1】0【特-2】0【特-3】0【增】16【出】0【退】0	千克/立方米	A	B	MP	Q	999	端部接合的非洲桃花心木板材（经纵锯、纵切、刨切或旋切的，厚度超过6mm）
440729	20	90	非端部接合的非洲桃花心木板材（经纵锯、纵切、刨切或旋切的，厚度超过6mm）	Acajou wood sawn or chipped lengthwise, sliced or peeled, not end-jointed, of a thickness exceeding 6mm	【最】0【普】40【特-1】0【特-2】0【特-3】0【增】16【出】0【退】0	千克/立方米	A	B	MP	Q	999	非端部接合的非洲桃花心木板材（经纵锯、纵切、刨切或旋切的，厚度超过6mm）
440729	30	10	端部接合的波罗格Merban板材（经纵锯、纵切、刨切或旋切的，厚度超过6mm）	Merban wood sawn or chipped lengthwise, sliced or peeled, end-jointed, of a thickness exceeding 6mm	【最】0【普】40【特-1】0【特-2】0【特-3】0【增】16【对美加征】10【出】0【退】0	千克/立方米	A	B	MP	Q	999	端部接合的波罗格Merban板材（经纵锯、纵切、刨切或旋切的，厚度超过6mm）
440729	30	90	非端部接合的波罗格Merban板材（经纵锯、纵切、刨切或旋切的，厚度超过6mm）	Merban wood sawn or chipped lengthwise, sliced or peeled, not end-jointed, of a thickness exceeding 6mm	【最】0【普】40【特-1】0【特-2】0【特-3】0【增】16【对美加征】10【出】0【退】0	千克/立方米	A	B	MP	Q	999	非端部接合的波罗格Merban板材（经纵锯、纵切、刨切或旋切的，厚度超过6mm）
440729	40	11	端部接合濒危热带红木厚板材（经纵锯、纵切、刨切或旋切的，厚度超过6mm）	Endangered tropical rosewood, sawn or chipped lengthwise, sliced or peeled, end-jointed, of a thickness exceeding 6mm	【最】0【普】40【特-1】0【特-2】0【特-3】0【增】16【出】0【退】0	千克/立方米	FA	EB	MP	Q	999	端部接合濒危热带红木厚板材（经纵锯、纵切、刨切或旋切的，厚度超过6mm）
440729	40	19	端部接合其他热带红木厚板材（经纵锯、纵切、刨切或旋切的，厚度超过6mm）	Other tropical rosewood, sawn or chipped lengthwise, sliced or peeled, end-jointed, of a thickness exceeding 6mm	【最】0【普】40【特-1】0【特-2】0【特-3】0【增】16【出】0【退】0	千克/立方米	A	B	MP	Q	999	端部接合其他热带红木厚板材（经纵锯、纵切、刨切或旋切的，厚度超过6mm）

税则号列 HS国际统一前6位	本国子目 7~8位	本国子目 9~10位	货品名称 中文	货品名称 英文 Article Description	税费综合信息	计量单位	监管证件代码 进口	监管证件代码 出口	检验检疫类别 进口	检验检疫类别 出口	检验检疫编码	检验检疫编码对应中文名称
440729	40	91	非端部接合濒危热带红木厚板材（经纵锯、纵切、刨切或旋切的，厚度超过6mm）	Endangered tropical rosewood, sawn or chipped lengthwise, sliced or peeled, not end-jointed, of a thickness exceeding 6mm	【最】0【普】40【特-1】0【特-2】0【特-3】0【增】16【出】0【退】0	千克/立方米	AF	4BExy	MP	Q	999	非端部接合濒危热带红木厚板材（经纵锯、纵切、刨切或旋切的，厚度超过6mm）
440729	40	99	非端部接合其他热带红木厚板材（经纵锯、纵切、刨切或旋切的，厚度超过6mm）	Other tropical rosewood, sawn or chipped lengthwise, sliced or peeled, not end-jointed, of a thickness exceeding 6mm	【最】0【普】40【特-1】0【特-2】0【特-3】0【增】16【出】0【退】0	千克/立方米	A	4Bxy	MP	Q	999	非端部接合其他热带红木厚板材（经纵锯、纵切、刨切或旋切的，厚度超过6mm）
440729	90	11	端部接合拉敏木厚板材（经纵锯、纵切、刨切或旋切的，厚度超过6mm）	Ramin wood sawn or chipped lengthwise, sliced or peeled, not end-jointed, of a thickness exceeding 6mm	【最】0【普】14【特-1】0【特-2】0【特-3】0【增】16【对美加征】10【出】0【退】0	千克/立方米	FA	EB	MP	Q	999	端部接合拉敏木厚板材（经纵锯、纵切、刨切或旋切的，厚度超过6mm）
440729	90	12	端部接合的南美蒺藜木（玉檀木）厚板材（经纵锯、纵切、刨切或旋切的，厚度超过6mm）	Other endangered tropical wood, not specified, sawn or chipped lengthwise, sliced or peeled, end-jointed, of a thickness exceeding 6mm	【最】0【普】14【特-1】0【特-2】0【特-3】0【增】16【对美加征】10【出】0【退】0	千克/立方米	FA	EB	MP	Q	101	端部接合的南美蒺藜木（玉檀木）厚板材（经纵锯、纵切、刨切或旋切的，厚度超过6mm）
440729	90	13	端部接合其他未列名濒危热带木厚板材（经纵锯、纵切、刨切或旋切的，厚度超过6mm）	Endangered tropical wood, sawn or chipped lengthwise, not elsewhere specified or included, sliced or peeled, end-jointed, of a thickness exceeding 6mm	【最】0【普】14【特-1】0【特-2】0【特-3】0【增】16【对美加征】10【出】0【退】0	千克/立方米	FA	EB	MP	Q	999	端部接合其他未列名濒危热带木厚板材（经纵锯、纵切、刨切或旋切的，厚度超过6mm）
440729	90	19	端部接合其他未列名热带木厚板材（经纵锯、纵切、刨切或旋切的，厚度超过6mm）	Other tropical wood, not specified, sawn or chipped lengthwise, sliced or peeled, end-jointed, of a thickness exceeding 6mm	【最】0【普】14【特-1】0【特-2】0【特-3】0【增】16【对美加征】10【出】0【退】0	千克/立方米	A	B	MP	Q	101	端部接合其他未列名热带木厚板材（经纵锯、纵切、刨切或旋切的，厚度超过6mm）
440729	90	91	非端部接合的南美蒺藜木（玉檀木）厚板材（经纵锯、纵切、刨切或旋切的，厚度超过6mm）	Other endangered tropical wood, not specified, sawn or chipped lengthwise, sliced or peeled, not end-jointed, of a thickness exceeding 6mm	【最】0【普】14【特-1】0【特-2】0【特-3】0【增】16【对美加征】10【出】0【退】0	千克/立方米	AF	y4xEB	MP	Q	101	非端部接合的南美蒺藜木（玉檀木）厚板材（经纵锯、纵切、刨切或旋切的，厚度超过6mm）
440729	90	92	非端部接合其他未列名濒危热带木板材（经纵锯、纵切、刨切或旋切的，厚度超过6mm）	Endangered tropical wood, sawn or chipped lengthwise, not elsewhere specified or included, sliced or peeled, not end-jointed, of a thickness exceeding 6mm	【最】0【普】14【特-1】0【特-2】0【特-3】0【增】16【对美加征】10【出】0【退】0	千克/立方米	AF	y4xEB	MP	Q	999	非端部接合其他未列名濒危热带木板材（经纵锯、纵切、刨切或旋切的，厚度超过6mm）
440729	90	99	非端部接合其他未列名热带木板材（经纵锯、纵切、刨切或旋切的，厚度超过6mm）	Other tropical wood, not specified, sawn or chipped lengthwise, sliced or peeled, not end-jointed, of a thickness exceeding 6mm	【最】0【普】14【特-1】0【特-2】0【特-3】0【增】16【对美加征】10【出】0【退】0	千克/立方米	A	y4xB	MP	Q	101 102	非端部接合其他未列名热带木板材（经纵锯、纵切、刨切或旋切的，厚度超过6mm）(加蓬榄木、非洲白梧桐等木厚板材) 非端部接合其他未列名热带木板材（经纵锯、纵切、刨切或旋切的，厚度超过6mm）(其他热带木木材)

税则号列 HS国际统一前6位	本国子目 7~8位	本国子目 9~10位	货品名称中英文 中文 货物名称	货品名称中英文 英文 Article Description	税费综合信息	计量单位	监管证件代码 进口	监管证件代码 出口	检验检疫类别 进口	检验检疫类别 出口	检验检疫编码	检验检疫编码对应中文名称
440791	00	11	端部接合的蒙古栎厚板材(经纵锯、纵切、刨切或旋切的,厚度超过6mm)	mongolia oak planks end joining (sawn or chipped lengthwise, sliced or peeled, the thickness of >6mm	【最】0【普】14【特-1】0【特-2】0【特-3】0【增】16【对美加征】10【出】0【退】0	千克/立方米	AF	BE	P	Q	999	端部接合的蒙古栎厚板材(经纵锯、纵切、刨切或旋切的,厚度超过6mm)
440791	00	19	端部接合的其他栎木(橡木)厚板材(经纵锯、纵切、刨切或旋切的,厚度超过6mm)	Wood sawn or chipped lengthwise, sliced or peeled, of oak(Quercus spp.) end-jointed, thickness>6mm	【最】0【普】14【特-1】0【特-2】0【特-3】0【增】16【对美加征】10【出】0【退】0	千克/立方米	A	B	P	Q	999	端部接合的其他栎木(橡木)厚板材(经纵锯、纵切、刨切或旋切的,厚度超过6mm)
440791	00	91	非端部接合的蒙古栎厚板材(经纵锯、纵切、刨切或旋切的,厚度超过6mm)	Mongolia oak planks-end joining (sawn or chipped lengthwise, sliced or peeled, the thickness of >6mm	【最】0【普】14【特-1】0【特-2】0【特-3】0【增】16【对美加征】10【出】0【退】0	千克/立方米	AF	4BExy	P	Q	999	非端部接合的蒙古栎厚板材(经纵锯、纵切、刨切或旋切的,厚度超过6mm)
440791	00	99	非端部接合的其他栎木(橡木)厚板材(经纵锯、纵切、刨切或旋切的,厚度超过6mm)	Wood sawn or chipped lengthwise, sliced or peeled, of oak(Quercus spp.) non end-jointed, thickness>6mm	【最】0【普】14【特-1】0【特-2】0【特-3】0【增】16【对美加征】10【出】0【退】0	千克/立方米	A	y4xB	P	Q	999	非端部接合的其他栎木(橡木)厚板材(经纵锯、纵切、刨切或旋切的,厚度超过6mm)
440792	00	10	端部接合的水青冈木(山毛榉木)厚板材(经纵锯、纵切、刨切或旋切的,厚度超过6mm)	Beech (Fagus spp.) wood sawn or chipped lengthwise, sliced or peeled, end-jointed, of a thickness exceeding 6mm	【最】0【普】14【特-1】0【特-2】0【特-3】0【增】16【对美加征】10【出】0【退】0	千克/立方米	A	BE	P	Q	999	端部接合的水青冈木(山毛榉木)厚板材(经纵锯、纵切、刨切或旋切的,厚度超过6mm)
440792	00	90	非端部接合的水青冈木(山毛榉木)厚板材(经纵锯、纵切、刨切或旋切的,厚度超过6mm)	Beech (Fagus spp.) wood sawn or chipped lengthwise, sliced or peeled, not end-jointed, of a thickness exceeding 6mm	【最】0【普】14【特-1】0【特-2】0【特-3】0【增】16【对美加征】10【出】0【退】0	千克/立方米	A	4BExy	P	Q	999	非端部接合的水青冈木(山毛榉木)厚板材(经纵锯、纵切、刨切或旋切的,厚度超过6mm)
440793	00	10	端部接合的槭木(枫木)厚板材(经纵锯、纵切、刨切或旋切的,厚度超过6mm)	Maple wood sawn or chipped lengthwise, sliced or peeled, end-jointed, of a thickness exceeding 6mm	【最】0【普】14【特-1】0【特-2】0【特-3】0【增】16【对美加征】5【出】0【退】0	千克/立方米	A	B	MP	Q	999	端部接合的槭木(枫木)厚板材(经纵锯、纵切、刨切或旋切,厚度超过6mm)
440793	00	90	非端部接合的槭木(枫木)厚板材(经纵锯、纵切、刨切或旋切的,厚度超过6mm)	Maple wood sawn or chipped lengthwise, sliced or peeled, not end-jointed, of a thickness exceeding 6mm	【最】0【普】14【特-1】0【特-2】0【特-3】0【增】16【对美加征】5【出】0【退】0	千克/立方米	A	4Bxy	MP	Q	999	非端部接合的槭木(枫木)厚板材(经纵锯、纵切、刨切或旋切,厚度超过6mm)
440794	00	10	端部接合的樱桃木厚板材(经纵锯、纵切、刨切或旋切的,厚度超过6mm)	Cherry wood sawn or chipped lengthwise, sliced or peeled, end-jointed, of a thickness exceeding 6mm	【最】0【普】14【特-1】0【特-2】0【特-3】0【增】16【对美加征】10【出】0【退】0	千克/立方米	A	B	MP	Q	999	端部接合的樱桃木厚板材(经纵锯、纵切、刨切或旋切,厚度超过6mm)
440794	00	90	非端部接合的樱桃木厚板材(经纵锯、纵切、刨切或旋切的,厚度超过6mm)	Cherry wood sawn or chipped lengthwise, sliced or peeled, not end-jointed, of a thickness exceeding 6mm	【最】0【普】14【特-1】0【特-2】0【特-3】0【增】16【对美加征】10【出】0【退】0	千克/立方米	A	4Bxy	MP	Q	999	非端部接合的樱桃木厚板材(经纵锯、纵切、刨切或旋切,厚度超过6mm)

税则号列			货品名称中英文		税费综合信息	计量单位	监管证件代码		检验检疫类别		检验检疫编码	检验检疫编码对应中文名称
HS 国际统一前6位	本国子目 7~8位	9~10位	中文 货物名称	英文 Article Description			进口	出口	进口	出口		
440795	00	11	端部接合的水曲柳厚板材（经纵锯、纵切、刨切或旋切的，厚度超过6mm）	Fraxinus mandshurica thick plate end joining (sawn or chipped lengthwise, sliced or peeded, the thickness of >6mm	【最】0【普】14【特-1】0【特-2】0【特-3】0【增】16【对美加征】10【出】0【退】0	千克/立方米	AF	BE	MP	Q	999	端部接合的水曲柳厚板材（经纵锯、纵切、刨切或旋切的，厚度超过6mm）
440795	00	19	端部接合的其他白蜡木厚板材（经纵锯、纵切、刨切或旋切的，厚度超过6mm）	Wood sawn or chipped lengthwise, sliced or peeled, of ash, end-jointed thickness > 6mm	【最】0【普】14【特-1】0【特-2】0【特-3】0【增】16【对美加征】10【出】0【退】0	千克/立方米	A	B	MP	Q	999	端部接合的其他白蜡木厚板材（经纵锯、纵切、刨切或旋切的，厚度超过6mm）
440795	00	91	非端部接合的水曲柳厚板材（经纵锯、纵切、刨切或旋切的，厚度超过6mm）	Fraxinus mandshurica thick plate non end joining (sawn or chipped lengthwise, sliced or peeded, the thickness of >6mm	【最】0【普】14【特-1】0【特-2】0【特-3】0【增】16【对美加征】10【出】0【退】0	千克/立方米	AF	4BExy	MP	Q	999	非端部接合的水曲柳厚板材（经纵锯、纵切、刨切或旋切的，厚度超过6mm）
440795	00	99	非端部接合的其他白蜡木厚板材（经纵锯、纵切、刨切或旋切的，厚度超过6mm）	Wood sawn or chipped lengthwise, sliced or peeled, of ash, not end-jointed, thickness > 6mm	【最】0【普】14【特-1】0【特-2】0【特-3】0【增】16【对美加征】10【出】0【退】0	千克/立方米	A	4Bxy	MP	Q	999	非端部接合的其他白蜡木厚板材（经纵锯、纵切、刨切或旋切的，厚度超过6mm）
440796	00	11	端部接合的濒危桦木板材（经纵锯、纵切、刨切或旋切的，厚度超过6mm）	Endangered birch, sawn or chipped lengthwise, sliced or peeled, end-jointed, of a thickness exceeding 6mm	【最】0【普】14【特-1】0【特-2】0【特-3】0【增】16【对美加征】10【出】0【退】0	千克/立方米	AF	BE	MP	Q	999	端部接合的濒危桦木板材（经纵锯、纵切、刨切或旋切，厚度超过6mm）
440796	00	19	端部接合的其他桦木厚板材（经纵锯、纵切、刨切或旋切的，厚度超过6mm）	Other birch, sawn or chipped lengthwise, sliced or peeled, end-jointed, of a thickness exceeding 6mm	【最】0【普】14【特-1】0【特-2】0【特-3】0【增】16【对美加征】10【出】0【退】0	千克/立方米	A	B	MP	Q	999	端部接合的其他桦木厚板材（经纵锯、纵切、刨切或旋切，厚度超过6mm）
440796	00	91	非端部结合的濒危桦木厚板材（经纵锯、纵切、刨切或旋切的，厚度超过6mm）	Endangered birch, sawn or chipped lengthwise, sliced or peeled, not end-jointed, of a thickness exceeding 6mm	【最】0【普】14【特-1】0【特-2】0【特-3】0【增】16【对美加征】10【出】0【退】0	千克/立方米	AF	4BExy	MP	Q	999	非端部结合的濒危桦木厚板材（经纵锯、纵切、刨切或旋切，厚度超过6mm）
440796	00	99	非端部接合的其他桦木厚板材（经纵锯、纵切、刨切或旋切的，厚度超过6mm）	Other birch, sawn or chipped lengthwise, sliced or peeled, not end-jointed, of a thickness exceeding 6mm	【最】0【普】14【特-1】0【特-2】0【特-3】0【增】16【对美加征】10【出】0【退】0	千克/立方米	A	4Bxy	MP	Q	999	非端部接合的其他桦木厚板材（经纵锯、纵切、刨切或旋切，厚度超过6mm）
440797	00	10	端部接合的杨木厚板材（经纵锯、纵切、刨切或旋切的，厚度超过6mm）	Poplar, sawn or chipped lengthwise, sliced or peeled, end-jointed, of a thickness exceeding 6mm	【最】0【普】14【特-1】0【特-2】0【特-3】0【增】16【对美加征】5【出】0【退】0	千克/立方米	A	B	MP	Q	999	端部接合的杨木厚板材（经纵锯、纵切、刨切或旋切，厚度超过6mm）
440797	00	90	非端部接合的杨木厚板材（经纵锯、纵切、刨切或旋切的，厚度超过6mm）	Poplar, sawn or chipped lengthwise, sliced or peeled, not end-jointed, of a thickness exceeding 6mm	【最】0【普】14【特-1】0【特-2】0【特-3】0【增】16【对美加征】5【出】0【退】0	千克/立方米	A	4Bxy	MP	Q	999	非端部接合的杨木厚板材（经纵锯、纵切、刨切或旋切，厚度超过6mm）
440799	10	11	端部接合濒危红木厚板材，但税号4407.2940所列热带红木除外（经纵锯、纵切、刨切或旋切的，厚度超过6mm）	End joint endangered camphorwood nanmu/redwood thick plate (vertical saws, slitting, plane or rotary cutting, cutting thickness more than 6mm)	【最】0【普】40【特-1】0【特-2】0【特-3】0【增】16【对美加征】10【出】0【退】0	千克/立方米	AF	EB	MP	Q	999	端部接合濒危红木厚板材，但税号4407.2940所列热带红木除外（经纵锯、纵切、刨切或旋切的，厚度超过6mm）

税则号列 HS国际统一前6位	本国子目 7~8位	本国子目 9~10位	货物名称 中文	Article Description 英文	税费综合信息	计量单位	监管证件代码 进口	监管证件代码 出口	检验检疫类别 进口	检验检疫类别 出口	检验检疫编码	检验检疫编码对应中文名称
440799	10	19	端部接合其他红木厚板材，但税号4407.2940所列热带红木除外（经纵锯、纵切、刨切或旋切的，厚度超过6mm）	End joint other camphorwood /nanmu/ redwood thick plate (vertical saws, longitudinal cutting, plane cutting or whirling, thickness more than 6mm)	【最】0【普】40【特-1】0【特-2】0【特-3】0【增】16【对美加征】10【出】0【退】0	千克/立方米	A	B	MP	Q	999	端部接合其他红木厚板材，但税号4407.2940所列热带红木除外（经纵锯、纵切、刨切或旋切的，厚度超过6mm）
440799	10	91	非端部接合濒危红木厚板材，但税号4407.2940所列热带红木除外（经纵锯、纵切、刨切或旋切的，厚度超过6mm）	The end joint endangered camphorwood nanmu/redwood thick plate (the vertical saws, longitudinal cutting, plane cutting or whirling, thickness more than 6mm)	【最】0【普】40【特-1】0【特-2】0【特-3】0【增】16【对美加征】10【出】0【退】0	千克/立方米	AF	y4xEB	MP	Q	999	非端部接合濒危红木厚板材，但税号4407.2940所列热带红木除外（经纵锯、纵切、刨切或旋切的，厚度超过6mm）
440799	10	99	非端部接合其他红木厚板材，但税号4407.2940所列热带红木除外（经纵锯、纵切、刨切或旋切的，厚度超过6mm）	The end joint other camphorwood/nanmu/ redwood thick plate (the vertical saws, longitudinal cutting, plane cutting or whirling, thickness more than 6mm)	【最】0【普】40【特-1】0【特-2】0【特-3】0【增】16【对美加征】10【出】0【退】0	千克/立方米	A	4Bxy	MP	Q	999	非端部接合其他红木厚板材，但税号4407.2940所列热带红木除外（经纵锯、纵切、刨切或旋切的，厚度超过6mm）
440799	20	10	端部接合的泡桐木厚板材（经纵锯、纵切、刨切或旋切的，厚度超过6mm）	Paulownia wood sawn or chipped lengthwise, sliced or peeled, end-jointed, of a thickness exceeding 6mm	【最】0【普】14【特-1】0【特-2】0【特-3】0【增】16【出】0【退】16	千克/立方米	A	B	P	Q	999	端部接合的泡桐木厚板材（经纵锯、纵切、刨切或旋切的，厚度超过6mm）
440799	20	90	非端部接合的泡桐木厚板材（经纵锯、纵切、刨切或旋切的，厚度超过6mm）	Paulownia wood sawn or chipped lengthwise, sliced or peeled, not end-jointed, of a thickness exceeding 6mm	【最】0【普】14【特-1】0【特-2】0【特-3】0【增】16【出】0【退】16	千克/立方米	A	B	P	Q	999	非端部接合的泡桐木厚板材（经纵锯、纵切、刨切或旋切的，厚度超过6mm）
440799	30	10	端部接合的北美硬阔叶材厚板材（纵锯纵切刨切或旋切，厚度超过6mm）	Wood sawn or chipped lengthwise, sliced or peeled, of North American hard wood, including walnut, end-jointed, of a thickness exceeding 6mm	【最】0【普】14【特-1】0【特-2】0【特-3】0【增】16【对美加征】5【出】0【退】0	千克/立方米	A	B	MP	Q	999	端部接合的北美硬阔叶材厚板材（纵锯纵切刨切或旋切，厚度超过6mm）
440799	30	90	非端部接合的北美硬阔叶材厚板材（纵锯纵切刨切或旋切，厚度超过6mm）	Wood sawn or chipped lengthwise, sliced or peeled, of North American hardwood, including walnut, not end-jointed, of a thickness exceeding 6mm	【最】0【普】14【特-1】0【特-2】0【特-3】0【增】16【对美加征】5【出】0【退】0	千克/立方米	A	B	MP	Q	999	非端部接合的北美硬阔叶材厚板材（纵锯纵切刨切或旋切，厚度超过6mm）
440799	80	11	端部接合其他温带濒危非针叶板材（纵锯、纵切、刨切或旋切的，厚度超过6mm）	Wood sawn or chipped lengthwise, sliced or peeled, of endangered temperate non-coniferous wood, end-jointed, of a thickness exceeding 6mm	【最】0【普】14【特-1】0【特-2】0【特-3】0【增】16【对美加征】10【出】0【退】0	千克/立方米	FA	EB	MP	Q	999	端部接合其他温带濒危非针叶板材（纵锯、纵切、刨切或旋切的，厚度超过6mm）
440799	80	19	端部接合的其他温带非针叶厚板材（纵锯、纵切、刨切或旋切的，厚度超过6mm）	Wood sawn or chipped lengthwise, sliced or peeled, of temperate non-coniferous wood, end-jointed, of a thickness exceeding 6mm	【最】0【普】14【特-1】0【特-2】0【特-3】0【增】16【对美加征】10【出】0【退】0	千克/立方米	A	B	MP	Q	999	端部接合的其他温带非针叶厚板材（纵锯、纵切、刨切或旋切的，厚度超过6mm）

税则号列			货品名称中英文		税费综合信息	计量单位	监管证件代码		检验检疫类别		检验检疫编码	检验检疫编码对应中文名称
HS国际统一前6位	本国子目 7~8位	9~10位	中文 货物名称	英文 Article Description			进口	出口	进口	出口		
440799	80	91	非端部结合其他温带濒危非针叶厚（纵锯、纵切、刨切或旋切的，厚度超过6mm)	Wood sawn or chipped lengthwise, sliced or peeled, of endangered temperate non-coniferous wood, not end-jointed, of a thickness exceeding 6mm	【最】0【普】14【特-1】0【特-2】0【特-3】0【增】16【对美加征】10【出】0【退】0	千克/立方米	AF	4BExy	MP	Q	999	非端部结合其他温带濒危非针叶厚板材（纵锯、纵切、刨切或旋切的，厚度超过6mm)
440799	80	99	非端部接合的其他温带非针叶厚板（纵锯、纵切、刨切或旋切的，厚度超过6mm)	Wood sawn or chipped lengthwise, sliced or peeled, of other temperate non-coniferous wood, not end-jointed, of a thickness exceeding 6mm	【最】0【普】14【特-1】0【特-2】0【特-3】0【增】16【对美加征】10【出】0【退】0	千克/立方米	A	4Bxy	MP	Q	999	非端部接合的其他温带非针叶厚板材（纵锯、纵切、刨切或旋切的，厚度超过6mm)
440799	90	12	端部接合的沉香木及拟沉香木厚板（经纵锯、纵切、刨切或旋切的，厚度超过6mm)	Endangered wood, sawn or chipped lengthwise, sliced or peeled, end-jointed, of a thickness exceeding 6mm	【最】0【普】14【特-1】0【特-2】0【特-3】0【增】16【对美加征】10【出】0【退】0	千克/立方米	AF	EB	MP	Q	999	端部接合的沉香木及拟沉香木厚板材（经纵锯、纵切、刨切或旋切的，厚度超过6mm)
440799	90	15	端部接合的其他濒危木厚板材（经纵锯、纵切、刨切或旋切的，厚度超过6mm)	Wood sawn or chipped lengthwise, sliced or peeled, end jointed, of endangered wood, of a thinkness exceeding 6mm	【最】0【普】14【特-1】0【特-2】0【特-3】0【增】16【对美加征】10【出】0【退】0	千克/立方米	AF	EB	MP	Q	101 102	端部接合的其他濒危木厚板材（经纵锯、纵切、刨切或旋切的，厚度超过6mm)(针叶木木材) 端部接合的其他濒危木厚板材（经纵锯、纵切、刨切或旋切的，厚度超过6mm)(其他非针叶木材)
440799	90	19	端部接合的其他木厚板材（经纵锯、纵切、刨切或旋切的，厚度超过6mm)	Other wood sawn or chipped lengthwise, sliced or peeled, end-jointed, of a thickness exceeding 6mm	【最】0【普】14【特-1】0【特-2】0【特-3】0【增】16【对美加征】10【出】0【退】0	千克/立方米	A	B	MP	Q	101 102	端部接合的其他木厚板材（经纵锯、纵切、刨切或旋切的，厚度超过6mm)(针叶木木材) 端部接合的其他木厚板材（经纵锯、纵切、刨切或旋切的，厚度超过6mm)(其他非针叶木材)
440799	90	92	非端部接合的沉香木及拟沉香木厚板材（经纵锯、纵切、刨切或旋切的，厚度超过6mm)	Wood, sawn or chipped lengthwise, sliced or peeled, not end jointed, of Aloewood, of a thinkness exceeding 6mm	【最】0【普】14【特-1】0【特-2】0【特-3】0【增】16【对美加征】10【出】0【退】0	千克/立方米	AF	y4xEB	MP	Q	999	非端部接合的沉香木及拟沉香木厚板材（经纵锯、纵切、刨切或旋切的，厚度超过6mm)
440799	90	95	非端部接合的其他濒危木厚板材（经纵锯、纵切、刨切或旋切的，厚度超过6mm)	Other endangered wood, sawn or chipped lengthwise, sliced or peeled, not-end jointed, of a thinkness exceeding 6mm	【最】0【普】14【特-1】0【特-2】0【特-3】0【增】16【对美加征】10【出】0【退】0	千克/立方米	AF	y4xEB	MP	Q	101 102	非端部接合的其他濒危木厚板材（经纵锯、纵切、刨切或旋切的，厚度超过6mm)(针叶木木材) 非端部接合的其他濒危木厚板材（经纵锯、纵切、刨切或旋切的，厚度超过6mm)(其他非针叶木材)
440799	90	99	非端部接合的其他木厚板材（经纵锯、纵切、刨切或旋切的，厚度超过6mm)	Other wood, sawn or chipped lengthwise, sliced or peeled, not end-jointed, of a thickness exceeding 6mm	【最】0【普】14【特-1】0【特-2】0【特-3】0【增】16【对美加征】10【出】0【退】0	千克/立方米	A	y4xB	MP	Q	101 102	非端部接合的其他木厚板材（经纵锯、纵切、刨切或旋切的，厚度超过6mm)(针叶木木材) 非端部接合的其他木厚板材（经纵锯、纵切、刨切或旋切的，厚度超过6mm)(其他非针叶木材)

税则号列			货品名称中英文		税费综合信息	计量单位	监管证件代码		检验检疫类别		检验检疫编码	检验检疫编码对应中文名称
HS国际统一前6位	本国子目7~8位	本国子目9~10位	中文 货物名称	英文 Article Description			进口	出口	进口	出口		
440810	11	10	胶合板等多层板制濒危针叶木单板（厚度≤6mm，饰面用）	Sheets for veneering of endangered coniferous wood, of laminated plywood, of a thickness not exceeding 6mm	【最】6【普】40 【协东盟】5【协智利】0【协新西兰】0 【协秘鲁】0【协哥斯达黎加】0【协冰岛】0 【协瑞士】0【协澳大利亚】0【协韩国】5.3 【协香港】0【协澳门】0 【特-1】0 【增】16【出】0【退】0	千克	AF	BE	MP	Q	999	胶合板等多层板制濒危针叶木单板（厚度≤6mm，饰面用）
440810	11	90	其他胶合板等多层板制针叶木单板（厚度≤6mm，饰面用）	Other sheets for veneering of coniferous wood, of laminated plywood, of a thickness not exceeding 6mm	【最】6【普】40 【协东盟】5【协智利】0【协新西兰】0 【协秘鲁】0【协哥斯达黎加】0【协冰岛】0 【协瑞士】0【协澳大利亚】0【协韩国】5.3 【协香港】0【协澳门】0 【特-1】0 【增】16【出】0【退】0	千克	A	B	MP	Q	999	其他胶合板等多层板制针叶木单板（厚度≤6mm，饰面用）
440810	19	10	其他饰面濒危针叶木单板（厚度≤6mm）	Other veneer sheets of endangered coniferous wood, of a thickness not exceeding 6mm	【最】4【普】40 【协东盟】0【协巴基斯坦】0【协智利】0 【协新西兰】0【协新加坡】0【协秘鲁】0 【协哥斯达黎加】0【协冰岛】0【协瑞士】0 【协澳大利亚】0【协韩国】0【协香港】0 【协澳门】0 【特-1】0【特-2】0 【增】16【对美加征】10【出】0【退】0	千克	AF	BE	MP	Q	999	其他饰面濒危针叶木单板（厚度≤6mm）
440810	19	90	其他饰面针叶木单板（厚度≤6mm）	Other sheets for veneering of coniferous wood, of a thickness not exceeding 6mm	【最】4【普】40 【协东盟】0【协巴基斯坦】0【协智利】0 【协新西兰】0【协新加坡】0【协秘鲁】0 【协哥斯达黎加】0【协冰岛】0【协瑞士】0 【协澳大利亚】0【协韩国】0【协香港】0 【协澳门】0 【特-1】0【特-2】0 【增】16【对美加征】10【出】0【退】0	千克	A	B	MP	Q	999	其他饰面针叶木单板（厚度≤6mm）
440810	20	10	制胶合板用濒危针叶木单板（厚度≤6mm）	Sheets of plywood of endangered coniferous wood, of a thickness not exceeding 6mm	【最】4【普】17 【协东盟】0【协巴基斯坦】0【协智利】0 【协新西兰】0【协新加坡】0【协秘鲁】0 【协哥斯达黎加】0【协冰岛】0【协瑞士】0 【协澳大利亚】0【协韩国】0【协香港】0 【协澳门】0 【特-1】0【特-2】0 【增】16【出】0【退】0	千克	AF	BE	MP	Q	999	制胶合板用濒危针叶木单板（厚度≤6mm）
440810	20	90	其他制胶合板用针叶木单板（厚度≤6mm）	Other sheets of plywood of coniferous wood, of a thickness not exceeding 6mm	【最】4【普】17 【协东盟】0【协巴基斯坦】0【协智利】0 【协新西兰】0【协新加坡】0【协秘鲁】0 【协哥斯达黎加】0【协冰岛】0【协瑞士】0 【协澳大利亚】0【协韩国】0【协香港】0 【协澳门】0 【特-1】0【特-2】0 【增】16【出】0【退】0	千克	A	B	MP	Q	999	其他制胶合板用针叶木单板（厚度≤6mm）
440810	90	10	其他濒危针叶木单板材（经纵锯，刨切或旋切的，厚度≤6mm）	Sheets of endangered coniferous wood, sawn or chipped lengthwise, sliced or peeled, of a thickness not exceeding 6mm	【最】4【普】30 【协东盟】0【协巴基斯坦】0【协智利】0 【协新西兰】0【协新加坡】0【协秘鲁】0 【协哥斯达黎加】0【协冰岛】0【协瑞士】0 【协澳大利亚】0【协韩国】0【协香港】0 【协澳门】0 【特-1】0【特-2】0 【增】16【对美加征】10【出】0【退】0	千克	AF	BE	MP	Q	999	其他濒危针叶木单板材（经纵锯，刨切或旋切的，厚度≤6mm）
440810	90	90	其他针叶木单板材（经纵锯，刨切或旋切的，厚度≤6mm）	Sheets of coniferous wood, sawn or chipped lengthwise, sliced or peeled, of a thickness not exceeding 6mm	【最】4【普】30 【协东盟】0【协巴基斯坦】0【协智利】0 【协新西兰】0【协新加坡】0【协秘鲁】0 【协哥斯达黎加】0【协冰岛】0【协瑞士】0 【协澳大利亚】0【协韩国】0【协香港】0 【协澳门】0 【特-1】0【特-2】0 【增】16【对美加征】10【出】0【退】0	千克	A	B	MP	Q	999	其他针叶木单板材（经纵锯，刨切或旋切的，厚度≤6mm）

税则号列 HS 国际统一前6位	本国子目 7~8位	9~10位	货品名称中英文 中文 货物名称	英文 Article Description	税费综合信息	计量单位	监管证件代码 进口	出口	检验检疫类别 进口	出口	检验检疫编码	检验检疫编码对应中文名称
440831	11		胶合板多层板制饰面红柳桉木单板（深红色、浅红色红柳桉木及巴栲红柳桉木，厚度≤6mm）	Veneer sheets of laminated plywood, Dark Red Meranti, Light Red Meranti and Meranti Bakau, of a thickness not exceeding 6mm	【最】6【普】40 【协东盟】5【协智利】0【协新西兰】0 【协秘鲁】0【协哥斯达黎加】0【协冰岛】0 【协瑞士】0【协澳大利亚】0【协韩国】6.6 【协香港】0【协澳门】0 【特-1】0 【增】16【出】0【退】0	千克	A	B	MP	Q	999	胶合板多层板制饰面红柳桉木单板（深红色、浅红色红柳桉木及巴栲红柳桉木，厚度≤6mm）
440831	19		其他饰面用红柳桉木单板（指深红色、浅红色红柳桉木及巴栲红柳桉木，厚度≤6mm）	Other Veneer sheets, Dark Red Meranti, Light Red Meranti and Meranti Bakau, of a thickness not exceeding 6mm	【最】4【普】40 【协东盟】0【协巴基斯坦】0【协智利】0 【协新西兰】0【协新加坡】0【协秘鲁】0 【协哥斯达黎加】0【协冰岛】0【协瑞士】0 【协澳大利亚】0【协韩国】0【协香港】0 【协澳门】0 【特-1】0【特-2】0 【增】16【对美加征】10【出】0【退】0	千克	A	B	MP	Q	999	其他饰面用红柳桉木单板（深红色、浅红色红柳桉木巴栲红柳桉木，厚度≤6mm）
440831	20		红柳桉木制的胶合板用单板（深红色、浅红色红柳桉木巴栲红柳桉木，厚度≤6mm）	Sheets of plywood, Dark Red Meranti, Light Red Meranti and Meranti Bakau, of a thickness not exceeding 6mm	【最】4【普】17 【协东盟】0【协巴基斯坦】0【协智利】0 【协新西兰】0【协新加坡】0【协秘鲁】0 【协哥斯达黎加】0【协冰岛】0【协瑞士】0 【协澳大利亚】0【协韩国】0【协香港】0 【协澳门】0 【特-1】0【特-2】0 【增】16【出】0【退】0	千克	A	B	MP	Q	999	红柳桉木制的胶合板用单板（深红色、浅红色红柳桉木巴栲红柳桉木，厚度≤6mm）
440831	90		红柳桉木制的其他单板（深红色、浅红色红柳桉木巴栲红柳桉木，厚度≤6mm）	Other sheets, Dark Red Meranti, Light Red Meranti and Meranti Bakau, of a thickness not exceeding 6mm	【最】4【普】30 【协东盟】0【协巴基斯坦】0【协智利】0 【协新西兰】0【协新加坡】0【协秘鲁】0 【协哥斯达黎加】0【协冰岛】0【协瑞士】0 【协澳大利亚】0【协韩国】0【协香港】0 【协澳门】0 【特-1】0【特-2】0 【增】16【出】0【退】0	千克	A	B	MP	Q	999	红柳桉木制的其他单板（深红色、浅红色红柳桉木巴栲红柳桉木，厚度≤6mm）
440839	11	10	胶合板多层板制饰面桃花心木单板（厚度≤6mm）	Veneer sheets, of Acajou d'afrique, of laminated plywood, of a thickness not exceeding 6mm	【最】6【普】40 【协亚太】4.2【协东盟】5【协智利】0 【协新西兰】0【协秘鲁】0【协哥斯达黎加】0 【协冰岛】0【协瑞士】0【协澳大利亚】0 【协韩国】6.6【协香港】0【协澳门】0 【特-1】0 【增】16【出】0【退】0	千克	AF	BE	MP	Q	999	胶合板多层板制饰面桃花心木单板（厚度≤6mm）
440839	11	20	胶合板多层板制饰面拉敏木单板（厚度≤6mm）	Veneer sheets, of Ramin wood, of laminated plywood, of a thickness not exceeding 6mm	【最】6【普】40 【协亚太】4.2【协东盟】5【协智利】0 【协新西兰】0【协秘鲁】0【协哥斯达黎加】0 【协冰岛】0【协瑞士】0【协澳大利亚】0 【协韩国】6.6【协香港】0【协澳门】0 【特-1】0 【增】16【出】0【退】0	千克	A	B	MP	Q	999	胶合板多层板制饰面拉敏木单板（厚度≤6mm）
440839	11	30	厚度≤6mm胶合板多层板制饰面濒危热带木单板	Veneer sheets, of endangered tropical wood, specified in Subheading Note 1 to this Chapter, of laminated plywood, of a thickness not exceeding 6mm	【最】6【普】40 【协亚太】4.2【协东盟】5【协智利】0 【协新西兰】0【协秘鲁】0【协哥斯达黎加】0 【协冰岛】0【协瑞士】0【协澳大利亚】0 【协韩国】6.6【协香港】0【协澳门】0 【特-1】0 【增】16【出】0【退】0	千克	AF	BE	MP	Q	101 102	厚度≤6mm胶合板多层板制饰面濒危热带木单板（针叶木薄板） 厚度≤6mm胶合板多层板制饰面濒危热带木单板（非针叶木薄板）
440839	11	90	厚度≤6mm胶合板多层板制饰面热带木单板	Veneer sheets, of tropical wood specified in Subheading Note 1 to this Chapter, of laminated plywood, of a thickness not exceeding 6mm	【最】6【普】40 【协亚太】4.2【协东盟】5【协智利】0 【协新西兰】0【协秘鲁】0【协哥斯达黎加】0 【协冰岛】0【协瑞士】0【协澳大利亚】0 【协韩国】6.6【协香港】0【协澳门】0 【特-1】0 【增】16【出】0【退】0	千克	A	B	MP	Q	101 102	厚度≤6mm胶合板多层板制饰面热带木单板（针叶木薄板） 厚度≤6mm胶合板多层板制饰面热带木单板（非针叶木薄板）
440839	19	10	其他饰面用桃花心木单板（厚度不超过6mm）	Veneer sheets, of Acajou d'afrique, of a thickness not exceeding 6mm	【最】4【普】40 【协东盟】0【协巴基斯坦】0【协智利】0 【协新西兰】0【协新加坡】0【协秘鲁】0 【协哥斯达黎加】0【协冰岛】0【协瑞士】0 【协澳大利亚】0【协韩国】0【协香港】0 【协澳门】0 【特-1】0【特-2】0 【增】16【对美加征】10【出】0【退】0	千克	AF	BE	MP	Q	999	其他饰面用桃花心木单板（厚度不超过6mm）

税则号列			货品名称中英文		税费综合信息	计量单位	监管证件代码		检验检疫类别		检验检疫编码	检验检疫编码对应中文名称
HS国际统一前6位	本国子目 7~8位	本国子目 9~10位	中文 货物名称	英文 Article Description			进口	出口	进口	出口		
440839	19	30	厚度≤6mm其他濒危热带木制饰面用单板	Veneer sheets, of endangered tropical wood specified in Subheading Note 1 to this Chapter, of a thickness not exceeding 6mm	【最】4【普】40 【协东盟】0【协巴基斯坦】0【协智利】0 【协新西兰】0【协新加坡】0【协秘鲁】0 【协哥斯达黎加】0【协冰岛】0【协瑞士】0 【协澳大利亚】0【协韩国】0【协香港】0 【协澳门】0 【特-1】0【特-2】0 【增】16【对美加征】10【出】0【退】0	千克	AF	BE	MP	Q	101 102	厚度≤6mm其他濒危热带木制饰面用单板（针叶木薄板） 厚度≤6mm其他濒危热带木制饰面用单板（非针叶木薄板）
440839	19	90	厚度≤6mm其他热带木饰面用单板	Veneer sheets of tropical wood, specified in Subheading Note 1 to this Chapter, of a thickness not exceeding 6mm	【最】4【普】40 【协东盟】0【协巴基斯坦】0【协智利】0 【协新西兰】0【协新加坡】0【协秘鲁】0 【协哥斯达黎加】0【协冰岛】0【协瑞士】0 【协澳大利亚】0【协韩国】0【协香港】0 【协澳门】0 【特-1】0【特-2】0 【增】16【对美加征】10【出】0【退】0	千克	A	B	MP	Q	101 102	厚度≤6mm其他热带木饰面用单板（针叶木薄板） 厚度≤6mm其他热带木饰面用单板（非针叶木薄板）
440839	20	10	其他桃花心木制的胶合板用单板（厚度≤6mm）	Other sheets for plywood, of acajou d'afrique, of a thickness not exceeding 6mm	【最】4【普】17 【协亚太】3.6【协东盟】0【协巴基斯坦】0 【协智利】0【协新西兰】0【协新加坡】0 【协秘鲁】0【协哥斯达黎加】0【协冰岛】0 【协瑞士】0【协澳大利亚】0【协韩国】0 【协香港】0【协澳门】0 【特-1】0【特-2】0 【增】16【出】0【退】0	千克	AF	BE	MP	Q	999	其他桃花心木制的胶合板用单板（厚度≤6mm）
440839	20	20	其他拉敏木制的胶合板用单板（厚度≤6mm）	Other sheets for plywood of Ramin wood, of a thickness not exceeding 6mm	【最】4【普】17 【协亚太】3.6【协东盟】0【协巴基斯坦】0 【协智利】0【协新西兰】0【协新加坡】0 【协秘鲁】0【协哥斯达黎加】0【协冰岛】0 【协瑞士】0【协澳大利亚】0【协韩国】0 【协香港】0【协澳门】0 【特-1】0【特-2】0 【增】16【出】0【退】0	千克	A	B	MP	Q	999	其他拉敏木制的胶合板用单板（厚度≤6mm）
440839	20	30	其他濒危热带木制的胶合板用单板（厚度≤6mm）	Other sheets for plywood, of endangered tropical wood, specified in Subheading Note 1 to this Chapter, of a thickness not exceeding 6mm	【最】4【普】17 【协亚太】3.6【协东盟】0【协巴基斯坦】0 【协智利】0【协新西兰】0【协新加坡】0 【协秘鲁】0【协哥斯达黎加】0【协冰岛】0 【协瑞士】0【协澳大利亚】0【协韩国】0 【协香港】0【协澳门】0 【特-1】0【特-2】0 【增】16【出】0【退】0	千克	AF	BE	MP	Q	101 102	其他濒危热带木制的胶合板用单板（厚度≤6mm）(针叶木薄板) 其他濒危热带木制的胶合板用单板（厚度≤6mm）(非针叶木薄板)
440839	20	90	其他列名热带木制的胶合板用单板（厚度≤6mm）	Other sheets of plywood, of tropical wood, specified in Subheading Note 1 to this Chapter, of a thickness not exceeding 6mm	【最】4【普】17 【协亚太】3.6【协东盟】0【协巴基斯坦】0 【协智利】0【协新西兰】0【协新加坡】0 【协秘鲁】0【协哥斯达黎加】0【协冰岛】0 【协瑞士】0【协澳大利亚】0【协韩国】0 【协香港】0【协澳门】0 【特-1】0【特-2】0 【增】16【出】0【退】0	千克	A	B	MP	Q	101 102	其他列名热带木制的胶合板用单板（厚度≤6mm）(针叶木薄板) 其他列名热带木制的胶合板用单板（厚度≤6mm）(非针叶木薄板)
440839	90	10	其他桃花心木制的其他单板(厚度≤6mm)	Other sheets of other Acajou d'afrique, of tropical wood, specified in Subheading Note 1 to this Chapter, of a thickness not exceeding 6mm	【最】4【普】30 【协东盟】0【协巴基斯坦】0【协智利】0 【协新西兰】0【协新加坡】0【协秘鲁】0 【协哥斯达黎加】0【协冰岛】0【协瑞士】0 【协澳大利亚】0【协韩国】0【协香港】0 【协澳门】0 【特-1】0【特-2】0 【增】16【对美加征】10【出】0【退】0	千克	AF	BE	MP	Q	999	其他桃花心木制的其他单板（厚度≤6mm）
440839	90	30	其他列名濒危热带木制的其他单板（厚度≤6mm）	Other sheets of endangered tropical wood, specified in Subheading Note 1 to this Chapter, of a thickness not exceeding 6mm	【最】4【普】30 【协东盟】0【协巴基斯坦】0【协智利】0 【协新西兰】0【协新加坡】0【协秘鲁】0 【协哥斯达黎加】0【协冰岛】0【协瑞士】0 【协澳大利亚】0【协韩国】0【协香港】0 【协澳门】0 【特-1】0【特-2】0 【增】16【对美加征】10【出】0【退】0	千克	AF	BE	MP	Q	101 102	其他列名濒危热带木制的其他单板（厚度≤6mm）(针叶木薄板) 其他列名濒危热带木制的其他单板（厚度≤6mm）(非针叶木薄板)

税则号列 HS国际统一前6位	本国子目 7~8位	本国子目 9~10位	货品名称中英文 中文 货物名称	货品名称中英文 英文 Article Description	税费综合信息	计量单位	监管证件代码 进口	监管证件代码 出口	检验检疫类别 进口	检验检疫类别 出口	检验检疫编码	检验检疫编码对应中文名称
440839	90	90	其他列名的热带木制的其他单板（厚度≤6mm）	Other sheets of tropical wood, specified in Subheading Note 1 to this Chapter, of a thickness not exceeding 6mm	【最】4【普】30 【协东盟】0【协巴基斯坦】0【协智利】0 【协新西兰】0【协新加坡】0【协秘鲁】0 【协哥斯达黎加】0【协冰岛】0【协瑞士】0 【协澳大利亚】0【协韩国】0【协香港】0 【协澳门】0 【特-1】0【特-2】0 【增】16【对美加征】10【出】0【退】0	千克	A	B	MP	Q	101 102	其他列名的热带木制的其他单板（厚度≤6mm)(针叶木薄板) 其他列名的热带木制的其他单板（厚度≤6mm)(非针叶木薄板)
440890	11	10	胶合板多层板制饰面濒危木单板（厚度≤6mm)	Veneer sheets of endangered wood, of laminated plywood, of a thickness not exceeding 6mm	【最】4【普】40 【协亚太】2.8【协智利】0【协新西兰】0 【协秘鲁】0【协哥斯达黎加】0【协冰岛】0 【协瑞士】0【协澳大利亚】0【协韩国】2.6 【协香港】0【协澳门】0 【特-1】0 【增】16【对美加征】10【出】0【退】0	千克	AF	BE	MP	Q	101 102	胶合板多层板制饰面濒危木单板（厚度≤6mm)(针叶木薄板) 胶合板多层板制饰面濒危木单板（厚度≤6mm)(非针叶木薄板)
440890	11	90	胶合板多层板制饰面其他木单板（厚度≤6mm,针叶木、热带木除外）	Veneer sheets of other wood, of laminated plywood, of a thickness not exceeding 6mm (other than coniferous or tropical wood)	【最】4【普】40 【协亚太】2.8【协智利】0【协新西兰】0 【协秘鲁】0【协哥斯达黎加】0【协冰岛】0 【协瑞士】0【协澳大利亚】0【协韩国】2.6 【协香港】0【协澳门】0 【特-1】0 【增】16【对美加征】10【出】0【退】0	千克	A	B	MP	Q	101 102	胶合板多层板制饰面其他木单板（厚度≤6mm,针叶木、热带木除外）(针叶木薄板) 胶合板多层板制饰面其他木单板（厚度≤6mm,针叶木、热带木除外）(非针叶木薄板)
440890	12	10	温带濒危非针叶木制饰面用木单板（厚度≤6mm,针叶木、热带木除外）	Veneer sheets of endangered temperate non-coniferous wood, of a thickness not exceeding 6mm (other than coniferous or tropical wood)	【最】3【普】40【暂进】1 【协东盟】0【协巴基斯坦】0【协智利】0 【协新西兰】0【协新加坡】0【协秘鲁】0 【协哥斯达黎加】0【协冰岛】0【协瑞士】0 【协澳大利亚】0【协韩国】0【协香港】0 【协澳门】0 【特-1】0【特-2】0 【增】16【对美加征】10【出】0【退】0	千克	AF	BE	MP	Q	999	温带濒危非针叶木制饰面用木单板（厚度≤6mm,针叶木、热带木除外）
440890	12	90	其他温带非针叶木制饰面用木单板（厚度≤6mm,针叶木、热带木除外）	Veneer sheets of temperate non-coniferous wood, of a thickness not exceeding 6mm (other than coniferous or tropical wood)	【最】3【普】40【暂进】1 【协东盟】0【协巴基斯坦】0【协智利】0 【协新西兰】0【协新加坡】0【协秘鲁】0 【协哥斯达黎加】0【协冰岛】0【协瑞士】0 【协澳大利亚】0【协韩国】0【协香港】0 【协澳门】0 【特-1】0【特-2】0 【增】16【对美加征】10【出】0【退】0	千克	A	B	MP	Q	999	其他温带非针叶木制饰面用木单板（厚度≤6mm,针叶木、热带木除外）
440890	13	10	濒危竹制饰面用单板（厚度≤6mm)	Veneer sheets of endangered bamboo (thinckness≤6mm)	【最】4【普】40 【协亚太】2.8【协智利】0【协新西兰】0 【协秘鲁】0【协哥斯达黎加】0【协冰岛】0 【协瑞士】0【协澳大利亚】0【协韩国】2.6 【协香港】0【协澳门】0 【特-1】0 【增】16【出】0【退】0	千克	A	BE	MP	Q	999	濒危竹制饰面用单板（厚度≤6mm)
440890	13	90	其他竹制饰面用单板（厚度≤6mm)	Veneer sheets of other bamboo (thinckness≤6mm)	【最】4【普】40 【协亚太】2.8【协智利】0【协新西兰】0 【协秘鲁】0【协哥斯达黎加】0【协冰岛】0 【协瑞士】0【协澳大利亚】0【协韩国】2.6 【协香港】0【协澳门】0 【特-1】0 【增】16【出】0【退】0	千克	A	B	MP	Q	999	其他竹制饰面用单板（厚度≤6mm)
440890	19	11	家具饰面用濒危木单板（厚度≤6mm)	Veneer sheets of endangered wood, for furniture, of a thickness not exceeding 6mm	【最】3【普】40【暂进】1 【协东盟】0【协巴基斯坦】0【协智利】0 【协新西兰】0【协新加坡】0【协秘鲁】0 【协哥斯达黎加】0【协冰岛】0【协瑞士】0 【协澳大利亚】0【协韩国】0【协香港】0 【协澳门】0 【特-1】0【特-2】0 【增】16【对美加征】5【出】0【退】0	千克	AF	BE	MP	Q	101 102	家具饰面用濒危木单板（厚度≤6mm)(针叶木薄板) 家具饰面用濒危木单板（厚度≤6mm)(非针叶木薄板)
440890	19	19	其他家具饰面用单板（厚度≤6mm)	Other veneer sheets for furniture, of a thickness not exceeding 6mm	【最】3【普】40【暂进】1 【协东盟】0【协巴基斯坦】0【协智利】0 【协新西兰】0【协新加坡】0【协秘鲁】0 【协哥斯达黎加】0【协冰岛】0【协瑞士】0 【协澳大利亚】0【协韩国】0【协香港】0 【协澳门】0 【特-1】0【特-2】0 【增】16【对美加征】5【出】0【退】0	千克	A	B	MP	Q	101 102	其他家具饰面用单板（厚度≤6mm)(针叶木薄板) 其他家具饰面用单板（厚度≤6mm)(非针叶木薄板)

税则号列 HS国际统一前6位	本国子目 7~8位	本国子目 9~10位	货品名称中英文 中文 货物名称	货品名称中英文 英文 Article Description	税费综合信息	计量单位	监管证件代码 进口	监管证件代码 出口	检验检疫类别 进口	检验检疫类别 出口	检验检疫编码	检验检疫编码对应中文名称
440890	19	91	其他饰面用濒危木单板（厚度≤6mm）	Other Veneer sheets of endangered wood, of a thickness not exceeding 6mm	【最】3【普】40 【协东盟】0【协巴基斯坦】0【协智利】0 【协新西兰】0【协新加坡】0【协秘鲁】0 【协哥斯达黎加】0【协冰岛】0【协瑞士】0 【协澳大利亚】0【协韩国】0【协香港】0 【协澳门】0 【特-1】0【特-2】0 【增】16【对美加征】5【出】0【退】0	千克	AF	BE	MP	Q	101 102	其他饰面用濒危木单板(厚度≤6mm)(针叶木薄板) 其他饰面用濒危木单板(厚度≤6mm)(非针叶木薄板)
440890	19	99	其他饰面用单板（厚度≤6mm）	Other Veneer sheets of wood, of a thickness not exceeding 6mm	【最】3【普】40 【协东盟】0【协巴基斯坦】0【协智利】0 【协新西兰】0【协新加坡】0【协秘鲁】0 【协哥斯达黎加】0【协冰岛】0【协瑞士】0 【协澳大利亚】0【协韩国】0【协香港】0 【协澳门】0 【特-1】0【特-2】0 【增】16【对美加征】5【出】0【退】0	千克	A	B	MP	Q	101 102	其他饰面用单板（厚度≤6mm)(针叶木薄板) 其他饰面用单板（厚度≤6mm)(非针叶木薄板)
440890	21	10	温带濒危非针叶木制胶合板用单板（厚度≤6mm）	Sheets for plywood of endangered temperate non-coniferous wood of a thickness not exceeding 6mm	【最】3【普】17 【协东盟】0【协巴基斯坦】0【协智利】0 【协新西兰】0【协新加坡】0【协秘鲁】0 【协哥斯达黎加】0【协冰岛】0【协瑞士】0 【协澳大利亚】0【协韩国】0【协香港】0 【协澳门】0 【特-1】0【特-2】0 【增】16【对美加征】10【出】0【退】0	千克	AF	BE	MP	Q	999	温带濒危非针叶木制胶合板用单板（厚度≤6mm)
440890	21	90	其他温带非针叶木制胶合板用单板（厚度≤6mm）	Other sheets for plywood of temperate non-conif-erous wood, of a thickness not exceeding 6mm	【最】3【普】17 【协东盟】0【协巴基斯坦】0【协智利】0 【协新西兰】0【协新加坡】0【协秘鲁】0 【协哥斯达黎加】0【协冰岛】0【协瑞士】0 【协澳大利亚】0【协韩国】0【协香港】0 【协澳门】0 【特-1】0【特-2】0 【增】16【对美加征】10【出】0【退】0	千克	A	B	MP	Q	999	其他温带非针叶木制胶合板用单板（厚度≤6mm)
440890	29	11	其他濒危木制胶合板用旋切单板（厚度≤6mm）	Other sheets for plywood of endangered wood, peeled, of a thickness not exceeding 6mm	【最】3【普】17【暂进】1 【协东盟】0【协巴基斯坦】0【协智利】0 【协新西兰】0【协新加坡】0【协秘鲁】0 【协哥斯达黎加】0【协冰岛】0【协瑞士】0 【协澳大利亚】0【协韩国】0【协香港】0 【协澳门】0 【特-1】0【特-2】0 【增】16【出】0【退】0	千克	AF	BE	MP	Q	101 102	其他濒危木制胶合板用旋切单板（厚度≤6mm)(针叶木薄板) 其他濒危木制胶合板用旋切单板（厚度≤6mm)(非针叶木薄板)
440890	29	19	其他濒危木制胶合板用其他单板（厚度≤6mm，旋切单板除外）	Other sheets for plywood of endangered wood, of a thickness not exceeding 6mm, other than peeled sheets	【最】3【普】17 【协东盟】0【协巴基斯坦】0【协智利】0 【协新西兰】0【协新加坡】0【协秘鲁】0 【协哥斯达黎加】0【协冰岛】0【协瑞士】0 【协澳大利亚】0【协韩国】0【协香港】0 【协澳门】0 【特-1】0【特-2】0 【增】16【出】0【退】0	千克	AF	BE	MP	Q	101 102	其他濒危木制胶合板用其他单板（厚度≤6mm，旋切单板除外）(针叶木薄板) 其他濒危木制胶合板用其他单板（厚度≤6mm，旋切单板除外）(非针叶木薄板)
440890	29	91	其他木制胶合板用旋切单板（厚度≤6mm）	Other sheets for plywood of wood, peeled, of a thickness not exceeding 6mm	【最】3【普】17【暂进】1 【协东盟】0【协巴基斯坦】0【协智利】0 【协新西兰】0【协新加坡】0【协秘鲁】0 【协哥斯达黎加】0【协冰岛】0【协瑞士】0 【协澳大利亚】0【协韩国】0【协香港】0 【协澳门】0 【特-1】0【特-2】0 【增】16【出】0【退】0	千克	A	B	MP	Q	101 102	其他木制胶合板用旋切单板（厚度≤6mm)(针叶木薄板) 其他木制胶合板用旋切单板（厚度≤6mm)(非针叶木薄板)
440890	29	99	其他木制胶合板用其他单板（厚度≤6mm，旋切单板除外）	Other sheets foe plywood of wood thiekness of a exceeding 6mm, other than peeled	【最】3【普】17 【协东盟】0【协巴基斯坦】0【协智利】0 【协新西兰】0【协新加坡】0【协秘鲁】0 【协哥斯达黎加】0【协冰岛】0【协瑞士】0 【协澳大利亚】0【协韩国】0【协香港】0 【协澳门】0 【特-1】0【特-2】0 【增】16【出】0【退】0	千克	A	B	MP	Q	101 102	其他木制胶合板用其他单板（厚度≤6mm，旋切单板除外）（针叶木薄板) 其他木制胶合板用其他单板（厚度≤6mm，旋切单板除外）（非针叶木薄板)

税则号列 HS国际统一前6位	本国子目 7~8位	本国子目 9~10位	货品名称中文 货物名称	货品名称英文 Article Description	税费综合信息	计量单位	监管证件代码 进口	监管证件代码 出口	检验检疫类别 进口	检验检疫类别 出口	检验检疫编码	检验检疫编码对应中文名称
440890	91	10	温带濒危非针叶木制其他单板材（经纵锯，刨切或旋切的，厚度≤6mm）	Sheets of temperate non-coniferous wood, sawn or chipped lengthwise, sliced or peeled, of a thickness not exceeding 6mm	【最】3【普】30 【协东盟】0【协巴基斯坦】0【协智利】0 【协新西兰】0【协新加坡】0【协秘鲁】0 【协哥斯达黎加】0【协冰岛】0【协瑞士】0 【协澳大利亚】0【协韩国】0【协香港】0 【协澳门】0 【特-1】0【特-2】0 【增】16【对美加征】10【出】0【退】0	千克	AF	BE	MP	Q	999	温带濒危非针叶木制其他单板材（经纵锯，刨切或旋切的，厚度≤6mm）
440890	91	90	温带非针叶木制其他单板材（经纵锯，刨切或旋切的，厚度≤6mm）	Other sheets of temperate non-coniferous wood, sawn or chipped lengthwise, sliced or peeled, of a thickness not exceeding 6mm	【最】3【普】30 【协东盟】0【协巴基斯坦】0【协智利】0 【协新西兰】0【协新加坡】0【协秘鲁】0 【协哥斯达黎加】0【协冰岛】0【协瑞士】0 【协澳大利亚】0【协韩国】0【协香港】0 【协澳门】0 【特-1】0【特-2】0 【增】16【对美加征】10【出】0【退】0	千克	A	B	MP	Q	999	温带非针叶木制其他单板材（经纵锯，刨切或旋切的，厚度≤6mm）
440890	99	10	其他濒危木制的其他单板材（经纵锯，刨切或旋切的，厚度≤6mm）	Other sheets of endangered wood, sawn or chipped lengthwise, sliced or peeled, of a thickness not exceeding 6mm	【最】3【普】30 【协东盟】0【协巴基斯坦】0【协智利】0 【协新西兰】0【协新加坡】0【协秘鲁】0 【协哥斯达黎加】0【协冰岛】0【协瑞士】0 【协澳大利亚】0【协韩国】0【协香港】0 【协澳门】0 【特-1】0【特-2】0 【增】16【对美加征】10【出】0【退】0	千克	AF	BE	MP	Q	101 102	其他濒危木制的其他单板材（经纵锯，刨切或旋切的，厚度≤6mm）(针叶木薄板) 其他濒危木制的其他单板材（经纵锯，刨切或旋切的，厚度≤6mm）(非针叶木薄板)
440890	99	90	其他木材，但针叶木热带木除外（经纵锯，刨切或旋切的，厚度≤6mm）	Other wood, sawn or chipped lengthwise, sliced or peeled(other than coniferous and tropical wood), of a thickness not exceeding 6mm	【最】3【普】30 【协东盟】0【协巴基斯坦】0【协智利】0 【协新西兰】0【协新加坡】0【协秘鲁】0 【协哥斯达黎加】0【协冰岛】0【协瑞士】0 【协澳大利亚】0【协韩国】0【协香港】0 【协澳门】0 【特-1】0【特-2】0 【增】16【对美加征】10【出】0【退】0	千克	A	B	MP	Q	999	其他木材，但针叶木热带木除外（经纵锯，刨切或旋切的，厚度≤6mm）
440910	10	10	一边或面制成连续形状的濒危针叶木制地板条、块（包括未装拼的拼花地板用板条及缘板）	Floor board strips of endangered coniferous wood (including strips and friezes for parquet flooring, not assembled) continuously shaped along any of its edges or faces	【最】6【普】50 【协东盟】0【协巴基斯坦】5【协智利】0 【协新西兰】0【协新加坡】0【协秘鲁】0 【协哥斯达黎加】0【协冰岛】0【协瑞士】0 【协澳大利亚】0【协韩国】3.7【协香港】0 【协澳门】0 【特-1】0【特-2】0【特-3】0 【增】16【消】5【出】0【退】0	千克	AF	BE	P	Q	999	一边或面制成连续形状的濒危针叶木制地板条、块（包括未装拼的拼花地板用板条及缘板）
440910	10	90	一边或面制成连续形状的其他针叶木地板条，块（包括未装拼的拼花地板用板条及缘板）	Floor board strips of other coniferous wood (including strips and friezes for parquet flooring, not assembled) continuously shaped along any of its edges or faces	【最】6【普】50 【协东盟】0【协巴基斯坦】5【协智利】0 【协新西兰】0【协新加坡】0【协秘鲁】0 【协哥斯达黎加】0【协冰岛】0【协瑞士】0 【协澳大利亚】0【协韩国】3.7【协香港】0 【协澳门】0 【特-1】0【特-2】0【特-3】0 【增】16【消】5【出】0【退】0	千克	A	B	P	Q	999	一边或面制成连续形状的其他针叶木地板条，块（包括未装拼的拼花地板用板条及缘板）
440910	90	10	一边或面制成连续形状濒危针叶木材	Endangered coniferous wood, continuously shaped along any of its edges or faces	【最】6【普】50 【协东盟】0【协巴基斯坦】5【协智利】0 【协新西兰】0【协新加坡】0【协秘鲁】0 【协哥斯达黎加】0【协冰岛】0【协瑞士】0 【协澳大利亚】0【协韩国】0【协香港】0 【协澳门】0 【特-1】0【特-2】0【特-3】0 【增】16【出】0【退】0	千克	AF	BE	P	Q	999	一边或面制成连续形状濒危针叶木材
440910	90	90	其他一边或面制成连续形状的针叶材	Other coniferous wood, continuously shaped along any of its edges or faces	【最】6【普】50 【协东盟】0【协巴基斯坦】5【协智利】0 【协新西兰】0【协新加坡】0【协秘鲁】0 【协哥斯达黎加】0【协冰岛】0【协瑞士】0 【协澳大利亚】0【协韩国】0【协香港】0 【协澳门】0 【特-1】0【特-2】0【特-3】0 【增】16【出】0【退】0	千克	A	B	P	Q	999	其他一边或面制成连续形状的针叶材

税则号列 HS国际统一前6位	本国子目 7~8位	本国子目 9~10位	货品名称中文 货物名称	货品名称英文 Article Description	税费综合信息	计量单位	监管证件代码 进口	监管证件代码 出口	检验检疫类别 进口	检验检疫类别 出口	检验检疫编码	检验检疫编码对应中文名称
440921	10	10	一边或面制成连续形状的濒危竹地板条（块）（包括未装拼的拼花竹地板用板条及缘板）	Floor board strips of endangered bamboo (including strips and friezes for parquet flooring, not assembled) continuously shaped along any of its edges or faces	【最】4【普】50 【协东盟】0【协巴基斯坦】0【协智利】0 【协新西兰】0【协新加坡】0【协秘鲁】0 【协哥斯达黎加】0【协冰岛】0【协瑞士】0 【协澳大利亚】0【协韩国】0【协香港】0 【协澳门】0 【特-1】0【特-2】0【特-3】0 【增】16【出】0【退】0	千克	A	BE	P	Q	999	一边或面制成连续形状的濒危竹地板条（块）（包括未装拼的拼花竹地板用板条及缘板）
440921	10	90	一边或面制成连续形状的竹地板条（块）（包括未装拼的拼花竹地板用板条及缘板）	Floor board strips of bamboo (including strips and friezes for parquet flooring, not assembled) continuously shaped along any of its edges or faces	【最】4【普】50 【协东盟】0【协巴基斯坦】0【协智利】0 【协新西兰】0【协新加坡】0【协秘鲁】0 【协哥斯达黎加】0【协冰岛】0【协瑞士】0 【协澳大利亚】0【协韩国】0【协香港】0 【协澳门】0 【特-1】0【特-2】0【特-3】0 【增】16【出】0【退】16	千克	A	B	P	Q	999	一边或面制成连续形状的竹地板条（块）（包括未装拼的拼花竹地板用板条及缘板）
440921	90	10	一边或面制成连续形状的其他濒危竹材	Other endangered bamboo continuously shaped along any of its edges or faces	【最】4【普】50 【协东盟】0【协巴基斯坦】0【协智利】0 【协新西兰】0【协新加坡】0【协秘鲁】0 【协哥斯达黎加】0【协冰岛】0【协瑞士】0 【协澳大利亚】0【协韩国】0【协格鲁吉亚】0 【协香港】0【协澳门】0 【特-1】0【特-2】0【特-3】0 【增】16【出】0【退】0	千克	A	BE	P	Q	999	一边或面制成连续形状的其他濒危竹材
440921	90	90	一边或面制成连续形状的其他竹材	Other bamboo, continuously shaped along any of its edges or faces	【最】4【普】50 【协东盟】0【协巴基斯坦】0【协智利】0 【协新西兰】0【协新加坡】0【协秘鲁】0 【协哥斯达黎加】0【协冰岛】0【协瑞士】0 【协澳大利亚】0【协韩国】0【协格鲁吉亚】0 【协香港】0【协澳门】0 【特-1】0【特-2】0【特-3】0 【增】16【出】0【退】16	千克	A	B	P	Q	999	一边或面制成连续形状的其他竹材
440922	10	20	一边或面制成连续形状的桃花心木地板条、块（包括未装拼的桃花心木拼花地板用板条及缘板）	Floor board strips of mahogany wood (including strips and friezes for parquet flooring, not assembled) continuously shaped along any of its edges or faces	【最】4【普】50 【协东盟】0【协巴基斯坦】0【协智利】0 【协新西兰】0【协新加坡】0【协秘鲁】0 【协哥斯达黎加】0【协冰岛】0【协瑞士】0 【协澳大利亚】0【协韩国】0【协香港】0 【协澳门】0 【特-1】0【特-2】0【特-3】0 【增】16【出】0【退】0	千克	AF	BE	P	Q	999	一边或面制成连续形状的桃花心木地板条、块（包括未装拼的桃花心木拼花地板用板条及缘板）
440922	10	30	一边或面制成连续形状的其他濒危热带木地板条、块（包括未装拼的其他濒危热带木拼花地板用板条及缘板）	Floor board strips of other endangered tropical wood (including strips and friezes for parquet flooring, not assembled) continuously shaped along any of its edges or faces	【最】4【普】50 【协东盟】0【协巴基斯坦】0【协智利】0 【协新西兰】0【协新加坡】0【协秘鲁】0 【协哥斯达黎加】0【协冰岛】0【协瑞士】0 【协澳大利亚】0【协韩国】0【协香港】0 【协澳门】0 【特-1】0【特-2】0【特-3】0 【增】16【出】0【退】0	千克	AF	BE	P	Q	999	一边或面制成连续形状的其他濒危热带木地板条、块（包括未装拼的其他濒危热带木拼花地板用板条及缘板）
440922	10	90	一边或面制成连续形状的其他热带木地板条、块（包括未装拼的其他热带木拼花地板用板条及缘板）	Floor board strips of other tropical wood (including strips and friezes for parquet flooring, not assembled) continuously shaped along any of its edges or faces	【最】4【普】50 【协东盟】0【协巴基斯坦】0【协智利】0 【协新西兰】0【协新加坡】0【协秘鲁】0 【协哥斯达黎加】0【协冰岛】0【协瑞士】0 【协澳大利亚】0【协韩国】0【协香港】0 【协澳门】0 【特-1】0【特-2】0【特-3】0 【增】16【出】0【退】0	千克	A	B	P	Q	999	一边或面制成连续形状的其他热带木地板条、块（包括未装拼的其他热带木拼花地板用板条及缘板）
440922	90	20	一边或面制成连续形状的桃花心木	mahogany wood, continuously shaped along any of its edges or faces	【最】4【普】50 【协东盟】0【协巴基斯坦】0【协智利】0 【协新西兰】0【协新加坡】0【协秘鲁】0 【协哥斯达黎加】0【协冰岛】0【协瑞士】0 【协澳大利亚】0【协韩国】0【协香港】0 【协澳门】0 【特-1】0【特-2】0 【增】16【出】0【退】0	千克	AF	BE	P	Q	999	一边或面制成连续形状的桃花心木

税则号列			货品名称中英文		税费综合信息	计量单位	监管证件代码		检验检疫类别		检验检疫编码	检验检疫编码对应中文名称
HS国际统一前6位	本国子目 7~8位	本国子目 9~10位	中文 货物名称	英文 Article Description			进口	出口	进口	出口		
440922	90	30	一边或面制成连续形状的其他濒危热带木	Endangered tropical wood, continuously shaped along any of its edges or faces	【最】4【普】50 【协东盟】0【协巴基斯坦】0【协智利】0 【协新西兰】0【协新加坡】0【协秘鲁】0 【协哥斯达黎加】0【协冰岛】0【协瑞士】0 【协澳大利亚】0【协韩国】0【协香港】0 【协澳门】0 【特-1】0【特-2】0 【增】16【出】0【退】0	千克	AF	BE	P	Q	999	一边或面制成连续形状的其他濒危热带木
440922	90	90	一边或面制成连续形状的其他热带木	Other tropical wood, continuously shaped along any of its edges or faces	【最】4【普】50 【协东盟】0【协巴基斯坦】0【协智利】0 【协新西兰】0【协新加坡】0【协秘鲁】0 【协哥斯达黎加】0【协冰岛】0【协瑞士】0 【协澳大利亚】0【协韩国】0【协香港】0 【协澳门】0 【特-1】0【特-2】0 【增】16【出】0【退】0	千克	A	B	P	Q	999	一边或面制成连续形状的其他热带木
440929	10	30	一边或面制成连续形状的其他濒危木地板条、块（包括未装拼的其他濒危木拼花地板用板条及缘板）	Floor board strips of other endangered wood(including strips and friezes for parquet flooring, not assembled) continuously shaped along any of its edges or faces	【最】4【普】50 【协东盟】0【协巴基斯坦】0【协智利】0 【协新西兰】0【协新加坡】0【协秘鲁】0 【协哥斯达黎加】0【协冰岛】0【协瑞士】0 【协澳大利亚】0【协韩国】0【协香港】0 【协澳门】0 【特-1】0【特-2】0【特-3】0 【增】16【消】5【对美加征】5【出】0 【退】0	千克	AF	BE	P	Q	999	一边或面制成连续形状的其他濒危木地板条、块（包括未装拼的其他濒危木拼花地板用板条及缘板）
440929	10	90	一边或面制成连续形状的其他非针叶木地板条、块（包括未装拼的其他非针叶木拼花地板用板条及缘板）	Floor board strips of other non-coniferous wood(including strips and friezes for parquet flooring, not assembled) continuously shaped along any of its edges or faces	【最】4【普】50 【协东盟】0【协巴基斯坦】0【协智利】0 【协新西兰】0【协新加坡】0【协秘鲁】0 【协哥斯达黎加】0【协冰岛】0【协瑞士】0 【协澳大利亚】0【协韩国】0【协香港】0 【协澳门】0 【特-1】0【特-2】0【特-3】0 【增】16【消】5【对美加征】5【出】0 【退】0	千克	A	B	P	Q	999	一边或面制成连续形状的其他非针叶木地板条、块（包括未装拼的其他非针叶木拼花地板用板条及缘板）
440929	90	30	一边或面制成连续形状的其他濒危木	Other endangered wood, continuously shaped along any of its edges or faces	【最】4【普】50 【协东盟】0【协巴基斯坦】0【协智利】0 【协新西兰】0【协新加坡】0【协秘鲁】0 【协哥斯达黎加】0【协冰岛】0【协瑞士】0 【协澳大利亚】0【协韩国】0【协香港】0 【协澳门】0 【特-1】0【特-2】0 【增】16【对美加征】10【出】0【退】0	千克	AF	BE	P	Q	101 102	一边或面制成连续形状的其他濒危木（针叶木木材） 一边或面制成连续形状的其他濒危木（其他非针叶木材）
440929	90	90	一边或面制成连续形状的其他非针叶木材	Other non-coniferous wood, continuously shaped along any of its edges or faces	【最】4【普】50 【协东盟】0【协巴基斯坦】0【协智利】0 【协新西兰】0【协新加坡】0【协秘鲁】0 【协哥斯达黎加】0【协冰岛】0【协瑞士】0 【协澳大利亚】0【协韩国】0【协香港】0 【协澳门】0 【特-1】0【特-2】0 【增】16【对美加征】10【出】0【退】0	千克	A	B	P	Q	999	一边或面制成连续形状的其他非针叶木材
441011	00		木制碎料板（不论是否用树脂或其他有机黏合剂黏合）	Particle board of wood (whether or not agglomerated with resins or other organic binding substances)	【最】4【普】40 【协新西兰】0【协瑞士】0【协香港】0 【协澳门】0 【增】16【对美加征】10【出】0【退】13	千克	A	B	P	Q	101 102	木制碎料板（不论是否用树脂或其他有机黏合剂黏合）（其他胶合板） 木制碎料板（不论是否用树脂或其他有机黏合剂黏合）（其他碎木料、锯末、刨花）
441012	00		木制定向刨花板（OSB）（不论是否用树脂或其他有机黏合剂黏合）	Oriented standard board (OSB) of wood (whether or not agglomerated with resins or other organic binding substances)	【最】4【普】40 【协新西兰】0【协瑞士】0【协香港】0 【协澳门】0 【增】16【对美加征】10【出】0【退】13	千克	A	B	P	Q	999	木制定向刨花板（OSB）（不论是否用树脂或其他有机黏合剂黏合）
441019	00		其他木制板（不论是否用树脂或其他有机黏合剂黏合）	Other board of wood (whether or not agglomerated with resins or other organic binding substances)	【最】4【普】40 【协新西兰】0【协瑞士】0【协香港】0 【协澳门】0 【增】16【对美加征】10【出】0【退】13	千克	A	B	P	Q	999	其他木制板（不论是否用树脂或其他有机黏合剂黏合）

税则号列 HS国际统一前6位	本国子目 7~8位	本国子目 9~10位	货品名称中文 货物名称	货品名称英文 Article Description	税费综合信息	计量单位	监管证件代码 进口	监管证件代码 出口	检验检疫类别 进口	检验检疫类别 出口	检验检疫编码	检验检疫编码对应中文名称
441090	11		麦稻秸秆制碎料板（不论是否用树脂或其他有机黏合剂黏合）	Particle board of wheat or rice straw (whether or not agglomerated with resins or other organic binding substances)	【最】6【普】40 【增】16【出】0【退】13	千克	A	B	P	Q	999	麦稻秸秆制碎料板（不论是否用树脂或其他有机黏合剂黏合）
441090	19		其他碎料板（不论是否用树脂或其他有机黏合剂黏合）	Other Particle board (whether or not agglomerated with resins or other organic binding substances)	【最】6【普】40 【增】16【对美加征】5【出】0【退】13	千克	A	B	P	Q	999	其他碎料板（不论是否用树脂或其他有机黏合剂黏合）
441090	90		其他板（不论是否用树脂或其他有机黏合剂黏合）	Other board (whether or not agglomerated with resins or other organic binding substances)	【最】6【普】40 【增】16【出】0【退】13	千克	A	B	P	Q	101 102	其他板（不论是否用树脂或其他有机黏合剂黏合）（其他厚度超过6毫米的板材、方材、垫木） 其他板（不论是否用树脂或其他有机黏合剂黏合）（其他厚度小于或等于6毫米的薄板）
441112	11		密度>0.8g/cm³且厚度≤5mm的中密度纤维板（未经机械加工或盖面的）	Medium density fibreboard (MDF) of a density exceeding 0.8g/cm³, of a thickness not exceeding 5mm, not mechanically worked or surface covered	【最】4【普】40 【协新西兰】0【协瑞士】0【协韩国】2.6 【协香港】0【协澳门】0 【增】16【对美加征】10【出】0【退】13	千克	A	B	P	Q	101 102 103	密度>0.8g/cm³且厚度≤5mm的中密度纤维板（未经机械加工或盖面的）（针叶木纤维板） 密度>0.8g/cm³且厚度≤5mm的中密度纤维板（未经机械加工或盖面的）（非针叶木纤维板） 密度>0.8g/cm³且厚度≤5mm的中密度纤维板（未经机械加工或盖面的）（其他纤维板）
441112	19		密度>0.8g/cm³且厚度≤5mm的其他中密度纤维板	Other Medium density fibreboard (MDF) of a density exceeding 0.8g/cm³, of a thickness not exceeding 5mm	【最】6【普】40 【协新西兰】0【协瑞士】0【协韩国】0 【协香港】0【协澳门】0 【增】16【对美加征】10【出】0【退】13	千克	A	B	P	Q	101 102 103	密度>0.8g/cm³且厚度≤5mm的其他中密度纤维板（针叶木纤维板） 密度>0.8g/cm³且厚度≤5mm的其他中密度纤维板（非针叶木纤维板） 密度>0.8g/cm³且厚度≤5mm的其他中密度纤维板（其他纤维板）
441112	21		辐射松制的0.5g/cm³<密度≤0.8/cm³且厚≤5mm的中密度纤维板	Medium density fibreboard (MDF) of rodiata pine, of a density exceeding 0.5g/cm³ but not exceeding 0.8g/cm³, of a thickness not exceeding 5mm	【最】4【普】40 【协新西兰】0【协瑞士】0【协澳大利亚】0 【协香港】0【协澳门】0【协韩国】2.6 【特-1】0 【增】16【出】0【退】13	千克	A	B	P	Q	999	辐射松制的0.5g/cm³<密度≤0.8g/cm³且厚≤5mm的中密度纤维板
441112	29		0.5g/cm³<密度≤0.8g/cm³且厚度≤5mm的其他中密度纤维板（辐射松制的除外）	Other Medium density fibreboard (MDF) of a density exceeding 0.5g/cm³ but not exceeding 0.8g/cm³, of a thickness not exceeding 5mm	【最】4【普】40 【协新西兰】0【协瑞士】0【协韩国】2.6 【协香港】0【协澳门】0 【增】16【对美加征】10【出】0【退】13	千克	A	B	P	Q	101 102 103	0.5g/cm³<密度≤0.8g/cm³且厚度≤5mm的其他中密度纤维板（辐射松制的除外）（针叶木纤维板） 0.5g/cm³<密度≤0.8g/cm³且厚度≤5mm的其他中密度纤维板（辐射松制的除外）（非针叶木纤维板） 0.5g/cm³<密度≤0.8g/cm³且厚度≤5mm的其他中密度纤维板（辐射松制的除外）（其他纤维板）

税则号列 HS国际统一前6位	本国子目 7~8位	本国子目 9~10位	货品名称中英文 中文 货物名称	货品名称中英文 英文 Article Description	税费综合信息	计量单位	监管证件代码 进口	监管证件代码 出口	检验检疫类别 进口	检验检疫类别 出口	检验检疫编码	检验检疫编码对应中文名称
441112	91		未经机械加工或盖面的其他厚度≤5mm的中密度纤维板	Other Medium density fibreboard(MDF) of a thickness not exceeding 5mm, not mechanically worked or surface covered	【最】6【普】40 【协东盟】5 【协新西兰】0【协瑞士】0【协韩国】5 【协香港】0【协澳门】0 【增】16【出】0【退】13	千克	A	B	P	Q	101 102 103	未经机械加工或盖面的其他厚度≤5mm的中密度纤维板（针叶木纤维板） 未经机械加工或盖面的其他厚度≤5mm的中密度纤维板（非针叶木纤维板） 未经机械加工或盖面的其他厚度≤5mm的中密度纤维板（其他纤维板）
441112	99		其他厚度≤5mm的中密度纤维板	Other Medium density fibreboard(MDF) of a thickness not exceeding 5mm	【最】4【普】40 【协新西兰】0【协瑞士】0【协韩国】2.6 【协香港】0【协澳门】0 【增】16【出】0【退】13	千克	A	B	P	Q	999	其他厚度≤5mm的中密度纤维板
441113	11		密度>0.8g/cm^{3}且5mm<厚度≤9mm的中密度纤维板（未经机械加工或盖面的）	Medium density fibreboard(MDF) of a density exceeding 0.8g/cm^3, of a thickness exceeding 5mm but not exceeding 9mm, not mechanically worked or surface covered	【最】4【普】40 【协新西兰】0【协瑞士】0【协香港】0 【协澳门】0 【增】16【对美加征】10【出】0【退】13	千克	A	B	P	Q	101 102 103	密度>0.8g/cm^{3}且5mm<厚度≤9mm的中密度纤维板（未经机械加工或盖面的）（针叶木纤维板） 密度>0.8g/cm^{3}且5mm<厚度≤9mm的中密度纤维板（未经机械加工或盖面的）（非针叶木纤维板） 密度>0.8g/cm^{3}且5mm<厚度≤9mm的中密度纤维板（未经机械加工或盖面的）（其他纤维板）
441113	19		密度>0.8g/cm^{3}且5mm<厚度≤9mm的其他中密度纤维板	Other fibreboard of a density exceeding 0.8g/cm^3, of a thickness exceeding 5mm but not exceeding 9mm	【最】6【普】40 【协新西兰】4.3【协瑞士】4.3 【增】16【对美加征】10【出】0【退】13	千克	A	B	MP	Q	101 102 103	密度>0.8g/cm^{3}且5mm<厚度≤9mm的其他中密度纤维板（针叶木纤维板） 密度>0.8g/cm^{3}且5mm<厚度≤9mm的其他中密度纤维板（非针叶木纤维板） 密度>0.8g/cm^{3}且5mm<厚度≤9mm的其他中密度纤维板（其他纤维板）
441113	21		辐射松制的0.5g/cm^3<密度≤0.8g/cm^{3}且5mm<厚度≤9mm中密度纤维板	Medium density fibreboard(MDF) of radiata pine, of a density exceeding 0.5g/cm^3 but not exceeding 0.8g/cm^3, of a thickness exceeding 5mm but not exceeding 9mm	【最】4【普】40 【协新西兰】0【协瑞士】0【协澳大利亚】0 【协香港】0【协澳门】0 【特-1】0 【增】16【出】0【退】13	千克	A	B	P	Q	999	辐射松制的0.5g/cm^3<密度≤0.8g/cm^{3}且5mm<厚度≤9mm中密度纤维板
441113	29		0.5g/cm^3<密度≤0.8g/cm^{3}且5mm<厚度≤9mm其他中密度纤维板（辐射松制的除外）	Other Medium density fibreboard(MDF) of a density exceeding 0.5g/cm^3 but not exceeding 0.8g/cm^3, of a thickness exceeding 5mm but not exceeding 9mm	【最】4【普】40 【协新西兰】0【协瑞士】0【协香港】0 【协澳门】0 【增】16【出】0【退】13	千克	A	B	P	Q	101 102 103	0.5g/cm^3<密度≤0.8g/cm^{3}且5mm<厚度≤9mm其他中密度纤维板（辐射松制的除外）（针叶木纤维板） 0.5g/cm^3<密度≤0.8g/cm^{3}且5mm<厚度≤9mm其他中密度纤维板（辐射松制的除外）（非针叶木纤维板） 0.5g/cm^3<密度≤0.8g/cm^{3}且5mm<厚度≤9mm其他中密度纤维板（辐射松制的除外）（其他纤维板）

税则号列 HS国际统一前6位	本国子目 7~8位	本国子目 9~10位	货品名称中英文 中文 货物名称	货品名称中英文 英文 Article Description	税费综合信息	计量单位	监管证件代码 进口	监管证件代码 出口	检验检疫类别 进口	检验检疫类别 出口	检验检疫编码	检验检疫编码对应中文名称
441113	91		未机械加工或盖面的其他5mm<厚度≤9mm中密度纤维板	Other Medium density fibreboard (MDF) of a thickness exceeding 5mm but not exceeding 9mm, not mechanically worked or suface covered	【最】6【普】40 【协东盟】5 【协新西兰】0【协瑞士】0【协香港】0 【协澳门】0 【增】16【出】0【退】13	千克	A	B	P	Q	101 102 103	未机械加工或盖面的其他5mm<厚度≤9mm中密度纤维板（针叶木纤维板） 未机械加工或盖面的其他5mm<厚度≤9mm中密度纤维板（非针叶木纤维板） 未机械加工或盖面的其他5mm<厚度≤9mm中密度纤维板（其他纤维板）
441113	99		其他5mm<厚度≤9mm中密度纤维板	Other Medium density fibreboard (MDF) of a thickness exceeding 5mm but not exceeding 9mm	【最】4【普】40 【协新西兰】0【协瑞士】0【协韩国】2.6 【协香港】0【协澳门】0 【增】16【出】0【退】13	千克	A	B	P	Q	101 102 103	其他5mm<厚度≤9mm中密度纤维板（针叶木纤维板） 其他5mm<厚度≤9mm中密度纤维板（非针叶木纤维板） 其他5mm<厚度≤9mm中密度纤维板（其他纤维板）
441114	11		密度>0.8g/cm³且厚度>9mm的中密度纤维板（未经机械加工或盖面的）	Medium density fibreboard (MDF) of a density exceeding 0.8g/cm³, of a thickness exceeding 9mm, not mechanically worked or surface covered	【最】4【普】40 【协新西兰】0【协瑞士】0【协韩国】2.6 【协香港】0【协澳门】0 【增】16【出】0【退】13	千克	A	B	P	Q	999	密度>0.8g/cm³且厚度>9mm的中密度纤维板（未经机械加工或盖面的）
441114	19		密度>0.8g/cm³且厚度>9mm的其他中密度纤维板	Other Medium density fibreboard (MDF) of a density exceeding 0.8g/cm³, of a thickness exceeding 9mm	【最】6【普】40 【协新西兰】4.3【协瑞士】4.3【协韩国】5 【增】16【对美加征】10【出】0【退】13	千克	A	B	MP	Q	999	密度>0.8g/cm³且厚度>9mm的其他中密度纤维板
441114	21		辐射松制的0.5g/cm³<密度≤0.8g/cm³且厚度>9mm中密度纤维板	Medium density fibreboard (MDF) of radiata pine, of a density exceeding 0.5g/cm³ but not exceeding 0.8g/cm³, of a thickness exceeding 9mm	【最】4【普】40 【协新西兰】0【协瑞士】0【协澳大利亚】0 【协香港】0【协澳门】0【协韩国】2.6 【特-1】0 【增】16【对美加征】10【出】0【退】13	千克	A	B	P	Q	999	辐射松制的0.5g/cm³<密度≤0.8g/cm³且厚度>9mm中密度纤维板
441114	29		0.5g/cm³<密度≤0.8g/cm³且厚度>9mm其他中密度纤维板（辐射松制的除外）	Other Medium density fibreboard (MDF) of a density exceeding 0.5g/cm³ but not exceeding 0.8g/cm³, of a thickness exceeding 9mm	【最】4【普】40 【协新西兰】0【协瑞士】0【协韩国】2.6 【协香港】0【协澳门】0 【增】16【对美加征】10【出】0【退】13	千克	A	B	P	Q	101 102 103	0.5g/cm³<密度≤0.8g/cm³且厚度>9mm其他中密度纤维板（辐射松制的除外）（针叶木纤维板） 0.5g/cm³<密度≤0.8g/cm³且厚度>9mm其他中密度纤维板（辐射松制的除外）（非针叶木纤维板） 0.5g/cm³<密度≤0.8g/cm³且厚度>9mm其他中密度纤维板（辐射松制的除外）（其他纤维板）
441114	91		未经机械加工或盖面的其他厚度>9mm中密度纤维板	Other Medium density fibreboard (MDF) of a thickness exceeding 9mm, not mechanically worked or surface covered	【最】6【普】40 【协东盟】5【协新西兰】0【协瑞士】0 【协香港】0【协澳门】0【协韩国】5 【增】16【出】0【退】13	千克	A	B	P	Q	999	未经机械加工或盖面的其他厚度>9mm中密度纤维板
441114	99		其他厚度>9mm的中密度纤维板	Other Medium density fibreboard (MDF) of a thickness exceeding 9mm	【最】4【普】40 【协新西兰】0【协瑞士】0【协韩国】2.6 【协香港】0【协澳门】0 【增】16【对美加征】10【出】0【退】13	千克	A	B	P	Q	101 102 103	其他厚度>9mm的中密度纤维板（针叶木纤维板） 其他厚度>9mm的中密度纤维板（非针叶木纤维板） 其他厚度>9mm的中密度纤维板（其他纤维板）

税则号列 HS国际统一前6位	本国子目 7~8位	本国子目 9~10位	货品名称中英文 中文 货物名称	货品名称中英文 英文 Article Description	税费综合信息	计量单位	监管证件代码 进口	监管证件代码 出口	检验检疫类别 进口	检验检疫类别 出口	检验检疫编码	检验检疫编码对应中文名称
441192	10		密度 > 0.8g/cm³的未经机械加工或盖面的其他纤维板	Other fibreboard of a density exceeding 0.8g/cm³, not mechanically worked or surface covered	【最】4【普】40 【协新西兰】0【协瑞士】0【协韩国】2.6 【协香港】0【协澳门】0 【增】16【对美加征】10【出】0【退】13	千克	A	B	P	Q	101 102 103	密度>0.8g/cm³的未经机械加工或盖面的其他纤维板（针叶木纤维板） 密度>0.8g/cm³的未经机械加工或盖面的其他纤维板（非针叶木纤维板） 密度>0.8g/cm³的未经机械加工或盖面的其他纤维板（其他纤维板）
441192	90		密度 > 0.8g/cm³的其他纤维板	Other fibreboard of a density exceeding 0.8g/cm³	【最】6【普】40 【协新西兰】0【协瑞士】0【协韩国】5 【协香港】0【协澳门】0 【增】16【对美加征】10【出】0【退】13	千克	A	B	MP	Q	999	密度>0.8g/cm³的其他纤维板
441193	10		辐射松制的0.5g/cm³<密度≤0.8g/cm³的其他纤维板	Other fibreboard of radiate pine, of a density exceeding 0.5g/cm³ but not exceeding 0.8g/cm³	【最】4【普】40 【协新西兰】0【协瑞士】0【协澳大利亚】0 【协香港】0【协澳门】0 【特-1】0 【增】16【出】0【退】13	千克	A	B	P	Q	999	辐射松制的0.5g/cm³<密度≤0.8g/cm³的其他纤维板
441193	90		0.5g/cm³<密度≤0.8g/cm³的其他纤维板	Other fibreboard of a density exceeding 0.5g/cm³ but not exceeding 0.8g/cm³	【最】4【普】40 【协新西兰】0【协瑞士】0【协香港】0 【协澳门】0 【增】16【对美加征】10【出】0【退】13	千克	A	B	P	Q	101 102 103	0.5g/cm³<密度≤0.8g/cm³的其他纤维板（辐射松制的除外）（针叶木纤维板） 0.5g/cm³<密度≤0.8g/cm³的其他纤维板（辐射松制的除外）（非针叶木纤维板） 0.5g/cm³<密度≤0.8g/cm³的其他纤维板（辐射松制的除外）（其他纤维板）
441194	10		0.35g/cm³<密度≤0.5g/cm³的其他纤维板	Other fibreboard of a density exceeding 0.35g/cm³ but not exceeding 0.5g/cm³	【最】6【普】40 【协东盟】5【协新西兰】0【协瑞士】0 【协韩国】5【协香港】0【协澳门】0 【增】16【对美加征】10【出】0【退】13	千克	A	B	P	Q	999	0.35g/cm³<密度≤0.5g/cm³的其他纤维板
441194	21		密度≤0.35g/cm³的未经机械加工或盖面的木纤维板	Other fibreboard of wood, of a density not exceeding 0.35g/cm³, not mechanically worked or surface covered	【最】6【普】40 【协新西兰】0【协瑞士】0【协韩国】5 【协香港】0【协澳门】0 【增】16【出】0【退】13	千克	A	B	P	Q	101 102 103	密度≤0.35g/cm³的未经机械加工或盖面的木纤维板（针叶木纤维板） 密度≤0.35g/cm³的未经机械加工或盖面的木纤维板（非针叶木纤维板） 密度≤0.35g/cm³的未经机械加工或盖面的木纤维板（其他纤维板）
441194	29		密度≤0.35g/cm³的其他木纤维板	Other fibreboard of wood, of a density not exceeding 0.35g/cm³	【最】4【普】40 【协新西兰】0【协瑞士】0【协韩国】2.6 【协香港】0【协澳门】0 【增】16【对美加征】5【出】0【退】13	千克	A	B	P	Q	999	密度≤0.35g/cm³的其他木纤维板
441210	11	11	至少有一表层为濒危热带木薄板制濒危竹胶合板（每层厚度≤6mm）	With at least one outer ply of endangered tropical wood(specified in Subheading Note 2 of this Chapter), plywood consisting solely of sheets of endangered bamboo, each ply not exceeding 6mm thickness	【最】6【普】30 【协东盟】5【协智利】0【协新西兰】0 【协秘鲁】0【协哥斯达黎加】0【协冰岛】0 【协瑞士】4.8【协澳大利亚】0【协韩国】8 【协香港】0【协澳门】0 【特-1】0 【增】16【出】0【退】0	千克/立方米	AF	BE	MP	Q	999	至少有一表层为濒危热带木薄板制濒危竹胶合板（每层厚度≤6mm）

税则号列			货品名称中英文		税费综合信息	计量单位	监管证件代码		检验检疫类别		检验检疫编码	检验检疫编码对应中文名称
HS国际统一前6位	本国子目7~8位	本国子目9~10位	中文 货物名称	英文 Article Description			进口	出口	进口	出口		
441210	11	19	至少有一表层为濒危热带木薄板制其他竹胶合板（每层厚度≤6mm）	With at least one outer ply of endangered tropical wood(specified in Subheading Note 2 of this Chapter), plywood consisting solely of sheets of other bamboo, each ply not exceeding 6mm thickness	【最】6【普】30 【协东盟】5【协智利】0【协新西兰】0 【协秘鲁】0【协哥斯达黎加】0【协冰岛】0 【协瑞士】4.8【协澳大利亚】0【协韩国】8 【协香港】0【协澳门】0 【特-1】0 【增】16【出】0【退】0	千克/立方米	AF	BE	MP	Q	999	至少有一表层为濒危热带木薄板制其他竹胶合板（每层厚度≤6mm）
441210	11	91	至少有一表层是其他热带木薄板制濒危竹胶合板（每层厚度≤6mm）	With at least one outer ply of other tropical wood(specified in Subheading Note 2 of this Chapter), plywood consisting solely of sheets of endangered bamboo, each ply not exceeding 6 mm thickness	【最】6【普】30 【协东盟】5【协智利】0【协新西兰】0 【协秘鲁】0【协哥斯达黎加】0【协冰岛】0 【协瑞士】4.8【协澳大利亚】0【协韩国】8 【协香港】0【协澳门】0 【特-1】0 【增】16【出】0【退】0	千克/立方米	AF	BE	MP	Q	999	至少有一表层是其他热带木薄板制濒危竹胶合板（每层厚度≤6mm）
441210	11	99	至少有一表层是其他热带木薄板制其他竹胶合板（每层厚度≤6mm）	With at least one outer ply of other tropical wood(specified in Subheading Note 2 of this Chapter), plywood consisting solely of sheets of other bamboo, each ply not exceeding 6 mm thickness	【最】6【普】30 【协东盟】5【协智利】0【协新西兰】0 【协秘鲁】0【协哥斯达黎加】0【协冰岛】0 【协瑞士】4.8【协澳大利亚】0【协韩国】8 【协香港】0【协澳门】0 【特-1】0 【增】16【出】0【退】13	千克/立方米	A	B	MP	Q	999	至少有一表层是其他热带木薄板制其他竹胶合板（每层厚度≤6mm）
441210	19	11	至少有一表层为濒危非针叶木薄板胶合板（至少有一表层为温带非针叶木制，每层厚度≤6mm）	With at least one outer ply of temperate non-coniferous wood, plywood consisting solely of sheets of endangered non-coniferous wood, each ply not exceeding 6 mm thickness	【最】4【普】30 【协新西兰】0【协瑞士】0【协韩国】2.6 【协香港】0【协澳门】0 【增】16【对美加征】10【出】0【退】0	千克/立方米	AF	BE	MP	Q	999	至少有一表层为濒危非针叶木薄板胶合板（至少有一表层为温带非针叶木制，每层厚度≤6mm）
441210	19	19	其他至少有一表层为非针叶木薄板胶合板（至少有一表层为温带非针叶木制，每层厚度≤6mm）	With at least one outer ply of temperate non-coniferous wood, plywood consisting solely of sheets of non-coniferous wood, each ply not exceeding 6mm thickness	【最】4【普】30 【协新西兰】0【协瑞士】0【协韩国】2.6 【协香港】0【协澳门】0 【增】16【对美加征】10【出】0【退】13	千克/立方米	A	B	MP	Q	999	其他至少有一表层为非针叶木薄板胶合板（至少有一表层为温带非针叶木制，每层厚度≤6mm）
441210	19	21	濒危竹地板层叠胶合而成的多层板（每层厚度≤6mm）	Plywood with multiplies of endangered bamboo, each ply not exceeding 6mm thickness	【最】4【普】30 【协新西兰】0【协瑞士】0【协韩国】2.6 【协香港】0【协澳门】0 【增】16【对美加征】10【出】0【退】0	千克/立方米	A	BE	MP	Q	999	濒危竹地板层叠胶合而成的多层板（每层厚度≤6mm）
441210	19	29	其他竹地板层叠胶合而成的多层板（每层厚度≤6mm）	Plywood with multiplies of other bamboo, each ply not exceeding 6mm thickness	【最】4【普】30 【协新西兰】0【协瑞士】0【协韩国】2.6 【协香港】0【协澳门】0 【增】16【对美加征】10【出】0【退】13	千克/立方米	A	B	MP	Q	999	其他竹地板层叠胶合而成的多层板（每层厚度≤6mm）
441210	19	91	其他濒危竹胶合板（每层厚度≤6mm）	Plywood of other endangered bamboo, each ply not exceeding 6mm thickness	【最】4【普】30 【协新西兰】0【协瑞士】0【协韩国】2.6 【协香港】0【协澳门】0 【增】16【对美加征】10【出】0【退】0	千克/立方米	A	BE	MP	Q	999	其他濒危竹胶合板（每层厚度≤6mm）
441210	19	99	其他竹胶合板（每层厚度≤6mm）	Plywood of other bamboo, each ply not exceeding 6mm thickness	【最】4【普】30 【协新西兰】0【协瑞士】0【协韩国】2.6 【协香港】0【协澳门】0 【增】16【对美加征】10【出】0【退】13	千克/立方米	A	B	MP	Q	999	其他竹胶合板（每层厚度≤6mm）

税则号列			货品名称中英文		税费综合信息	计量单位	监管证件代码		检验检疫类别		检验检疫编码	检验检疫编码对应中文名称
HS 国际统一前6位	本国子目 7~8位	9~10位	中文 货物名称	英文 Article Description			进口	出口	进口	出口		
441210	20	11	至少有一表层是濒危非针叶木的濒危竹制多层板（每层厚度≤6mm）	Laminated wood of endangerd bamboo, containing at least one outer ply of endangered non-coniferous wood, each ply not exceeding 6mm thickness	【最】6【普】30 【协东盟】5【协巴基斯坦】5【协新西兰】0 【协秘鲁】0【协哥斯达黎加】0【协瑞士】0 【协澳大利亚】0【协韩国】6.6【协香港】0 【协澳门】0 【特-1】0 【增】16【出】0【退】0	千克/立方米	AF	BE	MP	Q	999	至少有一表层是濒危非针叶木的濒危竹制多层板（每层厚度≤6mm）
441210	20	19	至少有一表层是其他非针叶木的其他濒危竹制多层板（每层厚度≤6mm）	Laminated wood of other endangerd bamboo, containing at least one outer ply of other non-coniferous wood, each ply not exceeding 6mm thickness	【最】6【普】30 【协东盟】5【协巴基斯坦】5【协新西兰】0 【协秘鲁】0【协哥斯达黎加】0【协瑞士】0 【协澳大利亚】0【协韩国】6.6【协香港】0 【协澳门】0 【特-1】0 【增】16【出】0【退】0	千克/立方米	AF	BE	MP	Q	999	至少有一表层是其他非针叶木的其他濒危竹制多层板（每层厚度≤6mm）
441210	20	91	至少有一表层是濒危非针叶木的其他竹制多层板（每层厚度≤6mm）	Laminated wood of other bamboo, containing at least one outer ply of endangered non-coniferous wood, each ply not exceeding 6mm thickness	【最】6【普】30 【协东盟】5【协巴基斯坦】5【协新西兰】0 【协秘鲁】0【协哥斯达黎加】0【协瑞士】0 【协澳大利亚】0【协韩国】6.6【协香港】0 【协澳门】0 【特-1】0 【增】16【出】0【退】0	千克/立方米	AF	BE	MP	Q	999	至少有一表层是濒危非针叶木的其他竹制多层板（每层厚度≤6mm）
441210	20	99	至少有一表层是其他非针叶木的其他竹制多层板（每层厚度≤6mm）	Laminated wood of other bamboo, containing at least one outer ply of other non-coniferous wood, each ply not exceeding 6mm thickness	【最】6【普】30 【协东盟】5【协巴基斯坦】5【协新西兰】0 【协秘鲁】0【协哥斯达黎加】0【协瑞士】0 【协澳大利亚】0【协韩国】6.6【协香港】0 【协澳门】0 【特-1】0 【增】16【出】0【退】13	千克/立方米	A	B	MP	Q	999	至少有一表层是其他非针叶木的其他竹制多层板（每层厚度≤6mm）
441210	91	10	至少有一层是热带木的濒危竹制多层板	Laminated wood of other bamboo, containing at least one layer of tropical wood (specified in Subheading Note 2 of this Chapter)	【最】6【普】30 【协新西兰】0【协瑞士】0【协韩国】5.3 【协香港】0【协澳门】0 【增】16【出】0【退】0	千克/立方米	AF	BE	MP	Q	999	至少有一层是热带木的濒危竹制多层板
441210	91	90	至少有一层是热带木的其他竹制多层板	Laminated wood of other bamboo, containing at least one layer of tropical wood (specified in Subheading Note 2 of this Chapter)	【最】6【普】30 【协新西兰】0【协瑞士】0【协韩国】5.3 【协香港】0【协澳门】0 【增】16【出】0【退】13	千克/立方米	A	B	MP	Q	999	至少有一层是热带木的其他竹制多层板
441210	92	10	至少含有一层木碎料板的濒危竹制多层板	Laminated wood of endangered bamboo, containing at least one layer of particle board	【最】6【普】30 【协新西兰】0【协瑞士】0【协韩国】6.6 【协香港】0【协澳门】0 【增】16【出】0【退】0	千克/立方米	AF	BE	MP	Q	999	至少含有一层木碎料板的濒危竹制多层板
441210	92	90	至少含有一层木碎料板的其他竹制多层板	Laminated wood of other bamboo, containing at least one layer of particle board	【最】6【普】30 【协新西兰】0【协瑞士】0【协韩国】6.6 【协香港】0【协澳门】0 【增】16【出】0【退】13	千克/立方米	A	B	MP	Q	999	至少含有一层木碎料板的其他竹制多层板
441210	99	10	其他濒危竹制多层板	Other laminated wood of endangered bamboo	【最】4【普】30 【协东盟】0【协巴基斯坦】0【协智利】0 【协新西兰】0【协新加坡】0【协秘鲁】0 【协哥斯达黎加】0【协冰岛】0【协瑞士】0 【协澳大利亚】0【协韩国】0【协香港】0 【协澳门】0 【特-1】0【特-2】0【特-3】0 【增】16【出】0【退】0	千克/立方米	A	BE	MP	Q	999	其他濒危竹制多层板
441210	99	90	其他竹制多层板	Other laminated wood of bamboo	【最】4【普】30 【协东盟】0【协巴基斯坦】0【协智利】0 【协新西兰】0【协新加坡】0【协秘鲁】0 【协哥斯达黎加】0【协冰岛】0【协瑞士】0 【协澳大利亚】0【协韩国】0【协香港】0 【协澳门】0 【特-1】0【特-2】0【特-3】0 【增】16【出】0【退】16	千克/立方米	A	B	MP	Q	999	其他竹制多层板

税则号列			货品名称中英文		税费综合信息	计量单位	监管证件代码		检验检疫类别		检验检疫编码	检验检疫编码对应中文名称
HS国际统一前6位	本国子目 7~8位	本国子目 9~10位	中文 货物名称	英文 Article Description			进口	出口	进口	出口		
441231	00	10	至少有一表层为桃花心木薄板制胶合板(每层厚度≤6mm)	Plywood, with at least one outer ply of Acajoud'afrique, each ply not exceeding 6mm thicdness	【最】6【普】30 【协东盟】5【协智利】0【协新西兰】0 【协秘鲁】0【协哥斯达黎加】0【协冰岛】0 【协瑞士】4.8【协澳大利亚】0【协韩国】8 【协香港】0【协澳门】0 【特-1】0 【增】16【对美加征】10【出】0【退】6	千克/立方米	AF	BE	MP	Q	999	至少有一表层为桃花心木薄板制胶合板(每层厚度≤6mm)
441231	00	20	至少有一表层为拉敏木薄板制胶合板(每层厚度≤6mm)	Plywood, with at least one outer ply of Ramin wood, each ply not exceeding 6mm thickness	【最】6【普】30 【协东盟】5【协智利】0【协新西兰】0 【协秘鲁】0【协哥斯达黎加】0【协冰岛】0 【协瑞士】4.8【协澳大利亚】0【协韩国】8 【协香港】0【协澳门】0 【特-1】0 【增】16【对美加征】10【出】0【退】6	千克/立方米	A	B	MP	Q	999	至少有一表层为拉敏木薄板制胶合板(每层厚度≤6mm)
441231	00	30	至少有一表层为濒危热带木薄板制胶合板(每层厚度≤6mm)	Plywood, with at least one outer ply of tropical wood, each ply not exceeding 6mm thickness	【最】6【普】30 【协东盟】5【协智利】0【协新西兰】0 【协秘鲁】0【协哥斯达黎加】0【协冰岛】0 【协瑞士】4.8【协澳大利亚】0【协韩国】8 【协香港】0【协澳门】0 【特-1】0 【增】16【对美加征】10【出】0【退】0	千克/立方米	AF	BE	MP	Q	999	至少有一表层为濒危热带木薄板制胶合板(每层厚度≤6mm)
441231	00	90	至少有一表层是其他热带木制的胶合板(每层厚度≤6mm,竹制除外)	Plywood, with at least one outer ply of other tropical wood (specified in subheading Note 2 of this chapter), each ply not exceeding 6mm thickness	【最】6【普】30 【协东盟】5【协智利】0【协新西兰】0 【协秘鲁】0【协哥斯达黎加】0【协冰岛】0 【协瑞士】4.8【协澳大利亚】0【协韩国】8 【协香港】0【协澳门】0 【特-1】0 【增】16【对美加征】10【出】0【退】13	千克/立方米	A	B	MP	Q	999	至少有一表层是其他热带木制的胶合板(每层厚度≤6mm,竹制除外)
441233	00	10	至少有一表层是濒危的下列非针叶木:白蜡木、水青冈木(山毛榉木)、桦木、樱桃木、榆木、椴木、槭木、鹅掌楸木薄板制胶合板(每层厚度≤6mm,竹制除外)	At least one surface of the following endangered non coniferous wood: alder, Chinese ash, water wood (beech), birch, cherry, chestnut, elm, eucalyptus, hickory, chestnut, basswood, maple, oak (oak), sycamore, poplar, locust, Liriodendron or walnut plywood sheet, of a thickness not exceeding 6mm	【最】4【普】30 【协新西兰】0【协瑞士】0【协韩国】2.6 【协香港】0【协澳门】0 【增】16【对美加征】10【出】0【退】0	千克/立方米	AF	BE	MP	Q	999	至少有一表层是濒危的下列非针叶木:白蜡木、水青冈木(山毛榉木)、桦木、樱桃木、榆木、椴木、槭木、鹅掌楸木薄板制胶合板(每层厚度≤6mm,竹制除外)
441233	00	90	至少有一表层是下列非针叶木:桤木、白蜡木、水青冈木(山毛榉木)、桦木、樱桃木、栗木、榆木、桉木、山核桃、七叶树、椴木、槭木、栎木(橡木)、悬铃木、杨木、刺槐木、鹅掌楸或核桃木薄板制胶合板(每层厚度≤6mm,竹制除外)	At least one surface of the following non coniferous wood: alder, Chinese ash, water wood (beech), birch, cherry, chestnut, elm, eucalyptus, hickory, chestnut, basswood, maple, oak (oak), sycamore, poplar, locust, Liriodendron or walnut plywood sheet, of a thickness not exceeding 6mm	【最】4【普】30 【协新西兰】0【协瑞士】0【协韩国】2.6 【协香港】0【协澳门】0 【增】16【对美加征】10【出】0【退】13	千克/立方米	A	B	MP	Q	999	至少有一表层是下列非针叶木:桤木、白蜡木、水青冈木(山毛榉木)、桦木、樱桃木、栗木、榆木、桉木、山核桃、七叶树、椴木、槭木、栎木(橡木)、悬铃木、杨木、刺槐木、鹅掌楸或核桃木薄板制胶合板(每层厚度≤6mm,竹制除外)

税则号列			货品名称中英文		税费综合信息	计量单位	监管证件代码		检验检疫类别		检验检疫编码	检验检疫编码对应中文名称
HS国际统一前6位	本国子目 7~8位	本国子目 9~10位	中文 货物名称	英文 Article Description			进口	出口	进口	出口		
441234	10	10	至少有一表层是濒危温带非针叶木薄板制胶合板（每层厚度≤6mm，竹制除外）	Plywood, with at least one outer ply of other endangered temperate non-coniferous wood, each ply not exceeding 6mm thickness (other than of bamboo)	【最】4【普】30 【协新西兰】0【协瑞士】0【协韩国】2.6 【协香港】0【协澳门】0 【增】16【对美加征】10【出】0【退】0	千克/立方米	AF	BE	MP	Q	999	至少有一表层是濒危温带非针叶木薄板制胶合板（每层厚度≤6mm，竹制除外）
441234	10	90	至少有一表层是其他温带非针叶木薄板制胶合板（每层厚度≤6mm，竹制除外）	Plywood, with at least one outer ply of other temperate non-coniferous wood, each ply not exceeding 6mm thickness (other than of bamboo)	【最】4【普】30 【协新西兰】0【协瑞士】0【协韩国】2.6 【协香港】0【协澳门】0 【增】16【对美加征】10【出】0【退】13	千克/立方米	A	B	MP	Q	999	至少有一表层是其他温带非针叶木薄板制胶合板（每层厚度≤6mm，竹制除外）
441234	90	10	至少有一表层是濒危其他非针叶胶合板（每层厚度≤6mm，竹制除外）	Plywood, with at least one outer ply of other endangered non-coniferous wood, each ply not exceeding 6mm thickness (other than of bamboo)	【最】4【普】30 【协新西兰】0【协瑞士】0【协韩国】2.6 【协香港】0【协澳门】0 【增】16【对美加征】10【出】0【退】0	千克/立方米	AF	BE	MP	Q	999	至少有一表层是濒危其他非针叶胶合板（每层厚度≤6mm，竹制除外）
441234	90	90	至少有一表层是其他非针叶胶合板（每层厚度≤6mm，竹制除外）	Plywood, with at least one outer ply of other non-coniferous wood, each ply not exceeding 6mm thickness (other than of bamboo)	【最】4【普】30 【协新西兰】0【协瑞士】0【协韩国】2.6 【协香港】0【协澳门】0 【增】16【对美加征】10【出】0【退】13	千克/立方米	A	B	MP	Q	999	至少有一表层是其他非针叶胶合板（每层厚度≤6mm，竹制除外）
441239	00	10	其他濒危薄板制胶合板，上下表层均为针叶木（每层厚度≤6mm，竹制除外）	Plywood consisting solely of sheets of endangered wood, each ply not exceeding 6mm thickness (other than of bamboo)	【最】4【普】30 【协东盟】0【协巴基斯坦】0【协智利】0 【协新西兰】0【协新加坡】0【协秘鲁】0 【协哥斯达黎加】0【协冰岛】0【协瑞士】0 【协澳大利亚】0【协韩国】0【协香港】0 【协澳门】0 【特-1】0【特-2】0【特-3】0 【增】16【对美加征】10【出】0【退】0	千克/立方米	AF	BE	MP	Q	101 102 103	其他濒危薄板制胶合板，上下表层均为针叶木（每层厚度≤6mm，竹制除外）（针叶木胶合板） 其他濒危薄板制胶合板，上下表层均为针叶木（每层厚度≤6mm，竹制除外）（非针叶木胶合板） 其他濒危薄板制胶合板，上下表层均为针叶木（每层厚度≤6mm，竹制除外）（其他胶合板）
441239	00	90	其他薄板制胶合板，上下表层均为针叶木（每层厚度≤6mm，竹制除外）	Plywood consisting solely of sheets of wood, each ply notexceeding 6mm thickness (other than of bamboo)	【最】4【普】30 【协东盟】0【协巴基斯坦】0【协智利】0 【协新西兰】0【协新加坡】0【协秘鲁】0 【协哥斯达黎加】0【协冰岛】0【协瑞士】0 【协澳大利亚】0【协韩国】0【协香港】0 【协澳门】0 【特-1】0【特-2】0【特-3】0 【增】16【对美加征】10【出】0【退】13	千克/立方米	A	B	MP	Q	101 102 103	其他薄板制胶合板，上下表层均为针叶木（每层厚度≤6mm，竹制除外）（针叶木胶合板） 其他薄板制胶合板，上下表层均为针叶木（每层厚度≤6mm，竹制除外）（非针叶木胶合板） 其他薄板制胶合板，上下表层均为针叶木（每层厚度≤6mm，竹制除外）（其他胶合板）
441294	10	10	至少有一表层是桃花心木的木块芯胶合板等（还包括侧板条芯胶合板及板条芯胶合板）	Blockboard, laminboard and battenboard, with at least one outer ply of acajou board	【最】6【普】30 【协东盟】5【协巴基斯坦】5【协新西兰】0 【协瑞士】0【协韩国】6.6【协香港】0 【协澳门】0 【增】16【对美加征】10【出】0【退】6	千克/立方米	AF	BE	MP	Q	999	至少有一表层是桃花心木的木块芯胶合板等（还包括侧板条芯胶合板及板条芯胶合板）
441294	10	20	至少有一表层是拉敏木的木块芯胶合板等（还包括侧板条芯胶合板及板条芯胶合板）	Blockboard, laminboard and battenboard, with at least one outer ply of Ramin wood	【最】6【普】30 【协东盟】5【协巴基斯坦】5【协新西兰】0 【协瑞士】0【协韩国】6.6【协香港】0 【协澳门】0 【增】16【对美加征】10【出】0【退】6	千克/立方米	A	B	MP	Q	999	至少有一表层是拉敏木的木块芯胶合板等（还包括侧板条芯胶合板及板条芯胶合板）

税则号列			货品名称中英文		税费综合信息	计量单位	监管证件代码		检验检疫类别		检验检疫编码	检验检疫编码对应中文名称
HS国际统一前6位	本国子目 7~8位	9~10位	中文 货物名称	英文 Article Description			进口	出口	进口	出口		
441294	10	30	至少有一表层是濒危热带木的木块芯胶合板等（还包括侧板条芯胶合板及板条芯胶合板）	Blockboard, laminboard and battenboard, with at least one outer ply of endangered tropical wood	【最】6【普】30 【协东盟】5【协巴基斯坦】5【协新西兰】0 【协瑞士】0【协韩国】6.6【协香港】0 【协澳门】0 【增】16【对美加征】10【出】0【退】0	千克/立方米	AF	BE	MP	Q	999	至少有一表层是濒危热带木的木块芯胶合板等（还包括侧板条芯胶合板及板条芯胶合板）
441294	10	40	至少有一表层是濒危非针叶木的木块芯胶合板等（还包括侧板条芯胶合板及板条芯胶合板）	Blockboard, laminboard and battenboard, with at least one outer ply of endangered non-coniferous wood	【最】6【普】30 【协东盟】5【协巴基斯坦】5【协新西兰】0 【协瑞士】0【协韩国】6.6【协香港】0 【协澳门】0 【增】16【对美加征】10【出】0【退】0	千克/立方米	AF	BE	MP	Q	999	至少有一表层是濒危非针叶木的木块芯胶合板等（还包括侧板条芯胶合板及板条芯胶合板）
441294	10	90	至少有一表层是非针叶木的木块芯胶合板等（还包括侧板条芯胶合板及板条芯胶合板）	Blockboard, laminboard and battenboard, with at least one outer ply of non-coniferous wood	【最】6【普】30 【协东盟】5【协巴基斯坦】5【协新西兰】0 【协瑞士】0【协韩国】6.6【协香港】0 【协澳门】0 【增】16【对美加征】10【出】0【退】13	千克/立方米	A	B	MP	Q	999	至少有一表层是非针叶木的木块芯胶合板等（还包括侧板条芯胶合板及板条芯胶合板）
441294	91	10	至少有一层是濒危热带木的针叶木面木块芯胶合板等（还包括侧板条芯胶合板及板条芯胶合板）	Blockboard, laminboard and battenboard, with at least one outer ply of endangered tropical coniferous wood, specified in subheading note 2 of this chapter	【最】6【普】30 【协新西兰】0【协瑞士】0【协韩国】5.3 【协香港】0【协澳门】0 【增】16【出】0【退】0	千克/立方米	AF	BE	MP	Q	999	至少有一层是濒危热带木的针叶木面木块芯胶合板等（还包括侧板条芯胶合板及板条芯胶合板）
441294	91	90	至少有一层是热带木的针叶木面木块芯胶合板等（还包括侧板条芯胶合板及板条芯胶合板）	Blockboard, laminboard and battenboard, with at least one outer ply of tropical coniferous wood, specified in subheading note 2 of this chapter	【最】6【普】30 【协新西兰】0【协瑞士】0【协韩国】5.3 【协香港】0【协澳门】0 【增】16【出】0【退】13	千克/立方米	A	B	MP	Q	999	至少有一层是热带木的针叶木面木块芯胶合板等（还包括侧板条芯胶合板及板条芯胶合板）
441294	92	10	至少含有一层木碎料板的濒危针叶木面木块芯胶合板等（还包括侧板条芯胶合板及板条芯胶合板）	Blockboard, laminboard and battenboard, with outer ply of endangered coniferous wood, containing at least one layer of particle board	【最】6【普】30 【协新西兰】0【协瑞士】0【协韩国】6.6 【协香港】0【协澳门】0 【增】16【出】0【退】0	千克/立方米	AF	BE	MP	Q	999	至少含有一层木碎料板的濒危针叶木面木块芯胶合板等（还包括侧板条芯胶合板及板条芯胶合板）
441294	92	90	至少含有一层木碎料板的针叶木面木块芯胶合板等（还包括侧板条芯胶合板及板条芯胶合板）	Blockboard, laminboard and battenboard, with outer ply of coniferous wood, containing at least one layer of particle board	【最】6【普】30 【协新西兰】0【协瑞士】0【协韩国】6.6 【协香港】0【协澳门】0 【增】16【出】0【退】13	千克/立方米	A	B	MP	Q	999	至少含有一层木碎料板的针叶木面木块芯胶合板等（还包括侧板条芯胶合板及板条芯胶合板）
441294	99	10	其他濒危针叶木面木块芯胶合板等（还包括侧板条芯胶合板及板条芯胶合板）	Other blockboard, including laminboard and battenboard, with outer ply of endangered coniferous wood	【最】4【普】30 【协东盟】0【协巴基斯坦】0【协智利】0 【协新西兰】0【协新加坡】0【协秘鲁】0 【协哥斯达黎加】0【协冰岛】0【协瑞士】0 【协澳大利亚】0【协韩国】0【协香港】0 【协澳门】0 【特-1】0【特-2】0【特-3】0 【增】16【出】0【退】0	千克/立方米	AF	BE	MP	Q	999	其他濒危针叶木面木块芯胶合板等（还包括侧板条芯胶合板及板条芯胶合板）
441294	99	90	其他针叶木面木块芯胶合板等（还包括侧板条芯胶合板及板条芯胶合板）	Other blockboard, including laminboard and battenboard, with outer ply of coniferous wood	【最】4【普】30 【协东盟】0【协巴基斯坦】0【协智利】0 【协新西兰】0【协新加坡】0【协秘鲁】0 【协哥斯达黎加】0【协冰岛】0【协瑞士】0 【协澳大利亚】0【协韩国】0【协香港】0 【协澳门】0 【特-1】0【特-2】0【特-3】0 【增】16【出】0【退】13	千克/立方米	A	B	MP	Q	999	其他针叶木面木块芯胶合板等（还包括侧板条芯胶合板及板条芯胶合板）

税则号列			货品名称中英文		税费综合信息	计量单位	监管证件代码		检验检疫类别		检验检疫编码	检验检疫编码对应中文名称
HS国际统一前6位	本国子目 7~8位	本国子目 9~10位	中文 货物名称	英文 Article Description			进口	出口	进口	出口		
441299	10	10	至少有一表层是桃花心木的多层板	Laminated wood, with at least one outer ply of Acajou d'afrique	【最】6【普】30 【协东盟】5【协巴基斯坦】5 【协新西兰】0【协瑞士】0【协韩国】6.6 【协香港】0【协澳门】0 【增】16【对美加征】10【出】0【退】0	千克/立方米	AF	BE	MP	Q	999	至少有一表层是桃花心木的多层板
441299	10	20	至少有一表层是拉敏木的多层板	Laminated wood, with at least one outer ply of Ramin wood	【最】6【普】30 【协东盟】5【协巴基斯坦】5【协新西兰】0 【协瑞士】0【协韩国】6.6【协香港】0 【协澳门】0 【增】16【对美加征】10【出】0【退】0	千克/立方米	AF	BE	MP	Q	999	至少有一表层是拉敏木的多层板
441299	10	30	至少有一表层是濒危热带木的多层板	Laminated wood, with at least one outer ply of endangered tropical wood	【最】6【普】30 【协东盟】5【协巴基斯坦】5【协新西兰】0 【协瑞士】0【协韩国】6.6【协香港】0 【协澳门】0 【增】16【对美加征】10【出】0【退】0	千克/立方米	AF	BE	MP	Q	999	至少有一表层是濒危热带木的多层板
441299	10	40	其他至少有一表层是濒危非针叶木的多层板	Other laminated wood, at least one outer ply of endangered non-coniferous wood	【最】6【普】30 【协东盟】5【协巴基斯坦】5【协新西兰】0 【协瑞士】0【协韩国】6.6【协香港】0 【协澳门】0 【增】16【对美加征】10【出】0【退】0	千克/立方米	AF	BE	MP	Q	999	其他至少有一表层是濒危非针叶木的多层板
441299	10	90	其他至少有一表层是非针叶木的多层板	Other laminated wood, with at least one outer ply of non-coniferous wood	【最】6【普】30 【协东盟】5【协巴基斯坦】5【协新西兰】0 【协瑞士】0【协韩国】6.6【协香港】0 【协澳门】0 【增】16【对美加征】10【出】0【退】13	千克/立方米	A	B	MP	Q	999	其他至少有一表层是非针叶木的多层板
441299	91	10	其他至少有一层是濒危热带木的针叶木面多层板	Other laminated wood, with at least one outer ply of endangered tropical coniferous wood, specified in subheading note 2 of this chapter	【最】6【普】30 【协新西兰】0【协瑞士】0【协韩国】5.3 【协香港】0【协澳门】0 【增】16【出】0【退】0	千克/立方米	AF	BE	MP	Q	999	其他至少有一层是濒危热带木的针叶木面多层板
441299	91	90	其他至少有一层是热带木的针叶木面多层板	Other laminated wood, with at least one outer ply of tropical coniferous wood, specified in subheading note 2 of this chapter	【最】6【普】30 【协新西兰】0【协瑞士】0【协韩国】5.3 【协香港】0【协澳门】0 【增】16【出】0【退】13	千克/立方米	A	B	MP	Q	999	其他至少有一层是热带木的针叶木面多层板
441299	92	10	其他至少含有一层木碎料板的濒危针叶木面多层板	Laminated wood, with one outer ply of endangered coniferous wood, containing at least one layer of particle board	【最】6【普】30 【协新西兰】0【协瑞士】0【协韩国】6.6 【协香港】0【协澳门】0 【增】16【出】0【退】0	千克/立方米	AF	BE	MP	Q	999	其他至少含有一层木碎料板的濒危针叶木面多层板
441299	92	90	其他至少含有一层木碎料板的针叶木面多层板	Laminated wood, with one outer ply of coniferous wood, containing at least one layer of particle board	【最】6【普】30 【协新西兰】0【协瑞士】0【协韩国】6.6 【协香港】0【协澳门】0 【增】16【出】0【退】13	千克/立方米	A	B	MP	Q	999	其他至少含有一层木碎料板的针叶木面多层板
441299	99	10	其他濒危针叶木面多层板	Laminated wood, with one outer ply of endangered coniferous wood	【最】4【普】30 【协亚太】2.8【协东盟】0【协巴基斯坦】0 【协智利】0【协新西兰】0【协新加坡】0 【协秘鲁】0【协哥斯达黎加】0【协冰岛】0 【协瑞士】0【协澳大利亚】0【协韩国】0 【协香港】0【协澳门】0 【特-1】0【特-2】0 【增】16【对美加征】10【出】0【退】0	千克/立方米	AF	BE	MP	Q	999	其他濒危针叶木面多层板
441299	99	90	其他针叶木面多层板	Laminated wood, with one outer ply of other coniferous wood	【最】4【普】30 【协亚太】2.8【协东盟】0【协巴基斯坦】0 【协智利】0【协新西兰】0【协新加坡】0 【协秘鲁】0【协哥斯达黎加】0【协冰岛】0 【协瑞士】0【协澳大利亚】0【协韩国】0 【协香港】0【协澳门】0 【特-1】0【特-2】0 【增】16【对美加征】10【出】0【退】13	千克/立方米	A	B	MP	Q	999	其他针叶木面多层板

税则号列			货品名称中英文		税费综合信息	计量单位	监管证件代码		检验检疫类别		检验检疫编码	检验检疫编码对应中文名称
HS国际统一前6位	本国子目7~8位	9~10位	中文货物名称	英文 Article Description			进口	出口	进口	出口		
441300	00		强化木（成块、板、条或异型的）	Densified wood, in blocks, plates, strips or profile shapes	【最】6【普】20 【协东盟】0【协巴基斯坦】5【协智利】0 【协新西兰】0【协新加坡】0【协秘鲁】0 【协哥斯达黎加】0【协冰岛】0【协瑞士】0 【协澳大利亚】0【协韩国】3【协香港】0 【协澳门】0 【特-1】0【特-2】0【特-3】0 【增】16【对美加征】10【出】0【退】13	千克	A	B	MP	Q	999	强化木（成块、板、条或异型的）
441400	10		辐射松木制的画框，相框，镜框及类似品	Frames for paintings, photographs, mirrors or similar objects, of radiate pine	【最】7【普】100 【协香港】0【协澳门】0【协新西兰】0 【协澳大利亚】0 【特-1】0 【增】16【对美加征】10【出】0【退】13	千克	A	B	P	Q	999	辐射松木制的画框，相框，镜框及类似品
441400	90	10	拉敏木制画框，相框，镜框及类似品【电商】①	Ramin wood frames for paintings, photographs, mirrors or similar objects	【最】7【普】100 【增】16【对美加征】10【出】0【退】13	千克	AF	BE	P	Q	999	拉敏木制画框，相框，镜框及类似品
441400	90	20	濒危木制画框，相框，镜框及类似品【电商】②	Endangered wood frames for paintings, photographs, mirrors or similar objects	【最】7【普】100 【增】16【对美加征】10【出】0【退】0	千克	AF	BE	P	Q	999	濒危木制画框，相框，镜框及类似品
441400	90	90	其他木制的画框，相框，镜框及类似品【电商】③	Other wooden frames for paintings, photographs, mirrors or similar objects	【最】7【普】100 【增】16【对美加征】10【出】0【退】13	千克	A	B	P	Q	999	其他木制的画框，相框，镜框及类似品
441510	00	10	拉敏木制木箱及类似包装容器（电缆卷筒）	Cases and similar packings, of Ramin wood, cabledrums	【最】6【普】80 【协东盟】0【协巴基斯坦】5【协智利】0 【协新西兰】0【协新加坡】0【协秘鲁】0 【协哥斯达黎加】0【协冰岛】0【协瑞士】0 【协澳大利亚】0【协韩国】3.7【协香港】0 【协澳门】0 【特-1】0【特-2】0【特-3】0 【增】16【对美加征】10【出】0【退】6	千克/件	AF	BE	P	Q	999	拉敏木制木箱及类似包装容器（电缆卷筒）
441510	00	20	濒危木制木箱及类似包装容器（电缆卷筒）	Cases and similar packings, of endangered wood, cabledrums	【最】6【普】80 【协东盟】0【协巴基斯坦】5【协智利】0 【协新西兰】0【协新加坡】0【协秘鲁】0 【协哥斯达黎加】0【协冰岛】0【协瑞士】0 【协澳大利亚】0【协韩国】3.7【协香港】0 【协澳门】0 【特-1】0【特-2】0【特-3】0 【增】16【对美加征】10【出】0【退】0	千克/件	AF	BE	P	Q	101 102	濒危木制木箱及类似包装容器（电缆卷筒）（针叶木木质包装） 濒危木制木箱及类似包装容器（电缆卷筒）（非针叶木木质包装）
441510	00	90	木箱及类似的包装容器，电缆卷筒	Cases and similar packing, of wood, cabledrums	【最】6【普】80 【协东盟】0【协巴基斯坦】5【协智利】0 【协新西兰】0【协新加坡】0【协秘鲁】0 【协哥斯达黎加】0【协冰岛】0【协瑞士】0 【协澳大利亚】0【协韩国】3.7【协香港】0 【协澳门】0 【特-1】0【特-2】0【特-3】0 【增】16【对美加征】10【出】0【退】13	千克/件	A	B	P	Q	101 102 103	木箱及类似的包装容器，电缆卷筒（针叶木木质包装） 木箱及类似的包装容器，电缆卷筒（非针叶木木质包装） 木箱及类似的包装容器，电缆卷筒（其他木质包装）
441520	10		辐射松木制托板、箱形托盘及其他装载用辐射松木板（包括辐射松木制托盘护框）	Pallets, box pallets and other load boards, including pallet collars, of radiatat pine	【最】6【普】80 【协东盟】5【协新西兰】0【协澳大利亚】0 【协香港】0【协澳门】0 【特-1】0 【增】16【出】0【退】10	千克/件	A	B	P	Q	999	辐射松木制托板、箱形托盘及其他装载用辐射松木板（包括辐射松木制托盘护框）
441520	90	10	拉敏木托板、箱形托盘及装载木板（包括拉敏木制托盘护框）	Pallets, box pallets and other load boards, including pallet collars, of Ramin wood	【最】6【普】80 【协东盟】5 【增】16【对美加征】10【出】0【退】6	千克/件	A	B	P	Q	999	拉敏木托板、箱形托盘及装载木板（包括拉敏木制托盘护框）

① 列入《进出口野生动植物种商品目录》的商品除外。
② 列入《进出口野生动植物种商品目录》的商品除外。
③ 列入《进出口野生动植物种商品目录》的商品除外。

税则号列			货品名称中英文		税费综合信息	计量单位	监管证件代码		检验检疫类别		检验检疫编码	检验检疫编码对应中文名称
HS国际统一前6位	本国子目7~8位	本国子目9~10位	中文货物名称	英文Article Description			进口	出口	进口	出口		
441520	90	20	濒危木托板、箱形托盘及装载木板（包括濒危木制托盘护框）	Pallets, box pallets and other load boards, including pallet collars, of endangered wood	【最】6【普】80 【协东盟】5 【增】16【对美加征】10【出】0【退】0	千克/件	AF	BE	P	Q	101 102 103	濒危木托板、箱形托盘及装载木板（包括濒危木制托盘护框）（针叶木木质包装） 濒危木托板、箱形托盘及装载木板（包括濒危木制托盘护框）（非针叶木木质包装） 濒危木托板、箱形托盘及装载木板（包括濒危木制托盘护框）（其他木质包装）
441520	90	90	其他木制托板、箱形托盘及其他装载木板（包括其他木制托盘护框）	Pallets, box pallets and other load boards, including pallet collars, of other wood	【最】6【普】80 【协东盟】5 【增】16【对美加征】10【出】0【退】13	千克/件	A	B	P	Q	101 102 103	其他木制托板、箱形托盘及其他装载木板（包括其他木制托盘护框）（针叶木木质包装） 其他木制托板、箱形托盘及其他装载木板（包括其他木制托盘护框）（非针叶木木质包装） 其他木制托板、箱形托盘及其他装载木板（包括其他木制托盘护框）（其他木质包装）
441600	10		辐射松木制大桶、琵琶桶、盆和其他箍桶及其零件（包括辐射松木制桶板）	Casks, barrels, vats, tubs and other coopers'products and parts thereof, including staves, of radiatat pine	【最】12【普】80 【协新西兰】0【协澳大利亚】0【协香港】0 【协澳门】0 【特-1】0 【增】16【出】0【退】0	千克	A	B	P	Q	101 102	辐射松木制大桶、琵琶桶、盆和其他箍桶及其零件（包括辐射松木制桶板）（其他木制品） 辐射松木制大桶、琵琶桶、盆和其他箍桶及其零件（包括辐射松木制桶板）（针叶木木质包装）
441600	90	10	拉敏木制大桶、琵琶桶、盆和其他箍桶及其零件（包括拉敏木制桶板）	Casks, barrels, vats, tubs and other coopers'products and parts thereof, including staves, of Ramin wood	【最】12【普】80 【增】16【对美加征】10【出】0【退】0	千克	AF	BE	P	Q	101 102	拉敏木制大桶、琵琶桶、盆和其他箍桶及其零件（包括拉敏木制桶板）（其他木制品） 拉敏木制大桶、琵琶桶、盆和其他箍桶及其零件（包括拉敏木制桶板）（非针叶木木质包装）
441600	90	20	濒危木制大桶、琵琶桶、盆和其他箍桶及其零件（包括濒危木制桶板）	Casks, barrels, vats, tubs and other coopers'products and parts thereof, including staves, of endangered wood	【最】12【普】80 【增】16【对美加征】10【出】0【退】0	千克	AF	BE	P	Q	101 102 103 104	濒危木制大桶、琵琶桶、盆和其他箍桶及其零件（包括濒危木制桶板）（其他木制品） 濒危木制大桶、琵琶桶、盆和其他箍桶及其零件（包括濒危木制桶板）（针叶木木质包装） 濒危木制大桶、琵琶桶、盆和其他箍桶及其零件（包括濒危木制桶板）（非针叶木木质包装） 濒危木制大桶、琵琶桶、盆和其他箍桶及其零件（包括濒危木制桶板）（其他木质包装）
441600	90	90	其他木制大桶、琵琶桶、盆和其他箍桶及其零件（包括其他木制桶板）	Casks, barrels, vats, tubs and other coopers'products and parts thereof, including staves, of other wood	【最】12【普】80 【增】16【对美加征】10【出】0【退】0	千克	A	B	P	Q	101 102 103	其他木制大桶、琵琶桶、盆和其他箍桶及其零件（包括其他木制桶板）（其他木制品） 其他木制大桶、琵琶桶、盆和其他箍桶及其零件（包括其他木制桶板）（针叶木木质包装） 其他木制大桶、琵琶桶、盆和其他箍桶及其零件（包括其他木制桶板）（非针叶木木质包装）

税则号列			货品名称中英文		税费综合信息	计量单位	监管证件代码		检验检疫类别		检验检疫编码	检验检疫编码对应中文名称
HS国际统一前6位	本国子目 7~8位	本国子目 9~10位	中文 货物名称	英文 Article Description			进口	出口	进口	出口		
441700	10		辐射松木制工具、工具支架、工具柄、扫帚及刷子的身及柄	Tools, tool bodies, tool handles, broom or brush bodies and handles, and boot or shoe lasts and trees, of radiatat pine	【最】12【普】80 【协新西兰】0【协澳大利亚】0【协香港】0 【协澳门】0 【特-1】0 【增】16【出】0【退】0	千克	A	B	P	Q	999	辐射松木制工具、工具支架、工具柄、扫帚及刷子的身及柄（包括辐射松木制鞋靴楦及楦头）
441700	90	10	拉敏木制工具、工具支架、工具柄、扫帚及刷子的身及柄	Tools, tool bodies, tool handles, broom or brush bodies and handles, and boot or shoe lasts and trees, of ramin wood	【最】12【普】80 【增】16【对美加征】10【出】0【退】0	千克	AF	BE	P	Q	999	拉敏木制工具、工具支架、工具柄、扫帚及刷子的身及柄（包括拉敏木制鞋靴楦及楦头）
441700	90	20	濒危木制工具、工具支架、工具柄、扫帚及刷子的身及柄	Tools, tool bodies, tool handles, broom or brush bodies and handles, and boot or shoe lasts and trees, of endangered wood	【最】12【普】80 【增】16【对美加征】10【出】0【退】0	千克	AF	BE	P	Q	999	濒危木制工具、工具支架、工具柄、扫帚及刷子的身及柄（包括濒危木制鞋靴楦及楦头）
441700	90	90	其他木制工具、工具支架、工具柄、扫帚及刷子的身及柄	Tools, tool bodies, tool handles, broom or brush bodies and handles, and boot or shoe lasts and trees, of other wood	【最】12【普】80 【增】16【对美加征】10【出】0【退】0	千克	A	B	P	Q	999	其他木制工具、工具支架、工具柄、扫帚及刷子的身及柄（包括其他木制鞋靴楦及楦头）
441810	10		辐射松木制的木窗，落地窗及其框架	Windows, French-windows and their frames of radiatat pine	【最】4【普】70 【协新西兰】0【协澳大利亚】0【协香港】0 【协澳门】0 【特-1】0 【增】16【出】0【退】10	千克	A	B	LP	Q	999	辐射松木制的木窗，落地窗及其框架
441810	90	10	拉敏木制木窗，落地窗及其框架	Windows, French-windows and their frames of ramin wood	【最】4【普】70 【协澳门】0【协香港】0 【特-1】0 【增】16【对美加征】10【出】0【退】6	千克	AF	BE	LP	Q	999	拉敏木制木窗，落地窗及其框架
441810	90	20	濒危木制木窗，落地窗及其框架	Windows, French-windows and their frames of endangered wood	【最】4【普】70 【协澳门】0【协香港】0 【特-1】0 【增】16【对美加征】10【出】0【退】0	千克	AF	BE	LP	Q	999	濒危木制木窗，落地窗及其框架
441810	90	90	其他木制木窗，落地窗及其框架	Windows, French-windows and their frames of other wood	【最】4【普】70 【协澳门】0【协香港】0 【特-1】0 【增】16【对美加征】10【出】0【退】13	千克	A	B	LP	Q	999	其他木制木窗，落地窗及其框架
441820	00	10	拉敏木制的木门及其框架和门槛	Doors and their frames and thresholds, of ramin wood	【最】4【普】70 【协东盟】0【协澳门】0【协巴基斯坦】0 【协香港】0【协智利】0【协新西兰】0 【协新加坡】0【协秘鲁】0【协哥斯达黎加】0 【协冰岛】0【协瑞士】0【协澳大利亚】0 【协韩国】0 【特-1】0【特-2】0【特-3】0 【增】16【对美加征】10【出】0【退】6	千克	AF	BE	P	Q	999	拉敏木制的木门及其框架和门槛
441820	00	20	濒危木制的木门及其框架和门槛	Doors and their frames and thresholds, of endan-gered wood	【最】4【普】70 【协东盟】0【协澳门】0【协巴基斯坦】0 【协香港】0【协智利】0【协新西兰】0 【协新加坡】0【协秘鲁】0【协哥斯达黎加】0 【协冰岛】0【协瑞士】0【协澳大利亚】0 【协韩国】0 【特-1】0【特-2】0【特-3】0 【增】16【对美加征】10【出】0【退】0	千克	AF	BE	P	Q	999	濒危木制的木门及其框架和门槛
441820	00	90	木门及其框架和门槛	Doors and their frames and thresholds, of other wood	【最】4【普】70 【协东盟】0【协澳门】0【协巴基斯坦】0 【协香港】0【协智利】0【协新西兰】0 【协新加坡】0【协秘鲁】0【协哥斯达黎加】0 【协冰岛】0【协瑞士】0【协澳大利亚】0 【协韩国】0 【特-1】0【特-2】0【特-3】0 【增】16【对美加征】10【出】0【退】13	千克	A	B	LP	Q	101 102	木门及其框架和门槛（木门） 木门及其框架和门槛（其他木制品）

税则号列			货品名称中英文		税费综合信息	计量单位	监管证件代码		检验检疫类别		检验检疫编码	检验检疫编码对应中文名称
HS国际统一前6位	本国子目 7~8位	9~10位	中文 货物名称	英文 Article Description			进口	出口	进口	出口		
441840	00		水泥构件的木模板	Shuttering for concrete constructional work, of wood	【最】4【普】70 【协东盟】0【协巴基斯坦】0【协智利】0 【协新西兰】0【协秘鲁】0【协哥斯达黎加】0 【协冰岛】0【协瑞士】0【协澳大利亚】0 【协香港】0【协澳门】0【协韩国】0 【特-1】0【特-2】0【特-3】0 【增】16【出】0【退】13	千克	A	B	P	Q	999	水泥构件的木模板
441850	00		木瓦及盖屋板	Shingles and shakes, of wood	【最】6【普】70 【协香港】0【协澳门】0【协东盟】0 【协巴基斯坦】5【协智利】0【协新西兰】0 【协秘鲁】0【协哥斯达黎加】0【协冰岛】0 【协瑞士】0【协澳大利亚】0【协韩国】0 【特-1】0【特-2】0【特-3】0 【增】16【出】0【退】13	千克	A	B	P	Q	101 102	木瓦及盖屋板（木瓦） 木瓦及盖屋板（其他木制品）
441860	00	10	濒危木制柱和梁	Poles and beams, of endangered wood	【最】4【普】70 【协东盟】0【协巴基斯坦】0【协智利】0 【协新西兰】0【协新加坡】0【协秘鲁】0 【协哥斯达黎加】0【协冰岛】0【协瑞士】0 【协澳大利亚】0【协韩国】0【协香港】0 【协澳门】0 【特-1】0【特-2】0【特-3】0 【增】16【对美加征】10【出】0【退】0	千克	FA	EB	P	Q	999	濒危木制柱和梁
441860	00	90	其他木制柱和梁	Poles and beams, of other wood	【最】4【普】70 【协东盟】0【协巴基斯坦】0【协智利】0 【协新西兰】0【协新加坡】0【协秘鲁】0 【协哥斯达黎加】0【协冰岛】0【协瑞士】0 【协澳大利亚】0【协韩国】0【协香港】0 【协澳门】0 【特-1】0【特-2】0【特-3】0 【增】16【对美加征】10【出】0【退】13	千克	A	B	P	Q	999	其他木制柱和梁
441873	10		已装拼的竹的或至少顶层（耐磨层）是竹的马赛克地板	For mosaic floors	【最】4【普】70 【协东盟】0【协巴基斯坦】0【协智利】0 【协新西兰】0【协新加坡】0【协秘鲁】0 【协哥斯达黎加】0【协冰岛】0【协瑞士】0 【协澳大利亚】0【协韩国】0【协香港】0 【协澳门】0 【特-1】0【特-2】0【特-3】0 【增】16【出】0【退】0	千克	A	B	P	Q	999	已装拼的竹的或至少顶层（耐磨层）是竹的马赛克地板
441873	20		已装拼的竹制多层地板	Other, multilayer of bamboo	【最】4【普】70 【协东盟】0【协巴基斯坦】0【协智利】0 【协新西兰】0【协新加坡】0【协秘鲁】0 【协哥斯达黎加】0【协冰岛】0【协瑞士】0 【协澳大利亚】0【协韩国】0【协香港】0 【协澳门】0 【特-1】0【特-2】0 【增】16【出】0【退】16	千克	A	B	P	Q	999	已装拼的竹制多层地板
441873	90		已装拼的竹制其他地板	Other assembleel flooring panels of bamboo	【最】4【普】70 【协东盟】0【协巴基斯坦】0【协智利】0 【协新西兰】0【协新加坡】0【协秘鲁】0 【协哥斯达黎加】0【协冰岛】0【协瑞士】0 【协澳大利亚】0【协韩国】0【协香港】0 【协澳门】0 【特-1】0【特-2】0 【增】16【出】0【退】16	千克	A	B	P	Q	999	已装拼的竹制其他地板
441874	00	10	已装拼的拉敏木制马赛克地板	Assembled flooring panels for mosaic floor, of Ramin wood	【最】4【普】70 【协东盟】0【协巴基斯坦】0【协智利】0 【协新西兰】0【协新加坡】0【协秘鲁】0 【协哥斯达黎加】0【协冰岛】0【协瑞士】0 【协澳大利亚】0【协韩国】0【协香港】0 【协澳门】0 【特-1】0【特-2】0【特-3】0 【增】16【出】0【退】0	千克	AF	BE	P	Q	999	已装拼的拉敏木制马赛克地板
441874	00	20	已装拼的其他濒危木制马赛克地板	Assembled flooring panels for mosaic floor, of other endangered wood	【最】4【普】70 【协东盟】0【协巴基斯坦】0【协智利】0 【协新西兰】0【协新加坡】0【协秘鲁】0 【协哥斯达黎加】0【协冰岛】0【协瑞士】0 【协澳大利亚】0【协韩国】0【协香港】0 【协澳门】0 【特-1】0【特-2】0【特-3】0 【增】16【出】0【退】0	千克	AF	BE	P	Q	999	已装拼的其他濒危木制马赛克地板

税则号列			货品名称中英文		税费综合信息	计量单位	监管证件代码		检验检疫类别		检验检疫编码	检验检疫编码对应中文名称
HS国际统一前6位	本国子目7~8位	9~10位	中文 货物名称	英文 Article Description			进口	出口	进口	出口		
441874	00	90	已装拼的其他木制马赛克地板	Assembled flooring panels for mosaic floor, of other wood	【最】4【普】70 【协东盟】0【协巴基斯坦】0【协智利】0 【协新西兰】0【协新加坡】0【协秘鲁】0 【协哥斯达黎加】0【协冰岛】0【协瑞士】0 【协澳大利亚】0【协韩国】0【协香港】0 【协澳门】0 【特-1】0【特-2】0【特-3】0 【增】16【出】0【退】0	千克	A	B	P	Q	999	已装拼的其他木制马赛克地板
441875	00	10	已装拼的拉敏木制多层地板	Assembled flooring panels, multilayer, of Ramin wood	【最】4【普】70 【协东盟】0【协巴基斯坦】0【协智利】0 【协新西兰】0【协新加坡】0【协秘鲁】0 【协哥斯达黎加】0【协冰岛】0【协瑞士】0 【协澳大利亚】0【协韩国】0【协格鲁吉亚】0 【协香港】0【协澳门】0 【特-1】0【特-2】0 【增】16【对美加征】10【出】0【退】0	千克	AF	BE	P	Q	999	已装拼的拉敏木制多层地板
441875	00	20	已装拼的其他濒危木制多层地板	Assembled flooring panels, multilayer, of endangered wood	【最】4【普】70 【协东盟】0【协巴基斯坦】0【协智利】0 【协新西兰】0【协新加坡】0【协秘鲁】0 【协哥斯达黎加】0【协冰岛】0【协瑞士】0 【协澳大利亚】0【协韩国】0【协格鲁吉亚】0 【协香港】0【协澳门】0 【特-1】0【特-2】0 【增】16【对美加征】10【出】0【退】0	千克	AF	BE	P	Q	999	已装拼的其他濒危木制多层地板
441875	00	90	已装拼的其他木制多层地板	Assembled flooring panels, multilayer, of other wood	【最】4【普】70 【协东盟】0【协巴基斯坦】0【协智利】0 【协新西兰】0【协新加坡】0【协秘鲁】0 【协哥斯达黎加】0【协冰岛】0【协瑞士】0 【协澳大利亚】0【协韩国】0【协格鲁吉亚】0 【协香港】0【协澳门】0 【特-1】0【特-2】0 【增】16【对美加征】10【出】0【退】0	千克	A	B	P	Q	999	已装拼的其他木制多层地板
441879	00	10	已装拼的拉敏木制其他地板	Other flooring panels of ramin wood, assembled	【最】4【普】70 【协东盟】0【协巴基斯坦】0【协智利】0 【协新西兰】0【协新加坡】0【协秘鲁】0 【协哥斯达黎加】0【协冰岛】0【协瑞士】0 【协澳大利亚】0【协韩国】0【协香港】0 【协澳门】0 【特-1】0【特-2】0 【增】16【对美加征】10【出】0【退】0	千克	AF	BE	P	Q	999	已装拼的拉敏木制其他地板
441879	00	20	已装拼的其他濒危木制地板	Other flooring panels of endangered wood, assembled	【最】4【普】70 【协东盟】0【协巴基斯坦】0【协智利】0 【协新西兰】0【协新加坡】0【协秘鲁】0 【协哥斯达黎加】0【协冰岛】0【协瑞士】0 【协澳大利亚】0【协韩国】0【协香港】0 【协澳门】0 【特-1】0【特-2】0 【增】16【对美加征】10【出】0【退】0	千克	AF	BE	P	Q	999	已装拼的其他濒危木制地板
441879	00	90	已装拼的木制其他地板	Other flooring panels of other wood, assembled	【最】4【普】70 【协东盟】0【协巴基斯坦】0【协智利】0 【协新西兰】0【协新加坡】0【协秘鲁】0 【协哥斯达黎加】0【协冰岛】0【协瑞士】0 【协澳大利亚】0【协韩国】0【协香港】0 【协澳门】0 【特-1】0【特-2】0 【增】16【对美加征】10【出】0【退】0	千克	A	B	P	Q	999	已装拼的木制其他地板
441891	00	10	濒危竹制其他建筑用木工制品（包括蜂窝结构的木镶板）	Other builder's joinery and carpentry of endangered bamboo (including cellular wood panels)	【最】4【普】70 【协东盟】0【协巴基斯坦】0【协智利】0 【协新西兰】0【协新加坡】0【协秘鲁】0 【协哥斯达黎加】0【协冰岛】0【协瑞士】0 【协澳大利亚】0【协韩国】0【协香港】0 【协澳门】0 【特-1】0【特-2】0【特-3】0 【增】16【出】0【退】0	千克	A	BE	P	Q	999	濒危竹制其他建筑用木工制品（包括蜂窝结构的木镶板）

税则号列			货品名称中英文		税费综合信息	计量单位	监管证件代码		检验检疫类别		检验检疫编码	检验检疫编码对应中文名称
HS国际统一前6位	本国子目 7~8位	9~10位	中文 货物名称	英文 Article Description			进口	出口	进口	出口		
441891	00	90	其他竹制其他建筑用木工制品（包括蜂窝结构的木镶板）	Other builder's joinery and carpentry of other bamboo (including cellular wood panels)	【最】4【普】70 【协东盟】0【协巴基斯坦】0【协智利】0 【协新西兰】0【协新加坡】0【协秘鲁】0 【协哥斯达黎加】0【协冰岛】0【协瑞士】0 【协澳大利亚】0【协韩国】0【协香港】0 【协澳门】0 【特-1】0【特-2】0【特-3】0 【增】16【出】0【退】13	千克	A	B	P	Q	999	其他竹制其他建筑用木工制品（包括蜂窝结构的木镶板）
441899	00	10	拉敏木制其他建筑用木工制品（包括蜂窝结构的木镶板）	Other builder's joinery and carpentry of Ramin wood (including cellular wood panels)	【最】4【普】70 【协东盟】0【协巴基斯坦】0【协智利】0 【协新西兰】0【协新加坡】0【协秘鲁】0 【协哥斯达黎加】0【协冰岛】0【协瑞士】0 【协澳大利亚】0【协韩国】0【协香港】0 【协澳门】0 【特-1】0【特-2】0【特-3】0 【增】16【对美加征】10【出】0【退】6	千克	FA	EB	P	Q	999	拉敏木制其他建筑用木工制品（包括蜂窝结构的木镶板）
441899	00	20	濒危木制其他建筑用木工制品（包括蜂窝结构的木镶板）	Other builder's joinery and carpentry of other endangered wood (including cellular wood panels)	【最】4【普】70 【协东盟】0【协巴基斯坦】0【协智利】0 【协新西兰】0【协新加坡】0【协秘鲁】0 【协哥斯达黎加】0【协冰岛】0【协瑞士】0 【协澳大利亚】0【协韩国】0【协香港】0 【协澳门】0 【特-1】0【特-2】0【特-3】0 【增】16【对美加征】10【出】0【退】0	千克	FA	EB	P	Q	999	濒危木制其他建筑用木工制品（包括蜂窝结构的木镶板）
441899	00	90	其他建筑用木工制品（包括蜂窝结构的木镶板）	Other builder's joinery and carpentry of other bamboo(including cellular wood panels)	【最】4【普】70 【协东盟】0【协巴基斯坦】0【协智利】0 【协新西兰】0【协新加坡】0【协秘鲁】0 【协哥斯达黎加】0【协冰岛】0【协瑞士】0 【协澳大利亚】0【协韩国】0【协香港】0 【协澳门】0 【特-1】0【特-2】0【特-3】0 【增】16【对美加征】10【出】0【退】13	千克	A	B	P	Q	999	其他建筑用木工制品（包括蜂窝结构的木镶板）
441911	00		竹制的切面包板、砧板及类似板 【电商】	Bread boards, chopping boards and similar boards	【最】0【普】100【特-1】0【特-2】0【特-3】0 【增】16【对美加征】5【出】0【退】13	千克	A	B	PR	Q	999	竹制的切面包板、砧板及类似板
441912	10	10	酸竹制一次性筷子 【电商】	One-time chopsticks, of acidosasa chinensis	【最】0【普】100【特-1】0【特-2】0【特-3】0 【增】16【出】0【退】0	千克	A	BE	PR	Q	998 999	酸竹制一次性筷子（竹筷） 酸竹制一次性筷子（食品接触木制产品）
441912	10	90	其他竹制一次性筷子 【电商】	One-time chopsticks, of other bamboo	【最】0【普】100【特-1】0【特-2】0【特-3】0 【增】16【出】0【退】13	千克	A	B	PR	Q	998 999	其他竹制一次性筷子（竹筷） 其他竹制一次性筷子（食品接触木制产品）
441912	90		竹制的其他筷子 【电商】	Other chopsticks of bamboo	【最】0【普】100【特-1】0【特-2】0【特-3】0 【增】16【出】0【退】13	千克	A	B	PR	Q	998 999	竹制的其他筷子（竹筷） 竹制的其他筷子（食品接触木制产品）
441919	00		竹制的其他餐具及厨房用具 【电商】	Other tableware and kitchenware of bamboo	【最】0【普】100【特-1】0【特-2】0【特-3】0 【增】16【出】0【退】13	千克	A	B	PR	Q	999	竹制的其他餐具及厨房用具
441990	10		木制一次性筷子 【电商】	One-time chopsticks of wood	【最】0【普】100【特-1】0【特-2】0【特-3】0 【增】16【出】0【退】0	千克	A	B	P	Q	998 999	木制一次性筷子（木质餐具及厨房用具） 木制一次性筷子（食品接触木制产品）
441990	90	10	拉敏木制的其他餐具及厨房用具 【电商】①	Other tableware and kitchenware, of ramin wood	【最】0【普】100【特-1】0【特-2】0【特-3】0 【增】16【对美加征】10【出】0【退】6	千克	FA	EB	PR	Q	999	拉敏木制的其他餐具及厨房用具
441990	90	20	濒危木制的其他餐具及厨房用具 【电商】②	Other tableware and kitchenware, of endangered wood	【最】0【普】100【特-1】0【特-2】0【特-3】0 【增】16【对美加征】10【出】0【退】0	千克	FA	EB	PR	Q	999	濒危木制的其他餐具及厨房用具

① 列入《进出口野生动植物种商品目录》的商品除外。

② 列入《进出口野生动植物种商品目录》的商品除外。

税则号列			货品名称中英文		税费综合信息	计量单位	监管证件代码		检验检疫类别		检验检疫编码	检验检疫编码对应中文名称
HS国际统一前6位	本国子目 7~8位	9~10位	中文 货物名称	英文 Article Description			进口	出口	进口	出口		
441990	90	90	其他木制其他餐具及厨房用具 【电商】①	Other tableware and kitchenware, of other wood	【最】0【普】100【特-1】0【特-2】0【特-3】0【增】16【对美加征】10【出】0【退】10	千克	A	B	PR	Q	999	其他木制其他餐具及厨房用具
442010	11	20	濒危木制的木刻	Wood carving, of endangered wood	【最】0【普】100【特-1】0【特-2】0【特-3】0【增】16【对美加征】10【出】0【退】0	千克	FA	EB	P	Q	999	濒危木制的木刻
442010	11	90	其他木刻	Other wood carvings	【最】0【普】100【特-1】0【特-2】0【特-3】0【增】16【对美加征】10【出】0【退】13	千克	A	B	P	Q	101 102	其他木刻（木制工艺品） 其他木刻（其他木制品）
442010	12		竹刻	Bamboo carvings	【最】0【普】100【特-1】0【特-2】0【特-3】0【增】16【出】0【退】16	千克	A	B	P	Q	999	竹刻
442010	20	20	濒危木制的木扇	Wooden fans, of endangered wood	【最】0【普】100【特-1】0【特-2】0【特-3】0【增】16【出】0【退】0	千克	FA	EB	P	Q	999	濒危木制的木扇
442010	20	90	木扇	Other wooden fans	【最】0【普】100【特-1】0【特-2】0【特-3】0【增】16【出】0【退】16	千克	A	B	P	Q	999	木扇
442010	90	30	沉香木及拟沉香木制其他小雕像及其他装饰品 【电商】②	Other statuettes and ornaments, of eaglewood and agalloch eaglewood	【最】0【普】100【特-1】0【特-2】0【特-3】0【增】16【对美加征】10【出】0【退】0	千克	FA	EB	P	Q	999	沉香木及拟沉香木制其他小雕像及其他装饰品
442010	90	40	其他濒危木制其他小雕像及其他装饰品 【电商】③	Other statuettes and ornaments, of endangered wood	【最】0【普】100【特-1】0【特-2】0【特-3】0【增】16【对美加征】10【出】0【退】0	千克	FA	EB	P	Q	999	其他濒危木制其他小雕像及其他装饰品
442010	90	90	其他木制小雕像及其他装饰品 【电商】④	Statuettes and other ornaments of other wood	【最】0【普】100【特-1】0【特-2】0【特-3】0【增】16【对美加征】10【出】0【退】16	千克	A	B	P	Q	999	其他木制小雕像及其他装饰品
442090	10	10	拉敏木制的镶嵌木	Marquetry and inlaid of ramin wood	【最】0【普】45【特-1】0【特-2】0【特-3】0【增】16【对美加征】5【出】0【退】10	千克	FA	EB	P	Q	999	拉敏木制的镶嵌木
442090	10	20	濒危木制的镶嵌木	Marquetry and inlaid of endangered wood	【最】0【普】45【特-1】0【特-2】0【特-3】0【增】16【对美加征】5【出】0【退】0	千克	FA	EB	P	Q	999	濒危木制的镶嵌木
442090	10	90	镶嵌木	Other marquetry and inlaid wood	【最】0【普】45【特-1】0【特-2】0【特-3】0【增】16【对美加征】5【出】0【退】13	千克	A	B	P	Q	999	镶嵌木
442090	90	10	拉敏木盒及类似品，非落地木家具（前者用于装珠宝或家具；后者不包括第九十四章的家具） 【电商】⑤	Caskets, cases and similar articles for jewelry or furniture, of ramin wood; ramin wooden articles or furniture, excluding furniture in Chapter 94	【最】0【普】100【特-1】0【特-2】0【特-3】0【增】16【对美加征】10【出】0【退】6	千克	FA	EB	P	Q	999	拉敏木盒及类似品，非落地木家具（前者用于装珠宝或家具；后者不包括第九十四章的家具）
442090	90	20	濒危木盒及类似品，非落地木家具（前者用于装珠宝或家具；后者不包括第九十四章的家具） 【电商】⑥	Caskets, cases and similar articles for jewelry or furniture, of endangered wood; endangered wooden articles or furniture, excluding furniture in Chapter 94	【最】0【普】100【特-1】0【特-2】0【特-3】0【增】16【对美加征】10【出】0【退】0	千克	FA	EB	P	Q	999	濒危木盒及类似品，非落地木家具（前者用于装珠宝或家具；后者不包括第九十四章的家具）

① 列入《进出口野生动植物种商品目录》的商品除外。
② 列入《进出口野生动植物种商品目录》的商品除外。
③ 列入《进出口野生动植物种商品目录》的商品除外。
④ 列入《进出口野生动植物种商品目录》的商品除外。
⑤ 列入《进出口野生动植物种商品目录》的商品除外。
⑥ 列入《进出口野生动植物种商品目录》的商品除外。

税则号列			货品名称中英文		税费综合信息	计量单位	监管证件代码		检验检疫类别		检验检疫编码	检验检疫编码对应中文名称
HS国际统一前6位	本国子目 7~8位	9~10位	中文 货物名称	英文 Article Description			进口	出口	进口	出口		
442090	90	90	木盒子及类似品；非落地式木家具（前者用于装珠宝或家具，后者不包括第九十四章的家具）【电商】①	Caskets, cases and similar articles for jewelry or furniture, of other wood; wooden articles or furniture, excluding furniture in Chapter 94	【最】0【普】100【特-1】0【特-2】0【特-3】0【增】16【对美加征】10【出】0【退】13	千克	A	B	P	Q	999	木盒子及类似品；非落地式木家具（前者用于装珠宝或家具，后者不包括第九十四章的家具）
442110	00	10	拉敏木制木衣架【电商】	Clothes hangers of ramin wood	【最】0【普】90【特-1】0【特-2】0【特-3】0【增】16【对美加征】10【出】0【退】6	千克	A	B	P	Q	999	拉敏木制木衣架
442110	00	20	濒危木制木衣架【电商】	Clothes hangers of endangered wood	【最】0【普】90【特-1】0【特-2】0【特-3】0【增】16【对美加征】10【出】0【退】0	千克	FA	EB	P	Q	999	濒危木制木衣架
442110	00	90	木衣架【电商】	Clothes hangers of other wood	【最】0【普】90【特-1】0【特-2】0【特-3】0【增】16【对美加征】10【出】0【退】13	千克	A	B	P	Q	999	木衣架
442191	10	10	酸竹制圆签、圆棒、冰果棒、压舌片及类似一次性制品	Round picks and sticks, sticks for ice-sucker, spatulas and similar one time articles, of acidosasa chinensis	【最】0【普】35【特-1】0【特-2】0【特-3】0【增】16【对美加征】10【出】0【退】0	千克	A	BE	P	Q	998 999	酸竹制圆签、圆棒、冰果棒、压舌片及类似一次性制品（其他竹及竹制品） 酸竹制圆签、圆棒、冰果棒、压舌片及类似一次性制品（食品接触竹制产品）
442191	10	90	其他竹制圆签、圆棒、冰果棒、压舌片及类似一次性制品	Round picks and sticks, sticks for ice-sucker, spatulas and similar one time articles, of other bamboo	【最】0【普】35【特-1】0【特-2】0【特-3】0【增】16【对美加征】10【出】0【退】16	千克	A	B	P	Q	998 999	其他竹制圆签、圆棒、冰果棒、压舌片及类似一次性制品（其他竹及竹制品） 其他竹制圆签、圆棒、冰果棒、压舌片及类似一次性制品（食品接触竹制产品）
442191	90	10	其他未列名的濒危竹制品【电商】②	Other endangered bamboo products, not specified	【最】0【普】90【特-1】0【特-2】0【特-3】0【增】16【对美加征】10【出】0【退】0	千克	FA	EB	P	Q	999	其他未列名的濒危竹制品
442191	90	90	其他未列名的竹制品【电商】③	Other bamboo products, not specified	【最】0【普】35【特-1】0【特-2】0【特-3】0【增】16【对美加征】10【出】0【退】16	千克	A	B	P	Q	999	其他未列名的竹制品
442199	10	10	拉敏木制圆签、圆棒、冰果棒、压舌片及类似一次性制品【电商】④	Round picks and sticks, sticks for ice-sucker, spatulas and similar one time articles, of ramin wood	【最】0【普】35【特-1】0【特-2】0【特-3】0【增】16【出】0【退】0	千克	FA	EB	P	Q	998 999	拉敏木制圆签、圆棒、冰果棒、压舌片及类似一次性制品（其他木制品） 拉敏木制圆签、圆棒、冰果棒、压舌片及类似一次性制品（食品接触木制产品）
442199	10	20	濒危木制圆签、圆棒、冰果棒、压舌片及类似一次性制品【电商】⑤	Round picks and sticks, sticks for ice-sucker, spatulas and similar one time articles, of endangered wood	【最】0【普】35【特-1】0【特-2】0【特-3】0【增】16【出】0【退】0	千克	FA	EB	P	Q	998 999	濒危木制圆签、圆棒、冰果棒、压舌片及类似一次性制品（其他木制品） 濒危木制圆签、圆棒、冰果棒、压舌片及类似一次性制品（食品接触木制产品）

① 列入《进出口野生动植物种商品目录》的商品除外。
② 列入《进出口野生动植物种商品目录》的商品除外。
③ 列入《进出口野生动植物种商品目录》的商品除外。
④ 列入《进出口野生动植物种商品目录》的商品除外。
⑤ 列入《进出口野生动植物种商品目录》的商品除外。

税则号列			货品名称中英文		税费综合信息	计量单位	监管证件代码		检验检疫类别		检验检疫编码	检验检疫编码对应中文名称
HS国际统一前6位	本国子目7~8位	本国子目9~10位	中文 货物名称	英文 Article Description			进口	出口	进口	出口		
442199	10	90	其他木制圆签、圆棒、冰果棒、压舌片及类似一次性制品【电商】①	Round picks and sticks sticks for ice-sucker, spatulas and similar one time articles, of other wood	【最】0【普】35【特-1】0【特-2】0【特-3】0【增】16【出】0【退】0	千克	A	B	P	Q	998 999	其他木制圆签、圆棒、冰果棒、压舌片及类似一次性制品（其他木制品） 其他木制圆签、圆棒、冰果棒、压舌片及类似一次性制品（食品接触木制产品）
442199	90	10	拉敏木制的未列名的木制品【电商】②	Articles of ramin wood, not specified	【最】0【普】35【特-1】0【特-2】0【特-3】0【增】16【对美加征】10【出】0【退】10	千克	FA	EB	P	Q	999	拉敏木制的未列名的木制品
442199	90	20	濒危木制的未列名的木制品【电商】③	Articles of endangered wood, not specified	【最】0【普】35【特-1】0【特-2】0【特-3】0【增】16【对美加征】10【出】0【退】0	千克	FA	EB	P	Q	999	濒危木制的未列名的木制品
442199	90	90	未列名的木制品【电商】④	Articles of wood, not specified	【最】0【普】35【特-1】0【特-2】0【特-3】0【增】16【对美加征】10【出】0【退】13	千克	A	B	P	Q	999	未列名的木制品

① 列入《进出口野生动植物种商品目录》的商品除外。
② 列入《进出口野生动植物种商品目录》的商品除外，卷轴、纡子、筒管、缝纫用线轴及类似品除外。
③ 列入《进出口野生动植物种商品目录》的商品除外，卷轴、纡子、筒管、缝纫用线轴及类似品除外。
④ 列入《进出口野生动植物种商品目录》的商品除外，卷轴、纡子、筒管、缝纫用线轴及类似品除外。

第四十五章
软木及软木制品

Chapter 45
Cork and articles of cork

注释：

本章不包括：

一、第六十四章的鞋靴及其零件；

二、第六十五章的帽类及其零件；或

三、第九十五章的物品（例如，玩具、游戏品及运动用品）。

Chapter Notes:

This Chapter does not cover:

1. Footwear or parts of footwear of Chapter 64;

2. Headgear or parts of headgear of Chapter 65; or

3. Articles of Chapter 95 (for example, toys, games, sports requisites).

税则号列			货品名称中英文		税费综合信息	计量单位	监管证件代码		检验检疫类别		检验检疫编码	检验检疫编码对应中文名称
HS 国际统一前6位	本国子目 7~8位	本国子目 9~10位	中文 货物名称	英文 Article Description			进口	出口	进口	出口		
450110	00		未加工或简单加工的天然软木	Natural cork, raw or simply prepared	【最】6【普】17【暂进】1 【协东盟】0【协巴基斯坦】5【协智利】0 【协新西兰】0【协秘鲁】0【协哥斯达黎加】0 【协冰岛】0【协瑞士】0【协澳大利亚】0 【协韩国】0【协香港】0【协澳门】0 【特-1】0【特-2】0 【增】16【出】0【退】0	千克	A	B	P	Q	999	未加工或简单加工的天然软木
450190	10		软木废料	Waste cork	【最】0【普】17【特-1】0【特-2】0【特-3】0 【增】16【对美加征】25【出】0【退】0	千克	A	B	MP	Q	102	软木废料（木废料）
450190	20		碎的、粒状的或粉状的软木（软木碎、软木粒或软木粉）	Crushed, granulated or ground cork	【最】0【普】17【特-1】0【特-2】0【特-3】0 【增】16【对美加征】10【出】0【退】0	千克	A	B	P	Q	999	碎的、粒状的或粉状的软木（软木碎、软木粒或软木粉）
450200	00		块，板，片或条状的天然软木（包括作塞子用的方块坯料）	Natural cork, in rectangular (rincluding square) blocks, plates, sheets or strip (including sharp-edged blanks for corks or stoppers)	【最】8【普】30 【协东盟】0【协巴基斯坦】5【协智利】0 【协新西兰】0【协秘鲁】0【协哥斯达黎加】0 【协冰岛】0【协瑞士】0【协澳大利亚】0 【协韩国】0【协香港】0【协澳门】0 【特-1】0【特-2】0【特-3】0 【增】16【出】0【退】0	千克	A	B	P	Q	999	块，板，片或条状的天然软木（包括作塞子用的方块坯料）
450310	00		天然软木塞子	Natrual corks and stoppers	【最】8【普】50【暂进】4 【协东盟】0【协巴基斯坦】5【协智利】0 【协新西兰】0【协秘鲁】0【协哥斯达黎加】0 【协冰岛】0【协瑞士】0【协澳大利亚】0 【协韩国】0【协香港】0【协澳门】0 【特-1】0【特-2】0【特-3】0 【增】16【对美加征】10【出】0【退】0	千克	A	B	P	Q	101 102	天然软木塞子（软木、软木粒及软木制品） 天然软木塞子（食品接触木制产品）
450390	00		其他天然软木制品	Other articles of natural cork	【最】8【普】50 【协东盟】0【协巴基斯坦】5【协智利】0 【协新西兰】0【协新加坡】0【协秘鲁】0 【协哥斯达黎加】0【协冰岛】0【协瑞士】4.2 【协澳大利亚】0【协韩国】5.2【协香港】0 【协澳门】0 【特-1】0【特-2】0【特-3】0 【增】16【对美加征】10【出】0【退】0	千克	A	B	P	Q	999	其他天然软木制品
450410	00	10	压制软木塞（包括任何形状的压制软木的砖、瓦、实心圆柱体、圆片） 【电商】	Suppression of cork (including any shape of agglomerated cork brick and tile, solid cylinder, wafer)	【最】8【普】30【暂进】4 【协东盟】0【协巴基斯坦】5【协智利】0 【协新西兰】0【协秘鲁】0【协哥斯达黎加】0 【协冰岛】0【协瑞士】0【协澳大利亚】0 【协韩国】4.2【协香港】0【协澳门】0 【特-1】0【特-2】0【特-3】0 【增】16【对美加征】10【出】0【退】0	千克	A	B	P	Q	999	压制软木塞（包括任何形状的压制软木的砖、瓦、实心圆柱体、圆片）
450410	00	90	块，板，片及条状压制软木，压制软木塞除外（包括任何形状的压制软木的砖、瓦、实心圆柱体、圆片） 【电商】	Blocks, plates, sheets and strips, excluding suppression of cork (including any shape of agglomerated cork brick and tile, solid cylinder, wafer)	【最】8【普】30 【协东盟】0【协巴基斯坦】5【协智利】0 【协新西兰】0【协秘鲁】0【协哥斯达黎加】0 【协冰岛】0【协瑞士】0【协澳大利亚】0 【协韩国】4.2【协香港】0【协澳门】0 【特-1】0【特-2】0【特-3】0 【增】16【对美加征】10【出】0【退】0	千克	A	B	P	Q	999	块，板，片及条状压制软木，压制软木塞除外（包括任何形状的压制软木的砖、瓦、实心圆柱体、圆片）
450490	00		其他压制软木及其制品（不论是否使用黏合剂压成）	Other agglomerated cork (with or without a binding substance) and articles of agglomerated cork	【最】0【普】50【特-1】0【特-2】0【特-3】0 【增】16【对美加征】10【出】0【退】0	千克	A	B	P	Q	999	其他压制软木及其制品（不论是否使用黏合剂压成）

第四十六章
稻草、秸秆、针茅或其他编结材料制品；篮筐及柳条编结品

注释：

一、本章所称“编结材料”，是指其状态或形状适于编结、交织或类似加工的材料，包括稻草、秸秆、柳条、竹、藤、灯芯草、芦苇、木片条、其他植物材料扁条（例如，树皮条、狭叶、酒椰叶纤维或其他从阔叶获取的条）、未纺的天然纺织纤维、塑料单丝及扁条、纸带，但不包括皮革、再生皮革、毡呢或无纺织物的扁条、人发、马毛、纺织粗纱或纱线以及第五十四章的单丝和扁条。

二、本章不包括：

（一）税目48.14的壁纸；

（二）不论是否编结而成的线、绳、索、缆（税目56.07）；

（三）第六十四章和第六十五章的鞋靴、帽类及其零件；

（四）编结而成的车辆或车身（第八十七章）；或

（五）第九十四章的物品（例如，家具、灯具及照明装置）。

三、税目46.01所称“平行连结的成片编结材料、缏条或类似的编结材料产品”，是指编结材料、缏条及类似的编结材料产品平行排列连结成片的制品，其连结材料不论是否为纺制的纺织材料。

Chapter 46
Manufactures of straw, of esparto or of other plaiting materials; basketware and wickerwork

Chapter Notes:

1. In this Chapter the expression “plaiting materials” means materials in a state or form suitable for plaiting, interlacing or similar processes; it includes straw, osier or willow, bamboos, rattans, rushes, reeds, strips of wood, strips of other vegetable material (for example, strips of bark, narrow leaves and raffia or other strips obtained from broad leaves), unspun natural textile fibres, monofilament and strip and the like of plastics and strips of paper, but not strips of leather or composition leather or of felt or nonwovens, human hair, horsehair, textile rovings or yarns, or monofilament and strip and the like of Chapter 54.

2. This Chapter does not cover:
   (a) Wall coverings of heading 48.14;
   (b) Twine, cordage, ropes or cables, plaited or not (heading 56.07);
   (c) Footwear or headgear or parts thereof of Chapter 64 or 65;
   (d) Vehicles or bodies for vehicles of basketware (Chapter 87); or
   (e) Articles of Chapter 94 (for example, furniture, lamps and lighting fittings).

3. For the purposes of heading 46.01, the expression “plaiting materials, plaits and similar products of plaiting materials, bound together in parallel strands” means plaiting materials, plaits and similar products of plaiting materials, placed side by side and bound together, in the form of sheets, whether or not the binding materials are of spun textile materials.

税则号列 HS国际统一前6位	本国子目 7~8位	本国子目 9~10位	货品名称 中文	Article Description 英文	税费综合信息	计量单位	监管证件代码 进口	监管证件代码 出口	检验检疫类别 进口	检验检疫类别 出口	检验检疫编码	检验检疫编码对应中文名称
460121	00		竹制的席子、席料及帘子	Mats, matting, screens of bamboo	【最】7【普】90 【协东盟】0【协澳门】0【协巴基斯坦】5 【协智利】0【协新西兰】0【协秘鲁】0 【协哥斯达黎加】0【协冰岛】0【协瑞士】0 【协澳大利亚】0【协韩国】0【协格鲁吉亚】0 【协香港】0 【特东老柬】0【特-1】0【特-2】0【特-3】0 【增】16【对美加征】10【出】0【退】16	千克/张	A	B	P	Q	101 102	竹制的席子、席料及帘子（竹帘） 竹制的席子、席料及帘子（竹席）
460122	00		藤制的席子、席料及帘子	Mats, matting, screens of rattan	【最】7【普】100 【协东盟】0【协澳门】0【协巴基斯坦】5 【协智利】0【协新西兰】0【协秘鲁】0 【协哥斯达黎加】0【协冰岛】0【协瑞士】0 【协澳大利亚】0【协韩国】0【协格鲁吉亚】0 【协香港】0 【特东老柬】0【特-1】0【特-2】0【特-3】0 【增】16【出】0【退】16	千克/张	A	B	P	Q	999	藤制的席子、席料及帘子
460129	11	11	蔺草制的提花席、双苜席、垫子（单位面积>1平方米，不论是否包边）	Jacquard mats, clover mats and cushion, of juncaceae, of per unit area exceeding $1m^2$, whether or not edged	【最】7【普】90 【协东盟】0【协澳门】0【协巴基斯坦】5 【协智利】0【协新西兰】0【协秘鲁】0 【协哥斯达黎加】0【协冰岛】0【协瑞士】0 【协澳大利亚】0【协韩国】0【协格鲁吉亚】0 【协香港】0 【特东老柬】0【特-1】0【特-2】0【特-3】0 【增】16【出】0【退】16	千克/张	A	4Bxy	P	Q	999	蔺草制的提花席、双苜席、垫子（单位面积>1平方米，不论是否包边）

税则号列 HS国际统一前6位	本国子目 7~8位	本国子目 9~10位	货品名称中英文 中文 货物名称	货品名称中英文 英文 Article Description	税费综合信息	计量单位	监管证件代码 进口	监管证件代码 出口	检验检疫类别 进口	检验检疫类别 出口	检验检疫编码	检验检疫编码对应中文名称
460129	11	12	蔺草制的其他席子（单位面积>1平方米，不论是否包边）	Other mats, of juncaceae, of per unit area exceeding 1m^2, whether or not edged	【最】7【普】90 【协东盟】0【协澳门】0【协巴基斯坦】5 【协智利】0【协新西兰】0【协秘鲁】0 【协哥斯达黎加】0【协冰岛】0【协瑞士】0 【协澳大利亚】0【协韩国】0【协格鲁吉亚】0 【协香港】0 【特东老挝】0【特-1】0【特-2】0【特-3】0 【增】16【出】0【退】16	千克/张	A	4Bxy	P	Q	999	蔺草制的其他席子（单位面积>1平方米，不论是否包边）
460129	11	19	蔺草制的其他席子、席料及帘子（单位面积≤1平方米，不论是否包边）	Other mats, matting and screens, of juncaceae, of per unit area not exceeding 1m^2, whether or not edged	【最】7【普】90 【协东盟】0【协澳门】0【协巴基斯坦】5 【协智利】0【协新西兰】0【协秘鲁】0 【协哥斯达黎加】0【协冰岛】0【协瑞士】0 【协澳大利亚】0【协韩国】0【协格鲁吉亚】0 【协香港】0 【特东老挝】0【特-1】0【特-2】0【特-3】0 【增】16【出】0【退】16	千克/张	A	B	P	Q	999	蔺草制的其他席子、席料及帘子（单位面积≤1平方米，不论是否包边）
460129	11	90	其他灯心草属材料制的席子等	Other mats, matting and screens, of other rushes	【最】7【普】90 【协东盟】0【协澳门】0【协巴基斯坦】5 【协智利】0【协新西兰】0【协秘鲁】0 【协哥斯达黎加】0【协冰岛】0【协瑞士】0 【协澳大利亚】0【协韩国】0【协格鲁吉亚】0 【协香港】0 【特东老挝】0【特-1】0【特-2】0【特-3】0 【增】16【出】0【退】16	千克/张	A	B	P	Q	999	其他灯心草属材料制的席子等（包括席子、席料、帘子、垫子）
460129	19		其他草制的席子，席料及帘子	Other mats, matting and screens, of grass or straw	【最】7【普】90 【协东盟】0【协巴基斯坦】5【协智利】0 【协新西兰】0【协秘鲁】0【协哥斯达黎加】0 【协冰岛】0【协瑞士】0【协澳大利亚】0 【协韩国】0【协格鲁吉亚】0【协香港】0 【协澳门】0 【特东老挝】0【特-1】0【特-2】0【特-3】0 【增】16【出】0【退】16	千克/张	A	B	P	Q	101 102	其他草制的席子，席料及帘子（稻草及其制品） 其他草制的席子，席料及帘子（其他草及草制品）
460129	21		苇帘	Screens of reeds	【最】7【普】90 【协东盟】0【协巴基斯坦】5【协智利】0 【协新西兰】0【协秘鲁】0【协哥斯达黎加】0 【协冰岛】0【协瑞士】0【协澳大利亚】0 【协韩国】0【协格鲁吉亚】0【协香港】0 【协澳门】0 【特东老挝】0【特-1】0【特-2】0【特-3】0 【增】16【出】0【退】16	千克/张	A	B	P	Q	999	苇帘
460129	29		芦苇制的席子、席料	Mats and matting, of reeds	【最】7【普】90 【协东盟】0【协巴基斯坦】5【协智利】0 【协新西兰】0【协秘鲁】0【协哥斯达黎加】0 【协冰岛】0【协瑞士】0【协澳大利亚】0 【协韩国】0【协格鲁吉亚】0【协香港】0 【协澳门】0 【特东老挝】0【特-1】0【特-2】0【特-3】0 【增】16【出】0【退】16	千克/张	A	B	P	Q	999	芦苇制的席子、席料
460129	90		其他植物材料制席子，席料及帘子	Mats, matting, screens of other vegetable materials	【最】7【普】90 【协东盟】0【协巴基斯坦】5【协智利】0 【协新西兰】0【协秘鲁】0【协哥斯达黎加】0 【协冰岛】0【协瑞士】0【协澳大利亚】0 【协韩国】0【协格鲁吉亚】0【协香港】0 【协澳门】0 【特东老挝】0【特-1】0【特-2】0【特-3】0 【增】16【出】0【退】16	千克/张	A	B	P	Q	101 102 103 104	其他植物材料制席子，席料及帘子（其他草及草制品） 其他植物材料制席子，席料及帘子（棕及棕制品） 其他植物材料制席子，席料及帘子（葵及葵制品） 其他植物材料制席子，席料及帘子（其他竹藤柳草类）
460192	10		竹制缏条及类似产品（不论是否缝合成宽条）	Plaits and similar products of plaiting materials, of bamboo, whether or not assembled into strips	【最】7【普】100 【协东盟】0【协澳门】0【协巴基斯坦】5 【协智利】0【协新西兰】0【协秘鲁】0 【协哥斯达黎加】0【协冰岛】0【协瑞士】0 【协澳大利亚】0【协韩国】0【协格鲁吉亚】0 【协香港】0 【特东老挝】0【特-1】0【特-2】0【特-3】0 【增】16【出】0【退】16	千克	A	B	P	Q	101 102	竹制缏条及类似产品（不论是否缝合成宽条）（其他竹及竹制品） 竹制缏条及类似产品（不论是否缝合成宽条）（其他竹藤柳草类）

税则号列 HS国际统一前6位	本国子目 7~8位	本国子目 9~10位	中文 货物名称	英文 Article Description	税费综合信息	计量单位	监管证件代码 进口	监管证件代码 出口	检验检疫类别 进口	检验检疫类别 出口	检验检疫编码	检验检疫编码对应中文名称
460192	90		竹制的其他编结材料产品	Other products of plaiting materials, of bamboo	【最】7【普】90 【协东盟】0【协澳门】0【协巴基斯坦】5 【协智利】0【协新西兰】0【协秘鲁】0 【协哥斯达黎加】0【协冰岛】0【协瑞士】0 【协澳大利亚】0【协韩国】0【协格鲁吉亚】0 【协香港】0 【特-1】0【特-2】0【特-3】0 【增】16【出】0【退】16	千克	A	B	P	Q	101 102	竹制的其他编结材料产品（其他竹及竹制品） 竹制的其他编结材料产品（其他竹藤柳草类）
460193	10		藤制的缏条及类似产品（不论是否缝合成宽条）	Plaits and similar products of plaiting materials, of rattan, whether or not assembled into strips	【最】7【普】100 【协东盟】0【协澳门】0【协巴基斯坦】5 【协智利】0【协新西兰】0【协秘鲁】0 【协哥斯达黎加】0【协冰岛】0【协瑞士】0 【协澳大利亚】0【协韩国】0【协格鲁吉亚】0 【协香港】0 【特东老挝】0【特-1】0【特-2】0【特-3】0 【增】16【出】0【退】16	千克	A	B	P	Q	999	藤制的缏条及类似产品（不论是否缝合成宽条）
460193	90		藤制的其他编结材料产品	Other products of plaiting materials, of rattan	【最】7【普】90 【协东盟】0【协澳门】0【协巴基斯坦】5 【协智利】0【协新西兰】0【协哥斯达黎加】0 【协冰岛】0【协瑞士】0【协澳大利亚】0 【协韩国】0【协格鲁吉亚】0【协香港】0 【特-1】0 【增】16【出】0【退】16	千克	A	B	P	Q	999	藤制的其他编结材料产品
460194	11		稻草制的缏条（绳）及类似产品（不论是否缝合成宽条）	Plaits and similar products of plaiting materials, of straw, whether or not assembled into strips	【最】7【普】90 【协东盟】0【协巴基斯坦】5【协智利】0 【协新西兰】0【协秘鲁】0【协哥斯达黎加】0 【协冰岛】0【协瑞士】0【协澳大利亚】0 【协韩国】5【协格鲁吉亚】0【协香港】0 【协澳门】0 【特-1】0【特-2】0 【增】16【出】0【退】16	千克	A	B	P	Q	999	稻草制的缏条（绳）及类似产品（不论是否缝合成宽条）
460194	19		稻草制的其他编结材料产品	Other products of plaiting materials, of straw	【最】7【普】90 【协东盟】0【协巴基斯坦】5【协智利】0 【协新西兰】0【协秘鲁】0【协哥斯达黎加】0 【协冰岛】0【协瑞士】0【协澳大利亚】0 【协韩国】5【协格鲁吉亚】0【协香港】0 【协澳门】0 【特-1】0【特-2】0 【增】16【出】0【退】16	千克	A	B	P	Q	101 102	稻草制的其他编结材料产品（稻草及其制品） 稻草制的其他编结材料产品（其他草及草制品）
460194	91		其他植物材料制缏条及类似产品（不论是否缝合成宽条）	Plaits and similar products of plaiting materials, of other vegetable materials, whether or not assembled into strips	【最】7【普】100 【协东盟】0【协巴基斯坦】5【协智利】0 【协新西兰】0【协秘鲁】0【协哥斯达黎加】0 【协冰岛】0【协瑞士】0【协澳大利亚】0 【协韩国】0【协格鲁吉亚】0【协香港】0 【协澳门】0 【特东老挝】0【特-1】0【特-2】0【特-3】0 【增】16【出】0【退】16	千克	A	B	P	Q	101 102 103 104 105 ……	其他植物材料制缏条及类似产品（不论是否缝合成宽条）（其他竹及竹制品） 其他植物材料制缏条及类似产品（不论是否缝合成宽条）（藤及藤制品） 其他植物材料制缏条及类似产品（不论是否缝合成宽条）（柳及柳制品） 其他植物材料制缏条及类似产品（不论是否缝合成宽条）（其他草及草制品） 其他植物材料制缏条及类似产品（不论是否缝合成宽条）（棕及棕制品） ……①

① 该税号项下检验检疫编码及对应中文名称尚有：106　其他植物材料制缏条及类似产品（不论是否缝合成宽条）（葵及葵制品），107　其他植物材料制缏条及类似产品（不论是否缝合成宽条）（其他竹藤柳草类）。

税则号列			货品名称中英文		税费综合信息	计量单位	监管证件代码		检验检疫类别		检验检疫编码	检验检疫编码对应中文名称
HS 国际统一前 6 位	本国子目 7~8 位	本国子目 9~10 位	中文 货物名称	英文 Article Description			进口	出口	进口	出口		
460194	99		其他植物编结材料产品	Other products of plaiting materials, of other vegetable materials	【最】7【普】90 【协东盟】0【协巴基斯坦】5【协智利】0 【协新西兰】0【协秘鲁】0【协哥斯达黎加】0 【协冰岛】0【协瑞士】0【协澳大利亚】0 【协韩国】0【协格鲁吉亚】0【协香港】0 【协澳门】0 【特-1】0【特-2】0【特-3】0 【增】16【出】0【退】16	千克	A	B	P	Q	101 102 103 104 105 ……	其他植物编结材料产品（藤及藤制品） 其他植物编结材料产品（柳及柳制品） 其他植物编结材料产品（其他草及草制品） 其他植物编结材料产品（棕及棕制品） 其他植物编结材料产品（葵及葵制品） ……①
460199	10		非植物材料制缏条及类似产品	Plaits and similar products of plaiting materials, of non-vegetable materials, whether or not assembled into strips	【最】7【普】90 【协东盟】0【协巴基斯坦】5【协智利】0 【协新西兰】0【协秘鲁】0【协哥斯达黎加】0 【协冰岛】0【协瑞士】0【协澳大利亚】0 【协韩国】0【协格鲁吉亚】0【协香港】0 【协澳门】0 【特东老挝】0【特-1】0【特-2】0【特-3】0 【增】16【出】0【退】16	千克					999	非植物材料制缏条及类似产品（不论是否缝合成宽条）
460199	90		其他非植物编结材料产品	Other products of plaiting materials, of non-vegetable materials	【最】7【普】90 【协东盟】0【协巴基斯坦】5【协智利】0 【协新西兰】0【协秘鲁】0【协哥斯达黎加】0 【协冰岛】0【协瑞士】0【协澳大利亚】0 【协韩国】4.5【协格鲁吉亚】0【协香港】0 【协澳门】0 【特-1】0【特-2】0 【增】16【对美加征】10【出】0【退】16	千克					999	其他非植物编结材料产品
460211	00		竹编制的篮筐及其他制品【电商】	Basketwork and other articles of bamboo	【最】7【普】100 【协亚太】4.2【协东盟】0【协巴基斯坦】5 【协智利】0【协新西兰】0【协秘鲁】0 【协哥斯达黎加】0【协冰岛】0【协瑞士】0 【协澳大利亚】0【协韩国】0 【协格鲁吉亚】0【协香港】0【协澳门】0 【特东柬埔寨】0【特-1】0【特-2】0【特-3】0 【增】16【出】0【退】16	千克	A	B	P	Q	101 102 103 104 105 ……	竹编制的篮筐及其他制品（竹片、竹地板） 竹编制的篮筐及其他制品（竹工艺品） 竹编制的篮筐及其他制品（竹叶） 竹编制的篮筐及其他制品（竹帘） 竹编制的篮筐及其他制品（竹椅） ……②
460212	00		藤编制的篮筐及其他制品	Basketwork and other articles of rattan	【最】7【普】100 【协亚太】4.2【协东盟】0【协巴基斯坦】5 【协智利】0【协新西兰】0【协哥斯达黎加】0 【协冰岛】0【协瑞士】0【协澳大利亚】0 【协韩国】0【协格鲁吉亚】0【协香港】0 【协澳门】0 【特东柬埔寨】0【特-1】0【特-2】0【特-3】0 【增】16【出】0【退】16	千克	A	B	P	Q	101 102	藤编制的篮筐及其他制品（藤及藤制品） 藤编制的篮筐及其他制品（其他竹藤柳草类）
460219	10		草编制的篮筐及其他制品	Basketwork and other articles of grass or straw	【最】7【普】100 【协东盟】0【协巴基斯坦】5【协智利】0 【协新西兰】0【协秘鲁】0【协哥斯达黎加】0 【协冰岛】0【协瑞士】0【协澳大利亚】0 【协韩国】0【协格鲁吉亚】0【协香港】0 【协澳门】0 【特东柬埔寨】0【特-1】0【特-2】0【特-3】0 【增】16【对美加征】10【出】0【退】16	千克	A	B	P	Q	101 102 103 104	草编制的篮筐及其他制品（蔺草及其制品） 草编制的篮筐及其他制品（稻草及其制品） 草编制的篮筐及其他制品（其他草及草制品） 草编制的篮筐及其他制品（其他竹藤柳草类）
460219	20		玉米皮编制的篮筐及其他制品	Basketwork and other articles of maize-shuck	【最】7【普】100 【协东盟】0【协巴基斯坦】5【协智利】0 【协新西兰】0【协秘鲁】0【协哥斯达黎加】0 【协冰岛】0【协瑞士】0【协澳大利亚】0 【协韩国】0【协格鲁吉亚】0【协香港】0 【协澳门】0 【特东柬埔寨】0【特-1】0【特-2】0【特-3】0 【增】16【出】0【退】16	千克	A	B	P	Q	101 102	玉米皮编制的篮筐及其他制品（其他草及草制品） 玉米皮编制的篮筐及其他制品（其他竹藤柳草类）

① 该税号项下检验检疫编码及对应中文名称尚有：106　其他植物编结材料产品（其他竹藤柳草类）。

② 该税号项下检验检疫编码及对应中文名称尚有：106　竹编制的篮筐及其他制品（竹席），107　竹编制的篮筐及其他制品（竹蒌），108　竹编制的篮筐及其他制品（其他竹及竹制品）。

税则号列 HS国际统一前6位	本国子目 7~8位	本国子目 9~10位	货物名称 中文	Article Description 英文	税费综合信息	计量单位	监管证件代码 进口	监管证件代码 出口	检验检疫类别 进口	检验检疫类别 出口	检验检疫编码	检验检疫编码对应中文名称
460219	30		柳条编制的篮筐及其他制品	Basketwork and other articles of osier	【最】7【普】100 【协东盟】0【协巴基斯坦】5【协智利】0 【协新西兰】0【协秘鲁】0【协哥斯达黎加】0 【协冰岛】0【协瑞士】0【协澳大利亚】0 【协韩国】0【协格鲁吉亚】0【协香港】0 【协澳门】0 【特东柬埔寨】0【特-1】0【特-2】0【特-3】0 【增】16【出】0【退】16	千克	A	B	P	Q	101 102	柳条编制的篮筐及其他制品（柳及柳制品） 柳条编制的篮筐及其他制品（其他竹藤柳草类）
460219	90		其他植物材料编制篮筐及其他制品	Basketwork and other articles of other vegetable materials	【最】7【普】100 【协东盟】0【协巴基斯坦】5【协智利】0 【协新西兰】0【协哥斯达黎加】0【协冰岛】0 【协瑞士】0【协澳大利亚】0【协韩国】0 【协格鲁吉亚】0【协香港】0【协澳门】0 【特东柬埔寨】0【特-1】0【特-2】0【特-3】0 【增】16【对美加征】10【出】0【退】16	千克	A	B	P	Q	101 102 103 104 105	其他植物材料编制篮筐及其他制品（藤及藤制品） 其他植物材料编制篮筐及其他制品（其他草及草制品） 其他植物材料编制篮筐及其他制品（棕及棕制品） 其他植物材料编制篮筐及其他制品（葵及葵制品） 其他植物材料编制篮筐及其他制品（其他竹藤柳草类）
460290	00		其他编结材料制品及其他制品	Other articles of other plaiting materials (other than vegetable materials)	【最】7【普】100 【协亚太】4.6【协东盟】0【协澳门】0 【协巴基斯坦】5【协智利】0【协新西兰】0 【协秘鲁】0【协哥斯达黎加】0【协冰岛】0 【协瑞士】0【协澳大利亚】0【协韩国】0 【协格鲁吉亚】0【协香港】0 【特东柬埔寨】0【特-1】0【特-2】0【特-3】0 【增】16【对美加征】10【出】0【退】16	千克					999	其他编结材料制品及其他制品（非植物材料制的）

第　十　类
木浆及其他纤维状纤维素浆；回收（废碎）纸或纸板；纸、纸板及其制品

SECTION X
PULP OF WOOD OR OF OTHER FIBROUS CELLULOSIC MATERIAL；RECOVERED (WASTE AND SCRAP) PAPER OR PAPERBOARD；PAPER AND PAPERBOARD AND ARTICLES THEREOF

第四十七章
木浆及其他纤维状纤维素浆；回收（废碎）纸或纸板

Chapter 47
Pulp of wood or of other fibrous cellulosic material；recovered (waste and scrap) paper or paperboard

注释：

税目47.02所称“化学木浆，溶解级”，是指温度在20℃时浸入含18%氢氧化钠的苛性碱溶液内，一小时后，按重量计含有92%及以上的不溶级分的碱木浆或硫酸盐木浆，或者含有88%及以上的不溶级分的亚硫酸盐木浆。对于亚硫酸盐木浆，按重量计灰分含量不得超过0.15%。

Chapter Note:

For the purposes of heading 47.02, the expression “chemical wood pulp, dissolving grades” means chemical wood pulp having by weight an insoluble fraction of 92% or more for soda or sulphate wood pulp or of 88% or more for sulphite wood pulp after one hour in a caustic soda solution containing 18% sodium hydroxide (NaOH) at 20℃, and for sulphite wood pulp an ash content that does not exceed 0.15% by weight.

税则号列 HS国际统一前6位	本国子目 7~8位	本国子目 9~10位	货品名称中英文 中文 货物名称	货品名称中英文 英文 Article Description	税费综合信息	计量单位	监管证件代码 进口	监管证件代码 出口	检验检疫类别 进口	检验检疫类别 出口	检验检疫编码	检验检疫编码对应中文名称
470100	00		机械木浆	Mechanical wood pulp	【最】0【普】8【特-1】0【特-2】0【特-3】0【增】16【对美加征】5【出】0【退】0	千克					999	机械木浆
470200	00	01	用于生产粘胶等化学纤维（不含醋酸纤维）的化学木浆，溶解级［浆粕的粘度≧3.7dl/g，且<6.4dl/g，或者≧350ml/g，且<700ml/g，α纤维素含量（R18，硫酸盐法）<95.5%，或者α纤维素含量（R18，亚硫酸盐法）<94%，灰分≦0.15%］	Chemical wood pulp, dissolving grades, for the production of viscose fibre (excluding acetate fiber), Pulp viscosity ≧ 3.7dl/g, and < 6.4dl/g, or ≧ 350ml/g, and < 700ml/g, α cellulose content (R18, sulfate) ≧ 88%, and<95.5%, or α cellulose content (R18, sulfate) ≧ 87%, and<94%	【最】0【普】8【特-1】0【特-2】0【特-3】0【增】16【反倾】有【对美加征】5【出】0【退】0	千克					999	用于生产粘胶等化学纤维（不含醋酸纤维）的化学木浆，溶解级［浆粕的粘度≧3.7dl/g，且<6.4dl/g，或者≧350ml/g，且<700ml/g，α纤维素含量（R18，硫酸盐法）<95.5%，或者α纤维素含量（R18，亚硫酸盐法）<94%，灰分≦0.15%］
470200	00	90	其他化学木浆，溶解级	Other Chemical wood pulp, dissolving grades	【最】0【普】8【特-1】0【特-2】0【特-3】0【增】16【对美加征】5【出】0【退】0	千克					999	其他化学木浆，溶解级
470311	00		未漂白针叶木碱木浆或硫酸盐木浆（溶解级的除外）	Chemical wood pulp, soda or sulphate, unbleached, coniferous, other than dissolving grades	【最】0【普】8【特-1】0【特-2】0【特-3】0【增】16【对美加征】5【出】0【退】0	千克					999	未漂白针叶木碱木浆或硫酸盐木浆（溶解级的除外）（溶解级的除外）
470319	00		未漂白非针叶木碱木浆等（包括硫酸盐木浆，但溶解级的除外）	Chemical wood pulp, soda or sulphate, unbleached, non-coniferous, other than dissolving grades	【最】0【普】8【特-1】0【特-2】0【特-3】0【增】16【对美加征】5【出】0【退】0	千克					999	未漂白非针叶木碱木浆等（包括硫酸盐木浆，但溶解级的除外）

税则号列 HS国际统一前6位	本国子目 7~8位	本国子目 9~10位	货品名称中文 货物名称	货品名称英文 Article Description	税费综合信息	计量单位	监管证件代码 进口	监管证件代码 出口	检验检疫类别 进口	检验检疫类别 出口	检验检疫编码	检验检疫编码对应中文名称
470321	00	01	用于生产粘胶等化学纤维（不含醋酸纤维）的漂白针叶木碱木浆或硫酸盐木浆（包括半漂白的，溶解级的除外）	Chemical wood pulp, soda or sulphate, semi-bleached and bleached, coniferous, other than dissolving grades	【最】0【普】8【特-1】0【特-2】0【特-3】0【增】16【对美加征】5【出】0【退】0	千克					999	用于生产粘胶等化学纤维（不含醋酸纤维）的漂白针叶木碱木浆或硫酸盐木浆（包括半漂白的，溶解级的除外）（浆粕的粘度≧3.7dl/g，且<6.4dl/g，或者≧350ml/g，且<700ml/g，α纤维素含量（R18，硫酸盐法）≧88%，且<95.5%，灰分≦0.15%）
470321	00	90	其他漂白针叶木碱木浆或硫酸盐木浆（包括半漂白的，溶解级的除外）	Other Chemical wood pulp, soda or sulphate, semi-bleached and bleached, coniferous, other than dissolving grades	【最】0【普】8【特-1】0【特-2】0【特-3】0【增】16【对美加征】5【出】0【退】0	千克					999	其他漂白针叶木碱木浆或硫酸盐木浆（包括半漂白的，溶解级的除外）
470329	00		漂白非针叶木碱木浆或硫酸盐木浆（包括半漂白的，溶解级的除外）	Chemical wood pulp, soda or sulphate, semi-bleached and bleached, non-coniferous, other than dissolving grades	【最】0【普】8【特-1】0【特-2】0【特-3】0【增】16【对美加征】5【出】0【退】0	千克					999	漂白非针叶木碱木浆或硫酸盐木浆（包括半漂白的，溶解级的除外）
470411	00		未漂白的针叶木亚硫酸盐木浆（溶解级的除外）	Chemical wood pulp, sulphate, unbleached, coniferous, other than dissolving grades	【最】0【普】8【特-1】0【特-2】0【特-3】0【增】16【对美加征】5【出】0【退】0	千克					999	未漂白的针叶木亚硫酸盐木浆（溶解级的除外）
470419	00		未漂白的非针叶木亚硫酸盐木浆（溶解级的除外）	Chemical wood pulp, soda or sulphate, unbleached, non-coniferous, other than dissolving grades	【最】0【普】8【特-1】0【特-2】0【特-3】0【增】16【对美加征】5【出】0【退】0	千克					999	未漂白的非针叶木亚硫酸盐木浆（溶解级的除外）
470421	00		漂白的针叶木亚硫酸盐木浆（包括半漂白的，溶解级的除外）	Chemical wood pulp, soda or sulphate, semi-bleached and bleached, coniferous, other than dissolving grades	【最】0【普】8【特-1】0【特-2】0【特-3】0【增】16【对美加征】5【出】0【退】0	千克					999	漂白的针叶木亚硫酸盐木浆（包括半漂白的，溶解级的除外）
470429	00		漂白的非针叶木亚硫酸盐木浆（包括半漂白的，溶解级的除外）	Chemical wood pulp, soda or sulphate, semi-bleached and bleached, non-coniferous, other than dissolving grades	【最】0【普】8【特-1】0【特-2】0【特-3】0【增】16【对美加征】5【出】0【退】0	千克					999	漂白的非针叶木亚硫酸盐木浆（包括半漂白的，溶解级的除外）
470500	00		机械与化学联合制浆法制的木浆	Wood pulp obtained by a combination of mechanical and chemical pulping processes	【最】0【普】8【特-1】0【特-2】0【特-3】0【增】16【对美加征】5【出】0【退】0	千克					999	机械与化学联合制浆法制的木浆
470610	00	01	用于生产粘胶等化学纤维（不含醋酸纤维）的棉短绒浆粕（浆粕的粘度≧3.7dl/g，且<6.4dl/g，或者≧350ml/g，且<700ml/g，α纤维素含量（R18，硫酸盐法）<95.5%，或者α纤维素含量（R18，亚硫酸盐法）<94%，灰分≦0.15%）	Cotton linters pulp, for the production of viscose fibre (excluding acetate fiber), Pulp viscosity ≧3.7dl/g, and <6.4dl/g, or ≧350ml/g, and<700ml/g, α cellulose content (R18, sulfate) ≧88%, and<95.5%, or α cellulose content (R18, sulfate) ≧87%, and<94%, ashes ≦0.15%	【最】0【普】8【特-1】0【特-2】0【特-3】0【增】16【反倾】有【对美加征】5【出】0【退】13	千克					999	用于生产粘胶等化学纤维（不含醋酸纤维）的棉短绒浆粕（浆粕的粘度≧3.7dl/g，且<6.4dl/g，或者≧350ml/g，且<700ml/g，α纤维素含量（R18，硫酸盐法）<95.5%，或者α纤维素含量（R18，亚硫酸盐法）<94%，灰分≦0.15%）

税则号列			货品名称中英文		税费综合信息	计量单位	监管证件代码		检验检疫类别		检验检疫编码	检验检疫编码对应中文名称
HS 国际统一前6位	本国子目 7~8位	9~10位	中文 货物名称	英文 Article Description			进口	出口	进口	出口		
470610	00	90	其他棉短绒纸浆	Other Cotton linters pulp	【最】0【普】8【特-1】0【特-2】0【特-3】0【增】16【对美加征】5【出】0【退】13	千克					999	其他棉短绒纸浆
470620	00		从回收纸或纸板提取的纤维浆	pulps of fibres derived from recovered (waste and scrap) paper or paperboard	【最】0【普】8【特-1】0【特-2】0【特-3】0【增】16【对美加征】10【出】0【退】0	千克					999	从回收纸或纸板提取的纤维浆
470630	00	01	用于生产粘胶等化学纤维(不含醋酸纤维)的其他纤维状纤维素竹浆(包括机械浆、化学浆、半化学浆)[浆粕的粘度≧3.7dl/g,且<6.4dl/g,或者≧350ml/g,且<700ml/g,α纤维素含量(R18,硫酸盐法)<95.5%,或者α纤维素含量(R18,亚硫酸盐法)<94%,灰分≦0.15%]	Other bamboo pulp in form of fibers, including mechanical pulp, chemical pulp, semi-chemical pulp, used in the production of chemical fibers such as viscose other than acetate, with pulp viscosity 3.7 dl/g or more, but less than 6.4dl/g, or with pulp viscosity 350ml/g or more, but less than 700ml/g; with content of cellulose (R18, by Kraft) by weight 88% or more, but less than 95.5%, or with content of cellulose (R18, by Sulfite) by weight 87% or more, but less than 94%; ash content unexceeding 0.15% by weight)	【最】0【普】8【特-1】0【特-2】0【特-3】0【增】16【反倾】有【出】0【退】0	千克					999	用于生产粘胶等化学纤维(不含醋酸纤维)的其他纤维状纤维素竹浆(包括机械浆、化学浆、半化学浆)[浆粕的粘度≧3.7dl/g,且<6.4dl/g,或者≧350ml/g,且<700ml/g,α纤维素含量(R18,硫酸盐法)<95.5%,或者α纤维素含量(R18,亚硫酸盐法)<94%,灰分≦0.15%]
470630	00	90	其他纤维状纤维素竹浆(包括机械浆、化学浆、半化学浆)	Other pulps of fibres derived from bamboo (including mechanical pulp, chemical pulp, semi-chemical pulp)	【最】0【普】8【特-1】0【特-2】0【特-3】0【增】16【出】0【退】0	千克					999	其他纤维状纤维素竹浆(包括机械浆、化学浆、半化学浆)
470691	00		其他纤维状纤维素机械浆	Other mechanical pulps of fibrous cellulosic material	【最】0【普】8【特-1】0【特-2】0【特-3】0【增】16【出】0【退】0	千克					999	其他纤维状纤维素机械浆
470692	00		其他纤维状纤维素化学浆	Other chemical pulp of fibrous cellulosic material	【最】0【普】8【特-1】0【特-2】0【特-3】0【增】16【对美加征】10【出】0【退】0	千克					999	其他纤维状纤维素化学浆
470693	00		用机械和化学联合法制得的其他纤维状纤维素浆	Other semi-chemical pulp of fibrous cellulosic material obtained by a combination of mechanical and chemical processed	【最】0【普】8【特-1】0【特-2】0【特-3】0【增】16【出】0【退】0	千克					999	用机械和化学联合法制得的其他纤维状纤维素浆
470710	00		回收(废碎)的未漂白牛皮、瓦楞纸或纸板	Unbleached kraft paper or paperboard or of corrugated paper or paperboard	【最】0【普】8【特-1】0【特-2】0【特-3】0【增】16【对美加征】25【出】0【退】0	千克	AP	B	MP	Q	999	回收(废碎)的未漂白牛皮、瓦楞纸或纸板
470720	00		回收(废碎)的漂白化学木浆制的纸和纸板(未经本体染色)	Other paper or paperboard made mainly of bleached Chemical pulp, Not coloured in the mass	【最】0【普】8【特-1】0【特-2】0【特-3】0【增】16【对美加征】25【出】0【退】0	千克	AP	B	MP	Q	999	回收(废碎)的漂白化学木浆制的纸和纸板(未经本体染色)
470730	00		回收(废碎)的机械木浆制的纸或纸板(例如,废报纸,杂志及类似印刷品)	Paper or paperboard made mainly of mechanical pulp (for example, newspapers, journals and similar printed matter)	【最】0【普】8【特-1】0【特-2】0【特-3】0【增】16【对美加征】25【出】0【退】0	千克	AP	B	MP	Q	999	回收(废碎)的机械木浆制的纸或纸板(例如,废报纸,杂志及类似印刷品)

税则号列			货品名称中英文		税费综合信息	计量单位	监管证件代码		检验检疫类别		检验检疫编码	检验检疫编码对应中文名称
HS国际统一前6位	本国子目 7~8位	本国子目 9~10位	中文 货物名称	英文 Article Description			进口	出口	进口	出口		
470790	00	10	回收（废碎）墙（壁）纸、涂蜡纸、浸蜡纸、复写纸（包括未分选的废碎品）	Recoverd (waste and scrap) wallpaper, wax-coated paper or waxed paper and carbon paper (including unsorted waste and scrap)	【最】0【普】8【特-1】0【特-2】0【特-3】0【增】16【对美加征】25【出】0【退】0	千克	9A	B	MP	Q	999	回收（废碎）墙（壁）纸、涂蜡纸、浸蜡纸、复写纸（包括未分选的废碎品）
470790	00	90	其他回收纸或纸板（包括未分选的废碎品）	Other recovered paper or paperboard, including unsorted waste and scrap	【最】0【普】8【特-1】0【特-2】0【特-3】0【增】16【对美加征】25【出】0【退】0	千克	9	B	MP	Q	999	其他回收纸或纸板（包括未分选的废碎品）

第四十八章
纸及纸板；纸浆、纸或纸板制品

注释：

一、除条文另有规定外，本章所称“纸”包括纸板（不考虑其厚度或每平方米重量）。

二、本章不包括：

（一）第三十章的物品；

（二）税目32.12的压印箔；

（三）香纸及用化妆品浸渍或涂布的纸（第三十三章）；

（四）用肥皂或洗涤剂浸渍、覆盖或涂布的纸或纤维素絮纸（税目34.01）和用光洁剂、擦光膏及类似制剂浸渍、覆盖或涂布的纸或纤维素絮纸（税目34.05）；

（五）税目37.01至37.04的感光纸或感光纸板；

（六）用诊断或实验用试剂浸渍的纸（税目38.22）；

（七）第三十九章的用纸强化的层压塑料板，用塑料覆盖或涂布的单层纸或纸板（塑料部分占总厚度的一半以上），以及上述材料的制品，但税目48.14的壁纸除外；

（八）税目42.02的物品（例如，旅行用品）；

（九）第四十六章的物品（编结材料制品）；

（十）纸纱线或纸纱线纺织物（第十一类）；

（十一）第六十四章或第六十五章的物品；

（十二）税目68.05的砂纸或税目68.14的用纸或纸板衬底的云母（但涂布云母粉的纸及纸板归入本章）；

（十三）用纸或纸板衬底的金属箔（通常归入第十四类或第十五类）；

（十四）税目92.09的制品；

（十五）第九十五章的物品（例如，玩具、游戏品及运动用品）；或

（十六）第九十六章的物品［例如，纽扣，卫生巾（护垫）及止血塞、婴儿尿布及尿布衬里］。

三、除注释七另有规定的以外，税目48.01至48.05包括经研光、高度研光、釉光或类似处理、仿水印、表面施胶的纸及纸板；同时还包括用各种方法本体着色或染成斑纹的纸、纸板、纤维素絮纸及纤维素纤维网纸。除税目48.03另有规定的以外，上述税号不适用于经过其他方法加工的纸、纸板、纤维素絮纸或纤维素纤维网纸。

Chapter 48
Paper and paperboard; articles of paper pulp, of paper or of paperboard

Chapter Notes:

1. For the purposes of this Chapter, except where the context otherwise requires, a reference to “paper” includes references to paperboard (irrespective of thickness or weight per square meter).

2. This Chapter does not cover:
   (a) Articles of Chapter 30;
   (b) Stamping foils of heading 32.12;
   (c) Perfumed papers or papers impregnated or coated with cosmetics (Chapter 33);
   (d) Paper or cellulose wadding impregnated, coated or covered with soap or detergent (heading 34.01), or with polishes, creams or similar preparations (heading 34.05);
   (e) Sensitised paper or paperboard of headings 37.01 to 37.04;
   (f) Paper impregnated with diagnostic or laboratory reagents (heading 38.22);
   (g) Paper-reinforced stratified sheeting of plastics, or one layer of paper or paperboard coated or covered with a layer of plastics (the latter constituting more than half the total thickness), or articles of such materials, other than wall coverings of heading 48.14 (Chapter 39);
   (h) Articles of heading 42.02 (for example, travel goods);
   (ij) Articles of Chapter 46 (manufactures of plaiting material);
   (k) Paper yarn or textile articles of paper yarn (Section XI);
   (l) Articles of Chapter 64 or Chapter 65;
   (m) Abrasive paper or paperboard (heading 68.05) or paper-backed or paperboard-backed mica (heading 68.14) (paper and paperboard coated with mica powder are, however, to be classified in this Chapter);
   (n) Metal foil backed with paper or paperboard (generally to be classified in section XIV or XV);
   (o) Articles of heading 92.09;
   (p) Articles of Chapter 95 (for example, toys, games, sports requisites); or
   (q) Articles of Chapter 96 (for example, buttons, sanitary towels (pads) and tampons, napkins (diapers) and napkin liners for babies).

3. Subject to the provisions of Note 7, headings 48.01 to 48.05 include paper and paperboard which have been subjected to calendering, super-calendering, glazing or similar finishing, false water-marking or surface sizing, and also paper, paperboard, cellulose wadding and webs of cellulose fibres, coloured or marbled throughout the mass by any method. Except where heading 48.03 otherwise requires, these headings do not apply to paper, paperboard, cellulose wadding or webs of cellulose fibres which have been otherwise processed.

四、本章所称“新闻纸”，是指所含用机械或化学—机械方法制得的木纤维不少于全部纤维重量的50%的未经涂布的报刊用纸，未施胶或微施胶，每面粗糙度［帕克印刷表面粗糙度（1兆帕）］超过2.5微米，每平方米重量不小于40克，但不超过65克，并且仅适用于下列规格的纸：

（一）成条或成卷，宽度超过28厘米；或
（二）成张矩形（包括正方形），一边超过28厘米，另一边超过15厘米（以未折叠计）。

4. In this Chapter the expression "newsprint" means uncoated paper of a kind used for the printing of newspapers, of which not less than 50% by weight of the total fibre content consists of wood fibres obtained by a mechanical or chemi-mechanical process, unsized or very lightly sized, having a surface roughness Parker Print Surf (1 MPa) on each side exceeding 2.5 micrometres (microns), weighing not less than $40g/m^2$ and not more than $65g/m^2$, and apply only to paper:
(a) in strips or rolls of a width exceeding 28 cm; or
(b) in rectangular (including square) sheets with one side exceeding 28cm and the other side exceeding 15cm in the unfolded state.

五、税目48.02所称“书写、印刷或类似用途的纸及纸板”“未打孔的穿孔卡片和穿孔纸带纸”，是指主要用漂白纸浆或用机械或化学—机械方法制得的纸浆制成的纸及纸板，并且符合下列任一标准：

每平方米重量不超过150克的纸或纸板：
（一）用机械或化学—机械方法制得的纤维含量在10%及以上，并且
1. 每平方米重量不超过80克；或
2. 本体着色；
（二）灰分含量在8%以上，并且
1. 每平方米重量不超过80克；或
2. 本体着色；
（三）灰分含量在3%以上，亮度在60%及以上；或
（四）灰分含量在3%以上，但不超过8%，亮度低于60%，耐破指数等于或小于2.5千帕斯卡·平方米/克；或
（五）灰分含量在3%及以下，亮度在60%及以上，耐破指数等于或小于2.5千帕斯卡·平方米/克。

每平方米重量超过150克的纸或纸板：
（一）本体着色；或
（二）亮度在60%及以上，并且
1. 厚度在225微米及以下；或
2. 厚度在225微米以上，但不超过508微米，灰分含量在3%以上；或
（三）亮度低于60%，厚度不超过254微米，灰分含量在8%以上。

税目48.02不包括滤纸及纸板（含茶袋纸）或毡纸及纸板。

5. For the purposes of heading 48.02, the expressions "paper and paperboard, of a kind used for writing, printing or other graphic purposes" and "non perforated punch-cards and punch tape paper" mean paper and paperboard made mainly from bleached pulp or from pulp obtained by a mechanical or chemi-mechanical process and satisfying any of the following criteria:

For paper or paperboard weighing not more than $150g/m^2$:
(a) containing 10% or more of fibres obtained by a mechanical or chemi-mechanical process, and
(i) weighing not more than $80g/m^2$, or
(ii) coloured throughout the mass; or
(b) containing more than 8% ash, and
(i) weighing not more than $80g/m^2$, or
(ii) coloured throughout the mass; or
(c) containing more than 3% ash and having a brightness of 60% or more; or
(d) containing more than 3% but not more than 8% ash, having a brightness less than 60%, and a burst index equal to or less than $2.5kPam^2/g$; or
(e) containing 3% ash or less, having a brightness of 60% or more and a burst index equal to or less than $2.5kPam^2/g$.

For paper or paperboard weighing more than $150g/m^2$:
(a) coloured throughout the mass; or
(b) having a brightness of 60% or more, and
(i) a caliper of 225 micrometre (micron) or less, or
(ii) a caliper of more than 225 micrometre (micron) but not more than 508 micrometre (micron) and an ash content of more than 3%; or
(c) having a brightness of less than 60%, a caliper of 254micrometre (micron) or less and an ash content of more than 8%.

Heading 48.02 does not, however, cover filter paper or paperboard (including tea-bag paper) or felt paper or paperboard.

六、本章所称“牛皮纸及纸板”，是指所含用硫酸盐法或烧碱法制得的纤维不少于全部纤维重量的80%的纸及纸板。

6. In this Chapter "kraft paper and paperboard" means paper and paperboard of which not less than 80% by weight of the total fibre content consists of fibres obtained by the chemical sulphate or soda processes.

七、除税号条文另有规定的以外，符合税目48.01至48.11中两个或两个以上税号所规定的纸、纸板、纤维素絮纸及纤维素纤维网纸，应按号列顺序归入有关税号中的最末一个税号。

7. Except where the terms of the headings otherwise require, paper, paperboard, cellulose wadding and webs of cellulose fibres answering to a description in two or more of the headings 48.01 to 48.11 are to be classified under that one of such headings which occurs last in numerical order in the

Nomenclature.

八、税目 48.03 至 48.09 仅适用于下列规格的纸、纸板、纤维素絮纸及纤维素纤维网纸：
（一）成条或成卷，宽度超过 36 厘米；或
（二）成张矩形（包括正方形），一边超过 36 厘米，另一边超过 15 厘米（以未折叠计）。

8. Headings 48.03 to 48.09 apply only to paper, paperboard, cellulose wadding and webs of cellulose fibres:
(a) in strips or rolls of a width exceeding 36cm; or
(b) in rectangular (including square) sheets with one side exceeding 36cm and the other side exceeding 15cm in the unfolded state.

九、税目 48.14 所称“壁纸及类似品”，仅限于：
（一）适合作墙壁或天花板装饰用的成卷纸张，宽度不小于 45 厘米，但不超过 160 厘米：
1. 起纹、压花、染面、印有图案或经其他装饰的（例如，植绒），不论是否用透明的防护塑料涂布或覆盖；
2. 表面饰有木粒或草粒而凹凸不平的；
3. 表面用塑料涂布或覆盖并起纹、压花、染面、印有图案或经其他装饰的；或
4. 表面用不论是否平行连结或编织的编结材料覆盖的。
（二）适于装饰墙壁或天花板用的经上述加工的纸边及纸条，不论是否成卷。
（三）由几幅拼成的壁纸，成卷或成张，贴到墙上可组成印刷的风景画或图案。

既可作铺地制品，也可作壁纸的以纸或纸板为底的产品，应归入税目 48.23。

9. For the purposes of heading 48.14, the expression “wallpaper and similar wall coverings” applies only to:
(a) Paper in rolls, of a width of not less than 45cm and not more than 160cm, suitable for wall or ceiling decoration:
(i) Grained, embossed, surface-coloured, design-printed or otherwise surface-decorated (for example, with textile flock), whether or not coated or covered with transparent protective plastics;
(ii) With an uneven surface resulting from the incorporation of particles of wood, straw, etc.;
(iii) Coated or covered on the face side with plastics, the layer of plastics being grained, embossed, coloured, design-printed or otherwise decorated; or
(iv) Covered on the face side with plaiting material, whether or not bound together in parallel strands or woven.
(b) Borders and friezes, of paper, treated as above, whether or not in rolls, suitable for wall or ceiling decoration.
(c) Wall coverings of paper made up of several panels, in rolls or sheets, printed so as to make up a scene, design or motif when applied to a wall.

Products on a base of paper or paperboard, suitable for use both as floor coverings and as wall coverings, are to be classified in heading 48.23.

十、税目 48.20 不包括切成一定尺寸的活页纸张或卡片，不论是否印制、压花、打孔。

10. Heading 48.20 does not cover loose sheets or cards, cut to size, whether or not printed, embossed or perforated.

十一、税目 48.23 主要适用于提花机或类似机器用的穿孔纸或卡片，以及纸花边。

11. Heading 48.23 applies, inter alia, to perforated paper or paperboard cards for Jacquard or similar machines and paper lace.

十二、除税目 48.14 及 48.21 的货品外，印有图案、文字或图画的纸、纸板、纤维素絮纸及其制品，如果所印图案、文字或图画作为其主要用途，应归入第四十九章。

12. Except for the goods of heading 48.14 or 48.21, paper, paperboard, cellulose wadding and articles thereof, printed with motifs, characters or pictorial representations, which are not merely incidental to the primary use of the goods, fall in Chapter 49.

子目注释：

一、子目 4804.11 及 4804.19 所称“牛皮衬纸”，是指所含用硫酸盐法或烧碱法制得的木纤维不少于全部纤维重量的 80% 的成卷机器整饰或上光纸及纸板，每平方米重量超过 115 克，并且最低缪伦耐破度符合下表所示（其他重量的耐破度可参照下表换算）：

Subheading Notes:

1. For the purposes of subheadings 4804.11 and 4804.19, “kraftliner” means machine-finished or machine-glazed paper and paperboard, of which not less than 80% by weight of the total fibre content consists of wood fibres obtained by the chemical sulphate or soda processes, in rolls, weighing more than 115g/m^2 and having a minimum Mullen bursting strength as indicated in the following table or the linearly interpolated or extrapolated equivalent for any other weight.

重量 （克/平方米）	最低耐破度 （千帕斯卡）
115	393
125	417
200	637
300	824
400	961

Weight (g/m^2)	Minimum Mullen bursting strength (kPa)
115	393
125	417
200	637
300	824
400	961

二、子目4804.21及4804.29所称“袋用牛皮纸”，是指所含用硫酸盐法或烧碱法制得的木纤维不少于全部纤维重量的80%的成卷机器上光纸，每平方米重量不少于60克，但不超过115克，并且符合下列一种规格：

（一）缪伦耐破指数不小于3.7千帕斯卡·平方米/克，并且横向伸长率大于4.5%，纵向伸长率大于2%；

（二）至少能达到下表所示的最小撕裂度和抗张强度（其他重量的可参照下表换算）：

2. For the purposes of subheadings 4804.21 and 4804.29, “sack kraft paper” means machine-finished paper, of which not less than 80% by weight of the total fibre content consists of fibres obtained by the chemical sulphate or soda processes, in rolls, weighing not less than $60g/m^2$ but not more than $115g/m^2$ and meeting one of the following sets of specifications:

(a) Having a Mullen burst index of not less than 3.7kPa · m^2/g and a stretch factor of more than 4.5% in the cross direction and of more than 2% in the machine direction.

(b) Having minima for tear and tensile as indicated in the following table or the linearly interpolated equivalent for any other weight.

重量 （克/平方米）	最小撕裂度 （毫牛顿）		最小抗张强度 （千牛顿/米）	
	纵向	纵向加横向	横向	纵向加横向
60	700	1510	1.9	6
70	830	1790	2.3	7.2
80	965	2070	2.8	8.3
100	1230	2635	3.7	10.6
115	1425	3060	4.4	12.3

Weight (g/m^2)	Minimum tear (mN)		Minimum tensile (kN/m)	
	Machine direction	Machine direction plus cross direction	Cross direction	Machine direction plus cross direction
60	700	1510	1.9	6
70	830	1790	2.3	7.2
80	965	2070	2.8	8.3
100	1230	2635	3.7	10.6
115	1425	3060	4.4	12.3

三、子目4805.11所称“半化学的瓦楞纸”，是指所含用机械和化学联合法制得的未漂白硬木纤维不少于全部纤维重量的65%的成卷纸张，并且在温度为23℃和相对湿度为50%时，经过30分钟的瓦楞芯纸平压强度测定（CMT30），抗压强度超过1.8牛顿/克/平方米。

3. For the purposes of subheading 4805.11, “semi-chemical fluting paper” means paper, in rolls, of which not less than 65% by weight of the total fibre content consists of unbleached hardwood fibres obtained by a combination of mechanical and chemical pulping processes, and having a CMT 30 (Corrugated Medium Test with 30minutes of conditioning) crush resistance exceeding $1.8N/g/m^2$ at 50% relative humidity, at 23℃.

四、子目4805.12包括主要用机械和化学联合法制得的草浆制成的成卷纸张，每平方米重量在130克及以上，并且在温度为23℃和相对湿度为50%时，经过30分钟的瓦楞芯纸平压强度测定（CMT30），抗压强度超过1.4牛顿/克/平方米。

4. Subheading 4805.12 cover paper, in rolls, made mainly of straw pulp obtained by a combination of mechanical and chemical processes, weighing $130g/m^2$ or more, and having a CMT 30 (Corrugated Medium Test with 30 minutes of conditioning) crush resistance exceeding $1.4N/g/m^2$ at 50% relative humidity, at 23℃.

五、子目4805.24和4805.25包括全部或主要由回收（废碎）纸或纸板制得的纸浆制成的纸和纸板。强韧箱纸板也可以有一面用染色纸或漂白或未漂白的非再生浆制得的纸做表层。这些产品缪伦耐破指数不小于2千帕斯卡·平方米/克。

5. Subheading 4805.24 and 4805.25 cover paper and paperboard made wholly or mainly of pulp of recovered (waste and scrap) paper or paperboard, Testliner may also have a surface layer of dyed paper or of paper made of bleached or unbleached non-recovered pulp. These products have a Mullen burst index of not less than 2kPa · m^2/g.

六、子目 4805.30 所称“亚硫酸盐包装纸”，是指所含用亚硫酸盐法制得的木纤维超过全部纤维重量的 40% 的机器研光纸，灰分含量不超过 8%，并且缪伦耐破指数不小于 1.47 千帕卡·平方米/克。

6. For the purposes of subheading 4805.30, “sulphite wrapping paper” means machine-glazed paper, of which more than 40% by weight of the total fibre content consists of wood fibres obtained by the chemical sulphite process, having an ash content not exceeding 8% and having a Mullen burst index of not less than 1.47kPa · m^2/g.

七、子目 4810.22 所称“轻质涂布纸”，是指双面涂布纸，其每平方米总重量不超过 72 克，每面每平方米的涂层重量不超过 15 克，原纸中所含用机械方法制得的木纤维不少于全部纤维重量的 50%。

7. For the purposes of subheading 4810.22, “light-weight coated paper” means paper, coated on both sides, of a total weight not exceeding 72g/m^2, with a coating weight not exceeding 15g/m^2 per side, on a base of which not less than 50% by weight of the total fibre content consists of wood fibres obtained by a mechanical process.

税则号列			货品名称中英文		税费综合信息	计量单位	监管证件代码		检验检疫类别		检验检疫编码	检验检疫编码对应中文名称
HS 国际统一前 6 位	本国子目 7~8 位	本国子目 9~10 位	中文 货物名称	英文 Article Description			进口	出口	进口	出口		
480100	10		成卷的新闻纸	In rolls newsprint	【最】5【普】30 【增】16【对美加征】10【出】0【退】0	千克					999	成卷的新闻纸
480100	90		成张及其他的新闻纸	Sheets or other newsprint	【最】5【普】30 【增】16【对美加征】10【出】0【退】0	千克					999	成张及其他的新闻纸
480210	10		宣纸	Xuan paper	【最】6【普】70 【协东盟】5 【增】16【出】0【退】13	千克					999	宣纸
480210	90		其他手工制纸及纸板	Other hand-made paper and paperboard	【最】6【普】70 【协东盟】5 【增】16【对美加征】10【出】0【退】13	千克					999	其他手工制纸及纸板
480220	10		照相原纸（未经涂布的，成卷或成张）	Photo paper base(uncoated, in rolls or sheets)	【最】6【普】40【暂进】5 【协香港】0 【特-1】0 【增】16【对美加征】10【出】0【退】0	千克					999	照相原纸（未经涂布的，成卷或成张）
480220	90		其他光，热，电敏纸，纸板的原纸［未经涂布的，成卷或成张（包括原纸板）］	Other paper and paperboard, of a kind used as a base for photo-sensitive, heat-sensitive or electrosen-sitive paper or paperboard(uncoated, in rolls or sheets)	【最】6【普】40 【协东盟】5【协香港】0 【特-1】0 【增】16【对美加征】10【出】0【退】0	千克					999	其他光，热，电敏纸，纸板的原纸［未经涂布的，成卷或成张（包括原纸板）］
480240	00		壁纸原纸（未经涂布的，成卷或成张）	Wallpaper base (uncoated, in rolls or rectangular Sheets)	【最】6【普】40 【协香港】0 【特-1】0 【增】16【出】0【退】0	千克					999	壁纸原纸（未经涂布的，成卷或成张）
480254	00		书写，印刷等用未涂布薄纸或纸板（每平方米重<40g，机械或化学-机械法制得的纤维含量≤10%）	Uncoated paper and paperboard, of a kind used for writing, printing or other graphic purposes (Weighing less than 40g/m^2, containing fibres not more than 10%, obtained by mechanical or chemi-mechanical process)	【最】6【普】30 【协香港】0 【特-1】0 【增】16【对美加征】10【出】0【退】0	千克					999	书写，印刷等用未涂布薄纸或纸板（每平方米重<40g，机械或化学-机械法制得的纤维含量≤10%）
480255	00	10	40g<每平方米重≤150g 的胶版纸（成卷，机械或化学—机械法制得的纤维含量≤10%）	Offset paper, weighing 40g/m^2 or more but not more than 150g/m^2 (in rolls, containing fibres not more than 10%, obtained by mechanical or chemi-mechanical process)	【最】5【普】30 【协香港】0 【特-1】0 【增】16【对美加征】10【出】0【退】0	千克					999	40g<每平方米重≤150g 的胶版纸（成卷，机械或化学—机械法制得的纤维含量≤10%）

税则号列			货品名称中英文		税费综合信息	计量单位	监管证件代码		检验检疫类别		检验检疫编码	检验检疫编码对应中文名称
HS国际统一前6位	本国子目 7~8位	9~10位	中文 货物名称	英文 Article Description			进口	出口	进口	出口		
480255	00	90	40g<每平方米重≤150g未涂布中厚纸(书写印刷用,成卷,含机械或化学—机械法制纤维≤10%)	Uncoated paper, weighing 40g/m² or more but not more than 150g/m² used for writing and printing (in rolls, containing fibres not more than 10%, obtained by mechanical or chemi-mechanical process)	【最】5【普】30 【协香港】0 【特-1】0 【增】16【对美加征】10【出】0【退】0	千克					999	40g<每平方米重≤150g未涂布中厚纸(书写印刷用,成卷,含机械或化学—机械法制纤维≤10%)
480256	00	10	成张40g<每平方米重≤150g胶版纸(长≤435mm,宽≤297mm含机械或化学—机械法制纤维≤10%)	Offset paper, weighing 40g/m² or more but not more than 150g/m² (in sheets with one side not exceeding 435mm and the other side not exceeding 297mm, containing not more than 10% of fibres, obtained by mechanical or chemi-mechanical process)	【最】5【普】30 【协香港】0 【特-1】0 【增】16【对美加征】10【出】0【退】0	千克					999	成张40g<每平方米重≤150g胶版纸(长≤435mm,宽≤297mm含机械或化学—机械法制纤维≤10%)
480256	00	90	40g<每平方米重≤150g未涂布纸,成张(书写印刷,长≤435mm,宽≤297mm含机械或半化学浆≤10%)	Uncoated paper, weighing 40g/m² or more but not more than 150g/m², used for writing and printing(in sheets with one side not exceeding 435mm and the other side not exceeding 297mm, containing not more than 10% of fibres, obtained by mechanical or chemi-mech process)	【最】5【普】30 【协香港】0 【特-1】0 【增】16【对美加征】10【出】0【退】0	千克					999	40g<每平方米重≤150g未涂布纸,成张(书写印刷,长≤435mm,宽≤297mm含机械或半化学浆≤10%)
480257	00	10	其他40g<每平方米重≤150g的胶版纸(机械或化学—机械法制得的纤维含量≤10%)	Other offset paper, weighing 40g/m² or more but not more than 150g/m² (containing not more than 10% of fibres obtained by mechanical or chemi-mechanical process)	【最】5【普】30 【协香港】0 【特-1】0 【增】16【对美加征】10【出】0【退】0	千克					999	其他40g<每平方米重≤150g的胶版纸(机械或化学—机械法制得的纤维含量≤10%)
480257	00	90	其他40g<每平方米≤150g未涂中厚纸(书写印刷用,含机械或化学—机械法制纤维≤10%)	Other uncoated paper, weighing 40g/m² or more but not more than 150g/m² (used for writing and printing, containing not more than 10% of fibres obtained by mechanical or chemi-mechanical process)	【最】5【普】30 【协香港】0 【特-1】0 【增】16【对美加征】10【出】0【退】0	千克					999	其他40g<每平方米≤150g未涂中厚纸(书写印刷用,含机械或化学—机械法制纤维≤10%)
480258	00		书写、印刷等用未涂布厚纸(板)(每平方米重>150g,机械或化学—机械法制得的纤维含量≤10%)	Uncoated paper and paperboard, of a kind used for writing, printing or other graphic purposes (Weighing more than 150g/m², containing not more than 10% of fibres obtained by mechanical or chemi-mechanical process)	【最】5【普】30 【协香港】0 【特-1】0 【增】16【对美加征】10【出】0【退】0	千克					999	书写、印刷等用未涂布厚纸(板)(每平方米重>150g,机械或化学—机械法制得的纤维含量≤10%)

税则号列 HS国际统一前6位	本国子目 7~8位	本国子目 9~10位	货品名称中英文 中文 货物名称	货品名称中英文 英文 Article Description	税费综合信息	计量单位	监管证件代码 进口	监管证件代码 出口	检验检疫类别 进口	检验检疫类别 出口	检验检疫编码	检验检疫编码对应中文名称
480261	00		成卷书写、印刷用未涂布纸	Uncoated paper in rolls, of a kind used for writing, printing	【最】5【普】30 【协香港】0 【特-1】0 【增】16【对美加征】10【出】0【退】0	千克					999	成卷书写、印刷用未涂布纸（机械或化学—机械法制得的纤维含量>10%）
480262	00		成张书写、印刷用未涂布纸（长≤435mm，宽≤297mm含机械或化学—机械法制纤维>10%） 【电商】	Uncoated paper in sheets with one side not exceeding 435mm and the other side not exceeding 297mm in the unfolded state, containing more than 10% of fibres obtained by mechanical or chemi-mechanical process	【最】5【普】30 【协香港】0 【特-1】0 【增】16【对美加征】10【出】0【退】0	千克					999	成张书写、印刷用未涂布纸（长≤435mm，宽≤297mm含机械或化学—机械法制纤维>10%）
480269	00		其他书写、印刷用未涂布纸	Other uncoated paper	【最】5【普】30 【协香港】0 【特-1】0 【增】16【对美加征】10【出】0【退】0	千克					999	其他书写、印刷用未涂布纸（机械或化学—机械法制得的纤维含量>10%）
480300	00		卫生纸、面巾纸、餐巾纸及类似纸（成条或成卷宽>36cm，或一边>36cm，一边>15cm的成张矩形） 【电商】	Toilet or facial tissue stock, towel or napkin stock and similar paper of a kind used for household or sanitary purposes (if in strips or in rolls, the width is more than 36cm; f in sheets, one side is more than 36cm, the other side is more than 15cm)	【最】5【普】40 【增】16【对美加征】10【出】0【退】0	千克	A		M		101 102 103	卫生纸、面巾纸、餐巾纸及类似纸（成条或成卷宽>36cm，或一边>36cm，一边>15cm的成张矩形）（卫生纸原纸、卫生纸） 卫生纸、面巾纸、餐巾纸及类似纸（成条或成卷宽>36cm，或一边>36cm，一边>15cm的成张矩形）（面巾纸、餐巾纸及类似纸） 卫生纸、面巾纸、餐巾纸及类似纸（成条或成卷宽>36cm，或一边>36cm，一边>15cm的成张矩形）（擦拭用纸）
480411	00		未漂白的牛皮挂面纸	Unbleached	【最】5【普】30 【增】16【对美加征】5【出】0【退】0	千克					999	未漂白的牛皮挂面纸
480419	00		漂白的牛皮挂面纸（成卷或成张的及未经涂布的）	Other uncoated kraft paper, bleached, in rolls or sheets	【最】5【普】30 【增】16【对美加征】10【出】0【退】0	千克					999	漂白的牛皮挂面纸（成卷或成张的及未经涂布的）
480421	00		未漂白的袋用牛皮纸（成卷或成张的及未经涂布的）	Uncoated sack kraft paper, unbleached, in rolls or sheets	【最】5【普】30 【增】16【反倾】有【对美加征】5【出】0 【退】0	千克					999	未漂白的袋用牛皮纸（成卷或成张的及未经涂布的）
480429	00		漂白的袋用牛皮纸	Uncoated sack kraft paper, bleaehed, in rolls or sheets	【最】5【普】30 【增】16【对美加征】10【出】0【退】0	千克					999	漂白的袋用牛皮纸（成卷或成张的及未经涂布的）
480431	00	20	未漂白的其他薄牛皮纸及纸板［抗张指数（横向+纵向）大于等于69N. M/，撕裂指数（纵向）大于等于10Mn2/g，抗张能量吸收指数（横向）大于等于1.0J/g，抗张能量吸收指数（纵向）大于等于0.8J/g，透气度大于等于3.4um/(pa.s)，伸长率（纵向）大于等于2%。］	Other thin kraft paper and board (transverse + vertical) is greater than or equal to 69N./M, the tear index (longitudinal) is greater than or equal to 10Mn2/g, tensile energy absorption index (horizontal) is greater than or equal to 1.0J/g, tensile energy absorption index (longitudinal) is equal or greater thanto 0.8J/g, permeability greater than or equal to 3.4um/(Pa.s). (paper refers to the weight per square meter = 150 grams, in rolls or sheets without coating)	【最】2【普】30 【增】16【反倾】有【对美加征】10【出】0 【退】0	千克					999	未漂白的其他薄牛皮纸及纸板［抗张指数（横向+纵向）大于等于69N. M/，撕裂指数（纵向）大于等于10Mn2/g，抗张能量吸收指数（横向）大于等于1.0J/g，抗张能量吸收指数（纵向）大于等于0.8J/g，透气度大于等于3.4um/(pa.s)，伸长率（纵向）大于等于2%。］（薄纸指每平方米重≤150克，成卷或成张未经涂布的）

税则号列 HS国际统一前6位	本国子目 7~8位	本国子目 9~10位	货品名称中英文 中文 货物名称	货品名称中英文 英文 Article Description	税费综合信息	计量单位	监管证件代码 进口	监管证件代码 出口	检验检疫类别 进口	检验检疫类别 出口	检验检疫编码	检验检疫编码对应中文名称
480431	00	90	未漂白的其他薄牛皮纸及纸板（薄纸指每平方米重≤150克，成卷或成张未经涂布的）	Other uncoated kraft paper and paperboard, unbleached (weighing not more than 150 g/m^2, in rolls or sheets)	【最】2【普】30 【增】16【对美加征】10【出】0【退】0	千克					999	未漂白的其他薄牛皮纸及纸板（薄纸指每平方米重≤150克，成卷或成张未经涂布的）
480439	00		每平方米重量≤150克的其他牛皮	Other kraft paper and paperboard, weighing not more than 150g/m^2	【最】2【普】30 【增】16【对美加征】5【出】0【退】0	千克					999	每平方米重量≤150克的其他牛皮纸及纸板
480441	00		未漂白的其他中厚牛皮纸及纸板	Unbleached	【最】2【普】30 【增】16【对美加征】5【出】0【退】0	千克					999	未漂白的其他中厚牛皮纸及纸板（中厚指150克<每平方米重<225克，成卷或成张未涂布的）
480442	00		本体均匀漂白的中厚牛皮纸及纸板（中厚指150克<每平方米重<225克，成卷或成张未涂布的）	Uncoated kraft paper and paperboard, bleached uniformly throughout the mass and of which weighing more than 115g/m^2 but less than 225g/m^2, in rolls or sheets	【最】5【普】30 【增】16【对美加征】10【出】0【退】0	千克					999	本体均匀漂白的中厚牛皮纸及纸板（中厚指150克<每平方米重<225克，成卷或成张未经涂布的）
480449	00		其他漂白的中厚牛皮纸及纸板（中厚指每平方米重为>150克<225克，成卷或成张未经涂布）	Other uncoated kraft paper and paperboard, bleached (weighing more than 115g/m^2 but less than 225g/m^2, in rolls or sheets)	【最】2【普】30 【增】16【对美加征】10【出】0【退】0	千克					999	其他漂白的中厚牛皮纸及纸板（中厚指每平方米重为>150克<225克，成卷或成张未经涂布）
480451	00		未漂白的其他厚牛皮纸及纸板	Unbleached	【最】2【普】30 【增】16【对美加征】5【出】0【退】0	千克					999	未漂白的其他厚牛皮纸及纸板（厚纸指每平方米重≥225克，成卷或成张未经涂布的）
480452	00		本体均匀漂白的厚牛皮纸及纸板（厚纸指每平方米重≥225克，成卷或成张未经涂布的）	Uncoated kraft paper and paperboard, bleached uniformly throughout the mass and of which weighing 225g/m^2 or more, in rolls or sheets	【最】5【普】30 【增】16【对美加征】5【出】0【退】0	千克					999	本体均匀漂白的厚牛皮纸及纸板（厚纸指每平方米重≥225克，成卷或成张未经涂布的）
480459	00		其他漂白的厚牛皮纸及纸板（厚纸指每平方米重≥225克，成卷或成张未经涂布的）	Other uncoated kraft paper and paperboard, bleached (weighing 225g/m^2 or more, in rolls or sheets)	【最】2【普】30 【增】16【对美加征】5【出】0【退】0	千克					999	其他漂白的厚牛皮纸及纸板（厚纸指每平方米重≥225克，成卷或成张未经涂布的）
480511	00		半化学的瓦楞原纸（成卷或成张的及未经涂布）	Uncoated semi-chemical fluting paper (in rolls or sheets)	【最】6【普】30【协香港】0【特-1】0 【增】16【出】0【退】0	千克					999	半化学的瓦楞原纸（成卷或成张的及未经涂布）
480512	00		草浆瓦楞原纸（成卷或成张的及未经涂布）	Uncoated straw fluting paper (in rolls or sheets)	【最】6【普】30【协香港】0【特-1】0 【增】16【出】0【退】0	千克					999	草浆瓦楞原纸（成卷或成张的及未经涂布）
480519	00		其他瓦楞原纸（成卷或成张的及未经涂布）	Other uncoated fluting paper (in rolls or sheets)	【最】6【普】30 【协东盟】5【协香港】0【特-1】0 【增】16【对美加征】10【出】0【退】0	千克					999	其他瓦楞原纸（成卷或成张的及未经涂布）
480524	00		强韧箱纸板（再生挂面纸板）（成卷或成张的及未经涂布，每平方米重≤150g)	Uncoated testliners(recycled liner board, in rolls or sheets, weighing not more than 150g/m^2)	【最】6【普】30【协香港】0【特-1】0 【增】16【出】0【退】0	千克					999	强韧箱纸板（再生挂面纸板）（成卷或成张的及未经涂布，每平方米重≤150g)

税则号列 HS国际统一前6位	本国子目 7~8位	本国子目 9~10位	货品名称中英文 中文 货物名称	货品名称中英文 英文 Article Description	税费综合信息	计量单位	监管证件代码 进口	监管证件代码 出口	检验检疫类别 进口	检验检疫类别 出口	检验检疫编码	检验检疫编码对应中文名称
480525	00		强韧箱纸板（再生挂面纸板）（成卷或成张的及未经涂布，每平方米重>150克）	Uncoated testliners (recycled liner board, in rolls or sheets, weighing more than 150 g/m²)	【最】6【普】30【协香港】0【特-1】0 【增】16【对美加征】10【出】0【退】0	千克					999	强韧箱纸板（再生挂面纸板）（成卷或成张的及未经涂布，每平方米重>150克）
480530	00		亚硫酸盐包装纸（成卷或成张的及未经涂布）	Uncoated sulphite wrapping paper (in rolls or sheets)	【最】6【普】30 【增】16【对美加征】10【出】0【退】0	千克					999	亚硫酸盐包装纸（成卷或成张的及未经涂布）
480540	00		滤纸及纸板（成卷或成张的及未经涂布）	Uncoated filter paper and paperboard (in rolls or sheets)	【最】6【普】30 【增】16【对美加征】5【出】0【退】0	千克					999	滤纸及纸板（成卷或成张的及未经涂布）
480550	00		毡纸及纸板（成卷或成张的及未经涂布）	Uncoated felt paper and paperboard (in rolls or sheets)	【最】6【普】30 【增】16【出】0【退】0	千克					999	毡纸及纸板（成卷或成张的及未经涂布）
480591	10		电解电容器原纸（每平方米重量≤150克，成卷或成张的）	Paper for electrolytic capacitor(weighing not more than 150 g/m², in rolls or sheets)	【最】6【普】30 【协东盟】5【协香港】0 【特-1】0 【增】16【反倾】有【对美加征】10【出】0 【退】0	千克					999	电解电容器原纸（每平方米重量≤150克，成卷或成张的）
480591	90		其他未经涂布薄纸及纸板（薄纸指每平方米重量≤150克，成卷或成张的）	Other uncoated paper and paperboard (in rolls or sheets, Weighing not more than 150g/m²)	【最】6【普】30 【协东盟】5【协香港】0【特-1】0 【增】16【对美加征】10【出】0【退】0	千克					999	其他未经涂布薄纸及纸板（薄纸指每平方米重量≤150克，成卷或成张的）
480592	00		其他未经涂布中厚纸及纸板（中厚指150克<每平方米重量<225克成卷或成张的）	Other uncoated paper and paperboard (in rolls or sheets, weighing more than 150 g/m² but less than 225g/m²)	【最】6【普】30 【增】16【对美加征】10【出】0【退】0	千克					999	其他未经涂布中厚纸及纸板（中厚指150克<每平方米重量<225克成卷或成张的）
480593	00		其他未经涂布厚纸及纸板（厚纸指每平方米重量≥225克成卷或成张的）	Other uncoated paper and paperboard (in rolls or sheets, weighing 225g/m² or more)	【最】6【普】30 【协香港】0 【特-1】0 【增】16【对美加征】10【出】0【退】0	千克					999	其他未经涂布厚纸及纸板（厚纸指每平方米重量≥225克成卷或成张的）
480610	00		植物羊皮纸（成卷或成张的） 【电商】	vegetable parchment (in rolls or sheets)	【最】6【普】40 【协东盟】5 【增】16【对美加征】10【出】0【退】0	千克					999	植物羊皮纸（成卷或成张的）
480620	00		防油纸（成卷或成张的）	Greaseproof papers(in rolls or Sheets)	【最】6【普】40 【协东盟】5 【增】16【对美加征】10【出】0【退】0	千克					999	防油纸（成卷或成张的）
480630	00		描图纸（成卷或成张的）	Tracing papers (in rolls or Sheets)	【最】6【普】30 【协东盟】5 【增】16【对美加征】5【出】0【退】0	千克					999	描图纸（成卷或成张的）
480640	00		高光泽透明或半透明纸（成卷或成张的）	Glassine and other glazed transparent or translucent papers(in rolls or sheets)	【最】6【普】40【暂进】5 【协东盟】5 【增】16【对美加征】10【出】0【退】0	千克					999	高光泽透明或半透明纸（成卷或成张的）
480700	00		成卷或成张的复合纸及纸板（未经表面涂布或未浸渍，不论内层是否有加强材料）	Composite paper and paperboard not surfacecoated or impregnated, whether or not internally reinforced, in rolls or sheets	【最】6【普】40【暂进】5 【增】16【对美加征】10【出】0【退】0	千克					999	成卷或成张的复合纸及纸板（未经表面涂布或未浸渍，不论内层是否有加强材料）
480810	00		瓦楞纸及纸板（成卷或成张的，不论是否穿孔）	Corrugated paper and paperboard, in rolls or sheets, whether or not perforated	【最】6【普】30 【协新西兰】4.3【协瑞士】4.3 【增】16【对美加征】10【出】0【退】0	千克					999	瓦楞纸及纸板（成卷或成张的，不论是否穿孔）

税则号列 HS国际统一前6位	本国子目 7~8位	本国子目 9~10位	货品名称中文 货物名称	货品名称英文 Article Description	税费综合信息	计量单位	监管证件代码 进口	监管证件代码 出口	检验检疫类别 进口	检验检疫类别 出口	检验检疫编码	检验检疫编码对应中文名称
480840	00		皱纹牛皮纸，不论是否压花或穿孔（成卷或成张的）	Kraft paper, creped or crinkled, in rolls or sheets, whether or not embossed or perforated	【最】6【普】40 【增】16【对美加征】5【出】0【退】0	千克					999	皱纹牛皮纸，不论是否压花或穿孔（成卷或成张的）
480890	00		其他皱纹纸及纸板，压纹纸及纸板（包括穿孔纸及纸板）	Other paper and paperboard, creped or crinkled, embossed or perforated	【最】6【普】40 【增】16【对美加征】10【出】0【退】0	千克					999	其他皱纹纸及纸板，压纹纸及纸板（包括穿孔纸及纸板）
480920	00		大张（卷）的自印复写纸[成卷（宽超过36cm），成张（至少有一边超过36cm）]	Self-copy paper(if in rolls, the width is more than 36cm; if in sheets, at least one side is more than 36cm)	【最】6【普】40 【增】16【对美加征】5【出】0【退】0	千克					999	大张（卷）的自印复写纸[成卷（宽超过36cm），成张（至少有一边超过36cm）]
480990	00		其他大张（卷）的复写纸及类似拷贝纸或转印纸[成卷（宽超过36cm），成张（至少有一边超过36cm）]	Other self-copy paper and other copying or transfer papers(if in rolls, the width is more than 36cm; f in sheets, at least one side is more than 36cm)	【最】6【普】40 【增】16【对美加征】10【出】0【退】0	千克					999	其他大张（卷）的复写纸及类似拷贝纸或转印纸[成卷（宽超过36cm），成张（至少有一边超过36cm）]
481013	00	01	成卷的铜版纸（所含用机械或化学—机械法制得的纤维≤10%）	Chrome paper, in rolls, containing not more than 10% of fibres obtained by a mechanical or chemi-mechanical process	【最】5【普】40【协香港】0【特-1】0 【增】16【对美加征】5【出】0【退】0	千克					999	成卷的铜版纸（所含用机械或化学—机械法制得的纤维≤10%）
481013	00	90	涂无机物的其他书写/印刷或类似用途纸/纸板（成卷的，所含用机械或化学—机械法制得的纤维≤10%）	Other paper and paperboard, coated with inorganic substances, used for writing, printing or other graphic purposes(in rolls, containing not more than 10% of fibres obtained by mechanical or chemi-mechanical process)	【最】5【普】40【协香港】0【特-1】0 【增】16【对美加征】5【出】0【退】0	千克					999	涂无机物的其他书写/印刷或类似用途纸/纸板（成卷的，所含用机械或化学—机械法制得的纤维≤10%）
481014	00		成张的书写、印刷的纸及纸板（一边≤435mm，另一边≤297mm，机械或化学—机械纤维≤10%）	In sheets with one side not exceeding 435 mm and the other side not exceeding 297 mm in the unfolded state	【最】5【普】40【协香港】0【特-1】0 【增】16【对美加征】10【出】0【退】0	千克					999	成张的书写、印刷的纸及纸板（一边≤435mm，另一边≤297mm，机械或化学—机械纤维≤10%）
481019	00		其他书写、印刷或类似用途的纸及纸板	Other paper	【最】5【普】40【协香港】0【特-1】0 【增】16【对美加征】10【出】0【退】0	千克					999	其他书写、印刷或类似用途的纸及纸板（所含用机械或化学—机械法制得的纤维≤10%）
481022	00		书写、印刷用途的轻质涂布纸（所含用机械或化学—机械法制得的纤维>10%）	Light-weight coated paper, used for writing and printing(containing more than 10% of fibres obtained by mechanical or chemi-mechanical process)	【最】5【普】40 【增】16【对美加征】10【出】0【退】0	千克					999	书写、印刷用途的轻质涂布纸（所含用机械或化学—机械法制得的纤维>10%）

税则号列 HS 国际统一前 6 位	本国子目 7~8 位	本国子目 9~10 位	货品名称中英文 中文 货物名称	货品名称中英文 英文 Article Description	税费综合信息	计量单位	监管证件代码 进口	监管证件代码 出口	检验检疫类别 进口	检验检疫类别 出口	检验检疫编码	检验检疫编码对应中文名称
481029	00		涂无机物的其他书写、印刷用途的纸及纸板（所含用机械或化学—机械法制得的纤维>10%）	Other paper and paperboard, coated with inorganic substances, used for writing and printing (containing more than 10% of fibres obtained by mechanical or chemi-mechanical process)	【最】5【普】40 【协香港】0 【特-1】0 【增】16【对美加征】10【出】0【退】0	千克					999	涂无机物的其他书写、印刷用途的纸及纸板（所含用机械或化学—机械法制得的纤维>10%）
481031	00	10	涂无机物的白板纸、白卡纸（薄纸指重量≤150 克/平方米，含用化学方法制得木纤维）	White paper and paperboard, coated with inorganic substances, weighing not more than 150g/m², containing wood fibres obtained by a chemical process	【最】5【普】40 【协香港】0【协澳门】0 【特-1】0 【增】16【对美加征】10【出】0【退】0	千克					999	涂无机物的白板纸、白卡纸（薄纸指重量≤150 克/平方米，含用化学方法制得木纤维）
481031	00	90	涂无机物的薄漂白牛皮纸及纸板（薄纸指重量≤150 克/平方米，含用化学方法制得的木纤维）	Kraft paper and paperboard, bleached, coated with inorganic substances, weighing not more than 150 g/m², containing wood fibres obtained by a chemical process	【最】5【普】40 【协香港】0【协澳门】0 【特-1】0 【增】16【对美加征】10【出】0【退】0	千克					999	涂无机物的薄漂白牛皮纸及纸板（薄纸指重量≤150 克/平方米，含用化学方法制得的木纤维）
481032	00	10	涂无机物的白板纸、白卡纸（厚纸指重量>150 克/平方米，含用化学方法制得的木纤维）	White paper and paperboard, coated with inorganic substances, weighing more than 150g/m², containing wood fibres obtained by a chemical process	【最】5【普】40 【协香港】0【协澳门】0 【特-1】0 【增】16【对美加征】5【出】0【退】0	千克					999	涂无机物的白板纸、白卡纸（厚纸指重量>150 克/平方米，含用化学方法制得的木纤维）
481032	00	90	涂无机物的厚漂白牛皮纸及纸板（厚纸指重量>150 克/平方米，含用化学方法制得的木纤维）	White kraft paper and paperboard, bleached, coated with inorganic substances, weighing more than 150g/m², containing wood fibres obtained by a chemical process	【最】5【普】40 【协香港】0【协澳门】0 【特-1】0 【增】16【对美加征】5【出】0【退】0	千克					999	涂无机物的厚漂白牛皮纸及纸板（厚纸指重量>150 克/平方米，含用化学方法制得的木纤维）
481039	00		涂无机物的其他牛皮纸及纸板（成卷或成张的）	Other kraft paper and paperboard, coated with inorganic substances(in rolls or in sheets)	【最】5【普】40 【协香港】0【协澳门】0 【特-1】0 【增】16【对美加征】5【出】0【退】0	千克					999	涂无机物的其他牛皮纸及纸板（成卷或成张的）
481092	00		其他涂无机物的多层纸及纸板（成卷或成张的）	Other kraft paper and paperboard, multiply, coated with inorganic substances(in rolls or in sheets)	【最】5【普】40 【协香港】0【协澳门】0 【特-1】0 【增】16【对美加征】10【出】0【退】0	千克					999	其他涂无机物的多层纸及纸板（成卷或成张的）
481099	00		其他涂无机物的纸及纸板（成卷或成张的）	Other paper and paperboard, coated with inorganic substances (in rolls or in sheets)	【最】6【普】40 【协东盟】5【协香港】0【协澳门】0 【特-1】0 【增】16【对美加征】10【出】0【退】0	千克					999	其他涂无机物的纸及纸板（成卷或成张的）
481110	00		焦油纸及纸板，沥青纸及纸板（成卷或成张的，税目 48.03，48.09，48.10 的货品除外）	Tarred, bituminised or asphalted paper and paperboard(in rolls or sheets, other than goods of the kind described in heading No. 48.03, 48.09 or 48.10)	【最】6【普】40 【协东盟】5【协香港】0【协澳门】0 【特-1】0 【增】16【出】0【退】0	千克					999	焦油纸及纸板，沥青纸及纸板（成卷或成张的，税目 48.03，48.09，48.10 的货品除外）
481141	00		自粘的胶粘纸及纸板（成卷或成张的，税目 48.03，48.09，48.10 的货品除外）【电商】	Self-adhesive paper and paperboard (in rolls or sheets, other than goods of the kind described in heading No. 48.03, 48.09 or 48.10)	【最】6【普】40 【协东盟】5【协香港】0【协澳门】0 【特-1】0 【增】16【对美加征】10【出】0【退】0	千克					999	自粘的胶粘纸及纸板（成卷或成张的，税目 48.03，48.09，48.10 的货品除外）

税则号列			货品名称中英文		税费综合信息	计量单位	监管证件代码		检验检疫类别		检验检疫编码	检验检疫编码对应中文名称
HS国际统一前6位	本国子目7~8位	9~10位	中文货物名称	英文 Article Description			进口	出口	进口	出口		
481149	00		其他胶粘纸及纸板（成卷或成张的，税目48.03，48.09，48.10的货品除外）	Other Self-adhesive paper and paperboard (in rolls or sheets, other than goods of the kind described in heading No. 48.03, 48.09 or 48.10)	【最】6【普】40 【协东盟】5【协香港】0【协澳门】0 【特-1】0 【增】16【对美加征】5【出】0【退】0	千克					999	其他胶粘纸及纸板（成卷或成张的，税目48.03，48.09，48.10的货品除外）
481151	10		漂白的彩色相纸用双面涂塑厚纸（每平方米重量超过150克，成卷或成张的）【电商】	Paper coated on both sides with plastics for colour photography, bleached, weighting more than 150g/m^2	【最】6【普】40【暂进】1 【协东盟】5【协香港】0【协澳门】0 【特-1】0 【增】16【对美加征】10【出】0【退】0	千克					999	漂白的彩色相纸用双面涂塑厚纸（每平方米重量超过150克，成卷或成张的）
481151	91		漂白的纸塑铝复合材料	Paper-plastic compound material	【最】6【普】40 【协东盟】5【协香港】0【协澳门】0 【特-1】0 【增】16【出】0【退】13	千克					999	漂白的纸塑铝复合材料（厚纸指每平方米重量超过150克，成卷或成张）
481151	99		漂白的其他涂，浸，盖厚纸及纸板	Other paper	【最】6【普】40 【协香港】0【协澳门】0 【特-1】0 【增】16【对美加征】10【出】0【退】0	千克					999	漂白的其他涂，浸，盖厚纸及纸板（厚纸指每平方米重量超过150克，成卷或成张，包括以纸或纸板为底制成的铺地制品）
481159	10		用塑料浸涂的绝缘纸及纸板（成卷或成张任何尺寸的）【电商】	Insulating paper and paperboard coated, imregnated or covered with plastics (in rolls or sheets of any size)	【最】6【普】30 【协东盟】5【协香港】0【协澳门】0 【特-1】0 【增】16【对美加征】10【出】0【退】0	千克					999	用塑料浸涂的绝缘纸及纸板（成卷或成张任何尺寸的）
481159	91		镀铝的用塑料涂布，浸渍的其他纸及纸板（成卷或成张任何尺寸的，包括以纸或纸板为底制成的铺地制品）【电商】	Other aluminized paper and paperboard coated, imregnated or covered with plastics (in rolls or sheets of any size, including floor coverings on a base of paper or paperboard)	【最】6【普】40 【协东盟】5【协香港】0【协澳门】0 【特-1】0 【增】16【对美加征】5【出】0【退】13	千克					999	镀铝的用塑料涂布，浸渍的其他纸及纸板（成卷或成张任何尺寸的，包括以纸或纸板为底制成的铺地制品）
481159	99		用塑料涂布，浸渍的其他纸及纸板（成卷或成张任何尺寸的，包括以纸或纸板为底制成的铺地制品）【电商】	Other paper and paperboard coated, imregnated or covered with plastics (in rolls or sheets of any size, including floor coverings on a base of paper or paperboard)	【最】6【普】40 【协东盟】5【协香港】0【协澳门】0 【特-1】0 【增】16【对美加征】5【出】0【退】0	千克					999	用塑料涂布，浸渍的其他纸及纸板（成卷或成张任何尺寸的，包括以纸或纸板为底制成的铺地制品）
481160	10		用蜡或油等涂布的绝缘纸及纸板（指用石蜡，硬脂精，油或甘油涂布的，成卷或成张）	Insulating paper and paperboard coated, imregnated or covered with wax, paraffin wax, stearin oil or glyecrol (in rolls or sheets)	【最】6【普】30 【协东盟】5【协香港】0【协澳门】0 【特-1】0 【增】16【对美加征】5【出】0【退】0	千克					999	用蜡或油等涂布的绝缘纸及纸板（指用石蜡，硬脂精，油或甘油涂布的，成卷或成张）
481160	90		用蜡或油等涂布的其他纸及纸板（用石蜡，硬脂精，油或甘油涂布，成卷或成张，包括以纸或纸板为底制成的铺地制品）	Other paper and paperboard coated, imregnated or covered with wax, paraffin wax, stearin oil or glyecrol (in rolls or sheets, including floor coverings on a base of paper or paperboard)	【最】6【普】40 【协东盟】5【协香港】0【协澳门】0 【特-1】0 【增】16【对美加征】10【出】0【退】0	千克					999	用蜡或油等涂布的其他纸及纸板（用石蜡，硬脂精，油或甘油涂布，成卷或成张，包括以纸或纸板为底制成的铺地制品）

税则号列 HS国际统一前6位	本国子目 7~8位	本国子目 9~10位	货品名称中英文 中文 货物名称	货品名称中英文 英文 Article Description	税费综合信息	计量单位	监管证件代码 进口	监管证件代码 出口	检验检疫类别 进口	检验检疫类别 出口	检验检疫编码	检验检疫编码对应中文名称
481190	00		其他经涂布，浸渍，覆盖的纸及纸板【电商】	Other paper, paperboard, cellulose wadding and webs of cellulose fibres	【最】6【普】40 【协东盟】5【协香港】0【协澳门】0 【特-1】0 【增】16【对美加征】5【出】0【退】0	千克					999	其他经涂布，浸渍，覆盖的纸及纸板（包括纤维素絮纸及纤维素纤维网纸，成卷或成张，包括以纸或纸板为底制成的铺地制品）
481200	00		纸浆制的滤块，滤板及滤片	Filter blocks, slabs and plates, of paper pulp	【最】6【普】40 【增】16【对美加征】10【出】0【退】0	千克					999	纸浆制的滤块，滤板及滤片
481310	00		成小本或管状的卷烟纸	Cigarette paper in the form of booklets or tubes	【最】7.5【普】100 【增】16【出】0【退】0	千克	7				999	成小本或管状的卷烟纸
481320	00		宽度≤5cm成卷的卷烟纸	Cigarette paper in rolls of a width not exceeding 5cm	【最】7.5【普】100 【增】16【出】0【退】0	千克	7				999	宽度≤5cm成卷的卷烟纸
481390	00		其他卷烟纸（不论是否切成一定尺寸，税目48.13未具体列名的）	Other cigarette paper, whether or not cut to size	【最】7.5【普】100 【增】16【出】0【退】0	千克	7				999	其他卷烟纸（不论是否切成一定尺寸，税目48.13未具体列名的）
481420	00		用塑料涂面或盖面的壁纸及类似品（包括起纹，压花，着色，印制图案或经其他装饰）【电商】	Wallpaper and similar wall coverings, consisting of paper coated or covered, on the face side, With a grained, embossed, coloured, design-printed or otherwise decorated layer of plastics	【最】6【普】50 【协东盟】5 【增】16【对美加征】10【出】0【退】13	千克					999	用塑料涂面或盖面的壁纸及类似品（包括起纹，压花，着色，印制图案或经其他装饰）
481490	00	10	用木粒或草粒等饰面的壁纸【电商】	Wallpaper, decorated layer with wood and grass in particles	【最】6【普】50 【协东盟】5 【增】16【对美加征】10【出】0【退】0	千克					999	用木粒或草粒等饰面的壁纸
481490	00	90	其他壁纸及类似品，窗用透明纸【电商】	Other wallpaper and similar wall coverings; window transparencies of paper	【最】6【普】50 【协东盟】5 【增】16【对美加征】10【出】0【退】0	千克					999	其他壁纸及类似品，窗用透明纸
481620	00		小卷（张）自印复写纸（不包括税目48.09的纸，宽度≤36cm，不论是否盒装）	Self-copy paper (in rools or sheets, ther than those of heading No. 48.09, the width is not more than 36cm, whether or not put up in boxes)	【最】6【普】70 【增】16【对美加征】10【出】0【退】0	千克					999	小卷（张）自印复写纸（不包括税目48.09的纸，宽度≤36cm，不论是否盒装）
481690	10		小卷（张）热敏转印纸（不包括税目48.09的纸，宽度≤36cm，不论是否盒装）	Thermal transfer paper (in rools or sheets, ther than those of heading No. 48.09, the width is not more than 36cm, whether or not put up in boxes)	【最】6【普】40 【增】16【对美加征】5【出】0【退】0	千克					999	小卷（张）热敏转印纸（不包括税目48.09的纸，宽度≤36cm，不论是否盒装）
481690	90		复写纸及其他拷贝纸或转印纸、油印蜡纸或胶印版纸（不包括税目48.09的纸，宽度≤36cm，不论是否盒装）	Other Carbon paper, self-copy paper and other copying or transfer papers, duplicator stencils and offset plates, of paper (other than those of heading No. 48.09, the width is not more than 36cm, whether or not put up in boxes)	【最】6【普】70 【增】16【对美加征】10【出】0【退】0	千克					999	复写纸及其他拷贝纸或转印纸、油印蜡纸或胶印版纸（不包括税目48.09的纸，宽度≤36cm，不论是否盒装）
481710	00		信封【电商】	Envelopes	【最】5【普】80 【协东盟】5 【增】16【对美加征】10【出】0【退】13	千克					999	信封

税则号列			货品名称中英文		税费综合信息	计量单位	监管证件代码		检验检疫类别		检验检疫编码	检验检疫编码对应中文名称
HS国际统一前6位	本国子目7~8位	9~10位	中文 货物名称	英文 Article Description			进口	出口	进口	出口		
481720	00		封缄信片、素色明信片及通信卡片	Letter cards, plain postcards and correspondence cards	【最】5【普】80 【协东盟】5 【增】16【对美加征】10【出】0【退】13	千克					999	封缄信片、素色明信片及通信卡片
481730	00		纸或纸板制的盒子，袋子及夹子（内装各种纸制文具的）	Boxes, pouches, wallets and writing compendiums, of paper or paperboard, containing an assortment of paper stationery	【最】5【普】80 【协东盟】5 【增】16【对美加征】10【出】0【退】13	千克					999	纸或纸板制的盒子，袋子及夹子（内装各种纸制文具的）（内装各种纸制文具的）
481810	00		小卷（张）卫生纸（成卷或矩形成张的宽度≤36cm，或制成特殊形状的） 【电商】	Toilet paper (in rolls or sheets of a width not exceeding 36cm, or cut to special shape)	【最】5【普】80 【增】16【对美加征】10【出】0【退】6	千克	A		M		999	小卷（张）卫生纸（成卷或矩形成张的宽度≤36cm，或制成特殊形状的）
481820	00		小卷（张）纸手帕及纸面巾（成卷或矩形成张的宽度≤36cm，或制成特殊形状的）（面巾纸、餐巾纸及类似纸） 【电商】	Handkerchiefs, cleansing or facial tissues and towels (in rolls or sheets of a width not exceeding 36cm, or cut to special shape)	【最】5【普】90 【增】16【对美加征】10【出】0【退】6	千克	A		M		101 102	小卷（张）纸手帕及纸面巾（成卷或矩形成张的宽度≤36cm，或制成特殊形状的）（面巾纸、餐巾纸及类似纸） 小卷（张）纸手帕及纸面巾（成卷或矩形成张的宽度≤36cm，或制成特殊形状的）（擦拭用纸）
481830	00		小卷（张）纸台布及纸餐巾（成卷或矩形成张的宽度≤36cm，或制成特殊形状的） 【电商】	Tablecloths and serviettes (in rolls or sheets of a width not exceeding 36cm, or cut to special shape)	【最】5【普】90 【协东盟】5 【增】16【对美加征】10【出】0【退】6	千克	A		M		101 102	小卷（张）纸台布及纸餐巾（成卷或矩形成张的宽度≤36cm，或制成特殊形状的）（面巾纸、餐巾纸及类似纸） 小卷（张）纸台布及纸餐巾（成卷或矩形成张的宽度≤36cm，或制成特殊形状的）（擦拭用纸）
481850	00		纸制衣服及衣着附件（纸浆，纸，纤维素絮纸和纤维素纤维网纸制的） 【电商】	Articles of apparel and clothing accessories of paper pulp, paper, cellulose wadding or webs of cellulose fibres	【最】5【普】90 【协东盟】0【协巴基斯坦】5【协智利】0 【协新西兰】0【协秘鲁】0【协哥斯达黎加】0 【协冰岛】0【协瑞士】0【协澳大利亚】0 【协韩国】0【协香港】0【协澳门】0 【特-1】0【特-2】0【特-3】0 【增】16【出】0【退】13	千克	A		M		101 102	纸制衣服及衣着附件（纸浆，纸，纤维素絮纸和纤维素纤维网纸制的）（服装生产用纸板或衬里） 纸制衣服及衣着附件（纸浆，纸，纤维素絮纸和纤维素纤维网纸制的）（一次性生活用纸）
481890	00		纸床单及类似家庭，卫生，医院用品（纸浆，纸，纤维素絮纸和纤维素纤维网纸制的） 【电商】	Bed sheets and similar household, snaitary or hospital articles of paper pulp, paper, cellulose wadding or webs of cellulose fibres.	【最】5【普】90 【增】16【对美加征】5【出】0【退】13	千克	A		M		999	纸床单及类似家庭，卫生，医院用品（纸浆，纸，纤维素絮纸和纤维素纤维网纸制的）
481910	00		瓦楞纸或纸板制的箱，盒，匣	Cartons, boxes and cases, of corrugated paper or paperboard	【最】5【普】80 【协香港】0【协澳门】0 【特-1】0 【增】16【对美加征】10【出】0【退】13	千克					999	瓦楞纸或纸板制的箱，盒，匣
481920	00		非瓦楞纸或纸板制可折叠箱，盒，匣 【电商】	Folding cartons, boxes and cases, of noncorrugated paper or paperboard	【最】5【普】80 【协香港】0【协澳门】0 【特-1】0 【增】16【对美加征】10【出】0【退】13	千克					999	非瓦楞纸或纸板制可折叠箱，盒，匣
481930	00		底宽≥40cm的纸袋	Sacks and bags, having a base of a width exceeding 40cm	【最】6【普】80 【协东盟】0【协巴基斯坦】5【协智利】0 【协新西兰】0【协新加坡】0【协秘鲁】0 【协哥斯达黎加】0【协冰岛】0【协瑞士】0 【协澳大利亚】0【协韩国】0【协香港】0 【协澳门】0 【特-1】0【特-2】0【特-3】0 【增】16【对美加征】10【出】0【退】13	千克					999	底宽≥40cm的纸袋

税则号列			货品名称中英文		税费综合信息	计量单位	监管证件代码		检验检疫类别		检验检疫编码	检验检疫编码对应中文名称
HS 国际统一前6位	本国子目 7~8位	本国子目 9~10位	中文 货物名称	英文 Article Description			进口	出口	进口	出口		
481940	00		其他纸袋（包括锥形袋）【电商】	Other sacks and bags, including cones	【最】5【普】80 【协东盟】5 【增】16【对美加征】10【出】0【退】13	千克					999	其他纸袋（包括锥形袋）
481950	00		其他纸包装容器（包括唱片套）	Other packing containers, including record sleeves	【最】5【普】80 【协东盟】5 【增】16【对美加征】10【出】0【退】13	千克	A		R		999	其他纸包装容器（包括唱片套）
481960	00		纸卷宗盒、信件、盘存储盒及类似品（办公室，商店及类似场所使用的）	Box files, letter trays, storage boxes and simiar articles, of a kind used in offices, shops or the like	【最】5【普】80 【协东盟】5 【增】16【对美加征】10【出】0【退】13	千克					999	纸卷宗盒、信件、盘存储盒及类似品（办公室，商店及类似场所使用的）
482010	00		登记本，账本，笔记本等及类似品（包括定货本，收据本，信笺本，记事本，日记本）【电商】	Registers, account books, note books, order books, receipt books, Letter pads, memorandum pads, diaries and similar articles	【最】5【普】80 【协东盟】5 【增】16【对美加征】10【出】0【退】13	千克					999	登记本，账本，笔记本等及类似品（包括定货本，收据本，信笺本，记事本，日记本）
482020	00		练习本	Exercise books	【最】5【普】80 【协东盟】5 【增】16【对美加征】10【出】0【退】13	千克					999	练习本
482030	00		纸制活动封面、文件夹及卷宗皮	Binders (other than book covers), folders and file covers	【最】5【普】80 【协东盟】5 【增】16【对美加征】10【出】0【退】13	千克					999	纸制活动封面、文件夹及卷宗皮
482040	00		多联商业表格纸（本）	Manifold business forms and interleaved carbon sets	【最】5【普】80 【协东盟】0【协巴基斯坦】5【协智利】0 【协新西兰】0【协秘鲁】0【协哥斯达黎加】0 【协冰岛】0【协瑞士】0【协澳大利亚】0 【协韩国】3.7【协香港】0【协澳门】0 【特-1】0【特-2】0【特-3】0 【增】16【对美加征】10【出】0【退】13	千克					999	多联商业表格纸（本）(包括页间夹有复写纸的本）
482050	00		纸制样品簿及粘贴簿【电商】	Albums for samples or for collections	【最】5【普】80 【协东盟】5 【增】16【对美加征】5【出】0【退】13	千克					999	纸制样品簿及粘贴簿
482090	00		其他纸制文具用品【电商】	Other articles of stationery of paper or paperboard	【最】5【普】80 【协东盟】5 【增】16【对美加征】10【出】0【退】13	千克					999	其他纸制文具用品
482110	00		纸或纸板印制的各种标签	Printed labels of paper or paperboard	【最】6【普】50 【协东盟】5【协香港】0【协澳门】0 【特-1】0 【增】16【对美加征】10【出】0【退】13	千克					999	纸或纸板印制的各种标签
482190	00		纸或纸板制的其他各种标签	Other labels of paper or paperboard	【最】6【普】50 【协东盟】5 【增】16【对美加征】10【出】0【退】13	千克					999	纸或纸板制的其他各种标签
482210	00		纺织纱线用纸制的筒管，卷轴，纡子（包括类似品）	Bobbins, spools, cops and similar articles of paper pulp, paper or paperboard, of a kind used for winding textile yarn	【最】6【普】35 【协东盟】5 【增】16【对美加征】10【出】0【退】13	千克					999	纺织纱线用纸制的筒管，卷轴，纡子（包括类似品）
482290	00		纸制的其他筒管，卷轴，纡子（包括类似品）	Other bobbins, spools, cops and similar articles of paper pulp, paper or paperboard	【最】6【普】70 【协东盟】5 【增】16【对美加征】10【出】0【退】13	千克					999	纸制的其他筒管，卷轴，纡子（包括类似品）
482320	00		切成形的滤纸及纸板	Filter paper and paperboard cut to size or shape	【最】6【普】30 【增】16【对美加征】10【出】0【退】13	千克					999	切成形的滤纸及纸板
482340	00		已印制的自动记录器用打印纸	Rolls, sheets and dials, printed, for self-recording apparatus	【最】6【普】30 【协东盟】5 【增】16【对美加征】5【出】0【退】13	千克					999	已印制的自动记录器用打印纸（切成一定尺寸或形状的打印纸卷，纸张及纸盘）

税则号列			货品名称中英文		税费综合信息	计量单位	监管证件代码		检验检疫类别		检验检疫编码	检验检疫编码对应中文名称
HS国际统一前6位	本国子目 7~8位	9~10位	中文 货物名称	英文 Article Description			进口	出口	进口	出口		
482361	00		竹浆纸制的盘，碟，盆，杯及类似品	Trays, dishes, plates, cups and the like, of paper or paperboard, of bamboo	【最】5【普】90 【协东盟】0【协巴基斯坦】5【协智利】0 【协新西兰】0【协秘鲁】0【协哥斯达黎加】0 【协冰岛】0【协瑞士】0【协澳大利亚】0 【协韩国】0【协香港】0【协澳门】0 【特-1】0【特-2】0【特-3】0 【增】16【出】0【退】13	千克	A		M		101 102 103 104 105 ……	竹浆纸制的盘，碟，盆，杯及类似品［食品接触复合纸产品（纸和塑料膜等其他材料复合）］ 竹浆纸制的盘，碟，盆，杯及类似品（食品接触上蜡纸产品） 竹浆纸制的盘，碟，盆，杯及类似品（食品接触其他纸产品） 竹浆纸制的盘，碟，盆，杯及类似品［食品用复合纸包装（纸和塑料膜等其他材料复合）］ 竹浆纸制的盘，碟，盆，杯及类似品（食品用上蜡纸包装） ……①
482369	10		其他非木植物浆纸制的盘，碟，盆，杯及类似品	Trays, dishes, plates, cups and the like, of other paper or paperboard of non wood	【最】5【普】90 【协东盟】0【协巴基斯坦】5【协智利】0 【协新西兰】0【协秘鲁】0【协哥斯达黎加】0 【协冰岛】0【协瑞士】0【协澳大利亚】0 【协韩国】3.7【协香港】0【协澳门】0 【特-1】0【特-2】0【特-3】0 【增】16【对美加征】10【出】0【退】13	千克	A		M		101 102 103 104 105 ……	其他非木植物浆纸制的盘，碟，盆，杯及类似品［食品接触复合纸产品（纸和塑料膜等其他材料复合）］ 其他非木植物浆纸制的盘，碟，盆，杯及类似品（食品接触上蜡纸产品） 其他非木植物浆纸制的盘，碟，盆，杯及类似品（食品接触其他纸产品） 其他非木植物浆纸制的盘，碟，盆，杯及类似品［食品用复合纸包装（纸和塑料膜等其他材料复合）］ 其他非木植物浆纸制的盘，碟，盆，杯及类似品（食品用上蜡纸包装） ……②
482369	90		其他纸制的盘，碟，盆，杯及类似品【电商】	Trays, dishes, plates, cups and the like, of other paper or paperboard	【最】5【普】90 【协东盟】0【协巴基斯坦】5【协智利】0 【协新西兰】0【协秘鲁】0【协哥斯达黎加】0 【协冰岛】0【协瑞士】0【协澳大利亚】0 【协韩国】3.7【协香港】0【协澳门】0 【特-1】0【特-2】0【特-3】0 【增】16【对美加征】10【出】0【退】13	千克	A		M		101 102 103 104 105 ……	其他纸制的盘，碟，盆，杯及类似品（食品接触原纸产品） 其他纸制的盘，碟，盆，杯及类似品［食品接触复合纸产品（纸和塑料膜等其他材料复合）］ 其他纸制的盘，碟，盆，杯及类似品（食品接触上蜡纸产品） 其他纸制的盘，碟，盆，杯及类似品（食品接触其他纸产品） 其他纸制的盘，碟，盆，杯及类似品（食品用原纸包装） ……③

① 该税号项下检验检疫编码及对应中文名称尚有：106　竹浆纸制的盘，碟，盆，杯及类似品（食品用其他纸包装）。

② 该税号项下检验检疫编码及对应中文名称尚有：106　其他非木植物浆纸制的盘，碟，盆，杯及类似品（食品用其他纸包装）。

③ 该税号项下检验检疫编码及对应中文名称尚有：106　其他纸制的盘，碟，盆，杯及类似品［食品用复合纸包装（纸和塑料膜等其他材料复合）］，107　其他纸制的盘，碟，盆，杯及类似品（食品用上蜡纸包装），108　其他纸制的盘，碟，盆，杯及类似品（食品用其他纸包装）。

税则号列			货品名称中英文		税费综合信息	计量单位	监管证件代码		检验检疫类别		检验检疫编码	检验检疫编码对应中文名称
HS国际统一前6位	本国子目 7~8位	本国子目 9~10位	中文 货物名称	英文 Article Description			进口	出口	进口	出口		
482370	00		压制或模制纸浆制品	Moulded or pressed articles of paper pulp	【最】6【普】90 【协东盟】5 【增】16【对美加征】10【出】0【退】13	千克					999	压制或模制纸浆制品
482390	10		其他以纸或纸板为底制成的铺地制品	Floor coverings on a base of paper or of paperboard	【最】6【普】90 【协东盟】5【协新西兰】0【协瑞士】0 【协韩国】5【协香港】0【协澳门】0 【增】16【对美加征】10【出】0【退】0	千克					999	其他以纸或纸板为底制成的铺地制品
482390	20		神纸及类似用品	Joss paper and the like	【最】6【普】180 【协东盟】0【协巴基斯坦】5【协智利】0 【协新西兰】0【协秘鲁】0【协哥斯达黎加】0 【协冰岛】0【协瑞士】0【协澳大利亚】0 【协韩国】0【协香港】0【协澳门】0 【特-1】0【特-2】0【特-3】0 【增】16【出】0【退】13	千克					999	神纸及类似用品
482390	30		纸扇	Paper fans	【最】5【普】90 【协东盟】0【协巴基斯坦】5【协智利】0 【协新西兰】0【协秘鲁】0【协哥斯达黎加】0 【协冰岛】0【协瑞士】0【协澳大利亚】0 【协韩国】0【协香港】0【协澳门】0 【特-1】0【特-2】0【特-3】0 【增】16【出】0【退】13	千克					999	纸扇
482390	90		其他纸及纸制品 【电商】	Other paper and articles of paper	【最】6【普】90 【协香港】0【协澳门】0 【特-1】0 【增】16【对美加征】10【出】0【退】13	千克					101 102 103 104 105 ……	其他纸及纸制品（包括纤维素絮纸及纤维素纤维网纸制的其他物品）（其他纸及纸制品） 其他纸及纸制品（包括纤维素絮纸及纤维素纤维网纸制的其他物品）（食品接触原纸产品） 其他纸及纸制品（包括纤维素絮纸及纤维素纤维网纸制的其他物品）［食品接触复合纸产品（纸和塑料膜等其他材料复合）］ 其他纸及纸制品（包括纤维素絮纸及纤维素纤维网纸制的其他物品）（食品接触上蜡纸产品） 其他纸及纸制品（包括纤维素絮纸及纤维素纤维网纸制的其他物品）（食品接触其他纸产品） ……①

① 该税号项下检验检疫编码及对应中文名称尚有：106　其他纸及纸制品（包括纤维素絮纸及纤维素纤维网纸制的其他物品）（食品用原纸包装），107　其他纸及纸制品（包括纤维素絮纸及纤维素纤维网纸制的其他物品）［食品用复合纸包装（纸和塑料膜等其他材料复合）］，108　其他纸及纸制品（包括纤维素絮纸及纤维素纤维网纸制的其他物品）（食品用上蜡纸包装），109　其他纸及纸制品（包括纤维素絮纸及纤维素纤维网纸制的其他物品）（食品用其他纸包装）。

第四十九章
书籍、报纸、印刷图画及其他印刷品；手稿、打字稿及设计图纸

注释：

一、本章不包括：

（一）透明基的照相负片或正片（第三十七章）；

（二）立体地图、设计图表或地球仪、天体仪，不论是否印刷（税目 90.23）；

（三）第九十五章的扑克牌或其他物品；或

（四）雕版画、印刷画、石印画的原本（税目 97.02），税目 97.04 的邮票、印花税票、纪念封、首日封、邮政信笺及类似品，以及第九十七章的超过 100 年的古物或其他物品。

二、第四十九章所称“印刷”，也包括用胶版复印机、油印机印制，在自动数据处理设备控制下打印绘制，压印、冲印、感光复印、热敏复印或打字。

三、用纸以外材料装订成册的报纸、杂志和期刊，以及一期以上装订在同一封面里的成套报纸、杂志和期刊，应归入税目 49.01，不论是否有广告材料。

四、税目 49.01 还包括：

（一）附有说明文字，每页编有号数以便装订成一册或几册的整集印刷复制品，例如，美术作品、绘画；

（二）随同成册书籍的图画附刊；以及

（三）供装订书籍或小册子用的散页、集页或书帖形式的印刷品，已构成一部作品的全部或部分。

但没有说明文字的印刷图画或图解，不论是否散页或书帖形式，应归入税目 49.11。

五、除本章注释三另有规定的以外，税目 49.01 不包括主要做广告用的出版物（例如，小册子、散页印刷品、商业目录、同业公会出版的年鉴、旅游宣传品），这类出版物应归入税目 49.11。

六、税目 49.03 所称“儿童图画书”，是指以图画为主、文字为辅，供儿童阅览的书籍。

Chapter 49
Printed books, newspapers, pictures and other products of the printing industry; manuscripts, typescripts and plans

Chapter Notes:

1. This Chapter does not cover:

(a) Photographic negatives or positives on transparent bases (Chapter 37);

(b) Maps, plans or globes, in relief, whether or not printed (heading 90.23);

(c) Playing cards or other goods of Chapter 95; or

(d) Original engravings, prints or lithographs (heading 97.02), postage or revenue stamps, stamp-postmarks, first-day covers, postal stationery or the like of heading 97.04, antiques of an age exceeding one hundred years or other articles of Chapter 97.

2. For the purposes of Chapter 49, the term "printed" also means reproduced by means of a duplicating machine, produced under the control of an automatic data processing machine, embossed, photographed, photocopied, thermocopied or typewritten.

3. Newspapers, journals and periodicals which are bound otherwise than in paper, and sets of newspapers, journals or periodicals comprising more than one number under a single cover are to be classified in heading 49.01, whether or not containing advertising material.

4. Heading 49.01 also covers:

(a) A collection of printed reproductions of, for example, works of art or drawings, with a relative text, put up with numbered pages in a form suitable for binding into one or more volumes;

(b) A pictorial supplement accompanying, and subsidiary to, a bound volume; and

(c) Printed parts of books or booklets, in the form of assembled or separate sheets or signatures, constituting the whole or a part of a complete work and designed for binding.

However, printed pictures or illustrations not bearing a text, whether in the form of signatures or separate sheets, fall in heading 49.11.

5. Subject to Note 3 to this Chapter, heading 49.01 does not cover publications which are essentially devoted to advertising (for example, brochures, pamphlets, leaflets, trade catalogues, year books published by trade associations, tourist propaganda). Such publications are to be classified in heading 49.11.

6. For the purposes of heading 49.03, the expression "children's picture books" means books for children in which the pictures form the principal interest and the text is subsidiary.

税则号列			货品名称中英文		税费综合信息	计量单位	监管证件代码		检验检疫类别		检验检疫编码	检验检疫编码对应中文名称
HS 国际统一前6位	本国子目 7~8位	本国子目 9~10位	中文 货物名称	英文 Article Description			进口	出口	进口	出口		
490110	00		单张的书籍，小册子及类似印刷品（不论是否折叠，还包括散页印刷品）	Printed books, brochures, leaflets and similar printed matter in single sheets, whether or not folded	【最】0【普】0【特-1】0【特-2】0【特-3】0【增】10【对美加征】10【出】0【退】0	千克					999	单张的书籍，小册子及类似印刷品（不论是否折叠，还包括散页印刷品）
490191	00		字典，百科全书（包括连续出版的分册）	Dictionaries and encyclopaedias, and serial instalments thereof	【最】0【普】0【特-1】0【特-2】0【特-3】0【增】10【对美加征】10【出】0【退】0	千克					999	字典，百科全书（包括连续出版的分册）
490199	00		其他书籍，小册子及类似的印刷品【电商】	Other printed books, brochures, leaflets and similar printed matter (not in single)	【最】0【普】0【特-1】0【特-2】0【特-3】0【增】10【对美加征】5【出】0【退】0	千克					999	其他书籍，小册子及类似的印刷品（非单张的）
490210	00		每周至少出版四次的报纸，杂志（包括期刊，不论有无插图或广告材料）	Newspapers, journals and periodicals appearing at least four times a week(whether or not illustrated or containing advertising material)	【最】0【普】0【特-1】0【特-2】0【特-3】0【增】10【对美加征】5【出】0【退】10	千克					999	每周至少出版四次的报纸，杂志（包括期刊，不论有无插图或广告材料）
490290	00		其他报纸，杂志及期刊（不论有无插图或广告材料）【电商】	Other newspapers, journals and periodicals (whether or not illustrated or containing advertising material)	【最】0【普】0【特-1】0【特-2】0【特-3】0【增】10【对美加征】5【出】0【退】10	千克					999	其他报纸，杂志及期刊（不论有无插图或广告材料）
490300	00		儿童图画书，绘画或涂色书【电商】	Children's picture, drawing or colouring books	【最】0【普】0【特-1】0【特-2】0【特-3】0【增】10【对美加征】5【出】0【退】0	千克					999	儿童图画书，绘画或涂色书
490400	00		乐谱原稿或印本	Music, printed or in manuscript, whether or not bound or illustrated	【最】0【普】0【特-1】0【特-2】0【特-3】0【增】10【对美加征】5【出】0【退】0	千克					999	乐谱原稿或印本（不论是否装订或印有插图）
490510	00		地球仪、天体仪	Globes	【最】0【普】0【特-1】0【特-2】0【特-3】0【增】16【对美加征】5【出】0【退】16	千克					999	地球仪、天体仪
490591	00		成册的各种印刷的地图及类似图表（包括水道图、地图册、地形图）	Maps and hydrographic or similar charts of all kinds, including atlases, topographical plans, printed, in book form	【最】0【普】0【特-1】0【特-2】0【特-3】0【增】16【对美加征】10【出】0【退】0	千克					999	成册的各种印刷的地图及类似图表（包括水道图、地图册、地形图）
490599	00		其他各种印刷的地图及类似图表（包括水道图、挂图、地形图，成册的除外）	Other maps and hydrographic or similar charts of all kinds, including atlases, topographical plans, printed, not in book form	【最】0【普】0【特-1】0【特-2】0【特-3】0【增】16【对美加征】10【出】0【退】0	千克					999	其他各种印刷的地图及类似图表（包括水道图、挂图、地形图，成册的除外）
490600	00	10	含有人类遗传资源信息的设计图纸	Plans and drawings, being originals drawn by hand, handwritten text and its copies, containing information on human genetic resources	【最】0【普】0【特-1】0【特-2】0【特-3】0【增】16【对美加征】10【出】0【退】16	千克		V			999	含有人类遗传资源信息的设计图纸原稿或手稿及其复制件
490600	00	90	其他设计图纸原稿或手稿及其复制	Other plans and drawings, being originals drawn by hand, handwritten text and its copies	【最】0【普】0【特-1】0【特-2】0【特-3】0【增】16【对美加征】10【出】0【退】16	千克					999	其他设计图纸原稿或手稿及其复制件
490700	10		新的邮票（包括印花税票、空白支票、债券及类似的所有权凭证）	Unused postage(including a recognised face value; cheque forms; stock, share and similar documents of title)	【最】6【普】50【协东盟】5【协新西兰】0【协瑞士】0【协韩国】5【协香港】0【协澳门】0【特-1】0【特-2】0【增】16【对美加征】5【出】0【退】13	千克					999	新的邮票（包括印花税票、空白支票、债券及类似的所有权凭证）

税则号列			货品名称中英文		税费综合信息	计量单位	监管证件代码		检验检疫类别		检验检疫编码	检验检疫编码对应中文名称
HS国际统一前6位	本国子目 7~8位	本国子目 9~10位	中文 货物名称	英文 Article Description			进口	出口	进口	出口		
490700	20		新的钞票	Unused banknotes	【最】0【普】50【特-1】0【特-2】0【特-3】0【增】16【对美加征】10【出】0【退】13	千克					999	新的钞票
490700	30		证券凭证	Documents of title(including a recognised face value; cheque forms; stock, share and similar documents of title)	【最】0【普】50【特-1】0【特-2】0【特-3】0【增】16【出】0【退】13	千克					999	证券凭证（包括印花税票，空白支票，债券及类似的所有权凭证）
490700	90	11	特许权使用凭证（包括软件升级许可证、软件用户许可证等，但游戏软件升级许可证、游戏软件用户许可证除外）	Presswork, ctificate of right of special permission (including software upgrade license , software user License, Unless the game software upgrade license, game software license)	【最】6【普】50【暂进】0 【协东盟】5【协香港】0【协澳门】0 【协新西兰】0【协瑞士】0【协韩国】5 【特-1】0【特-2】0 【增】16【对美加征】5【出】0【退】13	千克					999	特许权使用凭证（包括软件升级许可证、软件用户许可证等，但游戏软件升级许可证、游戏软件用户许可证除外）
490700	90	19	其他给予存取、安装、复制或使用软件（含游戏）、数据、互联网内容物（含游戏内或应用程序内内容物）、服务或电信服务（含移动服务）权利的印刷品（特许权使用凭证除外）	Presswork, the other given access, install, copy oruse the software (including games), data, Internet content (including games or applications within contents) services or telecommunications services (including mobile services) rights (royalty receipts except)	【最】3.8【普】50 【协东盟】5【协新西兰】0【协瑞士】0 【协韩国】5【协香港】0【协澳门】0 【特-1】0【特-2】0 【增】16【对美加征】5【出】0【退】13	千克					999	其他给予存取、安装、复制或使用软件（含游戏）、数据、互联网内容物（含游戏内或应用程序内内容物）、服务或电信服务（含移动服务）权利的印刷品（特许权使用凭证除外）
490700	90	90	其他印有邮票等的其他纸品（包括印有印花税票的纸品）	Other stamp-impressed paper (including revenue stamps, other than certificate of right of special permission)	【最】6【普】50 【协东盟】5【协新西兰】0【协瑞士】0 【协韩国】5【协香港】0【协澳门】0 【特-1】0【特-2】0 【增】16【对美加征】5【出】0【退】13	千克					999	其他印有邮票等的其他纸品（包括印有印花税票的纸品）
490810	00		釉转印贴花纸	Glaze transfers(decalcomanias), vitrifiable	【最】6【普】50 【协东盟】5【协澳门】0【协新西兰】0 【协香港】0【协瑞士】0【协韩国】5 【特-1】0【特-2】0 【增】16【对美加征】10【出】0【退】13	千克					999	釉转印贴花纸（移画印花法用图案纸）
490890	00		其他转印贴花纸 【电商】	Other transfers	【最】6【普】50 【协东盟】5【协香港】0【协澳门】0 【协新西兰】0【协瑞士】0【协韩国】5 【特-1】0【特-2】0 【增】16【对美加征】10【出】0【退】13	千克					999	其他转印贴花纸（移画印花法用图案纸）
490900	10		印刷或有图画的明信片 【电商】	Printed or illustrated postcards	【最】6【普】50 【协东盟】5【协香港】0【协澳门】0 【协新西兰】0【协瑞士】0【协韩国】5 【特-1】0【特-2】0 【增】16【对美加征】10【出】0【退】16	千克					999	印刷或有图画的明信片
490900	90		其他致贺或通告卡片（贺卡及类似卡片，不论是否有图画、带信封或饰边）	Other printed cards bearing personal greetings, messages or announcements, whether or not illustrated, with or without envelopes or trimmings	【最】6【普】50 【协东盟】5【协新西兰】0【协瑞士】0 【协韩国】5【协香港】0【协澳门】0 【特-1】0【特-2】0 【增】16【对美加征】10【出】0【退】16	千克					999	其他致贺或通告卡片（贺卡及类似卡片，不论是否有图画、带信封或饰边）
491000	00		印刷的各种日历 【电商】	Calendars of any kind, printed, including calendar blocks	【最】6【普】50 【协东盟】5【协澳门】0【协新西兰】3 【协香港】0【协瑞士】3【协韩国】5 【特-1】0【特-2】0【特-3】0 【增】16【对美加征】10【出】0【退】16	千克					999	印刷的各种日历（包括日历芯）

税则号列 HS国际统一前6位	本国子目 7~8位	本国子目 9~10位	货品名称中英文 中文 货物名称	货品名称中英文 英文 Article Description	税费综合信息	计量单位	监管证件代码 进口	监管证件代码 出口	检验检疫类别 进口	检验检疫类别 出口	检验检疫编码	检验检疫编码对应中文名称
491110	10		无商业价值的广告品及类似印刷品【电商】	Trade advertising material, commercial catalogues and the like of no commercial value	【最】0【普】0【特-1】0【特-2】0【特-3】0 【增】16【对美加征】10【出】0【退】16	千克					999	无商业价值的广告品及类似印刷品（包括无商业价值的商品目录）
491110	90		其他商业广告品及类似印刷品	Other trade advertising material, commercial catalogues and the like	【最】6【普】50 【协东盟】5【协香港】0【协澳门】0 【协新西兰】3【协瑞士】3【协韩国】5 【特-1】0【特-2】0 【增】16【对美加征】10【出】0【退】16	千克					999	其他商业广告品及类似印刷品（包括商品目录）
491191	00	10	含有人类遗传资源信息的印刷图片、设计图样及照片【电商】	Print pictures, designs and photos containing information on human genetic resources	【最】6【普】50 【协东盟】5【协澳门】0【协新西兰】0 【协香港】0【协瑞士】0【协韩国】5 【特-1】0【特-2】0 【增】16【对美加征】10【出】0【退】16	千克		V			999	含有人类遗传资源信息的印刷图片、设计图样及照片
491191	00	90	其他印刷的图片、设计图样及照片【电商】	Other print pictures, designs and photos	【最】6【普】50 【协东盟】5【协澳门】0【协新西兰】0 【协香港】0【协瑞士】0【协韩国】5 【特-1】0【特-2】0 【增】16【对美加征】10【出】0【退】16	千克					999	其他印刷的图片、设计图样及照片
491199	10	10	给予存取、安装、复制或使用软件（含游戏）、数据、互联网内容物（含游戏内或应用程序内内容物）、服务或电信服务（含移动服务）权利的印刷品	Presswork, the given access, install, copy or use the software (including games), data, Internet content (including games or applications within contents)	【最】3.8【普】50 【协东盟】5【协香港】0【协澳门】0 【协新西兰】0【协冰岛】0【协瑞士】4.3 【协韩国】5 【特-1】0【特-2】0 【增】16【对美加征】10【出】0【退】16	千克					999	给予存取、安装、复制或使用软件（含游戏）、数据、互联网内容物（含游戏内或应用程序内内容物）、服务或电信服务（含移动服务）权利的印刷品
491199	10	20	含有人类遗传资源信息的纸质印刷品	Printed matter containing information on human genetic resources	【最】6【普】50 【协东盟】5【协香港】0【协澳门】0 【协新西兰】0【协冰岛】0【协瑞士】4.3 【协韩国】5 【特-1】0【特-2】0 【增】16【对美加征】10【出】0【退】16	千克		V			999	含有人类遗传资源信息的纸质印刷品
491199	10	90	其他纸质的印刷品	Other paper printing	【最】6【普】50 【协东盟】5【协香港】0【协澳门】0 【协新西兰】0【协冰岛】0【协瑞士】4.3 【协韩国】5 【特-1】0【特-2】0 【增】16【对美加征】10【出】0【退】16	千克					999	其他纸质的印刷品
491199	90	10	给予存取、安装、复制或使用软件（含游戏）、数据、互联网内容物（含游戏内或应用程序内内容物）、服务或电信服务（含移动服务）权利的印刷品	Presswork, the given access, install, copy or use the software (including games), data, Internet content (including games or applications within contents) services or telecommunications services (including mobile services) rights	【最】3.8【普】50 【协东盟】5【协香港】0【协澳门】0 【协新西兰】0【协冰岛】0【协瑞士】4.3 【协韩国】5 【特-1】0【特-2】0 【增】16【对美加征】10【出】0【退】16	千克					999	给予存取、安装、复制或使用软件（含游戏）、数据、互联网内容物（含游戏内或应用程序内内容物）、服务或电信服务（含移动服务）权利的印刷品
491199	90	20	含有人类遗传资源信息的其他印刷	Other printed matter containing information on human genetic resources	【最】6【普】50 【协东盟】5【协香港】0【协澳门】0 【协新西兰】0【协冰岛】0【协瑞士】4.3 【协韩国】5 【特-1】0【特-2】0 【增】16【对美加征】10【出】0【退】16	千克		V			999	含有人类遗传资源信息的其他印刷品
491199	90	90	其他印刷品	Other printing	【最】6【普】50 【协东盟】5【协香港】0【协澳门】0 【协新西兰】0【协冰岛】0【协瑞士】4.3 【协韩国】5 【特-1】0【特-2】0 【增】16【对美加征】10【出】0【退】16	千克					999	其他印刷品

2019年
中国海关通关速查手册

Customs Broker Declaration and Clearance Handbook 2019

（下）

《中国海关通关速查手册》编委会　编

中国海关出版社
China Customs Press
中国·北京

目　录

上　册

通关综合信息表

下　册

附　　表

第十一类
纺织原料及纺织制品

注释：

一、本类不包括：

（一）制刷用的动物鬃、毛（税目 05.02）；马毛及废马毛（税目 05.11）；

（二）人发及人发制品（税目 05.01、67.03 或 67.04），但通常用于榨油机或类似机器的滤布除外（税目 59.11）；

（三）第十四章的棉短绒或其他植物材料；

（四）税目 25.24 的石棉、税目 68.12 或 68.13 的石棉制品或其他产品；

（五）税目 30.05 或 30.06 的物品；税目 33.06 的用于清洁牙缝的纱线（牙线），单独零售包装的；

（六）税目 37.01 至 37.04 的感光布；

（七）截面尺寸超过 1 毫米的塑料单丝和表面宽度超过 5 毫米的塑料扁条及类似品（例如，人造草）（第三十九章），以及上述单丝或扁条的缏条、织物、篮筐或柳条编结品（第四十六章）；

（八）第三十九章的用塑料浸渍、涂布、包覆或层压的机织物、针织物或钩编织物、毡呢或无纺织物及其制品；

（九）第四十章的用橡胶浸渍、涂布、包覆或层压的机织物、针织物或钩编织物、毡呢或无纺织物及其制品；

（十）带毛皮张（第四十一章或第四十三章）、税目 43.03 或 43.04 的毛皮制品、人造毛皮及其制品；

（十一）税目 42.01 或 42.02 的用纺织材料制成的物品；

（十二）第四十八章的产品或物品（例如，纤维素絮纸）；

（十三）第六十四章的鞋靴及其零件、护腿、裹腿及类似品；

（十四）第六十五章的发网、其他帽类及其零件；

（十五）第六十七章的货品；

（十六）涂有研磨料的纺织材料（税目 68.05）以及税目 68.15 的碳纤维及其制品；

（十七）玻璃纤维及其制品，但可见底布的玻璃线刺绣品除外（第七十章）；

（十八）第九十四章的物品（例如，家具、寝具、灯具及照明装置）；

（十九）第九十五章的物品（例如，玩具、游戏品、运动用品及网具）；

（二十）第九十六章的物品［例如，刷子、旅行用成套缝纫用具、拉链、打字机色带、卫生巾（护垫）及止血塞、婴儿尿布及尿布衬里］；或

（二十一）第九十七章的物品。

SECTION XI
TEXTILES AND TEXTILE ARTICLES

Section Notes:

1. This Section does not cover:

(a) Animal brush-making bristles or hair (heading 05.02); horsehair or horsehair waste (heading 05.11);

(b) Human hair or articles of human hair (heading 05.01, 67.03 or 67.04), except straining cloth of a kind commonly used in oil presses or the like (heading 59.11);

(c) Cotton linters or other vegetable materials of Chapter 14;

(d) Asbestos of heading 25.24 or articles of asbestos or other products of heading 68.12 or 68.13;

(e) Articles of heading 30.05 or 30.06; yarn used to clean between the teeth (dental floss), in individual retail packages, of heading 33.06;

(f) Sensitised textiles of headings 37.01 to 37.04;

(g) Monofilament of which any cross-sectional dimension exceeds 1mm or strip or the like (for example, artificial straw) of an apparent width exceeding 5mm, of plastics (Chapter 39), or plaits or fabrics or other basketware or wickerwork of such monofilament or strip (Chapter 46);

(h) Woven, knitted or crocheted fabrics, felt or nonwovens, impregnated, coated, covered or laminated with plastics, or articles thereof, of Chapter 39;

(ij) Woven, knitted or crocheted fabrics, felt or nonwovens, impregnated, coated, covered or laminated with rubber, or articles thereof, of Chapter 40;

(k) Hides or skins with their hair or wool on (Chapter 41 or 43) or articles of furskin, artificial fur or articles thereof, of heading 43.03 or 43.04;

(l) Articles of textile materials of heading 42.01 or 42.02;

(m) Products or articles of Chapter 48 (for example, cellulose wadding);

(n) Footwear or parts of footwear, gaiters or leggings or similar articles of Chapter 64;

(o) Hair-nets or other headgear or parts thereof of Chapter 65;

(p) Goods of Chapter 67;

(q) Abrasive-coated textile material (heading 68.05) and also carbon fibres or articles of carbon fibres of heading 68.15;

(r) Glass fibres or articles of glass fibres, other than embroidery with glass thread on a visible ground of fabric (Chapter 70);

(s) Articles of Chapter 94 (for example, furniture, bedding, lamps and lighting fittings);

(t) Articles of Chapter 95 (for example, toys, games, sports requisites and nets);

(u) Articles of Chapter 96 (for example, brushes, travel sets for sewing, slide fasteners, typewriter ribbons, sanitary towels (pads) and tampons, napkins (diapers) and napkin liners for babies); or

(v) Articles of Chapter 97.

二、(一) 可归入第五十章至第五十五章及税目58.09或59.02的由两种或两种以上纺织材料混合制成的货品，应按其中重量最大的那种纺织材料归类。

当没有一种纺织材料重量较大时，应按可归入的有关税号中最后一个税号所列的纺织材料归类。

(二) 应用上述规定时：

1. 马毛粗松螺旋花线（税目51.10）和含金属纱线（税目56.05）均应作为一种单一的纺织材料，其重量应为它们在纱线中的合计重量；在机织物的归类中，金属线应作为一种纺织材料；

2. 在选择合适的税号时，应首先确定章，然后再确定该章的有关税号，至于不归入该章的其他材料可不予考虑；

3. 当归入第五十四章及第五十五章的货品与其他章的货品进行比较时，应将这两章作为一个单一的章对待；

4. 同一章或同一税号所列各种不同的纺织材料应作为单一的纺织材料对待。

(三) 上述（一）、（二）两款规定亦适用于以下注释三、四、五或六所述纱线。

2. (a) Goods classifiable in Chapters 50 to 55 or of heading 58.09 or in heading 58.09 or 59.02 and of a mixture of two or more textile materials are to be classified as if consisting wholly of that one textile material which predominates by weight over any other single textile material.

When no one textile material predominates by weight, the goods are to be classified as if consisting wholly of that one textile material which is covered by the heading which occurs last in numerical order among those which equally merit consideration.

(b) For the purposes of the above rule:

(i) Gimped horsehair yarn (heading 51.10) and metallised yarn (heading 56.05) are to be treated as a single textile material the weight of which is to be taken as the aggregate of the weights of its components; for the classification of woven fabrics, metal thread is to be regarded as a textile material;

(ii) The choice of appropriate heading shall be effected by determining first the Chapter and then the applicable heading within that Chapter, disregarding any materials not classified in that Chapter;

(iii) When both Chapters 54 and 55 are involved with any other Chapter, Chapters 54 and 55 are to be treated as a single Chapter;

(iv) Where a Chapter or a heading refers to goods of different textile materials, such materials are to be treated as a single textile material.

(c) The provisions of paragraphs (a) and (b) above apply also to the yarns referred to in Note 3, 4, 5 or 6 below.

三、(一) 本类的纱线（单纱、多股纱线或缆线）除下列（二）款另有规定的以外，凡符合以下规格的应作为“线、绳、索、缆”：

1. 丝或绢丝纱线，细度在20000分特以上。

2. 化学纤维纱线（包括第五十四章的用两根及以上单丝纺成的纱线），细度在10000分特以上。

3. 大麻或亚麻纱线：

(1) 加光或上光的，细度在1429分特及以上；或

(2) 未加光或上光的，细度在20000分特以上。

4. 三股或三股以上的椰壳纤维纱线。

5. 其他植物纤维纱线，细度在20000分特以上。

6. 用金属线加强的纱线。

(二) 下列各项不按上述（一）款规定办理：

1. 羊毛或其他动物毛纱线及纸纱线，但用金属线加强的纱线除外；

2. 第五十五章的化学纤维长丝丝束以及第五十四章的未加捻或捻度每米少于5转的复丝纱线；

3. 税目50.06的蚕胶丝及第五十四章的单丝；

3. (a) For the purposes of this Section, and subject to the exceptions in paragraph (b) below, yarns (single, multiple (folded) or cabled) of the following descriptions are to be treated as "twine, cordage, ropes and cables":

(i) Of silk or waste silk, measuring more than 20000 decitex.

(ii) Of man-made fibres (including yarn of two or more monofilaments of Chapter 54), measuring more than 10000 decitex.

(iii) Of true hemp or flax:

i) Polished or glazed, measuring 1429 decitex or more; or

ii) Not polished or glazed, measuring more than 20000 decitex.

(iv) Of coir, consisting of three or more plies;

(v) Of other vegetable fibres, measuring more than 20000 decitex; or

(vi) Reinforced with metal thread.

(b) Exceptions:

(i) Yarn of wool or other animal hair and paper yarn, other than yarn reinforced with metal thread;

(ii) Man-made filament tow of Chapter 55 and multifilament yarn without twist or with a twist of less than 5 turns per metre of Chapter 54;

(iii) Silk worm gut of heading 50.06, and monofila-

4. 税目 56.05 的含金属纱线；但用金属线加强的纱线按上述（一）款 6 项规定办理；以及

5. 税目 56.06 的绳绒线、粗松螺旋花线及纵行起圈纱线。

四、（一）除下列（二）款另有规定的以外，第五十章、第五十一章、第五十二章、第五十四章和第五十五章所称“供零售用”纱线，是指以下列方式包装的纱线（单纱、多股纱线或缆线）：

1. 绕于纸板、线轴、纱管或类似芯子上，其重量（含线芯）符合下列规定：
（1）丝、绢丝或化学纤维长丝纱线，不超过 85 克；或
（2）其他纱线，不超过 125 克。
2. 绕成团、绞或束，其重量符合下列规定：
（1）细度在 3000 分特以下的化学纤维长丝纱线，丝或绢丝纱线，不超过 85 克；
（2）细度在 2000 分特以下的任何其他纱线，不超过 125 克；或
（3）其他纱线，不超过 500 克。
3. 绕成绞或束，每绞或每束中有若干用线分开的小绞或小束，每小绞或小束的重量相等，并且符合下列规定：
（1）丝、绢丝或化学纤维长丝纱线，不超过 85 克；或
（2）其他纱线，不超过 125 克。

（二）下列各项不按上述（一）款规定办理：
1. 各种纺织材料制的单纱，但下列两种除外：
（1）未漂白的羊毛或动物细毛单纱；以及
（2）漂白、染色或印色的羊毛或动物细毛单纱，细度在 5000 分特以上。
2. 未漂白的多股纱线或缆线：
（1）丝或绢丝制的，不论何种包装；或
（2）除羊毛或动物细毛外其他纺织材料制，成绞或成束的。
3. 漂白、染色或印色丝或绢丝制的多股纱线或缆线，细度在 133 分特及以下。
4. 任何纺织材料制的单纱、多股纱线或缆线：
（1）交叉绕成绞或束的；或
（2）绕于纱芯上或以其他方式卷绕，明显用于纺织工业的（例如，绕于纱管、加捻管、纬纱管、锥形筒管或锭子上的或者绕成蚕茧状以供绣花机使用的纱线）。

五、税目 52.04、54.01 及 55.08 所称“缝纫线”，是指下列多股纱线或缆线：

（一）绕于芯子（例如，线轴、纱管）上，重量（包括纱芯）不超过 1000 克；
（二）作为缝纫线上过浆的；以及

ments of Chapter 54;

(iv) Metallised yarn of heading 56.05; yarn reinforced with metal thread is subject to paragraph (a) (vi) above; and

(v) Chenille yarn, gimped yarn and loop wale-yarn of heading 56.06.

4. (a) For the purposes of Chapters 50, 51, 52, 54 and 55, the expression "put up for retail sale" in relation to yarn means, subject to the exceptions in paragraph (b) below, yarn (single, multiple (folded) or cabled) put up:
(i) On cards, reels, tubes or similar supports, of a weight (including support) not exceeding:
i) 85g in the case of silk, waste silk or man-made filaments; or
ii) 125g in other cases.
(ii) In balls, hanks or skeins of a weight not exceeding:
i) 85g in the case of man-made filament yarn of less than 3000 decitex, silk or silk waste;
ii) 125g in the case of all other yarns of less than 2000 decitex; or
iii) 500g in other cases.
(iii) In hanks or skeins comprising several smaller hanks or skeins separated by dividing threads which render them independent one of the other, each of uniform weight not exceeding:
i) 85g in the case of silk, waste silk or man-made filaments; or
ii) 125g in other cases.

(b) Exceptions:
(i) Single yarn of any textile material, except:
i) Single yarn of wool or fine animal hair, unbleached; and
ii) Single yarn of wool or fine animal hair, bleached, dyed or printed, measuring more than 5000 decitex.
(ii) Multiple (folded) or cabled yarn, unbleached:
i) Of silk or waste silk, however put up; or
ii) Of other textile material except wool or fine animal hair, in hanks or skeins.
(iii) Multiple (folded) or cabled yarn of silk or waste silk, bleached, dyed or printed, measuring 133 decitex or less; and
(iv) Single, multiple (folded) or cabled yarn of any textile material:
i) In cross-reeled hanks or skeins; or
ii) Put up on supports or in some other manner indicating its use in the textile industry (for example, on cops, twisting mill tubes, pirns, conical bobbins or spindles, or reeled in the form of cocoons for embroidery looms).

5. For the purposes of headings 52.04, 54.01 and 55.08, the expression "sewing thread" means multiple (folded) or cabled yarn:
(a) Put up on supports (for example, reels, tubes) of a weight (including support) not exceeding 1000g;
(b) Dressed for use as sewing thread; and

（三）终捻为反手（Z）捻的。

（c） With a final “Z” twist.

六、本类所称“高强力纱”，是指断裂强度大于下列标准的纱线：

尼龙、其他聚酰胺或聚酯制的单纱 60 厘牛顿/特克斯；

尼龙、其他聚酰胺或聚酯制的多股纱线或缆线 53 厘牛顿/特克斯；

粘胶纤维制的单纱、多股纱线或缆线 27 厘牛顿/特克斯。

6. For the purposes of this Section, the expression “high tenacity yarn” means yarn having a tenacity, expressed in cN/tex (centinewton per tex), greater than the following:

Single yarn of nylon or other polyamides, or of polyesters 60cN/tex;

Multiple (folded) or cabled yarn of nylon or other polyamides, or of polyesters 53cN/tex;

Single, multiple (folded) or cabled yarn of viscose rayon 27cN/tex.

七、本类所称“制成的”，是指：

（一）裁剪成除正方形或长方形以外的其他形状的；

（二）呈制成状态，无需缝纫或其他进一步加工（或仅需剪断分隔联线）即可使用的（例如，某些抹布、毛巾、台布、方披巾、毯子）；

（三）裁剪成一定尺寸，至少有一边为带有可见的锥形或压平形的热封边，其余各边经本注释其他各项所述加工，但不包括为防止剪边脱纱而用热切法或其他简单方法处理的织物；

（四）已缝边或滚边，或者在任一边带有结制的流苏，但不包括为防止剪边脱纱而锁边或用其他简单方法处理的织物；

（五）裁剪成一定尺寸并经抽纱加工的；

（六）缝合、胶合或用其他方法拼合而成的（将两段或两段以上同样料子的织物首尾连接而成的匹头，以及由两层或两层以上的织物，不论中间有无胎料，层叠而成的匹头除外）；

（七）针织或钩编成一定形状，不论报验时是单件还是以若干件相连成幅的。

7. For the purposes of this Section, the expression “made up” means:

（a） Cut otherwise than into squares or rectangles;

（b） Produced in the finished state, ready for use (or merely needing separation by cutting dividing threads) without sewing or other working (for example, certain dusters, towels, table cloths, scarf squares, blankets);

（c） Cut to size and with at least one heat-sealed edge with a visibly tapered or compressed border and the other edges treated as described in any other subparagraph of this Note, but excluding fabrics the cut edges of which have been prevented from unravelling by hot cutting or by other simple means;

（d） Hemmed or with rolled edges, or with a knotted fringe at any of the edges, but excluding fabrics the cut edges of which have been prevented from unravelling by whipping or by other simple means;

（e） Cut to size and having undergone a process of drawn thread work;

（f） Assembled by sewing, gumming or otherwise (other than piece goods consisting of two or more lengths of identical material joined end to end and piece goods composed of two or more textiles assembled in layers, whether or not padded);

（g） Knitted or crocheted to shape, whether presented as separate items or in the form of a number of items in the length.

八、对于第五十章至第六十章：

（一）第五十章至第五十五章和第六十章，以及除条文另有规定以外的第五十六章至第五十九章，不适用于上述注释七所规定的制成货品；以及

（二）第五十章至第五十五章及第六十章不包括第五十六章至第五十九章的货品。

8. For the purposes of Chapters 50 to 60:

（a） Chapters 50 to 55 and 60 and, except where the context otherwise requires, Chapters 56 to 59 do not apply to goods made up within the meaning of Note 7 above; and

（b） Chapters 50 to 55 and 60 do not apply to goods of Chapters 56 to 59.

九、第五十章至第五十五章的机织物包括由若干层平行纱线以锐角或直角相互层叠，在纱线交叉点用黏合剂或以热黏合法黏合而成的织物。

9. The woven fabrics of Chapters 50 to 55 include fabrics consisting of layers of parallel textile yarns superimposed on each other at acute or right angles. These layers are bonded at the intersections of the yarns by an adhesive or by thermal bonding.

十、以纺织材料和橡胶线制成的弹性产品归入本类。

10. Elastic products consisting of textile materials combined with rubber threads are classified in this Section.

十一、本类所称“浸渍”，包括“浸泡”。

11. For the purposes of this Section, the expression “impregnated” includes “dipped”.

十二、本类所称“聚酰胺”，包括“芳族聚酰胺”。

12. For the purposes of this Section, the expression “polyamides” includes “aramids”.

十三、本类及本协调制度所称“弹性纱线”，是指合成纤维纺织材料制成的长丝纱线（包括单丝），但变形纱线除外。这些纱线可拉伸至原长的三倍而不断裂，并可在拉伸至原长两倍后五分钟内回复到不超过原长度一倍半。

13. For the purposes of this Section and, where applicable, throughout the Nomenclature, the expression “elastomeric yarn” means filament yarn, including monofilament, of synthetic textile material, other than textured yarn, which does not break on being extended to three times its original length and which returns, after being extended to twice its original length, within a period of five minutes, to a length not greater than one and a half times its original length.

十四、除条文另有规定的以外，各种服装即使成套包装供零售用，也应按各自税号分别归类。本注释所称“纺织服装”，是指税目61.01至61.14及税目62.01至62.11所列的各种服装。

14. Unless the context otherwise requires, textile garments of different headings are to be classified in their own headings even if put up in sets for retail sale. For the purposes of this Note, the expression “textile garments” means garments of headings 61.01 to 61.14 and headings 62.01 to 62.11.

子目注释：

一、本类及本协调制度所用有关名词解释如下：

（一）未漂白纱线

1. 带有纤维自然色泽并且未经漂染（不论是否整体染色）或印色的纱线；或

2. 从回收纤维制得，色泽未定的纱线（本色纱）。

这种纱线可用无色浆料或易褪色染料（可轻易地用肥皂洗去）处理，如果是化学纤维纱线，则整体用消光剂（例如，二氧化钛）进行处理。

（二）漂白纱线

1. 经漂白加工、用漂白纤维制得或经染白（除条文另有规定的以外）（不论是否整体染色）及用白浆料处理的纱线；

2. 用未漂白纤维和漂白纤维混纺制得的纱线；或

3. 用未漂白纱和漂白纱纺成多股纱线或缆线。

（三）着色（染色或印色）纱线

1. 染成彩色（不论是否整体染色，但白色或易褪色除外）或印色的纱线，以及用染色或印色纤维纺制的纱线；

2. 用各色染色纤维混合纺制或用未漂白或漂白纤维与着色纤维混合制得的纱线（夹色纱或混色纱），以及用一种或几种颜色间隔印色而获得点纹印迹的纱线；

3. 用已经印色的纱条或粗纱纺制的纱线；或

4. 用未漂白纱和漂白纱与着色纱纺成的多股纱线或缆线。

上述定义在必要的地方稍作修改后，可适用于第五十四章的单丝、扁条或类似产品。

（四）未漂白机织物

用未漂白纱线织成后未经漂白、染色或印花的机

Subheading Notes:

1. In this Section and, where applicable, throughout the Nomenclature, the following expressions have the meanings hereby assigned to them:

(a) Unbleached yarn which:

(i) has the natural colour of its constituent fibres and has not been bleached, dyed (whether or not in the mass) or printed; or

(ii) is of indeterminate colour (“grey yarn”), manufactured from garnetted stock.

Such yarn may have been treated with a colourless dressing or fugitive dye (which disappears after simple washing with soap) and, in the case of man-made fibres, treated in the mass with delustring agents (for example, titanium dioxide).

(b) Bleached yarn which:

(i) has undergone a bleaching process, is made of bleached fibres or, unless the context otherwise requires, has been dyed white (whether or not in the mass) or treated with a white dressing;

(ii) consists of a mixture of unbleached and bleached fibres; or

(iii) is multiple (folded) or cabled and consists of unbleached and bleached yarns.

(c) Coloured (dyed or printed) yarn which:

(i) is dyed (whether or not in the mass) other than white or in a fugitive colour, or printed, or made from dyed or printed fibres;

(ii) consists of a mixture of dyed fibres of different colours or of a mixture of unbleached or bleached fibres with coloured fibres (marl or mixture yarns), or is printed in one or more colours at intervals to give the impression of dots;

(iii) is obtained from slivers or rovings which have been printed; or

(iv) is multiple (folded) or cabled and consists of unbleached or bleached yarn and coloured yarn.

The above definitions also apply, mutatis mutandis, to monofilament and to strip or the like of Chapter 54.

(d) Unbleached woven fabric

Woven fabric made from unbleached yarn and which

织物。这类织物可用无色浆料或易褪色染料处理。

（五）漂白机织物

1. 经漂白、染白或用白浆料处理（除条文另有规定的以外）的成匹机织物；

2. 用漂白纱线织成的机织物；或

3. 用未漂白纱线和漂白纱线织成的机织物。

（六）染色机织物

1. 除条文另有规定的以外，染成白色以外的其他单一颜色或用白色以外的其他有色整理剂处理的成匹机织物；或

2. 以单一颜色的着色纱线织成的机织物。

（七）色织机织物

除印花机织物以外的下列机织物：

1. 用各种不同颜色纱线或同一颜色不同深浅（纤维的自然色彩除外）纱线织成的机织物；

2. 用未漂白或漂白纱线与着色纱线织成的机织物；或

3. 用夹色纱线或混色纱线织成的机织物。不论何种情况，布边或布头的纱线均可忽略不计。

（八）印花机织物

成匹印花的机织物，不论是否用各色纱线织成。用刷子或喷枪、经转印纸转印、植绒或蜡防印花等方法印成花纹图案的机织物亦可视为印花机织物。

上述各类纱线或织物如经丝光工艺处理并不影响其归类。

上述第（四）至（八）项的定义在必要的地方稍加修改后，可适用于针织或钩编织物。

（九）平纹组织

每根纬纱在并排的经纱间上下交错而过，而每根经纱也在并排的纬纱间上下交错而过的织物组织。

二、（一）含有两种或两种以上纺织材料的第五十六章至第六十三章的产品，应根据本类注释二对第五十章至第五十五章或税目 58.09 的此类纺织材料产品归类的规定来确定归类。

（二）运用本条规定时：

1. 应酌情考虑按归类总规则第三条来确定归类；

2. 对由底布和绒面或毛圈面构成的纺织品，在归类时可不考虑底布的属性；

3. 对税目 58.10 的刺绣品及其制品，归类时应

has not been bleached, dyed or printed. Such fabric may have been treated with a colourless dressing or a fugitive dye.

(e) Bleached woven fabric

Woven fabric which:

(i) has been bleached or, unless the context otherwise requires, dyed white or treated with a white dressing, in the piece;

(ii) consists of bleached yarn; or

(iii) consists of unbleached and bleached yarns.

(f) Dyed woven fabric

Woven fabric which:

(i) is dyed a single uniform colour other than white (unless the context otherwise requires) or has been treated with a coloured finish other than white (unless the context otherwise requires), in the piece; or

(ii) consists of coloured yarn of a single uniform colour.

(g) Woven fabric of yarns of different colours

Woven fabric (other than printed woven fabric) which:

(i) consists of yarns of different colours or yarns of different shades of the same colour (other than the natural colour of the constituent fibres);

(ii) consists of unbleached or bleached yarn and coloured yarn; or

(iii) consists of marl or mixture yarns. (In all cases, the yarn used in selvedges and piece ends is not taken into consideration.)

(h) Printed woven fabric

Woven fabric which has been printed in the piece, whether or not made from yarns of different colours.

(The following are also regarded as printed woven fabrics: woven fabrics bearing designs made, for example, with a brush or spray gun, by means of transfer paper, by flocking or by the batik process.)

The process of mercerisation does not affect the classification of yarns or fabrics within the above categories.

The definitions at (d) to (h) above apply, mutatis mutandis, to knitted or crocheted fabrics.

(ij) Plain weave

A fabric construction in which each yarn of the weft passes alternately over and under successive yarns of the warp and each yarn of the warp passes alternately over and under successive yarns of the weft.

2. (a) Products of Chapters 56 to 63 containing two or more textile materials are to be regarded as consisting wholly of that textile material which would be selected under Note 2 to this Section for the classification of a product of Chapters 50 to 55 consisting of the same textile materials.

(b) For the application of this rule:

(i) where appropriate, only the part which determines the classification under Interpretative Rule 3 shall be taken into account;

(ii) in the case of textile products consisting of a ground fabric and a pile or looped surface no account shall be taken of the ground fabric;

(iii) in the case of embroidery of heading 58.10 and

只考虑底布的属性，但不见底布的刺绣品及其制品应根据绣线的属性确定归类。

goods thereof, only the ground fabric shall be taken into account. However, embroidery without visible ground, and goods thereof, shall be classified with reference to the embroidering threads alone.

第五十章 蚕　丝

Chapter 50 Silk

税则号列			货品名称中英文		税费综合信息	计量单位	监管证件代码		检验检疫类别		检验检疫编码	检验检疫编码对应中文名称
HS 国际统一前6位	本国子目 7~8位	9~10位	中文 货物名称	英文 Article Description			进口	出口	进口	出口		
500100	10		适于缫丝的桑蚕茧	Bombyx mori cocoons suitable for reeling	【最】6【普】70 【协东盟】0【协巴基斯坦】5【协智利】0 【协新西兰】0【协秘鲁】0【协哥斯达黎加】0 【协冰岛】0【协瑞士】0【协澳大利亚】0 【协韩国】0【协格鲁吉亚】0【协香港】0 【协澳门】0 【特-1】0【特-2】0【特-3】0 【增】16【出】0【退】10	千克	A	B	P	Q	999	适于缫丝的桑蚕茧
500100	90		适于缫丝的其他蚕茧	Other silk-worm cocoons suitable for reeling	【最】6【普】70 【协东盟】0【协巴基斯坦】5【协智利】0 【协新西兰】0【协秘鲁】0【协哥斯达黎加】0 【协冰岛】0【协瑞士】0【协澳大利亚】0 【协韩国】0【协格鲁吉亚】0【协香港】0 【协澳门】0 【特-1】0【特-2】0【特-3】0 【增】16【出】0【退】10	千克	A	B	P	Q	999	适于缫丝的其他蚕茧
500200	11		未加捻的桑蚕厂丝	Raw plant reeled(filature silk), not twisted	【最】9【普】80 【协东盟】0【协巴基斯坦】5【协智利】0 【协新西兰】0【协秘鲁】0【协哥斯达黎加】0 【协冰岛】0【协瑞士】0【协澳大利亚】0 【协韩国】0【协格鲁吉亚】0【协香港】0 【协澳门】0 【特-1】0【特-2】0【特-3】0 【增】16【出】0【退】16	千克	A	B	P	Q	101 102 103	未加捻的桑蚕厂丝（生丝） 未加捻的桑蚕厂丝（粗丝） 未加捻的桑蚕厂丝（初级加工丝）
500200	12		未加捻的桑蚕土丝	Raw home reeled, not twisted	【最】9【普】80 【协东盟】0【协巴基斯坦】5【协智利】0 【协新西兰】0【协秘鲁】0【协哥斯达黎加】0 【协冰岛】0【协瑞士】0【协澳大利亚】0 【协韩国】0【协格鲁吉亚】0【协香港】0 【协澳门】0 【特-1】0【特-2】0【特-3】0 【增】16【出】0【退】16	千克	A	B	P	Q	999	未加捻的桑蚕土丝
500200	13		未加捻的桑蚕双宫丝	Raw doupion, not twisted	【最】9【普】80 【协东盟】0【协巴基斯坦】5【协智利】0 【协新西兰】0【协秘鲁】0【协哥斯达黎加】0 【协冰岛】0【协瑞士】0【协澳大利亚】0 【协韩国】0【协格鲁吉亚】0【协香港】0 【协澳门】0 【特-1】0【特-2】0【特-3】0 【增】16【出】0【退】16	千克	A	B	P	Q	999	未加捻的桑蚕双宫丝
500200	19		其他未加捻的桑蚕丝	Other raw stream filature silk, not twisted	【最】9【普】80 【协东盟】0【协巴基斯坦】5【协智利】0 【协新西兰】0【协秘鲁】0【协哥斯达黎加】0 【协冰岛】0【协瑞士】0【协澳大利亚】0 【协韩国】0【协格鲁吉亚】0【协香港】0 【协澳门】0 【特-1】0【特-2】0【特-3】0 【增】16【出】0【退】16	千克	A	B	P	Q	999	其他未加捻的桑蚕丝
500200	20		未加捻柞蚕丝	Raw tussah silk, not twisted	【最】9【普】80 【协东盟】0【协巴基斯坦】5【协智利】0 【协新西兰】0【协秘鲁】0【协哥斯达黎加】0 【协冰岛】0【协瑞士】0【协澳大利亚】0 【协韩国】0【协格鲁吉亚】0【协香港】0 【协澳门】0 【特-1】0【特-2】0【特-3】0 【增】16【出】0【退】16	千克	A	B	P	Q	999	未加捻柞蚕丝

税则号列			货品名称中英文		税费综合信息	计量单位	监管证件代码		检验检疫类别		检验检疫编码	检验检疫编码对应中文名称
HS国际统一前6位	本国子目7~8位	本国子目9~10位	中文货物名称	英文 Article Description			进口	出口	进口	出口		
500200	90		未加捻其他生丝	Other raw silk, not twisted	【最】9【普】80 【协东盟】0【协巴基斯坦】5【协智利】0 【协新西兰】0【协秘鲁】0【协哥斯达黎加】0 【协冰岛】0【协瑞士】0【协澳大利亚】0 【协韩国】0【协格鲁吉亚】0【协香港】0 【协澳门】0 【特-1】0【特-2】0【特-3】0 【增】16【出】0【退】16	千克	A	B	P	Q	999	未加捻其他生丝
500300	11		未梳的下茧、茧衣、长吐、滞头	Spoiled cocoon, husks, frison, frigon, not carded or combed	【最】9【普】70 【协东盟】0【协巴基斯坦】5【协智利】0 【协新西兰】0【协秘鲁】0【协哥斯达黎加】0 【协冰岛】0【协瑞士】0【协澳大利亚】0 【协韩国】0【协格鲁吉亚】0【协香港】0 【协澳门】0 【特-1】0【特-2】0【特-3】0 【增】16【出】0【退】13	千克	A	B	P	Q	999	未梳的下茧、茧衣、长吐、滞头
500300	12		未梳的回收纤维	Garnetted Stock, not carded or combed	【最】9【普】70 【协东盟】0【协巴基斯坦】5【协智利】0 【协新西兰】0【协秘鲁】0【协哥斯达黎加】0 【协冰岛】0【协瑞士】0【协澳大利亚】0 【协韩国】0【协格鲁吉亚】0【协香港】0 【协澳门】0 【特-1】0【特-2】0【特-3】0 【增】16【出】0【退】13	千克	A	B	P	Q	999	未梳的回收纤维
500300	19		其他未梳废丝	Other silk waste (including yarn waste unsuitable for reeling), not carded or combed	【最】9【普】70 【协东盟】0【协巴基斯坦】5【协智利】0 【协新西兰】0【协秘鲁】0【协哥斯达黎加】0 【协冰岛】0【协瑞士】0【协澳大利亚】0 【协韩国】0【协格鲁吉亚】0【协香港】0 【协澳门】0 【特-1】0【特-2】0【特-3】0 【增】16【出】0【退】13	千克	A	B	P	Q	999	其他未梳废丝（包括不适于缫丝的废纱）
500300	91		绵球	Silk tops	【最】9【普】70 【协东盟】0【协巴基斯坦】5【协智利】0 【协新西兰】0【协秘鲁】0【协哥斯达黎加】0 【协冰岛】0【协瑞士】0【协澳大利亚】0 【协韩国】0【协格鲁吉亚】0【协香港】0 【协澳门】0 【特-1】0【特-2】0【特-3】0 【增】16【出】0【退】13	千克	A	B	P	Q	999	绵球
500300	99		其他废丝	Other silk waste (including cocoons unsuitable for reeling, yarn waste and garnetted stock)	【最】9【普】70 【协东盟】0【协巴基斯坦】5【协智利】0 【协新西兰】0【协秘鲁】0【协哥斯达黎加】0 【协冰岛】0【协瑞士】0【协澳大利亚】0 【协韩国】0【协格鲁吉亚】0【协香港】0 【协澳门】0 【特-1】0【特-2】0【特-3】0 【增】16【出】0【退】13	千克	A	B	P	Q	999	其他废丝（包括不适于缫丝的蚕茧、废纱及回收纤维）
500400	00		非供零售用丝纱线（绢纺纱线除外）	Silk yarn (other than yarn spun from silk waste) not put up for retail sale	【最】6【普】90 【协东盟】0【协澳门】0【协巴基斯坦】5 【协智利】0【协新西兰】0【协秘鲁】0 【协哥斯达黎加】0【协冰岛】0【协瑞士】0 【协澳大利亚】0【协韩国】0【协格鲁吉亚】0 【协香港】0 【特-1】0【特-2】0【特-3】0 【增】16【出】0【退】16	千克					101 102 103 104	非供零售用丝纱线（绢纺纱线除外）（桑蚕捻线丝） 非供零售用丝纱线（绢纺纱线除外）（双宫捻线丝） 非供零售用丝纱线（绢纺纱线除外）（土丝捻线丝） 非供零售用丝纱线（绢纺纱线除外）（特种加工丝）
500500	10		非供零售用䌷丝纱线	Spun from noil	【最】6【普】90 【协东盟】0【协澳门】0【协巴基斯坦】5 【协智利】0【协新西兰】0【协秘鲁】0 【协哥斯达黎加】0【协冰岛】0【协瑞士】0 【协澳大利亚】0【协韩国】0【协格鲁吉亚】0 【协香港】0 【特-1】0【特-2】0【特-3】0 【增】16【出】0【退】16	千克					999	非供零售用䌷丝纱线

税则号列			货品名称中英文		税费综合信息	计量单位	监管证件代码		检验检疫类别		检验检疫编码	检验检疫编码对应中文名称
HS国际统一前6位	本国子目7~8位	9~10位	中文 货物名称	英文 Article Description			进口	出口	进口	出口		
500500	90		非供零售用其他绢纺纱线	Other yarn spun from silk waste, not put up for retail sale	【最】6【普】90 【协东盟】0【协澳门】0【协巴基斯坦】5 【协智利】0【协新西兰】0【协秘鲁】0 【协哥斯达黎加】0【协冰岛】0【协瑞士】0 【协澳大利亚】0【协韩国】0【协格鲁吉亚】0 【协香港】0 【特-1】0【特-2】0【特-3】0 【增】16【出】0【退】16	千克					101 102 103	非供零售用其他绢纺纱线（含丝及绢丝）（桑蚕绢丝） 非供零售用其他绢纺纱线（含丝及绢丝）（柞蚕绢丝） 非供零售用其他绢纺纱线（含丝及绢丝）（木薯绢丝）
500600	00		零售用丝纱线，绢纺纱线；蚕胶丝	Silk yarn and yarn spun from spun silk, put up for retail sale, silk-worm gut	【最】6【普】100 【协东盟】0【协澳门】0【协巴基斯坦】5 【协智利】0【协新西兰】0【协秘鲁】0 【协哥斯达黎加】0【协冰岛】0【协瑞士】0 【协澳大利亚】0【协韩国】0【协格鲁吉亚】0 【协香港】0 【特-1】0【特-2】0【特-3】0 【增】16【出】0【退】16	千克					999	零售用丝纱线，绢纺纱线；蚕胶丝（含丝及绢丝）
500710	10		未漂白或漂白的细丝机织物（未练白或练白）	Unbleaded (unscoured or scoured) or bleached	【最】8【普】130 【协东盟】0【协巴基斯坦】5【协智利】0 【协新西兰】0【协秘鲁】0【协哥斯达黎加】0 【协冰岛】0【协瑞士】0【协澳大利亚】0 【协韩国】0【协格鲁吉亚】0【协香港】0 【协澳门】0 【特东老挝】0【特-1】0【特-2】0【特-3】0 【增】16【出】0【退】16	米/千克					999	未漂白或漂白的细丝机织物（未练白或练白）
500710	90		其他细丝机织物	Other fabrics of noil silk	【最】8【普】130 【协东盟】0【协巴基斯坦】5【协智利】0 【协新西兰】0【协秘鲁】0【协哥斯达黎加】0 【协冰岛】0【协瑞士】0【协澳大利亚】0 【协韩国】0【协格鲁吉亚】0【协香港】0 【协澳门】0 【特东老挝】0【特-1】0【特-2】0【特-3】0 【增】16【出】0【退】16	米/千克					999	其他细丝机织物
500720	11		未漂白或漂白的桑蚕丝机织物（包括未练白或练白，按重量计丝或绢丝含量85%及以上）	Fabrics of bornbyx mori silk, unbleached or bleached (unscoured or scoured, containing 85% or more by weight of silk or spun silk other than noil silk)	【最】8【普】130 【协亚太】5.2【协东盟】0【协巴基斯坦】5 【协智利】0【协新西兰】0【协秘鲁】0 【协哥斯达黎加】0【协冰岛】0【协瑞士】0 【协澳大利亚】0【协韩国】0【协格鲁吉亚】0 【协香港】0【协澳门】0 【特东老挝】0【特-1】0【特-2】0【特-3】0 【增】16【对美加征】10【出】0【退】16	米/千克					999	未漂白或漂白的桑蚕丝机织物（包括未练白或练白，按重量计丝或绢丝含量85%及以上）
500720	19		其他桑蚕丝机织物（按重量计丝或绢丝含量在85%及以上）	Other fabrics of bornbyx mori silk, containing 85% or more by weight of silk or spun silk	【最】8【普】130 【协亚太】5.2【协东盟】0【协香港】0 【协巴基斯坦】5【协智利】0【协新西兰】0 【协秘鲁】0【协哥斯达黎加】0【协冰岛】0 【协瑞士】0【协澳大利亚】0【协韩国】6.6 【协格鲁吉亚】0 【特东老挝】0【特-1】0【特-2】0【特-3】0 【增】16【对美加征】10【出】0【退】16	米/千克					999	其他桑蚕丝机织物（按重量计丝或绢丝含量在85%及以上）
500720	21		未漂白或漂白的柞蚕丝机织物（包括未练白或练白，按重量计丝或绢丝含量85%及以上）	Fabrics of tussah silk, unbleached or bleached (unscoured or scoured, containing 85% or more by weight of silk or spun silk)	【最】8【普】130 【协亚太】5.2【协东盟】0【协巴基斯坦】5 【协智利】0【协新西兰】0【协秘鲁】0 【协哥斯达黎加】0【协冰岛】0【协瑞士】0 【协澳大利亚】0【协韩国】0【协格鲁吉亚】0 【协香港】0【协澳门】0 【特东老挝】0【特-1】0【特-2】0【特-3】0 【增】16【出】0【退】16	米/千克					999	未漂白或漂白的柞蚕丝机织物（包括未练白或练白，按重量计丝或绢丝含量85%及以上）
500720	29		其他柞蚕丝机织物（按重量计丝或绢丝含量在85%及以上）	Other fabrics of tussah silk, containing 85% or more by weight of silk or spun silk	【最】8【普】130 【协亚太】5.2【协东盟】0【协巴基斯坦】5 【协智利】0【协新西兰】0【协秘鲁】0 【协哥斯达黎加】0【协冰岛】0【协瑞士】0 【协澳大利亚】0【协韩国】0【协格鲁吉亚】0 【协香港】0【协澳门】0 【特东老挝】0【特-1】0【特-2】0【特-3】0 【增】16【出】0【退】16	米/千克					999	其他柞蚕丝机织物（按重量计丝或绢丝含量在85%及以上）

税则号列 HS 国际统一前6位	本国子目 7~8位	本国子目 9~10位	货品名称中英文 中文 货物名称	货品名称中英文 英文 Article Description	税费综合信息	计量单位	监管证件代码 进口	监管证件代码 出口	检验检疫类别 进口	检验检疫类别 出口	检验检疫编码	检验检疫编码对应中文名称
500720	31		未漂白或漂白的绢丝机织物（包括未练白或练白，按重量计丝或绢丝含量85%及以上）	Fabrics of spun silk, unbleachedor bleached (unscoured or scoured containing 85% or more by weight of silk or spun silk)	【最】8【普】130 【协亚太】5.2【协东盟】0【协巴基斯坦】5 【协智利】0【协新西兰】0【协秘鲁】0 【协哥斯达黎加】0【协冰岛】0【协瑞士】0 【协澳大利亚】0【协韩国】0【协格鲁吉亚】0 【协香港】0【协澳门】0 【特东老挝】0【特-1】0【特-2】0【特-3】0 【增】16【出】0【退】16	米/千克					999	未漂白或漂白的绢丝机织物（包括未练白或练白，按重量计丝或绢丝含量85%及以上）
500720	39		其他绢丝机织物（按重量计丝或绢丝含量在85%及以上）	Other fabrics of spun silk, containing 85% or more by weight of silk or spun silk	【最】8【普】130 【协亚太】5.2【协东盟】0【协巴基斯坦】5 【协智利】0【协新西兰】0【协秘鲁】0 【协哥斯达黎加】0【协冰岛】0【协瑞士】0 【协澳大利亚】0【协韩国】0【协格鲁吉亚】0 【协香港】0【协澳门】0 【特东老挝】0【特-1】0【特-2】0【特-3】0 【增】16【对美加征】10【出】0【退】16	米/千克					999	其他绢丝机织物（按重量计丝或绢丝含量在85%及以上）
500720	90		其他丝机织物	Other woven fabrics	【最】8【普】130 【协亚太】5.2【协东盟】0【协巴基斯坦】5 【协智利】0【协新西兰】0【协秘鲁】0 【协哥斯达黎加】0【协冰岛】0【协瑞士】0 【协澳大利亚】0【协韩国】0【协格鲁吉亚】0 【协香港】0【协澳门】0 【特东老挝】0【特-1】0【特-2】0【特-3】0 【增】16【对美加征】10【出】0【退】16	米/千克					999	其他丝机织物（按重量计丝或绢丝含量在85%及以上）
500790	10		未漂白或漂白其他丝机织物	Unbleached (unscoured or scoured) or bleached	【最】8【普】130 【协亚太】5.2【协东盟】0【协巴基斯坦】5 【协智利】0【协新西兰】0【协秘鲁】0 【协哥斯达黎加】0【协冰岛】0【协瑞士】0 【协澳大利亚】0【协韩国】0【协格鲁吉亚】0 【协香港】0【协澳门】0 【特东老挝】0【特-1】0【特-2】0【特-3】0 【增】16【对美加征】10【出】0【退】16	米/千克					999	未漂白或漂白其他丝机织物（未练白或练白，含丝及绢丝<85%,）
500790	90		其他丝机织物	Other woven fabrics	【最】8【普】130 【协亚太】5.2【协东盟】0【协巴基斯坦】5 【协智利】0【协新西兰】0【协秘鲁】0 【协哥斯达黎加】0【协冰岛】0【协瑞士】0 【协澳大利亚】0【协韩国】0【协格鲁吉亚】0 【协香港】0【协澳门】0 【特东老挝】0【特-1】0【特-2】0【特-3】0 【增】16【对美加征】10【出】0【退】16	米/千克					999	其他丝机织物（含丝及绢丝<85%）

第五十一章
羊毛、动物细毛或粗毛；马毛纱线及其机织物

Chapter 51
Wool, fine or coarse animal hair; horsehair yarn and woven fabric

注释：

本协调制度所称：

一、“羊毛”，是指绵羊或羔羊身上长的天然纤维。

二、“动物细毛”，是指下列动物的毛：羊驼、美洲驼、驼马、骆驼（包括单峰骆驼）、牦牛、安哥拉山羊、西藏山羊、克什米尔山羊及类似山羊（普通山羊除外）、家兔（包括安哥拉兔）、野兔、海狸、河狸鼠或麝鼠。

三、“动物粗毛”，是指以上未提及的其他动物的毛，但不包括制刷用鬃、毛（税目05.02）以及马毛（税目05.11）。

Chapter Notes:

Throughout the Nomenclature:

1. “Wool” means the natural fibre grown by sheep or lambs.

2. “Fine animal hair” means the hair of alpaca, llama, vicuna, camel (including dromedary), yak, Angora, Tibetan, Kashmir or similar goats (but not common goats), rabbit (including Angora rabbit), hare, beaver, nutria or musk-rat.

3. “Coarse animal hair” means the hair of animals not mentioned above, excluding brush-making hair and bristles (heading 05.02) and horsehair (heading 05.11).

税则号列			货品名称中英文		税费综合信息	计量单位	监管证件代码		检验检疫类别		检验检疫编码	检验检疫编码对应中文名称
HS国际统一前6位	本国子目 7~8位	本国子目 9~10位	中文 货物名称	英文 Article Description			进口	出口	进口	出口		
510111	00	01	未梳的含脂剪羊毛（配额内）	Greasy shorn wool, not carded or combed, in-quota	【最】1【普】50 【协东盟】5【协新西兰】国别配额税率 【协澳大利亚】国别关税配额【协香港】0 【协澳门】0 【配额】1【增】10【对美加征】10【出】0 【退】10	千克	tA	B	MP	Q	101 102	未梳的含脂剪羊毛（配额内）（绵羊毛） 未梳的含脂剪羊毛（配额内）（山羊毛）
510111	00	90	未梳的含脂剪羊毛（配额外）	Greasy shorn wool, not carded or combed, out-of-quota	【最】38【普】50 【协东盟】5【协新西兰】国别配额税率 【协澳大利亚】国别关税配额【协香港】0 【协澳门】0 【配额】1【增】10【对美加征】10【出】0 【退】10	千克	A	B	MP	Q	101 102	未梳的含脂剪羊毛（配额外）（绵羊毛） 未梳的含脂剪羊毛（配额外）（山羊毛）
510119	00	01	未梳的其他含脂羊毛（配额内）	Other greasy wool, not carded or combed, in-quota	【最】1【普】50 【协东盟】5【协新西兰】国别配额税率 【协澳大利亚】国别关税配额【协香港】0 【协澳门】0 【配额】1【增】10【出】0【退】10	千克	tA	B	MP	Q	101 102	未梳的其他含脂羊毛（配额内）（绵羊毛） 未梳的其他含脂羊毛（配额内）（山羊毛）
510119	00	90	未梳的其他含脂羊毛（配额外）	Other greasy wool, not carded or combed, out-of-quota	【最】38【普】50 【协东盟】5【协新西兰】国别配额税率 【协澳大利亚】国别关税配额【协香港】0 【协澳门】0 【配额】1 【增】10【出】0【退】10	千克	A	B	MP	Q	101 102	未梳的其他含脂羊毛（配额外）（绵羊毛） 未梳的其他含脂羊毛（配额外）（山羊毛）
510121	00	01	未梳的脱脂剪羊毛（未碳化）（配额内）	Shorn wool, not carded or combed (degreased, not carbonized), in-quota	【最】1【普】50 【协东盟】5【协新西兰】国别配额税率 【协澳大利亚】国别关税配额【协香港】0 【协澳门】0 【配额】1【增】16【出】0【退】13	千克	tA	B	MP	Q	101 102	未梳的脱脂剪羊毛（未碳化）（配额内）（洗净绵羊毛） 未梳的脱脂剪羊毛（未碳化）（配额内）（洗净山羊毛）
510121	00	90	未梳的脱脂剪羊毛（未碳化）（配额外）	Shorn wool, not carded or combed (degreased, not carbonized), out-of-quota	【最】38【普】50 【协东盟】5【协新西兰】国别配额税率 【协澳大利亚】国别关税配额【协香港】0 【协澳门】0 【配额】1【增】16【出】0【退】13	千克	A	B	MP	Q	101 102	未梳的脱脂剪羊毛（未碳化）（配额外）（洗净绵羊毛） 未梳的脱脂剪羊毛（未碳化）（配额外）（洗净山羊毛）
510129	00	01	未梳的其他脱脂羊毛（未碳化）（配额内）	Other wool, not carded or combed (degreased, not carbonized), in-quota	【最】1【普】50 【协东盟】5【协新西兰】国别配额税率 【协澳大利亚】国别关税配额【协香港】0 【协澳门】0 【配额】1【增】16【出】0【退】13	千克	tA	B	MP	Q	101 102	未梳的其他脱脂羊毛（未碳化）（配额内）（洗净绵羊毛） 未梳的其他脱脂羊毛（未碳化）（配额内）（洗净山羊毛）

税则号列			货品名称中英文		税费综合信息	计量单位	监管证件代码		检验检疫类别		检验检疫编码	检验检疫编码对应中文名称
HS 国际统一前6位	本国子目 7~8位	本国子目 9~10位	中文 货物名称	英文 Article Description			进口	出口	进口	出口		
510129	00	90	未梳的其他脱脂羊毛（未碳化）（配额外）	Other wool, not carded or combed (degreased, not carbonized), out-of-quota	【最】38【普】50 【协东盟】5【协新西兰】国别配额税率 【协澳大利亚】国别关税配额【协香港】0 【协澳门】0 【配额】1【增】16【出】0【退】13	千克	A	B	MP	Q	101 102	未梳的其他脱脂羊毛（未碳化）（配额外）（洗净绵羊毛） 未梳的其他脱脂羊毛（未碳化）（配额外）（洗净山羊毛）
510130	00	01	未梳碳化羊毛（配额内）	Wool, not carded or combed, carbonized, in-quota	【最】1【普】50 【协东盟】5【协澳门】0 【协新西兰】国别配额税率【协香港】0 【协澳大利亚】国别关税配额 【配额】1【增】16【出】0【退】13	千克	tA	B	MP	Q	999	未梳碳化羊毛（配额内）
510130	00	90	未梳碳化羊毛（配额外）	Wool, not carded or combeb, carbonized, out-of-quota	【最】38【普】50 【协东盟】5【协澳门】0 【协新西兰】国别配额税率【协香港】0 【协澳大利亚】国别关税配额 【配额】1【增】16【出】0【退】13	千克	A	B	MP	Q	999	未梳碳化羊毛（配额外）
510211	00		未梳喀什米尔山羊的细毛	Fine animal hair of kashmir (cashmere) goats, not carded or combed	【最】9【普】45 【协东盟】0【协巴基斯坦】5【协智利】0 【协新西兰】0【协秘鲁】0【协哥斯达黎加】0 【协冰岛】0【协瑞士】0【协澳大利亚】0 【协韩国】0【协格鲁吉亚】0【协香港】0 【协澳门】0 【特-1】0【特-2】0【特-3】0 【增】16【出】0【退】0	千克	A	B	P	Q	101 102 103	未梳喀什米尔山羊的细毛（未洗山羊毛） 未梳喀什米尔山羊的细毛（洗净山羊毛） 未梳喀什米尔山羊的细毛（山羊绒）
510219	10	10	未梳濒危兔毛	Fine hair of endangered rabbit and hare, not carded or combed	【最】9【普】50 【协东盟】0【协巴基斯坦】5【协智利】0 【协新西兰】0【协秘鲁】0【协哥斯达黎加】0 【协冰岛】0【协瑞士】0【协澳大利亚】0 【协韩国】0【协格鲁吉亚】0【协香港】0 【协澳门】0 【特-1】0【特-2】0【特-3】0 【增】16【出】0【退】0	千克	AF	BE	P	Q	101 102	未梳濒危兔毛（未洗净兔毛） 未梳濒危兔毛（洗净兔毛）
510219	10	90	其他未梳兔毛	Other fine hair of rabbit and hare, not carded or combed	【最】9【普】50 【协东盟】0【协巴基斯坦】5【协智利】0 【协新西兰】0【协秘鲁】0【协哥斯达黎加】0 【协冰岛】0【协瑞士】0【协澳大利亚】0 【协韩国】0【协格鲁吉亚】0【协香港】0 【协澳门】0 【特-1】0【特-2】0【特-3】0 【增】16【出】0【退】6	千克	A	B	P	Q	101 102	其他未梳兔毛（未洗净兔毛） 其他未梳兔毛（洗净兔毛）
510219	20		其他未梳山羊绒	Other fine hair of goats, not carded or combed	【最】9【普】45 【协东盟】0【协巴基斯坦】5【协智利】0 【协新西兰】0【协秘鲁】0【协哥斯达黎加】0 【协冰岛】0【协瑞士】0【协澳大利亚】0 【协韩国】0【协格鲁吉亚】0【协香港】0 【协澳门】0 【特-1】0【特-2】0【特-3】0 【增】16【出】0【退】0	千克	A	B	P	Q	101 102 103 104	其他未梳山羊绒（未洗净山羊绒） 其他未梳山羊绒［未洗净野羊毛（绒）］ 其他未梳山羊绒（洗净山羊绒） 其他未梳山羊绒（洗净野山羊绒）
510219	30	10	未梳濒危野生骆驼科动物毛、绒	Fine hair of endangered wild camel, not carded or combed	【最】9【普】45 【协东盟】0【协巴基斯坦】5【协智利】0 【协新西兰】0【协秘鲁】0【协哥斯达黎加】0 【协冰岛】0【协瑞士】0【协澳大利亚】0 【协韩国】0【协格鲁吉亚】0【协香港】0 【协澳门】0 【特-1】0【特-2】0【特-3】0 【增】16【出】0【退】0	千克	FA	EB	P	Q	101 102 103 104 105	未梳濒危野生骆驼科动物毛、绒（未洗净驼毛） 未梳濒危野生骆驼科动物毛、绒（未洗净驼绒） 未梳濒危野生骆驼科动物毛、绒（未洗净其他野生偶蹄动物鬃毛） 未梳濒危野生骆驼科动物毛、绒［洗净驼毛（绒）］ 未梳濒危野生骆驼科动物毛、绒（洗净其他野生偶蹄动物鬃毛）

税则号列			货品名称中英文		税费综合信息	计量单位	监管证件代码		检验检疫类别		检验检疫编码	检验检疫编码对应中文名称
HS国际统一前6位	本国子目 7~8位	本国子目 9~10位	中文 货物名称	英文 Article Description			进口	出口	进口	出口		
510219	30	90	其他未梳骆驼毛、绒	Other fine hair of camel, not carded or combed	【最】9【普】45 【协东盟】0【协巴基斯坦】5【协智利】0 【协新西兰】0【协秘鲁】0【协哥斯达黎加】0 【协冰岛】0【协瑞士】0【协澳大利亚】0 【协韩国】0【协格鲁吉亚】0【协香港】0 【协澳门】0 【特-1】0【特-2】0【特-3】0 【增】16【出】0【退】10	千克	A	B	P	Q	101 102 103 104	其他未梳骆驼毛、绒（未洗净驼毛） 其他未梳骆驼毛、绒（未洗净驼绒） 其他未梳骆驼毛、绒（洗净驼毛） 其他未梳骆驼毛、绒（洗净驼绒）
510219	90	10	未梳的其他濒危野生动物细毛	Fine hair of other endangered wild animals, not carded or combeb	【最】9【普】45 【协东盟】0【协巴基斯坦】5【协智利】0 【协新西兰】0【协秘鲁】0【协哥斯达黎加】0 【协冰岛】0【协瑞士】0【协澳大利亚】0 【协韩国】0【协格鲁吉亚】0【协香港】0 【协澳门】0 【特-1】0【特-2】0 【增】16【出】0【退】0	千克	FA	EB	P	Q	101 102 103 104 105 ……	未梳的其他濒危野生动物细毛（未洗净其他野生奇蹄动物鬃毛） 未梳的其他濒危野生动物细毛［未洗净野牛毛（绒）］ 未梳的其他濒危野生动物细毛（未洗净其他野生偶蹄动物鬃毛） 未梳的其他濒危野生动物细毛（未洗净兔绒） 未梳的其他濒危野生动物细毛（未洗净未列出的其他动物鬃毛） ……①
510219	90	90	未梳的其他动物细毛	Fine hair of other animals, not carded or combeb	【最】9【普】45 【协东盟】0【协巴基斯坦】5【协智利】0 【协新西兰】0【协秘鲁】0【协哥斯达黎加】0 【协冰岛】0【协瑞士】0【协澳大利亚】0 【协韩国】0【协格鲁吉亚】0【协香港】0 【协澳门】0 【特-1】0【特-2】0 【增】16【出】0【退】10	千克	A	B	P	Q	101 102 103 104 105 ……	未梳的其他动物细毛（未洗净其他饲养奇蹄动物鬃毛） 未梳的其他动物细毛（未洗净其他野生奇蹄动物鬃毛） 未梳的其他动物细毛（未洗净牦牛绒） 未梳的其他动物细毛（未洗净其他饲养偶蹄动物鬃毛） 未梳的其他动物细毛（未洗净其他野生偶蹄动物鬃毛） ……②
510220	00	10	未梳的濒危野生动物粗毛	Coarse hair of endangered wild animals, not carded or combeb	【最】9【普】50 【协东盟】0【协巴基斯坦】5【协智利】0 【协新西兰】0【协秘鲁】0【协哥斯达黎加】0 【协冰岛】0【协瑞士】0【协澳大利亚】0 【协韩国】0【协格鲁吉亚】0【协香港】0 【协澳门】0 【特-1】0【特-2】0【特-3】0 【增】16【出】0【退】0	千克	FA	EB	P	Q	101 102 103 104 105 ……	未梳的濒危野生动物粗毛（未洗净其他野生奇蹄动物鬃毛） 未梳的濒危野生动物粗毛［未洗净野牛毛（绒）］ 未梳的濒危野生动物粗毛（未洗净其他野生偶蹄动物鬃毛） 未梳的濒危野生动物粗毛（未洗净未列出的其他动物鬃毛） 未梳的濒危野生动物粗毛（洗净未列出的野生奇蹄动物鬃毛） ……③

① 该税号项下检验检疫编码及对应中文名称尚有：106　未梳的其他濒危野生动物细毛（洗净未列出的野生奇蹄动物鬃毛），107　未梳的其他濒危野生动物细毛［洗净野牛毛（绒）］，108　未梳的其他濒危野生动物细毛（洗净未列出的野生偶蹄动物鬃毛），109　未梳的其他濒危野生动物细毛（洗净兔绒），110　未梳的其他濒危野生动物细毛（洗净其他动物毛）。

② 该税号项下检验检疫编码及对应中文名称尚有：106　未梳的其他动物细毛（未洗净兔绒），107　未梳的其他动物细毛（未洗净未列出的其他动物鬃毛），108　未梳的其他动物细毛（洗净未列出的饲养奇蹄动物鬃毛），109　未梳的其他动物细毛（洗净未列出的野生奇蹄动物鬃毛），110　未梳的其他动物细毛（洗净牦牛绒），111　未梳的其他动物细毛（洗净未列出的饲养偶蹄动物鬃毛），112　未梳的其他动物细毛（洗净未列出的野生偶蹄动物鬃毛），113　未梳的其他动物细毛（洗净兔绒），114　未梳的其他动物细毛（洗净其他动物毛）。

③ 该税号项下检验检疫编码及对应中文名称尚有：106　未梳的濒危野生动物粗毛（洗净未列出的野生偶蹄动物鬃毛），107　未梳的濒危野生动物粗毛（洗净未列出的其他动物鬃毛）。

税则号列 HS 国际统一前6位	本国子目 7~8位	本国子目 9~10位	货品名称 中文 货物名称	货品名称 英文 Article Description	税费综合信息	计量单位	监管证件代码 进口	监管证件代码 出口	检验检疫类别 进口	检验检疫类别 出口	检验检疫编码	检验检疫编码对应中文名称
510220	00	90	未梳的其他动物粗毛	Coarse hair of other animals, not carded or combeb	【最】9【普】50 【协东盟】0【协巴基斯坦】5【协智利】0 【协新西兰】0【协秘鲁】0【协哥斯达黎加】0 【协冰岛】0【协瑞士】0【协澳大利亚】0 【协韩国】0【协格鲁吉亚】0【协香港】0 【协澳门】0 【特-1】0【特-2】0【特-3】0 【增】16【出】0【退】10	千克	A	B	P	Q	101 102 103 104 105 ……	未梳的其他动物粗毛(未洗净其他饲养奇蹄动物鬃毛) 未梳的其他动物粗毛(未洗净其他野生奇蹄动物鬃毛) 未梳的其他动物粗毛(未洗净其他饲养偶蹄动物鬃毛) 未梳的其他动物粗毛[未洗净野牛毛(绒)] 未梳的其他动物粗毛(未洗净其他野生偶蹄动物鬃毛) ……①
510310	10	01	羊毛落毛(配额内)	Noils of wool, in-quota	【最】1【普】50 【协东盟】5【协新西兰】国别配额税率 【协澳大利亚】国别关税配额【协香港】0 【协澳门】0 【配额】1【增】16【对美加征】10【出】0 【退】10	千克	tA	B	P	Q	101 102 103 104 105	羊毛落毛(配额内)(未洗净绵羊毛) 羊毛落毛(配额内)(未洗净山羊毛) 羊毛落毛(配额内)(未洗净山羊绒) 羊毛落毛(配额内)[未洗净野羊毛(绒)] 羊毛落毛(配额内)(洗净羊毛)
510310	10	90	羊毛落毛(配额外)	Noils of wool, out-of-quota	【最】38【普】50 【协东盟】5【协新西兰】国别配额税率 【协澳大利亚】国别关税配额【协香港】0 【协澳门】0 【配额】1【增】16【对美加征】10【出】0 【退】10	千克	A	B	P	Q	101 102 103 104 105	羊毛落毛(配额外)(未洗净绵羊毛) 羊毛落毛(配额外)(未洗净山羊毛) 羊毛落毛(配额外)(未洗净山羊绒) 羊毛落毛(配额外)[未洗净野羊毛(绒)] 羊毛落毛(配额外)(洗净羊毛)
510310	90	10	其他濒危野生动物细毛的落毛	Noils of fine hair of other endangered wild animal	【最】9【普】50 【协东盟】0【协巴基斯坦】5【协智利】0 【协新西兰】0【协秘鲁】0【协哥斯达黎加】0 【协冰岛】0【协瑞士】0【协澳大利亚】0 【协韩国】0【协格鲁吉亚】0【协香港】0 【协澳门】0 【特-1】0【特-2】0【特-3】0 【增】16【对美加征】25【出】0【退】0	千克	FA	EB	P	Q	101 102 103 104 105 ……	其他濒危野生动物细毛的落毛(未洗净其他野生奇蹄动物鬃毛) 其他濒危野生动物细毛的落毛[未洗净野牛毛(绒)] 其他濒危野生动物细毛的落毛(未洗净其他野生偶蹄动物鬃毛) 其他濒危野生动物细毛的落毛(未洗净兔绒) 其他濒危野生动物细毛的落毛(未洗净未列出的其他动物鬃毛) ……②
510310	90	90	其他动物细毛的落毛	Noils of fine hair of other wild animal	【最】9【普】50 【协东盟】0【协巴基斯坦】5【协智利】0 【协新西兰】0【协秘鲁】0【协哥斯达黎加】0 【协冰岛】0【协瑞士】0【协澳大利亚】0 【协韩国】0【协格鲁吉亚】0【协香港】0 【协澳门】0 【特-1】0【特-2】0【特-3】0 【增】16【对美加征】25【出】0【退】6	千克	9	B	MP	Q	110	其他动物细毛的落毛

① 该税号项下检验检疫编码及对应中文名称尚有：106　未梳的其他动物粗毛（未洗净未列出的其他动物鬃毛），107　未梳的其他动物粗毛（洗净未列出的其他动物鬃毛）。

② 该税号项下检验检疫编码及对应中文名称尚有：106　其他濒危野生动物细毛的落毛（洗净濒危野生动物细毛）。

税则号列			货品名称中英文		税费综合信息	计量单位	监管证件代码		检验检疫类别		检验检疫编码	检验检疫编码对应中文名称
HS国际统一前6位	本国子目7~8位	9~10位	中文 货物名称	英文 Article Description			进口	出口	进口	出口		
510320	10		羊毛废料（包括废纱线，不包括回收纤维）	Waste of wool, including yarn waste but excluding garnetted stock	【最】13.5【普】20 【协东盟】0【协巴基斯坦】6.8【协智利】0 【协新西兰】0【协新加坡】0【协秘鲁】0 【协哥斯达黎加】0【协冰岛】0【协瑞士】5.4 【协澳大利亚】0【协韩国】6.7 【协格鲁吉亚】0【协香港】0【协澳门】0 【特-1】0【特-2】0 【增】16【出】0【退】6	千克	A	B	P	Q	999	羊毛废料（包括废纱线，不包括回收纤维）
510320	90	10	其他濒危野生动物细毛废料（包括废纱线，不包括回收纤维）	Waste of fine hair of other endangered wild animal, including yarn waste but excluding garnetted stock	【最】9【普】50 【协东盟】0【协巴基斯坦】5【协智利】0 【协新西兰】0【协秘鲁】0【协哥斯达黎加】0 【协冰岛】0【协瑞士】0【协澳大利亚】0 【协韩国】0【协格鲁吉亚】0【协香港】0 【协澳门】0 【特-1】0【特-2】0 【增】16【对美加征】25【出】0【退】0	千克	FA	EB	P	Q	999	其他濒危野生动物细毛废料（包括废纱线，不包括回收纤维）
510320	90	90	其他动物细毛废料（包括废纱线，不包括回收纤维）	Waste of fine hair of other animal, including yarn waste but excluding garnetted stock	【最】9【普】50 【协东盟】0【协巴基斯坦】5【协智利】0 【协新西兰】0【协秘鲁】0【协哥斯达黎加】0 【协冰岛】0【协瑞士】0【协澳大利亚】0 【协韩国】0【协格鲁吉亚】0【协香港】0 【协澳门】0 【特-1】0【特-2】0 【增】16【对美加征】25【出】0【退】6	千克	9	B	MP	Q	102	其他动物细毛废料（包括废纱线，不包括回收纤维）（废纺织原料）
510330	00	10	濒危野生动物粗毛废料（包括废纱线，不包括回收纤维）	Waste of coarse hair of endangered wild animal, including yarn waste but excluding garnetted stock	【最】9【普】50 【协东盟】0【协巴基斯坦】5【协智利】0 【协新西兰】0【协秘鲁】0【协哥斯达黎加】0 【协冰岛】0【协瑞士】0【协澳大利亚】0 【协韩国】0【协格鲁吉亚】0【协香港】0 【协澳门】0 【特-1】0【特-2】0【特-3】0 【增】16【对美加征】25【出】0【退】0	千克	FA	EB	P	Q	999	濒危野生动物粗毛废料（包括废纱线，不包括回收纤维）
510330	00	90	其他动物粗毛废料（包括废纱线，不包括回收纤维）	Waste of coarse hair of other animal, including yarn waste but excluding garnetted stock	【最】9【普】50 【协东盟】0【协巴基斯坦】5【协智利】0 【协新西兰】0【协秘鲁】0【协哥斯达黎加】0 【协冰岛】0【协瑞士】0【协澳大利亚】0 【协韩国】0【协格鲁吉亚】0【协香港】0 【协澳门】0 【特-1】0【特-2】0【特-3】0 【增】16【对美加征】25【出】0【退】6	千克	9	B	MP	Q	102	其他动物粗毛废料（包括废纱线，不包括回收纤维）（废纺织原料）
510400	10		羊毛的回收纤维	Garnetted stock of wool	【最】15【普】20 【协东盟】0【协巴基斯坦】12【协智利】0 【协新西兰】0【协新加坡】0【协秘鲁】0 【协哥斯达黎加】0【协冰岛】0【协瑞士】6 【协澳大利亚】0【协韩国】7.5【协格鲁吉亚】0 【协香港】0【协澳门】0 【特-1】0【特-2】0 【增】16【出】0【退】6	千克	A	B	P	Q	999	羊毛的回收纤维
510400	90	10	其他濒危野生动物细毛（包括粗毛回收纤维）	Garnetted stock of fine or coarse hair of other endangered wild animal	【最】5【普】50 【协东盟】0【协巴基斯坦】0【协智利】0 【协新西兰】0【协秘鲁】0【协哥斯达黎加】0 【协冰岛】0【协瑞士】0【协澳大利亚】0 【协韩国】0【协格鲁吉亚】0【协香港】0 【协澳门】0 【特-1】0【特-2】0【特-3】0 【增】16【对美加征】25【出】0【退】0	千克	FA	EB	P	Q	101 102 103	其他濒危野生动物细毛（包括粗毛回收纤维）（毛回收纤维） 其他濒危野生动物细毛（包括粗毛回收纤维）（用于纺织原料的其他动物纤维） 其他动物细毛或粗毛的回收纤维（废纺织原料）
510510	00	01	粗梳羊毛（配额内）	Carded wool, in-quota	【最】3【普】50 【协新西兰】国别配额税率【协香港】0 【协澳门】0 【配额】3【增】16【出】0【退】13	千克	tA	B	MP	Q	999	粗梳羊毛（配额内）
510510	00	90	粗梳羊毛（配额外）	Carded wool, out-of-quota	【最】38【普】50 【协新西兰】国别配额税率【协香港】0 【协澳门】0 【配额】3【增】16【出】0【退】13	千克	A	B	MP	Q	999	粗梳羊毛（配额外）

税则号列			货品名称中英文		税费综合信息	计量单位	监管证件代码		检验检疫类别		检验检疫编码	检验检疫编码对应中文名称
HS 国际统一前6位	本国子目 7~8位	9~10位	中文 货物名称	英文 Article Description			进口	出口	进口	出口		
510521	00	01	精梳羊毛片毛(配额内)	Combed wool in fragments, in-quota	【最】3【普】50 【协新西兰】国别配额税率【协香港】0 【协澳门】0 【配额】3【增】16【出】0【退】13	千克	tA	B	MP	Q	999	精梳羊毛片毛(配额内)
510521	00	90	精梳羊毛片毛(配额外)	Combed wool in fragments, out-of-quota	【最】38【普】50 【协新西兰】国别配额税率【协香港】0 【协澳门】0 【配额】3【增】16【出】0【退】13	千克	A	B	MP	Q	999	精梳羊毛片毛(配额外)
510529	00	01	羊毛条及其他精梳羊毛(配额内)	Wool tops and other combed wool, in-quota	【最】3【普】50 【协新西兰】国别配额税率【协香港】0 【协澳门】0 【配额】3【增】16【出】0【退】13	千克	tA	B	MP	Q	999	羊毛条及其他精梳羊毛(配额内)
510529	00	90	羊毛条及其他精梳羊毛(配额外)	Wool tops and other combed wool, out-of-quota	【最】38【普】50 【协新西兰】国别配额税率【协香港】0 【协澳门】0 【配额】3【增】16【出】0【退】13	千克	A	B	MP	Q	999	羊毛条及其他精梳羊毛(配额外)
510531	00		已梳喀什米尔山羊的细毛	Fine hair of kashmir (cashmere) goats, carded or combed	【最】5【普】50 【协东盟】0【协巴基斯坦】0【协智利】0 【协新西兰】0【协秘鲁】0【协哥斯达黎加】0 【协冰岛】0【协瑞士】0【协澳大利亚】0 【协韩国】0【协格鲁吉亚】0【协香港】0 【协澳门】0 【特-1】0【特-2】0【特-3】0 【增】16【出】0【退】0	千克	A	B	P	Q	999	已梳喀什米尔山羊的细毛
510539	10	10	已梳濒危兔毛	Fine hair of endangered rabbit and hare, carded or combed	【最】5【普】70 【协亚太】3.5【协东盟】0【协巴基斯坦】0 【协智利】0【协新西兰】0【协哥斯达黎加】0 【协冰岛】0【协瑞士】0【协澳大利亚】0 【协韩国】0【协格鲁吉亚】0【协香港】0 【协澳门】0 【特-1】0【特-2】0【特-3】0 【增】16【出】0【退】0	千克	AF	BE	P	Q	999	已梳濒危兔毛
510539	10	90	其他已梳兔毛	Other fine hair of rabbit and hare, carded or combed	【最】5【普】70 【协亚太】3.5【协东盟】0【协巴基斯坦】0 【协智利】0【协新西兰】0【协哥斯达黎加】0 【协冰岛】0【协瑞士】0【协澳大利亚】0 【协韩国】0【协格鲁吉亚】0【协香港】0 【协澳门】0 【特-1】0【特-2】0【特-3】0 【增】16【出】0【退】13	千克	A	B	P	Q	999	其他已梳兔毛
510539	21		其他已梳无毛山羊绒	Fine hair of dehaired goats wool, carded or combed	【最】5【普】50 【协亚太】3.5【协东盟】0【协巴基斯坦】0 【协智利】0【协新西兰】0【协哥斯达黎加】0 【协冰岛】0【协瑞士】0【协澳大利亚】0 【协韩国】0【协格鲁吉亚】0【协香港】0 【协澳门】0 【特-1】0【特-2】0【特-3】0 【增】16【出】0【退】0	千克	A	B	MP	Q	999	其他已梳无毛山羊绒
510539	29		其他已梳山羊绒	Fine hair of other goats, carded or combed	【最】5【普】50 【协亚太】3.5【协东盟】0【协巴基斯坦】0 【协智利】0【协新西兰】0【协哥斯达黎加】0 【协冰岛】0【协瑞士】0【协澳大利亚】0 【协韩国】0【协格鲁吉亚】0【协香港】0 【协澳门】0 【特-1】0【特-2】0【特-3】0 【增】16【出】0【退】0	千克	A	B	P	Q	999	其他已梳山羊绒
510539	90	10	其他已梳濒危野生动物细毛	Other fine hair of wild animal, carded or combed	【最】5【普】50 【协亚太】3.5【协东盟】0【协巴基斯坦】0 【协智利】0【协新西兰】0【协哥斯达黎加】0 【协冰岛】0【协瑞士】0【协澳大利亚】0 【协韩国】0【协格鲁吉亚】0【协香港】0 【协澳门】0 【特-1】0【特-2】0 【增】16【出】0【退】0	千克	AF	BE	P	Q	999	其他已梳濒危野生动物细毛

税则号列			货品名称中英文		税费综合信息	计量单位	监管证件代码		检验检疫类别		检验检疫编码	检验检疫编码对应中文名称
HS国际统一前6位	本国子目 7~8位	9~10位	中文 货物名称	英文 Article Description			进口	出口	进口	出口		
510539	90	90	其他已梳动物细毛	Other fine hair of animal, carded or combed	【最】5【普】50 【协亚太】3.5【协东盟】0【协巴基斯坦】0 【协智利】0【协新西兰】0【协哥斯达黎加】0 【协冰岛】0【协瑞士】0【协澳大利亚】0 【协韩国】0【协格鲁吉亚】0【协香港】0 【协澳门】0 【特-1】0【特-2】0 【增】16【出】0【退】13	千克	A	B	P	Q	999	其他已梳动物细毛
510540	00	10	其他已梳濒危野生动物粗毛	Other coarse hair of endangered wild animal, carded or combed	【最】5【普】50 【协东盟】0【协巴基斯坦】0【协智利】0 【协新西兰】0【协哥斯达黎加】0【协冰岛】0 【协瑞士】0【协澳大利亚】0【协韩国】0 【协格鲁吉亚】0【协香港】0【协澳门】0 【特-1】0【特-2】0【特-3】0 【增】16【出】0【退】0	千克	FA	EB	P	Q	999	其他已梳濒危野生动物粗毛
510540	00	90	其他已梳动物粗毛	Other coarse hair of animal, carded or combed	【最】5【普】50 【协东盟】0【协巴基斯坦】0【协智利】0 【协新西兰】0【协哥斯达黎加】0【协冰岛】0 【协瑞士】0【协澳大利亚】0【协韩国】0 【协格鲁吉亚】0【协香港】0【协澳门】0 【特-1】0【特-2】0【特-3】0 【增】16【出】0【退】13	千克	A	B	P	Q	999	其他已梳动物粗毛
510610	00		非零售用粗梳羊毛纱线（按重量计羊毛含量≥85%）	Yarn of carded wool, not put up for retail sale, containing 85% or more by weight of wool	【最】5【普】70 【协东盟】0【协香港】0【协澳门】0 【协巴基斯坦】0【协智利】0【协新西兰】0 【协秘鲁】0【协哥斯达黎加】0【协冰岛】0 【协瑞士】0【协澳大利亚】0【协韩国】0 【协格鲁吉亚】0 【特-1】0【特-2】0【特-3】0 【增】16【出】0【退】16	千克					999	非零售用粗梳羊毛纱线（按重量计羊毛含量≥85%）
510620	00		非零售用粗梳混纺羊毛纱线（混纺以羊毛纱线为主，但羊毛含量<85%）	Yarn of carded wool, not put up for retail sale, containing less than 85% by weight of wool	【最】5【普】70 【协东盟】0【协香港】0【协澳门】0 【协巴基斯坦】0【协智利】0【协新西兰】0 【协秘鲁】0【协哥斯达黎加】0【协冰岛】0 【协瑞士】0【协澳大利亚】0【协韩国】0 【协格鲁吉亚】0 【特-1】0【特-2】0【特-3】0 【增】16【对美加征】10【出】0【退】16	千克					999	非零售用粗梳混纺羊毛纱线（混纺以羊毛纱线为主，但羊毛含量<85%）
510710	00		非供零售用精梳纯羊毛纱线（按重量计羊毛含量≥85%）	Yarn of combed wool, not put up for retail sale, containing 85% or more by weight of wool	【最】5【普】70 【协亚太】2.5【协东盟】0【协香港】0 【协澳门】0【协巴基斯坦】0【协智利】0 【协新西兰】0【协秘鲁】0【协哥斯达黎加】0 【协瑞士】0【协澳大利亚】0【协韩国】0 【协格鲁吉亚】0 【特-1】0【特-2】0【特-3】0 【增】16【对美加征】10【出】0【退】16	千克					999	非供零售用精梳纯羊毛纱线（按重量计羊毛含量≥85%）
510720	00		非供零售用精梳混纺羊毛纱线（混纺以羊毛纱线为主，但羊毛含量<85%）	Yarn of combed wool, not put up for retail sale, containing less than 85% by weight of wool	【最】5【普】70 【协东盟】0【协澳门】0【协巴基斯坦】0 【协香港】0【协智利】0【协新西兰】0 【协秘鲁】0【协哥斯达黎加】0【协冰岛】0 【协瑞士】0【协澳大利亚】0【协韩国】0 【协格鲁吉亚】0 【特-1】0【特-2】0【特-3】0 【增】16【对美加征】10【出】0【退】16	千克					999	非供零售用精梳混纺羊毛纱线（混纺以羊毛纱线为主，但羊毛含量<85%）
510810	11		非供零售用粗梳山羊绒纱线（按重量计山羊绒含量≥85%）	Yarn of fine hair of goats, carded, not put up for retail sale, containing 85% or more by weight of goats hair	【最】5【普】70 【协亚太】3.3【协东盟】0【协澳门】0 【协巴基斯坦】0【协智利】0【协新西兰】0 【协秘鲁】0【协哥斯达黎加】0【协冰岛】0 【协瑞士】0【协澳大利亚】0【协韩国】0 【协格鲁吉亚】0【协香港】0 【特-1】0【特-2】0【特-3】0 【增】16【对美加征】10【出】0【退】16	千克					999	非供零售用粗梳山羊绒纱线（按重量计山羊绒含量≥85%）

税则号列			货品名称中英文		税费综合信息	计量单位	监管证件代码		检验检疫类别		检验检疫编码	检验检疫编码对应中文名称
HS国际统一前6位	本国子目 7~8位	9~10位	中文 货物名称	英文 Article Description			进口	出口	进口	出口		
510810	19	10	非供零售用粗梳其他濒危动物细毛纱线（按重量计其他动物细毛含量≥85%）	Yarn of fine hair of endangered animals, carded, not put up for retail sale, containing 85% or more by weight of other animal hair	【最】5【普】70 【协亚太】3.3【协东盟】0【协澳门】0 【协巴基斯坦】0【协智利】0【协新西兰】0 【协秘鲁】0【协哥斯达黎加】0【协冰岛】0 【协瑞士】0【协澳大利亚】0【协韩国】0 【协格鲁吉亚】0【协香港】0 【特-1】0【特-2】0【特-3】0 【增】16【出】0【退】0	千克	F	E			999	非供零售用粗梳其他濒危动物细毛纱线（按重量计其他动物细毛含量≥85%）
510810	19	90	非供零售用粗梳其他动物细毛纱线（按重量计其他动物细毛含量≥85%）	Yarn of fine hair of animal, carded, not put up for retail sale, containing 85% or more by weight of other animal hair	【最】5【普】70 【协亚太】3.3【协东盟】0【协澳门】0 【协巴基斯坦】0【协智利】0【协新西兰】0 【协秘鲁】0【协哥斯达黎加】0【协冰岛】0 【协瑞士】0【协澳大利亚】0【协韩国】0 【协格鲁吉亚】0【协香港】0 【特-1】0【特-2】0【特-3】0 【增】16【出】0【退】16	千克					999	非供零售用粗梳其他动物细毛纱线（按重量计其他动物细毛含量≥85%）
510810	90	10	非供零售用粗梳其他濒危动物细毛纱线（按重量计其他粗梳动物细毛含量<85%）	Yarn of fine hair of other endangered animal, carded not put up for retail sale, containing less than 85% by weight of other animal hair	【最】5【普】70 【协亚太】3.3【协东盟】0【协澳门】0 【协巴基斯坦】0【协智利】0【协新西兰】0 【协秘鲁】0【协哥斯达黎加】0【协冰岛】0 【协瑞士】0【协澳大利亚】0【协韩国】0 【协格鲁吉亚】0【协香港】0 【特-1】0【特-2】0【特-3】0 【增】16【对美加征】10【出】0【退】0	千克	F	E			999	非供零售用粗梳其他濒危动物细毛纱线（按重量计其他粗梳动物细毛含量<85%）
510810	90	90	非供零售用粗梳其他动物细毛纱线（按重量计其他粗梳动物细毛含量<85%）	Yarn of fine hair of other animal, carded not put up for retail sale, containing less than 86% by weight of other animal hair	【最】5【普】70 【协亚太】3.3【协东盟】0【协澳门】0 【协巴基斯坦】0【协智利】0【协新西兰】0 【协秘鲁】0【协哥斯达黎加】0【协冰岛】0 【协瑞士】0【协澳大利亚】0【协韩国】0 【协格鲁吉亚】0【协香港】0 【特-1】0【特-2】0【特-3】0 【增】16【对美加征】10【出】0【退】16	千克					999	非供零售用粗梳其他动物细毛纱线（按重量计其他粗梳动物细毛含量<85%）
510820	11		非供零售用精梳山羊绒纱线（按重量计山羊绒含量≥85%）	Yarn of fine hair of goats, combed not put up for retail sale, containing 85% or more by weight of goats hair	【最】5【普】70 【协东盟】0【协澳门】0【协巴基斯坦】0 【协智利】0【协新西兰】0【协哥斯达黎加】0 【协冰岛】0【协瑞士】0【协澳大利亚】0 【协韩国】0【协格鲁吉亚】0【协香港】0 【特-1】0【特-2】0【特-3】0 【增】16【出】0【退】16	千克					999	非供零售用精梳山羊绒纱线（按重量计山羊绒含量≥85%）
510820	19	10	非供零售用精梳其他濒危动物细毛纱线（按重量计其他动物细毛含量≥85%）	Yarn of fine hair of endangered animal, combed not put up for retail sale, containing 85% or more by weight of other fine animal hair	【最】5【普】70 【协东盟】0【协澳门】0【协巴基斯坦】0 【协智利】0【协新西兰】0【协哥斯达黎加】0 【协冰岛】0【协瑞士】0【协澳大利亚】0 【协韩国】0【协格鲁吉亚】0【协香港】0 【特-1】0【特-2】0【特-3】0 【增】16【出】0【退】0	千克	F	E			999	非供零售用精梳其他濒危动物细毛纱线（按重量计其他动物细毛含量≥85%）
510820	19	90	非供零售用精梳其他动物细毛纱线（按重量计其他动物细毛含量≥85%）	Yarn of fine hair of animal, combed, not put up for retail sale, containing 85% or more by weight of other fine animal hair	【最】5【普】70 【协东盟】0【协澳门】0【协巴基斯坦】0 【协智利】0【协新西兰】0【协哥斯达黎加】0 【协冰岛】0【协瑞士】0【协澳大利亚】0 【协韩国】0【协格鲁吉亚】0【协香港】0 【特-1】0【特-2】0【特-3】0 【增】16【出】0【退】16	千克					999	非供零售用精梳其他动物细毛纱线（按重量计其他动物细毛含量≥85%）
510820	90	10	非供零售用精梳其他濒危动物细毛纱线（按重量计其他精梳动物细毛含量<85%）	Yarn of fine hair of endangered animal, combed, not put up for retail sale, containing less than 85% by weight of other fine animal hair	【最】5【普】70 【协东盟】0【协澳门】0【协巴基斯坦】0 【协智利】0【协新西兰】0【协哥斯达黎加】0 【协冰岛】0【协瑞士】0【协澳大利亚】0 【协韩国】0【协格鲁吉亚】0【协香港】0 【特-1】0【特-2】0【特-3】0 【增】16【对美加征】10【出】0【退】0	千克	F	E			999	非供零售用精梳其他濒危动物细毛纱线（按重量计其他精梳动物细毛含量<85%）
510820	90	90	非供零售用精梳其他动物细毛纱线（按重量计其他精梳动物细毛含量<85%）	Yarn of fine hair of animal, combed, not put up for retail sale, containing less than 85% by weight of other animal hair	【最】5【普】70 【协东盟】0【协澳门】0【协巴基斯坦】0 【协智利】0【协新西兰】0【协哥斯达黎加】0 【协冰岛】0【协瑞士】0【协澳大利亚】0 【协韩国】0【协格鲁吉亚】0【协香港】0 【特-1】0【特-2】0【特-3】0 【增】16【对美加征】10【出】0【退】16	千克					999	非供零售用精梳其他动物细毛纱线（按重量计其他精梳动物细毛含量<85%）

税则号列 HS国际统一前6位	本国子目 7~8位	本国子目 9~10位	货品名称中英文 中文 货物名称	货品名称中英文 英文 Article Description	税费综合信息	计量单位	监管证件代码 进口	监管证件代码 出口	检验检疫类别 进口	检验检疫类别 出口	检验检疫编码	检验检疫编码对应中文名称
510910	11		零售用山羊绒纱线（按重量计山羊绒含量≥85%）	Yarn of goats hair, put up for retail sale, containing 85% or more by weight of goats hair	【最】6【普】80 【协东盟】0【协巴基斯坦】5【协智利】0 【协新西兰】0【协秘鲁】0【协哥斯达黎加】0 【协冰岛】0【协瑞士】0【协澳大利亚】0 【协韩国】0【协格鲁吉亚】0【协香港】0 【协澳门】0 【特-1】0【特-2】0【特-3】0 【增】16【出】0【退】16	千克					999	零售用山羊绒纱线（按重量计山羊绒含量≥85%）
510910	19		零售用其他动物细毛纱线（按重量计其他动物细毛含量≥85%）	Yarn of other animal hair, put up for retail sale, containing 85% or more by weight of other animal hair	【最】6【普】80 【协东盟】0【协澳门】0【协巴基斯坦】5 【协智利】0【协新西兰】0【协秘鲁】0 【协哥斯达黎加】0【协冰岛】0【协瑞士】0 【协澳大利亚】0【协韩国】0【协格鲁吉亚】0 【协香港】0 【特-1】0【特-2】0【特-3】0 【增】16【出】0【退】16	千克					999	零售用其他动物细毛纱线（按重量计其他动物细毛含量≥85%）
510910	90		零售用羊毛纱线（按重量计羊毛含量≥85%）	Yarn of wool, put up for retail sale, containing 85% or more by weight of wool	【最】6【普】80 【协东盟】0【协澳门】0【协巴基斯坦】5 【协智利】0【协新西兰】0【协秘鲁】0 【协哥斯达黎加】0【协冰岛】0【协瑞士】0 【协澳大利亚】0【协韩国】0【协格鲁吉亚】0 【协香港】0 【特-1】0【特-2】0【特-3】0 【增】16【对美加征】10【出】0【退】16	千克					999	零售用羊毛纱线（按重量计羊毛含量≥85%）
510990	11		零售用混纺山羊绒纱线（混纺以羊毛纱线为主，但羊毛含量<85%）	Yarn of mixed goats hair, put up for retail sale, containing less 85% by weight of goats hair	【最】6【普】80 【协亚太】4.2【协东盟】0【协澳门】0 【协巴基斯坦】5【协智利】0【协新西兰】0 【协哥斯达黎加】0【协冰岛】0【协瑞士】0 【协澳大利亚】0【协韩国】0【协格鲁吉亚】0 【协香港】0 【特-1】0【特-2】0【特-3】0 【增】16【出】0【退】16	千克					999	零售用混纺山羊绒纱线（混纺以羊毛纱线为主，但羊毛含量<85%）
510990	19		零售用混纺其他动物细毛纱线（混纺以羊毛纱线为主，但羊毛含量<85%）	Yarn of other mixed animal hair, put up for retail sale, containing less 85% by weight of other animal hair	【最】6【普】80 【协亚太】4.2【协东盟】0【协澳门】0 【协巴基斯坦】5【协智利】0【协新西兰】0 【协哥斯达黎加】0【协冰岛】0【协瑞士】0 【协澳大利亚】0【协韩国】0【协格鲁吉亚】0 【协香港】0 【特-1】0【特-2】0【特-3】0 【增】16【出】0【退】16	千克					999	零售用混纺其他动物细毛纱线（混纺以羊毛纱线为主，但羊毛含量<85%）
510990	90		零售用混纺羊毛纱线（混纺以羊毛纱线为主，但羊毛含量<85%）	Yarn of mixed wool, put up for retail sale, containing less 85% by weight of wool	【最】6【普】80 【协东盟】0【协澳门】0【协巴基斯坦】5 【协智利】0【协新西兰】0【协哥斯达黎加】0 【协冰岛】0【协瑞士】0【协澳大利亚】0 【协韩国】0【协格鲁吉亚】0【协香港】0 【特-1】0【特-2】0【特-3】0 【增】16【对美加征】10【出】0【退】16	千克					999	零售用混纺羊毛纱线（混纺以羊毛纱线为主，但羊毛含量<85%）
511000	00	10	濒危动物粗毛的纱线（包括马毛粗松螺旋花线，不论是否供零售用）	Yarn of coarse hair of endangered animal (including gimped horse hair yarn), whether or not put up for retail sale	【最】6【普】70 【协东盟】0【协澳门】0【协巴基斯坦】5 【协智利】0【协新西兰】0【协秘鲁】0 【协哥斯达黎加】0【协冰岛】0【协瑞士】0 【协澳大利亚】0【协韩国】0【协格鲁吉亚】0 【协香港】0 【特-1】0【特-2】0【特-3】0 【增】16【出】0【退】0	千克	F	E			999	濒危动物粗毛的纱线（包括马毛粗松螺旋花线，不论是否供零售用）
511000	00	90	其他动物粗毛或马毛的纱线（包括马毛粗松螺旋花线，不论是否供零售用）	Yarn of other coarse hair or of horsehair (including gimped horse hair yarn), whether or not put up for retail sale	【最】6【普】70 【协东盟】0【协澳门】0【协巴基斯坦】5 【协智利】0【协新西兰】0【协秘鲁】0 【协哥斯达黎加】0【协冰岛】0【协瑞士】0 【协澳大利亚】0【协韩国】0【协格鲁吉亚】0 【协香港】0 【特-1】0【特-2】0【特-3】0 【增】16【出】0【退】16	千克					999	其他动物粗毛或马毛的纱线（包括马毛粗松螺旋花线，不论是否供零售用）

税则号列			货品名称中英文		税费综合信息	计量单位	监管证件代码		检验检疫类别		检验检疫编码	检验检疫编码对应中文名称
HS 国际统一前6位	本国子目 7~8位	9~10位	中文 货物名称	英文 Article Description			进口	出口	进口	出口		
511111	11		每平方米重≤300克山羊绒机织物（按重量计粗梳山羊绒含量≥85%）	Woven fabrics of carded goats hair weighing not more than 300g/m², containing 85% or more by weight of goats hair	【最】10【普】130 【协亚太】6.5【协东盟】0【协巴基斯坦】5 【协智利】0【协新西兰】0【协新加坡】0 【协秘鲁】0【协哥斯达黎加】0【协冰岛】0 【协瑞士】0【协澳大利亚】0【协韩国】0 【协格鲁吉亚】0 【特-1】0【特-2】0 【增】16【出】0【退】16	米/千克					999	每平方米重≤300克山羊绒机织物（按重量计粗梳山羊绒含量≥85%）
511111	19		每平方米重≤300克其他动物细毛机织物（按重量计其他粗梳动物细毛含量≥85%）	Woven fabrics of other carded animal hair weighing not more than 300g/m², containing 85% or more by weight of other animal hair	【最】10【普】130 【协亚太】6.5【协东盟】0【协巴基斯坦】5 【协智利】0【协新西兰】0【协新加坡】0 【协秘鲁】0【协哥斯达黎加】0【协冰岛】0 【协瑞士】0【协澳大利亚】0【协韩国】0 【协格鲁吉亚】0【协香港】0【协澳门】0 【特-1】0【特-2】0 【增】16【对美加征】10【出】0【退】16	米/千克					999	每平方米重≤300克其他动物细毛机织物（按重量计其他粗梳动物细毛含量≥85%）
511111	90		每平方米重≤300克羊毛机织物（按重量计粗梳羊毛含量≥85%）	Woven fabrics of carded wool weighing not more than 300g/m², containing 85% or more by weight of wool	【最】10【普】130 【协亚太】6.5【协东盟】0【协澳门】0 【协巴基斯坦】5【协智利】0【协新西兰】0 【协新加坡】0【协秘鲁】0【协哥斯达黎加】0 【协冰岛】0【协瑞士】0【协澳大利亚】0 【协韩国】0【协格鲁吉亚】0【协香港】0 【特-1】0【特-2】0 【增】16【对美加征】10【出】0【退】16	米/千克					999	每平方米重≤300克羊毛机织物（按重量计粗梳羊毛含量≥85%）
511119	11		每平方米重>300克山羊绒机织物（按重量计粗梳山羊绒含量≥85%）	Woven fabrics of carded goats hair weighing more than 300 g/m², containing 85% or more by weight of goats hair	【最】10【普】130 【协亚太】6.5【协东盟】0【协巴基斯坦】5 【协智利】0【协新西兰】0【协新加坡】0 【协秘鲁】0【协哥斯达黎加】0【协冰岛】0 【协瑞士】0【协澳大利亚】0【协韩国】0 【协格鲁吉亚】0【协香港】0【协澳门】0 【特-1】0【特-2】0 【增】16【出】0【退】16	米/千克					999	每平方米重>300克山羊绒机织物（按重量计粗梳山羊绒含量≥85%）
511119	19		每平方米重>300克其他动物细毛机织物（按重量计其他粗梳动物细毛含量≥85%）	Woven fabrics of other carded animal hair weighing more than 300g/m², containing 85% or more by weight of other animal hair	【最】10【普】130 【协亚太】6.5【协东盟】0【协巴基斯坦】5 【协智利】0【协新西兰】0【协新加坡】0 【协秘鲁】0【协哥斯达黎加】0【协冰岛】0 【协瑞士】0【协澳大利亚】0【协韩国】0 【协格鲁吉亚】0【协香港】0【协澳门】0 【特-1】0【特-2】0 【增】16【对美加征】10【出】0【退】16	米/千克					999	每平方米重>300克其他动物细毛机织物（按重量计其他粗梳动物细毛含量≥85%）
511119	90		每平方米重>300克羊毛机织物（按重量计粗梳羊毛含量≥85%）	Woven fabrics of carded wool weighing more than 300g/m², containing 85% or more by weight of wool	【最】10【普】130 【协亚太】6.5【协东盟】0【协巴基斯坦】5 【协智利】0【协新西兰】0【协新加坡】0 【协秘鲁】0【协哥斯达黎加】0【协冰岛】0 【协瑞士】0【协澳大利亚】0【协韩国】0 【协格鲁吉亚】0【协香港】0【协澳门】0 【特-1】0【特-2】0 【增】16【对美加征】10【出】0【退】16	米/千克					999	每平方米重>300克羊毛机织物（按重量计粗梳羊毛含量≥85%）
511120	00		其他主要或仅与化学纤维长丝混纺的粗梳羊毛或粗梳动物细毛的机织物	Other, mixed mainly or solely with man-made filaments	【最】8【普】130 【协东盟】0【协巴基斯坦】5【协智利】0 【协新西兰】0【协新加坡】0【协秘鲁】0 【协哥斯达黎加】0【协冰岛】0【协瑞士】0 【协澳大利亚】0【协韩国】0【协格鲁吉亚】0 【协香港】0【协澳门】0 【特-1】0【特-2】0 【增】16【对美加征】10【出】0【退】16	米/千克					999	其他主要或仅与化学纤维长丝混纺的粗梳羊毛或粗梳动物细毛的机织物（粗梳羊毛或动物细毛含量<85%）
511130	00		其他主要或仅与化学纤维短纤混纺的粗梳羊毛或粗梳动物细毛的机织物	Other, mixed mainly or solely with man-made staple fibres	【最】8【普】130 【协亚太】5.2【协东盟】0【协巴基斯坦】5 【协智利】0【协新西兰】0【协新加坡】0 【协秘鲁】0【协哥斯达黎加】0【协冰岛】0 【协瑞士】0【协澳大利亚】0【协韩国】0 【协格鲁吉亚】0【协香港】0【协澳门】0 【特-1】0【特-2】0 【增】16【对美加征】10【出】0【退】16	米/千克					999	其他主要或仅与化学纤维短纤混纺的粗梳羊毛或粗梳动物细毛的机织物（粗梳羊毛或动物细毛含量<85%）

税则号列			货品名称中英文		税费综合信息	计量单位	监管证件代码		检验检疫类别		检验检疫编码	检验检疫编码对应中文名称
HS 国际统一前 6 位	本国子目 7~8 位	9~10 位	中文 货物名称	英文 Article Description			进口	出口	进口	出口		
511190	00		其他粗梳羊毛或粗梳动物细毛的机织物	Other woven fabrics of carded wool or of carded fine animal hair	【最】8【普】130 【协东盟】0【协巴基斯坦】5【协智利】0 【协新西兰】0【协新加坡】0【协秘鲁】0 【协哥斯达黎加】0【协瑞士】0【协澳大利亚】0 【协韩国】0【协格鲁吉亚】0【协香港】0 【协澳门】0 【特-1】0【特-2】0 【增】16【对美加征】10【出】0【退】16	米/千克					999	其他粗梳羊毛或粗梳动物细毛的机织物（与其他混纺，粗梳羊毛或动物细毛含量<85%）
511211	00		每平方米重量不超过 200 克的精梳羊毛或精梳动物细的机织物	Of a weight not exceeding 200 g/m^2	【最】8【普】130 【协亚太】4【协东盟】0【协香港】0【协澳门】0 【协巴基斯坦】5【协智利】0【协新西兰】0 【协新加坡】0【协秘鲁】0【协哥斯达黎加】0 【协冰岛】0【协瑞士】0【协澳大利亚】0 【协韩国】0【协格鲁吉亚】0 【特-1】0【特-2】0【特-3】0 【增】16【对美加征】10【出】0【退】16	米/千克					999	每平方米重量不超过 200 克的精梳羊毛或精梳动物细的机织物（精梳羊毛或动物细毛含量≥85%）
511219	00		每平方米重量超过 200 克的精梳羊毛或精梳动物细的机织物	Other woven fabrics of combed wool or of combed fine animal	【最】8【普】130 【协亚太】4【协东盟】0【协香港】0 【协澳门】0【协巴基斯坦】5【协智利】0 【协新西兰】0【协新加坡】0【协秘鲁】0 【协哥斯达黎加】0【协冰岛】0【协瑞士】0 【协澳大利亚】0【协韩国】0【协格鲁吉亚】0 【特东老挝】0【特东柬埔寨】0【特东缅甸】0 【特-1】0【特-2】0【特-3】0 【增】16【对美加征】10【出】0【退】16	米/千克					999	每平方米重量超过 200 克的精梳羊毛或精梳动物细的机织物（精梳羊毛或动物细毛含量≥85%）
511220	00		主要或仅与化学纤维长丝混纺的精梳羊毛或精梳动物细的机织物	Other, mixed mainly or solely with man-made filaments	【最】8【普】130 【协东盟】0【协澳门】0【协巴基斯坦】5 【协智利】0【协新西兰】0【协新加坡】0 【协秘鲁】0【协哥斯达黎加】0【协冰岛】0 【协瑞士】0【协澳大利亚】0【协韩国】0 【协格鲁吉亚】0【协香港】0 【特-1】0【特-2】0【特-3】0 【增】16【对美加征】10【出】0【退】16	米/千克					999	主要或仅与化学纤维长丝混纺的精梳羊毛或精梳动物细的机织物（精梳羊毛或动物细毛含量<85%）
511230	00		主要或仅与化学纤维短纤混纺的精梳羊毛或精梳动物细的机织物	Other, mixed mainly or solely with man-made staple fibres	【最】8【普】130 【协东盟】0【协澳门】0【协巴基斯坦】5 【协智利】0【协新西兰】0【协新加坡】0 【协秘鲁】0【协哥斯达黎加】0【协冰岛】0 【协瑞士】0【协澳大利亚】0【协韩国】0 【协格鲁吉亚】0【协香港】0 【特-1】0【特-2】0【特-3】0 【增】16【对美加征】10【出】0【退】16	米/千克					999	主要或仅与化学纤维短纤混纺的精梳羊毛或精梳动物细的机织物（精梳羊毛或动物细毛含量<85%）
511290	00		与其他纤维混纺的精梳羊毛或精梳动物细毛的机织物	Other	【最】8【普】130 【协东盟】0【协澳门】0【协巴基斯坦】5 【协智利】0【协新西兰】0【协新加坡】0 【协秘鲁】0【协哥斯达黎加】0【协冰岛】0 【协瑞士】0【协澳大利亚】0【协韩国】0 【协格鲁吉亚】0【协香港】0 【特-1】0【特-2】0【特-3】0 【增】16【对美加征】10【出】0【退】16	米/千克					999	与其他纤维混纺的精梳羊毛或精梳动物细毛的机织物（精梳羊毛或动物细毛含量<85%）
511300	00		动物粗毛或马毛的机织物	Woven fabrics of coarse animal hair or of horsehair	【最】8【普】130 【协东盟】0【协澳门】0【协巴基斯坦】5 【协智利】0【协新西兰】0【协新加坡】0 【协秘鲁】0【协哥斯达黎加】0【协冰岛】0 【协瑞士】0【协澳大利亚】0【协韩国】0 【协格鲁吉亚】0【协香港】0 【特-1】0【特-2】0【特-3】0 【增】16【出】0【退】16	米/千克					999	动物粗毛或马毛的机织物

第五十二章 棉花

Chapter 52 Cotton

子目注释：

子目 5209.42 及 5211.42 所称“粗斜纹布（劳动布）”，是指用不同颜色的纱线织成的三线或四线斜纹织物，包括破斜纹组织的织物，这种织物以经纱为面，经纱染成一种相同的颜色，纬纱未漂白或经漂白、染成灰色或比经纱稍浅的颜色。

Subheading Note:

For the purposes of subheadings 5209.42 and 5211.42, the expression “denim” means fabrics of yarns of different colours, of 3-thread or 4-thread twill, including broken twill, warp faced, the warp yarns of which are of one and the same colour and the weft yarns of which are unbleached, bleached, dyed grey or coloured a lighter shade of the colour of the warp yarns.

税则号列			货品名称中英文		税费综合信息	计量单位	监管证件代码		检验检疫类别		检验检疫编码	检验检疫编码对应中文名称
HS 国际统一前 6 位	本国子目 7~8 位	本国子目 9~10 位	中文 货物名称	英文 Article Description			进口	出口	进口	出口		
520100	00	01	未梳的棉花［包括脱脂棉花（配额内）］	Cotton, not carded or combed(including degreased cotton, in-quota)	【最】1【普】125 【协东盟】5【协香港】0【协澳门】0【配额】1 【增】10【对美加征】25【出】0【退】10	千克	tA	4xB	MP	Q	999	未梳的棉花［包括脱脂棉花（配额内）］
520100	00	80	未梳的棉花［包括脱脂棉花（关税配额外暂定）］	Cotton, not carded or combed(including degreased cotton out-of-quota, interim)	【最】0【普】0 【协东盟】5【协香港】0【协澳门】0 【滑准】对配额外进口的一定数量棉花，适用滑准税形式暂定关税，具体方式如下：1. 当进口棉花完税价格高于或等于 15.000 元/千克时，暂定从量税率为 0.300 元/千克；2. 当进口棉花完税价格低于 15.000 元/千克时，暂定从价税率按下式计算：Ri=9.45/Pi+2.6% x Pi-1(Ri<=40%) 其中：Ri-暂定从价税率，对上式计算结果小数点后第 4 位四舍五入保留前 3 位；Pi-关税完税价格，单位为元/千克。 【配额】1【增】10【对美加征】25【出】0 【退】10	千克	Ae	4Bx	MP	Q	999	未梳的棉花［包括脱脂棉花（关税配额外暂定）］
520100	00	90	未梳的棉花［包括脱脂棉花（配额外）］	Cotton, not carded or combed(including degreased cotton, out-of-quota)	【最】40【普】125 【协东盟】5【协香港】0【协澳门】0 【配额】1【增】10【对美加征】25【出】0 【退】10	千克	A	4xB	MP	Q	999	未梳的棉花［包括脱脂棉花（配额外）］
520210	00		废棉纱线（包括废棉线）	Yarn waste(including waste cotton yarn)	【最】10【普】30 【协东盟】0【协智利】0【协香港】0 【协新西兰】0【协新加坡】0【协秘鲁】0 【协哥斯达黎加】0【协冰岛】0【协瑞士】0 【协澳大利亚】0【协韩国】5【协澳门】0 【特-1】0【特-2】0 【增】16【对美加征】25【出】0【退】13	千克	9		M		999	废棉纱线（包括废棉线）
520291	00		棉的回收纤维	Garnetted stock	【最】10【普】30 【协东盟】0【协香港】0【协智利】0 【协新西兰】0【协新加坡】0【协秘鲁】0 【协哥斯达黎加】0【协冰岛】0【协瑞士】0 【协澳大利亚】0【协韩国】0 【特-1】0【特-2】0【特-3】0 【增】16【对美加征】25【出】0【退】13	千克	9		M		102	棉的回收纤维
520299	00		其他废棉	Other cotton waste	【最】10【普】30 【协东盟】0【协智利】0【协新西兰】0 【协新加坡】0【协香港】0【协澳门】0 【协哥斯达黎加】0【协冰岛】0【协瑞士】0 【协澳大利亚】0【协韩国】5 【增】16【对美加征】25【出】0【退】10	千克	9		M		102	其他废棉
520300	00	01	已梳的棉花（配额内）	Cotton, carded or combed, in-quota	【最】1【普】125 【协香港】0【协澳门】0 【配额】1 【增】16【对美加征】10【出】0【退】10	千克	tA	4xB	MP	Q	999	已梳的棉花（配额内）
520300	00	90	已梳的棉花（配额外）	Cotton, carded or combed, out-of-quota	【最】40【普】125 【协香港】0【协澳门】0 【配额】1 【增】16【对美加征】10【出】0【退】10	千克	A	4xB	MP	Q	999	已梳的棉花（配额外）

税则号列			货品名称中英文		税费综合信息	计量单位	监管证件代码		检验检疫类别		检验检疫编码	检验检疫编码对应中文名称
HS国际统一前6位	本国子目 7~8位	本国子目 9~10位	中文 货物名称	英文 Article Description			进口	出口	进口	出口		
520411	00		非零售棉缝纫线（按重量计含棉量在85%及以上）	Cotton sewing thread, not put up for retail sale, containing 85% or more by weight of cotton	【最】5【普】40 【协东盟】0【协澳门】0【协智利】0 【协新西兰】0【协秘鲁】0【协哥斯达黎加】0 【协冰岛】0【协瑞士】0【协澳大利亚】0 【协韩国】0【协格鲁吉亚】0【协香港】0 【特东老挝】0【特-1】0【特-2】0【特-3】0 【增】16【对美加征】10【出】0【退】16	千克					999	非零售棉缝纫线（按重量计含棉量在85%及以上）
520419	00		非零售棉缝纫线（按重量计含棉量在85%以下）	Other cotton sewing thread, not put up for retail sale, containing less than 85% by weight of cotton	【最】5【普】40 【协东盟】0【协澳门】0【协智利】0 【协新西兰】0【协秘鲁】0【协哥斯达黎加】0 【协冰岛】0【协瑞士】0【协澳大利亚】0 【协韩国】0【协格鲁吉亚】0【协香港】0 【特-1】0【特-2】0【特-3】0 【增】16【对美加征】5【出】0【退】16	千克					999	非零售棉缝纫线（按重量计含棉量在85%以下）
520420	00		零售用棉制缝纫线	Cotton sewing thread, put up for retail sale	【最】5【普】50 【协东盟】0【协澳门】0【协智利】0 【协新西兰】0【协秘鲁】0【协哥斯达黎加】0 【协冰岛】0【协瑞士】0【协澳大利亚】0 【协韩国】0【协格鲁吉亚】0【协香港】0 【特东老挝】0【特-1】0【特-2】0【特-3】0 【增】16【对美加征】5【出】0【退】16	千克					999	零售用棉制缝纫线
520511	00		非零售粗梳粗支纯棉单纱（粗支指单纱细度≥714.29分特，含棉量≥85%）	Single yarn, of uncombed fibres, not put up for retail sale, measuring 714.29 decitex or more (not exceeding 14 metric number), containing 85% or more by weight of cotton	【最】5【普】40 【协亚太】3.5【协东盟】0【协香港】0 【协澳门】0【协巴基斯坦】3.5【协智利】0 【协新西兰】0【协秘鲁】0【协台湾】0 【协哥斯达黎加】0【协冰岛】0【协瑞士】0 【协澳大利亚】2.2【协韩国】3.3 【协格鲁吉亚】3 【特东老挝】0【特东柬埔寨】0【特东缅甸】0 【特-1】0【特-2】0【特-3】0 【增】16【对美加征】10【出】0【退】16	千克					999	非零售粗梳粗支纯棉单纱（粗支指单纱细度≥714.29分特，含棉量≥85%）
520512	00		非零售粗梳中支纯棉单纱（中支指单纱细度为232.56分特~714.29分特之间，含棉量≥85%）	Single yarn, of uncombed fibres, not put up for retail sale, measuring less than 714.29 decitex but not less than 232.56 decitex (exceeding 14 metric number but not exceeding 43 metric number), containing 85% or more by weight of cotton	【最】5【普】40 【协亚太】3.5【协东盟】0【协香港】0 【协巴基斯坦】3.5【协智利】0【协新西兰】0 【协秘鲁】0【协台湾】0【协哥斯达黎加】0 【协冰岛】0【协瑞士】0【协澳大利亚】2.2 【协韩国】3.3【协格鲁吉亚】3 【特东老挝】0【特东柬埔寨】0【特东缅甸】0 【特-1】0【特-2】0【特-3】0 【增】16【对美加征】10【出】0【退】16	千克					999	非零售粗梳中支纯棉单纱（中支指单纱细度为232.56分特~714.29分特之间，含棉量≥85%）
520513	00		非零售粗梳细支纯棉单纱（细支指单纱细度在192.31分特~232.56分特之间，含棉量≥85%）	Single yarn, of uncombed fibres, not put up for retail sale, measuring less than 232.56 decitex but not less than 192.31 decitex (exceeding 43 metric number but not exceeding 52 metric number), containing 85% or more by weight of cotton	【最】5【普】40 【协亚太】3.5【协东盟】0【协香港】0 【协巴基斯坦】3.5【协智利】0【协新西兰】0 【协秘鲁】0【协哥斯达黎加】0【协冰岛】0 【协瑞士】0【协澳大利亚】2.2【协韩国】3.3 【协格鲁吉亚】3 【特-1】0【特-2】0【特-3】0 【增】16【对美加征】10【出】0【退】16	千克					999	非零售粗梳细支纯棉单纱（细支指单纱细度在192.31分特~232.56分特之间，含棉量≥85%）
520514	00		非零售粗梳较细支纯棉单纱（较细支指单纱细度在125分特~192.31分特之间，含棉量≥85%）	Single yarn, of uncombed fibres, not put up for retail sale, measuring less than 192.31 decitex but not less than 125 decitex (exceeding 52 metric number but not exceeding 80 metric number), containing 85% or more by weight of cotton	【最】5【普】40 【协亚太】3.5【协东盟】0【协香港】0 【协巴基斯坦】3.5【协智利】0【协新西兰】0 【协秘鲁】0【协哥斯达黎加】0【协冰岛】0 【协瑞士】0【协澳大利亚】2.2【协韩国】3.5 【协格鲁吉亚】3 【特东老挝】0【特东缅甸】0【特-1】0 【特-2】0【特-3】0 【增】16【出】0【退】16	千克					999	非零售粗梳较细支纯棉单纱（较细支指单纱细度在125分特~192.31分特之间，含棉量≥85%）

税则号列			货品名称中英文		税费综合信息	计量单位	监管证件代码		检验检疫类别		检验检疫编码	检验检疫编码对应中文名称
HS 国际统一前6位	本国子目 7~8位	9~10位	中文 货物名称	英文 Article Description			进口	出口	进口	出口		
520515	00		非零售粗梳特细支纯棉单纱(特细支指单纱细度<125分特，含棉量≥85%)	Single yarn, of uncombed fibres, not put up for retail sale, measuring less than 125 decitex (exceeding 80 metric number), containing 85% or more by weight of cotton	【最】5【普】40 【协亚太】3.5【协东盟】0【协巴基斯坦】3.5 【协智利】0【协新西兰】0【协秘鲁】0 【协哥斯达黎加】0【协冰岛】0【协瑞士】0 【协澳大利亚】2.2【协韩国】3.3 【协格鲁吉亚】3【协香港】0【协澳门】0 【特-1】0【特-2】0【特-3】0 【增】16【出】0【退】16	千克					999	非零售粗梳特细支纯棉单纱（特细支指单纱细度<125分特，含棉量≥85%）
520521	00		非零售精梳粗支纯棉单纱(粗支指单纱细度≥714.29分特，含棉量≥85%)	Single yarn, of combed fibres, not put up for retail sale, measuring 714.29 decitex or more (not exceeding 14 metric number), containing 85% or more by weight of cotton	【最】5【普】40 【协亚太】3.5【协东盟】0【协香港】0 【协巴基斯坦】3.5【协智利】0【协新西兰】0 【协秘鲁】0【协哥斯达黎加】0【协冰岛】0 【协瑞士】0【协澳大利亚】2.2【协韩国】3.3 【协格鲁吉亚】3 【特东缅甸】0【特-1】0【特-2】0【特-3】0 【增】16【出】0【退】16	千克					999	非零售精梳粗支纯棉单纱（粗支指单纱细度≥714.29分特，含棉量≥85%）
520522	00		非零售精梳中支纯棉单纱(中支指单纱细度为232.56分特~714.29分特之间，含棉量≥85%)	Single yarn, of combed fibres, not put up for retail sale, measuring less than 714.29 decitex but not less than 232.56 decitex(exceeding 14 metric number but not exceeding 43 metric number), containing 85% or more by weight of cotton	【最】5【普】40 【协亚太】3.5【协东盟】0【协香港】0 【协巴基斯坦】3.5【协智利】0【协新西兰】0 【协秘鲁】0【协哥斯达黎加】0【协冰岛】0 【协瑞士】0【协澳大利亚】2.2【协韩国】3.3 【协格鲁吉亚】3 【特-1】0【特-2】0【特-3】0 【增】16【对美加征】10【出】0【退】16	千克					999	非零售精梳中支纯棉单纱（中支指单纱细度为232.56分特~714.29分特之间，含棉量≥85%）
520523	00		非零售精梳细支纯棉单纱(细支指单纱细度在192.31分特~232.56分特之间，含棉量≥85%)	Single yarn, of combed fibres, not put up for retail sale, measuring less than 232.56 decitex but not less than 192.31 decitex(exceeding 43 metric number but not exceeding 52 metric number), containing 85% or more by weight of cotton	【最】5【普】40 【协亚太】3.5【协东盟】0【协香港】0 【协巴基斯坦】3.5【协智利】0【协新西兰】0 【协秘鲁】0【协哥斯达黎加】0【协冰岛】0 【协瑞士】0【协澳大利亚】2.2【协韩国】2.5 【协格鲁吉亚】3 【特-1】0【特-2】0【特-3】0 【增】16【出】0【退】16	千克					999	非零售精梳细支纯棉单纱（细支指单纱细度在192.31分特~232.56分特之间，含棉量≥85%）
520524	00		非零售精梳较细支纯棉单纱(较细支指单纱细度在125分特~192.31分特之间，含棉量≥85%)	Single yarn, of combed fibres, not put up for retail sale, measuring less than 192.31 decitex but not less than 125 decitex(exceeding 52 metric number but not exceeding 80 metric number), containing 85% or more by weight of cotton	【最】5【普】40 【协亚太】3.5【协东盟】0【协香港】0 【协巴基斯坦】3.5【协智利】0【协新西兰】0 【协秘鲁】0【协哥斯达黎加】0【协冰岛】0 【协瑞士】0【协澳大利亚】2.2【协韩国】2.5 【协格鲁吉亚】3 【特东老挝】0【特东缅甸】0【特-1】0【特-2】0【特-3】0 【增】16【对美加征】10【出】0【退】16	千克					999	非零售精梳较细支纯棉单纱（较细支指单纱细度在125分特~192.31分特之间，含棉量≥85%）
520526	00		非零售精梳特细支纯棉单纱(特细支指单纱细度在106.38分特~125分特之间，含棉≥85%)	Single yarn, of combed fibres, not put up for retail sale, measuring less than 125 decitex but not less than 106.38 decitex(exceeding 80 metric number but not exceeding 94 metric number), containing 85% or more by weight of cotton	【最】5【普】40 【协东盟】0【协香港】0【协智利】0 【协新西兰】0【协秘鲁】0【协哥斯达黎加】0 【协冰岛】0【协瑞士】0【协澳大利亚】2.2 【协韩国】3.3【协格鲁吉亚】3 【特-1】0【特-2】0【特-3】0 【增】16【出】0【退】16	千克					999	非零售精梳特细支纯棉单纱（特细支指单纱细度在106.38分特~125分特之间，含棉≥85%）

税则号列			货品名称中英文		税费综合信息	计量单位	监管证件代码		检验检疫类别		检验检疫编码	检验检疫编码对应中文名称
HS国际统一前6位	本国子目7~8位	9~10位	中文 货物名称	英文 Article Description			进口	出口	进口	出口		
520527	00		非零售精梳超特细支纯棉单纱（超特细支指单纱细度在83.33分特~106.38分特之间，含棉≥85%）	Single yarn, of combed fibres, not put up for retail sale, measuring less than 106.38 decitex but not less than 83.33 decitex(exceeding 94 metric number but not exceeding 120 metric nunber), containing 85% or more by weight of cotton	【最】5【普】40 【协东盟】0【协香港】0【协智利】0 【协新西兰】0【协秘鲁】0【协哥斯达黎加】0 【协冰岛】0【协瑞士】0【协澳大利亚】2.2 【协韩国】3.3【协格鲁吉亚】3 【特-1】0【特-2】0【特-3】0 【增】16【出】0【退】16	千克					999	非零售精梳超特细支纯棉单纱（超特细支指单纱细度在83.33分特~106.38分特之间，含棉≥85%）
520528	00		非零售精梳微支纯棉单纱（微支指单纱细度<83.33分特，含棉量≥85%）	Single yarn, of combed fibres, not put up for retail sale, measuring less than 83.33 decitex(exceeding 120 metric number), containing 85% or more by weight of cotton	【最】5【普】40 【协东盟】0【协香港】0【协智利】0 【协新西兰】0【协秘鲁】0【协哥斯达黎加】0 【协冰岛】0【协瑞士】0【协澳大利亚】2.2 【协韩国】3.3【协格鲁吉亚】3 【特-1】0【特-2】0【特-3】0 【增】16【出】0【退】16	千克					999	非零售精梳微支纯棉单纱（微支指单纱细度<83.33分特，含棉量≥85%）
520531	00		非零售粗梳粗支纯棉多股纱（粗支指单纱细度≥714.29分特，含棉量≥85%）	Multiple (folded) or cabled yarn, of uncombed fibres, not put up for retail sale, measuring per single yarn 714.29 decitex or more (not exceeding 14 metric number per single yarn), containing 85% or more by weight of cotton	【最】5【普】40 【协亚太】4.5【协东盟】0【协香港】0 【协澳门】0【协巴基斯坦】4.5【协智利】0 【协新西兰】0【协哥斯达黎加】0【协冰岛】0 【协瑞士】0【协澳大利亚】2.2【协韩国】3.3 【协格鲁吉亚】3 【增】16【对美加征】10【出】0【退】16	千克					999	非零售粗梳粗支纯棉多股纱（粗支指单纱细度≥714.29分特，含棉量≥85%）
520532	00		非零售粗梳中支纯棉多股纱（中支指单纱细度为232.56分特~714.29分特之间，含棉量≥85%）	Multiple (folded) or cabled yarn, of uncombed fibres, not put up for retail sale, measuring per single yarn less than 714.29 decitex but not less than 232.56 decitex (exceeding 14 metric number but not exceeding 43 metric number per single yarn), containing	【最】5【普】40 【协亚太】3.5【协东盟】0【协香港】0 【协澳门】0【协巴基斯坦】3.5【协智利】0 【协新西兰】0【协秘鲁】0【协哥斯达黎加】0 【协冰岛】0【协瑞士】0【协澳大利亚】2.2 【协韩国】3.3【协格鲁吉亚】3 【特-1】0【特-2】0【特-3】0 【增】16【出】0【退】16	千克					999	非零售粗梳中支纯棉多股纱（中支指单纱细度为232.56分特~714.29分特之间，含棉量≥85%）
520533	00		非零售粗梳细支纯棉多股纱（细支指单纱细度在192.31分特~232.56分特之间，含棉量≥85%）	Multiple (folded) or cabled yarn, of uncombed fibres, not put up for retail sale, measuring per single yarn less than 232.56 decitex but not less than 192.31 decitex (exceeding 43 metric number but not exceeding 52 metric number per single yarn), containing	【最】5【普】40 【协东盟】0【协香港】0【协澳门】0【协智利】0 【协新西兰】0【协秘鲁】0【协哥斯达黎加】0 【协冰岛】0【协瑞士】0【协澳大利亚】2.2 【协韩国】3.3【协格鲁吉亚】3 【特-1】0【特-2】0【特-3】0 【增】16【出】0【退】16	千克					999	非零售粗梳细支纯棉多股纱（细支指单纱细度在192.31分特~232.56分特之间，含棉量≥85%）
520534	00		非零售粗梳较细支纯棉多股纱（较细支指单纱细在125分特~192.31分特之间，含棉量≥85%）	Multiple (folded) or cabled yarn, of uncombed fibres, not put up for retail sale, measuring per single yarn less than 192.31 decitex but not less than 125 decitex(exceeding 52 metric number but not exceeding 80 metric number per single yarn), containing 85%	【最】5【普】40 【协东盟】0【协香港】0【协澳门】0【协智利】0 【协新西兰】0【协秘鲁】0【协哥斯达黎加】0 【协冰岛】0【协瑞士】0【协澳大利亚】2.2 【协韩国】3.3【协格鲁吉亚】3 【特-1】0【特-2】0【特-3】0 【增】16【出】0【退】16	千克					999	非零售粗梳较细支纯棉多股纱（较细支指单纱细在125分特~192.31分特之间，含棉量≥85%）

税则号列			货品名称中英文		税费综合信息	计量单位	监管证件代码		检验检疫类别		检验检疫编码	检验检疫编码对应中文名称
HS国际统一前6位	本国子目 7~8位	9~10位	中文 货物名称	英文 Article Description			进口	出口	进口	出口		
520535	00		非零售粗梳特细支纯棉多股纱（特细支指单纱细度<125分特，含棉量≥85%）	Multiple (folded) or cabled yarn, of uncombed fibres, not put up for retail sale, measuring per single yam less than 125 decide (exceeding 80 metric number per single yalm, containing 85% or more by weight of cotton)	【最】5【普】40 【协东盟】0【协澳门】0【协智利】0 【协新西兰】0【协秘鲁】0【协哥斯达黎加】0 【协冰岛】0【协瑞士】0【协澳大利亚】2.2 【协韩国】3.3【协格鲁吉亚】3【协香港】0 【特-1】0【特-2】0【特-3】0 【增】16【出】0【退】16	千克					999	非零售粗梳特细支纯棉多股纱（特细支指单纱细度<125分特，含棉量≥85%）
520541	00		非零售精梳粗支纯棉多股纱（粗支指单纱细度≥714.29分特，含棉量≥85%）	Multiple (folded) or cabled yarn, of combed fibres, not put up for retail sale, measuring per single yarn 714.29 decitex or more (not exceeding 14 metric number per single yarn), containing 85% or more by weight of cotton	【最】5【普】40 【协亚太】4.5【协东盟】0【协香港】0 【协澳门】0【协巴基斯坦】4.5【协智利】0 【协新西兰】0【协哥斯达黎加】0【协冰岛】0 【协瑞士】0【协澳大利亚】2.2【协韩国】3.3 【协格鲁吉亚】3 【特-1】0【特-2】0 【增】16【出】0【退】16	千克					999	非零售精梳粗支纯棉多股纱（粗支指单纱细度≥714.29分特，含棉量≥85%）
520542	00		非零售精梳中支纯棉多股纱（中支指单纱细度为232.56分特~714.29分特之间，含棉量≥85%）	Multiple (folded) or cabled yarn, of combed fibres, not put up for retail sale, measuring per single yarn less than 714.29 decitex but not less than 232.56 decitex (exceeding 14 metric number but not exceeding 43 metric number per single yarn), containing 85	【最】5【普】40 【协亚太】3.5【协香港】0【协澳门】0 【协巴基斯坦】3.5【协智利】0【协新西兰】0 【协秘鲁】0【协哥斯达黎加】0【协冰岛】0 【协瑞士】0【协澳大利亚】2.2【协韩国】3.5 【协格鲁吉亚】3 【特-1】0【特-2】0【特-3】0 【增】16【出】0【退】16	千克					999	非零售精梳中支纯棉多股纱（中支指单纱细度为232.56分特~714.29分特之间，含棉量≥85%）
520543	00		非零售精梳细支纯棉多股纱（细支指单纱细度在192.31分特~232.56分特之间，含棉量≥85%）	Multiple (folded) or cabled yarn, of combed fibres, not put up for retail sale, measuring per single yarn less than 232.56 decitex but not less than 192.31 decitex (exceeding 43 metric number but not exceeding 52 metric number per single yarn), containing 8	【最】5【普】40 【协东盟】0【协香港】0【协澳门】0【协智利】0 【协新西兰】0【协哥斯达黎加】0【协冰岛】0 【协瑞士】0【协澳大利亚】2.2【协韩国】3.3 【协格鲁吉亚】3 【特-1】0【特-2】0【特-3】0 【增】16【对美加征】10【出】0【退】16	千克					999	非零售精梳细支纯棉多股纱（细支指单纱细度在192.31分特~232.56分特之间，含棉量≥85%）
520544	00		非零售精梳较细支纯棉多股纱（较细支指单纱细度在125分特~192.31分特之间，含棉量≥85%）	Multiple(folded) or cabled yarn, of combed fibres, not put up for retail sale, measuring per single yarn less than 192.31 decitex but not less than 125 decitex (exceeding 52 metric number but not exceeding 80 metric number per single yarn), containing 85%	【最】5【普】40 【协东盟】0【协香港】0【协澳门】0【协智利】0 【协新西兰】0【协秘鲁】0【协哥斯达黎加】0 【协冰岛】0【协瑞士】0【协澳大利亚】2.2 【协韩国】3.3【协格鲁吉亚】3【特-1】0 【特-2】0【特-3】0 【增】16【出】0【退】16	千克					999	非零售精梳较细支纯棉多股纱（较细支指单纱细度在125分特~192.31分特之间，含棉量≥85%）

税则号列 HS国际统一前6位	本国子目 7~8位	本国子目 9~10位	货品名称 中文	Article Description 英文	税费综合信息	计量单位	监管证件代码 进口	监管证件代码 出口	检验检疫类别 进口	检验检疫类别 出口	检验检疫编码	检验检疫编码对应中文名称
520546	00		非零售精梳特细支纯棉多股纱（特细支指单纱细度在106.38分特~125分特之间，含棉量≥85%）	Multiple(folded) or cabled yarn, of combed fibres, not put up for retail sale, measuring per single yarn less than 125 decitex but not less than 106.38 decitex (exceeding 80 metric number but not exceeding 94 metric numberper single yarn), containing 85% or mo	【最】5【普】40 【协亚太】4.5【协东盟】0【协香港】0 【协澳门】0【协巴基斯坦】4.5【协智利】0 【协新西兰】0【协秘鲁】0【协哥斯达黎加】0 【协冰岛】0【协瑞士】0【协澳大利亚】2.2 【协韩国】3.3【协格鲁吉亚】3 【特-1】0【特-2】0【特-3】0 【增】16【出】0【退】16	千克					999	非零售精梳特细支纯棉多股纱（特细支指单纱细度在106.38分特~125分特之间，含棉量≥85%）
520547	00		非零售精梳超特细支多股纱（超特细支指单纱细度在83.33分特~106.38分特之间，含棉≥85%）	Multiple(folded) or cabled yarn, of combed fibres, not put up for retail sale, measuring per single yarn less than 106.38 decitex but not less than 83.33 decitex (exceeding 94 metric number but not exceeding 120 metric number per single yarn), containing 85%	【最】5【普】40 【协亚太】4.5【协东盟】0【协香港】0 【协澳门】0【协巴基斯坦】4.5【协智利】0 【协新西兰】0【协秘鲁】0【协哥斯达黎加】0 【协冰岛】0【协瑞士】0【协澳大利亚】2.2 【协韩国】3.3【协格鲁吉亚】3 【特-1】0【特-2】0【特-3】0 【增】16【出】0【退】16	千克					999	非零售精梳超特细支多股纱（超特细支指单纱细度在83.33分特~106.38分特之间，含棉≥85%）
520548	00		非零售精梳微支纯棉多股纱（微支指单纱细度<83.33分特，含棉≥85%）	Multiple(folded) or cabled yarn, of combed fibres, not put up for retail sale, measuring per single yarn less than 83.33 decitex(exceeding 120 metric number per single yarn), containing 85% or more by weight of cotton	【最】5【普】40 【协亚太】4.5【协东盟】0【协香港】0 【协澳门】0【协巴基斯坦】4.5【协智利】0 【协新西兰】0【协秘鲁】0【协哥斯达黎加】0 【协冰岛】0【协瑞士】0【协澳大利亚】2.2 【协韩国】3.3【协格鲁吉亚】3 【特-1】0【特-2】0【特-3】0 【增】16【出】0【退】16	千克					999	非零售精梳微支纯棉多股纱（微支指单纱细度<83.33分特，含棉≥85%）
520611	00		非零售粗梳粗支混纺棉单纱（粗支指单纱细度≥714.29分特，含棉量<85%）	Single yarn, of uncombed fibres, not put up for retail sale, measuring 714.29 decitex or more (not exceeding 14 metric number), containing less than 85% by weight of cotton	【最】5【普】40 【协亚太】3.5【协东盟】0【协香港】0 【协澳门】0【协巴基斯坦】3.5【协智利】0 【协新西兰】0【协哥斯达黎加】0 【协冰岛】0【协瑞士】0【协澳大利亚】2.2 【协韩国】3.3【协格鲁吉亚】3 【增】16【出】0【退】16	千克					999	非零售粗梳粗支混纺棉单纱（粗支指单纱细度≥714.29分特，含棉量<85%）
520612	00		非零售粗梳中支混纺棉单纱（中支指单纱细度在232.56分特~714.29分特之间，含棉量<85%）	Single yarn, of uncombed fibres, not put up for retail sale, measuring less than 714.29 decitex but not less than 232.56 decitex(exceeding 14 metric number but not exceeding 43 metric number), containing less than 85% by weight of cotton	【最】5【普】40 【协亚太】3.5【协东盟】0【协香港】0 【协澳门】0【协巴基斯坦】3.5【协智利】0 【协新西兰】0【协秘鲁】0【协台湾】0 【协哥斯达黎加】0【协冰岛】0【协瑞士】0 【协澳大利亚】2.2【协韩国】3.3 【协格鲁吉亚】3 【特-1】0【特-2】0 【增】16【对美加征】10【出】0【退】16	千克					999	非零售粗梳中支混纺棉单纱（中支指单纱细度在232.56分特~714.29分特之间，含棉量<85%）
520613	00		非零售粗梳细支混纺棉单纱（细支指单纱细度在192.31分特~232.56分特之间，含棉量<85%）	Single yarn, of uncombed fibres, not put up for retail sale, measuring less than 232.56 decitex but not less than 192.31 decitex(exceeding 43 metric number but not exceeding 52 metric number), containing less than 85% by weight of cotton	【最】5【普】40 【协东盟】0【协香港】0【协澳门】0【协智利】0 【协新西兰】0【协秘鲁】0【协哥斯达黎加】0 【协冰岛】0【协瑞士】0【协澳大利亚】2.2 【协韩国】3.3【协格鲁吉亚】3 【特-1】0【特-2】0【特-3】0 【增】16【对美加征】5【出】0【退】16	千克					999	非零售粗梳细支混纺棉单纱（细支指单纱细度在192.31分特~232.56分特之间，含棉量<85%）

税则号列			货品名称中英文		税费综合信息	计量单位	监管证件代码		检验检疫类别		检验检疫编码	检验检疫编码对应中文名称
HS国际统一前6位	本国子目 7~8位	9~10位	中文 货物名称	英文 Article Description			进口	出口	进口	出口		
520614	00		非零售粗梳较细支混纺棉单纱（较细支指单纱细在125分特~192.31分特之间，含棉量<85%）	Single yarn, of uncombed fibres, not put up for retail sale, measuring less than 192.31 decitex but not less than 125 decitex (exceeding 52 metric number but not exceeding 80 metric number), containing less than 85% by weight of cotton	【最】5【普】40 【协东盟】0【协香港】0【协澳门】0 【协智利】0【协新西兰】0【协秘鲁】0 【协哥斯达黎加】0【协冰岛】0【协瑞士】0 【协澳大利亚】2.2【协韩国】3.3 【协格鲁吉亚】3 【特-1】0【特-2】0【特-3】0 【增】16【出】0【退】16	千克					999	非零售粗梳较细支混纺棉单纱（较细支指单纱细在125分特~192.31分特之间，含棉量<85%）
520615	00		非零售粗梳特细支混纺棉单纱（特细支指单纱细度<125分特，含棉量<85%）	Single yarn, of uncombed fibres, not put up for retail sale, measuring less than 125 decide (exceeding 14metric number), containing less than 85% by weight of cotton	【最】5【普】40 【协亚太】3.5【协东盟】0【协香港】0 【协澳门】0【协巴基斯坦】3.5【协智利】0 【协新西兰】0【协秘鲁】0【协哥斯达黎加】0 【协冰岛】0【协瑞士】0【协澳大利亚】2.2 【协韩国】3.3【协格鲁吉亚】3 【特-1】0【特-2】0【特-3】0 【增】16【出】0【退】16	千克					999	非零售粗梳特细支混纺棉单纱（特细支指单纱细度<125分特，含棉量<85%）
520621	00		非零售精梳粗支混纺棉单纱（粗支指单纱细度≥714.29分特，含棉量<85%）	Single yarn, of combed fibres, not put up for retail sale, measuring 714.29 decitex or more (not exceeding 14 metric number), containing less than 85% by weight of cotton	【最】5【普】40 【协亚太】4.5【协东盟】0【协香港】0 【协澳门】0【协巴基斯坦】4.5【协智利】0 【协新西兰】0【协秘鲁】0【协哥斯达黎加】0 【协冰岛】0【协瑞士】0【协澳大利亚】2.2 【协韩国】3.3【协格鲁吉亚】3 【特-1】0【特-2】0 【增】16【出】0【退】16	千克					999	非零售精梳粗支混纺棉单纱（粗支指单纱细度≥714.29分特，含棉量<85%）
520622	00		非零售精梳中支混纺棉单纱（中支指单纱细度在232.56分特~714.29分特之间，含棉量<85%）	Single yarn, of combed fibres, not put up for retail sale, measuring less than 714.29 decitex but not less than 232.56 decitex (exceeding 14 metric number but not exceeding 43 metric number), containing less than 85% by weight of cotton	【最】5【普】40 【协东盟】0【协香港】0【协澳门】0【协智利】0 【协新西兰】0【协秘鲁】0【协台湾】0 【协哥斯达黎加】0【协冰岛】0【协瑞士】0 【协澳大利亚】2.2【协韩国】3.3 【协格鲁吉亚】3 【特-1】0【特-2】0 【增】16【出】0【退】16	千克					999	非零售精梳中支混纺棉单纱（中支指单纱细度在232.56分特~714.29分特之间，含棉量<85%）
520623	00		非零售精梳细支混纺棉单纱（细支指单纱细度在192.31分特~232.56分特之间，含棉量<85%）	Single yarn, of combed fibres, not put up for retail sale, measuring less than 232.56 decitex but not less than 192.31 decitex (exceeding 43 metric number but not exceeding 52 metric number), containing less than 85% by weight of cotton	【最】5【普】40 【协东盟】0【协香港】0【协澳门】0【协智利】0 【协新西兰】0【协秘鲁】0【协哥斯达黎加】0 【协冰岛】0【协瑞士】0【协澳大利亚】2.2 【协韩国】3.3【协格鲁吉亚】3 【特-1】0【特-2】0【特-3】0 【增】16【对美加征】10【出】0【退】16	千克					999	非零售精梳细支混纺棉单纱（细支指单纱细度在192.31分特~232.56分特之间，含棉量<85%）
520624	00		非零售精梳较细支混纺棉单纱（较细支指单纱细度在125分特~192.31分特之间，含棉量<85%）	Single yarn, of combed fibres, not put up for retail sale, measuring less than 192.31 decitex but not less than 125 decitex (exceeding 52 metric number but not exceeding 80 metric number), containing less than 85% by weight of cotton	【最】5【普】40 【协东盟】0【协香港】0【协澳门】0 【协智利】0【协新西兰】0【协秘鲁】0 【协台湾】0【协哥斯达黎加】0【协冰岛】0 【协瑞士】0【协澳大利亚】2.2【协韩国】3.3 【协格鲁吉亚】3【特-1】0【特-2】0【特-3】0 【增】16【出】0【退】16	千克					999	非零售精梳较细支混纺棉单纱（较细支指单纱细度在125分特~192.31分特之间，含棉量<85%）

税则号列			货品名称中英文		税费综合信息	计量单位	监管证件代码		检验检疫类别		检验检疫编码	检验检疫编码对应中文名称
HS国际统一前6位	本国子目 7~8位	9~10位	中文 货物名称	英文 Article Description			进口	出口	进口	出口		
520625	00		非零售精梳特细支混纺棉单纱（特细支指单纱细度<125分特，含棉量<85%）	Single yarn, of combed fibres, not put up for retail sale, measuring less than 125 decitex (exceeding 80 metric number), containing less than 85% by weight of cotton	【最】5【普】40 【协东盟】0【协香港】0【协澳门】0【协智利】0 【协新西兰】0【协秘鲁】0【协哥斯达黎加】0 【协冰岛】0【协瑞士】0【协澳大利亚】2.2 【协韩国】3.3【协格鲁吉亚】3【特-1】0 【特-2】0【特-3】0 【增】16【出】0【退】16	千克					999	非零售精梳特细支混纺棉单纱（特细支指单纱细度<125分特，含棉量<85%）
520631	00		非零售粗梳粗支混纺棉多股纱或缆线（粗支指单纱细度≥714.29分特，含棉量<85%）	Multiple (folded) or cabled yarn, of uncombed fibres, not put up for retail sale, measuring per single yarn 714.29 decitex or more (not exceeding 14 metric number per single yarn), containing less than 85% by weight of cotton	【最】5【普】40 【协东盟】0【协香港】0【协澳门】0【协智利】0 【协新西兰】0【协秘鲁】0【协哥斯达黎加】0 【协冰岛】0【协瑞士】0【协澳大利亚】2.2 【协韩国】3.3【协格鲁吉亚】3 【特-1】0【特-2】0 【增】16【对美加征】10【出】0【退】16	千克					999	非零售粗梳粗支混纺棉多股纱或缆线（粗支指单纱细度≥714.29分特，含棉量<85%）
520632	00		非零售粗梳中支混纺棉多股纱或缆线（中支指单纱细度在232.56分特~714.29分特之间，含棉量<85%）	Multiple (folded) or cabled yarn, of uncombed fibres, not put up for retail sale, measuring per single yarn less than 714.29 decitex but not less than 232.56 decitex (exceeding 14 metric number but not exceeding 43 metric number per single yarn), containing	【最】5【普】40 【协东盟】0【协香港】0【协澳门】0【协智利】0 【协新西兰】0【协秘鲁】0【协哥斯达黎加】0 【协冰岛】0【协瑞士】0【协澳大利亚】2.2 【协韩国】3.3【协格鲁吉亚】3 【特-1】0【特-2】0 【增】16【出】0【退】16	千克					999	非零售粗梳中支混纺棉多股纱或缆线（中支指单纱细度在232.56分特~714.29分特之间，含棉量<85%）
520633	00		非零售粗梳细支其他混纺棉多股纱或缆线（细支指单纱细度在192.31分特~232.56分特之间，含棉量<85%）	Multiple (folded) or cabled yarn, of uncombed fibres, not put up for retail sale, measuring per single yarn less than 232.56 decitex but not less than 192.31 decitex (exceeding 43 metric number but not exceeding 52 metric number per single yarn), containing	【最】5【普】40 【协东盟】0【协香港】0【协澳门】0【协智利】0 【协新西兰】0【协秘鲁】0【协哥斯达黎加】0 【协冰岛】0【协瑞士】0【协澳大利亚】2.2 【协韩国】3.3【协格鲁吉亚】3 【特-1】0【特-2】0【特-3】0 【增】16【出】0【退】16	千克					999	非零售粗梳细支其他混纺棉多股纱或缆线（细支指单纱细度在192.31分特~232.56分特之间，含棉量<85%）
520634	00		非零售粗梳较细混纺棉多股纱或缆线（较细支指单纱细度在125~192.31分特之间，含棉量<85%）	Multiple(folded) or cabled yarn, of uncombed fibres, not put up for retail sale, measuring per single yarn less than 192.31 decitex but not less than 125 decitex (exceeding 52 metric number but not exceeding 80 metric number per single yarn), containing les	【最】5【普】40 【协东盟】0【协香港】0【协澳门】0【协智利】0 【协新西兰】0【协秘鲁】0【协哥斯达黎加】0 【协冰岛】0【协瑞士】0【协澳大利亚】2.2 【协韩国】3.3【协格鲁吉亚】3 【特-1】0【特-2】0【特-3】0 【增】16【出】0【退】16	千克					999	非零售粗梳较细混纺棉多股纱或缆线（较细支指单纱细度在125~192.31分特之间，含棉量<85%）
520635	00		非零售粗梳特细混纺棉多股纱或缆线（特细支指单纱细度<125分特，含棉量<85%）	Multiple (folded) or cabled yarn, of uncombed fibres, not put up for retail sale, measuring per single yarn less than 125 decitex (exceeding 80 metric number per single yarn), containing less than 85% by weight of cotton	【最】5【普】40 【协东盟】0【协香港】0【协澳门】0【协智利】0 【协新西兰】0【协秘鲁】0【协哥斯达黎加】0 【协冰岛】0【协瑞士】0【协澳大利亚】2.2 【协韩国】3.3【协格鲁吉亚】3 【特-1】0【特-2】0【特-3】0 【增】16【出】0【退】16	千克					999	非零售粗梳特细混纺棉多股纱或缆线（特细支指单纱细度<125分特，含棉量<85%）

税则号列			货品名称中英文		税费综合信息	计量单位	监管证件代码		检验检疫类别		检验检疫编码	检验检疫编码对应中文名称
HS国际统一前6位	本国子目 7~8位	9~10位	中文 货物名称	英文 Article Description			进口	出口	进口	出口		
520641	00		非零售精梳粗支混纺棉多股纱（粗支指单纱细度≥714.29分特，含棉量<85%）	Multiple (folded) or cabled yarn, of uncombed fibres, not put up for retail sale, measuring per single yarn 714.29 decitex or more (not exceeding 14 metric number per single yarm), containing less than 85% by weight of cotton	【最】5【普】40 【协东盟】0【协香港】0【协澳门】0【协智利】0 【协新西兰】0【协秘鲁】0【协哥斯达黎加】0 【协冰岛】0【协瑞士】0【协澳大利亚】2.2 【协韩国】3.3【协格鲁吉亚】3 【特-1】0【特-2】0 【增】16【出】0【退】16	千克					999	非零售精梳粗支混纺棉多股纱（粗支指单纱细度≥714.29分特，含棉量<85%）
520642	00		非零售精梳中支混纺棉多股纱（中支指单纱细度为232.56分特~714.29分特之间，含棉量<85%）	Multiple (folded) or cabled yarn, of uncombed fibres, not put up for retail sale, measuring per single yarn less than 714.29 decitex but not less than 232.56 decitex (exceeding 14 metric number but not exceeding 43 metric number per single yarn), containing	【最】5【普】40 【协东盟】0【协香港】0【协澳门】0【协智利】0 【协新西兰】0【协秘鲁】0【协哥斯达黎加】0 【协冰岛】0【协瑞士】0【协澳大利亚】2.2 【协韩国】3.3【协格鲁吉亚】3 【特-1】0【特-2】0 【增】16【出】0【退】16	千克					999	非零售精梳中支混纺棉多股纱（中支指单纱细度为232.56分特~714.29分特之间，含棉量<85%）
520643	00		非零售精梳细支混纺棉多股纱（细支指单纱细度在192.31分特~232.56分特之间，含棉量<85%）	Multiple (folded) or cabled yarn, of uncombed fibres, not put up for retail sale, measuring per single yarn less than 232.56 decitex but not less than 192.31 decitex (exceeding 43 metric number but not exceeding 52 metric number per single yarn), containing	【最】5【普】40 【协东盟】0【协香港】0【协澳门】0【协智利】0 【协新西兰】0【协秘鲁】0【协哥斯达黎加】0 【协冰岛】0【协瑞士】0【协澳大利亚】2.2 【协韩国】3.3【协格鲁吉亚】3 【特-1】0【特-2】0【特-3】0 【增】16【出】0【退】16	千克					999	非零售精梳细支混纺棉多股纱（细支指单纱细度在192.31分特~232.56分特之间，含棉量<85%）
520644	00		非零售精梳较细混纺棉多股纱（较细支指单纱细度在125分特~192.31分特之间，含棉量<85%）	Multiple (folded) or cabled yarn, of uncombed fibres, not put up for retail sale, measuring per single yarn less than 192.31 decitex but not less than 125 decitex (exceeding 52 metric number but not exceeding 80 metric number per single yarn), containing les	【最】5【普】40 【协东盟】0【协香港】0【协澳门】0【协智利】0 【协新西兰】0【协秘鲁】0【协哥斯达黎加】0 【协冰岛】0【协瑞士】0【协澳大利亚】2.2 【协韩国】3.3【协格鲁吉亚】3 【特-1】0【特-2】0【特-3】0 【增】16【出】0【退】16	千克					999	非零售精梳较细混纺棉多股纱（较细支指单纱细度在125分特~192.31分特之间，含棉量<85%）
520645	00		非零售精梳特细混纺棉多股纱（特细支指单纱细度<125分特，含棉量<85%）	Multiple (folded) or cabled yarn, of uncombed fibres, not put up for retail sale, measuring per single yarn less than 125 decitex (exceeding 80 metric number per single yarn), containing less than 85% by weight of cotton	【最】5【普】40 【协东盟】0【协香港】0【协澳门】0【协智利】0 【协新西兰】0【协秘鲁】0【协哥斯达黎加】0 【协冰岛】0【协瑞士】0【协澳大利亚】2.2 【协韩国】3.3【协格鲁吉亚】3【协香港】0 【特-1】0【特-2】0【特-3】0 【增】16【出】0【退】16	千克					999	非零售精梳特细混纺棉多股纱（特细支指单纱细度<125分特，含棉量<85%）
520710	00		供零售用纯棉纱线（纯棉纱线指按重量计含棉量≥85%，缝纫线除外）	Cotton yarn(other than sewing thread) put up for retail sale, containing 85% or more by weight of cotton	【最】5【普】50 【协亚太】4.2【协东盟】0【协澳门】0 【协巴基斯坦】5【协智利】0【协新西兰】0 【协秘鲁】0【协哥斯达黎加】0【协冰岛】0 【协瑞士】0【协澳大利亚】0【协韩国】0 【协格鲁吉亚】0【协香港】0 【特-1】0【特-2】0 【增】16【对美加征】10【出】0【退】16	千克					999	供零售用纯棉纱线（纯棉纱线指按重量计含棉量≥85%，缝纫线除外）

税则号列 HS国际统一前6位	本国子目 7~8位	本国子目 9~10位	货品名称中英文 中文 货物名称	货品名称中英文 英文 Article Description	税费综合信息	计量单位	监管证件代码 进口	监管证件代码 出口	检验检疫类别 进口	检验检疫类别 出口	检验检疫编码	检验检疫编码对应中文名称
520790	00		供零售用混纺棉纱线（混棉纱线指按重量计含棉量<85%，缝纫线除外）	Other mixed cotton yarn(other than sewing thread) put up for retail sale, containing less than 85% by weight of cotton	【最】5【普】50 【协东盟】0【协澳门】0【协巴基斯坦】5 【协智利】0【协新西兰】0【协秘鲁】0 【协哥斯达黎加】0【协冰岛】0【协瑞士】0 【协澳大利亚】0【协韩国】0【协格鲁吉亚】0 【特-1】0【特-2】0【特-3】0 【增】16【出】0【退】16	千克					999	供零售用混纺棉纱线（混棉纱线指按重量计含棉量<85%，缝纫线除外）
520811	00		未漂白棉平纹机织物（每平方米重量不超过100克，含棉85%及以上）	Plain weave, weighing not more than 100 g/m²	【最】8【普】70 【协东盟】0【协香港】0【协巴基斯坦】0 【协智利】0【协新西兰】0【协秘鲁】0 【协哥斯达黎加】0【协冰岛】0【协瑞士】0 【协澳大利亚】0【协韩国】0【协格鲁吉亚】0 【特-1】0【特-2】0 【增】16【对美加征】10【出】0【退】16	米/千克					999	未漂白棉平纹机织物（每平方米重量不超过100克，含棉85%及以上）
520812	00		未漂白棉平纹机织物（100g<每平方米重量≤200g，含棉85%及以上）	Plain weave, weighing more than 100 g/m²	【最】8【普】70 【协东盟】0【协香港】0【协巴基斯坦】0 【协智利】0【协新西兰】0【协新加坡】0 【协秘鲁】0【协哥斯达黎加】0【协冰岛】0 【协瑞士】0【协澳大利亚】0【协韩国】0 【协格鲁吉亚】0 【特-1】0【特-2】0 【增】16【对美加征】10【出】0【退】16	米/千克					999	未漂白棉平纹机织物（100g<每平方米重量≤200g，含棉85%及以上）
520813	00		未漂白全棉三、四线斜纹布（每平方米重量≤200克，含棉≥85%，包括双面斜纹机织物）	3 thread or 4 thread twill, including cross twill, unbleached, weighing not more than 200g/m², containing 85% or more by weight of cotton	【最】8【普】70 【协亚太】5.2【协东盟】0【协香港】0 【协巴基斯坦】0【协智利】0【协新西兰】0 【协秘鲁】0【协哥斯达黎加】0【协冰岛】0 【协瑞士】0【协澳大利亚】0【协韩国】5 【协格鲁吉亚】0 【特-1】0【特-2】0 【增】16【出】0【退】16	米/千克					999	未漂白全棉三、四线斜纹布（每平方米重量≤200克，含棉≥85%，包括双面斜纹机织物）
520819	00		未漂白的其他棉机织物（每平方米重量不超过200克，含棉85%及以上）	Other fabrics	【最】8【普】70 【协东盟】0【协香港】0【协巴基斯坦】0 【协智利】0【协新西兰】0【协新加坡】0 【协秘鲁】0【协哥斯达黎加】0【协冰岛】0 【协瑞士】0【协澳大利亚】0【协韩国】0 【协格鲁吉亚】0 【特-1】0【特-2】0 【增】16【对美加征】10【出】0【退】16	米/千克					999	未漂白的其他棉机织物（每平方米重量不超过200克，含棉85%及以上）
520821	00	10	漂白全棉平纹府绸及细平布（每平方米重量≤100克，含棉85%及以上）	Plain Poplin and fine plain cloth of cotton, bleached, weighing not more than 100 g/m², containing 85% or more by weight of cotton	【最】8【普】70 【协东盟】0【协香港】0【协巴基斯坦】0 【协智利】0【协新西兰】0【协秘鲁】0 【协哥斯达黎加】0【协冰岛】0【协瑞士】0 【协澳大利亚】0【协韩国】0【协格鲁吉亚】0 【特-1】0【特-2】0 【增】16【出】0【退】16	米/千克	A		M		999	漂白全棉平纹府绸及细平布（每平方米重量≤100克，含棉85%及以上）
520821	00	20	漂白全棉平纹机织平布（每平方米重量不超过100克，68号及以下）	Plain weave cloth of cotton, bleached, weighing not more than 100g/m², No. 68 or below	【最】8【普】70 【协东盟】0【协香港】0【协巴基斯坦】0 【协智利】0【协新西兰】0【协秘鲁】0 【协哥斯达黎加】0【协冰岛】0【协瑞士】0 【协澳大利亚】0【协韩国】0【协格鲁吉亚】0 【特-1】0【特-2】0 【增】16【出】0【退】16	米/千克	A		M		999	漂白全棉平纹机织平布（每平方米重量不超过100克，68号及以下）
520821	00	30	漂白全棉平纹奶酪布（每平方米重量不超过100克，含棉85%及以上）	Plain cheese cloth of cotton, bleached, weighing not more than 100g/m², containing 85% or more by weight of cotton, bleached	【最】8【普】70 【协东盟】0【协香港】0【协巴基斯坦】0 【协智利】0【协新西兰】0【协秘鲁】0 【协哥斯达黎加】0【协冰岛】0【协瑞士】0 【协澳大利亚】0【协韩国】0【协格鲁吉亚】0 【特-1】0【特-2】0 【增】16【出】0【退】16	米/千克	A		M		999	漂白全棉平纹奶酪布（每平方米重量不超过100克，含棉85%及以上）
520821	00	40	漂白全棉平纹印染用布（每平方米重量不超过100克，43~68号）	Plain cloth of cotton for printing and dying, bleached, weighing not more than 100g/m², No. 43-68	【最】8【普】70 【协东盟】0【协香港】0【协巴基斯坦】0 【协智利】0【协新西兰】0【协秘鲁】0 【协哥斯达黎加】0【协冰岛】0【协瑞士】0 【协澳大利亚】0【协韩国】0【协格鲁吉亚】0 【特-1】0【特-2】0 【增】16【出】0【退】16	米/千克	A		M		999	漂白全棉平纹印染用布（每平方米重量不超过100克，43~68号）

税则号列			货品名称中英文		税费综合信息	计量单位	监管证件代码		检验检疫类别		检验检疫编码	检验检疫编码对应中文名称
HS 国际统一前6位	本国子目 7~8位	本国子目 9~10位	中文 货物名称	英文 Article Description			进口	出口	进口	出口		
520821	00	50	漂白全棉平纹巴里纱及薄细布（每平方米重量不超过100克，69号及以上）	Plain voiles and muslin of cotton, bleached, weighing not more than 100g/m², No. 69 or above	【最】8【普】70 【协东盟】0【协香港】0【协巴基斯坦】0 【协智利】0【协新西兰】0【协秘鲁】0 【协哥斯达黎加】0【协冰岛】0【协瑞士】0 【协澳大利亚】0【协韩国】0【协格鲁吉亚】0 【特-1】0【特-2】0 【增】16【出】0【退】16	米/千克	A		M		999	漂白全棉平纹巴里纱及薄细布（每平方米重量不超过100克，69号及以上）
520821	00	60	漂白全棉医用纱布（每平方米重量不超过100克，含棉85%及以上）	Medical gauze of cotton, bleached, weighing not more than 100g/m², containing 85% or more by weight of cotton	【最】8【普】70 【协东盟】0【协香港】0【协巴基斯坦】0 【协智利】0【协新西兰】0【协秘鲁】0 【协哥斯达黎加】0【协冰岛】0【协瑞士】0 【协澳大利亚】0【协韩国】0【协格鲁吉亚】0 【特-1】0【特-2】0 【增】16【出】0【退】16	米/千克	A		M		999	漂白全棉医用纱布（每平方米重量不超过100克，含棉85%及以上）
520822	00	10	漂白全棉平纹府绸及细平布（100g<每平方米重量≤200g，含棉85%及以上）	Plain Poplin and fine cloth of cotton, bleached, weighing more than 100g/m² and not more than 200g/m², containing 85% or more by weight of cotton	【最】8【普】70 【协东盟】0【协香港】0【协巴基斯坦】0 【协智利】0【协新西兰】0【协新加坡】0 【协秘鲁】0【协哥斯达黎加】0【协冰岛】0 【协瑞士】0【协澳大利亚】0【协韩国】0 【协格鲁吉亚】0 【特东老挝】0【特东柬埔寨】0【特东缅甸】0 【特-1】0【特-2】0【特-3】0 【增】16【对美加征】10【出】0【退】16	米/千克	A		M		999	漂白全棉平纹府绸及细平布（100g<每平方米重量≤200g，含棉85%及以上）
520822	00	20	漂白全棉平纹机织平布（100g<每平方米重量≤200g，68号及以下）	Plain weave cloth of cotton, bleached, weighing more than 100g/m² and not more than 200g/m², No. 68 or below	【最】8【普】70 【协东盟】0【协香港】0【协巴基斯坦】0 【协智利】0【协新西兰】0【协新加坡】0 【协秘鲁】0【协哥斯达黎加】0【协冰岛】0 【协瑞士】0【协澳大利亚】0【协韩国】0 【协格鲁吉亚】0 【特东老挝】0【特东柬埔寨】0【特东缅甸】0 【特-1】0【特-2】0【特-3】0 【增】16【对美加征】10【出】0【退】16	米/千克	A		M		999	漂白全棉平纹机织平布（100g<每平方米重量≤200g，68号及以下）
520822	00	30	漂白全棉平纹奶酪布（100g<每平方米重量≤200g，含棉85%及以上）	Plain cheese cloth of cotton, bleached, weighing more than 100g/m² and not more than 200g/m², containing 85% or more by weight of cotton	【最】8【普】70 【协东盟】0【协香港】0【协巴基斯坦】0 【协智利】0【协新西兰】0【协新加坡】0 【协秘鲁】0【协哥斯达黎加】0【协冰岛】0 【协瑞士】0【协澳大利亚】0【协韩国】0 【协格鲁吉亚】0 【特东老挝】0【特东柬埔寨】0【特东缅甸】0 【特-1】0【特-2】0【特-3】0 【增】16【对美加征】10【出】0【退】16	米/千克	A		M		999	漂白全棉平纹奶酪布（100g<每平方米重量≤200g，含棉85%及以上）
520822	00	40	漂白全棉平纹印染用布（100g<每平方米重量≤200g，43~68号）	Plain cloth of cotton for printing and dyeing, bleached, weighing more than 100 g/m² but not more than 200g/m², No. 43-68	【最】8【普】70 【协东盟】0【协香港】0【协巴基斯坦】0 【协智利】0【协新西兰】0【协新加坡】0 【协秘鲁】0【协哥斯达黎加】0【协冰岛】0 【协瑞士】0【协澳大利亚】0【协韩国】0 【协格鲁吉亚】0 【特东老挝】0【特东柬埔寨】0【特东缅甸】0 【特-1】0【特-2】0【特-3】0 【增】16【对美加征】10【出】0【退】16	米/千克	A		M		999	漂白全棉平纹印染用布（100g<每平方米重量≤200g，43~68号）
520822	00	50	漂白全棉巴里纱及薄细布（100g<每平方米重量≤200g，69号及以上）	Plain Voiles and muslin of cotton, bleached, weighing more than 100g/m² but not more than 200g/m², No. 69 or above	【最】8【普】70 【协东盟】0【协香港】0【协巴基斯坦】0 【协智利】0【协新西兰】0【协新加坡】0 【协秘鲁】0【协哥斯达黎加】0【协冰岛】0 【协瑞士】0【协澳大利亚】0【协韩国】0 【协格鲁吉亚】0 【特东老挝】0【特东柬埔寨】0【特东缅甸】0 【特-1】0【特-2】0【特-3】0 【增】16【对美加征】10【出】0【退】16	米/千克	A		M		999	漂白全棉巴里纱及薄细布（100g<每平方米重量≤200g，69号及以上）
520823	00		漂白的全棉三、四线斜纹布（每平方米重量≤200克，含棉≥85%，包括双面斜纹机织物）	3-thread or 4-thread twill, including cross twill, bleached, weighing not more than 200g/m², containing 85% or more by weight of cotton	【最】8【普】70 【协东盟】0【协香港】0【协巴基斯坦】0 【协智利】0【协新西兰】0【协新加坡】0 【协秘鲁】0【协哥斯达黎加】0【协冰岛】0 【协瑞士】6.8【协澳大利亚】0【协韩国】0 【协格鲁吉亚】0 【特-1】0【特-2】0 【增】16【出】0【退】16	米/千克	A		M		999	漂白的全棉三、四线斜纹布（每平方米重量≤200克，含棉≥85%，包括双面斜纹机织物）

税则号列			货品名称中英文		税费综合信息	计量单位	监管证件代码		检验检疫类别		检验检疫编码	检验检疫编码对应中文名称
HS 国际统一前6位	本国子目 7~8位	本国子目 9~10位	中文 货物名称	英文 Article Description			进口	出口	进口	出口		
520829	00	10	漂白其他全棉机织缎布（每平方米重量不超过200克，含棉85%及以上）	Other woven satin cloth of cotton, bleached, weighing not more than 200g/m², containing 85% or more by weight of cotton	【最】8【普】70 【协东盟】0【协香港】0【协巴基斯坦】0 【协智利】0【协新西兰】0【协秘鲁】0 【协哥斯达黎加】0【协冰岛】0【协瑞士】0 【协澳大利亚】0【协韩国】0【协格鲁吉亚】0 【特-1】0【特-2】0 【增】16【对美加征】10【出】0【退】16	米/千克	A		M		999	漂白其他全棉机织缎布（每平方米重量不超过200克，含棉85%及以上）
520829	00	20	漂白其他全棉机织斜纹布（每平方米重量不超过200克，含棉85%及以上）	Other woven twill cloth of cotton, bleached, weighing not more than 200g/m², containing 85% or more by weight of cotton	【最】8【普】70 【协东盟】0【协香港】0【协巴基斯坦】0 【协智利】0【协新西兰】0【协秘鲁】0 【协哥斯达黎加】0【协冰岛】0【协瑞士】0 【协澳大利亚】0【协韩国】0【协格鲁吉亚】0 【特-1】0【特-2】0 【增】16【对美加征】10【出】0【退】16	米/千克	A		M		999	漂白其他全棉机织斜纹布（每平方米重量不超过200克，含棉85%及以上）
520829	00	30	漂白其他全棉机织牛津布（每平方米重量不超过200克，含棉85%及以上）	Other woven oxford cloth of cotton, bleached, weighing not more than 200 g/m², containing 85% or more by weight of cotton	【最】8【普】70 【协东盟】0【协香港】0【协巴基斯坦】0 【协智利】0【协新西兰】0【协秘鲁】0 【协哥斯达黎加】0【协冰岛】0【协瑞士】0 【协澳大利亚】0【协韩国】0【协格鲁吉亚】0 【特-1】0【特-2】0 【增】16【对美加征】10【出】0【退】16	米/千克	A		M		999	漂白其他全棉机织牛津布（每平方米重量不超过200克，含棉85%及以上）
520829	00	90	漂白其他全棉机织物（每平方米重量不超过200克，含棉85%及以上）	Other woven fabrics of cotton, bleached, weighing not more than 200g/m², containing 85% or more by weight of cotton	【最】8【普】70 【协东盟】0【协香港】0【协巴基斯坦】0 【协智利】0【协新西兰】0【协秘鲁】0 【协哥斯达黎加】0【协冰岛】0【协瑞士】0 【协澳大利亚】0【协韩国】0【协格鲁吉亚】0 【特-1】0【特-2】0 【增】16【对美加征】10【出】0【退】16	米/千克	A		M		999	漂白其他全棉机织物（每平方米重量不超过200克，含棉85%及以上）
520831	00	10	染色全棉手工织布（每平方米重量不超过100克，含棉85%及以上）	Handwoven plain cloth of cotton, dyed, weighing not more than 100g/m², containing 85% or more by weight of cotton	【最】8【普】70 【协东盟】0【协香港】0【协巴基斯坦】0 【协智利】0【协新西兰】0【协秘鲁】0 【协台湾】0【协哥斯达黎加】0【协冰岛】0 【协瑞士】0【协澳大利亚】0【协韩国】0 【协格鲁吉亚】0 【特-1】0【特-2】0【特-3】0 【增】16【对美加征】10【出】0【退】16	米/千克	A		M		999	染色全棉手工织布（每平方米重量不超过100克，含棉85%及以上）
520831	00	91	染色全棉平纹府绸及细平布（每平方米重量不超过100克，含棉85%及以上）	Plain Poplin and fine cloth of cotton, dyed, weighing not more than 100g/m², containing 85% or more by weight of cotton	【最】8【普】70 【协东盟】0【协香港】0【协巴基斯坦】0 【协智利】0【协新西兰】0【协秘鲁】0 【协台湾】0【协哥斯达黎加】0【协冰岛】0 【协瑞士】0【协澳大利亚】0【协韩国】0 【协格鲁吉亚】0 【特-1】0【特-2】0【特-3】0 【增】16【对美加征】10【出】0【退】16	米/千克	A		M		999	染色全棉平纹府绸及细平布（每平方米重量不超过100克，含棉85%及以上）
520831	00	92	染色全棉平纹机织平布（每平方米重量不超过100克，68号及以下）	Plain weave cloth of cotton, dyed, weighing not more than 100 g/m², No. 68 or below	【最】8【普】70 【协东盟】0【协香港】0【协巴基斯坦】0 【协智利】0【协新西兰】0【协秘鲁】0 【协台湾】0【协哥斯达黎加】0【协冰岛】0 【协瑞士】0【协澳大利亚】0【协韩国】0 【协格鲁吉亚】0 【特-1】0【特-2】0【特-3】0 【增】16【对美加征】10【出】0【退】16	米/千克	A		M		999	染色全棉平纹机织平布（每平方米重量不超过100克，68号及以下）
520831	00	93	染色全棉平纹奶酪布（每平方米重量不超过100克，含棉85%及以上）	Plain cheese cloth of cotton, dyed, weighing not more than 100 g/m², containing 85% or more by weight of cotton	【最】8【普】70 【协东盟】0【协香港】0【协巴基斯坦】0 【协智利】0【协新西兰】0【协秘鲁】0 【协台湾】0【协哥斯达黎加】0【协冰岛】0 【协瑞士】0【协澳大利亚】0【协韩国】0 【协格鲁吉亚】0 【特-1】0【特-2】0【特-3】0 【增】16【对美加征】10【出】0【退】16	米/千克	A		M		999	染色全棉平纹奶酪布（每平方米重量不超过100克，含棉85%及以上）
520831	00	94	染色全棉平纹印染用布（每平方米重量不超过100克，43~68号）	Plain weave cloth of cotton for printing and dyeing, dyed, weighing not more than 100g/m², No. 43 ~ 68	【最】8【普】70 【协东盟】0【协香港】0【协巴基斯坦】0 【协智利】0【协新西兰】0【协秘鲁】0 【协台湾】0【协哥斯达黎加】0【协冰岛】0 【协瑞士】0【协澳大利亚】0【协韩国】0 【协格鲁吉亚】0 【特-1】0【特-2】0【特-3】0 【增】16【对美加征】10【出】0【退】16	米/千克	A		M		999	染色全棉平纹印染用布（每平方米重量不超过100克，43~68号）

税则号列			货品名称中英文		税费综合信息	计量单位	监管证件代码		检验检疫类别		检验检疫编码	检验检疫编码对应中文名称
HS 国际统一前 6 位	本国子目 7~8 位	9~10 位	中文 货物名称	英文 Article Description			进口	出口	进口	出口		
520831	00	95	染色全棉巴里纱及薄细布（每平方米重量不超过 100 克，69 号及以上）	Plain Voiles and muslin of cotton, dyed, weighing not more than 100g/m², No. 69 or above	【最】8【普】70 【协东盟】0【协香港】0【协巴基斯坦】0 【协智利】0【协新西兰】0【协秘鲁】0 【协台湾】0【协哥斯达黎加】0【协冰岛】0 【协瑞士】0【协澳大利亚】0【协韩国】0 【协格鲁吉亚】0 【特-1】0【特-2】0【特-3】0 【增】16【对美加征】10【出】0【退】16	米/千克	A		M		999	染色全棉巴里纱及薄细布（每平方米重量不超过 100 克，69 号及以上）
520832	00	10	染色全棉手工织布（100g<每平方米重量≤200g，含棉 85%及以上）	Handwoven cloth of cotton, dyed, weighing more than 100g/m² but not more than 200 g/m², containing 85% or more by weight of cotton	【最】8【普】70 【协亚太】5.2【协东盟】0【协香港】0 【协巴基斯坦】0【协智利】0【协新西兰】0 【协新加坡】0【协秘鲁】0【协台湾】0 【协哥斯达黎加】0【协冰岛】0【协瑞士】0 【协澳大利亚】0【协韩国】0【协格鲁吉亚】0 【特-1】0【特-2】0【特-3】0 【增】16【对美加征】10【出】0【退】16	米/千克	A		M		999	染色全棉手工织布（100g<每平方米重量≤200g，含棉 85%及以上）
520832	00	91	染色全棉平纹府绸及细平布（100g<每平方米重量≤200g，含棉 85%及以上）	Plain poplin and fine plain cloth of cotton, dyed, weighing more than 100g/m² but not more than 200g/m², containing 85% or more by weight of cotton	【最】8【普】70 【协亚太】5.2【协东盟】0【协香港】0 【协巴基斯坦】0【协智利】0【协新西兰】0 【协新加坡】0【协秘鲁】0【协台湾】0 【协哥斯达黎加】0【协冰岛】0【协瑞士】0 【协澳大利亚】0【协韩国】0【协格鲁吉亚】0 【特-1】0【特-2】0【特-3】0 【增】16【对美加征】10【出】0【退】16	米/千克	A		M		999	染色全棉平纹府绸及细平布（100g<每平方米重量≤200g，含棉 85%及以上）
520832	00	92	染色全棉平纹机织平布（100g<每平方米重量≤200g，68 号及以下）	Plain weave cloth of cotton, dyed, weighing more than 100g/m² but not more than 200g/m², No. 68 or below	【最】8【普】70 【协亚太】5.2【协东盟】0【协香港】0 【协巴基斯坦】0【协智利】0【协新西兰】0 【协新加坡】0【协秘鲁】0【协台湾】0 【协哥斯达黎加】0【协冰岛】0【协瑞士】0 【协澳大利亚】0【协韩国】0【协格鲁吉亚】0 【特-1】0【特-2】0【特-3】0 【增】16【对美加征】10【出】0【退】16	米/千克	A		M		999	染色全棉平纹机织平布（100g<每平方米重量≤200g，68 号及以下）
520832	00	93	染色全棉平纹奶酪布（100g<每平方米重量≤200g，含棉 85%及以上）	Plain cheese cloth of cotton, dyed, weighing more than 100g/m² but not more than 200g/m², containing 85% or more by weight of cotton	【最】8【普】70 【协亚太】5.2【协东盟】0【协香港】0 【协巴基斯坦】0【协智利】0【协新西兰】0 【协新加坡】0【协秘鲁】0【协台湾】0 【协哥斯达黎加】0【协冰岛】0【协瑞士】0 【协澳大利亚】0【协韩国】0【协格鲁吉亚】0 【特-1】0【特-2】0【特-3】0 【增】16【对美加征】10【出】0【退】16	米/千克	A		M		999	染色全棉平纹奶酪布（100g<每平方米重量≤200g，含棉 85%及以上）
520832	00	94	染色全棉平纹印染用布（100g<每平方米重量≤200g，43~68 号）	Plain weave cloth of cotton for printing and dyeing, dyed, weighing more than 100g/m² but not more than 200g/m², No. 43 ~ 68	【最】8【普】70 【协亚太】5.2【协东盟】0【协香港】0 【协巴基斯坦】0【协智利】0【协新西兰】0 【协新加坡】0【协秘鲁】0【协台湾】0 【协哥斯达黎加】0【协冰岛】0【协瑞士】0 【协澳大利亚】0【协韩国】0【协格鲁吉亚】0 【特-1】0【特-2】0【特-3】0 【增】16【对美加征】10【出】0【退】16	米/千克	A		M		999	染色全棉平纹印染用布（100g<每平方米重量≤200g，43~68 号）
520832	00	95	染色全棉巴里纱及薄细布	Plain voiles and muslin of cotton, dyed, weighing more than 100g/m² but not more than 200g/m², No. 69 or above	【最】8【普】70 【协亚太】5.2【协东盟】0【协香港】0 【协巴基斯坦】0【协智利】0【协新西兰】0 【协新加坡】0【协秘鲁】0【协台湾】0 【协哥斯达黎加】0【协冰岛】0【协瑞士】0 【协澳大利亚】0【协韩国】0【协格鲁吉亚】0 【特-1】0【特-2】0【特-3】0 【增】16【对美加征】10【出】0【退】16	米/千克	A		M		999	染色全棉巴里纱及薄细布（100g<每平方米重量≤200g，69 号及以上）
520833	00		染色的全棉三、四线斜纹布（每平方米重量≤200 克，含棉≥85%，包括双面斜纹机织物）	3-thread or 4-thread twill, including cross twill, dyed, weighing not more than 200g/m², containing 85% or more by weight of cotton	【最】8【普】70 【协亚太】5.2【协东盟】0【协香港】0 【协巴基斯坦】0【协智利】0【协新西兰】0 【协秘鲁】0【协哥斯达黎加】0【协冰岛】0 【协瑞士】0【协澳大利亚】0【协韩国】0 【协格鲁吉亚】0 【特东老挝】0【特东柬埔寨】0【特东缅甸】0 【特-1】0【特-2】0【特-3】0 【增】16【出】0【退】16	米/千克	A		M		999	染色的全棉三、四线斜纹布（每平方米重量≤200 克，含棉≥85%，包括双面斜纹机织物）

税则号列 HS国际统一前6位	本国子目 7~8位	本国子目 9~10位	货品名称中文 货物名称	英文 Article Description	税费综合信息	计量单位	监管证件代码 进口	监管证件代码 出口	检验检疫类别 进口	检验检疫类别 出口	检验检疫编码	检验检疫编码对应中文名称
520839	00	10	染色其他全棉机织缎布（每平方米重量不超过200克，含棉85%及以上）	Woven satin cloth of cotton, dyed, weighing not more than 200 g/m², containing 85% or more by weight of cotton	【最】8【普】70 【协亚太】5.2【协东盟】0【协香港】0 【协巴基斯坦】0【协智利】0【协新西兰】0 【协新加坡】0【协秘鲁】0【协台湾】0 【协哥斯达黎加】0【协冰岛】0【协瑞士】0 【协澳大利亚】0【协韩国】0【协格鲁吉亚】0 【特-1】0【特-2】0【特-3】0 【增】16【对美加征】10【出】0【退】16	米/千克	A		M		999	染色其他全棉机织缎布（每平方米重量不超过200克，含棉85%及以上）
520839	00	20	染色其他全棉机织斜纹布（每平方米重量不超过200克，含棉85%及以上）	Woven twill cloth of cotton, dyed, weighing not more than 200 g/m², containing 85% or more by weight of cotton	【最】8【普】70 【协亚太】5.2【协东盟】0【协香港】0 【协巴基斯坦】0【协智利】0【协新西兰】0 【协新加坡】0【协秘鲁】0【协台湾】0 【协哥斯达黎加】0【协冰岛】0【协瑞士】0 【协澳大利亚】0【协韩国】0【协格鲁吉亚】0 【特-1】0【特-2】0【特-3】0 【增】16【对美加征】10【出】0【退】16	米/千克	A		M		999	染色其他全棉机织斜纹布（每平方米重量不超过200克，含棉85%及以上）
520839	00	30	染色其他全棉机织牛津布（每平方米重量不超过200克，含棉85%及以上）	Woven oxford cloth of cotton, dyed, weighing not more than 200g/m², containing 85% or more by weight of cotton	【最】8【普】70 【协亚太】5.2【协东盟】0【协香港】0 【协巴基斯坦】0【协智利】0【协新西兰】0 【协新加坡】0【协秘鲁】0【协台湾】0 【协哥斯达黎加】0【协冰岛】0【协瑞士】0 【协澳大利亚】0【协韩国】0【协格鲁吉亚】0 【特-1】0【特-2】0【特-3】0 【增】16【对美加征】10【出】0【退】16	米/千克	A		M		999	染色其他全棉机织牛津布（每平方米重量不超过200克，含棉85%及以上）
520839	00	90	染色其他全棉机织物（每平方米重量不超过200克，含棉85%及以上）	Other woven fabrics of cotton, dyed, weighing not more than 200g/m², containing 85% or more by weight of cotton	【最】8【普】70 【协亚太】5.2【协东盟】0【协香港】0 【协巴基斯坦】0【协智利】0【协新西兰】0 【协新加坡】0【协秘鲁】0【协台湾】0 【协哥斯达黎加】0【协冰岛】0【协瑞士】0 【协澳大利亚】0【协韩国】0【协格鲁吉亚】0 【特-1】0【特-2】0【特-3】0 【增】16【对美加征】10【出】0【退】16	米/千克	A		M		999	染色其他全棉机织物（每平方米重量不超过200克，含棉85%及以上）
520841	00	10	色织的全棉手工织布（每平方米重量不超过100克，含棉85%及以上）	Handwoven cloth of cotton, yarn-dyed, weighing not more than 100g/m², containing 85% or more by weight of cotton	【最】8【普】70 【协东盟】0【协香港】0【协巴基斯坦】0 【协智利】0【协新西兰】0【协新加坡】0 【协秘鲁】0【协哥斯达黎加】0【协冰岛】0 【协瑞士】4【协澳大利亚】0【协韩国】0 【协格鲁吉亚】0 【特-1】0【特-2】0 【增】16【出】0【退】16	米/千克	A		M		999	色织的全棉手工织布（每平方米重量不超过100克，含棉85%及以上）
520841	00	90	色织的全棉平纹机织物（每平方米重量不超过100克，含棉85%及以上）	Plain woven fabrics of cotton, and yarn-dyed, weighing not more than 100g/m², containing 85% or more by weight of cotton	【最】8【普】70 【协东盟】0【协香港】0【协巴基斯坦】0 【协智利】0【协新西兰】0【协新加坡】0 【协秘鲁】0【协哥斯达黎加】0【协冰岛】0 【协瑞士】4【协澳大利亚】0【协韩国】0 【协格鲁吉亚】0 【特-1】0【特-2】0 【增】16【出】0【退】16	米/千克	A		M		999	色织的全棉平纹机织物（每平方米重量不超过100克，含棉85%及以上）
520842	00	10	色织的全棉手工织布（100g<每平方米重量≤200g，含棉85%及以上）	Handwoven cloth of cotton, yarn-dyed, weighing more than 100 g/m², not more than 200g/m², containing 85% or more by weight of cotton	【最】8【普】70 【协亚太】5.2【协东盟】0【协香港】0 【协巴基斯坦】0【协智利】0【协新西兰】0 【协新加坡】0【协秘鲁】0【协台湾】0 【协哥斯达黎加】0【协冰岛】0【协瑞士】4 【协澳大利亚】0【协韩国】0【协格鲁吉亚】0 【特-1】0【特-2】0【特-3】0 【增】16【对美加征】10【出】0【退】16	米/千克	A		M		999	色织的全棉手工织布（100g<每平方米重量≤200g，含棉85%及以上）
520842	00	90	色织的全棉平纹机织物（100g<每平方米重量≤200g，含棉85%及以上）	Plain woven fabrics of cotton, yarn-dyed, weighing more than 100 g/m², not more than 200g/m², containing 85% or more by weight of cotton	【最】8【普】70 【协亚太】5.2【协东盟】0【协香港】0 【协巴基斯坦】0【协智利】0【协新西兰】0 【协新加坡】0【协秘鲁】0【协台湾】0 【协哥斯达黎加】0【协冰岛】0【协瑞士】4 【协澳大利亚】0【协韩国】0【协格鲁吉亚】0 【特-1】0【特-2】0【特-3】0 【增】16【对美加征】10【出】0【退】16	米/千克	A		M		999	色织的全棉平纹机织物（100g<每平方米重量≤200g，含棉85%及以上）

税则号列			货品名称中英文		税费综合信息	计量单位	监管证件代码		检验检疫类别		检验检疫编码	检验检疫编码对应中文名称
HS国际统一前6位	本国子目 7~8位	9~10位	中文 货物名称	英文 Article Description			进口	出口	进口	出口		
520843	00		色织的全棉三、四线斜纹布（每平方米重量≤200克，含棉≥85%，包括双面斜纹机织物）	3-thread or 4-thread twill, including cross twill, yarn-dyed, weighing not more than 200g/m², containing 85% or more by weight of cotton	【最】8【普】70 【协东盟】0【协香港】0【协巴基斯坦】0 【协智利】0【协新西兰】0【协秘鲁】0 【协哥斯达黎加】0【协冰岛】0【协瑞士】4 【协澳大利亚】0【协韩国】0【协格鲁吉亚】0 【特-1】0【特-2】0 【增】16【对美加征】10【出】0【退】16	米/千克	A		M		999	色织的全棉三、四线斜纹布（每平方米重量≤200克，含棉≥85%，包括双面斜纹机织物）
520849	00	10	色织的其他全棉提花机织物（每平方米重量不超过200克，含棉85%及以上）	Other jacquard weave fabrics of cotton, yarn-dyed, weighing not more than 200g/m², containing 85% or more by weight of cotton	【最】8【普】70 【协亚太】5.2【协东盟】0【协香港】0 【协巴基斯坦】0【协智利】0【协新西兰】0 【协新加坡】0【协秘鲁】0【协哥斯达黎加】0 【协冰岛】0【协瑞士】0【协澳大利亚】0 【协韩国】0【协格鲁吉亚】0 【特东老挝】0【特东柬埔寨】0【特东缅甸】0 【特-1】0【特-2】0【特-3】0 【增】16【对美加征】10【出】0【退】16	米/千克	A		M		999	色织的其他全棉提花机织物（每平方米重量不超过200克，含棉85%及以上）
520849	00	90	色织的其他全棉机织物（每平方米重量不超过200克，含棉85%及以上）	Other woven fabrics of cotton, yarn-dyed, weighing not more than 200g/m², containing 85% or more by weight of cotton	【最】8【普】70 【协亚太】5.2【协东盟】0【协香港】0 【协巴基斯坦】0【协智利】0【协新西兰】0 【协新加坡】0【协秘鲁】0【协哥斯达黎加】0 【协冰岛】0【协瑞士】0【协澳大利亚】0 【协韩国】0【协格鲁吉亚】0 【特东老挝】0【特东柬埔寨】0【特东缅甸】0 【特-1】0【特-2】0【特-3】0 【增】16【对美加征】10【出】0【退】16	米/千克	A		M		999	色织的其他全棉机织物（每平方米重量不超过200克，含棉85%及以上）
520851	00	10	印花全棉手工织布（每平方米重量不超过100克，含棉85%及以上）	Handwoven cloth of cotton, printed, weighing not more than 100g/m², containing 85% or more by weight of cotton	【最】8【普】70 【协东盟】0【协香港】0【协巴基斯坦】0 【协智利】0【协新西兰】0【协秘鲁】0 【协哥斯达黎加】0【协冰岛】0【协瑞士】0 【协澳大利亚】0【协韩国】0【协格鲁吉亚】0 【特-1】0【特-2】0【特-3】0 【增】16【对美加征】10【出】0【退】16	米/千克	A		M		999	印花全棉手工织布（每平方米重量不超过100克，含棉85%及以上）
520851	00	91	印花全棉平纹府绸及细平布（每平方米重量不超过100克，含棉85%及以上）	Plain Poplin and fine plain cloth of cotton, printed, weighing not more than 100g/m², containing 85% or more by weight of cotton	【最】8【普】70 【协东盟】0【协香港】0【协巴基斯坦】0 【协智利】0【协新西兰】0【协秘鲁】0 【协哥斯达黎加】0【协冰岛】0【协瑞士】0 【协澳大利亚】0【协韩国】0【协格鲁吉亚】0 【特-1】0【特-2】0【特-3】0 【增】16【对美加征】10【出】0【退】16	米/千克	A		M		999	印花全棉平纹府绸及细平布（每平方米重量不超过100克，含棉85%及以上）
520851	00	92	印花全棉平纹机织平布（每平方米重量不超过100克，68号及以下）	Plain weave cloth of cotton, printed, weighing not more than 100g/m², No.68 or below	【最】8【普】70 【协东盟】0【协香港】0【协巴基斯坦】0 【协智利】0【协新西兰】0【协秘鲁】0 【协哥斯达黎加】0【协冰岛】0【协瑞士】0 【协澳大利亚】0【协韩国】0【协格鲁吉亚】0 【特-1】0【特-2】0【特-3】0 【增】16【对美加征】10【出】0【退】16	米/千克	A		M		999	印花全棉平纹机织平布（每平方米重量不超过100克，68号及以下）
520851	00	93	印花全棉平纹奶酪布（每平方米重量不超过100克，含棉85%及以上）	Plain cheese cloth of cotton, printed, weighing not more than 100g/m², containing 85% or more by weight of cotton	【最】8【普】70 【协东盟】0【协香港】0【协巴基斯坦】0 【协智利】0【协新西兰】0【协秘鲁】0 【协哥斯达黎加】0【协冰岛】0【协瑞士】0 【协澳大利亚】0【协韩国】0【协格鲁吉亚】0 【特-1】0【特-2】0【特-3】0 【增】16【对美加征】10【出】0【退】16	米/千克	A		M		999	印花全棉平纹奶酪布（每平方米重量不超过100克，含棉85%及以上）
520851	00	94	印花全棉平纹印染用布（每平方米重量不超过100克，43~68号）	Plain weave cloth of cotton for printing and dyeing, printed, weighing not more than 100g/m², No. 43 ~68	【最】8【普】70 【协东盟】0【协香港】0【协巴基斯坦】0 【协智利】0【协新西兰】0【协秘鲁】0 【协哥斯达黎加】0【协冰岛】0【协瑞士】0 【协澳大利亚】0【协韩国】0【协格鲁吉亚】0 【特-1】0【特-2】0【特-3】0 【增】16【对美加征】10【出】0【退】16	米/千克	A		M		999	印花全棉平纹印染用布（每平方米重量不超过100克，43~68号）
520851	00	95	印花全棉平纹巴里纱及薄细布（每平方米重量不超过100克，69号及以上）	Plain Voiles and muslin of cotton, printed, weighing not more than 100g/m², No. 69 or above	【最】8【普】70 【协东盟】0【协香港】0【协巴基斯坦】0 【协智利】0【协新西兰】0【协秘鲁】0 【协哥斯达黎加】0【协冰岛】0【协瑞士】0 【协澳大利亚】0【协韩国】0【协格鲁吉亚】0 【特-1】0【特-2】0【特-3】0 【增】16【对美加征】10【出】0【退】16	米/千克	A		M		999	印花全棉平纹巴里纱及薄细布（每平方米重量不超过100克，69号及以上）

税则号列			货品名称中英文		税费综合信息	计量单位	监管证件代码		检验检疫类别		检验检疫编码	检验检疫编码对应中文名称
HS国际统一前6位	本国子目 7~8位	本国子目 9~10位	中文 货物名称	英文 Article Description			进口	出口	进口	出口		
520852	00	10	印花的全棉手工织布（100g<每平方米重量≤200g，含棉85%及以上）	Handwoven cloth of cotton, printed, weighing more than 100 g/m², not more than 200g/m², containing 85% or more by weight of cotton	【最】8【普】70 【协亚太】5.2【协东盟】0【协香港】0 【协巴基斯坦】0【协智利】0【协新西兰】0 【协新加坡】0【协秘鲁】0【协哥斯达黎加】0 【协冰岛】0【协瑞士】0【协澳大利亚】0 【协韩国】7.5【协格鲁吉亚】0 【特-1】0【特-2】0【特-3】0 【增】16【对美加征】10【出】0【退】16	米/千克	A		M		999	印花的全棉手工织布（100g<每平方米重量≤200g，含棉85%及以上）
520852	00	91	印花的全棉平纹府绸及细平布（100g<每平方米重量≤200g，含棉85%及以上）	Plain Poplin and fine cloth of cotton, printed, weighing more than 100 g/m², not more than 200g/m², containing 85% or more by weight of cotton	【最】8【普】70 【协亚太】5.2【协东盟】0【协香港】0 【协巴基斯坦】0【协智利】0【协新西兰】0 【协新加坡】0【协秘鲁】0【协哥斯达黎加】0 【协冰岛】0【协瑞士】0【协澳大利亚】0 【协韩国】7.5【协格鲁吉亚】0 【特-1】0【特-2】0【特-3】0 【增】16【对美加征】10【出】0【退】16	米/千克	A		M		999	印花的全棉平纹府绸及细平布（100g<每平方米重量≤200g，含棉85%及以上）
520852	00	92	印花的全棉平纹机织平布（100g<每平方米重量≤200g，68号及以下）	Plain weave cloth of cotton, printed, weighing more than 100 g/m², not more than 200g/m², No.68 or below	【最】8【普】70 【协亚太】5.2【协东盟】0【协香港】0 【协巴基斯坦】0【协智利】0【协新西兰】0 【协新加坡】0【协秘鲁】0【协哥斯达黎加】0 【协冰岛】0【协瑞士】0【协澳大利亚】0 【协韩国】7.5【协格鲁吉亚】0 【特-1】0【特-2】0【特-3】0 【增】16【对美加征】10【出】0【退】16	米/千克	A		M		999	印花的全棉平纹机织平布（100g<每平方米重量≤200g，68号及以下）
520852	00	93	印花的全棉平纹奶酪布（100g<每平方米重量≤200g，含棉85%及以上）	Plain cheese cloth of cotton, printing, weighing more than 100g/m², not more than 200g/m², containing 85% or more by weight of cotton	【最】8【普】70 【协亚太】5.2【协东盟】0【协香港】0 【协巴基斯坦】0【协智利】0【协新西兰】0 【协新加坡】0【协秘鲁】0【协哥斯达黎加】0 【协冰岛】0【协瑞士】0【协澳大利亚】0 【协韩国】7.5【协格鲁吉亚】0 【特-1】0【特-2】0【特-3】0 【增】16【对美加征】10【出】0【退】16	米/千克	A		M		999	印花的全棉平纹奶酪布（100g<每平方米重量≤200g，含棉85%及以上）
520852	00	94	印花的全棉平纹印染用布（100g<每平方米重量≤200g，43～68号）	Plain cloth of cotton for printing and dyeing, printed, weighing more than 100g/m², not more than 200 g/m², No.43~68	【最】8【普】70 【协亚太】5.2【协东盟】0【协香港】0 【协巴基斯坦】0【协智利】0【协新西兰】0 【协新加坡】0【协秘鲁】0【协哥斯达黎加】0 【协冰岛】0【协瑞士】0【协澳大利亚】0 【协韩国】7.5【协格鲁吉亚】0 【特-1】0【特-2】0【特-3】0 【增】16【对美加征】10【出】0【退】16	米/千克	A		M		999	印花的全棉平纹印染用布（100g<每平方米重量≤200g，43～68号）
520852	00	95	印花的全棉巴里纱及薄细布（100g<每平方米重量≤200g，69号及以上）	Plain Voiles and muslin of cotton, printed, weighing more than 100g/m², not more than 200g/m², No.69 or above	【最】8【普】70 【协亚太】5.2【协东盟】0【协香港】0 【协巴基斯坦】0【协智利】0【协新西兰】0 【协新加坡】0【协秘鲁】0【协哥斯达黎加】0 【协冰岛】0【协瑞士】0【协澳大利亚】0 【协韩国】7.5【协格鲁吉亚】0 【特-1】0【特-2】0【特-3】0 【增】16【对美加征】10【出】0【退】16	米/千克	A		M		999	印花的全棉巴里纱及薄细布（100g<每平方米重量≤200g，69号及以上）
520859	10		印花的全棉三、四线斜纹布（每平方米重量≤200克，含棉≥85%，包括双面斜纹机织物）	3-thread or 4-thread twill, including crosss twill, printed, weighing not more than 200 g/m², containing 85% or more by weight of cotton	【最】8【普】70 【协东盟】0【协香港】0【协巴基斯坦】0 【协智利】0【协新西兰】0【协秘鲁】0 【协哥斯达黎加】0【协冰岛】0【协瑞士】0 【协澳大利亚】0【协韩国】0【协格鲁吉亚】0 【特-1】0【特-2】0 【增】16【出】0【退】16	米/千克	A		M		999	印花的全棉三、四线斜纹布（每平方米重量≤200克，含棉≥85%，包括双面斜纹机织物）
520859	90	10	印花其他全棉机织缎布（每平方米重量不超过200克，含棉85%及以上）	Other woven satin cloth of cotton, printed, weighing not more than 200g/m², containing 85% or more by weight of cotton	【最】8【普】70 【协亚太】5.2【协东盟】0【协巴基斯坦】0 【协智利】0【协新西兰】0【协秘鲁】0 【协台湾】0【协哥斯达黎加】0【协冰岛】0 【协瑞士】0【协澳大利亚】0【协韩国】0 【协格鲁吉亚】0【协香港】0【协澳门】0 【特-1】0【特-2】0 【增】16【对美加征】10【出】0【退】16	米/千克	A		M		999	印花其他全棉机织缎布（每平方米重量不超过200克，含棉85%及以上）

税则号列			货品名称中英文		税费综合信息	计量单位	监管证件代码		检验检疫类别		检验检疫编码	检验检疫编码对应中文名称
HS国际统一前6位	本国子目 7~8位	本国子目 9~10位	中文 货物名称	英文 Article Description			进口	出口	进口	出口		
520859	90	20	印花其他全棉机织斜纹布（每平方米重量不超过200克，含棉85%及以上）	Woven twill cloth of cotton, printed, weighing not more than 200g/m², containing 85% or more by weight of cotton	【最】8【普】70 【协亚太】5.2【协东盟】0【协巴基斯坦】0 【协智利】0【协新西兰】0【协秘鲁】0 【协台湾】0【协哥斯达黎加】0【协冰岛】0 【协瑞士】0【协澳大利亚】0【协韩国】0 【协格鲁吉亚】0【协香港】0【协澳门】0 【特-1】0【特-2】0 【增】16【对美加征】10【出】0【退】16	米/千克	A		M		999	印花其他全棉机织斜纹布（每平方米重量不超过200克，含棉85%及以上）
520859	90	30	印花其他全棉机织牛津布（每平方米重量不超过200克，含棉85%及以上）	Other woven oxford cloth of cotton, printed, weighing not more than 200g/m² containing 85% or more by weight of cotton	【最】8【普】70 【协亚太】5.2【协东盟】0【协巴基斯坦】0 【协智利】0【协新西兰】0【协秘鲁】0 【协台湾】0【协哥斯达黎加】0【协冰岛】0 【协瑞士】0【协澳大利亚】0【协韩国】0 【协格鲁吉亚】0【协香港】0【协澳门】0 【特-1】0【特-2】0 【增】16【对美加征】10【出】0【退】16	米/千克	A		M		999	印花其他全棉机织牛津布（每平方米重量不超过200克，含棉85%及以上）
520859	90	90	印花其他全棉机织物（每平方米重量不超过200克，含棉85%及以上）	Other woven fabrics of cotton, printed, weighing not more than 200g/m², containing 85% or more by weight of cotton	【最】8【普】70 【协亚太】5.2【协东盟】0【协巴基斯坦】0 【协智利】0【协新西兰】0【协秘鲁】0 【协台湾】0【协哥斯达黎加】0【协冰岛】0 【协瑞士】0【协澳大利亚】0【协韩国】0 【协格鲁吉亚】0【协香港】0【协澳门】0 【特-1】0【特-2】0 【增】16【对美加征】10【出】0【退】16	米/千克	A		M		999	印花其他全棉机织物（每平方米重量不超过200克，含棉85%及以上）
520911	00		未漂白的棉平纹机织物	Plain weave	【最】8【普】70 【协东盟】5【协香港】0【协巴基斯坦】0 【协智利】0【协新西兰】0【协哥斯达黎加】0 【协冰岛】0【协瑞士】0【协澳大利亚】0 【协韩国】7.5【协格鲁吉亚】0 【特-1】0【特-2】0【特-3】0 【增】16【对美加征】10【出】0【退】16	米/千克					999	未漂白的棉平纹机织物（指每平方米重超过200克，含棉85%及以上）
520912	00		未漂白的全棉三、四线斜纹布（指每平方米重>200克，含棉≥85%包括双面斜纹机织物）	3-thread or 4-thread twill, including cross twill, unbleached, weighing more than 200 g/m², containing 85% or more by weight of cotton	【最】8【普】70 【协亚太】5.2【协东盟】0【协香港】0 【协巴基斯坦】0【协智利】0【协新西兰】0 【协新加坡】0【协秘鲁】0【协哥斯达黎加】0 【协冰岛】0【协瑞士】0【协澳大利亚】0 【协韩国】0【协格鲁吉亚】0 【特-1】0【特-2】0 【增】16【对美加征】10【出】0【退】16	米/千克					999	未漂白的全棉三、四线斜纹布（指每平方米重>200克，含棉≥85%包括双面斜纹机织物）
520919	00		未漂白的其他棉机织物	Other fabrics	【最】8【普】70 【协东盟】0【协香港】0【协巴基斯坦】0 【协智利】0【协新西兰】0【协新加坡】0 【协秘鲁】0【协哥斯达黎加】0【协冰岛】0 【协瑞士】0【协澳大利亚】0【协韩国】0 【协格鲁吉亚】0 【特-1】0【特-2】0【特-3】0 【增】16【对美加征】10【出】0【退】16	米/千克					999	未漂白的其他棉机织物（指每平方米重超过200克，含棉85%及以上）
520921	00		漂白的棉平纹机织物	Plain weave	【最】8【普】70 【协东盟】0【协香港】0【协巴基斯坦】0 【协智利】0【协新西兰】0【协新加坡】0 【协秘鲁】0【协哥斯达黎加】0【协冰岛】0 【协瑞士】4.8【协澳大利亚】0【协韩国】0 【协格鲁吉亚】0 【特-1】0【特-2】0【特-3】0 【增】16【对美加征】10【出】0【退】16	米/千克					999	漂白的棉平纹机织物（指每平方米重超过200克，含棉85%及以上）
520922	00		漂白的全棉三、四线斜纹布（指每平方米重超过200克，含棉≥85%，包括双面斜纹机织物）	3-thread or 4-thread twill, including cross twill, bleached, weighing more than 200 g/m², containing 85% or more by weight of cotton	【最】8【普】70 【协东盟】0【协香港】0【协巴基斯坦】0 【协智利】0【协新西兰】0【协新加坡】0 【协秘鲁】0【协哥斯达黎加】0【协冰岛】0 【协瑞士】4.8【协澳大利亚】0【协韩国】0 【协格鲁吉亚】0 【特-1】0【特-2】0 【增】16【对美加征】10【出】0【退】16	米/千克					999	漂白的全棉三、四线斜纹布（指每平方米重超过200克，含棉≥85%，包括双面斜纹机织物）

税则号列 HS国际统一前6位	本国子目 7~8位	本国子目 9~10位	货品名称中英文 中文 货物名称	货品名称中英文 英文 Article Description	税费综合信息	计量单位	监管证件代码 进口	监管证件代码 出口	检验检疫类别 进口	检验检疫类别 出口	检验检疫编码	检验检疫编码对应中文名称
520929	00		漂白的其他棉机织物	Other fabrics	【最】8【普】70 【协东盟】0【协香港】0【协巴基斯坦】0 【协智利】0【协新西兰】0【协新加坡】0 【协秘鲁】0【协哥斯达黎加】0【协冰岛】0 【协瑞士】4.8【协澳大利亚】0【协韩国】0 【协格鲁吉亚】0 【特-1】0【特-2】0 【增】16【对美加征】10【出】0【退】16	米/千克					999	漂白的其他棉机织物（指每平方米重超过200克，含棉85%及以上）
520931	00	10	染色全棉手工织布（指每平方米重超过200克，含棉85%及以上）	Handwoven cloth of cotton, dyed, weighing more than 200g/m², containing 85% or more by weight of cotton	【最】8【普】70 【协亚太】5.2【协东盟】0【协香港】0 【协巴基斯坦】0【协智利】0【协新西兰】0 【协新加坡】0【协秘鲁】0【协台湾】0 【协哥斯达黎加】0【协冰岛】0【协瑞士】0 【协澳大利亚】0【协韩国】0【协格鲁吉亚】0 【特东老挝】0【特东柬埔寨】0【特东缅甸】0 【特-1】0【特-2】0【特-3】0 【增】16【对美加征】10【出】0【退】16	米/千克	A		M		999	染色全棉手工织布（指每平方米重超过200克，含棉85%及以上）
520931	00	91	染色全棉平纹府绸及细平布（指每平方米重超过200克，含棉85%及以上）	Plain Poplin and fine plain cloth of cotton, dyed, weighing more than 200g/m², containing 85% or more by weight of cotton	【最】8【普】70 【协亚太】5.2【协东盟】0【协香港】0 【协巴基斯坦】0【协智利】0【协新西兰】0 【协新加坡】0【协秘鲁】0【协台湾】0 【协哥斯达黎加】0【协冰岛】0【协瑞士】0 【协澳大利亚】0【协韩国】0【协格鲁吉亚】0 【特东老挝】0【特东柬埔寨】0【特东缅甸】0 【特-1】0【特-2】0【特-3】0 【增】16【对美加征】10【出】0【退】16	米/千克	A		M		999	染色全棉平纹府绸及细平布（指每平方米重超过200克，含棉85%及以上）
520931	00	92	染色的全棉平纹机织平布（指每平方米重超过200克，含棉85%及以上）	Plain weave cloth of cotton, dyed, weighing more than 200g/m², containing 85% or more by weight of cotton	【最】8【普】70 【协亚太】5.2【协东盟】0【协香港】0 【协巴基斯坦】0【协智利】0【协新西兰】0 【协新加坡】0【协秘鲁】0【协台湾】0 【协哥斯达黎加】0【协冰岛】0【协瑞士】0 【协澳大利亚】0【协韩国】0【协格鲁吉亚】0 【特东老挝】0【特东柬埔寨】0【特东缅甸】0 【特-1】0【特-2】0【特-3】0 【增】16【对美加征】10【出】0【退】16	米/千克	A		M		999	染色的全棉平纹机织平布（指每平方米重超过200克，含棉85%及以上）
520931	00	93	染色的全棉平纹机织帆布（指每平方米重超过200克，含棉85%及以上）	Plain weave canvas of cotton, dyed, weighing more than 200g/m², containing 85% or more by weight of cotton	【最】8【普】70 【协亚太】5.2【协东盟】0【协香港】0 【协巴基斯坦】0【协智利】0【协新西兰】0 【协新加坡】0【协秘鲁】0【协台湾】0 【协哥斯达黎加】0【协冰岛】0【协瑞士】0 【协澳大利亚】0【协韩国】0【协格鲁吉亚】0 【特东老挝】0【特东柬埔寨】0【特东缅甸】0 【特-1】0【特-2】0【特-3】0 【增】16【对美加征】10【出】0【退】16	米/千克	A		M		999	染色的全棉平纹机织帆布（指每平方米重超过200克，含棉85%及以上）
520932	00		染色的全棉三、四线斜纹布（指每平方米重超过200克，含棉≥85%，包括双面斜纹机织物）	3-thread or 4-thread twill, including cross twill, dyed, weighing more than 200g/m², containing 85% or more by weight of cotton	【最】8【普】70 【协亚太】5.2【协东盟】0【协香港】0 【协巴基斯坦】0【协智利】0【协新西兰】0 【协新加坡】0【协秘鲁】0【协台湾】0 【协哥斯达黎加】0【协冰岛】0【协瑞士】0 【协澳大利亚】0【协韩国】0【协格鲁吉亚】0 【特东老挝】0【特东柬埔寨】0【特东缅甸】0 【特-1】0【特-2】0【特-3】0 【增】16【对美加征】10【出】0【退】16	米/千克	A		M		999	染色的全棉三、四线斜纹布（指每平方米重超过200克，含棉≥85%，包括双面斜纹机织物）
520939	00	10	染色的其他全棉机织缎布（指每平方米重超过200克，含棉85%及以上）	Other woven satin cloth of cotton, dyed, weighing more than 200g/m², containing 85% or more by weight of cotton	【最】8【普】70 【协亚太】5.2【协东盟】0【协香港】0 【协巴基斯坦】0【协智利】0【协新西兰】0 【协新加坡】0【协秘鲁】0【协台湾】0 【协哥斯达黎加】0【协冰岛】0【协瑞士】0 【协澳大利亚】0【协韩国】0【协格鲁吉亚】0 【特东老挝】0【特东柬埔寨】0【特东缅甸】0 【特-1】0【特-2】0【特-3】0 【增】16【对美加征】10【出】0【退】16	米/千克	A		M		999	染色的其他全棉机织缎布（指每平方米重超过200克，含棉85%及以上）
520939	00	20	染色的其他全棉机织斜纹布（指每平方米重超过200克，含棉85%及以上）	Other woven twill cloth of cotton, dyed, weighing more than 200 g/m², containing 85% by weight of cotton	【最】8【普】70 【协亚太】5.2【协东盟】0【协香港】0 【协巴基斯坦】0【协智利】0【协新西兰】0 【协新加坡】0【协秘鲁】0【协台湾】0 【协哥斯达黎加】0【协冰岛】0【协瑞士】0 【协澳大利亚】0【协韩国】0【协格鲁吉亚】0 【特东老挝】0【特东柬埔寨】0【特东缅甸】0 【特-1】0【特-2】0【特-3】0 【增】16【对美加征】10【出】0【退】16	米/千克	A		M		999	染色的其他全棉机织斜纹布（指每平方米重超过200克，含棉85%及以上）

税则号列			货品名称中英文		税费综合信息	计量单位	监管证件代码		检验检疫类别		检验检疫编码	检验检疫编码对应中文名称
HS国际统一前6位	本国子目 7~8位	本国子目 9~10位	中文 货物名称	英文 Article Description			进口	出口	进口	出口		
520939	00	30	染色的其他全棉机织帆布（指每平方米重超过200克，含棉85%及以上）	Other woven canvas of cotton, dyed, weighing more than 200g/m^2, containing 85% or more by weight of cotton	【最】8【普】70 【协亚太】5.2【协东盟】0【协香港】0 【协巴基斯坦】0【协智利】0【协新西兰】0 【协新加坡】0【协秘鲁】0【协台湾】0 【协哥斯达黎加】0【协冰岛】0【协瑞士】0 【协澳大利亚】0【协韩国】0【协格鲁吉亚】0 【特东老挝】0【特东柬埔寨】0【特东缅甸】0 【特-1】0【特-2】0【特-3】0 【增】16【对美加征】10【出】0【退】16	米/千克	A		M		999	染色的其他全棉机织帆布（指每平方米重超过200克，含棉85%及以上）
520939	00	90	染色的其他全棉机织物（指每平方米重超过200克，含棉85%及以上）	Other woven fabrics of cotton, dyed, weighing more than 200g/m^2, containing 85% or more by weight of cotton	【最】8【普】70 【协亚太】5.2【协东盟】0【协香港】0 【协巴基斯坦】0【协智利】0【协新西兰】0 【协新加坡】0【协秘鲁】0【协台湾】0 【协哥斯达黎加】0【协冰岛】0【协瑞士】0 【协澳大利亚】0【协韩国】0【协格鲁吉亚】0 【特东老挝】0【特东柬埔寨】0【特东缅甸】0 【特-1】0【特-2】0【特-3】0 【增】16【对美加征】10【出】0【退】16	米/千克	A		M		999	染色的其他全棉机织物（指每平方米重超过200克，含棉85%及以上）
520941	00	10	色织的全棉手工织布（指每平方米重超过200克，含棉85%及以上）	Handwoven cloth of cotton, yarn-dyed, weighing more than 200g/m^2, containing 85% or more by weight of cotton	【最】8【普】70 【协东盟】0【协香港】0【协巴基斯坦】0 【协智利】0【协新西兰】0【协新加坡】0 【协秘鲁】0【协台湾】0【协哥斯达黎加】0 【协冰岛】0【协瑞士】0【协澳大利亚】0 【协韩国】0【协格鲁吉亚】0 【特-1】0【特-2】0 【增】16【对美加征】10【出】0【退】16	米/千克	A		M		999	色织的全棉手工织布（指每平方米重超过200克，含棉85%及以上）
520941	00	90	色织的全棉平纹机织物（指每平方米重超过200克，含棉85%及以上）	Plain weave fabrics of cotton, weighing more than 200g/m^2, containin≥85% by weight of cotton	【最】8【普】70 【协东盟】0【协香港】0【协巴基斯坦】0 【协智利】0【协新西兰】0【协新加坡】0 【协秘鲁】0【协台湾】0【协哥斯达黎加】0 【协冰岛】0【协瑞士】0【协澳大利亚】0 【协韩国】0【协格鲁吉亚】0 【特-1】0【特-2】0 【增】16【对美加征】10【出】0【退】16	米/千克	A		M		999	色织的全棉平纹机织物（指每平方米重超过200克，含棉85%及以上）
520942	00	10	色织全棉蓝粗斜纹布（劳动布）（指每平方米重超过200克，含棉85%及以上）	Blue denim of cotton, yarn-dyed, weighing more than 200g/m^2, containing 85% or more by weight of cotton	【最】8【普】70 【协亚太】5.2【协东盟】0【协香港】0 【协澳门】0【协巴基斯坦】0【协智利】0 【协新西兰】0【协新加坡】0【协秘鲁】0 【协台湾】0【协哥斯达黎加】0【协冰岛】0 【协瑞士】0【协澳大利亚】0【协韩国】0 【协格鲁吉亚】0 【特东老挝】0【特东柬埔寨】0【特东缅甸】0 【特-1】0【特-2】0【特-3】0 【增】16【对美加征】10【出】0【退】16	米/千克	A		M		999	色织全棉蓝粗斜纹布（劳动布）（指每平方米重超过200克，含棉85%及以上）
520942	00	90	色织其他全棉粗斜纹布（劳动布）（指每平方米重超过200克，含棉85%及以上）	Denim of cotton, yarn-dyed, weighing more than 200g/m^2, containing 85% or more by weight of cotton	【最】8【普】70 【协亚太】5.2【协东盟】0【协香港】0 【协澳门】0【协巴基斯坦】0【协智利】0 【协新西兰】0【协新加坡】0【协秘鲁】0 【协台湾】0【协哥斯达黎加】0【协冰岛】0 【协瑞士】0【协澳大利亚】0【协韩国】0 【协格鲁吉亚】0 【特东老挝】0【特东柬埔寨】0【特东缅甸】0 【特-1】0【特-2】0【特-3】0 【增】16【对美加征】10【出】0【退】16	米/千克	A		M		999	色织其他全棉粗斜纹布（劳动布）（指每平方米重超过200克，含棉85%及以上）
520943	00		其他色织的全棉三、四线斜纹布（指每平方米重超过200克，含棉≥85%，包括双面斜纹机织物）	Other fabrics of 3-thread or 4-thread twill, including cross twill, yarn-dyed, weighing more than 200 g/m^2, containing 85% or more by weight of cotton	【最】8【普】70 【协亚太】5.2【协东盟】0【协香港】0 【协巴基斯坦】0【协智利】0【协新西兰】0 【协秘鲁】0【协哥斯达黎加】0【协冰岛】0 【协瑞士】0【协澳大利亚】0【协韩国】0 【协格鲁吉亚】0 【特-1】0【特-2】0 【增】16【对美加征】10【出】0【退】16	米/千克	A		M		999	其他色织的全棉三、四线斜纹布（指每平方米重超过200克，含棉≥85%，包括双面斜纹机织物）
520949	00	10	色织的其他全棉提花机织物（指每平方米重超过200克，含棉85%及以上）	Other woven jacquad fabrics of cotton, yarn-dyed, weighing more than 200g/m^2, containing 85% or more by weight of cotton	【最】8【普】70 【协东盟】0【协香港】0【协巴基斯坦】0 【协智利】0【协新西兰】0【协新加坡】0 【协秘鲁】0【协哥斯达黎加】0【协冰岛】0 【协瑞士】0【协澳大利亚】0【协韩国】6.6 【协格鲁吉亚】0 【特-1】0【特-2】0 【增】16【对美加征】10【出】0【退】16	米/千克	A		M		999	色织的其他全棉提花机织物（指每平方米重超过200克，含棉85%及以上）

税则号列			货品名称中英文		税费综合信息	计量单位	监管证件代码		检验检疫类别		检验检疫编码	检验检疫编码对应中文名称
HS国际统一前6位	本国子目7~8位	本国子目9~10位	中文 货物名称	英文 Article Description			进口	出口	进口	出口		
520949	00	90	色织的其他全棉机织物（指每平方米重超过200克，含棉85%及以上）	Other woven fabrics of cotton, yarn-dyed, weighing more than 200g/m², containing 85% or more by weight of cotton	【最】8【普】70 【协东盟】0【协香港】0【协巴基斯坦】0 【协智利】0【协新西兰】0【协新加坡】0 【协秘鲁】0【协哥斯达黎加】0【协冰岛】0 【协瑞士】0【协澳大利亚】0【协韩国】6.6 【协格鲁吉亚】0 【特-1】0【特-2】0 【增】16【对美加征】10【出】0【退】16	米/千克	A		M		999	色织的其他全棉机织物（指每平方米重超过200克，含棉85%及以上）
520951	00	10	印花全棉手工织布（指每平方米重超过200克，含棉85%及以上）	Handwoven cloth of cotton, printed, weighing more than 200 g/m², containing 85% or more by weight of cotton	【最】8【普】70 【协亚太】5.2【协东盟】0【协香港】0 【协巴基斯坦】0【协智利】0【协新西兰】0 【协新加坡】0【协秘鲁】0【协哥斯达黎加】0 【协冰岛】0【协瑞士】0【协澳大利亚】0 【协韩国】0【协格鲁吉亚】0 【特-1】0【特-2】0【特-3】0 【增】16【对美加征】10【出】0【退】16	米/千克	A		M		999	印花全棉手工织布（指每平方米重超过200克，含棉85%及以上）
520951	00	91	印花全棉平纹府绸及细平布（指每平方米重超过200克，含棉85%及以上）	Plain Poplin and fine plain cloth of cotton, printed, weighing more than 200g/m², containing 85% or more by weight of cotton	【最】8【普】70 【协亚太】5.2【协东盟】0【协香港】0 【协巴基斯坦】0【协智利】0【协新西兰】0 【协新加坡】0【协秘鲁】0【协哥斯达黎加】0 【协冰岛】0【协瑞士】0【协澳大利亚】0 【协韩国】0【协格鲁吉亚】0 【特-1】0【特-2】0【特-3】0 【增】16【对美加征】10【出】0【退】16	米/千克	A		M		999	印花全棉平纹府绸及细平布（指每平方米重超过200克，含棉85%及以上）
520951	00	92	印花全棉平纹机织平布（指每平方米重超过200克，含棉85%及以上）	Plain weave cloth of cotton, printed, weighing more than 200 g/m², containing 85% or more by weight of cotton	【最】8【普】70 【协亚太】5.2【协东盟】0【协香港】0 【协巴基斯坦】0【协智利】0【协新西兰】0 【协新加坡】0【协秘鲁】0【协哥斯达黎加】0 【协冰岛】0【协瑞士】0【协澳大利亚】0 【协韩国】0【协格鲁吉亚】0 【特-1】0【特-2】0【特-3】0 【增】16【对美加征】10【出】0【退】16	米/千克	A		M		999	印花全棉平纹机织平布（指每平方米重超过200克，含棉85%及以上）
520951	00	93	印花全棉平纹机织帆布（指每平方米重超过200克，含棉85%及以上）	Plain weave canvas of cotton, printed, weighing more than 200 g/m², containing 85% or more by weight of cotton	【最】8【普】70 【协亚太】5.2【协东盟】0【协香港】0 【协巴基斯坦】0【协智利】0【协新西兰】0 【协新加坡】0【协秘鲁】0【协哥斯达黎加】0 【协冰岛】0【协瑞士】0【协澳大利亚】0 【协韩国】0【协格鲁吉亚】0 【特-1】0【特-2】0【特-3】0 【增】16【对美加征】10【出】0【退】16	米/千克	A		M		999	印花全棉平纹机织帆布（指每平方米重超过200克，含棉85%及以上）
520952	00		印花的全棉三、四线斜纹布（指每平方米重超过200克，含棉85%及以上，双面斜纹布）	3-thread or 4-thread twill, including cross twill, printed, weighing more than 200g/m², containing 85% or more by weight of cotton	【最】8【普】70 【协东盟】0【协香港】0【协巴基斯坦】0 【协智利】0【协新西兰】0【协秘鲁】0 【协哥斯达黎加】0【协冰岛】0【协瑞士】0 【协澳大利亚】0【协韩国】0【协格鲁吉亚】0 【特-1】0【特-2】0 【增】16【出】0【退】16	米/千克	A		M		999	印花的全棉三、四线斜纹布（指每平方米重超过200克，含棉85%及以上，双面斜纹布）
520959	00	10	印花的其他全棉机织缎布（指每平方米重超过200克，含棉85%及以上）	Other woven satin cloth of cotton, printed, weighing more than 200g/m², containing 85% or more by weight of cotton	【最】8【普】70 【协亚太】5.2【协东盟】0【协香港】0 【协巴基斯坦】0【协智利】0【协新西兰】0 【协秘鲁】0【协哥斯达黎加】0【协冰岛】0 【协瑞士】0【协澳大利亚】0【协韩国】0 【协格鲁吉亚】0 【特-1】0【特-2】0【特-3】0 【增】16【对美加征】10【出】0【退】16	米/千克	A		M		999	印花的其他全棉机织缎布（指每平方米重超过200克，含棉85%及以上）
520959	00	20	印花的其他全棉机织斜纹布（指每平方米重超过200克，含棉85%及以上）	Other woven twill cloth of cotton, printed, weighing more than 200g/m², containing 85% or more by weight of cotton	【最】8【普】70 【协亚太】5.2【协东盟】0【协香港】0 【协巴基斯坦】0【协智利】0【协新西兰】0 【协秘鲁】0【协哥斯达黎加】0【协冰岛】0 【协瑞士】0【协澳大利亚】0【协韩国】0 【协格鲁吉亚】0 【特-1】0【特-2】0【特-3】0 【增】16【对美加征】10【出】0【退】16	米/千克	A		M		999	印花的其他全棉机织斜纹布（指每平方米重超过200克，含棉85%及以上）

税则号列 HS国际统一前6位	本国子目 7~8位	本国子目 9~10位	货品名称中英文 中文 货物名称	货品名称中英文 英文 Article Description	税费综合信息	计量单位	监管证件代码 进口	监管证件代码 出口	检验检疫类别 进口	检验检疫类别 出口	检验检疫编码	检验检疫编码对应中文名称
520959	00	30	印花的其他全棉机织帆布（指每平方米重超过200克，含棉85%及以上）	Other woven canvas of cotton, printed, weighing more than 200 g/m², containing 85% or more by weight of cotton	【最】8【普】70 【协亚太】5.2【协东盟】0【协香港】0 【协巴基斯坦】0【协智利】0【协新西兰】0 【协秘鲁】0【协哥斯达黎加】0【协冰岛】0 【协瑞士】0【协澳大利亚】0【协韩国】0 【协格鲁吉亚】0 【特-1】0【特-2】0【特-3】0 【增】16【对美加征】10【出】0【退】16	米/千克	A		M		999	印花的其他全棉机织帆布（指每平方米重超过200克，含棉85%及以上）
520959	00	90	印花的其他全棉机织物（指每平方米重超过200克，含棉85%及以上）	Other woven fabrics of cotton, printed, weighing more than 200g/m², containing 85% or more by weight of cotton	【最】8【普】70 【协亚太】5.2【协东盟】0【协香港】0 【协巴基斯坦】0【协智利】0【协新西兰】0 【协秘鲁】0【协哥斯达黎加】0【协冰岛】0 【协瑞士】0【协澳大利亚】0【协韩国】0 【协格鲁吉亚】0 【特-1】0【特-2】0【特-3】0 【增】16【对美加征】10【出】0【退】16	米/千克	A		M		999	印花的其他全棉机织物（指每平方米重超过200克，含棉85%及以上）
521011	00	11	未漂白与聚酯短纤混纺的棉制府绸（指每平方米重≤200克，含棉85%以下，含平细布）	Plain Poplin and fine cloth of cotton, unbleached, mixed with polyester staple fibres, weight ≤ 200g/m², containing less than 85% by weight of cotton	【最】8【普】90【暂进】6 【协亚太】5.2【协东盟】0【协香港】0 【协巴基斯坦】0【协智利】0【协新西兰】0 【协新加坡】0【协秘鲁】0【协哥斯达黎加】0 【协冰岛】0【协瑞士】4.8【协澳大利亚】0 【协韩国】0【协格鲁吉亚】0 【特-1】0【特-2】0【特-3】0 【增】16【对美加征】10【出】0【退】16	米/千克					999	未漂白与聚酯短纤混纺的棉制府绸（指每平方米重≤200克，含棉85%以下，含平细布）
521011	00	12	未漂白与聚酯短纤混纺棉机织平布（指每平方米重≤200克，≤68号，含棉85%以下）	Plain cloth of cotton, unbleached, mixed with polyester staple fibres, weight ≤ 200 g/m², containing 85% by weight of cotton, No. 68 or below	【最】8【普】90【暂进】6 【协亚太】5.2【协东盟】0【协香港】0 【协巴基斯坦】0【协智利】0【协新西兰】0 【协新加坡】0【协秘鲁】0【协哥斯达黎加】0 【协冰岛】0【协瑞士】4.8【协澳大利亚】0 【协韩国】0【协格鲁吉亚】0 【特-1】0【特-2】0【特-3】0 【增】16【对美加征】10【出】0【退】16	米/千克					999	未漂白与聚酯短纤混纺棉机织平布（指每平方米重≤200克，≤68号，含棉85%以下）
521011	00	13	未漂白与聚酯短纤混纺棉奶酪布（指每平方米重≤200克，含棉85%以下）	Plain cheese cloth of cotton, unbleached, mixed with polyester staple fibres, weight ≤ 200g/m², containing less than 85% by weight of cotton	【最】8【普】90【暂进】6 【协亚太】5.2【协东盟】0【协香港】0 【协巴基斯坦】0【协智利】0【协新西兰】0 【协新加坡】0【协秘鲁】0【协哥斯达黎加】0 【协冰岛】0【协瑞士】4.8【协澳大利亚】0 【协韩国】0【协格鲁吉亚】0 【特-1】0【特-2】0【特-3】0 【增】16【对美加征】10【出】0【退】16	米/千克					999	未漂白与聚酯短纤混纺棉奶酪布（指每平方米重≤200克，含棉85%以下）
521011	00	14	未漂白与聚酯短纤混纺棉印染用布（指每平方米重≤200克，43~68号，含棉85%以下）	Plain cloth of cotton for printing and dyeing, unbleached, mixed with polyester staple fibres, weighing not more than 200g/m², containing less than 85% by weight of cotton, No. 43~68	【最】8【普】90【暂进】6 【协亚太】5.2【协东盟】0【协香港】0 【协巴基斯坦】0【协智利】0【协新西兰】0 【协新加坡】0【协秘鲁】0【协哥斯达黎加】0 【协冰岛】0【协瑞士】4.8【协澳大利亚】0 【协韩国】0【协格鲁吉亚】0 【特-1】0【特-2】0【特-3】0 【增】16【对美加征】10【出】0【退】16	米/千克					999	未漂白与聚酯短纤混纺棉印染用布（指每平方米重≤200克，43~68号，含棉85%以下）
521011	00	15	未漂白与聚酯短纤混纺棉巴里纱（指每平方米重≤200克，≥69号，含棉85%以下，含薄细布）	Plain Voiles and muslin of cotton, unbleached, mixed with polyester stapie fibres, weighing not more than 200g/m², containing less than 85% by weight of cotton, No. 69 or above	【最】8【普】90【暂进】6 【协亚太】5.2【协东盟】0【协香港】0 【协巴基斯坦】0【协智利】0【协新西兰】0 【协新加坡】0【协秘鲁】0【协哥斯达黎加】0 【协冰岛】0【协瑞士】4.8【协澳大利亚】0 【协韩国】0【协格鲁吉亚】0 【特-1】0【特-2】0【特-3】0 【增】16【对美加征】10【出】0【退】16	米/千克					999	未漂白与聚酯短纤混纺棉巴里纱（指每平方米重≤200克，≥69号，含棉85%以下，含薄细布）
521011	00	91	未漂白与其他化纤混纺棉府绸（指每平方米重≤200克，含棉85%以下，含细平布）	Plain Poplin and fine cloth of cotton, mixed with other man-made fibres, unbleached, weight ≤ 200g/m², containing less than 85% by weight of cotton	【最】8【普】90【暂进】6 【协亚太】5.2【协东盟】0【协香港】0 【协巴基斯坦】0【协智利】0【协新西兰】0 【协新加坡】0【协秘鲁】0【协哥斯达黎加】0 【协冰岛】0【协瑞士】4.8【协澳大利亚】0 【协韩国】0【协格鲁吉亚】0 【特-1】0【特-2】0【特-3】0 【增】16【对美加征】10【出】0【退】16	米/千克					999	未漂白与其他化纤混纺棉府绸（指每平方米重≤200克，含棉85%以下，含细平布）

税则号列			货品名称中英文		税费综合信息	计量单位	监管证件代码		检验检疫类别		检验检疫编码	检验检疫编码对应中文名称
HS国际统一前6位	本国子目 7~8位	9~10位	中文 货物名称	英文 Article Description			进口	出口	进口	出口		
521011	00	92	未漂白与其他化纤混纺棉机织平布（指每平方米重≤200克，≤68号，含棉85%以下）	Plain cloth of cotton, mixed with other man-made fibres, unbleached, weight ≤200g/m^2, containing less than 85% by weight of cotton, No. 68 or above	【最】8【普】90【暂进】6 【协亚太】5.2【协东盟】0【协香港】0 【协巴基斯坦】0【协智利】0【协新西兰】0 【协新加坡】0【协秘鲁】0【协哥斯达黎加】0 【协冰岛】0【协瑞士】4.8【协澳大利亚】0 【协韩国】0【协格鲁吉亚】0 【特-1】0【特-2】0【特-3】0 【增】16【对美加征】10【出】0【退】16	米/千克					999	未漂白与其他化纤混纺棉机织平布（指每平方米重≤200克，≤68号，含棉85%以下）
521011	00	93	未漂白与其他化纤混纺棉奶酪布（指每平方米重≤200克，含棉85%以下）	Plain cheese cloth of cotton, mixed with other man-made fibres, unbleached, weight ≤200g/m^2, containing less than 85% by weight of cotton	【最】8【普】90【暂进】6 【协亚太】5.2【协东盟】0【协香港】0 【协巴基斯坦】0【协智利】0【协新西兰】0 【协新加坡】0【协秘鲁】0【协哥斯达黎加】0 【协冰岛】0【协瑞士】4.8【协澳大利亚】0 【协韩国】0【协格鲁吉亚】0 【特-1】0【特-2】0【特-3】0 【增】16【对美加征】10【出】0【退】16	米/千克					999	未漂白与其他化纤混纺棉奶酪布（指每平方米重≤200克，含棉85%以下）
521011	00	94	未漂白与其他化纤混纺棉印染用布（指每平方米重≤200克，43~68号，含棉85%以下）	Cloth of cotton for printing and dyeing, mixed with other man-made fibres, unbleached, weighing not more than 200g/m^2, containing less than 85% by weight of cotton, No. 43~68	【最】8【普】90【暂进】6 【协亚太】5.2【协东盟】0【协香港】0 【协巴基斯坦】0【协智利】0【协新西兰】0 【协新加坡】0【协秘鲁】0【协哥斯达黎加】0 【协冰岛】0【协瑞士】4.8【协澳大利亚】0 【协韩国】0【协格鲁吉亚】0 【特-1】0【特-2】0【特-3】0 【增】16【对美加征】10【出】0【退】16	米/千克					999	未漂白与其他化纤混纺棉印染用布（指每平方米重≤200克，43~68号，含棉85%以下）
521011	00	95	未漂白与其他化纤混纺棉巴里纱（指每平方米重≤200克，≥69号，含棉85%以下，含薄细布）	Voiles and muslin of cotton, mixed with man-made fibres, unbleached, weighing not more than 200g/m^2, containing less than 85% by weight of cotton No. 69 or above	【最】8【普】90【暂进】6 【协亚太】5.2【协东盟】0【协香港】0 【协巴基斯坦】0【协智利】0【协新西兰】0 【协新加坡】0【协秘鲁】0【协哥斯达黎加】0 【协冰岛】0【协瑞士】4.8【协澳大利亚】0 【协韩国】0【协格鲁吉亚】0 【特-1】0【特-2】0【特-3】0 【增】16【对美加征】10【出】0【退】16	米/千克					999	未漂白与其他化纤混纺棉巴里纱（指每平方米重≤200克，≥69号，含棉85%以下，含薄细布）
521019	10		未漂白与化纤混纺3/4线或双面	3-thread or 4-thread twill, including cross twill	【最】8【普】90 【协亚太】4.8【协东盟】0【协香港】0 【协巴基斯坦】0【协智利】0【协新西兰】0 【协新加坡】0【协秘鲁】0【协哥斯达黎加】0 【协冰岛】0【协瑞士】4.8【协澳大利亚】0 【协韩国】0【协格鲁吉亚】0 【特-1】0【特-2】0 【增】16【出】0【退】16	米/千克					999	未漂白与化纤混纺3/4线或双面棉斜纹机织物（每平方米重≤200克，含棉85%以下）
521019	90	11	其他未漂白与聚酯短纤混纺的缎布（每平方米重≤200克，含棉85%以下）	Other woven satin cloth, mixed with polyester staple fibres, unbleached, weight ≤200g/m^2, containing less than 85% by weight of cotton	【最】8【普】90【暂进】6 【协东盟】0【协香港】0【协巴基斯坦】0 【协智利】0【协新西兰】0【协新加坡】0 【协秘鲁】0【协哥斯达黎加】0【协冰岛】0 【协瑞士】4.8【协澳大利亚】0【协韩国】0 【协格鲁吉亚】0 【特-1】0【特-2】0【特-3】0 【增】16【对美加征】10【出】0【退】16	米/千克					999	其他未漂白与聚酯短纤混纺的缎布（每平方米重≤200克，含棉85%以下）
521019	90	12	其他未漂白与聚酯短纤混纺斜纹布（每平方米重≤200克，含棉85%以下）	Other woven twill cloth, mixed with polyester staple fibres, unbleached, weight ≤200g/m^2, containing less than 85% by weight of cotton	【最】8【普】90【暂进】6 【协东盟】0【协香港】0【协巴基斯坦】0 【协智利】0【协新西兰】0【协新加坡】0 【协秘鲁】0【协哥斯达黎加】0 【协冰岛】0【协瑞士】4.8【协澳大利亚】0 【协韩国】0【协格鲁吉亚】0 【特-1】0【特-2】0【特-3】0 【增】16【对美加征】10【出】0【退】16	米/千克					999	其他未漂白与聚酯短纤混纺斜纹布（每平方米重≤200克，含棉85%以下）
521019	90	13	其他未漂白与聚酯短纤混纺牛津布（每平方米重≤200克，含棉85%以下）	Other woven oxford cloth, mixed with polyester staple fibres, unbleached, weight ≤200g/m^2, containing less than 85% by weight of cotton	【最】8【普】90【暂进】6 【协东盟】0【协香港】0【协巴基斯坦】0 【协智利】0【协新西兰】0【协新加坡】0 【协秘鲁】0【协哥斯达黎加】0【协冰岛】0 【协瑞士】4.8【协澳大利亚】0【协韩国】0 【协格鲁吉亚】0 【特-1】0【特-2】0【特-3】0 【增】16【对美加征】10【出】0【退】16	米/千克					999	其他未漂白与聚酯短纤混纺牛津布（每平方米重≤200克，含棉85%以下）

税则号列			货品名称中英文		税费综合信息	计量单位	监管证件代码		检验检疫类别		检验检疫编码	检验检疫编码对应中文名称
HS国际统一前6位	本国子目 7~8位	9~10位	中文 货物名称	英文 Article Description			进口	出口	进口	出口		
521019	90	19	其他未漂白与聚酯短纤混纺棉布（每平方米重≤200克，含棉85%以下）	Other cloth of cotton, mixed with polyester staple fibres, unbleached, weighing not more than 200 g/m², containing less than 85% by weight of cotton	【最】8【普】90【暂进】6 【协东盟】0【协香港】0【协巴基斯坦】0 【协智利】0【协新西兰】0【协新加坡】0 【协秘鲁】0【协哥斯达黎加】0【协冰岛】0 【协瑞士】4.8【协澳大利亚】0【协韩国】0 【协格鲁吉亚】0 【特-1】0【特-2】0【特-3】0 【增】16【对美加征】10【出】0【退】16	米/千克					999	其他未漂白与聚酯短纤混纺棉布（每平方米重≤200克，含棉85%以下）
521019	90	91	其他未漂白与其他化纤混纺缎布（每平方米重≤200克，含棉85%以下）	Other stain cloth, mixed with other man-made fibres, unbleached, weighing not more than 200g/m², containing less than 85% by weight of cotton	【最】8【普】90【暂进】6 【协东盟】0【协香港】0【协巴基斯坦】0 【协智利】0【协新西兰】0【协新加坡】0 【协秘鲁】0【协哥斯达黎加】0【协冰岛】0 【协瑞士】4.8【协澳大利亚】0【协韩国】0 【协格鲁吉亚】0 【特-1】0【特-2】0【特-3】0 【增】16【对美加征】10【出】0【退】16	米/千克					999	其他未漂白与其他化纤混纺缎布（每平方米重≤200克，含棉85%以下）
521019	90	92	其他未漂白与其他化纤混纺斜纹布（每平方米重≤200克，含棉85%以下）	Other twill cloth, mixed with other man-made fibres, unbleached, weighing not more than 200 g/m², containing less than 85% by weight of cotton	【最】8【普】90【暂进】6 【协东盟】0【协香港】0【协巴基斯坦】0 【协智利】0【协新西兰】0【协新加坡】0 【协秘鲁】0【协哥斯达黎加】0【协冰岛】0 【协瑞士】4.8【协澳大利亚】0【协韩国】0 【协格鲁吉亚】0 【特-1】0【特-2】0【特-3】0 【增】16【对美加征】10【出】0【退】16	米/千克					999	其他未漂白与其他化纤混纺斜纹布（每平方米重≤200克，含棉85%以下）
521019	90	93	其他未漂白与其他化纤混牛津布（每平方米重≤200克，含棉85%以下）	Other oxford cloth, mixed with other man-made fibres, unbleached, weighing not more than 200g/m², containing less than 85% by weight of cotton	【最】8【普】90【暂进】6 【协东盟】0【协香港】0【协巴基斯坦】0 【协智利】0【协新西兰】0【协新加坡】0 【协秘鲁】0【协哥斯达黎加】0【协冰岛】0 【协瑞士】4.8【协澳大利亚】0【协韩国】0 【协格鲁吉亚】0 【特-1】0【特-2】0【特-3】0 【增】16【对美加征】10【出】0【退】16	米/千克					999	其他未漂白与其他化纤混牛津布（每平方米重≤200克，含棉85%以下）
521019	90	99	其他未漂白与其他化纤混纺棉布（每平方米重≤200克，含棉85%以下）	Other cloth of cotton, mixed with other man-made fibres, unbleached, weighing not more than 200g/m², containing less than 85% by weight of cotton	【最】8【普】90【暂进】6 【协东盟】0【协香港】0【协巴基斯坦】0 【协智利】0【协新西兰】0【协新加坡】0 【协秘鲁】0【协哥斯达黎加】0【协冰岛】0 【协瑞士】4.8【协澳大利亚】0【协韩国】0 【协格鲁吉亚】0 【特-1】0【特-2】0【特-3】0 【增】16【对美加征】10【出】0【退】16	米/千克					999	其他未漂白与其他化纤混纺棉布（每平方米重≤200克，含棉85%以下）
521021	00		漂白与化纤混纺棉平纹机织物	Plain weave	【最】8【普】90 【协东盟】0【协香港】0【协巴基斯坦】0 【协智利】0【协新西兰】0【协新加坡】0 【协秘鲁】0【协哥斯达黎加】0【协冰岛】0 【协瑞士】5.6【协澳大利亚】0【协韩国】7 【协格鲁吉亚】0 【特-1】0【特-2】0【特-3】0 【增】16【出】0【退】16	米/千克					999	漂白与化纤混纺棉平纹机织物（每平方米重≤200克，含棉85%以下）
521029	10		漂白与化纤混纺3/4线或双面棉	3-thread or 4-thread twill, including cross twill	【最】8【普】90 【协东盟】0【协香港】0【协巴基斯坦】0 【协智利】0【协新西兰】0【协新加坡】0 【协秘鲁】0【协哥斯达黎加】0【协冰岛】0 【协瑞士】5.6【协澳大利亚】0【协韩国】7 【协格鲁吉亚】0 【特-1】0【特-2】0 【增】16【出】0【退】16	米/千克					999	漂白与化纤混纺3/4线或双面棉斜纹机织物（每平方米重≤200克，含棉85%以下）
521029	90		漂白与化纤混纺棉机织物	Other fabrics	【最】8【普】90 【协东盟】0【协巴基斯坦】0【协智利】0 【协新西兰】0【协新加坡】0【协秘鲁】0 【协哥斯达黎加】0【协冰岛】0【协瑞士】5.6 【协澳大利亚】0【协韩国】0 【协格鲁吉亚】0【协香港】0【协澳门】0 【特-1】0【特-2】0 【增】16【出】0【退】16	米/千克					999	漂白与化纤混纺棉机织物（每平方米重≤200克，含棉85%以下）

税则号列			货品名称中英文		税费综合信息	计量单位	监管证件代码		检验检疫类别		检验检疫编码	检验检疫编码对应中文名称
HS 国际统一前 6 位	本国子目 7~8 位	本国子目 9~10 位	中文 货物名称	英文 Article Description			进口	出口	进口	出口		
521031	00		染色与化纤混纺棉平纹机织物	Plain weave	【最】8【普】90 【协亚太】5.2【协东盟】0【协香港】0 【协巴基斯坦】0【协智利】0【协新西兰】0 【协新加坡】0【协秘鲁】0【协台湾】0 【协哥斯达黎加】0【协冰岛】0【协瑞士】0 【协澳大利亚】0【协韩国】7.5【协格鲁吉亚】0 【特-1】0【特-2】0【特-3】0 【增】16【对美加征】10【出】0【退】16	米/千克					999	染色与化纤混纺棉平纹机织物（每平方米重≤200 克，含棉 85% 以下）
521032	00		染色与化纤混纺的 3/4 线斜纹棉	3-thread or 4-thread twill, including cross twill	【最】8【普】90 【协亚太】5.2【协东盟】0【协香港】0 【协巴基斯坦】0【协智利】0【协新西兰】0 【协新加坡】0【协秘鲁】0【协哥斯达黎加】0 【协冰岛】0【协瑞士】0【协澳大利亚】0 【协韩国】0【协格鲁吉亚】0 【特-1】0【特-2】0 【增】16【对美加征】10【出】0【退】16	米/千克					999	染色与化纤混纺的 3/4 线斜纹棉机织物（每平方米重不超过 200 克，含棉 85%以下，含双面斜纹机织物）
521039	00		其他染色与化纤混纺棉机织物	Other fabrics	【最】8【普】90 【协亚太】5.2【协东盟】0【协香港】0 【协巴基斯坦】0【协智利】0【协新西兰】0 【协新加坡】0【协秘鲁】1【协台湾】0 【协哥斯达黎加】0【协冰岛】0【协瑞士】0 【协澳大利亚】0【协韩国】6.6【协格鲁吉亚】0 【特-1】0【特-2】0 【增】16【对美加征】10【出】0【退】16	米/千克					999	其他染色与化纤混纺棉机织物（每平方米重≤200 克，含棉 85% 以下）
521041	00		色织与化纤混纺棉平纹机织物	Plain weave	【最】8【普】90 【协东盟】0【协香港】0【协巴基斯坦】0 【协智利】0【协新西兰】0【协新加坡】0 【协秘鲁】0【协台湾】0【协哥斯达黎加】0 【协冰岛】0【协瑞士】0【协澳大利亚】0 【协韩国】0【协格鲁吉亚】0 【特-1】0【特-2】0 【增】16【对美加征】10【出】0【退】16	米/千克					999	色织与化纤混纺棉平纹机织物（每平方米重≤200 克，含棉 85% 以下）
521049	10		色织化纤混纺 3/4 斜纹棉机织物	3-thread or 4-thread twill, including cross twill	【最】8【普】90 【协东盟】0【协香港】0【协巴基斯坦】0 【协智利】0【协新西兰】0【协新加坡】0 【协秘鲁】0【协哥斯达黎加】0【协冰岛】0 【协瑞士】0【协澳大利亚】0【协韩国】0 【协格鲁吉亚】0 【特-1】0【特-2】0 【增】16【对美加征】10【出】0【退】16	米/千克					999	色织化纤混纺 3/4 斜纹棉机织物（每平方米重≤200 克，含棉 85%以下，含双面斜纹机织物）
521049	90		其他色织与化纤混纺棉机织物	Other fabrics	【最】8【普】90 【协东盟】0【协香港】0【协巴基斯坦】0 【协智利】0【协新西兰】0【协新加坡】0 【协秘鲁】0【协台湾】0【协哥斯达黎加】0 【协冰岛】0【协瑞士】0【协澳大利亚】0 【协韩国】0【协格鲁吉亚】0 【特-1】0【特-2】0【特-3】0 【增】16【对美加征】10【出】0【退】16	米/千克					999	其他色织与化纤混纺棉机织物（每平方米重不超过 200 克，含棉 85%以下）
521051	00		印花与化纤混纺棉平纹机织物	Plain weave	【最】8【普】90 【协东盟】0【协巴基斯坦】0【协智利】0 【协新西兰】0【协秘鲁】0【协哥斯达黎加】0 【协冰岛】0【协瑞士】0【协澳大利亚】0 【协韩国】0【协格鲁吉亚】0【协香港】0 【协澳门】0 【特-1】0【特-2】0【特-3】0 【增】16【对美加征】10【出】0【退】16	米/千克					999	印花与化纤混纺棉平纹机织物（每平方米重≤200 克，含棉 85% 以下）
521059	10		印花化纤混纺 3/4 线斜纹棉机织	3-thread or 4-thread twill, including cross twill	【最】8【普】90 【协东盟】0【协巴基斯坦】0【协智利】0 【协新西兰】0【协秘鲁】0【协哥斯达黎加】0 【协冰岛】0【协瑞士】0【协澳大利亚】0 【协韩国】0【协格鲁吉亚】0【协香港】0 【协澳门】0 【特-1】0【特-2】0 【增】16【出】0【退】16	米/千克					999	印花化纤混纺 3/4 线斜纹棉机织物（每平方米重不超过 200 克，含棉 85%以下，含双面斜纹机织物）

税则号列 HS国际统一前6位	本国子目 7~8位	本国子目 9~10位	货品名称中英文 中文 货物名称	货品名称中英文 英文 Article Description	税费综合信息	计量单位	监管证件代码 进口	监管证件代码 出口	检验检疫类别 进口	检验检疫类别 出口	检验检疫编码	检验检疫编码对应中文名称
521059	90		其他印花与化纤混纺棉机织物	Other fabrics	【最】8【普】90 【协东盟】0【协巴基斯坦】0【协智利】0 【协新西兰】0【协秘鲁】0【协哥斯达黎加】0 【协冰岛】0【协瑞士】0【协澳大利亚】0 【协韩国】0【协格鲁吉亚】0【协香港】0 【协澳门】0 【特-1】0【特-2】0【特-3】0 【增】16【对美加征】10【出】0【退】16	米/千克					999	其他印花与化纤混纺棉机织物（每平方米重不超过200克，含棉85%以下）
521111	00	11	未漂白与聚酯短纤混纺棉府绸（每平方米重>200克，含棉85%以下，含细平布）	Poplin of cotton including fine plain cloth, mixed with polyester staple fibres, unbleached, weighing more than 200g/m², containing less than 85% by weight of cotton	【最】8【普】90【暂进】6 【协东盟】0【协香港】0【协巴基斯坦】0 【协智利】0【协新西兰】0【协新加坡】0 【协秘鲁】0【协哥斯达黎加】0【协冰岛】0 【协瑞士】4.8【协澳大利亚】0【协韩国】8 【协格鲁吉亚】0 【特-1】0【特-2】0【特-3】0 【增】16【对美加征】10【出】0【退】16	米/千克					999	未漂白与聚酯短纤混纺棉府绸（每平方米重>200克，含棉85%以下，含细平布）
521111	00	12	未漂白与聚酯短纤混纺棉机织平布（每平方米重>200克，含棉85%以下）	Plain weave cloth of cotton, mixed with polyester staple fibres, unbleached, weighing morethan 200g/m², containing less than 85% by weight of cotton	【最】8【普】90【暂进】6 【协东盟】0【协香港】0【协巴基斯坦】0 【协智利】0【协新西兰】0【协新加坡】0 【协秘鲁】0【协哥斯达黎加】0【协冰岛】0 【协瑞士】4.8【协澳大利亚】0【协韩国】8 【协格鲁吉亚】0 【特-1】0【特-2】0【特-3】0 【增】16【对美加征】10【出】0【退】16	米/千克					999	未漂白与聚酯短纤混纺棉机织平布（每平方米重>200克，含棉85%以下）
521111	00	19	未漂白与聚酯短纤混纺棉平纹帆布（每平方米重>200克，含棉85%以下）	Plain canvas of cotton, mixed with polyester staple fibres, unbleached, weighing more than 200g/m², containing less than 85% by weight of cotton	【最】8【普】90【暂进】6 【协东盟】0【协香港】0【协巴基斯坦】0 【协智利】0【协新西兰】0【协新加坡】0 【协秘鲁】0【协哥斯达黎加】0【协冰岛】0 【协瑞士】4.8【协澳大利亚】0【协韩国】8 【协格鲁吉亚】0 【特-1】0【特-2】0【特-3】0 【增】16【对美加征】10【出】0【退】16	米/千克					999	未漂白与聚酯短纤混纺棉平纹帆布（每平方米重>200克，含棉85%以下）
521111	00	91	未漂白与其他化纤混纺棉府绸（每平方米重>200克，含棉85%以下，含细平布）	Poplin of cotton including fine plain cloth, mixed with other man-made fibres, unbleached, weight >200g/m², containing less than 85% by weight of cotton	【最】8【普】90【暂进】6 【协东盟】0【协香港】0【协巴基斯坦】0 【协智利】0【协新西兰】0【协新加坡】0 【协秘鲁】0【协哥斯达黎加】0【协冰岛】0 【协瑞士】4.8【协澳大利亚】0【协韩国】8 【协格鲁吉亚】0 【特-1】0【特-2】0【特-3】0 【增】16【对美加征】10【出】0【退】16	米/千克					999	未漂白与其他化纤混纺棉府绸（每平方米重>200克，含棉85%以下，含细平布）
521111	00	92	未漂白与其他化纤混纺棉机织平布（每平方米重>200克，含棉85%以下）	Plain weave cloth of cotton, mixed with otherman-made fibres, unbleached, weight > 200g/m², containing less than 85% by weight of cotton	【最】8【普】90【暂进】6 【协东盟】0【协香港】0【协巴基斯坦】0 【协智利】0【协新西兰】0【协新加坡】0 【协秘鲁】0【协哥斯达黎加】0【协冰岛】0 【协瑞士】4.8【协澳大利亚】0【协韩国】8 【协格鲁吉亚】0 【特-1】0【特-2】0【特-3】0 【增】16【对美加征】10【出】0【退】16	米/千克					999	未漂白与其他化纤混纺棉机织平布（每平方米重>200克，含棉85%以下）
521111	00	99	未漂白与其他化纤混纺棉平纹帆布（每平方米重>200克，含棉85%以下）	Plain canvas of cotton, mixed with other manmade fibres, unbleached, weighing more than 200g/m², containing less than 85% by weight of cotton	【最】8【普】90【暂进】6 【协东盟】0【协香港】0【协巴基斯坦】0 【协智利】0【协新西兰】0【协新加坡】0 【协秘鲁】0【协哥斯达黎加】0【协冰岛】0 【协瑞士】4.8【协澳大利亚】0【协韩国】8 【协格鲁吉亚】0 【特-1】0【特-2】0【特-3】0 【增】16【对美加征】10【出】0【退】16	米/千克					999	未漂白与其他化纤混纺棉平纹帆布（每平方米重>200克，含棉85%以下）
521112	00	10	未漂白聚酯短纤混纺斜纹棉布（每平方米重>200克，含棉85%以下，3/4线斜纹布，双面斜纹布）	3-thread or 4-thread twill or cross twill cloth of cotton, mixed with polyester staple fibres, unbleached, weighing more than 200g/m², containing less than 85% by weight of cotton	【最】8【普】90【暂进】6 【协东盟】0【协香港】0【协巴基斯坦】0 【协智利】0【协新西兰】0【协新加坡】0 【协秘鲁】0【协哥斯达黎加】0【协冰岛】0 【协瑞士】4.8【协澳大利亚】0【协韩国】0 【协格鲁吉亚】0 【特-1】0【特-2】0【特-3】0 【增】16【对美加征】10【出】0【退】16	米/千克					999	未漂白聚酯短纤混纺斜纹棉布（每平方米重>200克，含棉85%以下，3/4线斜纹布，双面斜纹布）

税则号列			货品名称中英文		税费综合信息	计量单位	监管证件代码		检验检疫类别		检验检疫编码	检验检疫编码对应中文名称
HS国际统一前6位	本国子目7~8位	本国子目9~10位	中文 货物名称	英文 Article Description			进口	出口	进口	出口		
521112	00	90	未漂白其他化纤混纺斜纹棉布（每平方米重＞200克，含棉85%以下，3/4线斜纹布，双面斜纹布）	3-thread or 4-thread twill or cross twill cloth of cotton, mixed with other man-made fibres, unbleached, weighing more than 200g/m^2, containing less than 85% by weight of cotton	【最】8【普】90【暂进】6 【协东盟】0【协香港】0【协巴基斯坦】0 【协智利】0【协新西兰】0【协新加坡】0 【协秘鲁】0【协哥斯达黎加】0【协冰岛】0 【协瑞士】4.8【协澳大利亚】0【协韩国】0 【协格鲁吉亚】0 【特-1】0【特-2】0【特-3】0 【增】16【对美加征】10【出】0【退】16	米/千克					999	未漂白其他化纤混纺斜纹棉布（每平方米重＞200克，含棉85%以下，3/4线斜纹布，双面斜纹布）
521119	00		其他未漂白与化纤混纺棉机织物	Other fabrics	【最】8【普】90 【协东盟】0【协香港】0【协巴基斯坦】0 【协智利】0【协新西兰】0【协新加坡】0 【协秘鲁】0【协哥斯达黎加】0【协冰岛】0 【协瑞士】4.8【协澳大利亚】0【协韩国】0 【协格鲁吉亚】0 【特-1】0【特-2】0【特-3】0 【增】16【出】0【退】16	米/千克					999	其他未漂白与化纤混纺棉机织物（每平方米重＞200克，含棉85%以下）
521120	00		漂白主要或仅与其他化纤混纺的棉（每平方米重超过200克，含棉85%以下）	Plain weave cloth of cotton, mixed with other man-made fibres, bleached, weighing more than 200 g/m^2, containing less than 85% by weight of cotton	【最】8【普】90 【协东盟】0【协香港】0【协巴基斯坦】0 【协智利】0【协新西兰】0【协新加坡】0 【协秘鲁】0【协哥斯达黎加】0【协冰岛】0 【协瑞士】5.6【协澳大利亚】0【协韩国】7 【协格鲁吉亚】0 【特-1】0【特-2】0 【增】16【对美加征】10【出】0【退】16	米/千克					999	漂白主要或仅与其他化纤混纺的棉机织布（每平方米重超过200克，含棉85%以下）
521131	00		染色与化纤混纺的平纹机织物	Plain weave	【最】8【普】90 【协亚太】6.8【协东盟】0【协香港】0 【协巴基斯坦】0【协智利】0【协新西兰】0 【协新加坡】0【协秘鲁】0【协哥斯达黎加】0 【协冰岛】0【协瑞士】0【协澳大利亚】0 【协韩国】8.5【协格鲁吉亚】0 【特-1】0【特-2】0【特-3】0 【增】16【对美加征】10【出】0【退】16	米/千克					999	染色与化纤混纺的平纹机织物（每平方米重＞200克，含棉85%以下）
521132	00		染色与化纤混纺3/4线斜纹棉机	3-thread or 4-thread twill, including cross twill	【最】8【普】90 【协亚太】5.2【协东盟】0【协香港】0 【协巴基斯坦】0【协智利】0【协新西兰】0 【协新加坡】0【协秘鲁】0【协哥斯达黎加】0 【协冰岛】0【协瑞士】0【协澳大利亚】0 【协韩国】0【协格鲁吉亚】0 【特-1】0【特-2】0 【增】16【对美加征】10【出】0【退】16	米/千克					999	染色与化纤混纺3/4线斜纹棉机织物（每平方米重＞200克，含棉85%以下，含双面斜纹布）
521139	00		其他染色与化纤混纺棉机织物	Other fabrics	【最】8【普】90 【协亚太】5.2【协东盟】0【协香港】0 【协巴基斯坦】0【协智利】0【协新西兰】0 【协新加坡】0【协秘鲁】0【协台湾】0 【协哥斯达黎加】0【协冰岛】0【协瑞士】0 【协澳大利亚】0【协韩国】6.6【协格鲁吉亚】0 【特-1】0【特-2】0【特-3】0 【增】16【对美加征】10【出】0【退】16	米/千克					999	其他染色与化纤混纺棉机织物（每平方米重＞200克，含棉85%以下）
521141	00		色织与化纤混纺平纹棉机织物	Plain weave	【最】8【普】90 【协东盟】0【协香港】0【协巴基斯坦】0 【协智利】0【协新西兰】0【协秘鲁】0 【协哥斯达黎加】0【协冰岛】0【协瑞士】0 【协澳大利亚】0【协韩国】0【协格鲁吉亚】0 【特-1】0【特-2】0 【增】16【对美加征】10【出】0【退】16	米/千克					999	色织与化纤混纺平纹棉机织物（每平方米重超过200克，含棉85%以下）
521142	00	10	色织与化纤混纺蓝色粗斜纹棉布（每平方米重超过200克，含棉85%以下）	Blue denim of cotton, mixed with other man-made fibres, yarn-dyed, weighing more than 200g/m^2, containing less than 85% by weight of cotton	【最】8【普】90 【协东盟】0【协香港】0【协巴基斯坦】0 【协智利】0【协新西兰】0【协新加坡】0 【协秘鲁】0【协哥斯达黎加】0【协冰岛】0 【协瑞士】0【协澳大利亚】0【协韩国】0 【协格鲁吉亚】0 【特-1】0【特-2】0 【增】16【对美加征】10【出】0【退】16	米/千克					999	色织与化纤混纺蓝色粗斜纹棉布（每平方米重超过200克，含棉85%以下）

税则号列			货品名称中英文		税费综合信息	计量单位	监管证件代码		检验检疫类别		检验检疫编码	检验检疫编码对应中文名称
HS 国际统一前6位	本国子目 7~8位	9~10位	中文 货物名称	英文 Article Description			进口	出口	进口	出口		
521142	00	90	色织与化纤混纺非蓝色粗斜纹棉布（每平方米重超过200克，含棉85%以下）	Non-blue denim of cotton, yarn-dyed, weighing more than 200g/m², containing less than 85% by weight of cotton	【最】8【普】90 【协东盟】0【协香港】0【协巴基斯坦】0 【协智利】0【协新西兰】0【协新加坡】0 【协秘鲁】0【协哥斯达黎加】0【协冰岛】0 【协瑞士】0【协澳大利亚】0【协韩国】0 【协格鲁吉亚】0 【特-1】0【特-2】0 【增】16【对美加征】10【出】0【退】16	米/千克					999	色织与化纤混纺非蓝色粗斜纹棉布（每平方米重超过 200 克，含棉 85%以下）
521143	00		色织与化纤混纺3/4线斜纹棉机（每平方米重超过200克，含棉85%以下，含双面斜纹机织物）	Other fabrics of 3-thread or 4-thread twill, including cross twill	【最】8【普】90 【协东盟】0【协香港】0【协巴基斯坦】0 【协智利】0【协新西兰】0【协秘鲁】0 【协哥斯达黎加】0【协冰岛】0【协瑞士】0 【协澳大利亚】0【协韩国】0【协格鲁吉亚】0 【特-1】0【特-2】0 【增】16【对美加征】10【出】0【退】16	米/千克					999	色织与化纤混纺 3/4 线斜纹棉机织物（每平方米重超过 200 克，含棉 85%以下，含双面斜纹机织物）
521149	00		其他色织与化纤混纺棉机织物	Other fabrics	【最】8【普】90 【协东盟】0【协巴基斯坦】0【协智利】0 【协新西兰】0【协新加坡】0【协秘鲁】0 【协哥斯达黎加】0【协冰岛】0【协瑞士】0 【协澳大利亚】0【协韩国】6.6【协格鲁吉亚】0 【协香港】0【协澳门】0 【特-1】0【特-2】0 【增】16【对美加征】10【出】0【退】16	米/千克					999	其他色织与化纤混纺棉机织物（每平方米重超过 200 克，含棉 85%以下）
521151	00		印花与化纤混纺的平纹机织物	Plain weave	【最】8【普】90 【协东盟】0【协巴基斯坦】0【协智利】0 【协新西兰】0【协秘鲁】0【协哥斯达黎加】0 【协冰岛】0【协瑞士】0【协澳大利亚】0 【协韩国】0【协格鲁吉亚】0【协香港】0 【协澳门】0 【特-1】0【特-2】0 【增】16【对美加征】10【出】0【退】16	米/千克					999	印花与化纤混纺的平纹机织物（每平方米重超过 200 克，含棉 85%以下）
521152	00		印花与化纤混纺3/4线斜纹棉机	3-thread or 4-thread twill, including cross twill, including double twill	【最】8【普】90 【协东盟】0【协巴基斯坦】0【协智利】0 【协新西兰】0【协秘鲁】0【协哥斯达黎加】0 【协冰岛】0【协瑞士】0【协澳大利亚】0 【协韩国】0【协格鲁吉亚】0【协香港】0 【协澳门】0 【特-1】0【特-2】0 【增】16【对美加征】10【出】0【退】16	米/千克					999	印花与化纤混纺 3/4 线斜纹棉机织物（每平方米重超过 200 克，含棉 85%以下，含双面斜纹机织物）
521159	00		其他印花与化纤混纺棉机织物	Other fabrics	【最】8【普】90 【协亚太】5.2【协东盟】0【协巴基斯坦】0 【协智利】0【协新西兰】0【协秘鲁】0 【协哥斯达黎加】0【协冰岛】0【协瑞士】0 【协澳大利亚】0【协韩国】0【协格鲁吉亚】0 【协香港】0【协澳门】0 【特-1】0【特-2】0 【增】16【对美加征】5【出】0【退】16	米/千克					999	其他印花与化纤混纺棉机织物（每平方米重超过 200 克，含棉 85%以下）
521211	00		未漂白的其他混纺棉机织物	Unbleached	【最】8【普】80 【协东盟】0【协香港】0【协巴基斯坦】0 【协智利】0【协新西兰】0【协新加坡】0 【协秘鲁】0【协哥斯达黎加】0【协冰岛】0 【协瑞士】4.8【协澳大利亚】0【协韩国】0 【协格鲁吉亚】0 【特-1】0【特-2】0【特-3】0 【增】16【出】0【退】16	米/千克					999	未漂白的其他混纺棉机织物（每平方米重≤200 克）
521212	00		漂白的其他混纺棉机织物	Bleached	【最】8【普】80 【协东盟】0【协香港】0【协巴基斯坦】0 【协智利】0【协新西兰】0【协新加坡】0 【协秘鲁】0【协哥斯达黎加】0【协冰岛】0 【协瑞士】5.6【协澳大利亚】0【协韩国】7 【协格鲁吉亚】0 【特-1】0【特-2】0 【增】16【出】0【退】16	米/千克					999	漂白的其他混纺棉机织物（每平方米重≤200 克）
521213	00		染色的其他混纺棉机织物	Dyed	【最】8【普】80 【协东盟】0【协香港】0【协巴基斯坦】0 【协智利】0【协新西兰】0【协秘鲁】0 【协哥斯达黎加】0【协冰岛】0【协瑞士】0 【协澳大利亚】0【协韩国】0【协格鲁吉亚】0 【特-1】0【特-2】0 【增】16【对美加征】10【出】0【退】16	米/千克					999	染色的其他混纺棉机织物（每平方米重≤200 克）

税则号列			货品名称中英文		税费综合信息	计量单位	监管证件代码		检验检疫类别		检验检疫编码	检验检疫编码对应中文名称
HS国际统一前6位	本国子目7~8位	本国子目9~10位	中文 货物名称	英文 Article Description			进口	出口	进口	出口		
521214	00		色织的其他混纺棉机织物	Of yarns of different colours	【最】8【普】80 【协东盟】0【协巴基斯坦】0【协智利】0 【协新西兰】0【协秘鲁】0【协哥斯达黎加】0 【协冰岛】0【协瑞士】0【协澳大利亚】0 【协韩国】0【协格鲁吉亚】0【协香港】0 【协澳门】0 【特-1】0【特-2】0 【增】16【对美加征】10【出】0【退】16	米/千克					999	色织的其他混纺棉机织物（每平方米重≤200克）
521215	00		印花的其他混纺棉机织物	Printed	【最】8【普】80 【协东盟】0【协巴基斯坦】0【协智利】0 【协新西兰】0【协秘鲁】0【协哥斯达黎加】0 【协冰岛】0【协瑞士】0【协澳大利亚】0 【协韩国】0【协格鲁吉亚】0【协香港】0 【协澳门】0 【特-1】0【特-2】0 【增】16【对美加征】10【出】0【退】16	米/千克					999	印花的其他混纺棉机织物（每平方米重≤200克）
521221	00	11	未漂白其他混纺棉布（每平方米重>200克，与36%及以上精梳羊毛/动物细毛混纺）	Other cloth of cotton, mixed with other fibres, unbleached, weighing more than 200 g/m², containing 36% or more by weight of combed wool or fine animal hair	【最】8【普】80【暂进】6 【协东盟】0【协香港】0【协巴基斯坦】0 【协智利】0【协新西兰】0【协新加坡】0 【协秘鲁】0【协哥斯达黎加】0【协冰岛】0 【协瑞士】4.8【协澳大利亚】0【协韩国】0 【协格鲁吉亚】0 【特-1】0【特-2】0【特-3】0 【增】16【对美加征】10【出】0【退】16	米/千克					999	未漂白其他混纺棉布（每平方米重>200克，与36%及以上精梳羊毛/动物细毛混纺）
521221	00	19	未漂白其他混纺棉布（每平方米重>200克，与36%及以下精梳羊毛/动物细毛混纺）	Other cloth of cotton, mixed with other fibres, unbleached, weighing more than 200 g/m², containing less than 36% by weight of combed wool or fine animal hair	【最】8【普】80【暂进】6 【协东盟】0【协香港】0【协巴基斯坦】0 【协智利】0【协新西兰】0【协新加坡】0 【协秘鲁】0【协哥斯达黎加】0【协冰岛】0 【协瑞士】4.8【协澳大利亚】0【协韩国】0 【协格鲁吉亚】0 【特-1】0【特-2】0【特-3】0 【增】16【对美加征】10【出】0【退】16	米/千克					999	未漂白其他混纺棉布（每平方米重>200克，与36%及以下精梳羊毛/动物细毛混纺）
521221	00	21	未漂白其他混纺棉布（每平方米重>200克，与36%及以上其他羊毛/动物细毛混纺）	Other cloth of cotton, unbleached, mixed with other fibres, weighing more than 200 g/m², containing 36% or more by weight of wool or fine animal hair	【最】8【普】80【暂进】6 【协东盟】0【协香港】0【协巴基斯坦】0 【协智利】0【协新西兰】0【协新加坡】0 【协秘鲁】0【协哥斯达黎加】0【协冰岛】0 【协瑞士】4.8【协澳大利亚】0【协韩国】0 【协格鲁吉亚】0 【特-1】0【特-2】0【特-3】0 【增】16【对美加征】10【出】0【退】16	米/千克					999	未漂白其他混纺棉布（每平方米重>200克，与36%及以上其他羊毛/动物细毛混纺）
521221	00	29	未漂白其他混纺棉布（每平方米重>200克，与36%及以下其他羊毛/动物细毛混纺）	Other woven fabrics of cotton, mixed with other fibres, unbleached, weighing more than 200 g/m², containing less than 36% by weight of wool or fine animal hair	【最】8【普】80【暂进】6 【协东盟】0【协香港】0【协巴基斯坦】0 【协智利】0【协新西兰】0【协新加坡】0 【协秘鲁】0【协哥斯达黎加】0【协冰岛】0 【协瑞士】4.8【协澳大利亚】0【协韩国】0 【协格鲁吉亚】0 【特-1】0【特-2】0【特-3】0 【增】16【对美加征】10【出】0【退】16	米/千克					999	未漂白其他混纺棉布（每平方米重>200克，与36%及以下其他羊毛/动物细毛混纺）
521221	00	30	未漂白其他混纺府绸及平细布（每平方米重>200克，与化纤以外其他纤维混纺）	Poplin and fine plain cloth, unbleached, weighing more than 200g/m², mixed with other fibres, other than man-made fibres	【最】8【普】80【暂进】6 【协东盟】0【协香港】0【协巴基斯坦】0 【协智利】0【协新西兰】0【协新加坡】0 【协秘鲁】0【协哥斯达黎加】0【协冰岛】0 【协瑞士】4.8【协澳大利亚】0【协韩国】0 【协格鲁吉亚】0 【特-1】0【特-2】0【特-3】0 【增】16【对美加征】10【出】0【退】16	米/千克					999	未漂白其他混纺府绸及平细布（每平方米重>200克，与化纤以外其他纤维混纺）
521221	00	40	未漂白其他混纺棉机织平布（每平方米重>200克，与化纤以外其他纤维混纺）	Plain cloth of cotton, unbleached, weighing more than 200g/m², mixed with other fibres other than man-made fibres	【最】8【普】80【暂进】6 【协东盟】0【协香港】0【协巴基斯坦】0 【协智利】0【协新西兰】0【协新加坡】0 【协秘鲁】0【协哥斯达黎加】0【协冰岛】0 【协瑞士】4.8【协澳大利亚】0【协韩国】0 【协格鲁吉亚】0 【特-1】0【特-2】0【特-3】0 【增】16【对美加征】10【出】0【退】16	米/千克					999	未漂白其他混纺棉机织平布（每平方米重>200克，与化纤以外其他纤维混纺）

税则号列 HS国际统一前6位	税则号列 本国子目 7~8位	税则号列 本国子目 9~10位	货品名称中英文 中文 货物名称	货品名称中英文 英文 Article Description	税费综合信息	计量单位	监管证件代码 进口	监管证件代码 出口	检验检疫类别 进口	检验检疫类别 出口	检验检疫编码	检验检疫编码对应中文名称
521221	00	50	未漂白其他混纺棉帆布（每平方米重>200克，与化纤以外其他纤维混纺）	Canvas of cotton, unbleached, weighing more than 200g/m², mixed with other fibres, other than man-made fibres	【最】8【普】80【暂进】6 【协东盟】0【协香港】0【协巴基斯坦】0 【协智利】0【协新西兰】0【协新加坡】0 【协秘鲁】0【协哥斯达黎加】0【协冰岛】0 【协瑞士】4.8【协澳大利亚】0【协韩国】0 【协格鲁吉亚】0 【特-1】0【特-2】0【特-3】0 【增】16【对美加征】10【出】0【退】16	米/千克					999	未漂白其他混纺棉帆布（每平方米重>200克，与化纤以外其他纤维混纺）
521221	00	60	未漂白其他混纺棉缎布（每平方米重>200克，与化纤以外其他纤维混纺）	Other satin cloth of cotton, unbleached, weighing more than 200g/m², mixed with other fibres, other han man-made fibres	【最】8【普】80【暂进】6 【协东盟】0【协香港】0【协巴基斯坦】0 【协智利】0【协新西兰】0【协新加坡】0 【协秘鲁】0【协哥斯达黎加】0【协冰岛】0 【协瑞士】4.8【协澳大利亚】0【协韩国】0 【协格鲁吉亚】0 【特-1】0【特-2】0【特-3】0 【增】16【对美加征】10【出】0【退】16	米/千克					999	未漂白其他混纺棉缎布（每平方米重>200克，与化纤以外其他纤维混纺）
521221	00	70	未漂白其他混纺斜纹棉布（每平方米重>200克，与化纤以外其他纤维混纺）	Other twill cloth of cotton, unbleached, weighing more than 200g/m², mixed with other fibres, other than man-made fibres	【最】8【普】80【暂进】6 【协东盟】0【协香港】0【协巴基斯坦】0 【协智利】0【协新西兰】0【协新加坡】0 【协秘鲁】0【协哥斯达黎加】0【协冰岛】0 【协瑞士】4.8【协澳大利亚】0【协韩国】0 【协格鲁吉亚】0 【特-1】0【特-2】0【特-3】0 【增】16【对美加征】10【出】0【退】16	米/千克					999	未漂白其他混纺斜纹棉布（每平方米重>200克，与化纤以外其他纤维混纺）
521221	00	90	未漂白其他混纺棉布（每平方米重>200克，与化纤以外其他纤维混纺）	Other cloth of cotton, unbleached, weighing more than 200g/m², mixed with other fibres, other than man-made fibres	【最】8【普】80【暂进】6 【协东盟】0【协香港】0【协巴基斯坦】0 【协智利】0【协新西兰】0【协新加坡】0 【协秘鲁】0【协哥斯达黎加】0【协冰岛】0 【协瑞士】4.8【协澳大利亚】0【协韩国】0 【协格鲁吉亚】0 【特-1】0【特-2】0【特-3】0 【增】16【对美加征】10【出】0【退】16	米/千克					999	未漂白其他混纺棉布（每平方米重>200克，与化纤以外其他纤维混纺）
521222	00		漂白的其他混纺棉机织物	Bleached	【最】8【普】80 【协东盟】0【协香港】0【协巴基斯坦】0 【协智利】0【协新西兰】0【协新加坡】0 【协秘鲁】0【协哥斯达黎加】0【协冰岛】0 【协瑞士】5.6【协澳大利亚】0【协韩国】7 【协格鲁吉亚】0 【特-1】0【特-2】0 【增】16【对美加征】10【出】0【退】16	米/千克					999	漂白的其他混纺棉机织物（每平方米重>200克）
521223	00		染色的其他混纺棉机织物	Dyed	【最】8【普】80 【协东盟】0【协香港】0【协巴基斯坦】0 【协智利】0【协新西兰】0【协秘鲁】0 【协哥斯达黎加】0【协冰岛】0【协瑞士】0 【协澳大利亚】0【协韩国】0【协格鲁吉亚】0 【特-1】0【特-2】0 【增】16【对美加征】10【出】0【退】16	米/千克					999	染色的其他混纺棉机织物（每平方米重>200克）
521224	00		色织的混纺棉机织物	Of yarns of different colours	【最】8【普】80 【协东盟】0【协巴基斯坦】0【协智利】0 【协新西兰】0【协秘鲁】0【协哥斯达黎加】0 【协冰岛】0【协瑞士】0【协澳大利亚】0 【协韩国】0【协格鲁吉亚】0【协香港】0 【协澳门】0 【特-1】0【特-2】0 【增】16【对美加征】10【出】0【退】16	米/千克					999	色织的混纺棉机织物（每平方米重>200克）
521225	00		印花的其他混纺棉机织物	Printed	【最】8【普】80 【协东盟】0【协巴基斯坦】0【协智利】0 【协新西兰】0【协秘鲁】0【协哥斯达黎加】0 【协冰岛】0【协瑞士】0【协澳大利亚】0 【协韩国】0【协格鲁吉亚】0【协香港】0 【协澳门】0 【特-1】0【特-2】0【特-3】0 【增】16【对美加征】10【出】0【退】16	米/千克					999	印花的其他混纺棉机织物（每平方米重>200克）

第五十三章
其他植物纺织纤维；纸纱线及其机织物

Chapter 53
Other vegetable textile fibres; paper yarn and woven fabrics of paper yarn

税则号列 HS国际统一前6位	本国子目 7~8位	本国子目 9~10位	货品名称中文 中文 货物名称	货品名称中英文 英文 Article Description	税费综合信息	计量单位	监管证件代码 进口	监管证件代码 出口	检验检疫类别 进口	检验检疫类别 出口	检验检疫编码	检验检疫编码对应中文名称
530110	00		生的或沤制的亚麻	Flax, raw or retted	【最】6【普】30 【协东盟】0【协巴基斯坦】5【协智利】0 【协新西兰】0【协秘鲁】0【协哥斯达黎加】0 【协冰岛】0【协瑞士】0【协澳大利亚】0 【协韩国】0【协格鲁吉亚】0【协香港】0 【协澳门】0 【特-1】0【特-2】0【特-3】0 【增】16【出】0【退】10	千克	A	B	P	Q	101 102	生的或沤制的亚麻（亚麻） 生的或沤制的亚麻（麻纤维）
530121	00		破开或打成的亚麻	Flax, Broken or scutched	【最】6【普】30【暂进】1 【协东盟】0【协巴基斯坦】5【协智利】0 【协新西兰】0【协秘鲁】0【协哥斯达黎加】0 【协冰岛】0【协瑞士】0【协澳大利亚】0 【协韩国】0【协格鲁吉亚】0【协香港】0 【协澳门】0 【特-1】0【特-2】0【特-3】0 【增】16【出】0【退】10	千克	A	B	P	Q	101 102	破开或打成的亚麻（亚麻） 破开或打成的亚麻（麻纤维）
530129	00		栉梳或经其他加工未纺制的亚麻	Other flax, hackled or otherwise processed, but not spun	【最】6【普】30 【协东盟】0【协巴基斯坦】5【协智利】0 【协新西兰】0【协秘鲁】0【协哥斯达黎加】0 【协冰岛】0【协瑞士】0【协澳大利亚】0 【协韩国】0【协格鲁吉亚】0【协香港】0 【协澳门】0 【特-1】0【特-2】0【特-3】0 【增】16【出】0【退】10	千克	A	B	P	Q	101 102	栉梳或经其他加工未纺制的亚麻（亚麻） 栉梳或经其他加工未纺制的亚麻（麻纤维）
530130	00		亚麻短纤及废麻	Flax staple fiber and waste flax (including waste flax yarn and recycled fiber)	【最】6【普】30【暂进】1 【协东盟】0【协巴基斯坦】5【协智利】0 【协新西兰】0【协秘鲁】0【协哥斯达黎加】0 【协冰岛】0【协瑞士】0【协澳大利亚】0 【协韩国】0【协格鲁吉亚】0【协香港】0 【协澳门】0 【特-1】0【特-2】0【特-3】0 【增】16【出】0【退】10	千克	A	B	P	Q	999	亚麻短纤及废麻（包括废麻纱线及回收纤维）
530210	00		生的或经沤制的大麻	True hemp, raw or retted	【最】6【普】30 【协东盟】0【协巴基斯坦】5【协智利】0 【协新西兰】0【协秘鲁】0【协哥斯达黎加】0 【协冰岛】0【协瑞士】0【协澳大利亚】0 【协韩国】0【协格鲁吉亚】0【协香港】0 【协澳门】0 【特-1】0【特-2】0【特-3】0 【增】16【出】0【退】10	千克	A	B	P	Q	101 102	生的或经沤制的大麻（麻） 生的或经沤制的大麻（麻纤维）
530290	00		加工未纺的大麻、大麻短纤及废麻（包括废麻纱线及回收纤维）	Other true hemp, processed but not spun; tow and waste of true hemp (including yarn waste and garnetted stock)	【最】6【普】30 【协东盟】0【协巴基斯坦】5【协智利】0 【协新西兰】0【协秘鲁】0【协哥斯达黎加】0 【协冰岛】0【协瑞士】0【协澳大利亚】0 【协韩国】0【协格鲁吉亚】0【协香港】0 【协澳门】0 【特-1】0【特-2】0【特-3】0 【增】16【出】0【退】10	千克	A	B	P	Q	999	加工未纺的大麻、大麻短纤及废麻（包括废麻纱线及回收纤维）
530310	00		生或沤制黄麻，其他纺织韧皮纤维（不包括亚麻，大麻，苎麻）	Jute and other textile bast fibres, raw or retted (excluding flax, true hemp and ramie)	【最】5【普】20 【协东盟】0【协巴基斯坦】0【协智利】0 【协新西兰】0【协秘鲁】0【协哥斯达黎加】0 【协冰岛】0【协瑞士】0【协澳大利亚】0 【协韩国】0【协格鲁吉亚】0【协香港】0 【协澳门】0 【特亚太】0【特东老挝】0【特东柬埔寨】0 【特东缅甸】0【特-1】0【特-2】0【特-3】0 【增】10【出】0【退】10	千克	A	B	P	Q	101 102	生或沤制黄麻，其他纺织韧皮纤维（不包括亚麻，大麻，苎麻）（麻） 生或沤制黄麻，其他纺织韧皮纤维（不包括亚麻，大麻，苎麻）（麻纤维）

税则号列 HS国际统一前6位	本国子目7~8位	本国子目9~10位	货品名称中英文 中文货物名称	英文Article Description	税费综合信息	计量单位	监管证件代码进口	监管证件代码出口	检验检疫类别进口	检验检疫类别出口	检验检疫编码	检验检疫编码对应中文名称
530390	00		加工未纺的黄麻及纺织用韧皮纤维（包括短纤、废麻、废纱线及回收纤维、不含亚麻、大麻、苎麻）	Other Jute and other textile bast fibres, processed but not spun (including tow and waste of these fibres, yarn waste and garnetted stock, excluding flax, true hemp and ramie)	【最】5【普】30 【协东盟】0【协巴基斯坦】0【协智利】0 【协新西兰】0【协秘鲁】0【协哥斯达黎加】0 【协冰岛】0【协瑞士】0【协澳大利亚】0 【协韩国】0【协格鲁吉亚】0【协香港】0 【协澳门】0 【特东老挝】0【特东柬埔寨】0【特东缅甸】0 【特-1】0【特-2】0【特-3】0 【增】16【出】0【退】10	千克	A	B	P	Q	999	加工未纺的黄麻及纺织用韧皮纤维（包括短纤、废麻、废纱线及回收纤维、不含亚麻、大麻、苎麻）
530500	11		生的苎麻	Ramie, raw	【最】5【普】30 【协东盟】0【协巴基斯坦】0【协智利】0 【协新西兰】0【协秘鲁】0【协哥斯达黎加】0 【协冰岛】0【协瑞士】0【协澳大利亚】0 【协韩国】0【协格鲁吉亚】0【协香港】0 【协澳门】0 【特-1】0【特-2】0【特-3】0 【增】16【出】0【退】10	千克	A	B	P	Q	101 102	生的苎麻（麻） 生的苎麻（麻纤维）
530500	12		经加工、未纺制的苎麻	Ramie, processed but not spun	【最】5【普】30【协亚太】3 【协东盟】0【协巴基斯坦】0【协智利】0 【协新西兰】0【协秘鲁】0【协哥斯达黎加】0 【协冰岛】0【协瑞士】0【协澳大利亚】0 【协韩国】0【协格鲁吉亚】0【协香港】0 【协澳门】0 【特-1】0【特-2】0【特-3】0 【增】16【出】0【退】10	千克	A	B	P	Q	101 102	经加工、未纺制的苎麻（麻） 经加工、未纺制的苎麻（麻纤维）
530500	13		苎麻短纤及废麻（包括废纱线及回收纤维）	Tow and waste (including yarn waste and garnetted stock)	【最】5【普】30 【协亚太】3【协东盟】0【协巴基斯坦】0 【协智利】0【协新西兰】0【协秘鲁】0 【协哥斯达黎加】0【协冰岛】0【协瑞士】0 【协澳大利亚】0【协韩国】0【协格鲁吉亚】0 【协香港】0【协澳门】0 【特-1】0【特-2】0【特-3】0 【增】16【出】0【退】10	千克	A	B	P	Q	999	苎麻短纤及废麻（包括废纱线及回收纤维）
530500	19		经加工的未列名纺织用苎麻纤维（包括短纤，落麻，废料，废纱线及回收纤维）	Other Ramie fibres, not elsewhere specified or included, raw or processed but not spun (including tow, noils and waste of these fibres, yarn waste and garnetted stock)	【最】5【普】20 【协东盟】0【协巴基斯坦】0【协智利】0 【协新西兰】0【协秘鲁】0【协哥斯达黎加】0 【协冰岛】0【协瑞士】0【协澳大利亚】0 【协韩国】0【协格鲁吉亚】0【协香港】0 【协澳门】0 【特-1】0【特-2】0【特-3】0 【增】16【出】0【退】10	千克	A	B	P	Q	999	经加工的未列名纺织用苎麻纤维（包括短纤，落麻，废料，废纱线及回收纤维）
530500	20		生的或经加工、未纺制的蕉麻（包括短纤，落麻，废料，废蕉麻纱线及回收纤维）	Fibres of abaca, raw or processed but not spun (including tow, noils and waste of these fibres, yarn waste and garnetted stock)	【最】3【普】20 【协亚太】1.8【协东盟】0【协巴基斯坦】0 【协智利】0【协新西兰】0【协秘鲁】0 【协哥斯达黎加】0【协冰岛】0【协瑞士】0 【协澳大利亚】0【协韩国】0【协格鲁吉亚】0 【协香港】0【协澳门】0 【特-1】0【特-2】0【特-3】0 【增】16【出】0【退】10	千克	A	B	P	Q	999	生的或经加工、未纺制的蕉麻（包括短纤，落麻，废料，废蕉麻纱线及回收纤维）
530500	91		生的或经加工、未纺制的西沙尔麻（包括短纤，落麻，废料，废纱线及回收纤维）	Sisal and other textile fibres of the genus Agave, raw or processed but not spun (including tow, noils and waste of these fibres, yarn waste and garnetted stock)	【最】5【普】30 【协亚太】3【协东盟】0【协巴基斯坦】0 【协智利】0【协新西兰】0【协秘鲁】0 【协哥斯达黎加】0【协冰岛】0【协瑞士】0 【协澳大利亚】0【协韩国】0【协格鲁吉亚】0 【协香港】0【协澳门】0 【特-1】0【特-2】0【特-3】0 【增】16【出】0【退】10	千克	A	B	P	Q	999	生的或经加工、未纺制的西沙尔麻及纺织用龙舌兰纤维（包括短纤，落麻，废料，废纱线及回收纤维）
530500	92		生的或经加工、未纺制的椰壳纤维（包括短纤，落麻，废料，废椰壳纱线及回收纤维）	Fibres of coconut (coir), raw or processed but not spun (including tow, noils and waste of these fibres, yarn waste and garnetted stock)	【最】5【普】30 【协亚太】3.3【协东盟】0【协巴基斯坦】0 【协智利】0【协新西兰】0【协秘鲁】0 【协哥斯达黎加】0【协冰岛】0【协瑞士】0 【协澳大利亚】0【协韩国】0【协格鲁吉亚】0 【协香港】0【协澳门】0 【特东老挝】0【特东柬埔寨】0【特东缅甸】0 【特-1】0【特-2】0【特-3】0 【增】16【出】0【退】6	千克	A	B	P	Q	999	生的或经加工、未纺制的椰壳纤维（包括短纤，落麻，废料，废椰壳纱线及回收纤维）

税则号列			货品名称中英文		税费综合信息	计量单位	监管证件代码		检验检疫类别		检验检疫编码	检验检疫编码对应中文名称
HS国际统一前6位	本国子目7~8位	9~10位	中文 货物名称	英文 Article Description			进口	出口	进口	出口		
530500	99		生的或经加工的未列名纺织用植物（包括短纤，落麻，废料，废纱线及回收纤维）	Other vegetable textile fibres, not elsewhere specified or included, raw or processed but not spun (including tow, noils and waste of these fibres, yarn waste and garnetted stock)	【最】5【普】30 【协亚太】3【协东盟】0【协巴基斯坦】0 【协智利】0【协新西兰】0【协秘鲁】0 【协香港】0【协澳门】0【协哥斯达黎加】0 【协冰岛】0【协瑞士】0【协澳大利亚】0 【协韩国】0【协格鲁吉亚】0 【特-1】0【特-2】0【特-3】0 【增】16【出】0【退】10	千克	A	B	P	Q	999	生的或经加工的未列名纺织用植物纤维（包括短纤，落麻，废料，废纱线及回收纤维）
530610	00		亚麻单纱	Flax yarn, single	【最】5【普】50 【协东盟】0【协香港】0【协澳门】0 【协巴基斯坦】5【协智利】0 【协新西兰】0【协秘鲁】0【协哥斯达黎加】0 【协冰岛】0【协瑞士】0【协澳大利亚】0 【协韩国】0【协格鲁吉亚】0 【特-1】0【特-2】0【特-3】0 【增】16【出】0【退】16	千克					999	亚麻单纱
530620	00		亚麻多股纱线或缆线	Flax yarn, multiple (folded) or cabled	【最】5【普】50 【协东盟】0【协香港】0【协澳门】0 【协巴基斯坦】5【协智利】0【协新西兰】0 【协秘鲁】0【协哥斯达黎加】0【协冰岛】0 【协瑞士】0【协澳大利亚】0【协韩国】0 【协格鲁吉亚】0 【特-1】0【特-2】0【特-3】0 【增】16【对美加征】10【出】0【退】16	千克					101 102	亚麻多股纱线或缆线（麻纱线） 亚麻多股纱线或缆线（绳、索、缆）
530710	00		黄麻及其他纺织用韧皮纤维单纱	Yarn of jute or of other textile bast fibres, single	【最】5【普】35 【协东盟】0【协澳门】0【协巴基斯坦】5 【协香港】0【协智利】0【协新西兰】0 【协秘鲁】0【协哥斯达黎加】0【协冰岛】0 【协瑞士】0【协澳大利亚】0【协韩国】0 【协格鲁吉亚】0 【特亚太】2.5【特东柬埔寨】0【特-1】0 【特-2】0【特-3】0 【增】16【出】0【退】16	千克					999	黄麻及其他纺织用韧皮纤维单纱
530720	00		黄麻及其他韧皮纤维多股纱或缆线	Yarn of jute or of other textile bast fibres, multiple (folded) or cabled	【最】5【普】35 【协东盟】0【协澳门】0【协巴基斯坦】5 【协智利】0【协新西兰】0【协秘鲁】0 【协哥斯达黎加】0【协冰岛】0【协瑞士】0 【协澳大利亚】0【协韩国】0【协格鲁吉亚】0 【协香港】0 【特亚太】2.5【特东柬埔寨】0【特-1】0 【特-2】0【特-3】0 【增】16【出】0【退】16	千克					101 102	黄麻及其他韧皮纤维多股纱或缆线（麻纱线） 黄麻及其他韧皮纤维多股纱或缆线（绳、索、缆）
530810	00		椰壳纤维纱线	Coir yarn	【最】5【普】45 【协东盟】0【协澳门】0【协巴基斯坦】5 【协智利】0【协新西兰】0【协秘鲁】0 【协哥斯达黎加】0【协冰岛】0【协瑞士】0 【协澳大利亚】0【协韩国】0【协格鲁吉亚】0 【协香港】0 【特-1】0【特-2】0【特-3】0 【增】16【出】0【退】16	千克					999	椰壳纤维纱线
530820	00		大麻纱线	True hemp yarn	【最】5【普】45 【协东盟】0【协澳门】0【协巴基斯坦】5 【协智利】0【协新西兰】0【协秘鲁】0 【协哥斯达黎加】0【协冰岛】0【协瑞士】0 【协澳大利亚】0【协韩国】0【协格鲁吉亚】0 【协香港】0 【特-1】0【特-2】0【特-3】0 【增】16【出】0【退】16	千克					999	大麻纱线
530890	11		漂白或未漂白的纯苎麻纱线（纯按重量计苎麻含量在85%及以上）	Ramie yarn, containing 85% or more by weight of ramie, unbleached or bleached yarn	【最】5【普】50 【协亚太】3.5【协东盟】0【协澳门】0 【协巴基斯坦】5【协智利】0【协新西兰】0 【协秘鲁】0【协哥斯达黎加】0【协冰岛】0 【协瑞士】0【协澳大利亚】0【协韩国】0 【协格鲁吉亚】0【协香港】0 【特-1】0【特-2】0【特-3】0 【增】16【出】0【退】16	千克					999	漂白或未漂白的纯苎麻纱线（纯按重量计苎麻含量在85%及以上）

税则号列			货品名称中英文		税费综合信息	计量单位	监管证件代码		检验检疫类别		检验检疫编码	检验检疫编码对应中文名称
HS国际统一前6位	本国子目 7~8位	9~10位	中文 货物名称	英文 Article Description			进口	出口	进口	出口		
530890	12		纯苎麻色纱线（纯按重量计苎麻含量在85%及以上）	Ramie yarn, containing 85% or more by weight of ramie, coloured yarn	【最】5【普】50 【协亚太】3.5【协东盟】0【协澳门】0 【协巴基斯坦】5【协智利】0【协新西兰】0 【协秘鲁】0【协哥斯达黎加】0【协冰岛】0 【协瑞士】0【协澳大利亚】0【协韩国】0 【协格鲁吉亚】0【协香港】0 【特-1】0【特-2】0【特-3】0 【增】16【出】0【退】16	千克					999	纯苎麻色纱线（纯按重量计苎麻含量在85%及以上）
530890	13		漂白或未漂白其他苎麻纱线（按重量计苎麻含量在85%以下）	Other ramie yarn, containing less than 85% by weight of ramie, unbleached or bleached yarn	【最】5【普】50 【协亚太】3.5【协东盟】0【协澳门】0 【协巴基斯坦】5【协智利】0【协新西兰】0 【协秘鲁】0【协哥斯达黎加】0【协冰岛】0 【协瑞士】0【协澳大利亚】0【协韩国】0 【协格鲁吉亚】0【协香港】0 【特-1】0【特-2】0【特-3】0 【增】16【出】0【退】16	千克					999	漂白或未漂白其他苎麻纱线（按重量计苎麻含量在85%以下）
530890	14		其他苎麻色纱线（按重量计苎麻含量在85%以下）	Other ramie yarn, containing less than 85% by weight, coloured yarn	【最】5【普】50 【协亚太】3.5【协东盟】0【协澳门】0 【协巴基斯坦】5【协智利】0【协新西兰】0 【协秘鲁】0【协哥斯达黎加】0【协冰岛】0 【协瑞士】0【协澳大利亚】0【协韩国】0 【协格鲁吉亚】0【协香港】0 【特-1】0【特-2】0【特-3】0 【增】16【出】0【退】16	千克					999	其他苎麻色纱线（按重量计苎麻含量在85%以下）
530890	91		纸纱线	Paper yarn	【最】5【普】70 【协亚太】3.5【协东盟】0【协澳门】0 【协巴基斯坦】5【协智利】0【协新西兰】0 【协秘鲁】0【协哥斯达黎加】0【协冰岛】0 【协瑞士】0【协澳大利亚】0【协韩国】0 【协格鲁吉亚】0【协香港】0 【特-1】0【特-2】0【特-3】0 【增】16【出】0【退】16	千克					999	纸纱线
530890	99		其他植物纺织纤维纱线	Yarn of other vegetable textile fibres	【最】5【普】45 【协东盟】0【协澳门】0【协巴基斯坦】5 【协智利】0【协新西兰】0【协秘鲁】0 【协哥斯达黎加】0【协冰岛】0【协瑞士】0 【协澳大利亚】0【协韩国】0【协格鲁吉亚】0 【协香港】0 【特-1】0【特-2】0【特-3】0 【增】16【出】0【退】16	千克					999	其他植物纺织纤维纱线
530911	10		未漂白的纯亚麻机织物（按重量计亚麻含量在85%及以上）	Woven fabrics of flax, unbleached, containing 85% or more by weight of flax	【最】8【普】80 【协东盟】0【协巴基斯坦】0【协智利】0 【协新西兰】0【协秘鲁】0【协哥斯达黎加】0 【协冰岛】0【协瑞士】0【协澳大利亚】0 【协韩国】0【协格鲁吉亚】0【协香港】0 【协澳门】0 【特-1】0【特-2】0【特-3】0 【增】16【对美加征】10【出】0【退】16	米/千克					999	未漂白的纯亚麻机织物（按重量计亚麻含量在85%及以上）
530911	20		漂白的纯亚麻机织物（按重量计亚麻含量在85%及以上）	Woven fabrics of flax, bleached, containing 85% or more by weight of flax	【最】8【普】80 【协东盟】0【协巴基斯坦】0【协智利】0 【协新西兰】0【协秘鲁】0【协哥斯达黎加】0 【协冰岛】0【协瑞士】0【协澳大利亚】0 【协韩国】0【协格鲁吉亚】0【协香港】0 【协澳门】0 【特-1】0【特-2】0【特-3】0 【增】16【出】0【退】16	米/千克					999	漂白的纯亚麻机织物（按重量计亚麻含量在85%及以上）
530919	00		其他全亚麻机织物（按重量计亚麻含量在85%及以上）	Other woven fabrics of flax, containing 85% or more by weight of flax	【最】8【普】80 【协亚太】5.2【协东盟】0【协香港】0 【协巴基斯坦】0【协智利】0【协新西兰】0 【协秘鲁】0【协哥斯达黎加】0【协冰岛】0 【协瑞士】0【协澳大利亚】0【协韩国】0 【协格鲁吉亚】0 【特-1】0【特-2】0【特-3】0 【增】16【对美加征】10【出】0【退】16	米/千克					999	其他全亚麻机织物（按重量计亚麻含量在85%及以上）

税则号列			货品名称中英文		税费综合信息	计量单位	监管证件代码		检验检疫类别		检验检疫编码	检验检疫编码对应中文名称
HS国际统一前6位	本国子目 7~8位	9~10位	中文 货物名称	英文 Article Description			进口	出口	进口	出口		
530921	10		未漂白的混纺亚麻机织物	Unbleached	【最】8【普】80 【协东盟】0【协澳门】0【协巴基斯坦】0 【协智利】0【协新西兰】0【协秘鲁】0 【协哥斯达黎加】0【协冰岛】0【协瑞士】0 【协澳大利亚】0【协韩国】0【协格鲁吉亚】0 【协香港】0 【特-1】0【特-2】0【特-3】0 【增】16【对美加征】10【出】0【退】16	米/千克					101 102	未漂白的混纺亚麻机织物（亚麻含量在85%以下）（棉混纺坯布） 未漂白的混纺亚麻机织物（亚麻含量在85%以下）（亚麻混纺织物）
530921	20		漂白的混纺亚麻机织物	Bleached	【最】8【普】80 【协东盟】0【协澳门】0【协巴基斯坦】0 【协智利】0【协新西兰】0【协秘鲁】0 【协哥斯达黎加】0【协冰岛】0【协瑞士】0 【协澳大利亚】0【协韩国】0【协格鲁吉亚】0 【协香港】0 【特-1】0【特-2】0【特-3】0 【增】16【出】0【退】16	米/千克					101 102	漂白的混纺亚麻机织物（亚麻含量在85%以下）（漂白棉混纺布） 漂白的混纺亚麻机织物（亚麻含量在85%以下）（亚麻混纺织物）
530929	00		其他混纺亚麻机织物	Other woven fabrics of flax	【最】8【普】80 【协亚太】5.2【协东盟】0【协香港】0 【协澳门】0【协巴基斯坦】0【协智利】0 【协新西兰】0【协秘鲁】0【协哥斯达黎加】0 【协冰岛】0【协瑞士】0【协澳大利亚】0 【协韩国】0【协格鲁吉亚】0 【特-1】0【特-2】0【特-3】0 【增】16【对美加征】10【出】0【退】16	米/千克					999	其他混纺亚麻机织物（亚麻含量在85%以下）
531010	00		未漂白黄麻或其他韧皮纤维机织物	Unbleached	【最】8【普】40 【协东盟】0【协巴基斯坦】5【协智利】0 【协新西兰】0【协秘鲁】0【协哥斯达黎加】0 【协冰岛】0【协瑞士】0【协澳大利亚】0 【协韩国】0【协格鲁吉亚】0【协香港】0 【协澳门】0 【特亚太】4【特东柬埔寨】0【特-1】0【特-2】0 【特-3】0 【增】16【出】0【退】16	米/千克					999	未漂白黄麻或其他韧皮纤维机织物
531090	00		其他黄麻机织物或其他韧皮纤维机	Other textilebast fibres	【最】8【普】40 【协东盟】0【协巴基斯坦】5【协智利】0 【协新西兰】0【协秘鲁】0【协哥斯达黎加】0 【协冰岛】0【协瑞士】0【协澳大利亚】0 【协韩国】0【协格鲁吉亚】0【协香港】0 【协澳门】0 【特亚太】4【特东柬埔寨】0【特-1】0【特-2】0 【特-3】0 【增】16【出】0【退】16	米/千克					999	其他黄麻机织物或其他韧皮纤维机织物
531100	12		未漂白的苎麻机织物（苎麻含量在85%及以上）	Containing 85% or more by weight of ramie, unbleached woven fabrics	【最】8【普】80 【协东盟】0【协澳门】0【协巴基斯坦】5 【协智利】0【协新西兰】0【协秘鲁】0 【协哥斯达黎加】0【协冰岛】0【协瑞士】0 【协澳大利亚】0【协韩国】0【协格鲁吉亚】0 【协香港】0 【特-1】0【特-2】0【特-3】0 【增】16【出】0【退】16	米/千克					999	未漂白的苎麻机织物（苎麻含量在85%及以上）
531100	13		其他苎麻机织物（苎麻含量≥85%）	Containing 85% or more by weight of ramie, other woven fabrics	【最】8【普】80 【协东盟】0【协澳门】0【协巴基斯坦】6 【协智利】0【协新西兰】0【协新加坡】0 【协秘鲁】0【协哥斯达黎加】0【协冰岛】0 【协瑞士】4.8【协澳大利亚】0【协韩国】0 【协格鲁吉亚】0【协香港】0 【特-1】0【特-2】0【特-3】0 【增】16【出】0【退】16	米/千克					999	其他苎麻机织物（苎麻含量≥85%）
531100	14		未漂白的苎麻机织物（苎麻含量在85%以下）	Containing less than 85% by weight of ramie, unbleached woven fabrics	【最】8【普】80 【协亚太】4.8【协东盟】0【协巴基斯坦】5 【协智利】0【协新西兰】0【协秘鲁】0 【协哥斯达黎加】0【协冰岛】0【协瑞士】0 【协澳大利亚】0【协韩国】0【协格鲁吉亚】0 【协香港】0【协澳门】0 【特-1】0【特-2】0【特-3】0 【增】16【出】0【退】16	米/千克					101 102 103	未漂白的苎麻机织物（苎麻含量在85%以下）（棉混纺坯布） 未漂白的苎麻机织物（苎麻含量在85%以下）（苎麻混纺织物） 未漂白的苎麻机织物（苎麻含量在85%以下）（其他麻织物）

税则号列 HS国际统一前6位	本国子目7~8位	本国子目9~10位	货品名称中英文 中文 货物名称	英文 Article Description	税费综合信息	计量单位	监管证件代码 进口	监管证件代码 出口	检验检疫类别 进口	检验检疫类别 出口	检验检疫编码	检验检疫编码对应中文名称
531100	15		其他苎麻机织物	Containing less than 85% by weight of ramie, other woven fabrics	【最】8【普】80 【协东盟】0【协澳门】0【协巴基斯坦】6 【协智利】0【协新西兰】0【协新加坡】0 【协秘鲁】0【协哥斯达黎加】0【协冰岛】0 【协瑞士】4.8【协澳大利亚】0【协韩国】0 【协格鲁吉亚】0【协香港】0 【特-1】0【特-2】0 【增】16【出】0【退】16	米/千克					101 102	其他苎麻机织物（指按重量计苎麻含量在85%以下）（苎麻混纺织物） 其他苎麻机织物（指按重量计苎麻含量在85%以下）（其他麻织物）
531100	20		纸纱线机织物	Of paper yarn	【最】8【普】90 【协亚太】6【协东盟】0【协巴基斯坦】5 【协智利】0【协新西兰】0【协秘鲁】0 【协哥斯达黎加】0【协冰岛】0【协瑞士】0 【协澳大利亚】0【协韩国】0【协格鲁吉亚】0 【协香港】0【协澳门】0 【特-1】0【特-2】0【特-3】0 【增】16【出】0【退】16	米/千克					999	纸纱线机织物
531100	30		大麻机织物	Woven fabrics of true hemp	【最】8【普】50 【协亚太】5.2【协东盟】0【协巴基斯坦】5 【协智利】0【协新西兰】0【协秘鲁】0 【协哥斯达黎加】0【协冰岛】0【协瑞士】0 【协澳大利亚】0【协韩国】0【协格鲁吉亚】0 【协香港】0【协澳门】0 【特-1】0【特-2】0【特-3】0 【增】16【出】0【退】16	米/千克					999	大麻机织物
531100	90		其他纺织用植物纤维其他机织物	Other fabrics	【最】8【普】50 【协亚太】5.2【协东盟】0【协巴基斯坦】5 【协智利】0【协新西兰】0【协秘鲁】0 【协哥斯达黎加】0【协冰岛】0【协瑞士】0 【协澳大利亚】0【协韩国】0【协格鲁吉亚】0 【协香港】0【协澳门】0 【特-1】0【特-2】0【特-3】0 【增】16【出】0【退】16	米/千克					999	其他纺织用植物纤维其他机织物

第五十四章 化学纤维长丝；化学纤维纺织材料制扁条及类似品

Chapter 54 Man-made filaments; strip and the like of man-made textile materials

注释：

一、本协调制度所称“化学纤维”，是指通过下列任一方法加工制得的有机聚合物的短纤或长丝：

（一）将有机单体物质加以聚合而制成的聚合物，例如，聚酰胺、聚酯、聚烯烃、聚氨基甲酸酯；或通过上述加工得到的聚合物经化学改性制得（例如，聚乙酸乙烯酯水解制得的聚乙烯醇）；或

（二）将天然有机聚合物（例如，纤维素）溶解或化学处理制成聚合物，例如，铜铵纤维或粘胶纤维；或将天然有机聚合物（例如，纤维素、酪蛋白及其他蛋白质或藻酸）经化学改性制成聚合物，例如，醋酸纤维素纤维或藻酸盐纤维。

对于化学纤维，所称“合成”，是指（一）款所述的纤维；所称“人造”，是指（二）款所述的纤维。税目 54.04 或 54.05 的扁条及类似品不视作化学纤维。

对于纺织材料，所称“化学纤维”“合成纤维”及“人造纤维”，其含义应与上述解释相同。

二、税目 54.02 及 54.03 不适用于第五十五章的合成纤维或人造纤维的长丝丝束。

Chapter Notes:

1. Throughout the Nomenclature, the term “man-made fibres” means staple fibres and filaments of organic polymers produced by manufacturing processes, either:

(a) By polymerisation of organic monomers to produce polymers such as polyamides, polyesters, polyolefins or polyurethanes, or by chemical modification of polymers produced by this process (for example, poly (vinyl alcohol) prepared by the hydrolysis of poly (vinyl acetate)); or

(b) By dissolution or chemical treatment of natural organic polymers (for example, cellulose) to produce polymers such as cuprammonium rayon (cupro) or viscose rayon, or by chemical modification of natural organic polymers (for example, cellulose, casein and other proteins, or alginic acid), to produce polymers such as cellulose acetate or alginates.

The terms “synthetic” and “artificial”, used in relation to fibres, mean: synthetic: fibres as defined at (a); artificial: fibres as defined at (b). Strip and the like of heading 54.04 or 54.05 are not considered to be man-made fibres.

The terms “man-made” “synthetic” and “artificial” shall have the same meanings when used in relation to “textile materials”.

2. Headings 54.02 and 54.03 do not apply to synthetic or artificial filament tow of Chapter 55.

税则号列 HS国际统一前6位	本国子目 7~8位	本国子目 9~10位	货品名称 中文 货物名称	货品名称 英文 Article Description	税费综合信息	计量单位	监管证件代码 进口	监管证件代码 出口	检验检疫类别 进口	检验检疫类别 出口	检验检疫编码	检验检疫编码对应中文名称
540110	10		非供零售用合纤长丝缝纫线	Sewing thread of synthetic filaments, not put up for retail sale	【最】5【普】70 【协东盟】0【协香港】0【协澳门】0 【协巴基斯坦】0【协智利】0【协新西兰】0 【协秘鲁】0【协台湾】0【协哥斯达黎加】0 【协冰岛】0【协瑞士】0【协澳大利亚】0 【协韩国】3.3【协格鲁吉亚】0 【特-1】0【特-2】0【特-3】0 【增】16【对美加征】10【出】0【退】16	千克					999	非供零售用合纤长丝缝纫线
540110	20		供零售用合纤长丝缝纫线	Sewing thread of synthetic filaments, put up for retail sale	【最】5【普】90 【协东盟】0【协巴基斯坦】0【协智利】0 【协新西兰】0【协秘鲁】0【协哥斯达黎加】0 【协冰岛】0【协瑞士】0【协澳大利亚】0 【协韩国】0【协格鲁吉亚】0【协香港】0 【协澳门】0 【特-1】0【特-2】0【特-3】0 【增】16【对美加征】10【出】0【退】16	千克					999	供零售用合纤长丝缝纫线
540120	10		非供零售用人纤长丝缝纫线	Sewing thread of artificial filaments, not put up for retail sale	【最】5【普】35 【协东盟】0【协巴基斯坦】0【协智利】0 【协新西兰】0【协秘鲁】0【协哥斯达黎加】0 【协冰岛】0【协瑞士】0【协澳大利亚】0 【协韩国】0【协格鲁吉亚】0【协香港】0 【协澳门】0 【特-1】0【特-2】0【特-3】0 【增】16【出】0【退】16	千克					999	非供零售用人纤长丝缝纫线

税则号列 HS国际统一前6位	本国子目 7~8位	本国子目 9~10位	货品名称中英文 中文 货物名称	货品名称中英文 英文 Article Description	税费综合信息	计量单位	监管证件代码 进口	监管证件代码 出口	检验检疫类别 进口	检验检疫类别 出口	检验检疫编码	检验检疫编码对应中文名称
540120	20		供零售用人纤长丝缝纫线	Sewing thread of artificial filaments, put up for retail sale	【最】5【普】90 【协东盟】0【协巴基斯坦】0【协智利】0 【协新西兰】0【协秘鲁】0【协哥斯达黎加】0 【协冰岛】0【协瑞士】0【协澳大利亚】0 【协韩国】0【协格鲁吉亚】0【协香港】0 【协澳门】0 【特-1】0【特-2】0【特-3】0 【增】16【出】0【退】16	千克					999	供零售用人纤长丝缝纫线
540211	10		聚间苯二甲酰间苯二胺纺制的高强（非供零售用）	High tenacity yarn of poly (isophthaloyl metaphenylene diamine), not put up for retail sale	【最】5【普】70 【协东盟】0【协澳门】0【协巴基斯坦】0 【协智利】0【协新西兰】0【协秘鲁】0 【协哥斯达黎加】0【协冰岛】0【协瑞士】0 【协澳大利亚】0【协韩国】3.3【协格鲁吉亚】0 【协香港】0 【特-1】0【特-2】0【特-3】0 【增】16【对美加征】5【出】0【退】16	千克					999	聚间苯二甲酰间苯二胺纺制的高强力纱（非供零售用）
540211	20		聚对苯二甲酰对苯二胺纺制的高强（非供零售用）	High tenacity yarn of poly (phenytene terephthalamide), not put up for retail sale	【最】5【普】70 【协东盟】0【协澳门】0【协巴基斯坦】0 【协智利】0【协新西兰】0【协秘鲁】0 【协哥斯达黎加】0【协冰岛】0【协瑞士】0 【协澳大利亚】0【协韩国】3.3【协格鲁吉亚】0 【协香港】0 【特-1】0【特-2】0【特-3】0 【增】16【对美加征】5【出】0【退】16	千克					999	聚对苯二甲酰对苯二胺纺制的高强力纱（非供零售用）
540211	90		其他芳香族聚酰胺纺制的高强力纱	High tenacity yarn of other aramids, not put up for retail sale	【最】5【普】70 【协东盟】0【协澳门】0【协巴基斯坦】0 【协智利】0【协新西兰】0【协秘鲁】0 【协哥斯达黎加】0【协冰岛】0【协瑞士】0 【协澳大利亚】0【协韩国】3.3【协格鲁吉亚】0 【协香港】0 【特-1】0【特-2】0【特-3】0 【增】16【对美加征】10【出】0【退】16	千克					999	其他芳香族聚酰胺纺制的高强力纱（非供零售用）
540219	10		聚酰胺-6（尼龙-6）纺制高强（非供零售用）	High tenacity yarn of nylon-6, not put up for retail sale	【最】5【普】70 【协东盟】0【协澳门】0【协巴基斯坦】0 【协智利】0【协新西兰】0【协秘鲁】0 【协哥斯达黎加】0【协冰岛】0【协瑞士】0 【协澳大利亚】0【协格鲁吉亚】0【协香港】0 【特-1】0【特-2】0【特-3】0 【增】16【对美加征】10【出】0【退】16	千克					999	聚酰胺-6（尼龙-6）纺制高强力纱（非供零售用）
540219	20		聚酰胺-6,6（尼龙6,6）纺（非供零售用）	High tenacity yarn of nylon-6,6, not put up for retail sale	【最】5【普】70 【协东盟】0【协澳门】0【协巴基斯坦】0 【协智利】0【协新西兰】0【协秘鲁】0 【协哥斯达黎加】0【协冰岛】0【协瑞士】0 【协澳大利亚】0【协格鲁吉亚】0【协香港】0 【特-1】0【特-2】0【特-3】0 【增】16【对美加征】10【出】0【退】16	千克					999	聚酰胺-6,6（尼龙6,6）纺制的高强力纱（非供零售用）
540219	90		其他尼龙或其他聚酰胺制高强力纱	High tenacity yarn of other nylon or other polyamides, not put up for retail sale	【最】5【普】70 【协东盟】0【协澳门】0【协巴基斯坦】0 【协智利】0【协新西兰】0【协秘鲁】0 【协哥斯达黎加】0【协冰岛】0【协瑞士】0 【协澳大利亚】0【协韩国】3.3【协格鲁吉亚】0 【协香港】0 【特-1】0【特-2】0【特-3】0 【增】16【对美加征】10【出】0【退】16	千克					999	其他尼龙或其他聚酰胺制高强力纱（非供零售用）
540220	00	10	非零售聚酯高强力纱，不论是否经变形加工（单丝/未捻或捻度<5转/米的复丝单纱）	High tenacity yarn of polyesters (single filament /multi-filament single yarn not twisted or with a twist of less than 5 turns per meter) not put up for retail sale	【最】5【普】70 【协东盟】0【协澳门】0【协巴基斯坦】0 【协智利】0【协新西兰】0【协秘鲁】0 【协台湾】0【协哥斯达黎加】0【协冰岛】0 【协瑞士】0【协澳大利亚】0【协韩国】3.3 【协格鲁吉亚】0【协香港】0 【特-1】0【特-2】0【特-3】0 【增】16【对美加征】10【出】0【退】16	千克					999	非零售聚酯高强力纱，不论是否经变形加工（单丝/未捻或捻度<5转/米的复丝单纱）

税则号列 HS国际统一前6位	本国子目 7~8位	本国子目 9~10位	货品名称中英文 中文 货物名称	英文 Article Description	税费综合信息	计量单位	监管证件代码 进口	监管证件代码 出口	检验检疫类别 进口	检验检疫类别 出口	检验检疫编码	检验检疫编码对应中文名称
540220	00	20	非零售聚酯高强力纱，不论是否经变形加工（捻度≥5转/米的复丝单纱）	High tenacity yarn of polyesters, multi-filament single yarn with a twist of 5 or more turns per meter, not put up for retail sale	【最】5【普】70 【协东盟】0【协澳门】0【协巴基斯坦】0 【协智利】0【协新西兰】0【协秘鲁】0 【协台湾】0【协哥斯达黎加】0【协冰岛】0 【协瑞士】0【协澳大利亚】0【协韩国】3.3 【协格鲁吉亚】0【协香港】0 【特-1】0【特-2】0【特-3】0 【增】16【对美加征】10【出】0【退】16	千克					999	非零售聚酯高强力纱，不论是否经变形加工（捻度≥5转/米的复丝单纱）
540220	00	90	非零售聚酯高强力多股纱，不论是否经变形加工	High tenacity yarn of polyesters, multiple yarn, not put up for retail sale -Textured yarn:	【最】5【普】70 【协东盟】0【协澳门】0【协巴基斯坦】0 【协智利】0【协新西兰】0【协秘鲁】0 【协台湾】0【协哥斯达黎加】0【协冰岛】0 【协瑞士】0【协澳大利亚】0【协韩国】3.3 【协格鲁吉亚】0【协香港】0 【特-1】0【特-2】0【特-3】0 【增】16【对美加征】10【出】0【退】16	千克					999	非零售聚酯高强力多股纱，不论是否经变形加工
540231	11		聚酰胺-6（尼龙-6）纺制弹力丝（非供零售用，指每根单纱细度不超过50特）	Elastic filament of nylon-6, measuring per single yam not more than 50 tex, not put up for retail sale	【最】5【普】80 【协东盟】0【协香港】0【协澳门】0 【协巴基斯坦】0【协智利】0【协新西兰】0 【协秘鲁】0【协哥斯达黎加】0【协冰岛】0 【协瑞士】0【协澳大利亚】0【协格鲁吉亚】0 【特-1】0【特-2】0【特-3】0 【增】16【对美加征】10【出】0【退】16	千克					999	聚酰胺-6（尼龙-6）纺制弹力丝（非供零售用，指每根单纱细度不超过50特）
540231	12		聚酰胺-6，6纺制的弹力丝（非供零售用，尼龙-66，指每根单纱细度不超过50特）	Elastic filament of nylon-6, 6, measuring per single yam not more than 50 tex, not put up for retail sale	【最】5【普】80 【协东盟】0【协香港】0【协澳门】0 【协巴基斯坦】0【协智利】0【协新西兰】0 【协秘鲁】0【协哥斯达黎加】0【协冰岛】0 【协瑞士】0【协澳大利亚】0【协格鲁吉亚】0 【特-1】0【特-2】0【特-3】0 【增】16【对美加征】10【出】0【退】16	千克					999	聚酰胺-6，6纺制的弹力丝（非供零售用，尼龙-66，指每根单纱细度不超过50特）
540231	13		芳香族聚酰胺纺制弹力丝（非供零售用，指每根单纱细度不超过50特）	Elastic filament of aramides, measuring per single yam not more than 50 tex, not put up for retail sale	【最】5【普】80 【协亚太】3【协东盟】0【协香港】0【协澳门】0 【协巴基斯坦】0【协智利】0【协新西兰】0 【协秘鲁】0【协哥斯达黎加】0【协冰岛】0 【协瑞士】0【协澳大利亚】0【协格鲁吉亚】0 【特-1】0【特-2】0【特-3】0 【增】16【出】0【退】16	千克					999	芳香族聚酰胺纺制弹力丝（非供零售用，指每根单纱细度不超过50特）
540231	19		其他尼龙或其他聚酰胺制弹力丝（指每根单纱细度不超过50特，非供零售用）	Other elastic filament of nylon or other polyamides, measuring per single yam not more than 50 tex, not put up for retail sale	【最】5【普】80 【协东盟】0【协香港】0【协澳门】0 【协巴基斯坦】0【协智利】0【协新西兰】0 【协秘鲁】0【协哥斯达黎加】0【协冰岛】0 【协瑞士】0【协澳大利亚】0【协韩国】3.3 【协格鲁吉亚】0 【特-1】0【特-2】0【特-3】0 【增】16【对美加征】10【出】0【退】16	千克					999	其他尼龙或其他聚酰胺制弹力丝（指每根单纱细度不超过50特，非供零售用）
540231	90		非零售其他细尼龙变形纱线（指每根单纱细度不超过50特，包括其他聚酰胺变形丝）	Other texured yarn of nylon or other polyamides, measuring per single yam not more than 50 tex	【最】5【普】70 【协东盟】0【协香港】0【协澳门】0 【协巴基斯坦】0【协智利】0【协新西兰】0 【协秘鲁】0【协哥斯达黎加】0【协冰岛】0 【协瑞士】0【协澳大利亚】0【协韩国】3.3 【协格鲁吉亚】0 【特-1】0【特-2】0【特-3】0 【增】16【对美加征】10【出】0【退】16	千克					999	非零售其他细尼龙变形纱线（指每根单纱细度不超过50特，包括其他聚酰胺变形丝）
540232	11		聚酰胺-6（尼龙-6）纺制的弹力丝（指每根单纱细度超过50特，非供零售用）	Elastic filament of nylon-6, measuring per single yam not more than 50 tex, not put up for retail sale	【最】5【普】80 【协东盟】0【协香港】0【协澳门】0 【协巴基斯坦】0【协智利】0【协新西兰】0 【协秘鲁】0【协哥斯达黎加】0【协冰岛】0 【协瑞士】0【协澳大利亚】0【协格鲁吉亚】0 【特-1】0【特-2】0【特-3】0 【增】16【对美加征】5【出】0【退】16	千克					999	聚酰胺-6（尼龙-6）纺制的弹力丝（指每根单纱细度超过50特，非供零售用）
540232	12		聚酰胺-6，6纺制的弹力丝（指每根单纱细度超过50特，尼龙-66，非供零售用）	Elastic filament of nylon-6, 6, measuring per single yam not more than 50 tex, not put up for retail sale	【最】5【普】80 【协东盟】0【协香港】0【协澳门】0 【协巴基斯坦】0【协智利】0【协新西兰】0 【协秘鲁】0【协哥斯达黎加】0【协冰岛】0 【协瑞士】0【协澳大利亚】0【协格鲁吉亚】0 【特-1】0【特-2】0【特-3】0 【增】16【对美加征】5【出】0【退】16	千克					999	聚酰胺-6，6纺制的弹力丝（指每根单纱细度超过50特，尼龙-66，非供零售用）

税则号列			货品名称中英文		税费综合信息	计量单位	监管证件代码		检验检疫类别		检验检疫编码	检验检疫编码对应中文名称
HS 国际统一前6位	本国子目 7~8位	9~10位	中文 货物名称	英文 Article Description			进口	出口	进口	出口		
540232	13		芳香族聚酰胺纺制的弹力丝（指每根单纱细度超过50特，非供零售用）	Elastic filament of aramides, measuring per single yam not more than 50 tex, not put up for retail sale	【最】5【普】80 【协东盟】0【协香港】0【协澳门】0 【协巴基斯坦】0【协智利】0【协新西兰】0 【协秘鲁】0【协哥斯达黎加】0【协冰岛】0 【协瑞士】0【协澳大利亚】0【协韩国】3.3 【协格鲁吉亚】0 【特-1】0【特-2】0【特-3】0 【增】16【出】0【退】16	千克					999	芳香族聚酰胺纺制的弹力丝（指每根单纱细度超过50特，非供零售用）
540232	19		其他尼龙或其他聚酰胺制弹力丝（指每根单纱细度超过50特，非供零售用）	Other elastic filament of nylon or other polyamides, measuring per single yam not more than 50 tex, not for retail sale	【最】5【普】80 【协东盟】0【协香港】0【协澳门】0 【协巴基斯坦】0【协智利】0【协新西兰】0 【协秘鲁】0【协哥斯达黎加】0【协冰岛】0 【协瑞士】0【协澳大利亚】0【协格鲁吉亚】0 【特-1】0【特-2】0【特-3】0 【增】16【对美加征】10【出】0【退】16	千克					999	其他尼龙或其他聚酰胺制弹力丝（指每根单纱细度超过50特，非供零售用）
540232	90		非零售其他粗尼龙变形纱线（粗指每根单纱细度超过50特，包括其他聚酰胺变形丝）	Other texured yarn of nylon or other polyamides, measuring per single yam more than 50 tex	【最】5【普】70 【协亚太】3.3【协东盟】0【协香港】0 【协澳门】0【协巴基斯坦】0【协智利】0 【协新西兰】0【协秘鲁】0【协哥斯达黎加】0 【协冰岛】0【协瑞士】0【协澳大利亚】0 【协韩国】3.2【协格鲁吉亚】0 【特-1】0【特-2】0【特-3】0 【增】16【对美加征】5【出】0【退】16	千克					999	非零售其他粗尼龙变形纱线（粗指每根单纱细度超过50特，包括其他聚酰胺变形丝）
540233	10		非零售聚酯弹力丝	Elastic filament of polyesters, not put up for retail sale	【最】5【普】90 【协东盟】0【协澳门】0【协巴基斯坦】0 【协智利】0【协新西兰】0【协秘鲁】0 【协台湾】0【协哥斯达黎加】0【协冰岛】0 【协瑞士】0【协澳大利亚】0【协韩国】0 【协格鲁吉亚】0【协香港】0 【特-1】0【特-2】0【特-3】0 【增】16【对美加征】10【出】0【退】16	千克					999	非零售聚酯弹力丝
540233	90		非零售聚酯变形纱线	Texured yarn of polyesters, not put up for retail sale	【最】5【普】70 【协澳门】0【协巴基斯坦】0【协智利】0 【协新西兰】0【协秘鲁】0【协哥斯达黎加】0 【协冰岛】0【协瑞士】0【协澳大利亚】0 【协韩国】2.5【协格鲁吉亚】0【协香港】0 【特-1】0【特-2】0【特-3】0 【增】16【对美加征】10【出】0【退】16	千克					999	非零售聚酯变形纱线
540234	00		聚丙烯长丝变形纱线（非供零售用）	Texured yarn of polypropylene, not put up for retail sale	【最】5【普】70 【协东盟】0【协澳门】0【协巴基斯坦】0 【协智利】0【协新西兰】0【协秘鲁】0 【协哥斯达黎加】0【协冰岛】0【协瑞士】0 【协澳大利亚】0【协韩国】2.5【协格鲁吉亚】0 【协香港】0 【特-1】0【特-2】0【特-3】0 【增】16【对美加征】10【出】0【退】16	千克					101 102	聚丙烯长丝变形纱线（非供零售用）（合成纤维纱线） 聚丙烯长丝变形纱线（非供零售用）（绳、索、缆）
540239	00		其他合成纤维长丝变形纱线（非供零售用）	Other texured yarn of synthetic filament yarn, not put up for retail sale	【最】5【普】70 【协东盟】0【协澳门】0【协巴基斯坦】0 【协智利】0【协新西兰】0【协秘鲁】0 【协哥斯达黎加】0【协冰岛】0【协瑞士】0 【协澳大利亚】0【协韩国】2.5【协格鲁吉亚】0 【协香港】0 【特-1】0【特-2】0【特-3】0 【增】16【对美加征】10【出】0【退】16	千克					999	其他合成纤维长丝变形纱线（非供零售用）
540244	10		氨纶弹性单纱（未加捻或捻度每米不超过50转，非供零售用）	Elastomeric of polyurethane, single, untwisted or with a twist not exceeding 50 turns per metre, not put up for retail sale	【最】5【普】70 【协东盟】0【协澳门】0【协巴基斯坦】0 【协智利】0【协新西兰】0【协秘鲁】0 【协哥斯达黎加】0【协冰岛】0【协瑞士】0 【协澳大利亚】0【协格鲁吉亚】0【协香港】0 【特-1】0【特-2】0【特-3】0 【增】16【对美加征】10【出】0【退】16	千克					101 102	氨纶弹性单纱（未加捻或捻度每米不超过50转，非供零售用）（合成纤维纱线） 氨纶弹性单纱（未加捻或捻度每米不超过50转，非供零售用）（绳、索、缆）
540244	90		其他合成纤维长丝弹性单纱	Other elastomeric yarn of synthetic filaments, single, untwisted or with a twist not exceeding 50 turns/m, not put up for retail sale	【最】5【普】70 【协亚太】3.3【协东盟】0【协香港】0 【协澳门】0【协巴基斯坦】0【协智利】0 【协新西兰】0【协秘鲁】0【协哥斯达黎加】0 【协冰岛】0【协瑞士】0【协澳大利亚】0 【协韩国】0【协格鲁吉亚】0 【特-1】0【特-2】0【特-3】0 【增】16【出】0【退】16	千克					999	其他合成纤维长丝弹性单纱（非供零售用，未加捻或捻度每米不超过50转）

税则号列 HS国际统一前6位	本国子目 7~8位	本国子目 9~10位	货品名称中英文 中文 货物名称	货品名称中英文 英文 Article Description	税费综合信息	计量单位	监管证件代码 进口	监管证件代码 出口	检验检疫类别 进口	检验检疫类别 出口	检验检疫编码	检验检疫编码对应中文名称
540245	10		聚酰胺-6（尼龙-6）纺制的其他单纱（非供零售用，未加捻或捻度每米不超过50转）	Other single yarn of nylon-6, untwisted or with a twist not exceeding 50 turns/m, not put up for retail sale	【最】5【普】70 【协亚太】3.3【协东盟】0【协澳门】0 【协巴基斯坦】0【协智利】0【协新西兰】0 【协秘鲁】0【协哥斯达黎加】0【协冰岛】0 【协瑞士】0【协澳大利亚】0【协韩国】3.2 【协格鲁吉亚】0【协香港】0 【特-1】0【特-2】0【特-3】0 【增】16【对美加征】10【出】0【退】16	千克					101 102	聚酰胺-6（尼龙-6）纺制的其他单纱（非供零售用，未加捻或捻度每米不超过50转）（合成纤维纱线） 聚酰胺-6（尼龙-6）纺制的其他单纱（非供零售用，未加捻或捻度每米不超过50转）（绳、索、缆）
540245	20		聚酰胺-6，6（尼龙-6，6）（非供零售用，未加捻或捻度每米不超过50转）	Other single yarn of nylon-6, 6, untwisted or with a twist not exceeding 50 turns/m, not put up for retail sale	【最】5【普】70 【协亚太】3.3【协东盟】0【协澳门】0 【协巴基斯坦】0【协智利】0【协新西兰】0 【协秘鲁】0【协哥斯达黎加】0【协冰岛】0 【协瑞士】0【协澳大利亚】0【协韩国】3.2 【协格鲁吉亚】0【协香港】0 【特-1】0【特-2】0【特-3】0 【增】16【对美加征】5【出】0【退】16	千克					101 102	聚酰胺-6，6（尼龙-6，6）纺制的其他单纱（非供零售用，未加捻或捻度每米不超过50转）（合成纤维纱线） 聚酰胺-6，6（尼龙-6，6）纺制的其他单纱（非供零售用，未加捻或捻度每米不超过50转）（绳、索、缆）
540245	30		芳香族聚酰胺纺制的其他单纱（非供零售用，未加捻或捻度每米不超过50转）	Other single yarn of aramides, untwisted or with a twist not exceeding 50 turns/m, not put up for retail sale	【最】5【普】70 【协亚太】3.3【协东盟】0【协澳门】0 【协巴基斯坦】0【协智利】0【协新西兰】0 【协秘鲁】0【协哥斯达黎加】0【协冰岛】0 【协瑞士】0【协澳大利亚】0【协韩国】3.3 【协格鲁吉亚】0【协香港】0 【特-1】0【特-2】0【特-3】0 【增】16【对美加征】5【出】0【退】16	千克					101 102	芳香族聚酰胺纺制的其他单纱（非供零售用，未加捻或捻度每米不超过50转）（合成纤维纱线） 芳香族聚酰胺纺制的其他单纱（非供零售用，未加捻或捻度每米不超过50转）（绳、索、缆）
540245	90		其他尼龙或其他聚酰胺单纱纺制的其他单纱（非供零售用，未加捻或捻度每米不超过50转）	Other single yarn of nylon or other polyamides, untwisted or with a twist not exceeding 50 turns/m, not put up for retail sale	【最】5【普】70 【协亚太】3.3【协东盟】0【协澳门】0 【协巴基斯坦】0【协智利】0【协新西兰】0 【协秘鲁】0【协哥斯达黎加】0【协冰岛】0 【协瑞士】0【协澳大利亚】0【协韩国】3.2 【协格鲁吉亚】0【协香港】0 【特-1】0【特-2】0【特-3】0 【增】16【对美加征】5【出】0【退】16	千克					101 102	其他尼龙或其他聚酰胺单纱纺制的其他单纱（非供零售用，未加捻或捻度每米不超过50转）（合成纤维纱线） 其他尼龙或其他聚酰胺单纱纺制的其他单纱（非供零售用，未加捻或捻度每米不超过50转）（绳、索、缆）
540246	00		其他部分定向聚酯单纱（非供零售用，未加捻或捻度每米不超过50转）	Other single yarn of polyesters, partially oriented, untwisted or with a twist not exceeding 50 turns/m, not put up for retail sale	【最】5【普】70 【协澳门】0【协巴基斯坦】0【协智利】0 【协新西兰】0【协秘鲁】0【协哥斯达黎加】0 【协冰岛】0【协瑞士】0【协澳大利亚】0 【协韩国】2.5【协格鲁吉亚】0【协香港】0 【特-1】0【特-2】0【特-3】0 【增】16【对美加征】5【出】0【退】16	千克					999	其他部分定向聚酯单纱（非供零售用，未加捻或捻度每米不超过50转）
540247	00		其他聚酯单纱（非供零售用，未加捻或捻度每米不超过50转）	Other single yarn of polyesters, untwisted or with a twist not exceeding 50 turns/m, not put up for retail sale	【最】5【普】70 【协亚太】3.3【协澳门】0【协巴基斯坦】0 【协智利】0【协新西兰】0【协秘鲁】0 【协哥斯达黎加】0【协冰岛】0【协瑞士】2 【协澳大利亚】0【协韩国】3.2【协格鲁吉亚】0 【协香港】0 【特-1】0【特-2】0【特-3】0 【增】16【对美加征】10【出】0【退】16	千克					999	其他聚酯单纱（非供零售用，未加捻或捻度每米不超过50转）
540248	00		其他聚丙烯单纱（非供零售用，未加捻或捻度每米不超过50转）	Other single yarn of polypropylenev, untwisted or with a twist not exceeding 50 turns/m, not put up for retail sale	【最】5【普】70 【协东盟】0【协澳门】0【协巴基斯坦】0 【协智利】0【协新西兰】0【协秘鲁】0 【协哥斯达黎加】0【协冰岛】0【协瑞士】0 【协澳大利亚】0【协韩国】0【协格鲁吉亚】0 【协香港】0 【特-1】0【特-2】0【特-3】0 【增】16【对美加征】10【出】0【退】16	千克					101 102	其他聚丙烯单纱（非供零售用，未加捻或捻度每米不超过50转）（合成纤维纱线） 其他聚丙烯单纱（非供零售用，未加捻或捻度每米不超过50转）（绳、索、缆）

税则号列			货品名称中英文		税费综合信息	计量单位	监管证件代码		检验检疫类别		检验检疫编码	检验检疫编码对应中文名称
HS 国际统一前6位	本国子目 7~8位	9~10位	中文 货物名称	英文 Article Description			进口	出口	进口	出口		
540249	10		聚乙烯长丝纱线（单纱）（断裂强度≥22cN/dtex，且初始模量≥750cN/dtex，非供零售用，未加捻或捻度每米不超过50转，缝纫线除外）	Filament single yarn of polyethylene (the rupture strength is bigger than or equal to 22cN/dtex, and the initial modulus is bigger than or equal to 750cN/dtex, untwisted or with a twist not exceeding 50 turns/m, not put up for retail sale)	【最】5【普】70 【协东盟】0【协澳门】0【协巴基斯坦】0 【协智利】0【协新西兰】0【协秘鲁】0 【协哥斯达黎加】0【协冰岛】0【协瑞士】0 【协澳大利亚】0【协格鲁吉亚】0【协香港】0 【特-1】0【特-2】0【特-3】0 【增】16【对美加征】5【出】0【退】16	千克					999	聚乙烯长丝纱线（单纱）（断裂强度≥22cN/dtex，且初始模量≥750cN/dtex，非供零售用，未加捻或捻度每米不超过50转，缝纫线除外）
540249	90	01	非弹性氨纶单纱（非供零售用，未加捻或捻度每米不超过50转，缝纫线除外）	Single yarn of non-elastic polyurethane, untwisted or with a twist not exceeding 50 turns/m, not put up for retail sale, other than the sewing thread	【最】5【普】70 【协东盟】0【协澳门】0【协巴基斯坦】0 【协智利】0【协新西兰】0【协秘鲁】0 【协哥斯达黎加】0【协冰岛】0【协瑞士】0 【协澳大利亚】0【协格鲁吉亚】0【协香港】0 【特-1】0【特-2】0【特-3】0 【增】16【对美加征】5【出】0【退】16	千克					999	非弹性氨纶单纱（非供零售用，未加捻或捻度每米不超过50转，缝纫线除外）
540249	90	90	其他合成纤维长丝单纱（非供零售用，未加捻或捻度每米不超过50转，缝纫线除外）	Filament single yarn of other synthetic fibre, untwisted or with a twist not exceeding 50 turns/m, not put up for retail sale, other than the sewing thread	【最】5【普】70 【协东盟】0【协澳门】0【协巴基斯坦】0 【协智利】0【协新西兰】0【协秘鲁】0 【协哥斯达黎加】0【协冰岛】0【协瑞士】0 【协澳大利亚】0【协格鲁吉亚】0【协香港】0 【特-1】0【特-2】0【特-3】0 【增】16【对美加征】5【出】0【退】16	千克					999	其他合成纤维长丝单纱（非供零售用，未加捻或捻度每米不超过50转，缝纫线除外）
540251	10		聚酰胺-6（尼龙-6）纺制的单纱（指捻度每米超过50转，非供零售用）	Single yarn of nylon-6, with a twist exceeding 50 turns/m, not put up for retail sale	【最】5【普】70 【协澳门】0【协巴基斯坦】0【协智利】0 【协新西兰】0【协秘鲁】0【协哥斯达黎加】0 【协冰岛】0【协瑞士】0【协澳大利亚】0 【协格鲁吉亚】0【协香港】0 【特-1】0【特-2】0【特-3】0 【增】16【对美加征】10【出】0【退】16	千克					999	聚酰胺-6（尼龙-6）纺制的单纱（指捻度每米超过50转，非供零售用）
540251	20		聚酰胺-6，6纺制的单纱（指捻度每米超过50转，尼龙-66，非供零售用）	Single yarn of nylon-6, 6, with a twist exceeding 50 turns/m, not put up for retail sale	【最】5【普】70 【协亚太】4.5【协东盟】0【协澳门】0 【协巴基斯坦】0【协智利】0【协新西兰】0 【协秘鲁】0【协哥斯达黎加】0【协冰岛】0 【协瑞士】0【协澳大利亚】0【协格鲁吉亚】0 【协香港】0 【特-1】0【特-2】0【特-3】0 【增】16【出】0【退】16	千克					999	聚酰胺-6，6纺制的单纱（指捻度每米超过50转，尼龙-66，非供零售用）
540251	30		芳香族聚酰胺纺制的单纱（指捻度每米超过50转，非供零售用）	Single yarn of aramides, with a twist exceeding 50 turns/m, not put up for retail sale	【最】5【普】70 【协亚太】3.5【协东盟】0【协澳门】0 【协巴基斯坦】0【协智利】0【协新西兰】0 【协秘鲁】0【协哥斯达黎加】0【协冰岛】0 【协瑞士】0【协澳大利亚】0【协韩国】3.3 【协格鲁吉亚】0【协香港】0 【特-1】0【特-2】0【特-3】0 【增】16【出】0【退】16	千克					999	芳香族聚酰胺纺制的单纱（指捻度每米超过50转，非供零售用）
540251	90		其他尼龙或其他聚酰胺单纱（指捻度每米超过50转，非供零售用）	Single yarn of nylon or other polyamides, with a twist exceeding 50 turns/m, not put up for retail sale	【最】5【普】70 【协东盟】0【协澳门】0【协巴基斯坦】0 【协智利】0【协新西兰】0【协秘鲁】0 【协哥斯达黎加】0【协冰岛】0【协瑞士】0 【协澳大利亚】0【协韩国】3.3【协格鲁吉亚】0 【协香港】0 【特-1】0【特-2】0【特-3】0 【增】16【出】0【退】16	千克					999	其他尼龙或其他聚酰胺单纱（指捻度每米超过50转，非供零售用）
540252	00		非零售加捻的其他聚酯纱线（加捻指捻度每米超过50转）	Other yarn of polyesters, with a twist exceeding 50 turns/m, not put up for retail sale	【最】5【普】70 【协亚太】3.3【协澳门】0【协巴基斯坦】0 【协智利】0【协新西兰】0【协秘鲁】0 【协哥斯达黎加】0【协冰岛】0【协瑞士】0 【协澳大利亚】0【协韩国】2.5【协格鲁吉亚】0 【协香港】0 【特-1】0【特-2】0【特-3】0 【增】16【对美加征】10【出】0【退】16	千克					999	非零售加捻的其他聚酯纱线（加捻指捻度每米超过50转）

税则号列 HS国际统一前6位	本国子目 7~8位	本国子目 9~10位	货品名称中文 货物名称	货品名称英文 Article Description	税费综合信息	计量单位	监管证件代码 进口	监管证件代码 出口	检验检疫类别 进口	检验检疫类别 出口	检验检疫编码	检验检疫编码对应中文名称
540253	00		聚丙烯纱线	Of polypropylene	【最】5【普】70 【协东盟】0【协澳门】0【协巴基斯坦】0 【协智利】0【协新西兰】0【协秘鲁】0 【协哥斯达黎加】0【协冰岛】0【协瑞士】0 【协澳大利亚】0【协韩国】0【协格鲁吉亚】0 【协香港】0 【特-1】0【特-2】0【特-3】0 【增】16【对美加征】10【出】0【退】16	千克					999	聚丙烯纱线（捻度每米超过50转，非供零售用）
540259	20		聚乙烯长丝纱线（单纱）（断裂强度≥22cN/dtex，且初始模量≥750cN/dtex，非供零售用，捻度每米超过50转，缝纫线除外）	Filament single yarn of polyethylene (the rupture strength is bigger than or equal to 22cN/dtex, and the initial modulus is bigger than or equal to 750cN/dtex, with a twist exceeding 50 turns/m, not put up for retail sale)	【最】5【普】70 【协东盟】0【协澳门】0【协巴基斯坦】0 【协智利】0【协新西兰】0【协秘鲁】0 【协哥斯达黎加】0【协冰岛】0【协瑞士】0 【协澳大利亚】0【协韩国】0【协格鲁吉亚】0 【协香港】0 【特-1】0【特-2】0【特-3】0 【增】16【对美加征】5【出】0【退】16	千克					999	聚乙烯长丝纱线（单纱）（断裂强度≥22cN/dtex，且初始模量≥750cN/dtex，非供零售用，捻度每米超过50转，缝纫线除外）
540259	90		其他合成纤维长丝纱线（捻度每米超过50转，非供零售用）	Other yarn of synthetic filaments, with a twist exceeding 50 turns/m, not put up for retail sale	【最】5【普】70 【协东盟】0【协澳门】0【协巴基斯坦】0 【协智利】0【协新西兰】0【协秘鲁】0 【协哥斯达黎加】0【协冰岛】0【协瑞士】0 【协澳大利亚】0【协韩国】0【协格鲁吉亚】0 【协香港】0 【特-1】0【特-2】0【特-3】0 【增】16【对美加征】5【出】0【退】16	千克					999	其他合成纤维长丝纱线（捻度每米超过50转，非供零售用）
540261	10		聚酰胺-6（尼龙-6）纺制的纱线（包括多股纱线或缆线，非供零售用）	Yarn of nylon-6, multiple (folded) or cabled, not put up for retail sale	【最】5【普】70 【协东盟】0【协澳门】0【协巴基斯坦】0 【协智利】0【协新西兰】0【协秘鲁】0 【协哥斯达黎加】0【协冰岛】0【协瑞士】0 【协澳大利亚】0【协韩国】3.3【协格鲁吉亚】0 【协香港】0 【特-1】0【特-2】0【特-3】0 【增】16【对美加征】10【出】0【退】16	千克					101 102	聚酰胺-6（尼龙-6）纺制的纱线（包括多股纱线或缆线，非供零售用）（合成纤维纱线） 聚酰胺-6（尼龙-6）纺制的纱线（包括多股纱线或缆线，非供零售用）（绳、索、缆）
540261	20		聚酰胺-6，6纺制的纱线（包括多股纱线或缆线，尼龙-66，非供零售用）	Yarn of nylon-6, 6, multiple (folded) or cabled, not put up for retail sale	【最】5【普】70 【协东盟】0【协澳门】0【协巴基斯坦】0 【协智利】0【协新西兰】0【协秘鲁】0 【协哥斯达黎加】0【协冰岛】0【协瑞士】0 【协澳大利亚】0【协韩国】3.3【协格鲁吉亚】0 【协香港】0 【特-1】0【特-2】0【特-3】0 【增】16【对美加征】10【出】0【退】16	千克					101 102	聚酰胺-6，6纺制的纱线（包括多股纱线或缆线，尼龙-66，非供零售用）（合成纤维纱线） 聚酰胺-6，6纺制的纱线（包括多股纱线或缆线，尼龙-66，非供零售用）（绳、索、缆）
540261	30		芳香族聚酰胺纺制的纱线（包括多股纱线或缆线，非供零售用）	Yarn of aramides, multiple (folded) or cabled, not put up for retail sale	【最】5【普】70 【协东盟】0【协澳门】0【协巴基斯坦】0 【协智利】0【协新西兰】0【协秘鲁】0 【协哥斯达黎加】0【协冰岛】0【协瑞士】0 【协澳大利亚】0【协韩国】3.3【协格鲁吉亚】0 【协香港】0 【特-1】0【特-2】0【特-3】0 【增】16【对美加征】10【出】0【退】16	千克					101 102	芳香族聚酰胺纺制的纱线（包括多股纱线或缆线，非供零售用）（合成纤维纱线） 芳香族聚酰胺纺制的纱线（包括多股纱线或缆线，非供零售用）（绳、索、缆）
540261	90		其他尼龙或其他聚酰胺纺制纱线（包括多股纱线或缆线，非供零售用）	Yarn of nylon or other polyamides, multiple (folded) or cabled, not put up for retail sale	【最】5【普】70 【协东盟】0【协澳门】0【协巴基斯坦】0 【协智利】0【协新西兰】0【协秘鲁】0 【协哥斯达黎加】0【协冰岛】0【协瑞士】0 【协澳大利亚】0【协韩国】0【协格鲁吉亚】0 【协香港】0 【特-1】0【特-2】0【特-3】0 【增】16【对美加征】10【出】0【退】16	千克					101 102	其他尼龙或其他聚酰胺纺制纱线（包括多股纱线或缆线，非供零售用）（合成纤维纱线） 其他尼龙或其他聚酰胺纺制纱线（包括多股纱线或缆线，非供零售用）（绳、索、缆）
540262	00		非零售聚酯多股纱线	Yarn of polyesters, multiple (folded) or cabled, not put up for retail sale	【最】5【普】70 【协东盟】0【协澳门】0【协巴基斯坦】0 【协智利】0【协新西兰】0【协秘鲁】0 【协台湾】0【协哥斯达黎加】0【协冰岛】0 【协瑞士】0【协澳大利亚】0【协韩国】0 【协格鲁吉亚】0【协香港】0 【特-1】0【特-2】0【特-3】0 【增】16【对美加征】10【出】0【退】16	千克					101 102	非零售聚酯多股纱线（包括缆线）（合成纤维纱线） 非零售聚酯多股纱线（包括缆线）（绳、索、缆）

税则号列			货品名称中英文		税费综合信息	计量单位	监管证件代码		检验检疫类别		检验检疫编码	检验检疫编码对应中文名称
HS 国际统一前6位	本国子目 7~8位	本国子目 9~10位	中文 货物名称	英文 Article Description			进口	出口	进口	出口		
540263	00		聚丙烯纱线	Of polypropylene	【最】5【普】70 【协东盟】0【协澳门】0【协巴基斯坦】0 【协智利】0【协新西兰】0【协秘鲁】0 【协哥斯达黎加】0【协冰岛】0【协瑞士】0 【协澳大利亚】0【协韩国】3.3【协格鲁吉亚】0 【协香港】0 【特-1】0【特-2】0【特-3】0 【增】16【对美加征】10【出】0【退】16	千克					999	聚丙烯纱线（包括多股纱线或缆线，非供零售用）
540269	20		氨纶纱线（包括多股纱线或缆线，非供零售用）	Yarn of polyurethane, multiple (folded) or cabled, not put up for retail sale	【最】5【普】70 【协东盟】0【协澳门】0【协巴基斯坦】0 【协智利】0【协新西兰】0【协秘鲁】0 【协哥斯达黎加】0【协冰岛】0【协瑞士】0 【协澳大利亚】0【协格鲁吉亚】0【协香港】0 【特-1】0【特-2】0【特-3】0 【增】16【对美加征】10【出】0【退】16	千克					101 102	氨纶纱线（包括多股纱线或缆线，非供零售用）(合成纤维纱线) 氨纶纱线（包括多股纱线或缆线，非供零售用）(绳、索、缆)
540269	90		其他合纤长丝多股纱线或缆线（非供零售用）	Other yarn of synthetic filaments, multiple (folded) or cabled, not put up for retail sale	【最】5【普】70 【协东盟】0【协澳门】0【协巴基斯坦】0 【协智利】0【协新西兰】0【协秘鲁】0 【协哥斯达黎加】0【协冰岛】0【协瑞士】0 【协澳大利亚】0【协韩国】2.5【协格鲁吉亚】0 【协香港】0 【特-1】0【特-2】0【特-3】0 【增】16【对美加征】10【出】0【退】16	千克					101 102	其他合纤长丝多股纱线或缆线（非供零售用）(合成纤维纱线) 其他合纤长丝多股纱线或缆线（非供零售用）(绳、索、缆)
540310	00		非零售粘胶纤维高强力纱	High tenacity yarn of viscose rayon	【最】5【普】35 【协东盟】0【协澳门】0【协巴基斯坦】0 【协智利】0【协新西兰】0【协秘鲁】0 【协哥斯达黎加】0【协冰岛】0【协瑞士】0 【协澳大利亚】0【协韩国】0【协格鲁吉亚】0 【协香港】0 【特-1】0【特-2】0【特-3】0 【增】16【对美加征】5【出】0【退】16	千克					999	非零售粘胶纤维高强力纱
540331	10		非零售竹制粘胶纤维单纱（未捻或捻度每米不超过120转的单纱，包括变形纱线）	Single yarn of viscose rayon, of bamboo, untwisted or with a twist not exceeding 120 turns per meter, not put up for retail sale, including textured filament yarn	【最】5【普】35 【协东盟】0【协澳门】0【协巴基斯坦】0 【协智利】0【协新西兰】0【协秘鲁】0 【协哥斯达黎加】0【协冰岛】0【协瑞士】0 【协澳大利亚】0【协韩国】0【协格鲁吉亚】0 【协香港】0 【特-1】0【特-2】0【特-3】0 【增】16【出】0【退】16	千克					999	非零售竹制粘胶纤维单纱（未捻或捻度每米不超过120转的单纱，包括变形纱线）
540331	90		其他非零售粘胶纤维单纱（未捻或捻度每米不超过120转的单纱，包括变形纱线）	Other single yarn of viscose rayon, untwisted or with a twist not exceeding 120 turns per meter, not put up for retail sale, including textured filament yarn	【最】5【普】35 【协东盟】0【协澳门】0【协巴基斯坦】0 【协智利】0【协新西兰】0【协秘鲁】0 【协哥斯达黎加】0【协冰岛】0【协瑞士】0 【协澳大利亚】0【协韩国】0【协格鲁吉亚】0 【协香港】0 【特-1】0【特-2】0【特-3】0 【增】16【出】0【退】16	千克					999	其他非零售粘胶纤维单纱（未捻或捻度每米不超过120转的单纱，包括变形纱线）
540332	10		非零售的竹制粘胶纤维单纱（加捻捻度每米超过120转包括变形纱线）	Single yarn of viscose rayon, of bamboo, with a twist exceeding 120 turns per meter, not put up for retail sale, including textured filament yarn	【最】5【普】35 【协东盟】0【协澳门】0【协巴基斯坦】0 【协智利】0【协新西兰】0【协秘鲁】0 【协哥斯达黎加】0【协冰岛】0【协瑞士】0 【协澳大利亚】0【协韩国】0【协格鲁吉亚】0 【协香港】0 【特-1】0【特-2】0【特-3】0 【增】16【出】0【退】16	千克					999	非零售的竹制粘胶纤维单纱（加捻捻度每米超过120转包括变形纱线）
540332	90		其他非零售粘胶纤维单纱（加捻捻度每米超过120转包括变形纱线）	Other single yarn of viscose rayon, with a twist exceeding 120 turns per meter, not put up for retail sale, including textured filament yarn	【最】5【普】35 【协东盟】0【协澳门】0【协巴基斯坦】0 【协智利】0【协新西兰】0【协秘鲁】0 【协哥斯达黎加】0【协冰岛】0【协瑞士】0 【协澳大利亚】0【协韩国】0【协格鲁吉亚】0 【协香港】0 【特-1】0【特-2】0【特-3】0 【增】16【出】0【退】16	千克					999	其他非零售粘胶纤维单纱（加捻捻度每米超过120转包括变形纱线）

税则号列			货品名称中英文		税费综合信息	计量单位	监管证件代码		检验检疫类别		检验检疫编码	检验检疫编码对应中文名称
HS国际统一前6位	本国子目 7~8位	9~10位	中文 货物名称	英文 Article Description			进口	出口	进口	出口		
540333	10	10	非零售二醋酸纤维单纱（单丝/未捻或捻度每米5转以下的复丝单纱，包括变形纱线）	Single yarn of cellulose diacetate, single filament /multi-filament single yarn, not twisted or with a twist of less than 5 turns per meter, not for retail sale, including textured filament yarn	【最】5【普】40 【协东盟】0【协澳门】0【协巴基斯坦】0 【协智利】0【协新西兰】0【协秘鲁】0 【协哥斯达黎加】0【协冰岛】0【协瑞士】0 【协澳大利亚】0【协韩国】0【协格鲁吉亚】0 【协香港】0 【特-1】0【特-2】0【特-3】0 【增】16【对美加征】5【出】0【退】16	千克					999	非零售二醋酸纤维单纱（单丝/未捻或捻度每米5转以下的复丝单纱，包括变形纱线）
540333	10	20	非零售二醋酸纤维单纱（5转/米≤捻度≤250转/米，包括变形纱线）	Yarn of cellulose diacetate, single, not for retail sale (5 turns/meter ≤ twist ≤ 250 turns/meter, including textured filament yarn)	【最】5【普】40 【协东盟】0【协澳门】0【协巴基斯坦】0 【协智利】0【协新西兰】0【协秘鲁】0 【协哥斯达黎加】0【协冰岛】0【协瑞士】0 【协澳大利亚】0【协韩国】0【协格鲁吉亚】0 【协香港】0 【特-1】0【特-2】0【特-3】0 【增】16【对美加征】5【出】0【退】16	千克					999	非零售二醋酸纤维单纱（5转/米≤捻度≤250转/米，包括变形纱线）
540333	10	90	非零售二醋酸纤维单纱（捻度超过250转/米）	Yarn of other cellulose diacetate, single, not for retail sale (with a twist exceeding 250 turns/meter, including textured filament yarn)	【最】5【普】40 【协东盟】0【协澳门】0【协巴基斯坦】0 【协智利】0【协新西兰】0【协秘鲁】0 【协哥斯达黎加】0【协冰岛】0【协瑞士】0 【协澳大利亚】0【协韩国】0【协格鲁吉亚】0 【协香港】0 【特-1】0【特-2】0【特-3】0 【增】16【对美加征】5【出】0【退】16	千克			M		999	非零售二醋酸纤维单纱（捻度超过250转/米）
540333	90		非零售其他醋酸纤维单纱	Other cellulose acetate	【最】5【普】35 【协东盟】0【协澳门】0【协巴基斯坦】0 【协智利】0【协新西兰】0【协秘鲁】0 【协哥斯达黎加】0【协冰岛】0【协瑞士】0 【协澳大利亚】0【协韩国】0【协格鲁吉亚】0 【协香港】0 【特-1】0【特-2】0【特-3】0 【增】16【对美加征】5【出】0【退】16	千克					999	非零售其他醋酸纤维单纱
540339	00		非零售其他人纤长丝单纱	Other artificial filament yarn	【最】5【普】35 【协东盟】0【协澳门】0【协巴基斯坦】0 【协智利】0【协新西兰】0【协秘鲁】0 【协哥斯达黎加】0【协冰岛】0【协瑞士】0 【协澳大利亚】0【协韩国】0【协格鲁吉亚】0 【协香港】0 【特-1】0【特-2】0【特-3】0 【增】16【出】0【退】16	千克					999	非零售其他人纤长丝单纱
540341	00		非零售粘胶长丝多股纱线或缆线（包括变形纱线）	Yarn of viscose rayon, multiple (folded) or cabled, not for retail sale, including textured filament yarn	【最】5【普】35 【协东盟】0【协澳门】0【协巴基斯坦】0 【协智利】0【协新西兰】0【协秘鲁】0 【协哥斯达黎加】0【协冰岛】0【协瑞士】0 【协澳大利亚】0【协韩国】0【协格鲁吉亚】0 【协香港】0 【特-1】0【特-2】0【特-3】0 【增】16【出】0【退】16	千克					999	非零售粘胶长丝多股纱线或缆线（包括变形纱线）
540342	00		非零售醋酸长丝多股纱线或缆线（包括变形纱线）	Yarn of cellulose acetate, multiple(folded) or cabled, not for retail sale, including textured filament yarn	【最】5【普】35 【协东盟】0【协澳门】0【协巴基斯坦】0 【协智利】0【协新西兰】0【协秘鲁】0 【协哥斯达黎加】0【协冰岛】0【协瑞士】0 【协澳大利亚】0【协韩国】0【协格鲁吉亚】0 【协香港】0 【特-1】0【特-2】0【特-3】0 【增】16【出】0【退】16	千克					999	非零售醋酸长丝多股纱线或缆线（包括变形纱线）
540349	00		非零售其他人纤长丝多股纱或缆线（包括变形纱线）	Other yarn of artificial filaments, multiple (folded) or cabled, not for retail sale, including textured filament yarn	【最】5【普】35 【协东盟】0【协澳门】0【协巴基斯坦】0 【协智利】0【协新西兰】0【协秘鲁】0 【协哥斯达黎加】0【协冰岛】0【协瑞士】0 【协澳大利亚】0【协韩国】0【协格鲁吉亚】0 【协香港】0 【特-1】0【特-2】0【特-3】0 【增】16【对美加征】10【出】0【退】16	千克					999	非零售其他人纤长丝多股纱或缆线（包括变形纱线）

税则号列 HS 国际统一前6位	本国子目 7~8位	本国子目 9~10位	货品名称中英文 中文 货物名称	货品名称中英文 英文 Article Description	税费综合信息	计量单位	监管证件代码 进口	监管证件代码 出口	检验检疫类别 进口	检验检疫类别 出口	检验检疫编码	检验检疫编码对应中文名称
540411	00	10	细度≥67分特的涤纶纤维弹性单丝（截面尺寸不超过1mm，细度<67分特的合纤单丝归入税目54.02）	Elastomeric monofilament of polyester of 67 decitex or more, of which no cross-sectional dimension exceeds 1mm, but of less than 67 decitex, classified under in No. 54.02)	【最】5【普】80 【协东盟】0【协香港】0【协巴基斯坦】0 【协智利】0【协新西兰】0【协秘鲁】0 【协哥斯达黎加】0【协冰岛】0【协瑞士】0 【协澳大利亚】0【协韩国】3.3【协格鲁吉亚】0 【特-1】0【特-2】0【特-3】0 【增】16【对美加征】5【出】0【退】16	千克					999	细度≥67分特的涤纶纤维弹性单丝（截面尺寸不超过1mm，细度<67分特的合纤单丝归入税目54.02）
540411	00	90	细度≥67分特的其他合成纤维弹性单丝（截面尺寸不超过1mm，细度<67分特的合纤单丝归入税目54.02）	Other elastomeric synthetic monofilament of 67 decitex or more(of which no cross-sectional dimension exceeds 1mm, but of less than 67 decitex, classified in No. 54.02)	【最】5【普】80 【协东盟】0【协香港】0【协巴基斯坦】0 【协智利】0【协新西兰】0【协秘鲁】0 【协哥斯达黎加】0【协冰岛】0【协瑞士】0 【协澳大利亚】0【协韩国】3.3【协格鲁吉亚】0 【特-1】0【特-2】0【特-3】0 【增】16【对美加征】5【出】0【退】16	千克					999	细度≥67分特的其他合成纤维弹性单丝（截面尺寸不超过1mm，细度<67分特的合纤单丝归入税目54.02）
540412	00		细度≥67分特的其他聚丙烯单丝（截面尺寸不超过1mm，细度<67分特的合纤单丝归入税目54.02）	Other monofilament of polypropylene, of 67 decitex or more (of which no cross-sectional dimension exceeds 1mm, but of less than 67 decitex, classified under in No. 54.02)	【最】5【普】80 【协东盟】0【协香港】0【协巴基斯坦】0 【协智利】0【协新西兰】0【协秘鲁】0 【协哥斯达黎加】0【协冰岛】0【协瑞士】0 【协澳大利亚】0【协韩国】0【协格鲁吉亚】0 【特-1】0【特-2】0【特-3】0 【增】16【出】0【退】16	千克					999	细度≥67分特的其他聚丙烯单丝（截面尺寸不超过1mm，细度<67分特的合纤单丝归入税目54.02）
540419	00	10	细度≥67分特的涤纶纤维单丝（截面尺寸不超过1mm，细度<67分特的合纤单丝归入税目54.02）	Monofilament of polyester of 67 decitex or more, of which no cross-sectional dimension exceeds 1mm, but of less than 67 decitex, classified in No. 54.02	【最】5【普】80 【协东盟】0【协香港】0【协巴基斯坦】0 【协智利】0【协新西兰】0【协秘鲁】0 【协哥斯达黎加】0【协冰岛】0【协瑞士】0 【协澳大利亚】0【协韩国】2.5【协格鲁吉亚】0 【特-1】0【特-2】0【特-3】0 【增】16【对美加征】10【出】0【退】16	千克					999	细度≥67分特的涤纶纤维单丝（截面尺寸不超过1mm，细度<67分特的合纤单丝归入税目54.02）
540419	00	90	细度≥67分特的其他合成纤维单丝（截面尺寸不超过1mm，细度<67分特的合纤单丝归入税目54.02）	Other synthetic monofilament of 67 decitex or more(of which no cross-sectional dimension exceeds 1mm, but of less than 67 decitex, classified in No. 54.02)	【最】5【普】80 【协东盟】0【协香港】0【协巴基斯坦】0 【协智利】0【协新西兰】0【协秘鲁】0 【协哥斯达黎加】0【协冰岛】0【协瑞士】0 【协澳大利亚】0【协韩国】2.5【协格鲁吉亚】0 【特-1】0【特-2】0【特-3】0 【增】16【对美加征】10【出】0【退】16	千克					999	细度≥67分特的其他合成纤维单丝（截面尺寸不超过1mm，细度<67分特的合纤单丝归入税目54.02）
540490	00		其他合成纺织材料制扁条及类似品（表观宽度不超过5毫米，例如人造草）	Other strip and the like(for example, artificial straw) of synthetic textile materials of an apparent width not exceeding 5mm	【最】5【普】80 【协东盟】0【协澳门】0【协巴基斯坦】0 【协智利】0【协新西兰】0【协秘鲁】0 【协哥斯达黎加】0【协冰岛】0【协瑞士】0 【协澳大利亚】0【协韩国】2.5【协格鲁吉亚】0 【协香港】0 【特-1】0【特-2】0【特-3】0 【增】16【对美加征】10【出】0【退】16	千克					999	其他合成纺织材料制扁条及类似品（表观宽度不超过5毫米，例如人造草）
540500	00		细度≥67分特其他人纤单丝及其扁条（单丝截面尺寸≤1mm，扁条及其类似品宽度≤5mm）	Artificial monofilament of 67 decitex or more and of which no cross-sectional dimension exceeds 1mm; strip and the like(for example, artificial straw) of artificial textile materials of an apparent width not exceeding 5mm	【最】5【普】80 【协东盟】0【协澳门】0【协巴基斯坦】0 【协智利】0【协新西兰】0【协秘鲁】0 【协哥斯达黎加】0【协冰岛】0【协瑞士】0 【协澳大利亚】0【协韩国】0【协格鲁吉亚】0 【协香港】0 【特-1】0【特-2】0【特-3】0 【增】16【对美加征】10【出】0【退】16	千克					999	细度≥67分特其他人纤单丝及其扁条（单丝截面尺寸≤1mm，扁条及其类似品宽度≤5mm）
540600	10		供零售用合成纤维长丝纱线（缝纫线除外）	Synthetic filament yarn(other than sewing thread), put up for retail sale	【最】5【普】90 【协东盟】0【协澳门】0【协巴基斯坦】0 【协智利】0【协新西兰】0【协秘鲁】0 【协哥斯达黎加】0【协冰岛】0【协瑞士】0 【协澳大利亚】0【协韩国】0【协格鲁吉亚】0 【协香港】0 【特-1】0【特-2】0【特-3】0 【增】16【对美加征】10【出】0【退】16	千克					999	供零售用合成纤维长丝纱线（缝纫线除外）

税则号列			货品名称中英文		税费综合信息	计量单位	监管证件代码		检验检疫类别		检验检疫编码	检验检疫编码对应中文名称
HS 国际统一前 6 位	本国子目 7~8 位	9~10 位	中文 货物名称	英文 Article Description			进口	出口	进口	出口		
540600	20		供零售用人造纤维长丝纱线（缝纫线除外）	Artificial filament yarn (other than sewing thread), put up for retail sale	【最】5【普】90 【协东盟】0【协澳门】0【协巴基斯坦】0 【协智利】0【协新西兰】0【协秘鲁】0 【协哥斯达黎加】0【协冰岛】0【协瑞士】0 【协澳大利亚】0【协韩国】0【协格鲁吉亚】0 【协香港】0 【特-1】0【特-2】0【特-3】0 【增】16【出】0【退】16	千克					999	供零售用人造纤维长丝纱线（缝纫线除外）
540710	10		高强力纱纺制机织物（由尼龙或其他聚酰胺高强力纱纺制的）	Woven fabrics of high tenacity yarn of nylon or other polyamides	【最】8【普】130 【协东盟】0【协香港】0【协巴基斯坦】0 【协智利】0【协新西兰】0【协新加坡】0 【协秘鲁】0【协台湾】0【协哥斯达黎加】0 【协冰岛】0【协瑞士】0【协澳大利亚】0 【协韩国】0【协格鲁吉亚】0 【特-1】0【特-2】0 【增】16【对美加征】10【出】0【退】16	米/千克	A		M		999	高强力纱纺制机织物（由尼龙或其他聚酰胺高强力纱纺制的）
540710	20	10	聚酯高强力纱纺制机织物（重量≤170 克/平方米）	Woven fabrics of high tenacity yarn of polyesters, weighing not exceeding 170g/m²	【最】8【普】130 【协东盟】0【协巴基斯坦】0【协智利】0 【协新西兰】0【协新加坡】0【协秘鲁】0 【协台湾】0【协哥斯达黎加】0【协冰岛】0 【协瑞士】0【协澳大利亚】0【协韩国】0 【协格鲁吉亚】0【协香港】0【协澳门】0 【特-1】0【特-2】0 【增】16【对美加征】10【出】0【退】16	米/千克	A		M		999	聚酯高强力纱纺制机织物（重量≤170 克/平方米）
540710	20	90	聚酯高强力纱纺制机织物（重量>170 克/平方米）	Woven fabrics of high tenacity yarn of polyesters, weighing more than 170g/m²	【最】8【普】130 【协东盟】0【协巴基斯坦】0【协智利】0 【协新西兰】0【协新加坡】0【协秘鲁】0 【协台湾】0【协哥斯达黎加】0【协冰岛】0 【协瑞士】0【协澳大利亚】0【协韩国】0 【协格鲁吉亚】0【协香港】0【协澳门】0 【特-1】0【特-2】0 【增】16【对美加征】10【出】0【退】16	米/千克	A		M		999	聚酯高强力纱纺制机织物（重量>170 克/平方米）
540720	00		合成纤维扁条及类似品机织物	Woven fabrics obtained from strip or the like	【最】8【普】130 【协东盟】0【协巴基斯坦】0【协智利】0 【协新西兰】0【协新加坡】0【协秘鲁】0 【协哥斯达黎加】0【协冰岛】0【协瑞士】0 【协澳大利亚】0【协韩国】7.5【协格鲁吉亚】0 【协香港】0【协澳门】0 【特-1】0【特-2】0 【增】16【对美加征】10【出】0【退】16	米/千克					999	合成纤维扁条及类似品机织物
540730	00		平行纱线相互层迭并黏合织物（第十一类注释九所列的机织物）	Fabrics specified in Note 9 to Section XI	【最】8【普】130 【协东盟】0【协巴基斯坦】0【协智利】0 【协新西兰】0【协新加坡】0【协秘鲁】0 【协哥斯达黎加】0【协冰岛】0【协瑞士】0 【协澳大利亚】0【协韩国】0【协格鲁吉亚】0 【协香港】0【协澳门】0 【特-1】0【特-2】0 【增】16【对美加征】5【出】0【退】16	米/千克					999	平行纱线相互层迭并黏合织物（第十一类注释九所列的机织物）
540741	00		未漂白的或漂白的尼龙或其他聚酰胺长丝机织物	Unbleached or bleached	【最】8【普】130 【协东盟】0【协香港】0【协巴基斯坦】0 【协智利】0【协新西兰】0【协新加坡】0 【协秘鲁】0【协台湾】0【协哥斯达黎加】0 【协冰岛】0【协瑞士】0【协澳大利亚】0 【协韩国】0【协格鲁吉亚】0 【特-1】0【特-2】0 【增】16【对美加征】10【出】0【退】16	米/千克					999	未漂白的或漂白的尼龙或其他聚酰胺长丝机织物（尼龙或其他聚酰胺长丝含量≥85%）
540742	00		染色的纯尼龙机织物（按重量计尼龙或其他聚酰胺长丝含量≥85%）	Dyed woven fabrics of nylon, containing 85% or more by weight of filaments of nylon or of other polyamides	【最】8【普】130 【协亚太】5.2【协东盟】0【协香港】0 【协澳门】0【协巴基斯坦】0【协智利】0 【协新西兰】0【协新加坡】0【协秘鲁】0 【协台湾】0【协哥斯达黎加】0【协冰岛】0 【协瑞士】0【协澳大利亚】0【协韩国】7.5 【协格鲁吉亚】0 【特东老挝】0【特东柬埔寨】0【特东缅甸】0 【特-1】0【特-2】0【特-3】0 【增】16【对美加征】10【出】0【退】16	米/千克					999	染色的纯尼龙机织物（按重量计尼龙或其他聚酰胺长丝含量≥85%）

税则号列			货品名称中英文		税费综合信息	计量单位	监管证件代码		检验检疫类别		检验检疫编码	检验检疫编码对应中文名称
HS 国际统一前6位	本国子目 7~8位	9~10位	中文 货物名称	英文 Article Description			进口	出口	进口	出口		
540743	00		色织的纯尼龙机织物（按重量计尼龙或其他聚酰胺长丝含量≥85%）	Woven fabrics of nylon, of yarns of different colours, containing 85% or more by weight of filaments of nylon or of other polyamides	【最】8【普】130 【协亚太】5.2【协东盟】0【协香港】0 【协巴基斯坦】0【协智利】0【协新西兰】0 【协新加坡】0【协秘鲁】0【协台湾】0 【协哥斯达黎加】0【协冰岛】0【协瑞士】0 【协澳大利亚】0【协韩国】0【协格鲁吉亚】0 【特-1】0【特-2】0 【增】16【对美加征】10【出】0【退】16	米/千克					999	色织的纯尼龙机织物（按重量计尼龙或其他聚酰胺长丝含量≥85%）
540744	00		印花的纯尼龙机织物（按重量计尼龙或其他聚酰胺长丝含量≥85%）	Printed woven fabrics of nylon, containing 85% or more by weight of filaments of nylon or of other polyamides	【最】8【普】130 【协东盟】0【协巴基斯坦】0【协智利】0 【协新西兰】0【协新加坡】0【协秘鲁】0 【协哥斯达黎加】0【协冰岛】0【协瑞士】0 【协澳大利亚】0【协韩国】7.5【协格鲁吉亚】0 【协香港】0【协澳门】0 【特-1】0【特-2】0 【增】16【对美加征】10【出】0【退】16	米/千克					999	印花的纯尼龙机织物（按重量计尼龙或其他聚酰胺长丝含量≥85%）
540751	00		未漂白或漂白纯聚酯变形长丝机织	Unbleached or bleached	【最】8【普】130 【协亚太】5.2【协东盟】0【协巴基斯坦】0 【协智利】0【协新西兰】0【协新加坡】0 【协秘鲁】0【协台湾】0【协哥斯达黎加】0 【协冰岛】0【协瑞士】0【协澳大利亚】0 【协韩国】0【协格鲁吉亚】0【协香港】0 【协澳门】0 【特-1】0【特-2】0 【增】16【对美加征】10【出】0【退】16	米/千克					999	未漂白或漂白纯聚酯变形长丝机织物（聚酯变形长丝含量≥85%）
540752	00		染色的聚酯变形长丝机织物	Dyed	【最】8【普】130 【协亚太】5.2【协东盟】0【协香港】0 【协巴基斯坦】0【协智利】0【协新西兰】0 【协新加坡】0【协秘鲁】0【协台湾】0 【协哥斯达黎加】0【协冰岛】0【协瑞士】0 【协澳大利亚】0【协韩国】7.5【协格鲁吉亚】0 【特东老挝】0【特东柬埔寨】0【特东缅甸】0 【特-1】0【特-2】0【特-3】0 【增】16【对美加征】10【出】0【退】16	米/千克					999	染色的聚酯变形长丝机织物（聚酯变形长丝含量≥85%）
540753	00		色织的聚酯变形长丝机织物	Of yarns of different colours	【最】8【普】130 【协东盟】0【协巴基斯坦】0【协智利】0 【协新西兰】0【协新加坡】0【协秘鲁】0 【协台湾】0【协哥斯达黎加】0【协冰岛】0 【协瑞士】0【协澳大利亚】0【协韩国】0 【协格鲁吉亚】0【协香港】0【协澳门】0 【特-1】0【特-2】0 【增】16【对美加征】10【出】0【退】16	米/千克					999	色织的聚酯变形长丝机织物（聚酯变形长丝含量≥85%）
540754	00		印花的聚酯变形长丝机织物	Printed	【最】8【普】130 【协东盟】0【协巴基斯坦】0【协智利】0 【协新西兰】0【协新加坡】0【协秘鲁】0 【协台湾】0【协哥斯达黎加】0【协冰岛】0 【协瑞士】0【协澳大利亚】0【协韩国】6.6 【协格鲁吉亚】0【协香港】0【协澳门】0 【特-1】0【特-2】0 【增】16【对美加征】10【出】0【退】16	米/千克					999	印花的聚酯变形长丝机织物（聚酯变形长丝含量≥85%）
540761	00		聚酯非变形长丝机织物（聚酯非变形长丝含量≥85%）【电商】	Containing 85% or more by weight of non-textured polyester filaments	【最】8【普】130 【协亚太】5.2【协东盟】0【协香港】0 【协澳门】0【协巴基斯坦】0【协智利】0 【协新西兰】0【协新加坡】0【协秘鲁】0 【协台湾】0【协哥斯达黎加】0【协冰岛】0 【协瑞士】0【协澳大利亚】0【协韩国】7.5 【协格鲁吉亚】0 【特-1】0【特-2】0【特-3】0 【增】16【对美加征】10【出】0【退】16	米/千克					999	聚酯非变形长丝机织物（聚酯非变形长丝含量≥85%）
540769	00		其他聚酯长丝机织物	Other woven fabrics	【最】8【普】130 【协亚太】5.2【协东盟】0【协巴基斯坦】0 【协智利】0【协新西兰】0【协新加坡】0 【协秘鲁】0【协台湾】0【协哥斯达黎加】0 【协冰岛】0【协瑞士】0【协澳大利亚】0 【协韩国】7.5【协格鲁吉亚】0【协香港】0 【协澳门】0 【特-1】0【特-2】0【特-3】0 【增】16【对美加征】10【出】0【退】16	米/千克					999	其他聚酯长丝机织物（聚酯长丝含量≥85%）

税则号列 HS国际统一前6位	本国子目 7~8位	本国子目 9~10位	货品名称中英文 中文 货物名称	货品名称中英文 英文 Article Description	税费综合信息	计量单位	监管证件代码 进口	监管证件代码 出口	检验检疫类别 进口	检验检疫类别 出口	检验检疫编码	检验检疫编码对应中文名称
540771	00		未漂白或漂白其他纯合纤长丝机织物（按重量计其他合成纤维长丝含量≥85%）	Other woven fabrics, unbleached or bleached, containing 85% or more by weight of synthetic filaments	【最】8【普】130 【协亚太】5.2【协东盟】0【协香港】0 【协巴基斯坦】0【协智利】0【协新西兰】0 【协新加坡】0【协秘鲁】0【协台湾】0 【协哥斯达黎加】0【协冰岛】0【协瑞士】0 【协澳大利亚】0【协韩国】0【协格鲁吉亚】0 【特-1】0【特-2】0 【增】16【对美加征】10【出】0【退】16	米/千克					999	未漂白或漂白其他纯合纤长丝机织物（按重量计其他合成纤维长丝含量≥85%）
540772	00		染色的其他纯合纤长丝布（纯合纤布指按重量计其他合成纤维长丝含量≥85%）	Other woven fabrics, dyed, containing 85% or more by weight of synthetic filaments	【最】8【普】130 【协亚太】5.2【协东盟】0【协香港】0 【协巴基斯坦】0【协智利】0【协新西兰】0 【协新加坡】0【协秘鲁】0【协台湾】0 【协哥斯达黎加】0【协冰岛】0【协瑞士】0 【协澳大利亚】0【协韩国】7.5【协格鲁吉亚】0 【特东老挝】0【特东柬埔寨】0【特东缅甸】0 【特-1】0【特-2】0【特-3】0 【增】16【对美加征】10【出】0【退】16	米/千克					999	染色的其他纯合纤长丝布（纯合纤布指按重量计其他合成纤维长丝含量≥85%）
540773	00		色织的其他纯合纤长丝布（纯合纤布指按重量计其他合成纤维长丝含量≥85%）	Other woven fabrics of yarns of different colours, containing 85% or more by weight of synthetic filaments	【最】8【普】130 【协东盟】0【协巴基斯坦】0【协智利】0 【协新西兰】0【协新加坡】0【协秘鲁】0 【协哥斯达黎加】0【协冰岛】0【协瑞士】0 【协澳大利亚】0【协韩国】7.5【协格鲁吉亚】0 【协香港】0【协澳门】0 【特-1】0【特-2】0 【增】16【对美加征】10【出】0【退】16	米/千克					999	色织的其他纯合纤长丝布（纯合纤布指按重量计其他合成纤维长丝含量≥85%）
540774	00		印花的其他纯合纤长丝布（纯合纤布指按重量计其他合成纤维长丝含量≥85%）	Other woven fabrics, printed, containing 85% or more by weight of synthetic filaments	【最】8【普】130 【协亚太】5.2【协东盟】0【协巴基斯坦】0 【协智利】0【协新西兰】0【协新加坡】0 【协秘鲁】0【协哥斯达黎加】0【协冰岛】0 【协瑞士】0【协澳大利亚】0【协韩国】0 【协香港】0【协澳门】0 【协格鲁吉亚】0 【特-1】0【特-2】0 【增】16【对美加征】10【出】0【退】16	米/千克					999	印花的其他纯合纤长丝布（纯合纤布指按重量计其他合成纤维长丝含量≥85%）
540781	00		未漂白或漂白与棉混纺其他合成纤	Unbleached or bleached	【最】8【普】130 【协东盟】0【协香港】0【协巴基斯坦】0 【协智利】0【协新西兰】0【协新加坡】0 【协秘鲁】0【协哥斯达黎加】0【协冰岛】0 【协瑞士】0【协澳大利亚】0【协韩国】0 【协格鲁吉亚】0 【特-1】0【特-2】0 【增】16【对美加征】10【出】0【退】16	米/千克					101 102 103	未漂白或漂白与棉混纺其他合成纤维长丝机织物（按重量计其他合成纤维长丝含量在85%以下）（棉混纺坯布） 未漂白或漂白与棉混纺其他合成纤维长丝机织物（按重量计其他合成纤维长丝含量在85%以下）（漂白棉混纺布） 未漂白或漂白与棉混纺其他合成纤维长丝机织物（按重量计其他合成纤维长丝含量在85%以下）（合成纤维混纺机织物）
540782	00		染色的与棉混纺其他合成纤维长丝机织物	Dyed	【最】8【普】130 【协东盟】0【协香港】0【协巴基斯坦】0 【协智利】0【协新西兰】0【协新加坡】0 【协秘鲁】0【协台湾】0【协哥斯达黎加】0 【协冰岛】0【协瑞士】0【协澳大利亚】0 【协韩国】7.5【协格鲁吉亚】0 【特-1】0【特-2】0【特-3】0 【增】16【对美加征】10【出】0【退】16	米/千克					101 102	染色的与棉混纺其他合成纤维长丝机织物（按重量计其他合成纤维长丝含量在85%以下）（棉混纺染色布） 染色的与棉混纺其他合成纤维长丝机织物（按重量计其他合成纤维长丝含量在85%以下）（合成纤维混纺机织物）
540783	00		色织的与棉混纺其他合成纤维长丝机织物	Of yarns of different colours	【最】8【普】130 【协东盟】0【协巴基斯坦】0【协智利】0 【协新西兰】0【协新加坡】0【协秘鲁】0 【协台湾】0【协哥斯达黎加】0【协冰岛】0 【协瑞士】0【协澳大利亚】0【协韩国】0 【协格鲁吉亚】0【协香港】0【协澳门】0 【特-1】0【特-2】0 【增】16【对美加征】10【出】0【退】16	米/千克					101 102	色织的与棉混纺其他合成纤维长丝机织物（按重量计其他合成纤维长丝含量在85%以下）（色织棉混纺布） 色织的与棉混纺其他合成纤维长丝机织物（按重量计其他合成纤维长丝含量在85%以下）（合成纤维混纺机织物）

税则号列 HS国际统一前6位	本国子目 7~8位	本国子目 9~10位	货品名称中英文 中文 货物名称	货品名称中英文 英文 Article Description	税费综合信息	计量单位	监管证件代码 进口	监管证件代码 出口	检验检疫类别 进口	检验检疫类别 出口	检验检疫编码	检验检疫编码对应中文名称
540784	00		印花的与棉混纺其他合成纤维长丝机织物	Printed	【最】8【普】130 【协东盟】0【协巴基斯坦】0【协智利】0 【协新西兰】0【协新加坡】0【协秘鲁】0 【协哥斯达黎加】0【协冰岛】0【协瑞士】0 【协澳大利亚】0【协韩国】0【协格鲁吉亚】0 【协香港】0【协澳门】0 【特-1】0【特-2】0 【增】16【对美加征】10【出】0【退】16	米/千克					101 102	印花的与棉混纺其他合成纤维长丝机织物（按重量计其他合成纤维长丝含量在85%以下）（棉混纺印花布） 印花的与棉混纺其他合成纤维长丝机织物（按重量计其他合成纤维长丝含量在85%以下）（合成纤维混纺机织物）
540791	00		未漂白或漂白的其他混纺合成纤维长丝机织物	Unbleached or bleached	【最】8【普】130 【协东盟】0【协香港】0【协巴基斯坦】0 【协智利】0【协新西兰】0【协新加坡】0 【协秘鲁】0【协哥斯达黎加】0【协冰岛】0 【协瑞士】0【协澳大利亚】0【协韩国】7.5 【协格鲁吉亚】0 【特-1】0【特-2】0 【增】16【对美加征】10【出】0【退】16	米/千克					999	未漂白或漂白的其他混纺合成纤维长丝机织物（按重量计其他合成纤维长丝含量在85%以下）
540792	00		染色的其他混纺合成纤维长丝机织物	Dyed	【最】8【普】130 【协东盟】0【协香港】0【协巴基斯坦】0 【协智利】0【协新西兰】0【协新加坡】0 【协秘鲁】0【协台湾】0【协哥斯达黎加】0 【协冰岛】0【协瑞士】0【协澳大利亚】0 【协韩国】7.5【协格鲁吉亚】0 【特东老挝】0【特东柬埔寨】0【特东缅甸】0 【特-1】0【特-2】0【特-3】0 【增】16【对美加征】10【出】0【退】16	米/千克					999	染色的其他混纺合成纤维长丝机织物（按重量计其他合成纤维长丝含量在85%以下）
540793	00		色织的其他混纺合成纤维长丝机织物	Of yarns of different colours	【最】8【普】130 【协东盟】0【协巴基斯坦】0【协智利】0 【协新西兰】0【协新加坡】0【协秘鲁】0 【协台湾】0【协哥斯达黎加】0【协冰岛】0 【协瑞士】0【协澳大利亚】0【协韩国】0 【协格鲁吉亚】0【协香港】0【协澳门】0 【特-1】0【特-2】0 【增】16【对美加征】10【出】0【退】16	米/千克					999	色织的其他混纺合成纤维长丝机织物（按重量计其他合成纤维长丝含量在85%以下）
540794	00		印花的其他混纺合成纤维长丝机织物	Printed	【最】8【普】130 【协东盟】0【协巴基斯坦】0【协智利】0 【协新西兰】0【协新加坡】0【协秘鲁】0 【协哥斯达黎加】0【协冰岛】0【协瑞士】0 【协澳大利亚】0【协韩国】0【协格鲁吉亚】0 【协香港】0【协澳门】0 【特-1】0【特-2】0 【增】16【对美加征】10【出】0【退】16	米/千克					999	印花的其他混纺合成纤维长丝机织物（按重量计其他合成纤维长丝含量在85%以下）
540810	00		粘胶纤维高强力纱的机织物	Woven fabrics obtained from high tenacity yarn of viscose rayon	【最】8【普】130 【协东盟】0【协巴基斯坦】0【协智利】0 【协新西兰】0【协新加坡】0【协秘鲁】0 【协哥斯达黎加】0【协冰岛】0【协瑞士】0 【协澳大利亚】0【协韩国】0【协格鲁吉亚】0 【协香港】0【协澳门】0 【特-1】0【特-2】0 【增】16【对美加征】5【出】0【退】16	米/千克					999	粘胶纤维高强力纱的机织物
540821	10		未漂白或漂白粘胶长丝机织物（按重量计粘胶纤维长丝、扁条或类似品含量≥85%）	Woven fabrics of yarns of viscose rayon, unbleached or bleached, containing 85% or more by weight of artificial filament or strip or the like	【最】8【普】130 【协东盟】0【协巴基斯坦】0【协智利】0 【协新西兰】0【协新加坡】0【协秘鲁】0 【协哥斯达黎加】0【协冰岛】0【协瑞士】4.8 【协澳大利亚】0【协韩国】0 【协格鲁吉亚】0【协香港】0【协澳门】0 【特-1】0【特-2】0 【增】16【对美加征】10【出】0【退】16	米/千克					999	未漂白或漂白粘胶长丝机织物（按重量计粘胶纤维长丝、扁条或类似品含量≥85%）
540821	20		未漂白或漂白醋酸长丝机织物（按重量计醋酸纤维长丝、扁条或类似品含量≥85%）	Woven fabrics of yarns of cellulose acetate, unbleached or bleached, containing 85% or more by weight of artificial filament or strip or the like	【最】8【普】130 【协东盟】0【协巴基斯坦】0【协智利】0 【协新西兰】0【协新加坡】0【协秘鲁】0 【协哥斯达黎加】0【协冰岛】0【协瑞士】4.8 【协澳大利亚】0【协韩国】9 【协格鲁吉亚】0【协香港】0【协澳门】0 【特-1】0【特-2】0 【增】16【出】0【退】16	米/千克					999	未漂白或漂白醋酸长丝机织物（按重量计醋酸纤维长丝、扁条或类似品含量≥85%）

税则号列			货品名称中英文		税费综合信息	计量单位	监管证件代码		检验检疫类别		检验检疫编码	检验检疫编码对应中文名称
HS国际统一前6位	本国子目 7~8位	9~10位	中文 货物名称	英文 Article Description			进口	出口	进口	出口		
540821	90		未漂白或漂白其他纯人纤长丝机织（包括扁条布，按重量计其他人造纤维长丝含量≥85%）	Other woven fabrics of artificial filament yarn, unbleached or bleached, containing 85% or more by weight of artificial filament or strip or the like	【最】8【普】130 【协东盟】0【协巴基斯坦】0【协智利】0 【协新西兰】0【协新加坡】0【协秘鲁】0 【协哥斯达黎加】0【协冰岛】0【协瑞士】4.8 【协澳大利亚】0【协韩国】0 【协格鲁吉亚】0【协香港】0【协澳门】0 【特-1】0【特-2】0 【增】16【对美加征】10【出】0【退】16	米/千克					999	未漂白或漂白其他纯人纤长丝机织物（包括扁条布，按重量计其他人造纤维长丝含量≥85%）
540822	10		染色的粘胶长丝机织物（按重量计粘胶纤维长丝、扁条或类似品含量≥85%）	Woven fabrics of yarns of viscose rayon, dyed, containing 85% or more by weight of artificial filament or strip or the like	【最】8【普】130 【协东盟】0【协香港】0【协巴基斯坦】0 【协智利】0【协新西兰】0【协新加坡】0 【协秘鲁】0【协哥斯达黎加】0【协冰岛】0 【协瑞士】0【协澳大利亚】0【协韩国】0 【协格鲁吉亚】0 【特-1】0【特-2】0 【增】16【对美加征】10【出】0【退】16	米/千克					999	染色的粘胶长丝机织物（按重量计粘胶纤维长丝、扁条或类似品含量≥85%）
540822	20		染色的醋酸长丝机织物（按重量计醋酸纤维长丝、扁条或类似品含量≥85%）	Woven fabrics of yarns of cellulose acetate, dyed, containing 85% or more by weight of artificial filament or strip or the like	【最】8【普】130 【协东盟】0【协香港】0【协巴基斯坦】0 【协智利】0【协新西兰】0【协新加坡】0 【协秘鲁】0【协台湾】0【协哥斯达黎加】0 【协冰岛】0【协瑞士】0【协澳大利亚】0 【协韩国】0【协格鲁吉亚】0 【特-1】0【特-2】0 【增】16【出】0【退】16	米/千克					999	染色的醋酸长丝机织物（按重量计醋酸纤维长丝、扁条或类似品含量≥85%）
540822	90		染色的其他人纤长丝机织物（按重量计其他人造纤维长丝，扁条含量≥85%）	Other woven fabrics of artificial filament yarn, dyed, containing 85% or more by weight of artificial filament or strip or the like	【最】8【普】130 【协东盟】0【协香港】0【协巴基斯坦】0 【协智利】0【协新西兰】0【协新加坡】0 【协秘鲁】0【协台湾】0【协哥斯达黎加】0 【协冰岛】0【协瑞士】0【协澳大利亚】0 【协韩国】0【协格鲁吉亚】0 【特-1】0【特-2】0 【增】16【对美加征】10【出】0【退】16	米/千克					999	染色的其他人纤长丝机织物（按重量计其他人造纤维长丝，扁条含量≥85%）
540823	10		色织的粘胶长丝机织物（按重量计粘胶纤维长丝、扁条或类似品含量≥85%）	Woven fabrics of yarns of viscose rayon, of different colors, containing 85% or more by weight of artificial filament or strip or the like	【最】8【普】130 【协东盟】0【协巴基斯坦】0【协智利】0 【协新西兰】0【协新加坡】0【协秘鲁】0 【协哥斯达黎加】0【协冰岛】0【协瑞士】0 【协澳大利亚】0【协韩国】0【协格鲁吉亚】0 【协香港】0【协澳门】0 【特-1】0【特-2】0 【增】16【对美加征】10【出】0【退】16	米/千克					999	色织的粘胶长丝机织物（按重量计粘胶纤维长丝、扁条或类似品含量≥85%）
540823	20		色织的醋酸长丝机织物（按重量计醋酸纤维长丝、扁条或类似品含量≥85%）	Woven fabrics of yarns of cellulose acetate, of different colors, containing 85% or more by weight of artificial filament or strip or the like	【最】8【普】130 【协东盟】0【协巴基斯坦】0【协智利】0 【协新西兰】0【协新加坡】0【协秘鲁】0 【协哥斯达黎加】0【协冰岛】0【协瑞士】0 【协澳大利亚】0【协韩国】0【协格鲁吉亚】0 【协香港】0【协澳门】0 【特-1】0【特-2】0 【增】16【出】0【退】16	米/千克					999	色织的醋酸长丝机织物（按重量计醋酸纤维长丝、扁条或类似品含量≥85%）
540823	90		色织的其他人纤长丝机织物（按重量计其他人造纤维长丝，扁条含量≥85%）	Other woven fabrics of artificial filament yarn, of different colors, containing 85% or more by weight of artificial filament or strip or the like	【最】8【普】130 【协东盟】0【协巴基斯坦】0【协智利】0 【协新西兰】0【协新加坡】0【协秘鲁】0 【协台湾】0【协哥斯达黎加】0【协冰岛】0 【协瑞士】0【协澳大利亚】0【协韩国】0 【协格鲁吉亚】0【协香港】0【协澳门】0 【特-1】0【特-2】0 【增】16【对美加征】10【出】0【退】16	米/千克					999	色织的其他人纤长丝机织物（按重量计其他人造纤维长丝，扁条含量≥85%）
540824	10		印花的粘胶长丝机织物（按重量计粘胶纤维长丝、扁条或类似品含量≥85%）	Woven fabrics of yarns of viscose rayon, printed, containing 85% or more by weight of artificial filament or strip or the like	【最】8【普】130 【协东盟】0【协香港】0【协巴基斯坦】0 【协智利】0【协新西兰】0【协新加坡】0 【协秘鲁】0【协哥斯达黎加】0【协冰岛】0 【协瑞士】0【协澳大利亚】0【协韩国】0 【协格鲁吉亚】0 【特-1】0【特-2】0 【增】16【出】0【退】16	米/千克					999	印花的粘胶长丝机织物（按重量计粘胶纤维长丝、扁条或类似品含量≥85%）

税则号列			货品名称中英文		税费综合信息	计量单位	监管证件代码		检验检疫类别		检验检疫编码	检验检疫编码对应中文名称
HS国际统一前6位	本国子目 7~8位	9~10位	中文 货物名称	英文 Article Description			进口	出口	进口	出口		
540824	20		印花的醋酸长丝机织物（按重量计醋酸纤维长丝、扁条或类似品含量≥85%）	Woven fabrics of yarns of cellulose acetate, printed, containing 85% or more by weight of artificial filament or strip or the like	【最】8【普】130 【协东盟】0【协香港】0【协巴基斯坦】0 【协智利】0【协新西兰】0【协新加坡】0 【协秘鲁】0【协哥斯达黎加】0【协冰岛】0 【协瑞士】0【协澳大利亚】0【协韩国】0 【协格鲁吉亚】0 【特-1】0【特-2】0 【增】16【出】0【退】16	米/千克					999	印花的醋酸长丝机织物（按重量计醋酸纤维长丝、扁条或类似品含量≥85%）
540824	90		其他印花人纤长丝，扁条机织物（按重量计人造纤维长丝、扁条或类似品含量≥85%）	Other woven fabrics of artificial filament yarn, printed, containing 85% or more by weight of artificial filament or strip or the like	【最】8【普】130 【协东盟】0【协香港】0【协巴基斯坦】0 【协智利】0【协新西兰】0【协新加坡】0 【协秘鲁】0【协哥斯达黎加】0【协冰岛】0 【协瑞士】0【协澳大利亚】0【协韩国】0 【协格鲁吉亚】0 【特-1】0【特-2】0 【增】16【出】0【退】16	米/千克					999	其他印花人纤长丝，扁条机织物（按重量计人造纤维长丝、扁条或类似品含量≥85%）
540831	00		未漂白或漂白人纤长丝其他混纺机织物	Unbleached or bleached	【最】8【普】130 【协东盟】0【协巴基斯坦】0【协智利】0 【协新西兰】0【协新加坡】0【协秘鲁】0 【协哥斯达黎加】0【协冰岛】0【协瑞士】0 【协澳大利亚】0【协韩国】0【协格鲁吉亚】0 【协香港】0【协澳门】0 【特-1】0【特-2】0 【增】16【出】0【退】16	米/千克					999	未漂白或漂白人纤长丝其他混纺机织物（按重量计人纤长丝、扁条或类似品含量在85%以下）
540832	00		染色的人纤长丝其他机织物	Dyed	【最】8【普】130 【协亚太】5.2【协东盟】0【协巴基斯坦】0 【协智利】0【协新西兰】0【协新加坡】0 【协秘鲁】0【协台湾】0【协哥斯达黎加】0 【协冰岛】0【协瑞士】0【协澳大利亚】0 【协韩国】6.6【协格鲁吉亚】0【协香港】0 【协澳门】0 【特-1】0【特-2】0【特-3】0 【增】16【对美加征】10【出】0【退】16	米/千克					999	染色的人纤长丝其他机织物（按重量计人纤长丝、扁条或类似品含量在85%以下）
540833	00		色织的人纤长丝其他机织物	Of yarns of different colours	【最】8【普】130 【协东盟】0【协巴基斯坦】0【协智利】0 【协新西兰】0【协新加坡】0【协秘鲁】0 【协哥斯达黎加】0【协冰岛】0【协瑞士】0 【协澳大利亚】0【协韩国】0【协格鲁吉亚】0 【协香港】0【协澳门】0 【特-1】0【特-2】0 【增】16【对美加征】10【出】0【退】16	米/千克					999	色织的人纤长丝其他机织物（按重量计人纤长丝、扁条或类似品含量在85%以下）
540834	00		印花的人纤长丝其他机织物	Printed	【最】8【普】130 【协东盟】0【协巴基斯坦】0【协智利】0 【协新西兰】0【协新加坡】0【协秘鲁】0 【协哥斯达黎加】0【协冰岛】0【协瑞士】0 【协澳大利亚】0【协韩国】0【协格鲁吉亚】0 【协香港】0【协澳门】0 【特-1】0【特-2】0 【增】16【对美加征】10【出】0【退】16	米/千克					999	印花的人纤长丝其他机织物（按重量计人纤长丝、扁条或类似品含量在85%以下）

第五十五章 化学纤维短纤

Chapter 55 Man-made staple fibres

注释：

税目55.01和55.02仅适用于每根与丝束长度相等的平行化学纤维长丝丝束。前述丝束应同时符合下列规格：

一、丝束长度超过2米；

二、捻度每米少于5转；

三、每根长丝细度在67分特以下；

四、合成纤维长丝丝束，须经拉伸处理，即本身不能被拉伸至超过本身长度的一倍；

五、丝束总细度大于20000分特。

丝束长度不超过2米的归入税目55.03或55.04。

Chapter Note:

Headings 55.01 and 55.02 apply only to man-made filament tow, consisting of parallel filaments of a uniform length equal to the length of the tow, meeting the following specifications:

1. Length of tow exceeding 2m;
2. Twist less than 5 turns per metre;
3. Measuring per filament less than 67 decitex;
4. Synthetic filament tow only: the tow must be drawn, that is to say, be incapable of being stretched by more than 100% of its length;
5. Total measurement of tow more than 20000 decitex.

Tow of a length not exceeding 2m is to be classified in heading 55.03 or 55.04.

税则号列			货品名称中英文		税费综合信息	计量单位	监管证件代码		检验检疫类别		检验检疫编码	检验检疫编码对应中文名称
HS国际统一前6位	本国子目 7~8位	本国子目 9~10位	中文 货物名称	英文 Article Description			进口	出口	进口	出口		
550110	00		尼龙或其他聚酰胺长丝丝束	Filament tow of nylon or other polyamides	【最】5【普】70 【协东盟】0【协巴基斯坦】0【协智利】0 【协新西兰】0【协秘鲁】0【协哥斯达黎加】0 【协冰岛】0【协瑞士】0【协澳大利亚】0 【协韩国】0【协格鲁吉亚】0【协香港】0 【协澳门】0 【特-1】0【特-2】0【特-3】0 【增】16【对美加征】10【出】0【退】16	千克					999	尼龙或其他聚酰胺长丝丝束
550120	00		聚酯长丝丝束	Filament tow of polyesters	【最】5【普】70 【协巴基斯坦】0【协智利】0【协新西兰】0 【协秘鲁】0【协哥斯达黎加】0【协冰岛】0 【协瑞士】0【协澳大利亚】0【协韩国】2.5 【协格鲁吉亚】0【协香港】0【协澳门】0 【特-1】0【特-2】0【特-3】0 【增】16【对美加征】5【出】0【退】16	千克					999	聚酯长丝丝束
550130	00	10	聚丙烯腈制长丝丝束（不包括变性聚丙烯腈制）	Filament tow of acrylic (other than modacrylic)	【最】5【普】35 【协亚太】3.3【协巴基斯坦】0【协智利】0 【协新西兰】0【协哥斯达黎加】0【协冰岛】0 【协瑞士】0【协澳大利亚】0【协韩国】3.3 【协格鲁吉亚】0【协香港】0【协澳门】0 【特-1】0【特-2】0【特-3】0 【增】16【反倾】有【对美加征】10【出】0 【退】16	千克					999	聚丙烯腈制长丝丝束（不包括变性聚丙烯腈制）
550130	00	90	变性聚丙烯腈长丝丝束	Filament tow of modacrylic	【最】5【普】35 【协亚太】3.3【协巴基斯坦】0【协智利】0 【协新西兰】0【协哥斯达黎加】0【协冰岛】0 【协瑞士】0【协澳大利亚】0【协韩国】3.3 【协格鲁吉亚】0【协香港】0【协澳门】0 【特-1】0【特-2】0【特-3】0 【增】16【对美加征】10【出】0【退】16	千克					999	变性聚丙烯腈长丝丝束
550140	00		聚丙烯长丝丝束	Filament tow of polypropylene	【最】5【普】70 【协东盟】0【协香港】0【协巴基斯坦】0 【协智利】0【协新西兰】0【协秘鲁】0 【协哥斯达黎加】0【协冰岛】0【协瑞士】0 【协澳大利亚】0【协韩国】0【协格鲁吉亚】0 【特-1】0【特-2】0【特-3】0 【增】16【出】0【退】16	千克					999	聚丙烯长丝丝束
550190	00		其他合成纤维长丝丝束	Other synthetic filament tow	【最】5【普】70 【协东盟】0【协香港】0【协巴基斯坦】0 【协智利】0【协新西兰】0【协秘鲁】0 【协哥斯达黎加】0【协冰岛】0【协瑞士】0 【协澳大利亚】0【协韩国】2.5【协格鲁吉亚】0 【特-1】0【特-2】0【特-3】0 【增】16【对美加征】10【出】0【退】16	千克					999	其他合成纤维长丝丝束

税则号列			货品名称中英文		税费综合信息	计量单位	监管证件代码		检验检疫类别		检验检疫编码	检验检疫编码对应中文名称
HS 国际统一前6位	本国子目 7~8位	本国子目 9~10位	中文 货物名称	英文 Article Description			进口	出口	进口	出口		
550210	10		二醋酸纤维丝束	Cellulose diacetate filament tow	【最】3【普】40 【协亚太】2【协东盟】0【协巴基斯坦】0 【协智利】0【协新西兰】0【协秘鲁】0 【协哥斯达黎加】0【协冰岛】0【协瑞士】0 【协澳大利亚】0【协韩国】0【协格鲁吉亚】0 【协香港】0【协澳门】0 【特-1】0【特-2】0【特-3】0 【增】16【对美加征】5【出】0【退】16	千克	7				999	二醋酸纤维丝束
550210	90		其他醋酸纤维丝束	Other cellulose diacetate filament tow	【最】5【普】35 【协亚太】3.3【协东盟】0【协巴基斯坦】0 【协智利】0【协新西兰】0【协秘鲁】0 【协哥斯达黎加】0【协冰岛】0【协瑞士】0 【协澳大利亚】0【协韩国】3.3【协格鲁吉亚】0 【协香港】0【协澳门】0 【特-1】0【特-2】0【特-3】0 【增】16【出】0【退】16	千克					999	其他醋酸纤维丝束
550290	00		其他人造纤维长丝丝束	Other artifical filament tow	【最】5【普】35 【协亚太】3.3【协东盟】0【协巴基斯坦】0 【协智利】0【协新西兰】0【协秘鲁】0 【协哥斯达黎加】0【协冰岛】0【协瑞士】0 【协澳大利亚】0【协韩国】3.3【协格鲁吉亚】0 【协香港】0【协澳门】0 【特-1】0【特-2】0【特-3】0 【增】16【出】0【退】16	千克					999	其他人造纤维长丝丝束
550311	10		未梳的聚间苯二甲酰间苯二胺纺制的短纤(包括未经其他纺前加工的)	Staple fibres of polyisophthaloyl metaphenylene diamine, not carded and combed (including those without additional processing before spinning)	【最】5【普】70 【协东盟】0【协巴基斯坦】0【协智利】0 【协新西兰】0【协秘鲁】0【协哥斯达黎加】0 【协冰岛】0【协瑞士】0【协澳大利亚】0 【协格鲁吉亚】0【协香港】0【协澳门】0 【特-1】0【特-2】0【特-3】0 【增】16【对美加征】10【出】0【退】16	千克					999	未梳的聚间苯二甲酰间苯二胺纺制的短纤(包括未经其他纺前加工的)
550311	20		未梳的聚对苯二甲酰对苯二胺纺制的短纤(包括未经其他纺前加工的)	Staple fibres of poly (p-phenytene terephthalamide) not carded and combed (including those without additional processing before spinning)	【最】5【普】70 【协东盟】0【协巴基斯坦】0【协智利】0 【协新西兰】0【协秘鲁】0【协哥斯达黎加】0 【协冰岛】0【协瑞士】0【协澳大利亚】0 【协格鲁吉亚】0【协香港】0【协澳门】0 【特-1】0【特-2】0【特-3】0 【增】16【对美加征】5【出】0【退】16	千克					999	未梳的聚对苯二甲酰对苯二胺纺制的短纤(包括未经其他纺前加工的)
550311	90		未梳的其他芳香族聚酰胺纺制的短纤(包括未经其他纺前加工的)	Other Staple fibres of aramids, not carded and combed (including those without additional processing before spinning)	【最】5【普】70 【协东盟】0【协巴基斯坦】0【协智利】0 【协新西兰】0【协秘鲁】0【协哥斯达黎加】0 【协冰岛】0【协瑞士】2【协澳大利亚】0 【协格鲁吉亚】0【协香港】0【协澳门】0 【特-1】0【特-2】0【特-3】0 【增】16【对美加征】10【出】0【退】16	千克					999	未梳的其他芳香族聚酰胺纺制的短纤(包括未经其他纺前加工的)
550319	00		未梳的尼龙或其他聚酰胺短纤(包括未经其他纺前加工的)	Other staple fibres of nylon or other polyamides, not carded and combed (including those without additional processing before spinning)	【最】5【普】70 【协东盟】0【协巴基斯坦】0【协智利】0 【协新西兰】0【协秘鲁】0【协哥斯达黎加】0 【协冰岛】0【协瑞士】2【协澳大利亚】0 【协韩国】2.5【协格鲁吉亚】0【协香港】0 【协澳门】0 【特-1】0【特-2】0【特-3】0 【增】16【对美加征】5【出】0【退】16	千克					999	未梳的尼龙或其他聚酰胺短纤(包括未经其他纺前加工的)
550320	00		未梳的聚酯短纤(包括未经其他纺前加工的)	Staple fibres of polyesters, not carded and combed (including those without additional processing before spinning)	【最】5【普】70 【协亚太】3.3【协巴基斯坦】0【协智利】0 【协新西兰】0【协秘鲁】0【协哥斯达黎加】0 【协冰岛】0【协瑞士】0【协澳大利亚】0 【协韩国】3.3【协格鲁吉亚】0【协香港】0 【协澳门】0 【特-1】0【特-2】0【特-3】0 【增】16【对美加征】10【出】0【退】16	千克					999	未梳的聚酯短纤(包括未经其他纺前加工的)
550330	00	10	未梳或未经其他纺前加工的聚丙烯腈制短纤维(不包括变性聚丙烯腈制)	Staple fibres of acrylic, not carded, combed or otherwise processed forspinning (other than modacrylic)	【最】5【普】35 【协亚太】3.3【协巴基斯坦】0【协智利】0 【协新西兰】0【协秘鲁】0【协哥斯达黎加】0 【协冰岛】0【协瑞士】0【协澳大利亚】0 【协韩国】2.5【协格鲁吉亚】0【协香港】0 【协澳门】0 【特-1】0【特-2】0【特-3】0 【增】16【反倾】有【对美加征】10【出】0 【退】16	千克					999	未梳或未经其他纺前加工的聚丙烯腈制短纤维(不包括变性聚丙烯腈制)

税则号列			货品名称中英文		税费综合信息	计量单位	监管证件代码		检验检疫类别		检验检疫编码	检验检疫编码对应中文名称
HS国际统一前6位	本国子目7~8位	本国子目9~10位	中文 货物名称	英文 Article Description			进口	出口	进口	出口		
550330	00	90	未梳或未经其他纺前加工的变性聚丙烯腈制短纤维	Staple fibres of modacrylic, not carded, combed or otherwise processed forspinning	【最】5【普】35 【协亚太】3.3【协巴基斯坦】0【协智利】0 【协新西兰】0【协秘鲁】0【协哥斯达黎加】0 【协冰岛】0【协瑞士】0【协澳大利亚】0 【协韩国】2.5【协格鲁吉亚】0【协香港】0 【协澳门】0 【特-1】0【特-2】0【特-3】0 【增】16【对美加征】10【出】0【退】16	千克					999	未梳或未经其他纺前加工的变性聚丙烯腈制短纤维
550340	00		未梳的聚丙烯短纤（包括未经其他纺前加工的）	Staple fibres of polypropylene, not carded and combed(including those without additional processing before spinning)	【最】5【普】70 【协东盟】0【协巴基斯坦】0【协智利】0 【协新西兰】0【协秘鲁】0【协哥斯达黎加】0 【协冰岛】0【协瑞士】0【协澳大利亚】0 【协韩国】2.5【协格鲁吉亚】0【协香港】0 【协澳门】0 【特-1】0【特-2】0【特-3】0 【增】16【对美加征】10【出】0【退】16	千克					999	未梳的聚丙烯短纤（包括未经其他纺前加工的）
550390	10		未梳的聚苯硫醚短纤（包括未经其他纺前加工的）	Staple fibres of polypropylene sulfide, not carded and combed (including those without additional processing before spinning)	【最】5【普】70 【协东盟】0【协巴基斯坦】0【协智利】0 【协新西兰】0【协秘鲁】0【协台湾】0 【协哥斯达黎加】0【协冰岛】0【协瑞士】0 【协澳大利亚】0【协韩国】2.5【协格鲁吉亚】0 【协香港】0【协澳门】0 【特-1】0【特-2】0【特-3】0 【增】16【对美加征】10【出】0【退】16	千克					999	未梳的聚苯硫醚短纤（包括未经其他纺前加工的）
550390	90		未梳的其他合成纤维短纤（包括未经其他纺前加工的）	Other synthetic staple fibres, not carded and combed (including those without additional processing before spinning)	【最】5【普】70 【协东盟】0【协巴基斯坦】0【协智利】0 【协新西兰】0【协秘鲁】0【协台湾】0 【协哥斯达黎加】0【协冰岛】0【协瑞士】0 【协澳大利亚】0【协韩国】0【协格鲁吉亚】0 【协香港】0【协澳门】0 【特-1】0【特-2】0【特-3】0 【增】16【对美加征】10【出】0【退】16	千克					999	未梳的其他合成纤维短纤（包括未经其他纺前加工的）
550410	10		未梳的竹制粘胶短纤（包括未经其他纺前加工的）	Viscose rayon of bamboo, not carded and combed (including those without additional processing before spinning)	【最】5【普】35 【协亚太】4.5【协东盟】0【协巴基斯坦】0 【协智利】0【协新西兰】0【协秘鲁】0 【协哥斯达黎加】0【协冰岛】0【协瑞士】0 【协澳大利亚】0【协韩国】0【协格鲁吉亚】0 【协香港】0【协澳门】0 【特-1】0【特-2】0【特-3】0 【增】16【出】0【退】16	千克					999	未梳的竹制粘胶短纤（包括未经其他纺前加工的）
550410	21		未梳的木制阻燃粘胶短纤（包括未经其他纺前加工的）	Viscose rayon of wood, antiflaming, not carded and combed (including those without additional processing before spinning)	【最】5【普】35 【协亚太】4【协东盟】0【协巴基斯坦】0 【协智利】0【协新西兰】0【协秘鲁】0 【协哥斯达黎加】0【协冰岛】0【协瑞士】0 【协澳大利亚】0【协韩国】2.5【协格鲁吉亚】0 【协香港】0【协澳门】0 【特-1】0【特-2】0【特-3】0 【增】16【出】0【退】16	千克					999	未梳的木制阻燃粘胶短纤（包括未经其他纺前加工的）
550410	29		其他未梳的木制非阻燃粘胶短纤	Other viscose rayon of wood	【最】5【普】35 【协东盟】0【协巴基斯坦】0【协智利】0 【协新西兰】0【协秘鲁】0【协哥斯达黎加】0 【协冰岛】0【协瑞士】0【协澳大利亚】0 【协韩国】2.5【协格鲁吉亚】0【协香港】0 【协澳门】0 【特-1】0【特-2】0【特-3】0 【增】16【出】0【退】16	千克					999	其他未梳的木制非阻燃粘胶短纤
550410	90		其他未梳的粘胶短纤（包括未经其他纺前加工的）	Other staple fibres of viscose rayon, not carded and combed (including not otherwise processed for spinning)	【最】5【普】35 【协东盟】0【协巴基斯坦】0【协智利】0 【协新西兰】0【协秘鲁】0【协哥斯达黎加】0 【协冰岛】0【协瑞士】0【协澳大利亚】0 【协韩国】2.5【协格鲁吉亚】0【协香港】0 【协澳门】0 【特-1】0【特-2】0【特-3】0 【增】16【对美加征】10【出】0【退】16	千克					999	其他未梳的粘胶短纤（包括未经其他纺前加工的）

税则号列 HS国际统一前6位	本国子目 7~8位	本国子目 9~10位	货物名称 中文	Article Description 英文	税费综合信息	计量单位	监管证件代码 进口	监管证件代码 出口	检验检疫类别 进口	检验检疫类别 出口	检验检疫编码	检验检疫编码对应中文名称
550490	00		未梳的其他人造纤维短纤（包括未经其他纺前加工的）	Other artificial staple fibres, not carded and combed (including not otherwise processed for spinning)	【最】5【普】35 【协东盟】0【协巴基斯坦】0【协智利】0 【协新西兰】0【协秘鲁】0【协台湾】0 【协哥斯达黎加】0【协冰岛】0【协瑞士】0 【协澳大利亚】0【协韩国】0【协格鲁吉亚】0 【协香港】0【协澳门】0 【特-1】0【特-2】0【特-3】0 【增】16【对美加征】10【出】0【退】16	千克					999	未梳的其他人造纤维短纤（包括未经其他纺前加工的）
550510	00		合成纤维废料（包括落绵、废纱及回收纤维）	Waste of synthetic fibres (including noils, yarn waste and garnetted stock) of man-made fibres	【最】5【普】70 【协东盟】0【协巴基斯坦】0【协智利】0 【协新西兰】0【协秘鲁】0【协哥斯达黎加】0 【协冰岛】0【协瑞士】0【协澳大利亚】0 【协韩国】2.5【协格鲁吉亚】0【协香港】0 【协澳门】0 【特-1】0【特-2】0【特-3】0 【增】16【对美加征】25【出】0【退】16	千克	9		M		999	合成纤维废料（包括落绵、废纱及回收纤维）
550520	00		人造纤维废料（包括落绵、废纱及回收纤维）	Waste of artificial fibres (including noils, yarn waste and garnetted stock) of man-made fibres	【最】5【普】70 【协亚太】3.5【协东盟】0【协香港】0 【协巴基斯坦】0【协智利】0【协新西兰】0 【协秘鲁】0【协哥斯达黎加】0【协冰岛】0 【协瑞士】0【协澳大利亚】0【协韩国】2.5 【协格鲁吉亚】0 【特-1】0【特-2】0【特-3】0 【增】16【对美加征】25【出】0【退】16	千克	9		M		999	人造纤维废料（包括落绵、废纱及回收纤维）
550610	11		已梳聚间苯二甲酰间苯二胺纺制的短纤（包括经其他纺前加工的）	Carded and combed synthetic staple fibres of polyisophthaloyl metaphenylene diamine (including those with additional processing before spinning)	【最】5【普】70 【协东盟】0【协巴基斯坦】0【协智利】0 【协新西兰】0【协秘鲁】0【协哥斯达黎加】0 【协冰岛】0【协瑞士】0【协澳大利亚】0 【协格鲁吉亚】0【协香港】0【协澳门】0 【特-1】0【特-2】0【特-3】0 【增】16【对美加征】10【出】0【退】16	千克					999	已梳聚间苯二甲酰间苯二胺纺制的短纤（包括经其他纺前加工的）
550610	12		已梳聚对苯二甲酰对苯二胺纺制的短纤（包括经其他纺前加工的）	Carded and combed Synthetic staple fibres of poly-p-phenytene terephthalamide (including those with additional processing before spinning)	【最】5【普】70 【协东盟】0【协巴基斯坦】0【协智利】0 【协新西兰】0【协秘鲁】0【协哥斯达黎加】0 【协冰岛】0【协瑞士】0【协澳大利亚】0 【协格鲁吉亚】0【协香港】0【协澳门】0 【特-1】0【特-2】0【特-3】0 【增】16【对美加征】5【出】0【退】16	千克					999	已梳聚对苯二甲酰对苯二胺纺制的短纤（包括经其他纺前加工的）
550610	19		其他已梳芳香族聚酰胺纺制的短纤（包括经其他纺前加工的）	Other synthetic staple fibres of aramides, carded, combed (including those with additional processing before spinning)	【最】5【普】70 【协东盟】0【协巴基斯坦】0【协智利】0 【协新西兰】0【协秘鲁】0【协哥斯达黎加】0 【协冰岛】0【协瑞士】0【协澳大利亚】0 【协韩国】3.3【协格鲁吉亚】0【协香港】0 【协澳门】0 【特-1】0【特-2】0【特-3】0 【增】16【出】0【退】16	千克					999	其他已梳芳香族聚酰胺纺制的短纤（包括经其他纺前加工的）
550610	90		其他已梳的尼龙或其他聚酰胺短纤（包括经其他纺前加工的）	Other carded and combed synthetic staple fibres of nylon or other polyamides (including those with additional processing before spinning)	【最】5【普】70 【协东盟】0【协巴基斯坦】0【协智利】0 【协新西兰】0【协秘鲁】0【协哥斯达黎加】0 【协冰岛】0【协瑞士】0【协澳大利亚】0 【协韩国】0【协格鲁吉亚】0【协香港】0 【协澳门】0 【特-1】0【特-2】0【特-3】0 【增】16【对美加征】10【出】0【退】16	千克					999	其他已梳的尼龙或其他聚酰胺短纤（包括经其他纺前加工的）
550620	00		已梳的聚酯短纤（包括经其他纺前加工的）	Synthetic staple fibres of polyesters, carded and combed (including those with additional processing before spinning)	【最】5【普】70 【协亚太】3.3【协巴基斯坦】4.5【协智利】0 【协新西兰】0【协秘鲁】0【协哥斯达黎加】0 【协冰岛】0【协瑞士】0【协澳大利亚】0 【协韩国】2.5【协格鲁吉亚】0【协香港】0 【协澳门】0 【特-1】0【特-2】0【特-3】0 【增】16【对美加征】10【出】0【退】16	千克					999	已梳的聚酯短纤（包括经其他纺前加工的）

税则号列 HS国际统一前6位	本国子目 7~8位	本国子目 9~10位	货品名称 中文	货品名称 英文 Article Description	税费综合信息	计量单位	监管证件代码 进口	监管证件代码 出口	检验检疫类别 进口	检验检疫类别 出口	检验检疫编码	检验检疫编码对应中文名称
550630	00	10	已梳或经其他纺前加工的聚丙烯腈制短纤(不包括变性聚丙烯腈制)	Staple fibres of acrylic, carded, combed or otherwise processed forspinning(other than modacrylic)	【最】5【普】35 【协亚太】3.3【协巴基斯坦】4.5【协智利】0 【协新西兰】0【协秘鲁】0【协哥斯达黎加】0 【协冰岛】0【协瑞士】0【协澳大利亚】0 【协韩国】2.5【协格鲁吉亚】0【协香港】0 【协澳门】0 【特-1】0【特-2】0【特-3】0 【增】16【反倾】有【对美加征】10【出】0 【退】16	千克					999	已梳或经其他纺前加工的聚丙烯腈制短纤(不包括变性聚丙烯腈制)
550630	00	90	已梳或经其他纺前加工的变性聚丙烯腈制短纤	Staple fibres of modacrylic, carded, combed or other-wise processed forspinning	【最】5【普】35 【协亚太】3.3【协巴基斯坦】4.5【协智利】0 【协新西兰】0【协秘鲁】0【协哥斯达黎加】0 【协冰岛】0【协瑞士】0【协澳大利亚】0 【协韩国】2.5【协格鲁吉亚】0【协香港】0 【协澳门】0 【特-1】0【特-2】0【特-3】0 【增】16【对美加征】10【出】0【退】16	千克					999	已梳或经其他纺前加工的变性聚丙烯腈制短纤
550640	00		已梳的聚丙烯短纤	Of polyphenylene	【最】5【普】70 【协东盟】0【协巴基斯坦】0【协智利】0 【协新西兰】0【协秘鲁】0【协哥斯达黎加】0 【协冰岛】0【协瑞士】0【协澳大利亚】0 【协韩国】3.3【协格鲁吉亚】0【协香港】0 【协澳门】0 【特-1】0【特-2】0【特-3】0 【增】16【出】0【退】16	千克					999	已梳的聚丙烯短纤(包括经其他纺前加工的)
550690	10		已梳的聚苯硫醚短纤(包括经其他纺前加工的)	Carded and combed staple fibres of polypropylene sulfide (including those with additional processing before spinning)	【最】5【普】70 【协东盟】0【协巴基斯坦】0【协智利】0 【协新西兰】0【协秘鲁】0【协哥斯达黎加】0 【协冰岛】0【协瑞士】0【协澳大利亚】0 【协韩国】3.3【协格鲁吉亚】0【协香港】0 【协澳门】0 【特-1】0【特-2】0【特-3】0 【增】16【出】0【退】16	千克					999	已梳的聚苯硫醚短纤(包括经其他纺前加工的)
550690	90		已梳的其他合成纤维短纤(包括经其他纺前加工的)	Other carded and combed synthetic staple fibres (including those with additional processing before spinning)	【最】5【普】70 【协东盟】0【协巴基斯坦】0【协智利】0 【协新西兰】0【协秘鲁】0【协哥斯达黎加】0 【协冰岛】0【协瑞士】0【协澳大利亚】0 【协韩国】3.3【协格鲁吉亚】0【协香港】0 【协澳门】0 【特-1】0【特-2】0【特-3】0 【增】16【对美加征】5【出】0【退】16	千克					999	已梳的其他合成纤维短纤(包括经其他纺前加工的)
550700	00		已梳的人造纤维短纤	Artificial staple fibres, carded, combed or otherwise processed for spinning	【最】5【普】35 【协东盟】0【协巴基斯坦】0【协智利】0 【协新西兰】0【协秘鲁】0【协哥斯达黎加】0 【协冰岛】0【协瑞士】0【协澳大利亚】0 【协韩国】0【协格鲁吉亚】0【协香港】0 【协澳门】0 【特-1】0【特-2】0【特-3】0 【增】16【对美加征】10【出】0【退】16	千克					999	已梳的人造纤维短纤(包括经其他纺前加工的)
550810	00		合成纤维短纤制缝纫线	Of synthetic staple fibres	【最】5【普】90 【协亚太】3.3【协东盟】0【协香港】0 【协澳门】0【协巴基斯坦】0【协智利】0 【协新西兰】0【协秘鲁】0【协哥斯达黎加】0 【协冰岛】0【协瑞士】0【协澳大利亚】0 【协韩国】0【协格鲁吉亚】0 【特-1】0【特-2】0【特-3】0 【增】16【对美加征】10【出】0【退】16	千克					999	合成纤维短纤制缝纫线
550820	00		人造纤维短纤制缝纫线	Of artificial staple fibres	【最】5【普】70 【协东盟】0【协巴基斯坦】0【协智利】0 【协新西兰】0【协秘鲁】0【协哥斯达黎加】0 【协冰岛】0【协瑞士】0【协澳大利亚】0 【协韩国】0【协格鲁吉亚】0【协香港】0 【协澳门】0 【特-1】0【特-2】0【特-3】0 【增】16【出】0【退】16	千克					999	人造纤维短纤制缝纫线

税则号列 HS国际统一前6位	本国子目 7~8位	本国子目 9~10位	货品名称中英文 中文 货物名称	货品名称中英文 英文 Article Description	税费综合信息	计量单位	监管证件代码 进口	监管证件代码 出口	检验检疫类别 进口	检验检疫类别 出口	检验检疫编码	检验检疫编码对应中文名称
550911	00		非零售纯尼龙短纤单纱（纯指按重量计尼龙或其他聚酰胺短纤含量在85%及以上）	Single yarn of nylon synthetic staple fibres (containing 85% or more by weight of staple fibres of nylon or other polyamides), not for retail sale	【最】5【普】90 【协东盟】0【协香港】0【协澳门】0 【协巴基斯坦】0【协智利】0【协新西兰】0 【协秘鲁】0【协哥斯达黎加】0【协冰岛】0 【协瑞士】0【协澳大利亚】0【协韩国】0 【协格鲁吉亚】0 【特-1】0【特-2】0【特-3】0 【增】16【对美加征】5【出】0【退】16	千克					999	非零售纯尼龙短纤单纱（纯指按重量计尼龙或其他聚酰胺短纤含量在85%及以上）
550912	00		非零售纯尼龙短纤多股纱线（包括缆线，纯指按重量计尼龙或其他聚酰胺短纤含量≥85%）	Multiple(folded) yarn of nylon synthetic staple fibres (including cabled yarn, pure means containing 85% or more by weight of staple fibres of nylon or other polyamides), not for retail sale	【最】5【普】90 【协东盟】0【协香港】0【协澳门】0 【协巴基斯坦】0【协智利】0【协新西兰】0 【协秘鲁】0【协哥斯达黎加】0【协冰岛】0 【协瑞士】0【协澳大利亚】0【协韩国】0 【协格鲁吉亚】0 【特-1】0【特-2】0【特-3】0 【增】16【对美加征】10【出】0【退】16	千克					999	非零售纯尼龙短纤多股纱线（包括缆线，纯指按重量计尼龙或其他聚酰胺短纤含量≥85%）
550921	00		非零售纯聚酯短纤单纱（纯指按重量计聚酯短纤含量在85%及以上）	Single yarn of polyester synthetic staple fibre (containing 85% or more by weight of poiyester staple fibres), not for retail sale	【最】5【普】90 【协东盟】0【协香港】0【协澳门】0 【协巴基斯坦】0【协智利】0【协新西兰】0 【协秘鲁】0【协哥斯达黎加】0【协冰岛】0 【协瑞士】0【协澳大利亚】0【协韩国】0 【协格鲁吉亚】0 【特-1】0【特-2】0【特-3】0 【增】16【对美加征】10【出】0【退】16	千克					999	非零售纯聚酯短纤单纱（纯指按重量计聚酯短纤含量在85%及以上）
550922	00		非零售聚酯短纤多股纱线或缆线（聚酯短纤含量在85%及以上，缝纫线除外）	Multiple (folded) or cabled yarn	【最】5【普】90 【协东盟】0【协香港】0【协澳门】0 【协巴基斯坦】0【协智利】0【协新西兰】0 【协秘鲁】0【协哥斯达黎加】0【协冰岛】0 【协瑞士】0【协澳大利亚】0【协韩国】0 【协格鲁吉亚】0 【特-1】0【特-2】0【特-3】0 【增】16【对美加征】10【出】0【退】16	千克					999	非零售聚酯短纤多股纱线或缆线（聚酯短纤含量在85%及以上，缝纫线除外）
550931	00		非零售纯聚丙烯腈短纤单纱（纯指按重量计聚丙烯腈或变性聚丙烯腈短纤含量≥85%）	Single yarn of acrylic synthetic staple fibre (containing 85% or more by weight of acrylic or modacrylic staple fibres), not for retail sale	【最】5【普】90 【协东盟】0【协香港】0【协澳门】0 【协巴基斯坦】0【协智利】0【协新西兰】0 【协秘鲁】0【协哥斯达黎加】0【协冰岛】0 【协瑞士】0【协澳大利亚】0【协韩国】0 【协格鲁吉亚】0 【特-1】0【特-2】0【特-3】0 【增】16【出】0【退】16	千克					999	非零售纯聚丙烯腈短纤单纱（纯指按重量计聚丙烯腈或变性聚丙烯腈短纤含量≥85%）
550932	00		非零售纯聚丙烯腈短纤多股纱线（包括缆线，纯指按重量计聚丙烯腈或其变性短纤含量≥85%）	Multiple (folded) yarn of pure acrylic synthetic staple fibres (including cabled yarn, pure means containing 85% or more by weight of acrylic or modacrylic staple fibres), not for retail sale	【最】5【普】90 【协亚太】3.3【协东盟】0【协香港】0 【协澳门】0【协巴基斯坦】0【协智利】0 【协新西兰】0【协秘鲁】0【协台湾】0 【协哥斯达黎加】0【协冰岛】0【协瑞士】0 【协澳大利亚】0【协韩国】0【协格鲁吉亚】0 【特-1】0【特-2】0【特-3】0 【增】16【对美加征】10【出】0【退】16	千克					999	非零售纯聚丙烯腈短纤多股纱线（包括缆线，纯指按重量计聚丙烯腈或其变性短纤含量≥85%）
550941	00		非零售纯合成纤维短纤单纱（纯指按重量计其他合成纤维短纤含量在85%及以上）	Single yarn of synthetic staple fibres (containing 85% or more by weight of synthetic staple fibres), not for retail sale	【最】5【普】90 【协东盟】0【协香港】0【协澳门】0 【协巴基斯坦】0【协智利】0【协新西兰】0 【协秘鲁】0【协哥斯达黎加】0【协冰岛】0 【协瑞士】0【协澳大利亚】0【协韩国】0 【协格鲁吉亚】0 【特-1】0【特-2】0【特-3】0 【增】16【出】0【退】16	千克					999	非零售纯合成纤维短纤单纱（纯指按重量计其他合成纤维短纤含量在85%及以上）
550942	00		非零售纯合纤短纤多股纱线（包括缆线，纯指按重量计含其他合成纤维85%及以上）	Multiple(folded) yarn of pure synthetic staple fibres (including cabled yarn, pure means containing 85% or more by weight of synthetic staple fibres), not for retail sale	【最】5【普】90 【协东盟】0【协香港】0【协澳门】0 【协巴基斯坦】0【协智利】0【协新西兰】0 【协秘鲁】0【协哥斯达黎加】0【协冰岛】0 【协瑞士】0【协澳大利亚】0【协韩国】2.5 【协格鲁吉亚】0 【特-1】0【特-2】0【特-3】0 【增】16【对美加征】10【出】0【退】16	千克					999	非零售纯合纤短纤多股纱线（包括缆线，纯指按重量计含其他合成纤维85%及以上）

税则号列 HS 国际统一前 6 位	本国子目 7~8 位	本国子目 9~10 位	货品名称中英文 中文 货物名称	货品名称中英文 英文 Article Description	税费综合信息	计量单位	监管证件代码 进口	监管证件代码 出口	检验检疫类别 进口	检验检疫类别 出口	检验检疫编码	检验检疫编码对应中文名称
550951	00		非零售与人纤短纤混纺聚酯短纤纱（混纺指按重量计聚酯短纤含量在85%以下）	Yarn of polyster staple fibres mixed with artificial (containing less than 85% weight of polyester staple fibres), not for retail sale	【最】5【普】90 【协东盟】0【协香港】0【协澳门】0 【协巴基斯坦】0【协智利】0【协新西兰】0 【协秘鲁】0【协哥斯达黎加】0【协冰岛】0 【协瑞士】0【协澳大利亚】0【协韩国】2.5 【协格鲁吉亚】0 【特-1】0【特-2】0【特-3】0 【增】16【对美加征】10【出】0【退】16	千克					999	非零售与人纤短纤混纺聚酯短纤纱（混纺指按重量计聚酯短纤含量在85%以下）
550952	00		非零售与毛混纺聚酯短纤纱线（混纺指按重量计聚酯短纤含量在85%以下）	Yarn of polyster staple fibres mixed with wool or hair(containing less than 85% weight of polyester staple fibres), not for retail sale	【最】5【普】90 【协东盟】0【协香港】0【协澳门】0 【协巴基斯坦】0【协智利】0【协新西兰】0 【协秘鲁】0【协哥斯达黎加】0【协冰岛】0 【协瑞士】0【协澳大利亚】0【协韩国】0 【协格鲁吉亚】0 【特-1】0【特-2】0【特-3】0 【增】16【对美加征】10【出】0【退】16	千克					999	非零售与毛混纺聚酯短纤纱线（混纺指按重量计聚酯短纤含量在85%以下）
550953	00		非零售与棉混纺聚酯短纤纱线（混纺指按重量计聚酯短纤含量在85%以下）	Yarn of polyster staple fibres, mixed with cotton (containing less than 85% weight of polyester staple fibres), not for retail sale	【最】5【普】90 【协亚太】3.3【协东盟】0【协香港】0 【协澳门】0【协巴基斯坦】0【协智利】0 【协新西兰】0【协秘鲁】0【协台湾】0 【协哥斯达黎加】0【协冰岛】0【协瑞士】0 【协澳大利亚】0【协韩国】0【协格鲁吉亚】0 【特-1】0【特-2】0【特-3】0 【增】16【对美加征】10【出】0【退】16	千克					999	非零售与棉混纺聚酯短纤纱线（混纺指按重量计聚酯短纤含量在85%以下）
550959	00		非零售与其他混纺聚酯短纤纱线（混纺指按重量计聚酯短纤含量在85%以下）	Yarn of polyster staple fibres mixed with other (containing less than 85% weight of polyester staple fibres), not for retail sale	【最】5【普】90 【协东盟】0【协香港】0【协澳门】0 【协巴基斯坦】0【协智利】0【协新西兰】0 【协秘鲁】0【协哥斯达黎加】0【协冰岛】0 【协瑞士】0【协澳大利亚】0【协韩国】0 【协格鲁吉亚】0 【特-1】0【特-2】0【特-3】0 【增】16【对美加征】5【出】0【退】16	千克					999	非零售与其他混纺聚酯短纤纱线（混纺指按重量计聚酯短纤含量在85%以下）
550961	00		非零售与毛混纺腈纶短纤纱线（混纺指按重量计聚丙烯腈及其变性短纤含量在85%以下）	Yarn of acrylic or modacrylic staple fibre mixed with wool or hair (containing less than 85% weight of acrylic or modacrylic staple fibre), not for retail sale	【最】5【普】90 【协东盟】0【协香港】0【协澳门】0 【协巴基斯坦】0【协智利】0【协新西兰】0 【协秘鲁】0【协哥斯达黎加】0【协冰岛】0 【协瑞士】0【协澳大利亚】0【协韩国】0 【协格鲁吉亚】0 【特-1】0【特-2】0【特-3】0 【增】16【对美加征】10【出】0【退】16	千克					999	非零售与毛混纺腈纶短纤纱线（混纺指按重量计聚丙烯腈及其变性短纤含量在85%以下）
550962	00		非零售与棉混纺腈纶短纤纱线（混纺指按重量计聚丙烯腈及其变性短纤含量在85%以下）	Yarn of acrylic or modacrylic staple fibre mixed with cotton(mix means containing less than 85% weight of acrylic or modacrylic staple fibre), not for retail sale	【最】5【普】90 【协亚太】3.3【协东盟】0【协香港】0 【协澳门】0【协巴基斯坦】0【协智利】0 【协新西兰】0【协秘鲁】0【协哥斯达黎加】0 【协冰岛】0【协瑞士】0【协澳大利亚】0 【协韩国】0【协格鲁吉亚】0 【特-1】0【特-2】0【特-3】0 【增】16【出】0【退】16	千克					999	非零售与棉混纺腈纶短纤纱线（混纺指按重量计聚丙烯腈及其变性短纤含量在85%以下）
550969	00		非零售与其他混纺腈纶短纤纱线（混纺指按重量计聚丙烯腈及其变性短纤含量在85%以下）	Yarn of acrylic or modacrylic staple fibre mixed with others(containing less than 85% weight of acrylic or modacrylic staple fibre), not for retail sale	【最】5【普】90 【协东盟】0【协香港】0【协澳门】0 【协巴基斯坦】0【协智利】0【协新西兰】0 【协秘鲁】0【协哥斯达黎加】0【协冰岛】0 【协瑞士】0【协澳大利亚】0【协韩国】0 【协格鲁吉亚】0 【特-1】0【特-2】0【特-3】0 【增】16【出】0【退】16	千克					999	非零售与其他混纺腈纶短纤纱线（混纺指按重量计聚丙烯腈及其变性短纤含量在85%以下）
550991	00		非零售与毛混纺其他合纤短纤纱线（混纺指按重量计其他合成纤维短纤含量在85%以下）	Other yarn of synthetic staple fibres mixed with wool or hair(containing less than 85% weight of other yarn of synthetic staple fibres), not for retail sale	【最】5【普】90 【协东盟】0【协香港】0【协澳门】0 【协巴基斯坦】0【协智利】0【协新西兰】0 【协秘鲁】0【协哥斯达黎加】0【协瑞士】0 【协澳大利亚】0【协韩国】0【协格鲁吉亚】0 【特-1】0【特-2】0【特-3】0 【增】16【出】0【退】16	千克					999	非零售与毛混纺其他合纤短纤纱线（混纺指按重量计其他合成纤维短纤含量在85%以下）

税则号列			货品名称中英文		税费综合信息	计量单位	监管证件代码		检验检疫类别		检验检疫编码	检验检疫编码对应中文名称
HS 国际统一前6位	本国子目 7~8位	9~10位	中文 货物名称	英文 Article Description			进口	出口	进口	出口		
550992	00		非零售与棉混纺其他合纤短纤纱线（混纺指按重量计其他合成纤维短纤含量在85%以下）	Other yarn of synthetic staple fibres mxed with cotton(containing less than 85% weight of other yarn of synthetic staple fibres), not for retail sale	【最】5【普】90 【协东盟】0【协香港】0【协澳门】0 【协巴基斯坦】0【协智利】0【协新西兰】0 【协秘鲁】0【协台湾】0【协哥斯达黎加】0 【协冰岛】0【协瑞士】0【协澳大利亚】0 【协韩国】0【协格鲁吉亚】0 【特-1】0【特-2】0【特-3】0 【增】16【出】0【退】16	千克					999	非零售与棉混纺其他合纤短纤纱线（混纺指按重量计其他合成纤维短纤含量在85%以下）
550999	00		非零售与其他混纺合纤短纤纱线（混纺指按重量计其他合成纤维短纤含量在85%以下）	Other yarn of synthetic staple fibres mxed with others(containing less than 85% weight of other yarn of synthetic staple fibres), not for retail sale	【最】5【普】90 【协东盟】0【协香港】0【协澳门】0 【协巴基斯坦】0【协智利】0【协新西兰】0 【协秘鲁】0【协哥斯达黎加】0【协冰岛】0 【协瑞士】0【协澳大利亚】0【协韩国】0 【协格鲁吉亚】0 【特-1】0【特-2】0【特-3】0 【增】16【对美加征】10【出】0【退】16	千克					999	非零售与其他混纺合纤短纤纱线（混纺指按重量计其他合成纤维短纤含量在85%以下）
551011	00		非零售其他纯人造纤维短纤单纱（纯指按重量计其纤维短纤含量在85%及以上）	other single yarn of pure artificial staple fibres (pure means containing 85% or more by weight of artificial staple fibres), not for retail sale	【最】5【普】70 【协亚太】3.3【协东盟】0【协香港】0 【协澳门】0【协巴基斯坦】0【协智利】0 【协新西兰】0【协秘鲁】0【协台湾】0 【协哥斯达黎加】0【协冰岛】0【协瑞士】0 【协澳大利亚】0【协韩国】3.3【协格鲁吉亚】0 【特-1】0【特-2】0【特-3】0 【增】16【出】0【退】16	千克					999	非零售其他纯人造纤维短纤单纱（纯指按重量计其纤维短纤含量在85%及以上）
551012	00		非零售其他纯人纤短纤多股纱线（包括缆线，纯指按重量计其他人造纤维短纤含量≥85%）	other multiple (folded) yarn of pure artificial staple fibres(including cabled yarn, containing 85% or more by weight of artificial staple fibres), not for retail sale	【最】5【普】70 【协东盟】0【协香港】0【协澳门】0 【协巴基斯坦】0【协智利】0【协新西兰】0 【协秘鲁】0【协台湾】0【协哥斯达黎加】0 【协冰岛】0【协瑞士】0【协澳大利亚】0 【协韩国】3.3【协格鲁吉亚】0 【特-1】0【特-2】0【特-3】0 【增】16【对美加征】10【出】0【退】16	千克					999	非零售其他纯人纤短纤多股纱线（包括缆线，纯指按重量计其他人造纤维短纤含量≥85%）
551020	00		非零售与毛混纺其他人纤短纤纱线（混纺指按重量计其他人造纤维短纤含量在85%以下）	Other yarn, of artificial staple fibres, mixed wool or hair (mix means containing less than 85% weight of artificial staple fibres), not for retail sale	【最】5【普】70 【协东盟】0【协香港】0【协澳门】0 【协巴基斯坦】0【协智利】0【协新西兰】0 【协秘鲁】0【协哥斯达黎加】0【协冰岛】0 【协瑞士】0【协澳大利亚】0【协韩国】0 【协格鲁吉亚】0 【特-1】0【特-2】0【特-3】0 【增】16【对美加征】10【出】0【退】16	千克					999	非零售与毛混纺其他人纤短纤纱线（混纺指按重量计其他人造纤维短纤含量在85%以下）
551030	00		非零售与棉混纺其他人纤短纤纱线（混纺指按重量计其他人造纤维短纤含量在85%以下）	Other yarn, of artificial staple fibres, mixed with cotton (mix means containing less than 85% weight of artificial staple fibres), not for retail sale	【最】5【普】70 【协亚太】3.3【协东盟】0【协香港】0 【协澳门】0【协巴基斯坦】0【协智利】0 【协新西兰】0【协秘鲁】0【协台湾】0 【协哥斯达黎加】0【协冰岛】0【协瑞士】0 【协澳大利亚】0【协韩国】0【协格鲁吉亚】0 【特-1】0【特-2】0【特-3】0 【增】16【出】0【退】16	千克					999	非零售与棉混纺其他人纤短纤纱线（混纺指按重量计其他人造纤维短纤含量在85%以下）
551090	00		非零售与其他混纺人纤短纤纱线（混纺指按重量计其他人造纤维短纤含量在85%以下）	Other yarn, of artificial staple fibres, mixed with other(containing less than 85% weight ofartificial staple fibres), not for retail sale	【最】5【普】70 【协亚太】3.3【协东盟】0【协香港】0 【协澳门】0【协巴基斯坦】0【协智利】0 【协新西兰】0【协秘鲁】0【协哥斯达黎加】0 【协冰岛】0【协瑞士】0【协澳大利亚】0 【协韩国】2.5【协格鲁吉亚】0 【特-1】0【特-2】0【特-3】0 【增】16【出】0【退】16	千克					999	非零售与其他混纺人纤短纤纱线（混纺指按重量计其他人造纤维短纤含量在85%以下）
551110	00		零售用纯合纤短纤纱线（纯指按重量计其他合成纤维短纤含量在85%及以上）	Yarn of pure man-made staple fibres (pure means containing 85% or more by weight of other synthetic staple fibres), for retail sale	【最】5【普】90 【协东盟】0【协巴基斯坦】0【协智利】0 【协新西兰】0【协秘鲁】0【协哥斯达黎加】0 【协冰岛】0【协瑞士】0【协澳大利亚】0 【协韩国】0【协格鲁吉亚】0【协香港】0 【协澳门】0 【特-1】0【特-2】0【特-3】0 【增】16【对美加征】10【出】0【退】16	千克					999	零售用纯合纤短纤纱线（纯指按重量计其他合成纤维短纤含量在85%及以上）

税则号列			货品名称中英文		税费综合信息	计量单位	监管证件代码		检验检疫类别		检验检疫编码	检验检疫编码对应中文名称
HS 国际统一前6位	本国子目 7~8位	9~10位	中文 货物名称	英文 Article Description			进口	出口	进口	出口		
551120	00		零售用混纺合纤短纤纱线（混纺指按重量计其他合成纤维含量在85%以下）	Yarn of mix synthetic staple fibres (mix means containing less than 85% by weight of other synthetic staple fibres), for retail sale	【最】5【普】90 【协东盟】0【协巴基斯坦】0【协智利】0 【协新西兰】0【协秘鲁】0【协哥斯达黎加】0 【协冰岛】0【协瑞士】0【协澳大利亚】0 【协韩国】0【协格鲁吉亚】0【协香港】0 【协澳门】0 【特-1】0【特-2】0【特-3】0 【增】16【对美加征】10【出】0【退】16	千克					999	零售用混纺合纤短纤纱线（混纺指按重量计其他合成纤维含量在85%以下）
551130	00		零售用人纤短纤纱线	Yarn of artificial staple fibres, for retail	【最】5【普】90 【协东盟】0【协巴基斯坦】0【协智利】0 【协新西兰】0【协秘鲁】0【协哥斯达黎加】0 【协冰岛】0【协瑞士】0【协澳大利亚】0 【协韩国】0【协格鲁吉亚】0【协香港】0 【协澳门】0 【特-1】0【特-2】0【特-3】0 【增】16【出】0【退】16	千克					999	零售用人纤短纤纱线
551211	00		未漂或漂白聚酯短纤机织物	Unbleached or bleached	【最】8【普】130 【协亚太】5.2【协东盟】0【协巴基斯坦】0 【协智利】0【协新西兰】0【协新加坡】0 【协秘鲁】0【协台湾】0【协哥斯达黎加】0 【协冰岛】0【协瑞士】6【协澳大利亚】0 【协韩国】7.5【协格鲁吉亚】0【协香港】0 【协澳门】0 【特-1】0【特-2】0【特-3】0 【增】16【对美加征】10【出】0【退】16	米/千克					999	未漂或漂白聚酯短纤机织物（按重量计聚酯短纤含量在85%及以上）
551219	00		聚酯短纤其他机织物	Other woven fabrics	【最】8【普】130 【协东盟】0【协香港】0【协巴基斯坦】0 【协智利】0【协新西兰】0【协新加坡】0 【协秘鲁】0【协台湾】0【协哥斯达黎加】0 【协冰岛】0【协瑞士】0【协澳大利亚】0 【协韩国】7.5【协格鲁吉亚】0 【特-1】0【特-2】0【特-3】0 【增】16【对美加征】10【出】0【退】16	米/千克					999	聚酯短纤其他机织物（按重量计聚酯短纤含量在85%及以上）
551221	00		未漂白或漂白腈纶短纤机织物	Unbleached or bleached	【最】8【普】130 【协东盟】0【协巴基斯坦】0【协智利】0 【协新西兰】0【协新加坡】0【协秘鲁】0 【协哥斯达黎加】0【协冰岛】0【协瑞士】5.2 【协澳大利亚】0【协韩国】6.5 【协格鲁吉亚】0【协香港】0【协澳门】0 【特-1】0【特-2】0【特-3】0 【增】16【对美加征】10【出】0【退】16	米/千克					999	未漂白或漂白腈纶短纤机织物（按重量计腈纶短纤含量在85%及以上）
551229	00		腈纶短纤其他机织物	Other woven fabrics	【最】8【普】130 【协亚太】5.2【协东盟】0【协巴基斯坦】0 【协智利】0【协新西兰】0【协新加坡】0 【协秘鲁】0【协哥斯达黎加】0【协冰岛】0 【协瑞士】0【协澳大利亚】0【协韩国】0 【协格鲁吉亚】0【协香港】0【协澳门】0 【特-1】0【特-2】0 【增】16【对美加征】5【出】0【退】16	米/千克					999	腈纶短纤其他机织物（按重量计腈纶短纤含量在85%及以上）
551291	00		未漂白或漂白其他合纤短纤其他机织物	Unbleached or bleached	【最】8【普】130 【协东盟】0【协巴基斯坦】0【协智利】0 【协新西兰】0【协新加坡】0【协秘鲁】0 【协哥斯达黎加】0【协冰岛】0【协瑞士】7.2 【协澳大利亚】0【协韩国】9 【协格鲁吉亚】0【协香港】0【协澳门】0 【特-1】0【特-2】0 【增】16【对美加征】10【出】0【退】16	米/千克					999	未漂白或漂白其他合纤短纤其他机织物（按重量计其他合纤短纤含量在85%及以上）
551299	00		其他合纤短纤其他机织物	Other woven fabrics	【最】8【普】130 【协东盟】0【协香港】0【协澳门】0 【协巴基斯坦】0【协智利】0【协新西兰】0 【协新加坡】0【协秘鲁】0【协台湾】0 【协哥斯达黎加】0【协冰岛】0【协瑞士】0 【协澳大利亚】0【协韩国】6.6【协格鲁吉亚】0 【特东老挝】0【特东柬埔寨】0【特东缅甸】0 【特-1】0【特-2】0【特-3】0 【增】16【对美加征】10【出】0【退】16	米/千克					999	其他合纤短纤其他机织物（按重量计其他合纤短纤含量在85%及以上）

税则号列			货品名称中英文		税费综合信息	计量单位	监管证件代码		检验检疫类别		检验检疫编码	检验检疫编码对应中文名称
HS国际统一前6位	本国子目7~8位	本国子目9~10位	中文货物名称	英文 Article Description			进口	出口	进口	出口		
551311	10		与棉混纺未漂白聚酯短纤平纹机织	Unbleached	【最】8【普】130 【协亚太】4.8【协东盟】0【协香港】0 【协巴基斯坦】0【协智利】0【协新西兰】0 【协新加坡】0【协秘鲁】0【协哥斯达黎加】0 【协冰岛】0【协瑞士】6.4【协澳大利亚】0 【协韩国】8【协格鲁吉亚】0【协香港】0 【协澳门】0 【特-1】0【特-2】0 【增】16【出】0【退】16	米/千克					101 102	与棉混纺未漂白聚酯短纤平纹机织物（含聚酯短纤<85%）（棉混纺坯布） 与棉混纺未漂白聚酯短纤平纹机织物（含聚酯短纤<85%）（合成纤维混纺机织物）
551311	20	10	与棉混纺漂白聚酯短纤平纹府绸（含聚酯短纤85%以下，每平方米重≤170克，含细平布）	Poplin, plain weave, of poyester staple fibres, including muslin, mixed with cotton, containing less than 85% by weight of polyester staple fibres, of a weight not exceeding 170g/m², bleached	【最】8【普】130 【协亚太】4.8【协东盟】0【协香港】0 【协巴基斯坦】0【协智利】0【协新西兰】0 【协新加坡】0【协秘鲁】0【协哥斯达黎加】0 【协冰岛】0【协瑞士】0【协澳大利亚】0 【协韩国】7.5【协格鲁吉亚】0 【特-1】0【特-2】0 【增】16【出】0【退】16	米/千克	A		M		101 102	与棉混纺漂白聚酯短纤平纹府绸（含聚酯短纤85%以下，每平方米重≤170克，含细平布）（漂白棉混纺布） 与棉混纺漂白聚酯短纤平纹府绸（含聚酯短纤85%以下，每平方米重≤170克，含细平布）（合成纤维混纺机织物）
551311	20	20	与棉混纺漂白聚酯短纤机织平布（混纺为含聚酯短纤85%以下，轻质指每平方米重≤170克）	Plain fabrics, of poyester staple fibres, mixed with cotton, containing less than 85% by weight of polyester staple fibres, of a weight not exceeding 170 g/m², bleached	【最】8【普】130 【协亚太】4.8【协东盟】0【协香港】0 【协巴基斯坦】0【协智利】0【协新西兰】0 【协新加坡】0【协秘鲁】0【协哥斯达黎加】0 【协冰岛】0【协瑞士】6【协澳大利亚】0 【协韩国】7.5【协格鲁吉亚】0 【特-1】0【特-2】0 【增】16【出】0【退】16	米/千克	A		M		101 102	与棉混纺漂白聚酯短纤机织平布（混纺为含聚酯短纤85%以下，轻质指每平方米重≤170克）（漂白棉混纺布） 与棉混纺漂白聚酯短纤机织平布（混纺为含聚酯短纤85%以下，轻质指每平方米重≤170克）（合成纤维混纺机织物）
551311	20	30	与棉混纺漂白聚酯平纹印染用布（混纺为含聚酯短纤85%以下，轻质指每平方米重≤170克）	Woven fabrics for printing and dyeing, of poyester staple fibres, plain weave, mixed with cotton, containing less than 85% by weight of polyester staple fibres, of a weight not exceeding 170 g/m², bleached	【最】8【普】130 【协亚太】4.8【协东盟】0【协香港】0 【协巴基斯坦】0【协智利】0【协新西兰】0 【协新加坡】0【协秘鲁】0【协哥斯达黎加】0 【协冰岛】0【协瑞士】6【协澳大利亚】0 【协韩国】7.5【协格鲁吉亚】0 【特-1】0【特-2】0 【增】16【出】0【退】16	米/千克	A		M		101 102	与棉混纺漂白聚酯平纹印染用布（混纺为含聚酯短纤85%以下，轻质指每平方米重≤170克）（漂白棉混纺布） 与棉混纺漂白聚酯平纹印染用布（混纺为含聚酯短纤85%以下，轻质指每平方米重≤170克）（合成纤维混纺机织物）
551311	20	40	与棉混纺漂白聚酯短纤平纹奶酪布等（含聚酯短纤<85%，每平方米重≤170克，含薄细布，巴里纱）	Plain weave cheese cloth, of poyester staple fibres, including voiles and muslin, mixed with cotton, containing less than 85% by weight of polyester staple fibres, of a weight not exceeding 170g/m², bleached	【最】8【普】130 【协亚太】4.8【协东盟】0【协香港】0 【协巴基斯坦】0【协智利】0【协新西兰】0 【协新加坡】0【协秘鲁】0【协哥斯达黎加】0 【协冰岛】0【协瑞士】6【协澳大利亚】0 【协韩国】7.5【协格鲁吉亚】0 【特-1】0【特-2】0 【增】16【出】0【退】16	米/千克	A		M		101 102	与棉混纺漂白聚酯短纤平纹奶酪布等（含聚酯短纤<85%，每平方米重≤170克，含薄细布，巴里纱）（漂白棉混纺布） 与棉混纺漂白聚酯短纤平纹奶酪布等（含聚酯短纤<85%，每平方米重≤170克，含薄细布，巴里纱）（合成纤维混纺机织物）
551312	10		与棉混纺未漂白的轻质聚酯斜纹布（混纺为含聚酯短纤85%以下，轻质指每平方米重≤170克）	Twill weave cloth of polyester staple fibres, mixed with cotton, containing less than 85% by weight of polyester staple fibres, of a weight not exceeding 170g/m², unbleached	【最】8【普】130 【协东盟】0【协香港】0【协巴基斯坦】0 【协智利】0【协新西兰】0【协新加坡】0 【协秘鲁】0【协哥斯达黎加】0【协冰岛】0 【协瑞士】6.4【协澳大利亚】0【协韩国】8 【协格鲁吉亚】0 【特-1】0【特-2】0 【增】16【出】0【退】16	米/千克					101 102 103	与棉混纺未漂白的轻质聚酯斜纹布（混纺为含聚酯短纤85%以下，轻质指每平方米重≤170克）（棉混纺坯布） 与棉混纺未漂白的轻质聚酯斜纹布（混纺为含聚酯短纤85%以下，轻质指每平方米重≤170克）（漂白棉混纺布） 与棉混纺未漂白的轻质聚酯斜纹布（混纺为含聚酯短纤85%以下，轻质指每平方米重≤170克）（合成纤维混纺机织物）

税则号列 HS 国际统一前 6 位	本国子目 7~8 位	本国子目 9~10 位	货品名称中文 货物名称	货品名称英文 Article Description	税费综合信息	计量单位	监管证件代码 进口	监管证件代码 出口	检验检疫类别 进口	检验检疫类别 出口	检验检疫编码	检验检疫编码对应中文名称
551312	20		与棉混纺漂白的轻质聚酯斜纹布（混纺为含聚酯短纤 85%以下，轻质指每平方米重≤170 克）	Twill weave cloth of polyester staple fibres, mixed with cotton, containing less than 85% by weight of polyester staple fibres, of a weight not exceeding 170g/m^2, bleached	【最】8【普】130 【协东盟】0【协香港】0【协巴基斯坦】0 【协智利】0【协新西兰】0【协新加坡】0 【协秘鲁】0【协哥斯达黎加】0【协冰岛】0 【协瑞士】7.2【协澳大利亚】0【协韩国】9 【协格鲁吉亚】0 【特-1】0【特-2】0 【增】16【出】0【退】16	米/千克					101 102	与棉混纺漂白的轻质聚酯斜纹布（混纺为含聚酯短纤 85%以下，轻质指每平方米重≤170 克）（漂白棉混纺布） 与棉混纺漂白的轻质聚酯斜纹布（混纺为含聚酯短纤 85%以下，轻质指每平方米重≤170 克）（合成纤维混纺机织物）
551313	10		与棉混纺未漂聚酯短纤其他机织物	Unbleached	【最】8【普】130 【协亚太】7.2【协东盟】0【协巴基斯坦】0 【协智利】0【协新西兰】0【协新加坡】0 【协秘鲁】0【协哥斯达黎加】0【协冰岛】0 【协瑞士】6.4【协澳大利亚】0【协韩国】8 【协格鲁吉亚】0【协香港】0【协澳门】0 【特-1】0【特-2】0 【增】16【出】0【退】16	米/千克					101 102	与棉混纺未漂聚酯短纤其他机织物（含聚酯短纤<85%）（棉混纺坯布） 与棉混纺未漂聚酯短纤其他机织物（含聚酯短纤<85%）（合成纤维混纺机织物）
551313	20		与棉混纺漂白聚酯短纤其他机织物	Bleached	【最】8【普】130 【协东盟】0【协巴基斯坦】0【协智利】0 【协新西兰】0【协新加坡】0【协秘鲁】0 【协哥斯达黎加】0【协冰岛】0【协瑞士】7.2 【协澳大利亚】0【协韩国】9 【协格鲁吉亚】0【协香港】0【协澳门】0 【特-1】0【特-2】0 【增】16【出】0【退】16	米/千克					101 102	与棉混纺漂白聚酯短纤其他机织物（含聚酯短纤<85%）（漂白棉混纺布） 与棉混纺漂白聚酯短纤其他机织物（含聚酯短纤<85%）（合成纤维混纺机织物）
551319	00		与棉混纺的未漂白或漂白的其他合纤短纤机织物	Other woven fabrics	【最】8【普】130 【协亚太】4.8【协东盟】0【协巴基斯坦】0 【协智利】0【协新西兰】0【协新加坡】0 【协秘鲁】0【协哥斯达黎加】0【协冰岛】0 【协瑞士】7.2【协澳大利亚】0【协韩国】9 【协格鲁吉亚】0【协香港】0【协澳门】0 【特-1】0【特-2】0 【增】16【出】0【退】16	米/千克					101 102 103	与棉混纺的未漂白或漂白的其他合纤短纤机织物（其他合短纤<85%）（棉混纺坯布） 与棉混纺的未漂白或漂白的其他合纤短纤机织物（其他合短纤<85%）（漂白棉混纺布） 与棉混纺的未漂白或漂白的其他合纤短纤机织物（其他合短纤<85%）（合成纤维混纺机织物）
551321	00		与棉混染色聚酯短纤平纹机织物（聚酯短纤 85%以下）	Of polyester staple fibres, plain weave, containing less than 85%	【最】8【普】130 【协亚太】5.2【协东盟】0【协香港】0 【协澳门】0【协巴基斯坦】0【协智利】0 【协新西兰】0【协新加坡】0【协秘鲁】0 【协台湾】0【协哥斯达黎加】0【协冰岛】0 【协瑞士】0【协澳大利亚】0【协韩国】0 【协格鲁吉亚】0 【特-1】0【特-2】0 【增】16【对美加征】10【出】0【退】16	米/千克					101 102	与棉混染色聚酯短纤平纹机织物（聚酯短纤 85%以下）（棉混纺染色布） 与棉混染色聚酯短纤平纹机织物（聚酯短纤 85%以下）（合成纤维混纺机织物）
551323	10		与棉混纺染色的轻质聚酯斜纹机织（包括三线或四线、双面斜纹机织物，聚酯短纤 85%以下，轻质指每平方米重≤170 克）	Twill weave fabrics of polyester staple fibres, mixed with cotton, including 3-thread or 4-thread twill, cross twill, containing more than 85% by weight of polyester staple fibres, of a weight not exceeding 170g/m^2, dyed	【最】8【普】130 【协东盟】0【协香港】0【协巴基斯坦】0 【协智利】0【协新西兰】0【协新加坡】0 【协秘鲁】0【协哥斯达黎加】0【协冰岛】0 【协瑞士】0【协澳大利亚】0【协韩国】0 【协格鲁吉亚】0 【特-1】0【特-2】0 【增】16【出】0【退】16	米/千克					101 102	与棉混纺染色的轻质聚酯斜纹机织物（包括三线或四线、双面斜纹机织物，聚酯短纤 85%以下，轻质指每平方米重≤170 克）（棉混纺染色布） 与棉混纺染色的轻质聚酯斜纹机织物（包括三线或四线、双面斜纹机织物，聚酯短纤 85%以下，轻质指每平方米重≤170 克）（合成纤维混纺机织物）
551323	90		与棉混纺染色聚酯短纤其他机织物（混纺为含聚酯短纤 85%以下，每平方米重≤170 克）	Other woven fabrics of polyester staple fibres, mixed with cotton, containing less than 85% by weight of polyester staple fibres, of a weight not exceeding 170g/m^2, dyed	【最】8【普】130 【协东盟】0【协巴基斯坦】0【协智利】0 【协新西兰】0【协新加坡】0【协秘鲁】0 【协哥斯达黎加】0【协冰岛】0【协瑞士】0 【协澳大利亚】0【协韩国】5【协格鲁吉亚】0 【协香港】0【协澳门】0 【特-1】0【特-2】0 【增】16【对美加征】10【出】0【退】16	米/千克					101 102	与棉混纺染色聚酯短纤其他机织物（混纺为含聚酯短纤 85%以下，每平方米重≤170 克）（棉混纺染色布） 与棉混纺染色聚酯短纤其他机织物（混纺为含聚酯短纤 85%以下，每平方米重≤170 克）（合成纤维混纺机织物）

税则号列			货品名称中英文		税费综合信息	计量单位	监管证件代码		检验检疫类别		检验检疫编码	检验检疫编码对应中文名称
HS 国际统一前6位	本国子目 7~8位	9~10位	中文 货物名称	英文 Article Description			进口	出口	进口	出口		
551329	00		与棉混纺染色其他合纤短纤其他布	Other woven fabrics	【最】8【普】130 【协东盟】0【协巴基斯坦】0【协智利】0 【协新西兰】0【协新加坡】0【协秘鲁】0 【协哥斯达黎加】0【协冰岛】0【协瑞士】0 【协澳大利亚】0【协韩国】0【协格鲁吉亚】0 【协香港】0【协澳门】0 【特-1】0【特-2】0【特-3】0 【增】16【对美加征】10【出】0【退】16	米/千克					101 102	与棉混纺染色其他合纤短纤其他布（含其他合短纤<85%）（棉混纺染色布） 与棉混纺染色其他合纤短纤其他布（含其他合短纤<85%）（合成纤维混纺机织物）
551331	00		与棉混纺色织的聚酯短纤平纹布	polyester staple fibres, plain weave mixed with cotton, of yarns of different colours, containing less than 85% by weight of synthetic staple fibres, of a weight not exceeding $170g/m^2$	【最】8【普】130 【协东盟】0【协香港】0【协巴基斯坦】0 【协智利】0【协新西兰】0【协新加坡】0 【协秘鲁】0【协哥斯达黎加】0【协冰岛】0 【协瑞士】0【协澳大利亚】0【协韩国】0 【协格鲁吉亚】0 【特-1】0【特-2】0 【增】16【对美加征】10【出】0【退】16	米/千克					101 102	与棉混纺色织的聚酯短纤平纹布（含聚酯短纤85%以下，每平方米重≤170克）（色织棉混纺布） 与棉混纺色织的聚酯短纤平纹布（含聚酯短纤85%以下，每平方米重≤170克）（合成纤维混纺机织物）
551339	10		与棉混纺色织的聚酯短纤三或四线斜纹布（含聚酯短纤85%以下，每平方米重≤170克，包括双面斜纹机织物）	Twill weave cloth of polyester staple fibres, mixed with cotton, 3-thread or 4-thread twill, including cross twill, of yarns of different colours, containing less than 85% by weight of synthetic staple fibres, of a weight not exceeding $170g/m^2$	【最】8【普】130 【协亚太】5.2【协东盟】0【协香港】0 【协巴基斯坦】0【协智利】0【协新西兰】0 【协新加坡】0【协秘鲁】0【协哥斯达黎加】0 【协冰岛】0【协瑞士】0【协澳大利亚】0 【协韩国】0【协格鲁吉亚】0 【特-1】0【特-2】0 【增】16【出】0【退】16	米/千克					101 102	与棉混纺色织的聚酯短纤三或四线斜纹布（含聚酯短纤85%以下，每平方米重≤170克，包括双面斜纹机织物）（色织棉混纺布） 与棉混纺色织的聚酯短纤三或四线斜纹布（含聚酯短纤85%以下，每平方米重≤170克，包括双面斜纹机织物）（合成纤维混纺机织物）
551339	20		与棉混纺色织聚酯短纤其他机织物（混纺为含聚酯短纤85%以下，每平方米重≤170克）	Other woven fabrics of polyester staple fibres, mixed with cotton, containing less than 85% by weight of synthetic staple fibres, of a weight not exceeding $170g/m^2$, of yarns of different colours	【最】8【普】130 【协东盟】0【协香港】0【协巴基斯坦】0 【协智利】0【协新西兰】0【协新加坡】0 【协秘鲁】0【协哥斯达黎加】0【协冰岛】0 【协瑞士】0【协澳大利亚】0【协韩国】0 【协格鲁吉亚】0 【特-1】0【特-2】0 【增】16【出】0【退】16	米/千克					101 102	与棉混纺色织聚酯短纤其他机织物（混纺为含聚酯短纤85%以下，每平方米重≤170克）（色织棉混纺布） 与棉混纺色织聚酯短纤其他机织物（混纺为含聚酯短纤85%以下，每平方米重≤170克）（合成纤维混纺机织物）
551339	90		与棉混纺色织其他合纤短纤其他布（混纺为含其他合短纤<85%，每平方米重≤170克）	Other cloth of synthetic staple fibres, mixed with cotton, of yarns of different colours, containing less than 85% by weight of synthetic staple fibres, of a weight not exceeding $170g/m^2$	【最】8【普】130 【协东盟】0【协巴基斯坦】0【协智利】0 【协新西兰】0【协新加坡】0【协秘鲁】0 【协哥斯达黎加】0【协冰岛】0【协瑞士】0 【协澳大利亚】0【协韩国】0【协格鲁吉亚】0 【协香港】0【协澳门】0 【特-1】0【特-2】0 【增】16【出】0【退】16	米/千克					101 102	与棉混纺色织其他合纤短纤其他布（混纺为含其他合短纤<85%，每平方米重≤170克）（色织棉混纺布） 与棉混纺色织其他合纤短纤其他布（混纺为含其他合短纤<85%，每平方米重≤170克）（合成纤维混纺机织物）
551341	00		与棉混印花聚酯短纤平纹机织物（含聚酯短纤85%以下，指每平方米重≤170克）	Of polyester staple fibres, plain weave, containing less than 85% by weight of synthetic staple fibres, of a weight not exceeding $170g/m^2$	【最】8【普】130 【协东盟】0【协巴基斯坦】0【协智利】0 【协新西兰】0【协新加坡】0【协秘鲁】0 【协哥斯达黎加】0【协冰岛】0【协瑞士】0 【协澳大利亚】0【协韩国】0【协格鲁吉亚】0 【协香港】0【协澳门】0 【特东老挝】0【特东柬埔寨】0【特东缅甸】0 【特-1】0【特-2】0【特-3】0 【增】16【出】0【退】16	米/千克					101 102	与棉混印花聚酯短纤平纹机织物（含聚酯短纤85%以下，指每平方米重≤170克）（棉混纺印花布） 与棉混印花聚酯短纤平纹机织物（含聚酯短纤85%以下，指每平方米重≤170克）（合成纤维混纺机织物）

税则号列			货品名称中英文		税费综合信息	计量单位	监管证件代码		检验检疫类别		检验检疫编码	检验检疫编码对应中文名称
HS国际统一前6位	本国子目 7~8位	9~10位	中文 货物名称	英文 Article Description			进口	出口	进口	出口		
551349	10		与棉混纺印花的轻质聚酯三或四线斜纹布（混纺为含聚酯短纤<85%，轻质指每平方米重≤170克，包括双面斜纹机织物）	Twill weave cloth of polyester staple fibres, mixed with cotton, 3-thread or 4-thread twill, including cross twill, of polyester staple fibres containing less than 85% by weight of synthetic staple fibres, of a weight not exceeding 170g/m^2, printed	【最】8【普】130 【协东盟】0【协巴基斯坦】0【协智利】0 【协新西兰】0【协新加坡】0【协秘鲁】0 【协哥斯达黎加】0【协冰岛】0【协瑞士】0 【协澳大利亚】0【协韩国】0【协格鲁吉亚】0 【协香港】0【协澳门】0 【特-1】0【特-2】0 【增】16【出】0【退】16	米/千克					101 102	与棉混纺印花的轻质聚酯三或四线斜纹布（混纺为含聚酯短纤<85%，轻质指每平方米重≤170克，包括双面斜纹机织物）（棉混纺印花布） 与棉混纺印花的轻质聚酯三或四线斜纹布（混纺为含聚酯短纤<85%，轻质指每平方米重≤170克，包括双面斜纹机织物）（合成纤维混纺机织物）
551349	20		与棉混纺印花聚酯短纤其他机织物（混纺为含聚酯短纤85%以下，每平方米重≤170克）	Other woven fabrics of polyester staple fibres, mixed with cotton, containing less than 85% by weight of synthetic staple fibres, of a weight not exceeding 170g/m^2, printed	【最】8【普】130 【协东盟】0【协巴基斯坦】0【协智利】0 【协新西兰】0【协新加坡】0【协秘鲁】0 【协哥斯达黎加】0【协冰岛】0【协瑞士】0 【协澳大利亚】0【协韩国】0【协格鲁吉亚】0 【协香港】0【协澳门】0 【特-1】0【特-2】0 【增】16【出】0【退】16	米/千克					101 102	与棉混纺印花聚酯短纤其他机织物（混纺为含聚酯短纤85%以下，每平方米重≤170克）（棉混纺印花布） 与棉混纺印花聚酯短纤其他机织物（混纺为含聚酯短纤85%以下，每平方米重≤170克）（合成纤维混纺机织物）
551349	90		与棉混纺印花其他合纤短纤其他布（混纺为含其他合短纤<85%，轻质指每平方米重≤170克）	Other cloth of synthetic staple fibres, mixed with cotton, containing less than 85% by weight of synthetic staple fibres, of a weight not exceeding 170 g/m^2,printed	【最】8【普】130 【协东盟】0【协巴基斯坦】0【协智利】0 【协新西兰】0【协新加坡】0【协秘鲁】0 【协哥斯达黎加】0【协冰岛】0【协瑞士】0 【协澳大利亚】0【协韩国】0【协格鲁吉亚】0 【协香港】0【协澳门】0 【特-1】0【特-2】0 【增】16【出】0【退】16	米/千克					101 102	与棉混纺印花其他合纤短纤其他布（混纺为含其他合短纤<85%，轻质指每平方米重≤170克）（棉混纺印花布） 与棉混纺印花其他合纤短纤其他布（混纺为含其他合短纤<85%，轻质指每平方米重≤170克）（合成纤维混纺机织物）
551411	10		与棉混纺未漂白聚酯短纤平纹机织物	Unbleached	【最】8【普】130 【协亚太】5.2【协东盟】0【协巴基斯坦】0 【协智利】0【协新西兰】0【协新加坡】0 【协秘鲁】0【协哥斯达黎加】0【协冰岛】0 【协瑞士】6.4【协澳大利亚】0【协韩国】8 【协格鲁吉亚】0【协香港】0【协澳门】0 【特-1】0【特-2】0 【增】16【出】0【退】16	米/千克					101 102	与棉混纺未漂白聚酯短纤平纹机织物（含聚酯短纤85%以下，每平方米重>170克）（棉混纺坯布） 与棉混纺未漂白聚酯短纤平纹机织物（含聚酯短纤85%以下，每平方米重>170克）（合成纤维混纺机织物）
551411	20		与棉混纺漂白聚酯短纤平纹机织物	Bleached	【最】8【普】130 【协东盟】0【协巴基斯坦】0【协智利】0 【协新西兰】0【协新加坡】0【协秘鲁】0 【协哥斯达黎加】0【协冰岛】0【协瑞士】9 【协澳大利亚】0【协韩国】9 【协格鲁吉亚】0【协香港】0【协澳门】0 【特-1】0【特-2】0 【增】16【对美加征】10【出】0【退】16	米/千克					101 102	与棉混纺漂白聚酯短纤平纹机织物（聚酯短纤85%以下，每平方米重>170克）（漂白棉混纺布） 与棉混纺漂白聚酯短纤平纹机织物（聚酯短纤85%以下，每平方米重>170克）（合成纤维混纺机织物）
551412	10		与棉混纺未漂白的重质聚酯斜纹布（混纺为含聚酯短纤85%以下，重质指每平方米重>170克）	polyester staple fibres, twill weave, mixed with cotton, containing less than 85% by weight of polyester staple fibres, of a weight exceeding 170g/m^2, unbleached	【最】8【普】130 【协东盟】0【协香港】0【协巴基斯坦】0 【协智利】0【协新西兰】0【协新加坡】0 【协秘鲁】0【协哥斯达黎加】0【协冰岛】0 【协瑞士】6.4【协澳大利亚】0【协韩国】8 【协格鲁吉亚】0 【特-1】0【特-2】0 【增】16【出】0【退】16	米/千克					101 102	与棉混纺未漂白的重质聚酯斜纹布（混纺为含聚酯短纤85%以下，重质指每平方米重>170克）（棉混纺坯布） 与棉混纺未漂白的重质聚酯斜纹布（混纺为含聚酯短纤85%以下，重质指每平方米重>170克）（合成纤维混纺机织物）

税则号列			货品名称中英文		税费综合信息	计量单位	监管证件代码		检验检疫类别		检验检疫编码	检验检疫编码对应中文名称
HS 国际统一前6位	本国子目 7~8位	9~10位	中文 货物名称	英文 Article Description			进口	出口	进口	出口		
551412	20		与棉混纺漂白的聚酯短纤斜纹布（含聚酯短纤85%以下，每平方米重>170克）	Polyester staple fibres, twill weave, mixed with cotton, containing less than 85% by weight of polyester staple fibres, of a weight exceeding 170g/m², bleached	【最】8【普】130 【协东盟】0【协香港】0【协巴基斯坦】0 【协智利】0【协新西兰】0【协新加坡】0 【协秘鲁】0【协哥斯达黎加】0【协冰岛】0 【协瑞士】7.2【协澳大利亚】0【协韩国】9 【协格鲁吉亚】0 【特-1】0【特-2】0 【增】16【出】0【退】16	米/千克					101 102	与棉混纺漂白的聚酯短纤斜纹布（含聚酯短纤85%以下，每平方米重>170克）（漂白棉混纺布） 与棉混纺漂白的聚酯短纤斜纹布（含聚酯短纤85%以下，每平方米重>170克）（合成纤维混纺机织物）
551419	11		与棉混纺未漂白聚酯短纤其他机织物（混纺为含聚酯短纤85%以下，每平方米重>170克）	Other polyester staple fibres, mixed with cotton, containing less than 85% by weight of polyester staple fibres, of a weight exceeding 170g/m², unbleached	【最】8【普】130 【协东盟】0【协巴基斯坦】0【协智利】0 【协新西兰】0【协新加坡】0【协秘鲁】0 【协哥斯达黎加】0【协冰岛】0【协瑞士】6.4 【协澳大利亚】0【协韩国】8 【协格鲁吉亚】0【协香港】0【协澳门】0 【特-1】0【特-2】0 【增】16【对美加征】5【出】0【退】16	米/千克					101 102	与棉混纺未漂白聚酯短纤其他机织物（混纺为含聚酯短纤85%以下，每平方米重>170克）（棉混纺坯布） 与棉混纺未漂白聚酯短纤其他机织物（混纺为含聚酯短纤85%以下，每平方米重>170克）（合成纤维混纺机织物）
551419	12		与棉混纺漂白聚酯短纤其他机织物（混纺为含聚酯短纤85%以下，每平方米重>170克）	Other polyester staple fibres, mixed with cotton, containing less than 85% by weight of polyester staple fibres, of a weight exceeding 170g/m², bleached	【最】8【普】130 【协东盟】0【协巴基斯坦】0【协智利】0 【协新西兰】0【协新加坡】0【协秘鲁】0 【协哥斯达黎加】0【协冰岛】0【协瑞士】7.2 【协澳大利亚】0【协韩国】9 【协格鲁吉亚】0【协香港】0【协澳门】0 【特-1】0【特-2】0 【增】16【出】0【退】16	米/千克					101 102	与棉混纺漂白聚酯短纤其他机织物（混纺为含聚酯短纤85%以下，每平方米重>170克）（漂白棉混纺布） 与棉混纺漂白聚酯短纤其他机织物（混纺为含聚酯短纤85%以下，每平方米重>170克）（合成纤维混纺机织物）
551419	90		与棉混纺未漂白或漂白其他合纤短纤布（其他合纤短纤<85%，每平方米重>170克，指其他机织物）	Other synthetic staple fibres mixed with cotton, containing less than 85% by weight of synthetic staple fibres, of a weight exceeding 170g/m², unbleached or bleached	【最】8【普】130 【协亚太】5.2【协东盟】0【协巴基斯坦】0 【协智利】0【协新西兰】0【协新加坡】0 【协秘鲁】0【协哥斯达黎加】0【协冰岛】0 【协瑞士】6.4【协澳大利亚】0【协韩国】8 【协格鲁吉亚】0【协香港】0【协澳门】0 【特-1】0【特-2】0 【增】16【对美加征】10【出】0【退】16	米/千克					101 102 103	与棉混纺未漂白或漂白其他合纤短纤布（其他合纤短纤<85%，每平方米重>170克，指其他机织物）（棉混纺坯布） 与棉混纺未漂白或漂白其他合纤短纤布（其他合纤短纤<85%，每平方米重>170克，指其他机织物）（漂白棉混纺布） 与棉混纺未漂白或漂白其他合纤短纤布（其他合纤短纤<85%，每平方米重>170克，指其他机织物）（合成纤维混纺机织物）
551421	00		与棉混纺染色聚酯短纤平纹机织物	Of polyester staple fibres, plain weave	【最】8【普】130 【协东盟】0【协香港】0【协巴基斯坦】0 【协智利】0【协新西兰】0【协新加坡】0 【协秘鲁】0【协哥斯达黎加】0【协冰岛】0 【协瑞士】0【协澳大利亚】0【协韩国】0 【协格鲁吉亚】0 【特-1】0【特-2】0 【增】16【对美加征】10【出】0【退】16	米/千克					101 102	与棉混纺染色聚酯短纤平纹机织物（聚酯短纤85%以下，每平方米重>170克）（棉混纺染色布） 与棉混纺染色聚酯短纤平纹机织物（聚酯短纤85%以下，每平方米重>170克）（合成纤维混纺机织物）
551422	00		与棉混纺染色的重质聚酯斜纹布（混纺为含聚酯短纤85%以下，重质指每平方米重>170克）	Twill weave cloth of polyester staple fibres, mixed with cotton, containing less than 85% by weight of polyester staple fibres, of a weight exceeding 170g/m², dyed	【最】8【普】130 【协东盟】0【协香港】0【协巴基斯坦】0 【协智利】0【协新西兰】0【协新加坡】0 【协秘鲁】0【协哥斯达黎加】0【协冰岛】0 【协瑞士】0【协澳大利亚】0【协韩国】0 【协格鲁吉亚】0 【特-1】0【特-2】0 【增】16【对美加征】10【出】0【退】16	米/千克					101 102	与棉混纺染色的重质聚酯斜纹布（混纺为含聚酯短纤85%以下，重质指每平方米重>170克）（棉混纺染色布） 与棉混纺染色的重质聚酯斜纹布（混纺为含聚酯短纤85%以下，重质指每平方米重>170克）（合成纤维混纺机织物）

税则号列 HS国际统一前6位	本国子目 7~8位	本国子目 9~10位	货品名称中英文 中文 货物名称	货品名称中英文 英文 Article Description	税费综合信息	计量单位	监管证件代码 进口	监管证件代码 出口	检验检疫类别 进口	检验检疫类别 出口	检验检疫编码	检验检疫编码对应中文名称
551423	00		与棉混纺染色聚酯短纤其他机织物	Other woven fabrics of polyester staple fibres	【最】8【普】130 【协东盟】0【协巴基斯坦】0【协智利】0 【协新西兰】0【协新加坡】0【协秘鲁】0 【协哥斯达黎加】0【协冰岛】0【协瑞士】0 【协澳大利亚】0【协韩国】0【协格鲁吉亚】0 【协香港】0【协澳门】0 【特东老挝】0【特东柬埔寨】0【特东缅甸】0 【特-1】0【特-2】0【特-3】0 【增】16【对美加征】10【出】0【退】16	米/千克					101 102	与棉混纺染色聚酯短纤其他机织物（聚酯短纤85%以下，每平方米重>170克）（棉混纺染色布） 与棉混纺染色聚酯短纤其他机织物（聚酯短纤85%以下，每平方米重>170克）（合成纤维混纺机织物）
551429	00		与棉混纺染色其他合纤短纤其他机织物	Other woven fabrics	【最】8【普】130 【协东盟】0【协巴基斯坦】0【协智利】0 【协新西兰】0【协新加坡】0【协秘鲁】0 【协哥斯达黎加】0【协冰岛】0【协瑞士】0 【协澳大利亚】0【协韩国】0【协格鲁吉亚】0 【协香港】0【协澳门】0 【特-1】0【特-2】0【特-3】0 【增】16【对美加征】10【出】0【退】16	米/千克					101 102	与棉混纺染色其他合纤短纤其他机织物（混纺为含其他合短纤<85%，重质指每平方米重>170克）（棉混纺染色布） 与棉混纺染色其他合纤短纤其他机织物（混纺为含其他合短纤<85%，重质指每平方米重>170克）（合成纤维混纺机织物）
551430	10		与棉混纺色织的重质聚酯平纹布（混纺为含聚酯短纤<85%，重质指每平方米重>170克）	polyester staple fibres, plain weave mixed with cotton containing less than 85% by weight of synthetic staple fibres, of a weight exceeding 170g/m^2, of yarn of different colours	【最】8【普】130 【协东盟】0【协香港】0【协巴基斯坦】0 【协智利】0【协新西兰】0【协新加坡】0 【协秘鲁】0【协哥斯达黎加】0【协冰岛】0 【协瑞士】0【协澳大利亚】0【协韩国】0 【协格鲁吉亚】0 【特-1】0【特-2】0 【增】16【对美加征】10【出】0【退】16	米/千克					101 102	与棉混纺色织的重质聚酯平纹布（混纺为含聚酯短纤<85%，重质指每平方米重>170克）（色织棉混纺布） 与棉混纺色织的重质聚酯平纹布（混纺为含聚酯短纤<85%，重质指每平方米重>170克）（合成纤维混纺机织物）
551430	20		与棉混纺色织聚酯短纤三四线斜纹布（聚酯短纤<85%，每平方米重>170克，包括双面斜纹机织物）	polyester staple fibres, 3-thread or 4-thread twill, including cross twill, mixed with cotton containing less than 85% by weight of synthetic staple fibres, of a weight exceeding 170g/m^2, of yarn of different colours	【最】8【普】130 【协东盟】0【协香港】0【协巴基斯坦】0 【协智利】0【协新西兰】0【协新加坡】0 【协秘鲁】0【协哥斯达黎加】0【协冰岛】0 【协瑞士】0【协澳大利亚】0【协韩国】0 【协格鲁吉亚】0 【特-1】0【特-2】0 【增】16【出】0【退】16	米/千克					101 102	与棉混纺色织聚酯短纤三四线斜纹布（聚酯短纤<85%，每平方米重>170克，包括双面斜纹机织物）（色织棉混纺布） 与棉混纺色织聚酯短纤三四线斜纹布（聚酯短纤<85%，每平方米重>170克，包括双面斜纹机织物）（合成纤维混纺机织物）
551430	30		与棉混纺色织聚酯短纤其他机织物（混纺为含聚酯短纤85%以下，每平方米重>170克）	Other woven fabrics of polyester staple fibres, mixed with cotton, containing less than 85% by weight of synthetic staple fibres, of a weight exceeding 170g/m^2, of yarn of different colours	【最】8【普】130 【协东盟】0【协巴基斯坦】0【协智利】0 【协新西兰】0【协新加坡】0【协秘鲁】0 【协哥斯达黎加】0【协冰岛】0【协瑞士】0 【协澳大利亚】0【协韩国】0【协格鲁吉亚】0 【协香港】0【协澳门】0 【特-1】0【特-2】0 【增】16【对美加征】10【出】0【退】16	米/千克					101 102	与棉混纺色织聚酯短纤其他机织物（混纺为含聚酯短纤85%以下，每平方米重>170克）（色织棉混纺布） 与棉混纺色织聚酯短纤其他机织物（混纺为含聚酯短纤85%以下，每平方米重>170克）（合成纤维混纺机织物）
551430	90		与棉混纺色织合纤短纤其他机织物（混纺为含其他合短纤85%以下，每平方米重>170克）	Other woven fabrics of synthetic staple fibres, mixed with cotton, containing less than 85% by weight of synthetic staple fibres, of a weight exceeding 170g/m^2, of yarn of different colours	【最】8【普】130 【协东盟】0【协巴基斯坦】0【协智利】0 【协新西兰】0【协新加坡】0【协秘鲁】0 【协哥斯达黎加】0【协冰岛】0【协瑞士】0 【协澳大利亚】0【协韩国】0【协格鲁吉亚】0 【协香港】0【协澳门】0 【特-1】0【特-2】0 【增】16【对美加征】10【出】0【退】16	米/千克					101 102	与棉混纺色织合纤短纤其他机织物（混纺为含其他合短纤85%以下，每平方米重>170克）（色织棉混纺布） 与棉混纺色织合纤短纤其他机织物（混纺为含其他合短纤85%以下，每平方米重>170克）（合成纤维混纺机织物）

税则号列			货品名称中英文		税费综合信息	计量单位	监管证件代码		检验检疫类别		检验检疫编码	检验检疫编码对应中文名称
HS 国际统一前6位	本国子目 7~8位	本国子目 9~10位	中文 货物名称	英文 Article Description			进口	出口	进口	出口		
551441	00		与棉混纺印花聚酯短纤平纹机织物（混纺为含聚酯短纤85%以下，重质指每平方米重>170克）	Of polyester staple fibres, plain weave	【最】8【普】130 【协东盟】0【协巴基斯坦】0【协智利】0 【协新西兰】0【协新加坡】0【协秘鲁】0 【协哥斯达黎加】0【协冰岛】0【协瑞士】0 【协澳大利亚】0【协韩国】0【协格鲁吉亚】0 【协香港】0【协澳门】0 【特-1】0【特-2】0 【增】16【对美加征】5【出】0【退】16	米/千克					101 102	与棉混纺印花聚酯短纤平纹机织物（混纺为含聚酯短纤85%以下，重质指每平方米重>170克）（棉混纺印花布） 与棉混纺印花聚酯短纤平纹机织物（混纺为含聚酯短纤85%以下，重质指每平方米重>170克）（合成纤维混纺机织物）
551442	00		与棉混纺印花的重质聚酯斜纹布（混纺为含聚酯短纤85%以下，重质指每平方米重>170克）	Twill weave cloth of polyester staple fibres, mixed with cotton, containing less than 85% by weight of polyester staple fibres, of a weight exceeding 170g/m², printed	【最】8【普】130 【协东盟】0【协巴基斯坦】0【协智利】0 【协新西兰】0【协新加坡】0【协秘鲁】0 【协哥斯达黎加】0【协冰岛】0【协瑞士】0 【协澳大利亚】0【协韩国】0【协格鲁吉亚】0 【协香港】0【协澳门】0 【特-1】0【特-2】0 【增】16【出】0【退】16	米/千克					101 102	与棉混纺印花的重质聚酯斜纹布（混纺为含聚酯短纤85%以下，重质指每平方米重>170克）（棉混纺印花布） 与棉混纺印花的重质聚酯斜纹布（混纺为含聚酯短纤85%以下，重质指每平方米重>170克）（合成纤维混纺机织物）
551443	00		与棉混纺印花聚酯短纤其他机织物	Other woven fabrics of polyester staple fibres	【最】8【普】130 【协东盟】0【协巴基斯坦】0【协智利】0 【协新西兰】0【协新加坡】0【协秘鲁】0 【协哥斯达黎加】0【协冰岛】0【协瑞士】0 【协澳大利亚】0【协韩国】0【协格鲁吉亚】0 【协香港】0【协澳门】0 【特-1】0【特-2】0 【增】16【对美加征】5【出】0【退】16	米/千克					101 102	与棉混纺印花聚酯短纤其他机织物（混纺为含聚酯短纤85%以下，重质指每平方米重>170克）（棉混纺印花布） 与棉混纺印花聚酯短纤其他机织物（混纺为含聚酯短纤85%以下，重质指每平方米重>170克）（合成纤维混纺机织物）
551449	00		与棉混纺印花其他合纤短纤其他机织物	Other woven fabrics	【最】8【普】130 【协东盟】0【协巴基斯坦】0【协智利】0 【协新西兰】0【协新加坡】0【协秘鲁】0 【协哥斯达黎加】0【协冰岛】0【协瑞士】0 【协澳大利亚】0【协韩国】0【协格鲁吉亚】0 【协香港】0【协澳门】0 【特-1】0【特-2】0 【增】16【出】0【退】16	米/千克					101 102	与棉混纺印花其他合纤短纤其他机织物（混纺为含其他合短纤<85%，重质指每平方米重>170克）（棉混纺印花布） 与棉混纺印花其他合纤短纤其他机织物（混纺为含其他合短纤<85%，重质指每平方米重>170克）（合成纤维混纺机织物）
551511	00		主要或仅与粘胶纤维短纤混纺聚酯	Mixed mainly or solely with viscose rayon staple fibres	【最】8【普】130 【协亚太】5.2【协东盟】0【协巴基斯坦】0 【协智利】0【协新西兰】0【协新加坡】0 【协秘鲁】0【协台湾】0【协哥斯达黎加】0 【协冰岛】0【协瑞士】0【协澳大利亚】0 【协韩国】0【协格鲁吉亚】0【协香港】0 【协澳门】0 【特-1】0【特-2】0 【增】16【对美加征】10【出】0【退】16	米/千克					999	主要或仅与粘胶纤维短纤混纺聚酯短纤其他机织物（聚酯短纤含量在85%以下，主要或仅与粘胶纤维短纤混纺）
551512	00		主要或仅与化学纤维长丝混纺聚酯	Mixed mainly or solely with man-made filaments	【最】8【普】130 【协香港】0【协澳门】0【协亚太】5.2 【协东盟】0【协巴基斯坦】0【协智利】0 【协新西兰】0【协新加坡】0【协秘鲁】0 【协台湾】0【协哥斯达黎加】0【协冰岛】0 【协瑞士】0【协澳大利亚】0【协韩国】0 【协格鲁吉亚】0 【特-1】0【特-2】0 【增】16【对美加征】10【出】0【退】16	米/千克					999	主要或仅与化学纤维长丝混纺聚酯短纤其他机织物（聚酯短纤含量在85%以下，与化纤长丝混纺）
551513	00		主要或仅与羊毛或动物细毛混纺聚	Mixed mainly or solely with wool or fine animal hair	【最】8【普】130 【协香港】0【协澳门】0【协东盟】0 【协巴基斯坦】0【协智利】0【协新西兰】0 【协新加坡】0【协秘鲁】0【协哥斯达黎加】0 【协冰岛】0【协瑞士】0【协澳大利亚】0 【协韩国】0【协格鲁吉亚】0 【特-1】0【特-2】0 【增】16【对美加征】10【出】0【退】16	米/千克					999	主要或仅与羊毛或动物细毛混纺聚酯短纤其他机织物（聚酯短纤含量在85%以下）

税则号列			货品名称中英文		税费综合信息	计量单位	监管证件代码		检验检疫类别		检验检疫编码	检验检疫编码对应中文名称
HS国际统一前6位	本国子目7~8位	本国子目9~10位	中文 货物名称	英文 Article Description			进口	出口	进口	出口		
551519	00		其他聚酯短纤其他机织物	Other woven fabrics	【最】8【普】130 【协香港】0【协澳门】0【协亚太】5.2 【协东盟】0【协巴基斯坦】0【协智利】0 【协新西兰】0【协新加坡】0【协秘鲁】0 【协哥斯达黎加】0【协冰岛】0【协瑞士】0 【协澳大利亚】0【协韩国】0【协格鲁吉亚】0 【特-1】0【特-2】0 【增】16【对美加征】10【出】0【退】16	米/千克					999	其他聚酯短纤其他机织物（聚酯短纤含量在85%以下，与其他纤维混纺）
551521	00		主要或仅与化学纤维长丝混纺腈纶	Mixed mainly or solely with man-made filaments	【最】8【普】130 【协东盟】0【协巴基斯坦】0【协智利】0 【协新西兰】0【协新加坡】0【协秘鲁】0 【协哥斯达黎加】0【协冰岛】0【协瑞士】0 【协澳大利亚】0【协韩国】0【协格鲁吉亚】0 【协香港】0【协澳门】0 【特-1】0【特-2】0 【增】16【对美加征】5【出】0【退】16	米/千克					999	主要或仅与化学纤维长丝混纺腈纶短纤机织物（腈短纤含量在85%以下，主要或仅与化纤长丝混纺）
551522	00		主要或仅与羊毛或动物细毛混纺腈	Mixed mainly or solely with wool or fine animal hair	【最】8【普】130 【协东盟】0【协巴基斯坦】0【协智利】0 【协新西兰】0【协新加坡】0【协秘鲁】0 【协哥斯达黎加】0【协冰岛】0【协瑞士】4.8 【协澳大利亚】0【协韩国】0【协香港】0 【协澳门】0 【协格鲁吉亚】0 【特-1】0【特-2】0【特-3】0 【增】16【出】0【退】16	米/千克					999	主要或仅与羊毛或动物细毛混纺腈纶短纤机织物（腈短纤含量<85%）
551529	00		其他腈纶短纤与其他纤维混机织物	Other woven fabrics	【最】8【普】130 【协东盟】0【协巴基斯坦】0【协智利】0 【协新西兰】0【协新加坡】0【协秘鲁】0 【协哥斯达黎加】0【协冰岛】0【协瑞士】0 【协澳大利亚】0【协韩国】0【协格鲁吉亚】0 【协香港】0【协澳门】0 【特-1】0【特-2】0 【增】16【对美加征】10【出】0【退】16	米/千克					999	其他腈纶短纤与其他纤维混机织物（腈短纤含量<85%，与其他纤维混纺）
551591	00		主要或仅与化学纤维长丝混纺其他	Mixed mainly or solely with man-made filaments	【最】8【普】130 【协东盟】0【协巴基斯坦】0【协智利】0 【协新西兰】0【协新加坡】0【协秘鲁】0 【协哥斯达黎加】0【协冰岛】0【协瑞士】0 【协澳大利亚】0【协韩国】0【协格鲁吉亚】0 【协香港】0【协澳门】0 【特-1】0【特-2】0 【增】16【对美加征】10【出】0【退】16	米/千克					999	主要或仅与化学纤维长丝混纺其他合纤短纤其他机织物（与化纤长丝混纺，合成纤维短纤含量在85%以下）
551599	00		其他合纤短纤其他机织物	Other woven fabrics	【最】8【普】130 【协亚太】5.2【协东盟】0【协巴基斯坦】0 【协智利】0【协新西兰】0【协新加坡】0 【协秘鲁】0【协哥斯达黎加】0【协冰岛】0 【协瑞士】0【协澳大利亚】0【协韩国】0 【协格鲁吉亚】0【协香港】0【协澳门】0 【特-1】0【特-2】0 【增】16【对美加征】10【出】0【退】16	米/千克					999	其他合纤短纤其他机织物（合成纤维短纤含量在85%以下，与其他纤维混纺）
551611	00		未漂白或漂白的纯人纤短纤机织物（按重量计人造纤维短纤含量在85%及以上）	Woven fabrics of artificial staple fibres, containing 85% or more by weight of artificial staple fibres, unbleached or bleached	【最】8【普】130 【协东盟】0【协香港】0【协巴基斯坦】0 【协智利】0【协新西兰】0【协新加坡】0 【协秘鲁】0【协哥斯达黎加】0【协冰岛】0 【协瑞士】4.8【协澳大利亚】0【协韩国】0 【协格鲁吉亚】0 【特-1】0【特-2】0【特-3】0 【增】16【对美加征】10【出】0【退】16	米/千克					999	未漂白或漂白的纯人纤短纤机织物（按重量计人造纤维短纤含量在85%及以上）
551612	00		染色的纯人纤短纤布（纯人纤布指按重量计人造纤维短纤含量在85%及以上）	Woven cloth of artificial staple fibres, containing 85% or more by weight of artificial staple fibres, dyed	【最】8【普】130 【协东盟】0【协香港】0【协巴基斯坦】0 【协智利】0【协新西兰】0【协新加坡】0 【协秘鲁】0【协台湾】0【协哥斯达黎加】0 【协冰岛】0【协瑞士】0【协澳大利亚】0 【协韩国】0【协格鲁吉亚】0 【特-1】0【特-2】0 【增】16【对美加征】10【出】0【退】16	米/千克					999	染色的纯人纤短纤布（纯人纤布指按重量计人造纤维短纤含量在85%及以上）

税则号列			货品名称中英文		税费综合信息	计量单位	监管证件代码		检验检疫类别		检验检疫编码	检验检疫编码对应中文名称
HS国际统一前6位	本国子目 7~8位	9~10位	中文 货物名称	英文 Article Description			进口	出口	进口	出口		
551613	00		色织的纯人纤短纤布（纯人纤布指按重量计人造纤维短纤含量在85%及以上）	Yarn-dyed woven cloth of artificial staple fibres, containing 85% or more by weight of artificial staple fibres, of yarn of different colours	【最】8【普】130 【协东盟】0【协香港】0【协巴基斯坦】0 【协智利】0【协新西兰】0【协新加坡】0 【协秘鲁】0【协哥斯达黎加】0【协冰岛】0 【协瑞士】0【协澳大利亚】0【协韩国】0 【协格鲁吉亚】0 【特-1】0【特-2】0 【增】16【对美加征】10【出】0【退】16	米/千克					999	色织的纯人纤短纤布（纯人纤布指按重量计人造纤维短纤含量在85%及以上）
551614	00		印花的纯人纤短纤布（纯人纤布指按重量计人造纤维短纤含量在85%及以上）	Woven cloth of artificial staple fibres, containing 85% or more by weight of artificial staple fibres, printed	【最】8【普】130 【协东盟】0【协香港】0【协巴基斯坦】0 【协智利】0【协新西兰】0【协新加坡】0 【协秘鲁】0【协哥斯达黎加】0【协冰岛】0 【协瑞士】0【协澳大利亚】0【协韩国】0 【协格鲁吉亚】0 【特-1】0【特-2】0 【增】16【对美加征】10【出】0【退】16	米/千克					999	印花的纯人纤短纤布（纯人纤布指按重量计人造纤维短纤含量在85%及以上）
551621	00		未漂白或漂白的人纤短纤机织物	Unbleached or bleached	【最】8【普】130 【协东盟】0【协香港】0【协巴基斯坦】0 【协智利】0【协新西兰】0【协新加坡】0 【协秘鲁】0【协哥斯达黎加】0【协冰岛】0 【协瑞士】4.8【协澳大利亚】0【协韩国】0 【协格鲁吉亚】0 【特-1】0【特-2】0 【增】16【对美加征】10【出】0【退】16	米/千克					999	未漂白或漂白的人纤短纤机织物（人造纤维短纤含量在85%以下，与化纤长丝混纺）
551622	00		染色人纤短纤机织物	Woven fabrics of dyed artificial staple fibric (artificial staple fibric less than 85%, blended with man-made filaments)	【最】8【普】130 【协亚太】5.2【协东盟】0【协香港】0 【协巴基斯坦】0【协智利】0【协新西兰】0 【协新加坡】0【协秘鲁】0【协台湾】0 【协哥斯达黎加】0【协冰岛】0【协瑞士】0 【协澳大利亚】0【协韩国】6.6【协格鲁吉亚】0 【特-1】0【特-2】0 【增】16【对美加征】10【出】0【退】16	米/千克					999	染色人纤短纤机织物（人造纤维短纤含量在85%以下，与化纤长丝混纺）
551623	00		色织人纤短纤机织物	Of yarns of different colours	【最】8【普】130 【协东盟】0【协香港】0【协巴基斯坦】0 【协智利】0【协新西兰】0【协新加坡】0 【协秘鲁】0【协哥斯达黎加】0【协冰岛】0 【协瑞士】0【协澳大利亚】2【协韩国】0 【协格鲁吉亚】0 【特-1】0【特-2】0 【增】16【对美加征】10【出】0【退】16	米/千克					999	色织人纤短纤机织物（人造纤维短纤含量在85%以下，与化纤长丝混纺）
551624	00		印花人纤短纤机织物	Woven fabrics of printed artificial staple fibric (artificial staple fibric less than 85%, blended with man-made filaments)	【最】8【普】130 【协东盟】0【协香港】0【协巴基斯坦】0 【协智利】0【协新西兰】0【协新加坡】0 【协秘鲁】0【协哥斯达黎加】0【协冰岛】0 【协瑞士】0【协澳大利亚】0【协韩国】0 【协格鲁吉亚】0 【特-1】0【特-2】0 【增】16【出】0【退】16	米/千克					999	印花人纤短纤机织物（人造纤维短纤含量在85%以下，与化纤长丝混纺）
551631	00		未漂白或漂白人纤短纤机织物	Unbleached or bleached	【最】8【普】130 【协东盟】0【协香港】0【协巴基斯坦】0 【协智利】0【协新西兰】0【协新加坡】0 【协秘鲁】0【协哥斯达黎加】0【协冰岛】0 【协瑞士】4.8【协澳大利亚】0【协韩国】0 【协格鲁吉亚】0 【特-1】0【特-2】0 【增】16【出】0【退】16	米/千克					999	未漂白或漂白人纤短纤机织物（按重量计人造纤维短纤含量在85%以下，主要或仅与羊毛或动物细毛混纺）
551632	00		染色人纤短纤机织物	Woven fabrics of dyed artificial staple fibric (Containing less than 85% by weight of artificial staple fibric, mixed mainly or solely with wool or fine animal hair)	【最】8【普】130 【协东盟】0【协香港】0【协巴基斯坦】0 【协智利】0【协新西兰】0【协新加坡】0 【协秘鲁】0【协哥斯达黎加】0【协冰岛】0 【协瑞士】0【协澳大利亚】0【协韩国】0 【协格鲁吉亚】0 【特-1】0【特-2】0 【增】16【出】0【退】16	米/千克					999	染色人纤短纤机织物（按重量计人造纤维短纤含量在85%以下，主要或仅与羊毛或动物细毛混纺）

税则号列			货品名称中英文		税费综合信息	计量单位	监管证件代码		检验检疫类别		检验检疫编码	检验检疫编码对应中文名称
HS 国际统一前6位	本国子目 7~8位	9~10位	中文 货物名称	英文 Article Description			进口	出口	进口	出口		
551633	00		色织人纤短纤机织物	Of yarns of different colours	【最】8【普】130 【协东盟】0【协香港】0【协巴基斯坦】0 【协智利】0【协新西兰】0【协新加坡】0 【协秘鲁】0【协哥斯达黎加】0【协冰岛】0 【协瑞士】0【协澳大利亚】0【协韩国】0 【协格鲁吉亚】0 【特-1】0【特-2】0 【增】16【对美加征】10【出】0【退】16	米/千克					999	色织人纤短纤机织物（按重量计人造纤维短纤含量在85%以下，主要或仅与羊毛或动物细毛混纺）
551634	00		印花人纤短纤机织物	Woven fabrics of printed artificial staple fibric (Containing less than 85% by weight of artificial staple fibric, mixed mainly or solely with wool or fine animal hair)	【最】8【普】130 【协东盟】0【协香港】0【协巴基斯坦】0 【协智利】0【协新西兰】0【协新加坡】0 【协秘鲁】0【协哥斯达黎加】0【协冰岛】0 【协瑞士】0【协澳大利亚】0【协韩国】0 【协格鲁吉亚】0 【特-1】0【特-2】0 【增】16【出】0【退】16	米/千克					999	印花人纤短纤机织物（按重量计人造纤维短纤含量在85%以下，主要或仅与羊毛或动物细毛混纺）
551641	00		与棉混纺的未漂白或漂白人纤短纤	Unbleached or bleached	【最】8【普】130 【协东盟】0【协香港】0【协巴基斯坦】0 【协智利】0【协新西兰】0【协新加坡】0 【协秘鲁】0【协哥斯达黎加】0【协冰岛】0 【协瑞士】4.8【协澳大利亚】0【协韩国】0 【协格鲁吉亚】0 【特-1】0【特-2】0 【增】16【对美加征】10【出】0【退】16	米/千克					101 102 103	与棉混纺的未漂白或漂白人纤短纤机织物（按重量计人造纤维短纤含量在85%以下，主要或仅与棉混纺）（棉混纺坯布） 与棉混纺的未漂白或漂白人纤短纤机织物（按重量计人造纤维短纤含量在85%以下，主要或仅与棉混纺）（漂白棉混纺布） 与棉混纺的未漂白或漂白人纤短纤机织物（按重量计人造纤维短纤含量在85%以下，主要或仅与棉混纺）（人造纤维混纺机织物）
551642	00		与棉混纺的染色人纤短纤机织物	Woven fabrics of dyed artificial staple fibric mixed with cotton (Containing less than 85% by weight of artificial staple fibric, mixed mainly or solely with cotton) (dyed cloth mixed with cotton)	【最】8【普】130 【协东盟】0【协香港】0【协巴基斯坦】0 【协智利】0【协新西兰】0【协新加坡】0 【协秘鲁】0【协哥斯达黎加】0【协冰岛】0 【协瑞士】4.8【协澳大利亚】0【协韩国】0 【协格鲁吉亚】0 【特-1】0【特-2】0 【增】16【对美加征】10【出】0【退】16	米/千克					101 102	与棉混纺的染色人纤短纤机织物（按重量计人造纤维短纤含量在85%以下，主要或仅与棉混纺）（棉混纺染色布） 与棉混纺的染色人纤短纤机织物（按重量计人造纤维短纤含量在85%以下，主要或仅与棉混纺）（人造纤维混纺机织物）
551643	00		与棉混纺的色织人纤短纤机织物	Of yarns of different colours	【最】8【普】130 【协东盟】0【协香港】0【协巴基斯坦】0 【协智利】0【协新西兰】0【协新加坡】0 【协秘鲁】0【协哥斯达黎加】0【协冰岛】0 【协瑞士】0【协澳大利亚】0【协韩国】0 【协格鲁吉亚】0 【特-1】0【特-2】0 【增】16【对美加征】10【出】0【退】16	米/千克					101 102	与棉混纺的色织人纤短纤机织物（按重量计人造纤维短纤含量在85%以下，主要或仅与棉混纺）（色织棉混纺布） 与棉混纺的色织人纤短纤机织物（按重量计人造纤维短纤含量在85%以下，主要或仅与棉混纺）（人造纤维混纺机织物）
551644	00		与棉混纺的印花人纤短纤机织物	Woven fabrics of printed artificial staple fibric mixed with cotton (Containing less than 85% by weight of artificial staple fibric, mixed mainly or solely with cotton) (printed cloth mixed with cotton)	【最】8【普】130 【协东盟】0【协香港】0【协巴基斯坦】0 【协智利】0【协新西兰】0【协新加坡】0 【协秘鲁】0【协哥斯达黎加】0【协冰岛】0 【协瑞士】0【协澳大利亚】0【协韩国】0 【协格鲁吉亚】0 【特-1】0【特-2】0 【增】16【出】0【退】16	米/千克					101 102	与棉混纺的印花人纤短纤机织物（按重量计人造纤维短纤含量在85%以下，主要或仅与棉混纺）（棉混纺印花布） 与棉混纺的印花人纤短纤机织物（按重量计人造纤维短纤含量在85%以下，主要或仅与棉混纺）（人造纤维混纺机织物）

税则号列			货品名称中英文		税费综合信息	计量单位	监管证件代码		检验检疫类别		检验检疫编码	检验检疫编码对应中文名称
HS 国际统一前6位	本国子目 7~8位	本国子目 9~10位	中文 货物名称	英文 Article Description			进口	出口	进口	出口		
551691	00		未漂或漂白人纤短纤其他机织物	Unbleached or bleached	【最】8【普】130 【协东盟】0【协香港】0【协巴基斯坦】0 【协智利】0【协新西兰】0【协新加坡】0 【协秘鲁】0【协哥斯达黎加】0【协冰岛】0 【协瑞士】4.8【协澳大利亚】0【协韩国】0 【协格鲁吉亚】0 【特-1】0【特-2】0 【增】16【出】0【退】16	米/千克					999	未漂或漂白人纤短纤其他机织物（与其他纤维混纺，人造纤维短纤含量在85%以下）
551692	00		染色人纤短纤其他机织物	Other woven fabrics of dyed artificial staple fibric (mixed with other fibric, artificial staple fibric less than 85%)	【最】8【普】130 【协东盟】0【协香港】0【协巴基斯坦】0 【协智利】0【协新西兰】0【协新加坡】0 【协秘鲁】0【协哥斯达黎加】0【协冰岛】0 【协瑞士】0【协澳大利亚】0【协韩国】6.6 【协格鲁吉亚】0 【特-1】0【特-2】0【特-3】0 【增】16【对美加征】10【出】0【退】16	米/千克					999	染色人纤短纤其他机织物（与其他纤维混纺，人造纤维短纤含量在85%以下）
551693	00		色织人纤短纤其他机织物	Of yarns of different colours	【最】8【普】130 【协东盟】0【协香港】0【协巴基斯坦】0 【协智利】0【协新西兰】0【协新加坡】0 【协秘鲁】0【协哥斯达黎加】0【协冰岛】0 【协瑞士】0【协澳大利亚】0【协韩国】0 【协格鲁吉亚】0 【特-1】0【特-2】0 【增】16【对美加征】10【出】0【退】16	米/千克					999	色织人纤短纤其他机织物（与其他纤维混纺，人造纤维短纤含量在85%以下）
551694	00		印花人造纤维短纤府绸、细平布、平布、印染用布、奶酪布、帆布、缎纹或斜纹机织物、牛津布	Poplin, fine plain cloth, plain cloth, cloth for printing and dying, cheese cloth, canvas, satin or twill woven fabric, oxford Weave of dyed artificial staple fibric (mixed with other fibric, artificial staple fibric less than 85%)	【最】8【普】130 【协亚太】5.2【协东盟】0【协香港】0 【协巴基斯坦】0【协智利】0【协新西兰】0 【协新加坡】0【协秘鲁】0【协哥斯达黎加】0 【协冰岛】0【协瑞士】0【协澳大利亚】0 【协韩国】0【协格鲁吉亚】0 【特-1】0【特-2】0 【增】16【对美加征】10【出】0【退】16	米/千克					999	印花人造纤维短纤府绸、细平布、平布、印染用布、奶酪布、帆布、缎纹或斜纹机织物、牛津布（与其他纤维混纺，人造纤维短纤含量在85%以下）

第五十六章
絮胎、毡呢及无纺织物；特种纱线；线、绳、索、缆及其制品

注释：

一、本章不包括：

（一）用各种物质或制剂（例如，第三十三章的香水或化妆品、税目34.01的肥皂或洗涤剂、税目34.05的光洁剂及类似制剂、税目38.09的织物柔软剂）浸渍、涂布、包覆的絮胎、毡呢或无纺织物，其中的纺织材料仅作为承载介质；

（二）税目58.11的纺织产品；

（三）以毡呢或无纺织物为底的砂布及类似品（税目68.05）；

（四）以毡呢或无纺织物为底的黏聚或复制云母（税目68.14）；

（五）以毡呢或无纺织物为底的金属箔（通常归入第十四类或第十五类）；或

（六）税目96.19的卫生巾（护垫）及止血塞、婴儿尿布及尿布衬里和类似品。

二、所称“毡呢”，包括针刺机制毡呢以及纤维本身通过缝编工序增强了抱合力的纺织纤维网状织物。

三、税目56.02及56.03分别包括用各种性质（紧密结构或泡沫状）的塑料或橡胶浸渍、涂布、包覆或层压的毡呢及无纺织物。

税目56.03还包括用塑料或橡胶作黏合材料的无纺织物。

但税目56.02及56.03不包括：

（一）用塑料或橡胶浸渍、涂布、包覆或层压，按重量计纺织材料含量在50%及以下的毡呢或者完全嵌入塑料或橡胶之内的毡呢（第三十九章或第四十章）；

（二）完全嵌入塑料或橡胶之内的无纺织物，以及用肉眼可辨别出两面都用塑料或橡胶涂布、包覆的无纺织物，涂布或包覆所引起的颜色变化可不予考虑（第三十九章或第四十章）；或

（三）与毡呢或无纺织物混制的泡沫塑料或海绵橡胶板、片或扁条，纺织材料仅在其中起增强作用（第三十九章或第四十章）。

四、税目56.04不包括用肉眼无法辨别出是否经过浸渍、涂布或包覆的纺织纱线或税目54.04或54.05的扁条及类似品（通常归入第五十章至第五十五章）；运用本条规定，可不考虑浸渍、涂布或包覆所引起的颜色变化。

Chapter 56
Wadding, felt and nonwovens; special yarns; twine, cordage, ropes and cables and articles thereof

Chapter Notes:

1. This Chapter does not cover:

(a) Wadding, felt or nonwovens, impregnated, coated or covered with substances or preparations (for example, perfumes or cosmetics of Chapter 33, soaps or detergents of heading 34.01, polishes, creams or similar preparations of heading 34.05, fabric softeners of heading 38.09) where the textile material is present merely as a carrying medium;

(b) Textile products of heading 58.11;

(c) Natural or artificial abrasive powder or grain, on a backing of felt or nonwovens (heading 68.05);

(d) Agglomerated or reconstituted mica, on a backing of felt or nonwovens (heading 68.14);

(e) Metal foil on a backing of felt or nonwovens (generally Section XIV or XV); or

(f) Sanitary towels (pads) and tampons, napkins and napkin liners for babies and similar articles of heading 96.19.

2. The term "felt" includes needleloom felt and fabrics consisting of a web of textile fibres the cohesion of which has been enhanced by a stitch-bonding process using fibres from the web itself.

3. Headings 56.02 and 56.03 cover respectively felt and nonwovens, impregnated, coated, covered or laminated with plastics or rubber whatever the nature of these materials (compact or cellular).

Heading 56.03 also includes nonwovens in which plastics or rubber forms the bonding substance.

Headings 56.02 and 56.03 do not, however, cover:

(a) Felt impregnated, coated, covered or laminated with plastics or rubber, containing 50% or less by weight of textile material or felt completely embedded in plastics or rubber (Chapter 39 or 40);

(b) Nonwovens, either completely embedded in plastics or rubber, or entirely coated or covered on both sides with such materials, provided that such coating or covering can be seen with the naked eye with no account being taken of any resulting change of colour (Chapter 39 or 40); or

(c) Plates, sheets or strip of cellular plastics or cellular rubber combined with felt or nonwovens, where the textile material is present merely for reinforcing purposes (Chapter 39 or 40).

4. Heading 56.04 does not cover textile yarn, or strip or the like of heading 54.04 or 54.05, in which the impregnation, coating or covering cannot be seen with the naked eye (usually Chapters 50 to 55); for the purpose of this provision, no account should be taken of any resulting change of colour.

税则号列 HS国际统一前6位	本国子目 7~8位	本国子目 9~10位	货品名称中英文 中文 货物名称	货品名称中英文 英文 Article Description	税费综合信息	计量单位	监管证件代码 进口	监管证件代码 出口	检验检疫类别 进口	检验检疫类别 出口	检验检疫编码	检验检疫编码对应中文名称
560121	00		棉制的絮胎及絮胎制品 【电商】	Textile materials and articles thereof of cotton	【最】8【普】50 【协东盟】0【协香港】0【协澳门】0 【协巴基斯坦】5【协智利】0【协新西兰】0 【协新加坡】0【协秘鲁】0【协哥斯达黎加】0 【协冰岛】0【协瑞士】0【协澳大利亚】0 【协韩国】0【协格鲁吉亚】0 【特-1】0【特-2】0 【增】16【对美加征】10【出】0【退】16	千克					999	棉制的絮胎及絮胎制品
560122	10		化学纤维制的卷烟滤嘴	Cigarette filter tips of man-made fibres	【最】8【普】100 【协香港】0【协澳门】0【协东盟】0 【协巴基斯坦】6【协智利】0【协新西兰】0 【协新加坡】0【协秘鲁】0【协哥斯达黎加】0 【协冰岛】0【协瑞士】4.8 【特-1】0【特-2】0 【增】16【出】0【退】16	千克	7				999	化学纤维制的卷烟滤嘴
560122	90		化学纤维制的絮胎及絮胎制品 【电商】	Other textile materials and articles thereof of man-made fibres	【最】8【普】100 【协东盟】0【协智利】0【协新西兰】0 【协新加坡】0【协秘鲁】0【协台湾】0 【协哥斯达黎加】0【协冰岛】0【协瑞士】4.8 【协澳大利亚】0【协韩国】8 【协格鲁吉亚】0【协香港】0【协澳门】0 【特-1】0【特-2】0【特-3】0 【增】16【对美加征】5【出】0【退】16	千克					999	化学纤维制的絮胎及絮胎制品
560129	00		其他纺织材料制絮胎及制品 【电商】	Other wadding of textile materials and articles thereof	【最】8【普】90 【协东盟】0【协巴基斯坦】5【协智利】0 【协新西兰】0【协新加坡】0【协秘鲁】0 【协哥斯达黎加】0【协冰岛】0【协瑞士】0 【协澳大利亚】0【协韩国】0【协格鲁吉亚】0 【协香港】0【协澳门】0 【特-1】0【特-2】0【特-3】0 【增】16【对美加征】10【出】0【退】16	千克					999	其他纺织材料制絮胎及制品
560130	00	10	由两种或以上有机聚合物纺制的纤维	Textile fibres spinned by two or more organic polymer, cross-section is structure of skin-core or parallel or island, of a length not exceeding 5mm	【最】8【普】100【暂进】5 【协东盟】0【协巴基斯坦】5【协智利】0 【协新西兰】0【协新加坡】0【协秘鲁】0 【协哥斯达黎加】0【协冰岛】0【协瑞士】0 【协澳大利亚】0【协韩国】0【协格鲁吉亚】0 【协香港】0【协澳门】0 【特-1】0【特-2】0 【增】16【对美加征】5【出】0【退】16	千克					999	由两种或以上有机聚合物纺制的纤维（横截面为皮芯结构或并列结构或海岛结构，长度不超过5mm）
560130	00	90	纺织纤维屑，纤维粉末及球结	Textile flock, dust and mill neps(textile fiber length is not exceeding 5mm)	【最】8【普】100 【协东盟】0【协巴基斯坦】5【协智利】0 【协新西兰】0【协新加坡】0【协秘鲁】0 【协哥斯达黎加】0【协冰岛】0【协瑞士】0 【协澳大利亚】0【协韩国】0【协格鲁吉亚】0 【协香港】0【协澳门】0 【特-1】0【特-2】0 【增】16【对美加征】5【出】0【退】16	千克					999	纺织纤维屑，纤维粉末及球结（纺织纤维长度不超过5mm）
560210	00		针刺机制毡呢及纤维缝编织物	Needleloom felt and stitch-bonded fibre fabrics	【最】8【普】100 【协东盟】0【协巴基斯坦】5【协智利】0 【协新西兰】0【协新加坡】0【协秘鲁】0 【协哥斯达黎加】0【协冰岛】0【协瑞士】0 【协澳大利亚】0【协韩国】0【协格鲁吉亚】0 【协香港】0【协澳门】0 【特-1】0【特-2】0 【增】16【对美加征】5【出】0【退】16	千克					999	针刺机制毡呢及纤维缝编织物（不论是否浸渍、涂布、包覆或层压）
560221	00		羊毛及动物细毛制其他毡呢	Other felt of wool or fine animal (not imprgnated, coated, covered or laminated)	【最】8【普】100 【协东盟】0【协巴基斯坦】5【协智利】0 【协新西兰】0【协新加坡】0【协秘鲁】0 【协哥斯达黎加】0【协冰岛】0【协瑞士】0 【协澳大利亚】0【协韩国】0【协格鲁吉亚】0 【协香港】0【协澳门】0 【特-1】0【特-2】0 【增】16【对美加征】10【出】0【退】16	千克					999	羊毛及动物细毛制其他毡呢（未浸渍、涂布、包覆或层压）

税则号列			货品名称中英文		税费综合信息	计量单位	监管证件代码		检验检疫类别		检验检疫编码	检验检疫编码对应中文名称
HS 国际统一前6位	本国子目 7~8位	本国子目 9~10位	中文 货物名称	英文 Article Description			进口	出口	进口	出口		
560229	00		其他纺织材料制其他毡呢	Other felt of other textile materials(not imprgnated, coated, covered or laminated)	【最】8【普】100 【协东盟】0【协巴基斯坦】5【协智利】0 【协新西兰】0【协新加坡】0【协秘鲁】0 【协哥斯达黎加】0【协冰岛】0【协瑞士】0 【协澳大利亚】0【协韩国】0【协格鲁吉亚】0 【协香港】0【协澳门】0 【特-1】0【特-2】0 【增】16【对美加征】10【出】0【退】16	千克					999	其他纺织材料制其他毡呢（未浸渍、涂布、包覆或层压）
560290	00		其他纺织材料制其他毡呢	Other felt of other textile materials	【最】8【普】100 【协东盟】0【协巴基斯坦】5【协智利】0 【协新西兰】0【协新加坡】0【协秘鲁】0 【协哥斯达黎加】0【协冰岛】0【协瑞士】0 【协澳大利亚】0【协韩国】0【协格鲁吉亚】0 【协香港】0【协澳门】0 【特-1】0【特-2】0【特-3】0 【增】16【对美加征】10【出】0【退】16	千克					999	其他纺织材料制其他毡呢（浸渍、涂布、包覆或层压）
560311	10		化学纤维长丝制无纺织物【电商】	Nonwovens of man-made filaments, Impregnated, coated, covered or laminated, weighing not more than $25g/m^2$	【最】8【普】70 【协亚太】5.2【协东盟】0【协巴基斯坦】0 【协智利】0【协新西兰】0【协新加坡】0 【协秘鲁】0【协台湾】0【协哥斯达黎加】0 【协冰岛】0【协瑞士】0【协澳大利亚】0 【协韩国】0【协格鲁吉亚】0【协香港】0 【协澳门】0 【特东老挝】0【特东柬埔寨】0【特东缅甸】0 【特-1】0【特-2】0【特-3】0 【增】16【对美加征】10【出】0【退】16	千克					999	化学纤维长丝制无纺织物（浸渍、涂布、包覆或层压，每平方米重≤25克）
560311	90		其他化学纤维长丝制无纺织物【电商】	Other nonwovens of man-made filaments, weighing not more than $25g/m^2$	【最】8【普】130 【协亚太】6.8【协东盟】0【协巴基斯坦】0 【协智利】0【协新西兰】0【协新加坡】0 【协秘鲁】0【协哥斯达黎加】0【协冰岛】0 【协瑞士】0【协澳大利亚】0【协韩国】5 【协格鲁吉亚】0【协香港】0【协澳门】0 【特-1】0【特-2】0 【增】16【对美加征】10【出】0【退】16	千克					999	其他化学纤维长丝制无纺织物（每平方米重不超过25克）
560312	10		25克<每平方米重≤70克浸渍长丝无纺布	Nonwovens of man-made filaments, Impregnated, coated, covered or laminated, weighing more than $25g/m^2$ but not more than $70g/m^2$	【最】8【普】70 【协亚太】5.2【协东盟】0【协香港】0 【协澳门】0【协巴基斯坦】0【协智利】0 【协新西兰】0【协新加坡】0【协秘鲁】0 【协哥斯达黎加】0【协冰岛】0【协瑞士】0 【协澳大利亚】0【协韩国】6.6【协格鲁吉亚】0 【特东老挝】0【特东柬埔寨】0【特东缅甸】0 【特-1】0【特-2】0【特-3】0 【增】16【对美加征】5【出】0【退】16	千克					999	25克<每平方米重≤70克浸渍长丝无纺布（浸渍包括涂布、包覆或压层；长丝指化纤长丝）
560312	90		25克<每平方米重≤70克其他长丝无纺布	Other nonwovens of man-made filaments, weighing more than $25g/m^2$ but not more than $70g/m^2$	【最】8【普】130 【协东盟】0【协香港】0【协澳门】0 【协巴基斯坦】0【协智利】0【协新西兰】0 【协新加坡】0【协秘鲁】0【协台湾】0 【协哥斯达黎加】0【协冰岛】0【协瑞士】0 【协澳大利亚】0【协韩国】0【协格鲁吉亚】0 【特-1】0【特-2】0【特-3】0 【增】16【对美加征】5【出】0【退】16	千克					999	25克<每平方米重≤70克其他长丝无纺布（长丝指化纤长丝）
560313	10		70克<每平方米重≤150克浸渍长丝无纺布	Nonwovens of man-made filaments Impregnated, coated, covered or laminated, weighing more than $70g/m^2$ but not more than $150g/m^2$	【最】8【普】70 【协亚太】5.2【协东盟】0【协澳门】0 【协巴基斯坦】0【协智利】0【协新西兰】0 【协新加坡】0【协秘鲁】0【协台湾】0 【协哥斯达黎加】0【协冰岛】0【协瑞士】0 【协澳大利亚】0【协韩国】0【协格鲁吉亚】0 【协香港】0 【特-1】0【特-2】0 【增】16【对美加征】5【出】0【退】16	千克					999	70克<每平方米重≤150克浸渍长丝无纺布（浸渍包括涂布、包覆或压层；长丝指化纤长丝）
560313	90		70克<每平方米重≤150克其他长丝无纺布	Other nonwovens of man-made filaments, weighing more than $70g/m^2$ but not more than $150g/m^2$	【最】8【普】130 【协东盟】0【协澳门】0【协巴基斯坦】0 【协香港】0【协智利】0【协新西兰】0 【协新加坡】0【协秘鲁】0【协台湾】0 【协哥斯达黎加】0【协冰岛】0【协瑞士】0 【协澳大利亚】0【协韩国】0【协格鲁吉亚】0 【特-1】0【特-2】0【特-3】0 【增】16【对美加征】5【出】0【退】16	千克					999	70克<每平方米重≤150克其他长丝无纺布（长丝指化纤长丝）

税则号列			货品名称中英文		税费综合信息	计量单位	监管证件代码		检验检疫类别		检验检疫编码	检验检疫编码对应中文名称
HS国际统一前6位	本国子目7~8位	本国子目9~10位	中文 货物名称	英文 Article Description			进口	出口	进口	出口		
560314	10		每平方米重>150克经浸渍长丝无纺布	Nonwovens of man-made filaments Impregnated, coated, covered or laminated, weighing more than 150g/m²	【最】8【普】70 【协亚太】5.2【协东盟】0【协巴基斯坦】0 【协智利】0【协新西兰】0【协新加坡】0 【协秘鲁】0【协台湾】0【协哥斯达黎加】0 【协冰岛】0【协瑞士】0【协澳大利亚】0 【协韩国】6.6【协格鲁吉亚】0【协香港】0 【协澳门】0 【特-1】0【特-2】0 【增】16【对美加征】10【出】0【退】16	千克					999	每平方米重>150克经浸渍长丝无纺布（浸渍包括涂布、包覆或压层；长丝指化纤长丝）
560314	90		每平方米重>150克的其他长丝无纺布	Other nonwovens of man-made filaments, weighing more than 150g/m²	【最】8【普】130 【协亚太】5.2【协东盟】0【协巴基斯坦】0 【协智利】0【协新西兰】0【协新加坡】0 【协秘鲁】0【协台湾】0【协哥斯达黎加】0 【协冰岛】0【协瑞士】0【协澳大利亚】0 【协韩国】0【协格鲁吉亚】0【协香港】0 【协澳门】0 【特-1】0【特-2】0【特-3】0 【增】16【对美加征】10【出】0【退】16	千克					999	每平方米重>150克的其他长丝无纺布（长丝指化纤长丝）
560391	10	10	每平方米重≤25克经浸渍的乙烯聚合物制电池隔膜基布（浸渍包括涂布、包覆或压层）	The weight per square meter is less than or equal to 25 grams of the impregnated polymers of ethylene (including battery diaphragm base fabricimpregnated, coated or laminated coating	【最】8【普】70【暂进】5 【协亚太】5.2【协东盟】0【协巴基斯坦】0 【协智利】0【协新西兰】0【协新加坡】0 【协秘鲁】0【协哥斯达黎加】0【协冰岛】0 【协瑞士】0【协澳大利亚】0【协韩国】5 【协格鲁吉亚】0【协香港】0【协澳门】0 【特-1】0【特-2】0 【增】16【对美加征】10【出】0【退】16	千克					999	每平方米重≤25克经浸渍的乙烯聚合物制电池隔膜基布（浸渍包括涂布、包覆或压层）
560391	10	90	每平方米重≤25克经浸渍其他无纺布（浸渍包括涂布、包覆或压层）	The weight per square meter is less than or equal to 25 grams of impregnatedother non-woven(impregnated, coated or laminated including coating	【最】8【普】70 【协亚太】5.2【协东盟】0【协巴基斯坦】0 【协智利】0【协新西兰】0【协新加坡】0 【协秘鲁】0【协哥斯达黎加】0【协冰岛】0 【协瑞士】0【协澳大利亚】0【协韩国】5 【协格鲁吉亚】0【协香港】0【协澳门】0 【特-1】0【特-2】0 【增】16【对美加征】10【出】0【退】16	千克					999	每平方米重≤25克经浸渍其他无纺布（浸渍包括涂布、包覆或压层）
560391	90		每平方米重≤25克的其他无纺布 【电商】	Other nonwovens weighing not more than 25g/m²	【最】8【普】85 【协亚太】6.8【协东盟】0【协巴基斯坦】0 【协智利】0【协新西兰】0【协新加坡】0 【协秘鲁】0【协哥斯达黎加】0【协冰岛】0 【协瑞士】0【协澳大利亚】0【协韩国】5 【协格鲁吉亚】0【协香港】0【协澳门】0 【特-1】0【特-2】0 【增】16【对美加征】10【出】0【退】16	千克					999	每平方米重≤25克的其他无纺布
560392	10	10	25克<每平方米重≤70克浸渍的乙烯聚合物制电池隔膜基布（浸渍包括涂布、包覆或压层） 【电商】	Weighing more than 25g/m² but not more than 70g/m² of impregnated pllymers of ethylene (including battery diaphragm base fabricimpregnated, coated or laminated coating	【最】8【普】70【暂进】5 【协亚太】5.2【协东盟】0【协香港】0 【协澳门】0【协巴基斯坦】0【协智利】0 【协新西兰】0【协新加坡】0【协秘鲁】0 【协哥斯达黎加】0【协冰岛】0【协瑞士】0 【协澳大利亚】0【协韩国】5【协格鲁吉亚】0 【特-1】0【特-2】0 【增】16【对美加征】5【出】0【退】16	千克					999	25克<每平方米重≤70克浸渍的乙烯聚合物制电池隔膜基布（浸渍包括涂布、包覆或压层）
560392	10	90	25克<每平方米重≤70克浸渍其他无纺布（浸渍包括涂布、包覆或压层） 【电商】	Weighing more than 25g/m² but not more than 70g/m² of impergnated than non-woven (impregnated, coated or laminated including coating)	【最】8【普】70 【协亚太】5.2【协东盟】0【协香港】0 【协澳门】0【协巴基斯坦】0【协智利】0 【协新西兰】0【协新加坡】0【协秘鲁】0 【协哥斯达黎加】0【协冰岛】0【协瑞士】0 【协澳大利亚】0【协韩国】5【协格鲁吉亚】0 【特-1】0【特-2】0 【增】16【对美加征】5【出】0【退】16	千克					999	25克<每平方米重≤70克浸渍其他无纺布（浸渍包括涂布、包覆或压层）
560392	90		25克<每平方米重≤70克其他无纺布 【电商】	Other nonwovens, weighing more than 25g/m² but not more than 70g/m²	【最】8【普】85 【协亚太】5.2【协东盟】0【协香港】0 【协澳门】0【协巴基斯坦】0【协智利】0 【协新西兰】0【协秘鲁】0【协台湾】0 【协哥斯达黎加】0【协冰岛】0【协瑞士】0 【协澳大利亚】0【协韩国】0【协格鲁吉亚】0 【特东老挝】0【特东柬埔寨】0【特东缅甸】0 【特-1】0【特-2】0【特-3】0 【增】16【对美加征】5【出】0【退】16	千克					999	25克<每平方米重≤70克其他无纺布

税则号列			货品名称中英文		税费综合信息	计量单位	监管证件代码		检验检疫类别		检验检疫编码	检验检疫编码对应中文名称
HS国际统一前6位	本国子目 7~8位	本国子目 9~10位	中文 货物名称	英文 Article Description			进口	出口	进口	出口		
560393	10	10	70克<每平方米重≤150克浸渍的乙烯聚合物制电池隔膜基布	Weighing more than 70g/m² but not more than 150g/m² system of impregnation of the vinyl polymer battery diaphragm base cloth (dip coating, coating or laminating)	【最】8【普】70【暂进】5 【协亚太】5.2【协东盟】0【协香港】0 【协澳门】0【协巴基斯坦】0【协智利】0 【协新西兰】0【协新加坡】0【协秘鲁】0 【协哥斯达黎加】0【协冰岛】0【协瑞士】0 【协澳大利亚】0【协韩国】5【协格鲁吉亚】0 【特-1】0【特-2】0 【增】16【对美加征】10【出】0【退】16	千克					999	70克<每平方米重≤150克浸渍的乙烯聚合物制电池隔膜基布（浸渍包括涂布、包覆或压层）
560393	10	90	70克<每平方米重≤150克浸渍其他无纺布	Weighing more than 70g/m² but not more than 150g/m² other non-woven impregnated (dip coating, coating or laminating)	【最】8【普】70 【协亚太】5.2【协东盟】0【协香港】0 【协澳门】0【协巴基斯坦】0【协智利】0 【协新西兰】0【协新加坡】0【协秘鲁】0 【协哥斯达黎加】0【协冰岛】0【协瑞士】0 【协澳大利亚】0【协韩国】5【协格鲁吉亚】0 【特-1】0【特-2】0 【增】16【对美加征】10【出】0【退】16	千克					999	70克<每平方米重≤150克浸渍其他无纺布（浸渍包括涂布、包覆或压层）
560393	90		70克<每平方米重≤150克的其他无纺布 【电商】	Other nonwovens weighing more than 70g/m² but not more than 150g/m²	【最】8【普】85 【协亚太】5.2【协东盟】0【协香港】0 【协澳门】0【协巴基斯坦】0【协智利】0 【协新西兰】0【协新加坡】0【协秘鲁】0 【协台湾】0【协哥斯达黎加】0【协冰岛】0 【协瑞士】0【协澳大利亚】0【协韩国】0 【协格鲁吉亚】0 【特-1】0【特-2】0 【增】16【对美加征】10【出】0【退】16	千克					999	70克<每平方米重≤150克的其他无纺布
560394	10		其他材料制无纺织物	Impregnated, coated, covered or laminated	【最】8【普】70 【协亚太】5.2【协东盟】0【协香港】0 【协巴基斯坦】0【协智利】0【协新西兰】0 【协新加坡】0【协秘鲁】0【协台湾】0 【协哥斯达黎加】0【协冰岛】0【协瑞士】0 【协澳大利亚】0【协韩国】0【协格鲁吉亚】0 【特-1】0【特-2】0 【增】16【对美加征】10【出】0【退】16	千克					999	其他材料制无纺织物（浸渍、涂布、包覆或压层，每平方米重>150克）
560394	90		其他材料制无纺织物 【电商】	Other nonworens of other textile materials	【最】8【普】85 【协亚太】5.2【协东盟】0【协香港】0 【协巴基斯坦】0【协智利】0【协新西兰】0 【协新加坡】0【协秘鲁】0【协台湾】0 【协哥斯达黎加】0【协冰岛】0【协瑞士】0 【协澳大利亚】0【协韩国】6.6【协格鲁吉亚】0 【特东老挝】0【特东柬埔寨】0【特东缅甸】0 【特-1】0【特-2】0【特-3】0 【增】16【对美加征】10【出】0【退】16	千克					999	其他材料制无纺织物（每平方米重>150克）
560410	00		用纺织材料包覆的橡胶线及绳 【电商】	Rubber thread and cord, textile covered	【最】5【普】80 【协东盟】0【协澳门】0【协巴基斯坦】0 【协香港】0【协智利】0【协新西兰】0 【协秘鲁】0【协哥斯达黎加】0【协冰岛】0 【协瑞士】0【协澳大利亚】0【协韩国】0 【协格鲁吉亚】0 【特东老挝】0【特东柬埔寨】0【特东缅甸】0 【特-1】0【特-2】0【特-3】0 【增】16【对美加征】5【出】0【退】16	千克					999	用纺织材料包覆的橡胶线及绳
560490	00		其他纺织纱线及税目54.04或54.05的扁条及类似品	Other strip and the like of heading 54.04 or 54.05	【最】5【普】80 【协东盟】0【协澳门】0【协巴基斯坦】0 【协智利】0【协新西兰】0【协秘鲁】0 【协哥斯达黎加】0【协冰岛】0【协瑞士】0 【协澳大利亚】0【协韩国】2.5【协格鲁吉亚】0 【协香港】0 【特-1】0【特-2】0【特-3】0 【增】16【对美加征】5【出】0【退】16	千克					999	其他纺织纱线及税目54.04或54.05的扁条及类似品（用橡胶或塑料浸渍、涂布、包覆、套裹）

税则号列 HS国际统一前6位	本国子目 7~8位	本国子目 9~10位	货品名称中英文 中文 货物名称	货品名称中英文 英文 Article Description	税费综合信息	计量单位	监管证件代码 进口	监管证件代码 出口	检验检疫类别 进口	检验检疫类别 出口	检验检疫编码	检验检疫编码对应中文名称
560500	00		含金属纱线，不论是否螺旋花线，由纺织纱线或税目54.04或54.05的扁条及类似品与金属线、扁条或粉末混合制得或用金属包覆制得	Metallzied yarn, whether or not gimped, being textile yarn, or strip or the like of heading No. 54.04 or 54.05, combined with metal in the form of thread, strip or powder or covered with metal	【最】5【普】70 【协东盟】0【协澳门】0【协巴基斯坦】0 【协智利】0【协新西兰】0【协秘鲁】0 【协哥斯达黎加】0【协冰岛】0【协瑞士】0 【协澳大利亚】0【协韩国】0【协格鲁吉亚】0 【协香港】0 【特-1】0【特-2】0【特-3】0 【增】16【对美加征】10【出】0【退】16	千克					999	含金属纱线，不论是否螺旋花线，由纺织纱线或税目54.04或54.05的扁条及类似品与金属线、扁条或粉末混合制得或用金属包覆制得
560600	00		绳绒线及粗松螺旋花线	Gimped yarn and chenille yarn (including loopwale yarn, other than those of heading No. 56.05 and gimped horsehair yarn)	【最】5【普】70 【协东盟】0【协澳门】0【协巴基斯坦】0 【协智利】0【协新西兰】0【协秘鲁】0 【协哥斯达黎加】0【协冰岛】0【协瑞士】0 【协澳大利亚】0【协韩国】0【协格鲁吉亚】0 【协香港】0 【特-1】0【特-2】0【特-3】0 【增】16【对美加征】10【出】0【退】16	千克					999	绳绒线及粗松螺旋花线（包括纵行起圈纱线，但税目56.05的货品及马毛粗松线除外）
560721	00		西沙尔麻或其他纺织用龙舌兰类纤维纺制包扎用绳	Binder or baler twine	【最】5【普】50 【协东盟】0【协澳门】0【协巴基斯坦】0 【协智利】0【协新西兰】0【协秘鲁】0 【协哥斯达黎加】0【协冰岛】0【协瑞士】0 【协澳大利亚】0【协韩国】0【协格鲁吉亚】0 【协香港】0 【特-1】0【特-2】0【特-3】0 【增】16【出】0【退】16	千克					999	西沙尔麻或其他纺织用龙舌兰类纤维纺制包扎用绳（农机用，可编织或编结，可用橡胶或塑料浸涂包套）
560729	00		剑麻或龙舌兰纤维制其他线绳索缆	Other twine, cordage, rope and cables of sisal or other textile fibres of the genus agave, plaited or braided, impregnated, coated, covered or sheathed with rubber or plastics	【最】5【普】50 【协东盟】0【协澳门】0【协巴基斯坦】0 【协智利】0【协新西兰】0【协秘鲁】0 【协哥斯达黎加】0【协冰岛】0【协瑞士】0 【协澳大利亚】0【协韩国】0【协格鲁吉亚】0 【协香港】0 【特-1】0【特-2】0【特-3】0 【增】16【出】0【退】16	千克					999	剑麻或龙舌兰纤维制其他线绳索缆（可编织或编结，可用橡胶或塑料浸渍、涂布、包覆、套裹）
560741	00		聚乙烯或聚丙烯纺制包扎用绳	Binder or baler twine	【最】5【普】100 【协东盟】0【协澳门】0【协巴基斯坦】0 【协智利】0【协新西兰】0【协秘鲁】0 【协哥斯达黎加】0【协冰岛】0【协瑞士】0 【协澳大利亚】0【协韩国】0【协格鲁吉亚】0 【协香港】0 【特-1】0【特-2】0【特-3】0 【增】16【对美加征】5【出】0【退】16	千克					999	聚乙烯或聚丙烯纺制包扎用绳（可编织或编结，可用橡胶或塑料浸渍、涂布、包覆、套裹）
560749	00		其他聚乙烯或聚丙烯制线绳索缆 【电商】	Other cordage, ropes and cables of polyethylene or polypropylene (woven or braided, impregnated, coated, covered or sheathed with rubber or plastics)	【最】5【普】100 【协东盟】0【协澳门】0【协巴基斯坦】0 【协智利】0【协新西兰】0【协秘鲁】0 【协哥斯达黎加】0【协冰岛】0【协瑞士】0 【协澳大利亚】0【协韩国】0【协格鲁吉亚】0 【协香港】0 【特-1】0【特-2】0【特-3】0 【增】16【对美加征】5【出】0【退】16	千克					999	其他聚乙烯或聚丙烯制线绳索缆（可编织或编结，可用橡胶或塑料浸渍、涂布、包覆、套裹）
560750	00		其他合纤制线绳索缆 【电商】	Of other synthetic fibres	【最】5【普】100 【协东盟】0【协澳门】0【协巴基斯坦】0 【协智利】0【协新西兰】0【协秘鲁】0 【协台湾】0【协哥斯达黎加】0【协冰岛】0 【协瑞士】0【协澳大利亚】0【协韩国】0 【协格鲁吉亚】0【协香港】0 【特-1】0【特-2】0【特-3】0 【增】16【对美加征】5【出】0【退】16	千克					999	其他合纤制线绳索缆（不论是否编织或编结而成，可用橡胶或塑料浸渍、涂布、包覆、套裹）

税则号列			货品名称中英文		税费综合信息	计量单位	监管证件代码		检验检疫类别		检验检疫编码	检验检疫编码对应中文名称
HS 国际统一前 6 位	本国子目 7~8 位	9~10 位	中文 货物名称	英文 Article Description			进口	出口	进口	出口		
560790	10		蕉麻或硬质（叶）纤维制线、绳、索、缆	Twine, cordage, ropes and cables of abaca (manila hemp or muse texti lis nee) or other hard (leaf) fibres, plaited or braided, impregnated, coated, covered or sheathed, with rubber or plastics	【最】5【普】50 【协东盟】0【协澳门】0【协巴基斯坦】0 【协智利】0【协新西兰】0【协秘鲁】0 【协哥斯达黎加】0【协冰岛】0【协瑞士】0 【协澳大利亚】0【协韩国】0【协格鲁吉亚】0 【协香港】0 【特-1】0【特-2】0【特-3】0 【增】16【出】0【退】16	千克					999	蕉麻或硬质（叶）纤维制线、绳、索、缆（可编织或编结，可用橡胶或塑料浸渍、涂布、包覆、套裹）
560790	90		其他纺织材料制线、绳、索、缆【电商】	Other cordage, ropes and cables of textile (woven or braided, impregnated, coated, covered or sheathed with rubber or plastics)	【最】5【普】100 【协东盟】0【协澳门】0【协巴基斯坦】0 【协智利】0【协新西兰】0【协秘鲁】0 【协哥斯达黎加】0【协冰岛】0【协瑞士】0 【协澳大利亚】0【协韩国】0【协格鲁吉亚】0 【协香港】0 【特亚太】2.5【特东老挝】0【特东柬埔寨】0 【特东缅甸】0【特-1】0【特-2】0【特-3】0 【增】16【对美加征】10【出】0【退】16	千克					999	其他纺织材料制线、绳、索、缆（可编织或编结，可用橡胶或塑料浸渍、涂布、包覆、套裹）
560811	00		化纤材料制成的渔网	Made up fishing nets	【最】8【普】50 【协东盟】0【协巴基斯坦】5【协智利】0 【协新西兰】0【协秘鲁】0【协哥斯达黎加】0 【协冰岛】0【协瑞士】0【协澳大利亚】0 【协韩国】0【协格鲁吉亚】0【协香港】0 【协澳门】0 【特-1】0【特-2】0【特-3】0 【增】16【出】0【退】16	千克					999	化纤材料制成的渔网
560819	00		化纤材料制成的网料和其他网【电商】	Knotted netting or nets of man-made filaments (Chemical fibric thread, rope, cable - bonded net material, except for net and braided net)	【最】8【普】100 【协东盟】0【协巴基斯坦】6【协智利】0 【协新西兰】0【协新加坡】0【协秘鲁】0 【协台湾】0【协哥斯达黎加】0【协冰岛】0 【协瑞士】4.8【协澳大利亚】0【协韩国】0 【协格鲁吉亚】0【协香港】0【协澳门】0 【特-1】0【特-2】0 【增】16【对美加征】10【出】0【退】16	千克					999	化纤材料制成的网料和其他网（包括化纤线、绳、索结制的网料，罗网及篓状网除外）
560890	00		其他纺织纤维制成的渔网、其他网及网料	Fishing net or nets of other textile (except for net and braided net)	【最】8【普】100 【协东盟】0【协香港】0【协巴基斯坦】5 【协智利】0【协新西兰】0【协秘鲁】0 【协哥斯达黎加】0【协冰岛】0【协瑞士】0 【协澳大利亚】0【协韩国】0【协格鲁吉亚】0 【特-1】0【特-2】0【特-3】0 【增】16【对美加征】10【出】0【退】16	千克					999	其他纺织纤维制成的渔网、其他网及网料（罗网及篓状网除外）
560900	00		用纱线、扁条、绳、索、缆制其他物品【电商】	Other articles of yarn, twine, cordage, rope or cables, strip or the like of heading No. 54. 04 or 54. 05	【最】8【普】100 【协东盟】0【协巴基斯坦】5【协智利】0 【协新西兰】0【协秘鲁】0【协哥斯达黎加】0 【协冰岛】0【协瑞士】0【协澳大利亚】0 【协韩国】0【协格鲁吉亚】0【协香港】0 【协澳门】0 【特亚太】0【特-1】0【特-2】0【特-3】0 【增】16【对美加征】10【出】0【退】16	千克					999	用纱线、扁条、绳、索、缆制其他物品（扁条及类似品指税目 54.04 或 54.05 的物品）

第五十七章 地毯及纺织材料的其他铺地制品

Chapter 57 Carpets and other textile floor coverings

注释：

一、本章所称“地毯及纺织材料的其他铺地制品”，是指使用时以纺织材料作面的铺地制品，也包括具有纺织材料铺地制品特征但作其他用途的物品。

二、本章不包括铺地制品衬垫。

Chapter Notes:

1. For the purposes of this Chapter, the term “carpets and other textile floor coverings” means floor coverings in which textile materials serve as the exposed surface of the article when in use and includes articles having the characteristics of textile floor coverings but intended for use for other purposes.

2. This Chapter does not cover floor covering underlays.

税则号列 HS国际统一前6位	本国子目 7~8位	本国子目 9~10位	货品名称中英文 中文 货物名称	货品名称中英文 英文 Article Description	税费综合信息	计量单位	监管证件代码 进口	监管证件代码 出口	检验检疫类别 进口	检验检疫类别 出口	检验检疫编码	检验检疫编码对应中文名称
570110	00		羊毛或动物细毛制的结织栽绒地毯	Carpets and other floor coverings of wool or fine animal hair, tufted	【最】6【普】130 【协东盟】0【协智利】0【协新西兰】0 【协新加坡】0【协秘鲁】0【协哥斯达黎加】0 【协冰岛】0【协瑞士】5.6【协澳大利亚】0 【协韩国】7【协格鲁吉亚】0【协香港】0 【协澳门】0 【特-1】0【特-2】0【特-3】0 【增】16【对美加征】10【出】0【退】16	千克/平方米					999	羊毛或动物细毛制的结织栽绒地毯（包括羊毛或动物细毛制的其他结织栽绒铺地制品）
570190	10		化学纤维制的结织栽绒地毯	Carpets knotted of man-made textile materials, including other floor coverings of man-made textile materials, tufted	【最】6【普】130 【协东盟】0【协巴基斯坦】12.8【协智利】0 【协新西兰】0【协新加坡】0【协秘鲁】0 【协哥斯达黎加】0【协冰岛】0【协瑞士】6 【协澳大利亚】3.2【协韩国】8【协香港】0 【协澳门】0【协格鲁吉亚】0 【特-1】0【特-2】0【特-3】0 【增】16【对美加征】10【出】0【退】16	千克/平方米					999	化学纤维制的结织栽绒地毯（包括化学纤维制的结织栽绒铺地制品）
570190	20		丝制结织栽绒铺地制品	Floor coverings knotted of silk, not tufted or flocked, whether or not made up	【最】6【普】100 【协东盟】0【协巴基斯坦】7【协智利】0 【协新西兰】0【协新加坡】0【协秘鲁】0 【协哥斯达黎加】0【协冰岛】0【协瑞士】5.6 【协澳大利亚】0【协韩国】7 【协格鲁吉亚】0【协香港】0【协澳门】0 【特-1】0【特-2】0 【增】16【对美加征】10【出】0【退】16	千克/平方米					999	丝制结织栽绒铺地制品（其他铺地制品，未簇绒或未植绒，不论是否制成）
570190	90		其他纺织材料制结织栽绒地毯	Carpets knotted of other textile materials, including floor coverings knotted of other textile materials	【最】6【普】100 【协东盟】0【协巴基斯坦】7【协智利】0 【协新西兰】0【协新加坡】0【协秘鲁】0 【协哥斯达黎加】0【协冰岛】0【协瑞士】5.6 【协澳大利亚】0【协韩国】7 【协格鲁吉亚】0【协香港】0【协澳门】0 【特-1】0【特-2】0 【增】16【对美加征】10【出】0【退】16	千克/平方米					999	其他纺织材料制结织栽绒地毯（包括其他纺织材料制结织栽绒铺地制品）
570210	00		“开来姆”“苏麦克”“卡拉马尼”地毯	Kelem, Schumacks, Karamanieand similar handwoven rugs	【最】6【普】130 【协东盟】0【协巴基斯坦】0【协智利】0 【协新西兰】0【协新加坡】0【协秘鲁】0 【协哥斯达黎加】0【协冰岛】0【协瑞士】5.6 【协澳大利亚】0【协韩国】7 【协格鲁吉亚】0【协香港】0【协澳门】0 【特亚太】0【特-1】0【特-2】0【特-3】0 【增】16【对美加征】10【出】0【退】16	千克/平方米					999	“开来姆”“苏麦克”“卡拉马尼”地毯（包括类似的手织地毯）
570220	00		椰壳纤维制的铺地制品	Floor coverings of coconut fibres (coir), not tufted or flocked, whether or not made up	【最】6【普】100 【协东盟】0【协巴基斯坦】0【协智利】0 【协新西兰】0【协新加坡】0【协秘鲁】0 【协哥斯达黎加】0【协冰岛】0【协瑞士】5.6 【协澳大利亚】0【协韩国】7 【协格鲁吉亚】0【协香港】0【协澳门】0 【特-1】0【特-2】0 【增】16【出】0【退】16	千克/平方米					999	椰壳纤维制的铺地制品（未簇绒或未植绒，不论是否制成的）

税则号列 HS国际统一前6位	本国子目 7~8位	本国子目 9~10位	货品名称中英文 中文 货物名称	货品名称中英文 英文 Article Description	税费综合信息	计量单位	监管证件代码 进口	监管证件代码 出口	检验检疫类别 进口	检验检疫类别 出口	检验检疫编码	检验检疫编码对应中文名称
570231	00		未制成的羊毛起绒地毯及铺地制品	Other floor covering, of pile construction, not made up, of wool, including those of fine animal hair, not tufted or flocked	【最】4【普】130 【协香港】0【协澳门】0【协东盟】0 【协巴基斯坦】0【协智利】0 【协新西兰】0【协新加坡】0【协秘鲁】0 【协哥斯达黎加】0【协冰岛】0【协瑞士】4 【协澳大利亚】0【协韩国】0【协格鲁吉亚】0 【特-1】0【特-2】0【特-3】0 【增】16【对美加征】10【出】0【退】16	千克/平方米					999	未制成的羊毛起绒地毯及铺地制品（包括动物细毛制，未簇绒或未植绒）
570232	00		未制成的化纤起绒地毯及铺地制品	Other floor coverings, of pile construction, not made up, of man-made textile materials, not tufted or flocked	【最】6【普】130 【协香港】0【协澳门】0【协东盟】0 【协巴基斯坦】0【协智利】0 【协新西兰】0【协新加坡】0【协秘鲁】0 【协哥斯达黎加】0【协冰岛】0【协瑞士】6 【协澳大利亚】0【协韩国】8 【协格鲁吉亚】0 【特-1】0【特-2】0 【增】16【对美加征】10【出】0【退】16	千克/平方米					999	未制成的化纤起绒地毯及铺地制品（未簇绒或未植绒）
570239	00		其他纺织料未制成起绒铺地制品	Other floor coverings, of pile construction, not made up, of other textile materials not tufted or flocked	【最】6【普】100 【协香港】0【协澳门】0【协东盟】0 【协巴基斯坦】0【协智利】0 【协新西兰】0【协新加坡】0【协秘鲁】0 【协哥斯达黎加】0【协冰岛】0【协瑞士】5.6 【协澳大利亚】0【协韩国】7 【协格鲁吉亚】0 【特亚太】0【特-1】0【特-2】0【特-3】0 【增】16【出】0【退】16	千克/平方米					999	其他纺织料未制成起绒铺地制品（未簇绒或未植绒）
570241	00		制成的羊毛起绒地毯及铺地制品	Other floor coverings, of pile construction, made up, of wool, including those of fine animal hair, not tufted or flocked	【最】4【普】130 【协东盟】0【协香港】0【协巴基斯坦】0 【协智利】0【协新西兰】0【协新加坡】0 【协秘鲁】0【协哥斯达黎加】0【协冰岛】0 【协瑞士】0【协澳大利亚】0【协韩国】0 【协格鲁吉亚】0 【特-1】0【特-2】0【特-3】0 【增】16【对美加征】10【出】0【退】16	千克/平方米					999	制成的羊毛起绒地毯及铺地制品（包括动物细毛制，未簇绒或未植绒）
570242	00		制成的化纤起绒地毯及铺地制品	Other floor coverings, of pile construction, made up, of man-made textile materials, not tufted or flocked	【最】4【普】130 【协东盟】0【协香港】0【协巴基斯坦】0 【协智利】0【协新西兰】0【协新加坡】0 【协秘鲁】0【协哥斯达黎加】0【协冰岛】0 【协瑞士】0【协澳大利亚】0【协韩国】0 【协格鲁吉亚】0 【特-1】0【特-2】0【特-3】0 【增】16【对美加征】10【出】0【退】16	千克/平方米					999	制成的化纤起绒地毯及铺地制品（未簇绒或未植绒）
570249	00		其他纺织材料制成的起绒铺地制品	Other floor coverings, of pile construction, made up, of other textile materials, not tufted or flocked	【最】6【普】100 【协香港】0【协澳门】0【协亚太】4 【协东盟】0【协巴基斯坦】0 【协智利】0【协新西兰】0【协新加坡】0 【协秘鲁】0【协哥斯达黎加】0【协冰岛】0 【协瑞士】5.6【协澳大利亚】0【协韩国】7 【协格鲁吉亚】0 【特-1】0【特-2】0 【增】16【出】0【退】16	千克/平方米					999	其他纺织材料制成的起绒铺地制品
570250	10		未制成羊毛非起绒地毯及铺地制品	Other floor coverings, not of pile construction, not made up, of wool, including those of fine animal hair, not tufted or flocked	【最】6【普】130 【协东盟】0【协巴基斯坦】0【协智利】0 【协新西兰】0【协新加坡】0【协秘鲁】0 【协哥斯达黎加】0【协冰岛】0【协瑞士】5.6 【协澳大利亚】0【协韩国】7 【协格鲁吉亚】0【协香港】0【协澳门】0 【特-1】0【特-2】0 【增】16【出】0【退】16	千克/平方米					999	未制成羊毛非起绒地毯及铺地制品（包括动物细毛制，未簇绒或未植绒）
570250	20		未制成化纤非起绒地毯及铺地制品	Other floor coverings, not of pile construction, not made up, of man-made textile materials, not tufted or flocked	【最】6【普】130 【协东盟】0【协巴基斯坦】0【协智利】0 【协新西兰】0【协新加坡】0【协秘鲁】0 【协哥斯达黎加】0【协冰岛】0【协瑞士】6 【协澳大利亚】0【协韩国】8 【协格鲁吉亚】0【协香港】0【协澳门】0 【特-1】0【特-2】0 【增】16【出】0【退】16	千克/平方米					999	未制成化纤非起绒地毯及铺地制品（未簇绒或未植绒）

税则号列			货品名称中英文		税费综合信息	计量单位	监管证件代码		检验检疫类别		检验检疫编码	检验检疫编码对应中文名称
HS 国际统一前6位	本国子目 7~8位	9~10位	中文 货物名称	英文 Article Description			进口	出口	进口	出口		
570250	90		未制成其他纺织料制非起绒铺地制品	Other floor coverings, not of pile construction, not made up, of other textile materials	【最】6【普】100 【协东盟】0【协巴基斯坦】0【协智利】0 【协新西兰】0【协新加坡】0【协秘鲁】0 【协哥斯达黎加】0【协冰岛】0【协瑞士】5.6 【协澳大利亚】0【协韩国】7 【协格鲁吉亚】0【协香港】0【协澳门】0 【特-1】0【特-2】0 【增】16【出】0【退】16	千克/平方米					999	未制成其他纺织料制非起绒铺地制品
570291	00		制成的毛制非起绒铺地制品	Other floor coverings, not of pile construction, made up, of wool or fine animal hair	【最】6【普】130 【协东盟】0【协巴基斯坦】0【协智利】0 【协新西兰】0【协新加坡】0【协秘鲁】0 【协哥斯达黎加】0【协冰岛】0【协瑞士】5.6 【协澳大利亚】0【协韩国】7 【协格鲁吉亚】0【协香港】0【协澳门】0 【特-1】0【特-2】0 【增】16【对美加征】10【出】0【退】16	千克/平方米					999	制成的毛制非起绒铺地制品（指羊毛或动物细毛）
570292	00		制成的化纤非起绒地毯及铺地制品	Other floor coverings, not of pile construction, made up, of man-made textile materials, not tufted or flocked	【最】6【普】130 【协东盟】0【协巴基斯坦】0【协智利】0 【协新西兰】0【协新加坡】0【协秘鲁】0 【协哥斯达黎加】0【协冰岛】0【协瑞士】6 【协澳大利亚】0【协韩国】8 【协格鲁吉亚】0【协香港】0【协澳门】0 【特-1】0【特-2】0 【增】16【对美加征】10【出】0【退】16	千克/平方米					999	制成的化纤非起绒地毯及铺地制品（未簇绒或未植绒）
570299	00		制成的其他纺材制非起绒铺地制品	Other floor coverings, not of pile construction, made up, of other textile materials	【最】6【普】100 【协东盟】0【协巴基斯坦】0【协智利】0 【协新西兰】0【协新加坡】0【协秘鲁】0 【协哥斯达黎加】0【协冰岛】0【协瑞士】5.6 【协澳大利亚】0【协韩国】7 【协格鲁吉亚】0【协香港】0【协澳门】0 【特-1】0【特-2】0 【增】16【对美加征】10【出】0【退】16	千克/平方米					999	制成的其他纺材制非起绒铺地制品
570310	00		羊毛簇绒地毯及其他簇绒铺地制品	Carpets and other floor coverings of wool, including those of fine animal hair, tufted, whether or not made up	【最】6【普】130 【协东盟】0【协智利】0【协新西兰】0 【协新加坡】0【协秘鲁】0【协哥斯达黎加】0 【协冰岛】0【协瑞士】5.6【协澳大利亚】0 【协韩国】7【协格鲁吉亚】0【协香港】0 【协澳门】0 【特-1】0【特-2】0【特-3】0 【增】16【对美加征】5【出】0【退】16	千克/平方米					999	羊毛簇绒地毯及其他簇绒铺地制品（包括动物细毛制，不论是否制成）
570320	00		尼龙簇绒地毯及其他簇绒铺地制品【电商】	Carpets and other floor coverings of nylon, including those of other polyamides, tufted, whether or not made up	【最】4【普】130 【协东盟】0【协巴基斯坦】5【协智利】0 【协新西兰】0【协新加坡】0【协秘鲁】0 【协哥斯达黎加】0【协冰岛】0【协瑞士】0 【协澳大利亚】0【协韩国】7.5【协格鲁吉亚】0 【协香港】0【协澳门】0 【特-1】0【特-2】0【特-3】0 【增】16【对美加征】5【出】0【退】16	千克/平方米					999	尼龙簇绒地毯及其他簇绒铺地制品（包括其他聚酰胺制，不论是否制成）
570330	00		化纤簇绒地毯及其他簇绒铺地制品	Carpets and other floor coverings of other man-made textile materials, other than those of nylon, tufted, whether or not made up	【最】4【普】130 【协东盟】0【协智利】0【协新西兰】0 【协新加坡】0【协秘鲁】0【协哥斯达黎加】0 【协冰岛】0【协瑞士】0【协澳大利亚】0 【协韩国】0【协格鲁吉亚】0【协香港】0 【协澳门】0 【特-1】0【特-2】0【特-3】0 【增】16【对美加征】10【出】0【退】16	千克/平方米					999	化纤簇绒地毯及其他簇绒铺地制品（尼龙制的除外，不论是否制成）
570390	00		其他簇绒地毯及其他簇绒铺地制品	Carpets and other floor coverings of other textile materials, other than those of wool and man-made textile materials, tufted, whether or not made up	【最】6【普】100 【协东盟】0【协巴基斯坦】11.2【协智利】0 【协新西兰】0【协新加坡】0【协秘鲁】0 【协哥斯达黎加】0【协冰岛】0【协瑞士】5.6 【协澳大利亚】0【协韩国】7 【协格鲁吉亚】0【协香港】0【协澳门】0 【特亚太】0【特-1】0【特-2】0【特-3】0 【增】16【对美加征】5【出】0【退】16	千克/平方米					999	其他簇绒地毯及其他簇绒铺地制品（羊毛、化纤制除外，不论是否制成）

税则号列 HS国际统一前6位	本国子目 7~8位	本国子目 9~10位	货品名称 中文	Article Description 英文	税费综合信息	计量单位	监管证件代码 进口	监管证件代码 出口	检验检疫类别 进口	检验检疫类别 出口	检验检疫编码	检验检疫编码对应中文名称
570410	00		毡呢铺地制品，最大面积≤0.3平方米	Floor coverings, having a maximum surface area of 0.3m^2, of felt, not tufted or flocked	【最】6【普】130 【协东盟】0【协巴基斯坦】7【协智利】0 【协新西兰】0【协新加坡】0【协秘鲁】0 【协哥斯达黎加】0【协冰岛】0【协瑞士】5.6 【协澳大利亚】0【协韩国】7 【协格鲁吉亚】0【协香港】0【协澳门】0 【特-1】0【特-2】0 【增】16【出】0【退】16	千克/平方米					999	毡呢铺地制品，最大面积≤0.3平方米（未簇绒或未植绒）
570420	00		毡呢铺地制品，0.3平方米<最大面积≤1平方米	Tiles, having a maximum surface area more than 0.3m^2 but not more than 1m^2	【最】4【普】130 【协东盟】0【协巴基斯坦】5【协智利】0 【协新西兰】0【协新加坡】0【协秘鲁】0 【协哥斯达黎加】0【协冰岛】0【协瑞士】0 【协澳大利亚】0【协韩国】0【协格鲁吉亚】0 【协香港】0【协澳门】0 【特-1】0【特-2】0【特-3】0 【增】16【对美加征】10【出】0【退】16	千克/平方米					999	毡呢铺地制品，0.3平方米<最大面积≤1平方米（未簇绒或未植绒）
570490	00		毡呢铺地制品，最大面积>1平方米	Other carpets and floor coverings, having a maximum surface area more than 1m^2, of felt, not tufted or flocked	【最】4【普】130 【协东盟】0【协巴基斯坦】5【协智利】0 【协新西兰】0【协新加坡】0【协秘鲁】0 【协哥斯达黎加】0【协冰岛】0【协瑞士】0 【协澳大利亚】0【协韩国】0【协格鲁吉亚】0 【协香港】0【协澳门】0 【特-1】0【特-2】0【特-3】0 【增】16【对美加征】10【出】0【退】16	千克/平方米					999	毡呢铺地制品，最大面积>1平方米（未簇绒或未植绒）
570500	10		羊毛制其他地毯及其他铺地制品	Other carpets and other floor coverings, of wool, including those of fine animal hair, whether or not made up	【最】6【普】130 【协东盟】0【协巴基斯坦】11.2【协智利】0 【协新西兰】0【协新加坡】0【协秘鲁】0 【协哥斯达黎加】0【协冰岛】0【协瑞士】5.6 【协澳大利亚】0【协韩国】7 【协格鲁吉亚】0【协香港】0【协澳门】0 【特亚太】0【特-1】0【特-2】0【特-3】0 【增】16【对美加征】10【出】0【退】16	千克/平方米					999	羊毛制其他地毯及其他铺地制品（包括动物细毛制，不论是否制成的）
570500	20		化纤制其他地毯及其他铺地制品 【电商】	Other carpets and other textile floor coverings, of man-made textile materials, whether or not made up	【最】4【普】130 【协东盟】0【协巴基斯坦】5【协智利】0 【协新西兰】0【协新加坡】0【协秘鲁】0 【协哥斯达黎加】0【协冰岛】0【协瑞士】0 【协澳大利亚】0【协韩国】0【协格鲁吉亚】0 【协香港】0【协澳门】0 【特亚太】0【特-1】0【特-2】0【特-3】0 【增】16【对美加征】5【出】0【退】16	千克/平方米					999	化纤制其他地毯及其他铺地制品（不论是否制成的）
570500	90		其他纺材制未列名地毯及铺地制品 【电商】	Other carpets and other textile floor coverings of other textile materials	【最】6【普】100 【协东盟】0【协巴基斯坦】11.2【协智利】0 【协新西兰】0【协新加坡】0【协秘鲁】0 【协哥斯达黎加】0【协冰岛】0【协瑞士】5.6 【协澳大利亚】0【协韩国】7 【协格鲁吉亚】0【协香港】0【协澳门】0 【特亚太】0【特-1】0【特-2】0【特-3】0 【增】16【对美加征】10【出】0【退】16	千克/平方米					999	其他纺材制未列名地毯及铺地制品

第五十八章
特种机织物；簇绒织物；花边；装饰毯；装饰带；刺绣品

注释：

一、本章不适用于经浸渍、涂布、包覆或层压的第五十九章注释一所述的纺织物或第五十九章的其他货品。

二、税目 58.01 也包括因未将浮纱割断而使表面无竖绒的纬起绒织物。

三、税目 58.03 所称"纱罗"，是指经线全部或部分由地经纱和绞经纱构成的织物，其中绞经纱绕地经纱半圈、一圈或几圈而形成圈状，纬纱从圈中穿过。

四、税目 58.04 不适用于税目 56.08 的线、绳、索结制的网状织物。

五、税目 58.06 所称"狭幅机织物"，是指：

（一）幅宽不超过 30 厘米的机织物，不论是否织成或从宽幅料剪成，但两侧必须有织成的、胶粘的或用其他方法制成的布边；

（二）压平宽度不超过 30 厘米的圆筒机织物；以及

（三）折边的斜裁滚条布，其未折边时的宽度不超过 30 厘米。

流苏状的狭幅机织物归入税目 58.08。

六、税目 58.10 所称"刺绣品"，除了一般纺织材料绣线绣制的刺绣品外，还包括在可见底布上用金属线或玻璃线刺绣的刺绣品，也包括用珠片、饰珠、纺织材料或其他材料制的装饰用花纹图案所缝绣的贴花织物。该税号不包括手工针绣嵌花装饰毯（税目 58.05）。

七、除税目 58.09 的产品外，本章还包括金属线制的用于衣着、装饰及类似用途的物品。

Chapter 58
Special woven fabrics; tufted textile fabrics; lace; tapestries; trimmings; embroidery

Chapter Notes:

1. This Chapter does not apply to textile fabrics referred to in Note 1 to Chapter 59, impregnated, coated, covered or laminated, or to other goods of Chapter 59.

2. Heading 58.01 also includes woven weft pile fabrics which have not yet had the floats cut, at which stage they have no pile standing up.

3. For the purposes of heading 58.03, "gauze" means a fabric with a warp composed wholly or in part of standing or ground threads and crossing or doup threads which cross the standing or ground threads making a half turn, a complete turn or more to form loops through which weft threads pass.

4. Heading 58.04 does not apply to knotted net fabrics of twine, cordage or rope, of heading 56.08.

5. For the purposes of heading 58.06, the expression "narrow woven fabrics" means:

(a) Woven fabrics of a width not exceeding 30cm, whether woven as such or cut from wider pieces, provided with selvedges (woven, gummed or otherwise made) on both edges;

(b) Tubular woven fabrics of a flattened width not exceeding 30cm; and

(c) Bias binding with folded edges, of a width when unfolded not exceeding 30cm.

Narrow woven fabrics with woven fringes are to be classified in heading 58.08.

6. In heading 58.10, the expression "embroidery" means, inter alia, embroidery with metal or glass thread on a visible ground of textile fabric, and sewn applique work of sequins, beads or ornamental motifs of textile or other materials. The heading does not apply to needlework tapestry (heading 58.05).

7. In addition to the products of heading 58.09, this Chapter also includes articles made of metal thread and of a kind used in apparel, as furnishing fabrics or for similar purposes.

税则号列 HS 国际统一前 6 位	本国子目 7~8 位	本国子目 9~10 位	货品名称 中文 货物名称	货品名称 英文 Article Description	税费综合信息	计量单位	监管证件代码 进口	监管证件代码 出口	检验检疫类别 进口	检验检疫类别 出口	检验检疫编码	检验检疫编码对应中文名称
580110	00		毛制起绒机织物及绳绒织物	Woven pile fabrics and chenille fabrics, of wool or fine animal hair, other than fabrics of heading No. 58.02 or 58.06	【最】8【普】130 【协东盟】0【协巴基斯坦】0【协智利】0 【协新西兰】0【协新加坡】0【协秘鲁】0 【协哥斯达黎加】0【协冰岛】0【协瑞士】0 【协澳大利亚】0【协韩国】0【协格鲁吉亚】0 【协香港】0【协澳门】0 【特-1】0【特-2】0【特-3】0 【增】16【对美加征】10【出】0【退】16	米/千克					999	毛制起绒机织物及绳绒织物（税目 58.02 或 58.06 的织物除外）

税则号列			货品名称中英文		税费综合信息	计量单位	监管证件代码		检验检疫类别		检验检疫编码	检验检疫编码对应中文名称
HS国际统一前6位	本国子目 7~8位	9~10位	中文 货物名称	英文 Article Description			进口	出口	进口	出口		
580121	00		不割绒的棉制纬起绒织物	Uncut weft pile fabrics	【最】8【普】70 【协东盟】0【协巴基斯坦】0【协智利】0 【协新西兰】0【协新加坡】0【协秘鲁】0 【协哥斯达黎加】0【协冰岛】0【协瑞士】4.8 【协澳大利亚】0【协韩国】0 【协格鲁吉亚】0【协香港】0【协澳门】0 【特-1】0【特-2】0 【增】16【出】0【退】16	米/千克					101 102	不割绒的棉制纬起绒织物（税目58.02或58.06的织物除外）（棉混纺坯布） 不割绒的棉制纬起绒织物（税目58.02或58.06的织物除外）（其他特种机织物）
580122	00		割绒的棉制灯芯绒	Cut corduroy, other than fabrics of heading No. 58.02 or 58.06	【最】8【普】70 【协东盟】0【协香港】0【协巴基斯坦】0 【协智利】0【协新西兰】0【协秘鲁】0 【协台湾】0【协哥斯达黎加】0【协冰岛】0 【协瑞士】0【协澳大利亚】0【协韩国】0 【协格鲁吉亚】0 【特-1】0【特-2】0【特-3】0 【增】16【对美加征】10【出】0【退】16	米/千克					999	割绒的棉制灯芯绒（税目58.02或58.06的织物除外）
580123	00		其他棉制纬起绒织物	Other weft pile fabrics	【最】8【普】70 【协东盟】0【协巴基斯坦】0【协智利】0 【协新西兰】0【协秘鲁】0【协哥斯达黎加】0 【协冰岛】0【协瑞士】0【协澳大利亚】0 【协韩国】5【协格鲁吉亚】0【协香港】0 【协澳门】0 【特-1】0【特-2】0【特-3】0 【增】16【出】0【退】16	米/千克					101 102	其他棉制纬起绒织物（税目58.02或58.06的织物除外）（棉混纺坯布） 其他棉制纬起绒织物（税目58.02或58.06的织物除外）（其他特种机织物）
580126	00		棉制绳绒织物	Chenille fabrics	【最】8【普】70 【协东盟】0【协巴基斯坦】0【协智利】0 【协新西兰】0【协秘鲁】0【协哥斯达黎加】0 【协冰岛】0【协瑞士】0【协澳大利亚】0 【协韩国】0【协格鲁吉亚】0【协香港】0 【协澳门】0 【特-1】0【特-2】0【特-3】0 【增】16【对美加征】5【出】0【退】16	米/千克					101 102	棉制绳绒织物（税目58.02或58.06的织物除外）（棉混纺坯布） 棉制绳绒织物（税目58.02或58.06的织物除外）（其他特种机织物）
580127	10		棉制不割绒的经起绒织物（棱纹绸）	Uncut warp pile fabrics (èpinglè), of cotton(other than fabrics of heading No. 58.02 or 58.06)	【最】8【普】70 【协东盟】0【协巴基斯坦】0【协智利】0 【协新西兰】0【协秘鲁】0【协哥斯达黎加】0 【协冰岛】0【协瑞士】0【协澳大利亚】0 【协韩国】0【协格鲁吉亚】0【协香港】0 【协澳门】0 【特-1】0【特-2】0【特-3】0 【增】16【对美加征】10【出】0【退】16	米/千克					999	棉制不割绒的经起绒织物（棱纹绸）（税目58.02或58.06的织物除外）
580127	20		棉制割绒的经起绒织物	Cut warp pile fabrics, of cotton, unbleached (other than fabrics of heading No. 58.02 or 58.06)	【最】8【普】70 【协东盟】0【协香港】0【协巴基斯坦】0 【协智利】0【协新西兰】0【协秘鲁】0 【协哥斯达黎加】0【协冰岛】0【协瑞士】0 【协澳大利亚】0【协韩国】0【协格鲁吉亚】0 【特-1】0【特-2】0【特-3】0 【增】16【对美加征】10【出】0【退】16	米/千克					101 102	棉制割绒的经起绒织物（税目58.02或58.06的织物除外）（棉混纺坯布） 棉制割绒的经起绒织物（税目58.02或58.06的织物除外）（其他特种机织物）
580131	00		不割绒的化纤制纬起绒织物	Uncut weft pile fabrics of man-made fibres, (other than fabrics of heading No. 58. 02 or 58.06)	【最】8【普】130 【协东盟】0【协巴基斯坦】0【协智利】0 【协新西兰】0【协新加坡】0【协秘鲁】0 【协哥斯达黎加】0【协冰岛】0【协瑞士】0 【协澳大利亚】0【协韩国】6.6【协格鲁吉亚】0 【协香港】0【协澳门】0 【特-1】0【特-2】0【特-3】0 【增】16【对美加征】10【出】0【退】16	米/千克					999	不割绒的化纤制纬起绒织物（税目58.02或58.06的织物除外）
580132	00		割绒的化纤制灯芯绒	Cut corduroy of man-made fibres, (other than fabrics of heading No. 58.02 or 58.06)	【最】8【普】130 【协东盟】0【协巴基斯坦】0【协智利】0 【协新西兰】0【协新加坡】0【协秘鲁】0 【协哥斯达黎加】0【协冰岛】0【协瑞士】0 【协澳大利亚】0【协韩国】0【协格鲁吉亚】0 【协香港】0【协澳门】0 【特-1】0【特-2】0【特-3】0 【增】16【对美加征】10【出】0【退】16	米/千克					999	割绒的化纤制灯芯绒（税目58.02或58.06的织物除外）

税则号列			货品名称中英文		税费综合信息	计量单位	监管证件代码		检验检疫类别		检验检疫编码	检验检疫编码对应中文名称
HS 国际统一前 6 位	本国子目 7~8 位	本国子目 9~10 位	中文 货物名称	英文 Article Description			进口	出口	进口	出口		
580133	00		其他化纤纬起绒织物	Other weft pile fabrics of man-made fibres, (other than fabrics of heading No. 58.02 or 58.06)	【最】8【普】130 【协东盟】0【协巴基斯坦】0【协智利】0 【协新西兰】0【协新加坡】0【协秘鲁】0 【协台湾】0【协哥斯达黎加】0【协冰岛】0 【协瑞士】0【协澳大利亚】0【协韩国】0 【协格鲁吉亚】0【协香港】0【协澳门】0 【特东老挝】0【特东柬埔寨】0【特东缅甸】0 【特-1】0【特-2】0【特-3】0 【增】16【对美加征】10【出】0【退】16	米/千克					999	其他化纤纬起绒织物(税目 58.02 或 58.06 的织物除外)
580136	00		化纤绳绒织物	Chenille fabrics of man-made fibres, (other than fabrics of heading No. 58.02 or 58.06)	【最】8【普】130 【协东盟】0【协巴基斯坦】0【协智利】0 【协新西兰】0【协新加坡】0【协秘鲁】0 【协哥斯达黎加】0【协冰岛】0【协瑞士】0 【协澳大利亚】0【协韩国】0【协格鲁吉亚】0 【协香港】0【协澳门】0 【特-1】0【特-2】0【特-3】0 【增】16【对美加征】10【出】0【退】16	米/千克					999	化纤绳绒织物(税目 58.02 或 58.06 的织物除外)
580137	10		化纤制不割绒经起绒织物(棱纹绸)	Warp pile fabrics, uncut, of man-made fibres, (other than fabrics of heading No. 58.02 or 58.06)	【最】8【普】130 【协东盟】0【协巴基斯坦】0【协智利】0 【协新西兰】0【协新加坡】0【协秘鲁】0 【协哥斯达黎加】0【协冰岛】0【协瑞士】0 【协澳大利亚】0【协韩国】0【协格鲁吉亚】0 【协香港】0【协澳门】0 【特-1】0【特-2】0【特-3】0 【增】16【对美加征】10【出】0【退】16	米/千克					999	化纤制不割绒经起绒织物(棱纹绸)(税目 58.02 或 58.06 的织物除外)
580137	20		化纤制割绒的经起绒织物	Warp pile fabrics, cut, of man-made fibres, (other than fabrics of heading No. 58.02 or 58.06)	【最】8【普】130 【协东盟】0【协巴基斯坦】0【协智利】0 【协新西兰】0【协新加坡】0【协秘鲁】0 【协哥斯达黎加】0【协冰岛】0【协瑞士】0 【协澳大利亚】0【协韩国】0【协格鲁吉亚】0 【协香港】0【协澳门】0 【特-1】0【特-2】0【特-3】0 【增】16【对美加征】10【出】0【退】16	米/千克					999	化纤制割绒的经起绒织物(税目 58.02 或 58.06 的织物除外)
580190	10		丝及绢丝制起绒机织物及绳绒织物	Chenille fabrics and pile fabrics of silk or spun silk (other than fabrics of heading No. 58.02 or 58.06)	【最】8【普】130 【协东盟】0【协巴基斯坦】0【协智利】0 【协新西兰】0【协新加坡】0【协秘鲁】0 【协哥斯达黎加】0【协冰岛】0【协瑞士】0 【协澳大利亚】0【协韩国】0【协格鲁吉亚】0 【协香港】0【协澳门】0 【特-1】0【特-2】0【特-3】0 【增】16【对美加征】10【出】0【退】16	米/千克					999	丝及绢丝制起绒机织物及绳绒织物(税目 58.02 或 58.06 的织物除外)
580190	90		其他材料制起绒机织物及绳绒织物	Chenille fabrics and pile fabrics of other materials	【最】8【普】80 【协东盟】0【协巴基斯坦】0【协智利】0 【协新西兰】0【协新加坡】0【协秘鲁】0 【协哥斯达黎加】0【协冰岛】0【协瑞士】0 【协澳大利亚】0【协韩国】0【协格鲁吉亚】0 【协香港】0【协澳门】0 【特-1】0【特-2】0【特-3】0 【增】16【对美加征】10【出】0【退】16	米/千克					101 102	其他材料制起绒机织物及绳绒织物(税目 58.02 或 58.06 的织物除外)(亚麻混纺织物) 其他材料制起绒机织物及绳绒织物(税目 58.02 或 58.06 的织物除外)(其他特种机织物)
580211	00		未漂棉毛巾织物及类似毛圈机织物	Terry towelling and similar woven terry fabrics, of cotton, unbleached, other than narrow fabrics of heading No. 58.06	【最】8【普】70 【协东盟】0【协澳门】0【协巴基斯坦】0 【协智利】0【协新西兰】0【协新加坡】0 【协秘鲁】0【协哥斯达黎加】0【协冰岛】0 【协瑞士】6【协澳大利亚】0【协韩国】0 【协格鲁吉亚】0【协香港】0 【特亚太】0【特-1】0【特-2】0【特-3】0 【增】16【出】0【退】16	米/千克					999	未漂棉毛巾织物及类似毛圈机织物(税目 58.06 的狭幅织物除外)
580219	00		其他棉毛巾织物及类似毛圈机织物 【电商】	Other terry towelling and similar woven terry fabrics, of cotton, other than narrow fabrics of heading No. 58.06	【最】8【普】70 【协东盟】0【协澳门】0【协巴基斯坦】0 【协智利】0【协新西兰】0【协秘鲁】0 【协哥斯达黎加】0【协冰岛】0【协瑞士】0 【协澳大利亚】0【协韩国】0【协格鲁吉亚】0 【协香港】0 【特-1】0【特-2】0【特-3】0 【增】16【出】0【退】16	米/千克					999	其他棉毛巾织物及类似毛圈机织物(税目 58.06 的狭幅织物除外)

税则号列			货品名称中英文		税费综合信息	计量单位	监管证件代码		检验检疫类别		检验检疫编码	检验检疫编码对应中文名称
HS 国际统一前6位	本国子目 7~8位	本国子目 9~10位	中文 货物名称	英文 Article Description			进口	出口	进口	出口		
580220	10		丝及绢丝毛巾织物及类似毛圈织物	Terry towelling and similar woven terry fabrics of silk or spun silk	【最】8【普】130 【协东盟】0【协澳门】0【协巴基斯坦】0 【协智利】0【协新西兰】0【协新加坡】0 【协秘鲁】0【协哥斯达黎加】0【协冰岛】0 【协瑞士】4.8【协澳大利亚】0【协韩国】0 【协格鲁吉亚】0【协香港】0 【特亚太】0【特-1】0【特-2】0【特-3】0 【增】16【出】0【退】16	米/千克					999	丝及绢丝毛巾织物及类似毛圈织物（税目58.06的狭幅织物除外）
580220	20		羊毛等毛巾织物及类似毛圈机织物	Terry towelling and similar woven terry fabrics, of wool or fine animal hair, other than narrow fabrics of heading No. 58.06	【最】8【普】130 【协东盟】0【协澳门】0【协巴基斯坦】0 【协智利】0【协新西兰】0【协新加坡】0 【协秘鲁】0【协哥斯达黎加】0【协冰岛】0 【协瑞士】4.8【协澳大利亚】0【协韩国】0 【协格鲁吉亚】0【协香港】0 【特亚太】0【特-1】0【特-2】0【特-3】0 【增】16【出】0【退】16	米/千克					999	羊毛等毛巾织物及类似毛圈机织物（指羊毛或动物细毛制，税目58.06的狭幅织物除外）
580220	30		化纤毛巾织物及类似毛圈机织物	Terry towelling and similar woven terry fabrics of man-made fibres, other than narrow fabrics of heading No. 58.06	【最】8【普】130 【协东盟】0【协澳门】0【协巴基斯坦】0 【协智利】0【协新西兰】0【协新加坡】0 【协秘鲁】0【协哥斯达黎加】0【协冰岛】0 【协瑞士】5.6【协澳大利亚】0【协韩国】7 【协格鲁吉亚】0【协香港】0 【特亚太】0【特-1】0【特-2】0【特-3】0 【增】16【出】0【退】16	米/千克					999	化纤毛巾织物及类似毛圈机织物（税目58.06的狭幅织物除外）
580220	90		其他材料毛巾织物及类似毛圈织物	Other terry towelling and similar woven terry fabrics, of other materials, other than narrow fabrics of heading No. 58.06	【最】8【普】80 【协东盟】0【协澳门】0【协巴基斯坦】0 【协智利】0【协新西兰】0【协新加坡】0 【协秘鲁】0【协哥斯达黎加】0【协冰岛】0 【协瑞士】4.8【协澳大利亚】0【协韩国】0 【协格鲁吉亚】0【协香港】0 【特亚太】0【特-1】0【特-2】0【特-3】0 【增】16【出】0【退】16	米/千克					999	其他材料毛巾织物及类似毛圈织物（税目58.06的狭幅织物除外）
580230	10		丝及绢丝制簇绒织物	Tufted textile fabrics of silk or spun silk	【最】8【普】130 【协东盟】0【协巴基斯坦】0【协智利】0 【协新西兰】0【协新加坡】0【协秘鲁】0 【协哥斯达黎加】0【协冰岛】0【协瑞士】0 【协澳大利亚】0【协韩国】0【协格鲁吉亚】0 【协香港】0【协澳门】0 【特-1】0【特-2】0【特-3】0 【增】16【出】0【退】16	米/千克					999	丝及绢丝制簇绒织物（税目57.03的产品除外）
580230	20		羊毛或动物细毛制簇绒织物	Tufted textile fabrics of wool or fine animal hair, other than products of heading No. 57.03	【最】8【普】130 【协东盟】0【协巴基斯坦】0【协智利】0 【协新西兰】0【协新加坡】0【协秘鲁】0 【协哥斯达黎加】0【协冰岛】0【协瑞士】0 【协澳大利亚】0【协韩国】0【协格鲁吉亚】0 【协香港】0【协澳门】0 【特-1】0【特-2】0【特-3】0 【增】16【出】0【退】16	米/千克					999	羊毛或动物细毛制簇绒织物（税目57.03的产品除外）
580230	30		棉或麻制簇绒织物	Tufted textile fabrics of cotton or bast fibres	【最】8【普】70 【协东盟】0【协巴基斯坦】0【协智利】0 【协新西兰】0【协秘鲁】0【协哥斯达黎加】0 【协冰岛】0【协瑞士】0【协澳大利亚】0 【协韩国】0【协格鲁吉亚】0【协香港】0 【协澳门】0 【特-1】0【特-2】0【特-3】0 【增】16【出】0【退】16	米/千克					999	棉或麻制簇绒织物（税目57.03的产品除外）
580230	40		化学纤维制簇绒织物	Tufted textile fabrics of man-made fibres, other than products of heading No. 57.03	【最】8【普】130 【协东盟】0【协巴基斯坦】0【协智利】0 【协新西兰】0【协新加坡】0【协秘鲁】0 【协哥斯达黎加】0【协冰岛】0【协瑞士】0 【协澳大利亚】0【协韩国】0【协格鲁吉亚】0 【协香港】0【协澳门】0 【特-1】0【特-2】0【特-3】0 【增】16【对美加征】10【出】0【退】16	米/千克					999	化学纤维制簇绒织物（税目57.03的产品除外）

税则号列			货品名称中英文		税费综合信息	计量单位	监管证件代码		检验检疫类别		检验检疫编码	检验检疫编码对应中文名称
HS 国际统一前6位	本国子目 7~8位	9~10位	中文 货物名称	英文 Article Description			进口	出口	进口	出口		
580230	90		其他纺织材料制簇绒织物	Tufted textile fabrics of other textile materials, other than products of heading No. 57.03	【最】8【普】80 【协东盟】0【协巴基斯坦】0【协智利】0 【协新西兰】0【协新加坡】0【协秘鲁】0 【协哥斯达黎加】0【协冰岛】0【协瑞士】0 【协澳大利亚】0【协韩国】0【协格鲁吉亚】0 【协香港】0【协澳门】0 【特-1】0【特-2】0【特-3】0 【增】16【出】0【退】16	米/千克					999	其他纺织材料制簇绒织物（税目57.03的产品除外）
580300	10		棉制纱罗	Gauze, of cotton, other than narrow fabrics of heading No. 58.06	【最】8【普】70 【协东盟】0【协巴基斯坦】5【协智利】0 【协新西兰】0【协秘鲁】0【协哥斯达黎加】0 【协冰岛】0【协瑞士】0【协澳大利亚】0 【协韩国】0【协格鲁吉亚】0【协香港】0 【协澳门】0 【特-1】0【特-2】0【特-3】0 【增】16【出】0【退】16	米/千克					999	棉制纱罗（税目58.06的狭幅织物除外）
580300	20		丝及绢丝制纱罗	Gauze, of silk or spun silk, other than narrow fabrics of heading No. 58.06	【最】8【普】130 【协东盟】0【协巴基斯坦】5【协智利】0 【协新西兰】0【协新加坡】0【协秘鲁】0 【协哥斯达黎加】0【协冰岛】0【协瑞士】0 【协澳大利亚】0【协韩国】0【协格鲁吉亚】0 【协香港】0【协澳门】0 【特-1】0【特-2】0【特-3】0 【增】16【出】0【退】16	米/千克					999	丝及绢丝制纱罗（税目58.06的狭幅织物除外）
580300	30		化学纤维制纱罗	Gauze, of man-made fibres, other than narrow fabrics of heading No. 58.06	【最】8【普】130 【协东盟】0【协巴基斯坦】5【协智利】0 【协新西兰】0【协新加坡】0【协秘鲁】0 【协哥斯达黎加】0【协冰岛】0【协瑞士】0 【协澳大利亚】0【协韩国】0【协格鲁吉亚】0 【协香港】0【协澳门】0 【特-1】0【特-2】0【特-3】0 【增】16【出】0【退】16	米/千克					999	化学纤维制纱罗（税目58.06的狭幅织物除外）
580300	90		其他纺织材料制纱罗	Gauze, of other textile materials, other than narrow fabrics of heading No. 58.06	【最】8【普】80 【协东盟】0【协巴基斯坦】5【协智利】0 【协新西兰】0【协新加坡】0【协秘鲁】0 【协哥斯达黎加】0【协冰岛】0【协瑞士】0 【协澳大利亚】0【协韩国】0【协格鲁吉亚】0 【协香港】0【协澳门】0 【特-1】0【特-2】0【特-3】0 【增】16【对美加征】5【出】0【退】16	米/千克					999	其他纺织材料制纱罗（税目58.06的狭幅织物除外）
580410	10		丝及绢丝网眼薄纱及其他网眼织物	Tulles and other net fabrics of silk or spun silk	【最】8【普】130 【协亚太】5.2【协东盟】0【协巴基斯坦】5 【协智利】0【协新西兰】0【协新加坡】0 【协秘鲁】0【协哥斯达黎加】0【协冰岛】0 【协瑞士】0【协澳大利亚】0【协韩国】0 【协格鲁吉亚】0【协香港】0【协澳门】0 【特-1】0【特-2】0【特-3】0 【增】16【出】0【退】16	千克					999	丝及绢丝网眼薄纱及其他网眼织物（不包括机织物、针织物或钩编织物）
580410	20		棉制网眼薄纱及其他网眼织物	Tulles and other net fabrics of cotton, not including woven, knitted or crocheted fabrics	【最】8【普】70 【协亚太】5.2【协东盟】0【协巴基斯坦】5 【协智利】0【协新西兰】0【协秘鲁】0 【协哥斯达黎加】0【协冰岛】0【协瑞士】5.7 【协澳大利亚】0【协韩国】0【协格鲁吉亚】0 【协香港】0【协澳门】0 【特-1】0【特-2】0【特-3】0 【增】16【对美加征】10【出】0【退】16	千克					999	棉制网眼薄纱及其他网眼织物（不包括机织物、针织物或钩编织物）
580410	30		化纤制网眼薄纱及其他网眼织物	Tulles and other net fabrics of man-made fibres, not including woven, knitted or crocheted fabrics	【最】8【普】130 【协亚太】5.2【协东盟】0【协巴基斯坦】5 【协智利】0【协新西兰】0【协新加坡】0 【协秘鲁】0【协台湾】0【协哥斯达黎加】0 【协冰岛】0【协瑞士】4.8【协澳大利亚】0 【协韩国】9【协格鲁吉亚】0【协香港】0 【协澳门】0 【特东老挝】0【特东柬埔寨】0【特东缅甸】0 【特-1】0【特-2】0【特-3】0 【增】16【对美加征】10【出】0【退】16	千克					999	化纤制网眼薄纱及其他网眼织物（不包括机织物、针织物或钩编织物）

税则号列			货品名称中英文		税费综合信息	计量单位	监管证件代码		检验检疫类别		检验检疫编码	检验检疫编码对应中文名称
HS国际统一前6位	本国子目 7~8位	9~10位	中文 货物名称	英文 Article Description			进口	出口	进口	出口		
580410	90		其他材料网眼薄纱及其他网眼织物	Tulles and other net fabrics of other textile materials, not including woven, knitted or crocheted fabrics	【最】8【普】90 【协亚太】5.2【协东盟】0【协巴基斯坦】5 【协智利】0【协新西兰】0【协新加坡】0 【协秘鲁】0【协台湾】0【协哥斯达黎加】0 【协冰岛】0【协瑞士】0【协澳大利亚】0 【协韩国】0【协格鲁吉亚】0【协香港】0 【协澳门】0 【特-1】0【特-2】0【特-3】0 【增】16【对美加征】5【出】0【退】16	千克					999	其他材料网眼薄纱及其他网眼织物（不包括机织物、针织物或钩编织物）
580421	00		化纤机制花边	Mechanically made lace of man-made fibres, in pieces, in strips or in motifs, other than fabrics of heading No. 60.02	【最】8【普】130 【协东盟】0【协香港】0【协澳门】0 【协巴基斯坦】5【协智利】0【协新西兰】0 【协新加坡】0【协秘鲁】0【协台湾】0 【协哥斯达黎加】0【协冰岛】0【协瑞士】0 【协澳大利亚】0【协韩国】0【协格鲁吉亚】0 【特-1】0【特-2】0【特-3】0 【增】16【对美加征】10【出】0【退】16	千克					999	化纤机制花边（成卷成条或成小块图案的，但税目60.02的织物除外）
580429	10		丝及绢丝机制花边	Mechanically made lace of silk or spun silk	【最】8【普】130 【协东盟】0【协巴基斯坦】5【协智利】0 【协新西兰】0【协新加坡】0【协秘鲁】0 【协哥斯达黎加】0【协冰岛】0【协瑞士】0 【协澳大利亚】0【协韩国】0【协格鲁吉亚】0 【协香港】0【协澳门】0 【特-1】0【特-2】0【特-3】0 【增】16【出】0【退】16	千克					999	丝及绢丝机制花边（成卷成条或成小块图案的，但税目60.02的织物除外）
580429	20		棉机制花边	Mechanically made lace of cotton, in pieces, in strips or in motifs, other than fabrics of heading No. 60.02	【最】8【普】70 【协东盟】0【协巴基斯坦】5【协智利】0 【协新西兰】0【协秘鲁】0【协哥斯达黎加】0 【协冰岛】0【协瑞士】0【协澳大利亚】0 【协韩国】0【协格鲁吉亚】0【协香港】0 【协澳门】0 【特东老挝】0【特东柬埔寨】0【特东缅甸】0 【特-1】0【特-2】0【特-3】0 【增】16【对美加征】10【出】0【退】16	千克					999	棉机制花边（成卷成条或成小块图案的，但税目60.02的织物除外）
580429	90		其他纺织材料制机制花边	Mechanically made lace of other textile materials, in pieces, in strips or in motifs, other than fabrics of heading No. 60.02	【最】8【普】90 【协东盟】0【协巴基斯坦】5【协智利】0 【协新西兰】0【协新加坡】0【协秘鲁】0 【协哥斯达黎加】0【协冰岛】0【协瑞士】0 【协澳大利亚】0【协韩国】0【协格鲁吉亚】0 【协香港】0【协澳门】0 【特-1】0【特-2】0【特-3】0 【增】16【出】0【退】16	千克					999	其他纺织材料制机制花边（成卷成条或成小块图案的，但税目60.02的织物除外）
580430	00		手工制花边	Hand-made lace	【最】8【普】100 【协东盟】0【协巴基斯坦】5【协智利】0 【协新西兰】0【协新加坡】0【协秘鲁】0 【协哥斯达黎加】0【协冰岛】0【协瑞士】0 【协澳大利亚】0【协韩国】0【协格鲁吉亚】0 【协香港】0【协澳门】0 【特-1】0【特-2】0【特-3】0 【增】16【出】0【退】16	千克					999	手工制花边（成卷成条或成小块图案的，但税目60.02的织物除外）
580500	10		手工针绣嵌花装饰毯	Needle-worked tapestries	【最】6【普】130 【协东盟】0【协巴基斯坦】6【协智利】0 【协新西兰】0【协新加坡】0【协秘鲁】0 【协哥斯达黎加】0【协冰岛】0【协瑞士】4.8 【协澳大利亚】0【协韩国】0 【协格鲁吉亚】0【协香港】0【协澳门】0 【特-1】0【特-2】0【特-3】0 【增】16【出】0【退】16	平方米/千克					999	手工针绣嵌花装饰毯（不论是否制成的）
580500	90		其他手织装饰毯	Other hand - woven tapestries (including tapestries of the type Gobelins, Flanders, Aubusson, Beauvais and the like, whether or not made up)	【最】6【普】130 【协东盟】0【协巴基斯坦】6【协智利】0 【协新西兰】0【协新加坡】0【协秘鲁】0 【协哥斯达黎加】0【协冰岛】0【协瑞士】4.8 【协澳大利亚】0【协韩国】0 【协格鲁吉亚】0 【特-1】0【特-2】0【特-3】0 【增】16【出】0【退】16	平方米/千克					999	其他手织装饰毯（包括“哥白林”“弗朗德”“奥步生”“波威”及类似式样的；不论是否制成的）

税则号列			货品名称中英文		税费综合信息	计量单位	监管证件代码		检验检疫类别		检验检疫编码	检验检疫编码对应中文名称
HS 国际统一前6位	本国子目 7~8位	本国子目 9~10位	中文 货物名称	英文 Article Description			进口	出口	进口	出口		
580610	10		棉或麻制狭幅起绒机织物及绳绒织物	Of cotton or bast fibres	【最】8【普】70 【协亚太】6.4【协东盟】0【协巴基斯坦】5 【协智利】0【协新西兰】0【协秘鲁】0 【协哥斯达黎加】0【协冰岛】0【协瑞士】0 【协澳大利亚】0【协韩国】0【协格鲁吉亚】0 【协香港】0【协澳门】0 【特-1】0【特-2】0【特-3】0 【增】16【对美加征】10【出】0【退】16	千克					999	棉或麻制狭幅起绒机织物及绳绒织物（包括狭幅毛巾织物及类似毛圈织物，税目58.07的货品除外）
580610	90		其他材料狭幅起绒织物及绳绒织物 【电商】	Of other textile materials	【最】8【普】80 【协亚太】5.2【协东盟】0【协巴基斯坦】5 【协智利】0【协新西兰】0【协新加坡】0 【协秘鲁】0【协台湾】0【协哥斯达黎加】0 【协冰岛】0【协瑞士】0【协澳大利亚】0 【协韩国】0【协格鲁吉亚】0【协香港】0 【协澳门】0 【特东老挝】0【特东柬埔寨】0【特东缅甸】0 【特-1】0【特-2】0【特-3】0 【增】16【对美加征】5【出】0【退】16	千克					999	其他材料狭幅起绒织物及绳绒织物（包括狭幅毛巾织物及类似毛圈织物，税目58.07的货品除外）
580620	00		含弹性纱线≥5%狭幅织物	Narrow woven fabrics, containing 5% or more by weight of elastomeric yarn or rubber thread, other than goods of heading. No. 58.07	【最】8【普】100 【协东盟】0【协香港】0【协澳门】0 【协巴基斯坦】5【协智利】0【协新西兰】0 【协新加坡】0【协秘鲁】0【协台湾】0 【协哥斯达黎加】0【协冰岛】0【协瑞士】0 【协澳大利亚】0【协韩国】0【协格鲁吉亚】0 【特东老挝】0【特东柬埔寨】0【特东缅甸】0 【特-1】0【特-2】0【特-3】0 【增】16【对美加征】10【出】0【退】16	千克					999	含弹性纱线≥5%狭幅织物（包括含橡胶线，税目58.07的货品除外）
580631	00		棉制未列名狭幅机织物	Narrow woven fabrics of cotton, not specified or included, other than goods of heading. No. 58.07	【最】8【普】70 【协东盟】0【协巴基斯坦】5【协智利】0 【协新西兰】0【协秘鲁】0【协哥斯达黎加】0 【协冰岛】0【协瑞士】0【协澳大利亚】0 【协韩国】0【协格鲁吉亚】0【协香港】0 【协澳门】0 【特东老挝】0【特东柬埔寨】0【特东缅甸】0 【特-1】0【特-2】0【特-3】0 【增】16【对美加征】10【出】0【退】16	千克					999	棉制未列名狭幅机织物（税目58.07的货品除外）
580632	00		化纤制狭幅机织物	Of man-made fibres	【最】8【普】130 【协亚太】5.2【协东盟】0【协澳门】0 【协香港】0【协澳门】0【协巴基斯坦】5 【协智利】0【协新西兰】0【协新加坡】0 【协秘鲁】0【协台湾】0【协哥斯达黎加】0 【协冰岛】0【协瑞士】0【协澳大利亚】0 【协韩国】0【协格鲁吉亚】0 【特东老挝】0【特东柬埔寨】0【特东缅甸】0 【特-1】0【特-2】0【特-3】0 【增】16【对美加征】10【出】0【退】16	千克					999	化纤制狭幅机织物（税目58.07的货品除外）
580639	10		含丝量≥85%制其他狭幅机织物	Other narrow woven fabrics of silk or spun silk, containing 85% or more by weight of silk, other than goods of heading. No. 58.07	【最】8【普】130 【协东盟】0【协巴基斯坦】5【协智利】0 【协新西兰】0【协新加坡】0【协秘鲁】0 【协哥斯达黎加】0【协冰岛】0【协瑞士】0 【协澳大利亚】0【协韩国】0【协格鲁吉亚】0 【协香港】0【协澳门】0 【特-1】0【特-2】0【特-3】0 【增】16【对美加征】5【出】0【退】16	千克					999	含丝量≥85%制其他狭幅机织物（税目58.07的货品除外）
580639	20		羊毛制其他狭幅机织物	Other narrow woven fabrics of wool or fine animal hair, other than goods of heading. No. 58.07	【最】8【普】130 【协东盟】0【协巴基斯坦】5【协智利】0 【协新西兰】0【协新加坡】0【协秘鲁】0 【协哥斯达黎加】0【协冰岛】0【协瑞士】0 【协澳大利亚】0【协韩国】0【协格鲁吉亚】0 【协香港】0【协澳门】0 【特-1】0【特-2】0【特-3】0 【增】16【出】0【退】16	千克					999	羊毛制其他狭幅机织物（税目58.07的货品除外）

税则号列 HS国际统一前6位	本国子目 7~8位	本国子目 9~10位	货品名称中英文 中文 货物名称	货品名称中英文 英文 Article Description	税费综合信息	计量单位	监管证件代码 进口	监管证件代码 出口	检验检疫类别 进口	检验检疫类别 出口	检验检疫编码	检验检疫编码对应中文名称
580639	90		其他材料制其他狭幅机织物	Other narrow woven fabrics of other materials(other than goods of heading No. 58.07)	【最】8【普】80 【协东盟】0【协巴基斯坦】5【协智利】0 【协新西兰】0【协新加坡】0【协秘鲁】0 【协哥斯达黎加】0【协冰岛】0【协瑞士】0 【协澳大利亚】0【协韩国】0【协格鲁吉亚】0 【协香港】0【协澳门】0 【特-1】0【特-2】0【特-3】0 【增】16【对美加征】10【出】0【退】16	千克					999	其他材料制其他狭幅机织物（税目58.07的货品除外）
580640	10		棉或麻黏合有经纱无纬纱狭幅织物	Narrow woven fabrics consisting of warp without weft assembled by means of an adhesive (bolducus), of cotton or bast fibres (other than goods of heading. No. 58.07)	【最】8【普】70 【协亚太】4.8【协东盟】0【协巴基斯坦】5 【协智利】0【协新西兰】0【协秘鲁】0 【协哥斯达黎加】0【协冰岛】0【协瑞士】0 【协澳大利亚】0【协韩国】0【协格鲁吉亚】0 【协香港】0【协澳门】0 【特-1】0【特-2】0【特-3】0 【增】16【出】0【退】16	千克					999	棉或麻黏合有经纱无纬纱狭幅织物（包括扎匹头用带，税目58.07的货品除外）
580640	90		其他材料黏合有经无纬狭幅织物	Narrow woven fabrics consisting of warp without weft assembled by means of an adhesive (bolducus) of other textile materials, (other than goods of heading. No. 58.07)	【最】8【普】80 【协东盟】0【协巴基斯坦】5【协智利】0 【协新西兰】0【协新加坡】0【协秘鲁】0 【协哥斯达黎加】0【协冰岛】0【协瑞士】0 【协澳大利亚】0【协韩国】0【协格鲁吉亚】0 【协香港】0【协澳门】0 【特-1】0【特-2】0【特-3】0 【增】16【对美加征】10【出】0【退】16	千克					999	其他材料黏合有经无纬狭幅织物（包括扎匹头用带，税目58.07的货品除外）
580710	00		纺织材料制机织非绣制标签、徽章及类似品（包括徽章及类似品，成匹、成条或裁成一定形状或尺寸）	Woven labels, badges and similar articles of textile materials, in the piece, in strips or cut to shape or size, not embroidered	【最】8【普】100 【协亚太】5.2【协东盟】0【协香港】0 【协澳门】0【协巴基斯坦】8.5【协智利】0 【协新西兰】0【协新加坡】0【协秘鲁】0 【协台湾】0【协哥斯达黎加】0【协冰岛】0 【协瑞士】0【协澳大利亚】0【协韩国】0 【协格鲁吉亚】0 【特东老挝】0【特东柬埔寨】0【特东缅甸】0 【特-1】0【特-2】0【特-3】0 【增】16【对美加征】10【出】0【退】16	千克					999	纺织材料制机织非绣制标签、徽章及类似品（包括徽章及类似品，成匹、成条或裁成一定形状或尺寸）
580790	00		纺织材料制非机织非绣制标签、徽章及类似品（包括徽章及类似品，成匹、成条或裁成一定形状或尺寸）	Other Labels, badges and similar articles of textile materials, in the piece, in strips or cut to shape or size, not embroidered	【最】8【普】100 【协东盟】0【协巴基斯坦】5【协智利】0 【协新西兰】0【协新加坡】0【协秘鲁】0 【协哥斯达黎加】0【协冰岛】0【协瑞士】0 【协澳大利亚】0【协韩国】0【协格鲁吉亚】0 【协香港】0【协澳门】0 【特-1】0【特-2】0【特-3】0 【增】16【对美加征】10【出】0【退】16	千克					999	纺织材料制非机织非绣制标签、徽章及类似品（包括徽章及类似品，成匹、成条或裁成一定形状或尺寸）
580810	00	20	蕉麻或苎麻制成匹的编带（适合制造或装饰帽类用）	Braids of abaca or ramie, in pieces(suitable for manufacture or decoration of headgear)	【最】8【普】100 【协东盟】0【协澳门】0【协智利】0 【协新西兰】0【协新加坡】0【协秘鲁】0 【协哥斯达黎加】0【协冰岛】0【协瑞士】0 【协澳大利亚】0【协韩国】0【协格鲁吉亚】0 【协香港】0 【特-1】0【特-2】0【特-3】0 【增】16【对美加征】10【出】0【退】16	千克	A		M		999	蕉麻或苎麻制成匹的编带（适合制造或装饰帽类用）
580810	00	90	其他纺织材料制成匹的编带	Braids of other textile materials, in pieces	【最】8【普】100 【协东盟】0【协澳门】0【协智利】0 【协新西兰】0【协新加坡】0【协秘鲁】0 【协哥斯达黎加】0【协冰岛】0【协瑞士】0 【协澳大利亚】0【协韩国】0【协格鲁吉亚】0 【协香港】0 【特-1】0【特-2】0【特-3】0 【增】16【对美加征】10【出】0【退】16	千克					999	其他纺织材料制成匹的编带
580890	00		非绣制的成匹装饰带，但针织或钩编的除外；流苏、绒球及类似品	Other braids in the piece; ornamental trimmings in the piece, without embroidery, other than knitted or crocheted; tassels, pompons and similar articles	【最】8【普】100 【协东盟】0【协澳门】0【协巴基斯坦】5 【协智利】0【协新西兰】0【协新加坡】0 【协秘鲁】0【协哥斯达黎加】0【协冰岛】0 【协瑞士】0【协澳大利亚】0【协韩国】0 【协格鲁吉亚】0【协香港】0 【特东老挝】0【特东柬埔寨】0【特东缅甸】0 【特-1】0【特-2】0【特-3】0 【增】16【对美加征】10【出】0【退】16	千克					999	非绣制的成匹装饰带，但针织或钩编的除外；流苏、绒球及类似品

税则号列			货品名称中英文		税费综合信息	计量单位	监管证件代码		检验检疫类别		检验检疫编码	检验检疫编码对应中文名称
HS国际统一前6位	本国子目 7~8位	9~10位	中文 货物名称	英文 Article Description			进口	出口	进口	出口		
580900	10		金属线及含金属纱线与棉混制的布	Woven fabrics of metal thread and woven fabrics of metallized yarn, combined with cotton, used in apparel, as furnishing fabrics or for similar purposes	【最】8【普】90 【协东盟】0【协巴基斯坦】5【协智利】0 【协新西兰】0【协新加坡】0【协秘鲁】0 【协哥斯达黎加】0【协冰岛】0【协瑞士】0 【协澳大利亚】0【协韩国】0【协格鲁吉亚】0 【协香港】0【协澳门】0 【特-1】0【特-2】0【特-3】0 【增】16【出】0【退】16	米/千克					999	金属线及含金属纱线与棉混制的布（用于衣着、装饰及类似用途，布指机织物）
580900	20		金属线及含金属纱线与化纤混制布	Woven fabrics of metal thread and woven fabrics of metallized yarn, combined with man-made fibres, used in apparel, as furnishing fabrics or for similar purposes	【最】8【普】130 【协东盟】0【协巴基斯坦】5【协智利】0 【协新西兰】0【协新加坡】0【协秘鲁】0 【协哥斯达黎加】0【协冰岛】0【协瑞士】0 【协澳大利亚】0【协韩国】0【协格鲁吉亚】0 【协香港】0【协澳门】0 【特-1】0【特-2】0【特-3】0 【增】16【对美加征】5【出】0【退】16	米/千克					999	金属线及含金属纱线与化纤混制布（用于衣着、装饰及类似用途，布指机织物）
580900	90		金属线与其他纤维混制的布	Woven fabrics of metal thread and woven fabrics of metallized yarn, combined with other fabrics, used in apparel, as furnishing fabrics or for similar purposes	【最】8【普】100 【协东盟】0【协巴基斯坦】5【协智利】0 【协新西兰】0【协新加坡】0【协秘鲁】0 【协哥斯达黎加】0【协冰岛】0【协瑞士】0 【协澳大利亚】0【协韩国】0【协格鲁吉亚】0 【协香港】0【协澳门】0 【特-1】0【特-2】0【特-3】0 【增】16【对美加征】5【出】0【退】16	米/千克					999	金属线与其他纤维混制的布（含金属纱线，用于衣着、装饰及类似用途，布指机织物）
581010	00		不见底布的刺绣品	Embroidery without visible ground, in pieces, in strips or in motifs	【最】8【普】130 【协东盟】0【协巴基斯坦】5【协智利】0 【协新西兰】0【协新加坡】0【协秘鲁】0 【协哥斯达黎加】0【协冰岛】0【协瑞士】0 【协澳大利亚】0【协韩国】0【协格鲁吉亚】0 【协香港】0【协澳门】0 【特-1】0【特-2】0【特-3】0 【增】16【对美加征】10【出】0【退】16	千克					999	不见底布的刺绣品（成匹、成条或成小块图案）
581091	00		棉制见底布的刺绣品	Embroidery of cotton, with visible ground, in pieces, in strips or in motifs	【最】8【普】130 【协东盟】0【协智利】0 【协新西兰】0【协新加坡】0【协秘鲁】0 【协哥斯达黎加】0【协冰岛】0【协瑞士】0 【协澳大利亚】0【协韩国】0【协格鲁吉亚】0 【协香港】0【协澳门】0 【特-1】0【特-2】0【特-3】0 【增】16【出】0【退】16	千克					999	棉制见底布的刺绣品（成批、成条或成小块图案）
581092	00		化学纤维制见底布刺绣品	Of man-made fibres	【最】8【普】130 【协东盟】0【协巴基斯坦】5【协智利】0 【协新西兰】0【协新加坡】0【协秘鲁】0 【协台湾】0【协哥斯达黎加】0【协冰岛】0 【协瑞士】0【协澳大利亚】0【协韩国】6.6 【协格鲁吉亚】0【协香港】0【协澳门】0 【特-1】0【特-2】0【特-3】0 【增】16【对美加征】10【出】0【退】16	千克					999	化学纤维制见底布刺绣品（成匹、成条或成小块图案）
581099	00		其他纺织材料制见底布刺绣品	Of other textile materials	【最】8【普】130 【协东盟】0【协巴基斯坦】5【协智利】0 【协新西兰】0【协新加坡】0【协秘鲁】0 【协哥斯达黎加】0【协冰岛】0【协瑞士】0 【协澳大利亚】0【协韩国】0【协格鲁吉亚】0 【协香港】0【协澳门】0 【特-1】0【特-2】0【特-3】0 【增】16【对美加征】10【出】0【退】16	千克					999	其他纺织材料制见底布刺绣品（成匹、成条或成小块图案）
581100	10		丝及绢丝制被褥状纺织品	Quilted textile products of silk or spun silk, composed of one or more layers of textile materials assembled with padding by stitching or otherwise, other than embroidery of heading No. 58.10	【最】8【普】130 【协亚太】5.6【协东盟】0【协巴基斯坦】0 【协智利】0【协新西兰】0【协新加坡】0 【协秘鲁】0【协哥斯达黎加】0【协冰岛】0 【协瑞士】0【协澳大利亚】0【协韩国】0 【协格鲁吉亚】0【协香港】0【协澳门】0 【特-1】0【特-2】0【特-3】0 【增】16【出】0【退】16	千克					101 102	丝及绢丝制被褥状纺织品（经绗缝等法用一层或几层织物与胎料组合，不含税目58.10刺绣品）（被子） 丝及绢丝制被褥状纺织品（经绗缝等法用一层或几层织物与胎料组合，不含税目58.10刺绣品）（褥垫）

税则号列 HS国际统一前6位	本国子目 7~8位	本国子目 9~10位	货品名称 中文 货物名称	英文 Article Description	税费综合信息	计量单位	监管证件代码 进口	监管证件代码 出口	检验检疫类别 进口	检验检疫类别 出口	检验检疫编码	检验检疫编码对应中文名称
581100	20		羊毛或动物细毛制被褥状纺织品【电商】	Quilted textile products of wool or fine animal hair, composed of one or more layers of textile materials assembled with padding by stitching or otherwise, other than embroidery of heading No. 58.10	【最】8【普】130 【协东盟】0【协巴基斯坦】0【协智利】0 【协新西兰】0【协新加坡】0【协秘鲁】0 【协哥斯达黎加】0【协冰岛】0【协瑞士】0 【协澳大利亚】0【协韩国】0【协格鲁吉亚】0 【协香港】0【协澳门】0 【特-1】0【特-2】0【特-3】0 【增】16【出】0【退】16	千克					101 102	羊毛或动物细毛制被褥状纺织品（经绗缝等法用一层或几层织物与胎料组合，不含税目58.10刺绣品）（被子） 羊毛或动物细毛制被褥状纺织品（经绗缝等法用一层或几层织物与胎料组合，不含税目58.10刺绣品）（褥垫）
581100	30		棉制被褥状纺织品	Quilted textile products of cotton	【最】8【普】80 【协东盟】0【协巴基斯坦】0【协智利】0 【协新西兰】0【协秘鲁】0【协哥斯达黎加】0 【协冰岛】0【协瑞士】0【协澳大利亚】0 【协韩国】0【协格鲁吉亚】0【协香港】0 【协澳门】0 【特-1】0【特-2】0【特-3】0 【增】16【对美加征】10【出】0【退】16	千克					101 102	棉制被褥状纺织品（经绗缝等法用一层或几层织物与胎料组合，不含税目58.10刺绣品）（被子） 棉制被褥状纺织品（经绗缝等法用一层或几层织物与胎料组合，不含税目58.10刺绣品）（褥垫）
581100	40		化学纤维制被褥状纺织品	Other quilted textile products of cotton in the piece, of man-made fibres, composed of one or more layers of textile materials assembled with padding by stitching or otherwise, other than embroidery of heading. No. 58.10	【最】8【普】130 【协东盟】0【协巴基斯坦】0【协智利】0 【协新西兰】0【协新加坡】0【协秘鲁】0 【协哥斯达黎加】0【协冰岛】0【协瑞士】4.8 【协澳大利亚】0【协韩国】9 【协格鲁吉亚】0【协香港】0【协澳门】0 【特-1】0【特-2】0【特-3】0 【增】16【对美加征】10【出】0【退】16	千克					101 102 103	化学纤维制被褥状纺织品（经绗缝等法用一层或几层织物与胎料组合，不含税目58.10刺绣品）（被子） 化学纤维制被褥状纺织品（经绗缝等法用一层或几层织物与胎料组合，不含税目58.10刺绣品）（褥垫） 化学纤维制被褥状纺织品（经绗缝等法用一层或几层织物与胎料组合，不含税目58.10刺绣品）（毯子）
581100	90		其他纺织材料制被褥状纺织品	Other quilted textile products of cotton in the piece, of other textile materials, composed of one or more layers of textile materials assembled with padding by stitching or otherwise, other than embroidery of heading. No. 58.10	【最】8【普】90 【协东盟】0【协巴基斯坦】0【协智利】0 【协新西兰】0【协新加坡】0【协秘鲁】0 【协哥斯达黎加】0【协冰岛】0【协瑞士】0 【协澳大利亚】0【协韩国】0【协格鲁吉亚】0 【协香港】0【协澳门】0 【特-1】0【特-2】0【特-3】0 【增】16【出】0【退】16	千克					101 102	其他纺织材料制被褥状纺织品（经绗缝等法用一层或几层织物与胎料组合，不含税目58.10刺绣品）（被子） 其他纺织材料制被褥状纺织品（经绗缝等法用一层或几层织物与胎料组合，不含税目58.10刺绣品）（褥垫）

第五十九章
浸渍、涂布、包覆或层压的纺织物；工业用纺织制品

注释：

一、除条文另有规定的以外，本章所称“纺织物”，仅适用于第五十章至第五十五章、税目 58.03 及 58.06 的机织物、税目 58.08 的成匹编带和装饰带及税目 60.02 至 60.06 的针织物或钩编织物。

二、税目 59.03 适用于：

（一）用塑料浸渍、涂布、包覆或层压的纺织物，不论每平方米重量多少以及塑料的性质如何（紧密结构或泡沫状的），但下列各项除外：

1. 用肉眼无法辨别出是否经过浸渍、涂布、包覆或层压的织物（通常归入第五十章至第五十五章、第五十八章或第六十章），但由于浸渍、涂布、包覆或层压所引起的颜色变化可不予考虑；
2. 温度在 15℃～30℃时，用手工将其绕于直径 7 毫米的圆柱体上会发生断裂的产品（通常归入第三十九章）；
3. 纺织物完全嵌入塑料内或在其两面均用塑料完全包覆或涂布，而这种包覆或涂布用肉眼是能够辨别出的产品（但由于包覆或涂布所引起的颜色变化可不予考虑）（第三十九章）；
4. 用塑料部分涂布或包覆并由此而形成图案的织物（通常归入第五十章至第五十五章、第五十八章或第六十章）；
5. 与纺织物混制而其中纺织物仅起增强作用的泡沫塑料板、片或带（第三十九章）；或
6. 税目 58.11 的纺织品。

（二）由税目 56.04 的用塑料浸渍、涂布、包覆或套裹的纱线、扁条或类似品制成的织物。

三、税目 59.05 所称“糊墙织物”，是指以纺织材料作面，固定在一衬背上或在背面进行处理（浸渍或涂布以便于裱糊），适于装饰墙壁或天花板，且宽度不小于 45 厘米的成卷产品。

但本税号不适用于以纺织纤维屑或粉末直接粘于纸上（税目 48.14）或布底上（通常归入税目 59.07）的糊墙物品。

四、税目 59.06 所称“用橡胶处理的纺织物”是指：

Chapter 59
Impregnated, coated, covered or laminated textile fabrics; textile articles of a kind suitable for industrial use

Chapter Notes:

1. Except where the context otherwise requires, for the purposes of this Chapter the expression “textile fabrics” applies only to the woven fabrics of Chapters 50 to 55 and headings 58.03 and 58.06, the braids and ornamental trimmings in the piece of heading 58.08 and the knitted or crocheted fabrics of headings 60.02 to 60.06.

2. Heading 59.03 applies to:

(a) Textile fabrics, impregnated, coated, covered or laminated with plastics, whatever the weight per square metre and whatever the nature of the plastic material (compact or cellular), other than:

(i) Fabrics in which the impregnation, coating or covering cannot be seen with the naked eye (usually Chapters 50 to 55, 58 or 60); for the purpose of this provision, no account should be taken of any resulting change of colour;

(ii) Products which cannot, without fracturing, be bent manually around a cylinder of a diameter of 7mm, at a temperature between 15℃ and 30℃ (usually Chapter 39);

(iii) Products in which the textile fabric is either completely embedded in plastics or entirely coated or covered on both sides with such material, provided that such coating or covering can be seen with the naked eye with no account being taken of any resulting change of colour (Chapter 39);

(iv) Fabrics partially coated or partially covered with plastics and bearing designs resulting from these treatments (usually Chapters 50 to 55, 58 or 60);

(v) Plates, sheets or strip of cellular plastics, combined with textile fabric, where the textile fabric is present merely for reinforcing purposes (Chapter 39); or

(vi) Textile products of heading 58.11.

(b) Fabrics made from yarn, strip or the like, impregnated, coated, covered or sheathed with plastics, of heading 56.04.

3. For the purposes of heading 59.05, the expression “textile wall coverings” applies to products in rolls, of a width of not less than 45cm, suitable for wall or ceiling decoration, consisting of a textile surface which has been fixed on a backing or has been treated on the back (impregnated or coated to permit pasting).

This heading does not, however, apply to wall coverings consisting of textile flock or dust fixed directly on a backing of paper (heading 48.14) or on a textile backing (generally heading 59.07).

4. For the purposes of heading 59.06, the expression “rubberised textile fabrics” means:

（一）用橡胶浸渍、涂布、包覆或层压的纺织物：

1. 每平方米重量不超过1500克；或
2. 每平方米重量超过1500克，按重量计纺织材料含量在50%以上；

（二）由税目56.04的用橡胶浸渍、涂布、包覆或套裹的纱线、扁条或类似品制成的织物；以及

（三）平行纺织纱线经橡胶黏合的织物，不论每平方米重量多少。

但本税号不包括与纺织物混制而其中纺织物仅起增强作用的海绵橡胶板、片或带（第四十章），也不包括税目58.11的纺织品。

(a) Textile fabrics impregnated, coated, covered or laminated with rubber:

(i) Weighing not more than $1500g/m^2$; or
(ii) Weighing more than $1500g/m^2$ and containing more than 50% by weight of textile material;

(b) Fabrics made from yarn, strip or the like, impregnated, coated, covered or sheathed with rubber, of heading 56.04; and

(c) Fabrics composed of parallel textile yarns agglomerated with rubber, irrespective of their weight per square metre.

This heading does not, however, apply to plates, sheets or strips of cellular rubber, combined with textile fabric, where the textile fabric is present merely for reinforcing purposes (Chapter 40), or textile products of heading 58.11.

五、税目59.07不适用于：

（一）用肉眼无法辨别出是否经过浸渍、涂布或包覆的织物（通常归入第五十章至第五十五章、第五十八章或第六十章），但由于浸渍、涂布或包覆所引起的颜色变化可不予考虑；

（二）绘有图画的织物（作为舞台、摄影布景或类似品的已绘制的画布除外）；

（三）用短绒、粉末、软木粉或类似品部分覆面并由此而形成图案的织物，但仿绒织物仍归入本税号；

（四）以淀粉或类似物质为基本成分的普通浆料上浆整理的织物；

（五）以纺织物为底的木饰面板（税目44.08）；

（六）以纺织物为底的砂布及类似品（税目68.05）；

（七）以纺织物为底的黏聚或复制云母片（税目68.14）；或

（八）以纺织物为底的金属箔（通常归入第十四类或第十五类）。

5. Heading 59.07 does not apply to:

(a) Fabrics in which the impregnation, coating or covering cannot be seen with the naked eye (usually Chapters 50 to 55, 58 or 60); for the purpose of this provision, no account should be taken of any resulting change of colour;

(b) Fabrics painted with designs (other than painted canvas being theatrical scenery, studio back-cloths or the like);

(c) Fabrics partially covered with flock, dust, powdered cork or the like and bearing designs resulting from these treatments; however, imitation pile fabrics remain classified in this heading;

(d) Fabrics starched with normal dressings having a basis of amylaceous or similar substances;

(e) Wood veneered on a backing of textile fabrics (heading 44.08);

(f) Natural or artificial abrasive powder or grain, on a backing of textile fabrics (heading 68.05);

(g) Agglomerated or reconstituted mica, on a backing of textile fabrics (heading 68.14); or

(h) Metal foil on a backing of textile fabrics (generally Section XIV or XV).

六、税目59.10不适用于：

（一）厚度小于3毫米的纺织材料制传动带料或输送带料；或

（二）用橡胶浸渍、涂布、包覆或层压的织物制成的或用橡胶浸渍、涂布、包覆或套裹的纱线或绳制成的传动带料及输送带料（税目40.10）。

6. Heading 59.10 does not apply to:

(a) Transmission or conveyor belting, of textile material, of a thickness of less than 3mm; or

(b) Transmission or conveyor belts or belting of textile fabric impregnated, coated, covered or laminated with rubber or made from textile yarn or cord impregnated, coated, covered or sheathed with rubber (heading 40.10).

七、税目59.11适用于下列不能归入第十一类其他税号的货品：

（一）下列成匹的、裁成一定长度或仅裁成矩形（包括正方形）的纺织产品（具有税目59.08至59.10所列产品特征的产品除外）：

1. 用橡胶、皮革或其他材料涂布、包覆或层压的作针布用的纺织物、毡呢及毡呢衬里机织物，以及其他专门技术用途的类似织物，包括用橡胶浸渍的用于包覆纺锤（织轴）的狭幅丝绒织物；

7. Heading 59.11 applies to the following goods, which do not fall in any other heading of Section XI:

(a) Textile products in the piece, cut to length or simply cut to rectangular (including square) shape (other than those having the character of the products of headings 59.08 to 59.10), the following only:

(i) Textile fabrics, felt and felt-lined woven fabrics, coated, covered or laminated with rubber, leather or other material, of a kind used for card clothing, and similar fabrics of a kind used for other technical purposes, including narrow fabrics made of velvet impregnated with rubber, for

2. 筛布；
3. 用于榨油机器或类似机器的纺织材料制或人发制滤布；
4. 用多股经纱或纬纱平织而成的纺织物，不论是否毡化、浸渍或涂布，通常用于机械或其他专门技术用途；
5. 专门技术用途的增强纺织物；
6. 工业上用作填塞或润滑材料的线绳、编带及类似品，不论是否涂布、浸渍或用金属加强。

（二）专门技术用途的纺织制品（税目59.08至59.10的货品除外），例如，造纸机器或类似机器（如制浆机或制石棉水泥的机器）用的环状或装有连接装置的纺织物或毡呢、密封垫、垫圈、抛光盘及其他机器零件。

covering weaving spindles (weaving beams);
(ii) Bolting cloth;
(iii) Straining cloth of a kind used in oil presses or the like, of textile material or of human hair;
(iv) Flat woven textile fabrics with multiple warp or weft, whether or not felted, impregnated or coated, of a kind used in machinery or for other technical purposes;
(v) Textile fabrics reinforced with metal, of a kind used for technical purposes;
(vi) Cords, braids and the like, whether or not coated, impregnated or reinforced with metal, of a kind used in industry as packing or lubricating materials.

(b) Textile articles (other than those of headings 59.08 to 59.10) of a kind used for technical purposes, for example, textile fabrics and felts, endless or fitted with linking devices, of a kind used in paper-making or similar machines (for example, for pulp or asbestos-cement), gaskets, washers, polishing discs and other machinery parts.

税则号列			货品名称中英文		税费综合信息	计量单位	监管证件代码		检验检疫类别		检验检疫编码	检验检疫编码对应中文名称
HS国际统一前6位	本国子目 7~8位	本国子目 9~10位	中文 货物名称	英文 Article Description			进口	出口	进口	出口		
590110	10	10	胶或淀粉涂布的棉纺织物	Textile fabrics of cotton, containing 50% or more by weight of cotton, coated with gum or amylaceous substances, bleached, printed and dyed, used for the outer covers of books or the like	【最】8【普】80 【协东盟】0【协巴基斯坦】5【协智利】0 【协新西兰】0【协新加坡】0【协秘鲁】0 【协哥斯达黎加】0【协冰岛】0【协瑞士】0 【协澳大利亚】0【协韩国】5【协格鲁吉亚】0 【协香港】0【协澳门】0 【特-1】0【特-2】0【特-3】0 【增】16【对美加征】5【出】0【退】16	千克					101 999	胶或淀粉涂布的棉纺织物（作书籍封面，棉织物重≥50%，经漂染印花）（棉混纺印花布） 胶或淀粉涂布的棉纺织物（作书籍封面，棉织物重≥50%，经漂染印花）（其他）
590110	10	90	胶或淀粉涂布的麻及其他棉纺织	Textile fabrics of bast fibres and other cotton, coated with gum or amylaceous substances, used for the outer covers of books or the like	【最】8【普】80 【协东盟】0【协巴基斯坦】5【协智利】0 【协新西兰】0【协新加坡】0【协秘鲁】0 【协哥斯达黎加】0【协冰岛】0【协瑞士】0 【协澳大利亚】0【协韩国】5【协格鲁吉亚】0 【协香港】0【协澳门】0 【特-1】0【特-2】0【特-3】0 【增】16【对美加征】5【出】0【退】16	千克					999	胶或淀粉涂布的麻及其他棉纺织（作书籍封面及类似用途的）
590110	20	10	胶或淀粉涂布的涤棉短纤混纺织品	Textile fabrics, containing 50% or more by weight of polyester staple fibres and cotton, coated with gum or amylaceous substances, bleached and dyed, used for the outer covers of books or the like	【最】8【普】130 【协东盟】0【协巴基斯坦】5【协智利】0 【协新西兰】0【协新加坡】0【协秘鲁】0 【协哥斯达黎加】0【协冰岛】0【协瑞士】0 【协澳大利亚】0【协韩国】0【协格鲁吉亚】0 【协香港】0【协澳门】0 【特-1】0【特-2】0【特-3】0 【增】16【对美加征】10【出】0【退】16	千克					999	胶或淀粉涂布的涤棉短纤混纺织品（作书籍封面及类似用途，聚酯短纤棉混纺漂染织物重>50%）
590110	20	90	胶或淀粉涂布的其他化纤纺织物	Other man-made textile fabrics coated with gum or amylaceous substances, used for the outer covers of books or the like	【最】8【普】130 【协东盟】0【协巴基斯坦】5【协智利】0 【协新西兰】0【协新加坡】0【协秘鲁】0 【协哥斯达黎加】0【协冰岛】0【协瑞士】0 【协澳大利亚】0【协韩国】0【协格鲁吉亚】0 【协香港】0【协澳门】0 【特-1】0【特-2】0【特-3】0 【增】16【对美加征】10【出】0【退】16	千克					999	胶或淀粉涂布的其他化纤纺织物（作书籍封面及类似用途的）

税则号列 HS国际统一前6位	本国子目 7~8位	本国子目 9~10位	货品名称中文 货物名称	货品名称英文 Article Description	税费综合信息	计量单位	监管证件代码 进口	监管证件代码 出口	检验检疫类别 进口	检验检疫类别 出口	检验检疫编码	检验检疫编码对应中文名称
590110	90	10	用胶或淀粉涂布的精梳毛纺织物	Textile fabrics, containing 50% or more by weight of combed wool or fine animal hair, coated with gum or amylaceous substances, used for the outer covers of books or the like	【最】8【普】100 【协东盟】0【协巴基斯坦】5【协智利】0 【协新西兰】0【协新加坡】0【协秘鲁】0 【协哥斯达黎加】0【协冰岛】0【协瑞士】0 【协澳大利亚】0【协韩国】0【协格鲁吉亚】0 【协香港】0【协澳门】0 【特-1】0【特-2】0【特-3】0 【增】16【对美加征】10【出】0【退】16	千克					999	用胶或淀粉涂布的精梳毛纺织物（作书籍封面及类似用途，精梳羊毛或动物细毛织物重≥50%）
590110	90	90	用胶或淀粉涂布的其他纺织物	Other textile fabrics coated with gum or amylaceous substances, used for the outer covers of books or the like	【最】8【普】100 【协东盟】0【协巴基斯坦】5【协智利】0 【协新西兰】0【协新加坡】0【协秘鲁】0 【协哥斯达黎加】0【协冰岛】0【协瑞士】0 【协澳大利亚】0【协韩国】0【协格鲁吉亚】0 【协香港】0【协澳门】0 【特-1】0【特-2】0【特-3】0 【增】16【对美加征】10【出】0【退】16	千克					999	用胶或淀粉涂布的其他纺织物（作书籍封面及类似用途的）
590190	10		其他纺织物制成的油画布	Prepared painting canvas	【最】8【普】50 【协东盟】0【协巴基斯坦】5【协智利】0 【协新西兰】0【协秘鲁】0【协哥斯达黎加】0 【协冰岛】0【协瑞士】0【协澳大利亚】0 【协韩国】0【协格鲁吉亚】0【协香港】0 【协澳门】0 【特-1】0【特-2】0【特-3】0 【增】16【对美加征】10【出】0【退】16	千克					999	其他纺织物制成的油画布（织物重≥50%）
590190	91	10	棉制描图布、帽里硬衬布等	Tracing cloth, buckram and similar stiffened textile fabrics, containing 50% or more by weight of cotton, bleached, dyed or printed, used for hat foundations	【最】8【普】80 【协东盟】0【协巴基斯坦】5【协智利】0 【协新西兰】0【协秘鲁】0【协哥斯达黎加】0 【协冰岛】0【协瑞士】0【协澳大利亚】0 【协韩国】0【协格鲁吉亚】0【协香港】0 【协澳门】0 【特东老挝】0【特东柬埔寨】0【特东缅甸】0 【特-1】0【特-2】0【特-3】0 【增】16【对美加征】10【出】0【退】16	千克					101 102 999	棉制描图布、帽里硬衬布等（包括类似硬挺纺织物，棉织物重≥50%经漂染印花）（棉混纺印花布） 棉制描图布、帽里硬衬布等（包括类似硬挺纺织物，棉织物重≥50%经漂染印花）（服装衬布） 棉制描图布、帽里硬衬布等（包括类似硬挺纺织物，棉织物重≥50%经漂染印花）（其他）
590190	91	90	麻及其他棉制描图布、帽里硬衬布	Tracing cloth, buckram and similar stiffened textile fabrics, used for hat foundations, of bast fibres and other cotton	【最】8【普】80 【协东盟】0【协巴基斯坦】5【协智利】0 【协新西兰】0【协秘鲁】0【协哥斯达黎加】0 【协冰岛】0【协瑞士】0【协澳大利亚】0 【协韩国】0【协格鲁吉亚】0【协香港】0 【协澳门】0 【特东老挝】0【特东柬埔寨】0【特东缅甸】0 【特-1】0【特-2】0【特-3】0 【增】16【对美加征】10【出】0【退】16	千克					101 999	麻及其他棉制描图布、帽里硬衬布（包括类似硬挺纺织物）（服装衬布） 麻及其他棉制描图布、帽里硬衬布（包括类似硬挺纺织物）（其他）
590190	92	10	聚酯短纤与棉混纺织物制描图布	Tracing cloth, buckram and similar stiffened textile fabrics, used for hat foundations, mixed with polyester staple fibres and cotton, containing 50% or more by weight, bleached, dyed, printed	【最】8【普】130 【协东盟】0【协巴基斯坦】5【协智利】0 【协新西兰】0【协秘鲁】0【协哥斯达黎加】0 【协冰岛】0【协瑞士】0【协澳大利亚】0 【协韩国】0【协格鲁吉亚】0【协香港】0 【协澳门】0 【特-1】0【特-2】0【特-3】0 【增】16【出】0【退】16	千克					101 999	聚酯短纤与棉混纺织物制描图布（含帽里硬衬类似硬挺纺织物，织物重≥50%，经漂染印）（服装衬布） 聚酯短纤与棉混纺织物制描图布（含帽里硬衬类似硬挺纺织物，织物重≥50%，经漂染印）（其他）
590190	92	90	聚酯短纤与棉混纺织物制描图布	Tracing cloth, buckram and similar stiffened textile fabrics, used for hat foundations, mixed with polyester staple fibres and cotton, containing 50% or more by weight, bleached, dyed, printed	【最】8【普】130 【协东盟】0【协巴基斯坦】5【协智利】0 【协新西兰】0【协秘鲁】0【协哥斯达黎加】0 【协冰岛】0【协瑞士】0【协澳大利亚】0 【协韩国】0【协格鲁吉亚】0【协香港】0 【协澳门】0 【特-1】0【特-2】0【特-3】0 【增】16【出】0【退】16	千克					101 999	其他化纤制描图布，帽里硬衬布等（包括类似硬挺纺织物）（服装衬布） 其他化纤制描图布，帽里硬衬布等（包括类似硬挺纺织物）（其他）

税则号列			货品名称中英文		税费综合信息	计量单位	监管证件代码		检验检疫类别		检验检疫编码	检验检疫编码对应中文名称
HS 国际统一前6位	本国子目 7~8位	本国子目 9~10位	中文 货物名称	英文 Article Description			进口	出口	进口	出口		
590190	99	10	精梳毛纺织物制描图布，帽里硬衬	Tracing cloth, buckram and similar stiffened textile fabrics, used for hat foundations, of combed wool or fine animals hair, containing 50% or more by weight	【最】8【普】100 【协东盟】0【协巴基斯坦】5【协智利】0 【协新西兰】0【协秘鲁】0【协哥斯达黎加】0 【协冰岛】0【协瑞士】0【协澳大利亚】0 【协韩国】0【协格鲁吉亚】0【协香港】0 【协澳门】0 【特-1】0【特-2】0【特-3】0 【增】16【对美加征】10【出】0【退】16	千克					101 999	精梳毛纺织物制描图布，帽里硬衬（包括类似硬挺纺织物，精梳羊毛或动物细毛织物重≥50%）（服装衬布） 精梳毛纺织物制描图布，帽里硬衬（包括类似硬挺纺织物，精梳羊毛或动物细毛织物重≥50%）（其他）
590190	99	90	其他纺织物制描图布，帽里硬衬布	Tracing cloth, buckram and similar stiffened other textile fabrics, used for hat foundations	【最】8【普】100 【协东盟】0【协巴基斯坦】5【协智利】0 【协新西兰】0【协秘鲁】0【协哥斯达黎加】0 【协冰岛】0【协瑞士】0【协澳大利亚】0 【协韩国】0【协格鲁吉亚】0【协香港】0 【协澳门】0 【特-1】0【特-2】0【特-3】0 【增】16【对美加征】10【出】0【退】16	千克					101 999	其他纺织物制描图布，帽里硬衬布（包括类似硬挺纺织物）（服装衬布） 其他纺织物制描图布，帽里硬衬布（包括类似硬挺纺织物）（其他）
590210	10		聚酰胺-6（尼龙-6）制的帘子	Tyre cord fabric of polyamide-6 (nylon-6)	【最】8【普】40 【协亚太】5.2【协东盟】0【协巴基斯坦】5 【协智利】0【协新西兰】0【协新加坡】0 【协秘鲁】0【协哥斯达黎加】0【协冰岛】0 【协瑞士】0【协澳大利亚】0【协韩国】6.5 【协格鲁吉亚】0【协香港】0【协澳门】0 【特-1】0【特-2】0【特-3】0 【增】16【对美加征】10【出】0【退】16	千克					999	聚酰胺-6（尼龙-6）制的帘子布
590210	20		聚酰胺-6，6（尼龙-6，6）	Tyre cord fabric of polyamide-6, 6(nylon-6, 6)	【最】8【普】40 【协亚太】5.2【协东盟】0【协巴基斯坦】5 【协智利】0【协新西兰】0【协新加坡】0 【协秘鲁】0【协哥斯达黎加】0【协冰岛】0 【协瑞士】0【协澳大利亚】0【协韩国】6.5 【协格鲁吉亚】0【协香港】0【协澳门】0 【特-1】0【特-2】0【特-3】0 【增】16【对美加征】10【出】0【退】16	千克					999	聚酰胺-6，6（尼龙-6，6）制的帘子布
590210	90		其他聚酰胺制的帘子布	Tyre cord fabric of other polyamides	【最】8【普】40 【协亚太】5.2【协东盟】0【协巴基斯坦】5 【协智利】0【协新西兰】0【协新加坡】0 【协秘鲁】0【协哥斯达黎加】0【协冰岛】0 【协瑞士】0【协澳大利亚】0【协韩国】5 【协格鲁吉亚】0【协香港】0【协澳门】0 【特-1】0【特-2】0【特-3】0 【增】16【对美加征】10【出】0【退】16	千克					999	其他聚酰胺制的帘子布
590220	00		聚酯高强力纱制的帘子布	Tyre cord fabric of high tenacity yarn of polyesters	【最】8【普】40 【协亚太】5.2【协东盟】0【协巴基斯坦】5 【协智利】0【协新西兰】0【协新加坡】0 【协秘鲁】0【协哥斯达黎加】0【协冰岛】0 【协瑞士】0【协澳大利亚】0【协韩国】7.5 【协格鲁吉亚】0【协香港】0【协澳门】0 【特-1】0【特-2】0【特-3】0 【增】16【出】0【退】16	千克					999	聚酯高强力纱制的帘子布
590290	00		粘胶纤维高强力纱制帘子布	Other tyre cord fabric of high tenacity yarn	【最】8【普】40 【协东盟】0【协巴基斯坦】5【协智利】0 【协新西兰】0【协秘鲁】0【协哥斯达黎加】0 【协冰岛】0【协瑞士】4【协澳大利亚】0 【协韩国】0【协格鲁吉亚】0【协香港】0 【协澳门】0 【特-1】0【特-2】0【特-3】0 【增】16【对美加征】10【出】0【退】16	千克					999	粘胶纤维高强力纱制帘子布
590310	10		用聚氯乙烯浸渍的其他绝缘布或带	Insulating cloth or tape	【最】8【普】40 【协亚太】5.2【协东盟】0【协巴基斯坦】5 【协智利】0【协新西兰】0【协秘鲁】0 【协哥斯达黎加】0【协冰岛】0【协瑞士】0 【协澳大利亚】0【协韩国】0【协格鲁吉亚】0 【协香港】0【协澳门】0 【特-1】0【特-2】0【特-3】0 【增】16【对美加征】5【出】0【退】16	千克					999	用聚氯乙烯浸渍的其他绝缘布或带

税则号列 HS国际统一前6位	本国子目 7~8位	本国子目 9~10位	货品名称中英文 中文 货物名称	货品名称中英文 英文 Article Description	税费综合信息	计量单位	监管证件代码 进口	监管证件代码 出口	检验检疫类别 进口	检验检疫类别 出口	检验检疫编码	检验检疫编码对应中文名称
590310	20		用聚氯乙烯浸渍的其他人造革	Imitation leather	【最】8【普】70 【协亚太】5.2【协东盟】0【协香港】0 【协巴基斯坦】5【协智利】0【协新西兰】0 【协新加坡】0【协秘鲁】0【协台湾】0 【协哥斯达黎加】0【协冰岛】0【协瑞士】0 【协澳大利亚】0【协韩国】7.5【协格鲁吉亚】0 【特-1】0【特-2】0【特-3】0 【增】16【对美加征】10【出】0【退】16	千克/米					101 999	用聚氯乙烯浸渍的其他人造革（棉混纺印花布） 用聚氯乙烯浸渍的其他人造革（其他）
590310	90		聚氯乙烯浸渍的其他纺织物	Textile fabrics impregnated with poly (vinyl chloride) (including coated, covered or laminated with poly)	【最】8【普】90 【协亚太】5.2【协东盟】0【协香港】0 【协巴基斯坦】5【协智利】0【协新西兰】0 【协新加坡】0【协秘鲁】0【协台湾】0 【协哥斯达黎加】0【协冰岛】0【协瑞士】0 【协澳大利亚】0【协韩国】7.5【协格鲁吉亚】0 【特-1】0【特-2】0【特-3】0 【增】16【对美加征】10【出】0【退】16	千克					101 999	聚氯乙烯浸渍的其他纺织物（包括用聚氯乙烯涂布、包覆或层压的）（棉混纺印花布） 聚氯乙烯浸渍的其他纺织物（包括用聚氯乙烯涂布、包覆或层压的）（其他）
590320	10		聚氨基甲酸酯浸渍其他绝缘布或带	Insulating cloth or tape	【最】8【普】40 【协亚太】5.2【协东盟】0【协巴基斯坦】5 【协智利】0【协新西兰】0【协秘鲁】0 【协哥斯达黎加】0【协冰岛】0【协瑞士】0 【协澳大利亚】0【协韩国】0【协格鲁吉亚】0 【协香港】0【协澳门】0 【特-1】0【特-2】0【特-3】0 【增】16【对美加征】5【出】0【退】16	千克					999	聚氨基甲酸酯浸渍其他绝缘布或带
590320	20		用聚氨基甲酸酯浸渍的其他人造革	Imitation leather	【最】8【普】70 【协亚太】5.2【协东盟】0【协巴基斯坦】5 【协智利】0【协新西兰】0【协新加坡】0 【协秘鲁】0【协台湾】0【协哥斯达黎加】0 【协冰岛】0【协瑞士】0【协澳大利亚】0 【协韩国】7.5【协格鲁吉亚】0【协香港】0 【协澳门】0 【特-1】0【特-2】0【特-3】0 【增】16【对美加征】10【出】0【退】16	千克/米					999	用聚氨基甲酸酯浸渍的其他人造革
590320	90		用聚氨基甲酸酯浸渍的其他纺织物	Textile fabrics impregnated with poly (vinyl chloride) (including coated, covered or laminated with poly)	【最】8【普】90 【协亚太】5.2【协东盟】0【协香港】0 【协巴基斯坦】8.5【协智利】0【协新西兰】0 【协新加坡】0【协秘鲁】0【协台湾】0 【协哥斯达黎加】0【协冰岛】0【协瑞士】0 【协澳大利亚】0【协韩国】7.5【协格鲁吉亚】0 【特-1】0【特-2】0【特-3】0 【增】16【对美加征】10【出】0【退】16	千克					999	用聚氨基甲酸酯浸渍的其他纺织物（包括用聚氨基甲酸酯涂布、包覆或层压的）
590390	10		用其他塑料浸渍的绝缘布或带	Insulating cloth or tape	【最】8【普】40 【协亚太】5.2【协东盟】0【协巴基斯坦】5 【协智利】0【协新西兰】0【协秘鲁】0 【协哥斯达黎加】0【协冰岛】0【协瑞士】4 【协澳大利亚】0【协韩国】0【协格鲁吉亚】0 【协香港】0【协澳门】0 【特-1】0【特-2】0【特-3】0 【增】16【对美加征】5【出】0【退】16	千克					999	用其他塑料浸渍的绝缘布或带
590390	20		用其他塑料浸渍的人造革	Imitation leather	【最】8【普】70 【协亚太】5.2【协东盟】0【协巴基斯坦】5 【协智利】0【协新西兰】0【协新加坡】0 【协秘鲁】0【协台湾】0【协哥斯达黎加】0 【协冰岛】0【协瑞士】0【协澳大利亚】0 【协韩国】6.6【协格鲁吉亚】0【协香港】0 【协澳门】0 【特-1】0【特-2】0【特-3】0 【增】16【对美加征】10【出】0【退】16	千克/米					101 999	用其他塑料浸渍的人造革（棉混纺印花布） 用其他塑料浸渍的人造革（其他）
590390	90		用其他塑料浸渍的其他纺织物	Other	【最】8【普】90 【协亚太】5.2【协东盟】0【协香港】0 【协巴基斯坦】8.5【协智利】0【协新西兰】0 【协新加坡】0【协秘鲁】0【协台湾】0 【协哥斯达黎加】0【协冰岛】0【协瑞士】0 【协澳大利亚】0【协韩国】7.5【协格鲁吉亚】0 【特东老挝】0【特东柬埔寨】0【特东缅甸】0 【特-1】0【特-2】0【特-3】0 【增】16【对美加征】10【出】0【退】16	千克					101 999	用其他塑料浸渍的其他纺织物（包括用其他塑料涂布、包覆或层压的）（棉混纺印花布） 用其他塑料浸渍的其他纺织物（包括用其他塑料涂布、包覆或层压的）（其他）

税则号列			货品名称中英文		税费综合信息	计量单位	监管证件代码		检验检疫类别		检验检疫编码	检验检疫编码对应中文名称
HS 国际统一前6位	本国子目 7~8位	9~10位	中文 货物名称	英文 Article Description			进口	出口	进口	出口		
590410	00		列诺伦（亚麻油地毡）	Linoleum, whether or not cut to shape	【最】6【普】90 【协东盟】0【协巴基斯坦】11.2【协智利】0 【协新西兰】0【协新加坡】0【协秘鲁】0 【协哥斯达黎加】0【协冰岛】0【协瑞士】5.6 【协澳大利亚】0【协韩国】7 【协格鲁吉亚】0【协香港】0【协澳门】0 【特-1】0【特-2】0 【增】16【出】0【退】16	千克/平方米					999	列诺伦（亚麻油地毡）(不论是否剪切成形)
590490	00		以纺织物为底涂布或覆面的铺地品	Floor coverings consisting of a coating or covering applied on a textile backing, whether or not cut to shape	【最】6【普】90 【协东盟】0【协巴基斯坦】7【协智利】0 【协新西兰】0【协新加坡】0【协秘鲁】0 【协哥斯达黎加】0【协冰岛】0【协瑞士】5.6 【协澳大利亚】0【协韩国】7 【协格鲁吉亚】0【协香港】0【协澳门】0 【特-1】0【特-2】0 【增】16【出】0【退】16	千克/平方米					999	以纺织物为底涂布或覆面的铺地品（不论是否剪切成形）
590500	00		糊墙织物	Textile wall coverings	【最】8【普】80 【协东盟】0【协巴基斯坦】5【协智利】0 【协新西兰】0【协新加坡】0【协秘鲁】0 【协哥斯达黎加】0【协冰岛】0【协瑞士】0 【协澳大利亚】0【协韩国】0【协格鲁吉亚】0 【协香港】0【协澳门】0 【特-1】0【特-2】0【特-3】0 【增】16【对美加征】10【出】0【退】16	千克/平方米					999	糊墙织物
590610	10		用橡胶处理宽≤20cm纺织绝缘带	Rubberized insulating tape, of a width not exceeding 20cm	【最】8【普】40 【协东盟】0【协巴基斯坦】5【协智利】0 【协新西兰】0【协秘鲁】0【协哥斯达黎加】0 【协冰岛】0【协瑞士】0【协澳大利亚】0 【协韩国】0【协格鲁吉亚】0【协香港】0 【协澳门】0 【特-1】0【特-2】0【特-3】0 【增】16【对美加征】10【出】0【退】16	千克					999	用橡胶处理宽≤20cm纺织绝缘带（纺织物胶粘绝缘带）
590610	90		用橡胶处理宽≤20cm其他纺织物胶粘带	Other rubberized adhesive tape, of a width not exceeding 20cm	【最】8【普】100 【协东盟】0【协巴基斯坦】5【协智利】0 【协新西兰】0【协新加坡】0【协秘鲁】0 【协哥斯达黎加】0【协瑞士】0【协澳大利亚】0 【协韩国】0【协格鲁吉亚】0【协香港】0 【协澳门】0 【特-1】0【特-2】0【特-3】0 【增】16【对美加征】10【出】0【退】16	千克					999	用橡胶处理宽≤20cm其他纺织物胶粘带
590691	00		用橡胶处理的针织或钩编其他纺织物	Knitted or crocheted	【最】8【普】130 【协东盟】0【协巴基斯坦】5【协智利】0 【协新西兰】0【协新加坡】0【协秘鲁】0 【协台湾】0【协哥斯达黎加】0【协冰岛】0 【协瑞士】0【协澳大利亚】0【协韩国】0 【协格鲁吉亚】0【协香港】0【协澳门】0 【特-1】0【特-2】0【特-3】0 【增】16【对美加征】10【出】0【退】16	千克					999	用橡胶处理的针织或钩编其他纺织物
590699	10		用橡胶处理的绝缘布或带	Insulating cloth or tape	【最】8【普】40 【协东盟】0【协巴基斯坦】5【协智利】0 【协新西兰】0【协秘鲁】0【协哥斯达黎加】0 【协冰岛】0【协瑞士】0【协澳大利亚】0 【协韩国】0【协格鲁吉亚】0【协香港】0 【协澳门】0 【特-1】0【特-2】0【特-3】0 【增】16【对美加征】10【出】0【退】16	千克					101 999	用橡胶处理的绝缘布或带（非针织或钩编，宽>20cm）(棉混纺印花布) 用橡胶处理的绝缘布或带（非针织或钩编，宽>20cm）(其他)
590699	90		用橡胶处理的其他纺织物	Rubberized textile fabrics (not knitted or crocheted, of a width exceeding 20cm)	【最】8【普】100 【协东盟】0【协巴基斯坦】5【协智利】0 【协新西兰】0【协新加坡】0【协秘鲁】0 【协台湾】0【协哥斯达黎加】0【协冰岛】0 【协瑞士】0【协澳大利亚】0【协韩国】0 【协格鲁吉亚】0【协香港】0【协澳门】0 【特-1】0【特-2】0【特-3】0 【增】16【对美加征】5【出】0【退】16	千克					101 999	用橡胶处理的其他纺织物（非针织或钩编，宽>20cm）(棉混纺印花布) 用橡胶处理的其他纺织物（非针织或钩编，宽>20cm）(其他)

税则号列 HS国际统一前6位	本国子目 7~8位	本国子目 9~10位	货品名称中英文 中文 货物名称	货品名称中英文 英文 Article Description	税费综合信息	计量单位	监管证件代码 进口	监管证件代码 出口	检验检疫类别 进口	检验检疫类别 出口	检验检疫编码	检验检疫编码对应中文名称
590700	10		其他材料浸涂纺织绝缘布或带	Insulating cloth or tape	【最】8【普】40 【协亚太】5.2【协东盟】0【协巴基斯坦】5 【协智利】0【协新西兰】0【协秘鲁】0 【协哥斯达黎加】0【协冰岛】0【协瑞士】4 【协澳大利亚】0【协韩国】0【协格鲁吉亚】0 【协香港】0【协澳门】0 【特-1】0【特-2】0【特-3】0 【增】16【对美加征】10【出】0【退】16	千克					999	其他材料浸涂纺织绝缘布或带（用橡胶、塑料、浆料以外材料浸涂或包覆）
590700	20		其他材料浸涂已绘制画布	Painted canvas	【最】8【普】50 【协亚太】5.2【协东盟】0【协香港】0 【协巴基斯坦】5【协智利】0【协新西兰】0 【协秘鲁】0【协哥斯达黎加】0【协冰岛】0 【协瑞士】0【协澳大利亚】0【协韩国】0 【协格鲁吉亚】0 【特-1】0【特-2】0【特-3】0 【增】16【对美加征】10【出】0【退】16	千克					999	其他材料浸涂已绘制画布（用橡胶、塑料、浆料以外材料浸涂或包覆）
590700	90		用其他材料浸涂的纺织物	Textile fabrics otherwise impregnated (impregnated or covered with other than rubber, plastic, slurry)	【最】8【普】100 【协亚太】5.2【协东盟】0【协巴基斯坦】5 【协智利】0【协新西兰】0【协新加坡】0 【协秘鲁】0【协哥斯达黎加】0【协冰岛】0 【协瑞士】0【协澳大利亚】0【协韩国】7.5 【协格鲁吉亚】0【协香港】0【协澳门】0 【特-1】0【特-2】0【特-3】0 【增】16【对美加征】5【出】0【退】16	千克					999	用其他材料浸涂的纺织物（用橡胶、塑料、浆料以外材料浸涂或包覆）
590800	00		灯芯，炉芯等和煤气灯纱筒及纱罩	Textile wicks, woven, plaited or knitted, for lamps, stoves, lighters, candles or the like; incandescent gas mantles and tubular knitted gas mantle fabric therefor, whether or not impregnated	【最】8【普】70 【协东盟】0【协巴基斯坦】5【协智利】0 【协新西兰】0【协秘鲁】0【协哥斯达黎加】0 【协冰岛】0【协瑞士】0【协澳大利亚】0 【协韩国】0【协格鲁吉亚】0【协香港】0 【协澳门】0 【特-1】0【特-2】0【特-3】0 【增】16【对美加征】5【出】0【退】16	千克					999	灯芯，炉芯等和煤气灯纱筒及纱罩（包括打火机芯、烛芯或类似品，用纺织材料机织、编结、针织）
590900	00		纺织材料制水龙软管及类似管子	Textile hosepiping and similar textile tubing, with or without lining, armour or accessories of other materials	【最】8【普】35 【协东盟】0【协澳门】0【协巴基斯坦】5 【协香港】0【协智利】0【协新西兰】0 【协秘鲁】0【协哥斯达黎加】0【协冰岛】0 【协瑞士】0【协澳大利亚】0【协韩国】0 【协格鲁吉亚】0 【特-1】0【特-2】0【特-3】0 【增】16【对美加征】5【出】0【退】16	千克			L		999	纺织材料制水龙软管及类似管子（不论有无其他材料作衬里、护套或附件）
591000	00		纺织材料制的传动带或输送带及带料	Transmission or conveyor belts or belting, of textile material, whether or not impregnated, coated, covered or laminated with plastics, or reinforced with metal or other material	【最】8【普】35 【协东盟】0【协巴基斯坦】5【协智利】0 【协新西兰】0【协秘鲁】0【协台湾】0 【协哥斯达黎加】0【协冰岛】0【协瑞士】0 【协澳大利亚】0【协韩国】0 【协格鲁吉亚】0【协香港】0【协澳门】0 【特-1】0【特-2】0【特-3】0 【增】16【对美加征】10【出】0【退】16	千克					999	纺织材料制的传动带或输送带及带料（不论是否用塑料浸渍、涂布、包覆、层压或用金属等加强）
591110	10		包覆纺锤用浸胶的狭幅丝绒织物	Narrow fabrics made of velvet impregnated with rubber, for covering weaving spindles (weaving beams), (including felt coated, covered or laminated with rubber, leather or other material and or similar fabrics)	【最】8【普】75 【协亚太】5.2【协东盟】0【协巴基斯坦】5 【协智利】0【协新西兰】0【协秘鲁】0 【协哥斯达黎加】0【协冰岛】0【协瑞士】0 【协澳大利亚】0【协韩国】0 【协格鲁吉亚】0【协香港】0【协澳门】0 【特-1】0【特-2】0【特-3】0 【增】16【对美加征】10【出】0【退】16	千克					999	包覆纺锤用浸胶的狭幅丝绒织物（包括用橡胶、皮革等材料包覆，压层的毡呢及类似织物）
591110	90		其他起绒狭幅织物	Other pile narrow fabrics, (including felt covered or laminated with rubber, leather or other materials and similar fabrics)	【最】8【普】35 【协东盟】0【协巴基斯坦】5【协智利】0 【协新西兰】0【协秘鲁】0【协哥斯达黎加】0 【协冰岛】0【协瑞士】0【协澳大利亚】0 【协韩国】0【协格鲁吉亚】0【协香港】0 【协澳门】0 【特-1】0【特-2】0【特-3】0 【增】16【对美加征】10【出】0【退】16	千克					999	其他起绒狭幅织物（包括用橡胶、皮革等材料包覆，压层的毡呢及类似织物）

税则号列			货品名称中英文		税费综合信息	计量单位	监管证件代码		检验检疫类别		检验检疫编码	检验检疫编码对应中文名称
HS国际统一前6位	本国子目7~8位	9~10位	中文货物名称	英文 Article Description			进口	出口	进口	出口		
591120	00	10	丝制筛布【电商】	Bolting cloth of silk, whether or not made up	【最】8【普】35 【协东盟】0【协巴基斯坦】5【协智利】0 【协新西兰】0【协秘鲁】0【协哥斯达黎加】0 【协冰岛】0【协瑞士】0【协澳大利亚】0 【协韩国】0【协格鲁吉亚】0【协香港】0 【协澳门】0 【特-1】0【特-2】0【特-3】0 【增】16【对美加征】10【出】0【退】16	千克					101 999	丝制筛布（不论是否制成的）(网料与筛布) 丝制筛布（不论是否制成的）(其他)
591120	00	90	其他纺织材料制筛布【电商】	Bolting cloth of other textile materials, whether or not made up, other than engraved screen printed fabric	【最】8【普】35 【协东盟】0【协巴基斯坦】5【协智利】0 【协新西兰】0【协秘鲁】0【协哥斯达黎加】0 【协冰岛】0【协瑞士】0【协澳大利亚】0 【协韩国】0【协格鲁吉亚】0【协香港】0 【协澳门】0 【特-1】0【特-2】0【特-3】0 【增】16【对美加征】10【出】0【退】16	千克					101 999	其他纺织材料制筛布(不论是否制成的，刻版筛网印布除外)(网料与筛布) 其他纺织材料制筛布(不论是否制成的，刻版筛网印布除外)
591131	00		轻的环状或有联接装置的布或毡呢	Textile fabrics and felts, endless or felted with linking devices, Weighing less than $650g/m^2$, of a kind used in paper-making or similar machines	【最】8【普】35 【协东盟】0【协巴基斯坦】5【协智利】0 【协新西兰】0【协秘鲁】0【协哥斯达黎加】0 【协冰岛】0【协瑞士】0【协澳大利亚】0 【协韩国】0【协格鲁吉亚】0【协香港】0 【协澳门】0 【特-1】0【特-2】0【特-3】0 【增】16【对美加征】10【出】0【退】16	千克					101 999	轻的环状或有联接装置的布或毡呢（每平方米重量在650克以下，用于造纸机器或类似机器）(毡呢) 轻的环状或有联接装置的布或毡呢（每平方米重量在650克以下，用于造纸机器或类似机器）(其他)
591132	00		重的环状或有联接装置的布或毡呢	Textile fabrics and felts, endless or felted with linking devices, Weighing $650g/m^2$ or more, of a kind used in paper-making or similar machines	【最】8【普】35 【协东盟】0【协巴基斯坦】5【协智利】0 【协新西兰】0【协秘鲁】0【协哥斯达黎加】0 【协冰岛】0【协瑞士】3.2【协澳大利亚】0 【协韩国】0【协格鲁吉亚】0【协香港】0 【协澳门】0 【特-1】0【特-2】0【特-3】0 【增】16【对美加征】10【出】0【退】16	千克					101 999	重的环状或有联接装置的布或毡呢（每平方米重量在650克及以上，用于造纸机器或类似机器）(毡呢) 重的环状或有联接装置的布或毡呢（每平方米重量在650克及以上，用于造纸机器或类似机器）(其他)
591140	00		用于榨油机器或类似机器的滤布	Straining cloth of a kind used in oil presses or the like, including that of human hair	【最】8【普】35 【协东盟】0【协巴基斯坦】5【协智利】0 【协新西兰】0【协秘鲁】0【协哥斯达黎加】0 【协冰岛】0【协瑞士】0【协澳大利亚】0 【协韩国】0【协格鲁吉亚】4.8【协香港】0 【协澳门】0 【特-1】0【特-2】0【特-3】0 【增】16【对美加征】10【出】0【退】16	千克					101 999	用于榨油机器或类似机器的滤布（包括人发制滤布）(网料与筛布) 用于榨油机器或类似机器的滤布（包括人发制滤布）(其他)
591190	00	10	半导体晶圆制造用自粘式圆形抛光垫	With self-adhesive circular polishing pad manufacturing semi-conductor wafer (Notes 7 of Chapter 59)	【最】4【普】35 【协东盟】0【协巴基斯坦】5【协智利】0 【协新西兰】0【协秘鲁】0【协哥斯达黎加】0 【协冰岛】0【协瑞士】0【协澳大利亚】0 【协格鲁吉亚】0【协香港】0【协澳门】0 【特-1】0【特-2】0【特-3】0 【增】16【对美加征】5【出】0【退】16	千克					999	半导体晶圆制造用自粘式圆形抛光垫（见第59章注释七）
591190	00	90	其他专门技术用途纺织产品及制品	Other specialized technical purposes for textile products and products (Notes 7 of Chapter 59)	【最】8【普】35 【协东盟】0【协巴基斯坦】5【协智利】0 【协新西兰】0【协秘鲁】0【协哥斯达黎加】0 【协冰岛】0【协瑞士】0【协澳大利亚】0 【协格鲁吉亚】0【协香港】0【协澳门】0 【特-1】0【特-2】0【特-3】0 【增】16【对美加征】5【出】0【退】16	千克					101 102	其他专门技术用途纺织产品及制品（见第59章注释七）(网料与筛布) 其他专门技术用途纺织产品及制品（见第59章注释七）(其他产业用纺织制品)

第六十章
针织物及钩编织物

Chapter 60
Knitted or crocheted fabrics

注释：

一、本章不包括：

（一）税目 58.04 的钩编花边；

（二）税目 58.07 的针织或钩编的标签、徽章及类似品；或

（三）第五十九章的经浸渍、涂布、包覆或层压的针织物及钩编织物。但经浸渍、涂布、包覆或层压的起绒针织物及起绒钩编织物仍归入税目 60.01。

二、本章还包括用金属线制的用于衣着、装饰或类似用途的织物。

三、本协调制度所称“针织物”，包括由纺织纱线用链式针法构成的缝编织物。

子目注释：

一、子目 6005.35 包括由聚乙烯单丝或涤纶复丝制成的织物，重量不小于 30 克/平方米，但不超过 55 克/平方米，网眼尺寸不小于 20 孔/平方厘米，但不超过 100 孔/平方厘米，并且用 α—氯氰菊酯（ISO）、虫螨腈（ISO）、溴氰菊酯（INN，ISO）、高效氯氟氰菊酯（ISO）、除虫菊酯（ISO）或甲基嘧啶磷（ISO）浸渍或涂层。

Chapter Notes:

1. This Chapter does not cover:

(a) Crochet lace of heading 58.04;

(b) Labels, badges or similar articles, knitted or crocheted, of heading 58.07; or

(c) Knitted or crocheted fabrics, impregnated, coated, covered or laminated, of Chapter 59. However, knitted or crocheted pile fabrics, impregnated, coated, covered or laminated, remain classified in heading 60.01.

2. This Chapter also includes fabrics made of metal thread and of a kind used in apparel, as furnishing fabrics or for similar purposes.

3. Throughout the Nomenclature any reference to "knitted" goods includes a reference to stitch-bonded goods in which the chain stitches are formed of textile yarn.

Subheading Note:

1. Subheading 6005.35 covers fabrics of polyethylene monofilament or of polyester multifilament, weighing not less than $30g/m^2$ and not more than $55g/m^2$, having a mesh size of not less than 20 $holes/cm^2$ and not more than 100 $holes/cm^2$, and impregnated or coated with alpha-cypermethrin (ISO), chlorfenapyr (ISO), deltamethrin (INN, ISO), lambda-cyhalothrin (ISO), permethrin (ISO) or pirimiphos-methyl (ISO).

税则号列			货品名称中英文		税费综合信息	计量单位	监管证件代码		检验检疫类别		检验检疫编码	检验检疫编码对应中文名称
HS 国际统一前 6 位	本国子目 7~8 位	本国子目 9~10 位	中文 货物名称	英文 Article Description			进口	出口	进口	出口		
600110	00		针织或钩编“长毛绒”织物	"Long pile" fabrics	【最】8【普】130 【协亚太】5.2【协东盟】0【协巴基斯坦】0 【协智利】0【协新西兰】0【协新加坡】0 【协秘鲁】0【协哥斯达黎加】0【协冰岛】0 【协瑞士】0【协澳大利亚】0【协韩国】6.6 【协格鲁吉亚】0【协香港】0【协澳门】0 【特-1】0【特-2】0【特-3】0 【增】16【对美加征】10【出】0【退】16	米/千克					999	针织或钩编“长毛绒”织物
600121	00		棉制针织或钩编的毛圈绒头织物	Looped pile fabrics of cotton, knitted or crocheted	【最】8【普】70 【协亚太】5.2【协东盟】0【协巴基斯坦】0 【协智利】0【协新西兰】0【协秘鲁】0 【协哥斯达黎加】0【协冰岛】0【协瑞士】0 【协澳大利亚】0【协韩国】0【协格鲁吉亚】0 【协香港】0【协澳门】0 【特-1】0【特-2】0【特-3】0 【增】16【对美加征】10【出】0【退】16	米/千克					999	棉制针织或钩编的毛圈绒头织物
600122	00		化纤制针织或钩编毛圈绒头织物	Looped pile fabrics of man-made fibres, knitted or crocheted	【最】8【普】130 【协亚太】5.2【协东盟】0【协巴基斯坦】0 【协智利】0【协新西兰】0【协新加坡】0 【协秘鲁】0【协哥斯达黎加】0【协冰岛】0 【协瑞士】0【协澳大利亚】0【协韩国】0 【协格鲁吉亚】0【协香港】0【协澳门】0 【特-1】0【特-2】0【特-3】0 【增】16【对美加征】10【出】0【退】16	米/千克					999	化纤制针织或钩编毛圈绒头织物

税则号列			货品名称中英文		税费综合信息	计量单位	监管证件代码		检验检疫类别		检验检疫编码	检验检疫编码对应中文名称
HS国际统一前6位	本国子目7~8位	9~10位	中文 货物名称	英文 Article Description			进口	出口	进口	出口		
600129	00		其他材料制针织或钩编毛圈绒头织物	Of other textile materials	【最】8【普】130 【协东盟】0【协巴基斯坦】0【协智利】0 【协新西兰】0【协新加坡】0【协秘鲁】0 【协哥斯达黎加】0【协冰岛】0【协瑞士】4.8 【协澳大利亚】0【协韩国】0 【协格鲁吉亚】0【协香港】0【协澳门】0 【特-1】0【特-2】0 【增】16【出】0【退】16	米/千克					999	其他材料制针织或钩编毛圈绒头织物
600191	00		棉制针织或钩编起绒织物	Terry fabrics of cotton, knitted or crocheted	【最】8【普】70 【协亚太】5.2【协东盟】0【协巴基斯坦】0 【协智利】0【协新西兰】0【协秘鲁】0 【协哥斯达黎加】0【协冰岛】0【协瑞士】0 【协澳大利亚】0【协韩国】0【协格鲁吉亚】0 【协香港】0【协澳门】0 【特-1】0【特-2】0【特-3】0 【增】16【对美加征】10【出】0【退】16	米/千克					999	棉制针织或钩编起绒织物
600192	00		化纤制针织或钩编起绒织物	Terry fabrics of man-made fibres, knitted or crocheted	【最】8【普】130 【协亚太】5.2【协东盟】0【协香港】0 【协澳门】0【协巴基斯坦】0【协智利】0 【协新西兰】0【协新加坡】0【协秘鲁】0 【协台湾】0【协哥斯达黎加】0【协冰岛】0 【协瑞士】0【协澳大利亚】0【协韩国】7.5 【协格鲁吉亚】0 【特-1】0【特-2】0【特-3】0 【增】16【对美加征】10【出】0【退】16	米/千克					999	化纤制针织或钩编起绒织物
600199	00		其他纺材制针织或钩编起绒织物	Of other textile materials	【最】8【普】130 【协东盟】0【协巴基斯坦】0【协智利】0 【协新西兰】0【协新加坡】0【协秘鲁】0 【协哥斯达黎加】0【协冰岛】0【协瑞士】4.8 【协澳大利亚】0【协韩国】0 【协格鲁吉亚】0【协香港】0【协澳门】0 【特-1】0【特-2】0 【增】16【对美加征】10【出】0【退】16	米/千克					999	其他纺材制针织或钩编起绒织物
600240	10		棉制宽≤30cm弹性针织或钩编织物	Knitted or crocheted fabrics of cotton, with a width not exceeding 30cm, containing 5% or more by weight of elastomeric yarn but not containing rubber thread	【最】8【普】70 【协亚太】5.2【协东盟】0【协巴基斯坦】0 【协智利】0【协新西兰】0【协秘鲁】0 【协哥斯达黎加】0【协冰岛】0【协瑞士】0 【协澳大利亚】0【协韩国】0【协格鲁吉亚】0 【协香港】0【协澳门】0 【特-1】0【特-2】0【特-3】0 【增】16【出】0【退】16	米/千克					999	棉制宽≤30cm弹性针织或钩编织物（按重量计弹性纱线含量在5%及以上且不含橡胶线）
600240	20		丝及绢丝制宽≤30cm针织或钩编织物	Knitted or crocheted fabrics of silk or spun silk, with a width not exceeding 30cm, containing 5% or more by weight of elastomeric yarn but not containing rubber thread	【最】8【普】130 【协亚太】5.2【协东盟】0【协巴基斯坦】0 【协智利】0【协新西兰】0【协新加坡】0 【协秘鲁】0【协哥斯达黎加】0【协冰岛】0 【协瑞士】0【协澳大利亚】0【协韩国】0 【协格鲁吉亚】0 【特-1】0【特-2】0【特-3】0 【增】16【出】0【退】16	米/千克					999	丝及绢丝制宽≤30cm针织或钩编织物（按重量计弹性纱线含量在5%及以上且不含橡胶线）
600240	30		合成纤维制宽≤30cm针织或钩编织物	Knitted or crocheted fabrics of synthetic fibres, with a width not exceeding 30cm, containing 5% or more by weight of elastomeric yarn but not containing rubber thread	【最】8【普】130 【协东盟】0【协巴基斯坦】0【协智利】0 【协新西兰】0【协新加坡】0【协秘鲁】0 【协哥斯达黎加】0【协冰岛】0【协瑞士】0 【协澳大利亚】0【协韩国】0【协格鲁吉亚】0 【协香港】0【协澳门】0 【特-1】0【特-2】0【特-3】0 【增】16【出】0【退】16	米/千克					999	合成纤维制宽≤30cm针织或钩编织物（按重量计弹性纱线含量在5%及以上且不含橡胶线）
600240	40		人造纤维制宽≤30cm针织或钩编织物	Knitted or crocheted fabrics of artificial fibres, with a width not exceeding 30cm, containing 5% or more by weight of elastomeric yarn but not containing rubber thread	【最】8【普】130 【协东盟】0【协巴基斯坦】0【协智利】0 【协新西兰】0【协新加坡】0【协秘鲁】0 【协哥斯达黎加】0【协冰岛】0【协瑞士】0 【协澳大利亚】0【协韩国】0【协格鲁吉亚】0 【协香港】0【协澳门】0 【特-1】0【特-2】0【特-3】0 【增】16【出】0【退】16	米/千克					999	人造纤维制宽≤30cm针织或钩编织物（按重量计弹性纱线含量在5%及以上且不含橡胶线）

税则号列			货品名称中英文		税费综合信息	计量单位	监管证件代码		检验检疫类别		检验检疫编码	检验检疫编码对应中文名称
HS国际统一前6位	本国子目7~8位	本国子目9~10位	中文 货物名称	英文 Article Description			进口	出口	进口	出口		
600240	90		其他纺材宽≤30cm针织或钩编织物	Knitted or crocheted fabrics of other textile materials, with a width not exceeding 30cm, containing 5% or more by weight of elastomeric yarn but not containing rubber thread	【最】8【普】130 【协亚太】5.2【协东盟】0【协巴基斯坦】0 【协智利】0【协新西兰】0【协新加坡】0 【协秘鲁】0【协哥斯达黎加】0【协冰岛】0 【协瑞士】0【协澳大利亚】0【协韩国】0 【协格鲁吉亚】0【协香港】0【协澳门】0 【特-1】0【特-2】0【特-3】0 【增】16【出】0【退】16	米/千克					999	其他纺材宽≤30cm针织或钩编织物（按重量计弹性纱线含量在5%及以上且不含橡胶线）
600290	10		棉制宽≤30cm弹性针织或钩编织物	Knitted or crocheted fabrics of cotton, with a width not exceeding 30cm, containing 5% or more by weight of elastomeric yarn or rubber thread	【最】8【普】70 【协亚太】5.2【协东盟】0【协巴基斯坦】0 【协智利】0【协新西兰】0【协秘鲁】0 【协哥斯达黎加】0【协冰岛】0【协瑞士】0 【协澳大利亚】0【协韩国】0【协格鲁吉亚】0 【协香港】0【协澳门】0 【特东老挝】0【特东柬埔寨】0【特东缅甸】0 【特-1】0【特-2】0【特-3】0 【增】16【对美加征】5【出】0【退】16	米/千克					999	棉制宽≤30cm弹性针织或钩编织物（按重量计含弹性纱线或橡胶线≥5%）
600290	20		丝及绢丝宽≤30cm针织或钩编织物	Knitted or crocheted fabrics of silk or spun silk, with a width not exceeding 30cm, containing 5% or more by weight of elastomeric yarn or rubber thread	【最】8【普】130 【协亚太】5.2【协东盟】0【协巴基斯坦】0 【协智利】0【协新西兰】0【协新加坡】0 【协秘鲁】0【协哥斯达黎加】0【协冰岛】0 【协瑞士】0【协澳大利亚】0【协韩国】0 【协格鲁吉亚】0【协香港】0【协澳门】0 【特-1】0【特-2】0【特-3】0 【增】16【出】0【退】16	米/千克					999	丝及绢丝宽≤30cm针织或钩编织物（按重量计含弹性纱线或橡胶线≥5%）
600290	30		合成纤维制宽≤30cm针织或钩编织物	Knitted or crocheted fabrics of synthetic fibres, with a width not exceeding 30cm, containing 5% or more by weight of elastomeric yarn or rubber thread	【最】8【普】130 【协亚太】4【协东盟】0【协巴基斯坦】0 【协智利】0【协新西兰】0【协新加坡】0 【协秘鲁】0【协哥斯达黎加】0【协冰岛】0 【协瑞士】0【协澳大利亚】0【协韩国】6.6 【协格鲁吉亚】0【协香港】0【协澳门】0 【特东老挝】0【特东柬埔寨】0【特东缅甸】0 【特-1】0【特-2】0【特-3】0 【增】16【对美加征】10【出】0【退】16	米/千克					999	合成纤维制宽≤30cm针织或钩编织物（按重量计含弹性纱线或橡胶线≥5%）
600290	40		人造纤维制宽≤30cm针织或钩编织物	Knitted or crocheted fabrics of artificial fibres, with a width not exceeding 30cm, containing 5% or more by weight of elastomeric yarn or rubber thread	【最】8【普】130 【协亚太】4【协东盟】0【协巴基斯坦】0 【协智利】0【协新西兰】0【协新加坡】0 【协秘鲁】0【协哥斯达黎加】0【协冰岛】0 【协瑞士】0【协澳大利亚】0【协韩国】0 【协格鲁吉亚】0【协香港】0【协澳门】0 【特-1】0【特-2】0【特-3】0 【增】16【对美加征】5【出】0【退】16	米/千克					999	人造纤维制宽≤30cm针织或钩编织物（按重量计含弹性纱线或橡胶线≥5%）
600290	90		其他纺材宽≤30cm针织或钩编织物	Knitted or crocheted fabrics of other textile materials, with a width not exceeding 30cm, containing 5% or more by weight of elastomeric yarn or rubber thread	【最】8【普】130 【协亚太】5.2【协东盟】0【协巴基斯坦】0 【协智利】0【协新西兰】0【协新加坡】0 【协秘鲁】0【协哥斯达黎加】0【协冰岛】0 【协瑞士】0【协澳大利亚】0【协韩国】0 【协格鲁吉亚】0【协香港】0【协澳门】0 【特-1】0【特-2】0【特-3】0 【增】16【对美加征】10【出】0【退】16	米/千克					999	其他纺材宽≤30cm针织或钩编织物（按重量计含弹性纱线或橡胶线≥5%）
600310	00		毛制宽≤30cm针织或钩编织物	Knitted or crocheted fabrics of wool or fine animal hair, with a width not exceeding 30cm, containing less than 5% by weight of elastomeric yarn or rubber thread	【最】8【普】130 【协东盟】0【协巴基斯坦】0【协智利】0 【协新西兰】0【协新加坡】0【协秘鲁】0 【协哥斯达黎加】0【协冰岛】0【协瑞士】0 【协澳大利亚】0【协韩国】0【协格鲁吉亚】0 【协香港】0【协澳门】0 【特-1】0【特-2】0【特-3】0 【增】16【出】0【退】16	米/千克					999	毛制宽≤30cm针织或钩编织物（按重量计弹性纱线或橡胶线含量<5%）
600320	00		棉制宽≤30cm针织或钩编织物	Of cotton	【最】8【普】70 【协东盟】0【协巴基斯坦】0【协智利】0 【协新西兰】0【协秘鲁】0【协哥斯达黎加】0 【协冰岛】0【协瑞士】0【协澳大利亚】0 【协韩国】0【协格鲁吉亚】0【协香港】0 【协澳门】0 【特-1】0【特-2】0【特-3】0 【增】16【对美加征】10【出】0【退】16	米/千克					999	棉制宽≤30cm针织或钩编织物（按重量计弹性纱线或橡胶线含量<5%）

税则号列			货品名称中英文		税费综合信息	计量单位	监管证件代码		检验检疫类别		检验检疫编码	检验检疫编码对应中文名称
HS 国际统一前6位	本国子目 7~8位	本国子目 9~10位	中文 货物名称	英文 Article Description			进口	出口	进口	出口		
600330	00		合纤制宽小于等于 30 厘米针织或钩编织物	Of synthetic fibres	【最】8【普】130 【协亚太】5.2【协东盟】0【协巴基斯坦】0 【协智利】0【协新西兰】0【协新加坡】0 【协秘鲁】0【协哥斯达黎加】0【协冰岛】0 【协瑞士】0【协澳大利亚】0【协韩国】0 【协格鲁吉亚】0【协香港】0【协澳门】0 【特-1】0【特-2】0【特-3】0 【增】16【对美加征】10【出】0【退】16	米/千克					999	合纤制宽小于等于 30 厘米针织或钩编织物(按重量计弹性纱线或橡胶线含量<5%)
600340	00		人纤制宽小于等于 30 厘米针织或钩编织物	Of artificial fibres	【最】8【普】130 【协亚太】5.2【协东盟】0【协巴基斯坦】0 【协智利】0【协新西兰】0【协新加坡】0 【协秘鲁】0【协哥斯达黎加】0【协冰岛】0 【协瑞士】0【协澳大利亚】0【协韩国】0 【协格鲁吉亚】0【协香港】0【协澳门】0 【特-1】0【特-2】0【特-3】0 【增】16【出】0【退】16	米/千克					999	人纤制宽小于等于 30 厘米针织或钩编织物(按重量计弹性纱线或橡胶线含量<5%)
600390	00		其他纺材宽≤30cm 针织或钩编织物	Knitted or crocheted fabrics of other textile materials, of a width not exceeding 30cm, containing less than 5% by weight of elastomeric yarn or rubber thread	【最】8【普】130 【协东盟】0【协巴基斯坦】0【协智利】0 【协新西兰】0【协新加坡】0【协秘鲁】0 【协哥斯达黎加】0【协冰岛】0【协瑞士】0 【协澳大利亚】0【协韩国】0【协格鲁吉亚】0 【协香港】0【协澳门】0 【特-1】0【特-2】0【特-3】0 【增】16【对美加征】5【出】0【退】16	米/千克					999	其他纺材宽≤30cm 针织或钩编织物(按重量计弹性纱线或橡胶线含量<5%)
600410	10		棉制宽>30cm 弹性针织或钩编织物	Knitted or crocheted fabrics of cotton, of a width exceeding 30cm, containing 5% or more by weight of elastomeric yarn but not containing rubber thread	【最】8【普】70 【协亚太】5.2【协东盟】0【协香港】0 【协巴基斯坦】0【协智利】0【协新西兰】0 【协新加坡】0【协秘鲁】0【协哥斯达黎加】0 【协冰岛】0【协瑞士】0【协澳大利亚】0 【协韩国】0【协格鲁吉亚】0 【特东老挝】0【特东柬埔寨】0【特东缅甸】0 【特-1】0【特-2】0【特-3】0 【增】16【对美加征】10【出】0【退】16	米/千克					999	棉制宽>30cm 弹性针织或钩编织物(按重量计弹性纱线含量在 5%及以上且不含橡胶线)
600410	20		丝及绢丝宽>30cm 针织或钩编织物	Knitted or crocheted fabrics of silk or spun silk, with a width not exceeding 30cm, containing 5% or more by weight of elastomeric yarn but not containing rubber thread	【最】8【普】130 【协亚太】5.2【协东盟】0【协巴基斯坦】0 【协智利】0【协新西兰】0【协新加坡】0 【协秘鲁】0【协哥斯达黎加】0【协冰岛】0 【协瑞士】0【协澳大利亚】0【协韩国】0 【协格鲁吉亚】0【协香港】0【协澳门】0 【特-1】0【特-2】0【特-3】0 【增】16【出】0【退】16	米/千克					999	丝及绢丝宽>30cm 针织或钩编织物(按重量计弹性纱线含量在 5%及以上且不含橡胶线)
600410	30		合成纤维制宽>30cm 针织或钩编织物	Knitted or crocheted fabrics of synthetic fibres, of a width exceeding 30cm, containing 5% or more by weight of elastomeric yarn but not containing rubber thread	【最】8【普】130 【协东盟】0【协香港】0【协澳门】0 【协巴基斯坦】0【协智利】0【协新西兰】0 【协新加坡】0【协秘鲁】0【协台湾】0 【协哥斯达黎加】0【协冰岛】0【协瑞士】0 【协澳大利亚】0【协韩国】7.5【协格鲁吉亚】0 【特-1】0【特-2】0【特-3】0 【增】16【对美加征】10【出】0【退】16	米/千克					999	合成纤维制宽>30cm 针织或钩编织物(按重量计弹性纱线含量在 5%及以上且不含橡胶线)
600410	40		人造纤维制宽>30cm 针织或钩编织物	Knitted or crocheted fabrics of artificial fibres, of a width exceeding 30cm, containing 5% or more by weight of elastomeric yarn but not containing rubber thread	【最】8【普】130 【协东盟】0【协香港】0【协澳门】0 【协巴基斯坦】0【协智利】0【协新西兰】0 【协新加坡】0【协秘鲁】0【协哥斯达黎加】0 【协冰岛】0【协瑞士】0【协澳大利亚】0 【协韩国】6.6【协格鲁吉亚】0 【特-1】0【特-2】0【特-3】0 【增】16【对美加征】10【出】0【退】16	米/千克					999	人造纤维制宽>30cm 针织或钩编织物(按重量计弹性纱线含量在 5%及以上且不含橡胶线)
600410	90		其他纺材宽>30cm 针织或钩编织物	Knitted or crocheted fabrics of other textile materials, of a width exceeding 30cm, containing 5% or more by weight of elastomeric yarn but not containing rubber thread	【最】8【普】130 【协亚太】5.2【协东盟】0【协香港】0 【协澳门】0【协巴基斯坦】0【协智利】0 【协新西兰】0【协新加坡】0【协秘鲁】0 【协台湾】0【协哥斯达黎加】0【协冰岛】0 【协瑞士】0【协澳大利亚】0【协韩国】0 【协格鲁吉亚】0 【特-1】0【特-2】0【特-3】0 【增】16【对美加征】10【出】0【退】16	米/千克					999	其他纺材宽>30cm 针织或钩编织物(按重量计弹性纱线含量在 5%及以上且不含橡胶线)

税则号列			货品名称中英文		税费综合信息	计量单位	监管证件代码		检验检疫类别		检验检疫编码	检验检疫编码对应中文名称
HS国际统一前6位	本国子目 7~8位	本国子目 9~10位	中文 货物名称	英文 Article Description			进口	出口	进口	出口		
600490	10		棉制宽>30cm弹性针织或钩编织物	Knitted or crocheted fabrics of cotton, a width exceeding 30cm, containing 5% or more by weight of elastomeric yarn or rubber thread	【最】8【普】70 【协亚太】5.2【协东盟】0【协香港】0 【协巴基斯坦】0【协智利】0【协新西兰】0 【协秘鲁】0【协哥斯达黎加】0【协冰岛】0 【协瑞士】0【协澳大利亚】0【协韩国】0 【协格鲁吉亚】0 【特-1】0【特-2】0【特-3】0 【增】16【对美加征】10【出】0【退】16	米/千克					999	棉制宽>30cm弹性针织或钩编织物（按重量计含弹性纱线或橡胶线≥5%）
600490	20		丝及绢丝宽>30cm针织或钩编织物	Knitted or crocheted fabrics of silk or spun silk, a width exceeding 30cm, containing 5% or more by weight of elastomeric yarn or rubber thread	【最】8【普】130 【协亚太】5.2【协东盟】0【协巴基斯坦】0 【协智利】0【协新西兰】0【协新加坡】0 【协秘鲁】0【协哥斯达黎加】0【协冰岛】0 【协瑞士】0【协澳大利亚】0【协韩国】0 【协格鲁吉亚】0【协香港】0【协澳门】0 【特-1】0【特-2】0【特-3】0 【增】16【出】0【退】16	米/千克					999	丝及绢丝宽>30cm针织或钩编织物（按重量计含弹性纱线或橡胶线≥5%）
600490	30		合成纤维制宽>30cm针织或钩编织物	Knitted or crocheted fabrics of synthetic fibres, a width exceeding 30cm, containing 5% or more by weight of elastomeric yarn or rubber thread	【最】8【普】130 【协东盟】0【协香港】0【协澳门】0 【协巴基斯坦】0【协智利】0【协新西兰】0 【协新加坡】0【协秘鲁】0【协台湾】0 【协哥斯达黎加】0【协冰岛】0【协瑞士】0 【协澳大利亚】0【协韩国】7.5【协格鲁吉亚】0 【特-1】0【特-2】0【特-3】0 【增】16【对美加征】10【出】0【退】16	米/千克					999	合成纤维制宽>30cm针织或钩编织物（按重量计含弹性纱线或橡胶线≥5%）
600490	40		人造纤维制宽>30cm针织或钩编织物	Knitted or crocheted fabrics of artificial fibres, a width exceeding 30cm, containing 5% or more by weight of elastomeric yarn or rubber thread	【最】8【普】130 【协东盟】0【协香港】0【协澳门】0 【协巴基斯坦】0【协智利】0【协新西兰】0 【协新加坡】0【协秘鲁】0【协哥斯达黎加】0 【协冰岛】0【协瑞士】0【协澳大利亚】0 【协韩国】0【协格鲁吉亚】0 【特-1】0【特-2】0【特-3】0 【增】16【对美加征】10【出】0【退】16	米/千克					999	人造纤维制宽>30cm针织或钩编织物（按重量计含弹性纱线或橡胶线≥5%）
600490	90		其他纺材宽>30cm针织或钩编织物	Knitted or crocheted fabrics of other textile materials, a width exceeding 30cm, containing 5% or more by weight of elastomeric yarn or rubber thread	【最】8【普】130 【协亚太】5.2【协东盟】0【协香港】0 【协澳门】0【协巴基斯坦】0【协智利】0 【协新西兰】0【协新加坡】0【协秘鲁】0 【协台湾】0【协哥斯达黎加】0【协冰岛】0 【协瑞士】0【协澳大利亚】0【协韩国】0 【协格鲁吉亚】0 【特-1】0【特-2】0【特-3】0 【增】16【对美加征】10【出】0【退】16	米/千克					999	其他纺材宽>30cm针织或钩编织物（按重量计含弹性纱线或橡胶线≥5%）
600521	00		漂白或未漂白棉制经编织物	Warp knit fabrics of cotton (including those made on galloon knitting machines), unbleached or bleached	【最】8【普】70 【协东盟】0【协香港】0【协巴基斯坦】0 【协智利】0【协新西兰】0【协秘鲁】0 【协哥斯达黎加】0【协冰岛】0【协瑞士】0 【协澳大利亚】0【协韩国】0【协格鲁吉亚】0 【特-1】0【特-2】0【特-3】0 【增】16【出】0【退】16	米/千克					999	漂白或未漂白棉制经编织物（包括由花边针织机织成的经编织物）
600522	00		染色棉制经编织物	Warp knit fabrics of cotton (including those made on galloon knitting machines), dyed	【最】8【普】70 【协东盟】0【协香港】0【协巴基斯坦】0 【协智利】0【协新西兰】0【协秘鲁】0 【协哥斯达黎加】0【协冰岛】0【协瑞士】0 【协澳大利亚】0【协韩国】0【协格鲁吉亚】0 【特-1】0【特-2】0【特-3】0 【增】16【出】0【退】16	米/千克					999	染色棉制经编织物（包括由花边针织机织成的经编织物）
600523	00		色织棉制经编织物	Warp knit fabrics of cotton (including those made on galloon knitting machines), of yarns of different colours	【最】8【普】70 【协东盟】0【协香港】0【协巴基斯坦】0 【协智利】0【协新西兰】0【协秘鲁】0 【协哥斯达黎加】0【协冰岛】0【协瑞士】0 【协澳大利亚】0【协韩国】0【协格鲁吉亚】0 【特-1】0【特-2】0【特-3】0 【增】16【出】0【退】16	米/千克					999	色织棉制经编织物（包括由花边针织机织成的经编织物）
600524	00		印花棉制经编织物	Warp knit fabrics of cotton (including those made on galloon knitting machines), Printed	【最】8【普】70 【协东盟】0【协香港】0【协巴基斯坦】0 【协智利】0【协新西兰】0【协秘鲁】0 【协哥斯达黎加】0【协冰岛】0【协瑞士】0 【协澳大利亚】0【协韩国】0【协格鲁吉亚】0 【特-1】0【特-2】0【特-3】0 【增】16【出】0【退】16	米/千克					999	印花棉制经编织物（包括由花边针织机织成的经编织物）

税则号列			货品名称中英文		税费综合信息	计量单位	监管证件代码		检验检疫类别		检验检疫编码	检验检疫编码对应中文名称
HS国际统一前6位	本国子目 7~8位	本国子目 9~10位	中文 货物名称	英文 Article Description			进口	出口	进口	出口		
600535	00		本章子目注释一所列织物	Fabrics specified in Subheading Note 1 to this Chapter	【最】8【普】130 【协亚太】5.2【协东盟】0【协巴基斯坦】0 【协智利】0【协新西兰】0【协新加坡】0 【协秘鲁】0【协台湾】0【协哥斯达黎加】0 【协冰岛】0【协瑞士】0【协澳大利亚】0 【协韩国】0【协格鲁吉亚】0【协香港】0 【协澳门】0 【特-1】0【特-2】0【特-3】0 【增】16【对美加征】10【出】0【退】16	米/千克					999	本章子目注释一所列织物（包括由花边针织机织成的经编织物）
600536	00		其他漂白或未漂白合成纤维制经编织物	Other, unbleached or bleached	【最】8【普】130 【协亚太】5.2【协东盟】0【协巴基斯坦】0 【协智利】0【协新西兰】0【协新加坡】0 【协秘鲁】0【协台湾】0【协哥斯达黎加】0 【协冰岛】0【协瑞士】0【协澳大利亚】0 【协韩国】0【协格鲁吉亚】0【协香港】0 【协澳门】0 【特-1】0【特-2】0【特-3】0 【增】16【对美加征】10【出】0【退】16	米/千克					999	其他漂白或未漂白合成纤维制经编织物（包括由花边针织机织成的经编织物）
600537	00		其他染色合成纤维制经编织物	Other, dyed	【最】8【普】130 【协亚太】5.2【协东盟】0【协巴基斯坦】0 【协智利】0【协新西兰】0【协新加坡】0 【协秘鲁】0【协台湾】0【协哥斯达黎加】0 【协冰岛】0【协瑞士】0【协澳大利亚】0 【协韩国】7.5【协格鲁吉亚】0【协香港】0 【协澳门】0 【特东老挝】0【特东柬埔寨】0【特东缅甸】0 【特-1】0【特-2】0【特-3】0 【增】16【对美加征】10【出】0【退】16	米/千克					999	其他染色合成纤维制经编织物（包括由花边针织机织成的经编织物）
600538	00		其他色织合成纤维制经编织物	Other, of yarns of different colours	【最】8【普】130 【协亚太】5.2【协东盟】0【协巴基斯坦】0 【协智利】0【协新西兰】0【协新加坡】0 【协秘鲁】0【协哥斯达黎加】0【协冰岛】0 【协瑞士】0【协澳大利亚】0【协韩国】0 【协格鲁吉亚】0【协香港】0【协澳门】0 【特-1】0【特-2】0【特-3】0 【增】16【对美加征】10【出】0【退】16	米/千克					999	其他色织合成纤维制经编织物（包括由花边针织机织成的经编织物）
600539	00		其他印花合成纤维制经编织物	Other, printed	【最】8【普】130 【协亚太】5.2【协东盟】0【协巴基斯坦】0 【协智利】0【协新西兰】0【协新加坡】0 【协秘鲁】0【协哥斯达黎加】0【协冰岛】0 【协瑞士】0【协澳大利亚】0【协韩国】0 【协格鲁吉亚】0【协香港】0【协澳门】0 【特-1】0【特-2】0【特-3】0 【增】16【出】0【退】16	米/千克					999	其他印花合成纤维制经编织物（包括由花边针织机织成的经编织物）
600541	00		漂白或未漂白人造纤维制经编织物	Unbleached or bleached	【最】8【普】130 【协亚太】5.2【协东盟】0【协巴基斯坦】0 【协智利】0【协新西兰】0【协新加坡】0 【协秘鲁】0【协哥斯达黎加】0【协冰岛】0 【协瑞士】0【协澳大利亚】0【协韩国】0 【协格鲁吉亚】0【协香港】0【协澳门】0 【特-1】0【特-2】0【特-3】0 【增】16【出】0【退】16	米/千克					999	漂白或未漂白人造纤维制经编织物（包括由花边针织机织成的经编织物）
600542	00		染色人造纤维制经编织物	Warp knit fabrics of dyed artificial staple fibric (including those made on galloon knitting machines)	【最】8【普】130 【协亚太】5.2【协东盟】0【协巴基斯坦】0 【协智利】0【协新西兰】0【协新加坡】0 【协秘鲁】0【协哥斯达黎加】0【协冰岛】0 【协瑞士】0【协澳大利亚】0【协韩国】0 【协格鲁吉亚】0【协香港】0【协澳门】0 【特-1】0【特-2】0【特-3】0 【增】16【对美加征】10【出】0【退】16	米/千克					999	染色人造纤维制经编织物（包括由花边针织机织成的经编织物）
600543	00		色织人造纤维制经编织物	Of yarns of different colours	【最】8【普】130 【协亚太】5.2【协东盟】0【协巴基斯坦】0 【协智利】0【协新西兰】0【协新加坡】0 【协秘鲁】0【协哥斯达黎加】0【协冰岛】0 【协瑞士】0【协澳大利亚】0【协韩国】0 【协格鲁吉亚】0【协香港】0【协澳门】0 【特-1】0【特-2】0【特-3】0 【增】16【对美加征】10【出】0【退】16	米/千克					999	色织人造纤维制经编织物（包括由花边针织机织成的经编织物）

税则号列			货品名称中英文		税费综合信息	计量单位	监管证件代码		检验检疫类别		检验检疫编码	检验检疫编码对应中文名称
HS国际统一前6位	本国子目 7~8位	本国子目 9~10位	中文 货物名称	英文 Article Description			进口	出口	进口	出口		
600544	00		印花人造纤维制经编织物	Warp knit fabrics of printed artificial staple fibric (including those made on galloon knitting machines)	【最】8【普】130 【协亚太】5.2【协东盟】0【协巴基斯坦】0 【协智利】0【协新西兰】0【协新加坡】0 【协秘鲁】0【协哥斯达黎加】0【协冰岛】0 【协瑞士】0【协澳大利亚】0【协韩国】0 【协格鲁吉亚】0【协香港】0【协澳门】0 【特-1】0【特-2】0【特-3】0 【增】16【出】0【退】16	米/千克					999	印花人造纤维制经编织物（包括由花边针织机织成的经编织物）
600590	10		羊毛或动物细毛制经编织物	Warp knit fabrics of wool or fine animal hair, (including those made on galloon knitting machines)	【最】8【普】130 【协东盟】0【协巴基斯坦】0【协智利】0 【协新西兰】0【协新加坡】0【协秘鲁】0 【协哥斯达黎加】0【协冰岛】0【协瑞士】4.8 【协澳大利亚】0【协韩国】0 【协格鲁吉亚】0【协香港】0【协澳门】0 【特-1】0【特-2】0 【增】16【出】0【退】16	米/千克					999	羊毛或动物细毛制经编织物（包括由花边针织机织成的经编织物）
600590	90		其他纺织材料制经编织物	Warp knit fabrics of other textile materials, (including those made on galloon knitting machines)	【最】8【普】130 【协东盟】0【协巴基斯坦】0【协智利】0 【协新西兰】0【协新加坡】0【协秘鲁】0 【协哥斯达黎加】0【协冰岛】0【协瑞士】4.8 【协澳大利亚】0【协韩国】0 【协格鲁吉亚】0【协香港】0【协澳门】0 【特-1】0【特 2】0 【增】16【对美加征】10【出】0【退】16	米/千克					999	其他纺织材料制经编织物（包括由花边针织机织成的经编织物）
600610	00		毛制其他针织或钩编织物	Other knitted or crocheted fabrics of wool or fine animal hair	【最】8【普】130 【协东盟】0【协巴基斯坦】0【协智利】0 【协新西兰】0【协新加坡】0【协秘鲁】0 【协哥斯达黎加】0【协冰岛】0【协瑞士】4.8 【协澳大利亚】0【协韩国】0 【协格鲁吉亚】0【协香港】0【协澳门】0 【特-1】0【特-2】0 【增】16【对美加征】10【出】0【退】16	米/千克					999	毛制其他针织或钩编织物（羊毛或动物细毛制）
600621	00		棉制其他漂或未漂针织或钩编织物	Other knitted or crocheted fabrics of cotton, unbleached or bleached	【最】8【普】70 【协亚太】5.2【协东盟】0【协香港】0 【协澳门】0【协巴基斯坦】0【协智利】0 【协新西兰】0【协秘鲁】0【协哥斯达黎加】0 【协冰岛】0【协瑞士】0【协澳大利亚】0 【协韩国】6.6【协格鲁吉亚】0 【特-1】0【特-2】0【特-3】0 【增】16【对美加征】10【出】0【退】16	米/千克					999	棉制其他漂或未漂针织或钩编织物（漂白或未漂白）
600622	00		棉制其他染色针织或钩编织物	Other knitted or crocheted fabrics of cotton, dyed	【最】8【普】70 【协亚太】5.2【协东盟】0【协香港】0 【协澳门】0【协巴基斯坦】0【协智利】0 【协新西兰】0【协新加坡】0【协秘鲁】0 【协哥斯达黎加】0【协冰岛】0【协瑞士】0 【协澳大利亚】0【协韩国】0【协格鲁吉亚】0 【特东老挝】0【特东柬埔寨】0【特东缅甸】0 【特-1】0【特-2】0【特-3】0 【增】16【对美加征】10【出】0【退】16	米/千克					999	棉制其他染色针织或钩编织物
600623	00		棉制其他色织针织或钩编织物	Other knitted or crocheted fabrics of cotton, of yarns of different colours	【最】8【普】70 【协亚太】5.2【协东盟】0【协香港】0 【协澳门】0【协巴基斯坦】0【协智利】0 【协新西兰】0【协新加坡】0【协秘鲁】0 【协哥斯达黎加】0【协冰岛】0【协瑞士】0 【协澳大利亚】0【协韩国】0【协格鲁吉亚】0 【特东老挝】0【特东柬埔寨】0【特东缅甸】0 【特-1】0【特-2】0【特-3】0 【增】16【对美加征】10【出】0【退】16	米/千克					999	棉制其他色织针织或钩编织物
600624	00		棉制其他印花针织或钩编织物	Other knitted or crocheted fabrics of cotton, printed	【最】8【普】70 【协亚太】5.2【协东盟】0【协香港】0 【协澳门】0【协巴基斯坦】0【协智利】0 【协新西兰】0【协秘鲁】0【协台湾】0 【协哥斯达黎加】0【协冰岛】0【协瑞士】0 【协澳大利亚】0【协韩国】0【协格鲁吉亚】0 【特-1】0【特-2】0【特-3】0 【增】16【对美加征】10【出】0【退】16	米/千克					999	棉制其他印花针织或钩编织物

税则号列			货品名称中英文		税费综合信息	计量单位	监管证件代码		检验检疫类别		检验检疫编码	检验检疫编码对应中文名称
HS 国际统一前6位	本国子目 7~8位	本国子目 9~10位	中文 货物名称	英文 Article Description			进口	出口	进口	出口		
600631	00		合成纤维制其他针织或钩编织物	Other knitted or crocheted fabrics of synthetic fibres, unbleached or bleached	【最】8【普】130 【协亚太】5.2【协东盟】0【协香港】0 【协澳门】0【协巴基斯坦】0【协智利】0 【协新西兰】0【协新加坡】0【协秘鲁】0 【协台湾】0【协哥斯达黎加】0 【协冰岛】0【协瑞士】0【协澳大利亚】0 【协韩国】0【协格鲁吉亚】0 【特-1】0【特-2】0【特-3】0 【增】16【对美加征】10【出】0【退】16	米/千克					999	合成纤维制其他针织或钩编织物（漂白或未漂白）
600632	00		合成纤维其他染色针织或钩编织物	Other knitted or crocheted fabrics of synthetic fibres, dyed	【最】8【普】130 【协亚太】5.2【协东盟】0【协香港】0 【协澳门】0【协巴基斯坦】0【协智利】0 【协新西兰】0【协新加坡】0【协秘鲁】0 【协台湾】0【协哥斯达黎加】0【协冰岛】0 【协瑞士】0【协澳大利亚】0【协韩国】7.5 【协格鲁吉亚】0 【特-1】0【特-2】0【特-3】0 【增】16【对美加征】10【出】0【退】16	米/千克					999	合成纤维其他染色针织或钩编织物（染色）
600633	00		合成纤维其他色织针织或钩编织物	Other knitted or crocheted fabrics of synthetic fibres, of yarns of different colours	【最】8【普】130 【协亚太】5.2【协东盟】0【协香港】0 【协澳门】0【协巴基斯坦】0【协智利】0 【协新西兰】0【协新加坡】0【协秘鲁】0 【协台湾】0【协哥斯达黎加】0【协冰岛】0 【协瑞士】0【协澳大利亚】0【协韩国】7.5 【协格鲁吉亚】0 【特-1】0【特-2】0【特-3】0 【增】16【对美加征】10【出】0【退】16	米/千克					999	合成纤维其他色织针织或钩编织物（色织）
600634	00		合成纤维制其他针织或钩编织物	Other knitted or crocheted fabrics of synthetic fibres, printed	【最】8【普】130 【协亚太】5.2【协东盟】0【协香港】0 【协澳门】0【协巴基斯坦】0【协智利】0 【协新西兰】0【协新加坡】0【协秘鲁】0 【协台湾】0【协哥斯达黎加】0【协冰岛】0 【协瑞士】0【协澳大利亚】0【协韩国】7.5 【协格鲁吉亚】0 【特-1】0【特-2】0【特-3】0 【增】16【对美加征】10【出】0【退】16	米/千克					999	合成纤维制其他针织或钩编织物（印花）
600641	00		人造纤维制其他针织或钩编织物	Other knitted or crocheted fabrics of artificial fibres, unbleached or bleached	【最】8【普】130 【协亚太】5.2【协东盟】0【协香港】0 【协澳门】0【协巴基斯坦】0【协智利】0 【协新西兰】0【协新加坡】0【协秘鲁】0 【协哥斯达黎加】0【协冰岛】0【协瑞士】0 【协澳大利亚】0【协韩国】0【协格鲁吉亚】0 【特-1】0【特-2】0【特-3】0 【增】16【出】0【退】16	米/千克					999	人造纤维制其他针织或钩编织物（漂白或未漂白）
600642	00		人造纤维制其他针织或钩编织物	Other knitted or crocheted fabrics of artificial fibres, dyed	【最】8【普】130 【协亚太】5.2【协东盟】0【协香港】0 【协澳门】0【协巴基斯坦】0【协智利】0 【协新西兰】0【协新加坡】0【协秘鲁】0 【协台湾】0【协哥斯达黎加】0【协冰岛】0 【协瑞士】0【协澳大利亚】0【协韩国】6.6 【协格鲁吉亚】0 【特-1】0【特-2】0【特-3】0 【增】16【对美加征】10【出】0【退】16	米/千克					999	人造纤维制其他针织或钩编织物（染色）
600643	00		人造纤维制其他针织或钩编织物	Other knitted or crocheted fabrics of artificial fibres, of yarns of different colours	【最】8【普】130 【协亚太】5.2【协东盟】0【协香港】0 【协澳门】0【协巴基斯坦】0【协智利】0 【协新西兰】0【协新加坡】0【协秘鲁】0 【协哥斯达黎加】0【协冰岛】0【协瑞士】0 【协澳大利亚】0【协韩国】0【协格鲁吉亚】0 【特-1】0【特-2】0【特-3】0 【增】16【对美加征】10【出】0【退】16	米/千克					999	人造纤维制其他针织或钩编织物（色织）

税则号列 HS国际统一前6位	本国子目 7~8位	本国子目 9~10位	货品名称 中文 货物名称	货品名称 英文 Article Description	税费综合信息	计量单位	监管证件代码 进口	监管证件代码 出口	检验检疫类别 进口	检验检疫类别 出口	检验检疫编码	检验检疫编码对应中文名称
600644	00		人造纤维制其他针织或钩编织物	Other knitted or crocheted fabrics of artificial fibres, printed	【最】8【普】130 【协亚太】5.2【协东盟】0【协香港】0 【协澳门】0【协巴基斯坦】0【协智利】0 【协新西兰】0【协新加坡】0【协秘鲁】0 【协哥斯达黎加】0【协冰岛】0【协瑞士】0 【协澳大利亚】0【协韩国】0【协格鲁吉亚】0 【特-1】0【特-2】0【特-3】0 【增】16【出】0【退】16	米/千克					999	人造纤维制其他针织或钩编织物（印花）
600690	00		其他纺材制其他针织或钩编织物	Warp knit fabrics of other textile fabrics	【最】8【普】130 【协亚太】5.2【协东盟】0【协巴基斯坦】0 【协智利】0【协新西兰】0【协新加坡】0 【协秘鲁】0【协哥斯达黎加】0【协冰岛】0 【协瑞士】4.8【协澳大利亚】0【协韩国】0 【协格鲁吉亚】0【协香港】0【协澳门】0 【特-1】0【特-2】0 【增】16【对美加征】10【出】0【退】16	米/千克					999	其他纺材制其他针织或钩编织物

第六十一章
针织或钩编的服装及衣着附件

注释：

一、本章仅适用于制成的针织品或钩编织品。

二、本章不包括：

（一）税目 62.12 的货品；

（二）税目 63.09 的旧衣着或其他旧物品；或

（三）矫形器具、外科手术带、疝气带及类似品（税目 90.21）。

三、税目 61.03 及 61.04 所称：

（一）“西服套装”，是指面料用相同的织物制成的两件套或三件套的下列成套服装：

一件人体上半身穿着的外套或短上衣，除袖子外，其面料应由四片或四片以上组成；也可附带一件马甲（西服背心），这件马甲（西服背心）的前片面料应与套装其他各件的面料相同，后片面料则应与外套或短上衣的衬里料相同；以及

一件人体下半身穿着的服装，即不带背带或护胸的长裤、马裤、短裤（游泳裤除外）、裙子或裙裤。

西服套装各件面料质地、颜色及构成必须相同，其款式也必须相同，尺寸大小还须相互般配，但可以用不同织物滚边（在缝口上缝入长条织物）。

如果数件人体下半身穿着的服装同时报验（例如，两条长裤、长裤与短裤、裙子或裙裤与长裤），构成西服套装下装的应是一条长裤，而对于女式西服套装，应是裙子或裙裤，其他服装应分别归类。

所称“西服套装”，包括不论是否完全符合上述条件的下列配套服装：

1. 常礼服，由一件后襟下垂并下端开圆弧形叉的素色短上衣和一条条纹长裤组成；

2. 晚礼服（燕尾服），一般用黑色织物制成，上衣前襟较短且不闭合，背后有燕尾；

3. 无燕尾套装夜礼服，其中上衣款式与普通上衣相似（可以更为显露衬衣前胸），但有光滑丝质或仿丝质的翻领。

（二）“便服套装”，是指面料相同并作零售包装的下列成套服装（西服套装及税目 61.07、

Chapter 61
Articles of apparel and clothing accessories, knitted or crocheted

Chapter Notes:

1. This Chapter applies only to made up knitted or crocheted articles.

2. This Chapter does not cover:

(a) Goods of heading 62.12;

(b) Worn clothing or other worn articles of heading 63.09; or

(c) Orthopaedic appliances, surgical belts, trusses or the like (heading 90.21).

3. For the purposes of headings 61.03 and 61.04:

(a) The term “suit” means a set of garments composed of two or three pieces made up, in respect of their outer surface, in identical fabric and comprising:

One suit coat or jacket the outer shell of which, exclusive of sleeves, consists of four or more panels, designed to cover the upper part of the body, possibly with a tailored waistcoat in addition whose front is made from the same fabric as the outer surface of the other components of the set and whose back is made from the same fabric as the lining of the suit coat or jacket; and

One garment designed to cover the lower part of the body and consisting of trousers, breeches or shorts (other than swimwear), a skirt or a divided skirt, having neither braces nor bibs.

All of the components of a “suit” must be of the same fabric construction, colour and composition; they must also be of the same style and of corresponding or compatible size. However, these components may have piping (a strip of fabric sewn into the seam) in a different fabric.

If several separate components to cover the lower part of the body are presented together (for example, two pairs of trousers or trousers and shorts, or a skirt or divided skirt and trousers), the constituent lower part shall be one pair of trousers or, in the case of women's or girls' suits, the skirt or divided skirt, the other garments being considered separately.

The term “suit” includes the following sets of garments, whether or not they fulfil all the above conditions:

(i) Morning dress, comprising a plain jacket (cutaway) with rounded tails hanging well down at the back and striped trousers;

(ii) Evening dress (tailcoat), generally made of black fabric, the jacket of which is relatively short at the front, does not close and has narrow skirts cut in at the hips and hanging down behind;

(iii) Dinner jacket suits, in which the jacket is similar in style to an ordinary jacket (though perhaps revealing more of the shirt front), but has shiny silk or imitation silk lapels.

(b) The term “ensemble” means a set of garments (other than suits and articles of heading 61.07, 61.08 or

61.08或61.09的物品除外)：

一件人体上半身穿着的服装，但套头衫及背心除外，因为套头衫可在两件套服装中作为内衣，背心也可作为内衣；以及

一件或两件不同的人体下半身穿着的服装，即长裤、护胸背带工装裤、马裤、短裤（游泳裤除外）、裙子或裙裤。

使服套装各件面料质地、款式、颜色及构成必须相同；尺寸大小也须相互般配。所称“便服套装”，不包括税目61.12的运动服及滑雪服。

61.09), composed of several pieces made up in identical fabric, put up for retail sale, and comprising:

One garment designed to cover the upper part of the body, with the exception of pullovers which may form a second upper garment in the sole context of twin sets, and of waistcoats which may also form a second upper garment; and

One or two different garments, designed to cover the lower part of the body and consisting of trousers, bib and brace overalls, breeches, shorts (other than swimwear), a skirt or a divided skirt.

All of the components of an ensemble must be of the same fabric construction, style, colour and composition; they also must be of corresponding or compatible size. The term "ensemble" does not apply to track suits or ski suits, of heading 61.12.

四、税目61.05及61.06不包括在腰围以下有口袋的服装、带有罗纹腰带及以其他方式收紧下摆的服装或其织物至少在10厘米×10厘米的面积内沿各方向的直线长度上平均每厘米少于10针的服装。税目61.05不包括无袖服装。

4. Headings 61.05 and 61.06 do not cover garments with pockets below the waist, with a ribbed waistband or other means of tightening at the bottom of the garment, or garments having an average of less than 10 stitches per linear centimetre in each direction counted on an area measuring at least 10cm×10cm. Heading 61.05 does not cover sleeveless garments.

五、税目61.09不包括带有束带、罗纹腰带或其他方式收紧下摆的服装。

5. Heading 61.09 does not cover garments with a drawstring, ribbed waistband or other means of tightening at the bottom of the garment.

六、对于税目61.11：

（一）所称“婴儿服装及衣着附件”，是指用于身高不超过86厘米幼儿的服装；

（二）既可归入税目61.11，也可归入本章其他税号的物品，应归入税目61.11。

6. For the purposes of heading 61.11:

(a) The expression "babies' garments and clothing accessories" means articles for young children of a body height not exceeding 86cm;

(b) Articles which are, prima facie, classifiable both in heading 61.11 and in other headings of this Chapter are to be classified in heading 61.11.

七、税目61.12所称“滑雪服”，是指从整个外观和织物质地来看，主要在滑雪（速度滑雪或高山滑雪）时穿着的下列服装或成套服装：

（一）“滑雪连身服”，即上下身连在一起的单件服装；除袖子和领子外，滑雪连身服可有口袋或脚带；或

（二）“滑雪套装”，即由两件或三件构成一套并作零售包装的下列服装：

一件用一条拉链扣合的带风帽的厚夹克、防风衣、防风短上衣或类似的服装，可以附带一件背心（滑雪背心）；以及

一条不论是否过腰的长裤、一条马裤或一条护胸背带工装裤。

“滑雪套装”也可由一件类似以上（一）款所述的连身服和一件可套在连身服外面的有胎料背心组成。

“滑雪套装”各件颜色可以不同，但面料质地、款式及构成必须相同；尺寸大小也须相互般配。

7. For the purposes of heading 61.12, "ski suits" means garments or sets of garments which, by their general appearance and texture, are identifiable as intended to be worn principally for skiing (cross-country or alpine). They consist either of:

(a) A "ski overall", that is, a one-piece garment designed to cover the upper and the lower parts of the body; in addition to sleeves and a collar the ski overall may have pockets or footstraps; or

(b) A "ski ensemble", that is, a set of garments composed of two or three pieces, put up for retail sale and comprising:

one garment such as an anorak, wind-cheater, wind-jacket or similar article, closed by a slide fastener (zipper), possibly with a waistcoat in addition; and

one pair of trousers whether or not extending above waist-level, one pair of breeches or one bib and brace overall.

The "ski ensemble" may also consist of an overall similar to the one mentioned in paragraph (a) above and a type of padded, sleeveless jacket worn over the overall.

All the components of a "ski ensemble" must be made up in a fabric of the same texture, style and composition whether or not of the same colour; they also must be of corresponding or compatible size.

八、既可归入税目 61.13，也可归入本章其他税号的服装，除税目 61.11 所列的仍归入该税号外，其余的应一律归入税目 61.13。

8. Garments which are, prima facie, classifiable both in heading 61.13 and in other headings of this Chapter, excluding heading 61.11, are to be classified in heading 61.13.

九、本章的服装，凡门襟为左压右的，应视为男式；右压左的，应视为女式。但本规定不适用于其式样已明显为男式或女式的服装。

无法区别是男式还是女式的服装，应按女式服装归入有关税号。

9. Garments of this Chapter designed for left over right closure at the front shall be regarded as men's or boys' garments, and those designed for right over left closure at the front as women's or girls' garments. These provisions do not apply where the cut of the garment clearly indicates that it is designed for one or other of the sexes.

Garments which cannot be identified as either men's or boys' garments or as women's or girls' garments are to be classified in the headings covering women's or girls' garments.

十、本章物品可用金属线制成。

10. Articles of this Chapter may be made of metal thread.

税则号列			货品名称中英文		税费综合信息	计量单位	监管证件代码		检验检疫类别		检验检疫编码	检验检疫编码对应中文名称
HS国际统一前6位	本国子目 7~8位	9~10位	中文 货物名称	英文 Article Description			进口	出口	进口	出口		
610120	00		棉制针织或钩编的男式大衣、短大衣、斗篷、短斗篷、带风帽的防寒短上衣(包括滑雪短上衣)、防风衣、防风短上衣及类似品【电商】	Men's or boys' overcoats, car - coats, capes, cloaks, anoraks (including ski-jackets), wind - cheaters, wind-jackets and similar knitted or cro-cheted articles, other than those of heading 61.03, of cotton	【最】8【普】90 【协亚太】5.2【协东盟】0【协香港】0 【协澳门】0【协巴基斯坦】14【协智利】0 【协新西兰】0【协新加坡】0【协秘鲁】0 【协哥斯达黎加】0【协冰岛】0【协瑞士】7 【协澳大利亚】0【协韩国】8.7 【协格鲁吉亚】0 【特-1】0【特-2】0【特-3】0 【增】16【对美加征】10【出】0【退】16	件/千克					999	棉制针织或钩编的男式大衣、短大衣、斗篷、短斗篷、带风帽的防寒短上衣（包括滑雪短上衣)、防风衣、防风短上衣及类似品
610130	00		化纤制针织或钩编的男式大衣、短大衣、斗篷、短斗篷、带风帽的防寒短上衣(包括滑雪短上衣)、防风衣、防风短上衣及类似品【电商】	Men's or boys' overcoats, car - coats, capes, cloaks, anoraks (including ski-jackets), wind - cheaters, wind-jackets and similar knitted or cro-cheted articles, other than those of heading 61.03, of man-made fibres	【最】8【普】130 【协亚太】5.2【协东盟】0【协香港】0 【协澳门】0【协巴基斯坦】8.8【协智利】0 【协新西兰】0【协新加坡】0【协秘鲁】0 【协哥斯达黎加】0【协冰岛】0【协瑞士】7 【协澳大利亚】0【协韩国】8.7 【协格鲁吉亚】0 【特-1】0【特-2】0【特-3】0 【增】16【对美加征】10【出】0【退】16	件/千克					999	化纤制针织或钩编的男式大衣、短大衣、斗篷、短斗篷、带风帽的防寒短上衣（包括滑雪短上衣)、防风衣、防风短上衣及类似品
610190	10	10	毛制针织或钩编非手工制男式防风衣	Men's or boys' non-handworked wind-cheaters, anoraks, wind-jackets and similar articles, of wool or fine animal hair, knitted or crocheted	【最】10【普】130 【协亚太】6.5【协东盟】0【协香港】0 【协澳门】0【协巴基斯坦】18【协智利】0 【协新西兰】0【协新加坡】0【协秘鲁】0 【协哥斯达黎加】0【协冰岛】0【协瑞士】10 【协澳大利亚】0【协韩国】18.7 【协格鲁吉亚】0 【特-1】0【特-2】0 【增】16【出】0【退】16	件/千克					999	毛制针织或钩编非手工制男式防风衣（包括防寒短上衣、防风短上衣及类似品）
610190	10	90	毛制针织或钩编其他男大衣、斗篷、防风衣等	Men's or boys' overcoats, capes, wind-cheaters, anoraks, wind-jackets, carcoats, cloak and similar articles, of wool or fine animal hair, knitted or crocheted	【最】10【普】130 【协亚太】6.5【协东盟】0【协香港】0 【协澳门】0【协巴基斯坦】18【协智利】0 【协新西兰】0【协新加坡】0【协秘鲁】0 【协哥斯达黎加】0【协冰岛】0【协瑞士】10 【协澳大利亚】0【协韩国】18.7 【协格鲁吉亚】0 【特-1】0【特-2】0 【增】16【出】0【退】16	件/千克					999	毛制针织或钩编其他男大衣、斗篷、防风衣等（包括防寒短上衣、防风短上衣、短大衣、短斗篷及类似品）

税则号列			货品名称中英文		税费综合信息	计量单位	监管证件代码		检验检疫类别		检验检疫编码	检验检疫编码对应中文名称
HS国际统一前6位	本国子目7~8位	本国子目9~10位	中文货物名称	英文 Article Description			进口	出口	进口	出口		
610190	90		其他纺织材料制男大衣、斗篷、防风衣等【电商】	Men's or boys' overcoats, capes, windcheaters, anoraks, wind-jackets, carcoats, cloak and similar articles, of other textile materials	【最】8【普】130 【协亚太】5.2【协东盟】0【协香港】0 【协澳门】0【协巴基斯坦】8.8【协智利】0 【协新西兰】0【协新加坡】0【协秘鲁】0 【协哥斯达黎加】0【协冰岛】0【协瑞士】7 【协澳大利亚】0【协韩国】8.7 【协格鲁吉亚】0 【特-1】0【特-2】0 【增】16【对美加征】10【出】0【退】16	件/千克					999	其他纺织材料制男大衣、斗篷、防风衣等(包括防寒短上衣、防风短上衣、短大衣、短斗篷及类似品)
610210	00	10	毛制针织或钩编女式大衣等【电商】	Women's or girls' overcoats, car-coats, capes, cloak and similar articles, of wool or fine animal hair, knitted or crocheted, other than raincoats	【最】10【普】130 【协亚太】6.5【协东盟】0【协香港】0 【协澳门】0【协巴基斯坦】18【协智利】0 【协新西兰】0【协新加坡】0【协秘鲁】0 【协哥斯达黎加】0【协冰岛】0【协瑞士】10 【协澳大利亚】0【协韩国】18.7 【协格鲁吉亚】0 【特-1】0【特-2】0 【增】16【对美加征】10【出】0【退】16	件/千克					999	毛制针织或钩编女式大衣等(包括短大衣、斗篷、短斗篷及类似品,雨衣除外)
610210	00	21	毛制针织或钩编手工制女式防风衣【电商】	Women's or girls' handworked windcheaters, anoraks, wind-jackets and similar articles, of wool or fine animal hair, knitted or crocheted	【最】10【普】130 【协亚太】6.5【协东盟】0【协香港】0 【协澳门】0【协巴基斯坦】18【协智利】0 【协新西兰】0【协新加坡】0【协秘鲁】0 【协哥斯达黎加】0【协冰岛】0【协瑞士】10 【协澳大利亚】0【协韩国】18.7 【协格鲁吉亚】0 【特-1】0【特-2】0 【增】16【对美加征】10【出】0【退】16	件/千克					999	毛制针织或钩编手工制女式防风衣(包括防寒短上衣、防风短上衣及类似品)
610210	00	29	毛制针织或钩编女式防风衣【电商】	Other women's or girls' wind-cheaters, anoraks, wind-jackets and similar articles, of wool or fine animal hair, knitted or crocheted	【最】10【普】130 【协亚太】6.5【协东盟】0【协香港】0 【协澳门】0【协巴基斯坦】18【协智利】0 【协新西兰】0【协新加坡】0【协秘鲁】0 【协哥斯达黎加】0【协冰岛】0【协瑞士】10 【协澳大利亚】0【协韩国】18.7 【协格鲁吉亚】0 【特-1】0【特-2】0 【增】16【对美加征】10【出】0【退】16	件/千克					999	毛制针织或钩编女式防风衣(包括防寒短上衣、防风短上衣及类似品)
610210	00	30	毛制针织或钩编女式雨衣【电商】	Women's or girls' knitted or crocheted raincoats of wool or fine animal hair	【最】10【普】130 【协亚太】6.5【协东盟】0【协香港】0 【协澳门】0【协巴基斯坦】18【协智利】0 【协新西兰】0【协新加坡】0【协秘鲁】0 【协哥斯达黎加】0【协冰岛】0【协瑞士】10 【协澳大利亚】0【协韩国】18.7 【协格鲁吉亚】0 【特-1】0【特-2】0 【增】16【对美加征】10【出】0【退】16	件/千克					999	毛制针织或钩编女式雨衣
610220	00		棉制针织或钩编的女式大衣、短大衣、斗篷、短斗篷、带风帽的防寒短上衣(包括滑雪短上衣)、防风衣、防风短上衣及类似品【电商】	Of cotton	【最】8【普】90 【协亚太】5.2【协东盟】0【协香港】0 【协澳门】0【协巴基斯坦】14【协智利】0 【协新西兰】0【协新加坡】0【协哥斯达黎加】0 【协冰岛】0【协瑞士】7【协澳大利亚】0 【协韩国】8.7【协格鲁吉亚】0 【特-1】0【特-2】0【特-3】0 【增】16【对美加征】10【出】0【退】16	件/千克					999	棉制针织或钩编的女式大衣、短大衣、斗篷、短斗篷、带风帽的防寒短上衣(包括滑雪短上衣)、防风衣、防风短上衣及类似品(税目61.04的货品除外)
610230	00		化纤制针织或钩编的女式大衣、短大衣、斗篷、短斗篷、带风帽的防寒短上衣(包括滑雪短上衣)、防风衣、防风短上衣及类似品【电商】	Of man-made fibres	【最】8【普】130 【协亚太】5.2【协东盟】0【协香港】0 【协澳门】0【协巴基斯坦】8.8【协智利】0 【协新西兰】0【协新加坡】0【协秘鲁】0 【协哥斯达黎加】0【协冰岛】0【协瑞士】7 【协澳大利亚】0【协韩国】8.7 【协格鲁吉亚】0 【特-1】0【特-2】0【特-3】0 【增】16【对美加征】10【出】0【退】16	件/千克					999	化纤制针织或钩编的女式大衣、短大衣、斗篷、短斗篷、带风帽的防寒短上衣(包括滑雪短上衣)、防风衣、防风短上衣及类似品(税目61.04的货品除外)

税则号列			货品名称中英文		税费综合信息	计量单位	监管证件代码		检验检疫类别		检验检疫编码	检验检疫编码对应中文名称
HS国际统一前6位	本国子目7~8位	本国子目9~10位	中文 货物名称	英文 Article Description			进口	出口	进口	出口		
610290	00		其他纺材制针织或钩编的女式大衣、短大衣、斗篷、短斗篷、带风帽的防寒短上衣（包括滑雪短上衣）、防风衣、防风短上衣及类似品【电商】	Of other textile materials	【最】10【普】130 【协亚太】6.5【协东盟】0【协香港】0 【协澳门】0【协巴基斯坦】10【协智利】0 【协新西兰】0【协新加坡】0【协秘鲁】0 【协哥斯达黎加】0【协冰岛】0【协瑞士】8 【协澳大利亚】0【协韩国】13.3【协格鲁吉亚】0 【特-1】0【特-2】0 【增】16【出】0【退】16	件/千克					999	其他纺材制针织或钩编的女式大衣、短大衣、斗篷、短斗篷、带风帽的防寒短上衣（包括滑雪短上衣）、防风衣、防风短上衣及类似品（税目61.04的货品除外）
610310	10		毛制针织或钩编男式西服套装	Men's or boys' knitted or crocheted suits of wool or fine animal hair	【最】10【普】130 【协亚太】6.5【协东盟】0【协香港】0 【协澳门】0【协巴基斯坦】18【协智利】0 【协新西兰】0【协新加坡】0【协秘鲁】0 【协哥斯达黎加】0【协冰岛】0【协瑞士】10 【协澳大利亚】0【协韩国】18.7 【协格鲁吉亚】0 【特-1】0【特-2】0 【增】16【出】0【退】16	套/千克					999	毛制针织或钩编男式西服套装
610310	20		合成纤维制针织或钩编男式西服套装【电商】	Of synthetic fibres	【最】10【普】130 【协亚太】6.5【协东盟】0【协香港】0 【协澳门】0【协巴基斯坦】18【协智利】0 【协新西兰】0【协新加坡】0【协秘鲁】0 【协哥斯达黎加】0【协冰岛】0【协瑞士】10 【协澳大利亚】0【协韩国】18.7 【协格鲁吉亚】0 【特-1】0【特-2】0 【增】16【出】0【退】16	套/千克					999	合成纤维制针织或钩编男式西服套装
610310	90		其他纺材制针织或钩编男式西服套装【电商】	Of other textile materials	【最】8【普】130 【协亚太】5.2【协东盟】0【协香港】0 【协澳门】0【协巴基斯坦】8.8【协智利】0 【协新西兰】0【协新加坡】0【协秘鲁】0 【协哥斯达黎加】0【协冰岛】0【协瑞士】7 【协澳大利亚】0【协韩国】8.7 【协格鲁吉亚】0 【特东老挝】0【特-1】0【特-2】0【特-3】0 【增】16【出】0【退】16	套/千克					999	其他纺材制针织或钩编男式西服套装
610322	00		棉制针织或钩编男式便服套装【电商】	Men's or boys' knitted or crocheted ensembles of cotton	【最】10【普】90 【协亚太】6.5【协东盟】0【协香港】0 【协澳门】0【协巴基斯坦】14.8【协智利】0 【协新西兰】0【协新加坡】0【协秘鲁】0 【协哥斯达黎加】0【协冰岛】0【协瑞士】8 【协澳大利亚】0【协韩国】13.3【协格鲁吉亚】0 【特东老挝】0【特-1】0【特-2】0【特-3】0 【增】16【对美加征】10【出】0【退】16	套/千克					999	棉制针织或钩编男式便服套装
610323	00		其他合纤制针织或钩编其他男便服套装【电商】	Of synthetic fibres	【最】10【普】130 【协亚太】6.5【协东盟】0【协香港】0 【协澳门】0【协巴基斯坦】18【协智利】0 【协新西兰】0【协新加坡】0【协秘鲁】0 【协哥斯达黎加】0【协冰岛】0【协瑞士】10 【协澳大利亚】0【协韩国】18.7 【协格鲁吉亚】0 【特-1】0【特-2】0 【增】16【出】0【退】16	套/千克					999	其他合纤制针织或钩编其他男便服套装
610329	10		毛制针织或钩编男式便服套装	Men's or boys' knitted or crocheted ensembles of wool or fine animal hair	【最】10【普】130 【协亚太】6.5【协东盟】0【协香港】0 【协澳门】0【协巴基斯坦】18【协智利】0 【协新西兰】0【协新加坡】0【协秘鲁】0 【协哥斯达黎加】0【协冰岛】0【协瑞士】10 【协澳大利亚】0【协韩国】18.7【协格鲁吉亚】0 【特-1】0【特-2】0 【增】16【出】0【退】16	套/千克					999	毛制针织或钩编男式便服套装

税则号列			货品名称中英文		税费综合信息	计量单位	监管证件代码		检验检疫类别		检验检疫编码	检验检疫编码对应中文名称
HS国际统一前6位	本国子目7~8位	9~10位	中文 货物名称	英文 Article Description			进口	出口	进口	出口		
610329	90		其他纺织料针织或钩编男便服套装 【电商】	Of other textile materials	【最】10【普】130 【协亚太】6.5【协东盟】0【协澳门】0 【协香港】0【协巴基斯坦】18【协智利】0 【协新西兰】0【协新加坡】0【协秘鲁】0 【协哥斯达黎加】0【协冰岛】0【协瑞士】10 【协澳大利亚】0【协韩国】18.7 【协格鲁吉亚】0 【特东老挝】0【特-1】0【特-2】0【特-3】0 【增】16【对美加征】10【出】0【退】16	套/千克					999	其他纺织料针织或钩编男便服套装
610331	00		毛制针织或钩编男式上衣 【电商】	Men's or boys' knitted or crocheted jackets and blazers of wool or fine animal hair	【最】6【普】130 【协亚太】3.9【协东盟】0【协香港】0 【协澳门】0【协巴基斯坦】8【协智利】0 【协新西兰】0【协新加坡】0【协秘鲁】0 【协哥斯达黎加】0【协冰岛】0【协瑞士】6 【协澳大利亚】0【协韩国】8 【协格鲁吉亚】0 【特-1】0【特-2】0 【增】16【对美加征】10【出】0【退】16	件/千克					999	毛制针织或钩编男式上衣
610332	00		棉制针织或钩编男式上衣 【电商】	Men's or boys' knitted or crocheted jackets and blazers of cotton	【最】6【普】90 【协亚太】3.9【协东盟】0【协香港】0 【协澳门】0【协巴基斯坦】8【协智利】0 【协新西兰】0【协新加坡】0【协秘鲁】0 【协哥斯达黎加】0【协冰岛】0【协瑞士】6 【协澳大利亚】0【协韩国】8 【协格鲁吉亚】0 【特东老挝】0【特东柬埔寨】0【特东缅甸】0 【特-1】0【特-2】0【特-3】0 【增】16【对美加征】10【出】0【退】16	件/千克					999	棉制针织或钩编男式上衣
610333	00		合纤制针织或钩编男式上衣 【电商】	Of synthetic fibres	【最】8【普】130 【协亚太】5.2【协东盟】0【协香港】0 【协澳门】0【协巴基斯坦】9.5【协智利】0 【协新西兰】0【协新加坡】0【协秘鲁】0 【协哥斯达黎加】0【协冰岛】0【协瑞士】7.6 【协澳大利亚】0【协韩国】9.5 【协格鲁吉亚】0 【特东柬埔寨】0【特-1】0【特-2】0【特-3】0 【增】16【对美加征】10【出】0【退】16	件/千克					999	合纤制针织或钩编男式上衣
610339	00		其他纺织材料制针织或钩编男式上衣 【电商】	Of other textile materials	【最】6【普】130 【协亚太】3.9【协东盟】0【协香港】0 【协澳门】0【协巴基斯坦】8【协智利】0 【协新西兰】0【协新加坡】0【协秘鲁】0 【协哥斯达黎加】0【协冰岛】0【协瑞士】6 【协澳大利亚】0【协韩国】8 【协格鲁吉亚】0 【特东老挝】0【特东柬埔寨】0【特-1】0 【特-2】0【特-3】0 【增】16【对美加征】10【出】0【退】16	件/千克					999	其他纺织材料制针织或钩编男式上衣
610341	00		毛制长裤、护胸背带工装裤、马裤及短裤	Of wool or fine animal hair	【最】6【普】130 【协亚太】3.9【协东盟】0【协香港】0 【协澳门】0【协巴基斯坦】8【协智利】0 【协新西兰】0【协新加坡】0【协秘鲁】0 【协哥斯达黎加】0【协冰岛】0【协瑞士】6 【协澳大利亚】0【协韩国】8 【协格鲁吉亚】0 【特亚太】0【特-1】0【特-2】0【特-3】0 【增】16【对美加征】10【出】0【退】16	条/千克					101 102 999	毛制长裤、护胸背带工装裤、马裤及短裤（针织外衣） 毛制长裤、护胸背带工装裤、马裤及短裤（针织童装） 毛制长裤、护胸背带工装裤、马裤及短裤（针织裤子）
610342	00	12	棉针织钩编男童非保暖背带工装裤 【电商】	boys' knitted or crocheted bib and brace overalls, of cotton, not thermal, size 2~7	【最】6【普】90 【协亚太】3.9【协东盟】0【协香港】0 【协澳门】0【协巴基斯坦】8【协智利】0 【协新西兰】0【协新加坡】0【协秘鲁】0 【协哥斯达黎加】0【协冰岛】0【协瑞士】6 【协澳大利亚】0【协韩国】8 【协格鲁吉亚】0 【特亚太】2.4【特东老挝】0【特东柬埔寨】0 【特东缅甸】0【特-1】0【特-2】0【特-3】0 【增】16【对美加征】10【出】0【退】16	条/千克	A		M		999	棉针织钩编男童非保暖背带工装裤（2~7号男童护胸背带工装裤）

税则号列			货品名称中英文		税费综合信息	计量单位	监管证件代码		检验检疫类别		检验检疫编码	检验检疫编码对应中文名称
HS 国际统一前 6 位	本国子目 7~8 位	本国子目 9~10 位	中文 货物名称	英文 Article Description			进口	出口	进口	出口		
610342	00	21	棉制针织或钩编男童游戏套装长裤 【电商】	boys' playsuit trousers, size 8 ~ 18, of cotton, knitted or crocheted	【最】6【普】90 【协亚太】3.9【协东盟】0【协香港】0 【协澳门】0【协巴基斯坦】8【协智利】0 【协新西兰】0【协新加坡】0【协秘鲁】0 【协哥斯达黎加】0【协冰岛】0【协瑞士】6 【协澳大利亚】0【协韩国】8 【协格鲁吉亚】0 【特亚太】2.4【特东老挝】0【特东柬埔寨】0 【特东缅甸】0【特-1】0【特-2】0【特-3】0 【增】16【对美加征】10【出】0【退】16	条/千克	A		M		999	棉制针织或钩编男童游戏套装长裤（指男童8~18号）
610342	00	29	棉针织或钩编其他男童游戏套装裤 【电商】	Other boys' playsuit, including trousers, breeches and shorts, of cotton, knitted or crocheted	【最】6【普】90 【协亚太】3.9【协东盟】0【协香港】0 【协澳门】0【协巴基斯坦】8【协智利】0 【协新西兰】0【协新加坡】0【协秘鲁】0 【协哥斯达黎加】0【协冰岛】0【协瑞士】6 【协澳大利亚】0【协韩国】8 【协格鲁吉亚】0 【特亚太】2.4【特东老挝】0【特东柬埔寨】0 【特东缅甸】0【特-1】0【特-2】0【特-3】0 【增】16【对美加征】10【出】0【退】16	条/千克	A		M		999	棉针织或钩编其他男童游戏套装裤（包括长裤、马裤、短裤）
610342	00	90	棉制针织或钩编其他男裤等 【电商】	Other men's or boys' trousers, breeches and shorts, of cotton, knitted or crocheted	【最】6【普】90 【协亚太】3.9【协东盟】0【协香港】0 【协澳门】0【协巴基斯坦】8【协智利】0 【协新西兰】0【协新加坡】0【协秘鲁】0 【协哥斯达黎加】0【协冰岛】0【协瑞士】6 【协澳大利亚】0【协韩国】8 【协格鲁吉亚】0 【特亚太】2.4【特东老挝】0【特东柬埔寨】0 【特东缅甸】0【特-1】0【特-2】0【特-3】0 【增】16【对美加征】10【出】0【退】16	条/千克					999	棉制针织或钩编其他男裤等（包括马裤、短裤及其他长裤）
610343	00	90	其他合纤制针织或钩编其他男裤 【电商】	Other men's or boys' trousers, breeches and shorts, of synthetic fibres, knitted or crocheted	【最】8【普】130 【协亚太】5.2【协东盟】0【协香港】0 【协澳门】0【协巴基斯坦】8.8【协智利】0 【协新西兰】0【协新加坡】0【协秘鲁】0 【协哥斯达黎加】0【协冰岛】0【协瑞士】7 【协澳大利亚】0【协韩国】8.7 【协格鲁吉亚】0 【特亚太】0【特东柬埔寨】0【特-1】0【特-2】0 【特-3】0 【增】16【对美加征】10【出】0【退】16	条/千克					101 999	其他合纤制针织或钩编其他男裤（包括马裤、短裤及其他长裤）（针织童装） 其他合纤制针织或钩编其他男裤（包括马裤、短裤及其他长裤）（针织裤子）
610343	00	92	其他合纤制男童游戏套装长裤 【电商】	Other boys' playsuit trousers, size 8~18, of synthetic fibres, knitted or crocheted	【最】8【普】130 【协亚太】5.2【协东盟】0【协香港】0 【协澳门】0【协巴基斯坦】8.8【协智利】0 【协新西兰】0【协新加坡】0【协秘鲁】0 【协哥斯达黎加】0【协冰岛】0【协瑞士】7 【协澳大利亚】0【协韩国】8.7 【协格鲁吉亚】0 【特亚太】0【特东柬埔寨】0【特-1】0【特-2】0 【特-3】0 【增】16【对美加征】10【出】0【退】16	条/千克	A		M		999	其他合纤制男童游戏套装长裤（针织或钩编，指男童8~18号）
610343	00	93	其他合纤制男童游戏套装长裤 【电商】	Other boys' playsuit trousers, including breeches, shorts and other trousers, of synthetic fibres, knitted or crocheted	【最】8【普】130 【协亚太】5.2【协东盟】0【协香港】0 【协澳门】0【协巴基斯坦】8.8【协智利】0 【协新西兰】0【协新加坡】0【协秘鲁】0 【协哥斯达黎加】0【协冰岛】0【协瑞士】7 【协澳大利亚】0【协韩国】8.7 【协格鲁吉亚】0 【特亚太】0【特东柬埔寨】0【特-1】0【特-2】0 【特-3】0 【增】16【对美加征】10【出】0【退】16	条/千克	A		M		999	其他合纤制男童游戏套装长裤（针织或钩编，包括马裤．短裤及其他长裤）
610349	00	13	丝制针织或钩编其他男童长裤、马裤 【电商】	Boys' knitted or crocheted trousers and breeches, containing 70% or more by weight of silk or spun silk	【最】6【普】130 【协亚太】3.8【协东盟】0【协香港】0 【协澳门】0【协巴基斯坦】8【协智利】0 【协新西兰】0【协新加坡】0【协秘鲁】0 【协哥斯达黎加】0【协冰岛】0【协瑞士】6 【协澳大利亚】0【协韩国】8 【协格鲁吉亚】0 【特亚太】0【特东老挝】0【特东柬埔寨】0 【特-1】0【特-2】0【特-3】0 【增】16【对美加征】10【出】0【退】16	条/千克	A		M		999	丝制针织或钩编其他男童长裤、马裤（丝及绢丝含量在70%及以上）

税则号列			货品名称中英文		税费综合信息	计量单位	监管证件代码		检验检疫类别		检验检疫编码	检验检疫编码对应中文名称
HS国际统一前6位	本国子目 7~8位	本国子目 9~10位	中文 货物名称	英文 Article Description			进口	出口	进口	出口		
610349	00	23	人纤制针织或钩编其他男童长裤、马裤 【电商】	Other boys' trousers and breeches of artificial fibres, containing 23% or more by weight of wool or fine animal hair, knitted or crocheted	【最】6【普】130 【协亚太】3.9【协东盟】0【协香港】0 【协澳门】0【协巴基斯坦】8【协智利】0 【协新西兰】0【协新加坡】0【协秘鲁】0 【协哥斯达黎加】0【协冰岛】0【协瑞士】6 【协澳大利亚】0【协韩国】8 【协格鲁吉亚】0 【特亚太】0【特东老挝】0【特东柬埔寨】0 【特-1】0【特-2】0【特-3】0 【增】16【对美加征】10【出】0【退】16	条/千克	A		M		999	人纤制针织或钩编其他男童长裤、马裤（含毛23%及以上）
610349	00	26	其他人纤制针织或钩编其他男童长裤 【电商】	Other boys' knitted or crocheted trousers and breeches, of artificial fibres	【最】6【普】130 【协亚太】3.9【协东盟】0【协香港】0 【协澳门】0【协巴基斯坦】8【协智利】0 【协新西兰】0【协新加坡】0【协秘鲁】0 【协哥斯达黎加】0【协冰岛】0【协瑞士】0 【协澳大利亚】0【协韩国】8 【协格鲁吉亚】0【特亚太】0【特东老挝】0 【特东柬埔寨】0【特-1】0【特-2】0【特-3】0 【增】16【对美加征】10【出】0【退】16	条/千克	A		M		999	其他人纤制针织或钩编其他男童长裤（包括马裤）
610349	00	51	其他纺织材料制其他男童长裤马裤 【电商】	Other boys' knitted or crocheted trousers and breeches, of other textile materials, cotton limit in	【最】6【普】130 【协亚太】3.9【协东盟】0【协香港】0 【协澳门】0【协巴基斯坦】8【协智利】0 【协新西兰】0【协新加坡】0【协秘鲁】0 【协哥斯达黎加】0【协冰岛】0【协瑞士】6 【协澳大利亚】0【协韩国】8 【协格鲁吉亚】0 【特亚太】0【特东老挝】0【特东柬埔寨】0 【特-1】0【特-2】0【特-3】0 【增】16【对美加征】10【出】0【退】16	条/千克	A		M		999	其他纺织材料制其他男童长裤马裤（针织或钩编，棉限内）
610349	00	52	其他纺织材料制其他男童长裤马裤 【电商】	Other boys' knitted or crocheted trousers and breeches, of other textile materials, wool limit in	【最】6【普】130 【协亚太】3.9【协东盟】0【协香港】0 【协澳门】0【协巴基斯坦】8【协智利】0 【协新西兰】0【协新加坡】0【协秘鲁】0 【协哥斯达黎加】0【协冰岛】0【协瑞士】6 【协澳大利亚】0【协韩国】8 【协格鲁吉亚】0 【特亚太】0【特东老挝】0【特东柬埔寨】0 【特-1】0【特-2】0【特-3】0 【增】16【对美加征】10【出】0【退】16	条/千克	A		M		999	其他纺织材料制其他男童长裤马裤（针织或钩编，羊毛限内）
610349	00	53	其他纺织材料制其他男童长裤马裤 【电商】	Other boys' knitted or crocheted trousers and breeches; of other textile materials, man-made fibres limit in	【最】6【普】130 【协亚太】3.9【协东盟】0【协香港】0 【协澳门】0【协巴基斯坦】8【协智利】0 【协新西兰】0【协新加坡】0【协秘鲁】0 【协哥斯达黎加】0【协冰岛】0【协瑞士】6 【协澳大利亚】0【协韩国】8 【协格鲁吉亚】0 【特亚太】0【特东老挝】0【特东柬埔寨】0 【特-1】0【特-2】0【特-3】0 【增】16【对美加征】10【出】0【退】16	条/千克	A		M		999	其他纺织材料制其他男童长裤马裤（针织或钩编，化纤限内）
610349	00	59	其他纺织材料制其他男童长裤马裤 【电商】	Other boys' knitted or crocheted trousers and breeches, of other textile materials	【最】6【普】130 【协亚太】3.9【协东盟】0【协香港】0 【协澳门】0【协巴基斯坦】8【协智利】0 【协新西兰】0【协新加坡】0【协秘鲁】0 【协哥斯达黎加】0【协冰岛】0【协瑞士】6 【协澳大利亚】0【协韩国】8 【协格鲁吉亚】0 【特亚太】0【特东老挝】0【特东柬埔寨】0 【特-1】0【特-2】0【特-3】0 【增】16【对美加征】10【出】0【退】16	条/千克	A		M		999	其他纺织材料制其他男童长裤马裤（针织或钩编）
610349	00	90	其他纺材制针织或钩编其他男式长裤、护胸背带工装裤、马裤及短裤 【电商】	Other men's or boys' trousers, bib and brace overalls, breeches and shorts, of other textile materials, knitted or crocheted	【最】6【普】130 【协亚太】3.9【协东盟】0【协香港】0 【协澳门】0【协巴基斯坦】8【协智利】0 【协新西兰】0【协新加坡】0【协秘鲁】0 【协哥斯达黎加】0【协冰岛】0【协瑞士】6 【协澳大利亚】0【协韩国】8 【协格鲁吉亚】0 【特亚太】0【特东老挝】0【特东柬埔寨】0 【特-1】0【特-2】0【特-3】0 【增】16【对美加征】10【出】0【退】16	条/千克					101 999	其他纺材制针织或钩编其他男式长裤、护胸背带工装裤、马裤及短裤（针织童装） 其他纺材制针织或钩编其他男式长裤、护胸背带工装裤、马裤及短裤（针织裤子）

税则号列			货品名称中英文		税费综合信息	计量单位	监管证件代码		检验检疫类别		检验检疫编码	检验检疫编码对应中文名称
HS国际统一前6位	本国子目7~8位	本国子目9~10位	中文 货物名称	英文 Article Description			进口	出口	进口	出口		
610413	00		合纤制针织或钩编女西服套装 【电商】	Of synthetic fibres	【最】10【普】130 【协亚太】6.5【协东盟】0【协香港】0 【协澳门】0【协巴基斯坦】18【协智利】0 【协新西兰】0【协新加坡】0【协秘鲁】0 【协哥斯达黎加】0【协冰岛】0【协瑞士】10 【协澳大利亚】0【协韩国】18.7 【协格鲁吉亚】0 【特-1】0【特-2】0 【增】16【出】0【退】16	套/千克					999	合纤制针织或钩编女西服套装
610419	10		毛制针织或钩编女式西服套装	Women's or girls' knitted or crocheted suits of wool or fine animal hair	【最】8【普】130 【协亚太】5.2【协东盟】0【协香港】0 【协澳门】0【协巴基斯坦】8.8【协智利】0 【协新西兰】0【协新加坡】0【协秘鲁】0 【协哥斯达黎加】0【协冰岛】0【协瑞士】7 【协澳大利亚】0【协韩国】8.7 【协格鲁吉亚】0 【特-1】0【特-2】0【特-3】0 【增】16【出】0【退】16	套/千克					999	毛制针织或钩编女式西服套装
610419	20		棉针织或钩编女西服套装	Of cotton	【最】8【普】90 【协亚太】5.2【协东盟】0【协香港】0 【协澳门】0【协巴基斯坦】14【协智利】0 【协新西兰】0【协新加坡】0【协秘鲁】0 【协哥斯达黎加】0【协冰岛】0【协瑞士】7 【协澳大利亚】0【协韩国】8.7 【协格鲁吉亚】0 【特东老挝】0【特-1】0【特-2】0【特-3】0 【增】16【出】0【退】16	套/千克					999	棉针织或钩编女西服套装
610419	90		其他纺织材料制针织或钩编女式西服套装	Women's suit, made up of knitted or crocheted fabrics of other textile fabrics	【最】8【普】130 【协亚太】5.2【协东盟】0【协香港】0 【协澳门】0【协巴基斯坦】8.8【协智利】0 【协新西兰】0【协新加坡】0【协秘鲁】0 【协哥斯达黎加】0【协冰岛】0【协瑞士】7 【协澳大利亚】0【协韩国】8.7 【协格鲁吉亚】0 【特东老挝】0【特-1】0【特-2】0【特-3】0 【增】16【出】0【退】16	套/千克					999	其他纺织材料制针织或钩编女式西服套装
610422	00		棉针织或钩编女便服套装 【电商】	Of cotton	【最】8【普】90 【协亚太】5.2【协东盟】0【协香港】0 【协澳门】0【协巴基斯坦】14【协智利】0 【协新西兰】0【协新加坡】0【协秘鲁】0 【协哥斯达黎加】0【协冰岛】0【协瑞士】7 【协澳大利亚】0【协韩国】8.7 【协格鲁吉亚】0 【特东老挝】0【特-1】0【特-2】0【特-3】0 【增】16【对美加征】10【出】0【退】16	套/千克					999	棉针织或钩编女便服套装
610423	00		合纤制针织或钩编女便服套装 【电商】	Of synthetic fibres	【最】10【普】130 【协亚太】6.5【协东盟】0【协香港】0 【协澳门】0【协巴基斯坦】18【协智利】0 【协新西兰】0【协新加坡】0【协秘鲁】0 【协哥斯达黎加】0【协冰岛】0【协瑞士】10 【协澳大利亚】0【协韩国】18.7 【协格鲁吉亚】0 【特-1】0【特-2】0 【增】16【出】0【退】16	套/千克					999	合纤制针织或钩编女便服套装
610429	10		毛制针织或钩编女式便服套装	Women's or girls' knitted or crocheted ensembles of wool or fine animal hair	【最】8【普】130 【协亚太】5.2【协东盟】0【协香港】0 【协澳门】0【协巴基斯坦】8.8【协智利】0 【协新西兰】0【协新加坡】0【协秘鲁】0 【协哥斯达黎加】0【协冰岛】0【协瑞士】7 【协澳大利亚】0【协韩国】8.7 【协格鲁吉亚】0 【特-1】0【特-2】0 【增】16【出】0【退】16	套/千克					999	毛制针织或钩编女式便服套装

税则号列			货品名称中英文		税费综合信息	计量单位	监管证件代码		检验检疫类别		检验检疫编码	检验检疫编码对应中文名称
HS 国际统一前 6 位	本国子目 7~8 位	本国子目 9~10 位	中文 货物名称	英文 Article Description			进口	出口	进口	出口		
610429	90		其他纺材针织或钩编其他女式便服套装 【电商】	Other women's ensemble, made up of knitted or crocheted fabrics of other textile fabrics	【最】6【普】130 【协亚太】3.9【协东盟】0【协香港】0 【协澳门】0【协巴基斯坦】7.5【协智利】0 【协新西兰】0【协新加坡】0【协秘鲁】0 【协哥斯达黎加】0【协冰岛】0【协瑞士】6 【协澳大利亚】0【协韩国】7.5【协格鲁吉亚】0 【特-1】0【特-2】0【特-3】0 【增】16【出】0【退】16	套/千克					999	其他纺材针织或钩编其他女式便服套装
610431	00		毛制针织或钩编女式上衣 【电商】	Of wool or fine animal hair	【最】6【普】130 【协亚太】3.9【协东盟】0【协香港】0 【协澳门】0【协巴基斯坦】8【协智利】0 【协新西兰】0【协新加坡】0【协秘鲁】0 【协哥斯达黎加】0【协冰岛】0【协瑞士】6 【协澳大利亚】0【协韩国】8 【协格鲁吉亚】0 【特-1】0【特-2】0【特-3】0 【增】16【对美加征】10【出】0【退】16	件/千克					999	毛制针织或钩编女式上衣
610432	00		棉制针织或钩编女式上衣 【电商】	Of cotton	【最】6【普】90 【协亚太】3.9【协东盟】0【协香港】0 【协澳门】0【协巴基斯坦】13.6【协智利】0 【协新西兰】0【协新加坡】0【协秘鲁】0 【协哥斯达黎加】0【协冰岛】0【协瑞士】6 【协澳大利亚】0【协韩国】8 【协格鲁吉亚】0 【特东老挝】0【特东柬埔寨】0【特东缅甸】0 【特-1】0【特-2】0【特-3】0 【增】16【对美加征】10【出】0【退】16	件/千克					999	棉制针织或钩编女式上衣
610433	00		合成纤维制针织或钩编女式上衣 【电商】	Of synthetic fibres	【最】10【普】130 【协亚太】6.5【协东盟】0【协香港】0 【协澳门】0【协巴基斯坦】9.5【协智利】0 【协新西兰】0【协新加坡】0【协秘鲁】0 【协哥斯达黎加】0【协冰岛】0【协瑞士】7.6 【协澳大利亚】0【协韩国】9.5 【协格鲁吉亚】0 【特东柬埔寨】0【特-1】0【特-2】0【特-3】0 【增】16【对美加征】10【出】0【退】16	件/千克					999	合成纤维制针织或钩编女式上衣
610439	00		其他纺织材料制针织或钩编女式上衣 【电商】	Of other textile materials	【最】6【普】130 【协亚太】3.9【协东盟】0【协香港】0 【协澳门】0【协巴基斯坦】8【协智利】0 【协新西兰】0【协新加坡】0【协秘鲁】0 【协哥斯达黎加】0【协冰岛】0【协瑞士】6 【协澳大利亚】0【协韩国】8 【协格鲁吉亚】0 【特东柬埔寨】0【特-1】0【特-2】0【特-3】0 【增】16【对美加征】10【出】0【退】16	件/千克					999	其他纺织材料制针织或钩编女式上衣
610441	00		毛制针织或钩编连衣裙 【电商】	Knitted or crocheted dresses of wool or fine animal hair	【最】6【普】130 【协亚太】3.9【协东盟】0【协香港】0 【协澳门】0【协巴基斯坦】8【协智利】0 【协新西兰】0【协新加坡】0【协秘鲁】0 【协哥斯达黎加】0【协冰岛】0【协瑞士】6 【协澳大利亚】0【协韩国】8 【协格鲁吉亚】0 【特-1】0【特-2】0 【增】16【对美加征】10【出】0【退】16	件/千克					999	毛制针织或钩编连衣裙
610442	00		棉制针织或钩编连衣裙 【电商】	Knitted or crocheted dresses of cotton	【最】6【普】90 【协亚太】3.9【协东盟】0【协香港】0 【协澳门】0【协巴基斯坦】8【协智利】0 【协新西兰】0【协新加坡】0【协秘鲁】0 【协哥斯达黎加】0【协冰岛】0【协瑞士】6 【协澳大利亚】0【协韩国】8 【协格鲁吉亚】0 【特-1】0【特-2】0【特-3】0 【增】16【对美加征】10【出】0【退】16	件/千克					999	棉制针织或钩编连衣裙

税则号列			货品名称中英文		税费综合信息	计量单位	监管证件代码		检验检疫类别		检验检疫编码	检验检疫编码对应中文名称
HS 国际统一前6位	本国子目 7~8位	本国子目 9~10位	中文 货物名称	英文 Article Description			进口	出口	进口	出口		
610443	00		合纤制针织或钩编连衣裙 【电商】	Of synthetic fibres	【最】8【普】130 【协亚太】5.2【协东盟】0【协香港】0 【协澳门】0【协巴基斯坦】8.8【协智利】0 【协新西兰】0【协新加坡】0【协秘鲁】0 【协哥斯达黎加】0【协冰岛】0【协瑞士】7 【协澳大利亚】0【协韩国】8.7 【协格鲁吉亚】0 【特东柬埔寨】0【特-1】0【特-2】0【特-3】0 【增】16【对美加征】10【出】0【退】16	件/千克					999	合纤制针织或钩编连衣裙
610444	00		人纤制针织或钩编连衣裙 【电商】	Of artificial fibres	【最】6【普】130 【协亚太】3.9【协东盟】0【协香港】0 【协澳门】0【协巴基斯坦】8【协智利】0 【协新西兰】0【协新加坡】0【协秘鲁】0 【协哥斯达黎加】0【协冰岛】0【协瑞士】6 【协澳大利亚】0【协韩国】8 【协格鲁吉亚】0 【特东柬埔寨】0【特-1】0【特-2】0【特-3】0 【增】16【对美加征】10【出】0【退】16	件/千克					999	人纤制针织或钩编连衣裙
610449	00		其他纺织材料制针织或钩编连衣裙 【电商】	Of other textile materials	【最】6【普】130 【协亚太】3.9【协东盟】0【协香港】0 【协澳门】0【协巴基斯坦】8【协智利】0 【协新西兰】0【协新加坡】0【协秘鲁】0 【协哥斯达黎加】0【协冰岛】0【协瑞士】6 【协澳大利亚】0【协韩国】8 【协格鲁吉亚】0 【特东柬埔寨】0【特-1】0【特-2】0【特-3】0 【增】16【对美加征】10【出】0【退】16	件/千克					999	其他纺织材料制针织或钩编连衣裙
610451	00		毛制针织或钩编裙子及裙裤 【电商】	Knitted or crocheted skirts and divided skirt of wool or fine animal hair	【最】6【普】130 【协亚太】3.9【协东盟】0【协香港】0 【协澳门】0【协巴基斯坦】7【协智利】0 【协新西兰】0【协新加坡】0【协秘鲁】0 【协哥斯达黎加】0【协冰岛】0【协瑞士】5.6 【协澳大利亚】0【协韩国】7 【协格鲁吉亚】0 【特-1】0【特-2】0 【增】16【对美加征】10【出】0【退】16	件/千克					999	毛制针织或钩编裙子及裙裤
610452	00		棉制针织裙子及裙裤 【电商】	Knitted or crocheted skirts and divided skirt of cotton	【最】6【普】90 【协亚太】3.9【协东盟】0【协香港】0 【协澳门】0【协巴基斯坦】7【协智利】0 【协新西兰】0【协新加坡】0【协秘鲁】0 【协哥斯达黎加】0【协冰岛】0【协瑞士】5.6 【协澳大利亚】0【协韩国】7 【协格鲁吉亚】0 【特-1】0【特-2】0【特-3】0 【增】16【对美加征】10【出】0【退】16	件/千克					999	棉制针织裙子及裙裤
610453	00		合纤制针织或钩编裙子及裙裤 【电商】	Of synthetic fibres	【最】6【普】130 【协亚太】3.9【协东盟】0【协香港】0 【协澳门】0【协巴基斯坦】8【协智利】0 【协新西兰】0【协新加坡】0【协秘鲁】0 【协哥斯达黎加】0【协冰岛】0【协瑞士】6 【协澳大利亚】0【协韩国】8 【协格鲁吉亚】0 【特东柬埔寨】0【特-1】0【特-2】0【特-3】0 【增】16【对美加征】10【出】0【退】16	件/千克					999	合纤制针织或钩编裙子及裙裤
610459	00		其他纺材制针织或钩编裙子及裙裤 【电商】	Of other textile materials	【最】6【普】130 【协亚太】3.9【协东盟】0【协香港】0 【协澳门】0【协巴基斯坦】7【协智利】0 【协新西兰】0【协新加坡】0【协秘鲁】0 【协哥斯达黎加】0【协冰岛】0【协瑞士】5.6 【协澳大利亚】0【协韩国】7 【协格鲁吉亚】0 【特东老挝】0【特东柬埔寨】0【特东缅甸】0 【特-1】0【特-2】0【特-3】0 【增】16【对美加征】10【出】0【退】16	件/千克					999	其他纺材制针织或钩编裙子及裙裤

税则号列 HS国际统一前6位	本国子目 7~8位	本国子目 9~10位	货品名称中英文 中文 货物名称	货品名称中英文 英文 Article Description	税费综合信息	计量单位	监管证件代码 进口	监管证件代码 出口	检验检疫类别 进口	检验检疫类别 出口	检验检疫编码	检验检疫编码对应中文名称
610461	00		毛制针织或钩编女长裤、护胸背带工装裤、马裤及短裤 【电商】	Of wool or fine animal hair	【最】6【普】130 【协亚太】3.9【协东盟】0【协香港】0 【协澳门】0【协巴基斯坦】8【协智利】0 【协新西兰】0【协新加坡】0【协秘鲁】0 【协哥斯达黎加】0【协冰岛】0【协瑞士】6 【协澳大利亚】0【协韩国】8 【协格鲁吉亚】0 【特-1】0【特-2】0【特-3】0 【增】16【对美加征】10【出】0【退】16	条/千克					101 999	毛制针织或钩编女长裤、护胸背带工装裤、马裤及短裤（针织童装） 毛制针织或钩编女长裤、护胸背带工装裤、马裤及短裤（针织裤子）
610462	00	30	棉制针织或钩编女童游戏套装长裤 【电商】	Knitted or crocheted girls' playsuit trousers, size 7~16, of cotton, with breeches	【最】6【普】90 【协亚太】3.9【协东盟】0【协香港】0 【协澳门】0【协巴基斯坦】8【协智利】0 【协新西兰】0【协新加坡】0【协秘鲁】0 【协哥斯达黎加】0【协冰岛】0【协瑞士】6 【协澳大利亚】0【协韩国】8 【协格鲁吉亚】0 【特亚太】2.4【特-1】0【特-2】0【特-3】0 【增】16【对美加征】10【出】0【退】16	条/千克	A		M		999	棉制针织或钩编女童游戏套装长裤（指女童7~16号，包括马裤）
610462	00	40	棉针织或钩编其他女童游戏套装裤 【电商】	Other knitted or crocheted girls' playsuit, with breeches, shorts, bib and brace overalls and other trousers, of cotton	【最】6【普】90 【协亚太】3.9【协东盟】0【协香港】0 【协澳门】0【协巴基斯坦】8【协智利】0 【协新西兰】0【协新加坡】0【协秘鲁】0 【协哥斯达黎加】0【协冰岛】0【协瑞士】6 【协澳大利亚】0【协韩国】8 【协格鲁吉亚】0 【特亚太】2.4【特-1】0【特-2】0【特-3】0 【增】16【对美加征】10【出】0【退】16	条/千克	A		M		999	棉针织或钩编其他女童游戏套装裤（包括马裤、短裤、非保暖护胸背带工装裤及其他长裤）
610462	00	90	棉制针织或钩编其他女裤 【电商】	Other knitted or crocheted women's and girls' shorts and trousers, of cotton	【最】6【普】90 【协亚太】3.9【协东盟】0【协香港】0 【协澳门】0【协巴基斯坦】8【协智利】0 【协新西兰】0【协新加坡】0【协秘鲁】0 【协哥斯达黎加】0【协冰岛】0【协瑞士】6 【协澳大利亚】0【协韩国】8 【协格鲁吉亚】0 【特亚太】2.4【特-1】0【特-2】0【特-3】0 【增】16【对美加征】10【出】0【退】16	条/千克					101 102	棉制针织或钩编其他女裤（针织裤子） 棉制针织或钩编其他女裤（针织童装）
610463	00	90	其他合成纤维制针织或钩编女裤 【电商】	Other women's or girl' trousers, breeches and shorts, of synthetic fibres, knitted or crocheted	【最】8【普】130 【协亚太】5.2【协东盟】0【协香港】0 【协澳门】0【协巴基斯坦】8.8【协智利】0 【协新西兰】0【协新加坡】0【协秘鲁】0 【协哥斯达黎加】0【协冰岛】0【协瑞士】7 【协澳大利亚】0【协韩国】8.7 【协格鲁吉亚】0 【特-1】0【特-2】0【特-3】0 【增】16【对美加征】10【出】0【退】16	条/千克					101 102	其他合成纤维制针织或钩编女裤（针织裤子） 其他合成纤维制针织或钩编女裤（针织童装）
610463	00	91	其他合纤制女童游戏套装长裤、马裤 【电商】	Knitted or crocheted girls' playsuit trousers or breeches, size 7~16, of synthetic fibres	【最】8【普】130 【协亚太】5.2【协东盟】0【协香港】0 【协澳门】0【协巴基斯坦】8.8【协智利】0 【协新西兰】0【协新加坡】0【协秘鲁】0 【协哥斯达黎加】0【协冰岛】0【协瑞士】7 【协澳大利亚】0【协韩国】8.7 【协格鲁吉亚】0 【特-1】0【特-2】0【特-3】0 【增】16【对美加征】10【出】0【退】16	条/千克	A		M		999	其他合制女童游戏套装长裤、马裤（针织或钩编，指女童7~16号）
610463	00	92	其他合成纤维制女童游戏套装裤 【电商】	Other knitted or crocheted girls' playsuit, shorts and other trousers, of synthetic fibres	【最】8【普】130 【协亚太】5.2【协东盟】0【协香港】0 【协澳门】0【协巴基斯坦】8.8【协智利】0 【协新西兰】0【协新加坡】0【协秘鲁】0 【协哥斯达黎加】0【协冰岛】0【协瑞士】7 【协澳大利亚】0【协韩国】8.7 【协格鲁吉亚】0 【特-1】0【特-2】0【特-3】0 【增】16【对美加征】10【出】0【退】16	条/千克	A		M		999	其他合成纤维制女童游戏套装裤（针织或钩编，包括短裤及其他长裤）

税则号列 HS国际统一前6位	本国子目 7~8位	本国子目 9~10位	货品名称中英文 中文 货物名称	货品名称中英文 英文 Article Description	税费综合信息	计量单位	监管证件代码 进口	监管证件代码 出口	检验检疫类别 进口	检验检疫类别 出口	检验检疫编码	检验检疫编码对应中文名称
610469	00		其他纺织材料制针织或钩编女裤 【电商】	Of other textile materials	【最】6【普】130 【协亚太】3.9【协东盟】0【协香港】0 【协澳门】0【协巴基斯坦】8【协智利】0 【协新西兰】0【协新加坡】0【协秘鲁】0 【协哥斯达黎加】0【协冰岛】0【协瑞士】6 【协澳大利亚】0【协韩国】8 【协格鲁吉亚】0 【特亚太】0【特-1】0【特-2】0【特-3】0 【增】16【对美加征】10【出】0【退】16	条/千克					101 999	其他纺织材料制针织或钩编女裤（针织童装） 其他纺织材料制针织或钩编女裤（针织裤子）
610510	00	11	棉制针织或钩编男童游戏套装衬衫 【电商】	Knitted or crocheted boys' playsuit shirts, size 8~18, of cotton, without stitched collar	【最】6【普】90 【协亚太】3.9【协东盟】0【协香港】0 【协澳门】0【协巴基斯坦】13.6【协智利】0 【协新西兰】0【协新加坡】0【协台湾】0 【协哥斯达黎加】0【协冰岛】0【协瑞士】6 【协澳大利亚】0【协韩国】8 【协格鲁吉亚】0 【特亚太】4.2【特东老挝】0【特东柬埔寨】0 【特东缅甸】0【特-1】0【特-2】0【特-3】0 【增】16【对美加征】10【出】0【退】16	件/千克	A		M		999	棉制针织或钩编男童游戏套装衬衫（不带缝制领，指男童8~18号）
610510	00	19	棉制其他男童游戏套装衬衫 【电商】	Other knitted or crocheted boys' playsuit shirts, of cotton	【最】6【普】90 【协亚太】3.9【协东盟】0【协香港】0 【协澳门】0【协巴基斯坦】13.6【协智利】0 【协新西兰】0【协新加坡】0【协台湾】0 【协哥斯达黎加】0【协冰岛】0【协瑞士】6 【协澳大利亚】0【协韩国】8 【协格鲁吉亚】0 【特亚太】4.2【特东老挝】0【特东柬埔寨】0 【特东缅甸】0【特-1】0【特-2】0【特-3】0 【增】16【对美加征】10【出】0【退】16	件/千克	A		M		999	棉制其他男童游戏套装衬衫（针织或钩编）
610510	00	90	其他棉制针织或钩编其他男衬衫 【电商】	Other knitted or crocheted men's or boys' shirts, of cotton	【最】6【普】90 【协亚太】3.9【协东盟】0【协香港】0 【协澳门】0【协巴基斯坦】13.6【协智利】0 【协新西兰】0【协新加坡】0【协台湾】0 【协哥斯达黎加】0【协冰岛】0【协瑞士】6 【协澳大利亚】0【协韩国】8 【协格鲁吉亚】0 【特亚太】4.2【特东老挝】0【特东柬埔寨】0 【特东缅甸】0【特-1】0【特-2】0【特-3】0 【增】16【对美加征】10【出】0【退】16	件/千克					101 999	其他棉制针织或钩编其他男衬衫（针织童装） 其他棉制针织或钩编其他男衬衫（针织衬衫）
610520	00	21	化纤针织或钩编男童游戏套装衬衫 【电商】	Knitted or crocheted boys' playsuit shirts, size 8~18, of man-made fibres, without stitched collar	【最】8【普】130 【协亚太】5.2【协东盟】0【协香港】0 【协澳门】0【协巴基斯坦】8.8【协智利】0 【协新西兰】0【协新加坡】0【协秘鲁】0 【协哥斯达黎加】0【协冰岛】0【协瑞士】7 【协澳大利亚】0【协韩国】8.7 【协格鲁吉亚】0 【特亚太】0【特-1】0【特-2】0【特-3】0 【增】16【对美加征】10【出】0【退】16	件/千克	A		M		999	化纤针织或钩编男童游戏套装衬衫（不带缝制领，指男童8~18号）
610520	00	29	化纤制其他男童游戏套装衬衫 【电商】	Other knitted or crocheted boys' playsuit shirts, of man-made fibres	【最】8【普】130 【协亚太】5.2【协东盟】0【协香港】0 【协澳门】0【协巴基斯坦】8.8【协智利】0 【协新西兰】0【协新加坡】0【协秘鲁】0 【协哥斯达黎加】0【协冰岛】0【协瑞士】7 【协澳大利亚】0【协韩国】8.7 【协格鲁吉亚】0 【特亚太】0【特-1】0【特-2】0【特-3】0 【增】16【对美加征】10【出】0【退】16	件/千克	A		M		999	化纤制其他男童游戏套装衬衫（针织或钩编）
610520	00	90	其他化纤制针织或钩编其他男衬衫 【电商】	Other knitted or crocheted men's or boys' shirts, of man-made fibres	【最】8【普】130 【协亚太】5.2【协东盟】0【协香港】0 【协澳门】0【协巴基斯坦】8.8【协智利】0 【协新西兰】0【协新加坡】0【协秘鲁】0 【协哥斯达黎加】0【协冰岛】0【协瑞士】7 【协澳大利亚】0【协韩国】8.7 【协格鲁吉亚】0 【特亚太】0【特-1】0【特-2】0【特-3】0 【增】16【对美加征】10【出】0【退】16	件/千克					101 999	其他化纤制针织或钩编其他男衬衫（针织童装） 其他化纤制针织或钩编其他男衬衫（针织衬衫）

税则号列			货品名称中英文		税费综合信息	计量单位	监管证件代码		检验检疫类别		检验检疫编码	检验检疫编码对应中文名称
HS国际统一前6位	本国子目 7~8位	本国子目 9~10位	中文 货物名称	英文 Article Description			进口	出口	进口	出口		
610590	00		其他纺织材料制针织或钩编男衬衫 【电商】	Of other textile materials	【最】6【普】130 【协亚太】3.9【协东盟】0【协香港】0 【协澳门】0【协巴基斯坦】8【协智利】0 【协新西兰】0【协新加坡】0【协秘鲁】0 【协哥斯达黎加】0【协冰岛】0【协瑞士】6 【协澳大利亚】0【协韩国】8 【协格鲁吉亚】0 【特亚太】0【特-1】0【特-2】0【特-3】0 【增】16【对美加征】10【出】0【退】16	件/千克					101 102 999	其他纺织材料制针织或钩编男衬衫（针织童装） 其他纺织材料制针织或钩编男衬衫（针织或钩编） 其他纺织材料制针织或钩编男衬衫（针织衬衫）
610610	00	10	棉制针织或钩编女童游戏套装衬衫 【电商】	Knitted or crocheted girls' playsuit shirts, of cotton	【最】6【普】90 【协亚太】3.9【协东盟】0【协香港】0 【协澳门】0【协巴基斯坦】8【协智利】0 【协新西兰】0【协新加坡】0【协秘鲁】01.6 【协哥斯达黎加】0【协冰岛】0【协瑞士】6 【协澳大利亚】0【协韩国】8 【协格鲁吉亚】0 【特亚太】2.4【特东老挝】0【特东柬埔寨】0 【特东缅甸】0【特-1】0【特-2】0【特-3】0 【增】16【对美加征】10【出】0【退】16	件/千克	A		M		999	棉制针织或钩编女童游戏套装衬衫
610610	00	90	棉制针织或钩编其他女衬衫 【电商】	Other knitted or crocheted women's or girls' shirts, of cotton	【最】6【普】90 【协亚太】3.9【协东盟】0【协香港】0 【协澳门】0【协巴基斯坦】8【协智利】0 【协新西兰】0【协新加坡】0【协秘鲁】0 【协哥斯达黎加】0【协冰岛】0【协瑞士】6 【协澳大利亚】0【协韩国】8 【协格鲁吉亚】0 【特亚太】2.4【特东老挝】0【特东柬埔寨】0 【特东缅甸】0【特-1】0【特-2】0【特-3】0 【增】16【对美加征】10【出】0【退】16	件/千克					999	棉制针织或钩编其他女衬衫
610620	00	20	其他化纤制女童游戏套装衬衫 【电商】	Knitted or crocheted girls' playsuit shirts, of man-made fibres	【最】8【普】130 【协亚太】5.2【协东盟】0【协香港】0 【协澳门】0【协巴基斯坦】8.8【协智利】0 【协新西兰】0【协新加坡】0【协秘鲁】0 【协哥斯达黎加】0【协冰岛】0【协瑞士】7 【协澳大利亚】0【协韩国】8.7 【协格鲁吉亚】0 【特亚太】0【特-1】0【特-2】0【特-3】0 【增】16【对美加征】10【出】0【退】16	件/千克	A		M		999	其他化纤制女童游戏套装衬衫（针织或钩编）
610620	00	90	其他化纤针织或钩编未列名女衬衫 【电商】	Other knitted or crocheted women's or girls' shirts, of man-made fibres, not specified	【最】8【普】130 【协亚太】5.2【协东盟】0【协香港】0 【协澳门】0【协巴基斯坦】8.8【协智利】0 【协新西兰】0【协新加坡】0【协秘鲁】0 【协哥斯达黎加】0【协冰岛】0【协瑞士】7 【协澳大利亚】0【协韩国】8.7 【协格鲁吉亚】0 【特亚太】0【特-1】0【特-2】0【特-3】0 【增】16【对美加征】10【出】0【退】16	件/千克					999	其他化纤针织或钩编未列名女衬衫（针织或钩编）
610690	00		其他纺织材料制针织或钩编女衬衫 【电商】	Of other textile materials	【最】6【普】130 【协亚太】3.9【协东盟】0【协香港】0 【协澳门】0【协巴基斯坦】8【协智利】0 【协新西兰】0【协新加坡】0【协秘鲁】0 【协台湾】0【协哥斯达黎加】0【协冰岛】0 【协瑞士】6【协澳大利亚】0【协韩国】8 【协格鲁吉亚】0 【特亚太】0【特-1】0【特-2】0【特-3】0 【增】16【对美加征】10【出】0【退】16	件/千克					101 999	其他纺织材料制针织或钩编女衬衫（毛衫） 其他纺织材料制针织或钩编女衬衫（针织衬衫）
610711	00		棉制针织或钩编男内裤及三角裤 【电商】	Knitted or crocheted men's or boys' underpants and briefs of cotton	【最】6【普】90 【协东盟】0【协香港】0【协澳门】0 【协巴基斯坦】11.2【协智利】0【协新西兰】0 【协新加坡】0【协秘鲁】0【协哥斯达黎加】0 【协冰岛】0【协瑞士】5.6【协澳大利亚】0 【协韩国】7【协格鲁吉亚】0 【特亚太】2.4【特东老挝】0【特东柬埔寨】0 【特东缅甸】0【特-1】0【特-2】0【特-3】0 【增】16【对美加征】10【出】0【退】16	件/千克	A		M		999	棉制针织或钩编男内裤及三角裤

税则号列 HS国际统一前6位	本国子目 7~8位	本国子目 9~10位	货品名称中英文 中文 货物名称	货品名称中英文 英文 Article Description	税费综合信息	计量单位	监管证件代码 进口	监管证件代码 出口	检验检疫类别 进口	检验检疫类别 出口	检验检疫编码	检验检疫编码对应中文名称
610712	00		化纤制针织或钩编男内裤及三角裤【电商】	Knitted or crocheted men's or boys' underpants and briefs of man-made fibres	【最】6【普】130 【协亚太】3.9【协东盟】0【协香港】0 【协澳门】0【协巴基斯坦】8【协智利】0 【协新西兰】0【协新加坡】0【协秘鲁】0 【协哥斯达黎加】0【协冰岛】0【协瑞士】6 【协澳大利亚】0【协韩国】8 【协格鲁吉亚】0 【特-1】0【特-2】0 【增】16【出】0【退】16	件/千克	A		M		999	化纤制针织或钩编男内裤及三角裤
610719	10	10	丝及绢丝制男内裤及三角裤	Knitted or crocheted men's or boys' underpants and briefs, containing 70% or more by weight of silk or spun silk	【最】6【普】130 【协亚太】3.9【协东盟】0【协香港】0 【协澳门】0【协巴基斯坦】7【协智利】0 【协新西兰】0【协新加坡】0【协秘鲁】0 【协哥斯达黎加】0【协冰岛】0【协瑞士】5.6 【协澳大利亚】0【协韩国】7 【协格鲁吉亚】0 【特-1】0【特-2】0 【增】16【出】0【退】16	件/千克	A		M		999	丝及绢丝制男内裤及三角裤（含丝70%及以上，针织或钩编）
610719	10	90	其他丝及绢丝制男内裤及三角裤（含丝70%以下，针织或钩编）	Other knitted or crocheted men's or boys' underpants and briefs, containing less than 70% by weight of silk or spun silk	【最】6【普】130 【协亚太】3.9【协东盟】0【协香港】0 【协澳门】0【协巴基斯坦】7【协智利】0 【协新西兰】0【协新加坡】0【协秘鲁】0 【协哥斯达黎加】0【协冰岛】0【协瑞士】5.6 【协澳大利亚】0【协韩国】7 【协格鲁吉亚】0 【特-1】0【特-2】0 【增】16【出】0【退】16	件/千克	A		M		999	其他丝及绢丝制男内裤及三角裤（含丝70%以下，针织或钩编）
610719	90	10	羊毛或动物细毛制男内裤及三角裤（针织或钩编）	Knitted or crocheted men's or boys' underpants and briefs, of wool or fine animal hair	【最】6【普】130 【协亚太】3.9【协东盟】0【协香港】0 【协澳门】0【协巴基斯坦】7【协智利】0 【协新西兰】0【协新加坡】0【协秘鲁】0 【协哥斯达黎加】0【协冰岛】0【协瑞士】5.6 【协澳大利亚】0【协韩国】7 【协格鲁吉亚】0 【特-1】0【特-2】0 【增】16【对美加征】10【出】0【退】16	件/千克	A		M		999	羊毛或动物细毛制男内裤及三角裤（针织或钩编）
610719	90	90	其他纺织材料制男内裤及三角裤（针织或钩编）	Knitted or crocheted men's or boys' underpants and briefs, of other textile fibres	【最】6【普】130 【协亚太】3.9【协东盟】0【协香港】0 【协澳门】0【协巴基斯坦】7【协智利】0 【协新西兰】0【协新加坡】0【协秘鲁】0 【协哥斯达黎加】0【协冰岛】0【协瑞士】5.6 【协澳大利亚】0【协韩国】7 【协格鲁吉亚】0 【特-1】0【特-2】0 【增】16【对美加征】10【出】0【退】16	件/千克	A		M		999	其他纺织材料制男内裤及三角裤（针织或钩编）
610721	00		棉制针织或钩编男长睡衣及睡衣裤	Knitted or crocheted men's or boys' nightshirts, pyjamas of cotton	【最】6【普】90 【协东盟】0【协香港】0【协澳门】0 【协巴基斯坦】11.2【协智利】0【协新西兰】0 【协新加坡】0【协哥斯达黎加】0【协冰岛】0 【协瑞士】5.6【协澳大利亚】0【协韩国】7 【协格鲁吉亚】0 【特亚太】2.4【特东老挝】0【特东柬埔寨】0 【特东缅甸】0【特-1】0【特-2】0【特-3】0 【增】16【出】0【退】16	件/千克	A		M		999	棉制针织或钩编男长睡衣及睡衣裤
610722	00		化纤制针织或钩编男睡衣裤【电商】	Knitted or crocheted men's or boys' nightshirts, pyjamas of man-made fibres	【最】6【普】130 【协亚太】3.9【协东盟】0【协香港】0 【协澳门】0【协巴基斯坦】8【协智利】0 【协新西兰】0【协新加坡】0【协秘鲁】0 【协哥斯达黎加】0【协冰岛】0【协瑞士】6 【协澳大利亚】0【协韩国】8 【协格鲁吉亚】0 【特亚太】0【特-1】0【特-2】0【特-3】0 【增】16【出】0【退】16	件/千克	A		M		999	化纤制针织或钩编男睡衣裤（包括长睡衣）

税则号列 HS国际统一前6位	本国子目 7~8位	本国子目 9~10位	货品名称中英文 中文 货物名称	货品名称中英文 英文 Article Description	税费综合信息	计量单位	监管证件代码 进口	监管证件代码 出口	检验检疫类别 进口	检验检疫类别 出口	检验检疫编码	检验检疫编码对应中文名称
610729	10	10	丝及绢丝制针织或钩编男睡衣裤（含丝70%及以上，包括长睡衣）	Knitted or crocheted men's or boys' nightshirts, pyjamas, containing 70% or more by weight of silk or spun silk	【最】6【普】130 【协亚太】3.9【协东盟】0【协香港】0 【协澳门】0【协巴基斯坦】7【协智利】0 【协新西兰】0【协新加坡】0【协秘鲁】0 【协哥斯达黎加】0【协冰岛】0【协瑞士】5.6 【协澳大利亚】0【协韩国】7 【协格鲁吉亚】0 【特亚太】0【特-1】0【特-2】0【特-3】0 【增】16【出】0【退】16	件/千克	A		M		999	丝及绢丝制针织或钩编男睡衣裤（含丝70%及以上，包括长睡衣）
610729	10	90	其他丝及绢丝制针织或钩编男睡衣裤（含丝70%以下，包括长睡衣）	Knitted or crocheted men's or boys' nightshirts, pyjamas, containing less than 70% by weight of silk or spun silk	【最】6【普】130 【协亚太】3.9【协东盟】0【协香港】0 【协澳门】0【协巴基斯坦】7【协智利】0 【协新西兰】0【协新加坡】0【协秘鲁】0 【协哥斯达黎加】0【协冰岛】0【协瑞士】5.6 【协澳大利亚】0【协韩国】7 【协格鲁吉亚】0 【特亚太】0【特-1】0【特-2】0【特-3】0 【增】16【出】0【退】16	件/千克	A		M		999	其他丝及绢丝制针织或钩编男睡衣裤（含丝70%以下，包括长睡衣）
610729	90		其他纺材制针织或钩编男睡衣裤	Other	【最】6【普】130 【协亚太】3.9【协东盟】0【协香港】0 【协澳门】0【协巴基斯坦】7【协智利】0 【协新西兰】0【协新加坡】0【协秘鲁】0 【协哥斯达黎加】0【协冰岛】0【协瑞士】5.6 【协澳大利亚】0【协韩国】7 【协格鲁吉亚】0 【特亚太】0【特东老挝】0【特东柬埔寨】0 【特东缅甸】0【特-1】0【特-2】0【特-3】0 【增】16【出】0【退】16	件/千克	A		M		999	其他纺材制针织或钩编男睡衣裤（包括长睡衣）
610791	00	10	棉制针织或钩编其他睡衣裤【电商】	Other knitted or crocheted men's or boys' pyjamas, of cotton	【最】6【普】90 【协东盟】0【协香港】0【协澳门】0 【协巴基斯坦】7【协智利】0【协新西兰】0 【协新加坡】0【协秘鲁】0【协哥斯达黎加】0 【协冰岛】0【协瑞士】5.6【协澳大利亚】0 【协韩国】7【协格鲁吉亚】0 【特-1】0【特-2】0 【增】16【出】0【退】16	件/千克	A		M		999	棉制针织或钩编其他睡衣裤
610791	00	90	棉制针织或钩编男浴衣、晨衣等【电商】	Knitted or crocheted men's or boys' bathrobes, dressing gowns and similar articles, of cotton	【最】6【普】90 【协东盟】0【协香港】0【协澳门】0 【协巴基斯坦】7【协智利】0【协新西兰】0 【协新加坡】0【协秘鲁】0【协哥斯达黎加】0 【协冰岛】0【协瑞士】5.6【协澳大利亚】0 【协韩国】7【协格鲁吉亚】0 【特-1】0【特-2】0 【增】16【出】0【退】16	件/千克	A		M		999	棉制针织或钩编男浴衣、晨衣等（包括类似品）
610799	10		化学纤维制其他男睡衣裤、浴衣、晨衣等	Knitted or crocheted men's or boys' bathrobes, dressing gowns and similar articles of man-made fibres	【最】6【普】130 【协亚太】3.9【协东盟】0【协香港】0 【协澳门】0【协巴基斯坦】8【协智利】0 【协新西兰】0【协新加坡】0【协秘鲁】0 【协哥斯达黎加】0【协冰岛】0【协瑞士】6 【协澳大利亚】0【协韩国】8 【协格鲁吉亚】0 【特-1】0【特-2】0 【增】16【对美加征】10【出】0【退】16	件/千克	A		M		999	化学纤维制其他男睡衣裤、浴衣、晨衣等（包括类似品）
610799	90		其他纺织材料制其他男睡衣裤、浴衣、晨衣等	Knitted or crocheted men's or boys' bathrobes, dressing gowns and similar articles of other textile materials	【最】6【普】130 【协亚太】3.9【协东盟】0【协巴基斯坦】7 【协智利】0【协新西兰】0【协新加坡】0 【协秘鲁】0【协哥斯达黎加】0【协冰岛】0 【协瑞士】5.6【协澳大利亚】0【协韩国】7 【协格鲁吉亚】0【协香港】0【协澳门】0 【特-1】0【特-2】0 【增】16【对美加征】10【出】0【退】16	件/千克	A		M		999	其他纺织材料制其他男睡衣裤、浴衣、晨衣等（包括类似品，针织或钩编）
610811	00		化纤制针织或钩编长衬裙及衬裙	Knitted or crocheted women's or girls' slips and petticoats of man-made fibres	【最】6【普】130 【协亚太】3.9 【协东盟】0【协香港】0【协澳门】0 【协巴基斯坦】8【协智利】0【协新西兰】0 【协新加坡】0【协秘鲁】0【协哥斯达黎加】0 【协冰岛】0【协瑞士】6【协澳大利亚】0 【协韩国】8【协格鲁吉亚】0 【特-1】0【特-2】0 【增】16【出】0【退】16	件/千克					999	化纤制针织或钩编长衬裙及衬裙

税则号列			货品名称中英文		税费综合信息	计量单位	监管证件代码		检验检疫类别		检验检疫编码	检验检疫编码对应中文名称
HS国际统一前6位	本国子目 7~8位	9~10位	中文 货物名称	英文 Article Description			进口	出口	进口	出口		
610819	10		棉制针织或钩编女式长衬裙及衬裙	Knitted or crocheted women's or girls' slips and petticoats of cotton	【最】6【普】90 【协东盟】0【协香港】0【协澳门】0 【协巴基斯坦】7【协智利】0【协新西兰】0 【协新加坡】0【协秘鲁】0【协哥斯达黎加】0 【协冰岛】0【协瑞士】5.6【协澳大利亚】0 【协韩国】7【协格鲁吉亚】0 【特-1】0【特-2】0【特-3】0 【增】16【出】0【退】16	件/千克					999	棉制针织或钩编女式长衬裙及衬裙
610819	20		丝及绢丝制女式长衬裙及衬裙	Of silk or silk waste	【最】6【普】130 【协东盟】0【协香港】0【协澳门】0 【协巴基斯坦】7【协智利】0【协新西兰】0 【协新加坡】0【协秘鲁】0【协哥斯达黎加】0 【协冰岛】0【协瑞士】5.6【协澳大利亚】0 【协韩国】7【协格鲁吉亚】0 【特-1】0【特-2】0 【增】16【出】0【退】16	件/千克					999	丝及绢丝制女式长衬裙及衬裙
610819	90		其他纺织材料制女式长衬裙及衬裙	Knitted or crocheted women's or girls' slips and of other textile materials	【最】6【普】130 【协亚太】3.9【协东盟】0【协香港】0 【协澳门】0【协巴基斯坦】7【协智利】0 【协新西兰】0【协新加坡】0【协秘鲁】0 【协哥斯达黎加】0【协冰岛】0【协瑞士】5.6 【协澳大利亚】0【协韩国】7 【协格鲁吉亚】0 【特-1】0【特-2】0 【增】16【出】0【退】16	件/千克					999	其他纺织材料制女式长衬裙及衬裙（针织或钩编）
610821	00		棉制针织或钩编女三角裤及短衬裤 【电商】	knitted or crocheted women's or girls' briefs and panties of cotton	【最】6【普】90 【协东盟】0【协香港】0【协澳门】0 【协巴基斯坦】11.2【协智利】0【协新西兰】0 【协新加坡】0【协秘鲁】0【协哥斯达黎加】0 【协冰岛】0【协瑞士】5.6【协澳大利亚】0 【协韩国】7【协格鲁吉亚】0 【特东老挝】0【特东柬埔寨】0【特东缅甸】0 【特-1】0【特-2】0【特-3】0 【增】16【对美加征】10【出】0【退】16	件/千克	A		M		999	棉制针织或钩编女三角裤及短衬裤
610822	00	10	化纤制一次性女三角裤及短衬裤 【电商】	Knitted or crocheted women's or girls' briefs and panties, of man-made fibres, one-off	【最】6【普】130 【协亚太】3.9【协东盟】0【协香港】0 【协澳门】0【协巴基斯坦】8【协智利】0 【协新西兰】0【协新加坡】0【协秘鲁】0 【协哥斯达黎加】0【协冰岛】0【协瑞士】6 【协澳大利亚】0【协韩国】8 【协格鲁吉亚】0 【特-1】0【特-2】0【特-3】0 【增】16【对美加征】10【出】0【退】16	件/千克	A		M		999	化纤制一次性女三角裤及短衬裤（针织或钩编）
610822	00	90	化纤制其他女三角裤及短衬裤 【电商】	Other knitted or crocheted women's or girls' briefs and panties, of man-made fibres	【最】6【普】130 【协亚太】3.9【协东盟】0【协香港】0 【协澳门】0【协巴基斯坦】8【协智利】0 【协新西兰】0【协新加坡】0【协秘鲁】0 【协哥斯达黎加】0【协冰岛】0【协瑞士】6 【协澳大利亚】0【协韩国】8 【协格鲁吉亚】0 【特-1】0【特-2】0【特-3】0 【增】16【对美加征】10【出】0【退】16	件/千克	A		M		999	化纤制其他女三角裤及短衬裤（针织或钩编）
610829	10	10	丝及绢丝制女三角裤及短衬裤 【电商】	Knitted or crocheted girls' briefs and panties, containing 70% or more by weight of silk or spun silk	【最】6【普】130 【协亚太】3.9【协东盟】0【协香港】0 【协澳门】0【协巴基斯坦】7【协智利】0 【协新西兰】0【协新加坡】0【协秘鲁】0 【协哥斯达黎加】0【协冰岛】0【协瑞士】5.6 【协澳大利亚】0【协韩国】7 【协格鲁吉亚】0 【特-1】0【特-2】0 【增】16【出】0【退】16	件/千克	A		M		999	丝及绢丝制女三角裤及短衬裤（针织或钩编，含丝70%及以上）
610829	10	90	其他丝及绢丝制女三角裤及短衬裤 【电商】	Other knitted or crocheted women's or girls' briefs and panties, containing less than 70% by weight of silk or spun silk	【最】6【普】130 【协亚太】3.9【协东盟】0【协香港】0 【协澳门】0【协巴基斯坦】7【协智利】0 【协新西兰】0【协新加坡】0【协秘鲁】0 【协哥斯达黎加】0【协冰岛】0【协瑞士】5.6 【协澳大利亚】0【协韩国】7 【协格鲁吉亚】0 【特-1】0【特-2】0 【增】16【出】0【退】16	件/千克	A		M		999	其他丝及绢丝制女三角裤及短衬裤（针织或钩编，含丝70%以下）

税则号列			货品名称中英文		税费综合信息	计量单位	监管证件代码		检验检疫类别		检验检疫编码	检验检疫编码对应中文名称
HS国际统一前6位	本国子目 7~8位	本国子目 9~10位	中文 货物名称	英文 Article Description			进口	出口	进口	出口		
610829	90	10	羊毛制女三角裤及短衬裤	Knitted or crocheted women's or girls' briefs and panties, of wool	【最】6【普】130 【协亚太】3.9【协东盟】0【协香港】0 【协澳门】0【协巴基斯坦】7【协智利】0 【协新西兰】0【协新加坡】0【协秘鲁】0 【协哥斯达黎加】0【协冰岛】0【协瑞士】5.6 【协澳大利亚】0【协韩国】7 【协格鲁吉亚】0 【特-1】0【特-2】0 【增】16【出】0【退】16	件/千克	A		M		999	羊毛制女三角裤及短衬裤（针织或钩编）
610829	90	90	其他纺织材料制女三角裤及短衬裤	Knitted or crocheted women's or girls' briefs and panties, of other textile materials	【最】6【普】130 【协亚太】3.9【协东盟】0【协香港】0 【协澳门】0【协巴基斯坦】7【协智利】0 【协新西兰】0【协新加坡】0【协秘鲁】0 【协哥斯达黎加】0【协冰岛】0【协瑞士】5.6 【协澳大利亚】0【协韩国】7 【协格鲁吉亚】0 【特-1】0【特-2】0 【增】16【出】0【退】16	件/千克	A		M		999	其他纺织材料制女三角裤及短衬裤（针织或钩编）
610831	00		棉制针织或钩编女睡衣及睡衣裤 【电商】	Knitted or crocheted women's or girls' nightshirts, pyjamas of cotton	【最】6【普】90 【协东盟】0【协香港】0【协澳门】0 【协巴基斯坦】11.2【协智利】0【协新西兰】0 【协新加坡】0【协秘鲁】0【协哥斯达黎加】0 【协冰岛】0【协瑞士】5.6【协澳大利亚】0 【协韩国】7【协格鲁吉亚】0 【特亚太】2.4【特东老挝】0【特东柬埔寨】0 【特东缅甸】0【特-1】0【特-2】0【特-3】0 【增】16【对美加征】10【出】0【退】16	件/千克	A		M		999	棉制针织或钩编女睡衣及睡衣裤
610832	00		化纤制针织或钩编女睡衣及睡衣裤 【电商】	Knitted or crocheted women's or girls' nightshirts, pyjamas of man-made fibres	【最】6【普】130 【协亚太】3.9【协东盟】0【协香港】0 【协澳门】0【协巴基斯坦】8【协智利】0 【协新西兰】0【协新加坡】0【协秘鲁】0 【协哥斯达黎加】0【协冰岛】0【协瑞士】6 【协澳大利亚】0【协韩国】8 【协格鲁吉亚】0 【特亚太】0【特-1】0【特-2】0【特-3】0 【增】16【对美加征】10【出】0【退】16	件/千克	A		M		999	化纤制针织或钩编女睡衣及睡衣裤
610839	10	10	丝及绢丝制女睡衣及睡衣裤	Knitted or crocheted women's or girls' nightshirts, pyjamas, containing 70% or more by weight of silk or spun silk	【最】6【普】130 【协亚太】3.9【协东盟】0【协香港】0 【协澳门】0【协巴基斯坦】7【协智利】0 【协新西兰】0【协新加坡】0【协秘鲁】0 【协哥斯达黎加】0【协冰岛】0【协瑞士】5.6 【协澳大利亚】0【协韩国】7 【协格鲁吉亚】0 【特亚太】0【特-1】0【特-2】0【特-3】0 【增】16【出】0【退】16	件/千克	A		M		999	丝及绢丝制女睡衣及睡衣裤（针织或钩编，含丝70%及以上）
610839	10	90	其他丝及绢丝制女睡衣及睡衣裤	Other knitted or crocheted women's or girls' nightshirts and pyjamas, containing less than 70% by weight of silk or spun silk	【最】6【普】130 【协亚太】3.9【协东盟】0【协香港】0 【协澳门】0【协巴基斯坦】7【协智利】0 【协新西兰】0【协新加坡】0【协秘鲁】0 【协哥斯达黎加】0【协冰岛】0【协瑞士】5.6 【协澳大利亚】0【协韩国】7 【协格鲁吉亚】0 【特亚太】0【特-1】0【特-2】0【特-3】0 【增】16【出】0【退】16	件/千克	A		M		999	其他丝及绢丝制女睡衣及睡衣裤（针织或钩编，含丝70%以下）
610839	90	10	羊毛或动物细毛制女睡衣及睡衣裤	Knitted or crocheted women's or girls' nightshirts and pyjamas, of wool or fine animal hair	【最】6【普】130 【协亚太】3.9【协东盟】0【协香港】0 【协澳门】0【协巴基斯坦】7【协智利】0 【协新西兰】0【协新加坡】0【协秘鲁】0 【协哥斯达黎加】0【协冰岛】0【协瑞士】5.6 【协澳大利亚】0【协韩国】7 【协格鲁吉亚】0 【特亚太】0【特-1】0【特-2】0【特-3】0 【增】16【出】0【退】16	件/千克	A		M		999	羊毛或动物细毛制女睡衣及睡衣裤（针织或钩编）

税则号列 HS国际统一前6位	本国子目 7~8位	本国子目 9~10位	货品名称中文 货物名称	货品名称英文 Article Description	税费综合信息	计量单位	监管证件代码 进口	监管证件代码 出口	检验检疫类别 进口	检验检疫类别 出口	检验检疫编码	检验检疫编码对应中文名称
610839	90	90	其他纺织材料制女睡衣及睡衣裤	Knitted or crocheted women's or girls' nightshirts and pyjamas, of other textile materials	【最】6【普】130 【协亚太】3.9【协东盟】0【协香港】0 【协澳门】0【协巴基斯坦】7【协智利】0 【协新西兰】0【协新加坡】0【协秘鲁】0 【协哥斯达黎加】0【协冰岛】0【协瑞士】5.6 【协澳大利亚】0【协韩国】7 【协格鲁吉亚】0 【特亚太】0【特-1】0【特-2】0【特-3】0 【增】16【出】0【退】16	件/千克	A		M		999	其他纺织材料制女睡衣及睡衣裤（针织或钩编）
610891	00	10	棉制针织或钩编女内裤、内衣【电商】	Knitted or crocheted women's or girls' underwear, of cotton	【最】6【普】90 【协东盟】0【协香港】0【协澳门】0 【协巴基斯坦】11.2【协智利】0【协新西兰】0 【协新加坡】0【协秘鲁】0【协哥斯达黎加】0 【协冰岛】0【协瑞士】5.6【协澳大利亚】0 【协韩国】7【协格鲁吉亚】0 【特东老挝】0【特东柬埔寨】0【特东缅甸】0 【特-1】0【特-2】0【特-3】0 【增】16【对美加征】10【出】0【退】16	件/千克	A		M		999	棉制针织或钩编女内裤、内衣
610891	00	90	其他棉制针织或钩编女浴衣、晨衣【电商】	Knitted or crocheted women's or girls' bathrobes, dressing gowns and similar articles, of cotton	【最】6【普】90 【协东盟】0【协香港】0【协澳门】0 【协巴基斯坦】11.2【协智利】0【协新西兰】0 【协新加坡】0【协秘鲁】0【协哥斯达黎加】0 【协冰岛】0【协瑞士】5.6【协澳大利亚】0 【协韩国】7【协格鲁吉亚】0 【特东老挝】0【特东柬埔寨】0【特东缅甸】0 【特-1】0【特-2】0【特-3】0 【增】16【对美加征】10【出】0【退】16	件/千克	A		M		999	其他棉制针织或钩编女浴衣、晨衣等（包括类似品）
610892	00	10	化纤制针织或钩编女内裤、内衣【电商】	Knitted or crocheted women's or girls' underwear, of man-made fibres	【最】6【普】130 【协亚太】3.9【协东盟】0【协香港】0 【协澳门】0【协巴基斯坦】8【协智利】0 【协新西兰】0【协新加坡】0【协秘鲁】0 【协哥斯达黎加】0【协冰岛】0【协瑞士】6 【协澳大利亚】0【协韩国】8 【协格鲁吉亚】0 【特-1】0【特-2】0【特-3】0 【增】16【对美加征】10【出】0【退】16	件/千克	A		M		999	化纤制针织或钩编女内裤、内衣
610892	00	90	其他化纤制针织或钩编女浴衣、晨衣等【电商】	Knitted or crocheted women's or girls' bathrobes, dressing gowns and similar articles, of man-made fibres	【最】6【普】130 【协亚太】3.9【协东盟】0【协香港】0 【协澳门】0【协巴基斯坦】8【协智利】0 【协新西兰】0【协新加坡】0【协秘鲁】0 【协哥斯达黎加】0【协冰岛】0【协瑞士】6 【协澳大利亚】0【协韩国】8 【协格鲁吉亚】0 【特-1】0【特-2】0【特-3】0 【增】16【对美加征】10【出】0【退】16	件/千克	A		M		999	其他化纤制针织或钩编女浴衣、晨衣等（包括类似品）
610899	00	10	丝及绢丝制女浴衣、晨衣等	Knitted or crocheted women's or girls' bathrobes, dressing gowns and similar articles, containing 70% or more by weight of silk or spun silk	【最】6【普】130 【协亚太】3.9【协东盟】0【协香港】0 【协澳门】0【协巴基斯坦】7【协智利】0 【协新西兰】0【协新加坡】0【协秘鲁】0 【协哥斯达黎加】0【协冰岛】0【协瑞士】5.6 【协澳大利亚】0【协韩国】7 【协格鲁吉亚】0 【特-1】0【特-2】0 【增】16【出】0【退】16	件/千克	A		M		999	丝及绢丝制女浴衣、晨衣等（针织或钩编，包括类似品，含丝70%及以上）
610899	00	20	羊毛或动物细毛制女浴衣、晨衣等	Knitted or crocheted women's or girls' bathrobes, dressing gowns and similar articles, of wool or fine animal hair	【最】6【普】130 【协亚太】3.9【协东盟】0【协香港】0 【协澳门】0【协巴基斯坦】7【协智利】0 【协新西兰】0【协新加坡】0【协秘鲁】0 【协哥斯达黎加】0【协冰岛】0【协瑞士】5.6 【协澳大利亚】0【协韩国】7 【协格鲁吉亚】0 【特-1】0【特-2】0 【增】16【出】0【退】16	件/千克	A		M		999	羊毛或动物细毛制女浴衣、晨衣等（针织或钩编，包括类似品）

税则号列 HS国际统一前6位	本国子目 7~8位	本国子目 9~10位	货品名称中英文 中文 货物名称	货品名称中英文 英文 Article Description	税费综合信息	计量单位	监管证件代码 进口	监管证件代码 出口	检验检疫类别 进口	检验检疫类别 出口	检验检疫编码	检验检疫编码对应中文名称
610899	00	90	其他纺织材料制女浴衣、晨衣等	Knitted or crocheted women's or girls' bathrobes, dressing gowns and similar articles, of other textile materials	【最】6【普】130 【协亚太】3.9【协东盟】0【协香港】0 【协澳门】0【协巴基斯坦】7【协智利】0 【协新西兰】0【协新加坡】0【协秘鲁】0 【协哥斯达黎加】0【协冰岛】0【协瑞士】5.6 【协澳大利亚】0【协韩国】7 【协格鲁吉亚】0 【特-1】0【特-2】0 【增】16【出】0【退】16	件/千克	A		M		999	其他纺织材料制女浴衣、晨衣等（针织或钩编，包括类似品）
610910	00	10	棉制针织或钩编T恤衫、汗衫等 【电商】	T-shirts, singlets, underwear style, and other vests, of cotton, knitted or crocheted	【最】6【普】90 【协亚太】3.9【协东盟】0【协香港】0 【协澳门】0【协巴基斯坦】9.4【协智利】0 【协新西兰】0【协新加坡】0【协秘鲁】0 【协哥斯达黎加】0 【协冰岛】0【协瑞士】5.6【协澳大利亚】0 【协韩国】0【协格鲁吉亚】0 【特东老挝】0【特东柬埔寨】0【特东缅甸】0 【特-1】0【特-2】0【特-3】0 【增】16【对美加征】10【出】0【退】16	件/千克	A		M		999	棉制针织或钩编T恤衫、汗衫等（内衣式，包括其他背心）
610910	00	21	其他棉制针织或钩编男式T恤衫 【电商】	Other knitted or crocheted men's or boys' T-shirts, of cotton, other than underwear	【最】6【普】90 【协亚太】3.9【协东盟】0【协香港】0 【协澳门】0【协巴基斯坦】9.4【协智利】0 【协新西兰】0【协新加坡】0【协秘鲁】0 【协哥斯达黎加】0【协冰岛】0【协瑞士】5.6 【协澳大利亚】0【协韩国】0 【协格鲁吉亚】0 【特东老挝】0【特东柬埔寨】0【特东缅甸】0 【特-1】0【特-2】0【特-3】0 【增】16【对美加征】10【出】0【退】16	件/千克	A		M		999	其他棉制针织或钩编男式T恤衫（内衣除外）
610910	00	22	其他棉制针织或钩编女式T恤衫 【电商】	Other knitted or crocheted women's or gifts T-shirts, of cotton, other than underwear	【最】6【普】90 【协亚太】3.9【协东盟】0【协香港】0 【协澳门】0【协巴基斯坦】9.4【协智利】0 【协新西兰】0【协新加坡】0【协秘鲁】0 【协哥斯达黎加】0【协冰岛】0【协瑞士】5.6 【协澳大利亚】0【协韩国】0 【协格鲁吉亚】0 【特东老挝】0【特东柬埔寨】0【特东缅甸】0 【特-1】0【特-2】0【特-3】0 【增】16【对美加征】10【出】0【退】16	件/千克	A		M		999	其他棉制针织或钩编女式T恤衫（内衣除外）
610910	00	91	其他棉制男式汗衫及其他背心 【电商】	Other knitted or crocheted men's singlets and other vests, including boys', size 8~18, of cotton, other than underwear	【最】6【普】90 【协亚太】3.9【协东盟】0【协香港】0 【协澳门】0【协巴基斯坦】9.4【协智利】0 【协新西兰】0【协新加坡】0【协秘鲁】0 【协哥斯达黎加】0【协冰岛】0【协瑞士】5.6 【协澳大利亚】0【协韩国】0 【协格鲁吉亚】0 【特东老挝】0【特东柬埔寨】0【特东缅甸】0 【特-1】0【特-2】0【特-3】0 【增】16【对美加征】10【出】0【退】16	件/千克	A		M		101 102	其他棉制男式汗衫及其他背心（针织或钩编，内衣除外，包括男童8~18号）（针织外衣） 其他棉制男式汗衫及其他背心（针织或钩编，内衣除外，包括男童8~18号）（针织童装）
610910	00	92	其他棉制男式汗衫及其他背心 【电商】	Other knitted or crocheted men's or boys' singlets and other vests, of cotton, other than underwear	【最】6【普】90 【协亚太】3.9【协东盟】0【协香港】0 【协澳门】0【协巴基斯坦】9.4【协智利】0 【协新西兰】0【协新加坡】0【协秘鲁】0 【协哥斯达黎加】0【协冰岛】0【协瑞士】5.6 【协澳大利亚】0【协韩国】0 【协格鲁吉亚】0 【特东老挝】0【特东柬埔寨】0【特东缅甸】0 【特-1】0【特-2】0【特-3】0 【增】16【对美加征】10【出】0【退】16	件/千克	A		M		999	其他棉制男式汗衫及其他背心（针织或钩编，内衣除外）
610910	00	99	其他棉制女式汗衫及其他背心 【电商】	Other knitted or crocheted women's or girls' singlets and othervests, of cotton, other than underwear	【最】6【普】90 【协亚太】3.9【协东盟】0【协香港】0 【协澳门】0【协巴基斯坦】9.4【协智利】0 【协新西兰】0【协新加坡】0【协秘鲁】0 【协哥斯达黎加】0【协冰岛】0【协瑞士】5.6 【协澳大利亚】0【协韩国】0 【协格鲁吉亚】0 【特东老挝】0【特东柬埔寨】0【特东缅甸】0 【特-1】0【特-2】0【特-3】0 【增】16【对美加征】10【出】0【退】16	件/千克	A		M		999	其他棉制女式汗衫及其他背心（针织或钩编，内衣除外）

税则号列			货品名称中英文		税费综合信息	计量单位	监管证件代码		检验检疫类别		检验检疫编码	检验检疫编码对应中文名称
HS 国际统一前6位	本国子目 7~8位	本国子目 9~10位	中文 货物名称	英文 Article Description			进口	出口	进口	出口		
610990	10	11	丝及绢丝针织或钩编T恤衫、汗衫、背心【电商】	Knitted or crocheted T-shirts, singlets and other vests, underwear style, containing 70% or more by weight of silk or spun silk	【最】6【普】130 【协亚太】3.9【协东盟】0【协香港】0 【协澳门】0【协巴基斯坦】7【协智利】0 【协新西兰】0【协新加坡】0【协秘鲁】0 【协哥斯达黎加】0【协冰岛】0【协瑞士】5.6 【协澳大利亚】0【协韩国】7 【协格鲁吉亚】0 【特亚太】0【特-1】0【特-2】0【特-3】0 【增】16【对美加征】10【出】0【退】16	件/千克	A		M		999	丝及绢丝针织或钩编T恤衫、汗衫、背心（内衣式，含丝≥70%）
610990	10	19	其他丝及绢丝针织或钩编T恤衫、背心【电商】	Other knitted or crocheted T-shirts, singlets and other vests, underwear style, containing less than 70% by weight of silk or spun silk	【最】6【普】130 【协亚太】3.9【协东盟】0【协香港】0 【协澳门】0【协巴基斯坦】7【协智利】0 【协新西兰】0【协新加坡】0【协秘鲁】0 【协哥斯达黎加】0【协冰岛】0【协瑞士】5.6 【协澳大利亚】0【协韩国】7 【协格鲁吉亚】0 【特亚太】0【特-1】0【特-2】0【特-3】0 【增】16【对美加征】10【出】0【退】16	件/千克	A		M		999	其他丝及绢丝针织或钩编T恤衫、背心（包括汗衫，内衣式，含丝70%以下）
610990	10	21	丝及绢丝针织钩编汗衫、背心【电商】	Knitted or crocheted Singlets, vests, including boys', size 8~18, and girls', size 7 ~ 16, containing 70% or more by weight of silk or spun silk, other than underwear	【最】6【普】130 【协亚太】3.9【协东盟】0【协香港】0 【协澳门】0【协巴基斯坦】7【协智利】0 【协新西兰】0【协新加坡】0【协秘鲁】0 【协哥斯达黎加】0【协冰岛】0【协瑞士】5.6 【协澳大利亚】0【协韩国】7 【协格鲁吉亚】0 【特亚太】0【特-1】0【特-2】0【特-3】0 【增】16【对美加征】10【出】0【退】16	件/千克	A		M		101 102	丝及绢丝针织钩编汗衫、背心（内衣除外，含丝≥70%，男童8~18号，女童7~16号）（针织外衣） 丝及绢丝针织钩编汗衫、背心（内衣除外，含丝≥70%，男童8~18号，女童7~16号）（针织童装）
610990	10	29	其他丝及绢丝针织钩编汗衫、背心【电商】	Other knitted or crocheted singlets, vests, including boys', size 8~18, and girls', size 7~16, containing less than 70% by weight of silk or spun silk, other than underwear	【最】6【普】130 【协亚太】3.9【协东盟】0【协香港】0 【协澳门】0【协巴基斯坦】7【协智利】0 【协新西兰】0【协新加坡】0【协秘鲁】0 【协哥斯达黎加】0【协冰岛】0【协瑞士】5.6 【协澳大利亚】0【协韩国】7 【协格鲁吉亚】0 【特亚太】0【特-1】0【特-2】0【特-3】0 【增】16【对美加征】10【出】0【退】16	件/千克	A		M		101 102	其他丝及绢丝针织钩编汗衫、背心（内衣除外，含丝<70%，男童8~18号，女童7~16号）（针织外衣） 其他丝及绢丝针织钩编汗衫、背心（内衣除外，含丝<70%，男童8~18号，女童7~16号）（针织童装）
610990	10	91	其他丝及绢丝针织或钩编T恤衫、汗衫【电商】	Other knitted or crocheted T-shirts, singlets and other vests, containing 70% or more by weight of silk or spun silk	【最】6【普】130 【协亚太】3.9【协东盟】0【协香港】0 【协澳门】0【协巴基斯坦】7【协智利】0 【协新西兰】0【协新加坡】0【协秘鲁】0 【协哥斯达黎加】0【协冰岛】0【协瑞士】5.6 【协澳大利亚】0【协韩国】7 【协格鲁吉亚】0 【特亚太】0【特-1】0【特-2】0【特-3】0 【增】16【对美加征】10【出】0【退】16	件/千克	A		M		999	其他丝及绢丝针织或钩编T恤衫、汗衫（含丝≥70%，包括其他背心）
610990	10	99	其他丝及绢丝针织或钩编T恤衫、汗衫【电商】	Other knitted or crocheted T-shirts, singlets and other vests, containing less than 70% of silk or spun silk	【最】6【普】130 【协亚太】3.9【协东盟】0【协香港】0 【协澳门】0【协巴基斯坦】7【协智利】0 【协新西兰】0【协新加坡】0【协秘鲁】0 【协哥斯达黎加】0【协冰岛】0【协瑞士】5.6 【协澳大利亚】0【协韩国】7 【协格鲁吉亚】0 【特亚太】0【特-1】0【特-2】0【特-3】0 【增】16【对美加征】10【出】0【退】16	件/千克	A		M		999	其他丝及绢丝针织或钩编T恤衫、汗衫（含丝<70%，包括其他背心）
610990	90	11	毛制针织或钩编T恤衫、汗衫等【电商】	Knitted or crocheted T-shirts, singlets and other vests, underwear style, long sleeve, of wool or fine animal hair	【最】6【普】130 【协亚太】3.9【协东盟】0【协香港】0 【协澳门】0【协巴基斯坦】9.3【协智利】0 【协新西兰】0【协新加坡】0【协秘鲁】0 【协哥斯达黎加】0【协冰岛】0【协瑞士】5.6 【协澳大利亚】0【协韩国】7 【协格鲁吉亚】0 【特亚太】0【特东老挝】0【特东柬埔寨】0 【特东缅甸】0【特-1】0【特-2】0【特-3】0 【增】16【对美加征】10【出】0【退】16	件/千克	A		M		999	毛制针织或钩编T恤衫、汗衫等（内衣式，长袖衫）

税则号列			货品名称中英文		税费综合信息	计量单位	监管证件代码		检验检疫类别		检验检疫编码	检验检疫编码对应中文名称
HS国际统一前6位	本国子目7~8位	9~10位	中文 货物名称	英文 Article Description			进口	出口	进口	出口		
610990	90	12	毛制针织或钩编男式T恤衫、汗衫 【电商】	Knitted or crocheted men's or boys' T-shirts, singlets, underwear style, of wool or fine animal hair, other than long sleeve	【最】6【普】130 【协亚太】3.9【协东盟】0【协香港】0 【协澳门】0【协巴基斯坦】9.3【协智利】0 【协新西兰】0【协新加坡】0【协秘鲁】0 【协哥斯达黎加】0【协冰岛】0【协瑞士】5.6 【协澳大利亚】0【协韩国】7 【协格鲁吉亚】0 【特亚太】0【特东老挝】0【特东柬埔寨】0 【特东缅甸】0【特-1】0【特-2】0【特-3】0 【增】16【对美加征】10【出】0【退】16	件/千克	A		M		999	毛制针织或钩编男式T恤衫、汗衫（内衣式，长袖衫除外）
610990	90	13	毛制针织或钩编女式T恤衫、汗衫 【电商】	Knitted or crocheted women's or grils' T-shirts, singlets, underwear style, of wool or fine animal hair, other than long sleeve	【最】6【普】130 【协亚太】3.9【协东盟】0【协香港】0 【协澳门】0【协巴基斯坦】9.3【协智利】0 【协新西兰】0【协新加坡】0【协秘鲁】0 【协哥斯达黎加】0【协冰岛】0【协瑞士】5.6 【协澳大利亚】0【协韩国】7 【协格鲁吉亚】0 【特亚太】0【特东老挝】0【特东柬埔寨】0 【特东缅甸】0【特-1】0【特-2】0【特-3】0 【增】16【对美加征】10【出】0【退】16	件/千克	A		M		999	毛制针织或钩编女式T恤衫、汗衫（内衣式，长袖衫除外）
610990	90	21	毛制针织或钩编男式其他T恤衫 【电商】	Knitted or crocheted men's or boys' T-shirts, of wool or fine animal hair, other than underwear	【最】6【普】130 【协亚太】3.9【协东盟】0【协香港】0 【协澳门】0【协巴基斯坦】9.3【协智利】0 【协新西兰】0【协新加坡】0【协秘鲁】0 【协哥斯达黎加】0【协冰岛】0【协瑞士】5.6 【协澳大利亚】0【协韩国】7 【协格鲁吉亚】0 【特亚太】0【特东老挝】0【特东柬埔寨】0 【特东缅甸】0【特-1】0【特-2】0【特-3】0 【增】16【对美加征】10【出】0【退】16	件/千克	A		M		999	毛制针织或钩编男式其他T恤衫（内衣除外）
610990	90	22	毛制针织或钩编女式其他T恤衫 【电商】	Knitted or crocheted women's or girls' T-shirts, of wool or fine animal hair, other than underwear	【最】6【普】130 【协亚太】3.9【协东盟】0【协香港】0 【协澳门】0【协巴基斯坦】9.3【协智利】0 【协新西兰】0【协新加坡】0【协秘鲁】0 【协哥斯达黎加】0【协冰岛】0【协瑞士】5.6 【协澳大利亚】0【协韩国】7 【协格鲁吉亚】0 【特亚太】0【特东老挝】0【特东柬埔寨】0 【特东缅甸】0【特-1】0【特-2】0【特-3】0 【增】16【对美加征】10【出】0【退】16	件/千克	A		M		999	毛制针织或钩编女式其他T恤衫（内衣除外）
610990	90	31	毛制男式汗衫及其他背心 【电商】	Knitted or crocheted men's singlets, other vests, and boys', size 8~18, of wool or fine animal hair, other than underwear	【最】6【普】130 【协亚太】3.9【协东盟】0【协香港】0 【协澳门】0【协巴基斯坦】9.3【协智利】0 【协新西兰】0【协新加坡】0【协秘鲁】0 【协哥斯达黎加】0【协冰岛】0【协瑞士】5.6 【协澳大利亚】0【协韩国】7 【协格鲁吉亚】0 【特亚太】0【特东老挝】0【特东柬埔寨】0 【特东缅甸】0【特-1】0【特-2】0【特-3】0 【增】16【对美加征】10【出】0【退】16	件/千克	A		M		101 102	毛制男式汗衫及其他背心（针织或钩编，内衣除外，含男童8~18号）(毛衫) 毛制男式汗衫及其他背心（针织或钩编，内衣除外，含男童8~18号）(针织童装)
610990	90	32	其他毛制男式汗衫及其他背心 【电商】	Knitted or crocheted men's or boys' singlets, other vests, of wool or fine animal hair, other than underwear	【最】6【普】130 【协亚太】3.9【协东盟】0【协香港】0 【协澳门】0【协巴基斯坦】9.3【协智利】0 【协新西兰】0【协新加坡】0【协秘鲁】0 【协哥斯达黎加】0【协冰岛】0【协瑞士】5.6 【协澳大利亚】0【协韩国】7 【协格鲁吉亚】0 【特亚太】0【特东老挝】0【特东柬埔寨】0 【特东缅甸】0【特-1】0【特-2】0【特-3】0 【增】16【对美加征】10【出】0【退】16	件/千克	A		M		999	其他毛制男式汗衫及其他背心（针织或钩编，内衣除外）
610990	90	33	其他毛制女式汗衫及其他背心 【电商】	Knitted or crocheted women's or girls' singlets and other vests of wool or fine animal hair, other than underwear	【最】6【普】130 【协亚太】3.9【协东盟】0【协香港】0 【协澳门】0【协巴基斯坦】9.3【协智利】0 【协新西兰】0【协新加坡】0【协秘鲁】0 【协哥斯达黎加】0【协冰岛】0【协瑞士】5.6 【协澳大利亚】0【协韩国】7 【协格鲁吉亚】0 【特亚太】0【特东老挝】0【特东柬埔寨】0 【特东缅甸】0【特-1】0【特-2】0【特-3】0 【增】16【对美加征】10【出】0【退】16	件/千克	A		M		999	其他毛制女式汗衫及其他背心（针织或钩编，内衣除外）

税则号列			货品名称中英文		税费综合信息	计量单位	监管证件代码		检验检疫类别		检验检疫编码	检验检疫编码对应中文名称
HS 国际统一前6位	本国子目 7~8位	本国子目 9~10位	中文 货物名称	英文 Article Description			进口	出口	进口	出口		
610990	90	40	化纤制针织或钩编内衣【电商】	Underwear, of man-made fibres, knitted or crocheted	【最】6【普】130 【协亚太】3.9【协东盟】0【协香港】0 【协澳门】0【协巴基斯坦】9.3【协智利】0 【协新西兰】0【协新加坡】0【协秘鲁】0 【协哥斯达黎加】0【协冰岛】0【协瑞士】5.6 【协澳大利亚】0【协韩国】7 【协格鲁吉亚】0 【特亚太】0【特东老挝】0【特东柬埔寨】0 【特东缅甸】0【特-1】0【特-2】0【特-3】0 【增】16【对美加征】10【出】0【退】16	件/千克	A		M		999	化纤制针织或钩编内衣
610990	90	50	化纤制针织或钩编T恤衫【电商】	T-shirts, of man-made fibres, knitted or crocheted	【最】6【普】130 【协亚太】3.9【协东盟】0【协香港】0 【协澳门】0【协巴基斯坦】9.3【协智利】0 【协新西兰】0【协新加坡】0【协秘鲁】0 【协哥斯达黎加】0【协冰岛】0【协瑞士】5.6 【协澳大利亚】0【协韩国】7 【协格鲁吉亚】0 【特亚太】0【特东老挝】0【特东柬埔寨】0 【特东缅甸】0【特-1】0【特-2】0【特-3】0 【增】16【对美加征】10【出】0【退】16	件/千克	A		M		999	化纤制针织或钩编T恤衫（内衣除外）
610990	90	60	化纤针织或钩编汗衫及其他背心【电商】	Other singlets, vests, of man-made fibres, knitted or crocheted	【最】6【普】130 【协亚太】3.9【协东盟】0【协香港】0 【协澳门】0【协巴基斯坦】9.3【协智利】0 【协新西兰】0【协新加坡】0【协秘鲁】0 【协哥斯达黎加】0【协冰岛】0【协瑞士】5.6 【协澳大利亚】0【协韩国】7 【协格鲁吉亚】0 【特亚太】0【特东老挝】0【特东柬埔寨】0 【特东缅甸】0【特-1】0【特-2】0【特-3】0 【增】16【对美加征】10【出】0【退】16	件/千克	A		M		101 102	化纤针织或钩编汗衫及其他背心（内衣除外）（针织外衣） 化纤针织或钩编汗衫及其他背心（内衣除外）（针织童装）
610990	90	91	其他纺织材料制T恤衫、汗衫等【电商】	Knitted or crocheted T-shirts, singlets and other vests, of other textile materials, underwear style	【最】6【普】130 【协亚太】3.9【协东盟】0【协香港】0 【协澳门】0【协巴基斯坦】9.3【协智利】0 【协新西兰】0【协新加坡】0【协秘鲁】0 【协哥斯达黎加】0【协冰岛】0【协瑞士】5.6 【协澳大利亚】0【协韩国】7 【协格鲁吉亚】0 【特亚太】0【特东老挝】0【特东柬埔寨】0 【特东缅甸】0【特-1】0【特-2】0【特-3】0 【增】16【对美加征】10【出】0【退】16	件/千克	A		M		999	其他纺织材料制T恤衫、汗衫等（针织或钩编，内衣式，包括其他背心）
610990	90	92	其他纺材制针织或钩编汗衫及其他背心【电商】	Knitted or crocheted singlets, and other vests of other textile materials, including boys', size 8~18 and girls', size 7~16, other than underwear	【最】6【普】130 【协亚太】3.9【协东盟】0【协香港】0 【协澳门】0【协巴基斯坦】9.3【协智利】0 【协新西兰】0【协新加坡】0【协秘鲁】0 【协哥斯达黎加】0【协冰岛】0【协瑞士】5.6 【协澳大利亚】0【协韩国】7 【协格鲁吉亚】0 【特亚太】0【特东老挝】0【特东柬埔寨】0 【特东缅甸】0【特-1】0【特-2】0【特-3】0 【增】16【对美加征】10【出】0【退】16	件/千克	A		M		101 102	其他纺材制针织或钩编汗衫及其他背心（内衣除外，包括男童8~18号，女童7~16号）（针织外衣） 其他纺材制针织或钩编汗衫及其他背心（内衣除外，包括男童8~18号，女童7~16号）（针织童装）
610990	90	93	其他纺材制针织或钩编T恤衫、汗衫【电商】	Knitted or crocheted T-shirts, singlets and other vests of other textile materials, other than underwear	【最】6【普】130 【协亚太】3.9【协东盟】0【协香港】0 【协澳门】0【协巴基斯坦】9.3【协智利】0 【协新西兰】0【协新加坡】0【协秘鲁】0 【协哥斯达黎加】0【协冰岛】0【协瑞士】5.6 【协澳大利亚】0【协韩国】7 【协格鲁吉亚】0 【特亚太】0【特东老挝】0【特东柬埔寨】0 【特东缅甸】0【特-1】0【特-2】0【特-3】0 【增】16【对美加征】10【出】0【退】16	件/千克	A		M		999	其他纺材制针织或钩编T恤衫、汗衫（内衣除外，包括其他背心）
611011	00		羊毛制针织或钩编的套头衫、开襟衫、马甲（背心）及类似品【电商】	Of wool	【最】6【普】130 【协亚太】3.9【协东盟】0【协香港】0 【协澳门】0【协巴基斯坦】0【协智利】0 【协新西兰】0【协新加坡】0【协秘鲁】0 【协台湾】0【协哥斯达黎加】0【协冰岛】0 【协瑞士】5.6【协澳大利亚】0【协韩国】0 【协格鲁吉亚】0 【特亚太】0【特东老挝】0【特东柬埔寨】0 【特东缅甸】0【特-1】0【特-2】0【特-3】0 【增】16【对美加征】10【出】0【退】16	件/千克					999	羊毛制针织或钩编的套头衫、开襟衫、马甲（背心）及类似品

税则号列			货品名称中英文		税费综合信息	计量单位	监管证件代码		检验检疫类别		检验检疫编码	检验检疫编码对应中文名称
HS国际统一前6位	本国子目		中文	英文								
	7~8位	9~10位	货物名称	Article Description			进口	出口	进口	出口		
611012	00	11	喀什米尔山羊细毛手工起绒男套头衫【电商】	Handworked knitted or crocheted Men's or boys' pullovers, cardigans, waistcoats and similar articles, of Kashmir (cashmere) goats, piled	【最】6【普】130【暂进】5 【协亚太】3.9【协东盟】0【协香港】0 【协澳门】0【协巴基斯坦】0【协智利】0 【协新西兰】0【协新加坡】0【协秘鲁】0 【协哥斯达黎加】0【协冰岛】0【协瑞士】5.6 【协澳大利亚】0【协韩国】7 【协格鲁吉亚】0 【特-1】0【特-2】0【特-3】0 【增】16【对美加征】10【出】0【退】16	件/千克					999	喀什米尔山羊细毛手工起绒男套头衫（针织或钩编，包括开襟衫、外穿背心及类似品）
611012	00	19	喀什米尔山羊细毛制起绒男套头衫【电商】	Men's or boys' pullovers, cardigans, waistcoats and similar articles of Kashmir (cashmere) goats, piled, knitted or crocheted	【最】6【普】130【暂进】5 【协亚太】3.9【协东盟】0【协香港】0 【协澳门】0【协巴基斯坦】0【协智利】0 【协新西兰】0【协新加坡】0【协秘鲁】0 【协哥斯达黎加】0【协冰岛】0【协瑞士】5.6 【协澳大利亚】0【协韩国】7 【协格鲁吉亚】0 【特-1】0【特-2】0【特-3】0 【增】16【对美加征】10【出】0【退】16	件/千克					999	喀什米尔山羊细毛制起绒男套头衫（针织或钩编，包括开襟衫、外穿背心及类似品）
611012	00	21	喀什米尔山羊细毛手工起绒女套头衫【电商】	Women's or girls' handworked pullovers, cardigans, waistcoats and similar articles, of Kashmir (cashmere) goats, piled, knitted or crocheted	【最】6【普】130【暂进】5 【协亚太】3.9【协东盟】0【协香港】0 【协澳门】0【协巴基斯坦】0【协智利】0 【协新西兰】0【协新加坡】0【协秘鲁】0 【协哥斯达黎加】0【协冰岛】0【协瑞士】5.6 【协澳大利亚】0【协韩国】7 【协格鲁吉亚】0 【特-1】0【特-2】0【特-3】0 【增】16【对美加征】10【出】0【退】16	件/千克					999	喀什米尔山羊细毛手工起绒女套头衫（针织或钩编，包括开襟衫、外穿背心及类似品）
611012	00	29	喀什米尔山羊细毛制起绒女套头衫【电商】	Women's or girls' pullovers, cardigans, waistcoats and similar articles, of Kashmir (cashmere) goats, piled, knitted or crocheted	【最】6【普】130【暂进】5 【协亚太】3.9【协东盟】0【协香港】0 【协澳门】0【协巴基斯坦】0【协智利】0 【协新西兰】0【协新加坡】0【协秘鲁】0 【协哥斯达黎加】0【协冰岛】0【协瑞士】5.6 【协澳大利亚】0【协韩国】7 【协格鲁吉亚】0 【特-1】0【特-2】0【特-3】0 【增】16【对美加征】10【出】0【退】16	件/千克					999	喀什米尔山羊细毛制起绒女套头衫（针织或钩编，包括开襟衫、外穿背心及类似品）
611012	00	31	喀什米尔山羊细毛手工非起绒男套头衫【电商】	Handworked knitted or crocheted men's or boys' pullovers, cardigans, waistcoats and similar articles, of Kashmir (cashmere) goats, not piled	【最】6【普】130【暂进】5 【协亚太】3.9【协东盟】0【协香港】0 【协澳门】0【协巴基斯坦】0【协智利】0 【协新西兰】0【协新加坡】0【协秘鲁】0 【协哥斯达黎加】0【协冰岛】0【协瑞士】5.6 【协澳大利亚】0【协韩国】7 【协格鲁吉亚】0 【特-1】0【特-2】0【特-3】0 【增】16【对美加征】10【出】0【退】16	件/千克					999	喀什米尔山羊细毛手工非起绒男套头衫（针织或钩编，包括开襟衫、外穿背心及类似品）
611012	00	39	喀什米尔山羊细毛非起绒男套头衫【电商】	Knitted or crocheted men's or boys' pullovers, cardigans, waistcoats and similar articles, of Kashmir (cashmere) goats, not piled	【最】6【普】130【暂进】5 【协亚太】3.9【协东盟】0【协香港】0 【协澳门】0【协巴基斯坦】0【协智利】0 【协新西兰】0【协新加坡】0【协秘鲁】0 【协哥斯达黎加】0【协冰岛】0【协瑞士】5.6 【协澳大利亚】0【协韩国】7 【协格鲁吉亚】0 【特-1】0【特-2】0【特-3】0 【增】16【对美加征】10【出】0【退】16	件/千克					999	喀什米尔山羊细毛非起绒男套头衫（针织或钩编，包括开襟衫、外穿背心及类似品）
611012	00	41	喀什米尔山羊细毛手工非起绒女套头衫【电商】	Handworked knitted or crocheted women's or girls' pullovers, cardigans, waistcoats and similar articles, of Kashmir (cashmere) goats, not piled	【最】6【普】130【暂进】5 【协亚太】3.9【协东盟】0【协香港】0 【协澳门】0【协巴基斯坦】0【协智利】0 【协新西兰】0【协新加坡】0【协秘鲁】0 【协哥斯达黎加】0【协冰岛】0【协瑞士】5.6 【协澳大利亚】0【协韩国】7 【协格鲁吉亚】0 【特-1】0【特-2】0【特-3】0 【增】16【对美加征】10【出】0【退】16	件/千克					999	喀什米尔山羊细毛手工非起绒女套头衫（针织或钩编，包括开襟衫、外穿背心及类似品）

税则号列 HS 国际统一前6位	本国子目 7~8位	9~10位	货品名称中英文 中文 货物名称	英文 Article Description	税费综合信息	计量单位	监管证件代码 进口	出口	检验检疫类别 进口	出口	检验检疫编码	检验检疫编码对应中文名称
611012	00	49	喀什米尔山羊细毛非起绒女套头衫 【电商】	Knitted or crocheted women's or girls' pullovers, cardigans, waistcoats and similar articles, of Kashmir (cashmere) goats, not piled	【最】6【普】130【暂进】5 【协亚太】3.9【协东盟】0【协香港】0 【协澳门】0【协巴基斯坦】0【协智利】0 【协新西兰】0【协新加坡】0【协秘鲁】0 【协哥斯达黎加】0【协冰岛】0【协瑞士】5.6 【协澳大利亚】0【协韩国】7 【协格鲁吉亚】0 【特-1】0【特-2】0【特-3】0 【增】16【对美加征】10【出】0【退】16	件/千克					999	喀什米尔山羊细毛非起绒女套头衫（针织或钩编，包括开襟衫、外穿背心及类似品）
611019	10		其他山羊细毛制针织或钩编的套头衫、开襟衫、马甲（背心）及类似品 【电商】	Of other goats	【最】6【普】130 【协亚太】3.9【协东盟】0【协香港】0 【协澳门】0【协巴基斯坦】0【协智利】0 【协新西兰】0【协新加坡】0【协秘鲁】0 【协哥斯达黎加】0【协冰岛】0【协瑞士】5.6 【协澳大利亚】0【协韩国】7 【协格鲁吉亚】0 【特-1】0【特-2】0【特-3】0 【增】16【对美加征】10【出】0【退】16	件/千克					999	其他山羊细毛制针织或钩编的套头衫、开襟衫、马甲（背心）及类似品
611019	20		其他兔毛制针织或钩编的套头衫、开襟衫、马甲（背心）及类似品	Of rabbit and hare	【最】6【普】130 【协亚太】3.9【协东盟】0【协香港】0 【协澳门】0【协巴基斯坦】0【协智利】0 【协新西兰】0【协新加坡】0【协秘鲁】0 【协哥斯达黎加】0【协冰岛】0【协瑞士】5.6 【协澳大利亚】0【协韩国】7 【协格鲁吉亚】0 【特-1】0【特-2】0 【增】16【出】0【退】16	件/千克					999	其他兔毛制针织或钩编的套头衫、开襟衫、马甲（背心）及类似品
611019	90		其他动物细毛制针织或钩编的套头衫、开襟衫、马甲（背心）及类似品 【电商】	Jerseys, pullovers, cardigans, waistcoats and similar articles, knitted or crocheted of fine animal hair	【最】6【普】130 【协亚太】3.9【协东盟】0【协香港】0 【协澳门】0【协巴基斯坦】0【协智利】0 【协新西兰】0【协新加坡】0【协秘鲁】0 【协哥斯达黎加】0【协冰岛】0【协瑞士】5.6 【协澳大利亚】0【协韩国】7 【协格鲁吉亚】0 【特-1】0【特-2】0【特-3】0 【增】16【对美加征】10【出】0【退】16	件/千克					999	其他动物细毛制针织或钩编的套头衫、开襟衫、马甲（背心）及类似品
611020	00	11	棉制儿童游戏套装紧身衫及套头衫 【电商】	Boys' or girls' playsuit, jerseys, pullover, thin and high-gauge, turn-down, open and high-collar, of cotton, knitted, containing less than 36% by weight of flax, piled	【最】6【普】90 【协亚太】3.9【协东盟】0【协香港】0 【协澳门】0【协巴基斯坦】0【协智利】0 【协新西兰】0【协新加坡】0【协秘鲁】0 【协台湾】0【协哥斯达黎加】0【协冰岛】0 【协瑞士】5.6【协澳大利亚】0【协韩国】7 【协格鲁吉亚】0 【特亚太】2.4【特东老挝】0【特东柬埔寨】0 【特东缅甸】0【特-1】0【特-2】0【特-3】0 【增】16【对美加征】10【出】0【退】16	件/千克	A		M		999	棉制儿童游戏套装紧身衫及套头衫（针织起绒，轻薄细针翻领、开领、高领，含亚麻36%以下）
611020	00	12	棉制其他起绒儿童游戏套头衫等 【电商】	Other boys' or girls' playsuit, pullovers, cardigans, waistcoats and similar articles, of cotton, knitted or crocheted, containing less than 36% by weight of flax	【最】6【普】90 【协亚太】3.9【协东盟】0【协香港】0 【协澳门】0【协巴基斯坦】0【协智利】0 【协新西兰】0【协新加坡】0【协秘鲁】0 【协台湾】0【协哥斯达黎加】0【协冰岛】0 【协瑞士】5.6【协澳大利亚】0【协韩国】7 【协格鲁吉亚】0 【特亚太】2.4【特东老挝】0【特东柬埔寨】0 【特东缅甸】0【特-1】0【特-2】0【特-3】0 【增】16【对美加征】10【出】0【退】16	件/千克	A		M		999	棉制其他起绒儿童游戏套头衫等（针织钩编，包括开襟衫、背心及类似品，含亚麻36%以下）
611020	00	51	其他棉儿童游戏套装紧身及套头衫 【电商】	Other boys' or girls' playsuit, jerseys, pullovers of cotton, thin and high-gauge, turn-down collar, open collar and high collar, not piled, knitted	【最】6【普】90 【协亚太】3.9【协东盟】0【协香港】0 【协澳门】0【协巴基斯坦】0【协智利】0 【协新西兰】0【协新加坡】0【协秘鲁】0 【协台湾】0【协哥斯达黎加】0【协冰岛】0 【协瑞士】5.6【协澳大利亚】0【协韩国】7 【协格鲁吉亚】0 【特亚太】2.4【特东老挝】0【特东柬埔寨】0 【特东缅甸】0【特-1】0【特-2】0【特-3】0 【增】16【对美加征】10【出】0【退】16	件/千克	A		M		999	其他棉儿童游戏套装紧身及套头衫（针织，非起绒，轻薄细针翻领、开领、高领）

税则号列			货品名称中英文		税费综合信息	计量单位	监管证件代码		检验检疫类别		检验检疫编码	检验检疫编码对应中文名称
HS国际统一前6位	本国子目 7~8位	本国子目 9~10位	中文 货物名称	英文 Article Description			进口	出口	进口	出口		
611020	00	52	其他棉儿童游戏套装套头衫等 【电商】	Other boys' or girls' playsuit, pullovers, cardigans, waistcoats and similar articles, of cotton, not piled, knitted or crocheted	【最】6【普】90 【协亚太】3.9【协东盟】0【协香港】0 【协澳门】0【协巴基斯坦】0【协智利】0 【协新西兰】0【协新加坡】0【协秘鲁】0 【协台湾】0【协哥斯达黎加】0【协冰岛】0 【协瑞士】5.6【协澳大利亚】0【协韩国】7 【协格鲁吉亚】0 【特亚太】2.4【特东老挝】0【特东柬埔寨】0 【特东缅甸】0【特-1】0【特-2】0【特-3】0 【增】16【对美加征】10【出】0【退】16	件/千克	A		M		999	其他棉儿童游戏套装套头衫等（针织或钩编，非起绒，包括开襟衫、背心及类似品）
611020	00	90	其他棉制针织或钩编的套头衫、开襟衫、马甲（背心）及类似品 【电商】	Pullovers, cardigans, waistcoats and similar articles of cotton, knitted or crocheted	【最】6【普】90 【协亚太】3.9【协东盟】0【协香港】0 【协澳门】0【协巴基斯坦】0【协智利】0 【协新西兰】0【协新加坡】0【协秘鲁】0 【协台湾】0【协哥斯达黎加】0【协冰岛】0 【协瑞士】5.6【协澳大利亚】0【协韩国】7 【协格鲁吉亚】0 【特亚太】2.4【特东老挝】0【特东柬埔寨】0 【特东缅甸】0【特-1】0【特-2】0【特-3】0 【增】16【对美加征】10【出】0【退】16	件/千克					999	其他棉制针织或钩编的套头衫、开襟衫、马甲（背心）及类似品
611030	00	11	化纤儿童游戏套装紧身衫及套头衫 【电商】	Boys' or girls' playsuit, jerseys, pull-overs, of man-made fibres, thin and high-gauge, turn-down, open and high collar, containing less than 23% of wool, and less than 30% by weight of silk or spun silk, knitted, piled	【最】6【普】130 【协亚太】3.9【协东盟】0【协香港】0 【协澳门】0【协巴基斯坦】0【协智利】0 【协新西兰】0【协新加坡】0【协秘鲁】0 【协台湾】0【协哥斯达黎加】0【协冰岛】0 【协瑞士】6【协澳大利亚】0【协韩国】10.6 【协格鲁吉亚】0 【特亚太】0【特-1】0【特-2】0【特-3】0 【增】16【对美加征】10【出】0【退】16	件/千克	A		M		999	化纤儿童游戏套装紧身衫及套头衫（针织起绒轻薄细针翻领开领高领毛<23%丝<30%）
611030	00	12	化纤起绒儿童游戏套装及套头衫等 【电商】	Boys' or girls' play-suit, jerseys, pull-overs, cardig-ans, waistcoats and similar articles, of man-made fibres, containing less than 23% by weight of wool, and less than 30% by weight of silk or spun silk, knitted or crocheted, piled	【最】6【普】130 【协亚太】3.9【协东盟】0【协香港】0 【协澳门】0【协巴基斯坦】0【协智利】0 【协新西兰】0【协新加坡】0【协秘鲁】0 【协台湾】0【协哥斯达黎加】0【协冰岛】0 【协瑞士】6【协澳大利亚】0【协韩国】10.6 【协格鲁吉亚】0 【特亚太】0【特-1】0【特-2】0【特-3】0 【增】16【对美加征】10【出】0【退】16	件/千克	A		M		999	化纤起绒儿童游戏套装及套头衫等（针织或钩编，包括开襟衫、背心及类似品，含毛<23%，含丝<30%）
611030	00	41	化纤其他童游戏套装紧身及套头衫 【电商】	Other boys' or girls' playsuit, jerseys, pull-overs, knitted, not piled, thin and high-gauge, turn-down, open, high collar, of man-made fibres	【最】6【普】130 【协亚太】3.9【协东盟】0【协香港】0 【协澳门】0【协巴基斯坦】0【协智利】0 【协新西兰】0【协新加坡】0【协秘鲁】0 【协台湾】0【协哥斯达黎加】0【协冰岛】0 【协瑞士】6【协澳大利亚】0【协韩国】10.6 【协格鲁吉亚】0 【特亚太】0【特-1】0【特-2】0【特-3】0 【增】16【对美加征】10【出】0【退】16	件/千克	A		M		999	化纤其他童游戏套装紧身及套头衫（针织非起绒，轻薄细针翻领、开领、高领）
611030	00	42	化纤制其他童游戏套装套头衫等 【电商】	Other boys' or girls' playsuit, cardigans, waistcoats and similar articles, of man-made fibres, not piled, knitted or crocheted	【最】6【普】130 【协亚太】3.9【协东盟】0【协香港】0 【协澳门】0【协巴基斯坦】0【协智利】0 【协新西兰】0【协新加坡】0【协秘鲁】0 【协台湾】0【协哥斯达黎加】0【协冰岛】0 【协瑞士】6【协澳大利亚】0【协韩国】10.6 【协格鲁吉亚】0 【特亚太】0【特-1】0【特-2】0【特-3】0 【增】16【对美加征】10【出】0【退】16	件/千克	A		M		999	化纤制其他童游戏套装套头衫等（针织或钩编，非起绒，包括开襟衫、背心及类似品）
611030	00	90	其他化纤制针织或钩编的套头衫、开襟衫、马甲（背心）及类似品 【电商】	Pullovers, cardigans, waistcoats and similar articles of synthetic fibres, knitted or crocheted	【最】6【普】130 【协亚太】3.9【协东盟】0【协香港】0 【协澳门】0【协巴基斯坦】0【协智利】0 【协新西兰】0【协新加坡】0【协秘鲁】0 【协台湾】0【协哥斯达黎加】0【协冰岛】0 【协瑞士】6【协澳大利亚】0【协韩国】10.6 【协格鲁吉亚】0 【特亚太】0【特-1】0【特-2】0【特-3】0 【增】16【对美加征】10【出】0【退】16	件/千克					999	其他化纤制针织或钩编的套头衫、开襟衫、马甲（背心）及类似品

税则号列 HS 国际统一前6位	本国子目 7~8位	本国子目 9~10位	货品名称中文 货物名称	英文 Article Description	税费综合信息	计量单位	监管证件代码 进口	监管证件代码 出口	检验检疫类别 进口	检验检疫类别 出口	检验检疫编码	检验检疫编码对应中文名称
611090	10		丝及绢丝制针织或钩编的套头衫、开襟衫、马甲（背心）及类似品【电商】	Of silk or spun silk	【最】6【普】130 【协亚太】3.9【协东盟】0【协香港】0 【协澳门】0【协巴基斯坦】0【协智利】0 【协新西兰】0【协新加坡】0【协秘鲁】0 【协哥斯达黎加】0【协冰岛】0【协瑞士】5.6 【协澳大利亚】0【协韩国】7 【协格鲁吉亚】0 【特亚太】0【特-1】0【特-2】0【特-3】0 【增】16【对美加征】10【出】0【退】16	件/千克					999	丝及绢丝制针织或钩编的套头衫、开襟衫、马甲（背心）及类似品
611090	90		其他纺材制针织或钩编的套头衫、开襟衫、马甲（背心）及类似品【电商】	Jerseys, pullovers, cardigans, waistcoats and similar articles, knitted or crocheted of other textile fabrics	【最】6【普】130 【协亚太】3.9【协东盟】0【协香港】0 【协澳门】0【协巴基斯坦】0【协智利】0 【协新西兰】0【协新加坡】0【协秘鲁】1.4 【协哥斯达黎加】0【协冰岛】0【协瑞士】5.6 【协澳大利亚】0【协韩国】7 【协格鲁吉亚】0 【特亚太】0【特-1】0【特-2】0【特-3】0 【增】16【对美加征】10【出】0【退】16	件/千克					999	其他纺材制针织或钩编的套头衫、开襟衫、马甲（背心）及类似品
611120	00	10	棉制针织或钩编婴儿袜【电商】	Knitted or crocheted babies' hosiery, of cotton	【最】10【普】90 【协东盟】0【协香港】0【协澳门】0 【协巴基斯坦】11.2【协智利】0【协新西兰】0 【协新加坡】0【协秘鲁】0【协哥斯达黎加】0 【协冰岛】0【协瑞士】5.6【协澳大利亚】0 【协韩国】7【协格鲁吉亚】0 【特-1】0【特-2】0【特-3】0 【增】16【对美加征】10【出】0【退】16	千克	A		M		999	棉制针织或钩编婴儿袜
611120	00	20	棉制婴儿分指、连指、露指手套【电商】	Knitted or crocheted babies' gloves, mittens and mitts, of cotton	【最】10【普】90 【协东盟】0【协香港】0【协澳门】0 【协巴基斯坦】11.2【协智利】0【协新西兰】0 【协新加坡】0【协秘鲁】0【协哥斯达黎加】0 【协冰岛】0【协瑞士】5.6【协澳大利亚】0 【协韩国】7【协格鲁吉亚】0 【特-1】0【特-2】0【特-3】0 【增】16【对美加征】10【出】0【退】16	千克	A		M		999	棉制婴儿分指、连指、露指手套（针制或钩编）
611120	00	40	棉制针织婴儿外衣、雨衣、滑雪装【电商】	Knitted or crocheted babies' coat, raincoat, ski suit, jacked and similar articles, of cotton	【最】10【普】90 【协东盟】0【协香港】0【协澳门】0 【协巴基斯坦】11.2【协智利】0【协新西兰】0 【协新加坡】0【协秘鲁】0【协哥斯达黎加】0 【协冰岛】0【协瑞士】5.6【协澳大利亚】0 【协韩国】7【协格鲁吉亚】0 【特-1】0【特-2】0【特-3】0 【增】16【对美加征】10【出】0【退】16	千克	A		M		999	棉制针织婴儿外衣、雨衣、滑雪装（针制或钩编，包括夹克类似品）
611120	00	50	棉制针织钩编婴儿其他服装【电商】	Other knitted or crocheted babies' garments of cotton	【最】10【普】90 【协东盟】0【协香港】0【协澳门】0 【协巴基斯坦】11.2【协智利】0【协新西兰】0 【协新加坡】0【协秘鲁】0【协哥斯达黎加】0 【协冰岛】0【协瑞士】5.6【协澳大利亚】0 【协韩国】7【协格鲁吉亚】0 【特-1】0【特-2】0【特-3】0 【增】16【对美加征】10【出】0【退】16	千克	A		M		999	棉制针织钩编婴儿其他服装
611120	00	90	棉制针织钩编婴儿衣着附件【电商】	Knitted or crocheted babies' clothing accessories, of cotton	【最】10【普】90 【协东盟】0【协香港】0【协澳门】0 【协巴基斯坦】11.2【协智利】0【协新西兰】0 【协新加坡】0【协秘鲁】0【协哥斯达黎加】0 【协冰岛】0【协瑞士】5.6【协澳大利亚】0 【协韩国】7【协格鲁吉亚】0 【特-1】0【特-2】0【特-3】0 【增】16【对美加征】10【出】0【退】16	千克	A		M		999	棉制针织钩编婴儿衣着附件
611130	00	10	合纤制针织或钩编婴儿袜【电商】	Knitted or crocheted babies' hosiery, of synthetic fibres	【最】10【普】130 【协亚太】6.5【协东盟】0【协香港】0 【协澳门】0【协巴基斯坦】8【协智利】0 【协新西兰】0【协新加坡】0【协秘鲁】1.6 【协哥斯达黎加】0【协冰岛】0【协瑞士】6.4 【协澳大利亚】0【协韩国】8 【协格鲁吉亚】0 【特-1】0【特-2】0【特-3】0 【增】16【对美加征】10【出】0【退】16	千克	A		M		999	合纤制针织或钩编婴儿袜

税则号列			货品名称中英文		税费综合信息	计量单位	监管证件代码		检验检疫类别		检验检疫编码	检验检疫编码对应中文名称
HS国际统一前6位	本国子目 7~8位	本国子目 9~10位	中文 货物名称	英文 Article Description			进口	出口	进口	出口		
611130	00	20	合纤婴儿分指、连指及露指手套【电商】	Knitted or crocheted babies' gloves, mittens and mitts, of synthetic fibres	【最】10【普】130 【协亚太】6.5【协东盟】0【协香港】0 【协澳门】0【协巴基斯坦】8【协智利】0 【协新西兰】0【协新加坡】0【协秘鲁】1.6 【协哥斯达黎加】0【协冰岛】0【协瑞士】6.4 【协澳大利亚】0【协韩国】8 【协格鲁吉亚】0 【特-1】0【特-2】0【特-3】0 【增】16【对美加征】10【出】0【退】16	千克	A		M		999	合纤婴儿分指、连指及露指手套（针制或钩编）
611130	00	40	合纤婴儿外衣、雨衣、滑雪装【电商】	Knitted or crocheted babies' coat, raincoat, ski suit, jacked and similar articles, of synthetic fibres	【最】10【普】130 【协亚太】6.5【协东盟】0【协香港】0 【协澳门】0【协巴基斯坦】8【协智利】0 【协新西兰】0【协新加坡】0【协秘鲁】1.6 【协哥斯达黎加】0【协冰岛】0【协瑞士】6.4 【协澳大利亚】0【协韩国】8 【协格鲁吉亚】0 【特-1】0【特-2】0【特-3】0 【增】16【对美加征】10【出】0【退】16	千克	A		M		999	合纤婴儿外衣、雨衣、滑雪装（针制或钩编，包括夹克类似服装）
611130	00	50	合纤针织或钩编婴儿其他服装【电商】	Other knitted or crocheted babies' garments, of synthetic fibres	【最】10【普】130 【协亚太】6.5【协东盟】0【协香港】0 【协澳门】0【协巴基斯坦】8【协智利】0 【协新西兰】0【协新加坡】0【协秘鲁】1.6 【协哥斯达黎加】0【协冰岛】0【协瑞士】6.4 【协澳大利亚】0【协韩国】8 【协格鲁吉亚】0 【特-1】0【特-2】0【特-3】0 【增】16【对美加征】10【出】0【退】16	千克	A		M		999	合纤针织或钩编婴儿其他服装（包括衣着附件）
611130	00	90	合纤针织或钩编婴儿衣着附件【电商】	Knitted or crocheted babies' clothing accessories, of synthetic fibres	【最】10【普】130 【协亚太】6.5【协东盟】0【协香港】0 【协澳门】0【协巴基斯坦】8【协智利】0 【协新西兰】0【协新加坡】0【协秘鲁】1.6 【协哥斯达黎加】0【协冰岛】0【协瑞士】6.4 【协澳大利亚】0【协韩国】8 【协格鲁吉亚】0 【特-1】0【特-2】0【特-3】0 【增】16【对美加征】10【出】0【退】16	千克	A		M		999	合纤针织或钩编婴儿衣着附件
611190	10		毛制针织或钩编婴儿服装及衣着附件【电商】	Knitted or crocheted babies' garments and clothing accessories of wool or fine animal hair	【最】10【普】130 【协亚太】6.5【协东盟】0【协香港】0 【协澳门】0【协巴基斯坦】7【协智利】0 【协新西兰】0【协新加坡】0【协秘鲁】0 【协哥斯达黎加】0【协冰岛】0【协瑞士】5.6 【协澳大利亚】0【协韩国】7 【协格鲁吉亚】0 【特-1】0【特-2】0【特-3】0 【增】16【出】0【退】16	千克	A		M		999	毛制针织或钩编婴儿服装及衣着附件（羊毛或动物细毛制）
611190	90	10	人造纤维针织或钩编婴儿袜【电商】	Knitted or crocheted babies' hosiery, of artificial fibres	【最】10【普】130 【协亚太】6.5【协东盟】0【协香港】0 【协澳门】0【协巴基斯坦】7【协智利】0 【协新西兰】0【协新加坡】0【协秘鲁】1.4 【协哥斯达黎加】0【协冰岛】0【协瑞士】5.6 【协澳大利亚】0【协韩国】7 【协格鲁吉亚】0 【特-1】0【特-2】0 【增】16【出】0【退】16	千克	A		M		999	人造纤维针织或钩编婴儿袜
611190	90	90	其他纺织材料制婴儿服装及衣着附件【电商】	Knitted or crocheted babies' garments and clothing accessories, of other textile materials	【最】10【普】130 【协亚太】6.5【协东盟】0【协香港】0 【协澳门】0【协巴基斯坦】7【协智利】0 【协新西兰】0【协新加坡】0【协秘鲁】1.4 【协哥斯达黎加】0【协冰岛】0【协瑞士】5.6 【协澳大利亚】0【协韩国】7 【协格鲁吉亚】0 【特-1】0【特-2】0 【增】16【出】0【退】16	千克	A		M		999	其他纺织材料制婴儿服装及衣着附件（针织或钩编）

税则号列			货品名称中英文		税费综合信息	计量单位	监管证件代码		检验检疫类别		检验检疫编码	检验检疫编码对应中文名称
HS 国际统一前6位	本国子目 7~8位	9~10位	中文 货物名称	英文 Article Description			进口	出口	进口	出口		
611211	00		棉制针织或钩编运动服【电商】	Of cotton	【最】6【普】90 【协亚太】3.9【协东盟】0【协香港】0 【协澳门】0【协巴基斯坦】8【协智利】0 【协新西兰】0【协新加坡】0【协秘鲁】1.6 【协哥斯达黎加】0【协冰岛】0【协瑞士】6 【协澳大利亚】0【协韩国】8 【协格鲁吉亚】0 【特-1】0【特-2】0 【增】16【对美加征】10【出】0【退】16	套/千克					999	棉制针织或钩编运动服
611212	00		合纤制针织或钩编运动服【电商】	Of synthetic fibres	【最】8【普】130 【协亚太】5.2【协东盟】0【协香港】0 【协澳门】0【协巴基斯坦】8.8【协智利】0 【协新西兰】0【协新加坡】0【协秘鲁】1.8 【协哥斯达黎加】0【协冰岛】0【协瑞士】7 【协澳大利亚】0【协韩国】8.7 【协格鲁吉亚】0 【特-1】0【特-2】0【特-3】0 【增】16【对美加征】10【出】0【退】16	套/千克					999	合纤制针织或钩编运动服
611219	00		其他纺织材料制针织或钩编运动服【电商】	Of other textile materials	【最】6【普】130 【协亚太】3.9【协东盟】0【协香港】0 【协澳门】0【协巴基斯坦】8【协智利】0 【协新西兰】0【协新加坡】0【协秘鲁】1.6 【协哥斯达黎加】0【协冰岛】0【协瑞士】6 【协澳大利亚】0【协韩国】8 【协格鲁吉亚】0 【特-1】0【特-2】0 【增】16【对美加征】10【出】0【退】16	套/千克					999	其他纺织材料制针织或钩编运动服
611220	10		棉制针织或钩编滑雪服	Knitted or crocheted ski suits of cotton	【最】6【普】90 【协亚太】3.9【协东盟】0【协巴基斯坦】8 【协智利】0【协新西兰】0【协新加坡】0 【协秘鲁】1.6【协哥斯达黎加】0【协冰岛】0 【协瑞士】6【协澳大利亚】0【协韩国】8 【协格鲁吉亚】0【协香港】0【协澳门】0 【特-1】0【特-2】0【特-3】0 【增】16【出】0【退】16	套/千克					999	棉制针织或钩编滑雪服
611220	90		其他纺织材料针织或钩编滑雪服	Other	【最】10【普】130 【协亚太】6.5【协东盟】0【协巴基斯坦】9.5 【协智利】0【协新西兰】0【协新加坡】0 【协秘鲁】1.9【协哥斯达黎加】0【协冰岛】0 【协瑞士】7.6【协澳大利亚】0【协韩国】9.5 【协格鲁吉亚】0【协香港】0【协澳门】0 【特-1】0【特-2】0 【增】16【出】0【退】16	套/千克					999	其他纺织材料针织或钩编滑雪服
611231	00		合纤制针织或钩编男式游泳服【电商】	Knitted or crocheted men's or boys' swimwear of synthetic fibres	【最】8【普】130 【协亚太】5.2【协东盟】0【协香港】0 【协澳门】0【协巴基斯坦】8.8【协智利】0 【协新西兰】0【协新加坡】0【协秘鲁】1.8 【协哥斯达黎加】0【协冰岛】0【协瑞士】7 【协澳大利亚】0【协韩国】8.7 【协格鲁吉亚】0 【特-1】0【特-2】0 【增】16【出】0【退】16	件/千克	A		M		999	合纤制针织或钩编男式游泳服
611239	00		其他材料制针织或钩编男式游泳服	Of other textile materials	【最】6【普】130 【协亚太】3.9【协东盟】0【协香港】0 【协澳门】0【协巴基斯坦】8【协智利】0 【协新西兰】0【协新加坡】0【协秘鲁】1.6 【协哥斯达黎加】0【协冰岛】0【协瑞士】6 【协澳大利亚】0【协韩国】8 【协格鲁吉亚】0 【特-1】0【特-2】0 【增】16【出】0【退】16	件/千克	A		M		999	其他材料制针织或钩编男式游泳服
611241	00		合纤制针织或钩编女式游泳服【电商】	Knitted or crocheted women's or girls' swimwear of synthetic fibres	【最】8【普】130 【协亚太】5.2【协东盟】0【协香港】0 【协澳门】0【协巴基斯坦】8.8【协智利】0 【协新西兰】0【协新加坡】0【协秘鲁】1.8 【协台湾】0【协哥斯达黎加】0【协冰岛】0 【协瑞士】7【协澳大利亚】0【协韩国】8.7 【协格鲁吉亚】0 【特-1】0【特-2】0 【增】16【对美加征】10【出】0【退】16	件/千克	A		M		999	合纤制针织或钩编女式游泳服

税则号列			货品名称中英文		税费综合信息	计量单位	监管证件代码		检验检疫类别		检验检疫编码	检验检疫编码对应中文名称
HS国际统一前6位	本国子目7~8位	9~10位	中文 货物名称	英文 Article Description			进口	出口	进口	出口		
611249	00		其他纺织材料制针织或钩编女游泳服	Of other textile materials	【最】6【普】130 【协亚太】3.9【协东盟】0【协香港】0 【协澳门】0【协巴基斯坦】8【协智利】0 【协新西兰】0【协新加坡】0【协秘鲁】1.6 【协哥斯达黎加】0【协冰岛】0【协瑞士】6 【协澳大利亚】0【协韩国】8 【协格鲁吉亚】0 【特-1】0【特-2】0 【增】16【对美加征】10【出】0【退】16	件/千克	A		M		999	其他纺织材料制针织或钩编女游泳服
611300	00		用税目59.03、59.06或59.07的针织物或钩编织物制成的服装【电商】	Carments, made up of knitted or crocheted fabrics of heading No. 59.03, 59.06 or 59.07	【最】6【普】130 【协亚太】3.9【协东盟】0【协香港】0 【协澳门】0【协巴基斯坦】8【协智利】0 【协新西兰】0【协新加坡】0【协秘鲁】1.6 【协哥斯达黎加】0【协冰岛】0【协瑞士】6 【协澳大利亚】0【协韩国】8 【协格鲁吉亚】0 【特亚太】0【特-1】0【特-2】0【特-3】0 【增】16【对美加征】10【出】0【退】16	件/千克					999	用税目59.03、59.06或59.07的针织物或钩编织物制成的服装
611420	00	11	棉制针织或钩编儿童非保暖连身裤【电商】	Knitted or crocheted childrens' overall of cotton, non-thermal	【最】6【普】90 【协东盟】0【协香港】0【协澳门】0 【协巴基斯坦】12.8【协智利】0【协新西兰】0 【协新加坡】0【协哥斯达黎加】0【协冰岛】0 【协瑞十】6【协澳大利亚】0【协韩国】8 【协格鲁吉亚】0 【特亚太】2.4【特-1】0【特-2】0【特-3】0 【增】16【对美加征】10【出】0【退】16	件/千克	A		M		999	棉制针织或钩编儿童非保暖连身裤
611420	00	21	棉制针织或钩编男成人及男童TOPS【电商】	Knitted or crocheted men's TOPS or boys' TOPS(size 8~18), of cotton	【最】6【普】90 【协东盟】0【协香港】0【协澳门】0 【协巴基斯坦】12.8【协智利】0【协新西兰】0 【协新加坡】0【协哥斯达黎加】0【协冰岛】0 【协瑞士】6【协澳大利亚】0【协韩国】8 【协格鲁吉亚】0 【特亚太】2.4【特-1】0【特-2】0【特-3】0 【增】16【对美加征】10【出】0【退】16	件/千克	A		M		101 102	棉制针织或钩编男成人及男童TOPS(指8~18号男童TOPS)(针织童装) 棉制针织或钩编男成人及男童TOPS(指8~18号男童TOPS)(其他针织服装)
611420	00	22	棉制针织或钩编其他男童TOPS【电商】	Knitted or crocheted other boys' TOPS, of cotton	【最】6【普】90 【协东盟】0【协香港】0【协澳门】0 【协巴基斯坦】12.8【协智利】0【协新西兰】0 【协新加坡】0【协哥斯达黎加】0【协冰岛】0 【协瑞士】6【协澳大利亚】0【协韩国】8 【协格鲁吉亚】0 【特亚太】2.4【特-1】0【特-2】0【特-3】0 【增】16【对美加征】10【出】0【退】16	件/千克	A		M		101 102	棉制针织或钩编其他男童TOPS(针织童装) 棉制针织或钩编其他男童TOPS(其他针织服装)
611420	00	40	棉制针织或钩编夏服、水洗服【电商】	Knitted or crocheted summer wear and wash wear, of cotton (including women's or girls' and boys')	【最】6【普】90 【协东盟】0【协香港】0【协澳门】0 【协巴基斯坦】12.8【协智利】0【协新西兰】0 【协新加坡】0【协哥斯达黎加】0【协冰岛】0 【协瑞士】6【协澳大利亚】0【协韩国】8 【协格鲁吉亚】0 【特亚太】2.4【特-1】0【特-2】0【特-3】0 【增】16【对美加征】10【出】0【退】16	件/千克	A		M		101 102	棉制针织或钩编夏服、水洗服（包括女成人、女童及男童）（针织外衣） 棉制针织或钩编夏服、水洗服（包括女成人、女童及男童）（针织童装）
611420	00	90	棉制针织或钩编其他服装【电商】	Knitted or crocheted other garments of cotton	【最】6【普】90 【协东盟】0【协香港】0【协澳门】0 【协巴基斯坦】12.8【协智利】0【协新西兰】0 【协新加坡】0【协哥斯达黎加】0【协冰岛】0 【协瑞士】6【协澳大利亚】0【协韩国】8 【协格鲁吉亚】0 【特亚太】2.4【特-1】0【特-2】0【特-3】0 【增】16【对美加征】10【出】0【退】16	件/千克					999	棉制针织或钩编其他服装
611430	00	21	化纤针织或钩编男成人及男童TOPS【电商】	Knitted or crocheted men's TOPS or boys' TOPS (size 8~18), of man-made fibres	【最】8【普】130 【协东盟】0【协香港】0【协澳门】0 【协巴基斯坦】14【协智利】0【协新西兰】0 【协新加坡】0【协秘鲁】1.8【协哥斯达黎加】0 【协冰岛】0【协瑞士】7【协澳大利亚】0 【协韩国】8.7【协格鲁吉亚】0 【特-1】0【特-2】0【特-3】0 【增】16【对美加征】10【出】0【退】16	件/千克	A		M		101 102	化纤针织或钩编男成人及男童TOPS(指8~18号男童TOPS)(针织童装) 化纤针织或钩编男成人及男童TOPS(指8~18号男童TOPS)(其他针织服装)

税则号列			货品名称中英文		税费综合信息	计量单位	监管证件代码		检验检疫类别		检验检疫编码	检验检疫编码对应中文名称
HS 国际统一前6位	本国子目 7~8位	9~10位	中文 货物名称	英文 Article Description			进口	出口	进口	出口		
611430	00	22	化纤针织或钩编其他男童TOPS 【电商】	Other children's TOPS of man-made fibres, knitted or crocheted	【最】8【普】130 【协东盟】0【协香港】0【协澳门】0 【协巴基斯坦】14【协智利】0【协新西兰】0 【协新加坡】0【协秘鲁】1.8【协哥斯达黎加】0 【协冰岛】0【协瑞士】7【协澳大利亚】0 【协韩国】8.7【协格鲁吉亚】0 【特-1】0【特-2】0【特-3】0 【增】16【对美加征】10【出】0【退】16	件/千克	A		M		999	化纤针织或钩编其他男童TOPS
611430	00	90	化纤制针织或钩编其他服装 【电商】	Other knitted or crocheted garments, of man-made fibres	【最】8【普】130 【协东盟】0【协香港】0【协澳门】0 【协巴基斯坦】14【协智利】0【协新西兰】0 【协新加坡】0【协秘鲁】1.8【协哥斯达黎加】0 【协冰岛】0【协瑞士】7【协澳大利亚】0 【协韩国】8.7【协格鲁吉亚】0 【特-1】0【特-2】0【特-3】0 【增】16【对美加征】10【出】0【退】16	件/千克					101 102 103 104 999	化纤制针织或钩编其他服装（针织外衣） 化纤制针织或钩编其他服装（针织衬衫） 化纤制针织或钩编其他服装（针织运动服） 化纤制针织或钩编其他服装（针织童装） 化纤制针织或钩编其他服装（其他针织服装）
611490	10		毛制针织或钩编其他服装	Other knitted or crocheted garments of wool or fine animal hair	【最】6【普】130 【协东盟】0【协香港】0【协澳门】0 【协巴基斯坦】12.8【协智利】0【协新西兰】0 【协新加坡】0【协秘鲁】1.6【协哥斯达黎加】0 【协冰岛】0【协瑞士】6【协澳大利亚】0 【协韩国】8【协格鲁吉亚】0 【特-1】0【特-2】0 【增】16【对美加征】10【出】0【退】16	件/千克					999	毛制针织或钩编其他服装（指羊毛或动物细毛）
611490	90		其他纺织材料制其他服装	Other garments of other textile materials	【最】6【普】130 【协东盟】0【协香港】0【协澳门】0 【协巴基斯坦】12.8【协智利】0【协新西兰】0 【协新加坡】0【协秘鲁】1.6【协哥斯达黎加】0 【协冰岛】0【协瑞士】6【协澳大利亚】0 【协韩国】8【协格鲁吉亚】0 【特-1】0【特-2】0 【增】16【对美加征】10【出】0【退】16	件/千克					999	其他纺织材料制其他服装
611510	00		渐紧压袜类 【电商】	Graduated compression hosiery (for example, stockings for varicose veins), knitted or crocheted	【最】6【普】130 【协亚太】3.5【协东盟】0【协香港】0 【协澳门】0【协巴基斯坦】8【协智利】0 【协新西兰】0【协新加坡】0【协秘鲁】1.6 【协哥斯达黎加】0【协冰岛】0【协瑞士】6 【协澳大利亚】0【协韩国】8 【协格鲁吉亚】0 【特-1】0【特-2】0 【增】16【对美加征】10【出】0【退】16	双/千克					999	渐紧压袜类（例如，用以治疗静脉曲张的长筒袜，针织或钩编）
611521	00		每根单丝细度<67分特的合成纤维制连裤袜及紧身裤袜 【电商】	Knitted or crocheted panty hose and tights of synthetic fibres, measuring per single yarn less than 67 decitex	【最】6【普】130 【协亚太】3.9【协东盟】0【协香港】0 【协澳门】0【协巴基斯坦】12.8【协智利】0 【协新西兰】0【协新加坡】0【协秘鲁】1.6 【协哥斯达黎加】0【协冰岛】0【协瑞士】6 【协澳大利亚】0【协韩国】8 【协格鲁吉亚】0 【特-1】0【特-2】0 【增】16【对美加征】10【出】0【退】16	双/千克					999	每根单丝细度<67分特的合成纤维制连裤袜及紧身裤袜（针织或钩编）
611522	00		每根单丝细度≥67分特的合成纤维制连裤袜及紧身裤袜 【电商】	Knitted or crocheted panty hose and tights of synthetic fibres, measuring per single yarn 67 decitex or more	【最】6【普】130 【协亚太】3.9【协东盟】0【协澳门】0 【协巴基斯坦】8【协智利】0【协新西兰】0 【协新加坡】0【协秘鲁】1.6【协台湾】0 【协哥斯达黎加】0【协冰岛】0【协瑞士】6 【协澳大利亚】0【协韩国】8【协香港】0 【协格鲁吉亚】0 【特-1】0【特-2】0 【增】16【对美加征】10【出】0【退】16	双/千克					999	每根单丝细度≥67分特的合成纤维制连裤袜及紧身裤袜（针织或钩编）
611529	10		棉制针织或钩编连裤袜及紧身裤袜 【电商】	Knitted or crocheted panty hose and tights of cotton	【最】6【普】90 【协东盟】0【协澳门】0【协巴基斯坦】11.2 【协香港】0【协智利】0【协新西兰】0 【协新加坡】0【协秘鲁】0【协哥斯达黎加】0 【协冰岛】0【协瑞士】5.6【协澳大利亚】0 【协韩国】7【协格鲁吉亚】0 【特-1】0【特-2】0【特-3】0 【增】16【出】0【退】16	双/千克					999	棉制针织或钩编连裤袜及紧身裤袜

税则号列			货品名称中英文		税费综合信息	计量单位	监管证件代码		检验检疫类别		检验检疫编码	检验检疫编码对应中文名称
HS国际统一前6位	本国子目 7~8位	本国子目 9~10位	中文 货物名称	英文 Article Description			进口	出口	进口	出口		
611529	90		其他纺织材料制针织或钩编连裤袜及紧身裤袜【电商】	Knitted or crocheted panty hose and tights of other textile materials other than synthetic fibres and cotton	【最】6【普】130 【协亚太】3.9【协东盟】0【协澳门】0 【协巴基斯坦】7【协智利】0【协新西兰】0 【协香港】0【协新加坡】0【协秘鲁】0 【协哥斯达黎加】0【协冰岛】0【协瑞士】5.6 【协澳大利亚】0【协韩国】7【协台湾】0 【协格鲁吉亚】0 【特-1】0【特-2】0 【增】16【对美加征】10【出】0【退】16	双/千克					999	其他纺织材料制针织或钩编连裤袜及紧身裤袜（除合成纤维、棉外其他纺织材料制）
611530	00		其他材料制女式长统袜或中统袜【电商】	Women's full-length or knee-length hosiery, measuring per single yarn less than 67 decitex	【最】6【普】130 【协亚太】3.9【协东盟】0【协巴基斯坦】7 【协智利】0【协新西兰】0【协新加坡】0 【协秘鲁】0【协哥斯达黎加】0【协冰岛】0 【协瑞士】5.6【协澳大利亚】0【协韩国】7 【协格鲁吉亚】0【协香港】0【协澳门】0 【特亚太】0【特-1】0【特-2】0【特-3】0 【增】16【对美加征】10【出】0【退】16	双/千克					999	其他材料制女式长统袜或中统袜（单丝细度在67分特以下）
611594	00		毛制针织或钩编短袜及其他袜类【电商】	Knitted or crocheted socks and other hosiery of cotton	【最】6【普】130 【协东盟】0【协香港】0【协澳门】0 【协巴基斯坦】11.2【协智利】0【协新西兰】0 【协新加坡】0【协秘鲁】0【协哥斯达黎加】0 【协冰岛】0【协瑞士】5.6【协澳大利亚】0 【协韩国】7【协格鲁吉亚】0 【特-1】0【特-2】0 【增】16【对美加征】5【出】0【退】16	双/千克					999	毛制针织或钩编短袜及其他袜类
611595	00	11	棉制针织或钩编矫正袜【电商】	Knitted or crocheted orthopedic stockings, with surgical suppressed scale, of cotton	【最】6【普】90 【协东盟】0【协香港】0【协澳门】0 【协巴基斯坦】11.2【协智利】0【协新西兰】0 【协新加坡】0【协秘鲁】1.4【协哥斯达黎加】0 【协冰岛】0【协瑞士】5.6【协澳大利亚】0 【协韩国】7【协格鲁吉亚】0 【特-1】0【特-2】0【特-3】0 【增】16【对美加征】10【出】0【退】16	双/千克					999	棉制针织或钩编矫正袜（外科用带压缩刻度）
611595	00	19	棉制针织或钩编短袜及其他袜类【电商】	Knitted or crocheted socks and other hosiery of cotton	【最】6【普】90 【协东盟】0【协香港】0【协澳门】0 【协巴基斯坦】11.2【协智利】0【协新西兰】0 【协新加坡】0【协秘鲁】1.4【协哥斯达黎加】0 【协冰岛】0【协瑞士】5.6【协澳大利亚】0 【协韩国】7【协格鲁吉亚】0 【特-1】0【特-2】0【特-3】0 【增】16【对美加征】10【出】0【退】16	双/千克					999	棉制针织或钩编短袜及其他袜类
611596	00		合纤制短袜及其他袜类【电商】	Of synthetic fibres	【最】6【普】130 【协亚太】3.9【协东盟】0【协香港】0 【协澳门】0【协巴基斯坦】8【协智利】0 【协新西兰】0【协新加坡】0【协秘鲁】1.6 【协哥斯达黎加】0【协冰岛】0【协瑞士】6 【协澳大利亚】0【协韩国】8 【协格鲁吉亚】0 【特-1】0【特-2】0【特-3】0 【增】16【对美加征】10【出】0【退】16	双/千克					999	合纤制短袜及其他袜类（针织或钩编）
611599	00		其他纺织材料制短袜及其他袜类【电商】	Of other textile materials	【最】6【普】130 【协亚太】3.9【协东盟】0【协香港】0 【协澳门】0【协巴基斯坦】7【协智利】0 【协新西兰】0【协新加坡】0【协秘鲁】0 【协台湾】0【协哥斯达黎加】0【协冰岛】0 【协瑞士】5.6【协澳大利亚】0【协韩国】7 【协格鲁吉亚】0 【特-1】0【特-2】0 【增】16【出】0【退】16	双/千克					999	其他纺织材料制短袜及其他袜类（针织或钩编）
611610	00		塑料或橡胶浸渍的手套【电商】	Gloves impregnated, coated or covered with plastics or rubber	【最】6【普】130 【协东盟】0【协香港】0【协澳门】0 【协智利】0【协新西兰】0【协新加坡】0 【协秘鲁】0【协哥斯达黎加】0【协冰岛】0 【协瑞士】5.6【协澳大利亚】0【协韩国】7 【协格鲁吉亚】0 【特-1】0【特-2】0【特-3】0 【增】16【对美加征】10【出】0【退】16	双/千克					999	塑料或橡胶浸渍的手套

税则号列			货品名称中英文		税费综合信息	计量单位	监管证件代码		检验检疫类别		检验检疫编码	检验检疫编码对应中文名称
HS国际统一前6位	本国子目7~8位	9~10位	中文 货物名称	英文 Article Description			进口	出口	进口	出口		
611691	00		毛制其他针织或钩编手套【电商】	Knitted or crocheted mittens and mitts of wool or fine animal hair	【最】6【普】130 【协东盟】0【协香港】0【协澳门】0 【协巴基斯坦】7【协智利】0【协新西兰】0 【协新加坡】0【协秘鲁】0【协哥斯达黎加】0 【协冰岛】0【协瑞士】5.6【协澳大利亚】0 【协韩国】7【协格鲁吉亚】0 【特-1】0【特-2】0【特-3】0 【增】16【出】0【退】16	双/千克					999	毛制其他针织或钩编手套
611692	00		棉制其他针织或钩编手套【电商】	Knitted or crocheted mittens and mitts of cotton (nonsports gloves)	【最】6【普】90 【协东盟】0【协香港】0【协澳门】0 【协智利】0【协新西兰】0【协新加坡】0 【协秘鲁】0【协哥斯达黎加】0【协冰岛】0 【协瑞士】5.6【协澳大利亚】0【协韩国】7 【协格鲁吉亚】0 【特-1】0【特-2】0 【增】16【对美加征】5【出】0【退】16	双/千克					999	棉制其他针织或钩编手套（非运动手套）
611693	00	10	合纤制其他针织或钩编手套【电商】	Knitted or crocheted mittens and mitts, of synthetic fibres, containing 23% or more by weight of wool or fine animal hair	【最】6【普】130 【协亚太】3.9【协东盟】0【协香港】0 【协澳门】0【协巴基斯坦】8【协智利】0 【协新西兰】0【协新加坡】0【协秘鲁】1.6 【协哥斯达黎加】0【协冰岛】0【协瑞士】6 【协澳大利亚】0【协韩国】0 【协格鲁吉亚】0 【特-1】0【特-2】0【特-3】0 【增】16【对美加征】10【出】0【退】16	双/千克					999	合纤制其他针织或钩编手套（含羊毛或动物细毛23%及以上）
611693	00	90	合纤制其他针织或钩编手套【电商】	Knitted or crocheted mittens and mitts, of synthetic fibres, containing less than 23% by weight of wool or fine animal hair	【最】6【普】130 【协亚太】3.9【协东盟】0【协香港】0 【协澳门】0【协巴基斯坦】8【协智利】0 【协新西兰】0【协新加坡】0【协秘鲁】1.6 【协哥斯达黎加】0【协冰岛】0【协瑞士】6 【协澳大利亚】0【协韩国】8 【协格鲁吉亚】0 【特-1】0【特-2】0【特-3】0 【增】16【对美加征】10【出】0【退】16	双/千克					999	合纤制其他针织或钩编手套（含羊毛或动物细毛23%以下）
611699	00		其他纺材制其他针织或钩编手套【电商】	Of other textile materials	【最】6【普】130 【协亚太】3.9【协东盟】0【协香港】0 【协澳门】0【协巴基斯坦】9.3【协智利】0 【协新西兰】0【协新加坡】0【协秘鲁】1.4 【协哥斯达黎加】0【协冰岛】0【协瑞士】5.6 【协澳大利亚】0【协韩国】7 【协格鲁吉亚】0 【特-1】0【特-2】0【特-3】0 【增】16【对美加征】10【出】0【退】16	双/千克					999	其他纺材制其他针织或钩编手套
611710	11		山羊绒制披巾、头巾、围巾、披纱、面纱及类似品【电商】	Knitted or crocheted shawls, scarves, mufflers, mantillas, veils, and the like, of goats	【最】6【普】130 【协亚太】3.9【协东盟】0【协香港】0 【协澳门】0【协巴基斯坦】0【协智利】0 【协新西兰】0【协新加坡】0【协秘鲁】1.4 【协哥斯达黎加】0【协冰岛】0【协瑞士】5.6 【协澳大利亚】0【协韩国】7 【协格鲁吉亚】0 【特-1】0【特-2】0【特-3】0 【增】16【对美加征】10【出】0【退】16	条/千克					999	山羊绒制披巾、头巾、围巾、披纱、面纱及类似品（针织或钩编）
611710	19		其他动物细毛制披巾、头巾、围巾、披纱、面纱及类似品【电商】	Knitted or crocheted shawls, scarves, mufflers, mantillas, veils, and the like, of other fine animal hair	【最】6【普】130 【协亚太】3.9【协东盟】0【协香港】0 【协澳门】0【协巴基斯坦】0【协智利】0 【协新西兰】0【协新加坡】0【协秘鲁】5.6 【协哥斯达黎加】0【协冰岛】0【协瑞士】7 【协澳大利亚】0【协韩国】7 【协格鲁吉亚】0 【特-1】0【特-2】0【特-3】0 【增】16【对美加征】10【出】0【退】16	条/千克					999	其他动物细毛制披巾、头巾、围巾、披纱、面纱及类似品（针织或钩编）
611710	20		羊毛制披巾、头巾、围巾、披纱、面纱及类似品【电商】	Knitted or crocheted shawls, scarves, mufflers, mantillas, veils, and the like, of wool	【最】6【普】130 【协亚太】3.9【协东盟】0【协香港】0 【协澳门】0【协巴基斯坦】0【协智利】0 【协新西兰】0【协新加坡】0【协秘鲁】1.4 【协哥斯达黎加】0【协冰岛】0【协瑞士】5.6 【协澳大利亚】0【协韩国】7 【协格鲁吉亚】0 【特-1】0【特-2】0【特-3】0 【增】16【对美加征】10【出】0【退】16	条/千克					999	羊毛制披巾、头巾、围巾、披纱、面纱及类似品（针织或钩编）

税则号列			货品名称中英文		税费综合信息	计量单位	监管证件代码		检验检疫类别		检验检疫编码	检验检疫编码对应中文名称
HS国际统一前6位	本国子目7~8位	本国子目9~10位	中文 货物名称	英文 Article Description			进口	出口	进口	出口		
611710	90		其他纺织材料制披巾、头巾、围巾、披纱、面纱及类似品 【电商】	Knitted or crocheted shawls, scarves, mufflers, mantillas, veils, and the like, of other textile materials	【最】6【普】130 【协亚太】3.9【协东盟】0【协香港】0 【协澳门】0【协巴基斯坦】0【协智利】0 【协新西兰】0【协新加坡】0【协秘鲁】1.4 【协哥斯达黎加】0【协冰岛】0【协瑞士】5.6 【协澳大利亚】0【协韩国】7 【协格鲁吉亚】0 【特-1】0【特-2】0【特-3】0 【增】16【对美加征】10【出】0【退】16	条/千克					999	其他纺织材料制披巾、头巾、围巾、披纱、面纱及类似品（针织或钩编）
611780	10		领带及领结 【电商】	Knitted or crocheted ties, bow ties and cravats	【最】6【普】130 【协亚太】3.9【协东盟】0【协香港】0 【协澳门】0【协巴基斯坦】0【协智利】0 【协新西兰】0【协新加坡】0【协秘鲁】0 【协台湾】0【协哥斯达黎加】0【协冰岛】0 【协瑞士】5.6【协澳大利亚】0【协韩国】7 【协格鲁吉亚】0 【特-1】0【特-2】0【特-3】0 【增】16【对美加征】10【出】0【退】16	千克/条					999	领带及领结（针织或钩编）
611780	90		其他衣着附件 【电商】	Knitted or crocheted other accessories	【最】6【普】130 【协亚太】3.9【协东盟】0【协香港】0 【协澳门】0【协巴基斯坦】0【协智利】0 【协新西兰】0【协新加坡】0【协秘鲁】1.4 【协台湾】0【协哥斯达黎加】0【协冰岛】0 【协瑞士】5.6【协澳大利亚】0【协韩国】7 【协格鲁吉亚】0 【特-1】0【特-2】0【特-3】0 【增】16【对美加征】10【出】0【退】16	千克					999	其他衣着附件（针织或钩编）
611790	00		服装或衣着附件的零件 【电商】	Parts	【最】6【普】130 【协亚太】3【协东盟】0【协香港】0 【协澳门】0【协巴基斯坦】0【协智利】0 【协新西兰】0【协新加坡】0【协秘鲁】0 【协台湾】0【协哥斯达黎加】0【协冰岛】0 【协瑞士】5.6【协澳大利亚】0【协韩国】7 【协格鲁吉亚】0 【特-1】0【特-2】0【特-3】0 【增】16【对美加征】10【出】0【退】16	千克					999	服装或衣着附件的零件（针织或钩编）

第六十二章
非针织或非钩编的服装及衣着附件

注释：

一、本章仅适用于除絮胎以外任何纺织物的制成品，但不适用于针织品或钩编织品（税目 62.12 的除外）。

二、本章不包括：

（一）税目 63.09 的旧衣着或其他旧物品；或

（二）矫形器具、外科手术带、疝气带及类似品（税目 90.21）。

三、税目 62.03 及 62.04 所称：

（一）"西服套装"，是指面料用完全相同织物制成的两件套或三件套的下列成套服装：

一件人体上半身穿着的外套或短上衣，除袖子外，应由四片或四片以上面料组成；也可附带一件马甲（西服背心），这件马甲（西服背心）的前片面料应与套装其他各件的面料相同，后片面料则应与外套或短上衣的衬里料相同；以及

一件人体下半身穿着的服装，即不带背带或护胸的长裤、马裤、短裤（游泳裤除外）、裙子或裙裤。

西服套装各件面料质地、颜色及构成必须完全相同，其款式、尺寸大小也须相互般配。但套装的各件可以有不同织物的滚边（缝入夹缝中的成条织物）。

如果数件人体下半身穿着的服装同时报验（例如，两条长裤、长裤与短裤、裙子或裙裤与长裤），构成西服套装下装的应是一条长裤，而对于女式西服套装，应是裙子或裙裤，其他服装应分别归类。

所称"西服套装"，包括不论是否完全符合上述条件的下列配套服装：

1. 常礼服，由一件后襟下垂并下端开圆弧形叉的素色短上衣和一条条纹长裤组成；

2. 晚礼服（燕尾服），一般用黑色织物制成，上衣前襟较短且不闭合，背后有燕尾；

3. 无燕尾套装夜礼服，其中上衣款式与普通上衣相似（可以更为显露衬衣前胸），但有光滑丝质或仿丝质的翻领。

（二）"便服套装"，是指面料相同并作零售包装的下列成套服装（西服套装及税目 62.07 或

Chapter 62
Articles of apparel and clothing accessories, not knitted or crocheted

Chapter Notes:

1. This Chapter applies only to made up articles of any textile fabric other than wadding, excluding knitted or crocheted articles (other than those of heading 62.12).

2. This Chapter does not cover:

(a) Worn clothing or other worn articles of heading 63.09; or

(b) Orthopaedic appliances, surgical belts, trusses or the like (heading 90.21).

3. For the purposes of headings 62.03 and 62.04:

(a) The term "suit" means a set of garments composed of two or three pieces made up, in respect of their outer surface, in identical fabric and comprising:

One suit coat or jacket the outer shell of which, exclusive of sleeves, consists of four or more panels, designed to cover the upper part of the body, possibly with a tailored waistcoat in addition whose front is made from the same fabric as the outer surface of the other components of the set and whose back is made from the same fabric as the lining of the suit coat or jacket; and

One garment designed to cover the lower part of the body and consisting of trousers, breeches or shorts (other than swimwear), a skirt or a divided skirt, having neither braces nor bibs.

All of the components of a "suit" must be of the same fabric construction, colour and composition; they must also be of the same style and of corresponding or compatible size. However, these components may have piping (a strip of fabric sewn into the seam) in a different fabric.

If several separate components to cover the lower part of the body are presented together (for example, two pairs of trousers or trousers and shorts, or a skirt or divided skirt and trousers), the constituent lower part shall be one pair of trousers or, in the case of women's or girls' suits, the skirt or divided skirt, the other garments being considered separately.

The term "suit" includes the following sets of garments, whether or not they fulfil all the above conditions:

(i) Morning dress, comprising a plain jacket (cutaway) with rounded tails hanging well down at the back and striped trousers;

(ii) Evening dress (tailcoat), generally made of black fabric, the jacket of which is relatively short at the front, does not close and has narrow skirts cut in at the hips and hanging down behind;

(iii) Dinner jacket suits, in which the jacket is similar in style to an ordinary jacket (though perhaps revealing more of the shirt front), but has shiny silk or imitation silk lapels.

(b) The term "ensemble" means a set of garments (other than suits and articles of heading 62.07 or

62.08的物品除外）：

一件人体上半身穿着的服装，但背心除外，因为背心可作为内衣；以及

一件或两件不同的人体下半身穿着的服装，即长裤、护胸背带工装裤、马裤、短裤（游泳裤除外）、裙子或裙裤。

便服套装各件面料质地、款式、颜色及构成必须相同；尺寸大小也须相互般配。所称“便服套装”，不包括税目62.11的运动服及滑雪服。

62.08) composed of several pieces made up in identical fabric, put up for retail sale, and comprising:

One garment designed to cover the upper part of the body, with the exception of waistcoats which may also form a second upper garment; and

One or two different garments, designed to cover the lower part of the body and consisting of trousers, bib and brace overalls, breeches, shorts (other than swimwear), a skirt or a divided skirt.

All of the components of an ensemble must be of the same fabric construction, style, colour and composition; they also must be of corresponding or compatible size. The term "ensemble" does not apply to track suits or ski suits, of heading 62.11.

四、对于税目62.09：

（一）所称“婴儿服装及衣着附件”，是指用于身高不超过86厘米幼儿的服装；

（二）既可归入税目62.09，也可归入本章其他税号的物品，应归入税目62.09。

4. For the purposes of heading 62.09:

(a) The expression "babies' garments and clothing accessories" means articles for young children of a body height not exceeding 86cm;

(b) Articles which are, prima facie, classifiable both in heading 62.09 and in other headings of this Chapter are to be classified in heading 62.09.

五、既可归入税目62.10，也可归入本章其他税号的服装，除税目62.09所列的仍归入该税号外，其余的应一律归入税目62.10。

5. Garments which are, prima facie, classifiable both in heading 62.10 and in other headings of this Chapter, excluding heading 62.09, are to be classified in heading 62.10.

六、税目62.11所称“滑雪服”，是指从整个外观和织物质地来看，主要在滑雪（速度滑雪和高山滑雪）时穿着的下列服装或成套服装：

（一）“滑雪连身服”，即上下身连在一起的单件服装；除袖子和领子外，滑雪连身服可有口袋或脚带；或

（二）“滑雪套装”，即由两件或三件构成一套并作零售包装的下列服装：

一件用一条拉链扣合的带风帽的厚夹克、防风衣、防风短上衣或类似的服装，可以附带一件背心（滑雪背心）；以及

一条不论是否过腰的长裤、一条马裤或一条护胸背带工装裤。

“滑雪套装”也可由一件类似以上（一）款所述的连身服和一件可套在连身服外面的有胎料背心组成。

“滑雪套装”各件颜色可以不同，但面料质地、款式及构成必须相同；尺寸大小也须相互般配。

6. For the purposes of heading 62.11, "ski suits" means garments or sets of garments which, by their general appearance and texture, are identifiable as intended to be worn principally for skiing (cross-country or alpine). They consist either of:

(a) A "ski overall", that is, a one-piece garment designed to cover the upper and the lower parts of the body; in addition to sleeves and a collar the ski overall may have pockets or footstraps; or

(b) A "ski ensemble", that is, a set of garments composed of two or three pieces, put up for retail sale and comprising:

One garment such as an anorak, wind-cheater, wind-jacket or similar article, closed by a slide fastener (zipper), possibly with a waistcoat in addition; and

One pair of trousers whether or not extending above waist-level, one pair of breeches or one bib and brace overall.

The "ski ensemble" may also consist of an overall similar to the one mentioned in paragraph (a) above and a type of padded, sleeveless jacket worn over the overall.

All the components of a "ski ensemble" must be made up in a fabric of the same texture, style and composition whether or not of the same colour; they also must be of corresponding or compatible size.

七、正方形或近似正方形的围巾及围巾式样的物品，如果每边均不超过60厘米，应作为手帕归类（税目62.13）。任何一边超过60厘米的手帕，应归入税目62.14。

7. Scarves and articles of the scarf type, square or approximately square, of which no side exceeds 60cm, are to be classified as handkerchiefs (heading 62.13). Handkerchiefs of which any side exceeds 60cm are to be classified in heading 62.14.

八、本章的服装，凡门襟为左压右的，应视为男式；右压左的，应视为女式。但本规定不适用于其式样已明显为男式或女式的服装。

8. Garments of this Chapter designed for left over right closure at the front shall be regarded as men's or boys' garments, and those designed for right over left closure at the front as women's or girls' garments. These provisions do not apply where the cut

无法区别是男式还是女式的服装，应按女式服装归入有关税号。

of the garment clearly indicates that it is designed for one or other of the sexes.

Garments which cannot be identified as either men's or boys' garments or as women's or girls' garments are to be classified in the headings covering women's or girls' garments.

九、本章物品可用金属线制成。

9. Articles of this Chapter may be made of metal thread.

税则号列			货品名称中英文		税费综合信息	计量单位	监管证件代码		检验检疫类别		检验检疫编码	检验检疫编码对应中文名称
HS 国际统一前6位	本国子目 7~8位	9~10位	中文 货物名称	英文 Article Description			进口	出口	进口	出口		
620111	00	10	毛制男式雨衣【电商】	Men's or boys' raincoats, of wool or fine animal hair	【最】6【普】130【暂进】5 【协亚太】3.9【协东盟】0【协香港】0 【协澳门】0【协巴基斯坦】8【协智利】0 【协新西兰】0【协新加坡】0【协秘鲁】1.6 【协哥斯达黎加】0【协冰岛】0【协瑞士】6 【协澳大利亚】0【协韩国】8 【协格鲁吉亚】0 【特-1】0【特-2】0【特-3】0 【增】16【对美加征】10【出】0【退】16	件/千克					999	毛制男式雨衣（羊毛或动物细毛制）
620111	00	90	毛制男式大衣、斗篷及类似品【电商】	Men's or boys' overcoats, cloaks and similar articles, of wool or fine animal hair (including carcoats, capes)	【最】6【普】130【暂进】5 【协亚太】3.9【协东盟】0【协香港】0 【协澳门】0【协巴基斯坦】8【协智利】0 【协新西兰】0【协新加坡】0【协秘鲁】1.6 【协哥斯达黎加】0【协冰岛】0【协瑞士】6 【协澳大利亚】0【协韩国】8 【协格鲁吉亚】0 【特-1】0【特-2】0【特-3】0 【增】16【对美加征】10【出】0【退】16	件/千克					999	毛制男式大衣、斗篷及类似品（含短大衣、短斗篷，羊毛或动物细毛制）
620112	10		棉制男式羽绒大衣等及类似品【电商】	Men's or boys' overcoats padded with feathers or down and similar articles of cotton (including raincoats, car-coats, capes, cloaks)	【最】6【普】90 【协东盟】0【协香港】0【协澳门】0 【协巴基斯坦】12.8【协智利】0【协新西兰】0 【协新加坡】0【协秘鲁】1.6【协哥斯达黎加】0 【协冰岛】0【协瑞士】6【协澳大利亚】0 【协韩国】8【协格鲁吉亚】0 【特-1】0【特-2】0 【增】16【出】0【退】16	件/千克					999	棉制男式羽绒大衣等及类似品（包括羽绒雨衣、短大衣、斗篷、短斗篷）
620112	90	10	棉制男式雨衣【电商】	Men's or boys' raincoats of cotton	【最】6【普】90【暂进】5 【协东盟】0【协香港】0【协澳门】0 【协巴基斯坦】12.8【协智利】0【协新西兰】0 【协新加坡】0【协秘鲁】0【协哥斯达黎加】0 【协冰岛】0【协瑞士】6【协澳大利亚】0 【协韩国】8【协格鲁吉亚】0 【特-1】0【特-2】0【特-3】0 【增】16【对美加征】10【出】0【退】16	件/千克					999	棉制男式雨衣
620112	90	20	棉制男式连风帽派克大衣等【电商】	Men's or boys' hooded parka, of cotton (including anoraks, windcheaters, windjackets and similar articles)	【最】6【普】90【暂进】5 【协东盟】0【协香港】0【协澳门】0 【协巴基斯坦】12.8【协智利】0【协新西兰】0 【协新加坡】0【协秘鲁】0【协哥斯达黎加】0 【协冰岛】0【协瑞士】6【协澳大利亚】0 【协韩国】8【协格鲁吉亚】0 【特-1】0【特-2】0【特-3】0 【增】16【对美加征】10【出】0【退】16	件/千克					999	棉制男式连风帽派克大衣等（含带风帽的防寒短上衣、防风衣、防风短上衣及类似品）
620112	90	90	棉制男式大衣、斗篷及类似品【电商】	Men's or boys' overcoats, cloak and similar articles, of cotton (including car-coats, capes)	【最】6【普】90【暂进】5 【协东盟】0【协香港】0【协澳门】0 【协巴基斯坦】12.8【协智利】0【协新西兰】0 【协新加坡】0【协秘鲁】0【协哥斯达黎加】0 【协冰岛】0【协瑞士】6【协澳大利亚】0 【协韩国】8【协格鲁吉亚】0 【特-1】0【特-2】0【特-3】0 【增】16【对美加征】10【出】0【退】16	件/千克					999	棉制男式大衣、斗篷及类似品（包括短大衣、短斗篷）
620113	10		化纤制男羽绒大衣等及类似品【电商】	Men's or boys' overcoats padded with feathers or down and similar articles of man-made fibres (including raincoats, car-coats, capes, cloaks)	【最】8【普】130 【协亚太】5.2【协东盟】0【协香港】0 【协澳门】0【协巴基斯坦】8.8【协智利】0 【协新西兰】0【协新加坡】0【协秘鲁】0 【协哥斯达黎加】0【协冰岛】0【协瑞士】7 【协澳大利亚】0【协韩国】8.7 【特-1】0【特-2】0【特-3】0 【增】16【对美加征】10【出】0【退】16	件/千克					999	化纤制男羽绒大衣等及类似品（包括羽绒雨衣、短大衣、斗篷、短斗篷）

税则号列			货品名称中英文		税费综合信息	计量单位	监管证件代码		检验检疫类别		检验检疫编码	检验检疫编码对应中文名称
HS 国际统一前 6 位	本国子目 7~8 位	本国子目 9~10 位	中文 货物名称	英文 Article Description			进口	出口	进口	出口		
620113	90		化纤制男大衣、斗篷及类似品（包括短大衣、短斗篷，含羊毛或动物细毛 36%及以上）；化纤制男式连风帽派克大衣等（带风帽防寒短上衣/防风衣等）；化纤制雨衣【电商】	Other men's or boys' overcoats, cloaks and similar articles, of man-made fibres	【最】8【普】130 【协亚太】5.2【协东盟】0【协香港】0 【协澳门】0【协巴基斯坦】8.8【协智利】0 【协新西兰】0【协新加坡】0【协秘鲁】0 【协哥斯达黎加】0【协冰岛】0【协瑞士】7 【协澳大利亚】0【协韩国】8.7 【协格鲁吉亚】0 【特-1】0【特-2】0【特-3】0 【增】16【对美加征】10【出】0【退】16	件/千克					999	化纤制男大衣、斗篷及类似品（包括短大衣、短斗篷，含羊毛或动物细毛 36%及以上）；化纤制男式连风帽派克大衣等（带风帽防寒短上衣/防风衣等）；化纤制雨衣
620119	00		其他材料制男大衣、雨衣【电商】	Men's or boys' overcoats, raincoats, of other textile materials	【最】6【普】100 【协亚太】3.9【协东盟】0【协香港】0 【协澳门】0【协巴基斯坦】8【协智利】0 【协新西兰】0【协新加坡】0【协秘鲁】0 【协哥斯达黎加】0【协冰岛】0【协瑞士】6 【协澳大利亚】0【协韩国】8 【协格鲁吉亚】0 【特-1】0【特-2】0【特-3】0 【增】16【对美加征】10【出】0【退】16	件/千克					999	其他材料制男大衣、雨衣（含短大衣、斗篷、短斗篷及类似品）
620191	00		毛制男式防寒短上衣【电商】	Men's or boys' anoraks of wool or fine animal hair	【最】6【普】130 【协亚太】3.9【协东盟】0【协香港】0 【协澳门】0【协巴基斯坦】8【协智利】0 【协新西兰】0【协新加坡】0【协秘鲁】0 【协哥斯达黎加】0【协冰岛】0【协瑞士】6 【协澳大利亚】0【协韩国】8 【协格鲁吉亚】0 【特-1】0【特-2】0【特-3】0 【增】16【对美加征】10【出】0【退】16	件/千克					101 102	毛制男式防寒短上衣（羊毛或动物细毛制）（含滑雪短上衣、防风衣、防风短上衣及类似品）（大衣、短大衣） 毛制男式防寒短上衣（羊毛或动物细毛制）（含滑雪短上衣、防风衣、防风短上衣及类似品）（上衣）
620192	10		棉制男式羽绒防寒短上衣、防风衣	Men's or boys' anoraks padded with feathers or down, of cotton, including ski-jackets, wind-cheaters, wind-jackets and similar articles	【最】6【普】90 【协东盟】0【协香港】0【协澳门】0 【协巴基斯坦】12.8【协智利】0【协新西兰】0 【协新加坡】0【协秘鲁】0【协哥斯达黎加】0 【协冰岛】0【协瑞士】6【协澳大利亚】0 【协韩国】8【协格鲁吉亚】0 【特-1】0【特-2】0【特-3】0 【增】16【对美加征】10【出】0【退】16	件/千克					999	棉制男式羽绒防寒短上衣、防风衣（包括羽绒滑雪短上衣、防风短上衣及类似品）
620192	90		棉制男式防寒短上衣【电商】	Other men's or boys' anoraks of cotton	【最】6【普】90 【协东盟】0【协香港】0【协澳门】0 【协巴基斯坦】12.8【协智利】0【协新西兰】0 【协新加坡】0【协秘鲁】0【协哥斯达黎加】0 【协冰岛】0【协瑞士】6【协澳大利亚】0 【协韩国】8【协格鲁吉亚】0 【特东老挝】0【特东柬埔寨】0【特东缅甸】0 【特-1】0【特-2】0【特-3】0 【增】16【对美加征】10【出】0【退】16	件/千克					101 102	棉制男式防寒短上衣（含滑雪短上衣、防风衣、防风短上衣及类似品）（大衣、短大衣） 棉制男式防寒短上衣（含滑雪短上衣、防风衣、防风短上衣及类似品）（上衣）
620193	10		化纤制男式羽绒防寒短上衣、防风衣【电商】	Other men's or boys' anoraks padded with feathers or down, of man-made fibres, including ski-jackets, wind-cheaters, wind-jackets and similar articles	【最】8【普】130 【协亚太】5.2【协东盟】0【协香港】0 【协澳门】0【协巴基斯坦】8.8【协智利】0 【协新西兰】0【协新加坡】0【协秘鲁】0 【协哥斯达黎加】0【协冰岛】0【协瑞士】7 【协澳大利亚】0【协韩国】8.7 【协格鲁吉亚】0 【特-1】0【特-2】0【特-3】0 【增】16【对美加征】10【出】0【退】16	件/千克					999	化纤制男式羽绒防寒短上衣防风衣（包括羽绒滑雪短上衣、防风短上衣及类似品）
620193	90		化纤制男式防寒短上衣【电商】	Other men's or boys' anoraks of man-made fibres	【最】8【普】130 【协亚太】5.2【协东盟】0【协香港】0 【协澳门】0【协巴基斯坦】8.8【协智利】0 【协新西兰】0【协新加坡】0【协秘鲁】0 【协哥斯达黎加】0【协冰岛】0【协瑞士】7 【协澳大利亚】0【协韩国】8.7 【协格鲁吉亚】0 【特-1】0【特-2】0【特-3】0 【增】16【对美加征】10【出】0【退】16	件/千克					101 102	化纤制男式防寒短上衣（含滑雪短上衣、防风衣、防风短上衣及类似品）（大衣、短大衣） 化纤制男式防寒短上衣（含滑雪短上衣、防风衣、防风短上衣及类似品）（上衣）

税则号列 HS国际统一前6位	本国子目 7~8位	本国子目 9~10位	货品名称中英文 中文 货物名称	货品名称中英文 英文 Article Description	税费综合信息	计量单位	监管证件代码 进口	监管证件代码 出口	检验检疫类别 进口	检验检疫类别 出口	检验检疫编码	检验检疫编码对应中文名称
620199	00		其他材料制男士防寒短上衣【电商】	Men's or boys' anoraks of other textile materials	【最】6【普】100 【协亚太】3.9【协东盟】0【协香港】0 【协澳门】0【协巴基斯坦】8【协智利】0 【协新西兰】0【协新加坡】0【协秘鲁】0 【协哥斯达黎加】0【协冰岛】0【协瑞士】6 【协澳大利亚】0【协韩国】8 【协格鲁吉亚】0 【特东缅甸】0【特-1】0【特-2】0【特-3】0 【增】16【对美加征】10【出】0【退】16	件/千克					999	其他材料制男士防寒短上衣（含滑雪短上衣、防风衣、防风短上衣及类似品）
620211	00	10	毛制女式雨衣【电商】	Women's or girls' raincoats of wool or fine animal hair	【最】6【普】130【暂进】5 【协亚太】3.9【协东盟】0【协香港】0 【协澳门】0【协巴基斯坦】8【协智利】0 【协新西兰】0【协新加坡】0【协秘鲁】0 【协哥斯达黎加】0【协冰岛】0【协瑞士】6 【协澳大利亚】0【协韩国】8 【协格鲁吉亚】0 【特-1】0【特-2】0【特-3】0 【增】16【对美加征】10【出】0【退】16	件/千克					999	毛制女式雨衣（羊毛或动物细毛制）
620211	00	90	毛制女式大衣、斗篷及类似品等【电商】	Women's or girls' overcoats, of wool or fine animal hair, including car-coats, capes, cloak and similar articles	【最】6【普】130【暂进】5 【协亚太】3.9【协东盟】0【协香港】0 【协澳门】0【协巴基斯坦】8【协智利】0 【协新西兰】0【协新加坡】0【协秘鲁】0 【协哥斯达黎加】0【协冰岛】0【协瑞士】6 【协澳大利亚】0【协韩国】8 【协格鲁吉亚】0 【特-1】0【特-2】0【特-3】0 【增】16【对美加征】10【出】0【退】16	件/千克					999	毛制女式大衣、斗篷及类似品等（包括短大衣、短斗篷，羊毛或动物细毛制）
620212	10		棉制女式羽绒大衣等及类似品	Women's or girls' overcoats padded with feathers or down and similar articles of cotton, including raincoats car-coats, capes, cloak	【最】6【普】90 【协东盟】0【协香港】0【协澳门】0 【协巴基斯坦】12.8【协智利】0【协新西兰】0 【协新加坡】0【协秘鲁】0【协哥斯达黎加】0 【协冰岛】0【协瑞士】6【协澳大利亚】0 【协韩国】8【协格鲁吉亚】0 【特-1】0【特-2】0 【增】16【出】0【退】16	件/千克					999	棉制女式羽绒大衣等及类似品（包括羽绒雨衣、短大衣、斗篷、短斗篷）
620212	90	10	棉制女式雨衣【电商】	Women's or girls' raincoats of cotton	【最】6【普】90【暂进】5 【协东盟】0【协香港】0【协澳门】0 【协巴基斯坦】12.8【协智利】0【协新西兰】0 【协新加坡】0【协秘鲁】0【协哥斯达黎加】0 【协冰岛】0【协瑞士】6【协澳大利亚】0 【协韩国】8【协格鲁吉亚】0 【特-1】0【特-2】0【特-3】0 【增】16【对美加征】10【出】0【退】16	件/千克					999	棉制女式雨衣
620212	90	20	棉制女式连风帽派克大衣等【电商】	Women's or girls' hooded parka, of cotton, including windcheaters, wind-jackets and similar articles	【最】6【普】90【暂进】5 【协东盟】0【协香港】0【协澳门】0 【协巴基斯坦】12.8【协智利】0【协新西兰】0 【协新加坡】0【协秘鲁】0【协哥斯达黎加】0 【协冰岛】0【协瑞士】6【协澳大利亚】0 【协韩国】8【协格鲁吉亚】0 【特-1】0【特-2】0【特-3】0 【增】16【对美加征】10【出】0【退】16	件/千克					999	棉制女式连风帽派克大衣等（含带风帽的防寒短上衣、防风衣、防风短上衣及类似品）
620212	90	90	棉制女式大衣、斗篷及类似品【电商】	Women's or girls' overcoats of cotton, including car-coats, capes, cloak and similar articles	【最】6【普】90【暂进】5 【协东盟】0【协香港】0【协澳门】0 【协巴基斯坦】12.8【协智利】0【协新西兰】0 【协新加坡】0【协秘鲁】【协哥斯达黎加】0 【协冰岛】0【协瑞士】6【协澳大利亚】0 【协韩国】8【协格鲁吉亚】0 【特-1】0【特-2】0【特-3】0 【增】16【对美加征】10【出】0【退】16	件/千克					999	棉制女式大衣、斗篷及类似品（包括短大衣、短斗篷）
620213	10		化纤制女羽绒大衣等及类似品【电商】	Women's or girls' overcoats padded with feathers or down and similar articles of man-made fibres, including raincoats car-coats, capes, cloak	【最】10【普】130 【协亚太】6.5【协东盟】0【协香港】0 【协澳门】0【协巴基斯坦】9.5【协智利】0 【协新西兰】0【协新加坡】0【协秘鲁】0 【协哥斯达黎加】0【协冰岛】0【协瑞士】7.6 【协澳大利亚】0【协韩国】9.5 【协格鲁吉亚】0 【特-1】0【特-2】0【特-3】0 【增】16【对美加征】10【出】0【退】16	件/千克					999	化纤制女羽绒大衣等及类似品（包括羽绒雨衣、短大衣、斗篷、短斗篷）

税则号列			货品名称中英文		税费综合信息	计量单位	监管证件代码		检验检疫类别		检验检疫编码	检验检疫编码对应中文名称
HS国际统一前6位	本国子目7~8位	9~10位	中文 货物名称	英文 Article Description			进口	出口	进口	出口		
620213	90		化纤制女式雨衣、连风帽派克大衣、大衣、斗篷及类似品 【电商】	Other women's or girls' raincoats, hooded parka, overcoats, cloaks and similar articles, of man-made fibres	【最】10【普】130 【协亚太】6.5【协东盟】0【协香港】0 【协澳门】0【协巴基斯坦】9.5【协智利】0 【协新西兰】0【协新加坡】0【协秘鲁】0 【协哥斯达黎加】0【协冰岛】0【协瑞士】7.6 【协澳大利亚】0【协韩国】9.5 【协格鲁吉亚】0 【特-1】0【特-2】0【特-3】0 【增】16【对美加征】10【出】0【退】16	件/千克					999	化纤制女式雨衣、连风帽派克大衣、大衣、斗篷及类似品（含大衣、短斗篷、带风帽防寒上衣、防风衣及类似品）
620219	00		其他材料制女雨衣、大衣、斗篷及类似品 【电商】	Women's or girls' raincoats, overcoats, cloaks and similar articles of other textile materials	【最】6【普】100 【协亚太】3.9【协东盟】0【协香港】0 【协澳门】0【协巴基斯坦】8【协智利】0 【协新西兰】0【协新加坡】0【协秘鲁】0 【协哥斯达黎加】0【协冰岛】0【协瑞士】6 【协澳大利亚】0【协韩国】8 【协格鲁吉亚】0 【特-1】0【特-2】0【特-3】0 【增】16【对美加征】10【出】0【退】16	件/千克					999	其他材料制女雨衣、大衣、斗篷及类似品（含短大衣、斗篷、短斗篷）
620291	00		毛制女式其他防寒短上衣 【电商】	Other women's or girls' anoraks of wool or fine animal hair	【最】6【普】130 【协亚太】3.9【协东盟】0【协香港】0 【协澳门】0【协巴基斯坦】8【协智利】0 【协新西兰】0【协新加坡】0【协秘鲁】0 【协哥斯达黎加】0【协冰岛】0【协瑞士】6 【协澳人利亚】0【协韩国】8 【协格鲁吉亚】0 【特-1】0【特-2】0 【增】16【对美加征】10【出】0【退】16	件/千克					999	毛制女式其他防寒短上衣（羊毛或动物细毛制）
620292	10		棉制女式羽绒防寒短上衣、防风衣	Women's or girls' wind-cheaters padded with feathers or down, wind-jackets, of cotton, including ski-jackets and similar articles	【最】6【普】90 【协东盟】0【协香港】0【协澳门】0 【协巴基斯坦】12.8【协智利】0【协新西兰】0 【协新加坡】0【协秘鲁】0【协哥斯达黎加】0 【协冰岛】0【协瑞士】6【协澳大利亚】0 【协韩国】8 【特-1】0【特-2】0 【增】16【出】0【退】16	件/千克					999	棉制女式羽绒防寒短上衣、防风衣（包括羽绒滑雪短上衣、防风短上衣及类似品）
620292	90		棉制女式其他防寒短上衣 【电商】	Other women's or girls' anoraks of cotton	【最】6【普】90 【协东盟】0【协香港】0【协澳门】0 【协巴基斯坦】12.8【协智利】0【协新西兰】0 【协新加坡】0【协秘鲁】0【协哥斯达黎加】0 【协冰岛】0【协瑞士】6【协澳大利亚】0 【协韩国】8【协格鲁吉亚】0 【特-1】0【特-2】0【特-3】0 【增】16【对美加征】10【出】0【退】16	件/千克					999	棉制女式其他防寒短上衣（含滑雪短上衣、防风衣、防风短上衣及类似品）
620293	10		化纤制女式羽绒防寒短上衣等 【电商】	Women's or girls' wind-cheaters of man-made fibres, padded with feathers or down, including ski-jackets, wind-jackets, similar articles	【最】8【普】130 【协亚太】5.2【协东盟】0【协香港】0 【协澳门】0【协巴基斯坦】8.8【协智利】0 【协新西兰】0【协新加坡】0【协秘鲁】0 【协哥斯达黎加】0【协冰岛】0【协瑞士】7 【协澳大利亚】0【协韩国】8.7 【特-1】0【特-2】0【特-3】0 【增】16【对美加征】10【出】0【退】16	件/千克					999	化纤制女式羽绒防寒短上衣等（包括羽绒滑雪短上衣、防风衣、防风短上衣及类似品）
620293	90		化纤制女式其他防寒短上衣 【电商】	Other women's or girls' anoraks of man-made fibres	【最】8【普】130 【协亚太】5.2【协东盟】0【协香港】0 【协澳门】0【协巴基斯坦】8.8【协智利】0 【协新西兰】0【协新加坡】0【协秘鲁】0 【协哥斯达黎加】0【协冰岛】0【协瑞士】7 【协澳大利亚】0【协韩国】8.7 【协格鲁吉亚】0 【特-1】0【特-2】0【特-3】0 【增】16【对美加征】10【出】0【退】16	件/千克					999	化纤制女式其他防寒短上衣（含滑雪短上衣、防风衣、防风短上衣及类似品）
620299	00		其他材料制女式其他防寒短上衣 【电商】	Other women's or girls' anoraks of other textile materials	【最】6【普】100 【协亚太】3.9【协东盟】0【协香港】0 【协澳门】0【协巴基斯坦】8【协智利】0 【协新西兰】0【协新加坡】0【协秘鲁】0 【协哥斯达黎加】0【协冰岛】0【协瑞士】6 【协澳大利亚】0【协韩国】8 【协格鲁吉亚】0 【特-1】0【特-2】0【特-3】0 【增】16【对美加征】10【出】0【退】16	件/千克					999	其他材料制女式其他防寒短上衣（含滑雪短上衣、防风衣、防风短上衣及类似品）

税则号列 HS国际统一前6位	本国子目 7~8位	本国子目 9~10位	货品名称中英文 中文 货物名称	货品名称中英文 英文 Article Description	税费综合信息	计量单位	监管证件代码 进口	监管证件代码 出口	检验检疫类别 进口	检验检疫类别 出口	检验检疫编码	检验检疫编码对应中文名称
620311	00		毛制男式西服套装 【电商】	Men's or boys' suits of wool or fine animal hair	【最】8【普】130【暂进】5 【协亚太】5.2【协东盟】0【协香港】0 【协澳门】0【协巴基斯坦】8.8【协智利】0 【协新西兰】0【协新加坡】0【协秘鲁】0 【协哥斯达黎加】0【协冰岛】0【协瑞士】0 【协澳大利亚】0【协韩国】8.7 【协格鲁吉亚】0 【特-1】0【特-2】0【特-3】0 【增】16【对美加征】10【出】0【退】16	套/千克					999	毛制男式西服套装（羊毛或动物细毛制）
620312	00	10	合纤制男式西服套装	Men's or boys' suits of synthetic fibres, containing 36% or more by weight of wool or fine animal hair	【最】8【普】130 【协亚太】5.2【协东盟】0【协香港】0 【协澳门】0【协巴基斯坦】8.8【协智利】0 【协新西兰】0【协新加坡】0【协秘鲁】0 【协哥斯达黎加】0【协冰岛】0【协瑞士】7 【协澳大利亚】0【协韩国】8.7 【协格鲁吉亚】0 【特-1】0【特-2】0【特-3】0 【增】16【出】0【退】16	套/千克					999	合纤制男式西服套装（含羊毛或动物细毛36%及以上）
620312	00	90	其他合纤制男式西服套装	Other men's or boys' suits of synthetic fibres	【最】8【普】130 【协亚太】5.2【协东盟】0【协香港】0 【协澳门】0【协巴基斯坦】8.8【协智利】0 【协新西兰】0【协新加坡】0【协秘鲁】0 【协哥斯达黎加】0【协冰岛】0【协瑞士】7 【协澳大利亚】0【协韩国】8.7 【协格鲁吉亚】0 【特-1】0【特-2】0【特-3】0 【增】16【出】0【退】16	套/千克					999	其他合纤制男式西服套装
620319	10		丝及绢丝制男式西服套装	Men's or boys' suits of silk or spun silk	【最】8【普】100 【协亚太】5.2【协东盟】0【协香港】0 【协澳门】0【协巴基斯坦】8.8【协智利】0 【协新西兰】0【协新加坡】0【协秘鲁】0 【协哥斯达黎加】0【协冰岛】0【协瑞士】7 【协澳大利亚】0【协韩国】8.7 【协格鲁吉亚】0 【特-1】0【特-2】0 【增】16【出】0【退】16	套/千克					999	丝及绢丝制男式西服套装
620319	90		其他材料制其他男式西服套装	Other men's or boys' suits of other textile materials	【最】8【普】100 【协亚太】5.2【协东盟】0【协香港】0 【协澳门】0【协巴基斯坦】8.8【协智利】0 【协新西兰】0【协新加坡】0【协秘鲁】0 【协哥斯达黎加】0【协冰岛】0【协瑞士】8 【协澳大利亚】0【协韩国】8.7 【协格鲁吉亚】0 【特-1】0【特-2】0 【增】16【对美加征】10【出】0【退】16	套/千克					999	其他材料制其他男式西服套装
620322	00		棉制男式便服套装 【电商】	Men's or boys' ensembles of cotton	【最】8【普】90 【协东盟】0【协香港】0【协澳门】0 【协巴基斯坦】14【协智利】0【协新西兰】0 【协新加坡】0【协秘鲁】0【协哥斯达黎加】0 【协冰岛】0【协瑞士】7【协澳大利亚】0 【协韩国】8.7【协格鲁吉亚】0 【特-1】0【特-2】0【特-3】0 【增】16【对美加征】10【出】0【退】16	套/千克					999	棉制男式便服套装
620323	00		合纤制男式便服套装 【电商】	Men's or boys' ensembles of synthetic fibres	【最】8【普】130 【协亚太】5.2【协东盟】0【协香港】0 【协澳门】0【协巴基斯坦】8.8【协智利】0 【协新西兰】0【协新加坡】0【协秘鲁】0 【协哥斯达黎加】0【协冰岛】0【协瑞士】7 【协澳大利亚】0【协韩国】8.7 【协格鲁吉亚】0 【特-1】0【特-2】0【特-3】0 【增】16【对美加征】10【出】0【退】16	套/千克					999	合纤制男式便服套装

税则号列 HS国际统一前6位	本国子目 7~8位	本国子目 9~10位	货品名称中英文 中文 货物名称	货品名称中英文 英文 Article Description	税费综合信息	计量单位	监管证件代码 进口	监管证件代码 出口	检验检疫类别 进口	检验检疫类别 出口	检验检疫编码	检验检疫编码对应中文名称
620329	10		丝制男式便服套装	Men's or boys' ensembles of silk or spun silk	【最】8【普】130 【协亚太】5.2【协东盟】0【协澳门】0 【协巴基斯坦】8.8【协智利】0【协新西兰】0 【协新加坡】0【协秘鲁】0【协哥斯达黎加】0 【协冰岛】0【协瑞士】7【协澳大利亚】0 【协韩国】8.7【协格鲁吉亚】0【协香港】0 【特-1】0【特-2】0 【增】16【出】0【退】16	套/千克					999	丝制男式便服套装
620329	20		羊毛或动物细毛制男式便服套装	Other men's or boys' ensembles of wool or fine animal hair	【最】8【普】130 【协亚太】5.2【协东盟】0【协香港】0 【协澳门】0【协巴基斯坦】8.8【协智利】0 【协新西兰】0【协新加坡】0【协秘鲁】0 【协哥斯达黎加】0【协冰岛】0【协瑞士】7 【协澳大利亚】0【协韩国】8.7 【协格鲁吉亚】0 【特-1】0【特-2】0 【增】16【出】0【退】16	套/千克					999	羊毛或动物细毛制男式便服套装（羊毛或动物细毛制）
620329	90		其他材料制其他男式便服套装	Other men's or boys' ensembles of other textile materials	【最】8【普】100 【协亚太】5.2【协东盟】0【协香港】0 【协澳门】0【协巴基斯坦】8.8【协智利】0 【协新西兰】0【协新加坡】0【协秘鲁】0 【协哥斯达黎加】0【协冰岛】0【协瑞士】7 【协澳大利亚】0【协韩国】8.7 【协格鲁吉亚】0 【特-1】0【特-2】0 【增】16【出】0【退】16	套/千克					999	其他材料制其他男式便服套装
620331	00	10	毛制男式西服式上衣 【电商】	Men's or boys' suit jackets and blazers, of wool or fine animal hair	【最】6【普】130【暂进】5 【协亚太】3.9【协东盟】0【协香港】0 【协澳门】0【协巴基斯坦】8【协智利】0 【协新西兰】0【协新加坡】0【协秘鲁】0 【协哥斯达黎加】0【协冰岛】0【协瑞士】6 【协澳大利亚】0【协韩国】8 【协格鲁吉亚】0 【特亚太】3.6【特东老挝】0【特东柬埔寨】0 【特东缅甸】0【特-1】0【特-2】0【特-3】0 【增】16【对美加征】10【出】0【退】16	件/千克					999	毛制男式西服式上衣（羊毛或动物细毛制）
620331	00	90	毛制男式其他上衣 【电商】	Other men's or boys' jackets and blazers, of wool or fine animal hair	【最】6【普】130【暂进】5 【协亚太】3.9【协东盟】0【协香港】0 【协澳门】0【协巴基斯坦】8【协智利】0 【协新西兰】0【协新加坡】0【协秘鲁】0 【协哥斯达黎加】0【协冰岛】0【协瑞士】6 【协澳大利亚】0【协韩国】8 【协格鲁吉亚】0 【特亚太】3.6【特东老挝】0【特东柬埔寨】0 【特东缅甸】0【特-1】0【特-2】0【特-3】0 【增】16【对美加征】10【出】0【退】16	件/千克					999	毛制男式其他上衣（羊毛或动物细毛制）
620332	00	10	棉制工业及职业用男式上衣 【电商】	Men's or boys' jackets and blazers of cotton, industrial and occupational use	【最】6【普】90 【协亚太】3.9【协东盟】0【协香港】0 【协澳门】0【协巴基斯坦】12.8【协智利】0 【协新西兰】0【协新加坡】0【协秘鲁】0 【协哥斯达黎加】0【协冰岛】0【协瑞士】6 【协澳大利亚】0【协韩国】8 【协格鲁吉亚】0 【特亚太】4.2【特东老挝】0【特东柬埔寨】0 【特东缅甸】0【特-1】0【特-2】0【特-3】0 【增】16【对美加征】10【出】0【退】16	件/千克					999	棉制工业及职业用男式上衣
620332	00	90	棉制其他男式上衣 【电商】	Other men's or boys' jackets and blazers of cotton	【最】6【普】90 【协亚太】3.9【协东盟】0【协香港】0 【协澳门】0【协巴基斯坦】12.8【协智利】0 【协新西兰】0【协新加坡】0【协秘鲁】0 【协哥斯达黎加】0【协冰岛】0【协瑞士】6 【协澳大利亚】0【协韩国】8 【协格鲁吉亚】0 【特亚太】4.2【特东老挝】0【特东柬埔寨】0 【特东缅甸】0【特-1】0【特-2】0【特-3】0 【增】16【对美加征】10【出】0【退】16	件/千克					999	棉制其他男式上衣

税则号列			货品名称中英文		税费综合信息	计量单位	监管证件代码		检验检疫类别		检验检疫编码	检验检疫编码对应中文名称
HS 国际统一前6位	本国子目 7~8位	9~10位	中文 货物名称	英文 Article Description			进口	出口	进口	出口		
620333	00		合成纤维制男式上衣 【电商】	Men's or boys' jackets and blazers of synthetic fibres	【最】12【普】130 【协亚太】7.8【协东盟】0【协香港】0 【协澳门】0【协巴基斯坦】8.8【协智利】0 【协新西兰】0【协新加坡】0【协秘鲁】0 【协哥斯达黎加】0【协冰岛】0【协瑞士】7 【协澳大利亚】0【协韩国】0 【协格鲁吉亚】0 【特-1】0【特-2】0【特-3】0 【增】16【对美加征】10【出】0【退】16	件/千克					999	合成纤维制男式上衣
620339	10	10	丝制男式上衣 【电商】	Men's or boys' jackets and blazers of silk, containing 70% or more by weight of silk	【最】6【普】130 【协亚太】3.9【协东盟】0【协香港】0 【协澳门】0【协巴基斯坦】8【协智利】0 【协新西兰】0【协新加坡】0【协秘鲁】0 【协哥斯达黎加】0【协冰岛】0【协瑞士】6 【协澳大利亚】0【协韩国】8 【协格鲁吉亚】0 【特亚太】3.6【特-1】0【特-2】0【特-3】0 【增】16【对美加征】10【出】0【退】16	件/千克					999	丝制男式上衣（含丝70%及以上）
620339	10	90	丝制男式上衣 【电商】	Men's or boys' jackets and blazers of silk, containing less than 70% by weight of silk	【最】6【普】130 【协亚太】3.9【协东盟】0【协香港】0 【协澳门】0【协巴基斯坦】8【协智利】0 【协新西兰】0【协新加坡】0【协秘鲁】0 【协哥斯达黎加】0【协冰岛】0【协瑞士】6 【协澳大利亚】0【协韩国】8 【协格鲁吉亚】0 【特亚太】3.6【特-1】0【特-2】0【特-3】0 【增】16【对美加征】10【出】0【退】16	件/千克					999	丝制男式上衣（含丝70%以下）
620339	90		其他材料制男式上衣 【电商】	Other men's or boys' jackets and blazers of other textile materials	【最】6【普】100 【协亚太】3.9【协东盟】0【协香港】0 【协澳门】0【协巴基斯坦】8【协智利】0 【协新西兰】0【协新加坡】0【协秘鲁】0 【协哥斯达黎加】0【协冰岛】0【协瑞士】6 【协澳大利亚】0【协韩国】8 【协格鲁吉亚】0 【特亚太】3.6【特-1】0【特-2】0【特-3】0 【增】16【对美加征】10【出】0【退】16	件/千克					999	其他材料制男式上衣
620341	00	22	毛制男式长裤、马裤 【电商】	Men's trousers and breeches, of wool or fine animal hair, including boys', size 8~18	【最】6【普】130 【协亚太】3.9【协东盟】0【协香港】0 【协澳门】0【协巴基斯坦】8【协智利】0 【协新西兰】0【协新加坡】0【协秘鲁】0 【协哥斯达黎加】0【协冰岛】0【协瑞士】0 【协澳大利亚】0【协韩国】8 【协格鲁吉亚】0 【特亚太】0【特-1】0【特-2】0【特-3】0 【增】16【对美加征】10【出】0【退】16	条/千克	A		M		101 102	毛制男式长裤、马裤（羊毛或动物细毛制，含8~18号男童）（裤子） 毛制男式长裤、马裤（羊毛或动物细毛制，含8~18号男童）（童装）
620341	00	29	毛制其他男童长裤、马裤 【电商】	Other boys' trousers and breeches, of wool or fine animal hair	【最】6【普】130 【协亚太】3.9【协东盟】0【协香港】0 【协澳门】0【协巴基斯坦】8【协智利】0 【协新西兰】0【协新加坡】0【协秘鲁】0 【协哥斯达黎加】0【协冰岛】0【协瑞士】0 【协澳大利亚】0【协韩国】8 【协格鲁吉亚】0 【特亚太】0【特-1】0【特-2】0【特-3】0 【增】16【对美加征】10【出】0【退】16	条/千克	A		M		999	毛制其他男童长裤、马裤（羊毛或动物细毛制）
620341	00	90	毛制其他男式长裤、护胸背带工装裤、马裤及短裤 【电商】	Men's or boys' shorts of wool or fine animal hair	【最】6【普】130 【协亚太】3.9【协东盟】0【协香港】0 【协澳门】0【协巴基斯坦】8【协智利】0 【协新西兰】0【协新加坡】0【协秘鲁】0 【协哥斯达黎加】0【协冰岛】0【协瑞士】0 【协澳大利亚】0【协韩国】8 【协格鲁吉亚】0 【特亚太】0【特-1】0【特-2】0【特-3】0 【增】16【对美加征】10【出】0【退】16	条/千克					999	毛制其他男式长裤、护胸背带工装裤、马裤及短裤

税则号列			货品名称中英文		税费综合信息	计量单位	监管证件代码		检验检疫类别		检验检疫编码	检验检疫编码对应中文名称
HS国际统一前6位	本国子目7~8位	本国子目9~10位	中文 货物名称	英文 Article Description			进口	出口	进口	出口		
620342	10		棉制男式阿拉伯裤	Arabian trousers of cotton	【最】6【普】90 【协亚太】3.9【协东盟】0【协香港】0 【协澳门】0【协巴基斯坦】8【协智利】0 【协新西兰】0【协新加坡】0【协秘鲁】0 【协哥斯达黎加】0【协冰岛】0【协瑞士】6 【协澳大利亚】0【协韩国】8 【协格鲁吉亚】0 【特亚太】4.2【特-1】0【特-2】0 【增】16【出】0【退】16	条/千克					999	棉制男式阿拉伯裤
620342	90	15	棉制其他男童护胸背带工装裤 【电商】	Other boys' bib and brace overalls of cotton, with thermal lining	【最】6【普】90 【协亚太】3.9【协东盟】0【协香港】0 【协澳门】0【协巴基斯坦】8【协智利】0 【协新西兰】0【协新加坡】0【协秘鲁】0 【协哥斯达黎加】0【协冰岛】0【协瑞士】6 【协澳大利亚】0【协韩国】8 【协格鲁吉亚】0 【特亚太】4.2【特东老挝】0【特东柬埔寨】0 【特东缅甸】0【特-1】0【特-2】0【特-3】0 【增】16【对美加征】10【出】0【退】16	条/千克	A		M		999	棉制其他男童护胸背带工装裤（带防寒衬里）
620342	90	19	棉制其他男童护胸背带工装裤 【电商】	Other boys' bib and brace overalls of cotton	【最】6【普】90 【协亚太】3.9【协东盟】0【协香港】0 【协澳门】0【协巴基斯坦】8【协智利】0 【协新西兰】0【协新加坡】0【协秘鲁】0 【协哥斯达黎加】0【协冰岛】0【协瑞士】6 【协澳大利亚】0【协韩国】8 【协格鲁吉亚】0 【特亚太】4.2【特东老挝】0【特东柬埔寨】0 【特东缅甸】0【特-1】0【特-2】0【特-3】0 【增】16【对美加征】10【出】0【退】16	条/千克	A		M		999	棉制其他男童护胸背带工装裤
620342	90	49	棉制其他男童长裤、马裤 【电商】	Other boys' trousers and breeches, of cotton, playsuit, without thermal lining	【最】6【普】90 【协亚太】3.9【协东盟】0【协香港】0 【协澳门】0【协巴基斯坦】8【协智利】0 【协新西兰】0【协新加坡】0【协秘鲁】0 【协哥斯达黎加】0【协冰岛】0【协瑞士】6 【协澳大利亚】0【协韩国】8 【协格鲁吉亚】0 【特亚太】4.2【特东老挝】0【特东柬埔寨】0 【特东缅甸】0【特-1】0【特-2】0【特-3】0 【增】16【对美加征】10【出】0【退】16	条/千克	A		M		999	棉制其他男童长裤、马裤（游戏装，不带防寒衬里）
620342	90	62	棉制男式长裤、马裤 【电商】	Men's trousers and breeches, of cotton, other than playsuit, without thermal lining, including boys', size 8~18	【最】6【普】90 【协亚太】3.9【协东盟】0【协香港】0 【协澳门】0【协巴基斯坦】8【协智利】0 【协新西兰】0【协新加坡】0【协秘鲁】0 【协哥斯达黎加】0【协冰岛】0【协瑞士】6 【协澳大利亚】0【协韩国】8 【协格鲁吉亚】0 【特亚太】4.2【特东老挝】0【特东柬埔寨】0 【特东缅甸】0【特-1】0【特-2】0【特-3】0 【增】16【对美加征】10【出】0【退】16	条/千克	A		M		101 102	棉制男式长裤、马裤（非游戏装，不带防寒衬里，含8~18号男童）（裤子） 棉制男式长裤、马裤（非游戏装，不带防寒衬里，含8~18号男童）（童装）
620342	90	69	棉制其他男童长裤、马裤 【电商】	Other boys' trousers and breeches of cotton, other than playsuit, without thermal lining	【最】6【普】90 【协亚太】3.9【协东盟】0【协香港】0 【协澳门】0【协巴基斯坦】8【协智利】0 【协新西兰】0【协新加坡】0【协秘鲁】0 【协哥斯达黎加】0【协冰岛】0【协瑞士】6 【协澳大利亚】0【协韩国】8 【协格鲁吉亚】0 【特亚太】4.2【特东老挝】0【特东柬埔寨】0 【特东缅甸】0【特-1】0【特-2】0【特-3】0 【增】16【对美加征】10【出】0【退】16	条/千克	A		M		999	棉制其他男童长裤、马裤（非游戏装，不带防寒衬里）
620342	90	90	棉制其他男式长裤、护胸背带工装裤、马裤及短裤 【电商】	Other men's or boys' trousers, breeches and shorts, of cotton, knitted or crocheted	【最】6【普】90 【协亚太】3.9【协东盟】0【协香港】0 【协澳门】0【协巴基斯坦】8【协智利】0 【协新西兰】0【协新加坡】0【协秘鲁】0 【协哥斯达黎加】0【协冰岛】0【协瑞士】6 【协澳大利亚】0【协韩国】8 【协格鲁吉亚】0 【特亚太】4.2【特东老挝】0【特东柬埔寨】0 【特东缅甸】0【特-1】0【特-2】0【特-3】0 【增】16【对美加征】10【出】0【退】16	条/千克					101 102	棉制其他男式长裤、护胸背带工装裤、马裤及短裤（裤子） 棉制其他男式长裤、护胸背带工装裤、马裤及短裤（童装）

税则号列 HS国际统一前6位	本国子目 7~8位	本国子目 9~10位	货品名称 中文 货物名称	英文 Article Description	税费综合信息	计量单位	监管证件代码 进口	监管证件代码 出口	检验检疫类别 进口	检验检疫类别 出口	检验检疫编码	检验检疫编码对应中文名称
620343	10		合成纤维制男式阿拉伯裤	Arabian trousers of synthetic fibres	【最】8【普】130 【协亚太】5.2【协东盟】0【协香港】0 【协澳门】0【协巴基斯坦】8.8【协智利】0 【协新西兰】0【协新加坡】0【协秘鲁】0 【协哥斯达黎加】0【协冰岛】0【协瑞士】7 【协澳大利亚】0【协韩国】8.7 【协格鲁吉亚】0 【特-1】0【特-2】0 【增】16【出】0【退】16	条/千克					999	合成纤维制男式阿拉伯裤
620343	90	15	其他合纤制男童护胸背带工装裤 【电商】	Other boys' bib and brace overalls of synthetic fibres, with thermal lining	【最】12【普】130 【协亚太】7.8【协东盟】0【协香港】0 【协澳门】0【协巴基斯坦】8.8【协智利】0 【协新西兰】0【协新加坡】0【协秘鲁】0 【协哥斯达黎加】0【协冰岛】0【协瑞士】7 【协澳大利亚】0【协韩国】8.7 【协格鲁吉亚】0 【特-1】0【特-2】0【特-3】0 【增】16【对美加征】10【出】0【退】16	条/千克	A		M		999	其他合纤制男童护胸背带工装裤（带防寒衬里）
620343	90	19	其他合纤制男童护胸背带工装裤 【电商】	Other boys' bib and brace overalls of synthetic fibres	【最】12【普】130 【协亚太】7.8【协东盟】0【协香港】0 【协澳门】0【协巴基斯坦】8.8【协智利】0 【协新西兰】0【协新加坡】0【协秘鲁】0 【协哥斯达黎加】0【协冰岛】0【协瑞士】7 【协澳大利亚】0【协韩国】8.7 【协格鲁吉亚】0 【特-1】0【特-2】0【特-3】0 【增】16【对美加征】10【出】0【退】16	条/千克	A		M		999	其他合纤制男童护胸背带工装裤
620343	90	49	其他合纤制男童长裤、马裤 【电商】	Boys' trousers and breeches of synthetic fibres, without thermal lining, containing 36% or more by weight of wool or fine animal hair	【最】12【普】130 【协亚太】7.8【协东盟】0【协香港】0 【协澳门】0【协巴基斯坦】8.8【协智利】0 【协新西兰】0【协新加坡】0【协秘鲁】0 【协哥斯达黎加】0【协冰岛】0【协瑞士】7 【协澳大利亚】0【协韩国】8.7 【协格鲁吉亚】0 【特-1】0【特-2】0【特-3】0 【增】16【对美加征】10【出】0【退】16	条/千克	A		M		999	其他合纤制男童长裤、马裤（不带防寒衬里，含羊毛或动物细毛36%及以上）
620343	90	61	其他合纤制男式长裤、马裤 【电商】	Other men's or boys' trousers and breeches of synthetic fibres, without thermal lining, playsuit, including boys' size 8~18	【最】12【普】130 【协亚太】7.8【协东盟】0【协香港】0 【协澳门】0【协巴基斯坦】8.8【协智利】0 【协新西兰】0【协新加坡】0【协秘鲁】0 【协哥斯达黎加】0【协冰岛】0【协瑞士】7 【协澳大利亚】0【协韩国】8.7 【协格鲁吉亚】0 【特-1】0【特-2】0【特-3】0 【增】16【对美加征】10【出】0【退】16	条/千克	A		M		101 102	其他合纤制男式长裤、马裤（不带防寒衬里，游戏装，含8~18号男童）（裤子） 其他合纤制男式长裤、马裤（不带防寒衬里，游戏装，含8~18号男童）（童装）
620343	90	69	其他合纤制其他男童长裤、马裤 【电商】	Other boys' trousers and breeches of synthetic fibres, without thermal lining, playsuit	【最】12【普】130 【协亚太】7.8【协东盟】0【协香港】0 【协澳门】0【协巴基斯坦】8.8【协智利】0 【协新西兰】0【协新加坡】0【协秘鲁】0 【协哥斯达黎加】0【协冰岛】0【协瑞士】7 【协澳大利亚】0【协韩国】8.7 【协格鲁吉亚】0 【特-1】0【特-2】0【特-3】0 【增】16【对美加征】10【出】0【退】16	条/千克	A		M		999	其他合纤制其他男童长裤、马裤（不带防寒衬里，游戏装）
620343	90	82	其他合纤制男童长裤、马裤 【电商】	Other boy's trousers and breeches, size 8~18, of synthetic fibres (without thermal lining, other than playsuit or ski trousers)	【最】12【普】130 【协亚太】7.8【协东盟】0【协香港】0 【协澳门】0【协巴基斯坦】8.8【协智利】0 【协新西兰】0【协新加坡】0【协秘鲁】0 【协哥斯达黎加】0【协冰岛】0【协瑞士】7 【协澳大利亚】0【协韩国】8.7 【协格鲁吉亚】0 【特-1】0【特-2】0【特-3】0 【增】16【对美加征】10【出】0【退】16	条/千克	A		M		999	其他合纤制男童长裤、马裤（不带防寒衬里，非游戏装和滑雪裤，指8~18号男童）

税则号列 HS国际统一前6位	本国子目 7~8位	本国子目 9~10位	货品名称中英文 中文 货物名称	货品名称中英文 英文 Article Description	税费综合信息	计量单位	监管证件代码 进口	监管证件代码 出口	检验检疫类别 进口	检验检疫类别 出口	检验检疫编码	检验检疫编码对应中文名称
620343	90	89	其他合纤制其他男童长裤、马裤 【电商】	Other boys' trousers and breeches of synthetic fibres, without thermal lining, other than playsuit or ski trousers	【最】12【普】130 【协亚太】7.8【协东盟】0【协香港】0 【协澳门】0【协巴基斯坦】8.8【协智利】0 【协新西兰】0【协新加坡】0【协秘鲁】0 【协哥斯达黎加】0【协冰岛】0【协瑞士】7 【协澳大利亚】0【协韩国】8.7【协格鲁吉亚】0 【特-1】0【特-2】0【特-3】0 【增】16【对美加征】10【出】0【退】16	条/千克	A		M		999	其他合纤制其他男童长裤、马裤（不带防寒衬里，非游戏装和滑雪裤）
620343	90	90	合纤制其他男式长裤、护胸背带工装裤、马裤及短裤 【电商】	Men's knitted or crocheted trousers breeches, bib and brace overalls of woven fabrics	【最】12【普】130 【协亚太】7.8【协东盟】0【协香港】0 【协澳门】0【协巴基斯坦】8.8【协智利】0 【协新西兰】0【协新加坡】0【协秘鲁】0 【协哥斯达黎加】0【协冰岛】0【协瑞士】7 【协澳大利亚】0【协韩国】8.7【协格鲁吉亚】0 【特-1】0【特-2】0【特-3】0 【增】16【对美加征】10【出】0【退】16	条/千克					101 102	合纤制其他男式长裤、护胸背带工装裤、马裤及短裤（裤子） 合纤制其他男式长裤、护胸背带工装裤、马裤及短裤（童装）
620349	10		其他材料制男式阿拉伯裤	Arabian trousers of other textile materials	【最】6【普】100 【协亚太】3.9【协东盟】0【协香港】0 【协澳门】0【协巴基斯坦】8【协智利】0 【协新西兰】0【协新加坡】0【协秘鲁】0 【协哥斯达黎加】0【协冰岛】0【协瑞士】6 【协澳大利亚】0【协韩国】8【协格鲁吉亚】0 【特亚太】0【特-1】0【特-2】0【特-3】0 【增】16【出】0【退】16	条/千克					999	其他材料制男式阿拉伯裤
620349	90	12	人纤制男童护胸背带工装裤 【电商】	Boys' bib and brace overalls of artificial fibres, with thermal lining	【最】6【普】100 【协亚太】3.9【协东盟】0【协香港】0 【协澳门】0【协巴基斯坦】8【协智利】0 【协新西兰】0【协新加坡】0【协秘鲁】0 【协哥斯达黎加】0【协冰岛】0【协瑞士】6 【协澳大利亚】0【协韩国】8【协格鲁吉亚】0 【特亚太】0【特-1】0【特-2】0【特-3】0 【增】16【对美加征】10【出】0【退】16	条/千克	A		M		999	人纤制男童护胸背带工装裤（带防寒衬里）
620349	90	19	人纤制男童护胸背带工装裤 【电商】	Boys' bib and brace overalls, of artificial fibres	【最】6【普】100 【协亚太】3.9【协东盟】0【协香港】0 【协澳门】0【协巴基斯坦】8【协智利】0 【协新西兰】0【协新加坡】0【协秘鲁】0 【协哥斯达黎加】0【协冰岛】0【协瑞士】6 【协澳大利亚】0【协韩国】8【协格鲁吉亚】0 【特亚太】0【特-1】0【特-2】0【特-3】0 【增】16【对美加征】10【出】0【退】16	条/千克	A		M		999	人纤制男童护胸背带工装裤
620349	90	90	其他材料制其他男式长裤、护胸背带工装裤、马裤及短裤 【电商】	Other men's or boys' trousers, breeches and shorts, of other textile materials	【最】6【普】100 【协亚太】3.9【协东盟】0【协香港】0 【协澳门】0【协巴基斯坦】8【协智利】0 【协新西兰】0【协新加坡】0【协秘鲁】0 【协哥斯达黎加】0【协冰岛】0【协瑞士】6 【协澳大利亚】0【协韩国】8【协格鲁吉亚】0 【特亚太】0【特-1】0【特-2】0【特-3】0 【增】16【对美加征】10【出】0【退】16	条/千克					999	其他材料制其他男式长裤、护胸背带工装裤、马裤及短裤
620411	00		毛制女式西服套装	Women's or girls' suits of wool or fine animal hair	【最】8【普】130【暂进】5 【协亚太】5.2【协东盟】0【协香港】0 【协澳门】0【协巴基斯坦】8.8【协智利】0 【协新西兰】0【协新加坡】0【协秘鲁】0 【协哥斯达黎加】0【协冰岛】0【协瑞士】7 【协澳大利亚】0【协韩国】8.7【协格鲁吉亚】0 【特-1】0【特-2】0 【增】16【出】0【退】16	套/千克					999	毛制女式西服套装（羊毛或动物细毛制）
620412	00	10	含裤子的棉制女式西服套装 【电商】	Women's or girls' suits of cotton, including trousers	【最】8【普】90 【协东盟】0【协香港】0【协澳门】0 【协巴基斯坦】14【协智利】0【协新西兰】0 【协新加坡】0【协秘鲁】0【协哥斯达黎加】0 【协冰岛】0【协瑞士】7【协澳大利亚】0 【协韩国】8.7【协格鲁吉亚】0 【特-1】0【特-2】0 【增】16【出】0【退】16	套/千克					999	含裤子的棉制女式西服套装

税则号列			货品名称中英文		税费综合信息	计量单位	监管证件代码		检验检疫类别		检验检疫编码	检验检疫编码对应中文名称
HS 国际统一前 6 位	本国子目 7~8 位	本国子目 9~10 位	中文 货物名称	英文 Article Description			进口	出口	进口	出口		
620412	00	90	不含裤子的棉制女式西服套装 【电商】	Women's or girls' suits of cotton, excluding trousers	【最】8【普】90 【协东盟】0【协香港】0【协澳门】0 【协巴基斯坦】14【协智利】0【协新西兰】0 【协新加坡】0【协秘鲁】0【协哥斯达黎加】0 【协冰岛】0【协瑞士】7【协澳大利亚】0 【协韩国】8.7【协格鲁吉亚】0 【特-1】0【特-2】0 【增】16【出】0【退】16	套/千克					999	不含裤子的棉制女式西服套装
620413	00	10	合纤制女式西服套装 【电商】	Women's or girls' suits of synthetic fibres, containing 36% or more by weight of wool or fine animal hair	【最】8【普】130 【协亚太】5.2【协东盟】0【协香港】0 【协澳门】0【协巴基斯坦】8.8【协智利】0 【协新西兰】0【协新加坡】0【协秘鲁】0 【协哥斯达黎加】0【协冰岛】0【协瑞士】7 【协澳大利亚】0【协韩国】8.7【协格鲁吉亚】0 【特-1】0【特-2】0 【增】16【出】0【退】16	套/千克					999	合纤制女式西服套装（含羊毛或动物细毛 36%及以上）
620413	00	90	其他合纤制女式西服套装 【电商】	Other women's or girls' suits of synthetic fibres	【最】8【普】130 【协亚太】5.2【协东盟】0【协香港】0 【协澳门】0【协巴基斯坦】8.8【协智利】0 【协新西兰】0【协新加坡】0【协秘鲁】0 【协哥斯达黎加】0【协冰岛】0【协瑞士】7 【协澳大利亚】0【协韩国】8.7【协格鲁吉亚】0 【特-1】0【特-2】0 【增】16【出】0【退】16	套/千克					999	其他合纤制女式西服套装
620419	10		丝及绢丝制女式西服套装	Women's or girls' suits of silk or spun silk	【最】8【普】100 【协亚太】5.2【协东盟】0【协香港】0 【协澳门】0【协巴基斯坦】8.8【协智利】0 【协新西兰】0【协新加坡】0【协秘鲁】0 【协哥斯达黎加】0【协冰岛】0【协瑞士】7 【协澳大利亚】0【协韩国】8.7【协格鲁吉亚】0 【特-1】0【特-2】0 【增】16【出】0【退】16	套/千克					999	丝及绢丝制女式西服套装
620419	90		其他材料制其他女式西服套装	Other women's or girls' suits of other textile materials	【最】8【普】100 【协亚太】5.2【协东盟】0【协香港】0 【协澳门】0【协巴基斯坦】8.8【协智利】0 【协新西兰】0【协新加坡】0【协秘鲁】0 【协哥斯达黎加】0【协冰岛】0【协瑞士】7 【协澳大利亚】0【协韩国】8.7【协格鲁吉亚】0 【特-1】0【特-2】0 【增】16【出】0【退】16	套/千克					999	其他材料制其他女式西服套装
620421	00		羊毛或动物细毛制女式便服套装	Women's or girls' ensembles of wool or fine animal hair	【最】8【普】130 【协亚太】5.2【协东盟】0【协香港】0 【协澳门】0【协巴基斯坦】8.8【协智利】0 【协新西兰】0【协新加坡】0【协秘鲁】0 【协哥斯达黎加】0【协冰岛】0【协瑞士】7 【协澳大利亚】0【协韩国】8.7【协格鲁吉亚】0 【特-1】0【特-2】0 【增】16【出】0【退】16	套/千克					999	羊毛或动物细毛制女式便服套装
620422	00		棉制女式便服套装 【电商】	Women's or girls' ensembles of cotton	【最】8【普】90 【协东盟】0【协香港】0【协澳门】0 【协巴基斯坦】14【协智利】0【协新西兰】0 【协新加坡】0【协秘鲁】0【协哥斯达黎加】0 【协冰岛】0【协瑞士】7【协澳大利亚】0 【协韩国】8.7【协格鲁吉亚】0 【特-1】0【特-2】0 【增】16【出】0【退】16	套/千克					999	棉制女式便服套装
620423	00		合成纤维制女式便服套装 【电商】	Women's or girls' ensembles of synthetic fibres	【最】10【普】130 【协亚太】6.5【协东盟】0【协香港】0 【协澳门】0【协巴基斯坦】10【协智利】0 【协新西兰】0【协新加坡】0【协秘鲁】0 【协哥斯达黎加】0【协冰岛】0【协瑞士】8 【协澳大利亚】0【协韩国】13.3【协格鲁吉亚】0 【特-1】0【特-2】0 【增】16【对美加征】10【出】0【退】16	套/千克					999	合成纤维制女式便服套装

税则号列			货品名称中英文		税费综合信息	计量单位	监管证件代码		检验检疫类别		检验检疫编码	检验检疫编码对应中文名称
HS国际统一前6位	本国子目 7~8位	本国子目 9~10位	中文 货物名称	英文 Article Description			进口	出口	进口	出口		
620429	10	10	丝制女式便服套装	Women's or girls' ensembles, containing 70% or more by weight of silk or spun silk	【最】10【普】130 【协亚太】6.5【协东盟】0【协澳门】0 【协巴基斯坦】10【协智利】0【协新西兰】0 【协新加坡】0【协秘鲁】0【协哥斯达黎加】0 【协冰岛】0【协瑞士】8【协澳大利亚】0 【协韩国】13.3【协格鲁吉亚】0【协香港】0 【特-1】0【特-2】0 【增】16【出】0【退】16	套/千克					999	丝制女式便服套装（含丝及绢丝≥70%）
620429	10	90	丝制其他女式便服套装	Women's or girls' ensembles, containing less than 70% by weight of silk or spun silk	【最】10【普】130 【协亚太】6.5【协东盟】0【协澳门】0 【协巴基斯坦】10【协智利】0【协新西兰】0 【协新加坡】0【协秘鲁】0【协哥斯达黎加】0 【协冰岛】0【协瑞士】8【协澳大利亚】0 【协韩国】13.3【协格鲁吉亚】0【协香港】0 【特-1】0【特-2】0 【增】16【出】0【退】16	套/千克					999	丝制其他女式便服套装（含丝及绢丝<70%）
620429	90		其他材料制女式便服套装【电商】	Other women's or girls' ensembles of other textile materials	【最】6【普】100 【协亚太】3.9【协东盟】0【协香港】0 【协澳门】0【协巴基斯坦】7【协智利】0 【协新西兰】0【协新加坡】0【协秘鲁】0 【协哥斯达黎加】0【协冰岛】0【协瑞士】5.6 【协澳大利亚】0【协韩国】7 【协格鲁吉亚】0 【特-1】0【特-2】0 【增】16【出】0【退】16	套/千克					999	其他材料制女式便服套装
620431	00		毛制女式上衣【电商】	Women's or girls' jackets and blazers of wool or fine animal hair	【最】6【普】130【暂进】5 【协亚太】3.9【协东盟】0【协香港】0 【协澳门】0【协巴基斯坦】8【协智利】0 【协新西兰】0【协新加坡】0【协秘鲁】0 【协哥斯达黎加】0【协冰岛】0【协瑞士】6 【协澳大利亚】0【协韩国】8 【协格鲁吉亚】0 【特-1】0【特-2】0【特-3】0 【增】16【对美加征】10【出】0【退】16	件/千克					999	毛制女式上衣（羊毛或动物细毛制）
620432	00	10	棉制女式上衣【电商】	Women's or girls' jackets and blazers of cotton, industrial and occupational use	【最】6【普】90 【协东盟】0【协香港】0【协澳门】0 【协巴基斯坦】12.8【协智利】0【协新西兰】0 【协新加坡】0【协秘鲁】0【协哥斯达黎加】0 【协冰岛】0【协瑞士】6【协澳大利亚】0 【协韩国】8【协格鲁吉亚】0 【特亚太】2.4【特东老挝】0【特东柬埔寨】0 【特东缅甸】0【特-1】0【特-2】0【特-3】0 【增】16【对美加征】10【出】0【退】16	件/千克					999	棉制女式上衣（工业及职业用）
620432	00	90	棉制其他女式上衣【电商】	Other women's or girls' jackets and blazers of cotton	【最】6【普】90 【协东盟】0【协香港】0【协澳门】0 【协巴基斯坦】12.8【协智利】0【协新西兰】0 【协新加坡】0【协秘鲁】0【协哥斯达黎加】0 【协冰岛】0【协瑞士】6【协澳大利亚】0 【协韩国】8【协格鲁吉亚】0 【特亚太】2.4【特东老挝】0【特东柬埔寨】0 【特东缅甸】0【特-1】0【特-2】0【特-3】0 【增】16【对美加征】10【出】0【退】16	件/千克					999	棉制其他女式上衣
620433	00		合成纤维制女式上衣【电商】	Women's or girls' jackets and blazers of synthetic fibres	【最】12【普】130 【协亚太】7.8【协东盟】0【协香港】0 【协澳门】0【协巴基斯坦】8.8【协智利】0 【协新西兰】0【协新加坡】0【协秘鲁】0 【协哥斯达黎加】0【协冰岛】0【协瑞士】7 【协澳大利亚】0【协韩国】11.6 【协格鲁吉亚】0 【特亚太】0【特-1】0【特-2】0【特-3】0 【增】16【对美加征】10【出】0【退】16	件/千克					999	合成纤维制女式上衣

税则号列			货品名称中英文		税费综合信息	计量单位	监管证件代码		检验检疫类别		检验检疫编码	检验检疫编码对应中文名称
HS国际统一前6位	本国子目7~8位	9~10位	中文 货物名称	英文 Article Description			进口	出口	进口	出口		
620439	10	10	丝制女式上衣【电商】	Women's or girls' jackets and blazers of silk, containing 70% or more by weight of silk or spun silk	【最】6【普】130 【协亚太】3.9【协东盟】0【协香港】0 【协澳门】0【协巴基斯坦】8【协智利】0 【协新西兰】0【协新加坡】0【协秘鲁】0 【协哥斯达黎加】0【协冰岛】0【协瑞士】6 【协澳大利亚】0【协韩国】8【协格鲁吉亚】0 【特亚太】0【特-1】0【特-2】0【特-3】0 【增】16【对美加征】10【出】0【退】16	件/千克					999	丝制女式上衣（含丝及绢丝70%及以上）
620439	10	90	丝制其他女式上衣【电商】	Other women's or girls' jackets and blazers of silk, containing less than 70% by weight of silk or spun silk	【最】6【普】130 【协亚太】3.9【协东盟】0【协香港】0 【协澳门】0【协巴基斯坦】8【协智利】0 【协新西兰】0【协新加坡】0【协秘鲁】0 【协哥斯达黎加】0【协冰岛】0【协瑞士】6 【协澳大利亚】0【协韩国】8【协格鲁吉亚】0 【特亚太】0【特-1】0【特-2】0【特-3】0 【增】16【对美加征】10【出】0【退】16	件/千克					999	丝制其他女式上衣（含丝及绢丝70%以下）
620439	90		其他材料制女式上衣【电商】	Other women's or girls' jackets and blazers of other textile materials	【最】6【普】100 【协亚太】3.9【协东盟】0【协香港】0 【协澳门】0【协巴基斯坦】8【协智利】0 【协新西兰】0【协新加坡】0【协秘鲁】0 【协哥斯达黎加】0【协冰岛】0【协瑞士】6 【协澳大利亚】0【协韩国】8【协格鲁吉亚】0 【特亚太】0【特-1】0【特-2】0【特-3】0 【增】16【对美加征】10【出】0【退】16	件/千克					999	其他材料制女式上衣
620441	00		毛制女式连衣裙【电商】	Women's or girls' dresses of wool or fine animal hair	【最】6【普】130 【协亚太】3.9【协东盟】0【协香港】0 【协澳门】0【协巴基斯坦】8【协智利】0 【协新西兰】0【协新加坡】0【协秘鲁】0 【协哥斯达黎加】0【协冰岛】0【协瑞士】6 【协澳大利亚】0【协韩国】8【协格鲁吉亚】0 【特-1】0【特-2】0【特-3】0 【增】16【对美加征】10【出】0【退】16	件/千克					999	毛制女式连衣裙（羊毛或动物细毛制）
620442	00		棉制女式连衣裙【电商】	Women's or girls' dresses of cotton	【最】6【普】90 【协东盟】0【协香港】0【协澳门】0 【协巴基斯坦】12.8【协智利】0【协新西兰】0 【协新加坡】0【协秘鲁】0【协哥斯达黎加】0 【协冰岛】0【协瑞士】6【协澳大利亚】0 【协韩国】8【协格鲁吉亚】0 【特东老挝】0【特东柬埔寨】0【特东缅甸】0 【特-1】0【特-2】0【特-3】0 【增】16【对美加征】10【出】0【退】16	件/千克					999	棉制女式连衣裙
620443	00	10	合成纤维制女式连衣裙【电商】	Women's or girls' dresses of synthetic fibres, containing 36% or more by weight of wool or fine animal hair	【最】8【普】130 【协亚太】5.2【协东盟】0【协香港】0 【协澳门】0【协巴基斯坦】8.8【协智利】0 【协新西兰】0【协新加坡】0【协秘鲁】0 【协哥斯达黎加】0【协冰岛】0【协瑞士】7 【协澳大利亚】0【协韩国】11.6【协格鲁吉亚】0 【特-1】0【特-2】0【特-3】0 【增】16【对美加征】10【出】0【退】16	件/千克					999	合成纤维制女式连衣裙（含羊毛或动物细毛≥36%）
620443	00	90	合成纤维制其他女式连衣裙【电商】	Other women's or girls' dresses of synthetic fibres	【最】8【普】130 【协亚太】5.2【协东盟】0【协香港】0 【协澳门】0【协巴基斯坦】8.8【协智利】0 【协新西兰】0【协新加坡】0【协秘鲁】0 【协哥斯达黎加】0【协冰岛】0【协瑞士】7 【协澳大利亚】0【协韩国】11.6【协格鲁吉亚】0 【特-1】0【特-2】0【特-3】0 【增】16【对美加征】10【出】0【退】16	件/千克					999	合成纤维制其他女式连衣裙
620444	00	10	人造纤维制女式连衣裙【电商】	Women's or girls' dresses of artificial fibres, containing 36% or more by weight of wool or fine animal hair	【最】6【普】130 【协亚太】3.9【协东盟】0【协香港】0 【协澳门】0【协巴基斯坦】8【协智利】0 【协新西兰】0【协新加坡】0【协秘鲁】0 【协哥斯达黎加】0【协冰岛】0【协瑞士】6 【协澳大利亚】0【协韩国】8【协格鲁吉亚】0 【特-1】0【特-2】0【特-3】0 【增】16【对美加征】10【出】0【退】16	件/千克					999	人造纤维制女式连衣裙（含羊毛或动物细毛≥36%）

税则号列			货品名称中英文		税费综合信息	计量单位	监管证件代码		检验检疫类别		检验检疫编码	检验检疫编码对应中文名称
HS国际统一前6位	本国子目 7~8位	本国子目 9~10位	中文 货物名称	英文 Article Description			进口	出口	进口	出口		
620444	00	90	人造纤维制其他女式连衣裙 【电商】	Other women's or girls' dresses of artificial fibres	【最】6【普】130 【协亚太】3.9【协东盟】0【协香港】0 【协澳门】0【协巴基斯坦】8【协智利】0 【协新西兰】0【协新加坡】0【协秘鲁】0 【协哥斯达黎加】0【协冰岛】0【协瑞士】6 【协澳大利亚】0【协韩国】8【协格鲁吉亚】0 【特-1】0【特-2】0【特-3】0 【增】16【对美加征】10【出】0【退】16	件/千克					999	人造纤维制其他女式连衣裙
620449	10	10	丝制女式连衣裙 【电商】	Women's or girls' dresses of silk, containing 70% or more by weight of silk or spun silk	【最】6【普】130 【协亚太】3.9【协东盟】0【协香港】0 【协澳门】0【协巴基斯坦】8【协智利】0 【协新西兰】0【协新加坡】0【协秘鲁】0 【协哥斯达黎加】0【协冰岛】0【协瑞士】6 【协澳大利亚】0【协韩国】8【协格鲁吉亚】0 【特-1】0【特-2】0【特-3】0 【增】16【对美加征】10【出】0【退】16	件/千克					999	丝制女式连衣裙（含丝及绢丝70%及以上）
620449	10	90	丝制其他女式连衣裙 【电商】	Other women's or girls' dresses of silk, containing less than 70% by weight of silk or spun silk	【最】6【普】130 【协亚太】3.9【协东盟】0【协香港】0 【协澳门】0【协巴基斯坦】8【协智利】0 【协新西兰】0【协新加坡】0【协秘鲁】0 【协哥斯达黎加】0【协冰岛】0【协瑞士】6 【协澳大利亚】0【协韩国】8【协格鲁吉亚】0 【特-1】0【特-2】0【特-3】0 【增】16【对美加征】10【出】0【退】16	件/千克					999	丝制其他女式连衣裙（含丝及绢丝70%以下）
620449	90		其他材料制女式连衣裙 【电商】	Other women's or girls' dresses of other textile materials	【最】6【普】100 【协亚太】3.9【协东盟】0【协香港】0 【协澳门】0【协巴基斯坦】8【协智利】0 【协新西兰】0【协新加坡】0【协秘鲁】0 【协哥斯达黎加】0【协冰岛】0【协瑞士】6 【协澳大利亚】0【协韩国】8【协格鲁吉亚】0 【特-1】0【特-2】0【特-3】0 【增】16【对美加征】10【出】0【退】16	件/千克					999	其他材料制女式连衣裙
620451	00		毛制女式裙子及裙裤 【电商】	Women's or girls' skirts and divided skirts, of wool or fine animal hair	【最】6【普】130 【协亚太】3.9【协东盟】0【协香港】0 【协澳门】0【协巴基斯坦】7【协智利】0 【协新西兰】0【协新加坡】0【协秘鲁】0 【协哥斯达黎加】0【协冰岛】0【协瑞士】5.6 【协澳大利亚】0【协韩国】7【协格鲁吉亚】0 【特-1】0【特-2】0【特-3】0 【增】16【对美加征】10【出】0【退】16	件/千克					999	毛制女式裙子及裙裤（羊毛或动物细毛制）
620452	00		棉制女式裙子及裙裤 【电商】	Women's or girls' skirts and divided skirts of cotton	【最】6【普】90 【协东盟】0【协香港】0【协澳门】0 【协巴基斯坦】11.2【协智利】0【协新西兰】0 【协新加坡】0【协秘鲁】0【协哥斯达黎加】0 【协冰岛】0【协瑞士】5.6【协澳大利亚】0 【协韩国】7【协格鲁吉亚】0 【特-1】0【特-2】0【特-3】0 【增】16【对美加征】10【出】0【退】16	件/千克					999	棉制女式裙子及裙裤
620453	00	10	合成纤维制女式裙子及裙裤 【电商】	Women's or girls' skirts and divided skirts, of synthetic fibres, containing 36% or more by weight of wool or fine animal hair	【最】6【普】130 【协亚太】3.9【协东盟】0【协香港】0 【协澳门】0【协巴基斯坦】8【协智利】0 【协新西兰】0【协新加坡】0【协秘鲁】0 【协哥斯达黎加】0【协冰岛】0【协瑞士】6 【协澳大利亚】0【协韩国】8【协格鲁吉亚】0 【特-1】0【特-2】0【特-3】0 【增】16【对美加征】10【出】0【退】16	件/千克					999	合成纤维制女式裙子及裙裤（含羊毛或动物细毛≥36%）
620453	00	90	合成纤维制其他女式裙子及裙裤 【电商】	Other women's or girls' skirts and divided skirts, of synthetic fibres	【最】6【普】130 【协亚太】3.9【协东盟】0【协香港】0 【协澳门】0【协巴基斯坦】8【协智利】0 【协新西兰】0【协新加坡】0【协秘鲁】0 【协哥斯达黎加】0【协冰岛】0【协瑞士】6 【协澳大利亚】0【协韩国】8【协格鲁吉亚】0 【特-1】0【特-2】0【特-3】0 【增】16【对美加征】10【出】0【退】16	件/千克					999	合成纤维制其他女式裙子及裙裤

税则号列			货品名称中英文		税费综合信息	计量单位	监管证件代码		检验检疫类别		检验检疫编码	检验检疫编码对应中文名称
HS 国际统一前6位	本国子目 7~8位	本国子目 9~10位	中文 货物名称	英文 Article Description			进口	出口	进口	出口		
620459	10	10	丝制女式裙子及裙裤 【电商】	Women's or girls' skirts and divided skirts of silk, containing 70% or more by weight of silk	【最】6【普】130 【协亚太】3.9【协东盟】0【协香港】0 【协澳门】0【协巴基斯坦】7【协智利】0 【协新西兰】0【协新加坡】0【协秘鲁】0 【协哥斯达黎加】0【协冰岛】0【协瑞士】5.6 【协澳大利亚】0【协韩国】7【协格鲁吉亚】0 【特-1】0【特-2】0【特-3】0 【增】16【对美加征】10【出】0【退】16	件/千克					999	丝制女式裙子及裙裤（含丝70%及以上）
620459	10	90	其他丝制女式裙子及裙裤 【电商】	Women's or girls' skirts and divided skirts of silk, containing less than 70% by weight of silk	【最】6【普】130 【协亚太】3.9【协东盟】0【协香港】0 【协澳门】0【协巴基斯坦】7【协智利】0 【协新西兰】0【协新加坡】0【协秘鲁】0 【协哥斯达黎加】0【协冰岛】0【协瑞士】5.6 【协澳大利亚】0【协韩国】7【协格鲁吉亚】0 【特-1】0【特-2】0【特-3】0 【增】16【对美加征】10【出】0【退】16	件/千克					999	其他丝制女式裙子及裙裤（含丝70%以下）
620459	90		其他材料制女式裙子及裙裤 【电商】	Other women's or girls' skirts and divided skirts of other textile materials	【最】6【普】100 【协亚太】3.9【协东盟】0【协香港】0 【协澳门】0【协巴基斯坦】7【协智利】0 【协新西兰】0【协新加坡】0【协秘鲁】0 【协哥斯达黎加】0【协冰岛】0【协瑞士】5.6 【协澳大利亚】0【协韩国】7【协格鲁吉亚】0 【特-1】0【特-2】0【特-3】0 【增】16【对美加征】10【出】0【退】16	件/千克					999	其他材料制女式裙子及裙裤
620461	00		毛制长裤、护胸背带工装裤、马裤及短裤 【电商】	Of wool or fine animal hair	【最】6【普】130 【协亚太】3.9【协东盟】0【协香港】0 【协澳门】0【协巴基斯坦】8【协智利】0 【协新西兰】0【协新加坡】0【协秘鲁】0 【协哥斯达黎加】0【协冰岛】0【协瑞士】6 【协澳大利亚】0【协韩国】8【协格鲁吉亚】0 【特-1】0【特-2】0【特-3】0 【增】16【对美加征】10【出】0【退】16	条/千克					999	毛制长裤、护胸背带工装裤、马裤及短裤
620462	00		棉制长裤、护胸背带工装裤、马裤及短裤 【电商】	Of cotton	【最】6【普】90 【协亚太】3.9【协东盟】0【协香港】0 【协澳门】0【协巴基斯坦】12.8【协智利】0 【协新西兰】0【协新加坡】0【协秘鲁】0 【协哥斯达黎加】0【协冰岛】0【协瑞士】6 【协澳大利亚】0【协韩国】0【协格鲁吉亚】0 【特亚太】4.2【特东老挝】0【特东柬埔寨】0 【特东缅甸】0【特-1】0【特-2】0【特-3】0 【增】16【对美加征】10【出】0【退】16	条/千克					999	棉制长裤、护胸背带工装裤、马裤及短裤
620463	00		合纤制长裤、护胸背带工装裤、马裤及短裤 【电商】	Of synthetic fibres	【最】12【普】130 【协亚太】7.8【协东盟】0【协香港】0 【协澳门】0【协巴基斯坦】8.8【协智利】0 【协新西兰】0【协新加坡】0【协秘鲁】0 【协哥斯达黎加】0【协冰岛】0【协瑞士】7 【协澳大利亚】0【协韩国】8.7【协格鲁吉亚】0 【特-1】0【特-2】0【特-3】0 【增】16【对美加征】10【出】0【退】16	条/千克					999	合纤制长裤、护胸背带工装裤、马裤及短裤
620469	00		其他材料制长裤、护胸背带工装裤、马裤及短裤 【电商】	Of other textile materials	【最】6【普】100 【协亚太】3.9【协东盟】0【协香港】0 【协澳门】0【协巴基斯坦】8【协智利】0 【协新西兰】0【协新加坡】0【协秘鲁】0 【协哥斯达黎加】0【协冰岛】0【协瑞士】6 【协澳大利亚】0【协韩国】8【协格鲁吉亚】0 【特-1】0【特-2】0【特-3】0 【增】16【对美加征】10【出】0【退】16	条/千克					999	其他材料制长裤、护胸背带工装裤、马裤及短裤
620520	00	10	不带特制领的棉制男成人衬衫 【电商】	Men's and boys' shirts of cotton, without specially made collar (including boys' size 8~18)	【最】6【普】90 【协亚太】3【协东盟】0【协香港】0 【协澳门】0【协巴基斯坦】8【协智利】0 【协新西兰】0【协新加坡】0【协秘鲁】0 【协哥斯达黎加】0【协冰岛】0【协瑞士】6 【协澳大利亚】0【协韩国】8【协格鲁吉亚】0 【特亚太】2.4【特东老挝】0【特东柬埔寨】0 【特东缅甸】0【特-1】0【特-2】0【特-3】0 【增】16【对美加征】10【出】0【退】16	件/千克	A		M		101 102	不带特制领的棉制男成人衬衫（含男童8~18号衬衫）（衬衫） 不带特制领的棉制男成人衬衫（含男童8~18号衬衫）（童装）

税则号列 HS国际统一前6位	本国子目 7~8位	本国子目 9~10位	货品名称中英文 中文 货物名称	货品名称中英文 英文 Article Description	税费综合信息	计量单位	监管证件代码 进口	监管证件代码 出口	检验检疫类别 进口	检验检疫类别 出口	检验检疫编码	检验检疫编码对应中文名称
620520	00	91	其他棉制男童游戏套装衬衫【电商】	Boy's shirts of cotton, playsuit, other than long shirts	【最】6【普】90 【协亚太】3【协东盟】0【协香港】0 【协澳门】0【协巴基斯坦】8【协智利】0 【协新西兰】0【协新加坡】0【协秘鲁】0 【协哥斯达黎加】0【协冰岛】0【协瑞士】6 【协澳大利亚】0【协韩国】8【协格鲁吉亚】0 【特亚太】2.4【特东老挝】0【特东柬埔寨】0 【特东缅甸】0【特-1】0【特-2】0【特-3】0 【增】16【对美加征】10【出】0【退】16	件/千克	A		M		999	其他棉制男童游戏套装衬衫（不包括长衬衫）
620520	00	99	其他棉制男式衬衫【电商】	Other men's or boys' shirts, of cotton	【最】6【普】90 【协亚太】3【协东盟】0【协香港】0 【协澳门】0【协巴基斯坦】8【协智利】0 【协新西兰】0【协新加坡】0【协秘鲁】0 【协哥斯达黎加】0【协冰岛】0【协瑞士】6 【协澳大利亚】0【协韩国】8【协格鲁吉亚】0 【特亚太】2.4【特东老挝】0【特东柬埔寨】0 【特东缅甸】0【特-1】0【特-2】0【特-3】0 【增】16【对美加征】10【出】0【退】16	件/千克	A		M		999	其他棉制男式衬衫
620530	00	11	不带特制领的化学纤维制男式衬衫【电商】	Men's or boys' shirts of man-made fibres, without specially made collar, containing 36% or more by weight of wool or fine animal hair, including boys' size 8~18	【最】6【普】130 【协亚太】3.9【协东盟】0【协香港】0 【协澳门】0【协巴基斯坦】8【协智利】0 【协新西兰】0【协新加坡】0【协秘鲁】0 【协哥斯达黎加】0【协冰岛】0【协瑞士】6 【协澳大利亚】0【协韩国】8【协格鲁吉亚】0 【特亚太】0【特-1】0【特-2】0【特-3】0 【增】16【对美加征】10【出】0【退】16	件/千克	A		M		101 102	不带特制领的化学纤维制男式衬衫（含羊毛或动物细毛36%及以上，含男童8~18号衬衫）（衬衫） 不带特制领的化学纤维制男式衬衫（含羊毛或动物细毛36%及以上，含男童8~18号衬衫）（童装）
620530	00	19	不带特制领的化纤制其他男童衬衫【电商】	Boys' shirts, of man-made fibres, without specially made collar, containing 36% or more by weight of wool or fine animal hair	【最】6【普】130 【协亚太】3.9【协东盟】0【协香港】0 【协澳门】0【协巴基斯坦】8【协智利】0 【协新西兰】0【协新加坡】0【协秘鲁】0 【协哥斯达黎加】0【协冰岛】0【协瑞士】6 【协澳大利亚】0【协韩国】8【协格鲁吉亚】0 【特亚太】0【特-1】0【特-2】0【特-3】0 【增】16【对美加征】10【出】0【退】16	件/千克	A		M		999	不带特制领的化纤制其他男童衬衫（含羊毛或动物细毛36%及以上）
620530	00	91	化学纤维制其他男成人及男童衬衫【电商】	Men's or boys' shirts, of man-made fibres, without specially made collar, including boys' size 8~18	【最】6【普】130 【协亚太】3.9【协东盟】0【协香港】0 【协澳门】0【协巴基斯坦】8【协智利】0 【协新西兰】0【协新加坡】0【协秘鲁】0 【协哥斯达黎加】0【协冰岛】0【协瑞士】6 【协澳大利亚】0【协韩国】8【协格鲁吉亚】0 【特亚太】0【特-1】0【特-2】0【特-3】0 【增】16【对美加征】10【出】0【退】16	件/千克	A		M		101 102	化学纤维制其他男成人及男童衬衫（不带特制领，男童衬衫指8~18号）（衬衫） 化学纤维制其他男成人及男童衬衫（不带特制领，男童衬衫指8~18号）（童装）
620530	00	92	化学纤维制其他男童游戏套装衬衫【电商】	Other boy's shirts of playsuit, of man-made fibres	【最】6【普】130 【协亚太】3.9【协东盟】0【协香港】0 【协澳门】0【协巴基斯坦】8【协智利】0 【协新西兰】0【协新加坡】0【协秘鲁】0 【协哥斯达黎加】0【协冰岛】0【协瑞士】6 【协澳大利亚】0【协韩国】8【协格鲁吉亚】0 【特亚太】0【特-1】0【特-2】0【特-3】0 【增】16【对美加征】10【出】0【退】16	件/千克	A		M		999	化学纤维制其他男童游戏套装衬衫
620530	00	99	化纤制其他男成人衬衫【电商】	Other men's shirts of man-made fibres	【最】6【普】130 【协亚太】3.9【协东盟】0【协香港】0 【协澳门】0【协巴基斯坦】8【协智利】0 【协新西兰】0【协新加坡】0【协秘鲁】0 【协哥斯达黎加】0【协冰岛】0【协瑞士】6 【协澳大利亚】0【协韩国】8【协格鲁吉亚】0 【特亚太】0【特-1】0【特-2】0【特-3】0 【增】16【对美加征】10【出】0【退】16	件/千克	A		M		999	化纤制其他男成人衬衫
620590	10	11	不带特制领的丝制非针织男式衬衫【电商】	Men's or boys' shirts of silk, without specially made collar, not knitted, containing 70% or more by weight of silk, including boys' size 8~18	【最】6【普】130 【协亚太】3.9【协东盟】0【协香港】0 【协澳门】0【协巴基斯坦】8【协智利】0 【协新西兰】0【协新加坡】0【协秘鲁】0 【协哥斯达黎加】0【协冰岛】0【协瑞士】6 【协澳大利亚】0【协韩国】8【协格鲁吉亚】0 【特亚太】0【特-1】0【特-2】0【特-3】0 【增】16【对美加征】10【出】0【退】16	件/千克	A		M		101 102	不带特制领的丝制非针织男式衬衫（含丝70%及以上，含男童8~18号衬衫）（衬衫） 不带特制领的丝制非针织男式衬衫（含丝70%及以上，含男童8~18号衬衫）（童装）

税则号列 HS国际统一前6位	本国子目 7~8位	本国子目 9~10位	货品名称中英文 中文 货物名称	货品名称中英文 英文 Article Description	税费综合信息	计量单位	监管证件代码 进口	监管证件代码 出口	检验检疫类别 进口	检验检疫类别 出口	检验检疫编码	检验检疫编码对应中文名称
620590	10	19	丝制非针织其他男式衬衫【电商】	Men's or boys' shirts of silk, not knitted, containing 70% or more by weight of silk	【最】6【普】130【协亚太】3.9【协东盟】0【协香港】0【协澳门】0【协巴基斯坦】8【协智利】0【协新西兰】0【协新加坡】0【协秘鲁】0【协哥斯达黎加】0【协冰岛】0【协瑞士】6【协澳大利亚】0【协韩国】8【协格鲁吉亚】0【特亚太】0【特-1】0【特-2】0【特-3】0【增】16【对美加征】10【出】0【退】16	件/千克	A		M		999	丝制非针织其他男式衬衫（含丝70%及以上）
620590	10	21	丝制其他非针织男式衬衫【电商】	Men's or boys' shirts of silk, not knitted, without specially made collar, including boys', size 8~18, cotton limit in	【最】6【普】130【协亚太】3.9【协东盟】0【协香港】0【协澳门】0【协巴基斯坦】8【协智利】0【协新西兰】0【协新加坡】0【协秘鲁】0【协哥斯达黎加】0【协冰岛】0【协瑞士】6【协澳大利亚】0【协韩国】8【协格鲁吉亚】0【特亚太】0【特-1】0【特-2】0【特-3】0【增】16【对美加征】10【出】0【退】16	件/千克	A		M		101 102	丝制其他非针织男式衬衫（棉限内，不带特制领的，含男童8~18号衬衫）（衬衫） 丝制其他非针织男式衬衫（棉限内，不带特制领的，含男童8~18号衬衫）（童装）
620590	10	29	丝制其他非针织其他男式衬衫【电商】	Men's or boys' shirts of silk, not knitted, cotton limit in	【最】6【普】130【协亚太】3.9【协东盟】0【协香港】0【协澳门】0【协巴基斯坦】8【协智利】0【协新西兰】0【协新加坡】0【协秘鲁】0【协哥斯达黎加】0【协冰岛】0【协瑞士】6【协澳大利亚】0【协韩国】8【协格鲁吉亚】0【特亚太】0【特-1】0【特-2】0【特-3】0【增】16【对美加征】10【出】0【退】16	件/千克	A		M		999	丝制其他非针织其他男式衬衫（棉限内）
620590	10	31	丝制其他非针织男式衬衫【电商】	Men's or boys' shirts of silk, not knitted, without specially made collar, including boys', size 8~18, wool limit in	【最】6【普】130【协亚太】3.9【协东盟】0【协香港】0【协澳门】0【协巴基斯坦】8【协智利】0【协新西兰】0【协新加坡】0【协秘鲁】0【协哥斯达黎加】0【协冰岛】0【协瑞士】6【协澳大利亚】0【协韩国】8【协格鲁吉亚】0【特亚太】0【特-1】0【特-2】0【特-3】0【增】16【对美加征】10【出】0【退】16	件/千克	A		M		101 102	丝制其他非针织男式衬衫（羊毛限内，不带特制领的，含男童8~18号衬衫）（衬衫） 丝制其他非针织男式衬衫（羊毛限内，不带特制领的，含男童8~18号衬衫）（童装）
620590	10	39	丝制其他非针织其他男式衬衫【电商】	Men's or boys' shirts of silk, not knitted, without specially made collar, including boys' size 8~18, wool limit in	【最】6【普】130【协亚太】3.9【协东盟】0【协香港】0【协澳门】0【协巴基斯坦】8【协智利】0【协新西兰】0【协新加坡】0【协秘鲁】0【协哥斯达黎加】0【协冰岛】0【协瑞士】6【协澳大利亚】0【协韩国】8【协格鲁吉亚】0【特亚太】0【特-1】0【特-2】0【特-3】0【增】16【对美加征】10【出】0【退】16	件/千克	A		M		999	丝制其他非针织其他男式衬衫（羊毛限内）
620590	10	41	丝制非针织男式衬衫【电商】	Men's or boys' shirts of silk, not knitted, without specially made collar, including boys' size 8~18, man-made fibres limit in	【最】6【普】130【协亚太】3.9【协东盟】0【协香港】0【协澳门】0【协巴基斯坦】8【协智利】0【协新西兰】0【协新加坡】0【协秘鲁】0【协哥斯达黎加】0【协冰岛】0【协瑞士】6【协澳大利亚】0【协韩国】8【协格鲁吉亚】0【特亚太】0【特-1】0【特-2】0【特-3】0【增】16【对美加征】10【出】0【退】16	件/千克	A		M		101 102	丝制非针织男式衬衫（化纤限内，不带特制领的，含男童8~18号衬衫）（衬衫） 丝制非针织男式衬衫（化纤限内，不带特制领的，含男童8~18号衬衫）（童装）
620590	10	49	丝制其他非针织其他男式衬衫【电商】	Men's or boys' shirts of silk, not knitted, man-made fibres limit in	【最】6【普】130【协亚太】3.9【协东盟】0【协香港】0【协澳门】0【协巴基斯坦】8【协智利】0【协新西兰】0【协新加坡】0【协秘鲁】0【协哥斯达黎加】0【协冰岛】0【协瑞士】6【协澳大利亚】0【协韩国】8【协格鲁吉亚】0【特亚太】0【特-1】0【特-2】0【特-3】0【增】16【对美加征】10【出】0【退】16	件/千克	A		M		999	丝制其他非针织其他男式衬衫（化纤限内）
620590	10	91	未列名丝制非针织男式衬衫【电商】	Men's or boys' shirts of silk, not knitted, containing less than 70% by weight of silk, without specially made collar, including boys', size 8~18, not elsewhere specified or included	【最】6【普】130【协亚太】3.9【协东盟】0【协香港】0【协澳门】0【协巴基斯坦】8【协智利】0【协新西兰】0【协新加坡】0【协秘鲁】0【协哥斯达黎加】0【协冰岛】0【协瑞士】6【协澳大利亚】0【协韩国】8【协格鲁吉亚】0【特亚太】0【特-1】0【特-2】0【特-3】0【增】16【对美加征】10【出】0【退】16	件/千克	A		M		101 102	未列名丝制非针织男式衬衫（含丝70%以下，不带特制领的，含男童8~18号衬衫）（衬衫） 未列名丝制非针织男式衬衫（含丝70%以下，不带特制领的，含男童8~18号衬衫）（童装）

税则号列 HS国际统一前6位	本国子目 7~8位	本国子目 9~10位	货品名称中英文 中文 货物名称	货品名称中英文 英文 Article Description	税费综合信息	计量单位	监管证件代码 进口	监管证件代码 出口	检验检疫类别 进口	检验检疫类别 出口	检验检疫编码	检验检疫编码对应中文名称
620590	10	99	未列名丝制非针织其他男式衬衫 【电商】	Other men's or boys' shirts of silk, not knitted, containing less than 70% by weight of silk, not elsewhere specified or included	【最】6【普】130 【协亚太】3.9【协东盟】0【协香港】0 【协澳门】0【协巴基斯坦】8【协智利】0 【协新西兰】0【协新加坡】0【协秘鲁】0 【协哥斯达黎加】0【协冰岛】0【协瑞士】6 【协澳大利亚】0【协韩国】8【协格鲁吉亚】0 【特亚太】0【特-1】0【特-2】0【特-3】0 【增】16【对美加征】10【出】0【退】16	件/千克	A		M		999	未列名丝制非针织其他男式衬衫（含丝70%以下）
620590	20		羊毛或动物细毛制男式衬衫 【电商】	Men's or boys' shirts of wool or fine animal hair (including boys', size 8~18)	【最】6【普】100 【协亚太】3.9【协东盟】0【协香港】0 【协澳门】0【协巴基斯坦】8【协智利】0 【协新西兰】0【协新加坡】0【协秘鲁】0 【协哥斯达黎加】0【协冰岛】0【协瑞士】6 【协澳大利亚】0【协韩国】8【协格鲁吉亚】0 【特亚太】0【特-1】0【特-2】0【特-3】0 【增】16【对美加征】10【出】0【退】16	件/千克	A		M		101 102	羊毛或动物细毛制男式衬衫（含男童8~18号衬衫）（衬衫） 羊毛或动物细毛制男式衬衫（含男童8~18号衬衫）（童装）
620590	90	11	其他纺织材料制男式衬衫 【电商】	Men's or boys' shirts of other textile materials, without specially made collar, including boys' size 8~18, cotton limit in	【最】6【普】100 【协亚太】3.9【协东盟】0【协香港】0 【协澳门】0【协巴基斯坦】8【协智利】0 【协新西兰】0【协新加坡】0【协秘鲁】0 【协哥斯达黎加】0【协冰岛】0【协瑞士】6 【协澳大利亚】0【协韩国】8【协格鲁吉亚】0 【特亚太】0【特-1】0【特-2】0【特-3】0 【增】16【对美加征】10【出】0【退】16	件/千克	A		M		101 102	其他纺织材料制男式衬衫（棉限内，不带特制领的，含男童8~18号衬衫）（衬衫） 其他纺织材料制男式衬衫（棉限内，不带特制领的，含男童8~18号衬衫）（童装）
620590	90	19	其他纺织材料制其他男式衬衫 【电商】	Men's or boys' shirts of other textile materials, cotton or man-made fibres limit in	【最】6【普】100 【协亚太】3.9【协东盟】0【协香港】0 【协澳门】0【协巴基斯坦】8【协智利】0 【协新西兰】0【协新加坡】0【协秘鲁】0 【协哥斯达黎加】0【协冰岛】0【协瑞士】6 【协澳大利亚】0【协韩国】8【协格鲁吉亚】0 【特亚太】0【特-1】0【特-2】0【特-3】0 【增】16【对美加征】10【出】0【退】16	件/千克	A		M		999	其他纺织材料制其他男式衬衫（棉纤限内）
620590	90	21	其他纺织材料制男式衬衫 【电商】	Men's or boys' shirts of other textile materials, without specially made collar, including boys' size 8~18, wool limit in	【最】6【普】100 【协亚太】3.9【协东盟】0【协香港】0 【协澳门】0【协巴基斯坦】8【协智利】0 【协新西兰】0【协新加坡】0【协秘鲁】0 【协哥斯达黎加】0【协冰岛】0【协瑞士】6 【协澳大利亚】0【协韩国】8【协格鲁吉亚】0 【特亚太】0【特-1】0【特-2】0【特-3】0 【增】16【对美加征】10【出】0【退】16	件/千克	A		M		101 102	其他纺织材料制男式衬衫（羊毛限内，不带特制领的，含男童8~18号衬衫）（衬衫） 其他纺织材料制男式衬衫（羊毛限内，不带特制领的，含男童8~18号衬衫）（童装）
620590	90	29	其他纺织材料制其他男式衬衫 【电商】	Men's or boys' shirts of other textile materials, wool or man-made fibres limit in	【最】6【普】100 【协亚太】3.9【协东盟】0【协香港】0 【协澳门】0【协巴基斯坦】8【协智利】0 【协新西兰】0【协新加坡】0【协秘鲁】0 【协哥斯达黎加】0【协冰岛】0【协瑞士】6 【协澳大利亚】0【协韩国】8【协格鲁吉亚】0 【特亚太】0【特-1】0【特-2】0【特-3】0 【增】16【对美加征】10【出】0【退】16	件/千克	A		M		999	其他纺织材料制其他男式衬衫（羊毛限内）
620590	90	31	其他纺织材料制男式衬衫 【电商】	Men's or boys' shirts of other textile materials, without specially made collar, including boys' size 8~18, man-made fibres limit in	【最】6【普】100 【协亚太】3.9【协东盟】0【协香港】0 【协澳门】0【协巴基斯坦】8【协智利】0 【协新西兰】0【协新加坡】0【协秘鲁】0 【协哥斯达黎加】0【协冰岛】0【协瑞士】6 【协澳大利亚】0【协韩国】8【协格鲁吉亚】0 【特亚太】0【特-1】0【特-2】0【特-3】0 【增】16【对美加征】10【出】0【退】16	件/千克	A		M		101 102	其他纺织材料制男式衬衫（化纤限内，不带特制领的，含男童8~18号衬衫）（衬衫） 其他纺织材料制男式衬衫（化纤限内，不带特制领的，含男童8~18号衬衫）（童装）
620590	90	39	其他纺织材料制其他男式衬衫 【电商】	Other men's or boys' shirts of other textile materials, man-made fibres limit in	【最】6【普】100 【协亚太】3.9【协东盟】0【协香港】0 【协澳门】0【协巴基斯坦】8【协智利】0 【协新西兰】0【协新加坡】0【协秘鲁】0 【协哥斯达黎加】0【协冰岛】0【协瑞士】6 【协澳大利亚】0【协韩国】8【协格鲁吉亚】0 【特亚太】0【特-1】0【特-2】0【特-3】0 【增】16【对美加征】10【出】0【退】16	件/千克	A		M		999	其他纺织材料制其他男式衬衫（化纤限内）

税则号列			货品名称中英文		税费综合信息	计量单位	监管证件代码		检验检疫类别		检验检疫编码	检验检疫编码对应中文名称
HS国际统一前6位	本国子目7~8位	9~10位	中文 货物名称	英文 Article Description			进口	出口	进口	出口		
620590	90	91	未列名纺织材料制男式衬衫【电商】	Men's or boys' shirts of other textile materials, without specially made collar, including boys' size 8 ~ 18, not elsewhere specified or included	【最】6【普】100 【协亚太】3.9【协东盟】0【协香港】0 【协澳门】0【协巴基斯坦】8【协智利】0 【协新西兰】0【协新加坡】0【协秘鲁】0 【协哥斯达黎加】0【协冰岛】0【协瑞士】6 【协澳大利亚】0【协韩国】8【协格鲁吉亚】0 【特亚太】0【特-1】0【特-2】0【特-3】0 【增】16【对美加征】10【出】0【退】16	件/千克	A		M		101 102	未列名纺织材料制男式衬衫（不带特制领的，含男童8~18号衬衫）（衬衫） 未列名纺织材料制男式衬衫（不带特制领的，含男童8~18号衬衫）（童装）
620590	90	99	未列名纺织材料制其他男式衬衫【电商】	Other men's or boys' shirts of other textile materials, not elsewhere specified or included	【最】6【普】100 【协亚太】3.9【协东盟】0【协香港】0 【协澳门】0【协巴基斯坦】8【协智利】0 【协新西兰】0【协新加坡】0【协秘鲁】0 【协哥斯达黎加】0【协冰岛】0【协瑞士】6 【协澳大利亚】0【协韩国】8【协格鲁吉亚】0 【特亚太】0【特-1】0【特-2】0【特-3】0 【增】16【对美加征】10【出】0【退】16	件/千克	A		M		999	未列名纺织材料制其他男式衬衫
620610	00	11	丝及绢丝制女式衬衫【电商】	Women's or girls' shirts(size 7 ~ 16) of silk or spun silk, cotton limit in	【最】6【普】130 【协亚太】3.9【协东盟】0【协香港】0 【协澳门】0【协巴基斯坦】8【协智利】0 【协新西兰】0【协新加坡】0【协秘鲁】0 【协哥斯达黎加】0【协冰岛】0【协瑞士】6 【协澳大利亚】0【协韩国】8【协格鲁吉亚】0 【特-1】0【特-2】0【特-3】0 【增】16【对美加征】10【出】0【退】16	件/千克	A		M		101 102	丝及绢丝制女式衬衫（棉限内，成人及7~16号女童衬衫）（衬衫） 丝及绢丝制女式衬衫（棉限内，成人及7~16号女童衬衫）（童装）
620610	00	19	丝及绢丝制其他女童衬衫【电商】	Other girls' shirts of silk or spun silk, cotton limit in	【最】6【普】130 【协亚太】3.9【协东盟】0【协香港】0 【协澳门】0【协巴基斯坦】8【协智利】0 【协新西兰】0【协新加坡】0【协秘鲁】0 【协哥斯达黎加】0【协冰岛】0【协瑞士】6 【协澳大利亚】0【协韩国】8【协格鲁吉亚】0 【特-1】0【特-2】0【特-3】0 【增】16【对美加征】10【出】0【退】16	件/千克	A		M		999	丝及绢丝制其他女童衬衫（棉限内）
620610	00	21	丝及绢丝制女式衬衫【电商】	Women's or girls' shirts(size 7 ~ 16) of silk or spun silk, wool limit in	【最】6【普】130 【协亚太】3.9【协东盟】0【协香港】0 【协澳门】0【协巴基斯坦】8【协智利】0 【协新西兰】0【协新加坡】0【协秘鲁】0 【协哥斯达黎加】0【协冰岛】0【协瑞士】6 【协澳大利亚】0【协韩国】8【协格鲁吉亚】0 【特-1】0【特-2】0【特-3】0 【增】16【对美加征】10【出】0【退】16	件/千克	A		M		101 102	丝及绢丝制女式衬衫（羊毛限内，成人及7~16号女童衬衫）（衬衫） 丝及绢丝制女式衬衫（羊毛限内，成人及7~16号女童衬衫）（童装）
620610	00	29	丝及绢丝制其他女童衬衫【电商】	Other girls' shirts of silk and spun silk, wool limit in	【最】6【普】130 【协亚太】3.9【协东盟】0【协香港】0 【协澳门】0【协巴基斯坦】8【协智利】0 【协新西兰】0【协新加坡】0【协秘鲁】0 【协哥斯达黎加】0【协冰岛】0【协瑞士】6 【协澳大利亚】0【协韩国】8【协格鲁吉亚】0 【特-1】0【特-2】0【特-3】0 【增】16【对美加征】10【出】0【退】16	件/千克	A		M		999	丝及绢丝制其他女童衬衫（羊毛限内）
620610	00	31	丝及绢丝制女式衬衫【电商】	Women's or girls' shirts(size 7 ~ 16) of silk and spun silk, man-made fibres limit in	【最】6【普】130 【协亚太】3.9【协东盟】0【协香港】0 【协澳门】0【协巴基斯坦】8【协智利】0 【协新西兰】0【协新加坡】0【协秘鲁】0 【协哥斯达黎加】0【协冰岛】0【协瑞士】6 【协澳大利亚】0【协韩国】8【协格鲁吉亚】0 【特-1】0【特-2】0【特-3】0 【增】16【对美加征】10【出】0【退】16	件/千克	A		M		101 102	丝及绢丝制女式衬衫（化纤限内，成人及7~16号女童衬衫）（衬衫） 丝及绢丝制女式衬衫（化纤限内，成人及7~16号女童衬衫）（童装）
620610	00	39	丝及绢丝制其他女童衬衫【电商】	Other girls' shirts of silk and spun silk, man-made fibres limit in	【最】6【普】130 【协亚太】3.9【协东盟】0【协香港】0 【协澳门】0【协巴基斯坦】8【协智利】0 【协新西兰】0【协新加坡】0【协秘鲁】0 【协哥斯达黎加】0【协冰岛】0【协瑞士】6 【协澳大利亚】0【协韩国】8【协格鲁吉亚】0 【特-1】0【特-2】0【特-3】0 【增】16【对美加征】10【出】0【退】16	件/千克	A		M		999	丝及绢丝制其他女童衬衫（化纤限内）

税则号列			货品名称中英文		税费综合信息	计量单位	监管证件代码		检验检疫类别		检验检疫编码	检验检疫编码对应中文名称
HS 国际统一前6位	本国子目 7~8位	本国子目 9~10位	中文 货物名称	英文 Article Description			进口	出口	进口	出口		
620610	00	41	丝制女成人及7~16号女童衬衫 【电商】	Women's or girls' shirts(size 7~16) of silk, containing 70% or more by weight of silk	【最】6【普】130 【协亚太】3.9【协东盟】0【协香港】0 【协澳门】0【协巴基斯坦】8【协智利】0 【协新西兰】0【协新加坡】0【协秘鲁】0 【协哥斯达黎加】0【协冰岛】0【协瑞士】6 【协澳大利亚】0【协韩国】8【协格鲁吉亚】0 【特-1】0【特-2】0【特-3】0 【增】16【对美加征】10【出】0【退】16	件/千克	A		M		101 102	丝制女成人及7~16号女童衬衫（含丝70%及以上）(衬衫) 丝制女成人及7~16号女童衬衫（含丝70%及以上）(童装)
620610	00	49	其他丝及绢丝制女童衬衫 【电商】	Other girls' shirts of silk and spun silk, containing 70% or more by weight of silk	【最】6【普】130 【协亚太】3.9【协东盟】0【协香港】0 【协澳门】0【协巴基斯坦】8【协智利】0 【协新西兰】0【协新加坡】0【协秘鲁】0 【协哥斯达黎加】0【协冰岛】0【协瑞士】6 【协澳大利亚】0【协韩国】8【协格鲁吉亚】0 【特-1】0【特-2】0【特-3】0 【增】16【对美加征】10【出】0【退】16	件/千克	A		M		999	其他丝及绢丝制女童衬衫（含丝70%及以上）
620610	00	91	丝制女成人及7~16号女童衬衫 【电商】	Women's or girls' shirts(size 7~16) of silk, containing less than 70% by weight of silk	【最】6【普】130 【协亚太】3.9【协东盟】0【协香港】0 【协澳门】0【协巴基斯坦】8【协智利】0 【协新西兰】0【协新加坡】0【协秘鲁】0 【协哥斯达黎加】0【协冰岛】0【协瑞士】6 【协澳大利亚】0【协韩国】8【协格鲁吉亚】0 【特-1】0【特-2】0【特-3】0 【增】16【对美加征】10【出】0【退】16	件/千克	A		M		101 102	丝制女成人及7~16号女童衬衫（含丝70%以下）(衬衫) 丝制女成人及7~16号女童衬衫（含丝70%以下）(童装)
620610	00	99	其他丝及绢丝制女童衬衫 【电商】	Other girls' shirts of silk and spun silk, containing less than 70% by weight of silk	【最】6【普】130 【协亚太】3.9【协东盟】0【协香港】0 【协澳门】0【协巴基斯坦】8【协智利】0 【协新西兰】0【协新加坡】0【协秘鲁】0 【协哥斯达黎加】0【协冰岛】0【协瑞士】6 【协澳大利亚】0【协韩国】8【协格鲁吉亚】0 【特-1】0【特-2】0【特-3】0 【增】16【对美加征】10【出】0【退】16	件/千克	A		M		999	其他丝及绢丝制女童衬衫（含丝70%以下）
620620	00	10	毛制女成人及7~16号女童衬衫 【电商】	Women's or girls' shirts(size 7~16), of wool or fine animal hair	【最】6【普】130 【协亚太】3.9【协东盟】0【协香港】0 【协澳门】0【协巴基斯坦】8【协智利】0 【协新西兰】0【协新加坡】0【协秘鲁】0 【协哥斯达黎加】0【协冰岛】0【协瑞士】6 【协澳大利亚】0【协韩国】8【协格鲁吉亚】0 【特-1】0【特-2】0 【增】16【对美加征】10【出】0【退】16	件/千克	A		M		101 102	毛制女成人及7~16号女童衬衫（衬衫） 毛制女成人及7~16号女童衬衫（童装）
620620	00	90	其他羊毛或动物细毛制女童衬衫 【电商】	Other girls' shirts of wool or fine animal hair	【最】6【普】130 【协亚太】3.9【协东盟】0【协香港】0 【协澳门】0【协巴基斯坦】8【协智利】0 【协新西兰】0【协新加坡】0【协秘鲁】0 【协哥斯达黎加】0【协冰岛】0【协瑞士】6 【协澳大利亚】0【协韩国】8【协格鲁吉亚】0 【特-1】0【特-2】0 【增】16【对美加征】10【出】0【退】16	件/千克	A		M		999	其他羊毛或动物细毛制女童衬衫
620630	00	10	棉制女成人及7~16号女童衬衫 【电商】	Women's or girls' shirts(size 7~16) of cotton	【最】6【普】90 【协亚太】3.9【协东盟】0【协香港】0 【协澳门】0【协巴基斯坦】8【协智利】0 【协新西兰】0【协新加坡】0【协秘鲁】0 【协哥斯达黎加】0【协冰岛】0【协瑞士】6 【协澳大利亚】0【协韩国】8【协格鲁吉亚】0 【特亚太】2.4【特东老挝】0【特东柬埔寨】0 【特东缅甸】0【特-1】0【特-2】0【特-3】0 【增】16【对美加征】10【出】0【退】16	件/千克	A		M		101 102	棉制女成人及7~16号女童衬衫（衬衫） 棉制女成人及7~16号女童衬衫（童装）
620630	00	20	棉制女童游戏套装衫 【电商】	Girls' playsuit of cotton, including shirt of playsuit	【最】6【普】90 【协亚太】3.9【协东盟】0【协香港】0 【协澳门】0【协巴基斯坦】8【协智利】0 【协新西兰】0【协新加坡】0【协秘鲁】0 【协哥斯达黎加】0【协冰岛】0【协瑞士】6 【协澳大利亚】0【协韩国】8【协格鲁吉亚】0 【特亚太】2.4【特东老挝】0【特东柬埔寨】0 【特东缅甸】0【特-1】0【特-2】0【特-3】0 【增】16【对美加征】10【出】0【退】16	件/千克	A		M		999	棉制女童游戏套装衫（含游戏套装衬衫）

税则号列 HS国际统一前6位	本国子目 7~8位	本国子目 9~10位	货品名称中英文 中文 货物名称	货品名称中英文 英文 Article Description	税费综合信息	计量单位	监管证件代码 进口	监管证件代码 出口	检验检疫类别 进口	检验检疫类别 出口	检验检疫编码	检验检疫编码对应中文名称
620630	00	90	其他棉制女式衬衫 【电商】	Other women's or girls' shirts of cotton	【最】6【普】90 【协亚太】3.9【协东盟】0【协香港】0 【协澳门】0【协巴基斯坦】8【协智利】0 【协新西兰】0【协新加坡】0【协秘鲁】0 【协哥斯达黎加】0【协冰岛】0【协瑞士】6 【协澳大利亚】0【协韩国】8【协格鲁吉亚】0 【特亚太】2.4【特东老挝】0【特东柬埔寨】0 【特东缅甸】0【特-1】0【特-2】0【特-3】0 【增】16【对美加征】10【出】0【退】16	件/千克	A		M		999	其他棉制女式衬衫
620640	00	11	化学纤维制女成人及女童衬衫 【电商】	Women's shirts and girls', size 7~16, of man-made fibres, containing 36% or more by weight of wool or fine animal hair	【最】8【普】130 【协亚太】5.2【协东盟】0【协香港】0 【协澳门】0【协巴基斯坦】8.8【协智利】0 【协新西兰】0【协新加坡】0【协秘鲁】0 【协哥斯达黎加】0【协冰岛】0【协瑞士】7 【协澳大利亚】0【协韩国】8.7【协格鲁吉亚】0 【特-1】0【特-2】0【特-3】0 【增】16【对美加征】10【出】0【退】16	件/千克	A		M		101 102	化学纤维制女成人及女童衬衫（含羊毛或动物细毛36%及以上，成人及7~16号女童衬衫）(衬衫) 化学纤维制女成人及女童衬衫（含羊毛或动物细毛36%及以上，成人及7~16号女童衬衫）(童装)
620640	00	19	化学纤维制女成人及女童衬衫 【电商】	Other women's or girls' shirts of man-made fibres, containing 36% or more by weight of wool or fine animal hair	【最】8【普】130 【协亚太】5.2【协东盟】0【协香港】0 【协澳门】0【协巴基斯坦】8.8【协智利】0 【协新西兰】0【协新加坡】0【协秘鲁】0 【协哥斯达黎加】0【协冰岛】0【协瑞士】7 【协澳大利亚】0【协韩国】8.7【协格鲁吉亚】0 【特-1】0【特-2】0【特-3】0 【增】16【对美加征】10【出】0【退】16	件/千克	A		M		101 102	化学纤维制女成人及女童衬衫（含羊毛或动物细毛36%及以上）(衬衫) 化学纤维制女成人及女童衬衫（含羊毛或动物细毛36%及以上）(童装)
620640	00	20	化纤制女成人及7~16号女童衬衫 【电商】	Women's shirts and girls', size 7~16, of man-made fibres	【最】8【普】130 【协亚太】5.2【协东盟】0【协香港】0 【协澳门】0【协巴基斯坦】8.8【协智利】0 【协新西兰】0【协新加坡】0【协秘鲁】0 【协哥斯达黎加】0【协冰岛】0【协瑞士】7 【协澳大利亚】0【协韩国】8.7【协格鲁吉亚】0 【特-1】0【特-2】0【特-3】0 【增】16【对美加征】10【出】0【退】16	件/千克	A		M		101 102	化纤制女成人及7~16号女童衬衫（衬衫） 化纤制女成人及7~16号女童衬衫（童装）
620640	00	30	化学纤维制女童游戏套装衫 【电商】	Girls' shirts and play-suit, of man-made fibres	【最】8【普】130 【协亚太】5.2【协东盟】0【协香港】0 【协澳门】0【协巴基斯坦】8.8【协智利】0 【协新西兰】0【协新加坡】0【协秘鲁】0 【协哥斯达黎加】0【协冰岛】0【协瑞士】7 【协澳大利亚】0【协韩国】8.7【协格鲁吉亚】0 【特-1】0【特-2】0【特-3】0 【增】16【对美加征】10【出】0【退】16	件/千克	A		M		999	化学纤维制女童游戏套装衫
620640	00	90	其他化学纤维制女式衬衫 【电商】	Other women's or girls' shirts of man-made fibres	【最】8【普】130 【协亚太】5.2【协东盟】0【协香港】0 【协澳门】0【协巴基斯坦】8.8【协智利】0 【协新西兰】0【协新加坡】0【协秘鲁】0 【协哥斯达黎加】0【协冰岛】0【协瑞士】7 【协澳大利亚】0【协韩国】8.7【协格鲁吉亚】0 【特-1】0【特-2】0【特-3】0 【增】16【对美加征】10【出】0【退】16	件/千克	A		M		999	其他化学纤维制女式衬衫
620690	00	10	其他纺织材料制女式衬衫 【电商】	Women's or girls' shirts of other textile materials, cotton limit in	【最】6【普】100 【协亚太】3.9【协东盟】0【协香港】0 【协澳门】0【协巴基斯坦】8【协智利】0 【协新西兰】0【协新加坡】0【协秘鲁】0 【协哥斯达黎加】0【协冰岛】0【协瑞士】6 【协澳大利亚】0【协韩国】8【协格鲁吉亚】0 【特亚太】0【特-1】0【特-2】0【特-3】0 【增】16【出】0【退】16	件/千克	A		M		999	其他纺织材料制女式衬衫（棉限内）
620690	00	20	其他纺织材料制女式衬衫 【电商】	Women's or girls' shirts of other textile materials, wool limit in	【最】6【普】100 【协亚太】3.9【协东盟】0【协香港】0 【协澳门】0【协巴基斯坦】8【协智利】0 【协新西兰】0【协新加坡】0【协秘鲁】0 【协哥斯达黎加】0【协冰岛】0【协瑞士】6 【协澳大利亚】0【协韩国】8【协格鲁吉亚】0 【特亚太】0【特-1】0【特-2】0【特-3】0 【增】16【出】0【退】16	件/千克	A		M		999	其他纺织材料制女式衬衫（羊毛限内）

税则号列			货品名称中英文		税费综合信息	计量单位	监管证件代码		检验检疫类别		检验检疫编码	检验检疫编码对应中文名称
HS国际统一前6位	本国子目 7~8位	9~10位	中文 货物名称	英文 Article Description			进口	出口	进口	出口		
620690	00	30	其他纺织材料制女式衬衫【电商】	Women's or girls' shirts of other textile materials, man-made fibres limit in	【最】6【普】100 【协亚太】3.9【协东盟】0【协香港】0 【协澳门】0【协巴基斯坦】8【协智利】0 【协新西兰】0【协新加坡】0【协秘鲁】0 【协哥斯达黎加】0【协冰岛】0【协瑞士】6 【协澳大利亚】0【协韩国】8【协格鲁吉亚】0 【特亚太】0【特-1】0【特-2】0【特-3】0 【增】16【出】0【退】16	件/千克	A		M		999	其他纺织材料制女式衬衫（化纤限内）
620690	00	91	其他纺织材料制女成人及女童衬衫【电商】	Women's or girls' shirts(size 7~16) of other textile materials	【最】6【普】100 【协亚太】3.9【协东盟】0【协香港】0 【协澳门】0【协巴基斯坦】8【协智利】0 【协新西兰】0【协新加坡】0【协秘鲁】0 【协哥斯达黎加】0【协冰岛】0【协瑞士】6 【协澳大利亚】0【协韩国】8【协格鲁吉亚】0 【特亚太】0【特-1】0【特-2】0【特-3】0 【增】16【出】0【退】16	件/千克	A		M		101 102	其他纺织材料制女成人及女童衬衫（女童衬衫指7~16号）（衬衫） 其他纺织材料制女成人及女童衬衫（女童衬衫指7~16号）（童装）
620690	00	99	其他纺织材料制女成人及女童衬衫【电商】	Other women's or girls' shirts of other textile materials	【最】6【普】100 【协亚太】3.9【协东盟】0【协香港】0 【协澳门】0【协巴基斯坦】8【协智利】0 【协新西兰】0【协新加坡】0【协秘鲁】0 【协哥斯达黎加】0【协冰岛】0【协瑞士】6 【协澳大利亚】0【协韩国】8【协格鲁吉亚】0 【特亚太】0【特-1】0【特-2】0【特-3】0 【增】16【出】0【退】16	件/千克	A		M		101 102	其他纺织材料制女成人及女童衬衫（衬衫） 其他纺织材料制女成人及女童衬衫（童装）
620711	00		棉制男式内裤及三角裤【电商】	Men's or boys' underpants and briefs of cotton	【最】6【普】90 【协亚太】3.9【协东盟】0【协香港】0 【协澳门】0【协巴基斯坦】7【协智利】0 【协新西兰】0【协新加坡】0【协秘鲁】0 【协哥斯达黎加】0【协冰岛】0【协瑞士】5.6 【协澳大利亚】0【协韩国】7【协格鲁吉亚】0 【特-1】0【特-2】0【特-3】0 【增】16【对美加征】10【出】0【退】16	件/千克	A		M		999	棉制男式内裤及三角裤
620719	10	10	含丝70%及以上男式内裤及三角裤	Men's or boys' underpants and briefs, containing 70% or more by weight of silk	【最】6【普】130 【协东盟】0【协香港】0【协澳门】0 【协巴基斯坦】7【协智利】0【协新西兰】0 【协新加坡】0【协秘鲁】0【协哥斯达黎加】0 【协冰岛】0【协瑞士】5.6【协澳大利亚】0 【协韩国】7【协格鲁吉亚】0 【特-1】0【特-2】0 【增】16【出】0【退】16	件/千克	A		M		999	含丝70%及以上男式内裤及三角裤
620719	10	90	含丝70%以下男式内裤及三角裤	Men's or boys' underpants and briefs, containing less than 70% by weight of silk	【最】6【普】130 【协东盟】0【协香港】0【协澳门】0 【协巴基斯坦】7【协智利】0【协新西兰】0 【协新加坡】0【协秘鲁】0【协哥斯达黎加】0 【协冰岛】0【协瑞士】5.6【协澳大利亚】0 【协韩国】7【协格鲁吉亚】0 【特-1】0【特-2】0 【增】16【出】0【退】16	件/千克	A		M		999	含丝70%以下男式内裤及三角裤
620719	20		化纤制男式内裤及三角裤【电商】	Men's or boys' underpants and briefs of man-made fibres	【最】6【普】130 【协东盟】0【协香港】0【协澳门】0 【协巴基斯坦】12.8【协智利】0【协新西兰】0 【协新加坡】0【协秘鲁】0【协哥斯达黎加】0 【协冰岛】0【协瑞士】6【协澳大利亚】0 【协韩国】8【协格鲁吉亚】0 【特-1】0【特-2】0 【增】16【出】0【退】16	件/千克	A		M		999	化纤制男式内裤及三角裤
620719	90	10	毛制男式内裤及三角裤【电商】	Men's or boys' underpants and briefs of wool or fine animal hair	【最】6【普】100 【协东盟】0【协香港】0【协澳门】0 【协巴基斯坦】7【协智利】0【协新西兰】0 【协新加坡】0【协秘鲁】0【协哥斯达黎加】0 【协冰岛】0【协瑞士】5.6【协澳大利亚】0 【协韩国】7【协格鲁吉亚】0 【特-1】0【特-2】0 【增】16【出】0【退】16	件/千克	A		M		999	毛制男式内裤及三角裤

税则号列			货品名称中英文		税费综合信息	计量单位	监管证件代码		检验检疫类别		检验检疫编码	检验检疫编码对应中文名称
HS 国际统一前6位	本国子目 7~8位	9~10位	中文 货物名称	英文 Article Description			进口	出口	进口	出口		
620719	90	90	其他材料制男式内裤及三角裤 【电商】	Men's or boys' underpants and briefs of other materials	【最】6【普】100 【协东盟】0【协香港】0【协澳门】0 【协巴基斯坦】7【协智利】0【协新西兰】0 【协新加坡】0【协秘鲁】0【协哥斯达黎加】0 【协冰岛】0【协瑞士】5.6【协澳大利亚】0 【协韩国】7【协格鲁吉亚】0 【特-1】0【特-2】0 【增】16【出】0【退】16	件/千克	A		M		999	其他材料制男式内裤及三角裤
620721	00		棉制男式长睡衣及睡衣裤 【电商】	Men's or boys' nightshirts and pyjamas of cotton	【最】6【普】90 【协东盟】0【协香港】0【协澳门】0 【协巴基斯坦】11.2【协智利】0【协新西兰】0 【协新加坡】0【协秘鲁】0【协哥斯达黎加】0 【协冰岛】0【协瑞士】5.6【协澳大利亚】0 【协韩国】7【协格鲁吉亚】0 【特东老挝】0【特东柬埔寨】0【特东缅甸】0 【特-1】0【特-2】0【特-3】0 【增】16【对美加征】10【出】0【退】16	件/千克	A		M		101 102	棉制男式长睡衣及睡衣裤（内衣） 棉制男式长睡衣及睡衣裤（内裤）
620722	00		化纤制男式长睡衣及睡衣裤	Men's or boys' nightshirts and pyjamas of man-made fibres	【最】6【普】130 【协东盟】0【协香港】0【协澳门】0 【协巴基斯坦】12.8【协智利】0【协新西兰】0 【协新加坡】0【协秘鲁】0【协哥斯达黎加】0 【协冰岛】0【协瑞士】6【协澳大利亚】0 【协韩国】8【协格鲁吉亚】0 【特-1】0【特-2】0 【增】16【出】0【退】16	件/千克	A		M		101 102	化纤制男式长睡衣及睡衣裤（内衣） 化纤制男式长睡衣及睡衣裤（内裤）
620729	10	11	含丝70%及以上男式长睡衣/睡衣裤 【电商】	Men's or boys' nightshirts and pyjamas, containing 70% or more by weight of silk, including boys' size 8~18	【最】6【普】130 【协东盟】0【协巴基斯坦】7【协智利】0 【协新西兰】0【协新加坡】0【协秘鲁】0 【协哥斯达黎加】0【协冰岛】0【协瑞士】5.6 【协澳大利亚】0【协韩国】7 【协格鲁吉亚】0【协香港】0【协澳门】0 【特-1】0【特-2】0 【增】16【出】0【退】16	件/千克	A		M		101 102 103	含丝70%及以上男式长睡衣/睡衣裤（含8~18号男童长睡衣/睡衣裤）（内衣） 含丝70%及以上男式长睡衣/睡衣裤（含8~18号男童长睡衣/睡衣裤）（内裤） 含丝70%及以上男式长睡衣/睡衣裤（含8~18号男童长睡衣/睡衣裤）（童装）
620729	10	19	含丝70%以下男式长睡衣/睡衣裤 【电商】	Men's or boys' nightshirts and pyjamas, containing less than 70% by weight of silk, including boys' size 8~18	【最】6【普】130 【协东盟】0【协巴基斯坦】7【协智利】0 【协新西兰】0【协新加坡】0【协秘鲁】0 【协哥斯达黎加】0【协冰岛】0【协瑞士】5.6 【协澳大利亚】0【协韩国】7 【协格鲁吉亚】0【协香港】0【协澳门】0 【特-1】0【特-2】0 【增】16【出】0【退】16	件/千克	A		M		101 102 103	含丝70%以下男式长睡衣/睡衣裤（含8~18号男童长睡衣/睡衣裤）（内衣） 含丝70%以下男式长睡衣/睡衣裤（含8~18号男童长睡衣/睡衣裤）（内裤） 含丝70%以下男式长睡衣/睡衣裤（含8~18号男童长睡衣/睡衣裤）（童装）
620729	10	91	其他含丝≥70%男童长睡衣/睡衣裤 【电商】	Other boys' nightshirts and pyjamas, containing 70% or more by weight of silk	【最】6【普】130 【协东盟】0【协巴基斯坦】7【协智利】0 【协新西兰】0【协新加坡】0【协秘鲁】0 【协哥斯达黎加】0【协冰岛】0【协瑞士】5.6 【协澳大利亚】0【协韩国】7 【协格鲁吉亚】0【协香港】0【协澳门】0 【特-1】0【特-2】0 【增】16【出】0【退】16	件/千克	A		M		999	其他含丝≥70%男童长睡衣/睡衣裤
620729	10	99	其他含丝<70%男童长睡衣/睡衣裤 【电商】	Other boys' nightshirts and pyjamas, containing less than 70% by weight of silk	【最】6【普】130 【协东盟】0【协巴基斯坦】7【协智利】0 【协新西兰】0【协新加坡】0【协秘鲁】0 【协哥斯达黎加】0【协冰岛】0【协瑞士】5.6 【协澳大利亚】0【协韩国】7 【协格鲁吉亚】0【协香港】0【协澳门】0 【特-1】0【特-2】0 【增】16【出】0【退】16	件/千克	A		M		999	其他含丝<70%男童长睡衣/睡衣裤

税则号列			货品名称中英文		税费综合信息	计量单位	监管证件代码		检验检疫类别		检验检疫编码	检验检疫编码对应中文名称
HS国际统一前6位	本国子目 7~8位	9~10位	中文 货物名称	英文 Article Description			进口	出口	进口	出口		
620729	90	10	毛制男式长睡衣及睡衣裤	Men's or boys' nightshirts and pyjamas, of wool or fine animal hair	【最】6【普】100 【协东盟】0【协巴基斯坦】7【协智利】0 【协新西兰】0【协新加坡】0【协秘鲁】0 【协哥斯达黎加】0【协冰岛】0【协瑞士】5.6 【协澳大利亚】0【协韩国】7 【协格鲁吉亚】0【协香港】0【协澳门】0 【特东老挝】0【特东柬埔寨】0【特东缅甸】0 【特-1】0【特-2】0【特-3】0 【增】16【出】0【退】16	件/千克	A		M		101 102	毛制男式长睡衣及睡衣裤（内衣） 毛制男式长睡衣及睡衣裤（内裤）
620729	90	91	其他材料制男式长睡衣及睡衣裤	Men's or boys' nightshirts and pyjamas, of other textile materials, including boys' size 8~18	【最】6【普】100 【协东盟】0【协巴基斯坦】7【协智利】0 【协新西兰】0【协新加坡】0【协秘鲁】0 【协哥斯达黎加】0【协冰岛】0【协瑞士】5.6 【协澳大利亚】0【协韩国】7 【协格鲁吉亚】0【协香港】0【协澳门】0 【特东老挝】0【特东柬埔寨】0【特东缅甸】0 【特-1】0【特-2】0【特-3】0 【增】16【出】0【退】16	件/千克	A		M		101 102 103	其他材料制男式长睡衣及睡衣裤（含8~18号男童长睡衣及睡衣裤）（内衣） 其他材料制男式长睡衣及睡衣裤（含8~18号男童长睡衣及睡衣裤）（内裤） 其他材料制男式长睡衣及睡衣裤（含8~18号男童长睡衣及睡衣裤）（童装）
620729	90	99	其他材料制男童长睡衣及睡衣裤	Boys' nightshirts and pyjamas of other textile materials	【最】6【普】100 【协东盟】0【协巴基斯坦】7【协智利】0 【协新西兰】0【协新加坡】0【协秘鲁】0 【协哥斯达黎加】0【协冰岛】0【协瑞士】5.6 【协澳大利亚】0【协韩国】7 【协格鲁吉亚】0【协香港】0【协澳门】0 【特东老挝】0【特东柬埔寨】0【特东缅甸】0 【特-1】0【特-2】0【特-3】0 【增】16【出】0【退】16	件/千克	A		M		999	其他材料制男童长睡衣及睡衣裤
620791	00	11	棉制男式内衣式背心【电商】	Men's or boys' vest-type singlets of cotton	【最】6【普】90 【协东盟】0【协香港】0【协澳门】0 【协巴基斯坦】11.2【协智利】0【协新西兰】0 【协新加坡】0【协秘鲁】0【协哥斯达黎加】0 【协冰岛】0【协瑞士】5.6【协澳大利亚】0 【协韩国】7【协格鲁吉亚】0 【特-1】0【特-2】0【特-3】0 【增】16【对美加征】10【出】0【退】16	件/千克	A		M		999	棉制男式内衣式背心
620791	00	12	棉制男式非内衣式背心【电商】	Men's and boys' non-vest type singlets(size 8~18) of cotton	【最】6【普】90 【协东盟】0【协香港】0【协澳门】0 【协巴基斯坦】11.2【协智利】0【协新西兰】0 【协新加坡】0【协秘鲁】0【协哥斯达黎加】0 【协冰岛】0【协瑞士】5.6【协澳大利亚】0 【协韩国】7【协格鲁吉亚】0 【特-1】0【特-2】0【特-3】0 【增】16【对美加征】10【出】0【退】16	件/千克	A		M		101 102	棉制男式非内衣式背心（男成人及8~18号男童背心）（内衣） 棉制男式非内衣式背心（男成人及8~18号男童背心）（童装）
620791	00	19	棉制其他男童非内衣式背心【电商】	Other boy's non-vest type singlets of cotton	【最】6【普】90 【协东盟】0【协香港】0【协澳门】0 【协巴基斯坦】11.2【协智利】0【协新西兰】0 【协新加坡】0【协秘鲁】0【协哥斯达黎加】0 【协冰岛】0【协瑞士】5.6【协澳大利亚】0 【协韩国】7【协格鲁吉亚】0 【特-1】0【特-2】0【特-3】0 【增】16【对美加征】10【出】0【退】16	件/千克	A		M		999	棉制其他男童非内衣式背心
620791	00	91	棉制男式浴衣、晨衣及类似品【电商】	Men's or boys' bathrobes, dressing gowns and similar articles, of cotton	【最】6【普】90 【协东盟】0【协香港】0【协澳门】0 【协巴基斯坦】11.2【协智利】0【协新西兰】0 【协新加坡】0【协秘鲁】0【协哥斯达黎加】0 【协冰岛】0【协瑞士】5.6【协澳大利亚】0 【协韩国】7【协格鲁吉亚】0 【特-1】0【特-2】0【特-3】0 【增】16【对美加征】10【出】0【退】16	件/千克	A		M		999	棉制男式浴衣、晨衣及类似品

税则号列			货品名称中英文		税费综合信息	计量单位	监管证件代码		检验检疫类别		检验检疫编码	检验检疫编码对应中文名称
HS 国际统一前 6 位	本国子目 7~8 位	本国子目 9~10 位	中文 货物名称	英文 Article Description			进口	出口	进口	出口		
620791	00	92	棉制男式睡衣、睡裤 【电商】	Men's or boys' size 8 ~ 18 nightshirts and pyjamas of cotton	【最】6【普】90 【协东盟】0【协香港】0【协澳门】0 【协巴基斯坦】11.2【协智利】0【协新西兰】0 【协新加坡】0【协秘鲁】0【协哥斯达黎加】0 【协冰岛】0【协瑞士】5.6【协澳大利亚】0 【协韩国】7【协格鲁吉亚】0 【特-1】0【特-2】0【特-3】0 【增】16【对美加征】10【出】0【退】16	件/千克	A		M		101 102 103	棉制男式睡衣、睡裤（男成人及 8~18 号男童背心）（内衣） 棉制男式睡衣、睡裤（男成人及 8~18 号男童背心）（内裤） 棉制男式睡衣、睡裤（男成人及 8~18 号男童背心）（童装）
620791	00	99	棉制男式其他内衣 【电商】	Other men's or boys' size 8 ~ 18 vests of cotton	【最】6【普】90 【协东盟】0【协香港】0【协澳门】0 【协巴基斯坦】11.2【协智利】0【协新西兰】0 【协新加坡】0【协秘鲁】0【协哥斯达黎加】0 【协冰岛】0【协瑞士】5.6【协澳大利亚】0 【协韩国】7【协格鲁吉亚】0 【特-1】0【特-2】0【特-3】0 【增】16【对美加征】10【出】0【退】16	件/千克	A		M		101 102	棉制男式其他内衣（男成人及 8~18 号男童背心）（内衣） 棉制男式其他内衣（男成人及 8~18 号男童背心）（童装）
620799	10	11	丝制男式内衣式背心 【电商】	Men's or boys' vest-type singlets of silk, containing 70% or more by weight of silk	【最】6【普】130 【协亚太】3.9【协东盟】0【协香港】0 【协澳门】0【协巴基斯坦】7【协智利】0 【协新西兰】0【协新加坡】0【协秘鲁】0 【协哥斯达黎加】0【协冰岛】0【协瑞士】5.6 【协澳大利亚】0【协韩国】7 【协格鲁吉亚】0 【特-1】0【特-2】0 【增】16【出】0【退】16	件/千克	A		M		999	丝制男式内衣式背心（含丝 70%及以上）
620799	10	19	丝制其他男式内衣式背心 【电商】	Other men's or boys' vest-type singlets of silk	【最】6【普】130 【协亚太】3.9【协东盟】0【协香港】0 【协澳门】0【协巴基斯坦】7【协智利】0 【协新西兰】0【协新加坡】0【协秘鲁】0 【协哥斯达黎加】0【协冰岛】0【协瑞士】5.6 【协澳大利亚】0【协韩国】7 【协格鲁吉亚】0 【特-1】0【特-2】0 【增】16【出】0【退】16	件/千克	A		M		999	丝制其他男式内衣式背心
620799	10	21	丝制男式非内衣式背心 【电商】	Men's or boys' non-vest-type singlets of silk, containing 70% or more by weight of silk	【最】6【普】130 【协亚太】3.9【协东盟】0【协香港】0 【协澳门】0【协巴基斯坦】7【协智利】0 【协新西兰】0【协新加坡】0【协秘鲁】0 【协哥斯达黎加】0【协冰岛】0【协瑞士】5.6 【协澳大利亚】0【协韩国】7 【协格鲁吉亚】0 【特-1】0【特-2】0 【增】16【出】0【退】16	件/千克	A		M		999	丝制男式非内衣式背心（含丝 70%及以上）
620799	10	29	丝制其他男式非内衣式背心 【电商】	Other men's or boys' non-vest-type singlets of silk	【最】6【普】130 【协亚太】3.9【协东盟】0【协香港】0 【协澳门】0【协巴基斯坦】7【协智利】0 【协新西兰】0【协新加坡】0【协秘鲁】0 【协哥斯达黎加】0【协冰岛】0【协瑞士】5.6 【协澳大利亚】0【协韩国】7 【协格鲁吉亚】0 【特-1】0【特-2】0 【增】16【出】0【退】16	件/千克	A		M		999	丝制其他男式非内衣式背心
620799	10	91	丝制男睡衣、浴衣、晨衣及类似品 【电商】	Men's or boys' bath-robes, dressing gowns and similar articles, containing 70% or more by weight of silk	【最】6【普】130 【协亚太】3.9【协东盟】0【协香港】0 【协澳门】0【协巴基斯坦】7【协智利】0 【协新西兰】0【协新加坡】0【协秘鲁】0 【协哥斯达黎加】0【协冰岛】0【协瑞士】5.6 【协澳大利亚】0【协韩国】7 【协格鲁吉亚】0 【特-1】0【特-2】0 【增】16【出】0【退】16	件/千克	A		M		999	丝制男睡衣、浴衣、晨衣及类似品（含丝 70%及以上）

税则号列			货品名称中英文		税费综合信息	计量单位	监管证件代码		检验检疫类别		检验检疫编码	检验检疫编码对应中文名称
HS国际统一前6位	本国子目 7~8位	本国子目 9~10位	中文 货物名称	英文 Article Description			进口	出口	进口	出口		
620799	10	99	丝制其他男睡衣、浴衣、晨衣【电商】	Other men's or boys' pyjamas, bathrobes, dressing gowns and similar articles, of silk	【最】6【普】130 【协亚太】3.9【协东盟】0【协香港】0 【协澳门】0【协巴基斯坦】7【协智利】0 【协新西兰】0【协新加坡】0【协秘鲁】0 【协哥斯达黎加】0【协冰岛】0【协瑞士】5.6 【协澳大利亚】0【协韩国】7 【协格鲁吉亚】0 【特-1】0【特-2】0 【增】16【出】0【退】16	件/千克	A		M		999	丝制其他男睡衣、浴衣、晨衣（含类似品）
620799	20	11	化学纤维制男式内衣式背心	Men's or boys' vest-type singlets, of man-made fibres	【最】6【普】130 【协东盟】0【协香港】0【协澳门】0 【协巴基斯坦】12.8【协智利】0【协新西兰】0 【协新加坡】0【协秘鲁】0【协哥斯达黎加】0 【协冰岛】0【协瑞士】6【协澳大利亚】0 【协韩国】8【协格鲁吉亚】0 【特-1】0【特-2】0【特-3】0 【增】16【对美加征】10【出】0【退】16	件/千克	A		M		999	化学纤维制男式内衣式背心
620799	20	12	化学纤维制男式非内衣式背心	Men's or boys' size 8 ~ 18 non-vests type singlets, of man-made fibres	【最】6【普】130 【协东盟】0【协香港】0【协澳门】0 【协巴基斯坦】12.8【协智利】0【协新西兰】0 【协新加坡】0【协秘鲁】0【协哥斯达黎加】0 【协冰岛】0【协瑞士】6【协澳大利亚】0 【协韩国】8【协格鲁吉亚】0 【特-1】0【特-2】0【特-3】0 【增】16【对美加征】10【出】0【退】16	件/千克	A		M		101 102	化学纤维制男式非内衣式背心（男成人及8~18号男童背心）（童装） 化学纤维制男式非内衣式背心（男成人及8~18号男童背心）（其他服装）
620799	20	19	化学纤维制其他男式非内衣式背心	Other men's or boys' non-vests type singlets, of man-made fibres	【最】6【普】130 【协东盟】0【协香港】0【协澳门】0 【协巴基斯坦】12.8【协智利】0【协新西兰】0 【协新加坡】0【协秘鲁】0【协哥斯达黎加】0 【协冰岛】0【协瑞士】6【协澳大利亚】0 【协韩国】8【协格鲁吉亚】0 【特-1】0【特-2】0【特-3】0 【增】16【对美加征】10【出】0【退】16	件/千克	A		M		999	化学纤维制其他男式非内衣式背心
620799	20	21	化纤制男式浴衣、晨衣	Men's or boys' bathrobes, dressing gowns and similar articles, of man-made fibres, containing 36% or more by weight of wool or fine animal hair	【最】6【普】130 【协东盟】0【协香港】0【协澳门】0 【协巴基斯坦】12.8【协智利】0【协新西兰】0 【协新加坡】0【协秘鲁】0【协哥斯达黎加】0 【协冰岛】0【协瑞士】6【协澳大利亚】0 【协韩国】8【协格鲁吉亚】0 【特-1】0【特-2】0【特-3】0 【增】16【对美加征】10【出】0【退】16	件/千克	A		M		999	化纤制男式浴衣、晨衣（含羊毛或动物细毛36%及以上，含类似品）
620799	20	29	其他化纤制男浴衣、晨衣	Other men's or boys' bathrobes, dressing gowns and similar articles, of man-made fibres	【最】6【普】130 【协东盟】0【协香港】0【协澳门】0 【协巴基斯坦】12.8【协智利】0【协新西兰】0 【协新加坡】0【协秘鲁】0【协哥斯达黎加】0 【协冰岛】0【协瑞士】6【协澳大利亚】0 【协韩国】8【协格鲁吉亚】0 【特-1】0【特-2】0【特-3】0 【增】16【对美加征】10【出】0【退】16	件/千克	A		M		999	其他化纤制男浴衣、晨衣（含类似品）
620799	20	91	化纤制男睡衣、睡裤	Men's or boys' nightshirts, pyjamas and similar articles, of man-made fibres	【最】6【普】130 【协东盟】0【协香港】0【协澳门】0 【协巴基斯坦】12.8【协智利】0【协新西兰】0 【协新加坡】0【协秘鲁】0【协哥斯达黎加】0 【协冰岛】0【协瑞士】6【协澳大利亚】0 【协韩国】8【协格鲁吉亚】0 【特-1】0【特-2】0【特-3】0 【增】16【对美加征】10【出】0【退】16	件/千克	A		M		101 102	化纤制男睡衣、睡裤（含类似品）（内衣） 化纤制男睡衣、睡裤（含类似品）（内裤）
620799	20	99	化纤制男式其他内衣	Other men's or boys' vest and similar articles, of man-made fibres	【最】6【普】130 【协东盟】0【协香港】0【协澳门】0 【协巴基斯坦】12.8【协智利】0【协新西兰】0 【协新加坡】0【协秘鲁】0【协哥斯达黎加】0 【协冰岛】0【协瑞士】6【协澳大利亚】0 【协韩国】8【协格鲁吉亚】0 【特-1】0【特-2】0【特-3】0 【增】16【对美加征】10【出】0【退】16	件/千克	A		M		999	化纤制男式其他内衣（含类似品）

税则号列			货品名称中英文		税费综合信息	计量单位	监管证件代码		检验检疫类别		检验检疫编码	检验检疫编码对应中文名称
HS 国际统一前6位	本国子目 7~8位	本国子目 9~10位	中文 货物名称	英文 Article Description			进口	出口	进口	出口		
620799	90	11	毛制男式内衣式背心	Men's or boys' vest-type singlets, of wool or fine animal hair	【最】6【普】100 【协亚太】3.9【协东盟】0【协香港】0 【协澳门】0【协巴基斯坦】7【协智利】0 【协新西兰】0【协新加坡】0【协秘鲁】0 【协哥斯达黎加】0【协冰岛】0【协瑞士】5.6 【协澳大利亚】0【协韩国】7 【协格鲁吉亚】0 【特-1】0【特-2】0【特-3】0 【增】16【出】0【退】16	件/千克	A		M		999	毛制男式内衣式背心
620799	90	12	毛制男式非内衣式背心	Men's or boys' size 8 ~ 18 non-vest type singlets, of wool or fine animal hair	【最】6【普】100 【协亚太】3.9【协东盟】0【协香港】0 【协澳门】0【协巴基斯坦】7【协智利】0 【协新西兰】0【协新加坡】0【协秘鲁】0 【协哥斯达黎加】0【协冰岛】0【协瑞士】5.6 【协澳大利亚】0【协韩国】7 【协格鲁吉亚】0 【特-1】0【特-2】0【特-3】0 【增】16【出】0【退】16	件/千克	A		M		101 102	毛制男式非内衣式背心（男成人及8~18号男童背心）（内衣） 毛制男式非内衣式背心（男成人及8~18号男童背心）（童装）
620799	90	13	毛制其他男式非内衣式背心	Other men's or boys' non-vest type singlets of wool or fine animal hair	【最】6【普】100 【协亚太】3.9【协东盟】0【协香港】0 【协澳门】0【协巴基斯坦】7【协智利】0 【协新西兰】0【协新加坡】0【协秘鲁】0 【协哥斯达黎加】0【协冰岛】0【协瑞士】5.6 【协澳大利亚】0【协韩国】7 【协格鲁吉亚】0 【特-1】0【特-2】0【特-3】0 【增】16【出】0【退】16	件/千克	A		M		999	毛制其他男式非内衣式背心
620799	90	19	毛制男睡衣、浴衣、晨衣及类似品	Men's or boys' bathrobes, dressing gowns and similar articles, of wool or fine animal hair	【最】6【普】100 【协亚太】3.9【协东盟】0【协香港】0 【协澳门】0【协巴基斯坦】7【协智利】0 【协新西兰】0【协新加坡】0【协秘鲁】0 【协哥斯达黎加】0【协冰岛】0【协瑞士】5.6 【协澳大利亚】0【协韩国】7 【协格鲁吉亚】0 【特-1】0【特-2】0【特-3】0 【增】16【出】0【退】16	件/千克	A		M		999	毛制男睡衣、浴衣、晨衣及类似品
620799	90	91	其他材料制男式内衣式背心	Men's or boys' vest type singlets, of other textile materials	【最】6【普】100 【协亚太】3.9【协东盟】0【协香港】0 【协澳门】0【协巴基斯坦】7【协智利】0 【协新西兰】0【协新加坡】0【协秘鲁】0 【协哥斯达黎加】0【协冰岛】0【协瑞士】5.6 【协澳大利亚】0【协韩国】7 【协格鲁吉亚】0 【特-1】0【特-2】0【特-3】0 【增】16【出】0【退】16	件/千克	A		M		999	其他材料制男式内衣式背心
620799	90	92	其他材料制男式非内衣式背心	Men's or boys' non-vest type singlets, of other textile materials	【最】6【普】100 【协亚太】3.9【协东盟】0【协香港】0 【协澳门】0【协巴基斯坦】7【协智利】0 【协新西兰】0【协新加坡】0【协秘鲁】0 【协哥斯达黎加】0【协冰岛】0【协瑞士】5.6 【协澳大利亚】0【协韩国】7 【协格鲁吉亚】0 【特-1】0【特-2】0【特-3】0 【增】16【出】0【退】16	件/千克	A		M		999	其他材料制男式非内衣式背心
620799	90	99	其他材料制男睡衣、浴衣、晨衣	Other men's or boys' bathrobes, dressing gowns and similar articles, of other textile materials	【最】6【普】100 【协亚太】3.9【协东盟】0【协香港】0 【协澳门】0【协巴基斯坦】7【协智利】0 【协新西兰】0【协新加坡】0【协秘鲁】0 【协哥斯达黎加】0【协冰岛】0【协瑞士】5.6 【协澳大利亚】0【协韩国】7 【协格鲁吉亚】0 【特-1】0【特-2】0【特-3】0 【增】16【出】0【退】16	件/千克	A		M		999	其他材料制男睡衣、浴衣、晨衣（含类似品）

税则号列			货品名称中英文		税费综合信息	计量单位	监管证件代码		检验检疫类别		检验检疫编码	检验检疫编码对应中文名称
HS国际统一前6位	本国子目7~8位	本国子目9~10位	中文货物名称	英文Article Description			进口	出口	进口	出口		
620811	00		化纤制长衬裙及衬裙	Women's slips and petticoats of man-made fibres	【最】6【普】130 【协东盟】0【协香港】0【协澳门】0 【协巴基斯坦】12.8【协智利】0【协新西兰】0 【协新加坡】0【协秘鲁】0【协哥斯达黎加】0 【协冰岛】0【协瑞士】6【协澳大利亚】0 【协韩国】8【协格鲁吉亚】0 【特-1】0【特-2】0 【增】16【对美加征】10【出】0【退】16	件/千克					999	化纤制长衬裙及衬裙
620819	10		丝制女式长衬裙及衬裙	Women's slips and petticoats of silk or spun silk	【最】6【普】130 【协亚太】9.8【协东盟】0【协香港】0 【协澳门】0【协巴基斯坦】7【协智利】0 【协新西兰】0【协新加坡】0【协秘鲁】0 【协哥斯达黎加】0【协冰岛】0【协瑞士】5.6 【协澳大利亚】0【协韩国】7 【协格鲁吉亚】0 【特-1】0【特-2】0 【增】16【出】0【退】16	件/千克					101 102	丝制女式长衬裙及衬裙(裙子) 丝制女式长衬裙及衬裙(童装)
620819	20		棉制长衬裙及衬裙	Women's slips and petticoats of cotton	【最】6【普】90 【协东盟】0【协香港】0【协澳门】0 【协巴基斯坦】7【协智利】0【协新西兰】0 【协新加坡】0【协秘鲁】0【协哥斯达黎加】0 【协冰岛】0【协瑞士】5.6【协澳大利亚】0 【协韩国】7【协格鲁吉亚】0 【特-1】0【特-2】0【特-3】0 【增】16【出】0【退】16	件/千克					999	棉制长衬裙及衬裙
620819	90	10	毛制女式长衬裙及衬裙	Women's or girls' slips and petticoats of wool	【最】6【普】100 【协东盟】0【协香港】0【协澳门】0 【协巴基斯坦】7【协智利】0【协新西兰】0 【协新加坡】0【协秘鲁】0【协哥斯达黎加】0 【协冰岛】0【协瑞士】5.6【协澳大利亚】0 【协韩国】7【协格鲁吉亚】0 【特-1】0【特-2】0 【增】16【出】0【退】16	件/千克					999	毛制女式长衬裙及衬裙
620819	90	90	其他材料制女式长衬裙及衬裙	Women's or girls' slips and petticoats of other textile materials	【最】6【普】100 【协东盟】0【协香港】0【协澳门】0 【协巴基斯坦】7【协智利】0【协新西兰】0 【协新加坡】0【协秘鲁】0【协哥斯达黎加】0 【协冰岛】0【协瑞士】5.6【协澳大利亚】0 【协韩国】7【协格鲁吉亚】0 【特-1】0【特-2】0 【增】16【出】0【退】16	件/千克					999	其他材料制女式长衬裙及衬裙
620821	00		棉制女式睡衣及睡衣裤【电商】	Women's or girls' nightdresses and pyjamas of cotton	【最】6【普】90 【协亚太】3.9【协东盟】0【协香港】0 【协澳门】0【协巴基斯坦】7【协智利】0 【协新西兰】0【协新加坡】0【协秘鲁】0 【协哥斯达黎加】0【协冰岛】0【协瑞士】5.6 【协澳大利亚】0【协韩国】7 【协格鲁吉亚】0 【特东老挝】0【特东柬埔寨】0【特东缅甸】0 【特-1】0【特-2】0【特-3】0 【增】16【对美加征】10【出】0【退】16	件/千克	A		M		101 102	棉制女式睡衣及睡衣裤(内衣) 棉制女式睡衣及睡衣裤(内裤)
620822	00		化纤制女式睡衣及睡衣裤【电商】	Women's or girls' nightdresses and pyjamas of man-made fibres	【最】6【普】130 【协东盟】0【协香港】0【协澳门】0 【协巴基斯坦】12.8【协智利】0【协新西兰】0 【协新加坡】0【协秘鲁】0【协哥斯达黎加】0 【协冰岛】0【协瑞士】6【协澳大利亚】0 【协韩国】8【协格鲁吉亚】0 【特东老挝】0【特东柬埔寨】0【特东缅甸】0 【特-1】0【特-2】0【特-3】0 【增】16【对美加征】10【出】0【退】16	件/千克	A		M		101 102	化纤制女式睡衣及睡衣裤(内衣) 化纤制女式睡衣及睡衣裤(内裤)
620829	10	10	丝及绢丝≥70%女式睡衣及睡衣裤	Women's or girls' nightdresses and pyjamas of silk or spun silk, which containing 70% or more	【最】6【普】130 【协东盟】0【协香港】0【协澳门】0 【协巴基斯坦】7【协智利】0【协新西兰】0 【协新加坡】0【协秘鲁】0【协哥斯达黎加】0 【协冰岛】0【协瑞士】5.6【协澳大利亚】0 【协韩国】7【协格鲁吉亚】0 【特-1】0【特-2】0 【增】16【对美加征】10【出】0【退】16	件/千克	A		M		101 102	丝及绢丝≥70%女式睡衣及睡衣裤(内衣) 丝及绢丝≥70%女式睡衣及睡衣裤(内裤)

税则号列			货品名称中英文		税费综合信息	计量单位	监管证件代码		检验检疫类别		检验检疫编码	检验检疫编码对应中文名称
HS 国际统一前6位	本国子目 7~8位	本国子目 9~10位	中文 货物名称	英文 Article Description			进口	出口	进口	出口		
620829	10	90	丝及绢丝<70%女式睡衣及睡衣裤	Women's or girls' nightdresses and pyjamas of silk or spun silk, which containing less than 70%	【最】6【普】130 【协东盟】0【协香港】0【协澳门】0 【协巴基斯坦】7【协智利】0【协新西兰】0 【协新加坡】0【协秘鲁】0【协哥斯达黎加】0 【协冰岛】0【协瑞士】5.6【协澳大利亚】0 【协韩国】7【协格鲁吉亚】0 【特-1】0【特-2】0 【增】16【对美加征】10【出】0【退】16	件/千克	A		M		101 102	丝及绢丝<70%女式睡衣及睡衣裤（内衣） 丝及绢丝<70%女式睡衣及睡衣裤（内裤）
620829	90	10	毛制女式睡衣及睡衣裤	Women's or girls' nightdresses and pyjamas, of wool or fine animal hair	【最】6【普】100 【协东盟】0【协香港】0【协澳门】0 【协巴基斯坦】7【协智利】0【协新西兰】0 【协新加坡】0【协秘鲁】0【协哥斯达黎加】0 【协冰岛】0【协瑞士】5.6【协澳大利亚】0 【协韩国】7【协格鲁吉亚】0 【特-1】0【特-2】0 【增】16【出】0【退】16	件/千克	A		M		101 102	毛制女式睡衣及睡衣裤（内衣） 毛制女式睡衣及睡衣裤（内裤）
620829	90	90	其他材料制女式睡衣及睡衣裤	Women's or girls' nightdresses and pyjamas of other textile materials	【最】6【普】100 【协东盟】0【协香港】0【协澳门】0 【协巴基斯坦】7【协智利】0【协新西兰】0 【协新加坡】0【协秘鲁】0【协哥斯达黎加】0 【协冰岛】0【协瑞士】5.6【协澳大利亚】0 【协韩国】7【协格鲁吉亚】0 【特-1】0【特-2】0 【增】16【出】0【退】16	件/千克	A		M		101 102	其他材料制女式睡衣及睡衣裤（内衣） 其他材料制女式睡衣及睡衣裤（内裤）
620891	00	10	棉制女式内衣式背心、三角裤等 【电商】	Women's or girls' vest-type singlets, briefs, of cotton, including panties	【最】6【普】90 【协东盟】0【协香港】0【协澳门】0 【协巴基斯坦】11.2【协智利】0【协新西兰】0 【协新加坡】0【协秘鲁】0【协哥斯达黎加】0 【协冰岛】0【协瑞士】5.6【协澳大利亚】0 【协韩国】7【协格鲁吉亚】0 【特东老挝】0【特东柬埔寨】0【特东缅甸】0 【特-1】0【特-2】0【特-3】0 【增】16【对美加征】10【出】0【退】16	件/千克	A		M		101 102	棉制女式内衣式背心、三角裤等（包括短衬裤）（内衣） 棉制女式内衣式背心、三角裤等（包括短衬裤）（内裤）
620891	00	21	棉制女式非内衣式背心 【电商】	Women's or girls' (size 7~16) non-vest-type singlets of cotton	【最】6【普】90 【协东盟】0【协香港】0【协澳门】0 【协巴基斯坦】11.2【协智利】0【协新西兰】0 【协新加坡】0【协秘鲁】0【协哥斯达黎加】0 【协冰岛】0【协瑞士】5.6【协澳大利亚】0 【协韩国】7【协格鲁吉亚】0 【特东老挝】0【特东柬埔寨】0【特东缅甸】0 【特-1】0【特-2】0【特-3】0 【增】16【对美加征】10【出】0【退】16	件/千克	A		M		101 102	棉制女式非内衣式背心（女成人及7~16号女童背心）（内衣） 棉制女式非内衣式背心（女成人及7~16号女童背心）（童装）
620891	00	29	棉制其他女式非内衣式背心 【电商】	Other women's or girls' non-vest-type singlets of cotton	【最】6【普】90 【协东盟】0【协香港】0【协澳门】0 【协巴基斯坦】11.2【协智利】0【协新西兰】0 【协新加坡】0【协秘鲁】0【协哥斯达黎加】0 【协冰岛】0【协瑞士】5.6【协澳大利亚】0 【协韩国】7【协格鲁吉亚】0 【特东老挝】0【特东柬埔寨】0【特东缅甸】0 【特-1】0【特-2】0【特-3】0 【增】16【对美加征】10【出】0【退】16	件/千克	A		M		999	棉制其他女式非内衣式背心
620891	00	90	棉制女式浴衣、晨衣及类似品 【电商】	Women's or girls' bathrobes, dressing gowns and similar articles, of cotton	【最】6【普】90 【协东盟】0【协香港】0【协澳门】0 【协巴基斯坦】11.2【协智利】0【协新西兰】0 【协新加坡】0【协秘鲁】0【协哥斯达黎加】0 【协冰岛】0【协瑞士】5.6【协澳大利亚】0 【协韩国】7【协格鲁吉亚】0 【特东老挝】0【特东柬埔寨】0【特东缅甸】0 【特-1】0【特-2】0【特-3】0 【增】16【对美加征】10【出】0【退】16	件/千克	A		M		999	棉制女式浴衣、晨衣及类似品

税则号列			货品名称中英文		税费综合信息	计量单位	监管证件代码		检验检疫类别		检验检疫编码	检验检疫编码对应中文名称
HS国际统一前6位	本国子目7~8位	本国子目9~10位	中文货物名称	英文 Article Description			进口	出口	进口	出口		
620892	00	10	化纤制女式内衣式背心、三角裤 【电商】	Women's or girls' vest-type singlets briefs of man-made fibres, including panties	【最】6【普】130 【协东盟】0【协香港】0【协澳门】0 【协巴基斯坦】12.8【协智利】0【协新西兰】0 【协新加坡】0【协秘鲁】0【协台湾】0 【协哥斯达黎加】0【协冰岛】0【协瑞士】6 【协澳大利亚】0【协韩国】8 【协格鲁吉亚】0 【特东老挝】0【特东柬埔寨】0【特东缅甸】0 【特-1】0【特-2】0【特-3】0 【增】16【对美加征】10【出】0【退】16	件/千克	A		M		101 102	化纤制女式内衣式背心、三角裤(含短衬裤)(内衣) 化纤制女式内衣式背心、三角裤(含短衬裤)(内裤)
620892	00	21	化纤制女式非内衣式背心 【电商】	Women's or girls' (size 7~16) non-vest-type singlets of man-made fibres	【最】6【普】130 【协东盟】0【协香港】0【协澳门】0 【协巴基斯坦】12.8【协智利】0【协新西兰】0 【协新加坡】0【协秘鲁】0【协台湾】0 【协哥斯达黎加】0【协冰岛】0【协瑞士】6 【协澳大利亚】0【协韩国】8 【协格鲁吉亚】0 【特东老挝】0【特东柬埔寨】0【特东缅甸】0 【特-1】0【特-2】0【特-3】0 【增】16【对美加征】10【出】0【退】16	件/千克	A		M		101 102	化纤制女式非内衣式背心(女成人及7~16号女童背心)(内衣) 化纤制女式非内衣式背心(女成人及7~16号女童背心)(童装)
620892	00	29	化纤制其他女式非内衣式背心 【电商】	Other women's or girls' non-vest-type singlets of man-made fibres	【最】6【普】130 【协东盟】0【协香港】0【协澳门】0 【协巴基斯坦】12.8【协智利】0【协新西兰】0 【协新加坡】0【协秘鲁】0【协台湾】0 【协哥斯达黎加】0【协冰岛】0【协瑞士】6 【协澳大利亚】0【协韩国】8 【协格鲁吉亚】0 【特东老挝】0【特东柬埔寨】0【特东缅甸】0 【特-1】0【特-2】0【特-3】0 【增】16【对美加征】10【出】0【退】16	件/千克	A		M		999	化纤制其他女式非内衣式背心
620892	00	90	化纤制女式浴衣、晨衣及类似品 【电商】	Women's or girls' bathrobes of man-made fibres, including dressing gowns and similar articles	【最】6【普】130 【协东盟】0【协香港】0【协澳门】0 【协巴基斯坦】12.8【协智利】0【协新西兰】0 【协新加坡】0【协秘鲁】0【协台湾】0 【协哥斯达黎加】0【协冰岛】0【协瑞士】6 【协澳大利亚】0【协韩国】8 【协格鲁吉亚】0 【特东老挝】0【特东柬埔寨】0【特东缅甸】0 【特-1】0【特-2】0【特-3】0 【增】16【对美加征】10【出】0【退】16	件/千克	A		M		999	化纤制女式浴衣、晨衣及类似品
620899	10	11	丝制女内衣式背心、三角裤等 【电商】	Women's or girls' vest-type singlets and briefs of silk or spun silk, which containing 70% or more, including panties	【最】6【普】130 【协亚太】3.9【协东盟】0【协香港】0 【协澳门】0【协巴基斯坦】7【协智利】0 【协新西兰】0【协新加坡】0【协秘鲁】0 【协哥斯达黎加】0【协冰岛】0【协瑞士】5.6 【协澳大利亚】0【协韩国】7 【协格鲁吉亚】0 【特-1】0【特-2】0 【增】16【出】0【退】16	件/千克	A		M		101 102	丝制女内衣式背心、三角裤等(含丝及绢丝≥70%,包括短衬裤)(内衣) 丝制女内衣式背心、三角裤等(含丝及绢丝≥70%,包括短衬裤)(内裤)
620899	10	19	丝制女内衣式背心、三角裤等 【电商】	Women's or girls' vest-type singlets and briefs of silk or spun silk, which containing less than 70%, including panties	【最】6【普】130 【协亚太】3.9【协东盟】0【协香港】0 【协澳门】0【协巴基斯坦】7【协智利】0 【协新西兰】0【协新加坡】0【协秘鲁】0 【协哥斯达黎加】0【协冰岛】0【协瑞士】5.6 【协澳大利亚】0【协韩国】7 【协格鲁吉亚】0 【特-1】0【特-2】0 【增】16【出】0【退】16	件/千克	A		M		101 102	丝制女内衣式背心、三角裤等(含丝及绢丝<70%,包括短衬裤)(内衣) 丝制女内衣式背心、三角裤等(含丝及绢丝<70%,包括短衬裤)(内裤)
620899	10	21	丝制女式非内衣式背心 【电商】	Women's or girls' non-vest-type singlets of silk, containing 70% or more of silk or spun silk	【最】6【普】130 【协亚太】3.9【协东盟】0【协香港】0 【协澳门】0【协巴基斯坦】7【协智利】0 【协新西兰】0【协新加坡】0【协秘鲁】0 【协哥斯达黎加】0【协冰岛】0【协瑞士】5.6 【协澳大利亚】0【协韩国】7 【协格鲁吉亚】0 【特-1】0【特-2】0 【增】16【出】0【退】16	件/千克	A		M		999	丝制女式非内衣式背心(含丝及绢丝70%及以上)

税则号列 HS国际统一前6位	本国子目 7~8位	本国子目 9~10位	货品名称中英文 中文 货物名称	货品名称中英文 英文 Article Description	税费综合信息	计量单位	监管证件代码 进口	监管证件代码 出口	检验检疫类别 进口	检验检疫类别 出口	检验检疫编码	检验检疫编码对应中文名称
620899	10	29	丝制女式非内衣式背心 【电商】	Women's or girls' non-vest-type singlets of silk, containing less than 70% by weight of silk	【最】6【普】130 【协亚太】3.9【协东盟】0【协香港】0 【协澳门】0【协巴基斯坦】7【协智利】0 【协新西兰】0【协新加坡】0【协秘鲁】0 【协哥斯达黎加】0【协冰岛】0【协瑞士】5.6 【协澳大利亚】0【协韩国】7 【协格鲁吉亚】0 【特-1】0【特-2】0 【增】16【出】0【退】16	件/千克	A		M		999	丝制女式非内衣式背心(含丝70%以下)
620899	10	91	丝制女式浴衣、晨衣及类似品 【电商】	Women's or girls' bathrobes, dressing gowns and similar articles, containing 70% or more by weight of silk or spun silk	【最】6【普】130 【协亚太】3.9【协东盟】0【协香港】0 【协澳门】0【协巴基斯坦】7【协智利】0 【协新西兰】0【协新加坡】0【协秘鲁】0 【协哥斯达黎加】0【协冰岛】0【协瑞士】5.6 【协澳大利亚】0【协韩国】7 【协格鲁吉亚】0 【特-1】0【特-2】0 【增】16【出】0【退】16	件/千克	A		M		999	丝制女式浴衣、晨衣及类似品(含丝及绢丝70%及以上)
620899	10	99	丝制女式浴衣、晨衣及类似品 【电商】	Women's or girls' bathrobes, dressing gowns and similar articles, containing less than 70% by weight of silk or spun silk	【最】6【普】130 【协亚太】3.9【协东盟】0【协香港】0 【协澳门】0【协巴基斯坦】7【协智利】0 【协新西兰】0【协新加坡】0【协秘鲁】0 【协哥斯达黎加】0【协冰岛】0【协瑞士】5.6 【协澳大利亚】0【协韩国】7 【协格鲁吉亚】0 【特-1】0【特-2】0 【增】16【出】0【退】16	件/千克	A		M		999	丝制女式浴衣、晨衣及类似品(含丝及绢丝70%以下)
620899	90	11	毛制女式内衣式背心、三角裤等 【电商】	Women's or girls' vest-type singlets and briefs, of wool or fine animal hair, including panties	【最】6【普】100 【协亚太】3.9【协东盟】0【协香港】0 【协澳门】0【协巴基斯坦】7【协智利】0 【协新西兰】0【协新加坡】0【协秘鲁】0 【协哥斯达黎加】0【协冰岛】0【协瑞士】5.6 【协澳大利亚】0【协韩国】7 【协格鲁吉亚】0 【特-1】0【特-2】0【特-3】0 【增】16【对美加征】10【出】0【退】16	件/千克	A		M		101 102	毛制女式内衣式背心、三角裤等(包括短衬裤)(内衣) 毛制女式内衣式背心、三角裤等(包括短衬裤)(内裤)
620899	90	12	毛制女式非内衣式背心 【电商】	Women's non-vest-type singlets of wool or fine animal hair including girls', size 7~16	【最】6【普】100 【协亚太】3.9【协东盟】0【协香港】0 【协澳门】0【协巴基斯坦】7【协智利】0 【协新西兰】0【协新加坡】0【协秘鲁】0 【协哥斯达黎加】0【协冰岛】0【协瑞士】5.6 【协澳大利亚】0【协韩国】7 【协格鲁吉亚】0 【特-1】0【特-2】0【特-3】0 【增】16【对美加征】10【出】0【退】16	件/千克	A		M		101 102	毛制女式非内衣式背心(女成人及7~16号女童背心)(内衣) 毛制女式非内衣式背心(女成人及7~16号女童背心)(童装)
620899	90	13	毛制其他女式非内衣式背心 【电商】	Other women's or girls' non-vest-type singlets, of wool or fine animal hair	【最】6【普】100 【协亚太】3.9【协东盟】0【协香港】0 【协澳门】0【协巴基斯坦】7【协智利】0 【协新西兰】0【协新加坡】0【协秘鲁】0 【协哥斯达黎加】0【协冰岛】0【协瑞士】5.6 【协澳大利亚】0【协韩国】7 【协格鲁吉亚】0 【特-1】0【特-2】0【特-3】0 【增】16【对美加征】10【出】0【退】16	件/千克	A		M		999	毛制其他女式非内衣式背心
620899	90	19	毛制女式浴衣、晨衣及类似品 【电商】	Women's or girls' bathrobes, dressing gowns and similar articles, of wool or fine animal hair	【最】6【普】100 【协亚太】3.9【协东盟】0【协香港】0 【协澳门】0【协巴基斯坦】7【协智利】0 【协新西兰】0【协新加坡】0【协秘鲁】0 【协哥斯达黎加】0【协冰岛】0【协瑞士】5.6 【协澳大利亚】0【协韩国】7 【协格鲁吉亚】0 【特-1】0【特-2】0【特-3】0 【增】16【对美加征】10【出】0【退】16	件/千克	A		M		999	毛制女式浴衣、晨衣及类似品

税则号列			货品名称中英文		税费综合信息	计量单位	监管证件代码		检验检疫类别		检验检疫编码	检验检疫编码对应中文名称
HS国际统一前6位	本国子目7~8位	本国子目9~10位	中文 货物名称	英文 Article Description			进口	出口	进口	出口		
620899	90	90	其他材料制女式背心、三角裤、短衬裤、浴衣、晨衣及类似品 【电商】	Women's or girls' singlets, vest style briefs, panties, other textile materials	【最】6【普】100 【协亚太】3.9【协东盟】0【协香港】0 【协澳门】0【协巴基斯坦】7【协智利】0 【协新西兰】0【协新加坡】0【协秘鲁】0 【协哥斯达黎加】0【协冰岛】0【协瑞士】5.6 【协澳大利亚】0【协韩国】7 【协格鲁吉亚】0 【特-1】0【特-2】0【特-3】0 【增】16【对美加征】10【出】0【退】16	件/千克	A		M		101 102	其他材料制女式背心、三角裤、短衬裤、浴衣、晨衣及类似品（内衣） 其他材料制女式背心、三角裤、短衬裤、浴衣、晨衣及类似品（内裤）
620920	00		棉制婴儿服装及衣着附件 【电商】	Babies' garments and clothing accessories of cotton	【最】10【普】90 【协东盟】0【协香港】0【协澳门】0 【协巴基斯坦】7【协智利】0【协新西兰】0 【协新加坡】0【协秘鲁】0【协哥斯达黎加】0 【协冰岛】0【协瑞士】5.6【协澳大利亚】0 【协韩国】7【协格鲁吉亚】0 【特-1】0【特-2】0【特-3】0 【增】16【对美加征】10【出】0【退】16	千克	A		M		999	棉制婴儿服装及衣着附件
620930	00	10	合成纤维制婴儿手套、袜子 【电商】	Babies' gloves and stockings of synthetic fibres, including mittens, mitts, socks and similar articles	【最】10【普】130 【协东盟】0【协香港】0【协澳门】0 【协巴基斯坦】12.8【协智利】0【协新西兰】0 【协新加坡】0【协秘鲁】0【协哥斯达黎加】0 【协冰岛】0【协瑞士】6.4【协澳大利亚】0 【协韩国】8【协格鲁吉亚】0 【特-1】0【特-2】0【特-3】0 【增】16【对美加征】10【出】0【退】16	千克	A		M		999	合成纤维制婴儿手套、袜子（含分指、连指及露指手套，长袜，短袜及其他袜）
620930	00	20	合成纤维婴儿外衣、雨衣、滑雪装 【电商】	Babies' coats, raincoats and ski-suits of synthetic fibres(including jackets and similar articles)	【最】10【普】130 【协东盟】0【协香港】0【协澳门】0 【协巴基斯坦】12.8【协智利】0【协新西兰】0 【协新加坡】0【协秘鲁】0【协哥斯达黎加】0 【协冰岛】0【协瑞士】6.4【协澳大利亚】0 【协韩国】8【协格鲁吉亚】0 【特-1】0【特-2】0【特-3】0 【增】16【对美加征】10【出】0【退】16	千克	A		M		999	合成纤维婴儿外衣、雨衣、滑雪装（包括夹克类似服装）
620930	00	30	合成纤维制婴儿其他服装 【电商】	Babies' other garments of synthetic fibres (including trousers, shirt, pyjamas, underwear)	【最】10【普】130 【协东盟】0【协香港】0【协澳门】0 【协巴基斯坦】12.8【协智利】0【协新西兰】0 【协新加坡】0【协秘鲁】0【协哥斯达黎加】0 【协冰岛】0【协瑞士】6.4【协澳大利亚】0 【协韩国】8【协格鲁吉亚】0 【特-1】0【特-2】0【特-3】0 【增】16【对美加征】10【出】0【退】16	千克	A		M		999	合成纤维制婴儿其他服装（含裤子、衬衫、裙子、睡衣、内衣等）
620930	00	90	合成纤维制婴儿衣着附件 【电商】	Babies' clothing accessories, of synthetic fibres	【最】10【普】130 【协东盟】0【协香港】0【协澳门】0 【协巴基斯坦】12.8【协智利】0【协新西兰】0 【协新加坡】0【协秘鲁】0【协哥斯达黎加】0 【协冰岛】0【协瑞士】6.4【协澳大利亚】0 【协韩国】8【协格鲁吉亚】0 【特-1】0【特-2】0【特-3】0 【增】16【对美加征】10【出】0【退】16	千克	A		M		999	合成纤维制婴儿衣着附件
620990	10		羊毛或动物细毛制婴儿服装衣及衣着附件 【电商】	Babies' garments and clothing accessories of wool or fine animal hair	【最】10【普】130 【协东盟】0【协香港】0【协澳门】0 【协巴基斯坦】7【协智利】0【协新西兰】0 【协新加坡】0【协秘鲁】0【协哥斯达黎加】0 【协冰岛】0【协瑞士】5.6【协澳大利亚】0 【协韩国】7【协格鲁吉亚】0 【特-1】0【特-2】0 【增】16【出】0【退】16	千克	A		M		999	羊毛或动物细毛制婴儿服装衣及衣着附件
620990	90		其他纺织材料制婴儿服装及衣着附件 【电商】	Babies' garments and clothing accessories of other textile materials	【最】10【普】100 【协东盟】0【协香港】0【协澳门】0 【协巴基斯坦】7【协智利】0【协新西兰】0 【协新加坡】0【协秘鲁】0【协哥斯达黎加】0 【协冰岛】0【协瑞士】5.6【协澳大利亚】0 【协韩国】7【协格鲁吉亚】0 【特-1】0【特-2】0 【增】16【出】0【退】16	千克	A		M		999	其他纺织材料制婴儿服装及衣着附件（除棉、合成纤维、羊毛或动物细毛外其他纺织材料制）

税则号列			货品名称中英文		税费综合信息	计量单位	监管证件代码		检验检疫类别		检验检疫编码	检验检疫编码对应中文名称
HS国际统一前6位	本国子目 7~8位	本国子目 9~10位	中文 货物名称	英文 Article Description			进口	出口	进口	出口		
621010	10		毛制用税目56.02或56.03的织物制成的服装	Of wool or fine animal hair	【最】6【普】130 【协亚太】3.9【协东盟】0【协香港】0 【协澳门】0【协巴基斯坦】8【协智利】0 【协新西兰】0【协新加坡】0【协秘鲁】0 【协哥斯达黎加】0【协冰岛】0【协瑞士】6 【协澳大利亚】0【协韩国】8 【协格鲁吉亚】0 【特亚太】0【特-1】0【特-2】0【特-3】0 【增】16【出】0【退】16	件/千克					999	毛制用税目56.02或56.03的织物制成的服装（羊毛或动物细毛制）
621010	20		棉或麻制用税目56.02或56.03的织物制成的服装 【电商】	Of cotton or bast fibres	【最】6【普】90 【协东盟】0【协香港】0【协澳门】0 【协巴基斯坦】12.8【协智利】0【协新西兰】0 【协新加坡】0【协秘鲁】0【协哥斯达黎加】0 【协冰岛】0【协瑞士】6【协澳大利亚】0 【协韩国】8【协格鲁吉亚】0 【特亚太】2.4【特-1】0【特-2】0 【增】16【对美加征】10【出】0【退】16	件/千克					999	棉或麻制用税目56.02或56.03的织物制成的服装
621010	30		化纤制用税目56.02或56.03的织物制成的服装 【电商】	Of man-made fibres	【最】8【普】130 【协亚太】5.2【协东盟】0【协香港】0 【协澳门】0【协巴基斯坦】8.8【协智利】0 【协新西兰】0【协新加坡】0【协秘鲁】0 【协哥斯达黎加】0【协冰岛】0【协瑞士】7 【协澳大利亚】0【协韩国】8.7 【协格鲁吉亚】0 【特亚太】0【特-1】0【特-2】0【特-3】0 【增】16【对美加征】10【出】0【退】16	件/千克					999	化纤制用税目56.02或56.03的织物制成的服装
621010	90		其他纺织材料制用税目56.02或56.03的织物制成的服装	Of other textile materials	【最】6【普】100 【协东盟】0【协香港】0【协澳门】0 【协巴基斯坦】12.8【协智利】0【协新西兰】0 【协新加坡】0【协秘鲁】0【协哥斯达黎加】0 【协冰岛】0【协瑞士】6【协澳大利亚】0 【协韩国】8【协格鲁吉亚】0 【特亚太】0【特-1】0【特-2】0【特-3】0 【增】16【对美加征】5【出】0【退】16	件/千克					999	其他纺织材料制用税目56.02或56.03的织物制成的服装
621020	00		子目6201.11至6201.19所列类型的其他服装 【电商】	Other garments, made up of the type described in subheadings No. 6201.11 to 6201.19	【最】6【普】100 【协亚太】3.9【协东盟】0【协香港】0 【协澳门】0【协巴基斯坦】8【协智利】0 【协新西兰】0【协新加坡】0【协秘鲁】0 【协哥斯达黎加】0【协冰岛】0【协瑞士】6 【协澳大利亚】0【协韩国】8 【协格鲁吉亚】0 【特亚太】0【特-1】0【特-2】0【特-3】0 【增】16【对美加征】10【出】0【退】16	件/千克					999	子目6201.11至6201.19所列类型的其他服装
621030	00		子目6202.11至6202.19所列类型的其他服装 【电商】	Other garments, of the type described in subheadings No. 6202.11 to 6202. 19	【最】6【普】100 【协亚太】3.9【协东盟】0【协香港】0 【协澳门】0【协巴基斯坦】8【协智利】0 【协新西兰】0【协新加坡】0【协秘鲁】0 【协哥斯达黎加】0【协冰岛】0【协瑞士】6 【协澳大利亚】0【协韩国】8 【协格鲁吉亚】0 【特-1】0【特-2】0【特-3】0 【增】16【出】0【退】16	件/千克					999	子目6202.11至6202.19所列类型的其他服装
621040	00		用塑料等处理的其他纺材制男服装	Other men's or boys' garments	【最】6【普】100 【协亚太】3.9【协东盟】0【协香港】0 【协澳门】0【协巴基斯坦】8【协智利】0 【协新西兰】0【协新加坡】0【协秘鲁】0 【协哥斯达黎加】0【协冰岛】0【协瑞士】6 【协澳大利亚】0【协韩国】8 【协格鲁吉亚】0 【特亚太】0【特-1】0【特-2】0【特-3】0 【增】16【对美加征】10【出】0【退】16	件/千克					999	用塑料等处理的其他纺材制男服装（含用橡胶及其他材料处理的织物）

税则号列			货品名称中英文		税费综合信息	计量单位	监管证件代码		检验检疫类别		检验检疫编码	检验检疫编码对应中文名称
HS国际统一前6位	本国子目 7~8位	本国子目 9~10位	中文 货物名称	英文 Article Description			进口	出口	进口	出口		
621050	00		用塑料等处理的其他纺材制女服装 【电商】	Other women's or girls' garments	【最】6【普】100 【协亚太】3.9【协东盟】0【协香港】0 【协澳门】0【协巴基斯坦】8【协智利】0 【协新西兰】0【协新加坡】0【协秘鲁】0 【协哥斯达黎加】0【协冰岛】0【协瑞士】6 【协澳大利亚】0【协韩国】8 【协格鲁吉亚】0 【特亚太】0【特-1】0【特-2】0【特-3】0 【增】16【对美加征】10【出】0【退】16	件/千克					999	用塑料等处理的其他纺材制女服装（含用橡胶及其他材料处理的其他纺材制女服装）
621111	00	10	羊毛或动物细毛制男式游泳服	Men's or boys' swimwear, made of wool or fine animal hair	【最】6【普】130 【协亚太】3.9【协东盟】0【协香港】0 【协澳门】0【协巴基斯坦】8【协智利】0 【协新西兰】0【协新加坡】0【协秘鲁】0 【协哥斯达黎加】0【协冰岛】0【协瑞士】6 【协澳大利亚】0【协韩国】8 【协格鲁吉亚】0 【特-1】0【特-2】0 【增】16【对美加征】10【出】0【退】16	件/千克	A		M		999	羊毛或动物细毛制男式游泳服
621111	00	41	丝制男式游泳服	Men's or boys' swimwear of silk, containing 70% or more by weight of silk	【最】6【普】130 【协亚太】3.9【协东盟】0【协香港】0 【协澳门】0【协巴基斯坦】8【协智利】0 【协新西兰】0【协新加坡】0【协秘鲁】0 【协哥斯达黎加】0【协冰岛】0【协瑞士】6 【协澳大利亚】0【协韩国】8 【协格鲁吉亚】0 【特-1】0【特-2】0 【增】16【对美加征】10【出】0【退】16	件/千克	A		M		999	丝制男式游泳服（含丝70%及以上）
621111	00	49	丝制男式游泳服	Men's or boys' swimwear, of silk, containing less than 70% by weight of silk	【最】6【普】130 【协亚太】3.9【协东盟】0【协香港】0 【协澳门】0【协巴基斯坦】8【协智利】0 【协新西兰】0【协新加坡】0【协秘鲁】0 【协哥斯达黎加】0【协冰岛】0【协瑞士】6 【协澳大利亚】0【协韩国】8 【协格鲁吉亚】0 【特-1】0【特-2】0 【增】16【对美加征】10【出】0【退】16	件/千克	A		M		999	丝制男式游泳服（含丝70%以下）
621111	00	90	其他纺织材料制男式游泳服	Other men's or boys' swimwear, of other textile materials	【最】6【普】130 【协亚太】3.9【协东盟】0【协香港】0 【协澳门】0【协巴基斯坦】8【协智利】0 【协新西兰】0【协新加坡】0【协秘鲁】0 【协哥斯达黎加】0【协冰岛】0【协瑞士】6 【协澳大利亚】0【协韩国】8 【协格鲁吉亚】0 【特-1】0【特-2】0 【增】16【对美加征】10【出】0【退】16	件/千克	A		M		999	其他纺织材料制男式游泳服
621112	00	10	羊毛或动物细毛制女式游泳服	Women's or girls' swimwear of wool or fine animal hair	【最】6【普】130 【协亚太】3.9【协东盟】0【协香港】0 【协澳门】0【协巴基斯坦】8【协智利】0 【协新西兰】0【协新加坡】0【协秘鲁】0 【协哥斯达黎加】0【协冰岛】0【协瑞士】6 【协澳大利亚】0【协韩国】8 【协格鲁吉亚】0 【特-1】0【特-2】0【特-3】0 【增】16【对美加征】10【出】0【退】16	件/千克	A		M		999	羊毛或动物细毛制女式游泳服
621112	00	41	丝制女式游泳服	Women's or girls' swimwear of silk, containing 70% or more by weight of silk	【最】6【普】130 【协亚太】3.9【协东盟】0【协香港】0 【协澳门】0【协巴基斯坦】8【协智利】0 【协新西兰】0【协新加坡】0【协秘鲁】0 【协哥斯达黎加】0【协冰岛】0【协瑞士】6 【协澳大利亚】0【协韩国】8 【协格鲁吉亚】0 【特-1】0【特-2】0【特-3】0 【增】16【对美加征】10【出】0【退】16	件/千克	A		M		999	丝制女式游泳服（含丝70%及以上）

税则号列			货品名称中英文		税费综合信息	计量单位	监管证件代码		检验检疫类别		检验检疫编码	检验检疫编码对应中文名称
HS 国际统一前6位	本国子目 7~8位	9~10位	中文 货物名称	英文 Article Description			进口	出口	进口	出口		
621112	00	49	丝制女式游泳服	Women's or girls' swimwear, of silk, containing less than 70% by weight of silk	【最】6【普】130 【协亚太】3.9【协东盟】0【协香港】0 【协澳门】0【协巴基斯坦】8【协智利】0 【协新西兰】0【协新加坡】0【协秘鲁】0 【协哥斯达黎加】0【协冰岛】0【协瑞士】6 【协澳大利亚】0【协韩国】8 【协格鲁吉亚】0 【特-1】0【特-2】0【特-3】0 【增】16【对美加征】10【出】0【退】16	件/千克	A		M		999	丝制女式游泳服（含丝70%以下）
621112	00	90	其他纺织材料制女式游泳服	Women's or girls' swimwear of other textile materials	【最】6【普】130 【协亚太】3.9【协东盟】0【协香港】0 【协澳门】0【协巴基斯坦】8【协智利】0 【协新西兰】0【协新加坡】0【协秘鲁】0 【协哥斯达黎加】0【协冰岛】0【协瑞士】6 【协澳大利亚】0【协韩国】8 【协格鲁吉亚】0 【特-1】0【特-2】0【特-3】0 【增】16【对美加征】10【出】0【退】16	件/千克	A		M		999	其他纺织材料制女式游泳服
621120	10		棉制滑雪套装	Ski suits of cotton	【最】6【普】90 【协东盟】0【协香港】0【协澳门】0 【协巴基斯坦】12.8【协智利】0【协新西兰】0 【协新加坡】0【协秘鲁】0【协哥斯达黎加】0 【协冰岛】0【协瑞士】6【协澳大利亚】0 【协韩国】8【协格鲁吉亚】0 【特-1】0【特-2】0【特-3】0 【增】16【出】0【退】16	套/千克					999	棉制滑雪套装
621120	90		其他纺织材料制滑雪服	Of other textile materials	【最】10【普】130 【协亚太】6.5【协东盟】0【协香港】0 【协澳门】0【协巴基斯坦】9.5【协智利】0 【协新西兰】0【协新加坡】0【协秘鲁】0 【协哥斯达黎加】0【协冰岛】0【协瑞士】7.6 【协澳大利亚】0【协韩国】9.5 【协格鲁吉亚】0 【特-1】0【特-2】0 【增】16【对美加征】10【出】0【退】16	套/千克					999	其他纺织材料制滑雪服
621132	10		棉制男式阿拉伯袍	Men's or boys' Arabian robes of cotton	【最】6【普】90 【协东盟】0【协香港】0【协澳门】0 【协巴基斯坦】12.8【协智利】0【协新西兰】0 【协新加坡】0【协秘鲁】0【协哥斯达黎加】0 【协冰岛】0【协瑞士】6【协澳大利亚】0 【协韩国】8【协格鲁吉亚】0 【特-1】0【特-2】0 【增】16【出】0【退】16	件/千克					999	棉制男式阿拉伯袍
621132	20		棉制男式运动服【电商】	Track suits of cotton	【最】6【普】90 【协东盟】0【协香港】0【协澳门】0【协智利】0 【协新西兰】0【协新加坡】0【协秘鲁】0 【协哥斯达黎加】0【协冰岛】0【协瑞士】6 【协澳大利亚】0【协韩国】8 【协格鲁吉亚】0 【特-1】0【特-2】0【特-3】0 【增】16【对美加征】10【出】0【退】16	套/千克					999	棉制男式运动服
621132	90		棉制男式其他服装【电商】	Other men's or boys' garments of cotton	【最】6【普】90 【协东盟】0【协香港】0【协澳门】0【协智利】0 【协新西兰】0【协新加坡】0【协秘鲁】0 【协哥斯达黎加】0【协冰岛】0【协瑞士】6 【协澳大利亚】0【协韩国】8 【协格鲁吉亚】0 【特-1】0【特-2】0【特-3】0 【增】16【对美加征】10【出】0【退】16	件/千克					101 102 103 104 105 ……	棉制男式其他服装（大衣、短大衣） 棉制男式其他服装（上衣） 棉制男式其他服装（裤子） 棉制男式其他服装（衬衫） 棉制男式其他服装（童装） ……①

① 该税号项下检验检疫编码及对应中文名称尚有：999　棉制男式其他服装（其他梭织服装）。

税则号列			货品名称中英文		税费综合信息	计量单位	监管证件代码		检验检疫类别		检验检疫编码	检验检疫编码对应中文名称
HS国际统一前6位	本国子目 7~8位	9~10位	中文 货物名称	英文 Article Description			进口	出口	进口	出口		
621133	10		化纤制男式阿拉伯袍	Men's or boys' Arabian robes of man-made fibres	【最】8【普】130 【协亚太】5.2【协东盟】0【协香港】0 【协澳门】0【协巴基斯坦】8.8【协智利】0 【协新西兰】0【协新加坡】0【协秘鲁】0 【协哥斯达黎加】0【协冰岛】0【协瑞士】7 【协澳大利亚】0【协韩国】8.7 【协格鲁吉亚】0 【特-1】0【特-2】0 【增】16【对美加征】10【出】0【退】16	件/千克					999	化纤制男式阿拉伯袍
621133	20		化纤制男式运动服 【电商】	Men's or boys' track suits of man-made fibres	【最】8【普】130 【协亚太】5.2【协东盟】0【协香港】0 【协澳门】0【协巴基斯坦】12.3【协智利】0 【协新西兰】0【协新加坡】0【协秘鲁】0 【协哥斯达黎加】0【协冰岛】0【协瑞士】7.2 【协澳大利亚】0【协韩国】9 【协格鲁吉亚】0 【特-1】0【特-2】0【特-3】0 【增】16【对美加征】10【出】0【退】16	套/千克					999	化纤制男式运动服
621133	90		化纤制男式其他服装 【电商】	Other men's or boys' garments of man-made fibres	【最】8【普】130 【协亚太】5.2【协东盟】0【协香港】0 【协澳门】0【协巴基斯坦】12.3【协智利】0 【协新西兰】0【协新加坡】0【协秘鲁】0 【协哥斯达黎加】0【协冰岛】0【协瑞士】7 【协澳大利亚】0【协韩国】8.7 【协格鲁吉亚】0 【特-1】0【特-2】0【特-3】0 【增】16【对美加征】10【出】0【退】16	件/千克					101 102 103 104 999	化纤制男式其他服装（大衣、短大衣） 化纤制男式其他服装（上衣） 化纤制男式其他服装（衬衫） 化纤制男式其他服装（童装） 化纤制男式其他服装（其他梭织服装）
621139	10		丝或绢丝制男式其他服装	Other men's or boys' garments of silk or spun silk	【最】6【普】130 【协亚太】3.9【协东盟】0【协香港】0 【协澳门】0【协巴基斯坦】8【协智利】0 【协新西兰】0【协新加坡】0【协秘鲁】0 【协哥斯达黎加】0【协冰岛】0【协瑞士】6 【协澳大利亚】0【协韩国】8 【协格鲁吉亚】0 【特-1】0【特-2】0 【增】16【出】0【退】16	件/千克					101 102 103 104 999	丝或绢丝制男式其他服装（大衣、短大衣） 丝或绢丝制男式其他服装（上衣） 丝或绢丝制男式其他服装（裤子） 丝或绢丝制男式其他服装（运动服） 丝或绢丝制男式其他服装（其他梭织服装）
621139	20		毛制男式其他服装	Other men's or boys' garments of wool or fine animal hair	【最】6【普】130 【协亚太】3.9【协东盟】0【协香港】0 【协澳门】0【协巴基斯坦】8【协智利】0 【协新西兰】0【协新加坡】0【协秘鲁】0 【协哥斯达黎加】0【协冰岛】0【协瑞士】6 【协澳大利亚】0【协韩国】8 【协格鲁吉亚】0 【特-1】0【特-2】0 【增】16【对美加征】10【出】0【退】16	件/千克					999	毛制男式其他服装
621139	90		其他纺织材料制男式其他服装 【电商】	Other men's or boys' garments of other textile materials	【最】6【普】100 【协亚太】3.9【协东盟】0【协香港】0 【协澳门】0【协巴基斯坦】8【协智利】0 【协新西兰】0【协新加坡】0【协秘鲁】0 【协哥斯达黎加】0【协冰岛】0【协瑞士】6 【协澳大利亚】0【协韩国】8 【协格鲁吉亚】0 【特-1】0【特-2】0 【增】16【对美加征】10【出】0【退】16	件/千克					101 102 103 104 999	其他纺织材料制男式其他服装（大衣、短大衣） 其他纺织材料制男式其他服装（上衣） 其他纺织材料制男式其他服装（裤子） 其他纺织材料制男式其他服装（运动服） 其他纺织材料制男式其他服装（其他梭织服装）
621142	10		棉制其他女式运动服 【电商】	Other women's or girls' track suits of cotton	【最】6【普】90 【协东盟】0【协香港】0【协澳门】0 【协巴基斯坦】12.8【协智利】0【协新西兰】0 【协新加坡】0【协秘鲁】0【协哥斯达黎加】0 【协冰岛】0【协瑞士】6【协澳大利亚】0 【协韩国】8【协格鲁吉亚】0 【特-1】0【特-2】0【特-3】0 【增】16【对美加征】10【出】0【退】16	套/千克					999	棉制其他女式运动服

税则号列			货品名称中英文		税费综合信息	计量单位	监管证件代码		检验检疫类别		检验检疫编码	检验检疫编码对应中文名称
HS 国际统一前6位	本国子目 7~8位	本国子目 9~10位	中文 货物名称	英文 Article Description			进口	出口	进口	出口		
621142	90		棉制女式其他服装【电商】	Other women's or girls' garments of cotton	【最】6【普】90 【协东盟】0【协香港】0【协澳门】0 【协巴基斯坦】12.8【协智利】0【协新西兰】0 【协新加坡】0【协秘鲁】0【协哥斯达黎加】0 【协冰岛】0【协瑞士】6【协澳大利亚】0 【协韩国】8【协格鲁吉亚】0 【特-1】0【特-2】0【特-3】0 【增】16【对美加征】10【出】0【退】16	件/千克					999	棉制女式其他服装
621143	10		化纤制其他女式运动服【电商】	Other women's or girls' track suits of man-made fibres	【最】8【普】130 【协亚太】5.2【协东盟】0【协香港】0 【协澳门】0【协巴基斯坦】8.8【协智利】0 【协新西兰】0【协新加坡】0【协秘鲁】0 【协哥斯达黎加】0【协冰岛】0【协瑞士】7 【协澳大利亚】0【协韩国】8.7 【协格鲁吉亚】0 【特-1】0【特-2】0【特-3】0 【增】16【对美加征】10【出】0【退】16	套/千克					999	化纤制其他女式运动服
621143	90		化纤制其他女式服装【电商】	Other women's or girls' garments of man-made fibres	【最】8【普】130 【协亚太】5.2【协东盟】0【协香港】0 【协澳门】0【协巴基斯坦】8.8【协智利】0 【协新西兰】0【协新加坡】0【协秘鲁】0 【协哥斯达黎加】0【协冰岛】0【协瑞士】7 【协澳大利亚】0【协韩国】8.7 【协格鲁吉亚】0 【特-1】0【特-2】0【特-3】0 【增】16【对美加征】10【出】0【退】16	件/千克					999	化纤制其他女式服装
621149	10		丝制女式服装【电商】	Of silk or spun silk	【最】6【普】130 【协亚太】3.9【协东盟】0【协香港】0 【协澳门】0【协巴基斯坦】8【协智利】0 【协新西兰】0【协新加坡】0【协秘鲁】0 【协哥斯达黎加】0【协冰岛】0【协瑞士】6 【协澳大利亚】0【协韩国】8 【协格鲁吉亚】0 【特-1】0【特-2】0 【增】16【对美加征】10【出】0【退】16	件/千克					101 102 103 104 999	丝制女式服装（大衣、短大衣） 丝制女式服装（上衣） 丝制女式服装（裤子） 丝制女式服装（运动服） 丝制女式服装（其他梭织服装）
621149	90		其他纺织材料制女式似服【电商】	Other	【最】6【普】100 【协亚太】3.9【协东盟】0【协香港】0 【协澳门】0【协巴基斯坦】8【协智利】0 【协新西兰】0【协新加坡】0【协秘鲁】0 【协哥斯达黎加】0【协冰岛】0【协瑞士】6 【协澳大利亚】0【协韩国】8 【协格鲁吉亚】0 【特-1】0【特-2】0【特-3】0 【增】16【对美加征】10【出】0【退】16	件/千克					101 998 999	其他纺织材料制女式似服（运动服） 其他纺织材料制女式似服（其他梭织服装） 其他纺织材料制女式似服（其他服装）
621210	10		化纤制其他胸罩【电商】	Brassieres of man-made fibres, whether or not knitted or crocheted	【最】6【普】130 【协亚太】3.9【协东盟】0【协香港】0 【协澳门】0【协巴基斯坦】12.8【协智利】0 【协新西兰】0【协新加坡】0【协秘鲁】0 【协台湾】0【协哥斯达黎加】0【协冰岛】0 【协瑞士】6【协澳大利亚】0【协韩国】8 【协格鲁吉亚】0 【特东老挝】0【特东柬埔寨】0【特东缅甸】0 【特-1】0【特-2】0【特-3】0 【增】16【对美加征】10【出】0【退】16	件/千克	A		M		999	化纤制其他胸罩（不论是否针织或钩编）
621210	90	10	毛制其他胸罩【电商】	Brassieresof wool, whether or not knitted or crocheted	【最】6【普】100 【协亚太】3.9【协东盟】0【协香港】0 【协澳门】0【协巴基斯坦】7【协智利】0 【协新西兰】0【协新加坡】0【协秘鲁】0 【协台湾】0【协哥斯达黎加】0【协冰岛】0 【协瑞士】5.6【协澳大利亚】0【协韩国】7 【协格鲁吉亚】0 【特-1】0【特-2】0【特-3】0 【增】16【对美加征】10【出】0【退】16	件/千克	A		M		999	毛制其他胸罩（不论是否针织或钩编）

税则号列 HS 国际统一前 6 位	本国子目 7~8 位	本国子目 9~10 位	货品名称中英文 中文 货物名称	货品名称中英文 英文 Article Description	税费综合信息	计量单位	监管证件代码 进口	监管证件代码 出口	检验检疫类别 进口	检验检疫类别 出口	检验检疫编码	检验检疫编码对应中文名称
621210	90	20	棉制其他胸罩 【电商】	Brassieres of cotton, whether or not knitted or crocheted	【最】6【普】100 【协亚太】3.9【协东盟】0【协香港】0 【协澳门】0【协巴基斯坦】7【协智利】0 【协新西兰】0【协新加坡】0【协秘鲁】0 【协台湾】0【协哥斯达黎加】0【协冰岛】0 【协瑞士】5.6【协澳大利亚】0【协韩国】7 【协格鲁吉亚】0 【特-1】0【特-2】0【特-3】0 【增】16【对美加征】10【出】0【退】16	件/千克	A		M		999	棉制其他胸罩（不论是否针织或钩编）
621210	90	31	丝制胸罩 【电商】	Brassieres of silk, whether or not knitted or crocheted, containing 70% or more by weight of silk	【最】6【普】100 【协亚太】3.9【协东盟】0【协香港】0 【协澳门】0【协巴基斯坦】7【协智利】0 【协新西兰】0【协新加坡】0【协秘鲁】0 【协台湾】0【协哥斯达黎加】0【协冰岛】0 【协瑞士】5.6【协澳大利亚】0【协韩国】7 【协格鲁吉亚】0 【特-1】0【特-2】0【特-3】0 【增】16【对美加征】10【出】0【退】16	件/千克	A		M		999	丝制胸罩（不论是否针织或钩编，含丝 70%及以上）
621210	90	39	丝制其他胸罩 【电商】	Other brassieres of silk, whether or not knitted or crocheted, containing less than 70% by weight of silk	【最】6【普】100 【协亚太】3.9【协东盟】0【协香港】0 【协澳门】0【协巴基斯坦】7【协智利】0 【协新西兰】0【协新加坡】0【协秘鲁】0 【协台湾】0【协哥斯达黎加】0【协冰岛】0 【协瑞士】5.6【协澳大利亚】0【协韩国】7 【协格鲁吉亚】0 【特-1】0【特-2】0【特-3】0 【增】16【对美加征】10【出】0【退】16	件/千克	A		M		999	丝制其他胸罩（不论是否针织或钩编，含丝 70%以下）
621210	90	90	其他纺织材料制其他胸罩 【电商】	Other brassieres of other textile materials, whether or not knitted or crocheted	【最】6【普】100 【协亚太】3.9【协东盟】0【协香港】0 【协澳门】0【协巴基斯坦】7【协智利】0 【协新西兰】0【协新加坡】0【协秘鲁】0 【协台湾】0【协哥斯达黎加】0【协冰岛】0 【协瑞士】5.6【协澳大利亚】0【协韩国】7 【协格鲁吉亚】0 【特-1】0【特-2】0【特-3】0 【增】16【对美加征】10【出】0【退】16	件/千克	A		M		999	其他纺织材料制其他胸罩（不论是否针织或钩编）
621220	10		化纤制束胸带及腹带 【电商】	Girdles and panty-girdles of man-made fibres, whether or not knitted or crocheted	【最】6【普】130 【协东盟】0【协香港】0【协澳门】0 【协巴基斯坦】12.8【协智利】0【协新西兰】0 【协新加坡】0【协秘鲁】0【协台湾】0 【协哥斯达黎加】0【协冰岛】0【协瑞士】6 【协澳大利亚】0【协韩国】8 【协格鲁吉亚】0 【特-1】0【特-2】0 【增】16【对美加征】10【出】0【退】16	件/千克	A		M		999	化纤制束胸带及腹带（不论是否针织或钩编）
621220	90	10	毛制束胸带及腹带 【电商】	Girdles and panty-girdles of wool, whether or not knitted or crocheted	【最】6【普】100 【协东盟】0【协香港】0【协澳门】0 【协巴基斯坦】11.2【协智利】0【协新西兰】0 【协新加坡】0【协秘鲁】0【协台湾】0 【协哥斯达黎加】0【协冰岛】0【协瑞士】5.6 【协澳大利亚】0【协韩国】7 【协格鲁吉亚】0 【特-1】0【特-2】0【特-3】0 【增】16【对美加征】10【出】0【退】16	件/千克	A		M		999	毛制束胸带及腹带（不论是否针织或钩编）
621220	90	20	棉制束腰带及腹带 【电商】	Girdles and panty-girdles of cotton, whether or not knitted or crocheted	【最】6【普】100 【协东盟】0【协香港】0【协澳门】0 【协巴基斯坦】11.2【协智利】0【协新西兰】0 【协新加坡】0【协秘鲁】0【协台湾】0 【协哥斯达黎加】0【协冰岛】0【协瑞士】5.6 【协澳大利亚】0【协韩国】7 【协格鲁吉亚】0 【特-1】0【特-2】0【特-3】0 【增】16【对美加征】10【出】0【退】16	件/千克	A		M		999	棉制束腰带及腹带（不论是否针织或钩编）

税则号列			货品名称中英文		税费综合信息	计量单位	监管证件代码		检验检疫类别		检验检疫编码	检验检疫编码对应中文名称
HS 国际统一前 6 位	本国子目 7~8 位	本国子目 9~10 位	中文 货物名称	英文 Article Description			进口	出口	进口	出口		
621220	90	31	丝制束腰带及腹带 【电商】	Girdles and panty-girdles of silk, whether or not knitted or crocheted, containing 70% or more by weight of silk	【最】6【普】100 【协东盟】0【协香港】0【协澳门】0 【协巴基斯坦】11.2【协智利】0【协新西兰】0 【协新加坡】0【协秘鲁】0【协台湾】0 【协哥斯达黎加】0【协冰岛】0【协瑞士】5.6 【协澳大利亚】0【协韩国】7 【协格鲁吉亚】0 【特-1】0【特-2】0【特-3】0 【增】16【对美加征】10【出】0【退】16	件/千克	A		M		999	丝制束腰带及腹带（不论是否针织或钩编，含丝 70%及以上）
621220	90	39	丝制束腰带及腹带 【电商】	Girdles and panty-girdles of silk, whether or not knitted or crocheted, containing less than 70% by weight of silk	【最】6【普】100 【协东盟】0【协香港】0【协澳门】0 【协巴基斯坦】11.2【协智利】0【协新西兰】0 【协新加坡】0【协秘鲁】0【协台湾】0 【协哥斯达黎加】0【协冰岛】0【协瑞士】5.6 【协澳大利亚】0【协韩国】7 【协格鲁吉亚】0 【特-1】0【特-2】0【特-3】0 【增】16【对美加征】10【出】0【退】16	件/千克	A		M		999	丝制束腰带及腹带（不论是否针织或钩编，含丝 70%以下）
621220	90	90	其他材料制束胸带及腹带 【电商】	Girdles and panty-girdles of other textile materials, whether or not knitted or crocheted	【最】6【普】100 【协东盟】0【协香港】0【协澳门】0 【协巴基斯坦】11.2【协智利】0【协新西兰】0 【协新加坡】0【协秘鲁】0【协台湾】0 【协哥斯达黎加】0【协冰岛】0【协瑞士】5.6 【协澳大利亚】0【协韩国】7 【协格鲁吉亚】0 【特-1】0【特-2】0【特-3】0 【增】16【对美加征】10【出】0【退】16	件/千克	A		M		999	其他材料制束胸带及腹带（不论是否针织或钩编）
621230	10		化纤制紧身胸衣 【电商】	Corselettes of man-made fibres, whether or not knitted or crocheted	【最】6【普】130 【协东盟】0【协香港】0【协澳门】0 【协巴基斯坦】12.8【协智利】0【协新西兰】0 【协新加坡】0【协秘鲁】0【协哥斯达黎加】0 【协冰岛】0【协瑞士】6【协澳大利亚】0 【协韩国】8【协格鲁吉亚】0 【特-1】0【特-2】0 【增】16【对美加征】10【出】0【退】16	件/千克	A		M		999	化纤制紧身胸衣（不论是否针织或钩编）
621230	90	10	毛制紧身胸衣 【电商】	Corselettes of wool, whether or not knitted or crocheted	【最】6【普】100 【协东盟】0【协香港】0【协澳门】0 【协巴基斯坦】7【协智利】0【协新西兰】0 【协新加坡】0【协秘鲁】0【协哥斯达黎加】0 【协冰岛】0【协瑞士】5.6【协澳大利亚】0 【协韩国】8.4【协格鲁吉亚】0 【特-1】0【特-2】0【特-3】0 【增】16【对美加征】10【出】0【退】16	件/千克	A		M		999	毛制紧身胸衣（不论是否针织或钩编）
621230	90	20	棉制紧身胸衣 【电商】	Corselettes of cotton, whether or not knitted or crocheted	【最】6【普】100 【协东盟】0【协香港】0【协澳门】0 【协巴基斯坦】7【协智利】0【协新西兰】0 【协新加坡】0【协秘鲁】0【协哥斯达黎加】0 【协冰岛】0【协瑞士】5.6【协澳大利亚】0 【协韩国】7【协格鲁吉亚】0 【特-1】0【特-2】0【特-3】0 【增】16【对美加征】10【出】0【退】16	件/千克	A		M		999	棉制紧身胸衣（不论是否针织或钩编）
621230	90	31	丝制紧身胸衣 【电商】	Corselettes of silk, whether or not knitted or crocheted, containing 70% or more by weight of silk	【最】6【普】100 【协东盟】0【协香港】0【协澳门】0 【协巴基斯坦】7【协智利】0【协新西兰】0 【协新加坡】0【协秘鲁】0【协哥斯达黎加】0 【协冰岛】0【协瑞士】5.6【协澳大利亚】0 【协韩国】7【协格鲁吉亚】0 【特-1】0【特-2】0【特-3】0 【增】16【对美加征】10【出】0【退】16	件/千克	A		M		999	丝制紧身胸衣（不论是否针织或钩编，含丝 70%及以上）
621230	90	39	丝制其他紧身胸衣 【电商】	Corselettes of silk, whether or not knitted or crocheted, containing less than 70% by weight of silk	【最】6【普】100 【协东盟】0【协香港】0【协澳门】0 【协巴基斯坦】7【协智利】0【协新西兰】0 【协新加坡】0【协秘鲁】0【协哥斯达黎加】0 【协冰岛】0【协瑞士】6.6【协澳大利亚】0 【协韩国】7【协格鲁吉亚】0 【特-1】0【特-2】0【特-3】0 【增】16【对美加征】10【出】0【退】16	件/千克	A		M		999	丝制其他紧身胸衣（不论是否针织或钩编，含丝 70%以下）

税则号列			货品名称中英文		税费综合信息	计量单位	监管证件代码		检验检疫类别		检验检疫编码	检验检疫编码对应中文名称
HS国际统一前6位	本国子目 7~8位	9~10位	中文 货物名称	英文 Article Description			进口	出口	进口	出口		
621230	90	90	其他材料制紧身胸衣【电商】	Corselettes of other textile materials, whether or not knitted or crocheted	【最】6【普】100 【协东盟】0【协香港】0【协澳门】0 【协巴基斯坦】7【协智利】0【协新西兰】0 【协新加坡】0【协秘鲁】0【协哥斯达黎加】0 【协冰岛】0【协瑞士】5.6【协澳大利亚】0 【协韩国】7【协格鲁吉亚】0 【特-1】0【特-2】0【特-3】0 【增】16【对美加征】10【出】0【退】16	件/千克	A		M		999	其他材料制紧身胸衣(不论是否针织或钩编)
621290	10		化纤制吊裤带、吊袜带等【电商】	Braces, suspenders and garters of man-made fibres and plastics or rubber, whether or not knitted or crocheted	【最】6【普】130 【协亚太】3.9【协东盟】0【协香港】0 【协澳门】0【协巴基斯坦】12.8【协智利】0 【协新西兰】0【协新加坡】0【协秘鲁】0 【协台湾】0【协哥斯达黎加】0【协冰岛】0 【协瑞士】6【协澳大利亚】0【协韩国】8 【协格鲁吉亚】0 【特-1】0【特-2】0 【增】16【对美加征】10【出】0【退】16	件/千克					999	化纤制吊裤带、吊袜带等(不论是否针织或钩编,含化纤与橡胶/塑料制的)
621290	90		其他材料制的吊裤带、吊袜带、束袜带等	Of other textile materials	【最】6【普】100 【协亚太】3.9【协东盟】0【协香港】0 【协澳门】0【协巴基斯坦】7【协智利】0 【协新西兰】0【协新加坡】0【协秘鲁】0 【协台湾】0【协哥斯达黎加】0【协冰岛】0 【协瑞士】5.6【协澳大利亚】0【协韩国】7 【协格鲁吉亚】0 【特-1】0【特-2】0 【增】16【出】0【退】16	件/千克					999	其他材料制的吊裤带、吊袜带、束袜带等(不论是否针织或钩编)
621320	10		棉制刺绣手帕	Handkerchiefs of cotton, embroidered	【最】6【普】90 【协东盟】0【协香港】0【协澳门】0 【协巴基斯坦】7【协智利】0【协新西兰】0 【协新加坡】0【协秘鲁】0【协哥斯达黎加】0 【协冰岛】0【协瑞士】5.6【协澳大利亚】0 【协韩国】7【协格鲁吉亚】0 【特东老挝】0【特-1】0【特-2】0【特-3】0 【增】16【出】0【退】16	条/千克					999	棉制刺绣手帕
621320	90		其他棉制手帕【电商】	Other handkerchiefs of cotton	【最】6【普】90 【协东盟】0【协香港】0【协澳门】0 【协巴基斯坦】11.2【协智利】0【协新西兰】0 【协新加坡】0【协秘鲁】0【协哥斯达黎加】0 【协冰岛】0【协瑞士】5.6【协澳大利亚】0 【协韩国】7【协格鲁吉亚】0 【特东老挝】0【特-1】0【特-2】0【特-3】0 【增】16【对美加征】10【出】0【退】16	条/千克					999	其他棉制手帕
621390	20		其他纺织材料制刺绣手帕	Handkerchiefs of other textile materials, embroidered	【最】6【普】100 【协东盟】0【协澳门】0【协巴基斯坦】7 【协智利】0【协新西兰】0【协新加坡】0 【协秘鲁】0【协哥斯达黎加】0【协冰岛】0 【协瑞士】5.6【协澳大利亚】0【协韩国】7 【协格鲁吉亚】0【协香港】0 【特东老挝】0【特-1】0【特-2】0【特-3】0 【增】16【出】0【退】16	条/千克					999	其他纺织材料制刺绣手帕
621390	90		其他材料制手帕	Other handkerchiefs of other textile materials	【最】6【普】100 【协东盟】0【协香港】0【协澳门】0 【协巴基斯坦】7【协智利】0【协新西兰】0 【协新加坡】0【协秘鲁】0【协哥斯达黎加】0 【协冰岛】0【协瑞士】5.6【协澳大利亚】0 【协韩国】7【协格鲁吉亚】0 【特东老挝】0【特-1】0【特-2】0【特-3】0 【增】16【对美加征】10【出】0【退】16	条/千克					999	其他材料制手帕
621410	00	10	含丝70%及以上的披巾、头巾、围巾【电商】	Shawls, scarves, mufflers of silk, containing 70% or more by weight of silk or spun silk, including mantillas, veils and the like	【最】6【普】130【暂进】5 【协东盟】0【协香港】0【协澳门】0 【协巴基斯坦】11.2【协智利】0【协新西兰】0 【协新加坡】0【协秘鲁】0【协哥斯达黎加】0 【协冰岛】0【协瑞士】5.6【协澳大利亚】0 【协韩国】7【协格鲁吉亚】0 【特-1】0【特-2】0【特-3】0 【增】16【对美加征】10【出】0【退】16	条/千克					999	含丝70%及以上的披巾、头巾、围巾(包括披纱、面纱等及类似品)

税则号列 HS国际统一前6位	本国子目 7~8位	本国子目 9~10位	货品名称中英文 中文 货物名称	货品名称中英文 英文 Article Description	税费综合信息	计量单位	监管证件代码 进口	监管证件代码 出口	检验检疫类别 进口	检验检疫类别 出口	检验检疫编码	检验检疫编码对应中文名称
621410	00	90	含丝70%以下的披巾、头巾、围巾【电商】	Shawls, scarves, mufflers of silk, containing less than 70% by weight of silk or spun silk, including mantillas, veils and the like	【最】6【普】130【暂进】5 【协东盟】0【协香港】0【协澳门】0 【协巴基斯坦】11.2【协智利】0【协新西兰】0 【协新加坡】0【协秘鲁】0【协哥斯达黎加】0 【协冰岛】0【协瑞士】5.6【协澳大利亚】0 【协韩国】7【协格鲁吉亚】0 【特-1】0【特-2】0【特-3】0 【增】16【对美加征】10【出】0【退】16	条/千克					999	含丝70%以下的披巾、头巾、围巾（包括披纱、面纱等及类似品）
621420	10		羊毛制披巾、头巾、围巾及类似品【电商】	Shawls, scarves, mufflers of wool, including mantillas, veils and the like	【最】6【普】130【暂进】5 【协东盟】0【协香港】0【协澳门】0 【协巴基斯坦】11.2【协智利】0【协新西兰】0 【协新加坡】0【协秘鲁】0【协哥斯达黎加】0 【协冰岛】0【协瑞士】5.6【协澳大利亚】0 【协韩国】7【协格鲁吉亚】0 【特-1】0【特-2】0【特-3】0 【增】16【对美加征】10【出】0【退】16	条/千克					999	羊毛制披巾、头巾、围巾及类似品（包括披纱、面纱等）
621420	20		山羊绒制披巾、头巾、围巾及类似品【电商】	Shawls, scarves, mufflers of cashmere, including mantillas, veils and the like	【最】6【普】130【暂进】5 【协东盟】0【协香港】0【协澳门】0 【协巴基斯坦】11.2【协智利】0【协新西兰】0 【协新加坡】0【协秘鲁】0【协哥斯达黎加】0 【协冰岛】0【协瑞士】5.6【协澳大利亚】0 【协韩国】7【协格鲁吉亚】0 【特-1】0【特-2】0【特-3】0 【增】16【对美加征】10【出】0【退】16	条/千克					999	山羊绒制披巾、头巾、围巾及类似品（包括披纱、面纱等）
621420	90		其他动物细毛制披巾、头巾、围巾及类似品【电商】	Shawls, scarves, mufflers of other wool or fine animal hair, including mantillas, veils and the like	【最】6【普】130 【协东盟】0【协香港】0【协澳门】0 【协巴基斯坦】11.2【协智利】0【协新西兰】0 【协新加坡】0【协秘鲁】0【协哥斯达黎加】0 【协冰岛】0【协瑞士】5.6【协澳大利亚】0 【协韩国】7【协格鲁吉亚】0 【特-1】0【特-2】0【特-3】0 【增】16【出】0【退】16	条/千克					999	其他动物细毛制披巾、头巾、围巾及类似品（包括披纱、面纱等）
621430	00		合纤制披巾、头巾及类似品【电商】	Shawls, scarves and mufflers of synthetic fibres, including mantillas, veils and the like	【最】6【普】130 【协东盟】0【协香港】0【协澳门】0 【协巴基斯坦】12.8【协智利】0【协新西兰】0 【协新加坡】0【协秘鲁】0【协哥斯达黎加】0 【协冰岛】0【协瑞士】6【协澳大利亚】0 【协韩国】8【协格鲁吉亚】0 【特-1】0【特-2】0【特-3】0 【增】16【对美加征】10【出】0【退】16	条/千克					999	合纤制披巾、头巾及类似品（包括围巾、披纱、面纱等）
621440	00		人纤制披巾、头巾及类似品【电商】	Shawls, scarves and mufflers of artificial fibres, including mantillas, veils and the like	【最】6【普】130 【协东盟】0【协香港】0【协澳门】0 【协巴基斯坦】11.2【协智利】0【协新西兰】0 【协新加坡】0【协秘鲁】0【协哥斯达黎加】0 【协冰岛】0【协瑞士】5.6【协澳大利亚】0 【协韩国】7【协格鲁吉亚】0 【特-1】0【特-2】0【特-3】0 【增】16【出】0【退】16	条/千克					999	人纤制披巾、头巾及类似品（包括围巾、披纱、面纱等）
621490	00	10	棉制披巾、头巾及类似品【电商】	Shawls, scarves and mufflers, of cotton, including mantillas, veils and the like	【最】6【普】100 【协东盟】0【协香港】0【协澳门】0 【协巴基斯坦】11.2【协智利】0【协新西兰】0 【协新加坡】0【协秘鲁】0【协哥斯达黎加】0 【协冰岛】0【协瑞士】5.6【协澳大利亚】0 【协韩国】7【协格鲁吉亚】0 【特-1】0【特-2】0【特-3】0 【增】16【对美加征】10【出】0【退】16	条/千克					999	棉制披巾、头巾及类似品（包括围巾、披纱、面纱）
621490	00	90	其他材料制披巾、头巾及类似品【电商】	Shawls, scarves and mufflers, of other textile materials, including mantillas, veils and the like	【最】6【普】100 【协东盟】0【协香港】0【协澳门】0 【协巴基斯坦】11.2【协智利】0【协新西兰】0 【协新加坡】0【协秘鲁】0【协哥斯达黎加】0 【协冰岛】0【协瑞士】5.6【协澳大利亚】0 【协韩国】7【协格鲁吉亚】0 【特-1】0【特-2】0【特-3】0 【增】16【对美加征】10【出】0【退】16	条/千克					999	其他材料制披巾、头巾及类似品（包括围巾、披纱、面纱及类似品）

税则号列 HS国际统一前6位	本国子目 7~8位	本国子目 9~10位	货品名称 中文 货物名称	货品名称 英文 Article Description	税费综合信息	计量单位	监管证件代码 进口	监管证件代码 出口	检验检疫类别 进口	检验检疫类别 出口	检验检疫编码	检验检疫编码对应中文名称
621510	00		丝及绢丝制领带及领结 【电商】	Of silk or spun silk	【最】6【普】130 【协东盟】0【协香港】0【协澳门】0 【协巴基斯坦】11.2【协智利】0【协新西兰】0 【协新加坡】0【协秘鲁】0【协哥斯达黎加】0 【协冰岛】0【协瑞士】5.6【协澳大利亚】0 【协韩国】7【协格鲁吉亚】0 【特-1】0【特-2】0【特-3】0 【增】16【对美加征】10【出】0【退】16	条/千克					999	丝及绢丝制领带及领结（非丝纺织材料含量50%及以上；非丝纺织材料含量50%以下，外层织物含丝70%及以上）
621520	00		化纤制领带及领结	Ties, bow ties and cravats of man-made fibres	【最】6【普】130 【协亚太】3.9【协东盟】0【协香港】0 【协澳门】0【协巴基斯坦】12.8【协智利】0 【协新西兰】0【协新加坡】0【协秘鲁】0 【协哥斯达黎加】0【协冰岛】0【协瑞士】6 【协澳大利亚】0【协韩国】8 【协格鲁吉亚】0 【特-1】0【特-2】0【特-3】0 【增】16【对美加征】10【出】0【退】16	条/千克					999	化纤制领带及领结
621590	00		其他材料制的领带及领结 【电商】	Ties, bow ties and cravats of other textile materials	【最】6【普】100 【协东盟】0【协香港】0【协澳门】0 【协巴基斯坦】7【协智利】0【协新西兰】0 【协新加坡】0【协秘鲁】0【协哥斯达黎加】0 【协冰岛】0【协瑞士】5.6【协澳大利亚】0 【协韩国】7【协格鲁吉亚】0 【特-1】0【特-2】0【特-3】0 【增】16【对美加征】10【出】0【退】16	条/千克					999	其他材料制的领带及领结
621600	00		分指手套、连指手套及露指手套 【电商】	Gloves, mittens and mitts	【最】6【普】100 【协东盟】0【协香港】0【协澳门】0【协智利】0 【协新西兰】0【协新加坡】0【协秘鲁】0 【协哥斯达黎加】0【协冰岛】0【协瑞士】5.6 【协澳大利亚】0【协韩国】7 【协格鲁吉亚】0 【特-1】0【特-2】0【特-3】0 【增】16【对美加征】10【出】0【退】16	双/千克					999	分指手套、连指手套及露指手套
621710	10		非针织非钩编袜子及袜套 【电商】	Stocking, socks and socketes, not knitted or crocheted	【最】6【普】130 【协亚太】3.9【协东盟】0【协澳门】0 【协巴基斯坦】7【协智利】0【协新西兰】0 【协新加坡】0【协秘鲁】0【协台湾】0 【协哥斯达黎加】0【协冰岛】0【协瑞士】5.6 【协澳大利亚】0【协韩国】7 【协格鲁吉亚】0【协香港】0 【特-1】0【特-2】0 【增】16【对美加征】10【出】0【退】16	千克/双					999	非针织非钩编袜子及袜套
621710	20		非针织非钩编和服腰带	Kimono belts, not knitted or crocheted	【最】6【普】100 【协亚太】3.9【协东盟】0【协香港】0 【协澳门】0【协巴基斯坦】7【协智利】0 【协新西兰】0【协新加坡】0【协秘鲁】0 【协台湾】0【协哥斯达黎加】0【协冰岛】0 【协瑞士】5.6【协澳大利亚】0【协韩国】7 【协格鲁吉亚】0 【特-1】0【特-2】0【特-3】0 【增】16【出】0【退】16	千克/条					999	非针织非钩编和服腰带
621710	90		其他服装或衣着附件 【电商】	Other	【最】6【普】100 【协亚太】3.9【协东盟】0【协香港】0 【协澳门】0【协巴基斯坦】12.2【协智利】0 【协新西兰】0【协新加坡】0【协秘鲁】0 【协台湾】0【协哥斯达黎加】0【协冰岛】0 【协瑞士】5.6【协澳大利亚】0【协韩国】7 【协格鲁吉亚】0 【特东老挝】0【特东柬埔寨】0【特东缅甸】0 【特-1】0【特-2】0【特-3】0 【增】16【对美加征】10【出】0【退】16	千克					999	其他服装或衣着附件（指非针织非钩编）
621790	00		服装或衣着零件 【电商】	Parts	【最】6【普】100 【协亚太】3.9【协东盟】0【协香港】0 【协澳门】0【协巴基斯坦】12.6【协智利】0 【协新西兰】0【协新加坡】0【协秘鲁】0 【协台湾】0【协哥斯达黎加】0【协冰岛】0 【协瑞士】5.6【协澳大利亚】0【协韩国】9.3 【协格鲁吉亚】0 【特东老挝】0【特东柬埔寨】0【特东缅甸】0 【特-1】0【特-2】0【特-3】0 【增】16【对美加征】10【出】0【退】16	千克					999	服装或衣着零件（指非针织非钩编）

第六十三章
其他纺织制成品；成套物品；旧衣着及旧纺织品；碎织物

Chapter 63
Other made up textile articles; sets; worn clothing and worn textile articles; rags

注释：

一、第一分章仅适用于各种纺织物制成的物品。

二、第一分章不包括：

（一）第五十六章至第六十二章的货品；或

（二）税目 63.09 的旧衣着或其他旧物品。

三、税目 63.09 仅适用于下列货品：

（一）纺织材料制品：

1. 衣着和衣着附件及其零件；

2. 毯子及旅行毯；

3. 床上、餐桌、盥洗及厨房用的织物制品；

4. 装饰用织物制品，但税目 57.01 至 57.05 的地毯及税目 58.05 的装饰毯除外。

（二）用石棉以外其他任何材料制成的鞋帽类。

上述物品只有同时符合下列两个条件才能归入本税号：

1. 必须明显看得出穿用过；以及

2. 必须以散装、捆装、袋装或类似的大包装形式报验。

Chapter Notes:

1. Sub-Chapter I applies only to made up articles, of any textile fabric.

2. Sub-Chapter I does not cover:

(a) Goods of Chapters 56 to 62; or

(b) Worn clothing or other worn articles of heading 63.09.

3. Heading 63.09 applies only to the following goods:

(a) Articles of textile materials:

(i) Clothing and clothing accessories, and parts thereof;

(ii) Blankets and travelling rugs;

(iii) Bed linen, table linen, toilet linen and kitchen linen;

(iv) Furnishing articles, other than carpets of headings 57.01 to 57.05 and tapestries of heading 58.05.

(b) Footwear and headgear of any material other than asbestos.

In order to be classified in this heading, the articles mentioned above must comply with both of the following requirements:

(i) They must show signs of appreciable wear; and

(ii) They must be presented in bulk or in bales, sacks or similar packings.

子目注释：

一、子目 6304.20 包括用 α-氯氰菊酯（ISO）、虫螨腈（ISO）、溴氰菊酯（INN，ISO）、高效氯氟氰菊酯（ISO）、除虫菊酯（ISO）或甲基嘧啶磷（ISO）浸渍或涂层的经编针织物制品。

Subheading Note:

1. Subheading 6304.20 covers articles made from fabrics, impregnated or coated with alpha-cypermethrin (ISO), chlorfenapyr (ISO), deltamethrin (INN, ISO), lambda-cyhalothrin (ISO), permethrin (ISO) or pirimiphos-methyl (ISO).

税则号列 HS国际统一前6位	本国子目 7~8位	本国子目 9~10位	货品名称中文 货物名称	货品名称英文 Article Description	税费综合信息	计量单位	监管证件代码 进口	监管证件代码 出口	检验检疫类别 进口	检验检疫类别 出口	检验检疫编码	检验检疫编码对应中文名称
630110	00		电暖毯 【电商】	Electric blankets	【最】6【普】100 【协东盟】0【协巴基斯坦】12.8【协智利】0 【协新西兰】0【协新加坡】0【协秘鲁】0 【协哥斯达黎加】0【协冰岛】0【协瑞士】6 【协澳大利亚】0【协韩国】8 【协格鲁吉亚】0【协香港】0【协澳门】0 【特-1】0【特-2】0 【增】16【对美加征】5【出】0【退】16	条/千克	A		M		101 102	电暖毯（其他电热器具及其零件） 电暖毯（毯子）
630120	00	10	毛制毯子及旅行毯 【电商】	Non-electric blankets and travelling rugs, of wool or of fine animal hair, of a length not exceeding 3m	【最】6【普】130【暂进】5 【协东盟】0【协澳门】0【协巴基斯坦】12.8 【协智利】0【协新西兰】0【协新加坡】0 【协秘鲁】0【协哥斯达黎加】0【协冰岛】0 【协瑞士】6【协澳大利亚】0【协韩国】8 【协格鲁吉亚】0【协香港】0 【特-1】0【特-2】0【特-3】0 【增】16【对美加征】10【出】0【退】16	条/千克					999	毛制毯子及旅行毯（羊毛或动物细毛制，非电暖的，长度不超过3米）

税则号列 HS国际统一前6位	本国子目 7~8位	本国子目 9~10位	货品名称 中文 货物名称	英文 Article Description	税费综合信息	计量单位	监管证件代码 进口	监管证件代码 出口	检验检疫类别 进口	检验检疫类别 出口	检验检疫编码	检验检疫编码对应中文名称
630120	00	20	其他毛制毯子及旅行毯 【电商】	Other non-electric blankets and travelling rugs, of wool or of fine animal hair, of a length exceeding 3m	【最】6【普】130【暂进】5 【协东盟】0【协澳门】0【协巴基斯坦】12.8 【协智利】0【协新西兰】0【协新加坡】0 【协秘鲁】0【协哥斯达黎加】0【协冰岛】0 【协瑞士】6【协澳大利亚】0【协韩国】8 【协格鲁吉亚】0【协香港】0 【特-1】0【特-2】0【特-3】0 【增】16【对美加征】10【出】0【退】16	条/千克					999	其他毛制毯子及旅行毯（羊毛或动物细毛制，非电暖的，长度超过3米）
630130	00		棉制毯子及旅行毯 【电商】	Blankets and travelling rugs of cotton	【最】6【普】90 【协东盟】0【协澳门】0【协巴基斯坦】12.8 【协智利】0【协新西兰】0【协新加坡】0 【协秘鲁】0【协哥斯达黎加】0【协冰岛】0 【协瑞士】6【协澳大利亚】0【协韩国】8 【协格鲁吉亚】0【协香港】0 【特-1】0【特-2】0【特-3】0 【增】16【对美加征】10【出】0【退】16	条/千克					999	棉制毯子及旅行毯
630140	00		合纤制毯子及旅行毯 【电商】	Blankets and travelling rugs of synthetic fibres	【最】8【普】130 【协东盟】0【协澳门】0【协巴基斯坦】14 【协智利】0【协新西兰】0【协新加坡】0 【协秘鲁】0【协哥斯达黎加】0【协冰岛】0 【协瑞士】7【协澳大利亚】0【协韩国】8.7 【协格鲁吉亚】0【协香港】0 【特-1】0【特-2】0【特-3】0 【增】16【对美加征】10【出】0【退】16	条/千克					999	合纤制毯子及旅行毯
630190	00		其他纺织材料制毯子及旅行毯 【电商】	Other blankets and travelling rugs	【最】6【普】90 【协东盟】0【协澳门】0【协巴基斯坦】12.8 【协智利】0【协新西兰】0【协新加坡】0 【协秘鲁】0【协台湾】0【协哥斯达黎加】0 【协冰岛】0【协瑞士】6【协澳大利亚】0 【协韩国】8【协格鲁吉亚】0【协香港】0 【特-1】0【特-2】0【特-3】0 【增】16【对美加征】10【出】0【退】16	条/千克					999	其他纺织材料制毯子及旅行毯（非电暖的）
630210	10		棉制针织或钩编的床上用织物制品	Bed linen of cotton, knitted or crocheted	【最】6【普】90 【协东盟】0【协巴基斯坦】0【协智利】0 【协新西兰】0【协新加坡】0【协秘鲁】0 【协哥斯达黎加】0【协冰岛】0【协瑞士】5.6 【协澳大利亚】0【协韩国】7 【协格鲁吉亚】0【协香港】0【协澳门】0 【特-1】0【特-2】0【特-3】0 【增】16【出】0【退】16	条/千克					999	棉制针织或钩编的床上用织物制品
630210	90		其他材料制床上用织物制品 【电商】	Bed linen of other textile materials, knitted or crocheted	【最】6【普】130 【协东盟】0【协巴基斯坦】0【协智利】0 【协新西兰】0【协新加坡】0【协秘鲁】0 【协哥斯达黎加】0【协冰岛】0【协瑞士】5.6 【协澳大利亚】0【协韩国】7 【协格鲁吉亚】0【协香港】0【协澳门】0 【特-1】0【特-2】0 【增】16【出】0【退】16	条/千克					999	其他材料制床上用织物制品（指针织或钩编类制品）
630221	10		棉制印花床单	Printed bed sheets of cotton	【最】6【普】90 【协东盟】0【协巴基斯坦】0【协智利】0 【协新西兰】0【协新加坡】0【协秘鲁】0 【协哥斯达黎加】0【协冰岛】0【协瑞士】6 【协澳大利亚】0【协韩国】7 【协格鲁吉亚】0【协香港】0【协澳门】0 【特-1】0【特-2】0【特-3】0 【增】16【对美加征】10【出】0【退】16	条/千克					999	棉制印花床单
630221	90		其他棉制印花床上用织物制品 【电商】	Other printed bed linen of cotton	【最】6【普】90 【协东盟】0【协巴基斯坦】0【协智利】0 【协新西兰】0【协新加坡】0【协秘鲁】0 【协哥斯达黎加】0【协冰岛】0【协瑞士】5.6 【协澳大利亚】0【协韩国】7 【协格鲁吉亚】0【协香港】0【协澳门】0 【特-1】0【特-2】0【特-3】0 【增】16【对美加征】10【出】0【退】16	条/千克					101 999	其他棉制印花床上用织物制品（枕芯、枕套） 其他棉制印花床上用织物制品（其他日用纺织制品）

税则号列 HS国际统一前6位	本国子目 7~8位	本国子目 9~10位	货品名称中英文 中文 货物名称	英文 Article Description	税费综合信息	计量单位	监管证件代码 进口	监管证件代码 出口	检验检疫类别 进口	检验检疫类别 出口	检验检疫编码	检验检疫编码对应中文名称
630222	10		化纤制印花床单	Printed bed sheets of man-made fibres	【最】6【普】130 【协东盟】0【协巴基斯坦】0【协智利】0 【协新西兰】0【协新加坡】0【协秘鲁】0 【协哥斯达黎加】0【协冰岛】0【协瑞士】6 【协澳大利亚】0【协韩国】8 【协格鲁吉亚】0【协香港】0【协澳门】0 【特-1】0【特-2】0【特-3】0 【增】16【对美加征】10【出】0【退】16	条/千克					999	化纤制印花床单
630222	90		化纤制其他印花床用织物制品	Other printed bed linen of man-made fibres	【最】6【普】130 【协东盟】0【协巴基斯坦】0【协智利】0 【协新西兰】0【协新加坡】0【协秘鲁】0 【协哥斯达黎加】0【协冰岛】0【协瑞士】6 【协澳大利亚】0【协韩国】8 【协格鲁吉亚】0【协香港】0【协澳门】0 【特-1】0【特-2】0【特-3】0 【增】16【对美加征】10【出】0【退】16	条/千克					101 999	化纤制其他印花床用织物制品（枕芯、枕套） 化纤制其他印花床用织物制品（其他日用纺织制品）
630229	10		丝及绢丝制印花床上用织物制品	Printed bed linen of silk or spun silk	【最】6【普】130 【协东盟】0【协巴基斯坦】0【协智利】0 【协新西兰】0【协新加坡】0【协秘鲁】0 【协哥斯达黎加】0【协冰岛】0【协瑞士】5.6 【协澳大利亚】0【协韩国】7 【协格鲁吉亚】0【协香港】0【协澳门】0 【特-1】0【特-2】0 【增】16【对美加征】10【出】0【退】16	条/千克					999	丝及绢丝制印花床上用织物制品
630229	20		麻制印花床上用织物制品	Printed bed linen of bast fibres	【最】6【普】90 【协东盟】0【协巴基斯坦】0【协智利】0 【协新西兰】0【协新加坡】0【协秘鲁】0 【协哥斯达黎加】0【协冰岛】0【协瑞士】5.6 【协澳大利亚】0【协韩国】7 【协格鲁吉亚】0【协香港】0【协澳门】0 【特-1】0【特-2】0 【增】16【对美加征】5【出】0【退】16	条/千克					999	麻制印花床上用织物制品
630229	90		其他材料制印花床上用织物制品	Printed bed linen of other materials	【最】6【普】100 【协东盟】0【协巴基斯坦】0【协智利】0 【协新西兰】0【协新加坡】0【协秘鲁】0 【协哥斯达黎加】0【协冰岛】0【协瑞士】5.6 【协澳大利亚】0【协韩国】7 【协格鲁吉亚】0【协香港】0【协澳门】0 【特-1】0【特-2】0 【增】16【出】0【退】16	条/千克					101 102	其他材料制印花床上用织物制品（床单、床罩） 其他材料制印花床上用织物制品（其他日用纺织制品）
630231	10		棉制刺绣其他床上用织物制品 【电商】	Other bed linen of cotton, embroidered	【最】6【普】90 【协东盟】0【协巴基斯坦】0【协智利】0 【协新西兰】0【协新加坡】0【协秘鲁】0 【协哥斯达黎加】0【协冰岛】0【协瑞士】5.6 【协澳大利亚】0【协韩国】7 【协格鲁吉亚】0【协香港】0【协澳门】0 【特-1】0【特-2】0【特-3】0 【增】16【对美加征】10【出】0【退】16	条/千克					999	棉制刺绣其他床上用织物制品
630231	91		棉制其他床单	Other bed sheets of cotton	【最】6【普】90 【协东盟】0【协巴基斯坦】0【协智利】0 【协新西兰】0【协新加坡】0【协秘鲁】0 【协哥斯达黎加】0【协冰岛】0【协瑞士】5.6 【协澳大利亚】0【协韩国】7 【协格鲁吉亚】0【协香港】0【协澳门】0 【特-1】0【特-2】0【特-3】0 【增】16【对美加征】10【出】0【退】16	条/千克					999	棉制其他床单
630231	92		棉制其他毛巾被	Other towelling coverlets of cotton	【最】6【普】90 【协东盟】0【协巴基斯坦】0【协智利】0 【协新西兰】0【协新加坡】0【协秘鲁】0 【协哥斯达黎加】0【协冰岛】0【协瑞士】5.6 【协澳大利亚】0【协韩国】7 【协格鲁吉亚】0【协香港】0【协澳门】0 【特-1】0【特-2】0 【增】16【出】0【退】16	条/千克					999	棉制其他毛巾被

税则号列			货品名称中英文		税费综合信息	计量单位	监管证件代码		检验检疫类别		检验检疫编码	检验检疫编码对应中文名称
HS国际统一前6位	本国子目 7~8位	本国子目 9~10位	中文 货物名称	英文 Article Description			进口	出口	进口	出口		
630231	99		棉制其他床上用织物制品【电商】	Other bed linen of cotton	【最】6【普】90 【协东盟】0【协巴基斯坦】0【协智利】0 【协新西兰】0【协新加坡】0【协秘鲁】0 【协哥斯达黎加】0【协冰岛】0【协瑞士】5.6 【协澳大利亚】0【协韩国】7 【协格鲁吉亚】0【协香港】0【协澳门】0 【特-1】0【特-2】0【特-3】0 【增】16【对美加征】10【出】0【退】16	条/千克					101 102 999	棉制其他床上用织物制品（被子） 棉制其他床上用织物制品（枕芯、枕套） 棉制其他床上用织物制品（其他日用纺织制品）
630232	10		化纤制刺绣其他床上用织物制品	Other embroidered bed linen of man-made fibres	【最】6【普】130 【协东盟】0【协巴基斯坦】0【协智利】0 【协新西兰】0【协新加坡】0【协秘鲁】0 【协哥斯达黎加】0【协冰岛】0【协瑞士】6 【协澳大利亚】0【协韩国】8 【协格鲁吉亚】0【协香港】0【协澳门】0 【特-1】0【特-2】0【特-3】0 【增】16【出】0【退】16	条/千克					999	化纤制刺绣其他床上用织物制品
630232	90		化纤制其他床上用织物制品【电商】	Other bed linen of man-made fibres	【最】6【普】130 【协东盟】0【协巴基斯坦】0【协智利】0 【协新西兰】0【协新加坡】0【协秘鲁】0 【协哥斯达黎加】0【协冰岛】0【协瑞士】6 【协澳大利亚】0【协韩国】8 【协格鲁吉亚】0【协香港】0【协澳门】0 【特-1】0【特-2】0【特-3】0 【增】16【对美加征】10【出】0【退】16	条/千克					101 102 103 999	化纤制其他床上用织物制品（床单、床罩） 化纤制其他床上用织物制品（被子） 化纤制其他床上用织物制品（枕芯、枕套） 化纤制其他床上用织物制品（其他日用纺织制品）
630239	10	10	丝及绢丝制其他床上用织物制品	Other bed linen of silk and spun silk, containing 85% or more by weight of silk	【最】6【普】130 【协东盟】0【协巴基斯坦】0【协智利】0 【协新西兰】0【协新加坡】0【协秘鲁】0 【协哥斯达黎加】0【协冰岛】0【协瑞士】5.6 【协澳大利亚】0【协韩国】7 【协格鲁吉亚】0【协香港】0【协澳门】0 【特-1】0【特-2】0 【增】16【出】0【退】16	条/千克					999	丝及绢丝制其他床上用织物制品（含丝85%及以上）
630239	10	90	丝及绢丝制其他床上用织物制品	Other bed linen of silk and spun silk, containing less than 85% by weight of silk	【最】6【普】130 【协东盟】0【协巴基斯坦】0【协智利】0 【协新西兰】0【协新加坡】0【协秘鲁】0 【协哥斯达黎加】0【协冰岛】0【协瑞士】5.6 【协澳大利亚】0【协韩国】7 【协格鲁吉亚】0【协香港】0【协澳门】0 【特-1】0【特-2】0 【增】16【出】0【退】16	条/千克					999	丝及绢丝制其他床上用织物制品（含丝85%以下）
630239	21	10	亚麻或苎麻制其他床上用织物制品	Other embroidered bed linen of flax or ramie	【最】6【普】90 【协东盟】0【协巴基斯坦】0【协智利】0 【协新西兰】0【协新加坡】0【协秘鲁】0 【协哥斯达黎加】0【协冰岛】0【协瑞士】5.6 【协澳大利亚】0【协韩国】7 【协格鲁吉亚】0【协香港】0【协澳门】0 【特-1】0【特-2】0 【增】16【对美加征】10【出】0【退】16	条/千克					999	亚麻或苎麻制其他床上用织物制品（刺绣的）
630239	21	90	其他麻制其他床上用织物制品	Other embroidered bed linen of other bast fibres	【最】6【普】90 【协东盟】0【协巴基斯坦】0【协智利】0 【协新西兰】0【协新加坡】0【协秘鲁】0 【协哥斯达黎加】0【协冰岛】0【协瑞士】5.6 【协澳大利亚】0【协韩国】7 【协格鲁吉亚】0【协香港】0【协澳门】0 【特-1】0【特-2】0 【增】16【对美加征】10【出】0【退】16	条/千克					999	其他麻制其他床上用织物制品（刺绣的）
630239	29	10	亚麻或苎麻制其他床上用织物制品【电商】	Other bed linen of flax or ramie	【最】6【普】90 【协东盟】0【协巴基斯坦】0【协智利】0 【协新西兰】0【协新加坡】0【协秘鲁】0 【协哥斯达黎加】0【协冰岛】0【协瑞士】5.6 【协澳大利亚】0【协韩国】7 【协格鲁吉亚】0【协香港】0【协澳门】0 【特-1】0【特-2】0 【增】16【对美加征】5【出】0【退】16	条/千克					999	亚麻或苎麻制其他床上用织物制品

税则号列			货品名称中英文		税费综合信息	计量单位	监管证件代码		检验检疫类别		检验检疫编码	检验检疫编码对应中文名称
HS 国际统一前6位	本国子目 7~8位	本国子目 9~10位	中文 货物名称	英文 Article Description			进口	出口	进口	出口		
630239	29	90	其他麻制其他床上用织物制品【电商】	Other bed linen of other bast fibres	【最】6【普】90 【协东盟】0【协巴基斯坦】0【协智利】0 【协新西兰】0【协新加坡】0【协秘鲁】0 【协哥斯达黎加】0【协冰岛】0【协瑞士】5.6 【协澳大利亚】0【协韩国】7 【协格鲁吉亚】0【协香港】0【协澳门】0 【特-1】0【特-2】0 【增】16【对美加征】5【出】0【退】16	条/千克					999	其他麻制其他床上用织物制品
630239	91	10	毛制刺绣床上用织物制品	Other bed linen of wool or fine animal hair, embroidered	【最】6【普】100 【协东盟】0【协巴基斯坦】0【协智利】0 【协新西兰】0【协新加坡】0【协秘鲁】0 【协哥斯达黎加】0【协冰岛】0【协瑞士】5.6 【协澳大利亚】0【协韩国】7 【协格鲁吉亚】0【协香港】0【协澳门】0 【特-1】0【特-2】0 【增】16【出】0【退】16	条/千克					999	毛制刺绣床上用织物制品
630239	91	90	其他材料制刺绣床上用织物制品	Other bed linen of other textile materials, embroidered	【最】6【普】100 【协东盟】0【协巴基斯坦】0【协智利】0 【协新西兰】0【协新加坡】0【协秘鲁】0 【协哥斯达黎加】0【协冰岛】0【协瑞士】5.6 【协澳大利亚】0【协韩国】7 【协格鲁吉亚】0【协香港】0【协澳门】0 【特-1】0【特-2】0 【增】16【出】0【退】16	条/千克					999	其他材料制刺绣床上用织物制品
630239	99	10	毛制非刺绣床上用织物制品	Other non-embroidered bed linen of wool or fine animal hair	【最】6【普】100 【协东盟】0【协巴基斯坦】0【协智利】0 【协新西兰】0【协新加坡】0【协秘鲁】0 【协哥斯达黎加】0【协冰岛】0【协瑞士】5.6 【协澳大利亚】0【协韩国】7 【协格鲁吉亚】0【协香港】0【协澳门】0 【特-1】0【特-2】0【特-3】0 【增】16【出】0【退】16	条/千克					999	毛制非刺绣床上用织物制品
630239	99	90	其他材料制其他床上用织物制品	Other bed linen of other textile materials	【最】6【普】100 【协东盟】0【协巴基斯坦】0【协智利】0 【协新西兰】0【协新加坡】0【协秘鲁】0 【协哥斯达黎加】0【协冰岛】0【协瑞士】5.6 【协澳大利亚】0【协韩国】7 【协格鲁吉亚】0【协香港】0【协澳门】0 【特-1】0【特-2】0【特-3】0 【增】16【出】0【退】16	条/千克					999	其他材料制其他床上用织物制品
630240	10		手工制餐桌用织物制品	Hand-worked table linen	【最】6【普】100 【协东盟】0【协巴基斯坦】0【协智利】0 【协新西兰】0【协新加坡】0【协秘鲁】0 【协哥斯达黎加】0【协冰岛】0【协瑞士】5.6 【协澳大利亚】0【协韩国】7 【协格鲁吉亚】0【协香港】0【协澳门】0 【特-1】0【特-2】0 【增】16【出】0【退】16	件/千克					999	手工制餐桌用织物制品(指针织或钩编类的)
630240	90		其他餐桌用织物制品	Other table linen	【最】6【普】100 【协东盟】0【协巴基斯坦】0【协智利】0 【协新西兰】0【协新加坡】0【协秘鲁】0 【协哥斯达黎加】0【协冰岛】0【协瑞士】5.6 【协澳大利亚】0【协韩国】7 【协格鲁吉亚】0【协香港】0【协澳门】0 【特-1】0【特-2】0【特-3】0 【增】16【出】0【退】16	件/千克					999	其他餐桌用织物制品(针织或钩编的，非手工)
630251	10		棉制刺绣其他餐桌用织物制品	Other embroidered table linen of cotton	【最】6【普】90 【协东盟】0【协香港】0【协澳门】0 【协巴基斯坦】0【协智利】0【协新西兰】0 【协新加坡】0【协秘鲁】0【协哥斯达黎加】0 【协冰岛】0【协瑞士】5.6【协澳大利亚】0 【协韩国】7【协格鲁吉亚】0 【特-1】0【特-2】0 【增】16【出】0【退】16	件/千克					999	棉制刺绣其他餐桌用织物制品

税则号列			货品名称中英文		税费综合信息	计量单位	监管证件代码		检验检疫类别		检验检疫编码	检验检疫编码对应中文名称
HS国际统一前6位	本国子目7~8位	本国子目9~10位	中文 货物名称	英文 Article Description			进口	出口	进口	出口		
630251	90		棉制其他餐桌用织物制品【电商】	Other table linen of cotton	【最】6【普】90 【协东盟】0【协香港】0【协澳门】0 【协巴基斯坦】0【协智利】0【协新西兰】0 【协新加坡】0【协秘鲁】0【协哥斯达黎加】0 【协冰岛】0【协瑞士】5.6【协澳大利亚】0 【协韩国】7【协格鲁吉亚】0 【特-1】0【特-2】0【特-3】0 【增】16【对美加征】10【出】0【退】16	件/千克					999	棉制其他餐桌用织物制品
630253	10		化纤制刺绣其他餐桌织物制品	Other embroidered table linen of man-made fibres	【最】6【普】130 【协东盟】0【协巴基斯坦】0【协智利】0 【协新西兰】0【协新加坡】0【协秘鲁】0 【协哥斯达黎加】0【协冰岛】0【协瑞士】5.6 【协澳大利亚】0【协韩国】7 【协格鲁吉亚】0【协香港】0【协澳门】0 【特-1】0【特-2】0 【增】16【出】0【退】16	件/千克					999	化纤制刺绣其他餐桌织物制品
630253	90	10	化纤无纺织物制餐桌用织物制品	Table linen of non-woven fabrics of man-made fibres	【最】6【普】130 【协东盟】0【协巴基斯坦】0【协智利】0 【协新西兰】0【协新加坡】0【协秘鲁】0 【协哥斯达黎加】0【协冰岛】0【协瑞士】6 【协澳大利亚】0【协韩国】8 【协格鲁吉亚】0【协香港】0【协澳门】0 【特-1】0【特-2】0【特-3】0 【增】16【对美加征】10【出】0【退】16	件/千克					999	化纤无纺织物制餐桌用织物制品
630253	90	90	化纤制其他餐桌用织物制品	Other table linen of man-made fibres	【最】6【普】130 【协东盟】0【协巴基斯坦】0【协智利】0 【协新西兰】0【协新加坡】0【协秘鲁】0 【协哥斯达黎加】0【协冰岛】0【协瑞士】6 【协澳大利亚】0【协韩国】8 【协格鲁吉亚】0【协香港】0【协澳门】0 【特-1】0【特-2】0【特-3】0 【增】16【对美加征】10【出】0【退】16	件/千克					999	化纤制其他餐桌用织物制品
630259	11		亚麻制刺绣其他餐桌用织物制品	Other embroidered table linen of flax	【最】6【普】90 【协东盟】0【协巴基斯坦】0【协智利】0 【协新西兰】0【协新加坡】0【协秘鲁】0 【协哥斯达黎加】0【协冰岛】0【协瑞士】5.6 【协澳大利亚】0【协韩国】7 【协格鲁吉亚】0【协香港】0【协澳门】0 【特-1】0【特-2】0 【增】16【出】0【退】16	件/千克					999	亚麻制刺绣其他餐桌用织物制品
630259	19		亚麻制其他餐桌用织物制品	Other table linen of flax	【最】6【普】90 【协东盟】0【协巴基斯坦】0【协智利】0 【协新西兰】0【协新加坡】0【协秘鲁】0 【协哥斯达黎加】0【协冰岛】0【协瑞士】5.6 【协澳大利亚】0【协韩国】7 【协格鲁吉亚】0【协香港】0【协澳门】0 【特-1】0【特-2】0 【增】16【出】0【退】16	件/千克					999	亚麻制其他餐桌用织物制品
630259	90	10	羊毛或动物细毛制餐桌用织物制品	Table linen of wool or other fine animal hair	【最】6【普】100 【协东盟】0【协巴基斯坦】0【协智利】0 【协新西兰】0【协新加坡】0【协秘鲁】0 【协哥斯达黎加】0【协冰岛】0【协瑞士】5.6 【协澳大利亚】0【协韩国】7 【协格鲁吉亚】0【协香港】0【协澳门】0 【特-1】0【特-2】0 【增】16【出】0【退】16	件/千克					999	羊毛或动物细毛制餐桌用织物制品
630259	90	90	其他纺织材料制餐桌用织物制品	Table linen of other textile materials	【最】6【普】100 【协东盟】0【协巴基斯坦】0【协智利】0 【协新西兰】0【协新加坡】0【协秘鲁】0 【协哥斯达黎加】0【协冰岛】0【协瑞士】5.6 【协澳大利亚】0【协韩国】7 【协格鲁吉亚】0【协香港】0【协澳门】0 【特-1】0【特-2】0 【增】16【出】0【退】16	件/千克					999	其他纺织材料制餐桌用织物制品

税则号列 HS国际统一前6位	本国子目 7~8位	本国子目 9~10位	货品名称中英文 中文 货物名称	货品名称中英文 英文 Article Description	税费综合信息	计量单位	监管证件代码 进口	监管证件代码 出口	检验检疫类别 进口	检验检疫类别 出口	检验检疫编码	检验检疫编码对应中文名称
630260	10	10	棉制针织或钩编毛巾织物浴巾 【电商】	Bath towels of terry towelling or similar terry fabrics, of cotton, knitted or crocheted	【最】6【普】90 【协东盟】0【协巴基斯坦】0【协智利】0 【协新西兰】0【协新加坡】0【协秘鲁】0 【协台湾】0【协哥斯达黎加】0【协冰岛】0 【协瑞士】5.6【协澳大利亚】0【协韩国】7 【协格鲁吉亚】0【协香港】0【协澳门】0 【特-1】0【特-2】0【特-3】0 【增】16【对美加征】10【出】0【退】16	条/千克					999	棉制针织或钩编毛巾织物浴巾（含类似毛圈织物的制品）
630260	10	90	棉制非针织或非钩编毛巾织物浴巾 【电商】	Cotton bath towels, of terry towelling or similar terry fabrics, not knitted or crocheted	【最】6【普】90 【协东盟】0【协巴基斯坦】0【协智利】0 【协新西兰】0【协新加坡】0【协秘鲁】0 【协台湾】0【协哥斯达黎加】0【协冰岛】0 【协瑞士】5.6【协澳大利亚】0【协韩国】7 【协格鲁吉亚】0【协香港】0【协澳门】0 【特-1】0【特-2】0【特-3】0 【增】16【对美加征】10【出】0【退】16	条/千克					999	棉制非针织或非钩编毛巾织物浴巾（含类似毛圈织物的制品）
630260	90		棉制盥洗及厨房用棉制毛巾制品或类似的毛圈织物的制品 【电商】	Other	【最】6【普】90 【协东盟】0【协巴基斯坦】0【协智利】0 【协新西兰】0【协新加坡】0【协秘鲁】0 【协台湾】0【协哥斯达黎加】0【协冰岛】0 【协瑞士】5.6【协澳大利亚】0【协韩国】7 【协格鲁吉亚】0【协香港】0【协澳门】0 【特-1】0【特-2】0【特-3】0 【增】16【对美加征】10【出】0【退】16	条/千克					999	棉制盥洗及厨房用棉制毛巾制品或类似的毛圈织物的制品（含类似毛圈织物的制品，非针织或非钩编）
630291	00		棉制盥洗及厨房织物制品 【电商】	Toilet linen and kitchen linen of cotton	【最】6【普】90 【协东盟】0【协巴基斯坦】0【协智利】0 【协新西兰】0【协新加坡】0【协秘鲁】0 【协哥斯达黎加】0【协冰岛】0【协瑞士】5.6 【协澳大利亚】0【协韩国】7 【协格鲁吉亚】0【协香港】0【协澳门】0 【特-1】0【特-2】0【特-3】0 【增】16【对美加征】10【出】0【退】16	条/千克					999	棉制盥洗及厨房织物制品（毛巾织物或类似毛圈织物的除外）
630293	00	10	化纤无纺织物制盥洗及厨房制品 【电商】	Toilet linen and kitchen linen of nonwoven fabrics of man-made fibres	【最】6【普】130 【协东盟】0【协香港】0【协澳门】0 【协巴基斯坦】0【协智利】0【协新西兰】0 【协新加坡】0【协秘鲁】0【协哥斯达黎加】0 【协冰岛】0【协瑞士】6【协澳大利亚】0 【协韩国】8【协格鲁吉亚】0 【特-1】0【特-2】0 【增】16【对美加征】10【出】0【退】16	条/千克					999	化纤无纺织物制盥洗及厨房制品
630293	00	90	化纤制其他盥洗及厨房织物制品 【电商】	Other toilet linen and kitchen linen of man-made fibres	【最】6【普】130 【协东盟】0【协香港】0【协澳门】0 【协巴基斯坦】0【协智利】0【协新西兰】0 【协新加坡】0【协秘鲁】0【协哥斯达黎加】0 【协冰岛】0【协瑞士】6【协澳大利亚】0 【协韩国】8【协格鲁吉亚】0 【特-1】0【特-2】0 【增】16【对美加征】10【出】0【退】16	条/千克					999	化纤制其他盥洗及厨房织物制品
630299	10		亚麻制盥洗及厨房织物制品 【电商】	Toilet linen and kitchen linen of flax	【最】6【普】90 【协东盟】0【协巴基斯坦】0【协智利】0 【协新西兰】0【协新加坡】0【协秘鲁】0 【协哥斯达黎加】0【协冰岛】0【协瑞士】5.6 【协澳大利亚】0【协韩国】7 【协格鲁吉亚】0【协香港】0【协澳门】0 【特-1】0【特-2】0 【增】16【出】0【退】16	条/千克					999	亚麻制盥洗及厨房织物制品
630299	90	10	毛制盥洗及厨房用织物制品 【电商】	Toilet linen and kitchen linen of wool or other fine animal hair	【最】6【普】100 【协东盟】0【协巴基斯坦】0【协智利】0 【协新西兰】0【协新加坡】0【协秘鲁】0 【协哥斯达黎加】0【协冰岛】0【协瑞士】5.6 【协澳大利亚】0【协韩国】7 【协格鲁吉亚】0【协香港】0【协澳门】0 【特-1】0【特-2】0 【增】16【出】0【退】16	条/千克					999	毛制盥洗及厨房用织物制品

税则号列			货品名称中英文		税费综合信息	计量单位	监管证件代码		检验检疫类别		检验检疫编码	检验检疫编码对应中文名称
HS国际统一前6位	本国子目 7~8位	9~10位	中文 货物名称	英文 Article Description			进口	出口	进口	出口		
630299	90	90	其他材料制盥洗及厨房织物制品 【电商】	Toilet linen and kitchen linen of other textile materials	【最】6【普】100 【协东盟】0【协巴基斯坦】0【协智利】0 【协新西兰】0【协新加坡】0【协秘鲁】0 【协哥斯达黎加】0【协冰岛】0【协瑞士】5.6 【协澳大利亚】0【协韩国】7 【协格鲁吉亚】0【协香港】0【协澳门】0 【特-1】0【特-2】0 【增】16【出】0【退】16	条/千克					999	其他材料制盥洗及厨房织物制品
630312	10	10	合纤制针织百叶窗、卷帘和窗幔	Shutter, valance, roller shutter, of synthetic fibres, knitted	【最】6【普】130 【协东盟】0【协巴基斯坦】0【协智利】0 【协新西兰】0【协新加坡】0【协秘鲁】1.6 【协哥斯达黎加】0【协冰岛】0【协瑞士】6 【协澳大利亚】0【协韩国】8 【协格鲁吉亚】0【协香港】0【协澳门】0 【特-1】0【特-2】0 【增】16【对美加征】10【出】0【退】16	千克					999	合纤制针织百叶窗、卷帘和窗幔
630312	10	90	其他合纤制针织窗帘等	Other curtains (including drapes, interior blinds, curtain and bed valances), of synthetic fibres, knitted	【最】6【普】130 【协东盟】0【协巴基斯坦】0【协智利】0 【协新西兰】0【协新加坡】0【协秘鲁】1.6 【协哥斯达黎加】0【协冰岛】0【协瑞士】6 【协澳大利亚】0【协韩国】8 【协格鲁吉亚】0【协香港】0【协澳门】0 【特-1】0【特-2】0 【增】16【对美加征】10【出】0【退】16	千克					999	其他合纤制针织窗帘等（包括帷帘、帐幔、帘帷及床帷）
630312	20	10	合纤制钩编百叶窗、卷帘和窗幔	Shutter, valance, roller shutter, of synthetic fibres, crocheted	【最】6【普】130 【协东盟】0【协巴基斯坦】0【协智利】0 【协新西兰】0【协新加坡】0【协秘鲁】1.6 【协哥斯达黎加】0【协冰岛】0【协瑞士】6 【协澳大利亚】0【协韩国】8 【协格鲁吉亚】0【协香港】0【协澳门】0 【特-1】0【特-2】0 【增】16【出】0【退】16	千克					999	合纤制钩编百叶窗、卷帘和窗幔
630312	20	90	其他合纤制钩编的窗帘等	Other curtains (including drapes, interior blinds, curtain and bed valances), of synthetic fibres, crocheted	【最】6【普】130 【协东盟】0【协巴基斯坦】0【协智利】0 【协新西兰】0【协新加坡】0【协秘鲁】1.6 【协哥斯达黎加】0【协冰岛】0【协瑞士】6 【协澳大利亚】0【协韩国】8 【协格鲁吉亚】0【协香港】0【协澳门】0 【特-1】0【特-2】0 【增】16【出】0【退】16	千克					999	其他合纤制钩编的窗帘等（包括帷帘、帐幔、帘帷及床帷）
630319	31		棉制针织的窗帘等	Curtains (including drapes, interior blinds, curtain and bed valances), of cotton, knitted	【最】6【普】90 【协东盟】0【协巴基斯坦】0【协智利】0 【协新西兰】0【协新加坡】0【协秘鲁】0 【协哥斯达黎加】0【协冰岛】0【协瑞士】5.6 【协澳大利亚】0【协韩国】7 【协格鲁吉亚】0【协香港】0【协澳门】0 【特-1】0【特-2】0【特-3】0 【增】16【对美加征】5【出】0【退】16	千克					999	棉制针织的窗帘等（包括帷帘、帐幔、帘帷及床帷）
630319	32		棉制钩编的窗帘等	Curtains (including drapes, interior blinds, curtain and bed valances), of cotton, crocheted	【最】6【普】90 【协东盟】0【协巴基斯坦】0【协智利】0 【协新西兰】0【协新加坡】0【协秘鲁】0 【协哥斯达黎加】0【协冰岛】0【协瑞士】5.6 【协澳大利亚】0【协韩国】7 【协格鲁吉亚】0【协香港】0【协澳门】0 【特-1】0【特-2】0 【增】16【出】0【退】16	千克					999	棉制钩编的窗帘等（包括帷帘、帐幔、帘帷及床帷）
630319	91		其他纺织材料制针织的窗帘等	Other curtains (including drapes, interior blinds, curtain and bed valances), of textile materials, knitted	【最】6【普】130 【协东盟】0【协巴基斯坦】0【协智利】0 【协新西兰】0【协新加坡】0【协秘鲁】0 【协哥斯达黎加】0【协冰岛】0【协瑞士】5.6 【协澳大利亚】0【协韩国】7 【协格鲁吉亚】0【协香港】0【协澳门】0 【特-1】0【特-2】0 【增】16【对美加征】5【出】0【退】16	千克					999	其他纺织材料制针织的窗帘等（包括帷帘、帐幔、帘帷及床帷）

税则号列 HS国际统一前6位	本国子目 7~8位	本国子目 9~10位	货品名称中英文 中文 货物名称	货品名称中英文 英文 Article Description	税费综合信息	计量单位	监管证件代码 进口	监管证件代码 出口	检验检疫类别 进口	检验检疫类别 出口	检验检疫编码	检验检疫编码对应中文名称
630319	92		其他纺织材料制钩编的窗帘等	Other curtains (including drapes, interior blinds, curtain and bed valances), of textile materials, crocheted	【最】6【普】130 【协东盟】0【协巴基斯坦】0【协智利】0 【协新西兰】0【协新加坡】0【协秘鲁】0 【协哥斯达黎加】0【协冰岛】0【协瑞士】5.6 【协澳大利亚】0【协韩国】7 【协格鲁吉亚】0【协香港】0【协澳门】0 【特-1】0【特-2】0 【增】16【出】0【退】16	千克					999	其他纺织材料制钩编的窗帘等（包括帷帘、帐幔、帘帷及床帷）
630391	00	10	棉制非针织网眼窗帘	Curtains (including drapes, interior blinds, curtain and bed valances), of cotton, not knitted	【最】6【普】90 【协东盟】0【协巴基斯坦】0【协智利】0 【协新西兰】0【协新加坡】0【协秘鲁】0 【协哥斯达黎加】0【协冰岛】0【协瑞士】5.6 【协澳大利亚】0【协韩国】7 【协格鲁吉亚】0【协香港】0【协澳门】0 【特-1】0【特-2】0【特-3】0 【增】16【对美加征】10【出】0【退】16	千克					999	棉制非针织网眼窗帘（包括帷帘、帐幔、帘帷及床帷）
630391	00	90	棉制非针织非钩编窗帘	Curtains (including drapes, interior blinds, curtain and bed valances), of cotton, not knitted or crocheted	【最】6【普】90 【协东盟】0【协巴基斯坦】0【协智利】0 【协新西兰】0【协新加坡】0【协秘鲁】0 【协哥斯达黎加】0【协冰岛】0【协瑞士】5.6 【协澳大利亚】0【协韩国】7 【协格鲁吉亚】0【协香港】0【协澳门】0 【特-1】0【特-2】0【特-3】0 【增】16【对美加征】10【出】0【退】16	千克					999	棉制非针织非钩编窗帘（包括帷帘、帐幔、帘帷及床帷）
630392	00	10	合纤百叶窗、卷帘和窗幔	Shutter, valance, roller shutter, of synthetic fibres, not knitted or crocheted	【最】6【普】130 【协东盟】0【协香港】0【协澳门】0 【协巴基斯坦】0【协智利】0【协新西兰】0 【协新加坡】0【协秘鲁】1.6【协哥斯达黎加】0 【协冰岛】0【协瑞士】6【协澳大利亚】0 【协韩国】8【协格鲁吉亚】0 【特-1】0【特-2】0【特-3】0 【增】16【对美加征】10【出】0【退】16	千克			L		999	合纤百叶窗、卷帘和窗幔（非针织非钩编）
630392	00	90	其他合纤制非针织非钩编窗帘等	Other curtains (including drapes, interior blinds, curtain and bed valances), of synthetic fibres, not knitted or crocheted	【最】6【普】130 【协东盟】0【协香港】0【协澳门】0 【协巴基斯坦】0【协智利】0【协新西兰】0 【协新加坡】0【协秘鲁】1.6【协哥斯达黎加】0 【协冰岛】0【协瑞士】6【协澳大利亚】0 【协韩国】8【协格鲁吉亚】0 【特-1】0【特-2】0【特-3】0 【增】16【对美加征】10【出】0【退】16	千克					999	其他合纤制非针织非钩编窗帘等（包括帷帘、帐幔、帘帷及床帷）
630399	00		其他纺织材料制非针织非钩编窗帘	Other curtains of other textile materials, not knitted or crocheted	【最】6【普】100 【协东盟】0【协巴基斯坦】0【协智利】0 【协新西兰】0【协新加坡】0【协秘鲁】0 【协哥斯达黎加】0【协冰岛】0【协瑞士】5.6 【协澳大利亚】0【协韩国】7 【协格鲁吉亚】0【协香港】0【协澳门】0 【特-1】0【特-2】0【特-3】0 【增】16【对美加征】10【出】0【退】16	千克					999	其他纺织材料制非针织非钩编窗帘（包括帷帘、帐幔、帘帷及床帷）
630411	21		手工针织床罩【电商】	Hand-worked bedspreads, crocheted	【最】6【普】100 【协东盟】0【协澳门】0【协巴基斯坦】7 【协智利】0【协新西兰】0【协新加坡】0 【协秘鲁】0【协哥斯达黎加】0【协冰岛】0 【协瑞士】5.6【协澳大利亚】0【协韩国】7 【协格鲁吉亚】0【协香港】0 【特-1】0【特-2】0 【增】16【出】0【退】16	件/千克					999	手工针织床罩
630411	29		非手工针织床罩	Other bedspreads, crocheted	【最】6【普】100 【协东盟】0【协澳门】0【协巴基斯坦】7 【协智利】0【协新西兰】0【协新加坡】0 【协秘鲁】0【协哥斯达黎加】0【协冰岛】0 【协瑞士】5.6【协澳大利亚】0【协韩国】7 【协格鲁吉亚】0【协香港】0 【特-1】0【特-2】0 【增】16【对美加征】10【出】0【退】16	件/千克					999	非手工针织床罩

税则号列			货品名称中英文		税费综合信息	计量单位	监管证件代码		检验检疫类别		检验检疫编码	检验检疫编码对应中文名称
HS国际统一前6位	本国子目7~8位	9~10位	中文货物名称	英文 Article Description			进口	出口	进口	出口		
630411	31		手工钩编床罩	Hand-worked bedspreads, knitted	【最】6【普】100 【协东盟】0【协巴基斯坦】7【协智利】0 【协新西兰】0【协新加坡】0【协秘鲁】0 【协哥斯达黎加】0【协冰岛】0【协瑞士】5.6 【协澳大利亚】0【协韩国】7 【协格鲁吉亚】0【协香港】0【协澳门】0 【特-1】0【特-2】0【特-3】0 【增】16【出】0【退】16	件/千克					999	手工钩编床罩
630411	39		非手工钩编床罩	Other bedspreads, knitted	【最】6【普】100 【协东盟】0【协巴基斯坦】7【协智利】0 【协新西兰】0【协新加坡】0【协秘鲁】0 【协哥斯达黎加】0【协冰岛】0【协瑞士】5.6 【协澳大利亚】0【协韩国】7 【协格鲁吉亚】0【协香港】0【协澳门】0 【特-1】0【特-2】0【特-3】0 【增】16【对美加征】10【出】0【退】16	件/千克					999	非手工钩编床罩
630419	10	10	丝及绢丝制非针织非钩编床罩	Bedspreads of silk or spun silk, containing 85% or more by weight of silk, not knitted or crocheted	【最】6【普】130 【协东盟】0【协巴基斯坦】7【协智利】0 【协新西兰】0【协新加坡】0【协秘鲁】0 【协哥斯达黎加】0【协冰岛】0【协瑞士】5.6 【协澳大利亚】0【协韩国】7 【协格鲁吉亚】0【协香港】0【协澳门】0 【特-1】0【特-2】0 【增】16【出】0【退】16	件/千克					999	丝及绢丝制非针织非钩编床罩（含丝85%及以上）
630419	10	90	丝及绢丝制非针织非钩编床罩	Bedspreads of silk or spun silk, containing less than 85% by weight of silk, not knitted or crocheted	【最】6【普】130 【协东盟】0【协巴基斯坦】7【协智利】0 【协新西兰】0【协新加坡】0【协秘鲁】0 【协哥斯达黎加】0【协冰岛】0【协瑞士】5.6 【协澳大利亚】0【协韩国】7 【协格鲁吉亚】0【协香港】0【协澳门】0 【特-1】0【特-2】0 【增】16【出】0【退】16	件/千克					999	丝及绢丝制非针织非钩编床罩（含丝85%以下）
630419	21		棉或麻制非针织非钩编刺绣床罩	Embroidered bedspreads of cotton or bast fibres, not knitted or crocheted	【最】6【普】90 【协东盟】0【协巴基斯坦】7【协智利】0 【协新西兰】0【协新加坡】0【协秘鲁】0 【协哥斯达黎加】0【协冰岛】0【协瑞士】5.6 【协澳大利亚】0【协韩国】7 【协格鲁吉亚】0【协香港】0【协澳门】0 【特-1】0【特-2】0 【增】16【出】0【退】16	件/千克					999	棉或麻制非针织非钩编刺绣床罩
630419	29		棉或麻制其他非针织非钩编床罩	Other bedspreads of cotton or bast fibres, not knitted or crocheted	【最】6【普】90 【协东盟】0【协智利】0 【协新西兰】0【协新加坡】0【协秘鲁】0 【协哥斯达黎加】0【协冰岛】0【协瑞士】5.6 【协澳大利亚】0【协韩国】7 【协格鲁吉亚】0【协香港】0【协澳门】0 【特-1】0【特-2】0【特-3】0 【增】16【对美加征】10【出】0【退】16	件/千克					999	棉或麻制其他非针织非钩编床罩
630419	31		化纤制非针织非钩编刺绣床罩	Embroidered bedspreads of man-made fabric, not knitted or crocheted	【最】6【普】130 【协东盟】0【协巴基斯坦】12.8【协智利】0 【协新西兰】0【协新加坡】0【协秘鲁】1.6 【协哥斯达黎加】0【协冰岛】0【协瑞士】6 【协澳大利亚】0【协韩国】8 【协格鲁吉亚】0【协香港】0【协澳门】0 【特-1】0【特-2】0 【增】16【出】0【退】16	件/千克					999	化纤制非针织非钩编刺绣床罩
630419	39		化纤制其他非针织非钩编床罩	Other bedspreads of man-made fabric, not knitted or crocheted	【最】6【普】130 【协东盟】0【协巴基斯坦】12.8【协智利】0 【协新西兰】0【协新加坡】0【协秘鲁】1.6 【协哥斯达黎加】0【协冰岛】0【协瑞士】6 【协澳大利亚】0【协韩国】8 【协格鲁吉亚】0【协香港】0【协澳门】0 【特-1】0【特-2】0 【增】16【出】0【退】16	件/千克					999	化纤制其他非针织非钩编床罩

税则号列			货品名称中英文		税费综合信息	计量单位	监管证件代码		检验检疫类别		检验检疫编码	检验检疫编码对应中文名称
HS 国际统一前6位	本国子目 7~8位	9~10位	中文 货物名称	英文 Article Description			进口	出口	进口	出口		
630419	91	10	毛制非针织非钩编刺绣床罩	Embroidered bedspreads of wool or fine animal hair, not knitted or crocheted	【最】6【普】100 【协东盟】0【协巴基斯坦】7【协智利】0 【协新西兰】0【协新加坡】0【协秘鲁】0 【协哥斯达黎加】0【协冰岛】0【协瑞士】5.6 【协澳大利亚】0【协韩国】7 【协格鲁吉亚】0【协香港】0【协澳门】0 【特-1】0【特-2】0 【增】16【出】0【退】16	件/千克					999	毛制非针织非钩编刺绣床罩（羊毛或动物细毛制）
630419	91	90	其他纺织材料制非针织刺绣床罩	Embroidered bedspreads of other textile materials, not knitted or crocheted	【最】6【普】100 【协东盟】0【协巴基斯坦】7【协智利】0 【协新西兰】0【协新加坡】0【协秘鲁】0 【协哥斯达黎加】0【协冰岛】0【协瑞士】5.6 【协澳大利亚】0【协韩国】7 【协格鲁吉亚】0【协香港】0【协澳门】0 【特-1】0【特-2】0 【增】16【出】0【退】16	件/千克					999	其他纺织材料制非针织刺绣床罩（含非钩编的）
630419	99	10	毛制其他非针织非钩编床罩	Bedspreads of wool or fine animal hair, not knitted or crocheted	【最】6【普】100 【协东盟】0【协巴基斯坦】7【协智利】0 【协新西兰】0【协新加坡】0【协秘鲁】0 【协哥斯达黎加】0【协冰岛】0【协瑞士】5.6 【协澳大利亚】0【协韩国】7 【协格鲁吉亚】0【协香港】0【协澳门】0 【特-1】0【特-2】0 【增】16【出】0【退】16	件/千克					999	毛制其他非针织非钩编床罩（羊毛或动物细毛制）
630419	99	90	其他材料制非针织非钩编其他床罩	Bedspreads of other textile materials, not knitted or crocheted	【最】6【普】100 【协东盟】0【协巴基斯坦】7【协智利】0 【协新西兰】0【协新加坡】0【协秘鲁】0 【协哥斯达黎加】0【协冰岛】0【协瑞士】5.6 【协澳大利亚】0【协韩国】7 【协格鲁吉亚】0【协香港】0【协澳门】0 【特-1】0【特-2】0 【增】16【出】0【退】16	件/千克					999	其他材料制非针织非钩编其他床罩
630420	10		手工制的本章子目注释一所列的蚊帐 【电商】	Hand-worked	【最】6【普】100 【协东盟】0【协巴基斯坦】7【协智利】0 【协新西兰】0【协新加坡】0【协秘鲁】0 【协哥斯达黎加】0【协冰岛】0【协瑞士】5.6 【协澳大利亚】0【协韩国】7 【协格鲁吉亚】0【协香港】0【协澳门】0 【特-1】0【特-2】0【特-3】0 【增】16【出】0【退】16	件/千克					999	手工制的本章子目注释一所列的蚊帐
630420	90		其他本章子目注释一所列的蚊帐 【电商】	Other	【最】6【普】100 【协东盟】0【协澳门】0【协巴基斯坦】7 【协智利】0【协新西兰】0【协新加坡】0 【协秘鲁】0【协哥斯达黎加】0【协冰岛】0 【协瑞士】5.6【协澳大利亚】0【协韩国】7 【协格鲁吉亚】0【协香港】0 【特-1】0【特-2】0【特-3】0 【增】16【出】0【退】16	件/千克					999	其他本章子目注释一所列的蚊帐
630491	21		手工针织其他装饰制品 【电商】	Hand-worked	【最】6【普】100 【协东盟】0【协巴基斯坦】7【协智利】0 【协新西兰】0【协新加坡】0【协秘鲁】0 【协哥斯达黎加】0【协冰岛】0【协瑞士】5.6 【协澳大利亚】0【协韩国】7 【协格鲁吉亚】0【协香港】0【协澳门】0 【特-1】0【特-2】0【特-3】0 【增】16【出】0【退】16	千克					999	手工针织其他装饰制品
630491	29		非手工针织其他装饰制品 【电商】	Other	【最】6【普】100 【协东盟】0【协澳门】0【协巴基斯坦】7 【协智利】0【协新西兰】0【协新加坡】0 【协秘鲁】0【协哥斯达黎加】0【协冰岛】0 【协瑞士】5.6【协澳大利亚】0【协韩国】7 【协格鲁吉亚】0【协香港】0 【特-1】0【特-2】0【特-3】0 【增】16【对美加征】10【出】0【退】16	千克					999	非手工针织其他装饰制品

税则号列			货品名称中英文		税费综合信息	计量单位	监管证件代码		检验检疫类别		检验检疫编码	检验检疫编码对应中文名称
HS国际统一前6位	本国子目 7~8位	9~10位	中文 货物名称	英文 Article Description			进口	出口	进口	出口		
630491	31		手工钩编的其他装饰制品	Hand-worked	【最】6【普】100 【协东盟】0【协巴基斯坦】11.2【协智利】0 【协新西兰】0【协新加坡】0【协秘鲁】0 【协哥斯达黎加】0【协冰岛】0【协瑞士】5.6 【协澳大利亚】0【协韩国】7 【协格鲁吉亚】0【协香港】0【协澳门】0 【特-1】0【特-2】0 【增】16【出】0【退】16	千克					999	手工钩编的其他装饰制品
630491	39		非手工钩编的其他装饰制品	Other	【最】6【普】100 【协东盟】0【协巴基斯坦】7【协智利】0 【协新西兰】0【协新加坡】0【协秘鲁】0 【协哥斯达黎加】0【协冰岛】0【协瑞士】5.6 【协澳大利亚】0【协韩国】7 【协格鲁吉亚】0【协香港】0【协澳门】0 【特-1】0【特-2】0 【增】16【出】0【退】16	千克					999	非手工钩编的其他装饰制品
630492	10		棉制非针织的其他刺绣装饰制品	Other embroidered furnishing articles of cotton, not crocheted	【最】6【普】90 【协东盟】0【协巴基斯坦】7【协智利】0 【协新西兰】0【协新加坡】0【协秘鲁】0 【协哥斯达黎加】0【协冰岛】0【协瑞士】5.6 【协澳大利亚】0【协韩国】7 【协格鲁吉亚】0【协香港】0【协澳门】0 【特-1】0【特-2】0 【增】16【对美加征】10【出】0【退】16	千克					999	棉制非针织的其他刺绣装饰制品（非钩编）
630492	90		棉制非针织或钩编的其他装饰制品	Other furnishing articles of cotton, not knitted or crocheted	【最】6【普】90 【协东盟】0【协巴基斯坦】11.2【协智利】0 【协新西兰】0【协新加坡】0【协秘鲁】0 【协哥斯达黎加】0【协冰岛】0【协瑞士】5.6 【协澳大利亚】0【协韩国】7 【协格鲁吉亚】0【协香港】0【协澳门】0 【特-1】0【特-2】0【特-3】0 【增】16【对美加征】10【出】0【退】16	千克					999	棉制非针织或钩编的其他装饰制品
630493	10		合成纤维制其他刺绣装饰制品	Other embroidered furnishing articles of synthetic fibres, not knitted or crocheted	【最】6【普】130 【协东盟】0【协巴基斯坦】12.8【协智利】0 【协新西兰】0【协新加坡】0【协秘鲁】1.6 【协哥斯达黎加】0【协冰岛】0【协瑞士】6 【协澳大利亚】0【协韩国】8 【协格鲁吉亚】0【协香港】0【协澳门】0 【特-1】0【特-2】0 【增】16【出】0【退】16	千克					999	合成纤维制其他刺绣装饰制品（指非针织非钩编装饰制品）
630493	90		合纤制其他非针织装饰制品	Other furnishing articles of synthetic fibres, not crocheted	【最】6【普】130 【协东盟】0【协巴基斯坦】12.8【协智利】0 【协新西兰】0【协新加坡】0【协秘鲁】1.6 【协哥斯达黎加】0【协冰岛】0【协瑞士】6 【协澳大利亚】0【协韩国】8 【协格鲁吉亚】0【协香港】0【协澳门】0 【特-1】0【特-2】0【特-3】0 【增】16【对美加征】5【出】0【退】16	千克					999	合纤制其他非针织装饰制品（包括非钩编装饰制品）
630499	10	10	丝制非针织非钩编的装饰制品	Other furnishing articles of silk or spun silk, not knitted or crocheted, containing 85% or more by weight of silk or spun silk	【最】6【普】130 【协东盟】0【协巴基斯坦】7【协智利】0 【协新西兰】0【协新加坡】0【协秘鲁】0 【协哥斯达黎加】0【协冰岛】0【协瑞士】5.6 【协澳大利亚】0【协韩国】7 【协格鲁吉亚】0【协香港】0【协澳门】0 【特-1】0【特-2】0【特-3】0 【增】16【出】0【退】16	千克					999	丝制非针织非钩编的装饰制品（含绢丝制品，含丝85%及以上）
630499	10	90	丝制非针织非钩编的装饰制品	Other furnishing articles of silk or spun silk, not knitted or crocheted, containing less than 85% by weight of silk or spun silk	【最】6【普】130 【协东盟】0【协巴基斯坦】7【协智利】0 【协新西兰】0【协新加坡】0【协秘鲁】0 【协哥斯达黎加】0【协冰岛】0【协瑞士】5.6 【协澳大利亚】0【协韩国】7 【协格鲁吉亚】0【协香港】0【协澳门】0 【特-1】0【特-2】0【特-3】0 【增】16【出】0【退】16	千克					999	丝制非针织非钩编的装饰制品（含绢丝制品，含丝85%以下）

税则号列			货品名称中英文		税费综合信息	计量单位	监管证件代码		检验检疫类别		检验检疫编码	检验检疫编码对应中文名称
HS国际统一前6位	本国子目7~8位	本国子目9~10位	中文货物名称	英文Article Description			进口	出口	进口	出口		
630499	21	10	亚麻或苎麻非针织其他刺绣装饰品	Other embroidered furnishing articles of flax or ramie, not knitted or crocheted	【最】6【普】90 【协东盟】0【协巴基斯坦】7【协智利】0 【协新西兰】0【协新加坡】0【协秘鲁】0 【协哥斯达黎加】0【协冰岛】0【协瑞士】5.6 【协澳大利亚】0【协韩国】7 【协格鲁吉亚】0【协香港】0【协澳门】0 【特-1】0【特-2】0 【增】16【出】0【退】16	千克					999	亚麻或苎麻非针织其他刺绣装饰品（含非钩编制品）
630499	21	90	其他麻制非针织其他刺绣装饰品	Other embroidered furnishing articles of other bast fibres, not knitted or not crocheted	【最】6【普】90 【协东盟】0【协巴基斯坦】7【协智利】0 【协新西兰】0【协新加坡】0【协秘鲁】0 【协哥斯达黎加】0【协冰岛】0【协瑞士】5.6 【协澳大利亚】0【协韩国】7 【协格鲁吉亚】0【协香港】0【协澳门】0 【特-1】0【特-2】0 【增】16【出】0【退】16	千克					999	其他麻制非针织其他刺绣装饰品（包括非钩编的）
630499	29	10	亚麻或苎麻制其他非针织的装饰品	Other furnishing articles of flax or ramie, not knitted or not crocheted	【最】6【普】90 【协东盟】0【协巴基斯坦】7【协智利】0 【协新西兰】0【协新加坡】0【协秘鲁】0 【协哥斯达黎加】0【协冰岛】0【协瑞士】5.6 【协澳大利亚】0【协韩国】7 【协格鲁吉亚】0【协香港】0【协澳门】0 【特-1】0【特-2】0 【增】16【对美加征】5【出】0【退】16	千克					999	亚麻或苎麻制其他非针织的装饰品（含非钩编制品）
630499	29	90	其他麻制其他非针织的装饰制品	Other furnishing articles of other bast fibres, not knitted or crocheted	【最】6【普】90 【协东盟】0【协巴基斯坦】7【协智利】0 【协新西兰】0【协新加坡】0【协秘鲁】0 【协哥斯达黎加】0【协冰岛】0【协瑞士】5.6 【协澳大利亚】0【协韩国】7 【协格鲁吉亚】0【协香港】0【协澳门】0 【特-1】0【特-2】0 【增】16【对美加征】5【出】0【退】16	千克					999	其他麻制其他非针织的装饰制品（含非钩编制品）
630499	90		其他纺织材料制非针织非钩编装饰品【电商】	Other furnishing articles of other textile materials, not knitted or crocheted	【最】6【普】100 【协东盟】0【协巴基斯坦】7【协智利】0 【协新西兰】0【协新加坡】0【协秘鲁】0 【协哥斯达黎加】0【协冰岛】0【协瑞士】5.6 【协澳大利亚】0【协韩国】8.4 【协格鲁吉亚】0【协香港】0【协澳门】0 【特-1】0【特-2】0【特-3】0 【增】16【对美加征】5【出】0【退】16	千克					999	其他纺织材料制非针织非钩编装饰品
630510	00	10	黄麻制旧的货物包装袋	Second-hand sacks and bags, of jute or of other textile bast fibres of heading No. 53.03, mused for the packing of goods	【最】4【普】40 【协东盟】0【协巴基斯坦】5【协智利】0 【协新西兰】0【协秘鲁】0【协哥斯达黎加】0 【协冰岛】0【协瑞士】0【协澳大利亚】0 【协韩国】2【协格鲁吉亚】0【协香港】0 【协澳门】0 【特亚太】0【特-1】0【特-2】0【特-3】0 【增】16【出】0【退】16	条/千克					999	黄麻制旧的货物包装袋（含税目53.03的其他韧皮纤维制）
630510	00	90	黄麻制其他货物包装袋	Other sacks and bags, of jute or of other textile bast fibres of heading No. 53.03, used for the packing of goods	【最】4【普】40 【协东盟】0【协巴基斯坦】5【协智利】0 【协新西兰】0【协秘鲁】0【协哥斯达黎加】0 【协冰岛】0【协瑞士】0【协澳大利亚】0 【协韩国】2【协格鲁吉亚】0【协香港】0 【协澳门】0 【特亚太】0【特-1】0【特-2】0【特-3】0 【增】16【出】0【退】16	条/千克					999	黄麻制其他货物包装袋（含税目53.03的其他韧皮纤维制）
630520	00		棉制货物包装袋	Sacks and bags of cotton, used for the packing of goods	【最】6【普】90 【协东盟】0【协巴基斯坦】12.8【协智利】0 【协新西兰】0【协新加坡】0【协秘鲁】0 【协哥斯达黎加】0【协冰岛】0【协瑞士】6 【协澳大利亚】0【协韩国】9.6 【协格鲁吉亚】0【协香港】0【协澳门】0 【特-1】0【特-2】0【特-3】0 【增】16【对美加征】10【出】0【退】16	条/千克					999	棉制货物包装袋

税则号列			货品名称中英文		税费综合信息	计量单位	监管证件代码		检验检疫类别		检验检疫编码	检验检疫编码对应中文名称
HS国际统一前6位	本国子目		中文	英文								
	7~8位	9~10位	货物名称	Article Description			进口	出口	进口	出口		
630532	00		化纤制散装货物储运软袋	Flexible intermediate bulk containers	【最】6【普】100 【协东盟】0【协巴基斯坦】12.8【协智利】0 【协新西兰】0【协新加坡】0【协秘鲁】0 【协哥斯达黎加】0【协冰岛】0【协瑞士】6 【协澳大利亚】0【协韩国】9.6 【协格鲁吉亚】0【协香港】0【协澳门】0 【特-1】0【特-2】0【特-3】0 【增】16【对美加征】10【出】0【退】16	条/千克					999	化纤制散装货物储运软袋（扁条及类似材料制成，散装货物周转用）
630533	00	10	聚乙烯或聚丙烯制其他货物包装袋	Other sacks and bags for the packing of goods, of polyethylene or polypropylene strip or the like, knitted or crocheted	【最】6【普】100 【协亚太】3.9【协东盟】0【协巴基斯坦】8 【协智利】0【协新西兰】0【协新加坡】0 【协秘鲁】0【协哥斯达黎加】0【协冰岛】0 【协瑞士】6【协澳大利亚】0【协韩国】9.6 【协格鲁吉亚】0【协香港】0【协澳门】0 【特-1】0【特-2】0 【增】16【对美加征】10【出】0【退】16	条/千克					999	聚乙烯或聚丙烯制其他货物包装袋（针织或钩编的，用扁条及类似材料制成）
630533	00	90	聚乙烯或聚丙烯制其他货物包装袋	Other sacks and bags for the packing of goods, of polyethylene or polypropylene strip or the like, not knitted or crocheted	【最】6【普】100 【协亚太】3.9【协东盟】0【协巴基斯坦】8 【协智利】0【协新西兰】0【协新加坡】0 【协秘鲁】0【协哥斯达黎加】0【协冰岛】0 【协瑞士】6【协澳大利亚】0【协韩国】9.6 【协格鲁吉亚】0【协香港】0【协澳门】0 【特-1】0【特-2】0 【增】16【对美加征】10【出】0【退】16	条/千克					999	聚乙烯或聚丙烯制其他货物包装袋（非针织或钩编的，用扁条及类似材料制成）
630539	00		其他化学纤维制货物包装袋	Other sacks and bags of man-made fibres, used for the packing of goods	【最】6【普】100 【协东盟】0【协巴基斯坦】12.8【协智利】0 【协新西兰】0【协新加坡】0【协秘鲁】0 【协哥斯达黎加】0【协冰岛】0【协瑞士】6 【协澳大利亚】0【协韩国】9.6 【协格鲁吉亚】0【协香港】0【协澳门】0 【特-1】0【特-2】0 【增】16【对美加征】10【出】0【退】16	条/千克					999	其他化学纤维制货物包装袋
630590	00		其他纺织材料制货物包装袋	Sacks and bags of other textile materials, used for the packing of goods	【最】6【普】90 【协东盟】0【协巴基斯坦】11.2【协智利】0 【协新西兰】0【协新加坡】0【协秘鲁】0 【协哥斯达黎加】0【协冰岛】0【协瑞士】5.6 【协澳大利亚】0【协韩国】8.4 【协格鲁吉亚】0【协香港】0【协澳门】0 【特-1】0【特-2】0【特-3】0 【增】16【对美加征】10【出】0【退】16	条/千克					999	其他纺织材料制货物包装袋
630612	00		合纤制油苫布、天篷及遮阳篷	Tarpaulins, awnings and sunblinds of synthetic fibres	【最】6【普】130 【协东盟】0【协巴基斯坦】0【协智利】0 【协新西兰】0【协新加坡】0【协秘鲁】0 【协哥斯达黎加】0【协冰岛】0【协瑞士】6 【协澳大利亚】0【协韩国】9.6 【协格鲁吉亚】0【协香港】0【协澳门】0 【特-1】0【特-2】0 【增】16【对美加征】10【出】0【退】16	件/千克					999	合纤制油苫布、天篷及遮阳篷
630619	10		麻制油苫布、天篷及遮阳篷	Tarpaulins, awnings and sunblinds of bast fibres	【最】6【普】80 【协东盟】0【协巴基斯坦】0【协智利】0 【协新西兰】0【协新加坡】0【协秘鲁】0 【协哥斯达黎加】0【协冰岛】0【协瑞士】5.6 【协澳大利亚】0【协韩国】8.4 【协格鲁吉亚】0【协香港】0【协澳门】0 【特-1】0【特-2】0 【增】16【对美加征】5【出】0【退】16	件/千克					999	麻制油苫布、天篷及遮阳篷
630619	20		棉制油毡布、天篷及遮阳篷	Tarpaulins, awnings and sunblinds of cotton	【最】6【普】80 【协东盟】0【协巴基斯坦】0【协智利】0 【协新西兰】0【协新加坡】0【协秘鲁】0 【协哥斯达黎加】0【协冰岛】0【协瑞士】5.6 【协澳大利亚】0【协韩国】8.4 【协格鲁吉亚】0【协香港】0【协澳门】0 【特-1】0【特-2】0 【增】16【出】0【退】16	件/千克					999	棉制油毡布、天篷及遮阳篷

税则号列			货品名称中英文		税费综合信息	计量单位	监管证件代码		检验检疫类别		检验检疫编码	检验检疫编码对应中文名称
HS国际统一前6位	本国子目 7~8位	9~10位	中文 货物名称	英文 Article Description			进口	出口	进口	出口		
630619	90	10	人造纤维制油苫布、天篷及遮阳篷	Tarpaulins, awnings and sunblinds, of man-made fibres	【最】6【普】100 【协东盟】0【协巴基斯坦】0【协智利】0 【协新西兰】0【协新加坡】0【协秘鲁】0 【协哥斯达黎加】0【协冰岛】0【协瑞士】5.6 【协澳大利亚】0【协韩国】7 【协格鲁吉亚】0【协香港】0【协澳门】0 【特-1】0【特-2】0 【增】16【对美加征】5【出】0【退】16	件/千克					999	人造纤维制油苫布、天篷及遮阳篷
630619	90	90	其他材料制油苫布、天篷及遮阳篷	Tarpaulins, awnings and sunblinds, of other textile materials	【最】6【普】100 【协东盟】0【协巴基斯坦】0【协智利】0 【协新西兰】0【协新加坡】0【协秘鲁】0 【协哥斯达黎加】0【协冰岛】0【协瑞士】5.6 【协澳大利亚】0【协韩国】7 【协格鲁吉亚】0【协香港】0【协澳门】0 【特-1】0【特-2】0 【增】16【对美加征】5【出】0【退】16	件/千克					999	其他材料制油苫布、天篷及遮阳篷
630622	00	10	合纤制移动帐篷	Moveable tents, awnings and sunblinds of synthetic fibres	【最】6【普】130 【协东盟】0【协巴基斯坦】0【协智利】0 【协新西兰】0【协新加坡】0【协秘鲁】0 【协哥斯达黎加】0【协冰岛】0【协瑞士】6 【协澳大利亚】0【协韩国】8 【协格鲁吉亚】0【协香港】0【协澳门】0 【特-1】0【特-2】0【特-3】0 【增】16【对美加征】10【出】0【退】16	件/千克					999	合纤制移动帐篷
630622	00	90	合纤制帐篷	Tents of synthetic fibres	【最】6【普】130 【协东盟】0【协巴基斯坦】0【协智利】0 【协新西兰】0【协新加坡】0【协秘鲁】0 【协哥斯达黎加】0【协冰岛】0【协瑞士】6 【协澳大利亚】0【协韩国】8 【协格鲁吉亚】0【协香港】0【协澳门】0 【特-1】0【特-2】0【特-3】0 【增】16【对美加征】10【出】0【退】16	件/千克					999	合纤制帐篷
630629	10		棉制帐篷	Tents of cotton	【最】6【普】80 【协东盟】0【协巴基斯坦】0【协智利】0 【协新西兰】0【协新加坡】0【协秘鲁】0 【协哥斯达黎加】0【协冰岛】0【协瑞士】5.6 【协澳大利亚】0【协韩国】7 【协格鲁吉亚】0【协香港】0【协澳门】0 【特-1】0【特-2】0 【增】16【对美加征】10【出】0【退】16	件/千克					999	棉制帐篷
630629	90		其他纺织材料制帐篷	Tents of other textile materials	【最】6【普】100 【协东盟】0【协巴基斯坦】0【协智利】0 【协新西兰】0【协新加坡】0【协秘鲁】0 【协哥斯达黎加】0【协冰岛】0【协瑞士】5.6 【协澳大利亚】0【协韩国】7 【协格鲁吉亚】0【协香港】0【协澳门】0 【特-1】0【特-2】0【特-3】0 【增】16【对美加征】10【出】0【退】16	件/千克					999	其他纺织材料制帐篷
630630	10		合纤制风帆	Sails for boats, sailboards or landcraft of synthetic fibres	【最】6【普】130 【协东盟】0【协香港】0【协澳门】0 【协巴基斯坦】0【协智利】0【协新西兰】0 【协新加坡】0【协秘鲁】0【协哥斯达黎加】0 【协冰岛】0【协瑞士】6【协澳大利亚】0 【协韩国】8.4【协格鲁吉亚】0 【特-1】0【特-2】0 【增】16【对美加征】5【出】0【退】16	件/千克					999	合纤制风帆
630630	90		其他纺织材料制风帆	Sails for boats, sailboards or landcraft of other textile materials	【最】6【普】100 【协东盟】0【协巴基斯坦】0【协智利】0 【协新西兰】0【协新加坡】0【协秘鲁】0 【协哥斯达黎加】0【协冰岛】0【协瑞士】5.6 【协澳大利亚】0【协韩国】7 【协格鲁吉亚】0【协香港】0【协澳门】0 【特-1】0【特-2】0 【增】16【出】0【退】16	件/千克					999	其他纺织材料制风帆

税则号列			货品名称中英文		税费综合信息	计量单位	监管证件代码		检验检疫类别		检验检疫编码	检验检疫编码对应中文名称
HS国际统一前6位	本国子目7~8位	本国子目9~10位	中文货物名称	英文 Article Description			进口	出口	进口	出口		
630640	10		棉制充气褥垫	Pneumatic mattresses of cotton	【最】6【普】80 【协东盟】0【协巴基斯坦】0【协智利】0 【协新西兰】0【协新加坡】0【协秘鲁】0 【协哥斯达黎加】0【协冰岛】0【协瑞士】5.6 【协澳大利亚】0【协韩国】7 【协格鲁吉亚】0【协香港】0【协澳门】0 【特-1】0【特-2】0 【增】16【出】0【退】16	件/千克					999	棉制充气褥垫
630640	20		化纤制充气褥垫	Pneumatic mattresses of man-made fibres	【最】6【普】130 【协东盟】0【协巴基斯坦】0【协智利】0 【协新西兰】0【协新加坡】0【协秘鲁】0 【协哥斯达黎加】0【协冰岛】0【协瑞士】6 【协澳大利亚】0【协韩国】8 【协格鲁吉亚】0【协香港】0【协澳门】0 【特-1】0【特-2】0【特-3】0 【增】16【对美加征】10【出】0【退】16	件/千克					999	化纤制充气褥垫
630640	90		其他纺织材料制充气褥垫	Pneumatic mattresses of other textile materials	【最】6【普】100 【协东盟】0【协巴基斯坦】0【协智利】0 【协新西兰】0【协新加坡】0【协秘鲁】0 【协哥斯达黎加】0【协冰岛】0【协瑞士】5.6 【协澳大利亚】0【协韩国】7 【协格鲁吉亚】0【协香港】0【协澳门】0 【特-1】0【特-2】0 【增】16【对美加征】5【出】0【退】16	件/千克					999	其他纺织材料制充气褥垫
630690	10		棉制其他野营用品	Other camping goods of cotton	【最】6【普】80 【协东盟】0【协巴基斯坦】0【协智利】0 【协新西兰】0【协新加坡】0【协秘鲁】0 【协哥斯达黎加】0【协冰岛】0【协瑞士】5.6 【协澳大利亚】0【协韩国】7 【协格鲁吉亚】0【协香港】0【协澳门】0 【特-1】0【特-2】0【特-3】0 【增】16【出】0【退】16	件/千克					999	棉制其他野营用品
630690	20		麻制其他野营用品	Other camping goods of bast fibres	【最】6【普】80 【协东盟】0【协巴基斯坦】0【协智利】0 【协新西兰】0【协新加坡】0【协秘鲁】0 【协哥斯达黎加】0【协冰岛】0【协瑞士】5.6 【协澳大利亚】0【协韩国】7 【协格鲁吉亚】0【协香港】0【协澳门】0 【特-1】0【特-2】0 【增】16【出】0【退】16	件/千克					999	麻制其他野营用品
630690	30		化纤制其他野营用品	Other camping goods of man-made fibres	【最】6【普】130 【协东盟】0【协巴基斯坦】0【协智利】0 【协新西兰】0【协新加坡】0【协秘鲁】0 【协哥斯达黎加】0【协冰岛】0【协瑞士】6 【协澳大利亚】0【协韩国】8 【协格鲁吉亚】0【协香港】0【协澳门】0 【特-1】0【特-2】0 【增】16【对美加征】10【出】0【退】16	件/千克					999	化纤制其他野营用品
630690	90		其他材料制其他野营用品	Other camping goods of other textile materials	【最】6【普】100 【协东盟】0【协巴基斯坦】0【协智利】0 【协新西兰】0【协新加坡】0【协秘鲁】0 【协哥斯达黎加】0【协冰岛】0【协瑞士】5.6 【协澳大利亚】0【协韩国】7 【协格鲁吉亚】0【协香港】0【协澳门】0 【特-1】0【特-2】0 【增】16【出】0【退】16	件/千克					999	其他材料制其他野营用品
630710	00		擦地布、擦碗布、抹布及类似擦拭用布【电商】	Floor-cloths, dish-cloths, dusters and similar cleaning cloths	【最】6【普】130 【协亚太】3.9【协东盟】0【协巴基斯坦】7 【协智利】0【协新西兰】0【协新加坡】0 【协秘鲁】0【协台湾】0【协哥斯达黎加】0 【协冰岛】0【协瑞士】5.6【协澳大利亚】0 【协韩国】7【协格鲁吉亚】0【协香港】0 【协澳门】0 【特-1】0【特-2】0 【增】16【对美加征】10【出】0【退】16	千克					999	擦地布、擦碗布、抹布及类似擦拭用布

税则号列			货品名称中英文		税费综合信息	计量单位	监管证件代码		检验检疫类别		检验检疫编码	检验检疫编码对应中文名称
HS 国际统一前6位	本国子目 7~8位	本国子目 9~10位	中文 货物名称	英文 Article Description			进口	出口	进口	出口		
630720	00		救生衣及安全带 【电商】	Life-jackets and life-belts	【最】6【普】70 【协东盟】0【协巴基斯坦】11.2【协智利】0 【协新西兰】0【协新加坡】0【协秘鲁】0 【协哥斯达黎加】0【协冰岛】0【协瑞士】5.6 【协澳大利亚】0【协韩国】7 【协格鲁吉亚】0【协香港】0【协澳门】0 【特-1】0【特-2】0【特-3】0 【增】16【对美加征】5【出】0【退】16	千克/件					999	救生衣及安全带
630790	00		纺织材料制未列名制品 【电商】	Other	【最】6【普】100 【协东盟】0【协香港】0【协澳门】0 【协巴基斯坦】11.2【协智利】0【协新西兰】0 【协新加坡】0【协秘鲁】0【协哥斯达黎加】0 【协冰岛】0【协瑞士】5.6【协澳大利亚】0 【协韩国】9【协格鲁吉亚】0 【特东老挝】0【特东柬埔寨】0【特东缅甸】0 【特-1】0【特-2】0【特-3】0 【增】16【对美加征】10【出】0【退】16	千克					999	纺织材料制未列名制品
630800	00		由机织物及纱线构成的零售包装成套物品，不论是否带附件，用以制作小地毯、装饰毯、绣花台布、餐巾或类似的纺织物品 【电商】	Sets consisting of woven fabric and yarn, whether or not with accessories, for making up into rugs, tapestries, embroidered table cloths or serviettes, or similar textile articles, put up in packings for retail sale	【最】6【普】130 【协东盟】0【协巴基斯坦】7【协智利】0 【协新西兰】0【协新加坡】0【协秘鲁】0 【协哥斯达黎加】0【协冰岛】0【协瑞士】5.6 【协澳大利亚】0【协韩国】7 【协格鲁吉亚】0【协香港】0【协澳门】0 【特-1】0【特-2】0 【增】16【对美加征】10【出】0【退】16	千克					998 999	由机织物及纱线构成的零售包装成套物品，不论是否带附件，用以制作小地毯、装饰毯、绣花台布、餐巾或类似的纺织物品（其他装饰用纺织制品） 由机织物及纱线构成的零售包装成套物品，不论是否带附件，用以制作小地毯、装饰毯、绣花台布、餐巾或类似的纺织物品（其他纺织制品）
630900	00		旧衣物	Worn clothing and other worn articles	【最】6【普】130 【协东盟】0【协巴基斯坦】7【协智利】0 【协新西兰】0【协新加坡】0【协秘鲁】0 【协哥斯达黎加】0【协冰岛】0【协瑞士】5.6 【协澳大利亚】0【协韩国】7 【协格鲁吉亚】0【协香港】0【协澳门】0 【特-1】0【特-2】0 【增】16【出】0【退】0	千克	9				999	旧衣物
631010	00	10	新的或未使用过的纺织材料制经分拣的碎织物等	Sorted new or not used rags, including scrap twine, cordage, rope and cables and worn out articles of twine, of textile materials	【最】6【普】50 【协东盟】0【协巴基斯坦】11.2【协智利】0 【协新西兰】0【协新加坡】0【协秘鲁】0 【协哥斯达黎加】0【协冰岛】0【协瑞士】5.6 【协澳大利亚】0【协韩国】7 【协格鲁吉亚】0【协香港】0【协澳门】0 【特-1】0【特-2】0【特-3】0 【增】16【对美加征】25【出】0【退】16	千克	9		M		999	新的或未使用过的纺织材料制经分拣的碎织物等（新的或未使用过的，包括废线、绳、索、缆及其制品）
631010	00	90	其他纺织材料制经分拣的碎织物等	Other sorted rags, including scrap twine, cordage, rope and cables and worn out articles of twine, of textile materials	【最】6【普】50 【协东盟】0【协巴基斯坦】11.2【协智利】0 【协新西兰】0【协新加坡】0【协秘鲁】0 【协哥斯达黎加】0【协冰岛】0【协瑞士】5.6 【协澳大利亚】0【协韩国】7 【协格鲁吉亚】0【协香港】0【协澳门】0 【特-1】0【特-2】0【特-3】0 【增】16【对美加征】25【出】0【退】16	千克	9				999	其他纺织材料制经分拣的碎织物等（包括废线、绳、索、缆及其制品）
631090	00	10	新的或未使用过的纺织材料制其他碎织物等	Other new or not used rags, including scrap twine, cordage, rope and cables and worn out articles of twine, of textile materials	【最】6【普】50 【协东盟】0【协智利】0【协新西兰】0 【协新加坡】0【协秘鲁】0【协哥斯达黎加】0 【协冰岛】0【协瑞士】5.6【协澳大利亚】0 【协韩国】7【协格鲁吉亚】0【协香港】0 【协澳门】0 【特东老挝】0【特东柬埔寨】0【特东缅甸】0 【特-1】0【特-2】0【特-3】0 【增】16【对美加征】25【出】0【退】16	千克	9		M		999	新的或未使用过的纺织材料制其他碎织物等（新的或未使用过的，包括废线、绳、索、缆及其制品）

税则号列			货品名称中英文		税费综合信息	计量单位	监管证件代码		检验检疫类别		检验检疫编码	检验检疫编码对应中文名称
HS国际统一前6位	本国子目 7~8位	本国子目 9~10位	中文 货物名称	英文 Article Description			进口	出口	进口	出口		
631090	00	90	其他纺织材料制碎织物等	Other rags, including scrap twine, cordage, rope and cables and worn out articles of twine, of textile materials	【最】6【普】50 【协东盟】0【协智利】0【协新西兰】0 【协新加坡】0【协秘鲁】0【协哥斯达黎加】0 【协冰岛】0【协瑞士】5.6【协澳大利亚】0 【协韩国】7【协格鲁吉亚】0【协香港】0 【协澳门】0 【特东老挝】0【特东柬埔寨】0【特东缅甸】0 【特-1】0【特-2】0【特-3】0 【增】16【对美加征】25【出】0【退】16	千克	9				999	其他纺织材料制碎织物等（包括废线、绳、索、缆及其制品）

第十二类
鞋、帽、伞、杖、鞭及其零件；已加工的羽毛及其制品；人造花；人发制品

SECTION XII
FOOTWEAR, HEADGEAR, UMBRELLAS, SUN UMBRELLAS, WALKING-STICKS, SEAT-STICKS, WHIPS, RIDING-CROPS AND PARTS THEREOF; PREPARED FEATHERS AND ARTICLES MADE THEREWITH; ARTIFICIAL FLOWERS; ARTICLES OF HUMAN HAIR

第六十四章
鞋靴、护腿和类似品及其零件

注释：

一、本章不包括：

（一）易损材料（例如，纸、塑料薄膜）制的无外绱鞋底的一次性鞋靴罩或套。这些产品应按其构成材料归类；

（二）纺织材料制的鞋靴，没有用粘、缝或其他方法将外底固定或安装在鞋面上的（第十一类）；

（三）税目63.09的旧鞋靴；

（四）石棉制品（税目68.12）；

（五）矫形鞋靴或其他矫形器具及其零件（税目90.21）；或

（六）玩具鞋及装有冰刀或轮子的滑冰鞋；护胫或类似的运动防护服装（第九十五章）。

二、税目64.06所称“零件”，不包括鞋钉、护鞋铁掌、鞋眼、鞋钩、鞋扣、饰物、编带、鞋带、绒球或其他装饰带（应分别归入相应税号）及税目96.06的纽扣或其他货品。

三、本章所称：

（一）“橡胶”及“塑料”，包括能用肉眼辨出其外表有一层橡胶或塑料的机织物或其他纺织产品；运用本款时，橡胶或塑料仅引起颜色变化的不计在内；以及

（二）“皮革”，是指税目41.07及41.12至41.14的货品。

四、除本章注释三另有规定的以外：

（一）鞋面的材料应以占表面面积最大的那种材料为准，计算表面面积可不考虑附件及加固件，例如，护踝、裹边、饰物、扣子、拉襻、鞋眼或类似附属件；

（二）外底的主要材料应以与地面接触最广的那种材料为准，计算接触面时可不考虑鞋底钉、铁掌或类似附属件。

Chapter 64
Footwear, gaiters and the like; parts of such articles

Chapter Notes:

1. This Chapter does not cover:

(a) Disposable foot or shoe coverings of flimsy material (for example, paper, sheeting of plastics) without applied soles. These products are classified according to their constituent material;

(b) Footwear of textile material, without an outer sole glued, sewn or otherwise affixed or applied to the upper (Section XI);

(c) Worn footwear of heading 63.09;

(d) Articles of asbestos (heading 68.12);

(e) Orthopaedic footwear or other orthopaedic appliances, or parts thereof (heading 90.21); or

(f) Toy footwear or skating boots with ice or roller skates attached; shin-guards or similar protective sportswear (Chapter 95).

2. For the purposes of heading 64.06, the term “parts” does not include pegs, protectors, eyelets, hooks, buckles, ornaments, braid, laces, pompons or other trimmings (which are to be classified in their appropriate headings) or buttons or other goods of heading 96.06.

3. For the purposes of this Chapter:

(a) The terms “rubber” and “plastics” include woven fabrics or other textile products with an external layer of rubber or plastics being visible to the naked eye; for the purpose of this provision, no account should be taken of any resulting change of colour; and

(b) The term “leather” refers to the goods of headings 41.07 and 41.12 to 41.14.

4. Subject to Note 3 to this Chapter:

(a) The material of the upper shall be taken to be the constituent material having the greatest external surface area, no account being taken of accessories or reinforcements such as ankle patches, edging, ornamentation, buckles, tabs, eyelet stays or similar attachments;

(b) The constituent material of the outer sole shall be taken to be the material having the greatest surface area in contact with the ground, no account being taken of accessories or reinforcements such as spikes, bars, nails, protectors or similar attachments.

子目注释：

子目6402.12、6402.19、6403.12、6403.19及6404.11所称"运动鞋靴"，仅适用于：

一、带有或可装鞋底钉、止滑柱、夹钳、马蹄掌或类似品的体育专用鞋靴；

二、滑冰靴、滑雪靴及越野滑雪用鞋靴、滑雪板靴、角力靴、拳击靴及赛车鞋。

Subheading Notes:

For the purposes of subheadings 6402.12, 6402.19, 6403.12, 6403.19 and 6404.11, the expression "sports footwear" applies only to:

1. Footwear which is designed for a sporting activity and has, or has provision for the attachment of, spikes, sprigs, stops, clips, bars or the like;
2. Skating boots, ski-boots and cross-country ski footwear, snowboard boots, wrestling boots, boxing boots and cycling shoes.

税则号列			货品名称中英文		税费综合信息	计量单位	监管证件代码		检验检疫类别		检验检疫编码	检验检疫编码对应中文名称
HS国际统一前6位	本国子目 7~8位	本国子目 9~10位	中文 货物名称	英文 Article Description			进口	出口	进口	出口		
640110	10		橡胶制鞋面的装金属护头的防水鞋靴	Waterproof footwear with uppers of rubber (the uppers of which are neither fixed to the sole nor assembled by stitching, riveting, nailing, screwing, plugging or similar processes), incorporating a prective metal toe-cap	【最】10【普】100 【协亚太】5【协东盟】0【协巴基斯坦】12 【协智利】0【协新西兰】0【协新加坡】0 【协秘鲁】0【协哥斯达黎加】0【协冰岛】0 【协瑞士】9.6【协澳大利亚】0【协韩国】18 【协格鲁吉亚】0【协香港】0【协澳门】0 【特-1】0【特-2】0 【增】16【出】0【退】16	千克/双					999	橡胶制鞋面的装金属护头的防水鞋靴（鞋面与鞋底非用缝铆钉旋塞等类似方法连结的）
640110	90		塑料制鞋面的装金属护头的防水鞋	Waterproof footwear with uppers of plastics (the uppers of which are neither fixed to the sole nor assembled by stitching, riveting, nailing, screwing, plugging or similar processes), incorporating a prective metal toe-cap	【最】10【普】100 【协亚太】5【协东盟】0【协巴基斯坦】12 【协智利】0【协新西兰】0【协新加坡】0 【协秘鲁】0【协哥斯达黎加】0【协冰岛】0 【协瑞士】9.6【协澳大利亚】0【协韩国】18 【协格鲁吉亚】0【协香港】0【协澳门】0 【特-1】0【特-2】0 【增】16【对美加征】10【出】0【退】16	千克/双					999	塑料制鞋面的装金属护头的防水鞋靴（鞋面与鞋底非用缝铆钉旋塞等类似方法连结的）
640192	10		橡胶制鞋面的中筒、短筒防水靴【电商】	Waterproof footwear with uppers of rubber (the uppers of which are neither fixed to the sole nor assembled by stitching, riveting, nailing, screwing, plugging or similar processes), covering the ankle but not covering the knee	【最】10【普】100 【协亚太】5【协东盟】0【协巴基斯坦】12 【协智利】0【协新西兰】0【协新加坡】0 【协秘鲁】0【协哥斯达黎加】0【协冰岛】0 【协瑞士】9.6【协澳大利亚】0【协韩国】18 【协格鲁吉亚】0【协香港】0【协澳门】0 【特-1】0【特-2】0 【增】16【对美加征】10【出】0【退】16	千克/双					999	橡胶制鞋面的中筒、短筒防水靴（未过膝，鞋面与鞋非用缝铆钉旋塞等类似方法连结的）
640192	90		塑料制鞋面的中筒、短筒防水靴【电商】	Waterproof footwear with uppers of plastics (the uppers of which are neither fixed to the sole nor assembled by stitching, riveting, nailing, screwing, plugging or similar processes), covering the ankle but not covering the knee	【最】10【普】100 【协亚太】5【协东盟】0【协巴基斯坦】12 【协智利】0【协新西兰】0【协新加坡】0 【协秘鲁】0【协哥斯达黎加】0【协冰岛】0 【协瑞士】9.6【协澳大利亚】0【协韩国】18 【协格鲁吉亚】0【协香港】0【协澳门】0 【特-1】0【特-2】0 【增】16【出】0【退】16	千克/双					999	塑料制鞋面的中筒、短筒防水靴（未过膝，鞋面与鞋非用缝铆钉旋塞等类似方法连结的）
640199	00		其他橡胶塑料制外底及鞋面防水靴【电商】	Other waterproof footwear with outer soles and uppers of rubber or of plastics (the uppers of which are either fixed to the sole or assembled by stitching, riveting, nailing, screwing, plugging or similar processes)	【最】10【普】100 【协亚太】5【协东盟】0【协巴基斯坦】12 【协智利】0【协新西兰】0【协新加坡】0 【协秘鲁】0【协哥斯达黎加】0【协冰岛】0 【协瑞士】9.6【协澳大利亚】0【协韩国】18 【协格鲁吉亚】0【协香港】0【协澳门】0 【特-1】0【特-2】0 【增】16【对美加征】10【出】0【退】16	千克/双					999	其他橡胶塑料制外底及鞋面防水靴（鞋面与鞋底非用缝铆钉旋塞等类似方法连结的）

税则号列			货品名称中英文		税费综合信息	计量单位	监管证件代码		检验检疫类别		检验检疫编码	检验检疫编码对应中文名称
HS 国际统一前6位	本国子目 7~8位	本国子目 9~10位	中文 货物名称	英文 Article Description			进口	出口	进口	出口		
640212	00	10	含濒危动物毛皮橡胶/塑料底及面滑雪靴【电商】	Skiing boots with outer soles and uppers of rubber or plastics containing skin and hair of endangered animals, including cross-country ski footwear and snowboard boots	【最】4【普】100 【协亚太】2【协东盟】0【协巴基斯坦】5 【协智利】0【协新西兰】0【协秘鲁】0 【协哥斯达黎加】0【协冰岛】0【协瑞士】0 【协澳大利亚】0【协韩国】5【协格鲁吉亚】0 【协香港】0【协澳门】0 【特-1】0【特-2】0【特-3】0 【增】16【对美加征】10【出】0【退】0	千克/双	F	E			999	含濒危动物毛皮橡胶/塑料底及面滑雪靴（包括越野滑雪鞋靴及滑雪板靴）
640212	00	90	其他橡胶/塑料底及面滑雪靴【电商】	Other skiing boots with outer soles and uppers of rubber or plastics, including cross-country ski footwear and snowboard boots	【最】4【普】100 【协亚太】2【协东盟】0【协巴基斯坦】5 【协智利】0【协新西兰】0【协秘鲁】0 【协哥斯达黎加】0【协冰岛】0【协瑞士】0 【协澳大利亚】0【协韩国】5【协格鲁吉亚】0 【协香港】0【协澳门】0 【特-1】0【特-2】0【特-3】0 【增】16【对美加征】10【出】0【退】16	千克/双					101 102	其他橡胶/塑料底及面滑雪靴（包括越野滑雪鞋靴及滑雪板靴）（橡塑类鞋靴） 其他橡胶/塑料底及面滑雪靴（包括越野滑雪鞋靴及滑雪板靴）（运动类鞋靴）
640219	00	10	含濒危动物毛皮其他运动鞋靴【电商】①	Other sports footwear with outer soles and uppers of rubber or plastics containing skin and hair of endangered animals	【最】10【普】100 【协亚太】5【协东盟】0【协巴基斯坦】12 【协智利】0【协新西兰】0【协新加坡】0 【协秘鲁】0【协哥斯达黎加】0【协冰岛】0 【协瑞士】9.6【协澳大利亚】0【协韩国】18 【协格鲁吉亚】0【协香港】0【协澳门】0 【特-1】0【特-2】0 【增】16【对美加征】10【出】0【退】0	千克/双	F	E			999	含濒危动物毛皮其他运动鞋靴（橡胶、塑料制底及面）
640219	00	90	橡胶、塑料制底及面的其他运动鞋靴【电商】②	Other sports footwear, with outer soles and uppers of rubber or plastics	【最】10【普】100 【协亚太】5【协东盟】0【协巴基斯坦】12 【协智利】0【协新西兰】0【协新加坡】0 【协秘鲁】0【协哥斯达黎加】0【协冰岛】0 【协瑞士】9.6【协澳大利亚】0【协韩国】18 【协格鲁吉亚】0【协香港】0【协澳门】0 【特-1】0【特-2】0 【增】16【对美加征】10【出】0【退】16	千克/双					999	橡胶、塑料制底及面的其他运动鞋靴
640220	00		将鞋面条带栓塞在鞋底上的鞋【电商】	Footwear with upper straps or thongs assembled to the sole by means of plugs (the outer soles and uppers are made of rubber or plastics)	【最】10【普】100 【协亚太】5【协东盟】0【协巴基斯坦】12 【协智利】0【协新西兰】0【协新加坡】0 【协秘鲁】0【协哥斯达黎加】0【协冰岛】0 【协瑞士】9.6【协澳大利亚】0【协韩国】18 【协格鲁吉亚】0【协香港】0【协澳门】0 【特-1】0【特-2】0 【增】16【对美加征】10【出】0【退】16	千克/双					101 102	将鞋面条带栓塞在鞋底上的鞋（橡胶或塑料制外底及鞋面）（内底长度小于等于17cm） 将鞋面条带栓塞在鞋底上的鞋（橡胶或塑料制外底及鞋面）（内底长度大于17cm）
640291	00		其他橡胶、塑料短筒靴（过踝）【电商】	Other footwear with outer soles and uppers of rubber or plastics, covering the ankle, (including other footwear of rubber or plastics incorporating a protective metal toe-cap, other than waterproof footwear and sports footwear)	【最】10【普】100 【协亚太】5【协东盟】0【协澳门】0 【协巴基斯坦】12【协智利】0【协新西兰】0 【协新加坡】0【协秘鲁】0【协哥斯达黎加】0 【协冰岛】0【协瑞士】9.6【协澳大利亚】0 【协韩国】18【协格鲁吉亚】0【协香港】0 【特-1】0【特-2】0 【增】16【对美加征】10【出】0【退】16	千克/双					101 102	其他橡胶、塑料短筒靴（过踝）（橡胶或塑料制外底及鞋面，防水及运动鞋靴除外，包括其他装金属护鞋头的橡胶、塑料鞋靴）（内底长度小于等于17cm） 其他橡胶、塑料短筒靴（过踝）（橡胶或塑料制外底及鞋面，防水及运动鞋靴除外，包括其他装金属护鞋头的橡胶、塑料鞋靴）（内底长度大于17cm的橡塑类鞋靴）

① 列入《进出口野生动植物种商品目录》的商品除外。

② 列入《进出口野生动植物种商品目录》的商品除外。

税则号列 HS国际统一前6位	本国子目 7~8位	本国子目 9~10位	货品名称中英文 中文 货物名称	货品名称中英文 英文 Article Description	税费综合信息	计量单位	监管证件代码 进口	监管证件代码 出口	检验检疫类别 进口	检验检疫类别 出口	检验检疫编码	检验检疫编码对应中文名称
640299	10		其他橡胶制鞋面的鞋靴 【电商】	Other footwear with uppers of rubber (including other footwear of rubber or plastics incorporating a protective metal toe-cap, other than waterproof footwear and sports footwear)	【最】10【普】100 【协亚太】5【协东盟】0【协澳门】0 【协巴基斯坦】12【协智利】0【协新西兰】0 【协新加坡】0【协秘鲁】0【协哥斯达黎加】0 【协冰岛】0【协瑞士】9.6【协澳大利亚】0 【协韩国】18【协格鲁吉亚】0【协香港】0 【特-1】0【特-2】0【特-3】0 【增】16【对美加征】10【出】0【退】16	千克/双					101	其他橡胶制鞋面的鞋靴(橡胶制外底及鞋面，防水及运动鞋靴除外，包括其他装金属护鞋头的橡胶、塑料鞋靴)(内底长度小于等于17cm)
											102	其他橡胶制鞋面的鞋靴(橡胶制外底及鞋面，防水及运动鞋靴除外，包括其他装金属护鞋头的橡胶、塑料鞋靴)(内底长度大于17cm)
640299	21		其他以机织物或其他纺织材料做衬底的鞋靴 【电商】	Footwear with uppers of plastics and with outer soles of woven fabric and other textile marterial (including other footwear of rubber or plastics incorporating a protective metal toe-cap, other than waterproof footwear and sports footwear)	【最】10【普】100 【协亚太】5【协东盟】0【协澳门】0 【协巴基斯坦】12【协智利】0【协新西兰】0 【协新加坡】0【协秘鲁】0【协哥斯达黎加】0 【协冰岛】0【协瑞士】9.6【协澳大利亚】0 【协韩国】18【协格鲁吉亚】0【协香港】0 【特-1】0【特-2】0【特-3】0 【增】16【出】0【退】16	千克/双					101	其他以机织物或其他纺织材料做衬底的鞋靴[塑料制鞋面，防水及运动鞋靴除外(包括其他装金属护鞋头的橡胶、塑料鞋靴)][靴除外，包括其他装金属护鞋头的橡胶、塑料鞋靴(内底长度小于等于17cm)]
											102	其他以机织物或其他纺织材料做衬底的鞋靴[塑料制鞋面，防水及运动鞋靴除外(包括其他装金属护鞋头的橡胶、塑料鞋靴)][靴除外，包括其他装金属护鞋头的橡胶、塑料鞋靴(内底长度大于17cm)]
640299	29		其他塑料制鞋面的鞋靴 【电商】	Other footwear with uppers of plastics(including other footwear of rubber or plastics incorporating a protective metal toe-cap, other than waterproof footwear and sports footwear)	【最】10【普】100 【协亚太】5【协东盟】0【协澳门】0 【协巴基斯坦】12【协智利】0【协新西兰】0 【协新加坡】0【协秘鲁】0【协哥斯达黎加】0 【协冰岛】0【协瑞士】9.6【协澳大利亚】0 【协韩国】18【协格鲁吉亚】14.4【协香港】0 【特-1】0【特-2】0【特-3】0 【增】16【对美加征】10【出】0【退】16	千克/双					101	其他塑料制鞋面的鞋靴[塑料制鞋面，防水及运动鞋靴除外(包括其他装金属护鞋头的橡胶、塑料鞋靴)][靴除外，包括其他装金属护鞋头的橡胶、塑料鞋靴(内底长度小于等于17cm)]
											102	其他塑料制鞋面的鞋靴[塑料制鞋面，防水及运动鞋靴除外(包括其他装金属护鞋头的橡胶、塑料鞋靴)][靴除外，包括其他装金属护鞋头的橡胶、塑料鞋靴(内底长度大于17cm)]
640312	00	10	含濒危野生动物皮革制鞋面的滑雪靴 【电商】①	Ski-boots, with uppers of leather of wild animals	【最】14【普】100 【协东盟】0【协智利】0【协新西兰】0 【协新加坡】0【协秘鲁】0【协哥斯达黎加】0 【协冰岛】0【协瑞士】9.6【协澳大利亚】0 【协韩国】18【协格鲁吉亚】0【协香港】0 【协澳门】0 【特东柬埔寨】0【特-1】0【特-2】0【特-3】0 【增】16【出】0【退】0	千克/双	F	E			999	含濒危野生动物皮革制鞋面的滑雪靴

① 列入《进出口野生动植物种商品目录》的商品除外。

税则号列			货品名称中英文		税费综合信息	计量单位	监管证件代码		检验检疫类别		检验检疫编码	检验检疫编码对应中文名称
HS 国际统一前6位	本国子目 7~8位	9~10位	中文 货物名称	英文 Article Description			进口	出口	进口	出口		
640312	00	90	其他皮革制鞋面的滑雪靴【电商】①	Ski-boots, cross-country ski footwear and snowboard boots with uppers of other leather and outer soles of rubber, plastics, leather or composition leather	【最】14【普】100 【协东盟】0【协智利】0【协新西兰】0 【协新加坡】0【协秘鲁】0【协哥斯达黎加】0 【协冰岛】0【协瑞士】9.6【协澳大利亚】0 【协韩国】18【协格鲁吉亚】0【协香港】0 【协澳门】0 【特东柬埔寨】0【特-1】0【特-2】0【特-3】0 【增】16【出】0【退】16	千克/双					999	其他皮革制鞋面的滑雪靴（包括橡胶、塑料、皮革制外底和越野滑雪鞋靴及板靴）
640319	00	10	含濒危野生动物皮革制鞋面其他运动鞋靴【电商】②	Other sports footwear with uppers of leather of wild animals	【最】10【普】100 【协东盟】0【协澳门】0【协巴基斯坦】12 【协智利】0【协新西兰】0【协新加坡】0 【协秘鲁】0【协哥斯达黎加】0【协冰岛】0 【协瑞士】6【协澳大利亚】0【协韩国】7.5 【协格鲁吉亚】0【协香港】0 【特东柬埔寨】0【特-1】0【特-2】0【特-3】0 【增】16【对美加征】10【出】0【退】0	千克/双	F	E			999	含濒危野生动物皮革制鞋面其他运动鞋靴
640319	00	90	皮革制鞋面的其他运动鞋靴【电商】③	Other sports footwear with uppers of leather and outer soles of rubber, plastics, leather or composition leather	【最】10【普】100 【协东盟】0【协澳门】0【协巴基斯坦】12 【协智利】0【协新西兰】0【协新加坡】0 【协秘鲁】0【协哥斯达黎加】0【协冰岛】0 【协瑞士】6【协澳大利亚】0【协韩国】7.5 【协格鲁吉亚】0【协香港】0 【特东柬埔寨】0【特-1】0【特-2】0【特-3】0 【增】16【对美加征】10【出】0【退】16	千克/双					999	皮革制鞋面的其他运动鞋靴（橡胶、塑料、皮革或再生皮革制外底）
640320	00	10	含濒危野生动物皮革条带为鞋面的皮底鞋【电商】④	Footwear with outer soles of leather, and uppers which consist of leather straps of wild animals across the instep and around the big toe	【最】14【普】100 【协东盟】0【协澳门】0【协智利】0 【协新西兰】0【协新加坡】0【协秘鲁】0 【协哥斯达黎加】0【协冰岛】0【协瑞士】9.6 【协澳大利亚】0【协韩国】18【协香港】0 【协格鲁吉亚】0 【特东柬埔寨】0【特-1】0【特-2】0【特-3】0 【增】16【出】0【退】0	千克/双	F	E			101 102	含濒危野生动物皮革条带为鞋面的皮底鞋（内底长度小于等于17cm） 含濒危野生动物皮革条带为鞋面的皮底鞋（内底长度大于17cm）
640320	00	90	其他皮革条带为鞋面的皮底鞋【电商】⑤	Footwear with outer soles of leather, and uppers which consist of other leather straps across the instep and around the big toe	【最】14【普】100 【协东盟】0【协澳门】0【协智利】0 【协新西兰】0【协新加坡】0【协秘鲁】0 【协哥斯达黎加】0【协冰岛】0【协瑞士】9.6 【协澳大利亚】0【协韩国】18【协香港】0 【协格鲁吉亚】0 【特东柬埔寨】0【特-1】0【特-2】0【特-3】0 【增】16【出】0【退】16	千克/双					999	其他皮革条带为鞋面的皮底鞋（皮革条带交叉于脚背并绕大脚趾的）
640340	00	10	其他含濒危野生动物皮革面鞋靴	Other footwear with uppers of leather of wild animals(incorporating a protective metal toe-cap)	【最】14【普】100 【协东盟】0【协智利】0【协新西兰】0 【协新加坡】0【协秘鲁】0【协哥斯达黎加】0 【协冰岛】0【协瑞士】9.6【协澳大利亚】0 【协韩国】18【协格鲁吉亚】0【协香港】0 【协澳门】0 【特东柬埔寨】0【特-1】0【特-2】0【特-3】0 【增】16【对美加征】5【出】0【退】0	千克/双	F	E			999	其他含濒危野生动物皮革面鞋靴（装有金属护鞋头的）
640340	00	90	装有金属护鞋头的其他皮革面鞋靴	Other footwear with uppers of leather, incorporating a protective metal toe-cap (with outer soles of rubber, plastics, leather or composition leather)	【最】14【普】100 【协东盟】0【协智利】0【协新西兰】0 【协新加坡】0【协秘鲁】0【协哥斯达黎加】0 【协冰岛】0【协瑞士】9.6【协澳大利亚】0 【协韩国】18【协格鲁吉亚】0【协香港】0 【协澳门】0 【特东柬埔寨】0【特-1】0【特-2】0【特-3】0 【增】16【对美加征】5【出】0【退】16	千克/双					999	装有金属护鞋头的其他皮革面鞋靴（橡胶、塑料、皮革或再生皮革制外底）

① 列入《进出口野生动植物种商品目录》的商品除外。
② 列入《进出口野生动植物种商品目录》的商品除外。
③ 列入《进出口野生动植物种商品目录》的商品除外。
④ 列入《进出口野生动植物种商品目录》的商品除外。
⑤ 列入《进出口野生动植物种商品目录》的商品除外。

税则号列			货品名称中英文		税费综合信息	计量单位	监管证件代码		检验检疫类别		检验检疫编码	检验检疫编码对应中文名称
HS 国际统一前6位	本国子目 7~8位	本国子目 9~10位	中文 货物名称	英文 Article Description			进口	出口	进口	出口		
640351	11	10	含濒危野生动物皮革制外底皮革面过脚踝但低于小腿的短筒靴【电商】①	Other short boots with outer soles of leather and uppers of leather of wild animals, covering the ankle but lower than calf, inner sole length less than 24cm (other than sports footwear)	【最】8【普】100 【协东盟】0【协澳门】0【协巴基斯坦】5 【协智利】0【协新西兰】0【协秘鲁】0 【协哥斯达黎加】0【协冰岛】0【协瑞士】0 【协澳大利亚】0【协韩国】5【协格鲁吉亚】0 【协香港】0 【特东柬埔寨】0【特-1】0【特-2】0【特-3】0 【增】16【对美加征】10【出】0【退】0	千克/双	F	E			101 102	含濒危野生动物皮革制外底皮革面过脚踝但低于小腿的短筒靴（内底长度小于24cm，运动用靴除外）（内底长度小于等于17cm） 含濒危野生动物皮革制外底皮革面过脚踝但低于小腿的短筒靴（内底长度小于24cm，运动用靴除外）（内底长度大于17cm）
640351	11	90	皮革制外底皮革面过脚踝但低于小腿的短筒靴【电商】②	Short boots with outer soles of leather and uppers of leather, covering the ankle but lower than calf, inner soles length less than 24cm (other than sports footwear)	【最】8【普】100 【协东盟】0【协澳门】0【协巴基斯坦】5 【协智利】0【协新西兰】0【协秘鲁】0 【协哥斯达黎加】0【协冰岛】0【协瑞士】0 【协澳大利亚】0【协韩国】5【协格鲁吉亚】0 【协香港】0 【特东柬埔寨】0【特-1】0【特-2】0【特-3】0 【增】16【对美加征】10【出】0【退】16	千克/双	A		M		101 102 103	皮革制外底皮革面过脚踝但低于小腿的短筒靴（内底长度小于24cm，运动用靴除外）（内底长度小于等于17cm） 皮革制外底皮革面过脚踝但低于小腿的短筒靴（内底长度小于24cm，运动用靴除外）（内底长度大于17cm，适用于14周岁及以下儿童穿用） 皮革制外底皮革面过脚踝但低于小腿的短筒靴（内底长度小于24cm，运动用靴除外）（内底长度大于17cm，不适用于14周岁及以下儿童穿用）
640351	19	10	其他含濒危野生动物皮革制外底皮革面过脚踝但低于小腿短筒靴【电商】③	Other short boots with outer soles of leather of wild animals, covering the ankle but lower than calf, uppers of leather (other than sports footwear)	【最】8【普】100 【协东盟】0【协巴基斯坦】5【协智利】0 【协新西兰】0【协秘鲁】0【协哥斯达黎加】0 【协冰岛】0【协瑞士】0【协澳大利亚】0 【协韩国】5【协格鲁吉亚】0【协香港】0 【协澳门】0 【特东柬埔寨】0【特-1】0【特-2】0【特-3】0 【增】16【对美加征】10【出】0【退】0	千克/双	F	E			101 102	其他含濒危野生动物皮革制外底皮革面过脚踝但低于小腿短筒靴（运动用靴除外）（内底长度小于等于17cm） 其他含濒危野生动物皮革制外底皮革面过脚踝但低于小腿短筒靴（运动用靴除外）（内底长度大于17cm）
640351	19	90	其他皮革制外底皮革面过脚踝但低于小腿短筒靴【电商】④	Short boots with outer soles of other leather, covering the ankle but lower than calf, uppers of leather (other than sports footwear)	【最】8【普】100 【协东盟】0【协巴基斯坦】5【协智利】0 【协新西兰】0【协秘鲁】0【协哥斯达黎加】0 【协冰岛】0【协瑞士】0【协澳大利亚】0 【协韩国】5【协格鲁吉亚】0【协香港】0 【协澳门】0 【特东柬埔寨】0【特-1】0【特-2】0【特-3】0 【增】16【对美加征】10【出】0【退】16	千克/双					101 102	其他皮革制外底皮革面过脚踝但低于小腿短筒靴（运动用靴除外）（内底长度小于等于17cm） 其他皮革制外底皮革面过脚踝但低于小腿短筒靴（运动用靴除外）（内底长度大于17cm）
640351	91	10	含濒危野生动物皮革制外底皮革面短筒靴【电商】⑤	Short boots with outer soles of leather and uppers of leather of wild animals, inner soles length less than 24cm (other than sports footwear)	【最】8【普】100 【协东盟】0【协巴基斯坦】5【协智利】0 【协新西兰】0【协秘鲁】0【协哥斯达黎加】0 【协冰岛】0【协瑞士】0【协澳大利亚】0 【协韩国】5【协格鲁吉亚】0【协香港】0 【协澳门】0 【特东柬埔寨】0【特-1】0【特-2】0【特-3】0 【增】16【出】0【退】0	千克/双	F	E			101 102	含濒危野生动物皮革制外底皮革面短筒靴（内底长度小于24cm，运动用靴除外）（内底长度小于等于17cm） 含濒危野生动物皮革制外底皮革面短筒靴（内底长度小于24cm，运动用靴除外）（内底长度大于17cm）

① 列入《进出口野生动植物种商品目录》的商品除外。
② 列入《进出口野生动植物种商品目录》的商品除外。
③ 列入《进出口野生动植物种商品目录》的商品除外。
④ 列入《进出口野生动植物种商品目录》的商品除外。
⑤ 列入《进出口野生动植物种商品目录》的商品除外。

税则号列 HS国际统一前6位	本国子目 7~8位	9~10位	货品名称 中文 货物名称	英文 Article Description	税费综合信息	计量单位	监管证件代码 进口	出口	检验检疫类别 进口	出口	检验检疫编码	检验检疫编码对应中文名称
640351	91	90	皮革制外底的皮革面短筒靴(过踝)【电商】①	Short boots with outer soles of leather and uppers of leather, covering the ankle, inner soles length less than 24cm (other than sports footwear)	【最】8【普】100 【协东盟】0【协巴基斯坦】5【协智利】0 【协新西兰】0【协秘鲁】0【协哥斯达黎加】0 【协冰岛】0【协瑞士】0【协澳大利亚】0 【协韩国】5【协格鲁吉亚】0【协香港】0 【协澳门】0 【特东柬埔寨】0【特-1】0【特-2】0【特-3】0 【增】16【出】0【退】16	千克/双	A		M		101 102 103	皮革制外底的皮革面短筒靴(过踝)(内底长度小于24cm,运动用靴除外)(内底长度小于等于17cm) 皮革制外底的皮革面短筒靴(过踝)(内底长度小于24cm,运动用靴除外)(内底长度大于17cm,适用于14周岁及以下儿童穿用) 皮革制外底的皮革面短筒靴(过踝)(内底长度小于24cm,运动用靴除外)(内底长度大于17cm,不适用于14周岁及以下儿童穿用)
640351	99	10	含濒危野生动物皮革制外底皮革面短筒靴	Short boots with outer soles of leather of wild animals and uppers of leather (other than sports footwear)	【最】8【普】100 【协东盟】0【协巴基斯坦】5【协智利】0 【协新西兰】0【协秘鲁】0【协哥斯达黎加】0 【协冰岛】0【协瑞士】0【协澳大利亚】0 【协韩国】5【协格鲁吉亚】0【协香港】0 【协澳门】0 【特东柬埔寨】0【特-1】0【特-2】0【特-3】0 【增】16【对美加征】10【出】0【退】0	千克/双	F	E			101 102	含濒危野生动物皮革制外底皮革面短筒靴(运动用靴除外)(内底长度小于等于17cm) 含濒危野生动物皮革制外底皮革面短筒靴(运动用靴除外)(内底长度大于17cm)
640351	99	90	皮革制外底的皮革面短筒靴(过踝)	Short boots with outer soles of leather and uppers of leather (other than sports footwear)	【最】8【普】100 【协东盟】0【协巴基斯坦】5【协智利】0 【协新西兰】0【协秘鲁】0【协哥斯达黎加】0 【协冰岛】0【协瑞士】0【协澳大利亚】0 【协韩国】5【协格鲁吉亚】0【协香港】0 【协澳门】0 【特东柬埔寨】0【特-1】0【特-2】0【特-3】0 【增】16【对美加征】10【出】0【退】16	千克/双					101 102	皮革制外底的皮革面短筒靴(过踝)(运动用靴除外)(内底长度小于等于17cm) 皮革制外底的皮革面短筒靴(过踝)(运动用靴除外)(内底长度大于17cm)
640359	00	10	含濒危野生动物皮革制外底皮革面其他鞋【电商】②	Other footwear with outer soles of leather of wild animals and uppers of leather including boots, other than sports footwear	【最】8【普】100 【协东盟】0【协澳门】0【协巴基斯坦】5 【协智利】0【协新西兰】0【协秘鲁】0 【协哥斯达黎加】0【协冰岛】0【协瑞士】4 【协澳大利亚】0【协韩国】5【协格鲁吉亚】0 【协香港】0 【特东柬埔寨】0【特-1】0【特-2】0【特-3】0 【增】16【对美加征】10【出】0【退】0	千克/双	F	E			101 102	含濒危野生动物皮革制外底皮革面其他鞋(包括靴,运动用鞋靴除外)(内底长度小于等于17cm) 含濒危野生动物皮革制外底皮革面其他鞋(包括靴,运动用鞋靴除外)(内底长度大于17cm)
640359	00	90	皮革制外底的皮革面其他鞋靴【电商】③	Other footwear with outer soles of leather and uppers of leather, other than sports footwear	【最】8【普】100 【协东盟】0【协澳门】0【协巴基斯坦】5 【协智利】0【协新西兰】0【协秘鲁】0 【协哥斯达黎加】0【协冰岛】0【协瑞士】4 【协澳大利亚】0【协韩国】5【协格鲁吉亚】0 【协香港】0 【特东柬埔寨】0【特-1】0【特-2】0【特-3】0 【增】16【对美加征】10【出】0【退】16	千克/双					101 102	皮革制外底的皮革面其他鞋靴(运动用鞋靴除外)(内底长度小于等于17cm) 皮革制外底的皮革面其他鞋靴(运动用鞋靴除外)(内底长度大于17cm)
640391	11	10	其他含濒危野生动物皮革制面过脚踝但低于小腿的短筒靴【电商】④	Short boots with uppers of leather of wild animal, covering the ankle but lower than calf, outer soles of rubber or plastic or composition leather, inner soles length less than 24cm, other than sports footwear	【最】8【普】100 【协东盟】0【协澳门】0【协巴基斯坦】5 【协智利】0【协新西兰】0【协新加坡】0 【协秘鲁】0【协哥斯达黎加】0【协冰岛】0 【协瑞士】4【协澳大利亚】0【协韩国】5 【协格鲁吉亚】0【协香港】0 【特东柬埔寨】0【特-1】0【特-2】0【特-3】0 【增】16【对美加征】10【出】0【退】0	千克/双	F	E			101 102	其他含濒危野生动物皮革制面过脚踝但低于小腿的短筒靴(内底<24cm,橡胶、塑料、再生皮革制外底,运动用靴除外)(内底长度小于等于17cm) 其他含濒危野生动物皮革制面过脚踝但低于小腿的短筒靴(内底<24cm,橡胶、塑料、再生皮革制外底,运动用靴除外)(内底长度大于17cm)

① 列入《进出口野生动植物种商品目录》的商品除外。
② 列入《进出口野生动植物种商品目录》的商品除外。
③ 列入《进出口野生动植物种商品目录》的商品除外。
④ 列入《进出口野生动植物种商品目录》的商品除外。

税则号列			货品名称中英文		税费综合信息	计量单位	监管证件代码		检验检疫类别		检验检疫编码	检验检疫编码对应中文名称
HS国际统一前6位	本国子目 7~8位	9~10位	中文 货物名称	英文 Article Description			进口	出口	进口	出口		
640391	11	90	其他皮革制面过脚踝但低于小腿的短筒靴【电商】①	Short boots with uppers of other leather, covering the ankle but lower than calf, outer soles of rubber or plastic or composition leather, inner soles length less than 24cm, other than sports footwear	【最】8【普】100 【协东盟】0【协澳门】0【协巴基斯坦】5 【协智利】0【协新西兰】0【协新加坡】0 【协秘鲁】0【协哥斯达黎加】0【协冰岛】0 【协瑞士】4【协澳大利亚】0【协韩国】5 【协格鲁吉亚】0【协香港】0 【特东柬埔寨】0【特-1】0【特-2】0【特-3】0 【增】16【对美加征】10【出】0【退】16	千克/双	A		M		101 102 103	其他皮革制面过脚踝但低于小腿的短筒靴（内底<24cm,橡胶、塑料、再生皮革制外底，运动用靴除外）（内底长度小于等于17cm） 其他皮革制面过脚踝但低于小腿的短筒靴（内底<24cm,橡胶、塑料、再生皮革制外底，运动用靴除外）（内底长度大于17cm,适用于14周岁及以下儿童穿用） 其他皮革制面过脚踝但低于小腿的短筒靴（内底<24cm,橡胶、塑料、再生皮革制外底，运动用靴除外）（内底长度大于17cm,不适用于14周岁及以下儿童穿用）
640391	19	10	其他含濒危野生动物皮革制面过脚踝但低于小腿的短筒靴 【电商】②	Short boots with uppers of leather of other wild animals covering the ankle but lower than calf, outer soles of rubber or plastic or composition leather, of inner soles length less than 24cm, other than sports footwear	【最】8【普】100 【协东盟】0【协澳门】0【协巴基斯坦】5 【协智利】0【协新西兰】0【协新加坡】0 【协秘鲁】0【协哥斯达黎加】0【协冰岛】0 【协瑞士】0【协澳大利亚】0【协韩国】5 【协格鲁吉亚】0【协香港】0 【特东柬埔寨】0【特-1】0【特-2】0【特-3】0 【增】16【对美加征】10【出】0【退】0	千克/双	F	E			101 102	其他含濒危野生动物皮革制面过脚踝但低于小腿的短筒靴（橡胶、塑料、再生皮革制外底，运动用靴除外）（内底长度小于等于17cm） 其他含濒危野生动物皮革制面过脚踝但低于小腿的短筒靴（橡胶、塑料、再生皮革制外底，运动用靴除外）（内底长度大于17cm）
640391	19	90	其他皮革制面过脚踝但低于小腿的短筒靴【电商】③	Short boots with uppers of other leather, covering the ankle but lower than calf, outer soles of rubber or plastic or composition leather, other than sports footwear	【最】8【普】100 【协东盟】0【协澳门】0【协巴基斯坦】5 【协智利】0【协新西兰】0【协新加坡】0 【协秘鲁】0【协哥斯达黎加】0【协冰岛】0 【协瑞士】0【协澳大利亚】0【协韩国】5 【协格鲁吉亚】0【协香港】0 【特东柬埔寨】0【特-1】0【特-2】0【特-3】0 【增】16【对美加征】10【出】0【退】16	千克/双					101 102	其他皮革制面过脚踝但低于小腿的短筒靴（橡胶、塑料、再生皮革制外底，运动用靴除外）（内底长度小于等于17cm） 其他皮革制面过脚踝但低于小腿的短筒靴（橡胶、塑料、再生皮革制外底，运动用靴除外）（内底长度大于17cm）
640391	91	10	其他含濒危野生皮革制面的短筒靴（过踝） 【电商】④	Short boots with uppers of leather of other wild animals covering the ankle, outer soles of rubber or plastic or composition leather, nner soles length less than 24cm, other than sports footwear	【最】8【普】100 【协东盟】0【协澳门】0【协巴基斯坦】5 【协智利】0【协新西兰】0【协新加坡】0 【协秘鲁】0【协哥斯达黎加】0【协冰岛】0 【协瑞士】0【协澳大利亚】0【协韩国】5 【协格鲁吉亚】0【协香港】0 【特东柬埔寨】0【特-1】0【特-2】0【特-3】0 【增】16【对美加征】10【出】0【退】0	千克/双	F	E	M		101 102	其他含濒危野生皮革制面的短筒靴（过踝）（内底<24cm,橡胶、塑料、再生皮革制外底，运动用靴除外）（内底长度小于等于17cm） 其他含濒危野生皮革制面的短筒靴（过踝）（内底<24cm,橡胶、塑料、再生皮革制外底，运动用靴除外）（内底长度大于17cm）

① 列入《进出口野生动植物种商品目录》的商品除外。
② 列入《进出口野生动植物种商品目录》的商品除外。
③ 列入《进出口野生动植物种商品目录》的商品除外。
④ 列入《进出口野生动植物种商品目录》的商品除外。

税则号列			货品名称中英文		税费综合信息	计量单位	监管证件代码		检验检疫类别		检验检疫编码	检验检疫编码对应中文名称
HS 国际统一前6位	本国子目 7~8位	本国子目 9~10位	中文 货物名称	英文 Article Description			进口	出口	进口	出口		
640391	91	90	其他皮革制面的短筒靴（过踝） 【电商】①	Short boots with uppers of other leather, covering the ankle but lower than calf, outer soles of rubber or plastic or composition leather, inner soles length less than 24cm, other than sports footwear	【最】8【普】100 【协东盟】0【协澳门】0【协巴基斯坦】5 【协智利】0【协新西兰】0【协新加坡】0 【协秘鲁】0【协哥斯达黎加】0【协冰岛】0 【协瑞士】0【协澳大利亚】0【协韩国】5 【协格鲁吉亚】0【协香港】0 【特东柬埔寨】0【特-1】0【特-2】0【特-3】0 【增】16【对美加征】10【出】0【退】16	千克/双	A				101 102 103	其他皮革制面的短筒靴（过踝）（内底<24cm，橡胶、塑料、再生皮革制外底，运动用靴除外）（内底长度小于等于17cm） 其他皮革制面的短筒靴（过踝）（内底<24cm，橡胶、塑料、再生皮革制外底，运动用靴除外）（内底长度大于17cm，适用于14周岁及以下儿童穿用） 其他皮革制面的短筒靴（过踝）（内底<24cm，橡胶、塑料、再生皮革制外底，运动用靴除外）（内底长度大于17cm，不适用于14周岁及以下儿童穿用）
640391	99	10	其他含濒危野生皮革制面的短筒靴（过踝） 【电商】②	Short boots with uppers of leather of other wild animals, covering the ankle, outer soles of rubber or plastic or composition leather, other than sports footwear	【最】8【普】100 【协东盟】0【协澳门】0【协巴基斯坦】5 【协智利】0【协新西兰】0【协新加坡】0 【协秘鲁】0【协哥斯达黎加】0【协冰岛】0 【协瑞士】0【协澳大利亚】0【协韩国】5 【协格鲁吉亚】0【协香港】0 【特东柬埔寨】0【特-1】0【特-2】0【特-3】0 【增】16【对美加征】10【出】0【退】0	千克/双	F	E			101 102	其他含濒危野生皮革制面的短筒靴（过踝）（橡胶、塑料、再生皮革制外底，运动用靴除外）（内底长度小于等于17cm） 其他含濒危野生皮革制面的短筒靴（过踝）（橡胶、塑料、再生皮革制外底，运动用靴除外）（内底长度大于17cm）
640391	99	90	其他皮革制面的短筒靴（过踝） 【电商】③	Short boots with uppers of other leather, covering the ankle, outer soles of rubber or plastic or composition leather, other than sports footwear	【最】8【普】100 【协东盟】0【协澳门】0【协巴基斯坦】5 【协智利】0【协新西兰】0【协新加坡】0 【协秘鲁】0【协哥斯达黎加】0【协冰岛】0 【协瑞士】0【协澳大利亚】0【协韩国】5 【协格鲁吉亚】0【协香港】0 【特东柬埔寨】0【特-1】0【特-2】0【特-3】0 【增】16【对美加征】10【出】0【退】16	千克/双					101 102	其他皮革制面的短筒靴（过踝）（橡胶、塑料、再生皮革制外底，运动用靴除外）（内底长度小于等于17cm） 其他皮革制面的短筒靴（过踝）（橡胶、塑料、再生皮革制外底，运动用靴除外）（内底长度大于17cm）
640399	00	10	含濒危野生动物皮革制面的其他鞋靴 【电商】④	Other footwear with uppers of leather of wild animals, outer soles of rubber or plastic or composition leather, other than sports footwear	【最】8【普】100 【协亚太】5.2【协东盟】0【协澳门】0 【协巴基斯坦】5【协智利】0【协新西兰】0 【协新加坡】0【协秘鲁】0【协哥斯达黎加】0 【协冰岛】0【协瑞士】4【协澳大利亚】0 【协韩国】5【协格鲁吉亚】0【协香港】0 【特东柬埔寨】0【特-1】0【特-2】0【特-3】0 【增】16【对美加征】10【出】0【退】0	千克/双	F	E			101 102	含濒危野生动物皮革制面的其他鞋靴（橡胶、塑料、再生皮革制外底，运动用鞋靴除外）（内底长度小于等于17cm） 含濒危野生动物皮革制面的其他鞋靴（橡胶、塑料、再生皮革制外底，运动用鞋靴除外）（内底长度大于17cm）

① 列入《进出口野生动植物种商品目录》的商品除外。
② 列入《进出口野生动植物种商品目录》的商品除外。
③ 列入《进出口野生动植物种商品目录》的商品除外。
④ 列入《进出口野生动植物种商品目录》的商品除外。

税则号列			货品名称中英文		税费综合信息	计量单位	监管证件代码		检验检疫类别		检验检疫编码	检验检疫编码对应中文名称
HS国际统一前6位	本国子目 7~8位	9~10位	中文 货物名称	英文 Article Description			进口	出口	进口	出口		
640399	00	90	其他皮革制面的其他鞋靴【电商】①	Other footwear with uppers of other leather, outer soles of rubber or plastic or composition leather, other than sports footwear	【最】8【普】100 【协亚太】5.2【协东盟】0【协澳门】0 【协巴基斯坦】5【协智利】0【协新西兰】0 【协新加坡】0【协秘鲁】0【协哥斯达黎加】0 【协冰岛】0【协瑞士】4【协澳大利亚】0 【协韩国】5【协格鲁吉亚】0【协香港】0 【特东柬埔寨】0【特-1】0【特-2】0【特-3】0 【增】16【对美加征】10【出】0【退】16	千克/双					101 102	其他皮革制面的其他鞋靴（橡胶、塑料、再生皮革制外底，运动用鞋靴除外）（内底长度小于等于17cm） 其他皮革制面的其他鞋靴（橡胶、塑料、再生皮革制外底，运动用鞋靴除外）（内底长度大于17cm）
640411	00		纺织材料制鞋面的运动鞋靴【电商】	Sports footwear, tennis shoes, basketball shoes, gym shoes, training shoes and the like, with outer soles of rubber, plastics and uppers of textile materials	【最】10【普】100 【协亚太】5【协东盟】0【协澳门】0 【协巴基斯坦】12【协智利】0【协新西兰】0 【协新加坡】0【协秘鲁】0【协哥斯达黎加】0 【协冰岛】0【协瑞士】9.6【协澳大利亚】0 【协韩国】18【协格鲁吉亚】0【协香港】0 【特-1】0【特-2】0 【增】16【对美加征】10【出】0【退】16	千克/双					999	纺织材料制鞋面的运动鞋靴（橡胶或塑料制外底，包括球类、体操、训练鞋及类似鞋）
640419	10		纺织材料制鞋面胶底的拖鞋【电商】	Slippers	【最】10【普】100 【协亚太】5【协东盟】0【协澳门】0 【协巴基斯坦】12【协智利】0【协新西兰】0 【协新加坡】0【协秘鲁】0【协哥斯达黎加】0 【协冰岛】0【协瑞士】9.6【协澳大利亚】0 【协韩国】18【协格鲁吉亚】0【协香港】0 【特-1】0【特-2】0 【增】16【对美加征】10【出】0【退】16	千克/双					101 102	纺织材料制鞋面胶底的拖鞋［拖鞋，指没有后帮（带），露趾或不露趾的、日常穿用的鞋］内底长度小于等于17cm） 纺织材料制鞋面胶底的拖鞋［拖鞋，指没有后帮（带），露趾或不露趾的、日常穿用的鞋］内底长度大于17cm）
640419	90		纺织材料制鞋面胶底的其他鞋靴【电商】	Footwear with outer soles of leather or composition leather	【最】10【普】100 【协亚太】5【协东盟】0【协澳门】0 【协巴基斯坦】12【协智利】0【协新西兰】0 【协新加坡】0【协秘鲁】0【协哥斯达黎加】0 【协冰岛】0【协瑞士】9.6【协澳大利亚】0 【协韩国】18【协格鲁吉亚】0【协香港】0 【特-1】0【特-2】0 【增】16【对美加征】10【出】0【退】16	千克/双					101 102	纺织材料制鞋面胶底的其他鞋靴（橡胶或塑料制外底，运动用鞋靴除外）（内底长度小于等于17cm） 纺织材料制鞋面胶底的其他鞋靴（橡胶或塑料制外底，运动用鞋靴除外）（内底长度大于17cm）
640420	10		纺织材料制鞋面皮革底的拖鞋【电商】	Slippers	【最】10【普】100 【协亚太】5【协东盟】0【协巴基斯坦】12 【协智利】0【协新西兰】0【协新加坡】0 【协秘鲁】0【协哥斯达黎加】0【协冰岛】0 【协瑞士】9.6【协澳大利亚】0【协韩国】18 【协格鲁吉亚】0【协香港】0【协澳门】0 【特-1】0【特-2】0 【增】16【出】0【退】16	千克/双					101 102 103	纺织材料制鞋面皮革底的拖鞋［拖鞋，指没有后帮（带），露趾或不露趾的、日常穿用的鞋］（内底长度小于等于17cm） 纺织材料制鞋面皮革底的拖鞋［拖鞋，指没有后帮（带），露趾或不露趾的、日常穿用的鞋］（内底长度大于17cm，非运动鞋） 纺织材料制鞋面皮革底的拖鞋［拖鞋，指没有后帮（带），露趾或不露趾的、日常穿用的鞋］（运动类鞋靴）

① 列入《进出口野生动植物种商品目录》的商品除外。

税则号列			货品名称中英文		税费综合信息	计量单位	监管证件代码		检验检疫类别		检验检疫编码	检验检疫编码对应中文名称
HS国际统一前6位	本国子目 7~8位	本国子目 9~10位	中文 货物名称	英文 Article Description			进口	出口	进口	出口		
640420	90		纺织材料制鞋面皮革底的其他鞋靴【电商】	Other	【最】10【普】100 【协亚太】5【协东盟】0【协巴基斯坦】12 【协智利】0【协新西兰】0【协新加坡】0 【协秘鲁】0【协哥斯达黎加】0【协冰岛】0 【协瑞士】9.6【协澳大利亚】0【协韩国】18 【协格鲁吉亚】0【协香港】0【协澳门】0 【特-1】0【特-2】0 【增】16【对美加征】10【出】0【退】16	千克/双					101 102 103	纺织材料制鞋面皮革底的其他鞋靴（皮革或再生皮革制外底，包括运动用鞋靴）（内底长度小于等于17cm） 纺织材料制鞋面皮革底的其他鞋靴（皮革或再生皮革制外底，包括运动用鞋靴）（内底长度大于17cm,非运动鞋） 纺织材料制鞋面皮革底的其他鞋靴（皮革或再生皮革制外底，包括运动用鞋靴）（运动类鞋靴）
640510	10		再生皮革制面的，橡胶、塑料、皮革及再生皮革制外底的其他鞋靴【电商】	Other footwear with outer soles of rubber, plastics, leather or composition leather and uppers of composition leather	【最】12【普】100 【协亚太】6【协东盟】0【协巴基斯坦】12 【协智利】0【协新西兰】0【协新加坡】0 【协秘鲁】0【协哥斯达黎加】0【协冰岛】0 【协瑞士】9.6【协澳大利亚】0【协韩国】18 【协格鲁吉亚】0【协香港】0【协澳门】0 【特-1】0【特-2】0 【增】16【出】0【退】16	千克/双					101 102	再生皮革制面的，橡胶、塑料、皮革及再生皮革制外底的其他鞋靴(内底长度小于等于17cm) 再生皮革制面的，橡胶、塑料、皮革及再生皮革制外底的其他鞋靴(内底长度大于17cm)
640510	90	10	含濒危野生动物皮革制面的其他鞋靴【电商】[1]	Other footwear with uppers of leather of wild animals, outer soles of materials other than rubber, plastics, leather or composition leather	【最】12【普】100 【协亚太】6【协东盟】0【协巴基斯坦】12 【协智利】0【协新西兰】0【协新加坡】0 【协秘鲁】0【协哥斯达黎加】0【协冰岛】0 【协瑞士】9.6【协澳大利亚】0【协韩国】18 【协格鲁吉亚】0【协香港】0【协澳门】0 【特-1】0【特-2】0 【增】16【出】0【退】0	千克/双	F	E			101 102	含濒危野生动物皮革制面的其他鞋靴（外底用橡胶、塑料、皮革及再生皮革以外材料制成）(内底长度小于等于17cm) 含濒危野生动物皮革制面的其他鞋靴（外底用橡胶、塑料、皮革及再生皮革以外材料制成）(内底长度大于17cm)
640510	90	90	其他皮革或再生皮革制面的其他鞋靴【电商】[2]	Other footwear with uppers of leather or composition leather, outer soles of materials other than rubber, plastics, leather or composition leather	【最】12【普】100 【协亚太】6【协东盟】0【协巴基斯坦】12 【协智利】0【协新西兰】0【协新加坡】0 【协秘鲁】0【协哥斯达黎加】0【协冰岛】0 【协瑞士】9.6【协澳大利亚】0【协韩国】18 【协格鲁吉亚】0【协香港】0【协澳门】0 【特-1】0【特-2】0 【增】16【出】0【退】16	千克/双					101 102	其他皮革或再生皮革制面的其他鞋靴（外底用橡胶、塑料、皮革及再生皮革以外材料制成）(内底长度小于等于17cm) 其他皮革或再生皮革制面的其他鞋靴（外底用橡胶、塑料、皮革及再生皮革以外材料制成）(内底长度大于17cm)
640520	00	10	羊毛毡呢制内底及鞋面的鞋靴【电商】	Footwear with innner soles and uppers of wool felt, outer soles of materials other than rubber, plastics, leather or composition leather	【最】10【普】100 【协亚太】5【协东盟】0【协巴基斯坦】11 【协智利】0【协新西兰】0【协新加坡】0 【协秘鲁】0【协哥斯达黎加】0【协冰岛】0 【协瑞士】8.8【协澳大利亚】0【协韩国】16.5 【协格鲁吉亚】0【协香港】0【协澳门】0 【特-1】0【特-2】0 【增】16【对美加征】10【出】0【退】16	千克/双					101 102	羊毛毡呢制内底及鞋面的鞋靴（外底用橡胶、塑料、皮革或再生皮革制以外材料制成）（内底长度小于等于17cm) 羊毛毡呢制内底及鞋面的鞋靴（外底用橡胶、塑料、皮革或再生皮革制以外材料制成）（内底长度大于17cm)

① 列入《进出口野生动植物种商品目录》的商品除外。

② 列入《进出口野生动植物种商品目录》的商品除外。

税则号列 HS国际统一前6位	本国子目 7~8位	本国子目 9~10位	货品名称 中文 货物名称	货品名称 英文 Article Description	税费综合信息	计量单位	监管证件代码 进口	监管证件代码 出口	检验检疫类别 进口	检验检疫类别 出口	检验检疫编码	检验检疫编码对应中文名称
640520	00	90	纺织材料制鞋面的其他鞋靴【电商】	Other footwear with uppers of textile materials, outer soles of materials other than rubber, plastics, leather or composition leather	【最】10【普】100 【协亚太】5【协东盟】0【协巴基斯坦】11 【协智利】0【协新西兰】0【协新加坡】0 【协秘鲁】0【协哥斯达黎加】0【协冰岛】0 【协瑞士】8.8【协澳大利亚】0【协韩国】16.5 【协格鲁吉亚】0【协香港】0【协澳门】0 【特-1】0【特-2】0 【增】16【对美加征】10【出】0【退】16	千克/双					101 102	纺织材料制鞋面的其他鞋靴（外底用橡胶、塑料、皮革或再生皮革制以外材料制成）（内底长度小于等于17cm） 纺织材料制鞋面的其他鞋靴（外底用橡胶、塑料、皮革或再生皮革制以外材料制成）（内底长度大于17cm）
640590	10		其他材料制面的橡胶、塑料、皮革及再生皮革制外底的鞋靴【电商】	Other footwear with outher soles of rubber, plastics, leather or composition leather, uppers of materials other than leather, composition leather and textile materials	【最】6【普】100 【协亚太】3.9【协东盟】0【协巴基斯坦】7.5 【协智利】0【协新西兰】0【协新加坡】0 【协秘鲁】0【协哥斯达黎加】0【协冰岛】0 【协瑞士】6【协澳大利亚】0【协韩国】7.5 【协格鲁吉亚】0【协香港】0【协澳门】0 【特-1】0【特-2】0 【增】16【对美加征】10【出】0【退】16	千克/双					101 102	其他材料制面的橡胶、塑料、皮革及再生皮革制外底的鞋靴（面用皮革，再生皮革及纺织材料以外的材料制成）(日常穿着用) 其他材料制面的橡胶、塑料、皮革及再生皮革制外底的鞋靴（面用皮革，再生皮革及纺织材料以外的材料制成）(非日常穿着用)
640590	90		其他材料制面非橡胶、塑料、皮革及再生皮革制外底的鞋靴【电商】	Other footwear with outer soles of other materials (other than rubber, plastics, leather or composition leather), uppers of materials other than leather, composition leather and textile materials	【最】6【普】100 【协亚太】3.9【协东盟】0【协巴基斯坦】7.5 【协智利】0【协新西兰】0【协新加坡】0 【协秘鲁】0【协哥斯达黎加】0【协冰岛】0 【协瑞士】6【协澳大利亚】0【协韩国】7.5 【协格鲁吉亚】0【协香港】0【协澳门】0 【特-1】0【特-2】0 【增】16【对美加征】10【出】0【退】16	千克/双					101 102	其他材料制面非橡胶、塑料、皮革及再生皮革制外底的鞋靴（面用皮革，再生皮革及纺织材料以外的材料制成）(日常穿着用) 其他材料制面非橡胶、塑料、皮革及再生皮革制外底的鞋靴（面用皮革，再生皮革及纺织材料以外的材料制成）(非日常穿着用)
640610	00	10	含濒危野生动物皮的鞋面及其零件【电商】①	Uppers and parts thereof, containing leather of wild animals	【最】6【普】90 【协亚太】3.9【协东盟】0【协巴基斯坦】7.5 【协智利】0【协新西兰】0【协新加坡】0 【协秘鲁】0【协台湾】0【协哥斯达黎加】0 【协冰岛】0【协瑞士】6【协澳大利亚】0 【协韩国】11.2【协格鲁吉亚】0【协香港】0 【协澳门】0 【特-1】0【特-2】0 【增】16【对美加征】10【出】0【退】0	千克/双	F	E			999	含濒危野生动物皮的鞋面及其零件
640610	00	90	其他鞋面及其零件【电商】②	Other uppers and parts thereof, excluding stiffeners and felt articles	【最】6【普】90 【协亚太】3.9【协东盟】0【协巴基斯坦】7.5 【协智利】0【协新西兰】0【协新加坡】0 【协秘鲁】0【协台湾】0【协哥斯达黎加】0 【协冰岛】0【协瑞士】6【协澳大利亚】0 【协韩国】11.2【协格鲁吉亚】0【协香港】0 【协澳门】0 【特-1】0【特-2】0 【增】6【对美加征】10【出】0【退】16	千克/双					999	其他鞋面及其零件（不包括硬衬及毡呢制品）
640620	10		橡胶制的外底及鞋跟	Out soles and heels of rubber	【最】6【普】90 【协东盟】0【协巴基斯坦】12【协智利】0 【协新西兰】0【协新加坡】0【协秘鲁】0 【协台湾】0【协哥斯达黎加】0【协冰岛】0 【协瑞士】6【协澳大利亚】0【协韩国】7.5 【协格鲁吉亚】0【协香港】0【协澳门】0 【特-1】0【特-2】0【特-3】0 【增】16【对美加征】10【出】0【退】16	千克/双					999	橡胶制的外底及鞋跟

① 列入《进出口野生动植物种商品目录》的商品除外。
② 列入《进出口野生动植物种商品目录》的商品除外。

税则号列			货品名称中英文		税费综合信息	计量单位	监管证件代码		检验检疫类别		检验检疫编码	检验检疫编码对应中文名称
HS 国际统一前6位	本国子目 7~8位	9~10位	中文 货物名称	英文 Article Description			进口	出口	进口	出口		
640620	20		塑料制的外底及鞋跟	Out soles and heels of plastics	【最】6【普】90 【协东盟】0【协巴基斯坦】12【协智利】0 【协新西兰】0【协新加坡】0【协秘鲁】0 【协哥斯达黎加】0【协冰岛】0【协瑞士】6 【协澳大利亚】0【协韩国】9【协格鲁吉亚】0 【协香港】0【协澳门】0 【特-1】0【特-2】0【特-3】0 【增】16【对美加征】10【出】0【退】16	千克/双					999	塑料制的外底及鞋跟
640690	10		其他木制鞋靴零件，活动式鞋内底等	Parts of footwear of wood, removable inner soles, (including heel cushions and similar articles; gaiters, leggings and similar articles, and parts thereof)	【最】6【普】90 【协亚太】3.9【协东盟】0【协巴基斯坦】7.5 【协智利】0【协新西兰】0【协新加坡】0 【协秘鲁】0【协哥斯达黎加】0【协冰岛】0 【协瑞士】6【协澳大利亚】0【协韩国】7.5 【协格鲁吉亚】0【协香港】0【协澳门】0 【特-1】0【特-2】0 【增】16【出】0【退】16	千克/双					999	其他木制鞋靴零件，活动式鞋内底等（包括跟垫及类似品，护腿、裹腿和类似品及其零件）
640690	91		其他材料制活动式鞋内底、跟垫及类似品	Parts of removable insoles, heel cushions gaiters, and parts thereof, of other materials	【最】6【普】90 【协亚太】3.9【协东盟】0【协香港】0 【协澳门】0【协巴基斯坦】7.5【协智利】0 【协新西兰】0【协新加坡】0【协秘鲁】0 【协台湾】0【协哥斯达黎加】0【协冰岛】0 【协瑞士】6【协澳大利亚】0【协韩国】11.2 【协格鲁吉亚】0 【特-1】0【特-2】0 【增】16【对美加征】10【出】0【退】16	千克/双					999	其他材料制活动式鞋内底、跟垫及类似品
640690	92		其他材料制护腿、裹腿和类似品及其零件【电商】	Parts of leggings and similar articles, and parts thereof, of other materials	【最】6【普】90 【协亚太】3.9【协东盟】0【协香港】0 【协澳门】0【协巴基斯坦】7.5【协智利】0 【协新西兰】0【协新加坡】0【协秘鲁】0 【协台湾】0【协哥斯达黎加】0【协冰岛】0 【协瑞士】6【协澳大利亚】0【协韩国】11.2 【协格鲁吉亚】0 【特-1】0【特-2】0 【增】16【对美加征】10【出】0【退】16	千克/双					999	其他材料制护腿、裹腿和类似品及其零件
640690	99		其他材料制其他鞋靴零件	Parts of footwear of other materials	【最】6【普】90 【协亚太】3.9【协东盟】0【协香港】0 【协澳门】0【协巴基斯坦】7.5【协智利】0 【协新西兰】0【协新加坡】0【协秘鲁】0 【协台湾】0【协哥斯达黎加】0【协冰岛】0 【协瑞士】6【协澳大利亚】0【协韩国】11.2 【协格鲁吉亚】0 【特-1】0【特-2】0 【增】16【对美加征】5【出】0【退】16	千克/双					999	其他材料制其他鞋靴零件

第六十五章 帽类及其零件

Chapter 65 Headgear and parts thereof

注释：

一、本章不包括：

（一）税目 63.09 的旧帽类；

（二）石棉制帽类（税目 68.12）；或

（三）第九十五章的玩偶帽、其他玩具帽或狂欢节用品。

二、税目 65.02 不包括缝制的帽坯，但仅将条带缝成螺旋形的除外。

Chapter Notes:

1. This Chapter does not cover:

(a) Worn headgear of heading 63.09;

(b) Asbestos headgear (heading 68.12); or

(c) "Dolls" hats, other toy hats or carnival articles of Chapter 95.

2. Heading 65.02 does not cover hat-shapes made by sewing other than those obtained simply by sewing strips in spirals.

税则号列 HS 国际统一前 6 位	本国子目 7~8 位	本国子目 9~10 位	货品名称 中文	货品名称 英文 Article Description	税费综合信息	计量单位	监管证件代码 进口	监管证件代码 出口	检验检疫类别 进口	检验检疫类别 出口	检验检疫编码	检验检疫编码对应中文名称
650100	00		毡呢制帽坯及圆帽片	Hat-forms, hat bodies, hoods of felt, and manchons (whether or not silted)	【最】10【普】100 【协东盟】0【协智利】0【协新西兰】0 【协新加坡】0【协秘鲁】0【协哥斯达黎加】0 【协冰岛】0【协瑞士】8.8【协澳大利亚】0 【协韩国】16.5【协格鲁吉亚】0【协香港】0 【协澳门】0 【特-1】0【特-2】0 【增】16【对美加征】10【出】0【退】16	千克					101 102 103	毡呢制帽坯及圆帽片（包括帽身、帽兜及不论是否裁开的制帽毡呢筒）（纤维素纤维制生活帽） 毡呢制帽坯及圆帽片（包括帽身、帽兜及不论是否裁开的制帽毡呢筒）（动物纤维制生活帽） 毡呢制帽坯及圆帽片（包括帽身、帽兜及不论是否裁开的制帽毡呢筒）（化学纤维制生活帽）
650200	00		编结或用条带拼制的帽坯	Hat-shapes, plaited or made by assembling strips of any material, (neither blocked to shape, nor with made brims, nor lined, nor trimmed)	【最】8【普】100 【协东盟】0【协智利】0【协新西兰】0 【协新加坡】0【协秘鲁】0【协哥斯达黎加】0 【协冰岛】0【协瑞士】8【协澳大利亚】0 【协韩国】13.3【协格鲁吉亚】0【协香港】0 【协澳门】0 【特-1】0【特-2】0 【增】16【出】0【退】16	千克					101 102 103 104	编结或用条带拼制的帽坯（未楦制成形，未加帽边、衬里或装饰物）（皮革制生活帽） 编结或用条带拼制的帽坯（未楦制成形，未加帽边、衬里或装饰物）（纤维素纤维制生活帽） 编结或用条带拼制的帽坯（未楦制成形，未加帽边、衬里或装饰物）（动物纤维制生活帽） 编结或用条带拼制的帽坯（未楦制成形，未加帽边、衬里或装饰物）（化学纤维制生活帽）
650400	00		编结或用条带拼制成的帽类	Hats and other headgear, plaited or made by assembling strips of any material, whether or not lined or trimmed	【最】8【普】130 【协东盟】0【协智利】0【协新西兰】0 【协新加坡】0【协秘鲁】0【协哥斯达黎加】0 【协冰岛】0【协瑞士】8【协澳大利亚】0 【协韩国】13.3【协格鲁吉亚】0【协香港】0 【协澳门】0 【特-1】0【特-2】0 【增】16【对美加征】10【出】0【退】16	个/千克					101 102 103 104	编结或用条带拼制成的帽类（不论有无衬里或饰物）（皮革制生活帽） 编结或用条带拼制成的帽类（不论有无衬里或饰物）（纤维素纤维制生活帽） 编结或用条带拼制成的帽类（不论有无衬里或饰物）（动物纤维制生活帽） 编结或用条带拼制成的帽类（不论有无衬里或饰物）（化学纤维制生活帽）

税则号列 HS国际统一前6位	本国子目 7~8位	本国子目 9~10位	货品名称中英文 中文 货物名称	货品名称中英文 英文 Article Description	税费综合信息	计量单位	监管证件代码 进口	监管证件代码 出口	检验检疫类别 进口	检验检疫类别 出口	检验检疫编码	检验检疫编码对应中文名称
650500	10		发网	Hair-nets (whether or not lined or trimed)	【最】4【普】130 【协东盟】0【协巴基斯坦】5【协智利】0 【协新西兰】0【协秘鲁】0【协哥斯达黎加】0 【协冰岛】0【协瑞士】0【协澳大利亚】0 【协韩国】5【协格鲁吉亚】0【协香港】0 【协澳门】0 【特-1】0【特-2】0【特-3】0 【增】16【对美加征】10【出】0【退】16	个/千克					999	发网（不论有无衬里或装饰物）
650500	20		钩编的帽类 【电商】	Hats and other head-gear, crocheted	【最】8【普】130 【协亚太】5.2【协东盟】0【协巴基斯坦】19 【协智利】0【协新西兰】0【协新加坡】0 【协秘鲁】0【协哥斯达黎加】0【协冰岛】0 【协瑞士】8【协澳大利亚】0【协韩国】13.3 【协格鲁吉亚】0【协香港】0【协澳门】0 【特-1】0【特-2】0【特-3】0 【增】16【对美加征】10【出】0【退】16	个/千克					101 102 103	钩编的帽类（纤维素纤维制生活帽） 钩编的帽类（动物纤维制生活帽） 钩编的帽类（化学纤维制生活帽）
650500	91		成品毡呢制帽类 【电商】	Felt hats and other felt headgear, made from the hat bodies, hoods or plateaux of heading No. 65.01, whether or not lined or trimmed	【最】8【普】130 【协亚太】4.8【协东盟】0【协智利】0 【协新西兰】0【协新加坡】0【协秘鲁】0 【协哥斯达黎加】0【协冰岛】0【协瑞士】8 【协澳大利亚】0【协韩国】16.5 【协格鲁吉亚】0【协香港】0【协澳门】0 【特-1】0【特-2】0 【增】16【对美加征】5【出】0【退】16	个/千克					101 102 103	成品毡呢制帽类（用税目65.01的帽身、帽兜或圆帽片制成，不论有无衬里或装饰物）［不论有无衬里或装饰物（纤维素纤维制生活帽）］ 成品毡呢制帽类（用税目65.01的帽身、帽兜或圆帽片制成，不论有无衬里或装饰物）［不论有无衬里或装饰物（动物纤维制生活帽）］ 成品毡呢制帽类（用税目65.01的帽身、帽兜或圆帽片制成，不论有无衬里或装饰物）［不论有无衬里或装饰物（化学纤维制生活帽）］
650500	99		针织帽类及用其他纺织物（条带除外）制成帽类 【电商】	Hats and other head-gear, knitted and those made up from lace, felt or other tex-tile fabric (in pieces but not in strips), whether or not lined or trimmed	【最】8【普】130 【协亚太】5.2【协东盟】0【协澳门】0 【协巴基斯坦】19【协智利】0【协新西兰】0 【协新加坡】0【协秘鲁】0【协哥斯达黎加】0 【协冰岛】0【协瑞士】8【协澳大利亚】0 【协韩国】10【协格鲁吉亚】0【协香港】0 【特-1】0【特-2】0【特-3】0 【增】16【对美加征】10【出】0【退】16	个/千克					101 102 103	针织帽类及用其他纺织物（条带除外）制成帽类（包括用成匹的花边、毡呢制成的，不论有无衬里或装饰物）［呢制成的，不论有无衬里或装饰物（纤维素纤维制生活帽）］ 针织帽类及用其他纺织物（条带除外）制成帽类（包括用成匹的花边、毡呢制成的，不论有无衬里或装饰物）［呢制成的，不论有无衬里或装饰物（动物纤维制生活帽）］ 针织帽类及用其他纺织物（条带除外）制成帽类（包括用成匹的花边、毡呢制成的，不论有无衬里或装饰物）［呢制成的，不论有无衬里或装饰物（化学纤维制生活帽）］
650610	00	10	防护罩 【电商】	Protective mask (with filter, which can fil-tered biological fac-tors)	【最】4【普】100 【协东盟】0【协巴基斯坦】5【协智利】0 【协新西兰】0【协秘鲁】0【协哥斯达黎加】0 【协冰岛】0【协瑞士】0【协澳大利亚】0 【协韩国】5【协格鲁吉亚】0【协香港】0 【协澳门】0 【特-1】0【特-2】0 【增】16【对美加征】10【出】0【退】16	个/千克		3			999	防护罩（带有能够滤除生物因子滤器的面罩）

税则号列			货品名称中英文		税费综合信息	计量单位	监管证件代码		检验检疫类别		检验检疫编码	检验检疫编码对应中文名称
HS国际统一前6位	本国子目 7~8位	本国子目 9~10位	中文 货物名称	英文 Article Description			进口	出口	进口	出口		
650610	00	90	其他安全帽 【电商】	Other safety headgear, whether or not lined or trimmed	【最】4【普】100 【协东盟】0【协巴基斯坦】5【协智利】0 【协新西兰】0【协秘鲁】0【协哥斯达黎加】0 【协冰岛】0【协瑞士】0【协澳大利亚】0 【协韩国】5【协格鲁吉亚】0【协香港】0 【协澳门】0 【特-1】0【特-2】0 【增】16【对美加征】10【出】0【退】16	个/千克					101 102	其他安全帽（不论有无衬里或饰物）（工业用安全帽） 其他安全帽（不论有无衬里或饰物）（非工业用安全帽）
650691	00		橡胶或塑料制帽类 【电商】	Other headgear of rubber or of plastics, whether or not lined or trimmed, other than safety headgear	【最】4【普】100 【协东盟】0【协巴基斯坦】5【协智利】0 【协新西兰】0【协秘鲁】0【协哥斯达黎加】0 【协冰岛】0【协瑞士】0【协澳大利亚】0 【协韩国】5【协格鲁吉亚】0【协香港】0 【协澳门】0 【特-1】0【特-2】0 【增】16【对美加征】5【出】0【退】16	个/千克					999	橡胶或塑料制帽类（不论有无衬里或饰物，不包括安全帽）
650699	10	10	含濒危野生动物皮革制帽类	Other headgear of leather of wild animals	【最】8【普】130 【协东盟】0【协巴基斯坦】5【协智利】0 【协新西兰】0【协秘鲁】0【协哥斯达黎加】0 【协冰岛】0【协瑞士】0【协澳大利亚】0 【协韩国】5【协格鲁吉亚】0【协香港】0 【协澳门】0 【特-1】0【特-2】0 【增】16【对美加征】10【出】0【退】0	个/千克	F	E			999	含濒危野生动物皮革制帽类
650699	10	90	其他皮革制帽类	Other headgear of leather of other animals	【最】8【普】130 【协东盟】0【协巴基斯坦】5【协智利】0 【协新西兰】0【协秘鲁】0【协哥斯达黎加】0 【协冰岛】0【协瑞士】0【协澳大利亚】0 【协韩国】5【协格鲁吉亚】0【协香港】0 【协澳门】0 【特-1】0【特-2】0 【增】16【对美加征】10【出】0【退】16	个/千克					999	其他皮革制帽类
650699	20	10	含濒危野生动物毛皮制的帽类 【电商】①	Headgear of leather of wild animals, whether or not lined or trimmed	【最】4【普】130 【协东盟】0【协香港】0【协巴基斯坦】5 【协智利】0【协新西兰】0【协秘鲁】0 【协哥斯达黎加】0【协冰岛】0【协瑞士】0 【协澳大利亚】0【协韩国】5【协格鲁吉亚】0 【特-1】0【特-2】0【特-3】0 【增】16【对美加征】5【出】0【退】0	个/千克	F	E			999	含濒危野生动物毛皮制的帽类（无论有无衬里或饰物）
650699	20	90	其他毛皮制的帽类 【电商】②	Headgear of leather of other animals, whether or not lined or trimmed	【最】4【普】130 【协东盟】0【协香港】0【协巴基斯坦】5 【协智利】0【协新西兰】0【协秘鲁】0 【协哥斯达黎加】0【协冰岛】0【协瑞士】0 【协澳大利亚】0【协韩国】5【协格鲁吉亚】0 【特-1】0【特-2】0【特-3】0 【增】16【对美加征】5【出】0【退】16	个/千克					999	其他毛皮制的帽类（无论有无衬里或饰物）
650699	90		其他材料制的未列名帽类 【电商】	Headgear of other materials, not specified, whether or not lined or trimmed	【最】10【普】100 【协东盟】0【协智利】0【协新西兰】0 【协新加坡】0【协秘鲁】0【协哥斯达黎加】0 【协冰岛】0【协瑞士】9.6【协澳大利亚】0 【协韩国】18【协格鲁吉亚】0【协香港】0 【协澳门】0 【特-1】0【特-2】0【特-3】0 【增】16【对美加征】10【出】0【退】16	个/千克					999	其他材料制的未列名帽类（不论有无衬里或饰物）
650700	00	10	含濒危野生动物成分的帽类附件	Headgear accessories, including headbands, linings, covers, hat foundations, hat frames, peaks and chinstraps, containing materials of wild animals	【最】10【普】100 【协东盟】0【协澳门】0【协智利】0 【协新西兰】0【协新加坡】0【协秘鲁】0 【协哥斯达黎加】0【协冰岛】0【协瑞士】9.6 【协澳大利亚】0【协韩国】18 【协格鲁吉亚】0【协香港】0 【特-1】0【特-2】0 【增】16【对美加征】5【出】0【退】0	千克	F	E			999	含濒危野生动物成分的帽类附件（指帽圈、衬、套、帮、骨架、舌及颏带）

① 列入《进出口野生动植物种商品目录》的商品除外。

② 列入《进出口野生动植物种商品目录》的商品除外。

税则号列			货品名称中英文		税费综合信息	计量单位	监管证件代码		检验检疫类别		检验检疫编码	检验检疫编码对应中文名称
HS 国际统一前6位	本国子目 7~8位	本国子目 9~10位	中文 货物名称	英文 Article Description			进口	出口	进口	出口		
650700	00	90	其他帽类附件	Other headgear accessories, head-bands, linings, covers, hat foundations, hat frames, peaks and chinstraps	【最】10【普】100 【协东盟】0【协澳门】0【协智利】0 【协新西兰】0【协新加坡】0【协秘鲁】0 【协哥斯达黎加】0【协冰岛】0【协瑞士】9.6 【协澳大利亚】0【协韩国】18 【协格鲁吉亚】0【协香港】0 【特-1】0【特-2】0 【增】16【对美加征】5【出】0【退】16	千克					999	其他帽类附件（指帽圈、衬、套、帮、骨架、舌及颏带）

第六十六章 雨伞、阳伞、手杖、鞭子、马鞭及其零件

Chapter 66 Umbrellas, sun umbrellas, walking-sticks, seat-sticks, whips, riding-crops and parts thereof

注释：

一、本章不包括：

（一）丈量用杖及类似品（税目90.17）；

（二）火器手杖、刀剑手杖、灌铅手杖及类似品（第九十三章）；或

（三）第九十五章的货品（例如，玩具雨伞、玩具阳伞）。

二、税目66.03不包括纺织材料制的零件、附件及装饰品或者任何材料制的罩套、流苏、鞭梢、伞套及类似品。此类货品即使与税目66.01或66.02的物品一同报验，只要未装配在一起，则不应视为上述税号所列物品的组成零件，而应分别归入各有关税号。

Chapter Notes:

1. This Chapter does not cover:

(a) Measure walking-sticks or the like (heading 90.17);

(b) Firearm-sticks, sword-sticks, loaded walking-sticks or the like (Chapter 93); or

(c) Goods of Chapter 95 (for example, toy umbrellas, toy sun umbrellas).

2. Heading 66.03 does not cover parts, trimmings or accessories of textile material, or covers, tassels, thongs, umbrella cases or the like, of any material. Such goods presented with, but not fitted to, articles of heading 66.01 or 66.02 are to be classified separately and are not to be treated as forming part of those articles.

税则号列 HS国际统一前6位	本国子目 7~8位	本国子目 9~10位	货品名称 中文 货物名称	货品名称 英文 Article Description	税费综合信息	计量单位	监管证件代码 进口	监管证件代码 出口	检验检疫类别 进口	检验检疫类别 出口	检验检疫编码	检验检疫编码对应中文名称
660110	00		庭院用伞及类似品【电商】	Garden or similar umbrellas (other than toy umbrella)	【最】6【普】130 【协东盟】0【协巴基斯坦】7【协智利】0 【协新西兰】0【协新加坡】0【协秘鲁】0 【协哥斯达黎加】0【协冰岛】0【协瑞士】5.6 【协澳大利亚】0【协韩国】7 【协格鲁吉亚】0【协香港】0【协澳门】0 【特-1】0【特-2】0 【增】16【对美加征】5【出】0【退】16	千克/把					101 102	庭院用伞及类似品（玩具伞除外）（含木制品） 庭院用伞及类似品（玩具伞除外）（不含木制品）
660191	00		折叠伞【电商】	Umbrella having a telescopic shaft (other than toy umbrella)	【最】4【普】130 【协东盟】0【协巴基斯坦】5【协智利】0 【协新西兰】0【协秘鲁】0【协哥斯达黎加】0 【协冰岛】0【协瑞士】0【协澳大利亚】0 【协韩国】5【协格鲁吉亚】0【协香港】0 【协澳门】0 【特-1】0【特-2】0【特-3】0 【增】16【对美加征】10【出】0【退】16	千克/把					101 102	折叠伞（玩具伞除外）（含木制品） 折叠伞（玩具伞除外）（不含木制品）
660199	00		其他伞【电商】	Other umbrellas (other than toy umbrella)	【最】4【普】130 【协东盟】0【协巴基斯坦】5【协智利】0 【协新西兰】0【协秘鲁】0【协哥斯达黎加】0 【协冰岛】0【协瑞士】0【协澳大利亚】0 【协韩国】5【协格鲁吉亚】0【协香港】0 【协澳门】0 【特-1】0【特-2】0 【增】16【对美加征】10【出】0【退】16	千克/把					101 102	其他伞（玩具伞除外）（含木制品） 其他伞（玩具伞除外）（不含木制品）
660200	00	11	含濒危野生动物成分的手杖、带座手杖	Walking-sticks, seat-sticks, whips, riding-crops and the like, containing composition of wild animals	【最】4【普】130 【协东盟】0【协巴基斯坦】5【协智利】0 【协新西兰】0【协秘鲁】0【协哥斯达黎加】0 【协冰岛】0【协瑞士】0【协澳大利亚】0 【协韩国】5【协格鲁吉亚】0【协香港】0 【协澳门】0 【特-1】0【特-2】0 【增】16【对美加征】10【出】0【退】0	千克/把	F	E			101 102	含濒危野生动物成分的手杖、带座手杖（包括马鞭、鞭子及类似品）（含木制品） 含濒危野生动物成分的手杖、带座手杖（包括马鞭、鞭子及类似品）（不含木制品）
660200	00	19	动植物材料制手杖、鞭子及类似品	Walking-sticks, seat-sticks, whips, riding-crops and the like, of vegetable or animal materials	【最】4【普】130 【协东盟】0【协巴基斯坦】5【协智利】0 【协新西兰】0【协秘鲁】0【协哥斯达黎加】0 【协冰岛】0【协瑞士】0【协澳大利亚】0 【协韩国】5【协格鲁吉亚】0【协香港】0 【协澳门】0 【特-1】0【特-2】0 【增】16【对美加征】10【出】0【退】16	千克/把					101 102	动植物材料制手杖、鞭子及类似品（包括带座手杖）（含木制品） 动植物材料制手杖、鞭子及类似品（包括带座手杖）（不含木制品）

税则号列			货品名称中英文		税费综合信息	计量单位	监管证件代码		检验检疫类别		检验检疫编码	检验检疫编码对应中文名称
HS 国际统一前6位	本国子目 7~8位	9~10位	中文 货物名称	英文 Article Description			进口	出口	进口	出口		
660200	00	90	其他手杖、带座手杖、鞭子及类似品	Other walking-sticks, seat-sticks, whips, riding-crops and the like	【最】4【普】130 【协东盟】0【协巴基斯坦】5【协智利】0 【协新西兰】0【协秘鲁】0【协哥斯达黎加】0 【协冰岛】0【协瑞士】0【协澳大利亚】0 【协韩国】5【协格鲁吉亚】0【协香港】0 【协澳门】0 【特-1】0【特-2】0 【增】16【对美加征】10【出】0【退】16	千克/把					101 102	其他手杖、带座手杖、鞭子及类似品（含木制品） 其他手杖、带座手杖、鞭子及类似品（不含木制品）
660320	00		伞骨	Umbrella frames, including frames mounted on shafts (sticks)	【最】6【普】130 【协东盟】0【协巴基斯坦】11.2【协智利】0 【协新西兰】0【协新加坡】0【协秘鲁】0 【协哥斯达黎加】0【协冰岛】0【协瑞士】5.6 【协澳大利亚】0【协韩国】7 【协格鲁吉亚】0【协香港】0【协澳门】0 【特-1】0【特-2】0 【增】16【对美加征】10【出】0【退】16	千克					101 102	伞骨（包括装在伞柄上的伞骨）（含木制品） 伞骨（包括装在伞柄上的伞骨）（不含木制品）
660390	00	10	含濒危野生动物成分的伞、手杖的零件及装饰品	Parts, trimmings and accessories of umbrella, walking-sticks, whips, containing composition of wild animals	【最】6【普】130 【协东盟】0【协巴基斯坦】11.2【协智利】0 【协新西兰】0【协新加坡】0【协秘鲁】0 【协哥斯达黎加】0【协冰岛】0【协瑞士】5.6 【协澳大利亚】0【协韩国】7 【协格鲁吉亚】0【协香港】0【协澳门】0 【特-1】0【特-2】0【特-3】0 【增】16【对美加征】10【出】0【退】0	千克	F	E			101 102	含濒危野生动物成分的伞、手杖的零件及装饰品（包括鞭子的其他零件及饰品）（含木制品） 含濒危野生动物成分的伞、手杖的零件及装饰品（包括鞭子的其他零件及饰品）（不含木制品）
660390	00	90	伞、手杖及鞭子的其他零件及饰品	Other parts, trimmings and accessories of umbrella, walking-sticks, whips, other than covers, tassels, lash and other articles of textile material	【最】6【普】130 【协东盟】0【协巴基斯坦】11.2【协智利】0 【协新西兰】0【协新加坡】0【协秘鲁】0 【协哥斯达黎加】0【协冰岛】0【协瑞士】5.6 【协澳大利亚】0【协韩国】7 【协格鲁吉亚】0【协香港】0【协澳门】0 【特-1】0【特-2】0【特-3】0 【增】16【对美加征】10【出】0【退】16	千克					101 102	伞、手杖及鞭子的其他零件及饰品（罩套、流苏、鞭梢及纺织材料制品除外）（含木制品） 伞、手杖及鞭子的其他零件及饰品（罩套、流苏、鞭梢及纺织材料制品除外）（不含木制品）

第六十七章
已加工羽毛、羽绒及其制品；人造花；人发制品

Chapter 67
Prepared feathers and down and articles made of feathers or of down; artificial flowers; articles of human hair

注释：

一、本章不包括：

（一）人发制滤布（税目59.11）；

（二）花边、刺绣品或其他纺织物制成的花卉图案（第十一类）；

（三）鞋靴（第六十四章）；

（四）帽类及发网（第六十五章）；

（五）玩具、运动用品或狂欢节用品（第九十五章）；或

（六）羽毛掸帚、粉扑及人发制的筛子（第九十六章）。

二、税目67.01不包括：

（一）羽毛或羽绒仅在其中作为填充料的物品（例如，税目94.04的寝具）；

（二）羽毛或羽绒仅作为饰物或填充料的衣服或衣着附件；或

（三）税目67.02的人造花、叶及其部分品，以及它们的制成品。

三、税目67.02不包括：

（一）玻璃制品（第七十章）；或

（二）用陶器、石料、金属、木料或其他材料经模铸、锻造、雕刻、冲压或其他方法整件制成形的人造花、叶或果实，用捆扎、胶粘及类似方法以外的其他方法将部分品组合而成的上述制品。

Chapter Notes:

1. This Chapter does not cover:

(a) Straining cloth of human hair (heading 59.11);

(b) Floral motifs of lace, of embroidery or other textile fabric (Section XI);

(c) Footwear (Chapter 64);

(d) Headgear or hair-nets (Chapter 65);

(e) Toys, sports requisites or carnival articles (Chapter 95); or

(f) Feather dusters, powder-puffs or hair sieves (Chapter 96).

2. Heading 67.01 does not cover:

(a) Articles in which feathers or down constitute only filling or padding (for example, bedding of heading 94.04);

(b) Articles of apparel or clothing accessories in which feathers or down constitute no more than mere trimming or padding; or

(c) Artificial flowers or foliage or parts thereof or made up articles of heading 67.02.

3. Heading 67.02 does not cover:

(a) Articles of glass (Chapter 70); or

(b) Artificial flowers, foliage or fruit of pottery, stone, metal, wood or other materials, obtained in one piece by moulding, forging, carving, stamping or other process, or consisting of parts assembled otherwise than by binding, gluing, fitting into one another or similar methods.

税则号列 HS国际统一前6位	本国子目 7~8位	本国子目 9~10位	货品名称 中文 货物名称	货品名称 英文 Article Description	税费综合信息	计量单位	监管证件代码 进口	监管证件代码 出口	检验检疫类别 进口	检验检疫类别 出口	检验检疫编码	检验检疫编码对应中文名称
670100	00	10	已加工野禽羽毛、羽绒及其制品	Worked feathers, down and articles thereof, of wildbirds	【最】8【普】130 【协东盟】0【协澳门】0【协智利】0【协香港】0 【协新西兰】0【协新加坡】0【协秘鲁】0 【协哥斯达黎加】0【协冰岛】0【协瑞士】8 【协澳大利亚】0【协韩国】13.3 【协格鲁吉亚】0 【特-1】0【特-2】0 【增】16【对美加征】5【出】0【退】16	千克	AF	EB	P	Q	999	已加工野禽羽毛、羽绒及其制品
670100	00	90	其他已加工羽毛、羽绒及其制品（税目05.05的货品及经加工的羽管及羽轴除外）	Other worked feathers, down and articles thereof (other than goods of heading No. 05.05 and worked quills and scapes)	【最】8【普】130 【协东盟】0【协澳门】0【协智利】0【协香港】0 【协新西兰】0【协新加坡】0【协秘鲁】0 【协哥斯达黎加】0【协冰岛】0【协瑞士】8 【协澳大利亚】0【协韩国】13.3 【协格鲁吉亚】0 【特-1】0【特-2】0 【增】16【对美加征】5【出】0【退】16	千克	A	B	P	Q	999	其他已加工羽毛、羽绒及其制品（税目05.05的货品及经加工的羽管及羽轴除外）

税则号列 HS国际统一前6位	本国子目 7~8位	本国子目 9~10位	货品名称 中文 货物名称	货品名称 英文 Article Description	税费综合信息	计量单位	监管证件代码 进口	监管证件代码 出口	检验检疫类别 进口	检验检疫类别 出口	检验检疫编码	检验检疫编码对应中文名称
670210	00		塑料制花、叶、果实及其制品（包括花、叶、果实的零件）	Artificial flowers, foliage and fruit and parts thereof, of plastics, including parts of artificial flowers, foliage or fruit	【最】8【普】130 【协东盟】0【协智利】0【协新西兰】0 【协新加坡】0【协秘鲁】0【协哥斯达黎加】0 【协冰岛】0【协瑞士】8【协澳大利亚】0 【协韩国】13.3【协格鲁吉亚】0【协香港】0 【协澳门】0 【特-1】0【特-2】0 【增】16【对美加征】5【出】0【退】16	千克					101 102	塑料制花、叶、果实及其制品（包括花、叶、果实的零件）（含木制品） 塑料制花、叶、果实及其制品（包括花、叶、果实的零件）（不含木制品）
670290	10	10	野禽羽毛制花、叶、果实及其制品	Flowers, foliage and fruit and articles thereof, of feathers or down of wild birds	【最】8【普】130 【协亚太】4.8【协东盟】0【协智利】0 【协新西兰】0【协新加坡】0【协秘鲁】0 【协哥斯达黎加】0【协冰岛】0【协瑞士】8 【协澳大利亚】0【协韩国】13.3 【协格鲁吉亚】0【协香港】0【协澳门】0 【特-1】0【特-2】0 【增】16【出】0【退】16	千克	AF	EB	P	Q	101 102	野禽羽毛制花、叶、果实及其制品（含木制品） 野禽羽毛制花、叶、果实及其制品（不含木制品）
670290	10	90	其他羽毛制花、叶、果实及其制品（包括花、叶、果实的零件）	Flowers, foliage and fruit and parts thereof, of other feathers or down, including parts of artificial flowers, foliage or fruit	【最】8【普】130 【协亚太】4.8【协东盟】0【协智利】0 【协新西兰】0【协新加坡】0【协秘鲁】0 【协哥斯达黎加】0【协冰岛】0【协瑞士】8 【协澳大利亚】0【协韩国】13.3 【协格鲁吉亚】0【协香港】0【协澳门】0 【特-1】0【特-2】0 【增】16【出】0【退】16	千克	A	B	P	Q	101 102	其他羽毛制花、叶、果实及其制品（包括花、叶、果实的零件）（含木制品） 其他羽毛制花、叶、果实及其制品（包括花、叶、果实的零件）（不含木制品）
670290	20		丝或绢丝制花、叶、果实及其制品（包括花、叶、果实的零件）	Flowers, foliage and fruit and parts thereof, of silk or spun silk, including parts of artificial flowers, foliage or fruit	【最】8【普】130 【协东盟】0【协智利】0【协新西兰】0 【协新加坡】0【协秘鲁】0【协哥斯达黎加】0 【协冰岛】0【协瑞士】8【协澳大利亚】0 【协韩国】18【协格鲁吉亚】0【协香港】0 【协澳门】0 【特-1】0【特-2】0 【增】16【对美加征】10【出】0【退】16	千克					101 102	丝或绢丝制花、叶、果实及其制品（包括花、叶、果实的零件）（含木制品） 丝或绢丝制花、叶、果实及其制品（包括花、叶、果实的零件）（不含木制品）
670290	30		化学纤维制花、叶、果实及其制品（包括花、叶、果实的零件）	Flowers, foliage and fruit and parts thereof, of man-made fibres, including parts of artificial flowers, foliage or fruit	【最】8【普】130 【协东盟】0【协智利】0【协新西兰】0 【协新加坡】0【协秘鲁】0【协哥斯达黎加】0 【协冰岛】0【协瑞士】8【协澳大利亚】0 【协韩国】18【协格鲁吉亚】0【协香港】0 【协澳门】0 【特-1】0【特-2】0 【增】16【对美加征】5【出】0【退】16	千克					101 102	化学纤维制花、叶、果实及其制品（包括花、叶、果实的零件）（含木制品） 化学纤维制花、叶、果实及其制品（包括花、叶、果实的零件）（不含木制品）
670290	90		其他材料制花、叶、果实及其制品（包括花、叶、果实的零件）	Flowers, foliage and fruit and parts thereof, of other materials, including parts of artificial flowers, foliage or fruit	【最】8【普】130 【协东盟】0【协智利】0【协新西兰】0 【协新加坡】0【协秘鲁】0【协哥斯达黎加】0 【协冰岛】0【协瑞士】8【协澳大利亚】0 【协韩国】13.3【协格鲁吉亚】0【协香港】0 【协澳门】0 【特-1】0【特-2】0 【增】16【对美加征】10【出】0【退】16	千克					101 102	其他材料制花、叶、果实及其制品（包括花、叶、果实的零件）（含木制品） 其他材料制花、叶、果实及其制品（包括花、叶、果实的零件）（不含木制品）
670300	00		经梳理、稀疏等方法加工的人发（包括作假发及类似品用羊毛、其他动物毛或其他纺织材料）	Human hair, dressed, thinned, bleached or otherwise worked; wool or other animal hair or other textile materials, use for making wigs or the like	【最】8【普】100 【协亚太】5.2【协东盟】0【协巴基斯坦】18 【协智利】0【协新西兰】0【协新加坡】0 【协秘鲁】0【协哥斯达黎加】0【协冰岛】0 【协瑞士】8【协澳大利亚】0【协韩国】10 【协格鲁吉亚】0【协香港】0【协澳门】0 【特-1】0【特-2】0 【增】16【对美加征】10【出】0【退】10	千克					101 102	经梳理、稀疏等方法加工的人发（包括作假发及类似品用羊毛、其他动物毛或其他纺织材料）（含木制品） 经梳理、稀疏等方法加工的人发（包括作假发及类似品用羊毛、其他动物毛或其他纺织材料）（不含木制品）
670411	00		合成纺织材料制整头假发	Complete wigs of synthetic textile materials	【最】8【普】130 【协东盟】0【协智利】0【协新西兰】0 【协新加坡】0【协秘鲁】0【协哥斯达黎加】0 【协冰岛】0【协瑞士】8【协澳大利亚】0 【协韩国】18.7【协格鲁吉亚】0【协香港】0 【协澳门】0 【特-1】0【特-2】0【特-3】0 【增】16【对美加征】10【出】0【退】10	千克					101 102	合成纺织材料制整头假发（含木制品） 合成纺织材料制整头假发（不含木制品）

税则号列 HS国际统一前6位	本国子目 7~8位	本国子目 9~10位	货品名称中文 货物名称	货品名称英文 Article Description	税费综合信息	计量单位	监管证件代码 进口	监管证件代码 出口	检验检疫类别 进口	检验检疫类别 出口	检验检疫编码	检验检疫编码对应中文名称
670419	00		合成纺织材料制其他假发、须等（不包括整头假发）【电商】	Other wigs of synthetic textile materials, other than complete wigs	【最】8【普】130 【协东盟】0【协澳门】0【协智利】0【协香港】0 【协新西兰】0【协新加坡】0【协秘鲁】0 【协哥斯达黎加】0【协冰岛】0【协瑞士】8 【协澳大利亚】0【协韩国】18.7【协格鲁吉亚】0 【特-1】0【特-2】0【特-3】0 【增】16【对美加征】10【出】0【退】10	千克					101 102	合成纺织材料制其他假发、须等（不包括整头假发）（含木制品） 合成纺织材料制其他假发、须等（不包括整头假发）（不含木制品）
670420	00		人发制假发、须、眉及类似品（包括整头假发）	Wigs, false beards, eyebrows and the like of human hair (including complete wigs)	【最】6【普】130 【协东盟】0【协澳门】0【协巴基斯坦】12 【协智利】0【协新西兰】0【协新加坡】0 【协秘鲁】0【协哥斯达黎加】0【协冰岛】0 【协瑞士】6【协澳大利亚】0【协韩国】7.5 【协格鲁吉亚】0【协香港】0 【特-1】0【特-2】0【特-3】0 【增】16【对美加征】5【出】0【退】10	千克					101 102	人发制假发、须、眉及类似品（包括整头假发）（含木制品） 人发制假发、须、眉及类似品（包括整头假发）（不含木制品）
670490	00		其他材料制假发、须、眉及类似品（包括整头假发）【电商】	Wigs, false beards, eyebrows and the like of other materials (including complete wigs)	【最】8【普】130 【协东盟】0【协澳门】0【协智利】0 【协新西兰】0【协新加坡】0【协秘鲁】0 【协哥斯达黎加】0【协冰岛】0【协瑞士】8 【协澳大利亚】0【协韩国】18.7【协格鲁吉亚】0 【协香港】0 【特-1】0【特-2】0【特-3】0 【增】16【对美加征】10【出】0【退】10	千克					101 102	其他材料制假发、须、眉及类似品（包括整头假发）（含木制品） 其他材料制假发、须、眉及类似品（包括整头假发）（不含木制品）

第十三类
石料、石膏、水泥、石棉、云母及类似材料的制品；陶瓷产品；玻璃及其制品

SECTION XIII
ARTICLES OF STONE, PLASTER, CEMENT, ASBESTOS, MICA OR SIMILAR MATERIALS; CERAMIC PRODUCTS; GLASS AND GLASSWARE

第六十八章
石料、石膏、水泥、石棉、云母及类似材料的制品

注释：

一、本章不包括：

（一）第二十五章的货品；

（二）税目48.10或48.11的经涂布、浸渍或覆盖的纸及纸板（例如，用云母粉或石墨涂布的纸及纸板、沥青纸及纸板）；

（三）第五十六章或第五十九章的经涂布、浸渍或包覆的纺织物（例如，用云母粉、沥青涂布或包覆的织物）；

（四）第七十一章的物品；

（五）第八十二章的工具及其零件；

（六）税目84.42的印刷用石板；

（七）绝缘子（税目85.46）或绝缘材料制的零件（税目85.47）；

（八）牙科用磨锉（税目90.18）；

（九）第九十一章的物品（例如，钟及钟壳）；

（十）第九十四章的物品（例如，家具、灯具及照明装置、活动房屋）；

（十一）第九十五章的物品（例如，玩具、游戏品及运动用品）；

（十二）用第九十六章注释二（二）所述材料制成的税目96.02的物品或税目96.06的物品（例如，纽扣）、税目96.09的物品（例如，石笔）、税目96.10的物品（例如，绘画石板）或税目96.20的物品（独脚架、双脚架、三脚架及类似品）；或

（十三）第九十七章的物品（例如，艺术品）。

二、税目68.02所称“已加工的碑石或建筑用石”，不仅适用于已加工的税目25.15、25.16的各种石料，也适用于所有经类似加工的其他天然石料（例如，石英岩、燧石、白云石及冻石），但不适用于板岩。

Chapter 68
Articles of stone, plaster, cement, asbestos, mica or similar materials

Chapter Notes:

1. This Chapter does not cover:

(a) Goods of Chapter 25;

(b) Coated, impregnated or covered paper and paperboard of heading 48.10 or 48.11 (for example, paper and paperboard coated with mica powder or graphite, bituminised or asphalted paper and paperboard);

(c) Coated, impregnated or covered textile fabric of Chapter 56 or 59 (for example, fabric coated or covered with mica powder, bituminised or asphalted fabric);

(d) Articles of Chapter 71;

(e) Tools or parts of tools, of Chapter 82;

(f) Lithographic stones of heading 84.42;

(g) Electrical insulators (heading 85.46) or fittings of insulating material of heading 85.47;

(h) Dental burrs (heading 90.18);

(ij) Articles of Chapter 91 (for example, clocks and clock cases);

(k) Articles of Chapter 94 (for example, furniture, lamps and lighting fittings, prefabricated buildings);

(l) Articles of Chapter 95 (for example, toys, games and sports requisites);

(m) Articles of heading 96.02, if made of materials specified in Note 2 (b) to Chapter 96, or of heading 96.06 (for example, buttons), of heading 96.09 (for example, slate pencils), heading 96.10 (for example, drawing slates) or of heading 96.20 (monopods, bipods, tripods and similar articles); or

(n) Articles of Chapter 97 (for example, works of art).

2. In heading 68.02 the expression "worked monumental or building stone" applies not only to the varieties of stone referred to in heading 25.15 or 25.16 but also to all other natural stone (for example, quartzite, flint, dolomite and steatite) similarly worked; it does not, however, apply to slate.

税则号列			货品名称中英文		税费综合信息	计量单位	监管证件代码		检验检疫类别		检验检疫编码	检验检疫编码对应中文名称
HS 国际统一前 6 位	本国子目 7~8 位	9~10 位	中文 货物名称	英文 Article Description			进口	出口	进口	出口		
680100	00		长方砌石、路缘石、扁平石	Setts, curbstones and flagstones of natural stone(except slate)	【最】12【普】70 【协东盟】0【协澳门】0【协巴基斯坦】6 【协智利】0【协新西兰】0【协新加坡】0 【协秘鲁】0【协哥斯达黎加】0【协冰岛】0 【协瑞士】4.8【协澳大利亚】0【协韩国】6 【协格鲁吉亚】0【协香港】0 【特-1】0【特-2】0 【增】16【出】0【退】0	千克					999	长方砌石、路缘石、扁平石［由天然石料（不包括板岩）所制］
680210	10		大理石制砖、瓦、方块及类似品（不论是否为矩形，可置入边长小于 7cm 的方格）	Tiles, cubes and similar articles of marble, whether or not rectangular, the largest surface area of which is capable of being enclosed in a square the side of which is less than 7cm	【最】15【普】90 【协亚太】9.8【协东盟】0【协香港】0 【协澳门】0【协巴基斯坦】0【协智利】0 【协新西兰】0【协新加坡】0【协秘鲁】0 【协哥斯达黎加】0【协冰岛】0【协瑞士】9.6 【协澳大利亚】0【协韩国】18 【协格鲁吉亚】0 【特-1】0【特-2】0【特-3】0 【增】16【出】0【退】0	千克					999	大理石制砖、瓦、方块及类似品（不论是否为矩形，可置入边长小于 7cm 的方格）
680210	90		其他石料制砖、瓦、方块及类似品（可置入边长小于 7cm 的方格，板岩除外，但包括板岩制嵌石）	Tiles, cubes and similar articles, of other materials (the largest surface area of which is capable of being enclosed in a square the side of which is less than 7cm, except slate, but including mosaic cubes of slate)	【最】15【普】90 【协亚太】9.8【协东盟】0【协香港】0 【协澳门】0【协巴基斯坦】0【协智利】0 【协新西兰】0【协新加坡】0【协秘鲁】0 【协哥斯达黎加】0【协冰岛】0【协瑞士】8 【协澳大利亚】0【协韩国】13.3 【协格鲁吉亚】0 【特-1】0【特-2】0 【增】16【出】0【退】0	千克					999	其他石料制砖、瓦、方块及类似品（可置入边长小于 7cm 的方格，板岩除外，但包括板岩制嵌石）
680221	10		经简单切削或锯开的大理石及制品（具有一个平面）	Marble and articles thereof, simply cut or sawn(with a flat or even surface)	【最】10【普】90 【协东盟】0【协澳门】0【协巴基斯坦】0 【协智利】0【协新西兰】0【协秘鲁】0 【协哥斯达黎加】0【协冰岛】0【协瑞士】0 【协澳大利亚】0【协韩国】5【协格鲁吉亚】0 【协香港】0 【特-1】0【特-2】0【特-3】0 【增】16【对美加征】10【出】0【退】0	千克					999	经简单切削或锯开的大理石及制品（具有一个平面）
680221	20		经简单切削或锯开的石灰华及制品（具有一个平面）	Travertine and articles thereof, simply cut or sawn (with a flat or even surface)	【最】15【普】90 【协亚太】10.5【协东盟】0【协澳门】0 【协巴基斯坦】0【协智利】0【协新西兰】0 【协新加坡】0【协秘鲁】0【协哥斯达黎加】0 【协冰岛】0【协瑞士】9.6【协澳大利亚】0 【协韩国】18【协格鲁吉亚】0【协香港】0 【特-1】0【特-2】0 【增】16【出】0【退】13	千克					999	经简单切削或锯开的石灰华及制品（具有一个平面）
680221	90		经简单切削或锯开的蜡石及制品（具有一个平面）	Alabaster and articles thereof, simply cut or sawn(with a flat or even surface)	【最】15【普】90 【协亚太】10.5【协东盟】0【协巴基斯坦】0 【协智利】0【协新西兰】0【协新加坡】0 【协秘鲁】0【协哥斯达黎加】0【协冰岛】0 【协瑞士】9.6【协澳大利亚】0【协韩国】18 【协格鲁吉亚】0【协香港】0【协澳门】0 【特-1】0【特-2】0 【增】16【出】0【退】0	千克					999	经简单切削或锯开的蜡石及制品（具有一个平面）
680223	00		经简单切削或锯开的花岗岩及制品（具有一个平面）	Granite and articles thereof, simply cut or sawn(with a flat or even surface)	【最】10【普】90 【协亚太】6.5【协东盟】0【协澳门】0 【协巴基斯坦】0【协智利】0【协新西兰】0 【协秘鲁】0【协哥斯达黎加】0【协冰岛】0 【协瑞士】0【协澳大利亚】0【协韩国】5 【协格鲁吉亚】0【协香港】0 【特-1】0【特-2】0【特-3】0 【增】16【出】0【退】0	千克	A		M		999	经简单切削或锯开的花岗岩及制品（具有一个平面）
680229	10		经简单切削或锯开的其他石灰石（包括制品）	Other calcareous stone and articles thereof, simply cut or sawn	【最】15【普】90 【协东盟】0【协澳门】0【协巴基斯坦】0 【协智利】0【协新西兰】0【协新加坡】0 【协秘鲁】0【协哥斯达黎加】0【协冰岛】0 【协瑞士】9.6【协澳大利亚】0【协韩国】18 【协格鲁吉亚】0【协香港】0 【特-1】0【特-2】0 【增】16【出】0【退】0	千克					999	经简单切削或锯开的其他石灰石（包括制品）

税则号列			货品名称中英文		税费综合信息	计量单位	监管证件代码		检验检疫类别		检验检疫编码	检验检疫编码对应中文名称
HS国际统一前6位	本国子目7~8位	本国子目9~10位	中文 货物名称	英文 Article Description			进口	出口	进口	出口		
680229	90		经简单切削或锯开的其他石及制品（不包括板岩及制品）	Other stone and articles thereof, simply cut or sawn (except slate and articles thereof)	【最】15【普】90 【协东盟】0【协澳门】0【协巴基斯坦】0 【协智利】0【协新西兰】0【协新加坡】0 【协秘鲁】0【协哥斯达黎加】0【协冰岛】0 【协瑞士】6【协澳大利亚】0【协韩国】7.5 【协格鲁吉亚】0【协香港】0 【特-1】0【特-2】0【特-3】0 【增】16【出】0【退】0	千克					999	经简单切削或锯开的其他石及制品（不包括板岩及制品）
680291	10		大理石，石灰华及蜡石制石刻	Carvings of marble, travertine and alabaster	【最】15【普】90 【协东盟】0【协澳门】0【协巴基斯坦】0 【协智利】0【协新西兰】0【协新加坡】0 【协秘鲁】0【协哥斯达黎加】0【协冰岛】0 【协瑞士】9.6【协澳大利亚】0【协韩国】18 【协格鲁吉亚】0【协香港】0 【特-1】0【特-2】0 【增】16【对美加征】10【出】0【退】16	千克					999	大理石，石灰华及蜡石制石刻
680291	90		其他已加工大理石及蜡石及制品（包括已加工石灰华及制品）	Other worked marble and alabaster and articles thereof (including worked travertine and articles thereof included)	【最】10【普】90 【协东盟】0【协香港】0【协澳门】0 【协巴基斯坦】0【协智利】0【协新西兰】0 【协秘鲁】0【协哥斯达黎加】0【协冰岛】0 【协瑞士】0【协澳大利亚】0【协韩国】5 【协格鲁吉亚】0 【特-1】0【特-2】0【特-3】0 【增】16【对美加征】10【出】0【退】13	千克					999	其他已加工大理石及蜡石及制品（包括已加工石灰华及制品）
680292	10		其他石灰石制石刻	Other carvings of calcareous stone	【最】15【普】90 【协东盟】0【协澳门】0【协巴基斯坦】0 【协智利】0【协新西兰】0【协新加坡】0 【协秘鲁】0【协哥斯达黎加】0【协冰岛】0 【协瑞士】9.6【协澳大利亚】0【协韩国】18 【协格鲁吉亚】0【协香港】0 【特-1】0【特-2】0 【增】16【对美加征】5【出】0【退】16	千克					999	其他石灰石制石刻
680292	90		其他已加工石灰石及制品	Other worked calcareous stone and articles thereof	【最】10【普】90 【协东盟】0【协香港】0【协澳门】0 【协巴基斯坦】0【协智利】0【协新西兰】0 【协秘鲁】1【协哥斯达黎加】0【协冰岛】0 【协瑞士】0【协澳大利亚】0【协韩国】5 【协格鲁吉亚】0 【特-1】0【特-2】0【特-3】0 【增】16【对美加征】10【出】0【退】13	千克					999	其他已加工石灰石及制品
680293	11		花岗岩制石刻墓碑石	Carving monumental stone of Granite	【最】15【普】90 【协东盟】0【协澳门】0【协巴基斯坦】0 【协智利】0【协新西兰】0【协新加坡】0 【协秘鲁】0【协哥斯达黎加】0【协冰岛】0 【协瑞士】9.6【协澳大利亚】0【协韩国】18 【协格鲁吉亚】0【协香港】0 【特-1】0【特-2】0 【增】16【出】0【退】16	千克	A		M		999	花岗岩制石刻墓碑石
680293	19		其他花岗岩制石刻	Carving stone of other Granite	【最】15【普】90 【协亚太】10.5【协东盟】0【协香港】0 【协澳门】0【协巴基斯坦】0【协智利】0 【协新西兰】0【协新加坡】0【协秘鲁】0 【协哥斯达黎加】0【协冰岛】0【协瑞士】9.6 【协澳大利亚】0【协韩国】18 【协格鲁吉亚】0 【特-1】0【特-2】0 【增】16【出】0【退】16	千克	A		M		999	其他花岗岩制石刻
680293	90		其他已加工花岗岩及制品	Other worked Granite and articles thereof	【最】10【普】90 【协亚太】6.5【协东盟】0【协澳门】0 【协巴基斯坦】0【协智利】0【协新西兰】0 【协秘鲁】0【协哥斯达黎加】0【协冰岛】0 【协瑞士】0【协澳大利亚】0【协韩国】5 【协格鲁吉亚】0【协香港】0 【特-1】0【特-2】0【特-3】0 【增】16【对美加征】10【出】0【退】13	千克	A		M		999	其他已加工花岗岩及制品

税则号列 HS国际统一前6位	本国子目 7~8位	本国子目 9~10位	货品名称中英文 中文 货物名称	货品名称中英文 英文 Article Description	税费综合信息	计量单位	监管证件代码 进口	监管证件代码 出口	检验检疫类别 进口	检验检疫类别 出口	检验检疫编码	检验检疫编码对应中文名称
680299	10		其他石制成的石刻（不包括板岩制成的石刻）	Carvings of other stone (exclude carvings of slate)	【最】15【普】90 【协东盟】0【协澳门】0【协巴基斯坦】0 【协智利】0【协新西兰】0【协新加坡】0 【协秘鲁】0【协哥斯达黎加】0【协冰岛】0 【协瑞士】9.6【协澳大利亚】0【协韩国】18 【协格鲁吉亚】0【协香港】0 【特-1】0【特-2】0 【增】16【对美加征】10【出】0【退】16	千克					101 102 103	其他石制成的石刻（不包括板岩制成的石刻）（含木制品的工艺品） 其他石制成的石刻（不包括板岩制成的石刻）（不含木制品的工艺品） 其他石制成的石刻（不包括板岩制成的石刻）（其他石材、石料）
680299	90		其他已加工的石及制品【电商】	Other worked stones and articles thereof	【最】15【普】90 【协东盟】0【协香港】0【协澳门】0 【协巴基斯坦】0【协智利】0【协新西兰】0 【协新加坡】0【协秘鲁】0【协哥斯达黎加】0 【协冰岛】0【协瑞士】9.6【协澳大利亚】0 【协韩国】18【协格鲁吉亚】0 【特-1】0【特-2】0【特-3】0 【增】16【对美加征】10【出】0【退】13	千克					999	其他已加工的石及制品（不包括板岩及制品）
680300	10		已加工板岩及板岩制品	Worked slate and articles of slate	【最】15【普】80 【协东盟】0【协澳门】0【协智利】0【协香港】0 【协新西兰】0【协新加坡】0【协秘鲁】0 【协哥斯达黎加】0【协冰岛】0【协瑞士】8 【协澳大利亚】0【协韩国】13.3 【协格鲁吉亚】0 【特-1】0【特-2】0 【增】16【出】0【退】10	千克					999	已加工板岩及板岩制品
680300	90		黏聚板岩制品	Articles of agglomerated slate	【最】15【普】80 【协东盟】0【协智利】0【协新西兰】0 【协新加坡】0【协秘鲁】2【协哥斯达黎加】0 【协冰岛】0【协瑞士】8【协澳大利亚】4 【协韩国】13.3【协格鲁吉亚】0【协香港】0 【协澳门】0 【特-1】0【特-2】0 【增】16【出】0【退】10	千克					999	黏聚板岩制品
680410	00		碾磨或磨浆用石磨、石碾	Millstones and grindstones for milling, grinding or pulping	【最】8【普】40 【协东盟】0【协巴基斯坦】5【协智利】0 【协新西兰】0【协秘鲁】0【协哥斯达黎加】0 【协冰岛】0【协瑞士】0【协澳大利亚】1.6 【协韩国】0【协格鲁吉亚】0【协香港】0 【协澳门】0 【特-1】0【特-2】0【特-3】0 【增】16【对美加征】5【出】0【退】10	千克					999	碾磨或磨浆用石磨、石碾
680421	10		黏聚合成或天然金刚石制的砂轮	Grinding wheels	【最】8【普】17 【协东盟】0【协香港】0【协巴基斯坦】5 【协智利】0【协新西兰】0【协秘鲁】0 【协哥斯达黎加】0【协冰岛】0【协瑞士】3.2 【协澳大利亚】0【协韩国】4 【协格鲁吉亚】0 【特-1】0【特-2】0【特-3】0 【增】16【对美加征】10【出】0【退】10	千克					999	黏聚合成或天然金刚石制的砂轮
680421	90		黏聚合成或天然金刚石制的其他石磨、石碾及类似品	Of other agglomrated abrasives or of ceramics	【最】8【普】17 【协东盟】0【协香港】0【协巴基斯坦】5 【协智利】0【协新西兰】0【协秘鲁】0 【协哥斯达黎加】0【协冰岛】0【协瑞士】3.2 【协澳大利亚】0【协韩国】4 【协格鲁吉亚】0 【特-1】0【特-2】0【特-3】0 【增】16【对美加征】10【出】0【退】10	千克					101 102 103	黏聚合成或天然金刚石制的其他石磨、石碾及类似品（石磨或石碾） 黏聚合成或天然金刚石制的其他石磨、石碾及类似品（其他磨具） 黏聚合成或天然金刚石制的其他石磨、石碾及类似品（其他石材、石料）
680422	10		其他砂轮（由其他黏聚磨料或陶瓷所制）	Other grinding wheels (of agglomerated natural or of ceramics)	【最】8【普】17 【协东盟】0【协香港】0【协巴基斯坦】5 【协智利】0【协新西兰】0【协秘鲁】0 【协哥斯达黎加】0【协冰岛】0【协瑞士】3.2 【协澳大利亚】0【协韩国】0 【协格鲁吉亚】0 【特-1】0【特-2】0【特-3】0 【增】16【对美加征】10【出】0【退】10	千克					999	其他砂轮（由其他黏聚磨料或陶瓷所制）

税则号列			货品名称中英文		税费综合信息	计量单位	监管证件代码		检验检疫类别		检验检疫编码	检验检疫编码对应中文名称
HS 国际统一前6位	本国子目 7~8位	9~10位	中文 货物名称	英文 Article Description			进口	出口	进口	出口		
680422	90		其他石磨、石碾及类似品（由其他黏聚磨料或陶瓷所制）	Other millstones, grindstones and the like (of agglomerated natural or of ceramics)	【最】8【普】40 【协东盟】0【协香港】0【协巴基斯坦】5 【协智利】0【协新西兰】0【协秘鲁】0 【协哥斯达黎加】0【协冰岛】0【协瑞士】0 【协澳大利亚】0【协韩国】0 【协格鲁吉亚】0 【特-1】0【特-2】0【特-3】0 【增】16【对美加征】10【出】0【退】10	千克					999	其他石磨、石碾及类似品（由其他黏聚磨料或陶瓷所制）
680423	10		天然石料制的砂轮	Grinding wheels of natural stone	【最】8【普】17 【协东盟】0【协巴基斯坦】5【协智利】0 【协新西兰】0【协秘鲁】0【协哥斯达黎加】0 【协冰岛】0【协瑞士】0【协澳大利亚】0 【协韩国】0【协格鲁吉亚】0【协香港】0 【协澳门】0 【特-1】0【特-2】0【特-3】0 【增】16【对美加征】10【出】0【退】10	千克					999	天然石料制的砂轮
680423	90		天然石料制其他石磨、石碾等	Other millstones, grindstones and the like of natural stone	【最】8【普】40 【协东盟】0【协巴基斯坦】5【协智利】0 【协新西兰】0【协秘鲁】0【协哥斯达黎加】0 【协冰岛】0【协瑞士】0【协澳大利亚】0 【协韩国】4【协格鲁吉亚】0【协香港】0 【协澳门】0 【特-1】0【特-2】0【特-3】0 【增】16【对美加征】10【出】0【退】10	千克					999	天然石料制其他石磨、石碾等（包括类似品）
680430	10		手用琢磨油石【电商】	Oilstones for hand sharpening	【最】8【普】17 【协亚太】5.2【协东盟】0【协巴基斯坦】5 【协智利】0【协新西兰】0【协秘鲁】0 【协哥斯达黎加】0【协冰岛】0【协瑞士】0 【协澳大利亚】0【协韩国】0 【协格鲁吉亚】0【协香港】0【协澳门】0 【特-1】0【特-2】0【特-3】0 【增】16【对美加征】5【出】0【退】10	千克					999	手用琢磨油石
680430	90		手用其他磨石及抛光石【电商】	Other hand sharpening or polishing stones	【最】8【普】40 【协亚太】6.4【协东盟】0【协巴基斯坦】5 【协智利】0【协新西兰】0【协秘鲁】0 【协哥斯达黎加】0【协冰岛】0【协瑞士】0 【协澳大利亚】0【协韩国】4 【协格鲁吉亚】0【协香港】0【协澳门】0 【特-1】0【特-2】0【特-3】0 【增】16【对美加征】10【出】0【退】10	千克					999	手用其他磨石及抛光石
680510	00		砂布（不论是否裁切、缝合或用其他方法加工成型）	Natural or artificial abrasive powder or grain, on a base of woven textile fabric only (whether or not cut to shape or sewn or otherwise made up)	【最】8【普】40 【协东盟】0【协巴基斯坦】5【协智利】0 【协新西兰】0【协秘鲁】0【协哥斯达黎加】0 【协冰岛】0【协瑞士】3.2【协澳大利亚】0 【协韩国】5.3【协格鲁吉亚】0【协香港】0 【协澳门】0 【特-1】0【特-2】0【特-3】0 【增】16【对美加征】5【出】0【退】10	千克					999	砂布（不论是否裁切、缝合或用其他方法加工成型）
680520	00		砂纸（不论是否裁切、缝合或用其他方法加工成型）【电商】	Natural or artificial abrasive powder or grain, on a base of paper or paperboard only (whether or not cut to shape or sewn or otherwise made up)	【最】8【普】40 【协东盟】0【协巴基斯坦】5【协智利】0 【协新西兰】0【协秘鲁】0【协哥斯达黎加】0 【协冰岛】0【协瑞士】3.2【协澳大利亚】0 【协韩国】4【协格鲁吉亚】0【协香港】0 【协澳门】0 【特-1】0【特-2】0【特-3】0 【增】16【对美加征】5【出】0【退】10	千克					999	砂纸（不论是否裁切、缝合或用其他方法加工成型）
680530	00		不以布或纸为底的砂纸类似品	Natural or artificial abrasive powder or grain, on a base of other materials	【最】8【普】40 【协东盟】0【协巴基斯坦】5【协智利】0 【协新西兰】0【协秘鲁】0【协哥斯达黎加】0 【协冰岛】0【协瑞士】0【协澳大利亚】0 【协韩国】4【协格鲁吉亚】0【协香港】0 【协澳门】0 【特-1】0【特-2】0【特-3】0 【增】16【对美加征】5【出】0【退】10	千克					999	不以布或纸为底的砂纸类似品

税则号列 HS国际统一前6位	本国子目 7~8位	本国子目 9~10位	货品名称中英文 中文 货物名称	英文 Article Description	税费综合信息	计量单位	监管证件代码 进口	监管证件代码 出口	检验检疫类别 进口	检验检疫类别 出口	检验检疫编码	检验检疫编码对应中文名称
680610	10		硅酸铝纤维及其制品	Alumino-silicate fibre and articles of alumino-silicate fribre	【最】10【普】40 【协东盟】0【协巴基斯坦】5【协智利】0 【协新西兰】0【协新加坡】0【协秘鲁】0 【协哥斯达黎加】0【协冰岛】0【协瑞士】4.2 【协澳大利亚】0【协韩国】5.2 【协格鲁吉亚】0【协香港】0【协澳门】0 【特-1】0【特-2】0【特-3】0 【增】16【对美加征】5【出】0【退】10	千克					999	硅酸铝纤维及其制品
680610	90	01	其他矿物纤维，渣球含量小于5%	Other mineral fiber, containing slag less than 5%	【最】10【普】40【暂进】5 【协东盟】0【协巴基斯坦】5【协智利】0 【协新西兰】0【协新加坡】0【协秘鲁】0 【协哥斯达黎加】0【协冰岛】0【协瑞士】4.2 【协澳大利亚】0【协韩国】5.2 【协格鲁吉亚】0【协香港】0【协澳门】0 【特-1】0【特-2】0【特-3】0 【增】16【对美加征】10【出】0【退】10	千克					999	其他矿物纤维，渣球含量小于5%
680610	90	90	其他矿渣棉、岩石棉及类似矿质棉（包括相互混合物，块状、成片或成卷）	Other slag wool, rock wool and similar mineral wool (including intermixtures thereof, in bulk, sheets or rolls)	【最】10【普】40 【协东盟】0【协巴基斯坦】5【协智利】0 【协新西兰】0【协新加坡】0【协秘鲁】0 【协哥斯达黎加】0【协冰岛】0【协瑞士】4.2 【协澳大利亚】0【协韩国】5.2 【协格鲁吉亚】0【协香港】0【协澳门】0 【特-1】0【特-2】0【特-3】0 【增】16【对美加征】10【出】0【退】10	千克					999	其他矿渣棉、岩石棉及类似矿质棉（包括相互混合物，块状、成片或成卷）
680620	00		页状硅石，膨胀黏土，泡沫矿渣（包括类似膨胀矿物材料及相互混合物）	Exfoliated vermiculite, expanded clays, foamed slag and similar expanded mineral materials (including intermixtures thereof)	【最】10【普】40 【协东盟】0【协巴基斯坦】5【协智利】0 【协新西兰】0【协新加坡】0【协秘鲁】0 【协哥斯达黎加】0【协冰岛】0【协瑞士】4.2 【协澳大利亚】0【协韩国】5.2 【协格鲁吉亚】0【协香港】0【协澳门】0 【特-1】0【特-2】0【特-3】0 【增】16【对美加征】5【出】0【退】0	千克					999	页状硅石，膨胀黏土，泡沫矿渣（包括类似膨胀矿物材料及相互混合物）
680690	00		其他矿物材料的混合物及制品（指具有隔热、隔音或吸音性能的矿物材料的混合物） 【电商】	Other mineral materials and intermixtures thereof (articles of heatinsulating, sound-insulating or soundabsorbing mineral materials)	【最】10【普】50 【协东盟】0【协巴基斯坦】5【协智利】0 【协新西兰】0【协秘鲁】0【协哥斯达黎加】0 【协冰岛】0【协瑞士】0【协澳大利亚】0 【协韩国】6.6【协格鲁吉亚】0【协香港】0 【协澳门】0 【特-1】0【特-2】0【特-3】0 【增】16【对美加征】5【出】0【退】0	千克					999	其他矿物材料的混合物及制品（指具有隔热、隔音或吸音性能的矿物材料的混合物）
680710	00		成卷的沥青或类似原料的制品（如石油沥青或煤焦油沥青）	In rolls	【最】10【普】50 【协东盟】0【协巴基斯坦】6【协智利】0 【协新西兰】0【协新加坡】0【协秘鲁】0 【协哥斯达黎加】0【协冰岛】0【协瑞士】4.8 【协澳大利亚】0【协韩国】6 【协格鲁吉亚】0【协香港】0【协澳门】0 【特-1】0【特-2】0 【增】16【对美加征】10【出】0【退】0	千克					999	成卷的沥青或类似原料的制品（如石油沥青或煤焦油沥青）
680790	00		其他形状的沥青或类似原料的制品（如石油沥青或煤焦油沥青）	Other articles of asphalt or of similar material not in rolls (for example, petroleum bitumen or coal tar pitch)	【最】10【普】50 【协亚太】8【协东盟】0【协巴基斯坦】5 【协智利】0【协新西兰】0【协新加坡】0 【协秘鲁】0【协哥斯达黎加】0【协冰岛】0 【协瑞士】4.8【协澳大利亚】0【协韩国】6 【协格鲁吉亚】0【协香港】0【协澳门】0 【特-1】0【特-2】0 【增】16【对美加征】10【出】0【退】0	千克					301 999	其他形状的沥青或类似原料的制品（如石油沥青或煤焦油沥青）（杂项物质） 其他形状的沥青或类似原料的制品（如石油沥青或煤焦油沥青）（其他沥青或类似原料的制品）
680800	00		镶板、平板、瓦、砖及类似品（以水泥等矿物为材料将植物纤维、稻草、刨花等黏合而成）	Panels, boards, tiles, blocks and similar articles of vegetable fibre, of straw or of shavings, chips, particles, sawdust or other waste, of wood, agglomerated with cement, plaster or other mineral binders	【最】8【普】40 【协东盟】0【协巴基斯坦】5【协智利】0 【协新西兰】0【协新加坡】0【协秘鲁】0 【协哥斯达黎加】0【协冰岛】0【协瑞士】4.2 【协澳大利亚】0【协韩国】5.2 【协格鲁吉亚】0【协香港】0【协澳门】0 【特-1】0【特-2】0 【增】16【对美加征】10【出】0【退】6	千克					999	镶板、平板、瓦、砖及类似品（以水泥等矿物为材料将植物纤维、稻草、刨花等黏合而成）

税则号列 HS国际统一前6位	本国子目 7~8位	本国子目 9~10位	货品名称中英文 中文 货物名称	货品名称中英文 英文 Article Description	税费综合信息	计量单位	监管证件代码 进口	监管证件代码 出口	检验检疫类别 进口	检验检疫类别 出口	检验检疫编码	检验检疫编码对应中文名称
680911	00		未饰的石膏板、片、砖、瓦及类似品（包含以石膏为主成分的混合物制品、用纸，纸板贴面或加强）	Panels, boards, tiles, blocks and similar articles, (including articles of plaster or of compositions based on plaster, faced or reinforced with paper or paper board)	【最】15【普】100 【协东盟】0【协智利】0【协新西兰】0 【协新加坡】0【协秘鲁】0【协哥斯达黎加】0 【协冰岛】0【协瑞士】11.2【协澳大利亚】0 【协格鲁吉亚】0【协香港】0【协澳门】0 【特-1】0【特-2】0 【增】16【对美加征】10【出】0【退】10	千克					999	未饰的石膏板、片、砖、瓦及类似品（包含以石膏为主成分的混合物制品、用纸，纸板贴面或加强）
680919	00		以其他材料贴面加强的未饰石膏板（含片、砖、瓦及类似品包含以石膏为主成分的混合物制品）	Plaster faced or reinforced with other materials (panels, boards, tiles, blocks and similar articles of plaster or of compositions based on plaster included)	【最】15【普】100 【协东盟】0【协澳门】0【协智利】0【协香港】0 【协新西兰】0【协新加坡】0【协秘鲁】0 【协哥斯达黎加】0【协冰岛】0【协澳大利亚】0 【协韩国】18.7【协格鲁吉亚】0 【特-1】0【特-2】0 【增】16【对美加征】10【出】0【退】10	千克					999	以其他材料贴面加强的未饰石膏板（含片、砖、瓦及类似品包含以石膏为主成分的混合物制品）
680990	00		其他石膏制品（包括以石膏为主成分的混合材料制品）	Other articles of plaster (plaster or of compositions based on plaster included)	【最】15【普】100 【协东盟】0【协智利】0【协新西兰】0 【协新加坡】0【协秘鲁】0【协哥斯达黎加】0 【协冰岛】0【协澳大利亚】0【协韩国】18.7 【协格鲁吉亚】0【协香港】0【协澳门】0 【特-1】0【特-2】0 【增】16【对美加征】10【出】0【退】10	千克					999	其他石膏制品（包括以石膏为主成分的混合材料制品）
681011	00		水泥制建筑用砖及石砌块（包括混凝土或人造石制，不论是否加强）	Building blocks and bricks of articles of cement(including articles of concrete or of artificial stone, whether or not reinforced)	【最】10【普】40 【协亚太】6.5【协东盟】0【协香港】0 【协巴基斯坦】5【协智利】0【协新西兰】0 【协新加坡】0【协秘鲁】0【协哥斯达黎加】0 【协冰岛】0【协瑞士】4.2【协澳大利亚】0 【协韩国】5.2【协格鲁吉亚】0 【特-1】0【特-2】0【特-3】0 【增】16【对美加征】5【出】0【退】10	千克					999	水泥制建筑用砖及石砌块（包括混凝土或人造石制，不论是否加强）
681019	10		人造石制砖、瓦、扁平石（含类似品，不论是否加强）	Tiles, flagstones, bricks and similar articles of artificial stone and the like (whether or not reinforced)	【最】10【普】70 【协亚太】6.5【协东盟】0【协澳门】0 【协巴基斯坦】5【协智利】0【协新西兰】0 【协新加坡】0【协秘鲁】0【协哥斯达黎加】0 【协冰岛】0【协瑞士】4.2【协澳大利亚】0 【协韩国】5.2【协格鲁吉亚】0【协香港】0 【特-1】0【特-2】0【特-3】0 【增】16【对美加征】10【出】0【退】10	千克					999	人造石制砖、瓦、扁平石（含类似品，不论是否加强）
681019	90		水泥或混凝土制其他砖、瓦、扁平石（含类似品，不论是否加强）	Other tiles, flagstones, bricks and similar articles of cement, of concrete and the like (whether or not reinforced)	【最】10【普】70 【协亚太】6.5【协东盟】0【协巴基斯坦】5 【协智利】0【协新西兰】0【协新加坡】0 【协秘鲁】0【协哥斯达黎加】0【协冰岛】0 【协瑞士】4.2【协澳大利亚】0【协韩国】5.2 【协格鲁吉亚】0【协香港】0【协澳门】0 【特-1】0【特-2】0【特-3】0 【增】16【对美加征】10【出】0【退】10	千克					999	水泥或混凝土制其他砖、瓦、扁平石（含类似品，不论是否加强）
681091	10		钢筋混凝土和预应力混凝土管等（包括杆、板、桩等，无论是否加强）	Reinforced concrete and prestressed concrete tubes, pipes, rods, plates, piles and similar articles (whether or not reinforced)	【最】10【普】40 【协东盟】0【协香港】0【协巴基斯坦】5 【协智利】0【协新西兰】0【协新加坡】0 【协秘鲁】0【协哥斯达黎加】0【协冰岛】0 【协瑞士】4.2【协澳大利亚】0【协韩国】5.2 【协格鲁吉亚】0 【特-1】0【特-2】0【特-3】0 【增】16【出】0【退】10	千克					999	钢筋混凝土和预应力混凝土管等（包括杆、板、桩等，无论是否加强）
681091	90		水泥制建筑或土木工程用预制构件（包括混凝土或人造石制，不论是否加强）	Prefabricated structural components of cement, of concrete and artificial stone for building or civil engineering (whether or not reinforced)	【最】10【普】40 【协东盟】0【协香港】0【协澳门】0 【协巴基斯坦】5【协智利】0【协新西兰】0 【协新加坡】0【协秘鲁】0【协哥斯达黎加】0 【协冰岛】0【协瑞士】4.2【协澳大利亚】0 【协韩国】5.2【协格鲁吉亚】0 【特-1】0【特-2】0【特-3】0 【增】16【对美加征】5【出】0【退】10	千克					999	水泥制建筑或土木工程用预制构件（包括混凝土或人造石制，不论是否加强）

税则号列 HS国际统一前6位	本国子目 7~8位	本国子目 9~10位	货品名称中文 货物名称	货品名称英文 Article Description	税费综合信息	计量单位	监管证件代码 进口	监管证件代码 出口	检验检疫类别 进口	检验检疫类别 出口	检验检疫编码	检验检疫编码对应中文名称
681099	10		铁道用水泥枕	Railway sleepers of concrete	【最】8【普】14 【协东盟】0【协巴基斯坦】5【协智利】0 【协新西兰】0【协秘鲁】0【协哥斯达黎加】0 【协冰岛】0【协瑞士】0【协澳大利亚】0 【协韩国】0【协格鲁吉亚】0【协香港】0 【协澳门】0 【特-1】0【特-2】0【特-3】0 【增】16【出】0【退】10	千克					999	铁道用水泥枕
681099	90		水泥、混凝土或人造石制其他制品【电商】	Other articles of cement, concrete or artificial stone	【最】10【普】70 【协东盟】0【协巴基斯坦】5【协智利】0 【协新西兰】0【协新加坡】0【协秘鲁】0 【协哥斯达黎加】0【协冰岛】0【协瑞士】4.2 【协澳大利亚】0【协韩国】5.2 【协格鲁吉亚】0【协香港】0【协澳门】0 【特-1】0【特-2】0【特-3】0 【增】16【对美加征】10【出】0【退】10	千克					999	水泥、混凝土或人造石制其他制品
681140	10		含石棉的瓦楞板	Corrugated sheets, containing asbestos	【最】5【普】40 【协东盟】0【协巴基斯坦】0【协智利】0 【协新西兰】0【协秘鲁】0【协哥斯达黎加】0 【协冰岛】0【协瑞士】0【协澳大利亚】0 【协韩国】0【协格鲁吉亚】0【协香港】0 【协澳门】0 【特-1】0【特-2】0 【增】16【出】0【退】10	千克					999	含石棉的瓦楞板
681140	20		含石棉的片、板、砖、瓦及类似品	Other sheets, panels, tiles and similar articles, containing asbestos	【最】8【普】40 【协东盟】0【协巴基斯坦】5【协智利】0 【协新西兰】0【协新加坡】0【协秘鲁】0 【协哥斯达黎加】0【协冰岛】0【协瑞士】4.2 【协澳大利亚】0【协韩国】5.2【协香港】0 【协澳门】0【协格鲁吉亚】0 【特-1】0【特-2】0 【增】16【对美加征】10【出】0【退】10	千克					999	含石棉的片、板、砖、瓦及类似品
681140	30		含石棉的管子及管子附件	Tubes, pipes and tube or pipe fittings containing asbestos, containing asbestos	【最】8【普】40 【协东盟】0【协巴基斯坦】5【协智利】0 【协新西兰】0【协秘鲁】0【协哥斯达黎加】0 【协冰岛】0【协瑞士】0【协澳大利亚】0 【协韩国】0【协格鲁吉亚】0【协香港】0 【协澳门】0 【特-1】0【特-2】0 【增】16【出】0【退】10	千克					999	含石棉的管子及管子附件
681140	90		含石棉的其他制品	Other articles containing asbestos	【最】8【普】40 【协东盟】0【协巴基斯坦】5【协智利】0 【协新西兰】0【协秘鲁】0【协哥斯达黎加】0 【协冰岛】0【协瑞士】0【协澳大利亚】0 【协韩国】4.2【协格鲁吉亚】0【协香港】0 【协澳门】0 【特-1】0【特-2】0 【增】16【对美加征】5【出】0【退】10	千克					999	含石棉的其他制品
681181	00		不含石棉的瓦楞板	Corrugated sheets, without asbestos	【最】5【普】40 【协东盟】0【协巴基斯坦】0【协智利】0 【协新西兰】0【协秘鲁】0【协哥斯达黎加】0 【协冰岛】0【协瑞士】0【协澳大利亚】0 【协韩国】0【协格鲁吉亚】0【协香港】0 【协澳门】0 【特-1】0【特-2】0 【增】16【出】0【退】10	千克					999	不含石棉的瓦楞板
681182	00		不含石棉的片、板、砖、瓦及类似品	Other sheets, panels, tiles and similar articles, without asbestos	【最】8【普】40 【协东盟】0【协巴基斯坦】5【协智利】0 【协新西兰】0【协新加坡】0【协秘鲁】0 【协哥斯达黎加】0【协冰岛】0【协瑞士】6 【协澳大利亚】0【协韩国】5.2 【协格鲁吉亚】0【协香港】0【协澳门】0 【特-1】0【特-2】0 【增】16【对美加征】10【出】0【退】10	千克					999	不含石棉的片、板、砖、瓦及类似品

税则号列			货品名称中英文		税费综合信息	计量单位	监管证件代码		检验检疫类别		检验检疫编码	检验检疫编码对应中文名称
HS 国际统一前6位	本国子目 7~8位	9~10位	中文 货物名称	英文 Article Description			进口	出口	进口	出口		
681189	10		不含石棉的管子及管子附件	Tubes, pipes and tube or pipe fittings, without asbestos	【最】8【普】40 【协东盟】0【协巴基斯坦】5【协智利】0 【协新西兰】0【协秘鲁】0【协哥斯达黎加】0 【协冰岛】0【协瑞士】0【协澳大利亚】0 【协韩国】0【协格鲁吉亚】0【协香港】0 【协澳门】0 【特-1】0【特-2】0 【增】16【出】0【退】10	千克					999	不含石棉的管子及管子附件
681189	90		不含石棉的其他制品	Other articles, without asbestos	【最】8【普】40 【协东盟】0【协巴基斯坦】5【协智利】0 【协新西兰】0【协秘鲁】0【协哥斯达黎加】0 【协冰岛】0【协瑞士】0【协澳大利亚】0 【协韩国】0【协格鲁吉亚】0【协香港】0 【协澳门】0 【特-1】0【特-2】0 【增】16【对美加征】10【出】0【退】10	千克					999	不含石棉的其他制品
681280	00		青石棉或青石棉混合物及其制品	Asbestos or mixtures with a basis of asbestos, of crocidolite	【最】10【普】40 【协东盟】0【协巴基斯坦】5【协智利】0 【协新西兰】0【协新加坡】0【协秘鲁】0 【协哥斯达黎加】0【协冰岛】0【协瑞士】4.2 【协澳大利亚】0【协韩国】5.2 【协格鲁吉亚】0【协香港】0【协澳门】0 【特-1】0【特-2】0【特-3】0 【增】16【出】0【退】10	千克					999	青石棉或青石棉混合物及其制品（包含服装、衣着附件、帽及鞋靴、毡子、接合纤维及其他青石棉制品）
681291	00		其他石棉或石棉混合物制的服装（包含衣着附件、帽子及鞋靴）	Clothing of asbestos or mixtures with a basis of asbestos (including clothing, clothing accessories, footwear and headgear)	【最】10【普】40 【协东盟】0【协巴基斯坦】5【协智利】0 【协新西兰】0【协新加坡】0【协秘鲁】0 【协哥斯达黎加】0【协冰岛】0【协瑞士】4.2 【协澳大利亚】0【协韩国】5.2 【协格鲁吉亚】0【协香港】0【协澳门】0 【特-1】0【特-2】0【特-3】0 【增】16【对美加征】10【出】0【退】10	千克					999	其他石棉或石棉混合物制的服装（包含衣着附件、帽子及鞋靴）
681292	00		其他石棉或石棉混合物制的纸、麻丝板	Paper, millboard of asbestos or mixtures with a basis of asbestos	【最】10【普】40 【协东盟】0【协巴基斯坦】5【协智利】0 【协新西兰】0【协新加坡】0【协秘鲁】0 【协哥斯达黎加】0【协冰岛】0【协瑞士】4.2 【协澳大利亚】0【协韩国】5.2 【协格鲁吉亚】0【协香港】0【协澳门】0 【特-1】0【特-2】0【特-3】0 【增】16【对美加征】5【出】0【退】10	千克					999	其他石棉或石棉混合物制的纸、麻丝板（包含毡子）
681293	00		成片或成卷的压缩石棉纤维接合材料	Compressed asbestos fibre jointing, in sheets or rolls	【最】10【普】40 【协东盟】0【协巴基斯坦】5【协智利】0 【协新西兰】0【协新加坡】0【协秘鲁】0 【协哥斯达黎加】0【协冰岛】0【协瑞士】4.2 【协澳大利亚】0【协韩国】5.2 【协格鲁吉亚】0【协香港】0【协澳门】0 【特-1】0【特-2】0【特-3】0 【增】16【对美加征】5【出】0【退】10	千克					999	成片或成卷的压缩石棉纤维接合材料（不含青石棉制品）
681299	00		其他石棉或石棉混合物制品	Other articles of asbestos or mixtures with a basis of asbestos	【最】10【普】40 【协东盟】0【协巴基斯坦】5【协智利】0 【协新西兰】0【协秘鲁】0【协哥斯达黎加】0 【协冰岛】0【协瑞士】0【协澳大利亚】0 【协韩国】5【协格鲁吉亚】0【协香港】0 【协澳门】0 【特-1】0【特-2】0【特-3】0 【增】16【对美加征】5【出】0【退】10	千克					999	其他石棉或石棉混合物制品
681320	10		含石棉的闸衬、闸垫	Brake linings and pads with a basis of asbestos	【最】10【普】40 【协东盟】0【协巴基斯坦】5【协智利】0 【协新西兰】0【协秘鲁】0【协哥斯达黎加】0 【协冰岛】0【协瑞士】0【协澳大利亚】0 【协韩国】5【协格鲁吉亚】0【协香港】0 【协澳门】0 【特-1】0【特-2】0【特-3】0 【增】16【对美加征】5【出】0【退】10	千克					999	含石棉的闸衬、闸垫（由石棉为基本成分的摩擦材料所制）

税则号列			货品名称中英文		税费综合信息	计量单位	监管证件代码		检验检疫类别		检验检疫编码	检验检疫编码对应中文名称
HS 国际统一前 6 位	本国子目 7~8 位	本国子目 9~10 位	中文 货物名称	英文 Article Description			进口	出口	进口	出口		
681320	90		含石棉的摩擦材料及其他用于制动等用途的制品	Other friction material and articles thereof for brakes	【最】10【普】40 【协东盟】0【协巴基斯坦】6【协智利】0 【协新西兰】0【协新加坡】0【协秘鲁】0 【协哥斯达黎加】0【协冰岛】0【协瑞士】4.8 【协澳大利亚】0【协韩国】6 【协格鲁吉亚】0【协香港】0【协澳门】0 【特-1】0【特-2】0 【增】16【对美加征】5【出】0【退】10	千克					999	含石棉的摩擦材料及其他用于制动等用途的制品（摩擦材料由石棉为主原料构成）
681381	00		其他闸衬、闸垫（其他矿物或纤维素为基本成分的摩擦材料所制）	Brake linings and pads with a basis of asbestos, of other mineral substances or of cellulose	【最】10【普】40 【协东盟】0【协巴基斯坦】5【协智利】0 【协新西兰】0【协秘鲁】0【协哥斯达黎加】0 【协冰岛】0【协瑞士】0【协澳大利亚】0 【协韩国】5【协格鲁吉亚】0【协香港】0 【协澳门】0 【特-1】0【特-2】0【特-3】0 【增】16【对美加征】10【出】0【退】10	千克					999	其他闸衬、闸垫（其他矿物或纤维素为基本成分的摩擦材料所制）
681389	00		其他摩擦材料及用于制动等用途的制品（摩擦材料由其他矿物或纤维素为主原料构成）	Other friction material and articles thereof for brakes of other mineral substances or of cellulose	【最】10【普】40 【协东盟】0【协巴基斯坦】6【协智利】0 【协新西兰】0【协新加坡】0【协秘鲁】0 【协哥斯达黎加】0【协冰岛】0【协瑞士】4.8 【协澳大利亚】0【协韩国】6 【协格鲁吉亚】0【协香港】0【协澳门】0 【特-1】0【特-2】0 【增】16【对美加征】5【出】0【退】10	千克					999	其他摩擦材料及用于制动等用途的制品（摩擦材料由其他矿物或纤维素为主原料构成）
681410	00		黏聚或复制云母制的板、片、带（不论是否附于其他材料上）	Plates, sheets and strips of agglomerated or reconstituted mica, whether or not on a support	【最】8【普】35 【协东盟】0【协巴基斯坦】5【协智利】0 【协新西兰】0【协新加坡】0【协秘鲁】0 【协哥斯达黎加】0【协冰岛】0【协瑞士】0 【协澳大利亚】0【协韩国】5.2 【协格鲁吉亚】0【协香港】0【协澳门】0 【特-1】0【特-2】0【特-3】0 【增】16【对美加征】10【出】0【退】16	千克					999	黏聚或复制云母制的板、片、带（不论是否附于其他材料上）
681490	00		其他已加工的云母及其制品（包括黏聚或复制的云母及其他制品）	Other worked mica and articles of mica (including agglomerated or reconstituted mica and articles thereof)	【最】8【普】35 【协东盟】0【协巴基斯坦】5【协智利】0 【协新西兰】0【协新加坡】0【协秘鲁】0 【协哥斯达黎加】0【协冰岛】0【协瑞士】4.2 【协澳大利亚】0【协韩国】5.2 【协格鲁吉亚】0【协香港】0【协澳门】0 【特-1】0【特-2】0【特-3】0 【增】16【对美加征】10【出】0【退】10	千克					999	其他已加工的云母及其制品（包括黏聚或复制的云母及其他制品）
681510	00		非电器用的石墨或其他碳精制品	Non-electrical articles of graphite or other carbon	【最】10【普】70 【协东盟】0【协巴基斯坦】12【协智利】0 【协新西兰】0【协新加坡】0【协秘鲁】0 【协哥斯达黎加】0【协冰岛】0【协瑞士】6 【协澳大利亚】0【协格鲁吉亚】0【协香港】0 【协澳门】0 【特-1】0【特-2】0【特-3】0 【增】16【对美加征】5【出】0【退】0	千克		3			999	非电器用的石墨或其他碳精制品
681520	00		泥煤制品	Articles of peat	【最】10【普】70 【协东盟】0【协巴基斯坦】12【协智利】0 【协新西兰】0【协新加坡】0【协秘鲁】0 【协哥斯达黎加】0【协冰岛】0【协瑞士】6 【协澳大利亚】0【协韩国】7.5【协格鲁吉亚】0 【协香港】0【协澳门】0 【特-1】0【特-2】0 【增】16【出】0【退】0	千克					999	泥煤制品
681591	00		含菱镁矿、白云石或铬铁矿的制品	Articles containing magnesite, dolomite or chromite	【最】10【普】70 【协东盟】0【协巴基斯坦】12【协智利】0 【协新西兰】0【协新加坡】0【协秘鲁】0 【协哥斯达黎加】0【协冰岛】0【协瑞士】6 【协澳大利亚】0【协韩国】7.5【协格鲁吉亚】0 【协香港】0【协澳门】0 【特-1】0【特-2】0 【增】16【对美加征】10【出】0【退】0	千克					999	含菱镁矿、白云石或铬铁矿的制品

税则号列 HS国际统一前6位	本国子目 7~8位	本国子目 9~10位	货品名称中文 货物名称	货品名称英文 Article Description	税费综合信息	计量单位	监管证件代码 进口	监管证件代码 出口	检验检疫类别 进口	检验检疫类别 出口	检验检疫编码	检验检疫编码对应中文名称
681599	20	10	两用物项管制的碳纤维	Carbon fibres, under control of sensitive items	【最】17【普】70 【协东盟】0【协智利】0 【协新西兰】0【协新加坡】0【协秘鲁】0 【协哥斯达黎加】0【协冰岛】0【协瑞士】7 【协澳大利亚】0【协格鲁吉亚】0【协香港】0 【协澳门】0 【特-1】0【特-2】0【特-3】0 【增】16【出】0【退】13	千克		3			999	两用物项管制的碳纤维（比模量≥12.7×10^6m，或比抗拉强度≥23.5×10^4m）
681599	20	90	其他碳纤维	Other carbon fibres	【最】17【普】70 【协东盟】0【协智利】0【协新西兰】0 【协新加坡】0【协秘鲁】0【协哥斯达黎加】0 【协冰岛】0【协瑞士】7【协澳大利亚】0 【协格鲁吉亚】0【协香港】0【协澳门】0 【特-1】0【特-2】0【特-3】0 【增】16【出】0【退】13	千克					999	其他碳纤维
681599	31		碳布	Carbon fabric	【最】17【普】70 【协东盟】0【协智利】0【协新西兰】0 【协新加坡】0【协秘鲁】0【协哥斯达黎加】0 【协冰岛】0【协瑞士】7【协澳大利亚】0 【协格鲁吉亚】0【协香港】0【协澳门】0 【特-1】0【特-2】0【特-3】0 【增】16【对美加征】5【出】0【退】13	千克					999	碳布
681599	32	10	两用物项管制的碳纤维预浸料	Prereg of carbon fibres, under control of sensitive items	【最】17【普】70 【协东盟】0【协智利】0【协新西兰】0 【协新加坡】0【协秘鲁】0【协哥斯达黎加】0 【协冰岛】0【协瑞士】7【协澳大利亚】0 【协格鲁吉亚】0【协香港】0【协澳门】0 【特-1】0【特-2】0【特-3】0 【增】16【对美加征】5【出】0【退】13	千克		3			999	两用物项管制的碳纤维预浸料（制品）
681599	32	90	其他碳纤维预浸料	Other prereg of carbon fibres	【最】17【普】70 【协东盟】0【协智利】0【协新西兰】0 【协新加坡】0【协秘鲁】0【协哥斯达黎加】0 【协冰岛】0【协瑞士】7【协澳大利亚】0 【协格鲁吉亚】0【协香港】0【协澳门】0 【特-1】0【特-2】0【特-3】0 【增】16【对美加征】5【出】0【退】13	千克					999	其他碳纤维预浸料（制品）
681599	39		其他碳纤维制品	Other articles of carbon fibric	【最】17【普】70 【协东盟】0【协智利】0【协新西兰】0 【协新加坡】0【协秘鲁】0【协哥斯达黎加】0 【协冰岛】0【协瑞士】7【协澳大利亚】0 【协格鲁吉亚】0【协香港】0【协澳门】0 【特-1】0【特-2】0【特-3】0 【增】16【对美加征】10【出】0【退】13	千克					999	其他碳纤维制品
681599	40		玄武岩纤维及其制品	Basalt fibres and articles of basalt fibres	【最】17【普】70 【协东盟】0【协智利】0【协新西兰】0 【协新加坡】0【协秘鲁】0【协哥斯达黎加】0 【协冰岛】0【协瑞士】7【协澳大利亚】0 【协韩国】8.7【协格鲁吉亚】0【协香港】0 【协澳门】0 【特-1】0【特-2】0【特-3】0 【增】16【对美加征】10【出】0【退】13	千克					999	玄武岩纤维及其制品
681599	90		其他未列名石制品及矿物制品	Other articles of stone or of other mineral substances, not elsewhere specified or included	【最】10【普】70 【协东盟】0【协智利】0【协新西兰】0 【协新加坡】0【协秘鲁】0【协哥斯达黎加】0 【协冰岛】0【协瑞士】7【协澳大利亚】0 【协韩国】8.7【协格鲁吉亚】0【协香港】0 【协澳门】0 【特-1】0【特-2】0【特-3】0 【增】16【对美加征】10【出】0【退】0	千克					999	其他未列名石制品及矿物制品

第六十九章 陶瓷产品

Chapter 69 Ceramic products

注释:

一、本章仅适用于成形后经过烧制的陶瓷产品。税目69.04至69.14仅适用于不能归入税目69.01至69.03的产品。

二、本章不包括:

（一）税目28.44的产品;

（二）税目68.04的物品;

（三）第七十一章的物品（例如，仿首饰）;

（四）税目81.13的金属陶瓷;

（五）第八十二章的物品;

（六）绝缘子（税目85.46）或绝缘材料制的零件（税目85.47）;

（七）假牙（税目90.21）;

（八）第九十一章的物品（例如，钟及钟壳）;

（九）第九十四章的物品（例如，家具、灯具及照明装置、活动房屋）;

（十）第九十五章的物品（例如，玩具、游戏品及运动用品）;

（十一）税目96.06的物品（例如，纽扣）或税目96.14的物品（例如，烟斗）;或

（十二）第九十七章的物品（例如，艺术品）。

Chapter Notes:

1. This Chapter applies only to ceramic products which have been fired after shaping. Headings 69.04 to 69.14 apply only to such products other than those classifiable in headings 69.01 to 69.03.

2. This Chapter does not cover:

(a) Products of heading 28.44;

(b) Articles of heading 68.04;

(c) Articles of Chapter 71 (for example, imitation jewellery);

(d) Cermets of heading 81.13;

(e) Articles of Chapter 82;

(f) Electrical insulators (heading 85.46) or fittings of insulating material of heading 85.47;

(g) Artificial teeth (heading 90.21);

(h) Articles of Chapter 91 (for example, clocks and clock cases);

(ij) Articles of Chapter 94 (for example, furniture, lamps and lighting fittings, prefabricated buildings);

(k) Articles of Chapter 95 (for example, toys, games and sports requisites);

(l) Articles of heading 96.06 (for example, buttons) or of heading 96.14 (for example, smoking pipes); or

(m) Articles of Chapter 97 (for example, works of art).

税则号列 HS国际统一前6位	本国子目 7~8位	本国子目 9~10位	货品名称 中文	Article Description 英文	税费综合信息	计量单位	监管证件代码 进口	监管证件代码 出口	检验检疫类别 进口	检验检疫类别 出口	检验检疫编码	检验检疫编码对应中文名称
690100	00		硅质化石粉或类似硅土制的砖、瓦（包括硅质化石粉或类似硅土制的其他陶瓷制品）	Bricks, blocks, tiles and other ceramic goods of siliceous fossil meals (for example, kieselguhr, tripolite or diatomite) or of similar siliceous earths	【最】8【普】50 【协亚太】5.2【协东盟】0【协巴基斯坦】5 【协智利】0【协新西兰】0【协秘鲁】0 【协哥斯达黎加】0【协冰岛】0【协瑞士】0 【协澳大利亚】0【协韩国】0 【协格鲁吉亚】0【协香港】0【协澳门】0 【特-1】0【特-2】0 【增】16【对美加征】10【出】0【退】0	千克					999	硅质化石粉或类似硅土制的砖、瓦（包括硅质化石粉或类似硅土制的其他陶瓷制品）
690210	00		镁、钙、铬含量>50%的耐火砖及类似品	Refractory bricks and similar articles containing by weight, singly or together, more than 50% of the elements Mg, Ca or Cr, expressed as MgO, CaO or Cr_2O_3	【最】8【普】30 【协东盟】0【协巴基斯坦】5【协智利】0 【协新西兰】0【协秘鲁】0【协哥斯达黎加】0 【协冰岛】0【协瑞士】0【协澳大利亚】0 【协韩国】0【协格鲁吉亚】0【协香港】0 【协澳门】0 【特-1】0【特-2】0【特-3】0 【增】16【对美加征】5【出】0【退】0	千克					999	镁、钙、铬含量>50%的耐火砖及类似品
690220	00		铝、硅含量>50%的耐火砖及类似品（指超过50%的三氧化二铝、二氧化硅等耐火陶瓷建材制品）	Refractory bricks and similar articles containing by weight more than 50% of alumina (Al_2O_3), of silica (SiO_2) or of a mixture or compound of these products	【最】8【普】30 【协东盟】0【协巴基斯坦】5【协智利】0 【协新西兰】0【协秘鲁】0【协哥斯达黎加】0 【协冰岛】0【协瑞士】3.2【协澳大利亚】0 【协韩国】0【协格鲁吉亚】0【协香港】0 【协澳门】0 【特-1】0【特-2】0【特-3】0 【增】16【对美加征】5【出】0【退】0	千克					999	铝，硅含量>50%的耐火砖及类似品（指超过50%的三氧化二铝、二氧化硅等耐火陶瓷建材制品）

税则号列			货品名称中英文		税费综合信息	计量单位	监管证件代码		检验检疫类别		检验检疫编码	检验检疫编码对应中文名称
HS国际统一前6位	本国子目 7~8位	本国子目 9~10位	中文 货物名称	英文 Article Description			进口	出口	进口	出口		
690290	00		其他耐火砖及耐火陶瓷建材制品（包括类似耐火陶瓷制品，税目69.01的制品除外）	Other refractory bricks, ceramic goods and the similar, exclude the heading 69.01	【最】8【普】30 【协东盟】0【协巴基斯坦】5【协智利】0 【协新西兰】0【协秘鲁】0【协哥斯达黎加】0 【协冰岛】0【协瑞士】0【协澳大利亚】0 【协韩国】4【协格鲁吉亚】0【协香港】0 【协澳门】0 【特-1】0【特-2】0【特-3】0 【增】16【对美加征】10【出】0【退】0	千克					999	其他耐火砖及耐火陶瓷建材制品（包括类似耐火陶瓷制品，税目69.01的制品除外）
690310	00		石墨含量>50%的其他耐火陶瓷制品（包括含超过50%的其他碳及其混合物的制品）	Other refractory, ceramic goods containing by weight more than 50% of graphite or other carbon or of a mixture of these products	【最】8【普】20 【协东盟】0【协巴基斯坦】5【协智利】0 【协新西兰】0【协秘鲁】0【协哥斯达黎加】0 【协冰岛】0【协瑞士】0【协澳大利亚】0 【协韩国】4【协格鲁吉亚】0【协香港】0 【协澳门】0 【特东老挝】0【特-1】0【特-2】0【特-3】0 【增】16【对美加征】5【出】0【退】0	千克					999	石墨含量>50%的其他耐火陶瓷制品（包括含超过50%的其他碳及其混合物的制品）
690320	00		氧化铝含量>50%的其他耐火陶瓷制品（氧化铝包括三氧化二铝和二氧化硅的混合物或化合物）	Other refractory, ceramic goods containing by weight more than 50% of alumina (Al_2O_3) or of a mixture of compound of alumina and of silica (SiO_2)	【最】8【普】20 【协东盟】0【协巴基斯坦】5【协智利】0 【协新西兰】0【协秘鲁】0【协哥斯达黎加】0 【协冰岛】0【协瑞士】0【协澳大利亚】0 【协韩国】0【协格鲁吉亚】0【协香港】0 【协澳门】0 【特东老挝】0【特-1】0【特-2】0【特-3】0 【增】16【对美加征】10【出】0【退】0	千克					999	氧化铝含量>50%的其他耐火陶瓷制品（氧化铝包括三氧化二铝和二氧化硅的混合物或化合物）
690390	00		其他耐火陶瓷制品	Other refractory, ceramic goods	【最】8【普】20 【协东盟】0【协巴基斯坦】5【协智利】0 【协新西兰】0【协秘鲁】0【协哥斯达黎加】0 【协冰岛】0【协瑞士】0【协澳大利亚】0 【协韩国】0【协格鲁吉亚】0【协香港】0 【协澳门】0 【特东老挝】0【特-1】0【特-2】0【特-3】0 【增】16【对美加征】5【出】0【退】13	千克					999	其他耐火陶瓷制品
690410	00		陶瓷制建筑用砖	Building bricks of ceramic	【最】15【普】90 【协东盟】0【协巴基斯坦】12【协智利】0 【协新西兰】0【协新加坡】0【协秘鲁】0 【协哥斯达黎加】0【协冰岛】0【协瑞士】6 【协澳大利亚】0【协韩国】7.5【协格鲁吉亚】0 【协香港】0【协澳门】0 【特-1】0【特-2】0【特-3】0 【增】16【出】0【退】13	千克/千块			L		999	陶瓷制建筑用砖
690490	00		陶瓷制铺地砖、支撑或填充用砖	Other support or foor tiles and the like of ceramic	【最】15【普】90 【协东盟】0【协智利】0【协新西兰】0 【协新加坡】0【协秘鲁】0【协哥斯达黎加】0 【协冰岛】0【协瑞士】9.8【协澳大利亚】0 【协韩国】18.3【协格鲁吉亚】0【协香港】0 【协澳门】0 【特-1】0【特-2】0 【增】16【对美加征】10【出】0【退】13	千克			L		999	陶瓷制铺地砖、支撑或填充用砖（包括类似品）
690510	00		陶瓷制屋顶瓦	Roofing tiles of ceramic	【最】15【普】90 【协东盟】0【协智利】0【协新西兰】0 【协新加坡】0【协秘鲁】0【协哥斯达黎加】0 【协冰岛】0【协瑞士】9.8【协澳大利亚】0 【协韩国】18.3【协格鲁吉亚】0【协香港】0 【协澳门】0 【特-1】0【特-2】0 【增】16【出】0【退】13	千克					999	陶瓷制屋顶瓦
690590	00		其他建筑用陶瓷制品（包括烟囱罩通风帽、烟囱衬壁、建筑装饰物）	Other ceramic constructional goods (including chimney-pots, cowls, chimney liners, architectural ornaments)	【最】15【普】90 【协东盟】0【协智利】0【协新西兰】0 【协新加坡】0【协秘鲁】0【协哥斯达黎加】0 【协冰岛】0【协瑞士】9.8【协澳大利亚】0 【协韩国】18.3【协格鲁吉亚】0【协香港】0 【协澳门】0 【特-1】0【特-2】0 【增】16【对美加征】5【出】0【退】13	千克			L		999	其他建筑用陶瓷制品（包括烟囱罩通风帽、烟囱衬壁、建筑装饰物）

税则号列			货品名称中英文		税费综合信息	计量单位	监管证件代码		检验检疫类别		检验检疫编码	检验检疫编码对应中文名称
HS 国际统一前6位	本国子目 7~8位	本国子目 9~10位	中文 货物名称	英文 Article Description			进口	出口	进口	出口		
690600	00		陶瓷套管、导管、槽管及管子配件	Ceramic pipes, conduits, guttering and pipe fittings	【最】15【普】90【暂进】10 【协东盟】0【协巴基斯坦】12【协智利】0 【协新西兰】0【协新加坡】0【协秘鲁】0 【协哥斯达黎加】0【协冰岛】0【协瑞士】6 【协澳大利亚】0【协韩国】7.5【协格鲁吉亚】0 【协香港】0【协澳门】0 【特-1】0【特-2】0 【增】16【对美加征】10【出】0【退】13	千克					999	陶瓷套管、导管、槽管及管子配件
690721	10		不论是否矩形，其最大表面积以可置入边长小于7厘米的方格的贴面砖、铺面砖，包括炉面砖及墙面砖，但子目6907.30和6907.40所列商品除外	Tiles, cubes and similar articles, whether or not rectangular, the largest surface area of which is capable of being enclosed in a square the side of which is less than 7cm	【最】7【普】100 【协亚太】4.6【协东盟】0【协巴基斯坦】5 【协智利】0【协新西兰】0【协新加坡】0 【协秘鲁】0【协哥斯达黎加】0【协冰岛】0 【协瑞士】4.8【协澳大利亚】0【协韩国】6 【协格鲁吉亚】0【协香港】0【协澳门】0 【特-1】0【特-2】0 【增】16【对美加征】5【出】0【退】13	千克/平方米			L		999	不论是否矩形，其最大表面积以可置入边长小于7厘米的方格的贴面砖、铺面砖，包括炉面砖及墙面砖，但子目6907.30和6907.40所列商品除外（按重量计吸水率不超过0.5%）
690721	90		其他贴面砖、铺面砖，包括炉面砖及墙面砖，但子目6907.30和6907.40所列商品除外	Other, of water absorption coefficient by weight exceeding 0.5% but not exceeding 10%	【最】7【普】100 【协东盟】0【协巴基斯坦】6【协智利】0 【协新西兰】0【协新加坡】0【协秘鲁】0 【协哥斯达黎加】0【协冰岛】0【协瑞士】4.8 【协澳大利亚】0【协韩国】6 【协格鲁吉亚】0【协香港】0【协澳门】0 【特-1】0【特-2】0 【增】16【对美加征】10【出】0【退】13	千克/平方米			L		999	其他贴面砖、铺面砖，包括炉面砖及墙面砖，但子目6907.30和6907.40所列商品除外（按重量计吸水率不超过0.5%）
690722	10		不论是否矩形，其最大表面积以可置入边长小于7厘米的方格的贴面砖、铺面砖，包括炉面砖及墙面砖，但子目6907.30和6907.40所列商品除外	Tiles, cubes and similar articles, whether or not rectangular, the largest surface area of which is capable of being enclosed in a square the side of which is less than 7cm	【最】7【普】100 【协亚太】4.6【协东盟】0【协巴基斯坦】5 【协智利】0【协新西兰】0【协新加坡】0 【协秘鲁】0【协哥斯达黎加】0【协冰岛】0 【协瑞士】4.8【协澳大利亚】0【协韩国】6 【协格鲁吉亚】0【协香港】0【协澳门】0 【特-1】0【特-2】0 【增】16【对美加征】10【出】0【退】13	千克/平方米					999	不论是否矩形，其最大表面积以可置入边长小于7厘米的方格的贴面砖、铺面砖，包括炉面砖及墙面砖，但子目6907.30和6907.40所列商品除外（按重量计吸水率超过0.5%，但不超过10%）
690722	90		其他贴面砖、铺面砖，包括炉面砖及墙面砖，但子目6907.30和6907.40所列商品除外	Other, of water absorption coefficient by weight exceeding 0.5%, but not exceeding 10%	【最】7【普】100 【协东盟】0【协巴基斯坦】6【协智利】0 【协新西兰】0【协新加坡】0【协秘鲁】0 【协哥斯达黎加】0【协冰岛】0【协瑞士】4.8 【协澳大利亚】0【协韩国】6 【协格鲁吉亚】0【协香港】0【协澳门】0 【特-1】0【特-2】0 【增】16【对美加征】10【出】0【退】13	千克/平方米					999	其他贴面砖、铺面砖，包括炉面砖及墙面砖，但子目6907.30和6907.40所列商品除外（按重量计吸水率超过0.5%，但不超过10%）
690723	10		不论是否矩形，其最大表面积以可置入边长小于7厘米的方格的贴面砖、铺面砖，包括炉面砖及墙面砖，但子目6907.30和6907.40所列商品除外	Tiles, cubes and similar articles, whether or not rectangular, the largest surface area of which is capable of being enclosed in a square the side of which is less than 7cm	【最】7【普】100 【协亚太】4.6【协东盟】0【协巴基斯坦】5 【协智利】0【协新西兰】0【协新加坡】0 【协秘鲁】0【协哥斯达黎加】0【协冰岛】0 【协瑞士】4.8【协澳大利亚】0【协韩国】6 【协格鲁吉亚】0【协香港】0【协澳门】0 【特-1】0【特-2】0 【增】16【出】0【退】13	千克/平方米					999	不论是否矩形，其最大表面积以可置入边长小于7厘米的方格的贴面砖、铺面砖，包括炉面砖及墙面砖，但子目6907.30和6907.40所列商品除外（按重量计吸水率超过10%）
690723	90		其他贴面砖、铺面砖，包括炉面砖及墙面砖，但子目6907.30和6907.40所列商品除外	Other	【最】7【普】100 【协东盟】0【协巴基斯坦】6【协智利】0 【协新西兰】0【协新加坡】0【协秘鲁】0 【协哥斯达黎加】0【协冰岛】0【协瑞士】4.8 【协澳大利亚】0【协韩国】6 【协格鲁吉亚】0【协香港】0【协澳门】0 【特-1】0【特-2】0 【增】16【对美加征】10【出】0【退】13	千克/平方米					999	其他贴面砖、铺面砖，包括炉面砖及墙面砖，但子目6907.30和6907.40所列商品除外（按重量计吸水率超过10%）

税则号列			货品名称中英文		税费综合信息	计量单位	监管证件代码		检验检疫类别		检验检疫编码	检验检疫编码对应中文名称
HS 国际统一前6位	本国子目 7~8位	9~10位	中文 货物名称	英文 Article Description			进口	出口	进口	出口		
690730	10		不论是否矩形，其最大表面积以可置入边长小于7厘米的方格的镶嵌砖（马赛克）及其类似品，但子目6907.40的货品除外	Tiles, cubes and similar articles, whether or not rectan-gular, the largest surface area of which is capable of being encolsed in a square the side of which is less than 7cm	【最】7【普】100 【协亚太】4.6【协东盟】0【协巴基斯坦】5 【协智利】0【协新西兰】0【协新加坡】0 【协秘鲁】0【协哥斯达黎加】0【协冰岛】0 【协瑞士】4.8【协澳大利亚】0【协韩国】6 【协格鲁吉亚】0【协香港】0【协澳门】0 【特-1】0【特-2】0 【增】16【出】0【退】13	千克/平方米			L		999	不论是否矩形，其最大表面积以可置入边长小于7厘米的方格的镶嵌砖（马赛克）及其类似品，但子目6907.40的货品除外
690730	90		其他镶嵌砖（马赛克）及其类似品，但子目6907.40的货品除外	Other	【最】7【普】100 【协东盟】0【协巴基斯坦】6【协智利】0 【协新西兰】0【协新加坡】0【协秘鲁】0 【协哥斯达黎加】0【协冰岛】0【协瑞士】4.8 【协澳大利亚】0【协韩国】6 【协格鲁吉亚】0【协香港】0【协澳门】0 【特-1】0【特-2】0 【增】16【出】0【退】13	千克/平方米			L		999	其他镶嵌砖（马赛克）及其类似品，但子目6907.40的货品除外
690740	10		不论是否矩形，其最大表面积以可置入边长小于7厘米的方格的饰面陶瓷	Tiles, cubes and similar articles, whether or not rectangular, the largest surface area of which is capable of being encolsed in a square the side of which is less than 7cm	【最】7【普】100 【协亚太】4.6【协东盟】0【协巴基斯坦】5 【协智利】0【协新西兰】0【协新加坡】0 【协秘鲁】0【协哥斯达黎加】0【协冰岛】0 【协瑞士】4.8【协澳大利亚】0【协韩国】6 【协格鲁吉亚】0【协香港】0【协澳门】0 【特-1】0【特-2】0 【增】16【出】0【退】13	千克/平方米			L		999	不论是否矩形，其最大表面积以可置入边长小于7厘米的方格的饰面陶瓷
690740	90		其他饰面陶瓷	Other	【最】7【普】100 【协东盟】0【协巴基斯坦】6【协智利】0 【协新西兰】0【协新加坡】0【协秘鲁】0 【协哥斯达黎加】0【协冰岛】0【协瑞士】4.8 【协澳大利亚】0【协韩国】6 【协格鲁吉亚】0【协香港】0【协澳门】0 【特-1】0【特-2】0 【增】16【对美加征】10【出】0【退】13	千克/平方米			L		999	其他饰面陶瓷
690911	00		实验室、化学或其他技术用瓷器	Ceramic wares for laboratory, chemical or other technical uses of porcelain or china	【最】8【普】30 【协东盟】0【协巴基斯坦】5【协智利】0 【协新西兰】0【协秘鲁】0【协哥斯达黎加】0 【协冰岛】0【协瑞士】0【协澳大利亚】0 【协韩国】0【协格鲁吉亚】0【协香港】0 【协澳门】0 【特-1】0【特-2】0【特-3】0 【增】16【对美加征】5【出】0【退】16	千克					999	实验室、化学或其他技术用瓷器
690912	00		摩氏硬度≥9的技术用陶瓷器（实验室、化学或其他专门技术用途的）	Articles having a hardness equivalent to 9 or more on the Mohs scale, for laboratory, chemical or other technical uses	【最】8【普】30 【协东盟】0【协巴基斯坦】5【协智利】0 【协新西兰】0【协秘鲁】0【协哥斯达黎加】0 【协冰岛】0【协瑞士】0【协澳大利亚】0 【协韩国】0【协格鲁吉亚】0【协香港】0 【协澳门】0 【特-1】0【特-2】0【特-3】0 【增】16【对美加征】10【出】0【退】16	千克					999	摩氏硬度≥9的技术用陶瓷器（实验室、化学或其他专门技术用途的）
690919	00		其他实验室、化学用陶瓷器（包括其他技术用）	Other ceramic wares for laboratory, chemical or other technical uses	【最】8【普】30 【协东盟】0【协巴基斯坦】5【协智利】0 【协新西兰】0【协秘鲁】0【协哥斯达黎加】0 【协冰岛】0【协瑞士】0【协澳大利亚】0 【协韩国】0【协格鲁吉亚】0【协香港】0 【协澳门】0 【特-1】0【特-2】0【特-3】0 【增】16【对美加征】5【出】0【退】16	千克					999	其他实验室、化学用陶瓷器（包括其他技术用）
690990	00		农业、运输或盛装货物用陶瓷容器	Other ceramic wares for agriculture, transport or the packing of goods	【最】15【普】90 【协东盟】0【协智利】0【协新西兰】0 【协新加坡】0【协秘鲁】0【协哥斯达黎加】0 【协冰岛】0【协瑞士】8.4【协澳大利亚】0 【协韩国】15.7【协格鲁吉亚】0【协香港】0 【协澳门】0 【特-1】0【特-2】0 【增】16【对美加征】5【出】0【退】13	千克					999	农业、运输或盛装货物用陶瓷容器

税则号列			货品名称中英文		税费综合信息	计量单位	监管证件代码		检验检疫类别		检验检疫编码	检验检疫编码对应中文名称
HS国际统一前6位	本国子目7~8位	本国子目9~10位	中文货物名称	英文 Article Description			进口	出口	进口	出口		
691010	00		瓷制脸盆、浴缸及类似卫生器具（包括洗涤槽、抽水马桶、小便池等）	Wash basins, baths, and similar sanitary fixtures of porcelain or china (including sinks, water closet pans and urinals)	【最】7【普】100 【协亚太】4.6【协东盟】0【协巴基斯坦】5 【协智利】0【协新西兰】0【协新加坡】0 【协秘鲁】0【协哥斯达黎加】0【协冰岛】0 【协瑞士】0【协澳大利亚】0【协韩国】5 【协格鲁吉亚】0【协香港】0【协澳门】0 【特-1】0【特-2】0【特-3】0 【增】16【对美加征】10【出】0【退】10	千克/件					101 102 103 104 105 ……	瓷制脸盆、浴缸及类似卫生器具（包括洗涤槽、抽水马桶、小便池等）（洗涤槽） 瓷制脸盆、浴缸及类似卫生器具（包括洗涤槽、抽水马桶、小便池等）（面盆） 瓷制脸盆、浴缸及类似卫生器具（包括洗涤槽、抽水马桶、小便池等）（浴缸） 瓷制脸盆、浴缸及类似卫生器具（包括洗涤槽、抽水马桶、小便池等）（座便器） 瓷制脸盆、浴缸及类似卫生器具（包括洗涤槽、抽水马桶、小便池等）（小便器） ……①
691090	00		陶制脸盆、浴缸及类似卫生器具（包括洗涤槽、抽水马桶、小便池等） 【电商】	Other ceramic wash basins, baths, and similar sanitary fixtures (including sinks, water closet pans and urinals)	【最】7【普】100 【协东盟】0【协巴基斯坦】5【协智利】0 【协新西兰】0【协新加坡】0【协秘鲁】0 【协哥斯达黎加】0【协冰岛】0【协瑞士】0 【协澳大利亚】0【协韩国】5【协格鲁吉亚】0 【协香港】0【协澳门】0 【特-1】0【特-2】0【特-3】0 【增】16【对美加征】10【出】0【退】10	千克/件	A		M		101 102 103 104 105 ……	陶制脸盆、浴缸及类似卫生器具（包括洗涤槽、抽水马桶、小便池等）（洗涤槽） 陶制脸盆、浴缸及类似卫生器具（包括洗涤槽、抽水马桶、小便池等）（面盆） 陶制脸盆、浴缸及类似卫生器具（包括洗涤槽、抽水马桶、小便池等）（浴缸） 陶制脸盆、浴缸及类似卫生器具（包括洗涤槽、抽水马桶、小便池等）（座便器） 陶制脸盆、浴缸及类似卫生器具（包括洗涤槽、抽水马桶、小便池等）（小便器） ……②
691110	11		骨瓷餐具 【电商】	Bone china	【最】7【普】100 【协亚太】4.6【协东盟】0【协巴基斯坦】5 【协智利】0【协新西兰】0【协新加坡】0 【协秘鲁】0【协哥斯达黎加】0【协冰岛】0 【协瑞士】4.8【协澳大利亚】0【协韩国】6 【协格鲁吉亚】0【协香港】0【协澳门】0 【特-1】0【特-2】0【特-3】0 【增】16【对美加征】10【出】0【退】16	千克	A		R		101 102	骨瓷餐具（食品接触陶瓷产品） 骨瓷餐具（食品用陶瓷包装）
691110	19		其他瓷餐具 【电商】	Other Tableware	【最】7【普】100 【协亚太】4.6【协东盟】0【协巴基斯坦】5 【协智利】0【协新西兰】0【协新加坡】0 【协秘鲁】0【协哥斯达黎加】0【协冰岛】0 【协瑞士】4.8【协澳大利亚】0【协韩国】6 【协格鲁吉亚】0【协香港】0【协澳门】0 【特-1】0【特-2】0【特-3】0 【增】16【对美加征】10【出】0【退】16	千克	A		R		101 102	其他瓷餐具（食品接触陶瓷产品） 其他瓷餐具（食品用陶瓷包装）

① 该税号项下检验检疫编码及对应中文名称尚有：106　瓷制脸盆、浴缸及类似卫生器具（包括洗涤槽、抽水马桶、小便池等）（其他卫生瓷）。

② 该税号项下检验检疫编码及对应中文名称尚有：106　陶制脸盆、浴缸及类似卫生器具（包括洗涤槽、抽水马桶、小便池等）（其他卫生陶）。

税则号列			货品名称中英文		税费综合信息	计量单位	监管证件代码		检验检疫类别		检验检疫编码	检验检疫编码对应中文名称
HS国际统一前6位	本国子目7~8位	9~10位	中文 货物名称	英文 Article Description			进口	出口	进口	出口		
691110	21		瓷厨房刀具 【电商】	Knife tool	【最】7【普】100 【协亚太】4.6【协东盟】0【协巴基斯坦】7.5 【协智利】0【协新西兰】0【协新加坡】0 【协秘鲁】0【协哥斯达黎加】0【协冰岛】0 【协瑞士】6【协澳大利亚】0【协韩国】7.5 【协格鲁吉亚】0【协香港】0【协澳门】0 【特-1】0【特-2】0 【增】16【出】0【退】16	千克	A		R		101 102	瓷厨房刀具（食品接触陶瓷产品） 瓷厨房刀具（食品用陶瓷包装）
691110	29		其他瓷厨房器具 【电商】	Other kitchenware	【最】7【普】100 【协亚太】4.6【协东盟】0【协巴基斯坦】7.5 【协智利】0【协新西兰】0【协新加坡】0 【协秘鲁】0【协哥斯达黎加】0【协冰岛】0 【协瑞士】6【协澳大利亚】0【协韩国】7.5 【协格鲁吉亚】0【协香港】0【协澳门】0 【特-1】0【特-2】0 【增】16【对美加征】10【出】0【退】16	千克	A		R		101 102	其他瓷厨房器具（食品接触陶瓷产品） 其他瓷厨房器具（食品用陶瓷包装）
691190	00		其他家用或盥洗用瓷器 【电商】	Other household articles and toilet articles, of porcelain or china	【最】7【普】100 【协亚太】4.6【协东盟】0【协巴基斯坦】20 【协智利】0【协新西兰】0【协新加坡】0 【协秘鲁】0【协哥斯达黎加】0【协冰岛】0 【协瑞士】7【协澳大利亚】0【协韩国】18.3 【协格鲁吉亚】0【协香港】0【协澳门】0 【特-1】0【特-2】0 【增】16【对美加征】10【出】0【退】16	千克					999	其他家用或盥洗用瓷器
691200	10		陶餐具 【电商】	Ceramic tableware	【最】7【普】100 【协东盟】0【协巴基斯坦】12【协智利】0 【协新西兰】0【协新加坡】0【协秘鲁】0 【协哥斯达黎加】0【协冰岛】0【协瑞士】6 【协澳大利亚】0【协韩国】7.5【协格鲁吉亚】0 【协香港】0【协澳门】0 【特-1】0【特-2】0【特-3】0 【增】16【对美加征】10【出】0【退】16	千克	A		R		101 102	陶餐具（食品接触陶瓷产品） 陶餐具（食品用陶瓷包装）
691200	90		陶制厨房器具（包括家用或盥洗用的） 【电商】	Other ceramic kitchenware (including household articles and toilet articles)	【最】7【普】100 【协东盟】0【协巴基斯坦】12【协智利】0 【协新西兰】0【协新加坡】0【协秘鲁】0 【协哥斯达黎加】0【协冰岛】0【协瑞士】6 【协澳大利亚】0【协韩国】7.5【协格鲁吉亚】0 【协香港】0【协澳门】0 【特-1】0【特-2】0 【增】16【对美加征】10【出】0【退】16	千克	A		R		101 102	陶制厨房器具（包括家用或盥洗用的）（食品接触陶瓷产品） 陶制厨房器具（包括家用或盥洗用的）（食品用陶瓷包装）
691310	00		瓷塑像及其他装饰用瓷制品 【电商】	Statuettesa and other ornamental articles of porcelain or china	【最】7【普】100 【协东盟】0【协巴基斯坦】12【协智利】0 【协新西兰】0【协新加坡】0【协秘鲁】0 【协哥斯达黎加】0【协冰岛】0【协瑞士】6 【协澳大利亚】0【协韩国】7.5【协格鲁吉亚】0 【协香港】0【协澳门】0 【特-1】0【特-2】0【特-3】0 【增】16【对美加征】10【出】0【退】13	千克					999	瓷塑像及其他装饰用瓷制品
691390	00		陶塑像及其他装饰用陶制品	Other ceramic statuettesa and other ornamental ceramic articles	【最】7【普】100 【协东盟】0【协巴基斯坦】12【协智利】0 【协新西兰】0【协新加坡】0【协秘鲁】0 【协哥斯达黎加】0【协冰岛】0【协瑞士】6 【协澳大利亚】0【协韩国】7.5【协格鲁吉亚】0 【协香港】0【协澳门】0 【特-1】0【特-2】0【特-3】0 【增】16【对美加征】10【出】0【退】13	千克					999	陶塑像及其他装饰用陶制品
691410	00		其他瓷制品 【电商】	Other statuettesa and other ornamental articles of porcelain or china	【最】15【普】100 【协东盟】0【协智利】0【协新西兰】0 【协新加坡】0【协秘鲁】0【协哥斯达黎加】0 【协冰岛】0【协瑞士】9.8【协澳大利亚】0 【协韩国】18.3【协格鲁吉亚】0【协香港】0 【协澳门】0 【特-1】0【特-2】0 【增】16【对美加征】10【出】0【退】13	千克					101 102 103	其他瓷制品（其他陶瓷及制品） 其他瓷制品（食品接触陶瓷产品） 其他瓷制品（食品用陶瓷包装）

税则号列			货品名称中英文		税费综合信息	计量单位	监管证件代码		检验检疫类别		检验检疫编码	检验检疫编码对应中文名称
HS国际统一前6位	本国子目		中文	英文								
	7~8位	9~10位	货物名称	Article Description			进口	出口	进口	出口		
691490	00		其他陶制品【电商】	Other statuettesa and other ornamental articles of ceramic	【最】10【普】100 【协东盟】0【协巴基斯坦】5【协智利】0 【协新西兰】0【协新加坡】0【协秘鲁】0 【协哥斯达黎加】0【协冰岛】0【协瑞士】4 【协澳大利亚】0【协韩国】6.6【协格鲁吉亚】0 【协香港】0【协澳门】0 【特-1】0【特-2】0【特-3】0 【增】16【对美加征】5【出】0【退】13	千克					101 102 103	其他陶制品（其他陶瓷及制品） 其他陶制品（食品接触陶瓷产品） 其他陶制品（食品用陶瓷包装）

第七十章
玻璃及其制品

注释：

一、本章不包括：

（一）税目 32.07 的货品（例如，珐琅和釉料、搪瓷玻璃料及其他玻璃粉、粒或粉片）；

（二）第七十一章的物品（例如，仿首饰）；

（三）税目 85.44 的光缆、税目 85.46 的绝缘子或税目 85.47 所列绝缘材料制的零件；

（四）光导纤维、经光学加工的光学元件、注射用针管、假眼、温度计、气压计、液体比重计或第九十章的其他物品；

（五）有永久固定电光源的灯具及照明装置、灯箱标志或铭牌和类似品及其零件（税目 94.05）；

（六）玩具、游戏品、运动用品、圣诞树装饰品及第九十五章的其他物品（供玩偶或第九十五章其他物品用的无机械装置的玻璃假眼除外）；或

（七）纽扣、保温瓶、香水喷雾器和类似的喷雾器及第九十六章的其他物品。

二、对于税目 70.03、70.04 及 70.05：

（一）玻璃在退火前的各种处理都不视为“已加工”；

（二）玻璃切割成一定形状并不影响其作为板片归类；

（三）所称“吸收、反射或非反射层”，是指极薄的金属或化合物（例如，金属氧化物）镀层，该镀层可以吸收红外线等光线或可以提高玻璃的反射性能，同时仍然使玻璃具有一定程度的透明性或半透明性；或者该镀层可以防止光线在玻璃表面的反射。

三、税目 70.06 所述产品，不论是否具有制成品的特性仍归入该税号。

四、税目 70.19 所称“玻璃棉”，是指：

（一）按重量计二氧化硅的含量在 60%及以上的矿质棉；

（二）按重量计二氧化硅的含量在 60%以下，但碱性氧化物（氧化钾或氧化钠）的含量在 5%以上或氧化硼的含量在 2%以上的矿质棉。

不符合上述规定的矿质棉归入税目 68.06。

五、本协调制度所称“玻璃”，包括熔融石英及其他熔融硅石。

子目注释：

子目 7013.22、7013.33、7013.41 及 7013.91 所称“铅晶

Chapter 70
Glass and glassware

Chapter Notes:

1. This Chapter does not cover:

(a) Goods of heading 32.07 (for example, vitrifiable enamels and glazes, glass frit, other glass in the form of powder, granules or flakes);

(b) Articles of Chapter 71 (for example, imitation jewellery);

(c) Optical fibre cables of heading 85.44, electrical insulators (heading 85.46) or fittings of insulating material of heading 85.47;

(d) Optical fibres, optically worked optical elements, hypodermic syringes, artificial eyes, thermometers, barometers, hydrometers or other articles of Chapter 90;

(e) Lamps or lighting fittings, illuminated signs, illuminated name-plates or the like, having a permanently fixed light source, or parts thereof of heading 94.05;

(f) Toys, games, sports requisites, Christmas tree ornaments or other articles of Chapter 95 (excluding glass eyes without mechanisms for dolls or for other articles of Chapter 95); or

(g) Buttons, fitted vacuum flasks, scent or similar sprays or other articles of Chapter 96.

2. For the purposes of headings 70.03, 70.04 and 70.05:

(a) Glass is not regarded as "worked" by reason of any process it has undergone before annealing;

(b) Cutting to shape does not affect the classification of glass in sheets;

(c) The expression "absorbent, reflecting or non-reflecting layer" means a microscopically thin coating of metal or of a chemical compound (for example, metal oxide) which absorbs, for example, infra-red light or improves the reflecting qualities of the glass while still allowing it to retain a degree of transparency or translucency; or which prevents light from being reflected on the surface of the glass.

3. The products referred to in heading 70.06 remain classified in that heading whether or not they have the character of articles.

4. For the purposes of heading 70.19, the expression "glass wool" means:

(a) Mineral wools with a silica (SiO_2) content not less than 60% by weight;

(b) Mineral wools with a silica (SiO_2) content less than 60% but with an alkaline oxide (K_2O or Na_2O) content exceeding 5% by weight or a boric oxide (B_2O_3) content exceeding 2% by weight.

Mineral wools which do not comply with the above specifications fall in heading 68.06.

5. Throughout the Nomenclature, the expression "glass" includes fused quartz and other fused silica.

Subheading Note:

For the purposes of subheadings 7013.22、7013.33、7013.41

质玻璃”，仅指按重量计氧化铅含量不低于24%的玻璃。

and 7013.91, the expression “lead crystal” means only glass having a minimum lead monoxide (PbO) content by weight of 24%.

税则号列 HS国际统一前6位	本国子目 7~8位	本国子目 9~10位	货品名称中英文 中文 货物名称	货品名称中英文 英文 Article Description	税费综合信息	计量单位	监管证件代码 进口	监管证件代码 出口	检验检疫类别* 进口	检验检疫类别* 出口	检验检疫编码	检验检疫编码对应中文名称
700100	00	10	废碎玻璃	Cullet and other waste and scrap of glass	【最】12【普】50 【协东盟】0【协巴基斯坦】6【协智利】0 【协新西兰】0【协新加坡】0【协秘鲁】0 【协哥斯达黎加】0【协冰岛】0【协瑞士】4.8 【协澳大利亚】0【协韩国】6 【协格鲁吉亚】0【协香港】0【协澳门】0 【特-1】0【特-2】0 【增】16【对美加征】5【出】0【退】0	千克	9				999	废碎玻璃
700100	00	90	玻璃块料	Glass in the mass	【最】12【普】50 【协东盟】0【协巴基斯坦】6【协智利】0 【协新西兰】0【协新加坡】0【协秘鲁】0 【协哥斯达黎加】0【协冰岛】0【协瑞士】4.8 【协澳大利亚】0【协韩国】6 【协格鲁吉亚】0【协香港】0【协澳门】0 【特-1】0【特-2】0 【增】16【对美加征】5【出】0【退】0	千克					999	玻璃块料
700210	00		未加工的玻璃球（税目70.18的微型玻璃球除外）	Unworked glass balls (other than microspheres of heading No. 70.18)	【最】12【普】50 【协东盟】0【协巴基斯坦】6【协智利】0 【协新西兰】0【协新加坡】0【协秘鲁】0 【协哥斯达黎加】0【协冰岛】0【协瑞士】4.8 【协澳大利亚】0【协韩国】6 【协格鲁吉亚】0【协香港】0【协澳门】0 【特-1】0【特-2】0 【增】16【对美加征】10【出】0【退】0	千克					999	未加工的玻璃球（税目70.18的微型玻璃球除外）
700220	10		光导纤维预制棒	Preformed bars for drawing optical fibre	【最】6【普】50 【协东盟】0【协巴基斯坦】5【协智利】0 【协新西兰】0【协秘鲁】0【协哥斯达黎加】0 【协冰岛】0【协瑞士】0【协澳大利亚】0 【协韩国】0【协格鲁吉亚】0【协香港】0 【协澳门】0 【特-1】0【特-2】0 【增】16【反倾】有【对美加征】25【出】0 【退】16	千克					999	光导纤维预制棒
700220	90		其他未加工的玻璃棒	Other unworked bars	【最】12【普】50 【协东盟】0【协巴基斯坦】6【协智利】0 【协新西兰】0【协新加坡】0【协秘鲁】0 【协哥斯达黎加】0【协冰岛】0【协瑞士】4.8 【协澳大利亚】0【协韩国】6 【协格鲁吉亚】0【协香港】0【协澳门】0 【特-1】0【特-2】0 【增】16【对美加征】5【出】0【退】0	千克					999	其他未加工的玻璃棒
700231	10		光导纤维用波导级石英玻璃管（未经加工、熔凝石英或其他熔凝硅石制）	Waveguide quartz tubes for optical fibres use, of fused quartz or other fused silica	【最】5【普】17【暂进】1 【协东盟】0【协巴基斯坦】0【协智利】0 【协新西兰】0【协秘鲁】0【协哥斯达黎加】0 【协冰岛】0【协瑞士】0【协澳大利亚】0 【协韩国】0【协格鲁吉亚】0【协香港】0 【协澳门】0 【特-1】0【特-2】0 【增】16【对美加征】10【出】0【退】13	千克					999	光导纤维用波导级石英玻璃管（未经加工、熔凝石英或其他熔凝硅石制）
700231	90		熔凝石英或熔凝硅石制其他玻璃管	Other tubes, of fused quartz or other fused silica	【最】12【普】50 【协东盟】0【协巴基斯坦】11.2【协智利】0 【协新西兰】0【协新加坡】0【协秘鲁】0 【协哥斯达黎加】0【协冰岛】0【协瑞士】5.6 【协澳大利亚】0【协韩国】7 【协格鲁吉亚】0【协香港】0【协澳门】0 【特-1】0【特-2】0 【增】16【对美加征】5【出】0【退】0	千克					999	熔凝石英或熔凝硅石制其他玻璃管

税则号列			货品名称中英文		税费综合信息	计量单位	监管证件代码		检验检疫类别		检验检疫编码	检验检疫编码对应中文名称
HS国际统一前6位	本国子目 7~8位	9~10位	中文 货物名称	英文 Article Description			进口	出口	进口	出口		
700232	00		其他未加工的玻璃管（0~300℃时线膨胀系数小于5×10^{-6}/开尔文的玻璃制）	Other unworked tubes of other glass having a linear coefficient of expansion not exceeding 5×10^{-6} per Kelvin within a temperature range of 0℃ to 300℃	【最】12【普】50 【协东盟】0【协巴基斯坦】6【协智利】0 【协新西兰】0【协新加坡】0【协秘鲁】0 【协哥斯达黎加】0【协冰岛】0【协瑞士】4.8 【协澳大利亚】0【协韩国】6 【协格鲁吉亚】0【协香港】0【协澳门】0 【特-1】0【特-2】0 【增】16【对美加征】10【出】0【退】16	千克					999	其他未加工的玻璃管（0~300℃时线膨胀系数小于5×10^{-6}/开尔文的玻璃制）
700239	00	01	光通信用微光组件的玻璃毛细管、定位管（外径小于3mm）	Glass capillaries or positioning tube of micro-optical assemblies for optical communi-cations(external diameter<3mm)	【最】12【普】50【暂进】3 【协东盟】0【协巴基斯坦】6【协智利】0 【协新西兰】0【协新加坡】0【协秘鲁】0 【协哥斯达黎加】0【协冰岛】0【协瑞士】4.8 【协澳大利亚】0【协韩国】6 【协格鲁吉亚】0【协香港】0【协澳门】0 【特-1】0【特-2】0 【增】16【对美加征】10【出】0【退】16	千克					999	光通信用微光组件的玻璃毛细管、定位管（外径小于3mm）
700239	00	90	未列名、未加工的玻璃管	Glass tubes, not specified, unworked	【最】12【普】50 【协东盟】0【协巴基斯坦】6【协智利】0 【协新西兰】0【协新加坡】0【协秘鲁】0 【协哥斯达黎加】0【协冰岛】0【协瑞士】4.8 【协澳大利亚】0【协韩国】6 【协格鲁吉亚】0【协香港】0【协澳门】0 【特-1】0【特-2】0 【增】16【对美加征】10【出】0【退】16	千克					999	未列名、未加工的玻璃管
700312	00		铸、轧制着色的非夹丝玻璃板、片（不透明，镶色或有吸收反射或非反射层的，未经其他加工）	Cast and rolled non-wired glass, in sheets or parcel, coloured, pacified, flashed or having an absorbent, reflecting or non-reflecting layer, not otherwise worked	【最】15【普】50 【协东盟】0【协巴基斯坦】12【协智利】0 【协新西兰】0【协新加坡】0【协秘鲁】0 【协哥斯达黎加】0【协冰岛】0【协瑞士】6 【协澳大利亚】0【协韩国】7.5【协格鲁吉亚】0 【协香港】0【协澳门】0 【特-1】0【特-2】0 【增】16【对美加征】10【出】0【退】0	千克/平方米					999	铸、轧制着色的非夹丝玻璃板、片（不透明，镶色或有吸收反射或非反射层的，未经其他加工）
700319	00	01	液晶或有机发光二极管（OLED）显示屏用原板玻璃，包括保护屏用含碱玻璃（铸、轧制的非夹丝玻璃板、片，未着色，透明及不具吸收层的，未经其他加工）	Rough glass plate used for LCD (cast or rolled non-wired glass sheet, not colored, transparent and not having an absorbent layer, not otherwise worked)	【最】15【普】50【暂进】3 【协东盟】0【协巴基斯坦】14【协智利】0 【协新西兰】0【协新加坡】0【协秘鲁】0 【协台湾】0【协哥斯达黎加】0【协冰岛】0 【协瑞士】7【协澳大利亚】0【协韩国】8.7 【协格鲁吉亚】0【协香港】0【协澳门】0 【特-1】0【特-2】0 【增】16【对美加征】5【出】0【退】6	千克/平方米					999	液晶或有机发光二极管（OLED）显示屏用原板玻璃，包括保护屏用含碱玻璃（铸、轧制的非夹丝玻璃板、片，未着色，透明及不具吸收层的，未经其他加工）
700319	00	90	铸、轧制的其他非夹丝玻璃板、片（未着色，透明及不具吸收层的，未经其他加工）	Cast and rolled other non-wired glass, in sheets or parcel (not colored, transparent and not having an absorbent layer, not otherwise worked)	【最】15【普】50 【协东盟】0【协巴基斯坦】14【协智利】0 【协新西兰】0【协新加坡】0【协秘鲁】0 【协台湾】0【协哥斯达黎加】0【协冰岛】0 【协瑞士】7【协澳大利亚】0【协韩国】8.7 【协格鲁吉亚】0【协香港】0【协澳门】0 【特-1】0【特-2】0 【增】16【对美加征】5【出】0【退】0	千克/平方米					999	铸、轧制的其他非夹丝玻璃板、片（未着色，透明及不具吸收层的，未经其他加工）
700320	00		铸、轧制的夹丝玻璃板、片（未经其他加工）	Cast and rolled wired glass sheets or parcel (not otherwise worked)	【最】15【普】50 【协东盟】0【协巴基斯坦】12【协智利】0 【协新西兰】0【协新加坡】0【协秘鲁】0 【协哥斯达黎加】0【协冰岛】0【协瑞士】6 【协澳大利亚】0【协韩国】7.5【协格鲁吉亚】0 【协香港】0【协澳门】0 【特-1】0【特-2】0 【增】16【出】0【退】0	千克/平方米					999	铸、轧制的夹丝玻璃板、片（未经其他加工）

税则号列			货品名称中英文		税费综合信息	计量单位	监管证件代码		检验检疫类别		检验检疫编码	检验检疫编码对应中文名称
HS国际统一前6位	本国子目 7~8位	9~10位	中文 货物名称	英文 Article Description			进口	出口	进口	出口		
700330	00		铸、轧制的玻璃型材及异型材（未经其他加工）	Cast and rolled glass, in profiles, not otherwise worked	【最】15【普】50 【协东盟】0【协巴基斯坦】12【协智利】0 【协新西兰】0【协新加坡】0【协秘鲁】0 【协哥斯达黎加】0【协冰岛】0【协瑞士】6 【协澳大利亚】0【协韩国】7.5【协格鲁吉亚】0 【协香港】0【协澳门】0 【特-1】0【特-2】0 【增】16【对美加征】5【出】0【退】0	千克/平方米					999	铸、轧制的玻璃型材及异型材（未经其他加工）
700420	00		拉、吹制的着色玻璃板、片（不透明，镶色或有吸收反射或非反射层的，未经其他加工）	Drawn glass or blown glass, in sheets, coloured, opacified, flashed or having an absorbent, reflecting or non-reflecting layer, not otherwise worked	【最】15【普】50 【协东盟】0【协巴基斯坦】14【协智利】0 【协新西兰】0【协新加坡】0【协秘鲁】0 【协哥斯达黎加】0【协冰岛】0【协瑞士】7 【协澳大利亚】0【协韩国】8.7 【协格鲁吉亚】0【协香港】0【协澳门】0 【特-1】0【特-2】0【特-3】0 【增】16【对美加征】10【出】0【退】0	千克/平方米					999	拉、吹制的着色玻璃板、片（不透明，镶色或有吸收反射或非反射层的，未经其他加工）
700490	00	01	光学平板玻璃，厚度0.7mm以下（未着色，透明及不具吸收层的，未经其他加工）	Optical plate glass, thickness < 0.7mm (not coloured, transparent and not having an absorbent layer, not otherwise worked)	【最】15【普】50【暂进】9 【协东盟】0【协巴基斯坦】14【协智利】0 【协新西兰】0【协新加坡】0【协秘鲁】0 【协哥斯达黎加】0【协冰岛】0【协瑞士】7 【协澳大利亚】0【协韩国】13.1【协格鲁吉亚】0 【协香港】0【协澳门】0 【特-1】0【特-2】0 【增】16【对美加征】5【出】0【退】0	千克/平方米					999	光学平板玻璃，厚度0.7mm以下（未着色，透明及不具吸收层的，未经其他加工）
700490	00	90	拉、吹制的其他玻璃板、片（未着色，透明及不具吸收层的，未经其他加工）	Drawn glass and blown glass, in sheets (not coloured, transparent and not having an absorbent layer, not otherwise worked)	【最】15【普】50 【协东盟】0【协巴基斯坦】14【协智利】0 【协新西兰】0【协新加坡】0【协秘鲁】0 【协哥斯达黎加】0【协冰岛】0【协瑞士】7 【协澳大利亚】0【协韩国】13.1【协格鲁吉亚】0 【协香港】0【协澳门】0 【特-1】0【特-2】0 【增】16【对美加征】5【出】0【退】0	千克/平方米					999	拉、吹制的其他玻璃板、片（未着色，透明及不具吸收层的，未经其他加工）
700510	00		有吸收层非夹丝浮法或抛光玻璃板（包括有反射或非反射层的玻璃板、片）	Non-wired glass, having an absorbent, reflecting or non-reflecting layer, float, surface ground or polished	【最】15【普】50 【协东盟】0【协巴基斯坦】12【协智利】0 【协新西兰】0【协新加坡】0【协秘鲁】0 【协哥斯达黎加】0【协冰岛】0【协瑞士】6 【协澳大利亚】0【协韩国】7.5【协格鲁吉亚】0 【协香港】0【协澳门】0 【特-1】0【特-2】0 【增】16【对美加征】5【出】0【退】0	千克/平方米					999	有吸收层非夹丝浮法或抛光玻璃板（包括有反射或非反射层的玻璃板、片）
700521	00		其他着色非夹丝浮法玻璃板、片（整块着色，不透明，镶色或仅表面研磨的）	Other non-wired float glass sheet, coloured throughout the mass (body tinted), opacified, flashed or merely surface ground	【最】15【普】50 【协东盟】0【协巴基斯坦】12【协智利】0 【协新西兰】0【协新加坡】0【协秘鲁】0 【协哥斯达黎加】0【协冰岛】0【协瑞士】6 【协澳大利亚】0【协韩国】7.5【协格鲁吉亚】0 【协香港】0【协澳门】0 【特-1】0【特-2】0 【增】16【对美加征】10【出】0【退】0	千克/平方米					999	其他着色非夹丝浮法玻璃板、片（整块着色，不透明，镶色或仅表面研磨的）
700529	00	02	液晶或有机发光二极管（OLED）显示屏用原板玻璃，包括保护屏用含碱玻璃（非夹丝浮法玻璃板、片）	Rough glass plate used for LCD (non-wired float glass sheet)	【最】10【普】50【暂进】3 【协东盟】0【协巴基斯坦】12【协智利】0 【协新西兰】0【协新加坡】0【协秘鲁】0 【协哥斯达黎加】0【协冰岛】0【协瑞士】6 【协澳大利亚】0【协韩国】7.5【协格鲁吉亚】0 【协香港】0【协澳门】0 【特-1】0【特-2】0 【增】16【对美加征】10【出】0【退】10	千克/平方米					999	液晶或有机发光二极管（OLED）显示屏用原板玻璃，包括保护屏用含碱玻璃（非夹丝浮法玻璃板、片）
700529	00	90	其他非夹丝浮法玻璃板、片	Other non-wired float glass sheets	【最】10【普】50 【协东盟】0【协巴基斯坦】12【协智利】0 【协新西兰】0【协新加坡】0【协秘鲁】0 【协哥斯达黎加】0【协冰岛】0【协瑞士】6 【协澳大利亚】0【协韩国】7.5【协格鲁吉亚】0 【协香港】0【协澳门】0 【特-1】0【特-2】0 【增】16【对美加征】10【出】0【退】0	千克/平方米					999	其他非夹丝浮法玻璃板、片

税则号列			货品名称中英文		税费综合信息	计量单位	监管证件代码		检验检疫类别		检验检疫编码	检验检疫编码对应中文名称
HS国际统一前6位	本国子目 7~8位	9~10位	中文 货物名称	英文 Article Description			进口	出口	进口	出口		
700530	00		夹丝浮法玻璃板、片（包括表面研磨或抛光的，不论是否有吸收或反射层）	Float wired glass(including surface ground or polished glass sheets, whether or not having an absorbent, reflecting or non-reflecting layer)	【最】15【普】50 【协东盟】0【协巴基斯坦】14【协智利】0 【协新西兰】0【协新加坡】0【协秘鲁】0 【协哥斯达黎加】0【协冰岛】0【协瑞士】7 【协澳大利亚】0【协韩国】8.7 【协格鲁吉亚】0【协香港】0【协澳门】0 【特-1】0【特-2】0 【增】16【对美加征】10【出】0【退】0	千克/平方米					999	夹丝浮法玻璃板、片（包括表面研磨或抛光的，不论是否有吸收或反射层）
700600	00	01	液晶玻璃基板，6代（1850mm×1500mm）以上，不含6代	Liquid crystal glass plate, bent, edge-worked, engraved, drilled, enamelled or otherwise worked, but not framed or fitted	【最】10【普】50【暂进】4 【协东盟】0【协巴基斯坦】12【协智利】0 【协新西兰】0【协新加坡】0【协秘鲁】0 【协台湾】0【协哥斯达黎加】0【协冰岛】0 【协瑞士】6【协澳大利亚】0【协韩国】10 【协格鲁吉亚】0【协香港】0【协澳门】0 【特-1】0【特-2】0 【增】16【对美加征】10【出】0【退】16	千克					999	液晶玻璃基板，6代（1850mm×1500mm）以上，不含6代（经弯曲、磨边、镂刻、钻孔、涂珐琅等加工，未镶框或装配）
700600	00	02	液晶玻璃基板，6代（1850mm×1500mm）及以下	LCD glass base plate, 6 generation and less than, (1850mm×1500mm), other than 6 generation (bent, edge-worked, engraved, drilled, enamelled or otherwise worked, but not framed or fitted)	【最】10【普】50【暂进】6 【协东盟】0【协巴基斯坦】12【协智利】0 【协新西兰】0【协新加坡】0【协秘鲁】0 【协台湾】0【协哥斯达黎加】0【协冰岛】0 【协瑞士】6【协澳大利亚】0【协韩国】10 【协格鲁吉亚】0【协香港】0【协澳门】0 【特-1】0【特-2】0 【增】16【对美加征】10【出】0【退】16	千克					999	液晶玻璃基板，6代（1850mm×1500mm）及以下（经弯曲、磨边、镂刻、钻孔、涂珐琅等加工，未镶框或装配）
700600	00	90	经其他加工税目70.03～70.05的玻璃	Glass of heading No.70.03 to 70.05, bent, edge-worked, engraved, drilled, enamelled or otherwise worked, but not framed or fitted	【最】10【普】50 【协东盟】0【协巴基斯坦】12【协智利】0 【协新西兰】0【协新加坡】0【协秘鲁】0 【协台湾】0【协哥斯达黎加】0【协冰岛】0 【协瑞士】6【协澳大利亚】0【协韩国】10 【协格鲁吉亚】0【协香港】0【协澳门】0 【特-1】0【特-2】0 【增】16【对美加征】10【出】0【退】13	千克					999	经其他加工税目70.03～70.05的玻璃（经弯曲、磨边、镂刻、钻孔、涂珐琅等加工，未镶框或装配）
700711	10	01	空载重量≥25吨飞机的挡风玻璃	Toughened (tempered) safety glass, for wind shield of aircraft, anunladen weight≥25 ton	【最】2【普】11【暂进】1 【协东盟】0【协香港】0【协巴基斯坦】0 【协智利】0【协新西兰】0【协秘鲁】0 【协哥斯达黎加】0【协冰岛】0【协瑞士】0 【协澳大利亚】0【协韩国】0【协格鲁吉亚】0 【特-1】0【特-2】0【特-3】0 【增】16【对美加征】5【出】0【退】16	千克					999	空载重量≥25吨飞机的挡风玻璃
700711	10	90	航空航天器及船舶用钢化安全玻璃（其他规格及形状适于安装在航空航天器及船上的）	Toughened (tempered) safety glass, of other size and shape suitable for incorporation in spacecraft or vessels	【最】2【普】11 【协东盟】0【协香港】0【协巴基斯坦】0 【协智利】0【协新西兰】0【协秘鲁】0【协澳门】0 【协哥斯达黎加】0【协冰岛】0【协瑞士】0 【协澳大利亚】0【协韩国】6.6【协格鲁吉亚】0 【特-1】0【特-2】0【特-3】0 【增】16【对美加征】5【出】0【退】16	千克					999	航空航天器及船舶用钢化安全玻璃（其他规格及形状适于安装在航空航天器及船上的）
700711	90		车辆用钢化安全玻璃（规格及形状适于安装在车辆上的）	Other safety glass for vehicles(of size and shape suitable for incorpration in vehicles)	【最】10【普】50 【协东盟】0【协香港】0【协巴基斯坦】5 【协智利】0【协新西兰】0【协秘鲁】0【协澳门】0 【协哥斯达黎加】0【协冰岛】0【协瑞士】0 【协澳大利亚】0【协韩国】6.6【协格鲁吉亚】0 【特-1】0【特-2】0【特-3】0 【增】16【对美加征】5【出】0【退】16	千克	A		L		101 102	车辆用钢化安全玻璃（规格及形状适于安装在车辆上的）（其他车辆零部件） 车辆用钢化安全玻璃（规格及形状适于安装在车辆上的）（钢化玻璃）
700719	00		其他钢化安全玻璃	Other safety glass	【最】14【普】50 【协东盟】0【协巴基斯坦】11.2【协智利】0 【协新西兰】0【协新加坡】0【协秘鲁】0 【协哥斯达黎加】0【协冰岛】0【协瑞士】5.6 【协澳大利亚】0【协韩国】7 【协格鲁吉亚】0【协香港】0【协澳门】0 【特-1】0【特-2】0 【增】16【对美加征】10【出】0【退】16	千克/平方米			L		999	其他钢化安全玻璃

税则号列			货品名称中英文		税费综合信息	计量单位	监管证件代码		检验检疫类别		检验检疫编码	检验检疫编码对应中文名称
HS国际统一前6位	本国子目 7~8位	本国子目 9~10位	中文 货物名称	英文 Article Description			进口	出口	进口	出口		
700721	10		航空航天器及船舶用层压安全玻璃（规格及形状适于安装在航空航天器及船上的）	Laminated safety glass, of other size and shape suitable for incorporation in aircraft, spacecraft or vessels	【最】2【普】11 【协东盟】0【协巴基斯坦】0【协智利】0 【协新西兰】0【协秘鲁】0【协哥斯达黎加】0 【协冰岛】0【协瑞士】0【协澳大利亚】0 【协韩国】0【协格鲁吉亚】0【协香港】0 【协澳门】0 【特-1】0【特-2】0【特-3】0 【增】16【对美加征】5【出】0【退】16	千克					999	航空航天器及船舶用层压安全玻璃（规格及形状适于安装在航空航天器及船上的）
700721	90		车辆用层压安全玻璃（规格及形状适于安装在车辆上的）	Laminated safety glass, of other size and shape suitable for incorporation in vehicles	【最】14【普】50 【协东盟】0【协智利】0【协新西兰】0 【协新加坡】0【协秘鲁】0【协哥斯达黎加】0 【协冰岛】0【协瑞士】8【协澳大利亚】0 【协韩国】15【协格鲁吉亚】0【协香港】0 【协澳门】0 【特-1】0【特-2】0【特-3】0 【增】16【对美加征】5【出】0【退】16	千克	A		L		101 102	车辆用层压安全玻璃（规格及形状适于安装在车辆上的）（其他车辆零部件） 车辆用层压安全玻璃（规格及形状适于安装在车辆上的）（钢化玻璃）
700729	00		其他层压安全玻璃	Other laminated safety glass	【最】14【普】50 【协东盟】0【协巴基斯坦】11.2【协智利】0 【协新西兰】0【协新加坡】0【协秘鲁】0 【协哥斯达黎加】0【协冰岛】0【协瑞士】5.6 【协澳大利亚】0【协韩国】7 【协格鲁吉亚】0【协香港】0【协澳门】0 【特-1】0【特-2】0 【增】16【对美加征】10【出】0【退】16	千克/平方米			L		999	其他层压安全玻璃
700800	10		中空或真空隔温、隔音玻璃组件	Hollow or vacuum insulating glass	【最】14【普】50 【协东盟】0【协巴基斯坦】11.2【协智利】0 【协新西兰】0【协新加坡】0【协秘鲁】0 【协哥斯达黎加】0【协冰岛】0【协瑞士】5.6 【协澳大利亚】0【协韩国】7 【协格鲁吉亚】0【协香港】0【协澳门】0 【特-1】0【特-2】0 【增】16【对美加征】5【出】0【退】16	千克			L		101 102 103	中空或真空隔温、隔音玻璃组件（其他车辆零部件） 中空或真空隔温、隔音玻璃组件（钢化玻璃） 中空或真空隔温、隔音玻璃组件（其他玻璃及制品）
700800	90		其他多层隔温、隔音玻璃组件	Other multiple-walled insulating units of glass	【最】14【普】50 【协东盟】0【协澳门】0【协巴基斯坦】11.2 【协智利】0【协新西兰】0【协新加坡】0 【协秘鲁】0【协哥斯达黎加】0【协冰岛】0 【协瑞士】5.6【协澳大利亚】0【协韩国】7 【协格鲁吉亚】0【协香港】0 【特-1】0【特-2】0 【增】16【对美加征】10【出】0【退】16	千克			L		101 102 103	其他多层隔温、隔音玻璃组件（其他车辆零部件） 其他多层隔温、隔音玻璃组件（钢化玻璃） 其他多层隔温、隔音玻璃组件（其他玻璃及制品）
700910	00		车辆后视镜（不论是否镶框）	Rearview mirrors for vehicles, whether or not framed	【最】10【普】100 【协东盟】0【协巴基斯坦】5【协智利】0 【协新西兰】0【协新加坡】0【协秘鲁】0 【协台湾】0【协哥斯达黎加】0【协冰岛】0 【协瑞士】0【协澳大利亚】0【协韩国】7.5 【协格鲁吉亚】0【协香港】0【协澳门】0 【特-1】0【特-2】0【特-3】0 【增】16【对美加征】5【出】0【退】16	千克			L		101 102	车辆后视镜（不论是否镶框）（其他车辆零部件） 车辆后视镜（不论是否镶框）（玻璃镜）
700991	00	01	槽式太阳能抛物面反射镜【电商】	Trough solar power parabolic mirror	【最】14【普】70【暂进】10 【协东盟】0【协智利】0【协新西兰】0 【协新加坡】0【协秘鲁】0【协哥斯达黎加】0 【协冰岛】0【协瑞士】8.4【协澳大利亚】0 【协韩国】15.7【协格鲁吉亚】0【协香港】0 【协澳门】0 【特-1】0【特-2】0 【增】16【对美加征】5【出】0【退】16	千克					999	槽式太阳能抛物面反射镜
700991	00	90	其他未镶框玻璃镜（包括后视镜）【电商】	Other unframed glass mirror (including rearview mirror)	【最】14【普】70 【协东盟】0【协智利】0【协新西兰】0 【协新加坡】0【协秘鲁】0【协哥斯达黎加】0 【协冰岛】0【协瑞士】8.4【协澳大利亚】0 【协韩国】15.7【协格鲁吉亚】0【协香港】0 【协澳门】0 【特-1】0【特-2】0 【增】16【对美加征】5【出】0【退】16	千克					999	其他未镶框玻璃镜（包括后视镜）

税则号列 HS 国际统一前6位	本国子目 7~8位	本国子目 9~10位	货品名称中英文 中文 货物名称	货品名称中英文 英文 Article Description	税费综合信息	计量单位	监管证件代码 进口	监管证件代码 出口	检验检疫类别 进口	检验检疫类别 出口	检验检疫编码	检验检疫编码对应中文名称
700992	00		其他镶框玻璃镜（包括后视镜） 【电商】	Other framed glass mirror (including rearview mirror)	【最】12【普】100 【协亚太】7.8【协东盟】0【协巴基斯坦】5 【协智利】0【协新西兰】0【协新加坡】0 【协秘鲁】0【协哥斯达黎加】0【协冰岛】0 【协瑞士】4.8【协澳大利亚】0【协韩国】6 【协格鲁吉亚】0【协香港】0【协澳门】0 【特-1】0【特-2】0【特-3】0 【增】16【对美加征】10【出】0【退】16	千克					999	其他镶框玻璃镜（包括后视镜）
701010	00		玻璃安瓿 【电商】	Ampoules of glass	【最】14【普】50 【协东盟】0【协巴基斯坦】11.2【协智利】0 【协新西兰】0【协新加坡】0【协秘鲁】0 【协哥斯达黎加】0【协冰岛】0【协瑞士】5.6 【协澳大利亚】0【协韩国】7 【协格鲁吉亚】0【协香港】0【协澳门】0 【特-1】0【特-2】0 【增】16【对美加征】10【出】0【退】16	千克					999	玻璃安瓿
701020	00		玻璃制的塞、盖及类似封口器 【电商】	Stoppers, lids and other closures of glass	【最】14【普】50 【协东盟】0【协巴基斯坦】11.2【协智利】0 【协新西兰】0【协新加坡】0【协秘鲁】0 【协哥斯达黎加】0【协冰岛】0【协瑞士】5.6 【协澳大利亚】0【协韩国】7 【协格鲁吉亚】0【协香港】0【协澳门】0 【特-1】0【特-2】0 【增】16【对美加征】10【出】0【退】16	千克					101 102	玻璃制的塞、盖及类似封口器（非食品用玻璃器皿） 玻璃制的塞、盖及类似封口器（食品用玻璃包装）
701090	10		装运货物或保藏用的玻璃大容器（指超过1升的坛、瓶、缸、罐及其他容器） 【电商】	Large containers of glass, of a kind used for the conveyance or preserving jars of glass, exceeding 1L	【最】14【普】50 【协东盟】0【协巴基斯坦】11.2【协智利】0 【协新西兰】0【协新加坡】0【协秘鲁】0 【协哥斯达黎加】0【协冰岛】0【协瑞士】5.6 【协澳大利亚】0【协韩国】7 【协格鲁吉亚】0【协香港】0【协澳门】0 【特-1】0【特-2】0 【增】16【对美加征】10【出】0【退】16	千克					101 102	装运货物或保藏用的玻璃大容器（指超过1升的坛、瓶、缸、罐及其他容器）（非食品用玻璃器皿） 装运货物或保藏用的玻璃大容器（指超过1升的坛、瓶、缸、罐及其他容器）（食品用玻璃包装）
701090	20		装运货物或保藏用的玻璃中容器（指超过0.33升，但不超过1升的坛、瓶、缸、罐及其他容器） 【电商】	Middle containers, of glass, of a kind used for the conveyance or preserving jars of glass, exceeding 0.33L but not exceeding 1L	【最】14【普】50 【协东盟】0【协巴基斯坦】11.2【协智利】0 【协新西兰】0【协新加坡】0【协秘鲁】0 【协哥斯达黎加】0【协冰岛】0【协瑞士】5.6 【协澳大利亚】0【协韩国】7 【协格鲁吉亚】0【协香港】0【协澳门】0 【特-1】0【特-2】0 【增】16【对美加征】5【出】0【退】16	千克					101 102	装运货物或保藏用的玻璃中容器（指超过0.33升，但不超过1升的坛、瓶、缸、罐及其他容器）（非食品用玻璃器皿） 装运货物或保藏用的玻璃中容器（指超过0.33升，但不超过1升的坛、瓶、缸、罐及其他容器）（食品用玻璃包装）
701090	30		装运货物或保藏用的玻璃小容器（指超过0.15升，但不超过0.33升的坛、瓶、缸、罐及其他容器） 【电商】	Small containers, of glass, of a kind used for the conveyance or preserving jars of glass, exceeding 0.15L but not exceeding 0.33L	【最】14【普】50 【协东盟】0【协巴基斯坦】11.2【协智利】0 【协新西兰】0【协新加坡】0【协秘鲁】0 【协哥斯达黎加】0【协冰岛】0【协瑞士】5.6 【协澳大利亚】0【协韩国】7 【协格鲁吉亚】0【协香港】0【协澳门】0 【特-1】0【特-2】0 【增】16【对美加征】10【出】0【退】16	千克					101 102	装运货物或保藏用的玻璃小容器（指超过0.15升，但不超过0.33升的坛、瓶、缸、罐及其他容器）（非食品用玻璃器皿） 装运货物或保藏用的玻璃小容器（指超过0.15升，但不超过0.33升的坛、瓶、缸、罐及其他容器）（食品用玻璃包装）
701090	90		装运货物或保藏用的玻璃特小容器（指不超过0.15升的坛、瓶、缸、罐及其他容器） 【电商】	Small containers, of glass, of a kind used for the conveyance or preserving jars of glass, not exceeding 0.15L	【最】14【普】50 【协东盟】0【协巴基斯坦】11.2【协智利】0 【协新西兰】0【协新加坡】0【协秘鲁】0 【协哥斯达黎加】0【协冰岛】0【协瑞士】5.6 【协澳大利亚】0【协韩国】7 【协格鲁吉亚】0【协香港】0【协澳门】0 【特-1】0【特-2】0【特-3】0 【增】16【对美加征】10【出】0【退】16	千克					101 102	装运货物或保藏用的玻璃特小容器（指不超过0.15升的坛、瓶、缸、罐及其他容器）（非食品用玻璃器皿） 装运货物或保藏用的玻璃特小容器（指不超过0.15升的坛、瓶、缸、罐及其他容器）（食品用玻璃包装）

税则号列 HS国际统一前6位	本国子目 7~8位	本国子目 9~10位	货品名称中英文 中文 货物名称	货品名称中英文 英文 Article Description	税费综合信息	计量单位	监管证件代码 进口	监管证件代码 出口	检验检疫类别 进口	检验检疫类别 出口	检验检疫编码	检验检疫编码对应中文名称
701110	00		电灯用未封口玻璃外壳及玻璃零件（未装有配件）	Glass envelopes, open, and glass parts thereof, without fittings, for electric lighting	【最】12【普】80 【协东盟】0【协智利】0【协新西兰】0 【协新加坡】0【协秘鲁】0【协哥斯达黎加】0 【协冰岛】0【协瑞士】8.4【协澳大利亚】0 【协韩国】15.7【协格鲁吉亚】0【协香港】0 【协澳门】0 【特-1】0【特-2】0 【增】16【对美加征】10【出】0【退】0	千克					999	电灯用未封口玻璃外壳及玻璃零件（未装有配件）
701120	10		显像管玻壳及其零件（未装有配件）	Glass envelopes for kinescope and glass parts thereof, without fittings	【最】10【普】35 【协亚太】6.5【协东盟】0【协巴基斯坦】5 【协智利】0【协新西兰】0【协秘鲁】0 【协哥斯达黎加】0【协冰岛】0【协瑞士】0 【协澳大利亚】0【协韩国】5【协格鲁吉亚】0 【协香港】0【协澳门】0 【特-1】0【特-2】0 【增】16【出】0【退】16	千克	6				101 102	显像管玻壳及其零件（未装有配件）（其他电光源及其零件） 显像管玻壳及其零件（未装有配件）（其他显像管及其零件）
701120	90	01	显示管玻壳及其零件（包括零件，但未装有配件）	Glass envelopes for kinescope and parts thereof (including parts thereof, without fittings)	【最】10【普】35【暂进】6 【协亚太】6.5【协东盟】0【协巴基斯坦】5 【协智利】0【协新西兰】0【协秘鲁】0 【协哥斯达黎加】0【协冰岛】0【协瑞士】0 【协澳大利亚】0【协格鲁吉亚】0【协香港】0 【协澳门】0 【特-1】0【特-2】0 【增】16【对美加征】5【出】0【退】10	千克	6				101 102	显示管玻壳及其零件（包括零件，但未装有配件）（其他电光源及其零件） 显示管玻壳及其零件（包括零件，但未装有配件）（其他显像管及其零件）
701120	90	90	其他阴极射线管用的未封口玻壳（包括零件，但未装有配件）	Glass envelopes for cathode-ray tubes, open, including glass parts thereof, but without fittings	【最】10【普】35 【协亚太】6.5【协东盟】0【协巴基斯坦】5 【协智利】0【协新西兰】0【协秘鲁】0 【协哥斯达黎加】0【协冰岛】0【协瑞士】0 【协澳大利亚】0【协格鲁吉亚】0【协香港】0 【协澳门】0 【特-1】0【特-2】0 【增】16【对美加征】5【出】0【退】10	千克	6				101 102	其他阴极射线管用的未封口玻壳（包括零件，但未装有配件）（其他电光源及其零件） 其他阴极射线管用的未封口玻壳（包括零件，但未装有配件）（其他显像管及其零件）
701190	10		电子管未封口玻璃外壳及玻璃零件（未装有配件）	Glass envelopes, open, and glass parts thereof, without fittings for electronic tubes and valves(other than cathode-ray tubes)	【最】8【普】35 【协东盟】0【协巴基斯坦】5【协智利】0 【协新西兰】0【协秘鲁】0【协哥斯达黎加】0 【协冰岛】0【协瑞士】0【协澳大利亚】0 【协韩国】0【协格鲁吉亚】0【协香港】0 【协澳门】0 【特-1】0【特-2】0 【增】16【对美加征】10【出】0【退】10	千克					999	电子管未封口玻璃外壳及玻璃零件（未装有配件）
701190	90		其他类似品用未封口玻璃外壳零件（未装有配件）	Other glass envelopes, open, and glass parts thereof, without fittings	【最】14【普】80 【协东盟】0【协智利】0【协新西兰】0 【协新加坡】0【协秘鲁】0【协哥斯达黎加】0 【协冰岛】0【协瑞士】8.4【协澳大利亚】0 【协韩国】15.7【协格鲁吉亚】0【协香港】0 【协澳门】0 【特-1】0【特-2】0 【增】16【对美加征】5【出】0【退】0	千克					999	其他类似品用未封口玻璃外壳零件（未装有配件）
701310	00		玻璃陶瓷制玻璃器皿（供餐桌、厨房、办公室及室内装饰等用）【电商】	Glassware of glass-ceramics, used for table, kitchen, toilet, office, indoor decoration	【最】7【普】100 【协东盟】0【协智利】0【协新西兰】0 【协新加坡】0【协秘鲁】0【协哥斯达黎加】0 【协冰岛】0【协瑞士】7【协澳大利亚】0 【协韩国】18.3【协格鲁吉亚】0【协香港】0 【协澳门】0 【特-1】0【特-2】0【特-3】0 【增】16【对美加征】10【出】0【退】13	千克					999	玻璃陶瓷制玻璃器皿（供餐桌、厨房、办公室及室内装饰等用）
701322	00		铅晶质玻璃制高脚杯（玻璃陶瓷制的除外）【电商】	Goblet of lead crystal glass(other than those made of glass-ceramics)	【最】7【普】100 【协东盟】0【协智利】0【协新西兰】0 【协新加坡】0【协秘鲁】0【协哥斯达黎加】0 【协冰岛】0【协瑞士】7【协澳大利亚】0 【协韩国】18.3【协格鲁吉亚】0【协香港】0 【协澳门】0 【特-1】0【特-2】0 【增】16【对美加征】10【出】0【退】13	千克					101 102	铅晶质玻璃制高脚杯（玻璃陶瓷制的除外）（非食品用玻璃器皿） 铅晶质玻璃制高脚杯（玻璃陶瓷制的除外）（食品接触玻璃产品）

税则号列			货品名称中英文		税费综合信息	计量单位	监管证件代码		检验检疫类别		检验检疫编码	检验检疫编码对应中文名称
HS国际统一前6位	本国子目7~8位	本国子目9~10位	中文 货物名称	英文 Article Description			进口	出口	进口	出口		
701328	00		其他玻璃制高脚杯（玻璃陶瓷制的除外） 【电商】	Other goblet of other glasses (other than those made of glass-ceramics)	【最】7【普】100 【协东盟】0【协巴基斯坦】5【协智利】0 【协新西兰】0【协新加坡】0【协秘鲁】0 【协哥斯达黎加】0【协冰岛】0【协瑞士】0 【协澳大利亚】0【协韩国】0【协香港】0 【协澳门】0【协格鲁吉亚】0 【特-1】0【特-2】0【特-3】0 【增】16【对美加征】10【出】0【退】13	千克	A		R		101 102	其他玻璃制高脚杯（玻璃陶瓷制的除外）（非食品用玻璃器皿） 其他玻璃制高脚杯（玻璃陶瓷制的除外）（食品接触玻璃产品）
701333	00		铅晶质玻璃制其他杯（玻璃陶瓷制的除外） 【电商】	Other glass of lead crystal (other than those made of glass-ceramics)	【最】7【普】100 【协东盟】0【协智利】0【协新西兰】0 【协新加坡】0【协秘鲁】0【协哥斯达黎加】0 【协冰岛】0【协瑞士】7【协澳大利亚】0 【协韩国】18.3【协格鲁吉亚】0【协香港】0 【协澳门】0 【特-1】0【特-2】0 【增】16【对美加征】10【出】0【退】13	千克					101 102 103	铅晶质玻璃制其他杯（玻璃陶瓷制的除外）（非食品用玻璃器皿） 铅晶质玻璃制其他杯（玻璃陶瓷制的除外）（食品接触玻璃产品） 铅晶质玻璃制其他杯（玻璃陶瓷制的除外）（食品用玻璃包装）
701337	00		其他玻璃杯（玻璃陶瓷制的除外） 【电商】	Other glasses (other than those made of glass-ceramics)	【最】7【普】100 【协东盟】0【协巴基斯坦】5【协智利】0 【协新西兰】0【协新加坡】0【协秘鲁】0 【协哥斯达黎加】0【协冰岛】0【协瑞士】0 【协澳大利亚】0【协韩国】0 【协格鲁吉亚】0【协香港】0【协澳门】0 【特-1】0【特-2】0【特-3】0 【增】16【对美加征】10【出】0【退】13	千克	A		R		101 102 103	其他玻璃杯（玻璃陶瓷制的除外）（非食品用玻璃器皿） 其他玻璃杯（玻璃陶瓷制的除外）（食品接触玻璃产品） 其他玻璃杯（玻璃陶瓷制的除外）（食品用玻璃包装）
701341	00		铅晶质玻璃制餐桌、厨房用器皿［（不包括杯子）玻璃陶瓷制的除外］ 【电商】	Glassware of lead crystal, used for table or kitchen purposes, (excluding cup, other than of glass-ceramics)	【最】7【普】100 【协东盟】0【协智利】0【协新西兰】0 【协新加坡】0【协秘鲁】0【协哥斯达黎加】0 【协冰岛】0【协瑞士】12.3【协澳大利亚】4.9 【协韩国】18.3【协格鲁吉亚】0【协香港】0 【协澳门】0 【特-1】0【特-2】0 【增】16【对美加征】10【出】0【退】13	千克	A		R		101 102 103	铅晶质玻璃制餐桌、厨房用器皿［（不包括杯子）玻璃陶瓷制的除外］（非食品用玻璃器皿） 铅晶质玻璃制餐桌、厨房用器皿［（不包括杯子）玻璃陶瓷制的除外］（食品接触玻璃产品） 铅晶质玻璃制餐桌、厨房用器皿［（不包括杯子）玻璃陶瓷制的除外］（食品用玻璃包装）
701342	00		低膨胀系数玻璃制餐桌厨房用器皿（低膨胀系数指温度0~300℃膨胀系数 < 5×10^{-6}/开尔文） 【电商】	Glassware of a kind used for table or kitchen purposes, of glass having a linear coefficient of expansion not exceeding 5×10^{-6} per Kelvin within a temperature range of 0℃ to 300℃	【最】7【普】100 【协东盟】0【协巴基斯坦】5【协智利】0 【协新西兰】0【协新加坡】0【协秘鲁】0 【协哥斯达黎加】0【协冰岛】0【协瑞士】0 【协澳大利亚】0【协韩国】5【协格鲁吉亚】0 【协香港】0【协澳门】0 【特-1】0【特-2】0【特-3】0 【增】16【对美加征】5【出】0【退】13	千克	A		R		101 102 103	低膨胀系数玻璃制餐桌厨房用器皿（低膨胀系数指温度0~300℃膨胀系数<5×10^{-6}/开尔文）（非食品用玻璃器皿） 低膨胀系数玻璃制餐桌厨房用器皿（低膨胀系数指温度0~300℃膨胀系数<5×10^{-6}/开尔文）（食品接触玻璃产品） 低膨胀系数玻璃制餐桌厨房用器皿（低膨胀系数指温度0~300℃膨胀系数<5×10^{-6}/开尔文）（食品用玻璃包装）
701349	00		其他玻璃制餐桌、厨房用器皿（不包括杯子，玻璃陶瓷制的除外） 【电商】	Other glassware of a kind used for table or kitchen purposes (excluding cup, other than of glass-ceramics)	【最】7【普】100 【协东盟】0【协巴基斯坦】5【协智利】0 【协新西兰】0【协新加坡】0【协秘鲁】0 【协哥斯达黎加】0【协冰岛】0【协瑞士】0 【协澳大利亚】0【协韩国】5【协格鲁吉亚】0 【协香港】0【协澳门】0 【特-1】0【特-2】0【特-3】0 【增】16【对美加征】10【出】0【退】13	千克	A		R		101 102 103	其他玻璃制餐桌、厨房用器皿（不包括杯子，玻璃陶瓷制的除外）（非食品用玻璃器皿） 其他玻璃制餐桌、厨房用器皿（不包括杯子，玻璃陶瓷制的除外）（食品接触玻璃产品） 其他玻璃制餐桌、厨房用器皿（不包括杯子，玻璃陶瓷制的除外）（食品用玻璃包装）

税则号列 HS国际统一前6位	本国子目 7~8位	本国子目 9~10位	货品名称中英文 中文 货物名称	货品名称中英文 英文 Article Description	税费综合信息	计量单位	监管证件代码 进口	监管证件代码 出口	检验检疫类别 进口	检验检疫类别 出口	检验检疫编码	检验检疫编码对应中文名称
701391	00		其他铅晶质玻璃器皿	Other glassware of lead crystal	【最】7【普】100 【协东盟】0【协巴基斯坦】5【协智利】0 【协新西兰】0【协新加坡】0【协秘鲁】0 【协哥斯达黎加】0【协冰岛】0【协瑞士】0 【协澳大利亚】0【协韩国】5【协格鲁吉亚】0 【协香港】0【协澳门】0 【特-1】0【特-2】0【特-3】0 【增】16【对美加征】10【出】0【退】13	千克					101 102 103	其他铅晶质玻璃器皿(非食品用玻璃器皿) 其他铅晶质玻璃器皿(食品接触玻璃产品) 其他铅晶质玻璃器皿(食品用玻璃包装)
701399	00		其他玻璃器皿【电商】	Glassware of other glass	【最】7【普】100 【协东盟】0【协巴基斯坦】5【协智利】0 【协新西兰】0【协新加坡】0【协秘鲁】0 【协哥斯达黎加】0【协冰岛】0【协瑞士】0 【协澳大利亚】0【协韩国】5【协格鲁吉亚】0 【协香港】0【协澳门】0 【特-1】0【特-2】0【特-3】0 【增】16【对美加征】10【出】0【退】13	千克					101 102 103	其他玻璃器皿(非食品用玻璃器皿) 其他玻璃器皿(食品接触玻璃产品) 其他玻璃器皿(食品用玻璃包装)
701400	10		光学仪器用光学元件毛坯(未经光学加工的,税目70.15的物品除外)	Blanks of optical elements, for optical instruments (other than those of heading No. 70.15), not optically worked	【最】10【普】40 【协东盟】0【协澳门】0【协巴基斯坦】5 【协智利】0【协新西兰】0【协新加坡】0 【协秘鲁】0【协哥斯达黎加】0【协冰岛】0 【协瑞士】0【协澳大利亚】0【协韩国】0 【协格鲁吉亚】0【协香港】0 【特-1】0【特-2】0【特-3】0 【增】16【对美加征】10【出】0【退】16	千克					999	光学仪器用光学元件毛坯(未经光学加工的,税目70.15的物品除外)
701400	90	01	滤波玻璃(带有抗红外和防反射薄膜的)	Light-filtering glass (with film of anti-infrared-ray and counterrudiation protection)	【最】15【普】80【暂进】9 【协东盟】0【协巴基斯坦】14【协智利】0 【协新西兰】0【协新加坡】0【协秘鲁】0 【协哥斯达黎加】0【协冰岛】0【协瑞士】7 【协澳大利亚】0【协韩国】8.7 【协格鲁吉亚】0【协香港】0【协澳门】0 【特-1】0【特-2】0 【增】16【对美加征】10【出】0【退】16	千克					999	滤波玻璃(带有抗红外和防反射薄膜的)
701400	90	90	其他未经光学加工的信号玻璃器(包括玻璃制光学元件,税目70.15的物品除外)	Other signaling glassware including glass optical elements, other than those of heading No. 70.15), not optically worked	【最】15【普】80 【协东盟】0【协巴基斯坦】14【协智利】0 【协新西兰】0【协新加坡】0【协秘鲁】0 【协哥斯达黎加】0【协冰岛】0【协瑞士】7 【协澳大利亚】0【协韩国】8.7 【协格鲁吉亚】0【协香港】0【协澳门】0 【特-1】0【特-2】0 【增】16【对美加征】10【出】0【退】16	千克					999	其他未经光学加工的信号玻璃器(包括玻璃制光学元件,税目70.15的物品除外)
701510	10		视力矫正眼镜用变色镜片坯件(未经光学加工的)	Blanks for photochromic spectacles, not optically worked	【最】15【普】80 【协东盟】0【协智利】0【协新西兰】0 【协新加坡】0【协秘鲁】0【协哥斯达黎加】0 【协冰岛】0【协瑞士】8.4【协澳大利亚】0 【协韩国】14【协格鲁吉亚】0【协香港】0 【协澳门】0 【特-1】0【特-2】0 【增】16【对美加征】5【出】0【退】13	千克					999	视力矫正眼镜用变色镜片坯件(未经光学加工的)
701510	90		其他视力矫正眼镜用镜片坯件(未经光学加工的)	Other glasses for corrective spectacles, not optically worked	【最】15【普】70 【协东盟】0【协巴基斯坦】14【协智利】0 【协新西兰】0【协新加坡】0【协秘鲁】0 【协哥斯达黎加】0【协冰岛】0【协瑞士】7 【协澳大利亚】0【协韩国】8.7【协香港】0 【协澳门】0【协格鲁吉亚】0 【特-1】0【特-2】0 【增】16【出】0【退】13	千克					999	其他视力矫正眼镜用镜片坯件(未经光学加工的)
701590	10		钟表玻璃(未经光学加工的)	Clock and watch glasses, not optically worked	【最】15【普】70 【协东盟】0【协巴基斯坦】14【协智利】0 【协新西兰】0【协新加坡】0【协秘鲁】0 【协哥斯达黎加】0【协冰岛】0【协瑞士】7 【协澳大利亚】0【协韩国】8.7 【协格鲁吉亚】0【协香港】0【协澳门】0 【特-1】0【特-2】0 【增】16【对美加征】10【出】0【退】0	千克					999	钟表玻璃(未经光学加工的)

税则号列			货品名称中英文		税费综合信息	计量单位	监管证件代码		检验检疫类别		检验检疫编码	检验检疫编码对应中文名称
HS 国际统一前6位	本国子目 7~8位	9~10位	中文 货物名称	英文 Article Description			进口	出口	进口	出口		
701590	20		平光变色镜片坯件（未经光学加工的）	Blanks for plane photochromic spectacles, not optically worked	【最】15【普】80 【协亚太】10.5【协东盟】0【协巴基斯坦】14.4 【协智利】0【协新西兰】0【协新加坡】0 【协秘鲁】0【协哥斯达黎加】0【协冰岛】0 【协瑞士】7.2【协澳大利亚】0【协韩国】9 【协格鲁吉亚】0【协香港】0【协澳门】0 【特-1】0【特-2】0 【增】16【出】0【退】13	千克					999	平光变色镜片坯件（未经光学加工的）
701590	90		税目70.15的其他未经光学加工玻璃	Other glassware including those of heading No. 70.15, not optically worked	【最】12【普】80 【协亚太】10.8【协东盟】0【协巴基斯坦】6 【协智利】0【协新西兰】0【协新加坡】0 【协秘鲁】0【协哥斯达黎加】0【协冰岛】0 【协瑞士】6.8【协澳大利亚】0【协韩国】6 【协格鲁吉亚】0【协香港】0【协澳门】0 【特-1】0【特-2】0【特-3】0 【增】16【对美加征】10【出】0【退】0	千克					999	税目70.15的其他未经光学加工玻璃
701610	00		供镶嵌或装饰用玻璃马赛克（包括其他小件玻璃品，不论是否有衬背）	Glass cubes and other glass smallwares, whether or not on a backing, for mosaics or similar decorative purposes	【最】15【普】100 【协东盟】0【协智利】0【协新西兰】0 【协新加坡】0【协秘鲁】0【协哥斯达黎加】0 【协冰岛】0【协瑞士】8.8【协澳大利亚】0 【协韩国】16.5【协格鲁吉亚】0【协香港】0 【协澳门】0 【特-1】0【特-2】0 【增】16【对美加征】10【出】0【退】16	千克					999	供镶嵌或装饰用玻璃马赛克（包括其他小件玻璃品，不论是否有衬背）
701690	10		花饰铅条窗玻璃及类似品	Leaded lights and the like	【最】15【普】90 【协亚太】10.5【协东盟】0【协智利】0 【协新西兰】0【协新加坡】0【协秘鲁】0 【协哥斯达黎加】0【协冰岛】0【协瑞士】9.6 【协澳大利亚】0【协韩国】18 【协格鲁吉亚】0【协香港】0【协澳门】0 【特-1】0【特-2】0 【增】16【对美加征】10【出】0【退】16	千克					999	花饰铅条窗玻璃及类似品
701690	90		建筑用压制或模制铺面玻璃块、砖（包括瓦等，不论是否夹丝以及多孔或泡沫玻璃块、板等）	Other paving blocks, slabs, of pressed or moulded glass, (whether or not wired, multicellular or foam glass in blocks, panels)	【最】15【普】90 【协亚太】10.5【协东盟】0【协智利】0 【协新西兰】0【协新加坡】0【协秘鲁】0 【协哥斯达黎加】0【协冰岛】0【协瑞士】7.2 【协澳大利亚】0【协韩国】9 【协格鲁吉亚】0【协香港】0【协澳门】0 【特-1】0【特-2】0 【增】16【对美加征】5【出】0【退】16	千克					999	建筑用压制或模制铺面玻璃块、砖（包括瓦等，不论是否夹丝以及多孔或泡沫玻璃块、板等）
701710	00		实验室、卫生及配药用玻璃器（熔凝石英或熔凝硅石制，不论有无刻度或标量）	Laboratory, hygienic or pharmaceutical glassware (of fused quartz or other fused silica, whether or not graduated or calibrated)	【最】0【普】30【特-1】0【特-2】0【特-3】0 【增】16【对美加征】5【出】0【退】16	千克					999	实验室、卫生及配药用玻璃器（熔凝石英或熔凝硅石制，不论有无刻度或标量）
701720	00		其他玻璃制实验室等用玻璃器（0~300℃时线膨胀系数≤5×10⁻⁶/开尔文的玻璃制）	Of other glass having a linear coefficient of expansion not exceeding 5×10^{-6} per Kelvin within a temperature range of 0℃ to 300℃	【最】8【普】30 【协东盟】0【协巴基斯坦】5【协智利】0 【协新西兰】0【协秘鲁】0【协哥斯达黎加】0 【协冰岛】0【协瑞士】4.6【协澳大利亚】0 【协韩国】0【协格鲁吉亚】4.8【协香港】0 【协澳门】0 【特-1】0【特-2】0【特-3】0 【增】16【对美加征】5【出】0【退】16	千克					999	其他玻璃制实验室等用玻璃器（0~300℃时线膨胀系数≤5×10^{-6}/开尔文的玻璃制）
701790	00		其他实验室、卫生及配药用玻璃器	Other Laboratory, hygienic or pharmaceutical glassware	【最】8【普】30 【协东盟】0【协巴基斯坦】5【协智利】0 【协新西兰】0【协秘鲁】0【协哥斯达黎加】0 【协冰岛】0【协瑞士】0【协澳大利亚】0 【协韩国】4【协格鲁吉亚】0【协香港】0 【协澳门】0 【特-1】0【特-2】0【特-3】0 【增】16【对美加征】5【出】0【退】16	千克					999	其他实验室、卫生及配药用玻璃器

税则号列			货品名称中英文		税费综合信息	计量单位	监管证件代码		检验检疫类别		检验检疫编码	检验检疫编码对应中文名称
HS国际统一前6位	本国子目 7~8位	9~10位	中文 货物名称	英文 Article Description			进口	出口	进口	出口		
701810	00		玻璃珠，仿珍珠及类似小件玻璃品 【电商】	Glass beads, imitation pearls, imitation precious or semi-precious stones and similar glass smallwares	【最】10【普】100 【协东盟】0【协巴基斯坦】5【协智利】0 【协新西兰】0【协新加坡】0【协秘鲁】0 【协哥斯达黎加】0【协冰岛】0【协瑞士】0 【协澳大利亚】0【协韩国】0【协格鲁吉亚】0 【协香港】0【协澳门】0 【特-1】0【特-2】0【特-3】0 【增】16【对美加征】10【出】0【退】16	千克					999	玻璃珠，仿珍珠及类似小件玻璃品（包括仿宝石，仿首饰除外）
701820	00	01	熔融球形二氧化硅微粉，直径≤100um	Spherical silica fume, diameter≤100um	【最】15【普】100【暂进】5.5 【协东盟】0【协智利】0【协新西兰】0 【协新加坡】0【协秘鲁】0【协哥斯达黎加】0 【协冰岛】0【协瑞士】8【协澳大利亚】0 【协韩国】13.3【协格鲁吉亚】0【协香港】0 【协澳门】0 【特-1】0【特-2】0 【增】16【对美加征】10【出】0【退】16	千克					999	熔融球形二氧化硅微粉，直径≤100um
701820	00	90	其他直径≤1毫米的玻璃珠	Other glass microspheres not exceeding 1mm in diameter	【最】15【普】100 【协东盟】0【协智利】0【协新西兰】0 【协新加坡】0【协秘鲁】0【协哥斯达黎加】0 【协冰岛】0【协瑞士】8【协澳大利亚】0 【协韩国】13.3【协格鲁吉亚】0【协香港】0 【协澳门】0 【特-1】0【特-2】0 【增】16【对美加征】10【出】0【退】16	千克					999	其他直径≤1毫米的玻璃珠
701890	00		灯工方法制的玻璃塑像及玻璃饰品、玻璃假眼 【电商】	Statuettes and other ornaments of lamp-worked glass, glass eyes(other than imitation jewellery)	【最】15【普】100【暂进】10 【协东盟】0【协智利】0【协新西兰】0 【协新加坡】0【协秘鲁】0【协哥斯达黎加】0 【协冰岛】0【协瑞士】8【协澳大利亚】0 【协韩国】13.3【协格鲁吉亚】0【协香港】0 【协澳门】0 【特-1】0【特-2】0 【增】16【对美加征】10【出】0【退】16	千克					999	灯工方法制的玻璃塑像及玻璃饰品、玻璃假眼（仿首饰除外，医用假眼除外）
701911	00	10	两用物项管制的长度不超过50mm的短切玻璃纤维	Chopped strands, of a length of not more than 50mm, under control of sensitive items	【最】10【普】50 【协东盟】0【协巴基斯坦】6【协智利】0 【协新西兰】0【协新加坡】0【协秘鲁】0 【协台湾】0【协哥斯达黎加】0【协冰岛】0 【协瑞士】4.8【协澳大利亚】0【协韩国】6 【协格鲁吉亚】0【协香港】0【协澳门】0 【特-1】0【特-2】0【特-3】0 【增】16【对美加征】10【出】0【退】10	千克		3			999	两用物项管制的长度不超过50mm的短切玻璃纤维（比模量≥3.18×10^6m，以及比抗拉强度≥7.62×10^4m）
701911	00	90	其他长度不超过50mm的短切玻璃纤维	Other chopped strands, of a length of not more than 50mm	【最】10【普】50 【协东盟】0【协巴基斯坦】6【协智利】0 【协新西兰】0【协新加坡】0【协秘鲁】0 【协台湾】0【协哥斯达黎加】0【协冰岛】0 【协瑞士】4.8【协澳大利亚】0【协韩国】6 【协格鲁吉亚】0【协香港】0【协澳门】0 【特-1】0【特-2】0【特-3】0 【增】16【对美加征】10【出】0【退】10	千克					999	其他长度不超过50mm的短切玻璃纤维
701912	00	20	两用物项管制的玻璃纤维粗纱	Glass fibres rovings, under control of sensitive items	【最】10【普】50 【协东盟】0【协巴基斯坦】6【协智利】0 【协新西兰】0【协新加坡】0【协秘鲁】0 【协哥斯达黎加】0【协冰岛】0【协瑞士】4.8 【协澳大利亚】0【协格鲁吉亚】0【协香港】0 【协澳门】0 【特-1】0【特-2】0【特-3】0 【增】16【对美加征】10【出】0【退】10	千克		3			999	两用物项管制的玻璃纤维粗纱（比模量≥3.18×10^6m，以及比抗拉强度≥7.62×10^4m）
701912	00	90	其他玻璃纤维粗纱	Other glass fibres rovings	【最】10【普】50 【协东盟】0【协巴基斯坦】6【协智利】0 【协新西兰】0【协新加坡】0【协秘鲁】0 【协哥斯达黎加】0【协冰岛】0【协瑞士】4.8 【协澳大利亚】0【协格鲁吉亚】0【协香港】0 【协澳门】0 【特-1】0【特-2】0【特-3】0 【增】16【对美加征】10【出】0【退】10	千克					999	其他玻璃纤维粗纱

税则号列 HS国际统一前6位	本国子目 7~8位	本国子目 9~10位	货品名称中英文 中文 货物名称	货品名称中英文 英文 Article Description	税费综合信息	计量单位	监管证件代码 进口	监管证件代码 出口	检验检疫类别 进口	检验检疫类别 出口	检验检疫编码	检验检疫编码对应中文名称
701919	00	12	玻璃纤维或纤丝材料（其“比模量”为 3.18×10[6] 米或更大和“比抗拉强度”为 7.62×10[4] 米或更大的玻璃纤维或纤丝材料）	Glass fiber or filaments (Specific modulus ≥ 3.18×10[6]m, the ultimate tensile strength ≥ 7.62×10[4]m)	【最】8【普】50 【协东盟】0【协澳门】0【协巴基斯坦】5 【协智利】0【协新西兰】0【协秘鲁】0 【协台湾】0【协哥斯达黎加】0【协冰岛】0 【协瑞士】0【协澳大利亚】0【协韩国】5 【协格鲁吉亚】0【协香港】0 【特-1】0【特-2】0【特-3】0 【增】16【对美加征】5【出】0【退】10	千克		3			999	玻璃纤维或纤丝材料（其“比模量”为 3.18×10[6] 米或更大和“比抗拉强度”为 7.62×10[4] 米或更大的玻璃纤维或纤丝材料）
701919	00	90	其他玻璃梳条、纱线及短切纤维	Other glass fibres (including chopped fiber of a length exceeding 50mm)	【最】8【普】50 【协东盟】0【协澳门】0【协巴基斯坦】5 【协智利】0【协新西兰】0【协秘鲁】0 【协台湾】0【协哥斯达黎加】0【协冰岛】0 【协瑞士】0【协澳大利亚】0【协韩国】5 【协格鲁吉亚】0【协香港】0 【特-1】0【特-2】0【特-3】0 【增】16【对美加征】5【出】0【退】10	千克					999	其他玻璃梳条、纱线及短切纤维
701931	00		玻璃纤维（包括玻璃棉）制的席	Mats of glass fibres	【最】5【普】40 【协东盟】0【协巴基斯坦】0【协智利】0 【协新西兰】0【协秘鲁】0【协哥斯达黎加】0 【协冰岛】0【协瑞士】0【协澳大利亚】0 【协韩国】0【协格鲁吉亚】0【协香港】0 【协澳门】0 【特-1】0【特-2】0【特-3】0 【增】16【对美加征】5【出】0【退】10	千克					999	玻璃纤维（包括玻璃棉）制的席
701932	00		玻璃纤维（包括玻璃棉）制的薄片	Thin sheets (voiles) of glass fibres	【最】10【普】40 【协东盟】0【协巴基斯坦】11.2【协智利】0 【协新西兰】0【协新加坡】0【协秘鲁】0 【协哥斯达黎加】0【协冰岛】0【协瑞士】5.6 【协澳大利亚】0【协韩国】7 【协格鲁吉亚】0【协香港】0【协澳门】0 【特-1】0【特-2】0 【增】16【对美加征】5【出】0【退】10	千克					999	玻璃纤维（包括玻璃棉）制的薄片（也称巴厘纱）
701939	10		玻璃纤维制的垫	Mattresses	【最】10【普】40 【协东盟】0【协巴基斯坦】5【协智利】0 【协新西兰】0【协新加坡】0【协秘鲁】0 【协台湾】0【协哥斯达黎加】0【协冰岛】0 【协瑞士】4.2【协澳大利亚】0【协韩国】5.2 【协格鲁吉亚】0【协香港】0【协澳门】0 【特-1】0【特-2】0【特-3】0 【增】16【对美加征】5【出】0【退】10	千克					999	玻璃纤维制的垫
701939	90		其他玻璃纤维制的网、板及类似无纺产品	Other	【最】10【普】40 【协东盟】0【协巴基斯坦】5【协智利】0 【协新西兰】0【协新加坡】0【协秘鲁】0 【协台湾】0【协哥斯达黎加】0【协冰岛】0 【协瑞士】4.2【协澳大利亚】0【协韩国】5.2 【协格鲁吉亚】0【协香港】0【协澳门】0 【特-1】0【特-2】0【特-3】0 【增】16【对美加征】5【出】0【退】10	千克					999	其他玻璃纤维制的网、板及类似无纺产品
701940	00		玻璃纤维粗纱机织物	Woven fabrics of glass rovings	【最】10【普】40 【协东盟】0【协巴基斯坦】6【协智利】0 【协新西兰】0【协新加坡】0【协秘鲁】0 【协哥斯达黎加】0【协冰岛】0【协瑞士】4.8 【协澳大利亚】0【协韩国】6 【协格鲁吉亚】0【协香港】0【协澳门】0 【特-1】0【特-2】0【特-3】0 【增】16【对美加征】5【出】0【退】10	千克					999	玻璃纤维粗纱机织物
701951	00	10	两用物项管制的宽度≤15mm 的玻璃纤维机织物	Woven fabrics of glass rovings of a width not exceeding 15cm, under control of sensitive items	【最】10【普】40 【协东盟】0【协香港】0【协巴基斯坦】6 【协智利】0【协新西兰】0【协新加坡】0 【协秘鲁】0【协哥斯达黎加】0【协冰岛】0 【协瑞士】4.8【协澳大利亚】0【协韩国】6 【协格鲁吉亚】0【协澳门】0 【特-1】0【特-2】0【特-3】0 【增】16【对美加征】5【出】0【退】10	千克		3			999	两用物项管制的宽度≤15mm 的玻璃纤维机织物

税则号列 HS国际统一前6位	本国子目 7~8位	9~10位	货品名称中英文 中文 货物名称	英文 Article Description	税费综合信息	计量单位	监管证件代码 进口	出口	检验检疫类别 进口	出口	检验检疫编码	检验检疫编码对应中文名称
701951	00	90	其他宽度≤30cm的玻璃纤维机织物	Other woven fabrics of glass rovings of a width not exceeding 30cm	【最】10【普】40 【协东盟】0【协香港】0【协巴基斯坦】6 【协智利】0【协新西兰】0【协新加坡】0 【协秘鲁】0【协哥斯达黎加】0【协冰岛】0 【协瑞士】4.8【协澳大利亚】0【协韩国】6 【协格鲁吉亚】0【协澳门】0 【特-1】0【特-2】0【特-3】0 【增】16【对美加征】5【出】0【退】10	千克					999	其他宽度≤30cm的玻璃纤维机织物
701952	00	01	覆铜板用玻璃纤维长丝平纹布，开纤或每平方米重≤180g（宽度>30cm，单根纱线细度≤136特）	Glass fiber filament plain weave for CCL (of a width exceeding 30cm, of filaments measuring per single yarn not exceeding 136 tex), the weight for each square meter ≤180g	【最】10【普】40 【协东盟】0【协香港】0【协澳门】0 【协巴基斯坦】6【协智利】0【协新西兰】0 【协新加坡】0【协秘鲁】0【协哥斯达黎加】0 【协冰岛】0【协瑞士】4.8【协澳大利亚】0 【协格鲁吉亚】0 【特-1】0【特-2】0【特-3】0 【增】16【对美加征】10【出】0【退】10	千克					999	覆铜板用玻璃纤维长丝平纹布，开纤或每平方米重≤180g（宽度>30cm，单根纱线细度≤136特）
701952	00	90	其他每平方米重≤250g玻璃长丝平纹布（宽度超过30cm，单根纱线细度不超过136特）	Other glass fiber filament plain weave (of a width exceeding 30cm, of filaments per single yarn not exceeding 136 tex), the weight for each square meter≤250g	【最】10【普】40 【协东盟】0【协香港】0【协澳门】0 【协巴基斯坦】6【协智利】0【协新西兰】0 【协新加坡】0【协秘鲁】0【协哥斯达黎加】0 【协冰岛】0【协瑞士】4.8【协澳大利亚】0 【协格鲁吉亚】0 【特-1】0【特-2】0【特-3】0 【增】16【对美加征】10【出】0【退】10	千克					999	其他每平方米重≤250g玻璃长丝平纹布（宽度超过30cm，单根纱线细度不超过136特）
701959	00		其他玻璃纤维机织物	Other woven fabrics of glass rovings	【最】10【普】40 【协亚太】6.5【协东盟】0【协香港】0 【协澳门】0【协巴基斯坦】5【协智利】0 【协新西兰】0【协新加坡】0【协秘鲁】0 【协哥斯达黎加】0【协冰岛】0【协瑞士】4.8 【协澳大利亚】0【协韩国】7.8 【协格鲁吉亚】0 【特-1】0【特-2】0【特-3】0 【增】16【对美加征】5【出】0【退】10	千克					999	其他玻璃纤维机织物
701990	10		玻璃棉及其制品	Glass wool and articles thereof	【最】7【普】40 【协东盟】0【协澳门】0【协巴基斯坦】5 【协智利】0【协新西兰】0【协秘鲁】0 【协哥斯达黎加】0【协冰岛】0【协瑞士】0 【协澳大利亚】0【协韩国】4.6【协香港】0 【协格鲁吉亚】0 【特-1】0【特-2】0【特-3】0 【增】16【对美加征】5【出】0【退】10	千克					999	玻璃棉及其制品
701990	21		玻璃纤维布浸胶制品（每平方米重量<450克）	Glass fiber filament weave (the weight for each square meter less than 450g)	【最】7【普】40 【协东盟】0【协澳门】0【协巴基斯坦】5 【协智利】0【协新西兰】0【协秘鲁】0 【协哥斯达黎加】0【协冰岛】0【协瑞士】0 【协澳大利亚】0【协韩国】4.6【协香港】0 【协格鲁吉亚】0 【特-1】0【特-2】0【特-3】0 【增】16【对美加征】5【出】0【退】10	千克					999	玻璃纤维布浸胶制品（每平方米重量<450克）
701990	29		其他玻璃纤维布浸胶制品（每平方米重量≥450克）	Other glass fiber filament weave (the weight for each square meter≥ 450g)	【最】7【普】40 【协东盟】0【协澳门】0【协巴基斯坦】5 【协智利】0【协新西兰】0【协秘鲁】0 【协哥斯达黎加】0【协冰岛】0【协瑞士】0 【协澳大利亚】0【协韩国】4.6【协香港】0 【协格鲁吉亚】0 【特-1】0【特-2】0【特-3】0 【增】16【对美加征】5【出】0【退】10	千克					999	其他玻璃纤维布浸胶制品（每平方米重量≥450克）
701990	90		其他玻璃纤维及其制品	Other woven fabrics of rovings and articles thereof	【最】7【普】40 【协东盟】0【协澳门】0【协巴基斯坦】5 【协智利】0【协新西兰】0【协秘鲁】0 【协哥斯达黎加】0【协冰岛】0【协瑞士】0 【协澳大利亚】0【协韩国】4.6【协香港】0 【协格鲁吉亚】0 【特-1】0【特-2】0【特-3】0 【增】16【对美加征】5【出】0【退】16	千克					999	其他玻璃纤维及其制品

税则号列			货品名称中英文		税费综合信息	计量单位	监管证件代码		检验检疫类别		检验检疫编码	检验检疫编码对应中文名称
HS 国际统一前 6 位	本国子目 7~8 位	本国子目 9~10 位	中文 货物名称	英文 Article Description			进口	出口	进口	出口		
702000	11		导电玻璃	Conductivity glass	【最】10【普】40【暂进】7 【协东盟】0【协香港】0【协巴基斯坦】5 【协智利】0【协新西兰】0【协新加坡】0 【协秘鲁】0【协哥斯达黎加】0【协冰岛】0 【协瑞士】4.2【协澳大利亚】0【协澳门】0 【协格鲁吉亚】0 【特-1】0【特-2】0【特-3】0 【增】16【对美加征】10【出】0【退】16	千克					999	导电玻璃
702000	12		绝缘子用玻璃伞盘	Glass umbrella for insulator	【最】10【普】40 【协亚太】6.5【协东盟】0【协巴基斯坦】5 【协智利】0【协新西兰】0【协新加坡】0 【协秘鲁】0【协哥斯达黎加】0【协冰岛】0 【协瑞士】4.2【协澳大利亚】0【协韩国】5.2 【协格鲁吉亚】0【协香港】0【协澳门】0 【特-1】0【特-2】0【特-3】0 【增】16【出】0【退】0	千克					999	绝缘子用玻璃伞盘
702000	13	01	半导体晶片生产用石英反应管及夹持器	Quartz tube reactor and gripper for producing semiconductor crystalline silicon	【最】0【普】40 【协亚太】6.5【协东盟】0【协巴基斯坦】5 【协智利】0【协新西兰】0【协新加坡】0 【协秘鲁】0【协哥斯达黎加】0【协冰岛】0 【协瑞士】4.2【协澳大利亚】0【协韩国】0 【协格鲁吉亚】0【协香港】0【协澳门】0 【特-1】0【特-2】0【特-3】0 【增】16【对美加征】5【出】0【退】13	千克					999	半导体晶片生产用石英反应管及夹持器（熔融石英或其他熔融硅石制）（用于插入熔化和氧化炉内）
702000	13	90	熔融石英或其他熔融硅石制工业用其他玻璃制品	Other articles of glass for fused silica	【最】10【普】40 【协亚太】6.5【协东盟】0【协巴基斯坦】5 【协智利】0【协新西兰】0【协新加坡】0 【协秘鲁】0【协哥斯达黎加】0【协冰岛】0 【协瑞士】4.2【协澳大利亚】0【协韩国】0 【协格鲁吉亚】0【协香港】0【协澳门】0 【特-1】0【特-2】0【特-3】0 【增】16【对美加征】5【出】0【退】13	千克					999	熔融石英或其他熔融硅石制工业用其他玻璃制品（导电玻璃及绝缘子用玻璃伞盘除外）
702000	19	01	半导体晶片生产用石英反应管及夹持器（用于插入熔化和氧化炉内）	Quartz reactor tubes and grippers for manufacturing semiconductor chips (used for inserting the furnace for melting and oxidation)	【最】0【普】40 【协亚太】6.5【协东盟】0【协巴基斯坦】5 【协智利】0【协新西兰】0【协新加坡】0 【协秘鲁】0【协哥斯达黎加】0【协冰岛】0 【协瑞士】4.2【协澳大利亚】0【协韩国】0 【协格鲁吉亚】0【协香港】0【协澳门】0 【特-1】0【特-2】0【特-3】0 【增】16【对美加征】5【出】0【退】0	千克					999	半导体晶片生产用石英反应管及夹持器（用于插入熔化和氧化炉内）
702000	19	90	其他工业用玻璃制品	Articles of glass for other industrial use	【最】10【普】40 【协亚太】6.5【协东盟】0【协巴基斯坦】5 【协智利】0【协新西兰】0【协新加坡】0 【协秘鲁】0【协哥斯达黎加】0【协冰岛】0 【协瑞士】4.2【协澳大利亚】0【协韩国】0 【协格鲁吉亚】0【协香港】0【协澳门】0 【特-1】0【特-2】0【特-3】0 【增】16【对美加征】5【出】0【退】0	千克					999	其他工业用玻璃制品
702000	91		保温瓶或其他保温容器用玻璃胆	Glass inners for vacuum flasks or for other vacuum vessels	【最】20【普】100 【协东盟】0【协香港】0【协澳门】0【协智利】0 【协新西兰】0【协新加坡】0【协秘鲁】0 【协哥斯达黎加】0【协冰岛】0【协瑞士】8.4 【协澳大利亚】0【协韩国】14 【协格鲁吉亚】0 【特-1】0【特-2】0 【增】16【出】0【退】16	千克/个	A		R		999	保温瓶或其他保温容器用玻璃胆
702000	99	01	石英玻璃，平整度小于等于 1 微米 【电商】	Quartz glass, degree of plainness less than 1μm	【最】10【普】100【暂进】4 【协亚太】6.5【协东盟】0【协香港】0 【协巴基斯坦】7.5【协智利】0【协新西兰】0 【协新加坡】0【协秘鲁】0【协哥斯达黎加】0 【协冰岛】0【协瑞士】6【协澳大利亚】0 【协韩国】7.5【协格鲁吉亚】0【协澳门】0 【特-1】0【特-2】0【特-3】0 【增】16【对美加征】5【出】0【退】0	千克					999	石英玻璃，平整度小于等于 1 微米

税则号列			货品名称中英文		税费综合信息	计量单位	监管证件代码		检验检疫类别		检验检疫编码	检验检疫编码对应中文名称
HS国际统一前6位	本国子目 7~8位	本国子目 9~10位	中文 货物名称	英文 Article Description			进口	出口	进口	出口		
702000	99	90	其他非工业用玻璃制品【电商】	Other articles of glass not for technical use	【最】10【普】100 【协亚太】6.5【协东盟】0【协香港】0 【协巴基斯坦】7.5【协智利】0【协新西兰】0 【协新加坡】0【协秘鲁】0【协哥斯达黎加】0 【协冰岛】0【协瑞士】6【协澳大利亚】0 【协韩国】7.5【协格鲁吉亚】0【协澳门】0 【特-1】0【特-2】0【特-3】0 【增】16【对美加征】5【出】0【退】0	千克					999	其他非工业用玻璃制品

第十四类
天然或养殖珍珠、宝石或半宝石、贵金属、包贵金属及其制品；仿首饰；硬币

第七十一章
天然或养殖珍珠、宝石或半宝石、贵金属、包贵金属及其制品；仿首饰；硬币

注释：

一、除第六类注释一（一）及下列各款另有规定的以外，凡制品的全部或部分由下列物品构成，均应归入本章：

（一）天然或养殖珍珠、宝石或半宝石（天然、合成或再造）；或

（二）贵金属或包贵金属。

二、（一）税目 71.13、71.14 及 71.15 不包括带有贵金属或包贵金属制的小零件或小装饰品（例如，交织字母、套、圈、套环）的制品，上述注释一（二）也不适用于这类制品[①]；

（二）税目 71.16 不包括含有贵金属或包贵金属（仅作为小零件或小装饰品的除外）的制品。

三、本章不包括：

（一）贵金属汞齐及胶态贵金属（税目 28.43）；

（二）第三十章的外科用无菌缝合材料、牙科填料或其他货品；

（三）第三十二章的货品（例如，光瓷釉）；

（四）载体催化剂（税目 38.15）；

（五）第四十二章注释三（二）所述的税目 42.02 或 42.03 的物品；

（六）税目 43.03 或 43.04 的物品；

（七）第十一类的货品（纺织原料及纺织制品）；

（八）第六十四章或第六十五章的鞋靴、帽类及其他物品；

（九）第六十六章的伞、手杖及其他物品；

（十）税目 68.04 或 68.05 及第八十二章含有宝石或半宝石（天然或合成）粉末的研磨材料制品；第八十二章装有宝石或半宝石（天然、合成或

SECTION XIV
NATURAL OR CULTURED PEARLS, PRECIOUS OR SEMI-PRECIOUS STONES, PRECIOUS METALS, METALS CLAD WITH PRECIOUS METAL, AND ARTICLES THEREOF; IMITATION JEWELLERY; COIN

Chapter 71
Natural or cultured pearls, precious or semi-precious stones, precious metals, metals clad with precious metal, and articles thereof; imitation jewellery; coin

Chapter Notes:

1. Subject to Note 1 (a) to Section VI and except as provided below, all articles consisting wholly or partly:

(a) Of natural or cultured pearls or of precious or semi-precious stones (natural, synthetic or reconstructed); or

(b) Of precious metal or of metal clad with precious metal,

are to be classified in this Chapter.

2. (a) Headings 71.13, 71.14 and 71.15 do not cover articles in which precious metal or metal clad with precious metal is present as minor constituents only, such as minor fittings or minor ornamentation (for example, monograms, ferrules and rims), and Note 1 (b) of the foregoing Note does not apply to such articles[①];

(b) Heading 71.16 does not cover articles containing precious metal or metal clad with precious metal (other than as minor constituents).

3. This Chapter does not cover:

(a) Amalgams of precious metal, or colloidal precious metal (heading 28.43);

(b) Sterile surgical suture materials, dental fillings or other goods of Chapter 30;

(c) Goods of Chapter 32 (for example, lustres);

(d) Supported catalysts (heading 38.15);

(e) Articles of heading 42.02 or 42.03 referred to in Note 3 (b) to Chapter 42;

(f) Articles of heading 43.03 or 43.04;

(g) Goods of Section XI (textiles and textile articles);

(h) Footwear, headgear or other articles of Chapter 64 or 65;

(ij) Umbrellas, walking-sticks or other articles of Chapter 66;

(k) Abrasive goods of heading 68.04 or 68.05 or Chapter 82, containing dust or powder of precious or semi-precious stones (natural or synthetic); articles of Chap-

---

① 在本章注释中划有黑线的条文属选择性规定。
The underlined portion of this Note constitutes an optional text.

再造）工作部件的器具；第十六类的机器、机械器具、电气设备及其零件。然而，完全以宝石或半宝石（天然、合成或再造）制成的物品及其零件，除未安装的唱针用已加工蓝宝石或钻石外（税目85.22），其余仍应归入本章；

（十一）第九十章、第九十一章或第九十二章的物品（科学仪器、钟表及乐器）；

（十二）武器及其零件（第九十三章）；

（十三）第九十五章注释二所述物品；

（十四）根据第九十六章注释四应归入该章的物品；或

（十五）雕塑品原件（税目97.03）、收藏品（税目97.05）或超过100年的古物（税目97.06），但天然或养殖珍珠、宝石及半宝石除外。

ter 82 with a working part of precious or semi-precious stones (natural, synthetic or reconstructed); machinery, mechanical appliances or electrical goods, or parts thereof, of Section XVI. However, articles and parts thereof, wholly of precious or semi-precious stones (natural, synthetic or reconstructed) remain classified in this Chapter, except unmounted worked sapphires and diamonds for styli (heading 85.22);

(l) Articles of Chapter 90, 91 or 92 (scientific instruments, clocks and watches, musical instruments);

(m) Arms or parts thereof (Chapter 93);

(n) Articles covered by Note 2 to Chapter 95;

(o) Articles classified in Chapter 96 by virtue of Note 4 to that Chapter; or

(p) Original sculptures or statuary (heading 97.03), collectors' pieces (heading 97.05) or antiques of an age exceeding one hundred years (heading 97.06), other than natural or cultured pearls or precious or semi-precious stones.

四、（一）所称"贵金属"，是指银、金及铂。

（二）所称"铂"，是指铂、铱、锇、钯、铑及钌。

（三）所称"宝石或半宝石"，不包括第九十六章注释二（二）所述任何物质。

4. (a) The expression "precious metal" means silver, gold and platinum.

(b) The expression "platinum" means platinum, iridium, osmium, palladium, rhodium and ruthenium.

(c) The expression "precious or semi-precious stones" does not include any of the substances specified in Note 2 (b) to Chapter 96.

五、含有贵金属的合金（包括烧结及化合的），只要其中任何一种贵金属的含量达到合金重量的2%，即应视为本章的贵金属合金。贵金属合金应按下列规则归类：

（一）按重量计含铂量在2%及以上的合金，应视为铂合金；

（二）按重量计含金量在2%及以上，但不含铂或按重量计含铂量在2%以下的合金，应视为金合金；

（三）按重量计含银量在2%及以上的其他合金，应视为银合金。

5. For the purposes of this Chapter, any alloy (including a sintered mixture and an inter-metallic compound) containing precious metal is to be treated as an alloy of precious metal if any one precious metal constitutes as much as 2%, by weight, of the alloy. Alloys of precious metal are to be classified according to the following rules:

(a) An alloy containing 2% or more, by weight, of platinum is to be treated as an alloy of platinum;

(b) An alloy containing 2% or more, by weight, of gold but no platinum, or less than 2%, by weight, of platinum, is to be treated as an alloy of gold;

(c) Other alloys containing 2% or more, by weight, of silver are to be treated as alloys of silver.

六、除条文另有规定的以外，本协调制度所称贵金属应包括上述注释五所规定的贵金属合金，但不包括包贵金属或表面镀以贵金属的贱金属及非金属。

6. Except where the context otherwise requires, any reference in the Nomenclature to precious metal or to any particular precious metal includes a reference to alloys treated as alloys of precious metal or of the particular metal in accordance with the rules in Note 5 above, but not to metal clad with precious metal or to base metal or non-metals plated with precious metal.

七、本协调制度所称"包贵金属"，是指以贱金属为底料，在其一面或多面用焊接、熔接、热轧或类似机械方法覆盖一层贵金属的材料。除条文另有规定的以外，也包括镶嵌贵金属的贱金属。

7. Throughout the Nomenclature the expression "metal clad with precious metal" means material made with a base of metal upon one or more surfaces of which there is affixed by soldering, brazing, welding, hot-rolling or similar mechanical means a covering of precious metal. Except where the context otherwise requires, the expression also covers base metal in-

laid with precious metal.

八、除第六类注释一（一）另有规定的以外，凡符合税目 71.12 规定的货品，应归入该税号而不归入本协调制度的其他税号。

九、税目 71.13 所称“首饰”，是指：

（一）个人用小饰物（例如，戒指、手镯、项圈、饰针、耳环、表链、表链饰物、垂饰、领带别针、袖扣、饰扣、宗教性或其他勋章及徽章）；以及

（二）通常放置在衣袋、手提包或佩戴在身上的个人用品（例如，雪茄盒或烟盒、鼻烟盒、口香糖盒或药丸盒、粉盒、链袋、念珠）。

这些物品可以和下列物品组合或镶嵌：例如，天然或养殖珍珠、宝石或半宝石、合成或再造的宝石或半宝石、玳瑁壳、珍珠母、兽牙、天然或再生琥珀、黑玉或珊瑚。

十、税目 71.14 所称“金银器”，包括装饰品、餐具、梳妆用具、吸烟用具及类似的家庭、办公室或宗教用的其他物品。

十一、税目 71.17 所称“仿首饰”，是指不含天然或养殖珍珠、宝石或半宝石（天然、合成或再造）及贵金属或包贵金属（仅作为镀层或小零件、小装饰品的除外）的上述注释九（一）所述的首饰（不包括税目 96.06 的纽扣及其他物品或税目 96.15 的梳子、发夹及类似品）。

8. Subject to Note 1 (a) to Section VI, goods answering to a description in heading 71.12 are to be classified in that heading and in no other heading of the Nomenclature.

9. For the purposes of heading 71.13, the expression "articles of jewellery" means:

(a) Any small objects of personal adornment (for example, rings, bracelets, necklaces, brooches, earrings, watch-chains, fobs, pendants, tie-pins, cuff-links, dress-studs, religious or other medals and insignia); and

(b) Articles of personal use of a kind normally carried in the pocket, in the handbag or on the person (for example, cigar or cigarette cases, snuff boxes, cachou or pill boxes, powderboxes, chain purses or prayer beads).

These articles may be combined or set, for example, with natural or cultured pearls, precious or semi-precious stones, synthetic or reconstructed precious or semi-precious stones, tortoise shell, mother-of-pearl, ivory, natural or reconstituted amber, jet or coral.

10. For the purposes of heading 71.14, the expression "articles of goldsmiths' or silversmiths' wares" includes such articles as ornaments, tableware, toilet-ware, smokers' requisites and other articles of household, office or religious use.

11. For the purposes of heading 71.17, the expression "imitation jewellery" means articles of jewellery within the meaning of Note 9 (a) above (but not including buttons or other articles of heading 96.06, or dress-combs, hair-slides or the like, or hairpins, of heading 96.15), not incorporating natural or cultured pearls, precious or semi-precious stones (natural, synthetic or reconstructed) nor (except as plating or as minor constituents) precious metal or metal clad with precious metal.

子目注释：

一、子目 7106.10、7108.11、7110.11、7110.21、7110.31 及 7110.41 所称“粉末”，是指按重量计 90% 及以上可从网眼孔径为 0.5 毫米的筛子通过的产品。

二、子目 7110.11 及 7110.19 所称“铂”，可不受本章注释四（二）的规定约束，不包括铱、锇、钯、铑及钌。

三、对于税目 71.10 项下的子目所列合金的归类，按其所含铂、钯、铑、铱、锇或钌中重量最大的一种金属归类。

Subheading Notes:

1. For the purposes of subheadings 7106.10, 7108.11, 7110.11, 7110.21, 7110.31 and 7110.41, the expressions "powder" and "in powder form" mean products of which 90% or more by weight passes through a sieve having a mesh aperture of 0.5mm.

2. Notwithstanding the provisions of Chapter Note 4 (b), for the purposes of subheadings 7110.11 and 7110.19, the expression "platinum" does not include iridium, osmium, palladium, rhodium or ruthenium.

3. For the classification of alloys in the subheadings of heading 71.10, each alloy is to be classified with that metal, platinum, palladium, rhodium, iridium, osmium or ruthenium which predominates by weight over each other of these metals.

税则号列 HS国际统一前6位	本国子目 7~8位	本国子目 9~10位	货品名称中英文 中文 货物名称	货品名称中英文 英文 Article Description	税费综合信息	计量单位	监管证件代码 进口	监管证件代码 出口	检验检疫类别 进口	检验检疫类别 出口	检验检疫编码	检验检疫编码对应中文名称
710110	11		未分级的天然黑珍珠（不论是否加工，但未制成制品）	Tahitian pearls, ungraded(whether or not worked, but semi-manufactured)	【最】21【普】100【暂进】0 【协东盟】0【协智利】0【协新西兰】0 【协新加坡】0【协秘鲁】0【协哥斯达黎加】0 【协冰岛】0【协瑞士】8.4【协澳大利亚】0 【协韩国】14【协格鲁吉亚】0【协香港】0 【协澳门】0 【特-1】0【特-2】0 【增】16【消】10【出】0【退】6	克	A	B	P	Q	999	未分级的天然黑珍珠（不论是否加工，但未制成制品）
710110	19		其他未分级的天然珍珠（不论是否加工，但未制成制品）	Other ungraded pearls (whether or not worked, but semi-manufactured)	【最】21【普】100 【协东盟】0【协智利】0【协新西兰】0 【协新加坡】0【协秘鲁】0【协哥斯达黎加】0 【协冰岛】0【协瑞士】8.4【协澳大利亚】0 【协韩国】14【协格鲁吉亚】0【协香港】0 【协澳门】0 【特-1】0【特-2】0 【增】16【消】10【出】0【退】6	克	A	B	P	Q	999	其他未分级的天然珍珠（不论是否加工，但未制成制品）
710110	91		其他天然黑珍珠（不论是否加工，但未制成制品）	Other natural tahitian pearls(whether or not worked, but semi-manufactured)	【最】21【普】130【暂进】0 【协东盟】0【协智利】0【协新西兰】0 【协新加坡】0【协秘鲁】0【协哥斯达黎加】0 【协冰岛】0【协瑞士】8.4【协澳大利亚】0 【协韩国】14【协格鲁吉亚】0【协香港】0 【协澳门】0 【特-1】0【特-2】0 【增】16【消】10【出】0【退】6	克	A	B	P	Q	999	其他天然黑珍珠（不论是否加工，但未制成制品）
710110	99		其他天然珍珠（不论是否加工，但未制成制品）	Other natural pearls (whether or not worked, but semi-manufactured)	【最】21【普】130 【协东盟】0【协智利】0【协新西兰】0 【协新加坡】0【协秘鲁】0【协哥斯达黎加】0 【协冰岛】0【协瑞士】8.4【协澳大利亚】0 【协韩国】14【协格鲁吉亚】0【协香港】0 【协澳门】0 【特-1】0【特-2】0 【增】16【消】10【出】0【退】6	克	A	B	P	Q	101 999	其他天然珍珠（不论是否加工，但未制成制品）（药用天然珍珠） 其他天然珍珠（不论是否加工，但未制成制品）（天然珍珠）
710121	10	01	未分级、未加工的养殖黑珍珠（未制成制品）	Cultured Tahitan pearls, ungraded and unworked(semi-manufactured)	【最】21【普】100【暂进】0 【协东盟】0【协智利】0【协新西兰】0 【协新加坡】0【协秘鲁】0【协哥斯达黎加】0 【协冰岛】0【协瑞士】8.4【协澳大利亚】0 【协韩国】14【协格鲁吉亚】0【协香港】0 【协澳门】0 【特-1】0【特-2】0 【增】16【消】10【出】0【退】6	千克	A	B	P	Q	999	未分级、未加工的养殖黑珍珠（未制成制品）
710121	10	90	其他未分级、未加工的养殖珍珠（未制成制品）	Other cultured pearls, uagraded and unworked, semi-manufactured	【最】21【普】100 【协东盟】0【协智利】0【协新西兰】0 【协新加坡】0【协秘鲁】0【协哥斯达黎加】0 【协冰岛】0【协瑞士】8.4【协澳大利亚】0 【协韩国】14【协格鲁吉亚】0【协香港】0 【协澳门】0 【特-1】0【特-2】0 【增】16【消】10【出】0【退】6	千克	A	B	P	Q	999	其他未分级、未加工的养殖珍珠（未制成制品）
710121	90	01	其他未加工的养殖黑珍珠（未制成制品）	Other cultured Tahitan pearls, unworked (semi-manufactured)	【最】21【普】130【暂进】0 【协东盟】0【协智利】0【协新西兰】0 【协新加坡】0【协秘鲁】0【协哥斯达黎加】0 【协冰岛】0【协瑞士】8.4【协澳大利亚】0 【协韩国】14【协格鲁吉亚】0【协香港】0 【协澳门】0 【特-1】0【特-2】0 【增】16【消】10【出】0【退】6	千克	A	B	P	Q	999	其他未加工的养殖黑珍珠（未制成制品）
710121	90	90	其他未加工的养殖珍珠（未制成制品）	Other cultured pearls, unkowrked (semi-manufactured)	【最】21【普】130 【协东盟】0【协智利】0【协新西兰】0 【协新加坡】0【协秘鲁】0【协哥斯达黎加】0 【协冰岛】0【协瑞士】8.4【协澳大利亚】0 【协韩国】14【协格鲁吉亚】0【协香港】0 【协澳门】0 【特-1】0【特-2】0 【增】16【消】10【出】0【退】6	千克	A	B	P	Q	101 999	其他未加工的养殖珍珠（未制成制品）（药用未加工养殖珍珠） 其他未加工的养殖珍珠（未制成制品）（未加工养殖珍珠）

税则号列			货品名称中英文		税费综合信息	计量单位	监管证件代码		检验检疫类别		检验检疫编码	检验检疫编码对应中文名称
HS 国际统一前6位	本国子目 7~8位	9~10位	中文 货物名称	英文 Article Description			进口	出口	进口	出口		
710122	10	01	未分级、已加工的养殖黑珍珠（未制成制品）	Culture Tahitan pearls, ungraded, worked (semi-manufactured)	【最】21【普】100【暂进】0 【协东盟】0【协智利】0【协新西兰】0 【协新加坡】0【协秘鲁】0【协哥斯达黎加】0 【协冰岛】0【协瑞士】8.4【协澳大利亚】0 【协韩国】15.7【协格鲁吉亚】0【协香港】0 【协澳门】0 【特-1】0【特-2】0 【增】16【消】10【出】0【退】6	千克					999	未分级、已加工的养殖黑珍珠（未制成制品）
710122	10	90	其他未分级、已加工的养殖珍珠（未制成制品）	Other cultured pearls, ungraded, worked (semi-manufactured)	【最】21【普】100 【协东盟】0【协智利】0【协新西兰】0 【协新加坡】0【协秘鲁】0【协哥斯达黎加】0 【协冰岛】0【协瑞士】8.4【协澳大利亚】0 【协韩国】15.7【协格鲁吉亚】0【协香港】0 【协澳门】0 【特-1】0【特-2】0 【增】16【消】10【出】0【退】6	千克					999	其他未分级、已加工的养殖珍珠（未制成制品）
710122	90	01	其他已加工的养殖黑珍珠（未制成制品）	Other cultured Tahitan pearls, worked (semi-manufactured)	【最】21【普】130【暂进】0 【协东盟】0【协智利】0【协新西兰】0 【协新加坡】0【协秘鲁】0【协哥斯达黎加】0 【协冰岛】0【协瑞士】8.4【协澳大利亚】0 【协韩国】15.7【协格鲁吉亚】0【协香港】0 【协澳门】0 【特-1】0【特-2】0 【增】16【消】10【对美加征】10【出】0【退】6	千克					999	其他已加工的养殖黑珍珠（未制成制品）
710122	90	90	其他已加工的养殖珍珠（未制成制品）	Other cultured pearls, worked (semi-manufactured)	【最】21【普】130 【协东盟】0【协智利】0【协新西兰】0 【协新加坡】0【协秘鲁】0【协哥斯达黎加】0 【协冰岛】0【协瑞士】8.4【协澳大利亚】0 【协韩国】15.7【协格鲁吉亚】0【协香港】0 【协澳门】0 【特-1】0【特-2】0 【增】16【消】10【对美加征】10【出】0【退】6	千克					101 999	其他已加工的养殖珍珠（未制成制品）（药用已加工珍珠） 其他已加工的养殖珍珠（未制成制品）（已加工养殖珍珠）
710210	00		未分级钻石（未镶嵌）	Diamonds, unsorted, not mounted or set	【最】3【普】14 【协东盟】0【协巴基斯坦】0【协智利】0 【协新西兰】0【协秘鲁】0【协哥斯达黎加】0 【协冰岛】0【协瑞士】0【协澳大利亚】0 【协韩国】0【协格鲁吉亚】0【协香港】0 【协澳门】0 【特-1】0【特-2】0【特-3】0 【增】16【出】0【退】0	克拉	D	D			999	未分级钻石（未镶嵌）
710221	00		工业用钻石（未加工或经简单锯开、劈开或粗磨未镶嵌）	Industrial diamonds, unworked or simply sawn, cleaved or bruted	【最】0【普】14【特-1】0【特-2】0【特-3】0 【增】16【对美加征】10【出】0【退】6	克拉	D	D			999	工业用钻石（未加工或经简单锯开、劈开或粗磨未镶嵌）
710229	00		工业用其他钻石（未镶嵌）	Other industrial diamonds, not mounted or set	【最】0【普】14【特-1】0【特-2】0【特-3】0 【增】16【对美加征】10【出】0【退】6	克拉					999	工业用其他钻石（未镶嵌）
710231	00		非工业用钻石（未加工或经简单锯开、劈开或粗磨，未镶嵌）	Non-industrial diamonds, unworked or simply sawn, cleaved or bruted, not mounted or set	【最】3【普】14 【协东盟】0【协香港】0【协澳门】0 【协巴基斯坦】0【协智利】0【协新西兰】0 【协秘鲁】0【协哥斯达黎加】0【协冰岛】0 【协瑞士】1.2【协澳大利亚】0【协韩国】0 【协格鲁吉亚】0 【特-1】0【特-2】0【特-3】0 【增】16【对美加征】10【出】0【退】0	克拉	D	D			999	非工业用钻石（未加工或经简单锯开、劈开或粗磨，未镶嵌）
710239	00		非工业用其他钻石（未镶嵌）	Other non-industrial diamonds, not mounted or set	【最】4【普】35 【协亚太】0【协东盟】0【协澳门】0【协香港】0 【协巴基斯坦】0【协智利】0【协新西兰】0 【协秘鲁】0【协哥斯达黎加】0【协冰岛】0 【协瑞士】3.2【协澳大利亚】0【协韩国】0 【协格鲁吉亚】0 【特-1】0【特-2】0【特-3】0 【增】16【对美加征】10【出】0【退】0	克拉					999	非工业用其他钻石（未镶嵌）

税则号列			货品名称中英文		税费综合信息	计量单位	监管证件代码		检验检疫类别		检验检疫编码	检验检疫编码对应中文名称
HS国际统一前6位	本国子目7~8位	本国子目9~10位	中文 货物名称	英文 Article Description			进口	出口	进口	出口		
710310	00		未加工宝石或半宝石（经简单锯开或粗制成形，未成串或镶嵌）	Precious stones or semi-precious stones, unworked or simply sawn or roughly shaped	【最】3【普】14 【协亚太】2【协东盟】0【协澳门】0【协香港】0 【协巴基斯坦】0【协智利】0【协新西兰】0 【协秘鲁】0【协哥斯达黎加】0【协冰岛】0 【协瑞士】0【协澳大利亚】0【协韩国】0 【协格鲁吉亚】1.8 【特东老拑】0【特-1】0【特-2】0【特-3】0 【增】16【消】10【对美加征】10【出】0【退】6	千克					999	未加工宝石或半宝石（经简单锯开或粗制成形，未成串或镶嵌）
710391	00		经其他加工的红宝石、蓝宝石、祖母绿（未成串或镶嵌）	Rubies, sapphires and emeralds (not strung, mounted or set)	【最】4【普】35 【协亚太】2【协东盟】0【协澳门】0【协香港】0 【协巴基斯坦】0【协智利】0【协新西兰】0 【协秘鲁】0【协哥斯达黎加】0【协冰岛】0 【协瑞士】3.2【协澳大利亚】0【协韩国】0 【协格鲁吉亚】0 【特东老拑】0【特-1】0【特-2】0【特-3】0 【增】16【消】10【对美加征】10【出】0【退】6	克拉					999	经其他加工的红宝石、蓝宝石、祖母绿（未成串或镶嵌）
710399	10		经其他加工的翡翠（未成串或镶嵌）	Jadeite (not strung, mounted or set)	【最】4【普】35 【协亚太】2【协东盟】0【协澳门】0【协香港】0 【协巴基斯坦】0【协智利】0【协新西兰】0 【协秘鲁】0【协哥斯达黎加】0【协冰岛】0 【协瑞士】0【协澳大利亚】0【协韩国】0 【协格鲁吉亚】0 【特-1】0【特-2】0【特-3】0 【增】16【消】10【出】0【退】6	克拉					999	经其他加工的翡翠（未成串或镶嵌）
710399	20		经其他加工的水晶	Crystal	【最】4【普】35 【协亚太】2【协东盟】0【协澳门】0【协香港】0 【协巴基斯坦】0【协智利】0【协新西兰】0 【协秘鲁】0【协哥斯达黎加】0【协冰岛】0 【协瑞士】3.2【协澳大利亚】0【协韩国】4 【协格鲁吉亚】0 【特-1】0【特-2】0【特-3】0 【增】16【消】10【对美加征】10【出】0【退】6	克拉					999	经其他加工的水晶（未成串或镶嵌）
710399	30		经其他加工的碧玺	Tourmaline	【最】4【普】35 【协亚太】2【协东盟】0【协澳门】0【协香港】0 【协巴基斯坦】0【协智利】0【协新西兰】0 【协秘鲁】0【协哥斯达黎加】0【协冰岛】0 【协瑞士】3.2【协澳大利亚】0【协韩国】4 【协格鲁吉亚】0 【特-1】0【特-2】0【特-3】0 【增】16【消】10【出】0【退】6	克拉					999	经其他加工的碧玺（未成串或镶嵌）
710399	40		经其他加工的软玉	Nephrite	【最】4【普】35 【协亚太】2【协东盟】0【协澳门】0【协香港】0 【协巴基斯坦】0【协智利】0【协新西兰】0 【协秘鲁】0【协哥斯达黎加】0【协冰岛】0 【协瑞士】3.2【协澳大利亚】0【协韩国】4 【协格鲁吉亚】0 【特-1】0【特-2】0【特-3】0 【增】16【消】10【出】0【退】6	克拉					999	经其他加工的软玉（未成串或镶嵌）
710399	90		经其他加工的其他宝石或半宝石（未成串或镶嵌）	Other precious stones or semi-precious stones (not strung, mounted or set)	【最】4【普】35 【协亚太】2【协东盟】0【协澳门】0【协香港】0 【协巴基斯坦】0【协智利】0【协新西兰】0 【协秘鲁】0【协哥斯达黎加】0【协冰岛】0 【协瑞士】3.2【协澳大利亚】0【协韩国】4 【协格鲁吉亚】0 【特-1】0【特-2】0【特-3】0 【增】16【消】10【对美加征】10【出】0【退】6	克拉					999	经其他加工的其他宝石或半宝石（未成串或镶嵌）
710410	00		压电石英	Piezo-electric quartz	【最】4【普】14 【协东盟】0【协巴基斯坦】5【协智利】0 【协新西兰】0【协秘鲁】0【协哥斯达黎加】0 【协冰岛】0【协瑞士】0【协澳大利亚】0 【协格鲁吉亚】0【协香港】0【协澳门】0 【特-1】0【特-2】0【特-3】0 【增】16【对美加征】10【出】0【退】6	克					999	压电石英

税则号列 HS国际统一前6位	本国子目 7~8位	本国子目 9~10位	货品名称 中文 货物名称	货品名称 英文 Article Description	税费综合信息	计量单位	监管证件代码 进口	监管证件代码 出口	检验检疫类别 进口	检验检疫类别 出口	检验检疫编码	检验检疫编码对应中文名称
710420	10		未加工合成或再造钻石（经简单锯开或粗制成形，未成串或镶嵌）	Unworked or reconstructed diamonds (simply sawn or roughly shaped, not strung, mounted or set)	【最】0【普】14【特-1】0【特-2】0【特-3】0 【增】16【对美加征】5【出】0【退】0	克					999	未加工合成或再造钻石（经简单锯开或粗制成形，未成串或镶嵌）
710420	90		未加工合成或再造其他宝石、半宝石（经简单锯开或粗制成形，未成串或镶嵌）	Unworked or reconstructed other precious or semi-precious stones (simply sawn or roughly shaped, not strung, mounted or set)	【最】0【普】14【协香港】0【特-1】0【特-2】0 【特-3】0 【增】16【消】10【对美加征】10【出】0【退】6	克					999	未加工合成或再造其他宝石、半宝石（经简单锯开或粗制成形，未成串或镶嵌）
710490	11		其他工业用合成或再造的钻石	Synthetic or reconstructed industrial diamonds	【最】4【普】14 【协东盟】0【协巴基斯坦】5【协智利】0 【协新西兰】0【协秘鲁】0【协哥斯达黎加】0 【协冰岛】0【协瑞士】0【协澳大利亚】0 【协韩国】0【协格鲁吉亚】0【协香港】0 【协澳门】0 【特-1】0【特-2】0【特-3】0 【增】16【对美加征】5【出】0【退】6	克					999	其他工业用合成或再造的钻石
710490	12	01	蓝宝石衬底（由人造刚玉加工而成）（厚度<0.5mm）	Underlay of sapphires, made of artificial corundum, of a thickness less than 0.5mm	【最】4【普】14【暂进】1 【协东盟】0【协香港】0【协巴基斯坦】5 【协智利】0【协新西兰】0【协秘鲁】0 【协哥斯达黎加】0【协冰岛】0【协瑞士】0 【协澳大利亚】0【协韩国】0 【协格鲁吉亚】0 【特-1】0【特-2】0【特-3】0 【增】16【消】10【对美加征】10【出】0 【退】13	克					999	蓝宝石衬底（由人造刚玉加工而成）（厚度<0.5mm）
710490	12	90	其他工业用蓝宝石（合成或再造宝石、半宝石）	Other industrial sapphires (synthetic or reconstructed precious or semi-precious stones)	【最】4【普】14 【协东盟】0【协香港】0【协巴基斯坦】5 【协智利】0【协新西兰】0【协秘鲁】0 【协哥斯达黎加】0【协冰岛】0【协瑞士】0 【协澳大利亚】0【协韩国】0 【协格鲁吉亚】0 【特-1】0【特-2】0【特-3】0 【增】16【消】10【对美加征】10【出】0 【退】13	克					999	其他工业用蓝宝石（合成或再造宝石、半宝石）
710490	19		其他工业用合成或再造宝石、半宝石	Other synthetic or reconstructed precious or semi-precious stones, for industrial use	【最】4【普】14 【协东盟】0【协巴基斯坦】5【协智利】0 【协新西兰】0【协秘鲁】0【协哥斯达黎加】0 【协冰岛】0【协瑞士】0【协澳大利亚】0 【协韩国】3【协格鲁吉亚】0【协香港】0 【协澳门】0 【特-1】0【特-2】0【特-3】0 【增】16【消】10【对美加征】5【出】0【退】6	克					999	其他工业用合成或再造宝石、半宝石
710490	91		其他非工业用合成钻石（未成串或镶嵌）	Other synthetic or reconstructed diamonds not for technical use (not strung, mounted or set)	【最】4【普】35 【协亚太】2.8【协东盟】0【协巴基斯坦】5 【协智利】0【协新西兰】0【协秘鲁】0 【协哥斯达黎加】0【协冰岛】0【协瑞士】0 【协澳大利亚】0【协韩国】0 【协格鲁吉亚】0【协香港】0【协澳门】0 【特-1】0【特-2】0【特-3】0 【增】16【出】0【退】0	克					999	其他非工业用合成钻石（未成串或镶嵌）
710490	99		其他非工业用合成宝石或半宝石（未成串或镶嵌）	Other synthetic or reconstructed precious or semi-precious stones not for technical use (not strung, mounted or set)	【最】4【普】35 【协亚太】3.6【协东盟】0【协巴基斯坦】5 【协智利】0【协新西兰】0【协秘鲁】0 【协哥斯达黎加】0【协冰岛】0【协瑞士】0 【协澳大利亚】0【协韩国】0 【协格鲁吉亚】0【协香港】0【协澳门】0 【特-1】0【特-2】0【特-3】0 【增】16【消】10【对美加征】10【出】0【退】6	克					999	其他非工业用合成宝石或半宝石（未成串或镶嵌）
710510	10		天然的钻石粉末	Dust and powder of natural diamond	【最】0【普】17【特-1】0【特-2】0【特-3】0 【增】16【出】0【退】0	克拉					999	天然的钻石粉末
710510	20		人工合成的钻石粉末	Dust and powder of synthetic diamond	【最】0【普】17【特-1】0【特-2】0【特-3】0 【增】16【对美加征】5【出】0【退】6	克拉					999	人工合成的钻石粉末

税则号列 HS国际统一前6位	本国子目 7~8位	本国子目 9~10位	货品名称中文 货物名称	英文 Article Description	税费综合信息	计量单位	监管证件代码 进口	监管证件代码 出口	检验检疫类别 进口	检验检疫类别 出口	检验检疫编码	检验检疫编码对应中文名称
710590	00		其他天然或合成宝石或半宝石粉末	Other dust and powder of natural or synthetic precious or semi-precious stones:	【最】0【普】17【特-1】0【特-2】0【特-3】0【增】16【消】10【对美加征】10【出】0【退】6	克					999	其他天然或合成宝石或半宝石粉末
710610	11		平均粒径<3微米非片状银粉	Powder not flake, average diameter less than 3μm	【最】0【普】0【特-1】0【特-2】0【特-3】0【增】16【对美加征】10【出】0【退】0	克	A	4xy	M		999	平均粒径<3微米非片状银粉
710610	19		平均粒径≥3微米的非片状银粉	Powder not flake, average diameter ≥3μm	【最】0【普】0【特-1】0【特-2】0【特-3】0【增】16【对美加征】10【出】0【退】0	克	A	4xy	M		101 999	平均粒径≥3微米的非片状银粉（银粉浆） 平均粒径≥3微米的非片状银粉（银粉）
710610	21		平均粒径<10微米片状银粉	Powder not flake, average diameter less than 10μm	【最】0【普】0【特-1】0【特-2】0【特-3】0【增】16【对美加征】5【出】0【退】0	克		4xy			999	平均粒径<10微米片状银粉
710610	29		平均粒径≥10微米的片状银粉	Other powder not flake, average diameter ≥10μm	【最】0【普】0【特-1】0【特-2】0【特-3】0【增】16【对美加征】5【出】0【退】0	克		4xy			999	平均粒径≥10微米的片状银粉
710691	10		纯度达99.99%及以上未锻造银（包括镀金、镀铂的银）	Unwrought silver of a purity ≥99.99%(including silver plated with gold or platinum)	【最】0【普】0【特-1】0【特-2】0【特-3】0【增】16【对美加征】10【出】0【退】0	克		4xy			999	纯度达99.99%及以上未锻造银（包括镀金、镀铂的银）
710691	90		其他未锻造银（包括镀金、镀铂的银）	Other unwrought silver (including silver plated with gold or platinum)	【最】0【普】0【特-1】0【特-2】0【特-3】0【增】16【对美加征】10【出】0【退】0	克		4xy			999	其他未锻造银（包括镀金、镀铂的银）
710692	10		纯度达99.99%及以上的半制成银（包括镀金、镀铂的银）	Silver (including silver plated with gold or platinum), in semi-manufactured forms, of a purity ≥99.99%	【最】0【普】50【特-1】0【特-2】0【特-3】0【增】16【对美加征】10【出】0【退】0	克		4xy			999	纯度达99.99%及以上的半制成银（包括镀金、镀铂的银）
710692	90		其他半制成银（包括镀金、镀铂的银）	Other silver(including silver plated with gold or platinum), in semi-manufactured forms	【最】0【普】50【特-1】0【特-2】0【特-3】0【增】16【对美加征】10【出】0【退】0	克		4xy			999	其他半制成银（包括镀金、镀铂的银）
710700	00		以贱金属为底的包银材料	Base metals clad with silver, not further worked than semi-manufactured	【最】8【普】50【协东盟】0【协巴基斯坦】5【协智利】0【协新西兰】0【协新加坡】0【协秘鲁】0【协哥斯达黎加】0【协冰岛】0【协瑞士】4.2【协澳大利亚】0【协韩国】5.2【协格鲁吉亚】0【协香港】0【协澳门】0【特东老挝】0【特-1】0【特-2】0【特-3】0【增】16【对美加征】5【出】0【退】6	千克					999	以贱金属为底的包银材料
710811	00		非货币用金粉	Powder of gold, non-monetary use	【最】0【普】0【特-1】0【特-2】0【特-3】0【增】0【对美加征】5【出】0【退】0	克	J	J			999	非货币用金粉
710812	00		非货币用未锻造金（包括镀铂的金）	Unwrought gold, non-monetary use (including gold plated with platinum)	【最】0【普】0【特-1】0【特-2】0【特-3】0【增】0【对美加征】10【出】0【退】0	克	J	J			999	非货币用未锻造金（包括镀铂的金）
710813	00		非货币用半制成金（包括镀铂的金）	Gold in semi-manufactured forms, not for monetary use (including gold plated with platinum)	【最】0【普】50【特东老挝】0【特-1】0【特-2】0【特-3】0【增】0【对美加征】10【出】0【退】0	克	J	J			999	非货币用半制成金（包括镀铂的金）
710820	00		货币用未锻造金（包括镀铂的金）	Unwrought gold for monetary use (including gold plated with platinum)	【最】0【普】0【特-1】0【特-2】0【特-3】0【增】0【出】0【退】0	克	J	J			999	货币用未锻造金（包括镀铂的金）

税则号列 HS国际统一前6位	本国子目 7~8位	本国子目 9~10位	货品名称中英文 中文 货物名称	货品名称中英文 英文 Article Description	税费综合信息	计量单位	监管证件代码 进口	监管证件代码 出口	检验检疫类别 进口	检验检疫类别 出口	检验检疫编码	检验检疫编码对应中文名称
710900	00		以贱金属或银为底的包金材料	Base metals or silver, clad with gold, not further worked than semi-manufactured	【最】8【普】50 【协东盟】0【协巴基斯坦】5【协智利】0 【协新西兰】0【协新加坡】0【协秘鲁】0 【协哥斯达黎加】0【协冰岛】0【协瑞士】4.2 【协澳大利亚】0【协韩国】5.2 【协格鲁吉亚】0【协香港】0【协澳门】0 【特-1】0【特-2】0【特-3】0 【增】16【对美加征】10【出】0【退】6	克					999	以贱金属或银为底的包金材料
711011	00		未锻造或粉末状铂	Platinum, unwrought or in powder form	【最】0【普】0【特-1】0【特-2】0【特-3】0 【增】0【对美加征】10【出】0【退】0	克		8x			999	未锻造或粉末状铂
711019	10		板、片状铂	Platinum, plates or sheets	【最】0【普】0【特-1】0【特-2】0【特-3】0 【增】0【对美加征】10【出】0【退】0	克		8x			999	板、片状铂
711019	90		其他半制成铂	Other platinum, in semi-manufactured forms	【最】3【普】11 【协东盟】0【协香港】0【协巴基斯坦】0 【协智利】0【协新西兰】0【协秘鲁】0 【协哥斯达黎加】0【协冰岛】0【协瑞士】0 【协澳大利亚】0【协韩国】0【协格鲁吉亚】0 【特-1】0【特-2】0【特-3】0 【增】0【对美加征】10【出】0【退】0	克		4xy			999	其他半制成铂
711021	00		未锻造或粉末状钯	Palladium, unwrought or in powder form	【最】0【普】10【特-1】0【特-2】0【特-3】0 【增】16【对美加征】10【出】0【退】0	克		4xy			999	未锻造或粉末状钯
711029	10		板、片状钯	Palladium plates and sheets	【最】0【普】0【特-1】0【特-2】0【特-3】0 【增】16【对美加征】5【出】0【退】0	克		4xy			999	板、片状钯
711029	90		其他半制成钯	Other palladium in semi-manufactured forms	【最】3【普】11 【协东盟】0【协香港】0【协巴基斯坦】0 【协智利】0【协新西兰】0【协秘鲁】0 【协哥斯达黎加】0【协冰岛】0【协瑞士】0 【协澳大利亚】0【协韩国】0【协格鲁吉亚】0 【特-1】0【特-2】0【特-3】0 【增】16【对美加征】10【出】0【退】0	克		4xy			999	其他半制成钯
711031	00		未锻造或粉末状铑	Rhodium unwrought or in powder form	【最】0【普】0【特-1】0【特-2】0【特-3】0 【增】16【对美加征】10【出】0【退】0	克		4xy			999	未锻造或粉末状铑
711039	10		板、片状铑	Rhodium plates and sheets	【最】0【普】0【特-1】0【特-2】0【特-3】0 【增】16【对美加征】10【出】0【退】0	克		4xy			999	板、片状铑
711039	90		其他半制成铑	Other rhodium in semi-manufactured forms	【最】3【普】11 【协东盟】0【协巴基斯坦】0【协智利】0 【协新西兰】0【协秘鲁】0【协哥斯达黎加】0 【协冰岛】0【协瑞士】0【协澳大利亚】0 【协韩国】0【协格鲁吉亚】0【协香港】0 【协澳门】0 【特-1】0【特-2】0【特-3】0 【增】16【对美加征】5【出】0【退】0	克		4xy			999	其他半制成铑
711041	00		未锻造或粉末状铱、锇、钌	Iridium, osmium and ruthenium, unwrought or in powder form	【最】0【普】0【特-1】0【特-2】0【特-3】0 【增】16【对美加征】10【出】0【退】0	克		4xy			999	未锻造或粉末状铱、锇、钌
711049	10		板、片状铱、锇、钌	Iridium, osmium and ruthenium, plates and sheets	【最】0【普】0【特-1】0【特-2】0【特-3】0 【增】16【对美加征】10【出】0【退】0	克		4xy			999	板、片状铱、锇、钌
711049	90		其他半制成铱、锇、钌	Other Iridium, osmium and ruthenium, in semi-manufactured forms	【最】3【普】11 【协东盟】0【协巴基斯坦】0【协智利】0 【协新西兰】0【协秘鲁】0【协哥斯达黎加】0 【协冰岛】0【协瑞士】0【协澳大利亚】0 【协韩国】0【协格鲁吉亚】0【协香港】0 【协澳门】0 【特-1】0【特-2】0【特-3】0 【增】16【对美加征】10【出】0【退】0	克		4xy			999	其他半制成铱、锇、钌
711100	00		以贱金属、银或金为底的包铂材料	Base metals, silver or gold, clad with platinum, not further worked than semi-manufactured	【最】3【普】11 【协东盟】0【协巴基斯坦】0【协智利】0 【协新西兰】0【协秘鲁】0【协哥斯达黎加】0 【协冰岛】0【协瑞士】0【协澳大利亚】0 【协韩国】0【协格鲁吉亚】0【协香港】0 【协澳门】0 【特-1】0【特-2】0 【增】16【对美加征】10【出】0【退】0	克		4xy			999	以贱金属、银或金为底的包铂材料

税则号列			货品名称中英文		税费综合信息	计量单位	监管证件代码		检验检疫类别		检验检疫编码	检验检疫编码对应中文名称
HS国际统一前6位	本国子目 7~8位	9~10位	中文 货物名称	英文 Article Description			进口	出口	进口	出口		
711230	10		含有银或银化合物的灰（主要用于回收银）	Ash of silver or silver compounds(of a kind used principally for the recycling silver)	【最】8【普】50 【协东盟】0【协巴基斯坦】5【协智利】0 【协新西兰】0【协秘鲁】0【协哥斯达黎加】0 【协冰岛】0【协瑞士】0【协澳大利亚】0 【协韩国】0【协格鲁吉亚】0【协香港】0 【协澳门】0 【特-1】0【特-2】0【特-3】0 【增】16【出】0【退】6	克	9				999	含有银或银化合物的灰（主要用于回收银）
711230	90		含其他贵金属或贵金属化合物的灰（主要用于回收贵金属）	Other ash of precious metal or of metal clad with precious metal (of a kind used principally for recycling silver)	【最】6【普】50 【协东盟】0【协巴基斯坦】5【协智利】0 【协新西兰】0【协秘鲁】0【协哥斯达黎加】0 【协冰岛】0【协瑞士】0【协澳大利亚】0 【协韩国】0【协格鲁吉亚】0【协香港】0 【协澳门】0 【特-1】0【特-2】0【特-3】0 【增】16【出】0【退】0	克	9				999	含其他贵金属或贵金属化合物的灰（主要用于回收贵金属）
711291	10	10	金的废碎料	Waste and scrap of gold	【最】0【普】0【特-1】0【特-2】0【特-3】0 【增】16【对美加征】25【出】0【退】0	克	A		M		999	金的废碎料
711291	10	90	包金的废碎料（但含有其他贵金属的除外）	Waste and scrap of gold compounds, but excluding sweepings containing other precious metals	【最】0【普】0【特-1】0【特-2】0【特-3】0 【增】16【对美加征】25【出】0【退】0	克	A		M		999	包金的废碎料（但含有其他贵金属的除外）
711291	20		含有金及金化合物的废碎料（但含有其他贵金属除外，主要用于回收金）	Waste and scrap with gold or gold compounds, but excluding sweepings containing other precious metals, of a kind used principally for recycling gold	【最】6【普】35 【协东盟】0【协巴基斯坦】5【协智利】0 【协新西兰】0【协秘鲁】0【协哥斯达黎加】0 【协冰岛】0【协瑞士】0【协澳大利亚】0 【协韩国】0【协格鲁吉亚】0【协香港】0 【协澳门】0 【特-1】0【特-2】0【特-3】0 【增】16【出】0【退】0	克	9				999	含有金及金化合物的废碎料（但含有其他贵金属除外，主要用于回收金）
711292	10		铂及包铂的废碎料（但含有其他贵金属的除外）	Waste and scrap of platinum or platinum compounds, but excluding sweepings containing other precious metals	【最】0【普】0【特-1】0【特-2】0【特-3】0 【增】16【对美加征】25【出】0【退】0	克	A	4xy	M		999	铂及包铂的废碎料（但含有其他贵金属的除外）
711292	20	01	铂含量在3%以上的其他含有铂或铂化合物的废碎料（但含有其他贵金属除外，主要用于回收铂）	Other waste and scraps containing 3% or more of platinum, but excluding sweepings containg other precious metals, used principally for recycling platinum	【最】6【普】35【暂进】0 【协东盟】0【协巴基斯坦】5【协智利】0 【协新西兰】0【协秘鲁】0【协哥斯达黎加】0 【协冰岛】0【协瑞士】0【协澳大利亚】0 【协韩国】0【协格鲁吉亚】0【协香港】0 【协澳门】0 【特-1】0【特-2】0【特-3】0 【增】16【对美加征】5【出】0【退】0	克		4xy			999	铂含量在3%以上的其他含有铂或铂化合物的废碎料（但含有其他贵金属除外，主要用于回收铂）
711292	20	90	其他含有铂及铂化合物的废碎料（但含有其他贵金属除外，主要用于回收铂）	Other waste and scraps containing platinum, but excluding sweepings containg other precious metals, used principally for recycling platinum	【最】6【普】35 【协东盟】0【协巴基斯坦】5【协智利】0 【协新西兰】0【协秘鲁】0【协哥斯达黎加】0 【协冰岛】0【协瑞士】0【协澳大利亚】0 【协韩国】0【协格鲁吉亚】0【协香港】0 【协澳门】0 【特-1】0【特-2】0【特-3】0 【增】16【对美加征】5【出】0【退】0	克		4xy			999	其他含有铂及铂化合物的废碎料（但含有其他贵金属除外，主要用于回收铂）
711299	10		含有银及银化合物的废碎料（主要用于回收银）	Waste and scrap containing silver or silver compounds (used for recycling silver)	【最】8【普】35 【协东盟】0【协巴基斯坦】5【协智利】0 【协新西兰】0【协秘鲁】0【协哥斯达黎加】0 【协冰岛】0【协瑞士】0【协澳大利亚】0 【协韩国】0【协格鲁吉亚】0【协香港】0 【协澳门】0 【特-1】0【特-2】0【特-3】0 【增】16【出】0【退】6	克	9				999	含有银及银化合物的废碎料（主要用于回收银）

税则号列			货品名称中英文		税费综合信息	计量单位	监管证件代码		检验检疫类别		检验检疫编码	检验检疫编码对应中文名称
HS 国际统一前 6 位	本国子目 7~8 位	本国子目 9~10 位	中文 货物名称	英文 Article Description			进口	出口	进口	出口		
711299	20		含其他贵金属或贵金属化合物废碎料（主要用于回收贵金属）	Waste and scrap with other precious metals (used for recycling other precious metals)	【最】6【普】35 【协东盟】0【协巴基斯坦】5【协智利】0 【协新西兰】0【协秘鲁】0【协哥斯达黎加】0 【协冰岛】0【协瑞士】0【协澳大利亚】0 【协韩国】0【协格鲁吉亚】0【协香港】0 【协澳门】0 【特-1】0【特-2】0【特-3】0 【增】16【出】0【退】0	克	9				999	含其他贵金属或贵金属化合物废碎料（主要用于回收贵金属）
711299	90		其他贵金属或贵金属化合物废碎料（主要用于回收贵金属）	Other waste and scrap with other precious metals(used for recycling other precious metals)	【最】0【普】50【特-1】0【特-2】0【特-3】0 【增】16【出】0【退】0	克					999	其他贵金属或贵金属化合物废碎料（主要用于回收贵金属）
711311	10		镶嵌钻石的银首饰及其零件（不论是否包、镀其他贵金属） 【电商】	Articles of jewellery and parts thereof, of silver, diamond mounted or set (whether or not plated or clad with other precious metal)	【最】8【普】130 【协亚太】5.2【协东盟】0【协香港】0 【协澳门】0【协巴基斯坦】16【协智利】0 【协新西兰】0【协新加坡】0【协秘鲁】0 【协哥斯达黎加】0【协冰岛】0【协瑞士】8 【协澳大利亚】0【协韩国】13.3 【协格鲁吉亚】0 【特-1】0【特-2】0 【增】16【对美加征】5【出】0【退】0	克					999	镶嵌钻石的银首饰及其零件（不论是否包、镀其他贵金属）
711311	90	10	镶嵌濒危物种制品的银首饰及零件（不论是否包、镀其他贵金属） 【电商】①	Silver jewellery and parts thereof, inlaid with articles of endangered species (whether or not plated or clad with other precious metal)	【最】8【普】130 【协亚太】5.2【协东盟】0【协香港】0 【协澳门】0【协巴基斯坦】16【协智利】0 【协新西兰】0【协新加坡】0【协秘鲁】0 【协哥斯达黎加】0【协冰岛】0【协瑞士】0 【协澳大利亚】0【协韩国】13.3 【协格鲁吉亚】0 【特-1】0【特-2】0【特-3】0 【增】16【对美加征】10【出】0【退】0	克	F	E			999	镶嵌濒危物种制品的银首饰及零件（不论是否包、镀其他贵金属）
711311	90	90	其他银首饰及其零件（不论是否包、镀其他贵金属） 【电商】②	Other silver jewellery and parts thereof, whether or not plated or clad with other precious metal	【最】8【普】130 【协亚太】5.2【协东盟】0【协香港】0 【协澳门】0【协巴基斯坦】16【协智利】0 【协新西兰】0【协新加坡】0【协秘鲁】0 【协哥斯达黎加】0【协冰岛】0【协瑞士】0 【协澳大利亚】0【协韩国】13.3 【协格鲁吉亚】0 【特-1】0【特-2】0【特-3】0 【增】16【对美加征】10【出】0【退】6	克					999	其他银首饰及其零件（不论是否包、镀其他贵金属）
711319	11		镶嵌钻石的黄金制首饰及其零件（不论是否包、镀其他贵金属） 【电商】	Gold jewellery and parts thereof, diamond mounted or set, whether or not plated or clad with other precious metal	【最】8【普】130 【协亚太】5.2【协东盟】0【协香港】0 【协澳门】0【协巴基斯坦】14【协智利】0 【协新西兰】0【协新加坡】0【协秘鲁】0 【协哥斯达黎加】0【协冰岛】0【协瑞士】8 【协澳大利亚】0【协韩国】13.3 【协格鲁吉亚】0 【特-1】0【特-2】0 【增】16【对美加征】10【出】0【退】0	克					999	镶嵌钻石的黄金制首饰及其零件（不论是否包、镀其他贵金属）
711319	19	10	镶嵌濒危物种制品的金首饰及零件（不论是否包、镀其他贵金属） 【电商】	Gold jewellery and parts thereof, inlaid with articles of endangered species (whether or not plated or clad with other precious metal)	【最】8【普】130 【协亚太】5.2【协东盟】0【协香港】0 【协澳门】0【协巴基斯坦】16【协智利】0 【协新西兰】0【协新加坡】0【协秘鲁】0 【协哥斯达黎加】0【协冰岛】0【协瑞士】0 【协澳大利亚】0【协韩国】10【协格鲁吉亚】0 【特-1】0【特-2】0 【增】16【对美加征】10【出】0【退】0	克	F	E			999	镶嵌濒危物种制品的金首饰及零件（不论是否包、镀其他贵金属）

① 列入《进出口野生动植物种商品目录》的商品除外。

② 列入《进出口野生动植物种商品目录》的商品除外。

税则号列 HS 国际统一前 6 位	本国子目 7~8 位	本国子目 9~10 位	货品名称 中文 货物名称	货品名称 英文 Article Description	税费综合信息	计量单位	监管证件代码 进口	监管证件代码 出口	检验检疫类别 进口	检验检疫类别 出口	检验检疫编码	检验检疫编码对应中文名称
711319	19	90	其他黄金制首饰及其零件（不论是否包、镀其他贵金属） 【电商】	Other gold jewellery and parts thereof (whether or not plated or clad with other precious metal)	【最】8【普】130 【协亚太】5.2【协东盟】0【协香港】0 【协澳门】0【协巴基斯坦】16【协智利】0 【协新西兰】0【协新加坡】0【协秘鲁】0 【协哥斯达黎加】0【协冰岛】0【协瑞士】0 【协澳大利亚】0【协韩国】10【协格鲁吉亚】0 【特-1】0【特-2】0 【增】16【对美加征】10【出】0【退】0	克	J	J			999	其他黄金制首饰及其零件（不论是否包、镀其他贵金属）
711319	21		镶嵌钻石的铂金制首饰及其零件（不论是否包、镀其他贵金属） 【电商】	Platnum jewellery and parts thereof, diamond mounted or set, whether or not plated or clad with other precious metal	【最】10【普】130 【协亚太】6.5【协东盟】0【协香港】0 【协澳门】0【协巴基斯坦】28【协智利】0 【协新西兰】0【协新加坡】0【协秘鲁】0 【协哥斯达黎加】0【协冰岛】0【协澳大利亚】0 【协格鲁吉亚】0 【特-1】0【特-2】0 【增】16【对美加征】5【出】0【退】0	克					999	镶嵌钻石的铂金制首饰及其零件（不论是否包、镀其他贵金属）
711319	29	10	镶嵌濒危物种制品的铂金首饰及零件（不论是否包、镀其他贵金属） 【电商】	Platnum jewellery and parts thereof, inlaid with articles of endangered species (whether or not plated or clad with other precious metal)	【最】10【普】130 【协亚太】6.5【协东盟】0【协香港】0 【协澳门】0【协巴基斯坦】28【协智利】0 【协新西兰】0【协新加坡】0【协秘鲁】0 【协哥斯达黎加】0【协冰岛】0【协瑞士】0 【协澳大利亚】0【协格鲁吉亚】0 【特-1】0【特-2】0【特-3】0 【增】16【对美加征】5【出】0【退】0	克	F	E			999	镶嵌濒危物种制品的铂金首饰及零件（不论是否包、镀其他贵金属）
711319	29	90	其他铂金制首饰及其零件（不论是否包、镀其他贵金属） 【电商】	Other platnum jewellery and parts thereof, whether or not plated or clad with other precious metal	【最】10【普】130 【协亚太】6.5【协东盟】0【协香港】0 【协澳门】0【协巴基斯坦】28【协智利】0 【协新西兰】0【协新加坡】0【协秘鲁】0 【协哥斯达黎加】0【协冰岛】0【协瑞士】0 【协澳大利亚】0【协格鲁吉亚】0 【特-1】0【特-2】0【特-3】0 【增】16【对美加征】5【出】0【退】0	克					999	其他铂金制首饰及其零件（不论是否包、镀其他贵金属）
711319	91		其他镶嵌钻石贵金属首饰及其零件（不论是否包、镀其他贵金属） 【电商】	Jewellery and parts thereof, of precious metal, diamond mounted or set, (whether or not plated or clad with other precious metal)	【最】10【普】130 【协亚太】6.5【协东盟】0【协香港】0 【协澳门】0【协巴基斯坦】28【协智利】0 【协新西兰】0【协新加坡】0【协秘鲁】0 【协哥斯达黎加】0【协冰岛】0【协澳大利亚】0 【协格鲁吉亚】0 【特-1】0【特-2】0 【增】16【对美加征】10【出】0【退】0	克					999	其他镶嵌钻石贵金属首饰及其零件（不论是否包、镀其他贵金属）
711319	99	10	镶嵌濒危物种制品的其他贵金属首饰（不论是否包、镀其他贵金属） 【电商】[1]	Jewellery and parts thereof, of precious metal, inlaid with articles of endangered species (whether or not plated or clad with other precious metal)	【最】10【普】130 【协亚太】6.5【协东盟】0【协香港】0 【协澳门】0【协巴基斯坦】28【协智利】0 【协新西兰】0【协新加坡】0【协秘鲁】0 【协哥斯达黎加】0【协冰岛】0【协瑞士】0 【协澳大利亚】0【协格鲁吉亚】0 【特-1】0【特-2】0【特-3】0 【增】16【对美加征】10【出】0【退】0	克	F	E			999	镶嵌濒危物种制品的其他贵金属首饰（不论是否包、镀其他贵金属）
711319	99	90	其他贵金属制首饰及其零件（不论是否包、镀其他贵金属） 【电商】[2]	Other jewellery and parts thereof, of precious metal (whether or not plated or clad with other precious metal)	【最】10【普】130 【协亚太】6.5【协东盟】0【协香港】0 【协澳门】0【协巴基斯坦】28【协智利】0 【协新西兰】0【协新加坡】0【协秘鲁】0 【协哥斯达黎加】0【协冰岛】0【协瑞士】0 【协澳大利亚】0【协格鲁吉亚】0 【特-1】0【特-2】0【特-3】0 【增】16【对美加征】10【出】0【退】0	克					999	其他贵金属制首饰及其零件（不论是否包、镀其他贵金属）
711320	10		镶嵌钻石贱金属为底包贵金属首饰（不论是否包、镀其他贵金属，包括零件）	Jewellery and parts thereof, of base metal clading with precious metal, diamond mounted or set (whether or not plated or clad with other precious metal)	【最】10【普】130 【协亚太】6.5【协东盟】0【协香港】0 【协澳门】0【协巴基斯坦】30【协智利】0 【协新西兰】0【协新加坡】0【协秘鲁】0 【协哥斯达黎加】0【协瑞士】10 【协澳大利亚】0【协格鲁吉亚】0 【特-1】0【特-2】0 【增】16【对美加征】10【出】0【退】0	克					999	镶嵌钻石贱金属为底包贵金属首饰（不论是否包、镀其他贵金属，包括零件）

① 列入《进出口野生动植物种商品目录》的商品除外。

② 列入《进出口野生动植物种商品目录》的商品除外。

税则号列			货品名称中英文		税费综合信息	计量单位	监管证件代码		检验检疫类别		检验检疫编码	检验检疫编码对应中文名称
HS 国际统一前6位	本国子目 7~8位	本国子目 9~10位	中文 货物名称	英文 Article Description			进口	出口	进口	出口		
711320	90	10	镶嵌濒危物种制品以贱金属为底的包贵金属制首饰（包括零件）【电商】①	Jewellery and parts thereof, of base metal cinglad with precious metal, inlaid with articles of endangered species	【最】10【普】130 【协亚太】6.5【协东盟】0【协香港】0 【协澳门】0【协巴基斯坦】30【协智利】0 【协新西兰】0【协新加坡】0【协秘鲁】0 【协哥斯达黎加】0【协冰岛】0【协澳大利亚】0 【协格鲁吉亚】0 【特-1】0【特-2】0 【增】16【消】10【对美加征】10【出】0【退】0	克	F	E			999	镶嵌濒危物种制品以贱金属为底的包贵金属制首饰（包括零件）
711320	90	90	其他以贱金属为底的包贵金属制首饰（包括零件）【电商】②	Other jewellery and parts thereof, of base metal clading with precious metal	【最】10【普】130 【协亚太】6.5【协东盟】0【协香港】0 【协澳门】0【协巴基斯坦】30【协智利】0 【协新西兰】0【协新加坡】0【协秘鲁】0 【协哥斯达黎加】0【协冰岛】0【协澳大利亚】0 【协格鲁吉亚】0 【特-1】0【特-2】0 【增】16【消】10【对美加征】10【出】0【退】6	克					999	其他以贱金属为底的包贵金属制首饰（包括零件）
711411	00	10	镶嵌濒危物种制品的银器及零件（不论是否包、镀贵金属）	Silversmiths' wares and parts thereof, inlaid with articles of endangered species (whether or not plated or clad with precious metal)	【最】10【普】100 【协东盟】0【协香港】0【协澳门】0【协智利】0 【协新西兰】0【协新加坡】0【协秘鲁】0 【协哥斯达黎加】0【协冰岛】0【协瑞士】0 【协澳大利亚】0【协格鲁吉亚】0 【特-1】0【特-2】0【特-3】0 【增】16【对美加征】5【出】0【退】0	克	F	E			999	镶嵌濒危物种制品的银器及零件（不论是否包、镀贵金属）
711411	00	90	其他银器及零件（不论是否包、镀贵金属）	Other silversmiths' wares and parts thereof (whether or not plated or clad with precious metal)	【最】10【普】100 【协东盟】0【协香港】0【协澳门】0【协智利】0 【协新西兰】0【协新加坡】0【协秘鲁】0 【协哥斯达黎加】0【协冰岛】0【协瑞士】0 【协澳大利亚】0【协格鲁吉亚】0 【特-1】0【特-2】0【特-3】0 【增】16【对美加征】5【出】0【退】6	克					999	其他银器及零件（不论是否包、镀贵金属）
711419	00	10	镶嵌濒危物种制品的金银器及零件（不论是否包、镀贵金属）	Gold and silversmiths' wares and parts thereof, inlaid with articles of endangered species (whether or not plated or clad with precious metal)	【最】10【普】100 【协东盟】0【协香港】0【协澳门】0【协智利】0 【协新西兰】0【协新加坡】0【协秘鲁】0 【协哥斯达黎加】0【协冰岛】0【协瑞士】10 【协澳大利亚】0【协格鲁吉亚】0 【特-1】0【特-2】0 【增】16【对美加征】10【出】0【退】0	克	F	E			999	镶嵌濒危物种制品的金银器及零件（不论是否包、镀贵金属）
711419	00	20	其他贵金属制金器及零件（工艺金章、摆件等，不论是否包、镀贵金属）	Other precious metal gold and parts (regardless of whether the packer, plated with precious metal)	【最】10【普】100 【协东盟】0【协香港】0【协澳门】0【协智利】0 【协新西兰】0【协新加坡】0【协秘鲁】0 【协哥斯达黎加】0【协冰岛】0【协瑞士】10 【协澳大利亚】0【协格鲁吉亚】0 【特-1】0【特-2】0 【增】16【对美加征】10【出】0【退】0	克	J	J			999	其他贵金属制金器及零件（工艺金章、摆件等，不论是否包、镀贵金属）
711419	00	90	其他贵金属制银器及零件（不论是否包、镀贵金属）	Other goldsmiths' or silversmiths' wares and parts thereof, of precious metal (whether or not plated or clad with other precious metal)	【最】10【普】100 【协东盟】0【协香港】0【协澳门】0【协智利】0 【协新西兰】0【协新加坡】0【协秘鲁】0 【协哥斯达黎加】0【协冰岛】0【协瑞士】10 【协澳大利亚】0【协格鲁吉亚】0 【特-1】0【特-2】0 【增】16【对美加征】10【出】0【退】0	克					999	其他贵金属制银器及零件（不论是否包、镀贵金属）
711420	00	10	以贱金属为底的包贵金属制金银器（镶嵌濒危物种制品，包括零件）	Goldsmiths' or silversmiths' wares and parts thereof, of base metal clad with precious metal (inlaid with articles of endangered species)	【最】10【普】100 【协亚太】8【协东盟】0【协香港】0 【协澳门】0【协智利】0【协新西兰】0 【协新加坡】0【协秘鲁】0【协哥斯达黎加】0 【协冰岛】0【协瑞士】10【协澳大利亚】0 【协格鲁吉亚】0 【特-1】0【特-2】0【特-3】0 【增】16【出】0【退】0	克	F	E			999	以贱金属为底的包贵金属制金银器（镶嵌濒危物种制品，包括零件）

① 列入《进出口野生动植物种商品目录》的商品除外。
② 列入《进出口野生动植物种商品目录》的商品除外。

税则号列 HS国际统一前6位	本国子目 7~8位	本国子目 9~10位	货品名称中英文 中文 货物名称	英文 Article Description	税费综合信息	计量单位	监管证件代码 进口	监管证件代码 出口	检验检疫类别 进口	检验检疫类别 出口	检验检疫编码	检验检疫编码对应中文名称
711420	00	90	其他贱金属为底包贵金属制金银器（包括零件）	Goldsmiths' or silversmiths' wares of other base metal clad with precious metal (and parts thereof)	【最】10【普】100 【协亚太】8【协东盟】0【协香港】0 【协澳门】0【协智利】0【协新西兰】0 【协新加坡】0【协秘鲁】0【协哥斯达黎加】0 【协冰岛】0【协瑞士】10【协澳大利亚】0 【协格鲁吉亚】0 【特-1】0【特-2】0【特-3】0 【增】16【出】0【退】0	克					999	其他贱金属为底包贵金属制金银器（包括零件）
711510	00		金属丝布或格栅状的铂催化剂	Catalysts in the form of wire cloth or grill, of platinum	【最】3【普】11 【协东盟】0【协香港】0【协巴基斯坦】0 【协智利】0【协新西兰】0【协秘鲁】0 【协哥斯达黎加】0【协冰岛】0【协瑞士】0 【协澳大利亚】0【协韩国】0【协格鲁吉亚】0 【特-1】0【特-2】0【特-3】0 【增】16【对美加征】5【出】0【退】0	克		4xy			999	金属丝布或格栅状的铂催化剂
711590	10	10	银制工业、实验室用制品	Articles of silver used for industrial or laboratory	【最】3【普】11【暂进】0 【协东盟】0【协香港】0【协澳门】0 【协巴基斯坦】0【协智利】0【协新西兰】0 【协秘鲁】0【协哥斯达黎加】0【协冰岛】0 【协瑞士】0【协澳大利亚】0【协韩国】0 【协格鲁吉亚】0 【特-1】0【特-2】0【特-3】0 【增】16【对美加征】5【出】0【退】6	克					999	银制工业、实验室用制品
711590	10	20	金制工业、实验室用制品	Articles of gold used for industrial or laboratory	【最】3【普】11【暂进】0 【协东盟】0【协香港】0【协澳门】0 【协巴基斯坦】0【协智利】0【协新西兰】0 【协秘鲁】0【协哥斯达黎加】0【协冰岛】0 【协瑞士】0【协澳大利亚】0【协韩国】0 【协格鲁吉亚】0 【特-1】0【特-2】0【特-3】0 【增】16【对美加征】5【出】0【退】0	克					999	金制工业、实验室用制品
711590	10	90	其他工业、实验室用贵或包贵金制	Articles of precious metal or of metal cladding with precious metal, used for other industrial or laboratory	【最】3【普】11【暂进】0 【协东盟】0【协香港】0【协澳门】0 【协巴基斯坦】0【协智利】0【协新西兰】0 【协秘鲁】0【协哥斯达黎加】0【协冰岛】0 【协瑞士】0【协澳大利亚】0【协韩国】0 【协格鲁吉亚】0 【特-1】0【特-2】0【特-3】0 【增】16【对美加征】5【出】0【退】0	克					999	其他工业、实验室用贵或包贵金制品
711590	90		其他用途的贵或包贵金属制品	Articles of precious metal or of metal clad with precious metal, for other purpose	【最】10【普】100 【协东盟】0【协香港】0【协澳门】0【协智利】0 【协新西兰】0【协新加坡】0【协秘鲁】0 【协哥斯达黎加】0【协冰岛】0【协澳大利亚】0 【协格鲁吉亚】0 【特-1】0【特-2】0 【增】16【对美加征】10【出】0【退】0	克					999	其他用途的贵或包贵金属制品
711610	00		天然或养殖珍珠制品【电商】	Articles of natural or cultured pearls	【最】10【普】130 【协东盟】0【协香港】0【协澳门】0【协智利】0 【协新西兰】0【协新加坡】0【协秘鲁】0 【协哥斯达黎加】0【协冰岛】0【协瑞士】10 【协澳大利亚】0【协格鲁吉亚】0 【特-1】0【特-2】0 【增】16【消】10【对美加征】10【出】0【退】6	千克					101 102	天然或养殖珍珠制品（具有保健食品批准文号） 天然或养殖珍珠制品（珍珠宝石制品）
711620	00		宝石或半宝石制品（包括天然、合成或再造的）【电商】	Articles of precious or semi-precious stones (natural, synthetic or reconstructed)	【最】10【普】130 【协东盟】0【协香港】0【协澳门】0【协智利】0 【协新西兰】0【协新加坡】0【协秘鲁】0 【协哥斯达黎加】0【协冰岛】0【协瑞士】0 【协澳大利亚】0【协格鲁吉亚】0 【特-1】0【特-2】0【特-3】0 【增】16【消】10【对美加征】10【出】0【退】0	千克					999	宝石或半宝石制品（包括天然、合成或再造的）

税则号列			货品名称中英文		税费综合信息	计量单位	监管证件代码		检验检疫类别		检验检疫编码	检验检疫编码对应中文名称
HS国际统一前6位	本国子目 7~8位	9~10位	中文 货物名称	英文 Article Description			进口	出口	进口	出口		
711711	00		贱金属制袖扣、饰扣（不论是否镀贵金属） 【电商】	Cuff-links and studs of base metal, whether or not plated with precious metal	【最】10【普】130 【协东盟】0【协香港】0【协澳门】0【协智利】0 【协新西兰】0【协新加坡】0【协秘鲁】0 【协哥斯达黎加】0【协冰岛】0【协瑞士】10 【协澳大利亚】0【协格鲁吉亚】0 【特-1】0【特-2】0 【增】16【对美加征】10【出】0【退】10	千克	A		M		101 102 103 104 105 ……	贱金属制袖扣、饰扣(不论是否镀贵金属)(锌合金制儿童用仿真首饰) 贱金属制袖扣、饰扣(不论是否镀贵金属)(铜合金制儿童用仿真首饰) 贱金属制袖扣、饰扣(不论是否镀贵金属)(不锈钢制儿童用仿真首饰) 贱金属制袖扣、饰扣(不论是否镀贵金属)(其他材料制儿童用仿真首饰) 贱金属制袖扣、饰扣(不论是否镀贵金属)(接触皮肤的成人用仿真首饰) ……①
711719	00		其他贱金属制仿首饰 【电商】	Other imitation jewellery of base metal	【最】8【普】130 【协亚太】5.2【协东盟】0【协香港】0 【协澳门】0【协巴基斯坦】13.6【协智利】0 【协新西兰】0【协新加坡】0【协秘鲁】0 【协哥斯达黎加】0【协冰岛】0【协瑞士】6.8 【协澳大利亚】0【协韩国】8.5 【协格鲁吉亚】0 【特-1】0【特-2】0【特-3】0 【增】16【对美加征】10【出】0【退】10	千克	A		M		101 102 103 104 105 ……	其他贱金属制仿首饰(锌合金制儿童用仿真首饰) 其他贱金属制仿首饰(铜合金制儿童用仿真首饰) 其他贱金属制仿首饰(不锈钢制儿童用仿真首饰) 其他贱金属制仿首饰(其他材料制儿童用仿真首饰) 其他贱金属制仿首饰(接触皮肤的成人用仿真首饰) ……②
711790	00		未列名材料制仿首饰 【电商】	Other imitation jewellery of other materials, not specialized	【最】18【普】130 【协亚太】11.7【协东盟】0【协香港】0 【协澳门】0【协巴基斯坦】30【协智利】0 【协新西兰】0【协新加坡】0【协秘鲁】0 【协哥斯达黎加】0【协澳大利亚】0 【协韩国】22.7【协格鲁吉亚】0 【特-1】0【特-2】0【特-3】0 【增】16【对美加征】10【出】0【退】10	千克	A		M		101 102 103	未列名材料制仿首饰(其他材料制儿童用仿真首饰) 未列名材料制仿首饰(接触皮肤的成人用仿真首饰) 未列名材料制仿首饰(非接触皮肤的成人用仿真首饰)
711810	00		非法定货币的硬币（金币除外）	Coin(other than gold coin), not being legal tender	【最】0【普】0【特-1】0【特-2】0【特-3】0 【增】16【对美加征】10【出】0【退】6	千克					999	非法定货币的硬币（金币除外）
711890	00	10	金质铸币（金质贵金属纪念币）	Gold coins(gold precious metal commemorative coins)	【最】0【普】0【特-1】0【特-2】0【特-3】0 【增】16【出】0【退】0	千克	J	J			999	金质铸币（金质贵金属纪念币）
711890	00	90	其他硬币	Other coins	【最】0【普】0【特-1】0【特-2】0【特-3】0 【增】16【出】0【退】0	千克					999	其他硬币

① 该税号项下检验检疫编码及对应中文名称尚有：106 贱金属制袖扣、饰扣（不论是否镀贵金属）（非接触皮肤的成人用仿真首饰）。

② 该税号项下检验检疫编码及对应中文名称尚有：106 其他贱金属制仿首饰（非接触皮肤的成人用仿真首饰）。

第十五类
贱金属及其制品

注释：

一、本类不包括：

（一）以金属粉末为基本成分的调制油漆、油墨或其他产品（税目 32.07 至 32.10、32.12、32.13 或 32.15）；

（二）铈铁或其他引火合金（税目 36.06）；

（三）税目 65.06 或 65.07 的帽类及其零件；

（四）税目 66.03 的伞骨及其他物品；

（五）第七十一章的货品（例如，贵金属合金、以贱金属为底的包贵金属、仿首饰）；

（六）第十六类的物品（机器、机械器具及电气设备）；

（七）已装配的铁道或电车道轨道（税目 86.08）或第十七类的其他物品（车辆、船舶、航空器）；

（八）第十八类的仪器及器具，包括钟表发条；

（九）做弹药用的铅弹（税目 93.06）或第十九类的其他物品（武器、弹药）；

（十）第九十四章的物品（例如，家具、弹簧床垫，灯具及照明装置、发光标志、活动房屋）；

（十一）第九十五章的物品（例如，玩具、游戏品及运动用品）；

（十二）手用筛子、纽扣、钢笔、铅笔套、钢笔尖、独脚架、双脚架、三脚架及类似品或第九十六章的其他物品（杂项制品）；或

（十三）第九十七章的物品（例如，艺术品）。

二、本协调制度所称“通用零件”，是指：

（一）税目 73.07、73.12、73.15、73.17 或 73.18 的物品及其他贱金属制的类似品；

（二）贱金属制的弹簧及弹簧片，但钟表发条（税目 91.14）除外；以及

（三）税目 83.01、83.02、83.08、83.10 的物品及税目 83.06 的贱金属制的框架及镜子。

第七十三章至第七十六章（税目 73.15 除外）及第七十八章至第八十二章所列货品的零件，不包括上述的通用零件。

除上段及第八十三章注释一另有规定的以外，第七十二章至第七十六章及第七十八章至第八十一章不包括第八十二章、第八十三章的物品。

SECTION XV
BASE METALS AND ARTICLES OF BASE METAL

Section Notes:

1. This Section does not cover:

(a) Prepared paints, inks or other products with a basis of metallic flakes or powder (headings 32.07 to 32.10, 32.12, 32.13 or 32.15);

(b) Ferro-cerium or other pyrophoric alloys (heading 36.06);

(c) Headgear or parts thereof of heading 65.06 or 65.07;

(d) Umbrella frames or other articles of heading 66.03;

(e) Goods of Chapter 71 (for example, precious metal alloys, base metal clad with precious metal, imitation jewellery);

(f) Articles of Section XVI (machinery, mechanical appliances and electrical goods);

(g) Assembled railway or tramway track (heading 86.08) or other articles of Section XVII (vehicles, ships and boats, aircraft);

(h) Instruments or apparatus of Section XVIII, including clock or watch springs;

(ij) Lead shot prepared for ammunition (heading 93.06) or other articles of Section XIX (arms and ammunition);

(k) Articles of Chapter 94 (for example, furniture, mattress supports, lamps and lighting fittings, illuminated signs, prefabricated buildings);

(l) Articles of Chapter 95 (for example, toys, games, sports requisites);

(m) Hand sieves, buttons, pens, pencil-holders, pen nibs, monopods, bipods, tripods and similar articles or other articles of Chapter 96 (miscellaneous manufactured articles); or

(n) Articles of Chapter 97 (for example, works of art).

2. Throughout the Nomenclature, the expression “parts of general use” means:

(a) Articles of heading 73.07, 73.12, 73.15, 73.17 or 73.18 and similar articles of other base metals;

(b) Springs and leaves for springs, of base metal, other than clock or watch springs (heading 91.14); and

(c) Articles of headings 83.01, 83.02, 83.08, 83.10 and frames and mirrors, of base metal, of heading 83.06.

In Chapters 73 to 76 and 78 to 82 (but not in heading 73.15) references to parts of goods do not include references to parts of general use as defined above.

Subject to the preceding paragraph and to Note 1 to Chapter 83, the articles of Chapter 82 or 83 are excluded from Chapters 72 to 76 and 78 to 81.

三、本协调制度所称“贱金属”是指：铁及钢、铜、镍、铝、铅、锌、锡、钨、钼、钽、镁、钴、铋、镉、钛、锆、锑、锰、铍、铬、锗、钒、镓、铪、铟、铌（钶）、铼及铊。

3. Throughout the Nomenclature, the expression “base metals” means: iron and steel, copper, nickel, aluminium, lead, zinc, tin, tungsten (wolfram), molybdenum, tantalum, magnesium, cobalt, bismuth, cadmium, titanium, zirconium, antimony, manganese, beryllium, chromium, germanium, vanadium, gallium, hafnium, indium, niobium (columbium), rhenium and thallium.

四、本协调制度所称“金属陶瓷”，是指金属与陶瓷成分以极细微粒不均匀结合而成的产品。“金属陶瓷”包括硬质合金（金属碳化物与金属烧结而成）。

4. Throughout the Nomenclature, the term “cermets” means products containing a microscopic heterogeneous combination of a metallic component and a ceramic component. The term “cermets” includes sintered metal carbides (metal carbides sintered with a metal).

五、合金的归类规则（第七十二章、第七十四章所规定的铁合金及母合金除外）：

（一）贱金属的合金按其所含重量最大的金属归类；

（二）由本类的贱金属和非本类的元素构成的合金，如果所含贱金属的总重量等于或超过所含其他元素的总重量，应作为本类贱金属合金归类；

（三）本类所称“合金”，包括金属粉末的烧结混合物、熔化而得的不均匀紧密混合物（金属陶瓷除外）及金属间化合物。

5. Classification of alloys (other than ferro-alloys and master alloys as defined in Chapters 72 and 74):

(a) An alloy of base metals is to be classified as an alloy of the metal which predominates by weight over each of the other metals;

(b) An alloy composed of base metals of this Section and of elements not falling within this Section is to be treated as an alloy of base metals of this Section if the total weight of such metals equals or exceeds the total weight of the other elements present;

(c) In this Section the term “alloys” includes sintered mixtures of metal powders, heterogeneous intimate mixtures obtained by melting (other than cermets) and intermetallic compounds.

六、除条文另有规定的以外，本协调制度所称的贱金属包括贱金属合金，这类合金应按上述注释五的规则进行归类。

6. Unless the context otherwise requires, any reference in the Nomenclature to a base metal includes a reference to alloys which, by virtue of Note 5 above, are to be classified as alloys of that metal.

七、复合材料制品的归类规则：

除各税号另有规定的以外，贱金属制品（包括根据“归类总规则”作为贱金属制品的混合材料制品）如果含有两种或两种以上贱金属的，按其所含重量最大的贱金属的制品归类。

为此：

（一）钢、铁或不同种类的钢铁，均视为一种金属；

（二）按照注释五的规定作为某一种金属归类的合金，应视为一种金属；以及

（三）税目 81.13 的金属陶瓷，应视为一种贱金属。

7. Classification of composite articles:

Except where the headings otherwise require, articles of base metal (including articles of mixed materials treated as articles of base metal under the Interpretative Rules) containing two or more base metals are to be treated as articles of the base metal predominating by weight over each of the other metals.

For this purpose:

(a) Iron and steel, or different kinds of iron or steel, are regarded as one and the same metal;

(b) An alloy is regarded as being entirely composed of that metal as an alloy of which, by virtue of Note 5, it is classified; and

(c) A cermet of heading 81. 13 is regarded as a single base metal.

八、本类所用有关名词解释如下：

（一）废碎料

在金属生产或机械加工中产生的废料及碎屑以及因破

8. In this Section, the following expressions have the meanings hereby assigned to them:

(a) Waste and scrap

Metal waste and scrap from the manufacture or me-

裂、切断、磨损及其他原因而明显不能作为原物使用的金属货品。

（二）粉末

按重量计90%及以上可从网眼孔径为1毫米的筛子通过的产品。

chanical working of metals, and metal goods definitely not usable as such because of breakage, cutting-up, wear or other reasons.

(b) Powders

Products of which 90% or more by weight passes through a sieve having a mesh aperture of 1mm.

第七十二章
钢 铁

Chapter 72
Iron and steel

注释：

一、本章所述有关名词解释如下［本条注释（四）、（五）、（六）适用于本协调制度其他各章］：

（一）生铁

无实用可锻性的铁碳合金，按重量计含碳量在2%以上并可含有一种或几种下列含量范围的其他元素：

铬不超过10%；
锰不超过6%；
磷不超过3%；
硅不超过8%；
其他元素合计不超过10%。

（二）镜铁

按重量计含锰量在6%以上，但不超过30%的铁碳合金，其他方面符合上述（一）款所列标准。

（三）铁合金

锭、块、团或类似初级形状、连续铸造而形成的各种形状及颗粒、粉末状的合金，不论是否烧结，通常用于其他合金生产过程中的添加剂或在黑色金属冶炼中作除氧剂、脱硫剂及类似用途，一般无实用可锻性，按重量计铁元素含量在4%及以上并含有下列一种或几种元素：

铬超过10%；
锰超过30%；
磷超过3%；
硅超过8%；
除碳以外的其他元素，合计超过10%，但最高含铜量不得超过10%。

（四）钢

除税目72.03以外的黑色金属材料（某些铸造而成的种类除外），具有实用可锻性，按重量计含碳量在2%及以下，但铬钢可具有较高的含碳量。

（五）不锈钢

按重量计含碳量在1.2%及以下，含铬量在

Chapter Notes:

1. In this Chapter and, in the case of Notes (d), (e) and (f) throughout the Nomenclature, the following expressions have the meanings hereby assigned to them:

(a) Pig iron

Iron-carbon alloys not usefully malleable, containing more than 2% by weight of carbon and which may contain by weight one or more other elements within the following limits:

not more than 10% of chromium;
not more than 6% of manganese;
not more than 3% of phosphorus;
not more than 8% of silicon;
a total of not more than 10% of other elements.

(b) Spiegeleisen

Iron-carbon alloys containing by weight more than 6% but not more than 30% of manganese and otherwise conforming to the specification at (a) above.

(c) Ferro-alloys

Alloys in ingots, blocks, lumps or similar primary forms, in forms obtained by continuous casting and also in granular or powder forms, whether or not agglomerated, commonly used as an additive in the manufacture of other alloys or as de-oxidants, de-sulphurising agents or for similar uses in ferrous metallurgy and generally not usefully malleable, containing by weight 4% or more of the element iron and one or more of the following:

more than 10% of chromium;
more than 30% of manganese;
more than 3% of phosphorus;
more than 8% of silicon;
a total of more than 10% of other elements, excluding carbon, subject to a maximum content of 10% in the case of copper.

(d) Steel

Ferrous materials other than those of heading 72.03 which (with the exception of certain types produced in the form of castings) are usefully malleable and which contain by weight 2% or less of carbon. However, chromium steels may contain higher proportions of carbon.

(e) Stainless steel

Alloy steels containing, by weight, 1.2% or less of

10.5%及以上的合金钢，不论是否含有其他元素。

（六）其他合金钢

不符合以上不锈钢定义的钢，含有一种或几种按重量计符合下列含量比例的元素：

铝0.3%及以上；
硼0.0008%及以上；
铬0.3%及以上；
钴0.3%及以上；
铜0.4%及以上；
铅0.4%及以上；
锰1.65%及以上；
钼0.08%及以上；
镍0.3%及以上；
铌0.06%及以上；
硅0.6%及以上；
钛0.05%及以上；
钨0.3%及以上；
钒0.1%及以上；
锆0.05%及以上；
其他元素（硫、磷、碳及氮除外）单项含量在0.1%及以上。

（七）供再熔的碎料钢铁锭

粗铸成形无缩孔或冒口的锭块产品，表面有明显瑕疵，化学成分不同于生铁、镜铁及铁合金。

（八）颗粒

按重量计不到90%可从网眼孔径为1毫米的筛子通过，而90%及以上可从网眼孔径为5毫米的筛子通过的产品。

（九）半制成品

连续铸造的实心产品，不论是否初步热轧；其他实心产品，除经初步热轧或锻造粗制成形以外未经进一步加工，包括角材、型材及异型材的坯件。

本类产品不包括成卷的产品。

（十）平板轧材

截面为矩形（正方形除外）并且不符合以上第（九）款所述定义的下列形状实心轧制产品：

1. 层叠的卷材；或
2. 平直形状，其厚度如果在4.75毫米以下，则宽度至少是厚度的十倍；其厚度如果在4.75毫米及以上，其宽度应超过150毫米，并且至少应为厚度的两倍。

平板轧材包括直接轧制而成并有凸起式样（例如，凹槽、肋条形、格槽、珠粒、菱形）的产

carbon and 10.5% or more of chromium, with or without other elements.

(f) Other alloy steel

Steels not complying with the definition of stainless steel and containing by weight one or more of the following elements in the proportion shown:

0.3% or more of aluminium;
0.0008% or more of boron;
0.3% or more of chromium;
0.3% or more of cobalt;
0.4% or more of copper;
0.4% or more of lead;
1.65% or more of manganese;
0.08% or more of molybdenum;
0.3% or more of nickel;
0.06% or more of niobium;
0.6% or more of silicon;
0.05% or more of titanium;
0.3% or more of tungsten (wolfram);
0.1% or more of vanadium;
0.05% or more of zirconium;
0.1% or more of other elements (except sulphur, phosphorus, carbon and nitrogen) taken separately.

(g) Remelting scrap ingots of iron or steel

Products roughly cast in the form of ingots without feeder-heads or hot tops, or of pigs, having obvious surface faults and not complying with the chemical composition of pig iron, spiegeleisen or ferro-alloys.

(h) Granules

Products of which less than 90% by weight passes through a sieve with a mesh aperture of 1mm and of which 90% or more by weight passes through a sieve with a mesh aperture of 5mm.

(ij) Semi-finished products

Continuous cast products of solid section, whether or not subjected to primary hot-rolling; and other products of solid section, which have not been further worked than subjected to primary hot-rolling or roughly shaped by forging, including blanks for angles, shapes or sections.

These products are not presented in coils.

(k) Flat-rolled products

Rolled products of solid rectangular (other than square) cross-section, which do not conform to the definition at (ij) above in the form of:

(i) Coils of successively superimposed layers, or
(ii) Straight lengths, which if of a thickness less than 4.75mm are of a width measuring at least ten times the thickness or if of a thickness of 4.75mm or more are of a width which exceeds 150mm and measures at least twice the thickness.

Flat-rolled products include those with patterns in relief derived directly from rolling (for example,

品以及穿孔、抛光或制成瓦楞形的产品，但不具有其他税号所列制品或产品的特征。

grooves, ribs, chequers, tears, buttons, lozenges) and those which have been perforated, corrugated or polished, provided that they do not thereby assume the character of articles or products of other headings.

各种规格的平板轧材（矩形或正方形除外），但不具有其他税号所列制品或产品的特征，都应作为宽度为600毫米及以上的产品归类。

Flat-rolled products of a shape other than rectangular or square, of any size, are to be classified as products of a width of 600mm or more, provided that they do not assume the character of articles or products of other headings.

（十一）不规则盘绕的热轧条、杆

经热轧不规则盘绕的实心产品，其截面为圆形、扇形、椭圆形、矩形（包括正方形）、三角形或其他外凸多边形（包括“扁圆形”及“变形矩形”，即相对两边为弧拱形，另外两边为等长平行直线形）。这类产品可带有在轧制过程中产生的凹痕、凸缘、槽沟或其他变形（钢筋）。

(l) Bars and rods, hot-rolled, in irregularly wound coils

Hot-rolled products in irregularly wound coils, which have a solid cross-section in the shape of circles, segments of circles, ovals, rectangles (including squares), triangles or other convex polygons (including "flattened circles" and "modified rectangles", of which two opposite sides are convex arcs, the other two sides being straight, of equal length and parallel). These products may have indentations, ribs, grooves or other deformations produced during the rolling process (reinforcing bars and rods).

（十二）其他条、杆

不符合上述（九）、（十）、（十一）款或“丝”定义的实心产品，其全长截面均为圆形、扇形、椭圆形、矩形（包括正方形）、三角形或其他外凸多边形（包括“扁圆形”及“变形矩形”，即相对两边为弧拱形，另外两边为等长平行直线形）。这些产品可以：

1. 带有在轧制过程中产生的凹痕、凸缘、槽沟或其他变形（钢筋）；

2. 轧制后扭曲的。

(m) Other bars and rods

Products which do not conform to any of the definitions at (ij), (k) or (l) above or to the definition of wire, which have a uniform solid cross-section along their whole length in the shape of circles, segments of circles, ovals, rectangles (including squares), triangles or other convex polygons (including "flattened circles" and "modified rectangles", of which two opposite sides are convex arcs, the other two sides being straight, of equal length and parallel). These products may:

(i) Have indentations, ribs, grooves or other deformations produced during the rolling process (reinforcing bars and rods);

(ii) Be twisted after rolling.

（十三）角材、型材及异型材

不符合上述（九）、（十）、（十一）、（十二）款或“丝”定义，但其全长截面均为同样形状的实心产品。

第七十二章不包括税目73.01或73.02的产品。

(n) Angles, shapes and sections

Products having a uniform solid cross-section along their whole length which do not conform to any of the definitions at (ij), (k), (l) or (m) above or to the definition of wire.

Chapter 72 does not include products of heading 73.01 or 73.02.

（十四）丝

不符合平板轧材定义但全长截面均为同样形状的盘卷冷成形实心产品。

(o) Wire

Cold-formed products in coils, of any uniform solid cross-section along their whole length, which do not conform to the definition of flat-rolled products.

（十五）空心钻钢

适合钻探用的各种截面的空心条、杆，其最大外形尺寸超过15毫米但不超过52毫米，最大内孔尺寸不超过最大外形尺寸的二分之一。不符合本定义的钢铁空心条、杆应归入税目73.04。

(p) Hollow drill bars and rods

Hollow bars and rods of any cross-section, suitable for drills, of which the greatest external dimension of the cross-section exceeds 15mm but does not exceed 52mm, and of which the greatest internal dimension does not exceed one half of the greatest external dimension. Hollow bars and rods of iron or steel not conforming to this definition are to be classified in heading 73.04.

二、用一种黑色金属包覆不同种类的黑色金属，应按其中重量最大的材料归类。

2. Ferrous metals clad with another ferrous metal are to be classified as products of the ferrous metal predominating by weight.

三、用电解沉积法、压铸法或烧结法所得的钢铁产品，应按其形状、成分及外观归入本章类似热轧产品的相应税号。

3. Iron or steel products obtained by electrolytic deposition, by pressure casting or by sintering are to be classified, according to their form, their composition and their appearance, in the headings of this Chapter appropriate to similar hot-rolled products.

子目注释：

一、本章所用有关名词解释如下：

（一）合金生铁

按重量计含有一种或几种下列比例的元素的生铁：

铬 0.2%以上；

铜 0.3%以上；

镍 0.3%以上；

0.1%以上的任何下列元素：铝、钼、钛、钨、钒。

（二）非合金易切削钢

按重量计含有一种或几种下列比例的元素的非合金钢：

硫 0.08%及以上；

铅 0.1%及以上；

硒 0.05%以上；

碲 0.01%以上；

铋 0.05%以上。

（三）硅电钢

按重量计含硅量至少为 0.6%但不超过 6%，含碳量不超过 0.08%的合金钢。这类钢还可含有按重量计不超过 1%的铝，但所含其他元素的比例并不使其具有其他合金钢的特性。

（四）高速钢

不论是否含有其他元素，但至少含有按重量计合计含量在 7%及以上的钼、钨、钒中两种元素的合金钢，按重量计其含碳量在 0.6%及以上，含铬量在 3%～6%。

（五）硅锰钢

按重量计同时含有下列元素的合金钢：

碳不超过 0.7%；

锰 0.5%及以上，但不超过 1.9%；以及

硅 0.6%及以上，但不超过 2.3%。但所含其他元素的比例并不使其具有其他合金钢的特性。

Subheading Notes:

1. In this Chapter the following expressions have the meanings hereby assigned to them:

(a) Alloy pig iron

Pig iron containing, by weight, one or more of the following elements in the specified proportions:

more than 0.2% of chromium;

more than 0.3% of copper;

more than 0.3% of nickel;

more than 0.1% of any of the following elements: aluminium, molybdenum, titanium, tungsten (wolfram), vanadium.

(b) Non-alloy free-cutting steel

Non-alloy steel containing, by weight, one or more of the following elements in the specified proportions:

0.08% or more of sulphur;

0.1% or more of lead;

more than 0.05% of selenium;

more than 0.01% of tellurium;

more than 0.05% of bismuth.

(c) Silicon-electrical steel

Alloy steels containing by weight at least 0.6% but not more than 6% of silicon and not more than 0.08% of carbon. They may also contain by weight not more than 1% of aluminium but no other element in a proportion that would give the steel the characteristics of another alloy steel.

(d) High speed steel

Alloy steels containing, with or without other elements, at least two of the three elements molybdenum, tungsten and vanadium with a combined content by weight of 7% or more, 0.6% or more of carbon and 3% to 6% of chromium.

(e) Silico-manganese steel

Alloy steels containing by weight:

not more than 0.7% of carbon;

0.5% or more but not more than 1.9% of manganese; and

0.6% or more but not more than 2.3% of silicon, but no other element in a proportion that would give the steel the characteristics of another alloy steel.

二、税目72.02项下的子目所列铁合金，归类：

对于只有一种元素超出本章注释一（三）规定的最低百分比的铁合金，应作为二元合金归入相应的子目。以此类推，如果有两种或三种合金元素超出了最低百分比的，则可分别作为三元或四元合金。

在运用本规定时，本章注释一（三）所述的未列名的“其他元素”，按重量计单项含量必须超过10%。

2. For the classification of ferro-alloys in the subheadings of heading 72.02 the following rule should be observed:

A ferro-alloy is considered as binary and classified under the relevant subheading (if it exists) if only one of the alloy elements exceeds the minimum percentage laid down in Chapter Note 1 (c); by analogy, it is considered respectively as ternary or quaternary if two or three alloy elements exceed the minimum percentage.

For the application of this rule the unspecified "other elements" referred to in Chapter Note 1 (c) must each exceed 10% by weight.

税则号列 HS国际统一前6位	本国子目 7~8位	本国子目 9~10位	货品名称中英文 中文 货物名称	英文 Article Description	税费综合信息	计量单位	监管证件代码 进口	监管证件代码 出口	检验检疫类别 进口	检验检疫类别 出口	检验检疫编码	检验检疫编码对应中文名称
720110	00	10	高纯生铁（含锰量<0.08%，含磷量<0.03%，含硫量<0.02%，含钛量<0.03%）	High purity pig iron (containing by weight less than 0.08% of manganese, less than 0.03% of phosphorus, less than 0.02% of sulphur, less than 0.03% of titanium)	【最】1【普】8 【协东盟】0【协巴基斯坦】0【协智利】0 【协新西兰】0【协秘鲁】0【协哥斯达黎加】0 【协冰岛】0【协瑞士】0【协澳大利亚】0 【协韩国】0【协格鲁吉亚】0【协香港】0 【协澳门】0 【特-1】0【特-2】0【特-3】0 【增】16【出】20【暂出】10【退】0	千克					999	高纯生铁（含锰量<0.08%，含磷量<0.03%，含硫量<0.02%，含钛量<0.03%）
720110	00	90	非合金生铁，含磷量小于或等于0.5%（含锰量<0.08%，含磷量<0.03%，含硫量<0.02%，含钛量<0.03%的高纯生铁除外）	Non-alloy pig iron containing by weight 0.5% or less of phosphorus (other than high purity pig iron containing by weight less than 0.08% of manganese, less than 0.03% of phosphorus, less than 0.02% of sulphur, less than 0.03% of titanium)	【最】1【普】8 【协东盟】0【协巴基斯坦】0【协智利】0 【协新西兰】0【协秘鲁】0【协哥斯达黎加】0 【协冰岛】0【协瑞士】0【协澳大利亚】0 【协韩国】0【协格鲁吉亚】0【协香港】0 【协澳门】0 【特-1】0【特-2】0【特-3】0 【增】16【出】20【退】0	千克					999	非合金生铁，含磷量小于或等于0.5%（含锰量<0.08%，含磷量<0.03%，含硫量<0.02%，含钛量<0.03%的高纯生铁除外）
720120	00		非合金生铁，按重量计含磷量在0.5%以上	Non-alloy pig iron containing by weight more than 0.5% of phosphorus	【最】1【普】8 【协东盟】0【协巴基斯坦】0【协智利】0 【协新西兰】0【协秘鲁】0【协哥斯达黎加】0 【协冰岛】0【协瑞士】0【协澳大利亚】0 【协韩国】0【协格鲁吉亚】0【协香港】0 【协澳门】0 【特-1】0【特-2】0【特-3】0 【增】16【出】20【退】0	千克					999	非合金生铁，按重量计含磷量在0.5%以上
720150	00	10	合金生铁	Alloy pig iron	【最】1【普】8 【协东盟】0【协巴基斯坦】0【协智利】0 【协新西兰】0【协秘鲁】0【协哥斯达黎加】0 【协冰岛】0【协瑞士】0【协澳大利亚】0 【协韩国】0【协格鲁吉亚】0【协香港】0 【协澳门】0 【特-1】0【特-2】0【特-3】0 【增】16【对美加征】10【出】20【退】0	千克					999	合金生铁
720150	00	90	镜铁	Spiegeleisen	【最】1【普】8 【协东盟】0【协巴基斯坦】0【协智利】0 【协新西兰】0【协秘鲁】0【协哥斯达黎加】0 【协冰岛】0【协瑞士】0【协澳大利亚】0 【协韩国】0【协格鲁吉亚】0【协香港】0 【协澳门】0 【特-1】0【特-2】0【特-3】0 【增】16【对美加征】10【出】20【退】0	千克					999	镜铁
720211	00		锰铁，按重量计含碳量在2%以上	Ferro-manganese containing by weight more than 2% of carbon	【最】2【普】11 【协东盟】0【协巴基斯坦】0【协智利】0 【协新西兰】0【协秘鲁】0【协哥斯达黎加】0 【协冰岛】0【协瑞士】0【协澳大利亚】0 【协韩国】0【协格鲁吉亚】0【协香港】0 【协澳门】0 【特-1】0【特-2】0【特-3】0 【增】16【出】20【退】0	千克		4xy			999	锰铁，按重量计含碳量在2%以上

税则号列			货品名称中英文		税费综合信息	计量单位	监管证件代码		检验检疫类别		检验检疫编码	检验检疫编码对应中文名称
HS国际统一前6位	本国子目 7~8位	本国子目 9~10位	中文 货物名称	英文 Article Description			进口	出口	进口	出口		
720219	00		锰铁，按重量计含碳量不超过2%	Ferro-manganese containing by weight not more than 2% of carbon	【最】2【普】11 【协东盟】0【协巴基斯坦】0【协智利】0 【协新西兰】0【协秘鲁】0【协哥斯达黎加】0 【协冰岛】0【协瑞士】0【协澳大利亚】0 【协韩国】0【协格鲁吉亚】0【协香港】0 【协澳门】0 【特-1】0【特-2】0【特-3】0 【增】16【对美加征】10【出】20【退】0	千克		4xy			999	锰铁，按重量计含碳量不超过2%
720221	00	10	硅铁，含硅量大于55%，小于90%	Ferro-silicon containing by weight more than 55% but less than 90% of silicon	【最】2【普】11 【协东盟】0【协巴基斯坦】0【协智利】0 【协新西兰】0【协秘鲁】0【协哥斯达黎加】0 【协冰岛】0【协瑞士】0【协澳大利亚】0 【协韩国】0【协格鲁吉亚】0【协香港】0 【协澳门】0 【特-1】0【特-2】0【特-3】0 【增】16【对美加征】10【出】25【暂出】20 【退】0	千克		4xy			999	硅铁，含硅量大于55%，小于90%
720221	00	90	硅铁，含硅量大于90%	Ferro-silicon containing by weight more than 90% of silicon	【最】2【普】11 【协东盟】0【协巴基斯坦】0【协智利】0 【协新西兰】0【协秘鲁】0【协哥斯达黎加】0 【协冰岛】0【协瑞士】0【协澳大利亚】0 【协韩国】0【协格鲁吉亚】0【协香港】0 【协澳门】0 【特-1】0【特-2】0【特-3】0 【增】16【对美加征】10【出】25【暂出】20 【退】0	千克		4xy			999	硅铁，含硅量大于90%
720229	00	10	硅铁，含硅量大于等于30%且不超过55%	Ferro-silicon containing by weight 30% or more but not more than 55% of silicon	【最】2【普】11 【协东盟】0【协巴基斯坦】0【协智利】0 【协新西兰】0【协秘鲁】0【协哥斯达黎加】0 【协冰岛】0【协瑞士】0【协澳大利亚】0 【协韩国】0【协格鲁吉亚】0【协香港】0 【协澳门】0 【特-1】0【特-2】0【特-3】0 【增】16【对美加征】10【出】25【暂出】20 【退】0	千克		4xy			999	硅铁，含硅量大于等于30%且不超过55%
720229	00	90	硅铁，含硅量小于30%	Ferro-silicon containing by weight less than 55% of silicon	【最】2【普】11 【协东盟】0【协巴基斯坦】0【协智利】0 【协新西兰】0【协秘鲁】0【协哥斯达黎加】0 【协冰岛】0【协瑞士】0【协澳大利亚】0 【协韩国】0【协格鲁吉亚】0【协香港】0 【协澳门】0 【特-1】0【特-2】0【特-3】0 【增】16【对美加征】10【出】25【暂出】20 【退】0	千克		4xy			999	硅铁，含硅量小于30%
720230	00		硅锰铁	Ferro-silicon-manganese	【最】2【普】11 【协东盟】0【协巴基斯坦】0【协智利】0 【协新西兰】0【协秘鲁】0【协哥斯达黎加】0 【协冰岛】0【协瑞士】0【协澳大利亚】0 【协韩国】0【协格鲁吉亚】0【协香港】0 【协澳门】0 【特-1】0【特-2】0【特-3】0 【增】16【出】20【退】0	千克		4xy			999	硅锰铁
720241	00		铬铁，按重量计含碳量在4%以上	Ferro-chromium containing by weight more than 4% of carbon	【最】2【普】8【暂进】0 【协东盟】0【协巴基斯坦】0【协智利】0 【协新西兰】0【协秘鲁】0【协哥斯达黎加】0 【协冰岛】0【协瑞士】0【协澳大利亚】0 【协韩国】0【协格鲁吉亚】0【协香港】0 【协澳门】0 【特-1】0【特-2】0【特-3】0 【增】16【出】40【暂出】15【退】0	千克		4xy			999	铬铁，按重量计含碳量在4%以上

税则号列			货品名称中英文		税费综合信息	计量单位	监管证件代码		检验检疫类别		检验检疫编码	检验检疫编码对应中文名称
HS 国际统一前6位	本国子目 7~8位	本国子目 9~10位	中文 货物名称	英文 Article Description			进口	出口	进口	出口		
720249	00		铬铁，按重量计含碳量不超过4%	Ferro-chromium containing by weight not more than 4% of carbon	【最】2【普】8【暂进】1 【协东盟】0【协巴基斯坦】0【协智利】0 【协新西兰】0【协秘鲁】0【协哥斯达黎加】0 【协冰岛】0【协瑞士】0【协澳大利亚】0 【协韩国】0【协格鲁吉亚】0【协香港】0 【协澳门】0 【特-1】0【特-2】0【特-3】0 【增】16【对美加征】10【出】40【暂出】15 【退】0	千克		4xy			999	铬铁，按重量计含碳量不超过4%
720250	00		硅铬铁	Ferro-silicon-chromium	【最】2【普】11 【协东盟】0【协巴基斯坦】0【协智利】0 【协新西兰】0【协秘鲁】0【协哥斯达黎加】0 【协冰岛】0【协瑞士】0【协澳大利亚】0 【协韩国】0【协格鲁吉亚】0【协香港】0 【协澳门】0 【特-1】0【特-2】0【特-3】0 【增】16【出】0【退】0	千克		4xy			999	硅铬铁
720260	00		镍铁	Ferro-nickel	【最】2【普】11【暂进】0 【协东盟】0【协巴基斯坦】0【协智利】0 【协新西兰】0【协秘鲁】0【协哥斯达黎加】0 【协冰岛】0【协瑞士】0【协澳大利亚】0 【协韩国】0【协格鲁吉亚】0【协香港】0 【协澳门】0 【特-1】0【特-2】0【特-3】0 【增】16【对美加征】10【出】0【退】0	千克		4xy			999	镍铁
720270	00		钼铁	Ferro-molybdenum	【最】2【普】11【暂进】1 【协东盟】0【协巴基斯坦】0【协智利】0 【协新西兰】0【协秘鲁】0【协哥斯达黎加】0 【协冰岛】0【协瑞士】0【协澳大利亚】0 【协韩国】0【协格鲁吉亚】0【协香港】0 【协澳门】0 【特-1】0【特-2】0【特-3】0 【增】16【出】0【退】0	千克		4xy			999	钼铁
720280	10		钨铁	Ferro-tungsten	【最】2【普】11【暂进】1 【协东盟】0【协巴基斯坦】0【协智利】0 【协新西兰】0【协秘鲁】0【协哥斯达黎加】0 【协冰岛】0【协瑞士】0【协澳大利亚】0 【协韩国】0【协格鲁吉亚】0【协香港】0 【协澳门】0 【特-1】0【特-2】0【特-3】0 【增】16【出】0【退】0	千克		4xy			999	钨铁
720280	20		硅钨铁	Ferro-silicon-tungsten	【最】2【普】11 【协东盟】0【协巴基斯坦】0【协智利】0 【协新西兰】0【协秘鲁】0【协哥斯达黎加】0 【协冰岛】0【协瑞士】0【协澳大利亚】0 【协韩国】0【协格鲁吉亚】0【协香港】0 【协澳门】0 【特-1】0【特-2】0【特-3】0 【增】16【出】0【退】0	千克		4xy			999	硅钨铁
720291	00		钛铁及硅钛铁	Ferro-titanium and ferro-silicon-titanium	【最】2【普】11 【协东盟】0【协巴基斯坦】0【协智利】0 【协新西兰】0【协秘鲁】0【协哥斯达黎加】0 【协冰岛】0【协瑞士】0【协澳大利亚】0 【协韩国】0【协格鲁吉亚】0【协香港】0 【协澳门】0 【特-1】0【特-2】0【特-3】0 【增】16【对美加征】10【出】0 【退】0	千克		4xy			101 102	钛铁及硅钛铁（硅钛铁） 钛铁及硅钛铁（钛铁）
720292	10		按重量含钒在75%及以上钒铁	Ferro-vanadium containing by weight 75% more than of ranadium	【最】5【普】30 【协东盟】0【协巴基斯坦】5【协智利】0 【协新西兰】0【协秘鲁】0【协哥斯达黎加】0 【协冰岛】0【协瑞士】0【协澳大利亚】0 【协韩国】0【协格鲁吉亚】0【协香港】0 【协澳门】0 【特-1】0【特-2】0【特-3】0 【增】16【对美加征】10【出】0【退】0	千克		4xy			999	按重量含钒在75%及以上钒铁

税则号列			货品名称中英文		税费综合信息	计量单位	监管证件代码		检验检疫类别		检验检疫编码	检验检疫编码对应中文名称
HS 国际统一前6位	本国子目 7~8位	本国子目 9~10位	中文 货物名称	英文 Article Description			进口	出口	进口	出口		
720292	90		其他钒铁	Other ferro-vanadium	【最】5【普】30 【协东盟】0【协巴基斯坦】5【协智利】0 【协新西兰】0【协秘鲁】0【协哥斯达黎加】0 【协冰岛】0【协瑞士】0【协澳大利亚】0 【协韩国】0【协格鲁吉亚】0【协香港】0 【协澳门】0 【特-1】0【特-2】0【特-3】0 【增】16【出】0【退】0	千克		4xy			999	其他钒铁
720293	00	10	铁钽铌合金	Ferro-tantalum-niobium alloy, containing by weight less than 10% of tantalum	【最】2【普】11【暂进】1 【协东盟】0【协巴基斯坦】0【协智利】0 【协新西兰】0【协秘鲁】0【协哥斯达黎加】0 【协冰岛】0【协瑞士】0【协澳大利亚】0 【协韩国】0【协格鲁吉亚】0【协香港】0 【协澳门】0 【特-1】0【特-2】0【特-3】0 【增】16【出】0【退】0	千克		4xy			999	铁钽铌合金（钽含量<10%）
720293	00	90	其他铌铁	Other ferro-niobium	【最】2【普】11【暂进】1 【协东盟】0【协巴基斯坦】0【协智利】0 【协新西兰】0【协秘鲁】0【协哥斯达黎加】0 【协冰岛】0【协瑞士】0【协澳大利亚】0 【协韩国】0【协格鲁吉亚】0【协香港】0 【协澳门】0 【特-1】0【特-2】0【特-3】0 【增】16【出】0【退】0	千克		4xy			101 102	其他铌铁（铌铁） 其他铌铁（其他铁合金）
720299	11		钕铁硼合金速凝永磁片	Nd-Fe-B alloys rapidly solidified permanent magnetic sheet	【最】2【普】11 【协东盟】0【协巴基斯坦】0【协智利】0 【协新西兰】0【协秘鲁】0【协哥斯达黎加】0 【协冰岛】0【协瑞士】0【协澳大利亚】0 【协韩国】0【协格鲁吉亚】0【协香港】0 【协澳门】0 【特-1】0【特-2】0【特-3】0 【增】16【对美加征】5【出】0【退】0	千克		4xy			999	钕铁硼合金速凝永磁片
720299	12		钕铁硼合金磁粉	Nd-Fe-B alloys magnetic powder	【最】2【普】11 【协东盟】0【协巴基斯坦】0【协智利】0 【协新西兰】0【协秘鲁】0【协哥斯达黎加】0 【协冰岛】0【协瑞士】0【协澳大利亚】0 【协韩国】0【协格鲁吉亚】0【协香港】0 【协澳门】0 【特-1】0【特-2】0【特-3】0 【增】16【对美加征】10【出】0【退】0	千克		4xy			999	钕铁硼合金磁粉
720299	19		其他钕铁硼合金	Other Nd-Fe-B alloys	【最】2【普】11 【协东盟】0【协巴基斯坦】0【协智利】0 【协新西兰】0【协秘鲁】0【协哥斯达黎加】0 【协冰岛】0【协瑞士】0【协澳大利亚】0 【协韩国】0【协格鲁吉亚】0【协香港】0 【协澳门】0 【特-1】0【特-2】0【特-3】0 【增】16【出】0【退】0	千克		4xy			999	其他钕铁硼合金
720299	91	10	按重量计中重稀土总含量≥30%的铁合金	Ferro-alloys, containing by weight more than 30% of heavy rare earth elements	【最】2【普】11 【协东盟】0【协巴基斯坦】0【协智利】0 【协新西兰】0【协秘鲁】0【协哥斯达黎加】0 【协冰岛】0【协瑞士】0【协澳大利亚】0 【协韩国】0【协格鲁吉亚】0【协香港】0 【协澳门】0 【特-1】0【特-2】0【特-3】0 【增】16【出】0【退】0	千克		4xy			104	按重量计中重稀土总含量≥30%的铁合金（按重量计稀土元素总含量在10%以上）（稀土金属）
720299	91	91	稀土硅铁合金（按重量计稀土元素总含量在10%以上）	Tombarthite ferrosilicon alloy, containing by weight more than 10% of rare earth elements	【最】2【普】11 【协东盟】0【协巴基斯坦】0【协智利】0 【协新西兰】0【协秘鲁】0【协哥斯达黎加】0 【协冰岛】0【协瑞士】0【协澳大利亚】0 【协韩国】0【协格鲁吉亚】0【协香港】0 【协澳门】0 【特-1】0【特-2】0【特-3】0 【增】16【出】0【退】0	千克		4xy			104	稀土硅铁合金（按重量计稀土元素总含量在10%以上）（稀土金属）

税则号列			货品名称中英文		税费综合信息	计量单位	监管证件代码		检验检疫类别		检验检疫编码	检验检疫编码对应中文名称
HS国际统一前6位	本国子目 7~8位	9~10位	中文 货物名称	英文 Article Description			进口	出口	进口	出口		
720299	91	99	其他按重量计稀土元素总含量在10%以上的铁合金	Other ferro-alloys, containing by weight more than 10% of rare earth elements	【最】2【普】11 【协东盟】0【协巴基斯坦】0【协智利】0 【协新西兰】0【协秘鲁】0【协哥斯达黎加】0 【协冰岛】0【协瑞士】0【协澳大利亚】0 【协韩国】0【协格鲁吉亚】0【协香港】0 【协澳门】0 【特-1】0【特-2】0【特-3】0 【增】16【出】0【退】0	千克		4xy			104	其他按重量计稀土元素总含量在10%以上的铁合金（稀土金属）
720299	99		其他铁合金	Other ferro-alloys	【最】2【普】11 【协东盟】0【协巴基斯坦】0【协智利】0 【协新西兰】0【协秘鲁】0【协哥斯达黎加】0 【协冰岛】0【协瑞士】0【协澳大利亚】0 【协韩国】0【协格鲁吉亚】0【协香港】0 【协澳门】0 【特-1】0【特-2】0【特-3】0 【增】16【对美加征】5【出】0【退】0	千克		4xy			104	其他铁合金（铝铁熔剂）
720310	00	10	热压铁块	Hot iron	【最】2【普】8【暂进】0 【协东盟】0【协巴基斯坦】0【协智利】0 【协新西兰】0【协秘鲁】0【协哥斯达黎加】0 【协冰岛】0【协瑞士】0【协澳大利亚】0 【协韩国】0【协格鲁吉亚】0【协香港】0 【协澳门】0 【特-1】0【特-2】0 【增】16【对美加征】10【出】0 【退】0	千克					999	热压铁块
720310	00	90	直接从铁矿还原的铁产品（铁团、铁粒及类似形状）	Ferrous products obtained by direct reduction of iron ore (in lumps, pellets or similar forms)	【最】2【普】8 【协东盟】0【协巴基斯坦】0【协智利】0 【协新西兰】0【协秘鲁】0【协哥斯达黎加】0 【协冰岛】0【协瑞士】0【协澳大利亚】0 【协韩国】0【协格鲁吉亚】0【协香港】0 【协澳门】0 【特-1】0【特-2】0 【增】16【对美加征】10【出】0 【退】0	千克					999	直接从铁矿还原的铁产品（铁团、铁粒及类似形状）
720390	00		其他海绵铁产品或纯度在99.94%及以上的铁（包括块、团、团粒及类似形状）	Other spongy ferrous products or iron having a minimum purity by weight of 99.94%, in lumps, pellets or similar forms	【最】2【普】8 【协东盟】0【协巴基斯坦】0【协智利】0 【协新西兰】0【协秘鲁】0【协哥斯达黎加】0 【协冰岛】0【协瑞士】0【协澳大利亚】0 【协韩国】0【协格鲁吉亚】0【协香港】0 【协澳门】0 【特-1】0【特-2】0 【增】16【对美加征】10【出】0 【退】0	千克					999	其他海绵铁产品或纯度在99.94%及以上的铁（包括块、团、团粒及类似形状）
720410	00		铸铁废碎料	Waste and scrap of cast iron	【最】2【普】8【暂进】0 【协东盟】0【协巴基斯坦】0【协智利】0 【协新西兰】0【协秘鲁】0【协哥斯达黎加】0 【协冰岛】0【协瑞士】0【协澳大利亚】0 【协韩国】0【协格鲁吉亚】0【协香港】0 【协澳门】0 【特-1】0【特-2】0【特-3】0 【增】16【对美加征】25【出】40【退】0	千克	A		M		999	铸铁废碎料
720421	00		不锈钢废碎料	Waste and scrap of stainless steel	【最】0【普】8【特-1】0【特-2】0【特-3】0 【增】16【对美加征】25【出】40【退】0	千克	AP		M		999	不锈钢废碎料
720429	00		其他合金钢废碎料	Other waste and scrap of alloy steel	【最】0【普】8【特-1】0【特-2】0【特-3】0 【增】16【对美加征】25【出】40【退】0	千克	A		M		999	其他合金钢废碎料
720430	00		镀锡钢铁废碎料	Waste and scrap of canned iron or steel	【最】2【普】8【暂进】0 【协东盟】0【协巴基斯坦】0【协智利】0 【协新西兰】0【协秘鲁】0【协哥斯达黎加】0 【协冰岛】0【协瑞士】0【协澳大利亚】0 【协韩国】0【协格鲁吉亚】0【协香港】0 【协澳门】0 【特-1】0【特-2】0【特-3】0 【增】16【对美加征】25【出】40【退】0	千克	A		M		999	镀锡钢铁废碎料

税则号列			货品名称中英文		税费综合信息	计量单位	监管证件代码		检验检疫类别		检验检疫编码	检验检疫编码对应中文名称
HS国际统一前6位	本国子目 7~8位	9~10位	中文 货物名称	英文 Article Description			进口	出口	进口	出口		
720441	00		机械加工中产生的钢铁废料	Turnings, shavings, chips, milling waste, sawdust, filings, trimmings and stampings, whether or not in bundles	【最】2【普】8【暂进】0 【协东盟】0【协巴基斯坦】0【协智利】0 【协新西兰】0【协秘鲁】0【协哥斯达黎加】0 【协冰岛】0【协瑞士】0【协澳大利亚】0 【协韩国】1.2【协格鲁吉亚】0【协香港】0 【协澳门】0 【特-1】0【特-2】0【特-3】0 【增】16【对美加征】25【出】40【退】0	千克	A		M		999	机械加工中产生的钢铁废料（机械加工指车、刨、铣、磨、锯、锉、剪、冲加工）
720449	00	10	废汽车压件	Compressed auto body	【最】0【普】8【特-1】0【特-2】0【特-3】0 【增】16【对美加征】25【出】40【退】0	千克	AP		M		999	废汽车压件
720449	00	20	以回收钢铁为主的废五金电器	Waste hardware and electric appliance mainly for recycling steel and iron	【最】0【普】8【特-1】0【特-2】0【特-3】0 【增】16【对美加征】25【出】40【退】0	千克	AP		M		999	以回收钢铁为主的废五金电器
720449	00	90	未列名钢铁废碎料	Ferrous waste and scrap, not elsewhere specified or included	【最】0【普】8【特-1】0【特-2】0【特-3】0 【增】16【对美加征】25【出】40【退】0	千克	A		M		999	未列名钢铁废碎料
720450	00		供再熔的碎料钢铁锭	Remelting scrap ingots of iron steel	【最】0【普】8【特-1】0【特-2】0【特-3】0 【增】16【对美加征】25【出】40【退】0	千克	A		M		999	供再熔的碎料钢铁锭
720510	00		生铁、镜铁及钢铁颗粒	Granules	【最】2【普】30 【协东盟】0【协巴基斯坦】0【协智利】0 【协新西兰】0【协秘鲁】0【协哥斯达黎加】0 【协冰岛】0【协瑞士】0【协澳大利亚】0 【协韩国】0【协格鲁吉亚】0【协香港】0 【协澳门】0 【特-1】0【特-2】0【特-3】0 【增】16【对美加征】10【出】0【退】0	千克					101 102 103	生铁、镜铁及钢铁颗粒（非合金生铁） 生铁、镜铁及钢铁颗粒（合金生铁） 生铁、镜铁及钢铁颗粒（其他铁合金）
720521	00		合金钢粉末	Powders of alloy steel	【最】2【普】17 【协东盟】0【协香港】0【协巴基斯坦】0 【协智利】0【协新西兰】0【协秘鲁】0 【协哥斯达黎加】0【协冰岛】0【协瑞士】0 【协澳大利亚】0【协韩国】0【协格鲁吉亚】0 【特-1】0【特-2】0【特-3】0 【增】16【对美加征】5【出】0【退】10	千克					999	合金钢粉末
720529	00		生铁、镜铁及其他钢铁粉末	Other	【最】2【普】17 【协东盟】0【协巴基斯坦】0【协智利】0 【协新西兰】0【协秘鲁】0【协哥斯达黎加】0 【协冰岛】0【协瑞士】0【协澳大利亚】0 【协韩国】1.2【协格鲁吉亚】0【协香港】0 【协澳门】0 【特-1】0【特-2】0【特-3】0 【增】16【对美加征】10【出】0【退】0	千克					999	生铁、镜铁及其他钢铁粉末（平均粒径<10μm的超细铁粉）
720610	00		铁及非合金钢锭	Iron and non-alloy steel in ingots	【最】2【普】11 【协东盟】0【协巴基斯坦】0【协智利】0 【协新西兰】0【协秘鲁】0【协哥斯达黎加】0 【协冰岛】0【协瑞士】0【协澳大利亚】0 【协韩国】0【协格鲁吉亚】0【协香港】0 【协澳门】0 【特-1】0【特-2】0 【增】16【对美加征】10【出】0 【退】0	千克					999	铁及非合金钢锭
720690	00		其他初级形状的铁及非合金钢	Other primary forms Iron and non-alloy steel	【最】2【普】11 【协东盟】0【协巴基斯坦】0【协智利】0 【协新西兰】0【协秘鲁】0【协哥斯达黎加】0 【协冰岛】0【协瑞士】0【协澳大利亚】0 【协韩国】0【协格鲁吉亚】0【协香港】0 【协澳门】0 【特-1】0【特-2】0 【增】16【对美加征】5【出】0 【退】0	千克					101 102	其他初级形状的铁及非合金钢（板坯） 其他初级形状的铁及非合金钢［其他钢坯（锭）］

税则号列 HS国际统一前6位	本国子目 7~8位	9~10位	货品名称中英文 中文 货物名称	英文 Article Description	税费综合信息	计量单位	监管证件代码 进口	监管证件代码 出口	检验检疫类别 进口	检验检疫类别 出口	检验检疫编码	检验检疫编码对应中文名称
720711	00		宽度小于厚度两倍的矩形截面钢坯（含碳量小于0.25%）	Semi-finished products of iron or non-alloy steel, of rectangular(including square) cross-section, the width measuring less than twice the thickness (containing by weight less than 0.25% of carbon)	【最】2【普】11 【协东盟】0【协巴基斯坦】0【协智利】0 【协新西兰】0【协秘鲁】0【协哥斯达黎加】0 【协冰岛】0【协瑞士】0【协澳大利亚】0 【协韩国】0【协格鲁吉亚】0【协香港】0 【协澳门】0 【特-1】0【特-2】0 【增】16【对美加征】10【出】0 【退】0	千克					999	宽度小于厚度两倍的矩形截面钢坯（含碳量小于0.25%）
720712	00	10	其他矩形截面的厚度大于400mm的连铸板坯［含碳量小于0.25%（正方形截面除外）］	Other continuous casting slab of other rectangular section with a thickness greater than 400mm (with a cabon content less than 0.25% (except for square cross section))	【最】2【普】11 【协东盟】0【协巴基斯坦】0【协智利】0 【协新西兰】0【协秘鲁】0【协哥斯达黎加】0 【协冰岛】0【协瑞士】0【协澳大利亚】0 【协韩国】0【协格鲁吉亚】0【协香港】0 【协澳门】0 【特-1】0【特-2】0 【增】16【出】0【退】0	千克					999	其他矩形截面的厚度大于400mm的连铸板坯［含碳量小于0.25%（正方形截面除外）］
720712	00	90	其他矩形截面钢坯［含碳量小于0.25%（正方形截面除外）］	Other rectangular section steel billets (with a cabon content less than 0.25% (except for square section))	【最】2【普】11 【协东盟】0【协巴基斯坦】0【协智利】0 【协新西兰】0【协秘鲁】0【协哥斯达黎加】0 【协冰岛】0【协瑞士】0【协澳大利亚】0 【协韩国】0【协格鲁吉亚】0【协香港】0 【协澳门】0 【特-1】0【特-2】0 【增】16【出】0【退】0	千克					999	其他矩形截面钢坯［含碳量小于0.25%（正方形截面除外）］
720719	00	10	其他含碳量小于0.25%的厚度大于400mm的连铸板坯	Other continuous casting slab with a thickness of less than 0.25% with a thickness greater than 400mm	【最】2【普】11 【协东盟】0【协巴基斯坦】0【协智利】0 【协新西兰】0【协秘鲁】0【协哥斯达黎加】0 【协冰岛】0【协瑞士】0【协澳大利亚】0 【协韩国】1.3【协格鲁吉亚】0【协香港】0 【协澳门】0 【特-1】0【特-2】0 【增】16【对美加征】10【出】0【退】0	千克					999	其他含碳量小于0.25%的厚度大于400mm的连铸板坯
720719	00	90	其他含碳量小于0.25%的钢坯	Other billets with less than 0.25% carbon content	【最】2【普】11 【协东盟】0【协巴基斯坦】0【协智利】0 【协新西兰】0【协秘鲁】0【协哥斯达黎加】0 【协冰岛】0【协瑞士】0【协澳大利亚】0 【协韩国】1.3【协格鲁吉亚】0【协香港】0 【协澳门】0 【特-1】0【特-2】0 【增】16【对美加征】10【出】0 【退】0	千克					999	其他含碳量小于0.25%的钢坯
720720	00	10	车轮用连铸圆坯（直径为380mm和450mm,公差±1.2%，含碳量：0.38%～0.85%，含锰量：0.68%～1.2%，含磷量≤0.012%，总氧化物含量≤0.0012%）	With the continuous casting round billet (wheel diameter is 380mm and 450mm, tolerance of +1.2%, the carbon content of manganese content: 0.38%-0.85%, 0.68%-1.2%, P = 0.012%, total oxide content is less than 0.0012%)	【最】2【普】11 【协东盟】0【协巴基斯坦】0【协智利】0 【协新西兰】0【协秘鲁】0【协哥斯达黎加】0 【协冰岛】0【协瑞士】0【协澳大利亚】0 【协韩国】0【协格鲁吉亚】0【协香港】0 【协澳门】0 【特-1】0【特-2】0 【增】16【出】0【退】0	千克					999	车轮用连铸圆坯（直径为380mm和450mm,公差±1.2%，含碳量：0.38%～0.85%，含锰量：0.68%～1.2%，含磷量≤0.012%，总氧化物含量≤0.0012%）
720720	00	90	其他含碳量不小于0.25%的钢坯	Other billets with a carbon content of less than 0.25%	【最】2【普】11 【协东盟】0【协巴基斯坦】0【协智利】0 【协新西兰】0【协秘鲁】0【协哥斯达黎加】0 【协冰岛】0【协瑞士】0【协澳大利亚】0 【协韩国】0【协格鲁吉亚】0【协香港】0 【协澳门】0 【特-1】0【特-2】0 【增】16【出】0【退】0	千克					999	其他含碳量不小于0.25%的钢坯

税则号列 HS国际统一前6位	本国子目 7~8位	本国子目 9~10位	货品名称中英文 中文 货物名称	货品名称中英文 英文 Article Description	税费综合信息	计量单位	监管证件代码 进口	监管证件代码 出口	检验检疫类别 进口	检验检疫类别 出口	检验检疫编码	检验检疫编码对应中文名称
720810	00		轧有花纹的热轧卷材（除热轧外未进一步加工的）	Flat-rolled products of iron or non-alloy steel, in coils, not further worked than hot-rolled, with patterns in relief	【最】5【普】14 【协东盟】0【协巴基斯坦】0【协智利】0 【协新西兰】0【协秘鲁】0【协哥斯达黎加】0 【协冰岛】0【协瑞士】0【协澳大利亚】0 【协韩国】2.5【协格鲁吉亚】0【协香港】0 【协澳门】0 【特-1】0【特-2】0【特-3】0 【增】16【对美加征】10【出】0【退】0	千克					999	轧有花纹的热轧卷材（除热轧外未进一步加工的）
720825	00		厚≥4.75mm其他经酸洗的热轧卷材（除热轧外未进一步加工，宽≥600mm，未包、镀、涂层）	Flat-rolled products of iron or non-alloy steel, in coils, not further worked than hot-rolled, of a thickness of 4.75mm or more, of a width of 600mm or more, not clad, plated or coated	【最】5【普】14 【协东盟】0【协巴基斯坦】0【协智利】0 【协新西兰】0【协秘鲁】0【协哥斯达黎加】0 【协冰岛】0【协瑞士】0【协澳大利亚】0 【协格鲁吉亚】0【协香港】0【协澳门】0 【特-1】0【特-2】0【特-3】0 【增】16【对美加征】10【出】0【退】0	千克					999	厚≥4.75mm其他经酸洗的热轧卷材（除热轧外未进一步加工，宽≥600mm，未包、镀、涂层）
720826	10		4.75mm>厚≥3mm其他大强度热轧卷材（经酸洗，宽≥600mm，屈服强度大于355牛顿/平方毫米）	Flat-rolled products of iron or non-alloy steel, in coils, of a thickness of 3mm or more but less than 4.75mm, of a width of 600mm or more, of a yield strength exceeding $355N/mm^2$ not clad	【最】5【普】14 【协东盟】0【协巴基斯坦】0【协智利】0 【协新西兰】0【协秘鲁】0【协哥斯达黎加】0 【协冰岛】0【协瑞士】0【协澳大利亚】0 【协格鲁吉亚】0【协香港】0【协澳门】0 【特-1】0【特-2】0【特-3】0 【增】16【出】0【退】0	千克	A		M		999	4.75mm>厚≥3mm其他大强度热轧卷材（经酸洗，宽≥600mm，屈服强度大于355牛顿/平方毫米）
720826	90		其他4.75mm>厚≥3mm热轧卷材（经酸洗，宽≥600mm，屈服强度小于等于355牛顿/平方毫米）	Flat-rolled products of iron or non-alloy steel, in coils, of a thickness of 3mm or more but less than 4.75mm, of a width of 600mm or more, of a yield strength less than $355N/mm^2$ not clad	【最】5【普】14 【协东盟】0【协巴基斯坦】0【协智利】0 【协新西兰】0【协秘鲁】0【协哥斯达黎加】0 【协冰岛】0【协瑞士】0【协澳大利亚】0 【协格鲁吉亚】0【协香港】0【协澳门】0 【特-1】0【特-2】0【特-3】0 【增】16【对美加征】10【出】0【退】0	千克	A		M		999	其他4.75mm>厚≥3mm热轧卷材（经酸洗，宽≥600mm，屈服强度小于等于355牛顿/平方毫米）
720827	10		厚度<1.5mm其他的热轧卷材（经酸洗，宽≥600mm，未包、镀、涂层）	In coils, of a thickness of less than 1.5mm, of a width of 600mm or more, not clad, plated or coated	【最】5【普】14 【协东盟】0【协巴基斯坦】0【协智利】0 【协新西兰】0【协秘鲁】0【协哥斯达黎加】0 【协冰岛】0【协瑞士】0【协澳大利亚】0 【协韩国】3.3【协格鲁吉亚】0【协香港】0 【协澳门】0 【特-1】0【特-2】0【特-3】0 【增】16【对美加征】10【出】0【退】0	千克					999	厚度<1.5mm其他的热轧卷材（经酸洗，宽≥600mm，未包、镀、涂层）
720827	90		1.5mm≤厚<3mm其他的热轧卷材（经酸洗，宽≥600mm，未包、镀、涂层）	Flat-rolled products of iron or non-alloy steel, in coils, of a thickness of 1.5mm and more but less than 3mm, of a width of 600mm or more, not clad, plated or coated	【最】5【普】14 【协东盟】0【协巴基斯坦】0【协智利】0 【协新西兰】0【协秘鲁】0【协台湾】0 【协哥斯达黎加】0【协冰岛】0【协瑞士】0 【协澳大利亚】0【协格鲁吉亚】0【协香港】0 【协澳门】0 【特-1】0【特-2】0【特-3】0 【增】16【对美加征】10【出】0【退】0	千克					999	1.5mm≤厚<3mm其他的热轧卷材（经酸洗，宽≥600mm，未包、镀、涂层）
720836	00		厚度>10mm的其他热轧卷材（除热轧外未进一步加工，宽≥600mm，未包、镀、涂层）	Flat-rolled products of iron or non-alloy steel, in coils, of a thickness of more than 10mm of a width of 600mm or more, not clad, plated or coated, of a thickness exceeding 10mm	【最】6【普】14 【协东盟】0【协巴基斯坦】5【协智利】0 【协新西兰】0【协秘鲁】0【协哥斯达黎加】0 【协冰岛】0【协瑞士】0【协澳大利亚】0 【协韩国】3【协格鲁吉亚】0【协香港】0 【协澳门】0 【特-1】0【特-2】0【特-3】0 【增】16【出】0【退】0	千克					999	厚度>10mm的其他热轧卷材（除热轧外未进一步加工，宽≥600mm，未包、镀、涂层）

税则号列			货品名称中英文		税费综合信息	计量单位	监管证件代码		检验检疫类别		检验检疫编码	检验检疫编码对应中文名称
HS国际统一前6位	本国子目 7~8位	本国子目 9~10位	中文 货物名称	英文 Article Description			进口	出口	进口	出口		
720837	00		10mm≥厚≥4.75mm的其他热轧卷材（除热轧外未进一步加工，宽≥600mm，未包、镀、涂层）	Flat-rolled products of iron or non-alloy steel, in coils, of a thickness of 4.75mm or more but not exceeding 10mm, of a width of 600mm or more, not clad, plated or coated	【最】5【普】14 【协东盟】0【协巴基斯坦】0【协智利】0 【协新西兰】0【协秘鲁】0【协哥斯达黎加】0 【协冰岛】0【协瑞士】0【协澳大利亚】0 【协韩国】2.5【协格鲁吉亚】0【协香港】0 【协澳门】0 【特-1】0【特-2】0【特-3】0 【增】16【出】0【退】0	千克					999	10mm≥厚≥4.75mm的其他热轧卷材（除热轧外未进一步加工，宽≥600mm，未包、镀、涂层）
720838	10		4.75mm>厚度≥3mm的大强度卷材（宽≥600mm，屈服强度大于355牛顿/平方毫米）	Flat-rolled products of iron or non-alloy steel, in coils, of a thickness of 3mm or more but not exceeding 4.75mm, of a width of 600mm or more, not clad, plated or coated, of a yield strength exceeding 355N/mm^2	【最】5【普】14 【协东盟】0【协巴基斯坦】0【协智利】0 【协新西兰】0【协秘鲁】0【协哥斯达黎加】0 【协冰岛】0【协瑞士】0【协澳大利亚】0 【协韩国】2.5【协格鲁吉亚】0【协香港】0 【协澳门】0 【特-1】0【特-2】0【特-3】0 【增】16【出】0【退】0	千克	A		M		999	4.75mm>厚度≥3mm的大强度卷材（宽≥600mm，屈服强度大于355牛顿/平方毫米）
720838	90		其他4.75mm>厚度≥3mm的卷材（宽≥600mm，屈服强度小于等于355牛顿/平方毫米）	Flat-rolled products of iron or non-alloy steel, in coils, of a thickness of 3mm or more but not exceeding 4.75mm, of a width of 600mm or more, not clad, plated or coated, of a yield strength less than 355N/mm^2	【最】5【普】14 【协东盟】0【协巴基斯坦】0【协智利】0 【协新西兰】0【协秘鲁】0【协台湾】0 【协哥斯达黎加】0【协冰岛】0【协瑞士】0 【协澳大利亚】0【协韩国】2.5【协格鲁吉亚】0 【协香港】0【协澳门】0 【特-1】0【特-2】0【特-3】0 【增】16【出】0【退】0	千克	A		M		999	其他4.75mm>厚度≥3mm的卷材（宽≥600mm，屈服强度小于等于355牛顿/平方毫米）
720839	10		厚度<1.5mm的其他热轧卷材（除热轧外未进一步加工宽≥600mm，未包、镀、涂层）	Flat-rolled products of iron or non-alloy steel, in coils, of a thickness of less than 1.5mm, of a width of 600mm or more, not clad, plated or coated	【最】3【普】14 【协东盟】0【协巴基斯坦】0【协智利】0 【协新西兰】0【协秘鲁】0【协哥斯达黎加】0 【协冰岛】0【协瑞士】0【协澳大利亚】0 【协韩国】1.5【协格鲁吉亚】0【协香港】0 【协澳门】0 【特-1】0【特-2】0【特-3】0 【增】16【对美加征】10【出】0【退】0	千克					999	厚度<1.5mm的其他热轧卷材（除热轧外未进一步加工宽≥600mm，未包、镀、涂层）
720839	90		1.5mm≤厚<3mm的其他热轧卷材（除热轧外未进一步加工宽≥600mm，未包、镀、涂层）	Flat-rolled products of iron or non-alloy steel, in coils, of a thickness of 1.5mm or more but not exceeding 3mm, of a width of 600mm or more, not clad, plated or coated	【最】3【普】14 【协东盟】0【协巴基斯坦】0【协智利】0 【协新西兰】0【协秘鲁】0【协台湾】0 【协哥斯达黎加】0【协冰岛】0【协瑞士】0 【协澳大利亚】0【协韩国】1.5【协格鲁吉亚】0 【协香港】0【协澳门】0 【特-1】0【特-2】0【特-3】0 【增】16【对美加征】10【出】0【退】0	千克					999	1.5mm≤厚<3mm的其他热轧卷材（除热轧外未进一步加工宽≥600mm，未包、镀、涂层）
720840	00		轧有花纹的热轧非卷材（除热轧外未进一步加工，宽≥600mm，未包、镀、涂层）	Flat-rolled products of iron or non-alloy steel, not in coils, not further worked than hot-rolled, with patterns in relief, not clad, plated or coated	【最】6【普】17 【协东盟】0【协巴基斯坦】5【协智利】0 【协新西兰】0【协秘鲁】0【协哥斯达黎加】0 【协冰岛】0【协瑞士】0【协澳大利亚】0 【协韩国】3【协格鲁吉亚】0【协香港】0 【协澳门】0 【特-1】0【特-2】0【特-3】0 【增】16【对美加征】10【出】0【退】0	千克					999	轧有花纹的热轧非卷材（除热轧外未进一步加工，宽≥600mm，未包、镀、涂层）
720851	10		厚度>50mm的其他热轧非卷材（宽≥600mm，未包、镀、涂层）	Flat-rolled products of iron or non-alloy steel, in coils, of a thickness exceeding 50mm, of a width of 600mm or more, not clad, plated or coated	【最】6【普】17 【协东盟】0【协巴基斯坦】5【协智利】0 【协新西兰】0【协秘鲁】0【协哥斯达黎加】0 【协冰岛】0【协瑞士】0【协澳大利亚】0 【协韩国】3【协格鲁吉亚】0【协香港】0 【协澳门】0 【特-1】0【特-2】0【特-3】0 【增】16【对美加征】10【出】0【退】0	千克					999	厚度>50mm的其他热轧非卷材（宽≥600mm，未包、镀、涂层）

税则号列			货品名称中英文		税费综合信息	计量单位	监管证件代码		检验检疫类别		检验检疫编码	检验检疫编码对应中文名称
HS国际统一前6位	本国子目 7~8位	本国子目 9~10位	中文 货物名称	英文 Article Description			进口	出口	进口	出口		
720851	20		20mm＜厚≤50mm的其他热轧非卷材(宽≥600mm,未包、镀、涂层)	Flat-rolled products of iron or non-alloy steel, in coils, of a thickness exceeding 20mm but not exceeding 50mm, of a width of 600mm or more, not clad, plated or coated	【最】6【普】17 【协东盟】0【协巴基斯坦】5【协智利】0 【协新西兰】0【协秘鲁】0【协哥斯达黎加】0 【协冰岛】0【协瑞士】0【协澳大利亚】0 【协韩国】4.4【协格鲁吉亚】0【协香港】0 【协澳门】0 【特-1】0【特-2】0【特-3】0 【增】16【对美加征】10【出】0【退】0	千克					999	20mm＜厚≤50mm的其他热轧非卷材（宽≥600mm,未包、镀、涂层）
720851	90		10mm＜厚≤20mm的其他热轧非卷材(宽≥600mm,未包、镀、涂层)	Flat-rolled products of iron or non-alloy steel, in coils, of a thickness exceeding 10mm but not exceeding 20mm, of a width of 600mm or more, not clad, plated or coated	【最】6【普】17 【协东盟】0【协巴基斯坦】5【协智利】0 【协新西兰】0【协秘鲁】0【协哥斯达黎加】0 【协冰岛】0【协瑞士】0【协澳大利亚】0 【协韩国】3.6【协格鲁吉亚】0【协香港】0 【协澳门】0 【特-1】0【特-2】0【特-3】0 【增】16【对美加征】10【出】0【退】0	千克					999	10mm＜厚≤20mm的其他热轧非卷材（宽≥600mm,未包、镀、涂层）
720852	00		10mm≥厚度≥4.75mm的热轧非卷材(除热轧外未进一步加工,宽≥600mm,未包、镀、涂层)	Flat-rolled products of iron or non-alloy steel, in coils, of a thickness exceeding 4.75mm but not exceeding 10mm, of a width of 600mm or more, not clad, plated or coated	【最】6【普】17 【协东盟】0【协巴基斯坦】5【协智利】0 【协新西兰】0【协秘鲁】0【协哥斯达黎加】0 【协冰岛】0【协瑞士】0【协澳大利亚】0 【协韩国】3【协格鲁吉亚】0【协香港】0 【协澳门】0 【特-1】0【特-2】0【特-3】0 【增】16【对美加征】10【出】0【退】0	千克					999	10mm≥厚度≥4.75mm的热轧非卷材（除热轧外未进一步加工,宽≥600mm,未包、镀、涂层）
720853	10		4.75mm>厚≥3mm大强度热轧非卷材(宽≥600mm,屈服强度大于355牛顿/平方毫米)	Flat-rolled products of iron or non-alloy steel, in coils, of a thickness exceeding 3mm but not exceeding 4.75mm, of a width of 600mm or more, of a yield strength exceeding 355N/mm^2	【最】6【普】17 【协亚太】5.1【协东盟】0【协巴基斯坦】0 【协智利】0【协新西兰】0【协秘鲁】0 【协哥斯达黎加】0【协冰岛】0【协瑞士】0 【协澳大利亚】0【协韩国】3【协香港】0 【协澳门】0【协格鲁吉亚】0 【特-1】0【特-2】0【特-3】0 【增】16【出】0【退】0	千克					999	4.75mm>厚≥3mm大强度热轧非卷材（宽≥600mm,屈服强度大于355牛顿/平方毫米）
720853	90		其他4.75mm>厚≥3mm的热轧非卷材(宽≥600mm,屈服强度小于等于355牛顿/平方毫米)	Flat-rolled products of iron or non-alloy steel, in coils, of a thickness exceeding 3mm but not exceeding 4.75mm, of a width of 600mm or more, of a yield strength less than 355N/mm^2	【最】6【普】17 【协亚太】5.1【协东盟】0【协巴基斯坦】0 【协智利】0【协新西兰】0【协秘鲁】0 【协哥斯达黎加】0【协冰岛】0【协瑞士】0 【协澳大利亚】0【协韩国】3【协香港】0 【协澳门】0【协格鲁吉亚】0 【特-1】0【特-2】0【特-3】0 【增】16【对美加征】5【出】0【退】0	千克					999	其他4.75mm>厚≥3mm的热轧非卷材（宽≥600mm,屈服强度小于等于355牛顿/平方毫米）
720854	10		厚<1.5mm的热轧非卷材(除热轧外未进一步加工,宽≥600mm,未包、镀、涂层)	Flat-rolled products of iron or non-alloy steel, in coils, of a thickness of less than 1.5mm, of a width of 600mm or more, not clad, plated or coated	【最】6【普】17 【协亚太】5.1【协东盟】0【协巴基斯坦】0 【协智利】0【协新西兰】0【协秘鲁】0 【协哥斯达黎加】0【协冰岛】0【协瑞士】0 【协澳大利亚】0【协韩国】0【协香港】0 【协澳门】0【协格鲁吉亚】0 【特-1】0【特-2】0【特-3】0 【增】16【对美加征】10【出】0【退】0	千克					999	厚<1.5mm的热轧非卷材（除热轧外未进一步加工,宽≥600mm,未包、镀、涂层）
720854	90		1.5mm≤厚<3mm的热轧非卷材(除热轧外未进一步加工,宽≥600mm,未包、镀、涂层)	Flat-rolled products of iron or non-alloy steel, in coils, of a thickness 1.5mm but not exceeding 3mm, of a width of 600mm or more, not clad, plated or coated	【最】6【普】17 【协亚太】5.1【协东盟】0【协巴基斯坦】0 【协智利】0【协新西兰】0【协秘鲁】0 【协哥斯达黎加】0【协冰岛】0【协瑞士】0 【协澳大利亚】0【协韩国】0 【协格鲁吉亚】0【协香港】0【协澳门】0 【特-1】0【特-2】0【特-3】0 【增】16【对美加征】10【出】0【退】0	千克					999	1.5mm≤厚<3mm的热轧非卷材（除热轧外未进一步加工,宽≥600mm,未包、镀、涂层）

税则号列			货品名称中英文		税费综合信息	计量单位	监管证件代码		检验检疫类别		检验检疫编码	检验检疫编码对应中文名称
HS 国际统一前6位	本国子目 7~8位	9~10位	中文 货物名称	英文 Article Description			进口	出口	进口	出口		
720890	00		其他热轧铁或非合金钢宽平板轧材（除热轧外经进一步加工，宽≥600mm，未经包、渡、涂层）	Other flat-rolled products of iron or non-alloy steel, of a width of 600mm or more, hot-rolled, not clad, plated or coated	【最】6【普】17 【协东盟】0【协巴基斯坦】5【协智利】0 【协新西兰】0【协秘鲁】0【协哥斯达黎加】0 【协冰岛】0【协瑞士】0【协澳大利亚】0 【协格鲁吉亚】0【协香港】0【协澳门】0 【特-1】0【特-2】0【特-3】0 【增】16【对美加征】10【出】0【退】0	千克					999	其他热轧铁或非合金钢宽平板轧材（除热轧外经进一步加工，宽≥600mm，未经包、渡、涂层）
720915	10		厚度≥3mm的大强度冷轧卷材（宽≥600mm，屈服强度大于355牛顿/平方毫米）	Flat-rolled products of iron or non-alloy steel, in coils, of a thickness of 3mm or more, of a width of 600mm or more, of a yield strength exceeding $355N/mm^2$	【最】6【普】17 【协东盟】0【协巴基斯坦】5【协智利】0 【协新西兰】0【协秘鲁】0【协哥斯达黎加】0 【协冰岛】0【协瑞士】0【协澳大利亚】0 【协韩国】3【协格鲁吉亚】0【协香港】0 【协澳门】0 【特-1】0【特-2】0【特-3】0 【增】16【出】0【退】13	千克					999	厚度≥3mm的大强度冷轧卷材（宽≥600mm，屈服强度大于355牛顿/平方毫米）
720915	90		其他厚度≥3mm的冷轧卷材（宽≥600mm，屈服强度小于等于355牛顿/平方毫米）	Flat-rolled products of iron or non-alloy steel, in coils, of a thickness of 3mm or more, of a width of 600mm or more, of a yield strength less than $355N/mm^2$	【最】6【普】17 【协东盟】0【协巴基斯坦】5【协智利】0 【协新西兰】0【协秘鲁】0【协哥斯达黎加】0 【协冰岛】0【协瑞士】0【协澳大利亚】0 【协韩国】3【协格鲁吉亚】0【协香港】0 【协澳门】0 【特-1】0【特-2】0【特-3】0 【增】16【对美加征】10【出】0【退】13	千克					999	其他厚度≥3mm的冷轧卷材（宽≥600mm，屈服强度小于等于355牛顿/平方毫米）
720916	10		3mm>厚度>1mm的大强度冷轧卷材（宽≥600mm，屈服强度大于275牛顿/平方毫米）	Flat-rolled products of iron or non-alloy steel, in coils, of a thickness exceeding 1mm but not exceeding 3mm, of a width of 600mm or more, of a yield strength more than $275N/mm^2$	【最】6【普】17 【协亚太】4.2【协东盟】0【协巴基斯坦】0 【协智利】0【协新西兰】0【协秘鲁】0 【协哥斯达黎加】0【协冰岛】0【协瑞士】0 【协澳大利亚】0【协韩国】3 【协格鲁吉亚】0【协香港】0【协澳门】0 【特-1】0【特-2】0【特-3】0 【增】16【对美加征】10【出】0【退】13	千克	A		M		999	3mm>厚度>1mm的大强度冷轧卷材（宽≥600mm，屈服强度大于275牛顿/平方毫米）
720916	90		3mm>厚>1mm小强度冷轧卷材（宽≥600mm，屈服强度小于等于275牛顿/平方毫米）	Flat-rolled products of iron or non-alloy steel, in coils, of a thickness exceeding 1mm but not exceeding 3mm, of a width of 600mm or more, of a yield strength not exceeding $275N/mm^2$	【最】6【普】17 【协亚太】4.2【协东盟】0【协巴基斯坦】0 【协智利】0【协新西兰】0【协秘鲁】0 【协台湾】0【协哥斯达黎加】0【协冰岛】0 【协瑞士】0【协澳大利亚】0【协韩国】4.2 【协格鲁吉亚】0【协香港】0【协澳门】0 【特-1】0【特-2】0【特-3】0 【增】16【对美加征】10【出】0【退】13	千克					999	3mm>厚>1mm小强度冷轧卷材（宽≥600mm，屈服强度小于等于275牛顿/平方毫米）
720917	10		1mm≥厚度≥0.5mm大强度冷轧卷材（宽≥600mm，屈服强度大于275牛顿/平方毫米）	Flat-rolled products of iron or non-alloy steel, in coils, of a thickness exceeding 0.5mm but not exceeding 1mm, of a width of 600mm or more, a yield strength exceeding $275N/mm^2$	【最】3【普】17 【协亚太】2.1【协东盟】0【协巴基斯坦】0 【协智利】0【协新西兰】0【协秘鲁】0 【协哥斯达黎加】0【协冰岛】0【协瑞士】0 【协澳大利亚】0【协韩国】2.2【协格鲁吉亚】0 【协香港】0【协澳门】0 【特-1】0【特-2】0【特-3】0 【增】16【对美加征】10【出】0【退】13	千克	A		M		999	1mm≥厚度≥0.5mm大强度冷轧卷材（宽≥600mm，屈服强度大于275牛顿/平方毫米）
720917	90		1mm≥厚度≥0.5mm小强度冷轧卷材（宽≥600mm，屈服强度小于等于275牛顿/平方毫米）	Flat-rolled products of iron or non-alloy steel, in coils, of a thickness exceeding 1mm but not exceeding 3mm, of a width of 600mm or more, of a yield strength mot exceeding $275N/mm^2$	【最】3【普】17 【协亚太】2.1【协东盟】0【协巴基斯坦】0 【协智利】0【协新西兰】0【协秘鲁】0 【协台湾】0【协哥斯达黎加】0【协冰岛】0 【协瑞士】0【协澳大利亚】0【协韩国】1.5 【协格鲁吉亚】0【协香港】0【协澳门】0 【特-1】0【特-2】0【特-3】0 【增】16【对美加征】10【出】0【退】13	千克					999	1mm≥厚度≥0.5mm小强度冷轧卷材（宽≥600mm，屈服强度小于等于275牛顿/平方毫米）

税则号列 HS国际统一前6位	本国子目 7~8位	本国子目 9~10位	货品名称 中文 货物名称	货品名称 英文 Article Description	税费综合信息	计量单位	监管证件代码 进口	监管证件代码 出口	检验检疫类别 进口	检验检疫类别 出口	检验检疫编码	检验检疫编码对应中文名称
720918	10		厚度<0.3mm的非合金钢冷轧卷材(未进一步加工,宽≥600mm,未包、镀、涂层)	Flat-rolled products of iron or non-alloy steel, in coils, of a thickness of less than 0.3mm, of a width of 600mm or more, not clad, plated or coated	【最】6【普】17【暂进】4 【协亚太】4.2【协东盟】0【协巴基斯坦】0 【协智利】0【协新西兰】0【协秘鲁】0 【协哥斯达黎加】0【协冰岛】0【协瑞士】0 【协澳大利亚】0【协韩国】4.2 【协格鲁吉亚】0【协香港】0【协澳门】0 【特-1】0【特-2】0【特-3】0 【增】16【出】0【退】13	千克					999	厚度<0.3mm的非合金钢冷轧卷材(未进一步加工,宽≥600mm,未包、镀、涂层)
720918	90		0.3mm≤厚度<0.5mm非合金钢冷轧卷材(未进一步加工,宽≥600mm,未包、镀、涂层)	Flat-rolled products of iron or non-alloy steel, in coils, of a thickness of 0.3mm or more but not exceeding 0.5mm, of a width of 600mm or more, not clad, plated or coated	【最】6【普】17 【协亚太】4.2【协东盟】0【协巴基斯坦】0 【协智利】0【协新西兰】0【协秘鲁】0 【协台湾】0【协哥斯达黎加】0【协冰岛】0 【协瑞士】0【协澳大利亚】0【协韩国】4.2 【协格鲁吉亚】0【协香港】0【协澳门】0 【特-1】0【特-2】0【特-3】0 【增】16【对美加征】10【出】0【退】13	千克					999	0.3mm≤厚度<0.5mm非合金钢冷轧卷材(未进一步加工,宽≥600mm,未包、镀、涂层)
720925	00		厚度≥3mm的冷轧非卷材(除冷轧外未进一步加工,宽≥600mm,未包、镀、涂层)	Flat-rolled products of iron or non-alloy steel, in coils, of a thickness of 3mm or more, of a width of 600mm or more, not clad, plated or coated	【最】6【普】17 【协东盟】0【协巴基斯坦】5【协智利】0 【协新西兰】0【协秘鲁】0【协哥斯达黎加】0 【协冰岛】0【协瑞士】0【协澳大利亚】0 【协韩国】3【协格鲁吉亚】0【协香港】0 【协澳门】0 【特-1】0【特-2】0【特-3】0 【增】16【对美加征】5【出】0【退】13	千克					999	厚度≥3mm的冷轧非卷材(除冷轧外未进一步加工,宽≥600mm,未包、镀、涂层)
720926	00		3mm>厚度>1mm的冷轧非卷材(除冷轧外未进一步加工,宽≥600mm,未包、镀、涂层)	Flat-rolled products of iron or non-alloy steel, in coils, of a thickness exceeding 1mm but less than 3mm, of a width of 600mm or more, not clad, plated or coated	【最】6【普】17 【协东盟】0【协巴基斯坦】5【协智利】0 【协新西兰】0【协秘鲁】0【协哥斯达黎加】0 【协冰岛】0【协瑞士】0【协澳大利亚】0 【协格鲁吉亚】0【协香港】0【协澳门】0 【特-1】0【特-2】0【特-3】0 【增】16【对美加征】10【出】0【退】13	千克					999	3mm>厚度>1mm的冷轧非卷材(除冷轧外未进一步加工,宽≥600mm,未包、镀、涂层)
720927	00		1mm≥厚度≥0.5mm的冷轧非卷材(未进一步加工,宽≥600mm,未包、镀、涂层)	Flat-rolled products of iron or non-alloy steel, in coils, of a thickness exceeding 0.5mm but less than 1mm, of a width of 600mm or more, not clad, plated or coated	【最】6【普】17 【协亚太】4.2【协东盟】0【协巴基斯坦】0 【协智利】0【协新西兰】0【协秘鲁】0 【协哥斯达黎加】0【协冰岛】0【协瑞士】0 【协澳大利亚】0【协韩国】4.2 【协格鲁吉亚】0【协香港】0【协澳门】0 【特-1】0【特-2】0【特-3】0 【增】16【对美加征】10【出】0【退】13	千克					999	1mm≥厚度≥0.5mm的冷轧非卷材(未进一步加工,宽≥600mm,未包、镀、涂层)
720928	00		厚度小于0.5mm的冷轧非卷材(除冷轧外未进一步加工,宽≥600mm,未包、镀、涂层)	Flat-rolled products of iron or non-alloy steel, in coils, of a thickness less than 0.5 mm, of a width of 600 mm or more, not clad, plated or coated	【最】6【普】17 【协东盟】0【协巴基斯坦】5【协智利】0 【协新西兰】0【协秘鲁】0【协哥斯达黎加】0 【协冰岛】0【协瑞士】0【协澳大利亚】0 【协格鲁吉亚】0【协香港】0【协澳门】0 【特-1】0【特-2】0【特-3】0 【增】16【对美加征】10【出】0【退】13	千克					999	厚度小于0.5mm的冷轧非卷材(除冷轧外未进一步加工,宽≥600mm,未包、镀、涂层)
720990	00		其他冷轧铁或非合金钢宽平轧材(除冷轧外,未进一步加工,宽度≥600mm,未包、镀、涂层)	Other flat-rolled products of iron or non-alloy steel, of a width of 600mm or more, not clad, plated or coated	【最】6【普】17 【协亚太】4.2【协东盟】0【协巴基斯坦】0 【协智利】0【协新西兰】0【协秘鲁】0 【协哥斯达黎加】0【协冰岛】0【协瑞士】0 【协澳大利亚】0【协韩国】3 【协格鲁吉亚】0【协香港】0【协澳门】0 【特-1】0【特-2】0【特-3】0 【增】16【对美加征】10【出】0【退】13	千克					999	其他冷轧铁或非合金钢宽平轧材(除冷轧外,未进一步加工,宽度≥600mm,未包、镀、涂层)
721011	00		镀(涂)锡的非合金钢厚宽平板轧材(厚≥0.5mm,宽≥600mm)	Flat-rolled products of non-alloy steel, of a width of 600mm or more, of a thickness of 0.5mm or more, clad, plated or coated with tin	【最】9【普】20 【协东盟】0【协巴基斯坦】5【协智利】0 【协新西兰】0【协新加坡】0【协秘鲁】0 【协哥斯达黎加】0【协冰岛】0【协瑞士】0 【协澳大利亚】0【协韩国】5【协格鲁吉亚】0 【协香港】0【协澳门】0 【特-1】0【特-2】0【特-3】0 【增】16【出】0【退】13	千克					999	镀(涂)锡的非合金钢厚宽平板轧材(厚≥0.5mm,宽≥600mm)

税则号列 HS国际统一前6位	本国子目 7~8位	9~10位	货品名称 中文 货物名称	英文 Article Description	税费综合信息	计量单位	监管证件代码 进口	出口	检验检疫类别 进口	出口	检验检疫编码	检验检疫编码对应中文名称
721012	00		镀（涂）锡的非合金钢薄宽平板轧材（厚＜0.5mm，宽≥600mm）	Flat-rolled products of non-alloy steel, of a width of 600mm or more, of a thickness of less than 0.5mm, plated or coated with tin	【最】5【普】20 【协东盟】0【协巴基斯坦】0【协智利】0 【协新西兰】0【协秘鲁】0【协哥斯达黎加】0 【协冰岛】0【协瑞士】0【协澳大利亚】0 【协格鲁吉亚】0【协香港】0【协澳门】0 【特-1】0【特-2】0【特-3】0 【增】16【出】0【退】13	千克					999	镀（涂）锡的非合金钢薄宽平板轧材（厚＜0.5mm，宽≥600mm）
721020	00		镀或涂铅的铁或非合金钢平板轧材（包括镀铅锡钢板，宽度在600mm及以上）	Flat-rolled products of non-alloy steel, of a width of 600mm or more, plated or coated with lead, including terneplate	【最】4【普】20 【协东盟】0【协巴基斯坦】0【协智利】0 【协新西兰】0【协秘鲁】0【协哥斯达黎加】0 【协冰岛】0【协瑞士】0【协澳大利亚】0 【协韩国】0【协格鲁吉亚】0【协香港】0 【协澳门】0 【特-1】0【特-2】0【特-3】0 【增】16【出】0【退】13	千克					999	镀或涂铅的铁或非合金钢平板轧材（包括镀铅锡钢板，宽度在600mm及以上）
721030	00		电镀锌的铁或非合金钢宽板材（宽≥600mm）	Flat-rolled products of non-alloy steel, of a width of 600mm or more, electrolytically plated or coated with zinc	【最】8【普】20 【协东盟】0【协巴基斯坦】5【协智利】0 【协新西兰】0【协秘鲁】0【协台湾】0 【协哥斯达黎加】0【协冰岛】0【协瑞士】0 【协澳大利亚】0【协格鲁吉亚】0【协香港】0 【协澳门】0 【特-1】0【特-2】0【特-3】0 【增】16【对美加征】10【出】0【退】16	千克					999	电镀锌的铁或非合金钢宽板材（宽≥600mm）
721041	00		镀锌的瓦楞形铁或非合金钢宽板材（电镀锌的除外，宽≥600mm）	Corrugated flat-rolled products of non-alloy steel, of a width of 600mm or more, other than those plated or coated with lead	【最】8【普】20 【协东盟】0【协巴基斯坦】5【协智利】0 【协新西兰】0【协秘鲁】0【协哥斯达黎加】0 【协冰岛】0【协瑞士】0【协澳大利亚】0 【协韩国】0【协格鲁吉亚】0【协香港】0 【协澳门】0 【特-1】0【特-2】0【特-3】0 【增】16【出】0【退】16	千克					999	镀锌的瓦楞形铁或非合金钢宽板材（电镀锌的除外，宽≥600mm）
721049	00		镀锌的其他形铁或非合金钢宽板材（电镀锌的除外，宽≥600mm）	Other flat-rolled products of non-alloy steel, of a width of 600mm or more, other than those plated or coated with lead	【最】4【普】20 【协东盟】0【协巴基斯坦】0【协智利】0 【协新西兰】0【协秘鲁】0【协台湾】0 【协哥斯达黎加】0【协冰岛】0【协瑞士】0 【协澳大利亚】0【协格鲁吉亚】0【协香港】0 【协澳门】0 【特-1】0【特-2】0【特-3】0 【增】16【对美加征】10【出】0【退】16	千克					999	镀锌的其他形铁或非合金钢宽板材（电镀锌的除外，宽≥600mm）
721050	00		镀或涂氧化铬的铁或非合金钢宽板材（宽度≥600mm）	Flat-rolled products of non-alloy steel, of a width of 600mm or more, plated or coated with chromium oxides Plated or coated with aluminium-zinc alloys	【最】8【普】20 【协东盟】0【协巴基斯坦】5【协智利】0 【协新西兰】0【协秘鲁】0【协哥斯达黎加】0 【协冰岛】0【协瑞士】0【协澳大利亚】0 【协韩国】4【协格鲁吉亚】0【协香港】0 【协澳门】0 【特-1】0【特-2】0【特-3】0 【增】16【对美加征】10【出】0【退】13	千克					999	镀或涂氧化铬的铁或非合金钢宽板材（宽度≥600mm）
721061	00		镀或涂铝锌合金的铁宽平板轧材（包括非合金钢的，宽度≥600mm）	Flat-rolled products of iron, of a width of 600mm or more, plated or coated with aluminium-zinc alloys, including non-alloy steel	【最】8【普】20 【协东盟】0【协巴基斯坦】5【协智利】0 【协新西兰】0【协秘鲁】0【协哥斯达黎加】0 【协冰岛】0【协瑞士】0【协澳大利亚】0 【协格鲁吉亚】0【协香港】0【协澳门】0 【特-1】0【特-2】0【特-3】0 【增】16【对美加征】10【出】0【退】13	千克					999	镀或涂铝锌合金的铁宽平板轧材（包括非合金钢的，宽度≥600mm）
721069	00		其他镀或涂铝的铁宽平板轧材（包括非合金钢的，宽度≥600mm）	Flat-rolled products of iron, of a width of 600mm or more, plated or coated with aluminium alloys, including non-alloy steel	【最】8【普】20 【协东盟】0【协巴基斯坦】5【协智利】0 【协新西兰】0【协秘鲁】0【协哥斯达黎加】0 【协冰岛】0【协瑞士】0【协澳大利亚】0 【协格鲁吉亚】0【协香港】0【协澳门】0 【特-1】0【特-2】0【特-3】0 【增】16【对美加征】10【出】0【退】13	千克					999	其他镀或涂铝的铁宽平板轧材（包括非合金钢的，宽度≥600mm）
721070	10		厚度＜1.5毫米的涂漆或涂塑的宽度在600毫米及以上的铁或非合金钢平板轧材	Flat-rolled products of non-alloy steel, of a thickness less than 1.5mm, of a width of 600mm or more, plated, varnished or coated with plastics	【最】4【普】20 【协东盟】0【协香港】0【协巴基斯坦】0 【协智利】0【协新西兰】0【协秘鲁】0 【协哥斯达黎加】0【协冰岛】0【协瑞士】0 【协澳大利亚】0【协韩国】2.6【协格鲁吉亚】0 【特-1】0【特-2】0【特-3】0 【增】16【对美加征】10【出】0【退】13	千克					999	厚度＜1.5毫米的涂漆或涂塑的宽度在600毫米及以上的铁或非合金钢平板轧材

税则号列			货品名称中英文		税费综合信息	计量单位	监管证件代码		检验检疫类别		检验检疫编码	检验检疫编码对应中文名称
HS 国际统一前6位	本国子目 7~8位	本国子目 9~10位	中文 货物名称	英文 Article Description			进口	出口	进口	出口		
721070	90		其他涂漆或涂塑的宽度在600毫米及以上的铁或非合金钢平板轧材	Other flat-rolled products of non-alloy steel, of a width of 600mm or more, plated, varnished or coated with plastics	【最】4【普】20 【协东盟】0【协香港】0【协巴基斯坦】0 【协智利】0【协新西兰】0【协秘鲁】0 【协哥斯达黎加】0【协冰岛】0【协瑞士】0 【协澳大利亚】0【协韩国】2.6【协格鲁吉亚】0 【特-1】0【特-2】0【特-3】0 【增】16【对美加征】10【出】0【退】13	千克					999	其他涂漆或涂塑的宽度在600毫米及以上的铁或非合金钢平板轧材
721090	00		经包覆或涂镀其他材料的宽度在600毫米及以上的铁或非合金钢平板轧材	Other flat-rolled products of non-alloy steel, of a width of 600mm or more, plated, varnished or coated with other materials	【最】8【普】20 【协东盟】0【协巴基斯坦】5【协智利】0 【协新西兰】0【协秘鲁】0【协哥斯达黎加】0 【协冰岛】0【协瑞士】0【协澳大利亚】0 【协韩国】5.3【协格鲁吉亚】0【协香港】0 【协澳门】0 【特-1】0【特-2】0【特-3】0 【增】16【对美加征】5【出】0【退】13	千克					999	经包覆或涂镀其他材料的宽度在600毫米及以上的铁或非合金钢平板轧材
721113	00		未轧花纹的四面轧制的热轧非卷材(150mm<宽<600mm,厚≥4mm,未包、镀、涂层)	Flat-rolled products of iron or non-alloy steel, rolled on four faces or in a closed box pass, of a width exceeding 150mm but not exceeding 600mm and a thickness of not less than 4mm, not in coils and without patterns in relief, not clad, plated or coated	【最】6【普】30 【协东盟】0【协巴基斯坦】5【协智利】0 【协新西兰】0【协秘鲁】0【协哥斯达黎加】0 【协冰岛】0【协瑞士】0【协澳大利亚】0 【协韩国】3【协格鲁吉亚】0【协香港】0 【协澳门】0 【特-1】0【特-2】0【特-3】0 【增】16【对美加征】5【出】0【退】0	千克					999	未轧花纹的四面轧制的热轧非卷材(150mm<宽<600mm,厚≥4mm,未包、镀、涂层)
721114	00		厚度≥4.75mm的其他热轧板材(宽<600mm,未包、镀、涂层)	Flat-rolled products, of a width of less than 600mm and of a thickness of 4.75mm or more, not clad, plated or coated	【最】6【普】30 【协东盟】0【协巴基斯坦】5【协智利】0 【协新西兰】0【协秘鲁】0【协哥斯达黎加】0 【协冰岛】0【协瑞士】0【协澳大利亚】0 【协韩国】3【协格鲁吉亚】0【协香港】0 【协澳门】0 【特-1】0【特-2】0【特-3】0 【增】16【对美加征】5【出】0【退】0	千克					999	厚度≥4.75mm的其他热轧板材(宽<600mm,未包、镀、涂层)
721119	00		其他热轧铁或非合金钢窄板材(宽<600mm,未包、镀、涂层)	Other flat-rolled products of iron or non-alloy steel, of a width of less than 600mm, not clad, plated or coated	【最】6【普】30 【协东盟】0【协巴基斯坦】5【协智利】0 【协新西兰】0【协秘鲁】0【协哥斯达黎加】0 【协冰岛】0【协瑞士】0【协澳大利亚】0 【协韩国】4.4【协格鲁吉亚】0【协香港】0 【协澳门】0 【特-1】0【特-2】0【特-3】0 【增】16【对美加征】5【出】0【退】0	千克					999	其他热轧铁或非合金钢窄板材(宽<600mm,未包、镀、涂层)
721123	00		含碳量低于0.25%的冷轧板材(宽<600mm,未包、镀、涂层)	Other flat-rolled products of iron or non-alloy steel, of a width of less than 600mm, not clad, plated or coated, containing by weight less than 0.25% of carbon	【最】6【普】30 【协东盟】0【协巴基斯坦】5【协智利】0 【协新西兰】0【协秘鲁】0【协哥斯达黎加】0 【协冰岛】0【协瑞士】0【协澳大利亚】0 【协韩国】4.4【协格鲁吉亚】0【协香港】0 【协澳门】0 【特-1】0【特-2】0【特-3】0 【增】16【对美加征】10【出】0【退】0	千克	A		M		999	含碳量低于0.25%的冷轧板材(宽<600mm,未包、镀、涂层)
721129	00		其他冷轧铁或非合金钢窄板材(宽<600mm,未经包、镀、涂层,含碳量≥0.25%)	Other flat-rolled products of iron or non-alloy steel, of a width of less than 600mm, not clad, plated or coated, containing by weight 0.25% and more of carbon	【最】6【普】30 【协东盟】0【协巴基斯坦】5【协智利】0 【协新西兰】0【协秘鲁】0【协哥斯达黎加】0 【协冰岛】0【协瑞士】0【协澳大利亚】0 【协韩国】4.4【协格鲁吉亚】0【协香港】0 【协澳门】0 【特-1】0【特-2】0【特-3】0 【增】16【对美加征】10【出】0【退】0	千克					999	其他冷轧铁或非合金钢窄板材(宽<600mm,未经包、镀、涂层,含碳量≥0.25%)
721190	00		冷轧的铁或非合金钢其他窄板材(宽度<600mm,未经包、镀、涂层)	Other flat-rolled products of iron or non-alloy steel, of a width of less than 600mm, not clad, plated or coated	【最】6【普】30 【协东盟】0【协巴基斯坦】5【协智利】0 【协新西兰】0【协秘鲁】0【协哥斯达黎加】0 【协冰岛】0【协瑞士】0【协澳大利亚】0 【协韩国】3【协格鲁吉亚】0【协香港】0 【协澳门】0 【特-1】0【特-2】0【特-3】0 【增】16【对美加征】10【出】0【退】0	千克					999	冷轧的铁或非合金钢其他窄板材(宽度<600mm,未经包、镀、涂层)

税则号列 HS国际统一前6位	本国子目 7~8位	本国子目 9~10位	货物名称 中文	Article Description 英文	税费综合信息	计量单位	监管证件代码 进口	监管证件代码 出口	检验检疫类别 进口	检验检疫类别 出口	检验检疫编码	检验检疫编码对应中文名称
721210	00		镀（涂）锡的铁或非合金钢窄板材（宽<600mm）	Flat-rolled products of iron or non-alloy steel, of a width of less than 600mm, plated or coated with tin	【最】5【普】20 【协东盟】0【协巴基斯坦】0【协智利】0 【协新西兰】0【协秘鲁】0【协哥斯达黎加】0 【协冰岛】0【协瑞士】0【协澳大利亚】0 【协韩国】2.5【协格鲁吉亚】0【协香港】0 【协澳门】0 【特-1】0【特-2】0【特-3】0 【增】16【对美加征】10【出】0【退】0	千克					999	镀（涂）锡的铁或非合金钢窄板材（宽<600mm）
721220	00		电镀锌的铁或非合金钢窄板材（宽<600mm）	Flat-rolled products of iron or non-alloy steel, of a width of less than 600mm, electrolytically plated or coated with zinc	【最】8【普】20 【协东盟】0【协巴基斯坦】5【协智利】0 【协新西兰】0【协秘鲁】0【协哥斯达黎加】0 【协冰岛】0【协瑞士】0【协澳大利亚】0 【协韩国】5.3【协格鲁吉亚】0【协香港】0 【协澳门】0 【特-1】0【特-2】0【特-3】0 【增】16【对美加征】10【出】0【退】0	千克					999	电镀锌的铁或非合金钢窄板材（宽<600mm）
721230	00		其他镀或涂锌的铁窄板材（包括非合金钢的，宽度<600mm）	Flat-rolled products of iron or non-alloy steel, of a width of less than 600mm, otherwise plated or coated with zinc	【最】8【普】20 【协东盟】0【协巴基斯坦】5【协智利】0 【协新西兰】0【协秘鲁】0【协哥斯达黎加】0 【协冰岛】0【协瑞士】0【协澳大利亚】0 【协韩国】4【协格鲁吉亚】0【协香港】0 【协澳门】0 【特-1】0【特-2】0【特-3】0 【增】16【对美加征】10【出】0【退】0	千克					999	其他镀或涂锌的铁窄板材（包括非合金钢的，宽度<600mm）
721240	00		涂漆或涂塑的铁或非合金钢窄板材（宽度<600mm）	Flat-rolled products of iron or non-alloy steel, of a width of less than 600mm, painted, varnished or coated with plastics	【最】4【普】20 【协东盟】0【协香港】0【协巴基斯坦】0 【协智利】0【协新西兰】0【协秘鲁】0 【协哥斯达黎加】0【协冰岛】0【协瑞士】0 【协澳大利亚】0【协韩国】2.6【协格鲁吉亚】0 【特-1】0【特-2】0【特-3】0 【增】16【对美加征】10【出】0【退】10	千克					999	涂漆或涂塑的铁或非合金钢窄板材（宽度<600mm）
721250	00		涂镀其他材料的铁或非合金钢窄板材（宽度<600mm）	Flat-rolled products of iron or non-alloy steel, of a width of less than 600mm, otherwise plated or coated	【最】8【普】20 【协东盟】0【协巴基斯坦】5【协智利】0 【协新西兰】0【协秘鲁】0【协哥斯达黎加】0 【协冰岛】0【协瑞士】0【协澳大利亚】0 【协韩国】5.3【协格鲁吉亚】0【协香港】0 【协澳门】0 【特-1】0【特-2】0【特-3】0 【增】16【对美加征】5【出】0【退】0	千克					999	涂镀其他材料的铁或非合金钢窄板材（宽度<600mm）
721260	00		经包覆的铁或非合金钢窄板材（宽度<600mm）	Clad flat-rolled products of iron or non-alloy steel, of a width of less than 600mm	【最】8【普】20 【协东盟】0【协巴基斯坦】5【协智利】0 【协新西兰】0【协秘鲁】0【协哥斯达黎加】0 【协冰岛】0【协瑞士】0【协澳大利亚】0 【协韩国】4【协格鲁吉亚】0【协香港】0 【协澳门】0 【特-1】0【特-2】0【特-3】0 【增】16【对美加征】10【出】0【退】0	千克					999	经包覆的铁或非合金钢窄板材（宽度<600mm）
721310	00		铁或非合金钢制热轧盘条（带有轧制过程中产生的变形）	Bars and rods, hot-rolled, of iron or non-alloy steel, containing indentations, ribs, grooves or other deformations produced during the rolling process	【最】3【普】20 【协东盟】0【协巴基斯坦】0【协智利】0 【协新西兰】0【协秘鲁】0【协哥斯达黎加】0 【协冰岛】0【协瑞士】0【协澳大利亚】0 【协韩国】0【协格鲁吉亚】0【协香港】0 【协澳门】0 【特-1】0【特-2】0【特-3】0 【增】16【出】15【退】0	千克					999	铁或非合金钢制热轧盘条（带有轧制过程中产生的变形）
721320	00		其他易切削钢制热轧盘条（不带有轧制过程中产生的变形）	Other bars and rods, hot-rolled, of iron or non-alloy steel, of free-cutting steel, not containing indentations, ribs, grooves or other deformations produced during the rolling process	【最】3【普】20 【协东盟】0【协巴基斯坦】0【协智利】0 【协新西兰】0【协秘鲁】0【协哥斯达黎加】0 【协冰岛】0【协瑞士】0【协澳大利亚】0 【协韩国】2.2【协格鲁吉亚】0【协香港】0 【协澳门】0 【特-1】0【特-2】0【特-3】0 【增】16【出】0【退】0	千克					999	其他易切削钢制热轧盘条（不带有轧制过程中产生的变形）

税则号列 HS 国际统一前6位	本国子目 7~8位	本国子目 9~10位	货品名称中文 货物名称	货品名称英文 Article Description	税费综合信息	计量单位	监管证件代码 进口	监管证件代码 出口	检验检疫类别 进口	检验检疫类别 出口	检验检疫编码	检验检疫编码对应中文名称
721391	00		圆截面直径<14mm的其他热轧盘条（不带有轧制过程中产生的变形）	Bars and rods, hot-rolled, of circular cross-section measuring less than 14mm in diameter, not containing indentations, ribs, grooves or other deformations produced during the rolling process	【最】5【普】20 【协亚太】4.3【协东盟】0【协巴基斯坦】0 【协智利】0【协新西兰】0【协秘鲁】0 【协哥斯达黎加】0【协冰岛】0【协瑞士】0 【协澳大利亚】0【协韩国】2.5【协格鲁吉亚】0 【协香港】0【协澳门】0 【特-1】0【特-2】0【特-3】0 【增】16【出】0【退】0	千克					999	圆截面直径<14mm的其他热轧盘条（不带有轧制过程中产生的变形）
721399	00		其他热轧盘条（不带有轧制过程中产生的变形）	Other bars and rods, hot-rolled, not containing indentations, ribs, grooves or other deformations produced during the rolling process	【最】5【普】20 【协东盟】0【协巴基斯坦】0【协智利】0 【协新西兰】0【协秘鲁】0【协哥斯达黎加】0 【协冰岛】0【协瑞士】0【协澳大利亚】0 【协韩国】3.3【协格鲁吉亚】0【协香港】0 【协澳门】0 【特-1】0【特-2】0【特-3】0 【增】16【出】0【退】0	千克					999	其他热轧盘条（不带有轧制过程中产生的变形）
721410	00		铁或非合金钢的锻造条、杆（除热加工外未进一步加工）	Other bars and rods of forged iron or non-alloy steel, not further worked than hot-rolled, hot-drawn or hot-extruded	【最】7【普】10 【协东盟】0【协巴基斯坦】5【协智利】0 【协新西兰】0【协秘鲁】0【协哥斯达黎加】0 【协冰岛】0【协瑞士】0【协澳大利亚】0 【协韩国】3.5【协格鲁吉亚】0【协香港】0 【协澳门】0 【特-1】0【特-2】0【特-3】0 【增】16【出】0【退】10	千克					999	铁或非合金钢的锻造条、杆（除热加工外未进一步加工）
721420	00		铁或非合金钢的热加工条、杆（带有轧制过程中产生变形，热加工指热轧、热拉拔或热挤压）	Other bars and rods of containing indentations, ribs, grooves, containing indentations, ribs, grooves or other deformations produced during the rolling process	【最】3【普】20 【协亚太】0【协东盟】0【协香港】0 【协巴基斯坦】0【协智利】0【协新西兰】0 【协秘鲁】0【协哥斯达黎加】0【协冰岛】0 【协瑞士】0【协澳大利亚】0【协韩国】0 【协格鲁吉亚】0 【特-1】0【特-2】0【特-3】0 【增】16【对美加征】10【出】0【退】0	千克	A		M		101 102	铁或非合金钢的热加工条、杆（带有轧制过程中产生变形，热加工指热轧、热拉拔或热挤压）（螺纹钢） 铁或非合金钢的热加工条、杆（带有轧制过程中产生变形，热加工指热轧、热拉拔或热挤压）（其他型钢）
721430	00		易切削钢的热加工条、杆（不带有轧制过程中产生变形，热加工指热轧、热拉拔、热挤压）	Other bars and rods of free-cutting steel, not containing indentations, ribs, grooves or other deformations produced during the rolling process	【最】7【普】20 【协东盟】0【协巴基斯坦】5【协智利】0 【协新西兰】0【协秘鲁】0【协哥斯达黎加】0 【协冰岛】0【协瑞士】0【协澳大利亚】0 【协韩国】3.5【协格鲁吉亚】0【协香港】0 【协澳门】0 【特-1】0【特-2】0【特-3】0 【增】16【对美加征】10【出】0【退】0	千克	A		M		999	易切削钢的热加工条、杆（不带有轧制过程中产生变形，热加工指热轧、热拉拔、热挤压）
721491	00		其他矩形截面的热加工条、杆（正方形除外）	Other bars and rods of rectangular cross section (other than square)	【最】3【普】20 【协东盟】0【协巴基斯坦】0【协智利】0 【协新西兰】0【协秘鲁】0【协哥斯达黎加】0 【协冰岛】0【协瑞士】0【协澳大利亚】0 【协韩国】0【协格鲁吉亚】0【协香港】0 【协澳门】0 【特-1】0【特-2】0【特-3】0 【增】16【对美加征】10【出】0【退】0	千克					999	其他矩形截面的热加工条、杆（正方形除外）
721499	00		其他热加工条、杆	Other bars and rods, hot rolled	【最】3【普】20 【协东盟】0【协巴基斯坦】0【协智利】0 【协新西兰】0【协秘鲁】0【协哥斯达黎加】0 【协冰岛】0【协瑞士】0【协澳大利亚】0 【协韩国】0【协格鲁吉亚】0【协香港】0 【协澳门】0 【特-1】0【特-2】0【特-3】0 【增】16【对美加征】10【出】0【退】0	千克	A		M		101 102	其他热加工条、杆（螺纹钢） 其他热加工条、杆（其他型钢）
721510	00		其他易切削钢制冷加工条、杆（包括冷成形）	Other bars and rods of free-cutting steel, not further worked than cold-formed or cold-finished	【最】7【普】20 【协东盟】0【协巴基斯坦】5【协智利】0 【协新西兰】0【协秘鲁】0【协哥斯达黎加】0 【协冰岛】0【协瑞士】2.8【协澳大利亚】0 【协韩国】3.5【协格鲁吉亚】0【协香港】0 【协澳门】0 【特-1】0【特-2】0【特-3】0 【增】16【对美加征】10【出】0【退】0	千克					999	其他易切削钢制冷加工条、杆（包括冷成形）

税则号列			货品名称中英文		税费综合信息	计量单位	监管证件代码		检验检疫类别		检验检疫编码	检验检疫编码对应中文名称
HS国际统一前6位	本国子目7~8位	本国子目9~10位	中文 货物名称	英文 Article Description			进口	出口	进口	出口		
721550	00		其他冷加工或冷成形的条、杆	Other bars and rods, not further worked than cold-formed or cold-finished	【最】7【普】20 【协东盟】0【协巴基斯坦】5【协智利】0 【协新西兰】0【协秘鲁】0【协哥斯达黎加】0 【协冰岛】0【协瑞士】0【协澳大利亚】0 【协韩国】4.6【协格鲁吉亚】0【协香港】0 【协澳门】0 【特-1】0【特-2】0【特-3】0 【增】16【对美加征】10【出】0【退】0	千克					101 102	其他冷加工或冷成形的条、杆（螺纹钢） 其他冷加工或冷成形的条、杆（其他型钢）
721590	00		铁及非合金钢的其他条、杆	Other bars and rods of iron or non-alloy steel:	【最】3【普】20 【协东盟】0【协巴基斯坦】0【协智利】0 【协新西兰】0【协秘鲁】0【协哥斯达黎加】0 【协冰岛】0【协瑞士】0【协澳大利亚】0 【协韩国】0【协格鲁吉亚】0【协香港】0 【协澳门】0 【特-1】0【特-2】0【特-3】0 【增】16【对美加征】10【出】0【退】0	千克					999	铁及非合金钢的其他条、杆
721610	10		截面高度<80mmH型钢（除热加工外未经进一步加工）	H sections, of a height of less than 80mm (not further worked than hot-rolled, hot-drawn or extruded)	【最】3【普】14 【协东盟】0【协巴基斯坦】0【协智利】0 【协新西兰】0【协秘鲁】0【协哥斯达黎加】0 【协冰岛】0【协瑞士】0【协澳大利亚】0 【协韩国】0【协格鲁吉亚】0【协香港】0 【协澳门】0 【特-1】0【特-2】0【特-3】0 【增】16【出】0【退】0	千克	A		M		999	截面高度<80mmH型钢（除热加工外未经进一步加工）
721610	20		截面高度<80mm工字钢（除热加工外未经进一步加工）	I sections, of a height of less than 80mm (not further worked than hot-rolled, hot-drawn or extruded)	【最】3【普】14 【协东盟】0【协巴基斯坦】0【协智利】0 【协新西兰】0【协秘鲁】0【协哥斯达黎加】0 【协冰岛】0【协瑞士】0【协澳大利亚】0 【协韩国】0【协格鲁吉亚】0【协香港】0 【协澳门】0 【特-1】0【特-2】0【特-3】0 【增】16【出】0【退】0	千克	A		M		999	截面高度<80mm工字钢（除热加工外未经进一步加工）
721610	90		截面高度<80mm槽钢（除热加工外未经进一步加工）	Other section, of a height of less than 80mm (not further worked than hot-rolled, hot-drawn or extruded)	【最】3【普】14 【协东盟】0【协巴基斯坦】0【协智利】0 【协新西兰】0【协秘鲁】0【协哥斯达黎加】0 【协冰岛】0【协瑞士】0【协澳大利亚】0 【协韩国】0【协格鲁吉亚】0【协香港】0 【协澳门】0 【特-1】0【特-2】0【特-3】0 【增】16【对美加征】10【出】0【退】0	千克	A		M		999	截面高度<80mm槽钢（除热加工外未经进一步加工）
721621	00		截面高度<80mm角钢（除热加工外未经进一步加工）	L sections, of a height of less than 80mm (not further worked than hot-rolled, hot-drawn or extruded)	【最】6【普】17 【协东盟】0【协巴基斯坦】5【协智利】0 【协新西兰】0【协秘鲁】0【协哥斯达黎加】0 【协冰岛】0【协瑞士】0【协澳大利亚】0 【协韩国】3【协格鲁吉亚】0【协香港】0 【协澳门】0 【特-1】0【特-2】0【特-3】0 【增】16【对美加征】10【出】0【退】0	千克	A		M		999	截面高度<80mm角钢（除热加工外未经进一步加工）
721622	00		截面高度<80mm丁字钢（除热加工外未经进一步加工）	T sections, of a height of less than 80mm (not further worked than hot-rolled, hot-drawn or extruded)	【最】6【普】14 【协东盟】0【协巴基斯坦】5【协智利】0 【协新西兰】0【协秘鲁】0【协哥斯达黎加】0 【协冰岛】0【协瑞士】0【协澳大利亚】0 【协韩国】0【协格鲁吉亚】0【协香港】0 【协澳门】0 【特-1】0【特-2】0【特-3】0 【增】16【对美加征】10【出】0【退】0	千克	A		M		999	截面高度<80mm丁字钢（除热加工外未经进一步加工）
721631	00		截面高度≥80mm槽钢（除热加工外未经进一步加工）	U sections, of a height of more than 80mm (not further worked than hot-rolled, hot-drawn or extruded)	【最】6【普】14 【协东盟】0【协巴基斯坦】5【协智利】0 【协新西兰】0【协秘鲁】0【协哥斯达黎加】0 【协冰岛】0【协瑞士】0【协澳大利亚】0 【协韩国】3【协格鲁吉亚】0【协香港】0 【协澳门】0 【特-1】0【特-2】0【特-3】0 【增】16【对美加征】10【出】0【退】0	千克	A		M		999	截面高度≥80mm槽钢（除热加工外未经进一步加工）

税则号列 HS 国际统一前6位	本国子目 7~8位	本国子目 9~10位	货品名称中英文 中文 货物名称	英文 Article Description	税费综合信息	计量单位	监管证件代码 进口	监管证件代码 出口	检验检疫类别 进口	检验检疫类别 出口	检验检疫编码	检验检疫编码对应中文名称
721632	10		截面高度>200mm 工字钢（除热加工外未经进一步加工）	I sections, of a height exceeding 200mm (not further worked than hot-rolled, hot-drawn or extruded)	【最】6【普】14 【协东盟】0【协巴基斯坦】5【协智利】0 【协新西兰】0【协秘鲁】0【协哥斯达黎加】0 【协冰岛】0【协瑞士】0【协澳大利亚】0 【协韩国】3【协格鲁吉亚】0【协香港】0 【协澳门】0 【特-1】0【特-2】0【特-3】0 【增】16【对美加征】10【出】0【退】0	千克	A		M		999	截面高度>200mm 工字钢（除热加工外未经进一步加工）
721632	90		80mm ≤ 截面高度≤200mm 工字钢（除热加工外未经进一步加工）	Other I sections, of a height exceeding 80mm but less than 200mm (not further worked than hot-rolled, hot-drawn or extruded)	【最】6【普】14 【协东盟】0【协巴基斯坦】5【协智利】0 【协新西兰】0【协秘鲁】0【协哥斯达黎加】0 【协冰岛】0【协瑞士】0【协澳大利亚】0 【协韩国】3【协格鲁吉亚】0【协香港】0 【协澳门】0 【特-1】0【特-2】0【特-3】0 【增】16【对美加征】10【出】0【退】0	千克	A		M		999	80mm ≤ 截面高度 ≤ 200mm 工字钢（除热加工外未经进一步加工）
721633	11		截面高度>800mmH 型钢（除热加工外未经进一步加工）	H sections, of a height exceeding 80mm (not further worked than hot-rolled, hot-drawn or extruded)	【最】6【普】14 【协东盟】0【协巴基斯坦】5【协智利】0 【协新西兰】0【协秘鲁】0【协哥斯达黎加】0 【协冰岛】0【协瑞士】0【协澳大利亚】0 【协韩国】0【协格鲁吉亚】0【协香港】0 【协澳门】0 【特-1】0【特-2】0【特-3】0 【增】16【出】0【退】0	千克	A		M		999	截面高度>800mmH 型钢（除热加工外未经进一步加工）
721633	19		200mm<截面高度 ≤ 800mmH 型钢（除热加工外未经进一步加工）	Other H sections, of a height exceeding 200mm but less than 800mm (not further worked than hot-rolled, hot-drawn or extruded)	【最】6【普】14 【协东盟】0【协巴基斯坦】5【协智利】0 【协新西兰】0【协秘鲁】0【协哥斯达黎加】0 【协冰岛】0【协瑞士】0【协澳大利亚】0 【协韩国】4.4【协格鲁吉亚】0【协香港】0 【协澳门】0 【特-1】0【特-2】0【特-3】0 【增】16【对美加征】10【出】0【退】0	千克	A		M		999	200mm < 截面高度 ≤ 800mmH 型钢（除热加工外未经进一步加工）
721633	90		80mm ≤ 截面高度 ≤ 200mmH 型钢（除热加工外未经进一步加工）	Other I sections, of a height exceeding 80mm but less than 200mm (not further worked than hot-rolled, hot-drawn or extruded)	【最】6【普】14 【协东盟】0【协巴基斯坦】5【协智利】0 【协新西兰】0【协秘鲁】0【协哥斯达黎加】0 【协冰岛】0【协瑞士】0【协澳大利亚】0 【协韩国】3【协格鲁吉亚】0【协香港】0 【协澳门】0 【特-1】0【特-2】0【特-3】0 【增】16【对美加征】10【出】0【退】0	千克	A		M		999	80mm ≤ 截面高度 ≤ 200mmH 型钢（除热加工外未经进一步加工）
721640	10		截面高度 ≥ 80mm 角钢（除热加工外未经进一步加工）	L sections, of a height exceeding 80mm (not further worked than hot-rolled, hot-drawn or extruded)	【最】3【普】17 【协东盟】0【协巴基斯坦】0【协智利】0 【协新西兰】0【协秘鲁】0【协哥斯达黎加】0 【协冰岛】0【协瑞士】0【协澳大利亚】0 【协韩国】0【协格鲁吉亚】0【协香港】0 【协澳门】0 【特-1】0【特-2】0【特-3】0 【增】16【对美加征】10【出】0【退】0	千克	A		M		999	截面高度 ≥ 80mm 角钢（除热加工外未经进一步加工）
721640	20		截面高度 ≥ 80mm 丁字钢（除热加工外未经进一步加工）	T sections, of a height exceeding 80mm (not further worked than hot-rolled, hot-drawn or extruded)	【最】3【普】14 【协东盟】0【协巴基斯坦】0【协智利】0 【协新西兰】0【协秘鲁】0【协哥斯达黎加】0 【协冰岛】0【协瑞士】0【协澳大利亚】0 【协韩国】0【协格鲁吉亚】0【协香港】0 【协澳门】0 【特-1】0【特-2】0【特-3】0 【增】16【出】0【退】0	千克	A		M		999	截面高度 ≥ 80mm 丁字钢（除热加工外未经进一步加工）
721650	10		乙字钢（除热加工外未经进一步加工）	Z sections (not further worked than hot-rolled, hot-drawn or extruded)	【最】6【普】14 【协东盟】0【协巴基斯坦】5【协智利】0 【协新西兰】0【协秘鲁】0【协哥斯达黎加】0 【协冰岛】0【协瑞士】0【协澳大利亚】0 【协韩国】0【协格鲁吉亚】0【协香港】0 【协澳门】0 【特-1】0【特-2】0【特-3】0 【增】16【出】0【退】0	千克					999	乙字钢（除热加工外未经进一步加工）

税则号列 HS国际统一前6位	本国子目 7~8位	本国子目 9~10位	货品名称中英文 中文 货物名称	英文 Article Description	税费综合信息	计量单位	监管证件代码 进口	监管证件代码 出口	检验检疫类别 进口	检验检疫类别 出口	检验检疫编码	检验检疫编码对应中文名称
721650	20		球扁钢（除热加工外未经进一步加工）	Flat-bulb steel (not further worked than hot-rolled, hot-drawn or extruded)	【最】3【普】20 【协东盟】0【协巴基斯坦】0【协智利】0 【协新西兰】0【协秘鲁】0【协哥斯达黎加】0 【协冰岛】0【协瑞士】0【协澳大利亚】0 【协韩国】0【协格鲁吉亚】0【协香港】0 【协澳门】0 【特-1】0【特-2】0【特-3】0 【增】16【出】0【退】0	千克					999	球扁钢（除热加工外未经进一步加工）
721650	90		其他角材、型材及异型材（除热加工外未经进一步加工）	Other angles, shapes and sections (not further worked than hot-rolled, hot-drawn or extruded)	【最】3【普】20 【协东盟】0【协巴基斯坦】0【协智利】0 【协新西兰】0【协秘鲁】0【协哥斯达黎加】0 【协冰岛】0【协瑞士】0【协澳大利亚】0 【协韩国】0【协格鲁吉亚】0【协香港】0 【协澳门】0 【特-1】0【特-2】0【特-3】0 【增】16【对美加征】10【出】0【退】0	千克					101 102 103	其他角材、型材及异型材（除热加工外未经进一步加工）（方钢） 其他角材、型材及异型材（除热加工外未经进一步加工）（其他型钢） 其他角材、型材及异型材（除热加工外未经进一步加工）（其他异型钢）
721661	00		平板轧材制的角材、型材及异型材（除冷加工外未经进一步加工）	Other angles, shapes and sections, obtained from flat-rolled products (not further worked than cold-formed or cold-finished from flatrolled products)	【最】3【普】20 【协东盟】0【协巴基斯坦】0【协智利】0 【协新西兰】0【协秘鲁】0【协哥斯达黎加】0 【协冰岛】0【协瑞士】0【协澳大利亚】0 【协韩国】0【协格鲁吉亚】0【协香港】0 【协澳门】0 【特-1】0【特-2】0【特-3】0 【增】16【出】0【退】0	千克					101 102 103	平板轧材制的角材、型材及异型材（除冷加工外未经进一步加工）（方钢） 平板轧材制的角材、型材及异型材（除冷加工外未经进一步加工）（其他型钢） 平板轧材制的角材、型材及异型材（除冷加工外未经进一步加工）（其他异型钢）
721669	00		冷加工的角材、型材及异型材（除冷加工外未经进一步加工）	Other angles, shapes and sections (not further worked than cold-formed or cold-finished from flatrolled products)	【最】3【普】20 【协东盟】0【协巴基斯坦】0【协智利】0 【协新西兰】0【协秘鲁】0【协哥斯达黎加】0 【协冰岛】0【协瑞士】0【协澳大利亚】0 【协韩国】0【协格鲁吉亚】0【协香港】0 【协澳门】0 【特-1】0【特-2】0【特-3】0 【增】16【对美加征】10【出】0【退】0	千克					101 102 103	冷加工的角材、型材及异型材（除冷加工外未经进一步加工）（方钢） 冷加工的角材、型材及异型材（除冷加工外未经进一步加工）（其他型钢） 冷加工的角材、型材及异型材（除冷加工外未经进一步加工）（其他异型钢）
721691	00		其他平板轧材制角材、型材、异型材（冷成型或冷加工制的）	Other angles, shapes and sections, obtained from other-rolled products (cold-formed or cold-finished from flatrolled products)	【最】3【普】20 【协东盟】0【协巴基斯坦】0【协智利】0 【协新西兰】0【协秘鲁】0【协哥斯达黎加】0 【协冰岛】0【协瑞士】0【协澳大利亚】0 【协韩国】0【协格鲁吉亚】0【协香港】0 【协澳门】0 【特-1】0【特-2】0【特-3】0 【增】16【对美加征】10【出】0【退】0	千克					101 102 103	其他平板轧材制角材、型材、异型材（冷成型或冷加工制的）（方钢） 其他平板轧材制角材、型材、异型材（冷成型或冷加工制的）（其他型钢） 其他平板轧材制角材、型材、异型材（冷成型或冷加工制的）（其他异型钢）
721699	00		其他角材、型材及异型材（除冷加工或热加工外经进一步加工）	Other angles, shapes and sections (further worked than cold-formed or cold-finished from flatrolled products or hot-rolled, hot-drawn or extruded)	【最】3【普】20 【协东盟】0【协巴基斯坦】0【协智利】0 【协新西兰】0【协秘鲁】0【协哥斯达黎加】0 【协冰岛】0【协瑞士】0【协澳大利亚】0 【协韩国】0【协格鲁吉亚】0【协香港】0 【协澳门】0 【特-1】0【特-2】0【特-3】0 【增】16【对美加征】10【出】0【退】0	千克					101 102 103	其他角材、型材及异型材（除冷加工或热加工外经进一步加工）（方钢） 其他角材、型材及异型材（除冷加工或热加工外经进一步加工）（其他型钢） 其他角材、型材及异型材（除冷加工或热加工外经进一步加工）（其他异型钢）

税则号列			货品名称中英文		税费综合信息	计量单位	监管证件代码		检验检疫类别		检验检疫编码	检验检疫编码对应中文名称
HS国际统一前6位	本国子目 7~8位	9~10位	中文 货物名称	英文 Article Description			进口	出口	进口	出口		
721710	00		未镀或涂层的铁或非合金钢丝（不论是否抛光）	Wire of iron or non-alloy steel, not plated or coated, whether or not polished	【最】8【普】40 【协东盟】0【协巴基斯坦】5【协智利】0 【协新西兰】0【协秘鲁】0【协台湾】0 【协哥斯达黎加】0【协冰岛】0【协瑞士】0 【协澳大利亚】0【协格鲁吉亚】0【协香港】0 【协澳门】0 【特-1】0【特-2】0【特-3】0 【增】16【对美加征】10【出】0【退】0	千克					999	未镀或涂层的铁或非合金钢丝（不论是否抛光）
721720	00		镀或涂锌的铁或非合金钢丝	Wire of iron or non-alloy steel, plated or coated with zinc	【最】8【普】40 【协东盟】0【协巴基斯坦】5【协智利】0 【协新西兰】0【协秘鲁】0【协哥斯达黎加】0 【协冰岛】0【协瑞士】0【协澳大利亚】0 【协韩国】4【协格鲁吉亚】0【协香港】0 【协澳门】0 【特-1】0【特-2】0【特-3】0 【增】16【对美加征】10【出】0【退】10	千克					999	镀或涂锌的铁或非合金钢丝
721730	10		镀或涂铜的铁或非合金钢丝	Wire of iron or non-alloy steel, plated or coated with copper	【最】8【普】40 【协亚太】6.4【协东盟】0【协巴基斯坦】5 【协智利】0【协新西兰】0【协秘鲁】0 【协哥斯达黎加】0【协冰岛】0【协瑞士】0 【协澳大利亚】0【协韩国】6.4 【协格鲁吉亚】0【协香港】0【协澳门】0 【特-1】0【特-2】0【特-3】0 【增】16【对美加征】10【出】0【退】10	千克					999	镀或涂铜的铁或非合金钢丝
721730	90		镀或涂其他贱金属的铁或非合金钢	Wire of iron or non-alloy steel, plated or coated with other base metals	【最】8【普】40 【协亚太】6.4【协东盟】0【协巴基斯坦】5 【协智利】0【协新西兰】0【协秘鲁】0 【协哥斯达黎加】0【协冰岛】0【协瑞士】0 【协澳大利亚】0【协韩国】5.3 【协格鲁吉亚】0【协香港】0【协澳门】0 【特-1】0【特-2】0【特-3】0 【增】16【对美加征】10【出】0【退】13	千克					999	镀或涂其他贱金属的铁或非合金钢丝
721790	00		其他铁丝或非合金钢丝	Other wire of iron or non-alloy steel	【最】8【普】40 【协东盟】0【协香港】0【协巴基斯坦】5 【协智利】0【协新西兰】0【协秘鲁】0 【协哥斯达黎加】0【协冰岛】0【协瑞士】0 【协澳大利亚】0【协韩国】4 【协格鲁吉亚】0 【特-1】0【特-2】0【特-3】0 【增】16【对美加征】10【出】0【退】0	千克					101 102	其他铁丝或非合金钢丝（表面有镀层铁丝或钢丝） 其他铁丝或非合金钢丝（其他线材）
721810	00		不锈钢锭及其他初级形状产品	Stainless steel in ingots and other primary forms	【最】2【普】11 【协东盟】0【协巴基斯坦】0【协智利】0 【协新西兰】0【协秘鲁】0【协哥斯达黎加】0 【协冰岛】0【协瑞士】0【协澳大利亚】0 【协韩国】0【协格鲁吉亚】0【协香港】0 【协澳门】0 【特-1】0【特-2】0【特-3】0 【增】16【对美加征】10【出】0 【退】0	千克					999	不锈钢锭及其他初级形状产品
721891	00		矩形截面的不锈钢半制成品（正方形截面除外）	Semi-finished products of stainless steel, of rectangular (other than square) crosssection	【最】2【普】11 【协东盟】0【协巴基斯坦】0【协智利】0 【协新西兰】0【协秘鲁】0【协哥斯达黎加】0 【协冰岛】0【协瑞士】0【协澳大利亚】0 【协韩国】0.4【协格鲁吉亚】0【协香港】0 【协澳门】0 【特-1】0【特-2】0【特-3】0 【增】16【对美加征】10【出】0 【退】0	千克					999	矩形截面的不锈钢半制成品（正方形截面除外）
721899	00		其他不锈钢半制成品	Other semi-finished products of stainless steel	【最】2【普】11 【协东盟】0【协巴基斯坦】0【协智利】0 【协新西兰】0【协秘鲁】0【协哥斯达黎加】0 【协冰岛】0【协瑞士】0【协澳大利亚】0 【协韩国】0.4【协格鲁吉亚】0【协香港】0 【协澳门】0 【特-1】0【特-2】0【特-3】0 【增】16【对美加征】10【出】0 【退】0	千克					999	其他不锈钢半制成品

税则号列			货品名称中英文		税费综合信息	计量单位	监管证件代码		检验检疫类别		检验检疫编码	检验检疫编码对应中文名称
HS国际统一前6位	本国子目7~8位	本国子目9~10位	中文 货物名称	英文 Article Description			进口	出口	进口	出口		
721911	00		厚度＞10mm热轧不锈钢卷板（除热轧外未经进一步加工，宽度≥600mm）	Rolled products of stainless steel, of a width of 600mm or more, of a thickness exceeding 10mm, (not further worked than hot-rolled, hot-drawn or extruded)	【最】4【普】14 【协东盟】0【协巴基斯坦】0【协智利】0 【协新西兰】0【协秘鲁】0【协哥斯达黎加】0 【协冰岛】0【协瑞士】0【协澳大利亚】0 【协韩国】0.8【协格鲁吉亚】0【协香港】0 【协澳门】0 【特-1】0【特-2】0【特-3】0 【增】16【对美加征】10【出】0【退】13	千克	A		M		999	厚度>10mm热轧不锈钢卷板（除热轧外未经进一步加工，宽度≥600mm）
721912	00		4.75mm≤厚≤10mm热轧不锈钢卷板（除热轧外未经进一步加工，宽度≥600mm）	Rolled products of stainless steel, of a thickness of 4.75mm or more but not exceeding 10mm (not further worked than hot-rolled, hot-drawn or extruded, of a width of 600mm or more)	【最】4【普】14 【协东盟】0【协巴基斯坦】0【协智利】0 【协新西兰】0【协秘鲁】0【协台湾】0 【协哥斯达黎加】0【协冰岛】0【协瑞士】0 【协香港】0【协澳门】0 【协澳大利亚】0【协韩国】2.4【协格鲁吉亚】0 【特-1】0【特-2】0【特-3】0 【增】16【对美加征】10【出】0【退】13	千克	A		M		999	4.75mm≤厚≤10mm热轧不锈钢卷板（除热轧外未经进一步加工，宽度≥600mm）
721913	12		3mm≤厚<4.75mm未经酸洗的热轧不锈钢卷板（除热轧外未经进一步加工，宽度≥600mm，含锰≥5.5%，铬锰系不锈钢）	Rolled products of stainless steel, of a thickness of 3mm or more but not exceeding 4.75mm, containing more than 5.5% by weight of manganese of Ferro-chromium-manganese steel (not further worked than hot-rolled, hot-drawn or extruded, of a width of 600mm)	【最】4【普】14 【协东盟】0【协巴基斯坦】0【协智利】0 【协新西兰】0【协秘鲁】0【协哥斯达黎加】0 【协冰岛】0【协瑞士】0【协澳大利亚】0 【协韩国】0【协格鲁吉亚】0【协香港】0 【协澳门】0 【特-1】0【特-2】0【特-3】0 【增】16【出】0【退】0	千克					999	3mm≤厚<4.75mm未经酸洗的热轧不锈钢卷板（除热轧外未经进一步加工，宽度≥600mm，含锰≥5.5%，铬锰系不锈钢）
721913	19		3mm≤厚<4.75mm未经酸洗的其他热轧不锈钢卷板（除热轧外未经进一步加工，宽度≥600mm）	Other rolled products of stainless steel, of a thickness of 3mm or more but not exceeding 4.75mm (not further worked than hot-rolled, hot-drawn or extruded, of a width of 600mm or more)	【最】4【普】14 【协东盟】0【协巴基斯坦】0【协智利】0 【协新西兰】0【协秘鲁】0【协台湾】0 【协哥斯达黎加】0【协冰岛】0【协瑞士】0 【协澳大利亚】0【协韩国】2.4【协格鲁吉亚】0 【协香港】0【协澳门】0 【特-1】0【特-2】0【特-3】0 【增】16【对美加征】10【出】0【退】13	千克	A		M		999	3mm≤厚<4.75mm未经酸洗的其他热轧不锈钢卷板（除热轧外未经进一步加工，宽度≥600mm）
721913	22		3mm≤厚<4.75mm经酸洗的热轧不锈钢卷板（除热轧外未经进一步加工，宽度≥600mm，含锰≥5.5%，铬锰系不锈钢）	Other rolled products of stainless steel, of a thickness of 3mm or more but not exceeding 4.75mm (not further worked than hot-rolled, hot-drawn or extruded, of a width of 600mm or more, containing more than 5.5% by weight of manganese of Ferrochromiumm)	【最】4【普】14 【协东盟】0【协巴基斯坦】0【协智利】0 【协新西兰】0【协秘鲁】0【协哥斯达黎加】0 【协冰岛】0【协瑞士】0【协澳大利亚】0 【协韩国】0【协格鲁吉亚】0【协香港】0 【协澳门】0 【特-1】0【特-2】0【特-3】0 【增】16【出】0【退】0	千克					999	3mm≤厚<4.75mm经酸洗的热轧不锈钢卷板（除热轧外未经进一步加工，宽度≥600mm，含锰≥5.5%，铬锰系不锈钢）
721913	29		3mm≤厚<4.75mm经酸洗的其他热轧不锈钢卷板（除热轧外未经进一步加工，宽度≥600mm）	Other rolled products of stainless steel, of a thickness of 3mm or more but not exceeding 4.75mm (not further worked than hot-rolled, hot-drawn or extruded, of a width of 600mm or more)	【最】4【普】14 【协东盟】0【协巴基斯坦】0【协智利】0 【协新西兰】0【协秘鲁】0【协台湾】0 【协哥斯达黎加】0【协冰岛】0【协瑞士】0 【协澳大利亚】0【协韩国】2.4【协格鲁吉亚】0 【协香港】0【协澳门】0 【特-1】0【特-2】0【特-3】0 【增】16【对美加征】10【出】0【退】13	千克	A		M		999	3mm≤厚<4.75mm经酸洗的其他热轧不锈钢卷板（除热轧外未经进一步加工，宽度≥600mm）

税则号列 HS国际统一前6位	本国子目 7~8位	本国子目 9~10位	货品名称中英文 中文 货物名称	货品名称中英文 英文 Article Description	税费综合信息	计量单位	监管证件代码 进口	监管证件代码 出口	检验检疫类别 进口	检验检疫类别 出口	检验检疫编码	检验检疫编码对应中文名称
721914	12		厚度<3mm未经酸洗的热轧不锈钢卷板(除热轧外未经进一步加工，宽度≥600mm，含锰≥5.5%，铬锰系不锈钢)	Other rolled products of stainless steel, of a thickness of less than 3mm (not further worked than hot-rolled, hot-drawn or extruded, of a width of 600mm or more, containing more than 5.5% by weight of manganese of Ferro-chromium-manganese steel)	【最】4【普】14 【协东盟】0【协巴基斯坦】0【协智利】0 【协新西兰】0【协秘鲁】0【协哥斯达黎加】0 【协冰岛】0【协瑞士】0【协澳大利亚】0 【协韩国】0【协格鲁吉亚】0【协香港】0 【协澳门】0 【特-1】0【特-2】0【特-3】0 【增】16【出】0【退】0	千克					999	厚度<3mm未经酸洗的热轧不锈钢卷板(除热轧外未经进一步加工，宽度≥600mm，含锰≥5.5%，铬锰系不锈钢)
721914	19		厚度<3mm未经酸洗的其他热轧不锈钢卷板(除热轧外未经进一步加工，宽度≥600mm)	Other rolled products of stainless steel, of a thickness of less than 3mm (not further worked than hot-rolled, hot-drawn or extruded, of a width of 600mm or more)	【最】4【普】14 【协东盟】0【协巴基斯坦】0【协智利】0 【协新西兰】0【协秘鲁】0【协哥斯达黎加】0 【协冰岛】0【协瑞士】0【协澳大利亚】0 【协韩国】0【协格鲁吉亚】0【协香港】0 【协澳门】0 【特-1】0【特-2】0【特-3】0 【增】16【对美加征】10【出】0【退】13	千克	A		M		999	厚度<3mm未经酸洗的其他热轧不锈钢卷板(除热轧外未经进一步加工，宽度≥600mm)
721914	22		厚度<3mm经酸洗的热轧不锈钢卷板(除热轧外未经进一步加工，宽度≥600mm，含锰≥5.5%，铬锰系不锈钢)	Other rolled products of stainless steel, of a thickness of less than 3mm (not further worked than hot-rolled, hot-drawn or extruded, of a width of 600mm or more, containing more than 5.5% by weight of manganese of Ferro-chromium-manganese steel)	【最】4【普】14 【协东盟】0【协巴基斯坦】0【协智利】0 【协新西兰】0【协秘鲁】0【协哥斯达黎加】0 【协冰岛】0【协瑞士】0【协澳大利亚】0 【协韩国】0【协格鲁吉亚】0【协香港】0 【协澳门】0 【特-1】0【特-2】0【特-3】0 【增】16【出】0【退】0	千克					999	厚度<3mm经酸洗的热轧不锈钢卷板(除热轧外未经进一步加工，宽度≥600mm，含锰≥5.5%，铬锰系不锈钢)
721914	29		厚度<3mm经酸洗的其他热轧不锈钢卷板(除热轧外未经进一步加工，宽度≥600mm)	Other rolled products of stainless steel, of a thickness of less than 3mm (not further worked than hot-rolled, hot-drawn or extruded, of a width of 600mm or more)	【最】4【普】14 【协东盟】0【协巴基斯坦】0【协智利】0 【协新西兰】0【协秘鲁】0【协哥斯达黎加】0 【协冰岛】0【协瑞士】0【协澳大利亚】0 【协韩国】0【协格鲁吉亚】0【协香港】0 【协澳门】0 【特-1】0【特-2】0【特-3】0 【增】16【出】0【退】13	千克	A		M		999	厚度<3mm经酸洗的其他热轧不锈钢卷板(除热轧外未经进一步加工，宽度≥600mm)
721921	00		厚度>10mm热轧不锈钢平板(除热轧外未经进一步加工，宽度≥600mm)	Flat-rolled products stainless steel, of a width of more than 600mm, of a thickness exceeding 10mm (not further worked than hot-rolled, hot-drawn)	【最】6【普】40 【协亚太】5.6【协东盟】0【协香港】0 【协巴基斯坦】5【协智利】0【协新西兰】0 【协新加坡】0【协秘鲁】0【协哥斯达黎加】0 【协冰岛】0【协瑞士】0【协澳大利亚】0 【协韩国】6.6【协格鲁吉亚】0 【特-1】0【特-2】0 【增】16【对美加征】5【出】0【退】13	千克	A		M		999	厚度>10mm热轧不锈钢平板(除热轧外未经进一步加工，宽度≥600mm)
721922	00		4.75mm≤厚≤10mm热轧不锈钢平板(除热轧外未经进一步加工，宽度≥600mm)	Flat-rolled products stainless steel, of a thickness of more than 4.75mm but less than 10mm, of a width exceeding 600mm (not further worked than hot-rolled, hot-drawn)	【最】6【普】40 【协亚太】5.6【协东盟】0【协香港】0 【协巴基斯坦】5【协智利】0【协新西兰】0 【协新加坡】0【协秘鲁】0【协哥斯达黎加】0 【协冰岛】0【协瑞士】0【协澳大利亚】0 【协韩国】7.5【协格鲁吉亚】0 【特-1】0【特-2】0 【增】16【对美加征】10【出】0【退】13	千克	A		M		999	4.75mm≤厚≤10mm热轧不锈钢平板(除热轧外未经进一步加工，宽度≥600mm)
721923	00		3mm≤厚<4.75mm热轧不锈钢平板(除热轧外未经进一步加工，宽度≥600mm)	Flat-rolled products stainless steel, of a thickness of 3mm or more but less than 4.75mm, of a width exceeding 600mm (not further worked than hot-rolled, hot-drawn)	【最】6【普】40 【协亚太】5.6【协东盟】0【协巴基斯坦】5 【协智利】0【协新西兰】0【协新加坡】0 【协秘鲁】0【协台湾】0【协哥斯达黎加】0 【协冰岛】0【协瑞士】0【协澳大利亚】0 【协韩国】6.6【协格鲁吉亚】0【协香港】0 【协澳门】0 【特-1】0【特-2】0 【增】16【对美加征】10【出】0【退】13	千克	A		M		999	3mm≤厚<4.75mm热轧不锈钢平板(除热轧外未经进一步加工，宽度≥600mm)

税则号列			货品名称中英文		税费综合信息	计量单位	监管证件代码		检验检疫类别		检验检疫编码	检验检疫编码对应中文名称
HS国际统一前6位	本国子目 7~8位	9~10位	中文 货物名称	英文 Article Description			进口	出口	进口	出口		
721924	10		1mm＜厚度＜3mm热轧不锈钢平板（除热轧外未经进一步加工，宽度≥600mm）	Flat-rolled products stainless steel, of a thickness exceeding 1mm but less than 3mm, of a width exceeding 600mm (not further worked than hot-rolled, hot-drawn)	【最】6【普】40 【协亚太】5.6【协东盟】0【协巴基斯坦】5 【协智利】0【协新西兰】0【协新加坡】0 【协秘鲁】0【协台湾】0【协哥斯达黎加】0 【协冰岛】0【协瑞士】0【协澳大利亚】0 【协韩国】6.6【协格鲁吉亚】0【协香港】0 【协澳门】0 【特-1】0【特-2】0 【增】16【对美加征】10【出】0【退】13	千克	A		M		999	1mm<厚度<3mm热轧不锈钢平板（除热轧外未经进一步加工，宽度≥600mm）
721924	20		0.5mm≤厚≤1mm热轧不锈钢平板（除热轧外未经进一步加工，宽度≥600mm）	Flat-rolled products stainless steel, of a thickness of 0.5mm or more but not exceeding 1mm, of a width exceeding 600mm (not further worked than hot-rolled, hot-drawn)	【最】6【普】40 【协亚太】5.6【协东盟】0【协巴基斯坦】5 【协智利】0【协新西兰】0【协新加坡】0 【协秘鲁】0【协哥斯达黎加】0【协冰岛】0 【协瑞士】0【协澳大利亚】0【协韩国】7.5 【协格鲁吉亚】0【协香港】0【协澳门】0 【特-1】0【特-2】0 【增】16【对美加征】5【出】0【退】13	千克	A		M		999	0.5mm≤厚≤1mm热轧不锈钢平板（除热轧外未经进一步加工，宽度≥600mm）
721924	30		厚度＜0.5mm热轧不锈钢平板（除热轧外未经进一步加工，宽度≥600mm）	Flat-rolled products stainless steel, of a thickness of less than 0.5mm, of a width exceeding 600mm (not further worked than hot-rolled, hot-drawn)	【最】6【普】40 【协亚太】5.6【协东盟】0【协巴基斯坦】5 【协智利】0【协新西兰】0【协新加坡】0 【协秘鲁】0【协哥斯达黎加】0【协冰岛】0 【协瑞士】0【协澳大利亚】0【协韩国】6.6 【协格鲁吉亚】0【协香港】0【协澳门】0 【特-1】0【特-2】0 【增】16【对美加征】10【出】0【退】13	千克	A		M		999	厚度<0.5mm热轧不锈钢平板（除热轧外未经进一步加工，宽度≥600mm）
721931	00		厚度≥4.75mm冷轧不锈钢板（除冷轧外未经进一步加工，宽度≥600mm）	Flat-rolled products stainless steel, of a thickness of 4.75mm or more, of a width exceeding 600mm, (not further worked than cold-formed or cold-finished from flatrolled products)	【最】6【普】40 【协东盟】0【协巴基斯坦】5【协智利】0 【协新西兰】0【协新加坡】0【协秘鲁】0 【协台湾】0【协哥斯达黎加】0【协冰岛】0 【协瑞士】0【协澳大利亚】0【协韩国】5 【协格鲁吉亚】0【协香港】0【协澳门】0 【特-1】0【特-2】0 【增】16【对美加征】10【出】0【退】13	千克	A		M		999	厚度≥4.75mm冷轧不锈钢板（除冷轧外未经进一步加工，宽度≥600mm）
721932	00		3mm≤厚＜4.75mm冷轧不锈钢板材（除冷轧外未经进一步加工，宽度≥600mm）	Flat-rolled products stainless steel, of a thickness of 3mm or more but less than 4.75mm (not further worked than cold-formed or cold-finished from flatrolled products)	【最】6【普】40 【协东盟】0【协巴基斯坦】5【协智利】0 【协新西兰】0【协新加坡】0【协秘鲁】0 【协台湾】0【协哥斯达黎加】0【协冰岛】0 【协瑞士】0【协澳大利亚】0【协韩国】5 【协格鲁吉亚】0【协香港】0【协澳门】0 【特-1】0【特-2】0 【增】16【对美加征】10【出】0【退】13	千克	A		M		999	3mm≤厚<4.75mm冷轧不锈钢板材（除冷轧外未经进一步加工，宽度≥600mm）
721933	10		1mm＜厚＜3mm，按重量计含锰量在5.5%及以上的铬锰系不锈钢（除冷轧外未经进一步加工，宽度≥600mm）	Stainless Chromemanganese steel containing by weight more than 10% of manganese, of a thickness of 1mm or more but less than 3mm (not further worked than cold-formed or cold-finished from flatrolled products, of a width exceeding 600mm)	【最】6【普】40 【协东盟】0【协香港】0【协巴基斯坦】5 【协智利】0【协新西兰】0【协新加坡】0 【协秘鲁】0【协台湾】0【协哥斯达黎加】0 【协冰岛】0【协瑞士】0【协澳大利亚】0 【协韩国】5【协格鲁吉亚】0 【特-1】0【特-2】0 【增】16【对美加征】5【出】0【退】13	千克					101 102	1mm<厚<3mm，按重量计含锰量在5.5%及以上的铬锰系不锈钢（除冷轧外未经进一步加工，宽度≥600mm）（硅锰铁） 1mm<厚<3mm，按重量计含锰量在5.5%及以上的铬锰系不锈钢（除冷轧外未经进一步加工，宽度≥600mm）（冷轧不锈钢板）
721933	90		其他1mm＜厚＜3mm冷轧不锈钢板材（除冷轧外未经进一步加工，宽度≥600mm）	Other flat-rolled products stainless steel, of a thickness of 1mm or more but less than 3mm (not further worked than cold-formed or cold-finished from flatrolled products, of a width exceeding 600mm)	【最】6【普】40 【协东盟】0【协香港】0【协巴基斯坦】5 【协智利】0【协新西兰】0【协新加坡】0 【协秘鲁】0【协台湾】0【协哥斯达黎加】0 【协冰岛】0【协瑞士】0【协澳大利亚】0 【协韩国】6.6【协格鲁吉亚】0 【特-1】0【特-2】0 【增】16【对美加征】10【出】0【退】13	千克	A		M		999	其他1mm<厚<3mm冷轧不锈钢板材（除冷轧外未经进一步加工，宽度≥600mm）

税则号列			货品名称中英文		税费综合信息	计量单位	监管证件代码		检验检疫类别		检验检疫编码	检验检疫编码对应中文名称
HS 国际统一前6位	本国子目 7~8位	9~10位	中文 货物名称	英文 Article Description			进口	出口	进口	出口		
721934	00		0.5mm≤厚≤1mm 冷轧不锈钢板材（除冷轧外未经进一步加工，宽度≥600mm)	Other flat-rolled products stainless steel, of a thickness of 0.5mm or more but not exceeding 1mm(not further worked than cold-formed or cold-finished from flatrolled products, of a width exceeding 600mm)	【最】6【普】40 【协东盟】0【协香港】0【协巴基斯坦】5 【协智利】0【协新西兰】0【协新加坡】0 【协秘鲁】0【协台湾】0【协哥斯达黎加】0 【协冰岛】0【协瑞士】0【协澳大利亚】0 【协韩国】7.5【协格鲁吉亚】0 【特-1】0【特-2】0 【增】16【对美加征】10【出】0【退】13	千克	A		M		999	0.5mm≤厚≤1mm 冷轧不锈钢板材（除冷轧外未经进一步加工，宽度≥600mm)
721935	00		厚度<0.5mm冷轧不锈钢板材（除冷轧外未经进一步加工，宽度≥600mm)	Other flat-rolled products stainless steel, of a thickness of less than 0.5mm, (not further worked than cold-formed or cold-finished from flatrolled products, of a width exceeding 600mm)	【最】6【普】40 【协东盟】0【协香港】0【协巴基斯坦】5 【协智利】0【协新西兰】0【协新加坡】0 【协秘鲁】0【协台湾】0【协哥斯达黎加】0 【协冰岛】0【协瑞士】0【协澳大利亚】0 【协韩国】7.5【协格鲁吉亚】0 【特-1】0【特-2】0 【增】16【对美加征】10【出】0【退】13	千克	A		M		999	厚度<0.5mm 冷轧不锈钢板材（除冷轧外未经进一步加工，宽度≥600mm)
721990	00		其他不锈钢冷轧板材（热轧或冷轧后经进一步加工，非卷材，宽度≥600mm)	Other flat-rolled products stainless steel, (further worked than cold-formed or cold-finished from flatrolled products or hot-rolled, hot-drawn, of a width exceeding 600mm)	【最】6【普】40 【协东盟】0【协巴基斯坦】5【协智利】0 【协新西兰】0【协新加坡】0【协秘鲁】0 【协台湾】0【协哥斯达黎加】0【协冰岛】0 【协瑞士】0【协澳大利亚】0【协韩国】5 【协格鲁吉亚】0【协香港】0【协澳门】0 【特-1】0【特-2】0 【增】16【对美加征】5【出】0【退】13	千克	A		M		999	其他不锈钢冷轧板材（热轧或冷轧后经进一步加工，非卷材，宽度≥600mm)
722011	00		热轧不锈钢带材，厚度≥4.75mm(除热轧外未经进一步加工，宽度<600mm)	Flat-rolled products stainless steel, of a thickness of 4.75mm or more, of a width less than 600mm, (not further worked than hot-rolled, hot-drawn)	【最】6【普】20 【协东盟】0【协香港】0【协巴基斯坦】5 【协智利】0【协新西兰】0【协新加坡】0 【协秘鲁】0【协哥斯达黎加】0【协冰岛】0 【协瑞士】0【协澳大利亚】0【协格鲁吉亚】0 【特-1】0【特-2】0 【增】16【对美加征】10【出】0【退】10	千克	A		M		999	热轧不锈钢带材，厚度≥4.75mm(除热轧外未经进一步加工，宽度<600mm)
722012	00		热轧不锈钢带材，厚度<4.75mm(除热轧外未经进一步加工，宽度<600mm)	Flat-rolled products stainless steel, of a thickness of less than 4.75mm, of a width less than 600mm (not further worked than hot-rolled, hot-drawn)	【最】6【普】20 【协东盟】0【协巴基斯坦】5【协智利】0 【协新西兰】0【协新加坡】0【协秘鲁】0 【协哥斯达黎加】0【协冰岛】0【协瑞士】0 【协澳大利亚】0【协韩国】5【协格鲁吉亚】0 【协香港】0【协澳门】0 【特-1】0【特-2】0 【增】16【对美加征】5【出】0【退】10	千克	A		M		999	热轧不锈钢带材厚度<4.75mm(除热轧外未经进一步加工，宽度<600mm)
722020	20		厚度≤0.35mm 冷轧不锈钢带材（除冷轧外未经进一步加工，宽度<600mm)	Flat-rolled products stainless steel, of a thickness of 0.35mm or less, of a width less than 600mm (not further worked than cold-formed or cold-finished from flatrolled products)	【最】6【普】20 【协东盟】0【协巴基斯坦】5【协智利】0 【协新西兰】0【协新加坡】0【协秘鲁】0 【协哥斯达黎加】0【协冰岛】0【协瑞士】0 【协澳大利亚】0【协韩国】6.6【协格鲁吉亚】0 【协香港】0【协澳门】0 【特-1】0【特-2】0 【增】16【对美加征】10【出】0【退】10	千克	A		M		999	厚度≤0.35mm 冷轧不锈钢带材（除冷轧外未经进一步加工，宽度<600mm)
722020	30		0.35mm<厚度<3mm 的冷轧不锈钢带材（除冷轧外未经进一步加工，宽度<600mm)	Flat-rolled products stainless steel, of a thickness of more than 0.35mm but less than 3mm, of a width less than 600mm (not further worked than cold-formed or cold-finished from flatrolled products)	【最】6【普】20 【协东盟】0【协巴基斯坦】5【协智利】0 【协新西兰】0【协新加坡】0【协秘鲁】0 【协哥斯达黎加】0【协冰岛】0【协瑞士】0 【协澳大利亚】0【协韩国】6.6【协格鲁吉亚】0 【协香港】0【协澳门】0 【特-1】0【特-2】0 【增】16【对美加征】10【出】0【退】10	千克	A		M		999	0.35mm<厚度<3mm 的冷轧不锈钢带材（除冷轧外未经进一步加工，宽度<600mm)

税则号列 HS国际统一前6位	本国子目 7~8位	本国子目 9~10位	货品名称中英文 中文 货物名称	货品名称中英文 英文 Article Description	税费综合信息	计量单位	监管证件代码 进口	监管证件代码 出口	检验检疫类别 进口	检验检疫类别 出口	检验检疫编码	检验检疫编码对应中文名称
722020	40		厚度≥3mm的冷轧不锈钢带材（除冷轧外未经进一步加工，宽度<600mm）	Other flat-rolled products stainless steel, of a thickness 3mm or more, of a width less than 600mm (not further worked than cold-formed or cold-finished from flatrolled products)	【最】6【普】20 【协东盟】0【协巴基斯坦】5【协智利】0 【协新西兰】0【协新加坡】0【协秘鲁】0 【协哥斯达黎加】0【协冰岛】0【协瑞士】0 【协澳大利亚】0【协韩国】5【协格鲁吉亚】0 【协香港】0【协澳门】0 【特-1】0【特-2】0 【增】16【对美加征】10【出】0【退】10	千克	A		M		999	厚度≥3mm的冷轧不锈钢带材（除冷轧外未经进一步加工，宽度<600mm）
722090	00		其他不锈钢带材（热轧或冷轧后经进一步加工，宽度<600mm）	Other flat-rolled products stainless steel, of a width less than 600mm (further worked than cold-formed or cold-finished from flatrolled products or hot-rolled, hot-drawn)	【最】6【普】20 【协东盟】0【协巴基斯坦】5【协智利】0 【协新西兰】0【协新加坡】0【协秘鲁】0 【协台湾】0【协哥斯达黎加】0【协冰岛】0 【协瑞士】0【协澳大利亚】0【协韩国】5 【协格鲁吉亚】0【协香港】0【协澳门】0 【特-1】0【特-2】0 【增】16【对美加征】5【出】0【退】10	千克	A		M		101 102	其他不锈钢带材（热轧或冷轧后经进一步加工，宽度<600mm）(冷轧不锈钢板) 其他不锈钢带材（热轧或冷轧后经进一步加工，宽度<600mm）(热轧不锈钢板)
722100	00		不锈钢热轧条、杆（不规则盘卷的不锈钢热轧条、杆）	Bars and rods, hot-rolled, in irregularly wound coils, of stainless steel	【最】6【普】20 【协亚太】4.8【协东盟】0【协巴基斯坦】5 【协智利】0【协新西兰】0【协新加坡】0 【协秘鲁】0【协哥斯达黎加】0【协冰岛】0 【协瑞士】0【协澳大利亚】0【协韩国】8.4 【协格鲁吉亚】0【协香港】0【协澳门】0 【特-1】0【特-2】0 【增】16【对美加征】10【出】0【退】13	千克	A		M		999	不锈钢热轧条、杆（不规则盘卷的不锈钢热轧条、杆）
722211	00		圆形截面的热加工不锈钢条、杆（除热加工外未经进一步加工）	Other bars and rods of stainless steel, of circular cross-section (not further worked than hot-rolled, hot-drawn)	【最】6【普】40 【协亚太】5.4【协东盟】0【协巴基斯坦】5 【协智利】0【协新西兰】0【协新加坡】0 【协秘鲁】0【协哥斯达黎加】0【协冰岛】0 【协瑞士】0【协澳大利亚】0【协韩国】9.2 【协格鲁吉亚】0【协香港】0【协澳门】0 【特-1】0【特-2】0 【增】16【对美加征】10【出】0【退】10	千克	A		M		999	圆形截面的热加工不锈钢条、杆（除热加工外未经进一步加工）
722219	00		其他截面形状的热加工不锈钢条、杆（除热加工外未进一步加工）	Other bars and rods of stainless steel, of other cross-section (not further worked than hot-rolled, hot-drawn)	【最】6【普】40 【协亚太】5.4【协东盟】0【协巴基斯坦】5 【协智利】0【协新西兰】0【协新加坡】0 【协秘鲁】0【协哥斯达黎加】0【协冰岛】0 【协瑞士】0【协澳大利亚】0【协韩国】9.2 【协格鲁吉亚】0【协香港】0【协澳门】0 【特-1】0【特-2】0 【增】16【对美加征】10【出】0【退】10	千克	A		M		999	其他截面形状的热加工不锈钢条、杆（除热加工外未进一步加工）
722220	00		冷成形或冷加工的不锈钢条、杆（除冷加工外未进一步加工的不锈钢条、杆）	Bars and rods, not further worked than cold-formed or cold-finished	【最】6【普】40 【协东盟】0【协巴基斯坦】5【协智利】0 【协新西兰】0【协新加坡】0【协秘鲁】0 【协哥斯达黎加】0【协冰岛】0【协瑞士】0 【协澳大利亚】0【协格鲁吉亚】0【协香港】0 【协澳门】0 【特-1】0【特-2】0 【增】16【对美加征】5【出】0【退】10	千克					999	冷成形或冷加工的不锈钢条、杆（除冷加工外未进一步加工的不锈钢条、杆）
722230	00		其他不锈钢条、杆（除热加工或冷加工外未进一步加工的不锈钢条、杆）	Other bars and rods (not further worked than hot-rolled, hot-drawn or hot-rolled, hot-drawn)	【最】6【普】40 【协亚太】5.3【协东盟】0【协巴基斯坦】5 【协智利】0【协新西兰】0【协新加坡】0 【协秘鲁】0【协哥斯达黎加】0【协冰岛】0 【协瑞士】0【协澳大利亚】0【协韩国】9.2 【协格鲁吉亚】0【协香港】0【协澳门】0 【特-1】0【特-2】0 【增】16【对美加征】10【出】0【退】10	千克					999	其他不锈钢条、杆（除热加工或冷加工外未进一步加工的不锈钢条、杆）
722240	00		不锈钢角材、型材及异型材	Angles, shapes and sections of stainless steel	【最】6【普】17 【协东盟】0【协巴基斯坦】5【协智利】0 【协新西兰】0【协新加坡】0【协秘鲁】0 【协哥斯达黎加】0【协冰岛】0【协瑞士】0 【协澳大利亚】0【协格鲁吉亚】0【协香港】0 【协澳门】0 【特-1】0【特-2】0 【增】16【对美加征】10【出】0【退】10	千克	A		M		101 102	不锈钢角材、型材及异型材（其他型钢） 不锈钢角材、型材及异型材（其他异型钢）

税则号列			货品名称中英文		税费综合信息	计量单位	监管证件代码		检验检疫类别		检验检疫编码	检验检疫编码对应中文名称
HS 国际统一前6位	本国子目 7~8位	本国子目 9~10位	中文 货物名称	英文 Article Description			进口	出口	进口	出口		
722300	00		不锈钢丝	不锈钢丝	【最】6【普】20 【协东盟】0【协香港】0【协巴基斯坦】5 【协智利】0【协新西兰】0【协新加坡】0 【协秘鲁】0【协哥斯达黎加】0【协冰岛】0 【协瑞士】0【协澳大利亚】0【协格鲁吉亚】0 【特-1】0【特-2】0 【增】16【对美加征】10【出】0【退】10	千克	A				102	不锈钢丝（其他金属及制品）
722410	00		其他合金钢锭及其他初级形状	Other alloy steel in ingots and other primary forms	【最】2【普】11 【协东盟】0【协巴基斯坦】0【协智利】0 【协新西兰】0【协秘鲁】0【协哥斯达黎加】0 【协冰岛】0【协瑞士】0【协澳大利亚】0 【协韩国】0【协格鲁吉亚】0【协香港】0 【协澳门】0 【特-1】0【特-2】0【特-3】0 【增】16【对美加征】10【出】0 【退】0	千克					999	其他合金钢锭及其他初级形状
722490	10		粗铸锻件坯	Raw casting forging stocks, individual piece weight of 10t or more	【最】2【普】11 【协东盟】0【协巴基斯坦】0【协智利】0 【协新西兰】0【协秘鲁】0【协哥斯达黎加】0 【协冰岛】0【协瑞士】0【协澳大利亚】0 【协韩国】0【协格鲁吉亚】0【协香港】0 【协澳门】0 【特-1】0【特-2】0【特-3】0 【增】16【出】0【退】0	千克					999	粗铸锻件坯（单件重量在10吨及以上）
722490	90	10	其他合金钢圆坯，直径≥700mm（其他合金钢锭及其他初级形态的）	Other alloy steel round billet, larger than 700mm in diameter (other alloy ingots and other primary forms)	【最】2【普】11 【协东盟】0【协巴基斯坦】0【协智利】0 【协新西兰】0【协秘鲁】0【协哥斯达黎加】0 【协冰岛】0【协瑞士】0【协澳大利亚】0 【协韩国】0【协格鲁吉亚】0【协香港】0 【协澳门】0 【特-1】0【特-2】0【特-3】0 【增】16【对美加征】10【出】0【退】0	千克					999	其他合金钢圆坯，直径≥700mm（其他合金钢锭及其他初级形态的）
722490	90	90	其他合金钢坯，直径≥700mm的合金钢圆坯除外（其他合金钢锭及其他初级形态的）	Other alloy steel billet, except alloy steel round billet, with a diameter larger than 700mm (other alloy ingots and other primary forms)	【最】2【普】11 【协东盟】0【协巴基斯坦】0【协智利】0 【协新西兰】0【协秘鲁】0【协哥斯达黎加】0 【协冰岛】0【协瑞士】0【协澳大利亚】0 【协韩国】0【协格鲁吉亚】0【协香港】0 【协澳门】0 【特-1】0【特-2】0【特-3】0 【增】16【对美加征】10【出】0 【退】0	千克					999	其他合金钢坯，直径≥700mm的合金钢圆坯除外（其他合金钢锭及其他初级形态的）
722511	00		取向性硅电钢宽板	Grain-oriented (of a width of 600mm or more)	【最】3【普】20 【协亚太】2.1【协东盟】0【协巴基斯坦】0 【协智利】0【协新西兰】0【协秘鲁】0 【协哥斯达黎加】0【协冰岛】0【协瑞士】0 【协澳大利亚】0【协韩国】2.1【协格鲁吉亚】0 【协香港】0【协澳门】0 【特-1】0【特-2】0【特-3】0 【增】16【反倾】有【对美加征】10【出】0 【退】13	千克	A7		M		999	取向性硅电钢宽板（宽≥600mm、按重量计含硅量至少为0.6%，含碳量不超过0.08%，可含有不超过1%的铝，所含其他元素的比例并不使其具有其他合金钢的特性；厚度不超过56毫米；呈卷状的，则其可为任何宽度；呈板状的，则其宽度至少是厚度的10倍）
722519	00		其他硅电钢宽板（宽≥600mm）	Other grain (of a width of 600mm or more)	【最】6【普】20 【协东盟】0【协巴基斯坦】5【协智利】0 【协新西兰】0【协秘鲁】0【协台湾】0 【协哥斯达黎加】0【协冰岛】0【协瑞士】0 【协澳大利亚】0【协格鲁吉亚】0【协香港】0 【协澳门】0 【特-1】0【特-2】0【特-3】0 【增】16【对美加征】10【出】0【退】13	千克	A		M		999	其他硅电钢宽板（宽≥600mm）
722530	00		宽度≥600mm热轧其他合金钢卷材（除热轧外未经进一步加工）	Flat-rolled products of other alloy steel, of a width of 600mm or more (not further worked than hot-rolled, in coils)	【最】3【普】14 【协东盟】0【协巴基斯坦】0【协智利】0 【协新西兰】0【协秘鲁】0【协哥斯达黎加】0 【协冰岛】0【协瑞士】0【协澳大利亚】0 【协格鲁吉亚】0【协香港】0【协澳门】0 【特-1】0【特-2】0【特-3】0 【增】16【对美加征】10【出】0【退】10	千克					999	宽度≥600mm热轧其他合金钢卷材（除热轧外未经进一步加工）

税则号列			货品名称中英文		税费综合信息	计量单位	监管证件代码		检验检疫类别		检验检疫编码	检验检疫编码对应中文名称
HS 国际统一前 6 位	本国子目 7~8 位	本国子目 9~10 位	中文 货物名称	英文 Article Description			进口	出口	进口	出口		
722540	10		宽 ≥ 600mm 热轧工具钢材	Tool steel	【最】3【普】17 【协东盟】0【协巴基斯坦】0【协智利】0 【协新西兰】0【协秘鲁】0【协哥斯达黎加】0 【协冰岛】0【协瑞士】0【协澳大利亚】0 【协韩国】0【协格鲁吉亚】0【协香港】0 【协澳门】0 【特-1】0【特-2】0【特-3】0 【增】16【对美加征】10【出】0【退】13	千克	A		M		999	宽≥600mm 热轧工具钢材（除热轧外未经进一步加工）
722540	91		宽 ≥ 600mm 热轧含硼合金钢材	Alloy steel containing boron	【最】3【普】17 【协东盟】0【协巴基斯坦】0【协智利】0 【协新西兰】0【协秘鲁】0【协哥斯达黎加】0 【协冰岛】0【协瑞士】0【协澳大利亚】0 【协韩国】0【协格鲁吉亚】0【协香港】0 【协澳门】0 【特-1】0【特-2】0【特-3】0 【增】16【对美加征】10【出】0【退】0	千克	A		M		999	宽≥600mm 热轧含硼合金钢材（除热轧外未经进一步加工）
722540	99		宽 ≥ 600mm 热轧其他合金钢材	Other	【最】3【普】17 【协东盟】0【协巴基斯坦】0【协智利】0 【协新西兰】0【协秘鲁】0【协哥斯达黎加】0 【协冰岛】0【协瑞士】0【协澳大利亚】0 【协韩国】0【协格鲁吉亚】0【协香港】0 【协澳门】0 【特-1】0【特-2】0【特-3】0 【增】16【对美加征】10【出】0【退】13	千克					999	宽≥600mm 热轧其他合金钢材（除热轧外未经进一步加工）
722550	00		宽度≥600mm 冷轧其他合金钢板材（除冷轧外未经进一步加工）	Flat products of other alloy steel, of a width of 600mm or more (not further worked than cold-rolled, cold-reduced)	【最】3【普】17 【协东盟】0【协巴基斯坦】0【协智利】0 【协新西兰】0【协秘鲁】0【协哥斯达黎加】0 【协冰岛】0【协瑞士】0【协澳大利亚】0 【协格鲁吉亚】0【协香港】0【协澳门】0 【特-1】0【特-2】0【特-3】0 【增】16【对美加征】10【出】0【退】13	千克					999	宽度≥600mm 冷轧其他合金钢板材（除冷轧外未经进一步加工）
722591	00		电镀锌的其他合金钢宽平板轧材（宽 ≥ 600mm）	Flat products of other alloy steel, of a width of 600mm or more, electrolytically plated or coated with zinc	【最】7【普】17 【协东盟】0【协巴基斯坦】5【协智利】0 【协新西兰】0【协秘鲁】0【协哥斯达黎加】0 【协冰岛】0【协瑞士】0【协澳大利亚】0 【协韩国】3.5【协格鲁吉亚】0【协香港】0 【协澳门】0 【特-1】0【特-2】0【特-3】0 【增】16【对美加征】10【出】0【退】10	千克					999	电镀锌的其他合金钢宽平板轧材（宽 ≥ 600mm）
722592	00		其他镀或涂锌的其他合金钢宽板材（宽≥600mm）	Flat products of other alloy steel, of a width of 600mm or more, otherwise plated or coated with zinc	【最】7【普】17 【协东盟】0【协巴基斯坦】5【协智利】0 【协新西兰】0【协秘鲁】0【协哥斯达黎加】0 【协冰岛】0【协瑞士】0【协澳大利亚】0 【协韩国】4.6【协格鲁吉亚】0【协香港】0 【协澳门】0 【特-1】0【特-2】0【特-3】0 【增】16【对美加征】10【出】0【退】10	千克					999	其他镀或涂锌的其他合金钢宽板材（宽 ≥ 600mm）
722599	10		宽 ≥ 600mm 的高速钢制平板轧材	Flat products of other alloy steel, of a width of 600mm or more, of high speed steel	【最】3【普】17 【协东盟】0【协巴基斯坦】0【协智利】0 【协新西兰】0【协秘鲁】0【协哥斯达黎加】0 【协冰岛】0【协瑞士】0【协澳大利亚】0 【协韩国】0【协格鲁吉亚】0【协香港】0 【协澳门】0 【特-1】0【特-2】0【特-3】0 【增】16【出】0【退】10	千克	A		M		999	宽≥600mm 的高速钢制平板轧材
722599	90		宽 ≥ 600mm 的其他合金钢平板轧材	Other flat products of other alloy steel, of a width 600mm or more	【最】7【普】17 【协东盟】0【协巴基斯坦】5【协智利】0 【协新西兰】0【协秘鲁】0【协哥斯达黎加】0 【协冰岛】0【协瑞士】0【协澳大利亚】0 【协韩国】3.5【协格鲁吉亚】0【协香港】0 【协澳门】0 【特-1】0【特-2】0【特-3】0 【增】16【对美加征】10【出】0【退】10	千克					999	宽≥600mm 的其他合金钢平板轧材

税则号列 HS国际统一前6位	本国子目 7~8位	本国子目 9~10位	货品名称中文 货物名称	英文 Article Description	税费综合信息	计量单位	监管证件代码 进口	监管证件代码 出口	检验检疫类别 进口	检验检疫类别 出口	检验检疫编码	检验检疫编码对应中文名称
722611	00		取向性硅电钢窄板	Grain-oriented (of a width of less than 600mm)	【最】3【普】20 【协东盟】0【协巴基斯坦】0【协智利】0 【协新西兰】0【协秘鲁】0【协哥斯达黎加】0 【协冰岛】0【协瑞士】0【协澳大利亚】0 【协格鲁吉亚】0【协香港】0【协澳门】0 【特-1】0【特-2】0【特-3】0 【增】16【反倾】有【对美加征】5【出】0 【退】13	千克	A		M		999	取向性硅电钢窄板（宽<600mm、按重量计含硅量至少为0.6%，含碳量不超过0.08%，可含有不超过1%的铝，所含其他元素的比例并不使其具有其他合金钢的特性；厚度不超过56毫米；呈卷状的，则其可为任何宽度；呈板状的，则其宽度至少是厚度的10倍）
722619	00		其他硅电钢窄板（宽<600mm）	Other grain (of a width of less than 600mm)	【最】3【普】20 【协东盟】0【协巴基斯坦】0【协智利】0 【协新西兰】0【协秘鲁】0【协哥斯达黎加】0 【协冰岛】0【协瑞士】0【协澳大利亚】0 【协格鲁吉亚】0【协香港】0【协澳门】0 【特-1】0【特-2】0【特-3】0 【增】16【对美加征】10【出】0【退】13	千克	A		M		999	其他硅电钢窄板（宽<600mm）
722620	00		宽度<600mm的高速钢平板轧	Flat-rolled products of steel, of a width of less than 600mm, of high speed steel	【最】3【普】20 【协东盟】0【协巴基斯坦】0【协智利】0 【协新西兰】0【协秘鲁】0【协哥斯达黎加】0 【协冰岛】0【协瑞士】0【协澳大利亚】0 【协韩国】1.5【协格鲁吉亚】0【协香港】0 【协澳门】0 【特-1】0【特-2】0【特-3】0 【增】16【对美加征】10【出】0【退】10	千克	A		M		999	宽度<600mm的高速钢平板轧材
722691	10		宽度<600mm热轧工具钢材	Tool steel	【最】3【普】20 【协东盟】0【协巴基斯坦】0【协智利】0 【协新西兰】0【协秘鲁】0【协哥斯达黎加】0 【协冰岛】0【协瑞士】0【协澳大利亚】0 【协韩国】1.5【协格鲁吉亚】0【协香港】0 【协澳门】0 【特-1】0【特-2】0【特-3】0 【增】16【对美加征】10【出】0【退】10	千克	A		M		999	宽度<600mm热轧工具钢材（除热轧外未经进一步加工）
722691	91		宽度<600mm热轧含硼合金钢	Alloy steel containing boron	【最】3【普】20 【协东盟】0【协巴基斯坦】0【协智利】0 【协新西兰】0【协秘鲁】0【协哥斯达黎加】0 【协冰岛】0【协瑞士】0【协澳大利亚】0 【协韩国】1.5【协格鲁吉亚】0【协香港】0 【协澳门】0 【特-1】0【特-2】0【特-3】0 【增】16【对美加征】10【出】0【退】0	千克	A		M		999	宽度<600mm热轧含硼合金钢板材（除热轧外未经进一步加工）
722691	99	10	宽度<600毫米的铁基非晶合金带材（除热轧外未经进一步加工）	Amorphous alloy strip, with a width less than 600mm (in hot rolled without further processing)	【最】3【普】20 【协东盟】0【协巴基斯坦】0【协智利】0 【协新西兰】0【协秘鲁】0【协哥斯达黎加】0 【协冰岛】0【协瑞士】0【协澳大利亚】0 【协韩国】1.5【协格鲁吉亚】0【协香港】0 【协澳门】0 【特-1】0【特-2】0【特-3】0 【增】16【反倾】有【对美加征】10【出】0 【退】10	千克	A		M		999	宽度<600毫米的铁基非晶合金带材（除热轧外未经进一步加工）
722691	99	90	宽度<600毫米热轧其他合金钢板材（除热轧外未经进一步加工）	Other alloy steel plates, with a width of 600mm (other than hot rolling without further processing)	【最】3【普】20 【协东盟】0【协巴基斯坦】0【协智利】0 【协新西兰】0【协秘鲁】0【协哥斯达黎加】0 【协冰岛】0【协瑞士】0【协澳大利亚】0 【协韩国】1.5【协格鲁吉亚】0【协香港】0 【协澳门】0 【特-1】0【特-2】0【特-3】0 【增】16【对美加征】10【出】0【退】10	千克	A		M		999	宽度<600毫米热轧其他合金钢板材（除热轧外未经进一步加工）
722692	00		宽度<600mm冷轧其他合金钢板材（除冷轧外未经进一步加工）	Other flat products of other alloy steel, of a width less than 600mm, not further worked than cold-rolled(cold-reduced)	【最】3【普】20 【协东盟】0【协巴基斯坦】0【协智利】0 【协新西兰】0【协秘鲁】0【协哥斯达黎加】0 【协冰岛】0【协瑞士】0【协澳大利亚】0 【协韩国】2.2【协格鲁吉亚】0【协香港】0 【协澳门】0 【特-1】0【特-2】0【特-3】0 【增】16【对美加征】10【出】0【退】10	千克					999	宽度<600mm冷轧其他合金钢板材（除冷轧外未经进一步加工）板材（除冷轧外未经进一步加工）

税则号列 HS国际统一前6位	本国子目 7~8位	本国子目 9~10位	货品名称 中文 货物名称	货品名称 英文 Article Description	税费综合信息	计量单位	监管证件代码 进口	监管证件代码 出口	检验检疫类别 进口	检验检疫类别 出口	检验检疫编码	检验检疫编码对应中文名称
722699	10		电镀锌的其他合金钢窄平板轧材（宽度<600mm)	Other flat products of other alloy steel, of a width less than 600mm, electrolytically plated or coated with zinc	【最】7【普】20 【协东盟】0【协巴基斯坦】5【协智利】0 【协新西兰】0【协秘鲁】0【协哥斯达黎加】0 【协冰岛】0【协瑞士】0【协澳大利亚】0 【协韩国】3.5【协格鲁吉亚】0【协香港】0 【协澳门】0 【特-1】0【特-2】0【特-3】0 【增】16【对美加征】10【出】0【退】10	千克					999	电镀锌的其他合金钢窄平板轧材（宽度<600mm)
722699	20		用其他方法镀或涂锌的其他合金钢窄板材（宽度<600mm)	Other flat products of other alloy steel, of a width less than 600mm, otherwise plated or coated with zinc	【最】7【普】20 【协东盟】0【协巴基斯坦】5【协智利】0 【协新西兰】0【协秘鲁】0【协哥斯达黎加】0 【协冰岛】0【协瑞士】0【协澳大利亚】0 【协韩国】3.5【协格鲁吉亚】0【协香港】0 【协澳门】0 【特-1】0【特-2】0【特-3】0 【增】16【对美加征】10【出】0【退】10	千克					101 102	用其他方法镀或涂锌的其他合金钢窄板材（宽度<600mm)(镀锌板） 用其他方法镀或涂锌的其他合金钢窄板材（宽度<600mm)(涂层板）
722699	90	01	铁镍合金带材（生产集成电路框架用）（宽度<600mm)	Flat-rolled products of Fe-Ni alloy steel(of a width of less than 600mm, used for manufacturing the frame for electronic integrated circuits)	【最】7【普】20【暂进】4 【协东盟】0【协巴基斯坦】5【协智利】0 【协新西兰】0【协秘鲁】0【协哥斯达黎加】0 【协冰岛】0【协瑞士】0【协澳大利亚】0 【协韩国】3.5【协格鲁吉亚】0【协香港】0 【协澳门】0 【特-1】0【特-2】0【特-3】0 【增】16【对美加征】10【出】0【退】10	千克	A				999	铁镍合金带材（生产集成电路框架用）（宽度<600mm)
722699	90	90	其他合金板材（宽度<600mm)	Flat-rolled products of other alloy steel, of a width of less than 600mm	【最】7【普】20 【协东盟】0【协巴基斯坦】5【协智利】0 【协新西兰】0【协秘鲁】0【协哥斯达黎加】0 【协冰岛】0【协瑞士】0【协澳大利亚】0 【协韩国】3.5【协格鲁吉亚】0【协香港】0 【协澳门】0 【特-1】0【特-2】0【特-3】0 【增】16【对美加征】10【出】0【退】10	千克					999	其他合金板材（宽度<600mm)
722710	00		高速钢的热轧盘条（不规则盘卷的）	Bars and rods, hot-rolled, in irregularly wound coils, of high speed steel	【最】3【普】20 【协东盟】0【协巴基斯坦】0【协智利】0 【协新西兰】0【协秘鲁】0【协哥斯达黎加】0 【协冰岛】0【协瑞士】0【协澳大利亚】0 【协韩国】0【协格鲁吉亚】0【协香港】0 【协澳门】0 【特-1】0【特-2】0【特-3】0 【增】16【出】0【退】10	千克	A		M		999	高速钢的热轧盘条（不规则盘卷的）
722720	00		硅锰钢的热轧盘条（不规则盘卷的）	Bars and rods, hot-rolled, in irregularly wound coils, of silicon-manganese steel	【最】6【普】20 【协东盟】0【协巴基斯坦】5【协智利】0 【协新西兰】0【协秘鲁】0【协哥斯达黎加】0 【协冰岛】0【协瑞士】0【协澳大利亚】0 【协韩国】4.4【协格鲁吉亚】0【协香港】0 【协澳门】0 【特-1】0【特-2】0【特-3】0 【增】16【出】0【退】10	千克	A		M		999	硅锰钢的热轧盘条（不规则盘卷的）
722790	10		不规则盘卷的含硼合金钢热轧条杆	Bars and rods, hot-rolled, in irregularly wound coils, of boron alloy steel	【最】3【普】20 【协东盟】0【协巴基斯坦】0【协智利】0 【协新西兰】0【协秘鲁】0【协哥斯达黎加】0 【协冰岛】0【协瑞士】0【协澳大利亚】0 【协韩国】0【协格鲁吉亚】0【协香港】0 【协澳门】0 【特-1】0【特-2】0【特-3】0 【增】16【对美加征】10【出】0【退】0	千克	A		M		999	不规则盘卷的含硼合金钢热轧条杆
722790	90		不规则盘卷的其他合金钢热轧条杆	Other bars and rods, hot-rolled, in irregularly wound coils, of other alloy steel	【最】3【普】20 【协东盟】0【协巴基斯坦】0【协智利】0 【协新西兰】0【协秘鲁】0【协哥斯达黎加】0 【协冰岛】0【协瑞士】0【协澳大利亚】0 【协韩国】0【协格鲁吉亚】0【协香港】0 【协澳门】0 【特-1】0【特-2】0【特-3】0 【增】16【出】0【退】10	千克					999	不规则盘卷的其他合金钢热轧条杆

税则号列 HS国际统一前6位	本国子目 7~8位	9~10位	货品名称中英文 中文 货物名称	英文 Article Description	税费综合信息	计量单位	监管证件代码 进口	出口	检验检疫类别 进口	出口	检验检疫编码	检验检疫编码对应中文名称
722810	00		其他高速钢的条、杆	Bars and rods, of high speed steel	【最】3【普】20 【协东盟】0【协巴基斯坦】0【协智利】0 【协新西兰】0【协秘鲁】0【协哥斯达黎加】0 【协冰岛】0【协瑞士】0【协澳大利亚】0 【协韩国】1.5【协格鲁吉亚】0【协香港】0 【协澳门】0 【特-1】0【特-2】0【特-3】0 【增】16【对美加征】10【出】0【退】13	千克	A		M		999	其他高速钢的条、杆
722820	00		其他硅锰钢的条、杆	Bars and rods, of silicon-manganese steel	【最】6【普】20 【协东盟】0【协巴基斯坦】5【协智利】0 【协新西兰】0【协秘鲁】0【协哥斯达黎加】0 【协冰岛】0【协瑞士】0【协澳大利亚】0 【协韩国】3【协格鲁吉亚】0【协香港】0 【协澳门】0 【特-1】0【特-2】0【特-3】0 【增】16【对美加征】10【出】0【退】0	千克	A		M		999	其他硅锰钢的条、杆
722830	10		含硼合金钢热加工条、杆(除热轧、热拉拔或热挤压外未经进一步加工的)	Bars and rods, of boron alloy steel, not further worked than hot-rolled, hot-drawn or extruded	【最】3【普】20 【协东盟】0【协巴基斯坦】0【协智利】0 【协新西兰】0【协秘鲁】0【协哥斯达黎加】0 【协冰岛】0【协瑞士】0【协澳大利亚】0 【协韩国】1.5【协格鲁吉亚】0【协香港】0 【协澳门】0 【特-1】0【特-2】0【特-3】0 【增】16【对美加征】10【出】0【退】0	千克	A		M		999	含硼合金钢热加工条、杆(除热轧、热拉拔或热挤压外未经进一步加工的)
722830	90		其他合金钢热加工条、杆(除热轧、热拉拔或热挤压外未经进一步加工的)	Other bars and rods, of other alloy steel, not further worked than hot-rolled, hot-drawn or extruded	【最】3【普】20 【协东盟】0【协巴基斯坦】0【协智利】0 【协新西兰】0【协秘鲁】0【协哥斯达黎加】0 【协冰岛】0【协瑞士】0【协澳大利亚】0 【协韩国】1.5【协格鲁吉亚】0【协香港】0 【协澳门】0 【特-1】0【特-2】0【特-3】0 【增】16【对美加征】10【出】0【退】13	千克					999	其他合金钢热加工条、杆(除热轧、热拉拔或热挤压外未经进一步加工的)
722840	00		其他合金钢锻造条、杆(除锻造外未经进一步加工的)	Other bars and rods, of other alloy steel, not further worked than forged	【最】3【普】20 【协东盟】0【协巴基斯坦】0【协智利】0 【协新西兰】0【协秘鲁】0【协哥斯达黎加】0 【协冰岛】0【协瑞士】0【协澳大利亚】0 【协韩国】1.5【协格鲁吉亚】0【协香港】0 【协澳门】0 【特-1】0【特-2】0【特-3】0 【增】16【对美加征】10【出】0【退】13	千克					999	其他合金钢锻造条、杆(除锻造外未经进一步加工的)
722850	00		其他合金钢冷成形或冷加工条、杆(除冷成形或冷加工外未进一步加工)	Other bars and rods, of other alloy steel, not further worked than Cold-formed Of Cold-finished	【最】3【普】20 【协东盟】0【协巴基斯坦】0【协智利】0 【协新西兰】0【协秘鲁】0【协哥斯达黎加】0 【协冰岛】0【协瑞士】0【协澳大利亚】0 【协韩国】1.5【协格鲁吉亚】0【协香港】0 【协澳门】0 【特-1】0【特-2】0【特-3】0 【增】16【对美加征】10【出】0【退】13	千克					999	其他合金钢冷成形或冷加工条、杆(除冷成形或冷加工外未进一步加工)
722860	00		其他合金钢条、杆(热加工或冷加工后经进一步加工)	Other bars and rods of other alloy steel, further worked than hot-rolled, hot-drawn or extruded or cold-formed of cold-finished	【最】3【普】20 【协东盟】0【协巴基斯坦】0【协智利】0 【协新西兰】0【协秘鲁】0【协哥斯达黎加】0 【协冰岛】0【协瑞士】0【协澳大利亚】0 【协韩国】1.5【协格鲁吉亚】0【协香港】0 【协澳门】0 【特-1】0【特-2】0【特-3】0 【增】16【对美加征】10【出】0【退】10	千克					999	其他合金钢条、杆(热加工或冷加工后经进一步加工)
722870	10		履带板合金型钢	Shapes of crawler tread	【最】6【普】17 【协东盟】0【协巴基斯坦】5【协智利】0 【协新西兰】0【协秘鲁】0【协哥斯达黎加】0 【协冰岛】0【协瑞士】0【协澳大利亚】0 【协韩国】0【协格鲁吉亚】0【协香港】0 【协澳门】0 【特-1】0【特-2】0【特-3】0 【增】16【出】0【退】10	千克	A		M		999	履带板合金型钢

税则号列			货品名称中英文		税费综合信息	计量单位	监管证件代码		检验检疫类别		检验检疫编码	检验检疫编码对应中文名称
HS国际统一前6位	本国子目 7~8位	9~10位	中文 货物名称	英文 Article Description			进口	出口	进口	出口		
722870	90		其他合金钢角材、型材及异型材	Angles, shapes and sections, of other alloy steel	【最】5【普】17 【协东盟】0【协巴基斯坦】5【协智利】0 【协新西兰】0【协秘鲁】0【协哥斯达黎加】0 【协冰岛】0【协瑞士】0【协澳大利亚】0 【协韩国】3【协格鲁吉亚】0【协香港】0 【协澳门】0 【特-1】0【特-2】0【特-3】0 【增】16【对美加征】10【出】0【退】10	千克	A		M		999	其他合金钢角材、型材及异型材
722880	00		其他合金钢空心钻钢	Hollow drill bars and rods, of other alloy steel	【最】7【普】35 【协东盟】0【协巴基斯坦】5【协智利】0 【协新西兰】0【协秘鲁】0【协哥斯达黎加】0 【协冰岛】0【协瑞士】0【协澳大利亚】0 【协韩国】0【协格鲁吉亚】0【协香港】0 【协澳门】0 【特-1】0【特-2】0【特-3】0 【增】16【出】0【退】13	千克	A		M		999	其他合金钢空心钻钢（包括非合金钢）
722920	00		硅锰钢丝	Wire of silicon-manganese steel	【最】7【普】20 【协东盟】0【协巴基斯坦】5【协智利】0 【协新西兰】0【协秘鲁】0【协哥斯达黎加】0 【协冰岛】0【协瑞士】0【协澳大利亚】0 【协韩国】4.6【协格鲁吉亚】0【协香港】0 【协澳门】0 【特-1】0【特-2】0 【增】16【对美加征】10【出】0【退】10	千克					999	硅锰钢丝
722990	10		高速钢丝	Wire of high speed steel	【最】3【普】20 【协东盟】0【协巴基斯坦】0【协智利】0 【协新西兰】0【协秘鲁】0【协哥斯达黎加】0 【协冰岛】0【协瑞士】0【协澳大利亚】0 【协韩国】1.5【协格鲁吉亚】0【协香港】0 【协澳门】0 【特-1】0【特-2】0 【增】16【出】0【退】13	千克					999	高速钢丝
722990	90		其他合金钢丝	Wire of other alloy steel:	【最】7【普】20 【协东盟】0【协巴基斯坦】5【协智利】0 【协新西兰】0【协秘鲁】0【协哥斯达黎加】0 【协冰岛】0【协瑞士】0【协澳大利亚】0 【协格鲁吉亚】0【协香港】0【协澳门】0 【特-1】0【特-2】0 【增】16【对美加征】10【出】0【退】10	千克					999	其他合金钢丝

第七十三章 钢铁制品

Chapter 73 Articles of iron or steel

注释：

一、本章所称“铸铁”，适用于经铸造而得的产品，按重量计其铁元素含量超过其他元素单项含量并与第七十二章注释一（四）所述的钢的化学成分不同。

二、本章所称“丝”，是指热或冷成形的任何截面形状的产品，但其截面尺寸均不超过16毫米。

Chapter Notes:

1. In this Chapter the expression “cast iron” applies to products obtained by casting in which iron predominates by weight over each of the other elements and which do not comply with the chemical composition of steel as defined in Note 1 (d) to Chapter 72.

2. In this Chapter the word “wire” means hot or cold-formed products of any cross-sectional shape, of which no cross-sectional dimension exceeds 16mm.

税则号列			货品名称中英文		税费综合信息	计量单位	监管证件代码		检验检疫类别		检验检疫编码	检验检疫编码对应中文名称
HS国际统一前6位	本国子目 7~8位	本国子目 9~10位	中文 货物名称	英文 Article Description			进口	出口	进口	出口		
730110	00		钢铁板桩（不论是否钻孔、扎眼或组装）	Sheet piling of iron or steel (whether or not drilled, punched or made from assembled elements)	【最】7【普】20 【协亚太】6.3【协东盟】0【协巴基斯坦】5 【协智利】0【协新西兰】0【协秘鲁】0 【协哥斯达黎加】0【协冰岛】0【协瑞士】0 【协澳大利亚】0【协韩国】3.5 【协格鲁吉亚】0【协香港】0【协澳门】0 【特-1】0【特-2】0【特-3】0 【增】16【对美加征】10【出】0【退】13	千克					999	钢铁板桩（不论是否钻孔、扎眼或组装）
730120	00		焊接的钢铁角材、型材及异型材	Welded angles, shapes and sections, of iron or steel	【最】7【普】30 【协东盟】0【协巴基斯坦】5【协智利】0 【协新西兰】0【协秘鲁】0【协哥斯达黎加】0 【协冰岛】0【协瑞士】0【协澳大利亚】0 【协韩国】3.5【协格鲁吉亚】0【协香港】0 【协澳门】0 【特-1】0【特-2】0【特-3】0 【增】16【对美加征】10【出】0【退】13	千克					999	焊接的钢铁角材、型材及异型材
730210	00		钢轨	Rails	【最】6【普】14 【协东盟】0【协巴基斯坦】5【协智利】0 【协新西兰】0【协秘鲁】0【协哥斯达黎加】0 【协冰岛】0【协瑞士】0【协澳大利亚】0 【协韩国】3【协格鲁吉亚】0【协香港】0 【协澳门】0 【特-1】0【特-2】0【特-3】0 【增】16【对美加征】10【出】0【退】13	千克	A		M		999	钢轨
730230	00		道岔尖轨、辙叉、尖轨拉杆	Switch blades, crossing frogs, point rods and other crossing pieces	【最】8【普】17 【协东盟】0【协巴基斯坦】5【协智利】0 【协新西兰】0【协秘鲁】0【协哥斯达黎加】0 【协冰岛】0【协瑞士】0【协澳大利亚】0 【协韩国】0【协格鲁吉亚】0【协香港】0 【协澳门】0 【特-1】0【特-2】0【特-3】0 【增】16【出】0【退】13	千克	A		M		999	道岔尖轨、辙叉、尖轨拉杆（及其他岔道段体）
730240	00		钢铁制鱼尾板、钢轨垫板	Fish-plates and sole plates	【最】7【普】17 【协东盟】0【协巴基斯坦】5【协智利】0 【协新西兰】0【协秘鲁】0【协哥斯达黎加】0 【协冰岛】0【协瑞士】0【协澳大利亚】0 【协韩国】3.5【协格鲁吉亚】0【协香港】0 【协澳门】0 【特-1】0【特-2】0【特-3】0 【增】16【出】0【退】13	千克	A		M		999	钢铁制鱼尾板、钢轨垫板
730290	10		钢铁轨枕	Sleepers(cross-ties)	【最】6【普】14 【协亚太】5.1【协东盟】0【协巴基斯坦】0 【协智利】0【协新西兰】0【协秘鲁】0 【协哥斯达黎加】0【协冰岛】0【协瑞士】0 【协澳大利亚】0【协韩国】0 【协格鲁吉亚】0【协香港】0【协澳门】0 【特-1】0【特-2】0【特-3】0 【增】16【出】0【退】13	千克	A		M		999	钢铁轨枕

税则号列			货品名称中英文		税费综合信息	计量单位	监管证件代码		检验检疫类别		检验检疫编码	检验检疫编码对应中文名称
HS 国际统一前6位	本国子目 7~8位	本国子目 9~10位	中文 货物名称	英文 Article Description			进口	出口	进口	出口		
730290	90		其他铁道电车道铺轨用钢铁材料	Other railway or tramway track construction material of iron or steel	【最】7【普】17 【协亚太】6【协东盟】0【协巴基斯坦】5 【协智利】0【协新西兰】0【协秘鲁】0 【协哥斯达黎加】0【协冰岛】0【协瑞士】2.8 【协澳大利亚】0【协韩国】0 【协格鲁吉亚】0【协香港】0【协澳门】0 【特-1】0【特-2】0【特-3】0 【增】16【对美加征】10【出】0【退】13	千克	A		M		999	其他铁道电车道铺轨用钢铁材料
730300	10		内径>500mm的铸铁圆型截面管	Tubes and pipes of circular cross-section, of the internal diameter of 500mm or more	【最】4【普】40 【协东盟】0【协巴基斯坦】0【协智利】0 【协新西兰】0【协秘鲁】0【协哥斯达黎加】0 【协冰岛】0【协瑞士】0【协澳大利亚】0 【协韩国】0【协格鲁吉亚】0【协香港】0 【协澳门】0 【特-1】0【特-2】0【特-3】0 【增】16【出】0【退】13	千克					101	内径>500mm的铸铁圆型截面管（铸铁管压力管道）
730300	90		其他铸铁管及空心异型材	Other tubes, pipes and hollow profiles, of cast iron	【最】4【普】40 【协东盟】0【协巴基斯坦】0【协智利】0 【协新西兰】0【协秘鲁】0【协哥斯达黎加】0 【协冰岛】0【协瑞士】0【协澳大利亚】0 【协韩国】0【协格鲁吉亚】0【协香港】0 【协澳门】0 【特-1】0【特-2】0【特-3】0 【增】16【对美加征】10【出】0【退】13	千克					101	其他铸铁管及空心异型材（铸铁管压力管道）
730411	10		不锈钢制215.9mm≤外径≤406.4mm的管道管（石油或天然气无缝钢铁管道管）	Tubes, pipes, of stainless steel, having an outside diameter of 215.9mm or more but not exceeding 406.4mm (line pipe of a kind used for oil or gas pipelines)	【最】5【普】17 【协东盟】0【协巴基斯坦】0【协智利】0 【协新西兰】0【协秘鲁】0【协哥斯达黎加】0 【协冰岛】0【协瑞士】0【协澳大利亚】0 【协韩国】2.5【协格鲁吉亚】0【协香港】0 【协澳门】0 【特-1】0【特-2】0【特-3】0 【增】16【对美加征】15【出】0【退】13	千克	A		M		101 102	不锈钢制215.9mm≤外径≤406.4mm的管道管（石油或天然气无缝钢铁管道管）（无缝钢管压力管道） 不锈钢制215.9mm≤外径≤406.4mm的管道管（石油或天然气无缝钢铁管道管）（无缝钢管）
730411	20		不锈钢制114.3mm<外径<215.9mm的管道管（石油或天然气无缝钢铁管道管）	Tubes, pipes, of stainless steel, having an outside diameter exceeding 114.3mm but less than 215.9mm (line pipe of a kind used for oil or gas pipelines)	【最】5【普】17 【协东盟】0【协巴基斯坦】0【协智利】0 【协新西兰】0【协秘鲁】0【协哥斯达黎加】0 【协冰岛】0【协瑞士】0【协澳大利亚】0 【协韩国】2.5【协格鲁吉亚】0【协香港】0 【协澳门】0 【特-1】0【特-2】0【特-3】0 【增】16【对美加征】15【出】0【退】13	千克	A		M		101 102	不锈钢制114.3mm<外径<215.9mm的管道管（石油或天然气无缝钢铁管道管）（无缝钢管压力管道） 不锈钢制114.3mm<外径<215.9mm的管道管（石油或天然气无缝钢铁管道管）（无缝钢管）
730411	30		不锈钢制外径≤114.3mm的管道管（石油或天然气无缝钢铁管道管）	Tubes, pipes of stainless steel, having an outside diament not exceeding 114.3mm (line pipe of a kind used for oil or gas pipelines)	【最】5【普】17 【协东盟】0【协巴基斯坦】0【协智利】0 【协新西兰】0【协秘鲁】0【协哥斯达黎加】0 【协冰岛】0【协瑞士】0【协澳大利亚】0 【协韩国】2.5【协格鲁吉亚】0【协香港】0 【协澳门】0 【特-1】0【特-2】0【特-3】0 【增】16【对美加征】15【出】0【退】13	千克	A		M		101 102	不锈钢制外径≤114.3mm的管道管（石油或天然气无缝钢铁管道管）（无缝钢管压力管道） 不锈钢制外径≤114.3mm的管道管（石油或天然气无缝钢铁管道管）（无缝钢管）
730411	90		其他不锈钢制管道管（石油或天然气无缝钢铁管道管）	Other tubes, pipes of stainless steel (line pipe of a kind used for oil or gas pipelines)	【最】5【普】17 【协东盟】0【协巴基斯坦】0【协智利】0 【协新西兰】0【协秘鲁】0【协哥斯达黎加】0 【协冰岛】0【协瑞士】0【协澳大利亚】0 【协韩国】0【协格鲁吉亚】0【协香港】0 【协澳门】0 【特-1】0【特-2】0【特-3】0 【增】16【对美加征】15【出】0【退】13	千克	A		M		101 102	其他不锈钢制管道管（石油或天然气无缝钢铁管道管）（无缝钢管压力管道） 其他不锈钢制管道管（石油或天然气无缝钢铁管道管）（无缝钢管）
730419	10		其他215.9mm≤外径≤406.4mm的管道管（石油或天然气无缝钢铁管道管铸铁的除外）	Tubes, pipes of iron or steel, having an outside diameter of 215.9mm or more but not exceeding 406.4mm (line pipe of a kind used for oil or gas pipelines)	【最】5【普】17 【协东盟】0【协巴基斯坦】0【协智利】0 【协新西兰】0【协秘鲁】0【协哥斯达黎加】0 【协冰岛】0【协瑞士】0【协澳大利亚】0 【协韩国】2.5【协格鲁吉亚】0【协香港】0 【协澳门】0 【特-1】0【特-2】0【特-3】0 【增】16【对美加征】15【出】0【退】13	千克	A		M		101 102	其他215.9mm≤外径≤406.4mm的管道管（石油或天然气无缝钢铁管道管铸铁的除外）（无缝钢管压力管道） 其他215.9mm≤外径≤406.4mm的管道管（石油或天然气无缝钢铁管道管铸铁的除外）（无缝钢管）

税则号列			货品名称中英文		税费综合信息	计量单位	监管证件代码		检验检疫类别		检验检疫编码	检验检疫编码对应中文名称
HS国际统一前6位	本国子目7~8位	本国子目9~10位	中文 货物名称	英文 Article Description			进口	出口	进口	出口		
730419	20		其他114.3mm < 外径 < 215.9mm的管道管（石油或天然气无缝钢铁管道管铸铁的除外）	Tubes, pipes, of iron or steel, having an outside diameter exceeding 114.3mm but less than 215.9mm (line pipe of a kind used for oil or gas pipelines)	【最】5【普】17 【协东盟】0【协巴基斯坦】0【协智利】0 【协新西兰】0【协秘鲁】0【协哥斯达黎加】0 【协冰岛】0【协瑞士】0【协澳大利亚】0 【协韩国】2.5【协格鲁吉亚】0【协香港】0 【协澳门】0 【特-1】0【特-2】0【特-3】0 【增】16【对美加征】15【出】0【退】13	千克	A		M		101 102	其他114.3mm < 外径 < 215.9mm的管道管（石油或天然气无缝钢铁管道管铸铁的除外）（无缝钢管压力管道） 其他114.3mm < 外径 < 215.9mm的管道管（石油或天然气无缝钢铁管道管铸铁的除外）（无缝钢管）
730419	30		其他外径≤114.3mm的管道管（石油或天然气无缝钢铁管道管铸铁的除外）	Tubes, pipes of iron or steel, having an outside diameter not exceeding 114.3mm (line pipe of a kind used for oil or gas pipelines)	【最】5【普】17 【协东盟】0【协巴基斯坦】0【协智利】0 【协新西兰】0【协秘鲁】0【协哥斯达黎加】0 【协冰岛】0【协瑞士】0【协澳大利亚】0 【协韩国】2.5【协格鲁吉亚】0【协香港】0 【协澳门】0 【特-1】0【特-2】0【特-3】0 【增】16【对美加征】15【出】0【退】13	千克	A		M		101 102	其他外径≤114.3mm的管道管（石油或天然气无缝钢铁管道管铸铁的除外）（无缝钢管压力管道） 其他外径≤114.3mm的管道管（石油或天然气无缝钢铁管道管铸铁的除外）（无缝钢管）
730419	90		其他管道管（石油或天然气无缝钢铁管道管铸铁的除外）	Other tubes, pipes of iron or steel (line pipe of a kind used for oil or gas pipelines)	【最】5【普】17 【协东盟】0【协巴基斯坦】0【协智利】0 【协新西兰】0【协秘鲁】0【协哥斯达黎加】0 【协冰岛】0【协瑞士】0【协澳大利亚】0 【协韩国】0【协格鲁吉亚】0【协香港】0 【协澳门】0 【特-1】0【特-2】0【特-3】0 【增】16【对美加征】15【出】0【退】13	千克	A		M		101 102	其他管道管（石油或天然气无缝钢铁管道管铸铁的除外）（无缝钢管压力管道） 其他管道管（石油或天然气无缝钢铁管道管铸铁的除外）（无缝钢管）
730422	10		不锈钢制外径≤168.3mm钻管（钻探石油及天然气用）	Drilling pipe, of stainless steel, having an outside diameter not exceeding 168.3mm, of a kind used in drilling for oil or gas pipelines	【最】4【普】17 【协东盟】0【协巴基斯坦】0【协智利】0 【协新西兰】0【协秘鲁】0【协哥斯达黎加】0 【协冰岛】0【协瑞士】0【协澳大利亚】0 【协韩国】0【协格鲁吉亚】0【协香港】0 【协澳门】0 【特-1】0【特-2】0【特-3】0 【增】16【对美加征】15【出】0【退】13	千克	A		M		101 102	不锈钢制外径≤168.3mm钻管（钻探石油及天然气用）（无缝钢管压力管道） 不锈钢制外径≤168.3mm钻管（钻探石油及天然气用）（无缝钢管）
730422	90		其他不锈钢制钻管（钻探石油及天然气用）	Other drill pipe, of stainless steel, of a kind used in drilling for oil or gas pipelines	【最】4【普】17 【协东盟】0【协巴基斯坦】0【协智利】0 【协新西兰】0【协秘鲁】0【协哥斯达黎加】0 【协冰岛】0【协瑞士】0【协澳大利亚】0 【协韩国】0【协格鲁吉亚】0【协香港】0 【协澳门】0 【特-1】0【特-2】0【特-3】0 【增】16【对美加征】15【出】0【退】13	千克	A		M		101 102	其他不锈钢制钻管（钻探石油及天然气用）（无缝钢管压力管道） 其他不锈钢制钻管（钻探石油及天然气用）（无缝钢管）
730423	10		其他外径≤168.3mm钻管（钻探石油及天然气用，铸铁的除外）	Other drill pipe, having an outside diameter not exceeding 168.3mm (of a kind used in drilling for oil or gas pipelines)	【最】4【普】17 【协东盟】0【协巴基斯坦】0【协智利】0 【协新西兰】0【协秘鲁】0【协哥斯达黎加】0 【协冰岛】0【协瑞士】0【协澳大利亚】0 【协韩国】0【协格鲁吉亚】0【协香港】0 【协澳门】0 【特-1】0【特-2】0【特-3】0 【增】16【对美加征】15【出】0【退】13	千克	A		M		101 102	其他外径≤168.3mm钻管（钻探石油及天然气用，铸铁的除外）（无缝钢管压力管道） 其他外径≤168.3mm钻管（钻探石油及天然气用，铸铁的除外）（无缝钢管）
730423	90		其他钻管（钻探石油及天然气用铸铁的除外）	Other drill pipe, of a kind used in drilling for oil or gas pipelines, other than cast iron	【最】4【普】17 【协东盟】0【协巴基斯坦】0【协智利】0 【协新西兰】0【协秘鲁】0【协哥斯达黎加】0 【协冰岛】0【协瑞士】0【协澳大利亚】0 【协韩国】0【协格鲁吉亚】0【协香港】0 【协澳门】0 【特-1】0【特-2】0【特-3】0 【增】16【对美加征】15【出】0【退】13	千克	A		M		101 102	其他钻管（钻探石油及天然气用铸铁的除外）（无缝钢管压力管道） 其他钻管（钻探石油及天然气用铸铁的除外）（无缝钢管）
730424	00		其他不锈钢制钻探石油及天然气用的套管及导管	Other casing and tubing of a kind used in drilling for oil or gas, of stainless steel	【最】4【普】17 【协亚太】2【协东盟】0【协巴基斯坦】0 【协智利】0【协新西兰】0【协秘鲁】0 【协哥斯达黎加】0【协冰岛】0【协瑞士】0 【协澳大利亚】0【协韩国】0【协格鲁吉亚】0 【协香港】0【协澳门】0 【特-1】0【特-2】0【特-3】0 【增】16【对美加征】15【出】0【退】13	千克	A		M		101 102	其他不锈钢制钻探石油及天然气用的套管及导管（无缝钢管压力管道） 其他不锈钢制钻探石油及天然气用的套管及导管（无缝钢管）

税则号列 HS国际统一前6位	本国子目 7~8位	本国子目 9~10位	货品名称中英文 中文 货物名称	货品名称中英文 英文 Article Description	税费综合信息	计量单位	监管证件代码 进口	监管证件代码 出口	检验检疫类别 进口	检验检疫类别 出口	检验检疫编码	检验检疫编码对应中文名称
730429	10		屈服强度<552兆帕的其他钻探石油及天然气用的套管及导管	Other casing and tubing of a kind used in drilling for oil or gas, of a yield strength < 552 MPa	【最】4【普】17 【协亚太】2【协东盟】0【协巴基斯坦】0 【协智利】0【协新西兰】0【协秘鲁】0 【协哥斯达黎加】0【协冰岛】0【协瑞士】0 【协澳大利亚】0【协韩国】0【协格鲁吉亚】0 【协香港】0【协澳门】0 【特-1】0【特-2】0【特-3】0 【增】16【对美加征】15【出】0【退】13	千克	A		M		101 102	屈服强度<552兆帕的其他钻探石油及天然气用的套管及导管（铸铁的除外）（无缝钢管压力管道） 屈服强度<552兆帕的其他钻探石油及天然气用的套管及导管（铸铁的除外）（无缝钢管）
730429	20		552兆帕≤屈服强度<758兆帕的其他钻探石油及天然气用的套管及导管	Other casing and tubing of a kind used in drilling for oil or gas, of a yield strength ≥ 552 Mpa, <758 MPa	【最】4【普】17 【协亚太】2【协东盟】0【协巴基斯坦】0 【协智利】0【协新西兰】0【协秘鲁】0 【协哥斯达黎加】0【协冰岛】0【协瑞士】0 【协澳大利亚】0【协韩国】0【协格鲁吉亚】0 【协香港】0【协澳门】0 【特-1】0【特-2】0【特-3】0 【增】16【对美加征】15【出】0【退】13	千克	A		M		101 102	552兆帕≤屈服强度<758兆帕的其他钻探石油及天然气用的套管及导管（铸铁的除外）（无缝钢管压力管道） 552兆帕≤屈服强度<758兆帕的其他钻探石油及天然气用的套管及导管（铸铁的除外）（无缝钢管）
730429	30		屈服强度≥758兆帕的其他钻探石油及天然气用的套管及导管	Other casing and tubing of a kind used in drilling for oil or gas, of a yield strength ≥ 758 MPa	【最】4【普】17 【协亚太】2【协东盟】0【协巴基斯坦】0 【协智利】0【协新西兰】0【协秘鲁】0 【协哥斯达黎加】0【协冰岛】0【协瑞士】0 【协澳大利亚】0【协韩国】0【协格鲁吉亚】0 【协香港】0【协澳门】0 【特-1】0【特-2】0【特-3】0 【增】16【对美加征】15【出】0【退】13	千克	A		M		101 102	屈服强度≥758兆帕的其他钻探石油及天然气用的套管及导管（铸铁的除外）（无缝钢管压力管道） 屈服强度≥758兆帕的其他钻探石油及天然气用的套管及导管（铸铁的除外）（无缝钢管）
730431	10		冷轧的钢铁制无缝锅炉管（冷拔或冷轧的铁或非合金钢制的，包括内螺纹）	Boiler tubes and pipes, cold-drawn or cold-rolled, of iron or non-alloy steel	【最】4【普】17 【协东盟】0【协巴基斯坦】0【协智利】0 【协新西兰】0【协秘鲁】0【协哥斯达黎加】0 【协冰岛】0【协瑞士】0【协澳大利亚】0 【协韩国】0【协格鲁吉亚】0【协香港】0 【协澳门】0 【特-1】0【特-2】0【特-3】0 【增】16【对美加征】15【出】0【退】13	千克	A		M		101 102	冷轧的钢铁制无缝锅炉管（冷拔或冷轧的铁或非合金钢制的，包括内螺纹）（无缝钢管压力管道） 冷轧的钢铁制无缝锅炉管（冷拔或冷轧的铁或非合金钢制的，包括内螺纹）（无缝钢管）
730431	20		冷轧的铁制无缝地质钻管、套管（冷拔或冷轧的铁或非合金钢制的）	Geological casing and drill pipes, cold-drawn or cold-rolled, of iron or non-alloy steel	【最】8【普】17 【协东盟】0【协巴基斯坦】5【协智利】0 【协新西兰】0【协秘鲁】0【协哥斯达黎加】0 【协冰岛】0【协瑞士】0【协澳大利亚】0 【协韩国】0【协格鲁吉亚】0【协香港】0 【协澳门】0 【特-1】0【特-2】0【特-3】0 【增】16【对美加征】15【出】0【退】13	千克	A		M		101 102	冷轧的铁制无缝地质钻管、套管（冷拔或冷轧的铁或非合金钢制的）（无缝钢管压力管道） 冷轧的铁制无缝地质钻管、套管（冷拔或冷轧的铁或非合金钢制的）（无缝钢管）
730431	90		其他冷轧的铁制无缝圆形截面管（冷拔或冷轧的铁或非合金钢制的）	Other tubes or pipes, of circular cross-section, cold-drawn or cold-rolled, of iron or non-alloy steel	【最】4【普】17 【协东盟】0【协巴基斯坦】0【协智利】0 【协新西兰】0【协秘鲁】0【协哥斯达黎加】0 【协冰岛】0【协瑞士】0【协澳大利亚】0 【协韩国】0【协格鲁吉亚】0【协香港】0 【协澳门】0 【特-1】0【特-2】0【特-3】0 【增】16【对美加征】15【出】0【退】10	千克	A		M		101 102	其他冷轧的铁制无缝圆形截面管（冷拔或冷轧的铁或非合金钢制的）（无缝钢管压力管道） 其他冷轧的铁制无缝圆形截面管（冷拔或冷轧的铁或非合金钢制的）（无缝钢管）
730439	10		非冷拔或冷轧的铁制无缝锅炉管	Boiler tubes and pipes of iron (not cold-drawn or cold-rolled)	【最】4【普】17 【协东盟】0【协香港】0【协巴基斯坦】0 【协智利】0【协新西兰】0【协秘鲁】0 【协哥斯达黎加】0【协冰岛】0【协瑞士】0 【协澳大利亚】0【协韩国】0【协格鲁吉亚】0 【特-1】0【特-2】0【特-3】0 【增】16【对美加征】15【出】0【退】10	千克	A		M		101 102	非冷拔或冷轧的铁制无缝锅炉管（无缝钢管压力管道） 非冷拔或冷轧的铁制无缝锅炉管（无缝钢管）
730439	20		非冷轧的铁制无缝地质钻管、套管（非冷拔或冷轧的铁或非合金钢制的）	Geological casing and drill pipes, of iron (not cold-drawn or cold-rolled)	【最】5【普】17 【协东盟】0【协香港】0【协巴基斯坦】0 【协智利】0【协新西兰】0【协秘鲁】0 【协哥斯达黎加】0【协冰岛】0【协瑞士】0 【协澳大利亚】0【协韩国】0【协格鲁吉亚】0 【特-1】0【特-2】0【特-3】0 【增】16【对美加征】15【出】0【退】10	千克	A		M		101 102	非冷轧的铁制无缝地质钻管、套管（非冷拔或冷轧的铁或非合金钢制的）（无缝钢管压力管道） 非冷轧的铁制无缝地质钻管、套管（非冷拔或冷轧的铁或非合金钢制的）（无缝钢管）

税则号列			货品名称中英文		税费综合信息	计量单位	监管证件代码		检验检疫类别		检验检疫编码	检验检疫编码对应中文名称
HS国际统一前6位	本国子目 7~8位	本国子目 9~10位	中文 货物名称	英文 Article Description			进口	出口	进口	出口		
730439	90		非冷轧的铁制其他无缝管（非冷拔或冷轧的铁或非合金钢制的）	Other tubes or pipes, of circular cross-section, of iron or non-alloy steel (not cold-drawn or cold-rolled)	【最】4【普】17 【协东盟】0【协香港】0【协巴基斯坦】0 【协智利】0【协新西兰】0【协秘鲁】0 【协哥斯达黎加】0【协冰岛】0【协瑞士】0 【协澳大利亚】0【协韩国】2.4【协格鲁吉亚】0 【特-1】0【特-2】0【特-3】0 【增】16【对美加征】15【出】0【退】10	千克	A		M		101 102	非冷轧的铁制其他无缝管（非冷拔或冷轧的铁或非合金钢制的）（无缝钢管压力管道） 非冷轧的铁制其他无缝管（非冷拔或冷轧的铁或非合金钢制的）（无缝钢管）
730441	10		冷轧的不锈钢制无缝锅炉管（冷拔或冷轧的，包括内螺纹）	Boiler tubes and pipes	【最】8【普】17 【协东盟】0【协巴基斯坦】5【协智利】0 【协新西兰】0【协新加坡】0【协秘鲁】0 【协哥斯达黎加】0【协冰岛】0【协瑞士】0 【协澳大利亚】0【协韩国】5【协格鲁吉亚】0 【协香港】0【协澳门】0 【特-1】0【特-2】0 【增】16【对美加征】15【出】0【退】10	千克	A		M		101 102	冷轧的不锈钢制无缝锅炉管（冷拔或冷轧的，包括内螺纹）（无缝钢管压力管道） 冷轧的不锈钢制无缝锅炉管（冷拔或冷轧的，包括内螺纹）（无缝钢管）
730441	90		冷轧的不锈钢制的其他无缝管（冷拔或冷轧的）	Other tubes and pipes, of stainless steel (cold-drawn or cold-rolled)	【最】8【普】40 【协东盟】0【协巴基斯坦】5【协智利】0 【协新西兰】0【协新加坡】0【协秘鲁】0 【协哥斯达黎加】0【协冰岛】0【协瑞士】0 【协澳大利亚】0【协韩国】7.5【协格鲁吉亚】0 【协香港】0【协澳门】0 【特-1】0【特-2】0 【增】16【对美加征】15【出】0【退】13	千克	A		M		101 102	冷轧的不锈钢制的其他无缝管（冷拔或冷轧的）（无缝钢管压力管道） 冷轧的不锈钢制的其他无缝管（冷拔或冷轧的）（无缝钢管）
730449	10		非冷轧（拔）不锈钢制无缝锅炉管	Boiler tubes and pipes	【最】8【普】17 【协东盟】0【协巴基斯坦】5【协智利】0 【协新西兰】0【协新加坡】0【协秘鲁】0 【协哥斯达黎加】0【协冰岛】0【协瑞士】0 【协澳大利亚】0【协韩国】5【协格鲁吉亚】0 【协香港】0【协澳门】0 【特-1】0【特-2】0 【增】16【对美加征】15【出】0【退】13	千克	A		M		101 102	非冷轧（拔）不锈钢制无缝锅炉管（包括内螺纹）（无缝钢管压力管道） 非冷轧（拔）不锈钢制无缝锅炉管（包括内螺纹）（无缝钢管）
730449	90		非冷轧的不锈钢制其他无缝管（冷拔或冷轧的除外）	Boiler tubes and pipes, of stainless steel (not cold-drawn or cold-rolled)	【最】8【普】40 【协东盟】0【协巴基斯坦】5【协智利】0 【协新西兰】0【协新加坡】0【协秘鲁】0 【协哥斯达黎加】0【协冰岛】0【协瑞士】0 【协澳大利亚】0【协韩国】5【协格鲁吉亚】0 【协香港】0【协澳门】0 【特-1】0【特-2】0 【增】16【对美加征】15【出】0【退】10	千克	A		M		101 102	非冷轧的不锈钢制其他无缝管（冷拔或冷轧的除外）（无缝钢管压力管道） 非冷轧的不锈钢制其他无缝管（冷拔或冷轧的除外）（无缝钢管）
730451	10	01	高温承压用合金钢无缝钢管（抗拉强度≥620MPa，屈服强度≥440MPa）[外径在127mm以上（含127mm），化学成分（wt%）中碳（C）的含量≥0.07且≤0.13、铬（Cr）的含量≥8.5且≤9.5、钼（Mo）的含量≥0.3且≤0.6、钨（W）的含量≥1.5且≤2.0，抗拉强度≥620MPa，屈服强度≥440MPa]	Seamless steel tube made of alloy steel, used in high temperature and pressure (tensile strength is not less than 620MPa and yield strength is not less than 440MPa) (the external dimension of boiler tubes is not less than 127mm, and the chemical constituent (wt%), containing carbon 0.07 or more but not exceeding 0.13, containing chrome 8.5or more but not exceeding 9.5, containing molybdenum 0.3 or more but not exceeding 0.6, containing tungsten 1.5 or more but not exceeding 2.0)	【最】4【普】17 【协东盟】0【协巴基斯坦】0【协智利】0 【协新西兰】0【协秘鲁】0【协哥斯达黎加】0 【协冰岛】0【协瑞士】0【协澳大利亚】0 【协韩国】0【协格鲁吉亚】0【协香港】0 【协澳门】0 【特-1】0【特-2】0【特-3】0 【增】16【反倾】有【对美加征】15【出】0 【退】10	千克	A		M		101 102	高温承压用合金钢无缝钢管（抗拉强度≥620MPa，屈服强度≥440MPa）[外径在127mm以上（含127mm），化学成分（wt%）中碳（C）的含量≥0.07且≤0.13、铬（Cr）的含量≥8.5且≤9.5、钼（Mo）的含量≥0.3且≤0.6、钨（W）的含量≥1.5且≤2.0，抗拉强度≥620MPa，屈服强度≥440MPa]（无缝钢管压力管道） 高温承压用合金钢无缝钢管（抗拉强度≥620MPa，屈服强度≥440MPa）[外径在127mm以上（含127mm），化学成分（wt%）中碳（C）的含量≥0.07且≤0.13、铬（Cr）的含量≥8.5且≤9.5、钼（Mo）的含量≥0.3且≤0.6、钨（W）的含量≥1.5且≤2.0，抗拉强度≥620Mpa、屈服强度≥440MPa]（无缝钢管）

税则号列 HS 国际统一前6位	本国子目 7~8位	本国子目 9~10位	货品名称中英文 中文 货物名称	货品名称中英文 英文 Article Description	税费综合信息	计量单位	监管证件代码 进口	监管证件代码 出口	检验检疫类别 进口	检验检疫类别 出口	检验检疫编码	检验检疫编码对应中文名称
730451	10	90	冷轧的其他合金钢无缝锅炉管（冷拔或冷轧的，包括内螺纹）	Boiler tubes and pipes, of other alloy steel (cold-drawn or cold-rolled, including internal thread)	【最】4【普】17 【协东盟】0【协巴基斯坦】0【协智利】0 【协新西兰】0【协秘鲁】0【协哥斯达黎加】0 【协冰岛】0【协瑞士】0【协澳大利亚】0 【协韩国】0【协格鲁吉亚】0【协香港】0 【协澳门】0 【特-1】0【特-2】0【特-3】0 【增】16【对美加征】15【出】0【退】10	千克	A		M		101 102	冷轧的其他合金钢无缝锅炉管（冷拔或冷轧的，包括内螺纹）（无缝钢管压力管道） 冷轧的其他合金钢无缝锅炉管（冷拔或冷轧的，包括内螺纹）（无缝钢管）
730451	20		冷轧的其他合金钢无缝地质钻管、套管（冷拔或冷轧的）	Geological casing and drill pipes, of other alloy steel (cold-drawn or cold-rolled)	【最】4【普】17 【协东盟】0【协巴基斯坦】0【协智利】0 【协新西兰】0【协秘鲁】0【协哥斯达黎加】0 【协冰岛】0【协瑞士】0【协澳大利亚】0 【协韩国】0【协格鲁吉亚】0【协香港】0 【协澳门】0 【特-1】0【特-2】0【特-3】0 【增】16【对美加征】15【出】0【退】10	千克	A		M		101 102	冷轧的其他合金钢无缝地质钻管、套管（冷拔或冷轧的）（无缝钢管压力管道） 冷轧的其他合金钢无缝地质钻管、套管（冷拔或冷轧的）（无缝钢管）
730451	90	01	高温承压用合金钢无缝钢管（抗拉强度≥620MPa，屈服强度≥440MPa）［外径在127mm以上（含127mm），化学成分（wt%）中碳（C）的含量≥0.07且≤0.13、铬（Cr）的含量≥8.5且≤9.5、钼（Mo）的含量≥0.3且≤0.6、钨（W）的含量≥1.5且≤2.0，抗拉强度≥620MPa，屈服强度≥440MPa］	Seamless steel tube made of alloy steel, used in high temperature and pressure (tensile strength is not less than 620MPa and yield strength is not less than 440MPa) (the external dimension is not less than 127mm, and the chemical constituent (wt%), containing carbon 0.07 or more but not exceeding 0.13, containing chrome 8.5or more but not exceeding 9.5, containing molybdenum 0.3 or more but not exceeding 0.6, containing tungsten 1.5 or more but not exceeding 2.0)	【最】4【普】17 【协东盟】0【协巴基斯坦】0【协智利】0 【协新西兰】0【协秘鲁】0【协哥斯达黎加】0 【协冰岛】0【协瑞士】0【协澳大利亚】0 【协韩国】0【协格鲁吉亚】0【协香港】0 【协澳门】0 【特-1】0【特-2】0【特-3】0 【增】16【反倾】有【对美加征】15【出】0 【退】10	千克	A		M		101 102	高温承压用合金钢无缝钢管（抗拉强度≥620MPa，屈服强度≥440MPa）［外径在127mm以上（含127mm），化学成分（wt%）中碳（C）的含量≥0.07且≤0.13、铬（Cr）的含量≥8.5且≤9.5、钼（Mo）的含量≥0.3且≤0.6、钨（W）的含量≥1.5且≤2.0，抗拉强度≥620MPa，屈服强度≥440MPa］（无缝钢管压力管道） 高温承压用合金钢无缝钢管（抗拉强度≥620MPa，屈服强度≥440MPa）［外径在127mm以上（含127mm），化学成分（wt%）中碳（C）的含量≥0.07且≤0.13、铬（Cr）的含量≥8.5且≤9.5、钼（Mo）的含量≥0.3且≤0.6、钨（W）的含量≥1.5且≤2.0，抗拉强度≥620MPa，屈服强度≥440MPa）（无缝钢管）
730451	90	90	冷轧的其他合金钢制其他无缝管（冷拔或冷轧的）	Other tubes or pipes, of other alloy steel (cold-drawn or cold-rolled)	【最】4【普】17 【协东盟】0【协巴基斯坦】0【协智利】0 【协新西兰】0【协秘鲁】0【协哥斯达黎加】0 【协冰岛】0【协瑞士】0【协澳大利亚】0 【协韩国】0【协格鲁吉亚】0【协香港】0 【协澳门】0 【特-1】0【特-2】0【特-3】0 【增】16【对美加征】15【出】0【退】10	千克	A		M		101 102	冷轧的其他合金钢制其他无缝管（冷拔或冷轧的）（无缝钢管压力管道） 冷轧的其他合金钢制其他无缝管（冷拔或冷轧的）（无缝钢管）

税则号列			货品名称中英文		税费综合信息	计量单位	监管证件代码		检验检疫类别		检验检疫编码	检验检疫编码对应中文名称
HS国际统一前6位	本国子目 7~8位	本国子目 9~10位	中文 货物名称	英文 Article Description			进口	出口	进口	出口		
730459	10	01	高温承压用合金钢无缝钢管(抗拉强度≥620MPa,屈服强度≥440MPa)[外径在127mm以上(含127mm),化学成分(wt%)中碳(C)的含量≥0.07且≤0.13、铬(Cr)的含量≥8.5且≤9.5、钼(Mo)的含量≥0.3且≤0.6、钨(W)的含量≥1.5且≤2.0,抗拉强度≥620MPa,屈服强度≥440MPa]	Seamless steel tube made of alloy steel, used in high temperature and pressure (tensile strength is not less than 620MPa and yield strength is not less than 440MPa) (the external dimension of boiler tubes is not less than 127mm, and the chemical constituent (wt%), containing carbon 0.07 or more but not exceeding 0.13, containing chrome 8.5or more but not exceeding 9.5, containing molybdenum 0.3 or more but not exceeding 0.6, containing tungsten 1.5 or more but not exceeding 2.0)	【最】4【普】17 【协东盟】0【协巴基斯坦】0【协智利】0 【协新西兰】0【协秘鲁】0【协哥斯达黎加】0 【协冰岛】0【协瑞士】0【协澳大利亚】0 【协韩国】0【协格鲁吉亚】0【协香港】0 【协澳门】0 【特-1】0【特-2】0【特-3】0 【增】16【反倾】有【对美加征】15【出】0 【退】10	千克	A		M		101 102	高温承压用合金钢无缝钢管(抗拉强度≥620MPa,屈服强度≥440MPa)[外径在127mm以上(含127mm),化学成分(wt%)中碳(C)的含量≥0.07且≤0.13、铬(Cr)的含量≥8.5且≤9.5、钼(Mo)的含量≥0.3且≤0.6、钨(W)的含量≥1.5且≤2.0,抗拉强度≥620MPa,屈服强度≥440MPa](无缝钢管压力管道) 高温承压用合金钢无缝钢管(抗拉强度≥620MPa,屈服强度≥440MPa)[外径在127mm以上(含127mm),化学成分(wt%)中碳(C)的含量≥0.07且≤0.13、铬(Cr)的含量≥8.5且≤9.5、钼(Mo)的含量≥0.3且≤0.6、钨(W)的含量≥1.5且≤2.0,抗拉强度≥620MPa,屈服强度≥440MPa](无缝钢管)
730459	10	90	非冷轧其他合金钢无缝锅炉管(非冷拔或冷轧的)	Boiler tubes and pipes, of other alloy steel (not cold-drawn or cold-rolled)	【最】4【普】17 【协东盟】0【协巴基斯坦】0【协智利】0 【协新西兰】0【协秘鲁】0【协哥斯达黎加】0 【协冰岛】0【协瑞士】0【协澳大利亚】0 【协韩国】0【协格鲁吉亚】0【协香港】0 【协澳门】0 【特-1】0【特-2】0【特-3】0 【增】16【对美加征】15【出】0【退】10	千克	A		M		101 102	非冷轧其他合金钢无缝锅炉管(非冷拔或冷轧的)(无缝钢管压力管道) 非冷轧其他合金钢无缝锅炉管(非冷拔或冷轧的)(无缝钢管)
730459	20		非冷轧其他合金钢无缝地质钻管、套管(冷拔或冷轧的除外)	Geological casing and drill pipes, of other alloy steel (not cold-drawn or cold-rolled)	【最】4【普】17 【协东盟】0【协巴基斯坦】0【协智利】0 【协新西兰】0【协秘鲁】0【协哥斯达黎加】0 【协冰岛】0【协瑞士】0【协澳大利亚】0 【协韩国】0【协格鲁吉亚】0【协香港】0 【协澳门】0 【特-1】0【特-2】0【特-3】0 【增】16【对美加征】15【出】0【退】10	千克	A		M		101 102	非冷轧其他合金钢无缝地质钻管、套管(冷拔或冷轧的除外)(无缝钢管压力管道) 非冷轧其他合金钢无缝地质钻管、套管(冷拔或冷轧的除外)(无缝钢管)

税则号列 HS国际统一前6位	本国子目 7~8位	本国子目 9~10位	货品名称中英文 中文 货物名称	货品名称中英文 英文 Article Description	税费综合信息	计量单位	监管证件代码 进口	监管证件代码 出口	检验检疫类别 进口	检验检疫类别 出口	检验检疫编码	检验检疫编码对应中文名称
730459	90	01	高温承压用合金钢无缝钢管(抗拉强度≥620MPa,屈服强度≥440MPa)[外径在127mm以上(含127mm),化学成分(wt%)中碳(C)的含量≥0.07且≤0.13、铬(Cr)的含量≥8.5且≤9.5、钼(Mo)的含量≥0.3且≤0.6、钨(W)的含量≥1.5且≤2.0,抗拉强度≥620MPa,屈服强度≥440MPa]	Seamless steel tube made of alloy steel, used in high temperature and pressure(tensile strength is not less than 620MPa and yield strength is not less than 440MPa)(the external dimension is not less than 127mm, and the chemical constituent(wt%), containing carbon 0.07 or more but not exceeding 0.13, containing chrome 8.5or more but not exceeding 9.5, containing molybdenum 0.3 or more but not exceeding 0.6, containing tungsten 1.5 or more but not exceeding 2.0) Alloy steel seamless steel tubes for pressure and high temperature (≥620MPa, tensile strength, yield strength ≥ 440MPa) (chemical composition diameter ≥ 127mm, (wt%) 0.07 ≤ C ≤ 0.13, 8.5 ≤ Cr ≤ 9.5, 0.3 ≤ Mo ≤ 0.6, 1.5 ≤ W ≤ 2, non cold drawn or cold-rol	【最】4【普】17 【协东盟】0【协巴基斯坦】0【协智利】0 【协新西兰】0【协秘鲁】0【协哥斯达黎加】0 【协冰岛】0【协瑞士】0【协澳大利亚】0 【协韩国】0【协格鲁吉亚】0【协香港】0 【协澳门】0 【特-1】0【特-2】0【特-3】0 【增】16【反倾】有【对美加征】15【出】0 【退】10	千克	A		M		101 102	高温承压用合金钢无缝钢管(抗拉强度≥620MPa,屈服强度≥440MPa)[外径在127mm以上(含127mm),化学成分(wt%)中碳(C)的含量≥0.07且≤0.13、铬(Cr)的含量≥8.5且≤9.5、钼(Mo)的含量≥0.3且≤0.6、钨(W)的含量≥1.5且≤2.0,抗拉强度≥620MPa,屈服强度≥440MPa](无缝钢管压力管道) 高温承压用合金钢无缝钢管(抗拉强度≥620MPa,屈服强度≥440MPa)[外径在127mm以上(含127mm),化学成分(wt%)中碳(C)的含量≥0.07且≤0.13、铬(Cr)的含量≥8.5且≤9.5、钼(Mo)的含量≥0.3且≤0.6、钨(W)的含量≥1.5且≤2.0,抗拉强度≥620MPa,屈服强度≥440MPa](无缝钢管)
730459	90	90	非冷轧其他合金钢制无缝圆形截面管(非冷拔或冷轧的)	Other tubes and pipes, having circular crosssections, of other alloy steel(other than the cold-drawn or cold-rolled)	【最】4【普】17 【协东盟】0【协巴基斯坦】0【协智利】0 【协新西兰】0【协秘鲁】0【协哥斯达黎加】0 【协冰岛】0【协瑞士】0【协澳大利亚】0 【协韩国】0【协格鲁吉亚】0【协香港】0 【协澳门】0 【特-1】0【特-2】0【特-3】0 【增】16【对美加征】15【出】0【退】10	千克	A		M		101 102	非冷轧其他合金钢制无缝圆形截面管(非冷拔或冷轧的)(无缝钢管压力管道) 非冷轧其他合金钢制无缝圆形截面管(非冷拔或冷轧的)(无缝钢管)
730490	00		未列名无缝钢铁管及空心异型材(铸铁除外)	Other tubes, pipes and hollow profiles, not elsewhere specified or included, other than cast iron	【最】4【普】17 【协东盟】0【协巴基斯坦】0【协智利】0 【协新西兰】0【协秘鲁】0【协哥斯达黎加】0 【协冰岛】0【协瑞士】0【协澳大利亚】0 【协韩国】0【协格鲁吉亚】0【协香港】0 【协澳门】0 【特-1】0【特-2】0【特-3】0 【增】16【对美加征】15【出】0【退】10	千克	A		M		101 102	未列名无缝钢铁管及空心异型材(铸铁除外)(无缝钢管压力管道) 未列名无缝钢铁管及空心异型材(铸铁除外)(无缝钢管)
730511	00		纵向埋弧焊接石油、天然气粗钢管(粗钢管指外径超过406.4mm)	Line pipe of a kind used for oil or gas pipelines, Longitudinally submerged arc welded, the external diameter of which exceeds 406.4mm	【最】7【普】17 【协东盟】0【协巴基斯坦】5【协智利】0 【协新西兰】0【协秘鲁】0【协哥斯达黎加】0 【协冰岛】0【协瑞士】0【协澳大利亚】0 【协韩国】4.6【协格鲁吉亚】0【协香港】0 【协澳门】0 【特-1】0【特-2】0【特-3】0 【增】16【对美加征】10【出】0【退】13	千克	A		M		101 102	纵向埋弧焊接石油、天然气粗钢管(粗钢管指外径超过406.4mm)(焊接钢管压力管道) 纵向埋弧焊接石油、天然气粗钢管(粗钢管指外径超过406.4mm)(焊接钢管)
730512	00		其他纵向焊接石油、天然气粗钢管(粗钢管指外径超过406.4mm)	Other line pipe of a kind used for oil or gas pipelines, longitudinally welded, the external diameter of which exceeds 406.4mm	【最】3【普】17 【协东盟】0【协巴基斯坦】0【协智利】0 【协新西兰】0【协秘鲁】0【协哥斯达黎加】0 【协冰岛】0【协瑞士】0【协澳大利亚】0 【协韩国】0【协格鲁吉亚】0【协香港】0 【协澳门】0 【特-1】0【特-2】0【特-3】0 【增】16【出】0【退】13	千克	A		M		101 102	其他纵向焊接石油、天然气粗钢管(粗钢管指外径超过406.4mm)(焊接钢管压力管道) 其他纵向焊接石油、天然气粗钢管(粗钢管指外径超过406.4mm)(焊接钢管)

税则号列			货品名称中英文		税费综合信息	计量单位	监管证件代码		检验检疫类别		检验检疫编码	检验检疫编码对应中文名称
HS 国际统一前6位	本国子目 7~8位	本国子目 9~10位	中文 货物名称	英文 Article Description			进口	出口	进口	出口		
730519	00		其他石油、天然气粗钢管(粗钢管指外径超过406.4mm)	Other line pipe of a kind used for oil or gas pipelines, the external diameter of which exceeds 406.4mm	【最】7【普】17 【协东盟】0【协巴基斯坦】5【协智利】0 【协新西兰】0【协秘鲁】0【协哥斯达黎加】0 【协冰岛】0【协瑞士】0【协澳大利亚】0 【协韩国】0【协格鲁吉亚】0【协香港】0 【协澳门】0 【特-1】0【特-2】0【特-3】0 【增】16【出】0【退】13	千克	A		M		101 102	其他石油、天然气粗钢管(粗钢管指外径超过406.4mm)(焊接钢管压力管道) 其他石油、天然气粗钢管(粗钢管指外径超过406.4mm)(焊接钢管)
730520	00		其他钻探石油、天然气用粗套管(粗套管指外径超过406.4mm)	Casing of a kind used in drilling for oil or gas, the external diameter of which exceeds 406.4mm	【最】7【普】17 【协东盟】0【协巴基斯坦】5【协智利】0 【协新西兰】0【协秘鲁】0【协哥斯达黎加】0 【协冰岛】0【协瑞士】0【协澳大利亚】0 【协韩国】0【协格鲁吉亚】0【协香港】0 【协澳门】0 【特-1】0【特-2】0【特-3】0 【增】16【出】0【退】13	千克	A		M		101 102	其他钻探石油、天然气用粗套管(粗套管指外径超过406.4mm)(焊接钢管压力管道) 其他钻探石油、天然气用粗套管(粗套管指外径超过406.4mm)(焊接钢管)
730531	00		纵向焊接的其他粗钢铁管(粗钢铁管指外径超过406.4mm)	Other tubes and pipes, longitudinally welded, the external diameter of which exceeds 406.4mm	【最】6【普】30 【协东盟】0【协巴基斯坦】5【协智利】0 【协新西兰】0【协秘鲁】0【协哥斯达黎加】0 【协冰岛】0【协瑞士】0【协澳大利亚】0 【协韩国】4.4【协格鲁吉亚】0【协香港】0 【协澳门】0 【特-1】0【特-2】0【特-3】0 【增】16【对美加征】10【出】0【退】10	千克	A		M		101 102	纵向焊接的其他粗钢铁管(粗钢铁管指外径超过406.4mm)(焊接钢管压力管道) 纵向焊接的其他粗钢铁管(粗钢铁管指外径超过406.4mm)(焊接钢管)
730539	00		其他方法焊接其他粗钢铁管(粗钢铁管指外径超过406.4mm)	Other tubes and pipes, other welded, the external diameter of which exceeds 406.4mm	【最】6【普】30 【协东盟】0【协巴基斯坦】5【协智利】0 【协新西兰】0【协秘鲁】0【协哥斯达黎加】0 【协冰岛】0【协瑞士】0【协澳大利亚】0 【协韩国】4.4【协格鲁吉亚】0【协香港】0 【协澳门】0 【特-1】0【特-2】0【特-3】0 【增】16【对美加征】10【出】0【退】10	千克	A		M		101 102	其他方法焊接其他粗钢铁管(粗钢铁管指外径超过406.4mm)(焊接钢管压力管道) 其他方法焊接其他粗钢铁管(粗钢铁管指外径超过406.4mm)(焊接钢管)
730590	00		未列名圆形截面粗钢铁管(粗钢铁管指外径超过406.4mm)	Other tubes, pipes not elsewhere specified or included, the external diameter of which exceeds 406.4mm	【最】6【普】30 【协东盟】0【协巴基斯坦】5【协智利】0 【协新西兰】0【协秘鲁】0【协哥斯达黎加】0 【协冰岛】0【协瑞士】0【协澳大利亚】0 【协韩国】0【协格鲁吉亚】0【协香港】0 【协澳门】0 【特-1】0【特-2】0【特-3】0 【增】16【出】0【退】10	千克	A		M		101 102	未列名圆形截面粗钢铁管(粗钢铁管指外径超过406.4mm)(焊接钢管压力管道) 未列名圆形截面粗钢铁管(粗钢铁管指外径超过406.4mm)(焊接钢管)
730611	00		不锈钢焊缝石油及天然气管道管	Line pipe of a kind used for oil or gas pipelines, welded, of stainless steel	【最】7【普】17 【协东盟】0【协巴基斯坦】5【协智利】0 【协新西兰】0【协秘鲁】0【协哥斯达黎加】0 【协冰岛】0【协瑞士】0【协澳大利亚】0 【协韩国】3.5【协格鲁吉亚】0【协香港】0 【协澳门】0 【特-1】0【特-2】0【特-3】0 【增】16【出】0【退】13	千克	A		M		101 102	不锈钢焊缝石油及天然气管道管(焊接钢管压力管道) 不锈钢焊缝石油及天然气管道管(焊接钢管)
730619	00		非不锈钢焊缝石油及天然气管道管	Line pipe of a kind used for oil or gas pipelines, not welded, not of stainless steel	【最】7【普】17 【协东盟】0【协巴基斯坦】5【协智利】0 【协新西兰】0【协秘鲁】0【协哥斯达黎加】0 【协冰岛】0【协瑞士】0【协澳大利亚】0 【协韩国】4.6【协格鲁吉亚】0【协香港】0 【协澳门】0 【特-1】0【特-2】0【特-3】0 【增】16【对美加征】10【出】0【退】13	千克	A		M		101 102	非不锈钢焊缝石油及天然气管道管(焊接钢管压力管道) 非不锈钢焊缝石油及天然气管道管(焊接钢管)
730621	00		不锈钢焊缝钻探石油及天然气用套管及导管	Casing and tubing of a kind used in drilling for oil or gas, welded, of stainless steel	【最】3【普】17 【协东盟】0【协巴基斯坦】0【协智利】0 【协新西兰】0【协秘鲁】0【协哥斯达黎加】0 【协冰岛】0【协瑞士】0【协澳大利亚】0 【协韩国】0【协格鲁吉亚】0【协香港】0 【协澳门】0 【特-1】0【特-2】0【特-3】0 【增】16【对美加征】10【出】0【退】13	千克	A		M		101 102	不锈钢焊缝钻探石油及天然气用套管及导管(焊接钢管压力管道) 不锈钢焊缝钻探石油及天然气用套管及导管(焊接钢管)

税则号列			货品名称中英文		税费综合信息	计量单位	监管证件代码		检验检疫类别		检验检疫编码	检验检疫编码对应中文名称
HS国际统一前6位	本国子目 7~8位	本国子目 9~10位	中文 货物名称	英文 Article Description			进口	出口	进口	出口		
730629	00		其他钻探石油及天然气用套管及导管	Other casing and tubing of a kind used in drilling for oil or gas	【最】3【普】17 【协东盟】0【协巴基斯坦】0【协智利】0 【协新西兰】0【协秘鲁】0【协哥斯达黎加】0 【协冰岛】0【协瑞士】0【协澳大利亚】0 【协韩国】0【协格鲁吉亚】0【协香港】0 【协澳门】0 【特-1】0【特-2】0【特-3】0 【增】16【对美加征】10【出】0【退】13	千克	A		M		101 102 103 104	其他钻探石油及天然气用套管及导管（无缝钢管压力管道） 其他钻探石油及天然气用套管及导管（焊接钢管压力管道） 其他钻探石油及天然气用套管及导管（无缝钢管） 其他钻探石油及天然气用套管及导管（焊接钢管）
730630	11		其他铁或非合金钢圆形截面焊缝管，外径≤10毫米，壁厚≤0.7毫米	Other, welded, of circular cross-section, of iron or non-alloy steel, having a wall thickness of 0.7mm or less, the external diameter not exceeding 10mm	【最】3【普】30 【协东盟】0【协巴基斯坦】0【协智利】0 【协新西兰】0【协秘鲁】0【协哥斯达黎加】0 【协冰岛】0【协瑞士】0【协澳大利亚】0 【协韩国】0【协格鲁吉亚】0【协香港】0 【协澳门】0 【特-1】0【特-2】0【特-3】0 【增】16【对美加征】10【出】0【退】13	千克					101	其他铁或非合金钢圆形截面焊缝管，外径≤10毫米，壁厚≤0.7毫米（细焊缝管指外径不超过406.4毫米）（焊接钢管压力管道）
730630	19		其他铁或非合金钢圆形截面焊缝管，外径≤10毫米，壁厚>0.7毫米	Other, welded, of circular cross-section, of iron or non-alloy steel, having a wall thickness more than 0.7mm, the external diameter not exceeding 10mm	【最】3【普】30 【协东盟】0【协巴基斯坦】0【协智利】0 【协新西兰】0【协秘鲁】0【协哥斯达黎加】0 【协冰岛】0【协瑞士】0【协澳大利亚】0 【协韩国】2.2【协格鲁吉亚】0【协香港】0 【协澳门】0 【特-1】0【特-2】0【特-3】0 【增】16【对美加征】10【出】0【退】10	千克					101	其他铁或非合金钢圆形截面焊缝管，外径≤10毫米，壁厚>0.7毫米（细焊缝管指外径不超过406.4毫米）（焊接钢管压力管道）
730630	90		其他铁或非合金钢圆形截面焊缝管，外径>10毫米（细焊缝管指外径不超过406.4毫米）	Other, welded, of circular cross-section, of iron or non-alloy steel, the external diameter exceeding 10mm but not exceeding 406.4mm	【最】3【普】30 【协东盟】0【协巴基斯坦】0【协智利】0 【协新西兰】0【协秘鲁】0【协哥斯达黎加】0 【协冰岛】0【协瑞士】0【协澳大利亚】0 【协韩国】2.2【协格鲁吉亚】0【协香港】0 【协澳门】0 【特-1】0【特-2】0【特-3】0 【增】16【对美加征】10【出】0【退】10	千克					101	其他铁或非合金钢圆形截面焊缝管，外径>10毫米（细焊缝管指外径不超过406.4毫米）（焊接钢管压力管道）
730640	00		不锈钢其他圆形截面细焊缝管（细焊缝管指外径不超过406.4毫米）	Other, welded, of circular cross-section, of stainless steel, the external diameter of which not exceeds 406.4mm	【最】6【普】30 【协东盟】0【协巴基斯坦】5【协智利】0 【协新西兰】0【协秘鲁】0【协哥斯达黎加】0 【协冰岛】0【协瑞士】0【协澳大利亚】0 【协格鲁吉亚】0【协香港】0【协澳门】0 【特-1】0【特-2】0【特-3】0 【增】16【对美加征】5【出】0【退】10	千克					101	不锈钢其他圆形截面细焊缝管（细焊缝管指外径不超过406.4毫米）（焊接钢管压力管道）
730650	00		其他合金钢的圆形截面细焊缝管（细焊缝管指外径不超过406.4毫米）	Other, welded, of circular cross-section, of other alloy steel, the external diameter of which not exceeds 406.4mm	【最】3【普】30 【协东盟】0【协巴基斯坦】0【协智利】0 【协新西兰】0【协秘鲁】0【协哥斯达黎加】0 【协冰岛】0【协瑞士】0【协澳大利亚】0 【协韩国】2.2【协格鲁吉亚】0【协香港】0 【协澳门】0 【特-1】0【特-2】0【特-3】0 【增】16【对美加征】10【出】0【退】10	千克					101	其他合金钢的圆形截面细焊缝管（细焊缝管指外径不超过406.4毫米）（焊接钢管压力管道）
730661	00		矩形或正方形截面的其他焊缝管	Other, welded, of square or rectangular cross-section	【最】3【普】30 【协东盟】0【协巴基斯坦】0【协智利】0 【协新西兰】0【协秘鲁】0【协哥斯达黎加】0 【协冰岛】0【协瑞士】0【协澳大利亚】0 【协韩国】0【协格鲁吉亚】0【协香港】0 【协澳门】0 【特-1】0【特-2】0【特-3】0 【增】16【对美加征】10【出】0【退】10	千克					101 102 103	矩形或正方形截面的其他焊缝管（焊接钢管压力管道） 矩形或正方形截面的其他焊缝管（铸铁管压力管道） 矩形或正方形截面的其他焊缝管（其他铸铁管压力管道）
730669	00		其他非圆形截面的其他焊缝管	Other, welded, of other non-circular cross-section	【最】3【普】30 【协东盟】0【协巴基斯坦】0【协智利】0 【协新西兰】0【协秘鲁】0【协哥斯达黎加】0 【协冰岛】0【协瑞士】0【协澳大利亚】0 【协韩国】0【协格鲁吉亚】0【协香港】0 【协澳门】0 【特-1】0【特-2】0【特-3】0 【增】16【对美加征】10【出】0【退】10	千克					101 102	其他非圆形截面的其他焊缝管（焊接钢管压力管道） 其他非圆形截面的其他焊缝管（铸铁管压力管道）

税则号列			货品名称中英文		税费综合信息	计量单位	监管证件代码		检验检疫类别		检验检疫编码	检验检疫编码对应中文名称
HS 国际统一前6位	本国子目 7~8位	本国子目 9~10位	中文 货物名称	英文 Article Description			进口	出口	进口	出口		
730690	00	10	多壁式管道（直接与化学品接触表面由特殊耐腐蚀材料制成）	Multiple-wall pipes (directly contact the chemicals and its surface produced by special erosion-proof materials)	【最】6【普】30 【协东盟】0【协巴基斯坦】5【协智利】0 【协新西兰】0【协秘鲁】0【协哥斯达黎加】0 【协冰岛】0【协瑞士】0【协澳大利亚】0 【协格鲁吉亚】0【协香港】0【协澳门】0 【特-1】0【特-2】0【特-3】0 【增】16【对美加征】10【出】0【退】10	千克/个	A	3	M		101 102 103 104 105 ……	多壁式管道（直接与化学品接触表面由特殊耐腐蚀材料制成）（无缝钢管压力管道） 多壁式管道（直接与化学品接触表面由特殊耐腐蚀材料制成）（焊接钢管压力管道） 多壁式管道（直接与化学品接触表面由特殊耐腐蚀材料制成）（铸铁管压力管道） 多壁式管道（直接与化学品接触表面由特殊耐腐蚀材料制成）（无缝钢管） 多壁式管道（直接与化学品接触表面由特殊耐腐蚀材料制成）（焊接钢管） ……①
730690	00	90	未列名其他钢铁管及空心异型材	Other tubes, pipes and hollow profiles, not elsewhere specified or included	【最】6【普】30 【协东盟】0【协巴基斯坦】5【协智利】0 【协新西兰】0【协秘鲁】0【协哥斯达黎加】0 【协冰岛】0【协瑞士】0【协澳大利亚】0 【协格鲁吉亚】0【协香港】0【协澳门】0 【特-1】0【特-2】0【特-3】0 【增】16【对美加征】10【出】0【退】10	千克/个	A		M		101 102 103 104 105 ……	未列名其他钢铁管及空心异型材（无缝钢管压力管道） 未列名其他钢铁管及空心异型材（焊接钢管压力管道） 未列名其他钢铁管及空心异型材（铸铁管压力管道） 未列名其他钢铁管及空心异型材（无缝钢管） 未列名其他钢铁管及空心异型材（焊接钢管） ……②
730711	00		无可锻性铸铁制管子附件	Tube or pipe fittings of non-malleable cast iron	【最】5【普】20 【协东盟】0【协巴基斯坦】0【协智利】0 【协新西兰】0【协秘鲁】0【协哥斯达黎加】0 【协冰岛】0【协瑞士】0【协澳大利亚】0 【协韩国】0【协格鲁吉亚】0【协香港】0 【协澳门】0 【特-1】0【特-2】0【特-3】0 【增】16【对美加征】5【出】0【退】13	千克					101 102	无可锻性铸铁制管子附件（其他金属制法兰及管件压力管件） 无可锻性铸铁制管子附件（其他金属制法兰及管件）
730719	00		可锻性铸铁及铸钢管子附件	Other tube or pipe fittings of malleable cast iron or steel	【最】8【普】20 【协东盟】0【协巴基斯坦】5【协智利】0 【协新西兰】0【协秘鲁】0【协哥斯达黎加】0 【协冰岛】0【协瑞士】3.2【协澳大利亚】0 【协韩国】0【协格鲁吉亚】0【协香港】0 【协澳门】0 【特-1】0【特-2】0【特-3】0 【增】16【对美加征】5【出】0【退】13	千克					101 102 103	可锻性铸铁及铸钢管子附件（其他金属制法兰及管件压力管件） 可锻性铸铁及铸钢管子附件（其他金属制法兰及管件） 可锻性铸铁及铸钢管子附件（其他金属及制品）
730721	00		不锈钢制法兰	Flanges of stainless steel	【最】8【普】20 【协亚太】6.4【协东盟】0【协巴基斯坦】5 【协智利】0【协新西兰】0【协秘鲁】0 【协哥斯达黎加】0【协冰岛】0【协瑞士】0 【协澳大利亚】0【协韩国】0 【协格鲁吉亚】0【协香港】0【协澳门】0 【特-1】0【特-2】0【特-3】0 【增】16【对美加征】5【出】0【退】13	千克					999	不锈钢制法兰

① 该税号项下检验检疫编码及对应中文名称尚有：106　多壁式管道（直接与化学品接触表面由特殊耐腐蚀材料制成）（铸铁管），107　多壁式管道（直接与化学品接触表面由特殊耐腐蚀材料制成）（其他钢铁及制品）。

② 该税号项下检验检疫编码及对应中文名称尚有：106　未列名其他钢铁管及空心异型材（铸铁管），107　未列名其他钢铁管及空心异型材（其他钢铁及制品）。

税则号列 HS国际统一前6位	本国子目 7~8位	本国子目 9~10位	货品名称 中文 货物名称	货品名称 英文 Article Description	税费综合信息	计量单位	监管证件代码 进口	监管证件代码 出口	检验检疫类别 进口	检验检疫类别 出口	检验检疫编码	检验检疫编码对应中文名称
730722	00		不锈钢制螺纹肘管、弯管、管套	Threaded elbows, bends and sleeves, of stainless steel	【最】8【普】20 【协东盟】0【协香港】0【协巴基斯坦】5 【协智利】0【协新西兰】0【协秘鲁】0 【协哥斯达黎加】0【协冰岛】0【协瑞士】0 【协澳大利亚】0【协韩国】0 【协格鲁吉亚】0 【特-1】0【特-2】0【特-3】0 【增】16【对美加征】5【出】0【退】13	千克					101 102	不锈钢制螺纹肘管、弯管、管套（不锈钢制螺纹管子附件压力管件） 不锈钢制螺纹肘管、弯管、管套（不锈钢制其他管子附件）
730723	00		不锈钢制对焊件	Butt welding fittings, of stainless steel	【最】8【普】20 【协东盟】0【协巴基斯坦】5【协智利】0 【协新西兰】0【协秘鲁】0【协哥斯达黎加】0 【协冰岛】0【协瑞士】0【协澳大利亚】0 【协韩国】0【协格鲁吉亚】0【协香港】0 【协澳门】0 【特-1】0【特-2】0【特-3】0 【增】16【对美加征】5【出】0【退】13	千克					101 102	不锈钢制对焊件（不锈钢制对焊件管子附件压力管件） 不锈钢制对焊件（不锈钢制其他管子附件）
730729	00		不锈钢制其他管子附件	Other tube or pipe fittings, of stainless steel	【最】8【普】20 【协东盟】0【协香港】0【协巴基斯坦】5 【协智利】0【协新西兰】0【协秘鲁】0 【协哥斯达黎加】0【协冰岛】0【协瑞士】3.4 【协澳大利亚】0【协格鲁吉亚】0 【特-1】0【特-2】0【特-3】0 【增】16【对美加征】5【出】0【退】13	千克					101 102	不锈钢制其他管子附件（不锈钢制对焊件管子附件压力管件） 不锈钢制其他管子附件（不锈钢制其他管子附件）
730791	00		未列名钢铁制法兰（不锈钢除外）	Flanges of iron or steel, not elsewhere specified or included (other than stainless steel)	【最】7【普】20 【协东盟】0【协巴基斯坦】5【协智利】0 【协新西兰】0【协秘鲁】0【协哥斯达黎加】0 【协冰岛】0【协瑞士】0【协澳大利亚】0 【协韩国】4.6【协格鲁吉亚】0【协香港】0 【协澳门】0 【特-1】0【特-2】0【特-3】0 【增】16【对美加征】10【出】0【退】13	千克					101 102	未列名钢铁制法兰（不锈钢除外）（其他金属制法兰及管件压力管件） 未列名钢铁制法兰（不锈钢除外）（其他金属制法兰及管件）
730792	00		未列名钢铁制螺纹肘管、弯管、管套（不锈钢除外）	Threaded elbows, bends and sleeves, of iron or steel, not elsewhere specified or included, other than stainless steel	【最】4【普】20 【协东盟】0【协巴基斯坦】0【协智利】0 【协新西兰】0【协秘鲁】0【协哥斯达黎加】0 【协冰岛】0【协瑞士】0【协澳大利亚】0 【协韩国】0【协格鲁吉亚】0【协香港】0 【协澳门】0 【特-1】0【特-2】0【特-3】0 【增】16【对美加征】10【出】0【退】13	千克					101 102 103	未列名钢铁制螺纹肘管、弯管、管套（不锈钢除外）（其他金属制法兰及管件压力管件） 未列名钢铁制螺纹肘管、弯管、管套（不锈钢除外）（其他金属制法兰及管件） 未列名钢铁制螺纹肘管、弯管、管套（不锈钢除外）（其他金属及制品）
730793	00		未列名钢铁制对焊件（不锈钢除外）	Butt welding fittings, of iron or steel, not elsewhere specified or included, other than stainless steel	【最】7【普】20 【协东盟】0【协巴基斯坦】5【协智利】0 【协新西兰】0【协秘鲁】0【协哥斯达黎加】0 【协冰岛】0【协瑞士】0【协澳大利亚】0 【协韩国】0【协格鲁吉亚】0【协香港】0 【协澳门】0 【特-1】0【特-2】0【特-3】0 【增】16【对美加征】10【出】0【退】13	千克					101 102	未列名钢铁制对焊件（不锈钢除外）（其他金属制法兰及管件压力管件） 未列名钢铁制对焊件（不锈钢除外）（其他金属制法兰及管件）
730799	00		未列名钢铁制其他管子附件（不锈钢除外）	Other tube or pipe fittings, of iron or steel, not elsewhere specified or included, other than stainless steel	【最】4【普】20 【协东盟】0【协巴基斯坦】0【协智利】0 【协新西兰】0【协秘鲁】0【协哥斯达黎加】0 【协冰岛】0【协瑞士】0【协澳大利亚】0 【协韩国】0【协格鲁吉亚】0【协香港】0 【协澳门】0 【特-1】0【特-2】0【特-3】0 【增】16【对美加征】5【出】0【退】13	千克					101 102	未列名钢铁制其他管子附件（不锈钢除外）（其他金属制法兰及管件压力管件） 未列名钢铁制其他管子附件（不锈钢除外）（其他金属制法兰及管件）
730810	00		钢铁制桥梁及桥梁体段	Bridges and bridge-sections, of iron or steel	【最】8【普】30 【协东盟】0【协巴基斯坦】0【协智利】0 【协新西兰】0【协秘鲁】0【协哥斯达黎加】0 【协冰岛】0【协瑞士】0【协澳大利亚】0 【协韩国】0【协格鲁吉亚】0【协香港】0 【协澳门】0 【特-1】0【特-2】0【特-3】0 【增】16【出】0【退】13	千克					999	钢铁制桥梁及桥梁体段

税则号列			货品名称中英文		税费综合信息	计量单位	监管证件代码		检验检疫类别		检验检疫编码	检验检疫编码对应中文名称
HS 国际统一前 6 位	本国子目 7~8 位	本国子目 9~10 位	中文 货物名称	英文 Article Description			进口	出口	进口	出口		
730820	00		钢铁制塔楼及格构杆	Towers and lattice masts, of iron or steel	【最】8【普】30 【协东盟】0【协巴基斯坦】0【协智利】0 【协新西兰】0【协秘鲁】0【协哥斯达黎加】0 【协冰岛】0【协瑞士】0【协澳大利亚】0 【协韩国】4.2【协格鲁吉亚】0【协香港】0 【协澳门】0 【特-1】0【特-2】0【特-3】0 【增】16【对美加征】10【出】0【退】13	千克					999	钢铁制塔楼及格构杆
730830	00		钢铁制门窗及其框架、门槛	Doors, windows and their frames and thresholds for doors, of iron or steel	【最】8【普】50 【协东盟】0【协香港】0【协澳门】0 【协巴基斯坦】0【协智利】0【协新西兰】0 【协新加坡】0【协秘鲁】0【协哥斯达黎加】0 【协冰岛】0【协瑞士】0【协澳大利亚】0 【协韩国】5【协格鲁吉亚】0 【特-1】0【特-2】0【特-3】0 【增】16【对美加征】10【出】0【退】13	千克			L		999	钢铁制门窗及其框架、门槛
730840	00		钢铁制脚手架模板坑凳用支柱及类似设备	Equipment for scaffolding, shuttering, propping or pit-propping, of iron or steel	【最】8【普】30 【协东盟】0【协巴基斯坦】0【协智利】0 【协新西兰】0【协秘鲁】0【协哥斯达黎加】0 【协冰岛】0【协瑞士】0【协澳大利亚】0 【协韩国】0【协格鲁吉亚】0【协香港】0 【协澳门】0 【特-1】0【特-2】0【特-3】0 【增】16【对美加征】10【出】0【退】13	千克					999	钢铁制脚手架模板坑凳用支柱及类似设备
730890	00		其他钢铁结构体及部件（包括结构体用的已加工钢板、型材、管子及类似品）	Other structures and parts of structures, of iron or steel; plates, shapes, tubes and the like, prepared for use in structures	【最】4【普】30 【协东盟】0【协香港】0【协巴基斯坦】0 【协智利】0【协新西兰】0【协秘鲁】0 【协哥斯达黎加】0【协冰岛】0【协瑞士】0 【协澳大利亚】0【协韩国】0【协格鲁吉亚】0 【特-1】0【特-2】0【特-3】0 【增】16【对美加征】10【出】0【退】13	千克					999	其他钢铁结构体及部件（包括结构体用的已加工钢板、型材、管子及类似品）
730900	00		容积 > 300 升钢铁制盛物容器（容积 > 300 升的囤、柜、桶、罐、听及类似容器）	Reservoirs, tanks, vats and similar containers for any material(other than compressed or liquefied gas), of iron or steel, of a capacity exceeding 300L, whether or not lined or heat-insulated, but not fitted with mechanical or thermal equipmen	【最】8【普】35 【协东盟】0【协巴基斯坦】5【协智利】0 【协新西兰】0【协新加坡】0【协秘鲁】0 【协哥斯达黎加】0【协冰岛】0【协瑞士】4.2 【协澳大利亚】0【协韩国】5.2 【协格鲁吉亚】0【协香港】0【协澳门】0 【特-1】0【特-2】0【特-3】0 【增】16【对美加征】10【出】0【退】10	千克					999	容积>300 升钢铁制盛物容器（容积>300 升的囤、柜、桶、罐、听及类似容器）
731010	00	10	100L<总容积≤300L 的容器（与所处理或盛放的化学品接触表面由特殊耐腐蚀材料制成）	Containers, of a capacity more than 100L, but not exceeding 300L, its surface in contact with chemicals treated or contained is made of special erosion-resistant materials	【最】8【普】40 【协东盟】0【协香港】0【协巴基斯坦】5 【协智利】0【协新西兰】0【协新加坡】0 【协秘鲁】0【协哥斯达黎加】0【协冰岛】0 【协瑞士】4.2【协澳大利亚】0【协韩国】7.8 【协格鲁吉亚】0 【特-1】0【特-2】0【特-3】0 【增】16【对美加征】10【出】0【退】10	千克/个		3			999	100L<总容积≤300L 的容器（与所处理或盛放的化学品接触表面由特殊耐腐蚀材料制成）
731010	00	90	50L≤容积≤300L 的其他钢铁制盛物容器（钢铁柜、桶、罐、听及类似容器）	Other containers, of iron or steel, of a capacity 50L or more, but not exceeding 300L (tanks, casks, drums, cans, boxes and similar containers)	【最】8【普】40 【协东盟】0【协香港】0【协巴基斯坦】5 【协智利】0【协新西兰】0【协新加坡】0 【协秘鲁】0【协哥斯达黎加】0【协冰岛】0 【协瑞士】4.2【协澳大利亚】0【协韩国】7.8 【协格鲁吉亚】0 【特-1】0【特-2】0【特-3】0 【增】16【对美加征】10【出】0【退】10	千克/个					999	50L≤容积≤300L 的其他钢铁制盛物容器（钢铁柜、桶、罐、听及类似容器）
731021	10		容积<50 升的焊边或卷边接合钢铁易拉罐及罐体	Cans and tank	【最】8【普】70 【协东盟】0【协香港】0【协巴基斯坦】14 【协智利】0【协新西兰】0【协新加坡】0 【协秘鲁】0【协哥斯达黎加】0【协冰岛】0 【协瑞士】7【协澳大利亚】0【协韩国】8.7 【协格鲁吉亚】0 【特-1】0【特-2】0 【增】16【对美加征】10【出】0【退】10	千克	A		R		999	容积<50 升的焊边或卷边接合钢铁易拉罐及罐体

税则号列			货品名称中英文		税费综合信息	计量单位	监管证件代码		检验检疫类别		检验检疫编码	检验检疫编码对应中文名称
HS国际统一前6位	本国子目7~8位	本国子目9~10位	中文 货物名称	英文 Article Description			进口	出口	进口	出口		
731021	90		容积<50升的其他焊边或卷边接合钢铁罐	Other cans which are to be closed by soldering or crimping	【最】8【普】70 【协东盟】0【协香港】0【协巴基斯坦】14 【协智利】0【协新西兰】0【协新加坡】0 【协秘鲁】0【协哥斯达黎加】0【协冰岛】0 【协瑞士】7【协澳大利亚】0【协韩国】8.7 【协格鲁吉亚】0 【特-1】0【特-2】0 【增】16【对美加征】5【出】0【退】10	千克					999	容积<50升的其他焊边或卷边接合钢铁罐
731029	10		容积<50升的其他易拉罐及罐体	Tear tab ends and bodies thereof, of a capacity less than 50L	【最】8【普】70 【协东盟】0【协香港】0【协巴基斯坦】14 【协智利】0【协新西兰】0【协新加坡】0 【协秘鲁】0【协哥斯达黎加】0【协冰岛】0 【协瑞士】8【协澳大利亚】0【协韩国】8.7 【协格鲁吉亚】0 【特-1】0【特-2】0【特-3】0 【增】16【对美加征】10【出】0【退】10	千克	A		R		999	容积<50升的其他易拉罐及罐体（焊边或卷边接合的除外）
731029	90		容积<50升的其他盛物容器（钢铁柜、桶、罐、听及类似容器）	Other containers, of a capacity less than 50L (tanks, casks, drums, cans, boxes and similar containers)	【最】8【普】70 【协东盟】0【协香港】0【协巴基斯坦】14 【协智利】0【协新西兰】0【协新加坡】0 【协秘鲁】0【协哥斯达黎加】0【协冰岛】0 【协瑞士】8【协澳大利亚】0【协韩国】8.7 【协格鲁吉亚】0 【特-1】0【特-2】0【特-3】0 【增】16【对美加征】5【出】0【退】13	千克	A		R		999	容积<50升的其他盛物容器（钢铁柜、桶、罐、听及类似容器）
731100	10		装压缩或液化气的钢铁容器（指零售包装用）	Containers for compressed or liquefied gas, of iron or steel, for retail packing	【最】8【普】70 【协东盟】0【协香港】0【协巴基斯坦】14 【协智利】0【协新西兰】0【协新加坡】0 【协秘鲁】0【协哥斯达黎加】0【协冰岛】0 【协瑞士】7【协澳大利亚】0【协韩国】8.7 【协格鲁吉亚】0 【特-1】0【特-2】0 【增】16【对美加征】5【出】0【退】10	千克	6A		M		999	装压缩或液化气的钢铁容器（指零售包装用）
731100	90		其他装压缩或液化气的容器（指非零售包装用）	Other containers for compressed or liquefied gas, not for retail packing	【最】8【普】17 【协东盟】0【协香港】0【协巴基斯坦】5 【协智利】0【协新西兰】0【协秘鲁】0 【协哥斯达黎加】0【协冰岛】0【协瑞士】0 【协澳大利亚】0【协韩国】5.3 【协格鲁吉亚】0 【特-1】0【特-2】0 【增】16【对美加征】5【出】0【退】16	千克	6A		M		999	其他装压缩或液化气的容器（指非零售包装用）
731210	00		非绝缘的钢铁绞股线、绳、缆	Stranded wire, ropes and cables, of iron or steel, not electrically insulated	【最】4【普】20 【协东盟】0【协巴基斯坦】0【协智利】0 【协新西兰】0【协秘鲁】0【协哥斯达黎加】0 【协冰岛】0【协瑞士】0【协澳大利亚】0 【协韩国】0【协格鲁吉亚】0【协香港】0 【协澳门】0 【特-1】0【特-2】0 【增】16【对美加征】10【出】0【退】10	千克	A		M		101 102 103	非绝缘的钢铁绞股线、绳、缆（其他深加工金属制品） 非绝缘的钢铁绞股线、绳、缆（钢丝绳） 非绝缘的钢铁绞股线、绳、缆（其他钢铁及制品）
731290	00		非绝缘钢铁编带、吊索及类似品	Plaited bands, slings and the like, of iron or steel, not electrically insulated	【最】4【普】20 【协东盟】0【协巴基斯坦】0【协智利】0 【协新西兰】0【协秘鲁】0【协哥斯达黎加】0 【协冰岛】0【协瑞士】0【协澳大利亚】0 【协韩国】0【协格鲁吉亚】0【协香港】0 【协澳门】0 【特-1】0【特-2】0【特-3】0 【增】16【对美加征】5【出】0【退】10	千克					101	非绝缘钢铁编带、吊索及类似品（其他深加工金属制品）
731300	00		带刺钢铁丝、围篱用钢铁绞带（还包括单股扁丝及松绞的双股丝）	Barbed wire of iron or steel; twisted hoop or single flat wire, barbed or not, and loosely twisted double wire, of a kind used for fencing, of iron or steel	【最】7【普】70 【协亚太】6.3【协东盟】0【协巴基斯坦】5 【协智利】0【协新西兰】0【协秘鲁】0 【协哥斯达黎加】0【协冰岛】0【协瑞士】0 【协澳大利亚】0【协韩国】0 【协格鲁吉亚】0【协香港】0【协澳门】0 【特-1】0【特-2】0【特-3】0 【增】16【对美加征】5【出】0【退】10	千克					101	带刺钢铁丝、围篱用钢铁绞带（还包括单股扁丝及松绞的双股丝）（其他深加工金属制品）

税则号列 HS国际统一前6位	本国子目 7~8位	本国子目 9~10位	货品名称 中文 货物名称	货品名称 英文 Article Description	税费综合信息	计量单位	监管证件代码 进口	监管证件代码 出口	检验检疫类别 进口	检验检疫类别 出口	检验检疫编码	检验检疫编码对应中文名称
731412	00		不锈钢制的机器环形带	Endless bands for machinery, of stainless steel	【最】8【普】20 【协东盟】0【协巴基斯坦】6【协智利】0 【协新西兰】0【协新加坡】0【协秘鲁】0 【协哥斯达黎加】0【协冰岛】0【协瑞士】6.8 【协澳大利亚】0【协韩国】6 【协格鲁吉亚】0【协香港】0【协澳门】0 【特-1】0【特-2】0【特-3】0 【增】16【对美加征】10【出】0【退】10	千克					101	不锈钢制的机器环形带（其他深加工金属制品）
731414	00		不锈钢制的其他机织品	Other woven cloth, of stainless steel	【最】8【普】20 【协东盟】0【协巴基斯坦】6【协智利】0 【协新西兰】0【协新加坡】0【协秘鲁】0 【协哥斯达黎加】0【协冰岛】0【协瑞士】0 【协澳大利亚】0【协韩国】6 【协格鲁吉亚】0【协香港】0【协澳门】0 【特-1】0【特-2】0【特-3】0 【增】16【对美加征】10【出】0【退】10	千克					101	不锈钢制的其他机织品（其他深加工金属制品）
731419	00		其他钢丝制机织品	Other woven cloth, of other steel wire	【最】7【普】20 【协东盟】0【协巴基斯坦】3.5【协智利】0 【协新西兰】0【协秘鲁】0【协哥斯达黎加】0 【协冰岛】0【协澳大利亚】0【协韩国】0 【协格鲁吉亚】0【协香港】0【协澳门】0 【特-1】0【特-2】0【特-3】0 【增】16【对美加征】10【出】0【退】10	千克					101	其他钢丝制机织品（其他深加工金属制品）
731420	00		交点焊接的粗钢铁丝网、篱及格栅（其丝的最大截面尺寸≥3毫米，网眼尺寸≥100平方厘米）	Grill, netting and fencing, welded at the intersection, of wire with a maximum cross-sectional dimension of 3mm or more and having a mesh size of $100cm^2$ or more	【最】7【普】70 【协东盟】0【协香港】0【协巴基斯坦】5 【协智利】0【协新西兰】0【协秘鲁】0 【协哥斯达黎加】0【协冰岛】0【协瑞士】0 【协澳大利亚】0【协韩国】0 【协格鲁吉亚】0 【特-1】0【特-2】0【特-3】0 【增】16【对美加征】10【出】0【退】10	千克					101	交点焊接的粗钢铁丝网、篱及格栅（其丝的最大截面尺寸≥3毫米，网眼尺寸≥100平方厘米）（其他深加工金属制品）
731431	00		交点焊接的镀或涂锌细钢铁丝网、篱及隔栅（其丝的最大截面尺寸<3毫米，网眼尺寸<100平方厘米）	Grill, netting and fencing, welded at the intersection, plated or coated with zinc, of wire with a maximum cross-sectional dimension of less than 3mm and having a mesh size of less than $100cm^2$	【最】7【普】70 【协东盟】0【协香港】0【协巴基斯坦】5 【协智利】0【协新西兰】0【协秘鲁】0 【协哥斯达黎加】0【协冰岛】0【协瑞士】0 【协澳大利亚】0【协韩国】0 【协格鲁吉亚】0 【特-1】0【特-2】0【特-3】0 【增】16【对美加征】10【出】0【退】10	千克					101	交点焊接的镀或涂锌细钢铁丝网、篱及隔栅（其丝的最大截面尺寸<3毫米，网眼尺寸<100平方厘米）（其他深加工金属制品）
731439	00		交点焊接的其他细钢铁丝网、篱及隔栅（其丝的最大截面尺寸<3毫米，网眼尺寸<100平方厘米）	Other grill, netting and fencing, welded at the intersection, of wire with a maximum cross-sectional dimension of less than 3mm and having a mesh size of less than $100cm^2$	【最】7【普】70 【协东盟】0【协香港】0【协巴基斯坦】5 【协智利】0【协新西兰】0【协秘鲁】0 【协哥斯达黎加】0【协冰岛】0【协瑞士】0 【协澳大利亚】0【协韩国】3.5 【协格鲁吉亚】0 【特-1】0【特-2】0【特-3】0 【增】16【对美加征】5【出】0【退】10	千克					101	交点焊接的其他细钢铁丝网、篱及隔栅（其丝的最大截面尺寸<3毫米，网眼尺寸<100平方厘米）（其他深加工金属制品）
731441	00		镀或涂锌的钢铁丝网、篱及格栅	Grill, netting and fencing, plated or coated with zinc	【最】8【普】20 【协亚太】6【协东盟】0【协巴基斯坦】5 【协智利】0【协新西兰】0【协秘鲁】0 【协哥斯达黎加】0【协冰岛】0【协瑞士】0 【协澳大利亚】0【协韩国】0 【协格鲁吉亚】0【协香港】0【协澳门】0 【特-1】0【特-2】0【特-3】0 【增】16【对美加征】5【出】0【退】10	千克					101	镀或涂锌的钢铁丝网、篱及格栅（其他深加工金属制品）
731442	00		涂塑的钢铁丝网、篱及格栅	Grill, netting and fencing, coated with plastics	【最】8【普】20 【协东盟】0【协巴基斯坦】5【协智利】0 【协新西兰】0【协秘鲁】0【协哥斯达黎加】0 【协冰岛】0【协瑞士】3.2【协澳大利亚】0 【协韩国】4【协格鲁吉亚】0【协香港】0 【协澳门】0 【特-1】0【特-2】0【特-3】0 【增】16【对美加征】5【出】0【退】10	千克					101	涂塑的钢铁丝网、篱及格栅（其他深加工金属制品）

税则号列 HS国际统一前6位	本国子目 7~8位	本国子目 9~10位	货品名称 中文 货物名称	货品名称 英文 Article Description	税费综合信息	计量单位	监管证件代码 进口	监管证件代码 出口	检验检疫类别 进口	检验检疫类别 出口	检验检疫编码	检验检疫编码对应中文名称
731449	00		其他钢铁丝网、篱及格栅	Other grill, netting and fencing	【最】8【普】20 【协东盟】0【协巴基斯坦】5【协智利】0 【协新西兰】0【协秘鲁】0【协哥斯达黎加】0 【协冰岛】0【协瑞士】3.2【协澳大利亚】0 【协韩国】0【协格鲁吉亚】0【协香港】0 【协澳门】0 【特-1】0【特-2】0【特-3】0 【增】16【对美加征】10【出】0【退】10	千克					101	其他钢铁丝网、篱及格栅（其他深加工金属制品）
731450	00		网眼钢铁板	Expanded metal	【最】8【普】70 【协东盟】0【协香港】0【协巴基斯坦】5 【协智利】0【协新西兰】0【协秘鲁】0 【协哥斯达黎加】0【协冰岛】0【协瑞士】0 【协澳大利亚】0【协韩国】0 【协格鲁吉亚】0 【特-1】0【特-2】0【特-3】0 【增】16【对美加征】10【出】0【退】10	千克					101	网眼钢铁板（其他深加工金属制品）
731511	10		自行车滚子链	Roller chain, for bicycles	【最】8【普】80 【协东盟】0【协香港】0【协巴基斯坦】6 【协智利】0【协新西兰】0【协新加坡】0 【协秘鲁】0【协哥斯达黎加】0 【协冰岛】0【协瑞士】4.8【协澳大利亚】0 【协韩国】6【协格鲁吉亚】0 【特-1】0【特-2】0 【增】16【出】0【退】16	千克					999	自行车滚子链
731511	20		摩托车滚子链	Roller chain, for motorcycles	【最】8【普】80 【协东盟】0【协香港】0【协巴基斯坦】6 【协智利】0【协新西兰】0【协新加坡】0 【协秘鲁】0【协哥斯达黎加】0【协冰岛】0 【协瑞士】4.8【协澳大利亚】0【协韩国】8 【协格鲁吉亚】0 【特-1】0【特-2】0 【增】16【出】0【退】16	千克					101 102	摩托车滚子链（其他车辆零部件） 摩托车滚子链（滚子链）
731511	90		其他滚子链	Other, roller chain, other than those for bicycles or motorcycles	【最】8【普】80 【协东盟】0【协香港】0【协巴基斯坦】6 【协智利】0【协新西兰】0【协新加坡】0 【协秘鲁】0【协哥斯达黎加】0【协冰岛】0 【协瑞士】4.8【协澳大利亚】0【协韩国】6 【协格鲁吉亚】0 【特-1】0【特-2】0 【增】16【对美加征】10【出】0【退】16	千克					999	其他滚子链（自行车链、摩托车链除外）
731512	00		其他铰接链	Other articulated link chain, other than roller chain	【最】8【普】80 【协东盟】0【协巴基斯坦】6【协智利】0 【协新西兰】0【协新加坡】0【协秘鲁】0 【协哥斯达黎加】0【协冰岛】0【协瑞士】4.8 【协澳大利亚】0【协韩国】9 【协格鲁吉亚】0【协香港】0【协澳门】0 【特-1】0【特-2】0 【增】16【对美加征】5【出】0【退】16	千克					999	其他铰接链（滚子链除外）
731519	00		铰接链零件（包括自行车链、摩托车链、其他滚子链零件）	Chain and parts thereof, including for bicycles or motorcycles and others	【最】8【普】80 【协东盟】0【协巴基斯坦】6【协智利】0 【协新西兰】0【协新加坡】0【协秘鲁】0 【协哥斯达黎加】0【协冰岛】0【协瑞士】4.8 【协澳大利亚】0【协韩国】6 【协格鲁吉亚】0【协香港】0【协澳门】0 【特-1】0【特-2】0 【增】16【对美加征】10【出】0【退】16	千克					999	铰接链零件（包括自行车链、摩托车链、其他滚子链零件）
731520	00		防滑链	Skid chain	【最】8【普】80 【协东盟】0【协巴基斯坦】6【协智利】0 【协新西兰】0【协新加坡】0【协秘鲁】0 【协哥斯达黎加】0【协冰岛】0【协瑞士】4.8 【协澳大利亚】0【协韩国】6 【协格鲁吉亚】0【协香港】0【协澳门】0 【特-1】0【特-2】0 【增】16【对美加征】10【出】0【退】16	千克					999	防滑链

税则号列			货品名称中英文		税费综合信息	计量单位	监管证件代码		检验检疫类别		检验检疫编码	检验检疫编码对应中文名称
HS国际统一前6位	本国子目 7~8位	本国子目 9~10位	中文 货物名称	英文 Article Description			进口	出口	进口	出口		
731581	00		日字环节链	Stud-link	【最】8【普】80 【协东盟】0【协巴基斯坦】6【协智利】0 【协新西兰】0【协新加坡】0【协秘鲁】0 【协哥斯达黎加】0【协冰岛】0【协瑞士】4.8 【协澳大利亚】0【协韩国】6 【协格鲁吉亚】0【协香港】0【协澳门】0 【特-1】0【特-2】0 【增】16【对美加征】10【出】0【退】16	千克					999	日字环节链
731582	00		其他焊接链	Other, welded link, other than stud-link	【最】8【普】80 【协东盟】0【协巴基斯坦】6【协智利】0 【协新西兰】0【协新加坡】0【协秘鲁】0 【协哥斯达黎加】0【协冰岛】0【协瑞士】4.8 【协澳大利亚】0【协韩国】6 【协格鲁吉亚】0【协香港】0【协澳门】0 【特-1】0【特-2】0【特-3】0 【增】16【对美加征】10【出】0【退】16	千克					999	其他焊接链（日字环节链除外）
731589	00		未列名链	Other link, not elsewhere specified or included	【最】8【普】80 【协东盟】0【协巴基斯坦】6【协智利】0 【协新西兰】0【协新加坡】0【协秘鲁】0 【协哥斯达黎加】0【协冰岛】0【协瑞士】4.8 【协澳大利亚】0【协韩国】6 【协格鲁吉亚】0【协香港】0【协澳门】0 【特-1】0【特-2】0 【增】16【对美加征】10【出】0【退】16	千克					999	未列名链
731590	00		非铰接链零件	Other parts of chain (other than parts of articulated link chain)	【最】8【普】80 【协东盟】0【协巴基斯坦】5【协智利】0 【协新西兰】0【协秘鲁】0【协哥斯达黎加】0 【协冰岛】0【协瑞士】0【协澳大利亚】0 【协韩国】5【协格鲁吉亚】0【协香港】0 【协澳门】0 【特-1】0【特-2】0 【增】16【对美加征】10【出】0【退】16	千克					999	非铰接链零件
731600	00		钢铁锚、多爪锚及其零件	Anchors, grapnels and parts thereof, of iron or steel	【最】8【普】40 【协东盟】0【协巴基斯坦】5【协智利】0 【协新西兰】0【协秘鲁】0【协哥斯达黎加】0 【协冰岛】0【协瑞士】0【协澳大利亚】0 【协韩国】5【协格鲁吉亚】0【协香港】0 【协澳门】0 【特-1】0【特-2】0 【增】16【对美加征】10【出】0【退】16	千克					999	钢铁锚、多爪锚及其零件
731700	00		铁钉、图钉、平头钉及类似品（不论钉头是否用其他材料制成，但不包括铜头钉）	Nails, tacks, drawing pins, corrugated nails, staples (other than those of heading No. 83.05) and similar articles, of iron or steel, whether or not with heads of other material, but excluding such articles with heads of copper	【最】8【普】80 【协东盟】0【协巴基斯坦】5【协智利】0 【协新西兰】0【协秘鲁】0【协哥斯达黎加】0 【协冰岛】0【协瑞士】0【协澳大利亚】0 【协韩国】5【协格鲁吉亚】0【协香港】0 【协澳门】0 【特-1】0【特-2】0 【增】16【对美加征】5【出】0【退】10	千克					999	铁钉、图钉、平头钉及类似品（不论钉头是否用其他材料制成，但不包括铜头钉）
731811	00		方头螺钉	Coach screws	【最】8【普】80 【协东盟】0【协巴基斯坦】5【协智利】0 【协新西兰】0【协秘鲁】0【协哥斯达黎加】0 【协冰岛】0【协瑞士】0【协澳大利亚】0 【协格鲁吉亚】0【协香港】0【协澳门】0 【特-1】0【特-2】0 【增】16【对美加征】5【出】0【退】10	千克					999	方头螺钉
731812	00	01	非用于民用航空器维护和修理的其他木螺钉	Other wood screws, not used for the maintenance and repair of Civil Aircraft	【最】8【普】80 【协东盟】0【协巴基斯坦】5【协智利】0 【协新西兰】0【协秘鲁】0【协哥斯达黎加】0 【协冰岛】0【协瑞士】0【协澳大利亚】0 【协韩国】5【协格鲁吉亚】0【协香港】0 【协澳门】0 【特-1】0【特-2】0 【增】16【反倾】有【对美加征】10【出】0 【退】10	千克					999	非用于民用航空器维护和修理的其他木螺钉（不包括不锈钢紧固件）

税则号列			货品名称中英文		税费综合信息	计量单位	监管证件代码		检验检疫类别		检验检疫编码	检验检疫编码对应中文名称
HS国际统一前6位	本国子目 7~8位	本国子目 9~10位	中文 货物名称	英文 Article Description			进口	出口	进口	出口		
731812	00	90	其他木螺钉	Other wood screws	【最】8【普】80 【协东盟】0【协巴基斯坦】5【协智利】0 【协新西兰】0【协秘鲁】0【协哥斯达黎加】0 【协冰岛】0【协瑞士】0【协澳大利亚】0 【协韩国】5【协格鲁吉亚】0【协香港】0 【协澳门】0 【特-1】0【特-2】0 【增】16【对美加征】10【出】0【退】10	千克					999	其他木螺钉
731813	00		钩头螺钉及环头螺钉	Screw hooks and screw rings	【最】8【普】80 【协东盟】0【协巴基斯坦】5【协智利】0 【协新西兰】0【协秘鲁】0【协哥斯达黎加】0 【协冰岛】0【协瑞士】0【协澳大利亚】0 【协格鲁吉亚】0【协香港】0【协澳门】0 【特-1】0【特-2】0 【增】16【对美加征】5【出】0【退】10	千克					999	钩头螺钉及环头螺钉
731814	00	01	非用于民用航空器维护和修理的自攻螺钉	Self-tapping screws, not used for the maintenance and repair of Civil Aircraft	【最】8【普】80 【协东盟】0【协巴基斯坦】5【协智利】0 【协新西兰】0【协新加坡】0【协秘鲁】0 【协哥斯达黎加】0【协冰岛】0【协瑞士】4 【协澳大利亚】0【协格鲁吉亚】0【协香港】0 【协澳门】0 【特-1】0【特-2】0 【增】16【反倾】有【对美加征】10【出】0 【退】10	千克					999	非用于民用航空器维护和修理的自攻螺钉（不包括不锈钢紧固件）
731814	00	90	其他自攻螺钉	Other self-tapping screws	【最】8【普】80 【协东盟】0【协巴基斯坦】5【协智利】0 【协新西兰】0【协新加坡】0【协秘鲁】0 【协哥斯达黎加】0【协冰岛】0【协瑞士】4 【协澳大利亚】0【协格鲁吉亚】0【协香港】0 【协澳门】0 【特-1】0【特-2】0 【增】16【对美加征】10【出】0【退】10	千克					999	其他自攻螺钉
731815	10	01	抗拉强度≥800兆帕，杆径>6毫米的其他螺钉及螺栓（不包括不锈钢紧固件）（不论是否带有螺母或垫圈，非用于民用航空器维护和修理的）	Other screws and bolts, with tensile strength 800MPa or more, stem diameters exceeding 6mm (whether or not with their nuts or washers, not used for the maintenance and repair of Civil Aircraft)	【最】8【普】80 【协亚太】4【协东盟】0【协香港】0 【协巴基斯坦】0【协智利】0【协新西兰】0 【协秘鲁】0【协哥斯达黎加】0【协冰岛】0 【协瑞士】3.2【协澳大利亚】0【协韩国】5.3 【协格鲁吉亚】0 【特-1】0【特-2】0【特-3】0 【增】16【反倾】有【对美加征】5【出】0 【退】10	千克					999	抗拉强度≥800兆帕，杆径>6毫米的其他螺钉及螺栓（不包括不锈钢紧固件）（不论是否带有螺母或垫圈，非用于民用航空器维护和修理的）
731815	10	90	其他抗拉强度≥800兆帕的螺钉及螺栓（不论是否带有螺母或垫圈）	Other screws and bolts with tensile strength 800MPa or more (whether or not with their nuts or washers)	【最】8【普】80 【协亚太】4【协东盟】0【协香港】0 【协巴基斯坦】0【协智利】0【协新西兰】0 【协秘鲁】0【协哥斯达黎加】0【协冰岛】0 【协瑞士】3.2【协澳大利亚】0【协韩国】5.3 【协格鲁吉亚】0 【特-1】0【特-2】0【特-3】0 【增】16【对美加征】5【出】0【退】10	千克					999	其他抗拉强度≥800兆帕的螺钉及螺栓（不论是否带有螺母或垫圈）
731815	90	01	杆径>6mm的其他螺钉及螺栓（不包括不锈钢紧固件）（不论是否带有螺母或垫圈，非用于民用航空器维护和修理的）	Other screws and bolts, stem diameter more than 6mm (whether or not with their nuts or washers, not used for the maintenance and repair of Civil Aircraft)	【最】8【普】80 【协亚太】4【协东盟】0【协香港】0 【协巴基斯坦】0【协智利】0【协新西兰】0 【协秘鲁】0【协哥斯达黎加】0【协冰岛】0 【协瑞士】3.2【协澳大利亚】0【协韩国】5.3 【协格鲁吉亚】0 【特-1】0【特-2】0【特-3】0 【增】16【反倾】有【对美加征】10【出】0 【退】10	千克					101 102	杆径>6mm的其他螺钉及螺栓（不包括不锈钢紧固件）（不论是否带有螺母或垫圈，非用于民用航空器维护和修理的）（螺钉） 杆径>6mm的其他螺钉及螺栓（不包括不锈钢紧固件）（不论是否带有螺母或垫圈，非用于民用航空器维护和修理的）（螺栓）

税则号列			货品名称中英文		税费综合信息	计量单位	监管证件代码		检验检疫类别		检验检疫编码	检验检疫编码对应中文名称
HS 国际统一前 6 位	本国子目 7~8 位	9~10 位	中文 货物名称	英文 Article Description			进口	出口	进口	出口		
731815	90	90	其他螺钉及螺栓（不论是否带有螺母或垫圈）	Other screws and bolts (whether or not with their nuts or washers)	【最】8【普】80 【协亚太】4【协东盟】0【协香港】0 【协巴基斯坦】0【协智利】0【协新西兰】0 【协秘鲁】0【协哥斯达黎加】0【协冰岛】0 【协瑞士】3.2【协澳大利亚】0【协韩国】5.3 【协格鲁吉亚】0 【特-1】0【特-2】0【特-3】0 【增】16【对美加征】10【出】0【退】10	千克					101 102	其他螺钉及螺栓（不论是否带有螺母或垫圈）（螺钉） 其他螺钉及螺栓（不论是否带有螺母或垫圈）（螺栓）
731816	00		螺母	Nuts	【最】8【普】80 【协东盟】0【协巴基斯坦】5【协智利】0 【协新西兰】0【协秘鲁】0【协哥斯达黎加】0 【协冰岛】0【协瑞士】3.2【协澳大利亚】0 【协格鲁吉亚】0【协香港】0【协澳门】0 【特-1】0【特-2】0【特-3】0 【增】16【对美加征】5【出】0【退】10	千克					999	螺母
731819	00		未列名螺纹制品	Other threaded articles, not elsewhere specified or included	【最】5【普】80 【协东盟】0【协巴基斯坦】0【协智利】0 【协新西兰】0【协秘鲁】0【协哥斯达黎加】0 【协冰岛】0【协瑞士】0【协澳大利亚】0 【协韩国】0【协格鲁吉亚】0【协香港】0 【协澳门】0 【特-1】0【特-2】0【特-3】0 【增】16【对美加征】5【出】0【退】10	千克					999	未列名螺纹制品
731821	00	01	弹簧垫圈及其他防松垫圈（不包括不锈钢紧固件）（非用于民用航空器维护和修理的）	Spring washers and other lock washers (not used for the maintenance and repair of Civil Aircraft)	【最】8【普】80 【协东盟】0【协香港】0【协巴基斯坦】5 【协智利】0【协新西兰】0【协新加坡】0 【协秘鲁】0【协哥斯达黎加】0【协冰岛】0 【协瑞士】0【协澳大利亚】0【协格鲁吉亚】0 【特-1】0【特-2】0【特-3】0 【增】16【反倾】有【对美加征】10【出】0 【退】10	千克					999	弹簧垫圈及其他防松垫圈（不包括不锈钢紧固件）（非用于民用航空器维护和修理的）
731821	00	90	其他弹簧垫圈及其他防松垫圈	Other spring washers and other lock washers	【最】8【普】80 【协东盟】0【协香港】0【协巴基斯坦】5 【协智利】0【协新西兰】0【协新加坡】0 【协秘鲁】0【协哥斯达黎加】0【协冰岛】0 【协瑞士】0【协澳大利亚】0【协格鲁吉亚】0 【特-1】0【特-2】0【特-3】0 【增】16【对美加征】10【出】0【退】10	千克					999	其他弹簧垫圈及其他防松垫圈
731822	00	01	其他垫圈（不包括不锈钢紧固件）（非用于民用航空器维护和修理的）	Other washers (not used for the maintenance and repair of Civil Aircraft)	【最】8【普】80 【协东盟】0【协巴基斯坦】5【协智利】0 【协新西兰】0【协新加坡】0【协秘鲁】0 【协哥斯达黎加】0【协冰岛】0【协瑞士】0 【协澳大利亚】0【协格鲁吉亚】6【协香港】0 【协澳门】0 【特-1】0【特-2】0【特-3】0 【增】16【反倾】有【对美加征】5【出】0 【退】10	千克					999	其他垫圈（不包括不锈钢紧固件）（非用于民用航空器维护和修理的）
731822	00	90	其他垫圈	Other washers	【最】8【普】80 【协东盟】0【协巴基斯坦】5【协智利】0 【协新西兰】0【协新加坡】0【协秘鲁】0 【协哥斯达黎加】0【协冰岛】0【协瑞士】0 【协澳大利亚】0【协格鲁吉亚】6【协香港】0 【协澳门】0 【特-1】0【特-2】0【特-3】0 【增】16【对美加征】5【出】0【退】10	千克					999	其他垫圈
731823	00		铆钉	Rivets	【最】8【普】80 【协东盟】0【协香港】0【协巴基斯坦】5 【协智利】0【协新西兰】0【协新加坡】0 【协秘鲁】0【协哥斯达黎加】0【协冰岛】0 【协瑞士】0【协澳大利亚】0【协格鲁吉亚】0 【特-1】0【特-2】0【特-3】0 【增】16【对美加征】10【出】0【退】10	千克					999	铆钉

税则号列			货品名称中英文		税费综合信息	计量单位	监管证件代码		检验检疫类别		检验检疫编码	检验检疫编码对应中文名称
HS 国际统一前 6 位	本国子目 7~8 位	本国子目 9~10 位	中文 货物名称	英文 Article Description			进口	出口	进口	出口		
731824	00		销及开尾销	Cotters and cotter-pins	【最】8【普】80 【协东盟】0【协巴基斯坦】5【协智利】0 【协新西兰】0【协新加坡】0【协秘鲁】0 【协哥斯达黎加】0【协冰岛】0【协瑞士】4 【协澳大利亚】0【协韩国】7.5【协格鲁吉亚】6 【协香港】0【协澳门】0 【特-1】0【特-2】0【特-3】0 【增】16【对美加征】5【出】0【退】10	千克					999	销及开尾销
731829	00		其他无螺纹紧固件	Other non-threaded articles	【最】8【普】80 【协东盟】0【协巴基斯坦】5【协智利】0 【协新西兰】0【协新加坡】0【协秘鲁】0 【协哥斯达黎加】0【协冰岛】0【协瑞士】0 【协澳大利亚】0【协格鲁吉亚】0【协香港】0 【协澳门】0 【特-1】0【特-2】0【特-3】0 【增】16【对美加征】5【出】0【退】10	千克					999	其他无螺纹紧固件
731940	10		安全别针（钢铁制）	Safety pins of iron or steel	【最】7【普】90 【协东盟】0【协澳门】0【协巴基斯坦】5 【协智利】0【协新西兰】0【协秘鲁】0 【协哥斯达黎加】0【协冰岛】0【协瑞士】0 【协澳大利亚】0【协韩国】5【协格鲁吉亚】0 【协香港】0 【特-1】0【特-2】0【特-3】0 【增】16【对美加征】5【出】0【退】10	千克					999	安全别针（钢铁制）
731940	90		其他别针（钢铁制） 【电商】	Other pins of iron or steel	【最】7【普】90 【协东盟】0【协巴基斯坦】5【协智利】0 【协新西兰】0【协秘鲁】0【协哥斯达黎加】0 【协冰岛】0【协瑞士】0【协澳大利亚】0 【协韩国】5【协格鲁吉亚】0【协香港】0 【协澳门】0 【特-1】0【特-2】0 【增】16【对美加征】10【出】0【退】10	千克					999	其他别针（钢铁制）
731990	00		未列名钢铁制针及类似品 【电商】	Other sewing needles, knitting needles, bod-kins, crochet hooks, embroidery stilettos and similar articles, of iron or steel; not elsewhere specified or included:	【最】7【普】80 【协东盟】0【协巴基斯坦】5【协智利】0 【协新西兰】0【协秘鲁】0【协哥斯达黎加】0 【协冰岛】0【协瑞士】4【协澳大利亚】0 【协格鲁吉亚】0【协香港】0【协澳门】0 【特-1】0【特-2】0【特-3】0 【增】16【对美加征】5【出】0【退】10	千克					999	未列名钢铁制针及类似品
732010	10		铁道车辆用片簧及簧片	Leaf springs and leaves for springs, of iron or steel, for railway locomotives and rollingstock	【最】6【普】14 【协东盟】0【协巴基斯坦】5【协智利】0 【协新西兰】0【协秘鲁】0【协哥斯达黎加】0 【协冰岛】0【协瑞士】0【协澳大利亚】0 【协韩国】0【协格鲁吉亚】0【协香港】0 【协澳门】0 【特-1】0【特-2】0【特-3】0 【增】16【对美加征】10【出】0【退】10	千克					999	铁道车辆用片簧及簧片
732010	20		汽车用片簧及簧片	Leaf springs and leaves for springs, of iron or steel, for motor vehicles	【最】8【普】14 【协东盟】0【协巴基斯坦】5【协智利】0 【协新西兰】0【协秘鲁】0【协哥斯达黎加】0 【协冰岛】0【协瑞士】0【协澳大利亚】0 【协韩国】7.5【协格鲁吉亚】0【协香港】0 【协澳门】0 【特-1】0【特-2】0【特-3】0 【增】16【出】0【退】10	千克					999	汽车用片簧及簧片
732010	90		其他片簧及簧片	Other leaf springs and leaves for springs, of iron or steel	【最】8【普】50 【协东盟】0【协巴基斯坦】5【协智利】0 【协新西兰】0【协新加坡】0【协秘鲁】0 【协哥斯达黎加】0【协冰岛】0【协瑞士】4 【协澳大利亚】0【协格鲁吉亚】0【协香港】0 【协澳门】0 【特-1】0【特-2】0【特-3】0 【增】16【对美加征】10【出】0【退】10	千克					999	其他片簧及簧片

税则号列			货品名称中英文		税费综合信息	计量单位	监管证件代码		检验检疫类别		检验检疫编码	检验检疫编码对应中文名称
HS 国际统一前6位	本国子目 7~8位	9~10位	中文 货物名称	英文 Article Description			进口	出口	进口	出口		
732020	10		铁道车辆用螺旋弹簧	Helical springs, of iron or steel, for railway locomotives and rollingstock	【最】6【普】14 【协东盟】0【协巴基斯坦】5【协智利】0 【协新西兰】0【协秘鲁】0【协哥斯达黎加】0 【协冰岛】0【协瑞士】0【协澳大利亚】0 【协韩国】0【协格鲁吉亚】0【协香港】0 【协澳门】0 【特-1】0【特-2】0【特-3】0 【增】16【对美加征】10【出】0【退】10	千克					999	铁道车辆用螺旋弹簧
732020	90		其他螺旋弹簧	Other helical springs, of iron or steel	【最】8【普】50 【协亚太】6.8【协东盟】0【协巴基斯坦】5 【协智利】0【协新西兰】0【协新加坡】0 【协秘鲁】0【协哥斯达黎加】0【协冰岛】0 【协瑞士】4【协澳大利亚】0【协韩国】7.5 【协格鲁吉亚】6【协香港】0【协澳门】0 【特-1】0【特-2】0【特-3】0 【增】16【对美加征】5【出】0【退】10	千克					999	其他螺旋弹簧
732090	10		铁道车辆用其他弹簧	Other springs, of iron or steel, for railway locomotives and rollingstock	【最】6【普】14 【协东盟】0【协巴基斯坦】5【协智利】0 【协新西兰】0【协秘鲁】0【协哥斯达黎加】0 【协冰岛】0【协瑞士】0【协澳大利亚】0 【协韩国】0【协格鲁吉亚】0【协香港】0 【协澳门】0 【特-1】0【特-2】0【特-3】0 【增】16【对美加征】10【出】0【退】10	千克					999	铁道车辆用其他弹簧
732090	90		其他弹簧	Other springs of iron or steel	【最】8【普】50 【协东盟】0【协巴基斯坦】6【协智利】0 【协新西兰】0【协新加坡】0【协秘鲁】0 【协哥斯达黎加】0【协冰岛】0【协瑞士】4.8 【协澳大利亚】0【协格鲁吉亚】0【协香港】0 【协澳门】0 【特-1】0【特-2】0【特-3】0 【增】16【对美加征】10【出】0【退】10	千克					999	其他弹簧
732111	00		可使用气体燃料的家用炉灶【电商】①	Stoves, ranges, grates, cookers, for gas fuel or for both gas and other fuels	【最】7【普】80 【协东盟】0【协巴基斯坦】12【协智利】0 【协新西兰】0【协新加坡】0【协秘鲁】0 【协哥斯达黎加】0【协冰岛】0【协瑞士】6 【协澳大利亚】0【协韩国】7.5【协格鲁吉亚】0 【协香港】0【协澳门】0 【特-1】0【特-2】0 【增】16【对美加征】10【出】0【退】13	千克/个	6				999	可使用气体燃料的家用炉灶
732112	10		煤油炉	Kerosene cooking stoves	【最】7【普】80 【协东盟】0【协智利】0【协新西兰】0 【协新加坡】0【协秘鲁】0【协哥斯达黎加】0 【协冰岛】0【协瑞士】7【协澳大利亚】0 【协韩国】15.7【协格鲁吉亚】0【协香港】0 【协澳门】0 【特-1】0【特-2】0 【增】16【出】0【退】10	千克/个					999	煤油炉
732112	90		其他使用液体燃料的家用炉灶	Other stoves, ranges, grates, cookers, for other liquid fuels	【最】7【普】80 【协东盟】0【协智利】0【协新西兰】0 【协新加坡】0【协秘鲁】0【协哥斯达黎加】0 【协冰岛】0【协瑞士】7【协澳大利亚】0 【协韩国】15.7【协格鲁吉亚】0【协香港】0 【协澳门】0 【特-1】0【特-2】0 【增】16【出】0【退】13	千克/个					999	其他使用液体燃料的家用炉灶
732119	00		其他炊事器具及加热板，包括使用固体燃料的 【电商】	Other cooking appliances and plate warmers, including appliances for solid fuel	【最】7【普】80 【协东盟】0【协智利】0【协新西兰】0 【协新加坡】0【协秘鲁】0【协哥斯达黎加】0 【协冰岛】0【协瑞士】7【协澳大利亚】0 【协韩国】15.7【协格鲁吉亚】0【协香港】0 【协澳门】0 【特-1】0【特-2】0 【增】16【对美加征】5【出】0【退】13	千克/个					999	其他炊事器具及加热板，包括使用固体燃料的

① 国家禁止、限制进口的旧机电产品除外。

税则号列			货品名称中英文		税费综合信息	计量单位	监管证件代码		检验检疫类别		检验检疫编码	检验检疫编码对应中文名称
HS国际统一前6位	本国子目 7~8位	9~10位	中文 货物名称	英文 Article Description			进口	出口	进口	出口		
732181	00		可使用气体燃料的其他家用器具	Other non-electric domestic appliances, for gas fuel or for both gas and other fuels	【最】7【普】80 【协亚太】4.2【协东盟】0【协巴基斯坦】11.5 【协智利】0【协新西兰】0【协新加坡】0 【协秘鲁】0【协哥斯达黎加】0【协冰岛】0 【协瑞士】7【协澳大利亚】0 【协韩国】17.2【协格鲁吉亚】0【协香港】0 【协澳门】0 【特-1】0【特-2】0 【增】16【对美加征】10【出】0【退】10	千克/个	6				999	可使用气体燃料的其他家用器具
732182	00		使用液体燃料的其他家用器具	Other non-electric domestic appliances, for liquid fuel	【最】7【普】80 【协东盟】0【协智利】0【协新西兰】0 【协新加坡】0【协秘鲁】0【协哥斯达黎加】0 【协冰岛】0【协瑞士】7【协澳大利亚】0 【协韩国】15.7【协格鲁吉亚】0【协香港】0 【协澳门】0 【特-1】0【特-2】0 【增】16【对美加征】5【出】0【退】10	千克/个					999	使用液体燃料的其他家用器具
732189	00		其他器具，包括使用固体燃料的	Other non-electric domestic appliances, including appliances for solid fuel	【最】7【普】80 【协东盟】0【协智利】0【协新西兰】0 【协新加坡】0【协秘鲁】0【协哥斯达黎加】0 【协冰岛】0【协瑞士】7【协澳大利亚】0 【协韩国】15.7【协格鲁吉亚】0【协香港】0 【协澳门】0 【特-1】0【特-2】0 【增】16【对美加征】10【出】0【退】13	千克/个					999	其他器具，包括使用固体燃料的
732190	00		非电热家用器具零件 【电商】	Non-electric domestic appliances, and parts thereof	【最】8【普】80 【协亚太】6.4【协东盟】0【协巴基斯坦】5 【协智利】0【协新西兰】0【协新加坡】0 【协秘鲁】0【协哥斯达黎加】0【协冰岛】0 【协瑞士】4.8【协澳大利亚】0【协韩国】6 【协格鲁吉亚】0【协香港】0【协澳门】0 【特-1】0【特-2】0【特-3】0 【增】16【对美加征】10【出】0【退】13	千克					999	非电热家用器具零件
732211	00		非电热铸铁制集中供暖用散热器（包括零件）	Radiators for central heating, not electrically heated, and parts thereof, of cast iron	【最】8【普】80 【协东盟】0【协智利】0【协新西兰】0 【协新加坡】0【协秘鲁】0【协哥斯达黎加】0 【协冰岛】0【协瑞士】8【协澳大利亚】0 【协韩国】15.7【协格鲁吉亚】0【协香港】0 【协澳门】0 【特-1】0【特-2】0 【增】16【出】0【退】10	千克					999	非电热铸铁制集中供暖用散热器（包括零件）
732219	00		非电热钢制集中供暖用散热器（包括零件）	Other radiators for central heating, not electrically heated, and parts thereof, of steel;	【最】8【普】80 【协东盟】0【协智利】0【协新西兰】0 【协新加坡】0【协秘鲁】2.1【协哥斯达黎加】0 【协冰岛】0【协瑞士】8【协澳大利亚】0 【协韩国】15.7【协格鲁吉亚】0【协香港】0 【协澳门】0 【特-1】0【特-2】0 【增】16【对美加征】10【出】0【退】10	千克					999	非电热钢制集中供暖用散热器（包括零件）
732290	00		非电热空气加热器、暖气分布器（包括零件）	Other air heaters and hot air distributors (including distributors which can also distribute fresh or conditioned air), and parts thereof, not electrically heated	【最】8【普】80 【协东盟】0【协智利】0【协新西兰】0 【协新加坡】0【协秘鲁】2【协哥斯达黎加】0 【协冰岛】0【协瑞士】8【协澳大利亚】0 【协韩国】13.3【协格鲁吉亚】0【协香港】0 【协澳门】0 【特-1】0【特-2】0【特-3】0 【增】16【对美加征】5【出】0【退】10	千克					999	非电热空气加热器、暖气分布器（包括零件）
732310	00		钢铁丝绒、擦锅器、洗擦用块垫等 【电商】	Iron or steel wool; pot scourers and scouring or polishing pads, gloves and the like	【最】7【普】80 【协东盟】0【协巴基斯坦】11.2【协智利】0 【协新西兰】0【协新加坡】0【协秘鲁】0 【协哥斯达黎加】0【协冰岛】0【协瑞士】5.6 【协澳大利亚】0【协韩国】7 【协格鲁吉亚】0【协香港】0【协澳门】0 【特-1】0【特-2】0 【增】16【对美加征】10【出】0【退】10	千克	A		R		999	钢铁丝绒、擦锅器、洗擦用块垫等

税则号列 HS国际统一前6位	本国子目 7~8位	本国子目 9~10位	货品名称中英文 中文 货物名称	货品名称中英文 英文 Article Description	税费综合信息	计量单位	监管证件代码 进口	监管证件代码 出口	检验检疫类别 进口	检验检疫类别 出口	检验检疫编码	检验检疫编码对应中文名称
732391	00		餐桌、厨房等家用铸铁制器具（包括零件、非搪瓷的） 【电商】	Table, kitchen or other household articles and parts thereof, of cast iron, not enamelled	【最】7【普】80 【协东盟】0【协智利】0【协新西兰】0 【协新加坡】0【协秘鲁】0【协哥斯达黎加】0 【协冰岛】0【协瑞士】7【协澳大利亚】0 【协韩国】13.3【协格鲁吉亚】0【协香港】0 【协澳门】0 【特-1】0【特-2】0 【增】16【对美加征】10【出】0【退】10	千克	A		R		101 102	餐桌、厨房等家用铸铁制器具（包括零件、非搪瓷的）（食品接触铸铁产品） 餐桌、厨房等家用铸铁制器具（包括零件、非搪瓷的）（食品用铸铁包装）
732392	00		餐桌、厨房等家用铸铁制搪瓷器（包括零件、已搪瓷的） 【电商】	Table, kitchen or other household articles and parts thereof, of cast iron, enamelled	【最】7【普】100 【协东盟】0【协智利】0【协新西兰】0 【协新加坡】0【协秘鲁】0【协哥斯达黎加】0 【协冰岛】0【协瑞士】7【协澳大利亚】0 【协韩国】13.3【协格鲁吉亚】0【协香港】0 【协澳门】0 【特-1】0【特-2】0 【增】16【对美加征】10【出】0【退】13	千克	A		R		101 102	餐桌、厨房等家用铸铁制搪瓷器（包括零件、已搪瓷的）（食品接触铸铁产品） 餐桌、厨房等家用铸铁制搪瓷器（包括零件、已搪瓷的）（食品用铸铁包装）
732393	00		餐桌、厨房等家用不锈钢器具（包括零件、已搪瓷的） 【电商】	Table, kitchen or other household articles and parts thereof, of stainless steel	【最】7【普】80 【协亚太】4.9【协东盟】0【协香港】0 【协澳门】0【协巴基斯坦】5【协智利】0 【协新西兰】0【协新加坡】0【协秘鲁】0 【协哥斯达黎加】0【协冰岛】0【协瑞士】4.8 【协澳大利亚】0【协韩国】6 【协格鲁吉亚】0 【特-1】0【特-2】0【特-3】0 【增】16【对美加征】10【出】0【退】13	千克	A		R		101 102	餐桌、厨房等家用不锈钢器具（包括零件、已搪瓷的）（食品接触不锈钢产品） 餐桌、厨房等家用不锈钢器具（包括零件、已搪瓷的）（食品用不锈钢包装）
732394	10		面盆，钢铁制，已搪瓷（铸铁的除外）	Basin of iron or steel, enamelled, other than of cast iron	【最】7【普】100 【协东盟】0【协智利】0【协新西兰】0 【协新加坡】0【协秘鲁】0【协哥斯达黎加】0 【协冰岛】0【协瑞士】7【协澳大利亚】0 【协韩国】13.3【协格鲁吉亚】0【协香港】0 【协澳门】0 【特-1】0【特-2】0 【增】16【出】0【退】13	千克	A		R		101 102	面盆，钢铁制，已搪瓷（铸铁的除外）（食品接触搪瓷产品） 面盆，钢铁制，已搪瓷（铸铁的除外）（食品用搪瓷包装）
732394	20		烧锅，钢铁制，已搪瓷（铸铁的除外） 【电商】	Casserole, of iron or steel, enamelled, other than of cast iron	【最】7【普】100 【协东盟】0【协智利】0【协新西兰】0 【协新加坡】0【协秘鲁】0【协哥斯达黎加】0 【协冰岛】0【协瑞士】7【协澳大利亚】0 【协韩国】13.3【协格鲁吉亚】0【协香港】0 【协澳门】0 【特-1】0【特-2】0 【增】16【出】0【退】13	千克	A		R		999	烧锅，钢铁制，已搪瓷（铸铁的除外）
732394	90		其他餐桌、厨房等家用钢铁制搪器（铸铁的除外） 【电商】	Other table, kitchen or other household articles and parts thereof, of iron or steel, enamelled, other than of cast iron	【最】7【普】100 【协东盟】0【协智利】0【协新西兰】0 【协新加坡】0【协秘鲁】0【协哥斯达黎加】0 【协冰岛】0【协瑞士】7【协澳大利亚】0 【协韩国】13.3【协格鲁吉亚】0【协香港】0 【协澳门】0 【特-1】0【特-2】0 【增】16【对美加征】10【出】0【退】13	千克	A		R		101 102	其他餐桌、厨房等家用钢铁制搪器（铸铁除外）（食品接触搪瓷产品） 其他餐桌、厨房等家用钢铁制搪器（铸铁除外）（食品用搪瓷包装）
732399	00		其他餐桌、厨房等用钢铁器具 【电商】	Other table, kitchen or other household articles and parts thereof, of iron	【最】7【普】80 【协东盟】0【协智利】0【协新西兰】0 【协新加坡】0【协秘鲁】0【协哥斯达黎加】0 【协冰岛】0【协瑞士】7【协澳大利亚】0 【协韩国】13.3【协格鲁吉亚】0【协香港】0 【协澳门】0 【特-1】0【特-2】0 【增】16【对美加征】10【出】0【退】13	千克	A		R		101 102	其他餐桌、厨房等用钢铁器具（食品接触铁产品） 其他餐桌、厨房等用钢铁器具（食品用铁包装）
732410	00		不锈钢制洗涤槽及脸盆 【电商】	Sinks and wash basins, of stainless steel	【最】7【普】80 【协东盟】0【协香港】0【协智利】0 【协新西兰】0【协新加坡】0【协秘鲁】0 【协哥斯达黎加】0【协冰岛】0【协瑞士】7 【协澳大利亚】0【协韩国】9 【协格鲁吉亚】0 【特-1】0【特-2】0【特-3】0 【增】16【对美加征】10【出】0【退】13	千克					999	不锈钢制洗涤槽及脸盆

税则号列			货品名称中英文		税费综合信息	计量单位	监管证件代码		检验检疫类别		检验检疫编码	检验检疫编码对应中文名称
HS国际统一前6位	本国子目 7~8位	本国子目 9~10位	中文 货物名称	英文 Article Description			进口	出口	进口	出口		
732421	00		铸铁制浴缸（不论是否搪瓷）	Baths of cast iron, whether or not enamelled	【最】7【普】100 【协东盟】0【协巴基斯坦】5【协智利】0 【协新西兰】0【协新加坡】0【协秘鲁】0 【协哥斯达黎加】0【协冰岛】0【协瑞士】0 【协澳大利亚】0【协韩国】5【协格鲁吉亚】0 【协香港】0【协澳门】0 【特-1】0【特-2】0 【增】16【对美加征】10【出】0【退】13	千克					999	铸铁制浴缸（不论是否搪瓷）
732429	00		其他钢铁制浴缸（不论是否搪瓷）	Other baths of iron or steel, whether or not enamelled	【最】7【普】100 【协东盟】0【协智利】0【协新西兰】0 【协新加坡】0【协秘鲁】0【协哥斯达黎加】0 【协冰岛】0【协瑞士】7【协澳大利亚】0 【协韩国】22.5【协格鲁吉亚】0【协香港】0 【协澳门】0 【特-1】0【特-2】0 【增】16【对美加征】10【出】0【退】13	千克					999	其他钢铁制浴缸（不论是否搪瓷）
732490	00		其他钢铁制卫生器具及零件【电商】	Other sanitary ware and parts thereof, of iron or steel, including parts	【最】7【普】100 【协东盟】0【协智利】0【协新西兰】0 【协新加坡】0【协秘鲁】0【协哥斯达黎加】0 【协冰岛】0【协瑞士】7【协澳大利亚】0 【协韩国】18.7【协格鲁吉亚】0【协香港】0 【协澳门】0 【特-1】0【特-2】0 【增】16【对美加征】5【出】0【退】13	千克					999	其他钢铁制卫生器具及零件
732510	10		工业用无可锻性铸铁制品	Other articles of non-malleable cast iron, for technical use	【最】7【普】40 【协东盟】0【协巴基斯坦】5【协智利】0 【协新西兰】0【协秘鲁】0【协哥斯达黎加】0 【协瑞士】0【协澳大利亚】0【协韩国】4.6 【协格鲁吉亚】0【协香港】0【协澳门】0 【特-1】0【特-2】0【特-3】0 【增】16【对美加征】10【出】0【退】10	千克					999	工业用无可锻性铸铁制品
732510	90		其他无可锻性铸铁制品	Other articles of non-malleable cast iron	【最】8【普】90 【协东盟】0【协智利】0【协新西兰】0 【协新加坡】0【协秘鲁】0【协哥斯达黎加】0 【协冰岛】0【协瑞士】8【协澳大利亚】0 【协韩国】13.3【协格鲁吉亚】0【协香港】0 【协澳门】0 【特-1】0【特-2】0 【增】16【对美加征】10【出】0【退】10	千克					999	其他无可锻性铸铁制品
732591	00		可锻性铸铁及铸钢研磨机的研磨球	Grinding balls and similar articles for mills, of malleable cast iron or steel	【最】8【普】40 【协东盟】0【协巴基斯坦】5【协智利】0 【协新西兰】0【协新加坡】0【协秘鲁】0 【协哥斯达黎加】0【协冰岛】0【协瑞士】4.2 【协澳大利亚】0【协韩国】5.2 【协格鲁吉亚】0【协香港】0【协澳门】0 【特-1】0【特-2】0 【增】16【出】0【退】10	千克					999	可锻性铸铁及铸钢研磨机的研磨球（包括其类似品）
732599	10		工业用未列名可锻性铸铁制品	Articles of malleable cast iron or steel, for technical use, not elsewhere specified or included	【最】8【普】40 【协亚太】6.8【协东盟】0【协巴基斯坦】5 【协智利】0【协新西兰】0【协新加坡】0 【协秘鲁】0【协哥斯达黎加】0【协冰岛】0 【协瑞士】4.2【协澳大利亚】0【协韩国】5.2 【协格鲁吉亚】0【协香港】0【协澳门】0 【特-1】0【特-2】0 【增】16【对美加征】5【出】0【退】10	千克					999	工业用未列名可锻性铸铁制品（包括铸钢制品）
732599	90		非工业用未列名可锻性铸铁制品【电商】	Other articles of malleable cast iron or steel, not for technical use, not elsewhere specified or included	【最】8【普】90 【协亚太】4.8【协东盟】0【协巴基斯坦】10 【协智利】0【协新西兰】0【协新加坡】0 【协秘鲁】0【协哥斯达黎加】0【协冰岛】0 【协瑞士】8【协澳大利亚】0【协韩国】13.3 【协格鲁吉亚】0【协香港】0【协澳门】0 【特-1】0【特-2】0 【增】16【对美加征】10【出】0【退】10	千克					999	非工业用未列名可锻性铸铁制品（包括铸钢制品）

税则号列			货品名称中英文		税费综合信息	计量单位	监管证件代码		检验检疫类别		检验检疫编码	检验检疫编码对应中文名称
HS国际统一前6位	本国子目		中文	英文								
	7~8位	9~10位	货物名称	Article Description			进口	出口	进口	出口		
732611	00		钢铁制研磨机用研磨球及类似品（经锻造或冲压后，未经进一步加工）	Grinding balls and similar articles for mills (forged or stamped, but not further worked)	【最】8【普】40 【协东盟】0【协巴基斯坦】5【协智利】0 【协新西兰】0【协新加坡】0【协秘鲁】0 【协哥斯达黎加】0【协冰岛】0【协瑞士】4.2 【协澳大利亚】0【协韩国】5.2 【协格鲁吉亚】0【协香港】0【协澳门】0 【特-1】0【特-2】0 【增】16【对美加征】5【出】0【退】13	千克					999	钢铁制研磨机用研磨球及类似品（经锻造或冲压后，未经进一步加工）
732619	10		工业用未列名钢铁制品（经锻造或冲压后，未经进一步加工）	Other articles of iron or steel, for technical use, not elsewhere specified or included (forged or stamped, but not further worked)	【最】8【普】40 【协东盟】0【协巴基斯坦】5【协智利】0 【协新西兰】0【协新加坡】0【协秘鲁】0 【协哥斯达黎加】0【协冰岛】0【协瑞士】4.2 【协澳大利亚】0【协格鲁吉亚】0【协香港】0 【协澳门】0 【特-1】0【特-2】0 【增】16【对美加征】5【出】0【退】10	千克					999	工业用未列名钢铁制品（经锻造或冲压后，未经进一步加工）
732619	90		非工业用钢铁制品（经锻造或冲压后，未经进一步加工）	Other articles of iron or steel, not for technical use (forged or stamped, but not further worked)	【最】8【普】90 【协东盟】0【协智利】0【协新西兰】0 【协新加坡】0【协秘鲁】0【协哥斯达黎加】0 【协冰岛】0【协瑞士】8【协澳大利亚】0 【协韩国】10【协格鲁吉亚】0【协香港】0 【协澳门】0 【特-1】0【特-2】0 【增】16【对美加征】10【出】0【退】10	千克					999	非工业用钢铁制品（经锻造或冲压后，未经进一步加工）
732620	10		工业用钢铁丝制品	Articles of iron or steel wire, for technical use	【最】8【普】40 【协亚太】4【协东盟】0【协巴基斯坦】5 【协智利】0【协新西兰】0【协秘鲁】0 【协哥斯达黎加】0【协冰岛】0【协瑞士】0 【协澳大利亚】0【协韩国】5【协格鲁吉亚】0 【协香港】0【协澳门】0 【特-1】0【特-2】0 【增】16【对美加征】5【出】0【退】10	千克					999	工业用钢铁丝制品
732620	90		非工业用钢铁丝制品	Other articles of iron or steel wire, not for technical use	【最】8【普】90 【协亚太】5.6【协东盟】0【协巴基斯坦】9 【协智利】0【协新西兰】0【协新加坡】0 【协秘鲁】0【协哥斯达黎加】0【协冰岛】0 【协瑞士】7.2【协澳大利亚】0【协韩国】9 【协格鲁吉亚】0【协香港】0【协澳门】0 【特-1】0【特-2】0 【增】16【对美加征】10【出】0【退】13	千克					999	非工业用钢铁丝制品
732690	11		其他工业用钢铁纤维及其制品	Steel fiber and its products	【最】8【普】40 【协亚太】6.8【协东盟】0【协香港】0 【协巴基斯坦】5【协智利】0【协新西兰】0 【协新加坡】0【协秘鲁】0【协哥斯达黎加】0 【协冰岛】0【协瑞士】4.2【协澳大利亚】0 【协韩国】5.2【协格鲁吉亚】0 【特-1】0【特-2】0【特-3】0 【增】16【对美加征】5【出】0【退】10	千克					999	其他工业用钢铁纤维及其制品
732690	19		其他工业用钢铁制品	Other articles of iron or steel, for technical use	【最】8【普】40 【协亚太】6.8【协东盟】0【协香港】0 【协巴基斯坦】5【协智利】0【协新西兰】0 【协新加坡】0【协秘鲁】0【协哥斯达黎加】0 【协冰岛】0【协瑞士】4.2【协澳大利亚】0 【协韩国】5.2【协格鲁吉亚】0 【特-1】0【特-2】0【特-3】0 【增】16【对美加征】25【出】0【退】10	千克					999	其他工业用钢铁制品
732690	90		其他非工业用钢铁制品【电商】	Other articles of iron or steel, not for technical use	【最】8【普】90 【协亚太】6.8【协东盟】0【协香港】0 【协巴基斯坦】5【协智利】0【协新西兰】0 【协新加坡】0【协秘鲁】0【协哥斯达黎加】0 【协冰岛】0【协瑞士】3.2【协澳大利亚】0 【协韩国】0【协格鲁吉亚】0 【特-1】0【特-2】0【特-3】0 【增】16【对美加征】25【出】0【退】10	千克					999	其他非工业用钢铁制品

第七十四章
铜及其制品

注释：

本章所用有关名词解释如下：

一、精炼铜

按重量计含铜量至少为99.85%的金属；或

按重量计含铜量至少为97.5%，但其他各种元素的含量不超过下表中规定的限量的金属：

其他元素表

元	素	所含重量百分比
Ag	银	0.25
As	砷	0.5
Cd	镉	1.3
Cr	铬	1.4
Mg	镁	0.8
Pb	铅	1.5
S	硫	0.7
Sn	锡	0.8
Te	碲	0.8
Zn	锌	1
Zr	锆	0.3
其他元素①，每种		0.3

①其他元素，例如，铝、铍、钴、铁、锰、镍、硅。

二、铜合金

除未精炼铜以外的金属物质，按重量计含铜量大于其他元素单项含量，但：

（一）按重量计至少有一种其他元素的含量超过上表中规定的限量；或

（二）按重量计其他元素的总含量超过2.5%。

三、铜母合金

含有其他元素，但按重量计含铜量超过10%的合金，该合金无实用可锻性，通常用作生产其他合金的添加剂或冶炼有色金属的脱氧剂、脱硫剂及类似用途。但按重量计含磷量超过15%的磷化铜（磷铜）归入税目28.53。

四、条、杆

轧、挤、拔或锻制的实心产品，非成卷的，其全长截面均为圆形、椭圆形、矩形（包括正方形）、等边三角形或规则外凸多边形（包括相对两边为弧拱形，另外两边为等长平行直线的“扁圆形”及“变形矩形”）。对于矩形（包括正方形）、三角形或多边形截面的产品，其全长边角可经磨圆。矩形（包括“变形矩形”）截面的产品，其厚度应大于宽度的1/10。所述条、杆也包括同样形状及尺寸的铸造或烧结产品。该产品在铸造或烧结后再经加工（简单剪修或去氧化皮的除外），但不具有其他税号所列制品或产品的特征。

Chapter 74
Copper and articles thereof

Chapter Notes:

In this Chapter the following expressions have the meanings hereby assigned to them:

1. Refined copper

Metal containing at least 99.85% by weight of copper; or

Metal containing at least 97.5% by weight of copper, provided that the content by weight of any other element does not exceed the limit specified in the following table:

TABLE-Other elements

Element		Limiting content % by weight
Ag	Silver	0.25
As	Arsenic	0.5
Cd	Cadmium	1.3
Cr	Chromium	1.4
Mg	Magnesium	0.8
Pb	Lead	1.5
S	Sulphur	0.7
Sn	Tin	0.8
Te	Tellurium	0.8
Zn	Zinc	1
Zr	Zirconium	0.3
Other elements①, each		0.3

①Other elements are, for example, Al, Be, Co, Fe, Mn, Ni, Si.

2. Copper alloys

Metallic substances other than unrefined copper in which copper predominates by weight over each of the other elements, provided that:

(a) the content by weight of at least one of the other elements is greater than the limit specified in the foregoing table; or

(b) the total content by weight of such other elements exceeds 2.5%.

3. Master alloys

Alloys containing with other elements more than 10% by weight of copper, not usefully malleable and commonly used as an additive in the manufacture of other alloys or as de-oxidants, de-sulphurising agents or for similar uses in the metallurgy of non-ferrous metals. However, copper phosphide (phosphor copper) containing more than 15% by weight of phosphorus falls in heading 28.53.

4. Bars and rods

Rolled, extruded, drawn or forged products, not in coils, which have a uniform solid cross-section along their whole length in the shape of circles, ovals, rectangles (including squares), equilateral triangles or regular convex polygons (including "flattened circles" and "modified rectangles", of which two opposite sides are convex arcs, the other two sides being straight, of equal length and parallel). Products with a rectangular (including square), triangular or polygonal cross-section may have corners rounded along their whole length. The thickness of such products which have a rectangular (including "modified rectangular") cross-section exceeds one-tenth of the width. The expression also covers cast or sintered products, of the same forms and dimensions, which have been subsequently worked after production (otherwise than by simple trimming or de-scaling), provided that they have not thereby assumed the character of articles or products of other headings.

线锭及坯段，已具锥形尾端或经其他简单加工以便送入机器制成盘条或管子等的，仍应作为未锻轧铜归入税目 74.03。

Wire-bars and billets with their ends tapered or otherwise worked simply to facilitate their entry into machines for converting them into, for example, drawing stock (wire-rod) or tubes, are however to be taken to be unwrought copper of heading 74.03.

五、型材及异型材

轧、挤、拔、锻制的产品或其他成型产品，不论是否成卷，其全长截面相同，但与条、杆、丝、板、片、带、箔、管的定义不相符合。同时也包括同样形状的铸造或烧结产品。该产品在铸造或烧结后再经加工（简单剪修或去氧化皮的除外），但不具有其他税号所列制品或产品的特征。

5. Profiles

Rolled, extruded, drawn, forged or formed products, coiled or not, of a uniform cross-section along their whole length, which do not conform to any of the definitions of bars, rods, wire, plates, sheets, strip, foil, tubes or pipes. The expression also covers cast or sintered products, of the same forms, which have been subsequently worked after production (otherwise than by simple trimming or descaling), provided that they have not thereby assumed the character of articles or products of other headings.

六、丝

盘卷的轧、挤或拔制实心产品，其全长截面均为圆形、椭圆形、矩形（包括正方形）、等边三角形或规则外凸多边形（包括相对两边为弧拱形，另外两边为等长平行直线的“扁圆形”及“变形矩形”）。对于矩形（包括正方形）、三角形或多边形截面的产品，其全长边角可经磨圆。矩形（包括“变形矩形”）截面的产品，其厚度应大于宽度的1/10。

6. Wire

Rolled, extruded or drawn products, in coils, which have a uniform solid cross-section along their whole length in the shape of circles, ovals, rectangles (including squares), equilateral triangles or regular convex polygons (including "flattened circles" and "modified rectangles", of which two opposite sides are convex arcs, the other two sides being straight, of equal length and parallel). Products with a rectangular (including square), triangular or polygonal cross-section may have corners rounded along their whole length. The thickness of such products which have a rectangular (including "modified rectangular") cross-section exceeds one-tenth of the width.

七、板、片、带、箔

成卷或非成卷的平面产品（税目 74.03 的未锻轧产品除外），截面均为厚度相同的实心矩形（不包括正方形），不论边角是否磨圆（包括相对两边为弧拱形，另外两边为等长平行直线的“变形矩形”），并且符合以下规格：

（一）矩形（包括正方形）的，厚度不超过宽度的1/10；

（二）矩形或正方形以外形状的，任何尺寸，但不具有其他税号所列制品或产品的特征。

税目 74.09 及 74.10 还适用于具有花样（例如，凹槽、肋条形、格槽、珠粒及菱形）的板、片、带、箔以及穿孔、抛光、涂层或制成瓦楞形的这类产品，但不具有其他税号所列制品或产品的特征。

7. Plates, sheets, strip and foil

Flat-surfaced products (other than the unwrought products of heading 74.03), coiled or not, of solid rectangular (other than square) cross-section with or without rounded corners (including "modified rectangles" of which two opposite sides are convex arcs, the other two sides being straight, of equal length and parallel) of a uniform thickness, which are:

(a) Of rectangular (including square) shape with a thickness not exceeding one-tenth of the width;

(b) Of a shape other than rectangular or square, of any size, provided that they do not assume the character of articles or products of other headings.

Headings 74.09 and 74.10 apply, inter alia, to plates, sheets, strip and foil with patterns (for example, grooves, ribs, chequers, tears, buttons, lozenges) and to such products which have been perforated, corrugated, polished or coated, provided that they do not thereby assume the character of articles or products of other headings.

八、管

全长截面及管壁厚度相同并只有一个闭合空间的空心产品，成卷或非成卷的，其截面为圆形、椭圆形、矩形（包括正方形）、等边三角形或规则外凸多边形。

8. Tubes and pipes

Hollow products, coiled or not, which have a uniform cross-section with only one enclosed void along their whole length in the shape of circles, ovals, rectangles (including

对于截面为矩形（包括正方形）、等边三角形或规则外凸多边形的产品，不论全长边角是否磨圆，只要其内外截面为同一圆心并为同样形状及同一轴向，也可视为管子。上述截面的管子可经抛光、涂层、弯曲、攻丝、钻孔、缩腰、胀口、成锥形或装法兰、颈圈或套环。

squares), equilateral triangles or regular convex polygons, and which have a uniform wall thickness. Products with a rectangular (including square), equilateral triangular or regular convex polygonal cross-section, which may have corners rounded along their whole length, are also to be taken to be tubes and pipes provided the inner and outer cross-sections are concentric and have the same form and orientation. Tubes and pipes of the foregoing cross-sections may be polished, coated, bent, threaded, drilled, waisted, expanded, cone-shaped or fitted with flanges, collars or rings.

子目注释：

本章所用有关名词解释如下：

一、铜锌合金（黄铜）

铜与锌的合金，不论是否含有其他元素。含有其他元素时：

（一）按重量计含锌量应大于其他各种元素的单项含量；

（二）按重量计含镍量应低于5%［参见铜镍锌合金（德银）］；以及

（三）按重量计含锡量应低于3%［参见铜锡合金（青铜）］。

二、铜锡合金（青铜）

铜与锡的合金，不论是否含有其他元素。含有其他元素时，按重量计含锡量应大于其他各种元素的单项含量。当按重量计含锡量在3%及以上时，锌的含量可大于锡的含量，但必须小于10%。

三、铜镍锌合金（德银）

铜、镍、锌的合金，不论是否含有其他元素，按重量计含镍量在5%及以上［参见铜锌合金（黄铜）］。

四、铜镍合金

铜与镍的合金，不论是否含有其他元素，但按重量计含锌量不得大于1%。含有其他元素时，按重量计含镍量应大于其他各种元素的单项含量。

Subheading Note:

In this Chapter the following expressions have the meanings hereby assigned to them:

1. Copper-zinc base alloys (brasses)

Alloys of copper and zinc, with or without other elements. When other elements are present:

(a) zinc predominates by weight over each of such other elements;

(b) any nickel content by weight is less than 5% (see copper-nickel-zinc alloys (nickel silvers)); and

(c) any tin content by weight is less than 3% (see copper-tin alloys (bronzes)).

2. Copper-tin base alloys (bronzes)

Alloys of copper and tin, with or without other elements. When other elements are present, tin predominates by weight over each of such other elements, except that when the tin content is 3% or more the zinc content by weight may exceed that of tin but must be less than 10%.

3. Copper-nickel-zinc base alloys (nickel silvers)

Alloys of copper, nickel and zinc, with or without other elements. The nickel content is 5% or more by weight (see copper-zinc alloys (brasses)).

4. Copper-nickel base alloys

Alloys of copper and nickel, with or without other elements but in any case containing by weight not more than 1% of zinc. When other elements are present, nickel predominates by weight over each of such other elements.

税则号列			货品名称中英文		税费综合信息	计量单位	监管证件代码		检验检疫类别		检验检疫编码	检验检疫编码对应中文名称
HS国际统一前6位	本国子目 7~8位	本国子目 9~10位	中文 货物名称	英文 Article Description			进口	出口	进口	出口		
740100	00	10	沉积铜（泥铜）	Cement copper (precipitated copper)	【最】2【普】11 【协东盟】0【协巴基斯坦】0【协智利】0 【协新西兰】0【协秘鲁】0【协哥斯达黎加】0 【协冰岛】0【协瑞士】0【协澳大利亚】0 【协韩国】0【协格鲁吉亚】0【协香港】0 【协澳门】0 【特东老捡】0【特-1】0【特-2】0【特-3】0 【增】16【出】0【退】0	千克	9A		M		999	沉积铜（泥铜）
740100	00	90	铜锍	Copper mattes	【最】2【普】11【暂进】0 【协东盟】0【协巴基斯坦】0【协智利】0 【协新西兰】0【协秘鲁】0【协哥斯达黎加】0 【协冰岛】0【协瑞士】0【协澳大利亚】0 【协韩国】0【协格鲁吉亚】0【协香港】0 【协澳门】0 【特东老挝】0【特-1】0【特-2】0【特-3】0 【增】16【出】0【退】0	千克					999	铜锍

税则号列			货品名称中英文		税费综合信息	计量单位	监管证件代码		检验检疫类别		检验检疫编码	检验检疫编码对应中文名称
HS 国际统一前 6 位	本国子目 7~8 位	9~10 位	中文 货物名称	英文 Article Description			进口	出口	进口	出口		
740200	00	01	未精炼铜、电解精炼用铜阳极（含黄金价值部分）	Unrefined copper; copper anodes for electrolytic refining, containing gold value part	【最】2【普】11【暂进】0 【协东盟】0【协巴基斯坦】0【协智利】0 【协新西兰】0【协哥斯达黎加】0 【协冰岛】0【协瑞士】0【协澳大利亚】0 【协韩国】0【协格鲁吉亚】1.2【协香港】0 【协澳门】0 【特-1】0【特-2】0【特-3】0 【增】0【对美加征】10【出】30【暂出】15 【退】0	千克					101 102	未精炼铜、电解精炼用铜阳极（含黄金价值部分）（粗铜） 未精炼铜、电解精炼用铜阳极（含黄金价值部分）（电解铜）
740200	00	90	未精炼铜、电解精炼用铜阳极（非黄金价值部分）	Unrefined copper; copper anodes for electrolytic refining, not containing gold value part	【最】2【普】11【暂进】0 【协东盟】0【协巴基斯坦】0【协智利】0 【协新西兰】0【协哥斯达黎加】0 【协冰岛】0【协瑞士】0【协澳大利亚】0 【协韩国】0【协格鲁吉亚】1.2【协香港】0 【协澳门】0 【特-1】0【特-2】0【特-3】0 【增】16【对美加征】10【出】30【暂出】15 【退】0	千克					101 102	未精炼铜、电解精炼用铜阳极（非黄金价值部分）（粗铜） 未精炼铜、电解精炼用铜阳极（非黄金价值部分）（电解铜）
740311	11	01	高纯阴极铜（99.9999% > 铜含量 > 99.9935%）（未锻轧的）	Cathodes of refined copper, containing 99.9935% < by weight of copper < 99.9999%, unwrought	【最】2【普】11【暂进】0 【协亚太】1【协东盟】0【协巴基斯坦】0 【协智利】0【协新西兰】0【协秘鲁】0 【协哥斯达黎加】0【协冰岛】0【协瑞士】0 【协澳大利亚】0【协韩国】0【协格鲁吉亚】0 【协香港】0【协澳门】0 【特-1】0【特-2】0【特-3】0 【增】16【对美加征】10【出】30【暂出】5 【退】0	千克					999	高纯阴极铜（99.9999% > 铜含量 > 99.9935%）（未锻轧的）
740311	11	90	高纯阴极铜（铜含量≥99.9999%）（未锻轧的）	Cathodes of refined copper, containing at least 99.9999% by weight of copper, unwrought	【最】2【普】11【暂进】0 【协亚太】1【协东盟】0【协巴基斯坦】0 【协智利】0【协新西兰】0【协秘鲁】0 【协哥斯达黎加】0【协冰岛】0【协瑞士】0 【协澳大利亚】0【协韩国】0【协格鲁吉亚】0 【协香港】0【协澳门】0 【特-1】0【特-2】0【特-3】0 【增】16【对美加征】10【出】30【暂出】0 【退】0	千克					999	高纯阴极铜（铜含量≥99.9999%）（未锻轧的）
740311	19		其他精炼铜的阴极（未锻轧的）	Other cathodes of refined copper, unwrought	【最】2【普】11【暂进】0 【协东盟】0【协巴基斯坦】0【协智利】0 【协新西兰】0【协秘鲁】0【协哥斯达黎加】0 【协冰岛】0【协瑞士】0【协澳大利亚】0 【协韩国】0【协格鲁吉亚】0【协香港】0 【协澳门】0 【特-1】0【特-2】0【特-3】0 【增】16【对美加征】10【出】30【暂出】10 【退】0	千克					999	其他精炼铜的阴极（未锻轧的）
740311	90		精炼铜的阴极型材（未锻轧的）	Sections of cathodes of refined copper, unwrought	【最】2【普】11【暂进】0 【协东盟】0【协巴基斯坦】0【协智利】0 【协新西兰】0【协秘鲁】0【协哥斯达黎加】0 【协冰岛】0【协瑞士】0【协澳大利亚】0 【协韩国】0【协格鲁吉亚】0【协香港】0 【协澳门】0 【特-1】0【特-2】0【特-3】0 【增】16【出】30【暂出】10【退】0	千克					999	精炼铜的阴极型材（未锻轧的）
740312	00		精炼铜的线锭（未锻轧的）	Wire-bars of refined copper, unwrought	【最】2【普】11【暂进】0 【协东盟】0【协巴基斯坦】0【协智利】0 【协新西兰】0【协秘鲁】0【协哥斯达黎加】0 【协冰岛】0【协瑞士】0.8【协澳大利亚】0 【协韩国】0【协格鲁吉亚】0【协香港】0 【协澳门】0 【特-1】0【特-2】0【特-3】0 【增】16【出】30【暂出】10【退】0	千克					999	精炼铜的线锭（未锻轧的）

税则号列 HS 国际统一前6位	本国子目 7~8位	本国子目 9~10位	货品名称中英文 中文 货物名称	货品名称中英文 英文 Article Description	税费综合信息	计量单位	监管证件代码 进口	监管证件代码 出口	检验检疫类别 进口	检验检疫类别 出口	检验检疫编码	检验检疫编码对应中文名称
740313	00		精炼铜的坯段（未锻轧的）	Billets of refined copper, unwrought	【最】2【普】11【暂进】0 【协东盟】0【协巴基斯坦】0【协智利】0 【协新西兰】0【协秘鲁】0【协哥斯达黎加】0 【协冰岛】0【协瑞士】0【协澳大利亚】0 【协韩国】0【协格鲁吉亚】1.2【协香港】0 【协澳门】0 【特-1】0【特-2】0【特-3】0 【增】16【对美加征】10【出】30【暂出】10 【退】0	千克					999	精炼铜的坯段（未锻轧的）
740319	00		其他未锻轧的精炼铜	Other refined copper, unwrought	【最】2【普】11【暂进】0 【协东盟】0【协巴基斯坦】0【协智利】0 【协新西兰】0【协秘鲁】0【协哥斯达黎加】0 【协冰岛】0【协瑞士】0【协澳大利亚】0 【协韩国】0【协格鲁吉亚】1.2 【特-1】0【特-2】0【特-3】0 【增】16【对美加征】10【出】30【暂出】10 【退】0	千克					999	其他未锻轧的精炼铜
740321	00		未锻轧的铜锌合金（黄铜）	Copper-zinc base alloys (brass), unwrought	【最】1【普】14 【协亚太】0.5【协东盟】0【协澳门】0 【协巴基斯坦】0【协智利】0【协新西兰】0 【协秘鲁】0【协哥斯达黎加】0【协冰岛】0 【协瑞士】0【协澳大利亚】0【协韩国】0 【协格鲁吉亚】0.6【协香港】0 【特-1】0【特-2】0【特-3】0 【增】16【对美加征】10【出】30【暂出】5 【退】0	千克					999	未锻轧的铜锌合金（黄铜）
740322	00		未锻轧的铜锡合金（青铜）	Copper-tin base alloys (bronze), unwrought	【最】1【普】17 【协东盟】0【协巴基斯坦】0【协智利】0 【协新西兰】0【协秘鲁】0【协哥斯达黎加】0 【协冰岛】0【协瑞士】0【协澳大利亚】0 【协韩国】0【协格鲁吉亚】0【协香港】0 【协澳门】0 【特-1】0【特-2】0【特-3】0 【增】16【对美加征】10【出】30【暂出】5 【退】0	千克					999	未锻轧的铜锡合金（青铜）
740329	00		未锻轧的其他铜合金（铜母合金除外，包括未锻轧的白铜或德银）	Other copper alloys other than master alloys of (heading No. 74.05), unwrought	【最】1【普】17 【协东盟】0【协巴基斯坦】0【协智利】0 【协新西兰】0【协秘鲁】0【协哥斯达黎加】0 【协冰岛】0【协瑞士】0【协澳大利亚】0 【协韩国】0【协格鲁吉亚】0【协香港】0 【协澳门】0 【特-1】0【特-2】0【特-3】0 【增】16【对美加征】10【出】30【暂出】5 【退】0	千克					999	未锻轧的其他铜合金（铜母合金除外，包括未锻轧的白铜或德银）
740400	00	10	以回收铜为主的废电机等（包括废电机、电线、电缆、五金电器）	Waste electric machines mainly for recycling copper, including waste wires, cables, hardware and electric appliance	【最】1.5【普】11【暂进】15 【协亚太】0.8【协东盟】0【协香港】0 【协巴基斯坦】0【协智利】0【协新西兰】0 【协哥斯达黎加】0【协冰岛】0【协瑞士】0 【协澳大利亚】0【协韩国】0【协格鲁吉亚】0.9 【特东老拉】0【特-1】0【特-2】0【特-3】0 【增】16【对美加征】25【出】30【暂出】15 【退】0	千克	AP		M		999	以回收铜为主的废电机等（包括废电机、电线、电缆、五金电器）
740400	00	90	其他铜废碎料	Other copper waste and scrap	【最】1.5【普】11【暂进】0 【协亚太】0.8【协东盟】0【协香港】0 【协巴基斯坦】0【协智利】0【协新西兰】0 【协哥斯达黎加】0【协冰岛】0【协瑞士】0 【协澳大利亚】0【协韩国】0【协格鲁吉亚】0.9 【特东老拉】0【特-1】0【特-2】0【特-3】0 【增】16【对美加征】25【出】30【暂出】15 【退】0	千克	A		M		999	其他铜废碎料
740500	00		铜母合金	Master alloys of copper	【最】4【普】17 【协东盟】0【协香港】0【协巴基斯坦】0 【协智利】0【协新西兰】0【协秘鲁】0 【协哥斯达黎加】0【协冰岛】0【协瑞士】0 【协澳大利亚】0【协韩国】0【协格鲁吉亚】0 【特-1】0【特-2】0 【增】16【对美加征】10【出】0 【退】0	千克					999	铜母合金

税则号列			货品名称中英文		税费综合信息	计量单位	监管证件代码		检验检疫类别		检验检疫编码	检验检疫编码对应中文名称
HS 国际统一前 6 位	本国子目 7~8 位	本国子目 9~10 位	中文 货物名称	英文 Article Description			进口	出口	进口	出口		
740610	10		精炼铜制非片状粉末	Powders of non-lamellar structure, of refined copper	【最】3【普】14 【协东盟】0【协巴基斯坦】0【协智利】0 【协新西兰】0【协秘鲁】0【协哥斯达黎加】0 【协冰岛】0【协瑞士】0【协澳大利亚】0 【协韩国】0【协格鲁吉亚】0【协香港】0 【协澳门】0 【特-1】0【特-2】0【特-3】0 【增】16【对美加征】5【出】0【退】0	千克					999	精炼铜制非片状粉末
740610	20		白铜或德银制非片状粉末	Powders of non-lamellar structure, of copper-nickel base alloys (cupronickel) or copper-nickel-zinc base alloys (nickel silver)	【最】6【普】40 【协亚太】4.2【协东盟】0【协巴基斯坦】5 【协智利】0【协新西兰】0【协秘鲁】0 【协哥斯达黎加】0【协冰岛】0【协瑞士】0 【协澳大利亚】0【协韩国】0【协格鲁吉亚】0 【协香港】0【协澳门】0 【特-1】0【特-2】0【特-3】0 【增】16【对美加征】5【出】0【退】0	千克					999	白铜或德银制非片状粉末
740610	30		铜锌合金（黄铜）制非片状粉末	Powders of non-lamellar structure, of copper-zinc base alloys (brass)	【最】6【普】30 【协东盟】0【协巴基斯坦】5【协智利】0 【协新西兰】0【协秘鲁】0【协哥斯达黎加】0 【协冰岛】0【协瑞士】0【协澳大利亚】0 【协韩国】3【协格鲁吉亚】0【协香港】0 【协澳门】0 【特-1】0【特-2】0【特-3】0 【增】16【对美加征】5【出】0【退】0	千克					999	铜锌合金（黄铜）制非片状粉末
740610	40		铜锡合金（青铜）制非片状粉末	Powders of non-lamellar structure, of copper-tin base alloys (bronze)	【最】6【普】30 【协东盟】0【协巴基斯坦】5【协智利】0 【协新西兰】0【协秘鲁】0【协哥斯达黎加】0 【协冰岛】0【协瑞士】0【协澳大利亚】0 【协韩国】0【协格鲁吉亚】0【协香港】0 【协澳门】0 【特-1】0【特-2】0【特-3】0 【增】16【对美加征】5【出】0【退】0	千克					999	铜锡合金（青铜）制非片状粉末
740610	90		其他铜合金制非片状粉末	Powders of non-lamellar structure, of other copper alloys	【最】6【普】30 【协东盟】0【协巴基斯坦】5【协智利】0 【协新西兰】0【协秘鲁】0【协哥斯达黎加】0 【协冰岛】0【协瑞士】0【协澳大利亚】0 【协韩国】0【协格鲁吉亚】0【协香港】0 【协澳门】0 【特-1】0【特-2】0【特-3】0 【增】16【对美加征】5【出】0【退】0	千克					999	其他铜合金制非片状粉末
740620	10		精炼铜制片状粉末	Flakes, of refined copper	【最】4【普】14 【协东盟】0【协巴基斯坦】0【协智利】0 【协新西兰】0【协秘鲁】0【协哥斯达黎加】0 【协冰岛】0【协瑞士】0【协澳大利亚】0 【协韩国】0【协格鲁吉亚】0【协香港】0 【协澳门】0 【特-1】0【特-2】0【特-3】0 【增】16【对美加征】5【出】0【退】0	千克					999	精炼铜制片状粉末
740620	20		白铜或德银制片状粉末	Flakes, of copper-nickel base alloys (cupronickel) or copper-nickel-zinc base alloys (nickel silver)	【最】6【普】40 【协亚太】4.2【协东盟】0【协巴基斯坦】5 【协智利】0【协新西兰】0【协秘鲁】0 【协哥斯达黎加】0【协冰岛】0【协瑞士】0 【协澳大利亚】0【协韩国】0【协格鲁吉亚】0 【协香港】0【协澳门】0 【特-1】0【特-2】0【特-3】0 【增】16【出】0【退】0	千克					999	白铜或德银制片状粉末
740620	90		其他铜合金制片状粉末	Flakes, of other copper alloys	【最】6【普】30 【协亚太】4.2【协东盟】0【协巴基斯坦】5 【协智利】0【协新西兰】0【协秘鲁】0 【协哥斯达黎加】0【协冰岛】0【协瑞士】0 【协澳大利亚】0【协韩国】0【协格鲁吉亚】0 【协香港】0【协澳门】0 【特-1】0【特-2】0【特-3】0 【增】16【对美加征】10【出】0【退】0	千克					999	其他铜合金制片状粉末

税则号列			货品名称中英文		税费综合信息	计量单位	监管证件代码		检验检疫类别		检验检疫编码	检验检疫编码对应中文名称
HS国际统一前6位	本国子目7~8位	9~10位	中文 货物名称	英文 Article Description			进口	出口	进口	出口		
740710	10		铬锆铜制的条、杆、型材及异型材	Bars, rods and profiles, of CuCrZr	【最】4【普】14 【协东盟】0【协巴基斯坦】0【协智利】0 【协新西兰】0【协秘鲁】0【协台湾】0 【协哥斯达黎加】0【协冰岛】0【协瑞士】0 【协澳大利亚】0【协韩国】0【协格鲁吉亚】0 【协香港】0【协澳门】0 【特-1】0【特-2】0【特-3】0 【增】16【出】30【暂出】0【退】13	千克					999	铬锆铜制的条、杆、型材及异型材
740710	90		其他精炼铜条、杆、型材及异型材	Other bars, rods and profiles, of refined copper	【最】4【普】14 【协东盟】0【协巴基斯坦】0【协智利】0 【协新西兰】0【协秘鲁】0【协台湾】0 【协哥斯达黎加】0【协冰岛】0【协瑞士】0 【协澳大利亚】0【协韩国】0【协格鲁吉亚】0 【协香港】0【协澳门】0 【特-1】0【特-2】0【特-3】0 【增】16【对美加征】10【出】30【暂出】0 【退】0	千克					999	其他精炼铜条、杆、型材及异型材
740721	11		铜锌合金（黄铜）条、杆（直线度≤0.5mm/m）	Bars, rods of copper-zinc base alloys, straightness ≤0.5mm/m	【最】7【普】20 【协东盟】0【协澳门】0【协巴基斯坦】5 【协智利】0【协新西兰】0【协秘鲁】0 【协台湾】0【协哥斯达黎加】0【协冰岛】0 【协瑞士】2.8【协澳大利亚】0【协香港】0 【协格鲁吉亚】0 【特-1】0【特-2】0【特-3】0 【增】16【对美加征】10【出】30【暂出】0 【退】13	千克					999	铜锌合金（黄铜）条、杆（直线度≤0.5mm/m）
740721	19		其他铜锌合金（黄铜）条、杆（直线度>0.5mm/m）	Bars, rods of copper-zinc base alloys, straightness >0.5mm/m	【最】7【普】20 【协东盟】0【协澳门】0【协巴基斯坦】5 【协智利】0【协新西兰】0【协秘鲁】0 【协台湾】0【协哥斯达黎加】0【协冰岛】0 【协瑞士】2.8【协澳大利亚】0【协香港】0 【协格鲁吉亚】0 【特-1】0【特-2】0【特-3】0 【增】16【对美加征】10【出】30【暂出】0 【退】13	千克					999	其他铜锌合金（黄铜）条、杆（直线度>0.5mm/m）
740721	90		铜锌合金（黄铜）型材及异型材	Profiles of copper-zinc base alloys	【最】7【普】20 【协东盟】0【协澳门】0【协巴基斯坦】5 【协智利】0【协新西兰】0【协秘鲁】0 【协台湾】0【协哥斯达黎加】0【协冰岛】0 【协瑞士】2.8【协澳大利亚】0【协格鲁吉亚】0 【协香港】0 【特-1】0【特-2】0【特-3】0 【增】16【对美加征】10【出】30【暂出】0 【退】13	千克					999	铜锌合金（黄铜）型材及异型材
740729	00		其他铜合金条、杆、型材及异型材（包括白铜或德银的条、杆、型材及异型材）	Other bars, rods and profiles, of copper alloys [copper-nickel base alloys (cupro-nickel) or copper-nickel-zinc base alloys(nickel silver) included]	【最】7【普】20 【协东盟】0【协巴基斯坦】5【协智利】0 【协新西兰】0【协秘鲁】0【协台湾】0 【协哥斯达黎加】0【协冰岛】0【协瑞士】2.8 【协澳大利亚】0【协韩国】0【协格鲁吉亚】0 【协香港】0【协澳门】0 【特-1】0【特-2】0【特-3】0 【增】16【对美加征】5【出】30【暂出】0 【退】13	千克					999	其他铜合金条、杆、型材及异型材（包括白铜或德银的条、杆、型材及异型材）
740811	00		最大截面尺寸>6mm的精炼铜丝	Wire of refined copper, of which the maximum cross-sectional dimension exceeds 6mm	【最】4【普】14 【协亚太】2.6【协东盟】0【协巴基斯坦】0 【协智利】0【协新西兰】0【协秘鲁】0 【协台湾】0【协哥斯达黎加】0【协冰岛】0 【协瑞士】0【协澳大利亚】0【协韩国】0 【协格鲁吉亚】0【协香港】0【协澳门】0 【特-1】0【特-2】0【特-3】0 【增】16【对美加征】10【出】30【暂出】0 【退】13	千克					999	最大截面尺寸>6mm的精炼铜丝

税则号列 HS国际统一前6位	本国子目 7~8位	本国子目 9~10位	货品名称中英文 中文 货物名称	货品名称中英文 英文 Article Description	税费综合信息	计量单位	监管证件代码 进口	监管证件代码 出口	检验检疫类别 进口	检验检疫类别 出口	检验检疫编码	检验检疫编码对应中文名称
740819	00	01	其他含氧量<5PPM的精炼铜丝（截面尺寸≤6mm)	Other refining copper wire with oxygen content < 5PPM (cross-sectional dimension ≤6mm)	【最】4【普】14【暂进】2 【协亚太】2.6【协东盟】0【协香港】0 【协巴基斯坦】0【协智利】0【协新西兰】0 【协秘鲁】0【协台湾】0【协哥斯达黎加】0 【协冰岛】0【协瑞士】0【协澳大利亚】0 【协韩国】0【协格鲁吉亚】0 【特-1】0【特-2】0【特-3】0 【增】16【对美加征】10【出】30【暂出】0 【退】13	千克					999	其他含氧量<5PPM的精炼铜丝（截面尺寸≤6mm)
740819	00	90	其他截面尺寸≤6mm的精炼铜丝	Other wire of refined copper, of which the maximum cross-sectional dimension 6mm or less	【最】4【普】14【暂进】4 【协亚太】2.6【协东盟】0【协香港】0 【协巴基斯坦】0【协智利】0【协新西兰】0 【协秘鲁】0【协台湾】0【协哥斯达黎加】0 【协冰岛】0【协瑞士】0【协澳大利亚】0 【协韩国】0【协格鲁吉亚】0 【特-1】0【特-2】0【特-3】0 【增】16【对美加征】10【出】30【暂出】0 【退】13	千克					999	其他截面尺寸≤6mm的精炼铜丝
740821	00		铜锌合金（黄铜）丝	Wire of copper-zinc base alloys (brass)	【最】7【普】20 【协东盟】0【协巴基斯坦】5【协智利】0 【协新西兰】0【协秘鲁】0【协台湾】0 【协哥斯达黎加】0【协冰岛】0【协瑞士】0 【协澳大利亚】0【协韩国】4.6【协格鲁吉亚】0 【协香港】0【协澳门】0 【特-1】0【特-2】0【特-3】0 【增】16【对美加征】10【出】30【暂出】0 【退】13	千克					999	铜锌合金（黄铜）丝
740822	10		铜镍锌铅合金（加铅德银）丝	Wire of copper-nickel-zinc base alloys (nickel silver)	【最】8【普】40 【协东盟】0【协巴基斯坦】5【协智利】0 【协新西兰】0【协秘鲁】0【协哥斯达黎加】0 【协冰岛】0【协瑞士】0【协澳大利亚】0 【协韩国】0【协格鲁吉亚】0【协香港】0 【协澳门】0 【特-1】0【特-2】0【特-3】0 【增】16【对美加征】10【出】30【暂出】0 【退】13	千克					999	铜镍锌铅合金（加铅德银）丝
740822	90		其他铜镍合金（白铜）丝或铜镍锌合金（德银）丝	Wire of copper-nickel base alloys (cupro-nickel)	【最】8【普】40 【协东盟】0【协巴基斯坦】5【协智利】0 【协新西兰】0【协秘鲁】0【协哥斯达黎加】0 【协冰岛】0【协瑞士】0【协澳大利亚】0 【协韩国】0【协格鲁吉亚】0【协香港】0 【协澳门】0 【特-1】0【特-2】0【特-3】0 【增】16【对美加征】5【出】30【暂出】0 【退】0	千克					999	其他铜镍合金（白铜）丝或铜镍锌合金（德银）丝
740829	00		其他铜合金丝	Other wire of copper alloys	【最】7【普】20 【协东盟】0【协巴基斯坦】5【协智利】0 【协新西兰】0【协秘鲁】0【协哥斯达黎加】0 【协冰岛】0【协瑞士】0【协澳大利亚】0 【协韩国】3.5【协格鲁吉亚】0【协香港】0 【协澳门】0 【特-1】0【特-2】0【特-3】0 【增】16【对美加征】5【出】30【暂出】0 【退】13	千克					999	其他铜合金丝
740911	10		成卷的精炼铜板、片、带（厚度>0.15mm,含氧量不超过10PPM的）	Refined copper plates, sheets and strip, of a thickness exceeding 0.15mm, containing oxygen not exceeding 10 PPM, in coils	【最】4【普】14 【协东盟】0【协巴基斯坦】0【协智利】0 【协新西兰】0【协秘鲁】0【协哥斯达黎加】0 【协冰岛】0【协瑞士】0【协澳大利亚】0 【协韩国】0【协格鲁吉亚】0【协香港】0 【协澳门】0 【特-1】0【特-2】0【特-3】0 【增】16【对美加征】5【出】30【暂出】0 【退】13	千克					999	成卷的精炼铜板、片、带（厚度>0.15mm,含氧量不超过10PPM的）

税则号列 HS国际统一前6位	本国子目 7~8位	本国子目 9~10位	货品名称中英文 中文 货物名称	货品名称中英文 英文 Article Description	税费综合信息	计量单位	监管证件代码 进口	监管证件代码 出口	检验检疫类别 进口	检验检疫类别 出口	检验检疫编码	检验检疫编码对应中文名称
740911	90		其他成卷的精炼铜板、片、带（厚度>0.15mm）	Other refined copper plates, sheets and strip, of a thickness exceeding 0.15mm	【最】4【普】14 【协东盟】0【协巴基斯坦】0【协智利】0 【协新西兰】0【协秘鲁】0【协哥斯达黎加】0 【协冰岛】0【协瑞士】0【协澳大利亚】0 【协韩国】0【协格鲁吉亚】0【协香港】0 【协澳门】0 【特-1】0【特-2】0【特-3】0 【增】16【对美加征】10【出】30【暂出】0 【退】13	千克					999	其他成卷的精炼铜板、片、带（厚度>0.15mm）
740919	00		其他精炼铜板、片、带（厚度>0.15mm）	Other refined copper plates, sheets and strip, of a thickness exceeding 0.15mm	【最】4【普】14 【协东盟】0【协巴基斯坦】0【协智利】0 【协新西兰】0【协秘鲁】0【协台湾】0 【协哥斯达黎加】0【协冰岛】0【协瑞士】0 【协澳大利亚】0【协韩国】0【协格鲁吉亚】0 【协香港】0【协澳门】0 【特-1】0【特-2】0【特-3】0 【增】16【对美加征】10【出】30【暂出】0 【退】13	千克					999	其他精炼铜板、片、带（厚度>0.15mm）
740921	00		成卷的铜锌合金（黄铜）板、片、带（厚度>0.15mm）	Plates, sheets and strip, in coins, of copper-zinc base alloys (brass), of a thickness exceeding 0.15mm	【最】7【普】20 【协东盟】0【协香港】0【协巴基斯坦】5 【协智利】0【协新西兰】0【协秘鲁】0 【协台湾】0【协哥斯达黎加】0【协冰岛】0 【协瑞士】2.8【协澳大利亚】0【协韩国】4.6 【协格鲁吉亚】0 【特-1】0【特-2】0【特-3】0 【增】16【对美加征】10【出】30【暂出】0 【退】13	千克					999	成卷的铜锌合金（黄铜）板、片、带（厚度>0.15mm）
740929	00		其他铜锌合金（黄铜）板、片、带（厚度>0.15mm）	Other plates, sheets and strip, of copper-zinc base alloys (brass), of a thickness exceeding 0.15mm	【最】7【普】20【暂进】1.05/平方米 【协东盟】0【协香港】0【协巴基斯坦】5 【协智利】0【协新西兰】0【协秘鲁】0 【协台湾】0【协哥斯达黎加】0【协冰岛】0 【协瑞士】0【协澳大利亚】0【协韩国】4.6 【协格鲁吉亚】0 【特-1】0【特-2】0【特-3】0 【增】16【对美加征】10【出】30【暂出】0 【退】13	千克					999	其他铜锌合金（黄铜）板、片、带（厚度>0.15mm）
740931	00		成卷的铜锡合金（青铜）板、片、带（厚度>0.15mm）	Plates, sheets and strip, in coins, of copper-zinc base alloys (brass), of a thickness exceeding 0.15mm	【最】7【普】20【暂进】5%与复合税从低执行 【协东盟】0【协巴基斯坦】5【协智利】0 【协新西兰】0【协秘鲁】0【协台湾】0 【协哥斯达黎加】0【协冰岛】0【协瑞士】0 【协澳大利亚】0【协韩国】3.5 【协格鲁吉亚】0【协香港】0【协澳门】0 【特-1】0【特-2】0【特-3】0 【增】16【对美加征】10【出】30【暂出】0 【退】13	千克					999	成卷的铜锡合金（青铜）板、片、带（厚度>0.15mm）
740939	00		其他铜锡合金板、片、带（厚度>0.15mm）	Plates, sheets and strip, of copper-tin base alloys (bronze), of a thickness exceeding 0.15mm	【最】7【普】20 【协东盟】0【协巴基斯坦】5【协智利】0 【协新西兰】0【协秘鲁】0【协台湾】0 【协哥斯达黎加】0【协冰岛】0【协瑞士】0 【协澳大利亚】0【协韩国】0【协格鲁吉亚】0 【协香港】0【协澳门】0 【特-1】0【特-2】0【特-3】0 【增】16【对美加征】10【出】30【暂出】0 【退】13	千克					999	其他铜锡合金板、片、带（厚度>0.15mm）
740940	00		白铜或德银制板、片、带（厚度>0.15mm）	Plates, sheets and strip, of copper-nickel base alloys (cupro-nickel) or copper-nickel-zinc base alloys (nickel silver), of a thickness exceeding 0.15mm	【最】7【普】40 【协东盟】0【协巴基斯坦】5【协智利】0 【协新西兰】0【协秘鲁】0【协台湾】0 【协哥斯达黎加】0【协冰岛】0【协瑞士】0 【协澳大利亚】0【协韩国】0【协格鲁吉亚】0 【协香港】0【协澳门】0 【特-1】0【特-2】0【特-3】0 【增】16【对美加征】10【出】30【暂出】0 【退】13	千克					999	白铜或德银制板、片、带（厚度>0.15mm）

税则号列 HS国际统一前6位	本国子目 7~8位	本国子目 9~10位	货品名称中英文 中文 货物名称	货品名称中英文 英文 Article Description	税费综合信息	计量单位	监管证件代码 进口	监管证件代码 出口	检验检疫类别 进口	检验检疫类别 出口	检验检疫编码	检验检疫编码对应中文名称
740990	00		其他铜合金板、片、带(厚度>0.15mm)	Plates, sheets and strip, of other copper alloys, of a thickness exceeding 0.15mm	【最】7【普】20 【协东盟】0【协香港】0【协巴基斯坦】5 【协智利】0【协新西兰】0【协秘鲁】0 【协台湾】0【协哥斯达黎加】0【协冰岛】0 【协瑞士】0【协澳大利亚】0【协韩国】3.5 【协格鲁吉亚】0 【特-1】0【特-2】0【特-3】0 【增】16【对美加征】10【出】30【暂出】0 【退】13	千克					999	其他铜合金板、片、带(厚度>0.15mm)
741011	00		无衬背的精炼铜箔	Of refined alloys of copper alloys	【最】4【普】14 【协亚太】2.6【协东盟】0【协香港】0 【协巴基斯坦】0【协智利】0【协新西兰】0 【协秘鲁】0【协台湾】0【协哥斯达黎加】0 【协冰岛】0【协瑞士】0【协澳大利亚】0 【协韩国】0【协格鲁吉亚】0 【特-1】0【特-2】0 【增】16【对美加征】10【出】0【退】16	千克					999	无衬背的精炼铜箔(厚度≤0.15mm)
741012	10		无衬背铜镍合金箔或铜镍锌合金箔(厚度≤0.15mm)	Foil of copper-nickel base alloys (cupro-nickel) or copper-nickel-zinc base alloys(nickel silver) of a thickness, not exceeding 0.15mm, not backed	【最】7【普】40 【协东盟】0【协巴基斯坦】5【协智利】0 【协新西兰】0【协秘鲁】0【协台湾】0 【协哥斯达黎加】0【协冰岛】0【协瑞士】0 【协澳大利亚】0【协韩国】0【协格鲁吉亚】0 【协香港】0【协澳门】0 【特-1】0【特-2】0 【增】16【对美加征】10【出】0【退】13	千克					999	无衬背铜镍合金箔或铜镍锌合金箔(厚度≤0.15mm)
741012	90		无衬背的其他铜合金箔(厚度≤0.15mm)	Other copper foil of copper alloys, not backed, of a thickness not exceeding 0.15mm	【最】7【普】20 【协东盟】0【协巴基斯坦】5【协智利】0 【协新西兰】0【协秘鲁】0【协台湾】0 【协哥斯达黎加】0【协冰岛】0【协瑞士】0 【协澳大利亚】0【协韩国】0【协格鲁吉亚】0 【协香港】0【协澳门】0 【特-1】0【特-2】0 【增】16【对美加征】10【出】0【退】13	千克					999	无衬背的其他铜合金箔(厚度≤0.15mm)
741021	10		有衬背的精炼铜制印刷电路用覆铜板[厚度(衬背除外)≤0.15mm]	Copper-clad board used to print circuit, backed, of a thickness not exceeding 0.15mm	【最】4【普】14 【协亚太】2.6【协东盟】0【协香港】0 【协澳门】0【协巴基斯坦】0【协智利】0 【协新西兰】0【协秘鲁】0【协台湾】0 【协哥斯达黎加】0【协冰岛】0【协瑞士】0 【协澳大利亚】0【协韩国】0【协格鲁吉亚】0 【特-1】0【特-2】0 【增】16【对美加征】10【出】0【退】16	千克					999	有衬背的精炼铜制印刷电路用覆铜板[厚度(衬背除外)≤0.15mm]
741021	90		有衬背的其他精炼铜箔[厚度(衬背除外)≤0.15mm]	Other refined copper foil, backed, of a thickness not exceeding 0.15mm	【最】4【普】14 【协亚太】2.6【协东盟】0【协香港】0 【协澳门】0【协巴基斯坦】0【协智利】0 【协新西兰】0【协秘鲁】0【协台湾】0 【协哥斯达黎加】0【协冰岛】0【协瑞士】0 【协澳大利亚】0【协韩国】0【协格鲁吉亚】0 【特-1】0【特-2】0 【增】16【对美加征】10【出】0【退】13	千克					999	有衬背的其他精炼铜箔[厚度(衬背除外)≤0.15mm]
741022	10		有衬背铜镍合金箔或铜镍锌合金箔[厚度(衬背除外)≤0.15mm]	Foil of copper-nickel base alloys (cupro-nickel) or copper-nickel-zinc base alloys(nickel silver), of a thickness not exceeding 0.15mm, backed	【最】7【普】40 【协东盟】0【协巴基斯坦】5【协智利】0 【协新西兰】0【协秘鲁】0【协哥斯达黎加】0 【协冰岛】0【协瑞士】0【协澳大利亚】0 【协韩国】0【协格鲁吉亚】0【协香港】0 【协澳门】0 【特-1】0【特-2】0 【增】16【对美加征】10【出】0【退】13	千克					999	有衬背铜镍合金箔或铜镍锌合金箔[厚度(衬背除外)≤0.15mm]
741022	90		有衬背的其他铜合金箔[厚度(衬背除外)≤0.15mm]	Other foil of copper alloys, of a thickness not exceeding 0.15mm, backed	【最】7【普】20 【协东盟】0【协巴基斯坦】5【协智利】0 【协新西兰】0【协秘鲁】0【协哥斯达黎加】0 【协冰岛】0【协瑞士】0【协澳大利亚】0 【协韩国】0【协格鲁吉亚】0【协香港】0 【协澳门】0 【特-1】0【特-2】0 【增】16【对美加征】10【出】0【退】13	千克					999	有衬背的其他铜合金箔[厚度(衬背除外)≤0.15mm]

税则号列			货品名称中英文		税费综合信息	计量单位	监管证件代码		检验检疫类别		检验检疫编码	检验检疫编码对应中文名称
HS国际统一前6位	本国子目7~8位	9~10位	中文 货物名称	英文 Article Description			进口	出口	进口	出口		
741110	11		外径≤25mm的带有内(外)螺纹或翅片的精炼铜管	Copper tubes and pipes, threaded or with fins, of refined copper, having an outside diameter not more than 25mm	【最】4【普】14【协亚太】2.6【协东盟】0【协巴基斯坦】0【协智利】0【协新西兰】0【协秘鲁】0【协哥斯达黎加】0【协冰岛】0【协瑞士】0【协澳大利亚】0【协韩国】0【协格鲁吉亚】0【协香港】0【协澳门】0【特-1】0【特-2】0【特-3】0【增】16【对美加征】10【出】0【退】13	千克					101	外径≤25mm的带有内(外)螺纹或翅片的精炼铜管（铜管压力管道）
741110	19	01	其他含氧量<5PPM,外径≤25mm的精炼铜管	Other refining copper tubes and pipes with oxygen content <5PPM, having an outside diameter not more than 25mm	【最】4【普】14【暂进】2【协亚太】2.6【协东盟】0【协巴基斯坦】0【协智利】0【协新西兰】0【协秘鲁】0【协哥斯达黎加】0【协冰岛】0【协瑞士】0【协澳大利亚】0【协韩国】0【协格鲁吉亚】0【协香港】0【协澳门】0【特-1】0【特-2】0【特-3】0【增】16【对美加征】10【出】0【退】13	千克					101	其他含氧量<5PPM,外径≤25mm的精炼铜管(铜管压力管道)
741110	19	90	外径≤25mm的其他精炼铜管	Other copper tubes and pipes, of refined copper, having an outside diameter not more than 25mm	【最】4【普】14【协亚太】2.6【协东盟】0【协巴基斯坦】0【协智利】0【协新西兰】0【协秘鲁】0【协哥斯达黎加】0【协冰岛】0【协瑞士】0【协澳大利亚】0【协韩国】0【协格鲁吉亚】0【协香港】0【协澳门】0【特-1】0【特-2】0【特-3】0【增】16【对美加征】10【出】0【退】13	千克					101	外径≤25mm的其他精炼铜管（铜管压力管道）
741110	20		外径>70mm的精炼铜管	Other copper tubes and pipes, of refined copper, having an outside diameter exceeding 70mm	【最】4【普】14【协亚太】2.6【协东盟】0【协巴基斯坦】0【协智利】0【协新西兰】0【协秘鲁】0【协哥斯达黎加】0【协冰岛】0【协瑞士】0【协澳大利亚】0【协韩国】0【协格鲁吉亚】0【协香港】0【协澳门】0【特-1】0【特-2】0【特-3】0【增】16【对美加征】10【出】0【退】13	千克					101	外径>70mm的精炼铜管(铜管压力管道)
741110	90		其他精炼铜管	Other copper tubes and pipes, of refined copper	【最】4【普】14【协亚太】2.6【协东盟】0【协巴基斯坦】0【协智利】0【协新西兰】0【协秘鲁】0【协哥斯达黎加】0【协冰岛】0【协瑞士】1.6【协澳大利亚】0【协韩国】0【协格鲁吉亚】0【协香港】0【协澳门】0【特-1】0【特-2】0【特-3】0【增】16【对美加征】10【出】0【退】13	千克					101	其他精炼铜管（铜管压力管道）
741121	10		盘卷的铜锌合金（黄铜）管	Tubes and pipes, in coils, of copper-tin base alloys (bronze)	【最】7【普】20【协亚太】6.3【协东盟】0【协香港】0【协巴基斯坦】5【协智利】0【协新西兰】0【协秘鲁】0【协哥斯达黎加】0【协冰岛】0【协瑞士】0【协澳大利亚】0【协韩国】0【协格鲁吉亚】0【特-1】0【特-2】0【特-3】0【增】16【对美加征】10【出】0【退】13	千克					101	盘卷的铜锌合金（黄铜）管（铜管压力管道）
741121	90		其他铜锌合金（黄铜）管	Other tubes and pipes, of copper-tin base alloys (bronze)	【最】7【普】20【协东盟】0【协香港】0【协巴基斯坦】5【协智利】0【协新西兰】0【协秘鲁】0【协哥斯达黎加】0【协冰岛】0【协瑞士】0【协澳大利亚】0【协韩国】4.6【协格鲁吉亚】0【特-1】0【特-2】0【特-3】0【增】16【对美加征】10【出】0【退】13	千克					101	其他铜锌合金（黄铜）管（铜管压力管道）
741122	00		白铜或德银管	Tubes and pipes, of copper-nickel base alloys (cupronickel) or copper-nickel-zinc base alloys (nickel silver)	【最】7【普】40【协东盟】0【协巴基斯坦】5【协智利】0【协新西兰】0【协秘鲁】0【协哥斯达黎加】0【协冰岛】0【协瑞士】0【协澳大利亚】0【协韩国】0【协格鲁吉亚】0【协香港】0【协澳门】0【特-1】0【特-2】0【特-3】0【增】16【对美加征】5【出】0【退】13	千克					101	白铜或德银管（铜管压力管道）

税则号列			货品名称中英文		税费综合信息	计量单位	监管证件代码		检验检疫类别		检验检疫编码	检验检疫编码对应中文名称
HS国际统一前6位	本国子目 7~8位	本国子目 9~10位	中文 货物名称	英文 Article Description			进口	出口	进口	出口		
741129	00		其他铜合金管	Other tubes and pipes, of copper alloys	【最】7【普】20 【协东盟】0【协巴基斯坦】5【协智利】0 【协新西兰】0【协秘鲁】0【协哥斯达黎加】0 【协冰岛】0【协瑞士】0【协澳大利亚】0 【协韩国】0【协格鲁吉亚】0【协香港】0 【协澳门】0 【特-1】0【特-2】0【特-3】0 【增】16【对美加征】10【出】0【退】13	千克					101	其他铜合金管（铜管压力管道）
741210	00		精炼铜管子附件	Copper tube or pipe fittings, of refined copper	【最】4【普】14 【协东盟】0【协巴基斯坦】0【协智利】0 【协新西兰】0【协秘鲁】0【协哥斯达黎加】0 【协冰岛】0【协瑞士】1.6【协澳大利亚】0 【协韩国】0【协格鲁吉亚】0【协香港】0 【协澳门】0 【特-1】0【特-2】0【特-3】0 【增】16【对美加征】10【出】0【退】0	千克					101 102	精炼铜管子附件（其他金属制法兰及管件压力管件） 精炼铜管子附件（其他金属制法兰及管件）
741220	10		铜镍合金或铜镍锌合金管子配件	Copper tube or pipe fittings, of copper-nickel base alloys(cupronickel) or copper-nickel-zinc base alloys(nickel silver)	【最】7【普】40 【协亚太】4.6【协东盟】0【协巴基斯坦】5 【协智利】0【协新西兰】0【协秘鲁】0 【协哥斯达黎加】0【协冰岛】0【协瑞士】2.8 【协澳大利亚】0【协韩国】0【协格鲁吉亚】4.2 【协香港】0【协澳门】0 【特-1】0【特-2】0【特-3】0 【增】16【对美加征】10【出】0【退】0	千克					101 102	铜镍合金或铜镍锌合金管子配件（其他金属制法兰及管件压力管件） 铜镍合金或铜镍锌合金管子配件（其他金属制法兰及管件）
741220	90		其他铜合金管子配件	Other copper tube or pipe fittings, of copper alloys	【最】7【普】20 【协亚太】4.6【协东盟】0【协巴基斯坦】5 【协智利】0【协新西兰】0【协秘鲁】0 【协哥斯达黎加】0【协冰岛】0【协瑞士】0 【协澳大利亚】0【协韩国】0【协格鲁吉亚】0 【协香港】0【协澳门】0 【特-1】0【特-2】0【特-3】0 【增】16【对美加征】10【出】0【退】0	千克					101 102	其他铜合金管子配件（其他金属制法兰及管件压力管件） 其他铜合金管子配件（其他金属制法兰及管件）
741300	00		非绝缘的铜丝绞股线、缆、编带等	Stranded wire, cables, plaited bands and the like, of copper, not electrically insulated	【最】5【普】14 【协东盟】0【协巴基斯坦】0【协智利】0 【协新西兰】0【协秘鲁】0【协哥斯达黎加】0 【协冰岛】0【协瑞士】0【协澳大利亚】0 【协韩国】3.3【协格鲁吉亚】0【协香港】0 【协澳门】0 【特-1】0【特-2】0【特-3】0 【增】16【对美加征】10【出】0【退】0	千克	A		M		999	非绝缘的铜丝绞股线、缆、编带等
741510	00		铜钉、平头钉、图钉U型钉及类似品	Nails and tacks, drawing pins, staples and similar articles, of copper or of iron or steel with heads of copper	【最】8【普】80 【协东盟】0【协巴基斯坦】5【协智利】0 【协新西兰】0【协秘鲁】0【协哥斯达黎加】0 【协冰岛】0【协瑞士】0【协澳大利亚】0 【协韩国】0【协格鲁吉亚】0【协香港】0 【协澳门】0 【特-1】0【特-2】0【特-3】0 【增】16【对美加征】5【出】0【退】0	千克					999	铜钉、平头钉、图钉U型钉及类似品（包括钢铁制带铜头的）
741521	00		铜垫圈（包括弹簧垫圈）	Washers (including spring washers), of copper	【最】8【普】80 【协东盟】0【协香港】0【协巴基斯坦】5 【协智利】0【协新西兰】0【协新加坡】0 【协秘鲁】0【协哥斯达黎加】0【协冰岛】0 【协瑞士】0【协澳大利亚】0【协韩国】5 【协格鲁吉亚】0 【特-1】0【特-2】0【特-3】0 【增】16【对美加征】10【出】0【退】0	千克					999	铜垫圈（包括弹簧垫圈）
741529	00		铜制其他无螺纹制品	Other articles, not threaded, of copper	【最】8【普】80 【协东盟】0【协香港】0【协巴基斯坦】5 【协智利】0【协新西兰】0【协新加坡】0 【协秘鲁】0【协哥斯达黎加】0【协冰岛】0 【协瑞士】0【协澳大利亚】0【协韩国】5 【协格鲁吉亚】0 【特-1】0【特-2】0【特-3】0 【增】16【对美加征】10【出】0【退】0	千克					999	铜制其他无螺纹制品

税则号列			货品名称中英文		税费综合信息	计量单位	监管证件代码		检验检疫类别		检验检疫编码	检验检疫编码对应中文名称
HS国际统一前6位	本国子目 7~8位	9~10位	中文 货物名称	英文 Article Description			进口	出口	进口	出口		
741533	10		铜制木螺钉（包括钢铁制带铜头的）	Screws for wood, of copper or of iron or steel with heads of copper	【最】8【普】80 【协亚太】6.4【协东盟】0【协香港】0 【协巴基斯坦】5【协智利】0【协新西兰】0 【协秘鲁】0【协哥斯达黎加】0【协冰岛】0 【协瑞士】0【协澳大利亚】0【协韩国】0 【协格鲁吉亚】0 【特-1】0【特-2】0【特-3】0 【增】16【出】0【退】0	千克					999	铜制木螺钉（包括钢铁制带铜头的）
741533	90		铜制其他螺钉螺栓螺母（包括钢铁制带铜头的）	Other screws, bolts and nuts, of copper or of iron or steel with heads of copper	【最】8【普】80 【协东盟】0【协香港】0【协巴基斯坦】5 【协智利】0【协新西兰】0【协秘鲁】0 【协哥斯达黎加】0【协冰岛】0【协瑞士】0 【协澳大利亚】0【协韩国】0 【协格鲁吉亚】0 【特-1】0【特-2】0【特-3】0 【增】16【对美加征】10【出】0【退】0	千克					101 102 103	铜制其他螺钉螺栓螺母（包括钢铁制带铜头的）（螺钉） 铜制其他螺钉螺栓螺母（包括钢铁制带铜头的）（螺栓） 铜制其他螺钉螺栓螺母（包括钢铁制带铜头的）（螺母）
741539	00		其他铜制螺纹制品	Other threaded articles	【最】8【普】80 【协东盟】0【协香港】0【协巴基斯坦】5 【协智利】0【协新西兰】0【协秘鲁】0 【协哥斯达黎加】0【协冰岛】0【协瑞士】0 【协澳大利亚】0【协韩国】5【协格鲁吉亚】0 【特-1】0【特-2】0【特-3】0 【增】16【对美加征】5【出】0【退】0	千克					999	其他铜制螺纹制品
741810	10		擦锅器及洗刷擦光用的块垫、手套（包括类似品，铜制）	Pot scourers and scouring or polishing pads, gloves and the like, of copper	【最】7【普】80 【协东盟】0【协巴基斯坦】14.4【协智利】0 【协新西兰】0【协新加坡】0【协秘鲁】0 【协哥斯达黎加】0【协冰岛】0【协瑞士】7 【协澳大利亚】0【协韩国】9【协格鲁吉亚】0 【协香港】0【协澳门】0 【特-1】0【特-2】0【特-3】0 【增】16【对美加征】5【出】0【退】10	千克	A		R		999	擦锅器及洗刷擦光用的块垫、手套（包括类似品，铜制）
741810	20		非电热的铜制家用烹饪器具及其零件	Cooking apparatus of a kind used for domestic purposes, non-electric, and parts thereof, of copper	【最】7【普】80 【协东盟】0【协智利】0【协新西兰】0 【协新加坡】0【协秘鲁】0【协哥斯达黎加】0 【协冰岛】0【协瑞士】7【协澳大利亚】0 【协韩国】13.3【协格鲁吉亚】0【协香港】0 【协澳门】0 【特-1】0【特-2】0 【增】16【出】0【退】10	千克	A		R		101 102	非电热的铜制家用烹饪器具及其零件（食品接触铜产品） 非电热的铜制家用烹饪器具及其零件（食品用铜包装）
741810	90		其他餐桌厨房等家用铜制器具及其零件	Other table, kitchen or other household articles and parts thereof, of copper	【最】7【普】80 【协东盟】0【协巴基斯坦】14.4【协智利】0 【协新西兰】0【协新加坡】0【协秘鲁】0 【协哥斯达黎加】0【协冰岛】0【协瑞士】7 【协澳大利亚】0【协韩国】9【协格鲁吉亚】0 【协香港】0【协澳门】0 【特-1】0【特-2】0【特-3】0 【增】16【对美加征】10【出】0【退】10	千克	A		R		101 102	其他餐桌厨房等家用铜制器具及其零件（食品接触铜产品） 其他餐桌厨房等家用铜制器具及其零件（食品用铜包装）
741820	00		铜制卫生器具及其零件 【电商】	Sanitary ware and parts thereof, of copper	【最】9【普】80 【协东盟】0【协智利】0【协新西兰】0 【协新加坡】0【协秘鲁】0【协哥斯达黎加】0 【协冰岛】0【协瑞士】7.2【协澳大利亚】0 【协韩国】9【协格鲁吉亚】0【协香港】0 【协澳门】0 【特-1】0【特-2】0【特-3】0 【增】16【对美加征】10【出】0【退】10	千克					999	铜制卫生器具及其零件
741910	00		铜链条及其零件 【电商】	Chain and parts thereof, of copper	【最】9【普】80 【协东盟】0【协香港】0【协巴基斯坦】11.2 【协智利】0【协新西兰】0【协新加坡】0 【协秘鲁】0【协哥斯达黎加】0【协冰岛】0 【协瑞士】5.6【协澳大利亚】0【协韩国】7 【协格鲁吉亚】0 【特-1】0【特-2】0 【增】16【对美加征】10【出】0【退】0	千克					999	铜链条及其零件

税则号列			货品名称中英文		税费综合信息	计量单位	监管证件代码		检验检疫类别		检验检疫编码	检验检疫编码对应中文名称
HS 国际统一前6位	本国子目 7~8位	本国子目 9~10位	中文 货物名称	英文 Article Description			进口	出口	进口	出口		
741991	10		工业用铸造、模压、冲压其他铜制品（未进一步加工）	Other articles of copper, for technical, cast, moulded, stamped, but not further worked	【最】9【普】40 【协东盟】0【协巴基斯坦】5【协智利】0 【协新西兰】0【协新加坡】0【协秘鲁】0 【协哥斯达黎加】0【协冰岛】0【协瑞士】0 【协澳大利亚】0【协韩国】0【协格鲁吉亚】0 【协香港】0【协澳门】0 【特-1】0【特-2】0【特-3】0 【增】16【对美加征】10【出】0【退】0	千克					999	工业用铸造、模压、冲压其他铜制品（未进一步加工）
741991	90		非工业用铸造、模压、冲压铜制品（未进一步加工）	Other articles of copper, not for technical, cast, moulded, stamped, but not further worked	【最】9【普】80 【协东盟】0【协智利】0【协新西兰】0 【协新加坡】0【协秘鲁】0【协哥斯达黎加】0 【协冰岛】0【协瑞士】8【协澳大利亚】0 【协韩国】13.3【协格鲁吉亚】0【协香港】0 【协澳门】0 【特-1】0【特-2】0 【增】16【对美加征】5【出】0【退】10	千克					999	非工业用铸造、模压、冲压铜制品（未进一步加工）
741999	20		铜弹簧	Copper springs	【最】9【普】40 【协东盟】0【协巴基斯坦】5【协智利】0 【协新西兰】0【协秘鲁】0【协哥斯达黎加】0 【协冰岛】0【协瑞士】4【协澳大利亚】0 【协韩国】5【协格鲁吉亚】0【协香港】0 【协澳门】0 【特-1】0【特-2】0 【增】16【对美加征】10【出】0【退】10	千克					101	铜弹簧（深加工铜制品）
741999	30		铜丝制的布（包括环形带）	Cloth (including endless hands), of copper wire	【最】7【普】20 【协东盟】0【协巴基斯坦】5.6【协智利】0 【协新西兰】0【协秘鲁】0【协哥斯达黎加】0 【协冰岛】0【协瑞士】0【协澳大利亚】0 【协韩国】0【协格鲁吉亚】0【协香港】0 【协澳门】0 【特-1】0【特-2】0【特-3】0 【增】16【对美加征】10【出】0【退】10	千克					101	铜丝制的布（包括环形带）（深加工铜制品）
741999	40		铜丝制的网、格栅、网眼铜板	Grill and netting, of copper wire; expanded metal, of copper	【最】8【普】20 【协东盟】0【协巴基斯坦】6.4【协智利】0 【协新西兰】0【协秘鲁】0【协哥斯达黎加】0 【协冰岛】0【协瑞士】0【协澳大利亚】0 【协韩国】4【协格鲁吉亚】0【协香港】0 【协澳门】0 【特-1】0【特-2】0【特-3】0 【增】16【对美加征】5【出】0【退】10	千克					101	铜丝制的网、格栅、网眼铜板（深加工铜制品）
741999	50		非电热的铜制家用供暖器	Heating apparatus of a kind used for domestic purposes, non-electric, and parts thereof, of copper	【最】9【普】80 【协亚太】6.3【协东盟】0【协智利】0 【协新西兰】0【协新加坡】0【协秘鲁】0 【协哥斯达黎加】0【协冰岛】0【协瑞士】8 【协澳大利亚】0【协韩国】13.3【协格鲁吉亚】0 【协香港】0【协澳门】0 【特-1】0【特-2】0 【增】16【出】0【退】10	千克					101 102	非电热的铜制家用供暖器（其他装压缩或液化气的容器及其零件） 非电热的铜制家用供暖器（深加工铜制品）
741999	91		工业用其他铜制品	Other articles of copper, for technical use	【最】9【普】40 【协亚太】5.9【协东盟】0【协巴基斯坦】5 【协智利】0【协新西兰】0【协新加坡】0 【协秘鲁】0【协哥斯达黎加】0【协瑞士】4 【协澳大利亚】0【协韩国】0【协格鲁吉亚】0 【协香港】0【协澳门】0 【特-1】0【特-2】0【特-3】0 【增】16【对美加征】10【出】0【退】0	千克					101 102	工业用其他铜制品（其他装压缩或液化气的容器及其零件） 工业用其他铜制品（深加工铜制品）
741999	99		非工业用其他铜制品 【电商】	Other articles of copper, not for technical use	【最】9【普】80 【协亚太】5.9【协东盟】0【协巴基斯坦】16 【协智利】0【协新西兰】0【协新加坡】0 【协秘鲁】0【协哥斯达黎加】0【协冰岛】0 【协瑞士】8【协澳大利亚】0【协韩国】15 【协格鲁吉亚】0【协香港】0【协澳门】0 【特-1】0【特-2】0【特-3】0 【增】16【对美加征】10【出】0【退】10	千克					101 102	非工业用其他铜制品（其他装压缩或液化气的容器及其零件） 非工业用其他铜制品（深加工铜制品）

第七十五章
镍及其制品

Chapter 75
Nickel and articles thereof

注释：

本章所用有关名词解释如下：

一、条、杆

轧、挤、拔或锻制的实心产品，非成卷的，其全长截面均为圆形、椭圆形、矩形（包括正方形）、等边三角形或规则外凸多边形（包括相对两边为弧拱形，另外两边为等长平行直线的“扁圆形”及“变形矩形”）。对于矩形（包括正方形）、三角形或多边形截面的产品，其全长边角可经磨圆。矩形（包括“变形矩形”）截面的产品，其厚度应大于宽度的1/10。所述条、杆也包括同样形状及尺寸的铸造或烧结产品。该产品在铸造或烧结后再经加工（简单剪修或去氧化皮的除外），但不具有其他税号所列制品或产品的特征。

二、型材及异型材

轧、挤、拔、锻制的产品或其他成型产品，不论是否成卷，其全长截面相同，但与条、杆、丝、板、片、带、箔、管的定义不相符合。同时也包括同样形状的铸造或烧结产品。该产品在铸造或烧结后再经加工（简单剪修或去氧化皮的除外），但不具有其他税号所列制品或产品的特征。

三、丝

盘卷的轧、挤或拔制实心产品，其全长截面均为圆形、椭圆形、矩形（包括正方形）、等边三角形或规则外凸多边形（包括相对两边为弧拱形，另外两边为等长平行直线的“扁圆形”及“变形矩形”）。对于矩形（包括正方形）、三角形或多边形截面的产品，其全长边角可经磨圆。矩形（包括“变形矩形”）截面的产品，其厚度应大于宽度的1/10。

四、板、片、带、箔

成卷或非成卷的平面产品（税目75.02的未锻轧产品除外），截面均为厚度相同的实心矩形（不包括正方形），不论边角是否磨圆（包括相对两边为弧拱形，另外两边为等长平行直线的“变形矩形”），并且符合以下规格：

（一）矩形（包括正方形）的，厚度不超过宽度的1/10；

（二）矩形或正方形以外形状的，任何尺寸，但不具

Chapter Notes:

In this Chapter the following expressions have the meanings hereby assigned to them:

1. Bars and rods

Rolled, extruded, drawn or forged products, not in coils, which have a uniform solid cross-section along their whole length in the shape of circles, ovals, rectangles (including squares), equilateral triangles or regular convex polygons (including "flattened circles" and "modified rectangles", of which two opposite sides are convex arcs, the other two sides being straight, of equal length and parallel). Products with a rectangular (including square), triangular or polygonal cross-section may have corners rounded along their whole length. The thickness of such products which have a rectangular (including "modified rectangular") cross-section exceeds one-tenth of the width. The expression also covers cast or sintered products, of the same forms and dimensions, which have been subsequently worked after production (otherwise than by simple trimming or de-scaling), provided that they have not thereby assumed the character of articles or products of other headings.

2. Profiles

Rolled, extruded, drawn, forged or formed products, coiled or not, of a uniform cross-section along their whole length, which do not conform to any of the definitions of bars, rods, wire, plates, sheets, strip, foil, tubes or pipes. The expression also covers cast or sintered products, of the same forms, which have been subsequently worked after production (otherwise than by simple trimming or de-scaling), provided that they have not thereby assumed the character of articles or products of other headings.

3. Wire

Rolled, extruded or drawn products, in coils, which have a uniform solid cross-section along their whole length in the shape of circles, ovals, rectangles (including squares), equilateral triangles or regular convex polygons (including "flattened circles" and "modified rectangles", of which two opposite sides are convex arcs, the other two sides being straight, of equal length and parallel). Products with a rectangular (including square), triangular or polygonal cross-section may have corners rounded along their whole length. The thickness of such products which have a rectangular (including "modified rectangular") cross-section exceeds one-tenth of the width.

4. Plates, sheets, strip and foil

Flat-surfaced products (other than the unwrought products of heading 75.02), coiled or not, of solid rectangular (other than square) cross-section with or without rounded corners (including "modified rectangles" of which two opposite sides are convex arcs, the other two sides being straight, of equal length and parallel) of a uniform thickness, which are:

(a) Of rectangular (including square) shape with a thickness not exceeding one-tenth of the width;

(b) Of a shape other than rectangular or square, of any

有其他税号所列制品或产品的特征。

税目 75.06 还适用于具有花样（例如，凹槽、肋条形、格槽、珠粒及菱形）的板、片、带、箔以及穿孔、抛光、涂层或制成瓦楞形的这类产品，但不具有其他税号所列制品或产品的特征。

五、管

全长截面及管壁厚度相同并只有一个闭合空间的空心产品，成卷或非成卷的，其截面为圆形、椭圆形、矩形（包括正方形）、等边三角形或规则外凸多边形。对于截面为矩形（包括正方形）、等边三角形或规则外凸多边形的产品，不论全长边角是否磨圆，只要其内外截面为同一圆心并为同样形状及同一轴向，也可视为管子。上述截面的管子可经抛光、涂层、弯曲、攻丝、钻孔、缩腰、胀口、成锥形或装法兰、颈圈或套环。

子目注释：

一、本章所用有关名词解释如下：

（一）非合金镍

按重量计镍及钴的含量至少为 99%的金属，但：

1. 按重量计含钴量不超过 1.5%；以及

2. 按重量计其他各种元素的含量不超过下表中规定的限量：

其他元素表

元　素	所含重量百分比
Fe　铁	0.5
O　氧	0.4
其他元素，每种	0.3

（二）镍合金

按重量计含镍量大于其他元素单项含量的金属物质，但：

1. 按重量计含钴量超过 1.5%；
2. 按重量计至少有一种其他元素的含量超过上表中规定的限量；或
3. 除镍及钴以外，按重量计其他元素的总含量超过 1%。

二、子目 7508.10 所称“丝”，不受本章注释三的限制，仅适用于截面尺寸不超过 6 毫米的任何截面形状的产品，不论是否盘卷。

size, provided that they do not assume the character of articles or products of other headings.

Heading 75.06 applies, inter alia, to plates, sheets, strip and foil with patterns (for example, grooves, ribs, chequers, tears, buttons, lozenges) and to such products which have been perforated, corrugated, polished or coated, provided that they do not thereby assume the character of articles or products of other headings.

5. Tubes and pipes

Hollow products, coiled or not, which have a uniform cross-section with only one enclosed void along their whole length in the shape of circles, ovals, rectangles (including squares), equilateral triangles or regular convex polygons, and which have a uniform wall thickness. Products with a rectangular (including square), equilateral triangular, or regular convex polygonal cross-section, which may have corners rounded along their whole length, are also to be considered as tubes and pipes provided the inner and outer cross-sections are concentric and have the same form and orientation. Tubes and pipes of the foregoing cross-sections may be polished, coated, bent, threaded, drilled, waisted, expanded, cone-shaped or fitted with flanges, collars or rings.

Subheading Notes:

1. In this Chapter the following expressions have the meanings hereby assigned to them:

(a) Nickel, not alloyed

Metal containing by weight at least 99% of nickel plus cobalt, provided that:

(i) the cobalt content by weight does not exceed 1.5%; and

(ii) the content by weight of any other element does not exceed the limit specified in the following table:

TABLE-Other elements

Element	Limiting content % by weight
Fe　Iron	0.5
O　Oxygen	0.4
Other elements, each	0.3

(b) Nickel alloys

Metallic substances in which nickel predominates by weight over each of the other elements provided that:

(i) the content by weight of cobalt exceeds 1.5%;

(ii) the content by weight of at least one of the other elements is greater than the limit specified in the foregoing table; or

(iii) the total content by weight of elements other than nickel plus cobalt exceeds 1%.

2. Notwithstanding the provisions of Chapter Note 3, for the purposes of subheading 7508.10 the term "wire" applies only to products, whether or not in coils, of any cross-sectional shape, of which no cross-sectional dimension exceeds 6mm.

税则号列			货品名称中英文		税费综合信息	计量单位	监管证件代码		检验检疫类别		检验检疫编码	检验检疫编码对应中文名称
HS国际统一前6位	本国子目7~8位	9~10位	中文 货物名称	英文 Article Description			进口	出口	进口	出口		
750110	00		镍锍	Nickel mattes	【最】3【普】11【暂进】0 【协东盟】0【协巴基斯坦】0【协智利】0 【协新西兰】0【协秘鲁】0【协哥斯达黎加】0 【协冰岛】0【协瑞士】0【协澳大利亚】0 【协韩国】0【协格鲁吉亚】0【协香港】0 【协澳门】0 【特-1】0【特-2】0【特-3】0 【增】16【出】0【退】0	千克		4xy			999	镍锍
750120	10		镍湿法冶炼中间品	Nickel metallurgy by wet process	【最】3【普】11【暂进】0 【协东盟】0【协巴基斯坦】0【协智利】0 【协新西兰】0【协秘鲁】0【协哥斯达黎加】0 【协冰岛】0【协瑞士】0【协澳大利亚】0 【协韩国】0【协格鲁吉亚】0【协香港】0 【协澳门】0 【特-1】0【特-2】0【特-3】0 【增】16【出】0【退】0	千克		4xy			999	镍湿法冶炼中间品
750120	90		其他氧化镍烧结物、镍的其他中间产品	Other intermediate products of nickel oxide sinters and nickel metallurgy	【最】3【普】11【暂进】0 【协东盟】0【协巴基斯坦】0【协智利】0 【协新西兰】0【协秘鲁】0【协哥斯达黎加】0 【协冰岛】0【协瑞士】0【协澳大利亚】0 【协韩国】0【协格鲁吉亚】0【协香港】0 【协澳门】0 【特-1】0【特-2】0【特-3】0 【增】16【对美加征】10【出】0【退】0	千克		4xy			999	其他氧化镍烧结物、镍的其他中间产品
750210	10		未锻轧非合金镍，按重量计镍、钴总量≥99.99%，但钴含量≤0.005%	Unwrought nickel, not alloyed, containing 99.99% or more by total weight of nickel and cobalt, but containing cobalt not exceeding 0.005%	【最】3【普】11【暂进】1 【协东盟】0【协巴基斯坦】0【协智利】0 【协新西兰】0【协秘鲁】0【协哥斯达黎加】0 【协冰岛】0【协瑞士】0【协澳大利亚】0 【协韩国】0【协格鲁吉亚】0【协香港】0 【协澳门】0 【特-1】0【特-2】0【特-3】0 【增】16【对美加征】10【出】40【暂出】5 【退】0	千克		4xy			999	未锻轧非合金镍，按重量计镍、钴总量≥99.99%，但钴含量≤0.005%
750210	90		其他未锻轧非合金镍	Other unwrought nickel, not alloyed	【最】3【普】11【暂进】2 【协东盟】0【协巴基斯坦】0【协智利】0 【协新西兰】0【协秘鲁】0【协哥斯达黎加】0 【协冰岛】0【协瑞士】0【协澳大利亚】0 【协韩国】0【协格鲁吉亚】0【协香港】0 【协澳门】0 【特-1】0【特-2】0【特-3】0 【增】16【对美加征】10【出】40【暂出】15 【退】0	千克		4xy			999	其他未锻轧非合金镍
750220	00		未锻轧镍合金	Nickel, alloys, unwrought	【最】3【普】11 【协东盟】0【协巴基斯坦】0【协智利】0 【协新西兰】0【协秘鲁】0【协哥斯达黎加】0 【协冰岛】0【协瑞士】0【协澳大利亚】0 【协韩国】0【协格鲁吉亚】0【协香港】0 【协澳门】0 【特-1】0【特-2】0【特-3】0 【增】16【出】40【暂出】15【退】0	千克		4xy			999	未锻轧镍合金
750300	00		镍废碎料	Nickel waste and scrap	【最】1.5【普】11【暂进】1 【协东盟】0【协巴基斯坦】0【协智利】0 【协新西兰】0【协秘鲁】0【协哥斯达黎加】0 【协冰岛】0【协瑞士】0【协澳大利亚】0 【协韩国】0【协格鲁吉亚】0【协香港】0 【协澳门】0 【特-1】0【特-2】0【特-3】0 【增】16【对美加征】25【出】0 【退】0	千克	A	4xy	M		999	镍废碎料
750400	10		非合金镍粉及片状粉末	Nickel powders and flakes, not alloys	【最】4【普】17 【协东盟】0【协巴基斯坦】0【协智利】0 【协新西兰】0【协秘鲁】0【协哥斯达黎加】0 【协冰岛】0【协瑞士】0【协澳大利亚】0 【协韩国】0【协格鲁吉亚】0【协香港】0 【协澳门】0 【特-1】0【特-2】0 【增】16【对美加征】10【出】0【退】10	千克		3			999	非合金镍粉及片状粉末

税则号列			货品名称中英文		税费综合信息	计量单位	监管证件代码		检验检疫类别		检验检疫编码	检验检疫编码对应中文名称
HS 国际统一前6位	本国子目 7~8位	9~10位	中文 货物名称	英文 Article Description			进口	出口	进口	出口		
750400	20		合金镍粉及片状粉末	Nickel powders and flakes, alloys	【最】4【普】17 【协东盟】0【协巴基斯坦】0【协智利】0 【协新西兰】0【协秘鲁】0【协哥斯达黎加】0 【协冰岛】0【协瑞士】0【协澳大利亚】0 【协韩国】0【协格鲁吉亚】0【协香港】0 【协澳门】0 【特-1】0【特-2】0 【增】16【对美加征】5【出】0【退】10	千克					999	合金镍粉及片状粉末
750511	00		纯镍条、杆、型材	Nickel bars, rods, profiles, of nickel, not alloyed	【最】6【普】14 【协东盟】0【协巴基斯坦】5【协智利】0 【协新西兰】0【协秘鲁】0【协哥斯达黎加】0 【协冰岛】0【协瑞士】0【协澳大利亚】0 【协韩国】3【协格鲁吉亚】0【协香港】0 【协澳门】0 【特-1】0【特-2】0【特-3】0 【增】16【对美加征】5【出】0【退】10	千克					999	纯镍条、杆、型材
750512	00		合金镍条、杆、型材	Nickel bars, rods, profiles, of nickel alloys	【最】6【普】14 【协东盟】0【协巴基斯坦】5【协智利】0 【协新西兰】0【协秘鲁】0【协哥斯达黎加】0 【协冰岛】0【协瑞士】0【协澳大利亚】0 【协韩国】3【协格鲁吉亚】0【协香港】0 【协澳门】0 【特-1】0【特-2】0【特-3】0 【增】16【对美加征】5【出】0【退】13	千克					999	合金镍条、杆、型材
750521	00		纯镍丝	Wire, of nickel, not alloyed	【最】6【普】17 【协东盟】0【协巴基斯坦】5【协智利】0 【协新西兰】0【协秘鲁】0【协哥斯达黎加】0 【协冰岛】0【协瑞士】2.4【协澳大利亚】0 【协韩国】0【协格鲁吉亚】0【协香港】0 【协澳门】0 【特-1】0【特-2】0【特-3】0 【增】16【对美加征】10【出】0【退】10	千克					999	纯镍丝
750522	00		合金镍丝	Wire, of nickel alloys	【最】6【普】17 【协东盟】0【协巴基斯坦】5【协智利】0 【协新西兰】0【协秘鲁】0【协哥斯达黎加】0 【协冰岛】0【协瑞士】0【协澳大利亚】0 【协韩国】0【协格鲁吉亚】0【协香港】0 【协澳门】0 【特-1】0【特-2】0【特-3】0 【增】16【对美加征】5【出】0【退】13	千克					999	合金镍丝
750610	00		纯镍板、片、带、箔	Nickel plates, sheets, strip and foil, of nickel, not alloyed	【最】6【普】14 【协东盟】0【协巴基斯坦】5【协智利】0 【协新西兰】0【协秘鲁】0【协哥斯达黎加】0 【协冰岛】0【协瑞士】0【协澳大利亚】0 【协韩国】3【协格鲁吉亚】0【协香港】0 【协澳门】0 【特-1】0【特-2】0 【增】16【对美加征】10【出】0【退】10	千克					999	纯镍板、片、带、箔
750620	00		镍合金板、片、带、箔	Nickel plates, sheets, strip and foil, of nickel alloys	【最】6【普】14 【协东盟】0【协香港】0【协巴基斯坦】5 【协智利】0【协新西兰】0【协秘鲁】0 【协哥斯达黎加】0【协冰岛】0【协瑞士】0 【协澳大利亚】0【协韩国】0 【协格鲁吉亚】0 【特-1】0【特-2】0 【增】16【对美加征】5【出】0【退】0	千克					999	镍合金板、片、带、箔
750711	00		纯镍管	Nickel tubes, pipes, of nickel, not alloyed	【最】6【普】17 【协东盟】0【协巴基斯坦】5【协智利】0 【协新西兰】0【协秘鲁】0【协哥斯达黎加】0 【协冰岛】0【协瑞士】3.4【协澳大利亚】0 【协韩国】0【协格鲁吉亚】0【协香港】0 【协澳门】0 【特-1】0【特-2】0 【增】16【出】0【退】0	千克					101	纯镍管（镍管压力管道）

税则号列 HS国际统一前6位	本国子目 7~8位	本国子目 9~10位	货品名称中英文 中文 货物名称	货品名称中英文 英文 Article Description	税费综合信息	计量单位	监管证件代码 进口	监管证件代码 出口	检验检疫类别 进口	检验检疫类别 出口	检验检疫编码	检验检疫编码对应中文名称
750712	00		合金镍管	Nickel tubes, pipes, of nickel alloys	【最】6【普】17 【协东盟】0【协巴基斯坦】5【协智利】0 【协新西兰】0【协秘鲁】0【协哥斯达黎加】0 【协冰岛】0【协瑞士】0【协澳大利亚】0 【协韩国】3【协格鲁吉亚】0【协香港】0 【协澳门】0 【特-1】0【特-2】0 【增】16【对美加征】5【出】0【退】13	千克					101	合金镍管（镍管压力管道）
750720	00		镍及镍合金管子附件	Tube or pipe fittings, of nickel and nickel alloys	【最】6【普】17 【协东盟】0【协巴基斯坦】5【协智利】0 【协新西兰】0【协秘鲁】0【协哥斯达黎加】0 【协冰岛】0【协瑞士】0【协澳大利亚】0 【协韩国】0【协格鲁吉亚】0【协香港】0 【协澳门】0 【特-1】0【特-2】0 【增】16【对美加征】5【出】0【退】0	千克					101 102	镍及镍合金管子附件（镍管压力管道） 镍及镍合金管子附件（其他金属制法兰及管件）
750810	10		镍丝制的布	Wire cloth, of nickel	【最】6【普】20 【协东盟】0【协巴基斯坦】5【协智利】0 【协新西兰】0【协秘鲁】0【协哥斯达黎加】0 【协冰岛】0【协瑞士】0【协澳大利亚】0 【协韩国】0【协格鲁吉亚】0【协香港】0 【协澳门】0 【特-1】0【特-2】0 【增】16【对美加征】10【出】0【退】0	千克					101	镍丝制的布（深加工镍制品）
750810	80		工业用镍丝制的网及格栅	Other grill and netting, for technical use, of nickel wire	【最】6【普】40 【协东盟】0【协巴基斯坦】5【协智利】0 【协新西兰】0【协秘鲁】0【协哥斯达黎加】0 【协冰岛】0【协瑞士】0【协澳大利亚】0 【协韩国】0【协格鲁吉亚】0【协香港】0 【协澳门】0 【特-1】0【特-2】0 【增】16【对美加征】10【出】0【退】0	千克					101	工业用镍丝制的网及格栅（深加工镍制品）
750810	90		其他镍丝制的网及格栅	Other grill and netting, of nickel wire	【最】6【普】70 【协东盟】0【协巴基斯坦】5【协智利】0 【协新西兰】0【协秘鲁】0【协哥斯达黎加】0 【协冰岛】0【协瑞士】0【协澳大利亚】0 【协韩国】0【协格鲁吉亚】0【协香港】0 【协澳门】0 【特-1】0【特-2】0 【增】16【对美加征】5【出】0【退】0	千克					101	其他镍丝制的网及格栅（深加工镍制品）
750890	10		电镀用镍阳极	Electroplating anodes, of nickel	【最】4【普】14 【协东盟】0【协巴基斯坦】0【协智利】0 【协新西兰】0【协秘鲁】0【协哥斯达黎加】0 【协冰岛】0【协瑞士】0【协澳大利亚】0 【协韩国】0【协格鲁吉亚】0【协香港】0 【协澳门】0 【特-1】0【特-2】0 【增】16【对美加征】10【出】40【暂出】15 【退】0	千克					101	电镀用镍阳极（深加工镍制品）
750890	80		其他工业用镍制品	Other articles of nickel, for technical use	【最】6【普】40 【协东盟】0【协巴基斯坦】5【协智利】0 【协新西兰】0【协秘鲁】0【协哥斯达黎加】0 【协冰岛】0【协瑞士】0【协澳大利亚】0 【协韩国】0【协格鲁吉亚】0【协香港】0 【协澳门】0 【特-1】0【特-2】0 【增】16【对美加征】5【出】0【退】0	千克					101	其他工业用镍制品（镍丝布、网及格栅除外）（深加工镍制品）
750890	90		其他非工业用镍制品	Other articles of nickel, not for technical use	【最】6【普】70 【协东盟】0【协巴基斯坦】5【协智利】0 【协新西兰】0【协秘鲁】0【协哥斯达黎加】0 【协冰岛】0【协瑞士】0【协澳大利亚】0 【协韩国】0【协格鲁吉亚】0【协香港】0 【协澳门】0 【特-1】0【特-2】0 【增】16【对美加征】5【出】0【退】0	千克					101	其他非工业用镍制品（镍丝布、网及格栅除外）（深加工镍制品）

第七十六章
铝及其制品

Chapter76
Aluminium and articles thereof

注释：

本章所用有关名词解释如下：

一、条、杆

轧、挤、拔或锻制的实心产品，非成卷的，其全长截面均为圆形、椭圆形、矩形（包括正方形）、等边三角形或规则外凸多边形（包括相对两边为弧拱形，另外两边为等长平行直线的“扁圆形”及“变形矩形”）。对于矩形（包括正方形）、三角形或多边形截面的产品，其全长边角可经磨圆。矩形（包括“变形矩形”）截面的产品，其厚度应大于宽度的1/10。所述条、杆也包括同样形状及尺寸的铸造或烧结产品。该产品在铸造或烧结后再经加工（简单剪修或去氧化皮的除外），但不具有其他税号所列制品或产品的特征。

二、型材及异型材

轧、挤、拔、锻制的产品或其他成型产品，不论是否成卷，其全长截面相同，但与条、杆、丝、板、片、带、箔、管的定义不相符合。同时也包括同样形状的铸造或烧结产品。该产品在铸造或烧结后再经加工（简单剪修或去氧化皮的除外），但不具有其他税号所列制品或产品的特征。

三、丝

盘卷的轧、挤或拔制实心产品，其全长截面均为圆形、椭圆形、矩形（包括正方形）、等边三角形或规则外凸多边形（包括相对两边为弧拱形，另外两边为等长平行直线的“扁圆形”及“变形矩形”）。对于矩形（包括正方形）、三角形或多边形截面的产品，其全长边角可经磨圆。矩形（包括“变形矩形）截面的产品，其厚度应大于宽度的1/10。

四、板、片、带、箔

成卷或非成卷的平面产品（税目76.01的未锻轧产品除外），截面均为厚度相同的实心矩形（不包括正方形），不论边角是否磨圆（包括相对两边为弧拱形，另外两边为等长平行直线的“变形矩形”），并且符合以下规格：

（一）矩形（包括正方形）的，厚度不超过宽度的1/10；

Chapter Notes:

In this Chapter the following expressions have the meanings hereby assigned to them:

1. Bars and rods

Rolled, extruded, drawn or forged products, not in coils, which have a uniform solid cross-section along their whole length in the shape of circles, ovals, rectangles (including squares), equilateral triangles or regular convex polygons (including "flattened circles" and "modified rectangles", of which two opposite sides are convex arcs, the other two sides being straight, of equal length and parallel). Products with a rectangular (including square), triangular or polygonal cross-section may have corners rounded along their whole length. The thickness of such products which have a rectangular (including "modified rectangular") cross-section exceeds one-tenth of the width. The expression also covers cast or sintered products, of the same forms and dimensions, which have been subsequently worked after production (otherwise than by simple trimming or de-scaling), provided that they have not thereby assumed the character of articles or products of other headings.

2. Profiles

Rolled, extruded, drawn, forged or formed products, coiled or not, of a uniform cross-section along their whole length, which do not conform to any of the definitions of bars, rods, wire, plates, sheets, strip, foil, tubes or pipes. The expression also covers cast or sintered products, of the same forms, which have been subsequently worked after production (otherwise than by simple trimming or de-scaling), provided that they have not thereby assumed the character of articles or products of other headings.

3. Wire

Rolled, extruded or drawn products, in coils, which have a uniform solid cross-section along their whole length in the shape of circles, ovals, rectangles (including squares), equilateral triangles or regular convex polygons (including "flattened circles" and "modified rectangles", of which two opposite sides are convex arcs, the other two sides being straight, of equal length and parallel). Products with a rectangular (including square), triangular or polygonal cross-section may have corners rounded along their whole length. The thickness of such products which have a rectangular (including "modified rectangular") cross-section exceeds one-tenth of the width.

4. Plates, sheets, strip and foil

Flat-surfaced products (other than the unwrought products of heading 76.01), coiled or not, of solid rectangular (other than square) cross-section with or without rounded corners (including "modified rectangles" of which two opposite sides are convex arcs, the other two sides being straight, of equal length and parallel) of a uniform thickness, which are:

(a) Of rectangular (including square) shape with a thickness not exceeding one-tenth of the width,

（二）矩形或正方形以外形状的，任何尺寸，但不具有其他税号所列制品或产品的特征。

税目76.06和76.07还适用于具有花样（例如，凹槽、肋条形、格槽、珠粒及菱形）的板、片、带、箔以及穿孔、抛光、涂层或制成瓦楞形的这类产品，但不具有其他税号所列制品或产品的特征。

五、管

全长截面及管壁厚度相同并只有一个闭合空间的空心产品，成卷或非成卷的，其截面为圆形、椭圆形、矩形（包括正方形）、等边三角形或规则外凸多边形。对于截面为矩形（包括正方形）、等边三角形或规则外凸多边形的产品，不论全长边角是否磨圆，只要其内外截面为同一圆心并为同样形状及同一轴向，也可视为管子。上述截面的管子可经抛光、涂层、弯曲、攻丝、钻孔、缩腰、胀口、成锥形或装法兰、颈圈或套环。

(b) Of a shape other than rectangular or square, of any size, provided that they do not assume the character of articles or products of other headings.

Headings 76.06 and 76.07 apply, inter alia, to plates, sheets, strip and foil with patterns (for example, grooves, ribs, chequers, tears, buttons, lozenges) and to such products which have been perforated, corrugated, polished or coated, provided that they do not thereby assume the character of articles or products of other headings.

5. Tubes and pipes

Hollow products, coiled or not, which have a uniform cross-section with only one enclosed void along their whole length in the shape of circles, ovals, rectangles (including squares), equilateral triangles or regular convex polygons, and which have a uniform wall thickness. Products with a rectangular (including square), equilateral triangular or regular convex polygonal cross-section, which may have corners rounded along their whole length, are also to be considered as tubes and pipes provided the inner and outer cross-sections are concentric and have the same form and orientation. Tubes and pipes of the foregoing cross-sections may be polished, coated, bent, threaded, drilled, waisted, expanded, cone-shaped or fitted with flanges, collars or rings.

子目注释：

一、本章所用有关名词解释如下：

（一）非合金铝

按重量计含铝量至少为99%的金属，但其他各种元素的含量不超过下表中规定的限量：

其他元素表

元　素	所含重量百分比
Fe+Si（铁+硅）	1
其他元素①，每种	0.1②

①其他元素，例如，铬、铜、镁、锰、镍、锌。

②含铜成分可大于0.1%，但不得大于0.2%，且铬和锰的含量均不得超过0.05%。

（二）铝合金

按重量计含铝量大于其他元素单项含量的金属物质，但：

1. 按重量计至少有一种其他元素或铁加硅的含量大于上表中规定的限量；或

2. 按重量计其他元素的总含量超过1%。

Subheading Notes:

1. In this Chapter the following expressions have the meanings hereby assigned to them:

(a) Aluminium, not alloyed

Metal containing by weight at least 99% of aluminium, provided that the content by weight of any other element does not exceed the limit specified in the following table:

TABLE-Other elements

Element	Limiting content % by weight
Fe+Si (iron plus silicon)	1
Other elements①, each	0.1②

① Other elements are, for example, Cr, Cu, Mg, Mn, Ni, Zn.

②Copper is permitted in a proportion greater than 0.1% but not more than 0.2%, provided that neither the chromium nor manganese content exceeds 0.05%.

(b) Aluminium alloys

Metallic substances in which aluminium predominates by weight over each of the other elements, provided that:

(i) the content by weight of at least one of the other elements or of iron plus silicon taken together is greater than the limit specified in the foregoing table; or

(ii) the total content by weight of such other elements exceeds 1%.

二、子目7616.91所称“丝”，不受本章注释三的限制，仅适用于截面尺寸不超过6毫米的任何截面形状的产品，不论是否盘卷。

2. Notwithstanding the provisions of Chapter Note 3, for the purposes of subheading 7616.91 the term “wire” applies only to products, whether or not in coils, of any cross-sectional shape, of which no cross-sectional dimension exceeds 6mm.

税则号列 HS国际统一前6位	本国子目 7~8位	9~10位	货品名称中英文 中文 货物名称	英文 Article Description	税费综合信息	计量单位	监管证件代码 进口	出口	检验检疫类别 进口	出口	检验检疫编码	检验检疫编码对应中文名称
760110	10		未锻轧非合金铝（按重量计含铝量在99.95%及以上）	Unwrought aluminum, not alloys, containing by weight 99.95% or more of aluminium	【最】5【普】14 【协东盟】0【协香港】0【协巴基斯坦】0 【协智利】0【协新西兰】0【协秘鲁】0 【协哥斯达黎加】0【协冰岛】0【协瑞士】0 【协澳大利亚】0【协韩国】2.5【协格鲁吉亚】0 【特-1】0【特-2】0【特-3】0 【增】16【对美加征】10【出】30【暂出】0 【退】0	千克					999	未锻轧非合金铝（按重量计含铝量在99.95%及以上）
760110	90		其他未锻轧非合金铝	Other unwrought aluminum, not alloys	【最】5【普】14【暂进】0 【协亚太】2.5【协东盟】0【协香港】0 【协巴基斯坦】0【协智利】0【协新西兰】0 【协秘鲁】0【协哥斯达黎加】0【协冰岛】0 【协瑞士】0【协澳大利亚】0【协韩国】0 【协格鲁吉亚】0 【特-1】0【特-2】0【特-3】0 【增】16【对美加征】10【出】30【暂出】15 【退】0	千克					999	其他未锻轧非合金铝
760120	00	10	碱金属含量（Na+K+Ca）<10ppm，氢含量<0.12ml/100gAl的低碱精炼铝合金	Aluminium alloys, containing by weight less than 10ppm of alkali metal(Na + K + Ca) and less than 0.12ml/100gAl of hydrogen	【最】7【普】14 【协亚太】4.6【协东盟】0【协澳门】0 【协巴基斯坦】5【协智利】0【协新西兰】0 【协秘鲁】0【协哥斯达黎加】0【协冰岛】0 【协瑞士】0【协澳大利亚】0【协韩国】0 【协格鲁吉亚】0【协香港】0 【特-1】0【特-2】0【特-3】0 【增】16【对美加征】10【出】30【暂出】0 【退】0	千克					999	碱金属含量（Na+K+Ca）<10ppm，氢含量<0.12ml/100gAl的低碱精炼铝合金
760120	00	90	其他未锻轧铝合金	other unwrought aluminum alloy	【最】7【普】14 【协亚太】4.6【协东盟】0【协澳门】0 【协巴基斯坦】5【协智利】0【协新西兰】0 【协秘鲁】0【协哥斯达黎加】0【协冰岛】0 【协瑞士】0【协澳大利亚】0【协韩国】0 【协格鲁吉亚】0【协香港】0 【特-1】0【特-2】0【特-3】0 【增】16【对美加征】10【出】30【暂出】15 【退】0	千克					999	其他未锻轧铝合金
760200	00	10	以回收铝为主的废电线等（包括废电线、电缆、五金电器）	Waste electric machines mainly for recyclinging aluminium, including waste wires, cables, hardware and electric appliance	【最】1.5【普】14【暂进】1.5 【协东盟】0【协香港】0【协巴基斯坦】0 【协智利】0【协新西兰】0【协哥斯达黎加】0 【协冰岛】0【协瑞士】0【协澳大利亚】0 【协韩国】0【协格鲁吉亚】0.9 【特-1】0【特-2】0【特-3】0 【增】16【对美加征】25【出】30【暂出】15 【退】0	千克	AP		M		999	以回收铝为主的废电线等（包括废电线、电缆、五金电器）
760200	00	90	其他铝废碎料	Aluminium waste and scrap	【最】1.5【普】14【暂进】0 【协东盟】0【协香港】0【协巴基斯坦】0 【协智利】0【协新西兰】0【协哥斯达黎加】0 【协冰岛】0【协瑞士】0【协澳大利亚】0 【协韩国】0【协格鲁吉亚】0.9 【特-1】0【特-2】0【特-3】0 【增】16【对美加征】25【出】30【暂出】15 【退】0	千克	A		M		999	其他铝废碎料
760310	00	10	颗粒<500μm的微细球形铝粉（颗粒均匀，铝含量≥97%）	Microspherical aluminium powder, granularity below 500μm, containing 97% or more by weight of aluminium	【最】6【普】30 【协东盟】0【协巴基斯坦】5【协智利】0 【协新西兰】0【协秘鲁】0【协哥斯达黎加】0 【协冰岛】0【协瑞士】0【协澳大利亚】0 【协韩国】0【协格鲁吉亚】0【协香港】0 【协澳门】0 【特-1】0【特-2】0【特-3】0 【增】16【对美加征】5【出】0【退】0	千克	A	3	M		101 301	颗粒<500μm的微细球形铝粉（颗粒均匀，铝含量≥97%）（其他铝及制品） 颗粒<500μm的微细球形铝粉（颗粒均匀，铝含量≥97%）（属于危险化学品的金属）
760310	00	90	其他非片状铝粉	Other powders of non-lamellar structure, of aluminium	【最】6【普】30 【协东盟】0【协巴基斯坦】5【协智利】0 【协新西兰】0【协秘鲁】0【协哥斯达黎加】0 【协冰岛】0【协瑞士】0【协澳大利亚】0 【协韩国】0【协格鲁吉亚】0【协香港】0 【协澳门】0 【特-1】0【特-2】0【特-3】0 【增】16【对美加征】5【出】0【退】0	千克	A	B	M	N	301 999	其他非片状铝粉（属于危险化学品的金属） 其他非片状铝粉（低风险金属材料）

税则号列 HS国际统一前6位	本国子目 7~8位	本国子目 9~10位	货品名称中英文 中文 货物名称	货品名称中英文 英文 Article Description	税费综合信息	计量单位	监管证件代码 进口	监管证件代码 出口	检验检疫类别 进口	检验检疫类别 出口	检验检疫编码	检验检疫编码对应中文名称
760320	00		片状铝粉末	Powders of lamellar structure; flakes	【最】7【普】30 【协东盟】0【协巴基斯坦】5【协智利】0 【协新西兰】0【协秘鲁】0【协哥斯达黎加】0 【协冰岛】0【协瑞士】0【协澳大利亚】0 【协韩国】0【协格鲁吉亚】0【协香港】0 【协澳门】0 【特-1】0【特-2】0【特-3】0 【增】16【对美加征】10【出】0【退】0	千克					999	片状铝粉末
760410	10		非合金制铝条、杆	Aluminium bars and rods, not alloyed	【最】5【普】30 【协东盟】0【协巴基斯坦】0【协智利】0 【协新西兰】0【协秘鲁】0【协哥斯达黎加】0 【协冰岛】0【协瑞士】0【协澳大利亚】0 【协韩国】0【协格鲁吉亚】0【协香港】0 【协澳门】0 【特-1】0【特-2】0【特-3】0 【增】16【对美加征】10【出】20【暂出】0 【退】0	千克					999	非合金制铝条、杆
760410	90		非合金制铝型材、异型材	Other aluminium profiles, not alloyed	【最】5【普】30 【协东盟】0【协巴基斯坦】0【协智利】0 【协新西兰】0【协秘鲁】0【协哥斯达黎加】0 【协冰岛】0【协瑞士】0【协澳大利亚】0 【协韩国】3.3【协格鲁吉亚】0【协香港】0 【协澳门】0 【特-1】0【特-2】0【特-3】0 【增】16【对美加征】10【出】20【暂出】0 【退】0	千克					999	非合金制铝型材、异型材
760421	00		铝合金制空心异型材	Hollow profiles, of aluminium alloys	【最】5【普】30 【协东盟】0【协巴基斯坦】0【协智利】0 【协新西兰】0【协秘鲁】0【协哥斯达黎加】0 【协冰岛】0【协瑞士】0【协澳大利亚】0 【协韩国】3.3【协格鲁吉亚】0【协香港】0 【协澳门】0 【特-1】0【特-2】0【特-3】0 【增】16【对美加征】5【出】20【暂出】0 【退】13	千克	A		M		999	铝合金制空心异型材
760429	10	10	柱形实心体铝合金	Solid aluminium alloy in column-shaped, of the ultimate tensile strength no less than 460MPa ($0.46 \times 10^9 N/m^2$) at 293K (20℃)	【最】5【普】30 【协亚太】3.3【协东盟】0【协巴基斯坦】0 【协智利】0【协新西兰】0【协秘鲁】0 【协哥斯达黎加】0【协冰岛】0【协瑞士】0 【协澳大利亚】0【协韩国】3.3【协格鲁吉亚】0 【协香港】0【协澳门】0 【特-1】0【特-2】0【特-3】0 【增】16【对美加征】5【出】20【暂出】0 【退】13	千克	A	3	M		999	柱形实心体铝合金［在293K(20摄氏度）时的极限抗拉强度能达到460兆帕（0.46×10^9 牛顿/平方米）或更大］
760429	10	90	其他铝合金制条、杆	Other aluminum alloy bar and rod, cross-section perimeter ≤ 210mm	【最】5【普】30 【协亚太】3.3【协东盟】0【协巴基斯坦】0 【协智利】0【协新西兰】0【协秘鲁】0 【协哥斯达黎加】0【协冰岛】0【协瑞士】0 【协澳大利亚】0【协韩国】3.3【协格鲁吉亚】0 【协香港】0【协澳门】0 【特-1】0【特-2】0【特-3】0 【增】16【对美加征】5【出】20【暂出】0 【退】0	千克	A		M		101 102	其他铝合金制条、杆(铝条) 其他铝合金制条、杆(其他铝及制品)
760429	90		其他铝合金制型材、异型材	Other aluminium bars, rods and profiles, of aluminium alloys	【最】5【普】30 【协亚太】3.3【协东盟】0【协巴基斯坦】0 【协智利】0【协新西兰】0【协秘鲁】0 【协哥斯达黎加】0【协冰岛】0【协瑞士】0 【协澳大利亚】0【协韩国】0【协格鲁吉亚】0 【协香港】0【协澳门】0 【特-1】0【特-2】0【特-3】0 【增】16【对美加征】10【出】20【暂出】0 【退】13	千克	A		M		999	其他铝合金制型材、异型材

税则号列 HS国际统一前6位	本国子目 7~8位	本国子目 9~10位	货品名称中英文 中文 货物名称	货品名称中英文 英文 Article Description	税费综合信息	计量单位	监管证件代码 进口	监管证件代码 出口	检验检疫类别 进口	检验检疫类别 出口	检验检疫编码	检验检疫编码对应中文名称
760511	00		最大截面尺寸>7mm的非合金铝丝	Wire of aluminium, not alloyed, of which the maximum cross-sectional dimension exceeding 7mm	【最】8【普】17 【协东盟】0【协巴基斯坦】5【协智利】0 【协新西兰】0【协秘鲁】0【协哥斯达黎加】0 【协冰岛】0【协瑞士】0【协澳大利亚】0 【协韩国】0【协格鲁吉亚】0【协香港】0 【协澳门】0 【特-1】0【特-2】0 【增】16【对美加征】10【出】20【暂出】0 【退】0	千克					999	最大截面尺寸>7mm的非合金铝丝
760519	00		最大截面尺寸≤7mm的非合金铝丝	Wire of aluminium, not alloyed, of which the maximum cross-sectional dimension 7mm or less	【最】8【普】17 【协亚太】5.2【协东盟】0【协香港】0 【协巴基斯坦】5【协智利】0【协新西兰】0 【协秘鲁】0【协哥斯达黎加】0【协冰岛】0 【协瑞士】0【协澳大利亚】0【协韩国】0 【协格鲁吉亚】0 【特-1】0【特-2】0 【增】16【对美加征】10【出】20【暂出】0 【退】0	千克					999	最大截面尺寸≤7mm的非合金铝丝
760521	00		最大截面尺寸>7mm的铝合金丝	Wire of aluminium alloys, of which the maximum cross-sectional dimension exceeding 7mm	【最】8【普】17 【协东盟】0【协巴基斯坦】5【协智利】0 【协新西兰】0【协秘鲁】0【协哥斯达黎加】0 【协冰岛】0【协瑞士】0【协澳大利亚】0 【协韩国】0【协格鲁吉亚】0【协香港】0 【协澳门】0 【特-1】0【特-2】0 【增】16【对美加征】5【出】20【暂出】0 【退】0	千克					999	最大截面尺寸>7mm的铝合金丝
760529	00		最大截面尺寸≤7mm的铝合金丝	Wire of aluminium alloys, of which the maximum cross-sectional dimension 7mm or less	【最】8【普】17 【协东盟】0【协巴基斯坦】5【协智利】0 【协新西兰】0【协秘鲁】0【协哥斯达黎加】0 【协冰岛】0【协瑞士】0【协澳大利亚】0 【协韩国】0【协格鲁吉亚】0【协香港】0 【协澳门】0 【特-1】0【特-2】0 【增】16【对美加征】5【出】20【暂出】0 【退】0	千克					999	最大截面尺寸≤7mm的铝合金丝
760611	21		非合金铝制铝塑复合矩形板、片及带（包括正方形）（0.3mm≤厚度≤0.36mm）	Aluminium-plastic composite plates, sheets and strip, of aluminium, not alloyed, rectangular (including square), of a thickness 0.3mm or more but not exceeding 0.36mm	【最】6【普】50 【协亚太】4.2【协东盟】0【协巴基斯坦】0 【协智利】0【协新西兰】0【协秘鲁】0 【协哥斯达黎加】0【协冰岛】0【协瑞士】0 【协澳大利亚】0【协韩国】0【协格鲁吉亚】0 【协香港】0【协澳门】0 【特-1】0【特-2】0【特-3】0 【增】16【对美加征】10【出】20【暂出】0 【退】13	千克					101 102	非合金铝制铝塑复合矩形板、片及带（包括正方形）（0.3mm≤厚度≤0.36mm）(铝板) 非合金铝制铝塑复合矩形板、片及带（包括正方形）（0.3mm≤厚度≤0.36mm）(其他铝及制品)
760611	29		其他非合金铝制矩形板、片及带（包括正方形）（0.3mm≤厚度≤0.36mm）	Other aluminium plates, sheets and strip, not alloyed, rectangular (including square), of a thickness 0.3mm or more but not exceeding 0.36mm	【最】6【普】50 【协亚太】4.2【协东盟】0【协巴基斯坦】0 【协智利】0【协新西兰】0【协秘鲁】0 【协哥斯达黎加】0【协冰岛】0【协瑞士】0 【协澳大利亚】0【协韩国】0【协格鲁吉亚】0 【协香港】0【协澳门】0 【特-1】0【特-2】0【特-3】0 【增】16【对美加征】10【出】20【暂出】0 【退】13	千克					999	其他非合金铝制矩形板、片及带（包括正方形）（0.3mm≤厚度≤0.36mm）
760611	91		0.2mm<厚<0.3mm或厚>0.36mm非合金铝制铝塑复合矩形板、片及带（包括正方形）	Aluminium-plastic composite plates, sheets and strip, not alloyed, rectangular (including square), of a thickness exceeding 0.2mm but less than 0.3mm or exceeding 0.36mm	【最】6【普】30 【协亚太】3.9【协东盟】0【协香港】0 【协巴基斯坦】0【协智利】0【协新西兰】0 【协秘鲁】0【协台湾】0【协哥斯达黎加】0 【协冰岛】0【协瑞士】0【协澳大利亚】0 【协韩国】0【协格鲁吉亚】0 【特-1】0【特-2】0【特-3】0 【增】16【对美加征】5【出】20【暂出】0 【退】13	千克					101 102	0.2mm<厚<0.3mm或厚>0.36mm非合金铝制铝塑复合矩形板、片及带（包括正方形）（铝板） 0.2mm<厚<0.3mm或厚>0.36mm非合金铝制铝塑复合矩形板、片及带（包括正方形）（其他铝及制品）

税则号列			货品名称中英文		税费综合信息	计量单位	监管证件代码		检验检疫类别		检验检疫编码	检验检疫编码对应中文名称
HS国际统一前6位	本国子目 7~8位	9~10位	中文 货物名称	英文 Article Description			进口	出口	进口	出口		
760611	99		0.2mm<厚<0.3mm或厚>0.36mm非合金铝制矩形其他板、片及带(包括正方形)	Aluminium plates, sheets and strip, not alloyed, rectangular (including square), of a thickness exceeding 0.2mm but less than 0.3mm or exceeding 0.36mm	【最】6【普】30 【协亚太】3.9【协东盟】0【协香港】0 【协巴基斯坦】0【协智利】0【协新西兰】0 【协秘鲁】0【协台湾】0【协哥斯达黎加】0 【协冰岛】0【协瑞士】0【协澳大利亚】0 【协韩国】3【协格鲁吉亚】0 【特-1】0【特-2】0【特-3】0 【增】16【对美加征】10【出】20【暂出】0 【退】13	千克					999	0.2mm<厚<0.3mm或厚>0.36mm非合金铝制矩形其他板、片及带(包括正方形)
760612	20		铝合金制矩形的薄板、片及带(包括正方形)(薄板指0.2mm<厚度<0.28mm)	Aluminium plates, sheets and strip, of aluminium alloys, rectangular (including square), of a thickness exceeding 0.2 mm but less than 0.28mm	【最】6【普】30 【协亚太】4.2【协东盟】0【协香港】0 【协巴基斯坦】0【协智利】0【协新西兰】0 【协秘鲁】0【协台湾】0【协哥斯达黎加】0 【协冰岛】0【协瑞士】0【协澳大利亚】0 【协韩国】4.4【协格鲁吉亚】0 【特-1】0【特-2】0【特-3】0 【增】16【对美加征】10【出】20【暂出】0 【退】13	千克	A		M		999	铝合金制矩形的薄板、片及带(包括正方形)(薄板指0.2mm<厚度<0.28mm)
760612	30		铝合金制矩形的中厚板、片及带(包括正方形)(中厚板指0.28mm≤厚度≤0.35mm)	Aluminium plates, sheets and strip, of aluminium alloys, rectangular (including square), of a thickness of 0.28mm or more but not exceeding 0.35mm	【最】6【普】30 【协亚太】4.2【协东盟】0【协香港】0 【协巴基斯坦】0【协智利】0【协新西兰】0 【协秘鲁】0【协台湾】0【协哥斯达黎加】0 【协冰岛】0【协瑞士】0【协澳大利亚】0 【协韩国】4.4【协格鲁吉亚】0 【特-1】0【特-2】0【特-3】0 【增】16【对美加征】10【出】20【暂出】0 【退】13	千克	A		M		999	铝合金制矩形的中厚板、片及带(包括正方形)(中厚板指0.28mm≤厚度≤0.35mm)
760612	51		0.35mm<厚度≤4mm铝合金制铝塑复合的矩形厚板、片及带(包括正方形)	Aluminium-plastic composite plates, sheets and strip, of aluminium alloys, rectangular (including square), of a thickness more than 0.35mm but not exceeding 4mm	【最】6【普】50 【协亚太】3.9【协东盟】0【协香港】0 【协巴基斯坦】0【协智利】0【协新西兰】0 【协秘鲁】0【协哥斯达黎加】0 【协冰岛】0【协瑞士】2.4【协澳大利亚】0 【协韩国】3【协格鲁吉亚】0 【特-1】0【特-2】0【特-3】0 【增】16【对美加征】10【出】20【暂出】0 【退】13	千克					101 102	0.35mm<厚度≤4mm铝合金制铝塑复合的矩形厚板、片及带(包括正方形)(铝板) 0.35mm<厚度≤4mm铝合金制铝塑复合的矩形厚板、片及带(包括正方形)(其他铝及制品)
760612	59		其他0.35mm<厚度≤4mm铝合金制矩形厚板、片及带(包括正方形)	Other aluminium plates, sheets and strip, of aluminium alloys, rectangular (including square), of a thickness more than 0.35mm but not exceeding 4mm	【最】6【普】50 【协亚太】3.9【协东盟】0【协香港】0 【协巴基斯坦】0【协智利】0【协新西兰】0 【协秘鲁】0【协哥斯达黎加】0【协冰岛】0 【协瑞士】2.4【协澳大利亚】0【协韩国】4.4 【协格鲁吉亚】0 【特-1】0【特-2】0【特-3】0 【增】16【对美加征】10【出】20【暂出】0 【退】13	千克	A		M		999	其他0.35mm<厚度≤4mm铝合金制矩形厚板、片及带(包括正方形)
760612	90		厚度>4mm铝合金制矩形的厚板、片及带(包括正方形)	Other aluminium plates, sheets and strip, of aluminium alloys, rectangular(including square), of a thickness of 4mm or more	【最】6【普】50 【协亚太】3.9【协东盟】0【协香港】0 【协巴基斯坦】0【协智利】0【协新西兰】0 【协秘鲁】0【协哥斯达黎加】0【协冰岛】0 【协瑞士】2.4【协澳大利亚】0【协韩国】0 【协格鲁吉亚】0 【特-1】0【特-2】0【特-3】0 【增】16【对美加征】5【出】20【暂出】0 【退】13	千克	A		M		999	厚度>4mm铝合金制矩形的厚板、片及带(包括正方形)
760691	00		非合金铝制非矩形的板、片及带(厚度>0.2mm)	Aluminium plates, sheets and strip, of aluminium, not alloyed, not rectangular, of a thickness more than 0.2mm	【最】6【普】30 【协东盟】0【协香港】0【协巴基斯坦】5 【协智利】0【协新西兰】0【协秘鲁】0 【协台湾】0【协哥斯达黎加】0【协冰岛】0 【协瑞士】0【协澳大利亚】0【协韩国】4.4 【协格鲁吉亚】0 【特-1】0【特-2】0【特-3】0 【增】16【对美加征】10【出】20【暂出】0 【退】13	千克					999	非合金铝制非矩形的板、片及带(厚度>0.2mm)

税则号列			货品名称中英文		税费综合信息	计量单位	监管证件代码		检验检疫类别		检验检疫编码	检验检疫编码对应中文名称
HS国际统一前6位	本国子目 7~8位	9~10位	中文 货物名称	英文 Article Description			进口	出口	进口	出口		
760692	00		铝合金制非矩形的板、片及带（厚度>0.2mm）	Aluminium plates, sheets and strip, of aluminium alloys, not rectangular, of a thickness of more than 0.2mm	【最】8【普】30 【协东盟】0【协香港】0【协巴基斯坦】5 【协智利】0【协新西兰】0【协新加坡】0 【协秘鲁】0【协台湾】0【协哥斯达黎加】0 【协冰岛】0【协瑞士】0【协澳大利亚】0 【协韩国】6.6【协格鲁吉亚】0 【特-1】0【特-2】0【特-3】0 【增】16【对美加征】10【出】20【暂出】0 【退】13	千克	A		M		999	铝合金制非矩形的板、片及带（厚度>0.2mm）
760711	10		轧制后未进一步加工的无衬背铝箔（厚度≤0.007mm）	Aluminium foil, not backed, of a thickness not exceeding 0.007mm, rolled but not further worked	【最】6【普】35 【协亚太】3.9【协东盟】0【协巴基斯坦】5 【协智利】0【协新西兰】0【协秘鲁】0 【协哥斯达黎加】0【协冰岛】0【协瑞士】2.4 【协澳大利亚】0【协韩国】4.4【协格鲁吉亚】0 【协香港】0【协澳门】0 【特-1】0【特-2】0 【增】16【对美加征】10【出】0【退】16	千克					999	轧制后未进一步加工的无衬背铝箔（厚度≤0.007mm）
760711	20		轧制后未进一步加工的无衬背铝箔（0.007mm<厚度≤0.01mm）	Aluminium foil, not backed, of a thickness exceeding 0.007mm but not exceeding 0.01mm, rolled but not further worked	【最】6【普】35 【协亚太】3.9【协东盟】0【协巴基斯坦】5 【协智利】0【协新西兰】0【协秘鲁】0 【协哥斯达黎加】0【协冰岛】0【协瑞士】0 【协澳大利亚】0【协韩国】0【协格鲁吉亚】0 【协香港】0【协澳门】0 【特-1】0【特-2】0 【增】16【对美加征】5【出】0【退】16	千克					999	轧制后未进一步加工的无衬背铝箔（0.007mm<厚度≤0.01mm）
760711	90		轧制后未进一步加工的无衬背铝箔（0.01mm<厚度≤0.2mm）【电商】	Other aluminium foil, not backed, of a thickness exceeding 0.01mm but not exceeding 0.2mm, rolled but not further worked	【最】6【普】35 【协亚太】3.9【协东盟】0【协巴基斯坦】5 【协智利】0【协新西兰】0【协秘鲁】0 【协台湾】0【协哥斯达黎加】0【协瑞士】0 【协澳大利亚】0【协韩国】0【协格鲁吉亚】0 【协香港】0【协澳门】0 【特-1】0【特-2】0 【增】16【对美加征】10【出】0【退】16	千克					999	轧制后未进一步加工的无衬背铝箔（0.01mm<厚度≤0.2mm）
760719	00	01	化成箔（厚度≤0.2mm）【电商】	Formed foils (thickness not exceeding 0.2 mm)	【最】6【普】35【暂进】3 【协亚太】3.9【协东盟】0【协巴基斯坦】5 【协智利】0【协新西兰】0【协秘鲁】0 【协台湾】0【协哥斯达黎加】0【协瑞士】0 【协澳大利亚】0【协韩国】3【协格鲁吉亚】0 【协香港】0【协澳门】0 【特-1】0【特-2】0 【增】16【对美加征】10【出】0【退】16	千克					999	化成箔（厚度≤0.2mm）
760719	00	90	其他无衬背铝箔（厚度≤0.2mm）【电商】	Other aluminum foils, not backed (thickness not exceeding 0.2 mm)	【最】6【普】35 【协亚太】3.9【协东盟】0【协巴基斯坦】5 【协智利】0【协新西兰】0【协秘鲁】0 【协台湾】0【协哥斯达黎加】0【协瑞士】0 【协澳大利亚】0【协韩国】3【协格鲁吉亚】0 【协香港】0【协澳门】0 【特-1】0【特-2】0 【增】16【对美加征】10【出】0【退】16	千克					999	其他无衬背铝箔（厚度≤0.2mm）
760720	00		有衬背铝箔（厚度≤0.2mm）【电商】	Backed aluminum foils (thickness not exceeding 0.2 mm)	【最】6【普】35 【协东盟】0【协香港】0【协巴基斯坦】5 【协智利】0【协新西兰】0【协秘鲁】0 【协台湾】0【协哥斯达黎加】0【协瑞士】2.4 【协澳大利亚】0【协韩国】4.4 【协格鲁吉亚】0 【特-1】0【特-2】0 【增】16【对美加征】10【出】0【退】16	千克					999	有衬背铝箔（厚度≤0.2mm）
760810	00		纯铝管	Tubes and pipes, of aluminium, not alloyed	【最】8【普】30 【协东盟】0【协巴基斯坦】5【协智利】0 【协新西兰】0【协秘鲁】0【协哥斯达黎加】0 【协冰岛】0【协瑞士】0【协澳大利亚】0 【协韩国】5.3【协格鲁吉亚】0【协香港】0 【协澳门】0 【特-1】0【特-2】0【特-3】0 【增】16【对美加征】10【出】0【退】13	千克					101	纯铝管（铝管压力管道）

税则号列			货品名称中英文		税费综合信息	计量单位	监管证件代码		检验检疫类别		检验检疫编码	检验检疫编码对应中文名称
HS国际统一前6位	本国子目7~8位	本国子目9~10位	中文 货物名称	英文 Article Description			进口	出口	进口	出口		
760820	10	10	外径≤10厘米的管状铝合金［在293K(20摄氏度)时的极限抗拉强度能达到460兆帕(0.46×10^9牛顿/平方米)或更大］	Tubes and pipes of aluminum alloy, of the ultimate tensile strength no less than 460MPa (0.46×109 N/m²) at 293K (20℃), of an outside diameter no more than 10cm	【最】8【普】30 【协东盟】0【协巴基斯坦】5【协智利】0 【协新西兰】0【协秘鲁】0【协哥斯达黎加】0 【协冰岛】0【协瑞士】0【协澳大利亚】0 【协韩国】5.3【协格鲁吉亚】0【协香港】0 【协澳门】0 【特-1】0【特-2】0【特-3】0 【增】16【对美加征】10【出】0【退】13	千克	A	3	M		101 102	外径≤10厘米的管状铝合金［在293K(20摄氏度)时的极限抗拉强度能达到460兆帕(0.46×10^9牛顿/平方米)或更大］(铝管压力管道) 外径≤10厘米的管状铝合金［在293K(20摄氏度)时的极限抗拉强度能达到460兆帕(0.46×10^9牛顿/平方米)或更大］(铝管)
760820	10	90	外径≤10厘米的其他合金制铝管	Other tubes and pipes of aluminum alloy, of an outside diameter not exceeding 10cm	【最】8【普】30 【协东盟】0【协巴基斯坦】5【协智利】0 【协新西兰】0【协秘鲁】0【协哥斯达黎加】0 【协冰岛】0【协瑞士】0【协澳大利亚】0 【协韩国】5.3【协格鲁吉亚】0【协香港】0 【协澳门】0 【特-1】0【特-2】0【特-3】0 【增】16【对美加征】10【出】0【退】13	千克	A		M		101 102	外径≤10厘米的其他合金制铝管(铝管压力管道) 外径≤10厘米的其他合金制铝管(铝管)
760820	91	10	外径>10厘米，壁厚≤25毫米的管状铝合金［在293K(20摄氏度)时的极限抗拉强度能达到460兆帕(0.46×10^9牛顿/平方米)或更大］	Tubes and pipes of aluminum alloy, of the ultimate tensile strength no less than 460MPa (0.46×109 N/m²) at 293K (20℃), of an outside diameter more than 10cm and of a wall thickness no more than 25mm	【最】8【普】30 【协东盟】0【协巴基斯坦】5【协智利】0 【协新西兰】0【协秘鲁】0【协哥斯达黎加】0 【协冰岛】0【协瑞士】0【协澳大利亚】0 【协韩国】0【协格鲁吉亚】0【协香港】0 【协澳门】0 【特-1】0【特-2】0【特-3】0 【增】16【对美加征】10【出】0【退】13	千克	A	3	M		101 102	外径>10厘米，壁厚≤25毫米的管状铝合金［在293K(20摄氏度)时的极限抗拉强度能达到460兆帕(0.46×10^9牛顿/平方米)或更大］(铝管压力管道) 外径>10厘米，壁厚≤25毫米的管状铝合金［在293K(20摄氏度)时的极限抗拉强度能达到460兆帕(0.46×10^9牛顿/平方米)或更大］(铝管)
760820	91	90	外径>10厘米，壁厚≤25毫米的其他合金制铝管	Other tubes and pipes of aluminum alloy, of an outside diameter more than 10cm, of an wall thickness not exceeding 25mm	【最】8【普】30 【协东盟】0【协巴基斯坦】5【协智利】0 【协新西兰】0【协秘鲁】0【协哥斯达黎加】0 【协冰岛】0【协瑞士】0【协澳大利亚】0 【协韩国】0【协格鲁吉亚】0【协香港】0 【协澳门】0 【特-1】0【特-2】0【特-3】0 【增】16【对美加征】10【出】0【退】13	千克	A		M		101 102	外径>10厘米，壁厚≤25毫米的其他合金制铝管(铝管压力管道) 外径>10厘米，壁厚≤25毫米的其他合金制铝管(铝管)
760820	99	10	外径>10厘米，其他管状铝合金［在293K(20摄氏度)时的极限抗拉强度能达到460兆帕(0.46×10^9牛顿/平方米)或更大］	Other tubes and pipes of aluminum alloy, of the ultimate tensile strength no less than 460MPa (0.46×109 N/m²) at 293K (20℃), of an outside diameter more than 10cm	【最】8【普】30 【协东盟】0【协巴基斯坦】5【协智利】0 【协新西兰】0【协秘鲁】0【协哥斯达黎加】0 【协冰岛】0【协瑞士】0【协澳大利亚】0 【协韩国】0【协格鲁吉亚】0【协香港】0 【协澳门】0 【特-1】0【特-2】0【特-3】0 【增】16【对美加征】5【出】0【退】13	千克	A	3	M		101 102	外径>10厘米，其他管状铝合金［在293K(20摄氏度)时的极限抗拉强度能达到460兆帕(0.46×10^9牛顿/平方米)或更大］(铝管压力管道) 外径>10厘米，其他管状铝合金［在293K(20摄氏度)时的极限抗拉强度能达到460兆帕(0.46×10^9牛顿/平方米)或更大］(铝管)
760820	99	90	外径>10厘米，其他合金制铝管	Other tubes and pipes of aluminium alloys, of an outside diameter more than 10cm	【最】8【普】30 【协东盟】0【协巴基斯坦】5【协智利】0 【协新西兰】0【协秘鲁】0【协哥斯达黎加】0 【协冰岛】0【协瑞士】0【协澳大利亚】0 【协韩国】0【协格鲁吉亚】0【协香港】0 【协澳门】0 【特-1】0【特-2】0【特-3】0 【增】16【对美加征】5【出】0【退】13	千克	A		M		101 102	外径>10厘米，其他合金制铝管(铝管压力管道) 外径>10厘米，其他合金制铝管(铝管)

税则号列 HS国际统一前6位	本国子目 7~8位	本国子目 9~10位	货品名称中英文 中文 货物名称	货品名称中英文 英文 Article Description	税费综合信息	计量单位	监管证件代码 进口	监管证件代码 出口	检验检疫类别 进口	检验检疫类别 出口	检验检疫编码	检验检疫编码对应中文名称
760900	00		铝制管子附件	Aluminium tube or pipe fittings (for example, couplings, elbows, sleeves)	【最】8【普】35 【协东盟】0【协巴基斯坦】5【协智利】0 【协新西兰】0【协秘鲁】0【协哥斯达黎加】0 【协冰岛】0【协瑞士】0【协澳大利亚】0 【协韩国】4【协格鲁吉亚】0【协香港】0 【协澳门】0 【特-1】0【特-2】0【特-3】0 【增】16【对美加征】5【出】0【退】13	千克					101 102 103 104	铝制管子附件（其他金属制法兰及管件压力管件） 铝制管子附件（深加工铝制品压力管件） 铝制管子附件（其他金属制法兰及管件） 铝制管子附件（深加工铝制品）
761010	00		铝制门窗及其框架、门槛	Doors, windows and their frames and thresholds for doors, of aluminum	【最】9【普】80 【协东盟】0【协澳门】0【协智利】0 【协新西兰】0【协新加坡】0【协秘鲁】0 【协哥斯达黎加】0【协冰岛】0【协瑞士】9 【协澳大利亚】0【协韩国】18.7【协格鲁吉亚】0 【协香港】0 【特-1】0【特-2】0 【增】16【对美加征】10【出】0【退】13	千克			L		999	铝制门窗及其框架、门槛
761090	00		其他铝制结构体及其部件	Other Aluminium structures and parts of structures	【最】6【普】50 【协东盟】0【协巴基斯坦】5【协智利】0 【协新西兰】0【协秘鲁】0【协哥斯达黎加】0 【协冰岛】0【协瑞士】0【协澳大利亚】0 【协韩国】0【协格鲁吉亚】0【协香港】0 【协澳门】0 【特-1】0【特-2】0【特-3】0 【增】16【对美加征】10【出】0【退】13	千克					999	其他铝制结构体及其部件（包括结构体用的已加工铝板、型材、管子及类似品）
761100	00		容积>300升的铝制囤、罐等容器（盛装物料用的，装压缩气体或液化气体的除外）	Aluminium reservoirs, tanks, vats and similar containers, for any materia (other than compressed or liquefied gas), of a capacity exceeding 300L, whether or not lined or heat-insulated, but not fitted with mechanical or thermal equipment	【最】9【普】35 【协东盟】0【协巴基斯坦】6【协智利】0 【协新西兰】0【协新加坡】0【协秘鲁】0 【协哥斯达黎加】0【协冰岛】0【协瑞士】4.8 【协澳大利亚】0【协韩国】6【协格鲁吉亚】0 【协香港】0【协澳门】0 【特-1】0【特-2】0 【增】16【对美加征】5【出】0【退】13	千克					999	容积>300升的铝制囤、罐等容器（盛装物料用的，装压缩气体或液化气体的除外）
761210	00		铝制软管容器	Collapsible tubular containers, of aluminum	【最】9【普】50 【协东盟】0【协巴基斯坦】6【协智利】0 【协新西兰】0【协新加坡】0【协秘鲁】0 【协哥斯达黎加】0【协冰岛】0【协瑞士】4.8 【协澳大利亚】0【协韩国】6【协格鲁吉亚】0 【协香港】0【协澳门】0 【特-1】0【特-2】0【特-3】0 【增】16【对美加征】10【出】0【退】13	千克					999	铝制软管容器
761290	10		铝制易拉罐及罐体	Tear tab ends and bodies thereof, of aluminum	【最】9【普】100 【协东盟】0【协智利】0【协新西兰】0 【协新加坡】0【协秘鲁】0【协哥斯达黎加】0 【协冰岛】0【协瑞士】9【协澳大利亚】0 【协格鲁吉亚】0【协香港】0【协澳门】0 【特-1】0【特-2】0 【增】16【对美加征】10【出】0【退】13	千克	A		R		101 102	铝制易拉罐及罐体（深加工铝制品） 铝制易拉罐及罐体（食品用铝包装）
761290	90		容积≤300升的铝制囤、罐等容器（盛装物料用的，装压缩气体或液化气体的除外）	Other aluminium casks, drums and similar containers (other than compressed or liquefied gas), of a capacity not exceeding 300L	【最】9【普】70 【协东盟】0【协巴基斯坦】6【协智利】0 【协新西兰】0【协新加坡】0【协秘鲁】0 【协哥斯达黎加】0【协冰岛】0【协瑞士】4.8 【协澳大利亚】0【协韩国】6【协格鲁吉亚】0 【协香港】0【协澳门】0 【特-1】0【特-2】0【特-3】0 【增】16【对美加征】5【出】0【退】13	千克					999	容积≤300升的铝制囤、罐等容器（盛装物料用的，装压缩气体或液化气体的除外）
761300	10		零售包装装压缩、液化气体铝容器	Aluminium containers for compressed or liquefied gas, for retail packing	【最】9【普】70 【协亚太】7.2【协东盟】0【协巴基斯坦】6 【协智利】0【协新西兰】0【协新加坡】0 【协秘鲁】0【协哥斯达黎加】0【协冰岛】0 【协瑞士】6.8【协澳大利亚】0【协韩国】6 【协格鲁吉亚】0【协香港】0【协澳门】0 【特-1】0【特-2】0 【增】16【对美加征】5【出】0【退】13	千克					101 102	零售包装装压缩、液化气体铝容器（铝及铝合金制）（装压缩或液化气的铝容器） 零售包装装压缩、液化气体铝容器（铝及铝合金制）（深加工铝制品）

税则号列			货品名称中英文		税费综合信息	计量单位	监管证件代码		检验检疫类别		检验检疫编码	检验检疫编码对应中文名称
HS国际统一前6位	本国子目 7~8位	9~10位	中文 货物名称	英文 Article Description			进口	出口	进口	出口		
761300	90		非零售装装压缩、液化气体铝容器	Other aluminium containers for compressed or liquefied gas, not for retail packing	【最】6【普】17 【协东盟】0【协巴基斯坦】5【协智利】0 【协新西兰】0【协秘鲁】0【协哥斯达黎加】0 【协冰岛】0【协瑞士】0【协澳大利亚】0 【协韩国】0【协格鲁吉亚】0 【特-1】0【特-2】0 【增】16【对美加征】5【出】0【退】13	千克	6				101 102	非零售装装压缩、液化气体铝容器（铝及铝合金制）（装压缩或液化气的铝容器） 非零售装装压缩、液化气体铝容器（铝及铝合金制）（深加工铝制品）
761410	00		带钢芯的铝制绞股线、缆、编带	Stranded wire, cables, plaited bands and the like, of aluminium, not electrically insulated, with steel core	【最】6【普】20 【协东盟】0【协巴基斯坦】5【协智利】0 【协新西兰】0【协秘鲁】0【协哥斯达黎加】0 【协冰岛】0【协瑞士】0【协澳大利亚】0 【协韩国】0【协格鲁吉亚】0【协香港】0 【协澳门】0 【特-1】0【特-2】0【特-3】0 【增】16【对美加征】5【出】0【退】16	千克	A		M		999	带钢芯的铝制绞股线、缆、编带（非绝缘的）
761490	00		不带钢芯的铝制绞股线、缆、编带	Other stranded wire, cables, plaited bands and the like, of aluminium, not electrically insulated, without steel core	【最】6【普】20 【协亚太】4.8【协东盟】0【协巴基斯坦】5 【协智利】0【协新西兰】0【协秘鲁】0 【协哥斯达黎加】0【协冰岛】0【协瑞士】0 【协澳大利亚】0【协韩国】0【协格鲁吉亚】0 【协香港】0【协澳门】0 【特-1】0【特-2】0【特-3】0 【增】16【对美加征】10【出】0【退】16	千克					999	不带钢芯的铝制绞股线、缆、编带（非绝缘的）
761510	10		擦锅器及洗刷擦光用的块垫、手套	Pot scourers and scouring or polishing pads, gloves and the like, of aluminum	【最】7【普】90 【协东盟】0【协巴基斯坦】14.4【协智利】0 【协新西兰】0【协新加坡】0【协秘鲁】0 【协哥斯达黎加】0【协冰岛】0【协瑞士】7 【协澳大利亚】0【协韩国】9【协格鲁吉亚】0 【协香港】0【协澳门】0 【特-1】0【特-2】0【特-3】0 【增】16【出】0【退】13	千克	A		R		999	擦锅器及洗刷擦光用的块垫、手套（包括类似品，铝制）
761510	90	10	铝制高压锅 【电商】	Pressure cooker, of aluminum	【最】7【普】90 【协东盟】0【协巴基斯坦】12【协智利】0 【协新西兰】0【协新加坡】0【协秘鲁】0 【协哥斯达黎加】0【协冰岛】0【协瑞士】6 【协澳大利亚】0【协韩国】11.2 【协格鲁吉亚】0【协香港】0【协澳门】0 【特-1】0【特-2】0【特-3】0 【增】16【对美加征】10【出】0【退】13	千克	A		R		101 102	铝制高压锅（深加工铝制品） 铝制高压锅（食品接触铝产品）
761510	90	90	其他餐桌厨房等家用铝制器具及其零件 【电商】	Table, kitchen or other household articles and parts thereof, of aluminum	【最】7【普】90 【协东盟】0【协巴基斯坦】12【协智利】0 【协新西兰】0【协新加坡】0【协秘鲁】0 【协哥斯达黎加】0【协冰岛】0【协瑞士】6 【协澳大利亚】0【协韩国】11.2 【协格鲁吉亚】0【协香港】0【协澳门】0 【特-1】0【特-2】0【特-3】0 【增】16【对美加征】10【出】0【退】13	千克	A		R		101 102 103	其他餐桌厨房等家用铝制器具及其零件（深加工铝制品） 其他餐桌厨房等家用铝制器具及其零件（食品接触铝产品） 其他餐桌厨房等家用铝制器具及其零件（食品用铝包装）
761520	00		铝制卫生器具及其零件 【电商】	Sanitary ware and parts thereof, of aluminum	【最】8【普】90 【协东盟】0【协巴基斯坦】14.4【协智利】0 【协新西兰】0【协新加坡】0【协秘鲁】0 【协哥斯达黎加】0【协冰岛】0【协瑞士】7.2 【协澳大利亚】0【协韩国】9【协格鲁吉亚】0 【协香港】0【协澳门】0 【特-1】0【特-2】0 【增】16【对美加征】5【出】0【退】13	千克					101 102 103	铝制卫生器具及其零件（深加工铝制品） 铝制卫生器具及其零件（食品接触铝产品） 铝制卫生器具及其零件（食品用铝包装）
761610	00		铝钉、螺钉、螺母、垫圈等紧固件	Nails, tacks, staples (other than those of heading No. 83.05), screws, bolts, nuts, screw hooks, rivets, cotters, cotter-pins, washers and similar articles, of aluminum	【最】8【普】40 【协亚太】5.2【协东盟】0【协香港】0 【协巴基斯坦】5【协智利】0【协新西兰】0 【协新加坡】0【协秘鲁】0【协哥斯达黎加】0 【协冰岛】0【协瑞士】0【协澳大利亚】0 【协韩国】5【协格鲁吉亚】0 【特-1】0【特-2】0【特-3】0 【增】16【对美加征】5【出】0【退】13	千克					101 102 103 104 105 ……	铝钉、螺钉、螺母、垫圈等紧固件（螺钉） 铝钉、螺钉、螺母、垫圈等紧固件（螺栓） 铝钉、螺钉、螺母、垫圈等紧固件（螺母） 铝钉、螺钉、螺母、垫圈等紧固件（垫圈） 铝钉、螺钉、螺母、垫圈等紧固件（其他紧固件） ……①

① 该税号项下检验检疫编码及对应中文名称尚有：106 铝钉、螺钉、螺母、垫圈等紧固件（深加工铝制品）。

税则号列			货品名称中英文		税费综合信息	计量单位	监管证件代码		检验检疫类别		检验检疫编码	检验检疫编码对应中文名称
HS国际统一前6位	本国子目 7~8位	本国子目 9~10位	中文 货物名称	英文 Article Description			进口	出口	进口	出口		
761691	00		铝丝制的布、网、篱及格栅	Cloth, grill, netting and fencing, of aluminium wire	【最】8【普】40 【协东盟】0【协智利】0【协新西兰】0 【协新加坡】0【协秘鲁】0【协哥斯达黎加】0 【协冰岛】0【协瑞士】0【协澳大利亚】0 【协韩国】5【协格鲁吉亚】0【协香港】0 【协澳门】0 【特-1】0【特-2】0【特-3】0 【增】16【对美加征】5【出】0【退】13	千克					101	铝丝制的布、网、篱及格栅（包括栅栏）（深加工铝制品）
761699	10	10	高度小于直径的柱形实心体铝合金	Solid aluminium alloy in column-shaped, of the ultimate tensile strength no less than 460MPa (0.46×10^9 N/m^2) at 293K (20℃), of an height less than diameter	【最】8【普】40 【协亚太】5.2【协东盟】0【协巴基斯坦】5 【协智利】0【协新西兰】0【协新加坡】0 【协秘鲁】0【协哥斯达黎加】0【协冰岛】0 【协瑞士】4【协澳大利亚】0【协韩国】7.5 【协格鲁吉亚】0【协香港】0【协澳门】0 【特-1】0【特-2】0【特-3】0 【增】16【对美加征】5【出】0【退】13	千克		3			101	高度小于直径的柱形实心体铝合金［在293K（20摄氏度）时的极限抗拉强度能达到460兆帕（0.46×10^9牛顿/平方米）或更大］（深加工铝制品）
761699	10	90	其他工业用铝制品（不包括铝丝布、网、格栅及栅栏）	Other articles of aluminium, for technical use, excluding cloth, grill, netting and fencing, of aluminium wire	【最】8【普】40 【协亚太】5.2【协东盟】0【协巴基斯坦】5 【协智利】0【协新西兰】0【协新加坡】0 【协秘鲁】0【协哥斯达黎加】0【协冰岛】0 【协瑞士】4【协澳大利亚】0【协韩国】7.5 【协格鲁吉亚】0【协香港】0【协澳门】0 【特-1】0【特-2】0【特-3】0 【增】16【对美加征】5【出】0【退】13	千克					101	其他工业用铝制品（不包括铝丝布、网、格栅及栅栏）（深加工铝制品）
761699	90		其他非工业用铝制品（不包括铝丝布、网、格栅及栅栏） 【电商】	Other articles of aluminium, not for technical use, excluding cloth, grill, netting and fencing, of aluminium wire	【最】8【普】80 【协亚太】5.2【协东盟】0【协巴基斯坦】7.5 【协智利】0【协新西兰】0【协新加坡】0 【协秘鲁】0【协哥斯达黎加】0【协冰岛】0 【协瑞士】6【协澳大利亚】0【协韩国】7.5 【协格鲁吉亚】0【协香港】0【协澳门】0 【特-1】0【特-2】0【特-3】0 【增】16【对美加征】5【出】0【退】13	千克					101	其他非工业用铝制品（不包括铝丝布、网、格栅及栅栏）（深加工铝制品）

第七十八章 铅及其制品

Chapter78 Lead and articles thereof

注释：

本章所用有关名词解释如下：

一、条、杆

轧、挤、拔或锻制的实心产品，非成卷的，其全长截面均为圆形、椭圆形、矩形（包括正方形）、等边三角形或规则外凸多边形（包括相对两边为弧拱形，另外两边为等长平行直线的“扁圆形”及“变形矩形”）。对于矩形（包括正方形）、三角形或多边形截面的产品，其全长边角可经磨圆。矩形（包括“变形矩形”）截面的产品，其厚度应大于宽度的1/10。所述条、杆也包括同样形状及尺寸的铸造或烧结产品。该产品在铸造或烧结后再经加工（简单剪修或去氧化皮的除外），但不具有其他税号所列制品或产品的特征。

二、型材及异型材

轧、挤、拔、锻制的产品或其他成型产品，不论是否成卷，其全长截面相同，但与条、杆、丝、板、片、带、箔、管的定义不相符合。同时也包括同样形状的铸造或烧结产品。该产品在铸造或烧结后再经加工（简单剪修或去氧化皮的除外），但不具有其他税号所列制品或产品的特征。

三、丝

盘卷的轧、挤或拔制实心产品，其全长截面均为圆形、椭圆形、矩形（包括正方形）、等边三角形或规则外凸多边形（包括相对两边为弧拱形，另外两边为等长平行直线的“扁圆形”及“变形矩形”）。对于矩形（包括正方形）、三角形或多边形截面的产品，其全长边角可经磨圆。矩形（包括“变形矩形”）截面的产品，其厚度应大于宽度的1/10。

四、板、片、带、箔

成卷或非成卷的平面产品（税目78.01的未锻轧产品除外），截面均为厚度相同的实心矩形（不包括正方形），不论边角是否磨圆（包括相对两边为弧拱形，另外两边为等长平行直线的“变形矩形”）。并且符合以下规格：

（一）矩形（包括正方形）的，厚度不超过宽度的1/10；

（二）矩形或正方形以外形状的，任何尺寸，但不具

Chapter Notes:

In this Chapter the following expressions have the meanings hereby assigned to them:

1. Bars and rods

Rolled, extruded, drawn or forged products, not in coils, which have a uniform solid cross-section along their whole length in the shape of circles, ovals, rectangles (including squares), equilateral triangles or regular convex polygons (including "flattened circles" and "modified rectangles", of which two opposite sides are convex arcs, the other two sides being straight, of equal length and parallel). Products with a rectangular (including square), triangular or polygonal cross-section may have corners rounded along their whole length. The thickness of such products which have a rectangular (including "modified rectangular") cross-section exceeds one-tenth of the width. The expression also covers cast or sintered products, of the same forms and dimensions, which have been subsequently worked after production (otherwise than by simple trimming or de-scaling), provided that they have not thereby assumed the character of articles or products of other headings.

2. Profiles

Rolled, extruded, drawn, forged or formed products, coiled or not, of a uniform cross-section along their whole length, which do not conform to any of the definitions of bars, rods, wire, plates, sheets, strip, foil, tubes or pipes. The expression also covers cast or sintered products, of the same forms, which have been subsequently worked after production (otherwise than by simple trimming or de-scaling), provided that they have not thereby assumed the character of articles or products of other headings.

3. Wire

Rolled, extruded or drawn products, in coils, which have a uniform solid cross-section along their whole length in the shape of circles, ovals, rectangles (including squares), equilateral triangles or regular convex polygons (including "flattened circles" and "modified rectangles", of which two opposite sides are convex arcs, the other two sides being straight, of equal length and parallel). Products with a rectangular (including square), triangular or polygonal cross-section may have corners rounded along their whole length. The thickness of such products which have a rectangular (including "modified rectangular") cross-section exceeds one-tenth of the width.

4. Plates, sheets, strip and foil

Flat-surfaced products (other than the unwrought products of heading 78.01), coiled or not, of solid rectangular (other than square) cross-section with or without rounded corners (including "modified rectangles" of which two opposite sides are convex arcs, the other two sides being straight, of equal length and parallel) of a uniform thickness, which are:

(a) Of rectangular (including square) shape with a thickness not exceeding one-tenth of the width;

(b) Of a shape other than rectangular or square, of any

有其他税号所列制品或产品的特征。

税目78.04还适用于具有花样（例如，凹槽、肋条形、格槽、珠粒及菱形）的板、片、带、箔以及穿孔、抛光、涂层或制成瓦楞形的这类产品，但不具有其他税号所列制品或产品的特征。

size, provided that they do not assume the character of articles or products of other headings.

Heading 78.04 applies, inter alia, to plates, sheets, strip and foil with patterns (for example, grooves, ribs, chequers, tears, buttons, lozenges) and to such products which have been perforated, corrugated, polished or coated, provided that they do not thereby assume the character of articles or products of other headings.

五、管

全长截面及管壁厚度相同并只有一个闭合空间的实心产品，成卷或非成卷的，其截面为圆形、椭圆形、矩形（包括正方形）、等边三角形或规则外凸多边形。对于截面为矩形（包括正方形）、等边三角形或规则外凸多边形的产品，不论全长边角是否磨圆，只要其内外截面为同一圆心并为同样形状及同一轴向，也可视为管子。上述截面的管子可经抛光、涂层、弯曲、攻丝、钻孔、缩腰、胀口、成锥形或装法兰、颈圈或套环。

5. Tubes and pipes

Hollow products, coiled or not, which have a uniform cross-section with only one enclosed void along their whole length in the shape of circles, ovals, rectangles (including squares), equilateral triangles or regular convex polygons, and which have a uniform wall thickness. Products with a rectangular (including square), equilateral triangular or regular convex polygonal cross-section, which may have corners rounded along their whole length, are also to be considered as tubes and pipes provided the inner and outer cross-sections are concentric and have the same form and orientation. Tubes and pipes of the foregoing cross-sections may be polished, coated, bent, threaded, drilled, waisted, expanded, cone-shaped or fitted with flanges, collars or rings.

子目注释：

本章所称"精炼铅"，是指：

按重量计含铅量至少为99.9%的金属，但其他各种元素的含量不超过下表中规定的限量：

Subheading Note:

In this Chapter the expression "refined lead" means:

Metal containing by weight at least 99.9% of lead, provided that the content by weight of any other element does not exceed the limit specified in the following table:

其他元素表

元　素		所含重量百分比
Ag	银	0.02
As	砷	0.005
Bi	铋	0.05
Ca	钙	0.002
Cd	镉	0.002
Cu	铜	0.08
Fe	铁	0.002
S	硫	0.002
Sb	锑	0.005
Sn	锡	0.005
Zn	锌	0.002
其他（例如碲），每种		0.001

TABLE-Other elements

Element		Limiting conten % by weight
Ag	Silver	0.02
As	Arsenic	0.005
Bi	Bismuth	0.05
Ca	Calcium	0.002
Cd	Cadmium	0.002
Cu	Copper	0.08
Fe	Iron	0.002
S	Sulphur	0.002
Sb	Antimony	0.005
Sn	Tin	0.005
Zn	Zinc	0.002
Other (for example Te), each		0.001

税则号列 HS国际统一前6位	本国子目 7~8位	本国子目 9~10位	货品名称中文 货物名称	货品名称英文 Article Description	税费综合信息	计量单位	监管证件代码 进口	监管证件代码 出口	检验检疫类别 进口	检验检疫类别 出口	检验检疫编码	检验检疫编码对应中文名称
780110	00		未锻轧精炼铅	Unwrought refined lead	【最】3【普】20 【协东盟】0【协巴基斯坦】0【协智利】0 【协新西兰】0【协秘鲁】0【协哥斯达黎加】0 【协冰岛】0【协瑞士】0【协澳大利亚】0 【协韩国】0【协格鲁吉亚】0【协香港】0 【协澳门】0 【特-1】0【特-2】0【特-3】0 【增】16【出】0【退】0	千克					999	未锻轧精炼铅

税则号列 HS 国际统一前 6 位	本国子目 7~8 位	本国子目 9~10 位	货品名称 中文 货物名称	货品名称 英文 Article Description	税费综合信息	计量单位	监管证件代码 进口	监管证件代码 出口	检验检疫类别 进口	检验检疫类别 出口	检验检疫编码	检验检疫编码对应中文名称
780191	00		未锻轧铅锑合金	Unwrought lead alloys, containing by weight antimony as the principal other element	【最】3【普】20 【协东盟】0【协巴基斯坦】0【协智利】0 【协新西兰】0【协秘鲁】0【协哥斯达黎加】0 【协冰岛】0【协瑞士】0【协澳大利亚】0 【协韩国】0【协格鲁吉亚】1.9【协香港】0 【协澳门】0 【特-1】0【特-2】0【特-3】0 【增】16【对美加征】10【出】0【退】0	千克					999	未锻轧铅锑合金（锑元素在合金元素中是最主要的元素）
780199	00		未锻轧的其他铅合金	Other unwrought lead alloys	【最】3【普】20 【协亚太】2.7【协东盟】0【协巴基斯坦】0 【协智利】0【协新西兰】0【协秘鲁】0 【协哥斯达黎加】0【协冰岛】0【协瑞士】0 【协澳大利亚】0【协韩国】0【协格鲁吉亚】0 【协香港】0【协澳门】0 【特-1】0【特-2】0【特-3】0 【增】16【对美加征】10【出】0【退】0	千克					999	未锻轧的其他铅合金
780200	00		铅废碎料	Lead waste and scrap	【最】1.5【普】10 【协东盟】0【协巴基斯坦】0【协智利】0 【协新西兰】0【协秘鲁】0【协哥斯达黎加】0 【协冰岛】0【协瑞士】0【协澳大利亚】0 【协韩国】0【协格鲁吉亚】0【协香港】0 【协澳门】0 【特-1】0【特-2】0 【增】16【出】0【退】0	千克	9				999	铅废碎料
780411	00		铅片、带及厚度 ≤ 0.2mm 的箔	Sheets, strip and foil lead and lead alloys sheets, with a thickness of less than 0.2mm	【最】6【普】30 【协东盟】0【协巴基斯坦】5【协智利】0 【协新西兰】0【协秘鲁】0【协哥斯达黎加】0 【协冰岛】0【协瑞士】0【协澳大利亚】0 【协韩国】0【协格鲁吉亚】0【协香港】0 【协澳门】0 【特-1】0【特-2】0【特-3】0 【增】16【对美加征】5【出】0【退】10	千克					999	铅片、带及厚度 ≤ 0.2mm 的箔（铅箔衬背厚度不受 0.2mm 限制）
780419	00		铅及铅合金板（包括厚度 > 0.2mm 的箔）	Other lead and lead alloys sheets, with a thickness of more than 0.2mm	【最】6【普】30 【协东盟】0【协巴基斯坦】5【协智利】0 【协新西兰】0【协秘鲁】0【协哥斯达黎加】0 【协冰岛】0【协瑞士】0【协澳大利亚】0 【协韩国】0【协格鲁吉亚】0【协香港】0 【协澳门】0 【特-1】0【特-2】0【特-3】0 【增】16【对美加征】10【出】0【退】0	千克					999	铅及铅合金板（包括厚度>0.2mm 的箔）
780420	00		铅及铅合金粉末、片状粉末	Powders and flakes of lead	【最】6【普】35 【协东盟】0【协巴基斯坦】5【协智利】0 【协新西兰】0【协秘鲁】0【协哥斯达黎加】0 【协冰岛】0【协瑞士】0【协澳大利亚】0 【协韩国】0【协格鲁吉亚】0【协香港】0 【协澳门】0 【特-1】0【特-2】0【特-3】0 【增】16【对美加征】5【出】0【退】0	千克					999	铅及铅合金粉末、片状粉末
780600	10		铅及铅合金条、杆、丝、型材、异型材	Lead bars, rods, profiles and wire	【最】6【普】30 【协东盟】0【协巴基斯坦】5【协智利】0 【协新西兰】0【协秘鲁】0【协哥斯达黎加】0 【协冰岛】0【协瑞士】0【协澳大利亚】0 【协韩国】3【协格鲁吉亚】0【协香港】0 【协澳门】0 【特-1】0【特-2】0【特-3】0 【增】16【对美加征】5【出】0【退】0	千克					101	铅及铅合金条、杆、丝、型材、异型材（深加工铅制品）
780600	90		其他铅制品	Other articles of lead	【最】6【普】40 【协东盟】0【协巴基斯坦】5【协智利】0 【协新西兰】0【协秘鲁】0【协哥斯达黎加】0 【协冰岛】0【协瑞士】0【协澳大利亚】0 【协韩国】0【协格鲁吉亚】0【协香港】0 【协澳门】0 【特-1】0【特-2】0【特-3】0 【增】16【对美加征】5【出】0【退】0	千克					101 102	其他铅制品（其他装压缩或液化气的容器及其零件） 其他铅制品（深加工铅制品）

第七十九章 锌及其制品

注释：

本章所用名词解释如下：

一、条、杆

轧、挤、拔或锻制的实心产品，非成卷的，其全长截面均为圆形、椭圆形、矩形（包括正方形）、等边三角形或规则外凸多边形（包括相对两边弧拱形，另外两边为等长平行直线的“扁圆形”及“变形矩形”）。对于矩形（包括正方形）、三角形或多边形截面的产品，其全长边角可经磨圆。矩形（包括“变形矩形”）截面的产品，其厚度应大于宽度的1/10。所述条、杆也包括同样形状及尺寸的铸造或烧结产品。该产品在铸造或烧结后再经加工（简单剪修或去氧化皮的除外），但不具有其他税号所列制品或产品的特征。

二、型材及异型材

轧、挤、拔、锻制的产品或其他成型产品，不论是否成卷，其全长截面相同，但与条、杆、丝、板、片、带、箔、管的定义不相符合。同时也包括同样形状的铸造或烧结产品。该产品在铸造或烧结后再经加工（简单剪修或去氧化皮的除外），但不具有其他税号所列制品或产品的特征。

三、丝

盘卷的轧、挤或拔制实心产品，其全长截面均为圆形、椭圆形、矩形（包括正方形）、等边三角形或规则外凸多边形（包括相对两边为弧拱形，另外两边为等长平行直线的“扁圆形”及“变形矩形”）。对于矩形（包括正方形）、三角形或多边形截面的产品，其全长边角可经磨圆。矩形（包括“变形矩形”）截面的产品，其厚度应大于宽度的1/10。

四、板、片、带、箔

成卷或非成卷的平面产品（税目79.01的未锻轧产品除外），截面均为厚度相同的实心矩形（不包括正方形），不论边角是否磨圆（包括相对两边为弧拱形，另外两边为等长平行直线的“变形矩形”）。并且符合以下规格：

（一）矩形（包括正方形）的，厚度不超过宽度的1/10；

（二）矩形或正方形以外形状的，任何尺寸，但不具

Chapter79 Zinc and articles thereof

Chapter Notes:

In this Chapter the following expressions have the meanings hereby assigned to them:

1. Bars and rods

Rolled, extruded, drawn or forged products, not in coils, which have a uniform solid cross-section along their whole length in the shape of circles, ovals, rectangles (including squares), equilateral triangles or regular convex polygons (including "flattened circles" and "modified rectangles", of which two opposite sides are convex arcs, the other two sides being straight, of equal length and parallel). Products with a rectangular (including square), triangular or polygonal cross-section may have corners rounded along their whole length. The thickness of such products which have a rectangular (including "modified rectangular") cross-section exceeds one-tenth of the width. The expression also covers cast or sintered products, of the same forms and dimensions, which have been subsequently worked after production (otherwise than by simple trimming or de-scaling), provided that they have not thereby assumed the character of articles or products of other headings.

2. Profiles

Rolled, extruded, drawn, forged or formed products, coiled or not, of a uniform cross-section along their whole length, which do not conform to any of the definitions of bars, rods, wire, plates, sheets, strip, foil, tubes or pipes. The expression also covers cast or sintered products, of the same forms, which have been subsequently worked after production (otherwise than by simple trimming or de-scaling), provided that they have not thereby assumed the character of articles or products of other headings.

3. Wire

Rolled, extruded or drawn products, in coils, which have a uniform solid cross-section along their whole length in the shape of circles, ovals, rectangles (including squares), equilateral triangles or regular convex polygons (including "flattened circles" and "modified rectangles", of which two opposite sides are convex arcs, the other two sides being straight, of equal length and parallel). Products with a rectangular (including square), triangular or polygonal cross-section may have corners rounded along their whole length. The thickness of such products which have a rectangular (including "modified rectangular") cross-section exceeds one-tenth of the width.

4. Plates, sheets, strip and foil

Flat-surfaced products (other than the unwrought products of heading 79.01), coiled or not, of solid rectangular (other than square) cross-section with or without rounded corners (including "modified rectangles" of which two opposite sides are convex arcs, the other two sides being straight, of equal length and parallel) of a uniform thickness, which are:

(a) Of rectangular (including square) shape with a thickness not exceeding one-tenth of the width;

(b) Of a shape other than rectangular or square, of any

有其他税号所列制品或产品的特征。

税目79.05还适用于具有花样（例如，凹槽、肋条形、格槽、珠粒及菱形）的板、片、带、箔以及穿孔、抛光、涂层或制成瓦楞形的这类产品，但不具有其他税号所列制品或产品的特征。

size, provided that they do not assume the character of articles or products of other headings.

Heading 79.05 applies, inter alia, to plates, sheets, strip and foil with patterns (for example, grooves, ribs, chequers, tears, buttons, lozenges) and to such products which have been perforated, corrugated, polished or coated, provided that they do not thereby assume the character of articles or products of other headings.

五、管

全长截面及管壁厚度相同并只有一个闭合空间的空心产品，成卷或非成卷的，其截面为圆形、椭圆形、矩形（包括正方形）、等边三角形或规则外凸多边形。对于截面为矩形（包括正方形）、等边三角形或规则外凸多边形的产品，不论全长边角是否磨圆，只要其内外截面为同一圆心并为同样形状及同一轴向，也可视为管子。上述截面的管子可经抛光、涂层、弯曲、攻丝、钻孔、缩腰、胀口、成锥形或装法兰、颈圈或套环。

5. Tubes and pipes

Hollow products, coiled or not, which have a uniform cross-section with only one enclosed void along their whole length in the shape of circles, ovals, rectangles (including squares), equilateral triangles or regular convex polygons, and which have a uniform wall thickness. Products with a rectangular (including square), equilateral triangular or regular convex polygonal cross-section, which may have corners rounded along their whole length, are also to be considered as tubes and pipes provided the inner and outer cross-sections are concentric and have the same form and orientation. Tubes and pipes of the foregoing cross-sections may be polished, coated, bent, threaded, drilled, waisted, expanded, cone-shaped or fitted with flanges, collars or rings.

子目注释：

本章所用有关名词解释如下：

一、非合金锌

按重量计含锌量至少为97.5%的金属。

二、锌合金

按重量计含锌量大于其他元素单项含量的金属物质，但按重量计其他元素的总含量超过2.5%。

三、锌末

冷凝锌雾所得的锌末。该产品由球形微粒组成，比锌粉更为精细，按重量计至少80%的微粒可以通过孔径为63微米的筛子，而且必须含有按重量计至少为85%的金属锌。

Subheading Notes:

In this Chapter the following expressions have the meanings hereby assigned to them:

1. Zinc, not alloyed

Metal containing by weight at least 97.5% of zinc.

2. Zinc alloys

Metallic substances in which zinc predominates by weight over each of the other elements, provided that the total content by weight of such other elements exceeds 2.5%.

3. Zinc dust

Dust obtained by condensation of zinc vapour, consisting of spherical particles which are finer than zinc powders. At least 80% by weight of the particles pass through a sieve with 63 micrometre (microns) mesh. It must contain at least 85% by weight of metallic zinc.

税则号列			货品名称中英文		税费综合信息	计量单位	监管证件代码		检验检疫类别		检验检疫编码	检验检疫编码对应中文名称
HS国际统一前6位	本国子目 7~8位	本国子目 9~10位	中文 货物名称	英文 Article Description			进口	出口	进口	出口		
790111	10		含锌量≥99.995%的未锻轧锌	Unwrought zinc, containing by weight 99.995% or more of zinc	【最】3【普】20【暂进】1 【协东盟】0【协巴基斯坦】0【协智利】0 【协新西兰】0【协秘鲁】0【协哥斯达黎加】0 【协冰岛】0【协瑞士】0【协澳大利亚】0 【协韩国】0【协格鲁吉亚】0【协香港】0 【协澳门】0 【特-1】0【特-2】0【特-3】0 【增】16【对美加征】10【出】20【暂出】0 【退】0	千克					999	含锌量≥99.995%的未锻轧锌
790111	90		99.99%≤含锌量<99.995%的未锻轧锌	Unwrought zinc, containing by weight 99.99% or more but less than 99.995% of zinc	【最】3【普】20【暂进】1 【协东盟】0【协巴基斯坦】0【协智利】0 【协新西兰】0【协秘鲁】0【协哥斯达黎加】0 【协冰岛】0【协瑞士】0【协澳大利亚】0 【协韩国】0【协格鲁吉亚】0【协香港】0 【协澳门】0 【特-1】0【特-2】0【特-3】0 【增】16【出】20【暂出】5【退】0	千克					999	99.99%≤含锌量<99.995%的未锻轧锌

税则号列			货品名称中英文		税费综合信息	计量单位	监管证件代码		检验检疫类别		检验检疫编码	检验检疫编码对应中文名称
HS 国际统一前6位	本国子目 7~8位	9~10位	中文 货物名称	英文 Article Description			进口	出口	进口	出口		
790112	00		含锌量<99.99%的未锻轧锌	Unwrought zinc, containing by weight less than 99.99% of zinc	【最】3【普】20【暂进】1 【协东盟】0【协巴基斯坦】0【协智利】0 【协新西兰】0【协秘鲁】0【协哥斯达黎加】0 【协冰岛】0【协瑞士】0【协澳大利亚】0 【协韩国】0.6【协格鲁吉亚】0【协香港】0 【协澳门】0 【特-1】0【特-2】0【特-3】0 【增】16【对美加征】10【出】20【暂出】15 【退】0	千克					999	含锌量<99.99%的未锻轧锌
790120	00		未锻轧锌合金	Unwrought Zinc alloys	【最】3【普】20【暂进】1 【协东盟】0【协香港】0【协巴基斯坦】0 【协智利】0【协新西兰】0【协秘鲁】0 【协哥斯达黎加】0【协冰岛】0【协瑞士】0 【协澳大利亚】0【协韩国】0【协格鲁吉亚】0 【协香港】0【协澳门】0 【特-1】0【特-2】0【特-3】0 【增】16【对美加征】10【出】20【暂出】0 【退】0	千克					999	未锻轧锌合金
790200	00		锌废碎料	Zinc waste and scrap	【最】1.5【普】20【暂进】1 【协东盟】0【协巴基斯坦】0【协智利】0 【协新西兰】0【协秘鲁】0【协哥斯达黎加】0 【协冰岛】0【协瑞士】0【协澳大利亚】0 【协韩国】0【协格鲁吉亚】0【协香港】0 【协澳门】0 【特-1】0【特-2】0【特-3】0 【增】16【对美加征】25【出】0【退】0	千克	A		M		999	锌废碎料
790310	00		锌末	Zinc dust	【最】6【普】20 【协东盟】0【协巴基斯坦】5【协智利】0 【协新西兰】0【协秘鲁】0【协哥斯达黎加】0 【协冰岛】0【协瑞士】0【协澳大利亚】0 【协韩国】3【协格鲁吉亚】0【协香港】0 【协澳门】0 【特-1】0【特-2】0【特-3】0 【增】16【对美加征】10【出】0【退】0	千克	A		M		301 999	锌末（包括锌合金）(属于危险化学品的金属) 锌末（包括锌合金）(低风险金属材料)
790390	00	10	颗粒<500μm的锌及其合金（含量≥97%，不论球形，椭球体，雾化，片状，研碎金属燃料）	Zinc and its alloys, granularity < 500μm (containing by weight ≥ 97% of zinc, whether is spheroid, ellipsoid, atomized, flake formed or crush metal fuel)	【最】6【普】20 【协东盟】0【协巴基斯坦】5【协智利】0 【协新西兰】0【协秘鲁】0【协哥斯达黎加】0 【协冰岛】0【协瑞士】2.4【协澳大利亚】0 【协韩国】3【协格鲁吉亚】0【协香港】0 【协澳门】0 【特-1】0【特-2】0【特-3】0 【增】16【对美加征】5【出】0【退】0	千克	A	3	M		301 999	颗粒<500μm的锌及其合金（含量≥97%，不论球形，椭球体，雾化，片状，研碎金属燃料）(属于危险化学品的金属) 颗粒<500μm的锌及其合金（含量≥97%，不论球形，椭球体，雾化，片状，研碎金属燃料）(低风险金属材料)
790390	00	90	其他锌粉及片状粉末	Other zinc powders and flakes	【最】6【普】20 【协东盟】0【协巴基斯坦】5【协智利】0 【协新西兰】0【协秘鲁】0【协哥斯达黎加】0 【协冰岛】0【协瑞士】2.4【协澳大利亚】0 【协韩国】3【协格鲁吉亚】0【协香港】0 【协澳门】0 【特-1】0【特-2】0【特-3】0 【增】16【对美加征】5【出】0【退】0	千克	A	B	M	N	101 301	其他锌粉及片状粉末(其他锌及制品) 其他锌粉及片状粉末(属于危险化学品的金属)
790400	00		锌及锌合金条、杆、型材、丝	Zinc bars, rods, profiles and wire	【最】6【普】30 【协东盟】0【协巴基斯坦】5【协智利】0 【协新西兰】0【协秘鲁】0【协哥斯达黎加】0 【协冰岛】0【协瑞士】0【协澳大利亚】0 【协韩国】4.4【协格鲁吉亚】0【协香港】0 【协澳门】0 【特-1】0【特-2】0 【增】16【对美加征】10【出】0【退】0	千克					999	锌及锌合金条、杆、型材、丝

税则号列 HS国际统一前6位	本国子目 7~8位	本国子目 9~10位	货品名称中英文 中文 货物名称	货品名称中英文 英文 Article Description	税费综合信息	计量单位	监管证件代码 进口	监管证件代码 出口	检验检疫类别 进口	检验检疫类别 出口	检验检疫编码	检验检疫编码对应中文名称
790500	00		锌板、片、带、箔	Zinc plates, sheets, strip and foil	【最】6【普】30 【协东盟】0【协巴基斯坦】5【协智利】0 【协新西兰】0【协秘鲁】0【协哥斯达黎加】0 【协冰岛】0【协瑞士】0【协澳大利亚】0 【协韩国】0【协格鲁吉亚】0【协香港】0 【协澳门】0 【特-1】0【特-2】0【特-3】0 【增】16【对美加征】5【出】0【退】0	千克					999	锌板、片、带、箔
790700	20		锌管及锌制管子附件（例如，接头、肘管、管套）	Zinc tubes, pipes and tube or pipe fittings (for example couplings, elbows, sleeves)	【最】6【普】30 【协东盟】0【协巴基斯坦】5【协智利】0 【协新西兰】0【协秘鲁】0【协哥斯达黎加】0 【协冰岛】0【协瑞士】0【协澳大利亚】0 【协韩国】0【协格鲁吉亚】0【协香港】0 【协澳门】0 【特-1】0【特-2】0【特-3】0 【增】16【对美加征】5【出】0【退】0	千克					101 102	锌管及锌制管子附件（例如，接头、肘管、管套）（其他装压缩或液化气的容器及其零件） 锌管及锌制管子附件（例如，接头、肘管、管套）（深加工锌制品）
790700	30		电池壳体坯料（锌饼）	Cellpacking blanks (zinc biscuits)	【最】6【普】40 【协亚太】4.2【协东盟】0【协巴基斯坦】5 【协智利】0【协新西兰】0【协秘鲁】2.5 【协哥斯达黎加】0【协冰岛】0【协瑞士】0 【协澳大利亚】0【协韩国】0 【协格鲁吉亚】0【协香港】0【协澳门】0 【特-1】0【特-2】0【特-3】0 【增】16【出】0【退】0	千克					101	电池壳体坯料（锌饼）（深加工锌制品）
790700	90		其他锌制品	Other articles of zinc	【最】6【普】40 【协东盟】0【协巴基斯坦】5【协智利】0 【协新西兰】0【协秘鲁】0【协哥斯达黎加】0 【协冰岛】0【协瑞士】0【协澳大利亚】0 【协韩国】0【协格鲁吉亚】0【协香港】0 【协澳门】0 【特-1】0【特-2】0【特-3】0 【增】16【对美加征】10【出】0【退】0	千克					101 102	其他锌制品（其他装压缩或液化气的容器及其零件） 其他锌制品（深加工锌制品）

第八十章
锡及其制品

注释：

本章所用有关名词解释如下：

一、条、杆

轧、挤、拔或锻制的实心产品，非成卷的，其全长截面均为圆形、椭圆形、矩形（包括正方形）、等边三角形或规则外凸多边形（包括相对两边为弧拱形，另外两边为等长平行直线的“扁圆形”及“变形矩形”）。对于矩形（包括正方形）、三角形或多边形截面的产品，其全长边角可经磨圆。矩形（包括“变形矩形”）截面的产品，其厚度应大于宽度的1/10。所述条、杆也包括同样形状及尺寸的铸造或烧结产品。该产品在铸造或烧结后再经加工（简单剪修或去氧化皮的除外），但不具有其他税号所列制品或产品的特征。

二、型材及异型材

轧、挤、拔、锻制的产品或其他成型产品，不论是否成卷，其全长截面相同，但与条、杆、丝、板、片、带、箔、管的定义不相符合。同时也包括同样形状的铸造或烧结产品。该产品在铸造或烧结后再经加工（简单剪修或去氧化皮的除外），但不具有其他税号所列制品或产品的特征。

三、丝

盘卷的轧、挤或拔制实心产品，其全长截面均为圆形、椭圆形、矩形（包括正方形）、等边三角形或规则外凸多边形（包括相对两边为弧拱形，另外两边为等长平行直线的“扁圆形”及“变形矩形”）。对于矩形（包括正方形）、三角形或多边形截面的产品，其全长边角可经磨圆。矩形（包括“变形矩形”）截面的产品，其厚度应大于宽度的1/10。

四、板、片、带、箔

成卷或非成卷的平面产品（税目80.01的未锻轧产品除外），截面均为厚度相同的实心矩形（不包括正方形），不论边角是否磨圆（包括相对两边为弧拱形，另外两边为等长平行直线的“变形矩形”），并且符合以下规格：

（一）矩形（包括正方形）的，厚度不超过宽度的1/10；

（二）矩形或正方形以外形状的，任何尺寸，但不具

Chapter80
Tin and articles thereof

Chapter Notes:

In this Chapter the following expressions have the meanings hereby assigned to them:

1. Bars and rods

Rolled, extruded, drawn or forged products, not in coils, which have a uniform solid cross-section along their whole length in the shape of circles, ovals, rectangles (including squares), equilateral triangles or regular convex polygons (including "flattened circles" and "modified rectangles", of which two opposite sides are convex arcs, the other two sides being straight, of equal length and parallel). Products with a rectangular (including square), triangular or polygonal cross-section may have corners rounded along their whole length. The thickness of such products which have a rectangular (including "modified rectangular") cross-section exceeds one-tenth of the width. The expression also covers cast or sintered products, of the same forms and dimensions, which have been subsequently worked after production (otherwise than by simple trimming or de-scaling), provided that they have not thereby assumed the character of articles or products of other headings.

2. Profiles

Rolled, extruded, drawn, forged or formed products, coiled or not, of a uniform cross-section along their whole length, which do not conform to any of the definitions of bars, rods, wire, plates, sheets, strip, foil, tubes or pipes. The expression also covers cast or sintered products, of the same forms, which have been subsequently worked after production (otherwise than by simple trimming or de-scaling), provided that they have not thereby assumed the character of articles or products of other headings.

3. Wire

Rolled, extruded or drawn products, in coils, which have a uniform solid cross-section along their whole length in the shape of circles, ovals, rectangles (including squares), equilateral triangles or regular convex polygons (including "flattened circles" and "modified rectangles", of which two opposite sides are convex arcs, the other two sides being straight, of equal length and parallel). Products with a rectangular (including square), triangular or polygonal cross-section may have corners rounded along their whole length. The thickness of such products which have a rectangular (including "modified rectangular") cross-section exceeds one-tenth of the width.

4. Plates, sheets, strip and foil

Flat-surfaced products (other than the unwrought products of heading 80.01), coiled or not, of solid rectangular (other than square) cross-section with or without rounded corners (including "modified rectangles" of which two opposite sides are convex arcs, the other two sides being straight, of equal length and parallel) of a uniform thickness, which are:

(a) Of rectangular (including square) shape with a thickness not exceeding one-tenth of the width;

(b) Of a shape other than rectangular or square, of any

有其他税号所列制品或产品的特征。

size, provided that they do not assume the character of articles or products of other headings.

五、管

全长截面及管壁厚度相同并只有一个闭合空间的空心产品，成卷或非成卷的，其截面为圆形、椭圆形、矩形（包括正方形）、等边三角形或规则外凸多边形。对于截面为矩形（包括正方形）、等边三角形或规则外凸多边形的产品，不论全长边角是否磨圆，只要其内外截面为同一圆心并为同样形状及同一轴向，也可视为管子。上述截面的管子可经抛光、涂层、弯曲、攻丝、钻孔、缩腰、胀口、成锥形或装法兰、颈圈或套环。

5. Tubes and pipes

Hollow products, coiled or not, which have a uniform cross-section with only one enclosed void along their whole length in the shape of circles, ovals, rectangles (including squares), equilateral triangles or regular convex polygons, and which have a uniform wall thickness. Products with a rectangular (including square), equilateral triangular or regular convex polygonal cross-section, which may have corners rounded along their whole length, are also to be considered as tubes and pipes provided the inner and outer cross-sections are concentric and have the same form and orientation. Tubes and pipes of the foregoing cross-sections may be polished, coated, bent, threaded, drilled, waisted, expanded, cone-shaped or fitted with flanges, collars or rings.

子目注释：

本章所用有关名词解释如下：

一、非合金锡

按重量计含锡量至少为99%的金属，但含铋量或含铜量不超过下表中规定的限量：

其他元素表

元　素		所含重量百分比
Bi	铋	0.1
Cu	铜	0.4

二、锡合金

按重量计含锡量大于其他元素单项含量的金属物质，但：

（一）按重量计其他元素的总含量超过1%；或

（二）按重量计含铋量或含铜量应等于或大于上表中规定的限量。

Subheading Notes:

In this Chapter the following expressions have the meanings hereby assigned to them:

1. Tin, not alloyed

Metal containing by weight at least 99% of tin, provided that the content by weight of any bismuth or copper is less than the limit specified in the following table:

TABLE-Other elements

Element		Limiting content % by weight
Bi	Bismuth	0.1
Cu	Copper	0.4

2. Tin alloys

Metallic substances in which tin predominates by weight over each of the other elements, provided that:

(a) the total content by weight of such other elements exceeds 1%; or

(b) the content by weight of either bismuth or copper is equal to or greater than the limit specified in the foregoing table.

税则号列 HS国际统一前6位	本国子目 7~8位	本国子目 9~10位	货品名称中英文 中文 货物名称	货品名称中英文 英文 Article Description	税费综合信息	计量单位	监管证件代码 进口	监管证件代码 出口	检验检疫类别 进口	检验检疫类别 出口	检验检疫编码	检验检疫编码对应中文名称
800110	00		未锻轧非合金锡	Tin, not alloyed, unwrought	【最】3【普】20 【协东盟】0【协香港】0【协巴基斯坦】0 【协智利】0 【协新西兰】0【协秘鲁】0【协哥斯达黎加】0 【协冰岛】0【协瑞士】0【协澳大利亚】0 【协韩国】0【协格鲁吉亚】0 【特-1】0【特-2】0【特-3】0 【增】16【对美加征】10【出】0【退】0	千克		4xy			999	未锻轧非合金锡
800120	10		锡基巴毕脱合金	Babbitt metal, tin alloys	【最】3【普】20 【协亚太】2.4【协东盟】0【协香港】0 【协巴基斯坦】0【协智利】0【协新西兰】0 【协秘鲁】0【协哥斯达黎加】0【协冰岛】0 【协瑞士】0【协澳大利亚】0【协韩国】0 【协格鲁吉亚】0 【特-1】0【特-2】0【特-3】0 【增】16【对美加征】5【出】0【退】0	千克		4xy			999	锡基巴毕脱合金

税则号列			货品名称中英文		税费综合信息	计量单位	监管证件代码		检验检疫类别		检验检疫编码	检验检疫编码对应中文名称
HS国际统一前6位	本国子目7~8位	9~10位	中文 货物名称	英文 Article Description			进口	出口	进口	出口		
800120	21		按重量计含铅量在0.1%以下的焊锡	Tin sold, containing by weight less than 0.1% of lead	【最】3【普】30 【协东盟】0【协香港】0【协澳门】0 【协巴基斯坦】0【协智利】0【协新西兰】0 【协秘鲁】0【协哥斯达黎加】0【协冰岛】0 【协瑞士】0【协澳大利亚】0【协韩国】0 【协格鲁吉亚】0 【特-1】0【特-2】0【特-3】0 【增】16【对美加征】10【出】0【退】0	千克		4xy			101 102	按重量计含铅量在0.1%以下的焊锡（焊锡） 按重量计含铅量在0.1%以下的焊锡（锡合金）
800120	29		其他焊锡	Other tin sold	【最】3【普】30 【协东盟】0【协香港】0【协澳门】0 【协巴基斯坦】0【协智利】0【协新西兰】0 【协秘鲁】0【协哥斯达黎加】0【协冰岛】0 【协瑞士】0【协澳大利亚】0【协韩国】0 【协格鲁吉亚】0 【特-1】0【特-2】0【特-3】0 【增】16【对美加征】10【出】0【退】0	千克		4xy			101 102	其他焊锡（焊锡） 其他焊锡（锡合金）
800120	90		其他锡合金	Other tin alloys	【最】3【普】30 【协东盟】0【协香港】0【协巴基斯坦】0 【协智利】0【协新西兰】0【协秘鲁】0 【协哥斯达黎加】0【协冰岛】0【协瑞士】0 【协澳大利亚】0【协韩国】0【协格鲁吉亚】0 【特-1】0【特-2】0【特-3】0 【增】16【对美加征】10【出】0【退】0	千克		4xy			999	其他锡合金
800200	00		锡废碎料	Tin waste and scrap	【最】1.5【普】30 【协东盟】0【协香港】0【协巴基斯坦】0 【协智利】0【协新西兰】0【协秘鲁】0 【协哥斯达黎加】0【协冰岛】0【协瑞士】0 【协澳大利亚】0【协韩国】0【协格鲁吉亚】0 【特-1】0【特-2】0 【增】16【对美加征】25【出】0【退】0	千克	A	4xy	M		999	锡废碎料
800300	00		锡及锡合金条、杆、型材、丝	Tin bars, rods, profiles and wire	【最】8【普】40 【协东盟】0【协香港】0【协巴基斯坦】5 【协智利】0【协新西兰】0【协秘鲁】0 【协哥斯达黎加】0【协冰岛】0【协瑞士】0 【协澳大利亚】0【协韩国】4 【协格鲁吉亚】0 【特-1】0【特-2】0【特-3】0 【增】16【对美加征】10【出】0【退】0	千克		4xy			999	锡及锡合金条、杆、型材、丝
800700	20		锡板、片及带，厚度超过0.2毫米	Tin plates, sheets and strip, of a thickness exceeding 0.2mm	【最】8【普】40 【协东盟】0【协巴基斯坦】5【协智利】0 【协新西兰】0【协秘鲁】0【协哥斯达黎加】0 【协冰岛】0【协瑞士】0【协澳大利亚】0 【协韩国】0【协格鲁吉亚】0【协香港】0 【协澳门】0 【特-1】0【特-2】0 【增】16【对美加征】10【出】0【退】0	千克		4xy			101	锡板、片及带，厚度超过0.2毫米（深加工锡制品）
800700	30		锡箔，厚度（衬背除外）≤0.2毫米，锡粉及片状粉末（锡箔不论是否印花或用纸、纸板、塑料或类似材料衬背）	Tin foil (whether or not printed or backed with paper, paperboard, plastics or similar backin gmaterials), of a thickness (excluding any backing not exceeding 0.2mm; tin powders and flakes)	【最】8【普】40 【协东盟】0【协巴基斯坦】5【协智利】0 【协新西兰】0【协秘鲁】0【协哥斯达黎加】0 【协冰岛】0【协瑞士】0【协澳大利亚】0 【协韩国】0【协格鲁吉亚】0【协香港】0 【协澳门】0 【特-1】0【特-2】0 【增】16【对美加征】10【出】0【退】10	千克					101	锡箔，厚度（衬背除外）≤0.2毫米，锡粉及片状粉末（锡箔不论是否印花或用纸、纸板、塑料或类似材料衬背）（深加工锡制品）
800700	40		锡管及管子附件（例如，接头，肘管，管套）	Tin tubes, pipes and tube or pipe fittings (for example, couplings, elbows, sleeves)	【最】8【普】45 【协亚太】6.4【协东盟】0【协巴基斯坦】5 【协智利】0【协新西兰】0【协秘鲁】0 【协哥斯达黎加】0【协冰岛】0【协瑞士】3.2 【协澳大利亚】0【协韩国】0 【协格鲁吉亚】0【协香港】0【协澳门】0 【特-1】0【特-2】0 【增】16【对美加征】5【出】0【退】0	千克		4xy			101 102	锡管及管子附件（例如，接头，肘管，管套）（其他装压缩或液化气的容器及其零件） 锡管及管子附件（例如，接头，肘管，管套）（深加工锡制品）

税则号列			货品名称中英文		税费综合信息	计量单位	监管证件代码		检验检疫类别		检验检疫编码	检验检疫编码对应中文名称
HS国际统一前6位	本国子目 7~8位	本国子目 9~10位	中文 货物名称	英文 Article Description			进口	出口	进口	出口		
800700	90		其他锡制品	Other articles of tin	【最】8【普】80 【协东盟】0【协香港】0【协巴基斯坦】6.4 【协智利】0【协新西兰】0【协秘鲁】0 【协哥斯达黎加】0【协冰岛】0【协瑞士】0 【协澳大利亚】0【协韩国】5.3 【协格鲁吉亚】0 【特-1】0【特-2】0 【增】16【对美加征】10【出】0【退】0	千克					101 102	其他锡制品（其他装压缩或液化气的容器及其零件） 其他锡制品（深加工锡制品）

第八十一章
其他贱金属、金属陶瓷及其制品

Chapter 81
Other base metals, cermets, articles thereof

子目注释：

第七十四章注释中有关“条、杆”“型材及异型材”“丝”及“板、片、带、箔”的规定也适用于本章。

Subheading Note:

Notes to Chapter 74, defining “bars and rods” “profiles” “wire” and “plates, sheets, strip and foil” applies, mutatis mutandis, to this Chapter.

税则号列			货品名称中英文		税费综合信息	计量单位	监管证件代码		检验检疫类别		检验检疫编码	检验检疫编码对应中文名称
HS 国际统一前6位	本国子目 7~8位	本国子目 9~10位	中文 货物名称	英文 Article Description			进口	出口	进口	出口		
810110	00	10	颗粒＜500μm的钨及其合金（含量≥97%，不论球形，椭球体，雾化，片状，研碎金属燃料）	Tungsten and its alloys, granularity ＜ 500μm (containing by weight 97% or more of tungsten, whether spheroid, ellipsoid, atomized, flake formed, crush metal fuel)	【最】6【普】20 【协东盟】0【协巴基斯坦】5【协智利】0 【协新西兰】0【协秘鲁】0【协哥斯达黎加】0 【协冰岛】0【协瑞士】0【协澳大利亚】0 【协韩国】0【协格鲁吉亚】0【协香港】0 【协澳门】0 【特-1】0【特-2】0 【增】16【对美加征】10【出】0【退】0	千克		3			999	颗粒＜500μm的钨及其合金（含量≥97%，不论球形，椭球体，雾化，片状，研碎金属燃料）
810110	00	90	其他钨粉末	Other tungsten powders	【最】6【普】20 【协东盟】0【协巴基斯坦】5【协智利】0 【协新西兰】0【协秘鲁】0【协哥斯达黎加】0 【协冰岛】0【协瑞士】0【协澳大利亚】0 【协韩国】0【协格鲁吉亚】0【协香港】0 【协澳门】0 【特-1】0【特-2】0 【增】16【对美加征】10【出】0【退】0	千克		4xy			999	其他钨粉末
810194	00		未锻轧钨（包括简单烧结的条、杆）	Unwrought tungsten, including bars and rods obtained simply by sintering	【最】3【普】20 【协东盟】0【协巴基斯坦】0【协智利】0 【协新西兰】0【协秘鲁】0【协哥斯达黎加】0 【协冰岛】0【协瑞士】1.2【协澳大利亚】0 【协韩国】0【协格鲁吉亚】0【协香港】0 【协澳门】0 【特-1】0【特-2】0 【增】16【对美加征】10【出】0【退】0	千克		4xy			999	未锻轧钨（包括简单烧结的条、杆）
810196	00		钨丝	Wire of tungsten	【最】8【普】20 【协东盟】0【协巴基斯坦】5【协智利】0 【协新西兰】0【协秘鲁】0【协哥斯达黎加】0 【协冰岛】0【协瑞士】0【协澳大利亚】0 【协韩国】0【协格鲁吉亚】0【协香港】0 【协澳门】0 【特-1】0【特-2】0 【增】16【对美加征】10【出】0【退】10	千克					999	钨丝
810197	00		钨废碎料	Waste and scrap of articles of tungsten	【最】3【普】20【暂进】1 【协东盟】0【协巴基斯坦】0【协智利】0 【协新西兰】0【协秘鲁】0【协哥斯达黎加】0 【协冰岛】0【协瑞士】0【协澳大利亚】0 【协韩国】0【协格鲁吉亚】0【协香港】0 【协澳门】0 【特-1】0【特-2】0 【增】16【对美加征】25【出】0【退】0	千克	AP	4xy	M		999	钨废碎料
810199	10		锻轧钨条、杆；型材及异型材，板、片、带、箔	Bars and rods, other than those obtained simply by sintering, profiles, plates, sheets, strip and foil	【最】5【普】30 【协东盟】0【协巴基斯坦】0【协智利】0 【协新西兰】0【协秘鲁】0【协哥斯达黎加】0 【协冰岛】0【协瑞士】0【协澳大利亚】0 【协韩国】0【协格鲁吉亚】0【协香港】0 【协澳门】0 【特-1】0【特-2】0 【增】16【对美加征】5【出】0【退】0	千克					999	锻轧钨条、杆；型材及异型材，板、片、带、箔（但简单烧结而成条、杆的除外）
810199	90		其他钨制品	Other articles of tungsten	【最】8【普】70 【协东盟】0【协巴基斯坦】5【协智利】0 【协新西兰】0【协秘鲁】0【协哥斯达黎加】0 【协冰岛】0【协瑞士】0【协澳大利亚】0 【协韩国】0【协格鲁吉亚】0【协香港】0 【协澳门】0 【特-1】0【特-2】0 【增】16【对美加征】5【出】0【退】0	千克					999	其他钨制品

税则号列			货品名称中英文		税费综合信息	计量单位	监管证件代码		检验检疫类别		检验检疫编码	检验检疫编码对应中文名称
HS国际统一前6位	本国子目7~8位	本国子目9~10位	中文 货物名称	英文 Article Description			进口	出口	进口	出口		
810210	00		钼粉	Powders of molybdenum	【最】6【普】20 【协东盟】0【协巴基斯坦】5【协智利】0 【协新西兰】0【协秘鲁】0【协哥斯达黎加】0 【协冰岛】0【协瑞士】0【协澳大利亚】0 【协韩国】0【协格鲁吉亚】0【协香港】0 【协澳门】0 【特-1】0【特-2】0 【增】16【对美加征】5【出】0【退】0	千克		4xy			999	钼粉
810294	00		未锻轧钼（包括简单烧结的条、杆）	Unwrought molybdenum, including bars and rods obtained simply by sintering	【最】3【普】20 【协东盟】0【协巴基斯坦】0【协智利】0 【协新西兰】0【协秘鲁】0【协哥斯达黎加】0 【协冰岛】0【协瑞士】0【协澳大利亚】0 【协韩国】0【协格鲁吉亚】0【协香港】0 【协澳门】0 【特-1】0【特-2】0 【增】16【对美加征】10【出】0【退】0	千克		4xy			999	未锻轧钼（包括简单烧结的条、杆）
810295	00		锻轧钼条、杆、型材（不包括简单烧结的条、杆）	Bars and rods, other than those obtained simply by sintering, profiles, plates, sheets, strip and foil	【最】8【普】30 【协东盟】0【协巴基斯坦】5【协智利】0 【协新西兰】0【协秘鲁】0【协哥斯达黎加】0 【协冰岛】0【协瑞士】0【协澳大利亚】0 【协韩国】4【协格鲁吉亚】0【协香港】0 【协澳门】0 【特-1】0【特-2】0 【增】16【对美加征】10【出】0【退】0	千克					101	锻轧钼条、杆、型材（不包括简单烧结的条、杆）（其他深加工金属制品）
810296	00		钼丝	Wire of molybdenum	【最】8【普】20 【协东盟】0【协巴基斯坦】5【协智利】0 【协新西兰】0【协秘鲁】0【协哥斯达黎加】0 【协冰岛】0【协瑞士】0【协澳大利亚】0 【协韩国】0【协格鲁吉亚】0【协香港】0 【协澳门】0 【特-1】0【特-2】0 【增】16【对美加征】10【出】0【退】10	千克					101	钼丝（其他深加工金属制品）
810297	00		钼废碎料	Waste and scrap of molybdenum	【最】3【普】20 【协东盟】0【协巴基斯坦】0【协智利】0 【协新西兰】0【协秘鲁】0【协哥斯达黎加】0 【协冰岛】0【协瑞士】0【协澳大利亚】0 【协韩国】0【协格鲁吉亚】0【协香港】0 【协澳门】0 【特-1】0【特-2】0 【增】16【出】0【退】0	千克	9	4xy			999	钼废碎料
810299	00		钼制品	Other articles of molybdenum	【最】8【普】70 【协东盟】0【协巴基斯坦】5【协智利】0 【协新西兰】0【协秘鲁】0【协哥斯达黎加】0 【协冰岛】0【协瑞士】0【协澳大利亚】0 【协韩国】0【协格鲁吉亚】0【协香港】0 【协澳门】0 【特-1】0【特-2】0 【增】16【对美加征】5【出】0【退】0	千克		4xy			101 103	钼制品（其他深加工金属制品） 钼制品（二硫化钼润滑膜）
810320	11		松装密度小于2.2g/cm^{3}的钽粉	Powders of tantalum, loose density less than 2.2g/cm^3	【最】6【普】14 【协亚太】4.2【协东盟】0【协巴基斯坦】5 【协智利】0【协新西兰】0【协秘鲁】0 【协哥斯达黎加】0【协冰岛】0【协瑞士】0 【协澳大利亚】0【协韩国】0 【协格鲁吉亚】0【协香港】0【协澳门】0 【特-1】0【特-2】0 【增】16【对美加征】10【出】0【退】13	千克		4xy			999	松装密度小于2.2g/cm^{3}的钽粉
810320	19		其他钽粉	Other powders of tantalum	【最】6【普】14 【协东盟】0【协巴基斯坦】5【协智利】0 【协新西兰】0【协秘鲁】0【协哥斯达黎加】0 【协冰岛】0【协瑞士】0【协澳大利亚】0 【协韩国】0【协格鲁吉亚】0【协香港】0 【协澳门】0 【特-1】0【特-2】0 【增】16【对美加征】5【出】0【退】0	千克		4xy			999	其他钽粉

税则号列			货品名称中英文		税费综合信息	计量单位	监管证件代码		检验检疫类别		检验检疫编码	检验检疫编码对应中文名称
HS国际统一前6位	本国子目 7~8位	9~10位	中文 货物名称	英文 Article Description			进口	出口	进口	出口		
810320	90		其他未锻轧钽，包括简单烧结而成的条、杆	Other unwrought tantalum, including bars and rods obtained simply by sintering	【最】6【普】14 【协东盟】0【协巴基斯坦】5【协智利】0 【协新西兰】0【协秘鲁】0【协哥斯达黎加】0 【协冰岛】0【协瑞士】0【协澳大利亚】0 【协韩国】0【协格鲁吉亚】0【协香港】0 【协澳门】0 【特-1】0【特-2】0 【增】16【对美加征】10【出】0【退】0	千克		4xy			999	其他未锻轧钽，包括简单烧结而成的条、杆
810330	00		钽废碎料	Waste and scrap of tantalum	【最】6【普】14【暂进】0 【协东盟】0【协巴基斯坦】5【协智利】0 【协新西兰】0【协秘鲁】0【协哥斯达黎加】0 【协冰岛】0【协瑞士】0【协澳大利亚】0 【协韩国】0【协格鲁吉亚】0【协香港】0 【协澳门】0 【特-1】0【特-2】0 【增】16【对美加征】25【出】0【退】0	千克	A	4xy	M		999	钽废碎料
810390	11		直径小于0.5mm的钽丝	Wire of tantalum, less than 0.5mm in diameter	【最】8【普】30 【协亚太】5.6【协东盟】0【协巴基斯坦】5 【协智利】0【协新西兰】0【协秘鲁】0 【协哥斯达黎加】0【协冰岛】0【协瑞士】0 【协澳大利亚】0【协韩国】0 【协格鲁吉亚】0【协香港】0【协澳门】0 【特-1】0【特-2】0 【增】16【出】0【退】13	千克		4xy			101	直径小于0.5mm的钽丝（其他深加工金属制品）
810390	19		其他钽丝	Other wire of tantalum	【最】8【普】30 【协亚太】5.6【协东盟】0【协巴基斯坦】5 【协智利】0【协新西兰】0【协秘鲁】0 【协哥斯达黎加】0【协冰岛】0【协瑞士】0 【协澳大利亚】0【协韩国】0 【协格鲁吉亚】0【协香港】0【协澳门】0 【特-1】0【特-2】0 【增】16【对美加征】5【出】0【退】13	千克		4xy			101	其他钽丝（其他深加工金属制品）
810390	90	10	钽坩埚（容积在50ml至2L之间、钽纯度≥98%）	Tantalum crucible, of a volume between 50ml and 2L, purity ≥98%	【最】8【普】30 【协亚太】7.2【协东盟】0【协巴基斯坦】5 【协智利】0【协新西兰】0【协秘鲁】0 【协哥斯达黎加】0【协冰岛】0【协瑞士】0 【协澳大利亚】0【协韩国】0 【协格鲁吉亚】0【协香港】0【协澳门】0 【特-1】0【特-2】0 【增】16【对美加征】5【出】0【退】0	千克		3			101	钽坩埚（容积在50ml至2L之间、钽纯度≥98%）（其他深加工金属制品）
810390	90	90	其他锻轧钽及其制品	Other wrought tantalum and articles thereof	【最】8【普】30 【协亚太】7.2【协东盟】0【协巴基斯坦】5 【协智利】0【协新西兰】0【协秘鲁】0 【协哥斯达黎加】0【协冰岛】0【协瑞士】0 【协澳大利亚】0【协韩国】0 【协格鲁吉亚】0【协香港】0【协澳门】0 【特-1】0【特-2】0 【增】16【对美加征】5【出】0【退】13	千克		4xy			101	其他锻轧钽及其制品（其他深加工金属制品）
810411	00		含镁量≥99.8%的未锻轧镁	Unwrought magnesium, containing at least 99.8% by weight of magnesium	【最】6【普】20 【协亚太】3【协东盟】0【协巴基斯坦】0 【协智利】0【协新西兰】0【协秘鲁】0 【协哥斯达黎加】0【协冰岛】0【协瑞士】0 【协澳大利亚】0【协韩国】0【协格鲁吉亚】0 【协香港】0【协澳门】0 【特-1】0【特-2】0 【增】16【对美加征】10【出】0【退】0	千克					999	含镁量≥99.8%的未锻轧镁
810419	00		其他未锻轧的镁及镁合金	Other unwrought magnesium and alloys	【最】6【普】20 【协东盟】0【协巴基斯坦】5【协智利】0 【协新西兰】0【协秘鲁】0【协哥斯达黎加】0 【协冰岛】0【协瑞士】0【协澳大利亚】0 【协韩国】0【协格鲁吉亚】0【协香港】0 【协澳门】0 【特-1】0【特-2】0 【增】16【对美加征】5【出】0【退】0	千克					301	其他未锻轧的镁及镁合金（属于危险化学品的金属）

税则号列			货品名称中英文		税费综合信息	计量单位	监管证件代码		检验检疫类别		检验检疫编码	检验检疫编码对应中文名称
HS国际统一前6位	本国子目 7~8位	9~10位	中文 货物名称	英文 Article Description			进口	出口	进口	出口		
810420	00		镁废碎料	Waste and scrap of magnesium	【最】1.5【普】20 【协东盟】0【协巴基斯坦】0【协智利】0 【协新西兰】0【协秘鲁】0【协哥斯达黎加】0 【协冰岛】0【协瑞士】0【协澳大利亚】0 【协韩国】0【协格鲁吉亚】0【协香港】0 【协澳门】0 【特-1】0【特-2】0 【增】16【对美加征】25【出】0【退】0	千克	AP		M		999	镁废碎料
810430	00	10	颗粒＜500μm的镁及其合金（含量≥97%，不论球形，椭球体，雾化，片状，研碎金属燃料）	Magnesium and its alloys, granularity ＜ 500μm（containing 97%or more by weight of magnesium, whether spheroid, ellipsoid, atomized, flake formed, crush metal fuel)	【最】8【普】30 【协东盟】0【协巴基斯坦】5【协智利】0 【协新西兰】0【协秘鲁】0【协哥斯达黎加】0 【协冰岛】0【协瑞士】0【协澳大利亚】0 【协韩国】0【协格鲁吉亚】0【协香港】0 【协澳门】0 【特-1】0【特-2】0 【增】16【对美加征】10【出】0【退】0	千克		3			301	颗粒<500μm的镁及其合金（含量≥97%，不论球形，椭球体，雾化，片状，研碎金属燃料）（属于危险化学品的金属）
810430	00	90	其他已分级的镁锉屑，车屑，颗粒；粉末	Other magnesium raspings, turnings and granules, graded according to size; powders	【最】8【普】30 【协东盟】0【协巴基斯坦】5【协智利】0 【协新西兰】0【协秘鲁】0【协哥斯达黎加】0 【协冰岛】0【协瑞士】0【协澳大利亚】0 【协韩国】0【协格鲁吉亚】0【协香港】0 【协澳门】0 【特-1】0【特-2】0 【增】16【对美加征】10【出】0【退】0	千克					301	其他已分级的镁锉屑，车屑，颗粒；粉末（属于危险化学品的金属）
810490	10		锻轧镁	Wrought magnesium	【最】8【普】30 【协东盟】0【协巴基斯坦】5【协智利】0 【协新西兰】0【协秘鲁】0【协哥斯达黎加】0 【协冰岛】0【协瑞士】0【协澳大利亚】0 【协韩国】0【协格鲁吉亚】0【协香港】0 【协澳门】0 【特-1】0【特-2】0 【增】16【对美加征】5【出】0【退】0	千克					101 103	锻轧镁（其他深加工金属制品） 锻轧镁［镁（片状、带状或条状）］
810490	20	10	镁金属基复合材料（包括各种结构件和制品、各种预成形件，其中增强材料的比拉伸强度大于7.62×10^{4}m和比模量大于3.18×10^{6}m）	Masnesium composite materials (including all sorts of structural parts and articles and Pre-formed parts, tensile strength reinforced materials ＞ 7.62×10^{4}m and specific modulus bigger than 3.18×10^{6}m)	【最】8【普】70 【协东盟】0【协巴基斯坦】5【协智利】0 【协新西兰】0【协秘鲁】0【协哥斯达黎加】0 【协冰岛】0【协瑞士】0【协澳大利亚】0 【协韩国】0【协格鲁吉亚】0【协香港】0 【协澳门】0 【特-1】0【特-2】0 【增】16【对美加征】10【出】0【退】10	千克		3			101	镁金属基复合材料（包括各种结构件和制品、各种预成形件，其中增强材料的比拉伸强度大于7.62×10^{4}m和比模量大于3.18×10^{6}m)（其他深加工金属制品）
810490	20	90	其他镁制品	Other masnesium articles	【最】8【普】70 【协东盟】0【协巴基斯坦】5【协智利】0 【协新西兰】0【协秘鲁】0【协哥斯达黎加】0 【协冰岛】0【协瑞士】0【协澳大利亚】0 【协韩国】0【协格鲁吉亚】0【协香港】0 【协澳门】0 【特-1】0【特-2】0 【增】16【对美加征】10【出】0【退】0	千克					101	其他镁制品（其他深加工金属制品）
810520	10		钴湿法冶炼中间品	Intermediate products of cobalt metallurgy by wet process	【最】4【普】14【暂进】0 【协东盟】0【协巴基斯坦】0【协智利】0 【协新西兰】0【协秘鲁】0【协哥斯达黎加】0 【协冰岛】0【协瑞士】0【协澳大利亚】0 【协韩国】0【协格鲁吉亚】0【协香港】0 【协澳门】0 【特-1】0【特-2】0【特-3】0 【增】16【出】0【退】0	千克		4xy			999	钴湿法冶炼中间品
810520	20		未锻轧钴	Unwrought cobalt	【最】4【普】14 【协东盟】0【协巴基斯坦】0【协智利】0 【协新西兰】0【协秘鲁】0【协哥斯达黎加】0 【协冰岛】0【协瑞士】0【协澳大利亚】0 【协韩国】0【协格鲁吉亚】0【协香港】0 【协澳门】0 【特-1】0【特-2】0【特-3】0 【增】16【出】0【退】0	千克		4xy			999	未锻轧钴

税则号列			货品名称中英文		税费综合信息	计量单位	监管证件代码		检验检疫类别		检验检疫编码	检验检疫编码对应中文名称
HS国际统一前6位	本国子目7~8位	9~10位	中文货物名称	英文 Article Description			进口	出口	进口	出口		
810520	90	01	钴锍及其他冶炼钴时所得中间产品	Cobalt mattes and other intermediate products of cobalt metallurgy	【最】4【普】14【暂进】0 【协东盟】0【协巴基斯坦】0【协智利】0 【协新西兰】0【协秘鲁】0【协哥斯达黎加】0 【协冰岛】0【协瑞士】0【协澳大利亚】0 【协韩国】0【协格鲁吉亚】0【协香港】0 【协澳门】0 【特-1】0【特-2】0【特-3】0 【增】16【对美加征】10【出】0【退】0	千克		4xy			999	钴锍及其他冶炼钴时所得中间产品
810520	90	10	钴≥99.5%的超细钴粉（费氏粒度0.8μm~1.5μm，松装密度0.4g/cm^3~0.8g/cm^3）	Supper-fine cobalt powders, containing 99.5% or more of cobalt(Fischer granularinty 0.8μm~1.5μm, fill density 0.4g/cm^3~0.8g/cm^3)	【最】4【普】14 【协东盟】0【协巴基斯坦】0【协智利】0 【协新西兰】0【协秘鲁】0【协哥斯达黎加】0 【协冰岛】0【协瑞士】0【协澳大利亚】0 【协韩国】0【协格鲁吉亚】0【协香港】0 【协澳门】0 【特-1】0【特-2】0【特-3】0 【增】16【对美加征】10【出】0【退】0	千克					999	钴≥99.5%的超细钴粉（费氏粒度0.8μm~1.5μm，松装密度0.4g/cm^3~0.8g/cm^3）
810520	90	90	其他钴锍、粉末	Other cobalt mattes and unwronght cobalt; powders	【最】4【普】14 【协东盟】0【协巴基斯坦】0【协智利】0 【协新西兰】0【协秘鲁】0【协哥斯达黎加】0 【协冰岛】0【协瑞士】0【协澳大利亚】0 【协韩国】0【协格鲁吉亚】0【协香港】0 【协澳门】0 【特-1】0【特-2】0【特-3】0 【增】16【对美加征】10【出】0【退】0	千克		4xy			999	其他钴锍、粉末
810530	00		钴锍废碎料	Waste and scrap of cobalt mattes	【最】4【普】14 【协东盟】0【协巴基斯坦】0【协智利】0 【协新西兰】0【协秘鲁】0【协哥斯达黎加】0 【协冰岛】0【协瑞士】0【协澳大利亚】0 【协韩国】0【协格鲁吉亚】0【协香港】0 【协澳门】0 【特-1】0【特-2】0【特-3】0 【增】16【出】0【退】0	千克	9	4xy			999	钴锍废碎料
810590	00		其他钴及制品	Other cobalt mattes articles	【最】8【普】30 【协东盟】0【协巴基斯坦】5【协智利】0 【协新西兰】0【协秘鲁】0【协哥斯达黎加】0 【协冰岛】0【协瑞士】0【协澳大利亚】0 【协韩国】4【协格鲁吉亚】0【协香港】0 【协澳门】0 【特-1】0【特-2】0【特-3】0 【增】16【对美加征】5【出】0【退】0	千克		4xy			101	其他钴及制品（其他深加工金属制品）
810600	10	11	高纯度未锻轧的铋（纯度≥99.99%，含银量低于十万分之一）	Unwronght bismuth, hight-pure unwroght bismuth, purity ≥99.99%, containing 1.0×10^{-6} or less by weight of silver	【最】3【普】20【暂进】1 【协东盟】0【协巴基斯坦】0【协智利】0 【协新西兰】0【协秘鲁】0【协哥斯达黎加】0 【协冰岛】0【协瑞士】0【协澳大利亚】0 【协韩国】0【协格鲁吉亚】0【协香港】0 【协澳门】0 【特-1】0【特-2】0 【增】16【对美加征】25【出】0【退】0	千克		3			999	高纯度未锻轧的铋（纯度≥99.99%，含银量低于十万分之一）
810600	10	19	高纯度未锻轧的铋废料、粉末（纯度≥99.99%，含银量低于十万分之一）	Unwronght bismuth, highly - pure unwroght bismuth, waste and scrap, purity ≥99.99%, containing 1.0×10^{-6} or less by weight of silver	【最】3【普】20 【协东盟】0【协巴基斯坦】0【协智利】0 【协新西兰】0【协秘鲁】0【协哥斯达黎加】0 【协冰岛】0【协瑞士】0【协澳大利亚】0 【协韩国】0【协格鲁吉亚】0【协香港】0 【协澳门】0 【特-1】0【特-2】0 【增】16【对美加征】25【出】0【退】0	千克		3			999	高纯度未锻轧的铋废料、粉末（纯度≥99.99%，含银量低于十万分之一）
810600	10	91	其他未锻轧铋	Other unwrought bismuth	【最】3【普】20【暂进】1 【协东盟】0【协巴基斯坦】0【协智利】0 【协新西兰】0【协秘鲁】0【协哥斯达黎加】0 【协冰岛】0【协瑞士】0【协澳大利亚】0 【协韩国】0【协格鲁吉亚】0【协香港】0 【协澳门】0 【特-1】0【特-2】0 【增】16【对美加征】25【出】0【退】0	千克		4xy			999	其他未锻轧铋

税则号列			货品名称中英文		税费综合信息	计量单位	监管证件代码		检验检疫类别		检验检疫编码	检验检疫编码对应中文名称
HS国际统一前6位	本国子目 7~8位	本国子目 9~10位	中文 货物名称	英文 Article Description			进口	出口	进口	出口		
810600	10	92	其他未锻轧铋废碎料	Other unwrought bismuth waste and scrap	【最】3【普】20 【协东盟】0【协巴基斯坦】0【协智利】0 【协新西兰】0【协秘鲁】0【协哥斯达黎加】0 【协冰岛】0【协瑞士】0【协澳大利亚】0 【协韩国】0【协格鲁吉亚】0【协香港】0 【协澳门】0 【特-1】0【特-2】0 【增】16【对美加征】25【出】0【退】0	千克	AP	4xy	M		999	其他未锻轧铋废碎料
810600	10	99	其他未锻轧铋粉末	Other unwrought bismuth powders	【最】3【普】20 【协东盟】0【协巴基斯坦】0【协智利】0 【协新西兰】0【协秘鲁】0【协哥斯达黎加】0 【协冰岛】0【协瑞士】0【协澳大利亚】0 【协韩国】0【协格鲁吉亚】0【协香港】0 【协澳门】0 【特-1】0【特-2】0 【增】16【对美加征】25【出】0【退】0	千克		4xy			999	其他未锻轧铋粉末
810600	90	10	高纯度铋及铋制品（纯度≥99.99%，含银量低于十万分之一）	Highly-pure unwrought bismuth and articles thereof, purity ≥ 99.99%, containing 1.0×10^{-6} or less by weight of silver	【最】8【普】30 【协东盟】0【协巴基斯坦】5【协智利】0 【协新西兰】0【协秘鲁】0【协哥斯达黎加】0 【协冰岛】0【协瑞士】0【协澳大利亚】0 【协韩国】4【协格鲁吉亚】0【协香港】0 【协澳门】0 【特-1】0【特-2】0 【增】16【对美加征】5【出】0【退】10	千克		3			999	高纯度铋及铋制品（纯度≥99.99%，含银量低于十万分之一）
810600	90	90	其他铋及铋制品	Other bismuth and articles thereof	【最】8【普】30 【协东盟】0【协巴基斯坦】5【协智利】0 【协新西兰】0【协秘鲁】0【协哥斯达黎加】0 【协冰岛】0【协瑞士】0【协澳大利亚】0 【协韩国】4【协格鲁吉亚】0【协香港】0 【协澳门】0 【特-1】0【特-2】0 【增】16【对美加征】5【出】0【退】0	千克		4xy			999	其他铋及铋制品
810720	00		未锻轧镉、粉末	Unwrought cadmium; powders	【最】3【普】14 【协东盟】0【协巴基斯坦】0【协智利】0 【协新西兰】0【协哥斯达黎加】0 【协冰岛】0【协瑞士】0【协澳大利亚】0 【协韩国】0【协格鲁吉亚】0【协香港】0 【协澳门】0 【特-1】0【特-2】0 【增】16【对美加征】10【出】0【退】0	千克					999	未锻轧镉、粉末
810730	00		镉废碎料	Cadmium waste and scrap	【最】3【普】14 【协东盟】0【协巴基斯坦】0【协智利】0 【协新西兰】0【协秘鲁】0【协哥斯达黎加】0 【协冰岛】0【协瑞士】0【协澳大利亚】0 【协韩国】0【协格鲁吉亚】0【协香港】0 【协澳门】0 【特-1】0【特-2】0 【增】16【出】0【退】0	千克	9				999	镉废碎料
810790	00		其他镉及镉制品	Other cadmium and articles thereof	【最】8【普】30 【协亚太】5.6【协东盟】0【协巴基斯坦】5 【协智利】0【协新西兰】0【协秘鲁】0 【协哥斯达黎加】0【协冰岛】0【协瑞士】0 【协澳大利亚】0【协韩国】0 【协格鲁吉亚】0【协香港】0【协澳门】0 【特-1】0【特-2】0 【增】16【对美加征】5【出】0【退】0	千克					101	其他镉及镉制品（其他深加工金属制品）
810820	21		未锻轧海绵钛	Unwrought sponge titanium	【最】3【普】14 【协东盟】0【协巴基斯坦】0【协智利】0 【协新西兰】0【协秘鲁】0 【协哥斯达黎加】0【协冰岛】0【协瑞士】0 【协澳大利亚】0【协韩国】0 【协格鲁吉亚】0【协香港】0【协澳门】0 【特-1】0【特-2】0 【增】16【对美加征】10【出】0【退】0	千克		4xy			102	未锻轧海绵钛（金属钛粒）

税则号列			货品名称中英文		税费综合信息	计量单位	监管证件代码		检验检疫类别		检验检疫编码	检验检疫编码对应中文名称
HS 国际统一前6位	本国子目 7~8位	9~10位	中文 货物名称	英文 Article Description			进口	出口	进口	出口		
810820	29	10	颗粒＜500μm的钛及其合金（含量≥97%，不论球形，椭球体，雾化，片状，研碎金属燃料）	Titanium and alloys, granularity＜500 μm (containing 97% or more by weight of titanium, whether spheroid, ellipsoid, atomized, flake formed, ground metallic fuels)	【最】3【普】14 【协东盟】0【协巴基斯坦】0【协智利】0 【协新西兰】0【协秘鲁】0【协哥斯达黎加】0 【协冰岛】0【协瑞士】0【协澳大利亚】0 【协韩国】0【协格鲁吉亚】0【协香港】0 【协澳门】0 【特-1】0【特-2】0 【增】16【对美加征】5【出】0【退】0	千克	A	3	M		301 999	颗粒＜500μm的钛及其合金（含量≥97%，不论球形，椭球体，雾化，片状，研碎金属燃料）（属于危险化学品的金属） 颗粒＜500μm的钛及其合金（含量≥97%，不论球形，椭球体，雾化，片状，研碎金属燃料）（低风险金属材料）
810820	29	90	其他未锻轧钛	Other unwrought titanium; powders	【最】3【普】14 【协东盟】0【协巴基斯坦】0【协智利】0 【协新西兰】0【协秘鲁】0【协哥斯达黎加】0 【协冰岛】0【协瑞士】0【协澳大利亚】0 【协韩国】0【协格鲁吉亚】0【协香港】0 【协澳门】0 【特-1】0【特-2】0 【增】16【对美加征】5【出】0【退】0	千克		4xy			999	其他未锻轧钛
810820	30		钛的粉末	Powders of titanium	【最】3【普】14 【协东盟】0【协香港】0【协巴基斯坦】0 【协智利】0【协新西兰】0【协秘鲁】0 【协哥斯达黎加】0【协冰岛】0【协瑞士】0 【协澳大利亚】0【协韩国】0【协格鲁吉亚】0 【特-1】0【特-2】0 【增】16【对美加征】10【出】0【退】0	千克	A	4xy	M		101 301	钛的粉末（其他有色金属及其制品） 钛的粉末（属于危险化学品的金属）
810830	00		钛废碎料	Waste and scrap of titanium	【最】3【普】14 【协东盟】0【协巴基斯坦】0【协智利】0 【协新西兰】0【协秘鲁】0【协哥斯达黎加】0 【协冰岛】0【协瑞士】0【协澳大利亚】0 【协韩国】0【协格鲁吉亚】0【协香港】0 【协澳门】0 【特-1】0【特-2】0 【增】16【对美加征】25【出】0【退】0	千克	AP	4xy	M		999	钛废碎料
810890	10	10	钛合金，实心圆柱体，包括锻件（20℃下极限抗拉强度≥900MPa，外径超过75mm）	Titanium alloys, solid cylinder, including castings (ultimate tensile strength≥900MPa at 20℃, of an outer diameter exceeding 75mm)	【最】8【普】30 【协东盟】0【协巴基斯坦】5【协智利】0 【协新西兰】0【协秘鲁】0【协哥斯达黎加】0 【协冰岛】0【协瑞士】0【协澳大利亚】0 【协韩国】4【协格鲁吉亚】0【协香港】0 【协澳门】0 【特-1】0【特-2】0 【增】16【对美加征】5【出】0【退】13	千克		3			999	钛合金，实心圆柱体，包括锻件（20℃下极限抗拉强度≥900MPa，外径超过75mm）
810890	10	20	钛金属基复合材料的条，杆，型材及异型材（其中增强材料的比拉伸强度大于7.62×10^6m和比模量大于3.18×10^7m）	Bars, rods, shaps and sections, made of composite material of titanium metal (the degree of strength of intensity material is more than 7.62×10^6m, and specific modulus is bigger than 3.18×10^7m)	【最】8【普】30 【协东盟】0【协巴基斯坦】5【协智利】0 【协新西兰】0【协秘鲁】0【协哥斯达黎加】0 【协冰岛】0【协瑞士】0【协澳大利亚】0 【协韩国】4【协格鲁吉亚】0【协香港】0 【协澳门】0 【特-1】0【特-2】0 【增】16【对美加征】5【出】0【退】13	千克		3			999	钛金属基复合材料的条，杆，型材及异型材（其中增强材料的比拉伸强度大于7.62×10^6m和比模量大于3.18×10^7m）
810890	10	90	其他钛条、杆、型材及异型材	Other bars, rods, shapes and sections, of titanium	【最】8【普】30 【协东盟】0【协巴基斯坦】5【协智利】0 【协新西兰】0【协秘鲁】0【协哥斯达黎加】0 【协冰岛】0【协瑞士】0【协澳大利亚】0 【协韩国】4【协格鲁吉亚】0【协香港】0 【协澳门】0 【特-1】0【特-2】0 【增】16【对美加征】5【出】0【退】13	千克					999	其他钛条、杆、型材及异型材
810890	20		钛丝	Wire of titanium	【最】8【普】30 【协亚太】6.4【协东盟】0【协巴基斯坦】5 【协智利】0【协新西兰】0【协秘鲁】0 【协哥斯达黎加】0【协冰岛】0【协瑞士】0 【协澳大利亚】0【协韩国】0 【协格鲁吉亚】0【协香港】0【协澳门】0 【特-1】0【特-2】0 【增】16【对美加征】5【出】0【退】13	千克					101	钛丝（其他深加工金属制品）

税则号列			货品名称中英文		税费综合信息	计量单位	监管证件代码		检验检疫类别		检验检疫编码	检验检疫编码对应中文名称
HS 国际统一前6位	本国子目 7~8位	本国子目 9~10位	中文 货物名称	英文 Article Description			进口	出口	进口	出口		
810890	31		厚度≤0.8毫米钛板、片、带、箔	Plates, sheets, strip and foil, made of titanium metal, of a thickness not more than 0.8mm	【最】8【普】30【暂进】4 【协东盟】0【协巴基斯坦】5【协智利】0 【协新西兰】0【协秘鲁】0【协哥斯达黎加】0 【协冰岛】0【协瑞士】0【协澳大利亚】0 【协韩国】0【协格鲁吉亚】0【协香港】0 【协澳门】0 【特-1】0【特-2】0 【增】16【对美加征】10【出】0【退】13	千克					101	厚度≤0.8毫米钛板、片、带、箔（其他深加工金属制品）
810890	32	10	钛金属基复合材料的板、片、带、箔（其中增强材料的比拉伸强度大于7.62×10^{4}m和比模量大于3.18×10^{7}m，厚度大于0.8mm)	Plates, sheets, strip and foil, made of titanium metal (tensile strength of reinforced material is more than 7.62×10^{4}m, specific modulis is bigger than 3.18 × 10^{7}m, of a thickness exceeding 0.8mm)	【最】8【普】30【暂进】4 【协东盟】0【协巴基斯坦】5【协智利】0 【协新西兰】0【协秘鲁】0【协哥斯达黎加】0 【协冰岛】0【协瑞士】0【协澳大利亚】0 【协韩国】0【协格鲁吉亚】0【协香港】0 【协澳门】0 【特-1】0【特-2】0 【增】16【对美加征】5【出】0【退】13	千克		3			101	钛金属基复合材料的板，片，带，箔（其中增强材料的比拉伸强度大于7.62×10^{4}m和比模量大于3.18×10^{7}m，厚度大于0.8mm)（其他深加工金属制品）
810890	32	90	其他厚度>0.8毫米钛板、片、带、箔	Other plates, sheets, strap, foil, of titanium of a thickness exceeding 0.8mm	【最】8【普】30【暂进】4 【协东盟】0【协巴基斯坦】5【协智利】0 【协新西兰】0【协秘鲁】0【协哥斯达黎加】0 【协冰岛】0【协瑞士】0【协澳大利亚】0 【协韩国】0【协格鲁吉亚】0【协香港】0 【协澳门】0 【特-1】0【特-2】0 【增】16【对美加征】5【出】0【退】13	千克					101	其他厚度>0.8毫米钛板、片、带、箔（其他深加工金属制品）
810890	40	10	钛合金管（20℃下极限抗拉强度≥900MPa，外径>75mm)	Tubes or pipes of titanium alloys (ultimate tensile strength ≥ 900MPa at 20℃, of an outer diameter exceeding 75mm)	【最】8【普】30 【协东盟】0【协巴基斯坦】5【协智利】0 【协新西兰】0【协秘鲁】0【协哥斯达黎加】0 【协冰岛】0【协瑞士】0【协澳大利亚】0 【协韩国】4【协格鲁吉亚】0【协香港】0 【协澳门】0 【特-1】0【特-2】0 【增】16【对美加征】10【出】0【退】13	千克		3			999	钛合金管（20℃下极限抗拉强度≥900MPa，外径>75mm)
810890	40	90	其他钛管	Other titanium tubes or pipes	【最】8【普】30 【协东盟】0【协巴基斯坦】5【协智利】0 【协新西兰】0【协秘鲁】0【协哥斯达黎加】0 【协冰岛】0【协瑞士】0【协澳大利亚】0 【协韩国】4【协格鲁吉亚】0【协香港】0 【协澳门】0 【特-1】0【特-2】0 【增】16【对美加征】10【出】0【退】13	千克					999	其他钛管
810890	90		其他钛及钛制品	Other titanium and articles thereof	【最】8【普】30 【协东盟】0【协巴基斯坦】5【协智利】0 【协新西兰】0【协秘鲁】0【协哥斯达黎加】0 【协冰岛】0【协瑞士】0【协澳大利亚】0 【协韩国】0【协格鲁吉亚】4.8【协香港】0 【协澳门】0 【特-1】0【特-2】0 【增】16【对美加征】5【出】0【退】13	千克					101	其他钛及钛制品（其他深加工金属制品）
810920	00	10	颗粒<500μm的锆及其合金（含量≥97%，不论球形，椭球体，雾化，片状，研碎金属燃料）	Zirconium and alloys, granularity < 500μm (containing 97% or more of Zirconium, whether spheroid, ellipsoid, atomized, flake formed, crush metal fuels)	【最】3【普】20 【协东盟】0【协巴基斯坦】0【协智利】0 【协新西兰】0【协秘鲁】0【协哥斯达黎加】0 【协冰岛】0【协瑞士】0【协澳大利亚】0 【协韩国】0【协格鲁吉亚】0【协香港】0 【协澳门】0 【特-1】0【特-2】0 【增】16【对美加征】10【出】0【退】0	千克	A	3	M		301 999	颗粒<500μm的锆及其合金（含量≥97%，不论球形，椭球体，雾化，片状，研碎金属燃料）（属于危险化学品的金属） 颗粒<500μm的锆及其合金（含量≥97%，不论球形，椭球体，雾化，片状，研碎金属燃料）（低风险金属材料）

税则号列			货品名称中英文		税费综合信息	计量单位	监管证件代码		检验检疫类别		检验检疫编码	检验检疫编码对应中文名称
HS 国际统一前6位	本国子目 7~8位	本国子目 9~10位	中文 货物名称	英文 Article Description			进口	出口	进口	出口		
810920	00	90	其他未锻轧锆；粉末	Other unwrought zirconium; powders	【最】3【普】20 【协东盟】0【协巴基斯坦】0【协智利】0 【协新西兰】0【协秘鲁】0【协哥斯达黎加】0 【协冰岛】0【协瑞士】0【协澳大利亚】0 【协韩国】0【协格鲁吉亚】0【协香港】0 【协澳门】0 【特-1】0【特-2】0 【增】16【对美加征】10【出】0【退】0	千克	A	3	M		101 301	其他未锻轧锆；粉末（其他有色金属及其制品） 其他未锻轧锆；粉末（属于危险化学品的金属）
810930	00		锆废碎料	Waste and scrap of zirconium	【最】3【普】20 【协东盟】0【协巴基斯坦】0【协智利】0 【协新西兰】0【协秘鲁】0【协哥斯达黎加】0 【协冰岛】0【协瑞士】0【协澳大利亚】0 【协韩国】0【协格鲁吉亚】0【协香港】0 【协澳门】0 【特-1】0【特-2】0 【增】16【对美加征】25【出】0【退】0	千克	AP	3	M		999	锆废碎料
810990	00	10	锆管（铪与锆重量比低于1：500的锆金属和合金的管或组件）	Tubes or pipes of zirconium and its alloys (ratio of weight of hafnium and zirconium is less than 1：500)	【最】8【普】30 【协东盟】0【协巴基斯坦】5【协智利】0 【协新西兰】0【协秘鲁】0【协哥斯达黎加】0 【协冰岛】0【协瑞士】0【协澳大利亚】0 【协韩国】4【协格鲁吉亚】0【协香港】0 【协澳门】0 【特-1】0【特-2】0 【增】16【对美加征】5【出】0【退】10	千克		3			999	锆管（铪与锆重量比低于1：500的锆金属和合金的管或组件）
810990	00	90	其他锻轧锆及锆制品	Other wrought zirconium and articles thereof	【最】8【普】30 【协东盟】0【协巴基斯坦】5【协智利】0 【协新西兰】0【协秘鲁】0【协哥斯达黎加】0 【协冰岛】0【协瑞士】0【协澳大利亚】0 【协韩国】4【协格鲁吉亚】0【协香港】0 【协澳门】0 【特-1】0【特-2】0 【增】16【对美加征】5【出】0【退】10	千克		3			102 103 104 105	其他锻轧锆及锆制品（金属锆片） 其他锻轧锆及锆制品（金属锆条） 其他锻轧锆及锆制品（金属锆丝） 其他锻轧锆及锆制品［金属锆（干的，碎屑）］
811010	10		未锻轧锑	Unwrought antimony	【最】3【普】30【暂进】1 【协东盟】0【协巴基斯坦】0【协智利】0 【协新西兰】0【协秘鲁】0【协哥斯达黎加】0 【协冰岛】0【协瑞士】0【协澳大利亚】0 【协韩国】0【协格鲁吉亚】0【协香港】0 【协澳门】0 【特-1】0【特-2】0 【增】16【对美加征】10【出】20【暂出】5 【退】0	千克		4xy			101 102 103	未锻轧锑（高铅锑） 未锻轧锑（锑合金） 未锻轧锑（其他锑及其制品）
811010	20		锑粉末	Powders of antimony	【最】3【普】30 【协东盟】0【协巴基斯坦】0【协智利】0 【协新西兰】0【协秘鲁】0【协哥斯达黎加】0 【协冰岛】0【协瑞士】0【协澳大利亚】0 【协韩国】0【协格鲁吉亚】0【协香港】0 【协澳门】0 【特-1】0【特-2】0 【增】16【对美加征】10【出】20【退】0	千克	A	4xy	M		101 102 103	锑粉末（高铅锑） 锑粉末（锑合金） 锑粉末（其他锑及其制品）
811010	20		锑粉末	Powders of antimony	【最】3【普】30 【协东盟】0【协巴基斯坦】0【协智利】0 【协新西兰】0【协秘鲁】0【协哥斯达黎加】0 【协冰岛】0【协瑞士】0【协澳大利亚】0 【协韩国】0【协格鲁吉亚】0【协香港】0 【协澳门】0 【特-1】0【特-2】0 【增】16【对美加征】10【出】20【退】0	千克	A	4xy	M		301	锑粉末（属于危险化学品的金属）
811020	00		锑废碎料	Antimony waste and scrap	【最】3【普】30 【协东盟】0【协巴基斯坦】0【协智利】0 【协新西兰】0【协秘鲁】0【协哥斯达黎加】0 【协冰岛】0【协瑞士】0【协澳大利亚】0 【协韩国】0【协格鲁吉亚】0【协香港】0 【协澳门】0 【特-1】0【特-2】0 【增】16【出】20【退】0	千克	9	4xy			999	锑废碎料

税则号列 HS国际统一前6位	本国子目 7~8位	本国子目 9~10位	货品名称中文 货物名称	英文 Article Description	税费综合信息	计量单位	监管证件代码 进口	监管证件代码 出口	检验检疫类别 进口	检验检疫类别 出口	检验检疫编码	检验检疫编码对应中文名称
811090	00		其他锑及锑制品	Other antimony and articles thereof	【最】8【普】40 【协东盟】0【协巴基斯坦】5【协智利】0 【协新西兰】0【协秘鲁】0【协哥斯达黎加】0 【协冰岛】0【协瑞士】0【协澳大利亚】0 【协韩国】0【协格鲁吉亚】0【协香港】0 【协澳门】0 【特-1】0【特-2】0 【增】16【对美加征】5【出】0【退】0	千克		4xy			101 102	其他锑及锑制品（锑合金） 其他锑及锑制品（其他锑及其制品）
811100	10	10	锰废碎料	Unwrought manganese waste and scraps	【最】3【普】20 【协东盟】0【协巴基斯坦】0【协智利】0 【协新西兰】0【协秘鲁】0【协哥斯达黎加】0 【协冰岛】0【协瑞士】0【协澳大利亚】0 【协韩国】0【协格鲁吉亚】0【协香港】0 【协澳门】0 【特-1】0【特-2】0【特-3】0 【增】16【对美加征】10【出】0【退】0	千克	9	4xy			999	锰废碎料
811100	10	90	未锻轧锰；粉末	Unwrought manganese powders	【最】3【普】20 【协东盟】0【协巴基斯坦】0【协智利】0 【协新西兰】0【协秘鲁】0【协哥斯达黎加】0 【协冰岛】0【协瑞士】0【协澳大利亚】0 【协韩国】0【协格鲁吉亚】0【协香港】0 【协澳门】0 【特-1】0【特-2】0【特-3】0 【增】16【对美加征】10【出】0【退】0	千克	A	4xy	M		101 102 103 104 301	未锻轧锰；粉末（锰粉） 未锻轧锰；粉末（锰片） 未锻轧锰；粉末（锰锭） 未锻轧锰；粉末（未锻轧锰桃、锰球、锰块） 未锻轧锰；粉末（属于危险化学品的金属）
811100	90		其他锰及制品	Other manganese and articles thereof	【最】8【普】30 【协东盟】0【协巴基斯坦】5【协智利】0 【协新西兰】0【协秘鲁】0【协哥斯达黎加】0 【协冰岛】0【协瑞士】0【协澳大利亚】1.6 【协韩国】0【协格鲁吉亚】0【协香港】0 【协澳门】0 【特-1】0【特-2】0【特-3】0 【增】16【对美加征】5【出】0【退】0	千克		4xy			101	其他锰及制品（其他深加工金属制品）
811212	00		未锻轧铍、铍粉末	Unwrought beryllium and powders of beryllium	【最】3【普】30 【协东盟】0【协巴基斯坦】0【协智利】0 【协新西兰】0【协秘鲁】0【协哥斯达黎加】0 【协冰岛】0【协瑞士】0【协澳大利亚】0 【协韩国】0【协格鲁吉亚】0【协香港】0 【协澳门】0 【特-1】0【特-2】0【特-3】0 【增】16【对美加征】10【出】0【退】0	千克	A	3	M		301 302	未锻轧铍、铍粉末（其他有色金属及其制品） 未锻轧铍、铍粉末（属于危险化学品的金属）
811213	00		铍废碎料	Waste and scrap of beryllium	【最】3【普】30 【协东盟】0【协巴基斯坦】0【协智利】0 【协新西兰】0【协秘鲁】0【协哥斯达黎加】0 【协冰岛】0【协瑞士】0【协澳大利亚】0 【协韩国】0【协格鲁吉亚】0【协香港】0 【协澳门】0 【特-1】0【特-2】0【特-3】0 【增】16【出】0【退】0	千克	9	3			999	铍废碎料
811219	00		其他铍及其制品	Other beryllium and articles thereof	【最】8【普】30 【协东盟】0【协巴基斯坦】5【协智利】0 【协新西兰】0【协秘鲁】0【协哥斯达黎加】0 【协冰岛】0【协瑞士】0【协澳大利亚】0 【协韩国】0【协格鲁吉亚】0【协香港】0 【协澳门】0 【特-1】0【特-2】0【特-3】0 【增】16【对美加征】5【出】0【退】0	千克		3			101	其他铍及其制品（其他深加工金属制品）
811221	00		未锻轧铬；铬粉末	Unwrought chromium and powders of chromium	【最】3【普】20 【协东盟】0【协巴基斯坦】0【协智利】0 【协新西兰】0【协秘鲁】0【协哥斯达黎加】0 【协冰岛】0【协瑞士】0【协澳大利亚】0 【协韩国】0【协格鲁吉亚】0【协香港】0 【协澳门】0 【特-1】0【特-2】0【特-3】0 【增】16【对美加征】5【出】0【退】0	千克		4xy			999	未锻轧铬；铬粉末

税则号列			货品名称中英文		税费综合信息	计量单位	监管证件代码		检验检疫类别		检验检疫编码	检验检疫编码对应中文名称
HS 国际统一前6位	本国子目 7~8位	9~10位	中文 货物名称	英文 Article Description			进口	出口	进口	出口		
811222	00		铬废碎料	Waste and scrap of chromium of chromium	【最】3【普】20 【协东盟】0【协巴基斯坦】0【协智利】0 【协新西兰】0【协秘鲁】0【协哥斯达黎加】0 【协冰岛】0【协瑞士】0【协澳大利亚】0 【协韩国】0【协格鲁吉亚】0【协香港】0 【协澳门】0 【特-1】0【特-2】0【特-3】0 【增】16【出】0【退】0	千克	9	4xy			999	铬废碎料
811229	00		其他铬及其制品	Other chromium and articles thereof	【最】3【普】20 【协东盟】0【协巴基斯坦】0【协智利】0 【协新西兰】0【协秘鲁】0【协哥斯达黎加】0 【协冰岛】0【协瑞士】0【协澳大利亚】0 【协韩国】0【协格鲁吉亚】1.8【协香港】0 【协澳门】0 【特-1】0【特-2】0【特-3】0 【增】16【对美加征】10【出】0【退】0	千克		4xy			999	其他铬及其制品
811251	00		未锻轧铊；铊粉末	Unwrought thallium and powders of thallium	【最】3【普】20 【协东盟】0【协巴基斯坦】0【协智利】0 【协新西兰】0【协秘鲁】0【协哥斯达黎加】0 【协冰岛】0【协瑞士】0【协澳大利亚】0 【协韩国】0【协格鲁吉亚】0【协香港】0 【协澳门】0 【特-1】0【特-2】0【特-3】0 【增】16【出】0【退】0	千克	A	B	M	N	301 302	未锻轧铊；铊粉末（其他有色金属及其制品） 未锻轧铊；铊粉末（属于危险化学品的金属）
811252	00		铊废碎料	Waste and scrap of thallium of thallium	【最】3【普】20 【协东盟】0【协巴基斯坦】0【协智利】0 【协新西兰】0【协秘鲁】0【协哥斯达黎加】0 【协冰岛】0【协瑞士】0【协澳大利亚】0 【协韩国】0【协格鲁吉亚】0【协香港】0 【协澳门】0 【特-1】0【特-2】0【特-3】0 【增】16【出】0【退】0	千克	9				999	铊废碎料
811259	00		其他铊及其制品	Other thallium and articles thereof	【最】8【普】30 【协东盟】0【协巴基斯坦】5【协智利】0 【协新西兰】0【协秘鲁】0【协哥斯达黎加】0 【协冰岛】0【协瑞士】0【协澳大利亚】0 【协韩国】0【协格鲁吉亚】0【协香港】0 【协澳门】0 【特-1】0【特-2】0【特-3】0 【增】16【对美加征】5【出】0【退】0	千克					999	其他铊及其制品
811292	10	10	未锻轧锗废碎料	Unwrought germanium waste and scraps	【最】3【普】20 【协东盟】0【协巴基斯坦】0【协智利】0 【协新西兰】0【协秘鲁】0【协哥斯达黎加】0 【协冰岛】0【协瑞士】0【协澳大利亚】0 【协韩国】0【协格鲁吉亚】0【协香港】0 【协澳门】0 【特-1】0【特-2】0【特-3】0 【增】16【对美加征】25【出】0【退】0	千克	AP	4xy	M		999	未锻轧锗废碎料
811292	10	90	未锻轧的锗；锗粉末	Unwrought germanium; powders	【最】3【普】20 【协东盟】0【协巴基斯坦】0【协智利】0 【协新西兰】0【协秘鲁】0【协哥斯达黎加】0 【协冰岛】0【协瑞士】0【协澳大利亚】0 【协韩国】0【协格鲁吉亚】0【协香港】0 【协澳门】0 【特-1】0【特-2】0【特-3】0 【增】16【对美加征】25【出】0【退】0	千克		4xy			999	未锻轧的锗；锗粉末
811292	20	01	未锻轧、废碎料或粉末状的钒氮合金	Unwrought, waste and scrap; powders, of vanadium and nitrogen alloys	【最】3【普】20 【暂进口】0 【协东盟】0【协巴基斯坦】0【协智利】0 【协新西兰】0【协秘鲁】0【协哥斯达黎加】0 【协冰岛】0【协瑞士】0【协澳大利亚】0 【协韩国】0【协格鲁吉亚】0【协香港】0 【协澳门】0 【特-1】0【特-2】0【特-3】0 【增】16【对美加征】25【出】0【退】0	千克		4xy			102	未锻轧、废碎料或粉末状的钒氮合金（废碎料）

税则号列			货品名称中英文		税费综合信息	计量单位	监管证件代码		检验检疫类别		检验检疫编码	检验检疫编码对应中文名称
HS国际统一前6位	本国子目 7~8位	本国子目 9~10位	中文 货物名称	英文 Article Description			进口	出口	进口	出口		
811292	20	10	未锻轧的钒废碎料	Unwrought vanadium waste and scrap	【最】3【普】20 【协东盟】0【协巴基斯坦】0【协智利】0 【协新西兰】0【协秘鲁】0【协哥斯达黎加】0 【协冰岛】0【协瑞士】0【协澳大利亚】0 【协韩国】0【协格鲁吉亚】0【协香港】0 【协澳门】0 【特-1】0【特-2】0【特-3】0 【增】16【对美加征】25【出】0【退】0	千克	AP	4xy	M		999	未锻轧的钒废碎料
811292	20	90	未锻轧的钒；钒粉末	Unwrought vanadium and its powders	【最】3【普】20 【协东盟】0【协巴基斯坦】0【协智利】0 【协新西兰】0【协秘鲁】0【协哥斯达黎加】0 【协冰岛】0【协瑞士】0【协澳大利亚】0 【协韩国】0【协格鲁吉亚】0【协香港】0 【协澳门】0 【特-1】0【特-2】0【特-3】0 【增】16【对美加征】25【出】0【退】0	千克		4xy			999	未锻轧的钒；钒粉末
811292	30	10	未锻轧铟、铟粉末	Indium and indium powder not forged	【最】3【普】20 【协东盟】0【协巴基斯坦】0【协智利】0 【协新西兰】0【协秘鲁】0【协哥斯达黎加】0 【协冰岛】0【协瑞士】0【协澳大利亚】0 【协韩国】0【协格鲁吉亚】0【协香港】0 【协澳门】0 【特-1】0【特-2】0【特-3】0 【增】16【对美加征】10【出】0【退】0	千克		4xy			999	未锻轧铟、铟粉末
811292	30	90	未锻轧铟废碎料	Unwrought indium waste and scrap	【最】3【普】20 【协东盟】0【协巴基斯坦】0【协智利】0 【协新西兰】0【协秘鲁】0【协哥斯达黎加】0 【协冰岛】0【协瑞士】0【协澳大利亚】0 【协韩国】0【协格鲁吉亚】0【协香港】0 【协澳门】0 【特-1】0【特-2】0【特-3】0 【增】16【对美加征】10【出】0【退】0	千克	9	4xy			999	未锻轧铟废碎料
811292	40	10	铌废碎料	Unwrought niobium waste and scrap	【最】3【普】20【暂进】1 【协东盟】0【协巴基斯坦】0【协智利】0 【协新西兰】0【协秘鲁】0【协哥斯达黎加】0 【协冰岛】0【协瑞士】0【协澳大利亚】0 【协韩国】0【协格鲁吉亚】0【协香港】0 【协澳门】0 【特-1】0【特-2】0【特-3】0 【增】16【对美加征】25【出】0【退】0	千克	AP	4xy	M		999	铌废碎料
811292	40	90	未锻轧的铌；铌粉末	Unwrought niobium and its powders	【最】3【普】20【暂进】1 【协东盟】0【协巴基斯坦】0【协智利】0 【协新西兰】0【协秘鲁】0【协哥斯达黎加】0 【协冰岛】0【协瑞士】0【协澳大利亚】0 【协韩国】0【协格鲁吉亚】0【协香港】0 【协澳门】0 【特-1】0【特-2】0【特-3】0 【增】16【对美加征】25【出】0【退】0	千克		4xy			999	未锻轧的铌；铌粉末
811292	90	11	未锻轧的铪废碎料	Unwrought hafnium waste and scrap	【最】3【普】20 【协亚太】2.7【协东盟】0【协巴基斯坦】0 【协智利】0【协新西兰】0【协秘鲁】0 【协哥斯达黎加】0【协冰岛】0【协瑞士】0 【协澳大利亚】0【协韩国】0【协格鲁吉亚】0 【协香港】0【协澳门】0 【特-1】0【特-2】0【特-3】0 【增】16【对美加征】25【出】0【退】0	千克	AP	3	M		999	未锻轧的铪废碎料
811292	90	19	未锻轧的铪；粉末	Unwrought hafnium and its powders	【最】3【普】20 【协亚太】2.7【协东盟】0【协巴基斯坦】0 【协智利】0【协新西兰】0【协秘鲁】0 【协哥斯达黎加】0【协冰岛】0【协瑞士】0 【协澳大利亚】0【协韩国】0【协格鲁吉亚】0 【协香港】0【协澳门】0 【特-1】0【特-2】0【特-3】0 【增】16【对美加征】25【出】0【退】0	千克	A	3	M		301	未锻轧的铪；粉末（属于危险化学品的金属）

税则号列 HS国际统一前6位	本国子目 7~8位	本国子目 9~10位	货品名称 中文 货物名称	英文 Article Description	税费综合信息	计量单位	监管证件代码 进口	监管证件代码 出口	检验检疫类别 进口	检验检疫类别 出口	检验检疫编码	检验检疫编码对应中文名称
811292	90	91	未锻轧的镓、铼废碎料	Unrolled gallium, rhenium waste and scraps	【最】3【普】20 【协亚太】2.7【协东盟】0【协巴基斯坦】0 【协智利】0【协新西兰】0【协秘鲁】0 【协哥斯达黎加】0【协冰岛】0【协瑞士】0 【协澳大利亚】0【协韩国】0【协格鲁吉亚】0 【协香港】0【协澳门】0 【特-1】0【特-2】0【特-3】0 【增】16【对美加征】25【出】0【退】0	千克	AP	4xy	M		301 999	未锻轧的镓、铼废碎料（属于危险化学品的金属） 未锻轧的镓、铼废碎料（废金属）
811292	90	99	未锻轧的镓、铼；粉末	Unrolled gallium and rhenium and its powders	【最】3【普】20 【协亚太】2.7【协东盟】0【协巴基斯坦】0 【协智利】0【协新西兰】0【协秘鲁】0 【协哥斯达黎加】0【协冰岛】0【协瑞士】0 【协澳大利亚】0【协韩国】0【协格鲁吉亚】0 【协香港】0【协澳门】0 【特-1】0【特-2】0【特-3】0 【增】16【对美加征】25【出】0【退】0	千克	A	4xy	M		301 999	未锻轧的镓、铼；粉末（属于危险化学品的金属） 未锻轧的镓、铼；粉末（低风险金属材料）
811299	10		其他锗及其制品	Other germanium and articles thereof	【最】3【普】20 【协东盟】0【协巴基斯坦】0【协智利】0 【协新西兰】0【协秘鲁】0【协哥斯达黎加】0 【协冰岛】0【协瑞士】0【协澳大利亚】0 【协韩国】0【协格鲁吉亚】0【协香港】0 【协澳门】0 【特-1】0【特-2】0【特-3】0 【增】16【对美加征】10【出】0【退】10	千克		4xy			101	其他锗及其制品（其他深加工金属制品）
811299	20	01	其他钒氮合金	Other vanadium and nitrogen alloys	【最】3【普】20【暂进】0 【协东盟】0【协巴基斯坦】0【协智利】0 【协新西兰】0【协秘鲁】0【协哥斯达黎加】0 【协冰岛】0【协瑞士】0【协澳大利亚】0 【协韩国】0【协格鲁吉亚】0【协香港】0 【协澳门】0 【特-1】0【特-2】0【特-3】0 【增】16【对美加征】10【出】0【退】0	千克		4xy			101	其他钒氮合金（其他深加工金属制品）
811299	20	90	其他钒及其制品	Other vanadium and articles thereof	【最】3【普】20 【协东盟】0【协巴基斯坦】0【协智利】0 【协新西兰】0【协秘鲁】0【协哥斯达黎加】0 【协冰岛】0【协瑞士】0【协澳大利亚】0 【协韩国】0【协格鲁吉亚】0 【协香港】0【协澳门】0 【特-1】0【特-2】0【特-3】0 【增】16【对美加征】10【出】0【退】0	千克		4xy			101	其他钒及其制品（其他深加工金属制品）
811299	30		锻轧的铟及其制品	Wrought indium and articles thereof	【最】8【普】20 【协东盟】0【协巴基斯坦】5【协智利】0 【协新西兰】0【协秘鲁】0【协哥斯达黎加】0 【协冰岛】0【协瑞士】0【协澳大利亚】0 【协韩国】0【协格鲁吉亚】0【协香港】0 【协澳门】0 【特-1】0【特-2】0【特-3】0 【增】16【对美加征】5【出】0【退】0	千克		4xy			101	锻轧的铟及其制品（其他深加工金属制品）
811299	40		锻轧的铌及其制品	Wrought niobium and articles thereof	【最】8【普】20 【协东盟】0【协巴基斯坦】5【协智利】0 【协新西兰】0【协秘鲁】0【协哥斯达黎加】0 【协冰岛】0【协瑞士】0【协澳大利亚】0 【协韩国】0【协格鲁吉亚】0【协香港】0 【协澳门】0 【特-1】0【特-2】0【特-3】0 【增】16【对美加征】5【出】0【退】0	千克		4xy			101	锻轧的铌及其制品（其他深加工金属制品）
811299	90	10	锻轧的铪及其制品	Wrought hafnium, and articles thereof	【最】8【普】30 【协亚太】5.6【协东盟】0【协巴基斯坦】0 【协智利】0【协新西兰】0【协秘鲁】0 【协哥斯达黎加】0【协冰岛】0【协瑞士】0 【协澳大利亚】0【协韩国】0 【协格鲁吉亚】0【协香港】0【协澳门】0 【特-1】0【特-2】0【特-3】0 【增】16【对美加征】5【出】0【退】0	千克		3			101	锻轧的铪及其制品（其他深加工金属制品）

税则号列			货品名称中英文		税费综合信息	计量单位	监管证件代码		检验检疫类别		检验检疫编码	检验检疫编码对应中文名称
HS国际统一前6位	本国子目 7~8位	9~10位	中文 货物名称	英文 Article Description			进口	出口	进口	出口		
811299	90	90	锻轧的镓、铼及其制品	Other wrought gallium and rhenium and articles thereof	【最】8【普】30 【协亚太】5.6【协东盟】0【协巴基斯坦】0 【协智利】0【协新西兰】0【协秘鲁】0 【协哥斯达黎加】0【协冰岛】0【协瑞士】0 【协澳大利亚】0【协韩国】0 【协格鲁吉亚】0【协香港】0【协澳门】0 【特-1】0【特-2】0【特-3】0 【增】16【对美加征】5【出】0【退】0	千克		4xy			101	锻轧的镓、铼及其制品(其他深加工金属制品)
811300	10	10	颗粒或粉末状碳化钨废碎料	Waste and scrap tungsten carbide in granular or powder	【最】8【普】30 【协东盟】0【协巴基斯坦】5【协智利】0 【协新西兰】0【协秘鲁】0【协台湾】0 【协哥斯达黎加】0【协冰岛】0【协瑞士】0 【协澳大利亚】0【协格鲁吉亚】0 【协香港】0【协澳门】0 【特-1】0【特-2】0 【增】16【对美加征】25【出】0【退】0	千克	AP		M		999	颗粒或粉末状碳化钨废碎料
811300	10	90	颗粒或粉末状其他金属陶瓷及其制品	Other metal ceramics and related products	【最】8【普】30 【协东盟】0【协巴基斯坦】5【协智利】0 【协新西兰】0【协秘鲁】0【协台湾】0 【协哥斯达黎加】0【协冰岛】0【协瑞士】0 【协澳大利亚】0【协格鲁吉亚】0 【协香港】0【协澳门】0 【特-1】0【特-2】0 【增】16【对美加征】25【出】0【退】0	千克					999	颗粒或粉末状其他金属陶瓷及其制品
811300	90	10	其他碳化钨废碎料，颗粒或粉末除外	Other waste and scrap of tungsten carbide, other than granules or powder	【最】8【普】30 【协东盟】0【协巴基斯坦】5【协智利】0 【协新西兰】0【协秘鲁】0【协台湾】0 【协哥斯达黎加】0【协冰岛】0【协瑞士】0 【协澳大利亚】0【协格鲁吉亚】0 【协香港】0【协澳门】0 【特-1】0【特-2】0 【增】16【对美加征】25【出】0【退】0	千克	AP		M		999	其他碳化钨废碎料，颗粒或粉末除外
811300	90	90	其他金属陶瓷及其制品，颗粒或粉末除外(包括废料)	Other metal ceramics and related products, including waste, other than other than granules or powder	【最】8【普】30 【协东盟】0【协巴基斯坦】5【协智利】0 【协新西兰】0【协秘鲁】0【协台湾】0 【协哥斯达黎加】0【协冰岛】0【协瑞士】0 【协澳大利亚】0【协格鲁吉亚】0 【协香港】0【协澳门】0 【特-1】0【特-2】0 【增】16【对美加征】25【出】0【退】0	千克					999	其他金属陶瓷及其制品，颗粒或粉末除外(包括废料)

第八十二章
贱金属工具、器具、利口器、餐匙、餐叉及其零件

Chapter 82
Tools, implements, cutlery, spoons and forks, of base metal; parts thereof of base metal

注释：

一、除喷灯、轻便锻炉、带支架的砂轮、修指甲和修脚用器具及税目 82.09 的货品外，本章仅包括带有用下列材料制成的刀片、工作刃、工作面或其他工作部件的物品：

（一）贱金属；

（二）硬质合金或金属陶瓷；

（三）装于贱金属、硬质合金或金属陶瓷底座上的宝石或半宝石（天然、合成或再造）；或

（四）附于贱金属底座上的磨料，当附上磨料后，所具有的切齿、沟、槽或类似结构仍保持其特性及功能。

二、本章所列物品的贱金属零件，应与该制品归入同一税号，但具体列名的零件及手工工具的工具夹具（税目 84.66）除外。第十五类注释二所述的通用零件，均不归入本章。

电动剃须刀及电动毛发推剪的刀头、刀片应归入税目 85.10。

三、由税目 82.11 的一把或多把刀具与税目 82.15 至少数量相同的物品构成的成套货品应归入税目 82.15。

Chapter Notes:

1. Apart from blow lamps, portable forges, grinding wheels with frameworks, manicure or pedicure sets, and goods of heading 82.09, this Chapter covers only articles with a blade, working edge, working surface or other working part of:

(a) Base metal;

(b) Metal carbides or cermets;

(c) Precious or semi-precious stones (natural, synthetic or reconstructed) on a support of base metal, metal carbide or cermet; or

(d) Abrasive materials on a support of base metal, provided that the articles have cutting teeth, flutes, grooves, or the like, of base metal, which retain their identity and function after the application of the abrasive.

2. Parts of base metal of the articles of this Chapter are to be classified with the articles of which they are parts, except parts separately specified as such and tool-holders for hand tools (heading 84.66). However, parts of general use as defined in Note 2 to Section XV are in all cases excluded from this Chapter.

Heads, blades and cutting plates for electric shavers and electric hair clippers are to be classified in heading 85.10.

3. Sets consisting of one or more knives of heading 82.11 and at least an equal number of articles of heading 82.15 are to be classified in heading 82.15.

税则号列 HS国际统一前6位	本国子目 7~8位	本国子目 9~10位	货品名称 中文 货物名称	货品名称 英文 Article Description	税费综合信息	计量单位	监管证件代码 进口	监管证件代码 出口	检验检疫类别 进口	检验检疫类别 出口	检验检疫编码	检验检疫编码对应中文名称
820110	00	10	含植物性材料的锹及铲	Spades and shovels with vegetable materials	【最】8【普】50 【协东盟】0【协巴基斯坦】5【协智利】0 【协新西兰】0【协秘鲁】0【协哥斯达黎加】0 【协冰岛】0【协瑞士】0【协澳大利亚】0 【协韩国】0【协格鲁吉亚】0【协香港】0 【协澳门】0 【特-1】0【特-2】0【特-3】0 【增】10【对美加征】10【出】0【退】10	千克/把	A	B	P	Q	101 102	含植物性材料的锹及铲（其他木制品） 含植物性材料的锹及铲（农用手工具）
820110	00	90	其他锹及铲	Other spades and shovels	【最】8【普】50 【协东盟】0【协巴基斯坦】5【协智利】0 【协新西兰】0【协秘鲁】0【协哥斯达黎加】0 【协冰岛】0【协瑞士】0【协澳大利亚】0 【协韩国】0【协格鲁吉亚】0【协香港】0 【协澳门】0 【特-1】0【特-2】0【特-3】0 【增】10【对美加征】10【出】0【退】10	千克/把					999	其他锹及铲
820130	00	10	含植物性材料的镐、锄、耙	Mattocks, picks, hoes and rakes with vegetable materials	【最】8【普】50 【协东盟】0【协巴基斯坦】5【协智利】0 【协新西兰】0【协秘鲁】0【协哥斯达黎加】0 【协冰岛】0【协瑞士】0【协澳大利亚】0 【协韩国】0【协格鲁吉亚】0【协香港】0 【协澳门】0 【特-1】0【特-2】0【特-3】0 【增】10【对美加征】10【出】0【退】10	千克/把	A	B	P	Q	101 102	含植物性材料的镐、锄、耙（其他木制品） 含植物性材料的镐、锄、耙（农用手工具）

税则号列			货品名称中英文		税费综合信息	计量单位	监管证件代码		检验检疫类别		检验检疫编码	检验检疫编码对应中文名称
HS国际统一前6位	本国子目 7~8位	9~10位	中文 货物名称	英文 Article Description			进口	出口	进口	出口		
820130	00	90	其他镐、锄、耙	Other Mattocks, picks, hoes and rakes	【最】8【普】50 【协东盟】0【协巴基斯坦】5【协智利】0 【协新西兰】0【协秘鲁】0【协哥斯达黎加】0 【协冰岛】0【协瑞士】0【协澳大利亚】0 【协韩国】0【协格鲁吉亚】0【协香港】0 【协澳门】0 【特-1】0【特-2】0【特-3】0 【增】10【对美加征】10【出】0【退】10	千克/把					999	其他镐、锄、耙
820140	00	10	含植物性材料的砍伐工具（包括斧子、钩刀及类似砍伐工具）	Axes, bill hooks and similar hewing tools with vegetable materials	【最】8【普】50 【协东盟】0【协巴基斯坦】5【协智利】0 【协新西兰】0【协秘鲁】0【协哥斯达黎加】0 【协冰岛】0【协瑞士】0【协澳大利亚】0 【协韩国】0【协格鲁吉亚】0【协香港】0 【协澳门】0 【特-1】0【特-2】0【特-3】0 【增】10【对美加征】5【出】0【退】10	千克/把	A	B	P	Q	101 102	含植物性材料的砍伐工具（包括斧子、钩刀及类似砍伐工具）（其他木制品） 含植物性材料的砍伐工具（包括斧子、钩刀及类似砍伐工具）（农用手工具）
820140	00	90	其他斧子、钩刀及类似砍伐工具	Other axes, bill hooks and similar hewing tools	【最】8【普】50 【协东盟】0【协巴基斯坦】5【协智利】0 【协新西兰】0【协秘鲁】0【协哥斯达黎加】0 【协冰岛】0【协瑞士】0【协澳大利亚】0 【协韩国】0【协格鲁吉亚】0【协香港】0 【协澳门】0 【特-1】0【特-2】0【特-3】0 【增】10【对美加征】5【出】0【退】10	千克/把					999	其他斧子、钩刀及类似砍伐工具
820150	00	10	含植物性材料的单手操作农用剪（包括家禽剪）【电商】	Secateurs and similar one-handed pruners and shears (including poultry shears), with vegetable materials, for agricultural use	【最】8【普】50 【协东盟】0【协巴基斯坦】5【协智利】0 【协新西兰】0【协秘鲁】0【协哥斯达黎加】0 【协冰岛】0【协瑞士】0【协澳大利亚】0 【协韩国】0【协格鲁吉亚】0【协香港】0 【协澳门】0 【特-1】0【特-2】0【特-3】0 【增】10【对美加征】10【出】0【退】10	千克/把	A	B	P	Q	101 102	含植物性材料的单手操作农用剪（包括家禽剪）（其他木制品） 含植物性材料的单手操作农用剪（包括家禽剪）（农用手工具）
820150	00	90	其他修枝剪等单手操作农用剪（包括家禽剪）【电商】	Other Secateurs and similar one-handed pruners and shears(including poultry shears) for agricultural use	【最】8【普】50 【协东盟】0【协巴基斯坦】5【协智利】0 【协新西兰】0【协秘鲁】0【协哥斯达黎加】0 【协冰岛】0【协瑞士】0【协澳大利亚】0 【协韩国】0【协格鲁吉亚】0【协香港】0 【协澳门】0 【特-1】0【特-2】0【特-3】0 【增】10【对美加征】10【出】0【退】10	千克/把					999	其他修枝剪等单手操作农用剪（包括家禽剪）
820160	00	10	含植物性材料的双手操作农用剪	Two-handed shears, with vegetable materials, for agricultural use	【最】8【普】50 【协东盟】0【协巴基斯坦】5【协智利】0 【协新西兰】0【协秘鲁】0【协哥斯达黎加】0 【协冰岛】0【协瑞士】0【协澳大利亚】0 【协韩国】0【协格鲁吉亚】0【协香港】0 【协澳门】0 【特-1】0【特-2】0【特-3】0 【增】10【对美加征】10【出】0【退】10	千克/把	A	B	P	Q	101 102	含植物性材料的双手操作农用剪（其他木制品） 含植物性材料的双手操作农用剪（农用手工具）
820160	00	90	其他修枝等双手操作农用剪	Other hedge shears, two-handed pruning shears and similar two-handed shears, for agricultural use	【最】8【普】50 【协东盟】0【协巴基斯坦】5【协智利】0 【协新西兰】0【协秘鲁】0【协哥斯达黎加】0 【协冰岛】0【协瑞士】0【协澳大利亚】0 【协韩国】0【协格鲁吉亚】0【协香港】0 【协澳门】0 【特-1】0【特-2】0【特-3】0 【增】10【对美加征】10【出】0【退】10	千克/把					999	其他修枝等双手操作农用剪
820190	10	10	含植物性材料的农业、园艺、林业用叉	Forks with vegetable materials, for agricultural use	【最】8【普】50 【协东盟】0【协巴基斯坦】5【协智利】0 【协新西兰】0【协秘鲁】0【协哥斯达黎加】0 【协冰岛】0【协瑞士】0【协澳大利亚】0 【协韩国】0【协格鲁吉亚】0【协香港】0 【协澳门】0 【特-1】0【特-2】0【特-3】0 【增】10【对美加征】5【出】0【退】10	千克/把	A	B	P	Q	101 102	含植物性材料的农业、园艺、林业用叉（其他木制品） 含植物性材料的农业、园艺、林业用叉（农用手工具）

税则号列			货品名称中英文		税费综合信息	计量单位	监管证件代码		检验检疫类别		检验检疫编码	检验检疫编码对应中文名称
HS 国际统一前 6 位	本国子目 7~8 位	本国子目 9~10 位	中文 货物名称	英文 Article Description			进口	出口	进口	出口		
820190	10	90	其他农业、园艺、林业用叉	Other forks for agriculture use	【最】8【普】50 【协东盟】0【协巴基斯坦】5【协智利】0 【协新西兰】0【协秘鲁】0【协哥斯达黎加】0 【协冰岛】0【协瑞士】0【协澳大利亚】0 【协韩国】0【协格鲁吉亚】0【协香港】0 【协澳门】0 【特-1】0【特-2】0【特-3】0 【增】10【对美加征】5【出】0【退】10	千克/把					999	其他农业、园艺、林业用叉
820190	90	10	含植物性材料的农业、园艺、林业用手工工具	Hand tools for agricultural, horticultural or forestry use, with vegetable materials	【最】8【普】50 【协东盟】0【协巴基斯坦】5【协智利】0 【协新西兰】0【协秘鲁】0【协哥斯达黎加】0 【协冰岛】0【协瑞士】0【协澳大利亚】0 【协韩国】4【协格鲁吉亚】0【协香港】0 【协澳门】0 【特-1】0【特-2】0【特-3】0 【增】10【对美加征】5【出】0【退】10	千克/把	A	B	P	Q	101 102	含植物性材料的农业、园艺、林业用手工工具(其他木制品) 含植物性材料的农业、园艺、林业用手工工具(农用手工具)
820190	90	90	其他农业、园艺、林业用手工工具	Other hand tools for agricultural, horticultural or forestry use	【最】8【普】50 【协东盟】0【协巴基斯坦】5【协智利】0 【协新西兰】0【协秘鲁】0【协哥斯达黎加】0 【协冰岛】0【协瑞士】0【协澳大利亚】0 【协韩国】4【协格鲁吉亚】0【协香港】0 【协澳门】0 【特-1】0【特-2】0【特-3】0 【增】10【对美加征】5【出】0【退】10	千克/把					999	其他农业、园艺、林业用手工工具
820210	00		手工锯	Hand saws	【最】8【普】50 【协东盟】0【协巴基斯坦】5【协智利】0 【协新西兰】0【协秘鲁】0【协哥斯达黎加】0 【协冰岛】0【协瑞士】0【协澳大利亚】0 【协韩国】4.2【协格鲁吉亚】0【协香港】0 【协澳门】0 【特-1】0【特-2】0【特-3】0 【增】16【对美加征】10【出】0【退】10	千克/把					999	手工锯
820220	10		双金属带锯条	Double metal band saw blade	【最】8【普】20 【协东盟】0【协巴基斯坦】5【协智利】0 【协新西兰】0【协秘鲁】0【协哥斯达黎加】0 【协冰岛】0【协瑞士】3.2【协澳大利亚】0 【协韩国】4【协格鲁吉亚】0【协香港】0 【协澳门】0 【特-1】0【特-2】0【特-3】0 【增】16【对美加征】10【出】0【退】13	千克					999	双金属带锯条
820220	90		其他带锯片	Other band saw blades	【最】8【普】20 【协东盟】0【协巴基斯坦】5【协智利】0 【协新西兰】0【协秘鲁】0【协哥斯达黎加】0 【协冰岛】0【协瑞士】4【协澳大利亚】0 【协韩国】4【协格鲁吉亚】0【协香港】0 【协澳门】0 【特-1】0【特-2】0【特-3】0 【增】16【对美加征】10【出】0【退】13	千克					999	其他带锯片
820231	00		带有钢制工作部件的圆锯片(包括切条或切槽锯片)	Circular saw blades, with working part of steel (including slitting or slotting saw blades)	【最】8【普】20 【协东盟】0【协巴基斯坦】5【协智利】0 【协新西兰】0【协秘鲁】0【协哥斯达黎加】0 【协冰岛】0【协瑞士】0【协澳大利亚】0 【协韩国】4【协格鲁吉亚】0【协香港】0 【协澳门】0 【特-1】0【特-2】0【特-3】0 【增】16【对美加征】10【出】0【退】13	千克					999	带有钢制工作部件的圆锯片(包括切条或切槽锯片)
820239	10		带有天然或合成金刚石、立方氮化硼制的工作部件的圆锯片(包括切条或切槽锯片,包括部件)	Circular saw blades, with working part of natural or synthetic diamond, cubic boron nitride (including slitting or slotting saw blades)	【最】8【普】20 【协东盟】0【协香港】0【协巴基斯坦】5 【协智利】0【协新西兰】0【协秘鲁】0 【协哥斯达黎加】0【协冰岛】0【协瑞士】0 【协澳大利亚】0【协韩国】0 【协格鲁吉亚】0 【特-1】0【特-2】0【特-3】0 【增】16【对美加征】10【出】0【退】13	千克					999	带有天然或合成金刚石、立方氮化硼制的工作部件的圆锯片(包括切条或切槽锯片,包括部件)

税则号列 HS国际统一前6位	本国子目 7~8位	本国子目 9~10位	货品名称中英文 中文 货物名称	货品名称中英文 英文 Article Description	税费综合信息	计量单位	监管证件代码 进口	监管证件代码 出口	检验检疫类别 进口	检验检疫类别 出口	检验检疫编码	检验检疫编码对应中文名称
820239	90		其他圆锯片，包括部件（包括切条或切槽锯片）	Other circular saw blades, including parts (including slitting or slotting saw blades)	【最】8【普】20 【协东盟】0【协香港】0【协巴基斯坦】5 【协智利】0【协新西兰】0【协秘鲁】0 【协哥斯达黎加】0【协冰岛】0【协瑞士】0 【协澳大利亚】0【协韩国】0 【协格鲁吉亚】0 【特-1】0【特-2】0【特-3】0 【增】16【对美加征】10【出】0【退】13	千克					999	其他圆锯片，包括部件（包括切条或切槽锯片）
820240	00		链锯片	Chain saw blades	【最】8【普】20 【协东盟】0【协巴基斯坦】5【协智利】0 【协新西兰】0【协秘鲁】0【协哥斯达黎加】0 【协冰岛】0【协瑞士】3.2【协澳大利亚】0 【协韩国】0【协格鲁吉亚】0【协香港】0 【协澳门】0 【特-1】0【特-2】0【特-3】0 【增】16【对美加征】5【出】0【退】13	千克					999	链锯片
820291	10		加工金属用的机械锯的直锯片	Straight saw blades, for working metal, for sawing machines	【最】8【普】20 【协亚太】5.2【协东盟】0【协巴基斯坦】5 【协智利】0【协新西兰】0【协秘鲁】0 【协哥斯达黎加】0【协冰岛】0【协瑞士】3.2 【协澳大利亚】0【协韩国】4 【协格鲁吉亚】0【协香港】0【协澳门】0 【特-1】0【特-2】0【特-3】0 【增】16【对美加征】5【出】0【退】13	千克					999	加工金属用的机械锯的直锯片
820291	90		加工金属用的非机械锯的直锯片	Straight saw blades, for working metal, not for sawing machines	【最】8【普】50 【协东盟】0【协巴基斯坦】5【协智利】0 【协新西兰】0【协秘鲁】0【协哥斯达黎加】0 【协冰岛】0【协瑞士】3.2【协澳大利亚】0 【协韩国】0【协格鲁吉亚】0【协香港】0 【协澳门】0 【特-1】0【特-2】0【特-3】0 【增】16【对美加征】5【出】0【退】13	千克					999	加工金属用的非机械锯的直锯片
820299	10		机械锯用的其他锯片	Other saw blades, for sawing machines	【最】8【普】20 【协东盟】0【协巴基斯坦】5【协智利】0 【协新西兰】0【协秘鲁】0【协哥斯达黎加】0 【协冰岛】0【协瑞士】3.4【协澳大利亚】0 【协韩国】4.2【协格鲁吉亚】0【协香港】0 【协澳门】0 【特-1】0【特-2】0【特-3】0 【增】16【对美加征】10【出】0【退】13	千克					999	机械锯用的其他锯片
820299	90		非机械锯用的其他锯片	Other saw blades, not for sawing machines	【最】8【普】50 【协东盟】0【协巴基斯坦】5【协智利】0 【协新西兰】0【协新加坡】0【协秘鲁】0 【协哥斯达黎加】0【协冰岛】0【协瑞士】4.2 【协澳大利亚】0【协韩国】5.2 【协格鲁吉亚】0【协香港】0【协澳门】0 【特-1】0【特-2】0 【增】16【对美加征】5【出】0【退】13	千克					999	非机械锯用的其他锯片
820310	00		钢锉、木锉及类似工具	Files, rasps and similar tools	【最】8【普】50 【协东盟】0【协巴基斯坦】5【协智利】0 【协新西兰】0【协新加坡】0【协秘鲁】0 【协哥斯达黎加】0【协冰岛】0【协瑞士】4.2 【协澳大利亚】0【协韩国】5.2 【协格鲁吉亚】0【协香港】0【协澳门】0 【特-1】0【特-2】0【特-3】0 【增】16【对美加征】10【出】0【退】13	千克/把					999	钢锉、木锉及类似工具
820320	00		钳子、镊子及类似工具【电商】	Pliers (including cutting pliers), pincers, tweezers and similar tools	【最】8【普】50 【协东盟】0【协澳门】0【协智利】0 【协新西兰】0【协新加坡】0【协秘鲁】0 【协台湾】0【协哥斯达黎加】0【协冰岛】0 【协瑞士】4.2【协澳大利亚】0【协韩国】5.2 【协格鲁吉亚】0【协香港】0 【特-1】0【特-2】0 【增】16【对美加征】10【出】0【退】13	千克/把					999	钳子、镊子及类似工具

税则号列			货品名称中英文		税费综合信息	计量单位	监管证件代码		检验检疫类别		检验检疫编码	检验检疫编码对应中文名称
HS国际统一前6位	本国子目 7~8位	9~10位	中文 货物名称	英文 Article Description			进口	出口	进口	出口		
820330	00		白铁剪及类似工具	Metal cutting shears and similar tools	【最】8【普】50 【协东盟】0【协巴基斯坦】5【协智利】0 【协新西兰】0【协新加坡】0【协秘鲁】0 【协哥斯达黎加】0【协冰岛】0【协瑞士】4.2 【协澳大利亚】0【协韩国】5.2 【协格鲁吉亚】0【协香港】0【协澳门】0 【特-1】0【特-2】0 【增】16【对美加征】10【出】0【退】13	千克/把					999	白铁剪及类似工具
820340	00		切管器、螺栓切头器、打孔冲子等	Pipe-cutters, bolt croppers, perforating punches and similar tools	【最】8【普】50 【协东盟】0【协巴基斯坦】5【协智利】0 【协新西兰】0【协新加坡】0【协秘鲁】0 【协哥斯达黎加】0【协冰岛】0【协瑞士】4.2 【协澳大利亚】0【协韩国】5.2 【协格鲁吉亚】0【协香港】0【协澳门】0 【特-1】0【特-2】0 【增】16【对美加征】5【出】0【退】13	千克/把					999	切管器、螺栓切头器、打孔冲子等
820411	00		固定式的手动扳手及板钳【电商】	Non-adjustable hand-operated spanners and wrenches	【最】8【普】50 【协东盟】0【协巴基斯坦】5【协智利】0 【协新西兰】0【协新加坡】0【协秘鲁】0 【协哥斯达黎加】0【协冰岛】0【协瑞士】4.2 【协澳大利亚】0【协韩国】5.2 【协格鲁吉亚】0【协香港】0【协澳门】0 【特-1】0【特-2】0【特-3】0 【增】16【对美加征】10【出】0【退】13	千克/把					999	固定式的手动扳手及板钳
820412	00		可调式的手动扳手及板钳	Adjustable hand-operated spanners and wrenches	【最】8【普】50 【协东盟】0【协巴基斯坦】5【协智利】0 【协新西兰】0【协秘鲁】0【协台湾】0 【协哥斯达黎加】0【协冰岛】0【协瑞士】0 【协澳大利亚】0【协韩国】5【协格鲁吉亚】0 【协香港】0【协澳门】0 【特-1】0【特-2】0【特-3】0 【增】16【对美加征】5【出】0【退】13	千克/把					999	可调式的手动扳手及板钳
820420	00		可互换的扳手套筒（不论是否带手柄）	Interchangeable spanner sockets, with or without handles	【最】8【普】50 【协东盟】0【协巴基斯坦】5【协智利】0 【协新西兰】0【协秘鲁】0【协哥斯达黎加】0 【协冰岛】0【协瑞士】0【协澳大利亚】0 【协韩国】5【协格鲁吉亚】0【协香港】0 【协澳门】0 【特-1】0【特-2】0 【增】16【对美加征】10【出】0【退】13	千克/套					999	可互换的扳手套筒（不论是否带手柄）
820510	00		手工钻孔或攻丝工具	Drilling, threading or tapping tools	【最】8【普】50 【协东盟】0【协巴基斯坦】5【协智利】0 【协新西兰】0【协秘鲁】0【协哥斯达黎加】0 【协冰岛】0【协瑞士】0【协澳大利亚】0 【协韩国】5【协格鲁吉亚】0【协香港】0 【协澳门】0 【特-1】0【特-2】0 【增】16【对美加征】5【出】0【退】13	千克/个					999	手工钻孔或攻丝工具
820520	00		手工锤子【电商】	Hammers and sledge hammers	【最】8【普】50 【协东盟】0【协巴基斯坦】5【协智利】0 【协新西兰】0【协秘鲁】0【协台湾】0 【协哥斯达黎加】0【协冰岛】0【协瑞士】0 【协澳大利亚】0【协韩国】5【协格鲁吉亚】0 【协香港】0【协澳门】0 【特-1】0【特-2】0【特-3】0 【增】16【对美加征】10【出】0【退】13	千克/个					999	手工锤子
820530	00		木工用刨子、凿子及类似切削工具	Planes, chisels, gouges and similar cutting tools for working wood	【最】8【普】50 【协东盟】0【协巴基斯坦】5【协智利】0 【协新西兰】0【协新加坡】0【协秘鲁】0 【协哥斯达黎加】0【协冰岛】0【协瑞士】4.2 【协澳大利亚】0【协韩国】5.2 【协香港】0【协澳门】0【协格鲁吉亚】0 【特-1】0【特-2】0 【增】16【对美加征】10【出】0【退】13	千克/个					999	木工用刨子、凿子及类似切削工具

税则号列			货品名称中英文		税费综合信息	计量单位	监管证件代码		检验检疫类别		检验检疫编码	检验检疫编码对应中文名称
HS国际统一前6位	本国子目 7~8位	9~10位	中文 货物名称	英文 Article Description			进口	出口	进口	出口		
820540	00		螺丝刀	Screwdrivers	【最】8【普】50 【协东盟】0【协巴基斯坦】5【协智利】0 【协新西兰】0【协新加坡】0【协秘鲁】0 【协台湾】0【协哥斯达黎加】0【协冰岛】0 【协瑞士】4.2【协澳大利亚】0【协韩国】5.2 【协格鲁吉亚】0【协香港】0【协澳门】0 【特-1】0【特-2】0【特-3】0 【增】16【对美加征】10【出】0【退】13	千克/个					999	螺丝刀
820551	00		其他家用手工工具 【电商】	Other household tools	【最】7【普】50 【协东盟】0【协巴基斯坦】5【协智利】0 【协新西兰】0【协新加坡】0【协秘鲁】0 【协哥斯达黎加】0【协冰岛】0【协瑞士】4.2 【协澳大利亚】0【协韩国】5.2 【协格鲁吉亚】0【协香港】0【协澳门】0 【特-1】0【特-2】0 【增】16【对美加征】5【出】0【退】13	千克/个					999	其他家用手工工具
820559	00		其他手工工具(包括玻璃刀) 【电商】	Other hand tools (including glaziers' diamonds)	【最】8【普】50 【协亚太】5.2【协东盟】0【协巴基斯坦】5 【协智利】0【协新西兰】0【协秘鲁】0 【协台湾】0【协哥斯达黎加】0【协冰岛】0 【协瑞士】4【协澳大利亚】0【协韩国】5 【协格鲁吉亚】0【协香港】0【协澳门】0 【特-1】0【特-2】0 【增】16【对美加征】5【出】0【退】13	千克/个					999	其他手工工具(包括玻璃刀)
820560	00		喷灯	Blow lamps	【最】8【普】50 【协东盟】0【协巴基斯坦】5【协智利】0 【协新西兰】0【协秘鲁】0【协哥斯达黎加】0 【协冰岛】0【协瑞士】4【协澳大利亚】0 【协韩国】5【协格鲁吉亚】0【协香港】0 【协澳门】0 【特-1】0【特-2】0 【增】16【对美加征】10【出】0【退】13	千克/个					999	喷灯
820570	00		台钳、夹钳及类似品	Vices, clamps and the like	【最】8【普】50 【协东盟】0【协巴基斯坦】5【协智利】0 【协新西兰】0【协新加坡】0【协秘鲁】0 【协哥斯达黎加】0【协冰岛】0【协瑞士】6 【协澳大利亚】0【协韩国】5.2 【协格鲁吉亚】0【协香港】0【协澳门】0 【特-1】0【特-2】0 【增】16【对美加征】10【出】0【退】13	千克/个					101 102	台钳、夹钳及类似品(台钳、夹钳及类似品) 台钳、夹钳及类似品(其他五金工具)
820590	00		其他,包括由本税目项下两个或多个子目所列物品组成的成套货品	Other, including sets of articles of two or more subheadings of this heading	【最】8【普】50 【协东盟】0【协巴基斯坦】5【协智利】0 【协新西兰】0【协新加坡】0【协秘鲁】0 【协哥斯达黎加】0【协冰岛】0【协瑞士】4.2 【协澳大利亚】0【协韩国】5.2 【协格鲁吉亚】0【协香港】0【协澳门】0 【特-1】0【特-2】0 【增】16【对美加征】5【出】0【退】13	千克					999	其他,包括由本税目项下两个或多个子目所列物品组成的成套货品(包括砧、轻便锻炉、带支架的手摇或脚踏砂轮)
820600	00		成套工具组成的零售包装货品(由税目82.02至82.05中两个或多个税目所列工具组成的)	Tools of two or more of the headings No. 82.02 to 82.05, put up in sets for retail sale	【最】8【普】50 【协东盟】0【协巴基斯坦】5【协智利】0 【协新西兰】0【协新加坡】0【协秘鲁】0 【协哥斯达黎加】0【协冰岛】0【协瑞士】5.2 【协澳大利亚】0【协韩国】5.2 【协格鲁吉亚】0 【特-1】0【特-2】0 【增】16【对美加征】5【出】0【退】13	千克					999	成套工具组成的零售包装货品(由税目82.02至82.05中两个或多个税目所列工具组成的)
820713	00		带金属陶瓷工作部件的凿岩工具(包括钻探工具)	Rock drilling, with working part of cermets, including earth boring tools	【最】8【普】20 【协东盟】0【协巴基斯坦】5【协智利】0 【协新西兰】0【协秘鲁】0【协哥斯达黎加】0 【协冰岛】0【协瑞士】0【协澳大利亚】0 【协韩国】0【协格鲁吉亚】0【协香港】0 【协澳门】0 【特-1】0【特-2】0【特-3】0 【增】16【对美加征】10【出】0【退】16	千克					999	带金属陶瓷工作部件的凿岩工具(包括钻探工具)

税则号列			货品名称中英文		税费综合信息	计量单位	监管证件代码		检验检疫类别		检验检疫编码	检验检疫编码对应中文名称
HS国际统一前6位	本国子目7~8位	本国子目9~10位	中文 货物名称	英文 Article Description			进口	出口	进口	出口		
820719	10		带金刚石等工作部件的凿岩工具（金刚石等包括立方氮化硼，本子目包括钻探工具）	Rock drilling, with working part of natural or synthetic diamonds or cubic boron nitride	【最】8【普】20 【协东盟】0【协巴基斯坦】5【协智利】0 【协新西兰】0【协秘鲁】0【协哥斯达黎加】0 【协冰岛】0【协瑞士】0【协澳大利亚】0 【协韩国】0【协格鲁吉亚】0【协香港】0 【协澳门】0 【特-1】0【特-2】0【特-3】0 【增】16【对美加征】5【出】0【退】16	千克					999	带金刚石等工作部件的凿岩工具（金刚石等包括立方氮化硼，本子目包括钻探工具）
820719	90		带其他材料工作部件的凿岩工具（包括钻探工具）	Rock drilling, with working part of other material, including earth boring tools	【最】8【普】20 【协东盟】0【协巴基斯坦】5【协智利】0 【协新西兰】0【协秘鲁】0【协哥斯达黎加】0 【协冰岛】0【协瑞士】0【协澳大利亚】0 【协韩国】4【协格鲁吉亚】0【协香港】0 【协澳门】0 【特-1】0【特-2】0【特-3】0 【增】16【对美加征】5【出】0【退】16	千克					999	带其他材料工作部件的凿岩工具（包括钻探工具）
820720	10		带金刚石等工作部件的金属拉拔模（金刚石等包括立方氮化硼，本子目包括金属挤压用模）	Dies for drawing or extruding metal, with working part of natural or synthetic diamonds or cubic boron nitride	【最】8【普】20 【协东盟】0【协巴基斯坦】5【协智利】0 【协新西兰】0【协秘鲁】0【协台湾】0 【协哥斯达黎加】0【协冰岛】0【协瑞士】0 【协澳大利亚】0【协韩国】0 【协格鲁吉亚】0【协香港】0【协澳门】0 【特-1】0【特-2】0【特-3】0 【增】16【对美加征】10【出】0【退】16	千克/套					999	带金刚石等工作部件的金属拉拔模（金刚石等包括立方氮化硼，本子目包括金属挤压用模）
820720	90		带其他材料工作部件的金属模（包括金属挤压用模）	Dies for drawing or extruding metal, with working part of other materials	【最】8【普】20 【协东盟】0【协巴基斯坦】5【协智利】0 【协新西兰】0【协秘鲁】0【协台湾】0 【协哥斯达黎加】0【协冰岛】0【协瑞士】3.2 【协澳大利亚】0【协韩国】0 【协格鲁吉亚】0【协香港】0【协澳门】0 【特-1】0【特-2】0【特-3】0 【增】16【对美加征】10【出】0【退】16	千克/套					999	带其他材料工作部件的金属模（包括金属挤压用模）
820730	00	10	加工税目87.03所列车辆车身冲压件用的4种关键模具（侧围外板、翼子板、拼接整体侧围内板、拼焊整体侧围加强板用模具）	Four kinds of key molds used for processing stamping or punching parts of automotive body (frank outer plate , fender, the whole splice frank inner plate, the whole weld frank belaying cleat, used for matrix)	【最】8【普】20【暂进】6 【协亚太】6.8【协东盟】0【协香港】0 【协巴基斯坦】5【协智利】0【协新西兰】0 【协秘鲁】0【协台湾】0【协哥斯达黎加】0 【协冰岛】0【协瑞士】0【协澳大利亚】0 【协韩国】5.3【协格鲁吉亚】0 【特-1】0【特-2】0【特-3】0 【增】16【对美加征】10【出】0【退】16	千克					999	加工税目87.03所列车辆车身冲压件用的4种关键模具（侧围外板、翼子板、拼接整体侧围内板、拼焊整体侧围加强板用模具）
820730	00	20	加工税目87.03所列车辆车身冲压件用的4种特种模具（$\sigma b \geq 980N/mm^2$的冷冲压、热成型、内高压成型和铝板用模具）	Four kinds of special molds used for processing stamping or punching parts of automotive body ($\sigma b \geq 980N/mm^2$, molds of cold stamping, thermoforming, inner high pressure forming and used for aluminium sheet)	【最】8【普】20【暂进】6 【协亚太】6.8【协东盟】0【协香港】0 【协巴基斯坦】5【协智利】0【协新西兰】0 【协秘鲁】0【协台湾】0【协哥斯达黎加】0 【协冰岛】0【协瑞士】0【协澳大利亚】0 【协韩国】5.3【协格鲁吉亚】0 【特-1】0【特-2】0【特-3】0 【增】16【对美加征】10【出】0【退】16	千克					999	加工税目87.03所列车辆车身冲压件用的4种特种模具（$\sigma b \geq 980 N/mm^2$的冷冲压、热成型、内高压成型和铝板用模具）
820730	00	90	其他锻压或冲压工具	Other tools for pressing, stamping or punching	【最】8【普】20 【协亚太】6.8【协东盟】0【协香港】0 【协巴基斯坦】5【协智利】0【协新西兰】0 【协秘鲁】0【协台湾】0【协哥斯达黎加】0 【协冰岛】0【协瑞士】0【协澳大利亚】0 【协韩国】5.3【协格鲁吉亚】0 【特-1】0【特-2】0【特-3】0 【增】16【对美加征】10【出】0【退】16	千克					999	其他锻压或冲压工具

税则号列 HS国际统一前6位	本国子目 7~8位	本国子目 9~10位	货品名称中英文 中文 货物名称	货品名称中英文 英文 Article Description	税费综合信息	计量单位	监管证件代码 进口	监管证件代码 出口	检验检疫类别 进口	检验检疫类别 出口	检验检疫编码	检验检疫编码对应中文名称
820740	00		攻丝工具	Tools for tapping or threading	【最】8【普】20 【协东盟】0【协巴基斯坦】5【协智利】0 【协新西兰】0【协秘鲁】0【协台湾】0 【协哥斯达黎加】0【协冰岛】0【协瑞士】0 【协澳大利亚】0【协格鲁吉亚】0【协香港】0 【协澳门】0 【特-1】0【特-2】0【特-3】0 【增】16【对美加征】10【出】0【退】16	千克/件					999	攻丝工具
820750	10		带金刚石等工作部件的钻孔工具（凿岩或钻探用的除外，金刚石等包括立方氧化硼）	Tools for drilling, with working part of natural or synthetic diamonds or cubic boron nitride, (other than for rock drilling)	【最】8【普】20 【协东盟】0【协香港】0【协巴基斯坦】5 【协智利】0【协新西兰】0【协秘鲁】0 【协台湾】0【协哥斯达黎加】0【协冰岛】0 【协瑞士】0【协澳大利亚】0【协格鲁吉亚】0 【特-1】0【特-2】0【特-3】0 【增】16【对美加征】10【出】0【退】16	千克/件					999	带金刚石等工作部件的钻孔工具（凿岩或钻探用的除外，金刚石等包括立方氧化硼）
820750	90		带其他材料工作部件的钻孔工具（凿岩或钻探用的除外）	Tools for drilling, with working part of others (other than for rock drilling)	【最】8【普】20 【协东盟】0【协香港】0【协巴基斯坦】5 【协智利】0【协新西兰】0【协秘鲁】0 【协台湾】0【协哥斯达黎加】0【协冰岛】0 【协瑞士】0【协澳大利亚】0【协格鲁吉亚】0 【特-1】0【特-2】0【特-3】0 【增】16【对美加征】10【出】0【退】16	千克/件					999	带其他材料工作部件的钻孔工具（凿岩或钻探用的除外）
820760	10		带金刚石等工作部件的镗孔工具（金刚石等包括立方氮化硼，本子目包括铰孔工具）	Tools for boring or broaching, with working part of natural or synthetic diamonds or cubic boronnitride	【最】8【普】20 【协东盟】0【协巴基斯坦】5【协智利】0 【协新西兰】0【协秘鲁】0【协台湾】0 【协哥斯达黎加】0【协冰岛】0【协瑞士】0 【协澳大利亚】0【协格鲁吉亚】0 【协香港】0【协澳门】0 【特-1】0【特-2】0【特-3】0 【增】16【对美加征】10【出】0【退】16	千克/件					999	带金刚石等工作部件的镗孔工具（金刚石等包括立方氮化硼，本子目包括铰孔工具）
820760	90		带其他材料工作部件的镗孔工具（包括铰孔工具）	Tools for boring or broaching, with working part of others, including tools for broaching	【最】8【普】20 【协东盟】0【协巴基斯坦】5【协智利】0 【协新西兰】0【协秘鲁】0【协哥斯达黎加】0 【协冰岛】0【协瑞士】0【协澳大利亚】0 【协韩国】5.3【协格鲁吉亚】0【协香港】0 【协澳门】0 【特-1】0【特-2】0【特-3】0 【增】16【对美加征】10【出】0【退】16	千克/件					999	带其他材料工作部件的镗孔工具（包括铰孔工具）
820770	10		带有天然或合成金刚石、立方氮化硼制的工作部件的铣削工具	Tools for milling, with working part of natural or synthetic diamonds or cubic boronnitride	【最】8【普】20 【协东盟】0【协香港】0【协巴基斯坦】5 【协智利】0【协新西兰】0【协秘鲁】0 【协台湾】0【协哥斯达黎加】0【协冰岛】0 【协瑞士】0【协澳大利亚】0【协格鲁吉亚】0 【特-1】0【特-2】0【特-3】0 【增】16【对美加征】10【出】0【退】16	千克/件					999	带有天然或合成金刚石、立方氮化硼制的工作部件的铣削工具
820770	90		其他铣削工具	Other tools for milling	【最】8【普】20 【协东盟】0【协香港】0【协巴基斯坦】5 【协智利】0【协新西兰】0【协秘鲁】0 【协台湾】0【协哥斯达黎加】0【协冰岛】0 【协瑞士】0【协澳大利亚】0【协格鲁吉亚】0 【特-1】0【特-2】0【特-3】0 【增】16【对美加征】10【出】0【退】16	千克/件					999	其他铣削工具
820780	10		带有天然或合成金刚石、立方氮化硼制的工作部件的车削工具	Tools for turning, with working part of natural or synthetic diamonds or cubic boronnitride	【最】8【普】20 【协亚太】5.2【协东盟】0【协巴基斯坦】5 【协智利】0【协新西兰】0【协秘鲁】0 【协台湾】0【协哥斯达黎加】0【协冰岛】0 【协瑞士】0【协澳大利亚】0【协韩国】5.2 【协格鲁吉亚】0【协香港】0【协澳门】0 【特-1】0【特-2】0【特-3】0 【增】16【对美加征】5【出】0【退】16	千克/件					999	带有天然或合成金刚石、立方氮化硼制的工作部件的车削工具
820780	90		其他车削工具	Other tools for turning	【最】8【普】20 【协亚太】5.2【协东盟】0【协巴基斯坦】5 【协智利】0【协新西兰】0【协秘鲁】0 【协台湾】0【协哥斯达黎加】0【协冰岛】0 【协瑞士】0【协澳大利亚】0【协韩国】5.2 【协格鲁吉亚】0【协香港】0【协澳门】0 【特-1】0【特-2】0【特-3】0 【增】16【对美加征】10【出】0【退】16	千克/件					999	其他车削工具

税则号列 HS国际统一前6位	本国子目 7~8位	本国子目 9~10位	货品名称 中文 货物名称	英文 Article Description	税费综合信息	计量单位	监管证件代码 进口	监管证件代码 出口	检验检疫类别 进口	检验检疫类别 出口	检验检疫编码	检验检疫编码对应中文名称
820790	10		带金刚石工作部件的其他互换工具（金刚石包括立方氮化硼）	Interchangeable tools, with working part of natural or synthetic diamonds or cubic boron nitride	【最】8【普】20 【协亚太】5.2【协东盟】0【协香港】0 【协巴基斯坦】5【协智利】0【协新西兰】0 【协秘鲁】0【协台湾】0【协哥斯达黎加】0 【协冰岛】0【协瑞士】0【协澳大利亚】0 【协韩国】5.2【协格鲁吉亚】0 【特-1】0【特-2】0【特-3】0 【增】16【对美加征】5【出】0【退】16	千克/件					999	带金刚石工作部件的其他互换工具（金刚石包括立方氮化硼）
820790	90		其他可互换工具（带有其他材料制的工作部件）	Other interchangeable tools, with working part of other materials	【最】8【普】20 【协亚太】5.2【协东盟】0【协香港】0 【协巴基斯坦】5【协智利】0【协新西兰】0 【协秘鲁】0【协台湾】0【协哥斯达黎加】0 【协冰岛】0【协瑞士】3.2【协澳大利亚】0 【协韩国】5.2【协格鲁吉亚】0 【特-1】0【特-2】0【特-3】0 【增】16【对美加征】10【出】0【退】16	千克/件					999	其他可互换工具（带有其他材料制的工作部件）
820810	11		经镀或涂层的硬质合金制的金工机械用刀及刀片（金属加工用）	Knives and cutting blades, for machines or for mechanical appliances, plated or coated, of metal carbides	【最】8【普】20 【协东盟】0【协香港】0【协巴基斯坦】5 【协智利】0【协新西兰】0【协秘鲁】0 【协哥斯达黎加】0【协冰岛】0【协瑞士】3.2 【协澳大利亚】0【协韩国】5.3【协格鲁吉亚】0 【特-1】0【特-2】0 【增】16【对美加征】10【出】0【退】16	千克					999	经镀或涂层的硬质合金制的金工机械用刀及刀片（金属加工用）
820810	19		其他硬质合金制的金工机械用刀及刀片（金属加工用）	Other knives and cutting blades, for machines or for mechanical appliances, of metal carbides	【最】8【普】20 【协东盟】0【协香港】0【协巴基斯坦】5 【协智利】0【协新西兰】0【协秘鲁】0 【协哥斯达黎加】0【协冰岛】0【协瑞士】3.2 【协澳大利亚】0【协韩国】5.3 【协格鲁吉亚】0 【特-1】0【特-2】0 【增】16【对美加征】10【出】0【退】16	千克					999	其他硬质合金制的金工机械用刀及刀片（金属加工用）
820810	90		其他金工机械用刀及刀片（金属加工用）	Other knives and cutting blades, for machines or for mechanical appliances, for metal working	【最】8【普】20 【协东盟】0【协香港】0【协巴基斯坦】5 【协智利】0【协新西兰】0【协秘鲁】0 【协哥斯达黎加】0【协冰岛】0【协瑞士】3.2 【协澳大利亚】0【协韩国】5.3 【协格鲁吉亚】0 【特-1】0【特-2】0 【增】16【对美加征】10【出】0【退】13	千克					999	其他金工机械用刀及刀片（金属加工用）
820820	00		木工机械用刀及刀片（木器加工用）	Other knives and cutting blades, for wood working	【最】8【普】20 【协东盟】0【协巴基斯坦】5【协智利】0 【协新西兰】0【协秘鲁】0【协台湾】0 【协哥斯达黎加】0【协冰岛】0【协瑞士】0 【协澳大利亚】0【协韩国】0 【协格鲁吉亚】0 【特-1】0【特-2】0【特-3】0 【增】16【对美加征】10【出】0【退】13	千克					999	木工机械用刀及刀片（木器加工用）
820830	00		厨房或食品加工机器用刀及刀片（厨房器具或食品加工机器用） 【电商】	Other knives and cutting blades, for kitchen appliances or for machines used by the food industry	【最】8【普】20 【协东盟】0【协巴基斯坦】5【协智利】0 【协新西兰】0【协秘鲁】0【协哥斯达黎加】0 【协冰岛】0【协瑞士】0【协澳大利亚】0 【协韩国】4【协格鲁吉亚】0【协香港】0 【协澳门】0 【特-1】0【特-2】0【特-3】0 【增】16【对美加征】5【出】0【退】13	千克	A		R		999	厨房或食品加工机器用刀及刀片（厨房器具或食品加工机器用）
820840	00		农、林业机器用刀及刀片（农业、园艺、林业机器用）	Other knives and cutting blades, for agricultural, horticultural or forestry machines	【最】8【普】20 【协东盟】0【协巴基斯坦】5【协智利】0 【协新西兰】0【协秘鲁】0【协台湾】0 【协哥斯达黎加】0【协冰岛】0【协瑞士】3.2 【协澳大利亚】0【协韩国】0 【协格鲁吉亚】0【协香港】0【协澳门】0 【特-1】0【特-2】0 【增】10【对美加征】5【出】0【退】10	千克					999	农、林业机器用刀及刀片（农业、园艺、林业机器用）

税则号列			货品名称中英文		税费综合信息	计量单位	监管证件代码		检验检疫类别		检验检疫编码	检验检疫编码对应中文名称
HS国际统一前6位	本国子目 7~8位	9~10位	中文 货物名称	英文 Article Description			进口	出口	进口	出口		
820890	00		其他机器或机械器具用刀及刀片	Other knives and cutting blades	【最】8【普】20 【协亚太】5.2【协东盟】0【协巴基斯坦】5 【协智利】0【协新西兰】0【协秘鲁】0 【协台湾】0【协哥斯达黎加】0【协冰岛】0 【协瑞士】3.2【协澳大利亚】0【协韩国】0 【协格鲁吉亚】0【协香港】0【协澳门】0 【特-1】0【特-2】0 【增】16【对美加征】10【出】0【退】13	千克					999	其他机器或机械器具用刀及刀片（其他用途）
820900	10		未装配的工具用金属陶瓷板	Plates for tools, unmounted, of cermets	【最】8【普】20 【协亚太】5.2【协东盟】0【协巴基斯坦】5 【协智利】0【协新西兰】0【协秘鲁】0 【协哥斯达黎加】0【协冰岛】0【协瑞士】0 【协澳大利亚】0【协韩国】4 【协格鲁吉亚】0【协香港】0【协澳门】0 【特-1】0【特-2】0【特-3】0 【增】16【对美加征】10【出】0【退】16	千克					999	未装配的工具用金属陶瓷板
820900	21		未装配的工具用金属陶瓷条、杆（晶粒度<0.8微米）	Bars, sticks for tools, unmounted, of cermets, grain size less than 0.8μm	【最】8【普】20 【协亚太】5.2【协东盟】0【协巴基斯坦】5 【协智利】0【协新西兰】0【协秘鲁】0 【协哥斯达黎加】0【协冰岛】0【协瑞士】3.2 【协澳大利亚】0【协韩国】0 【协格鲁吉亚】0【协香港】0【协澳门】0 【特-1】0【特-2】0【特-3】0 【增】16【对美加征】10【出】0【退】16	千克					999	未装配的工具用金属陶瓷条、杆（晶粒度<0.8微米）
820900	29		其他未装配的工具用金属陶瓷条、杆	Other bars, sticks for tools, unmounted, of cermets	【最】8【普】20 【协亚太】5.2【协东盟】0【协巴基斯坦】5 【协智利】0【协新西兰】0【协秘鲁】0 【协哥斯达黎加】0【协冰岛】0【协瑞士】3.2 【协澳大利亚】0【协韩国】0 【协格鲁吉亚】0【协香港】0【协澳门】0 【特-1】0【特-2】0【特-3】0 【增】16【对美加征】10【出】0【退】16	千克					999	其他未装配的工具用金属陶瓷条、杆（晶粒度≥0.8微米）
820900	30		未装配的工具用金属陶瓷刀头	Tips for tools, unmounted, of cermets:	【最】8【普】20 【协亚太】5.2【协东盟】0【协巴基斯坦】5 【协智利】0【协新西兰】0【协秘鲁】0 【协哥斯达黎加】0【协冰岛】0【协瑞士】0 【协澳大利亚】0【协韩国】5.3 【协格鲁吉亚】0【协香港】0【协澳门】0 【特-1】0【特-2】0【特-3】0 【增】16【对美加征】10【出】0【退】16	千克					999	未装配的工具用金属陶瓷刀头
820900	90		未装配的工具用金属陶瓷板、条、杆、刀头及类似品	Other plates, sticks, tips and the like for tools, unmounted, of cermets	【最】8【普】20 【协亚太】5.2【协东盟】0【协巴基斯坦】5 【协智利】0【协新西兰】0【协秘鲁】0 【协哥斯达黎加】0【协冰岛】0【协瑞士】0 【协澳大利亚】0【协韩国】0 【协格鲁吉亚】0【协香港】0【协澳门】0 【特-1】0【特-2】0【特-3】0 【增】16【对美加征】5【出】0【退】16	千克					999	未装配的工具用金属陶瓷板、条、杆、刀头及类似品
821000	00		加工调制食品、饮料用手动机械（重量不超过10千克） 【电商】	Hand-operated mechanical appliances, weighing 10kg or less, used in the preparation, conditioning or serving of food or drink	【最】8【普】80 【协亚太】5.2【协东盟】0【协澳门】0 【协巴基斯坦】14.4【协智利】0【协新西兰】0 【协新加坡】0【协秘鲁】0【协哥斯达黎加】0 【协冰岛】0【协瑞士】7.2【协澳大利亚】0 【协韩国】9【协格鲁吉亚】0【协香港】0 【特-1】0【特-2】0 【增】16【对美加征】10【出】0【退】13	千克/台	A		R		999	加工调制食品、饮料用手动机械（重量不超过10千克）
821110	00		以刀为主的成套货品 【电商】	Knives, sets of assorted articles	【最】8【普】80 【协东盟】0【协巴基斯坦】0【协智利】0 【协新西兰】0【协新加坡】0【协秘鲁】0 【协哥斯达黎加】0【协冰岛】0【协瑞士】7.2 【协澳大利亚】0【协韩国】9 【协格鲁吉亚】0 【特-1】0【特-2】0 【增】16【对美加征】10【出】0【退】10	千克/套					999	以刀为主的成套货品

税则号列			货品名称中英文		税费综合信息	计量单位	监管证件代码		检验检疫类别		检验检疫编码	检验检疫编码对应中文名称
HS国际统一前6位	本国子目 7~8位	9~10位	中文 货物名称	英文 Article Description			进口	出口	进口	出口		
821191	00		刃面固定的餐刀 【电商】	Table knives having fixed blades	【最】7【普】80 【协东盟】0【协巴基斯坦】0【协智利】0 【协新西兰】0【协新加坡】0【协秘鲁】0 【协哥斯达黎加】0【协冰岛】0【协瑞士】7 【协澳大利亚】0【协韩国】9 【协格鲁吉亚】0【协香港】0【协澳门】0 【特-1】0【特-2】0 【增】16【对美加征】10【出】0【退】10	千克/把	A		R		101 102 103 104 105	刃面固定的餐刀（餐桌用具） 刃面固定的餐刀（食品接触不锈钢产品） 刃面固定的餐刀（食品接触铁产品） 刃面固定的餐刀（食品接触铝产品） 刃面固定的餐刀（食品接触其他金属产品）
821192	00		刃面固定的其他刀 【电商】	Other knives having fixed blades	【最】7【普】80 【协东盟】0【协巴基斯坦】0【协智利】0 【协新西兰】0【协新加坡】0【协秘鲁】0 【协哥斯达黎加】0【协冰岛】0【协瑞士】6 【协澳大利亚】0【协韩国】6 【协格鲁吉亚】0【协香港】0【协澳门】0 【特-1】0【特-2】0【特-3】0 【增】16【对美加征】5【出】0【退】10	千克/把					101 102 103 104 105	刃面固定的其他刀（其他食品加工机器及其零件） 刃面固定的其他刀（食品接触不锈钢产品） 刃面固定的其他刀（食品接触铁产品） 刃面固定的其他刀（食品接触铝产品） 刃面固定的其他刀（食品接触其他金属产品）
821193	00		刃面不固定的刀 【电商】	Knives having other than fixed blades	【最】7【普】80 【协东盟】0【协巴基斯坦】0【协智利】0 【协新西兰】0【协新加坡】0【协秘鲁】0 【协哥斯达黎加】0【协冰岛】0【协瑞士】0 【协澳大利亚】0【协韩国】9 【协格鲁吉亚】0【协香港】0【协澳门】0 【特-1】0【特-2】0 【增】16【对美加征】10【出】0【退】13	千克/把					101 102 103 104 105	刃面不固定的刀（其他食品加工机器及其零件） 刃面不固定的刀（食品接触不锈钢产品） 刃面不固定的刀（食品接触铝产品） 刃面不固定的刀（食品接触其他金属产品） 刃面不固定的刀（食品接触铁产品）
821194	00		税目82.11所列刀的刀片 【电商】	Blades of knives of heading No. 82.11	【最】7【普】80 【协东盟】0【协巴基斯坦】0【协智利】0 【协新西兰】0【协新加坡】0【协秘鲁】0 【协哥斯达黎加】0【协冰岛】0【协瑞士】6 【协澳大利亚】0【协韩国】7 【协格鲁吉亚】0【协香港】0【协澳门】0 【特-1】0【特-2】0 【增】16【对美加征】10【出】0【退】13	千克					101 102 103 104 105	税目82.11所列刀的刀片（其他食品加工机器及其零件） 税目82.11所列刀的刀片（食品接触不锈钢产品） 税目82.11所列刀的刀片（食品接触铁产品） 税目82.11所列刀的刀片（食品接触铝产品） 税目82.11所列刀的刀片（食品接触其他金属产品）
821195	00		贱金属制的刀柄	Handles of base metal	【最】7【普】80 【协东盟】0【协巴基斯坦】0【协智利】0 【协新西兰】0【协新加坡】0【协秘鲁】0 【协哥斯达黎加】0【协冰岛】0【协瑞士】6.8 【协澳大利亚】0【协韩国】6 【协格鲁吉亚】0【协香港】0【协澳门】0 【特-1】0【特-2】0【特-3】0 【增】16【对美加征】10【出】0【退】13	千克					101 102	贱金属制的刀柄（其他食品加工机器及其零件） 贱金属制的刀柄（食品接触其他金属产品）
821210	00		剃刀 【电商】	Razors	【最】7【普】80 【协东盟】0【协巴基斯坦】0【协智利】0 【协新西兰】0【协新加坡】0【协秘鲁】0 【协哥斯达黎加】0【协冰岛】0【协瑞士】4.8 【协澳大利亚】0【协韩国】6 【协格鲁吉亚】0【协香港】0【协澳门】0 【特-1】0【特-2】0【特-3】0 【增】16【对美加征】5【出】0【退】10	千克/把					999	剃刀
821220	00		安全剃刀片（包括未分开的刀片条） 【电商】	Safety razor blades, including razor blade blanks in strips	【最】7【普】80 【协东盟】0【协巴基斯坦】0【协智利】0 【协新西兰】0【协新加坡】0【协秘鲁】0 【协哥斯达黎加】0【协冰岛】0【协瑞士】5.6 【协澳大利亚】0【协韩国】7 【协格鲁吉亚】0【协香港】0【协澳门】0 【特-1】0【特-2】0 【增】16【对美加征】5【出】0【退】10	千克/片					999	安全剃刀片（包括未分开的刀片条）

税则号列 HS国际统一前6位	本国子目 7~8位	本国子目 9~10位	货品名称中英文 中文 货物名称	货品名称中英文 英文 Article Description	税费综合信息	计量单位	监管证件代码 进口	监管证件代码 出口	检验检疫类别 进口	检验检疫类别 出口	检验检疫编码	检验检疫编码对应中文名称
821290	00		剃刀零件	Other parts of razors	【最】7【普】80 【协东盟】0【协巴基斯坦】0【协智利】0 【协新西兰】0【协新加坡】0【协秘鲁】0 【协哥斯达黎加】0【协冰岛】0【协瑞士】4.8 【协澳大利亚】0【协韩国】6 【协格鲁吉亚】0【协香港】0【协澳门】0 【特-1】0【特-2】0【特-3】0 【增】16【对美加征】5【出】0【退】10	千克					999	剃刀零件
821300	00		剪刀、裁缝剪刀及类似品、剪刀片 【电商】	Scissors, tailors'shears and similar shears, and blades therefor	【最】7【普】80 【协亚太】4.6【协东盟】0【协巴基斯坦】0 【协智利】0【协新西兰】0【协新加坡】0 【协秘鲁】0【协哥斯达黎加】0【协冰岛】0 【协瑞士】4.8【协澳大利亚】0【协韩国】6 【协格鲁吉亚】0【协香港】0【协澳门】0 【特-1】0【特-2】0【特-3】0 【增】16【对美加征】10【出】0【退】10	千克					101 103	剪刀、裁缝剪刀及类似品、剪刀片（其他机电产品及其零件） 剪刀、裁缝剪刀及类似品、剪刀片（其他金属及制品）
821410	00		裁纸刀、信刀、改错刀、铅笔刀及刀片 【电商】	Paper knives, letter openers, erasing knives, pencil sharpeners and blades therefor	【最】7【普】80 【协亚太】4.6【协东盟】0【协巴基斯坦】5 【协智利】0【协新西兰】0【协新加坡】0 【协秘鲁】0【协哥斯达黎加】0【协冰岛】0 【协瑞士】4.8【协澳大利亚】0【协韩国】6 【协格鲁吉亚】0【协香港】0【协澳门】0 【特-1】0【特-2】0【特-3】0 【增】16【对美加征】10【出】0【退】10	千克					999	裁纸刀、信刀、改错刀、铅笔刀及刀片
821420	00		修指甲及修脚用具（包括指甲锉） 【电商】	Manicure or pedicure sets and instruments (including nail files)	【最】7【普】90 【协亚太】4.6【协东盟】0【协巴基斯坦】16.2 【协智利】0【协新西兰】0【协新加坡】0 【协秘鲁】0【协哥斯达黎加】0【协冰岛】0 【协瑞士】7【协澳大利亚】0【协韩国】9 【协格鲁吉亚】0【协香港】0【协澳门】0 【特-1】0【特-2】0【特-3】0 【增】16【对美加征】10【出】0【退】10	千克					999	修指甲及修脚用具（包括指甲锉）
821490	00	10	切菜刀等厨房用利口器 【电商】	Kitchen cleavers, chopping or mincing knives and other articles of cutlery	【最】7【普】80 【协东盟】0【协智利】0【协新西兰】0 【协新加坡】0【协秘鲁】0【协哥斯达黎加】0 【协冰岛】0【协瑞士】7【协澳大利亚】0 【协韩国】9【协格鲁吉亚】0【协香港】0 【协澳门】0 【特-1】0【特-2】0 【增】16【对美加征】10【出】0【退】10	千克	A		R		101 102 103 104 105	切菜刀等厨房用利口器（厨房用具） 切菜刀等厨房用利口器（食品接触不锈钢产品） 切菜刀等厨房用利口器（食品接触铁产品） 切菜刀等厨房用利口器（食品接触铝产品） 切菜刀等厨房用利口器（食品接触其他金属产品）
821490	00	90	理发推子等其他利口器 【电商】	Hair clippers and other articles of cutlery	【最】7【普】80 【协东盟】0【协智利】0【协新西兰】0 【协新加坡】0【协秘鲁】0【协哥斯达黎加】0 【协冰岛】0【协瑞士】7【协澳大利亚】0 【协韩国】9【协格鲁吉亚】0【协香港】0 【协澳门】0 【特-1】0【特-2】0 【增】16【对美加征】10【出】0【退】10	千克					999	理发推子等其他利口器
821510	00		成套含镀贵金属制厨房或餐桌用具（成套货品，至少其中一件是镀贵金属的）	Kitchen or tableware, sets of assorted articles containing at least one article plated with precious metal	【最】7【普】80 【协东盟】0【协巴基斯坦】0【协智利】0 【协新西兰】0【协新加坡】0【协秘鲁】0 【协哥斯达黎加】0【协冰岛】0【协瑞士】7 【协澳大利亚】0【协韩国】9 【协格鲁吉亚】0【协香港】0【协澳门】0 【特-1】0【特-2】0 【增】16【对美加征】10【出】0【退】10	千克	A		R		101 102 103 104	成套含镀贵金属制厨房或餐桌用具（成套货品，至少其中一件是镀贵金属的）（厨房用具） 成套含镀贵金属制厨房或餐桌用具（成套货品，至少其中一件是镀贵金属的）（餐桌用具） 成套含镀贵金属制厨房或餐桌用具（成套货品，至少其中一件是镀贵金属的）（食品接触其他金属产品） 成套含镀贵金属制厨房或餐桌用具（成套货品，至少其中一件是镀贵金属的）（食品用其他金属包装）

税则号列			货品名称中英文		税费综合信息	计量单位	监管证件代码		检验检疫类别		检验检疫编码	检验检疫编码对应中文名称
HS 国际统一前 6 位	本国子目 7~8 位	本国子目 9~10 位	中文 货物名称	英文 Article Description			进口	出口	进口	出口		
821520	00		成套的其他厨房或餐桌用具（成套货品，没有一件是镀贵金属的） 【电商】	Other sets of assorted articles, similar kitchen or tableware, not containing one article plated with precious metal	【最】7【普】80 【协东盟】0【协巴基斯坦】0【协智利】0 【协新西兰】0【协新加坡】0【协秘鲁】0 【协哥斯达黎加】0【协冰岛】0【协瑞士】7 【协澳大利亚】0【协韩国】9 【协格鲁吉亚】0【协香港】0【协澳门】0 【特-1】0【特-2】0 【增】16【对美加征】10【出】0【退】10	千克	A		R		101 102 103 104	成套的其他厨房或餐桌用具（成套货品，没有一件是镀贵金属的）(厨房用具) 成套的其他厨房或餐桌用具（成套货品，没有一件是镀贵金属的）(餐桌用具) 成套的其他厨房或餐桌用具（成套货品，没有一件是镀贵金属的）(食品接触其他金属产品) 成套的其他厨房或餐桌用具（成套货品，没有一件是镀贵金属的）(食品用其他金属包装)
821591	00		非成套镀贵金属制厨房或餐桌用具（非成套货品，镀贵金属的） 【电商】	Kitchen or tableware, not sets of assorted articles, plated with precious metal	【最】7【普】80 【协东盟】0【协巴基斯坦】0【协智利】0 【协新西兰】0【协新加坡】0【协秘鲁】0 【协哥斯达黎加】0【协冰岛】0【协瑞士】7 【协澳大利亚】0【协韩国】9 【协格鲁吉亚】0【协香港】0【协澳门】0 【特-1】0【特-2】0 【增】16【对美加征】10【出】0【退】10	千克	A		R		101 102 103 104	非成套镀贵金属制厨房或餐桌用具（非成套货品，镀贵金属的）（厨房用具） 非成套镀贵金属制厨房或餐桌用具（非成套货品，镀贵金属的）（餐桌用具） 非成套镀贵金属制厨房或餐桌用具（非成套货品，镀贵金属的）（食品接触其他金属产品） 非成套镀贵金属制厨房或餐桌用具（非成套货品，镀贵金属的）（食品用其他金属包装）
821599	00		其他非成套的厨房或餐桌用具（非成套货品，没镀贵金属的） 【电商】	Other kitchen or tableware, not sets of assorted articles, unplated with precious metal	【最】7【普】80 【协东盟】0【协香港】0【协巴基斯坦】0 【协智利】0【协新西兰】0【协新加坡】0 【协秘鲁】0【协哥斯达黎加】0【协冰岛】0 【协瑞士】7【协澳大利亚】0【协韩国】9 【协格鲁吉亚】0 【特-1】0【特-2】0【特-3】0 【增】16【对美加征】10【出】0【退】13	千克	A		R		101 102 103 104	其他非成套的厨房或餐桌用具（非成套货品，没镀贵金属的）（厨房用具） 其他非成套的厨房或餐桌用具（非成套货品，没镀贵金属的）（餐桌用具） 其他非成套的厨房或餐桌用具（非成套货品，没镀贵金属的）（食品接触其他金属产品） 其他非成套的厨房或餐桌用具（非成套货品，没镀贵金属的）（食品用其他金属包装）

第八十三章 贱金属杂项制品

Chapter 83 Miscellaneous articles of base metal

注释：

一、在本章，贱金属零件应与制品一同归类。但税目73.12、73.15、73.17、73.18及73.20的钢铁制品或其他贱金属（第七十四章至第七十六章及第七十八章至第八十一章）制的类似物品不应视为本章制品的零件。

二、税目83.02所称“脚轮”，是指直径（对于有胎的，连胎计算在内，下同）不超过75毫米的或直径虽超过75毫米，但所装轮或胎的宽度必须小于30毫米的脚轮。

Chapter Notes:

1. For the purposes of this Chapter, parts of base metal are to be classified with their parent articles. However, articles of iron or steel of heading 73.12, 73.15, 73.17, 73.18 or 73.20, or similar articles of other base metal (Chapters 74 to 76 and 78 to 81) are not to be taken as parts of articles of this Chapter.

2. For the purposes of heading 83.02, the word “castors” means those having a diameter (including, where appropriate, tyres) not exceeding 75mm, or those having a diameter (including, where appropriate, tyres) exceeding 75mm provided that the width of the wheel or tyre fitted thereto is less than 30mm.

税则号列			货品名称中英文		税费综合信息	计量单位	监管证件代码		检验检疫类别		检验检疫编码	检验检疫编码对应中文名称
HS国际统一前6位	本国子目 7~8位	9~10位	中文 货物名称	英文 Article Description			进口	出口	进口	出口		
830110	00		挂锁	Padlocks	【最】7【普】80 【协东盟】0【协巴基斯坦】11.2【协智利】0 【协新西兰】0【协新加坡】0【协秘鲁】0 【协哥斯达黎加】0【协冰岛】0【协瑞士】5.6 【协澳大利亚】0【协韩国】7 【协格鲁吉亚】0【协香港】0【协澳门】0 【特-1】0【特-2】0 【增】16【对美加征】5【出】0【退】10	千克/把					999	挂锁
830120	10		机动车用中央控制门锁	Central control door lock, of a kind used for motor vehicles	【最】9【普】80 【协东盟】5【协智利】0【协新西兰】0 【协秘鲁】0【协哥斯达黎加】0【协冰岛】0 【协瑞士】0【协澳大利亚】0【协韩国】7.5 【协格鲁吉亚】0【协香港】0【协澳门】0 【特-1】0【特-2】0【特-3】0 【增】16【对美加征】5【出】0【退】16	千克/套			L		101 102	机动车用中央控制门锁（其他车辆零部件） 机动车用中央控制门锁（机动车锁）
830120	90		其他机动车用锁	Other lock, of a kind used for motor vehicles	【最】9【普】80 【协东盟】5【协智利】0【协新西兰】0 【协秘鲁】0【协哥斯达黎加】0【协冰岛】0 【协瑞士】0【协澳大利亚】0【协韩国】7.5 【协格鲁吉亚】0【协香港】0【协澳门】0 【特-1】0【特-2】0【特-3】0 【增】16【对美加征】5【出】0【退】13	千克/套			L		101 102	其他机动车用锁（其他车辆零部件） 其他机动车用锁（机动车锁）
830130	00		家具用锁	Locks of a kind used for furniture	【最】7【普】80 【协东盟】0【协巴基斯坦】11.2【协智利】0 【协新西兰】0【协新加坡】0【协秘鲁】0 【协哥斯达黎加】0【协冰岛】0【协瑞士】5.6 【协澳大利亚】2.8【协韩国】7 【协格鲁吉亚】0【协香港】0【协澳门】0 【特-1】0【特-2】0【特-3】0 【增】16【对美加征】10【出】0【退】10	千克/个					999	家具用锁
830140	00		其他锁 【电商】	Other locks	【最】9【普】80 【协东盟】0【协巴基斯坦】11.2【协智利】0 【协新西兰】0【协新加坡】0【协秘鲁】0 【协哥斯达黎加】0【协冰岛】0【协瑞士】5.6 【协澳大利亚】0【协韩国】7 【协格鲁吉亚】0【协香港】0【协澳门】0 【特-1】0【特-2】0【特-3】0 【增】16【对美加征】5【出】0【退】10	千克/个					999	其他锁
830150	00		带锁的扣环及扣环框架	Clasps and frames with clasps, incorporating locks	【最】9【普】80 【协东盟】0【协香港】0【协巴基斯坦】11.2 【协智利】0【协新西兰】0【协新加坡】0 【协秘鲁】0【协哥斯达黎加】0【协冰岛】0 【协瑞士】5.6【协澳大利亚】0【协韩国】7 【协格鲁吉亚】0 【特-1】0【特-2】0 【增】16【对美加征】5【出】0【退】10	千克					999	带锁的扣环及扣环框架

税则号列			货品名称中英文		税费综合信息	计量单位	监管证件代码		检验检疫类别		检验检疫编码	检验检疫编码对应中文名称
HS国际统一前6位	本国子目 7~8位	9~10位	中文 货物名称	英文 Article Description			进口	出口	进口	出口		
830160	00		锁零件	Parts of locks	【最】9【普】80 【协东盟】0【协巴基斯坦】6【协智利】0 【协新西兰】0【协新加坡】0【协秘鲁】0 【协哥斯达黎加】0【协冰岛】0【协瑞士】4.8 【协澳大利亚】0【协韩国】6 【协格鲁吉亚】0【协香港】0【协澳门】0 【特-1】0【特-2】0【特-3】0 【增】16【对美加征】10【出】0【退】10	千克					999	锁零件
830170	00		钥匙	Keys presented separately	【最】7【普】80 【协东盟】0【协巴基斯坦】5【协智利】0 【协新西兰】0【协秘鲁】0【协哥斯达黎加】0 【协冰岛】0【协瑞士】0【协澳大利亚】0 【协韩国】6.6【协格鲁吉亚】0【协香港】0 【协澳门】0 【特-1】0【特-2】0【特-3】0 【增】16【对美加征】10【出】0【退】10	千克					999	钥匙
830210	00		铰链（折叶）	Hinges	【最】9【普】80 【协东盟】0【协香港】0【协巴基斯坦】5 【协智利】0【协新西兰】0【协秘鲁】0 【协哥斯达黎加】0【协冰岛】0【协瑞士】0 【协澳大利亚】0【协韩国】0【协格鲁吉亚】0 【特-1】0【特-2】0【特-3】0 【增】16【对美加征】10【出】0【退】13	千克			L		101 102	铰链（折叶）（其他车辆零部件） 铰链（折叶）（其他深加工金属制品）
830220	00		用贱金属做支架的小脚轮	Castors with mountings of base metal	【最】9【普】80 【协东盟】0【协巴基斯坦】6【协智利】0 【协新西兰】0【协新加坡】0【协秘鲁】0 【协哥斯达黎加】0【协冰岛】0【协瑞士】4.8 【协澳大利亚】0【协韩国】6 【协格鲁吉亚】0【协香港】0【协澳门】0 【特-1】0【特-2】0【特-3】0 【增】16【对美加征】10【出】0【退】13	千克					999	用贱金属做支架的小脚轮
830230	00		机车用贱金属附件及架座	Other mountings, fittings and similar articles suitable for motor vehicles, of base metal	【最】9【普】80 【协东盟】0【协巴基斯坦】5【协智利】0 【协新西兰】0【协秘鲁】0【协哥斯达黎加】0 【协冰岛】0【协瑞士】0【协澳大利亚】0 【协韩国】6.6【协格鲁吉亚】0【协香港】0 【协澳门】0 【特-1】0【特-2】0【特-3】0 【增】16【对美加征】5【出】0【退】13	千克			L		101 102	机车用贱金属附件及架座（其他车辆零部件） 机车用贱金属附件及架座（其他深加工金属制品）
830241	00		建筑用贱金属配件及架座【电商】	Other mountings, fittings and similar articles suitable for buildings	【最】9【普】80 【协东盟】0【协巴基斯坦】11.2【协智利】0 【协新西兰】0【协新加坡】0【协秘鲁】0 【协哥斯达黎加】0【协冰岛】0【协瑞士】5.6 【协澳大利亚】0【协韩国】7 【协格鲁吉亚】0【协香港】0【协澳门】0 【特-1】0【特-2】0 【增】16【对美加征】10【出】0【退】13	千克					999	建筑用贱金属配件及架座
830242	00		家具用贱金属配件及架座【电商】	Other mountings, fittings and similar articles suitable suitable for furniture	【最】9【普】80 【协东盟】0【协巴基斯坦】6【协智利】0 【协新西兰】0【协新加坡】0【协秘鲁】0 【协哥斯达黎加】0【协冰岛】0【协瑞士】4.8 【协澳大利亚】0【协韩国】6 【协格鲁吉亚】0【协香港】0【协澳门】0 【特-1】0【特-2】0【特-3】0 【增】16【对美加征】10【出】0【退】10	千克					999	家具用贱金属配件及架座
830249	00		其他用贱金属配件及架座	Other mountings, fittings and similar articles suitable, of base metal	【最】9【普】80 【协东盟】0【协巴基斯坦】6【协智利】0 【协新西兰】0【协新加坡】0【协秘鲁】0 【协哥斯达黎加】0【协冰岛】0【协瑞士】4.8 【协澳大利亚】0【协韩国】6 【协格鲁吉亚】0【协香港】0【协澳门】0 【特-1】0【特-2】0【特-3】0 【增】16【对美加征】5【出】0【退】13	千克					999	其他用贱金属配件及架座

税则号列			货品名称中英文		税费综合信息	计量单位	监管证件代码		检验检疫类别		检验检疫编码	检验检疫编码对应中文名称
HS 国际统一前 6 位	本国子目 7~8 位	本国子目 9~10 位	中文 货物名称	英文 Article Description			进口	出口	进口	出口		
830250	00		帽架，帽钩，托架及类似品【电商】	Hat-racks, hat-pegs, brackets and similar fixtures	【最】7【普】80 【协东盟】0【协巴基斯坦】11.2【协智利】0 【协新西兰】0【协新加坡】0【协秘鲁】0 【协哥斯达黎加】0【协冰岛】0【协瑞士】5.6 【协澳大利亚】0【协韩国】7 【协格鲁吉亚】0【协香港】0【协澳门】0 【特-1】0【特-2】0 【增】16【对美加征】10【出】0【退】13	千克					999	帽架，帽钩，托架及类似品
830260	00		自动闭门器	Automatic door closets	【最】9【普】80 【协东盟】0【协巴基斯坦】6【协智利】0 【协新西兰】0【协新加坡】0【协秘鲁】0 【协哥斯达黎加】0【协冰岛】0【协瑞士】4.8 【协澳大利亚】0【协韩国】6 【协格鲁吉亚】0【协香港】0【协澳门】0 【特-1】0【特-2】0【特-3】0 【增】16【对美加征】10【出】0【退】13	千克/个					999	自动闭门器
830300	00		保险箱、柜，保险库的门（及带锁保险储存厨，钱箱，契约箱及类似品）	Armoured or reinforced safes, strong boxes and doors and safe deposit lockers for strong-rooms, cash or deed boxes and the like, of base metal	【最】9【普】50 【协东盟】0【协巴基斯坦】11.2【协智利】0 【协新西兰】0【协新加坡】0【协秘鲁】0 【协哥斯达黎加】0【协冰岛】0【协瑞士】5.6 【协澳大利亚】0【协韩国】7 【协格鲁吉亚】0【协香港】0【协澳门】0 【特-1】0【特-2】0 【增】16【对美加征】10【出】0【退】13	千克/个			L		999	保险箱、柜，保险库的门（及带锁保险储存厨，钱箱，契约箱及类似品）
830400	00		贱金属档案柜，文件箱等办公用具（税目 94.03 的办公室家具除外）	Filing cabinets, card-index cabinets, paper trays, paper rests, pen trays, office-stamp stands and similar office or desk equipment, of base metal, other than office furniture of heading No. 94.03	【最】9【普】80 【协东盟】0【协香港】0【协巴基斯坦】5 【协智利】0【协新西兰】0【协新加坡】0 【协秘鲁】0【协哥斯达黎加】0【协冰岛】0 【协瑞士】4.2【协澳大利亚】0【协韩国】5.2 【协格鲁吉亚】0 【特-1】0【特-2】0【特-3】0 【增】16【对美加征】10【出】0【退】10	千克					999	贱金属档案柜，文件箱等办公用具（税目 94.03 的办公室家具除外）
830510	00		活页夹或宗卷夹的附件	Fittings for loose-leaf binders of files	【最】9【普】80 【协东盟】0【协巴基斯坦】5【协智利】0 【协新西兰】0【协新加坡】0【协秘鲁】0 【协哥斯达黎加】0【协冰岛】0【协瑞士】4.2 【协澳大利亚】0【协韩国】5.2 【协格鲁吉亚】0【协香港】0【协澳门】0 【特-1】0【特-2】0【特-3】0 【增】16【出】0【退】10	千克					999	活页夹或宗卷夹的附件
830520	00		成条订书钉	Staples in strips	【最】7【普】80 【协东盟】0【协巴基斯坦】5【协智利】0 【协新西兰】0【协新加坡】0【协秘鲁】0 【协哥斯达黎加】0【协冰岛】0【协瑞士】4.2 【协澳大利亚】0【协韩国】5.2 【协格鲁吉亚】0【协香港】0【协澳门】0 【特-1】0【特-2】0【特-3】0 【增】16【对美加征】10【出】0【退】10	千克					999	成条订书钉
830590	00		信夹，信角，文件夹等办公用品及零件【电商】	Other letter clips, letter corners, paper clips and similar office articles, including parts	【最】7【普】80 【协东盟】0【协香港】0【协巴基斯坦】5 【协智利】0【协新西兰】0【协新加坡】0 【协秘鲁】0【协哥斯达黎加】0【协冰岛】0 【协瑞士】4.2【协澳大利亚】0【协韩国】5.2 【协格鲁吉亚】0 【特-1】0【特-2】0【特-3】0 【增】16【对美加征】10【出】0【退】10	千克					999	信夹，信角，文件夹等办公用品及零件
830610	00		非电动铃，钟，锣及其类似品	Bells, gongs and the like, non-electric	【最】8【普】80 【协东盟】0【协巴基斯坦】5【协智利】0 【协新西兰】0【协秘鲁】0【协哥斯达黎加】0 【协冰岛】0【协瑞士】0【协澳大利亚】0 【协韩国】4【协格鲁吉亚】0【协香港】0 【协澳门】0 【特-1】0【特-2】0【特-3】0 【增】16【出】0【退】10	千克					999	非电动铃，钟，锣及其类似品

税则号列			货品名称中英文		税费综合信息	计量单位	监管证件代码		检验检疫类别		检验检疫编码	检验检疫编码对应中文名称
HS 国际统一前 6 位	本国子目 7~8 位	9~10 位	中文 货物名称	英文 Article Description			进口	出口	进口	出口		
830621	00		镀贵金属的雕塑像及其他装饰品【电商】	Statuettes and other ornaments, of base metal, plated with precious metal	【最】7【普】100 【协东盟】0【协巴基斯坦】5【协智利】0 【协新西兰】0【协秘鲁】0【协哥斯达黎加】0 【协冰岛】0【协瑞士】0【协澳大利亚】0 【协韩国】0【协格鲁吉亚】0【协香港】0 【协澳门】0 【特-1】0【特-2】0【特-3】0 【增】16【对美加征】10【出】0【退】10	千克					999	镀贵金属的雕塑像及其他装饰品（贱金属制）
830629	10		景泰蓝雕塑像及其他装饰品	Cloisonne statuettes and other ornaments, of base metal	【最】7【普】100 【协东盟】0【协巴基斯坦】5【协智利】0 【协新西兰】0【协秘鲁】0【协哥斯达黎加】0 【协冰岛】0【协瑞士】0【协澳大利亚】0 【协韩国】0【协格鲁吉亚】0【协香港】0 【协澳门】0 【特-1】0【特-2】0【特-3】0 【增】16【出】0【退】13	千克					999	景泰蓝雕塑像及其他装饰品（贱金属制）
830629	90		其他雕塑像及其他装饰品【电商】	Other statuettes and other ornaments, of base metal	【最】7【普】100 【协东盟】0【协巴基斯坦】5【协智利】0 【协新西兰】0【协新加坡】0【协秘鲁】0 【协哥斯达黎加】0【协冰岛】0【协瑞士】0 【协澳大利亚】0【协韩国】4 【协格鲁吉亚】0【协香港】0【协澳门】0 【特-1】0【特-2】0【特-3】0 【增】16【对美加征】5【出】0【退】13	千克					999	其他雕塑像及其他装饰品（贱金属制）
830630	00		相框，画框及类似框架，镜子【电商】	Photograph, picture or similar frames; mirrors	【最】7【普】100 【协东盟】0【协巴基斯坦】5【协智利】0 【协新西兰】0【协秘鲁】0【协哥斯达黎加】0 【协冰岛】0【协瑞士】0【协澳大利亚】0 【协韩国】4【协格鲁吉亚】0【协香港】0 【协澳门】0 【特-1】0【特-2】0【特-3】0 【增】16【对美加征】10【出】0【退】13	千克					999	相框，画框及类似框架，镜子
830710	00		钢铁制软管，可有配件	Flexible tubing of iron or steel	【最】8【普】35 【协东盟】0【协巴基斯坦】5【协智利】0 【协新西兰】0【协秘鲁】0【协哥斯达黎加】0 【协冰岛】0【协瑞士】3.4【协澳大利亚】0 【协韩国】4.2【协格鲁吉亚】0【协香港】0 【协澳门】0 【特-1】0【特-2】0【特-3】0 【增】16【对美加征】5【出】0【退】13	千克					999	钢铁制软管，可有配件
830790	00		其他贱金属软管，可有配件	Flexible tubing of other base metal	【最】8【普】35 【协东盟】0【协香港】0【协巴基斯坦】5 【协智利】0【协新西兰】0【协秘鲁】0 【协哥斯达黎加】0【协冰岛】0【协瑞士】0 【协澳大利亚】0【协韩国】4.2【协格鲁吉亚】0 【特-1】0【特-2】0【特-3】0 【增】16【对美加征】5【出】0【退】13	千克					999	其他贱金属软管，可有配件
830810	00		贱金属制钩、环及眼【电商】	Hooks, eyes and eyelets, of base metal	【最】9【普】80 【协东盟】0【协香港】0【协巴基斯坦】5 【协智利】0【协新西兰】0【协新加坡】0 【协秘鲁】0【协哥斯达黎加】0【协冰岛】0 【协瑞士】4.2【协澳大利亚】0【协韩国】7.8 【协格鲁吉亚】0 【特-1】0【特-2】0【特-3】0 【增】16【对美加征】10【出】0【退】13	千克					999	贱金属制钩、环及眼
830820	00		贱金属制管形铆钉及开口铆钉	Tubular or bifurcated rivets, of base metal	【最】9【普】80 【协东盟】0【协香港】0【协巴基斯坦】5 【协智利】0【协新西兰】0【协新加坡】0 【协秘鲁】0【协哥斯达黎加】0【协冰岛】0 【协瑞士】4.2【协澳大利亚】0【协韩国】5.2 【协格鲁吉亚】0 【特-1】0【特-2】0【特-3】0 【增】16【对美加征】5【出】0【退】13	千克					999	贱金属制管形铆钉及开口铆钉

税则号列 HS国际统一前6位	本国子目 7~8位	本国子目 9~10位	货品名称中英文 中文 货物名称	英文 Article Description	税费综合信息	计量单位	监管证件代码 进口	监管证件代码 出口	检验检疫类别 进口	检验检疫类别 出口	检验检疫编码	检验检疫编码对应中文名称
830890	00		贱金属制珠子及亮晶片 【电商】	Other beads and spangles, of base metal, including parts	【最】9【普】80 【协东盟】0【协香港】0【协巴基斯坦】5 【协智利】0【协新西兰】0【协新加坡】0 【协秘鲁】0【协哥斯达黎加】0【协冰岛】0 【协瑞士】4.2【协澳大利亚】0【协韩国】7.8 【协格鲁吉亚】0 【特-1】0【特-2】0【特-3】0 【增】16【对美加征】10【出】0【退】13	千克					999	贱金属制珠子及亮晶片
830910	00		贱金属制冠形瓶塞	Crown corks, of base metal	【最】9【普】90 【协东盟】0【协香港】0【协巴基斯坦】14.4 【协智利】0【协新西兰】0【协新加坡】0 【协秘鲁】0【协哥斯达黎加】0【协冰岛】0 【协瑞士】7.2【协澳大利亚】0【协韩国】9 【协格鲁吉亚】0 【特-1】0【特-2】0 【增】16【对美加征】10【出】0【退】13	千克					999	贱金属制冠形瓶塞
830990	00		盖子、瓶帽、螺口塞封志等包装用附件(贱金属制) 【电商】	Other caps and lids capsules for bottles, threaded bungs, bung covers, seals and other packing accessories, of base metal	【最】9【普】80 【协东盟】0【协香港】0【协巴基斯坦】6 【协智利】0【协新西兰】0【协新加坡】0 【协秘鲁】0【协哥斯达黎加】0【协冰岛】0 【协瑞士】4.8【协澳大利亚】0【协韩国】6 【协格鲁吉亚】0 【特-1】0【特-2】0【特-3】0 【增】16【对美加征】5【出】0【退】13	千克					999	盖子、瓶帽、螺口塞封志等包装用附件（贱金属制）
831000	00		标志牌，铭牌，号码，字母等标志（贱金属制，税目94.05的货品除外） 【电商】	Sign-plates, name-plates, address-plates and similar plates, numbers, letters and other symbols, of base metal, excluding those of heading No. 94.05	【最】9【普】80 【协东盟】0【协智利】0【协新西兰】0 【协新加坡】0【协秘鲁】0【协哥斯达黎加】0 【协冰岛】0【协瑞士】7.2【协澳大利亚】0 【协韩国】9【协格鲁吉亚】0【协香港】0 【协澳门】0 【特-1】0【特-2】0 【增】16【对美加征】10【出】0【退】13	千克					999	标志牌，铭牌，号码，字母等标志（贱金属制，税目94.05的货品除外）
831110	00		以焊剂涂面的贱金属电极，电弧焊用	Coated electrodes of base metal, for electric arcwelding	【最】8【普】30 【协东盟】0【协香港】0【协巴基斯坦】5 【协智利】0【协新西兰】0【协秘鲁】0 【协哥斯达黎加】0【协冰岛】0【协瑞士】0 【协澳大利亚】0【协韩国】0 【协格鲁吉亚】0 【特-1】0【特-2】0【特-3】0 【增】16【对美加征】5【出】0【退】16	千克					999	以焊剂涂面的贱金属电极，电弧焊用
831120	00		以焊剂为芯的贱金属制焊丝(电弧焊用)	Cored wire of base metal, for electric arc-welding	【最】8【普】30 【协东盟】0【协香港】0【协巴基斯坦】5 【协智利】0【协新西兰】0【协秘鲁】0 【协哥斯达黎加】0【协冰岛】0【协瑞士】0 【协澳大利亚】0【协韩国】5.3 【协格鲁吉亚】0 【特-1】0【特-2】0【特-3】0 【增】16【对美加征】10【出】0【退】16	千克					999	以焊剂为芯的贱金属制焊丝（电弧焊用）
831130	00		以焊剂涂面或作芯的贱金属条或丝（钎焊或气焊用）	Coated rods and cored wire, of base metal, for soldering, brazing or welding by flame	【最】8【普】30 【协东盟】0【协香港】0【协巴基斯坦】5 【协智利】0【协新西兰】0【协秘鲁】0 【协哥斯达黎加】0【协冰岛】0【协瑞士】0 【协澳大利亚】0【协格鲁吉亚】0 【特-1】0【特-2】0【特-3】0 【增】16【对美加征】5【出】0【退】16	千克					999	以焊剂涂面或作芯的贱金属条或丝（钎焊或气焊用）
831190	00		贱金属黏聚成的丝或条（供金属喷镀用）	Other wire and rods, of agglomerated base metal powder, used for metal spraying	【最】8【普】30 【协亚太】5.2【协东盟】0【协香港】0 【协巴基斯坦】5【协智利】0【协新西兰】0 【协秘鲁】0【协哥斯达黎加】0【协冰岛】0 【协瑞士】0【协澳大利亚】0【协韩国】0 【协格鲁吉亚】0 【特-1】0【特-2】0【特-3】0 【增】16【对美加征】5【出】0【退】16	千克					999	贱金属黏聚成的丝或条（供金属喷镀用）

第十六类
机器、机械器具、电气设备及其零件；录音机及放声机、电视图像、声音的录制和重放设备及其零件、附件

注释：

一、本类不包括：

（一）第三十九章的塑料或税目40.10的硫化橡胶制的传动带、输送带；除硬质橡胶以外的硫化橡胶制的机器、机械器具、电气器具或其他专门技术用途的物品（税目40.16）；

（二）机器、机械器具或其他专门技术用途的皮革、再生皮革（税目42.05）或毛皮（税目43.03）的制品；

（三）各种材料（例如，第三十九章、第四十章、第四十四章、第四十八章及第十五类的材料）制的筒管、卷轴、纡子、锥形筒管、芯子、线轴及类似品；

（四）提花机及类似机器用的穿孔卡片（例如，归入第三十九章、第四十八章或第十五类的）；

（五）纺织材料制的传动带、输送带及其带料（税目59.10）或专门技术用途的其他纺织材料制品（税目59.11）；

（六）税目71.02至71.04的宝石或半宝石（天然、合成或再造）或税目71.16的完全以宝石或半宝石制成的物品，但已加工未装配的唱针用蓝宝石和钻石除外（税目85.22）；

（七）第十五类注释二所规定的贱金属制通用零件（第十五类）及塑料制的类似品（第三十九章）；

（八）钻管（税目73.04）；

（九）金属丝、带制的环形带（第十五类）；

（十）第八十二章或第八十三章的物品；

（十一）第十七类的物品；

（十二）第九十章的物品；

（十三）第九十一章的钟、表及其他物品；

（十四）税目82.07的可互换工具及作为机器零件的刷子（税目96.03）；类似的可互换工具应按其构成工作部件的材料归类（例如，归入第四十章、第四十二章、第四十三章、第四十五章、第五十九章或税目68.04、69.09）；

（十五）第九十五章的物品；或

（十六）打字机色带或类似色带，不论是否带轴或装盒（应按其材料属性归类；如已上油或经其他方法处理能着色的，应归入税目96.12），或税目96.20的独脚架、双脚架、三脚架及类似品。

SECTION XVI
MACHINERY AND MECHANICAL APPLIANCES; ELECTRICAL EQUIPMENT; PARTS THEREOF; SOUND RECORDERS AND REPRODUCERS, TELEVISION IMAGE AND SOUND RECORDERS AND REPRODUCERS, AND PARTS AND ACCESSORIES OF SUCH ARTICLES

Section Notes:

1. This Section does not cover:

(a) Transmission or conveyor belts or belting, of plastics of Chapter 39, or of vulcanised rubber (heading 40.10), or other articles of a kind used in machinery or mechanical or electrical appliances or for other technical uses, of vulcanised rubber other than hard rubber (heading 40.16);

(b) Articles of leather or of composition leather (heading 42.05) or of furskin (heading 43.03), of a kind used in machinery or mechanical appliances or for other technical uses;

(c) Bobbins, spools, cops, cones, cores, reels or similar supports, of any material (for example, Chapter 39, 40, 44 or 48 or Section XV);

(d) Perforated cards for Jacquard or similar machines (for example, Chapter 39 or 48 or Section XV);

(e) Transmission or conveyor belts or belting of textile material (heading 59.10) or other articles of textile material for technical uses (heading 59.11);

(f) Precious or semi-precious stones (natural, synthetic or reconstructed) of headings 71.02 to 71.04, or articles wholly of such stones of heading 71.16, except unmounted worked sapphires and diamonds for styli (heading 85.22);

(g) Parts of general use, as defined in Note 2 to Section XV, of base metal (Section XV), or similar goods of plastics (Chapter 39);

(h) Drill pipe (heading 73.04);

(ij) Endless belts of metal wire or strip (Section XV);

(k) Articles of Chapter 82 or 83;

(l) Articles of Section XVII;

(m) Articles of Chapter 90;

(n) Clocks, watches or other articles of Chapter 91;

(o) Interchangeable tools of heading 82.07 or brushes of a kind used as parts of machines (heading 96.03); similar interchangeable tools are to be classified according to the constituent material of their working part (for example, in Chapter 40, 42, 43, 45 or 59 or heading 68.04 or 69.09);

(p) Articles of Chapter 95; or

(q) Typewriter or similar ribbons, whether or not on spools or in cartridges (classified according to their constituent material, or in heading 96.12 if inked or otherwise prepared for giving impressions), or monopods, bipods, tripods and similar articles, of heading 96.20.

二、除本类注释一、第八十四章注释一及第八十五章注释一另有规定的以外，机器零件（不属于税目84.84、85.44、85.45、85.46或85.47所列物品的零件）应按下列规定归类：

（一）凡在第八十四章、第八十五章的税号（税目84.09、84.31、84.48、84.66、84.73、84.87、85.03、85.22、85.29、85.38及85.48除外）列名的货品，均应归入该两章的相应税号；

（二）专用于或主要用于某一种机器或同一税号的多种机器（包括税目84.79或85.43的机器）的其他零件，应与该种机器一并归类，或酌情归入税目84.09、84.31、84.48、84.66、84.73、85.03、85.22、85.29或85.38。但能同时主要用于税目85.17和85.25至85.28所列机器的零件，应归入税目85.17；

（三）所有其他零件应酌情归入税目84.09、84.31、84.48、84.66、84.73、85.03、85.22、85.29或85.38，如不能归入上述税号，则应归入税目84.87或85.48。

三、由两部及两部以上机器装配在一起形成的组合式机器，或具有两种及两种以上互补或交替功能的机器，除条文另有规定的以外，应按具有主要功能的机器归类。

四、由不同独立部件（不论是否分开或由管道、传动装置、电缆或其他装置连接）组成的机器（包括机组），如果组合后明显具有一种第八十四章或第八十五章某个税号所列功能，则全部机器应按其功能归入有关税号。

五、上述各注释所称"机器"，是指第八十四章或第八十五章各税号所列的各种机器、设备、装置及器具。

2. Subject to Note 1 to this Section, Note 1 to Chapter 84 and Note 1 to Chapter 85, parts of machines (not being parts of the articles of heading 84.84, 85.44, 85.45, 85.46 or 85.47) are to be classified according to the following rules:

(a) Parts which are goods included in any of the headings of Chapters 84 or 85 (other than headings 84.09, 84.31, 84.48, 84.66, 84.73, 84.87, 85.03, 85.22, 85.29, 85.38 and 85.48) are in all cases to be classified in their respective headings;

(b) Other parts, if suitable for use solely or principally with a particular kind of machine, or with a number of machines of the same heading (including a machine of heading 84.79 or 85.43) are to be classified with the machines of that kind or in heading 84.09, 84.31, 84.48, 84.66, 84.73, 85.03, 85.22, 85.29 or 85.38 as appropriate. However, parts which are equally suitable for use principally with the goods of headings 85.17 and 85.25 to 85.28 are to be classified in heading 85.17;

(c) All other parts are to be classified in heading 84.09, 84.31, 84.48, 84.66, 84.73, 85.03, 85.22, 85.29 or 85.38 as appropriate or, failing that, in heading 84.87 or 85.48.

3. Unless the context otherwise requires, composite machines consisting of two or more machines fitted together to form a whole and other machines designed for the purpose of performing two or more complementary or alternative functions are to be classified as if consisting only of that component or as being that machine which performs the principal function.

4. Where a machine (including a combination of machines) consists of individual components (whether separate or interconnected by piping, by transmission devices, by electric cables or by other devices) intended to contribute together to a clearly defined function covered by one of the headings in Chapter 84 or Chapter 85, then the whole falls to be classified in the heading appropriate to that function.

5. For the purposes of these Notes, the expression "machine" means any machine, machinery, plant, equipment, apparatus or appliance cited in the headings of Chapter 84 or 85.

第八十四章
核反应堆、锅炉、机器、机械器具及其零件

注释：

一、本章不包括：

（一）第六十八章的石磨、石碾及其他物品；

（二）陶瓷材料制的机器或器具（例如，泵）及供任何材料制的机器或器具用的陶瓷零件（第六十九章）；

（三）实验室用玻璃器（税目70.17）；玻璃制的机器、器具或其他专门技术用途的物品及其零件（税目70.19或70.20）；

（四）税目73.21或73.22的物品或其他贱金属制的类似物品（第七十四章至第七十六章或第七十八章至第八十一章）；

（五）税目85.08的真空吸尘器；

Chapter 84
Nuclear reactors, boilers, machinery and mechanical appliances; parts thereof

Chapter Notes:

1. This Chapter does not cover:

(a) Millstones, grindstones or other articles of Chapter 68;

(b) Machinery or appliances (for example, pumps) of ceramic material and ceramic parts of machinery or appliances of any material (Chapter 69);

(c) Laboratory glassware (heading 70.17); machinery, appliances or other articles for technical uses or parts thereof, of glass (heading 70.19 or 70.20);

(d) Articles of heading 73.21 or 73.22 or similar articles of other base metals (Chapters 74 to 76 or 78 to 81);

(e) Vacuum cleaners of heading 85.08;

（六）税目 85.09 的家用电动器具；税目 85.25 的数字照相机；
（七）第十七类物品用的散热器；或
（八）非机动的手工操作地板清扫器（税目 96.03）。

(f) Electro-mechanical domestic appliance of heading 85.09; digital cameras of heading 85.25;
(g) Radiators for the articles of Section XVII; or
(h) Hand-operated mechanical floor sweepers, not motorised (heading 96.03).

二、除第十六类注释三及本章注释九另有规定以外，如果某种机器或器具既符合税目 84.01 至 84.24 中一个或几个税号的规定，或符合税目 84.86 的规定，又符合税目 84.25 至 84.80 中一个或几个税号的规定，则应酌情归入税目 84.01 至 84.24 中的相应税号或税目 84.86，而不归入税目 84.25 至 84.80 中的有关税号。

2. Subject to the operation of Note 3 to Section XVI and subject to Note 9 to this Chapter, a machine or appliance which answers to a description in one or more of the headings 84.01 to 84.24, or heading 84.86 and at the same time to a description in one or other of the headings 84.25 to 84.80 is to be classified under the appropriate heading of the former group or under heading 84.86, as the case may be, and not the latter group.

但税目 84.19 不包括：
（一）催芽装置、孵卵器或育雏器（税目 84.36）；
（二）谷物调湿机（税目 84.37）；
（三）萃取糖汁的浸提装置（税目 84.38）；
（四）纱线、织物及纺织制品的热处理机器（税目 84.51）；或
（五）温度变化（即使必不可少）仅作为辅助功能的机器、设备或实验室设备。

Heading 84.19 does not, however, cover:
(a) Germination plant, incubators or brooders (heading 84.36);
(b) Grain dampening machines (heading 84.37);
(c) Diffusing apparatus for sugar juice extraction (heading 84.38);
(d) Machinery for the heat-treatment of textile yarns, fabrics or made up textile articles (heading 84.51); or
(e) Machinery, plant or laboratory equipment, designed for a mechanical operation, in which a change of temperature, even if necessary, is subsidiary.

税目 84.22 不包括：
（一）缝合袋子或类似品用的缝纫机（税目 84.52）；或
（二）税目 84.72 的办公室用机器。

Heading 84.22 does not cover:
(a) Sewing machines for closing bags or similar containers (heading 84.52); or
(b) Office machinery of heading 84.72.

税目 84.24 不包括：
（一）喷墨印刷（打印）机器（税目 84.43）；或
（二）水射流切割机（税目 84.56）。

Heading 84.24 does not cover:
(a) Ink-jet printing machines (heading 84.43); or
(b) Water-jet cutting machines (heading 84.56).

三、如果用于加工各种材料的某种机床既符合税目 84.56 的规定，又符合税目 84.57、84.58、84.59、84.60、84.61、84.64 或 84.65 的规定，则应归入税目 84.56。

3. A machine-tool for working any material which answers to a description in heading 84.56 and at the same time to a description in heading 84.57, 84.58, 84.59, 84.60, 84.61, 84.64 or 84.65 is to be classified in heading 84.56.

四、税目 84.57 仅适用于可以完成下列不同形式机械操作的金属加工机床，但车床（包括车削中心）除外：
（一）按照机械加工程序从刀具库中自动更换刀具（加工中心）；
（二）同时或顺序地自动使用不同的动力头对固定不动的工件进行加工（单工位组合机床）；或
（三）自动将工件送向不同的动力头（多工位组合机床）。

4. Heading 84.57 applies only to machine-tools for working metal, other than lathes (including turning centres), which can carry out different types of machining operations either:
(a) by automatic tool change from a magazine or the like in conformity with a machining programme (machining centres);
(b) by the automatic use, simultaneously or sequentially, of different unit heads working on a fixed position workpiece (unit construction machines, single station); or
(c) by the automatic transfer of the workpiece to different unit heads (multi-station transfer machines).

五、（一）税目 84.71 所称"自动数据处理设备"，是指具有以下功能的机器：
1. 存储处理程序及执行程序直接需要的起码的数据；
2. 按照用户的要求随意编辑程序；
3. 按照用户指令进行算术计算；以及

5. (a) For the purposes of heading 84.71, the expression "automatic data processing machines" means machines capable of:
(i) Storing the processing program or programs and at least the data immediately necessary for the execution of the program;
(ii) Being freely programmed in accordance with the requirements of the user;
(iii) Performing arithmetical computations specified by the user; and

4. 在运行过程中，可不需人为干预而通过逻辑判断，执行一个处理程序，这个处理程序可改变计算机指令的执行。

（二）自动数据处理设备可以是一套由若干单独部件所组成的系统。

（三）除本条注释（四）及（五）另有规定的以外，一个部件如果符合下列所有规定，即可视为自动数据处理系统的一部分：

1. 专用于或主要用于自动数据处理系统；

2. 可以直接或通过一个或几个其他部件同中央处理器相连接；以及

3. 能够以本系统所使用的方式（代码或信号）接收或传送数据。

自动数据处理设备的部件如果单独报验，应归入税目 84.71。

但是，键盘、X-Y 坐标输入装置及盘（片）式存储部件，只要符合上述注释（三）2 及（三）3 所列的规定，应一律作为税目 84.71 的部件归类。

（四）税目 84.71 不包括单独报验的下述设备，即使它们符合上述注释五（三）的所有规定：

1. 打印机、复印机、传真机，不论是否组合式；

2. 发送或接收声音、图像或其他数据的设备，包括有线或无线网络（例如，局域网或广域网）通信设备；

3. 扬声器及传声器（麦克风）；

4. 电视摄像机、数字照相机及视频摄录一体机；

5. 监视器及投影机，未装有电视接收装置。

（五）装有自动数据处理设备或与自动数据处理设备连接使用，但却从事数据处理以外的某项专门功能的机器，应按其功能归入相应的税号，对于无法按功能归类的，应归入未列名税号。

六、税目 84.82 还包括最大直径及最小直径与标称直径相差均不超过 1%或 0.05 毫米（以相差数值较小的为准）的抛光钢珠，其他钢珠归入税目 73.26。

七、具有一种以上用途的机器在归类时，其主要用途可作为唯一的用途对待。

除本章注释二、第十六类注释三另有规定的以外，凡任何税号都未列明其主要用途的机器，以及没有哪一种用途是主要用途的机器，均应归入税目 84.79。税目 84.79 还包括将金属丝、纺织纱线或其他各种材料以及它们的混合材料制成绳、缆的机器（例如，捻

(iv) Executing, without human intervention, a processing program which requires them to modify their execution, by logical decision during the processing run.

(b) Automatic data processing machines may be in the form of systems consisting of a variable number of separate units.

(c) Subject to paragraphs (d) and (e) below, a unit is to be regarded as being part of an automatic data processing system if it meets all of the following conditions:

(i) It is of a kind solely or principally used in an automatic data processing system;

(ii) It is connectable to the central processing unit either directly or through one or more other units; and

(iii) It is able to accept or deliver data in a form (codes or signals) which can be used by the system.

Separately presented units of an automatic data processing machine are to be classified in heading 84.71.

However, keyboards, X-Y co-ordinate input devices and disk storage units which satisfy the conditions of paragraphs (c) (ii) and (c) (iii) above, are in all cases to be classified as units of heading 84.71.

(d) Heading 84.71 does not cover the following when presented separately, even if they meet all of the conditions set forth in Note 5 (c) above:

(i) Printers, copying machines, facsimile machines, whether or not combined;

(ii) Apparatus for the transmission or reception of voice, images or other data, including apparatus for communication in a wired or wireless network (such as a local or wide area network);

(iii) Loudspeakers and microphones;

(iv) Television cameras, digital cameras and video camera recorders;

(v) Monitors and projectors, not incorporating television reception apparatus.

(e) Machines incorporating or working in conjunction with an automatic data processing machine and performing a specific function other than data processing are to be classified in the headings appropriate to their respective functions or, failing that, in residual headings.

6. Heading 84.82 applies, inter alia, to polished steel balls, the maximum and minimum diameters of which do not differ from the nominal diameter by more than 1% or by more than 0.05mm, whichever is less. Other steel balls are to be classified in heading 73.26.

7. A machine which is used for more than one purpose is, for the purposes of classification, to be treated as if its principal purpose were its sole purpose.

Subject to Note 2 to this Chapter and Note 3 to Section XVI, a machine the principal purpose of which is not described in any heading or for which no one purpose is the principal purpose is, unless the context otherwise requires, to be classified in heading 84.79. Heading 84.79 also covers machines

股机、绞扭机、制缆机)。

八、税目 84.70 所称“袖珍式”,仅适用于外形尺寸不超过 170 毫米×100 毫米×45 毫米的机器。

九、(一)第八十五章注释九(一)及(二)也同样适用于本条注释及税目 84.86 中所称的“半导体器件”及“集成电路”。但本条注释及税目 84.86 所称“半导体器件”,也包括光敏半导体器件及发光二极管(LED)。

(二)本条注释及税目 84.86 所称“平板显示器的制造”,包括将各层基片制造成一层平板,但不包括玻璃的制造或将印刷电路板或其他电子元件装配在平板上。所称“平板显示”不包括阴极射线管技术。

(三)税目 84.86 也包括专用于或主要用于下列用途的机器及装置:

1. 制造或修补掩膜版及刻线;
2. 组装半导体器件或集成电路;
3. 升降、搬运、装卸单晶柱、晶圆、半导体器件、集成电路及平板显示器。

(四)除第十六类注释一及第八十四章注释一另有规定的以外,符合税目 84.86 规定的设备及装置,应归入该税号而不归入本协调制度的其他税号。

子目注释:

一、子目 8465.20 所称“加工中心”,仅适用于加工木材、软木、骨、硬质橡胶、硬质塑料或类似硬质材料的加工机床。这些设备可根据机械加工程序,从刀具库或类似装置中自动更换刀具,以完成不同形式的机械加工。

二、子目 8471.49 所称“系统”,是指各部件符合第八十四章注释五(三)所列条件,并且至少由一个中央处理部件、一个输入部件(例如,键盘或扫描器)及一个输出部件(例如,视频显示器或打印机)组成的自动数据处理设备。

三、子目 8481.20 所称“油压或气压传动阀”,是指在液压或气压系统中专用于传递“流体动力”的阀门,其能源以加压流体(液体或气体)的形式供给。这些阀门可以具有各种形式(例如减压阀、止回阀)。子目 8481.20 优先于税目 84.81 的所有其他子目。

for making rope or cable (for example, stranding, twisting or cabling machines) from metal wire, textile yarn or any other material or from a combination of such materials.

8. For the purposes of heading 84.70, the term "pocket-size" applies only to machines the dimensions of which do not exceed 170mm×100mm×45mm.

9. (a) Notes 9 (a) and 9 (b) to Chapter 85 also apply with respect to the expressions "semiconductor devices" and "electronic integrated circuits", respectively, as used in this Note and in heading 84.86. However, for the purposes of this Note and of heading 84.86, the expression "semiconductor devices" also covers photosensitive semiconductor devices and light-emitting diodes (LED).

(b) For the purposes of this Note and of heading 84.86, the expression "manufacture of flat panel displays" covers the fabrication of substrates into a flat panel. It does not cover the manufacture of glass or the assembly of printed circuit boards or other electronic components onto the flat panel. The expression "flat panel display" does not cover cathode-ray tube technology.

(c) Heading 84.86 also includes machines and apparatus solely or principally of a kind used for:

(i) the manufacture or repair of masks and reticles;
(ii) assembling semiconductor devices or electronic integrated circuits;
(iii) lifting, handling, loading or unloading of boules, wafers, semiconductor devices, electronic integrated circuits and flat panel displays.

(d) Subject to Note 1 to Section XVI and Note 1 to Chapter 84, machines and apparatus answering to the description in heading 84.86 are to be classified in that heading and in no other heading of the Nomenclature.

Subheading Notes:

1. For the purposes of subheading 8465.20, the term "machining centres" applies only to machine-tools for working wood, cork, bone, hard rubber, hard plastics or similar hard materials, which can carry out different types of machining operations by automatic tool change from a magazine or the like in conformity with a machining programme.

2. For the purposes of subheading 8471.49, the term "systems" means automatic data processing machines whose units satisfy the conditions laid down in Note 5 (c) to Chapter 84 and which comprise at least a central processing unit, one input unit (for example, a keyboard or a scanner), and one output unit (for example, a visual display unit or a printer).

3. For the purposes of subheading 8481.20, the expression "valves for oleohydraulic or pneumatic transmissions" means valves which are used specifically in the transmission of "fluid power" in a hydraulic or pneumatic system, where the energy source is supplied in the form of pressurised fluids (liquid or gas). These valves may be of any type (for example, pressure-reducing type, check type). Subheading 8481.20 takes precedence over all other subheadings of heading 84.81.

四、子目8482.40仅包括滚柱直径相同，最大不超过5毫米，且长度至少是直径三倍的圆滚柱轴承，滚柱的两端可以磨圆。

4. Subheading 8482.40 applies only to bearings with cylindrical rollers of a uniform diameter not exceeding 5mm and having a length which is at least three times the diameter. The ends of the rollers may be rounded.

税则号列 HS国际统一前6位	本国子目 7~8位	本国子目 9~10位	货品名称中英文 中文 货物名称	货品名称中英文 英文 Article Description	税费综合信息	计量单位	监管证件代码 进口	监管证件代码 出口	检验检疫类别 进口	检验检疫类别 出口	检验检疫编码	检验检疫编码对应中文名称
840110	00		核反应堆	Nuclear reactors	【最】2【普】8 【协东盟】0【协巴基斯坦】0【协智利】0 【协新西兰】0【协秘鲁】0【协哥斯达黎加】0 【协冰岛】0【协瑞士】0【协澳大利亚】0 【协韩国】0【协格鲁吉亚】0【协香港】0 【协澳门】0 【特-1】0【特-2】0 【增】16【出】0【退】16	千克/台		3			999	核反应堆
840120	00		同位素分离机器、装置及其零件	Machinery and apparatus for isotopic separation, and parts thereof	【最】1【普】8 【协东盟】0【协巴基斯坦】0【协智利】0 【协新西兰】0【协秘鲁】0【协哥斯达黎加】0 【协冰岛】0【协瑞士】0【协澳大利亚】0 【协韩国】0【协格鲁吉亚】0【协香港】0 【协澳门】0 【特-1】0【特-2】0 【增】16【出】0【退】16	个/千克		3			999	同位素分离机器、装置及其零件
840130	10		未辐照燃料元件（释热元件）	Fuel elements (cartridges), non-irradiated	【最】2【普】8 【协东盟】0【协巴基斯坦】0【协智利】0 【协新西兰】0【协秘鲁】0【协哥斯达黎加】0 【协冰岛】0【协瑞士】0【协澳大利亚】0 【协韩国】0【协格鲁吉亚】0【协香港】0 【协澳门】0 【特-1】0【特-2】0 【增】16【出】0【退】16	千克					999	未辐照燃料元件（释热元件）
840130	90		未辐照燃料元件（释热元件）的零件	Parts for fuel elements (cartridges), non-irradiated	【最】1【普】8 【协东盟】0【协巴基斯坦】0【协智利】0 【协新西兰】0【协秘鲁】0【协哥斯达黎加】0 【协冰岛】0【协瑞士】0【协澳大利亚】0 【协韩国】0【协格鲁吉亚】0【协香港】0 【协澳门】0 【特-1】0【特-2】0 【增】16【出】0【退】16	千克					999	未辐照燃料元件（释热元件）的零件
840140	10		核反应堆未辐照相关组件	Non-irradiated Associated Assembly, of nuclear reactors	【最】1【普】8 【协东盟】0【协巴基斯坦】0【协智利】0 【协新西兰】0【协秘鲁】0【协哥斯达黎加】0 【协冰岛】0【协瑞士】0【协澳大利亚】0 【协韩国】0【协格鲁吉亚】0【协香港】0 【协澳门】0 【特-1】0【特-2】0 【增】16【出】0【退】16	/千克					999	核反应堆未辐照相关组件
840140	20		核反应堆堆内构件	Reactor internals, of nuclear reactors	【最】1【普】8 【协东盟】0【协巴基斯坦】0【协智利】0 【协新西兰】0【协秘鲁】0【协哥斯达黎加】0 【协冰岛】0【协瑞士】0【协澳大利亚】0 【协韩国】0【协格鲁吉亚】0【协香港】0 【协澳门】0 【特-1】0【特-2】0 【增】16【出】0【退】16	/千克		3			999	核反应堆堆内构件
840140	90	10	核反应堆压力容器（包括其顶板）（专门设计或制造来用于容纳核反应堆的堆芯）	Pressure vessels for nuclear reactors (including the top slabs) (specially designed or produced to hold the reactor core of the nuclear reactors)	【最】1【普】8 【协东盟】0【协巴基斯坦】0【协智利】0 【协新西兰】0【协秘鲁】0【协哥斯达黎加】0 【协冰岛】0【协瑞士】0【协澳大利亚】0 【协韩国】0【协格鲁吉亚】0【协香港】0 【协澳门】0 【特-1】0【特-2】0 【增】16【出】0【退】16	千克/台		3			999	核反应堆压力容器（包括其顶板）（专门设计或制造来用于容纳核反应堆的堆芯）

税则号列			货品名称中英文		税费综合信息	计量单位	监管证件代码		检验检疫类别		检验检疫编码	检验检疫编码对应中文名称
HS 国际统一前 6 位	本国子目 7~8 位	本国子目 9~10 位	中文 货物名称	英文 Article Description			进口	出口	进口	出口		
840140	90	20	核反应堆控制棒和设备（专用于核反应堆裂变控制棒、支承结构或悬吊结构等）	Control rods and devices for nuclear reactors (control rods, supporting structures or suspended structures used exclusively for nuclear fission)	【最】1【普】8 【协东盟】0【协巴基斯坦】0【协智利】0 【协新西兰】0【协秘鲁】0【协哥斯达黎加】0 【协冰岛】0【协瑞士】0【协澳大利亚】0 【协韩国】0【协格鲁吉亚】0【协香港】0 【协澳门】0 【特-1】0【特-2】0 【增】16【出】0【退】16	千克/台		3			999	核反应堆控制棒和设备（专用于核反应堆裂变控制棒、支承结构或悬吊结构等）
840140	90	30	核反应堆压力管（专用于容纳核燃料元件和一次冷却剂的，压力>5.1MPa）	Pressure pipes for nuclear reactors (used exclusively for holding nuclear fuel elements and primary coolant, pressure >5.1MPa)	【最】1【普】8 【协东盟】0【协巴基斯坦】0【协智利】0 【协新西兰】0【协秘鲁】0【协哥斯达黎加】0 【协冰岛】0【协瑞士】0【协澳大利亚】0 【协韩国】0【协格鲁吉亚】0【协香港】0 【协澳门】0 【特-1】0【特-2】0 【增】16【出】0【退】16	千克/台		3			999	核反应堆压力管（专用于容纳核燃料元件和一次冷却剂的，压力>5.1MPa）
840140	90	90	其他核反应堆零件	Other parts for nuclear reactors	【最】1【普】8 【协东盟】0【协巴基斯坦】0【协智利】0 【协新西兰】0【协秘鲁】0【协哥斯达黎加】0 【协冰岛】0【协瑞士】0【协澳大利亚】0 【协韩国】0【协格鲁吉亚】0【协香港】0 【协澳门】0 【特-1】0【特-2】0 【增】16【出】0【退】16	千克/台					999	其他核反应堆零件
840211	10		蒸发量≥900吨/时发电用蒸汽水管锅炉	Boilers for generating electricity with a steam production 900t or more per hour	【最】3【普】11 【协亚太】2【协东盟】0【协巴基斯坦】0 【协智利】0【协新西兰】0【协秘鲁】0 【协哥斯达黎加】0【协冰岛】0【协瑞士】0 【协澳大利亚】0【协韩国】0【协格鲁吉亚】0 【协香港】0【协澳门】0 【特-1】0【特-2】0 【增】16【出】0【退】16	台/千克	6A		M		999	蒸发量≥900吨/时发电用蒸汽水管锅炉
840211	90		其他蒸发量>45吨/时的蒸汽水管锅炉	Other boilers for generating electricity with a steam production more than 45t per hour	【最】10【普】35 【协亚太】6.5【协东盟】0【协巴基斯坦】7 【协智利】0【协新西兰】0【协新加坡】0 【协秘鲁】0【协哥斯达黎加】0【协冰岛】0 【协瑞士】5.6【协澳大利亚】0【协韩国】7 【协香港】0【协澳门】0 【协格鲁吉亚】0 【特-1】0【特-2】0 【增】16【出】0【退】16	台/千克	6A		M		999	其他蒸发量>45吨/时的蒸汽水管锅炉
840212	00	10	纸浆厂废料锅炉（蒸发量≤45吨/时的蒸汽水管锅炉）	Waste material boilers from pulp mills (steam water tube boilers with their evaporation of ≤45 tons/hour)	【最】5【普】35 【协亚太】3.3【协东盟】0【协巴基斯坦】0 【协智利】0【协新西兰】0【协秘鲁】0 【协哥斯达黎加】0【协冰岛】0【协瑞士】0 【协澳大利亚】0【协韩国】3.3【协格鲁吉亚】0 【协香港】0【协澳门】0 【特-1】0【特-2】0 【增】16【出】0【退】16	台/千克	6A		M		999	纸浆厂废料锅炉（蒸发量≤45吨/时的蒸汽水管锅炉）
840212	00	90	其他蒸发量未超45吨/时水管锅炉	Other water tube boilers with their evaporation of≤45 tons/hour	【最】5【普】35 【协亚太】3.3【协东盟】0【协巴基斯坦】0 【协智利】0【协新西兰】0【协秘鲁】0 【协哥斯达黎加】0【协冰岛】0【协瑞士】0 【协澳大利亚】0【协韩国】3.3【协格鲁吉亚】0 【协香港】0【协澳门】0 【特-1】0【特-2】0 【增】16【出】0【退】16	台/千克	6A		M		999	其他蒸发量未超45吨/时水管锅炉
840219	00		其他蒸汽锅炉（包括混合式锅炉）	Other vapour generating boilers, including hybrid boilers	【最】5【普】35 【协东盟】0【协巴基斯坦】0【协智利】0 【协新西兰】0【协秘鲁】0【协哥斯达黎加】0 【协冰岛】0【协瑞士】0【协澳大利亚】0 【协韩国】3.3【协格鲁吉亚】0【协香港】0 【协澳门】0 【特-1】0【特-2】0 【增】16【对美加征】10【出】0【退】16	台/千克	6A		M		999	其他蒸汽锅炉（包括混合式锅炉）

税则号列			货品名称中英文		税费综合信息	计量单位	监管证件代码		检验检疫类别		检验检疫编码	检验检疫编码对应中文名称
HS 国际统一前6位	本国子目 7~8位	9~10位	中文 货物名称	英文 Article Description			进口	出口	进口	出口		
840220	00		过热水锅炉	Super-heated water boilers	【最】10【普】35 【协东盟】0【协巴基斯坦】12.8【协智利】0 【协新西兰】0【协新加坡】0【协秘鲁】0 【协哥斯达黎加】0【协冰岛】0【协瑞士】6.4 【协澳大利亚】0【协韩国】8【协香港】0 【协澳门】0【协格鲁吉亚】0 【特-1】0【特-2】0 【增】16【出】0【退】16	台/千克	6A		M		999	过热水锅炉
840290	00		蒸汽锅炉及过热水锅炉的零件	Parts of vapour generating boilers or super-heated water boilers	【最】2【普】11 【协东盟】0【协巴基斯坦】0【协智利】0 【协新西兰】0【协秘鲁】0【协哥斯达黎加】0 【协冰岛】0【协瑞士】0【协澳大利亚】0 【协韩国】0【协格鲁吉亚】0【协香港】0 【协澳门】0 【特-1】0【特-2】0 【增】16【对美加征】10【出】0【退】16	千克					999	蒸汽锅炉及过热水锅炉的零件
840310	10		家用型热水锅炉（但税目84.02的货品除外）	Household type central heating boilers other than those of heading No. 84.02	【最】8【普】80 【协亚太】5.2【协东盟】0【协巴基斯坦】5 【协智利】0【协新西兰】0【协秘鲁】0 【协哥斯达黎加】0【协冰岛】0【协瑞士】0 【协澳大利亚】0【协韩国】5【协格鲁吉亚】0 【协香港】0【协澳门】0 【特-1】0【特-2】0 【增】16【对美加征】10【出】0【退】16	台/千克	6A		M		999	家用型热水锅炉（但税目84.02的货品除外）
840310	90		其他集中供暖用的热水锅炉（但税目84.02的货品除外）	Other central heating boilers other than those of heading No. 84.02	【最】8【普】80 【协亚太】5.2【协东盟】0【协巴基斯坦】5 【协智利】0【协新西兰】0【协秘鲁】0 【协哥斯达黎加】0【协冰岛】0【协瑞士】0 【协澳大利亚】0【协韩国】5【协格鲁吉亚】0 【协香港】0【协澳门】0 【特-1】0【特-2】0 【增】16【对美加征】5【出】0【退】16	台/千克	6A		M		101 102	其他集中供暖用的热水锅炉（但税目84.02的货品除外）（承压热水锅炉） 其他集中供暖用的热水锅炉（但税目84.02的货品除外）（沼气锅炉）
840390	00		集中供暖用热水锅炉的零件	Parts of Central heating boilers	【最】6【普】80 【协东盟】0【协巴基斯坦】5【协智利】0 【协新西兰】0【协秘鲁】0【协哥斯达黎加】0 【协冰岛】0【协瑞士】0【协澳大利亚】0 【协韩国】3【协格鲁吉亚】0【协香港】0 【协澳门】0 【特-1】0【特-2】0 【增】16【对美加征】5【出】0【退】16	千克					999	集中供暖用热水锅炉的零件
840410	10	10	使用（可再生）生物质燃料的非水管蒸汽锅炉的辅助设备（例如，节热器、过热器、除灰器、气体回收器）	Use (renewable) of biomass fuel pipe steam boiler auxiliary equipment (for example, heat exchanger, superheater, ash separator and gas collector)	【最】7【普】35【暂进】5 【协亚太】3.5【协东盟】0【协巴基斯坦】0 【协智利】0【协新西兰】0【协秘鲁】0 【协哥斯达黎加】0【协冰岛】0【协瑞士】2.8 【协澳大利亚】0【协韩国】0【协格鲁吉亚】0 【协香港】0【协澳门】0 【特-1】0【特-2】0 【增】16【出】0【退】16	千克	6				999	使用（可再生）生物质燃料的非水管蒸汽锅炉的辅助设备（例如，节热器、过热器、除灰器、气体回收器）
840410	10	90	其他蒸汽锅炉、过热水锅炉的辅助设备（例如，节热器、过热器、除灰器、气体回收器）	Other steam boiler, hot water boiler auxiliary equipment(e. g., economizer, superheater, soot removers, gas recovery device)	【最】7【普】35 【协亚太】3.5【协东盟】0【协巴基斯坦】0 【协智利】0【协新西兰】0【协秘鲁】0 【协哥斯达黎加】0【协冰岛】0【协瑞士】2.8 【协澳大利亚】0【协韩国】0【协格鲁吉亚】0 【协香港】0【协澳门】0 【特-1】0【特-2】0 【增】16【出】0【退】16	千克	6				999	其他蒸汽锅炉、过热水锅炉的辅助设备（例如，节热器、过热器、除灰器、气体回收器）
840410	20		集中供暖用热水锅炉的辅助设备（例如，节热器、过热器、除灰器、气体回收器）	Auxiliary plant for use with boilers of heading No. 84.03 (for example, economizers, super-heaters, soot removers, gas recoverers)	【最】8【普】80【暂进】5 【协亚太】4【协东盟】0【协巴基斯坦】5 【协智利】0【协新西兰】0【协秘鲁】0 【协哥斯达黎加】0【协冰岛】0【协瑞士】0 【协澳大利亚】0【协韩国】5【协格鲁吉亚】0 【协香港】0【协澳门】0 【特-1】0【特-2】0 【增】16【出】0【退】16	千克	6				999	集中供暖用热水锅炉的辅助设备（例如，节热器、过热器、除灰器、气体回收器）

税则号列			货品名称中英文		税费综合信息	计量单位	监管证件代码		检验检疫类别		检验检疫编码	检验检疫编码对应中文名称
HS 国际统一前6位	本国子目 7~8位	9~10位	中文 货物名称	英文 Article Description			进口	出口	进口	出口		
840420	00		水及其他蒸汽动力装置的冷凝器	Condensers for steam or other vapour power units	【最】8【普】35【暂进】5 【协东盟】0【协巴基斯坦】11.2【协智利】0 【协新西兰】0【协新加坡】0【协秘鲁】0 【协哥斯达黎加】0【协冰岛】0【协瑞士】5.6 【协澳大利亚】0【协韩国】7【协格鲁吉亚】0 【协香港】0【协澳门】0 【特-1】0【特-2】0 【增】16【对美加征】10【出】0【退】16	千克	6				999	水及其他蒸汽动力装置的冷凝器
840490	10		集中供暖热水锅炉辅助设备的零件	Parts of the auxiliary plant of subheading No. 8404. 1020	【最】7【普】80【暂进】5 【协亚太】0【协东盟】0【协巴基斯坦】0 【协智利】0【协新西兰】0【协秘鲁】0 【协哥斯达黎加】0【协冰岛】0【协瑞士】0 【协澳大利亚】0【协韩国】2【协格鲁吉亚】0 【协香港】0【协澳门】0 【特-1】0【特-2】0 【增】16【对美加征】10【出】0【退】16	千克					999	集中供暖热水锅炉辅助设备的零件
840490	90	10	使用（可再生）生物质燃料的非水管蒸汽锅炉的辅助设备的零件；水蒸汽或其他蒸汽动力装置的冷凝器的零件（编号 8404. 1010、8404. 2000 所列辅助设备的）	Use (renewable) of biomass fuel pipe steam boiler auxiliary equipment parts; Water vapor or other steam condenser of power plant parts (no. 8404. 1010, 8404. 2000, auxiliary equipment listed)	【最】7【普】35【暂进】5 【协亚太】0【协东盟】0【协巴基斯坦】0 【协智利】0【协新西兰】0【协秘鲁】0 【协哥斯达黎加】0【协冰岛】0【协瑞士】0 【协澳大利亚】0【协韩国】0【协格鲁吉亚】0 【协香港】0【协澳门】0 【特-1】0【特-2】0 【增】16【对美加征】10【出】0【退】16	千克					999	使用（可再生）生物质燃料的非水管蒸汽锅炉的辅助设备的零件；水蒸汽或其他蒸汽动力装置的冷凝器的零件（编号 8404. 1010、8404. 2000 所列辅助设备的）
840490	90	90	其他辅助设备用零件（编号 8404. 1010、8404. 2000 所列辅助设备的）	Other auxiliary equipment with parts listed (no. 8404. 1010, 8404. 2000, auxiliary equipment)	【最】7【普】35 【协亚太】0【协东盟】0【协巴基斯坦】0 【协智利】0【协新西兰】0【协秘鲁】0 【协哥斯达黎加】0【协冰岛】0【协瑞士】0 【协澳大利亚】0【协韩国】0【协格鲁吉亚】0 【协香港】0【协澳门】0 【特-1】0【特-2】0 【增】16【对美加征】10【出】0【退】16	千克					999	其他辅助设备用零件（编号 8404. 1010、8404. 2000 所列辅助设备的）
840510	00		煤气、乙炔及类似水解气体发生器（不论有无净化器）	Producer gas or water gas generators, with or without their purifiers; acetylene gas generators and similar water process gas generators, with or without their purifiers	【最】10【普】30 【协东盟】0【协巴基斯坦】11.2【协智利】0 【协新西兰】0【协新加坡】0【协秘鲁】0 【协哥斯达黎加】0【协冰岛】0【协瑞士】5.6 【协澳大利亚】0【协韩国】10 【协格鲁吉亚】0【协香港】0【协澳门】0 【特-1】0【特-2】0 【增】16【对美加征】5【出】0【退】16	千克	A		M		999	煤气、乙炔及类似水解气体发生器（不论有无净化器）
840590	00		煤气、乙炔等气体发生器的零件	Parts of producer gas or water gas generators	【最】6【普】30 【协东盟】0【协巴基斯坦】5【协智利】0 【协新西兰】0【协秘鲁】0【协哥斯达黎加】0 【协冰岛】0【协瑞士】0【协澳大利亚】0 【协韩国】0【协格鲁吉亚】0【协香港】0 【协澳门】0 【特-1】0【特-2】0 【增】16【对美加征】10【出】0【退】16	千克					999	煤气、乙炔等气体发生器的零件
840610	00		船舶动力用汽轮机	Turbines for marine propulsion	【最】5【普】35 【协亚太】3.5【协东盟】0【协巴基斯坦】0 【协智利】0【协新西兰】0【协秘鲁】0 【协哥斯达黎加】0【协冰岛】0【协瑞士】0 【协澳大利亚】0【协韩国】2.6【协格鲁吉亚】0 【协香港】0【协澳门】0 【特-1】0【特-2】0【特-3】0 【增】16【出】0【退】16	台/千瓦					999	船舶动力用汽轮机

税则号列			货品名称中英文		税费综合信息	计量单位	监管证件代码		检验检疫类别		检验检疫编码	检验检疫编码对应中文名称
HS国际统一前6位	本国子目 7~8位	本国子目 9~10位	中文 货物名称	英文 Article Description			进口	出口	进口	出口		
840681	10		40兆瓦<功率≤100兆瓦的其他汽轮机	Turbines of an output exceeding 40MW but not exceeding 100 MW	【最】5【普】35 【协东盟】0【协巴基斯坦】0【协智利】0 【协新西兰】0【协秘鲁】0【协哥斯达黎加】0 【协冰岛】0【协瑞士】0【协澳大利亚】0 【协韩国】0【协格鲁吉亚】0【协香港】0 【协澳门】0 【特-1】0【特-2】0【特-3】0 【增】16【对美加征】10【出】0【退】16	台/千瓦					999	40兆瓦<功率≤100兆瓦的其他汽轮机（功率指输出功率）
840681	20		100兆瓦<功率≤350兆瓦的其他汽轮机	Turbines of an output exceeding 100MW but not exceeding 350MW	【最】5【普】35 【协亚太】3.5【协东盟】0【协巴基斯坦】0 【协智利】0【协新西兰】0【协秘鲁】0 【协哥斯达黎加】0【协冰岛】0【协瑞士】0 【协澳大利亚】0【协韩国】0【协格鲁吉亚】0 【协香港】0【协澳门】0 【特-1】0【特-2】0【特-3】0 【增】16【出】0【退】16	台/千瓦					999	100兆瓦<功率≤350兆瓦的其他汽轮机（功率指输出功率）
840681	30		功率超过350兆瓦的其他汽轮机	Turbines of an output exceeding 350MW	【最】6【普】11 【协亚太】4.2【协东盟】0【协巴基斯坦】5 【协智利】0【协新西兰】0【协秘鲁】0 【协哥斯达黎加】0【协冰岛】0【协瑞士】0 【协澳大利亚】0【协韩国】0【协香港】0 【协澳门】0【协格鲁吉亚】0 【特-1】0【特-2】0【特-3】0 【增】16【出】0【退】16	台/千瓦					999	功率超过350兆瓦的其他汽轮机（功率指输出功率）
840682	00		功率不超过40MW的其他汽轮机	Turbines of an output not exceeding 40MW	【最】5【普】35 【协亚太】3.5【协东盟】0【协巴基斯坦】0 【协智利】0【协新西兰】0【协秘鲁】0 【协哥斯达黎加】0【协冰岛】0【协瑞士】2.8 【协澳大利亚】0【协韩国】0【协格鲁吉亚】0 【协香港】0【协澳门】0 【特-1】0【特-2】0【特-3】0 【增】16【对美加征】5【出】0【退】16	台/千瓦					999	功率不超过40MW的其他汽轮机（功率指输出功率）
840690	00		汽轮机用的零件	Parts of turbines	【最】2【普】11 【协东盟】0【协巴基斯坦】0【协智利】0 【协新西兰】0【协秘鲁】0【协哥斯达黎加】0 【协冰岛】0【协瑞士】0.8【协澳大利亚】0 【协韩国】0【协格鲁吉亚】0【协香港】0 【协澳门】0 【特-1】0【特-2】0【特-3】0 【增】16【对美加征】10【出】0【退】16	千克					999	汽轮机用的零件
840710	10		输出功率≤298kW航空器内燃引擎（指点燃往复式或旋转式）	Spark-ignition reciprocating or rotary internal combustion piston aircraft engines, of an output not exceeding 298kW	【最】2【普】11 【协东盟】0【协巴基斯坦】0【协智利】0 【协新西兰】0【协秘鲁】0【协哥斯达黎加】0 【协冰岛】0【协瑞士】0【协澳大利亚】0 【协韩国】0【协格鲁吉亚】0【协香港】0 【协澳门】0 【特-1】0【特-2】0 【增】16【对美加征】5【出】0【退】16	台/千瓦	6				999	输出功率≤298kW航空器内燃引擎（指点燃往复式或旋转式）
840710	20	10	输出功率>298kW的无人驾驶航空飞行器、无人驾驶飞艇用高效率内燃引擎（设计或改型后用于在15420米以上高空飞行的吸气活塞式或转子式内燃发动机）	Push-button aircraft of of an output exceeding 298kW、high efficiency internal combustion engine with an unmanned airship (designed or modified for suction piston or rotor type internal combustion engine 15420 meters altitude flight)	【最】2【普】11 【协东盟】0【协巴基斯坦】0【协智利】0 【协新西兰】0【协秘鲁】0【协哥斯达黎加】0 【协冰岛】0【协瑞士】0【协澳大利亚】0 【协韩国】0【协格鲁吉亚】0【协香港】0 【协澳门】0 【特-1】0【特-2】0 【增】16【出】0【退】16	台/千瓦	6	3			999	输出功率>298kW的无人驾驶航空飞行器、无人驾驶飞艇用高效率内燃引擎（设计或改型后用于在15420米以上高空飞行的吸气活塞式或转子式内燃发动机）
840710	20	90	其他输出功率>298kW航空器内燃引擎（指点燃往复式或旋转式）	Spark-ignition reciprocating or rotary internal combustion piston aircraft engines, of an output exceeding 298kW	【最】2【普】11 【协东盟】0【协巴基斯坦】0【协智利】0 【协新西兰】0【协秘鲁】0【协哥斯达黎加】0 【协冰岛】0【协瑞士】0【协澳大利亚】0 【协韩国】0【协格鲁吉亚】0【协香港】0 【协澳门】0 【特-1】0【特-2】0 【增】16【出】0【退】16	台/千瓦	6				999	其他输出功率>298kW航空器内燃引擎（指点燃往复式或旋转式）

税则号列 HS国际统一前6位	本国子目 7~8位	本国子目 9~10位	货品名称中英文 中文 货物名称	货品名称中英文 英文 Article Description	税费综合信息	计量单位	监管证件代码 进口	监管证件代码 出口	检验检疫类别 进口	检验检疫类别 出口	检验检疫编码	检验检疫编码对应中文名称
840721	00		船舶用舷外点燃式引擎（指点燃往复式或旋转式活塞内燃发动机）	Spark-ignition reciprocating or rotary internal combustion piston marine proulsion engines, outboard motors	【最】8【普】35 【协东盟】0【协巴基斯坦】5【协智利】0 【协新西兰】0【协秘鲁】0【协哥斯达黎加】0 【协冰岛】0【协瑞士】0【协澳大利亚】0 【协格鲁吉亚】0【协香港】0【协澳门】0 【特-1】0【特-2】0 【增】16【对美加征】5【出】0【退】16	台/千瓦	6				999	船舶用舷外点燃式引擎（指点燃往复式或旋转式活塞内燃发动机）
840729	00		船舶用其他未列名点燃式引擎（指点燃往复式或旋转式活塞内燃发动机，舷外式的除外）	Other spark-ignition reciprocating or rotary internal combustion piston marine proulsion engines, other than outboard motors	【最】8【普】20 【协东盟】0【协巴基斯坦】5【协智利】0 【协新西兰】0【协秘鲁】0【协哥斯达黎加】0 【协冰岛】0【协瑞士】0【协澳大利亚】0 【协格鲁吉亚】0【协香港】0【协澳门】0 【特-1】0【特-2】0 【增】16【对美加征】5【出】0【退】16	台/千瓦	6				999	船舶用其他未列名点燃式引擎（指点燃往复式或旋转式活塞内燃发动机，舷外式的除外）
840731	00		排气量≤50cc往复式活塞引擎（第87章所列车辆用的点燃往复式活塞发动机，不超过50cc）	Reciprocating piston engines of a kind used for the propulsion of vechiles fo Chapter 87, of a cylinder capacity not exceeding 50cc	【最】10【普】35 【协东盟】0【协巴基斯坦】5【协智利】0 【协新西兰】0【协秘鲁】0【协哥斯达黎加】0 【协冰岛】0【协瑞士】0【协澳大利亚】0 【协韩国】7.5【协格鲁吉亚】0【协香港】0 【协澳门】0 【特-1】0【特-2】0 【增】16【出】0【退】16	台/千瓦	A6	y4x	LM		101 102	排气量≤50cc往复式活塞引擎（第87章所列车辆用的点燃往复式活塞发动机，不超过50cc）(其他车辆零部件） 排气量≤50cc往复式活塞引擎（第87章所列车辆用的点燃往复式活塞发动机，不超过50cc）(汽油发动机）
840732	00		50cc<排气量≤250cc往复式活塞引擎（第87章所列车辆用的点燃往复式活塞发动机）	Reciprocating piston engines of a kind used for the propulsion of vechiles fo Chapter 87, a cylinder capacity exceeding 50cc but not exceeding 250cc	【最】10【普】35 【协东盟】0【协巴基斯坦】5【协智利】0 【协新西兰】0【协秘鲁】0【协哥斯达黎加】0 【协冰岛】0【协瑞士】0【协澳大利亚】0 【协韩国】7.5【协格鲁吉亚】0【协香港】0 【协澳门】0 【特-1】0【特-2】0 【增】16【出】0【退】16	台/千瓦	A6	y4x	LM		101 102	50cc<排气量≤250cc往复式活塞引擎（第87章所列车辆用的点燃往复式活塞发动机）（其他车辆零部件） 50cc<排气量≤250cc往复式活塞引擎（第87章所列车辆用的点燃往复式活塞发动机）（汽油发动机）
840733	00		250cc<排气量≤1000cc往复式活塞引擎（第87章所列车辆的点燃往复式活塞发动机）	Reciprocating piston engines of a kind used for the propulsion of vechiles fo Chapter 87, of a cylinder capacity exceeding 250cc but not exceeding 1000cc	【最】10【普】70 【协东盟】0【协香港】0【协巴基斯坦】8 【协智利】0【协新西兰】0【协新加坡】0 【协秘鲁】0【协哥斯达黎加】0【协冰岛】0 【协瑞士】0【协澳大利亚】0【协韩国】7.5 【协格鲁吉亚】0 【特-1】0【特-2】0 【增】16【出】0【退】16	台/千瓦	A6		LM		101 102	250cc<排气量≤1000cc往复活塞引擎（第87章所列车辆的点燃往复式活塞发动机）（其他车辆零部件） 250cc<排气量≤1000cc往复活塞引擎（第87章所列车辆的点燃往复式活塞发动机）（汽油发动机）
840734	10		1000cc<排气量≤3000cc车辆的往复式活塞引擎	of a cylinder capacity exceeding 1000cc but not exceeding 3000cc	【最】10【普】70 【协亚太】6.5【协东盟】5【协香港】0 【协巴基斯坦】7【协智利】0【协新西兰】0 【协哥斯达黎加】0【协冰岛】0【协瑞士】0 【协澳大利亚】0【协韩国】7.5【协格鲁吉亚】0 【增】16【出】0【退】16	台/千瓦	A6		LM		101 102	1000cc<排气量≤3000cc车辆的往复式活塞引擎（第87章所列车辆的点燃往复式活塞发动机）（其他车辆零部件） 1000cc<排气量≤3000cc车辆的往复式活塞引擎（第87章所列车辆的点燃往复式活塞发动机）（汽油发动机）
840734	20	10	排气量≥5.9升的天然气发动机（第87章所列车辆用的点燃往复式活塞发动机）	Natural gas engines with displacement ≥5.9L (spark-ignition reciprocating piston engines for the vehicles listed in Chapter 87)	【最】10【普】35 【协亚太】6.5【协东盟】5【协香港】0 【协巴基斯坦】7【协智利】0【协新西兰】0 【协哥斯达黎加】0【协冰岛】0【协瑞士】0 【协澳大利亚】0【协韩国】7.5【协格鲁吉亚】0 【特-1】0 【增】16【出】0【退】16	台/千瓦	6				101 102	排气量≥5.9升的天然气发动机（第87章所列车辆用的点燃往复式活塞发动机）（其他车辆零部件） 排气量≥5.9升的天然气发动机（第87章所列车辆用的点燃往复式活塞发动机）（汽油发动机）

税则号列			货品名称中英文		税费综合信息	计量单位	监管证件代码		检验检疫类别		检验检疫编码	检验检疫编码对应中文名称
HS国际统一前6位	本国子目7~8位	9~10位	中文 货物名称	英文 Article Description			进口	出口	进口	出口		
840734	20	90	其他超3000cc车用往复式活塞引擎（第87章所列车辆用的点燃往复式活塞发动机）	Other vehicle-use reciprocating piston engines with displacement>3000cc (spark-ignition reciprocating piston engines for the vehicles listed in Chapter 87)	【最】10【普】35 【协亚太】6.5【协东盟】5【协香港】0 【协巴基斯坦】7【协智利】0【协新西兰】0 【协哥斯达黎加】0【协冰岛】0【协瑞士】0 【协澳大利亚】0【协韩国】7.5【协格鲁吉亚】0 【特-1】0 【增】16【出】0【退】16	台/千瓦	6				101 102	其他超3000cc车用往复式活塞引擎（第87章所列车辆用的点燃往复式活塞发动机）（其他车辆零部件） 其他超3000cc车用往复式活塞引擎（第87章所列车辆用的点燃往复式活塞发动机）（汽油发动机）
840790	10		沼气发动机	Firedamp engines	【最】10【普】35 【协亚太】7【协东盟】0【协巴基斯坦】6 【协智利】0【协新西兰】0【协新加坡】0 【协秘鲁】0【协哥斯达黎加】0【协冰岛】0 【协瑞士】4.8【协澳大利亚】0【协韩国】6 【协格鲁吉亚】0 【特-1】0【特-2】0 【增】16【出】0【退】16	台/千瓦	6				999	沼气发动机
840790	90	10	转速＜3600r/min汽油发动机（发电机用，立式输出轴汽油发动机除外）	Gasoline engines with rotational speed <3600r/min (for generators, excluding vertical output axis gasoline engines)	【最】18【普】35 【协东盟】0【协智利】0【协新西兰】0 【协新加坡】0【协秘鲁】0【协哥斯达黎加】0 【协冰岛】0【协瑞士】7.2【协澳大利亚】0 【协韩国】12【协格鲁吉亚】0【协香港】0 【协澳门】0 【特-1】0【特-2】0 【增】16【对美加征】5【出】0【退】16	台/千瓦	6				999	转速<3600r/min汽油发动机（发电机用，立式输出轴汽油发动机除外）
840790	90	20	转速＜4650r/min汽油发动机（税目84.26、84.28～84.30所列机械用，立式输出轴汽油发动机除外）	Gasoline engines with rotational speed <4650r/min (for machinery listed in Heading 84.26, 84.28～84.30, excluding vertical output axis gasoline engines)	【最】18【普】35 【协东盟】0【协智利】0【协新西兰】0 【协新加坡】0【协秘鲁】0【协哥斯达黎加】0 【协冰岛】0【协瑞士】7.2【协澳大利亚】0 【协韩国】12【协格鲁吉亚】0【协香港】0 【协澳门】0 【特-1】0【特-2】0 【增】16【对美加征】5【出】0【退】16	台/千瓦	6				999	转速<4650r/min汽油发动机（税目84.26、84.28～84.30所列机械用，立式输出轴汽油发动机除外）
840790	90	31	叉车用汽油发动机（800r/min≤转速≤3400r/min）(立式输出轴汽油发动机除外)	Gasoline engines with 800r/min≤rotational speed ≤ 3400r/min (for fork-lift trucks, excluding vertical output axis gasoline engines)	【最】18【普】35【暂进】9 【协东盟】0【协智利】0【协新西兰】0 【协新加坡】0【协秘鲁】0【协哥斯达黎加】0 【协冰岛】0【协瑞士】7.2【协澳大利亚】0 【协韩国】12【协格鲁吉亚】0【协香港】0 【协澳门】0 【特-1】0【特-2】0 【增】16【对美加征】5【出】0【退】16	台/千瓦	6				999	叉车用汽油发动机(800r/min≤转速≤3400r/min)(立式输出轴汽油发动机除外)
840790	90	39	其他转速＜4650r/min汽油发动机（税目84.27所列机械用，立式输出轴汽油发动机除外）	Other gasoline engines with rotational speed < 4650r/min (for machinery listed in heading 84.27, excluding vertical output axis gasoline engines)	【最】18【普】35 【协东盟】0【协智利】0【协新西兰】0 【协新加坡】0【协秘鲁】0【协哥斯达黎加】0 【协冰岛】0【协瑞士】7.2【协澳大利亚】0 【协韩国】12【协格鲁吉亚】0【协香港】0 【协澳门】0 【特-1】0【特-2】0 【增】16【对美加征】5【出】0【退】16	台/千瓦	6				999	其他转速<4650r/min汽油发动机（税目84.27所列机械用，立式输出轴汽油发动机除外）
840790	90	40	立式输出轴汽油发动机（非第87章所列车辆用其他往复式活塞发动机）	Vertical output axis gasoline engines (other than reciprocating piston engines of vehicles of Chapter 87)	【最】18【普】35【暂进】9 【协东盟】0【协智利】0【协新西兰】0 【协新加坡】0【协秘鲁】0【协哥斯达黎加】0 【协冰岛】0【协瑞士】7.2【协澳大利亚】0 【协韩国】12【协格鲁吉亚】0【协香港】0 【协澳门】0 【特-1】0【特-2】0 【增】16【对美加征】5【出】0【退】16	台/千瓦	6				999	立式输出轴汽油发动机(非第87章所列车辆用其他往复式活塞发动机)

税则号列			货品名称中英文		税费综合信息	计量单位	监管证件代码		检验检疫类别		检验检疫编码	检验检疫编码对应中文名称
HS 国际统一前6位	本国子目 7~8位	本国子目 9~10位	中文 货物名称	英文 Article Description			进口	出口	进口	出口		
840790	90	90	其他往复或旋转式活塞内燃引擎（非第87章所列车辆用其他点燃往复式或旋转式活塞发动机）	Other reciprocating or rotary internal combustion piston engines (other spark-ignition reciprocating or rotary piston engines for the vehicles not listed in Chapter 87)	【最】18【普】35 【协东盟】0【协智利】0【协新西兰】0 【协新加坡】0【协秘鲁】0【协哥斯达黎加】0 【协冰岛】0【协瑞士】7.2【协澳大利亚】0 【协韩国】12【协格鲁吉亚】0【协香港】0 【协澳门】0 【特-1】0【特-2】0 【增】16【对美加征】5【出】0【退】16	台/千瓦	6				999	其他往复或旋转式活塞内燃引擎（非第87章所列车辆用其他点燃往复式或旋转式活塞发动机）
840810	00		船舶用柴油发动机（指压燃式活塞内燃发动机）	Marine propulsion compression-ignition internal combustion piston engines(diesel)	【最】5【普】11 【协亚太】2.5【协东盟】0【协巴基斯坦】0 【协智利】0【协新西兰】0【协新加坡】0 【协秘鲁】0【协哥斯达黎加】0【协冰岛】0 【协瑞士】0【协澳大利亚】0【协韩国】2.6 【协格鲁吉亚】0【协香港】0【协澳门】0 【特-1】0【特-2】0 【增】16【对美加征】10【出】0【退】16	台/千瓦	6				999	船舶用柴油发动机（指压燃式活塞内燃发动机）
840820	10	01	输出功率在441千瓦及以上的柴油发动机（600马力）	Compression-ignition internal combustion piston diesel engines (600hp) with output power≥441kW	【最】9【普】14【暂进】4 【协亚太】6.3【协东盟】5【协香港】0 【协巴基斯坦】6.3【协智利】0【协新西兰】0 【协秘鲁】0【协哥斯达黎加】0【协冰岛】0 【协瑞士】0【协澳大利亚】0【协韩国】6 【协格鲁吉亚】0 【特-1】0【特-2】0 【增】16【出】0【退】16	台/千瓦	6				101 102	输出功率在441千瓦及以上的柴油发动机（600马力）（其他车辆零部件） 输出功率在441千瓦及以上的柴油发动机（600马力）（柴油发动机）
840820	10	10	功率≥132.39kW拖拉机用柴油机	Diesel engines for tractors with output power≥132.39kW	【最】9【普】14 【协亚太】6.3【协东盟】5【协香港】0 【协巴基斯坦】6.3【协智利】0【协新西兰】0 【协秘鲁】0【协哥斯达黎加】0【协冰岛】0 【协瑞士】0【协澳大利亚】0【协韩国】6 【协格鲁吉亚】0 【特-1】0【特-2】0 【增】10【出】0【退】16	台/千瓦	6				101 102	功率≥132.39kW拖拉机用柴油机（其他车辆零部件） 功率≥132.39kW拖拉机用柴油机（柴油发动机）
840820	10	90	功率≥132.39kW其他用柴油机［指第87章车辆用压燃式活塞内燃发动机（132.39kW=180马力）］	Diesel engines for other uses with output power ≥ 132.39kW (refers to compression-ignition internal combustion piston engines for the vehicles listed in Chapter 87 (132.39kW=180hp))	【最】9【普】14 【协亚太】6.3【协东盟】5【协香港】0 【协巴基斯坦】6.3【协智利】0【协新西兰】0 【协秘鲁】0【协哥斯达黎加】0【协冰岛】0 【协瑞士】0【协澳大利亚】0【协韩国】6 【协格鲁吉亚】0 【特-1】0【特-2】0 【增】16【出】0【退】16	台/千瓦	6				101 102	功率≥132.39kW其他用柴油机［指第87章车辆用压燃式活塞内燃发动机（132.39kW=180马力）］（其他车辆零部件） 功率≥132.39kW其他用柴油机［指第87章车辆用压燃式活塞内燃发动机（132.39kW=180马力）］（柴油发动机）
840820	90	10	功率<132.39kW拖拉机用柴油机	Diesel engines for tractors with output power<132.39kW	【最】25【普】35 【协亚太】17.5【协东盟】5【协巴基斯坦】17.5 【协智利】0【协新西兰】0【协哥斯达黎加】0 【协冰岛】0【协澳大利亚】0【协韩国】18.7 【协格鲁吉亚】0【协香港】0【协澳门】0 【特-1】0 【增】10【出】0【退】10	台/千瓦	6				101 102	功率<132.39kW拖拉机用柴油机（其他车辆零部件） 功率<132.39kW拖拉机用柴油机（柴油发动机）
840820	90	20	升功率≥50kW的输出功率<132.39kW的轿车用柴油发动机	L power more than 50 kilowatts, diesel engine power output of 132.29 kilowatts of car	【最】25【普】35【暂进】20 【协亚太】17.5【协东盟】5【协巴基斯坦】17.5 【协智利】0【协新西兰】0【协哥斯达黎加】0 【协冰岛】0【协澳大利亚】0【协韩国】18.7 【协格鲁吉亚】0【协香港】0【协澳门】0 【特-1】0 【增】16【出】0【退】16	台/千瓦	6				101 102	升功率≥50kW的输出功率<132.39kW的轿车用柴油发动机（其他车辆零部件） 升功率≥50kW的输出功率<132.39kW的轿车用柴油发动机（柴油发动机）

税则号列			货品名称中英文		税费综合信息	计量单位	监管证件代码		检验检疫类别		检验检疫编码	检验检疫编码对应中文名称
HS 国际统一前6位	本国子目 7~8位	9~10位	中文 货物名称	英文 Article Description			进口	出口	进口	出口		
840820	90	90	功率<132.39kW 其他用柴油机（指第87章车辆用压燃式活塞内燃发动机）	Diesel engines for other uses with outpout power<132.39kW (refers to compression-ignition internal combustion piston engines for the vehicles listed in Chapter 87)	【最】25【普】35 【协亚太】17.5【协东盟】5【协巴基斯坦】17.5 【协智利】0【协新西兰】0【协哥斯达黎加】0 【协冰岛】0【协澳大利亚】0【协韩国】18.7 【协格鲁吉亚】0【协香港】0【协澳门】0 【特-1】0 【增】16【出】0【退】16	台/千瓦	6				101 102	功率<132.39kW 其他用柴油机（指第87章车辆用压燃式活塞内燃发动机）（其他车辆零部件） 功率<132.39kW 其他用柴油机（指第87章车辆用压燃式活塞内燃发动机）（柴油发动机）
840890	10		机车用柴油发动机（压燃式活塞内燃发动机）	Locomotive engines (compression-ignition internal combustion piston engines)	【最】6【普】11 【协亚太】3.9【协东盟】0【协巴基斯坦】0 【协智利】0【协新西兰】0【协秘鲁】0 【协哥斯达黎加】0【协冰岛】0【协瑞士】0 【协澳大利亚】0【协韩国】0【协格鲁吉亚】0 【协香港】0【协澳门】0 【特-1】0【特-2】0 【增】16【对美加征】5【出】0【退】16	台/千瓦	6				101 102	机车用柴油发动机（压燃式活塞内燃发动机）（其他车辆零部件） 机车用柴油发动机（压燃式活塞内燃发动机）（柴油发动机）
840890	91	11	功率≤14kW 农业用单缸柴油机［非第87章车辆用压燃式活塞内燃发动机（14kW=19.05马力）］	Single cylinder diesel engines for agricultural use with output power≤14kW (other than compression-ignition internal combustion piston engines for the vehicles listed in Chapter 87 (14kW=19.05hp))	【最】5【普】35 【协亚太】3.3【协东盟】0【协巴基斯坦】0 【协智利】0【协新西兰】0【协秘鲁】0 【协哥斯达黎加】0【协冰岛】0【协瑞士】0 【协澳大利亚】0【协韩国】3.3【协格鲁吉亚】0 【协香港】0【协澳门】0 【特-1】0【特-2】0 【增】10【出】0【退】10	台/千瓦	6				999	功率≤14kW 农业用单缸柴油机［非第87章车辆用压燃式活塞内燃发动机（14kW=19.05马力）］
840890	91	19	功率≤14kW 农业用柴油发动机［非第87章车辆用压燃式活塞内燃发动机（14kW=19.05马力）］	Diesel engines for agricultural use with output power≤14kW (other than compression-ignition internal combustion piston engines for the vehicles listed in Chapter 87 (14kW=19.05hp))	【最】5【普】35 【协亚太】3.3【协东盟】0【协巴基斯坦】0 【协智利】0【协新西兰】0【协秘鲁】0 【协哥斯达黎加】0【协冰岛】0【协瑞士】0 【协澳大利亚】0【协韩国】3.3【协格鲁吉亚】0 【协香港】0【协澳门】0 【特-1】0【特-2】0 【增】10【出】0【退】10	台/千瓦	6				999	功率≤14kW 农业用柴油发动机［非第87章车辆用压燃式活塞内燃发动机（14kW=19.05马力）］
840890	91	91	功率≤14kW 其他用单缸柴油机［非第87章车辆用压燃式活塞内燃发动机（14kW=19.05马力）］	Single cylinder diesel engines for other uses with output power≤14kW (other than compression-ignition internal combustion piston engines for the vehicles listed in Chapter 87 (14kW=19.05hp))	【最】5【普】35 【协亚太】3.3【协东盟】0【协巴基斯坦】0 【协智利】0【协新西兰】0【协秘鲁】0 【协哥斯达黎加】0【协冰岛】0【协瑞士】0 【协澳大利亚】0【协韩国】3.3【协格鲁吉亚】0 【协香港】0【协澳门】0 【特-1】0【特-2】0 【增】16【出】0【退】10	台/千瓦	6				999	功率≤14kW 其他用单缸柴油机［非第87章车辆用压燃式活塞内燃发动机（14kW=19.05马力）］
840890	91	99	功率≤14kW 其他用柴油发动机［非第87章车辆用压燃式活塞内燃发动机（14kW=19.05马力）］	Diesel engines for other uses with output power≤14kW (other than compression-ignition internal combustion piston engines for the vehicles listed in Chapter 87 (14kW=19.05hp))	【最】5【普】35 【协亚太】3.3【协东盟】0【协巴基斯坦】0 【协智利】0【协新西兰】0【协秘鲁】0 【协哥斯达黎加】0【协冰岛】0【协瑞士】0 【协澳大利亚】0【协韩国】3.3【协格鲁吉亚】0 【协香港】0【协澳门】0 【特-1】0【特-2】0 【增】16【出】0【退】10	台/千瓦	6				999	功率≤14kW 其他用柴油发动机［非第87章车辆用压燃式活塞内燃发动机（14kW=19.05马力）］
840890	92	10	转速<4650r/min 柴油发动机，14kW<功率<132.39kW（税目84.26~84.30所列工程机械用）	Diesel engines with rotational speed <4650r/min, 14kW<power<132.39kW (of engineering machinery of heading 84.26 to 84.30)	【最】8【普】35 【协亚太】7.2【协东盟】0【协巴基斯坦】5 【协智利】0【协新西兰】0【协秘鲁】0 【协哥斯达黎加】0【协冰岛】0【协瑞士】0 【协澳大利亚】0【协韩国】5.6【协格鲁吉亚】0 【协香港】0【协澳门】0 【特-1】0【特-2】0 【增】16【对美加征】10【出】0【退】16	台/千瓦	6				999	转速<4650r/min 柴油发动机，14kW<功率<132.39kW(税目84.26~84.30所列工程机械用)

税则号列 HS国际统一前6位	本国子目 7~8位	本国子目 9~10位	货品名称中英文 中文 货物名称	货品名称中英文 英文 Article Description	税费综合信息	计量单位	监管证件代码 进口	监管证件代码 出口	检验检疫类别 进口	检验检疫类别 出口	检验检疫编码	检验检疫编码对应中文名称
840890	92	20	14kW<功率<132.39kW的农业用柴油机[非第87章车辆用压燃式活塞内燃发动机(1kW=1.36马力)]	Diesel engines for agricultural use, with 14kW< output power <132.39kW.(other than compression-ignition internal combustion piston engines for vehicles of Chapter 87 (1kW=1.36hp))	【最】8【普】35 【协亚太】7.2【协东盟】0【协巴基斯坦】5 【协智利】0【协新西兰】0【协秘鲁】0 【协哥斯达黎加】0【协冰岛】0【协瑞士】0 【协澳大利亚】0【协韩国】5.6【协格鲁吉亚】0 【协香港】0【协澳门】0 【特-1】0【特-2】0 【增】10【对美加征】10【出】0【退】10	台/千瓦	6				999	14kW<功率<132.39kW的农业用柴油机[非第87章车辆用压燃式活塞内燃发动机(1kW=1.36马力)]
840890	92	90	14kW<功率<132.39kW的其他用柴油机[非第87章车辆用压燃式活塞内燃发动机(1kW=1.36马力)]	Diesel engines for other uses, with 14kW < power < 132.39kW (other than compression-ignition internal combustion piston engines for vehicles of Chapter 87 (1kW=1.36hp))	【最】8【普】35 【协亚太】7.2【协东盟】0【协巴基斯坦】5 【协智利】0【协新西兰】0【协秘鲁】0 【协哥斯达黎加】0【协冰岛】0【协瑞士】0 【协澳大利亚】0【协韩国】5.6【协格鲁吉亚】0 【协香港】0【协澳门】0 【特-1】0【特-2】0 【增】16【对美加征】10【出】0【退】16	台/千瓦	6				999	14kW<功率<132.39kW的其他用柴油机[非第87章车辆用压燃式活塞内燃发动机(1kW=1.36马力)]
840890	93	10	功率≥132.39kW的农业用柴油机[非第87章用压燃式活塞内燃发动机(132.39kW=180马力)]	Diesel engines for agricultural use with power ≥ 132.39kW (other than compression-ignition internal combustion piston engines for the vehicles listed in Chapter 87 (132.93kW=180hp))	【最】5【普】14 【协亚太】3.3【协东盟】0【协巴基斯坦】0 【协智利】0【协新西兰】0【协秘鲁】0 【协哥斯达黎加】0【协冰岛】0【协瑞士】0 【协澳大利亚】0【协韩国】3.3【协格鲁吉亚】0 【协香港】0【协澳门】0 【特-1】0【特-2】0 【增】10【对美加征】5【出】0【退】16	台/千瓦	6				999	功率≥132.39kW的农业用柴油机[非第87章用压燃式活塞内燃发动机(132.39kW=180马力)]
840890	93	90	功率≥132.39kW其他用柴油发动机[非第87章用压燃式活塞内燃发动机(132.39kW=180马力)]	Diesel engines for other uses with power≥132.39kW(other than compression-ignition internal combustion piston engines for the vehicles listed in Chapter 87(132.93kW=180hp))	【最】5【普】14 【协亚太】3.3【协东盟】0【协巴基斯坦】0 【协智利】0【协新西兰】0【协秘鲁】0 【协哥斯达黎加】0【协冰岛】0【协瑞士】0 【协澳大利亚】0【协韩国】3.3【协格鲁吉亚】0 【协香港】0【协澳门】0 【特-1】0【特-2】0 【增】16【对美加征】5【出】0【退】16	台/千瓦	6				999	功率≥132.39kW其他用柴油发动机[非第87章用压燃式活塞内燃发动机(132.39kW=180马力)]
840910	00		航空器发动机用零件(指专用于或主要用于税目84.07或84.08所列航空器发动机的零件)	Parts for aircraft engines, suitable for use solely or principally with the aircraft engines of heading No. 84.07 or 84.08	【最】2【普】11 【协东盟】0【协巴基斯坦】0【协智利】0 【协新西兰】0【协秘鲁】0【协哥斯达黎加】0 【协冰岛】0【协瑞士】0【协澳大利亚】0 【协韩国】0【协格鲁吉亚】0【协香港】0 【协澳门】0 【特-1】0【特-2】0【特-3】0 【增】16【出】0【退】16	千克					999	航空器发动机用零件(指专用于或主要用于税目84.07或84.08所列航空器发动机的零件)
840991	10		船舶用点燃式发动机专用零件(指专用于或主要用于点燃式活塞内燃发动机的)	Parts for marine propulsion engines, suitable for use solely or principally with the marine propulsion engines of heading No. 84.07 or 84.08	【最】6【普】17 【协亚太】3.9【协东盟】0【协巴基斯坦】0 【协智利】0【协新西兰】0【协秘鲁】0 【协哥斯达黎加】0【协冰岛】0【协瑞士】0 【协澳大利亚】0【协韩国】3.9【协格鲁吉亚】0 【协香港】0【协澳门】0 【特-1】0【特-2】0【特-3】0 【增】16【对美加征】5【出】0【退】16	千克					999	船舶用点燃式发动机专用零件(指专用于或主要用于点燃式活塞内燃发动机的)
840991	91		电控燃油喷射装置(指专用于或主要用于点燃式活塞内燃发动机的)	Electric fuel injection devices, suitable for use solely or principally with spark-ignition internal combustion piston engines	【最】5【普】35 【协亚太】3.3【协东盟】0【协巴基斯坦】0 【协智利】0【协新西兰】0【协新加坡】0 【协秘鲁】0【协哥斯达黎加】0【协冰岛】0 【协瑞士】0【协澳大利亚】0【协韩国】3.3 【协格鲁吉亚】0【协香港】0【协澳门】0 【特-1】0【特-2】0【特-3】0 【增】16【出】0【退】16	千克/套					101 102	电控燃油喷射装置(指专用于或主要用于点燃式活塞内燃发动机的)(其他车辆零部件) 电控燃油喷射装置(指专用于或主要用于点燃式活塞内燃发动机的)(其他动力设备及其零部件)

税则号列			货品名称中英文		税费综合信息	计量单位	监管证件代码		检验检疫类别		检验检疫编码	检验检疫编码对应中文名称
HS国际统一前6位	本国子目 7~8位	本国子目 9~10位	中文 货物名称	英文 Article Description			进口	出口	进口	出口		
840991	99	20	废气再循环（EGR）装置（专用或主要用于内燃发动机）	EGR（Exhaust Gas Recycle）apparatuses, suitable for use solely or principally with spark-ignition internal combustion piston engines	【最】5【普】35 【协亚太】3.3【协东盟】0【协巴基斯坦】0 【协智利】0【协新西兰】0【协新加坡】0 【协秘鲁】0【协哥斯达黎加】0【协冰岛】0 【协瑞士】2【协澳大利亚】0【协韩国】2.5 【协格鲁吉亚】0【协香港】0【协澳门】0 【特-1】0【特-2】0【特-3】0 【增】16【出】0【退】16	千克					101 102	废气再循环（EGR）装置（专用或主要用于内燃发动机）（其他车辆零部件） 废气再循环（EGR）装置（专用或主要用于内燃发动机）（其他动力设备及其零部件）
840991	99	30	连杆（专用或主要用于内燃发动机）	Connecting rods, suitable for use solely or principally with spark-ignition internal combustion piston engines	【最】5【普】35 【协亚太】3.3【协东盟】0【协巴基斯坦】0 【协智利】0【协新西兰】0【协新加坡】0 【协秘鲁】0【协哥斯达黎加】0【协冰岛】0 【协瑞士】2【协澳大利亚】0【协韩国】2.5 【协格鲁吉亚】0【协香港】0【协澳门】0 【特-1】0【特-2】0【特-3】0 【增】16【出】0【退】16	千克					101 102	连杆（专用或主要用于内燃发动机）（其他车辆零部件） 连杆（专用或主要用于内燃发动机）（其他动力设备及其零部件）
840991	99	40	喷嘴（专用或主要用于内燃发动机）	Nozzles, suitable for use solely or principally with spark-ignition internal combustion piston engines	【最】5【普】35 【协亚太】3.3【协东盟】0【协巴基斯坦】0 【协智利】0【协新西兰】0【协新加坡】0 【协秘鲁】0【协哥斯达黎加】0【协冰岛】0 【协瑞士】2【协澳大利亚】0【协韩国】2.5 【协格鲁吉亚】0【协香港】0【协澳门】0 【特-1】0【特-2】0【特-3】0 【增】16【出】0【退】16	千克					101 102	喷嘴（专用或主要用于内燃发动机）（其他车辆零部件） 喷嘴（专用或主要用于内燃发动机）（其他动力设备及其零部件）
840991	99	50	气门摇臂（专用或主要用于内燃发动机）	Valve rocker arms, suitable for use solely or principally with spark-ignition internal combustion piston engines	【最】5【普】35 【协亚太】3.3【协东盟】0【协巴基斯坦】0 【协智利】0【协新西兰】0【协新加坡】0 【协秘鲁】0【协哥斯达黎加】0【协冰岛】0 【协瑞士】2【协澳大利亚】0【协韩国】2.5 【协格鲁吉亚】0【协香港】0【协澳门】0 【特-1】0【特-2】0【特-3】0 【增】16【出】0【退】16	千克					101 102	气门摇臂（专用或主要用于内燃发动机）（其他车辆零部件） 气门摇臂（专用或主要用于内燃发动机）（其他动力设备及其零部件）
840991	99	90	其他点燃式活塞内燃发动机用零件	Other parts of spark-ignition internal combustion piston engines	【最】5【普】35 【协亚太】3.3【协东盟】0【协巴基斯坦】0 【协智利】0【协新西兰】0【协新加坡】0 【协秘鲁】0【协哥斯达黎加】0【协冰岛】0 【协瑞士】2【协澳大利亚】0【协韩国】2.5 【协格鲁吉亚】0【协香港】0【协澳门】0 【特-1】0【特-2】0【特-3】0 【增】16【出】0【退】16	千克					101 102	其他点燃式活塞内燃发动机用零件（其他车辆零部件） 其他点燃式活塞内燃发动机用零件（其他动力设备及其零部件）
840999	10		其他船舶发动机专用零件	Parts suitable for other marine propulsion engines	【最】5【普】11 【协亚太】3.3【协东盟】0【协巴基斯坦】0 【协智利】0【协新西兰】0【协新加坡】0 【协秘鲁】0【协哥斯达黎加】0【协冰岛】0 【协瑞士】2【协澳大利亚】0【协韩国】2.5 【协格鲁吉亚】0【协香港】0【协澳门】0 【特-1】0【特-2】0【特-3】0 【增】16【对美加征】10【出】0【退】16	千克					999	其他船舶发动机专用零件
840999	20		其他机车发动机专用零件	Parts suitable for locomotive engines	【最】2【普】11 【协亚太】1.3【协东盟】0【协巴基斯坦】0 【协智利】0【协新西兰】0【协秘鲁】0 【协哥斯达黎加】0【协冰岛】0【协瑞士】0 【协澳大利亚】0【协韩国】0【协格鲁吉亚】1.2 【协香港】0【协澳门】0 【特-1】0【特-2】0【特-3】0 【增】16【对美加征】5【出】0【退】16	千克					101 102	其他机车发动机专用零件（其他车辆零部件） 其他机车发动机专用零件（其他动力设备及其零部件）
840999	91		其他功率≥132.39kW发动机的专用零件 （132.39kW＝180马力）	Parts suitable for engines with an output of 132.39 kW (180hp) or more	【最】2【普】11 【协亚太】1.3【协东盟】0【协巴基斯坦】0 【协智利】0【协新西兰】0【协秘鲁】0 【协哥斯达黎加】0【协冰岛】0【协瑞士】0 【协澳大利亚】0【协韩国】1.2【协格鲁吉亚】0 【协香港】0【协澳门】0 【特-1】0【特-2】0【特-3】0 【增】16【出】0【退】16	千克					101 102	其他功率≥132.39kW发动机的专用零件（132.39kW＝180马力）（其他车辆零部件） 其他功率≥132.39kW发动机的专用零件（132.39kW＝180马力）（其他动力设备及其零部件）

税则号列			货品名称中英文		税费综合信息	计量单位	监管证件代码		检验检疫类别		检验检疫编码	检验检疫编码对应中文名称
HS 国际统一前6位	本国子目 7~8位	本国子目 9~10位	中文 货物名称	英文 Article Description			进口	出口	进口	出口		
840999	99	10	电控柴油喷射装置及其零件（指税目84.08所列的其他发动机用）	Electronically controlled diesel fuel injection device and its parts(refer to other items listed in headine 84.08 engine use)	【最】8【普】35【暂进】5 【协亚太】5.2【协东盟】0【协巴基斯坦】5 【协智利】0【协新西兰】0【协新加坡】0 【协秘鲁】0【协哥斯达黎加】0【协冰岛】0 【协瑞士】0【协澳大利亚】0【协韩国】5.6 【协格鲁吉亚】0【协香港】0【协澳门】0 【特-1】0【特-2】0【特-3】0 【增】16【出】0【退】16	千克					101 102	电控柴油喷射装置及其零件（指税目84.08所列的其他发动机用）(其他车辆零部件) 电控柴油喷射装置及其零件（指税目84.08所列的其他发动机用）(其他动力设备及其零部件)
840999	99	90	其他发动机的专用零件（指税目84.07或84.08所列的其他发动机）	Special parts for other engines (suitable for other engines listed in heading No. 84.07 and 84.08)	【最】8【普】35 【协亚太】5.2【协东盟】0【协巴基斯坦】5 【协智利】0【协新西兰】0【协新加坡】0 【协秘鲁】0【协哥斯达黎加】0【协冰岛】0 【协瑞士】0【协澳大利亚】0【协韩国】5.6 【协格鲁吉亚】0【协香港】0【协澳门】0 【特-1】0【特-2】0【特-3】0 【增】16【出】0【退】16	千克					101 102	其他发动机的专用零件(指税目84.07或84.08所列的其他发动机）(其他车辆零部件) 其他发动机的专用零件(指税目84.07或84.08所列的其他发动机）(其他动力设备及其零部件)
841011	00		功率≤1000kW的水轮机及水轮	Hydraulic turbines, water wheels of a power not exceeding 1000kW	【最】8【普】35 【协东盟】0【协巴基斯坦】5【协智利】0 【协新西兰】0【协秘鲁】0【协哥斯达黎加】0 【协冰岛】0【协瑞士】0【协澳大利亚】0 【协韩国】5【协格鲁吉亚】0【协香港】0 【协澳门】0 【特-1】0【特-2】0 【增】16【对美加征】10【出】0【退】16	台/千克					999	功率≤1000kW的水轮机及水轮
841012	00		功率1000kW~10000kW的水轮机及水轮（指超过1000kW,但不超过10000kW的）	Hydraulic turbines, water wheels, of a power exceeding 1000kW but not exceeding10000kW	【最】8【普】35 【协东盟】0【协巴基斯坦】5【协智利】0 【协新西兰】0【协新加坡】0【协秘鲁】0 【协哥斯达黎加】0【协冰岛】0【协瑞士】0 【协澳大利亚】0【协韩国】5【协格鲁吉亚】0 【协香港】0【协澳门】0 【特-1】0【特-2】0 【增】16【出】0【退】16	台/千克					999	功率1000kW~10000kW的水轮机及水轮（指超过1000kW,但不超过10000kW的）
841013	10		功率>30000kW冲击式水轮机及水轮	Impulse hydraulic turbines and water wheels of a power exceeding 30000kW	【最】8【普】35 【协亚太】5.6【协东盟】0【协巴基斯坦】5 【协智利】0【协新西兰】0【协新加坡】0 【协秘鲁】0【协哥斯达黎加】0【协冰岛】0 【协瑞士】0【协澳大利亚】0【协韩国】5 【协格鲁吉亚】0【协香港】0【协澳门】0 【特-1】0【特-2】0 【增】16【出】0【退】16	台/千克					999	功率>30000kW冲击式水轮机及水轮
841013	20		功率>35000kW贯流水轮机及水轮	Radial hydraulic turbines and water wheels of a power exceeding 35000kW	【最】8【普】35 【协亚太】5.6【协东盟】0【协巴基斯坦】5 【协智利】0【协新西兰】0【协新加坡】0 【协秘鲁】0【协哥斯达黎加】0【协冰岛】0 【协瑞士】0【协澳大利亚】0【协韩国】5 【协格鲁吉亚】0【协香港】0【协澳门】0 【特-1】0【特-2】0 【增】16【出】0【退】16	台/千克					999	功率>35000kW贯流水轮机及水轮
841013	30		功率>200000kW水泵式水轮机及水轮	Pumping hydraulic turbines and water wheels of a power exceeding 200000kW	【最】8【普】35 【协亚太】5.6【协东盟】0【协巴基斯坦】5 【协智利】0【协新西兰】0【协秘鲁】0 【协哥斯达黎加】0【协冰岛】0【协瑞士】0 【协澳大利亚】0【协韩国】5【协格鲁吉亚】0 【协香港】0【协澳门】0 【特-1】0【特-2】0 【增】16【出】0【退】16	台/千克					999	功率>200000kW水泵式水轮机及水轮
841013	90		功率>10000kW的其他水轮机及水轮	Other turbines and water wheels of a power exceeding 10000kW	【最】8【普】35 【协亚太】5.6【协东盟】0【协巴基斯坦】5 【协智利】0【协新西兰】0【协秘鲁】0 【协哥斯达黎加】0【协冰岛】0【协瑞士】0 【协澳大利亚】0【协韩国】5【协格鲁吉亚】0 【协香港】0【协澳门】0 【特-1】0【特-2】0 【增】16【出】0【退】16	台/千克					999	功率>10000kW的其他水轮机及水轮

税则号列 HS国际统一前6位	本国子目 7~8位	本国子目 9~10位	货品名称 中文 货物名称	货品名称 英文 Article Description	税费综合信息	计量单位	监管证件代码 进口	监管证件代码 出口	检验检疫类别 进口	检验检疫类别 出口	检验检疫编码	检验检疫编码对应中文名称
841090	10		水轮机及水轮的调节器	Regulators of turbines and water wheels	【最】6【普】35 【协亚太】4.2【协东盟】0【协巴基斯坦】5 【协智利】0【协新西兰】0【协秘鲁】0 【协哥斯达黎加】0【协冰岛】0【协瑞士】0 【协澳大利亚】0【协韩国】0【协格鲁吉亚】0 【协香港】0【协澳门】0 【特-1】0【特-2】0 【增】16【出】0【退】16	千克/套					999	水轮机及水轮的调节器
841090	90		水轮机及水轮的其他零件（不包括调节器）	Other parts of turbines and water wheels, other than regulators	【最】6【普】35 【协东盟】0【协巴基斯坦】5【协智利】0 【协新西兰】0【协秘鲁】0【协哥斯达黎加】0 【协冰岛】0【协瑞士】0【协澳大利亚】0 【协韩国】3【协格鲁吉亚】0【协香港】0 【协澳门】0 【特-1】0【特-2】0 【增】16【出】0【退】16	千克					999	水轮机及水轮的其他零件（不包括调节器）
841111	10		涡轮风扇发动机推力≤25千牛顿	Turbofan engines (of a thrust≤25KN)	【最】1【普】11 【协东盟】0【协巴基斯坦】0【协智利】0 【协新西兰】0【协秘鲁】0【协哥斯达黎加】0 【协冰岛】0【协瑞士】0【协澳大利亚】0 【协韩国】0【协格鲁吉亚】0【协香港】0 【协澳门】0 【特-1】0【特-2】0【特-3】0 【增】16【出】0【退】16	台		3			999	涡轮风扇发动机推力≤25千牛顿
841111	90		其他涡轮喷气发动机（推力不超过25千牛顿）	Other turbo-jets (of a thrust≤25KN)	【最】1【普】11 【协东盟】0【协巴基斯坦】0【协智利】0 【协新西兰】0【协秘鲁】0【协哥斯达黎加】0 【协冰岛】0【协瑞士】0【协澳大利亚】0 【协韩国】0【协格鲁吉亚】0【协香港】0 【协澳门】0 【特-1】0【特-2】0【特-3】0 【增】16【出】0【退】16	台					999	其他涡轮喷气发动机（推力不超过25千牛顿）
841112	10		涡轮风扇发动机推力>25千牛顿	Turbofan engines (of a thrust>25KN)	【最】1【普】11 【协亚太】0【协东盟】0【协巴基斯坦】0 【协智利】0【协新西兰】0【协秘鲁】0 【协哥斯达黎加】0【协冰岛】0【协瑞士】0 【协澳大利亚】0【协韩国】0【协格鲁吉亚】0 【协香港】0【协澳门】0 【特-1】0【特-2】0【特-3】0 【增】16【出】0【退】16	台		3			999	涡轮风扇发动机推力>25千牛顿
841112	90	10	小型燃烧率高轻型涡轮喷气发动机（推力大于或等于90千牛顿的涡轮喷气发动机）	Small light turbo-jets with high combustion efficiency (turbo-jets with propulsive force≥90KN)	【最】1【普】11 【协亚太】0.5【协东盟】0【协巴基斯坦】0 【协智利】0【协新西兰】0【协秘鲁】0 【协哥斯达黎加】0【协冰岛】0【协瑞士】0 【协澳大利亚】0【协韩国】0【协格鲁吉亚】0 【协香港】0【协澳门】0 【特-1】0【特-2】0【特-3】0 【增】16【出】0【退】16	台		3			999	小型燃烧率高轻型涡轮喷气发动机（推力大于或等于90千牛顿的涡轮喷气发动机）
841112	90	90	其他涡轮喷气发动机（推力超过25千牛顿）	Other turbo-jets (propulsive force≥25KN)	【最】1【普】11 【协亚太】0.5【协东盟】0【协巴基斯坦】0 【协智利】0【协新西兰】0【协秘鲁】0 【协哥斯达黎加】0【协冰岛】0【协瑞士】0 【协澳大利亚】0【协韩国】0【协格鲁吉亚】0 【协香港】0【协澳门】0 【特-1】0【特-2】0【特-3】0 【增】16【出】0【退】16	台					999	其他涡轮喷气发动机（推力超过25千牛顿）
841121	00		功率≤1100kW的涡轮螺桨发动机	Turbo-propellers, of a power not exceeding 1100kW	【最】2【普】11 【协东盟】0【协巴基斯坦】0【协智利】0 【协新西兰】0【协秘鲁】0【协哥斯达黎加】0 【协冰岛】0【协瑞士】0【协澳大利亚】0 【协韩国】0【协格鲁吉亚】0【协香港】0 【协澳门】0 【特-1】0【特-2】0【特-3】0 【增】16【出】0【退】16	台/千瓦					999	功率≤1100kW的涡轮螺桨发动机

税则号列			货品名称中英文		税费综合信息	计量单位	监管证件代码		检验检疫类别		检验检疫编码	检验检疫编码对应中文名称
HS 国际统一前6位	本国子目 7~8位	9~10位	中文 货物名称	英文 Article Description			进口	出口	进口	出口		
841122	10		1100kW<功率≤2238kW 涡轮螺桨引擎	Turbo-propellers, of a power exceeding 1100kW but not exceeding 2238kW	【最】2【普】11 【协亚太】1.4【协东盟】0【协巴基斯坦】0 【协智利】0【协新西兰】0【协秘鲁】0 【协哥斯达黎加】0【协冰岛】0【协瑞士】0 【协澳大利亚】0【协韩国】0【协格鲁吉亚】0 【协香港】0【协澳门】0 【特-1】0【特-2】0【特-3】0 【增】16【出】0【退】16	台/千瓦					999	1100kW<功率≤2238kW 涡轮螺桨引擎
841122	20		2238kW<功率≤3730kW 涡轮螺桨引擎	Turbo-propellers, of a power exceeding 2238kW but not exceeding 3730kW	【最】2【普】11 【协亚太】1.4【协东盟】0【协巴基斯坦】0 【协智利】0【协新西兰】0【协秘鲁】0 【协哥斯达黎加】0【协冰岛】0【协瑞士】0 【协澳大利亚】0【协韩国】0【协格鲁吉亚】0 【协香港】0【协澳门】0 【特-1】0【特-2】0【特-3】0 【增】16【出】0【退】16	台/千瓦					999	2238kW<功率≤3730kW 涡轮螺桨引擎
841122	30		功率>3730kW 涡轮螺桨引擎	Turbo-propellers, of a power exceeding 3730kW	【最】2【普】11 【协亚太】1.4【协东盟】0【协巴基斯坦】0 【协智利】0【协新西兰】0【协秘鲁】0 【协哥斯达黎加】0【协冰岛】0【协瑞士】0 【协澳大利亚】0【协韩国】0【协格鲁吉亚】0 【协香港】0【协澳门】0 【特-1】0【特-2】0【特-3】0 【增】16【出】0【退】16	台/千瓦					999	功率>3730kW 涡轮螺桨引擎
841181	00	01	涡轮轴航空发动机（功率≤5000kW）	Turbo shaft aircraft engine, of a power not exceeding 5000kW	【最】15【普】35【暂进】1 【协东盟】0【协巴基斯坦】12【协智利】0 【协新西兰】0【协新加坡】0【协秘鲁】0 【协哥斯达黎加】0【协冰岛】0【协瑞士】6 【协澳大利亚】0【协韩国】7.5【协格鲁吉亚】0 【协香港】0【协澳门】0 【特-1】0【特-2】0 【增】16【出】0【退】16	台/千瓦					999	涡轮轴航空发动机（功率≤5000kW）
841181	00	90	功率≤5000kW 的其他燃气轮机	Other gas turbines, of a power not exceeding 5000kW	【最】15【普】35 【协东盟】0【协巴基斯坦】12【协智利】0 【协新西兰】0【协新加坡】0【协秘鲁】0 【协哥斯达黎加】0【协冰岛】0【协瑞士】6 【协澳大利亚】0【协韩国】7.5【协格鲁吉亚】0 【协香港】0【协澳门】0 【特-1】0【特-2】0 【增】16【出】0【退】16	台/千瓦					999	功率≤5000kW 的其他燃气轮机
841182	00		功率>5000kW 的其他燃气轮机	Other gas turbines, of a power exceeding 5000kW	【最】3【普】35 【协亚太】2.1【协东盟】0【协巴基斯坦】0 【协智利】0【协新西兰】0【协秘鲁】0 【协哥斯达黎加】0【协冰岛】0【协瑞士】0 【协澳大利亚】0【协韩国】0【协格鲁吉亚】0 【协香港】0【协澳门】0 【特-1】0【特-2】0【特-3】0 【增】16【出】0【退】16	台/千瓦					999	功率>5000kW 的其他燃气轮机
841191	00		涡轮喷气或涡轮螺桨发动机用零件	Parts of turbo-jets or turbo-propellers	【最】1【普】11 【协东盟】0【协巴基斯坦】0【协智利】0 【协新西兰】0【协秘鲁】0【协哥斯达黎加】0 【协冰岛】0【协瑞士】0【协澳大利亚】0 【协韩国】0【协格鲁吉亚】0【协香港】0 【协澳门】0 【特-1】0【特-2】0【特-3】0 【增】16【出】0【退】16	千克					999	涡轮喷气或涡轮螺桨发动机用零件
841199	10	10	涡轮轴航空发动机用零件	The turbine shaft Aeroengine Parts	【最】5【普】35【暂进】1 【协亚太】3.5【协东盟】0【协巴基斯坦】0 【协智利】0【协新西兰】0【协秘鲁】0 【协哥斯达黎加】0【协冰岛】0【协瑞士】0 【协澳大利亚】0【协韩国】0【协格鲁吉亚】0 【协香港】0【协澳门】0 【特-1】0【特-2】0【特-3】0 【增】16【出】0【退】16	千克					999	涡轮轴航空发动机用零件

税则号列			货品名称中英文		税费综合信息	计量单位	监管证件代码		检验检疫类别		检验检疫编码	检验检疫编码对应中文名称
HS国际统一前6位	本国子目 7~8位	本国子目 9~10位	中文 货物名称	英文 Article Description			进口	出口	进口	出口		
841199	10	90	其他涡轮轴发动机用零件	Other parts of turboshaft engines	【最】5【普】35 【协亚太】3.5【协东盟】0【协巴基斯坦】0 【协智利】0【协新西兰】0【协秘鲁】0 【协哥斯达黎加】0【协冰岛】0【协瑞士】0 【协澳大利亚】0【协韩国】0【协格鲁吉亚】0 【协香港】0【协澳门】0 【特-1】0【特-2】0【特-3】0 【增】16【出】0【退】16	千克					999	其他涡轮轴发动机用零件
841199	90		其他燃气轮机用零件	Other parts of gas turbines	【最】5【普】35 【协东盟】0【协巴基斯坦】0【协智利】0 【协新西兰】0【协秘鲁】0【协哥斯达黎加】0 【协冰岛】0【协瑞士】0【协澳大利亚】0 【协韩国】2.5【协格鲁吉亚】0【协香港】0 【协澳门】0 【特-1】0【特-2】0【特-3】0 【增】16【出】0【退】16	千克					999	其他燃气轮机用零件
841210	10	10	冲压喷气发动机（包括超燃冲压喷气发动机）	Ramjet engines (including scramjet engines)	【最】3【普】11 【协东盟】0【协巴基斯坦】0【协智利】0 【协新西兰】0【协秘鲁】0【协哥斯达黎加】0 【协冰岛】0【协瑞士】0【协澳大利亚】0 【协韩国】0【协格鲁吉亚】0【协香港】0 【协澳门】0 【特-1】0【特-2】0【特-3】0 【增】16【出】0【退】16	台/千克		3			999	冲压喷气发动机（包括超燃冲压喷气发动机）
841210	10	20	脉冲喷气发动机	Pulse jet engines	【最】3【普】11 【协东盟】0【协巴基斯坦】0【协智利】0 【协新西兰】0【协秘鲁】0【协哥斯达黎加】0 【协冰岛】0【协瑞士】0【协澳大利亚】0 【协韩国】0【协格鲁吉亚】0【协香港】0 【协澳门】0 【特-1】0【特-2】0【特-3】0 【增】16【出】0【退】16	台/千克		3			999	脉冲喷气发动机
841210	10	30	组合循环发动机	Combined cycle engines	【最】3【普】11 【协东盟】0【协巴基斯坦】0【协智利】0 【协新西兰】0【协秘鲁】0【协哥斯达黎加】0 【协冰岛】0【协瑞士】0【协澳大利亚】0 【协韩国】0【协格鲁吉亚】0【协香港】0 【协澳门】0 【特-1】0【特-2】0【特-3】0 【增】16【出】0【退】16	台/千克		3			999	组合循环发动机
841210	10	90	其他航空、航天器用喷气发动机（涡轮喷气发动机除外）	Other jet engines for aircraft or aerospace (excluding turbo-jets)	【最】3【普】11 【协东盟】0【协巴基斯坦】0【协智利】0 【协新西兰】0【协秘鲁】0【协哥斯达黎加】0 【协冰岛】0【协瑞士】0【协澳大利亚】0 【协韩国】0【协格鲁吉亚】0【协香港】0 【协澳门】0 【特-1】0【特-2】0【特-3】0 【增】16【出】0【退】16	台/千克					999	其他航空、航天器用喷气发动机（涡轮喷气发动机除外）
841210	90		非航空、航天器用喷气发动机（涡轮喷气发动机除外）	Other jet engines not for aircraft or aerospace (excluding turbo-jets)	【最】10【普】35 【协东盟】0【协巴基斯坦】5【协智利】0 【协新西兰】0【协秘鲁】0【协哥斯达黎加】0 【协冰岛】0【协瑞士】0【协澳大利亚】0 【协韩国】5【协格鲁吉亚】0【协香港】0 【协澳门】0 【特-1】0【特-2】0 【增】16【对美加征】5【出】0【退】16	台/千克					999	非航空、航天器用喷气发动机（涡轮喷气发动机除外）
841221	00		直线作用的液压动力装置（液压缸）	Linear acting (cylinders) hydraulic power engines and motors	【最】12【普】35 【协东盟】0【协香港】0【协巴基斯坦】6 【协智利】0【协新西兰】0【协新加坡】0 【协秘鲁】0【协台湾】0【协哥斯达黎加】0 【协冰岛】0【协瑞士】4.8【协澳大利亚】0 【协韩国】9【协格鲁吉亚】0 【特-1】0【特-2】0 【增】16【对美加征】5【出】0【退】16	台/千克					999	直线作用的液压动力装置（液压缸）

税则号列			货品名称中英文		税费综合信息	计量单位	监管证件代码		检验检疫类别		检验检疫编码	检验检疫编码对应中文名称
HS 国际统一前6位	本国子目 7~8位	本国子目 9~10位	中文 货物名称	英文 Article Description			进口	出口	进口	出口		
841229	10		液压马达	Hydraulic motors	【最】10【普】35 【协东盟】0【协香港】0【协巴基斯坦】5 【协智利】0【协新西兰】0【协新加坡】0 【协秘鲁】0【协哥斯达黎加】0【协冰岛】0 【协瑞士】4【协澳大利亚】0【协韩国】7.5 【协格鲁吉亚】0 【特-1】0【特-2】0 【增】16【对美加征】10【出】0【退】16	台/千克					999	液压马达
841229	90	10	抓桩器（抱桩器）	Pile gripper	【最】14【普】35【暂进】7 【协东盟】0【协巴基斯坦】11.2【协智利】0 【协新西兰】0【协新加坡】0【协秘鲁】0 【协哥斯达黎加】0【协冰岛】0【协瑞士】5.6 【协澳大利亚】0【协韩国】9.3【协格鲁吉亚】0 【协香港】0【协澳门】0 【特-1】0【特-2】0 【增】16【对美加征】5【出】0【退】16	台/千克					999	抓桩器（抱桩器）
841229	90	20	压力值在20MPa以上的飞机用液压作动器	Hydraulic actuator for aircraft, with pressure above 20MPa	【最】14【普】35【暂进】1 【协东盟】0【协巴基斯坦】11.2【协智利】0 【协新西兰】0【协新加坡】0【协秘鲁】0 【协哥斯达黎加】0【协冰岛】0【协瑞士】5.6 【协澳大利亚】0【协韩国】9.3【协格鲁吉亚】0 【协香港】0【协澳门】0 【特-1】0【特-2】0 【增】16【对美加征】5【出】0【退】16	台/千克					999	压力值在20MPa以上的飞机用液压作动器
841229	90	90	其他液压动力装置	Other hydraulic power engines and motors	【最】14【普】35 【协东盟】0【协巴基斯坦】11.2【协智利】0 【协新西兰】0【协新加坡】0【协秘鲁】0 【协哥斯达黎加】0【协冰岛】0【协瑞士】5.6 【协澳大利亚】0【协韩国】9.3【协格鲁吉亚】0 【协香港】0【协澳门】0 【特-1】0【特-2】0 【增】16【对美加征】5【出】0【退】16	台/千克					999	其他液压动力装置
841231	00	01	三坐标测量机用平衡气缸	Pneumatic cylinders for three dimensional measuring machines	【最】14【普】35【暂进】7 【协亚太】9.1【协东盟】0【协巴基斯坦】7 【协智利】0【协新西兰】0【协新加坡】0 【协秘鲁】0【协台湾】0【协哥斯达黎加】0 【协冰岛】0【协瑞士】0【协澳大利亚】0 【协韩国】0【协格鲁吉亚】0【协香港】0 【协澳门】0 【特-1】0【特-2】0 【增】16【对美加征】10【出】0【退】16	台/千克					999	三坐标测量机用平衡气缸
841231	00	90	其他直线作用的气压动力装置（气压缸）	Other line-straightening pneumatic motors (pneumatic cylinders)	【最】14【普】35 【协亚太】9.1【协东盟】0【协巴基斯坦】7 【协智利】0【协新西兰】0【协新加坡】0 【协秘鲁】0【协台湾】0【协哥斯达黎加】0 【协冰岛】0【协瑞士】0【协澳大利亚】0 【协韩国】0【协格鲁吉亚】0【协香港】0 【协澳门】0 【特-1】0【特-2】0 【增】16【对美加征】10【出】0【退】16	台/千克					999	其他直线作用的气压动力装置（气压缸）
841239	00		其他气压动力装置	Other pneumatic power engines and motors	【最】14【普】35 【协东盟】0【协巴基斯坦】11.2【协智利】0 【协新西兰】0【协新加坡】0【协秘鲁】0 【协哥斯达黎加】0【协冰岛】0【协瑞士】0 【协澳大利亚】0【协韩国】7【协格鲁吉亚】0 【协香港】0【协澳门】0 【特-1】0【特-2】0 【增】16【对美加征】5【出】0【退】16	台/千克					999	其他气压动力装置
841280	00	10	液体火箭发动机（推力大于或等于90千牛顿，可贮存推进剂的）	Liquid-propellant rocket engines (propulsive force≥90kN, and being able to store propellants)	【最】10【普】35 【协东盟】0【协巴基斯坦】5【协智利】0 【协新西兰】0【协秘鲁】0【协哥斯达黎加】0 【协冰岛】0【协瑞士】0【协澳大利亚】0 【协韩国】5【协格鲁吉亚】0【协香港】0 【协澳门】0 【特-1】0【特-2】0 【增】16【对美加征】5【出】0【退】16	台/千克		3			999	液体火箭发动机（推力大于或等于90千牛顿，可贮存推进剂的）

税则号列			货品名称中英文		税费综合信息	计量单位	监管证件代码		检验检疫类别		检验检疫编码	检验检疫编码对应中文名称
HS国际统一前6位	本国子目 7~8位	9~10位	中文 货物名称	英文 Article Description			进口	出口	进口	出口		
841280	00	20	固体火箭发动机（总冲大于或等于1100千牛顿秒的）	Solid-propellant rocket engines (total impulse ≥ 1100kN per second)	【最】10【普】35 【协东盟】0【协巴基斯坦】5【协智利】0 【协新西兰】0【协秘鲁】0【协哥斯达黎加】0 【协冰岛】0【协瑞士】0【协澳大利亚】0 【协韩国】5【协格鲁吉亚】0【协香港】0 【协澳门】0 【特-1】0【特-2】0 【增】16【对美加征】5【出】0【退】16	台/千克		3			999	固体火箭发动机（总冲大于或等于1100千牛顿秒的）
841280	00	90	其他发动机及动力装置	Other engines and motors	【最】10【普】35 【协东盟】0【协巴基斯坦】5【协智利】0 【协新西兰】0【协秘鲁】0【协哥斯达黎加】0 【协冰岛】0【协瑞士】0【协澳大利亚】0 【协韩国】5【协格鲁吉亚】0【协香港】0 【协澳门】0 【特-1】0【特-2】0 【增】16【对美加征】5【出】0【退】16	台/千克					999	其他发动机及动力装置
841290	10	10	燃烧调节装置（冲压或脉冲喷气发动机的）	Combustion regulating systems (for ramject engines or pulse jet engines)	【最】2【普】11 【协东盟】0【协巴基斯坦】0【协智利】0 【协新西兰】0【协秘鲁】0【协哥斯达黎加】0 【协冰岛】0【协瑞士】0【协澳大利亚】0 【协韩国】0【协格鲁吉亚】0【协香港】0 【协澳门】0 【特-1】0【特-2】0【特-3】0 【增】16【出】0【退】16	千克		3			999	燃烧调节装置（冲压或脉冲喷气发动机的）
841290	10	20	火箭发动机的壳体	Shells of rocket engines	【最】2【普】11 【协东盟】0【协巴基斯坦】0【协智利】0 【协新西兰】0【协秘鲁】0【协哥斯达黎加】0 【协冰岛】0【协瑞士】0【协澳大利亚】0 【协韩国】0【协格鲁吉亚】0【协香港】0 【协澳门】0 【特-1】0【特-2】0【特-3】0 【增】16【出】0【退】16	千克		3			999	火箭发动机的壳体
841290	10	90	航空、航天器用喷气发动机的零件（涡轮喷气发动机的零件，编号84129010.10除外）	Parts of jet engines for aircrafe or aerospace (excluding the parts of turbo-jets and 84129010.10)	【最】2【普】11 【协东盟】0【协巴基斯坦】0【协智利】0 【协新西兰】0【协秘鲁】0【协哥斯达黎加】0 【协冰岛】0【协瑞士】0【协澳大利亚】0 【协韩国】0【协格鲁吉亚】0【协香港】0 【协澳门】0 【特-1】0【特-2】0【特-3】0 【增】16【出】0【退】16	千克					999	航空、航天器用喷气发动机的零件（涡轮喷气发动机的零件，编号84129010.10除外）
841290	90	10	风力发动机零件	Wind power engine parts	【最】8【普】35【暂进】5 【协东盟】0【协巴基斯坦】5【协智利】0 【协新西兰】0【协秘鲁】0【协哥斯达黎加】0 【协冰岛】0【协瑞士】0【协澳大利亚】0 【协韩国】5.3【协格鲁吉亚】0【协香港】0 【协澳门】0 【特-1】0【特-2】0【特-3】0 【增】16【出】0【退】16	千克					999	风力发动机零件
841290	90	90	其他发动机及动力装置的零件	Other parts for engines and motors	【最】8【普】35 【协东盟】0【协巴基斯坦】5【协智利】0 【协新西兰】0【协秘鲁】0【协哥斯达黎加】0 【协冰岛】0【协瑞士】0【协澳大利亚】0 【协韩国】5.3【协格鲁吉亚】0【协香港】0 【协澳门】0 【特-1】0【特-2】0【特-3】0 【增】16【出】0【退】16	千克					999	其他发动机及动力装置的零件
841311	00		分装燃料或润滑油的泵，用于加油站或车库	Pumps for dispensing fuel or lubricants, of the type used in filling-stations or in garages	【最】10【普】30【暂进】6 【协东盟】0【协巴基斯坦】5【协智利】0 【协新西兰】0【协新加坡】0【协秘鲁】0 【协哥斯达黎加】0【协冰岛】0【协瑞士】0 【协澳大利亚】0【协韩国】5【协格鲁吉亚】0 【协香港】0【协澳门】0 【特-1】0【特-2】0【特-3】0 【增】16【对美加征】10【出】0【退】16	台/千克					999	分装燃料或润滑油的泵，用于加油站或车库（其装有或可装计量装置）

税则号列 HS国际统一前6位	本国子目 7~8位	本国子目 9~10位	货品名称中英文 中文 货物名称	货品名称中英文 英文 Article Description	税费综合信息	计量单位	监管证件代码 进口	监管证件代码 出口	检验检疫类别 进口	检验检疫类别 出口	检验检疫编码	检验检疫编码对应中文名称
841319	00		其他装有或可装计量装置的泵	Other pumps fitted or designed to be fitted with a measuring device	【最】10【普】30【暂进】6 【协东盟】0【协巴基斯坦】5【协智利】0 【协新西兰】0【协新加坡】0【协秘鲁】0 【协哥斯达黎加】0【协冰岛】0【协瑞士】4 【协澳大利亚】0【协韩国】7.5【协格鲁吉亚】0 【协香港】0【协澳门】0 【特-1】0【特-2】0【特-3】0 【增】16【对美加征】5【出】0【退】16	台/千克					999	其他装有或可装计量装置的泵
841320	00		手泵（但子目8413.11或8413.19的货品除外） 【电商】	Hand pumps, other than those of subheading No. 8413.11 or 8413.19	【最】10【普】30 【协东盟】0【协巴基斯坦】5【协智利】0 【协新西兰】0【协新加坡】0【协秘鲁】0 【协哥斯达黎加】0【协冰岛】0【协瑞士】0 【协澳大利亚】0【协韩国】5【协格鲁吉亚】0 【协香港】0【协澳门】0 【特-1】0【特-2】0【特-3】0 【增】16【对美加征】10【出】0【退】16	台/千克					999	手泵（但子目8413.11或8413.19的货品除外）
841330	21		180马力及以上发动机用燃油泵（活塞式内燃发动机用的）	Fuel pumps for engines of an output of 132.39kw(180hp) or more (for internal combustion piston engines)	【最】3【普】30 【协亚太】2【协东盟】0【协巴基斯坦】0 【协智利】0【协新西兰】0【协秘鲁】0 【协哥斯达黎加】0【协冰岛】0【协瑞士】0 【协澳大利亚】0【协韩国】0【协格鲁吉亚】0 【协香港】0【协澳门】0 【特-1】0【特-2】0【特-3】0 【增】16【对美加征】10【出】0【退】16	台/千克					101 102	180马力及以上发动机用燃油泵（活塞式内燃发动机用的）（其他车辆零部件） 180马力及以上发动机用燃油泵（活塞式内燃发动机用的）(燃油泵)
841330	29		其他燃油泵（活塞式内燃发动机用的）	Other Fuel pumps for engines (for internal combustion piston engines)	【最】3【普】30 【协东盟】0【协巴基斯坦】0【协智利】0 【协新西兰】0【协秘鲁】0【协哥斯达黎加】0 【协冰岛】0【协瑞士】0【协澳大利亚】0 【协韩国】0【协格鲁吉亚】0【协香港】0 【协澳门】0 【特-1】0【特-2】0【特-3】0 【增】16【对美加征】10【出】0【退】16	台/千克					101 102	其他燃油泵（活塞式内燃发动机用的）（其他车辆零部件） 其他燃油泵（活塞式内燃发动机用的）（燃油泵）
841330	30		润滑油泵（活塞式内燃发动机用的）	Lubricating oil pumps (for internal combustion piston engines)	【最】3【普】30 【协东盟】0【协巴基斯坦】0【协智利】0 【协新西兰】0【协秘鲁】0【协哥斯达黎加】0 【协冰岛】0【协瑞士】0【协澳大利亚】0 【协韩国】0【协格鲁吉亚】0【协香港】0 【协澳门】0 【特-1】0【特-2】0【特-3】0 【增】16【对美加征】10【出】0【退】16	台/千克					101 102	润滑油泵（活塞式内燃发动机用的）（其他车辆零部件） 润滑油泵（活塞式内燃发动机用的）(燃油泵)
841330	90		冷却剂泵（活塞式内燃发动机用的）	Cooling medium pumps (for internal combustion piston engines)	【最】3【普】30 【协亚太】2【协东盟】0【协巴基斯坦】0 【协智利】0【协新西兰】0【协秘鲁】0 【协哥斯达黎加】0【协冰岛】0【协瑞士】0 【协澳大利亚】0【协韩国】0【协格鲁吉亚】0 【协香港】0【协澳门】0 【特-1】0【特-2】0【特-3】0 【增】16【对美加征】10【出】0【退】16	台/千克					101 102	冷却剂泵（活塞式内燃发动机用的）（其他车辆零部件） 冷却剂泵（活塞式内燃发动机用的）(燃油泵)
841340	00		混凝土泵	Concrete pumps	【最】8【普】30 【协东盟】0【协香港】0【协巴基斯坦】5 【协智利】0【协新西兰】0【协秘鲁】0 【协哥斯达黎加】0【协冰岛】0【协瑞士】0 【协澳大利亚】0【协韩国】4 【协格鲁吉亚】0 【特-1】0【特-2】0【特-3】0 【增】16【对美加征】10【出】0【退】16	台/千克					999	混凝土泵
841350	10	10	农业用气动往复式排液泵 【电商】	Pneumatic reciprocating positive displacement pumps for agricultural use	【最】10【普】40【暂进】6 【协东盟】0【协巴基斯坦】5【协智利】0 【协新西兰】0【协新加坡】0【协秘鲁】0 【协哥斯达黎加】0【协冰岛】0【协瑞士】0 【协澳大利亚】0【协韩国】6.6【协格鲁吉亚】0 【协香港】0【协澳门】0 【特-1】0【特-2】0【特-3】0 【增】10【对美加征】5【出】0【退】10	台/千克					999	农业用气动往复式排液泵

税则号列 HS国际统一前6位	本国子目 7~8位	本国子目 9~10位	货品名称 中文 货物名称	英文 Article Description	税费综合信息	计量单位	监管证件代码 进口	监管证件代码 出口	检验检疫类别 进口	检验检疫类别 出口	检验检疫编码	检验检疫编码对应中文名称
841350	10	20	气动式耐腐蚀波纹或隔膜泵（流量大于 0.6m³/h，接触表面由特殊耐腐蚀材料制成）【电商】	Pneumatic corrosion-resistent bellows or diaphragm pumps (flow rate > 0.6m³/h, with contact surface being made of special corrosion-resistent materials)	【最】10【普】40【暂进】6 【协东盟】0【协巴基斯坦】5【协智利】0 【协新西兰】0【协新加坡】0【协秘鲁】0 【协哥斯达黎加】0【协冰岛】0【协瑞士】0 【协澳大利亚】0【协韩国】6.6【协格鲁吉亚】0 【协香港】0【协澳门】0 【特-1】0【特-2】0【特-3】0 【增】16【对美加征】5【出】0【退】16	台/千克		3			999	气动式耐腐蚀波纹或隔膜泵（流量大于 0.6m³/h，接触表面由特殊耐腐蚀材料制成）
841350	10	90	其他非农业用气动往复式排液泵【电商】	Other pneumatic reciprocating positive displacement pumps for non-agricultural use	【最】10【普】40【暂进】6 【协东盟】0【协巴基斯坦】5【协智利】0 【协新西兰】0【协新加坡】0【协秘鲁】0 【协哥斯达黎加】0【协冰岛】0【协瑞士】0 【协澳大利亚】0【协韩国】6.6【协格鲁吉亚】0 【协香港】0【协澳门】0 【特-1】0【特-2】0【特-3】0 【增】16【对美加征】5【出】0【退】16	台/千克					999	其他非农业用气动往复式排液泵
841350	20	10	农业用电动往复式排液泵【电商】	Electric reciprocating positive displacement pumps for agricultural use	【最】10【普】40【暂进】6 【协东盟】0【协香港】0【协巴基斯坦】5 【协智利】0【协新西兰】0【协新加坡】0 【协秘鲁】0【协哥斯达黎加】0【协冰岛】0 【协瑞士】5【协澳大利亚】0【协韩国】5 【协格鲁吉亚】0 【特-1】0【特-2】0【特-3】0 【增】10【对美加征】10【出】0【退】10	台/千克					999	农业用电动往复式排液泵
841350	20	20	电动式耐腐蚀波纹或隔膜泵（流量大于 0.6m³/h，接触表面由特殊耐腐蚀材料制成）【电商】	Electric corrosion-resistent bellows or diaphragm pumps (flow rate > 0.6m³/h, with contact surface being made of special corrosion-resistent materials)	【最】10【普】40【暂进】6 【协东盟】0【协香港】0【协巴基斯坦】5 【协智利】0【协新西兰】0【协新加坡】0 【协秘鲁】0【协哥斯达黎加】0【协冰岛】0 【协瑞士】5【协澳大利亚】0【协韩国】5 【协格鲁吉亚】0 【特-1】0【特-2】0【特-3】0 【增】16【对美加征】10【出】0【退】16	台/千克		3			999	电动式耐腐蚀波纹或隔膜泵（流量大于 0.6m³/h，接触表面由特殊耐腐蚀材料制成）
841350	20	30	电动往复式排液多重密封泵（两用物项管制）【电商】	Reciprocating highly-sealed positive displacement pumps (dual-use items)	【最】10【普】40【暂进】6 【协东盟】0【协香港】0【协巴基斯坦】5 【协智利】0【协新西兰】0【协新加坡】0 【协秘鲁】0【协哥斯达黎加】0【协冰岛】0 【协瑞士】5【协澳大利亚】0【协韩国】5 【协格鲁吉亚】0 【特-1】0【特-2】0【特-3】0 【增】16【对美加征】10【出】0【退】16	台/千克		3			999	电动往复式排液多重密封泵（两用物项管制）
841350	20	90	其他非农业用电动往复式排液泵【电商】	Other electric reciprocating positive displacement pumps for non-agricultural use	【最】10【普】40【暂进】6 【协东盟】0【协香港】0【协巴基斯坦】5 【协智利】0【协新西兰】0【协新加坡】0 【协秘鲁】0【协哥斯达黎加】0【协冰岛】0 【协瑞士】5【协澳大利亚】0【协韩国】5 【协格鲁吉亚】0 【特-1】0【特-2】0【特-3】0 【增】16【对美加征】10【出】0【退】16	台/千克					999	其他非农业用电动往复式排液泵
841350	31	01	农业用柱塞泵	Plunger pumps for agricultural use	【最】10【普】40【暂进】6 【协东盟】0【协巴基斯坦】5【协智利】0 【协新西兰】0【协新加坡】0【协秘鲁】0 【协哥斯达黎加】0【协冰岛】0【协瑞士】0 【协澳大利亚】0【协韩国】7.5【协格鲁吉亚】0 【协香港】0【协澳门】0 【特-1】0【特-2】0【特-3】0 【增】10【对美加征】5【出】0【退】10	台/千克					999	农业用柱塞泵
841350	31	90	其他非农业用柱塞泵	Other plunger pumps for non-agricultural use	【最】10【普】40【暂进】6 【协东盟】0【协巴基斯坦】5【协智利】0 【协新西兰】0【协新加坡】0【协秘鲁】0 【协哥斯达黎加】0【协冰岛】0【协瑞士】0 【协澳大利亚】0【协韩国】7.5【协格鲁吉亚】0 【协香港】0【协澳门】0 【特-1】0【特-2】0【特-3】0 【增】16【对美加征】5【出】0【退】16	台/千克					999	其他非农业用柱塞泵

税则号列			货品名称中英文		税费综合信息	计量单位	监管证件代码		检验检疫类别		检验检疫编码	检验检疫编码对应中文名称
HS国际统一前6位	本国子目 7~8位	本国子目 9~10位	中文 货物名称	英文 Article Description			进口	出口	进口	出口		
841350	39	01	其他农业用液压往复式排液泵	Other hydraulic reciprocating positive displacement pumps for agricultural use	【最】10【普】40【暂进】6 【协东盟】0【协巴基斯坦】5【协智利】0 【协新西兰】0【协新加坡】0【协秘鲁】0 【协哥斯达黎加】0【协冰岛】0【协瑞士】0 【协澳大利亚】0【协韩国】6.6【协格鲁吉亚】0 【协香港】0【协澳门】0 【特-1】0【特-2】0【特-3】0 【增】10【对美加征】10【出】0【退】10	台/千克					999	其他农业用液压往复式排液泵
841350	39	20	液压式耐腐蚀波纹或隔膜泵（流量大于$0.6m^3/h$，接触表面由特殊耐腐蚀材料制成）	Hydraulic corrosion-resistent bellows or diaphragm pumps (flow rate > $0.6m^3/h$, with contact surface being made of special corrosion-resistent materials)	【最】10【普】40【暂进】6 【协东盟】0【协巴基斯坦】5【协智利】0 【协新西兰】0【协新加坡】0【协秘鲁】0 【协哥斯达黎加】0【协冰岛】0【协瑞士】0 【协澳大利亚】0【协韩国】6.6【协格鲁吉亚】0 【协香港】0【协澳门】0 【特-1】0【特-2】0【特-3】0 【增】16【对美加征】10【出】0【退】16	台/千克		3			999	液压式耐腐蚀波纹或隔膜泵（流量大于$0.6m^3/h$，接触表面由特殊耐腐蚀材料制成）
841350	39	90	其他非农业用液压往复式排液泵	Other hydraulic reciprocating positive displacement pumps for non-agricultural use	【最】10【普】40【暂进】6 【协东盟】0【协巴基斯坦】5【协智利】0 【协新西兰】0【协新加坡】0【协秘鲁】0 【协哥斯达黎加】0【协冰岛】0【协瑞士】0 【协澳大利亚】0【协韩国】6.6【协格鲁吉亚】0 【协香港】0【协澳门】0 【特-1】0【特-2】0【特-3】0 【增】16【对美加征】10【出】0【退】16	台/千克					999	其他非农业用液压往复式排液泵
841350	90	10	其他农用往复式排液泵	Other reciprocating positive displacement pumps for agricultural use	【最】10【普】40【暂进】6 【协东盟】0【协巴基斯坦】5【协智利】0 【协新西兰】0【协新加坡】0【协秘鲁】0 【协哥斯达黎加】0【协冰岛】0【协瑞士】0 【协澳大利亚】0【协韩国】7.5【协格鲁吉亚】0 【协香港】0【协澳门】0 【特-1】0【特-2】0【特-3】0 【增】10【对美加征】10【出】0【退】10	台/千克					999	其他农用往复式排液泵
841350	90	20	其他耐腐蚀波纹或隔膜泵（流量大于$0.6m^3/h$，接触表面由特殊耐腐蚀材料制成）	Other corrosion-resistent bellows or diaphragm pumps (flow rate > $0.6m^3/h$, with contact surface being made of special corrosion-resistent materials)	【最】10【普】40【暂进】6 【协东盟】0【协巴基斯坦】5【协智利】0 【协新西兰】0【协新加坡】0【协秘鲁】0 【协哥斯达黎加】0【协冰岛】0【协瑞士】0 【协澳大利亚】0【协韩国】7.5【协格鲁吉亚】0 【协香港】0【协澳门】0 【特-1】0【特-2】0【特-3】0 【增】16【对美加征】10【出】0【退】16	台/千克		3			999	其他耐腐蚀波纹或隔膜泵（流量大于$0.6m^3/h$，接触表面由特殊耐腐蚀材料制成）
841350	90	90	其他非农用往复式排液泵	Other reciprocating positive displacement pumps for non-agricultural use	【最】10【普】40【暂进】6 【协东盟】0【协巴基斯坦】5【协智利】0 【协新西兰】0【协新加坡】0【协秘鲁】0 【协哥斯达黎加】0【协冰岛】0【协瑞士】0 【协澳大利亚】0【协韩国】7.5【协格鲁吉亚】0 【协香港】0【协澳门】0 【特-1】0【特-2】0【特-3】0 【增】16【对美加征】10【出】0【退】16	台/千克					999	其他非农用往复式排液泵
841360	21	01	农业用电动齿轮泵（回转式排液泵）	Electric gear pumps for agricultural use (rotary positive displacement pumps)	【最】10【普】40【暂进】6 【协东盟】0【协巴基斯坦】5【协智利】0 【协新西兰】0【协新加坡】0【协秘鲁】0 【协哥斯达黎加】0【协瑞士】0【协澳大利亚】0 【协韩国】7.5【协格鲁吉亚】6【协香港】0 【协澳门】0 【特-1】0【特-2】0【特-3】0 【增】10【对美加征】5【出】0【退】10	台/千克					999	农业用电动齿轮泵（回转式排液泵）
841360	21	10	电动齿轮多重密封泵（非农业用回转式排液泵）	Electric highly-sealed gear pumps (rotary positive displacement pumps for non-agricultural use)	【最】10【普】40【暂进】6 【协东盟】0【协巴基斯坦】5【协智利】0 【协新西兰】0【协新加坡】0【协秘鲁】0 【协哥斯达黎加】0【协瑞士】0【协澳大利亚】0 【协韩国】7.5【协格鲁吉亚】6【协香港】0 【协澳门】0 【特-1】0【特-2】0【特-3】0 【增】16【对美加征】5【出】0【退】16	台/千克		3			999	电动齿轮多重密封泵（非农业用回转式排液泵）

税则号列			货品名称中英文		税费综合信息	计量单位	监管证件代码		检验检疫类别		检验检疫编码	检验检疫编码对应中文名称
HS国际统一前6位	本国子目 7~8位	本国子目 9~10位	中文 货物名称	英文 Article Description			进口	出口	进口	出口		
841360	21	90	其他非农业用电动齿轮泵（回转式排液泵，多重密封泵除外）	Other electric gear pumps for non-agricultural use (excluding rotary positive displacement pumps and highly-sealed pumps)	【最】10【普】40【暂进】6 【协东盟】0【协巴基斯坦】5【协智利】0 【协新西兰】0【协新加坡】0【协秘鲁】0 【协哥斯达黎加】0【协瑞士】0【协澳大利亚】0 【协韩国】7.5【协格鲁吉亚】6【协香港】0 【协澳门】0 【特-1】0【特-2】0【特-3】0 【增】16【对美加征】5【出】0【退】16	台/千克					999	其他非农业用电动齿轮泵（回转式排液泵，多重密封泵除外）
841360	22	01	农业用回转式液压油泵（输入转速＞2000r/min，输入功率＞190kW，最大流量＞2×280L/min）	Rotary hydraulic oil pump for agricultural use (input speed > 2000r/min, input power > 190kW, maximum flow rate > 2 × 280L/min)	【最】10【普】40【暂进】3 【协东盟】0【协巴基斯坦】5【协智利】0 【协新西兰】0【协秘鲁】0【协哥斯达黎加】0 【协冰岛】0【协瑞士】0【协澳大利亚】0 【协韩国】6.6【协格鲁吉亚】0【协香港】0 【协澳门】0 【特-1】0【特-2】0【特-3】0 【增】10【对美加征】10【出】0【退】10	台/千克					999	农业用回转式液压油泵（输入转速>2000r/min，输入功率>190kW，最大流量>2×280L/min）
841360	22	02	非农业用回转式液压油泵（输入转速＞2000r/min，输入功率＞190kW，最大流量＞2×280L/min）	Rotary hydraulic oil pump for non-agricultural use (input speed > 2000r/min, input power > 190kW, maximum flow rate > 2 × 280L/min)	【最】10【普】40【暂进】3 【协东盟】0【协巴基斯坦】5【协智利】0 【协新西兰】0【协秘鲁】0【协哥斯达黎加】0 【协冰岛】0【协瑞士】0【协澳大利亚】0 【协韩国】6.6【协格鲁吉亚】0【协香港】0 【协澳门】0 【特-1】0【特-2】0【特-3】0 【增】16【对美加征】10【出】0【退】16	台/千克					999	非农业用回转式液压油泵（输入转速>2000r/min，输入功率>190kW，最大流量>2×280 L/min）
841360	22	10	其他农业用液压齿轮泵（回转式排液泵）	Other hydraulic gear pumps for agricultural use (rotary positive displacement pumps)	【最】10【普】40【暂进】6 【协东盟】0【协巴基斯坦】5【协智利】0 【协新西兰】0【协秘鲁】0【协哥斯达黎加】0 【协冰岛】0【协瑞士】0【协澳大利亚】0 【协韩国】6.6【协格鲁吉亚】0【协香港】0 【协澳门】0 【特-1】0【特-2】0【特-3】0 【增】10【对美加征】10【出】0【退】10	台/千克					999	其他农业用液压齿轮泵（回转式排液泵）
841360	22	20	液压齿轮多重密封泵（非农业用回转式排液泵）	Hydraulic multiple-sealed pumps (rotary positive displacement pumps for non-agricultural use)	【最】10【普】40【暂进】6 【协东盟】0【协巴基斯坦】5【协智利】0 【协新西兰】0【协秘鲁】0【协哥斯达黎加】0 【协冰岛】0【协瑞士】0【协澳大利亚】0 【协韩国】6.6【协格鲁吉亚】0【协香港】0 【协澳门】0 【特-1】0【特-2】0【特-3】0 【增】16【对美加征】10【出】0【退】16	台/千克		3			999	液压齿轮多重密封泵（非农业用回转式排液泵）
841360	22	90	其他非农业用液压齿轮泵（回转式排液泵，多重密封泵除外）	Other hydraulic gear pumps for non-agricultural use(excluding rotary positive displacement pumps and highly-sealed pumps)	【最】10【普】40【暂进】6 【协东盟】0【协巴基斯坦】5【协智利】0 【协新西兰】0【协秘鲁】0【协哥斯达黎加】0 【协冰岛】0【协瑞士】0【协澳大利亚】0 【协韩国】6.6【协格鲁吉亚】0【协香港】0 【协澳门】0 【特-1】0【特-2】0【特-3】0 【增】16【对美加征】10【出】0【退】16	台/千克					999	其他非农业用液压齿轮泵（回转式排液泵，多重密封泵除外）
841360	29	01	其他农业用齿轮泵（回转式排液泵）	Other gear pumps for agricultural use (rotary positive displacement pumps)	【最】10【普】40【暂进】6 【协东盟】0【协巴基斯坦】5【协智利】0 【协新西兰】0【协秘鲁】0【协哥斯达黎加】0 【协冰岛】0【协瑞士】0【协澳大利亚】0 【协韩国】5【协格鲁吉亚】0【协香港】0 【协澳门】0 【特-1】0【特-2】0【特-3】0 【增】10【对美加征】10【出】0【退】10	台/千克					999	其他农业用齿轮泵（回转式排液泵）
841360	29	90	其他非农业用齿轮泵（回转式排液泵）	Other gear pumps for non-agricultural use (rotary positive displacement pumps)	【最】10【普】40【暂进】6 【协东盟】0【协巴基斯坦】5【协智利】0 【协新西兰】0【协秘鲁】0【协哥斯达黎加】0 【协冰岛】0【协瑞士】0【协澳大利亚】0 【协韩国】5【协格鲁吉亚】0【协香港】0 【协澳门】0 【特-1】0【特-2】0【特-3】0 【增】16【对美加征】10【出】0【退】16	台/千克					999	其他非农业用齿轮泵（回转式排液泵）

税则号列			货品名称中英文		税费综合信息	计量单位	监管证件代码		检验检疫类别		检验检疫编码	检验检疫编码对应中文名称
HS国际统一前6位	本国子目7~8位	9~10位	中文货物名称	英文Article Description			进口	出口	进口	出口		
841360	31	01	农业用电动叶片泵（回转式排液泵）	Electric vane pumps for agricultural use (rotary positive displacement pumps)	【最】10【普】40【暂进】6 【协东盟】0【协巴基斯坦】5【协智利】0 【协新西兰】0【协秘鲁】0【协哥斯达黎加】0 【协冰岛】0【协瑞士】0【协澳大利亚】0 【协韩国】5【协格鲁吉亚】0【协香港】0 【协澳门】0 【特-1】0【特-2】0【特-3】0 【增】10【对美加征】10【出】0【退】10	台/千克					999	农业用电动叶片泵（回转式排液泵）
841360	31	10	电动叶片多重密封泵（非农业用回转式排液泵）	Electric multiple-sealed vane pumps (rotary positive displacement pumps for non-agricultural use)	【最】10【普】40【暂进】6 【协东盟】0【协巴基斯坦】5【协智利】0 【协新西兰】0【协秘鲁】0【协哥斯达黎加】0 【协冰岛】0【协瑞士】0【协澳大利亚】0 【协韩国】5【协格鲁吉亚】0【协香港】0 【协澳门】0 【特-1】0【特-2】0【特-3】0 【增】16【对美加征】10【出】0【退】16	台/千克		3			999	电动叶片多重密封泵（非农业用回转式排液泵）
841360	31	90	其他非农业用电动叶片泵（回转式排液泵，多重密封泵除外）	Other electric vane pumps for non-agricultural use (excluding rotary positive displacement pumps and highly-sealed pumps)	【最】10【普】40【暂进】6 【协东盟】0【协巴基斯坦】5【协智利】0 【协新西兰】0【协秘鲁】0【协哥斯达黎加】0 【协冰岛】0【协瑞士】0【协澳大利亚】0 【协韩国】5【协格鲁吉亚】0【协香港】0 【协澳门】0 【特-1】0【特-2】0【特-3】0 【增】16【对美加征】10【出】0【退】16	台/千克					999	其他非农业用电动叶片泵（回转式排液泵，多重密封泵除外）
841360	32	01	农业用液压叶片泵（回转式排液泵）	Hydraulic vane pumps for agricultural use (rotary positive displacement pumps)	【最】10【普】40【暂进】6 【协东盟】0【协巴基斯坦】5【协智利】0 【协新西兰】0【协秘鲁】0【协哥斯达黎加】0 【协冰岛】0【协瑞士】0【协澳大利亚】0 【协韩国】7.5【协格鲁吉亚】0【协香港】0 【协澳门】0 【特-1】0【特-2】0【特-3】0 【增】10【对美加征】10【出】0【退】10	台/千克					999	农业用液压叶片泵（回转式排液泵）
841360	32	10	液压叶片多重密封泵（非农业用回转式排液泵）	Hydraulic vane highly-sealed pumps (rotary positive displacement pumps for non-agricultural use)	【最】10【普】40【暂进】6 【协东盟】0【协巴基斯坦】5【协智利】0 【协新西兰】0【协秘鲁】0【协哥斯达黎加】0 【协冰岛】0【协瑞士】0【协澳大利亚】0 【协韩国】7.5【协格鲁吉亚】0【协香港】0 【协澳门】0 【特-1】0【特-2】0【特-3】0 【增】16【对美加征】10【出】0【退】16	台/千克		3			999	液压叶片多重密封泵（非农业用回转式排液泵）
841360	32	90	其他非农业用液压叶片泵（回转式排液泵，多重密封泵除外）	Other hydraulic vane pumps for non-agricultural use (excluding rotary positive displacement pumps and highly-sealed pumps)	【最】10【普】40【暂进】6 【协东盟】0【协巴基斯坦】5【协智利】0 【协新西兰】0【协秘鲁】0【协哥斯达黎加】0 【协冰岛】0【协瑞士】0【协澳大利亚】0 【协韩国】7.5【协格鲁吉亚】0【协香港】0 【协澳门】0 【特-1】0【特-2】0【特-3】0 【增】16【对美加征】10【出】0【退】16	台/千克					999	其他非农业用液压叶片泵（回转式排液泵，多重密封泵除外）
841360	39	01	其他农业用叶片泵（回转式排液泵）	Other vane pumps for agricultural use (rotary positive displacement pumps)	【最】10【普】40【暂进】6 【协东盟】0【协巴基斯坦】5【协智利】0 【协新西兰】0【协秘鲁】0【协哥斯达黎加】0 【协冰岛】0【协瑞士】0【协澳大利亚】0 【协韩国】7.5【协格鲁吉亚】0【协香港】0 【协澳门】0 【特-1】0【特-2】0【特-3】0 【增】10【对美加征】10【出】0【退】10	台/千克					999	其他农业用叶片泵（回转式排液泵）
841360	39	90	其他非农业用叶片泵（回转式排液泵）	Other vane pumps for non-agricultural use (rotary positive displacement pumps)	【最】10【普】40【暂进】6 【协东盟】0【协巴基斯坦】5【协智利】0 【协新西兰】0【协秘鲁】0【协哥斯达黎加】0 【协冰岛】0【协瑞士】0【协澳大利亚】0 【协韩国】7.5【协格鲁吉亚】0【协香港】0 【协澳门】0 【特-1】0【特-2】0【特-3】0 【增】16【对美加征】10【出】0【退】16	台/千克					999	其他非农业用叶片泵（回转式排液泵）

税则号列 HS国际统一前6位	本国子目 7~8位	本国子目 9~10位	货品名称中英文 中文 货物名称	货品名称中英文 英文 Article Description	税费综合信息	计量单位	监管证件代码 进口	监管证件代码 出口	检验检疫类别 进口	检验检疫类别 出口	检验检疫编码	检验检疫编码对应中文名称
841360	40	01	农业用螺杆泵（回转式排液泵）	Screw pumps for agricultural use (rotary positive displacement pumps)	【最】10【普】40【暂进】6 【协东盟】0【协巴基斯坦】5【协智利】0 【协新西兰】0【协秘鲁】0【协哥斯达黎加】0 【协冰岛】0【协瑞士】0【协澳大利亚】0 【协韩国】7.5【协格鲁吉亚】0【协香港】0 【协澳门】0 【特-1】0【特-2】0【特-3】0 【增】10【对美加征】5【出】0【退】10	台/千克					999	农业用螺杆泵（回转式排液泵）
841360	40	10	螺杆多重密封泵（非农业用回转式排液泵）	Screw multiple-sealed pumps (rotary positive displacement pumps for non-agricultural use)	【最】10【普】40【暂进】6 【协东盟】0【协巴基斯坦】5【协智利】0 【协新西兰】0【协秘鲁】0【协哥斯达黎加】0 【协冰岛】0【协瑞士】0【协澳大利亚】0 【协韩国】7.5【协格鲁吉亚】0【协香港】0 【协澳门】0 【特-1】0【特-2】0【特-3】0 【增】16【对美加征】5【出】0【退】16	台/千克		3			999	螺杆多重密封泵（非农业用回转式排液泵）
841360	40	90	其他非农业用螺杆泵（回转式排液泵，多重密封泵除外）	Other screw pumps for non-agricultural use (excluding rotary positive displacement pumps and highly-sealed pumps)	【最】10【普】40【暂进】6 【协东盟】0【协巴基斯坦】5【协智利】0 【协新西兰】0【协秘鲁】0【协哥斯达黎加】0 【协冰岛】0【协瑞士】0【协澳大利亚】0 【协韩国】7.5【协格鲁吉亚】0【协香港】0 【协澳门】0 【特-1】0【特-2】0【特-3】0 【增】16【对美加征】5【出】0【退】16	台/千克					999	其他非农业用螺杆泵（回转式排液泵，多重密封泵除外）
841360	50	01	农业用径向柱塞泵（回转式排液泵）	Radial piston pumps for agricultural use (rotary positive displacement pumps)	【最】10【普】40【暂进】6 【协东盟】0【协巴基斯坦】5【协智利】0 【协新西兰】0【协秘鲁】0【协哥斯达黎加】0 【协冰岛】0【协瑞士】0【协澳大利亚】0 【协韩国】7.5【协格鲁吉亚】0【协香港】0 【协澳门】0 【特-1】0【特-2】0【特-3】0 【增】10【对美加征】10【出】0【退】10	台/千克					999	农业用径向柱塞泵（回转式排液泵）
841360	50	90	其他非农业用径向柱塞泵（回转式排液泵）	Other radial piston pumps for non-agricultural use (rotary positive displacement pumps)	【最】10【普】40【暂进】6 【协东盟】0【协巴基斯坦】5【协智利】0 【协新西兰】0【协秘鲁】0【协哥斯达黎加】0 【协冰岛】0【协瑞士】0【协澳大利亚】0 【协韩国】7.5【协格鲁吉亚】0【协香港】0 【协澳门】0 【特-1】0【特-2】0【特-3】0 【增】16【对美加征】10【出】0【退】16	台/千克					999	其他非农业用径向柱塞泵（回转式排液泵）
841360	60	01	农业用轴向柱塞泵（回转式排液泵）	Axial piston pumps for agricultural use (rotary positive displacement pumps)	【最】10【普】40【暂进】6 【协东盟】0【协巴基斯坦】5【协智利】0 【协新西兰】0【协秘鲁】0【协哥斯达黎加】0 【协冰岛】0【协瑞士】0【协澳大利亚】0 【协韩国】6.6【协格鲁吉亚】0【协香港】0 【协澳门】0 【特-1】0【特-2】0【特-3】0 【增】10【对美加征】10【出】0【退】10	台/千克					999	农业用轴向柱塞泵（回转式排液泵）
841360	60	90	其他非农业用轴向柱塞泵（回转式排液泵）	Other axial piston pumps for non-agricultural use (rotary positive displacement pumps)	【最】10【普】40【暂进】6 【协东盟】0【协巴基斯坦】5【协智利】0 【协新西兰】0【协秘鲁】0【协哥斯达黎加】0 【协冰岛】0【协瑞士】0【协澳大利亚】0 【协韩国】6.6【协格鲁吉亚】0【协香港】0 【协澳门】0 【特-1】0【特-2】0【特-3】0 【增】16【对美加征】10【出】0【退】16	台/千克					999	其他非农业用轴向柱塞泵（回转式排液泵）
841360	90	10	农业用其他回转式排液泵	Other rotary positive displacement pumps for agricultural use	【最】10【普】40【暂进】8 【协东盟】0【协巴基斯坦】5【协智利】0 【协新西兰】0【协新加坡】0【协秘鲁】0 【协哥斯达黎加】0【协冰岛】0【协瑞士】4 【协澳大利亚】0【协韩国】6.6【协格鲁吉亚】0 【协香港】0【协澳门】0 【特-1】0【特-2】0【特-3】0 【增】10【对美加征】5【出】0【退】10	台/千克					999	农业用其他回转式排液泵

税则号列 HS 国际统一前6位	本国子目 7~8位	本国子目 9~10位	货品名称中英文 中文 货物名称	货品名称中英文 英文 Article Description	税费综合信息	计量单位	监管证件代码 进口	监管证件代码 出口	检验检疫类别 进口	检验检疫类别 出口	检验检疫编码	检验检疫编码对应中文名称
841360	90	90	其他回转式排液泵	Other rotary positive displacement pumps	【最】10【普】40【暂进】8 【协东盟】0【协巴基斯坦】5【协智利】0 【协新西兰】0【协新加坡】0【协秘鲁】0 【协哥斯达黎加】0【协冰岛】0【协瑞士】4 【协澳大利亚】0【协韩国】6.6【协格鲁吉亚】0 【协香港】0【协澳门】0 【特-1】0【特-2】0【特-3】0 【增】16【对美加征】5【出】0【退】16	台/千克					999	其他回转式排液泵
841370	10	10	农业用其他离心泵（转速在10000 转/分及以上）	Other centrifugal pumps for agricultural use (rotational speed ≥10000r/min)	【最】8【普】40 【协亚太】5.2【协东盟】0【协巴基斯坦】5 【协智利】0【协新西兰】0【协秘鲁】0 【协哥斯达黎加】0【协冰岛】0【协瑞士】0 【协澳大利亚】0【协韩国】0【协格鲁吉亚】0 【协香港】0【协澳门】0 【特-1】0【特-2】0【特-3】0 【增】10【对美加征】5【出】0【退】10	台/千克					999	农业用其他离心泵（转速在 10000 转/分及以上）
841370	10	20	液体推进剂用泵（转速≥10000 转/分，出口压力≥7000 千帕的）	Liquid-propellant pumps (rotational speed≥10000r/min, outlet pressure ≥ 7000Kpa)	【最】8【普】40 【协亚太】5.2【协东盟】0【协巴基斯坦】5 【协智利】0【协新西兰】0【协秘鲁】0 【协哥斯达黎加】0【协冰岛】0【协瑞士】0 【协澳大利亚】0【协韩国】0【协格鲁吉亚】0 【协香港】0【协澳门】0 【特-1】0【特-2】0【特-3】0 【增】16【对美加征】5【出】0【退】16	台/千克		3			999	液体推进剂用泵（转速≥10000 转/分，出口压力≥7000 千帕的）
841370	10	30	离心泵多重密封泵（两用物项管制）	Mutiple-sealed centrifugal pumps (dual-use items control)	【最】8【普】40 【协亚太】5.2【协东盟】0【协巴基斯坦】5 【协智利】0【协新西兰】0【协秘鲁】0 【协哥斯达黎加】0【协冰岛】0【协瑞士】0 【协澳大利亚】0【协韩国】0【协格鲁吉亚】0 【协香港】0【协澳门】0 【特-1】0【特-2】0【特-3】0 【增】16【对美加征】5【出】0【退】16	台/千克		3			999	离心泵多重密封泵（两用物项管制）
841370	10	90	其他非农用离心泵（转速在10000 转/分及以上）	Other centrifugal pumps for non-agricultural use (rotational speed≥10000r/min)	【最】8【普】40 【协亚太】5.2【协东盟】0【协巴基斯坦】5 【协智利】0【协新西兰】0【协秘鲁】0 【协哥斯达黎加】0【协冰岛】0【协瑞士】0 【协澳大利亚】0【协韩国】0【协格鲁吉亚】0 【协香港】0【协澳门】0 【特-1】0【特-2】0【特-3】0 【增】16【对美加征】5【出】0【退】16	台/千克					999	其他非农用离心泵（转速在 10000 转/分及以上）
841370	91	10	农业用电动潜油泵及潜水电泵（转速在10000 转/分以下）	Electric submersible pumps and submerged pumps for agricultural use(rotational speed < 10000 r/min)	【最】8【普】40 【协东盟】0【协巴基斯坦】5【协智利】0 【协新西兰】0【协新加坡】0【协秘鲁】0 【协哥斯达黎加】0【协冰岛】0【协瑞士】0 【协澳大利亚】0【协韩国】5【协格鲁吉亚】0 【协香港】0【协澳门】0 【特-1】0【特-2】0【特-3】0 【增】10【对美加征】5【出】0【退】10	台/千克					999	农业用电动潜油泵及潜水电泵（转速在 10000 转/分以下）
841370	91	90	其他非农业用电动潜油泵及潜水电泵（转速在 10000 转/分以下）	Other electric submersible pumps and submerged pumps for non-agricultural use (rotational speed < 10000r/min)	【最】8【普】40 【协东盟】0【协巴基斯坦】5【协智利】0 【协新西兰】0【协新加坡】0【协秘鲁】0 【协哥斯达黎加】0【协冰岛】0【协瑞士】0 【协澳大利亚】0【协韩国】5【协格鲁吉亚】0 【协香港】0【协澳门】0 【特-1】0【特-2】0【特-3】0 【增】16【对美加征】5【出】0【退】16	台/千克					999	其他非农业用电动潜油泵及潜水电泵（转速在 10000 转/分以下）
841370	99	10	其他农业用离心泵（转速在10000 转/分以下）	Other centrifugal pumps for agricultural use(rotational speed < 10000r/min)	【最】8【普】40 【协亚太】5.2【协东盟】0【协香港】0 【协巴基斯坦】5【协智利】0【协新西兰】0 【协秘鲁】0【协哥斯达黎加】0【协冰岛】0 【协瑞士】3.2【协澳大利亚】0【协韩国】0 【协香港】0【协澳门】0【协格鲁吉亚】0 【特-1】0【特-2】0【特-3】0 【增】10【对美加征】5【出】0【退】10	台/千克					999	其他农业用离心泵（转速在 10000 转/分以下）

税则号列			货品名称中英文		税费综合信息	计量单位	监管证件代码		检验检疫类别		检验检疫编码	检验检疫编码对应中文名称
HS国际统一前6位	本国子目7~8位	本国子目9~10位	中文货物名称	英文Article Description			进口	出口	进口	出口		
841370	99	20	一次冷却剂泵（全密封驱动泵，有惯性质量系统的泵，及鉴定为NC-1泵等）	Primary coolant pumps (completely-sealed driven pumps, pumps with inertia mass system and NC-1 pumps, etc.)	【最】8【普】40 【协亚太】5.2【协东盟】0【协香港】0 【协巴基斯坦】5【协智利】0【协新西兰】0 【协秘鲁】0【协哥斯达黎加】0【协冰岛】0 【协瑞士】3.2【协澳大利亚】0【协韩国】0 【协格鲁吉亚】0 【特-1】0【特-2】0【特-3】0 【增】16【对美加征】5【出】0【退】16	台/千克		3			999	一次冷却剂泵（全密封驱动泵，有惯性质量系统的泵，及鉴定为NC-1泵等）
841370	99	30	转速小于10000转/分的离心式屏蔽泵（流量大于$0.6m^3/h$，接触表面由特殊耐腐蚀材料制成）	Canned centrifugal pumps with rotational speed < 10000r/min (flow rate>$0.6m^3/h$, with contact surface being made of special corrosion-resistent materials)	【最】8【普】40 【协亚太】5.2【协东盟】0【协香港】0 【协巴基斯坦】5【协智利】0【协新西兰】0 【协秘鲁】0【协哥斯达黎加】0【协冰岛】0 【协瑞士】3.2【协澳大利亚】0【协韩国】0 【协格鲁吉亚】0 【特-1】0【特-2】0【特-3】0 【增】16【对美加征】5【出】0【退】16	台/千克		3			999	转速小于10000转/分的离心式屏蔽泵（流量大于$0.6m^3/h$，接触表面由特殊耐腐蚀材料制成）
841370	99	40	转速小于10000转/分的离心式磁力泵（流量大于$0.6m^3/h$，接触表面由特殊耐腐蚀材料制成）	Magnetically-driven centrifugal pumps with rotational speed< 10000r/min (flow rate > $0.6m^3/h$, with contact surface being made of special corrosion-resistent materials)	【最】8【普】40 【协亚太】5.2【协东盟】0【协香港】0 【协巴基斯坦】5【协智利】0【协新西兰】0 【协秘鲁】0【协哥斯达黎加】0【协冰岛】0 【协瑞士】3.2【协澳大利亚】0【协韩国】0 【协格鲁吉亚】0 【特-1】0【特-2】0【特-3】0 【增】16【对美加征】5【出】0【退】16	台/千克		3			999	转速小于10000转/分的离心式磁力泵（流量大于$0.6m^3/h$，接触表面由特殊耐腐蚀材料制成）
841370	99	50	液体推进剂用泵（8000转/分<转速<10000转/分，出口压力≥7000千帕的）	Liquid-propellant pumps (8000r/min < rotational speed < 10000r/min, outlet pressure≥7000Kpa)	【最】8【普】40 【协亚太】5.2【协东盟】0【协香港】0 【协巴基斯坦】5【协智利】0【协新西兰】0 【协秘鲁】0【协哥斯达黎加】0【协冰岛】0 【协瑞士】3.2【协澳大利亚】0【协韩国】0 【协格鲁吉亚】0 【特-1】0【特-2】0【特-3】0 【增】16【对美加征】5【出】0【退】16	台/千克		3			999	液体推进剂用泵（8000转/分<转速<10000转/分，出口压力≥7000千帕的）
841370	99	60	其他离心泵多重密封泵（两用物项管制）	Other centrifugal pumps and mutiple-sealed pumps(dual-use items control)	【最】8【普】40 【协亚太】5.2【协东盟】0【协香港】0 【协巴基斯坦】5【协智利】0【协新西兰】0 【协秘鲁】0【协哥斯达黎加】0【协冰岛】0 【协瑞士】3.2【协澳大利亚】0【协韩国】0 【协格鲁吉亚】0 【特-1】0【特-2】0【特-3】0 【增】16【对美加征】5【出】0【退】16	台/千克		3			999	其他离心泵多重密封泵（两用物项管制）
841370	99	90	其他非农业用离心泵（转速在10000转/分以下）	Other centrifugal pumps for non-agricultural use (rotational speed<10000r/min)	【最】8【普】40 【协亚太】5.2【协东盟】0【协香港】0 【协巴基斯坦】5【协智利】0【协新西兰】0 【协秘鲁】0【协哥斯达黎加】0【协冰岛】0 【协瑞士】3.2【协澳大利亚】0【协韩国】0 【协格鲁吉亚】0 【特-1】0【特-2】0【特-3】0 【增】16【对美加征】5【出】0【退】16	台/千克					999	其他非农业用离心泵（转速在10000转/分以下）
841381	00	10	农业用其他液体泵 【电商】	Other liquid pumps for agricultural use	【最】8【普】40 【协亚太】4【协东盟】0【协巴基斯坦】0 【协智利】0【协新西兰】0【协秘鲁】0 【协台湾】0【协哥斯达黎加】0【协冰岛】0 【协瑞士】3.2【协澳大利亚】0【协韩国】0 【协香港】0【协澳门】0【协格鲁吉亚】0 【特-1】0【特-2】0【特-3】0 【增】10【对美加征】10【出】0【退】10	台/千克					999	农业用其他液体泵
841381	00	20	生产重水用多级泵（专门为利用氨-氢交换法生产重水而设计或制造的多级泵） 【电商】	Multistage pumps for producing heavy water (multistage pumps specially designed or made to produce heavy water by utilizing the ammonia-hydrogen transformation method)	【最】8【普】40 【协亚太】4【协东盟】0【协巴基斯坦】0 【协智利】0【协新西兰】0【协秘鲁】0 【协台湾】0【协哥斯达黎加】0【协冰岛】0 【协瑞士】3.2【协澳大利亚】0【协韩国】0 【协香港】0【协澳门】0【协格鲁吉亚】0 【特-1】0【特-2】0【特-3】0 【增】16【对美加征】10【出】0【退】16	台/千克		3			999	生产重水用多级泵（专门为利用氨-氢交换法生产重水而设计或制造的多级泵）

税则号列			货品名称中英文		税费综合信息	计量单位	监管证件代码		检验检疫类别		检验检疫编码	检验检疫编码对应中文名称
HS国际统一前6位	本国子目 7~8位	9~10位	中文 货物名称	英文 Article Description			进口	出口	进口	出口		
841381	00	90	其他非农用液体泵 【电商】	Other liquid pumps for non-agricultural use	【最】8【普】40 【协亚太】4【协东盟】0【协巴基斯坦】0 【协智利】0【协新西兰】0【协秘鲁】0 【协台湾】0【协哥斯达黎加】0【协冰岛】0 【协瑞士】3.2【协澳大利亚】0【协韩国】0 【协香港】0【协澳门】0【协格鲁吉亚】0 【特-1】0【特-2】0【特-3】0 【增】16【对美加征】10【出】0【退】16	台/千克					999	其他非农用液体泵
841382	00		液体提升机	Liquid elevators	【最】8【普】30 【协东盟】0【协巴基斯坦】5【协智利】0 【协新西兰】0【协秘鲁】0【协哥斯达黎加】0 【协冰岛】0【协瑞士】4.6【协澳大利亚】0 【协韩国】4【协格鲁吉亚】0【协香港】0 【协澳门】0 【特-1】0【特-2】0【特-3】0 【增】16【对美加征】10【出】0【退】16	台/千克					999	液体提升机
841391	00		泵用零件	Parts of pumps	【最】5【普】30 【协亚太】2.5【协东盟】0【协香港】0 【协巴基斯坦】0【协智利】0【协新西兰】0 【协秘鲁】0【协台湾】0【协哥斯达黎加】0 【协冰岛】0【协瑞士】2【协澳大利亚】0 【协韩国】0【协格鲁吉亚】0 【特-1】0【特-2】0【特-3】0 【增】16【对美加征】5【出】0【退】16	千克					999	泵用零件
841392	00		液体提升机用零件	Parts of liquid elevators	【最】6【普】30【暂进】4 【协东盟】0【协巴基斯坦】5【协智利】0 【协新西兰】0【协秘鲁】0【协哥斯达黎加】0 【协冰岛】0【协瑞士】0【协澳大利亚】0 【协韩国】0【协格鲁吉亚】0【协香港】0 【协澳门】0 【特-1】0【特-2】0【特-3】0 【增】16【对美加征】10【出】0【退】16	千克					999	液体提升机用零件
841410	00	10	耐腐蚀真空泵（流量大于$5m^3/h$，接触表面由特殊耐腐蚀材料制成）	Corrosion-resistent vaccum pumps (flow rate > $5m^3/h$, with contact surface being made of special corrosion-resistent materials)	【最】8【普】30【暂进】5 【协东盟】0【协巴基斯坦】5【协智利】0 【协新西兰】0【协秘鲁】0【协台湾】0 【协哥斯达黎加】0【协冰岛】0【协瑞士】3.2 【协澳大利亚】0【协韩国】4【协格鲁吉亚】0 【协香港】0【协澳门】0 【特-1】0【特-2】0 【增】16【对美加征】10【出】0【退】16	台/千克		3			101 102 103 104 105	耐腐蚀真空泵（流量大于$5m^3/h$，接触表面由特殊耐腐蚀材料制成）[其他空气压缩机（站）及零件I类器具] 耐腐蚀真空泵（流量大于$5m^3/h$，接触表面由特殊耐腐蚀材料制成）[其他空气压缩机（站）及零件II类器具] 耐腐蚀真空泵（流量大于$5m^3/h$，接触表面由特殊耐腐蚀材料制成）[其他空气压缩机（站）及零件III类器具] 耐腐蚀真空泵（流量大于$5m^3/h$，接触表面由特殊耐腐蚀材料制成）[其他空气压缩机（站）及零件0I类器具] 耐腐蚀真空泵（流量大于$5m^3/h$，接触表面由特殊耐腐蚀材料制成）[其他空气压缩机（站）及零件0类器具]
841410	00	20	真空泵（抽气口≥38cm，速度≥$15m^3/s$，产生<10^{-4}托极限真空度）	Vaccum pumps (intel ≥ 38cm, speed ≥ $15m^3/s$, vacuum extremity<10^{-4}torr)	【最】8【普】30【暂进】5 【协东盟】0【协巴基斯坦】5【协智利】0 【协新西兰】0【协秘鲁】0【协台湾】0 【协哥斯达黎加】0【协冰岛】0【协瑞士】3.2 【协澳大利亚】0【协韩国】4【协格鲁吉亚】0 【协香港】0【协澳门】0 【特-1】0【特-2】0 【增】16【对美加征】10【出】0【退】16	台/千克		3			999	真空泵（抽气口≥38cm，速度≥$15m^3/s$，产生<10^{-4}托极限真空度）

税则号列			货品名称中英文		税费综合信息	计量单位	监管证件代码		检验检疫类别		检验检疫编码	检验检疫编码对应中文名称
HS国际统一前6位	本国子目 7~8位	9~10位	中文 货物名称	英文 Article Description			进口	出口	进口	出口		
841410	00	30	能在含UF6气氛中使用的真空泵(用耐UF6腐蚀的材料制成或保护。这些泵可以是旋转式或正压式,可有排代式密封和碳氟化合物密封,并且可以有特殊工作流体存在)	Vacuum pumps which can be used in UF6 environment(made of or protected by UF6-risistant materials. These pumps can be rotary or positive pressure, sealed with displacement or fluorocarbon, whether or not containing special working fluid)	【最】8【普】30【暂进】5 【协东盟】0【协巴基斯坦】5【协智利】0 【协新西兰】0【协秘鲁】0【协台湾】0 【协哥斯达黎加】0【协冰岛】0【协瑞士】3.2 【协澳大利亚】0【协韩国】4【协格鲁吉亚】0 【协香港】0【协澳门】0 【特-1】0【特-2】0 【增】16【对美加征】10【出】0【退】16	台/千克		3			999	能在含UF6气氛中使用的真空泵(用耐UF6腐蚀的材料制成或保护。这些泵可以是旋转式或正压式,可有排代式密封和碳氟化合物密封,并且可以有特殊工作流体存在)
841410	00	40	专门设计或制造的抽气能力≥5m^3/min的真空泵(专用于同位素气体扩散浓缩)	Specially-designed or specially-made vaccum pumps with exhaust capacity≥5m^3/min (used exclusively for diffusion and concentration of isotopic gases)	【最】8【普】30【暂进】5 【协东盟】0【协巴基斯坦】5【协智利】0 【协新西兰】0【协秘鲁】0【协台湾】0 【协哥斯达黎加】0【协冰岛】0【协瑞士】3.2 【协澳大利亚】0【协韩国】4【协格鲁吉亚】0 【协香港】0【协澳门】0 【特-1】0【特-2】0 【增】16【对美加征】10【出】0【退】16	台/千克		3			999	专门设计或制造的抽气能力≥5m^3/min的真空泵(专用于同位素气体扩散浓缩)
841410	00	50	能在含UF6气氛中使用的真空泵(耐UF6腐蚀的,也可用氟碳密封和特殊工作流体)	Vaccum pumps that can be used in UF6 atmosphere (UF6-resistent pumps can be sealed with fluorocarbon or special working fluid)	【最】8【普】30【暂进】5 【协东盟】0【协巴基斯坦】5【协智利】0 【协新西兰】0【协秘鲁】0【协台湾】0 【协哥斯达黎加】0【协冰岛】0【协瑞士】3.2 【协澳大利亚】0【协韩国】4【协格鲁吉亚】0 【协香港】0【协澳门】0 【特-1】0【特-2】0 【增】16【对美加征】10【出】0【退】16	台/千克		3			999	能在含UF6气氛中使用的真空泵(耐UF6腐蚀的,也可用氟碳密封和特殊工作流体)
841410	00	60	专门或主要用于半导体晶圆或平板显示屏制造的真空泵	Vacuum pump, specially or primary semiconductor wafer or flat panel display	【最】4【普】30 【协东盟】0【协巴基斯坦】5【协智利】0 【协新西兰】0【协秘鲁】0【协台湾】0 【协哥斯达黎加】0【协冰岛】0【协瑞士】3.2 【协澳大利亚】0【协韩国】4【协格鲁吉亚】0 【协香港】0【协澳门】0 【特-1】0【特-2】0 【增】16【对美加征】10【出】0【退】16	台/千克					999	专门或主要用于半导体晶圆或平板显示屏制造的真空泵
841410	00	90	其他真空泵	Other vaccum pumps	【最】8【普】30【暂进】5 【协东盟】0【协巴基斯坦】5【协智利】0 【协新西兰】0【协秘鲁】0【协台湾】0 【协哥斯达黎加】0【协冰岛】0【协瑞士】3.2 【协澳大利亚】0【协韩国】4【协格鲁吉亚】0 【协香港】0【协澳门】0 【特-1】0【特-2】0 【增】16【对美加征】10【出】0【退】16	台/千克					999	其他真空泵
841420	00		手动或脚踏式空气泵 【电商】	Hand-or foot-operated pumps	【最】8【普】30 【协东盟】0【协巴基斯坦】5【协智利】0 【协新西兰】0【协秘鲁】0【协哥斯达黎加】0 【协冰岛】0【协瑞士】0【协澳大利亚】0 【协韩国】0【协格鲁吉亚】0【协香港】0 【协澳门】0 【特-1】0【特-2】0 【增】16【对美加征】10【出】0【退】16	台/千克					999	手动或脚踏式空气泵
841430	11		电动机额定功率≤0.4kW的冷藏或冷冻箱用压缩机	For refrigerators or freezers, of a motor power not exceeding 0.4kW	【最】8【普】80 【协亚太】5.2【协东盟】0【协香港】0 【协巴基斯坦】5【协智利】0【协新西兰】0 【协新加坡】0【协秘鲁】0【协哥斯达黎加】0 【协冰岛】0【协瑞士】0【协澳大利亚】0 【协韩国】5.3【协格鲁吉亚】0 【特-1】0【特-2】0【特-3】0 【增】16【对美加征】10【出】0【退】16	台/千克	A		LM		999	电动机额定功率≤0.4kW的冷藏或冷冻箱用压缩机
841430	12		其他电驱动冷藏或冷冻箱用压缩机(指电动机额定功率>0.4kW,但≤5kW)	For refrigerators or freezers, of a motor power exceeding 0.4kW but not exceeding 5kW	【最】8【普】80 【协亚太】5.2【协东盟】0【协香港】0 【协巴基斯坦】5【协智利】0【协新西兰】0 【协新加坡】0【协秘鲁】0【协哥斯达黎加】0 【协冰岛】0【协瑞士】0【协澳大利亚】0 【协韩国】7.5【协格鲁吉亚】0 【特-1】0【特-2】0【特-3】0 【增】16【对美加征】10【出】0【退】16	台/千克	A		LM		999	其他电驱动冷藏或冷冻箱用压缩机(指电动机额定功率>0.4kW,但≤5kW)

税则号列			货品名称中英文		税费综合信息	计量单位	监管证件代码		检验检疫类别		检验检疫编码	检验检疫编码对应中文名称
HS国际统一前6位	本国子目 7~8位	9~10位	中文 货物名称	英文 Article Description			进口	出口	进口	出口		
841430	13		电动机额定功率>0.4kW,但≤5kW的空调器用压缩机	For refrigerators or freezers, of a motor power exceeding 0.4kW but not exceeding 5kW	【最】8【普】80 【协亚太】5.2【协东盟】0【协香港】0 【协巴基斯坦】5【协智利】0【协新西兰】0 【协新加坡】0【协秘鲁】0【协台湾】0 【协哥斯达黎加】0【协冰岛】0【协瑞士】0 【协澳大利亚】0【协韩国】0【协格鲁吉亚】0 【特-1】0【特-2】0【特-3】0 【增】16【对美加征】10【出】0【退】16	台/千克	A		LM		999	电动机额定功率>0.4kW,但≤5kW的空调器用压缩机
841430	14		电动机额定功率>5kW的空调器用压缩机	For air conditioning machines, of a motor power exceeding 0.4kW but not exceeding 5kW	【最】8【普】80 【协亚太】5.2【协东盟】0【协香港】0 【协巴基斯坦】5【协智利】0【协新西兰】0 【协新加坡】0【协秘鲁】0【协台湾】0 【协哥斯达黎加】0【协冰岛】0【协瑞士】0 【协澳大利亚】0【协韩国】5【协格鲁吉亚】0 【特-1】0【特-2】0【特-3】0 【增】16【对美加征】5【出】0【退】16	台/千克					999	电动机额定功率>5kW的空调器用压缩机
841430	15		电动机额定功率>5kW的冷冻或冷藏设备用压缩机	For air conditioning machines, motor power>5kW	【最】8【普】30 【协亚太】5.2【协东盟】0【协香港】0 【协巴基斯坦】5【协智利】0【协新西兰】0 【协秘鲁】0【协哥斯达黎加】0【协冰岛】0 【协瑞士】0【协澳大利亚】0【协韩国】5 【协格鲁吉亚】0 【特-1】0【特-2】0【特-3】0 【增】16【对美加征】10【出】0【退】16	台/千克					999	电动机额定功率>5kW的冷冻或冷藏设备用压缩机
841430	19		电动机驱动其他用于制冷设备的压缩机	Other	【最】8【普】30 【协亚太】5.2【协东盟】0【协香港】0 【协巴基斯坦】5【协智利】0【协新西兰】0 【协新加坡】0【协秘鲁】0【协哥斯达黎加】0 【协冰岛】0【协瑞士】0【协澳大利亚】0 【协韩国】7.5【协格鲁吉亚】0 【特-1】0【特-2】0【特-3】0 【增】16【对美加征】5【出】0【退】16	台/千克	A		LM		999	电动机驱动其他用于制冷设备的压缩机
841430	90		非电动机驱动的制冷设备用压缩机	Comptessor by a non-motor	【最】8【普】80 【协亚太】5.9【协东盟】0【协香港】0 【协巴基斯坦】5【协智利】0【协新西兰】0 【协新加坡】0【协秘鲁】0【协哥斯达黎加】0 【协冰岛】0【协瑞士】0【协澳大利亚】0 【协韩国】6【协格鲁吉亚】5.4 【特-1】0【特-2】0【特-3】0 【增】16【对美加征】10【出】0【退】16	台/千克					101 102	非电动机驱动的制冷设备用压缩机（其他车辆零部件） 非电动机驱动的制冷设备用压缩机（其他制冷设备用压缩机及其零件）
841440	00		装在拖车底盘上的空气压缩机	Air compressors mounted on a wheeled chassis for towing	【最】8【普】30 【协东盟】0【协香港】0【协巴基斯坦】5 【协智利】0【协新西兰】0【协秘鲁】0 【协哥斯达黎加】0【协冰岛】0【协瑞士】0 【协澳大利亚】0【协韩国】4【协格鲁吉亚】0 【特-1】0【特-2】0 【增】16【对美加征】10【出】0【退】16	台/千克					999	装在拖车底盘上的空气压缩机
841451	10		功率≤125W的吊扇（本身装有一个输出功率不超过125W的电动机）	Ceiling or roof fans (with a self-contained electric motor of an output not exceeding 125W)	【最】6【普】130 【协亚太】4.2【协东盟】0【协智利】0 【协新西兰】0【协新加坡】0【协秘鲁】0 【协哥斯达黎加】0【协冰岛】0【协瑞士】6 【协澳大利亚】0【协韩国】13.3【协格鲁吉亚】0 【协香港】0【协澳门】0 【特东老挝】0【特-1】0【特-2】0【特-3】0 【增】16【出】0【退】16	台/千克	A		LM		101 102 103 104 105	功率≤125W的吊扇（本身装有一个输出功率不超过125W的电动机）（吊扇I类器具） 功率≤125W的吊扇（本身装有一个输出功率不超过125W的电动机）（吊扇II类器具） 功率≤125W的吊扇（本身装有一个输出功率不超过125W的电动机）（吊扇III类器具） 功率≤125W的吊扇（本身装有一个输出功率不超过125W的电动机）（吊扇0I类器具） 功率≤125W的吊扇（本身装有一个输出功率不超过125W的电动机）（吊扇0类器具）

税则号列			货品名称中英文		税费综合信息	计量单位	监管证件代码		检验检疫类别		检验检疫编码	检验检疫编码对应中文名称
HS国际统一前6位	本国子目 7~8位	9~10位	中文 货物名称	英文 Article Description			进口	出口	进口	出口		
841451	20		其他功率≤125W的换气扇（装有一个输出功率≤125W的电动机）	Window fans (with a self-contained electric motor of an output not exceeding 125W)	【最】6【普】130 【协亚太】4.8【协东盟】0【协智利】0 【协新西兰】0【协新加坡】0【协秘鲁】0 【协台湾】0【协哥斯达黎加】0【协冰岛】0 【协瑞士】6【协澳大利亚】0【协韩国】13.3 【协格鲁吉亚】0【协香港】0【协澳门】0 【特东老挝】0【特-1】0【特-2】0【特-3】0 【增】16【对美加征】10【出】0【退】16	台/千克	A		LM		101 102 103 104 105 ……	其他功率≤125W的换气扇（装有一个输出功率≤125W的电动机）（换气扇I类器具） 其他功率≤125W的换气扇（装有一个输出功率≤125W的电动机）（换气扇II类器具） 其他功率≤125W的换气扇（装有一个输出功率≤125W的电动机）（换气扇III类器具） 其他功率≤125W的换气扇（装有一个输出功率≤125W的电动机）（换气扇0I类器具） 其他功率≤125W的换气扇（装有一个输出功率≤125W的电动机）（换气扇0类器具） ……①
841451	30		功率≤125W有旋转导风轮的风扇（本身装有一个输出功率不超过125W的电动机）	Repeating front louver fan (with a self-contained electric motor of an output not exceeding 125W)	【最】6【普】130 【协东盟】0【协巴基斯坦】6【协智利】0 【协新西兰】0【协新加坡】0【协秘鲁】0 【协哥斯达黎加】0【协冰岛】0【协瑞士】4.8 【协澳大利亚】0【协韩国】6【协格鲁吉亚】0 【协香港】0【协澳门】0 【特东老挝】0【特-1】0【特-2】0【特-3】0 【增】16【对美加征】10【出】0【退】16	台/千克			L		101 102 103 104 105	功率≤125W有旋转导风轮的风扇（本身装有一个输出功率不超过125W的电动机）（有旋转导风轮的风扇I类器具） 功率≤125W有旋转导风轮的风扇（本身装有一个输出功率不超过125W的电动机）（有旋转导风轮的风扇II类器具） 功率≤125W有旋转导风轮的风扇（本身装有一个输出功率不超过125W的电动机）（有旋转导风轮的风扇III类器具） 功率≤125W有旋转导风轮的风扇（本身装有一个输出功率不超过125W的电动机）（有旋转导风轮的风扇0I类器具） 功率≤125W有旋转导风轮的风扇（本身装有一个输出功率不超过125W的电动机）（有旋转导风轮的风扇0类器具）
841451	91		功率≤125W的台扇（本身装有一个输出功率不超过125W的电动机）	Table fans (with a self-contained electric motor of an output not exceeding 125W)	【最】6【普】130 【协亚太】4.2【协东盟】0【协巴基斯坦】5 【协智利】0【协新西兰】0【协秘鲁】0 【协哥斯达黎加】0【协冰岛】0【协瑞士】0 【协澳大利亚】0【协韩国】5【协格鲁吉亚】0 【协香港】0【协澳门】0 【特东老挝】0【特-1】0【特-2】0【特-3】0 【增】16【出】0【退】16	台/千克	A		LM		101 102 103 104 105	功率≤125W的台扇（本身装有一个输出功率不超过125W的电动机）（台扇I类器具） 功率≤125W的台扇（本身装有一个输出功率不超过125W的电动机）（台扇II类器具） 功率≤125W的台扇（本身装有一个输出功率不超过125W的电动机）（台扇III类器具） 功率≤125W的台扇（本身装有一个输出功率不超过125W的电动机）（台扇0I类器具） 功率≤125W的台扇（本身装有一个输出功率不超过125W的电动机）（台扇0类器具）

① 该税号项下检验检疫编码及对应中文名称尚有：106　其他功率≤125W的换气扇（装有一个输出功率≤125W的电动机）（其他电扇及其零件I类器具），107　其他功率≤125W的换气扇（装有一个输出功率≤125W的电动机）（其他电扇及其零件II类器具），108　其他功率≤125W的换气扇（装有一个输出功率≤125W的电动机）（其他电扇及其零件III类器具），109　其他功率≤125W的换气扇（装有一个输出功率≤125W的电动机）（其他电扇及其零件0I类器具），110　其他功率≤125W的换气扇（装有一个输出功率≤125W的电动机）（其他电扇及其零件0类器具）。

税则号列			货品名称中英文		税费综合信息	计量单位	监管证件代码		检验检疫类别		检验检疫编码	检验检疫编码对应中文名称
HS 国际统一前6位	本国子目 7~8位	本国子目 9~10位	中文 货物名称	英文 Article Description			进口	出口	进口	出口		
841451	92		功率≤125W 的落地扇（本身装有一个输出功率不超过125W 的电动机） 【电商】	Floor fans (with a self-contained electric motor of an output not exceeding 125W)	【最】6【普】130 【协亚太】4.2【协东盟】0【协巴基斯坦】5 【协智利】0【协新西兰】0【协秘鲁】0 【协哥斯达黎加】0【协冰岛】0【协瑞士】0 【协澳大利亚】0【协韩国】5【协格鲁吉亚】0 【协香港】0【协澳门】0 【特东老挝】0【特-1】0【特-2】0【特-3】0 【增】16【出】0【退】16	台/千克	A		LM		101 102 103 104 105	功率≤125W 的落地扇（本身装有一个输出功率不超过 125W 的电动机）（落地扇 I 类器具） 功率≤125W 的落地扇（本身装有一个输出功率不超过 125W 的电动机）（落地扇 II 类器具） 功率≤125W 的落地扇（本身装有一个输出功率不超过 125W 的电动机）（落地扇 III 类器具） 功率≤125W 的落地扇（本身装有一个输出功率不超过 125W 的电动机）（落地扇 0I 类器具） 功率≤125W 的落地扇（本身装有一个输出功率不超过 125W 的电动机）（落地扇 0 类器具）
841451	93		功率≤125W 的壁扇（本身装有一个输出功率不超过125W 的电动机）	Wall fans (with a self-contained electric motor of an output not exceeding 125W)	【最】6【普】130 【协亚太】4.8【协东盟】0【协巴基斯坦】5 【协智利】0【协新西兰】0【协秘鲁】0 【协哥斯达黎加】0【协冰岛】0【协瑞士】0 【协澳大利亚】0【协韩国】5【协格鲁吉亚】0 【协香港】0【协澳门】0 【特东老挝】0【特-1】0【特-2】0【特-3】0 【增】16【对美加征】10【出】0【退】16	台/千克	A		LM		101 102 103 104 105	功率≤125W 的壁扇（本身装有一个输出功率不超过 125W 的电动机）（壁扇 I 类器具） 功率≤125W 的壁扇（本身装有一个输出功率不超过 125W 的电动机）（壁扇 II 类器具） 功率≤125W 的壁扇（本身装有一个输出功率不超过 125W 的电动机）（壁扇 III 类器具） 功率≤125W 的壁扇（本身装有一个输出功率不超过 125W 的电动机）（壁扇 0I 类器具） 功率≤125W 的壁扇（本身装有一个输出功率不超过 125W 的电动机）（壁扇 0 类器具）
841451	99		其他功率≤125W 其他风机、风扇（本身装有一个输出功率不超过125W 的电动机） 【电商】	Other fans (with a self-contained electric motor of an output not exceeding 125W)	【最】6【普】130 【协东盟】0【协巴基斯坦】5【协智利】0 【协新西兰】0【协新加坡】0【协秘鲁】0 【协台湾】0【协哥斯达黎加】0【协冰岛】0 【协瑞士】0【协澳大利亚】0【协韩国】5 【协格鲁吉亚】0【协香港】0【协澳门】0 【特东老挝】0【特-1】0【特-2】0【特-3】0 【增】16【对美加征】10【出】0【退】16	台/千克			L		101 102 103 104 105	其他功率≤125W 其他风机、风扇（本身装有一个输出功率不超过 125W 的电动机）（其他电扇及其零件 I 类器具） 其他功率≤125W 其他风机、风扇（本身装有一个输出功率不超过 125W 的电动机）（其他电扇及其零件 II 类器具） 其他功率≤125W 其他风机、风扇（本身装有一个输出功率不超过 125W 的电动机）（其他电扇及其零件 III 类器具） 其他功率≤125W 其他风机、风扇（本身装有一个输出功率不超过 125W 的电动机）（其他电扇及其零件 0I 类器具） 其他功率≤125W 其他风机、风扇（本身装有一个输出功率不超过 125W 的电动机）（其他电扇及其零件 0 类器具）

税则号列 HS国际统一前6位	本国子目 7~8位	本国子目 9~10位	货品名称中英文 中文 货物名称	英文 Article Description	税费综合信息	计量单位	监管证件代码 进口	监管证件代码 出口	检验检疫类别 进口	检验检疫类别 出口	检验检疫编码	检验检疫编码对应中文名称
841459	10		其他吊扇（电动机输出功率超过 125W 的）	Ceiling or roof fans (with a self-contained electric motor of an output exceeding 125W)	【最】8【普】30 【协亚太】5.2【协东盟】0【协巴基斯坦】5 【协智利】0【协新西兰】0【协秘鲁】0 【协哥斯达黎加】0【协冰岛】0【协瑞士】0 【协澳大利亚】0【协韩国】0【协格鲁吉亚】0 【协香港】0【协澳门】0 【特-1】0【特-2】0 【增】16【对美加征】10【出】0【退】16	台/千克	A		LM		101 102 103 104 105 ……	其他吊扇（电动机输出功率超过 125W 的）（吊扇 I 类器具） 其他吊扇（电动机输出功率超过 125W 的）（吊扇 II 类器具） 其他吊扇（电动机输出功率超过 125W 的）（吊扇 III 类器具） 其他吊扇（电动机输出功率超过 125W 的）（吊扇 0I 类器具） 其他吊扇（电动机输出功率超过 125W 的）（吊扇 0 类器具） ……①
841459	20		其他换气扇（电动机输出功率超过 125W 的）	Window fans (with a self -contained electric motor of an output not exceeding 125W)	【最】8【普】30 【协亚太】5.2【协东盟】0【协巴基斯坦】5 【协智利】0【协新西兰】0【协秘鲁】0 【协哥斯达黎加】0【协冰岛】0【协瑞士】0 【协澳大利亚】0【协韩国】0【协格鲁吉亚】0 【协香港】0【协澳门】0 【特-1】0【特-2】0 【增】16【对美加征】10【出】0【退】16	台/千克	A		LM		101 102 103 104 105 ……	其他换气扇（电动机输出功率超过 125W 的）（换气扇 I 类器具） 其他换气扇（电动机输出功率超过 125W 的）（换气扇 II 类器具） 其他换气扇（电动机输出功率超过 125W 的）（换气扇 III 类器具） 其他换气扇（电动机输出功率超过 125W 的）（换气扇 0I 类器具） 其他换气扇（电动机输出功率超过 125W 的）（换气扇 0 类器具） ……②
841459	30		其他离心通风机	Other centrifugal ventilation fans	【最】8【普】30 【协亚太】5.2【协东盟】0【协澳门】0 【协巴基斯坦】5【协智利】0【协新西兰】0 【协新加坡】0【协秘鲁】0【协哥斯达黎加】0 【协冰岛】0【协瑞士】0【协澳大利亚】0 【协韩国】0【协格鲁吉亚】0【协香港】0 【特-1】0【特-2】0 【增】16【对美加征】10【出】0【退】16	台/千克					999	其他离心通风机
841459	90	10	罗茨式鼓风机【电商】	Roots blower	【最】8【普】30 【协亚太】5.2【协东盟】0【协巴基斯坦】5 【协智利】0【协新西兰】0【协秘鲁】0 【协台湾】0【协哥斯达黎加】0【协冰岛】0 【协瑞士】3.2【协澳大利亚】0【协韩国】0 【协格鲁吉亚】0【协香港】0【协澳门】0 【特-1】0【特-2】0【特-3】0 【增】16【对美加征】10【出】0【退】16	台/千克	A		M		999	罗茨式鼓风机
841459	90	20	吸气≥$1m^3$UF6/min 的耐 UF6 腐蚀的鼓风机（出口压力高达 500 千帕，设计成在 UF6 环境中长期运行。这种鼓风机的压力比为 10：1 或更低，用耐 UF6 的材料制成或用这种材料进行保护）【电商】	UF6-resistant blowers of a air breathing ≥ $1m^3$UF6/min (designed for long-time running in UF6 environment with exit pressure up to 500kPa and pressure ratio of 10：1 or lower, made of or protected by UF6-risistant materials)	【最】8【普】30 【协亚太】5.2【协东盟】0【协巴基斯坦】5 【协智利】0【协新西兰】0【协秘鲁】0 【协台湾】0【协哥斯达黎加】0【协冰岛】0 【协瑞士】3.2【协澳大利亚】0【协韩国】0 【协格鲁吉亚】0【协香港】0【协澳门】0 【特-1】0【特-2】0【特-3】0 【增】16【对美加征】10【出】0【退】16	台/千克	A	3	M		999	吸气≥$1m^3$UF6/min 的耐 UF6 腐蚀的鼓风机（出口压力高达 500 千帕，设计成在 UF6 环境中长期运行。这种鼓风机的压力比为 10：1 或更低，用耐 UF6 的材料制成或用这种材料进行保护）

① 该税号项下检验检疫编码及对应中文名称尚有：106　其他吊扇（电动机输出功率超过 125W 的）（其他电扇及其零件 I 类器具），107　其他吊扇（电动机输出功率超过 125W 的）（其他电扇及其零件 II 类器具），108　其他吊扇（电动机输出功率超过 125W 的）（其他电扇及其零件 III 类器具），109　其他吊扇（电动机输出功率超过 125W 的）（其他电扇及其零件 0I 类器具），110　其他吊扇（电动机输出功率超过 125W 的）（其他电扇及其零件 0 类器具）。

② 该税号项下检验检疫编码及对应中文名称尚有：106　其他换气扇（电动机输出功率超过 125W 的）（其他电扇及其零件 I 类器具），107　其他换气扇（电动机输出功率超过 125W 的）（其他电扇及其零件 II 类器具），108　其他换气扇（电动机输出功率超过 125W 的）（其他电扇及其零件 III 类器具），109　其他换气扇（电动机输出功率超过 125W 的）（其他电扇及其零件 0I 类器具），110　其他换气扇（电动机输出功率超过 125W 的）（其他电扇及其零件 0 类器具）。

税则号列			货品名称中英文		税费综合信息	计量单位	监管证件代码		检验检疫类别		检验检疫编码	检验检疫编码对应中文名称
HS国际统一前6位	本国子目7~8位	本国子目9~10位	中文 货物名称	英文 Article Description			进口	出口	进口	出口		
841459	90	30	吸气≥$2m^3$/min的耐UF6腐蚀鼓风机（轴向离心式或正排量鼓风机，压力比在1.2∶1和6∶1之间）【电商】	UF6-resistent blowers with air breathing > $2m^3$/min (axial centrifugal or positive displacement blowers, with pressure ratio between 1.2∶1 and 6∶1)	【最】8【普】30 【协亚太】5.2【协东盟】0【协巴基斯坦】5 【协智利】0【协新西兰】0【协秘鲁】0 【协台湾】0【协哥斯达黎加】0【协冰岛】0 【协瑞士】3.2【协澳大利亚】0【协韩国】0 【协香港】0【协澳门】0【协格鲁吉亚】0 【特-1】0【特-2】0【特-3】0 【增】16【对美加征】10【出】0【退】16	台/千克	A	3	M		999	吸气≥$2m^3$/min的耐UF6腐蚀鼓风机（轴向离心式或正排量鼓风机，压力比在1.2∶1和6∶1之间）
841459	90	40	吸气≥$56m^3$/s的鼓风机（用于循环硫化氢气体的单级、低压头离心式鼓风机）【电商】	Blowers with air breathing ≥ $56m^3$/s (one-stage, low-pressure centrifugal blowers used for cycling hydrogen sulphide gas)	【最】8【普】30 【协亚太】5.2【协东盟】0【协巴基斯坦】5 【协智利】0【协新西兰】0【协秘鲁】0 【协台湾】0【协哥斯达黎加】0【协冰岛】0 【协瑞士】3.2【协澳大利亚】0【协韩国】0 【协格鲁吉亚】0【协香港】0【协澳门】0 【特-1】0【特-2】0【特-3】0 【增】16【对美加征】10【出】0【退】16	台/千克	A	3	M		999	吸气≥$56m^3$/s的鼓风机（用于循环硫化氢气体的单级、低压头离心式鼓风机）
841459	90	50	电子产品散热用轴流风扇【电商】	Axial-flow fans for heat elimination of electronic products	【最】8【普】30 【协亚太】5.2【协东盟】0【协巴基斯坦】5 【协智利】0【协新西兰】0【协秘鲁】0 【协台湾】0【协哥斯达黎加】0【协冰岛】0 【协瑞士】3.2【协澳大利亚】0【协韩国】0 【协格鲁吉亚】0【协香港】0【协澳门】0 【特-1】0【特-2】0【特-3】0 【增】16【对美加征】10【出】0【退】16	台/千克					101 102 103 104 105	电子产品散热用轴流风扇（换气扇I类器具） 电子产品散热用轴流风扇（换气扇II类器具） 电子产品散热用轴流风扇（换气扇III类器具） 电子产品散热用轴流风扇（换气扇0I类器具） 电子产品散热用轴流风扇（换气扇0类器具）
841459	90	60	专门或主要用于微处理器、电信设备、自动数据处理设备或装置的散热扇【电商】	Radiating fan, specially or primary for microprocessor, telecommunication equipment, automatic data processing equipment or device	【最】4【普】30 【协亚太】5.2【协东盟】0【协巴基斯坦】5 【协智利】0【协新西兰】0【协秘鲁】0 【协台湾】0【协哥斯达黎加】0【协冰岛】0 【协瑞士】3.2【协澳大利亚】0【协韩国】0 【协格鲁吉亚】0【协香港】0【协澳门】0 【特-1】0【特-2】0【特-3】0 【增】16【对美加征】10【出】0【退】16	台/千克	A		M		101 102 103 104 105	专门或主要用于微处理器、电信设备、自动数据处理设备或装置的散热扇（换气扇I类器具） 专门或主要用于微处理器、电信设备、自动数据处理设备或装置的散热扇(换气扇II类器具) 专门或主要用于微处理器、电信设备、自动数据处理设备或装置的散热扇(换气扇III类器具) 专门或主要用于微处理器、电信设备、自动数据处理设备或装置的散热扇(换气扇0I类器具) 专门或主要用于微处理器、电信设备、自动数据处理设备或装置的散热扇(换气扇0类器具)
841459	90	91	其他台扇、落地扇、壁扇(电动机输出功率超过125W的)【电商】	Other desk fans, floor-standing fans and wall-mounted fans (the output power of the electric motor > 125W)	【最】8【普】30 【协亚太】5.2【协东盟】0【协巴基斯坦】5 【协智利】0【协新西兰】0【协秘鲁】0 【协台湾】0【协哥斯达黎加】0【协冰岛】0 【协瑞士】3.2【协澳大利亚】0【协韩国】0 【协格鲁吉亚】0【协香港】0【协澳门】0 【特-1】0【特-2】0【特-3】0 【增】16【对美加征】10【出】0【退】16	台/千克	A		M		101 102 103 104 105 ……	其他台扇、落地扇、壁扇(电动机输出功率超过125W的)(台扇I类器具) 其他台扇、落地扇、壁扇(电动机输出功率超过125W的)(台扇II类器具) 其他台扇、落地扇、壁扇(电动机输出功率超过125W的)(台扇III类器具) 其他台扇、落地扇、壁扇(电动机输出功率超过125W的)(台扇0I类器具) 其他台扇、落地扇、壁扇(电动机输出功率超过125W的)(台扇0类器具) ……①

① 该税号项下检验检疫编码及对应中文名称尚有：106　其他台扇、落地扇、壁扇（电动机输出功率超过125W的）（落地扇I类器具），107　其他台扇、落地扇、壁扇（电动机输出功率超过125W的）（落地扇II类器具），108　其他台扇、落地扇、壁扇（电动机输出功率超过125W的）（落地扇III类器具），109　其他台扇、落地扇、壁扇（电动机输出功率超过125W的）（落地扇0I类器具），110　其他台扇、落地扇、壁扇（电动机输出功率超过125W的）（落地扇0类器具），111　其他台扇、落地扇、壁扇（电动机输出功率超过125W的）（壁扇I类器具），112　其他台扇、落地扇、壁扇（电动机输出功率超过125W的）（壁扇II类器具），113　其他台扇、落地扇、壁扇（电动机输出功率超过125W的）（壁扇III类器具），114　其他台扇、落地扇、壁扇（电动机输出功率超过125W的）（壁扇0I类器具），115　其他台扇、落地扇、壁扇（电动机输出功率超过125W的）（壁扇0类器具），116　其他台扇、落地扇、壁扇（电动机输出功率超过125W的）（其他电扇及其零件I类器具），117　其他台扇、落地扇、壁扇（电动机输出功率超过125W的）（其他电扇及其零件II类器具），118　其他台扇、落地扇、壁扇（电动机输出功率超过125W的）（其他电扇及其零件III类器具），119　其他台扇、落地扇、壁扇（电动机输出功率超过125W的）（其他电扇及其零件0I类器具），120　其他台扇、落地扇、壁扇（电动机输出功率超过125W的）（其他电扇及其零件0类器具）。

税则号列			货品名称中英文		税费综合信息	计量单位	监管证件代码		检验检疫类别		检验检疫编码	检验检疫编码对应中文名称
HS国际统一前6位	本国子目 7~8位	本国子目 9~10位	中文 货物名称	英文 Article Description			进口	出口	进口	出口		
841459	90	99	其他风机、风扇 【电商】	Other fans	【最】8【普】30 【协亚太】5.2【协东盟】0【协巴基斯坦】5 【协智利】0【协新西兰】0【协秘鲁】0 【协台湾】0【协哥斯达黎加】0【协冰岛】0 【协瑞士】3.2【协澳大利亚】0【协韩国】0 【协格鲁吉亚】0【协香港】0【协澳门】0 【特-1】0【特-2】0【特-3】0 【增】16【对美加征】10【出】0【退】16	台/千克			L		101 102 103 104 105	其他风机、风扇（其他电扇及其零件I类器具） 其他风机、风扇（其他电扇及其零件II类器具） 其他风机、风扇（其他电扇及其零件III类器具） 其他风机、风扇（其他电扇及其零件0I类器具） 其他风机、风扇（其他电扇及其零件0类器具）
841460	10		抽油烟机（指罩的平面最大边长不超过120厘米，装有风扇的） 【电商】	Range hoods (the maximum side length of the hood≤120cm)	【最】8【普】130【暂进】6 【协东盟】0【协巴基斯坦】5【协智利】0 【协新西兰】0【协秘鲁】0【协哥斯达黎加】0 【协冰岛】0【协瑞士】0【协澳大利亚】0 【协韩国】5【协格鲁吉亚】0【协香港】0 【协澳门】0 【特东老担】0【特-1】0【特-2】0【特-3】0 【增】16【对美加征】10【出】0【退】16	台/千克			L		999	抽油烟机（指罩的平面最大边长不超过120厘米，装有风扇的）
841460	90	11	生物安全柜（符合世界卫生组织规定的生物安全水平三级标准，罩的最大边长≤120厘米）	Biosafety cabinets (being up to Biosafety Level 3 prescribed by the World Health Organization, the maximum side length of the hood≤120cm)	【最】8【普】130 【协东盟】0【协巴基斯坦】5【协智利】0 【协新西兰】0【协新加坡】0【协秘鲁】0 【协哥斯达黎加】0【协冰岛】0【协瑞士】0 【协澳大利亚】0【协韩国】5【协格鲁吉亚】0 【协香港】0【协澳门】0 【特东老挝】0【特-1】0【特-2】0【特-3】0 【增】16【对美加征】10【出】0【退】16	台/千克		3			101 102	生物安全柜（符合世界卫生组织规定的生物安全水平三级标准，罩的最大边长≤120厘米）（非家用过滤及净化装置） 生物安全柜（符合世界卫生组织规定的生物安全水平三级标准，罩的最大边长≤120厘米）（气体纯化过滤、净化机器及装置）
841460	90	12	活动（柔软的）隔离装置；手套箱（具有与三级生物安全柜类似标准，罩的最大边长≤120厘米）	Movable (soft) partitions; glove boxes (with the similar standard of Biosafety Level 3 cabinets, the maximum side length of the hood≤120cm)	【最】8【普】130 【协东盟】0【协巴基斯坦】5【协智利】0 【协新西兰】0【协新加坡】0【协秘鲁】0 【协哥斯达黎加】0【协冰岛】0【协瑞士】0 【协澳大利亚】0【协韩国】5【协格鲁吉亚】0 【协香港】0【协澳门】0 【特东老挝】0【特-1】0【特-2】0【特-3】0 【增】16【对美加征】10【出】0【退】16	台/千克		3			101 102	活动（柔软的）隔离装置；手套箱（具有与三级生物安全柜类似标准，罩的最大边长≤120厘米）（非家用过滤及净化装置） 活动（柔软的）隔离装置；手套箱（具有与三级生物安全柜类似标准，罩的最大边长≤120厘米）（气体纯化过滤、净化机器及装置）
841460	90	13	层流罩（柜）（垂直流密闭通风柜，具有三级生物安全柜类似标准，罩的最大边长≤120厘米）	Laminar hoods (cabinets) (vertifcal flow sealed fume hoods, with the similar standard of Biosafety Level 3 cabinets, the maximum side length of the hood≤120cm)	【最】8【普】130 【协东盟】0【协巴基斯坦】5【协智利】0 【协新西兰】0【协新加坡】0【协秘鲁】0 【协哥斯达黎加】0【协冰岛】0【协瑞士】0 【协澳大利亚】0【协韩国】5【协格鲁吉亚】0 【协香港】0【协澳门】0 【特东老挝】0【特-1】0【特-2】0【特-3】0 【增】16【对美加征】10【出】0【退】16	台/千克		3			101 102	层流罩（柜）（垂直流密闭通风柜，具有三级生物安全柜类似标准，罩的最大边长≤120厘米）（非家用过滤及净化装置） 层流罩（柜）（垂直流密闭通风柜，具有三级生物安全柜类似标准，罩的最大边长≤120厘米）（气体纯化过滤、净化机器及装置）
841460	90	14	吸收塔（两用物项管制，罩的最大边长≤120厘米）	Absorption tower (control dual-use items, the maximum side length of the hood≤120cm)	【最】8【普】130 【协东盟】0【协巴基斯坦】5【协智利】0 【协新西兰】0【协新加坡】0【协秘鲁】0 【协哥斯达黎加】0【协冰岛】0【协瑞士】0 【协澳大利亚】0【协韩国】5【协格鲁吉亚】0 【协香港】0【协澳门】0 【特东老挝】0【特-1】0【特-2】0【特-3】0 【增】16【对美加征】10【出】0【退】16	台/千克		3			101 102	吸收塔（两用物项管制，罩的最大边长≤120厘米）（非家用过滤及净化装置） 吸收塔（两用物项管制，罩的最大边长≤120厘米）（气体纯化过滤、净化机器及装置）

税则号列 HS国际统一前6位	本国子目 7~8位	本国子目 9~10位	货品名称中英文 中文 货物名称	货品名称中英文 英文 Article Description	税费综合信息	计量单位	监管证件代码 进口	监管证件代码 出口	检验检疫类别 进口	检验检疫类别 出口	检验检疫编码	检验检疫编码对应中文名称
841460	90	15	带有风扇的高效空气粒子过滤单元的封闭洁净设备［高效空气粒子过滤单元（HEPA），罩的最大边长≤120厘米］	HEPA closed cleaning equipments with a fan (HEPA: high efficiency particulate air filter, the maximum side length of the hood≤120cm)	【最】8【普】130 【协东盟】0【协巴基斯坦】5【协智利】0 【协新西兰】0【协新加坡】0【协秘鲁】0 【协哥斯达黎加】0【协冰岛】0【协瑞士】0 【协澳大利亚】0【协韩国】5【协格鲁吉亚】0 【协香港】0【协澳门】0 【特东老挝】0【特-1】0【特-2】0【特-3】0 【增】16【对美加征】10【出】0【退】16	台/千克		3			101 102	带有风扇的高效空气粒子过滤单元的封闭洁净设备［高效空气粒子过滤单元（HEPA），罩的最大边长≤120厘米］（非家用过滤及净化装置） 带有风扇的高效空气粒子过滤单元的封闭洁净设备［高效空气粒子过滤单元（HEPA），罩的最大边长≤120厘米］（气体纯化过滤、净化机器及装置）
841460	90	16	厌氧微生物柜（具有与三级生物安全柜类似标准，罩的最大边长≤120厘米）	Anaerobic microorganism cabinet (with the similar standard of Biosafety Level 3 cabinets, the maximum side length of the hood≤120cm)	【最】8【普】130 【协东盟】0【协巴基斯坦】5【协智利】0 【协新西兰】0【协新加坡】0【协秘鲁】0 【协哥斯达黎加】0【协冰岛】0【协瑞士】0 【协澳大利亚】0【协韩国】5【协格鲁吉亚】0 【协香港】0【协澳门】0 【特东老挝】0【特-1】0【特-2】0【特-3】0 【增】16【对美加征】10【出】0【退】16	台/千克		3			999	厌氧微生物柜（具有与三级生物安全柜类似标准，罩的最大边长≤120厘米）
841460	90	90	其他≤120厘米的通风罩或循环气罩（指罩的平面最大边长不超过120厘米，装有风扇的）	Other ventilating or recycling hoods with the side length ≤120cm (meaning the maximum side length ≤120cm, fitted with a fan)	【最】8【普】130 【协东盟】0【协巴基斯坦】5【协智利】0 【协新西兰】0【协新加坡】0【协秘鲁】0 【协哥斯达黎加】0【协冰岛】0【协瑞士】0 【协澳大利亚】0【协韩国】5【协格鲁吉亚】0 【协香港】0【协澳门】0 【特东老挝】0【特-1】0【特-2】0【特-3】0 【增】16【对美加征】10【出】0【退】16	台/千克					999	其他≤120厘米的通风罩或循环气罩（指罩的平面最大边长不超过120厘米，装有风扇的）
841480	10		燃气轮机用的自由活塞式发生器	Free piston generators for gas turbines	【最】8【普】50 【协亚太】5.2【协东盟】0【协巴基斯坦】5 【协智利】0【协新西兰】0【协秘鲁】0 【协哥斯达黎加】0【协冰岛】0【协瑞士】0 【协澳大利亚】0【协韩国】0【协格鲁吉亚】0 【协香港】0【协澳门】0 【特-1】0【特-2】0 【增】16【出】0【退】16	台/千克					999	燃气轮机用的自由活塞式发生器
841480	20		二氧化碳压缩机	CO_2 compressors	【最】7【普】30 【协亚太】4.6【协东盟】0【协巴基斯坦】0 【协智利】0【协新西兰】0【协秘鲁】0 【协哥斯达黎加】0【协冰岛】0【协瑞士】0 【协澳大利亚】0【协韩国】3.5【协格鲁吉亚】0 【协香港】0【协澳门】0 【特-1】0【特-2】0 【增】16【对美加征】10【出】0【退】16	台/千克					999	二氧化碳压缩机
841480	30	01	乘用车机械增压器	Mechanical superchargers for passenger car	【最】7【普】30【暂进】5 【协亚太】4.6【协东盟】0【协巴基斯坦】0 【协智利】0【协新西兰】0【协哥斯达黎加】0 【协冰岛】0【协澳大利亚】0【协韩国】4.6 【协格鲁吉亚】0【协香港】0【协澳门】0 【特-1】0 【增】16【对美加征】10【出】0【退】16	台/千克					999	乘用车机械增压器
841480	30	90	发动机用增压器	Superchargers for engines	【最】7【普】30 【协亚太】4.6【协东盟】0【协巴基斯坦】0 【协智利】0【协新西兰】0【协哥斯达黎加】0 【协冰岛】0【协澳大利亚】0【协韩国】4.6 【协格鲁吉亚】0【协香港】0【协澳门】0 【特-1】0 【增】16【对美加征】10【出】0【退】16	台/千克					101 102 103	发动机用增压器（其他车辆零部件） 发动机用增压器（其他风机及其零件） 发动机用增压器［其他空气压缩机（站）及零件］

税则号列 HS国际统一前6位	本国子目 7~8位	本国子目 9~10位	货品名称中英文 中文 货物名称	货品名称中英文 英文 Article Description	税费综合信息	计量单位	监管证件代码 进口	监管证件代码 出口	检验检疫类别 进口	检验检疫类别 出口	检验检疫编码	检验检疫编码对应中文名称
841480	40	10	吸气≥$1m^3$UF6/min的耐UF6腐蚀压缩机（出口压力高达500千帕，设计成在UF6环境中长期运行。这种压缩机的压力比为10：1或更低，用耐UF6的材料制成或用这种材料进行保护）	UF6-resistant compressorss of a air breathing≥$1m^3$UF6/min(esigned for long-time running in UF6 environment with exit pressure up to 500kPa and pressure ratio of 10∶1 or lower, made of or protected by UF6-risistant materials)	【最】7【普】30 【协亚太】4.6【协东盟】0【协香港】0 【协巴基斯坦】0【协智利】0【协新西兰】0 【协秘鲁】0【协台湾】0【协哥斯达黎加】0 【协冰岛】0【协瑞士】4【协澳大利亚】0 【协韩国】0【协格鲁吉亚】0 【特-1】0【特-2】0 【增】16【对美加征】5【出】0【退】16	台/千克		3			999	吸气≥$1m^3$UF6/min的耐UF6腐蚀压缩机（出口压力高达500千帕，设计成在UF6环境中长期运行。这种压缩机的压力比为10∶1或更低，用耐UF6的材料制成或用这种材料进行保护）
841480	40	20	MLIS用UF6/载气压缩机（能在UF6环境中长期操作UF6/载气混合气压缩机）	The carrier gas compressor with UF6/MLIS(longterm operation of UF6/carrier gas mixed gas compressor in the UF6 environment)	【最】7【普】30 【协亚太】4.6【协东盟】0【协香港】0 【协巴基斯坦】0【协智利】0【协新西兰】0 【协秘鲁】0【协台湾】0【协哥斯达黎加】0 【协冰岛】0【协瑞士】4【协澳大利亚】0 【协韩国】0【协格鲁吉亚】0 【特-1】0【特-2】0 【增】16【对美加征】5【出】0【退】16	台/千克		3			999	MLIS用UF6/载气压缩机（能在UF6环境中长期操作UF6/载气混合气压缩机）
841480	40	30	吸气≥$56m^3/s$的压缩机（用于循环硫化氢气体的单级、低压头离心式压缩机）	The compressor suction is more than $56m^3/s$ (for single level, low headcentrifugal compressor cycle of hydrogen sulfide gas)	【最】7【普】30 【协亚太】4.6【协东盟】0【协香港】0 【协巴基斯坦】0【协智利】0【协新西兰】0 【协秘鲁】0【协台湾】0【协哥斯达黎加】0 【协冰岛】0【协瑞士】4【协澳大利亚】0 【协韩国】0【协格鲁吉亚】0 【特-1】0【特-2】0 【增】16【对美加征】5【出】0【退】16	台/千克		3			999	吸气≥$56m^3/s$的压缩机（用于循环硫化氢气体的单级、低压头离心式压缩机）
841480	40	40	吸气≥$2m^3$/min的耐UF6腐蚀压缩机（轴向离心式或正排量压缩机，压力比在1.2：1和6：1之间）	UF6 corrosion resistance than the compressor suction of 2 cubic meters/min(axial centrifugal or positive displacement compressor, pressure ratio in 1.2∶1 and 6∶1 between)	【最】7【普】30 【协亚太】4.6【协东盟】0【协香港】0 【协巴基斯坦】0【协智利】0【协新西兰】0 【协秘鲁】0【协台湾】0【协哥斯达黎加】0 【协冰岛】0【协瑞士】4【协澳大利亚】0 【协韩国】0【协格鲁吉亚】0 【特-1】0【特-2】0 【增】16【对美加征】5【出】0【退】16	台/千克		3			999	吸气≥$2m^3$/min的耐UF6腐蚀压缩机（轴向离心式或正排量压缩机，压力比在1.2∶1和6∶1之间）
841480	40	90	其他空气及气体压缩机	Other air and gas compressors	【最】7【普】30 【协亚太】4.6【协东盟】0【协香港】0 【协巴基斯坦】0【协智利】0【协新西兰】0 【协秘鲁】0【协台湾】0【协哥斯达黎加】0 【协冰岛】0【协瑞士】4【协澳大利亚】0 【协韩国】0【协格鲁吉亚】0 【特-1】0【特-2】0 【增】16【对美加征】5【出】0【退】16	台/千克					999	其他空气及气体压缩机
841480	90	51	其他生物安全柜（符合世界卫生组织规定的生物安全水平三级标准）	Other biosafety cabinets (being up to Biosafety Level 3 prescribed by the World Health Organization)	【最】7【普】30 【协亚太】4.6【协东盟】0【协香港】0 【协巴基斯坦】0【协智利】0【协新西兰】0 【协秘鲁】0【协台湾】0【协哥斯达黎加】0 【协冰岛】0【协瑞士】4【协澳大利亚】0 【协韩国】0【协格鲁吉亚】4.2 【特-1】0【特-2】0 【增】16【对美加征】5【出】0【退】16	台/千克		3			101 102	其他生物安全柜（符合世界卫生组织规定的生物安全水平三级标准）（非家用过滤及净化装置） 其他生物安全柜（符合世界卫生组织规定的生物安全水平三级标准）（气体纯化过滤、净化机器及装置）

税则号列			货品名称中英文		税费综合信息	计量单位	监管证件代码		检验检疫类别		检验检疫编码	检验检疫编码对应中文名称
HS国际统一前6位	本国子目 7~8位	本国子目 9~10位	中文 货物名称	英文 Article Description			进口	出口	进口	出口		
841480	90	52	其他活动（柔软的）隔离装置与其他手套箱（具有与三级生物安全柜类似标准）	Other movable (soft) partitions and glove boxes(with the similar standard of Biosafety Level 3 cabinets)	【最】7【普】30 【协亚太】4.6【协东盟】0【协香港】0 【协巴基斯坦】0【协智利】0【协新西兰】0 【协秘鲁】0【协台湾】0【协哥斯达黎加】0 【协冰岛】0【协瑞士】4【协澳大利亚】0 【协韩国】0【协格鲁吉亚】4.2 【特-1】0【特-2】0 【增】16【对美加征】5【出】0【退】16	台/千克		3			101 102	其他活动（柔软的）隔离装置与其他手套箱（具有与三级生物安全柜类似标准）（非家用过滤及净化装置） 其他活动（柔软的）隔离装置与其他手套箱（具有与三级生物安全柜类似标准）（气体纯化过滤、净化机器及装置）
841480	90	53	其他层流罩（柜）（垂直流密闭通风柜，具有与三级生物安全柜类似标准）	Other laminar hoods (cabinets) (vertifcal flow sealed fume hoods, with the similar standard of Biosafety Level 3 cabinets)	【最】7【普】30 【协亚太】4.6【协东盟】0【协香港】0 【协巴基斯坦】0【协智利】0【协新西兰】0 【协秘鲁】0【协台湾】0【协哥斯达黎加】0 【协冰岛】0【协瑞士】4【协澳大利亚】0 【协韩国】0【协格鲁吉亚】4.2 【特-1】0【特-2】0 【增】16【对美加征】5【出】0【退】16	台/千克		3			101 102	其他层流罩（柜）（垂直流密闭通风柜，具有与三级生物安全柜类似标准）（非家用过滤及净化装置） 其他层流罩（柜）（垂直流密闭通风柜，具有与三级生物安全柜类似标准）（气体纯化过滤、净化机器及装置）
841480	90	54	其他吸收塔（两用物项管制）	Other absorption towers (dual-use items control)	【最】7【普】30 【协亚太】4.6【协东盟】0【协香港】0 【协巴基斯坦】0【协智利】0【协新西兰】0 【协秘鲁】0【协台湾】0【协哥斯达黎加】0 【协冰岛】0【协瑞士】4【协澳大利亚】0 【协韩国】0【协格鲁吉亚】4.2 【特-1】0【特-2】0 【增】16【对美加征】5【出】0【退】16	台/千克		3			999	其他吸收塔（两用物项管制）
841480	90	55	其他带有风扇的高效空气粒子过滤单元的封闭洁净设备［高效空气粒子过滤单元（HEPA）］	Other HEPA closed cleaning equipments with a fan (HEPA: high efficiency particulate air filter)	【最】7【普】30 【协亚太】4.6【协东盟】0【协香港】0 【协巴基斯坦】0【协智利】0【协新西兰】0 【协秘鲁】0【协台湾】0【协哥斯达黎加】0 【协冰岛】0【协瑞士】4【协澳大利亚】0 【协韩国】0【协格鲁吉亚】4.2 【特-1】0【特-2】0 【增】16【对美加征】5【出】0【退】16	台/千克		3			101 102	其他带有风扇的高效空气粒子过滤单元的封闭洁净设备［高效空气粒子过滤单元（HEPA）］（非家用过滤及净化装置） 其他带有风扇的高效空气粒子过滤单元的封闭洁净设备［高效空气粒子过滤单元（HEPA）］（气体纯化过滤、净化机器及装置）
841480	90	56	其他厌氧微生物柜（具有与三级生物安全柜类似标准）	Other anaerobic microorganism cabinet (with the similar standard of Biosafety Level 3 cabinets)	【最】7【普】30 【协亚太】4.6【协东盟】0【协香港】0 【协巴基斯坦】0【协智利】0【协新西兰】0 【协秘鲁】0【协台湾】0【协哥斯达黎加】0 【协冰岛】0【协瑞士】4【协澳大利亚】0 【协韩国】0【协格鲁吉亚】4.2 【特-1】0【特-2】0 【增】16【对美加征】5【出】0【退】16	台/千克		3			999	其他厌氧微生物柜（具有与三级生物安全柜类似标准）
841480	90	90	其他空气泵及通风罩（通风罩指装有风扇的通风罩或循环气罩，平面边长>120cm）	Other air pumps, air compressors and ventilating hoods (referring to the ventilating or recycling hoods fitted with a fan, the plane side length > 120cm)	【最】7【普】30 【协亚太】4.6【协东盟】0【协香港】0 【协巴基斯坦】0【协智利】0【协新西兰】0 【协秘鲁】0【协台湾】0【协哥斯达黎加】0 【协冰岛】0【协瑞士】4【协澳大利亚】0 【协韩国】0【协格鲁吉亚】4.2 【特-1】0【特-2】0 【增】16【对美加征】5【出】0【退】16	台/千克					101 102	其他空气泵及通风罩（通风罩指装有风扇的通风罩或循环气罩，平面边长>120cm）(其他风机及其零件) 其他空气泵及通风罩（通风罩指装有风扇的通风罩或循环气罩，平面边长>120cm)［其他空气压缩机（站）及零件］

税则号列			货品名称中英文		税费综合信息	计量单位	监管证件代码		检验检疫类别		检验检疫编码	检验检疫编码对应中文名称
HS国际统一前6位	本国子目 7~8位	本国子目 9~10位	中文 货物名称	英文 Article Description			进口	出口	进口	出口		
841490	11		压缩机进、排气阀片	In take valve leaf or discharge valve leaf	【最】8【普】80【暂进】5 【协亚太】5.6【协东盟】0【协巴基斯坦】5 【协智利】0【协新西兰】0【协秘鲁】0 【协哥斯达黎加】0【协冰岛】0【协瑞士】0 【协澳大利亚】0【协韩国】0【协格鲁吉亚】0 【协香港】0【协澳门】0 【特东老挝】0【特-1】0【特-2】0【特-3】0 【增】16【对美加征】10【出】0【退】16	千克					999	压缩机进、排气阀片(用于制冷设备的)
841490	19		8414.3011 ~ 8414.3014 及 8414.3090 的零件(指 8414.3011 ~ 8414.3014 及 8414.3090 所列机器的其他零件)	Other parts of the machines of subheadings No. 8414.3011 to 8414.3014 or 8414.3090	【最】8【普】80【暂进】5 【协亚太】5.6【协东盟】0【协巴基斯坦】5 【协智利】0【协新西兰】0【协秘鲁】0 【协台湾】0【协哥斯达黎加】0【协冰岛】0 【协瑞士】3.2【协澳大利亚】0【协韩国】0 【协香港】0【协澳门】0【协格鲁吉亚】0 【特-1】0【特-2】0 【增】16【对美加征】5【出】0【退】16	千克					999	8414.3011~8414.3014及8414.3090的零件(指8414.3011~8414.3014及8414.3090所列机器的其他零件)
841490	20		编号 8414.5110 至 8414.5199 及 8414.6000 机器零件	Parts of the machines of subheadings No. 8414.5110 to 8414.5199 or 8414.6000	【最】7【普】130【暂进】6 【协亚太】4.6【协东盟】0【协巴基斯坦】6 【协智利】0【协新西兰】0【协新加坡】0 【协秘鲁】0【协台湾】0【协哥斯达黎加】0 【协冰岛】0【协瑞士】4.8【协澳大利亚】0 【协韩国】6【协格鲁吉亚】0【协香港】0 【协澳门】0 【特-1】0【特-2】0 【增】16【对美加征】10【出】0【退】16	千克					101 102	编号8414.5110至8414.5199及8414.6000机器零件(指上述编号内的吊扇换气扇等,还包括编号8414.6000机器零件)(其他风机及其零件) 编号8414.5110至8414.5199及8414.6000机器零件(指上述编号内的吊扇换气扇等,还包括编号8414.6000机器零件)(其他电扇及其零件)
841490	90	10	分子泵(气体离心机的静态部件,专门设计或制造的内部有已加工或挤压的螺纹槽和已加工的腔的泵体)	Molecular pumps (with processed or pressed thread grooves and processing cavities inside (special size))	【最】7【普】30【暂进】4 【协亚太】4.6【协东盟】0【协香港】0 【协巴基斯坦】5【协智利】0【协新西兰】0 【协秘鲁】0【协台湾】0【协哥斯达黎加】0 【协冰岛】0【协瑞士】4【协澳大利亚】0 【协韩国】0【协格鲁吉亚】0 【特-1】0【特-2】0 【增】16【对美加征】10【出】0【退】16	千克		3			101 102 103 104 105 ……	分子泵(气体离心机的静态部件,专门设计或制造的内部有已加工或挤压的螺纹槽和已加工的腔的泵体)(其他风机及其零件) 分子泵(气体离心机的静态部件,专门设计或制造的内部有已加工或挤压的螺纹槽和已加工的腔的泵体)(其他电扇及其零件I类器具) 分子泵(气体离心机的静态部件,专门设计或制造的内部有已加工或挤压的螺纹槽和已加工的腔的泵体)(其他电扇及其零件II类器具) 分子泵(气体离心机的静态部件,专门设计或制造的内部有已加工或挤压的螺纹槽和已加工的腔的泵体)(其他电扇及其零件III类器具) 分子泵(气体离心机的静态部件,专门设计或制造的内部有已加工或挤压的螺纹槽和已加工的腔的泵体)(其他电扇及其零件0I类器具) ……①

① 该税号项下检验检疫编码及对应中文名称尚有:106 分子泵(气体离心机的静态部件,专门设计或制造的内部有已加工或挤压的螺纹槽和已加工的腔的泵体)(其他电扇及其零件0类器具),107 分子泵(气体离心机的静态部件,专门设计或制造的内部有已加工或挤压的螺纹槽和已加工的腔的泵体)(带有迷宫式密封装置往复式压缩机),108 分子泵(气体离心机的静态部件,专门设计或制造的内部有已加工或挤压的螺纹槽和已加工的腔的泵体)[其他空气压缩机(站)及零件],109 分子泵(气体离心机的静态部件,专门设计或制造的内部有已加工或挤压的螺纹槽和已加工的腔的泵体)(其他制冷设备用压缩机及其零件)。

税则号列 HS国际统一前6位	本国子目 7~8位	本国子目 9~10位	货品名称中英文 中文 货物名称	货品名称中英文 英文 Article Description	税费综合信息	计量单位	监管证件代码 进口	监管证件代码 出口	检验检疫类别 进口	检验检疫类别 出口	检验检疫编码	检验检疫编码对应中文名称
841490	90	90	税目84.14其他未列名零件	Other parts not listed in heading No. 84.14	【最】7【普】30【暂进】4 【协亚太】4.6【协东盟】0【协香港】0 【协巴基斯坦】5【协智利】0【协新西兰】0 【协秘鲁】0【协台湾】0【协哥斯达黎加】0 【协冰岛】0【协瑞士】4【协澳大利亚】0 【协韩国】0【协格鲁吉亚】0 【特-1】0【特-2】0 【增】16【对美加征】10【出】0【退】16	千克					101 102 103	税目84.14其他未列名零件（其他风机及其零件） 税目84.14其他未列名零件（其他电扇及其零件） 税目84.14其他未列名零件［其他空气压缩机（站）及零件］
841510	10		独立式空气调节器，窗式、壁式、置于天花板或地板上的（装有电扇及调温、调湿装置，包括不能单独调湿的空调器）	Air conditioning machines, comprising a motor-driven fan and elements for changing the temperature and humidity, including those machines in which the humidity cannot be separately regulated, window or wall types, self-contained	【最】8【普】130 【协亚太】5.2【协东盟】0【协巴基斯坦】7.5 【协智利】0【协新西兰】0【协新加坡】0 【协秘鲁】0【协哥斯达黎加】0【协冰岛】0 【协瑞士】6【协澳大利亚】0【协韩国】7.5 【协格鲁吉亚】0【协香港】0【协澳门】0 【特-1】0【特-2】0 【增】16【对美加征】10【出】0【退】16	台/千克	A		LM		999	独立式空气调节器，窗式、壁式、置于天花板或地板上的（装有电扇及调温、调湿装置，包括不能单独调湿的空调器）
841510	21		制冷量≤4千大卡/时分体式空调，窗式、壁式、置于天花板或地板上的（装有电扇及调温、调湿装置，包括不能单独调湿的空调器）	Air conditioning machines, comprising a motor-driven fan and elements for changing the temperature and humidity, including those machines in which the humidity cannot be separately regulated, split-system, window or wall types, of a refrigerating effect	【最】8【普】130 【协亚太】5.2【协东盟】0【协巴基斯坦】7.5 【协智利】0【协新西兰】0【协新加坡】0 【协秘鲁】0【协哥斯达黎加】0【协冰岛】0 【协瑞士】6【协澳大利亚】0【协韩国】7.5 【协格鲁吉亚】0【协香港】0【协澳门】0 【特-1】0【特-2】0 【增】16【对美加征】10【出】0【退】16	台/千克	A		LM		999	制冷量≤4千大卡/时分体式空调，窗式、壁式、置于天花板或地板上的（装有电扇及调温、调湿装置，包括不能单独调湿的空调器）
841510	22	10	4000大卡/时<制冷量≤12046大卡/时（14000W）分体式空调，窗式、壁式、置于天花板或地板上的（装有电扇及调温、调湿装置，包括不能单独调湿的空调器）	Air conditioning machines, comprising a motor-driven fan and elements for changing the temperature and humidity, including those machines in which the humidity cannot be separately regulated , split-system , window or wall types, of a refrigerating effect exceeding 4000 Cal per hour, but not exceeding 12046 Cal(14000W) per hour	【最】8【普】90 【协亚太】5.2【协东盟】0【协巴基斯坦】7.5 【协智利】0【协新西兰】0【协新加坡】0 【协秘鲁】0【协哥斯达黎加】0【协冰岛】0 【协瑞士】6【协澳大利亚】0【协韩国】7.5 【协格鲁吉亚】0【协香港】0【协澳门】0 【特-1】0【特-2】0 【增】16【对美加征】10【出】0【退】16	台/千克	A		LM		999	4000大卡/时<制冷量≤12046大卡/时（14000W）分体式空调，窗式、壁式、置于天花板或地板上的（装有电扇及调温、调湿装置，包括不能单独调湿的空调器）（分体空调调节器I类器具）
841510	22	90	其他制冷量>12046大卡/时（14000W）分体式空调，窗式、壁式、置于天花板或地板上的（装有电扇及调温、调湿装置，包括不能单独调湿的空调器）	Other air conditioning machines, including those machines in which the humidity cannot be separately regulated, split-system, window or wall types, of a refrigerating effect exceeding 12046 Cal(14000W) per hour	【最】8【普】90 【协亚太】5.2【协东盟】0【协巴基斯坦】7.5 【协智利】0【协新西兰】0【协新加坡】0 【协秘鲁】0【协哥斯达黎加】0【协冰岛】0 【协瑞士】6【协澳大利亚】0【协韩国】7.5 【协香港】0【协澳门】0【协格鲁吉亚】0 【特-1】0【特-2】0 【增】16【对美加征】10【出】0【退】16	台/千克	A		LM		999	其他制冷量>12046大卡/时（14000W）分体式空调，窗式、壁式、置于天花板或地板上的（装有电扇及调温、调湿装置，包括不能单独调湿的空调器）

税则号列			货品名称中英文		税费综合信息	计量单位	监管证件代码		检验检疫类别		检验检疫编码	检验检疫编码对应中文名称
HS国际统一前6位	本国子目 7~8位	本国子目 9~10位	中文 货物名称	英文 Article Description			进口	出口	进口	出口		
841520	00		机动车辆上供人使用的空气调节器	Air conditioning machines of a kind used for persons, in motor vehicles	【最】10【普】110 【协东盟】5【协香港】0【协智利】0 【协新西兰】0【协哥斯达黎加】0【协冰岛】0 【协瑞士】8【协澳大利亚】0【协韩国】15 【协格鲁吉亚】0 【特-1】0 【增】16【对美加征】10【出】0【退】16	台/千克					101 102 103 104 105	机动车辆上供人使用的空气调节器（指机动车辆上供人使用的空气调节器）（车用空气调节器I类器具） 机动车辆上供人使用的空气调节器（指机动车辆上供人使用的空气调节器）（车用空气调节器II类器具） 机动车辆上供人使用的空气调节器（指机动车辆上供人使用的空气调节器）（车用空气调节器III类器具） 机动车辆上供人使用的空气调节器（指机动车辆上供人使用的空气调节器）（车用空气调节器0I类器具） 机动车辆上供人使用的空气调节器（指机动车辆上供人使用的空气调节器）（车用空气调节器0类器具）
841581	10		制冷量≤4千大卡/时热泵式空调器（装有制冷装置及一个冷热循环换向阀的）	Air conditioning machines, of a refrigerating effect not exceeding 4000 Cal per hour (incorporating a refrigerating unit and a valve for reversal of the cooling/heat cycle)	【最】8【普】130 【协东盟】0【协巴基斯坦】12【协智利】0 【协新西兰】0【协新加坡】0【协秘鲁】0 【协哥斯达黎加】0【协冰岛】0【协瑞士】6 【协澳大利亚】0【协韩国】7.5【协格鲁吉亚】0 【协香港】0【协澳门】0 【特-1】0【特-2】0 【增】16【对美加征】10【出】0【退】16	台/千克	A		LM		101 102 103 104 105 ……	制冷量≤4千大卡/时热泵式空调器（装有制冷装置及一个冷热循环换向阀的）（独立窗式空调调节器I类器具） 制冷量≤4千大卡/时热泵式空调器（装有制冷装置及一个冷热循环换向阀的）（独立窗式空调调节器II类器具） 制冷量≤4千大卡/时热泵式空调器（装有制冷装置及一个冷热循环换向阀的）（独立窗式空调调节器III类器具） 制冷量≤4千大卡/时热泵式空调器（装有制冷装置及一个冷热循环换向阀的）（独立窗式空调调节器0I类器具） 制冷量≤4千大卡/时热泵式空调器（装有制冷装置及一个冷热循环换向阀的）（独立窗式空调调节器0类器具） ……①

① 该税号项下检验检疫编码及对应中文名称尚有：106　制冷量≤4千大卡/时热泵式空调器（装有制冷装置及一个冷热循环换向阀的）（分体空调调节器I类器具），107　制冷量≤4千大卡/时热泵式空调器（装有制冷装置及一个冷热循环换向阀的）（分体空调调节器II类器具），108　制冷量≤4千大卡/时热泵式空调器（装有制冷装置及一个冷热循环换向阀的）（分体空调调节器III类器具），109　制冷量≤4千大卡/时热泵式空调器（装有制冷装置及一个冷热循环换向阀的）（分体空调调节器0I类器具），110　制冷量≤4千大卡/时热泵式空调器（装有制冷装置及一个冷热循环换向阀的）（分体空调调节器0类器具），111　制冷量≤4千大卡/时热泵式空调器（装有制冷装置及一个冷热循环换向阀的）（其他空气调节装置及其零件I类器具），112　制冷量≤4千大卡/时热泵式空调器（装有制冷装置及一个冷热循环换向阀的）（其他空气调节装置及其零件II类器具），113　制冷量≤4千大卡/时热泵式空调器（装有制冷装置及一个冷热循环换向阀的）（其他空气调节装置及其零件III类器具），114　制冷量≤4千大卡/时热泵式空调器（装有制冷装置及一个冷热循环换向阀的）（其他空气调节装置及其零件0I类器具），115　制冷量≤4千大卡/时热泵式空调器（装有制冷装置及一个冷热循环换向阀的）（其他空气调节装置及其零件0类器具）。

税则号列			货品名称中英文		税费综合信息	计量单位	监管证件代码		检验检疫类别		检验检疫编码	检验检疫编码对应中文名称
HS国际统一前6位	本国子目 7~8位	本国子目 9~10位	中文 货物名称	英文 Article Description			进口	出口	进口	出口		
841581	20	01	4000大卡/时<制冷量≤12046大卡/时（14000W）热泵式空调器（装有制冷装置及一个冷热循环换向阀的）	Heat pump air conditioning machines, of a 4000 Cal/h<refrigerating effect ≤ 12046 Cal/h (14000W) (comprising a refrigerating unit and a valve for reversal of the cooling/heat cycle)	【最】10【普】90 【协东盟】0【协智利】0【协新西兰】0 【协新加坡】0【协秘鲁】0【协哥斯达黎加】0 【协冰岛】0【协瑞士】8【协澳大利亚】0 【协韩国】15【协格鲁吉亚】0 【特-1】0【特-2】0 【增】16【对美加征】10【出】0【退】16	台/千克	A		LM		101	4000大卡/时<制冷量≤12046大卡/时（14000W）热泵式空调器（装有制冷装置及一个冷热循环换向阀的）[冷热循环换向阀的（独立窗式空调调节器I类器具）]
											102	4000大卡/时<制冷量≤12046大卡/时（14000W）热泵式空调器（装有制冷装置及一个冷热循环换向阀的）[冷热循环换向阀的（独立窗式空调调节器II类器具）]
											103	4000大卡/时<制冷量≤12046大卡/时（14000W）热泵式空调器（装有制冷装置及一个冷热循环换向阀的）[冷热循环换向阀的（独立窗式空调调节器III类器具）]
											104	4000大卡/时<制冷量≤12046大卡/时（14000W）热泵式空调器（装有制冷装置及一个冷热循环换向阀的）[冷热循环换向阀的（独立窗式空调调节器0I类器具）]
											105	4000大卡/时<制冷量≤12046大卡/时（14000W）热泵式空调器（装有制冷装置及一个冷热循环换向阀的）[冷热循环换向阀的（独立窗式空调调节器0类器具）]
											……	……①

① 该税号项下检验检疫编码及对应中文名称尚有：106　4000大卡/时<制冷量≤12046大卡/时（14000W）热泵式空调器（装有制冷装置及一个冷热循环换向阀的）[冷热循环换向阀的（分体空调调节器I类器具）]，107　4000大卡/时<制冷量≤12046大卡/时（14000W）热泵式空调器（装有制冷装置及一个冷热循环换向阀的）[冷热循环换向阀的（分体空调调节器II类器具）]，108　4000大卡/时<制冷量≤12046大卡/时（14000W）热泵式空调器（装有制冷装置及一个冷热循环换向阀的）[冷热循环换向阀的（分体空调调节器III类器具）]，109　4000大卡/时<制冷量≤12046大卡/时（14000W）热泵式空调器（装有制冷装置及一个冷热循环换向阀的）[冷热循环换向阀的（分体空调调节器0I类器具）]，110　4000大卡/时<制冷量≤12046大卡/时（14000W）热泵式空调器（装有制冷装置及一个冷热循环换向阀的）[冷热循环换向阀的（分体空调调节器0类器具）]，111　4000大卡/时<制冷量≤12046大卡/时（14000W）热泵式空调器（装有制冷装置及一个冷热循环换向阀的）[冷热循环换向阀的（其他空气调节装置及其零件I类器具）]，112　4000大卡/时<制冷量≤12046大卡/时（14000W）热泵式空调器（装有制冷装置及一个冷热循环换向阀的）[冷热循环换向阀的（其他空气调节装置及其零件II类器具）]，113　4000大卡/时<制冷量≤12046大卡/时（14000W）热泵式空调器（装有制冷装置及一个冷热循环换向阀的）[冷热循环换向阀的（其他空气调节装置及其零件III类器具）]，114　4000大卡/时<制冷量≤12046大卡/时（14000W）热泵式空调器（装有制冷装置及一个冷热循环换向阀的）[冷热循环换向阀的（其他空气调节装置及其零件0I类器具）]，115　4000大卡/时<制冷量≤12046大卡/时（14000W）热泵式空调器（装有制冷装置及一个冷热循环换向阀的）[冷热循环换向阀的（其他空气调节装置及其零件0类器具）]。

税则号列			货品名称中英文		税费综合信息	计量单位	监管证件代码		检验检疫类别		检验检疫编码	检验检疫编码对应中文名称
HS国际统一前6位	本国子目 7~8位	9~10位	中文 货物名称	英文 Article Description			进口	出口	进口	出口		
841581	20	90	其他制冷量>12046大卡/时（14000W）热泵式空调器（装有制冷装置及一个冷热循环换向阀的）	Other air conditioning machines of a refrigerating effect >12,046 Cal/h (14000W) (comprising a refrigerating unit only, without devices for reversal of the cooling/heat cycle)	【最】10【普】90 【协东盟】0【协智利】0【协新西兰】0 【协新加坡】0【协秘鲁】0【协哥斯达黎加】0 【协冰岛】0【协瑞士】8【协澳大利亚】0 【协韩国】7.5【协格鲁吉亚】0【协香港】0 【协澳门】0 【特-1】0【特-2】0 【增】16【对美加征】10【出】0【退】16	台/千克	A		LM		101	其他制冷量>12046大卡/时（14000W）热泵式空调器（装有制冷装置及一个冷热循环换向阀的）［冷热循环换向阀的（独立窗式空调调节器I类器具）］
											102	其他制冷量>12046大卡/时（14000W）热泵式空调器（装有制冷装置及一个冷热循环换向阀的）［冷热循环换向阀的（独立窗式空调调节器II类器具）］
											103	其他制冷量>12046大卡/时（14000W）热泵式空调器（装有制冷装置及一个冷热循环换向阀的）［冷热循环换向阀的（独立窗式空调调节器III类器具）］
											104	其他制冷量>12046大卡/时（14000W）热泵式空调器（装有制冷装置及一个冷热循环换向阀的）［冷热循环换向阀的（独立窗式空调调节器0I类器具）］
											105	其他制冷量>12046大卡/时（14000W）热泵式空调器（装有制冷装置及一个冷热循环换向阀的）［冷热循环换向阀的（独立窗式空调调节器0类器具）］
											……	……①
841582	10		制冷量≤4千大卡/时的其他空调器（仅装有制冷装置，而无冷热循环装置的）	Air conditioning machines, of a refrigerating effect not exceeding 4000 Cal per hour (incorporating a refrigerating unit but not incorporating a valve for reversal of the cooling/heat cycle)	【最】8【普】130 【协东盟】0【协巴基斯坦】12【协智利】0 【协新西兰】0【协新加坡】0【协秘鲁】0 【协哥斯达黎加】0【协冰岛】0【协瑞士】6 【协澳大利亚】0【协格鲁吉亚】0【协香港】0 【协澳门】0 【特-1】0【特-2】0 【增】16【对美加征】10【出】0【退】16	台/千克	A		LM		101	制冷量≤4千大卡/时的其他空调器（仅装有制冷装置，而无冷热循环装置的）（独立窗式空调调节器I类器具）
											102	制冷量≤4千大卡/时的其他空调器（仅装有制冷装置，而无冷热循环装置的）（独立窗式空调调节器II类器具）
											103	制冷量≤4千大卡/时的其他空调器（仅装有制冷装置，而无冷热循环装置的）（独立窗式空调调节器III类器具）
											104	制冷量≤4千大卡/时的其他空调器（仅装有制冷装置，而无冷热循环装置的）（独立窗式空调调节器0I类器具）

① 该税号项下检验检疫编码及对应中文名称尚有：106　其他制冷量>12046大卡/时（14000W）热泵式空调器（装有制冷装置及一个冷热循环换向阀的）［冷热循环换向阀的（分体空调调节器I类器具）］，107　其他制冷量>12046大卡/时（14000W）热泵式空调器（装有制冷装置及一个冷热循环换向阀的）［冷热循环换向阀的（分体空调调节器II类器具）］，108　其他制冷量>12046大卡/时（14000W）热泵式空调器（装有制冷装置及一个冷热循环换向阀的）［冷热循环换向阀的（分体空调调节器III类器具）］，109　其他制冷量>12046大卡/时（14000W）热泵式空调器（装有制冷装置及一个冷热循环换向阀的）［冷热循环换向阀的（分体空调调节器0I类器具）］，110　其他制冷量>12046大卡/时（14000W）热泵式空调器（装有制冷装置及一个冷热循环换向阀的）［冷热循环换向阀的（分体空调调节器0类器具）］，111　其他制冷量>12046大卡/时（14000W）热泵式空调器（装有制冷装置及一个冷热循环换向阀的）［冷热循环换向阀的（其他空气调节装置及其零件I类器具）］，112　其他制冷量>12046大卡/时（14000W）热泵式空调器（装有制冷装置及一个冷热循环换向阀的）［冷热循环换向阀的（其他空气调节装置及其零件II类器具）］，113　其他制冷量>12046大卡/时（14000W）热泵式空调器（装有制冷装置及一个冷热循环换向阀的）［冷热循环换向阀的（其他空气调节装置及其零件III类器具）］，114　其他制冷量>12046大卡/时（14000W）热泵式空调器（装有制冷装置及一个冷热循环换向阀的）［冷热循环换向阀的（其他空气调节装置及其零件0I类器具）］，115　其他制冷量>12046大卡/时（14000W）热泵式空调器（装有制冷装置及一个冷热循环换向阀的）［冷热循环换向阀的（其他空气调节装置及其零件0类器具）］。

税则号列			货品名称中英文		税费综合信息	计量单位	监管证件代码		检验检疫类别		检验检疫编码	检验检疫编码对应中文名称
HS 国际统一前6位	本国子目 7~8位	本国子目 9~10位	中文 货物名称	英文 Article Description			进口	出口	进口	出口		
											105	制冷量≤4千大卡/时的其他空调器（仅装有制冷装置，而无冷热循环装置的）（独立窗式空调调节器0类器具）
											……	……①
841582	20	01	4000大卡<制冷量≤12046大卡/时（14000W）的其他空调（仅装有制冷装置，而无冷热循环装置的）	other air conditioning machines, of a refrigerating effect exceeding 4000Cal per hour	【最】10【普】90 【协东盟】0【协智利】0【协新西兰】0 【协新加坡】0【协秘鲁】0【协哥斯达黎加】0 【协冰岛】0【协瑞士】8【协澳大利亚】0 【协格鲁吉亚】0【协香港】0【协澳门】0 【特-1】0【特-2】0 【增】16【对美加征】10【出】0【退】16	台/千克	A		LM		101	4000大卡<制冷量≤12046大卡/时（14000W）的其他空调（仅装有制冷装置，而无冷热循环装置的）［热循环装置的（独立窗式空调调节器I类器具）］
											102	4000大卡<制冷量≤12046大卡/时（14000W）的其他空调（仅装有制冷装置，而无冷热循环装置的）［热循环装置的（独立窗式空调调节器II类器具）］
											103	4000大卡<制冷量≤12046大卡/时（14000W）的其他空调（仅装有制冷装置，而无冷热循环装置的）［热循环装置的（独立窗式空调调节器III类器具）］
											104	4000大卡<制冷量≤12046大卡/时（14000W）的其他空调（仅装有制冷装置，而无冷热循环装置的）［热循环装置的（独立窗式空调调节器0I类器具）］
											105	4000大卡<制冷量≤12046大卡/时（14000W）的其他空调（仅装有制冷装置，而无冷热循环装置的）［热循环装置的（独立窗式空调调节器0类器具）］
											……	……②

① 该税号项下检验检疫编码及对应中文名称尚有：106　制冷量≤4千大卡/时的其他空调器（仅装有制冷装置，而无冷热循环装置的）（分体空调调节器I类器具），107　制冷量≤4千大卡/时的其他空调器（仅装有制冷装置，而无冷热循环装置的）（分体空调调节器II类器具），108　制冷量≤4千大卡/时的其他空调器（仅装有制冷装置，而无冷热循环装置的）（分体空调调节器III类器具），109　制冷量≤4千大卡/时的其他空调器（仅装有制冷装置，而无冷热循环装置的）（分体空调调节器0I类器具），110　制冷量≤4千大卡/时的其他空调器（仅装有制冷装置，而无冷热循环装置的）（分体空调调节器0类器具），111　制冷量≤4千大卡/时的其他空调器（仅装有制冷装置，而无冷热循环装置的）（其他空气调节装置及其零件I类器具），112　制冷量≤4千大卡/时的其他空调器（仅装有制冷装置，而无冷热循环装置的）（其他空气调节装置及其零件II类器具），113　制冷量≤4千大卡/时的其他空调器（仅装有制冷装置，而无冷热循环装置的）（其他空气调节装置及其零件III类器具），114　制冷量≤4千大卡/时的其他空调器（仅装有制冷装置，而无冷热循环装置的）（其他空气调节装置及其零件0I类器具），115　制冷量≤4千大卡/时的其他空调器（仅装有制冷装置，而无冷热循环装置的）（其他空气调节装置及其零件0类器具）。

② 该税号项下检验检疫编码及对应中文名称尚有：106　4000大卡<制冷量≤12046大卡/时（14000W）的其他空调（仅装有制冷装置，而无冷热循环装置的）［热循环装置的（分体空调调节器I类器具）］，107　4000大卡<制冷量≤12046大卡/时（14000W）的其他空调（仅装有制冷装置，而无冷热循环装置的）［热循环装置的（分体空调调节器II类器具）］，108　4000大卡<制冷量≤12046大卡/时（14000W）的其他空调（仅装有制冷装置，而无冷热循环装置的）［热循环装置的（分体空调调节器III类器具）］，109　4000大卡<制冷量≤12046大卡/时（14000W）的其他空调（仅装有制冷装置，而无冷热循环装置的）［热循环装置的（分体空调调节器0I类器具）］，110　4000大卡<制冷量≤12046大卡/时（14000W）的其他空调（仅装有制冷装置，而无冷热循环装置的）［热循环装置的（分体空调调节器0类器具）］，111　4000大卡<制冷量≤12046大卡/时（14000W）的其他空调（仅装有制冷装置，而无冷热循环装置的）［热循环装置的（其他空气调节装置及其零件I类器具）］，112　4000大卡<制冷量≤12046大卡/时（14000W）的其他空调（仅装有制冷装置，而无冷热循环装置的）［热循环装置的（其他空气调节装置及其零件II类器具）］，113　4000大卡<制冷量≤12046大卡/时（14000W）的其他空调（仅装有制冷装置，而无冷热循环装置的）［热循环装置的（其他空气调节装置及其零件III类器具）］，114　4000大卡<制冷量≤12046大卡/时（14000W）的其他空调（仅装有制冷装置，而无冷热循环装置的）［热循环装置的（其他空气调节装置及其零件0I类器具）］，115　4000大卡<制冷量≤12046大卡/时（14000W）的其他空调（仅装有制冷装置，而无冷热循环装置的）［热循环装置的（其他空气调节装置及其零件0类器具）］。

税则号列 HS国际统一前6位	本国子目 7~8位	本国子目 9~10位	货品名称中英文 中文 货物名称	英文 Article Description	税费综合信息	计量单位	监管证件代码 进口	监管证件代码 出口	检验检疫类别 进口	检验检疫类别 出口	检验检疫编码	检验检疫编码对应中文名称
841582	20	90	其他制冷量>12046大卡/时（14000W）的其他空调（仅装有制冷装置，而无冷热循环装置的）	Other air conditioning machines, incorporating a refrigerating unit but not incorporating a valve for reversal of the cooling/heat cycle, of a refrigerating effect exceeding 12046 Cal（14000W）per hour	【最】10【普】90 【协东盟】0【协智利】0【协新西兰】0 【协新加坡】0【协秘鲁】0【协哥斯达黎加】0 【协冰岛】0【协瑞士】8【协澳大利亚】0 【协格鲁吉亚】0【协香港】0【协澳门】0 【特-1】0【特-2】0 【增】16【对美加征】10【出】0【退】16	台/千克	A		LM		101	其他制冷量>12046大卡/时（14000W）的其他空调（仅装有制冷装置，而无冷热循环装置的）［热循环装置的（独立窗式空调调节器I类器具）］
											102	其他制冷量>12046大卡/时（14000W）的其他空调（仅装有制冷装置，而无冷热循环装置的）［热循环装置的（独立窗式空调调节器II类器具）］
											103	其他制冷量>12046大卡/时（14000W）的其他空调（仅装有制冷装置，而无冷热循环装置的）［热循环装置的（独立窗式空调调节器III类器具）］
											104	其他制冷量>12046大卡/时（14000W）的其他空调（仅装有制冷装置，而无冷热循环装置的）［热循环装置的（独立窗式空调调节器0I类器具）］
											105	其他制冷量>12046大卡/时（14000W）的其他空调（仅装有制冷装置，而无冷热循环装置的）［热循环装置的（独立窗式空调调节器0类器具）］
											……	……①
841583	00		未装有制冷装置的空调器	Air conditioning machines, not incorporating a refrigerating unit	【最】8【普】90 【协东盟】0【协巴基斯坦】5【协智利】0 【协新西兰】0【协新加坡】0【协秘鲁】0 【协哥斯达黎加】0【协冰岛】0【协瑞士】0 【协澳大利亚】0【协韩国】6【协格鲁吉亚】0 【协香港】0【协澳门】0 【特-1】0【特-2】0【特-3】0 【增】16【对美加征】10【出】0【退】16	台/千克					101	未装有制冷装置的空调器（未装有制冷装置的空调器I类器具）
											102	未装有制冷装置的空调器（未装有制冷装置的空调器II类器具）
											103	未装有制冷装置的空调器（未装有制冷装置的空调器III类器具）
											104	未装有制冷装置的空调器（未装有制冷装置的空调器0I类器具）
											105	未装有制冷装置的空调器（未装有制冷装置的空调器0类器具）

① 该税号项下检验检疫编码及对应中文名称尚有：106　其他制冷量>12046大卡/时（14000W）的其他空调（仅装有制冷装置，而无冷热循环装置的）［热循环装置的（分体空调调节器I类器具）］，107　其他制冷量>12046大卡/时（14000W）的其他空调（仅装有制冷装置，而无冷热循环装置的）［热循环装置的（分体空调调节器II类器具）］，108　其他制冷量>12046大卡/时（14000W）的其他空调（仅装有制冷装置，而无冷热循环装置的）［热循环装置的（分体空调调节器III类器具）］，109　其他制冷量>12046大卡/时（14000W）的其他空调（仅装有制冷装置，而无冷热循环装置的）［热循环装置的（分体空调调节器0I类器具）］，110　其他制冷量>12046大卡/时（14000W）的其他空调（仅装有制冷装置，而无冷热循环装置的）［热循环装置的（分体空调调节器0类器具）］，111　其他制冷量>12046大卡/时（14000W）的其他空调（仅装有制冷装置，而无冷热循环装置的）［热循环装置的（其他空气调节装置及其零件I类器具）］，112　其他制冷量>12046大卡/时（14000W）的其他空调（仅装有制冷装置，而无冷热循环装置的）［热循环装置的（其他空气调节装置及其零件II类器具）］，113　其他制冷量>12046大卡/时（14000W）的其他空调（仅装有制冷装置，而无冷热循环装置的）［热循环装置的（其他空气调节装置及其零件III类器具）］，114　其他制冷量>12046大卡/时（14000W）的其他空调（仅装有制冷装置，而无冷热循环装置的）［热循环装置的（其他空气调节装置及其零件0I类器具）］，115　其他制冷量>12046大卡/时（14000W）的其他空调（仅装有制冷装置，而无冷热循环装置的）［热循环装置的（其他空气调节装置及其零件0类器具）］。

税则号列			货品名称中英文		税费综合信息	计量单位	监管证件代码		检验检疫类别		检验检疫编码	检验检疫编码对应中文名称
HS 国际统一前 6 位	本国子目 7~8 位	本国子目 9~10 位	中文 货物名称	英文 Article Description			进口	出口	进口	出口		
841590	10		其他制冷量≤4 千大卡/时空调的零件（指编号 8415.1010、8415.1021、8415.8110、8415.8210 所列设备的零件）	Of the machines of subheading No. 8415.1010, 8415.1021, 8415.8110 and 8415.8210	【最】8【普】130【暂进】6 【协亚太】5.2【协东盟】0【协香港】0 【协巴基斯坦】5【协智利】0【协新西兰】0 【协新加坡】0【协秘鲁】0【协哥斯达黎加】0 【协冰岛】0【协瑞士】0【协澳大利亚】0 【协韩国】5【协格鲁吉亚】0 【特-1】0【特-2】0【特-3】0 【增】16【对美加征】10【出】0【退】16	千克					999	其他制冷量≤4 千大卡/时空调的零件（指编号 8415.1010、8415.1021、8415.8110、8415.8210 所列设备的零件）
841590	90		其他制冷量>4 千大卡/时空调的	Other parts of air conditioning machine, of a refrigerating effect exceeding 4000 Cal per hour (parts of the machines of subheading No. 84151022、84152000、84158120、84158220、84158300)	【最】8【普】90【暂进】6 【协亚太】5.2【协东盟】0【协香港】0 【协巴基斯坦】5【协智利】0【协新西兰】0 【协新加坡】0【协秘鲁】0【协台湾】0 【协哥斯达黎加】0【协冰岛】0【协瑞士】0 【协澳大利亚】0【协韩国】5【协格鲁吉亚】0 【特-1】0【特-2】0【特-3】0 【增】16【对美加征】10【出】0【退】16	千克					999	其他制冷量>4 千大卡/时空调的零件（指编号 8415.1022、8415.2000、8415.8120、8415.8220、8415.8300 所列设备的零件）
841610	00		使用液体燃料的炉用燃烧器	Furnace burners for liquid fuel	【最】10【普】35 【协亚太】6.5【协东盟】0【协巴基斯坦】5 【协智利】0【协新西兰】0【协新加坡】0 【协秘鲁】0【协哥斯达黎加】0【协冰岛】0 【协瑞士】0【协澳大利亚】0【协韩国】5 【协格鲁吉亚】0【协香港】0【协澳门】0 【特-1】0【特-2】0 【增】16【对美加征】10【出】0【退】16	千克	6				999	使用液体燃料的炉用燃烧器
841620	11	01	溴化锂空调用天然气燃烧机	Natural gas burners for lithium bromide air conditioners	【最】10【普】35【暂进】5 【协东盟】0【协巴基斯坦】5【协智利】0 【协新西兰】0【协新加坡】0【协秘鲁】0 【协哥斯达黎加】0【协冰岛】0【协瑞士】4.2 【协澳大利亚】0【协韩国】5.2【协格鲁吉亚】0 【协香港】0【协澳门】0 【特-1】0【特-2】0 【增】16【对美加征】10【出】0【退】16	千克	6				999	溴化锂空调用天然气燃烧机
841620	11	90	其他使用天然气的炉用燃烧器	Other natural gas furnace burners	【最】10【普】35 【协东盟】0【协巴基斯坦】5【协智利】0 【协新西兰】0【协新加坡】0【协秘鲁】0 【协哥斯达黎加】0【协冰岛】0【协瑞士】4.2 【协澳大利亚】0【协韩国】5.2【协格鲁吉亚】0 【协香港】0【协澳门】0 【特-1】0【特-2】0 【增】16【对美加征】10【出】0【退】16	千克	6				999	其他使用天然气的炉用燃烧器
841620	19		使用其他气的炉用燃烧器	Other gas furnace burners	【最】10【普】35 【协东盟】0【协巴基斯坦】5【协智利】0 【协新西兰】0【协新加坡】0【协秘鲁】0 【协哥斯达黎加】0【协冰岛】0【协瑞士】4.2 【协澳大利亚】0【协韩国】5.2【协格鲁吉亚】0 【协香港】0【协澳门】0 【特-1】0【特-2】0 【增】16【对美加征】10【出】0【退】16	千克	6				999	使用其他气的炉用燃烧器
841620	90	01	溴化锂空调用复式燃烧机	Duplex burners for lithium bromide air conditioners	【最】10【普】35【暂进】5 【协东盟】0【协巴基斯坦】5【协智利】0 【协新西兰】0【协新加坡】0【协秘鲁】0 【协哥斯达黎加】0【协冰岛】0【协瑞士】0 【协澳大利亚】0【协韩国】5.2【协格鲁吉亚】0 【协香港】0【协澳门】0 【特-1】0【特-2】0 【增】16【对美加征】10【出】0【退】16	千克	6				999	溴化锂空调用复式燃烧机

税则号列 HS国际统一前6位	本国子目 7~8位	本国子目 9~10位	货品名称中英文 中文 货物名称	货品名称中英文 英文 Article Description	税费综合信息	计量单位	监管证件代码 进口	监管证件代码 出口	检验检疫类别 进口	检验检疫类别 出口	检验检疫编码	检验检疫编码对应中文名称
841620	90	90	其他使用粉状固体燃料炉用燃烧器（包括其他复式燃烧器）	Other furnace burners for pulverized solid fuel (including other duplex burners)	【最】10【普】35 【协东盟】0【协巴基斯坦】5【协智利】0 【协新西兰】0【协新加坡】0【协秘鲁】0 【协哥斯达黎加】0【协冰岛】0【协瑞士】0 【协澳大利亚】0【协韩国】5.2【协格鲁吉亚】0 【协香港】0【协澳门】0 【特-1】0【特-2】0 【增】16【对美加征】10【出】0【退】16	千克	6				999	其他使用粉状固体燃料炉用燃烧器（包括其他复式燃烧器）
841630	00		机械加煤机及类似装置（包括机械炉篦、机械出灰器）	Mechanical stokers, including their mechanical grates, mechanical ash dischargers and similar appliances	【最】8【普】35 【协东盟】0【协巴基斯坦】5【协智利】0 【协新西兰】0【协秘鲁】0【协哥斯达黎加】0 【协冰岛】0【协瑞士】0【协澳大利亚】0 【协韩国】0【协格鲁吉亚】0【协香港】0 【协澳门】0 【特-1】0【特-2】0 【增】16【出】0【退】16	千克	6				101 102	机械加煤机及类似装置（包括机械炉篦、机械出灰器）（煤炭行业成套设备） 机械加煤机及类似装置（包括机械炉篦、机械出灰器）（其他行业成套设备）
841690	00		炉用燃烧器、机械加煤机等的零件（包括机械炉篦、机械出灰器及类似装置用的零件）	Parts of mechanical stokers, furnace burners, including their mechanical grates, mechanical ash dischargers and similar appliances	【最】6【普】35 【协东盟】0【协巴基斯坦】5【协智利】0 【协新西兰】0【协秘鲁】0【协哥斯达黎加】0 【协冰岛】0【协瑞士】0【协澳大利亚】0 【协韩国】0【协格鲁吉亚】0【协香港】0 【协澳门】0 【特-1】0【特-2】0 【增】16【对美加征】5【出】0【退】16	千克					999	炉用燃烧器、机械加煤机等的零件（包括机械炉篦、机械出灰器及类似装置用的零件）
841710	00		矿砂、金属的焙烧、熔化用炉	Furnaces and ovens for the roasting, melting or other heattreatment of ores, pyrites or of metals	【最】10【普】35 【协东盟】0【协巴基斯坦】5【协智利】0 【协新西兰】0【协新加坡】0【协秘鲁】0 【协哥斯达黎加】0【协冰岛】0【协瑞士】0 【协澳大利亚】0【协韩国】5【协格鲁吉亚】0 【协香港】0【协澳门】0 【特-1】0【特-2】0 【增】16【对美加征】10【出】0【退】16	台/千克	6A		M		999	矿砂、金属的焙烧、熔化用炉（含烘箱及黄铁矿的焙烧、溶化或其他热处理用炉及烘箱）
841720	00		面包房用烤炉及烘箱等（包括做饼干用的）	Bakery ovens, including biscuit ovens	【最】10【普】35 【协东盟】0【协巴基斯坦】5【协智利】0 【协新西兰】0【协秘鲁】0【协哥斯达黎加】0 【协冰岛】0【协瑞士】0【协澳大利亚】0 【协韩国】5【协格鲁吉亚】0【协香港】0 【协澳门】0 【特-1】0【特-2】0 【增】16【对美加征】5【出】0【退】16	台/千克	A		R		999	面包房用烤炉及烘箱等（包括做饼干用的）
841780	10		炼焦炉	Coke ovens	【最】10【普】35 【协东盟】0【协巴基斯坦】5【协智利】0 【协新西兰】0【协秘鲁】0【协哥斯达黎加】0 【协冰岛】0【协瑞士】0【协澳大利亚】0 【协韩国】5【协格鲁吉亚】0【协香港】0 【协澳门】0 【特-1】0【特-2】0 【增】16【出】0【退】16	台/千克	6A		M		999	炼焦炉
841780	20		放射性废物焚烧炉	Burn furnaces for radioactive waste	【最】5【普】35 【协亚太】3.5【协东盟】0【协巴基斯坦】0 【协智利】0【协新西兰】0【协秘鲁】0 【协哥斯达黎加】0【协冰岛】0【协瑞士】0 【协澳大利亚】0【协韩国】0【协格鲁吉亚】0 【协香港】0【协澳门】0 【特-1】0【特-2】0 【增】16【出】0【退】16	台/千克	6A		M		999	放射性废物焚烧炉
841780	30		水泥回转窑	Cement rotary kilns	【最】10【普】35 【协亚太】7【协东盟】0【协巴基斯坦】5 【协智利】0【协新西兰】0【协新加坡】0 【协秘鲁】0【协哥斯达黎加】0【协冰岛】0 【协瑞士】0【协澳大利亚】0【协韩国】5 【协格鲁吉亚】0【协香港】0【协澳门】0 【特-1】0【特-2】0 【增】16【出】0【退】16	台/千克	A		M		999	水泥回转窑

税则号列			货品名称中英文		税费综合信息	计量单位	监管证件代码		检验检疫类别		检验检疫编码	检验检疫编码对应中文名称
HS国际统一前6位	本国子目 7~8位	9~10位	中文 货物名称	英文 Article Description			进口	出口	进口	出口		
841780	40		石灰石分解炉	Limestone decomposition furnace	【最】10【普】35 【协东盟】0【协巴基斯坦】5【协智利】0 【协新西兰】0【协秘鲁】0【协哥斯达黎加】0 【协冰岛】0【协瑞士】0【协澳大利亚】0 【协韩国】5【协格鲁吉亚】0【协香港】0 【协澳门】0 【特-1】0【特-2】0 【增】16【出】0【退】16	台/千克	A		M		999	石灰石分解炉
841780	50		垃圾焚烧炉	Refuse incinerator	【最】10【普】35【暂进】5 【协东盟】0【协巴基斯坦】5【协智利】0 【协新西兰】0【协新加坡】0【协秘鲁】0 【协台湾】0【协哥斯达黎加】0【协冰岛】0 【协瑞士】5【协澳大利亚】0【协韩国】7.5 【协格鲁吉亚】0【协香港】0【协澳门】0 【特-1】0【特-2】0 【增】16【出】0【退】16	台/千克	6A		M		999	垃圾焚烧炉
841780	90	10	平均温度>1000℃的耐腐蚀焚烧炉（为销毁管制化学品或化学弹药用）	Corrosion-resistent incinerators with an average temperature >1000℃ (to destroy controlled chemicals or chemical ammunition)	【最】10【普】35 【协东盟】0【协巴基斯坦】5【协智利】0 【协新西兰】0【协新加坡】0【协秘鲁】0 【协台湾】0【协哥斯达黎加】0【协冰岛】0 【协瑞士】5【协澳大利亚】0【协韩国】7.5 【协格鲁吉亚】0【协香港】0【协澳门】0 【特-1】0【特-2】0 【增】16【对美加征】10【出】0【退】16	台/千克	6A	3	M		999	平均温度>1000℃的耐腐蚀焚烧炉（为销毁管制化学品或化学弹药用）
841780	90	20	热裂解炉	Thermal cracking furnace	【最】10【普】35【暂进】5 【协东盟】0【协巴基斯坦】5【协智利】0 【协新西兰】0【协新加坡】0【协秘鲁】0 【协台湾】0【协哥斯达黎加】0【协冰岛】0 【协瑞士】5【协澳大利亚】0【协韩国】7.5 【协格鲁吉亚】0【协香港】0【协澳门】0 【特-1】0【特-2】0 【增】16【对美加征】10【出】0【退】16	台/千克	6A		M		999	热裂解炉
841780	90	90	其他非电热的工业用炉及烘箱（包括实验室用炉、烘箱和焚烧炉）	Other non-electric industrial furnances and ovens (including laboratory furnaces, ovens and incinerators)	【最】10【普】35 【协东盟】0【协巴基斯坦】5【协智利】0 【协新西兰】0【协新加坡】0【协秘鲁】0 【协台湾】0【协哥斯达黎加】0【协冰岛】0 【协瑞士】5【协澳大利亚】0【协韩国】7.5 【协格鲁吉亚】0【协香港】0【协澳门】0 【特-1】0【特-2】0 【增】16【对美加征】10【出】0【退】16	台/千克	6A		M		999	其他非电热的工业用炉及烘箱（包括实验室用炉、烘箱和焚烧炉）
841790	10		海绵铁回转窑的零件	Parts for sponge iron rotary kiln	【最】7【普】35 【协亚太】4.9【协东盟】0【协巴基斯坦】5 【协智利】0【协新西兰】0【协秘鲁】0 【协哥斯达黎加】0【协冰岛】0【协瑞士】0 【协澳大利亚】0【协韩国】0【协格鲁吉亚】0 【协香港】0【协澳门】0 【特-1】0【特-2】0 【增】16【出】0【退】16	千克					999	海绵铁回转窑的零件
841790	20		炼焦炉的零件	Parts for coke ovens	【最】7【普】35 【协亚太】4.9【协东盟】0【协巴基斯坦】5 【协智利】0【协新西兰】0【协秘鲁】0 【协哥斯达黎加】0【协冰岛】0【协瑞士】0 【协澳大利亚】0【协韩国】0【协格鲁吉亚】0 【协香港】0【协澳门】0 【特-1】0【特-2】0 【增】16【出】0【退】16	千克					999	炼焦炉的零件
841790	90	10	垃圾焚烧炉和放射性废物焚烧炉的零件	Furnace and radioactive waste incinertor waste incineration parts	【最】7【普】35【暂进】5 【协东盟】0【协巴基斯坦】5【协智利】0 【协新西兰】0【协秘鲁】0【协哥斯达黎加】0 【协冰岛】0【协瑞士】2.8【协澳大利亚】0 【协韩国】0【协格鲁吉亚】0【协香港】0 【协澳门】0 【特-1】0【特-2】0 【增】16【对美加征】10【出】0【退】16	千克					999	垃圾焚烧炉和放射性废物焚烧炉的零件

税则号列 HS国际统一前6位	本国子目 7~8位	本国子目 9~10位	货品名称中英文 中文 货物名称	货品名称中英文 英文 Article Description	税费综合信息	计量单位	监管证件代码 进口	监管证件代码 出口	检验检疫类别 进口	检验检疫类别 出口	检验检疫编码	检验检疫编码对应中文名称
841790	90	90	其他非电热工业用炉及烘箱的零件（包括实验室用炉及烘箱的零件和焚烧炉零件）	Other electric industrial stove and oven parts (including laboratory parts and incinerators parts) from the stove and oven	【最】7【普】35 【协东盟】0【协巴基斯坦】5【协智利】0 【协新西兰】0【协秘鲁】0【协哥斯达黎加】0 【协冰岛】0【协瑞士】2.8【协澳大利亚】0 【协韩国】0【协格鲁吉亚】0【协香港】0 【协澳门】0 【特-1】0【特-2】0 【增】16【对美加征】10【出】0【退】16	千克					999	其他非电热工业用炉及烘箱的零件（包括实验室用炉及烘箱的零件和焚烧炉零件）
841810	10		容积＞500升冷藏—冷冻组合机（各自装有单独外门的） 【电商】	Combined refrigerator-freezers, fitted with separate external doors, of a capacity exceeding 500L	【最】9【普】100 【协东盟】0【协巴基斯坦】5【协智利】0 【协新西兰】0【协新加坡】0【协秘鲁】0 【协哥斯达黎加】0【协冰岛】0【协瑞士】0 【协澳大利亚】0【协韩国】7.5【协格鲁吉亚】0 【协香港】0【协澳门】0 【特-1】0【特-2】0【特-3】0 【增】16【对美加征】10【出】0【退】16	台/千克	A				101 102 103 104 105	101 容积>500升冷藏—冷冻组合机（各自装有单独外门的）（冷藏冷冻组合机I类器具） 102 容积>500升冷藏—冷冻组合机（各自装有单独外门的）（冷藏冷冻组合机II类器具） 103 容积>500升冷藏—冷冻组合机（各自装有单独外门的）（冷藏冷冻组合机III类器具） 104 容积>500升冷藏—冷冻组合机（各自装有单独外门的）（冷藏冷冻组合机0I类器具） 105 容积>500升冷藏—冷冻组合机（各自装有单独外门的）（冷藏冷冻组合机0类器具）
841810	20		200升＜容积≤500升冷藏冷冻组合机（各自装有单独外门的） 【电商】	Combined refrigerator-freezers, fitted with separate external doors, of a capacity exceeding 200L, not exceeding 500L	【最】8【普】130 【协东盟】0【协巴基斯坦】12【协智利】0 【协新西兰】0【协新加坡】0【协秘鲁】0 【协哥斯达黎加】0【协冰岛】0【协瑞士】6 【协澳大利亚】0【协韩国】7.5【协格鲁吉亚】0 【协香港】0【协澳门】0 【特-1】0【特-2】0 【增】16【对美加征】10【出】0【退】16	台/千克	A		LM		101 102 103 104 105	101 200升<容积≤500升冷藏冷冻组合机（各自装有单独外门的）（冷藏冷冻组合机I类器具） 102 200升<容积≤500升冷藏冷冻组合机（各自装有单独外门的）（冷藏冷冻组合机II类器具） 103 200升<容积≤500升冷藏冷冻组合机（各自装有单独外门的）（冷藏冷冻组合机III类器具） 104 200升<容积≤500升冷藏冷冻组合机（各自装有单独外门的）（冷藏冷冻组合机0I类器具） 105 200升<容积≤500升冷藏冷冻组合机（各自装有单独外门的）（冷藏冷冻组合机0类器具）
841810	30		容积≤200升冷藏—冷冻组合机（各自装有单独外门的）	Combined refrigerator-freezers, fitted with separate external doors, of a capacity not exceeding 200L	【最】8【普】130 【协东盟】0【协巴基斯坦】12【协智利】0 【协新西兰】0【协新加坡】0【协秘鲁】0 【协哥斯达黎加】0【协冰岛】0【协瑞士】6 【协澳大利亚】0【协格鲁吉亚】0【协香港】0 【协澳门】0 【特-1】0【特-2】0 【增】16【对美加征】5【出】0【退】16	台/千克	A		LM		101 102 103 104 105	101 容积≤200升冷藏—冷冻组合机（各自装有单独外门的）（冷藏冷冻组合机I类器具） 102 容积≤200升冷藏—冷冻组合机（各自装有单独外门的）（冷藏冷冻组合机II类器具） 103 容积≤200升冷藏—冷冻组合机（各自装有单独外门的）（冷藏冷冻组合机III类器具） 104 容积≤200升冷藏—冷冻组合机（各自装有单独外门的）（冷藏冷冻组合机0I类器具） 105 容积≤200升冷藏—冷冻组合机（各自装有单独外门的）（冷藏冷冻组合机0类器具）

税则号列 HS国际统一前6位	本国子目 7~8位	本国子目 9~10位	货品名称中英文 中文 货物名称	货品名称中英文 英文 Article Description	税费综合信息	计量单位	监管证件代码 进口	监管证件代码 出口	检验检疫类别 进口	检验检疫类别 出口	检验检疫编码	检验检疫编码对应中文名称
841821	10		容积＞150升压缩式家用型冷藏箱	Compression-type house-hold refrigerators, of a capacity exceeding 150L	【最】8【普】130 【协东盟】0【协巴基斯坦】5【协智利】0 【协新西兰】0【协新加坡】0【协秘鲁】0 【协哥斯达黎加】0【协冰岛】0【协瑞士】0 【协澳大利亚】0【协韩国】5【协格鲁吉亚】0 【协香港】0【协澳门】0 【特-1】0【特-2】0【特-3】0 【增】16【对美加征】10【出】0【退】16	台/千克	A		LMR		101 102 103 104 105	容积>150升压缩式家用型冷藏箱（压缩式家用型冷藏箱I类器具） 容积>150升压缩式家用型冷藏箱（压缩式家用型冷藏箱II类器具） 容积>150升压缩式家用型冷藏箱（压缩式家用型冷藏箱III类器具） 容积>150升压缩式家用型冷藏箱（压缩式家用型冷藏箱0I类器具） 容积>150升压缩式家用型冷藏箱（压缩式家用型冷藏箱0类器具）
841821	20		压缩式家用型冷藏箱（50升＜容积≤150升）【电商】	Compression-type house-hold refrigerators, of a capacity exceeding 50L, not exceeding 150L	【最】8【普】130 【协亚太】5.2【协东盟】0【协巴基斯坦】5 【协智利】0【协新西兰】0【协新加坡】0 【协秘鲁】0【协哥斯达黎加】0【协冰岛】0 【协瑞士】0【协澳大利亚】0【协韩国】5 【协格鲁吉亚】0【协香港】0【协澳门】0 【特-1】0【特-2】0【特-3】0 【增】16【对美加征】10【出】0【退】16	台/千克	A		LMR		101 102 103 104 105	压缩式家用型冷藏箱（50升<容积≤150升）（压缩式家用型冷藏箱I类器具） 压缩式家用型冷藏箱（50升<容积≤150升）（压缩式家用型冷藏箱II类器具） 压缩式家用型冷藏箱（50升<容积≤150升）（压缩式家用型冷藏箱III类器具） 压缩式家用型冷藏箱（50升<容积≤150升）（压缩式家用型冷藏箱0I类器具） 压缩式家用型冷藏箱（50升<容积≤150升）（压缩式家用型冷藏箱0类器具）
841821	30		容积≤50升压缩式家用型冷藏箱	Compression-type house-hold refrigerators, of a capacity not exceeding 50L	【最】8【普】130 【协亚太】5.2【协东盟】0【协巴基斯坦】5 【协智利】0【协新西兰】0【协新加坡】0 【协秘鲁】0【协哥斯达黎加】0【协冰岛】0 【协瑞士】0【协澳大利亚】0【协韩国】5 【协格鲁吉亚】0【协香港】0【协澳门】0 【特-1】0【特-2】0【特-3】0 【增】16【对美加征】5【出】0【退】16	台/千克	A		LMR		101 102 103 104 105	容积≤50升压缩式家用型冷藏箱（压缩式家用型冷藏箱I类器具） 容积≤50升压缩式家用型冷藏箱（压缩式家用型冷藏箱II类器具） 容积≤50升压缩式家用型冷藏箱（压缩式家用型冷藏箱III类器具） 容积≤50升压缩式家用型冷藏箱（压缩式家用型冷藏箱0I类器具） 容积≤50升压缩式家用型冷藏箱（压缩式家用型冷藏箱0类器具）
841829	10		半导体制冷式家用型冷藏箱	Compression-type house-hold refrigerators, semiconductor freezing type	【最】8【普】130 【协东盟】0【协智利】0【协新西兰】0 【协新加坡】0【协秘鲁】0【协哥斯达黎加】0 【协冰岛】0【协瑞士】8【协澳大利亚】0 【协格鲁吉亚】0【协香港】0【协澳门】0 【特-1】0【特-2】0 【增】16【出】0【退】16	台/千克	A		LMR		999	半导体制冷式家用型冷藏箱
841829	20		电气吸收式家用型冷藏箱	Compression-type house-hold refrigerators, absorption-type, electrical	【最】8【普】130 【协东盟】0【协巴基斯坦】12【协智利】0 【协新西兰】0【协新加坡】0【协秘鲁】0 【协哥斯达黎加】0【协冰岛】0【协瑞士】6 【协澳大利亚】0【协韩国】7.5【协格鲁吉亚】0 【协香港】0【协澳门】0 【特-1】0【特-2】0 【增】16【出】0【退】16	台/千克	A		LR		101 102 103 104 105	电气吸收式家用型冷藏箱（电气吸收式家用型冷藏箱I类器具） 电气吸收式家用型冷藏箱（电气吸收式家用型冷藏箱II类器具） 电气吸收式家用型冷藏箱（电气吸收式家用型冷藏箱III类器具） 电气吸收式家用型冷藏箱（电气吸收式家用型冷藏箱0I类器具） 电气吸收式家用型冷藏箱（电气吸收式家用型冷藏箱0类器具）

税则号列			货品名称中英文		税费综合信息	计量单位	监管证件代码		检验检疫类别		检验检疫编码	检验检疫编码对应中文名称
HS 国际统一前6位	本国子目 7~8位	9~10位	中文 货物名称	英文 Article Description			进口	出口	进口	出口		
841829	90		其他家用型冷藏箱	Other house-hold refrigerators	【最】8【普】130 【协东盟】0【协智利】0【协新西兰】0 【协新加坡】0【协秘鲁】0【协哥斯达黎加】0 【协冰岛】0【协瑞士】8【协澳大利亚】0 【协格鲁吉亚】0【协香港】0【协澳门】0 【特-1】0【特-2】0 【增】16【出】0【退】16	台/千克	A		LMR		999	其他家用型冷藏箱
841830	10		制冷温度≤-40℃的柜式冷冻箱（客积不超过800升）	Freezers of the chest type, not exceeding 800L capacity, of a refrigerating temperature of -40℃ or lower	【最】9【普】50 【协东盟】0【协澳门】0【协巴基斯坦】5 【协智利】0【协新西兰】0【协秘鲁】0 【协哥斯达黎加】0【协冰岛】0【协瑞士】0 【协澳大利亚】0【协格鲁吉亚】0【协香港】0 【特-1】0【特-2】0【特-3】0 【增】16【对美加征】5【出】0【退】16	台/千克	A		M		999	制冷温度≤-40℃的柜式冷冻箱（客积不超过800升）
841830	21		制冷温度>-40℃大的其他柜式冷冻箱（大的指容积>500升，但≤800升）	Freezers of the chest type, exceeding 500L but not exceeding 800L capacity, of a refrigerating temperature of -40℃ or more	【最】9【普】100 【协东盟】0【协澳门】0【协智利】0 【协新西兰】0【协新加坡】0【协秘鲁】0 【协哥斯达黎加】0【协冰岛】0【协瑞士】9 【协澳大利亚】0【协韩国】17.2 【协格鲁吉亚】0【协香港】0 【特-1】0【特-2】0 【增】16【对美加征】10【出】0【退】16	台/千克	A				999	制冷温度>-40℃大的其他柜式冷冻箱（大的指容积>500升，但≤800升）
841830	29		制冷温度>-40℃小的其他柜式冷冻箱（小的指容积≤500升）	Other freezers of the chest type, not exceeding 500L capacity, of a refrigerating temperature of -40℃ or more	【最】8【普】130 【协东盟】0【协澳门】0【协智利】0 【协新西兰】0【协新加坡】0【协秘鲁】0 【协哥斯达黎加】0【协冰岛】0【协瑞士】8 【协澳大利亚】0【协格鲁吉亚】0【协香港】0 【特-1】0【特-2】0 【增】16【对美加征】10【出】0【退】16	台/千克	A		LM		999	制冷温度>-40℃小的其他柜式冷冻箱（小的指容积≤500升）
841840	10		制冷温度≤-40℃的立式冷冻箱（容积≤900升）	Freezer of the upright type, not exceeding 900L capacity, of a refrigerating temperature of -40℃ or lower	【最】9【普】50 【协东盟】0【协澳门】0【协巴基斯坦】5 【协智利】0【协新西兰】0【协秘鲁】0 【协哥斯达黎加】0【协冰岛】0【协瑞士】0 【协澳大利亚】0【协格鲁吉亚】0【协香港】0 【特-1】0【特-2】0【特-3】0 【增】16【对美加征】5【出】0【退】16	台/千克	A		M		999	制冷温度≤-40℃的立式冷冻箱（容积≤900升）
841840	21		制冷温度>-40℃大的立式冷冻箱（大的指容积>500升，但≤900升）	Freezer of the upright type, exceeding 500L but not exceeding 900L capacity, of a refrigerating temperature of -40℃ or more	【最】9【普】100 【协亚太】6.3【协东盟】0【协澳门】0 【协巴基斯坦】12【协智利】0【协新西兰】0 【协新加坡】0【协秘鲁】0【协哥斯达黎加】0 【协冰岛】0【协瑞士】6【协澳大利亚】0 【协格鲁吉亚】0【协香港】0 【特-1】0【特-2】0 【增】16【对美加征】5【出】0【退】16	台/千克	A				999	制冷温度>-40℃大的立式冷冻箱（大的指容积>500升，但≤900升）
841840	29		制冷温度>-40℃小的立式冷冻箱（小的指容积≤500升）	Freezer of the upright type, not exceeding 500L capacity, of a refrigerating temperature of -40℃ or more	【最】8【普】130 【协东盟】0【协澳门】0【协智利】0 【协新西兰】0【协新加坡】0【协秘鲁】0 【协哥斯达黎加】0【协冰岛】0【协澳大利亚】0 【协格鲁吉亚】0【协香港】0 【特-1】0【特-2】0 【增】16【对美加征】10【出】0【退】16	台/千克	A		LM		999	制冷温度>-40℃小的立式冷冻箱（小的指容积≤500升）
841850	00		装有冷藏或冷冻装置的其他设备，用于存储及展示（包括柜、箱、展示台、陈列箱及类似品）	Other furniture(chests cabinets, display counters, show-cases and the like) for storage and display, incorporating refrigerating or freezing equipment	【最】9【普】100 【协东盟】0【协香港】0【协澳门】0 【协巴基斯坦】5【协智利】0【协新西兰】0 【协新加坡】0【协秘鲁】0【协哥斯达黎加】0 【协冰岛】0【协瑞士】0【协澳大利亚】0 【协韩国】5【协格鲁吉亚】0 【特-1】0【特-2】0【特-3】0 【增】16【对美加征】5【出】0【退】16	台/千克	A		LM		101 102	装有冷藏或冷冻装置的其他设备，用于存储及展示（包括柜、箱、展示台、陈列箱及类似品）（制冰机I类器具） 装有冷藏或冷冻装置的其他设备，用于存储及展示（包括柜、箱、展示台、陈列箱及类似品）（制冰机II类器具）

税则号列 HS国际统一前6位	本国子目 7~8位	本国子目 9~10位	货品名称中英文 中文 货物名称	货品名称中英文 英文 Article Description	税费综合信息	计量单位	监管证件代码 进口	监管证件代码 出口	检验检疫类别 进口	检验检疫类别 出口	检验检疫编码	检验检疫编码对应中文名称
											103	装有冷藏或冷冻装置的其他设备，用于存储及展示（包括柜、箱、展示台、陈列箱及类似品）（制冰机 III 类器具）
											104	装有冷藏或冷冻装置的其他设备，用于存储及展示（包括柜、箱、展示台、陈列箱及类似品）（制冰机 0I 类器具）
											105	装有冷藏或冷冻装置的其他设备，用于存储及展示（包括柜、箱、展示台、陈列箱及类似品）（制冰机 0 类器具）
											……	……①
841861	20	10	压缩式制冷机组的热泵（介质为氢、氦的可冷却到≤23K且排热>150W）	Heat pumps for compression-type refrigerating units (cooled to ≤ 23K, and heat elimination > 150W, with hydrogen and helium as their media)	【最】9【普】90 【协亚太】5.9【协东盟】0【协巴基斯坦】5 【协智利】0【协新西兰】0【协新加坡】0 【协秘鲁】0【协哥斯达黎加】0【协冰岛】0 【协瑞士】0【协澳大利亚】0【协韩国】5 【协格鲁吉亚】0【协香港】0【协澳门】0 【特-1】0【特-2】0【特-3】0 【增】16【对美加征】10【出】0【退】16	台/千克		3			999	压缩式制冷机组的热泵（介质为氢、氦的可冷却到≤23K且排热>150W）
841861	20	90	其他压缩式热泵，税目84.15的空气调节器除外	Other compression type heat pumps, excluding air conditioning machines listed in Heading No. 84.15	【最】9【普】90 【协亚太】5.9【协东盟】0【协巴基斯坦】5 【协智利】0【协新西兰】0【协新加坡】0 【协秘鲁】0【协哥斯达黎加】0【协冰岛】0 【协瑞士】0【协澳大利亚】0【协韩国】5 【协格鲁吉亚】0【协香港】0【协澳门】0 【特-1】0【特-2】0【特-3】0 【增】16【对美加征】10【出】0【退】16	台/千克					999	其他压缩式热泵，税目84.15的空气调节器除外
841861	90		其他热泵，税目84.15的空气调节器除外	Other heat pumps, excluding air conditioning machines listed in Heading No. 84.15	【最】9【普】130 【协亚太】4.5【协东盟】0【协澳门】0 【协巴基斯坦】7【协智利】0【协新西兰】0 【协新加坡】0【协秘鲁】0【协哥斯达黎加】0 【协冰岛】0【协瑞士】6【协澳大利亚】0 【协韩国】7.5【协格鲁吉亚】0【协香港】0 【特-1】0【特-2】0 【增】16【对美加征】10【出】0【退】16	台/千克					999	其他热泵，税目84.15的空气调节器除外
841869	20	10	其他压缩式制冷设备（介质为氢或氦，可冷却到≤23K且排热>150W）	Other compression type refrigeration equipments (cooled to ≤ 23K, and heat elimination > 150W, with hydrogen and helium as their media)	【最】9【普】90 【协亚太】5.9【协东盟】0【协澳门】0 【协巴基斯坦】5【协智利】0【协新西兰】0 【协新加坡】0【协秘鲁】0【协哥斯达黎加】0 【协冰岛】0【协瑞士】0【协澳大利亚】0 【协韩国】5【协格鲁吉亚】0【协香港】0 【特-1】0【特-2】0【特-3】0 【增】16【对美加征】10【出】0【退】16	台/千克		3			999	其他压缩式制冷设备（介质为氢或氦，可冷却到≤23K且排热>150W）
841869	20	90	其他制冷机组	Other refrigerating units	【最】9【普】90 【协亚太】5.9【协东盟】0【协澳门】0 【协巴基斯坦】5【协智利】0【协新西兰】0 【协新加坡】0【协秘鲁】0【协哥斯达黎加】0 【协冰岛】0【协瑞士】0【协澳大利亚】0 【协韩国】5【协格鲁吉亚】0【协香港】0 【特-1】0【特-2】0【特-3】0 【增】16【对美加征】10【出】0【退】16	台/千克					999	其他制冷机组

① 该税号项下检验检疫编码及对应中文名称尚有：106　装有冷藏或冷冻装置的其他设备，用于存储及展示（包括柜、箱、展示台、陈列箱及类似品）（其他冷藏冷冻柜设备及其零件）。

税则号列			货品名称中英文		税费综合信息	计量单位	监管证件代码		检验检疫类别		检验检疫编码	检验检疫编码对应中文名称
HS国际统一前6位	本国子目 7~8位	本国子目 9~10位	中文 货物名称	英文 Article Description			进口	出口	进口	出口		
841869	90	10	带制冷装置的发酵罐（不发散气溶胶，且容积大于20升）	Fermenters with refrigeration appliances (non-divergent aerosol, volume>20L)	【最】9【普】130 【协亚太】5.9【协东盟】0【协澳门】0 【协巴基斯坦】5【协智利】0【协新西兰】0 【协新加坡】0【协秘鲁】0【协哥斯达黎加】0 【协冰岛】0【协瑞士】4【协澳大利亚】0 【协韩国】5【协格鲁吉亚】0【协香港】0 【特-1】0【特-2】0【特-3】0 【增】16【对美加征】5【出】0【退】16	台/千克		3			999	带制冷装置的发酵罐（不发散气溶胶，且容积大于20升）
841869	90	20	制冰机、冰激凌机	Ice makers and ice cream machines	【最】9【普】130 【协亚太】5.9【协东盟】0【协澳门】0 【协巴基斯坦】5【协智利】0【协新西兰】0 【协新加坡】0【协秘鲁】0【协哥斯达黎加】0 【协冰岛】0【协瑞士】4【协澳大利亚】0 【协韩国】5【协格鲁吉亚】0【协香港】0 【特-1】0【特-2】0【特-3】0 【增】16【对美加征】5【出】0【退】16	台/千克	A				101 102 103 104 105 ……	制冰机、冰激凌机（制冰机I类器具） 制冰机、冰激凌机（制冰机II类器具） 制冰机、冰激凌机（制冰机III类器具） 制冰机、冰激凌机（制冰机0类器具） 制冰机、冰激凌机（制冰机0I类器具） ……①
841869	90	90	其他制冷设备	Other refrigeration equipments	【最】9【普】130 【协亚太】5.9【协东盟】0【协澳门】0 【协巴基斯坦】5【协智利】0【协新西兰】0 【协新加坡】0【协秘鲁】0【协哥斯达黎加】0 【协冰岛】0【协瑞士】4【协澳大利亚】0 【协韩国】5【协格鲁吉亚】0【协香港】0 【特-1】0【特-2】0【特-3】0 【增】16【对美加征】5【出】0【退】16	台/千克					999	其他制冷设备
841891	00		冷藏或冷冻设备专用的特制家具	Furniture designed to receive refrigerating or freezing equipment	【最】9【普】130 【协亚太】5.9【协东盟】0【协巴基斯坦】14.4 【协智利】0【协新西兰】0【协新加坡】0 【协秘鲁】0【协哥斯达黎加】0【协冰岛】0 【协瑞士】7.2【协澳大利亚】0【协韩国】9 【协格鲁吉亚】0【协香港】0【协澳门】0 【特-1】0【特-2】0 【增】16【对美加征】10【出】0【退】16	千克					999	冷藏或冷冻设备专用的特制家具
841899	10		制冷机组及热泵用零件	Parts of refrigerating units and heat pumps	【最】9【普】90【暂进】6 【协东盟】0【协巴基斯坦】5【协智利】0 【协新西兰】0【协新加坡】0【协秘鲁】0 【协哥斯达黎加】0【协冰岛】0【协瑞士】0 【协澳大利亚】0【协韩国】5【协格鲁吉亚】0 【协香港】0【协澳门】0 【特-1】0【特-2】0【特-3】0 【增】16【对美加征】5【出】0【退】16	千克					999	制冷机组及热泵用零件
841899	91		制冷温度≤-40℃冷冻设备零件	Parts of freezing equipment of a refrigerating temperature of -40℃ or lower	【最】9【普】50【暂进】6 【协东盟】0【协澳门】0【协巴基斯坦】5 【协智利】0【协新西兰】0【协秘鲁】0 【协哥斯达黎加】0【协冰岛】0【协瑞士】0 【协澳大利亚】0【协韩国】0 【协格鲁吉亚】0【协香港】0 【特-1】0【特-2】0【特-3】0 【增】16【对美加征】5【出】0【退】16	千克					999	制冷温度≤-40℃冷冻设备零件
841899	92		制冷温度>-40℃大冷藏设备零件（大仅指容积超过500升的冷藏或冷冻设备用的零件）	Parts of refrigerating or freezing equipment of a refrigerating temperature higher than -40℃ and a capacity exceeding 500L	【最】9【普】100【暂进】6 【协东盟】0【协澳门】0【协巴基斯坦】5 【协智利】0【协新西兰】0【协秘鲁】0 【协哥斯达黎加】0【协冰岛】0【协瑞士】0 【协澳大利亚】0【协韩国】5【协格鲁吉亚】0 【协香港】0 【特-1】0【特-2】0【特-3】0 【增】16【对美加征】10【出】0【退】16	千克					999	制冷温度>-40℃大冷藏设备零件（大仅指容积超过500升的冷藏或冷冻设备用的零件）

① 该税号项下检验检疫编码及对应中文名称尚有：106　制冰机、冰激凌机（冰激凌机I类器具），107　制冰机、冰激凌机（冰激凌机II类器具），108　制冰机、冰激凌机（冰激凌机III类器具），109　制冰机、冰激凌机（冰激凌机0类器具），110　制冰机、冰激凌机（冰激凌机0I类器具）。

税则号列 HS国际统一前6位	本国子目 7~8位	本国子目 9~10位	货品名称中英文 中文 货物名称	货品名称中英文 英文 Article Description	税费综合信息	计量单位	监管证件代码 进口	监管证件代码 出口	检验检疫类别 进口	检验检疫类别 出口	检验检疫编码	检验检疫编码对应中文名称
841899	99	10	耐腐蚀冷凝器（0.15平方米<换热面积<20平方米）	Corrosion-resistent condensers（0.15m^2 <heat transfer area < 20m^2）	【最】9【普】130【暂进】6 【协东盟】0【协澳门】0【协巴基斯坦】5 【协智利】0【协新西兰】0【协新加坡】0 【协秘鲁】0【协哥斯达黎加】0【协冰岛】0 【协瑞士】0【协澳大利亚】0【协韩国】5 【协格鲁吉亚】0【协香港】0 【特-1】0【特-2】0【特-3】0 【增】16【对美加征】5【出】0【退】16	千克		3			999	耐腐蚀冷凝器（0.15平方米<换热面积<20平方米）
841899	99	90	税目84.18其他制冷设备用零件	Other parts for refrigeration equipments listed in heading No. 84.18	【最】9【普】130【暂进】6 【协东盟】0【协澳门】0【协巴基斯坦】5 【协智利】0【协新西兰】0【协新加坡】0 【协秘鲁】0【协哥斯达黎加】0【协冰岛】0 【协瑞士】0【协澳大利亚】0【协韩国】5 【协格鲁吉亚】0【协香港】0 【特-1】0【特-2】0【特-3】0 【增】16【对美加征】5【出】0【退】16	千克					999	税目84.18其他制冷设备用零件
841911	00		非电热燃气快速热水器	Instantaneous gas water heaters, non-electric	【最】8【普】100 【协东盟】0【协智利】0【协新西兰】0 【协新加坡】0【协秘鲁】0【协哥斯达黎加】0 【协冰岛】0【协瑞士】8【协澳大利亚】0 【协韩国】26.2【协格鲁吉亚】0【协香港】0 【协澳门】0 【特-1】0【特-2】0 【增】16【对美加征】10【出】0【退】16	台/千克	A		M		999	非电热燃气快速热水器
841919	10		太阳能热水器	Solar water heaters	【最】8【普】100【暂进】5 【协亚太】6.4【协东盟】0【协智利】0 【协新西兰】0【协新加坡】0【协秘鲁】0 【协台湾】0【协哥斯达黎加】0【协冰岛】0 【协瑞士】8【协澳大利亚】0【协格鲁吉亚】0 【协香港】0【协澳门】0 【特-1】0【特-2】0 【增】16【对美加征】5【出】0【退】16	台/千克	A		M		999	太阳能热水器
841919	90		其他非电热的快速或贮备式热水器	Other instantaneous or storage water heaters, nonelectric	【最】8【普】100 【协东盟】0【协智利】0【协新西兰】0 【协新加坡】0【协秘鲁】0【协台湾】0 【协哥斯达黎加】0【协冰岛】0【协瑞士】8 【协澳大利亚】0【协格鲁吉亚】0 【协香港】0【协澳门】0 【特-1】0【特-2】0 【增】16【对美加征】5【出】0【退】16	台/千克	A		M		101 102	其他非电热的快速或贮备式热水器（燃气热水器） 其他非电热的快速或贮备式热水器（其他非电热热水器及其零件）
841920	00		医用或实验室用其他消毒器具	Medical, surgical or laboratory sterilizers	【最】4【普】30 【协东盟】0【协巴基斯坦】0【协智利】0 【协新西兰】0【协秘鲁】0【协哥斯达黎加】0 【协冰岛】0【协瑞士】0【协澳大利亚】0 【协韩国】0【协格鲁吉亚】0【协香港】0 【协澳门】0 【特-1】0【特-2】0 【增】16【对美加征】10【出】0【退】16	台/千克	A		M		999	医用或实验室用其他消毒器具
841931	00		农产品干燥器	Dryers for agricultural products	【最】8【普】30 【协东盟】0【协巴基斯坦】5【协智利】0 【协新西兰】0【协秘鲁】0【协哥斯达黎加】0 【协冰岛】0【协瑞士】0【协澳大利亚】0 【协韩国】4【协格鲁吉亚】0【协香港】0 【协澳门】0 【特东老挝】0【特-1】0【特-2】0【特-3】0 【增】10【对美加征】10【出】0【退】10	台/千克	A		M		999	农产品干燥器
841932	00		木材、纸浆、纸或纸板用干燥器	Dryers for wood, paper pulp, paper or paperboard	【最】9【普】30 【协东盟】0【协巴基斯坦】5【协智利】0 【协新西兰】0【协秘鲁】0【协台湾】0 【协哥斯达黎加】0【协冰岛】0【协瑞士】0 【协澳大利亚】0【协韩国】0【协格鲁吉亚】0 【协香港】0【协澳门】0 【特东老挝】0【特-1】0【特-2】0【特-3】0 【增】16【对美加征】10【出】0【退】16	台/千克	A		M		999	木材、纸浆、纸或纸板用干燥器

税则号列			货品名称中英文		税费综合信息	计量单位	监管证件代码		检验检疫类别		检验检疫编码	检验检疫编码对应中文名称
HS国际统一前6位	本国子目 7~8位	9~10位	中文 货物名称	英文 Article Description			进口	出口	进口	出口		
841939	10		微空气流动陶瓷坯件干燥器	Breeze pottery blanks dryers	【最】9【普】30 【协亚太】4.5【协东盟】0【协巴基斯坦】4.5 【协智利】0【协新西兰】0【协秘鲁】0 【协哥斯达黎加】0【协冰岛】0【协瑞士】0 【协澳大利亚】0【协韩国】0【协格鲁吉亚】0 【协香港】0【协澳门】0 【特-1】0【特-2】0 【增】16【出】0【退】16	台/千克	A		M		999	微空气流动陶瓷坯件干燥器
841939	90	10	冻干设备（10千克≤24小时凝冰量≤1000千克，并可蒸汽消毒）	Freeze-drying equipment (10kg≤24 hour ice-freezing quantity ≤1000kg, and can be evaporated and sterilized)	【最】9【普】30 【协亚太】4.5【协东盟】0【协巴基斯坦】4.5 【协智利】0【协新西兰】0【协秘鲁】0 【协台湾】0【协哥斯达黎加】0【协冰岛】0 【协瑞士】0【协澳大利亚】0【协韩国】4.5 【协格鲁吉亚】5.4【协香港】0【协澳门】0 【特-1】0【特-2】0 【增】16【对美加征】10【出】0【退】16	台/千克	A	3	M		999	冻干设备（10千克≤24小时凝冰量≤1000千克，并可蒸汽消毒）
841939	90	20	烟丝烘干机	Tobacco dryer	【最】9【普】30 【协亚太】4.5【协东盟】0【协巴基斯坦】4.5 【协智利】0【协新西兰】0【协秘鲁】0 【协台湾】0【协哥斯达黎加】0【协冰岛】0 【协瑞士】0【协澳大利亚】0【协韩国】4.5 【协格鲁吉亚】5.4【协香港】0【协澳门】0 【特-1】0【特-2】0 【增】16【对美加征】10【出】0【退】16	台/千克	AO		M		999	烟丝烘干机
841939	90	30	干燥箱（具有与三级生物安全柜类似标准）	Drying cabinet (with the similar standard of Biosafety Level 3 cabinets)	【最】9【普】30 【协亚太】4.5【协东盟】0【协巴基斯坦】4.5 【协智利】0【协新西兰】0【协秘鲁】0 【协台湾】0【协哥斯达黎加】0【协冰岛】0 【协瑞士】0【协澳大利亚】0【协韩国】4.5 【协格鲁吉亚】5.4【协香港】0【协澳门】0 【特-1】0【特-2】0 【增】16【对美加征】10【出】0【退】16	台/千克	A	3	M		999	干燥箱（具有与三级生物安全柜类似标准）
841939	90	40	生产奶粉用干燥器	The production of milk powder with dryer	【最】9【普】30【暂进】4 【协亚太】4.5【协东盟】0【协巴基斯坦】4.5 【协智利】0【协新西兰】0【协秘鲁】0 【协台湾】0【协哥斯达黎加】0【协冰岛】0 【协瑞士】0【协澳大利亚】0【协韩国】4.5 【协格鲁吉亚】5.4【协香港】0【协澳门】0 【特-1】0【特-2】0 【增】16【对美加征】10【出】0【退】16	台/千克	A		M		999	生产奶粉用干燥器
841939	90	50	污泥干燥机	The sludge drying machine	【最】9【普】30【暂进】5 【协亚太】4.5【协东盟】0【协巴基斯坦】4.5 【协智利】0【协新西兰】0【协秘鲁】0 【协台湾】0【协哥斯达黎加】0【协冰岛】0 【协瑞士】0【协澳大利亚】0【协韩国】4.5 【协格鲁吉亚】5.4【协香港】0【协澳门】0 【特-1】0【特-2】0 【增】16【对美加征】10【出】0【退】16	台/千克	A		M		999	污泥干燥机
841939	90	90	其他用途的干燥器	Dryers for other purposes	【最】9【普】30 【协亚太】4.5【协东盟】0【协巴基斯坦】4.5 【协智利】0【协新西兰】0【协秘鲁】0 【协台湾】0【协哥斯达黎加】0【协冰岛】0 【协瑞士】0【协澳大利亚】0【协韩国】4.5 【协格鲁吉亚】5.4【协香港】0【协澳门】0 【特-1】0【特-2】0 【增】16【对美加征】10【出】0【退】16	台/千克	A		M		999	其他用途的干燥器
841940	10		提净塔	Stripping towers	【最】10【普】30 【协东盟】0【协巴基斯坦】5【协智利】0 【协新西兰】0【协新加坡】0【协秘鲁】0 【协哥斯达黎加】0【协冰岛】0【协瑞士】0 【协澳大利亚】0【协韩国】5【协格鲁吉亚】0 【协香港】0【协澳门】0 【特-1】0【特-2】0 【增】16【对美加征】10【出】0【退】16	台/千克	A		MR		999	提净塔

税则号列 HS国际统一前6位	本国子目 7~8位	本国子目 9~10位	货品名称中英文 中文 货物名称	货品名称中英文 英文 Article Description	税费综合信息	计量单位	监管证件代码 进口	监管证件代码 出口	检验检疫类别 进口	检验检疫类别 出口	检验检疫编码	检验检疫编码对应中文名称
841940	20		精馏塔	Rectifying towers	【最】10【普】30 【协东盟】0【协巴基斯坦】5【协智利】0 【协新西兰】0【协新加坡】0【协秘鲁】0 【协哥斯达黎加】0【协冰岛】0【协瑞士】0 【协澳大利亚】0【协韩国】6【协格鲁吉亚】0 【协香港】0【协澳门】0 【特-1】0【特-2】0 【增】16【对美加征】10【出】0【退】16	台/千克	A		MR		999	精馏塔
841940	90	10	氢-低温蒸馏塔(温度≤-238℃,压力为0.5兆帕~5兆帕,内径≥1米等条件)	Hydrogen-low-temperature distilling towers (temperature ≤ -238℃, pressure = 0.5MPa ~ 5MPa, inner diameter≥1m)	【最】10【普】30 【协东盟】0【协巴基斯坦】5【协智利】0 【协新西兰】0【协新加坡】0【协秘鲁】0 【协哥斯达黎加】0【协冰岛】0【协瑞士】0 【协澳大利亚】0【协韩国】6【协格鲁吉亚】0 【协香港】0【协澳门】0 【特-1】0【特-2】0 【增】16【对美加征】10【出】0【退】16	台/千克	A	3	M		999	氢-低温蒸馏塔(温度≤-238℃,压力为0.5兆帕~5兆帕,内径≥1米等条件)
841940	90	20	耐腐蚀蒸馏塔(内径大于0.1米,接触表面由特殊耐腐蚀材料制成)	Corrosion-resistent distillation towers (inner diameter > 0.1m, with contact surface made of special corrosion-resistent materials)	【最】10【普】30 【协东盟】0【协巴基斯坦】5【协智利】0 【协新西兰】0【协新加坡】0【协秘鲁】0 【协哥斯达黎加】0【协冰岛】0【协瑞士】0 【协澳大利亚】0【协韩国】6【协格鲁吉亚】0 【协香港】0【协澳门】0 【特-1】0【特-2】0 【增】16【对美加征】10【出】0【退】16	台/千克	A	3	M		999	耐腐蚀蒸馏塔(内径大于0.1米,接触表面由特殊耐腐蚀材料制成)
841940	90	90	其他蒸馏或精馏设备	Other distillation and rectification equipment	【最】10【普】30 【协东盟】0【协巴基斯坦】5【协智利】0 【协新西兰】0【协新加坡】0【协秘鲁】0 【协哥斯达黎加】0【协冰岛】0【协瑞士】0 【协澳大利亚】0【协韩国】6【协格鲁吉亚】0 【协香港】0【协澳门】0 【特-1】0【特-2】0 【增】16【对美加征】10【出】0【退】16	台/千克	A		M		999	其他蒸馏或精馏设备
841950	00	10	热交换器(专用于核反应堆的一次冷却剂回路的)	Heat exchangers (used exclusively for nuclear reactor primary coolant loop)	【最】10【普】30 【协亚太】6.5【协东盟】0【协香港】0 【协巴基斯坦】5【协智利】0【协新西兰】0 【协新加坡】0【协秘鲁】0【协台湾】0 【协哥斯达黎加】0【协冰岛】0【协瑞士】5 【协澳大利亚】0【协韩国】2【协格鲁吉亚】0 【协香港】0【协澳门】0 【特东老担】0【特-1】0【特-2】0【特-3】0 【增】16【对美加征】5【出】0【退】16	台/千克		3			101 102	热交换器(专用于核反应堆的一次冷却剂回路的)(螺旋板式交换器) 热交换器(专用于核反应堆的一次冷却剂回路的)(其他热交换装置)
841950	00	20	蒸汽发生器(专用于核反应堆内生成的热量输送到进水以产生蒸汽的)	Steam generators (used exclusively to transmit the heat generated within nuclear reactors to the inlet to produce vapor)	【最】10【普】30 【协亚太】6.5【协东盟】0【协香港】0 【协巴基斯坦】5【协智利】0【协新西兰】0 【协新加坡】0【协秘鲁】0【协台湾】0 【协哥斯达黎加】0【协冰岛】0【协瑞士】5 【协澳大利亚】0【协韩国】2【协格鲁吉亚】0 【特东老挝】0【特-1】0【特-2】0【特-3】0 【增】16【对美加征】5【出】0【退】16	台/千克		3			999	蒸汽发生器(专用于核反应堆内生成的热量输送到进水以产生蒸汽的)
841950	00	30	冷却UF6的热交换器(专门设计或制造的用耐UF6材料制成或保护的热交换器,在压差为100kPa下渗透压力变化率小于10Pa/h)	Heat exchangers for cooling UF6 (osmotic pressure change rate<10Pa/h under the differential pressure of less than 100kPa)	【最】10【普】30 【协亚太】6.5【协东盟】0【协香港】0 【协巴基斯坦】5【协智利】0【协新西兰】0 【协新加坡】0【协秘鲁】0【协台湾】0 【协哥斯达黎加】0【协冰岛】0【协瑞士】5 【协澳大利亚】0【协韩国】2【协格鲁吉亚】0 【特东老挝】0【特-1】0【特-2】0【特-3】0 【增】16【对美加征】5【出】0【退】16	台/千克	A	3	M		999	冷却UF6的热交换器(专门设计或制造的用耐UF6材料制成或保护的热交换器,在压差为100kPa下渗透压力变化率小于10Pa/h)
841950	00	40	冷却气体用热交换器(用耐UF6腐蚀材料制成或加以保护的)	Heat exchangers for cooling gases (made of or protected by UF6 - resistent materials)	【最】10【普】30 【协亚太】6.5【协东盟】0【协香港】0 【协巴基斯坦】5【协智利】0【协新西兰】0 【协新加坡】0【协秘鲁】0【协台湾】0 【协哥斯达黎加】0【协冰岛】0【协瑞士】5 【协澳大利亚】0【协韩国】2【协格鲁吉亚】0 【特东老挝】0【特-1】0【特-2】0【特-3】0 【增】16【对美加征】5【出】0【退】16	台/千克	A	3	M		999	冷却气体用热交换器(用耐UF6腐蚀材料制成或加以保护的)

税则号列 HS国际统一前6位	本国子目 7~8位	本国子目 9~10位	货品名称中英文 中文 货物名称	货品名称中英文 英文 Article Description	税费综合信息	计量单位	监管证件代码 进口	监管证件代码 出口	检验检疫类别 进口	检验检疫类别 出口	检验检疫编码	检验检疫编码对应中文名称
841950	00	50	耐腐蚀热交换器（0.15平方米<换热面积<20平方米）	Corrosion-resistent heat exchangers ($0.15m^2$<heat transfer area<$20m^2$)	【最】10【普】30 【协亚太】6.5【协东盟】0【协香港】0 【协巴基斯坦】5【协智利】0【协新西兰】0 【协新加坡】0【协秘鲁】0【协台湾】0 【协哥斯达黎加】0【协冰岛】0【协瑞士】5 【协澳大利亚】0【协韩国】2【协格鲁吉亚】0 【特东老挝】0【特-1】0【特-2】0【特-3】0 【增】16【对美加征】5【出】0【退】16	台/千克	A	3	M		999	耐腐蚀热交换器（0.15平方米<换热面积<20平方米）
841950	00	60	用氟聚合物制造的、入口管和出口管内径不超过3厘米的热交换装置	Heat exchange device, made of fluoropolymer, inlet pipe and outlet pipe inner diameter not exceeding 3cm	【最】5【普】30 【协亚太】6.5【协东盟】0【协香港】0 【协巴基斯坦】5【协智利】0【协新西兰】0 【协新加坡】0【协秘鲁】0【协台湾】0 【协哥斯达黎加】0【协冰岛】0【协瑞士】5 【协澳大利亚】0【协韩国】2【协格鲁吉亚】0 【特东老挝】0【特-1】0【特-2】0【特-3】0 【增】16【对美加征】5【出】0【退】16	台/千克	A		M		999	用氟聚合物制造的、入口管和出口管内径不超过3厘米的热交换装置
841950	00	90	其他热交换装置	Other heat exchanging devices	【最】10【普】30 【协亚太】6.5【协东盟】0【协香港】0 【协巴基斯坦】5【协智利】0【协新西兰】0 【协新加坡】0【协秘鲁】0【协台湾】0 【协哥斯达黎加】0【协冰岛】0【协瑞士】5 【协澳大利亚】0【协韩国】2【协格鲁吉亚】0 【特东老挝】0【特-1】0【特-2】0【特-3】0 【增】16【对美加征】5【出】0【退】16	台/千克	A		M		101 102 103	其他热交换装置（废热锅炉） 其他热交换装置（螺旋板式交换器） 其他热交换装置（其他热交换装置）
841960	11		制氧机（制氧量在15000立方米/小时及以上）	Oxygen preparation volume no less than $15000m^3/h$	【最】12【普】30 【协东盟】0【协香港】0【协巴基斯坦】6 【协智利】0【协新西兰】0【协新加坡】0 【协秘鲁】0【协哥斯达黎加】0【协冰岛】0 【协瑞士】4.8【协澳大利亚】0【协韩国】7.2 【协格鲁吉亚】0 【特-1】0【特-2】0 【增】16【出】0【退】16	台/千克	A		M		999	制氧机（制氧量在15000立方米/小时及以上）
841960	19		其他制氧机（制氧量在15000立方米/小时以下）	Other oxygen preparation volume less than $15000m^3/h$	【最】13【普】30 【协东盟】0【协香港】0【协巴基斯坦】6.5 【协智利】0【协新西兰】0【协新加坡】0 【协秘鲁】0【协哥斯达黎加】0【协冰岛】0 【协瑞士】5.2【协澳大利亚】2.6【协韩国】7.8 【协格鲁吉亚】0 【特-1】0【特-2】0 【增】16【对美加征】5【出】0【退】16	台/千克	A		M		999	其他制氧机（制氧量在15000立方米/小时以下）
841960	90	10	液化器（将来自级联的UF6气体压缩并冷凝成液态UF6）	Liquefiers (compress and condense cascaded UF6 gases into liquid)	【最】10【普】30 【协东盟】0【协香港】0【协巴基斯坦】5 【协智利】0【协新西兰】0【协新加坡】0 【协秘鲁】0【协哥斯达黎加】0【协冰岛】0 【协瑞士】0【协澳大利亚】0【协韩国】6 【协格鲁吉亚】0 【特-1】0【特-2】0 【增】16【对美加征】5【出】0【退】16	台/千克	A	3	M		999	液化器（将来自级联的UF6气体压缩并冷凝成液态UF6）
841960	90	20	通过冷凝分离和去除污染物的气体液化设备	Through of the gas condensate separation and pollutants removal of liquefaction equipment	【最】10【普】30【暂进】5 【协东盟】0【协香港】0【协巴基斯坦】5 【协智利】0【协新西兰】0【协新加坡】0 【协秘鲁】0【协哥斯达黎加】0【协冰岛】0 【协瑞士】0【协澳大利亚】0【协韩国】6 【协格鲁吉亚】0 【特-1】0【特-2】0 【增】16【对美加征】5【出】0【退】16	台/千克	A		M		101 102	通过冷凝分离和去除污染物的气体液化设备（其他液化空气或其他气体用的机器） 通过冷凝分离和去除污染物的气体液化设备（其他液化空气或气体用的机器及其零件）
841960	90	90	其他液化空气或其他气体用的机器	Other machines for liquefied air or gases	【最】10【普】30 【协东盟】0【协香港】0【协巴基斯坦】5 【协智利】0【协新西兰】0【协新加坡】0 【协秘鲁】0【协哥斯达黎加】0【协冰岛】0 【协瑞士】0【协澳大利亚】0【协韩国】6 【协格鲁吉亚】0 【特-1】0【特-2】0 【增】16【对美加征】5【出】0【退】16	台/千克	A		M		101 102	其他液化空气或其他气体用的机器（其他液化空气或其他气体用的机器） 其他液化空气或其他气体用的机器（其他液化空气或气体用的机器及其零件）

税则号列 HS国际统一前6位	本国子目 7~8位	本国子目 9~10位	货品名称中英文 中文 货物名称	货品名称中英文 英文 Article Description	税费综合信息	计量单位	监管证件代码 进口	监管证件代码 出口	检验检疫类别 进口	检验检疫类别 出口	检验检疫编码	检验检疫编码对应中文名称
841981	00		加工热饮料，烹调，加热食品的机器【电商】	Machines for making hot drinks of for cooking or heating food	【最】10【普】30【暂进】6 【协东盟】0【协澳门】0【协巴基斯坦】5 【协智利】0【协新西兰】0【协新加坡】0 【协秘鲁】0【协哥斯达黎加】0【协冰岛】0 【协瑞士】0【协澳大利亚】0【协韩国】6 【协格鲁吉亚】0【协香港】0 【特东老拑】0【特-1】0【特-2】0【特-3】0 【增】16【对美加征】5【出】0【退】16	台/千克	A		LMR		999	加工热饮料，烹调，加热食品的机器
841989	10		加氢反应器	Hydroformer vessels	【最】0【普】30【特东老拑】0【特-1】0 【特-2】0【特-3】0 【增】16【对美加征】5【出】0【退】16	台/千克	A		M		999	加氢反应器
841989	90	10	带加热装置的发酵罐（不发散气溶胶，且容积大于20升）	Fermenters fitted with heat devices (non-divergent aerosol, volume >20L)	【最】0【普】30【特东老拑】0【特-1】0 【特-2】0【特-3】0 【增】16【对美加征】10【出】0【退】16	台/千克	A	3	M		999	带加热装置的发酵罐（不发散气溶胶，且容积大于20升）
841989	90	21	凝华器（或冷阱）（从扩散级联中取出UF6并可再蒸发转移）	Sublimators (or cold traps) (extract UF6 from diffusion cascade and transfer it by evaporation)	【最】0【普】30【特东老拑】0【特-1】0 【特-2】0【特-3】0 【增】16【对美加征】10【出】0【退】16	台/千克	A	3	M		101 102	凝华器（或冷阱）（从扩散级联中取出UF6并可再蒸发转移）（氨气提法二氧化碳气提塔等） 凝华器（或冷阱）（从扩散级联中取出UF6并可再蒸发转移）（其他利用温度变化处理材料的机器）
841989	90	22	低温制冷设备（能承受-120℃或更低的温度）	Low-temperature refrigeration equipment (with the capacity to stand -120℃ or lower)	【最】0【普】30【特东老拑】0【特-1】0 【特-2】0【特-3】0 【增】16【对美加征】10【出】0【退】16	台/千克	A	3	M		101 102	低温制冷设备（能承受-120℃或更低的温度）（氨气提法二氧化碳气提塔等） 低温制冷设备（能承受-120℃或更低的温度）（其他利用温度变化处理材料的机器）
841989	90	23	UF6冷阱（能冻结分离出UF6的冷阱）	UF6 cold traps (able to freze and separate UF6)	【最】0【普】30【特东老拑】0【特-1】0 【特-2】0【特-3】0 【增】16【对美加征】10【出】0【退】16	台/千克	A	3	M		101 102	UF6冷阱（能冻结分离出UF6的冷阱）（氨气提法二氧化碳气提塔等） UF6冷阱（能冻结分离出UF6的冷阱）（其他利用温度变化处理材料的机器）
841989	90	90	其他利用温度变化处理材料的机器（包括类似的实验室设备）	Other machines for the treatment of materials by a process involving a change of temperature (including similar laboratory equipments)	【最】0【普】30【特东老拑】0【特-1】0 【特-2】0【特-3】0 【增】16【对美加征】10【出】0【退】16	台/千克	A		M		101 102 103	其他利用温度变化处理材料的机器（包括类似的实验室设备）（氨气提法二氧化碳气提塔等） 其他利用温度变化处理材料的机器（包括类似的实验室设备）（其他利用温度变化处理材料的机器） 其他利用温度变化处理材料的机器（包括类似的实验室设备）（非压力容器产品）
841990	10		热水器用零件【电商】	Parts of water heaters	【最】0【普】100【特-1】0【特-2】0【特-3】0 【增】16【对美加征】10【出】0【退】16	千克					999	热水器用零件
841990	90		税目84.19的机器设备用零件（其他利用温度变化处理材料的机器等用零件）【电商】	Other parts of machines for the treatment of materials by a process involving a change of temperature	【最】4【普】30 【协东盟】0【协香港】0【协巴基斯坦】0 【协智利】0【协新西兰】0【协秘鲁】0 【协台湾】0【协哥斯达黎加】0【协冰岛】0 【协瑞士】0【协澳大利亚】0【协韩国】0 【协格鲁吉亚】0 【特-1】0【特-2】0 【增】16【对美加征】10【出】0【退】16	千克					999	税目84.19的机器设备用零件（其他利用温度变化处理材料的机器等用零件）

税则号列			货品名称中英文		税费综合信息	计量单位	监管证件代码		检验检疫类别		检验检疫编码	检验检疫编码对应中文名称
HS国际统一前6位	本国子目7~8位	本国子目9~10位	中文 货物名称	英文 Article Description			进口	出口	进口	出口		
842010	00	01	织物轧光机	Fabric calenders	【最】8【普】30【暂进】6 【协东盟】0【协巴基斯坦】5【协智利】0 【协新西兰】0【协秘鲁】0【协台湾】0 【协哥斯达黎加】0【协冰岛】0【协瑞士】0 【协澳大利亚】0【协韩国】1.6【协格鲁吉亚】0 【协香港】0【协澳门】0 【特-1】0【特-2】0【特-3】0 【增】16【对美加征】10【出】0【退】16	台/千克					999	织物轧光机
842010	00	20	专门或主要用于印刷电路板基板或印刷电路制造的滚压机（加工金属或玻璃用的除外）	Rolling machine, especially for the manufacture of printed circuit board or printed circuit (except for processing metal or glass)	【最】2.1【普】30 【协东盟】0【协巴基斯坦】5【协智利】0 【协新西兰】0【协秘鲁】0【协台湾】0 【协哥斯达黎加】0【协冰岛】0【协瑞士】0 【协澳大利亚】0【协韩国】1.6【协格鲁吉亚】0 【协香港】0【协澳门】0 【特-1】0【特-2】0【特-3】0 【增】16【对美加征】10【出】0【退】16	台/千克					999	专门或主要用于印刷电路板基板或印刷电路制造的滚压机（加工金属或玻璃用的除外）
842010	00	90	其他研光机或滚压机器（加工金属或玻璃用的除外）	Other calenders or rolling machines (excluding those for processing metals and glass)	【最】8【普】30 【协东盟】0【协巴基斯坦】5【协智利】0 【协新西兰】0【协秘鲁】0【协台湾】0 【协哥斯达黎加】0【协冰岛】0【协瑞士】0 【协澳大利亚】0【协韩国】1.6【协格鲁吉亚】0 【协香港】0【协澳门】0 【特-1】0【特-2】0【特-3】0 【增】16【对美加征】10【出】0【退】16	台/千克					101 102 103 104	其他研光机或滚压机器（加工金属或玻璃用的除外）（纺织行业成套设备） 其他研光机或滚压机器（加工金属或玻璃用的除外）（轻工行业成套设备） 其他研光机或滚压机器（加工金属或玻璃用的除外）（印刷行业成套设备） 其他研光机或滚压机器（加工金属或玻璃用的除外）（其他行业成套设备）
842091	00		研光机或其他滚压机器的滚筒	Cylinders of calendering or other rolling machines	【最】8【普】30 【协东盟】0【协巴基斯坦】5【协智利】0 【协新西兰】0【协秘鲁】0【协哥斯达黎加】0 【协冰岛】0【协瑞士】0【协澳大利亚】0 【协韩国】1.6【协格鲁吉亚】0【协香港】0 【协澳门】0 【特-1】0【特-2】0【特-3】0 【增】16【对美加征】10【出】0【退】16	个/千克					101 102 103 104	研光机或其他滚压机器的滚筒（纺织行业成套设备） 研光机或其他滚压机器的滚筒（轻工行业成套设备） 研光机或其他滚压机器的滚筒（印刷行业成套设备） 研光机或其他滚压机器的滚筒（其他行业成套设备）
842099	00		研光机或其他滚压机的未列名零件	Other parts of calendering or other rolling machines	【最】8【普】30 【协东盟】0【协巴基斯坦】5【协智利】0 【协新西兰】0【协秘鲁】0【协哥斯达黎加】0 【协冰岛】0【协瑞士】0【协澳大利亚】0 【协韩国】1.6【协格鲁吉亚】0【协香港】0 【协澳门】0 【特-1】0【特-2】0【特-3】0 【增】16【对美加征】10【出】0【退】16	千克					999	研光机或其他滚压机的未列名零件
842111	00		奶油分离器	Cream separators	【最】8【普】30 【协东盟】0【协巴基斯坦】5【协智利】0 【协新西兰】0【协秘鲁】0【协哥斯达黎加】0 【协冰岛】0【协瑞士】0【协澳大利亚】0 【协韩国】1.6【协格鲁吉亚】0【协香港】0 【协澳门】0 【特-1】0【特-2】0 【增】16【出】0【退】16	台/千克	A		R		999	奶油分离器

税则号列			货品名称中英文		税费综合信息	计量单位	监管证件代码		检验检疫类别		检验检疫编码	检验检疫编码对应中文名称
HS国际统一前6位	本国子目 7~8位	本国子目 9~10位	中文 货物名称	英文 Article Description			进口	出口	进口	出口		
842112	10		干衣量不超过10千克的离心干衣机	Clothes-dryers, of a dry linen capacity not exceeding 10kg	【最】7【普】70 【协东盟】0【协巴基斯坦】14【协智利】0 【协新西兰】0【协新加坡】0【协秘鲁】0 【协哥斯达黎加】0【协冰岛】0【协瑞士】7 【协澳大利亚】0【协韩国】10.5 【协格鲁吉亚】0【协香港】0【协澳门】0 【特-1】0【特-2】0 【增】16【对美加征】10【出】0【退】16	台/千克			L		101 102 103 104 105	干衣量不超过10千克的离心干衣机（干衣机I类器具） 干衣量不超过10千克的离心干衣机（干衣机II类器具） 干衣量不超过10千克的离心干衣机（干衣机III类器具） 干衣量不超过10千克的离心干衣机（干衣机0I类器具） 干衣量不超过10千克的离心干衣机（干衣机0类器具）
842112	90		干衣量大于10千克的离心干衣机	Clothes-dryers, of a dry linen capacity exceeding 10kg	【最】8【普】30 【协东盟】0【协巴基斯坦】5【协智利】0 【协新西兰】0【协秘鲁】0【协哥斯达黎加】0 【协冰岛】0【协瑞士】0【协澳大利亚】0 【协韩国】4.8【协格鲁吉亚】0【协香港】0 【协澳门】0 【特-1】0【特-2】0 【增】16【对美加征】10【出】0【退】16	台/千克					101 102 103 104 105	干衣量大于10千克的离心干衣机（干衣机I类器具） 干衣量大于10千克的离心干衣机（干衣机II类器具） 干衣量大于10千克的离心干衣机（干衣机III类器具） 干衣量大于10千克的离心干衣机（干衣机0I类器具） 干衣量大于10千克的离心干衣机（干衣机0类器具）
842119	10		脱水机	Dewaterers	【最】10【普】30【暂进】6 【协东盟】0【协巴基斯坦】5【协智利】0 【协新西兰】0【协秘鲁】0【协哥斯达黎加】0 【协冰岛】0【协瑞士】0【协澳大利亚】0 【协韩国】6【协格鲁吉亚】0【协香港】0 【协澳门】0 【特-1】0【特-2】0 【增】16【对美加征】10【出】0【退】16	台/千克			L		999	脱水机
842119	20		固液分离机	Solid-liquor separators	【最】10【普】30 【协东盟】0【协巴基斯坦】5【协智利】0 【协新西兰】0【协新加坡】0【协秘鲁】0 【协哥斯达黎加】0【协冰岛】0【协瑞士】0 【协澳大利亚】0【协韩国】6【协格鲁吉亚】0 【协香港】0【协澳门】0 【特-1】0【特-2】0 【增】16【对美加征】10【出】0【退】16	台/千克					999	固液分离机
842119	90	20	液一液离心接触器（为化学交换过程的铀浓缩而专门设计或制造的）【电商】	Centrifugal liquid-liquid contactors (specially designed or made for uranium enrichment in the chemical exchange process)	【最】10【普】30 【协东盟】0【协巴基斯坦】5【协智利】0 【协新西兰】0【协新加坡】0【协秘鲁】0 【协哥斯达黎加】0【协冰岛】0【协瑞士】4 【协澳大利亚】0【协韩国】6【协格鲁吉亚】0 【协香港】0【协澳门】0 【特-1】0【特-2】0 【增】16【对美加征】5【出】0【退】16	台/千克		3			999	液一液离心接触器（为化学交换过程的铀浓缩而专门设计或制造的）
842119	90	30	离心分离器，包括倾析器（不发散气溶胶、可对致病性微生物进行连续分离的）【电商】	Centrifugal contactors, including decanters (non-divergent aerosol which can continuously separate pathogenic microorganisms)	【最】10【普】30 【协东盟】0【协巴基斯坦】5【协智利】0 【协新西兰】0【协新加坡】0【协秘鲁】0 【协哥斯达黎加】0【协冰岛】0【协瑞士】4 【协澳大利亚】0【协韩国】6【协格鲁吉亚】0 【协香港】0【协澳门】0 【特-1】0【特-2】0 【增】16【对美加征】5【出】0【退】16	台/千克		3			999	离心分离器，包括倾析器（不发散气溶胶、可对致病性微生物进行连续分离的）

税则号列			货品名称中英文		税费综合信息	计量单位	监管证件代码		检验检疫类别		检验检疫编码	检验检疫编码对应中文名称
HS国际统一前6位	本国子目 7~8位	本国子目 9~10位	中文 货物名称	英文 Article Description			进口	出口	进口	出口		
842119	90	90	其他离心机及离心干燥机【电商】	Other centrifugal machines and centrifugal dryers	【最】10【普】30 【协东盟】0【协巴基斯坦】5【协智利】0 【协新西兰】0【协新加坡】0【协秘鲁】0 【协哥斯达黎加】0【协冰岛】0【协瑞士】4 【协澳大利亚】0【协韩国】6【协格鲁吉亚】0 【协香港】0【协澳门】0 【特-1】0【特-2】0 【增】16【对美加征】5【出】0【退】16	台/千克					101 102	其他离心机及离心干燥机（其他干燥器及其零件） 其他离心机及离心干燥机（其他离心机及类似装置及其零件）
842121	10		家用型过滤或净化水的机器及装置【电商】	Filtering or purifying machinery and apparatus, for liquids, of the household type	【最】7【普】63【暂进】5 【协亚太】4.6【协东盟】0【协香港】0 【协澳门】0【协巴基斯坦】17.5【协智利】0 【协新西兰】0【协新加坡】0【协秘鲁】0 【协哥斯达黎加】0【协冰岛】0【协瑞士】7 【协澳大利亚】0【协韩国】20【协格鲁吉亚】0 【特-1】0【特-2】0 【增】16【对美加征】5【出】0【退】16	台/千克	A		R		101 102 103 104 105 ……	家用型过滤或净化水的机器及装置（非家用过滤及净化装置） 家用型过滤或净化水的机器及装置（家用型过滤或净化水的机器及装置I类器具） 家用型过滤或净化水的机器及装置（家用型过滤或净化水的机器及装置II类器具） 家用型过滤或净化水的机器及装置（家用型过滤或净化水的机器及装置III类器具） 家用型过滤或净化水的机器及装置（家用型过滤或净化水的机器及装置0I类器具） ……①
842121	91		船舶压载水处理设备	Ship ballast water treatment equipment	【最】5【普】50 【协亚太】3.3【协东盟】0【协香港】0 【协澳门】0【协巴基斯坦】0【协智利】0 【协新西兰】0【协秘鲁】0【协台湾】0 【协哥斯达黎加】0【协冰岛】0【协瑞士】0 【协澳大利亚】0【协韩国】3.6【协格鲁吉亚】0 【特-1】0【特-2】0 【增】16【对美加征】10【出】0【退】16	台/千克					999	船舶压载水处理设备
842121	99	10	喷灌设备用叠式净水过滤器	Stack type water purifying filter for irrigation equipment	【最】5【普】50【暂进】1 【协亚太】3.3【协东盟】0【协香港】0 【协澳门】0【协巴基斯坦】0【协智利】0 【协新西兰】0【协秘鲁】0【协台湾】0 【协哥斯达黎加】0【协冰岛】0【协瑞士】0 【协澳大利亚】0【协韩国】3.6【协格鲁吉亚】0 【特-1】0【特-2】0 【增】16【对美加征】10【出】0【退】16	台/千克					999	喷灌设备用叠式净水过滤器
842121	99	20	船舶压载水处理设备用过滤器	Ballast water treatment equipment with a filter	【最】5【普】50【暂进】2 【协亚太】3.3【协东盟】0【协香港】0 【协澳门】0【协巴基斯坦】0【协智利】0 【协新西兰】0【协秘鲁】0【协台湾】0 【协哥斯达黎加】0【协冰岛】0【协瑞士】0 【协澳大利亚】0【协韩国】3.6【协格鲁吉亚】0 【特-1】0【特-2】0 【增】16【对美加征】10【出】0【退】16	台/千克					999	船舶压载水处理设备用过滤器
842121	99	90	其他非家用型过滤或净化水的装置	Other non-household filtering or purifying apparatuses	【最】5【普】50 【协亚太】3.3【协东盟】0【协香港】0 【协澳门】0【协巴基斯坦】0【协智利】0 【协新西兰】0【协秘鲁】0【协台湾】0 【协哥斯达黎加】0【协冰岛】0【协瑞士】0 【协澳大利亚】0【协韩国】3.6【协格鲁吉亚】0 【特-1】0【特-2】0 【增】16【对美加征】10【出】0【退】16	台/千克					999	其他非家用型过滤或净化水的装置

① 该税号项下检验检疫编码及对应中文名称尚有：106　家用型过滤或净化水的机器及装置（家用型过滤或净化水的机器及装置0类器具）。

税则号列			货品名称中英文		税费综合信息	计量单位	监管证件代码		检验检疫类别		检验检疫编码	检验检疫编码对应中文名称
HS 国际统一前 6 位	本国子目 7~8 位	本国子目 9~10 位	中文 货物名称	英文 Article Description			进口	出口	进口	出口		
842122	00		过滤或净化饮料的机器及装置（过滤或净化水的装置除外）	For filtering or purifying beverages other than water	【最】8【普】40 【协东盟】0【协澳门】0【协巴基斯坦】6 【协智利】0【协新西兰】0【协新加坡】0 【协秘鲁】0【协哥斯达黎加】0【协冰岛】0 【协瑞士】0【协澳大利亚】0【协韩国】7.2 【协格鲁吉亚】7.2【协香港】0 【特-1】0【特-2】0 【增】16【对美加征】10【出】0【退】16	台/千克	A		R		101 102 103 104 105 ……	过滤或净化饮料的机器及装置（过滤或净化水的装置除外）（非家用过滤及净化装置） 过滤或净化饮料的机器及装置（过滤或净化水的装置除外）（其他过滤及其喷射装置及其零件 I 类器具） 过滤或净化饮料的机器及装置（过滤或净化水的装置除外）（其他过滤及其喷射装置及其零件 II 类器具） 过滤或净化饮料的机器及装置（过滤或净化水的装置除外）（其他过滤及其喷射装置及其零件 III 类器具） 过滤或净化饮料的机器及装置（过滤或净化水的装置除外）（其他过滤及其喷射装置及其零件 0I 类器具） ……①
842123	00		内燃发动机的滤油器	Oil or petrol-filters for internal combustion engines	【最】8【普】40 【协东盟】0【协香港】0【协巴基斯坦】5 【协智利】0【协新西兰】0【协新加坡】0 【协秘鲁】0【协哥斯达黎加】0【协冰岛】0 【协瑞士】0【协澳大利亚】0【协韩国】6 【协格鲁吉亚】0 【特-1】0【特-2】0 【增】16【对美加征】5【出】0【退】16	个/千克					101 102 103	内燃发动机的滤油器（其他车辆零部件） 内燃发动机的滤油器（动力设备零部件） 内燃发动机的滤油器（非家用过滤及净化装置）
842129	10	10	用氟聚合物制造的厚度不超过 140 微米的过滤膜或净化膜的压滤机	Press filters, with a filter membrane or purification film with a thickness of not more than 140 microns, made of a fluoropolymer	【最】2.5【普】40 【协亚太】3.3【协东盟】0【协香港】0 【协巴基斯坦】0【协智利】0【协新西兰】0 【协秘鲁】0【协哥斯达黎加】0【协冰岛】0 【协瑞士】0【协澳大利亚】0【协韩国】3 【协格鲁吉亚】0 【特-1】0【特-2】0 【增】16【对美加征】10【出】0【退】16	个/千克					999	用氟聚合物制造的厚度不超过 140 微米的过滤膜或净化膜的压滤机
842129	10	90	其他压滤机	Other press filters	【最】5【普】40 【协亚太】3.3【协东盟】0【协香港】0 【协巴基斯坦】0【协智利】0【协新西兰】0 【协秘鲁】0【协哥斯达黎加】0【协冰岛】0 【协瑞士】0【协澳大利亚】0【协韩国】3 【协格鲁吉亚】0 【特-1】0【特-2】0 【增】16【对美加征】10【出】0【退】16	个/千克					999	其他压滤机
842129	90	10	用氟聚合物制造的厚度不超过 140 微米的过滤膜或净化膜的其他液体过滤或净化机器及装置【电商】	Other liquid filtration or purification machines and devices made of fluoropolymer films with a thickness of not more than 140 microns	【最】2.5【普】40 【协亚太】3.3【协东盟】0【协香港】0 【协巴基斯坦】0【协智利】0【协新西兰】0 【协秘鲁】0【协台湾】0【协哥斯达黎加】0 【协冰岛】0【协瑞士】2【协澳大利亚】0 【协韩国】0【协格鲁吉亚】0 【特-1】0【特-2】0【特-3】0 【增】16【对美加征】5【出】0【退】16	个/千克					999	用氟聚合物制造的厚度不超过 140 微米的过滤膜或净化膜的其他液体过滤或净化机器及装置
842129	90	40	液体截流过滤设备（可连续分离致病性微生物、毒素和细胞培养物）【电商】	Liquid closure filtration equipment (which can continuously separate pathogenic microorganisms, toxins and cell culture)	【最】5【普】40 【协亚太】3.3【协东盟】0【协香港】0 【协巴基斯坦】0【协智利】0【协新西兰】0 【协秘鲁】0【协台湾】0【协哥斯达黎加】0 【协冰岛】0【协瑞士】2【协澳大利亚】0 【协韩国】0【协格鲁吉亚】0 【特-1】0【特-2】0【特-3】0 【增】16【对美加征】5【出】0【退】16	个/千克		3			999	液体截流过滤设备（可连续分离致病性微生物、毒素和细胞培养物）

① 该税号项下检验检疫编码及对应中文名称尚有：106　过滤或净化饮料的机器及装置（过滤或净化水的装置除外）（其他过滤及其喷射装置及其零件 0 类器具）。

税则号列			货品名称中英文		税费综合信息	计量单位	监管证件代码		检验检疫类别		检验检疫编码	检验检疫编码对应中文名称
HS 国际统一前6位	本国子目 7~8位	本国子目 9~10位	中文 货物名称	英文 Article Description			进口	出口	进口	出口		
842129	90	90	其他液体的过滤、净化机器及装置 【电商】	Other filtering and purifying machines and apparatuses for other liquids	【最】5【普】40 【协亚太】3.3【协东盟】0【协香港】0 【协巴基斯坦】0【协智利】0【协新西兰】0 【协秘鲁】0【协台湾】0【协哥斯达黎加】0 【协冰岛】0【协瑞士】2【协澳大利亚】0 【协韩国】0【协格鲁吉亚】0 【特-1】0【特-2】0【特-3】0 【增】16【对美加征】5【出】0【退】16	个/千克					101 102 103 104 105 ……	其他液体的过滤、净化机器及装置（非家用过滤及净化装置） 其他液体的过滤、净化机器及装置（其他过滤及其喷射装置及其零件I类器具） 其他液体的过滤、净化机器及装置（其他离心机及类似装置及其零件） 其他液体的过滤、净化机器及装置（其他过滤及其喷射装置及其零件II类器具） 其他液体的过滤、净化机器及装置（其他过滤及其喷射装置及其零件III类器具） ……①
842131	00		内燃发动机的进气过滤器	Intake air filters for internal combustion engines	【最】10【普】40 【协东盟】0【协香港】0【协巴基斯坦】5 【协智利】0【协新西兰】0【协秘鲁】0 【协哥斯达黎加】0【协冰岛】0【协瑞士】0 【协澳大利亚】0【协韩国】8【协格鲁吉亚】0 【特-1】0【特-2】0 【增】16【对美加征】5【出】0【退】16	个/千克					101 102 103 104	内燃发动机的进气过滤器（其他车辆零部件） 内燃发动机的进气过滤器（动力设备零部件） 内燃发动机的进气过滤器（非家用过滤及净化装置） 内燃发动机的进气过滤器（其他离心机及类似装置及其零件）
842139	10		家用型气体过滤、净化机器及装置 【电商】	Filtering or purifying machinery and apparatus, for gases, of the household type	【最】7【普】100【暂进】5 【协亚太】4.6【协东盟】0【协香港】0 【协巴基斯坦】7.5【协智利】0【协新西兰】0 【协新加坡】0【协秘鲁】0【协台湾】0 【协哥斯达黎加】0【协冰岛】0【协瑞士】6 【协澳大利亚】0【协韩国】10.8 【协格鲁吉亚】0 【特-1】0【特-2】0 【增】16【对美加征】10【出】0【退】16	个/千克					101 102 103 104 105 ……	家用型气体过滤、净化机器及装置（其他离心机及类似装置及其零件） 家用型气体过滤、净化机器及装置（家用型气体过滤、净化机器及装置I类器具） 家用型气体过滤、净化机器及装置（家用型气体过滤、净化机器及装置II类器具） 家用型气体过滤、净化机器及装置（家用型气体过滤、净化机器及装置III类器具） 家用型气体过滤、净化机器及装置（家用型气体过滤、净化机器及装置0I类器具） ……②
842139	21	10	装备不锈钢外壳、入口管和出口管内径不超过1.3厘米的工业用静电除尘器	Industrial electrostatic precipitator with stainless steel casing, inlet pipe and outlet pipe inner diameter not exceeding 1.3 cm	【最】2.5【普】40 【协亚太】3.3【协东盟】0【协香港】0 【协巴基斯坦】0【协智利】0【协新西兰】0 【协秘鲁】0【协台湾】0【协哥斯达黎加】0 【协冰岛】0【协瑞士】0【协澳大利亚】0 【协韩国】0【协格鲁吉亚】0 【特-1】0【特-2】0 【增】16【对美加征】10【出】0【退】16	个/千克					999	装备不锈钢外壳、入口管和出口管内径不超过1.3厘米的工业用静电除尘器

① 该税号项下检验检疫编码及对应中文名称尚有：106 其他液体的过滤、净化机器及装置（其他过滤及其喷射装置及其零件0I类器具），107 其他液体的过滤、净化机器及装置（其他过滤及其喷射装置及其零件0类器具）。

② 该税号项下检验检疫编码及对应中文名称尚有：106 家用型气体过滤、净化机器及装置（家用型气体过滤、净化机器及装置0类器具）。

税则号列 HS国际统一前6位	本国子目 7~8位	本国子目 9~10位	货物名称 中文	Article Description 英文	税费综合信息	计量单位	监管证件代码 进口	监管证件代码 出口	检验检疫类别 进口	检验检疫类别 出口	检验检疫编码	检验检疫编码对应中文名称
842139	21	90	其他工业用静电除尘器	Other industrial electrostatic precipitators	【最】5【普】40 【协亚太】3.3【协东盟】0【协香港】0 【协巴基斯坦】0【协智利】0【协新西兰】0 【协秘鲁】0【协台湾】0【协哥斯达黎加】0 【协冰岛】0【协瑞士】0【协澳大利亚】0 【协韩国】0【协格鲁吉亚】0 【特-1】0【特-2】0 【增】16【对美加征】10【出】0【退】16	个/千克					999	其他工业用静电除尘器
842139	22	10	装备不锈钢外壳、入口管和出口管内径不超过1.3厘米的工业用袋式除尘器	Industrial bag type dust collector equipped with stainless steel shell, inlet pipe and outlet pipe inner diameter not exceeding 1.3 cm	【最】2.5【普】40 【协亚太】3.3【协东盟】0【协香港】0 【协巴基斯坦】0【协智利】0【协新西兰】0 【协秘鲁】0【协哥斯达黎加】0【协冰岛】0 【协瑞士】0【协澳大利亚】0【协韩国】1 【协格鲁吉亚】0 【特-1】0【特-2】0 【增】16【对美加征】10【出】0【退】16	个/千克					999	装备不锈钢外壳、入口管和出口管内径不超过1.3厘米的工业用袋式除尘器
842139	22	90	其他工业用袋式除尘器	Other industrial bag type dust collector	【最】5【普】40 【协亚太】3.3【协东盟】0【协香港】0 【协巴基斯坦】0【协智利】0【协新西兰】0 【协秘鲁】0【协哥斯达黎加】0【协冰岛】0 【协瑞士】0【协澳大利亚】0【协韩国】1 【协格鲁吉亚】0 【特-1】0【特-2】0 【增】16【对美加征】10【出】0【退】16	个/千克					999	其他工业用袋式除尘器
842139	23	10	装备不锈钢外壳、入口管和出口管内径不超过1.3厘米的工业用旋风式除尘器	Industrial cyclone dust collector with stainless steel casing, inlet pipe and outlet pipe inner diameter not exceeding 1.3 cm	【最】2.5【普】40 【协亚太】3.3【协东盟】0【协香港】0 【协巴基斯坦】0【协智利】0【协新西兰】0 【协秘鲁】0【协台湾】0【协哥斯达黎加】0 【协冰岛】0【协瑞士】0【协澳大利亚】0 【协韩国】0【协格鲁吉亚】0 【特-1】0【特-2】0 【增】16【对美加征】5【出】0【退】16	个/千克					999	装备不锈钢外壳、入口管和出口管内径不超过1.3厘米的工业用旋风式除尘器
842139	23	90	其他工业用旋风式除尘器	Other industrial cyclone dust collector	【最】5【普】40 【协亚太】3.3【协东盟】0【协香港】0 【协巴基斯坦】0【协智利】0【协新西兰】0 【协秘鲁】0【协台湾】0【协哥斯达黎加】0 【协冰岛】0【协瑞士】0【协澳大利亚】0 【协韩国】0【协格鲁吉亚】0 【特-1】0【特-2】0 【增】16【对美加征】5【出】0【退】16	个/千克					999	其他工业用旋风式除尘器
842139	24	10	装备不锈钢外壳、入口管和出口管内径不超过1.3厘米的电袋复合除尘器	Electric bag composite dust remover with stainless steel casing, inlet pipe and outlet pipe inner diameter less than 1.3 cm	【最】2.5【普】40 【协亚太】3.3【协东盟】0【协香港】0 【协巴基斯坦】0【协智利】0【协新西兰】0 【协秘鲁】0【协台湾】0【协哥斯达黎加】0 【协冰岛】0【协瑞士】0【协澳大利亚】0 【协韩国】3.6【协格鲁吉亚】0 【特-1】0【特-2】0 【增】16【对美加征】10【出】0【退】16	个/千克					999	装备不锈钢外壳、入口管和出口管内径不超过1.3厘米的电袋复合除尘器
842139	24	90	其他电袋复合除尘器	Other electric bag composite dust collector	【最】5【普】40 【协亚太】3.3【协东盟】0【协香港】0 【协巴基斯坦】0【协智利】0【协新西兰】0 【协秘鲁】0【协台湾】0【协哥斯达黎加】0 【协冰岛】0【协瑞士】0【协澳大利亚】0 【协韩国】3.6【协格鲁吉亚】0 【特-1】0【特-2】0 【增】16【对美加征】10【出】0【退】16	个/千克					999	其他电袋复合除尘器
842139	29	10	装备不锈钢外壳、入口管和出口管内径不超过1.3厘米的其他工业用除尘器	Other industrial dust remover with stainless steel casing, inlet pipe and outlet pipe diameter not exceeding 1.3cm	【最】2.5【普】40 【协亚太】3.3【协东盟】0【协香港】0 【协澳门】0【协巴基斯坦】0【协智利】0 【协新西兰】0【协秘鲁】0【协台湾】0 【协哥斯达黎加】0【协冰岛】0【协瑞士】0 【协澳大利亚】0【协韩国】3.6【协格鲁吉亚】0 【特-1】0【特-2】0 【增】16【对美加征】10【出】0【退】16	个/千克					999	装备不锈钢外壳、入口管和出口管内径不超过1.3厘米的其他工业用除尘器

税则号列			货品名称中英文		税费综合信息	计量单位	监管证件代码		检验检疫类别		检验检疫编码	检验检疫编码对应中文名称
HS国际统一前6位	本国子目 7~8位	本国子目 9~10位	中文 货物名称	英文 Article Description			进口	出口	进口	出口		
842139	29	90	其他工业用除尘器	Other industrial dust collector	【最】5【普】40 【协亚太】3.3【协东盟】0【协香港】0 【协澳门】0【协巴基斯坦】0【协智利】0 【协新西兰】0【协秘鲁】0【协台湾】0 【协哥斯达黎加】0【协冰岛】0【协瑞士】0 【协澳大利亚】0【协韩国】3.6【协格鲁吉亚】0 【特-1】0【特-2】0 【增】16【对美加征】10【出】0【退】16	个/千克					999	其他工业用除尘器
842139	30	01	摩托车发动机排气过滤及净化装置	Other filtering and purifying apparatuses for motorcycle engines	【最】5【普】40【暂进】3 【协亚太】3.3【协东盟】0【协香港】0 【协巴基斯坦】0【协智利】0【协新西兰】0 【协秘鲁】0【协哥斯达黎加】0【协冰岛】0 【协瑞士】0【协澳大利亚】0【协韩国】3.6 【协格鲁吉亚】0 【特-1】0【特-2】0【特-3】0 【增】16【对美加征】5【出】0【退】16	个/千克					101 102 103	摩托车发动机排气过滤及净化装置（其他车辆零部件） 摩托车发动机排气过滤及净化装置（非家用过滤及净化装置） 摩托车发动机排气过滤及净化装置（气体纯化过滤、净化机器及装置）
842139	30	20	装备不锈钢外壳、入口管和出口管内径不超过1.3厘米的其他内燃发动机排气过滤及净化装置	Other exhaust air filtering or purifying apparatus for internal combustion engines, with stainless steel housing and inlet and outlet tube bores which inside diameters not exceeding 1.3cm	【最】2.5【普】40 【协亚太】3.3【协东盟】0【协香港】0 【协巴基斯坦】0【协智利】0【协新西兰】0 【协秘鲁】0【协哥斯达黎加】0【协冰岛】0 【协瑞士】0【协澳大利亚】0【协韩国】3.6 【协格鲁吉亚】0 【特-1】0【特-2】0【特-3】0 【增】16【对美加征】5【出】0【退】16	个/千克					999	装备不锈钢外壳、入口管和出口管内径不超过1.3厘米的其他内燃发动机排气过滤及净化装置
842139	30	90	其他内燃发动机排气过滤及净化装置	Other filtering and purifying apparatuses for internal combustion engines	【最】5【普】40 【协亚太】3.3【协东盟】0【协香港】0 【协巴基斯坦】0【协智利】0【协新西兰】0 【协秘鲁】0【协哥斯达黎加】0【协冰岛】0 【协瑞士】0【协澳大利亚】0【协韩国】3.6 【协格鲁吉亚】0 【特-1】0【特-2】0【特-3】0 【增】16【对美加征】5【出】0【退】16	个/千克					101 102 103	其他内燃发动机排气过滤及净化装置（其他车辆零部件） 其他内燃发动机排气过滤及净化装置（非家用过滤及净化装置） 其他内燃发动机排气过滤及净化装置（气体纯化过滤、净化机器及装置）
842139	40	10	装备不锈钢外壳、入口管和出口管内径不超过1.3厘米的烟气脱硫装置	Flue gas desulfurization device equipped with stainless steel casing, inlet pipe and outlet pipe diameter less than 1.3cm	【最】2.5【普】40 【协亚太】3.3【协东盟】0【协香港】0 【协巴基斯坦】0【协智利】0【协新西兰】0 【协秘鲁】0【协台湾】0【协哥斯达黎加】0 【协冰岛】0【协瑞士】0【协澳大利亚】0 【协韩国】0【协格鲁吉亚】0 【特-1】0【特-2】0【特-3】0 【增】16【对美加征】10【出】0【退】16	个/千克					999	装备不锈钢外壳、入口管和出口管内径不超过1.3厘米的烟气脱硫装置
842139	40	90	其他烟气脱硫装置	Other flue gas desulfurization device	【最】5【普】40 【协亚太】3.3【协东盟】0【协香港】0 【协巴基斯坦】0【协智利】0【协新西兰】0 【协秘鲁】0【协台湾】0【协哥斯达黎加】0 【协冰岛】0【协瑞士】0【协澳大利亚】0 【协韩国】0【协格鲁吉亚】0 【特-1】0【特-2】0【特-3】0 【增】16【对美加征】10【出】0【退】16	个/千克					101 102	其他烟气脱硫装置（非家用过滤及净化装置） 其他烟气脱硫装置（气体纯化过滤、净化机器及装置）
842139	50	10	装备不锈钢外壳、入口管和出口管内径不超过1.3厘米的烟气脱硝装置	Flue gas denitration device equipped with stainless steel casing, inlet pipe and outlet pipe diameter less than 1.3cm	【最】2.5【普】40 【协亚太】3.3【协东盟】0【协香港】0 【协巴基斯坦】0【协智利】0【协新西兰】0 【协秘鲁】0【协台湾】0【协哥斯达黎加】0 【协冰岛】0【协瑞士】0【协澳大利亚】0 【协韩国】0【协格鲁吉亚】0 【特-1】0【特-2】0【特-3】0 【增】16【对美加征】5【出】0【退】16	个/千克					999	装备不锈钢外壳、入口管和出口管内径不超过1.3厘米的烟气脱硝装置

税则号列			货品名称中英文		税费综合信息	计量单位	监管证件代码		检验检疫类别		检验检疫编码	检验检疫编码对应中文名称
HS 国际统一前6位	本国子目 7~8位	9~10位	中文 货物名称	英文 Article Description			进口	出口	进口	出口		
842139	50	90	其他烟气脱硝装置	Other flue gas denitrification device	【最】5【普】40 【协亚太】3.3【协东盟】0【协香港】0 【协巴基斯坦】0【协智利】0【协新西兰】0 【协秘鲁】0【协台湾】0【协哥斯达黎加】0 【协冰岛】0【协瑞士】0【协澳大利亚】0 【协韩国】0【协格鲁吉亚】0 【特-1】0【特-2】0【特-3】0 【增】16【对美加征】5【出】0【退】16	个/千克					101 102	其他烟气脱硝装置（非家用过滤及净化装置） 其他烟气脱硝装置（气体纯化过滤、净化机器及装置）
842139	90	10	装备不锈钢外壳、入口管和出口管内径不超过1.3厘米的其他气体过滤或净化机器及装置 【电商】	Other gas filtration or purification equipment and devices equipped with stainless steel casing, inlet pipe and outlet pipe inner diameter not exceeding 1.3cm	【最】2.5【普】40 【协亚太】3.3【协东盟】0【协香港】0 【协澳门】0【协巴基斯坦】0【协智利】0 【协新西兰】0【协秘鲁】0【协台湾】0 【协哥斯达黎加】0【协冰岛】0【协瑞士】0 【协澳大利亚】0【协韩国】3【协格鲁吉亚】0 【特-1】0【特-2】0【特-3】0 【增】16【对美加征】5【出】0【退】16	个/千克					999	装备不锈钢外壳、入口管和出口管内径不超过1.3厘米的其他气体过滤或净化机器及装置
842139	90	90	其他气体过滤、净化机器及装置 【电商】	Other filtering or purifying machinery and apparatus, for gases	【最】5【普】40 【协亚太】3.3【协东盟】0【协香港】0 【协澳门】0【协巴基斯坦】0【协智利】0 【协新西兰】0【协秘鲁】0【协台湾】0 【协哥斯达黎加】0【协冰岛】0【协瑞士】0 【协澳大利亚】0【协韩国】3【协格鲁吉亚】0 【特-1】0【特-2】0【特-3】0 【增】16【对美加征】5【出】0【退】16	个/千克					101 102	其他气体过滤、净化机器及装置（非家用过滤及净化装置） 其他气体过滤、净化机器及装置（气体纯化过滤、净化机器及装置）
842191	10		干衣量≤10千克离心干衣机零件	Parts of clothes-dryers of a dry linen capacity not exceeding 10kg	【最】0【普】70【特-1】0【特-2】0【特-3】0 【增】16【对美加征】5【出】0【退】16	千克					999	干衣量≤10千克离心干衣机零件
842191	90	11	离心机壳/收集器（容纳气体离心机的转筒组件的耐UF6部件）	Centrifugal chassis/collectors (UF6-resistent components that hold air centrifugal machines)	【最】0【普】30【特-1】0【特-2】0【特-3】0 【增】16【对美加征】10【出】0【退】16	千克		3			999	离心机壳/收集器（容纳气体离心机的转筒组件的耐UF6部件）
842191	90	12	收集器（由内径不同的同心管组成用于供取UF6气体的管件）	Collectors (pipes that consist of concentric tubes with different inner diameters for supplying and extracting UF6 gases)	【最】0【普】30【特-1】0【特-2】0【特-3】0 【增】16【对美加征】10【出】0【退】16	千克		3			999	收集器（由内径不同的同心管组成用于供取UF6气体的管件）
842191	90	13	气体扩散膜（由耐UF6材料制成的多细孔过滤薄膜）	Air diffusion membrances (multiple-pore filter membrances made of UF6 -resistent materials)	【最】0【普】30【特-1】0【特-2】0【特-3】0 【增】16【对美加征】10【出】0【退】16	千克		3			999	气体扩散膜（由耐UF6材料制成的多细孔过滤薄膜）
842191	90	14	扩散室（专门设计或制造的密闭式容器，用于容纳气体扩散膜，由耐UF6的材料制成或用这种材料进行保护）	Diffusion rooms (airtight containers with one inlet and two outlets intake for holding air diffusion membrances)	【最】0【普】30【特-1】0【特-2】0【特-3】0 【增】16【对美加征】10【出】0【退】16	千克		3			999	扩散室（专门设计或制造的密闭式容器，用于容纳气体扩散膜，由耐UF6的材料制成或用这种材料进行保护）
842191	90	90	其他离心机用零件	Other parts for centrifugal machines	【最】0【普】30【特-1】0【特-2】0【特-3】0 【增】16【对美加征】10【出】0【退】16	千克					999	其他离心机用零件
842199	10		家用型过滤、净化装置用零件 【电商】	Parts of household-type filtering or purifying machines	【最】7【普】100【暂进】5 【协亚太】4.6【协东盟】0【协香港】0 【协巴基斯坦】5【协智利】0【协新西兰】0 【协新加坡】0【协秘鲁】0【协哥斯达黎加】0 【协冰岛】0【协瑞士】0【协澳大利亚】0 【协韩国】6【协格鲁吉亚】0 【特-1】0【特-2】0 【增】16【对美加征】5【出】0【退】16	千克					999	家用型过滤、净化装置用零件

税则号列 HS国际统一前6位	本国子目 7~8位	本国子目 9~10位	货品名称中文 货物名称	英文 Article Description	税费综合信息	计量单位	监管证件代码 进口	监管证件代码 出口	检验检疫类别 进口	检验检疫类别 出口	检验检疫编码	检验检疫编码对应中文名称
842199	90	10	用氟聚合物制造的厚度不超过140微米的过滤膜或净化膜的液体过滤或净化机器及装置的零件；装备不锈钢外壳、入口管和出口管内径不超过1.3厘米的气体过滤或净化机器及装置的零件【电商】	Parts of liquid membrane filtration or purification device and machine, made of fluorine polymer thickness less than 140 microns filtration or purification, gas filter equipment stainless steel shell, entrance pipe and the outlet pipe diameter not exceeding 1.3cm or purification machines and apparatus parts	【最】2.5【普】40 【协亚太】3.3【协东盟】0【协香港】0 【协巴基斯坦】0【协智利】0【协新西兰】0 【协秘鲁】0【协台湾】0【协哥斯达黎加】0 【协冰岛】0【协瑞士】0【协澳大利亚】0 【协韩国】0【协格鲁吉亚】0 【特-1】0【特-2】0【特-3】0 【增】16【对美加征】5【出】0【退】16	千克					999	用氟聚合物制造的厚度不超过140微米的过滤膜或净化膜的液体过滤或净化机器及装置的零件；装备不锈钢外壳、入口管和出口管内径不超过1.3厘米的气体过滤或净化机器及装置的零件
842199	90	90	其他过滤、净化装置用零件【电商】	Other parts of filtering and purifying machines and apparatuses	【最】5【普】40 【协亚太】3.3【协东盟】0【协香港】0 【协巴基斯坦】0【协智利】0【协新西兰】0 【协秘鲁】0【协台湾】0【协哥斯达黎加】0 【协冰岛】0【协瑞士】0【协澳大利亚】0 【协韩国】0【协格鲁吉亚】0 【特-1】0【特-2】0【特-3】0 【增】16【对美加征】5【出】0【退】16	千克					101 102 103 104	其他过滤、净化装置用零件（其他工业用旋风除尘器及其零件） 其他过滤、净化装置用零件（非家用过滤及净化装置） 其他过滤、净化装置用零件（气体纯化过滤、净化机器及装置） 其他过滤、净化装置用零件（其他过滤及其喷射装置及其零件）
842211	00		家用型洗碟机	Dish washing machines, of the household type	【最】8【普】90【暂进】6 【协东盟】0【协巴基斯坦】5【协智利】0 【协新西兰】0【协秘鲁】0【协哥斯达黎加】0 【协冰岛】0【协瑞士】0【协澳大利亚】0 【协格鲁吉亚】0【协香港】0【协澳门】0 【特-1】0【特-2】0【特-3】0 【增】16【对美加征】10【出】0【退】16	台/千克					101 102 103 104 105	家用型洗碟机（洗碟机及其零件I类器具） 家用型洗碟机（洗碟机及其零件II类器具） 家用型洗碟机（洗碟机及其零件III类器具） 家用型洗碟机（洗碟机及其零件0I类器具） 家用型洗碟机（洗碟机及其零件0类器具）
842219	00		非家用型洗碟机	Dish washing machines, other than the household type	【最】8【普】90 【协东盟】0【协巴基斯坦】11.2【协智利】0 【协新西兰】0【协新加坡】0【协秘鲁】0 【协哥斯达黎加】0【协冰岛】0【协瑞士】0 【协澳大利亚】0【协韩国】8.4【协格鲁吉亚】0 【协香港】0【协澳门】0 【特-1】0【特-2】0 【增】16【对美加征】10【出】0【退】16	台/千克					101 102 103 104 105	非家用型洗碟机（洗碟机及其零件I类器具） 非家用型洗碟机（洗碟机及其零件II类器具） 非家用型洗碟机（洗碟机及其零件III类器具） 非家用型洗碟机（洗碟机及其零件0I类器具） 非家用型洗碟机（洗碟机及其零件0类器具）
842220	00		瓶子及其他容器的洗涤或干燥机器	Machinery for cleaning or drying bottles or other containers	【最】8【普】35 【协东盟】0【协澳门】0【协巴基斯坦】5 【协智利】0【协新西兰】0【协新加坡】0 【协秘鲁】0【协哥斯达黎加】0【协冰岛】0 【协瑞士】0【协澳大利亚】0【协韩国】6 【协格鲁吉亚】0【协香港】0 【特-1】0【特-2】0【特-3】0 【增】16【对美加征】10【出】0【退】16	台/千克					101 102 103 104 105 ……	瓶子及其他容器的洗涤或干燥机器（其他食品加工机器及其零件） 瓶子及其他容器的洗涤或干燥机器（其他餐具清洗机及其零件I类器具） 瓶子及其他容器的洗涤或干燥机器（其他餐具清洗机及其零件II类器具） 瓶子及其他容器的洗涤或干燥机器（其他餐具清洗机及其零件III类器具） 瓶子及其他容器的洗涤或干燥机器（其他餐具清洗机及其零件0I类器具） ……①

① 该税号项下检验检疫编码及对应中文名称尚有：106　瓶子及其他容器的洗涤或干燥机器（其他餐具清洗机及其零件0类器具），107　瓶子及其他容器的洗涤或干燥机器（其他大型家用及其类似用途电器及其零件I类器具），108　瓶子及其他容器的洗涤或干燥机器（其他大型家用及其类似用途电器及其零件II类器具），109　瓶子及其他容器的洗涤或干燥机器（其他大型家用及其类似用途电器及其零件III类器具），110　瓶子及其他容器的洗涤或干燥机器（其他大型家用及其类似用途电器及其零件0I类器具），111　瓶子及其他容器的洗涤或干燥机器（其他大型家用及其类似用途电器及其零件0类器具）。

税则号列			货品名称中英文		税费综合信息	计量单位	监管证件代码		检验检疫类别		检验检疫编码	检验检疫编码对应中文名称
HS 国际统一前6位	本国子目 7~8位	本国子目 9~10位	中文 货物名称	英文 Article Description			进口	出口	进口	出口		
842230	10	10	乳品加工用自动化灌装设备	With the automatic filling equipment in dairy processing	【最】12【普】45【暂进】10 【协亚太】7.8【协东盟】0【协香港】0 【协巴基斯坦】5【协智利】0【协新西兰】0 【协新加坡】0【协秘鲁】0【协哥斯达黎加】0 【协冰岛】0【协瑞士】4.8【协澳大利亚】0 【协韩国】7.2【协格鲁吉亚】0 【特-1】0【特-2】0【特-3】0 【增】16【对美加征】10【出】0【退】16	台/千克	A		R		999	乳品加工用自动化灌装设备
842230	10	90	其他饮料及液体食品灌装设备	Other filling equipments for beverages and liquid food	【最】12【普】45 【协亚太】7.8【协东盟】0【协香港】0 【协巴基斯坦】5【协智利】0【协新西兰】0 【协新加坡】0【协秘鲁】0【协哥斯达黎加】0 【协冰岛】0【协瑞士】4.8【协澳大利亚】0 【协韩国】7.2【协格鲁吉亚】0 【特-1】0【特-2】0【特-3】0 【增】16【对美加征】10【出】0【退】16	台/千克	A		R		999	其他饮料及液体食品灌装设备
842230	21		全自动水泥灌包机	Automatic filling and sacking machines for packing cement	【最】8【普】45 【协亚太】5.2【协东盟】0【协香港】0 【协巴基斯坦】5【协智利】0【协新西兰】0 【协新加坡】0【协秘鲁】0【协哥斯达黎加】0 【协冰岛】0【协瑞士】4.8【协澳大利亚】0 【协韩国】7.2【协格鲁吉亚】0 【特-1】0【特-2】0【特-3】0 【增】16【出】0【退】16	台/千克					999	全自动水泥灌包机
842230	29		其他水泥包装机	Other machinery for packing cement	【最】8【普】45 【协亚太】5.2【协东盟】0【协香港】0 【协巴基斯坦】5【协智利】0【协新西兰】0 【协新加坡】0【协秘鲁】0【协哥斯达黎加】0 【协冰岛】0【协瑞士】4.8【协澳大利亚】0 【协韩国】7.2【协格鲁吉亚】0 【特-1】0【特-2】0【特-3】0 【增】16【对美加征】5【出】0【退】16	台/千克					999	其他水泥包装机
842230	30	01	全自动无菌灌装生产线用包装机（加工速度≥20000只/小时）	Packaging machines for automatic aseptic filling lines (processing speed ≥ 20000 pcs/hour)	【最】8【普】35【暂进】6 【协亚太】5.2【协东盟】0【协香港】0 【协巴基斯坦】5【协智利】0【协新西兰】0 【协新加坡】0【协秘鲁】0【协哥斯达黎加】0 【协冰岛】0【协瑞士】0【协澳大利亚】0 【协韩国】2【协格鲁吉亚】0 【特-1】0【特-2】0【特-3】0 【增】16【对美加征】10【出】0【退】16	台/千克	A		R		999	全自动无菌灌装生产线用包装机（加工速度≥20000只/小时）
842230	30	90	其他包装机	Other packaging machines	【最】8【普】35 【协亚太】5.2【协东盟】0【协香港】0 【协巴基斯坦】5【协智利】0【协新西兰】0 【协新加坡】0【协秘鲁】0【协哥斯达黎加】0 【协冰岛】0【协瑞士】0【协澳大利亚】0 【协韩国】2【协格鲁吉亚】0 【特-1】0【特-2】0【特-3】0 【增】16【对美加征】10【出】0【退】16	台/千克	A		R		999	其他包装机
842230	90	01	全自动无菌灌装生产线用贴吸管机（加工速度≥22000只/小时）	Pipette machines for fully automatic aseptic filling lines (processing speed ≥ 22000 pcs/hour)	【最】8【普】35【暂进】6 【协亚太】5.2【协东盟】0【协香港】0 【协巴基斯坦】5【协智利】0【协新西兰】0 【协新加坡】0【协秘鲁】0【协哥斯达黎加】0 【协冰岛】0【协瑞士】0【协澳大利亚】0 【协韩国】2【协格鲁吉亚】0 【特-1】0【特-2】0【特-3】0 【增】16【对美加征】10【出】0【退】16	台/千克	A		R		999	全自动无菌灌装生产线用贴吸管机（加工速度≥22000只/小时）
842230	90	10	充装设备（两用物项管制）	Filling equipments (dual-use items control)	【最】8【普】35 【协亚太】5.2【协东盟】0【协香港】0 【协巴基斯坦】5【协智利】0【协新西兰】0 【协新加坡】0【协秘鲁】0【协哥斯达黎加】0 【协冰岛】0【协瑞士】0【协澳大利亚】0 【协韩国】2【协格鲁吉亚】0 【特-1】0【特-2】0【特-3】0 【增】16【对美加征】10【出】0【退】16	台/千克		3			999	充装设备（两用物项管制）

税则号列			货品名称中英文		税费综合信息	计量单位	监管证件代码		检验检疫类别		检验检疫编码	检验检疫编码对应中文名称
HS国际统一前6位	本国子目 7~8位	本国子目 9~10位	中文 货物名称	英文 Article Description			进口	出口	进口	出口		
842230	90	90	其他瓶、罐、箱、袋或其他容器的装填、封口、密封、贴标签的机器；其他瓶、罐、管、筒或类似容器的包封机器；饮料充气机	Machinery for aerating beverages and other encapsulation machines	【最】8【普】35 【协亚太】5.2【协东盟】0【协香港】0 【协巴基斯坦】5【协智利】0【协新西兰】0 【协新加坡】0【协秘鲁】0【协哥斯达黎加】0 【协冰岛】0【协瑞士】0【协澳大利亚】0 【协韩国】2【协格鲁吉亚】0 【特-1】0【特-2】0【特-3】0 【增】16【对美加征】10【出】0【退】16	台/千克	A		R		999	其他瓶、罐、箱、袋或其他容器的装填、封口、密封、贴标签的机器；其他瓶、罐、管、筒或类似容器的包封机器；饮料充气机
842240	00		其他包装或打包机器（包括热缩包装机器） 【电商】	Other packing or wrapping machinery (including heat-shrink wrapping machinery)	【最】8【普】35 【协亚太】5.2【协东盟】0【协香港】0 【协巴基斯坦】5【协智利】0【协新西兰】0 【协新加坡】0【协秘鲁】0【协哥斯达黎加】0 【协冰岛】0【协瑞士】0【协澳大利亚】0 【协韩国】6【协格鲁吉亚】0 【特-1】0【特-2】0【特-3】0 【增】16【对美加征】10【出】0【退】10	台/千克					999	其他包装或打包机器（包括热缩包装机器）
842290	10		洗碟机用零件	Parts of dish washing machines	【最】8【普】90【暂进】6 【协东盟】0【协巴基斯坦】5【协智利】0 【协新西兰】0【协新加坡】0【协秘鲁】0 【协哥斯达黎加】0【协冰岛】0【协瑞士】4.2 【协澳大利亚】0【协韩国】6.3【协格鲁吉亚】0 【协香港】0【协澳门】0 【特-1】0【特-2】0【特-3】0 【增】16【对美加征】10【出】0【退】16	千克					999	洗碟机用零件
842290	20		饮料及液体食品灌装设备用零件	Parts of bottling or canning machinery for beverages or liquid food	【最】8.5【普】45 【协东盟】0【协巴基斯坦】5【协智利】0 【协新西兰】0【协秘鲁】0【协哥斯达黎加】0 【协冰岛】0【协瑞士】0【协澳大利亚】0 【协韩国】5.1【协格鲁吉亚】5.1【协香港】0 【协澳门】0 【特-1】0【特-2】0【特-3】0 【增】16【对美加征】10【出】0【退】16	千克					999	饮料及液体食品灌装设备用零件
842290	90		税目84.22其他未列名机器零件	Parts of other machines not spcified or included eleswhere of heading 84.22	【最】8.5【普】35 【协东盟】0【协香港】0【协巴基斯坦】5 【协智利】0【协新西兰】0【协秘鲁】0 【协哥斯达黎加】0【协瑞士】3.4 【协澳大利亚】0【协韩国】1.7 【协格鲁吉亚】0 【特-1】0【特-2】0【特-3】0 【增】16【对美加征】10【出】0【退】16	千克					101 102 103	税目84.22其他未列名机器零件（建材行业成套设备） 税目84.22其他未列名机器零件（包装行业成套设备） 税目84.22其他未列名机器零件（其他餐具清洗机及其零件）
842310	00		体重计、婴儿秤及家用秤 【电商】	Personal weighing machines, including baby scales; household scales	【最】6【普】80 【协东盟】0【协澳门】0【协巴基斯坦】5 【协智利】0【协新西兰】0【协新加坡】0 【协秘鲁】0【协哥斯达黎加】0【协冰岛】0 【协瑞士】4.2【协澳大利亚】0【协韩国】6.3 【协格鲁吉亚】0【协香港】0 【特-1】0【特-2】0【特-3】0 【增】16【对美加征】10【出】0【退】16	台/千克					101 102	体重计、婴儿秤及家用秤（电子衡器） 体重计、婴儿秤及家用秤（机械衡器）
842320	10		输送带上连续称货的电子皮带秤	Electronic belt weighing machines, for continuous weighing of goods on conveyors	【最】2.5【普】80 【协东盟】0【协巴基斯坦】5【协智利】0 【协新西兰】0【协秘鲁】0【协哥斯达黎加】0 【协冰岛】0【协瑞士】0【协澳大利亚】0 【协韩国】6【协格鲁吉亚】0【协香港】0 【协澳门】0 【特-1】0【特-2】0【特-3】0 【增】16【对美加征】10【出】0【退】16	台/千克					999	输送带上连续称货的电子皮带秤
842320	90		输送带上连续称货的其他秤	Other scales for continuous weighing of goods on conveyors	【最】10【普】80 【协东盟】0【协巴基斯坦】5【协智利】0 【协新西兰】0【协秘鲁】0【协哥斯达黎加】0 【协冰岛】0【协瑞士】0【协澳大利亚】0 【协韩国】6【协格鲁吉亚】0【协香港】0 【协澳门】0 【特-1】0【特-2】0【特-3】0 【增】16【对美加征】10【出】0【退】16	台/千克					999	输送带上连续称货的其他秤

税则号列			货品名称中英文		税费综合信息	计量单位	监管证件代码		检验检疫类别		检验检疫编码	检验检疫编码对应中文名称
HS国际统一前6位	本国子目 7~8位	9~10位	中文 货物名称	英文 Article Description			进口	出口	进口	出口		
842330	10	10	以电子方式称重的定量包装秤 【电商】①	Rationed packing scales by electronic means for gauging weight	【最】2.6【普】80 【协东盟】0【协巴基斯坦】5【协智利】0 【协新西兰】0【协新加坡】0【协秘鲁】0 【协哥斯达黎加】0【协冰岛】0【协瑞士】4.2 【协澳大利亚】0【协韩国】6.3【协格鲁吉亚】0 【协香港】0【协澳门】0 【特-1】0【特-2】0【特-3】0 【增】16【对美加征】10【出】0【退】16	台/千克					999	以电子方式称重的定量包装秤
842330	10	90	其他定量包装秤 【电商】②	Other rationed packing scales	【最】10【普】80 【协东盟】0【协巴基斯坦】5【协智利】0 【协新西兰】0【协新加坡】0【协秘鲁】0 【协哥斯达黎加】0【协冰岛】0【协瑞士】4.2 【协澳大利亚】0【协韩国】6.3【协格鲁吉亚】0 【协香港】0【协澳门】0 【特-1】0【特-2】0【特-3】0 【增】16【对美加征】10【出】0【退】16	台/千克					999	其他定量包装秤（机械衡器）
842330	20		定量分选秤	Rationed sorting scales	【最】10【普】80 【协东盟】0【协巴基斯坦】5【协智利】0 【协新西兰】0【协新加坡】0【协秘鲁】0 【协哥斯达黎加】0【协冰岛】0【协瑞士】4.2 【协澳大利亚】0【协韩国】6.3【协格鲁吉亚】0 【协香港】0【协澳门】0 【特-1】0【特-2】0【特-3】0 【增】16【对美加征】10【出】0【退】16	台/千克					101 102	定量分选秤（电子衡器） 定量分选秤（机械衡器）
842330	30	10	以电子方式称重的配料秤	Ecletronic proporating scales	【最】2.6【普】80 【协东盟】0【协巴基斯坦】5【协智利】0 【协新西兰】0【协新加坡】0【协秘鲁】0 【协哥斯达黎加】0【协冰岛】0【协瑞士】4.2 【协澳大利亚】0【协韩国】6.3【协格鲁吉亚】0 【协香港】0【协澳门】0 【特-1】0【特-2】0【特-3】0 【增】16【对美加征】10【出】0【退】16	台/千克					999	以电子方式称重的配料秤
842330	30	90	其他配料秤	Other proporating scales	【最】10【普】80 【协东盟】0【协巴基斯坦】5【协智利】0 【协新西兰】0【协新加坡】0【协秘鲁】0 【协哥斯达黎加】0【协冰岛】0【协瑞士】4.2 【协澳大利亚】0【协韩国】6.3【协格鲁吉亚】0 【协香港】0【协澳门】0 【特-1】0【特-2】0【特-3】0 【增】16【对美加征】10【出】0【退】16	台/千克					999	其他配料秤
842330	90	10	以电子方式称重的恒定秤，库秤及其他包装秤，分选秤	Constant weight scales, hopper scales and other packing scales, soting scales, in ecletronic	【最】2.6【普】80 【协东盟】0【协巴基斯坦】5【协智利】0 【协新西兰】0【协新加坡】0【协秘鲁】0 【协哥斯达黎加】0【协冰岛】0【协瑞士】4.2 【协澳大利亚】0【协韩国】6.3【协格鲁吉亚】0 【协香港】0【协澳门】0 【特-1】0【特-2】0【特-3】0 【增】16【对美加征】10【出】0【退】16	台/千克					999	以电子方式称重的恒定秤，库秤及其他包装秤，分选秤
842330	90	90	其他恒定秤，库秤及其他包装秤，分选秤	Other constant weight scales, hopper scales and other packing scales, soting scales	【最】10【普】80 【协东盟】0【协巴基斯坦】5【协智利】0 【协新西兰】0【协新加坡】0【协秘鲁】0 【协哥斯达黎加】0【协冰岛】0【协瑞士】4.2 【协澳大利亚】0【协韩国】6.3【协格鲁吉亚】0 【协香港】0【协澳门】0 【特-1】0【特-2】0【特-3】0 【增】16【对美加征】10【出】0【退】16	台/千克					999	其他恒定秤，库秤及其他包装秤，分选秤
842381	10		最大称量≤30千克的计价秤	Account balances, having a maximum weighing capacity not exceeding 30KG	【最】2.6【普】80 【协东盟】0【协巴基斯坦】5【协智利】0 【协新西兰】0【协新加坡】0【协秘鲁】0 【协哥斯达黎加】0【协冰岛】0【协瑞士】2.6 【协澳大利亚】0【协韩国】6.3【协格鲁吉亚】0 【协香港】0【协澳门】0 【特-1】0【特-2】0【特-3】0 【增】16【对美加征】10【出】0【退】16	台/千克					101 102	最大称量≤30千克的计价秤（电子衡器） 最大称量≤30千克的计价秤（机械衡器）

① 仅电子秤。

② 仅电子秤。

税则号列 HS国际统一前6位	本国子目 7~8位	本国子目 9~10位	货品名称中英文 中文 货物名称	货品名称中英文 英文 Article Description	税费综合信息	计量单位	监管证件代码 进口	监管证件代码 出口	检验检疫类别 进口	检验检疫类别 出口	检验检疫编码	检验检疫编码对应中文名称
842381	20		最大称量≤30千克的弹簧秤	Spring balances, having a maximum weighing capacity not exceeding 30KG	【最】10【普】80 【协东盟】0【协巴基斯坦】5【协智利】0 【协新西兰】0【协新加坡】0【协秘鲁】0 【协哥斯达黎加】0【协冰岛】0【协瑞士】4.2 【协澳大利亚】0【协韩国】6.3【协格鲁吉亚】0 【协香港】0【协澳门】0 【特-1】0【特-2】0【特-3】0 【增】16【对美加征】10【出】0【退】16	台/千克					999	最大称量≤30千克的弹簧秤
842381	90	10	其他以电子方式称重的衡器，最大称量不超过30千克	Other electronic weighing scales, having a maximum weighing capacity not exceeding 30KG	【最】2.6【普】80 【协东盟】0【协巴基斯坦】5【协智利】0 【协新西兰】0【协新加坡】0【协秘鲁】0 【协哥斯达黎加】0【协冰岛】0【协瑞士】6.7 【协澳大利亚】0【协韩国】6.3【协格鲁吉亚】0 【协香港】0【协澳门】0 【特-1】0【特-2】0【特-3】0 【增】16【对美加征】10【出】0【退】16	台/千克					999	其他以电子方式称重的衡器，最大称量不超过30千克
842381	90	90	最大称量≤30千克的其他衡器	Other weighing scales, having a maximum weighing capacity not exceeding 30KG	【最】10【普】80 【协东盟】0【协巴基斯坦】5【协智利】0 【协新西兰】0【协新加坡】0【协秘鲁】0 【协哥斯达黎加】0【协冰岛】0【协瑞士】6.7 【协澳大利亚】0【协韩国】6.3【协格鲁吉亚】0 【协香港】0【协澳门】0 【特-1】0【特-2】0【特-3】0 【增】16【对美加征】10【出】0【退】16	台/千克					999	最大称量≤30千克的其他衡器
842382	10	10	其他以电子方式称重的地中衡，最大称量大于30千克但不超过5000千克，但对车辆称重的衡器除外	Other electronic weighbridges, having a maximum weighing capacity exceeding 30KG but not exceeding 5000KG, but the vehicle weighing scales except	【最】2.6【普】80 【协东盟】0【协巴基斯坦】5【协智利】0 【协新西兰】0【协新加坡】0【协秘鲁】0 【协哥斯达黎加】0【协冰岛】0【协瑞士】4.2 【协澳大利亚】0【协韩国】6.3【协格鲁吉亚】0 【协香港】0【协澳门】0 【特-1】0【特-2】0【特-3】0 【增】16【对美加征】10【出】0【退】16	台/千克					999	其他以电子方式称重的地中衡，最大称量大于30千克但不超过5000千克，但对车辆称重的衡器除外
842382	10	90	30KG<最大称量≤5000KG的其他地中衡	Other weighbridges, having a maximum weighing capacity exceeding 30KG but not exceeding 5000KG	【最】10【普】80 【协东盟】0【协巴基斯坦】5【协智利】0 【协新西兰】0【协新加坡】0【协秘鲁】0 【协哥斯达黎加】0【协冰岛】0【协瑞士】4.2 【协澳大利亚】0【协韩国】6.3【协格鲁吉亚】0 【协香港】0【协澳门】0 【特-1】0【特-2】0【特-3】0 【增】16【对美加征】10【出】0【退】16	台/千克					999	30KG<最大称量≤5000KG的其他地中衡
842382	90	10	其他以电子方式称重的衡器，最大称量大于30千克但不超过5000千克，但对车辆称重的衡器除外	Other electronic weighing machinery, aving a maximum weighing capacity exceeding 30KG but not exceeding 5000KG, but the vehicle weighing scales except	【最】2.6【普】80 【协东盟】0【协巴基斯坦】5【协智利】0 【协新西兰】0【协新加坡】0【协秘鲁】0 【协哥斯达黎加】0【协冰岛】0【协瑞士】0 【协澳大利亚】0【协韩国】6.3【协格鲁吉亚】0 【协香港】0【协澳门】0 【特-1】0【特-2】0【特-3】0 【增】16【对美加征】10【出】0【退】16	台/千克					999	其他以电子方式称重的衡器，最大称量大于30千克但不超过5000千克，但对车辆称重的衡器除外
842382	90	90	30KG<最大称量≤5000KG的其他衡器	Other weighing machinery, having a maximum weighing capacity exceeding 30KG but not exceeding 5000KG	【最】10【普】80 【协东盟】0【协巴基斯坦】5【协智利】0 【协新西兰】0【协新加坡】0【协秘鲁】0 【协哥斯达黎加】0【协冰岛】0【协瑞士】0 【协澳大利亚】0【协韩国】6.3【协格鲁吉亚】0 【协香港】0【协澳门】0 【特-1】0【特-2】0【特-3】0 【增】16【对美加征】10【出】0【退】16	台/千克					999	30KG<最大称量≤5000kg的其他衡器
842389	10	10	其他以电子方式称重的地中衡，最大称量超过5000千克，但对车辆称重的衡器除外	Other electronic weighbridges, having a maximum weighing capacity exceeding 5000KG, but the vehicle wighing scales except	【最】2.5【普】80 【协东盟】0【协巴基斯坦】5【协智利】0 【协新西兰】0【协秘鲁】0【协哥斯达黎加】0 【协冰岛】0【协瑞士】0【协澳大利亚】0 【协韩国】6【协格鲁吉亚】0 【协香港】0【协澳门】0 【特-1】0【特-2】0【特-3】0 【增】16【对美加征】10【出】0【退】16	台/千克					999	其他以电子方式称重的地中衡，最大称量超过5000千克，但对车辆称重的衡器除外

税则号列			货品名称中英文		税费综合信息	计量单位	监管证件代码		检验检疫类别		检验检疫编码	检验检疫编码对应中文名称
HS国际统一前6位	本国子目7~8位	9~10位	中文 货物名称	英文 Article Description			进口	出口	进口	出口		
842389	10	90	最大秤量>5000KG的其他地中衡	Other weighbridges, having a maximum weighing capacity exceeding 5000KG	【最】10【普】80 【协东盟】0【协巴基斯坦】5【协智利】0 【协新西兰】0【协秘鲁】0【协哥斯达黎加】0 【协冰岛】0【协瑞士】0【协澳大利亚】0 【协韩国】6【协格鲁吉亚】0 【协香港】0【协澳门】0 【特-1】0【特-2】0【特-3】0 【增】16【对美加征】10【出】0【退】16	台/千克					999	最大秤量>5000KG的其他地中衡
842389	20	10	其他以电子方式称重的轨道衡，最大称量超过5000千克，但对车辆称重的衡器除外	Other track scales by electronic means for gauging weight, having a maximum weighing capacity exceeding 5000kg, other than machines for weighing vehicles	【最】2.5【普】80 【协东盟】0【协巴基斯坦】5【协智利】0 【协新西兰】0【协秘鲁】0【协哥斯达黎加】0 【协冰岛】0【协瑞士】0【协澳大利亚】0 【协韩国】6【协格鲁吉亚】0 【协香港】0【协澳门】0 【特-1】0【特-2】0【特-3】0 【增】16【对美加征】10【出】0【退】16	台/千克					999	其他以电子方式称重的轨道衡，最大称量超过5000千克，但对车辆称重的衡器除外
842389	20	90	最大秤量>5000KG的其他轨道衡	Other track scales, having a maximum weighing capacity exceeding 5000KG	【最】10【普】80 【协东盟】0【协巴基斯坦】5【协智利】0 【协新西兰】0【协秘鲁】0【协哥斯达黎加】0 【协冰岛】0【协瑞士】0【协澳大利亚】0 【协韩国】6【协格鲁吉亚】0 【协香港】0【协澳门】0 【特-1】0【特-2】0【特-3】0 【增】16【对美加征】10【出】0【退】16	台/千克					999	最大秤量>5000KG的其他轨道衡
842389	30	10	其他以电子方式称重的吊秤，最大称量超过5000千克，但对车辆称重的衡器除外	Other hanging scales by electronic means for gauging weight, having a maximum weighing capacity exceeding 5000kg, other than machines for weighing motor vehicles	【最】2.5【普】80 【协东盟】0【协巴基斯坦】5【协智利】0 【协新西兰】0【协秘鲁】0【协哥斯达黎加】0 【协冰岛】0【协瑞士】0【协澳大利亚】0 【协韩国】6【协格鲁吉亚】0 【协香港】0【协澳门】0 【特-1】0【特-2】0【特-3】0 【增】16【对美加征】5【出】0【退】16	台/千克					999	其他以电子方式称重的吊秤，最大称量超过5000千克，但对车辆称重的衡器除外
842389	30	90	最大秤量>5000KG的其他吊秤	Hanging scales, having a maximum weighing capacity exceeding 5000KG	【最】10【普】80 【协东盟】0【协巴基斯坦】5【协智利】0 【协新西兰】0【协秘鲁】0【协哥斯达黎加】0 【协冰岛】0【协瑞士】0【协澳大利亚】0 【协韩国】6【协格鲁吉亚】0 【协香港】0【协澳门】0 【特-1】0【特-2】0【特-3】0 【增】16【对美加征】5【出】0【退】16	台/千克					999	最大秤量>5000KG的其他吊秤
842389	90	10	其他以电子方式称重的衡器，最大称量超过5000千克，但对车辆称重的衡器除外	Other electronic weighing machinery, having a maximum weighing capacity exceeding 5000KG, but the vehicle weighing scales except	【最】2.5【普】80 【协东盟】0【协巴基斯坦】5【协智利】0 【协新西兰】0【协秘鲁】0【协哥斯达黎加】0 【协冰岛】0【协瑞士】0【协澳大利亚】0 【协韩国】6【协格鲁吉亚】0 【协香港】0【协澳门】0 【特-1】0【特-2】0【特-3】0 【增】16【对美加征】5【出】0【退】16	台/千克					999	其他以电子方式称重的衡器，最大称量超过5000千克，但对车辆称重的衡器除外
842389	90	90	最大秤量>5000KG的其他衡器	Other weighing machinery, having a maximum weighing capacity exceeding 5000KG, but the vehicle weighing scales except	【最】10【普】80 【协东盟】0【协巴基斯坦】5【协智利】0 【协新西兰】0【协秘鲁】0【协哥斯达黎加】0 【协冰岛】0【协瑞士】0【协澳大利亚】0 【协韩国】6【协格鲁吉亚】0 【协香港】0【协澳门】0 【特-1】0【特-2】0【特-3】0 【增】16【对美加征】5【出】0【退】16	台/千克					999	最大秤量>5000KG的其他衡器
842390	00	10	以电子方式称重的衡器的零件，但对车辆称重的衡器零件除外	Electronic weighing instrument parts, but the parts of vehicle weighing scales except	【最】2.5【普】80 【协东盟】0【协巴基斯坦】5【协智利】0 【协新西兰】0【协新加坡】0【协秘鲁】0 【协哥斯达黎加】0【协冰岛】0【协瑞士】4 【协澳大利亚】0【协韩国】6【协格鲁吉亚】0 【协香港】0【协澳门】0 【特-1】0【特-2】0【特-3】0 【增】16【对美加征】10【出】0【退】16	千克/台					999	以电子方式称重的衡器的零件，但对车辆称重的衡器零件除外

税则号列 HS国际统一前6位	本国子目 7~8位	本国子目 9~10位	货品名称中英文 中文 货物名称	货品名称中英文 英文 Article Description	税费综合信息	计量单位	监管证件代码 进口	监管证件代码 出口	检验检疫类别 进口	检验检疫类别 出口	检验检疫编码	检验检疫编码对应中文名称
842390	00	90	其他衡器用的各种砝码、秤砣及其零件	Weights of all kinds and parts of other weighing machinery	【最】8【普】80 【协东盟】0【协巴基斯坦】5【协智利】0 【协新西兰】0【协新加坡】0【协秘鲁】0 【协哥斯达黎加】0【协冰岛】0【协瑞士】4 【协澳大利亚】0【协韩国】6【协格鲁吉亚】0 【协香港】0【协澳门】0 【特-1】0【特-2】0【特-3】0 【增】16【对美加征】10【出】0【退】16	千克/台					999	其他衡器用的各种砝码、秤砣及其零件
842410	00		灭火器（不论是否装药）	Fire extinguishers, whether or not charged	【最】8【普】70 【协东盟】0【协巴基斯坦】5【协智利】0 【协新西兰】0【协秘鲁】0【协哥斯达黎加】0 【协冰岛】0【协瑞士】0【协澳大利亚】0 【协韩国】6.1【协格鲁吉亚】0 【协香港】0【协澳门】0 【特-1】0【特-2】0 【增】16【对美加征】5【出】0【退】16	个/千克	A		LM		999	灭火器（不论是否装药）
842420	00		喷枪及类似器具	Spray guns and similar appliances	【最】8【普】40 【协亚太】5.2【协东盟】0【协巴基斯坦】5 【协智利】0【协新西兰】0【协秘鲁】0 【协哥斯达黎加】0【协冰岛】0【协瑞士】0 【协澳大利亚】0【协韩国】1.6【协格鲁吉亚】0 【协香港】0【协澳门】0 【特-1】0【特-2】0 【增】16【对美加征】5【出】0【退】16	个/千克					999	喷枪及类似器具
842430	00		喷汽机、喷砂机及类似喷射机器	Steam or sand blasting machines and similar jet projecting machines	【最】8【普】40 【协东盟】0【协巴基斯坦】5【协智利】0 【协新西兰】0【协秘鲁】0【协台湾】0 【协哥斯达黎加】0【协冰岛】0【协瑞士】3.4 【协澳大利亚】0【协韩国】5【协格鲁吉亚】0 【协香港】0【协澳门】0 【特-1】0【特-2】0 【增】16【对美加征】10【出】0【退】16	台/千克					999	喷汽机、喷砂机及类似喷射机器
842441	00		农业或园艺用便携式喷雾器	Portable sprayers	【最】8【普】30 【协亚太】5.2【协东盟】0【协香港】0 【协巴基斯坦】5【协智利】0【协新西兰】0 【协秘鲁】0【协哥斯达黎加】0【协冰岛】0 【协瑞士】0【协澳大利亚】0【协韩国】1.6 【协格鲁吉亚】0 【特-1】0【特-2】0 【增】10【对美加征】10【出】0【退】10	台/千克			L		999	农业或园艺用便携式喷雾器
842449	00		农业或园艺用非便携式喷雾器	Unportable agricultural or horticultural sprayers	【最】8【普】30 【协亚太】5.2【协东盟】0【协香港】0 【协巴基斯坦】5【协智利】0【协新西兰】0 【协秘鲁】0【协哥斯达黎加】0【协冰岛】0 【协瑞士】0【协澳大利亚】0【协韩国】1.6 【协格鲁吉亚】0 【特-1】0【特-2】0 【增】10【对美加征】5【出】0【退】10	台/千克			L		999	农业或园艺用非便携式喷雾器
842482	00		农业或园艺用其他喷射器具	Agricultural or horticultural	【最】8【普】30 【协亚太】5.2【协东盟】0【协香港】0 【协巴基斯坦】5【协智利】0【协新西兰】0 【协秘鲁】0【协哥斯达黎加】0【协冰岛】0 【协瑞士】0【协澳大利亚】0【协韩国】1.6 【协格鲁吉亚】0 【特-1】0【特-2】0 【增】10【对美加征】10【出】0【退】10	台/千克			L		999	农业或园艺用其他喷射器具（喷雾器除外）
842489	10		家用型喷射、喷雾机械器具【电商】	Mechanical appliances for projecting, dispersing or spraying liquids or powders, of the household type	【最】0【普】80【特-1】0【特-2】0【特-3】0 【增】16【对美加征】5【出】0【退】16	台/千克					101 102 103 104 105	家用型喷射、喷雾机械器具（家用型喷射、喷雾机械器具I类器具） 家用型喷射、喷雾机械器具（家用型喷射、喷雾机械器具II类器具） 家用型喷射、喷雾机械器具（家用型喷射、喷雾机械器具III类器具） 家用型喷射、喷雾机械器具（家用型喷射、喷雾机械器具0I类器具） 家用型喷射、喷雾机械器具（家用型喷射、喷雾机械器具0类器具）

税则号列 HS国际统一前6位	本国子目 7~8位	本国子目 9~10位	货品名称中英文 中文 货物名称	货品名称中英文 英文 Article Description	税费综合信息	计量单位	监管证件代码 进口	监管证件代码 出口	检验检疫类别 进口	检验检疫类别 出口	检验检疫编码	检验检疫编码对应中文名称
842489	20		喷涂机器人	Spraying robot	【最】0【普】80【特-1】0【特-2】0【特-3】0【增】16【对美加征】5【出】0【退】16	台/千克					999	喷涂机器人
842489	91		船用洗舱机	Marine cabinet washer	【最】0【普】30【特-1】0【特-2】0【特-3】0【增】16【对美加征】10【出】0【退】16	台/千克					999	船用洗舱机
842489	99	10	分离喷嘴（由狭缝状、曲率半径极小的弯曲通道组成，内有分离楔尖）	Separated nozzles (consisting of slit-like curved channels of a very small curvature radius, with a separated wedge tip inside)	【最】0【普】30【特-1】0【特-2】0【特-3】0【增】16【对美加征】5【出】0【退】16	台/千克		3	L		101	分离喷嘴（由狭缝状、曲率半径极小的弯曲通道组成，内有分离楔尖）（其他过滤及其喷射装置及其零件I类器具）
											102	分离喷嘴（由狭缝状、曲率半径极小的弯曲通道组成，内有分离楔尖）（其他过滤及其喷射装置及其零件II类器具）
											103	分离喷嘴（由狭缝状、曲率半径极小的弯曲通道组成，内有分离楔尖）（其他过滤及其喷射装置及其零件III类器具）
											104	分离喷嘴（由狭缝状、曲率半径极小的弯曲通道组成，内有分离楔尖）（其他过滤及其喷射装置及其零件0I类器具）
											105	分离喷嘴（由狭缝状、曲率半径极小的弯曲通道组成，内有分离楔尖）（其他过滤及其喷射装置及其零件0类器具）
842489	99	90	其他用途的喷射、喷雾机械器具	Projecting or fog spraying mechanical appliances for other purposes	【最】0【普】30【特-1】0【特-2】0【特-3】0【增】16【对美加征】5【出】0【退】16	台/千克			L		101	其他用途的喷射、喷雾机械器具（其他过滤及其喷射装置及其零件I类器具）
											102	其他用途的喷射、喷雾机械器具（其他过滤及其喷射装置及其零件II类器具）
											103	其他用途的喷射、喷雾机械器具（其他过滤及其喷射装置及其零件III类器具）
											104	其他用途的喷射、喷雾机械器具（其他过滤及其喷射装置及其零件0I类器具）
											105	其他用途的喷射、喷雾机械器具（其他过滤及其喷射装置及其零件0类器具）
842490	10		灭火器用的零件	Parts of fire extinguishers	【最】0【普】70【特-1】0【特-2】0【特-3】0【增】16【对美加征】5【出】0【退】16	千克					999	灭火器用的零件
842490	20		家用型喷射、喷雾器具的零件	Parts of mechanical appliancesfor projecting, dispersing or spraying liquids or powders, of the household type	【最】0【普】80【特-1】0【特-2】0【特-3】0【增】16【对美加征】5【出】0【退】16	千克			L		101	家用型喷射、喷雾器具的零件（蒸脸器）
											102	家用型喷射、喷雾器具的零件（家用型喷射、喷雾机械器具）

税则号列 HS国际统一前6位	本国子目 7~8位	本国子目 9~10位	货品名称中英文 中文 货物名称	货品名称中英文 英文 Article Description	税费综合信息	计量单位	监管证件代码 进口	监管证件代码 出口	检验检疫类别 进口	检验检疫类别 出口	检验检疫编码	检验检疫编码对应中文名称
842490	90		其他喷雾器具及喷汽机等用零件	Other parts of mechanical appliancesfor projecting, dispersing or spraying liquids or powders (subheading NO. 84242.000、8424.3000、8424.8990)	【最】0【普】30【特-1】0【特-2】0【特-3】0【增】16【对美加征】5【出】0【退】10	千克					999	其他喷雾器具及喷汽机等用零件（编号8424.2000，8424.3000，8424.8990所列器具的零件）
842511	00		电动滑车及提升机（倒卸式提升机及提升车辆用的提升机除外）	Pulley tackle and hoists, powered by electric motor, other than skip hoists or hoists of a kind used for raising vehicles	【最】6【普】30【协东盟】0【协巴基斯坦】5【协智利】0【协新西兰】0【协秘鲁】0【协哥斯达黎加】0【协冰岛】0【协瑞士】0【协澳大利亚】0【协韩国】4.4【协格鲁吉亚】0【协香港】0【协澳门】0【特-1】0【特-2】0【特-3】0【增】16【对美加征】5【出】0【退】16	台/千克					999	电动滑车及提升机（倒卸式提升机及提升车辆用的提升机除外）
842519	00		非电动滑车及提升机（倒卸式提升机及提升车辆用的提升机除外）	Other pulley tackle and hoists, not powered by electric motor, other than skip hoists or hoists of a kind used for raising vehicles	【最】5【普】30【协东盟】0【协巴基斯坦】0【协智利】0【协新西兰】0【协秘鲁】0【协哥斯达黎加】0【协冰岛】0【协瑞士】0【协澳大利亚】0【协韩国】3【协格鲁吉亚】0【协香港】0【协澳门】0【特-1】0【特-2】0【特-3】0【增】16【对美加征】5【出】0【退】16	台/千克					999	非电动滑车及提升机（倒卸式提升机及提升车辆用的提升机除外）
842531	10		矿井口卷扬装置及专为井下使用设计的卷扬机，电动的	Pit-head winding gear; winches specially designed for use underground, powered by electric motor	【最】10【普】30【协亚太】7【协东盟】0【协巴基斯坦】5【协智利】0【协新西兰】0【协秘鲁】0【协哥斯达黎加】0【协冰岛】0【协瑞士】0【协澳大利亚】0【协韩国】6【协格鲁吉亚】0【协香港】0【协澳门】0【特-1】0【特-2】0【特-3】0【增】16【出】0【退】16	台/千克					999	矿井口卷扬装置及专为井下使用设计的卷扬机，电动的
842531	90		其他电动卷扬机及绞盘	Other winches and capstans, powered by electric motor	【最】5【普】30【协东盟】0【协巴基斯坦】0【协智利】0【协新西兰】0【协秘鲁】0【协哥斯达黎加】0【协冰岛】0【协瑞士】0【协澳大利亚】0【协韩国】3.6【协格鲁吉亚】0【协香港】0【协澳门】0【特-1】0【特-2】0【特-3】0【增】16【对美加征】10【出】0【退】16	台/千克					999	其他电动卷扬机及绞盘
842539	10		矿井口卷扬装置及专为井下使用设计的卷扬机，非电动的	Pit-head winding gear; winches specially designed for use underground, not powered by electric motor	【最】10【普】30【协亚太】7【协东盟】0【协巴基斯坦】5【协智利】0【协新西兰】0【协秘鲁】0【协哥斯达黎加】0【协冰岛】0【协瑞士】0【协澳大利亚】0【协韩国】6【协格鲁吉亚】0【协香港】0【协澳门】0【特-1】0【特-2】0【特-3】0【增】16【对美加征】10【出】0【退】16	台/千克					999	矿井口卷扬装置及专为井下使用设计的卷扬机，非电动的
842539	90		其他非电动卷扬机及绞盘	Other winches and capstans, not powered by electric motor	【最】5【普】30【协东盟】0【协香港】0【协巴基斯坦】0【协智利】0【协新西兰】0【协秘鲁】0【协哥斯达黎加】0【协冰岛】0【协瑞士】0【协澳大利亚】0【协韩国】3.6【协格鲁吉亚】0【特-1】0【特-2】0【特-3】0【增】16【对美加征】10【出】0【退】16	台/千克					999	其他非电动卷扬机及绞盘
842541	00		车库中使用的固定千斤顶系统	Built-in jacking systems of a type used in garages	【最】3【普】30【协亚太】2【协东盟】0【协巴基斯坦】0【协智利】0【协新西兰】0【协秘鲁】0【协哥斯达黎加】0【协冰岛】0【协瑞士】0【协澳大利亚】0【协韩国】0【协格鲁吉亚】0【协香港】0【协澳门】0【特-1】0【特-2】0【特-3】0【增】16【对美加征】10【出】0【退】16	台/千克					999	车库中使用的固定千斤顶系统

税则号列			货品名称中英文		税费综合信息	计量单位	监管证件代码		检验检疫类别		检验检疫编码	检验检疫编码对应中文名称
HS国际统一前6位	本国子目 7~8位	本国子目 9~10位	中文 货物名称	英文 Article Description			进口	出口	进口	出口		
842542	10		液压千斤顶	Hydraulic jacks	【最】3【普】30 【协东盟】0【协巴基斯坦】0【协智利】0 【协新西兰】0【协秘鲁】0【协哥斯达黎加】0 【协冰岛】0【协瑞士】0【协澳大利亚】0 【协韩国】0.6【协格鲁吉亚】0 【协香港】0【协澳门】0 【特-1】0【特-2】0【特-3】0 【增】16【对美加征】5【出】0【退】16	台/千克					999	液压千斤顶
842542	90		提升车辆用液压提升机	Hoists of a kind used for raising vehicles, hydraulic	【最】5【普】30 【协东盟】0【协巴基斯坦】0【协智利】0 【协新西兰】0【协秘鲁】0【协哥斯达黎加】0 【协冰岛】0【协瑞士】0【协澳大利亚】0 【协韩国】3.6【协格鲁吉亚】0 【协香港】0【协澳门】0 【特-1】0【特-2】0【特-3】0 【增】16【对美加征】10【出】0【退】16	台/千克					999	提升车辆用液压提升机
842549	10		其他千斤顶	Other jacks	【最】5【普】30 【协东盟】0【协巴基斯坦】0【协智利】0 【协新西兰】0【协秘鲁】0【协哥斯达黎加】0 【协冰岛】0【协瑞士】0【协澳大利亚】0 【协韩国】3【协格鲁吉亚】0 【协香港】0【协澳门】0 【特-1】0【特-2】0【特-3】0 【增】16【对美加征】5【出】0【退】16	台/千克					999	其他千斤顶
842549	90		其他提升车辆用提升机	Other hoists of a kind used for raising vehicles	【最】10【普】30 【协东盟】0【协巴基斯坦】5【协智利】0 【协新西兰】0【协秘鲁】0【协哥斯达黎加】0 【协冰岛】0【协瑞士】0【协澳大利亚】0 【协韩国】6【协格鲁吉亚】0 【协香港】0【协澳门】0 【特-1】0【特-2】0【特-3】0 【增】16【对美加征】10【出】0【退】16	台/千克					999	其他提升车辆用提升机
842611	20		通用桥式起重机	Bridge cranes, all-purpose	【最】8【普】30 【协东盟】0【协巴基斯坦】5【协智利】0 【协新西兰】0【协秘鲁】0【协哥斯达黎加】0 【协冰岛】0【协瑞士】0【协澳大利亚】0 【协韩国】5.8【协格鲁吉亚】0 【协香港】0【协澳门】0 【特-1】0【特-2】0【特-3】0 【增】16【对美加征】10【出】0【退】16	台/千克					999	通用桥式起重机
842611	90		其他固定支架的高架移动式起重机	Other overhead travelling cranes on fixed support	【最】8【普】30 【协东盟】0【协巴基斯坦】5【协智利】0 【协新西兰】0【协秘鲁】0【协哥斯达黎加】0 【协冰岛】0【协瑞士】0【协澳大利亚】0 【协韩国】5.8【协格鲁吉亚】0 【协香港】0【协澳门】0 【特-1】0【特-2】0【特-3】0 【增】16【对美加征】10【出】0【退】16	台/千克					999	其他固定支架的高架移动式起重机
842612	00		胶轮移动式吊运架及跨运车	Mobile lifting frames on tyres and straddle carriers	【最】6【普】30 【协东盟】0【协巴基斯坦】5【协智利】0 【协新西兰】0【协秘鲁】0【协哥斯达黎加】0 【协冰岛】0【协瑞士】0【协澳大利亚】0 【协韩国】4.4【协格鲁吉亚】0 【协香港】0【协澳门】0 【特-1】0【特-2】0【特-3】0 【增】16【对美加征】10【出】0【退】16	台/千克					999	胶轮移动式吊运架及跨运车
842619	10		装船机	Ship loading cranes	【最】5【普】30 【协亚太】2.5【协东盟】0【协巴基斯坦】0 【协智利】0【协新西兰】0【协秘鲁】0 【协哥斯达黎加】0【协冰岛】0【协瑞士】0 【协澳大利亚】0【协韩国】3.6【协格鲁吉亚】0 【协香港】0【协澳门】0 【特-1】0【特-2】0【特-3】0 【增】16【出】0【退】16	台/千克					999	装船机

税则号列			货品名称中英文		税费综合信息	计量单位	监管证件代码		检验检疫类别		检验检疫编码	检验检疫编码对应中文名称
HS国际统一前6位	本国子目7~8位	本国子目9~10位	中文货物名称	英文Article Description			进口	出口	进口	出口		
842619	21		抓斗式卸船机	Grab ship unloading cranes	【最】5【普】30 【协亚太】3.3【协东盟】0【协巴基斯坦】0 【协智利】0【协新西兰】0【协秘鲁】0 【协哥斯达黎加】0【协冰岛】0【协瑞士】0 【协澳大利亚】0【协韩国】3.6【协格鲁吉亚】0 【协香港】0【协澳门】0 【特-1】0【特-2】0【特-3】0 【增】16【出】0【退】16	台/千克					999	抓斗式卸船机
842619	29		其他卸船机	Other ship unloading cranes	【最】5【普】30 【协亚太】3.3【协东盟】0【协巴基斯坦】0 【协智利】0【协新西兰】0【协秘鲁】0 【协哥斯达黎加】0【协冰岛】0【协瑞士】0 【协澳大利亚】0【协韩国】3.6【协格鲁吉亚】0 【协香港】0【协澳门】0 【特-1】0【特-2】0【特-3】0 【增】16【出】0【退】16	台/千克	O				999	其他卸船机
842619	30		龙门式起重机	Gantry cranes	【最】10【普】30 【协亚太】6.5【协东盟】0【协巴基斯坦】5 【协智利】0【协新西兰】0【协秘鲁】0 【协哥斯达黎加】0【协冰岛】0【协瑞士】0 【协澳大利亚】0【协韩国】7.3【协格鲁吉亚】0 【协香港】0【协澳门】0 【特-1】0【特-2】0【特-3】0 【增】16【对美加征】10【出】0【退】16	台/千克					999	龙门式起重机
842619	41		门式装卸桥	Frame loading and unloading bridges	【最】10【普】30 【协亚太】6.5【协东盟】0【协巴基斯坦】5 【协智利】0【协新西兰】0【协秘鲁】0 【协哥斯达黎加】0【协冰岛】0【协瑞士】0 【协澳大利亚】0【协韩国】7.3【协格鲁吉亚】0 【协香港】0【协澳门】0 【特-1】0【特-2】0【特-3】0 【增】16【出】0【退】16	台/千克					999	门式装卸桥
842619	42		集装箱装卸桥	Container loading and unloading bridges	【最】10【普】30 【协亚太】6.5【协东盟】0【协巴基斯坦】5 【协智利】0【协新西兰】0【协秘鲁】0 【协哥斯达黎加】0【协冰岛】0【协瑞士】0 【协澳大利亚】0【协韩国】7.3【协格鲁吉亚】0 【协香港】0【协澳门】0 【特-1】0【特-2】0【特-3】0 【增】16【出】0【退】16	台/千克					999	集装箱装卸桥
842619	43		其他动臂式装卸桥	Derrick loading and unloading bridges	【最】10【普】30 【协亚太】6.5【协东盟】0【协巴基斯坦】5 【协智利】0【协新西兰】0【协秘鲁】0 【协哥斯达黎加】0【协冰岛】0【协瑞士】0 【协澳大利亚】0【协韩国】8【协格鲁吉亚】0 【协香港】0【协澳门】0 【特-1】0【特-2】0【特-3】0 【增】16【出】0【退】16	台/千克					999	其他动臂式装卸桥
842619	49		其他装卸桥	Other loading and unloading bridges	【最】10【普】30 【协亚太】6.5【协东盟】0【协巴基斯坦】5 【协智利】0【协新西兰】0【协秘鲁】0 【协哥斯达黎加】0【协冰岛】0【协瑞士】0 【协澳大利亚】0【协韩国】7.3【协格鲁吉亚】0 【协香港】0【协澳门】0 【特-1】0【特-2】0【特-3】0 【增】16【出】0【退】16	台/千克					999	其他装卸桥
842619	90		其他高架移动式起重吊运设备	Other overhead travelling cranes	【最】10【普】30 【协亚太】6.5【协东盟】0【协巴基斯坦】5 【协智利】0【协新西兰】0【协新加坡】0 【协秘鲁】0【协哥斯达黎加】0【协冰岛】0 【协瑞士】0【协澳大利亚】0【协韩国】8 【协格鲁吉亚】0【协香港】0【协澳门】0 【特-1】0【特-2】0【特-3】0 【增】16【出】0【退】16	台/千克					999	其他高架移动式起重吊运设备

税则号列			货品名称中英文		税费综合信息	计量单位	监管证件代码		检验检疫类别		检验检疫编码	检验检疫编码对应中文名称
HS国际统一前6位	本国子目7~8位	本国子目9~10位	中文货物名称	英文Article Description			进口	出口	进口	出口		
842620	00		塔式起重机	Tower cranes	【最】10【普】30 【协东盟】0【协巴基斯坦】5【协智利】0 【协新西兰】0【协秘鲁】0【协哥斯达黎加】0 【协冰岛】0【协瑞士】0【协澳大利亚】0 【协韩国】8【协格鲁吉亚】0 【协香港】0【协澳门】0 【特-1】0【特-2】0【特-3】0 【增】16【出】0【退】16	台/千克	O				999	塔式起重机
842630	00		门座式起重机及座式旋臂起重机	Portal or pedestal jib cranes	【最】6【普】30 【协东盟】0【协巴基斯坦】5【协智利】0 【协新西兰】0【协秘鲁】0【协哥斯达黎加】0 【协冰岛】0【协瑞士】0【协澳大利亚】0 【协韩国】4.4【协格鲁吉亚】0 【协香港】0【协澳门】0 【特-1】0【特-2】0【特-3】0 【增】16【对美加征】10【出】0【退】16	台/千克					999	门座式起重机及座式旋臂起重机
842641	10		轮胎式起重机	Wheel cranes	【最】5【普】30 【协亚太】3.5【协东盟】0【协巴基斯坦】0 【协智利】0【协新西兰】0【协秘鲁】0 【协哥斯达黎加】0【协冰岛】0【协瑞士】0 【协澳大利亚】0【协韩国】3.6【协格鲁吉亚】0 【协香港】0【协澳门】0 【特-1】0【特-2】0【特-3】0 【增】16【出】0【退】16	台/千克	O				999	轮胎式起重机
842641	90		其他带胶轮的自推进起重机械	Other lifting machinery, self-propelled, on tyres	【最】5【普】30 【协东盟】0【协巴基斯坦】0【协智利】0 【协新西兰】0【协秘鲁】0【协哥斯达黎加】0 【协冰岛】0【协瑞士】0【协澳大利亚】0 【协韩国】3.6【协格鲁吉亚】0 【协香港】0【协澳门】0 【特-1】0【特-2】0【特-3】0 【增】16【对美加征】10【出】0【退】16	台/千克					999	其他带胶轮的自推进起重机械
842649	10		履带式自推进起重机械	Crawler cranes, self-propelled	【最】8【普】30 【协亚太】5.6【协东盟】0【协香港】0 【协巴基斯坦】5【协智利】0【协新西兰】0 【协秘鲁】0【协哥斯达黎加】0【协冰岛】0 【协瑞士】0【协澳大利亚】0【协韩国】5.8 【协格鲁吉亚】0 【特-1】0【特-2】0【特-3】0 【增】16【对美加征】10【出】0【退】16	台/千克	O				999	履带式自推进起重机械
842649	90		其他不带胶轮的自推进起重机械	Other machinery, self-propelled, not on tyres	【最】8【普】30 【协亚太】5.6【协东盟】0【协香港】0 【协巴基斯坦】6.5【协智利】0【协新西兰】0 【协新加坡】0【协秘鲁】0【协哥斯达黎加】0 【协冰岛】0【协瑞士】5.2【协澳大利亚】0 【协韩国】9.5【协格鲁吉亚】0 【协香港】0【协澳门】0 【特-1】0【特-2】0 【增】16【出】0【退】16	台/千克					999	其他不带胶轮的自推进起重机械
842691	00		供装于公路车辆的其他起重机械	Other machinery, designed for mounting on road vehicles	【最】8【普】30 【协东盟】0【协巴基斯坦】5【协智利】0 【协新西兰】0【协秘鲁】0【协哥斯达黎加】0 【协冰岛】0【协瑞士】0【协澳大利亚】0 【协韩国】8【协格鲁吉亚】0 【协香港】0【协澳门】0 【特-1】0【特-2】0【特-3】0 【增】16【出】0【退】16	台/千克					999	供装于公路车辆的其他起重机械
842699	00		其他起重机械	Other cranes	【最】6【普】30 【协东盟】0【协巴基斯坦】5【协智利】0 【协新西兰】0【协秘鲁】0【协哥斯达黎加】0 【协冰岛】0【协瑞士】0【协澳大利亚】0 【协韩国】4.4【协格鲁吉亚】0 【协香港】0【协澳门】0 【特-1】0【特-2】0【特-3】0 【增】16【对美加征】10【出】0【退】16	台/千克					999	其他起重机械

税则号列			货品名称中英文		税费综合信息	计量单位	监管证件代码		检验检疫类别		检验检疫编码	检验检疫编码对应中文名称
HS国际统一前6位	本国子目 7~8位	9~10位	中文 货物名称	英文 Article Description			进口	出口	进口	出口		
842710	10		有轨巷道堆垛机	Track alleyway stackers	【最】9【普】30 【协东盟】0【协巴基斯坦】5【协智利】0 【协新西兰】0【协秘鲁】0【协哥斯达黎加】0 【协冰岛】0【协瑞士】0【协澳大利亚】0 【协韩国】1.8【协格鲁吉亚】0 【协香港】0【协澳门】0 【特-1】0【特-2】0【特-3】0 【增】16【出】0【退】16	台/千克	A		M		999	有轨巷道堆垛机
842710	20		无轨巷道堆垛机	Trackless alleyway stackers	【最】9【普】30 【协东盟】0【协巴基斯坦】5【协智利】0 【协新西兰】0【协秘鲁】0【协哥斯达黎加】0 【协冰岛】0【协瑞士】0【协澳大利亚】0 【协韩国】6.6【协格鲁吉亚】0 【协香港】0【协澳门】0 【特-1】0【特-2】0【特-3】0 【增】16【对美加征】10【出】0【退】16	台/千克	A		M		999	无轨巷道堆垛机
842710	90		其他电动机推动的机动叉车或升降搬运车	Other self-propelled trucks powered by an electric motor	【最】9【普】30 【协东盟】0【协巴基斯坦】5【协智利】0 【协新西兰】0【协秘鲁】0【协哥斯达黎加】0 【协冰岛】0【协瑞士】0【协澳大利亚】0 【协韩国】1.8【协格鲁吉亚】0 【协香港】0【协澳门】0 【特-1】0【特-2】0【特-3】0 【增】16【对美加征】5【出】0【退】16	台/千克	A		M		999	其他电动机推动的机动叉车或升降搬运车
842720	10		集装箱叉车	Fork-lift trucks cranes	【最】9【普】30 【协亚太】5.9【协东盟】0【协巴基斯坦】5 【协智利】0【协新西兰】0【协秘鲁】0 【协哥斯达黎加】0【协冰岛】0【协瑞士】0 【协澳大利亚】0【协韩国】1.8【协格鲁吉亚】0 【协香港】0【协澳门】0 【特-1】0【特-2】0【特-3】0 【增】16【出】0【退】16	台/千克	A		M		999	集装箱叉车
842720	90		其他机动叉车及有升降装置工作车（包括装有搬运装置的机动工作车）	Other fork-lift trucks; other works trucks fitted with lifting or handling equipment, self-propelled	【最】9【普】30 【协亚太】5.9【协东盟】0【协巴基斯坦】5 【协智利】0【协新西兰】0【协秘鲁】0 【协哥斯达黎加】0【协冰岛】0【协瑞士】0 【协澳大利亚】0【协韩国】1.8【协格鲁吉亚】0 【协香港】0【协澳门】0 【特-1】0【特-2】0【特-3】0 【增】16【对美加征】5【出】0【退】16	台/千克	A		M		999	其他机动叉车及有升降装置工作车（包括装有搬运装置的机动工作车）
842790	00		其他叉车及可升降的工作车（工作车指装有升降或搬运装置）	Other trucks and other works trucks fitted with lifting or handling equipment	【最】9【普】30 【协东盟】0【协巴基斯坦】5【协智利】0 【协新西兰】0【协秘鲁】0【协哥斯达黎加】0 【协冰岛】0【协瑞士】0【协澳大利亚】0 【协韩国】1.8【协格鲁吉亚】0 【协香港】0【协澳门】0 【特-1】0【特-2】0【特-3】0 【增】16【对美加征】5【出】0【退】16	台/千克	A		M		999	其他叉车及可升降的工作车（工作车指装有升降或搬运装置）
842810	10	01	无障碍升降机	Obstacle-free lifters	【最】8【普】30【暂进】4 【协亚太】5.2【协东盟】0【协香港】0 【协澳门】0【协巴基斯坦】5【协智利】0 【协新西兰】0【协新加坡】0【协秘鲁】0 【协哥斯达黎加】0【协冰岛】0【协瑞士】3.2 【协澳大利亚】0【协韩国】4.8 【协格鲁吉亚】0 【特-1】0【特-2】0【特-3】0 【增】16【出】0【退】16	台/千克	A		M		999	无障碍升降机
842810	10	90	其他载客电梯	Other passenger elevators	【最】8【普】30 【协亚太】5.2【协东盟】0【协香港】0 【协澳门】0【协巴基斯坦】5【协智利】0 【协新西兰】0【协新加坡】0【协秘鲁】0 【协哥斯达黎加】0【协冰岛】0【协瑞士】3.2 【协澳大利亚】0【协韩国】4.8 【协格鲁吉亚】0 【特-1】0【特-2】0【特-3】0 【增】16【出】0【退】16	台/千克	A		M		999	其他载客电梯

税则号列			货品名称中英文		税费综合信息	计量单位	监管证件代码		检验检疫类别		检验检疫编码	检验检疫编码对应中文名称
HS国际统一前6位	本国子目7~8位	本国子目9~10位	中文货物名称	英文 Article Description			进口	出口	进口	出口		
842810	90		其他升降机及倒卸式起重机	Other lifts and skip hoists	【最】6【普】30 【协亚太】3.9【协东盟】0【协香港】0 【协澳门】0【协巴基斯坦】0【协智利】0 【协新西兰】0【协秘鲁】0【协台湾】0 【协哥斯达黎加】0【协冰岛】0【协瑞士】0 【协澳大利亚】0【协韩国】0【协格鲁吉亚】0 【协香港】0【协澳门】0 【特-1】0【特-2】0【特-3】0 【增】16【对美加征】10【出】0【退】16	台/千克	A		M		101 102 103 104 105	其他升降机及倒卸式起重机（载货电梯、升降机） 其他升降机及倒卸式起重机（起重机） 其他升降机及倒卸式起重机（机械式停车设备及其他装卸、储运设备及其零件） 其他升降机及倒卸式起重机（集装箱装卸桥） 其他升降机及倒卸式起重机（其他装卸桥、提升、起重设备及零件）
842820	00		气压升降机及输送机	Pneumatic elevators and conveyors	【最】5【普】30 【协东盟】0【协巴基斯坦】0【协智利】0 【协新西兰】0【协秘鲁】0【协哥斯达黎加】0 【协冰岛】0【协瑞士】0【协澳大利亚】0 【协韩国】3.6【协格鲁吉亚】0 【协香港】0【协澳门】0 【特-1】0【特-2】0【特-3】0 【增】16【对美加征】5【出】0【退】16	台/千克					101 102	气压升降机及输送机（载货电梯、升降机） 气压升降机及输送机（其他装卸桥、提升、起重设备及零件）
842831	00		地下连续运货或材料升降、输送机	Continuous-action elevators and conveyors, specially designed for underground use	【最】5【普】30 【协东盟】0【协巴基斯坦】0【协智利】0 【协新西兰】0【协秘鲁】0【协哥斯达黎加】0 【协冰岛】0【协瑞士】0【协澳大利亚】0 【协韩国】1【协格鲁吉亚】0【协香港】0 【协澳门】0 【特-1】0【特-2】0【特-3】0 【增】16【出】0【退】16	台/千克					101 102	地下连续运货或材料升降、输送机（载货电梯、升降机） 地下连续运货或材料升降、输送机（其他装卸桥、提升、起重设备及零件）
842832	00		其他斗式连续运货升降、输送机	Other continuous-action elevators and conveyors, bucket type	【最】5【普】30 【协东盟】0【协香港】0【协巴基斯坦】0 【协智利】0【协新西兰】0【协秘鲁】0 【协哥斯达黎加】0【协冰岛】0【协澳大利亚】0 【协韩国】3【协格鲁吉亚】0 【特-1】0【特-2】0【特-3】0 【增】16【对美加征】5【出】0【退】16	台/千克					101 102	其他斗式连续运货升降、输送机（载货电梯、升降机） 其他斗式连续运货升降、输送机（其他装卸桥、提升、起重设备及零件）
842833	00		其他带式连续运货升降、输送机	Other continuous-action elevators and conveyors, belt type	【最】5【普】30 【协亚太】3.3【协东盟】0【协香港】0 【协巴基斯坦】0【协智利】0【协新西兰】0 【协秘鲁】0【协台湾】0【协哥斯达黎加】0 【协冰岛】0【协瑞士】0【协澳大利亚】0 【协韩国】3.6【协格鲁吉亚】0 【特-1】0【特-2】0【特-3】0 【增】16【对美加征】10【出】0【退】16	台/千克					101 102	其他带式连续运货升降、输送机（载货电梯、升降机） 其他带式连续运货升降、输送机（其他装卸桥、提升、起重设备及零件）
842839	10		其他链式连续运送货升降、输送机	Other continuous-action elevators and conveyors, chain type	【最】5【普】30 【协亚太】3.3【协东盟】0【协香港】0 【协巴基斯坦】0【协智利】0【协新西兰】0 【协秘鲁】0【协台湾】0【协哥斯达黎加】0 【协冰岛】0【协瑞士】0【协澳大利亚】0 【协韩国】3.6【协格鲁吉亚】0 【特-1】0【特-2】0【特-3】0 【增】16【对美加征】10【出】0【退】16	台/千克					101 102	其他链式连续运送货升降、输送机（载货电梯、升降机） 其他链式连续运送货升降、输送机（其他装卸桥、提升、起重设备及零件）
842839	20		辊式连续运送货升降、输送机	Continuous-action elevators and conveyors of roller type	【最】5【普】30 【协亚太】3.3【协东盟】0【协香港】0 【协巴基斯坦】0【协智利】0【协新西兰】0 【协秘鲁】0【协台湾】0【协哥斯达黎加】0 【协冰岛】0【协瑞士】0【协澳大利亚】0 【协韩国】3【协格鲁吉亚】0 【特-1】0【特-2】0【特-3】0 【增】16【对美加征】10【出】0【退】16	台/千克					101 102	辊式连续运送货升降、输送机（载货电梯、升降机） 辊式连续运送货升降、输送机（其他装卸桥、提升、起重设备及零件）
842839	90		其他未列名连续运货升降、输送机	Other continuous-action elevators and conveyors not spcified or included eleswhere	【最】5【普】30 【协亚太】3.3【协东盟】0【协香港】0 【协巴基斯坦】0【协智利】0【协新西兰】0 【协秘鲁】0【协台湾】0【协哥斯达黎加】0 【协冰岛】0【协瑞士】2.8【协澳大利亚】0 【协韩国】0【协格鲁吉亚】0 【协香港】0【协澳门】0 【特-1】0【特-2】0【特-3】0 【增】16【对美加征】10【出】0【退】16	台/千克					101 102 103	其他未列名连续运货升降、输送机（载货电梯、升降机） 其他未列名连续运货升降、输送机（机械式停车设备及其他装卸、储运设备及其零件） 其他未列名连续运货升降、输送机（其他装卸桥、提升、起重设备及零件）

税则号列			货品名称中英文		税费综合信息	计量单位	监管证件代码		检验检疫类别		检验检疫编码	检验检疫编码对应中文名称
HS国际统一前6位	本国子目 7~8位	本国子目 9~10位	中文 货物名称	英文 Article Description			进口	出口	进口	出口		
842840	00		自动梯及自动人行道	Escalators and moving walkways	【最】5【普】30 【协东盟】0【协巴基斯坦】0【协智利】0 【协新西兰】0【协秘鲁】0【协哥斯达黎加】0 【协冰岛】0【协瑞士】0【协澳大利亚】0 【协韩国】1【协格鲁吉亚】0【协香港】0 【协澳门】0 【特-1】0【特-2】0【特-3】0 【增】16【出】0【退】16	台/千克	A		M		999	自动梯及自动人行道
842860	10		货运架空索道	Cargo aerial cableways	【最】8【普】30 【协亚太】5.6【协东盟】0【协巴基斯坦】5 【协智利】0【协新西兰】0【协秘鲁】0 【协哥斯达黎加】0【协冰岛】0【协瑞士】0 【协澳大利亚】0【协韩国】1.6【协格鲁吉亚】0 【协香港】0【协澳门】0 【特-1】0【特-2】0【特-3】0 【增】16【出】0【退】16	台/千克					999	货运架空索道
842860	21		单线循环式客运架空索道	Passanger aerial cableways, monocable endless	【最】8【普】30 【协亚太】5.6【协东盟】0【协巴基斯坦】5 【协智利】0【协新西兰】0【协秘鲁】0 【协哥斯达黎加】0【协冰岛】0【协瑞士】0 【协澳大利亚】0【协韩国】1.6【协格鲁吉亚】0 【协香港】0【协澳门】0 【特-1】0【特-2】0【特-3】0 【增】16【出】0【退】16	台/千克					999	单线循环式客运架空索道
842860	29		非单线循环式客运架空索道	Passanger aerial cableways, not monocable endless	【最】8【普】30 【协亚太】5.6【协东盟】0【协巴基斯坦】5 【协智利】0【协新西兰】0【协秘鲁】0 【协哥斯达黎加】0【协冰岛】0【协瑞士】0 【协澳大利亚】0【协韩国】1.6【协格鲁吉亚】0 【协香港】0【协澳门】0 【特-1】0【特-2】0【特-3】0 【增】16【出】0【退】16	台/千克					999	非单线循环式客运架空索道
842860	90		缆车、座式升降机等用牵引装置（包括滑雪拉索）	Other teleferics, chair-lifts, ski-draglines for funiculars	【最】8【普】30 【协东盟】0【协巴基斯坦】5【协智利】0 【协新西兰】0【协秘鲁】0【协哥斯达黎加】0 【协冰岛】0【协瑞士】0【协澳大利亚】0 【协韩国】4.8【协格鲁吉亚】0 【协香港】0【协澳门】0 【特-1】0【特-2】0【特-3】0 【增】16【出】0【退】16	台/千克					101 102	缆车、座式升降机等用牵引装置（包括滑雪拉索）（载货电梯、升降机） 缆车、座式升降机等用牵引装置（包括滑雪拉索）（客货运缆车）
842890	10		矿车推动机、铁道机车等的转车台（包括货车转车台、货车倾卸装置及类似铁道货车搬运装置）	Mine wagon pushers, locmotive or wagon traversers, wagon tippers and similar railway wagon handing equipment	【最】10【普】30 【协东盟】0【协巴基斯坦】5【协智利】0 【协新西兰】0【协秘鲁】0【协哥斯达黎加】0 【协冰岛】0【协瑞士】0【协澳大利亚】0 【协韩国】6【协格鲁吉亚】0【协香港】0 【协澳门】0 【特-1】0【特-2】0【特-3】0 【增】16【出】0【退】16	台/千克					999	矿车推动机、铁道机车等的转车台（包括货车转车台、货车倾卸装置及类似铁道货车搬运装置）
842890	20		机械式停车设备	Machincal parking equipment	【最】5【普】30 【协东盟】0【协香港】0【协巴基斯坦】0 【协智利】0【协新西兰】0【协秘鲁】0 【协哥斯达黎加】0【协冰岛】0【协瑞士】0 【协澳大利亚】0【协韩国】3【协格鲁吉亚】0 【特-1】0【特-2】0【特-3】0 【增】16【出】0【退】16	台/千克					999	机械式停车设备
842890	31		堆取料机械	Material piling up and fetching machinery	【最】5【普】30 【协东盟】0【协香港】0【协巴基斯坦】0 【协智利】0【协新西兰】0【协秘鲁】0 【协台湾】0【协哥斯达黎加】0【协冰岛】0 【协瑞士】2【协澳大利亚】0【协韩国】3.6 【协格鲁吉亚】0 【特-1】0【特-2】0【特-3】0 【增】16【对美加征】10【出】0【退】16	台/千克					999	堆取料机械

税则号列 HS国际统一前6位	本国子目 7~8位	本国子目 9~10位	货品名称中英文 中文 货物名称	货品名称中英文 英文 Article Description	税费综合信息	计量单位	监管证件代码 进口	监管证件代码 出口	检验检疫类别 进口	检验检疫类别 出口	检验检疫编码	检验检疫编码对应中文名称
842890	39		其他装卸机械	Other wagon machinery	【最】5【普】30 【协东盟】0【协香港】0【协巴基斯坦】0 【协智利】0【协新西兰】0【协秘鲁】0 【协台湾】0【协哥斯达黎加】0【协冰岛】0 【协瑞士】2【协澳大利亚】0【协韩国】3.6 【协格鲁吉亚】0 【特-1】0【特-2】0【特-3】0 【增】16【对美加征】10【出】0【退】16	台/千克					999	其他装卸机械
842890	40		搬运机器人	Handling robot	【最】5【普】30 【协东盟】0【协香港】0【协巴基斯坦】0 【协智利】0【协新西兰】0【协秘鲁】0 【协台湾】0【协哥斯达黎加】0【协冰岛】0 【协瑞士】2【协澳大利亚】0【协韩国】3.6 【协格鲁吉亚】0 【特-1】0【特-2】0【特-3】0 【增】16【对美加征】10【出】0【退】16	台/千克					999	搬运机器人
842890	90	10	放化分离作业和热室用遥控机械手（能贯穿0.6米以上热室壁或壁厚为0.6米以上热室顶）	Radiochemical separation operations and remote control robots for hot cells (able to run through hot walls or tops of above 0.6m)	【最】5【普】30 【协东盟】0【协香港】0【协巴基斯坦】0 【协智利】0【协新西兰】0【协秘鲁】0 【协台湾】0【协哥斯达黎加】0【协冰岛】0 【协瑞士】2【协澳大利亚】0【协韩国】3.6 【协格鲁吉亚】0 【特-1】0【特-2】0【特-3】0 【增】16【对美加征】10【出】0【退】16	台/千克		3			999	放化分离作业和热室用遥控机械手（能贯穿0.6米以上热室壁或壁厚为0.6米以上热室顶）
842890	90	20	核反应堆燃料装卸机（用于在核反应堆中插入或取出燃料的操作设备）	Fuel handling machines for nuclear reactors (used to insert or remove the fuel from nuclear reactors)	【最】5【普】30 【协东盟】0【协香港】0【协巴基斯坦】0 【协智利】0【协新西兰】0【协秘鲁】0 【协台湾】0【协哥斯达黎加】0【协冰岛】0 【协瑞士】2【协澳大利亚】0【协韩国】3.6 【协格鲁吉亚】0 【特-1】0【特-2】0【特-3】0 【增】16【对美加征】10【出】0【退】16	台/千克		3			999	核反应堆燃料装卸机（用于在核反应堆中插入或取出燃料的操作设备）
842890	90	90	其他升降、搬运、装卸机械	Other lifting, carrying, loading and unloading mechanical appliances	【最】5【普】30 【协东盟】0【协香港】0【协巴基斯坦】0 【协智利】0【协新西兰】0【协秘鲁】0 【协台湾】0【协哥斯达黎加】0【协冰岛】0 【协瑞士】2【协澳大利亚】0【协韩国】3.6 【协格鲁吉亚】0 【特-1】0【特-2】0【特-3】0 【增】16【对美加征】10【出】0【退】16	台/千克					999	其他升降、搬运、装卸机械
842911	10		功率>235.36kW的履带式推土机（包括侧铲推土机，发动机输出功率235.36kW=320马力）	Bulldozers and angledozers, track laying, with an engine of an output exceeding 235.36kW(320hp)	【最】7【普】17 【协亚太】4.9【协东盟】0【协巴基斯坦】5 【协智利】0【协新西兰】0【协秘鲁】0 【协哥斯达黎加】0【协冰岛】0【协瑞士】0 【协澳大利亚】0【协韩国】1.4 【协格鲁吉亚】0【协香港】0【协澳门】0 【特-1】0【特-2】0【特-3】0 【增】16【对美加征】10【出】0【退】16	台/千克	A		M		999	功率>235.36kW的履带式推土机（包括侧铲推土机，发动机输出功率235.36kW=320马力）
842911	90		功率≤235.36kW的履带式推土机（包括侧铲推土机，发动机输出功率235.36kW=320马力）	Other bulldozers and angledozers, track laying, with an engine of an output not exceeding 235.36kW (320hp)	【最】7【普】30 【协亚太】4.9【协东盟】0【协巴基斯坦】5 【协智利】0【协新西兰】0【协秘鲁】0 【协哥斯达黎加】0【协冰岛】0【协瑞士】0 【协澳大利亚】0【协韩国】1.4 【协格鲁吉亚】0【协香港】0【协澳门】0 【特-1】0【特-2】0【特-3】0 【增】16【对美加征】10【出】0【退】16	台/千克	A		M		999	功率≤235.36kW的履带式推土机（包括侧铲推土机，发动机输出功率235.36kW=320马力）
842919	10		功率>235.36kW其他推土机（非履带式，包括侧铲推土机，功率235.36kW=320马力）	Bulldozers and angledozers, not track laying, with an engine of an output exceeding 235.36kW(320hp)	【最】7【普】17 【协东盟】0【协巴基斯坦】5【协智利】0 【协新西兰】0【协秘鲁】0【协哥斯达黎加】0 【协冰岛】0【协瑞士】0【协澳大利亚】0 【协韩国】1.4【协格鲁吉亚】0【协香港】0 【协澳门】0 【特-1】0【特-2】0【特-3】0 【增】16【出】0【退】16	台/千克	A		M		999	功率>235.36kW其他推土机（非履带式，包括侧铲推土机，功率235.36kW=320马力）

税则号列			货品名称中英文		税费综合信息	计量单位	监管证件代码		检验检疫类别		检验检疫编码	检验检疫编码对应中文名称
HS国际统一前6位	本国子目 7~8位	本国子目 9~10位	中文 货物名称	英文 Article Description			进口	出口	进口	出口		
842919	90		功率≤235.36kW的其他推土机（非履带式，包括侧铲推土机，功率235.36kW=320马力）	Other bulldozers and angledozers, not track laying, with an engine of an output not exceeding 235.36kW (320hp)	【最】7【普】30 【协东盟】0【协巴基斯坦】5【协智利】0 【协新西兰】0【协秘鲁】0【协哥斯达黎加】0 【协冰岛】0【协瑞士】0【协澳大利亚】0 【协韩国】1.4【协格鲁吉亚】0【协香港】0 【协澳门】0 【特-1】0【特-2】0【特-3】0 【增】16【出】0【退】16	台/千克	A		M		999	功率≤235.36kW的其他推土机（非履带式，包括侧铲推土机，功率235.36kW=320马力）
842920	10		功率>235.36kW的筑路机及平地机（发动机输出功率235.36kW=320马力）	Graders and levellers, with an engine of an output exceeding 235.36kW(320hp)	【最】5【普】17 【协亚太】3.5【协东盟】0【协巴基斯坦】0 【协智利】0【协新西兰】0【协秘鲁】0 【协哥斯达黎加】0【协冰岛】0【协瑞士】0 【协澳大利亚】0【协韩国】1【协格鲁吉亚】0 【协香港】0【协澳门】0 【特-1】0【特-2】0【特-3】0 【增】16【出】0【退】10	台/千克	A		M		999	功率>235.36kW的筑路机及平地机（发动机输出功率235.36kW=320马力）
842920	90		其他筑路机及平地机（发动机输出功率≤235.36kW的）	Other graders and levellers, with an engine of an output not exceeding 235.36kW (320hp)	【最】5【普】30 【协亚太】3.5【协东盟】0【协巴基斯坦】0 【协智利】0【协新西兰】0【协秘鲁】0 【协哥斯达黎加】0【协冰岛】0【协瑞士】0 【协澳大利亚】0【协韩国】1【协格鲁吉亚】0 【协香港】0【协澳门】0 【特-1】0【特-2】0【特-3】0 【增】16【对美加征】5【出】0【退】10	台/千克	A		M		999	其他筑路机及平地机（发动机输出功率≤235.36kW的）
842930	10		斗容量>10立方米的铲运机	Scrapers, having a capacity of shovel exceeding $10m^3$	【最】3【普】17 【协亚太】2.1【协东盟】0【协巴基斯坦】0 【协智利】0【协新西兰】0【协秘鲁】0 【协哥斯达黎加】0【协冰岛】0【协瑞士】0 【协澳大利亚】0【协韩国】0【协格鲁吉亚】0 【协香港】0【协澳门】0 【特-1】0【特-2】0【特-3】0 【增】16【出】0【退】16	台/千克	A		M		999	斗容量>10立方米的铲运机
842930	90		斗容量≤10立方米的铲运机	Other scrapers, having a capacity of shovel not exceeding $10m^3$	【最】5【普】30 【协亚太】3.5【协东盟】0【协巴基斯坦】0 【协智利】0【协新西兰】0【协秘鲁】0 【协哥斯达黎加】0【协冰岛】0【协瑞士】0 【协澳大利亚】0【协韩国】1【协格鲁吉亚】0 【协香港】0【协澳门】0 【特-1】0【特-2】0【特-3】0 【增】16【出】0【退】16	台/千克	A		M		999	斗容量≤10立方米的铲运机
842940	11		机重≥18吨的震动式压路机	Road rollers, vibration type, of a deadweight of 18t or more	【最】7【普】20 【协亚太】4.9【协东盟】0【协巴基斯坦】5 【协智利】0【协新西兰】0【协秘鲁】0 【协哥斯达黎加】0【协冰岛】0【协瑞士】0 【协澳大利亚】0【协韩国】1.4【协格鲁吉亚】0 【协香港】0【协澳门】0 【特-1】0【特-2】0【特-3】0 【增】16【出】0【退】16	台/千克	OA		M		999	机重≥18吨的震动式压路机
842940	19		其他机动压路机	Other self-propelled road rollers	【最】8【普】40 【协亚太】5.6【协东盟】0【协巴基斯坦】5 【协智利】0【协新西兰】0【协秘鲁】0 【协哥斯达黎加】0【协冰岛】0【协瑞士】0 【协澳大利亚】0【协韩国】1.6 【协格鲁吉亚】0【协香港】0【协澳门】0 【特-1】0【特-2】0【特-3】0 【增】16【对美加征】10【出】0【退】16	台/千克	OA		M		999	其他机动压路机
842940	90		其他未列名捣固机械及压路机	Other tamping machines and road rollers not spcified or included eleswhere	【最】6【普】30 【协亚太】4.2【协东盟】0【协巴基斯坦】5 【协智利】0【协新西兰】0【协秘鲁】0 【协哥斯达黎加】0【协冰岛】0【协瑞士】0 【协澳大利亚】0【协韩国】1.2 【协格鲁吉亚】0【协香港】0【协澳门】0 【特-1】0【特-2】0【特-3】0 【增】16【出】0【退】16	台/千克	A		M		101 102	其他未列名捣固机械及压路机（压路机） 其他未列名捣固机械及压路机（捣固机）

税则号列 HS国际统一前6位	本国子目 7~8位	本国子目 9~10位	货品名称中英文 中文 货物名称	货品名称中英文 英文 Article Description	税费综合信息	计量单位	监管证件代码 进口	监管证件代码 出口	检验检疫类别 进口	检验检疫类别 出口	检验检疫编码	检验检疫编码对应中文名称
842951	00		前铲装载机	Front-end shovel loaders	【最】5【普】30 【协东盟】0【协巴基斯坦】0【协智利】0 【协新西兰】0【协秘鲁】0【协哥斯达黎加】0 【协冰岛】0【协瑞士】0【协澳大利亚】0 【协韩国】3【协格鲁吉亚】0【协香港】0 【协澳门】0 【特-1】0【特-2】0【特-3】0 【增】16【对美加征】5【出】0【退】16	台/千克	A		M		999	前铲装载机
842952	11		轮胎式挖掘机（上部结构可转360度的）	Excavators, tyre-mounted, machinery with a 360° revolving superstructure	【最】8【普】30 【协亚太】7.2【协东盟】0【协巴基斯坦】5 【协智利】0【协新西兰】0【协秘鲁】0 【协哥斯达黎加】0【协冰岛】0【协瑞士】0 【协澳大利亚】0【协韩国】7.3 【协格鲁吉亚】0【协香港】0【协澳门】0 【特-1】0【特-2】0【特-3】0 【增】16【出】0【退】16	台/千克	OA		M		999	轮胎式挖掘机（上部结构可转360度的）
842952	12		履带式挖掘机（上部结构可转360度的）	Excavators, track-mounted, machinery with a 360° revolving superstructure	【最】8【普】30 【协东盟】0【协香港】0【协巴基斯坦】5 【协智利】0【协新西兰】0【协秘鲁】0 【协哥斯达黎加】0【协冰岛】0【协瑞士】0 【协澳大利亚】0【协格鲁吉亚】0 【特-1】0【特-2】0【特-3】0 【增】16【对美加征】10【出】0【退】16	台/千克	OA		M		999	履带式挖掘机（上部结构可转360度的）
842952	19		其他挖掘机（上部结构可转360度的）	Other excavators machinery with a 360° revolving superstructure	【最】8【普】30 【协亚太】5.2【协东盟】0【协巴基斯坦】5 【协智利】0【协新西兰】0【协秘鲁】0 【协哥斯达黎加】0【协冰岛】0【协瑞士】0 【协澳大利亚】0【协韩国】5.7 【协格鲁吉亚】0【协香港】0【协澳门】0 【特-1】0【特-2】0【特-3】0 【增】16【出】0【退】16	台/千克	OA		M		999	其他挖掘机（上部结构可转360度的）
842952	90		其他上部结构可转360度的机械（包括机械铲及机铲装载机）	Other machinery with a 360° revolving superstructure, mechanical shovels and shovel loaders included	【最】8【普】30 【协亚太】5.2【协东盟】0【协巴基斯坦】5 【协智利】0【协新西兰】0【协秘鲁】0 【协哥斯达黎加】0【协冰岛】0【协瑞士】0 【协澳大利亚】0【协韩国】5.7 【协格鲁吉亚】0【协香港】0【协澳门】0 【特-1】0【特-2】0【特-3】0 【增】16【出】0【退】16	台/千克	OA		M		999	其他上部结构可转360度的机械（包括机械铲及机铲装载机）
842959	00		其他机械铲、挖掘机及机铲装载机	Other mechanical shovels, excavators and shovel loaders	【最】8【普】30 【协东盟】0【协巴基斯坦】5【协智利】0 【协新西兰】0【协秘鲁】0【协哥斯达黎加】0 【协冰岛】0【协瑞士】0【协澳大利亚】0 【协韩国】1.6【协格鲁吉亚】0【协香港】0 【协澳门】0 【特-1】0【特-2】0【特-3】0 【增】16【对美加征】10【出】0【退】16	台	OA		M		999	其他机械铲、挖掘机及机铲装载机
843010	00		打桩机及拔桩机	Pile-drivers and pile-extractors	【最】10【普】30 【协东盟】0【协巴基斯坦】5【协智利】0 【协新西兰】0【协秘鲁】0【协哥斯达黎加】0 【协冰岛】0【协瑞士】0【协澳大利亚】0 【协韩国】6【协格鲁吉亚】0【协香港】0 【协澳门】0 【特-1】0【特-2】0【特-3】0 【增】16【对美加征】5【出】0【退】16	台/千克					999	打桩机及拔桩机
843020	00		扫雪机及吹雪机	Snow-ploughs and snow-blowers	【最】10【普】30 【协东盟】0【协巴基斯坦】5【协智利】0 【协新西兰】0【协秘鲁】0【协哥斯达黎加】0 【协冰岛】0【协瑞士】0【协澳大利亚】0 【协韩国】6【协格鲁吉亚】0【协香港】0 【协澳门】0 【特-1】0【特-2】0【特-3】0 【增】16【对美加征】5【出】0【退】16	台/千克					999	扫雪机及吹雪机

税则号列			货品名称中英文		税费综合信息	计量单位	监管证件代码		检验检疫类别		检验检疫编码	检验检疫编码对应中文名称
HS 国际统一前6位	本国子目 7~8位	本国子目 9~10位	中文 货物名称	英文 Article Description			进口	出口	进口	出口		
843031	10		自推进采(截)煤机	Coal cutters, self-propelle	【最】10【普】30 【协东盟】0【协巴基斯坦】5【协智利】0 【协新西兰】0【协新加坡】0【协秘鲁】0 【协哥斯达黎加】0【协冰岛】0【协瑞士】0 【协澳大利亚】0【协韩国】6【协格鲁吉亚】0 【协香港】0【协澳门】0 【特-1】0【特-2】0【特-3】0 【增】16【对美加征】10【出】0【退】16	台/千克	0				999	自推进采(截)煤机
843031	20		自推进凿岩机	Rock cutters, self-propelle	【最】10【普】30 【协东盟】0【协巴基斯坦】5【协智利】0 【协新西兰】0【协新加坡】0【协秘鲁】0 【协哥斯达黎加】0【协冰岛】0【协瑞士】0 【协澳大利亚】0【协韩国】6【协格鲁吉亚】0 【协香港】0【协澳门】0 【特-1】0【特-2】0【特-3】0 【增】16【出】0【退】16	台/千克	0				999	自推进凿岩机
843031	30		自推进隧道掘进机	Tunnelling machinery, self-propelle	【最】10【普】30 【协东盟】0【协巴基斯坦】5【协智利】0 【协新西兰】0【协新加坡】0【协秘鲁】0 【协哥斯达黎加】0【协冰岛】0【协瑞士】0 【协澳大利亚】0【协韩国】6【协格鲁吉亚】0 【协香港】0【协澳门】0 【特-1】0【特-2】0【特-3】0 【增】16【出】0【退】16	台/千克	0				999	自推进隧道掘进机
843039	00		其他非自推进截煤机凿岩机(包括非自推隧道掘进机)	Other coal or rock cutters and tunnelling machinery, non-self-propelled	【最】6【普】30 【协东盟】0【协巴基斯坦】5【协智利】0 【协新西兰】0【协秘鲁】0【协哥斯达黎加】0 【协冰岛】0【协瑞士】0【协澳大利亚】0 【协韩国】3.6【协格鲁吉亚】0【协香港】0 【协澳门】0 【特-1】0【特-2】0【特-3】0 【增】16【对美加征】10【出】0【退】16	台/千克					999	其他非自推进截煤机凿岩机(包括非自推隧道掘进机)
843041	11		钻探深度≥6千米其他石油钻探机(自推进的,包括天然气钻探机)	Self-propelled oil and natural gas driling machinery of drilling depth of 6000m or more	【最】5【普】11 【协亚太】3.5【协东盟】0【协香港】0 【协巴基斯坦】0【协智利】0【协新西兰】0 【协秘鲁】0【协哥斯达黎加】0【协冰岛】0 【协瑞士】0【协澳大利亚】0【协韩国】1 【协格鲁吉亚】0 【特-1】0【特-2】0【特-3】0 【增】16【出】0【退】16	台/千克					999	钻探深度≥6千米其他石油钻探机(自推进的,包括天然气钻探机)
843041	19		其他自推进石油及天然气钻探机(钻探深度在6000米以下的)	Other self-propelled oil and natural gas driling machinery, of drilling depth not exceeding 6000m	【最】5【普】17 【协亚太】3.5【协东盟】0【协香港】0 【协巴基斯坦】0【协智利】0【协新西兰】0 【协秘鲁】0【协哥斯达黎加】0【协冰岛】0 【协瑞士】0【协澳大利亚】0【协韩国】1 【协格鲁吉亚】0 【特-1】0【特-2】0【特-3】0 【增】16【对美加征】10【出】0【退】16	台/千克					999	其他自推进石油及天然气钻探机(钻探深度在6000米以下的)
843041	21		钻探深度≥6千米的其他钻探机(自推进的)	Other self-propelled drilling machiney, of drilling depth of 6000m or more	【最】5【普】11 【协亚太】3.5【协东盟】0【协香港】0 【协巴基斯坦】0【协智利】0【协新西兰】0 【协秘鲁】0【协哥斯达黎加】0【协冰岛】0 【协瑞士】0【协澳大利亚】0【协韩国】1 【协格鲁吉亚】0 【特-1】0【特-2】0【特-3】0 【增】16【出】0【退】16	台/千克					999	钻探深度≥6千米的其他钻探机(自推进的)
843041	22		深度<6千米履带式自推进钻机(指石油及天然气钻探机)	Crawler oil and natural gas driling machinery of drilling depth not exceeding 6000m	【最】5【普】17 【协东盟】0【协香港】0【协巴基斯坦】0 【协智利】0【协新西兰】0【协秘鲁】0 【协哥斯达黎加】0【协冰岛】0【协瑞士】0 【协澳大利亚】0【协韩国】3【协格鲁吉亚】0 【特-1】0【特-2】0【特-3】0 【增】16【对美加征】5【出】0【退】16	台/千克					999	深度<6千米履带式自推进钻机(指石油及天然气钻探机)

税则号列			货品名称中英文		税费综合信息	计量单位	监管证件代码		检验检疫类别		检验检疫编码	检验检疫编码对应中文名称
HS国际统一前6位	本国子目 7~8位	本国子目 9~10位	中文 货物名称	英文 Article Description			进口	出口	进口	出口		
843041	29		钻探深度<6千米的其他钻探机	Other boring machinery of drilling depth not exceeding 6000m	【最】5【普】17 【协东盟】0【协香港】0【协巴基斯坦】0 【协智利】0【协新西兰】0【协秘鲁】0 【协哥斯达黎加】0【协冰岛】0【协瑞士】0 【协澳大利亚】0【协韩国】1【协格鲁吉亚】0 【特-1】0【特-2】0【特-3】0 【增】16【对美加征】10【出】0【退】16	台/千克					999	钻探深度<6千米的其他钻探机（自推进的）
843041	90		其他自推进的凿井机械	Other self-propelled sinking machinery	【最】5【普】30 【协东盟】0【协香港】0【协巴基斯坦】0 【协智利】0【协新西兰】0【协秘鲁】0 【协哥斯达黎加】0【协冰岛】0【协瑞士】0 【协澳大利亚】0【协韩国】1【协格鲁吉亚】0 【特-1】0【特-2】0【特-3】0 【增】16【出】0【退】16	台/千克					999	其他自推进的凿井机械
843049	00		非自推进的其他钻探或凿井机械	Other non-selfpropelled boring or sinking machinery	【最】5【普】30 【协东盟】0【协巴基斯坦】0【协智利】0 【协新西兰】0【协秘鲁】0【协哥斯达黎加】0 【协冰岛】0【协瑞士】0【协澳大利亚】0 【协香港】0【协澳门】0【协韩国】3 【协格鲁吉亚】0 【特-1】0【特-2】0【特-3】0 【增】16【对美加征】10【出】0【退】16	台/千克					999	非自推进的其他钻探或凿井机械
843050	10		其他自推进采油机械	Other machinery for oil production, self-propelled	【最】3【普】17 【协亚太】2.1【协东盟】0【协巴基斯坦】0 【协智利】0【协新西兰】0【协秘鲁】0 【协哥斯达黎加】0【协冰岛】0【协瑞士】0 【协澳大利亚】0【协韩国】0【协格鲁吉亚】0 【协香港】0【协澳门】0 【特-1】0【特-2】0【特-3】0 【增】16【出】0【退】16	台/千克					999	其他自推进采油机械
843050	20		矿用电铲	Mining power shovels	【最】7【普】30 【协东盟】0【协巴基斯坦】5【协智利】0 【协新西兰】0【协秘鲁】0【协哥斯达黎加】0 【协冰岛】0【协瑞士】0【协澳大利亚】0 【协韩国】1.4【协格鲁吉亚】0【协香港】0 【协澳门】0 【特-1】0【特-2】0【特-3】0 【增】16【出】0【退】16	台/千克					999	矿用电铲
843050	31		牙轮直径≥380mm的采矿钻机（自推进的）	Mining drills, Gear wheel diameter more than 380mm, self-propelled	【最】5【普】30 【协亚太】3.5【协东盟】0【协巴基斯坦】0 【协智利】0【协新西兰】0【协秘鲁】0 【协哥斯达黎加】0【协冰岛】0【协瑞士】0 【协澳大利亚】0【协韩国】1【协格鲁吉亚】0 【协香港】0【协澳门】0 【特-1】0【特-2】0【特-3】0 【增】16【出】0【退】16	台/千克					999	牙轮直径≥380mm的采矿钻机（自推进的）
843050	39		牙轮直径<380mm的采矿钻机（自推进的）	Other mining drills, gear wheel diameter not exceeding 380mm, self-propelled	【最】5【普】30 【协亚太】3.5【协东盟】0【协巴基斯坦】0 【协智利】0【协新西兰】0【协秘鲁】0 【协哥斯达黎加】0【协冰岛】0【协瑞士】0 【协澳大利亚】0【协韩国】1【协格鲁吉亚】0 【协香港】0【协澳门】0 【特-1】0【特-2】0【特-3】0 【增】16【出】0【退】16	台/千克					999	牙轮直径<380mm的采矿钻机（自推进的）
843050	90		其他自推进未列名平整、压实等机械	Other garding, levelling, compacting machinery, self-propelled, not specified	【最】5【普】30 【协东盟】0【协巴基斯坦】0【协智利】0 【协新西兰】0【协秘鲁】0【协哥斯达黎加】0 【协冰岛】0【协瑞士】0【协澳大利亚】0 【协韩国】3.6【协格鲁吉亚】0【协香港】0 【协澳门】0 【特-1】0【特-2】0【特-3】0 【增】16【对美加征】10【出】0【退】16	台/千克					999	其他自推进未列名平整、压实等机械

税则号列 HS国际统一前6位	本国子目 7~8位	本国子目 9~10位	货品名称中英文 中文 货物名称	货品名称中英文 英文 Article Description	税费综合信息	计量单位	监管证件代码 进口	监管证件代码 出口	检验检疫类别 进口	检验检疫类别 出口	检验检疫编码	检验检疫编码对应中文名称
843061	00		非自推进捣固或压实机械	Tamping or compacting machinery, not self-propelled	【最】6【普】30 【协东盟】0【协巴基斯坦】5【协智利】0 【协新西兰】0【协秘鲁】0【协哥斯达黎加】0 【协冰岛】0【协瑞士】0【协澳大利亚】0 【协韩国】1.2【协格鲁吉亚】0【协香港】0 【协澳门】0 【特-1】0【特-2】0【特-3】0 【增】16【出】0【退】16	台					999	非自推进捣固或压实机械
843069	11		转筒直径≥3米的工程钻机（非自动推进）	Engineering drills, Boring casing diameter more than 3m, not self-propelled	【最】6【普】30 【协亚太】4.2【协东盟】0【协巴基斯坦】5 【协智利】0【协新西兰】0【协秘鲁】0 【协哥斯达黎加】0【协冰岛】0【协瑞士】0 【协澳大利亚】0【协韩国】1.2 【协格鲁吉亚】0【协香港】0【协澳门】0 【特-1】0【特-2】0【特-3】0 【增】16【出】0【退】16	台/千克					999	转筒直径≥3米的工程钻机（非自动推进）
843069	19		转筒直径<3米的工程钻机（非自动推进）	Other engineering drills, Boring casing diameter less than 3m, not self-propelled	【最】6【普】30 【协东盟】0【协巴基斯坦】5【协智利】0 【协新西兰】0【协秘鲁】0【协哥斯达黎加】0 【协冰岛】0【协瑞士】0【协澳大利亚】0 【协韩国】3.6【协格鲁吉亚】0【协香港】0 【协澳门】0 【特-1】0【特-2】0【特-3】0 【增】16【对美加征】10【出】0【退】16	台/千克					999	转筒直径<3米的工程钻机（非自动推进）
843069	20		非自推进铲运机	Scrapers, not self-propelled	【最】6【普】30 【协亚太】4.2【协东盟】0【协巴基斯坦】5 【协智利】0【协新西兰】0【协秘鲁】0 【协哥斯达黎加】0【协冰岛】0【协瑞士】0 【协澳大利亚】0【协韩国】1.2 【协格鲁吉亚】0【协香港】0【协澳门】0 【特-1】0【特-2】0【特-3】0 【增】16【对美加征】10【出】0【退】16	台/千克					101 102 103	非自推进铲运机（铲运机） 非自推进铲运机（其他工程机械及其零件） 非自推进铲运机（建筑工业行业成套设备）
843069	90		其他非自推进未列名机械	Other machinery, not self-propelled, not specified	【最】6【普】30 【协东盟】0【协巴基斯坦】5【协智利】0 【协新西兰】0【协秘鲁】0【协哥斯达黎加】0 【协冰岛】0【协瑞士】0【协澳大利亚】0 【协韩国】1.2【协格鲁吉亚】0【协香港】0 【协澳门】0 【特-1】0【特-2】0【特-3】0 【增】16【对美加征】10【出】0【退】16	台/千克					999	其他非自推进未列名机械
843110	00		滑车、绞盘、千斤顶等机械用零件（税目84.25所列机械用的）	Parts of machinery of heading No. 84.25	【最】3【普】30 【协东盟】0【协巴基斯坦】0【协智利】0 【协新西兰】0【协秘鲁】0【协哥斯达黎加】0 【协冰岛】0【协瑞士】0【协澳大利亚】0 【协韩国】0.6【协格鲁吉亚】0【协香港】0 【协澳门】0 【特-1】0【特-2】0【特-3】0 【增】16【对美加征】5【出】0【退】16	千克					999	滑车、绞盘、千斤顶等机械用零件（税目84.25所列机械用的）
843120	10		装有差速器的驱动桥及其零件，不论是否装有其他传动部件（税目84.27所列机械用的）	Drive-axles with differential and parts thereof, whether or not provided with other transmission components, of machinery of heading 84.27	【最】6【普】30 【协亚太】3.9【协东盟】0【协巴基斯坦】0 【协智利】0【协新西兰】0【协秘鲁】0 【协哥斯达黎加】0【协冰岛】0【协瑞士】0 【协澳大利亚】0【协韩国】4.4 【协格鲁吉亚】0【协香港】0【协澳门】0 【特-1】0【特-2】0【特-3】0 【增】16【对美加征】10【出】0【退】16	千克/个					999	装有差速器的驱动桥及其零件，不论是否装有其他传动部件（税目84.27所列机械用的）
843120	90		叉车及装有升降装置工作车用其他零件（税目84.27所列机械用的）	Other	【最】6【普】30【暂进】3 【协亚太】3.9【协东盟】0【协巴基斯坦】0 【协智利】0【协新西兰】0【协秘鲁】0 【协哥斯达黎加】0【协冰岛】0【协瑞士】0 【协澳大利亚】0【协韩国】4.4 【协格鲁吉亚】0【协香港】0【协澳门】0 【特-1】0【特-2】0【特-3】0 【增】16【对美加征】10【出】0【退】16	千克					999	叉车及装有升降装置工作车用其他零件（税目8427所列机械用的）

税则号列			货品名称中英文		税费综合信息	计量单位	监管证件代码		检验检疫类别		检验检疫编码	检验检疫编码对应中文名称
HS国际统一前6位	本国子目 7~8位	9~10位	中文 货物名称	英文 Article Description			进口	出口	进口	出口		
843131	00	01	无障碍升降机的零件	Parts of obstacle-free lifters	【最】3【普】30【暂进】1 【协东盟】0【协巴基斯坦】0【协智利】0 【协新西兰】0【协秘鲁】0【协哥斯达黎加】0 【协冰岛】0【协瑞士】0【协澳大利亚】0 【协韩国】0【协格鲁吉亚】0【协香港】0 【协澳门】0 【特-1】0【特-2】0【特-3】0 【增】16【对美加征】10【出】0【退】16	千克					999	无障碍升降机的零件
843131	00	90	其他升降机、倒卸式起重机零件（包括自动梯零件）	Parts of other lifters and inverted unloading cranes(including parts of escalators)	【最】3【普】30 【协东盟】0【协巴基斯坦】0【协智利】0 【协新西兰】0【协秘鲁】0【协哥斯达黎加】0 【协冰岛】0【协瑞士】0【协澳大利亚】0 【协韩国】0【协格鲁吉亚】0【协香港】0 【协澳门】0 【特-1】0【特-2】0【特-3】0 【增】16【对美加征】10【出】0【退】16	千克					999	其他升降机、倒卸式起重机零件（包括自动梯零件）
843139	00		税目84.28所列其他机械的零件（升降机，倒卸式起重机，自动梯的零件除外）	Parts of other machinery of heading No. 84.28(other than parts of lifts, skip hoists or escalators)	【最】5【普】30 【协亚太】2.5【协东盟】0【协香港】0 【协巴基斯坦】0【协智利】0【协新西兰】0 【协秘鲁】0【协哥斯达黎加】0【协冰岛】0 【协瑞士】0【协澳大利亚】0【协韩国】3.6 【协格鲁吉亚】0 【特-1】0【特-2】0【特-3】0 【增】16【对美加征】10【出】0【退】16	千克					999	税目84.28所列其他机械的零件（升降机，倒卸式起重机，自动梯的零件除外）
843141	00		戽斗、夹斗、抓斗及其他铲斗	Buckets, shovels, grabs and grips	【最】6【普】17 【协亚太】3.9【协东盟】0【协巴基斯坦】0 【协智利】0【协新西兰】0【协秘鲁】0 【协哥斯达黎加】0【协冰岛】0【协瑞士】0 【协澳大利亚】0【协韩国】3.6 【协格鲁吉亚】0【协香港】0【协澳门】0 【特-1】0【特-2】0【特-3】0 【增】16【对美加征】10【出】0【退】16	千克/个					101 102	戽斗、夹斗、抓斗及其他铲斗（其他工程机械及其零件） 戽斗、夹斗、抓斗及其他铲斗（其他装卸桥、提升、起重设备及零件）
843142	00		推土机或侧铲推土机用铲	Bulldozer or angledozer blades	【最】6【普】17 【协东盟】0【协巴基斯坦】5【协智利】0 【协新西兰】0【协秘鲁】0【协哥斯达黎加】0 【协冰岛】0【协瑞士】0【协澳大利亚】0 【协韩国】1.2【协格鲁吉亚】0【协香港】0 【协澳门】0 【特-1】0【特-2】0【特-3】0 【增】16【对美加征】10【出】0【退】16	千克/个					999	推土机或侧铲推土机用铲
843143	10		石油或天然气钻探机用零件	Parts of oil and natural gas drilling machinery	【最】4【普】11 【协亚太】2.6【协东盟】0【协香港】0 【协巴基斯坦】0【协智利】0【协新西兰】0 【协秘鲁】0【协哥斯达黎加】0【协冰岛】0 【协瑞士】0【协澳大利亚】0【协韩国】0.8 【协格鲁吉亚】0 【特-1】0【特-2】0【特-3】0 【增】16【对美加征】5【出】0【退】16	千克					999	石油或天然气钻探机用零件
843143	20		其他钻探机用零件	Parts of other drilling machinery	【最】4【普】11 【协亚太】2.6【协东盟】0【协香港】0 【协巴基斯坦】0【协智利】0【协新西兰】0 【协秘鲁】0【协哥斯达黎加】0【协冰岛】0 【协瑞士】0【协澳大利亚】0【协韩国】0 【协格鲁吉亚】0 【特-1】0【特-2】0【特-3】0 【增】16【对美加征】5【出】0【退】16	千克					999	其他钻探机用零件
843143	90		其他凿井机用零件（子目8430.41，8430.49所列机械的）	Parts of sinking machinery of subheadings No. 8430.41, 8430.49	【最】5【普】17 【协亚太】3.3【协东盟】0【协香港】0 【协巴基斯坦】0【协智利】0【协新西兰】0 【协秘鲁】0【协哥斯达黎加】0【协冰岛】0 【协瑞士】0【协澳大利亚】0【协韩国】3 【协格鲁吉亚】0 【特-1】0【特-2】0【特-3】0 【增】16【对美加征】10【出】0【退】16	千克					999	其他凿井机用零件（子目8430.41，8430.49所列机械的）

税则号列			货品名称中英文		税费综合信息	计量单位	监管证件代码		检验检疫类别		检验检疫编码	检验检疫编码对应中文名称
HS国际统一前6位	本国子目 7~8位	本国子目 9~10位	中文 货物名称	英文 Article Description			进口	出口	进口	出口		
843149	20		装有差速器的驱动桥及其零件，不论是否装有其他传动部件	Drive-axles with differential and parts thereof, whether or not provided with other transmission components	【最】5【普】17 【协亚太】3.3【协东盟】0【协香港】0 【协巴基斯坦】0【协智利】0【协新西兰】0 【协秘鲁】0【协哥斯达黎加】0【协冰岛】0 【协瑞士】0【协澳大利亚】0【协韩国】3.6 【协格鲁吉亚】0 【特-1】0【特-2】0【特-3】0 【增】16【对美加征】10【出】0【退】16	千克/个					999	装有差速器的驱动桥及其零件，不论是否装有其他传动部件
843149	91		矿用电铲用零件	Parts for mining power shovels	【最】5【普】17 【协亚太】3.3【协东盟】0【协香港】0 【协巴基斯坦】0【协智利】0【协新西兰】0 【协秘鲁】0【协哥斯达黎加】0【协冰岛】0 【协瑞士】0【协澳大利亚】0【协韩国】3 【协格鲁吉亚】0 【特-1】0【特-2】0【特-3】0 【增】16【对美加征】10【出】0【退】16	千克					101 102	矿用电铲用零件（其他工程机械及其零件） 矿用电铲用零件（其他装卸桥、提升、起重设备及零件）
843149	99		税目84.26、84.29、84.30的其他零件（前述具体列名的机械零件除外）	Other parts of machinery of headings No. 84.26, 84.29 or 84.30 (other than parts of machinery listed foregoing)	【最】5【普】17 【协亚太】3.3【协东盟】0【协香港】0 【协巴基斯坦】0【协智利】0【协新西兰】0 【协秘鲁】0【协哥斯达黎加】0【协冰岛】0 【协瑞士】0【协澳大利亚】0【协韩国】3.6 【协格鲁吉亚】0 【特-1】0【特-2】0【特-3】0 【增】16【对美加征】10【出】0【退】16	千克					101 102	税目84.26、84.29、84.30的其他零件（前述具体列名的机械零件除外）（其他工程机械及其零件） 税目84.26、84.29、84.30的其他零件（前述具体列名的机械零件除外）（其他装卸桥、提升、起重设备及零件）
843210	00		犁	Ploughs	【最】5【普】30 【协东盟】0【协巴基斯坦】0【协智利】0 【协新西兰】0【协秘鲁】0【协哥斯达黎加】0 【协冰岛】0【协瑞士】0【协澳大利亚】0 【协韩国】3【协格鲁吉亚】0【协香港】0 【协澳门】0 【特-1】0【特-2】0【特-3】0 【增】10【出】0【退】10	台/千克					999	犁
843221	00		圆盘耙	Disc harrows	【最】5【普】30 【协东盟】0【协巴基斯坦】0【协智利】0 【协新西兰】0【协秘鲁】0【协哥斯达黎加】0 【协冰岛】0【协瑞士】0【协澳大利亚】0 【协韩国】1【协格鲁吉亚】0【协香港】0 【协澳门】0 【特-1】0【特-2】0【特-3】0 【增】10【对美加征】10【出】0【退】10	台/千克					999	圆盘耙
843229	00		其他耙、松土机等耕作机械（包括中耙机、除草机及耕耘机）	Other harrows, scarifiers, cultivators, weeders, and hoes	【最】4【普】30 【协东盟】0【协巴基斯坦】0【协智利】0 【协新西兰】0【协秘鲁】0【协哥斯达黎加】0 【协冰岛】0【协瑞士】0【协澳大利亚】0 【协韩国】0【协格鲁吉亚】0【协香港】0 【协澳门】0 【特-1】0【特-2】0 【增】10【对美加征】10【出】0【退】10	台/千克					101 102	其他耙、松土机等耕作机械（包括中耙机、除草机及耕耘机）（耕作机） 其他耙、松土机等耕作机械（包括中耙机、除草机及耕耘机）（其他农牧业机械及其零件）
843231	11		免耕直接谷物播种机	Seeders for grain	【最】4【普】30 【协亚太】2.6【协东盟】0【协巴基斯坦】0 【协智利】0【协新西兰】0【协秘鲁】0 【协哥斯达黎加】0【协冰岛】0【协瑞士】0 【协澳大利亚】0【协韩国】0【协格鲁吉亚】0 【协香港】0【协澳门】0 【特-1】0【特-2】0 【增】10【对美加征】10【出】0【退】10	台/千克					999	免耕直接谷物播种机
843231	19		其他免耕直接播种机	Other no-till direct seeders	【最】4【普】30 【协亚太】2.6【协东盟】0【协巴基斯坦】0 【协智利】0【协新西兰】0【协秘鲁】0 【协哥斯达黎加】0【协冰岛】0【协瑞士】0 【协澳大利亚】0【协韩国】2.4【协格鲁吉亚】0 【协香港】0【协澳门】0 【特-1】0【特-2】0 【增】10【对美加征】10【出】0【退】10	台/千克					999	其他免耕直接播种机

税则号列			货品名称中英文		税费综合信息	计量单位	监管证件代码		检验检疫类别		检验检疫编码	检验检疫编码对应中文名称
HS 国际统一前6位	本国子目 7~8位	9~10位	中文 货物名称	英文 Article Description			进口	出口	进口	出口		
843231	21		免耕直接马铃薯种植机	Planters for potato	【最】4【普】30 【协亚太】2.6【协东盟】0【协巴基斯坦】0 【协智利】0【协新西兰】0【协秘鲁】0 【协哥斯达黎加】0【协冰岛】0【协瑞士】0 【协澳大利亚】0【协韩国】0【协格鲁吉亚】0 【协香港】0【协澳门】0 【特-1】0【特-2】0 【增】10【出】0【退】10	台/千克					999	免耕直接马铃薯种植机
843231	29		其他免耕直接种植机	Other no-till direct planters	【最】4【普】30 【协亚太】2.6【协东盟】0【协巴基斯坦】0 【协智利】0【协新西兰】0【协秘鲁】0 【协哥斯达黎加】0【协冰岛】0【协瑞士】0 【协澳大利亚】0【协韩国】0【协格鲁吉亚】0 【协香港】0【协澳门】0 【特-1】0【特-2】0 【增】10【对美加征】10【出】0【退】10	台/千克					999	其他免耕直接种植机
843231	31		免耕直接水稻插秧机	Tansplanters for rice	【最】4【普】30 【协亚太】2.6【协东盟】0【协巴基斯坦】0 【协智利】0【协新西兰】0【协秘鲁】0 【协哥斯达黎加】0【协冰岛】0【协瑞士】0 【协澳大利亚】0【协韩国】0.8【协格鲁吉亚】0 【协香港】0【协澳门】0 【特-1】0【特-2】0 【增】10【出】0【退】10	台/千克					999	免耕直接水稻插秧机
843231	39		其他免耕直接移植机（栽植机）	Other no-till direct transplanters	【最】4【普】30 【协亚太】2.6【协东盟】0【协巴基斯坦】0 【协智利】0【协新西兰】0【协秘鲁】0 【协哥斯达黎加】0【协冰岛】0【协瑞士】0 【协澳大利亚】0【协韩国】2.9【协格鲁吉亚】0 【协香港】0【协澳门】0 【特-1】0【特-2】0 【增】10【对美加征】10【出】0【退】10	台/千克					999	其他免耕直接移植机（栽植机）
843239	11		非免耕直接谷物播种机	Seeders for grain	【最】4【普】30 【协亚太】2.6【协东盟】0【协巴基斯坦】0 【协智利】0【协新西兰】0【协秘鲁】0 【协哥斯达黎加】0【协冰岛】0【协瑞士】0 【协澳大利亚】0【协韩国】0【协格鲁吉亚】0 【协香港】0【协澳门】0 【特-1】0【特-2】0 【增】10【对美加征】10【出】0【退】10	台/千克					999	非免耕直接谷物播种机
843239	19		其他非免耕直接播种机	Other no - till direct seeders	【最】4【普】30 【协亚太】2.6【协东盟】0【协巴基斯坦】0 【协智利】0【协新西兰】0【协秘鲁】0 【协哥斯达黎加】0【协冰岛】0【协瑞士】0 【协澳大利亚】0【协韩国】2.4【协格鲁吉亚】0 【协香港】0【协澳门】0 【特-1】0【特-2】0 【增】10【对美加征】10【出】0【退】10	台/千克					999	其他非免耕直接播种机
843239	21		非免耕直接马铃薯种植机	Planters for potato	【最】4【普】30 【协亚太】2.6【协东盟】0【协巴基斯坦】0 【协智利】0【协新西兰】0【协秘鲁】0 【协哥斯达黎加】0【协冰岛】0【协瑞士】0 【协澳大利亚】0【协韩国】0【协格鲁吉亚】0 【协香港】0【协澳门】0 【特-1】0【特-2】0 【增】10【出】0【退】10	台/千克					999	非免耕直接马铃薯种植机
843239	29		其他非免耕直接种植机	Other no - till direct planters	【最】4【普】30 【协亚太】2.6【协东盟】0【协巴基斯坦】0 【协智利】0【协新西兰】0【协秘鲁】0 【协哥斯达黎加】0【协冰岛】0【协瑞士】0 【协澳大利亚】0【协韩国】0【协格鲁吉亚】0 【协香港】0【协澳门】0 【特-1】0【特-2】0 【增】10【出】0【退】10	台/千克					999	其他非免耕直接种植机

税则号列			货品名称中英文		税费综合信息	计量单位	监管证件代码		检验检疫类别		检验检疫编码	检验检疫编码对应中文名称
HS国际统一前6位	本国子目 7~8位	9~10位	中文 货物名称	英文 Article Description			进口	出口	进口	出口		
843239	31		非免耕直接水稻插秧机	Tansplanters for rice	【最】4【普】30 【协亚太】2.6【协东盟】0【协巴基斯坦】0 【协智利】0【协新西兰】0【协秘鲁】0 【协哥斯达黎加】0【协冰岛】0【协瑞士】0 【协澳大利亚】0【协韩国】0.8【协格鲁吉亚】0 【协香港】0【协澳门】0 【特-1】0【特-2】0 【增】10【出】0【退】10	台/千克					999	非免耕直接水稻插秧机
843239	39		其他非免耕直接移植机（栽植机）	Other no - till direct transplanters	【最】4【普】30 【协亚太】2.6【协东盟】0【协巴基斯坦】0 【协智利】0【协新西兰】0【协秘鲁】0 【协哥斯达黎加】0【协冰岛】0【协瑞士】0 【协澳大利亚】0【协韩国】2.9【协格鲁吉亚】0 【协香港】0【协澳门】0 【特-1】0【特-2】0 【增】10【出】0【退】10	台/千克					999	其他非免耕直接移植机（栽植机）
843241	00		粪肥施肥机	Manure spreaders	【最】4【普】30 【协东盟】0【协巴基斯坦】0【协智利】0 【协新西兰】0【协秘鲁】0【协哥斯达黎加】0 【协冰岛】0【协瑞士】0【协澳大利亚】0 【协韩国】0【协格鲁吉亚】0【协香港】0 【协澳门】0 【特-1】0【特-2】0 【增】10【对美加征】5【出】0【退】10	台/千克					999	粪肥施肥机
843242	00		化肥施肥机	Fertfllzer dmtrl butors	【最】4【普】30 【协东盟】0【协巴基斯坦】0【协智利】0 【协新西兰】0【协秘鲁】0【协哥斯达黎加】0 【协冰岛】0【协瑞士】0【协澳大利亚】0 【协韩国】0【协格鲁吉亚】0【协香港】0 【协澳门】0 【特-1】0【特-2】0 【增】10【对美加征】10【出】0【退】10	台/千克					999	化肥施肥机
843280	10		草坪及运动场地滚压机	Lawn or sports-ground rollers	【最】7【普】40 【协亚太】5.6【协东盟】0【协巴基斯坦】5 【协智利】0【协新西兰】0【协秘鲁】0 【协哥斯达黎加】0【协冰岛】0【协瑞士】0 【协澳大利亚】0【协韩国】5.1 【协格鲁吉亚】0【协香港】0【协澳门】0 【特-1】0【特-2】0 【增】16【对美加征】10【出】0【退】16	台/千克					999	草坪及运动场地滚压机
843280	90		其他未列名整地或耕作机械	Other machinery for soil preparation or cultivation, not specified	【最】4【普】30 【协东盟】0【协巴基斯坦】0【协智利】0 【协新西兰】0【协秘鲁】0【协哥斯达黎加】0 【协冰岛】0【协瑞士】0【协澳大利亚】0 【协韩国】0【协格鲁吉亚】0【协香港】0 【协澳门】0 【特-1】0【特-2】0 【增】10【对美加征】5【出】0【退】10	台/千克					999	其他未列名整地或耕作机械
843290	00		整地或耕作机械、滚压机零件（税目84.32所列机械用的）	Parts of machinery of heading No. 84.32	【最】4【普】17 【协东盟】0【协巴基斯坦】0【协智利】0 【协新西兰】0【协秘鲁】0【协哥斯达黎加】0 【协冰岛】0【协瑞士】0【协澳大利亚】0 【协韩国】0.8【协格鲁吉亚】0【协香港】0 【协澳门】0 【特-1】0【特-2】0 【增】16【对美加征】10【出】0【退】16	千克					999	整地或耕作机械、滚压机零件（税目84.32所列机械用的）
843311	00		机动旋转式割草机（旋转式指切割装置在同一水平面上旋转。用于草坪、公园）	Mowers for lawns, parks or sports grounds, powered, with the cutting device rotating in a horizontal plane	【最】6【普】30 【协东盟】0【协巴基斯坦】5【协智利】0 【协新西兰】0【协秘鲁】0【协哥斯达黎加】0 【协冰岛】0【协瑞士】0【协澳大利亚】0 【协韩国】1.2【协格鲁吉亚】0【协香港】0 【协澳门】0 【特-1】0【特-2】0 【增】10【对美加征】5【出】0【退】16	台/千克					999	机动旋转式割草机（旋转式指切割装置在同一水平面上旋转。用于草坪、公园）

税则号列 HS国际统一前6位	本国子目 7~8位	本国子目 9~10位	货品名称中英文 中文 货物名称	货品名称中英文 英文 Article Description	税费综合信息	计量单位	监管证件代码 进口	监管证件代码 出口	检验检疫类别 进口	检验检疫类别 出口	检验检疫编码	检验检疫编码对应中文名称
843319	00		草坪、公园等用其他割草机（包括运动场地）	Other mowers for lawns, parks or sports grounds	【最】6【普】30 【协东盟】0【协巴基斯坦】5【协智利】0 【协新西兰】0【协秘鲁】0【协哥斯达黎加】0 【协冰岛】0【协瑞士】0【协澳大利亚】0 【协韩国】1.2【协格鲁吉亚】0【协香港】0 【协澳门】0 【特-1】0【特-2】0 【增】16【对美加征】5【出】0【退】16	台/千克					999	草坪、公园等用其他割草机（包括运动场地）
843320	00		其他割草机（包括牵引装置用的刀具杆）	Other mowers, including cutter bars for tractor mounting	【最】4【普】30 【协东盟】0【协巴基斯坦】0【协智利】0 【协新西兰】0【协秘鲁】0【协哥斯达黎加】0 【协冰岛】0【协瑞士】0【协澳大利亚】0 【协韩国】0【协格鲁吉亚】0【协香港】0 【协澳门】0 【特-1】0【特-2】0 【增】10【对美加征】5【出】0【退】10	台/千克					999	其他割草机（包括牵引装置用的刀具杆）
843330	00		其他干草切割、翻晒机器	Other haymaking machinery	【最】5【普】30 【协东盟】0【协巴基斯坦】0【协智利】0 【协新西兰】0【协秘鲁】0【协哥斯达黎加】0 【协冰岛】0【协瑞士】0【协澳大利亚】0 【协韩国】1【协格鲁吉亚】0【协香港】0 【协澳门】0 【特-1】0【特-2】0 【增】10【对美加征】10【出】0【退】10	台/千克					999	其他干草切割、翻晒机器
843340	00		草料打包机（包括收集打包机）	Straw or fodder balers, including pick-up balers	【最】5【普】30 【协东盟】0【协巴基斯坦】0【协智利】0 【协新西兰】0【协秘鲁】0【协哥斯达黎加】0 【协冰岛】0【协瑞士】0【协澳大利亚】0 【协韩国】3.6【协格鲁吉亚】0【协香港】0 【协澳门】0 【特-1】0【特-2】0 【增】10【对美加征】5【出】0【退】10	台/千克					999	草料打包机（包括收集打包机）
843351	00	01	功率≥160马力的联合收割机	Combine harvesters with power≥160hp	【最】8【普】17【暂进】5 【协亚太】5.2【协东盟】0【协巴基斯坦】5 【协智利】0【协新西兰】0【协秘鲁】0 【协哥斯达黎加】0【协冰岛】0【协瑞士】0 【协澳大利亚】0【协韩国】5.8 【协格鲁吉亚】0【协香港】0【协澳门】0 【特-1】0【特-2】0 【增】10【对美加征】10【出】0【退】10	台/千克					999	功率≥160马力的联合收割机
843351	00	90	功率<160马力的联合收割机	Combine harvesters with power<160hp	【最】8【普】17 【协亚太】5.2【协东盟】0【协巴基斯坦】5 【协智利】0【协新西兰】0【协秘鲁】0 【协哥斯达黎加】0【协冰岛】0【协瑞士】0 【协澳大利亚】0【协韩国】5.8 【协格鲁吉亚】0【协香港】0【协澳门】0 【特-1】0【特-2】0 【增】10【对美加征】10【出】0【退】10	台/千克					999	功率<160马力的联合收割机
843352	00		其他脱粒机	Other threshing machinery	【最】8【普】30 【协东盟】0【协巴基斯坦】5【协智利】0 【协新西兰】0【协秘鲁】0【协哥斯达黎加】0 【协冰岛】0【协瑞士】0【协澳大利亚】0 【协韩国】1.6【协格鲁吉亚】0【协香港】0 【协澳门】0 【特-1】0【特-2】0 【增】10【出】0【退】10	台/千克					999	其他脱粒机
843353	00	01	功率≥160马力的土豆、甜菜收获机	Potato, beet harvesters with power ≥160hp	【最】8【普】30【暂进】4 【协东盟】0【协巴基斯坦】5【协智利】0 【协新西兰】0【协秘鲁】0【协哥斯达黎加】0 【协冰岛】0【协瑞士】0【协澳大利亚】0 【协韩国】4.8【协格鲁吉亚】0【协香港】0 【协澳门】0 【特-1】0【特-2】0 【增】10【对美加征】10【出】0【退】10	台/千克					999	功率≥160马力的土豆、甜菜收获机

税则号列			货品名称中英文		税费综合信息	计量单位	监管证件代码		检验检疫类别		检验检疫编码	检验检疫编码对应中文名称
HS国际统一前6位	本国子目 7~8位	本国子目 9~10位	中文 货物名称	英文 Article Description			进口	出口	进口	出口		
843353	00	90	其他根茎或块茎收获机	Other rhizome or tuber harvesters	【最】8【普】30 【协东盟】0【协巴基斯坦】5【协智利】0 【协新西兰】0【协秘鲁】0【协哥斯达黎加】0 【协冰岛】0【协瑞士】0【协澳大利亚】0 【协韩国】4.8【协格鲁吉亚】0【协香港】0 【协澳门】0 【特-1】0【特-2】0 【增】10【对美加征】10【出】0【退】10	台/千克					999	其他根茎或块茎收获机
843359	10	01	功率≥160马力的甘蔗收获机	Sugarcane reaping machines with power ≥160hp	【最】8【普】30【暂进】4 【协亚太】5.6【协东盟】0【协巴基斯坦】5 【协智利】0【协新西兰】0【协秘鲁】0 【协哥斯达黎加】0【协冰岛】0【协瑞士】0 【协澳大利亚】0【协韩国】1.6 【协格鲁吉亚】0【协香港】0【协澳门】0 【特-1】0【特-2】0 【增】10【对美加征】5【出】0【退】10	台/千克					999	功率≥160马力的甘蔗收获机
843359	10	90	其他甘蔗收获机	Other sugarcane harvesters	【最】8【普】30 【协亚太】5.6【协东盟】0【协巴基斯坦】5 【协智利】0【协新西兰】0【协秘鲁】0 【协哥斯达黎加】0【协冰岛】0【协瑞士】0 【协澳大利亚】0【协韩国】1.6 【协格鲁吉亚】0【协香港】0【协澳门】0 【特-1】0【特-2】0 【增】10【对美加征】5【出】0【退】10	台/千克					999	其他甘蔗收获机
843359	20		棉花采摘机	Cotton picker	【最】8【普】30【暂进】5 【协亚太】5.6【协东盟】0【协巴基斯坦】5 【协智利】0【协新西兰】0【协秘鲁】0 【协哥斯达黎加】0【协冰岛】0【协瑞士】0 【协澳大利亚】0【协韩国】1.6 【协格鲁吉亚】0【协香港】0【协澳门】0 【特-1】0【特-2】0 【增】10【对美加征】5【出】0【退】10	台/千克	A		M		999	棉花采摘机
843359	90	01	自走式青储饲料收获机	Self-propelled forage harvesters	【最】8【普】30【暂进】5 【协东盟】0【协巴基斯坦】5【协智利】0 【协新西兰】0【协秘鲁】0【协哥斯达黎加】0 【协冰岛】0【协瑞士】0【协澳大利亚】0 【协韩国】1.6【协格鲁吉亚】0【协香港】0 【协澳门】0 【特-1】0【特-2】0 【增】10【对美加征】10【出】0【退】10	台/千克					999	自走式青储饲料收获机
843359	90	02	茶叶采摘机	Tea pickers	【最】8【普】30【暂进】4 【协东盟】0【协巴基斯坦】5【协智利】0 【协新西兰】0【协秘鲁】0【协哥斯达黎加】0 【协冰岛】0【协瑞士】0【协澳大利亚】0 【协韩国】1.6【协格鲁吉亚】0【协香港】0 【协澳门】0 【特-1】0【特-2】0 【增】10【对美加征】10【出】0【退】10	台/千克					999	茶叶采摘机
843359	90	90	其他收割机及脱粒机	Other harvesters and threshers	【最】8【普】30 【协东盟】0【协巴基斯坦】5【协智利】0 【协新西兰】0【协秘鲁】0【协哥斯达黎加】0 【协冰岛】0【协瑞士】0【协澳大利亚】0 【协韩国】1.6【协格鲁吉亚】0【协香港】0 【协澳门】0 【特-1】0【特-2】0 【增】10【对美加征】10【出】0【退】10	台/千克					101 102	其他收割机及脱粒机(收割机) 其他收割机及脱粒机(脱粒机)
843360	10		蛋类清洁、分选、分级机器	Machine for cleaning, sorting or grading eggs	【最】5【普】30 【协东盟】0【协巴基斯坦】0【协智利】0 【协新西兰】0【协秘鲁】0【协哥斯达黎加】0 【协冰岛】0【协瑞士】0【协澳大利亚】0 【协韩国】3【协格鲁吉亚】0【协香港】0 【协澳门】0 【增】10【出】0【退】10	台/千克					999	蛋类清洁、分选、分级机器

税则号列			货品名称中英文		税费综合信息	计量单位	监管证件代码		检验检疫类别		检验检疫编码	检验检疫编码对应中文名称
HS国际统一前6位	本国子目 7~8位	本国子目 9~10位	中文 货物名称	英文 Article Description			进口	出口	进口	出口		
843360	90		水果等其他农产品的清洁、分选、分级机器（税目84.37的机器除外）	Machines for cleaning, sorting or grading fruit or other agricultural produce, other than machinery of heading No. 84.37	【最】5【普】30 【协东盟】0【协巴基斯坦】0【协智利】0 【协新西兰】0【协秘鲁】0【协哥斯达黎加】0 【协冰岛】0【协瑞士】0【协澳大利亚】0 【协韩国】3【协格鲁吉亚】0【协香港】0 【协澳门】0 【增】10【对美加征】10【出】0【退】10	台/千克					999	水果等其他农产品的清洁、分选、分级机器（税目84.37的机器除外）
843390	10		联合收割机用零件	Parts of combine harvester-threshers	【最】5【普】11 【协东盟】0【协巴基斯坦】0【协智利】0 【协新西兰】0【协秘鲁】0【协哥斯达黎加】0 【协冰岛】0【协瑞士】0【协澳大利亚】0 【协韩国】3.6【协格鲁吉亚】0【协香港】0 【协澳门】0 【特-1】0【特-2】0 【增】16【对美加征】10【出】0【退】16	千克					999	联合收割机用零件
843390	90		税目84.33所列其他机械零件	Parts of other machinery of heading No. 84.33	【最】3【普】17 【协东盟】0【协巴基斯坦】0【协智利】0 【协新西兰】0【协秘鲁】0【协哥斯达黎加】0 【协冰岛】0【协瑞士】0【协澳大利亚】0 【协韩国】0【协格鲁吉亚】0【协香港】0 【协澳门】0 【特-1】0【特-2】0【特-3】0 【增】16【对美加征】5【出】0【退】16	千克					999	税目84.33所列其他机械零件
843410	00		挤奶机 【电商】	Milking machines	【最】8【普】20 【协东盟】0【协巴基斯坦】5【协智利】0 【协新西兰】0【协哥斯达黎加】0 【协冰岛】0【协瑞士】0【协澳大利亚】0 【协韩国】6【协格鲁吉亚】0【协香港】0 【协澳门】0 【特-1】0【特-2】0 【增】10【对美加征】5【出】0【退】10	台/千克					999	挤奶机
843420	00		乳品加工机器 【电商】	Dairy machinery	【最】6【普】30【暂进】2 【协亚太】4.2【协东盟】0【协巴基斯坦】5 【协智利】0【协新西兰】0【协秘鲁】0 【协哥斯达黎加】0【协冰岛】0【协瑞士】0 【协澳大利亚】0【协韩国】0【协格鲁吉亚】0 【协香港】0【协澳门】0 【特-1】0【特-2】0 【增】16【对美加征】10【出】0【退】16	台/千克	A		R		999	乳品加工机器
843490	00		挤奶机及乳品加工机器用零件	Parts of milking machines and dairy machinery	【最】5【普】17 【协东盟】0【协巴基斯坦】0【协智利】0 【协新西兰】0【协秘鲁】0【协哥斯达黎加】0 【协冰岛】0【协瑞士】0【协澳大利亚】0 【协韩国】1【协格鲁吉亚】0【协香港】0 【协澳门】0 【特-1】0【特-2】0 【增】16【对美加征】5【出】0【退】16	千克					999	挤奶机及乳品加工机器用零件
843510	00		制酒、果汁等的压榨、轧碎机（包括制类似饮料用机器） 【电商】	Presses, crushers machinery used in the manufacture of wine, cider, fruit juices (including machinery used in the manufacture of similar beverages)	【最】8【普】30 【协东盟】0【协澳门】0【协巴基斯坦】5 【协智利】0【协新西兰】0【协秘鲁】0 【协哥斯达黎加】0【协冰岛】0【协瑞士】0 【协澳大利亚】0【协韩国】6【协格鲁吉亚】0 【协香港】0 【特-1】0【特-2】0 【增】16【对美加征】10【出】0【退】16	台/千克	A		R		999	制酒、果汁等的压榨、轧碎机（包括制类似饮料用机器）
843590	00		制酒、果汁等压榨、轧碎机零件	Parts of presses, crushers machinery used in the manufacture of wine, cider, fruit juices or similar beverages	【最】6【普】30 【协东盟】0【协巴基斯坦】5【协智利】0 【协新西兰】0【协秘鲁】0【协哥斯达黎加】0 【协冰岛】0【协瑞士】0【协澳大利亚】0 【协韩国】1.2【协格鲁吉亚】0【协香港】0 【协澳门】0 【特-1】0【特-2】0 【增】16【对美加征】10【出】0【退】16	千克					999	制酒、果汁等压榨、轧碎机零件

税则号列 HS国际统一前6位	本国子目7~8位	本国子目9~10位	货品名称 中文	货品名称 英文 Article Description	税费综合信息	计量单位	监管证件代码 进口	监管证件代码 出口	检验检疫类别 进口	检验检疫类别 出口	检验检疫编码	检验检疫编码对应中文名称
843610	00		动物饲料配制机	Machinery for preparing animal feeding stuffs	【最】7【普】30 【协东盟】0【协巴基斯坦】5【协智利】0 【协新西兰】0【协秘鲁】0【协哥斯达黎加】0 【协冰岛】0【协瑞士】4【协澳大利亚】0 【协韩国】5.1【协格鲁吉亚】0【协香港】0 【协澳门】0 【特-1】0【特-2】0 【增】10【对美加征】10【出】0【退】10	台/千克					999	动物饲料配制机
843621	00		家禽孵卵器及育雏器	Poultry incubators and brooders	【最】5【普】30 【协东盟】0【协巴基斯坦】0【协智利】0 【协新西兰】0【协秘鲁】0【协哥斯达黎加】0 【协冰岛】0【协瑞士】0【协澳大利亚】0 【协韩国】3.6【协格鲁吉亚】0【协香港】0 【协澳门】0 【特-1】0【特-2】0 【增】10【对美加征】5【出】0【退】10	台/千克					999	家禽孵卵器及育雏器
843629	00		家禽饲养用机器	Poultry-keeping machinery	【最】8【普】30 【协东盟】0【协巴基斯坦】5【协智利】0 【协新西兰】0【协秘鲁】0【协哥斯达黎加】0 【协冰岛】0【协瑞士】0【协澳大利亚】0 【协韩国】8【协格鲁吉亚】0【协香港】0 【协澳门】0 【特-1】0【特-2】0 【增】10【对美加征】10【出】0【退】10	台/千克					999	家禽饲养用机器
843680	00	01	青储饲料切割上料机	Forage cutting feeders	【最】8【普】30【暂进】3 【协东盟】0【协巴基斯坦】5【协智利】0 【协新西兰】0【协秘鲁】0【协哥斯达黎加】0 【协冰岛】0【协瑞士】0【协澳大利亚】0 【协韩国】6【协格鲁吉亚】0【协香港】0 【协澳门】0 【特-1】0【特-2】0 【增】10【对美加征】5【出】0【退】10	台/千克					999	青储饲料切割上料机
843680	00	02	自走式饲料搅拌投喂车	Self walking type feeding vehicle	【最】8【普】30【暂进】5 【协东盟】0【协巴基斯坦】5【协智利】0 【协新西兰】0【协秘鲁】0【协哥斯达黎加】0 【协冰岛】0【协瑞士】0【协澳大利亚】0 【协韩国】6【协格鲁吉亚】0【协香港】0 【协澳门】0 【特-1】0【特-2】0 【增】10【对美加征】5【出】0【退】10	台/千克					999	自走式饲料搅拌投喂车
843680	00	90	农业、林业、园艺等用的其他机器（包括装有机械或热力装置的催芽设备）	Other machines for agricultural, forestry, and horticultural use (including germination equipments fitted with mechanical or thermal devices)	【最】8【普】30 【协东盟】0【协巴基斯坦】5【协智利】0 【协新西兰】0【协秘鲁】0【协哥斯达黎加】0 【协冰岛】0【协瑞士】0【协澳大利亚】0 【协韩国】6【协格鲁吉亚】0【协香港】0 【协澳门】0 【特-1】0【特-2】0 【增】10【对美加征】5【出】0【退】10	台/千克					999	农业、林业、园艺等用的其他机器（包括装有机械或热力装置的催芽设备）
843691	00		家禽饲养机，孵卵器及育雏器零件	Parts of poultry-keeping machinery or poultry incubators and brooders	【最】6【普】17 【协东盟】0【协巴基斯坦】5【协智利】0 【协新西兰】0【协秘鲁】0【协哥斯达黎加】0 【协冰岛】0【协瑞士】0【协澳大利亚】0 【协韩国】4.4【协格鲁吉亚】0【协香港】0 【协澳门】0 【特-1】0【特-2】0 【增】16【对美加征】5【出】0【退】16	千克					999	家禽饲养机，孵卵器及育雏器零件
843699	00		税目84.36所列其他机器的零件	Parts of other machinery of heading No. 84.36	【最】6【普】17 【协东盟】0【协巴基斯坦】5【协智利】0 【协新西兰】0【协秘鲁】0【协哥斯达黎加】0 【协冰岛】0【协瑞士】3.4【协澳大利亚】0 【协韩国】3.6【协格鲁吉亚】0【协香港】0 【协澳门】0 【特-1】0【特-2】0 【增】16【对美加征】5【出】0【退】16	千克					999	税目84.36所列其他机器的零件

税则号列 HS国际统一前6位	本国子目 7~8位	本国子目 9~10位	货品名称中英文 中文 货物名称	货品名称中英文 英文 Article Description	税费综合信息	计量单位	监管证件代码 进口	监管证件代码 出口	检验检疫类别 进口	检验检疫类别 出口	检验检疫编码	检验检疫编码对应中文名称
843710	10		光学色差颗粒选别机（色选机）	Color sorters	【最】8【普】30 【协东盟】0【协巴基斯坦】5【协智利】0 【协新西兰】0【协秘鲁】0【协哥斯达黎加】0 【协冰岛】0【协瑞士】0【协澳大利亚】0 【协韩国】6【协格鲁吉亚】0【协香港】0 【协澳门】0 【特-1】0【特-2】0 【增】10【出】0【退】10	台/千克					999	光学色差颗粒选别机（色选机）
843710	90		种子谷物其他清洁、清选、分级机（包括干豆的清洁，分选或分级机）	Other machines for cleaning, sorting or grading seed, grain or dried leguminous vegetables	【最】8【普】30 【协东盟】0【协巴基斯坦】5【协智利】0 【协新西兰】0【协秘鲁】0【协哥斯达黎加】0 【协冰岛】0【协瑞士】0【协澳大利亚】0 【协韩国】8【协格鲁吉亚】0【协香港】0 【协澳门】0 【特-1】0【特-2】0 【增】10【对美加征】5【出】0【退】10	台/千克					999	种子谷物其他清洁、清选、分级机（包括干豆的清洁，分选或分级机）
843780	00		谷物磨粉业加工机器（包括谷物、干豆加工机器，但农业用机器除外）	Other machinery used in the milling industry (including machinery for the working of cereals or dried leguminous vegetables, other than farm-type machinery	【最】8【普】30 【协亚太】5.2【协东盟】0【协巴基斯坦】5 【协智利】0【协新西兰】0【协秘鲁】0 【协哥斯达黎加】0【协冰岛】0【协瑞士】0 【协澳大利亚】0【协韩国】8【协格鲁吉亚】0 【协香港】0【协澳门】0 【特-1】0【特-2】0 【增】16【对美加征】10【出】0【退】10	台/千克	A		R		999	谷物磨粉业加工机器（包括谷物、干豆加工机器，但农业用机器除外）
843790	00		税目84.37所列机械的零件	Parts of machinery of heading No. 84.37	【最】6【普】30 【协东盟】0【协巴基斯坦】5【协智利】0 【协新西兰】0【协秘鲁】0【协哥斯达黎加】0 【协冰岛】0【协瑞士】2.4【协澳大利亚】0 【协韩国】3.6【协格鲁吉亚】0【协香港】0 【协澳门】0 【特-1】0【特-2】0 【增】16【对美加征】10【出】0【退】16	千克					999	税目84.37所列机械的零件
843810	00	10	糕点生产线 【电商】	Production lines for pastries	【最】7【普】30 【协东盟】0【协巴基斯坦】5【协智利】0 【协新西兰】0【协秘鲁】0【协哥斯达黎加】0 【协冰岛】0【协瑞士】2.8【协澳大利亚】0 【协韩国】5.1【协格鲁吉亚】0【协香港】0 【协澳门】0 【特-1】0【特-2】0【特-3】0 【增】16【对美加征】10【出】0【退】16	台/千克	A		R		999	糕点生产线
843810	00	90	通心粉，面条的生产加工机器（包括类似产品的加工机） 【电商】	Machines for producing and processing macaroni and noodles (including processing machines of similar products)	【最】7【普】30 【协东盟】0【协巴基斯坦】5【协智利】0 【协新西兰】0【协秘鲁】0【协哥斯达黎加】0 【协冰岛】0【协瑞士】2.8【协澳大利亚】0 【协韩国】5.1【协格鲁吉亚】0【协香港】0 【协澳门】0 【特-1】0【特-2】0【特-3】0 【增】16【对美加征】10【出】0【退】16	台/千克	A		R		999	通心粉，面条的生产加工机器（包括类似产品的加工机）
843820	00		生产糖果，可可粉，巧克力的机器	Machinery for the manufacture of confectionery, cocoa or chocolate	【最】8【普】30 【协东盟】0【协巴基斯坦】5【协智利】0 【协新西兰】0【协秘鲁】0【协哥斯达黎加】0 【协冰岛】0【协瑞士】0【协澳大利亚】0 【协韩国】1.6【协格鲁吉亚】0【协香港】0 【协澳门】0 【特-1】0【特-2】0【特-3】0 【增】16【对美加征】10【出】0【退】16	台/千克	A		R		999	生产糖果，可可粉，巧克力的机器
843830	00		制糖机器	Machinery for sugar manufacture	【最】8【普】30 【协东盟】0【协巴基斯坦】5【协智利】0 【协新西兰】0【协秘鲁】0【协哥斯达黎加】0 【协冰岛】0【协澳大利亚】0 【协韩国】6【协格鲁吉亚】0【协香港】0 【协澳门】0 【特-1】0【特-2】0【特-3】0 【增】16【对美加征】10【出】0【退】16	台/千克	A		R		999	制糖机器

税则号列			货品名称中英文		税费综合信息	计量单位	监管证件代码		检验检疫类别		检验检疫编码	检验检疫编码对应中文名称
HS国际统一前6位	本国子目 7~8位	本国子目 9~10位	中文 货物名称	英文 Article Description			进口	出口	进口	出口		
843840	00		酿酒机器	Brewery machinery	【最】7【普】30 【协东盟】0【协巴基斯坦】5【协智利】0 【协新西兰】0【协秘鲁】0【协哥斯达黎加】0 【协冰岛】0【协瑞士】0【协澳大利亚】0 【协韩国】4.2【协格鲁吉亚】0【协香港】0 【协澳门】0 【特-1】0【特-2】0【特-3】0 【增】16【对美加征】10【出】0【退】16	台/千克	A		R		999	酿酒机器
843850	00		肉类或家禽加工机器	Machinery for the preparation of meat or poultry	【最】7【普】30 【协东盟】0【协巴基斯坦】5【协智利】0 【协新西兰】0【协秘鲁】0【协哥斯达黎加】0 【协冰岛】0【协瑞士】0【协澳大利亚】0 【协韩国】4.2【协格鲁吉亚】0【协香港】0 【协澳门】0 【特-1】0【特-2】0【特-3】0 【增】16【对美加征】10【出】0【退】16	台/千克	A		R		999	肉类或家禽加工机器
843860	00		水果、坚果或蔬菜加工机器【电商】	Machinery for the preparation of fruits, nuts or vegetables	【最】8【普】30 【协东盟】0【协巴基斯坦】5【协智利】0 【协新西兰】0【协新加坡】0【协秘鲁】0 【协哥斯达黎加】0【协冰岛】0【协瑞士】0 【协澳大利亚】0【协韩国】6【协格鲁吉亚】0 【协香港】0【协澳门】0 【特-1】0【特-2】0【特-3】0 【增】16【对美加征】5【出】0【退】16	台/千克	A		R		999	水果、坚果或蔬菜加工机器
843880	00		本章其他未列名食品等加工机器（包括饮料工业用加工机器，加工动、植物油脂的机器除外）	Other machinery, not specified or included elsewhere in this chapter, for the industrial preparation of food (including machinery for the industrial manufacture of drink, other than machinery for the extraction or preparation of animal or vegetable fats or oils	【最】8【普】30 【协亚太】5.2【协东盟】0【协巴基斯坦】5 【协智利】0【协新西兰】0【协秘鲁】0 【协台湾】0【协哥斯达黎加】0【协冰岛】0 【协瑞士】3.4【协澳大利亚】0【协韩国】1.7 【协格鲁吉亚】0【协香港】0【协澳门】0 【特-1】0【特-2】0【特-3】0 【增】16【对美加征】10【出】0【退】16	台/千克	A		R		999	本章其他未列名食品等加工机器（包括饮料工业用加工机器，加工动、植物油脂的机器除外）
843890	00		食品、饮料工业用机器的零件（税目84.38所列机械的）	Parts of machinery of heading No. 84.38	【最】5【普】30 【协东盟】0【协巴基斯坦】0【协智利】0 【协新西兰】0【协秘鲁】0【协哥斯达黎加】0 【协冰岛】0【协瑞士】0【协澳大利亚】0 【协韩国】1【协格鲁吉亚】0【协香港】0 【协澳门】0 【特-1】0【特-2】0【特-3】0 【增】16【对美加征】10【出】0【退】16	千克					999	食品、饮料工业用机器的零件（税目84.38所列机械的）
843910	00		制造纤维素纸浆的机器	Machinery for making pulp of fibrous cellulosic material	【最】8【普】30 【协东盟】0【协巴基斯坦】5【协智利】0 【协新西兰】0【协秘鲁】0【协哥斯达黎加】0 【协冰岛】0【协瑞士】0【协澳大利亚】0 【协韩国】5【协格鲁吉亚】0【协香港】0 【协澳门】0 【特-1】0【特-2】0【特-3】0 【增】16【对美加征】10【出】0【退】16	台/千克					999	制造纤维素纸浆的机器
843920	00		纸或纸板的抄造机器	Machinery for making paper or paper board	【最】8【普】30 【协亚太】5.6【协东盟】0【协巴基斯坦】5 【协智利】0【协新西兰】0【协秘鲁】0 【协台湾】0【协哥斯达黎加】0【协冰岛】0 【协瑞士】3.4【协澳大利亚】0【协韩国】1.6 【协格鲁吉亚】0【协香港】0【协澳门】0 【特-1】0【特-2】0【特-3】0 【增】16【出】0【退】16	台/千克					999	纸或纸板的抄造机器

税则号列			货品名称中英文		税费综合信息	计量单位	监管证件代码		检验检疫类别		检验检疫编码	检验检疫编码对应中文名称
HS国际统一前6位	本国子目 7~8位	9~10位	中文 货物名称	英文 Article Description			进口	出口	进口	出口		
843930	00		纸或纸板的整理机器	Machinery for finishing paper or paper board	【最】8【普】30 【协东盟】0【协巴基斯坦】5【协智利】0 【协新西兰】0【协秘鲁】0【协台湾】0 【协哥斯达黎加】0【协冰岛】0【协瑞士】0 【协澳大利亚】0【协韩国】1.6 【协格鲁吉亚】0【协香港】0【协澳门】0 【特-1】0【特-2】0【特-3】0 【增】16【对美加征】10【出】0【退】16	台/千克					999	纸或纸板的整理机器
843991	00		制造纤维素纸浆的机器零件	Parts of machinery for making pulp of fibrous cellulosic material	【最】6【普】30 【协东盟】0【协巴基斯坦】5【协智利】0 【协新西兰】0【协秘鲁】0【协哥斯达黎加】0 【协冰岛】0【协瑞士】0【协澳大利亚】0 【协韩国】4.4【协格鲁吉亚】0【协香港】0 【协澳门】0 【特-1】0【特-2】0【特-3】0 【增】16【对美加征】5【出】0【退】16	千克					999	制造纤维素纸浆的机器零件
843999	00		制造或整理纸及纸板的机器零件	Parts of machinery for making or finishing paper or paperboard	【最】6【普】30 【协亚太】3【协东盟】0【协巴基斯坦】0 【协智利】0【协新西兰】0【协秘鲁】0 【协哥斯达黎加】0【协冰岛】0【协瑞士】2.4 【协澳大利亚】0【协韩国】4.4 【协格鲁吉亚】0【协香港】0【协澳门】0 【特-1】0【特-2】0【特-3】0 【增】16【对美加征】10【出】0【退】16	千克					999	制造或整理纸及纸板的机器零件
844010	10		锁线订书机	Sewing bookbinders	【最】10【普】35 【协亚太】7【协东盟】0【协巴基斯坦】5 【协智利】0【协新西兰】0【协秘鲁】0 【协哥斯达黎加】0【协冰岛】0【协瑞士】0 【协澳大利亚】0【协韩国】6【协格鲁吉亚】0 【协香港】0【协澳门】0 【特-1】0【特-2】0 【增】16【对美加征】10【出】0【退】16	台/千克					999	锁线订书机
844010	20		胶订机	Glueing bookbinders	【最】12【普】35 【协东盟】0【协巴基斯坦】6【协智利】0 【协新西兰】0【协新加坡】0【协秘鲁】0 【协哥斯达黎加】0【协冰岛】0【协瑞士】0 【协澳大利亚】0【协韩国】7.2 【协格鲁吉亚】0【协香港】0【协澳门】0 【特-1】0【特-2】0 【增】16【出】0【退】16	台/千克					999	胶订机
844010	90		其他书本装订机	Other book-binding machinery	【最】12【普】35 【协东盟】0【协巴基斯坦】6【协智利】0 【协新西兰】0【协新加坡】0【协秘鲁】0 【协哥斯达黎加】0【协冰岛】0【协瑞士】0 【协澳大利亚】0【协韩国】7.2 【协格鲁吉亚】0【协香港】0【协澳门】0 【特-1】0【特-2】0 【增】16【对美加征】10【出】0【退】16	台/千克					999	其他书本装订机
844090	00		书本装订机器的零件（包括锁线订书机的零件）	Parts of book-binding machinery, including parts of booksewing machines	【最】8【普】35 【协东盟】0【协巴基斯坦】5【协智利】0 【协新西兰】0【协秘鲁】0【协哥斯达黎加】0 【协冰岛】0【协瑞士】3.2【协澳大利亚】0 【协韩国】1.6【协格鲁吉亚】0【协香港】0 【协澳门】0 【特-1】0【特-2】0 【增】16【对美加征】10【出】0【退】16	千克					999	书本装订机器的零件（包括锁线订书机的零件）
844110	00		切纸机	Paper cutting machines	【最】12【普】50 【协东盟】0【协巴基斯坦】6【协智利】0 【协新西兰】0【协新加坡】0【协秘鲁】0 【协台湾】0【协哥斯达黎加】0【协冰岛】0 【协澳大利亚】0【协韩国】7.2 【协格鲁吉亚】0【协香港】0【协澳门】0 【特-1】0【特-2】0【特-3】0 【增】16【对美加征】10【出】0【退】16	台/千克					999	切纸机

税则号列			货品名称中英文		税费综合信息	计量单位	监管证件代码		检验检疫类别		检验检疫编码	检验检疫编码对应中文名称
HS国际统一前6位	本国子目 7~8位	9~10位	中文 货物名称	英文 Article Description			进口	出口	进口	出口		
844120	00		制造包、袋或信封的机器	Machines for making bags, sacks or envelopes	【最】12【普】30 【协亚太】7.8【协东盟】0【协巴基斯坦】6 【协智利】0【协新西兰】0【协新加坡】0 【协秘鲁】0【协哥斯达黎加】0【协冰岛】0 【协瑞士】4.8【协澳大利亚】0【协韩国】7.2 【协格鲁吉亚】0【协香港】0【协澳门】0 【特-1】0【特-2】0【特-3】0 【增】16【出】0【退】16	台/千克					999	制造包、袋或信封的机器
844130	10		纸塑铝复合罐生产设备（但模制成型机器除外）	Machines for paper, plastic and aluminium composite can manufacture (other than by moulding)	【最】12【普】30 【协亚太】7.8【协东盟】0【协巴基斯坦】6.8 【协智利】0【协新西兰】0【协新加坡】0 【协秘鲁】0【协哥斯达黎加】0【协冰岛】0 【协瑞士】5.4【协澳大利亚】0【协韩国】8.1 【协格鲁吉亚】0【协香港】0【协澳门】0 【特-1】0【特-2】0 【增】16【出】0【退】16	台/千克					999	纸塑铝复合罐生产设备（但模制成型机器除外）.
844130	90		其他制造箱、盒及类似容器的机器（但模制成型机器除外）	Other machines for making cartons, boxes or similar containers (other than by moulding)	【最】12【普】30 【协亚太】7.8【协东盟】0【协巴基斯坦】6.8 【协智利】0【协新西兰】0【协新加坡】0 【协秘鲁】0【协哥斯达黎加】0【协冰岛】0 【协瑞士】5.4【协澳大利亚】0【协韩国】10.8 【协格鲁吉亚】0【协香港】0【协澳门】0 【特-1】0【特-2】0 【增】16【对美加征】5【出】0【退】16	台/千克					999	其他制造箱、盒及类似容器的机器（但模制成型机器除外）
844140	00		纸浆、纸或纸板制品模制成型机器	Machines for moulding articles in paper pulp, paper or paperboard	【最】12【普】30 【协东盟】0【协巴基斯坦】6【协智利】0 【协新西兰】0【协新加坡】0【协秘鲁】0 【协哥斯达黎加】0【协冰岛】0【协瑞士】4.8 【协澳大利亚】0【协韩国】9.6 【协格鲁吉亚】0【协香港】0【协澳门】0 【特-1】0【特-2】0【特-3】0 【增】16【对美加征】10【出】0【退】16	台/千克					999	纸浆、纸或纸板制品模制成型机器
844180	10		制造纸塑铝软包装生产设备	Machines for paper plastic and aluminium flexible packaging manufature	【最】12【普】30 【协亚太】7.8【协东盟】0【协巴基斯坦】6 【协智利】0【协新西兰】0【协新加坡】0 【协秘鲁】0【协哥斯达黎加】0【协冰岛】0 【协瑞士】4.8【协澳大利亚】0【协韩国】7.2 【协格鲁吉亚】0【协香港】0【协澳门】0 【特-1】0【特-2】0【特-3】0 【增】16【对美加征】5【出】0【退】16	台/千克					999	制造纸塑铝软包装生产设备
844180	90		其他制造纸浆制品、纸制品的机器（包括制造纸板制品的机器）	Other machinery for making up paper pulp, paper (including machinery for making up paperboard)	【最】12【普】30 【协亚太】7.8【协东盟】0【协巴基斯坦】6 【协智利】0【协新西兰】0【协新加坡】0 【协秘鲁】0【协台湾】0【协哥斯达黎加】0 【协冰岛】0【协瑞士】4.8【协澳大利亚】0 【协韩国】7.2【协格鲁吉亚】0【协香港】0 【协澳门】0 【特-1】0【特-2】0【特-3】0 【增】16【对美加征】10【出】0【退】16	台/千克					999	其他制造纸浆制品、纸制品的机器（包括制造纸板制品的机器）
844190	10	01	切纸机用弧形辊	Curved roll for paper cutter	【最】8【普】50【暂进】4 【协东盟】0【协巴基斯坦】5【协智利】0 【协新西兰】0【协秘鲁】0【协哥斯达黎加】0 【协冰岛】0【协瑞士】0【协澳大利亚】0 【协韩国】4.8【协格鲁吉亚】0【协香港】0 【协澳门】0 【特-1】0【特-2】0【特-3】0 【增】16【对美加征】10【出】0【退】16	千克					999	切纸机用弧形辊
844190	10	02	切纸机用横切刀单元	Cross cutting knife unit for paper cutter	【最】8【普】50【暂进】3 【协东盟】0【协巴基斯坦】5【协智利】0 【协新西兰】0【协秘鲁】0【协哥斯达黎加】0 【协冰岛】0【协瑞士】0【协澳大利亚】0 【协韩国】4.8【协格鲁吉亚】0【协香港】0 【协澳门】0 【特-1】0【特-2】0【特-3】0 【增】16【对美加征】10【出】0【退】16	千克					999	切纸机用横切刀单元

税则号列 HS国际统一前6位	本国子目 7~8位	本国子目 9~10位	货品名称 中文 货物名称	英文 Article Description	税费综合信息	计量单位	监管证件代码 进口	监管证件代码 出口	检验检疫类别 进口	检验检疫类别 出口	检验检疫编码	检验检疫编码对应中文名称
844190	10	90	其他切纸机零件	Other component of paper cutter	【最】8【普】50 【协东盟】0【协巴基斯坦】5【协智利】0 【协新西兰】0【协秘鲁】0【协哥斯达黎加】0 【协冰岛】0【协瑞士】0【协澳大利亚】0 【协韩国】4.8【协格鲁吉亚】0【协香港】0 【协澳门】0 【特-1】0【特-2】0【特-3】0 【增】16【对美加征】10【出】0【退】16	千克					999	其他切纸机零件
844190	90		其他制造纸浆、纸制品的机器零件	Other parts of machinery for making up paper pulp, paper	【最】8【普】30 【协东盟】0【协巴基斯坦】5【协智利】0 【协新西兰】0【协秘鲁】0【协哥斯达黎加】0 【协冰岛】0【协澳大利亚】0【协韩国】1.6 【协格鲁吉亚】0【协香港】0【协澳门】0 【特-1】0【特-2】0【特-3】0 【增】16【对美加征】10【出】0【退】16	千克					999	其他制造纸浆、纸制品的机器零件
844230	10		铸字机	Type casters	【最】2.3【普】35 【协东盟】0【协巴基斯坦】5【协智利】0 【协新西兰】0【协秘鲁】0【协哥斯达黎加】0 【协冰岛】0【协瑞士】0【协澳大利亚】0 【协韩国】1.8【协格鲁吉亚】0【协香港】0 【协澳门】0 【特-1】0【特-2】0【特-3】0 【增】16【对美加征】10【出】0【退】16	台/千克					999	铸字机
844230	21	10	凹版式计算机直接制版设备(CTP)	Concave layout of computer direct plate making equipment (CTP)	【最】2.3【普】35 【协东盟】0【协巴基斯坦】5【协智利】0 【协新西兰】0【协秘鲁】0【协哥斯达黎加】0 【协冰岛】0【协瑞士】2.3【协澳大利亚】0 【协韩国】1.8【协格鲁吉亚】0【协香港】0 【协澳门】0 【特-1】0【特-2】0【特-3】0 【增】16【对美加征】10【出】0【退】16	台/千克					999	凹版式计算机直接制版设备（CTP）
844230	21	90	除凹版式以外的其他计算机直接制版设备	Other computer direct plate making equipment in addition to outside the concave-format(CTP)	【最】2.3【普】35 【协东盟】0【协巴基斯坦】5【协智利】0 【协新西兰】0【协秘鲁】0【协哥斯达黎加】0 【协冰岛】0【协瑞士】2.3【协澳大利亚】1.8 【协韩国】1.8【协格鲁吉亚】0【协香港】0 【协澳门】0 【特-1】0【特-2】0【特-3】0 【增】16【对美加征】10【出】0【退】16	台/千克					999	除凹版式以外的其他计算机直接制版设备（CTP）
844230	29		其他制版机器、器具及设备	Other machinery, apparatus and equipment for typesetting	【最】2.3【普】35 【协东盟】0【协巴基斯坦】5【协智利】0 【协新西兰】0【协秘鲁】0【协哥斯达黎加】0 【协冰岛】0【协瑞士】0【协澳大利亚】0 【协韩国】6.6【协格鲁吉亚】0【协香港】0 【协澳门】0 【特-1】0【特-2】0【特-3】0 【增】16【对美加征】10【出】0【退】16	台/千克					999	其他制版机器、器具及设备
844230	90		制作滚筒及其他印刷部件用机器、器具及设备（税目84.56至84.65所列机器除外）	Other equipment for typesetting, other than the machine of heading 84.56 to 84.56	【最】2.3【普】35 【协东盟】0【协巴基斯坦】5【协智利】0 【协新西兰】0【协秘鲁】0【协哥斯达黎加】0 【协冰岛】0【协瑞士】0【协澳大利亚】0 【协韩国】6.6【协格鲁吉亚】0【协香港】0 【协澳门】0 【特-1】0【特-2】0【特-3】0 【增】16【对美加征】10【出】0【退】16	台/千克					999	制作滚筒及其他印刷部件用机器、器具及设备（税目84.56至84.65所列机器除外）
844240	00	10	计算机直接制版机器用零件	Computer to plate machine parts	【最】1.8【普】20【暂进】1 【协东盟】0【协巴基斯坦】5【协智利】0 【协新西兰】0【协秘鲁】0【协哥斯达黎加】0 【协冰岛】0【协瑞士】0【协澳大利亚】0 【协韩国】0【协格鲁吉亚】0【协香港】0 【协澳门】0 【特-1】0【特-2】0【特-3】0 【增】16【对美加征】10【出】0【退】16	千克					999	计算机直接制版机器用零件

税则号列			货品名称中英文		税费综合信息	计量单位	监管证件代码		检验检疫类别		检验检疫编码	检验检疫编码对应中文名称
HS国际统一前6位	本国子目 7~8位	本国子目 9~10位	中文 货物名称	英文 Article Description			进口	出口	进口	出口		
844240	00	90	其他铸字、排字、制版机器的零件	Parts of other typecasting, typesetting and platemaking machines	【最】1.8【普】20 【协东盟】0【协巴基斯坦】5【协智利】0 【协新西兰】0【协秘鲁】0【协哥斯达黎加】0 【协冰岛】0【协瑞士】0【协澳大利亚】0 【协韩国】0【协格鲁吉亚】0【协香港】0 【协澳门】0 【特-1】0【特-2】0【特-3】0 【增】16【对美加征】10【出】0【退】16	千克					999	其他铸字、排字、制版机器的零件
844250	00		印刷用版、滚筒及其他印刷部件［包括制成供印刷用（如：刨平、压纹或抛光）的板、滚筒及石板］	Plates, cylinders and other printing components; plates, cylinders and lithographic stones, prepared for printing purposes (for example, planed, grained or polished)	【最】1.8【普】35 【协东盟】0【协香港】0【协巴基斯坦】5 【协智利】0【协新西兰】0【协秘鲁】0 【协哥斯达黎加】0【协冰岛】0【协瑞士】0 【协澳大利亚】0【协韩国】1.4 【协格鲁吉亚】0 【特-1】0【特-2】0【特-3】0 【增】16【对美加征】10【出】0【退】16	千克					999	印刷用版、滚筒及其他印刷部件［（包括制成供印刷用（如：刨平、压纹或抛光）的板、滚筒及石板］
844311	00		卷取进料式胶印机（用税目84.42项下商品进行印刷的机器）	Offset printing machinery, reel-fed (machinery used for printing by means of printing components of heading No. 84.42)	【最】10【普】35 【协亚太】7【协东盟】0【协巴基斯坦】5 【协智利】0【协新西兰】0【协秘鲁】0 【协哥斯达黎加】0【协冰岛】0【协瑞士】0 【协澳大利亚】0【协韩国】6【协格鲁吉亚】0 【协香港】0【协澳门】0 【特-1】0【特-2】0【特-3】0 【增】16【出】0【退】16	台/千克					999	卷取进料式胶印机（用税目84.42项下商品进行印刷的机器）
844312	00		办公室用片取进料式胶印机（片尺寸不超过22厘米×36厘米，用税目84.42项下商品进行印刷的机器）	Offset printing machinery, sheet-fed, office type (using sheets with one side not exceeding 22cm and the other side not exceeding 36cm in the unfolded state) (machines using the commodities under the heading No. 84.42 for printing)	【最】10【普】35 【协东盟】0【协巴基斯坦】6【协智利】0 【协新西兰】0【协新加坡】0【协秘鲁】0 【协哥斯达黎加】0【协冰岛】0【协瑞士】4.8 【协澳大利亚】0【协韩国】7.2 【协格鲁吉亚】0【协香港】0【协澳门】0 【特-1】0【特-2】0【特-3】0 【增】16【出】0【退】16	台/千克					999	办公室用片取进料式胶印机（片尺寸不超过22厘米×36厘米，用税目84.42项下商品进行印刷的机器）
844313	11		平张纸进料式单色胶印机（用税目84.42项下商品进行印刷的机器）	Offset printing machinery, sheet-fed, Single color (machines using the commodities under the heading No. 84.42 for printing)	【最】10【普】35 【协亚太】7【协东盟】0【协巴基斯坦】5 【协智利】0【协新西兰】0【协秘鲁】0 【协哥斯达黎加】0【协冰岛】0【协瑞士】0 【协澳大利亚】0【协韩国】6【协格鲁吉亚】0 【协香港】0【协澳门】0 【特-1】0【特-2】0【特-3】0 【增】16【出】0【退】16	台/千克					999	平张纸进料式单色胶印机（用税目84.42项下商品进行印刷的机器）
844313	12		平张纸进料式双色胶印机（用税目84.42项下商品进行印刷的机器）	Offset printing machinery, sheet-fed, Two colors (machines using the commodities under the heading No. 84.42 for printing)	【最】10【普】35 【协亚太】7【协东盟】0【协巴基斯坦】5 【协智利】0【协新西兰】0【协秘鲁】0 【协哥斯达黎加】0【协冰岛】0【协瑞士】0 【协澳大利亚】0【协韩国】6【协格鲁吉亚】0 【协香港】0【协澳门】0 【特-1】0【特-2】0【特-3】0 【增】16【出】0【退】16	台/千克					999	平张纸进料式双色胶印机（用税目84.42项下商品进行印刷的机器）
844313	13	01	四色平张纸胶印机（对开单张单面印刷速度≥17000张/小时）	Four-color sheet-feed offset printing presses (single folio singel side printing speed≥17000 pcs/h)	【最】10【普】35【暂进】7 【协亚太】7【协东盟】0【协巴基斯坦】5 【协智利】0【协新西兰】0【协秘鲁】0 【协哥斯达黎加】0【协冰岛】0【协瑞士】0 【协澳大利亚】0【协韩国】6【协格鲁吉亚】0 【协香港】0【协澳门】0 【特-1】0【特-2】0【特-3】0 【增】16【出】0【退】16	台/千克					999	四色平张纸胶印机（对开单张单面印刷速度≥17000张/小时）
844313	13	02	四色平张纸胶印机（对开单张双面印刷速度≥13000张/小时）	Four color sheet-fed offset press (single folio double sides printing speed ≥ 13000 pcs/hr)	【最】10【普】35【暂进】7 【协亚太】7【协东盟】0【协巴基斯坦】5 【协智利】0【协新西兰】0【协秘鲁】0 【协哥斯达黎加】0【协冰岛】0【协瑞士】0 【协澳大利亚】0【协韩国】6【协格鲁吉亚】0 【协香港】0【协澳门】0 【特-1】0【特-2】0【特-3】0 【增】16【出】0【退】16	台/千克					999	四色平张纸胶印机（对开单张双面印刷速度≥13000张/小时）

税则号列 HS 国际统一前6位	本国子目 7~8位	本国子目 9~10位	货品名称中英文 中文 货物名称	货品名称中英文 英文 Article Description	税费综合信息	计量单位	监管证件代码 进口	监管证件代码 出口	检验检疫类别 进口	检验检疫类别 出口	检验检疫编码	检验检疫编码对应中文名称
844313	13	03	四色平张纸胶印机（全张或超全张单张单面印刷速度≥13000 张/小时）	Four color sheet-fed offset press (sheet-wise or full-sheet one piece single side printing speed≥13000 pcs/hr)	【最】10【普】35【暂进】7 【协亚太】7【协东盟】0【协巴基斯坦】5 【协智利】0【协新西兰】0【协秘鲁】0 【协哥斯达黎加】0【协冰岛】0【协瑞士】0 【协澳大利亚】0【协韩国】6【协格鲁吉亚】0 【协香港】0【协澳门】0 【特-1】0【特-2】0【特-3】0 【增】16【出】0【退】16	台/千克					999	四色平张纸胶印机（全张或超全张单张单面印刷速度≥13000 张/小时）
844313	13	90	其他四色平张纸胶印机（用税目 84.42 项下商品进行印刷的机器）	Other four-color sheet-feed offset printing presses (machines using the commodities under the heading No. 84.42 for printing)	【最】10【普】35 【协亚太】7【协东盟】0【协巴基斯坦】5 【协智利】0【协新西兰】0【协秘鲁】0 【协哥斯达黎加】0【协冰岛】0【协瑞士】0 【协澳大利亚】0【协韩国】6【协格鲁吉亚】0 【协香港】0【协澳门】0 【特-1】0【特-2】0【特-3】0 【增】16【出】0【退】16	台/千克					999	其他四色平张纸胶印机（用税目 84.42 项下商品进行印刷的机器）
844313	19	01	五色及以上平张纸胶印机（对开单张单面印刷速度≥17000 张/小时）	Five - color or more sheet-fed offset printing machinery (Single folio single side printing speed ≥ 17000 pcs/hr)	【最】10【普】35【暂进】7 【协亚太】7【协东盟】0【协巴基斯坦】5 【协智利】0【协新西兰】0【协秘鲁】0 【协哥斯达黎加】0【协冰岛】0【协瑞士】0 【协澳大利亚】0【协韩国】6【协格鲁吉亚】0 【协香港】0【协澳门】0 【特-1】0【特-2】0【特-3】0 【增】16【出】0【退】16	台/千克					999	五色及以上平张纸胶印机（对开单张单面印刷速度≥17000 张/小时）
844313	19	02	五色及以上平张纸胶印机（对开单张双面印刷速度≥13000 张/小时）	Five - color or more sheet-fed offset printing machinery (Single folio double sides printing speed ≥ 13000 pcs/hr)	【最】10【普】35【暂进】7 【协亚太】7【协东盟】0【协巴基斯坦】5 【协智利】0【协新西兰】0【协秘鲁】0 【协哥斯达黎加】0【协冰岛】0【协瑞士】0 【协澳大利亚】0【协韩国】6【协格鲁吉亚】0 【协香港】0【协澳门】0 【特-1】0【特-2】0【特-3】0 【增】16【出】0【退】16	台/千克					999	五色及以上平张纸胶印机（对开单张双面印刷速度≥13000 张/小时）
844313	19	03	五色及以上平张纸胶印机（全张或超全张单张单面印刷速度≥13000 张/小时）	Five - color or more sheet-fed offset printing machinery (Sheet or full - sheet one piece single side printing speed ≥ 13000 pcs/hr)	【最】10【普】35【暂进】7 【协亚太】7【协东盟】0【协巴基斯坦】5 【协智利】0【协新西兰】0【协秘鲁】0 【协哥斯达黎加】0【协冰岛】0【协瑞士】0 【协澳大利亚】0【协韩国】6【协格鲁吉亚】0 【协香港】0【协澳门】0 【特-1】0【特-2】0【特-3】0 【增】16【出】0【退】16	台/千克					999	五色及以上平张纸胶印机（全张或超全张单张单面印刷速度≥13000 张/小时）
844313	19	90	其他平张纸进料式胶印机（用税目 84.42 项下商品进行印刷的机器）	Other sheet-feed offset printing presses (machines using the commodities under heading No. 84.42 for printing)	【最】10【普】35 【协亚太】7【协东盟】0【协巴基斯坦】5 【协智利】0【协新西兰】0【协秘鲁】0 【协哥斯达黎加】0【协冰岛】0【协瑞士】0 【协澳大利亚】0【协韩国】6【协格鲁吉亚】0 【协香港】0【协澳门】0 【特-1】0【特-2】0【特-3】0 【增】16【出】0【退】16	台/千克					999	其他平张纸进料式胶印机（用税目 84.42 项下商品进行印刷的机器）
844313	90		其他胶印机（用税目 84.42 项下商品进行印刷的机器）	Other offset printing presses (machines using the commodities under heading No. 84.42 for printing)	【最】10【普】35 【协亚太】7【协东盟】0【协巴基斯坦】5 【协智利】0【协新西兰】0【协秘鲁】0 【协哥斯达黎加】0【协冰岛】0【协瑞士】0 【协澳大利亚】0【协韩国】6【协格鲁吉亚】0 【协香港】0【协澳门】0 【特-1】0【特-2】0【特-3】0 【增】16【对美加征】5【出】0【退】16	台/千克					999	其他胶印机（用税目 84.42 项下商品进行印刷的机器）
844314	00		卷取进料式凸版印刷机，但不包括苯胺印刷机	Letterpress printing machinery, reel fed, excluding flexographic printing	【最】10【普】35 【协东盟】0【协香港】0【协巴基斯坦】6 【协智利】0【协新西兰】0【协新加坡】0 【协秘鲁】0【协哥斯达黎加】0【协冰岛】0 【协瑞士】4.8【协澳大利亚】0【协格鲁吉亚】0 【特-1】0【特-2】0【特-3】0 【增】16【对美加征】5【出】0【退】16	台/千克					999	卷取进料式凸版印刷机，但不包括苯胺印刷机（用税目 84.42 项下商品进行印刷的机器）

税则号列			货品名称中英文		税费综合信息	计量单位	监管证件代码		检验检疫类别		检验检疫编码	检验检疫编码对应中文名称
HS国际统一前6位	本国子目 7~8位	本国子目 9~10位	中文 货物名称	英文 Article Description			进口	出口	进口	出口		
844315	00		除卷取进料式以外的凸版印刷机，但不包括苯胺印刷机	Letterpress printing machinery, other than reel fed, excluding flexographic printing	【最】10【普】35 【协东盟】0【协巴基斯坦】6【协智利】0 【协新西兰】0【协新加坡】0【协秘鲁】0 【协哥斯达黎加】0【协冰岛】0【协瑞士】4.8 【协澳大利亚】0【协格鲁吉亚】0【协香港】0 【协澳门】0 【特-1】0【特-2】0【特-3】0 【增】16【对美加征】5【出】0【退】16	台/千克					999	除卷取进料式以外的凸版印刷机，但不包括苯胺印刷机（用税目84.42项下商品进行印刷的机器）
844316	00	01	苯胺印刷机，线速度≥350米/分钟，幅宽≥800毫米（柔性版印刷机，用税目84.42项下商品进行印刷的机器）	Aniline presses, linear speed ≥ 300m/min, breadth ≥ 800mm (flexographic presses, machines using the commodities under heading No. 84.42 for printing)	【最】10【普】35【暂进】3 【协东盟】0【协巴基斯坦】5【协智利】0 【协新西兰】0【协秘鲁】0【协哥斯达黎加】0 【协冰岛】0【协瑞士】0【协澳大利亚】0 【协格鲁吉亚】0【协香港】0【协澳门】0 【特-1】0【特-2】0【特-3】0 【增】16【对美加征】10【出】0【退】16	台/千克					999	苯胺印刷机，线速度≥350米/分钟，幅宽≥800毫米（柔性版印刷机，用税目84.42项下商品进行印刷的机器）
844316	00	02	机组式柔性版印刷机，线速度≥160m/min，250mm≤幅宽<800mm（具有烫印或全息或丝网印刷功能单元的）	Unit-type flexographic press, linear velocity ≥160m/min, 250mm ≤ width < 800mm (supporting thermo-printing, holographic printing or screen printing)	【最】10【普】35【暂进】5 【协东盟】0【协巴基斯坦】5【协智利】0 【协新西兰】0【协秘鲁】0【协哥斯达黎加】0 【协冰岛】0【协瑞士】0【协澳大利亚】0 【协格鲁吉亚】0【协香港】0【协澳门】0 【特-1】0【特-2】0【特-3】0 【增】16【对美加征】10【出】0【退】16	台/千克					999	机组式柔性版印刷机，线速度≥160m/min，250mm≤幅宽<800mm（具有烫印或全息或丝网印刷功能单元的）
844316	00	90	其他苯胺印刷机（柔性版印刷机，用税目84.42项下商品进行印刷的机器）	Other flexographic printing machinery (flexographic presses, machines using the goods of heading 84.42 for printing)	【最】10【普】35 【协东盟】0【协巴基斯坦】5【协智利】0 【协新西兰】0【协秘鲁】0【协哥斯达黎加】0 【协冰岛】0【协瑞士】0【协澳大利亚】0 【协格鲁吉亚】0【协香港】0【协澳门】0 【特-1】0【特-2】0【特-3】0 【增】16【对美加征】10【出】0【退】16	台/千克					999	其他苯胺印刷机（柔性版印刷机，用税目84.42项下商品进行印刷的机器）
844317	00	01	凹版印刷机，印刷速度≥350米/分钟（用税目84.42项下商品进行印刷的机器）	Gravure printing machinery, linear speed = 350m/min (machines using the goods of heading 84.42 for printing)	【最】10【普】35【暂进】9 【协亚太】6.5【协东盟】0【协巴基斯坦】14.4 【协智利】0【协新西兰】0【协新加坡】0 【协秘鲁】0【协哥斯达黎加】0【协冰岛】0 【协瑞士】7.2【协澳大利亚】0【协韩国】12.9 【协格鲁吉亚】0【协香港】0【协澳门】0 【特-1】0【特-2】0 【增】16【对美加征】10【出】0【退】16	台/千克					999	凹版印刷机，印刷速度≥350米/分钟（用税目84.42项下商品进行印刷的机器）
844317	00	90	其他凹版印刷机（用税目84.42项下商品进行印刷的机器）	Other gravure presses (machines using the goods of heading 84.42 for printing)	【最】10【普】35 【协亚太】6.5【协东盟】0【协巴基斯坦】14.4 【协智利】0【协新西兰】0【协新加坡】0 【协秘鲁】0【协哥斯达黎加】0【协冰岛】0 【协瑞士】7.2【协澳大利亚】0【协韩国】12.9 【协格鲁吉亚】0【协香港】0【协澳门】0 【特-1】0【特-2】0 【增】16【对美加征】10【出】0【退】16	台/千克					999	其他凹版印刷机（用税目84.42项下商品进行印刷的机器）
844319	21	01	纺织用圆网印花机	Textile rotary screen printing machines	【最】10【普】35【暂进】6 【协亚太】6.5【协东盟】0【协巴基斯坦】5 【协智利】0【协新西兰】0【协秘鲁】0 【协哥斯达黎加】0【协冰岛】0【协瑞士】0 【协澳大利亚】0【协韩国】6【协格鲁吉亚】0 【协香港】0【协澳门】0 【特-1】0【特-2】0【特-3】0 【增】16【对美加征】10【出】0【退】16	台/千克					999	纺织用圆网印花机
844319	21	90	其他圆网印刷机（用税目84.42项下商品进行印刷的机器）	Other rotary screen printing machines (machines using the commodities under heading No. 84.42 for printing)	【最】10【普】35 【协亚太】6.5【协东盟】0【协巴基斯坦】5 【协智利】0【协新西兰】0【协秘鲁】0 【协哥斯达黎加】0【协冰岛】0【协瑞士】0 【协澳大利亚】0【协韩国】6【协格鲁吉亚】0 【协香港】0【协澳门】0 【特-1】0【特-2】0【特-3】0 【增】16【对美加征】10【出】0【退】16	台/千克					999	其他圆网印刷机（用税目84.42项下商品进行印刷的机器）

税则号列 HS国际统一前6位	本国子目 7~8位	本国子目 9~10位	货品名称中英文 中文 货物名称	货品名称中英文 英文 Article Description	税费综合信息	计量单位	监管证件代码 进口	监管证件代码 出口	检验检疫类别 进口	检验检疫类别 出口	检验检疫编码	检验检疫编码对应中文名称
844319	22	01	纺织用平网印花机	Textile flat screen printing machines	【最】10【普】35【暂进】6 【协亚太】9【协东盟】0【协巴基斯坦】5 【协智利】0【协新西兰】0【协秘鲁】0 【协台湾】0【协哥斯达黎加】0【协冰岛】0 【协瑞士】4【协澳大利亚】0【协韩国】7.3 【协格鲁吉亚】0【协香港】0【协澳门】0 【特-1】0【特-2】0【特-3】0 【增】16【对美加征】10【出】0【退】16	台/千克					999	纺织用平网印花机
844319	22	10	用于光盘生产的盘面印刷机（用税目84.42项下商品进行印刷的机器）	Disk presses for producing compact disks (machines using the commodities under heading No. 84.42 for printing)	【最】10【普】35 【协亚太】9【协东盟】0【协巴基斯坦】5 【协智利】0【协新西兰】0【协秘鲁】0 【协台湾】0【协哥斯达黎加】0【协冰岛】0 【协瑞士】4【协澳大利亚】0【协韩国】7.3 【协格鲁吉亚】0【协香港】0【协澳门】0 【特-1】0【特-2】0【特-3】0 【增】16【对美加征】10【出】0【退】16	台/千克					999	用于光盘生产的盘面印刷机（用税目84.42项下商品进行印刷的机器）
844319	22	90	其他平网印刷机（用税目84.42项下商品进行印刷的机器）	Other flat screen presses (machines using the commodities under heading No. 84.42 for printing)	【最】10【普】35 【协亚太】9【协东盟】0【协巴基斯坦】5 【协智利】0【协新西兰】0【协秘鲁】0 【协台湾】0【协哥斯达黎加】0【协冰岛】0 【协瑞士】4【协澳大利亚】0【协韩国】7.3 【协格鲁吉亚】0【协香港】0【协澳门】0 【特-1】0【特-2】0【特-3】0 【增】16【对美加征】10【出】0【退】16	台/千克					999	其他平网印刷机（用税目84.42项下商品进行印刷的机器）
844319	29		其他网式印刷机（用税目84.42项下商品进行印刷的机器）	Other screen printing machinery (machines using the commodities under the heading No. 84.42 for printing)	【最】10【普】35 【协亚太】6.5【协东盟】0【协巴基斯坦】5 【协智利】0【协新西兰】0【协新加坡】0 【协秘鲁】0【协台湾】0【协哥斯达黎加】0 【协冰岛】0【协瑞士】0【协澳大利亚】0 【协韩国】6【协格鲁吉亚】0【协香港】0 【协澳门】0 【特-1】0【特-2】0【特-3】0 【增】16【出】0【退】16	台/千克					999	其他网式印刷机（用税目84.42项下商品进行印刷的机器）
844319	80		未列名印刷机（网式印刷机除外，用税目84.42项下商品进行印刷的机器）	Other printing machinery not specified, other than screen printing machinery (machines using the commodities under the heading No. 84.42 for printing)	【最】8【普】35 【协亚太】5.2【协东盟】0【协香港】0 【协巴基斯坦】5【协智利】0【协新西兰】0 【协秘鲁】0【协台湾】0【协哥斯达黎加】0 【协冰岛】0【协瑞士】0【协澳大利亚】0 【协韩国】1.6【协格鲁吉亚】0 【特-1】0【特-2】0【特-3】0 【增】16【对美加征】5【出】0【退】16	台/千克	O				999	未列名印刷机（网式印刷机除外，用税目84.42项下商品进行印刷的机器）
844331	10	10	静电感光式多功能一体加密传真机（可与自动数据处理设备或网络连接） 【电商】①	Static light-sensitive multi-functional encryption faxes (can be connected to auto data processing equipments or network)	【最】5【普】70【暂进】3 【协东盟】0【协巴基斯坦】5【协智利】0 【协新西兰】0【协新加坡】0【协秘鲁】0 【协哥斯达黎加】0【协冰岛】0【协瑞士】0 【协澳大利亚】0【协格鲁吉亚】0【协香港】0 【协澳门】0 【特-1】0【特-2】0【特-3】0 【增】16【对美加征】10【出】0【退】16	台/千克	M		L		101 102 103 104 105 ……	静电感光式多功能一体加密传真机（可与自动数据处理设备或网络连接）（多功能一体打印机） 静电感光式多功能一体加密传真机（可与自动数据处理设备或网络连接）（打印机） 静电感光式多功能一体加密传真机（可与自动数据处理设备或网络连接）（复印机） 静电感光式多功能一体加密传真机（可与自动数据处理设备或网络连接）（电话机） 静电感光式多功能一体加密传真机（可与自动数据处理设备或网络连接）（传真机） ……②

① 列入《密码产品和含有密码技术的设备进口管理目录》的产品除外。

② 该税号项下检验检疫编码及对应中文名称尚有：106　静电感光式多功能一体加密传真机（可与自动数据处理设备或网络连接）（电传打字机）。

税则号列			货品名称中英文		税费综合信息	计量单位	监管证件代码		检验检疫类别		检验检疫编码	检验检疫编码对应中文名称
HS国际统一前6位	本国子目 7~8位	9~10位	中文 货物名称	英文 Article Description			进口	出口	进口	出口		
844331	10	90	其他静电感光式多功能一体机（可与自动数据处理设备或网络连接）【电商】①	Other static light-sensitive multi-functional faxes (can be connected to auto data processing equipments or network)	【最】5【普】70【暂进】3 【协东盟】0【协巴基斯坦】5【协智利】0 【协新西兰】0【协新加坡】0【协秘鲁】0 【协哥斯达黎加】0【协冰岛】0【协瑞士】0 【协澳大利亚】0【协格鲁吉亚】0【协香港】0 【协澳门】0 【特-1】0【特-2】0【特-3】0 【增】16【对美加征】10【出】0【退】16	台/千克			L		101 102 103 104 105 ……	其他静电感光式多功能一体机（可与自动数据处理设备或网络连接）（多功能一体打印机） 其他静电感光式多功能一体机（可与自动数据处理设备或网络连接）（打印机） 其他静电感光式多功能一体机（可与自动数据处理设备或网络连接）（复印机） 其他静电感光式多功能一体机（可与自动数据处理设备或网络连接）（电话机） 其他静电感光式多功能一体机（可与自动数据处理设备或网络连接）（传真机） ……②
844331	90	10	其他具有打印和复印两种功能的机器（可与自动数据处理设备或网络连接）【电商】③	Other machines with both printing and copying functions (can be connected to auto data processing equipment or network)	【最】0【普】17【特-1】0【特-2】0【特-3】0 【增】16【对美加征】10【出】0【退】16	台/千克	A		L		101 102 103 104 105 ……	其他具有打印和复印两种功能的机器（可与自动数据处理设备或网络连接）（多功能一体打印机） 其他具有打印和复印两种功能的机器（可与自动数据处理设备或网络连接）（打印机） 其他具有打印和复印两种功能的机器（可与自动数据处理设备或网络连接）（复印机） 其他具有打印和复印两种功能的机器（可与自动数据处理设备或网络连接）（电话机） 其他具有打印和复印两种功能的机器（可与自动数据处理设备或网络连接）（传真机） ……④

① 列入《密码产品和含有密码技术的设备进口管理目录》的产品除外。
② 该税号项下检验检疫编码及对应中文名称尚有：106　其他静电感光式多功能一体机（可与自动数据处理设备或网络连接）（电传打字机）。
③ 列入《密码产品和含有密码技术的设备进口管理目录》的产品除外。
④ 该税号项下检验检疫编码及对应中文名称尚有：106　其他具有打印和复印两种功能的机器（可与自动数据处理设备或网络连接）（电传打字机）。

税则号列			货品名称中英文		税费综合信息	计量单位	监管证件代码		检验检疫类别		检验检疫编码	检验检疫编码对应中文名称
HS国际统一前6位	本国子目 7~8位	9~10位	中文 货物名称	英文 Article Description			进口	出口	进口	出口		
844331	90	20	其他多功能一体加密传真机（兼有打印、复印中一种及以上功能的机器） 【电商】①	Other multi-functional encryption facsimile machines (machines with at least one of the two functions: printing or copying)	【最】0【普】17【特-1】0【特-2】0【特-3】0【增】16【对美加征】10【出】0【退】16	台/千克	AM		LM		101 102 103 104 105 ……	其他多功能一体加密传真机（兼有打印、复印中一种及以上功能的机器）（多功能一体打印机） 其他多功能一体加密传真机（兼有打印、复印中一种及以上功能的机器）（打印机） 其他多功能一体加密传真机（兼有打印、复印中一种及以上功能的机器）（复印机） 其他多功能一体加密传真机（兼有打印、复印中一种及以上功能的机器）（电话机） 其他多功能一体加密传真机（兼有打印、复印中一种及以上功能的机器）（传真机） ……②
844331	90	90	其他具有打印、复印或传真中两种及以上功能的机器（具有打印和复印两种功能的机器除外，可与自动数据处理设备或网络连接） 【电商】③	Other machines with at least one of the three functions: printing, copying or faxing (excluding machines with two functions: printing and copying, able to be connected to auto data processing equipment or network)	【最】0【普】17【特-1】0【特-2】0【特-3】0【增】16【对美加征】10【出】0【退】16	台/千克	A		LM		101 102 103 104 105	其他具有打印、复印或传真中两种及以上功能的机器（具有打印和复印两种功能的机器除外，可与自动数据处理设备或网络连接）（打印机） 其他具有打印、复印或传真中两种及以上功能的机器（具有打印和复印两种功能的机器除外，可与自动数据处理设备或网络连接）（复印机） 其他具有打印、复印或传真中两种及以上功能的机器（具有打印和复印两种功能的机器除外，可与自动数据处理设备或网络连接）（电话机） 其他具有打印、复印或传真中两种及以上功能的机器（具有打印和复印两种功能的机器除外，可与自动数据处理设备或网络连接）（传真机） 其他具有打印、复印或传真中两种及以上功能的机器（具有打印和复印两种功能的机器除外，可与自动数据处理设备或网络连接）（电传打字机）
844332	11		专用于税目84.71所列设备的针式打印机（可与自动数据处理设备或网络连接）	Stylus printers of a kind solely used in the machines of heading No. 84.71 (can be connected to auto data processing equipment or network)	【最】0【普】14【特-1】0【特-2】0【特-3】0【增】16【对美加征】10【出】0【退】16	台/千克	A		L		999	专用于税目84.71所列设备的针式打印机（可与自动数据处理设备或网络连接）

① 列入《密码产品和含有密码技术的设备进口管理目录》的产品除外。

② 该税号项下检验检疫编码及对应中文名称尚有：106 其他多功能一体加密传真机（兼有打印、复印中一种及以上功能的机器）（电传打字机）。

③ 列入《密码产品和含有密码技术的设备进口管理目录》的产品除外。

税则号列			货品名称中英文		税费综合信息	计量单位	监管证件代码		检验检疫类别		检验检疫编码	检验检疫编码对应中文名称
HS国际统一前6位	本国子目 7~8位	本国子目 9~10位	中文 货物名称	英文 Article Description			进口	出口	进口	出口		
844332	12		专用于税目84.71所列设备的激光打印机（可与自动数据处理设备或网络连接）【电商】	Laser printers of a kind solely used in the machines of heading No. 84.71 (can be connected to auto data processing equipment or network)	【最】0【普】14【特-1】0【特-2】0【特-3】0【增】16【对美加征】10【出】0【退】16	台/千克	A		L		999	专用于税目84.71所列设备的激光打印机（可与自动数据处理设备或网络连接）
844332	13		专用于税目84.71所列设备的喷墨打印机（可与自动数据处理设备或网络连接）【电商】	Ink-jet printers of a kind solely used in the machines of heading No. 84.71 (can be connected to auto data processing equipment or network)	【最】0【普】14【特-1】0【特-2】0【特-3】0【增】16【对美加征】10【出】0【退】16	台/千克	A		L		999	专用于税目84.71所列设备的喷墨打印机（可与自动数据处理设备或网络连接）
844332	14		专用于税目84.71所列设备的热敏打印机（可与自动数据处理设备或网络连接）	Thermal printers of a kind solely used in the machines of heading No. 84.71 (can be connected to auto data processing equipment or network)	【最】0【普】14【特-1】0【特-2】0【特-3】0【增】16【对美加征】10【出】0【退】16	台/千克	A		L		999	专用于税目84.71所列设备的热敏打印机（可与自动数据处理设备或网络连接）
844332	19		专用于税目84.71所列设备的其他打印机（可与自动数据处理设备或网络连接）【电商】	Other printers of a kind solely used in the machines of heading No. 84.71 (can be connected to auto data processing equipment or network)	【最】0【普】14【特-1】0【特-2】0【特-3】0【增】16【对美加征】10【出】0【退】16	台/千克	A		L		999	专用于税目84.71所列设备的其他打印机（可与自动数据处理设备或网络连接）
844332	21		数字式喷墨印刷机	Ink-jet printing machines	【最】4【普】30 【协东盟】0【协巴基斯坦】5【协智利】0 【协新西兰】0【协新加坡】0【协秘鲁】0 【协哥斯达黎加】0【协冰岛】0【协瑞士】0 【协澳大利亚】0【协韩国】4.8 【协格鲁吉亚】0【协香港】0【协澳门】0 【特-1】0【特-2】0【特-3】0 【增】16【对美加征】10【出】0【退】16	台/千克					999	数字式喷墨印刷机（可与自动数据处理设备或网络连接）
844332	22		数字式静电照相印刷机（激光印刷机）	Electrostatic photographic printing machines (laser printing machines)	【最】4【普】35 【协亚太】2.6【协东盟】0【协巴基斯坦】5 【协智利】0【协新西兰】0【协秘鲁】0 【协哥斯达黎加】0【协冰岛】0【协瑞士】0 【协澳大利亚】0【协韩国】5.8 【协格鲁吉亚】0【协香港】0【协澳门】0 【特-1】0【特-2】0【特-3】0 【增】16【对美加征】10【出】0【退】16	台/千克					999	数字式静电照相印刷机（激光印刷机）（可与自动数据处理设备或网络连接）
844332	29		其他数字式印刷设备（可与自动数据处理设备或网络连接）【电商】	Other digital printing machines (can be connected to auto data processing equipment or network)	【最】4【普】30 【协亚太】2.6【协东盟】0【协巴基斯坦】5 【协智利】0【协新西兰】0【协秘鲁】0 【协哥斯达黎加】0【协冰岛】0【协瑞士】0 【协澳大利亚】0【协韩国】4.8 【协格鲁吉亚】0【协香港】0【协澳门】0 【特-1】0【特-2】0【特-3】0 【增】16【对美加征】10【出】0【退】16	台/千克					999	其他数字式印刷设备（可与自动数据处理设备或网络连接）
844332	90	10	其他加密传真机（可与自动数据处理设备或网络连接）【电商】①	Other encryption facsimile machine (laser presses) (can be connected to auto data processing equipment or network)	【最】0【普】17【特-1】0【特-2】0【特-3】0【增】16【对美加征】10【出】0【退】16	台/千克	AM		LM		999	其他加密传真机（可与自动数据处理设备或网络连接）

① 列入《密码产品和含有密码技术的设备进口管理目录》的产品除外。

税则号列			货品名称中英文		税费综合信息	计量单位	监管证件代码		检验检疫类别		检验检疫编码	检验检疫编码对应中文名称
HS国际统一前6位	本国子目 7~8位	本国子目 9~10位	中文 货物名称	英文 Article Description			进口	出口	进口	出口		
844332	90	90	其他印刷（打印）机、复印机、传真机和电传打字机（可与自动数据处理设备或网络连接）【电商】①	Other presses (printers), copying machine, facsimile machine and teleprinters (can be connected to auto data processing equipment or network)	【最】0【普】17【特-1】0【特-2】0【特-3】0【增】16【对美加征】10【出】0【退】16	台/千克	A		LM		101 102 103 104 105	其他印刷（打印）机、复印机、传真机和电传打字机（可与自动数据处理设备或网络连接）（打印机） 其他印刷（打印）机、复印机、传真机和电传打字机（可与自动数据处理设备或网络连接）（油印机） 其他印刷（打印）机、复印机、传真机和电传打字机（可与自动数据处理设备或网络连接）（复印机） 其他印刷（打印）机、复印机、传真机和电传打字机（可与自动数据处理设备或网络连接）（电话机） 其他印刷（打印）机、复印机、传真机和电传打字机（可与自动数据处理设备或网络连接）（电传打字机）
844339	11		将原件直接复印（直接法）的静电感光复印设备（不可与自动数据处理设备或网络连接）	Electrostatic photocopying apparatus, operting by reproducing the original image directly onto the copy (direct process) (cannot be connected to auto data processing equipment or network)	【最】0【普】70【特-1】0【特-2】0【特-3】0【增】16【出】0【退】16	台/千克			L		101 102 103	将原件直接复印（直接法）的静电感光复印设备（不可与自动数据处理设备或网络连接）（印刷行业成套设备） 将原件直接复印（直接法）的静电感光复印设备（不可与自动数据处理设备或网络连接）（打印机） 将原件直接复印（直接法）的静电感光复印设备（不可与自动数据处理设备或网络连接）（复印机）
844339	12		将原件通过中间体转印（间接法）的静电感光复印设备（不可与自动数据处理设备或网络连接）	Electrostatic photocopying apparatus, operting by reproducing the original image via an intermediate onto (the process) (cannot be connected to auto data processing equipment or network)	【最】6.3【普】70 【协东盟】0【协巴基斯坦】5【协智利】0 【协新西兰】0【协新加坡】0【协秘鲁】0 【协哥斯达黎加】0【协冰岛】0【协瑞士】0 【协澳大利亚】0【协格鲁吉亚】0【协香港】0 【协澳门】0 【特-1】0【特-2】0【特-3】0 【增】16【出】0【退】16	台/千克			L		101 102 103	将原件通过中间体转印（间接法）的静电感光复印设备（不可与自动数据处理设备或网络连接）（印刷行业成套设备） 将原件通过中间体转印（间接法）的静电感光复印设备（不可与自动数据处理设备或网络连接）（打印机） 将原件通过中间体转印（间接法）的静电感光复印设备（不可与自动数据处理设备或网络连接）（复印机）

① 列入《密码产品和含有密码技术的设备进口管理目录》的产品除外。

税则号列			货品名称中英文		税费综合信息	计量单位	监管证件代码		检验检疫类别		检验检疫编码	检验检疫编码对应中文名称
HS国际统一前6位	本国子目 7~8位	本国子目 9~10位	中文 货物名称	英文 Article Description			进口	出口	进口	出口		
844339	21		带有光学系统的其他感光复印设备（不可与自动数据处理设备或网络连接）	Other photocopying apparatus, incorporating an optical system (cannot be connected to auto data processing equipment or network)	【最】0【普】70【特-1】0【特-2】0【特-3】0 【增】16【出】0【退】16	台/千克			L		101 102 103	带有光学系统的其他感光复印设备（不可与自动数据处理设备或网络连接）（印刷行业成套设备） 带有光学系统的其他感光复印设备（不可与自动数据处理设备或网络连接）（打印机） 带有光学系统的其他感光复印设备（不可与自动数据处理设备或网络连接）（复印机）
844339	22		接触式的其他感光复印设备（不可与自动数据处理设备或网络连接）	Other photocopying apparatus of the contact type (cannot be connected to auto data processing equipment or network)	【最】13.8【普】70 【协东盟】0【协智利】0【协新西兰】0 【协新加坡】0【协秘鲁】0【协哥斯达黎加】0 【协冰岛】0【协瑞士】8【协澳大利亚】0 【协韩国】4【协格鲁吉亚】0【协香港】0 【协澳门】0 【特-1】0【特-2】0 【增】16【出】0【退】16	台/千克			L		101 102 103	接触式的其他感光复印设备（不可与自动数据处理设备或网络连接）（印刷行业成套设备） 接触式的其他感光复印设备（不可与自动数据处理设备或网络连接）（打印机） 接触式的其他感光复印设备（不可与自动数据处理设备或网络连接）（复印机）
844339	23		热敏的其他感光复印设备（不可与自动数据处理设备或网络连接）	Thermo-copying apparatus (cannot be connected to auto data processing equipment or network)	【最】13.8【普】70 【协东盟】0【协智利】0【协新西兰】0 【协新加坡】0【协秘鲁】0【协哥斯达黎加】0 【协冰岛】0【协瑞士】8【协澳大利亚】0 【协韩国】4【协格鲁吉亚】0【协香港】0 【协澳门】0 【特-1】0【特-2】0 【增】16【对美加征】5【出】0【退】16	台/千克			L		999	热敏的其他感光复印设备（不可与自动数据处理设备或网络连接）
844339	24		热升华的其他感光复印设备（不可与自动数据处理设备或网络连接）	Thermo-sublime copying apparatus (cannot be connected to auto data processing equipment or network)	【最】13.8【普】70 【协东盟】0【协智利】0【协新西兰】0 【协新加坡】0【协秘鲁】0【协哥斯达黎加】0 【协冰岛】0【协瑞士】8【协澳大利亚】0 【协韩国】4【协格鲁吉亚】0【协香港】0 【协澳门】0 【特-1】0【特-2】0 【增】16【出】0【退】16	台/千克			L		101 102 103	热升华的其他感光复印设备（不可与自动数据处理设备或网络连接）（印刷行业成套设备） 热升华的其他感光复印设备（不可与自动数据处理设备或网络连接）（打印机） 热升华的其他感光复印设备（不可与自动数据处理设备或网络连接）（复印机）
844339	31		数字式喷墨印刷机（不可与自动数据处理设备或网络连接）	Digital ink-jet printing machines (cannot be connected to auto data processing equipment or network)	【最】5【普】30 【协东盟】0【协巴基斯坦】5【协智利】0 【协新西兰】0【协新加坡】0【协秘鲁】0 【协哥斯达黎加】0【协冰岛】0【协瑞士】0 【协澳大利亚】0【协韩国】1.6 【协格鲁吉亚】0【协香港】0【协澳门】0 【特-1】0【特-2】0【特-3】0 【增】16【对美加征】5【出】0【退】16	台/千克					999	数字式喷墨印刷机（不可与自动数据处理设备或网络连接）
844339	32		数字式静电照相印刷机（激光印刷机）（不可与自动数据处理设备或网络连接）	Digital electrostatic photographic printing machines (Laser printing machines) (cannot be connected to auto data processing equipment or network)	【最】5【普】35 【协亚太】3.3【协东盟】0【协巴基斯坦】5 【协智利】0【协新西兰】0【协秘鲁】0 【协哥斯达黎加】0【协冰岛】0【协瑞士】0 【协澳大利亚】0【协韩国】1.6 【协格鲁吉亚】0【协香港】0【协澳门】0 【特-1】0【特-2】0【特-3】0 【增】16【出】0【退】16	台/千克					999	数字式静电照相印刷机（激光印刷机）（不可与自动数据处理设备或网络连接）

税则号列			货品名称中英文		税费综合信息	计量单位	监管证件代码		检验检疫类别		检验检疫编码	检验检疫编码对应中文名称
HS国际统一前6位	本国子目 7~8位	本国子目 9~10位	中文 货物名称	英文 Article Description			进口	出口	进口	出口		
844339	39		其他数字式印刷设备（不可与自动数据处理设备或网络连接）	Other digital printing machines (cannot be connected to auto data processing equipment or network)	【最】5【普】30 【协亚太】3.3【协东盟】0【协巴基斯坦】5 【协智利】0【协新西兰】0【协新加坡】0 【协秘鲁】0【协哥斯达黎加】0【协冰岛】0 【协瑞士】0【协澳大利亚】0【协韩国】4.8 【协格鲁吉亚】0【协香港】0【协澳门】0 【特-1】0【特-2】0【特-3】0 【增】16【对美加征】10【出】0【退】16	台/千克					999	其他数字式印刷设备（不可与自动数据处理设备或网络连接）
844339	90		其他印刷（打印）机、复印机（不可与自动数据处理设备或网络连接）	Other presses (printers), copying machine (cannot be connected to auto data processing equipment or network)	【最】0【普】30【特-1】0【特-2】0【特-3】0 【增】16【对美加征】10【出】0【退】16	台/千克			L		999	其他印刷（打印）机、复印机（不可与自动数据处理设备或网络连接）
844391	11	10	卷筒料自动给料机，给料线速度≥12m/s	Automatic rolling materials feeder, feeding linear velocity ≥ 12m/s	【最】6【普】35【暂进】4 【协东盟】0【协巴基斯坦】6【协智利】0 【协新西兰】0【协新加坡】0【协秘鲁】0 【协哥斯达黎加】0【协冰岛】0【协瑞士】4.8 【协澳大利亚】0【协韩国】7.2 【协格鲁吉亚】0【协香港】0【协澳门】0 【特-1】0【特-2】0【特-3】0 【增】16【对美加征】5【出】0【退】16	千克/台	O				999	卷筒料自动给料机，给料线速度≥12m/s
844391	11	90	其他卷筒料给料机	Other rolling materials feeder	【最】6【普】35 【协东盟】0【协巴基斯坦】6【协智利】0 【协新西兰】0【协新加坡】0【协秘鲁】0 【协哥斯达黎加】0【协冰岛】0【协瑞士】4.8 【协澳大利亚】0【协韩国】7.2 【协格鲁吉亚】0【协香港】0【协澳门】0 【特-1】0【特-2】0【特-3】0 【增】16【对美加征】5【出】0【退】16	千克/台	O				999	其他卷筒料给料机
844391	19		其他印刷用辅助机器（用税目84.42项下商品进行印刷的机器附件）	Other machines for uses ancillary to printing (machines using the commodities under the heading No. 84.42 for printing)	【最】6【普】35 【协东盟】0【协巴基斯坦】6【协智利】0 【协新西兰】0【协新加坡】0【协秘鲁】0 【协哥斯达黎加】0【协冰岛】0【协瑞士】0 【协澳大利亚】0【协韩国】7.2 【协格鲁吉亚】0【协香港】0【协澳门】0 【特-1】0【特-2】0【特-3】0 【增】16【对美加征】10【出】0【退】16	千克/台	O				999	其他印刷用辅助机器（用税目84.42项下商品进行印刷的机器附件）
844391	90	10	胶印机用墨量遥控装置（包括墨色控制装置，墨量调节装置、墨斗体等组成部分）	Ink remote control device for offset printing machine (including ink ink quantity control device, adjusting device, etc. the ink fountain body part)	【最】3【普】20【暂进】1 【协东盟】0【协巴基斯坦】5【协智利】0 【协新西兰】0【协秘鲁】0【协哥斯达黎加】0 【协冰岛】0【协瑞士】2.4【协澳大利亚】0 【协韩国】3.6【协格鲁吉亚】0【协香港】0 【协澳门】0 【特-1】0【特-2】0【特-3】0 【增】16【对美加征】10【出】0【退】16	千克/个	O				999	胶印机用墨量遥控装置（包括墨色控制装置，墨量调节装置、墨斗体等组成部分）
844391	90	90	传统印刷机用零件及附件（胶印机用墨量遥控装置除外）	Parts and accessories of traditional printing machines (other than remote controllers of ink amount regulation devices for offset printers)	【最】3【普】20 【协东盟】0【协巴基斯坦】5【协智利】0 【协新西兰】0【协秘鲁】0【协哥斯达黎加】0 【协冰岛】0【协瑞士】2.4【协澳大利亚】0 【协韩国】3.6【协格鲁吉亚】0【协香港】0 【协澳门】0 【特-1】0【特-2】0【特-3】0 【增】16【对美加征】10【出】0【退】16	千克/个					999	传统印刷机用零件及附件（胶印机用墨量遥控装置除外）
844399	10		数字印刷设备用辅助机器（非用税目84.42项下商品进行印刷的机器附件）	Machines for uses ancillary to digital printing machines(printing machine parts unlisted under item 84.42)	【最】6【普】35 【协亚太】4.8【协东盟】0【协巴基斯坦】6 【协智利】0【协新西兰】0【协新加坡】0 【协秘鲁】0【协哥斯达黎加】0【协冰岛】0 【协瑞士】0【协澳大利亚】0【协韩国】7.2 【协格鲁吉亚】0【协香港】0【协澳门】0 【特-1】0【特-2】0【特-3】0 【增】16【对美加征】10【出】0【退】16	千克/台	O				999	数字印刷设备用辅助机器（非用税目84.42项下商品进行印刷的机器附件）

税则号列 HS国际统一前6位	本国子目 7~8位	9~10位	货品名称中文 货物名称	英文 Article Description	税费综合信息	计量单位	监管证件代码 进口	出口	检验检疫类别 进口	出口	检验检疫编码	检验检疫编码对应中文名称
844399	21		热敏打印头	Thermal print heads	【最】3【普】20 【协东盟】0【协巴基斯坦】5【协智利】0 【协新西兰】0【协秘鲁】0【协哥斯达黎加】0 【协冰岛】0【协瑞士】0【协澳大利亚】0 【协韩国】3.6【协格鲁吉亚】0【协香港】0 【协澳门】0 【特-1】0【特-2】0【特-3】0 【增】16【对美加征】10【出】0【退】16	千克/个					999	热敏打印头
844399	29	10	压电式喷墨头（非用税目84.42项下商品进行印刷的机器零件）	Piezoelectric ink gun (printing machine parts unlisted under item 84.42)	【最】3【普】20 【协东盟】0【协巴基斯坦】5【协智利】0 【协新西兰】0【协秘鲁】0【协哥斯达黎加】0 【协冰岛】0【协瑞士】0【协澳大利亚】0 【协韩国】3.6【协格鲁吉亚】0【协香港】0 【协澳门】0 【特-1】0【特-2】0【特-3】0 【增】16【对美加征】5【出】0【退】16	千克					999	压电式喷墨头（非用税目84.42项下商品进行印刷的机器零件）
844399	29	90	其他数字印刷设备的零件（非用税目84.42项下商品进行印刷的机器零件）	Parts of other types of digital print equipments (printing machine parts unlisted under item 84.42)	【最】3【普】20 【协东盟】0【协巴基斯坦】5【协智利】0 【协新西兰】0【协秘鲁】0【协哥斯达黎加】0 【协冰岛】0【协瑞士】0【协澳大利亚】0 【协韩国】3.6【协格鲁吉亚】0【协香港】0 【协澳门】0 【特-1】0【特-2】0【特-3】0 【增】16【对美加征】5【出】0【退】16	千克					999	其他数字印刷设备的零件（非用税目84.42项下商品进行印刷的机器零件）
844399	90	10	其他印刷（打印）机、复印机及传真机的感光鼓和含感光鼓的碳粉盒【电商】	Remote controllers for controlling the use of ink by offset printers (including ink colour control devices, ink amount regulation devices, and ink fountain containers, etc)	【最】0【普】35【特-1】0【特-2】0【特-3】0 【增】16【对美加征】10【出】0【退】16	千克					999	其他印刷（打印）机、复印机及传真机的感光鼓和含感光鼓的碳粉盒
844399	90	90	其他印刷（打印）机、复印机及传真机的零件和附件【电商】	Parts and accessories of traditional printing machines (other than remote controllers of ink amount regulation devices for offset printers)	【最】0【普】35【特-1】0【特-2】0【特-3】0 【增】16【对美加征】10【出】0【退】16	千克					999	其他印刷（打印）机、复印机及传真机的零件和附件
844400	10		合成纤维长丝纺丝机	Synthetic filaments spinning jets	【最】8【普】30 【协亚太】5.6【协东盟】0【协巴基斯坦】5 【协智利】0【协新西兰】0【协秘鲁】0 【协台湾】0【协哥斯达黎加】0【协冰岛】0 【协澳大利亚】0【协韩国】2【协格鲁吉亚】0 【协香港】0【协澳门】0 【特-1】0【特-2】0 【增】16【出】0【退】16	台/千克					999	合成纤维长丝纺丝机
844400	20		合成纤维短丝纺丝机	Synthetic staple fibres spinning jets	【最】8【普】30 【协亚太】5.2【协东盟】0【协巴基斯坦】5 【协智利】0【协新西兰】0【协秘鲁】0 【协哥斯达黎加】0【协冰岛】0【协瑞士】0 【协澳大利亚】0【协韩国】6【协格鲁吉亚】0 【协香港】0【协澳门】0 【特-1】0【特-2】0 【增】16【出】0【退】16	台/千克					999	合成纤维短丝纺丝机
844400	30		人造纤维纺丝机	Artificial fibres spinning jets	【最】8【普】30 【协亚太】5.2【协东盟】0【协巴基斯坦】5 【协智利】0【协新西兰】0【协秘鲁】0 【协哥斯达黎加】0【协冰岛】0【协瑞士】0 【协澳大利亚】0【协韩国】6【协格鲁吉亚】0 【协香港】0【协澳门】0 【特-1】0【特-2】0 【增】16【出】0【退】16	台/千克					999	人造纤维纺丝机

税则号列			货品名称中英文		税费综合信息	计量单位	监管证件代码		检验检疫类别		检验检疫编码	检验检疫编码对应中文名称
HS国际统一前6位	本国子目7~8位	本国子目9~10位	中文 货物名称	英文 Article Description			进口	出口	进口	出口		
844400	40		化学纤维变形机	Man-made filaments crimping machinery	【最】8【普】30 【协亚太】5.2【协东盟】0【协巴基斯坦】5 【协智利】0【协新西兰】0【协秘鲁】0 【协哥斯达黎加】0【协冰岛】0【协瑞士】4 【协澳大利亚】0【协韩国】6【协格鲁吉亚】0 【协香港】0【协澳门】0 【特-1】0【特-2】0 【增】16【对美加征】10【出】0【退】16	台/千克					999	化学纤维变形机
844400	50		化学纤维切断机	Man-made filaments cutting machinery	【最】8【普】30 【协亚太】5.2【协东盟】0【协巴基斯坦】5 【协智利】0【协新西兰】0【协秘鲁】0 【协哥斯达黎加】0【协冰岛】0【协瑞士】4 【协澳大利亚】0【协韩国】6【协格鲁吉亚】0 【协香港】0【协澳门】0 【特-1】0【特-2】0 【增】16【对美加征】10【出】0【退】16	台/千克					999	化学纤维切断机
844400	90		其他化纤挤压、拉伸、切割机器	Other machines for extruding, drawin or cutting man-made textile materials	【最】8【普】30 【协亚太】5.2【协东盟】0【协巴基斯坦】5 【协智利】0【协新西兰】0【协秘鲁】0 【协哥斯达黎加】0【协冰岛】0【协瑞士】4 【协澳大利亚】0【协韩国】6【协格鲁吉亚】0 【协香港】0【协澳门】0 【特-1】0【特-2】0 【增】16【对美加征】10【出】0【退】16	台/千克					999	其他化纤挤压、拉伸、切割机器
844511	11		棉纤维型清梳联合机	Blowing-carding machinery for cotton type fibres	【最】8【普】30 【协亚太】5.2【协东盟】0【协巴基斯坦】5 【协智利】0【协新西兰】0【协秘鲁】0 【协哥斯达黎加】0【协冰岛】0【协瑞士】0 【协澳大利亚】0【协韩国】6【协格鲁吉亚】0 【协香港】0【协澳门】0 【特-1】0【特-2】0【特-3】0 【增】16【出】0【退】16	台/千克	A		M		999	棉纤维型清梳联合机
844511	12		棉纤维型自动抓棉机	Bale plucker for cotton type fibres	【最】8【普】30 【协亚太】5.2【协东盟】0【协巴基斯坦】5 【协智利】0【协新西兰】0【协秘鲁】0 【协哥斯达黎加】0【协冰岛】0【协澳大利亚】0 【协韩国】6【协格鲁吉亚】0【协香港】0 【协澳门】0 【特-1】0【特-2】0【特-3】0 【增】16【出】0【退】16	台/千克	A		M		999	棉纤维型自动抓棉机
844511	13		棉纤维型梳棉机	Card or carding machine for cotton type fibres	【最】8【普】30 【协亚太】5.2【协东盟】0【协巴基斯坦】5 【协智利】0【协新西兰】0【协秘鲁】0 【协哥斯达黎加】0【协冰岛】0【协瑞士】4 【协澳大利亚】0【协韩国】6【协格鲁吉亚】0 【协香港】0【协澳门】0 【特-1】0【特-2】0【特-3】0 【增】16【出】0【退】16	台/千克	A		M		999	棉纤维型梳棉机
844511	19		其他棉纤维型梳理机	Other carding machine for cotton type fibres	【最】8【普】30 【协亚太】5.2【协东盟】0【协巴基斯坦】5 【协智利】0【协新西兰】0【协秘鲁】0 【协哥斯达黎加】0【协冰岛】0【协瑞士】0 【协澳大利亚】0【协韩国】6【协格鲁吉亚】0 【协香港】0【协澳门】0 【特-1】0【特-2】0【特-3】0 【增】16【出】0【退】16	台/千克	A		M		999	其他棉纤维型梳理机
844511	20		毛纤维型梳理机	Carding machine for wool type fibres	【最】8【普】30 【协亚太】5.2【协东盟】0【协巴基斯坦】5 【协智利】0【协新西兰】0【协秘鲁】0 【协哥斯达黎加】0【协冰岛】0【协瑞士】0 【协澳大利亚】0【协韩国】6【协格鲁吉亚】0 【协香港】0【协澳门】0 【特-1】0【特-2】0【特-3】0 【增】16【对美加征】10【出】0【退】16	台/千克	A		M		999	毛纤维型梳理机

税则号列 HS国际统一前6位	本国子目 7~8位	本国子目 9~10位	货品名称 中文 货物名称	货品名称 英文 Article Description	税费综合信息	计量单位	监管证件代码 进口	监管证件代码 出口	检验检疫类别 进口	检验检疫类别 出口	检验检疫编码	检验检疫编码对应中文名称
844511	90	01	宽幅非织造布梳理机（工作幅宽>3.5米，工作速度>120米/分钟）	Wide non-woven carding machines (working width>3.5m, working speed > 120 m/min)	【最】8【普】30【暂进】6 【协亚太】5.2【协东盟】0【协巴基斯坦】5 【协智利】0【协新西兰】0【协秘鲁】0 【协哥斯达黎加】0【协冰岛】0【协瑞士】0 【协澳大利亚】0【协格鲁吉亚】0【协香港】0 【协澳门】0 【特-1】0【特-2】0【特-3】0 【增】16【对美加征】10【出】0【退】16	台/千克	A		M		999	宽幅非织造布梳理机（工作幅宽>3.5米，工作速度>120米/分钟）
844511	90	90	其他纺织纤维梳理机	Other textile fiber carding machines	【最】8【普】30 【协亚太】5.2【协东盟】0【协巴基斯坦】5 【协智利】0【协新西兰】0【协秘鲁】0 【协哥斯达黎加】0【协冰岛】0【协瑞士】0 【协澳大利亚】0【协格鲁吉亚】0【协香港】0 【协澳门】0 【特-1】0【特-2】0【特-3】0 【增】16【对美加征】10【出】0【退】16	台/千克	A		M		999	其他纺织纤维梳理机
844512	10		棉精梳机	Cotton comber	【最】8【普】30 【协亚太】5.6【协东盟】0【协巴基斯坦】5 【协智利】0【协新西兰】0【协秘鲁】0 【协哥斯达黎加】0【协冰岛】0【协澳大利亚】0 【协韩国】6【协格鲁吉亚】0【协香港】0 【协澳门】0 【特-1】0【特-2】0【特-3】0 【增】16【出】0【退】16	台/千克	A		M		999	棉精梳机
844512	20		毛精梳机	Worsted comber	【最】8【普】30 【协亚太】5.6【协东盟】0【协巴基斯坦】5 【协智利】0【协新西兰】0【协秘鲁】0 【协哥斯达黎加】0【协冰岛】0【协瑞士】0 【协澳大利亚】0【协韩国】6【协格鲁吉亚】0 【协香港】0【协澳门】0 【特-1】0【特-2】0【特-3】0 【增】16【出】0【退】16	台/千克	A		M		999	毛精梳机
844512	90		其他纺织纤维精梳机	Other textile fiber combing machines	【最】8【普】30 【协亚太】5.6【协东盟】0【协巴基斯坦】5 【协智利】0【协新西兰】0【协秘鲁】0 【协哥斯达黎加】0【协冰岛】0【协瑞士】0 【协澳大利亚】0【协韩国】6【协格鲁吉亚】0 【协香港】0【协澳门】0 【特-1】0【特-2】0【特-3】0 【增】16【出】0【退】16	台/千克	A		M		999	其他纺织纤维精梳机
844513	10		纺织纤维拉伸机	Textile fiber drawing machines	【最】8【普】30 【协东盟】0【协巴基斯坦】5【协智利】0 【协新西兰】0【协秘鲁】0【协哥斯达黎加】0 【协冰岛】0【协瑞士】0【协澳大利亚】0 【协韩国】6【协格鲁吉亚】0【协香港】0 【协澳门】0 【特-1】0【特-2】0【特-3】0 【增】16【出】0【退】16	台/千克	A		M		999	纺织纤维拉伸机
844513	21		棉纺粗纱机	Cotton roving frames	【最】8【普】30 【协亚太】5.6【协东盟】0【协巴基斯坦】5 【协智利】0【协新西兰】0【协秘鲁】0 【协哥斯达黎加】0【协冰岛】0【协澳大利亚】0 【协韩国】6【协格鲁吉亚】0【协香港】0 【协澳门】0 【特-1】0【特-2】0【特-3】0 【增】16【出】0【退】16	台/千克	A		M		999	棉纺粗纱机
844513	22		毛纺粗纱机	Worsted roving machines	【最】8【普】30 【协亚太】5.6【协东盟】0【协巴基斯坦】5 【协智利】0【协新西兰】0【协秘鲁】0 【协哥斯达黎加】0【协冰岛】0【协瑞士】0 【协澳大利亚】0【协韩国】6【协格鲁吉亚】0 【协香港】0【协澳门】0 【特-1】0【特-2】0【特-3】0 【增】16【出】0【退】16	台/千克	A		M		999	毛纺粗纱机

税则号列			货品名称中英文		税费综合信息	计量单位	监管证件代码		检验检疫类别		检验检疫编码	检验检疫编码对应中文名称
HS国际统一前6位	本国子目 7~8位	本国子目 9~10位	中文 货物名称	英文 Article Description			进口	出口	进口	出口		
844513	29		其他纺织纤维粗纱机	Other textile fiber roving machines	【最】8【普】30 【协亚太】5.6【协东盟】0【协巴基斯坦】5 【协智利】0【协新西兰】0【协秘鲁】0 【协哥斯达黎加】0【协冰岛】0【协瑞士】0 【协澳大利亚】0【协韩国】6【协格鲁吉亚】0 【协香港】0【协澳门】0 【特-1】0【特-2】0【特-3】0 【增】16【出】0【退】16	台/千克	A		M		999	其他纺织纤维粗纱机
844519	00		纺织纤维的其他预处理机器	Other machines for preparing textile fiber	【最】8【普】30 【协亚太】5.2【协东盟】0【协巴基斯坦】5 【协智利】0【协新西兰】0【协秘鲁】0 【协哥斯达黎加】0【协冰岛】0【协澳大利亚】0 【协格鲁吉亚】0【协香港】0【协澳门】0 【特-1】0【特-2】0【特-3】0 【增】16【对美加征】10【出】0【退】16	台/千克	A		M		999	纺织纤维的其他预处理机器
844520	31	01	全自动转杯纺纱机	Full-automatic rotor spinning machine	【最】8【普】30【暂进】5 【协亚太】5.2【协东盟】0【协巴基斯坦】5 【协智利】0【协新西兰】0【协秘鲁】0 【协哥斯达黎加】0【协冰岛】0【协瑞士】0 【协澳大利亚】0【协韩国】6【协格鲁吉亚】0 【协香港】0【协澳门】0 【特-1】0【特-2】0【特-3】0 【增】16【出】0【退】16	台/千克	A		M		999	全自动转杯纺纱机
844520	31	90	其他自由端转杯纺纱机	Other free end rotor spinner machine	【最】8【普】30 【协亚太】5.2【协东盟】0【协巴基斯坦】5 【协智利】0【协新西兰】0【协秘鲁】0 【协哥斯达黎加】0【协冰岛】0【协瑞士】0 【协澳大利亚】0【协韩国】6【协格鲁吉亚】0 【协香港】0【协澳门】0 【特-1】0【特-2】0【特-3】0 【增】16【出】0【退】16	台/千克	A		M		999	其他自由端转杯纺纱机
844520	32		自由端喷气纺纱机	Jet open-end spinner	【最】8【普】30 【协亚太】5.6【协东盟】0【协巴基斯坦】5 【协智利】0【协新西兰】0【协秘鲁】0 【协哥斯达黎加】0【协冰岛】0【协澳大利亚】0 【协韩国】6【协格鲁吉亚】0【协香港】0 【协澳门】0 【特-1】0【特-2】0【特-3】0 【增】16【出】0【退】16	台/千克	A		M		999	自由端喷气纺纱机
844520	39		其他自由端纺纱机	Other open-end spinner	【最】8【普】30 【协亚太】5.6【协东盟】0【协巴基斯坦】5 【协智利】0【协新西兰】0【协秘鲁】0 【协哥斯达黎加】0【协冰岛】0【协瑞士】0 【协澳大利亚】0【协韩国】6【协格鲁吉亚】0 【协香港】0【协澳门】0 【特-1】0【特-2】0【特-3】0 【增】16【出】0【退】16	台/千克	A		M		999	其他自由端纺纱机
844520	41		环锭棉细纱机	Cotton ring spinning frame	【最】8【普】40 【协亚太】7.2【协东盟】0【协巴基斯坦】5 【协智利】0【协新西兰】0【协新加坡】0 【协秘鲁】0【协哥斯达黎加】0【协冰岛】0 【协瑞士】4.2【协澳大利亚】0【协韩国】6.3 【协格鲁吉亚】0 【特-1】0【特-2】0【特-3】0 【增】16【出】0【退】16	台/千克	A		M		999	环锭棉细纱机
844520	42		环锭毛细纱机	Worsted ring spinning frame	【最】8【普】40 【协东盟】0【协巴基斯坦】5【协智利】0 【协新西兰】0【协秘鲁】0【协哥斯达黎加】0 【协冰岛】0【协瑞士】0【协澳大利亚】0 【协韩国】6【协格鲁吉亚】0【协香港】0 【协澳门】0 【特-1】0【特-2】0【特-3】0 【增】16【出】0【退】16	台/千克	A		M		999	环锭毛细纱机

税则号列 HS国际统一前6位	本国子目7~8位	本国子目9~10位	货品名称 中文 货物名称	英文 Article Description	税费综合信息	计量单位	监管证件代码 进口	监管证件代码 出口	检验检疫类别 进口	检验检疫类别 出口	检验检疫编码	检验检疫编码对应中文名称
844520	49		其他环锭细纱机	Other ring spinning frame	【最】8【普】40 【协东盟】0【协巴基斯坦】5【协智利】0 【协新西兰】0【协秘鲁】0【协哥斯达黎加】0 【协冰岛】0【协瑞士】0【协澳大利亚】0 【协韩国】6【协格鲁吉亚】0【协香港】0 【协澳门】0 【特-1】0【特-2】0【特-3】0 【增】16【出】0【退】16	台/千克	A		M		999	其他环锭细纱机
844520	90		其他纺纱机	Other textile spinning machine	【最】8【普】30 【协亚太】5.2【协东盟】0【协巴基斯坦】5 【协智利】0【协新西兰】0【协秘鲁】0 【协哥斯达黎加】0【协冰岛】0【协澳大利亚】0 【协韩国】6【协格鲁吉亚】0【协香港】0 【协澳门】0 【特-1】0【特-2】0【特-3】0 【增】16【出】0【退】16	台/千克	A		M		999	其他纺纱机
844530	00		并线机或加捻机	Textile doubling or twisting machines	【最】8【普】30 【协亚太】5.2【协东盟】0【协巴基斯坦】5 【协智利】0【协新西兰】0【协秘鲁】0 【协哥斯达黎加】0【协冰岛】0【协瑞士】0 【协澳大利亚】0【协韩国】6【协格鲁吉亚】0 【协香港】0【协澳门】0 【特-1】0【特-2】0【特-3】0 【增】16【对美加征】10【出】0【退】16	台/千克	A		M		999	并线机或加捻机
844540	10		自动络筒机	Automatic bobbin winders	【最】8【普】30 【协亚太】7.2【协东盟】0【协巴基斯坦】5 【协智利】0【协新西兰】0【协秘鲁】0 【协哥斯达黎加】0【协冰岛】0【协瑞士】0 【协澳大利亚】0【协韩国】8【协格鲁吉亚】0 【协香港】0【协澳门】0 【特-1】0【特-2】0【特-3】0 【增】16【对美加征】10【出】0【退】16	台/千克	AO		M		999	自动络筒机
844540	90		卷纬机及摇纱机、络纱机	Weft-winding, textile reeling or winding machines	【最】8【普】30 【协亚太】5.2【协东盟】0【协巴基斯坦】5 【协智利】0【协新西兰】0【协秘鲁】0 【协哥斯达黎加】0【协冰岛】0【协瑞士】0 【协澳大利亚】0【协韩国】7.2【协格鲁吉亚】0 【协香港】0【协澳门】0 【特-1】0【特-2】0【特-3】0 【增】16【对美加征】10【出】0【退】16	台/千克	A		M		101 102 103	卷纬机及摇纱机、络纱机（自动络筒机） 卷纬机及摇纱机、络纱机（卷纬机及遥纱机） 卷纬机及摇纱机、络纱机（其他纺织机械及其零件）
844590	10		整经机	Warping machines	【最】8【普】30 【协亚太】5.2【协东盟】0【协巴基斯坦】5 【协智利】0【协新西兰】0【协秘鲁】0 【协哥斯达黎加】0【协冰岛】0【协澳大利亚】0 【协韩国】6【协格鲁吉亚】0【协香港】0 【协澳门】0 【特-1】0【特-2】0【特-3】0 【增】16【出】0【退】16	台/千克	A		M		999	整经机
844590	20		浆纱机	Sizing machines	【最】8【普】30 【协亚太】5.2【协东盟】0【协巴基斯坦】5 【协智利】0【协新西兰】0【协秘鲁】0 【协哥斯达黎加】0【协冰岛】0【协澳大利亚】0 【协韩国】6【协格鲁吉亚】0【协香港】0 【协澳门】0 【特-1】0【特-2】0【特-3】0 【增】16【出】0【退】16	台/千克	A		M		999	浆纱机
844590	90		其他生产及处理纺织纱线的机器（处理税目84.46或84.47所列机器用的纺织纱线的机器）	Other machines for preparing or producing textile yarns and machines for preparing textile yarns for use on the machines of heading No. 84.46 or 84.47	【最】8【普】30 【协亚太】5.2【协东盟】0【协巴基斯坦】5 【协智利】0【协新西兰】0【协秘鲁】0 【协哥斯达黎加】0【协冰岛】0【协瑞士】4 【协澳大利亚】0【协韩国】7.2【协格鲁吉亚】0 【协香港】0【协澳门】0 【特-1】0【特-2】0【特-3】0 【增】16【出】0【退】16	台/千克	A		M		999	其他生产及处理纺织纱线的机器（处理税目84.46或84.47所列机器用的纺织纱线的机器）

税则号列			货品名称中英文		税费综合信息	计量单位	监管证件代码		检验检疫类别		检验检疫编码	检验检疫编码对应中文名称
HS国际统一前6位	本国子目 7~8位	9~10位	中文 货物名称	英文 Article Description			进口	出口	进口	出口		
844610	00		所织织物宽度≤30cm的织机	Weaving machines (looms) For weaving fabrics of a width not exceeding 30cm	【最】8【普】30 【协亚太】5.2【协东盟】0【协巴基斯坦】5 【协智利】0【协新西兰】0【协秘鲁】0 【协哥斯达黎加】0【协冰岛】0【协瑞士】3.2 【协澳大利亚】0【协韩国】4.8 【协格鲁吉亚】0【协香港】0【协澳门】0 【特-1】0【特-2】0 【增】16【对美加征】10【出】0【退】16	台/千克	A		M		999	所织织物宽度≤30cm的织机
844621	10		织物宽>30cm的梭织动力地毯织机	power looms of shuttle type, for weaving fabrics of a width exceeding 30cm, For making carpets or rugs	【最】8【普】35 【协亚太】5.2【协东盟】0【协巴基斯坦】5 【协智利】0【协新西兰】0【协新加坡】0 【协秘鲁】0【协哥斯达黎加】0【协冰岛】0 【协瑞士】4.8【协澳大利亚】0【协韩国】7.2 【协格鲁吉亚】0【协香港】0【协澳门】0 【特-1】0【特-2】0 【增】16【出】0【退】16	台/千克	A		M		999	织物宽>30cm的梭织动力地毯织机
844621	90		织物宽>30cm的其他梭织动力织机	Other power looms for weaving fabrics of a width exceeding 30cm, shuttle type	【最】8【普】30 【协亚太】5.2【协东盟】0【协巴基斯坦】5 【协智利】0【协新西兰】0【协新加坡】0 【协秘鲁】0【协哥斯达黎加】0【协冰岛】0 【协澳大利亚】0【协韩国】6【协格鲁吉亚】0 【协香港】0【协澳门】0 【特-1】0【特-2】0 【增】16【出】0【退】16	台/千克	A		M		999	织物宽>30cm的其他梭织动力织机
844629	00		织物宽>30cm的梭织非动力织机	Other non-power looms for weaving fabrics of a width exceeding 30cm, shuttle type	【最】8【普】30 【协东盟】0【协巴基斯坦】5【协智利】0 【协新西兰】0【协秘鲁】0【协哥斯达黎加】0 【协冰岛】0【协瑞士】0【协澳大利亚】0 【协韩国】6【协格鲁吉亚】0【协香港】0 【协澳门】0 【特-1】0【特-2】0 【增】16【出】0【退】16	台/千克	A		M		999	织物宽>30cm的梭织非动力织机
844630	20		织物宽度>30cm的剑杆织机	Rapier looms for weaving fabrics of a width exceeding 30cm	【最】8【普】30 【协亚太】5.2【协东盟】0【协巴基斯坦】5 【协智利】0【协新西兰】0【协秘鲁】0 【协哥斯达黎加】0【协冰岛】0【协瑞士】3.2 【协澳大利亚】0【协韩国】4.8 【协格鲁吉亚】0【协香港】0【协澳门】0 【特-1】0【特-2】0 【增】16【出】0【退】16	台/千克	A		M		999	织物宽度>30cm的剑杆织机
844630	30		织物宽度>30cm的片梭织机	Carrier looms for weaving fabrics of a width exceeding 30cm	【最】8【普】30 【协亚太】5.2【协东盟】0【协巴基斯坦】5 【协智利】0【协新西兰】0【协秘鲁】0 【协哥斯达黎加】0【协冰岛】0 【协澳大利亚】0【协韩国】1.6 【协格鲁吉亚】0【协香港】0【协澳门】0 【特-1】0【特-2】0 【增】16【出】0【退】16	台/千克	A		M		999	织物宽度>30cm的片梭织机
844630	40		织物宽度>30cm的喷水织机	Water jet looms for weaving fabrics of a width exceeding 30cm	【最】8【普】30 【协亚太】5.2【协东盟】0【协巴基斯坦】5 【协智利】0【协新西兰】0【协秘鲁】0 【协台湾】0【协哥斯达黎加】0【协冰岛】0 【协瑞士】0【协澳大利亚】0【协韩国】1.6 【协格鲁吉亚】0【协香港】0【协澳门】0 【特-1】0【特-2】0 【增】16【出】0【退】16	台/千克	OA		M		999	织物宽度>30cm的喷水织机
844630	50		织物宽>30cm的喷气织机	Air jet looms for weaving fabrics of a width exceeding 30cm	【最】8【普】30【暂进】3 【协亚太】6.8【协东盟】0【协巴基斯坦】5 【协智利】0【协新西兰】0【协秘鲁】0 【协哥斯达黎加】0【协冰岛】0【协瑞士】0 【协澳大利亚】0【协韩国】5.8 【协格鲁吉亚】0【协香港】0【协澳门】0 【特-1】0【特-2】0 【增】16【对美加征】10【出】0【退】16	台/千克	AO		M		999	织物宽>30cm的喷气织机

税则号列 HS国际统一前6位	本国子目 7~8位	本国子目 9~10位	货品名称中文 货物名称	货品名称英文 Article Description	税费综合信息	计量单位	监管证件代码 进口	监管证件代码 出口	检验检疫类别 进口	检验检疫类别 出口	检验检疫编码	检验检疫编码对应中文名称
844630	90		织物宽>30cm的其他无梭织机	Other looms for weaving fabrics of a width exceeding 30cm, shuttleless type	【最】8【普】30 【协亚太】5.2【协东盟】0【协巴基斯坦】5 【协智利】0【协新西兰】0【协秘鲁】0 【协哥斯达黎加】0【协冰岛】0【协瑞士】0 【协澳大利亚】0【协韩国】1.6 【协格鲁吉亚】0【协香港】0【协澳门】0 【特-1】0【特-2】0 【增】16【出】0【退】16	台/千克	A		M		999	织物宽>30cm的其他无梭织机
844711	00		圆筒直径≤165mm的圆型针织	Circular knitting machines With cylinder diameter not exceeding 165mm	【最】8【普】30 【协亚太】7【协东盟】0【协巴基斯坦】5 【协智利】0【协新西兰】0【协秘鲁】0 【协台湾】0【协哥斯达黎加】0【协冰岛】0 【协瑞士】0【协澳大利亚】0【协韩国】1.6 【协格鲁吉亚】0【协香港】0【协澳门】0 【特-1】0【特-2】0【特-3】0 【增】16【对美加征】10【出】0【退】16	台/千克	A		M		999	圆筒直径≤165mm的圆型针织机
844712	00		圆筒直径>165mm的圆型针织	Circular knitting machines With cylinder diameter exceeding 165 mm	【最】8【普】30 【协东盟】0【协巴基斯坦】5【协智利】0 【协新西兰】0【协秘鲁】0【协台湾】0 【协哥斯达黎加】0【协冰岛】0【协瑞士】0 【协澳大利亚】0【协韩国】1.6 【协格鲁吉亚】0【协香港】0【协澳门】0 【特-1】0【特-2】0【特-3】0 【增】16【对美加征】10【出】0【退】16	台/千克	A		M		999	圆筒直径>165mm的圆型针织机
844720	11		特里科经编机	Tricot machines	【最】8【普】30 【协亚太】5.2【协东盟】0【协巴基斯坦】5 【协智利】0【协新西兰】0【协秘鲁】0 【协哥斯达黎加】0【协冰岛】0【协瑞士】0 【协澳大利亚】0【协韩国】1.6 【协格鲁吉亚】0【协香港】0【协澳门】0 【特-1】0【特-2】0【特-3】0 【增】16【出】0【退】16	台/千克	A		M		999	特里科经编机
844720	12		拉舍尔经编机	Rashel machines	【最】8【普】30 【协亚太】5.2【协东盟】0【协巴基斯坦】5 【协智利】0【协新西兰】0【协秘鲁】0 【协哥斯达黎加】0【协冰岛】0【协瑞士】0 【协澳大利亚】0【协韩国】4.8 【协格鲁吉亚】0【协香港】0【协澳门】0 【特-1】0【特-2】0【特-3】0 【增】16【出】0【退】16	台/千克	A		M		999	拉舍尔经编机
844720	19		其他经编机	Other warp knitting machines	【最】8【普】30 【协亚太】5.2【协东盟】0【协巴基斯坦】5 【协智利】0【协新西兰】0【协秘鲁】0 【协哥斯达黎加】0【协冰岛】0【协瑞士】0 【协澳大利亚】0【协韩国】4.8 【协格鲁吉亚】0【协香港】0【协澳门】0 【特-1】0【特-2】0【特-3】0 【增】16【出】0【退】16	台/千克	A		M		999	其他经编机
844720	20		平型纬编机	Flat weft knitting machines	【最】8【普】30 【协亚太】5.2【协东盟】0【协巴基斯坦】5 【协智利】0【协新西兰】0【协秘鲁】0 【协台湾】0【协哥斯达黎加】0【协冰岛】0 【协瑞士】3.2【协澳大利亚】0【协韩国】1.6 【协格鲁吉亚】0【协香港】0【协澳门】0 【特-1】0【特-2】0【特-3】0 【增】16【对美加征】10【出】0【退】16	台/千克	A		M		999	平型纬编机
844720	30		缝编机	Stitch-bonding machines	【最】8【普】30 【协亚太】5.2【协东盟】0【协巴基斯坦】5 【协智利】0【协新西兰】0【协秘鲁】0 【协哥斯达黎加】0【协冰岛】0【协瑞士】0 【协澳大利亚】0【协韩国】1.6 【协格鲁吉亚】0【协香港】0【协澳门】0 【特-1】0【特-2】0【特-3】0 【增】16【对美加征】5【出】0【退】16	台/千克	A		M		999	缝编机

税则号列			货品名称中英文		税费综合信息	计量单位	监管证件代码		检验检疫类别		检验检疫编码	检验检疫编码对应中文名称
HS国际统一前6位	本国子目7~8位	9~10位	中文货物名称	英文Article Description			进口	出口	进口	出口		
844790	11		地毯织机	Tufting machines For making carpets or rugs	【最】7【普】35 【协亚太】4.6【协东盟】0【协巴基斯坦】0 【协智利】0【协新西兰】0【协秘鲁】0 【协哥斯达黎加】0【协冰岛】0【协瑞士】0 【协澳大利亚】0【协韩国】1.4 【协格鲁吉亚】0【协香港】0【协澳门】0 【特-1】0【特-2】0【特-3】0 【增】16【对美加征】5【出】0【退】16	台/千克	A		M		999	地毯织机
844790	19		其他簇绒机	Other tufting machines(other than for making carpets or rugs)	【最】8【普】30 【协亚太】5.2【协东盟】0【协巴基斯坦】5 【协智利】0【协新西兰】0【协秘鲁】0 【协哥斯达黎加】0【协冰岛】0【协瑞士】0 【协澳大利亚】0【协韩国】1.6 【协格鲁吉亚】0【协香港】0【协澳门】0 【特-1】0【特-2】0【特-3】0 【增】16【对美加征】5【出】0【退】16	台/千克	A		M		999	其他簇绒机（地毯织机除外）
844790	20		绣花机	Embroidery machines	【最】8【普】30 【协亚太】5.2【协东盟】0【协巴基斯坦】5 【协智利】0【协新西兰】0【协秘鲁】0 【协哥斯达黎加】0【协冰岛】0 【协澳大利亚】0【协韩国】4.8 【协格鲁吉亚】0【协香港】0【协澳门】0 【特-1】0【特-2】0【特-3】0 【增】16【出】0【退】16	台/千克	A		M		999	绣花机
844790	90		税目84.47其他子目未列名机器（包括制粗松螺旋花线，网眼薄纱，编织带或网的机器）	Other machines, not specified or included in heading No. 84.47 (including machines for making gimped yarn, tulle or net)	【最】8【普】30 【协亚太】4【协东盟】0【协巴基斯坦】5 【协智利】0【协新西兰】0【协秘鲁】0 【协哥斯达黎加】0【协冰岛】0【协澳大利亚】0 【协韩国】6【协格鲁吉亚】0【协香港】0 【协澳门】0 【特-1】0【特-2】0【特-3】0 【增】16【对美加征】10【出】0【退】16	台/千克	A		M		101 102 103	税目84.47其他子目未列名机器（包括制粗松螺旋花线，网眼薄纱，编织带或网的机器）（采棉机） 税目84.47其他子目未列名机器（包括制粗松螺旋花线，网眼薄纱，编织带或网的机器）（清花机） 税目84.47其他子目未列名机器（包括制粗松螺旋花线，网眼薄纱，编织带或网的机器）（其他纺织机械及其零件）
844811	00	01	多臂机或提花机	Dobbies or Jacquards (speed indicator 500 r/min or above)	【最】8【普】20【暂进】3 【协东盟】0【协巴基斯坦】5【协智利】0 【协新西兰】0【协秘鲁】0【协哥斯达黎加】0 【协冰岛】0【协瑞士】0【协澳大利亚】0 【协韩国】4.8【协格鲁吉亚】0【协香港】0 【协澳门】0 【特-1】0【特-2】0【特-3】0 【增】16【出】0【退】16	千克					999	多臂机或提花机（转速指标500转/分以上）
844811	00	90	多臂机或提花机所用卡片缩小、复制、穿孔或汇编机器（包括其所用的卡片缩小，复制，穿孔或汇编机器）	Card narrowing, copying, perforation, or compilation machines used by dobbies or Jacquards (including the use of card narrowing, copying, perforation or compilation machines)	【最】8【普】20 【协东盟】0【协巴基斯坦】5【协智利】0 【协新西兰】0【协秘鲁】0【协哥斯达黎加】0 【协冰岛】0【协瑞士】0【协澳大利亚】0 【协韩国】4.8【协格鲁吉亚】0【协香港】0 【协澳门】0 【特-1】0【特-2】0【特-3】0 【增】16【出】0【退】16	千克					999	多臂机或提花机所用卡片缩小、复制、穿孔或汇编机器（包括其所用的卡片缩小，复制，穿孔或汇编机器）
844819	00		税目84.44至84.47的机器的辅助机器	Other auxiliary machinery for use with machines of heading No. 84.44 to 84.47	【最】8【普】20 【协东盟】0【协巴基斯坦】5【协智利】0 【协新西兰】0【协秘鲁】0【协哥斯达黎加】0 【协冰岛】0【协瑞士】3.2【协澳大利亚】0 【协韩国】4.8【协格鲁吉亚】0【协香港】0 【协澳门】0 【特-1】0【特-2】0【特-3】0 【增】16【对美加征】10【出】0【退】16	千克					999	税目84.44至84.47的机器的辅助机器

税则号列			货品名称中英文		税费综合信息	计量单位	监管证件代码		检验检疫类别		检验检疫编码	检验检疫编码对应中文名称
HS国际统一前6位	本国子目 7~8位	9~10位	中文 货物名称	英文 Article Description			进口	出口	进口	出口		
844820	20		喷丝头或喷丝板	Extruding nipples or spinnerets	【最】6【普】14 【协东盟】0【协巴基斯坦】5【协智利】0 【协新西兰】0【协秘鲁】0【协哥斯达黎加】0 【协冰岛】0【协瑞士】2.4【协澳大利亚】0 【协韩国】3.6【协格鲁吉亚】0【协香港】0 【协澳门】0 【特-1】0【特-2】0【特-3】0 【增】16【对美加征】10【出】0【退】16	个/千克					999	喷丝头或喷丝板
844820	90		纤维挤压机及辅助机器的其他零件	other parts and accessories machines of heading No. 84.44 or of their auxiliary machinery	【最】6【普】17 【协东盟】0【协巴基斯坦】5【协智利】0 【协新西兰】0【协秘鲁】0【协哥斯达黎加】0 【协冰岛】0【协瑞士】2.4【协澳大利亚】0 【协韩国】4.4【协格鲁吉亚】0【协香港】0 【协澳门】0 【特-1】0【特-2】0【特-3】0 【增】16【对美加征】10【出】0【退】16	千克					999	纤维挤压机及辅助机器的其他零件（包括附件，税目84.44的机器用）
844831	00		钢丝针布	Card clothing	【最】6【普】17 【协东盟】0【协巴基斯坦】5【协智利】0 【协新西兰】0【协秘鲁】0【协哥斯达黎加】0 【协冰岛】0【协瑞士】3.6【协澳大利亚】0 【协韩国】3.6【协格鲁吉亚】0【协香港】0 【协澳门】0 【特-1】0【特-2】0【特-3】0 【增】16【对美加征】10【出】0【退】16	千克					999	钢丝针布
844832	00		其他纺织纤维预处理机器的零件、附件（钢丝针布除外）	parts and accessories Of machines for preparing textile fibres, other than card clothing	【最】6【普】17 【协东盟】0【协巴基斯坦】5【协智利】0 【协新西兰】0【协秘鲁】0【协哥斯达黎加】0 【协冰岛】0【协瑞士】2.4【协澳大利亚】0 【协韩国】4.4【协格鲁吉亚】0【协香港】0 【协澳门】0 【特-1】0【特-2】0【特-3】0 【增】16【对美加征】10【出】0【退】16	千克					999	其他纺织纤维预处理机器的零件、附件（钢丝针布除外）
844833	10		络筒锭	Winding spindle	【最】6【普】17 【协亚太】4.8【协东盟】0【协巴基斯坦】5 【协智利】0【协新西兰】0【协秘鲁】0 【协哥斯达黎加】0【协冰岛】0【协瑞士】0 【协澳大利亚】0【协韩国】1.2 【协格鲁吉亚】0【协香港】0【协澳门】0 【特-1】0【特-2】0【特-3】0 【增】16【出】0【退】16	个/千克					999	络筒锭
844833	90		其他锭子、锭壳、纺丝环、钢丝圈	Other spindles, spindles flyers, spinning rings and ring travellers	【最】6【普】17 【协东盟】0【协巴基斯坦】5【协智利】0 【协新西兰】0【协秘鲁】0【协哥斯达黎加】0 【协冰岛】0【协瑞士】2.4【协澳大利亚】0 【协韩国】3.6【协格鲁吉亚】0【协香港】0 【协澳门】0 【特-1】0【特-2】0【特-3】0 【增】16【对美加征】10【出】0【退】16	千克					999	其他锭子、锭壳、纺丝环、钢丝圈
844839	10		气流杯	Open-end rotors	【最】6【普】14 【协亚太】4.2【协东盟】0【协巴基斯坦】5 【协智利】0【协新西兰】0【协秘鲁】0 【协哥斯达黎加】0【协冰岛】0【协瑞士】0 【协澳大利亚】0【协韩国】1.2 【协格鲁吉亚】0【协香港】0【协澳门】0 【特-1】0【特-2】0【特-3】0 【增】16【出】0【退】16	个/千克					999	气流杯
844839	20		电子清纱器	Electronic yarn clearers	【最】6【普】17【暂进】3 【协东盟】0【协巴基斯坦】5【协智利】0 【协新西兰】0【协秘鲁】0【协哥斯达黎加】0 【协冰岛】0【协瑞士】3.6【协澳大利亚】0 【协韩国】1.2【协格鲁吉亚】0【协香港】0 【协澳门】0 【特-1】0【特-2】0【特-3】0 【增】16【出】0【退】16	个/千克					999	电子清纱器

税则号列 HS国际统一前6位	本国子目 7~8位	本国子目 9~10位	货品名称中英文 中文 货物名称	货品名称中英文 英文 Article Description	税费综合信息	计量单位	监管证件代码 进口	监管证件代码 出口	检验检疫类别 进口	检验检疫类别 出口	检验检疫编码	检验检疫编码对应中文名称
844839	30		空气捻接器	Air twisting devices	【最】6【普】17【暂进】3 【协东盟】0【协巴基斯坦】5【协智利】0 【协新西兰】0【协秘鲁】0【协哥斯达黎加】0 【协冰岛】0【协瑞士】0【协澳大利亚】0 【协韩国】1.2【协格鲁吉亚】0【协香港】0 【协澳门】0 【特-1】0【特-2】0【特-3】0 【增】16【对美加征】10【出】0【退】16	个/千克					999	空气捻接器
844839	40		环锭细纱机紧密纺装置	Compact set of ring spinring farmes	【最】6【普】17 【协亚太】4.8【协东盟】0【协巴基斯坦】5 【协智利】0【协新西兰】0【协秘鲁】0 【协哥斯达黎加】0【协冰岛】0【协瑞士】3.4 【协澳大利亚】0【协韩国】0【协格鲁吉亚】0 【协香港】0【协澳门】0 【特-1】0【特-2】0【特-3】0 【增】16【出】0【退】16	个/千克					101 102	环锭细纱机紧密纺装置(细纱机) 环锭细纱机紧密纺装置(其他纺织机械及其零件)
844839	90		税目84.45所机器的其他零、附件	Other parts and accessories of machines of heading No. 84.45 or of their auxiliary machinery	【最】6【普】17【暂进】3 【协东盟】0【协巴基斯坦】5【协智利】0 【协新西兰】0【协秘鲁】0【协哥斯达黎加】0 【协冰岛】0【协瑞士】3.6【协澳大利亚】0 【协韩国】4.4【协格鲁吉亚】0【协香港】0 【协澳门】0 【特-1】0【特-2】0【特-3】0 【增】16【对美加征】10【出】0【退】16	千克					999	税目84.45所机器的其他零、附件(指纺织纱线机器及预处理机的零件、附件)
844842	00		织机用筘、综丝、综框	Reeds for looms, healds and heald-frames	【最】6【普】50 【协东盟】0【协巴基斯坦】5【协智利】0 【协新西兰】0【协秘鲁】0【协哥斯达黎加】0 【协冰岛】0【协瑞士】2.4【协澳大利亚】0 【协韩国】4.4【协格鲁吉亚】0【协香港】0 【协澳门】0 【特-1】0【特-2】0【特-3】0 【增】16【对美加征】10【出】0【退】16	千克					999	织机用筘、综丝、综框
844849	10		接、投梭箱	Catching and throwing shuttle boxes	【最】6【普】17 【协亚太】4.2【协东盟】0【协巴基斯坦】5 【协智利】0【协新西兰】0【协秘鲁】0 【协哥斯达黎加】0【协冰岛】0【协瑞士】2.4 【协澳大利亚】0【协韩国】1.2 【协格鲁吉亚】0【协香港】0【协澳门】0 【特-1】0【特-2】0【特-3】0 【增】16【出】0【退】16	个/千克					999	接、投梭箱
844849	20		引纬、送经装置	Weft insertion and let-off motions	【最】6【普】17【暂进】3 【协东盟】0【协巴基斯坦】5【协智利】0 【协新西兰】0【协秘鲁】0【协哥斯达黎加】0 【协冰岛】0【协瑞士】2.4【协澳大利亚】0 【协韩国】3.6【协格鲁吉亚】0【协香港】0 【协澳门】0 【特-1】0【特-2】0【特-3】0 【增】16【出】0【退】16	个/千克					999	引纬、送经装置
844849	30		梭子	Shuttles	【最】6【普】50 【协东盟】0【协巴基斯坦】5【协智利】0 【协新西兰】0【协秘鲁】0【协哥斯达黎加】0 【协冰岛】0【协瑞士】0【协澳大利亚】0 【协韩国】1.2【协格鲁吉亚】0【协香港】0 【协澳门】0 【特-1】0【特-2】0【特-3】0 【增】16【对美加征】10【出】0【退】16	个/千克					999	梭子
844849	90		织机及其辅助机器用其他零、附件	Other parts and accessories of weaving machines (looms) or of their auxiliary machinery	【最】6【普】17【暂进】3 【协东盟】0【协巴基斯坦】5【协智利】0 【协新西兰】0【协秘鲁】0【协哥斯达黎加】0 【协冰岛】0【协瑞士】2.4【协澳大利亚】0 【协韩国】4.4【协格鲁吉亚】0【协香港】0 【协澳门】0 【特-1】0【特-2】0【特-3】0 【增】16【对美加征】10【出】0【退】16	千克					999	织机及其辅助机器用其他零、附件

税则号列			货品名称中英文		税费综合信息	计量单位	监管证件代码		检验检疫类别		检验检疫编码	检验检疫编码对应中文名称
HS国际统一前6位	本国子目 7~8位	9~10位	中文 货物名称	英文 Article Description			进口	出口	进口	出口		
844851	20		针织机用28号以下的弹簧针、钩针	Barbered needles, crotchet hooks and complex needles for knitting machines, smaler than gauge No. 28	【最】6【普】50 【协东盟】0【协巴基斯坦】5【协智利】0 【协新西兰】0【协秘鲁】0【协哥斯达黎加】0 【协冰岛】0【协瑞士】0【协澳大利亚】0 【协韩国】3.6【协格鲁吉亚】0【协香港】0 【协澳门】0 【特-1】0【特-2】0【特-3】0 【增】16【对美加征】10【出】0【退】16	千克					999	针织机用28号以下的弹簧针、钩针（包括复合针）
844851	90		沉降片、其他织针及成圈机件	Sinkers, other needles and articles used in forming stitches	【最】6【普】17 【协东盟】0【协巴基斯坦】5【协智利】0 【协新西兰】0【协秘鲁】0【协哥斯达黎加】0 【协冰岛】0【协瑞士】0【协澳大利亚】0 【协韩国】4.4【协格鲁吉亚】0【协香港】0 【协澳门】0 【特-1】0【特-2】0【特-3】0 【增】16【对美加征】10【出】0【退】16	千克					999	沉降片、其他织针及成圈机件
844859	00		税目84.47机器用的其他零件、附件	Other parts and accessories of machines of heading No. 84.47 or of their auxiliary machinery	【最】6【普】17【暂进】3 【协东盟】0【协香港】0【协巴基斯坦】5 【协智利】0【协新西兰】0【协秘鲁】0 【协台湾】0【协哥斯达黎加】0【协冰岛】0 【协瑞士】2.4【协澳大利亚】0【协韩国】0 【协格鲁吉亚】0 【特-1】0【特-2】0【特-3】0 【增】16【对美加征】10【出】0【退】16	千克					999	税目84.47机器用的其他零件、附件（指针织等机器及其辅助机器的零件、附件）
844900	10	01	高速针刺机，针刺频率>2000次/分钟	High-speed needle-punching machines, stroke frequency>2000 times/min	【最】8【普】30【暂进】6 【协东盟】0【协巴基斯坦】5【协智利】0 【协新西兰】0【协秘鲁】0【协哥斯达黎加】0 【协冰岛】0【协瑞士】0【协澳大利亚】0 【协韩国】4.8【协格鲁吉亚】0【协香港】0 【协澳门】0 【特-1】0【特-2】0 【增】16【对美加征】10【出】0【退】16	台/千克					999	高速针刺机，针刺频率>2000次/分钟
844900	10	90	其他针刺机	Other needle-punching machines	【最】8【普】30 【协东盟】0【协巴基斯坦】5【协智利】0 【协新西兰】0【协秘鲁】0【协哥斯达黎加】0 【协冰岛】0【协瑞士】0【协澳大利亚】0 【协韩国】4.8【协格鲁吉亚】0【协香港】0 【协澳门】0 【特-1】0【特-2】0 【增】16【对美加征】10【出】0【退】16	台/千克					999	其他针刺机
844900	20	01	高速宽幅水刺设备（工作幅宽>3.5米，工作速度>250米/分钟，水刺压力≥400帕）	High-Speed wide spunlace equipments (working width>3.5 m, working speed>250 m/min, spun-laced pressure≥400Pa)	【最】8【普】30【暂进】6 【协东盟】0【协巴基斯坦】5【协智利】0 【协新西兰】0【协秘鲁】0【协哥斯达黎加】0 【协冰岛】0【协瑞士】0【协澳大利亚】0 【协韩国】1.6【协格鲁吉亚】0【协香港】0 【协澳门】0 【特-1】0【特-2】0 【增】16【出】0【退】16	台/千克					999	高速宽幅水刺设备（工作幅宽>3.5米，工作速度>250米/分钟，水刺压力≥400帕）
844900	20	90	其他水刺设备	Other spun-laced equipments	【最】8【普】30 【协东盟】0【协巴基斯坦】5【协智利】0 【协新西兰】0【协秘鲁】0【协哥斯达黎加】0 【协冰岛】0【协瑞士】0【协澳大利亚】0 【协韩国】1.6【协格鲁吉亚】0【协香港】0 【协澳门】0 【特-1】0【特-2】0 【增】16【出】0【退】16	台/千克					999	其他水刺设备
844900	90		其他成匹、成形的毡呢制造或整理机器（包括无纺织物制造或整理机，制毡呢帽机，帽模）	Other machinery for the manufacture or finishing of felt in the piece or in shapes (including machinery for the manufacture or finishing of nonwovens, machines for making felt hats; blocks for making hats)	【最】8【普】30 【协东盟】0【协巴基斯坦】5【协智利】0 【协新西兰】0【协秘鲁】0【协哥斯达黎加】0 【协冰岛】0【协瑞士】0【协澳大利亚】0 【协韩国】5.8【协格鲁吉亚】0【协香港】0 【协澳门】0 【特-1】0【特-2】0 【增】16【对美加征】10【出】0【退】16	千克					999	其他成匹、成形的毡呢制造或整理机器（包括无纺织物制造或整理机，制毡呢帽机，帽模）

税则号列			货品名称中英文		税费综合信息	计量单位	监管证件代码		检验检疫类别		检验检疫编码	检验检疫编码对应中文名称
HS 国际统一前6位	本国子目 7~8位	本国子目 9~10位	中文 货物名称	英文 Article Description			进口	出口	进口	出口		
845011	10		干衣量≤10kg全自动波轮式洗衣机	Fully-automatic machines Of the continuously rotating impeller, each of a dry linen capacity not exceeding 10kg	【最】7【普】130 【协亚太】4.6【协东盟】0【协巴基斯坦】5 【协智利】0【协新西兰】0【协新加坡】0 【协秘鲁】0【协哥斯达黎加】0【协冰岛】0 【协瑞士】0【协澳大利亚】0【协韩国】6 【协格鲁吉亚】0【协香港】0【协澳门】0 【特-1】0【特-2】0【特-3】0 【增】16【对美加征】10【出】0【退】16	台/千克	A		LM		101 102 103 104 105	干衣量≤10kg全自动波轮式洗衣机（洗衣机I类器具） 干衣量≤10kg全自动波轮式洗衣机（洗衣机II类器具） 干衣量≤10kg全自动波轮式洗衣机（洗衣机III类器具） 干衣量≤10kg全自动波轮式洗衣机（洗衣机0I类器具） 干衣量≤10kg全自动波轮式洗衣机（洗衣机0类器具）
845011	20		干衣量≤10kg全自动滚筒式洗衣机 【电商】	Fully-automatic machines Of the drum type, each of a dry linen capacity not exceeding 10kg	【最】7【普】130 【协亚太】4.6【协东盟】0【协巴基斯坦】5 【协智利】0【协新西兰】0【协新加坡】0 【协秘鲁】0【协哥斯达黎加】0【协冰岛】0 【协瑞士】0【协澳大利亚】0【协韩国】7.2 【协格鲁吉亚】0【协香港】0【协澳门】0 【特-1】0【特-2】0【特-3】0 【增】16【对美加征】10【出】0【退】16	台/千克	A		LM		101 102 103 104 105	干衣量≤10kg全自动滚筒式洗衣机（洗衣机I类器具） 干衣量≤10kg全自动滚筒式洗衣机（洗衣机II类器具） 干衣量≤10kg全自动滚筒式洗衣机（洗衣机III类器具） 干衣量≤10kg全自动滚筒式洗衣机（洗衣机0I类器具） 干衣量≤10kg全自动滚筒式洗衣机（洗衣机0类器具）
845011	90		其他干衣量≤10kg的全自动洗衣机	Other fully-automatic machines, each of a dry linen capacity not exceeding 10kg	【最】7【普】130 【协亚太】4.6【协东盟】0【协巴基斯坦】5 【协智利】0【协新西兰】0【协新加坡】0 【协秘鲁】0【协哥斯达黎加】0【协冰岛】0 【协瑞士】0【协澳大利亚】0【协格鲁吉亚】0 【协香港】0【协澳门】0 【特-1】0【特-2】0【特-3】0 【增】16【对美加征】10【出】0【退】16	台/千克	A		LM		101 102 103 104 105	其他干衣量≤10kg的全自动洗衣机（洗衣机I类器具） 其他干衣量≤10kg的全自动洗衣机（洗衣机II类器具） 其他干衣量≤10kg的全自动洗衣机（洗衣机III类器具） 其他干衣量≤10kg的全自动洗衣机（洗衣机0I类器具） 其他干衣量≤10kg的全自动洗衣机（洗衣机0类器具）
845012	00		装有离心甩干机的非全自动洗衣机	Other machines, with built-in centrifugal drier	【最】7【普】130 【协亚太】4.6【协东盟】0【协巴基斯坦】24.9 【协智利】0【协新西兰】0【协新加坡】0 【协秘鲁】0【协哥斯达黎加】0【协冰岛】0 【协瑞士】7【协澳大利亚】0【协格鲁吉亚】0 【协香港】0【协澳门】0 【特-1】0【特-2】0 【增】16【出】0【退】16	台/千克	A		LM		101 102 103 104 105	装有离心甩干机的非全自动洗衣机（干衣量≤10千克）（洗衣机I类器具） 装有离心甩干机的非全自动洗衣机（干衣量≤10千克）（洗衣机II类器具） 装有离心甩干机的非全自动洗衣机（干衣量≤10千克）（洗衣机III类器具） 装有离心甩干机的非全自动洗衣机（干衣量≤10千克）（洗衣机0I类器具） 装有离心甩干机的非全自动洗衣机（干衣量≤10千克）（洗衣机0类器具）

税则号列			货品名称中英文		税费综合信息	计量单位	监管证件代码		检验检疫类别		检验检疫编码	检验检疫编码对应中文名称
HS国际统一前6位	本国子目7~8位	本国子目9~10位	中文货物名称	英文Article Description			进口	出口	进口	出口		
845019	00		干衣量≤10kg的其他洗衣机	Other machines, each of a dry linen capacity not exceeding 10kg	【最】7【普】130 【协东盟】0【协智利】0【协新西兰】0 【协新加坡】0【协秘鲁】0【协哥斯达黎加】0 【协冰岛】0【协瑞士】7【协澳大利亚】0 【协格鲁吉亚】0【协香港】0【协澳门】0 【特-1】0【特-2】0 【增】16【出】0【退】16	台/千克	A		LM		101 102 103 104 105	干衣量≤10kg的其他洗衣机（洗衣机I类器具） 干衣量≤10kg的其他洗衣机（洗衣机II类器具） 干衣量≤10kg的其他洗衣机（洗衣机III类器具） 干衣量≤10kg的其他洗衣机（洗衣机0I类器具） 干衣量≤10kg的其他洗衣机（洗衣机0类器具）
845020	11		全自动的波轮式洗衣机（干衣量>10kg）	Wave-wheel type	【最】10【普】80 【协东盟】0【协巴基斯坦】5【协智利】0 【协新西兰】0【协秘鲁】0【协哥斯达黎加】0 【协冰岛】0【协瑞士】0【协澳大利亚】0 【协格鲁吉亚】0【协香港】0【协澳门】0 【特-1】0【特-2】0【特-3】0 【增】16【对美加征】5【出】0【退】16	台/千克					101 102 103 104 105	全自动的波轮式洗衣机(干衣量>10kg)(洗衣机I类器具) 全自动的波轮式洗衣机(干衣量>10kg)(洗衣机II类器具) 全自动的波轮式洗衣机(干衣量>10kg)(洗衣机III类器具) 全自动的波轮式洗衣机(干衣量>10kg)(洗衣机0I类器具) 全自动的波轮式洗衣机(干衣量>10kg)(洗衣机0类器具)
845020	12		全自动的滚筒式洗衣机（干衣量>10kg）【电商】	Drum-type	【最】10【普】80 【协东盟】0【协巴基斯坦】5【协智利】0 【协新西兰】0【协秘鲁】0【协哥斯达黎加】0 【协冰岛】0【协瑞士】0【协澳大利亚】0 【协格鲁吉亚】0【协香港】0【协澳门】0 【特-1】0【特-2】0【特-3】0 【增】16【对美加征】10【出】0【退】16	台/千克					101 102 103 104 105	全自动的滚筒式洗衣机(干衣量>10kg)(洗衣机I类器具) 全自动的滚筒式洗衣机(干衣量>10kg)(洗衣机II类器具) 全自动的滚筒式洗衣机(干衣量>10kg)(洗衣机III类器具) 全自动的滚筒式洗衣机(干衣量>10kg)(洗衣机0I类器具) 全自动的滚筒式洗衣机(干衣量>10kg)(洗衣机0类器具)
845020	19		其他全自动的洗衣机（干衣量>10kg）	Other fully-automatic machines	【最】10【普】80 【协东盟】0【协巴基斯坦】5【协智利】0 【协新西兰】0【协秘鲁】0【协哥斯达黎加】0 【协冰岛】0【协瑞士】0【协澳大利亚】0 【协格鲁吉亚】0【协香港】0【协澳门】0 【特-1】0【特-2】0【特-3】0 【增】16【对美加征】5【出】0【退】16	台/千克					101 102 103 104 105	其他全自动的洗衣机(干衣量>10kg)(洗衣机I类器具) 其他全自动的洗衣机(干衣量>10kg)(洗衣机II类器具) 其他全自动的洗衣机(干衣量>10kg)(洗衣机III类器具) 其他全自动的洗衣机(干衣量>10kg)(洗衣机0I类器具) 其他全自动的洗衣机(干衣量>10kg)(洗衣机0类器具)

税则号列			货品名称中英文		税费综合信息	计量单位	监管证件代码		检验检疫类别		检验检疫编码	检验检疫编码对应中文名称
HS 国际统一前 6 位	本国子目 7~8 位	本国子目 9~10 位	中文 货物名称	英文 Article Description			进口	出口	进口	出口		
845020	90		其他洗衣机(干衣量>10kg)	Other machines	【最】10【普】80 【协东盟】0【协巴基斯坦】5【协智利】0 【协新西兰】0【协秘鲁】0【协哥斯达黎加】0 【协冰岛】0【协瑞士】0【协澳大利亚】0 【协格鲁吉亚】0【协香港】0【协澳门】0 【特-1】0【特-2】0【特-3】0 【增】16【对美加征】10【出】0【退】16	台/千克					101 102 103 104 105	其他洗衣机(干衣量>10kg)(洗衣机 I 类器具) 其他洗衣机(干衣量>10kg)(洗衣机 II 类器具) 其他洗衣机(干衣量>10kg)(洗衣机 III 类器具) 其他洗衣机(干衣量>10kg)(洗衣机 0I 类器具) 其他洗衣机(干衣量>10kg)(洗衣机 0 类器具)
845090	10		其他干衣量≤10kg 的洗衣机零件	Of the machines, each of a dry linen capacity not exceeding 10kg	【最】5【普】130 【协亚太】3.3【协东盟】0【协巴基斯坦】0 【协智利】0【协新西兰】0【协秘鲁】0 【协哥斯达黎加】0【协冰岛】0【协瑞士】0 【协澳大利亚】0【协韩国】3.6【协格鲁吉亚】0 【协香港】0【协澳门】0 【特-1】0【特-2】0【特-3】0 【增】16【对美加征】10【出】0【退】16	千克					999	其他干衣量≤10kg 的洗衣机零件
845090	90		干衣量>10kg 的洗衣机零件	Machine parts, each of a dry linen capacity exceeding 10kg	【最】8【普】80【暂进】5 【协亚太】5.2【协东盟】0【协巴基斯坦】12.8 【协智利】0【协新西兰】0【协新加坡】0 【协秘鲁】0【协哥斯达黎加】0【协冰岛】0 【协瑞士】6.4【协澳大利亚】0【协韩国】9.6 【协格鲁吉亚】9.6【协香港】0【协澳门】0 【特-1】0【特-2】0 【增】16【对美加征】5【出】0【退】16	千克					999	干衣量>10kg 的洗衣机零件
845110	00		干洗机	Dry-cleaning machines	【最】10【普】80 【协亚太】6.5【协东盟】0【协巴基斯坦】16 【协智利】0【协新西兰】0【协新加坡】0 【协秘鲁】0【协哥斯达黎加】0【协冰岛】0 【协瑞士】8.4【协澳大利亚】0 【协韩国】15.4【协格鲁吉亚】0【协香港】0 【协澳门】0 【特-1】0【特-2】0 【增】16【对美加征】10【出】0【退】16	台/千克					101 102 103 104 105	干洗机(干洗机 I 类器具) 干洗机(干洗机 II 类器具) 干洗机(干洗机 III 类器具) 干洗机(干洗机 0I 类器具) 干洗机(干洗机 0 类器具)
845121	00		干衣量≤10kg 的干燥机	Drying machines, each of a dry linen capacity not exceeding 10kg	【最】8【普】80 【协亚太】5.2【协东盟】0【协巴基斯坦】7.5 【协智利】0【协新西兰】0【协新加坡】0 【协秘鲁】0【协哥斯达黎加】0【协冰岛】0 【协瑞士】6【协澳大利亚】0【协韩国】9 【协格鲁吉亚】0【协香港】0【协澳门】0 【特-1】0【特-2】0 【增】16【对美加征】10【出】0【退】16	台/千克					101 102 103 104 105	干衣量≤10kg 的干燥机(干衣机 I 类器具) 干衣量≤10kg 的干燥机(干衣机 II 类器具) 干衣量≤10kg 的干燥机(干衣机 III 类器具) 干衣量≤10kg 的干燥机(干衣机 0I 类器具) 干衣量≤10kg 的干燥机(干衣机 0 类器具)
845129	00		干衣量>10kg 的其他干燥机	Other drying machines, each of a dry linen capacity exceeding 10kg	【最】8【普】30 【协亚太】5.2【协东盟】0【协巴基斯坦】5 【协智利】0【协新西兰】0【协秘鲁】0 【协哥斯达黎加】0【协冰岛】0【协瑞士】0 【协澳大利亚】0【协韩国】4.8 【协格鲁吉亚】0【协香港】0【协澳门】0 【特-1】0【特-2】0【特-3】0 【增】16【对美加征】5【出】0【退】16	台/千克					101 102 103 104 105	干衣量>10kg 的其他干燥机(干衣机 I 类器具) 干衣量>10kg 的其他干燥机(干衣机 II 类器具) 干衣量>10kg 的其他干燥机(干衣机 III 类器具) 干衣量>10kg 的其他干燥机(干衣机 0I 类器具) 干衣量>10kg 的其他干燥机(干衣机 0 类器具)

税则号列			货品名称中英文		税费综合信息	计量单位	监管证件代码		检验检疫类别		检验检疫编码	检验检疫编码对应中文名称
HS国际统一前6位	本国子目 7~8位	本国子目 9~10位	中文 货物名称	英文 Article Description			进口	出口	进口	出口		
845130	00		熨烫机及挤压机（包括熔压机）	Ironing machines and presses(including fusing presses)	【最】8【普】30 【协亚太】5.2【协东盟】0【协巴基斯坦】5 【协智利】0【协新西兰】0【协新加坡】0 【协秘鲁】0【协哥斯达黎加】0【协冰岛】0 【协瑞士】0【协澳大利亚】0【协韩国】4.8 【协格鲁吉亚】0【协香港】0【协澳门】0 【特-1】0【特-2】0【特-3】0 【增】16【对美加征】10【出】0【退】16	台/千克					101 102 103 104 105 ……	熨烫机及挤压机（包括熔压机）（印花机） 熨烫机及挤压机（包括熔压机）（纺织行业成套设备） 熨烫机及挤压机（包括熔压机）（熨烫机Ⅰ类器具） 熨烫机及挤压机（包括熔压机）（熨烫机Ⅱ类器具） 熨烫机及挤压机（包括熔压机）（熨烫机Ⅲ类器具） ……①
845140	00		其他洗涤，漂白或染色机器	Washing, bleaching or dyeing machines	【最】8【普】20 【协亚太】5.2【协东盟】0【协香港】0 【协澳门】0【协巴基斯坦】5【协智利】0 【协新西兰】0【协秘鲁】0【协台湾】0 【协哥斯达黎加】0【协冰岛】0【协瑞士】0 【协澳大利亚】0【协韩国】1.6 【协格鲁吉亚】0 【特-1】0【特-2】0【特-3】0 【增】16【对美加征】10【出】0【退】16	台/千克					101 102 103	其他洗涤，漂白或染色机器（染色机） 其他洗涤，漂白或染色机器（其他印染机械及其零件） 其他洗涤，漂白或染色机器（纺织行业成套设备）
845150	00		织物的卷绕，退绕，折叠，剪切机器	Machines for reeling, unreeling, folding, cutting or pinking textile fabrics	【最】8【普】20 【协亚太】5.2【协东盟】0【协巴基斯坦】5 【协智利】0【协新西兰】0【协秘鲁】0 【协台湾】0【协哥斯达黎加】0【协冰岛】0 【协瑞士】0【协澳大利亚】0【协韩国】1.6 【协格鲁吉亚】0【协香港】0【协澳门】0 【特-1】0【特-2】0【特-3】0 【增】16【对美加征】5【出】0【退】16	台/千克					999	织物的卷绕，退绕，折叠，剪切机器（包括剪齿边机）
845180	00	01	服装定型焙烘炉；服装液氨整理机；预缩机；罐蒸机	Clothing stereotyped baking furnaces, clothes ammonia finishing machines, preshrinking machines; pot steaming machine	【最】8【普】30 【协亚太】7.2【协东盟】0【协香港】0 【协巴基斯坦】5【协智利】0【协新西兰】0 【协新加坡】0【协秘鲁】0【协台湾】0 【协哥斯达黎加】0【协冰岛】0 【协澳大利亚】0【协韩国】9.6 【协格鲁吉亚】0 【特-1】0【特-2】0【特-3】0 【增】16【对美加征】10【出】0【退】16	台/千克					101 102 103 104 105 ……	服装定型焙烘炉；服装液氨整理机；预缩机；罐蒸机（其他印染机械及其零件） 服装定型焙烘炉；服装液氨整理机；预缩机；罐蒸机（纺织行业成套设备） 服装定型焙烘炉；服装液氨整理机；预缩机；罐蒸机（其他衣物处理设备及其零件Ⅰ类器具） 服装定型焙烘炉；服装液氨整理机；预缩机；罐蒸机（其他衣物处理设备及其零件Ⅱ类器具） 服装定型焙烘炉；服装液氨整理机；预缩机；罐蒸机（其他衣物处理设备及其零件Ⅲ类器具） ……②

① 该税号项下检验检疫编码及对应中文名称尚有：106　熨烫机及挤压机（包括熔压机）（熨烫机0Ⅰ类器具），107　熨烫机及挤压机（包括熔压机）（熨烫机0类器具）。

② 该税号项下检验检疫编码及对应中文名称尚有：106　服装定型焙烘炉；服装液氨整理机；预缩机；罐蒸机（其他衣物处理设备及其零件0Ⅰ类器具），107　服装定型焙烘炉；服装液氨整理机；预缩机；罐蒸机（其他衣物处理设备及其零件0类器具），108　服装定型焙烘炉；服装液氨整理机；预缩机；罐蒸机（其他大型家用及其类似用途电器及其零件Ⅰ类器具），109　服装定型焙烘炉；服装液氨整理机；预缩机；罐蒸机（其他大型家用及其类似用途电器及其零件Ⅱ类器具），110　服装定型焙烘炉；服装液氨整理机；预缩机；罐蒸机（其他大型家用及其类似用途电器及其零件Ⅲ类器具），111　服装定型焙烘炉；服装液氨整理机；预缩机；罐蒸机（其他大型家用及其类似用途电器及其零件0Ⅰ类器具），112　服装定型焙烘炉；服装液氨整理机；预缩机；罐蒸机（其他大型家用及其类似用途电器及其零件0类器具）。

税则号列			货品名称中英文		税费综合信息	计量单位	监管证件代码		检验检疫类别		检验检疫编码	检验检疫编码对应中文名称
HS 国际统一前 6 位	本国子目 7~8 位	本国子目 9~10 位	中文 货物名称	英文 Article Description			进口	出口	进口	出口		
845180	00	02	剪绒、洗缩联合机；剪毛联合机；柔软整理机	Shearing, washing-shrinking combined machines; shearing combined machines; coating machine; softening machines	【最】8【普】30 【协亚太】7.2【协东盟】0【协香港】0 【协巴基斯坦】5【协智利】0【协新西兰】0 【协新加坡】0【协秘鲁】0【协台湾】0 【协哥斯达黎加】0【协冰岛】0 【协澳大利亚】0【协韩国】9.6 【协格鲁吉亚】0 【特-1】0【特-2】0【特-3】0 【增】16【对美加征】10【出】0【退】16	台/千克					101 102 103 104 105 ……	剪绒、洗缩联合机；剪毛联合机；柔软整理机（其他印染机械及其零件） 剪绒、洗缩联合机；剪毛联合机；柔软整理机（纺织行业成套设备） 剪绒、洗缩联合机；剪毛联合机；柔软整理机（其他衣物处理设备及其零件 I 类器具） 剪绒、洗缩联合机；剪毛联合机；柔软整理机（其他衣物处理设备及其零件 II 类器具） 剪绒、洗缩联合机；剪毛联合机；柔软整理机（其他衣物处理设备及其零件 III 类器具） ……①
845180	00	03	定型机；精炼机；丝光机；磨毛机	Shaping machines; refining machines; mercerization machines; sanding machines	【最】8【普】30 【协亚太】7.2【协东盟】0【协香港】0 【协巴基斯坦】5【协智利】0【协新西兰】0 【协新加坡】0【协秘鲁】0【协台湾】0 【协哥斯达黎加】0【协冰岛】0 【协澳大利亚】0【协韩国】9.6 【协格鲁吉亚】0 【特-1】0【特-2】0【特-3】0 【增】16【对美加征】10【出】0【退】16	台/千克					101 102 103 104 105 ……	定型机；精炼机；丝光机；磨毛机（其他印染机械及其零件） 定型机；精炼机；丝光机；磨毛机（纺织行业成套设备） 定型机；精炼机；丝光机；磨毛机（其他衣物处理设备及其零件 I 类器具） 定型机；精炼机；丝光机；磨毛机（其他衣物处理设备及其零件 II 类器具） 定型机；精炼机；丝光机；磨毛机（其他衣物处理设备及其零件 III 类器具） ……②
845180	00	04	涂层机	Coating machines	【最】8【普】30 【协亚太】7.2【协东盟】0【协香港】0 【协巴基斯坦】5【协智利】0【协新西兰】0 【协新加坡】0【协秘鲁】0【协台湾】0 【协哥斯达黎加】0【协冰岛】0 【协澳大利亚】0【协韩国】9.6 【协格鲁吉亚】0 【特-1】0【特-2】0【特-3】0 【增】16【对美加征】10【出】0【退】16	台/千克					999	涂层机

① 该税号项下检验检疫编码及对应中文名称尚有：106　剪绒、洗缩联合机；剪毛联合机；柔软整理机（其他衣物处理设备及其零件 0I 类器具），107　剪绒、洗缩联合机；剪毛联合机；柔软整理机（其他衣物处理设备及其零件 0 类器具），108　剪绒、洗缩联合机；剪毛联合机；柔软整理机（其他大型家用及其类似用途电器及其零件 I 类器具），109　剪绒、洗缩联合机；剪毛联合机；柔软整理机（其他大型家用及其类似用途电器及其零件 II 类器具），110　剪绒、洗缩联合机；剪毛联合机；柔软整理机（其他大型家用及其类似用途电器及其零件 III 类器具），111　剪绒、洗缩联合机；剪毛联合机；柔软整理机（其他大型家用及其类似用途电器及其零件 0I 类器具），112　剪绒、洗缩联合机；剪毛联合机；柔软整理机（其他大型家用及其类似用途电器及其零件 0 类器具）。

② 该税号项下检验检疫编码及对应中文名称尚有：106　定型机；精炼机；丝光机；磨毛机（其他衣物处理设备及其零件 0I 类器具），107　定型机；精炼机；丝光机；磨毛机（其他衣物处理设备及其零件 0 类器具），108　定型机；精炼机；丝光机；磨毛机（其他大型家用及其类似用途电器及其零件 I 类器具），109　定型机；精炼机；丝光机；磨毛机（其他大型家用及其类似用途电器及其零件 II 类器具），110　定型机；精炼机；丝光机；磨毛机（其他大型家用及其类似用途电器及其零件 III 类器具），111　定型机；精炼机；丝光机；磨毛机（其他大型家用及其类似用途电器及其零件 0I 类器具），112　定型机；精炼机；丝光机；磨毛机（其他大型家用及其类似用途电器及其零件 0 类器具）。

税则号列 HS国际统一前6位	本国子目 7~8位	本国子目 9~10位	货品名称中英文 中文 货物名称	货品名称中英文 英文 Article Description	税费综合信息	计量单位	监管证件代码 进口	监管证件代码 出口	检验检疫类别 进口	检验检疫类别 出口	检验检疫编码	检验检疫编码对应中文名称
845180	00	90	税目84.51未列名的其他机器	Other machines not listed in Heading 84.51	【最】8【普】30 【协亚太】7.2【协东盟】0【协香港】0 【协巴基斯坦】5【协智利】0【协新西兰】0 【协新加坡】0【协秘鲁】0【协台湾】0 【协哥斯达黎加】0【协冰岛】0 【协澳大利亚】0【协韩国】9.6 【协格鲁吉亚】0 【特-1】0【特-2】0【特-3】0 【增】16【对美加征】10【出】0【退】16	台/千克					101 102 103 104 105 ……	税目84.51未列名的其他机器（印花机） 税目84.51未列名的其他机器（染色机） 税目84.51未列名的其他机器（其他印染机械及其零件） 税目84.51未列名的其他机器（纺织行业成套设备） 税目84.51未列名的其他机器（其他衣物处理设备及其零件I类器具） ……①
845190	00		税目84.51所列机器的零件	Parts of machines of heading No. 84.51	【最】8【普】20 【协亚太】5.2【协东盟】0【协巴基斯坦】5 【协智利】0【协新西兰】0【协秘鲁】0 【协哥斯达黎加】0【协冰岛】0【协瑞士】0 【协澳大利亚】0【协韩国】4.8 【协格鲁吉亚】0【协香港】0【协澳门】0 【特-1】0【特-2】0【特-3】0 【增】16【对美加征】10【出】0【退】16	千克					101 102 103	税目84.51所列机器的零件（其他印染机械及其零件） 税目84.51所列机器的零件（纺织行业成套设备） 税目84.51所列机器的零件（其他衣物处理设备及其零件）
845210	10		多功能家用型缝纫机	Multifuncitonal sewing machines of household type	【最】9【普】80 【协亚太】5.9【协东盟】0【协巴基斯坦】16.8 【协智利】0【协新西兰】0【协新加坡】0 【协秘鲁】0【协哥斯达黎加】0【协冰岛】0 【协瑞士】8.4【协澳大利亚】0 【协韩国】15.4【协格鲁吉亚】0【协香港】0 【协澳门】0 【特-1】0【特-2】0 【增】16【对美加征】10【出】0【退】16	台/千克					999	多功能家用型缝纫机
845210	91		其他家用型手动式缝纫机	Sewing machines of household type, Hand operated	【最】9【普】80 【协亚太】5.9【协东盟】0【协巴基斯坦】16.8 【协智利】0【协新西兰】0【协新加坡】0 【协秘鲁】0【协哥斯达黎加】0【协冰岛】0 【协瑞士】8.4【协澳大利亚】0 【协韩国】15.4【协格鲁吉亚】0【协香港】0 【协澳门】0 【特-1】0【特-2】0 【增】16【对美加征】10【出】0【退】16	台/千克					999	其他家用型手动式缝纫机
845210	99		其他家用型缝纫机	Other sewing machines of household type	【最】9【普】80 【协亚太】5.9【协东盟】0【协巴基斯坦】16.8 【协智利】0【协新西兰】0【协新加坡】0 【协秘鲁】0【协哥斯达黎加】0【协冰岛】0 【协瑞士】8.4【协澳大利亚】0 【协韩国】15.4【协格鲁吉亚】0【协香港】0 【协澳门】0 【特-1】0【特-2】0 【增】16【出】0【退】16	台/千克					101 102	其他家用型缝纫机（电动家用缝纫机） 其他家用型缝纫机（机械家用缝纫机）
845221	10		非家用自动平缝机	Automatic Flatseam of non household type	【最】9【普】40 【协亚太】5.9【协东盟】0【协巴基斯坦】5 【协智利】0【协新西兰】0【协新加坡】0 【协秘鲁】0【协哥斯达黎加】0【协冰岛】0 【协瑞士】4.8【协澳大利亚】0【协韩国】7.2 【协香港】0【协澳门】0 【协格鲁吉亚】0 【特-1】0【特-2】0【特-3】0 【增】16【对美加征】10【出】0【退】16	台/千克					101 102	非家用自动平缝机（电动工业用缝纫机） 非家用自动平缝机（机械工业用缝纫机）

① 该税号项下检验检疫编码及对应中文名称尚有：106　税目84.51未列名的其他机器（其他衣物处理设备及其零件II类器具），107　税目84.51未列名的其他机器（其他衣物处理设备及其零件III类器具），108　税目84.51未列名的其他机器（其他衣物处理设备及其零件0I类器具），109　税目84.51未列名的其他机器（其他衣物处理设备及其零件0类器具），110　税目84.51未列名的其他机器（其他大型家用及其类似用途电器及其零件I类器具），111　税目84.51未列名的其他机器（其他大型家用及其类似用途电器及其零件II类器具），112　税目84.51未列名的其他机器（其他大型家用及其类似用途电器及其零件III类器具），113　税目84.51未列名的其他机器（其他大型家用及其类似用途电器及其零件0I类器具），114　税目84.51未列名的其他机器（其他大型家用及其类似用途电器及其零件0类器具）。

税则号列 HS国际统一前6位	本国子目 7~8位	本国子目 9~10位	货品名称中英文 中文 货物名称	货品名称中英文 英文 Article Description	税费综合信息	计量单位	监管证件代码 进口	监管证件代码 出口	检验检疫类别 进口	检验检疫类别 出口	检验检疫编码	检验检疫编码对应中文名称
845221	20		非家用自动包缝机	Automatic overlock machine of non household type	【最】9【普】40 【协亚太】5.9【协东盟】0【协巴基斯坦】5 【协智利】0【协新西兰】0【协新加坡】0 【协秘鲁】0【协台湾】0【协哥斯达黎加】0 【协冰岛】0【协瑞士】4.8【协澳大利亚】0 【协韩国】7.2【协格鲁吉亚】0【协香港】0 【协澳门】0 【特-1】0【特-2】0【特-3】0 【增】16【对美加征】10【出】0【退】16	台/千克					101 102	非家用自动包缝机（电动工业用缝纫机） 非家用自动包缝机（机械工业用缝纫机）
845221	30		非家用自动绷缝机	Automatic interlock machine of non household type	【最】9【普】40 【协亚太】5.9【协东盟】0【协巴基斯坦】5 【协智利】0【协新西兰】0【协新加坡】0 【协秘鲁】0【协台湾】0【协哥斯达黎加】0 【协冰岛】0【协瑞士】4.8【协澳大利亚】0 【协韩国】7.2【协格鲁吉亚】0【协香港】0 【协澳门】0 【特-1】0【特-2】0【特-3】0 【增】16【对美加征】10【出】0【退】16	台/千克					101 102	非家用自动绷缝机（电动工业用缝纫机） 非家用自动绷缝机（机械工业用缝纫机）
845221	90		其他非家用自动缝纫机	Other sewing machines of non household type, automatic units	【最】9【普】40 【协亚太】5.9【协东盟】0【协巴基斯坦】5 【协智利】0【协新西兰】0【协新加坡】0 【协秘鲁】0【协台湾】0【协哥斯达黎加】0 【协冰岛】0【协瑞士】4.8【协澳大利亚】0 【协韩国】7.2【协格鲁吉亚】0【协香港】0 【协澳门】0 【特-1】0【特-2】0【特-3】0 【增】16【对美加征】10【出】0【退】16	台/千克					101 102 103	其他非家用自动缝纫机（电动工业用缝纫机） 其他非家用自动缝纫机（机械工业用缝纫机） 其他非家用自动缝纫机（其他缝纫机）
845229	00		其他非自动缝纫机	Other non-automatic sewing machines(other than of household type)	【最】9【普】40 【协亚太】5.9【协东盟】0【协香港】0 【协巴基斯坦】5【协智利】0【协新西兰】0 【协新加坡】0【协秘鲁】0【协哥斯达黎加】0 【协冰岛】0【协瑞士】4.8【协澳大利亚】0 【协韩国】7.2【协格鲁吉亚】0 【特-1】0【特-2】0【特-3】0 【增】16【对美加征】10【出】0【退】16	台/千克					101 102 103	其他非自动缝纫机（家用型除外）（电动工业用缝纫机） 其他非自动缝纫机（家用型除外）（机械工业用缝纫机） 其他非自动缝纫机（家用型除外）（其他缝纫机）
845230	00		缝纫机针	Sewing machine needles	【最】9【普】100 【协亚太】5.9【协东盟】0【协巴基斯坦】7 【协智利】0【协新西兰】0【协新加坡】0 【协秘鲁】0【协哥斯达黎加】0【协冰岛】0 【协瑞士】5.6【协澳大利亚】0【协韩国】8.4 【协格鲁吉亚】0【协香港】0【协澳门】0 【特-1】0【特-2】0 【增】16【对美加征】10【出】0【退】16	千克					999	缝纫机针
845290	11		家用缝纫机用旋梭	Rotating shuttles for sewing machines of household type	【最】8【普】80 【协亚太】5.2【协东盟】0【协巴基斯坦】7 【协智利】0【协新西兰】0【协新加坡】0 【协秘鲁】0【协哥斯达黎加】0【协冰岛】0 【协瑞士】5.6【协澳大利亚】0【协韩国】8.4 【协格鲁吉亚】0【协香港】0【协澳门】0 【特-1】0【特-2】0 【增】16【出】0【退】16	千克					999	家用缝纫机用旋梭
845290	19		家用缝纫机用其他零件	Other parts for sewing machines of household type	【最】8【普】80 【协亚太】5.2【协东盟】0【协巴基斯坦】7 【协智利】0【协新西兰】0【协新加坡】0 【协秘鲁】0【协哥斯达黎加】0【协冰岛】0 【协瑞士】5.6【协澳大利亚】0【协韩国】8.4 【协格鲁吉亚】0 【特-1】0【特-2】0 【增】16【对美加征】10【出】0【退】16	千克					999	家用缝纫机用其他零件（旋梭除外）
845290	91		非家用缝纫机用旋梭	Rotating shuttles for sewing machines of non household type	【最】8【普】80 【协亚太】5.6【协东盟】0【协巴基斯坦】7 【协智利】0【协新西兰】0【协新加坡】0 【协秘鲁】0【协哥斯达黎加】0【协冰岛】0 【协瑞士】5.6【协澳大利亚】0【协韩国】8.4 【协格鲁吉亚】0【协香港】0【协澳门】0 【特-1】0【特-2】0【特-3】0 【增】16【出】0【退】16	千克					999	非家用缝纫机用旋梭

税则号列			货品名称中英文		税费综合信息	计量单位	监管证件代码		检验检疫类别		检验检疫编码	检验检疫编码对应中文名称
HS国际统一前6位	本国子目 7~8位	本国子目 9~10位	中文 货物名称	英文 Article Description			进口	出口	进口	出口		
845290	92		非家用缝纫机用特制家具、底座和罩盖及其零件	Furniture, bases and covers for sewing machines of non household type, and parts thereof	【最】8【普】100 【协东盟】0【协巴基斯坦】11.2【协智利】0 【协新西兰】0【协新加坡】0【协秘鲁】0 【协哥斯达黎加】0【协冰岛】0【协瑞士】5.6 【协澳大利亚】0【协韩国】8.4 【协格鲁吉亚】0【协香港】0【协澳门】0 【特-1】0【特-2】0 【增】16【出】0【退】16	千克					999	非家用缝纫机用特制家具、底座和罩盖及其零件
845290	99		非家用缝纫机用其他零件（旋梭除外）	Other parts for sewing machines of non household type (other than rotating shuttles)	【最】8【普】80 【协亚太】5.2【协东盟】0【协巴基斯坦】7 【协智利】0【协新西兰】0【协新加坡】0 【协秘鲁】0【协台湾】0【协哥斯达黎加】0 【协冰岛】0【协瑞士】5.6【协澳大利亚】0 【协韩国】8.4【协格鲁吉亚】0【协香港】0 【协澳门】0 【特-1】0【特-2】0【特-3】0 【增】16【对美加征】10【出】0【退】16	千克					999	非家用缝纫机用其他零件（旋梭除外）
845310	00		生皮，皮革的处理或加工机器	Machinery for preparing, tanning or working hides, skins or leather	【最】8【普】30 【协亚太】5.2【协东盟】0【协巴基斯坦】5 【协智利】0【协新西兰】0【协秘鲁】0 【协哥斯达黎加】0【协冰岛】0【协瑞士】0 【协澳大利亚】0【协韩国】5【协格鲁吉亚】0 【协香港】0【协澳门】0 【特-1】0【特-2】0 【增】16【对美加征】10【出】0【退】16	台/千克					999	生皮，皮革的处理或加工机器（包括鞣制机）
845320	00		鞋靴制作或修理机器	Machinery for making or repairing footwear	【最】8【普】30 【协亚太】5.2【协东盟】0【协巴基斯坦】5 【协智利】0【协新西兰】0【协秘鲁】0 【协哥斯达黎加】0【协冰岛】0【协瑞士】0 【协澳大利亚】0【协韩国】5【协格鲁吉亚】0 【协香港】0【协澳门】0 【特-1】0【特-2】0 【增】16【对美加征】10【出】0【退】16	台/千克					999	鞋靴制作或修理机器（缝纫机除外）
845380	00		毛皮及其他皮革的制作或修理机器	Other machinery for making or repairing other articles of hides, skins or leather, other than sewing machines	【最】8【普】30 【协东盟】0【协巴基斯坦】5【协智利】0 【协新西兰】0【协秘鲁】0【协哥斯达黎加】0 【协冰岛】0【协瑞士】0【协澳大利亚】0 【协韩国】5【协格鲁吉亚】0【协香港】0 【协澳门】0 【特-1】0【特-2】0 【增】16【出】0【退】16	台/千克					999	毛皮及其他皮革的制作或修理机器（缝纫机除外）
845390	00		税目84.53所列机器的零件	Parts of machinery of heading No. 84.53	【最】8【普】30 【协东盟】0【协巴基斯坦】5【协智利】0 【协新西兰】0【协秘鲁】0【协哥斯达黎加】0 【协冰岛】0【协瑞士】0【协澳大利亚】0 【协韩国】4.8【协格鲁吉亚】0【协香港】0 【协澳门】0 【特-1】0【特-2】0 【增】16【对美加征】10【出】0【退】16	千克					999	税目84.53所列机器的零件（皮革等处理，加工或修理机器的）
845410	00		金属冶炼及铸造用转炉	Converters	【最】8【普】35 【协东盟】0【协巴基斯坦】5【协智利】0 【协新西兰】0【协秘鲁】0【协哥斯达黎加】0 【协冰岛】0【协瑞士】0【协澳大利亚】0 【协韩国】1.6【协格鲁吉亚】0【协香港】0 【协澳门】0 【特-1】0【特-2】0【特-3】0 【增】16【对美加征】10【出】0【退】16	台/千克					999	金属冶炼及铸造用转炉
845420	10	10	VOD炉（真空脱气炉）	VOD furnaces (vacuum degassing furnaces)	【最】8【普】35 【协东盟】0【协巴基斯坦】5【协智利】0 【协新西兰】0【协秘鲁】0【协哥斯达黎加】0 【协冰岛】0【协瑞士】0【协澳大利亚】0 【协韩国】1.6【协格鲁吉亚】0【协香港】0 【协澳门】0 【特-1】0【特-2】0【特-3】0 【增】16【对美加征】10【出】0【退】16	台/千克	0				999	VOD炉（真空脱气炉）

税则号列			货品名称中英文		税费综合信息	计量单位	监管证件代码		检验检疫类别		检验检疫编码	检验检疫编码对应中文名称
HS国际统一前6位	本国子目7~8位	9~10位	中文货物名称	英文 Article Description			进口	出口	进口	出口		
845420	10	90	其他炉外精炼设备	Other secondary refining equipments	【最】8【普】35 【协东盟】0【协巴基斯坦】5【协智利】0 【协新西兰】0【协秘鲁】0【协哥斯达黎加】0 【协冰岛】0【协瑞士】0【协澳大利亚】0 【协韩国】1.6【协格鲁吉亚】0【协香港】0 【协澳门】0 【特-1】0【特-2】0【特-3】0 【增】16【对美加征】10【出】0【退】16	台/千克	O				999	其他炉外精炼设备
845420	90		其他金属冶炼及铸造用锭模及浇包	Other ladles, ingot moulds, of a kind used in metallurgy or in metal foundries	【最】8【普】35 【协东盟】0【协巴基斯坦】5【协智利】0 【协新西兰】0【协秘鲁】0【协哥斯达黎加】0 【协冰岛】0【协澳大利亚】0【协韩国】5 【协格鲁吉亚】0【协香港】0【协澳门】0 【特-1】0【特-2】0【特-3】0 【增】16【对美加征】10【出】0【退】16	台/千克					999	其他金属冶炼及铸造用锭模及浇包
845430	10		冷室压铸机	Cold chamber die-casting machines	【最】12【普】35 【协亚太】7.8【协东盟】0【协巴基斯坦】6 【协智利】0【协新西兰】0【协新加坡】0 【协秘鲁】0【协哥斯达黎加】0【协冰岛】0 【协瑞士】4.8【协澳大利亚】0【协韩国】7.2 【协格鲁吉亚】0【协香港】0【协澳门】0 【特-1】0【特-2】0【特-3】0 【增】16【出】0【退】16	台/千克	O				999	冷室压铸机
845430	21		方坯连铸机	Ingot block	【最】10【普】35 【协亚太】6.5【协东盟】0【协巴基斯坦】5 【协智利】0【协新西兰】0【协秘鲁】0 【协哥斯达黎加】0【协冰岛】0【协瑞士】4 【协澳大利亚】0【协韩国】6【协格鲁吉亚】0 【协香港】0【协澳门】0 【特-1】0【特-2】0【特-3】0 【增】16【出】0【退】16	台/千克					999	方坯连铸机
845430	22		板坯连铸机	Ingot slab	【最】12【普】35 【协亚太】7.8【协东盟】0【协巴基斯坦】6 【协智利】0【协新西兰】0【协新加坡】0 【协秘鲁】0【协哥斯达黎加】0【协冰岛】0 【协瑞士】4.8【协澳大利亚】0【协韩国】7.2 【协格鲁吉亚】0【协香港】0【协澳门】0 【特-1】0【特-2】0【特-3】0 【增】16【出】0【退】16	台/千克	O				999	板坯连铸机
845430	29		其他钢坯连铸机	Other ingot continuous casting machines	【最】12【普】35 【协亚太】7.8【协东盟】0【协巴基斯坦】6 【协智利】0【协新西兰】0【协新加坡】0 【协秘鲁】0【协哥斯达黎加】0【协冰岛】0 【协瑞士】4.8【协澳大利亚】0【协韩国】7.2 【协格鲁吉亚】0【协香港】0【协澳门】0 【特-1】0【特-2】0【特-3】0 【增】16【出】0【退】16	台/千克	O				999	其他钢坯连铸机
845430	90		其他金属冶炼及铸造用铸造机	Other casting machines, of a kind used in metallurgy or in metal foundries	【最】12【普】35 【协亚太】7.8【协东盟】0【协巴基斯坦】6 【协智利】0【协新西兰】0【协新加坡】0 【协秘鲁】0【协哥斯达黎加】0【协冰岛】0 【协瑞士】4.8【协澳大利亚】0【协韩国】9.6 【协格鲁吉亚】0【协香港】0【协澳门】0 【特-1】0【特-2】0【特-3】0 【增】16【对美加征】5【出】0【退】16	台/千克					999	其他金属冶炼及铸造用铸造机
845490	10		炉外精炼设备的零件	Parts For the fining equipments outside of converters	【最】8【普】20 【协东盟】0【协巴基斯坦】5【协智利】0 【协新西兰】0【协秘鲁】0【协哥斯达黎加】0 【协冰岛】0【协瑞士】0【协澳大利亚】0 【协韩国】4.8【协格鲁吉亚】0【协香港】0 【协澳门】0 【特-1】0【特-2】0【特-3】0 【增】16【对美加征】10【出】0【退】16	千克					999	炉外精炼设备的零件

税则号列 HS国际统一前6位	本国子目 7~8位	本国子目 9~10位	货品名称中英文 中文 货物名称	货品名称中英文 英文 Article Description	税费综合信息	计量单位	监管证件代码 进口	监管证件代码 出口	检验检疫类别 进口	检验检疫类别 出口	检验检疫编码	检验检疫编码对应中文名称
845490	21		钢坯连铸机用结晶器	Crystallizers for ingot continuous casting machines	【最】8【普】20 【协东盟】0【协巴基斯坦】5【协智利】0 【协新西兰】0【协秘鲁】0【协哥斯达黎加】0 【协冰岛】0【协瑞士】0【协澳大利亚】0 【协韩国】1.6【协格鲁吉亚】0【协香港】0 【协澳门】0 【特-1】0【特-2】0【特-3】0 【增】16【出】0【退】16	千克					999	钢坯连铸机用结晶器
845490	22		钢坯连铸机用振动装置	Vibrating devices for ingot continuous casting machines	【最】8【普】20 【协东盟】0【协巴基斯坦】5【协智利】0 【协新西兰】0【协秘鲁】0【协哥斯达黎加】0 【协冰岛】0【协瑞士】0【协澳大利亚】0 【协韩国】1.6【协格鲁吉亚】0【协香港】0 【协澳门】0 【特-1】0【特-2】0【特-3】0 【增】16【出】0【退】16	千克					999	钢坯连铸机用振动装置
845490	29		钢坯连铸机用其他零件	Other parts for ingot continuous casting machines	【最】8【普】20 【协东盟】0【协巴基斯坦】5【协智利】0 【协新西兰】0【协秘鲁】0【协哥斯达黎加】0 【协冰岛】0【协瑞士】3.2【协澳大利亚】0 【协韩国】4.8【协格鲁吉亚】0【协香港】0 【协澳门】0 【特-1】0【特-2】0【特-3】0 【增】16【对美加征】10【出】0【退】16	千克					999	钢坯连铸机用其他零件
845490	90		其他冶炼等用转炉及铸造机的零件	Other pats for converters and casting machines, of a kind used in metallurgy (including parts for ladles and ingot moulds)	【最】8【普】20 【协东盟】0【协巴基斯坦】5【协智利】0 【协新西兰】0【协秘鲁】0【协哥斯达黎加】0 【协冰岛】0【协瑞士】3.2【协澳大利亚】0 【协韩国】1.6【协格鲁吉亚】0【协香港】0 【协澳门】0 【特-1】0【特-2】0【特-3】0 【增】16【对美加征】10【出】0【退】16	千克					999	其他冶炼等用转炉及铸造机的零件（包括浇包、锭模的零件）
845510	10		热轧管机	Tube mills, for hot-rolled	【最】12【普】35 【协亚太】7.8【协东盟】0【协巴基斯坦】5 【协智利】0【协新西兰】0【协新加坡】0 【协秘鲁】0【协哥斯达黎加】0【协冰岛】0 【协瑞士】4.8【协澳大利亚】0【协韩国】7.2 【协格鲁吉亚】0【协香港】0【协澳门】0 【特-1】0【特-2】0【特-3】0 【增】16【出】0【退】16	台/千克					999	热轧管机
845510	20		冷轧管机	Tube mills for cold-rolled	【最】12【普】35 【协亚太】7.8【协东盟】0【协巴基斯坦】5 【协智利】0【协新西兰】0【协新加坡】0 【协秘鲁】0【协哥斯达黎加】0【协冰岛】0 【协瑞士】4.8【协澳大利亚】0【协韩国】7.2 【协格鲁吉亚】0【协香港】0【协澳门】0 【特-1】0【特-2】0【特-3】0 【增】16【对美加征】10【出】0【退】16	台/千克	O				999	冷轧管机
845510	30		定、减径轧管机	Fixed and reduced tube mills	【最】12【普】35 【协亚太】7.8【协东盟】0【协巴基斯坦】5 【协智利】0【协新西兰】0【协新加坡】0 【协秘鲁】0【协哥斯达黎加】0【协冰岛】0 【协瑞士】4.8【协澳大利亚】0【协韩国】7.2 【协格鲁吉亚】0【协香港】0【协澳门】0 【特-1】0【特-2】0【特-3】0 【增】16【出】0【退】16	台/千克	O				999	定、减径轧管机
845510	90		其他金属轧管机	Other metal tube mills	【最】12【普】35 【协亚太】7.8【协东盟】0【协巴基斯坦】5 【协智利】0【协新西兰】0【协新加坡】0 【协秘鲁】0【协哥斯达黎加】0【协冰岛】0 【协瑞士】4.8【协澳大利亚】0【协韩国】7.2 【协格鲁吉亚】0【协香港】0【协澳门】0 【特-1】0【特-2】0【特-3】0 【增】16【出】0【退】16	台/千克	O				999	其他金属轧管机

税则号列 HS国际统一前6位	本国子目 7~8位	本国子目 9~10位	货品名称中英文 中文 货物名称	货品名称中英文 英文 Article Description	税费综合信息	计量单位	监管证件代码 进口	监管证件代码 出口	检验检疫类别 进口	检验检疫类别 出口	检验检疫编码	检验检疫编码对应中文名称
845521	10		其他金属板材热轧机	Other metal Sheet mills, hot-rolled	【最】15【普】35 【协亚太】9.8【协东盟】0【协巴基斯坦】7.5 【协智利】0【协新西兰】0【协新加坡】0 【协秘鲁】0【协哥斯达黎加】0【协冰岛】0 【协瑞士】6【协澳大利亚】0【协韩国】9 【协格鲁吉亚】0【协香港】0【协澳门】0 【特-1】0【特-2】0 【增】16【出】0【退】16	台/千克					999	其他金属板材热轧机
845521	20		型钢轧机	Rolled-steel section mills	【最】15【普】35 【协亚太】9.8【协东盟】0【协巴基斯坦】7.5 【协智利】0【协新西兰】0【协新加坡】0 【协秘鲁】0【协哥斯达黎加】0【协冰岛】0 【协瑞士】6【协澳大利亚】0【协韩国】9 【协格鲁吉亚】0【协香港】0【协澳门】0 【特-1】0【特-2】0 【增】16【出】0【退】16	台/千克	0				999	型钢轧机
845521	30		金属线材轧机	Other metal wire mills	【最】15【普】35 【协亚太】9.8【协东盟】0【协巴基斯坦】7.5 【协智利】0【协新西兰】0【协新加坡】0 【协秘鲁】0【协哥斯达黎加】0【协冰岛】0 【协瑞士】6【协澳大利亚】0【协韩国】9 【协格鲁吉亚】0【协香港】0【协澳门】0 【特-1】0【特-2】0 【增】16【对美加征】5【出】0【退】16	台/千克	0				999	金属线材轧机
845521	90		其他金属热轧或冷热联合轧机	Other metal hot or combination hot and cold mills	【最】15【普】35 【协亚太】10.5【协东盟】0【协巴基斯坦】7.5 【协智利】0【协新西兰】0【协新加坡】0 【协秘鲁】0【协哥斯达黎加】0【协冰岛】0 【协瑞士】6【协澳大利亚】0【协韩国】9 【协格鲁吉亚】0【协香港】0【协澳门】0 【特-1】0【特-2】0 【增】16【出】0【退】16	台/千克	0				999	其他金属热轧或冷热联合轧机
845522	10		金属板材冷轧机	Metal sheet mills	【最】10【普】35 【协东盟】0【协巴基斯坦】5【协智利】0 【协新西兰】0【协秘鲁】0【协哥斯达黎加】0 【协冰岛】0【协瑞士】0【协澳大利亚】0 【协韩国】6【协格鲁吉亚】0【协香港】0 【协澳门】0 【特-1】0【特-2】0 【增】16【对美加征】10【出】0【退】16	台/千克	0				999	金属板材冷轧机
845522	90	10	铝箔粗轧机	Aluminum foil roughing mills	【最】15【普】35 【协东盟】0【协巴基斯坦】12【协智利】0 【协新西兰】0【协新加坡】0【协秘鲁】0 【协哥斯达黎加】0【协冰岛】0【协瑞士】6 【协澳大利亚】0【协韩国】9【协格鲁吉亚】0 【协香港】0【协澳门】0 【特-1】0【特-2】0 【增】16【对美加征】10【出】0【退】16	台/千克					999	铝箔粗轧机
845522	90	90	其他金属冷轧机	Other metal cold rolling mills	【最】15【普】35 【协东盟】0【协巴基斯坦】12【协智利】0 【协新西兰】0【协新加坡】0【协秘鲁】0 【协哥斯达黎加】0【协冰岛】0【协瑞士】6 【协澳大利亚】0【协韩国】9【协格鲁吉亚】0 【协香港】0【协澳门】0 【特-1】0【特-2】0 【增】16【对美加征】10【出】0【退】16	台/千克					999	其他金属冷轧机
845530	00		金属轧机用轧辊	Rolls for metal rolling mills	【最】8【普】20 【协东盟】0【协巴基斯坦】5【协智利】0 【协新西兰】0【协秘鲁】0【协哥斯达黎加】0 【协冰岛】0【协瑞士】0【协澳大利亚】0 【协韩国】1.6【协格鲁吉亚】0【协香港】0 【协澳门】0 【特-1】0【特-2】0【特-3】0 【增】16【对美加征】5【出】0【退】16	个/千克					999	金属轧机用轧辊

税则号列			货品名称中英文		税费综合信息	计量单位	监管证件代码		检验检疫类别		检验检疫编码	检验检疫编码对应中文名称
HS国际统一前6位	本国子目7~8位	本国子目9~10位	中文货物名称	英文 Article Description			进口	出口	进口	出口		
845590	00		金属轧机的其他零件	Other parts for metal rolling mills	【最】8【普】20 【协亚太】4【协东盟】0【协巴基斯坦】0 【协智利】0【协新西兰】0【协秘鲁】0 【协哥斯达黎加】0【协冰岛】0【协瑞士】0 【协澳大利亚】0【协韩国】1.6 【协格鲁吉亚】0【协香港】0【协澳门】0 【特-1】0【特-2】0【特-3】0 【增】16【对美加征】10【出】0【退】16	千克					999	金属轧机的其他零件
845611	00	10	辐照元件激光切割机（切割燃料包壳以使辐照核材料能溶解，含遥控设备）	Irradiated-component laser cutting machines (cutting the fuel claddings to make the irradiated nuclearmaterials to melt down, with a remote control)	【最】0【普】30【特-1】0【特-2】0【特-3】0 【增】16【对美加征】10【出】0【退】16	台/千克	A	3	M		999	辐照元件激光切割机（切割燃料包壳以使辐照核材料能溶解，含遥控设备）
845611	00	90	其他用激光处理的机床	Other laser processing machine tools	【最】0【普】30【特-1】0【特-2】0【特-3】0 【增】16【对美加征】10【出】0【退】16	台/千克	A		M		999	其他用激光处理的机床
845612	00		用其他光或光子束处理的机床	Operated by other light or photon beam processes	【最】0【普】30【特-1】0【特-2】0【特-3】0 【增】16【出】0【退】16	台/千克	A		M		999	用其他光或光子束处理的机床
845620	00		用超声波处理各种材料的加工机床	Machine-tools for working any material by removal of material, Operated by ultrasonic processes	【最】10【普】30 【协东盟】0【协巴基斯坦】5【协智利】0 【协新西兰】0【协新加坡】0【协秘鲁】0 【协哥斯达黎加】0【协冰岛】0【协澳大利亚】2 【协格鲁吉亚】6【协香港】0【协澳门】0 【特-1】0【特-2】0 【增】16【对美加征】10【出】0【退】16	台/千克	A		M		999	用超声波处理各种材料的加工机床
845630	10	10	数控放电加工机床	CNC EDM Machine tools (wireless-type EDM machine tools controlled by 2-axis or multi-axis contours)	【最】9【普】30 【协东盟】0【协巴基斯坦】5【协智利】0 【协新西兰】0【协秘鲁】0【协哥斯达黎加】0 【协冰岛】0【协澳大利亚】0【协香港】0 【协澳门】0 【特-1】0【特-2】0 【增】16【对美加征】10【出】0【退】16	台/千克	AO	3	M		999	数控放电加工机床（2轴或多轴成形控制的无线型放电加工机床）
845630	10	90	其他数控的放电处理加工机床	Other CNC processing machine tools	【最】9【普】30 【协东盟】0【协巴基斯坦】5【协智利】0 【协新西兰】0【协秘鲁】0【协哥斯达黎加】0 【协冰岛】0【协澳大利亚】0【协香港】0 【协澳门】0 【特-1】0【特-2】0 【增】16【对美加征】10【出】0【退】16	台/千克	AO		M		999	其他数控的放电处理加工机床
845630	90	10	非数控放电加工机床	Non-CNC EDM Machine tools (wireless-type EDM machine tools controlled by 2-axis or multi-axis contours)	【最】10【普】30 【协东盟】0【协巴基斯坦】5【协智利】0 【协新西兰】0【协新加坡】0【协秘鲁】0 【协哥斯达黎加】0【协冰岛】0【协瑞士】0 【协澳大利亚】0【协格鲁吉亚】6【协香港】0 【协澳门】0 【特-1】0【特-2】0 【增】16【对美加征】5【出】0【退】16	台/千克	A	3	M		999	非数控放电加工机床（2轴或多轴成形控制的无线型放电加工机床）
845630	90	90	其他非数控的放电处理加工机床	Other non-CNC EDM Machine tools	【最】10【普】30 【协东盟】0【协巴基斯坦】5【协智利】0 【协新西兰】0【协新加坡】0【协秘鲁】0 【协哥斯达黎加】0【协冰岛】0【协瑞士】0 【协澳大利亚】0【协格鲁吉亚】6 【特-1】0【特-2】0 【增】16【对美加征】5【出】0【退】16	台/千克	A		M		999	其他非数控的放电处理加工机床
845640	10		等离子切割机	Cutting machines of plasmaarc	【最】0【普】30【特-1】0【特-2】0【特-3】0 【增】16【对美加征】5【出】0【退】16	台/千克	A		LM		999	等离子切割机
845640	90		其他用等离子弧处理的机床	Other machines	【最】0【普】30【特-1】0【特-2】0【特-3】0 【增】16【出】0【退】16	台/千克	A		M		999	其他用等离子弧处理的机床
845650	00		水射流切割机	Water-jet cutting machines	【最】0【普】30【特-1】0【特-2】0【特-3】0 【增】16【对美加征】5【出】0【退】16	台/千克	A		M		999	水射流切割机

税则号列			货品名称中英文		税费综合信息	计量单位	监管证件代码		检验检疫类别		检验检疫编码	检验检疫编码对应中文名称
HS 国际统一前 6 位	本国子目 7~8 位	本国子目 9~10 位	中文 货物名称	英文 Article Description			进口	出口	进口	出口		
845690	00		其他方法处理材料的加工机床	Other processing methods for materials processing machine tools	【最】0【普】30【特-1】0【特-2】0【特-3】0【增】16【对美加征】10【出】0【退】16	台/千克	A		M		101 102 103	其他方法处理材料的加工机床（包括电化学法、电子束，离子束等的加工机床）（电化学处理加工机床） 其他方法处理材料的加工机床（包括电化学法、电子束，离子束等的加工机床）（火焰切割机） 其他方法处理材料的加工机床（包括电化学法、电子束，离子束等的加工机床）（其他特种加工机床）
845710	10		立式加工金属的加工中心	Vertical machining centres, for working metal	【最】9【普】20 【协亚太】6.3【协东盟】0【协巴基斯坦】5 【协智利】0【协新西兰】0【协秘鲁】0 【协哥斯达黎加】0【协冰岛】0 【协澳大利亚】0【协韩国】7.3【协香港】0 【协澳门】0 【特-1】0【特-2】0 【增】16【对美加征】10【出】0【退】16	台/千克	AO		M		999	立式加工金属的加工中心
845710	20		卧式加工金属的加工中心	Horizontal machining centres, for working metal	【最】9【普】20 【协亚太】6.3【协东盟】0【协巴基斯坦】5 【协智利】0【协新西兰】0【协秘鲁】0 【协哥斯达黎加】0【协冰岛】0 【协澳大利亚】0【协韩国】7.3【协香港】0 【协澳门】0 【特-1】0【特-2】0 【增】16【对美加征】10【出】0【退】16	台/千克	AO		M		999	卧式加工金属的加工中心
845710	30		龙门式加工金属的加工中心	Plano machining centres, for working metal	【最】9【普】20 【协亚太】6.3【协东盟】0【协巴基斯坦】5 【协智利】0【协新西兰】0【协秘鲁】0 【协哥斯达黎加】0【协冰岛】0【协瑞士】0 【协澳大利亚】0【协韩国】7.3【协香港】0 【协澳门】0 【特-1】0【特-2】0 【增】16【对美加征】10【出】0【退】16	台/千克	AO		M		999	龙门式加工金属的加工中心
845710	91		铣车复合加工中心	Milling and turning composite machining centres, for working metal	【最】9【普】20 【协亚太】6.3【协东盟】0【协巴基斯坦】5 【协智利】0【协新西兰】0【协秘鲁】0 【协哥斯达黎加】0【协冰岛】0 【协澳大利亚】0【协韩国】7.3【协香港】0 【协澳门】0 【特-1】0【特-2】0 【增】16【对美加征】10【出】0【退】16	台/千克	AO		M		999	铣车复合加工中心
845710	99		其他加工金属的加工中心	Other machining centres, for working metal	【最】9【普】20 【协亚太】6.3【协东盟】0【协巴基斯坦】5 【协智利】0【协新西兰】0【协秘鲁】0 【协哥斯达黎加】0【协冰岛】0 【协澳大利亚】0【协韩国】7.3【协香港】0 【协澳门】0 【特-1】0【特-2】0 【增】16【出】0【退】16	台/千克	AO		M		999	其他加工金属的加工中心
845720	00		加工金属的单工位组合机床	Unit construction machines (single station), for working metal	【最】8【普】20 【协东盟】0【协巴基斯坦】5【协智利】0 【协新西兰】0【协秘鲁】0【协哥斯达黎加】0 【协冰岛】0【协瑞士】0【协澳大利亚】0 【协香港】0【协澳门】0 【协韩国】6.4【特-1】0【特-2】0 【增】16【对美加征】10【出】0【退】16	台/千克	OA		M		999	加工金属的单工位组合机床

税则号列			货品名称中英文		税费综合信息	计量单位	监管证件代码		检验检疫类别		检验检疫编码	检验检疫编码对应中文名称
HS国际统一前6位	本国子目7~8位	本国子目9~10位	中文 货物名称	英文 Article Description			进口	出口	进口	出口		
845730	00		加工金属的多工位组合机床	Multi-station transfer machines, for working metal	【最】5【普】20 【协东盟】0【协巴基斯坦】0【协智利】0 【协新西兰】0【协秘鲁】0【协哥斯达黎加】0 【协冰岛】0【协澳大利亚】0【协香港】0 【协澳门】0 【特-1】0【特-2】0 【增】16【对美加征】10【出】0【退】16	台/千克	AO		M		999	加工金属的多工位组合机床
845811	00	10	两用物项管制的切削金属的卧式数控车床	Horizontal lathes (including turning centres) for removing metal, numerically controlled, under control of sensitive items	【最】9【普】20 【协东盟】0【协香港】0【协巴基斯坦】5 【协智利】0【协新西兰】0【协秘鲁】0 【协台湾】0【协哥斯达黎加】0【协冰岛】0 【协瑞士】5.5【协澳大利亚】0 【协格鲁吉亚】5.8 【特-1】0【特-2】0【特-3】0 【增】16【对美加征】10【出】0【退】16	台/千克	0	3			999	两用物项管制的切削金属的卧式数控车床（包括车削中心）
845811	00	90	其他切削金属的卧式数控车床	Other horizontal lathes (including turning centres) for removing metal, Numerically controlled	【最】9【普】20 【协东盟】0【协香港】0【协巴基斯坦】5 【协智利】0【协新西兰】0【协秘鲁】0 【协台湾】0【协哥斯达黎加】0【协冰岛】0 【协瑞士】5.5【协澳大利亚】0 【协格鲁吉亚】5.8 【特-1】0【特-2】0【特-3】0 【增】16【对美加征】10【出】0【退】16	台/千克	AO		M		999	其他切削金属的卧式数控车床（包括车削中心）
845819	00		切削金属的其他卧式车床	Other horizontal lathes for removing metal	【最】9【普】50 【协东盟】0【协香港】0【协巴基斯坦】6 【协智利】0【协新西兰】0【协新加坡】0 【协秘鲁】0【协哥斯达黎加】0【协冰岛】0 【协瑞士】4.8【协澳大利亚】0【协韩国】9.6 【协格鲁吉亚】7.2 【特-1】0【特-2】0【特-3】0 【增】16【对美加征】10【出】0【退】16	台/千克	A		M		999	切削金属的其他卧式车床
845891	10	10	两用物项管制的切削金属立式数控车床	Vertical lathes (including turning centres) for removing metal, Numerically controlled, under control of sensitive items	【最】5【普】20 【协东盟】0【协巴基斯坦】0【协智利】0 【协新西兰】0【协秘鲁】0【协台湾】0 【协哥斯达黎加】0【协冰岛】0【协瑞士】0 【协澳大利亚】0【协格鲁吉亚】0【协香港】0 【协澳门】0 【特-1】0【特-2】0【特-3】0 【增】16【对美加征】10【出】0【退】16	台/千克	0	3			999	两用物项管制的切削金属立式数控车床（包括车削中心）
845891	10	90	其他切削金属的立式数控车床	other vertical lathes (including turning centres) for removing metal, Numerically controlled	【最】5【普】20 【协东盟】0【协巴基斯坦】0【协智利】0 【协新西兰】0【协秘鲁】0【协台湾】0 【协哥斯达黎加】0【协冰岛】0【协瑞士】0 【协澳大利亚】0【协格鲁吉亚】0【协香港】0 【协澳门】0 【特-1】0【特-2】0【特-3】0 【增】16【对美加征】10【出】0【退】16	台/千克	AO		M		999	其他切削金属的立式数控车床（包括车削中心）
845891	20	10	其他两用物项管制的切削金属数控车床	Other lathes (including turning centres) for removing metal, Numerically controlled, under control of sensitive items	【最】5【普】20 【协东盟】0【协巴基斯坦】0【协智利】0 【协新西兰】0【协秘鲁】0【协台湾】0 【协哥斯达黎加】0【协冰岛】0【协瑞士】0 【协澳大利亚】0【协格鲁吉亚】0【协香港】0 【协澳门】0 【特-1】0【特-2】0【特-3】0 【增】16【对美加征】10【出】0【退】16	台/千克	0	3			999	其他两用物项管制的切削金属数控车床（包括车削中心）
845891	20	90	其他切削金属的数控车床	other lathes (including turning centres) for removing metal, Numerically controlled	【最】5【普】20 【协东盟】0【协巴基斯坦】0【协智利】0 【协新西兰】0【协秘鲁】0【协台湾】0 【协哥斯达黎加】0【协冰岛】0【协瑞士】0 【协澳大利亚】0【协格鲁吉亚】0【协香港】0 【协澳门】0 【特-1】0【特-2】0【特-3】0 【增】16【对美加征】10【出】0【退】16	台/千克	AO		M		999	其他切削金属的数控车床（包括车削中心）

税则号列			货品名称中英文		税费综合信息	计量单位	监管证件代码		检验检疫类别		检验检疫编码	检验检疫编码对应中文名称
HS国际统一前6位	本国子目7~8位	9~10位	中文 货物名称	英文 Article Description			进口	出口	进口	出口		
845899	00		切削金属的其他车床	Other lathes for removing metal	【最】9【普】50 【协东盟】0【协巴基斯坦】6【协智利】0 【协新西兰】0【协新加坡】0【协秘鲁】0 【协哥斯达黎加】0【协冰岛】0【协瑞士】4.8 【协澳大利亚】0【协韩国】9.6 【协格鲁吉亚】7.2【协香港】0【协澳门】0 【特-1】0【特-2】0【特-3】0 【增】16【对美加征】10【出】0【退】16	台/千克	A		M		999	切削金属的其他车床
845910	00		切削金属的直线移动式动力头钻床（但税目84.58的车床除外）	Way-type unit head machines, for removing metal (other than lathes of heading No. 84.58)	【最】9【普】50 【协东盟】0【协巴基斯坦】12【协智利】0 【协新西兰】0【协新加坡】0【协秘鲁】0 【协哥斯达黎加】0【协冰岛】0【协瑞士】6 【协澳大利亚】0【协韩国】12【协格鲁吉亚】9 【协香港】0【协澳门】0 【特-1】0【特-2】0 【增】16【出】0【退】16	台/千克	A		M		999	切削金属的直线移动式动力头钻床（但税目84.58的车床除外）
845921	00		切削金属的其他数控钻床（但税目84.58的车床除外）	other drilling machines, for removing metal, Numerically controlled (other than lathes of heading No. 84.58)	【最】9【普】20 【协东盟】0【协巴基斯坦】5【协智利】0 【协新西兰】0【协秘鲁】0【协台湾】0 【协哥斯达黎加】0【协冰岛】0【协瑞士】0 【协澳大利亚】0【协格鲁吉亚】5.8 【协香港】0【协澳门】0 【特-1】0【特-2】0【特-3】0 【增】16【对美加征】10【出】0【退】16	台/千克	AO		M		999	切削金属的其他数控钻床（但税目84.58的车床除外）
845929	00		切削金属的其他钻床（但税目84.58的车床除外）	Other drilling machines, for removing metal(other than lathes of heading No. 84.58)	【最】9【普】50 【协东盟】0【协巴基斯坦】12【协智利】0 【协新西兰】0【协新加坡】0【协秘鲁】0 【协哥斯达黎加】0【协冰岛】0【协瑞士】6 【协澳大利亚】0【协韩国】12【协格鲁吉亚】9 【协香港】0【协澳门】0 【特-1】0【特-2】0 【增】16【对美加征】10【出】0【退】16	台/千克	A		M		999	切削金属的其他钻床（但税目84.58的车床除外）
845931	00		切削金属的其他数控镗铣机床（但税目84.58的车床除外）	other boring-milling machines, for removing metal, Numerically controlled(other than lathes of heading No. 84.58)	【最】9【普】20 【协东盟】0【协巴基斯坦】5【协智利】0 【协新西兰】0【协秘鲁】0【协哥斯达黎加】0 【协冰岛】0【协瑞士】3.9【协澳大利亚】0 【协香港】0【协澳门】0 【特-1】0【特-2】0【特-3】0 【增】16【出】0【退】16	台/千克	OA		M		999	切削金属的其他数控镗铣机床（但税目84.58的车床除外）
845939	00		切削金属的其他镗铣机床（但税目84.58的车床除外）	Other boring-milling machines, for removing metal (other than lathes of heading No. 84.58)	【最】9【普】50 【协东盟】0【协巴基斯坦】5【协智利】0 【协新西兰】0【协秘鲁】0【协哥斯达黎加】0 【协冰岛】0【协瑞士】0【协澳大利亚】0 【协香港】0【协澳门】0 【特-1】0【特-2】0【特-3】0 【增】16【出】0【退】16	台/千克	A		M		999	切削金属的其他镗铣机床（但税目84.58的车床除外）
845941	00		切削金属的其他数控镗床（但税目84.58的车床除外）	Numerically xontrolled	【最】9【普】20 【协东盟】0【协巴基斯坦】5【协智利】0 【协新西兰】0【协秘鲁】0【协哥斯达黎加】0 【协冰岛】0【协瑞士】0【协澳大利亚】0 【协香港】0【协澳门】0 【特-1】0【特-2】0【特-3】0 【增】16【对美加征】10【出】0【退】16	台/千克	OA		M		999	切削金属的其他数控镗床（但税目84.58的车床除外）
845949	00		切削金属的其他镗床	Other boring machines	【最】9【普】50 【协东盟】0【协巴基斯坦】12【协智利】0 【协新西兰】0【协新加坡】0【协秘鲁】0 【协哥斯达黎加】0【协冰岛】0【协瑞士】6 【协澳大利亚】0【协格鲁吉亚】9 【协香港】0【协澳门】0 【特-1】0【特-2】0 【增】16【对美加征】10【出】0【退】16	台/千克	A		M		999	切削金属的其他镗床（但税目84.58的车床除外）
845951	00		切削金属的升降台式数控铣床（但税目84.58的车床除外）	Milling machines, knee-type, for removing metal, Numerically controlled (other than lathes of heading No. 84.58)	【最】9【普】20 【协东盟】0【协巴基斯坦】5【协智利】0 【协新西兰】0【协秘鲁】0【协哥斯达黎加】0 【协冰岛】0【协澳大利亚】0【协香港】0 【协澳门】0 【特-1】0【特-2】0【特-3】0 【增】16【出】0【退】16	台/千克	OA		M		999	切削金属的升降台式数控铣床（但税目84.58的车床除外）

税则号列			货品名称中英文		税费综合信息	计量单位	监管证件代码		检验检疫类别		检验检疫编码	检验检疫编码对应中文名称
HS国际统一前6位	本国子目 7~8位	本国子目 9~10位	中文 货物名称	英文 Article Description			进口	出口	进口	出口		
845959	00		切削金属的其他升降台式铣床（但税目84.58的车床除外）	Other milling machines, knee-type, for removing metal (other than lathes of heading No. 84.58)	【最】9【普】50 【协东盟】0【协巴基斯坦】12【协智利】0 【协新西兰】0【协新加坡】0【协秘鲁】0 【协哥斯达黎加】0【协冰岛】0【协瑞士】6 【协澳大利亚】0【协格鲁吉亚】9【协香港】0 【协澳门】0 【特-1】0【特-2】0 【增】16【出】0【退】16	台/千克	A		M		999	切削金属的其他升降台式铣床（但税目84.58的车床除外）
845961	10		切削金属的其他龙门数控铣床	Planomilling machines, for removing metal	【最】5【普】20 【协东盟】0【协巴基斯坦】0【协智利】0 【协新西兰】0【协秘鲁】0【协哥斯达黎加】0 【协冰岛】0【协瑞士】0【协澳大利亚】0 【协香港】0【协澳门】0 【特-1】0【特-2】0【特-3】0 【增】16【出】0【退】16	台/千克	OA		M		999	切削金属的其他龙门数控铣床
845961	90		切削金属的其他数控铣床（但税目84.58的车床及龙门铣床除外）	Other milling machines, for removing metal, numerically controlled (other than lathes of heading No. 84.58 or planomilling machines)	【最】5【普】20 【协东盟】0【协巴基斯坦】0【协智利】0 【协新西兰】0【协秘鲁】0【协哥斯达黎加】0 【协冰岛】0【协瑞士】0【协澳大利亚】0 【协香港】0【协澳门】0 【特-1】0【特-2】0【特-3】0 【增】16【对美加征】10【出】0【退】16	台/千克	OA		M		999	切削金属的其他数控铣床（但税目84.58的车床及龙门铣床除外）
845969	10		切削金属的其他龙门非数控铣床（但税目84.58的车床除外）	Planomilling machines for removing metal, non-numerically controlled (other than lathes of heading No. 84.58)	【最】9【普】50 【协亚太】7.5【协东盟】0【协巴基斯坦】5 【协智利】0【协新西兰】0【协新加坡】0 【协秘鲁】0【协哥斯达黎加】0【协冰岛】0 【协瑞士】4.8【协澳大利亚】0 【协格鲁吉亚】7.2【协香港】0【协澳门】0 【特-1】0【特-2】0【特-3】0 【增】16【出】0【退】16	台/千克	A		M		999	切削金属的其他龙门非数控铣床（但税目84.58的车床除外）
845969	90		切削金属的其他非数控铣床（但税目84.58的车床及龙门铣床除外）	Other milling machines, for removing metal, non-numerically controlled (other than lathes of heading No. 84.58 or planomilling machines)	【最】9【普】50 【协亚太】8.3【协东盟】0【协巴基斯坦】6 【协智利】0【协新西兰】0【协新加坡】0 【协秘鲁】0【协哥斯达黎加】0【协冰岛】0 【协瑞士】4.8【协澳大利亚】0【协韩国】11.2 【协格鲁吉亚】7.2【协香港】0【协澳门】0 【特-1】0【特-2】0【特-3】0 【增】16【对美加征】10【出】0【退】16	台/千克	A		M		999	切削金属的其他非数控铣床（但税目84.58的车床及龙门铣床除外）
845970	00		切削金属的其他攻丝机床（但税目84.58的车床除外）	Other threading or tapping machines, for removing metal (other than lathes of heading No. 84.58)	【最】9【普】50 【协东盟】0【协巴基斯坦】6【协智利】0 【协新西兰】0【协新加坡】0【协秘鲁】0 【协哥斯达黎加】0【协冰岛】0 【协澳大利亚】0【协格鲁吉亚】7.2 【协香港】0【协澳门】0 【特-1】0【特-2】0【特-3】0 【增】16【对美加征】10【出】0【退】16	台/千克	A		M		999	切削金属的其他攻丝机床（但税目84.58的车床除外）
846012	10		加工金属的数控平面磨床（含加工金属陶瓷，任一坐标定位精度至少0.01mm）	The positioning in any one axis can be set up to an accuracy of at least 0.01mm	【最】9【普】20 【协东盟】0【协巴基斯坦】5【协智利】0 【协新西兰】0【协秘鲁】0【协台湾】0 【协哥斯达黎加】0【协冰岛】0【协瑞士】0 【协澳大利亚】0【协香港】0【协澳门】0 【特-1】0【特-2】0【特-3】0 【增】16【对美加征】10【出】0【退】16	台/千克	OA		M		999	加工金属的数控平面磨床（含加工金属陶瓷，任一坐标定位精度至少0.01mm）
846012	90		加工金属的其他数控平面磨床	Other numerically controlled	【最】9【普】50 【协东盟】0【协巴基斯坦】12【协智利】0 【协新西兰】0【协新加坡】0【协秘鲁】0 【协哥斯达黎加】0【协冰岛】0【协瑞士】6 【协澳大利亚】0【协韩国】12【协格鲁吉亚】9 【协香港】0【协澳门】0 【特-1】0【特-2】0 【增】16【出】0【退】16	台/千克					999	加工金属的其他数控平面磨床（含加工金属陶瓷）

税则号列			货品名称中英文		税费综合信息	计量单位	监管证件代码		检验检疫类别		检验检疫编码	检验检疫编码对应中文名称
HS 国际统一前6位	本国子目 7~8位	9~10位	中文 货物名称	英文 Article Description			进口	出口	进口	出口		
846019	10		加工金属的非数控平面磨床(含加工金属陶瓷，任一坐标定位精度至少0.01mm)	The positioning in anY One axis can be set up to an accuracy of at least 0.01mm	【最】9【普】50 【协东盟】0【协巴基斯坦】12【协智利】0 【协新西兰】0【协新加坡】0【协秘鲁】0 【协哥斯达黎加】0【协冰岛】0【协瑞士】6 【协澳大利亚】0【协格鲁吉亚】9【协香港】0 【协澳门】0 【特-1】0【特-2】0 【增】16【对美加征】10【出】0【退】16	台/千克					999	加工金属的非数控平面磨床（含加工金属陶瓷，任一坐标定位精度至少0.01mm)
846019	90		加工金属的其他非数控平面磨床	Other machines	【最】9【普】50 【协东盟】0【协巴基斯坦】12【协智利】0 【协新西兰】0【协新加坡】0【协秘鲁】0 【协哥斯达黎加】0【协冰岛】0【协瑞士】6 【协澳大利亚】0【协韩国】12【协格鲁吉亚】9 【协香港】0【协澳门】0 【特-1】0【特-2】0 【增】16【出】0【退】16	台/千克	A		M		999	加工金属的其他非数控平面磨床（含加工金属陶瓷)
846022	10		加工金属的数控无心磨床(含加工金属陶瓷，任一坐标定位精度至少是0.01mm)	The positioning in any one axis can be set up to an accuracy of at least 0.01mm	【最】9【普】20 【协东盟】0【协巴基斯坦】5【协智利】0 【协新西兰】0【协秘鲁】0【协哥斯达黎加】0 【协冰岛】0【协瑞士】5.5【协澳大利亚】0 【协香港】0【协澳门】0 【特-1】0【特-2】0【特-3】0 【增】16【对美加征】10【出】0【退】16	台/千克	OA		M		999	加工金属的数控无心磨床（含加工金属陶瓷，任一坐标定位精度至少是0.01mm)
846022	90		加工金属的其他数控无心磨床	Other machines	【最】9【普】50 【协东盟】0【协巴基斯坦】12【协智利】0 【协新西兰】0【协新加坡】0【协秘鲁】0 【协哥斯达黎加】0【协冰岛】0【协瑞士】6 【协澳大利亚】0【协韩国】12【协格鲁吉亚】9 【协香港】0【协澳门】0 【特-1】0【特-2】0 【增】16【对美加征】5【出】0【退】16	台/千克	A		M		999	加工金属的其他数控无心磨床（含加工金属陶瓷)
846023	11		加工金属的数控曲轴磨床	Crank shaft grinding machines	【最】9【普】20 【协东盟】0【协巴基斯坦】5【协智利】0 【协新西兰】0【协秘鲁】0【协哥斯达黎加】0 【协冰岛】0【协澳大利亚】0【协香港】0 【协澳门】0 【特-1】0【特-2】0【特-3】0 【增】16【对美加征】10【出】0【退】16	台/千克	OA		M		999	加工金属的数控曲轴磨床（属外圆磨床，含加工金属陶瓷，任一坐标定位精度至少是0.01mm)
846023	19		加工金属的其他数控外圆磨床	Other machines	【最】9【普】20 【协东盟】0【协巴基斯坦】5【协智利】0 【协新西兰】0【协秘鲁】0【协哥斯达黎加】0 【协冰岛】0【协澳大利亚】0【协香港】0 【协澳门】0 【特-1】0【特-2】0【特-3】0 【增】16【对美加征】10【出】0【退】16	台/千克	OA		M		999	加工金属的其他数控外圆磨床（含加工金属陶瓷，任一坐标定位精度至少是0.01mm)
846023	90		加工金属的其他数控外圆磨床	Other machines	【最】9【普】50 【协东盟】0【协巴基斯坦】12【协智利】0 【协新西兰】0【协新加坡】0【协秘鲁】0 【协哥斯达黎加】0【协冰岛】0【协瑞士】6 【协澳大利亚】0【协韩国】12【协格鲁吉亚】9 【协香港】0【协澳门】0 【特-1】0【特-2】0 【增】16【出】0【退】16	台/千克	A		M		999	加工金属的其他数控外圆磨床（含加工金属陶瓷)
846024	11		加工金属的数控内圆磨床	Internal grinding machines	【最】9【普】20 【协东盟】0【协巴基斯坦】5【协智利】0 【协新西兰】0【协秘鲁】0【协哥斯达黎加】0 【协冰岛】0【协澳大利亚】0【协香港】0 【协澳门】0 【特-1】0【特-2】0【特-3】0 【增】16【对美加征】10【出】0【退】16	台/千克	OA		M		999	加工金属的数控内圆磨床（含加工金属陶瓷，任一坐标定位精度至少是0.01mm)
846024	19		加工金属的其他数控磨床	Other machines	【最】9【普】20 【协东盟】0【协巴基斯坦】5【协智利】0 【协新西兰】0【协秘鲁】0【协哥斯达黎加】0 【协冰岛】0【协瑞士】5.5【协澳大利亚】0 【协香港】0【协澳门】0 【特-1】0【特-2】0【特-3】0 【增】16【对美加征】10【出】0【退】16	台/千克	OA		M		999	加工金属的其他数控磨床（含加工金属陶瓷，任一坐标定位精度至少是0.01mm)

税则号列 HS国际统一前6位	本国子目 7~8位	本国子目 9~10位	货品名称中英文 中文 货物名称	货品名称中英文 英文 Article Description	税费综合信息	计量单位	监管证件代码 进口	监管证件代码 出口	检验检疫类别 进口	检验检疫类别 出口	检验检疫编码	检验检疫编码对应中文名称
846024	90		加工金属的其他数控磨床	Other machines	【最】9【普】50 【协东盟】0【协巴基斯坦】12【协智利】0 【协新西兰】0【协新加坡】0【协秘鲁】0 【协哥斯达黎加】0【协冰岛】0【协瑞士】6 【协澳大利亚】0【协韩国】12【协格鲁吉亚】9 【协香港】0【协澳门】0 【特-1】0【特-2】0 【增】16【出】0【退】16	台/千克	A		M		999	加工金属的其他数控磨床（含加工金属陶瓷）
846029	11		加工金属的非数控外圆磨床	Cylindrical grinding mflchines	【最】12【普】50 【协东盟】0【协香港】0【协巴基斯坦】12 【协智利】0【协新西兰】0【协新加坡】0 【协秘鲁】0【协哥斯达黎加】0【协冰岛】0 【协瑞士】6【协澳大利亚】0 【特-1】0【特-2】0 【增】16【出】0【退】16	台/千克	A		M		999	加工金属的非数控外圆磨床（含加工金属陶瓷，任一坐标定位精度至少是0.01mm)
846029	12		加工金属的非数控内圆磨床	Internal grinding machrues	【最】9【普】50 【协东盟】0【协巴基斯坦】12【协智利】0 【协新西兰】0【协新加坡】0【协秘鲁】0 【协哥斯达黎加】0【协冰岛】0【协瑞士】6 【协澳大利亚】0【协香港】0【协澳门】0 【特-1】0【特-2】0 【增】16【出】0【退】16	台/千克	A		M		999	加工金属的非数控内圆磨床（含加工金属陶瓷，任一坐标定位精度至少是0.01mm)
846029	13		加工金属的非数控轧辊磨床	Grinding machines of roll	【最】9【普】50 【协东盟】0【协巴基斯坦】6.5【协智利】0 【协新西兰】0【协新加坡】0【协秘鲁】0 【协哥斯达黎加】0【协冰岛】0【协瑞士】5.2 【协澳大利亚】0【协格鲁吉亚】7.8 【协香港】0【协澳门】0 【特-1】0【特-2】0 【增】16【对美加征】5【出】0【退】16	台/千克					999	加工金属的非数控轧辊磨床（含加工金属陶瓷，任一坐标定位精度至少是0.01mm)
846029	19		加工金属的其他非数控磨床	Other machines	【最】12【普】50 【协东盟】0【协巴基斯坦】6.5【协智利】0 【协新西兰】0【协新加坡】0【协秘鲁】0 【协哥斯达黎加】0【协冰岛】0 【协澳大利亚】0【协香港】0【协澳门】0 【特-1】0【特-2】0 【增】16【出】0【退】16	台/千克	A		M		999	加工金属的其他非数控磨床（含加工金属陶瓷，任一坐标定位精度至少是0.01mm)
846029	90		加工金属的其他非数控磨床	Other grinding machines, in which the positioning in any one axis can be set up to an accuracy of at least 0.01mm, for working metal (including for working cermets)	【最】9【普】50 【协东盟】0【协巴基斯坦】6.5【协智利】0 【协新西兰】0【协新加坡】0【协秘鲁】0 【协哥斯达黎加】0【协冰岛】0 【协澳大利亚】0【协香港】0【协澳门】0 【特-1】0【特-2】0 【增】16【出】0【退】16	台/千克	A		M		999	加工金属的其他非数控磨床（含加工金属陶瓷）
846031	00		加工金属的数控刃磨机床（含加工金属陶瓷）	Sharpening machines, Numerically controlled, for working metal (including for working cermets)	【最】9【普】20 【协东盟】0【协巴基斯坦】5【协智利】0 【协新西兰】0【协秘鲁】0【协哥斯达黎加】0 【协冰岛】0【协澳大利亚】0【协香港】0 【协澳门】0 【特-1】0【特-2】0【特-3】0 【增】16【对美加征】10【出】0【退】16	台/千克	A		M		999	加工金属的数控刃磨机床（含加工金属陶瓷）
846039	00		加工金属的其他刃磨机床（含加工金属陶瓷）	Other sharpening machines for working metal (including for working cermets)	【最】12【普】50 【协东盟】0【协香港】0【协巴基斯坦】12 【协智利】0【协新西兰】0【协新加坡】0 【协秘鲁】0【协哥斯达黎加】0【协冰岛】0 【协澳大利亚】0【协格鲁吉亚】9【协香港】0 【协澳门】0 【特-1】0【特-2】0 【增】16【对美加征】10【出】0【退】16	台/千克	A		M		999	加工金属的其他刃磨机床（含加工金属陶瓷）
846040	10		金属珩磨机床	Honing metal machines	【最】12【普】50 【协东盟】0【协巴基斯坦】6.5【协智利】0 【协新西兰】0【协新加坡】0【协秘鲁】0 【协哥斯达黎加】0【协冰岛】0【协瑞士】5.2 【协澳大利亚】0【协格鲁吉亚】7.8【协香港】0 【协澳门】0 【特-1】0【特-2】0 【增】16【对美加征】5【出】0【退】16	台/千克	A		M		999	金属珩磨机床

税则号列			货品名称中英文		税费综合信息	计量单位	监管证件代码		检验检疫类别		检验检疫编码	检验检疫编码对应中文名称
HS国际统一前6位	本国子目 7~8位	本国子目 9~10位	中文 货物名称	英文 Article Description			进口	出口	进口	出口		
846040	20		金属研磨机床	Lapping metal machines	【最】12【普】50 【协东盟】0【协巴基斯坦】6.5【协智利】0 【协新西兰】0【协新加坡】0【协秘鲁】0 【协台湾】0【协哥斯达黎加】0【协冰岛】0 【协瑞士】4.2【协澳大利亚】0【协香港】0 【协澳门】0 【协格鲁吉亚】0 【特-1】0【特-2】0 【增】16【对美加征】10【出】0【退】16	台/千克	A		M		999	金属研磨机床
846090	10		加工金属的砂轮机	Grinding wheel machines for working metal	【最】12【普】50 【协东盟】0【协巴基斯坦】12【协智利】0 【协新西兰】0【协新加坡】0【协秘鲁】0 【协台湾】0【协哥斯达黎加】0【协冰岛】0 【协瑞士】6【协澳大利亚】0【协韩国】9 【协格鲁吉亚】0【协香港】0【协澳门】0 【特-1】0【特-2】0 【增】16【对美加征】10【出】0【退】16	台/千克					101 102	加工金属的砂轮机（含加工金属陶瓷）（磨床） 加工金属的砂轮机（含加工金属陶瓷）（砂磨工具）
846090	20		金属抛光机床	Polishing metal machines	【最】12【普】50 【协东盟】0【协巴基斯坦】12【协智利】0 【协新西兰】0【协新加坡】0【协秘鲁】0 【协台湾】0【协哥斯达黎加】0【协冰岛】0 【协瑞士】6【协澳大利亚】0【协韩国】3 【协格鲁吉亚】0【协香港】0【协澳门】0 【特-1】0【特-2】0 【增】16【对美加征】5【出】0【退】16	台/千克	A		M		999	金属抛光机床
846090	90		其他用磨石、磨料加工金属的机床	Other machines for working metal by means of grinding stones, abrasives	【最】12【普】50 【协东盟】0【协巴基斯坦】12【协智利】0 【协新西兰】0【协新加坡】0【协秘鲁】0 【协哥斯达黎加】0【协冰岛】0【协瑞士】6 【协澳大利亚】0【协韩国】12【协格鲁吉亚】9 【协香港】0【协澳门】0 【特-1】0【特-2】0 【增】16【对美加征】10【出】0【退】16	台/千克	A		M		999	其他用磨石、磨料加工金属的机床
846120	10		切削金属或金属陶瓷的牛头刨床	Shaping machines	【最】12【普】50 【协东盟】0【协巴基斯坦】12【协智利】0 【协新西兰】0【协新加坡】0【协秘鲁】0 【协哥斯达黎加】0【协冰岛】0【协瑞士】6 【协澳大利亚】0【协韩国】9【协格鲁吉亚】0 【协香港】0【协澳门】0 【特-1】0【特-2】0 【增】16【出】0【退】16	台/千克					999	切削金属或金属陶瓷的牛头刨床
846120	20		切削金属或金属陶瓷的插床	Slotting machines	【最】12【普】50 【协东盟】0【协巴基斯坦】12【协智利】0 【协新西兰】0【协新加坡】0【协秘鲁】0 【协台湾】0【协哥斯达黎加】0【协冰岛】0 【协瑞士】6【协澳大利亚】0【协韩国】9 【协格鲁吉亚】0【协香港】0【协澳门】0 【特-1】0【特-2】0 【增】16【出】0【退】16	台/千克					999	切削金属或金属陶瓷的插床
846130	00		切削金属或金属陶瓷的拉床	Broaching machines	【最】12【普】50 【协东盟】0【协巴基斯坦】6【协智利】0 【协新西兰】0【协新加坡】0【协秘鲁】0 【协台湾】0【协哥斯达黎加】0【协冰岛】0 【协瑞士】4.8【协澳大利亚】0【协韩国】7.2 【协格鲁吉亚】0【协香港】0【协澳门】0 【特-1】0【特-2】0 【增】16【对美加征】10【出】0【退】16	台/千克					999	切削金属或金属陶瓷的拉床
846140	11		切削金属的数控齿轮磨床	Gear grind	【最】9【普】20 【协东盟】0【协巴基斯坦】5【协智利】0 【协新西兰】0【协秘鲁】0【协哥斯达黎加】0 【协冰岛】0【协澳大利亚】0【协香港】0 【协澳门】0 【特-1】0【特-2】0【特-3】0 【增】16【对美加征】10【出】0【退】16	台/千克	OA		M		999	切削金属的数控齿轮磨床（含加工金属陶瓷）

税则号列			货品名称中英文		税费综合信息	计量单位	监管证件代码		检验检疫类别		检验检疫编码	检验检疫编码对应中文名称
HS国际统一前6位	本国子目 7~8位	本国子目 9~10位	中文 货物名称	英文 Article Description			进口	出口	进口	出口		
846140	19		切削金属的数控切齿机、数控齿轮	Gear cutting or gear finishing, Numerically controlled	【最】9【普】20 【协东盟】0【协巴基斯坦】5【协智利】0 【协新西兰】0【协秘鲁】0【协哥斯达黎加】0 【协冰岛】0【协澳大利亚】0【协香港】0 【协澳门】0 【特-1】0【特-2】0【特-3】0 【增】16【对美加征】10【出】0【退】16	台/千克	OA		M		999	切削金属的数控切齿机、数控齿轮精加工机床（含加工金属陶瓷）
846140	90		切削金属的其他切齿机，齿轮磨床	Other gear cutting, gear grinding or gear finishing, for removing metal (including for working cermets)	【最】9【普】50 【协东盟】0【协巴基斯坦】12【协智利】0 【协新西兰】0【协新加坡】0【协秘鲁】0 【协哥斯达黎加】0【协冰岛】0【协澳大利亚】0 【协格鲁吉亚】9【协香港】0【协澳门】0 【特-1】0【特-2】0 【增】16【对美加征】10【出】0【退】16	台/千克	A		M		999	切削金属的其他切齿机，齿轮磨床（含加工金属陶瓷，包括其他齿轮精加工机床）
846150	00	10	辐照元件刀具切割机［切割燃料包壳以使辐照核材料能溶解（含遥控设备）］	Irradiated-component cutting machine tools (cutting the fuel claddings to make the irradiated nuclear materials to melt down, with a remote control)	【最】12【普】50 【协东盟】0【协巴基斯坦】6【协智利】0 【协新西兰】0【协新加坡】0【协秘鲁】0 【协台湾】0【协哥斯达黎加】0【协冰岛】0 【协瑞士】4.8【协澳大利亚】0【协格鲁吉亚】0 【协香港】0【协澳门】0 【特-1】0【特-2】0 【增】16【对美加征】10【出】0【退】16	台/千克		3			999	辐照元件刀具切割机［切割燃料包壳以使辐照核材料能溶解（含遥控设备）］
846150	00	90	其他锯床或切断机	Other sawing or cutting machines for removing metal or cermets	【最】12【普】50 【协东盟】0【协巴基斯坦】6【协智利】0 【协新西兰】0【协新加坡】0【协秘鲁】0 【协台湾】0【协哥斯达黎加】0【协冰岛】0 【协瑞士】4.8【协澳大利亚】0【协格鲁吉亚】0 【协香港】0【协澳门】0 【特-1】0【特-2】0 【增】16【对美加征】10【出】0【退】16	台/千克					999	其他锯床或切断机
846190	11		切削金属或金属陶瓷的龙门刨床	Double-column(open-side) planing machines for removing metal or cermets	【最】12【普】50 【协东盟】0【协巴基斯坦】12【协智利】0 【协新西兰】0【协新加坡】0【协秘鲁】0 【协台湾】0【协哥斯达黎加】0【协冰岛】0 【协瑞士】6【协澳大利亚】0【协韩国】7.5 【协格鲁吉亚】0【协香港】0【协澳门】0 【特-1】0【特-2】0 【增】16【出】0【退】16	台/千克					999	切削金属或金属陶瓷的龙门刨床
846190	19		切削金属或金属陶瓷的其他刨床	Other planing machines for removing metal or cermets	【最】12【普】50 【协东盟】0【协巴基斯坦】12【协智利】0 【协新西兰】0【协新加坡】0【协秘鲁】0 【协台湾】0【协哥斯达黎加】0【协冰岛】0 【协瑞士】0【协澳大利亚】0【协韩国】7.5 【协格鲁吉亚】0【协香港】0【协澳门】0 【特-1】0【特-2】0 【增】16【出】0【退】16	台/千克					999	切削金属或金属陶瓷的其他刨床
846190	90		切削金属或金属陶瓷的未列名机床	Other machines for removing metal or cermets, not elsewhere specified or included	【最】12【普】50 【协东盟】0【协巴基斯坦】6【协智利】0 【协新西兰】0【协新加坡】0【协秘鲁】0 【协哥斯达黎加】0【协冰岛】0【协瑞士】4.8 【协澳大利亚】0【协韩国】8.7 【协格鲁吉亚】7.2【协香港】0【协澳门】0 【特-1】0【特-2】0 【增】16【对美加征】10【出】0【退】16	台/千克					999	切削金属或金属陶瓷的未列名机床
846210	10		加工金属的数控锻造或冲压机床（包括锻锤，模锻）	Machine-tools (including presses and hammers) for working metal by forging, hammering or die-stamping, numerically controlled	【最】9【普】20 【协亚太】6.3【协东盟】0【协巴基斯坦】5 【协智利】0【协新西兰】0【协秘鲁】0 【协台湾】0【协哥斯达黎加】0【协冰岛】0 【协瑞士】3.9【协澳大利亚】0【协韩国】6 【协香港】0【协澳门】0 【特-1】0【特-2】0【特-3】0 【增】16【对美加征】10【出】0【退】16	台/千克					101 102	加工金属的数控锻造或冲压机床（包括锻锤，模锻）（锻造机床） 加工金属的数控锻造或冲压机床（包括锻锤，模锻）（冲压机床）

税则号列			货品名称中英文		税费综合信息	计量单位	监管证件代码		检验检疫类别		检验检疫编码	检验检疫编码对应中文名称
HS 国际统一前6位	本国子目 7~8位	9~10位	中文 货物名称	英文 Article Description			进口	出口	进口	出口		
846210	90		非数控锻造或冲压机床（指加工金属用的，包括锻锤，模锻）	other forging, hammering or die-stamping machines (including presses and hammers) for working metal	【最】9【普】50 【协亚太】6.3【协东盟】0【协巴基斯坦】5 【协智利】0【协新西兰】0【协新加坡】0 【协秘鲁】0【协台湾】0【协哥斯达黎加】0 【协冰岛】0【协瑞士】4.8【协澳大利亚】0 【协韩国】8.5【协格鲁吉亚】0【协香港】0 【协澳门】0 【特-1】0【特-2】0【特-3】0 【增】16【对美加征】10【出】0【退】16	台/千克					101 102	非数控锻造或冲压机床（指加工金属用的，包括锻锤，模锻）（锻造机床） 非数控锻造或冲压机床（指加工金属用的，包括锻锤，模锻）（冲压机床）
846221	10		加工金属的数控矫直机床	Straightening machines, numerically controlled, for working metal	【最】9【普】20 【协东盟】0【协巴基斯坦】5【协智利】0 【协新西兰】0【协秘鲁】0【协哥斯达黎加】0 【协冰岛】0【协瑞士】3.9【协澳大利亚】0 【协香港】0【协澳门】0 【特-1】0【特-2】0【特-3】0 【增】16【对美加征】10【出】0【退】16	台/千克					999	加工金属的数控矫直机床
846221	90		加工金属的数控弯曲、折叠或矫平	Other bending, flodding, or flattening machines (including presses), numerically controlled, for working metal	【最】9【普】20 【协东盟】0【协巴基斯坦】5【协智利】0 【协新西兰】0【协秘鲁】0【协哥斯达黎加】0 【协冰岛】0【协瑞士】3.9【协澳大利亚】0 【协香港】0【协澳门】0 【特-1】0【特-2】0【特-3】0 【增】16【对美加征】10【出】0【退】16	台/千克					101 102 103	加工金属的数控弯曲、折叠或矫平机床（折叠机） 加工金属的数控弯曲、折叠或矫平机床（矫直机或矫平机） 加工金属的数控弯曲、折叠或矫平机床（折弯机）
846229	10		加工金属的非数控矫直机床	Straightening machines, non-numerically controlled, for working metal	【最】9【普】50 【协东盟】0【协巴基斯坦】5【协智利】0 【协新西兰】0【协秘鲁】1【协哥斯达黎加】0 【协冰岛】0【协瑞士】5.7【协澳大利亚】0 【协格鲁吉亚】6【协香港】0【协澳门】0 【特-1】0【特-2】0【特-3】0 【增】16【对美加征】10【出】0【退】16	台/千克					999	加工金属的非数控矫直机床
846229	90		加工金属的非数控弯曲、折叠或矫平机床	Other bending, flodding, or flattening machines (including presses), non-numerically controlled, for working metal	【最】9【普】50 【协东盟】0【协巴基斯坦】5【协智利】0 【协新西兰】0【协新加坡】0【协秘鲁】1 【协哥斯达黎加】0【协冰岛】0【协瑞士】0 【协澳大利亚】0【协格鲁吉亚】6【协香港】0 【协澳门】0 【特-1】0【特-2】0【特-3】0 【增】16【对美加征】10【出】0【退】16	台/千克					101 102 103	加工金属的非数控弯曲、折叠或矫平机床（折叠机） 加工金属的非数控弯曲、折叠或矫平机床（矫直机或矫平机） 加工金属的非数控弯曲、折叠或矫平机床（折弯机）
846231	10		加工金属的数控板带纵剪机	Shearing lengthwise machines (including presses), numerically controlled, for working metal, other than combined punching and shearing machines	【最】7【普】20 【协东盟】0【协巴基斯坦】5【协智利】0 【协新西兰】0【协秘鲁】0【协哥斯达黎加】0 【协冰岛】0【协瑞士】0【协澳大利亚】0 【协香港】0【协澳门】0 【特-1】0【特-2】0【特-3】0 【增】16【出】0【退】16	台/千克					999	加工金属的数控板带纵剪机（冲剪两用机除外）
846231	20		加工金属的数控板带横剪机	Shearing transverse machines (including presses), numerically controlled, for working metal, other than combined punching and shearing machines	【最】7【普】20 【协东盟】0【协巴基斯坦】5【协智利】0 【协新西兰】0【协秘鲁】0【协哥斯达黎加】0 【协冰岛】0【协瑞士】0【协澳大利亚】0 【协香港】0【协澳门】0 【特-1】0【特-2】0【特-3】0 【增】16【出】0【退】16	台/千克					999	加工金属的数控板带横剪机（冲剪两用机除外）
846231	90		加工金属的其他数控剪切机床	Other shearing machines (including presses), numerically controlled, for working metal, other than combined punching and shearing machines	【最】7【普】20 【协东盟】0【协巴基斯坦】5【协智利】0 【协新西兰】0【协秘鲁】0【协哥斯达黎加】0 【协冰岛】0【协瑞士】0【协澳大利亚】0 【协香港】0【协澳门】0 【特-1】0【特-2】0【特-3】0 【增】16【对美加征】10【出】0【退】16	台/千克					999	加工金属的其他数控剪切机床（冲剪两用机除外）

税则号列 HS国际统一前6位	本国子目 7~8位	本国子目 9~10位	货品名称中英文 中文 货物名称	英文 Article Description	税费综合信息	计量单位	监管证件代码 进口	监管证件代码 出口	检验检疫类别 进口	检验检疫类别 出口	检验检疫编码	检验检疫编码对应中文名称
846239	10		加工金属的非数控板带纵剪机	Shearing lengthwise machines (including presses), non-numerically controlled, for working metal, other than combined punching and shearing machines	【最】9【普】50 【协亚太】8.6【协东盟】0【协香港】0 【协澳门】0【协巴基斯坦】5【协智利】0 【协新西兰】0【协秘鲁】0【协哥斯达黎加】0 【协冰岛】0【协瑞士】0【协澳大利亚】0 【协格鲁吉亚】6【协香港】0【协澳门】0 【特-1】0【特-2】0【特-3】0 【增】16【出】0【退】16	台/千克					999	加工金属的非数控板带纵剪机（冲剪两用机除外）
846239	20		加工金属的非数控板带横剪机	Shearing transverse machines (including presses), non-numerically controlled, for working metal, other than combined punching and shearing machines	【最】9【普】50 【协亚太】8.6【协东盟】0【协香港】0 【协澳门】0【协巴基斯坦】5【协智利】0 【协新西兰】0【协秘鲁】0【协哥斯达黎加】0 【协冰岛】0【协瑞士】0【协澳大利亚】0 【协格鲁吉亚】6【协香港】0【协澳门】0 【特-1】0【特-2】0【特-3】0 【增】16【对美加征】10【出】0【退】16	台/千克					999	加工金属的非数控板带横剪机（冲剪两用机除外）
846239	90		加工金属的其他非数控剪切机床	Other shearing machines(including presses), non-numerically controlled, for working metal, other than combined punching and shearing machines	【最】9【普】50 【协亚太】8.6【协东盟】0【协巴基斯坦】5 【协智利】0【协新西兰】0【协秘鲁】0 【协哥斯达黎加】0【协冰岛】0【协瑞士】0 【协澳大利亚】0【协格鲁吉亚】0【协香港】0 【协澳门】0 【特-1】0【特-2】0【特-3】0 【增】16【对美加征】5【出】0【退】16	台/千克					999	加工金属的其他非数控剪切机床（冲剪两用机除外）
846241	11		自动模式数控步冲压力机	CNC automatic tool change punch press (including combined punching and shearing machines)	【最】9【普】20 【协东盟】0【协巴基斯坦】5【协智利】0 【协新西兰】0【协秘鲁】0【协哥斯达黎加】0 【协冰岛】0【协瑞士】3.9【协澳大利亚】0 【协香港】0【协澳门】0 【特-1】0【特-2】0【特-3】0 【增】16【对美加征】10【出】0【退】16	台/千克					101 102 103 104	自动模式数控步冲压力机（包括冲剪两用机）（冲压机床） 自动模式数控步冲压力机（包括冲剪两用机）（开槽机） 自动模式数控步冲压力机（包括冲剪两用机）（冲孔机） 自动模式数控步冲压力机（包括冲剪两用机）（组合机床）
846241	19		其他数控冲床（包括冲剪两用机）	Other punch press, numerically controlled (including combined punching and shearing machines)	【最】9【普】20 【协东盟】0【协巴基斯坦】5【协智利】0 【协新西兰】0【协秘鲁】0【协哥斯达黎加】0 【协冰岛】0【协瑞士】0【协澳大利亚】0 【协香港】0【协澳门】0 【特-1】0【特-2】0【特-3】0 【增】16【对美加征】10【出】0【退】16	台/千克					101 102	其他数控冲床（包括冲剪两用机）（冲压机床） 其他数控冲床（包括冲剪两用机）（组合机床）
846241	90		其他数控的冲孔或开槽机床，包括冲剪两用机	Other punching or notching machines (including presses), numerically controlled, including combined punching and shearing machines (other than punch press, numerically controlled)	【最】9【普】20 【协东盟】0【协巴基斯坦】5【协智利】0 【协新西兰】0【协秘鲁】0【协哥斯达黎加】0 【协冰岛】0【协瑞士】0【协澳大利亚】0 【协香港】0【协澳门】0 【特-1】0【特-2】0【特-3】0 【增】16【对美加征】10【出】0【退】16	台/千克					101 102 103	其他数控的冲孔或开槽机床，包括冲剪两用机（数控冲床除外）（开槽机） 其他数控的冲孔或开槽机床，包括冲剪两用机（数控冲床除外）（冲孔机） 其他数控的冲孔或开槽机床，包括冲剪两用机（数控冲床除外）（组合机床）
846249	00		加工金属的非数控冲孔，开槽机	Other punching or notching machines (including presses), non-numerically controlled, including combined punching and shearing machines	【最】9【普】50 【协东盟】0【协巴基斯坦】5【协智利】0 【协新西兰】0【协新加坡】0【协秘鲁】0 【协台湾】0【协哥斯达黎加】0【协冰岛】0 【协瑞士】0【协澳大利亚】0【协格鲁吉亚】0 【协香港】0【协澳门】0 【特-1】0【特-2】0【特-3】0 【增】16【对美加征】10【出】0【退】16	台/千克					101 102 103	加工金属的非数控冲孔，开槽机（包括冲剪两用机）（开槽机） 加工金属的非数控冲孔，开槽机（包括冲剪两用机）（冲孔机） 加工金属的非数控冲孔，开槽机（包括冲剪两用机）（组合机床）

税则号列			货品名称中英文		税费综合信息	计量单位	监管证件代码		检验检疫类别		检验检疫编码	检验检疫编码对应中文名称
HS 国际统一前6位	本国子目 7~8位	本国子目 9~10位	中文 货物名称	英文 Article Description			进口	出口	进口	出口		
846291	10		金属型材挤压机	Metal section squeezing machine	【最】9【普】50 【协亚太】8.3【协东盟】0【协巴基斯坦】5 【协智利】0【协新西兰】0【协秘鲁】0 【协哥斯达黎加】0【协冰岛】0【协瑞士】0 【协澳大利亚】0【协韩国】8.5【协格鲁吉亚】6 【协香港】0【协澳门】0 【特-1】0【特-2】0【特-3】0 【增】16【对美加征】10【出】0【退】16	台/千克					999	金属型材挤压机
846291	90		其他液压压力机	Other hydraulic presses, for working metal or metal carbides	【最】9【普】50 【协亚太】8.3【协东盟】0【协巴基斯坦】5 【协智利】0【协新西兰】0【协新加坡】0 【协秘鲁】0【协哥斯达黎加】0【协冰岛】0 【协瑞士】4【协澳大利亚】0【协韩国】8.5 【协格鲁吉亚】6【协香港】0【协澳门】0 【特-1】0【特-2】0【特-3】0 【增】16【对美加征】10【出】0【退】16	台/千克					101 102 103	其他液压压力机（加工金属或硬质合金）（冲压机床） 其他液压压力机（加工金属或硬质合金）（挤压机） 其他液压压力机（加工金属或硬质合金）（其他锻压或成型机床）
846299	10		机械压力机	Mechanical presses	【最】9【普】50 【协亚太】8.6【协东盟】0【协巴基斯坦】5 【协智利】0【协新西兰】0【协新加坡】0 【协秘鲁】0【协台湾】0【协哥斯达黎加】0 【协冰岛】0【协瑞士】0【协澳大利亚】0 【协韩国】8.5【协格鲁吉亚】0【协香港】0 【协澳门】0 【特-1】0【特-2】0【特-3】0 【增】16【对美加征】10【出】0【退】16	台/千克					101 102 103	机械压力机（冲压机床） 机械压力机（挤压机） 机械压力机（其他锻压或成型机床）
846299	90		税目84.62的其他机床	Other machines tools of heading No. 84.62, not specified above	【最】9【普】50 【协亚太】8.6【协东盟】0【协巴基斯坦】5 【协智利】0【协新西兰】0【协新加坡】0 【协秘鲁】0【协哥斯达黎加】0【协冰岛】0 【协瑞士】0【协澳大利亚】0【协韩国】8.5 【协格鲁吉亚】6【协香港】0【协澳门】0 【特-1】0【特-2】0【特-3】0 【增】16【对美加征】10【出】0【退】16	台/千克					999	税目84.62的其他机床
846310	11		拉拔力为300吨及以下的金属冷	Cold-drawing tube benches With 300t or less, for metal or cermets	【最】9【普】50 【协东盟】0【协巴基斯坦】5【协智利】0 【协新西兰】0【协秘鲁】0【协哥斯达黎加】0 【协冰岛】0【协瑞士】0【协澳大利亚】0 【协韩国】7.5【协格鲁吉亚】6【协香港】0 【协澳门】0 【特-1】0【特-2】0 【增】16【出】0【退】16	台/千克					999	拉拔力为300吨及以下的金属冷拔管机（包括金属陶瓷的冷拔管机）
846310	19		300吨以上的金属冷拔管机	Cold-drawing tube benches, more than 300t, for metal or cermets	【最】9【普】50 【协东盟】0【协巴基斯坦】5【协智利】0 【协新西兰】0【协新加坡】0【协秘鲁】0 【协台湾】0【协哥斯达黎加】0【协冰岛】0 【协瑞士】0【协澳大利亚】0【协格鲁吉亚】0 【协香港】0【协澳门】0 【特-1】0【特-2】0 【增】16【出】0【退】16	台/千克					999	300吨以上的金属冷拔管机（包括金属陶瓷的冷拔管机）
846310	20		金属及金属陶瓷的拔丝机	Wiredrawing machines for metal or cermets	【最】9【普】50 【协东盟】0【协巴基斯坦】5【协智利】0 【协新西兰】0【协秘鲁】0【协哥斯达黎加】0 【协冰岛】0【协瑞士】0【协澳大利亚】0 【协格鲁吉亚】6【协香港】0【协澳门】0 【特-1】0【特-2】0 【增】16【对美加征】10【出】0【退】16	台/千克					999	金属及金属陶瓷的拔丝机
846310	90		其他金属或金属陶瓷的拉拔机	Other draw-benches for metal or cermets	【最】9【普】50 【协东盟】0【协巴基斯坦】5【协智利】0 【协新西兰】0【协秘鲁】0【协哥斯达黎加】0 【协冰岛】0【协瑞士】0【协澳大利亚】0 【协格鲁吉亚】6【协香港】0【协澳门】0 【特-1】0【特-2】0 【增】16【对美加征】5【出】0【退】16	台/千克					999	其他金属或金属陶瓷的拉拔机

税则号列 HS国际统一前6位	本国子目 7~8位	本国子目 9~10位	货品名称中英文 中文 货物名称	货品名称中英文 英文 Article Description	税费综合信息	计量单位	监管证件代码 进口	监管证件代码 出口	检验检疫类别 进口	检验检疫类别 出口	检验检疫编码	检验检疫编码对应中文名称
846320	00		金属或金属陶瓷的螺纹滚轧机	Thread rolling machines for metal or cermets	【最】9【普】50 【协东盟】0【协巴基斯坦】12【协智利】0 【协新西兰】0【协新加坡】0【协秘鲁】0 【协哥斯达黎加】0【协冰岛】0【协瑞士】6 【协澳大利亚】0【协格鲁吉亚】9【协香港】0 【协澳门】0 【特-1】0【特-2】0 【增】16【对美加征】10【出】0【退】16	台/千克					999	金属或金属陶瓷的螺纹滚轧机
846330	00		金属或金属陶瓷丝的加工机	Machines for working metal or cermets wire	【最】9【普】50 【协东盟】0【协巴基斯坦】5【协智利】0 【协新西兰】0【协秘鲁】0【协哥斯达黎加】0 【协冰岛】0【协瑞士】0【协澳大利亚】0 【协格鲁吉亚】6【协香港】0【协澳门】0 【特-1】0【特-2】0 【增】16【对美加征】10【出】0【退】16	台/千克					999	金属或金属陶瓷丝的加工机
846390	00	10	滚压成形机床（数控，装3个以上压辊）	Roll forming machine tools (CNC, fitted with three or more sticks)	【最】9【普】50 【协东盟】0【协巴基斯坦】5【协智利】0 【协新西兰】0【协秘鲁】0【协哥斯达黎加】0 【协冰岛】0【协瑞士】4【协澳大利亚】0 【协格鲁吉亚】6【协香港】0【协澳门】0 【特-1】0【特-2】0 【增】16【对美加征】10【出】0【退】16	台/千克		3			999	滚压成形机床（数控，装3个以上压辊）
846390	00	20	具有滚压功能的旋压成形机床	Spin forming machine tools with roll forming functions (CNC, fitted with three or more sticks)	【最】9【普】50 【协东盟】0【协巴基斯坦】5【协智利】0 【协新西兰】0【协秘鲁】0【协哥斯达黎加】0 【协冰岛】0【协瑞士】4【协澳大利亚】0 【协格鲁吉亚】6【协香港】0【协澳门】0 【特-1】0【特-2】0 【增】16【对美加征】10【出】0【退】16	台/千克		3			999	具有滚压功能的旋压成形机床（数控，装3个以上压辊）
846390	00	90	其他非切削加工机床	Other non-cutting machine tools (for processing metals or metal ceramics)	【最】9【普】50 【协东盟】0【协巴基斯坦】5【协智利】0 【协新西兰】0【协秘鲁】0【协哥斯达黎加】0 【协冰岛】0【协瑞士】4【协澳大利亚】0 【协格鲁吉亚】6【协香港】0【协澳门】0 【特-1】0【特-2】0 【增】16【对美加征】10【出】0【退】16	台/千克					999	其他非切削加工机床（是指加工金属或金属陶瓷的）
846410	10		圆盘锯（加工石料，陶瓷，混凝土，石棉水泥或类似矿物材料）	Sawing machines of disk saw (for working stone, ceramics, concrete, asbestos-cement or like mineral materials)	【最】0【普】30【特-1】0【特-2】0【特-3】0 【增】16【对美加征】5【出】0【退】16	台/千克					999	圆盘锯（加工石料，陶瓷，混凝土，石棉水泥或类似矿物材料）
846410	20		钢丝锯（加工石料，陶瓷，混凝土，石棉水泥或类似矿物材料）	Sawing machines Of scroll saw (for working stone, ceramics, concrete, asbestos-cement or like mineral materials)	【最】0【普】30【特-1】0【特-2】0【特-3】0 【增】16【对美加征】10【出】0【退】16	台/千克					999	钢丝锯（加工石料，陶瓷，混凝土，石棉水泥或类似矿物材料）
846410	90		加工矿物等材料的其他锯床（加工石料，陶瓷，混凝土，石棉水泥或类似矿物材料）	Other sawing machines for working mineral materials (for working stone, ceramics, concrete, asbestos-cement or like mineral materials)	【最】0【普】30【特-1】0【特-2】0【特-3】0 【增】16【对美加征】10【出】0【退】16	台/千克					999	加工矿物等材料的其他锯床（加工石料，陶瓷，混凝土，石棉水泥或类似矿物材料）
846420	10		玻璃研磨或抛光机床	Machines for grinding or polishing glass or glassware	【最】0【普】30【特-1】0【特-2】0【特-3】0 【增】16【对美加征】10【出】0【退】16	台/千克					999	玻璃研磨或抛光机床
846420	90		加工矿物等材料的研磨或抛光机床（加工石料，陶瓷，混凝土，石棉水泥等似矿物材料）	Other grinding or polishing machines for working mineral materials (for working stone, ceramics, concrete, asbestos-cement or like mineral materials)	【最】0【普】30【特-1】0【特-2】0【特-3】0 【增】16【对美加征】10【出】0【退】16	台/千克					999	加工矿物等材料的研磨或抛光机床（加工石料，陶瓷，混凝土，石棉水泥等似矿物材料）

税则号列 HS国际统一前6位	本国子目 7~8位	本国子目 9~10位	货品名称中英文 中文 货物名称	货品名称中英文 英文 Article Description	税费综合信息	计量单位	监管证件代码 进口	监管证件代码 出口	检验检疫类别 进口	检验检疫类别 出口	检验检疫编码	检验检疫编码对应中文名称
846490	11		玻璃切割机（玻璃冷加工机床）	Cutting-off machines (machines for cold-working glass or glassware)	【最】0【普】30【特-1】0【特-2】0【特-3】0 【增】16【对美加征】10【出】0【退】16	台/千克					999	玻璃切割机（玻璃冷加工机床）
846490	12		玻璃刻花机（玻璃冷加工机床）	Carving machines (machines for coldworking glass or glassware)	【最】0【普】30【特-1】0【特-2】0【特-3】0 【增】16【对美加征】10【出】0【退】16	台/千克					999	玻璃刻花机（玻璃冷加工机床）
846490	19		其他玻璃冷加工机床	Other machines for coldworking glass or glassware	【最】0【普】30【特-1】0【特-2】0【特-3】0 【增】16【对美加征】10【出】0【退】16	台/千克					999	其他玻璃冷加工机床
846490	90		其他加工矿物等材料的机床	Other machine-tools for working mineral materials	【最】0【普】30【特-1】0【特-2】0【特-3】0 【增】16【对美加征】10【出】0【退】16	台/千克					999	其他加工矿物等材料的机床
846510	00		不需变换工具即可进行加工的机床（加工木材，软木，骨，硬质橡胶，硬质塑料及其他硬质材料）	Machines which can carry out different types of machining operations without tool change between such operations (for working wood, cork, bone, hard rubber, hard plastics or similar hard materials)	【最】9【普】30 【协东盟】0【协香港】0【协巴基斯坦】5 【协智利】0【协新西兰】0【协新加坡】0 【协秘鲁】0【协哥斯达黎加】0【协冰岛】0 【协瑞士】0【协澳大利亚】0【协韩国】7.5 【协格鲁吉亚】0 【特-1】0【特-2】0 【增】16【对美加征】10【出】0【退】16	台/千克					999	不需变换工具即可进行加工的机床（加工木材，软木，骨，硬质橡胶，硬质塑料及其他硬质材料）
846520	00		加工木材等材料的加工中心	Machining centres	【最】9【普】30 【协东盟】0【协香港】0【协智利】0 【协新西兰】0【协新加坡】0【协秘鲁】0 【协哥斯达黎加】0【协冰岛】0【协瑞士】0 【协澳大利亚】0【协韩国】7.5【协格鲁吉亚】0 【特-1】0【特-2】0 【增】16【出】0【退】16	台/千克					999	加工木材等材料的加工中心（加工木材，软木，骨，硬质橡胶，硬质塑料及其他硬质材料）
846591	00		加工木材等材料的锯床（加工木材，软木，骨，硬质橡胶，硬质塑料及其他硬质材料）	Sawing machines (for working wood, cork, bone, hard rubber, hard plastics or similar hard materials)	【最】9【普】30 【协东盟】0【协香港】0【协巴基斯坦】5 【协智利】0【协新西兰】0【协秘鲁】0 【协哥斯达黎加】0【协冰岛】0【协瑞士】0 【协澳大利亚】0【协韩国】7.5【协格鲁吉亚】0 【特-1】0【特-2】0 【增】16【对美加征】10【出】0【退】16	台/千克					999	加工木材等材料的锯床（加工木材，软木，骨，硬质橡胶，硬质塑料及其他硬质材料）
846592	00		加工木材等材料的刨，铣，切削机（加工木材，软木，骨，硬质橡胶，硬质塑料及其他硬质材料）	Planing, milling or moulding (by cutting) machines (for working wood, cork, bone, hard rubber, hard plastics or similar hard materials)	【最】9【普】30 【协东盟】0【协香港】0【协巴基斯坦】5 【协智利】0【协新西兰】0【协新加坡】0 【协秘鲁】0【协哥斯达黎加】0【协冰岛】0 【协瑞士】0【协澳大利亚】0【协韩国】7.5 【协格鲁吉亚】0 【特-1】0【特-2】0 【增】16【对美加征】10【出】0【退】16	台/千克					999	加工木材等材料的刨，铣，切削机器（加工木材，软木，骨，硬质橡胶，硬质塑料及其他硬质材料）
846593	00		加工木材等材料的研磨或抛光机器，含砂磨（加工木材，软木，骨，硬质橡胶，硬质塑料及其他硬质材料）	Grinding, sanding or polishing machines (for working wood, cork, bone, hard rubber, hard plastics or similar hard materials)	【最】9【普】30 【协东盟】0【协香港】0【协巴基斯坦】5 【协智利】0【协新西兰】0【协秘鲁】0 【协哥斯达黎加】0【协冰岛】0【协瑞士】0 【协澳大利亚】0【协韩国】7.5【协格鲁吉亚】0 【特-1】0【特-2】0 【增】16【对美加征】5【出】0【退】16	台/千克					101 102	加工木材等材料的研磨或抛光机器，含砂磨（加工木材，软木，骨，硬质橡胶，硬质塑料及其他硬质材料）（研磨或抛光机器） 加工木材等材料的研磨或抛光机器，含砂磨（加工木材，软木，骨，硬质橡胶，硬质塑料及其他硬质材料）（加工木材等材料的其他机床）
846594	00		加工木材等材料的弯曲或装配机器（加工木材，软木，骨，硬质橡胶，硬质塑料及其他硬质材料）	Bending or assembling machines (for working wood, cork, bone, hard rubber, hard plastics or similar hard materials)	【最】9【普】30 【协东盟】0【协巴基斯坦】5【协智利】0 【协新西兰】0【协新加坡】0【协秘鲁】0 【协哥斯达黎加】0【协冰岛】0【协瑞士】0 【协澳大利亚】0【协韩国】7.5【协格鲁吉亚】0 【协香港】0【协澳门】0 【特-1】0【特-2】0 【增】16【对美加征】10【出】0【退】16	台/千克					999	加工木材等材料的弯曲或装配机器（加工木材，软木，骨，硬质橡胶，硬质塑料及其他硬质材料）

税则号列			货品名称中英文		税费综合信息	计量单位	监管证件代码		检验检疫类别		检验检疫编码	检验检疫编码对应中文名称
HS国际统一前6位	本国子目 7~8位	9~10位	中文 货物名称	英文 Article Description			进口	出口	进口	出口		
846595	00		加工木材等材料的钻孔或凿榫机器（加工木材，软木，骨，硬质橡胶，硬质塑料及其他硬质材料）	Drilling or mortising machines (for working wood, cork, bone, hard rubber, hard plastics or similar hard materials)	【最】9【普】30 【协东盟】0【协香港】0【协巴基斯坦】5 【协智利】0【协新西兰】0【协新加坡】0 【协秘鲁】0【协哥斯达黎加】0【协冰岛】0 【协瑞士】4【协澳大利亚】0【协韩国】7.5 【协格鲁吉亚】0 【特-1】0【特-2】0 【增】16【对美加征】10【出】0【退】16	台/千克					999	加工木材等材料的钻孔或凿榫机器（加工木材，软木，骨，硬质橡胶，硬质塑料及其他硬质材料）
846596	00		加工木材等材料的剖，切，刮削机器（加工木材，软木，骨，硬质橡胶，硬质塑料及其他硬质材料）	Splitting, slicing or paring machines (for working wood, cork, bone, hard rubber, hard plastics or similar hard materials)	【最】9【普】30 【协东盟】0【协巴基斯坦】5【协智利】0 【协新西兰】0【协新加坡】0【协秘鲁】0 【协哥斯达黎加】0【协冰岛】0【协瑞士】0 【协澳大利亚】0【协韩国】7.5【协格鲁吉亚】0 【协香港】0【协澳门】0 【特-1】0【特-2】0 【增】16【对美加征】10【出】0【退】16	台/千克					999	加工木材等材料的剖，切，刮削机器（加工木材，软木，骨，硬质橡胶，硬质塑料及其他硬质材料）
846599	00		加工木材等材料的其他机床（加工木材，软木，骨，硬质橡胶，硬质塑料及其他硬质材料）	Other machine-tools for working wood, cork, bone, hard rubber, hard plastics or similar hard materials	【最】9【普】30 【协东盟】0【协香港】0【协巴基斯坦】5 【协智利】0【协新西兰】0【协新加坡】0 【协秘鲁】0【协哥斯达黎加】0【协冰岛】0 【协瑞士】0【协澳大利亚】0【协韩国】7.5 【协格鲁吉亚】0 【特-1】0【特-2】0 【增】16【对美加征】10【出】0【退】16	台/千克					999	加工木材等材料的其他机床（加工木材，软木，骨，硬质橡胶，硬质塑料及其他硬质材料）
846610	00		工具夹具及自启板牙切头（用于税目84.56～84.65所列机器的）	Tool holders and self-opening dieheads (suitable for use solely or principally with the machines of headings No. 84.56 to 84.65)	【最】7【普】17 【协东盟】0【协巴基斯坦】5【协智利】0 【协新西兰】0【协秘鲁】0【协哥斯达黎加】0 【协冰岛】0【协瑞士】2.8【协澳大利亚】0 【协韩国】4.7【协格鲁吉亚】0 【特-1】0【特-2】0【特-3】0 【增】16【对美加征】10【出】0【退】16	千克					999	工具夹具及自启板牙切头（用于税目84.56～84.65所列机器的）
846620	00		工件夹具（用于税目84.56～84.65所列机器的）	Work holders (suitable for use solely or principally with the machines of headings No. 84.56 to 84.650	【最】7【普】17 【协亚太】4.9【协东盟】0【协巴基斯坦】0 【协智利】0【协新西兰】0【协秘鲁】0 【协台湾】0【协哥斯达黎加】0【协冰岛】0 【协瑞士】2.8【协澳大利亚】0【协韩国】3.7 【协格鲁吉亚】0【协香港】0【协澳门】0 【特-1】0【特-2】0【特-3】0 【增】16【对美加征】10【出】0【退】16	千克					999	工件夹具（用于税目84.56～84.65所列机器的）
846630	00		分度头及其他专用于机器的附件	Dividing heads and other special attachments for machine-tools (suitable for use solely or principally with the machines of headings No. 84.56 to 84.65)	【最】7【普】17 【协东盟】0【协巴基斯坦】5【协智利】0 【协新西兰】0【协秘鲁】0【协哥斯达黎加】0 【协冰岛】0【协瑞士】2.8【协澳大利亚】0 【协韩国】4.7【协格鲁吉亚】0【协香港】0 【协澳门】0 【特-1】0【特-2】0【特-3】0 【增】16【对美加征】10【出】0【退】16	千克					999	分度头及其他专用于机器的附件（用于税目84.56～84.65所列机器的）
846691	00		税目84.64所列机器用的零件（加工石料等机器用零件，附件）	Parts and accessories For machines of heading No. 84.64 (parts and accessories for machines for working stone)	【最】0【普】17【特-1】0【特-2】0【特-3】0 【增】16【对美加征】10【出】0【退】16	千克					101 102	税目84.64所列机器用的零件（加工石料等机器用零件，附件）（机床附件） 税目84.64所列机器用的零件（加工石料等机器用零件，附件）（机床零件）
846692	00		税目84.65所列机器用的零件（加工木材等机器用零件，附件）	Parts and accessories For machines of heading No. 84.65 (parts and accessories for machines for working wood)	【最】6【普】17 【协东盟】0【协香港】0【协巴基斯坦】5 【协智利】0【协新西兰】0【协秘鲁】0 【协哥斯达黎加】0【协冰岛】0【协瑞士】0 【协澳大利亚】0【协韩国】3.7 【协格鲁吉亚】0 【特-1】0【特-2】0【特-3】0 【增】16【对美加征】10【出】0【退】16	千克					101 102	税目84.65所列机器用的零件（加工木材等机器用零件，附件）（机床附件） 税目84.65所列机器用的零件（加工木材等机器用零件，附件）（机床零件）

税则号列			货品名称中英文		税费综合信息	计量单位	监管证件代码		检验检疫类别		检验检疫编码	检验检疫编码对应中文名称
HS国际统一前6位	本国子目7~8位	9~10位	中文货物名称	英文Article Description			进口	出口	进口	出口		
846693	10		刀库及自动换刀装置（税目84.56~84.61机器用）	Tool changers and automatic tool changers (for items 84.56~84.61)	【最】0【普】17【特-1】0【特-2】0【特-3】0 【增】16【对美加征】10【出】0【退】16	千克					101 102	刀库及自动换刀装置（税目84.56~84.61机器用）（机床附件） 刀库及自动换刀装置（税目84.56~84.61机器用）（机床零件）
846693	90		税目84.56~84.61机器用其	Other parts for machines of headings No. 84.56 to 84.61	【最】0【普】17【特-1】0【特-2】0【特-3】0 【增】16【对美加征】10【出】0【退】16	千克					101 102	税目84.56~84.61机器用其他零件（机床附件） 税目84.56~84.61机器用其他零件（机床零件）
846694	00	10	滚压成形机床用芯轴	Mandrels for roll forming machine tools (the inner diameter of the mandrels for rolling formability is between 75mm and 400mm)	【最】6【普】17 【协东盟】0【协巴基斯坦】5【协智利】0 【协新西兰】0【协秘鲁】0【协台湾】0 【协哥斯达黎加】0【协冰岛】0【协瑞士】2.4 【协澳大利亚】0【协韩国】0【协格鲁吉亚】0 【协香港】0【协澳门】0 【特-1】0【特-2】0【特-3】0 【增】16【对美加征】10【出】0【退】16	千克		3			999	滚压成形机床用芯轴（转筒成形用的芯轴，内径在75mm至400mm之间）
846694	00	20	有滚压功能的旋压成形机用芯轴（转筒成形用的芯轴，内径在75mm至400mm之间）	Mandrels for spin forming machine tools with roll forming functions (the inner diameter of the mandrels for rolling formability is between 75mm and 400mm)	【最】6【普】17 【协东盟】0【协巴基斯坦】5【协智利】0 【协新西兰】0【协秘鲁】0【协台湾】0 【协哥斯达黎加】0【协冰岛】0【协瑞士】2.4 【协澳大利亚】0【协韩国】0【协格鲁吉亚】0 【协香港】0【协澳门】0 【特-1】0【特-2】0【特-3】0 【增】16【对美加征】10【出】0【退】16	千克		3			999	有滚压功能的旋压成形机用芯轴（转筒成形用的芯轴，内径在75mm至400mm之间）
846694	00	90	税目84.62~84.63机器用其他零件	Other parts for the machines under heading No. 84.62 ~ 84.63	【最】6【普】17 【协东盟】0【协巴基斯坦】5【协智利】0 【协新西兰】0【协秘鲁】0【协台湾】0 【协哥斯达黎加】0【协冰岛】0【协瑞士】2.4 【协澳大利亚】0【协韩国】0【协格鲁吉亚】0 【协香港】0【协澳门】0 【特-1】0【特-2】0【特-3】0 【增】16【对美加征】10【出】0【退】16	千克					101 102	税目84.62~84.63机器用其他零件（机床附件） 税目84.62~84.63机器用其他零件（机床零件）
846711	00		旋转式手提风动工具	Tools for working in the hand, pneumatic, Rotary type(including combined rotarypercussion)	【最】8【普】30 【协东盟】0【协巴基斯坦】5【协智利】0 【协新西兰】0【协秘鲁】0【协哥斯达黎加】0 【协冰岛】0【协瑞士】0【协澳大利亚】0 【协韩国】4.7【协格鲁吉亚】0【协香港】0 【协澳门】0 【特-1】0【特-2】0【特-3】0 【增】16【对美加征】5【出】0【退】16	台/千克					999	旋转式手提风动工具（包括旋转冲击式的）
846719	00		其他手提式风动工具	Other tools for working in the hand, pneumatic	【最】8【普】30 【协东盟】0【协巴基斯坦】5【协智利】0 【协新西兰】0【协秘鲁】0【协哥斯达黎加】0 【协冰岛】0【协瑞士】0【协澳大利亚】0 【协韩国】0【协格鲁吉亚】0【协香港】0 【协澳门】0 【特-1】0【特-2】0【特-3】0 【增】16【对美加征】5【出】0【退】16	台/千克					999	其他手提式风动工具
846721	00		手提式电动钻	Drills of all kinds for working in the hand, with self-contained electric motor	【最】8【普】30 【协亚太】5.2【协东盟】0【协香港】0 【协巴基斯坦】5【协智利】0【协新西兰】0 【协新加坡】0【协秘鲁】0【协哥斯达黎加】0 【协冰岛】0【协瑞士】0【协澳大利亚】0 【协韩国】5【协格鲁吉亚】0【协香港】0 【协澳门】0 【特-1】0【特-2】0【特-3】0 【增】16【对美加征】10【出】0【退】16	台/千克	A		L		999	手提式电动钻

税则号列			货品名称中英文		税费综合信息	计量单位	监管证件代码		检验检疫类别		检验检疫编码	检验检疫编码对应中文名称
HS国际统一前6位	本国子目7~8位	9~10位	中文 货物名称	英文 Article Description			进口	出口	进口	出口		
846722	10		手提式电动链锯	Chain saws for working in the hand, with self-contained electric motor	【最】8【普】30 【协亚太】5.2【协东盟】0【协香港】0 【协巴基斯坦】5【协智利】0【协新西兰】0 【协秘鲁】0【协哥斯达黎加】0【协冰岛】0 【协瑞士】0【协澳大利亚】0【协韩国】5 【协格鲁吉亚】0 【特-1】0【特-2】0【特-3】0 【增】16【对美加征】5【出】0【退】16	台/千克	A		L		999	手提式电动链锯
846722	90		其他手提式电锯	Other saws for working in the hand, with self-contained electric motor	【最】8【普】30 【协亚太】5.2【协东盟】0【协香港】0 【协巴基斯坦】5【协智利】0【协新西兰】0 【协新加坡】0【协秘鲁】0【协哥斯达黎加】0 【协冰岛】0【协瑞士】0【协澳大利亚】0 【协韩国】5【协格鲁吉亚】0 【特-1】0【特-2】0【特-3】0 【增】16【对美加征】10【出】0【退】16	台/千克	A		L		999	其他手提式电锯
846729	10		手提式电动砂磨工具【电商】	Grinding tools (including burnisher, belt sander, wheel-sander) for working in the hand, with self-contained electric motor	【最】8【普】30 【协亚太】5.2【协东盟】0【协香港】0 【协巴基斯坦】5【协智利】0【协新西兰】0 【协新加坡】0【协秘鲁】0【协哥斯达黎加】0 【协冰岛】0【协瑞士】5.7【协澳大利亚】0 【协韩国】5【协格鲁吉亚】0 【特-1】0【特-2】0【特-3】0 【增】16【对美加征】10【出】0【退】16	台/千克	A		L		999	手提式电动砂磨工具
846729	20		手提式电刨	Planings for working in the hand, with self-contained electric motor	【最】8【普】30 【协亚太】5.2【协东盟】0【协香港】0 【协巴基斯坦】5【协智利】0【协新西兰】0 【协秘鲁】0【协哥斯达黎加】0【协冰岛】0 【协瑞士】0【协澳大利亚】0【协韩国】5 【协格鲁吉亚】0 【特-1】0【特-2】0【特-3】0 【增】16【出】0【退】16	台/千克	A		L		999	手提式电刨
846729	90		其他手提式电动工具	Other tools for working in the hand, with self-contained electric motor	【最】8【普】30 【协亚太】5.2【协东盟】0【协香港】0 【协巴基斯坦】5【协智利】0【协新西兰】0 【协新加坡】0【协秘鲁】0【协哥斯达黎加】0 【协冰岛】0【协瑞士】0【协澳大利亚】0 【协韩国】5【协格鲁吉亚】0 【特-1】0【特-2】0【特-3】0 【增】16【对美加征】10【出】0【退】16	台/千克	A		L		999	其他手提式电动工具
846781	00		手提式液压或其他动力链锯（电动和风动的除外）	Chain saws for working in the hand, hydraulic or with non-electric motor (other than pneumatic and with self-contained electric motor)	【最】8【普】30 【协东盟】0【协巴基斯坦】5【协智利】0 【协新西兰】0【协秘鲁】0【协哥斯达黎加】0 【协冰岛】0【协瑞士】0【协澳大利亚】0 【协韩国】0【协格鲁吉亚】0【协香港】0 【协澳门】0 【特-1】0【特-2】0【特-3】0 【增】16【对美加征】10【出】0【退】16	台/千克					999	手提式液压或其他动力链锯（电动和风动的除外）
846789	00		其他手提式液压或其他动力工具（电动和风动的除外）	Other tools for working in the hand, hydraulic or with non-electric motor (other than pneumatic and with self-contained electric motor)	【最】8【普】30 【协东盟】0【协巴基斯坦】5【协智利】0 【协新西兰】0【协秘鲁】0【协哥斯达黎加】0 【协冰岛】0【协瑞士】0【协澳大利亚】0 【协韩国】5.3【协格鲁吉亚】0【协香港】0 【协澳门】0 【特-1】0【特-2】0【特-3】0 【增】16【对美加征】5【出】0【退】16	台/千克					101 102	其他手提式液压或其他动力工具（电动和风动的除外）（手提式液压工具） 其他手提式液压或其他动力工具（电动和风动的除外）（其他手提式动力工具及其零件）
846791	10		编号8467.2210的链锯用零件	Parts of chain saws of subheading No. 8467.2210	【最】6【普】30 【协亚太】3.9【协东盟】0【协香港】0 【协巴基斯坦】0【协智利】0【协新西兰】0 【协秘鲁】0【协哥斯达黎加】0【协冰岛】0 【协瑞士】0【协澳大利亚】0【协韩国】0 【协格鲁吉亚】0【协香港】0【协澳门】0 【特-1】0【特-2】0【特-3】0 【增】16【对美加征】5【出】0【退】16	千克					999	编号8467.2210的链锯用零件

税则号列 HS国际统一前6位	本国子目 7~8位	本国子目 9~10位	货品名称 中文 货物名称	货品名称 英文 Article Description	税费综合信息	计量单位	监管证件代码 进口	监管证件代码 出口	检验检疫类别 进口	检验检疫类别 出口	检验检疫编码	检验检疫编码对应中文名称
846791	90		子目8467.81的链锯用的零件	Parts of other chain saws of subheading No. 8467.81	【最】6【普】30 【协亚太】4.2【协东盟】0【协巴基斯坦】5 【协智利】0【协新西兰】0【协秘鲁】0 【协哥斯达黎加】0【协冰岛】0【协瑞士】2.4 【协澳大利亚】0【协韩国】0 【协格鲁吉亚】0【协香港】0【协澳门】0 【特-1】0【特-2】0【特-3】0 【增】16【对美加征】5【出】0【退】16	千克					999	子目8467.81的链锯用的零件
846792	00		风动的工具零件	Parts of pneumatic tools	【最】6【普】30 【协东盟】0【协巴基斯坦】5【协智利】0 【协新西兰】0【协秘鲁】0【协哥斯达黎加】0 【协瑞士】0【协澳大利亚】0【协韩国】0 【协格鲁吉亚】0【协香港】0【协澳门】0 【特-1】0【特-2】0【特-3】0 【增】16【对美加征】5【出】0【退】16	千克					999	风动的工具零件
846799	10		其他手提式电动工具用零件	Parts of other tools for working in the hand, With self-contained electric motor	【最】8【普】30 【协亚太】5.2【协东盟】0【协香港】0 【协巴基斯坦】5【协智利】0【协新西兰】0 【协新加坡】0【协秘鲁】0【协哥斯达黎加】0 【协冰岛】0【协瑞士】4【协澳大利亚】0 【协韩国】5【协格鲁吉亚】0 【特-1】0【特-2】0【特-3】0 【增】16【对美加征】10【出】0【退】16	千克					999	其他手提式电动工具用零件
846799	90		其他手提式动力工具用的零件	Parts of other tools for working in the hand, with other motor	【最】6【普】30 【协东盟】0【协巴基斯坦】5【协智利】0 【协新西兰】0【协秘鲁】0【协哥斯达黎加】0 【协冰岛】0【协瑞士】0【协澳大利亚】0 【协韩国】3.2【协格鲁吉亚】0【协香港】0 【协澳门】0 【特-1】0【特-2】0【特-3】0 【增】16【对美加征】5【出】0【退】16	千克					999	其他手提式动力工具用的零件
846810	00		手提喷焊器	Hand-held blow pipes	【最】9【普】30 【协东盟】0【协巴基斯坦】6【协智利】0 【协新西兰】0【协新加坡】0【协秘鲁】0 【协哥斯达黎加】0【协冰岛】0【协瑞士】4.8 【协澳大利亚】0【协韩国】6 【协格鲁吉亚】0【协香港】0【协澳门】0 【特-1】0【特-2】0【特-3】0 【增】16【对美加征】10【出】0【退】16	台/千克					999	手提喷焊器
846820	00	10	自动焊接机［将端塞焊接于燃料细棒（或棒）的自动焊接机］	Automatic welding machines (that weld the end plug on the thin fuel rods)	【最】9【普】30 【协东盟】0【协巴基斯坦】6【协智利】0 【协新西兰】0【协新加坡】0【协秘鲁】0 【协哥斯达黎加】0【协冰岛】0【协瑞士】0 【协澳大利亚】0【协韩国】6 【协格鲁吉亚】0【协香港】0【协澳门】0 【特-1】0【特-2】0【特-3】0 【增】16【对美加征】10【出】0【退】16	台/千克		3			999	自动焊接机［将端塞焊接于燃料细棒（或棒）的自动焊接机］
846820	00	90	其他气体焊接或表面回火机器及装置	Other gas welding or surface tempering machines and equipments	【最】9【普】30 【协东盟】0【协巴基斯坦】6【协智利】0 【协新西兰】0【协新加坡】0【协秘鲁】0 【协哥斯达黎加】0【协冰岛】0【协瑞士】0 【协澳大利亚】0【协韩国】6 【协格鲁吉亚】0【协香港】0【协澳门】0 【特-1】0【特-2】0【特-3】0 【增】16【对美加征】10【出】0【退】16	台/千克					999	其他气体焊接或表面回火机器及装置
846880	00		其他焊接机器及装置（税目85.15的货品除外）	Other machinery and apparatus for soldering (other than goods of heading No. 85.15)	【最】9【普】30 【协东盟】0【协巴基斯坦】6【协智利】0 【协新西兰】0【协新加坡】0【协秘鲁】0 【协哥斯达黎加】0【协冰岛】0【协瑞士】4.8 【协澳大利亚】0【协格鲁吉亚】0【协香港】0 【协澳门】0 【特-1】0【特-2】0【特-3】0 【增】16【对美加征】10【出】0【退】16	台/千克					101 102	其他焊接机器及装置（税目85.15的货品除外）（波峰焊设备） 其他焊接机器及装置（税目85.15的货品除外）（其他焊接设备及其零件）

税则号列			货品名称中英文		税费综合信息	计量单位	监管证件代码		检验检疫类别		检验检疫编码	检验检疫编码对应中文名称
HS 国际统一前 6 位	本国子目 7~8 位	本国子目 9~10 位	中文 货物名称	英文 Article Description			进口	出口	进口	出口		
846890	00		焊接机器用零件	Parts of machinery and apparatus for soldering	【最】7【普】30【暂进】3 【协东盟】0【协巴基斯坦】5【协智利】0 【协新西兰】0【协秘鲁】0【协哥斯达黎加】0 【协冰岛】0【协瑞士】0【协澳大利亚】0 【协韩国】0【协格鲁吉亚】0【协香港】0 【协澳门】0 【特-1】0【特-2】0【特-3】0 【增】16【对美加征】10【出】0【退】16	千克					999	焊接机器用零件
847010	00		电子计算器及袖珍式数据录放机器（不需外接电源，录放指具计算功能的数据记录，重现及显示） 【电商】	Electronic calculators capable of operation without an external source of electric power and pocket-size data recording, reproducing and displaying machines with calculating functions	【最】0【普】80【特-1】0【特-2】0【特-3】0 【增】16【对美加征】10【出】0【退】16	台/千克					999	电子计算器及袖珍式数据录放机器（不需外接电源，录放指具计算功能的数据记录，重现及显示）
847021	00		装有打印装置的电子计算器	Electronic calculating machines Incorporating a printing device	【最】0【普】80【特-1】0【特-2】0【特-3】0 【增】16【出】0【退】16	台/千克					999	装有打印装置的电子计算器
847029	00		其他电子计算器	Other electronic calculating machines	【最】0【普】80【特-1】0【特-2】0【特-3】0 【增】16【对美加征】10【出】0【退】16	台/千克					999	其他电子计算器
847030	00		其他计算机器	Other calculating machines	【最】0【普】40【特-1】0【特-2】0【特-3】0 【增】16【对美加征】5【出】0【退】16	台/千克					999	其他计算机器
847050	10		销售点终端出纳机	Terminal registers for market	【最】0【普】40【特-1】0【特-2】0【特-3】0 【增】16【对美加征】10【出】0【退】16	台/千克			L		999	销售点终端出纳机
847050	90		其他现金出纳机	Other cash registers	【最】0【普】40【特-1】0【特-2】0【特-3】0 【增】16【对美加征】5【出】0【退】16	台/千克			L		999	其他现金出纳机
847090	00		会计计算机，邮资盖戳机，售票机	accounting machines, postage-franking machines, ticket-is-suing machines and similar machines	【最】0【普】40【特-1】0【特-2】0【特-3】0 【增】16【对美加征】10【出】0【退】16	台/千克					999	会计计算机，邮资盖戳机，售票机及类似机器
847130	10		平板电脑 【电商】	Panel computer	【最】0【普】70【特-1】0【特-2】0【特-3】0 【增】16【对美加征】10【出】0【退】16	台/千克	A		L		101 102	平板电脑（重量≤10 千克，至少由一个中央处理器、键盘和显示器组成）（便携数字自动数据处理机） 平板电脑（重量≤10 千克，至少由一个中央处理器、键盘和显示器组成）（掌上电脑）
847130	90		其他便携式自动数据处理设备（重量≤10 千克，至少由一个中央处理器、键盘和显示器组成） 【电商】	Other portable automatic data processing machines, weighing not more than 10kg, consisting of at least a central processing unit, a keyboard and a display	【最】0【普】70【特-1】0【特-2】0【特-3】0 【增】16【对美加征】10【出】0【退】16	台/千克	A		L		101 102	其他便携式自动数据处理设备（重量≤10 千克，至少由一个中央处理器、键盘和显示器组成）（便携数字自动数据处理机） 其他便携式自动数据处理设备（重量≤10 千克，至少由一个中央处理器、键盘和显示器组成）（掌上电脑）
847141	10	10	高性能数字计算机	Automatic data processing machines, mainframes	【最】0【普】14【特-1】0【特-2】0【特-3】0 【增】16【对美加征】10【出】0【退】16	台/千克		3			999	高性能数字计算机［高性能数字计算机是指调整后峰值性能（APP）大于 8.0 加权每秒万亿次浮点运算的数字计算机］
847141	10	90	其他巨大中型自动数据处理设备	Other automatic data processing machine, mainframes	【最】0【普】14【特-1】0【特-2】0【特-3】0 【增】16【对美加征】10【出】0【退】16	台/千克					999	其他巨大中型自动数据处理设备
847141	20		小型自动数据处理设备	Mini-computers	【最】0【普】14【特-1】0【特-2】0【特-3】0 【增】16【对美加征】5【出】0【退】16	台/千克			L		999	小型自动数据处理设备

税则号列 HS 国际统一前 6 位	本国子目 7~8 位	本国子目 9~10 位	货品名称中英文 中文 货物名称	货品名称中英文 英文 Article Description	税费综合信息	计量单位	监管证件代码 进口	监管证件代码 出口	检验检疫类别 进口	检验检疫类别 出口	检验检疫编码	检验检疫编码对应中文名称
847141	40		微型机	Microprocessings	【最】0【普】70【特-1】0【特-2】0【特-3】0【增】16【对美加征】5【出】0【退】16	台/千克	A		L		999	微型机
847141	90		其他数据处理设备（同一机壳内至少有一个 CPU 和一个输入输出部件；包括组合式）	Other automatic data processing machines, comprising in the same housing at least a CPU and an input and output unit, including combined)	【最】0【普】70【特-1】0【特-2】0【特-3】0【增】16【对美加征】5【出】0【退】16	台/千克			L		999	其他数据处理设备（同一机壳内至少有一个 CPU 和一个输入输出部件；包括组合式）
847149	10	10	系统形式报验的高性能数字计算机	Mainframes(automatic data processing machines) presented in the form of systems	【最】0【普】29【特-1】0【特-2】0【特-3】0【增】16【对美加征】5【出】0【退】16	台/千克		3			999	系统形式报验的高性能数字计算机［计算机指自动数据处理设备，高性能数字计算机是指调整后峰值性能（APP）大于 8.0 加权每秒万亿次浮点运算的数字计算机］
847149	10	90	其他系统形式报验的巨、大、中型机	Mainframes(automatic data processing machines) presented in the form of systems	【最】0【普】29【特-1】0【特-2】0【特-3】0【增】16【对美加征】5【出】0【退】16	台/千克					999	其他系统形式报验的巨、大、中型机（计算机指自动数据处理设备）
847149	20		以系统形式报验的小型计算机	Mini-computers(automatic data processing machines) presented in the form of systems	【最】0【普】29【特-1】0【特-2】0【特-3】0【增】16【对美加征】10【出】0【退】16	台/千克			L		999	以系统形式报验的小型计算机（计算机指自动数据处理设备）
847149	40		以系统形式报验的微型机	Microprocessings(automatic data processing machines) presented in the form of systems	【最】0【普】70【特-1】0【特-2】0【特-3】0【增】16【对美加征】10【出】0【退】16	台/千克			L		999	以系统形式报验的微型机
847149	91		其他分散型工业过程控制设备	Processing machines for the distributed control system (presented in the form of systems)	【最】0【普】70【特-1】0【特-2】0【特-3】0【增】16【对美加征】10【出】0【退】16	台/千克					999	其他分散型工业过程控制设备（以系统形式报验的）
847149	99		以系统形式报验的其他计算机	Other automatic data processing machines, presented in the form of systems	【最】0【普】70【特-1】0【特-2】0【特-3】0【增】16【对美加征】5【出】0【退】16	台/千克			L		999	以系统形式报验的其他计算机
847150	10	10	高性能数字计算机处理部件［不论是否在同一机壳内有一或两个存储，输入或输出部件，高性能数字计算机是指调整后峰值性能（APP）大于 8.0 加权每秒万亿次浮点运算的数字计算机］	Processing units of Mainframes (whether or not containing in the same housing one or two storage units, input units, output units)	【最】0【普】14【特-1】0【特-2】0【特-3】0【增】16【对美加征】5【出】0【退】16	台/千克		3			999	高性能数字计算机处理部件［不论是否在同一机壳内有一或两个存储，输入或输出部件，高性能数字计算机是指调整后峰值性能（APP）大于 8.0 加权每秒万亿次浮点运算的数字计算机］
847150	10	90	其他巨、大、中型机处理部件（不论是否在同一机壳内有一或两个存储，输入或输出部件）	Processing units of Mainframes(whether or not containing in the same housing one or two storage units, input units, output units)	【最】0【普】14【特-1】0【特-2】0【特-3】0【增】16【对美加征】5【出】0【退】16	台/千克					999	其他巨、大、中型机处理部件（不论是否在同一机壳内有一或两个存储，输入或输出部件）
847150	20		小型机的处理部件（不论是否在同一机壳内有一或两个存储，输入或输出部件）	Processing units of Mini-computers (whether or not containing in the same housing one or two storage units, input units, output units)	【最】0【普】14【特-1】0【特-2】0【特-3】0【增】16【对美加征】5【出】0【退】16	台/千克					999	小型机的处理部件（不论是否在同一机壳内有一或两个存储，输入或输出部件）

税则号列			货品名称中英文		税费综合信息	计量单位	监管证件代码		检验检疫类别		检验检疫编码	检验检疫编码对应中文名称
HS国际统一前6位	本国子目 7~8位	本国子目 9~10位	中文 货物名称	英文 Article Description			进口	出口	进口	出口		
847150	40	01	含显示器和主机的微型机【电商】	Microprocessings, contains monitor and host	【最】0【普】70【特-1】0【特-2】0【特-3】0【增】16【对美加征】10【出】0【退】16	台/千克			L		999	含显示器和主机的微型机（不论是否在同一机壳内有一或两个存储，输入或输出部件）
847150	40	90	其他的微型机的处理部件【电商】	Other Processing units of Microprocessings	【最】0【普】70【特-1】0【特-2】0【特-3】0【增】16【对美加征】10【出】0【退】16	台/千克					999	其他的微型机的处理部件（不论是否在同一机壳内有一或两个存储，输入或输出部件）
847150	90		子目8471.41或8471.49以外设备的处理部件（不论是否在同一机壳内有一或两个存储，输入或输出部件）	Other processing units other than those of subheading 8471.41 or 8471.49, whether or not containing in the same housing one or two storage units, input units, output units)	【最】0【普】70【特-1】0【特-2】0【特-3】0【增】16【对美加征】5【出】0【退】16	台/千克					999	子目8471.41或8471.49以外设备的处理部件（不论是否在同一机壳内有一或两个存储，输入或输出部件）
847160	40		巨、大、中及小型计算机用终端（输入或输出部件，不论是否在同一机壳内有存储部件）	Terminating machines for the huge computers, Mainframes and minicomputers (input or output units, whether or not containing storage units in the same housing)	【最】0【普】14【特-1】0【特-2】0【特-3】0【增】16【对美加征】10【出】0【退】16	台/千克					999	巨、大、中及小型计算机用终端（输入或输出部件，不论是否在同一机壳内有存储部件）
847160	50		自动数据处理设备的扫描器【电商】	Scanner	【最】0【普】14【特-1】0【特-2】0【特-3】0【增】16【对美加征】10【出】0【退】16	台/千克			L		999	自动数据处理设备的扫描器
847160	60		自动数据处理设备的数字化仪	Digitizer	【最】0【普】14【特-1】0【特-2】0【特-3】0【增】16【对美加征】5【出】0【退】16	台/千克					999	自动数据处理设备的数字化仪
847160	71		键盘【电商】	Keyboards	【最】0【普】40【特-1】0【特-2】0【特-3】0【增】16【对美加征】10【出】0【退】16	个/千克					999	键盘
847160	72		鼠标器【电商】	Mouses	【最】0【普】40【特-1】0【特-2】0【特-3】0【增】16【对美加征】10【出】0【退】16	个/千克					999	鼠标器
847160	90		计算机的其他输入或输出部件（计算机指自动数据处理设备）【电商】	Other input or output units of computers (computer refer to automatic data processing machines)	【最】0【普】14【特-1】0【特-2】0【特-3】0【增】16【对美加征】10【出】0【退】16	台/千克					999	计算机的其他输入或输出部件（计算机指自动数据处理设备）
847170	10		计算机硬盘驱动器【电商】	Rigid disk drivers for automatic data processing machines	【最】0【普】14【特-1】0【特-2】0【特-3】0【增】16【对美加征】10【出】0【退】16	台/千克					999	计算机硬盘驱动器（计算机指自动数据处理设备）
847170	20		自动数据处理设备的软盘驱动器	Floppy disk drivers for automatic data processing machines	【最】0【普】14【特-1】0【特-2】0【特-3】0【增】16【对美加征】5【出】0【退】16	台/千克					999	自动数据处理设备的软盘驱动器
847170	30		光盘驱动器【电商】	CD drivers	【最】0【普】14【特-1】0【特-2】0【特-3】0【增】16【对美加征】10【出】0【退】16	台/千克					999	光盘驱动器（自动数据处理设备的光盘驱动器）
847170	90		自动数据处理设备的其他存储部件【电商】	Other storage units for automatic data processing machines	【最】0【普】14【特-1】0【特-2】0【特-3】0【增】16【对美加征】10【出】0【退】16	台/千克					999	自动数据处理设备的其他存储部件
847180	00		其他自动数据处理设备的部件	Other units of automatic data processing machines	【最】0【普】40【特-1】0【特-2】0【特-3】0【增】16【对美加征】10【出】0【退】16	台/千克					999	其他自动数据处理设备的部件
847190	00	10	专用于复制的光盘刻录机【电商】	CD-R machines used exclusively for copying (also called CD repeaters)	【最】0【普】40【特-1】0【特-2】0【特-3】0【增】16【对美加征】10【出】0【退】16	台/千克					999	专用于复制的光盘刻录机（也称光盘复读机）

税则号列			货品名称中英文		税费综合信息	计量单位	监管证件代码		检验检疫类别		检验检疫编码	检验检疫编码对应中文名称
HS国际统一前6位	本国子目7~8位	本国子目9~10位	中文 货物名称	英文 Article Description			进口	出口	进口	出口		
847190	00	90	未列名的磁性或光学阅读器【电商】	Magnetic or optical readers not specified or included (including the machines for transcribing data in coded form and machines for processing such data)	【最】0【普】40【特-1】0【特-2】0【特-3】0【增】16【对美加征】10【出】0【退】16	台/千克			L		999	未列名的磁性或光学阅读器（包括将数据以代码形式转录的机器及处理这些数据的机器）
847210	00		胶版复印机、油印机	Duplicating machines	【最】3.5【普】40 【协东盟】0【协巴基斯坦】11.2【协智利】0 【协新西兰】0【协新加坡】0【协秘鲁】0 【协哥斯达黎加】0【协冰岛】0【协瑞士】3.5 【协澳大利亚】0【协韩国】7 【协格鲁吉亚】0【协香港】0【协澳门】0 【特-1】0【特-2】0 【增】16【出】0【退】16	台/千克			L		999	胶版复印机、油印机
847230	10		邮政信件分拣及封装设备	Machines for sorting or banding mail	【最】8【普】40 【协东盟】0【协巴基斯坦】5【协智利】0 【协新西兰】0【协秘鲁】0【协哥斯达黎加】0 【协冰岛】0【协澳大利亚】0【协韩国】5 【协格鲁吉亚】0【协香港】0【协澳门】0 【特-1】0【特-2】0【特-3】0 【增】16【对美加征】10【出】0【退】16	台/千克					999	邮政信件分拣及封装设备
847230	90		其他信件折叠、分类、开或闭封机（包括信件装封机及粘贴邮票机和盖销邮票机）	Other machines for sorting or folding mail or opening, closing or sealing mail (including machines for inserting mail in envelopes or bands, and machines for affixing or cancelling postage stamps)	【最】8【普】40 【协东盟】0【协巴基斯坦】7【协智利】0 【协新西兰】0【协新加坡】0【协秘鲁】0 【协哥斯达黎加】0【协冰岛】0【协瑞士】0 【协澳大利亚】0【协韩国】7 【协格鲁吉亚】0【协香港】0【协澳门】0 【特-1】0【特-2】0 【增】16【出】0【退】16	台/千克					999	其他信件折叠、分类、开或闭封机（包括信件装封机及粘贴邮票机和盖销邮票机）
847290	10		自动柜员机	Automated teller	【最】0【普】40【特-1】0【特-2】0【特-3】0【增】16【对美加征】10【出】0【退】16	台/千克			L		999	自动柜员机
847290	21		办公室用打洞机	Perforator used in office	【最】0【普】40【特-1】0【特-2】0【特-3】0【增】16【对美加征】10【出】0【退】16	台/千克					999	办公室用打洞机
847290	22		办公室用订书机【电商】	Stapler used in office	【最】0【普】40【特-1】0【特-2】0【特-3】0【增】16【对美加征】10【出】0【退】16	台/千克					999	办公室用订书机
847290	29		其他装订用办公室机器	Other stapling machines used in office	【最】0【普】40【特-1】0【特-2】0【特-3】0【增】16【对美加征】5【出】0【退】16	台/千克					999	其他装订用办公室机器
847290	30		碎纸机【电商】	Paper shrudders	【最】0【普】40【特-1】0【特-2】0【特-3】0【增】16【对美加征】10【出】0【退】16	台/千克					999	碎纸机
847290	40		地址印写机及地址铭牌压印机	Addressing machines and address plate embossing machines	【最】3.5【普】40 【协东盟】0【协巴基斯坦】11.2【协智利】0 【协新西兰】0【协新加坡】0【协秘鲁】0 【协哥斯达黎加】0【协冰岛】0【协瑞士】3.5 【协澳大利亚】0【协韩国】7 【协格鲁吉亚】0【协香港】0【协澳门】0 【特-1】0【特-2】0 【增】16【出】0【退】16	台/千克					999	地址印写机及地址铭牌压印机
847290	50		文字处理机	Word-processing machines	【最】0【普】40【特-1】0【特-2】0【特-3】0【增】16【对美加征】5【出】0【退】16	台/千克					101 102	文字处理机（打印机） 文字处理机（打字机）
847290	60		打字机（税目84.43的打印机除外）	Typewnters other than priners of heading No. 84.43	【最】8【普】40 【协东盟】0【协巴基斯坦】6【协智利】0 【协新西兰】0【协新加坡】0【协秘鲁】0 【协哥斯达黎加】0【协冰岛】0【协瑞士】4.8 【协澳大利亚】0【协格鲁吉亚】0【协香港】0 【协澳门】0 【特-1】0【特-2】0 【增】16【对美加征】5【出】0【退】16	台/千克					101 102	打字机（税目84.43的打印机除外）（打印机） 打字机（税目84.43的打印机除外）（打字机）

税则号列			货品名称中英文		税费综合信息	计量单位	监管证件代码		检验检疫类别		检验检疫编码	检验检疫编码对应中文名称
HS国际统一前6位	本国子目 7~8位	9~10位	中文 货物名称	英文 Article Description			进口	出口	进口	出口		
847290	90		其他办公室用机器（包括硬币分类、计数、包装机和削笔机等）	Other office machines (including coinsorting machines, coincounting or wrapping machines, pencil-sharpening machines)	【最】0【普】40【特-1】0【特-2】0【特-3】0【增】16【对美加征】10【出】0【退】16	台/千克					999	其他办公室用机器（包括硬币分类、计数、包装机和削笔机等）
847321	00		税目84.70所列电子计算器的零附件（系指子目8470.10、8470.21及8470.29所列的电子计算器的）	Parts and accessories Of the electronic calculating machines of subheading No. 8470.10, 8470.21 or 8470.29	【最】0【普】50【特-1】0【特-2】0【特-3】0【增】16【对美加征】10【出】0【退】16	千克					999	税目84.70所列电子计算器的零附件（系指子目8470.10、8470.21及8470.29所列的电子计算器的）
847329	00		税目84.70所列其他机器的零附件	Parts and accessories of machines of subheading No. 8470.30, 8470.40, or 8470.90	【最】0【普】35【特-1】0【特-2】0【特-3】0【增】16【对美加征】10【出】0【退】16	千克					999	税目84.70所列其他机器的零附件（系指子目8470.30、8470.40、8470.50及8470.90所列机器的）
847330	10		大、中、小型计算机的零件	Parts and accessories of the machines of subheading No. 8471.4110, 8471.4120, 8471.4910, 8471.4920, 8471.5010, 8471.5020, 8471.6090, 8471.7010, 8471.7020, 8471.7030 and 8471.7090	【最】0【普】14【特-1】0【特-2】0【特-3】0【增】16【对美加征】10【出】0【退】16	千克					999	大、中、小型计算机的零件（包括大、中、小型机的中央处理部件的零件）
847330	90		税目84.71所列其他机器零附件	Parts and accessories of other machines of heading No. 84.71	【最】0【普】40【特-1】0【特-2】0【特-3】0【增】16【对美加征】10【出】0【退】16	千克					999	税目84.71所列其他机器零附件
847340	10		自动柜员机用出钞器和循环出钞器	Banknote dispenser of automated teller	【最】2.6【普】35 【协东盟】0【协巴基斯坦】5【协智利】0 【协新西兰】0【协新加坡】0【协秘鲁】0 【协哥斯达黎加】0【协冰岛】0【协瑞士】2.6 【协澳大利亚】0【协韩国】7 【协格鲁吉亚】0【协香港】0【协澳门】0 【特-1】0【特-2】0【特-3】0 【增】16【对美加征】10【出】0【退】16	千克					999	自动柜员机用出钞器和循环出钞器
847340	20		打字机、文字处理机的零件、附件	Parts and accessories of the subheadings No. 8472.9050 and 8472.9060	【最】2【普】35 【协东盟】0【协巴基斯坦】5【协智利】0 【协新西兰】0【协秘鲁】0【协哥斯达黎加】0 【协冰岛】0【协瑞士】0【协澳大利亚】0 【协韩国】5.3【协格鲁吉亚】0【协香港】0 【协澳门】0 【特-1】0【特-2】0【特-3】0 【增】16【对美加征】10【出】0【退】16	千克					999	打字机、文字处理机的零件、附件
847340	90	10	钞票清分机零附件	Parts and accessories of banknote sorters	【最】2.6【普】35 【协东盟】0【协巴基斯坦】5【协智利】0 【协新西兰】0【协新加坡】0【协秘鲁】0 【协哥斯达黎加】0【协冰岛】0【协瑞士】2.6 【协澳大利亚】0【协韩国】5 【协格鲁吉亚】0【协香港】0【协澳门】0 【特-1】0【特-2】0【特-3】0 【增】16【对美加征】10【出】0【退】16	千克					999	钞票清分机零附件
847340	90	90	其他办公室用机器零附件	Parts and accessories of other office machine	【最】2.6【普】35 【协东盟】0【协巴基斯坦】5【协智利】0 【协新西兰】0【协新加坡】0【协秘鲁】0 【协哥斯达黎加】0【协冰岛】0【协瑞士】2.6 【协澳大利亚】0【协韩国】5 【协格鲁吉亚】0【协香港】0【协澳门】0 【特-1】0【特-2】0【特-3】0 【增】16【对美加征】10【出】0【退】16	千克					999	其他办公室用机器零附件

税则号列			货品名称中英文		税费综合信息	计量单位	监管证件代码		检验检疫类别		检验检疫编码	检验检疫编码对应中文名称
HS国际统一前6位	本国子目 7~8位	9~10位	中文 货物名称	英文 Article Description			进口	出口	进口	出口		
847350	00		税目84.70至84.72中所列机器零附件（用于税目84.70至84.72中两个或两个以上税目所列机器的）	Parts and accessories equally suitable for use with machines of two or more of the headings No. 84.70 to 84.72	【最】0【普】35【特-1】0【特-2】0【特-3】0 【增】16【对美加征】10【出】0【退】16	千克					101 102	税目84.70至84.72中所列机器零附件（用于税目84.70至84.72中两个或两个以上税目所列机器的）（其他计算机、辅助设备及其零件） 税目84.70至84.72中所列机器零附件（用于税目84.70至84.72中两个或两个以上税目所列机器的）（其他办公机器及其零件）
847410	00		分类、筛选、分离或洗涤机器（用于泥土、石料、矿石或其他固体物质的）	Sorting, screening, separating or washing machines (for earth, stone, ores or other mineral substances in solid form)	【最】5【普】30 【协东盟】0【协巴基斯坦】0【协智利】0 【协新西兰】0【协秘鲁】0【协哥斯达黎加】0 【协冰岛】0【协瑞士】0【协澳大利亚】0 【协韩国】2.5【协格鲁吉亚】0【协香港】0 【协澳门】0 【特-1】0【特-2】0【特-3】0 【增】16【对美加征】10【出】0【退】16	台/千克					101 102	分类、筛选、分离或洗涤机器（用于泥土、石料、矿石或其他固体物质的）（其他工程机械及其零件） 分类、筛选、分离或洗涤机器（用于泥土、石料、矿石或其他固体物质的）（建筑工业行业成套设备）
847420	10		齿辊式破碎及磨粉机器（用于泥土、石料、矿石或其他固体物质的）	Crushing or grinding machines, toothing roller type (for earth, stone, ores or other mineral substances in solid form)	【最】5【普】30 【协东盟】0【协巴基斯坦】0【协智利】0 【协新西兰】0【协秘鲁】0【协哥斯达黎加】0 【协冰岛】0【协瑞士】0【协澳大利亚】0 【协韩国】2.5【协格鲁吉亚】0【协香港】0 【协澳门】0 【特-1】0【特-2】0【特-3】0 【增】16【对美加征】10【出】0【退】16	台/千克					101 102	齿辊式破碎及磨粉机器（用于泥土、石料、矿石或其他固体物质的）（其他工程机械及其零件） 齿辊式破碎及磨粉机器（用于泥土、石料、矿石或其他固体物质的）（建筑工业行业成套设备）
847420	20		球磨式磨碎或磨粉机（用于泥土、石料、矿石或其他固体物质的）	Crushing or grinding machines, Em-Peters type (for earth, stone, ores or other mineral substances in solid form)	【最】5【普】30 【协东盟】0【协巴基斯坦】0【协智利】0 【协新西兰】0【协秘鲁】0【协哥斯达黎加】0 【协冰岛】0【协瑞士】0【协澳大利亚】0 【协韩国】3.2【协格鲁吉亚】0【协香港】0 【协澳门】0 【特-1】0【特-2】0【特-3】0 【增】16【对美加征】10【出】0【退】16	台/千克					101 102	球磨式磨碎或磨粉机（用于泥土、石料、矿石或其他固体物质的）（其他工程机械及其零件） 球磨式磨碎或磨粉机（用于泥土、石料、矿石或其他固体物质的）（建筑工业行业成套设备）
847420	90		破碎或磨粉用机器（用于泥土、石料、矿石或其他固体物质的）	Other crushing or grinding machines (for earth, stone, ores or other mineral substances in solid form)	【最】5【普】30 【协东盟】0【协巴基斯坦】0【协智利】0 【协新西兰】0【协秘鲁】0【协哥斯达黎加】0 【协冰岛】0【协瑞士】0【协澳大利亚】0 【协韩国】2.5【协格鲁吉亚】0【协香港】0 【协澳门】0 【特-1】0【特-2】0【特-3】0 【增】16【对美加征】10【出】0【退】16	台/千克					101 102	破碎或磨粉用机器（用于泥土、石料、矿石或其他固体物质的）（其他工程机械及其零件） 破碎或磨粉用机器（用于泥土、石料、矿石或其他固体物质的）（建筑工业行业成套设备）
847431	00		混凝土或砂浆混合机器（用于泥土、石料、矿石或其他固体物质的）	Concrete or mortar mixers (for earth, stone, ores or other mineral substances in solid form)	【最】7【普】30 【协东盟】0【协巴基斯坦】5【协智利】0 【协新西兰】0【协秘鲁】0【协哥斯达黎加】0 【协冰岛】0【协瑞士】0【协澳大利亚】0 【协韩国】3.5【协格鲁吉亚】0【协香港】0 【协澳门】0 【特-1】0【特-2】0【特-3】0 【增】16【对美加征】10【出】0【退】16	台/千克					101 102	混凝土或砂浆混合机器（用于泥土、石料、矿石或其他固体物质的）（其他工程机械及其零件） 混凝土或砂浆混合机器（用于泥土、石料、矿石或其他固体物质的）（建筑工业行业成套设备）

税则号列			货品名称中英文		税费综合信息	计量单位	监管证件代码		检验检疫类别		检验检疫编码	检验检疫编码对应中文名称
HS国际统一前6位	本国子目 7~8位	9~10位	中文 货物名称	英文 Article Description			进口	出口	进口	出口		
847432	00		矿物与沥青的混合机器(用于泥土、石料、矿石或其他固体物质的)	Machines for mixing mineral substances with bitumen (for earth, stone, ores or other mineral substances in solid form)	【最】7【普】30 【协东盟】0【协巴基斯坦】5【协智利】0 【协新西兰】0【协秘鲁】0【协哥斯达黎加】0 【协冰岛】0【协澳大利亚】0【协韩国】3.5 【协格鲁吉亚】0【协香港】0【协澳门】0 【特-1】0【特-2】0【特-3】0 【增】16【对美加征】5【出】0【退】16	台/千克					101 102	矿物与沥青的混合机器(用于泥土、石料、矿石或其他固体物质的)(其他工程机械及其零件) 矿物与沥青的混合机器(用于泥土、石料、矿石或其他固体物质的)(建筑工业行业成套设备)
847439	00		其他混合或搅拌机器(用于泥土、石料、矿石或其他固体物质的)	Other mixing or kneading machines (for earth, stone, ores or other mineral substances in solid form)	【最】5【普】30 【协东盟】0【协巴基斯坦】0【协智利】0 【协新西兰】0【协秘鲁】0【协哥斯达黎加】0 【协冰岛】0【协瑞士】2.8【协澳大利亚】0 【协韩国】2.5【协格鲁吉亚】0 【协香港】0【协澳门】0 【特-1】0【特-2】0【特-3】0 【增】16【对美加征】10【出】0【退】16	台/千克					101 102	其他混合或搅拌机器(用于泥土、石料、矿石或其他固体物质的)(其他工程机械及其零件) 其他混合或搅拌机器(用于泥土、石料、矿石或其他固体物质的)(建筑工业行业成套设备)
847480	10		其他辊压成型机	Rolling forming machines	【最】5【普】30 【协亚太】3.3【协东盟】0【协巴基斯坦】0 【协智利】0【协新西兰】0【协秘鲁】0 【协哥斯达黎加】0【协冰岛】0【协瑞士】0 【协澳大利亚】0【协韩国】2.5【协格鲁吉亚】0 【协香港】0【协澳门】0 【特-1】0【特-2】0【特-3】0 【增】16【对美加征】10【出】0【退】16	台/千克					101 102	其他辊压成型机(其他工程机械及其零件) 其他辊压成型机(建筑工业行业成套设备)
847480	20		其他模压成型机	Moulding forming machines	【最】5【普】30 【协亚太】3.3【协东盟】0【协巴基斯坦】0 【协智利】0【协新西兰】0【协秘鲁】0 【协哥斯达黎加】0【协冰岛】0【协瑞士】0 【协澳大利亚】0【协韩国】3.2【协格鲁吉亚】0 【协香港】0【协澳门】0 【特-1】0【特-2】0【特-3】0 【增】16【对美加征】10【出】0【退】16	台/千克					101 102 103 104	其他模压成型机(其他工程机械及其零件) 其他模压成型机(建材行业成套设备) 其他模压成型机(建筑工业行业成套设备) 其他模压成型机(其他行业成套设备)
847480	90	10	纸面角线石膏板搅拌成型机	Angle line mixing gypsum board paper machines	【最】5【普】30 【协亚太】3.3【协东盟】0【协巴基斯坦】0 【协智利】0【协新西兰】0【协秘鲁】0 【协哥斯达黎加】0【协冰岛】0【协瑞士】0 【协澳大利亚】0【协韩国】2.5【协格鲁吉亚】0 【协香港】0【协澳门】0 【特-1】0【特-2】0【特-3】0 【增】16【对美加征】10【出】0【退】16	台/千克					101 102	纸面角线石膏板搅拌成型机(其他工程机械及其零件) 纸面角线石膏板搅拌成型机(建筑工业行业成套设备)
847480	90	90	税目84.74未列名的其他机器(如矿产品的黏聚或成型机器及铸造用砂模的成型机器)	Other machines not specified or included in heading No. 8474 (such as the cohesive, or shaping machines for mineral products and the shaping machines for casting sand mould)	【最】5【普】30 【协亚太】3.3【协东盟】0【协巴基斯坦】0 【协智利】0【协新西兰】0【协秘鲁】0 【协哥斯达黎加】0【协冰岛】0【协瑞士】0 【协澳大利亚】0【协韩国】2.5【协格鲁吉亚】0 【协香港】0【协澳门】0 【特-1】0【特-2】0【特-3】0 【增】16【对美加征】10【出】0【退】16	台/千克					101 102 103 104	税目84.74未列名的其他机器(如矿产品的黏聚或成型机器及铸造用砂模的成型机器)(其他工程机械及其零件) 税目84.74未列名的其他机器(如矿产品的黏聚或成型机器及铸造用砂模的成型机器)(建材行业成套设备) 税目84.74未列名的其他机器(如矿产品的黏聚或成型机器及铸造用砂模的成型机器)(建筑工业行业成套设备) 税目84.74未列名的其他机器(如矿产品的黏聚或成型机器及铸造用砂模的成型机器)(其他行业成套设备)

税则号列			货品名称中英文		税费综合信息	计量单位	监管证件代码		检验检疫类别		检验检疫编码	检验检疫编码对应中文名称
HS 国际统一前6位	本国子目 7~8位	9~10位	中文 货物名称	英文 Article Description			进口	出口	进口	出口		
847490	00		税目 84.74 所列机器的零件	Parts of machines of heading No. 84.74	【最】5【普】30 【协东盟】0【协巴基斯坦】0【协智利】0 【协新西兰】0【协秘鲁】0【协哥斯达黎加】0 【协冰岛】0【协瑞士】2.5【协澳大利亚】0 【协韩国】2.5【协格鲁吉亚】0【协香港】0 【协澳门】0 【特-1】0【特-2】0【特-3】0 【增】16【对美加征】10【出】0【退】16	千克					101 102	税目 84.74 所列机器的零件（其他工程机械及其零件） 税目 84.74 所列机器的零件（建筑工业行业成套设备）
847510	00		白炽灯泡、灯管等的封装机	Machines for assembling electric or electronic lamps, tubes or valves or flashbulbs, in glass envelopes	【最】8【普】30 【协东盟】0【协巴基斯坦】5【协智利】0 【协新西兰】0【协秘鲁】0【协哥斯达黎加】0 【协冰岛】0【协瑞士】0【协澳大利亚】0 【协韩国】4【协格鲁吉亚】0【协香港】0 【协澳门】0 【特-1】0【特-2】0【特-3】0 【增】16【出】0【退】16	台/千克					999	白炽灯泡、灯管等的封装机（包括放电灯管、电子管、闪光灯泡等）
847521	00		制造光导纤维及预制棒的机器	Machines for manufacturing or hot working glass or glassware	【最】6.3【普】30 【协东盟】0【协巴基斯坦】5【协智利】0 【协新西兰】0【协新加坡】0【协秘鲁】0 【协哥斯达黎加】0【协冰岛】0【协瑞士】0 【协澳大利亚】0【协韩国】5【协格鲁吉亚】0 【协香港】0【协澳门】0 【特-1】0【特-2】0【特-3】0 【增】16【对美加征】10【出】0【退】16	台/千克					999	制造光导纤维及预制棒的机器
847529	11		连续式玻璃热弯炉	Continuous hot bending furnaces	【最】8【普】30 【协亚太】5.2【协东盟】0【协巴基斯坦】5 【协智利】0【协新西兰】0【协秘鲁】0 【协哥斯达黎加】0【协冰岛】0【协瑞士】0 【协澳大利亚】0【协韩国】5【协格鲁吉亚】0 【协香港】0【协澳门】0 【特-1】0【特-2】0【特-3】0 【增】16【对美加征】10【出】0【退】16	台/千克					999	连续式玻璃热弯炉
847529	12		玻璃纤维拉丝机（光纤拉丝机除外）	Fiber glass winder(excluding opticalfiber winder)	【最】8【普】30 【协亚太】5.2【协东盟】0【协巴基斯坦】5 【协智利】0【协新西兰】0【协秘鲁】0 【协哥斯达黎加】0【协冰岛】0【协瑞士】0 【协澳大利亚】0【协韩国】5【协格鲁吉亚】0 【协香港】0【协澳门】0 【特-1】0【特-2】0【特-3】0 【增】16【对美加征】10【出】0【退】16	台/千克					999	玻璃纤维拉丝机（光纤拉丝机除外）
847529	19		其他玻璃及制品热加工机器	Other machines for hot working glass or glassware	【最】8【普】30 【协东盟】0【协巴基斯坦】5【协智利】0 【协新西兰】0【协新加坡】0【协秘鲁】0 【协哥斯达黎加】0【协冰岛】0【协瑞士】0 【协澳大利亚】0【协韩国】5【协格鲁吉亚】0 【协香港】0【协澳门】0 【特-1】0【特-2】0【特-3】0 【增】16【对美加征】10【出】0【退】16	台/千克					999	其他玻璃及制品热加工机器
847529	90		其他玻璃及制品的制造加工机器	Other machines for manufacturing or working glass or glassware	【最】8【普】30 【协东盟】0【协巴基斯坦】5【协智利】0 【协新西兰】0【协秘鲁】0【协哥斯达黎加】0 【协冰岛】0【协瑞士】0【协澳大利亚】0 【协韩国】5【协格鲁吉亚】0【协香港】0 【协澳门】0 【特-1】0【特-2】0【特-3】0 【增】16【对美加征】10【出】0【退】16	台/千克					999	其他玻璃及制品的制造加工机器
847590	00	10	子目 8475.21 所列机器的零件	Parts of machines of heading No. 8475.21	【最】4【普】30 【协东盟】0【协巴基斯坦】5【协智利】0 【协新西兰】0【协秘鲁】0【协哥斯达黎加】0 【协冰岛】0【协瑞士】0【协澳大利亚】0 【协韩国】4【协格鲁吉亚】0【协香港】0 【协澳门】0 【特-1】0【特-2】0【特-3】0 【增】16【对美加征】5【出】0【退】16	千克					999	子目 8475.21 所列机器的零件

税则号列			货品名称中英文		税费综合信息	计量单位	监管证件代码		检验检疫类别		检验检疫编码	检验检疫编码对应中文名称
HS国际统一前6位	本国子目7~8位	本国子目9~10位	中文 货物名称	英文 Article Description			进口	出口	进口	出口		
847590	00	90	其他税目84.75所列机器的零件（灯泡等封装机及玻璃等制造机器的零件）	Parts of machines of heading No. 84.75 (parts of machines for assembling lamps in glass envelopes or, parts of machines for manufacturing or hot working glass or glassware	【最】8【普】30 【协东盟】0【协巴基斯坦】5【协智利】0 【协新西兰】0【协秘鲁】0【协哥斯达黎加】0 【协冰岛】0【协瑞士】0【协澳大利亚】0 【协韩国】4【协格鲁吉亚】0【协香港】0 【协澳门】0 【特-1】0【特-2】0【特-3】0 【增】16【对美加征】5【出】0【退】16	千克					999	其他税目84.75所列机器的零件（灯泡等封装机及玻璃等制造机器的零件）
847621	00		可加热或制冷的饮料自动销售机	Automatic beverage-vending machines Incorporating heating or refrigerating devices	【最】11【普】50 【协东盟】0【协巴基斯坦】11.2【协智利】0 【协新西兰】0【协新加坡】0【协秘鲁】0 【协哥斯达黎加】0【协冰岛】0【协瑞士】7 【协澳大利亚】0【协韩国】7 【协格鲁吉亚】0【协香港】0【协澳门】0 【特-1】0【特-2】0 【增】16【对美加征】10【出】0【退】16	台/千克	A		R		999	可加热或制冷的饮料自动销售机
847629	00		其他饮料自动销售机（装有加热或制冷装置的除外）	Other automatic beverage-vending machines (other than incorporating heating or refrigerating devices)	【最】12【普】50 【协东盟】0【协巴基斯坦】12【协智利】0 【协新西兰】0【协新加坡】0【协秘鲁】0 【协哥斯达黎加】0【协冰岛】0【协瑞士】7.5 【协澳大利亚】0【协韩国】7.5【协格鲁吉亚】0 【协香港】0【协澳门】0 【特-1】0【特-2】0 【增】16【出】0【退】16	台/千克	A		R		999	其他饮料自动销售机（装有加热或制冷装置的除外）
847681	00		装有加热或制冷装置的自动售货机（饮料自动销售机除外）	Automatic goods-vending machines Incorporating heating or refrigerating devices (other than automatic beverage-vending machines)	【最】11【普】50 【协东盟】0【协巴基斯坦】7【协智利】0 【协新西兰】0【协新加坡】0【协秘鲁】0 【协哥斯达黎加】0【协冰岛】0【协瑞士】7 【协澳大利亚】0【协韩国】7 【协格鲁吉亚】0【协香港】0【协澳门】0 【特-1】0【特-2】0 【增】16【对美加征】5【出】0【退】16	台/千克					999	装有加热或制冷装置的自动售货机（饮料自动销售机除外）
847689	00	10	钱币兑换机	Money-changing machines	【最】3.8【普】50 【协东盟】0【协巴基斯坦】12【协智利】0 【协新西兰】0【协新加坡】0【协秘鲁】0 【协哥斯达黎加】0【协冰岛】0【协瑞士】0 【协澳大利亚】0【协韩国】7.5【协格鲁吉亚】0 【协香港】0【协澳门】0 【特-1】0【特-2】0 【增】16【对美加征】5【出】0【退】16	台/千克					999	钱币兑换机
847689	00	90	其他无加热或制冷装置的自动售货机	Other automatic goods-vending machines not incorporating heating or refrigerating devices	【最】12【普】50 【协东盟】0【协巴基斯坦】12【协智利】0 【协新西兰】0【协新加坡】0【协秘鲁】0 【协哥斯达黎加】0【协冰岛】0【协瑞士】0 【协澳大利亚】0【协韩国】7.5【协格鲁吉亚】0 【协香港】0【协澳门】0 【特-1】0【特-2】0 【增】16【对美加征】5【出】0【退】16	台					999	其他无加热或制冷装置的自动售货机
847690	00	10	钱币兑换机的零件	Parts of money-changing machines	【最】2.5【普】50 【协东盟】0【协巴基斯坦】5【协智利】0 【协新西兰】0【协秘鲁】0【协哥斯达黎加】0 【协冰岛】0【协瑞士】0【协澳大利亚】0 【协韩国】5【协格鲁吉亚】0【协香港】0 【协澳门】0 【特-1】0【特-2】0【特-3】0 【增】16【对美加征】10【出】0【退】16	千克					999	钱币兑换机的零件
847690	00	90	其他税目84.76所列机器的零件	Parts of machines of heading No. 84.76	【最】8【普】50 【协东盟】0【协巴基斯坦】5【协智利】0 【协新西兰】0【协秘鲁】0【协哥斯达黎加】0 【协冰岛】0【协瑞士】0【协澳大利亚】0 【协韩国】5【协格鲁吉亚】0【协香港】0 【协澳门】0 【特-1】0【特-2】0【特-3】0 【增】16【对美加征】10【出】0【退】16	千克					999	其他税目84.76所列机器的零件

税则号列			货品名称中英文		税费综合信息	计量单位	监管证件代码		检验检疫类别		检验检疫编码	检验检疫编码对应中文名称
HS国际统一前6位	本国子目7~8位	本国子目9~10位	中文 货物名称	英文 Article Description			进口	出口	进口	出口		
847710	10	10	用于光盘生产的精密注塑机	Precision injection molding machines for producing compact disks (processing plastics)	【最】0【普】45【特-1】0【特-2】0【特-3】0【增】16【对美加征】10【出】0【退】16	台/千克					999	用于光盘生产的精密注塑机（加工塑料的）
847710	10	90	其他注塑机	Other working plastics machines	【最】0【普】45【特-1】0【特-2】0【特-3】0【增】16【对美加征】10【出】0【退】16	台/千克					101 102 103	其他注塑机（电子行业成套设备） 其他注塑机（化工行业成套设备） 其他注塑机（轻工行业成套设备）
847710	90		其他注射机	Other injection-moulding machines	【最】0【普】30【特-1】0【特-2】0【特-3】0【增】16【对美加征】10【出】0【退】16	台/千克					101 102 103	其他注射机（电子行业成套设备） 其他注射机（化工行业成套设备） 其他注射机（轻工行业成套设备）
847720	10		塑料造粒机	Plastic pelletizers	【最】5【普】30 【协亚太】3.3【协东盟】0【协香港】0 【协巴基斯坦】0【协智利】0【协新西兰】0 【协秘鲁】0【协台湾】0【协哥斯达黎加】0 【协冰岛】0【协瑞士】0【协澳大利亚】0 【协韩国】0【协格鲁吉亚】0 【特-1】0【特-2】0【特-3】0 【增】16【对美加征】10【出】0【退】16	台/千克					101 102 103	塑料造粒机（电子行业成套设备） 塑料造粒机（化工行业成套设备） 塑料造粒机（轻工行业成套设备）
847720	90		其他加工塑料或橡胶的挤出机	Other extruders processing plastics or rubber	【最】5【普】30 【协亚太】3.3【协东盟】0【协香港】0 【协巴基斯坦】0【协智利】0【协新西兰】0 【协秘鲁】0【协台湾】0【协哥斯达黎加】0 【协冰岛】0【协瑞士】3.1【协澳大利亚】0 【协韩国】0【协格鲁吉亚】0 【特-1】0【特-2】0【特-3】0 【增】16【对美加征】10【出】0【退】16	台/千克					101 102 103	其他加工塑料或橡胶的挤出机（电子行业成套设备） 其他加工塑料或橡胶的挤出机（化工行业成套设备） 其他加工塑料或橡胶的挤出机（轻工行业成套设备）
847730	10		挤出吹塑机	Extrusion blow molding machines	【最】5【普】30 【协东盟】0【协香港】0【协巴基斯坦】0 【协智利】0【协新西兰】0【协秘鲁】0 【协哥斯达黎加】0【协冰岛】0【协瑞士】0 【协澳大利亚】0【协韩国】2.5【协格鲁吉亚】0 【特-1】0【特-2】0【特-3】0 【增】16【对美加征】10【出】0【退】16	台/千克					101 102 103	挤出吹塑机（电子行业成套设备） 挤出吹塑机（化工行业成套设备） 挤出吹塑机（轻工行业成套设备）
847730	20		注射吹塑机	Injection blow molding machines	【最】5【普】30 【协东盟】0【协香港】0【协巴基斯坦】0 【协智利】0【协新西兰】0【协秘鲁】0 【协哥斯达黎加】0【协冰岛】0【协瑞士】0 【协澳大利亚】0【协韩国】0【协格鲁吉亚】0 【特-1】0【特-2】0【特-3】0 【增】16【出】0【退】16	台/千克					101 102 103	注射吹塑机（电子行业成套设备） 注射吹塑机（化工行业成套设备） 注射吹塑机（轻工行业成套设备）
847730	90		其他吹塑机	Other blow moulding machines	【最】5【普】30 【协东盟】0【协香港】0【协巴基斯坦】0 【协智利】0【协新西兰】0【协秘鲁】0 【协哥斯达黎加】0【协冰岛】0【协瑞士】0 【协澳大利亚】0【协韩国】2.5【协格鲁吉亚】0 【特-1】0【特-2】0【特-3】0 【增】16【对美加征】10【出】0【退】16	台/千克					101 102 103	其他吹塑机（电子行业成套设备） 其他吹塑机（化工行业成套设备） 其他吹塑机（轻工行业成套设备）
847740	10		塑料中空成型机	Plastics brideg-die-forming machines	【最】5【普】30 【协亚太】3.3【协东盟】0【协巴基斯坦】0 【协智利】0【协新西兰】0【协秘鲁】0 【协台湾】0【协哥斯达黎加】0【协冰岛】0 【协澳大利亚】0【协韩国】0【协格鲁吉亚】0 【协香港】0【协澳门】0 【特-1】0【特-2】0【特-3】0 【增】16【对美加征】10【出】0【退】16	台/千克					101 102 103	塑料中空成型机（电子行业成套设备） 塑料中空成型机（化工行业成套设备） 塑料中空成型机（轻工行业成套设备）

税则号列			货品名称中英文		税费综合信息	计量单位	监管证件代码		检验检疫类别		检验检疫编码	检验检疫编码对应中文名称
HS国际统一前6位	本国子目 7~8位	本国子目 9~10位	中文 货物名称	英文 Article Description			进口	出口	进口	出口		
847740	20		塑料压延成型机	Plastics calender-forming machines	【最】5【普】30 【协亚太】3.3【协东盟】0【协巴基斯坦】0 【协智利】0【协新西兰】0【协秘鲁】0 【协台湾】0【协哥斯达黎加】0【协冰岛】0 【协瑞士】2.5【协澳大利亚】0【协韩国】0 【协香港】0【协澳门】0 【协格鲁吉亚】0 【特-1】0【特-2】0【特-3】0 【增】16【对美加征】10【出】0【退】16	台/千克					101 102 103	塑料压延成型机（电子行业成套设备） 塑料压延成型机（化工行业成套设备） 塑料压延成型机（轻工行业成套设备）
847740	90		真空模塑及其他热成型机器	Other vacuum moulding machines and other thermoforming machines	【最】5【普】30 【协亚太】3.3【协东盟】0【协巴基斯坦】0 【协智利】0【协新西兰】0【协秘鲁】0 【协台湾】0【协哥斯达黎加】0【协冰岛】0 【协瑞士】3.1【协澳大利亚】0【协韩国】0 【协香港】0【协澳门】0 【协格鲁吉亚】0 【特-1】0【特-2】0【特-3】0 【增】16【对美加征】10【出】0【退】16	台/千克					101 102 103	真空模塑及其他热成型机器（电子行业成套设备） 真空模塑及其他热成型机器（化工行业成套设备） 真空模塑及其他热成型机器（轻工行业成套设备）
847751	00		用于充气轮胎模塑或翻新的机器	Machines for moulding or retreading pneumatic tyres or for moulding or otherwise forming inner tubes	【最】5【普】30 【协东盟】0【协巴基斯坦】0【协智利】0 【协新西兰】0【协秘鲁】0【协哥斯达黎加】0 【协冰岛】0【协瑞士】0【协澳大利亚】0 【协韩国】2.5【协格鲁吉亚】0【协香港】0 【协澳门】0 【特-1】0【特-2】0【特-3】0 【增】16【对美加征】10【出】0【退】16	台/千克					999	用于充气轮胎模塑或翻新的机器（包括内胎模塑或用其他方法成型的机器）
847759	10		三维打印机（3D打印机）	3D print	【最】5【普】30 【协亚太】3.3【协东盟】0【协香港】0 【协巴基斯坦】0【协智利】0【协新西兰】0 【协秘鲁】0【协台湾】0【协哥斯达黎加】0 【协冰岛】0【协瑞士】0【协澳大利亚】0 【协韩国】3.2【协格鲁吉亚】0 【特-1】0【特-2】0【特-3】0 【增】16【对美加征】5【出】0【退】16	台/千克					999	三维打印机（3D打印机）（加工材质以塑料或橡胶及其制品为主）
847759	90		其他模塑机、成型机	Other machinery for moulding or otherwise forming	【最】5【普】30 【协亚太】3.3【协东盟】0【协香港】0 【协巴基斯坦】0【协智利】0【协新西兰】0 【协秘鲁】0【协台湾】0【协哥斯达黎加】0 【协冰岛】0【协瑞士】0【协澳大利亚】0 【协韩国】3.2【协格鲁吉亚】0 【特-1】0【特-2】0【特-3】0 【增】16【对美加征】10【出】0【退】16	台/千克					101 102 103	其他模塑机、成型机（电子行业成套设备） 其他模塑机、成型机（化工行业成套设备） 其他模塑机、成型机（轻工行业成套设备）
847780	00		未列名的橡胶或塑料加工机器	Other machinery for working rubber or plastics, not specified or included elsewhere	【最】5【普】30 【协亚太】3.3【协东盟】0【协香港】0 【协巴基斯坦】0【协智利】0【协新西兰】0 【协秘鲁】0【协台湾】0【协哥斯达黎加】0 【协冰岛】0【协瑞士】3.1【协澳大利亚】0 【协韩国】0【协格鲁吉亚】0 【特-1】0【特-2】0【特-3】0 【增】16【对美加征】10【出】0【退】16	台/千克					101 102 103	未列名的橡胶或塑料加工机器（电子行业成套设备） 未列名的橡胶或塑料加工机器（化工行业成套设备） 未列名的橡胶或塑料加工机器（轻工行业成套设备）
847790	00		橡胶、塑料等加工机器的零件	Parts of machinery for working rubber or plastics	【最】0【普】30【特-1】0【特-2】0【特-3】0 【增】16【对美加征】10【出】0【退】16	千克					101 102 103	橡胶、塑料等加工机机器的零件（电子行业成套设备） 橡胶、塑料等加工机机器的零件（化工行业成套设备） 橡胶、塑料等加工机机器的零件（轻工行业成套设备）
847810	00		其他的烟草加工及制作机器	Machinery for preparing or making up tobacco, not specified or included elsewhere in this Chapter	【最】5【普】30 【协亚太】2.5【协东盟】0【协巴基斯坦】0 【协智利】0【协新西兰】0【协秘鲁】0 【协哥斯达黎加】0【协冰岛】0【协瑞士】0 【协香港】0【协澳门】0 【特-1】0【特-2】0 【增】16【对美加征】10【出】0【退】16	台/千克	O				999	其他的烟草加工及制作机器（本章其他编号未列名的）

税则号列 HS国际统一前6位	本国子目 7~8位	本国子目 9~10位	货品名称中英文 中文 货物名称	货品名称中英文 英文 Article Description	税费综合信息	计量单位	监管证件代码 进口	监管证件代码 出口	检验检疫类别 进口	检验检疫类别 出口	检验检疫编码	检验检疫编码对应中文名称
847890	00		烟草加工及制作机器用的零件	Parts of machinery for preparing or making up tobacco	【最】8【普】30【暂进】5 【协东盟】0【协巴基斯坦】5【协智利】0 【协新西兰】0【协秘鲁】0【协哥斯达黎加】0 【协冰岛】0【协瑞士】0【协香港】0 【协澳门】0 【特-1】0【特-2】0 【增】16【出】0【退】16	千克	O				999	烟草加工及制作机器用的零件
847910	21		沥青混凝土摊铺机	Machines for spreading bituminous concrete	【最】8【普】30 【协亚太】5.2【协东盟】0【协巴基斯坦】5 【协智利】0【协新西兰】0【协秘鲁】0 【协哥斯达黎加】0【协冰岛】0【协瑞士】0 【协澳大利亚】0【协韩国】0 【协格鲁吉亚】0【协香港】0【协澳门】0 【特-1】0【特-2】0【特-3】0 【增】16【对美加征】10【出】0【退】16	台/千克	O				999	沥青混凝土摊铺机
847910	22		稳定土摊铺机	Stabilizer spreading machines	【最】8【普】30 【协亚太】5.2【协东盟】0【协巴基斯坦】5 【协智利】0【协新西兰】0【协秘鲁】0 【协哥斯达黎加】0【协冰岛】0【协瑞士】0 【协澳大利亚】0【协韩国】0 【协格鲁吉亚】0【协香港】0【协澳门】0 【特-1】0【特-2】0【特-3】0 【增】16【出】0【退】16	台/千克					999	稳定土摊铺机
847910	29		其他摊铺机	Other spreading machines	【最】8【普】30 【协亚太】5.2【协东盟】0【协巴基斯坦】5 【协智利】0【协新西兰】0【协秘鲁】0 【协哥斯达黎加】0【协冰岛】0【协瑞士】0 【协澳大利亚】0【协韩国】0 【协格鲁吉亚】0【协香港】0【协澳门】0 【特-1】0【特-2】0【特-3】0 【增】16【出】0【退】16	台/千克	O				999	其他摊铺机
847910	90		其他公共工程用的机器	Other machinery for public works, building or the like	【最】8【普】30 【协亚太】5.2【协东盟】0【协巴基斯坦】5 【协智利】0【协新西兰】0【协秘鲁】0 【协哥斯达黎加】0【协冰岛】0【协瑞士】0 【协澳大利亚】0【协韩国】4 【协格鲁吉亚】0【协香港】0【协澳门】0 【特-1】0【特-2】0【特-3】0 【增】16【对美加征】5【出】0【退】16	台/千克					999	其他公共工程用的机器
847920	00		提取加工动物或植物油脂的机器	Machinery for the extraction or preparation of animal or fixed vegetable fats or oils	【最】8【普】30 【协东盟】0【协巴基斯坦】5【协智利】0 【协新西兰】0【协新加坡】0【协秘鲁】0 【协哥斯达黎加】0【协冰岛】0【协瑞士】0 【协澳大利亚】0【协韩国】5【协格鲁吉亚】0 【协香港】0【协澳门】0 【特-1】0【特-2】0【特-3】0 【增】16【对美加征】10【出】0【退】16	台/千克	A		R		999	提取加工动物或植物油脂的机器
847930	00		木碎料板或木纤维板的其他挤压机	Presses for the manufacture of particle board or fibre building board or wood or other ligneous materials and other machinery for treating wood or cork	【最】8【普】30 【协东盟】0【协巴基斯坦】5【协智利】0 【协新西兰】0【协秘鲁】0【协哥斯达黎加】0 【协冰岛】0【协瑞士】0【协澳大利亚】0 【协韩国】5【协格鲁吉亚】0【协香港】0 【协澳门】0 【特-1】0【特-2】0【特-3】0 【增】16【出】0【退】16	台/千克					999	木碎料板或木纤维板的其他挤压机（包括其他木材或软木处理机器）
847940	00		绳或缆的制造机器	Rope or cable-making machines	【最】7【普】30【暂进】5 【协东盟】0【协巴基斯坦】5【协智利】0 【协新西兰】0【协秘鲁】0【协哥斯达黎加】0 【协冰岛】0【协瑞士】0【协澳大利亚】0 【协韩国】0【协格鲁吉亚】0【协香港】0 【协澳门】0 【特-1】0【特-2】0【特-3】0 【增】16【对美加征】10【出】0【退】16	台/千克					999	绳或缆的制造机器
847950	10		多功能工业机器人	Industrial robots for multiple uses	【最】0【普】20【特-1】0【特-2】0【特-3】0 【增】16【对美加征】10【出】0【退】16	台/千克					101 102	多功能工业机器人（电子行业成套设备） 多功能工业机器人（其他行业成套设备）

税则号列			货品名称中英文		税费综合信息	计量单位	监管证件代码		检验检疫类别		检验检疫编码	检验检疫编码对应中文名称
HS 国际统一前6位	本国子目 7~8位	9~10位	中文 货物名称	英文 Article Description			进口	出口	进口	出口		
847950	90	10	机器人，末端操纵装置［能处理高能炸药或能抗大于5×10⁴戈瑞（硅）辐射的］	Robots, end-control devices (capable of handling high-energy explosives or resisting radiation of more than 5×10⁴ Gy (Si))	【最】0【普】30【特-1】0【特-2】0【特-3】0 【增】16【对美加征】10【出】0【退】16	台/千克		3			999	机器人，末端操纵装置［能处理高能炸药或能抗大于5×10⁴戈瑞（硅）辐射的］
847950	90	90	其他工业机器人	Other industrial robots (excluding multi-functional industrial robots)	【最】0【普】30【特-1】0【特-2】0【特-3】0 【增】16【对美加征】10【出】0【退】16	台/千克					101 102	其他工业机器人（多功能工业机器人除外）（电子行业成套设备） 其他工业机器人（多功能工业机器人除外）（其他行业成套设备）
847960	00		蒸发式空气冷却器	Evaporative air coolers	【最】8【普】30 【协亚太】5.2【协东盟】0【协巴基斯坦】5 【协智利】0【协新西兰】0【协秘鲁】0 【协哥斯达黎加】0【协冰岛】0【协瑞士】0 【协澳大利亚】0【协韩国】5【协格鲁吉亚】0 【协香港】0【协澳门】0 【特-1】0【特-2】0【特-3】0 【增】16【对美加征】10【出】0【退】16	台/千克	A		M		101 102 103 104 105	蒸发式空气冷却器（蒸发式空气冷却器Ⅰ类器具） 蒸发式空气冷却器（蒸发式空气冷却器Ⅱ类器具） 蒸发式空气冷却器（蒸发式空气冷却器Ⅲ类器具） 蒸发式空气冷却器（蒸发式空气冷却器0Ⅰ类器具） 蒸发式空气冷却器（蒸发式空气冷却器0类器具）
847971	00		机场用旅客登机桥	Passenger boarding bridge used in airports, having individual functions	【最】0【普】30【特-1】0【特-2】0【特-3】0 【增】16【出】0【退】16	台/千克	A		M		999	机场用旅客登机桥
847979	00		非机场用旅客登机（船）桥	Other passenger boarding bridge, having individual functions	【最】0【普】30【特-1】0【特-2】0【特-3】0 【增】16【对美加征】10【出】0【退】16	台/千克	A		M		999	非机场用旅客登机（船）桥
847981	10		处理金属的其他绕线机	Filament winding machines for treating metal	【最】9【普】30 【协亚太】6.3【协东盟】0【协香港】0 【协巴基斯坦】5【协智利】0【协新西兰】0 【协秘鲁】0【协台湾】0【协哥斯达黎加】0 【协冰岛】0【协瑞士】4.8【协澳大利亚】0 【协韩国】4.7【协格鲁吉亚】0 【特-1】0【特-2】0【特-3】0 【增】16【对美加征】10【出】0【退】16	台/千克					101 102	处理金属的其他绕线机（机械行业成套设备） 处理金属的其他绕线机（电子行业成套设备）
847981	90		其他处理金属的机械	Other machies for treating metal	【最】9【普】30 【协亚太】5.9【协东盟】0【协香港】0 【协巴基斯坦】5【协智利】0【协新西兰】0 【协秘鲁】0【协台湾】0【协哥斯达黎加】0 【协冰岛】0【协瑞士】4.8【协澳大利亚】0 【协韩国】4.7【协格鲁吉亚】0 【特-1】0【特-2】0【特-3】0 【增】16【对美加征】10【出】0【退】16	台/千克					101 102	其他处理金属的机械（机械行业成套设备） 其他处理金属的机械（电子行业成套设备）
847982	00	10	两用物项管制搅拌器（耐腐蚀热交换器、搅拌器用，带搅拌的发酵罐）	Sensitive items control blenders (for corrosion-resistant heat exchangers and mixers, fermentors with stirring function)	【最】7【普】30 【协亚太】4.6【协东盟】0【协巴基斯坦】0 【协智利】0【协新西兰】0【协秘鲁】0 【协台湾】0【协哥斯达黎加】0【协冰岛】0 【协澳大利亚】0【协韩国】0【协格鲁吉亚】0 【协香港】0【协澳门】0 【特-1】0【特-2】0【特-3】0 【增】16【对美加征】5【出】0【退】16	台/千克		3			101 102	两用物项管制搅拌器（耐腐蚀热交换器、搅拌器用，带搅拌的发酵罐）（轻工行业成套设备） 两用物项管制搅拌器（耐腐蚀热交换器、搅拌器用，带搅拌的发酵罐）（其他行业成套设备）

税则号列 HS国际统一前6位	本国子目 7~8位	本国子目 9~10位	货品名称中英文 中文 货物名称	货品名称中英文 英文 Article Description	税费综合信息	计量单位	监管证件代码 进口	监管证件代码 出口	检验检疫类别 进口	检验检疫类别 出口	检验检疫编码	检验检疫编码对应中文名称
847982	00	20	用于废物和废水处理的混合、搅拌、轧碎、研磨、筛选、均化或乳化机器	For mixed waste and wastewater treatment, mixing, crushing, grinding, screening, homogenizing or emulsifying machine	【最】7【普】30【暂进】5 【协亚太】4.6【协东盟】0【协巴基斯坦】0 【协智利】0【协新西兰】0【协秘鲁】0 【协台湾】0【协哥斯达黎加】0【协冰岛】0 【协澳大利亚】0【协韩国】0【协格鲁吉亚】0 【协香港】0【协澳门】0 【特-1】0【特-2】0【特-3】0 【增】16【对美加征】5【出】0【退】16	台/千克					101 102	用于废物和废水处理的混合、搅拌、轧碎、研磨、筛选、均化或乳化机器(轻工行业成套设备) 用于废物和废水处理的混合、搅拌、轧碎、研磨、筛选、均化或乳化机器(其他行业成套设备)
847982	00	90	其他混合、搅拌、轧碎、研磨机器(包括筛选、均化、乳化机器)	Other mixing, stirring, rolling, grinding machines (including screening, homogenizing, emulsifying machines)	【最】7【普】30 【协亚太】4.6【协东盟】0【协巴基斯坦】0 【协智利】0【协新西兰】0【协秘鲁】0 【协台湾】0【协哥斯达黎加】0【协冰岛】0 【协澳大利亚】0【协韩国】0【协格鲁吉亚】0 【协香港】0【协澳门】0 【特-1】0【特-2】0【特-3】0 【增】16【对美加征】5【出】0【退】16	台/千克					101 102	其他混合、搅拌、轧碎、研磨机器(包括筛选、均化、乳化机器)(轻工行业成套设备) 其他混合、搅拌、轧碎、研磨机器(包括筛选、均化、乳化机器)(其他行业成套设备)
847989	10		船用舵机及陀螺稳定器	Steering and rudder equipment or gyroscopic stabilizers for ships	【最】0【普】14【特-1】0【特-2】0【特-3】0 【增】16【对美加征】10【出】0【退】16	台/千克					101 102	船用舵机及陀螺稳定器(船舶用零部件) 船用舵机及陀螺稳定器(船舶行业成套设备)
847989	20		空气增湿器及减湿器【电商】	Air humidifiers or dehumidifiers	【最】0【普】70【特-1】0【特-2】0【特-3】0 【增】16【对美加征】5【出】0【退】16	台/千克			L		101 102 103 104 105	空气增湿器及减湿器(空气增湿器及减湿器I类器具) 空气增湿器及减湿器(空气增湿器及减湿器II类器具) 空气增湿器及减湿器(空气增湿器及减湿器III类器具) 空气增湿器及减湿器(空气增湿器及减湿器0I类器具) 空气增湿器及减湿器(空气增湿器及减湿器0类器具)
847989	40		其他邮政用包裹、印刷品分拣设备	Bundle and printed matter sorting machines used in post offices	【最】0【普】30【特-1】0【特-2】0【特-3】0 【增】16【对美加征】5【出】0【退】16	台/千克	A		M		999	其他邮政用包裹、印刷品分拣设备
847989	50		放射性废物压实机	Presses for radioactive waste material	【最】0【普】30【特-1】0【特-2】0【特-3】0 【增】16【出】0【退】16	台/千克					999	放射性废物压实机
847989	61		自动插件机	Automatic plug-in machines	【最】0【普】30【特-1】0【特-2】0【特-3】0 【增】16【对美加征】10【出】0【退】16	台/千克	A		M		999	自动插件机
847989	62		自动贴片机	Automatic coreslice adhering machines	【最】0【普】30【特-1】0【特-2】0【特-3】0 【增】16【对美加征】10【出】0【退】16	台/千克	A		M		999	自动贴片机
847989	69		其他印刷电路板上装配元器件机器	Other machines for assemblying elements on printed circuit boards	【最】0【普】30【特-1】0【特-2】0【特-3】0 【增】16【对美加征】10【出】0【退】16	台/千克	A		M		999	其他印刷电路板上装配元器件机器
847989	92		自动化立体仓储设备	Three-dimensional automatic warehouse equipment	【最】0【普】30【特-1】0【特-2】0【特-3】0 【增】16【对美加征】10【出】0【退】16	台/千克	A		M		101 102 103 104	自动化立体仓储设备(具有独立功能的)(机械行业成套设备) 自动化立体仓储设备(具有独立功能的)(石油化工行业成套设备) 自动化立体仓储设备(具有独立功能的)(铁路运输行业成套设备) 自动化立体仓储设备(具有独立功能的)(交通行业成套设备)

税则号列			货品名称中英文		税费综合信息	计量单位	监管证件代码		检验检疫类别		检验检疫编码	检验检疫编码对应中文名称
HS国际统一前6位	本国子目7~8位	9~10位	中文 货物名称	英文 Article Description			进口	出口	进口	出口		
											105 ……	自动化立体仓储设备（具有独立功能的）（电子行业成套设备） ……[1]
847989	99	10	用于光盘生产的金属母盘生产设备（具有独立功能的）【电商】[2]	Metal master disk equipments for producing compact disks (with an independent function)	【最】0【普】30【特-1】0【特-2】0【特-3】0【增】16【对美加征】10【出】0【退】16	台/千克	6A		M		999	用于光盘生产的金属母盘生产设备（具有独立功能的）
847989	99	20	用于光盘生产的黏合机（具有独立功能的）【电商】[3]	Bonders for producing compact disks (with an independent function)	【最】0【普】30【特-1】0【特-2】0【特-3】0【增】16【对美加征】10【出】0【退】16	台/千克	A		M		999	用于光盘生产的黏合机（具有独立功能的）
847989	99	30	用于光盘生产的真空金属溅镀机（具有独立功能的）【电商】[4]	Vacuum metal sputtering machines for producing compact disks (with an independent function)	【最】0【普】30【特-1】0【特-2】0【特-3】0【增】16【对美加征】10【出】0【退】16	台/千克	A		M		999	用于光盘生产的真空金属溅镀机（具有独立功能的）
847989	99	40	保护胶涂覆机及染料层旋涂机（光盘生产用，具有独立功能的）【电商】[5]	Protective rubber-coated and dye-layer spin-coating machines (for producing compact disks, with an independent function)	【最】0【普】30【特-1】0【特-2】0【特-3】0【增】16【对美加征】10【出】0【退】16	台/千克	A		M		999	保护胶涂覆机及染料层旋涂机（光盘生产用，具有独立功能的）
847989	99	51	等静压压力机（两用物项管制机器及机械器具）【电商】[6]	Isostatic pressing machine (machines and mechanical appliances under control of dual-use items)	【最】0【普】30【特-1】0【特-2】0【特-3】0【增】16【对美加征】10【出】0【退】16	台/千克		3			999	等静压压力机（两用物项管制机器及机械器具）
847989	99	52	生物反应器（两用物项管制机器及机械器具）【电商】[7]	Bioreactor (machines and mechanical appliances under control of dual-use items)	【最】0【普】30【特-1】0【特-2】0【特-3】0【增】16【对美加征】10【出】0【退】16	台/千克		3			999	生物反应器（两用物项管制机器及机械器具）
847989	99	53	恒化器（两用物项管制机器及机械器具）【电商】[8]	Chemostat (machines and mechanical appliances under control of dual-use items)	【最】0【普】30【特-1】0【特-2】0【特-3】0【增】16【对美加征】10【出】0【退】16	台/千克		3			999	恒化器（两用物项管制机器及机械器具）
847989	99	54	连续灌流系统【电商】[9]	Successive perfusion system (machines and mechanical appliances under control of dual-use items)	【最】0【普】30【特-1】0【特-2】0【特-3】0【增】16【对美加征】10【出】0【退】16	台/千克		3			999	连续灌流系统（两用物项管制机器及机械器具）

① 该税号项下检验检疫编码及对应中文名称尚有：106　自动化立体仓储设备（具有独立功能的）（通讯行业成套设备），107　自动化立体仓储设备（具有独立功能的）（电力行业成套设备），108　自动化立体仓储设备（具有独立功能的）（化工行业成套设备），109　自动化立体仓储设备（具有独立功能的）（石油天然气行业成套设备），110　自动化立体仓储设备（具有独立功能的）（冶金行业成套设备），111　自动化立体仓储设备（具有独立功能的）（纺织行业成套设备），112　自动化立体仓储设备（具有独立功能的）（轻工行业成套设备），113　自动化立体仓储设备（具有独立功能的）（建材行业成套设备），114　自动化立体仓储设备（具有独立功能的）（水利行业成套设备），115　自动化立体仓储设备（具有独立功能的）（兵工民品行业成套设备），116　自动化立体仓储设备（具有独立功能的）（劳动和劳动安全行业成套设备），117　自动化立体仓储设备（具有独立功能的）（公共安全行业成套设备），118　自动化立体仓储设备（具有独立功能的）（广播电影电视行业成套设备），119　自动化立体仓储设备（具有独立功能的）（船舶行业成套设备），120　自动化立体仓储设备（具有独立功能的）（环保行业成套设备），121　自动化立体仓储设备（具有独立功能的）（包装行业成套设备），122　自动化立体仓储设备（具有独立功能的）（煤炭行业成套设备），123　自动化立体仓储设备（具有独立功能的）（建筑工业行业成套设备），124　自动化立体仓储设备（具有独立功能的）（海洋行业成套设备），125　自动化立体仓储设备（具有独立功能的）（地质矿产行业成套设备），126　自动化立体仓储设备（具有独立功能的）（地震行业成套设备），127　自动化立体仓储设备（具有独立功能的）（印刷行业成套设备），128　自动化立体仓储设备（具有独立功能的）（其他行业成套设备）。

② 国家禁止、限制进口的旧机电产品除外。

③ 国家禁止、限制进口的旧机电产品除外。

④ 国家禁止、限制进口的旧机电产品除外。

⑤ 国家禁止、限制进口的旧机电产品除外。

⑥ 国家禁止、限制进口的旧机电产品除外。

⑦ 国家禁止、限制进口的旧机电产品除外。

⑧ 国家禁止、限制进口的旧机电产品除外。

⑨ 国家禁止、限制进口的旧机电产品除外。

税则号列			货品名称中英文		税费综合信息	计量单位	监管证件代码		检验检疫类别		检验检疫编码	检验检疫编码对应中文名称
HS 国际统一前6位	本国子目 7~8位	本国子目 9~10位	中文 货物名称	英文 Article Description			进口	出口	进口	出口		
847989	99	55	三坐标或多坐标联动和程控的纤维缠绕机（两用物项管制机器及机械器具） 【电商】①	Three-coordinate or multi-coordinate linkage and program control filament winding machine(machines and mechanical appliances under control of dual-use items)	【最】0【普】30【特-1】0【特-2】0【特-3】0【增】16【对美加征】10【出】0【退】16	台/千克		3			999	三坐标或多坐标联动和程控的纤维缠绕机（两用物项管制机器及机械器具）
847989	99	59	其他两用物项管制机器及机械器具 【电商】②	Other machines and mechanical appliances under control of dual-use items	【最】0【普】30【特-1】0【特-2】0【特-3】0【增】16【对美加征】10【出】0【退】16	台/千克		3			999	其他两用物项管制机器及机械器具
847989	99	60	绕线机（能卷绕直径在75mm至400mm、长度为600mm或更长的） 【电商】③	Winding machines (capable of winding the diameters of 75mm to 400mm, or the length of 600mm or more)	【最】0【普】30【特-1】0【特-2】0【特-3】0【增】16【对美加征】10【出】0【退】16	台/千克	A	3	M		999	绕线机（能卷绕直径在75mm至400mm、长度为600mm或更长的）
847989	99	90	本章其他未列名机器及机械器具（具有独立功能的） 【电商】④	Machines and mechanical appliances having individual functions, not specified or included elsewhere in this chapte	【最】0【普】30【特-1】0【特-2】0【特-3】0【增】16【对美加征】10【出】0【退】16	台/千克	A		M		101 102 103 104 105 ……	本章其他未列名机器及机械器具（具有独立功能的）（机械行业成套设备） 本章其他未列名机器及机械器具（具有独立功能的）（石油化工行业成套设备） 本章其他未列名机器及机械器具（具有独立功能的）（铁路运输行业成套设备） 本章其他未列名机器及机械器具（具有独立功能的）（交通行业成套设备） 本章其他未列名机器及机械器具（具有独立功能的）（电子行业成套设备） ……⑤
847990	10		船舶用舵机及陀螺稳定器零件	Parts of the machines of subheading No. 8479. 8910	【最】0【普】14【特-1】0【特-2】0【特-3】0【增】16【对美加征】10【出】0【退】16	千克					101 102	船舶用舵机及陀螺稳定器零件（船舶用零部件） 船舶用舵机及陀螺稳定器零件（船舶行业成套设备）
847990	20		空气增湿器及减湿器零件	Parts of the machines of subheading No. 8479. 8920	【最】0【普】70【特-1】0【特-2】0【特-3】0【增】16【对美加征】5【出】0【退】16	千克					999	空气增湿器及减湿器零件

① 国家禁止、限制进口的旧机电产品除外。

② 国家禁止、限制进口的旧机电产品除外。

③ 国家禁止、限制进口的旧机电产品除外。

④ 国家禁止、限制进口的旧机电产品除外。

⑤ 该税号项下检验检疫编码及对应中文名称尚有：106 本章其他未列名机器及机械器具（具有独立功能的）（通讯行业成套设备），107 本章其他未列名机器及机械器具（具有独立功能的）（电力行业成套设备），108 本章其他未列名机器及机械器具（具有独立功能的）（化工行业成套设备），109 本章其他未列名机器及机械器具（具有独立功能的）（石油天然气行业成套设备），110 本章其他未列名机器及机械器具（具有独立功能的）（冶金行业成套设备），111 本章其他未列名机器及机械器具（具有独立功能的）（纺织行业成套设备），112 本章其他未列名机器及机械器具（具有独立功能的）（轻工行业成套设备），113 本章其他未列名机器及机械器具（具有独立功能的）（建材行业成套设备），114 本章其他未列名机器及机械器具（具有独立功能的）（水利行业成套设备），115 本章其他未列名机器及机械器具（具有独立功能的）（兵工民品行业成套设备），116 本章其他未列名机器及机械器具（具有独立功能的）（劳动和劳动安全行业成套设备），117 本章其他未列名机器及机械器具（具有独立功能的）（公共安全行业成套设备），118 本章其他未列名机器及机械器具（具有独立功能的）（广播电影电视行业成套设备），119 本章其他未列名机器及机械器具（具有独立功能的）（船舶行业成套设备），120 本章其他未列名机器及机械器具（具有独立功能的）（环保行业成套设备），121 本章其他未列名机器及机械器具（具有独立功能的）（包装行业成套设备），122 本章其他未列名机器及机械器具（具有独立功能的）（煤炭行业成套设备），123 本章其他未列名机器及机械器具（具有独立功能的）（建筑工业行业成套设备），124 本章其他未列名机器及机械器具（具有独立功能的）（海洋行业成套设备），125 本章其他未列名机器及机械器具（具有独立功能的）（地质矿产行业成套设备），126 本章其他未列名机器及机械器具（具有独立功能的）（地震行业成套设备），127 本章其他未列名机器及机械器具（具有独立功能的）（印刷行业成套设备），128 本章其他未列名机器及机械器具（具有独立功能的）（其他行业成套设备）。

税则号列			货品名称中英文		税费综合信息	计量单位	监管证件代码		检验检疫类别		检验检疫编码	检验检疫编码对应中文名称
HS 国际统一前 6 位	本国子目 7~8 位	本国子目 9~10 位	中文 货物名称	英文 Article Description			进口	出口	进口	出口		
847990	90	10	绕线机的精密芯轴（专用于编号 84798990.60 绕线机的精密芯轴）	Precision mandrels for winding machines (precision mandrels used exclusively for No. 84798990.60 winding machines)	【最】0【普】20【特-1】0【特-2】0【特-3】0【增】16【对美加征】10【出】0【退】16	千克		3			101 102 103 104 105 ……	绕线机的精密芯轴（专用于编号 84798990.60 绕线机的精密芯轴）（船舶用零部件） 绕线机的精密芯轴（专用于编号 84798990.60 绕线机的精密芯轴）（机械行业成套设备） 绕线机的精密芯轴（专用于编号 84798990.60 绕线机的精密芯轴）（电子行业成套设备） 绕线机的精密芯轴（专用于编号 84798990.60 绕线机的精密芯轴）（船舶行业成套设备） 绕线机的精密芯轴（专用于编号 84798990.60 绕线机的精密芯轴）（其他行业成套设备） ……①
847990	90	90	税目 84.79 所列机器的其他零件	Other parts for the machines listed in Heading No. 84.79	【最】0【普】20【特-1】0【特-2】0【特-3】0【增】16【对美加征】10【出】0【退】16	千克					101 102 103 104 105 ……	税目 84.79 所列机器的其他零件（船舶用零部件） 税目 84.79 所列机器的其他零件（机械行业成套设备） 税目 84.79 所列机器的其他零件（电子行业成套设备） 税目 84.79 所列机器的其他零件（船舶行业成套设备） 税目 84.79 所列机器的其他零件（其他行业成套设备） ……②
848010	00		金属铸造用型箱	Moulding boxes for metal foundry	【最】8【普】20 【协东盟】0【协巴基斯坦】5【协智利】0 【协新西兰】0【协秘鲁】0【协哥斯达黎加】0 【协冰岛】0【协瑞士】0【协澳大利亚】0 【协韩国】5【协格鲁吉亚】0【协香港】0 【协澳门】0 【特-1】0【特-2】0【特-3】0 【增】16【对美加征】10【出】0【退】16	千克					999	金属铸造用型箱
848020	00		型模底板	Mould bases	【最】8【普】20 【协东盟】0【协巴基斯坦】5【协智利】0 【协新西兰】0【协秘鲁】0【协哥斯达黎加】0 【协冰岛】0【协瑞士】0【协澳大利亚】0 【协韩国】4【协格鲁吉亚】0【协香港】0 【协澳门】0 【特-1】0【特-2】0【特-3】0 【增】16【对美加征】10【出】0【退】16	千克					999	型模底板
848030	00		阳模	Moulding patterns	【最】8【普】20 【协东盟】0【协巴基斯坦】5【协智利】0 【协新西兰】0【协新加坡】0【协秘鲁】0 【协哥斯达黎加】0 【协冰岛】0【协瑞士】0【协澳大利亚】0 【协韩国】5【协格鲁吉亚】0【协香港】0 【协澳门】0 【特-1】0【特-2】0【特-3】0 【增】16【对美加征】10【出】0【退】16	千克					999	阳模

① 该税号项下检验检疫编码及对应中文名称尚有：106　绕线机的精密芯轴（专用于编号 84798990.60 绕线机的精密芯轴）（其他过滤及其喷射装置及其零件 I 类器具），107　绕线机的精密芯轴（专用于编号 84798990.60 绕线机的精密芯轴）（其他过滤及其喷射装置及其零件 II 类器具），108　绕线机的精密芯轴（专用于编号 84798990.60 绕线机的精密芯轴）（其他过滤及其喷射装置及其零件 III 类器具），109　绕线机的精密芯轴（专用于编号 84798990.60 绕线机的精密芯轴）（其他过滤及其喷射装置及其零件 0I 类器具），110　绕线机的精密芯轴（专用于编号 84798990.60 绕线机的精密芯轴）（其他过滤及其喷射装置及其零件 0 类器具）。

② 该税号项下检验检疫编码及对应中文名称尚有：106　税目 84.79 所列机器的其他零件（其他过滤及其喷射装置及其零件）。

税则号列			货品名称中英文		税费综合信息	计量单位	监管证件代码		检验检疫类别		检验检疫编码	检验检疫编码对应中文名称
HS国际统一前6位	本国子目 7~8位	本国子目 9~10位	中文 货物名称	英文 Article Description			进口	出口	进口	出口		
848041	10		压铸模	Casting mould	【最】8【普】20 【协亚太】5.2【协东盟】0【协香港】0 【协巴基斯坦】5【协智利】0【协新西兰】0 【协秘鲁】0【协台湾】0【协哥斯达黎加】0 【协冰岛】0【协瑞士】0【协澳大利亚】0 【协韩国】5.3【协格鲁吉亚】0 【特-1】0【特-2】0【特-3】0 【增】16【对美加征】10【出】0【退】16	千克					101 102 103	压铸模（金属，硬质合金用）（机械行业成套设备） 压铸模（金属，硬质合金用）（电子行业成套设备） 压铸模（金属，硬质合金用）（轻工行业成套设备）
848041	20		粉末冶金用压模	Mould of compression type, used for powder metallurgy	【最】8【普】20 【协亚太】5.2【协东盟】0【协香港】0 【协巴基斯坦】5【协智利】0【协新西兰】0 【协秘鲁】0【协台湾】0【协哥斯达黎加】0 【协冰岛】0【协瑞士】0【协澳大利亚】0 【协韩国】5.3【协格鲁吉亚】0 【特-1】0【特-2】0【特-3】0 【增】16【对美加征】10【出】0【退】16	千克					101 102 103	粉末冶金用压模（机械行业成套设备） 粉末冶金用压模（电子行业成套设备） 粉末冶金用压模（轻工行业成套设备）
848041	90		其他金属、硬质合金用注模或压模	Other moulds of injection or compression type, for metal or metal carbides	【最】8【普】20 【协亚太】5.2【协东盟】0【协香港】0 【协巴基斯坦】5【协智利】0【协新西兰】0 【协秘鲁】0【协台湾】0【协哥斯达黎加】0 【协冰岛】0【协瑞士】0【协澳大利亚】0 【协韩国】5.3【协格鲁吉亚】0 【特-1】0【特-2】0【特-3】0 【增】16【对美加征】10【出】0【退】16	千克					101 102 103	其他金属、硬质合金用注模或压模（机械行业成套设备） 其他金属、硬质合金用注模或压模（电子行业成套设备） 其他金属、硬质合金用注模或压模（轻工行业成套设备）
848049	00		其他金属、硬质合金用其他型模（注模或压模除外）	Other moulds for metal or metal carbides (other than injection or compression types)	【最】8【普】20 【协亚太】5.2【协东盟】0【协巴基斯坦】5 【协智利】0【协新西兰】0【协秘鲁】0 【协哥斯达黎加】0【协冰岛】0【协瑞士】0 【协澳大利亚】0【协韩国】5.3 【协格鲁吉亚】0【协香港】0【协澳门】0 【特-1】0【特-2】0【特-3】0 【增】16【对美加征】5【出】0【退】16	千克					101 102 103	其他金属、硬质合金用其他型模（注模或压模除外）（机械行业成套设备） 其他金属、硬质合金用其他型模（注模或压模除外）（电子行业成套设备） 其他金属、硬质合金用其他型模（注模或压模除外）（轻工行业成套设备）
848050	00		玻璃用型模	Moulds for glass	【最】8【普】20 【协东盟】0【协巴基斯坦】5【协智利】0 【协新西兰】0【协秘鲁】0【协哥斯达黎加】0 【协冰岛】0【协瑞士】0【协澳大利亚】0 【协韩国】5.6【协格鲁吉亚】0【协香港】0 【协澳门】0 【特-1】0【特-2】0【特-3】0 【增】16【对美加征】5【出】0【退】16	套/千克					101 102	玻璃用型模（轻工行业成套设备） 玻璃用型模（其他行业成套设备）
848060	00		矿物材料用型模	Moulds for mineral materials	【最】8【普】20 【协东盟】0【协巴基斯坦】5【协智利】0 【协新西兰】0【协秘鲁】0【协哥斯达黎加】0 【协冰岛】0【协瑞士】0【协澳大利亚】0 【协韩国】4.2【协格鲁吉亚】0【协香港】0 【协澳门】0 【特-1】0【特-2】0【特-3】0 【增】16【对美加征】5【出】0【退】16	套/千克					999	矿物材料用型模
848071	10		硫化轮胎用囊式型模	Moulds for vulcanization tyre (injection or compression types)	【最】0【普】20【特-1】0【特-2】0【特-3】0 【增】16【对美加征】10【出】0【退】16	套/千克					999	硫化轮胎用囊式型模（注模或压模）
848071	90	10	用于光盘生产的专用模具	Special molds for producing compact disks	【最】0【普】20【特-1】0【特-2】0【特-3】0 【增】16【对美加征】10【出】0【退】16	套/千克					999	用于光盘生产的专用模具（注模或压模）
848071	90	90	其他塑料或橡胶用注模或压模	Other injection molds or dies for producing plastics or rubber	【最】0【普】20【特-1】0【特-2】0【特-3】0 【增】16【对美加征】10【出】0【退】16	套/千克					101 102 103	其他塑料或橡胶用注模或压模（机械行业成套设备） 其他塑料或橡胶用注模或压模（电子行业成套设备） 其他塑料或橡胶用注模或压模（轻工行业成套设备）

税则号列			货品名称中英文		税费综合信息	计量单位	监管证件代码		检验检疫类别		检验检疫编码	检验检疫编码对应中文名称
HS国际统一前6位	本国子目 7~8位	本国子目 9~10位	中文 货物名称	英文 Article Description			进口	出口	进口	出口		
848079	00	10	农用双壁波纹管生产线用其他模具	Other moulds for agricultural double-wall corrugated pipe production lines	【最】5【普】20 【协亚太】3.3【协东盟】0【协香港】0 【协巴基斯坦】0【协智利】0【协新西兰】0 【协秘鲁】0【协台湾】0【协哥斯达黎加】0 【协瑞士】0【协澳大利亚】0【协韩国】0 【协格鲁吉亚】0 【特-1】0【特-2】0【特-3】0 【增】16【对美加征】10【出】0【退】16	套/千克					999	农用双壁波纹管生产线用其他模具
848079	00	90	塑料或橡胶用其他型模	Other moulds for producing plastics or rubber	【最】5【普】20 【协亚太】3.3【协东盟】0【协香港】0 【协巴基斯坦】0【协智利】0【协新西兰】0 【协秘鲁】0【协台湾】0【协哥斯达黎加】0 【协瑞士】0【协澳大利亚】0【协韩国】0 【协格鲁吉亚】0 【特-1】0【特-2】0【特-3】0 【增】16【对美加征】10【出】0【退】16	套/千克					101 102 103	塑料或橡胶用其他型模（机械行业成套设备） 塑料或橡胶用其他型模（电子行业成套设备） 塑料或橡胶用其他型模（轻工行业成套设备）
848110	00	01	喷灌设备用减压阀（用于管道、锅炉、罐、桶或类似品的）	Pressure reducing valves for spray irrigation equipments (used for pipes, boilers, tanks, barrels or similar goods)	【最】5【普】30【暂进】2 【协东盟】0【协巴基斯坦】0【协智利】0 【协新西兰】0【协秘鲁】0【协哥斯达黎加】0 【协冰岛】0【协瑞士】2.5【协澳大利亚】0 【协韩国】3.2【协格鲁吉亚】0【协香港】0 【协澳门】0 【特-1】0【特-2】0【特-3】0 【增】16【对美加征】5【出】0【退】16	套/千克					101 102	喷灌设备用减压阀（用于管道、锅炉、罐、桶或类似品的）［减压阀（安全附件）］ 喷灌设备用减压阀（用于管道、锅炉、罐、桶或类似品的）（减压阀）
848110	00	90	其他减压阀（用于管道、锅炉、罐、桶或类似品的）	Other pressure reducing valves (used for pipes, boilers, tanks, barrels or similar goods)	【最】5【普】30 【协东盟】0【协巴基斯坦】0【协智利】0 【协新西兰】0【协秘鲁】0【协哥斯达黎加】0 【协冰岛】0【协瑞士】2.5【协澳大利亚】0 【协韩国】3.2【协格鲁吉亚】0【协香港】0 【协澳门】0 【特-1】0【特-2】0【特-3】0 【增】16【对美加征】5【出】0【退】16	套/千克					101 102	其他减压阀（用于管道、锅炉、罐、桶或类似品的）［减压阀（安全附件）］ 其他减压阀（用于管道、锅炉、罐、桶或类似品的）（减压阀）
848120	10		油压传动阀（用于管道、锅炉、罐、桶或类似品的）	Valves for oleohydraulic transmissions (used for pipes, boilers, tanks, barrels or similar goods)	【最】5【普】30 【协东盟】0【协巴基斯坦】0【协智利】0 【协新西兰】0【协秘鲁】0【协台湾】0 【协哥斯达黎加】0【协冰岛】0【协瑞士】2.5 【协澳大利亚】0【协韩国】3.2【协格鲁吉亚】0 【协香港】0【协澳门】0 【特-1】0【特-2】0【特-3】0 【增】16【对美加征】5【出】0【退】16	套/千克					101 102	油压传动阀（用于管道、锅炉、罐、桶或类似品的）［传动阀（安全附件）］ 油压传动阀（用于管道、锅炉、罐、桶或类似品的）（传动阀）
848120	20		气压传动阀（用于管道、锅炉、罐、桶或类似品的）	Valves for pneumatic transmissions (used for pipes, boilers, tanks, barrels or similar goods)	【最】5【普】30 【协东盟】0【协巴基斯坦】0【协智利】0 【协新西兰】0【协秘鲁】0【协哥斯达黎加】0 【协冰岛】0【协瑞士】2.5【协澳大利亚】0 【协韩国】3.2【协格鲁吉亚】3【协香港】0 【协澳门】0 【特-1】0【特-2】0【特-3】0 【增】16【对美加征】10【出】0【退】16	套/千克					101 102	气压传动阀（用于管道、锅炉、罐、桶或类似品的）［传动阀（安全附件）］ 气压传动阀（用于管道、锅炉、罐、桶或类似品的）（传动阀）
848130	00		止回阀（用于管道、锅炉、罐、桶或类似品的）	Check (nonreturn) valves (used for pipes, boilers, tanks, barrels or similar goods)	【最】5【普】30 【协东盟】0【协巴基斯坦】0【协智利】0 【协新西兰】0【协秘鲁】0【协台湾】0 【协哥斯达黎加】0【协冰岛】0【协瑞士】2.5 【协澳大利亚】0【协韩国】3.2【协格鲁吉亚】0 【协香港】0【协澳门】0 【特-1】0【特-2】0【特-3】0 【增】16【对美加征】5【出】0【退】16	套/千克					101 102	止回阀（用于管道、锅炉、罐、桶或类似品的）［止回阀（安全附件）］ 止回阀（用于管道、锅炉、罐、桶或类似品的）（止回阀）
848140	00		安全阀或溢流阀（用于管道、锅炉、罐、桶或类似品的）	Safety or relief valves (used for pipes, boilers, tanks, barrels or similar goods)	【最】5【普】30 【协东盟】0【协巴基斯坦】0【协智利】0 【协新西兰】0【协秘鲁】0【协台湾】0 【协哥斯达黎加】0【协冰岛】0【协瑞士】0 【协澳大利亚】0【协韩国】3.2【协格鲁吉亚】0 【协香港】0【协澳门】0 【特-1】0【特-2】0【特-3】0 【增】16【对美加征】5【出】0【退】16	套/千克					101 102	安全阀或溢流阀（用于管道、锅炉、罐、桶或类似品的）［安全阀或溢流阀（安全附件）］ 安全阀或溢流阀（用于管道、锅炉、罐、桶或类似品的）（安全阀或溢流阀）

税则号列 HS国际统一前6位	本国子目 7~8位	本国子目 9~10位	货品名称中英文 中文 货物名称	货品名称中英文 英文 Article Description	税费综合信息	计量单位	监管证件代码 进口	监管证件代码 出口	检验检疫类别 进口	检验检疫类别 出口	检验检疫编码	检验检疫编码对应中文名称
848180	21	10	两用物项管制的电磁式换向阀	Electromagnetic selector valve under control of dual-use items	【最】7【普】30 【协亚太】4.6【协东盟】0【协香港】0 【协巴基斯坦】0【协智利】0【协新西兰】0 【协秘鲁】0【协台湾】0【协哥斯达黎加】0 【协冰岛】0【协瑞士】3.5【协澳大利亚】0 【协韩国】4.6【协格鲁吉亚】4.2 【特-1】0【特-2】0【特-3】0 【增】16【对美加征】10【出】0【退】16	套/千克		3			101 102	两用物项管制的电磁式换向阀［其他阀门及类似品（安全附件）］ 两用物项管制的电磁式换向阀（其他阀门及类似品）
848180	21	90	其他电磁式换向阀（用于管道、锅炉、罐、桶或类似品的）	Other electromagnetic selector valve for pipes, boiler, shells vats or the like	【最】7【普】30 【协亚太】4.6【协东盟】0【协香港】0 【协巴基斯坦】0【协智利】0【协新西兰】0 【协秘鲁】0【协台湾】0【协哥斯达黎加】0 【协冰岛】0【协瑞士】3.5【协澳大利亚】0 【协韩国】4.6【协格鲁吉亚】4.2 【特-1】0【特-2】0【特-3】0 【增】16【对美加征】10【出】0【退】16	套/千克					101 102	其他电磁式换向阀（用于管道、锅炉、罐、桶或类似品的）［其他阀门及类似品（安全附件）］ 其他电磁式换向阀（用于管道、锅炉、罐、桶或类似品的）（其他阀门及类似品）
848180	29	10	两用物项管制的其他换向阀	Other selector valve under control of dual-use items	【最】7【普】30 【协亚太】4.6【协东盟】0【协香港】0 【协巴基斯坦】0【协智利】0【协新西兰】0 【协秘鲁】0【协台湾】0【协哥斯达黎加】0 【协冰岛】0【协瑞士】3.5【协澳大利亚】0 【协韩国】4.6【协格鲁吉亚】0 【特-1】0【特-2】0【特-3】0 【增】16【对美加征】5【出】0【退】16	套/千克		3			101 102	两用物项管制的其他换向阀［其他阀门及类似品（安全附件）］ 两用物项管制的其他换向阀（其他阀门及类似品）
848180	29	90	其他换向阀（用于管道、锅炉、罐、桶或类似品的）	Other selector valve for pipes, boiler, shells vats or the like	【最】7【普】30 【协亚太】4.6【协东盟】0【协香港】0 【协巴基斯坦】0【协智利】0【协新西兰】0 【协秘鲁】0【协台湾】0【协哥斯达黎加】0 【协冰岛】0【协瑞士】3.5【协澳大利亚】0 【协韩国】4.6【协格鲁吉亚】0 【特-1】0【特-2】0【特-3】0 【增】16【对美加征】5【出】0【退】16	套/千克					101 102	其他换向阀（用于管道、锅炉、罐、桶或类似品的）［其他阀门及类似品（安全附件）］ 其他换向阀（用于管道、锅炉、罐、桶或类似品的）（其他阀门及类似品）
848180	31	10	两用物项管制的电子膨胀流量阀	Electronic expansion flow valve under control of dual-use items	【最】7【普】30 【协亚太】4.6【协东盟】0【协香港】0 【协巴基斯坦】0【协智利】0【协新西兰】0 【协秘鲁】0【协台湾】0【协哥斯达黎加】0 【协冰岛】0【协瑞士】0【协澳大利亚】0 【协韩国】4.6【协格鲁吉亚】0 【特-1】0【特-2】0【特-3】0 【增】16【对美加征】10【出】0【退】16	套/千克		3			101 102	两用物项管制的电子膨胀流量阀［其他阀门及类似品（安全附件）］ 两用物项管制的电子膨胀流量阀（其他阀门及类似品）
848180	31	90	其他电子膨胀流量阀（用于管道、锅炉、罐、桶或类似品的）	Other electronic expansion flow valve for pipes, boiler, shells vats or the like	【最】7【普】30 【协亚太】4.6【协东盟】0【协香港】0 【协巴基斯坦】0【协智利】0【协新西兰】0 【协秘鲁】0【协台湾】0【协哥斯达黎加】0 【协冰岛】0【协瑞士】0【协澳大利亚】0 【协韩国】4.6【协格鲁吉亚】0 【特-1】0【特-2】0【特-3】0 【增】16【对美加征】10【出】0【退】16	套/千克					101 102	其他电子膨胀流量阀（用于管道、锅炉、罐、桶或类似品的）［其他阀门及类似品（安全附件）］ 其他电子膨胀流量阀（用于管道、锅炉、罐、桶或类似品的）（其他阀门及类似品）
848180	39	10	两用物项管制的其他流量阀	Other flow valve under control of dual-use items	【最】7【普】30 【协亚太】4.6【协东盟】0【协香港】0 【协巴基斯坦】0【协智利】0【协新西兰】0 【协秘鲁】0【协台湾】0【协哥斯达黎加】0 【协冰岛】0【协瑞士】3.5【协澳大利亚】0 【协韩国】4.6【协格鲁吉亚】0 【特-1】0【特-2】0【特-3】0 【增】16【对美加征】5【出】0【退】16	套/千克		3			101 102	两用物项管制的其他流量阀［其他阀门及类似品（安全附件）］ 两用物项管制的其他流量阀（其他阀门及类似品）
848180	39	90	其他流量阀	Other flow valve for pipes, boiler, shells vats or the like	【最】7【普】30 【协亚太】4.6【协东盟】0【协香港】0 【协巴基斯坦】0【协智利】0【协新西兰】0 【协秘鲁】0【协台湾】0【协哥斯达黎加】0 【协冰岛】0【协瑞士】3.5【协澳大利亚】0 【协韩国】4.6【协格鲁吉亚】0 【特-1】0【特-2】0【特-3】0 【增】16【对美加征】5【出】0【退】16	套/千克					101 102	其他流量阀（用于管道、锅炉、罐、桶或类似品的）［其他阀门及类似品（安全附件）］ 其他流量阀（用于管道、锅炉、罐、桶或类似品的）（其他阀门及类似品）

税则号列			货品名称中英文		税费综合信息	计量单位	监管证件代码		检验检疫类别		检验检疫编码	检验检疫编码对应中文名称
HS国际统一前6位	本国子目 7~8位	本国子目 9~10位	中文 货物名称	英文 Article Description			进口	出口	进口	出口		
848180	40	10	两用物项管制的其他阀门【电商】	Sentitive items control valves	【最】7【普】30【暂进】5 【协亚太】4.6【协东盟】0【协香港】0 【协巴基斯坦】0【协智利】0【协新西兰】0 【协秘鲁】0【协台湾】0【协哥斯达黎加】0 【协冰岛】0【协瑞士】3.5【协澳大利亚】0 【协韩国】0【协格鲁吉亚】0 【特-1】0【特-2】0【特-3】0 【增】16【对美加征】5【出】0【退】16	套/千克		3			101 102	两用物项管制的其他阀门［其他阀门及类似品（安全附件）］ 两用物项管制的其他阀门（其他阀门及类似品）
848180	40	90	其他阀门【电商】	Other valves (used for pipes, boilers, tanks, barrels or similar goods)	【最】7【普】30【暂进】5 【协亚太】4.6【协东盟】0【协香港】0 【协巴基斯坦】0【协智利】0【协新西兰】0 【协秘鲁】0【协台湾】0【协哥斯达黎加】0 【协冰岛】0【协瑞士】3.5【协澳大利亚】0 【协韩国】0【协格鲁吉亚】0 【特-1】0【特-2】0【特-3】0 【增】16【对美加征】5【出】0【退】16	套/千克			L		101 102	其他阀门（用于管道、锅炉、罐、桶或类似品的）［其他阀门及类似品（安全附件）］ 其他阀门（用于管道、锅炉、罐、桶或类似品的）（其他阀门及类似品）
848180	90		未列名龙头、旋塞及类似装置（用于管道、锅炉、罐、桶或类似品的）【电商】	Other taps, cocks and similar appliances, not specified (used for pipes, boilers, tanks, barrels or similar goods)	【最】5【普】50 【协东盟】0【协香港】0【协巴基斯坦】0 【协智利】0【协新西兰】0【协秘鲁】0 【协哥斯达黎加】0【协冰岛】0【协瑞士】0 【协澳大利亚】0【协韩国】0【协格鲁吉亚】0 【特-1】0【特-2】0【特-3】0 【增】16【对美加征】5【出】0【退】16	套/千克					101 102	未列名龙头、旋塞及类似装置（用于管道、锅炉、罐、桶或类似品的）［其他阀门及类似品（安全附件）］ 未列名龙头、旋塞及类似装置（用于管道、锅炉、罐、桶或类似品的）（其他阀门及类似品）
848190	10		阀门用零件（用于管道、锅炉、罐、桶或类似品的）	Parts of valves (used for pipes, boilers, tanks, barrels or similar goods)	【最】8【普】30【暂进】4 【协东盟】0【协巴基斯坦】5【协智利】0 【协新西兰】0【协秘鲁】0【协台湾】0 【协哥斯达黎加】0【协冰岛】0【协瑞士】4 【协澳大利亚】0【协韩国】0【协格鲁吉亚】0 【协香港】0【协澳门】0 【特-1】0【特-2】0【特-3】0 【增】16【对美加征】5【出】0【退】16	千克			L		101 102	阀门用零件（用于管道、锅炉、罐、桶或类似品的）［其他阀门及类似品零件（安全附件）］ 阀门用零件（用于管道、锅炉、罐、桶或类似品的）（其他阀门及类似品零件）
848190	90		龙头、旋塞及类似装置的零件（用于管道、锅炉、罐、桶或类似品的）【电商】	Parts of Other taps, cocks and similar appliances (used for pipes, boilers, tanks, barrels or similar goods)	【最】8【普】50 【协东盟】0【协巴基斯坦】5【协智利】0 【协新西兰】0【协秘鲁】0【协台湾】0 【协哥斯达黎加】0【协冰岛】0【协瑞士】0 【协澳大利亚】0【协韩国】0 【协格鲁吉亚】0【协香港】0【协澳门】0 【特-1】0【特-2】0【特-3】0 【增】16【对美加征】10【出】0【退】16	千克					101 102	龙头、旋塞及类似装置的零件（用于管道、锅炉、罐、桶或类似品的）［其他阀门及类似品零件（安全附件）］ 龙头、旋塞及类似装置的零件（用于管道、锅炉、罐、桶或类似品的）（其他阀门及类似品零件）
848210	10		调心球轴承	Self-aliging ball bearing	【最】8【普】20 【协亚太】5.2【协东盟】0【协香港】0 【协巴基斯坦】5【协智利】0【协新西兰】0 【协新加坡】0【协秘鲁】0【协哥斯达黎加】0 【协冰岛】0【协瑞士】0【协澳大利亚】0 【协韩国】0【协格鲁吉亚】4.8 【特-1】0【特-2】0【特-3】0 【增】16【对美加征】5【出】0【退】16	套/千克					999	调心球轴承（滚珠轴承）
848210	20		深沟球轴承	Deep groove ball bearing	【最】8【普】20 【协亚太】5.2【协东盟】0【协香港】0 【协巴基斯坦】5【协智利】0【协新西兰】0 【协新加坡】0【协秘鲁】0【协哥斯达黎加】0 【协冰岛】0【协瑞士】0【协澳大利亚】0 【协韩国】0【协格鲁吉亚】0 【特-1】0【特-2】0【特-3】0 【增】16【对美加征】10【出】0【退】16	套/千克					999	深沟球轴承（滚珠轴承）

税则号列 HS国际统一前6位	本国子目 7~8位	本国子目 9~10位	货品名称中英文 中文 货物名称	货品名称中英文 英文 Article Description	税费综合信息	计量单位	监管证件代码 进口	监管证件代码 出口	检验检疫类别 进口	检验检疫类别 出口	检验检疫编码	检验检疫编码对应中文名称
848210	30		角接触轴承	Angular contact ball bearing	【最】8【普】20 【协亚太】5.2【协东盟】0【协香港】0 【协巴基斯坦】5【协智利】0【协新西兰】0 【协新加坡】0【协秘鲁】0【协哥斯达黎加】0 【协冰岛】0【协瑞士】0【协澳大利亚】0 【协韩国】0【协格鲁吉亚】0 【特-1】0【特-2】0【特-3】0 【增】16【对美加征】10【出】0【退】16	套/千克					999	角接触轴承（滚珠轴承）
848210	40	10	飞机发动机用外径30cm的推力球轴承	Thrust ball bearing for airplane engine, external diameter 30cm	【最】8【普】20【暂进】1 【协亚太】5.2【协东盟】0【协香港】0 【协巴基斯坦】5【协智利】0【协新西兰】0 【协新加坡】0【协秘鲁】0【协哥斯达黎加】0 【协冰岛】0【协瑞士】0【协澳大利亚】0 【协韩国】0【协格鲁吉亚】0 【特-1】0【特-2】0【特-3】0 【增】16【对美加征】10【出】0【退】16	套/千克					999	飞机发动机用外径30cm的推力球轴承（滚珠轴承）
848210	40	90	其他推力球轴承	Other thrust ball bearing	【最】8【普】20 【协亚太】5.2【协东盟】0【协香港】0 【协巴基斯坦】5【协智利】0【协新西兰】0 【协新加坡】0【协秘鲁】0【协哥斯达黎加】0 【协冰岛】0【协瑞士】0【协澳大利亚】0 【协韩国】0【协格鲁吉亚】0 【特-1】0【特-2】0【特-3】0 【增】16【对美加征】10【出】0【退】16	套/千克					999	其他推力球轴承（滚珠轴承）
848210	90		其他滚珠轴承	Other ball bearings	【最】8【普】20 【协亚太】5.2【协东盟】0【协香港】0 【协巴基斯坦】5【协智利】0【协新西兰】0 【协新加坡】0【协秘鲁】0【协哥斯达黎加】0 【协冰岛】0【协瑞士】4【协澳大利亚】0 【协韩国】0【协格鲁吉亚】0 【特-1】0【特-2】0【特-3】0 【增】16【对美加征】10【出】0【退】16	套/千克					999	其他滚珠轴承
848220	00		锥形滚子轴承	Tapered roller bearings, including cone and tapered roller assemblies	【最】8【普】20 【协东盟】0【协巴基斯坦】5【协智利】0 【协新西兰】0【协秘鲁】0【协哥斯达黎加】0 【协冰岛】0【协瑞士】0【协澳大利亚】0 【协韩国】0【协格鲁吉亚】0【协香港】0 【协澳门】0 【特-1】0【特-2】0【特-3】0 【增】16【对美加征】10【出】0【退】16	套/千克					999	锥形滚子轴承（包括锥形滚子组件）
848230	00		鼓形滚子轴承	Spherical roller bearings	【最】8【普】20【暂进】6 【协东盟】0【协巴基斯坦】5【协智利】0 【协新西兰】0【协秘鲁】0【协哥斯达黎加】0 【协冰岛】0【协瑞士】0【协澳大利亚】0 【协韩国】0【协格鲁吉亚】0【协香港】0 【协澳门】0 【特-1】0【特-2】0【特-3】0 【增】16【对美加征】10【出】0【退】16	套/千克					999	鼓形滚子轴承
848240	00		滚针轴承	Needle roller bearings	【最】8【普】20【暂进】6 【协东盟】0【协巴基斯坦】5【协智利】0 【协新西兰】0【协秘鲁】0【协台湾】0 【协哥斯达黎加】0【协瑞士】0 【协澳大利亚】0【协韩国】0 【协格鲁吉亚】0【协香港】0【协澳门】0 【特-1】0【特-2】0【特-3】0 【增】16【对美加征】5【出】0【退】16	套/千克					999	滚针轴承
848250	00	10	三环、二环偏心滚动轴承	Tricyclic or bicyclic eccentric rolling bearing	【最】8【普】20【暂进】4 【协东盟】0【协巴基斯坦】5【协智利】0 【协新西兰】0【协新加坡】0【协秘鲁】0 【协哥斯达黎加】0【协冰岛】0【协瑞士】4 【协澳大利亚】0【协韩国】5.3 【协格鲁吉亚】0【协香港】0【协澳门】0 【特-1】0【特-2】0【特-3】0 【增】16【对美加征】10【出】0【退】16	套/千克					999	三环、二环偏心滚动轴承

税则号列 HS国际统一前6位	本国子目 7~8位	本国子目 9~10位	货品名称中文 货物名称	英文 Article Description	税费综合信息	计量单位	监管证件代码 进口	监管证件代码 出口	检验检疫类别 进口	检验检疫类别 出口	检验检疫编码	检验检疫编码对应中文名称
848250	00	90	其他圆柱形滚子轴承	Other cylindrical roller bearings	【最】8【普】20 【协东盟】0【协巴基斯坦】5【协智利】0 【协新西兰】0【协新加坡】0【协秘鲁】0 【协哥斯达黎加】0【协冰岛】0【协瑞士】4 【协澳大利亚】0【协韩国】5.3 【协格鲁吉亚】0【协香港】0【协澳门】0 【特-1】0【特-2】0【特-3】0 【增】16【对美加征】10【出】0【退】16	套/千克					999	其他圆柱形滚子轴承
848280	00		其他滚动轴承及球、柱混合轴承	Other, including combined ball/roller bearings	【最】8【普】20 【协亚太】5.2【协东盟】0【协巴基斯坦】5 【协智利】0【协新西兰】0【协秘鲁】0 【协哥斯达黎加】0【协冰岛】0【协瑞士】4 【协澳大利亚】0【协韩国】5.3 【协格鲁吉亚】0【协香港】0【协澳门】0 【特-1】0【特-2】0【特-3】0 【增】16【对美加征】10【出】0【退】16	套/千克					999	其他滚动轴承及球、柱混合轴承
848291	00		滚珠、滚针及滚柱	Balls, needles and rollers	【最】8【普】20【暂进】6 【协东盟】0【协巴基斯坦】5【协智利】0 【协新西兰】0【协秘鲁】0【协哥斯达黎加】0 【协冰岛】0【协瑞士】0【协澳大利亚】0 【协韩国】0【协格鲁吉亚】0【协香港】0 【协澳门】0 【特-1】0【特-2】0【特-3】0 【增】16【对美加征】10【出】0【退】16	千克					999	滚珠、滚针及滚柱
848299	00		滚动轴承的其他零件	Other parts of ball or roller bearings	【最】6【普】20【暂进】3 【协东盟】0【协巴基斯坦】5【协智利】0 【协新西兰】0【协秘鲁】0【协台湾】0 【协哥斯达黎加】0【协冰岛】0【协瑞士】3 【协澳大利亚】0【协韩国】0【协格鲁吉亚】0 【协香港】0【协澳门】0 【特-1】0【特-2】0【特-3】0 【增】16【对美加征】10【出】0【退】16	千克					999	滚动轴承的其他零件
848310	11		船舶用柴油机曲轴	Crank shafts of diesel engine for ships	【最】6【普】14 【协亚太】3.9【协东盟】0【协香港】0 【协澳门】0【协巴基斯坦】5【协智利】0 【协新西兰】0【协秘鲁】0【协哥斯达黎加】0 【协冰岛】0【协瑞士】0【协澳大利亚】0 【协韩国】3.9【协格鲁吉亚】0 【特-1】0【特-2】0【特-3】0 【增】16【对美加征】10【出】0【退】16	个/千克					999	船舶用柴油机曲轴
848310	19		其他船舶用传动轴	Other transmission shafts for ships	【最】6【普】14 【协亚太】3.9【协东盟】0【协香港】0 【协澳门】0【协巴基斯坦】5【协智利】0 【协新西兰】0【协秘鲁】0【协哥斯达黎加】0 【协冰岛】0【协瑞士】0【协澳大利亚】0 【协韩国】3.9【协格鲁吉亚】0 【特-1】0【特-2】0【特-3】0 【增】16【对美加征】5【出】0【退】16	个/千克					999	其他船舶用传动轴
848310	90		其他传动轴及曲柄（包括凸轮轴及曲柄轴）	Other transmission shafts and cranks (including cam shafts and crank shafts)	【最】6【普】30 【协亚太】3.9【协东盟】0【协香港】0 【协澳门】0【协巴基斯坦】5【协智利】0 【协新西兰】0【协秘鲁】0【协哥斯达黎加】0 【协冰岛】0【协瑞士】3【协澳大利亚】0 【协韩国】3.9【协格鲁吉亚】0 【特-1】0【特-2】0【特-3】0 【增】16【对美加征】10【出】0【退】16	个/千克					999	其他传动轴及曲柄（包括凸轮轴及曲柄轴）
848320	00		装有滚珠或滚子轴承的轴承座	Bearing housings, incorporating ball or roller bearings	【最】6【普】30 【协东盟】0【协澳门】0【协巴基斯坦】5 【协智利】0【协新西兰】0【协秘鲁】0 【协哥斯达黎加】0【协冰岛】0【协瑞士】3 【协澳大利亚】0【协韩国】0 【协格鲁吉亚】0【协香港】0 【特-1】0【特-2】0【特-3】0 【增】16【对美加征】5【出】0【退】16	个/千克					999	装有滚珠或滚子轴承的轴承座

税则号列 HS国际统一前6位	本国子目 7~8位	本国子目 9~10位	货品名称中英文 中文 货物名称	货品名称中英文 英文 Article Description	税费综合信息	计量单位	监管证件代码 进口	监管证件代码 出口	检验检疫类别 进口	检验检疫类别 出口	检验检疫编码	检验检疫编码对应中文名称
848330	00	10	磁悬浮轴承（轴承组合件，由悬浮在充满阻尼介质的环形磁铁组成）	Magnetic bearing (bearing assembly consisting of the ring magnets suspended in resisting medium)	【最】6【普】30【暂进】4 【协东盟】0【协澳门】0【协巴基斯坦】5 【协智利】0【协新西兰】0【协秘鲁】0 【协哥斯达黎加】0【协冰岛】0【协瑞士】3 【协澳大利亚】0【协韩国】0 【协格鲁吉亚】0【协香港】0 【特-1】0【特-2】0【特-3】0 【增】16【对美加征】10【出】0【退】16	个/千克		3			999	磁悬浮轴承（轴承组合件，由悬浮在充满阻尼介质的环形磁铁组成）
848330	00	20	轴承/阻尼器（安装在阻尼器上的具有枢轴/盖的轴承）	Bearings/dampers (installed on the bearing with a pivot/bearing cover on the damper)	【最】6【普】30【暂进】4 【协东盟】0【协澳门】0【协巴基斯坦】5 【协智利】0【协新西兰】0【协秘鲁】0 【协哥斯达黎加】0【协冰岛】0【协瑞士】3 【协澳大利亚】0【协韩国】0 【协格鲁吉亚】0【协香港】0 【特-1】0【特-2】0【特-3】0 【增】16【对美加征】10【出】0【退】16	个/千克		3			999	轴承/阻尼器（安装在阻尼器上的具有枢轴/盖的轴承）
848330	00	90	其他未装有滚珠或滚子轴承的轴承座；其他滑动轴承	Other bearing seats unfitted with ball or roller bearings; other sliding bearings	【最】6【普】30【暂进】4 【协东盟】0【协澳门】0【协巴基斯坦】5 【协智利】0【协新西兰】0【协秘鲁】0 【协哥斯达黎加】0【协冰岛】0【协瑞士】3 【协澳大利亚】0【协韩国】0 【协格鲁吉亚】0【协香港】0 【特-1】0【特-2】0【特-3】0 【增】16【对美加征】10【出】0【退】16	个/千克					999	其他未装有滚珠或滚子轴承的轴承座；其他滑动轴承
848340	10		滚子螺杆传动装置	Roller Screws	【最】8【普】30 【协亚太】5.2【协东盟】0【协香港】0 【协澳门】0【协巴基斯坦】5【协智利】0 【协新西兰】0【协秘鲁】0【协台湾】0 【协哥斯达黎加】0【协冰岛】0【协瑞士】4 【协澳大利亚】0【协韩国】0 【协格鲁吉亚】0 【特-1】0【特-2】0【特-3】0 【增】16【对美加征】10【出】0【退】16	个/千克					999	滚子螺杆传动装置
848340	20		行星齿轮减速器	Planet decelerators	【最】8【普】30 【协亚太】5.2【协东盟】0【协香港】0 【协澳门】0【协巴基斯坦】5【协智利】0 【协新西兰】0【协秘鲁】0【协哥斯达黎加】0 【协冰岛】0【协瑞士】4【协澳大利亚】0 【协韩国】4.7【协格鲁吉亚】0 【特-1】0【特-2】0【特-3】0 【增】16【对美加征】10【出】0【退】16	个/千克					999	行星齿轮减速器
848340	90		其他传动装置及变速装置	Other transmission apparatus and speed changers (gears and gearing; gear boxes; torque converters)	【最】8【普】30 【协亚太】5.2【协东盟】0【协香港】0 【协澳门】0【协巴基斯坦】5【协智利】0 【协新西兰】0【协秘鲁】0【协台湾】0 【协哥斯达黎加】0【协冰岛】0【协瑞士】4 【协澳大利亚】0【协韩国】5.3 【协格鲁吉亚】4.8 【特-1】0【特-2】0【特-3】0 【增】16【对美加征】10【出】0【退】16	个/千克					999	其他传动装置及变速装置（指齿轮及齿轮传动装置，齿轮箱和扭矩变换器）
848350	00		飞轮及滑轮	Flywheels and pulleys, including pulley blocks	【最】8【普】30 【协东盟】0【协澳门】0【协巴基斯坦】5 【协智利】0【协新西兰】0【协秘鲁】0 【协哥斯达黎加】0【协冰岛】0【协瑞士】4 【协澳大利亚】0【协韩国】4 【协格鲁吉亚】0【协香港】0 【特-1】0【特-2】0【特-3】0 【增】16【对美加征】10【出】0【退】16	个/千克					999	飞轮及滑轮（包括滑轮组）
848360	00	01	压力机用组合式湿式离合/制动器（离合扭矩为60KNM~300KNM，制动扭矩为30KNM~100KNM）	Combined wet clutches/brakes for presses (clutch torque is 60KNM-300KNM, and brake torque 30KNM-100KNM)	【最】8【普】30【暂进】4 【协东盟】0【协澳门】0【协巴基斯坦】5 【协智利】0【协新西兰】0【协秘鲁】0 【协哥斯达黎加】0【协冰岛】0【协瑞士】4 【协澳大利亚】0【协韩国】5.3 【协格鲁吉亚】0【协香港】0 【特-1】0【特-2】0【特-3】0 【增】16【对美加征】10【出】0【退】16	个/千克					999	压力机用组合式湿式离合/制动器（离合扭矩为60KNM~300KNM，制动扭矩为30KNM~100KNM）

税则号列 HS国际统一前6位	本国子目 7~8位	本国子目 9~10位	货品名称中英文 中文 货物名称	英文 Article Description	税费综合信息	计量单位	监管证件代码 进口	监管证件代码 出口	检验检疫类别 进口	检验检疫类别 出口	检验检疫编码	检验检疫编码对应中文名称
848360	00	90	离合器及联轴器（包括万向节）	Clutches and shaft couplings (including universal joints)	【最】8【普】30 【协东盟】0【协澳门】0【协巴基斯坦】5 【协智利】0【协新西兰】0【协秘鲁】0 【协哥斯达黎加】0【协冰岛】0【协瑞士】4 【协澳大利亚】0【协韩国】5.3 【协格鲁吉亚】0【协香港】0 【特-1】0【特-2】0【特-3】0 【增】16【对美加征】10【出】0【退】16	个/千克					999	离合器及联轴器（包括万向节）
848390	00	10	车用凸轮轴相位调节器（汽车发动机用）	Car camshaft phase regulator(car engine)	【最】8【普】30【暂进】4 【协东盟】0【协香港】0【协澳门】0 【协巴基斯坦】5【协智利】0【协新西兰】0 【协秘鲁】0【协台湾】0【协哥斯达黎加】0 【协冰岛】0【协瑞士】3.2【协澳大利亚】0 【协韩国】0【协格鲁吉亚】0 【特-1】0【特-2】0【特-3】0 【增】16【对美加征】10【出】0【退】16	千克					999	车用凸轮轴相位调节器（汽车发动机用）
848390	00	90	税目84.83所列货品用其他零件（包括单独报验的带齿的轮、链轮及其他传动元件）	Other components for goods of heading No.84.83 (toothed wheels, chain sprockets and other transmission components including separately presented)	【最】8【普】30 【协东盟】0【协香港】0【协澳门】0 【协巴基斯坦】5【协智利】0【协新西兰】0 【协秘鲁】0【协台湾】0【协哥斯达黎加】0 【协冰岛】0【协瑞士】3.2【协澳大利亚】0 【协韩国】0【协格鲁吉亚】0 【特-1】0【特-2】0【特-3】0 【增】16【对美加征】10【出】0【退】16	千克					999	税目84.83所列货品用其他零件（包括单独报验的带齿的轮、链轮及其他传动元件）
848410	00		密封垫或类似接合衬垫（用金属片与其他材料制成或用双层及多层金属片制成）	Gaskets and similar joints of metal sheeting combined with other material or of two or more layers of metal	【最】8【普】30【暂进】5 【协东盟】0【协巴基斯坦】5【协智利】0 【协新西兰】0【协秘鲁】0【协台湾】0 【协哥斯达黎加】0【协冰岛】0【协瑞士】3.2 【协澳大利亚】0【协韩国】5.3 【协格鲁吉亚】0【协香港】0【协澳门】0 【特-1】0【特-2】0【特-3】0 【增】16【对美加征】5【出】0【退】16	千克					999	密封垫或类似接合衬垫（用金属片与其他材料制成或用双层及多层金属片制成）
848420	00	10	耐UF6腐蚀的转动轴封（专门设计的真空密封装置，缓冲气体泄漏率1000cm³/min）	UF6-resistant rotary shaft seals (specially designed vacuum airtight devices, the buffer gas leakage rate 1000cm³/min)	【最】8【普】30【暂进】5 【协东盟】0【协巴基斯坦】5【协智利】0 【协新西兰】0【协秘鲁】0【协哥斯达黎加】0 【协冰岛】0【协瑞士】3.2【协澳大利亚】0 【协韩国】5.3【协格鲁吉亚】0【协香港】0 【协澳门】0 【特-1】0【特-2】0【特-3】0 【增】16【对美加征】10【出】0【退】16	千克		3			999	耐UF6腐蚀的转动轴封（专门设计的真空密封装置，缓冲气体泄漏率1000cm³/min）
848420	00	20	转动轴封（专门设计的带有密封式进气口和出气口的转动轴封）	Rotary shaft seals (specially designed shaft seals with an airtight inlet and outlet)	【最】8【普】30【暂进】5 【协东盟】0【协巴基斯坦】5【协智利】0 【协新西兰】0【协秘鲁】0【协哥斯达黎加】0 【协冰岛】0【协瑞士】3.2【协澳大利亚】0 【协韩国】5.3【协格鲁吉亚】0 【协香港】0【协澳门】0 【特-1】0【特-2】0【特-3】0 【增】16【对美加征】10【出】0【退】16	千克		3			999	转动轴封（专门设计的带有密封式进气口和出气口的转动轴封）
848420	00	30	MLIS用转动轴封（专门设计的带密封进气口和出气口的转动轴封）	Rotary shaft seals for MLIS (specially designed shaft seals with an airtight inlet and outlet)	【最】8【普】30【暂进】5 【协东盟】0【协巴基斯坦】5【协智利】0 【协新西兰】0【协秘鲁】0【协哥斯达黎加】0 【协冰岛】0【协瑞士】3.2【协澳大利亚】0 【协韩国】5.3【协格鲁吉亚】0 【协香港】0【协澳门】0 【特-1】0【特-2】0【特-3】0 【增】16【对美加征】10【出】0【退】16	千克		3			999	MLIS用转动轴封（专门设计的带密封进气口和出气口的转动轴封）
848420	00	90	其他机械密封件	Other mechanical seals	【最】8【普】30【暂进】5 【协东盟】0【协巴基斯坦】5【协智利】0 【协新西兰】0【协秘鲁】0【协哥斯达黎加】0 【协冰岛】0【协瑞士】3.2【协澳大利亚】0 【协韩国】5.3【协格鲁吉亚】0 【协香港】0【协澳门】0 【特-1】0【特-2】0【特-3】0 【增】16【对美加征】10【出】0【退】16	千克					999	其他机械密封件

税则号列 HS国际统一前6位	本国子目 7~8位	本国子目 9~10位	货品名称中英文 中文 货物名称	英文 Article Description	税费综合信息	计量单位	监管证件代码 进口	监管证件代码 出口	检验检疫类别 进口	检验检疫类别 出口	检验检疫编码	检验检疫编码对应中文名称
848490	00		其他材料制密封垫及类似接合衬垫（成套或各种不同材料制，装于袋、套或类似包装内）	Other gaskets and similar joints of other material (sets or assortments of gaskets and similar joints, dissimilar in composition, put up in pouches, envelopes or similar packings)	【最】8【普】30【暂进】5 【协东盟】0【协巴基斯坦】5【协智利】0 【协新西兰】0【协秘鲁】0【协哥斯达黎加】0 【协冰岛】0【协瑞士】0【协澳大利亚】0 【协韩国】5.3【协格鲁吉亚】0 【协香港】0【协澳门】0 【特-1】0【特-2】0【特-3】0 【增】16【对美加征】5【出】0【退】16	千克					999	其他材料制密封垫及类似接合衬垫（成套或各种不同材料制，装于袋、套或类似包装内）
848610	10		利用温度变化处理单晶硅的机器及装置（制造单晶柱或晶圆用的）	Machines and apparatus for the treatment of monocrystalline silicon by a process involving a change of temperature (used for the manufacture of boules or wafers)	【最】0【普】30【特东老捃】0【特-1】0 【特-2】0【特-3】0 【增】16【出】0【退】16	台/千克					999	利用温度变化处理单晶硅的机器及装置（制造单晶柱或晶圆用的）
848610	20		制造单晶柱或晶圆用的研磨设备	Grinding machines for the manufacture of boules or wafers	【最】0【普】30【特-1】0【特-2】0【特-3】0 【增】16【出】0【退】16	台/千克					999	制造单晶柱或晶圆用的研磨设备
848610	30		制造单晶柱或晶圆用的切割设备	Sawing machines for the manufacture of boules or wafers	【最】0【普】30【特-1】0【特-2】0【特-3】0 【增】16【出】0【退】16	台/千克					999	制造单晶柱或晶圆用的切割设备
848610	40		制造单晶柱或晶圆用的化学机械抛光设备(CMP)	Chemical mechanical polishers (CMP) for the manufacture of boules or wafers	【最】0【普】30【特-1】0【特-2】0【特-3】0 【增】16【出】0【退】16	台/千克					999	制造单晶柱或晶圆用的化学机械抛光设备(CMP)
848610	90		其他制造单晶柱或晶圆用的机器及装置	Other machines and apparatus for the manufacture of boules or wafers	【最】0【普】30【特-1】0【特-2】0【特-3】0 【增】16【出】0【退】16	台/千克					999	其他制造单晶柱或晶圆用的机器及装置
848620	10		氧化、扩散、退火及其他热处理设备	Oxidation, diffusion, annealing and other heat treatment equipment for the manufacture of semiconductor devices or of electronic integrated circuis	【最】0【普】30【特东老捃】0【特-1】0【特-2】0【特-3】0 【增】16【出】0【退】16	台/千克					999	氧化、扩散、退火及其他热处理设备（制造半导体器件或集成电路用的）
848620	21		制造半导体器件或集成电路用化学气相沉积装置［化学气相沉积装置(CVD)］	Chemical Vapour Deposition (CVD) equipment for the manufacture of semiconductor devices or of electronic integrated circuis	【最】0【普】30【特-1】0【特-2】0【特-3】0 【增】16【出】0【退】16	台/千克					999	制造半导体器件或集成电路用化学气相沉积装置［化学气相沉积装置(CVD)］
848620	22		制造半导体器件或集成电路用物理气相沉积装置［物理气相沉积装置(PVD)］	Physical Vapour Deposition (PVD) equipment for the manufacture of semiconductor devices or of electronic integrated circuis	【最】0【普】30【特-1】0【特-2】0【特-3】0 【增】16【出】0【退】16	台/千克					999	制造半导体器件或集成电路用物理气相沉积装置［物理气相沉积装置(PVD)］
848620	29		其他制造半导体器件或集成电路用薄膜沉积设备	Other film deposition equipment for the manufacture of semiconductor devices or of electronic integrated circuis	【最】0【普】30【特-1】0【特-2】0【特-3】0 【增】16【出】0【退】16	台/千克					999	其他制造半导体器件或集成电路用薄膜沉积设备
848620	31		制造半导体器件或集成电路用分步重复光刻机	Step and repeat aligners for the manufacture of semiconductor devices or of electronic integrated circuis	【最】0【普】100【特-1】0【特-2】0【特-3】0 【增】16【出】0【退】16	台/千克					999	制造半导体器件或集成电路用分步重复光刻机（步进光刻机）

税则号列 HS国际统一前6位	本国子目 7~8位	本国子目 9~10位	货品名称中英文 中文 货物名称	货品名称中英文 英文 Article Description	税费综合信息	计量单位	监管证件代码 进口	监管证件代码 出口	检验检疫类别 进口	检验检疫类别 出口	检验检疫编码	检验检疫编码对应中文名称
848620	39		其他将电路图投影或绘制到感光半导体材料上的装置（制造半导体器件或集成电路用的）	Other apparatus for the projection or drawing of circuit patterns on sensitized semiconductor materials (for the manufacture of semiconductor devices or of electronic integrated circuis)	【最】0【普】100【特-1】0【特-2】0【特-3】0【增】16【出】0【退】16	台/千克					101 102	其他将电路图投影或绘制到感光半导体材料上的装置（制造半导体器件或集成电路用的）（其他机床） 其他将电路图投影或绘制到感光半导体材料上的装置（制造半导体器件或集成电路用的）（电子行业成套设备）
848620	41		制造半导体器件或集成电路用等离子体干法刻蚀机	Dry plasma etching for the manufacture of semiconductor devices or of electronic integrated circuis	【最】0【普】30【特-1】0【特-2】0【特-3】0【增】16【出】0【退】16	台/千克					101 102	制造半导体器件或集成电路用等离子体干法刻蚀机（其他机床） 制造半导体器件或集成电路用等离子体干法刻蚀机（电子行业成套设备）
848620	49		其他制造半导体器件或集成电路用刻蚀及剥离设备	Other etching and stripping equipment for the manufacture of semiconductor devices or of electronic integrated circuis	【最】0【普】30【特-1】0【特-2】0【特-3】0【增】16【出】0【退】16	台/千克					101 102	其他制造半导体器件或集成电路用刻蚀及剥离设备（其他机床） 其他制造半导体器件或集成电路用刻蚀及剥离设备（电子行业成套设备）
848620	50		制造半导体器件或集成电路用离子注入机	Ion implanters for the manufacture of semiconductor devices or of electronic integrated circuis	【最】0【普】11【特-1】0【特-2】0【特-3】0【增】16【出】0【退】16	台/千克					999	制造半导体器件或集成电路用离子注入机
848620	90		其他制造半导体器件或集成电路用机器及装置	Other machines and apparatus for the manufacture of semiconductor devices or of electronic integrated circuis	【最】0【普】30【特-1】0【特-2】0【特-3】0【增】16【出】0【退】16	台/千克					101 102	其他制造半导体器件或集成电路用机器及装置（其他机床） 其他制造半导体器件或集成电路用机器及装置（电子行业成套设备）
848630	10		制造平板显示器用扩散、氧化、退火及其他热处理设备	Oxidation, diffusion, annealing and other heat treatment equipment for the manufacture of flat panel displays	【最】0【普】30【特东老挝】0【特-1】0【特-2】0【特-3】0【增】16【出】0【退】16	台/千克					999	制造平板显示器用扩散、氧化、退火及其他热处理设备
848630	21		制造平板显示器用化学气相沉积装置（CVD）	Chemical vapour Deposition (CVD) equipment for the manufacture of flat panel displays	【最】0【普】30【特-1】0【特-2】0【特-3】0【增】16【出】0【退】16	台/千克					999	制造平板显示器用化学气相沉积装置（CVD）
848630	22		制造平板显示器用物理气相沉积装置（PVD）	Physical vapour Deposition (PVD) equipment for the manufacture of flat panel displays	【最】0【普】30【特-1】0【特-2】0【特-3】0【增】16【出】0【退】16	台/千克					999	制造平板显示器用物理气相沉积装置（PVD）
848630	29		其他制造平板显示器用薄膜沉积设备	Other film deposition equipment for the manufacture of flat panel displays	【最】0【普】30【特-1】0【特-2】0【特-3】0【增】16【出】0【退】16	台/千克					999	其他制造平板显示器用薄膜沉积设备
848630	31		制造平板显示器用分步重复光刻机	Step and repeat aligners for the manufacture of flat panel displays	【最】0【普】100【特-1】0【特-2】0【特-3】0【增】16【出】0【退】16	台/千克					999	制造平板显示器用分步重复光刻机

税则号列 HS国际统一前6位	本国子目 7~8位	本国子目 9~10位	货品名称中英文 中文 货物名称	货品名称中英文 英文 Article Description	税费综合信息	计量单位	监管证件代码 进口	监管证件代码 出口	检验检疫类别 进口	检验检疫类别 出口	检验检疫编码	检验检疫编码对应中文名称
848630	39		其他将电路图投影或绘制到感光半导体材料上的装置（制造平板显示器用的机器及装置）	Other apparatus for the projection or drawing of circuit patterns on sensitized semiconductor materials (for the manufacture of flat panel displays)	【最】0【普】100【特-1】0【特-2】0【特-3】0 【增】16【出】0【退】16	台/千克					101 102	其他将电路图投影或绘制到感光半导体材料上的装置（制造平板显示器用的机器及装置）（其他机床） 其他将电路图投影或绘制到感光半导体材料上的装置（制造平板显示器用的机器及装置）（电子行业成套设备）
848630	41		制造平板显示器用超声波清洗装置	Ultrasonic apparatus for cleaning for the manufacture of flat panel displays	【最】5【普】30 【协东盟】0【协巴基斯坦】5【协智利】0 【协新西兰】0【协新加坡】0【协秘鲁】0 【协哥斯达黎加】0【协冰岛】0【协瑞士】0 【协澳大利亚】0【协格鲁吉亚】0 【协香港】0【协澳门】0 【特-1】0【特-2】0【特-3】0 【增】16【出】0【退】16	台/千克					101 102	制造平板显示器用超声波清洗装置（电子行业成套设备） 制造平板显示器用超声波清洗装置（非家用过滤及净化装置）
848630	49		其他制造平板显示器用湿法蚀刻、显影、剥离、清洗装置	Other apparatus for wet etching, developing, stripping or cleaning for the manufacture of flat panel displays	【最】0【普】30【特-1】0【特-2】0【特-3】0 【增】16【出】0【退】16	台/千克					101 102 103	其他制造平板显示器用湿法蚀刻、显影、剥离、清洗装置（其他机床） 其他制造平板显示器用湿法蚀刻、显影、剥离、清洗装置（电子行业成套设备） 其他制造平板显示器用湿法蚀刻、显影、剥离、清洗装置（非家用过滤及净化装置）
848630	90		其他制造平板显示器用的机器及装置	Other machines and apparatus for the manufacture of flat panel displays	【最】0【普】30【特-1】0【特-2】0【特-3】0 【增】16【出】0【退】16	台/千克					101 102	其他制造平板显示器用的机器及装置（其他机床） 其他制造平板显示器用的机器及装置（电子行业成套设备）
848640	10		主要用于或专用于制作和修复掩膜版或投影掩膜版的装置［掩膜版(mask)，投影掩膜版(reticle)］	Apparatus solely or principally of a kind used for the manufacture or repair of masks and reticles	【最】0【普】70【特-1】0【特-2】0【特-3】0 【增】16【出】0【退】16	台/千克					999	主要用于或专用于制作和修复掩膜版或投影掩膜版的装置［掩膜版(mask)，投影掩膜版(reticle)］
848640	21		塑封机（主要用于或专用于装配与封装半导体器件和集成电路的设备）	Plastics encapsulating machines (mainly or exclusively used for assembling and encapsulating semiconductor devices and integrated circuit devices)	【最】2.5【普】30 【协亚太】2.3【协东盟】0【协巴基斯坦】0 【协智利】0【协新西兰】0【协秘鲁】0 【协哥斯达黎加】0【协冰岛】0【协瑞士】0 【协澳大利亚】0【协韩国】4【协格鲁吉亚】0 【协香港】0【协澳门】0 【特-1】0【特-2】0【特-3】0 【增】16【出】0【退】16	台/千克					999	塑封机（主要用于或专用于装配与封装半导体器件和集成电路的设备）
848640	22		引线键合装置	Wire bonders	【最】4【普】30 【协亚太】3.8【协东盟】0【协香港】0 【协巴基斯坦】5【协智利】0【协新西兰】0 【协秘鲁】0【协哥斯达黎加】0【协冰岛】0 【协瑞士】3.2【协澳大利亚】0【协格鲁吉亚】0 【特-1】0【特-2】0【特-3】0 【增】16【出】0【退】16	台/千克					999	引线键合装置（主要用于或专用于装配与封装半导体器件和集成电路的设备）
848640	29		其他主要或专用于装配封装半导体器件和集成电路的设备	Other machines solely or principally of a kind used for assembling or encapsulating semiconductor devices or electronic integrated circuits	【最】0【普】17【特-1】0【特-2】0【特-3】0 【增】16【出】0【退】16	台/千克					999	其他主要或专用于装配封装半导体器件和集成电路的设备

税则号列 HS国际统一前6位	税则号列 本国子目 7~8位	税则号列 本国子目 9~10位	货品名称中英文 中文 货物名称	货品名称中英文 英文 Article Description	税费综合信息	计量单位	监管证件代码 进口	监管证件代码 出口	检验检疫类别 进口	检验检疫类别 出口	检验检疫编码	检验检疫编码对应中文名称
848640	31		IC工厂专用的自动搬运机器人	Automated material handling machines solely or principally of a kind used in the electronic integrated circuits factories	【最】0【普】20【特-1】0【特-2】0【特-3】0【增】16【出】0【退】16	台/千克					101 102	IC工厂专用的自动搬运机器人（电子行业成套设备） IC工厂专用的自动搬运机器人（机械式停车设备及其他装卸、储运设备及其零件）
848640	39		其他用于升降、装卸、搬运集成电路等的设备（升降、装卸、搬运单晶柱、晶圆、半导体器件、集成电路和平板显示器的装置）	Other machines for lifting, handling, loading or unloading of electronic integrated circuits (apparatus used for lifting, handling, loading or unloading of boules, wafers, semiconductor devices, electronic integrated circuits and flat panel displays)	【最】2.5【普】30 【协亚太】1.8【协东盟】0【协巴基斯坦】0 【协智利】0【协新西兰】0【协秘鲁】0 【协哥斯达黎加】0【协冰岛】0【协瑞士】0 【协澳大利亚】0【协韩国】3.2【协格鲁吉亚】0 【协香港】0【协澳门】0 【特-1】0【特-2】0【特-3】0 【增】16【出】0【退】16	台/千克					101 102 103 104	其他用于升降、装卸、搬运集成电路等的设备（升降、装卸、搬运单晶柱、晶圆、半导体器件、集成电路和平板显示器的装置）（起重机） 其他用于升降、装卸、搬运集成电路等的设备（升降、装卸、搬运单晶柱、晶圆、半导体器件、集成电路和平板显示器的装置）（机械式停车设备及其他装卸、储运设备及其零件） 其他用于升降、装卸、搬运集成电路等的设备（升降、装卸、搬运单晶柱、晶圆、半导体器件、集成电路和平板显示器的装置）（升降机） 其他用于升降、装卸、搬运集成电路等的设备（升降、装卸、搬运单晶柱、晶圆、半导体器件、集成电路和平板显示器的装置）（其他装卸桥、提升、起重设备及零件）
848690	10		升降、搬运、装卸机器用零件或附件（子目8486.40项下商品用，但自动搬运设备用除外）	Parts and accessories of machines for lifting, handling, loading or unloading(goods of subheading 8486.40, other than automated material handling machines)	【最】1.3【普】30 【协亚太】0.7【协东盟】0【协巴基斯坦】0 【协智利】0【协新西兰】0【协秘鲁】0 【协哥斯达黎加】0【协冰岛】0【协瑞士】0 【协澳大利亚】0【协韩国】0【协格鲁吉亚】0 【协香港】0【协澳门】0 【特-1】0【特-2】0【特-3】0 【增】16【出】0【退】16	千克					101 102	升降、搬运、装卸机器用零件或附件（子目8486.40项下商品用，但自动搬运设备用除外）（机械式停车设备及其他装卸、储运设备及其零件） 升降、搬运、装卸机器用零件或附件（子目8486.40项下商品用，但自动搬运设备用除外）（其他装卸桥、提升、起重设备及零件）
848690	20		引线键合装置用零件或附件	Parts and accessories of wire bonders (goods of subheading 8486.40)	【最】1.5【普】30 【协亚太】1.4【协东盟】0【协巴基斯坦】5 【协智利】0【协新西兰】0【协秘鲁】0 【协哥斯达黎加】0【协冰岛】0【协瑞士】0 【协澳大利亚】0【协韩国】0【协香港】0 【协澳门】0 【协格鲁吉亚】0 【特-1】0【特-2】0【特-3】0 【增】16【出】0【退】16	千克					999	引线键合装置用零件或附件（子目8486.40项下商品用）
848690	91		带背板的溅射靶材组件	Sputtering target assembly with rear panel	【最】0【普】17【特-1】0【特-2】0【特-3】0【增】16【出】0【退】16	千克					999	带背板的溅射靶材组件
848690	99		其他税目84.86项下商品用零件	Parts and accessories of other goods of heading No. 84.86	【最】0【普】17【特-1】0【特-2】0【特-3】0【增】16【出】0【退】16	千克					999	其他税目84.86项下商品用零件和附件

税则号列			货品名称中英文		税费综合信息	计量单位	监管证件代码		检验检疫类别		检验检疫编码	检验检疫编码对应中文名称
HS国际统一前6位	本国子目 7~8位	9~10位	中文 货物名称	英文 Article Description			进口	出口	进口	出口		
848710	00		船用推进器及桨叶	Ships'or boats' propellers and blades therefor	【最】6【普】14 【协东盟】0【协巴基斯坦】5【协智利】0 【协新西兰】0【协秘鲁】0【协哥斯达黎加】0 【协冰岛】0【协瑞士】0【协澳大利亚】0 【协韩国】3.7【协格鲁吉亚】0 【协香港】0【协澳门】0 【特-1】0【特-2】0【特-3】0 【增】16【对美加征】10【出】0【退】16	千克					999	船用推进器及桨叶
848790	00		本章其他编号未列名的机器零件（不具有电气接插件、绝缘体、线圈或其他电气器材特征的）	Other machinery parts, not containing electrical connectors insulators, coils, contacts or other electrical features, not specified or included elsewhere in this Chapter	【最】8【普】30 【协东盟】0【协香港】0【协巴基斯坦】5 【协智利】0【协新西兰】0【协秘鲁】0 【协台湾】0【协哥斯达黎加】0【协冰岛】0 【协瑞士】3.2【协澳大利亚】0【协韩国】4 【协格鲁吉亚】0 【特-1】0【特-2】0【特-3】0 【增】16【对美加征】10【出】0【退】16	千克					999	本章其他编号未列名的机器零件（不具有电气接插件、绝缘体、线圈或其他电气器材特征的）

第八十五章
电机、电气设备及其零件；录音机及放声机、电视图像、声音的录制和重放设备及其零件、附件

注释：

一、本章不包括：

（一）电暖的毯子、褥子、足套及类似品，电暖的衣服、靴、鞋、耳套或其他供人穿戴的电暖物品；

（二）税目70.11的玻璃制品；

（三）税目84.86的机器及装置；

（四）用于医疗、外科、牙科或兽医的真空设备（税目90.18）；或

（五）第九十四章的电热家具。

二、税目85.01至85.04不适用于税目85.11、85.12、85.40、85.41或85.42的货品。

但金属槽汞弧整流器仍归入税目85.04。

三、税目85.07所称"蓄电池"，包括与其一同报验的辅助元件，这些辅助元件具有储电、供电功能，或保护蓄电池免遭损坏，例如，电路连接器、温控装置（例如，热敏电阻）及电路保护装置，也可包括蓄电池的部分保护外壳。

四、税目85.09仅包括通常供家用的下列电动器具：

（一）任何重量的地板打蜡机、食品研磨机及食品搅拌器、水果或蔬菜的榨汁器；

（二）重量不超过20千克的其他机器。

但该税目不适用于风机、风扇或装有风扇的通风罩及循环气罩（不论是否装有过滤器）（税目84.14）、离心干衣机（税目84.21）、洗碟机（税目84.22）、家用洗衣机（税目84.50）、滚筒式或其他形式的熨烫机器（税目84.20或84.51）、缝纫机（税目84.52）、电剪子（税目84.67）或电热器具（税目85.16）。

五、税目85.23所称：

（一）"固态、非易失性存储器件"（例如，"闪存卡"或"电子闪存卡"），是指带有接口的存储器件，其在同一壳体内包含一个或多个闪存（FLASH E^2PROM），以集成电路的形式装配在一块印刷电路板上。它们可以包括一个集成电路形式的控制器及多个分立无源元件，例如，电容器及电阻器。

（二）所称"智能卡"，是指装有一个或多个集成电路［微处理器、随机存取存储器（RAM）或只

Chapter 85
Electrical machinery and equipment and parts thereof; sound recorders and reproducers, television image and sound recorders and reproducers, and parts and accessories of such articles

Chapter Notes:

1. This Chapter does not cover:
   (a) Electrically warmed blankets, bed pads, foot-muffs or the like; electrically warmed clothing, footwear or ear pads or other electrically warmed articles worn on or about the person;
   (b) Articles of glass of heading 70.11;
   (c) Machines and apparatus of heading 84.86;
   (d) Vacuum apparatus of a kind used in medical, surgical, dental or veterinary sciences (heading 90.18); or
   (e) Electrically heated furniture of Chapter 94.

2. Headings 85.01 to 85.04 do not apply to goods described in heading 85.11, 85.12, 85.40, 85.41 or 85.42.
   However, metal tank mercury arc rectifiers remain classified in heading 85.04.

3. For the purposes of heading 85.07, the expression "electric accumulators" includes those presented with ancillary components which contribute to the accumulator's function of storing and supplying energy or protect it from damage, such as electrical connectors, temperature control devices (e.g., thermistors) and circuit protection devices. They may also include a portion of the protective housing of the goods in which they are to be used.

4. Heading 85.09 covers only the following electro-mechanical machines of the kind commonly used for domestic purposes:
   (a) Floor polishers, food grinders and mixers, and fruit or vegetable juice extractors, of any weight;
   (b) Other machines provided the weight of such machines does not exceed 20kg.

   The heading does not, however, apply to fans or ventilating or recycling hoods incorporating a fan, whether or not fitted with filters (heading 84.14), centrifugal clothes-dryers (heading 84.21), dish washing machines (heading 84.22), household washing machines (heading 84.50), roller or other ironing machines (heading 84.20 or 84.51), sewing machines (heading 84.52), electric scissors (heading 84.67) or to electrothermic appliances (heading 85.16).

5. For the purposes of heading 85.23:
   (a) "Solid-state non-volatile storage devices" (for example, "flash memory cards" or "flash electronic storage cards") are storage devices with a connecting socket, comprising in the same housing one or more flash memories (for example, FLASH E^2PROM) in the form of integrated circuits mounted on a printed circuit board. They may include a controller in the form of an integrated circuit and discrete passive components, such as capacitors and resistors;
   (b) The term "smart cards" means cards which have embedded in them one or more electronic integrated cir-

读存储器（ROM）］芯片的卡。这些卡可带有触点、磁条或嵌入式天线，但不包含任何其他有源或无源电路元件。

cuits (a microprocessor, random access memory (RAM) or read-only memory (ROM)) in the form of chips. These cards may contain contacts, a magnetic stripe or an embedded antenna but do not contain any other active or passive circuit elements.

六、税目 85.34 所称“印刷电路”，是指采用各种印制方法（例如，压印、覆镀、腐蚀）或采用“膜电路”工艺，将导线、接点或其他印制元件（例如，电感器、电阻器、电容器）按预定的图形单独或互相连接地印制在绝缘基片上的电路，但能够产生、整流、调制或放大电信号的元件（例如，半导体元件）除外。

所称“印刷电路”，不包括装有非印制元件的电路，也不包括单个的分立式电阻器、电容器及电感器。但印刷电路可配有非经印刷的连接元件。

用同样工艺制得的无源元件及有源元件组成的薄膜电路或厚膜电路应归入税目 85.42。

6. For the purposes of heading 85.34 “printed circuits” are circuits obtained by forming on an insulating base, by any printing process (for example, embossing, plating-up, etching) or by the “film circuit” technique, conductor elements, contacts or other printed components (for example, inductances, resistors, capacitors) alone or interconnected according to a pre-established pattern, other than elements which can produce, rectify, modulate or amplify an electrical signal (for example, semiconductor elements).

The expression “printed circuits” does not cover circuits combined with elements other than those obtained during the printing process, nor does it cover individual, discrete resistors, capacitors or inductances. Printed circuits may, however, be fitted with non-printed connecting elements.

Thin-or-thick-film circuits comprising passive and active elements obtained during the same technological process are to be classified in heading 85.42.

七、税目 85.36 所称“光导纤维、光导纤维束或光缆用连接器”，是指在有线数字通讯设备中，简单机械地把光纤端部相连成一线的连接器。它们不具备诸如对信号进行放大、再生或修正等其他功能。

7. For the purpose of heading 85.36, “connectors for optical fibres, optical fibre bundles or cables” means connectors that simply mechanically align optical fibres end to end in a digital line system. They perform no other functions, such as the amplification, regeneration or modification of a signal.

八、税目 85.37 不包括电视接收机或其他电气设备用的无绳红外遥控器（税目 85.43）。

8. Heading 85.37 does not include cordless infrared devices for the remote control of television receivers or other electrical equipment (heading 85.43).

九、税目 85.41 及 85.42 所称：

（一）“二极管、晶体管及类似的半导体器件”，是指那些依靠外加电场引起电阻率的变化而进行工作的半导体器件。

本注释所述物品在归类时，即使本协调制度其他税号涉及上述物品，尤其是物品的功能，仍应优先考虑归入税目 85.41 及 85.42，但涉及税目 85.23 的情况除外。

（二）“集成电路”，是指：

1. 单片集成电路，即电路元件（二极管、晶体管、电阻器、电容器、电感器等）主要整体制作在一片半导体材料或化合物半导体材料（例如，掺杂硅、砷化镓、硅锗或磷化铟）基片的表面，并不可分割地连接在一起的电路。

2. 混合集成电路，即通过薄膜或厚膜工艺制得的无源元件（电阻器、电容器、电感器等）和通过半导体工艺制得的有源元件（二极管、晶体管、单片集成电路等）用互连或连接线实际上不可分割地组合在同一绝缘基片（玻璃、陶瓷等）上的电路。这种电路也可包括分立元件。

9. For the purposes of headings 85.41 and 85.42:

(a) “Diodes, transistors and similar semiconductor devices” are semiconductor devices the operation of which depends on variations in resistivity on the application of an electric field;

For the classification of the articles defined in this Note, headings 85.41 and 85.42 shall take precedence over any other headings in the Nomenclature, except in the case of heading 85.23, which might cover them by reference to, in particular, their function.

(b) “Electronic integrated circuits” are:

(i) Monolithic integrated circuits in which the circuit elements (diodes, transistors, resistors, capacitors, inductances, etc.) are created in the mass (essentially) and on the surface of a semiconductor or compound semiconductor material (for example, doped silicon, gallium arsenide, silicon germanium, indium phosphide) and are inseparably associated;

(ii) Hybrid integrated circuits in which passive elements (resistors, capacitors, inductances, etc.), obtained by thin-or-thick-film technology, and active elements (diodes, transistors, monolithic integrated circuits, etc.), obtained by semiconductor technology, are combined to all intents and purposes indivisibly, by interconnections or interconnecting cables, on a single insulating substrate (glass, ceramic, etc.). These circuits may also include discrete components;

3. 多芯片集成电路是由两个或多个单片集成电路实际上不可分割地组合在一片或多片绝缘基片上构成的电路，不论是否带有引线框架，但不带有其他有源或无源的电路元件。

(iii) Multichip integrated circuits consisting of two or more interconnected monolithic integrated circuits combined to all intents and purposes indivisibly, whether or not on one or more insulating substrates, with or without leadframes, but with no other active or passive circuit elements.

4. 多元件集成电路（MCOs），由一个或多个单片、混合或多芯片集成电路以及下列至少一个元件组成：硅基传感器、执行器、振荡器、谐振器或其组件所构成的组合体，或者具有税目85.32、85.33、85.41所列商品功能的元件，或税目85.04的电感器。其像集成电路一样实际上不可分割地组合成一体，作为一种元件，通过引脚、引线、焊球、底面触点、凸点或导电压点进行连接，组装到印刷电路板（PCB）或其他载体上。

(iv) Multi-component integrated circuits (MCOs), a combination of one or more monolithic, hybrid, or multi-chip integrated circuits with at least one of the following components: silicon-based sensors, actuators, oscillators, resonators or combinations thereof, or components performing the functions of articles classifiable under heading 85.32, 85.33, 85.41, or inductors classifiable under heading 85.04, formed to all intents and purposes indivisibly into a single body like an integrated circuit, as a component of a kind used for assembly onto a printed circuit board (PCB) or other carrier, through the connecting of pins, leads, balls, lands, bumps, or pads.

在本定义中：

（1）"元件"可以是分立的，独立制造后组装到多元件（MCO）的其余部分上，或者集成到其他元件内。

（2）"硅基"是指在硅基片上制造，或由硅材料制造而成，或者制造在集成电路裸片上。

（3）①硅基传感器是由在半导体材料内部或表面制作的微电子或机械结构组成，具有探测物理量和化学量并将其转换成电信号（因电特性变化或机械结构位移而产生）的功能。"物理量或化学量"与现实世界的现象相关，例如压力、声波、加速度、振动、运动、方向、张力、磁场强度、电场强度、光、放射性、湿度、流量和化学浓度等。

②硅基执行器是由在半导体材料内部或表面制作的微电子或机械结构组成，具有将电信号转换成物理运动的功能。

③硅基谐振器是由在半导体材料内部或表面制作的微电子或机械结构组成，具有按预先设定的频率产生机械或电振荡的功能，频率取决于响应外部输入的结构的物理参数。

For the purpose of this definition:

i) "Components" may be discrete, manufactured independently then assembled onto the rest of the MCO, or integrated into other components.

ii) "Silicon based" means built on a silicon substrate, or made of silicon materials, or manufactured onto integrated circuit die.

iii) a) "Silicon based sensors" consist of microelectronic or mechanical structures that are created in the mass or on the surface of a semiconductor and that have the function of detecting physical or chemical quantities and transducing these into electric signals, caused by resulting variations in electric properties or displacement of a mechanical structure. "Physical or chemical quantities" relates to real world phenomena, such as pressure, acoustic waves, acceleration, vibration, movement, orientation, strain, magnetic field strength, electric field strength, light, radioactivity, humidity, flow, chemicals concentration, etc.

b) "Silicon based actuators" consist of microelectronic and mechanical structures that are created in the mass or on the surface of a semiconductor and that have the function of converting electrical signals into physical movement.

c) "Silicon based resonators" are components that consist of microelectronic or mechanical structures that are created in the mass or on the surface of a semiconductor and have the function of generating a mechanical or electrical oscillation of a prede-

④硅基振荡器是有缘器件，由在半导体材料内部或表面制作的微电子或机械结构组成，具有按预先设定的频率产生机械或电振荡的功能，频率取决于这些结构的物理参数。

fined frequency that depends on the physical geometry of these structures in response to an external input.

d) "Silicon based oscillators" are active components that consist of microelectronic or mechanical structures that are created in the mass or on the surface of a semiconductor and that have the function of generating a mechanical or electrical oscillation of a predefined frequency that depends on the physical geometry of these structures.

十、税目 85.48 所称"废原电池、废原电池组及废蓄电池"，是指因破损、拆解、耗尽或其他原因而不能再使用，也不能再充电的电池。

10. For the purposes of heading 85.48, "spent primary cells, spent primary batteries and spent electric accumulators" are those which are neither usable as such because of breakage, cutting-up, wear or other reasons, nor capable of being recharged.

子目注释：

子目 8527.12 仅包括有内置放大器但无内置扬声器的盒式磁带放声机，它不需外接电源即能工作，且外形尺寸不超过 170 毫米×100 毫米×45 毫米。

Subheading Note:

Subheading 8527.12 covers only cassette-players with built-in amplifier, without built-in loudspeaker, capable of operating without an external source of electric power and the dimensions of which do not exceed 170mm×100mm×45mm.

税则号列 HS国际统一前6位	本国子目 7~8位	本国子目 9~10位	货品名称中英文 中文 货物名称	货品名称中英文 英文 Article Description	税费综合信息	计量单位	监管证件代码 进口	监管证件代码 出口	检验检疫类别 进口	检验检疫类别 出口	检验检疫编码	检验检疫编码对应中文名称
850110	10		输出功率≤37.5W 玩具电动机【电商】	Motors of an output not exceeding 37.5W For use in toys	【最】12【普】80 【协亚太】7.8【协东盟】0【协香港】0 【协巴基斯坦】23.3【协智利】0【协新西兰】0 【协新加坡】0【协秘鲁】0【协台湾】0 【协哥斯达黎加】0【协冰岛】0【协瑞士】9.8 【协澳大利亚】0【协韩国】18.3 【协格鲁吉亚】0 【特-1】0【特-2】0 【增】16【出】0【退】16	台					999	输出功率≤37.5W 玩具电动机
850110	91	01	激光视盘机机芯精密微型电机（1W≤功率≤18W，20mm≤直径≤30mm）	Precision micromotors for the movement of laser disc players (20mm≤diameter≤30mm; 1w≤power≤18w)	【最】9【普】70【暂进】5 【协亚太】5.9【协东盟】0【协香港】0 【协巴基斯坦】5【协智利】0【协新西兰】0 【协新加坡】0【协秘鲁】0【协哥斯达黎加】0 【协冰岛】0【协瑞士】3.6【协澳大利亚】0 【协韩国】6【协格鲁吉亚】0 【特-1】0【特-2】0【特-3】0 【增】16【对美加征】10【出】0【退】16	台					999	激光视盘机机芯精密微型电机（1W≤功率≤18W，20mm≤直径≤30mm）
850110	91	02	摄像机、摄录一体机用精密微型电机（0.5W≤功率≤10W，20mm≤直径≤39mm）	Precision micromotors with a video camera, camcorder (5mm≤diameter≤20mm; 0.5w≤power≤10w)	【最】9【普】70【暂进】5 【协亚太】5.9【协东盟】0【协香港】0 【协巴基斯坦】5【协智利】0【协新西兰】0 【协新加坡】0【协秘鲁】0【协哥斯达黎加】0 【协冰岛】0【协瑞士】3.6【协澳大利亚】0 【协韩国】6【协格鲁吉亚】0 【特-1】0【特-2】0【特-3】0 【增】16【对美加征】10【出】0【退】16	台					999	摄像机、摄录一体机用精密微型电机（0.5W≤功率≤10W，20mm≤直径≤39mm）
850110	91	90	其他机座最大尺寸在 20mm 至 39mm 微电机（输出功率不超过 37.5W）	Other kinds of micro motors with frames sized between 20mm and 39mm (power output: no more than 37.5W)	【最】9【普】70 【协亚太】5.9【协东盟】0【协香港】0 【协巴基斯坦】5【协智利】0【协新西兰】0 【协新加坡】0【协秘鲁】0【协哥斯达黎加】0 【协冰岛】0【协瑞士】3.6【协澳大利亚】0 【协韩国】6【协格鲁吉亚】0 【特-1】0【特-2】0【特-3】0 【增】16【对美加征】10【出】0【退】16	台					999	其他机座最大尺寸在 20mm 至 39mm 微电机（输出功率不超过 37.5w）

税则号列 HS国际统一前6位	本国子目 7~8位	本国子目 9~10位	货品名称中英文 中文 货物名称	货品名称中英文 英文 Article Description	税费综合信息	计量单位	监管证件代码 进口	监管证件代码 出口	检验检疫类别 进口	检验检疫类别 出口	检验检疫编码	检验检疫编码对应中文名称
850110	99	01	功率≤0.5W非用于激光视盘机机芯的微型电机（圆柱形直径≤6mm，高≤25mm；扁圆型直径≤15mm，厚≤5mm）	Power≤0.5W, micro-motors not for the movement of laser disc players (cylindrical diameter≤6mm; height≤25mm; oblate diameter≤15mm thickness≤5mm)	【最】9【普】35【暂进】5 【协亚太】5.9【协东盟】0【协香港】0 【协巴基斯坦】5【协智利】0【协新西兰】0 【协新加坡】0【协秘鲁】0【协台湾】0 【协哥斯达黎加】0【协冰岛】0【协瑞士】3.6 【协澳大利亚】0【协韩国】6 【协格鲁吉亚】0 【特-1】0【特-2】0【特-3】0 【增】16【对美加征】10【出】0【退】16	台					999	功率≤0.5W非用于激光视盘机机芯的微型电机（圆柱形直径≤6mm，高≤25mm；扁圆型直径≤15mm，厚≤5mm）
850110	99	02	激光视盘机机芯用精密微型电机（0.5W≤功率≤2W，5mm≤直径<20mm）	Precision micromotors with laser videodisc (5mm≤diameter≤20mm; 0.5W≤power≤10W)	【最】9【普】35【暂进】5 【协亚太】5.9【协东盟】0【协香港】0 【协巴基斯坦】5【协智利】0【协新西兰】0 【协新加坡】0【协秘鲁】0【协台湾】0 【协哥斯达黎加】0【协冰岛】0【协瑞士】3.6 【协澳大利亚】0【协韩国】6 【协格鲁吉亚】0 【特-1】0【特-2】0【特-3】0 【增】16【对美加征】10【出】0【退】16	台					999	激光视盘机机芯用精密微型电机（0.5W≤功率≤2W，5mm≤直径<20mm）
850110	99	03	摄像机、摄录一体机用精密微型电机（0.5W≤功率≤10W，5mm≤直径<20mm或39mm<直径≤40mm）	Precision micromotors for video camera, camcorder, movement of laser discplayers (0.5W≤power≤2W, 5mm≤Diameter<20mm or 39mm<diammeter≤40mm)	【最】9【普】35【暂进】5 【协亚太】5.9【协东盟】0【协香港】0 【协巴基斯坦】5【协智利】0【协新西兰】0 【协新加坡】0【协秘鲁】0【协台湾】0 【协哥斯达黎加】0【协冰岛】0【协瑞士】3.6 【协澳大利亚】0【协韩国】6 【协格鲁吉亚】0 【特-1】0【特-2】0【特-3】0 【增】16【对美加征】10【出】0【退】16	台					999	摄像机、摄录一体机用精密微型电机(0.5W≤功率≤10W,5mm≤直径<20mm或39mm<直径≤40mm)
850110	99	90	其他微电机（输出功率不超过37.5W）	Other kinds of micro motors'(power output no more than 37.5W)	【最】9【普】35 【协亚太】5.9【协东盟】0【协香港】0 【协巴基斯坦】5【协智利】0【协新西兰】0 【协新加坡】0【协秘鲁】0【协台湾】0 【协哥斯达黎加】0【协冰岛】0【协瑞士】3.6 【协澳大利亚】0【协韩国】6 【协格鲁吉亚】0 【特-1】0【特-2】0【特-3】0 【增】16【对美加征】10【出】0【退】16	台					101 102	其他微电机（输出功率不超过37.5W）(玩具电机) 其他微电机（输出功率不超过37.5W）(微电机)
850120	00		输出功率>37.5W的交直流两用电动机	universal AC/DC Motors of an output exceeding 37.5 W	【最】12【普】35 【协东盟】0【协巴基斯坦】6【协智利】0 【协新西兰】0【协新加坡】0【协秘鲁】0 【协哥斯达黎加】0【协冰岛】0【协瑞士】4.8 【协澳大利亚】0【协韩国】6 【协格鲁吉亚】0【协香港】0【协澳门】0 【特-1】0【特-2】0【特-3】0 【增】16【对美加征】10【出】0【退】16	台			L		999	输出功率>37.5W的交直流两用电动机
850131	00		其他输出功率≤750W的直流电动机、发电机	Other DC motors, DC generators of an output not exceeding 750W	【最】12【普】35 【协亚太】7.8【协东盟】0【协香港】0 【协澳门】0【协巴基斯坦】6【协智利】0 【协新西兰】0【协新加坡】0【协秘鲁】0 【协台湾】0【协哥斯达黎加】0【协冰岛】0 【协瑞士】0【协澳大利亚】0【协韩国】7.8 【协格鲁吉亚】0 【特-1】0【特-2】0【特-3】0 【增】16【对美加征】10【出】0【退】16	台			L		101 102 103	其他输出功率≤750W的直流电动机、发电机(微电机) 其他输出功率≤750W的直流电动机、发电机(直流电动机) 其他输出功率≤750W的直流电动机、发电机[其他发电机（组）及其零件]
850132	00		750W<输出功率≤75kW的直流电动机、发电机	Other DC motors, DC generators of an output exceeding 750W but not exceeding 75kW	【最】10【普】35 【协东盟】0【协巴基斯坦】5【协智利】0 【协新西兰】0【协新加坡】0【协秘鲁】0 【协哥斯达黎加】0【协冰岛】0【协瑞士】0 【协澳大利亚】0【协韩国】5【协格鲁吉亚】0 【协香港】0【协澳门】0 【特-1】0【特-2】0【特-3】0 【增】16【对美加征】5【出】0【退】16	台			L		101 102	750W<输出功率≤75kW的直流电动机、发电机(直流电动机) 750W<输出功率≤75kW的直流电动机、发电机[其他发电机（组）及其零件]

税则号列 HS国际统一前6位	本国子目7~8位	本国子目9~10位	货品名称中英文 中文 货物名称	货品名称中英文 英文 Article Description	税费综合信息	计量单位	监管证件代码 进口	监管证件代码 出口	检验检疫类别 进口	检验检疫类别 出口	检验检疫编码	检验检疫编码对应中文名称
850133	00		75kW<输出功率≤375kW的直流电动机、发电机	Other DC motors, DC generators of an output exceeding 75kW but not exceeding 375kW	【最】5【普】35 【协东盟】0【协巴基斯坦】0【协智利】0 【协新西兰】0【协秘鲁】0【协哥斯达黎加】0 【协冰岛】0【协瑞士】0【协澳大利亚】0 【协韩国】0【协格鲁吉亚】0 【协香港】0【协澳门】0 【特-1】0【特-2】0【特-3】0 【增】16【对美加征】10【出】0【退】16	台					101 102	75kW＜输出功率≤375kW的直流电动机，发电机（直流电动机） 75kW＜输出功率≤375kW的直流电动机，发电机［其他发电机（组）及其零件］
850134	00		输出功率>375kW的直流电动机、发电机	Other DC motors, DC generators of an output exceeding 375kW	【最】10【普】35 【协东盟】0【协巴基斯坦】6【协智利】0 【协新西兰】0【协新加坡】0【协秘鲁】0 【协哥斯达黎加】0【协冰岛】0【协瑞士】4.8 【协澳大利亚】0【协韩国】8 【协格鲁吉亚】0【协香港】0【协澳门】0 【特-1】0【特-2】0【特-3】0 【增】16【对美加征】10【出】0【退】16	台					101 102	输出功率>375kW的直流电动机、发电机（直流电动机） 输出功率>375kW的直流电动机、发电机（其他发电机（组）及其零件）
850140	00		单相交流电动机	Other AC motors, single-phase	【最】10【普】35 【协东盟】0【协巴基斯坦】6【协智利】0 【协新西兰】0【协新加坡】0【协秘鲁】0 【协哥斯达黎加】0【协冰岛】0【协瑞士】4.8 【协澳大利亚】0【协韩国】8 【协格鲁吉亚】0【协香港】0【协澳门】0 【特-1】0【特-2】0【特-3】0 【增】16【对美加征】10【出】0【退】16	台			L		999	单相交流电动机
850151	00	10	发电机（功率≥40W，频率600至2000赫兹，谐波畸变低于10%等）	Generator (power: ≥40W; frequency: 600~ 2000HZ; harmonic distortion rate: <10%, etc.)	【最】5【普】35 【协东盟】0【协巴基斯坦】0【协智利】0 【协新西兰】0【协秘鲁】0【协哥斯达黎加】0 【协冰岛】0【协瑞士】0【协澳大利亚】0 【协格鲁吉亚】3【协香港】0【协澳门】0 【特-1】0【特-2】0【特-3】0 【增】16【对美加征】10【出】0【退】16	台		3			999	发电机（功率≥40W，频率600至2000赫兹，谐波畸变低于10%等）
850151	00	90	其他输出功率≤750W多相交流	Others'power output ≤750W; multi-phase AC motors	【最】5【普】35 【协东盟】0【协巴基斯坦】0【协智利】0 【协新西兰】0【协秘鲁】0【协哥斯达黎加】0 【协冰岛】0【协瑞士】0【协澳大利亚】0 【协格鲁吉亚】3【协香港】0【协澳门】0 【特-1】0【特-2】0【特-3】0 【增】16【对美加征】10【出】0【退】16	台			L		999	其他输出功率≤750W多相交流电动机
850152	00		750W<输出功率≤75kW的多相交流电动机	AC motorss multi-phase of an output exceeding750W but not exce eding 75kW	【最】10【普】35 【协东盟】0【协巴基斯坦】5【协智利】0 【协新西兰】0【协新加坡】0【协秘鲁】0 【协哥斯达黎加】0【协冰岛】0【协瑞士】4 【协澳大利亚】0【协韩国】7.5【协格鲁吉亚】0 【协香港】0【协澳门】0 【特-1】0【特-2】0【特-3】0 【增】16【对美加征】10【出】0【退】16	台			L		999	750W<输出功率≤75kW的多相交流电动机
850153	00	10	高速（200km/h及以上）电力机车的交流异步牵引电动机	High speed(200km/h and above) AC electric locomotive traction motor	【最】10【普】35【暂进】3 【协亚太】6.5【协东盟】0【协巴基斯坦】6 【协智利】0【协新西兰】0【协新加坡】0 【协秘鲁】0【协哥斯达黎加】0【协冰岛】0 【协瑞士】4.8【协澳大利亚】0【协韩国】8 【协格鲁吉亚】0【协香港】0【协澳门】0 【特-1】0【特-2】0【特-3】0 【增】16【对美加征】10【出】0【退】16	台					999	高速（200km/h及以上）电力机车的交流异步牵引电动机
850153	00	90	其他功率>75kW多相交流电动机	Others'power: >75kW; multi-phase AC motors	【最】10【普】35 【协亚太】6.5【协东盟】0【协巴基斯坦】6 【协智利】0【协新西兰】0【协新加坡】0 【协秘鲁】0【协哥斯达黎加】0【协冰岛】0 【协瑞士】4.8【协澳大利亚】0【协韩国】8 【协格鲁吉亚】0【协香港】0【协澳门】0 【特-1】0【特-2】0【特-3】0 【增】16【对美加征】10【出】0【退】16	台					999	其他功率>75kW多相交流电动机

税则号列			货品名称中英文		税费综合信息	计量单位	监管证件代码		检验检疫类别		检验检疫编码	检验检疫编码对应中文名称
HS国际统一前6位	本国子目 7~8位	本国子目 9~10位	中文 货物名称	英文 Article Description			进口	出口	进口	出口		
850161	00		输出功率≤75KVA交流发电机	AC generators (alternators) of an output not exceeding 75KVA	【最】5【普】30 【协东盟】0【协巴基斯坦】0【协智利】0 【协新西兰】0【协秘鲁】0【协哥斯达黎加】0 【协冰岛】0【协瑞士】0【协澳大利亚】0 【协韩国】2.5【协格鲁吉亚】0 【协香港】0【协澳门】0 【特-1】0【特-2】0【特-3】0 【增】16【对美加征】10【出】0【退】16	台/千瓦					999	输出功率≤75KVA交流发电机
850162	00		75KVA<输出功率≤375K	AC generators(alternators) of an output exceeding 75KVA but not exceeding 375KVA	【最】10【普】30 【协东盟】0【协巴基斯坦】6【协智利】0 【协新西兰】0【协新加坡】0【协秘鲁】0 【协哥斯达黎加】0【协冰岛】0【协瑞士】4.8 【协澳大利亚】0【协韩国】9 【协格鲁吉亚】0【协香港】0【协澳门】0 【特-1】0【特-2】0【特-3】0 【增】16【对美加征】5【出】0【退】16	台/千瓦					999	75KVA<输出功率≤375KVA交流发电机
850163	00		375KVA<输出功率≤750KVA交流发电机	AC generators (alternators) of an output exceeding 375KVA but not exceeding 750KVA	【最】10【普】30 【协东盟】0【协巴基斯坦】6【协智利】0 【协新西兰】0【协新加坡】0【协秘鲁】0 【协哥斯达黎加】0【协冰岛】0【协瑞士】4.8 【协澳大利亚】0【协韩国】9 【协格鲁吉亚】0【协香港】0【协澳门】0 【特-1】0【特-2】0【特-3】0 【增】16【对美加征】10【出】0【退】16	台/千瓦					999	375KVA<输出功率≤750KVA交流发电机
850164	10	10	由使用可再生燃料锅炉和涡轮机组驱动的交流发电机,750KVA<输出功率≤350MVA	By the use of renewable fuel boiler and turbine drive the alternator, < 750KVA power output of 350 mva or less	【最】10【普】30【暂进】5 【协香港】0【协澳门】0 【协东盟】0【协巴基斯坦】5【协智利】0 【协新西兰】0【协新加坡】0【协秘鲁】0 【协哥斯达黎加】0【协冰岛】0【协瑞士】0 【协澳大利亚】0【协韩国】7.5【协格鲁吉亚】0 【特-1】0【特-2】0【特-3】0 【增】16【对美加征】10【出】0【退】16	台/千瓦	0				999	由使用可再生燃料锅炉和涡轮机组驱动的交流发电机，750KVA<输出功率≤350MVA
850164	10	90	其他750KVA<输出功率≤350MVA的交流发电机	Other<750KVA power output of 350 mva or less of the alternator	【最】10【普】30 【协香港】0【协澳门】0 【协东盟】0【协巴基斯坦】5【协智利】0 【协新西兰】0【协新加坡】0【协秘鲁】0 【协哥斯达黎加】0【协冰岛】0【协瑞士】0 【协澳大利亚】0【协韩国】7.5【协格鲁吉亚】0 【特-1】0【特-2】0【特-3】0 【增】16【对美加征】10【出】0【退】16	台/千瓦	0				999	其他750KVA<输出功率≤350MVA的交流发电机
850164	20	10	由使用可再生燃料锅炉和涡轮机组驱动的交流发电机,350MVA<输出功率≤665MVA	By the use of renewable fuel boiler and turbine drive the alternator, 350MVA power output of 665 mva or less	【最】5.5【普】14【暂进】5 【协亚太】3.6【协东盟】0【协巴基斯坦】5 【协智利】0【协新西兰】0【协秘鲁】0 【协哥斯达黎加】0【协冰岛】0【协瑞士】0 【协澳大利亚】0【协韩国】0 【协格鲁吉亚】0【协香港】0【协澳门】0 【特-1】0【特-2】0【特-3】0 【增】16【出】0【退】16	台/千瓦					999	由使用可再生燃料锅炉和涡轮机组驱动的交流发电机，350MVA<输出功率≤665MVA
850164	20	90	其他350MVA<输出功率≤665MVA交流发电机	The other 350MVA < outpu power 665MVA AC generator	【最】5.5【普】14 【协亚太】3.6【协东盟】0【协巴基斯坦】5 【协智利】0【协新西兰】0【协秘鲁】0 【协哥斯达黎加】0【协冰岛】0【协瑞士】0 【协澳大利亚】0【协韩国】0 【协格鲁吉亚】0【协香港】0【协澳门】0 【特-1】0【特-2】0【特-3】0 【增】16【出】0【退】16	台/千瓦	0				999	其他350MVA<输出功率≤665MVA交流发电机
850164	30	10	由使用可再生燃料锅炉和涡轮机组驱动的交流发电机,输出功率>665MVA	By the use of renewable fuel boiler and turbine drive the alternator, output >665MVA	【最】6【普】11【暂进】5 【协亚太】3.9【协东盟】0【协巴基斯坦】5 【协智利】0【协新西兰】0【协秘鲁】0 【协哥斯达黎加】0【协冰岛】0【协瑞士】0 【协澳大利亚】0【协韩国】0 【协格鲁吉亚】0【协香港】0【协澳门】0 【特-1】0【特-2】0【特-3】0 【增】16【出】0【退】16	台/千瓦					999	由使用可再生燃料锅炉和涡轮机组驱动的交流发电机，输出功率>665MVA

税则号列 HS国际统一前6位	税则号列 本国子目 7~8位	税则号列 本国子目 9~10位	货品名称中英文 中文 货物名称	货品名称中英文 英文 Article Description	税费综合信息	计量单位	监管证件代码 进口	监管证件代码 出口	检验检疫类别 进口	检验检疫类别 出口	检验检疫编码	检验检疫编码对应中文名称
850164	30	90	其他输出功率>665MVA交流发电机	Other output power > 665MVA AC genertor	【最】6【普】11 【协亚太】3.9【协东盟】0【协巴基斯坦】5 【协智利】0【协新西兰】0【协秘鲁】0 【协哥斯达黎加】0【协冰岛】0【协瑞士】0 【协澳大利亚】0【协韩国】0 【协格鲁吉亚】0【协香港】0【协澳门】0 【特-1】0【特-2】0【特-3】0 【增】16【出】0【退】16	台/千瓦					999	其他输出功率>665MVA交流发电机
850211	00		输出功率≤75KVA柴油发电机	Generating sets with compression-ignition internal combustion piston engines (diesel or semi-diesel engines), of an output not exceeding 75KVA	【最】10【普】45 【协东盟】0【协香港】0【协巴基斯坦】5 【协智利】0【协新西兰】0【协新加坡】0 【协秘鲁】0【协哥斯达黎加】0【协冰岛】0 【协瑞士】0【协澳大利亚】0【协韩国】5 【协格鲁吉亚】0 【特-1】0【特-2】0【特-3】0 【增】16【对美加征】5【出】0【退】16	台/千瓦					999	输出功率≤75KVA柴油发电机组（包括半柴油发电机组）
850212	00		75KVA<输出功率≤375KVA柴油发电机组	Generating sets with compression-ignition internal combustion piston engines (diesel or semi-diesel engines), of an output exceeding 75KVA but not exceeding 375KVA	【最】10【普】45 【协东盟】0【协香港】0【协巴基斯坦】5 【协智利】0【协新西兰】0【协新加坡】0 【协秘鲁】0【协哥斯达黎加】0【协冰岛】0 【协瑞士】0【协澳大利亚】0【协韩国】6.6 【协格鲁吉亚】0 【特-1】0【特-2】0【特-3】0 【增】16【对美加征】10【出】0【退】16	台/千瓦	O				999	75KVA<输出功率≤375KVA柴油发电机组（包括半柴油发电机组）
850213	10		375KVA<输出功率≤2MV柴油发电机组	Generating sets with compression-ignition internal combustion piston engines (diesel or semi-diesel engines), of an output exceeding 375KVA but not exceeding 2MVA	【最】10【普】45 【协亚太】6.5【协东盟】0【协香港】0 【协巴基斯坦】5【协智利】0【协新西兰】0 【协新加坡】0【协秘鲁】0【协哥斯达黎加】0 【协冰岛】0【协瑞士】0【协澳大利亚】0 【协韩国】7.5【协格鲁吉亚】0 【特-1】0【特-2】0【特-3】0 【增】16【对美加征】5【出】0【退】16	台/千瓦	O				999	375KVA<输出功率≤2MVA柴油发电机组（包括半柴油发电机组）
850213	20		输出功率>2MVA柴油发电机组	Generating sets with compression-ignition internal combustion piston engines (diesel or semi-diesel engines), of an output exceeding 2MVA	【最】10【普】30 【协亚太】7【协东盟】0【协香港】0 【协巴基斯坦】5【协智利】0【协新西兰】0 【协新加坡】0【协秘鲁】0【协哥斯达黎加】0 【协冰岛】0【协瑞士】0【协澳大利亚】0 【协韩国】7.5【协格鲁吉亚】0 【特-1】0【特-2】0【特-3】0 【增】16【对美加征】10【出】0【退】16	台/千瓦	O				999	输出功率>2MVA柴油发电机组（包括半柴油发电机组）
850220	00		装有点燃式活塞发动机的发电机组	Generating sets with spark-ignition internal combustion piston engines	【最】10【普】45 【协东盟】0【协巴基斯坦】5【协智利】0 【协新西兰】0【协新加坡】0【协秘鲁】0 【协哥斯达黎加】0【协冰岛】0【协瑞士】0 【协澳大利亚】0【协韩国】5【协格鲁吉亚】0 【协香港】0【协澳门】0 【特-1】0【特-2】0【特-3】0 【增】16【对美加征】10【出】0【退】16	台/千瓦					999	装有点燃式活塞发动机的发电机组（内燃的）
850231	00		风力发电设备	Generating sets with Wind-powered	【最】8【普】30【暂进】5 【协东盟】0【协巴基斯坦】5【协智利】0 【协新西兰】0【协秘鲁】0【协哥斯达黎加】0 【协冰岛】0【协瑞士】0【协澳大利亚】0 【协韩国】5.3【协格鲁吉亚】0 【协香港】0【协澳门】0 【特-1】0【特-2】0【特-3】0 【增】16【对美加征】10【出】0【退】16	台/千瓦					999	风力发电设备
850239	00	10	依靠可再生能源（太阳能、小水电、潮汐、沼气、地热能、生物质/余热驱动的汽轮机）生产电力的发电机组	Rely on renewable energy (solar, samll hydropower, tidal, methane gas, geothermal energy, biomass/waste heat driven turbine) in the production of electric power generating set	【最】10【普】30【暂进】5 【协东盟】0【协巴基斯坦】5【协智利】0 【协新西兰】0【协秘鲁】0【协哥斯达黎加】0 【协冰岛】0【协瑞士】0【协澳大利亚】2 【协韩国】6.6【协格鲁吉亚】0 【协香港】0【协澳门】0 【特-1】0【特-2】0【特-3】0 【增】16【对美加征】5【出】0【退】16	台/千瓦					999	依靠可再生能源（太阳能、小水电、潮汐、沼气、地热能、生物质/余热驱动的汽轮机）生产电力的发电机组

税则号列			货品名称中英文		税费综合信息	计量单位	监管证件代码		检验检疫类别		检验检疫编码	检验检疫编码对应中文名称
HS国际统一前6位	本国子目 7~8位	本国子目 9~10位	中文 货物名称	英文 Article Description			进口	出口	进口	出口		
850239	00	90	其他发电机组(风力驱动除外)	Other units (expect wind driven)	【最】10【普】30 【协东盟】0【协巴基斯坦】5【协智利】0 【协新西兰】0【协秘鲁】0【协哥斯达黎加】0 【协冰岛】0【协瑞士】0【协澳大利亚】0 【协韩国】6.6【协格鲁吉亚】0 【协香港】0【协澳门】0 【特-1】0【特-2】0【特-3】0 【增】16【对美加征】5【出】0【退】16	台/千瓦					999	其他发电机组(风力驱动除外)
850240	00		旋转式变流机	Electric rotary converters	【最】10【普】30 【协东盟】0【协巴基斯坦】5【协智利】0 【协新西兰】0【协秘鲁】0【协哥斯达黎加】0 【协冰岛】0【协瑞士】0【协澳大利亚】0 【协韩国】5【协格鲁吉亚】0 【协香港】0【协澳门】0 【特-1】0【特-2】0【特-3】0 【增】16【出】0【退】16	台					999	旋转式变流机
850300	10		玩具用电动机等微电动机零件(编号8501.1010及8501.1091所列电动机零件)	Parts of the motors of subheading No. 8501.1010 or 8501.1091	【最】8【普】70 【协亚太】5.2【协东盟】0【协香港】0 【协巴基斯坦】6【协智利】0【协新西兰】0 【协新加坡】0【协秘鲁】0【协台湾】0 【协哥斯达黎加】0【协冰岛】0【协瑞士】4.8 【协澳大利亚】0【协韩国】7.8 【协格鲁吉亚】0 【特-1】0【特-2】0【特-3】0 【增】16【对美加征】10【出】0【退】16	千克					999	玩具用电动机等微电动机零件(编号8501.1010及8501.1091所列电动机零件)
850300	20		输出功率>350MVA交流发电机零件(编号8501.6420及8501.6430所列发电机零件)	Parts of the generators of subheading No. 8501.6420 or 8501.643	【最】3【普】11 【协亚太】2【协东盟】0【协香港】0 【协巴基斯坦】0【协智利】0【协新西兰】0 【协秘鲁】0【协哥斯达黎加】0【协冰岛】0 【协瑞士】1.2【协澳大利亚】0【协韩国】0 【协格鲁吉亚】0 【特-1】0【特-2】0【特-3】0 【增】16【对美加征】10【出】0【退】16	千克					999	输出功率>350MVA交流发电机零件(编号8501.6420及8501.6430所列发电机零件)
850300	30		风力发电设备的零件(编号8502.3100所列发电机组零件)	Parts of the generating sets of subheading No. 8502.3100	【最】3【普】30【暂进】1 【协亚太】2.5【协东盟】0【协香港】0 【协巴基斯坦】0【协智利】0【协新西兰】0 【协秘鲁】0【协哥斯达黎加】0【协冰岛】0 【协瑞士】0【协澳大利亚】0【协韩国】0 【协格鲁吉亚】0 【特-1】0【特-2】0【特-3】0 【增】16【对美加征】10【出】0【退】16	千克					999	风力发电设备的零件(编号8502.3100所列发电机组零件)
850300	90	10	电动机定子(用于真空中频率600~2000HZ、功率50~1000VA条件下)	Motor stator (used when the frequency is between 600-2000HZ and power between 50-1000VA in vacuum)	【最】8【普】30 【协亚太】5.2【协东盟】0【协香港】0 【协巴基斯坦】5【协智利】0【协新西兰】0 【协秘鲁】0【协台湾】0【协哥斯达黎加】0 【协瑞士】3.2【协澳大利亚】0【协韩国】0 【协格鲁吉亚】0 【特-1】0【特-2】0【特-3】0 【增】16【对美加征】10【出】0【退】16	千克		3			999	电动机定子(用于真空中频率600~2000HZ、功率50~1000VA条件下)
850300	90	20	由使用可再生燃料锅炉和涡轮机组驱动的输出功率超过750KV安不超过350MVA的交流发电机的零件	The alternator output power is driven by the use of renewable fuel boiler and turbine unit more than 750 thousand ampere of not more than 350MVA parts	【最】8【普】30【暂进】5 【协亚太】5.2【协东盟】0【协香港】0 【协巴基斯坦】5【协智利】0【协新西兰】0 【协秘鲁】0【协台湾】0【协哥斯达黎加】0 【协瑞士】3.2【协澳大利亚】0【协韩国】0 【协格鲁吉亚】0 【特-1】0【特-2】0【特-3】0 【增】16【对美加征】10【出】0【退】16	千克					999	由使用可再生燃料锅炉和涡轮机组驱动的输出功率超过750KV安不超过350MVA的交流发电机的零件
850300	90	30	靠可再生能源(太阳能、小水电、潮汐、沼气、地热能、生物质/余热驱动的汽轮机)生产电力发电机组的零件	Rely on renewable energy (solar, samll hydropower, tidal, methane gas, geothermal energy, biomass/waste heat driven turbine) production power generating sets of parts	【最】8【普】30【暂进】5 【协亚太】5.2【协东盟】0【协香港】0 【协巴基斯坦】5【协智利】0【协新西兰】0 【协秘鲁】0【协台湾】0【协哥斯达黎加】0 【协瑞士】3.2【协澳大利亚】0【协韩国】0 【协格鲁吉亚】0 【特-1】0【特-2】0【特-3】0 【增】16【对美加征】10【出】0【退】16	千克					999	靠可再生能源(太阳能、小水电、潮汐、沼气、地热能、生物质/余热驱动的汽轮机)生产电力发电机组的零件

税则号列 HS国际统一前6位	本国子目 7~8位	本国子目 9~10位	货品名称中英文 中文 货物名称	货品名称中英文 英文 Article Description	税费综合信息	计量单位	监管证件代码 进口	监管证件代码 出口	检验检疫类别 进口	检验检疫类别 出口	检验检疫编码	检验检疫编码对应中文名称
850300	90	90	其他电动机、发电机（组）零件	Other kinds of motors and motor (set) parts	【最】8【普】30 【协亚太】5.2【协东盟】0【协香港】0 【协巴基斯坦】5【协智利】0【协新西兰】0 【协秘鲁】0【协台湾】0【协哥斯达黎加】0 【协瑞士】3.2【协澳大利亚】0【协韩国】0 【协格鲁吉亚】0 【特-1】0【特-2】0【特-3】0 【增】16【对美加征】10【出】0【退】16	千克					999	其他电动机、发电机（组）零件
850410	10		电子镇流器	Electronic ballats	【最】10【普】35 【协东盟】0【协澳门】0【协巴基斯坦】5 【协智利】0【协新西兰】0【协新加坡】0 【协秘鲁】0【协哥斯达黎加】0【协冰岛】0 【协瑞士】0【协澳大利亚】0【协韩国】5 【协格鲁吉亚】0【协香港】0 【特-1】0【特-2】0【特-3】0 【增】16【对美加征】10【出】0【退】16	个			L		999	电子镇流器
850410	90		其他放电灯或放电管用镇流器	Other ballasts for discharge lamps or tubes	【最】10【普】35 【协东盟】0【协澳门】0【协巴基斯坦】5 【协智利】0【协新西兰】0【协秘鲁】0 【协香港】0【协哥斯达黎加】0【协冰岛】0 【协瑞士】0【协澳大利亚】0【协韩国】5 【协格鲁吉亚】0 【特-1】0【特-2】0【特-3】0 【增】16【对美加征】10【出】0【退】16	个			L		101 102	其他放电灯或放电管用镇流器（电子镇流器） 其他放电灯或放电管用镇流器（其他镇流器及其零件）
850421	00		额定容量≤650KVA液体介质变压器	Liquid dielectric transformers, having a power handling capacity not exceeding 650KVA	【最】10【普】50 【协东盟】0【协巴基斯坦】5【协智利】0 【协新西兰】0【协新加坡】0【协秘鲁】0 【协哥斯达黎加】0【协冰岛】0【协瑞士】4.2 【协澳大利亚】0【协韩国】5.2 【协格鲁吉亚】0【协香港】0【协澳门】0 【特-1】0【特-2】0【特-3】0 【增】16【对美加征】10【出】0【退】16	个					999	额定容量≤650KVA液体介质变压器
850422	00		650KVA<额定电压≤10MVA液体介质变压器	Liquid dielectric transformers, having a power handling capacity exceeding 650KVA but not exceeding 10MVA	【最】10【普】50 【协东盟】0【协巴基斯坦】6.3【协智利】0 【协新西兰】0【协新加坡】0【协秘鲁】0 【协哥斯达黎加】0【协冰岛】0【协瑞士】5 【协澳大利亚】0【协韩国】6.3 【协格鲁吉亚】0【协香港】0【协澳门】0 【特-1】0【特-2】0【特-3】0 【增】16【对美加征】10【出】0【退】16	个					999	650KVA<额定电压≤10MVA液体介质变压器
850423	11		10MVA<额定容量<220MVA液体变压器	Liquid dielectric transformers, having a power handling capacity exceedin 10MVA but less than 220 MVA	【最】10【普】50 【协亚太】6.5【协东盟】0【协巴基斯坦】5 【协智利】0【协新西兰】0【协秘鲁】0 【协哥斯达黎加】0【协冰岛】0【协澳大利亚】0 【协韩国】6.6【协格鲁吉亚】0【协香港】0 【协澳门】0 【特-1】0【特-2】0【特-3】0 【增】16【对美加征】10【出】0【退】16	个					999	10MVA<额定容量<220MVA液体变压器
850423	12		220MVA≤额定容量<330MVA液体变压器	Liquid dielectric transformers, having a power handling capacity exceeding220MVA but less than 330MVA	【最】10【普】50 【协亚太】6.5【协东盟】0【协巴基斯坦】5 【协智利】0【协新西兰】0【协秘鲁】0 【协哥斯达黎加】0【协冰岛】0【协瑞士】0 【协澳大利亚】0【协韩国】5【协格鲁吉亚】0 【协香港】0【协澳门】0 【特-1】0【特-2】0【特-3】0 【增】16【出】0【退】16	个					999	220MVA≤额定容量<330MVA液体变压器
850423	13		330MVA≤额定容量<400MVA液体变压器	Liquid dielectric transformers, having a power handling capacity exceeding 330MVA but less than 400MVA	【最】10【普】50 【协亚太】6.5【协东盟】0【协巴基斯坦】5 【协智利】0【协新西兰】0【协秘鲁】0 【协哥斯达黎加】0【协冰岛】0【协瑞士】0 【协澳大利亚】0【协韩国】5【协格鲁吉亚】0 【协香港】0【协澳门】0 【特-1】0【特-2】0【特-3】0 【增】16【出】0【退】16	个					999	330MVA≤额定容量<400MVA液体变压器

税则号列			货品名称中英文		税费综合信息	计量单位	监管证件代码		检验检疫类别		检验检疫编码	检验检疫编码对应中文名称
HS 国际统一前6位	本国子目 7~8位	本国子目 9~10位	中文 货物名称	英文 Article Description			进口	出口	进口	出口		
850423	21		400MVA ≤ 额定容量 < 500MVA 液体变压器	Liquid dielectric transformers Having a power handling capacity exceeding 400MVA but less than 500MVA	【最】6【普】11 【协亚太】3.9【协东盟】0【协巴基斯坦】0 【协智利】0【协新西兰】0【协秘鲁】0 【协哥斯达黎加】0【协冰岛】0【协瑞士】0 【协澳大利亚】0【协韩国】0 【协格鲁吉亚】0【协香港】0【协澳门】0 【特-1】0【特-2】0【特-3】0 【增】16【出】0【退】16	个					999	400MVA ≤ 额定容量 < 500MVA 液体变压器
850423	29		额定容量 ≥ 500MVA 液体变压器	Liquid dielectric transformers Having a power handling capacity exceeding 500MVA	【最】6【普】11 【协亚太】3.9【协东盟】0【协巴基斯坦】0 【协智利】0【协新西兰】0【协秘鲁】0 【协哥斯达黎加】0【协冰岛】0【协瑞士】0 【协澳大利亚】0【协韩国】0 【协格鲁吉亚】0【协香港】0【协澳门】0 【特-1】0【特-2】0【特-3】0 【增】16【对美加征】10【出】0【退】16	个					999	额定容量 ≥ 500MVA 液体变压器
850431	10		额定容量不超过 1KVA 的互感器	Mutual inductor having a power handling capacity not exceeding 1KVA	【最】5【普】50 【协亚太】3.3【协东盟】0【协澳门】0 【协巴基斯坦】0【协智利】0【协新西兰】0 【协秘鲁】0【协台湾】0【协哥斯达黎加】0 【协冰岛】0【协瑞士】0【协澳大利亚】0 【协韩国】0【协格鲁吉亚】0【协香港】0 【特-1】0【特-2】0【特-3】0 【增】16【对美加征】10【出】0【退】16	个					999	额定容量不超过 1KVA 的互感器
850431	90		额定容量 ≤ 1KVA 的其他变压器	Other transformers having a power handling capacity not exceeding 1KVA	【最】5【普】50 【协亚太】3.3【协东盟】0【协香港】0 【协澳门】0【协巴基斯坦】0【协智利】0 【协新西兰】0【协新加坡】0【协秘鲁】0 【协台湾】0【协哥斯达黎加】0【协冰岛】0 【协瑞士】0【协澳大利亚】0【协韩国】0 【协格鲁吉亚】0 【特-1】0【特-2】0【特-3】0 【增】16【对美加征】10【出】0【退】16	个					999	额定容量 ≤ 1KVA 的其他变压器
850432	10		1KVA<额定容量≤16KVA	Mutual inductor having a power handling capacity exceeding 1KVA but less than 16KVA	【最】5【普】50 【协东盟】0【协澳门】0【协巴基斯坦】0 【协智利】0【协新西兰】0【协秘鲁】0 【协哥斯达黎加】0【协冰岛】0【协瑞士】0 【协澳大利亚】0【协韩国】3.2【协格鲁吉亚】0 【协香港】0 【特-1】0【特-2】0【特-3】0 【增】16【对美加征】10【出】0【退】16	个					999	1KVA < 额定容量 ≤ 16KVA 的互感器
850432	90		1KVA<额定容量 ≤ 16KVA 的其他	Other transformers having a power handling capacity exceeding 1KVA but less than 16KVA	【最】5【普】50 【协东盟】0【协澳门】0【协巴基斯坦】0 【协智利】0【协新西兰】0【协秘鲁】0 【协香港】0【协哥斯达黎加】0【协冰岛】0 【协瑞士】0【协澳大利亚】0【协韩国】0 【协格鲁吉亚】0 【特-1】0【特-2】0【特-3】0 【增】16【对美加征】10【出】0【退】16	个					999	1KVA < 额定容量 ≤ 16KVA 的其他变压器
850433	10		16KVA < 额定容量 ≤ 500KVA 互感器	Mutual inductor, 16kVA < power handling capacity ≤ 500KVA	【最】5【普】50 【协东盟】0【协澳门】0【协巴基斯坦】0 【协智利】0【协新西兰】0【协秘鲁】0 【协哥斯达黎加】0【协冰岛】0【协瑞士】0 【协澳大利亚】0【协韩国】3.2【协格鲁吉亚】0 【协香港】0 【特-1】0【特-2】0【特-3】0 【增】16【对美加征】10【出】0【退】16	个/千克					999	16KVA < 额定容量 ≤ 500KVA 互感器
850433	90		16KVA < 额定容量 ≤ 500KVA 其他变压器	Other transformers, 16kVA < power handling capacity ≤ 500KVA	【最】5【普】50 【协东盟】0【协澳门】0【协巴基斯坦】0 【协智利】0【协新西兰】0【协秘鲁】0 【协哥斯达黎加】0【协冰岛】0【协瑞士】0 【协澳大利亚】0【协韩国】3.2【协格鲁吉亚】0 【协香港】0 【特-1】0【特-2】0【特-3】0 【增】16【对美加征】5【出】0【退】16	个/千克					999	16KVA < 额定容量 ≤ 500KVA 其他变压器

税则号列			货品名称中英文		税费综合信息	计量单位	监管证件代码		检验检疫类别		检验检疫编码	检验检疫编码对应中文名称
HS国际统一前6位	本国子目 7~8位	9~10位	中文 货物名称	英文 Article Description			进口	出口	进口	出口		
850434	10		额定容量>500KVA的互感器	Mutual inductor, power handling capacity>500KVA	【最】10【普】50 【协东盟】0【协澳门】0【协巴基斯坦】11.2 【协智利】0【协新西兰】0【协新加坡】0 【协秘鲁】0【协哥斯达黎加】0【协冰岛】0 【协瑞士】0【协澳大利亚】0【协韩国】9.3 【协格鲁吉亚】0【协香港】0 【特-1】0【特-2】0 【增】16【出】0【退】16	个/千克					999	额定容量>500KVA的互感器
850434	90		额定容量>500KVA的其他变	Other transformers, power handling capacity>500KVA	【最】10【普】50 【协东盟】0【协澳门】0【协巴基斯坦】11.2 【协智利】0【协新西兰】0【协新加坡】0 【协秘鲁】0【协哥斯达黎加】0【协冰岛】0 【协瑞士】0【协澳大利亚】0【协韩国】9.3 【协格鲁吉亚】0【协香港】0 【特-1】0【特-2】0 【增】16【对美加征】10【出】0【退】16	个/千克					999	额定容量>500KVA的其他变压器
850440	13		税目84.71所列机器用的稳压电源	Voltage-stabilized suppliers, of the machines of heading No. 84.71	【最】0【普】40【特-1】0【特-2】0【特-3】0 【增】16【对美加征】10【出】0【退】16	个	A		L		101 102 103	税目84.71所列机器用的稳压电源（Ⅰ类稳压电源） 税目84.71所列机器用的稳压电源（Ⅱ类稳压电源） 税目84.71所列机器用的稳压电源（Ⅲ类稳压电源）
850440	14		功率<1kW直流稳压电源	Other DC voltage-stabilized suppliers, of a power of less than 1KW and an accuracy of not better than 0.0001	【最】3.5【普】80【暂进】3 【协亚太】2.3【协东盟】0【协巴基斯坦】5 【协智利】0【协新西兰】0【协秘鲁】0 【协哥斯达黎加】0【协冰岛】0【协瑞士】2.8 【协澳大利亚】0【协韩国】4.6 【协格鲁吉亚】0【协香港】0【协澳门】0 【特-1】0【特-2】0【特-3】0 【增】16【对美加征】10【出】0【退】16	个					101 102 103	功率<1kW直流稳压电源（稳压系数低于万分之一，税目84.71所列机器用除外）（Ⅰ类稳压电源） 功率<1kW直流稳压电源（稳压系数低于万分之一，税目84.71所列机器用除外）（Ⅱ类稳压电源） 功率<1kW直流稳压电源（稳压系数低于万分之一，税目84.71所列机器用除外）（Ⅲ类稳压电源）
850440	15		功率<10kW其他交流稳压电源	Other AC voltage-stabilized suppliers, of a power of less than 10KW and an accuracy of not better than 0.001	【最】0【普】80【特-1】0【特-2】0【特-3】0 【增】16【对美加征】5【出】0【退】16	个					101 102 103	功率<10kW其他交流稳压电源（精度低于千分之一）（Ⅰ类稳压电源） 功率<10kW其他交流稳压电源（精度低于千分之一）（Ⅱ类稳压电源） 功率<10kW其他交流稳压电源（精度低于千分之一）（Ⅲ类稳压电源）
850440	19	10	同位素电磁分离器离子源磁体电源（高功率直流型）【电商】	Magnet power for the ion source of electromagnetic isotope separator (high power DC)	【最】0【普】50【特-1】0【特-2】0【特-3】0 【增】16【对美加征】10【出】0【退】16	个		3			101 102 103	同位素电磁分离器离子源磁体电源（高功率直流型）（Ⅰ类稳压电源） 同位素电磁分离器离子源磁体电源（高功率直流型）（Ⅱ类稳压电源） 同位素电磁分离器离子源磁体电源（高功率直流型）（Ⅲ类稳压电源）

税则号列 HS国际统一前6位	本国子目 7~8位	本国子目 9~10位	货品名称中英文 中文 货物名称	货品名称中英文 英文 Article Description	税费综合信息	计量单位	监管证件代码 进口	监管证件代码 出口	检验检疫类别 进口	检验检疫类别 出口	检验检疫编码	检验检疫编码对应中文名称
850440	19	20	直流高功率电源（能8小时连续产生100V,500A电流，稳定度优于0.1%）【电商】	High power DC power supply (be able to generate the 100V, 500A electric current for 8 hours consecutively with its stability higher than 0.1%)	【最】0【普】50【特-1】0【特-2】0【特-3】0 【增】16【对美加征】10【出】0【退】16	个		3			101 102 103	直流高功率电源（能8小时连续产生100V，500A电流，稳定度优于0.1%）（Ⅰ类稳压电源） 直流高功率电源（能8小时连续产生100V，500A电流，稳定度优于0.1%）（Ⅱ类稳压电源） 直流高功率电源（能8小时连续产生100V，500A电流，稳定度优于0.1%）（Ⅲ类稳压电源）
850440	19	30	高压直流电源（能8小时连续产生20KV，1A电流，稳定度优于0.2%）【电商】	High voltage DC power supply (able to generate the 20kV, 1A electric current for 8 hours consecutively with its stability higher than 0.2%)	【最】0【普】50【特-1】0【特-2】0【特-3】0 【增】16【对美加征】10【出】0【退】16	个		3			101 102 103	高压直流电源（能8小时连续产生20KV，1A电流，稳定度优于0.2%）（Ⅰ类稳压电源） 高压直流电源（能8小时连续产生20KV，1A电流，稳定度优于0.2%）（Ⅱ类稳压电源） 高压直流电源（能8小时连续产生20KV，1A电流，稳定度优于0.2%）（Ⅲ类稳压电源）
850440	19	40	同位素电磁分离器离子源高压电源【电商】	High voltage power supply for the ion source of electromagnetic isotope separator	【最】0【普】50【特-1】0【特-2】0【特-3】0 【增】16【对美加征】10【出】0【退】16	个		3			101 102 103	同位素电磁分离器离子源高压电源（Ⅰ类稳压电源） 同位素电磁分离器离子源高压电源（Ⅱ类稳压电源） 同位素电磁分离器离子源高压电源（Ⅲ类稳压电源）
850440	19	90	其他稳压电源【电商】	Other kinds of regulated power supplies	【最】0【普】50【特-1】0【特-2】0【特-3】0 【增】16【对美加征】10【出】0【退】16	个			L		101 102 103	其他稳压电源（Ⅰ类稳压电源） 其他稳压电源（Ⅱ类稳压电源） 其他稳压电源（Ⅲ类稳压电源）
850440	20		不间断供电电源（UPS）	Uninterrupted power suppliers	【最】5【普】50 【协亚太】3.3【协东盟】0【协香港】0 【协巴基斯坦】5【协智利】0【协新西兰】0 【协新加坡】0【协秘鲁】0【协哥斯达黎加】0 【协冰岛】0【协澳大利亚】0【协韩国】6.6 【协格鲁吉亚】0 【特-1】0【特-2】0【特-3】0 【增】16【对美加征】10【出】0【退】16	台					999	不间断供电电源（UPS）
850440	30	10	两用物项管制的逆变器（功率≥40W，频率600至2000HZ，谐波畸变低于10%等）	Inverter under control of sensitive items (power ≥ 40 watt, Frequency: 600 ~ 2000HZ, Harmonic distortion less than 10%)	【最】5【普】30 【协东盟】0【协香港】0【协澳门】0 【协巴基斯坦】5【协智利】0【协新西兰】0 【协新加坡】0【协秘鲁】0【协哥斯达黎加】0 【协冰岛】0【协瑞士】4【协澳大利亚】0 【协韩国】6.6【协格鲁吉亚】0 【特-1】0【特-2】0【特-3】0 【增】16【对美加征】10【出】0【退】16	个		3			999	两用物项管制的逆变器（功率≥40W，频率600至2000HZ，谐波畸变低于10%等）

税则号列			货品名称中英文		税费综合信息	计量单位	监管证件代码		检验检疫类别		检验检疫编码	检验检疫编码对应中文名称
HS 国际统一前6位	本国子目7~8位	本国子目9~10位	中文 货物名称	英文 Article Description			进口	出口	进口	出口		
850440	30	20	纯电动或混合动力汽车用逆变器模块，功率密度≥8kW/L	Pure electric or hybrid cars use inverter module, power density or 8kw/l	【最】5【普】30 【协东盟】0【协香港】0【协澳门】0 【协巴基斯坦】5【协智利】0【协新西兰】0 【协新加坡】0【协秘鲁】0【协哥斯达黎加】0 【协冰岛】0【协瑞士】4【协澳大利亚】0 【协韩国】6.6【协格鲁吉亚】0 【特-1】0【特-2】0【特-3】0 【增】16【对美加征】10【出】0【退】16	个					999	纯电动或混合动力汽车用逆变器模块，功率密度≥8kW/L
850440	30	90	其他逆变器	Other inverter	【最】5【普】30 【协东盟】0【协香港】0【协澳门】0 【协巴基斯坦】5【协智利】0【协新西兰】0 【协新加坡】0【协秘鲁】0【协哥斯达黎加】0 【协冰岛】0【协瑞士】4【协澳大利亚】0 【协韩国】6.6【协格鲁吉亚】0 【特-1】0【特-2】0【特-3】0 【增】16【对美加征】10【出】0【退】16	个					999	其他逆变器
850440	91	10	具有变流功能的半导体模块（自动数据处理设备机器及组件、电讯设备用的）	Semi-conductor modules with converting function(for automatic dataprocessing machines and units as well as telecommunication equipments)	【最】0【普】30 【协东盟】0【协香港】0【协澳门】0 【协巴基斯坦】5【协智利】0【协新西兰】0 【协新加坡】0【协秘鲁】0【协哥斯达黎加】0 【协冰岛】0【协瑞士】4【协澳大利亚】0 【协韩国】0【协格鲁吉亚】6 【特-1】0【特-2】0【特-3】0 【增】16【对美加征】10【出】0【退】16	个					999	具有变流功能的半导体模块（自动数据处理设备机器及组件、电讯设备用的）
850440	91	90	其他具有变流功能的半导体模块	Other Semi-conductor modules with converting func-tion	【最】5【普】30 【协东盟】0【协香港】0【协澳门】0 【协巴基斯坦】5【协智利】0【协新西兰】0 【协新加坡】0【协秘鲁】0【协哥斯达黎加】0 【协冰岛】0【协瑞士】4【协澳大利亚】0 【协韩国】0【协格鲁吉亚】6 【特-1】0【特-2】0【特-3】0 【增】16【对美加征】10【出】0【退】16	个					999	其他具有变流功能的半导体模块
850440	99	10	静止式变流器（自动数据处理设备机器及组件、电讯设备用） 【电商】	Static converters (for automatic data processing machines and units thereof and telecommunication apparatus)	【最】0【普】30 【协东盟】0【协香港】0【协澳门】0 【协巴基斯坦】5【协智利】0【协新西兰】0 【协新加坡】0【协秘鲁】0【协哥斯达黎加】0 【协冰岛】0【协瑞士】4【协澳大利亚】0 【协韩国】6.6【协格鲁吉亚】0 【特-1】0【特-2】0【特-3】0 【增】16【对美加征】10【出】0【退】16	个					999	静止式变流器（自动数据处理设备机器及组件、电讯设备用）
850440	99	20	ITA 产品用的印刷电路组件（包括外接组件，如符合 PCMCIA 标准的卡） 【电商】	Printed circuit assemblies for products falling within the ITA (including external assemblies, for example cards in accordance with PCMCIA)	【最】0【普】30 【协东盟】0【协香港】0【协澳门】0 【协巴基斯坦】5【协智利】0【协新西兰】0 【协新加坡】0【协秘鲁】0【协哥斯达黎加】0 【协冰岛】0【协瑞士】4【协澳大利亚】0 【协韩国】6.6【协格鲁吉亚】0 【特-1】0【特-2】0【特-3】0 【增】16【对美加征】10【出】0【退】16	个					999	ITA 产品用的印刷电路组件（包括外接组件，如符合 PCMCIA 标准的卡）
850440	99	30	专用 85030090.10 电动机定子的频率变换器（1. 多相输出 600HZ 或更高；2. 高稳定性） 【电商】	Frequency converters (those only using 85030090.10 motor stators)	【最】5【普】30 【协东盟】0【协香港】0【协澳门】0 【协巴基斯坦】5【协智利】0【协新西兰】0 【协新加坡】0【协秘鲁】0【协哥斯达黎加】0 【协冰岛】0【协瑞士】4【协澳大利亚】0 【协韩国】6.6【协格鲁吉亚】0 【特-1】0【特-2】0【特-3】0 【增】16【对美加征】10【出】0【退】16	个		3			999	专用 85030090.10 电动机定子的频率变换器（1. 多相输出 600HZ 或更高；2. 高稳定性）（频率控制优于 0.2%）

税则号列			货品名称中英文		税费综合信息	计量单位	监管证件代码		检验检疫类别		检验检疫编码	检验检疫编码对应中文名称
HS国际统一前6位	本国子目 7~8位	本国子目 9~10位	中文 货物名称	英文 Article Description			进口	出口	进口	出口		
850440	99	40	两用物项管制的频率变换器(功率≥40W,频率600至2000HZ,谐波畸变低于10%等) 【电商】	Frequency converters (power: ≥40W, frequency: 600~2000HZ, harmonic distortion rate: <10%)	【最】5【普】30 【协东盟】0【协香港】0【协澳门】0 【协巴基斯坦】5【协智利】0【协新西兰】0 【协新加坡】0【协秘鲁】0【协哥斯达黎加】0 【协冰岛】0【协瑞士】4【协澳大利亚】0 【协韩国】6.6【协格鲁吉亚】0 【特-1】0【特-2】0【特-3】0 【增】16【对美加征】10【出】0【退】16	个		3			999	两用物项管制的频率变换器(功率≥40W,频率600至2000HZ,谐波畸变低于10%等)
850440	99	50	电源(真空或受控环境感应炉用电源,额定输出功率≥5kW) 【电商】	Power supply (for vacuum or controlled atmosphere induction furnaces; rated power output: ≥5kW)	【最】5【普】30 【协东盟】0【协香港】0【协澳门】0 【协巴基斯坦】5【协智利】0【协新西兰】0 【协新加坡】0【协秘鲁】0【协哥斯达黎加】0 【协冰岛】0【协瑞士】4【协澳大利亚】0 【协韩国】6.6【协格鲁吉亚】0 【特-1】0【特-2】0【特-3】0 【增】16【对美加征】10【出】0【退】16	个		3			999	电源(真空或受控环境感应炉用电源,额定输出功率≥5kW)
850440	99	60	模块式电脉冲发生器(在15ms内输出电流>100A,密封在防尘罩内,温宽范围大) 【电商】	Modular electric pulse generator (output current>101A in 16ms; sealed in dust-proof cover; with a wide temperature range)	【最】5【普】30 【协东盟】0【协香港】0【协澳门】0 【协巴基斯坦】5【协智利】0【协新西兰】0 【协新加坡】0【协秘鲁】0【协哥斯达黎加】0 【协冰岛】0【协瑞士】4【协澳大利亚】0 【协韩国】6.6【协格鲁吉亚】0 【特-1】0【特-2】0【特-3】0 【增】16【对美加征】10【出】0【退】16	个		3			999	模块式电脉冲发生器(在15ms内输出电流>100A,密封在防尘罩内,温宽范围大)
850440	99	70	高速(200km/h及以上)电力机车的牵引变流器 【电商】	High speed electric locomotive traction converter for(200km/h) electric locomotive	【最】5【普】30【暂进】3 【协东盟】0【协香港】0【协澳门】0 【协巴基斯坦】5【协智利】0【协新西兰】0 【协新加坡】0【协秘鲁】0【协哥斯达黎加】0 【协冰岛】0【协瑞士】4【协澳大利亚】0 【协韩国】6.6【协格鲁吉亚】0 【特-1】0【特-2】0【特-3】0 【增】16【对美加征】10【出】0【退】16	个					999	高速(200km/h及以上)电力机车的牵引变流器
850440	99	80	汽车冲压线用压力机变频调速装置 【电商】	Press of variable frequency speed regulating device in automobile press line	【最】5【普】30 【协东盟】0【协香港】0【协澳门】0 【协巴基斯坦】5【协智利】0【协新西兰】0 【协新加坡】0【协秘鲁】0【协哥斯达黎加】0 【协冰岛】0【协瑞士】4【协澳大利亚】0 【协韩国】6.6【协格鲁吉亚】0 【特-1】0【特-2】0【特-3】0 【增】16【对美加征】10【出】0【退】16	个					999	汽车冲压线用压力机变频调速装置
850440	99	91	纯电动汽车及混合动力汽车用电机控制器 【电商】	Pure electric vehicle and hybrid electric vehicle with motor controller	【最】5【普】30【暂进】4 【协东盟】0【协香港】0【协澳门】0 【协巴基斯坦】5【协智利】0【协新西兰】0 【协新加坡】0【协秘鲁】0【协哥斯达黎加】0 【协冰岛】0【协瑞士】4【协澳大利亚】0 【协韩国】6.6【协格鲁吉亚】0 【特-1】0【特-2】0【特-3】0 【增】16【对美加征】10【出】0【退】16	个					999	纯电动汽车及混合动力汽车用电机控制器
850440	99	92	纯电动汽车或插电式混合动力汽车用车载充电机 【电商】	Pure electric vehicle or a plug in hybrid electric vehicle on-board charger	【最】5【普】30 【协东盟】0【协香港】0【协澳门】0 【协巴基斯坦】5【协智利】0【协新西兰】0 【协新加坡】0【协秘鲁】0【协哥斯达黎加】0 【协冰岛】0【协瑞士】4【协澳大利亚】0 【协韩国】6.6【协格鲁吉亚】0 【特-1】0【特-2】0【特-3】0 【增】16【对美加征】10【出】0【退】16	个					999	纯电动汽车或插电式混合动力汽车用车载充电机
850440	99	99	其他未列名静止式变流器 【电商】	Other static converters, not elsewhere specified or included	【最】5【普】30 【协东盟】0【协香港】0【协澳门】0 【协巴基斯坦】5【协智利】0【协新西兰】0 【协新加坡】0【协秘鲁】0【协哥斯达黎加】0 【协冰岛】0【协瑞士】4【协澳大利亚】0 【协韩国】6.6【协格鲁吉亚】0 【特-1】0【特-2】0【特-3】0 【增】16【对美加征】10【出】0【退】16	个					999	其他未列名静止式变流器

税则号列			货品名称中英文		税费综合信息	计量单位	监管证件代码		检验检疫类别		检验检疫编码	检验检疫编码对应中文名称
HS 国际统一前6位	本国子目 7~8位	本国子目 9~10位	中文 货物名称	英文 Article Description			进口	出口	进口	出口		
850450	00		其他电感器	Other inductors	【最】0【普】35【特-1】0【特-2】0【特-3】0【增】16【对美加征】10【出】0【退】16	个					999	其他电感器
850490	11		额定容量>400兆伏安液体介质	Parts of the transformers of subheading No. 8504. 2321, 8504. 2329	【最】2.5【普】11【协亚太】2.7【协东盟】0【协香港】0【协巴基斯坦】0【协智利】0【协新西兰】0【协秘鲁】0【协哥斯达黎加】0【协冰岛】0【协瑞士】2【协澳大利亚】0【协韩国】3.2【协格鲁吉亚】0【特-1】0【特-2】0【特-3】0【增】16【对美加征】10【出】0【退】16	千克					999	额定容量>400兆伏安液体介质变压器零件
850490	19		其他变压器零件	Parts of other transformers	【最】4【普】50【协亚太】2.2【协东盟】0【协香港】0【协巴基斯坦】3.8【协智利】0【协新西兰】0【协秘鲁】0【协台湾】0【协哥斯达黎加】0【协冰岛】0【协瑞士】3.2【协澳大利亚】0【协韩国】5.3【协格鲁吉亚】0【特-1】0【特-2】0【特-3】0【增】16【对美加征】10【出】0【退】16	千克					999	其他变压器零件
850490	20		稳压电源及不间断供电电源零件	Parts of voltage-stabilized suppliers and uninterrupted power suppliers	【最】4【普】50【协亚太】2.6【协东盟】0【协香港】0【协澳门】0【协巴基斯坦】5【协智利】0【协新西兰】0【协秘鲁】0【协台湾】0【协哥斯达黎加】0【协冰岛】0【协瑞士】3.2【协澳大利亚】0【协韩国】5.3【协格鲁吉亚】4.8【特-1】0【特-2】0【特-3】0【增】16【对美加征】10【出】0【退】16	千克					999	稳压电源及不间断供电电源零件
850490	90	10	用于将可再生能源发电机组输出的直流电转换成交流电的逆变器的零件【电商】	For the output of renewable energy power generation unit of DC to Ac inverter components	【最】4【普】30【协亚太】2.6【协东盟】0【协香港】0【协澳门】0【协巴基斯坦】5【协智利】0【协新西兰】0【协秘鲁】0【协台湾】0【协哥斯达黎加】0【协冰岛】0【协瑞士】3.2【协澳大利亚】0【协韩国】5.3【协格鲁吉亚】0【特-1】0【特-2】0【特-3】0【增】16【对美加征】10【出】0【退】16	千克					999	用于将可再生能源发电机组输出的直流电转换成交流电的逆变器的零件
850490	90	90	其他静止式变流器及电感器零件【电商】	Static converters and other parts of the inductor	【最】4【普】30【协亚太】2.6【协东盟】0【协香港】0【协澳门】0【协巴基斯坦】5【协智利】0【协新西兰】0【协秘鲁】0【协台湾】0【协哥斯达黎加】0【协冰岛】0【协瑞士】3.2【协澳大利亚】0【协韩国】5.3【协格鲁吉亚】0【特-1】0【特-2】0【特-3】0【增】16【对美加征】10【出】0【退】16	千克					999	其他静止式变流器及电感器零件
850511	10		稀土永磁铁及稀土永磁体	Permanent magnets Of rare-earth metals	【最】7【普】20【协东盟】0【协巴基斯坦】5【协智利】0【协新西兰】0【协秘鲁】0【协台湾】0【协哥斯达黎加】0【协冰岛】0【协瑞士】0【协澳大利亚】0【协韩国】0【协格鲁吉亚】4.2【协香港】0【协澳门】0【特-1】0【特-2】0【特-3】0【增】16【对美加征】10【出】0【退】16	千克					999	稀土永磁铁及稀土永磁体
850511	90		其他金属的永磁铁及永磁体【电商】	Permanent magnets of other metals and articles intended to become permanent magnets after magnetization	【最】7【普】20【协东盟】0【协香港】0【协巴基斯坦】5【协智利】0【协新西兰】0【协秘鲁】0【协台湾】0【协哥斯达黎加】0【协冰岛】0【协瑞士】0【协澳大利亚】0【协韩国】0【协格鲁吉亚】0【特-1】0【特-2】0【特-3】0【增】16【对美加征】10【出】0【退】16	千克					999	其他金属的永磁铁及永磁体

税则号列			货品名称中英文		税费综合信息	计量单位	监管证件代码		检验检疫类别		检验检疫编码	检验检疫编码对应中文名称
HS国际统一前6位	本国子目7~8位	本国子目9~10位	中文 货物名称	英文 Article Description			进口	出口	进口	出口		
850519	00	10	磁极块（直径大于2m,用在同位素电磁分离器内）【电商】	Magnet pole pieces (diameter: > 2m; used for electromagnetic isotope separator)	【最】7【普】20 【亚太】4.6【协东盟】0【协香港】0 【协巴基斯坦】5【协智利】0【协新西兰】0 【协秘鲁】0【协哥斯达黎加】0【协冰岛】0 【协瑞士】0【协澳大利亚】0【协韩国】3.5 【协格鲁吉亚】0 【特-1】0【特-2】0【特-3】0 【增】16【对美加征】10【出】0【退】16	千克		3			999	磁极块（直径大于2m,用在同位素电磁分离器内）
850519	00	90	其他非金属的永磁铁及永磁体【电商】	Non-metal permanent magnet (including the nonmetals magnetized for produing permanent magnetic products)	【最】7【普】20 【亚太】4.6【协东盟】0【协香港】0 【协巴基斯坦】5【协智利】0【协新西兰】0 【协秘鲁】0【协哥斯达黎加】0【协冰岛】0 【协瑞士】0【协澳大利亚】0【协韩国】3.5 【协格鲁吉亚】0 【特-1】0【特-2】0【特-3】0 【增】16【对美加征】10【出】0【退】16	千克					999	其他非金属的永磁铁及永磁体
850520	00		电磁联轴节、离合器及制动器	Electro-magnetic couplings, clutches and brakes	【最】8【普】20 【亚太】5.2【协东盟】0【协巴基斯坦】5 【协智利】0【协新西兰】0【协秘鲁】0 【协哥斯达黎加】0【协冰岛】0【协瑞士】0 【协澳大利亚】0【协韩国】5.3 【协格鲁吉亚】0【协香港】0【协澳门】0 【特-1】0【特-2】0【特-3】0 【增】16【对美加征】10【出】0【退】16	千克					999	电磁联轴节、离合器及制动器
850590	10		电磁起重吸盘	Electro-magnetic lifting heads	【最】8【普】20 【协东盟】0【协巴基斯坦】5【协智利】0 【协新西兰】0【协秘鲁】0【协哥斯达黎加】0 【协冰岛】0【协瑞士】0【协澳大利亚】0 【协韩国】0【协格鲁吉亚】0 【协香港】0【协澳门】0 【特-1】0【特-2】0【特-3】0 【增】16【对美加征】10【出】0【退】16	个/千克					999	电磁起重吸盘
850590	90	10	超导螺线电磁体（产生超过2个泰斯拉磁场，长径比≥2，内径≥300mm等）【电商】	Superconducting spiral electromagnets (generating more than two Tesla magnetic fields; L/D ratio: ≥ 2; ID ≥ 300mm, etc.)	【最】8【普】20 【亚太】5.6【协东盟】0【协巴基斯坦】5 【协智利】0【协新西兰】0【协秘鲁】0 【协哥斯达黎加】0【协冰岛】0【协瑞士】3.2 【协澳大利亚】0【协韩国】0 【协格鲁吉亚】0【协香港】0【协澳门】0 【特-1】0【特-2】0【特-3】0 【增】16【对美加征】10【出】0【退】16	个/千克		3			999	超导螺线电磁体（产生超过2个泰斯拉磁场，长径比≥2，内径≥300mm等）
850590	90	20	专门或主要用于核磁共振成像装置的电磁体，但税目90.18所列其他电磁铁除外【电商】	Solely or primarily for the electromagnet magnetic resonance imaging device, but excludingelectromag net of heading No. 90.18	【最】2【普】20 【亚太】5.6【协东盟】0【协巴基斯坦】5 【协智利】0【协新西兰】0【协秘鲁】0 【协哥斯达黎加】0【协冰岛】0【协瑞士】3.2 【协澳大利亚】1.6【协韩国】0 【协格鲁吉亚】0【协香港】0【协澳门】0 【特-1】0【特-2】0【特-3】0 【增】16【对美加征】10【出】0【退】16	个/千克					999	专门或主要用于核磁共振成像装置的电磁体，但税目90.18所列其他电磁铁除外
850590	90	90	其他电磁铁；电磁铁或永磁铁卡盘、夹具及类似的工件夹具；税目85.05的零件【电商】	Other kinds of magnetic holding devices and spare parts belonging to the 85.05 item	【最】8【普】20 【亚太】5.6【协东盟】0【协巴基斯坦】5 【协智利】0【协新西兰】0【协秘鲁】0 【协哥斯达黎加】0【协冰岛】0【协瑞士】3.2 【协澳大利亚】1.6【协韩国】0 【协格鲁吉亚】0【协香港】0【协澳门】0 【特-1】0【特-2】0【特-3】0 【增】16【对美加征】10【出】0【退】16	个/千克					999	其他电磁铁；电磁铁或永磁铁卡盘、夹具及类似的工件夹具；税目85.05的零件
850610	11	10	扣式无汞碱性锌锰的原电池及原电池组（汞含量<电池重量的0.0005%）	Button type alkaline zinc manganese battery and battery pack, mercury content<0.0005% by weight of the battery	【最】8【普】80 【协东盟】0【协香港】0【协智利】0 【协新西兰】0【协新加坡】0【协秘鲁】0 【协哥斯达黎加】0【协冰岛】0【协瑞士】8 【协澳大利亚】0【协韩国】15【协格鲁吉亚】0 【特-1】0【特-2】0 【增】16【对美加征】10【出】0【退】16	个	A		M		101 102 103	扣式无汞碱性锌锰的原电池及原电池组（汞含量<电池重量的0.0005%）（锌—锰原电池及原电池组） 扣式无汞碱性锌锰的原电池及原电池组（汞含量<电池重量的0.0005%）（碱性锌—锰原电池及原电池组） 扣式无汞碱性锌锰的原电池及原电池组（汞含量<电池重量的0.0005%）（其他二氧化锰的原电池及原电池组）

税则号列			货品名称中英文		税费综合信息	计量单位	监管证件代码		检验检疫类别		检验检疫编码	检验检疫编码对应中文名称
HS国际统一前6位	本国子目7~8位	9~10位	中文 货物名称	英文 Article Description			进口	出口	进口	出口		
850610	11	90	扣式含汞碱性锌锰的原电池及原电池组（汞含量≥电池重量的0.0005%）	Button type alkaline zinc manganese battery and battery pack, mercury content of 0.0005% by weight of the battery or higher	【最】8【普】80 【协东盟】0【协香港】0【协智利】0 【协新西兰】0【协新加坡】0【协秘鲁】0 【协哥斯达黎加】0【协冰岛】0【协瑞士】8 【协澳大利亚】0【协韩国】15【协格鲁吉亚】0 【特-1】0【特-2】0 【增】16【消】4【对美加征】10【出】0【退】0	个	A		M		101 102 103	扣式含汞碱性锌锰的原电池及原电池组（汞含量≥电池重量的0.0005%）（锌—锰原电池及原电池组） 扣式含汞碱性锌锰的原电池及原电池组（汞含量≥电池重量的0.0005%）（碱性锌—锰原电池及原电池组） 扣式含汞碱性锌锰的原电池及原电池组（汞含量≥电池重量的0.0005%）（其他二氧化锰的原电池及原电池组）
850610	12	10	圆柱形无汞碱性锌锰的原电池及原电池组（汞含量<电池重量的0.0001%）	Cylindrical mercury-free alkaline zinc manganese battery and original battery mercury content < 0.0001% by weight of the battery	【最】8【普】80 【协东盟】0【协香港】0【协智利】0 【协新西兰】0【协新加坡】0【协秘鲁】0 【协哥斯达黎加】0【协冰岛】0【协瑞士】8 【协澳大利亚】0【协韩国】15【协格鲁吉亚】0 【特-1】0【特-2】0 【增】16【对美加征】10【出】0【退】16	个	A		M		101 102 103	圆柱形无汞碱性锌锰的原电池及原电池组（汞含量<电池重量的0.0001%）（锌-锰原电池及原电池组） 圆柱形无汞碱性锌锰的原电池及原电池组（汞含量<电池重量的0.0001%）（碱性锌-锰原电池及原电池组） 圆柱形无汞碱性锌锰的原电池及原电池组（汞含量<电池重量的0.0001%）（其他二氧化锰的原电池及原电池组）
850610	12	90	圆柱形含汞碱性锌锰的原电池及原电池组（汞含量≥电池重量的0.0001%）	Cylindrical mercury alkaline zinc manganese battery and the mercury content of 0.0001% by weight of the battery or the battery pack	【最】8【普】80 【协东盟】0【协香港】0【协智利】0 【协新西兰】0【协新加坡】0【协秘鲁】0 【协哥斯达黎加】0【协冰岛】0【协瑞士】8 【协澳大利亚】0【协韩国】15【协格鲁吉亚】0 【特-1】0【特-2】0 【增】16【消】4【对美加征】10【出】0【退】0	个	A		M		101 102 103	圆柱形含汞碱性锌锰的原电池及原电池组（汞含量≥电池重量的0.0001%）（锌—锰原电池及原电池组） 圆柱形含汞碱性锌锰的原电池及原电池组（汞含量≥电池重量的0.0001%）（碱性锌—锰原电池及原电池组） 圆柱形含汞碱性锌锰的原电池及原电池组（汞含量≥电池重量的0.0001%）（其他二氧化锰的原电池及原电池组）
850610	19	10	其他无汞碱性锌锰的原电池及原电池组（汞含量<电池重量的0.0001%）	Other mercury-free alkaline zinc manganese battery and battery pack, mercury content<0.0001% by weight of the battery	【最】8【普】80 【协东盟】0【协香港】0【协智利】0 【协新西兰】0【协新加坡】0【协秘鲁】0 【协哥斯达黎加】0【协冰岛】0【协瑞士】8 【协澳大利亚】0【协格鲁吉亚】0 【特-1】0【特-2】0 【增】16【对美加征】10【出】0【退】16	个	A		M		101 102 103 104	其他无汞碱性锌锰的原电池及原电池组（汞含量<电池重量的0.0001%）（锌—锰原电池及原电池组） 其他无汞碱性锌锰的原电池及原电池组（汞含量<电池重量的0.0001%）（碱性锌—锰原电池及原电池组） 其他无汞碱性锌锰的原电池及原电池组（汞含量<电池重量的0.0001%）（其他二氧化锰的原电池及原电池组） 其他无汞碱性锌锰的原电池及原电池组（汞含量<电池重量的0.0001%）［电池液（碱性的）］

税则号列			货品名称中英文		税费综合信息	计量单位	监管证件代码		检验检疫类别		检验检疫编码	检验检疫编码对应中文名称
HS国际统一前6位	本国子目7~8位	9~10位	中文 货物名称	英文 Article Description			进口	出口	进口	出口		
850610	19	90	其他含汞碱性锌锰的原电池及原电池组（汞含量≥电池重量的0.0001%）	Other alkaline zinc manganese battery and battery pack, merucury content of 0.0001% by weight of the battery or higher	【最】8【普】80 【协东盟】0【协香港】0【协智利】0 【协新西兰】0【协新加坡】0【协秘鲁】0 【协哥斯达黎加】0【协冰岛】0【协瑞士】8 【协澳大利亚】0【协格鲁吉亚】0 【特-1】0【特-2】0 【增】16【消】4【对美加征】10【出】0 【退】16	个	A		M		101 102 103 104	其他含汞碱性锌锰的原电池及原电池组（汞含量≥电池重量的0.0001%）（锌—锰原电池及原电池组） 其他含汞碱性锌锰的原电池及原电池组（汞含量≥电池重量的0.0001%）（碱性锌—锰原电池及原电池组） 其他含汞碱性锌锰的原电池及原电池组（汞含量≥电池重量的0.0001%）（其他二氧化锰的原电池及原电池组） 其他含汞碱性锌锰的原电池及原电池组（汞含量≥电池重量的0.0001%）［电池液（碱性的）］
850610	90	10	其他无汞二氧化锰的原电池及原电池组（汞含量<电池重量的0.0001%，扣式电池的汞含量<电池重量的0.0005%）	Other manganese dioxide, primary cells and primary batteries, mercury content<0.0001% by weight of the battery, button cell of mercury content < 0.0005% by weight of the battery	【最】8【普】80 【协东盟】0【协香港】0【协智利】0 【协新西兰】0【协新加坡】0【协秘鲁】0 【协哥斯达黎加】0【协冰岛】0【协瑞士】8 【协澳大利亚】0【协韩国】15【协格鲁吉亚】0 【特-1】0【特-2】0 【增】16【对美加征】10【出】0【退】16	个	A		M		101 102 103	其他无汞二氧化锰的原电池及原电池组（汞含量<电池重量的0.0001%，扣式电池的汞含量<电池重量的0.0005%）（锌—锰原电池及原电池组） 其他无汞二氧化锰的原电池及原电池组（汞含量<电池重量的0.0001%，扣式电池的汞含量<电池重量的0.0005%）（碱性锌-锰原电池及原电池组） 其他无汞二氧化锰的原电池及原电池组（汞含量<电池重量的0.0001%，扣式电池的汞含量<电池重量的0.0005%）（其他二氧化锰的原电池及原电池组）
850610	90	90	其他含汞二氧化锰的原电池及原电池组（汞含量≥电池重量的0.0001%，扣式电池的汞含量≥电池重量的0.0005%）	Other manganese dioxide, primary cells and primary batteries, the mercury content of 0.0001% by weight of the battery, or the mercury content of the button cell battery or 0.0005% of the weight	【最】8【普】80 【协东盟】0【协香港】0【协智利】0 【协新西兰】0【协新加坡】0【协秘鲁】0 【协哥斯达黎加】0【协冰岛】0【协瑞士】8 【协澳大利亚】0【协韩国】15【协格鲁吉亚】0 【特-1】0【特-2】0 【增】16【消】4【对美加征】10【出】0 【退】16	个	A		M		101 102 103	其他含汞二氧化锰的原电池及原电池组（汞含量≥电池重量的0.0001%，扣式电池的汞含量≥电池重量的0.0005%）（锌—锰原电池及原电池组） 其他含汞二氧化锰的原电池及原电池组（汞含量≥电池重量的0.0001%，扣式电池的汞含量≥电池重量的0.0005%）（碱性锌—锰原电池及原电池组） 其他含汞二氧化锰的原电池及原电池组（汞含量≥电池重量的0.0001%，扣式电池的汞含量≥电池重量的0.0005%）（其他二氧化锰的原电池及原电池组）

税则号列			货品名称中英文		税费综合信息	计量单位	监管证件代码		检验检疫类别		检验检疫编码	检验检疫编码对应中文名称
HS国际统一前6位	本国子目 7~8位	9~10位	中文 货物名称	英文 Article Description			进口	出口	进口	出口		
850630	00		氧化汞的原电池及原电池组	Primary cells and primary batteries, mercuric oxide	【最】8【普】40 【协东盟】0【协巴基斯坦】11.2【协智利】0 【协新西兰】0【协新加坡】0【协秘鲁】0 【协哥斯达黎加】0【协冰岛】0【协瑞士】5.6 【协澳大利亚】0【协韩国】7 【协格鲁吉亚】0【协香港】0【协澳门】0 【特-1】0【特-2】0 【增】16【消】4【出】0【退】0	个	A		M		999	氧化汞的原电池及原电池组
850640	00	10	氧化银的原电池及原电池组(无汞量<电池重量的0.0001%，扣式电池的汞含量<电池重量的0.0005%)	Sliver oxide battery and the battery pack (mercury), mercury content<0.0001% by weight of the battery, button cell of mercury content<0.0005% by weight of the battery	【最】8【普】40 【协亚太】5.2【协东盟】0【协巴基斯坦】11.2 【协智利】0【协新西兰】0【协新加坡】0 【协秘鲁】0【协哥斯达黎加】0【协冰岛】0 【协瑞士】5.6【协澳大利亚】0【协韩国】7 【协格鲁吉亚】0【协香港】0【协澳门】0 【特-1】0【特-2】0 【增】16【对美加征】10【出】0【退】16	个	A		M		101 102 103	氧化银的原电池及原电池组（无汞）（汞含量<电池重量的0.0001%，扣式电池的汞含量<电池重量的0.0005%）（锌银扣式电池） 氧化银的原电池及原电池组（无汞）（汞含量<电池重量的0.0001%，扣式电池的汞含量<电池重量的0.0005%）（锌银其他电池） 氧化银的原电池及原电池组（无汞）（汞含量<电池重量的0.0001%，扣式电池的汞含量<电池重量的0.0005%）(其他氧化银的原电池及原电池组)
850640	00	90	氧化银的原电池及原电池组(含汞)(汞含量≥电池重量的0.0001%，扣式电池的汞含量≥电池重量的0.0005%)	Primary cells and primary batteries, silver oxide(mercury), mercury content of 0.0001% by weight of the battery, or the mercury content of the button cell battery weight of 0.0005% or higher	【最】8【普】40 【协亚太】5.2【协东盟】0【协巴基斯坦】11.2 【协智利】0【协新西兰】0【协新加坡】0 【协秘鲁】0【协哥斯达黎加】0【协冰岛】0 【协瑞士】5.6【协澳大利亚】0【协韩国】7 【协香港】0【协澳门】0 【协格鲁吉亚】0 【特-1】0【特-2】0 【增】16【消】4【对美加征】10【出】0【退】16	个	A		M		101 102 103	氧化银的原电池及原电池组(含汞)(汞含量≥电池重量的0.0001%,扣式电池的汞含量≥电池重量的0.0005%)(锌银扣式电池) 氧化银的原电池及原电池组(含汞)(汞含量≥电池重量的0.0001%,扣式电池的汞含量≥电池重量的0.0005%)(锌银其他电池) 氧化银的原电池及原电池组(含汞)(汞含量≥电池重量的0.0001%,扣式电池的汞含量≥电池重量的0.0005%)(其他氧化银的原电池及原电池组)
850650	00		锂的原电池及原电池组	Primary cells and primary batteries, lithium	【最】8【普】40 【协香港】0【协澳门】0 【协东盟】0【协巴基斯坦】11.2【协智利】0 【协新西兰】0【协新加坡】0【协秘鲁】0 【协哥斯达黎加】0【协冰岛】0【协瑞士】5.6 【协澳大利亚】2.8【协格鲁吉亚】0 【特-1】0【特-2】0 【增】16【对美加征】10【出】0【退】16	个	A		M		101 102 103	锂的原电池及原电池组(锂-二氧化锰扣式电池) 锂的原电池及原电池组(锂-二氧化锰其他电池) 锂的原电池及原电池组(其他锂的原电池及原电池组)
850660	00	10	锌空气的原电池及原电池组(无汞)(汞含量<电池重量的0.0001%，扣式电池的汞含量<电池重量的0.0005%)	Primary cells and primary batteries, air-zinc (no mercury), mercury content < 0.0001% by weight of the battery, button cell of mercury content < 0.0005% by weight of battery.	【最】8【普】40 【协东盟】0【协巴基斯坦】11.2【协智利】0 【协新西兰】0【协新加坡】0【协秘鲁】0 【协哥斯达黎加】0【协冰岛】0 【协澳大利亚】0【协韩国】7 【协格鲁吉亚】0【协香港】0【协澳门】0 【特-1】0【特-2】0 【增】16【对美加征】10【出】0【退】16	个	A		M		999	锌空气的原电池及原电池组（无汞）（汞含量<电池重量的0.0001%，扣式电池的汞含量<电池重量的0.0005%）

税则号列 HS国际统一前6位	税则号列 本国子目 7~8位	税则号列 本国子目 9~10位	货品名称中英文 中文 货物名称	货品名称中英文 英文 Article Description	税费综合信息	计量单位	监管证件代码 进口	监管证件代码 出口	检验检疫类别 进口	检验检疫类别 出口	检验检疫编码	检验检疫编码对应中文名称
850660	00	90	锌空气的原电池及原电池组（含汞）（汞含量≥电池重量的0.0001%，扣式电池的汞含量≥电池重量的0.0005%）	Primary cells and primary batteries, air-zinc(mercury), mercury content of 0.0001% by weight of the battery, or the mercury content of the button cell battery weight of 0.0005% or higher	【最】8【普】40 【协东盟】0【协巴基斯坦】11.2【协智利】0 【协新西兰】0【协新加坡】0【协秘鲁】0 【协哥斯达黎加】0【协冰岛】0 【协澳大利亚】0【协韩国】7 【协格鲁吉亚】0【协香港】0【协澳门】0 【特-1】0【特-2】0 【增】16【消】4【对美加征】10【出】0 【退】16	个	A		M		999	锌空气的原电池及原电池组（含汞）（汞含量≥电池重量的0.0001%，扣式电池的汞含量≥电池重量的0.0005%）
850680	00	11	无汞燃料电池（汞含量<电池重量的0.0001%，扣式电池的汞含量<电池重量的0.0005%）	Mercruy -free fuel cell, mercury content < 0.0001% by weight of battery, button cell mercury content < 0.0005% by weight of the battery	【最】8【普】40 【协东盟】0【协香港】0【协巴基斯坦】11.2 【协智利】0【协新西兰】0【协新加坡】0 【协秘鲁】0【协哥斯达黎加】0【协冰岛】0 【协瑞士】5.6【协澳大利亚】0【协韩国】7 【协格鲁吉亚】0 【特-1】0【特-2】0【特-3】0 【增】16【对美加征】10【出】0【退】16	个	A		M		999	无汞燃料电池（汞含量<电池重量的0.0001%，扣式电池的汞含量<电池重量的0.0005%）
850680	00	19	其他无汞原电池及原电池组（汞含量<电池重量的0.0001%，扣式电池的汞含量<电池重量的0.0005%）	Mercury content < 0.001% by weight of the battery, button cell of mercury content < 0.0005% by weight of the battery	【最】8【普】40 【协东盟】0【协香港】0【协巴基斯坦】11.2 【协智利】0【协新西兰】0【协新加坡】0 【协秘鲁】0【协哥斯达黎加】0【协冰岛】0 【协瑞士】5.6【协澳大利亚】0【协韩国】7 【协格鲁吉亚】0 【特-1】0【特-2】0【特-3】0 【增】16【对美加征】10【出】0【退】16	个	A		M		999	其他无汞原电池及原电池组（汞含量<电池重量的0.0001%，扣式电池的汞含量<电池重量的0.0005%）
850680	00	91	含汞燃料电池（汞含量≥电池重量的0.0001%，扣式电池的汞含量≥电池重量的0.0005%）	Mercury fuel cell, a mercury content of 0.0001% by weight of the battery, or the mercury content of the button cell battery or 0.0005% of the weight	【最】8【普】40 【协东盟】0【协香港】0【协巴基斯坦】11.2 【协智利】0【协新西兰】0【协新加坡】0 【协秘鲁】0【协哥斯达黎加】0【协冰岛】0 【协瑞士】5.6【协澳大利亚】0【协韩国】7 【协格鲁吉亚】0 【特-1】0【特-2】0【特-3】0 【增】16【消】4【对美加征】10【出】0 【退】16	个	A		M		999	含汞燃料电池（汞含量≥电池重量的0.0001%，扣式电池的汞含量≥电池重量的0.0005%）
850680	00	99	其他含汞原电池及原电池组（汞含量≥电池重量的0.0001%，扣式电池的汞含量≥电池重量的0.0005%）	The mercury content of 0.0001% by weight of the battery, or the mercury content of the button cell battery or 0.0005% of the weight	【最】8【普】40 【协东盟】0【协香港】0【协巴基斯坦】11.2 【协智利】0【协新西兰】0【协新加坡】0 【协秘鲁】0【协哥斯达黎加】0【协冰岛】0 【协瑞士】5.6【协澳大利亚】0【协韩国】7 【协格鲁吉亚】0 【特-1】0【特-2】0【特-3】0 【增】16【消】4【对美加征】10【出】0 【退】16	个	A		M		999	其他含汞原电池及原电池组（汞含量≥电池重量的0.0001%，扣式电池的汞含量≥电池重量的0.0005%）
850690	10		二氧化锰原电池或原电池组的零件	Parts Of the cells of subheading No. 8506.1000	【最】8【普】80 【协香港】0【协澳门】0 【协亚太】5.2【协东盟】0【协巴基斯坦】11.2 【协智利】0【协新西兰】0【协新加坡】0 【协秘鲁】0【协哥斯达黎加】0【协冰岛】0 【协瑞士】5.6【协澳大利亚】0【协格鲁吉亚】0 【特-1】0【特-2】0 【增】16【对美加征】10【出】0【退】16	千克					999	二氧化锰原电池或原电池组的零件
850690	90		其他原电池组或原电池组的零件 【电商】	Other parts of primary cells and primary batteries	【最】8【普】40 【协香港】0【协澳门】0 【协东盟】0【协巴基斯坦】5【协智利】0 【协新西兰】0【协新加坡】0【协秘鲁】0 【协哥斯达黎加】0【协冰岛】0【协瑞士】0 【协澳大利亚】0【协韩国】7.5【协格鲁吉亚】0 【特-1】0【特-2】0 【增】16【对美加征】10【出】0【退】16	千克					999	其他原电池组或原电池组的零件

税则号列			货品名称中英文		税费综合信息	计量单位	监管证件代码		检验检疫类别		检验检疫编码	检验检疫编码对应中文名称
HS国际统一前6位	本国子目 7~8位	9~10位	中文 货物名称	英文 Article Description			进口	出口	进口	出口		
850710	00		启动活塞式发动机用铅酸蓄电池	Lead-acid, of a kind used for starting piston engines	【最】10【普】90 【协亚太】6.5【协东盟】0【协澳门】0 【协巴基斯坦】5【协智利】0【协新西兰】0 【协新加坡】0【协秘鲁】0【协哥斯达黎加】0 【协冰岛】0【协瑞士】0【协澳大利亚】0 【协韩国】7.5【协格鲁吉亚】0【协香港】0 【特-1】0【特-2】0 【增】16【消】4【对美加征】10【出】0【退】0	个	A		M		101 102 103 104 105 ……	启动活塞式发动机用铅酸蓄电池（起动用铅酸蓄电池） 启动活塞式发动机用铅酸蓄电池（牵引用铅酸蓄电池） 启动活塞式发动机用铅酸蓄电池（摩托车用铅酸蓄电池） 启动活塞式发动机用铅酸蓄电池（固定型防酸式铅酸蓄电池） 启动活塞式发动机用铅酸蓄电池（内燃机车用铅酸蓄电池） ……①
850720	00		其他铅酸蓄电池（启动活塞式发动机用铅酸蓄电池除外）	Other lead-acid accumulators (other than of a kind used for starting piston engines)	【最】10【普】90 【协亚太】6.5【协东盟】0【协澳门】0 【协巴基斯坦】5【协智利】0【协新西兰】0 【协新加坡】0【协秘鲁】0【协哥斯达黎加】0 【协冰岛】0【协瑞士】0【协澳大利亚】0 【协韩国】5【协格鲁吉亚】0【协香港】0 【特-1】0【特-2】0 【增】16【消】4【对美加征】10【出】0【退】0	个	A		M		101 102 103 104 105 ……	其他铅酸蓄电池（启动活塞式发动机用铅酸蓄电池除外）（起动用铅酸蓄电池） 其他铅酸蓄电池（启动活塞式发动机用铅酸蓄电池除外）（牵引用铅酸蓄电池） 其他铅酸蓄电池（启动活塞式发动机用铅酸蓄电池除外）（摩托车用铅酸蓄电池） 其他铅酸蓄电池（启动活塞式发动机用铅酸蓄电池除外）（固定型防酸式铅酸蓄电池） 其他铅酸蓄电池（启动活塞式发动机用铅酸蓄电池除外）（内燃机车用铅酸蓄电池） ……②
850730	00		镍镉蓄电池【电商】	Nickel-cadmium accumulators	【最】10【普】40 【协亚太】6.5【协东盟】0【协香港】0 【协巴基斯坦】5【协智利】0【协新西兰】0 【协新加坡】0【协秘鲁】0【协哥斯达黎加】0 【协冰岛】0【协瑞士】0【协澳大利亚】0 【协韩国】5【协格鲁吉亚】0 【特-1】0【特-2】0 【增】16【消】4【对美加征】5【出】0【退】0	个	A		M		101 102 103	镍镉蓄电池（圆柱镍镉电池） 镍镉蓄电池（方形开口镉镍单体蓄电池） 镍镉蓄电池（其他镍镉电池）
850740	00		镍铁蓄电池	Nickel-iron accumulators	【最】10【普】40 【协亚太】6.5【协东盟】0【协巴基斯坦】5 【协智利】0【协新西兰】0【协新加坡】0 【协秘鲁】0【协哥斯达黎加】0【协冰岛】0 【协瑞士】4.8【协澳大利亚】0【协韩国】6 【协格鲁吉亚】0【协香港】0【协澳门】0 【特-1】0【特-2】0 【增】16【消】4【对美加征】10【出】0 【退】16	个	A		M		999	镍铁蓄电池
850750	00		镍氢蓄电池	Nickel-metal hydride	【最】10【普】40 【协亚太】6.5【协东盟】0【协香港】0 【协巴基斯坦】5【协智利】0【协新西兰】0 【协新加坡】0【协秘鲁】0【协哥斯达黎加】0 【协冰岛】0【协瑞士】4.8【协澳大利亚】0 【协韩国】6【协格鲁吉亚】0 【特-1】0【特-2】0 【增】16【对美加征】10【出】0【退】16	个	A		M		101 102	镍氢蓄电池（密封金属氢化物镍可充单体电池） 镍氢蓄电池（其他镍氢蓄电池）

① 该税号项下检验检疫编码及对应中文名称尚有：106　启动活塞式发动机用铅酸蓄电池（其他铅酸蓄电池），107　启动活塞式发动机用铅酸蓄电池［蓄电池（注有酸液）］。

② 该税号项下检验检疫编码及对应中文名称尚有：106　其他铅酸蓄电池（启动活塞式发动机用铅酸蓄电池除外）（其他铅酸蓄电池）。

税则号列			货品名称中英文		税费综合信息	计量单位	监管证件代码		检验检疫类别		检验检疫编码	检验检疫编码对应中文名称
HS国际统一前6位	本国子目7~8位	本国子目9~10位	中文货物名称	英文 Article Description			进口	出口	进口	出口		
850760	00	10	纯电动汽车或插电式混合动力汽车用锂离子蓄电池单体（容量≥10Ah，比能量≥110Wh/kg）	Pure elcetric vehicle or a plug in hybrid electric vehicle lithium ion batterymonomer (capacity is greater than or equal to 10Ah, ratio of energy is higher than or equal to 110Wh/kg)	【最】10【普】40 【协亚太】8【协东盟】0【协香港】0 【协巴基斯坦】5【协智利】0【协新西兰】0 【协新加坡】0【协秘鲁】0【协台湾】0 【协哥斯达黎加】0【协冰岛】0【协瑞士】4.8 【协澳大利亚】0【协韩国】10【协格鲁吉亚】0 【特-1】0【特-2】0 【增】16【对美加征】10【出】0【退】16	个	A		M		999	纯电动汽车或插电式混合动力汽车用锂离子蓄电池单体（容量≥10Ah，比能量≥110Wh/kg）
850760	00	20	纯电动汽车或插电式混合动力汽车用锂离子蓄电池系统（包含蓄电池模块、容器、盖、冷却系统、管理系统等，比能量≥80Wh/kg）	Pure elcetric vehicles and plug-in hybrid vehicle lithium ion battery (includedbattery module, container, cover, cooling system, management system, specific energy is greater than or equal to 80Wh/kg)	【最】10【普】40 【协亚太】8【协东盟】0【协香港】0 【协巴基斯坦】5【协智利】0【协新西兰】0 【协新加坡】0【协秘鲁】0【协台湾】0 【协哥斯达黎加】0【协冰岛】0【协瑞士】4.8 【协澳大利亚】0【协韩国】10【协格鲁吉亚】0 【特-1】0【特-2】0 【增】16【对美加征】10【出】0【退】16	个	A		M		999	纯电动汽车或插电式混合动力汽车用锂离子蓄电池系统（包含蓄电池模块、容器、盖、冷却系统、管理系统等，比能量≥80Wh/kg）
850760	00	90	其他锂离子蓄电池	Other lithium-iron accumulators	【最】10【普】40 【协亚太】8【协东盟】0【协香港】0 【协巴基斯坦】5【协智利】0【协新西兰】0 【协新加坡】0【协秘鲁】0【协台湾】0 【协哥斯达黎加】0【协冰岛】0【协瑞士】4.8 【协澳大利亚】0【协韩国】10【协格鲁吉亚】0 【特-1】0【特-2】0 【增】16【对美加征】10【出】0【退】16	个	A		M		101 102	其他锂离子蓄电池（蜂窝电话用锂离子蓄电池） 其他锂离子蓄电池（其他锂离子蓄电池）
850780	30		全钒液流电池	Vanadium redox flow batteries	【最】10【普】40 【协亚太】6.5【协东盟】0【协香港】0 【协巴基斯坦】5【协智利】0【协新西兰】0 【协新加坡】0【协秘鲁】0【协哥斯达黎加】0 【协冰岛】0【协瑞士】4.8【协澳大利亚】0 【协韩国】6【协格鲁吉亚】0 【特-1】0【特-2】0 【增】16【出】0【退】16	个/千克	A		M		999	全钒液流电池
850780	90	10	燃料电池	Fuel cell	【最】10【普】40 【协亚太】6.5【协东盟】0【协香港】0 【协巴基斯坦】5【协智利】0【协新西兰】0 【协新加坡】0【协秘鲁】0【协哥斯达黎加】0 【协冰岛】0【协瑞士】4.8【协澳大利亚】0 【协韩国】6【协格鲁吉亚】0 【特-1】0【特-2】0 【增】16【对美加征】10【出】0【退】16	个/千克	A		M		101 102 103	燃料电池（其他蓄电池及其零件） 燃料电池（注有碱液的） 燃料电池（含氢氧化钾固体）
850780	90	90	其他蓄电池	Other accumulators	【最】10【普】40 【协亚太】6.5【协东盟】0【协香港】0 【协巴基斯坦】5【协智利】0【协新西兰】0 【协新加坡】0【协秘鲁】0【协哥斯达黎加】0 【协冰岛】0【协瑞士】4.8【协澳大利亚】0 【协韩国】6【协格鲁吉亚】0 【特-1】0【特-2】0 【增】16【消】4【对美加征】10【出】0 【退】16	个/千克	A		M		101 102 103	其他蓄电池（其他蓄电池及其零件） 其他蓄电池（注有碱液的） 其他蓄电池（含氢氧化钾固体）
850790	10	01	铅酸蓄电池电极	Electrode of lead-acid battery	【最】10【普】90【暂进】5 【协东盟】0【协香港】0【协巴基斯坦】5 【协智利】0【协新西兰】0【协秘鲁】0 【协哥斯达黎加】0【协冰岛】0【协瑞士】0 【协澳大利亚】0【协韩国】5【协格鲁吉亚】0 【特亚太】5【特-1】0【特-2】0 【增】16【对美加征】10【出】0【退】0	千克					999	铅酸蓄电池电极
850790	10	90	其他铅酸蓄电池零件	Other lead-acid battery parts	【最】10【普】90 【协东盟】0【协香港】0【协巴基斯坦】5 【协智利】0【协新西兰】0【协秘鲁】0 【协哥斯达黎加】0【协冰岛】0【协瑞士】0 【协澳大利亚】0【协韩国】5【协格鲁吉亚】0 【特亚太】5【特-1】0【特-2】0 【增】16【对美加征】10【出】0【退】0	千克					999	其他铅酸蓄电池零件

税则号列			货品名称中英文		税费综合信息	计量单位	监管证件代码		检验检疫类别		检验检疫编码	检验检疫编码对应中文名称
HS 国际统一前6位	本国子目 7~8位	9~10位	中文 货物名称	英文 Article Description			进口	出口	进口	出口		
850790	90		其他蓄电池零件	Parts of other accumulators	【最】8【普】40【暂进】5 【协东盟】0【协香港】0【协巴基斯坦】5 【协智利】0【协新西兰】0【协秘鲁】0 【协哥斯达黎加】0【协冰岛】0【协瑞士】0 【协澳大利亚】0【协韩国】5.3 【协格鲁吉亚】0 【特亚太】4【特-1】0【特-2】0【特-3】0 【增】16【对美加征】10【出】0【退】16	千克					999	其他蓄电池零件
850811	00		电动的真空吸尘器（功率不超过 1500W，且带有容积不超过 20L 的集尘袋或其他集尘容器） 【电商】	Vacuum cleaners with self-contained electric motor, of a power not exceeding 1500W and having a dust bag or other receptacle capacity not exceeding 20L	【最】8【普】130 【协亚太】5.2【协东盟】0【协香港】0 【协巴基斯坦】5【协智利】0【协新西兰】0 【协新加坡】0【协秘鲁】0【协台湾】0 【协哥斯达黎加】0【协冰岛】0【协瑞士】0 【协澳大利亚】0【协韩国】6【协格鲁吉亚】0 【特-1】0【特-2】0【特-3】0 【增】16【对美加征】10【出】0【退】16	台/千克					101 102 103 104 105	电动的真空吸尘器（功率不超过 1500W，且带有容积不超过 20L 的集尘袋或其他集尘容器）（真空吸尘器 I 类器具） 电动的真空吸尘器（功率不超过 1500W，且带有容积不超过 20L 的集尘袋或其他集尘容器）（真空吸尘器 II 类器具） 电动的真空吸尘器（功率不超过 1500W，且带有容积不超过 20L 的集尘袋或其他集尘容器）（真空吸尘器 III 类器具） 电动的真空吸尘器（功率不超过 1500W，且带有容积不超过 20L 的集尘袋或其他集尘容器）（真空吸尘器 0I 类器具） 电动的真空吸尘器（功率不超过 1500W，且带有容积不超过 20L 的集尘袋或其他集尘容器）（真空吸尘器 0 类器具）
850819	00		其他电动的真空吸尘器 【电商】	Other vacuum cleaners with self-contained electric motor	【最】0【普】30【特-1】0【特-2】0【特-3】0 【增】16【对美加征】10【出】0【退】16	台/千克					101 102 103 104 105	其他电动的真空吸尘器（真空吸尘器 I 类器具） 其他电动的真空吸尘器（真空吸尘器 II 类器具） 其他电动的真空吸尘器（真空吸尘器 III 类器具） 其他电动的真空吸尘器（真空吸尘器 0I 类器具） 其他电动的真空吸尘器（真空吸尘器 0 类器具）
850860	00		其他真空吸尘器（非电动）	Other vacuum cleaners (non-electric)	【最】0【普】30【特-1】0【特-2】0【特-3】0 【增】16【对美加征】10【出】0【退】16	台/千克					101 102 103 104 105	其他真空吸尘器（非电动）（真空吸尘器 I 类器具） 其他真空吸尘器（非电动）（真空吸尘器 II 类器具） 其他真空吸尘器（非电动）（真空吸尘器 III 类器具） 其他真空吸尘器（非电动）（真空吸尘器 0I 类器具） 其他真空吸尘器（非电动）（真空吸尘器 0 类器具）

税则号列			货品名称中英文		税费综合信息	计量单位	监管证件代码		检验检疫类别		检验检疫编码	检验检疫编码对应中文名称
HS国际统一前6位	本国子目 7~8位	本国子目 9~10位	中文 货物名称	英文 Article Description			进口	出口	进口	出口		
850870	10		编号8508.1100所列吸尘器用零件 【电商】	Parts of the cleaners of subheading No. 8508.1100	【最】6【普】100 【协东盟】0【协香港】0【协巴基斯坦】6 【协智利】0【协新西兰】0【协新加坡】0 【协秘鲁】0【协哥斯达黎加】0【协冰岛】0 【协瑞士】4.8【协澳大利亚】0【协韩国】6 【协格鲁吉亚】0 【特-1】0【特-2】0 【增】16【对美加征】10【出】0【退】16	千克					999	编号8508.1100所列吸尘器用零件
850870	90		其他真空吸尘器零件	Parts of other vacuum cleaners	【最】0【普】20【特-1】0【特-2】0【特-3】0 【增】16【对美加征】5【出】0【退】16	千克					999	其他真空吸尘器零件
850940	10		水果或蔬菜的榨汁机 【电商】	Fruit or vegetable juice extractors	【最】7【普】100【暂进】6 【协东盟】0【协澳门】0【协巴基斯坦】5 【协智利】0【协新西兰】0【协新加坡】0 【协秘鲁】0【协哥斯达黎加】0【协冰岛】0 【协瑞士】0【协澳大利亚】0【协韩国】7.5 【协格鲁吉亚】0【协香港】0 【特-1】0【特-2】0 【增】16【对美加征】10【出】0【退】16	台/千克	A		LR		101 102 103 104 105 ……	水果或蔬菜的榨汁机（食品研磨机，搅拌机及果、菜榨汁器I类器具） 水果或蔬菜的榨汁机（食品研磨机，搅拌机及果、菜榨汁器II类器具） 水果或蔬菜的榨汁机（食品研磨机，搅拌机及果、菜榨汁器III类器具） 水果或蔬菜的榨汁机（食品研磨机，搅拌机及果、菜榨汁器0I类器具） 水果或蔬菜的榨汁机（食品研磨机，搅拌机及果、菜榨汁器0类器具） ……①
850940	90		食品研磨机，搅拌器 【电商】	Food grinders and mixers	【最】7【普】100【暂进】6 【协东盟】0【协巴基斯坦】5【协智利】0 【协新西兰】0【协新加坡】0【协秘鲁】0 【协台湾】0【协哥斯达黎加】0【协冰岛】0 【协瑞士】0【协澳大利亚】0【协韩国】5 【协格鲁吉亚】0【协香港】0【协澳门】0 【特-1】0【特-2】0 【增】16【对美加征】5【出】0【退】16	台/千克	A		LR		101 102 103 104 105	食品研磨机，搅拌器（食品研磨机，搅拌机及果、菜榨汁器I类器具） 食品研磨机，搅拌器（食品研磨机，搅拌机及果、菜榨汁器II类器具） 食品研磨机，搅拌器（食品研磨机，搅拌机及果、菜榨汁器III类器具） 食品研磨机，搅拌器（食品研磨机，搅拌机及果、菜榨汁器0I类器具） 食品研磨机，搅拌器（食品研磨机，搅拌机及果、菜榨汁器0类器具）
850980	10		地板打蜡机	Floor polishers	【最】8【普】100 【协东盟】0【协智利】0【协新西兰】0 【协新加坡】0【协秘鲁】0【协哥斯达黎加】0 【协冰岛】0【协瑞士】8【协澳大利亚】0 【协格鲁吉亚】0【协香港】0【协澳门】0 【特-1】0【特-2】0 【增】16【出】0【退】16	台/千克					101 102 103 104 105	地板打蜡机（地板打蜡机I类器具） 地板打蜡机（地板打蜡机II类器具） 地板打蜡机（地板打蜡机III类器具） 地板打蜡机（地板打蜡机0I类器具） 地板打蜡机（地板打蜡机0类器具）

① 该税号项下检验检疫编码及对应中文名称尚有：106 水果或蔬菜的榨汁机（豆浆机I类器具），107 水果或蔬菜的榨汁机（豆浆机II类器具），108 水果或蔬菜的榨汁机（豆浆机III类器具），109 水果或蔬菜的榨汁机（豆浆机0I类器具），110 水果或蔬菜的榨汁机（豆浆机0类器具）。

税则号列			货品名称中英文		税费综合信息	计量单位	监管证件代码		检验检疫类别		检验检疫编码	检验检疫编码对应中文名称
HS国际统一前6位	本国子目 7~8位	9~10位	中文 货物名称	英文 Article Description			进口	出口	进口	出口		
850980	20		厨房废物处理器	Kitchen waste disposers	【最】8【普】100 【协东盟】0【协智利】0【协新西兰】0 【协新加坡】0【协秘鲁】0【协哥斯达黎加】0 【协冰岛】0【协瑞士】8【协澳大利亚】0 【协韩国】15【协格鲁吉亚】0【协香港】0 【协澳门】0 【特-1】0【特-2】0 【增】16【对美加征】10【出】0【退】16	台/千克					101 102 103 104 105	厨房废物处理器（厨房废物处理器I类器具） 厨房废物处理器（厨房废物处理器II类器具） 厨房废物处理器（厨房废物处理器III类器具） 厨房废物处理器（厨房废物处理器0I类器具） 厨房废物处理器（厨房废物处理器0类器具）
850980	90	10	电动牙刷 【电商】	Electric toothbrush	【最】8【普】100 【协香港】0【协澳门】0 【协东盟】0【协智利】0【协新西兰】0 【协新加坡】0【协秘鲁】0【协哥斯达黎加】0 【协冰岛】0【协澳大利亚】0【协格鲁吉亚】0 【特-1】0【特-2】0 【增】16【对美加征】10【出】0【退】16	台/千克	A		L		999	电动牙刷
850980	90	90	其他家用电动器具（电动牙刷除外 【电商】	Other electro-mechanical domestic appliances with selfcontained electric motor (electric toothbrush except for electric toothbrush)	【最】8【普】100 【协东盟】0【协智利】0【协新西兰】0 【协新加坡】0【协秘鲁】0【协哥斯达黎加】0 【协冰岛】0【协澳大利亚】0【协格鲁吉亚】0 【协香港】0【协澳门】0 【特-1】0【特-2】0 【增】16【对美加征】10【出】0【退】16	台/千克	A		L		101 102 103 104 105 ……	其他家用电动器具（电动牙刷除外）（其他电动器具及其零件I类器具） 其他家用电动器具（电动牙刷除外）（其他电动器具及其零件II类器具） 其他家用电动器具（电动牙刷除外）（其他电动器具及其零件III类器具） 其他家用电动器具（电动牙刷除外）（其他电动器具及其零件0I类器具） 其他家用电动器具（电动牙刷除外）（其他电动器具及其零件0类器具） ……①
850990	00		家用电动器具的零件 【电商】	Parts of electro-mechanical domestic appliances, with selfcontained electric motor	【最】6【普】100 【协东盟】0【协香港】0【协巴基斯坦】6 【协智利】0【协新西兰】0【协新加坡】0 【协秘鲁】0【协哥斯达黎加】0【协冰岛】0 【协瑞士】4.8【协澳大利亚】0【协韩国】6 【协格鲁吉亚】0 【特-1】0【特-2】0 【增】16【对美加征】10【出】0【退】16	千克					101 102	家用电动器具的零件（其他电动器具及其零件） 家用电动器具的零件（其他小型家用及类似用途电器及其零件）
851010	00		电动剃须刀 【电商】	Shavers, with self-contained electric motor	【最】8【普】100 【协东盟】0【协智利】0【协新西兰】0 【协新加坡】0【协秘鲁】0【协哥斯达黎加】0 【协瑞士】8【协澳大利亚】0【协格鲁吉亚】0 【协香港】0【协澳门】0 【特-1】0【特-2】0 【增】16【对美加征】10【出】0【退】16	个					101 102 103 104 105	电动剃须刀（电动剃须刀I类器具） 电动剃须刀（电动剃须刀II类器具） 电动剃须刀（电动剃须刀III类器具） 电动剃须刀（电动剃须刀0I类器具） 电动剃须刀（电动剃须刀0类器具）

① 该税号项下检验检疫编码及对应中文名称尚有：106　其他家用电动器具（电动牙刷除外）（其他小型家用及类似用途电器及其零件I类器具），107　其他家用电动器具（电动牙刷除外）（其他小型家用及类似用途电器及其零件II类器具），108　其他家用电动器具（电动牙刷除外）（其他小型家用及类似用途电器及其零件III类器具），109　其他家用电动器具（电动牙刷除外）（其他小型家用及类似用途电器及其零件0I类器具），110　其他家用电动器具（电动牙刷除外）（其他小型家用及类似用途电器及其零件0类器具）。

税则号列			货品名称中英文		税费综合信息	计量单位	监管证件代码		检验检疫类别		检验检疫编码	检验检疫编码对应中文名称
HS国际统一前6位	本国子目 7~8位	9~10位	中文 货物名称	英文 Article Description			进口	出口	进口	出口		
851020	00		电动毛发推剪【电商】	Hair clippers, with self-contained electric motor	【最】8【普】100 【协东盟】0【协香港】0【协智利】0 【协新西兰】0【协新加坡】0【协秘鲁】0 【协哥斯达黎加】0【协冰岛】0【协瑞士】8 【协澳大利亚】0【协格鲁吉亚】0 【特-1】0【特-2】0 【增】16【对美加征】10【出】0【退】16	个					101 102 103 104 105	电动毛发推剪（电动毛发推剪I类器具） 电动毛发推剪（电动毛发推剪II类器具） 电动毛发推剪（电动毛发推剪III类器具） 电动毛发推剪（电动毛发推剪0I类器具） 电动毛发推剪（电动毛发推剪0类器具）
851030	00		电动脱毛器【电商】	Hair-removing appliances, with self-contained electric motor	【最】8【普】100 【协东盟】0【协澳门】0【协智利】0 【协新西兰】0【协新加坡】0【协秘鲁】0 【协哥斯达黎加】0【协冰岛】0【协瑞士】8 【协香港】0 【协澳大利亚】0【协韩国】14.6【协格鲁吉亚】0 【特-1】0【特-2】0 【增】16【对美加征】10【出】0【退】16	个					101 102 103 104 105	电动脱毛器（电动脱毛机I类器具） 电动脱毛器（电动脱毛机II类器具） 电动脱毛器（电动脱毛机III类器具） 电动脱毛器（电动脱毛机0I类器具） 电动脱毛器（电动脱毛机0类器具）
851090	00		税目85.10所列货品的零件【电商】①	Parts of goods of heading No. 85.10	【最】8【普】100 【协东盟】0【协智利】0【协新西兰】0 【协新加坡】0【协秘鲁】0【协哥斯达黎加】0 【协冰岛】0【协瑞士】8【协澳大利亚】0 【协韩国】19.6【协格鲁吉亚】0【协香港】0 【协澳门】0 【特-1】0【特-2】0 【增】16【对美加征】10【出】0【退】16	千克					999	税目85.10所列货品的零件
851110	00		火花塞	Sparking plugs	【最】8【普】30 【协东盟】0【协巴基斯坦】5【协智利】0 【协新西兰】0【协新加坡】0【协秘鲁】0 【协哥斯达黎加】0【协冰岛】0【协瑞士】0 【协澳大利亚】0【协韩国】6【协格鲁吉亚】0 【协香港】0【协澳门】0 【特-1】0【特-2】0 【增】16【对美加征】5【出】0【退】16	个					101 102	火花塞（其他车辆零部件） 火花塞（动力设备零部件）
851120	10		点火磁电机，永磁直流发电机	Lgnition magnetos, magneto-dynamos, magnetic flywheels for locomotives, aircraft or ships	【最】5【普】11 【协东盟】0【协巴基斯坦】0【协智利】0 【协新西兰】0【协秘鲁】0【协哥斯达黎加】0 【协冰岛】0【协瑞士】0【协澳大利亚】0 【协韩国】1【协格鲁吉亚】0【协香港】0 【协澳门】0 【特-1】0【特-2】0【特-3】0 【增】16【对美加征】5【出】0【退】16	个					101 102 103 104	点火磁电机，永磁直流发电机（包括磁飞轮，指机车，航空器及船舶用）（航空器用零部件） 点火磁电机，永磁直流发电机（包括磁飞轮，指机车，航空器及船舶用）（船舶用零部件） 点火磁电机，永磁直流发电机（包括磁飞轮，指机车，航空器及船舶用）（铁道机车用零部件） 点火磁电机，永磁直流发电机（包括磁飞轮，指机车，航空器及船舶用）［其他发电机（组）及其零件］
851120	90		其他点火磁电机、磁飞轮	Other lgnition magnetos, magneto-dynamos, magnetic flywheels	【最】8【普】30 【协东盟】0【协巴基斯坦】5【协智利】0 【协新西兰】0【协秘鲁】0【协哥斯达黎加】0 【协冰岛】0【协瑞士】0【协澳大利亚】0 【协韩国】6【协格鲁吉亚】0【协香港】0 【协澳门】0 【特-1】0【特-2】0【特-3】0 【增】16【对美加征】10【出】0【退】16	个					999	其他点火磁电机、磁飞轮（包括永磁直流发电机）

① 仅限剃须刀刀头。

税则号列			货品名称中英文		税费综合信息	计量单位	监管证件代码		检验检疫类别		检验检疫编码	检验检疫编码对应中文名称
HS国际统一前6位	本国子目 7~8位	本国子目 9~10位	中文 货物名称	英文 Article Description			进口	出口	进口	出口		
851130	10		分电器及点火线圈（指机车，航空器，船舶用）	Distributors, ignition coils for locomotives, aircraft or ships	【最】5【普】11 【协东盟】0【协巴基斯坦】0【协智利】0 【协新西兰】0【协秘鲁】0【协哥斯达黎加】0 【协冰岛】0【协瑞士】0【协澳大利亚】0 【协韩国】1【协格鲁吉亚】0【协香港】0 【协澳门】0 【特-1】0【特-2】0【特-3】0 【增】16【对美加征】5【出】0【退】16	个					101 102 103	分电器及点火线圈（指机车，航空器，船舶用）（航空器用零部件） 分电器及点火线圈（指机车，航空器，船舶用）（船舶用零部件） 分电器及点火线圈（指机车，航空器，船舶用）（铁道机车用零部件）
851130	90		其他用途用分电器、点火线圈	Other distributors, ignition coils	【最】8【普】30 【协东盟】0【协巴基斯坦】5【协智利】0 【协新西兰】0【协秘鲁】0【协哥斯达黎加】0 【协冰岛】0【协瑞士】0【协澳大利亚】0 【协韩国】6.1【协格鲁吉亚】0【协香港】0 【协澳门】0 【特-1】0【特-2】0【特-3】0 【增】16【对美加征】5【出】0【退】16	个					101 102	其他用途用分电器、点火线圈（其他车辆零部件） 其他用途用分电器、点火线圈［其他发电机（组）及其零件］
851140	10		启动电机及两用启动发电机	Starter motors and dual purpose starter generators for locomotives, aircraft or ships	【最】5【普】11 【协东盟】0【协巴基斯坦】0【协智利】0 【协新西兰】0【协秘鲁】0【协哥斯达黎加】0 【协冰岛】0【协瑞士】0【协澳大利亚】0 【协韩国】3【协格鲁吉亚】0【协香港】0 【协澳门】0 【特-1】0【特-2】0【特-3】0 【增】16【对美加征】5【出】0【退】16	个					101 102	启动电机及两用启动发电机（指机车，航空器，船舶用）（其他电动机及其零件） 启动电机及两用启动发电机（指机车，航空器，船舶用）［其他发电机（组）及其零件］
851140	91		输出功率≥132.39kW启动电机	Starter motors for engines of an output of	【最】8【普】30 【协东盟】0【协巴基斯坦】5【协智利】0 【协新西兰】0【协秘鲁】0【协哥斯达黎加】0 【协冰岛】0【协瑞士】0【协澳大利亚】0 【协韩国】5【协格鲁吉亚】0【协香港】0 【协澳门】0 【特-1】0【特-2】0【特-3】0 【增】16【对美加征】10【出】0【退】16	个					999	输出功率≥132.39kW启动电机（输出功率在180马力及以上的发动机用）
851140	99		其他用途的启动电机	Other starter motors and dual purpose starter generators	【最】8【普】30 【协东盟】0【协巴基斯坦】5【协智利】0 【协新西兰】0【协秘鲁】0【协哥斯达黎加】0 【协冰岛】0【协瑞士】0【协澳大利亚】0 【协韩国】6.1【协格鲁吉亚】0【协香港】0 【协澳门】0 【特-1】0【特-2】0【特-3】0 【增】16【对美加征】10【出】0【退】16	个					999	其他用途的启动电机（包括两用启动发电机）
851150	10		其他机车，航空器，船舶用发电机	Other generators for locomotives, aircraft or ships	【最】5【普】11 【协东盟】0【协巴基斯坦】0【协智利】0 【协新西兰】0【协秘鲁】0【协哥斯达黎加】0 【协冰岛】0【协瑞士】0【协澳大利亚】0 【协韩国】3【协格鲁吉亚】0【协香港】0 【协澳门】0 【特-1】0【特-2】0【特-3】0 【增】16【对美加征】5【出】0【退】16	个					999	其他机车，航空器，船舶用发电机
851150	90		其他附属于内燃发动机的发电机	Other generators of a kind used in conjunction with internal combustion engines	【最】8【普】30 【协东盟】0【协巴基斯坦】5【协智利】0 【协新西兰】0【协秘鲁】0【协哥斯达黎加】0 【协冰岛】0【协瑞士】0【协澳大利亚】0 【协格鲁吉亚】0【协香港】0【协澳门】0 【特-1】0【特-2】0【特-3】0 【增】16【对美加征】10【出】0【退】16	个					999	其他附属于内燃发动机的发电机
851180	00		发动机用电点火，启动的其他装置（指点燃式或压燃式内燃发动机用的）	Other electrical ignition or starting equipment of a kind used for spark-ignition or compression-ignition internal combustion engines	【最】8【普】30 【协东盟】0【协巴基斯坦】5【协智利】0 【协新西兰】0【协秘鲁】0【协哥斯达黎加】0 【协冰岛】0【协瑞士】0【协澳大利亚】0 【协韩国】5【协格鲁吉亚】0【协香港】0 【协澳门】0 【特-1】0【特-2】0【特-3】0 【增】16【对美加征】5【出】0【退】16	个					999	发动机用电点火，启动的其他装置（指点燃式或压燃式内燃发动机用的）

税则号列			货品名称中英文		税费综合信息	计量单位	监管证件代码		检验检疫类别		检验检疫编码	检验检疫编码对应中文名称
HS国际统一前6位	本国子目7~8位	9~10位	中文 货物名称	英文 Article Description			进口	出口	进口	出口		
851190	10		车船飞机用电点火，启动装置零件（指税目85.11所列供机车、航空器及船舶用各种装置的零件）	Parts of the equipment of heading No. 85.11 used for locomotives, aircraft or ships	【最】4.5【普】11 【协东盟】0【协巴基斯坦】0【协智利】0 【协新西兰】0【协秘鲁】0【协哥斯达黎加】0 【协冰岛】0【协瑞士】0【协澳大利亚】0 【协格鲁吉亚】0【协香港】0【协澳门】0 【特-1】0【特-2】0【特-3】0 【增】16【对美加征】5【出】0【退】16	千克					101 102 103	车船飞机用电点火，启动装置零件（指税目85.11所列供机车、航空器及船舶用各种装置的零件）（航空器用零部件） 车船飞机用电点火，启动装置零件（指税目85.11所列供机车、航空器及船舶用各种装置的零件）（船舶用零部件） 车船飞机用电点火，启动装置零件（指税目85.11所列供机车、航空器及船舶用各种装置的零件）（铁道机车用零部件）
851190	90		其他用电点火，电启动装置的零件	Other parts of the equipment of heading No. 85.11 for other use	【最】5【普】30 【协东盟】0【协巴基斯坦】0【协智利】0 【协新西兰】0【协秘鲁】0【协哥斯达黎加】0 【协冰岛】0【协瑞士】0【协澳大利亚】0 【协韩国】3【协格鲁吉亚】0【协香港】0 【协澳门】0 【特-1】0【特-2】0【特-3】0 【增】16【对美加征】10【出】0【退】16	千克					999	其他用电点火，电启动装置的零件（指税目85.11所列供其他用途的各种装置的零件）
851210	00		自行车用照明或视觉信号装置	Lighting or visual signalling equipment of a kind used on bicycles	【最】10【普】45 【协东盟】0【协巴基斯坦】5【协智利】0 【协新西兰】0【协新加坡】0【协秘鲁】0 【协哥斯达黎加】0【协冰岛】0【协瑞士】5 【协澳大利亚】0【协韩国】6.3 【协格鲁吉亚】0【协香港】0【协澳门】0 【特-1】0【特-2】0【特-3】0 【增】16【对美加征】10【出】0【退】16	个					999	自行车用照明或视觉信号装置
851220	10		机动车辆用照明装置（包括机动车辆用视觉装置）	Lighting equipment of a kind used for motor vehicles	【最】10【普】45 【协东盟】5【协智利】0【协新西兰】0 【协秘鲁】0【协台湾】0【协哥斯达黎加】0 【协冰岛】0【协瑞士】0【协澳大利亚】0 【协韩国】8【协格鲁吉亚】0【协香港】0 【协澳门】0 【特-1】0【特-2】0【特-3】0 【增】16【对美加征】5【出】0【退】16	个			L		999	机动车辆用照明装置
851220	90		其他照明或视觉信号装置（包括机动车辆用视觉装置）	Other lighting or visual signalling equipment (including visual signalling of a kind used for motor vehicles)	【最】10【普】45 【协东盟】5【协智利】0【协新西兰】0 【协秘鲁】0【协哥斯达黎加】0【协冰岛】0 【协瑞士】0【协澳大利亚】0【协韩国】8 【协格鲁吉亚】0【协香港】0【协澳门】0 【特-1】0【特-2】0【特-3】0 【增】16【对美加征】5【出】0【退】16	个			L		999	其他照明或视觉信号装置（包括机动车辆用视觉装置）
851230	11		机动车辆用喇叭、蜂鸣器	Loudspeaker, buzzers for motor vehicles	【最】10【普】45 【协亚太】6.5【协东盟】5【协巴基斯坦】8.5 【协智利】0【协新西兰】0【协秘鲁】0 【协哥斯达黎加】0【协冰岛】0【协瑞士】0 【协澳大利亚】0【协韩国】7.3【协格鲁吉亚】0 【协香港】0【协澳门】0 【特-1】0【特-2】0【特-3】0 【增】16【对美加征】5【出】0【退】16	个			L		999	机动车辆用喇叭、蜂鸣器
851230	12		机动车辆用防盗报警器	Burglar alarm for motor vehicles	【最】10【普】40 【协亚太】6.5【协东盟】0【协巴基斯坦】5 【协智利】0【协新西兰】0【协秘鲁】0 【协哥斯达黎加】0【协冰岛】0【协瑞士】0 【协澳大利亚】0【协韩国】7.3【协格鲁吉亚】0 【协香港】0【协澳门】0 【特-1】0【特-2】0【特-3】0 【增】16【对美加征】5【出】0【退】16	个			L		999	机动车辆用防盗报警器

税则号列 HS国际统一前6位	本国子目 7~8位	本国子目 9~10位	货品名称中英文 中文 货物名称	英文 Article Description	税费综合信息	计量单位	监管证件代码 进口	监管证件代码 出口	检验检疫类别 进口	检验检疫类别 出口	检验检疫编码	检验检疫编码对应中文名称
851230	19		机动车辆用其他音响信号装置	Other sound signalling equipment for motor vehicles	【最】10【普】45 【协亚太】6.5【协东盟】5【协巴基斯坦】8.5 【协智利】0【协新西兰】0【协秘鲁】0 【协哥斯达黎加】0【协冰岛】0【协瑞士】0 【协澳大利亚】0【协韩国】7.3【协格鲁吉亚】0 【协香港】0【协澳门】0 【特-1】0【特-2】0【特-3】0 【增】16【对美加征】5【出】0【退】16	个					999	机动车辆用其他音响信号装置
851230	90		其他车辆用电器音响信号装置	Sound signalling equipment for other vehicles	【最】10【普】45 【协亚太】6.5【协东盟】5【协巴基斯坦】8.5 【协智利】0【协新西兰】0【协秘鲁】0 【协哥斯达黎加】0【协冰岛】0【协瑞士】0 【协澳大利亚】0【协格鲁吉亚】0 【协香港】0【协澳门】0 【特-1】0【特-2】0【特-3】0 【增】16【对美加征】5【出】0【退】16	个					999	其他车辆用电器音响信号装置
851240	00		车辆风挡刮水器、除霜器及去雾器	Windscreen wipers, defrosters and demisters of a kind used for vehicles	【最】10【普】45 【协东盟】5【协智利】0【协新西兰】0 【协秘鲁】0【协哥斯达黎加】0【协冰岛】0 【协瑞士】0【协澳大利亚】0【协格鲁吉亚】0 【协香港】0【协澳门】0 【特-1】0【特-2】0【特-3】0 【增】16【对美加征】5【出】0【退】16	个					999	车辆风挡刮水器、除霜器及去雾器
851290	00		税目85.12所列装置的零件	Parts of equipments of heading No. 85.12	【最】8【普】45 【协东盟】0【协巴基斯坦】5【协智利】0 【协新西兰】0【协秘鲁】0【协台湾】0 【协哥斯达黎加】0【协冰岛】0【协瑞士】0 【协澳大利亚】0【协韩国】4.8 【协格鲁吉亚】0【协香港】0【协澳门】0 【特-1】0【特-2】0【特-3】0 【增】16【对美加征】5【出】0【退】16	千克					999	税目85.12所列装置的零件（指车辆等用照明，信号装置，风挡刮水器，除霜器等零件）
851310	10		手电筒【电商】	Portable electric torches designed to function by dry batteries	【最】5【普】100 【协亚太】3.3【协东盟】0【协澳门】0 【协巴基斯坦】7.5【协智利】0【协新西兰】0 【协新加坡】0【协秘鲁】0【协哥斯达黎加】0 【协冰岛】0【协瑞士】5【协澳大利亚】0 【协韩国】9【协格鲁吉亚】0【协香港】0 【特-1】0【特-2】0【特-3】0 【增】16【对美加征】5【出】0【退】16	个					999	手电筒
851310	90		其他自供能源手提式电灯	Other portable electric lamps designed to function by their own source of energy, other than lighting equipment of heading No. 85.12	【最】6【普】70 【协东盟】0【协澳门】0【协巴基斯坦】14 【协智利】0【协新西兰】0【协新加坡】0 【协秘鲁】0【协哥斯达黎加】0【协冰岛】0 【协瑞士】6【协澳大利亚】0【协韩国】10.5 【协格鲁吉亚】0 【特-1】0【特-2】0 【增】16【对美加征】10【出】0【退】16	个					999	其他自供能源手提式电灯（但税目85.12的照明装置除外）
851390	10		手电筒零件	Parts Of the torches of subheading No. 8513.1010	【最】5【普】100 【协东盟】0【协香港】0【协澳门】0 【协巴基斯坦】11.2【协智利】0【协新西兰】0 【协新加坡】0【协秘鲁】0【协哥斯达黎加】0 【协冰岛】0【协瑞士】5【协澳大利亚】0 【协韩国】8.4【协格鲁吉亚】0 【特-1】0【特-2】0【特-3】0 【增】16【对美加征】10【出】0【退】16	千克					999	手电筒零件
851390	90		其他自供能源手提式电灯零件	Parts of other portable electric lamps designed to function by their own source of energy, other than lighting equipment of heading No. 85.12	【最】5【普】70 【协东盟】0【协香港】0【协澳门】0 【协巴基斯坦】11.2【协智利】0【协新西兰】0 【协新加坡】0【协秘鲁】0【协哥斯达黎加】0 【协冰岛】0【协瑞士】5【协澳大利亚】0 【协韩国】8.4【协格鲁吉亚】0 【特-1】0【特-2】0 【增】16【对美加征】10【出】0【退】16	千克					999	其他自供能源手提式电灯零件
851410	10		可控气氛热处理炉	Furnaces for heat treatment, atmosphere controllable	【最】0【普】30【特-1】0【特-2】0【特-3】0 【增】16【对美加征】10【出】0【退】16	台					999	可控气氛热处理炉

税则号列 HS国际统一前6位	本国子目 7~8位	本国子目 9~10位	货品名称中英文 中文 货物名称	货品名称中英文 英文 Article Description	税费综合信息	计量单位	监管证件代码 进口	监管证件代码 出口	检验检疫类别 进口	检验检疫类别 出口	检验检疫编码	检验检疫编码对应中文名称
851410	90		工业用其他电阻加热炉及烘箱	Other industrial or laboratory resistance heated furnaces and ovens	【最】0【普】30【特-1】0【特-2】0【特-3】0【增】16【对美加征】5【出】0【退】16	台					999	工业用其他电阻加热炉及烘箱（包括实验室用）
851420	00	10	真空感应炉或受控环境感应炉（工作温度>850℃，感应线圈直径≤600mm，功率≥5kW）	Vacuum or controlled atmosphere induction furnaces (working temperature: >850℃; induction coil diameter: ≤600mm; power: ≥5KW)	【最】0【普】30【特-1】0【特-2】0【特-3】0【增】16【对美加征】5【出】0【退】16	台		3			999	真空感应炉或受控环境感应炉（工作温度>850℃，感应线圈直径≤600mm，功率≥5kW）
851420	00	90	其他感应或介质损耗工作炉及烘箱（包括实验室用）	Other induction furnaces or dielectric losing furnaces and ovens (including those for laboratory use)	【最】0【普】30【特-1】0【特-2】0【特-3】0【增】16【对美加征】5【出】0【退】16	台					999	其他感应或介质损耗工作炉及烘箱（包括实验室用）
851430	00	20	电弧重熔炉、电弧熔炉和电弧融化铸造炉（容量1千~2万立方厘米，使用自耗电极，工作温度1700℃以上）	Arc remelting furnace and casting furnace (capacity: 1100cm^3 ~ 20000cm^3; using consutrode; working temperature: below 1700℃)	【最】0【普】30【特-1】0【特-2】0【特-3】0【增】16【对美加征】5【出】0【退】16	台		3			999	电弧重熔炉、电弧熔炉和电弧融化铸造炉（容量1千~2万立方厘米，使用自耗电极，工作温度1700℃以上）
851430	00	30	电子束熔化炉（功率≥50KW，能在>1200℃的熔化温度工作）	Electron beam melting furnace (power: ≥50KW; able to work above the melting temperature of 1200℃)	【最】0【普】30【特-1】0【特-2】0【特-3】0【增】16【对美加征】5【出】0【退】16	台		3			999	电子束熔化炉（功率≥50kW，能在>1200℃的熔化温度工作）
851430	00	40	等离子体雾化炉和等离子体熔化炉（功率≥50KW，能在>1200℃的熔化温度工作）	Plasm atomization furnaces and melting furnaces (power: ≥50KW; able to work above the melting temperature of 1200℃)	【最】0【普】30【特-1】0【特-2】0【特-3】0【增】16【对美加征】5【出】0【退】16	台		3			999	等离子体雾化炉和等离子体熔化炉（功率≥50KW，能在>1200℃的熔化温度工作）
851430	00	90	工业用其他电炉及电烘箱	Other industrial electric furnaces and ovens for industrial use (including those for laboratory use)	【最】0【普】30【特-1】0【特-2】0【特-3】0【增】16【对美加征】5【出】0【退】16	台					999	工业用其他电炉及电烘箱（包括实验室用）
851440	00	01	焊缝中频退火装置	Frequency weld annealers	【最】10【普】30【暂进】7 【协东盟】0【协巴基斯坦】5【协智利】0 【协新西兰】0【协新加坡】0【协秘鲁】0 【协哥斯达黎加】0【协冰岛】0【协瑞士】0 【协澳大利亚】0【协韩国】2【协格鲁吉亚】0 【协香港】0【协澳门】0 【特-1】0【特-2】0【特-3】0 【增】16【对美加征】10【出】0【退】16	台					999	焊缝中频退火装置
851440	00	90	其他感应或介质损耗的加热设备	Other kinds of induction furnaces or dielectric losing heating devices (including those for laboratory use)	【最】10【普】30 【协东盟】0【协巴基斯坦】5【协智利】0 【协新西兰】0【协新加坡】0【协秘鲁】0 【协哥斯达黎加】0【协冰岛】0【协瑞士】0 【协澳大利亚】0【协韩国】2【协格鲁吉亚】0 【协香港】0【协澳门】0 【特-1】0【特-2】0【特-3】0 【增】16【对美加征】10【出】0【退】16	台					999	其他感应或介质损耗的加热设备（包括实验室用）
851490	10		炼钢电炉用零件	Parts of steel making electric furnaces	【最】8【普】30 【协东盟】0【协巴基斯坦】5【协智利】0 【协新西兰】0【协秘鲁】0【协哥斯达黎加】0 【协冰岛】0【协瑞士】0【协澳大利亚】0 【协韩国】1.6【协格鲁吉亚】0【协香港】0 【协澳门】0 【特-1】0【特-2】0【特-3】0 【增】16【对美加征】10【出】0【退】16	千克					999	炼钢电炉用零件

税则号列			货品名称中英文		税费综合信息	计量单位	监管证件代码		检验检疫类别		检验检疫编码	检验检疫编码对应中文名称
HS国际统一前6位	本国子目 7~8位	本国子目 9~10位	中文 货物名称	英文 Article Description			进口	出口	进口	出口		
851490	90		工业用电阻加热炉及烘箱等零件（指税目85.14所列货品的零件）	Parts of industrial resistance heated furnaces and ovens; parts of goods of heading No. 85.14	【最】0【普】30【特-1】0【特-2】0【特-3】0 【增】16【对美加征】5【出】0【退】16	千克					999	工业用电阻加热炉及烘箱等零件（指税目85.14所列货品的零件）
851511	00		钎焊机器及装置用烙铁及焊枪	Soldering irons and guns for brazing or soldering machines and apparatus use	【最】10【普】30 【协东盟】0【协巴基斯坦】5【协智利】0 【协新西兰】0【协新加坡】0【协秘鲁】0 【协哥斯达黎加】0【协冰岛】0【协瑞士】0 【协澳大利亚】0【协韩国】6【协格鲁吉亚】0 【协香港】0【协澳门】0 【特-1】0【特-2】0【特-3】0 【增】16【对美加征】10【出】0【退】16	个					101 102	钎焊机器及装置用烙铁及焊枪（钎焊机器及装置） 钎焊机器及装置用烙铁及焊枪（钎焊烙铁及焊枪）
851519	00	10	专门或主要用于印刷电路组件制造的其他波峰焊接机器	Other wave soldering machines, especially for the manufacture of printed circuit assemblies	【最】5【普】30 【协东盟】0【协巴基斯坦】5【协智利】0 【协新西兰】0【协新加坡】0【协秘鲁】0 【协哥斯达黎加】0【协冰岛】0【协瑞士】6 【协澳大利亚】0【协格鲁吉亚】0 【协香港】0【协澳门】0 【特-1】0【特-2】0【特-3】0 【增】16【对美加征】10【出】0【退】16	台					999	专门或主要用于印刷电路组件制造的其他波峰焊接机器
851519	00	90	其他钎焊机器及装置	Other soldering machines and devices	【最】10【普】30 【协东盟】0【协巴基斯坦】5【协智利】0 【协新西兰】0【协新加坡】0【协秘鲁】0 【协哥斯达黎加】0【协冰岛】0【协瑞士】6 【协澳大利亚】0【协格鲁吉亚】0 【协香港】0【协澳门】0 【特-1】0【特-2】0【特-3】0 【增】16【对美加征】10【出】0【退】16	台					999	其他钎焊机器及装置
851521	20	01	汽车生产线电阻焊接机器人	Robot for resistance welding of metals, for automobile production line	【最】10【普】30【暂进】5 【协东盟】0【协香港】0【协巴基斯坦】5 【协智利】0【协新西兰】0【协新加坡】0 【协秘鲁】0【协哥斯达黎加】0【协冰岛】0 【协澳大利亚】0【协韩国】8【协格鲁吉亚】0 【特-1】0【特-2】0【特-3】0 【增】16【对美加征】10【出】0【退】16	台	AO		L		999	汽车生产线电阻焊接机器人
851521	20	90	其他电阻焊接机器人	Other resistance welding	【最】10【普】30 【协东盟】0【协香港】0【协巴基斯坦】5 【协智利】0【协新西兰】0【协新加坡】0 【协秘鲁】0【协哥斯达黎加】0【协冰岛】0 【协澳大利亚】0【协韩国】8【协格鲁吉亚】0 【特-1】0【特-2】0【特-3】0 【增】16【对美加征】10【出】0【退】16	台	AO		L		999	其他电阻焊接机器人
851521	91		直缝焊管机	Straight seam pipemill	【最】10【普】30 【协东盟】0【协香港】0【协巴基斯坦】5 【协智利】0【协新西兰】0【协秘鲁】0 【协哥斯达黎加】0【协冰岛】0【协瑞士】0 【协澳大利亚】0【协韩国】8【协格鲁吉亚】0 【特-1】0【特-2】0【特-3】0 【增】16【对美加征】10【出】0【退】16	台					999	直缝焊管机（电阻焊接式，全自动或半自动的）
851521	99		其他电阻焊接机器（全自动或半自动的）	Other machines and apparatus for resistance welding of metals, fully or partly automatic	【最】10【普】30 【协东盟】0【协香港】0【协巴基斯坦】5 【协智利】0【协新西兰】0【协新加坡】0 【协秘鲁】0【协哥斯达黎加】0【协冰岛】0 【协澳大利亚】0【协韩国】8【协格鲁吉亚】0 【特-1】0【特-2】0【特-3】0 【增】16【对美加征】10【出】0【退】16	台	AO		L		999	其他电阻焊接机器（全自动或半自动的）
851529	00		其他电阻焊接机器及装置	Other machines and apparatus for resistance welding of metals	【最】10【普】30 【协亚太】6.5【协东盟】0【协巴基斯坦】5 【协智利】0【协新西兰】0【协新加坡】0 【协秘鲁】0【协哥斯达黎加】0【协冰岛】0 【协瑞士】0【协澳大利亚】0【协韩国】8 【协格鲁吉亚】0【协香港】0【协澳门】0 【特-1】0【特-2】0【特-3】0 【增】16【对美加征】10【出】0【退】16	台	A		L		999	其他电阻焊接机器及装置

税则号列			货品名称中英文		税费综合信息	计量单位	监管证件代码		检验检疫类别		检验检疫编码	检验检疫编码对应中文名称
HS 国际统一前6位	本国子目 7~8位	本国子目 9~10位	中文 货物名称	英文 Article Description			进口	出口	进口	出口		
851531	20		电弧（包括等离子弧）焊接机器人	Robot	【最】10【普】30 【协东盟】5【协智利】0【协新西兰】0 【协秘鲁】0【协哥斯达黎加】0【协冰岛】0 【协瑞士】0【协澳大利亚】0【协韩国】8 【协格鲁吉亚】0【协香港】0【协澳门】0 【特-1】0【特-2】0【特-3】0 【增】16【对美加征】10【出】0【退】16	台	AO		L		999	电弧（包括等离子弧）焊接机器人
851531	91		螺旋焊管机	Spiral weld pipe mill	【最】10【普】30 【协东盟】0【协巴基斯坦】5【协智利】0 【协新西兰】0【协秘鲁】0【协哥斯达黎加】0 【协冰岛】0【协瑞士】0【协澳大利亚】0 【协韩国】6【协格鲁吉亚】0【协香港】0 【协澳门】0 【特-1】0【特-2】0【特-3】0 【增】16【对美加征】10【出】0【退】16	台					999	螺旋焊管机［电弧（包括等离子弧）焊接式，全自动或半自动的］
851531	99		其他电弧（包括等离子弧）焊接机及装置（全自动或半自动的）	Other machines and apparatus for (including plasma arc) welding of metals, fully or partly automatic	【最】10【普】30【协智利】0 【协新西兰】0【协秘鲁】0【协哥斯达黎加】0 【协冰岛】0【协瑞士】0【协澳大利亚】0 【协韩国】8【协格鲁吉亚】0【协香港】0 【协澳门】0 【特-1】0【特-2】0【特-3】0 【增】16【对美加征】10【出】0【退】16	台	AO		L		999	其他电弧（包括等离子弧）焊接机及装置（全自动或半自动的）
851539	00		其他电弧（等离子弧）焊接机器及装置（非全自动或半自动的）	Other machines and apparatus for (including plasma arc) welding of metals, other than fully or partly automatic	【最】10【普】30 【协东盟】0【协巴基斯坦】5【协智利】0 【协新西兰】0【协秘鲁】0【协哥斯达黎加】0 【协冰岛】0【协瑞士】0【协澳大利亚】0 【协韩国】6【协格鲁吉亚】0【协香港】0 【协澳门】0 【特-1】0【特-2】0【特-3】0 【增】16【对美加征】10【出】0【退】16	台	A		L		999	其他电弧（等离子弧）焊接机器及装置（非全自动或半自动的）
851580	10	01	汽车生产线激光焊接机器人	Robot for laser welding of metals, for automobile production line	【最】8【普】30【暂进】5 【协亚太】5.2【协东盟】0【协香港】0 【协巴基斯坦】5【协智利】0【协新西兰】0 【协秘鲁】0【协台湾】0【协哥斯达黎加】0 【协冰岛】0【协瑞士】4.8【协澳大利亚】0 【协韩国】1.6【协格鲁吉亚】0 【特-1】0【特-2】0【特-3】0 【增】16【对美加征】10【出】0【退】16	台					999	汽车生产线激光焊接机器人
851580	10	90	其他激光焊接机器人	Other laser welding robot	【最】8【普】30 【协亚太】5.2【协东盟】0【协香港】0 【协巴基斯坦】5【协智利】0【协新西兰】0 【协秘鲁】0【协台湾】0【协哥斯达黎加】0 【协冰岛】0【协瑞士】4.8【协澳大利亚】0 【协韩国】1.6【协格鲁吉亚】0 【特-1】0【特-2】0【特-3】0 【增】16【对美加征】10【出】0【退】16	台					999	其他激光焊接机器人
851580	90	10	电子束、激光自动焊接机［将端塞焊接于燃料细棒（或棒）的自动焊接机］	Electron beam, laser automatic welding machine (automatic welding machine for welding end plug onto fuelpins or rods)	【最】8【普】30 【协亚太】5.2【协东盟】0【协香港】0 【协巴基斯坦】5【协智利】0【协新西兰】0 【协秘鲁】0【协台湾】0【协哥斯达黎加】0 【协冰岛】0【协瑞士】4.8【协澳大利亚】0 【协韩国】1.6【协格鲁吉亚】0 【特-1】0【特-2】0【特-3】0 【增】16【对美加征】10【出】0【退】16	台		3			101 102	电子束、激光自动焊接机［将端塞焊接于燃料细棒（或棒）的自动焊接机］（波峰焊设备） 电子束、激光自动焊接机［将端塞焊接于燃料细棒（或棒）的自动焊接机］（其他焊接设备及其零件）
851580	90	90	其他焊接机器及装置	Other kinds of welding machine and device	【最】8【普】30 【协亚太】5.2【协东盟】0【协香港】0 【协巴基斯坦】5【协智利】0【协新西兰】0 【协秘鲁】0【协台湾】0【协哥斯达黎加】0 【协冰岛】0【协瑞士】4.8【协澳大利亚】0 【协韩国】1.6【协格鲁吉亚】0 【特-1】0【特-2】0【特-3】0 【增】16【对美加征】10【出】0【退】16	台			L		101 102	其他焊接机器及装置（波峰焊设备） 其他焊接机器及装置（其他焊接设备及其零件）

税则号列			货品名称中英文		税费综合信息	计量单位	监管证件代码		检验检疫类别		检验检疫编码	检验检疫编码对应中文名称
HS 国际统一前6位	本国子目 7~8位	本国子目 9~10位	中文 货物名称	英文 Article Description			进口	出口	进口	出口		
851590	00	10	专门或主要用于印刷电路组件制造的其他波峰焊接机器的零件	Parts of other wave soldering machines, especially for the manufacture of printed circuit assemblies	【最】3【普】30【暂进】3 【协亚太】3.9【协东盟】0【协香港】0 【协巴基斯坦】5【协智利】0【协新西兰】0 【协秘鲁】0【协哥斯达黎加】0【协冰岛】0 【协瑞士】2.4【协澳大利亚】0【协韩国】1.2 【协格鲁吉亚】0 【特-1】0【特-2】0【特-3】0 【增】16【对美加征】10【出】0【退】16	千克			L		999	专门或主要用于印刷电路组件制造的其他波峰焊接机器的零件
851590	00	90	其他电气等焊接机器及装置零件（包括激光，其他光，光子束，超声波，电子束磁脉冲等）	Parts of other electric brazing or welding machines and apparatus(including laser or other light or photon beam, ultrasonic, electron beam, magnetic pulse)	【最】6【普】30【暂进】3 【协亚太】3.9【协东盟】0【协香港】0 【协巴基斯坦】5【协智利】0【协新西兰】0 【协秘鲁】0【协哥斯达黎加】0【协冰岛】0 【协瑞士】2.4【协澳大利亚】0【协韩国】1.2 【协格鲁吉亚】0 【特-1】0【特-2】0【特-3】0 【增】16【对美加征】10【出】0【退】16	千克			L		999	其他电气等焊接机器及装置零件（包括激光，其他光，光子束，超声波，电子束磁脉冲等）
851610	10		储存式电热水器【电商】	Electric storage water-heaters	【最】7【普】100 【协东盟】0【协巴基斯坦】5【协智利】0 【协新西兰】0【协新加坡】0【协秘鲁】0 【协哥斯达黎加】0【协冰岛】0【协瑞士】0 【协澳大利亚】0【协韩国】6【协格鲁吉亚】0 【协香港】0【协澳门】0 【特-1】0【特-2】0【特-3】0 【增】16【对美加征】5【出】0【退】16	个	A		L		101 102 103 104 105	储存式电热水器（电热水器Ⅰ类器具） 储存式电热水器（电热水器Ⅱ类器具） 储存式电热水器（电热水器Ⅲ类器具） 储存式电热水器（电热水器0Ⅰ类器具） 储存式电热水器（电热水器0类器具）
851610	20		即热式电热水器【电商】	Electric instantaneous waterheaters	【最】7【普】100 【协东盟】0【协巴基斯坦】5【协智利】0 【协新西兰】0【协新加坡】0【协秘鲁】0 【协哥斯达黎加】0【协冰岛】0【协瑞士】0 【协澳大利亚】0【协韩国】6【协格鲁吉亚】0 【协香港】0【协澳门】0 【特-1】0【特-2】0【特-3】0 【增】16【对美加征】5【出】0【退】16	个	A		L		101 102 103 104 105	即热式电热水器（电热水器Ⅰ类器具） 即热式电热水器（电热水器Ⅱ类器具） 即热式电热水器（电热水器Ⅲ类器具） 即热式电热水器（电热水器0Ⅰ类器具） 即热式电热水器（电热水器0类器具）
851610	90		其他电热水器【电商】	Other electric water-heaters	【最】7【普】100 【协东盟】0【协巴基斯坦】5【协智利】0 【协新西兰】0【协新加坡】0【协秘鲁】0 【协哥斯达黎加】0【协冰岛】0【协瑞士】0 【协澳大利亚】0【协格鲁吉亚】0 【协香港】0【协澳门】0 【特-1】0【特-2】0【特-3】0 【增】16【对美加征】5【出】0【退】16	个	A		L		101 102 103 104 105	其他电热水器（电热水器Ⅰ类器具） 其他电热水器（电热水器Ⅱ类器具） 其他电热水器（电热水器Ⅲ类器具） 其他电热水器（电热水器0Ⅰ类器具） 其他电热水器（电热水器0类器具）
851621	00		电气储存式散热器	Electric Storage heating radiators	【最】7【普】100 【协东盟】0【协澳门】0【协智利】0 【协新西兰】0【协新加坡】0【协秘鲁】0 【协台湾】0【协哥斯达黎加】0【协冰岛】0 【协瑞士】7【协澳大利亚】0【协格鲁吉亚】0 【协香港】0 【特-1】0【特-2】0 【增】16【对美加征】10【出】0【退】16	个					101 102 103 104 105	电气储存式散热器（电气储存式散热器Ⅰ类器具） 电气储存式散热器（电气储存式散热器Ⅱ类器具） 电气储存式散热器（电气储存式散热器Ⅲ类器具） 电气储存式散热器（电气储存式散热器0Ⅰ类器具） 电气储存式散热器（电气储存式散热器0类器具）

税则号列			货品名称中英文		税费综合信息	计量单位	监管证件代码		检验检疫类别		检验检疫编码	检验检疫编码对应中文名称
HS国际统一前6位	本国子目 7~8位	9~10位	中文 货物名称	英文 Article Description			进口	出口	进口	出口		
851629	10		电气土壤加热器	Electric soil heating apparatus	【最】7【普】40 【协亚太】5.6【协东盟】0【协香港】0 【协澳门】0【协巴基斯坦】5【协智利】0 【协新西兰】0【协秘鲁】0【协哥斯达黎加】0 【协冰岛】0【协瑞士】0【协澳大利亚】0 【协韩国】6【协格鲁吉亚】0 【特-1】0【特-2】0【特-3】0 【增】16【对美加征】5【出】0【退】16	个					101 102 103 104 105	电气土壤加热器（其他电热器具及其零件Ⅰ类器具） 电气土壤加热器（其他电热器具及其零件Ⅱ类器具） 电气土壤加热器（其他电热器具及其零件Ⅲ类器具） 电气土壤加热器（其他电热器具及其零件0I类器具） 电气土壤加热器（其他电热器具及其零件0类器具）
851629	20		辐射式空间加热器	Radiant at space heating apparatus	【最】7【普】100 【协东盟】0【协香港】0【协澳门】0 【协巴基斯坦】5【协智利】0【协新西兰】0 【协新加坡】0【协秘鲁】0【协哥斯达黎加】0 【协冰岛】0【协瑞士】0【协澳大利亚】0 【协韩国】6【协格鲁吉亚】0 【特-1】0【特-2】0【特-3】0 【增】16【对美加征】10【出】0【退】16	个			L		101 102 103 104 105 ……	辐射式空间加热器（其他电热器具及其零件Ⅰ类器具） 辐射式空间加热器（其他电热器具及其零件Ⅱ类器具） 辐射式空间加热器（其他电热器具及其零件Ⅲ类器具） 辐射式空间加热器（其他电热器具及其零件0I类器具） 辐射式空间加热器（其他电热器具及其零件0类器具） ……①
851629	31		风扇式对流空间加热器【电商】	Fan type of convection space heating apparatus	【最】7【普】100 【协东盟】0【协香港】0【协澳门】0 【协巴基斯坦】5【协智利】0【协新西兰】0 【协新加坡】0【协秘鲁】0【协哥斯达黎加】0 【协冰岛】0【协瑞士】0【协澳大利亚】0 【协韩国】6【协格鲁吉亚】0 【特-1】0【特-2】0【特-3】0 【增】16【对美加征】10【出】0【退】16	个			L		101 102 103 104 105 ……	风扇式对流空间加热器（其他电热器具及其零件Ⅰ类器具） 风扇式对流空间加热器（其他电热器具及其零件Ⅱ类器具） 风扇式对流空间加热器（其他电热器具及其零件Ⅲ类器具） 风扇式对流空间加热器（其他电热器具及其零件0I类器具） 风扇式对流空间加热器（其他电热器具及其零件0类器具） ……②

① 该税号项下检验检疫编码及对应中文名称尚有：106　辐射式空间加热器（其他小型家用及类似用途电器及其零件Ⅰ类器具），107　辐射式空间加热器（其他小型家用及类似用途电器及其零件Ⅱ类器具），108　辐射式空间加热器（其他小型家用及类似用途电器及其零件Ⅲ类器具），109　辐射式空间加热器（其他小型家用及类似用途电器及其零件0I类器具），110　辐射式空间加热器（其他小型家用及类似用途电器及其零件0类器具）。

② 该税号项下检验检疫编码及对应中文名称尚有：106　风扇式对流空间加热器（其他小型家用及类似用途电器及其零件Ⅰ类器具），107　风扇式对流空间加热器（其他小型家用及类似用途电器及其零件Ⅱ类器具），108　风扇式对流空间加热器（其他小型家用及类似用途电器及其零件Ⅲ类器具），109　风扇式对流空间加热器（其他小型家用及类似用途电器及其零件0I类器具），110　风扇式对流空间加热器（其他小型家用及类似用途电器及其零件0类器具）。

税则号列			货品名称中英文		税费综合信息	计量单位	监管证件代码		检验检疫类别		检验检疫编码	检验检疫编码对应中文名称
HS 国际统一前6位	本国子目 7~8位	本国子目 9~10位	中文 货物名称	英文 Article Description			进口	出口	进口	出口		
851629	32		充液式对流空间加热器【电商】	Oil-filled type of convection space heating apparatus	【最】7【普】100 【协东盟】0【协香港】0【协澳门】0 【协巴基斯坦】5【协智利】0【协新西兰】0 【协新加坡】0【协秘鲁】0【协哥斯达黎加】0 【协冰岛】0【协瑞士】0【协澳大利亚】0 【协韩国】6【协格鲁吉亚】0 【特-1】0【特-2】0【特-3】0 【增】16【对美加征】10【出】0【退】16	个			L		101 102 103 104 105 ……	充液式对流空间加热器（其他电热器具及其零件I类器具） 充液式对流空间加热器（其他电热器具及其零件II类器具） 充液式对流空间加热器（其他电热器具及其零件III类器具） 充液式对流空间加热器（其他电热器具及其零件0I类器具） 充液式对流空间加热器（其他电热器具及其零件0类器具） ……①
851629	39		其他对流式空间加热器【电商】	Other convection space heating apparatus	【最】7【普】100 【协东盟】0【协香港】0【协澳门】0 【协巴基斯坦】5【协智利】0【协新西兰】0 【协新加坡】0【协秘鲁】0【协哥斯达黎加】0 【协冰岛】0【协瑞士】0【协澳大利亚】0 【协韩国】6【协格鲁吉亚】0 【特-1】0【特-2】0【特-3】0 【增】16【对美加征】5【出】0【退】16	个			L		101 102 103 104 105 ……	其他对流式空间加热器（其他电热器具及其零件I类器具） 其他对流式空间加热器（其他电热器具及其零件II类器具） 其他对流式空间加热器（其他电热器具及其零件III类器具） 其他对流式空间加热器（其他电热器具及其零件0I类器具） 其他对流式空间加热器（其他电热器具及其零件0类器具） ……②
851629	90		电气空间加热器	Other electric space heating apparatus	【最】7【普】100 【协东盟】0【协香港】0【协澳门】0 【协巴基斯坦】5【协智利】0【协新西兰】0 【协新加坡】0【协秘鲁】0【协哥斯达黎加】0 【协冰岛】0【协瑞士】0【协澳大利亚】0 【协韩国】6【协格鲁吉亚】0 【特-1】0【特-2】0【特-3】0 【增】16【对美加征】10【出】0【退】16	个			L		101 102 103 104 105	电气空间加热器（电气空间加热器I类器具） 电气空间加热器（电气空间加热器II类器具） 电气空间加热器（电气空间加热器III类器具） 电气空间加热器（电气空间加热器0I类器具） 电气空间加热器（电气空间加热器0类器具）
851631	00		电吹风机【电商】	Electro-thermic hair dryers	【最】7【普】100 【协东盟】0【协澳门】0【协巴基斯坦】5 【协智利】0【协新西兰】0【协新加坡】0 【协秘鲁】0【协哥斯达黎加】0【协冰岛】0 【协瑞士】4【协澳大利亚】0【协韩国】6 【协格鲁吉亚】0【协香港】0 【特-1】0【特-2】0【特-3】0 【增】16【对美加征】10【出】0【退】16	个	A		LM		101 102 103 104 105	电吹风机（电吹风机I类器具） 电吹风机（电吹风机II类器具） 电吹风机（电吹风机III类器具） 电吹风机（电吹风机0I类器具） 电吹风机（电吹风机0类器具）

① 该税号项下检验检疫编码及对应中文名称尚有：106　充液式对流空间加热器（其他小型家用及类似用途电器及其零件I类器具），107　充液式对流空间加热器（其他小型家用及类似用途电器及其零件II类器具），108　充液式对流空间加热器（其他小型家用及类似用途电器及其零件III类器具），109　充液式对流空间加热器（其他小型家用及类似用途电器及其零件0I类器具），110　充液式对流空间加热器（其他小型家用及类似用途电器及其零件0类器具）。

② 该税号项下检验检疫编码及对应中文名称尚有：106　其他对流式空间加热器（其他小型家用及类似用途电器及其零件I类器具），107　其他对流式空间加热器（其他小型家用及类似用途电器及其零件II类器具），108　其他对流式空间加热器（其他小型家用及类似用途电器及其零件III类器具），109　其他对流式空间加热器（其他小型家用及类似用途电器及其零件0I类器具），110　其他对流式空间加热器（其他小型家用及类似用途电器及其零件0类器具）。

税则号列			货品名称中英文		税费综合信息	计量单位	监管证件代码		检验检疫类别		检验检疫编码	检验检疫编码对应中文名称
HS国际统一前6位	本国子目 7~8位	9~10位	中文 货物名称	英文 Article Description			进口	出口	进口	出口		
851632	00		其他电热理发器具 【电商】	Other electro-thermic hair-dressing apparatus	【最】7【普】100 【协东盟】0【协澳门】0【协智利】0 【协新西兰】0【协新加坡】0【协秘鲁】0 【协哥斯达黎加】0【协冰岛】0【协瑞士】7 【协澳大利亚】0【协韩国】28【协格鲁吉亚】0 【协香港】0 【特-1】0【特-2】0 【增】16【出】0【退】16	个	A		LM		101 102 103 104 105 ……	其他电热理发器具（电热理发器具I类器具） 其他电热理发器具（电热理发器具II类器具） 其他电热理发器具（电热理发器具III类器具） 其他电热理发器具（电热理发器具0I类器具） 其他电热理发器具（电热理发器具0类器具） ……①
851633	00		电热干手器	Electro-thermic hand-drying apparatus	【最】7【普】100 【协东盟】0【协澳门】0【协智利】0 【协新西兰】0【协新加坡】0【协秘鲁】0 【协哥斯达黎加】0【协冰岛】0【协瑞士】7 【协澳大利亚】0【协格鲁吉亚】0【协香港】0 【特-1】0【特-2】0 【增】16【出】0【退】16	个	A		LM		101 102 103 104 105	电热干手器（电热干手器I类器具） 电热干手器（电热干手器II类器具） 电热干手器（电热干手器III类器具） 电热干手器（电热干手器0I类器具） 电热干手器（电热干手器0类器具）
851640	00		电熨斗 【电商】	Electric smoothing irons	【最】7【普】100 【协东盟】0【协澳门】0【协智利】0 【协新西兰】0【协新加坡】0【协秘鲁】0 【协台湾】0【协哥斯达黎加】0【协冰岛】0 【协瑞士】7【协澳大利亚】0【协格鲁吉亚】0 【协香港】0 【特-1】0【特-2】0 【增】16【出】0【退】16	个	A		LM		101 102 103 104 105	电熨斗（电熨斗I类器具） 电熨斗（电熨斗II类器具） 电熨斗（电熨斗III类器具） 电熨斗（电熨斗0I类器具） 电熨斗（电熨斗0类器具）
851650	00		微波炉 【电商】	Microwave ovens	【最】7【普】130 【协亚太】4.6【协东盟】0【协巴基斯坦】7.5 【协智利】0【协新西兰】0【协新加坡】0 【协秘鲁】0【协哥斯达黎加】0【协冰岛】0 【协瑞士】6【协澳大利亚】0【协韩国】9 【协格鲁吉亚】0【协香港】0【协澳门】0 【特-1】0【特-2】0 【增】16【对美加征】10【出】0【退】16	个	A		LMR		101 102 103 104 105	微波炉（微波炉I类器具） 微波炉（微波炉II类器具） 微波炉（微波炉III类器具） 微波炉（微波炉0I类器具） 微波炉（微波炉0类器具）
851660	10		电磁炉	Electromagnetic ovens	【最】7【普】130 【协亚太】5.6【协东盟】0【协澳门】0 【协巴基斯坦】12【协智利】0【协新西兰】0 【协新加坡】0【协秘鲁】0【协哥斯达黎加】0 【协冰岛】0【协瑞士】6【协澳大利亚】0 【协韩国】9【协格鲁吉亚】0【协香港】0 【特-1】0【特-2】0 【增】16【对美加征】10【出】0【退】16	个	A		L		101 102 103 104 105	电磁炉（电磁炉I类器具） 电磁炉（电磁炉II类器具） 电磁炉（电磁炉III类器具） 电磁炉（电磁炉0I类器具） 电磁炉（电磁炉0类器具）
851660	30		电饭锅 【电商】	Electric rice cookers	【最】7【普】130 【协东盟】0【协澳门】0【协巴基斯坦】12 【协智利】0【协新西兰】0【协新加坡】0 【协秘鲁】0【协台湾】0【协哥斯达黎加】0 【协冰岛】0【协瑞士】6【协澳大利亚】0 【协韩国】9【协格鲁吉亚】0【协香港】0 【特-1】0【特-2】0 【增】16【出】0【退】16	个	A		LR		101 102 103 104 105	电饭锅（电饭锅I类器具） 电饭锅（电饭锅II类器具） 电饭锅（电饭锅III类器具） 电饭锅（电饭锅0I类器具） 电饭锅（电饭锅0类器具）

① 该税号项下检验检疫编码及对应中文名称尚有：106　其他电热理发器具（焗油机I类器具），107　其他电热理发器具（焗油机II类器具），108　其他电热理发器具（焗油机III类器具），109　其他电热理发器具（焗油机0I类器具），110　其他电热理发器具（焗油机0类器具）。

税则号列			货品名称中英文		税费综合信息	计量单位	监管证件代码		检验检疫类别		检验检疫编码	检验检疫编码对应中文名称
HS国际统一前6位	本国子目7~8位	本国子目9~10位	中文货物名称	英文 Article Description			进口	出口	进口	出口		
851660	40		电炒锅 【电商】	Electric frying pans	【最】7【普】130 【协东盟】0【协澳门】0【协巴基斯坦】12 【协智利】0【协新西兰】0【协新加坡】0 【协秘鲁】0【协哥斯达黎加】0【协冰岛】0 【协瑞士】6【协澳大利亚】0【协韩国】9 【协格鲁吉亚】0【协香港】0 【特-1】0【特-2】0 【增】16【出】0【退】16	个	A		R		101 102 103 104 105	电炒锅（电炒锅I类器具） 电炒锅（电炒锅II类器具） 电炒锅（电炒锅III类器具） 电炒锅（电炒锅0I类器具） 电炒锅（电炒锅0类器具）
851660	50		电烤箱 【电商】	Roaster oven	【最】7【普】130 【协东盟】0【协澳门】0【协巴基斯坦】12 【协智利】0【协新西兰】0【协秘鲁】0 【协台湾】0【协哥斯达黎加】0【协冰岛】0 【协瑞士】6【协澳大利亚】0【协韩国】9 【协格鲁吉亚】0【协香港】0 【特-1】0【特-2】0 【增】16【对美加征】10【出】0【退】16	个	A		LM		101 102 103 104 105	电烤箱（电热炉I类器具） 电烤箱（电热炉II类器具） 电烤箱（电热炉III类器具） 电烤箱（电热炉0I类器具） 电烤箱（电热炉0类器具）
851660	90		其他电热炉（包括电热板、加热环、烧烤炉及烘烤器） 【电商】	Other electric ovens (including cooking plates, boiling rings, grillers and roasters)	【最】7【普】130 【协东盟】0【协澳门】0【协巴基斯坦】12 【协智利】0【协新西兰】0【协新加坡】0 【协秘鲁】0【协哥斯达黎加】0【协冰岛】0 【协瑞士】6【协澳大利亚】0【协韩国】9 【协格鲁吉亚】0【协香港】0 【特-1】0【特-2】0 【增】16【对美加征】10【出】0【退】16	个	A		LM		101 102 103 104 105 ……	其他电热炉（包括电热板、加热环、烧烤炉及烘烤器）（电热炉I类器具） 其他电热炉（包括电热板、加热环、烧烤炉及烘烤器）（电热炉II类器具） 其他电热炉（包括电热板、加热环、烧烤炉及烘烤器）（电热炉III类器具） 其他电热炉（包括电热板、加热环、烧烤炉及烘烤器）（电热炉0I类器具） 其他电热炉（包括电热板、加热环、烧烤炉及烘烤器）（电热炉0类器具） ……①
851671	10		滴液式咖啡机 【电商】	Drip coffee makers	【最】7【普】130 【协东盟】0【协澳门】0【协智利】0 【协新西兰】0【协新加坡】0【协秘鲁】0 【协哥斯达黎加】0【协瑞士】0【协澳大利亚】0 【协格鲁吉亚】0【协香港】0 【特-1】0【特-2】0 【增】16【对美加征】10【出】0【退】16	个	A		LR		101 102 103 104 105	滴液式咖啡机（电热咖啡壶或茶壶I类器具） 滴液式咖啡机（电热咖啡壶或茶壶II类器具） 滴液式咖啡机（电热咖啡壶或茶壶III类器具） 滴液式咖啡机（电热咖啡壶或茶壶0I类器具） 滴液式咖啡机（电热咖啡壶或茶壶0类器具）

① 该税号项下检验检疫编码及对应中文名称尚有：106 其他电热炉（包括电热板、加热环、烧烤炉及烘烤器）（光波炉I类器具），107 其他电热炉（包括电热板、加热环、烧烤炉及烘烤器）（光波炉II类器具），108 其他电热炉（包括电热板、加热环、烧烤炉及烘烤器）（光波炉III类器具），109 其他电热炉（包括电热板、加热环、烧烤炉及烘烤器）（光波炉0I类器具），110 其他电热炉（包括电热板、加热环、烧烤炉及烘烤器）（光波炉0类器具），111 其他电热炉（包括电热板、加热环、烧烤炉及烘烤器）（油炸锅I类器具），112 其他电热炉（包括电热板、加热环、烧烤炉及烘烤器）（油炸锅II类器具），113 其他电热炉（包括电热板、加热环、烧烤炉及烘烤器）（油炸锅III类器具），114 其他电热炉（包括电热板、加热环、烧烤炉及烘烤器）（油炸锅0I类器具），115 其他电热炉（包括电热板、加热环、烧烤炉及烘烤器）（油炸锅0类器具）。

税则号列			货品名称中英文		税费综合信息	计量单位	监管证件代码		检验检疫类别		检验检疫编码	检验检疫编码对应中文名称
HS国际统一前6位	本国子目 7~8位	本国子目 9~10位	中文 货物名称	英文 Article Description			进口	出口	进口	出口		
851671	20		蒸馏渗滤式咖啡机 【电商】	Steam espresso makers	【最】7【普】130 【协东盟】0【协澳门】0【协智利】0 【协新西兰】0【协新加坡】0【协秘鲁】0 【协哥斯达黎加】0【协瑞士】0【协香港】0 【协澳大利亚】0【协格鲁吉亚】0 【特-1】0【特-2】0 【增】16【对美加征】10【出】0【退】16	个	A		LR		101 102 103 104 105	蒸馏渗滤式咖啡机（电热咖啡壶或茶壶Ⅰ类器具） 蒸馏渗滤式咖啡机（电热咖啡壶或茶壶Ⅱ类器具） 蒸馏渗滤式咖啡机（电热咖啡壶或茶壶Ⅲ类器具） 蒸馏渗滤式咖啡机（电热咖啡壶或茶壶0Ⅰ类器具） 蒸馏渗滤式咖啡机（电热咖啡壶或茶壶0类器具）
851671	30		泵压式咖啡机 【电商】	Pump espresso makers	【最】7【普】130 【协东盟】0【协澳门】0【协智利】0 【协新西兰】0【协新加坡】0【协秘鲁】0 【协哥斯达黎加】0【协冰岛】0【协瑞士】0 【协澳大利亚】0【协格鲁吉亚】0【协香港】0 【特-1】0【特-2】0 【增】16【对美加征】10【出】0【退】16	个	A		LR		101 102 103 104 105	泵压式咖啡机（电热咖啡壶或茶壶Ⅰ类器具） 泵压式咖啡机（电热咖啡壶或茶壶Ⅱ类器具） 泵压式咖啡机（电热咖啡壶或茶壶Ⅲ类器具） 泵压式咖啡机（电热咖啡壶或茶壶0Ⅰ类器具） 泵压式咖啡机（电热咖啡壶或茶壶0类器具）
851671	90		其他电热咖啡机和茶壶 【电商】	Other electro-thermic coffee or ter makers	【最】7【普】130 【协东盟】0【协澳门】0【协智利】0 【协新西兰】0【协新加坡】0【协秘鲁】0 【协哥斯达黎加】0【协冰岛】0【协瑞士】0 【协澳大利亚】0【协格鲁吉亚】0【协香港】0 【特-1】0【特-2】0 【增】16【对美加征】5【出】0【退】16	个	A		LR		101 102 103 104 105 ……	其他电热咖啡机和茶壶（电热咖啡壶或茶壶Ⅰ类器具） 其他电热咖啡机和茶壶（电热咖啡壶或茶壶Ⅱ类器具） 其他电热咖啡机和茶壶（电热咖啡壶或茶壶Ⅲ类器具） 其他电热咖啡机和茶壶（电热咖啡壶或茶壶0Ⅰ类器具） 其他电热咖啡机和茶壶（电热咖啡壶或茶壶0类器具） ……①
851672	10		家用自动面包机 【电商】	Household automoted bread makers	【最】7【普】130 【协东盟】0【协澳门】0【协智利】0 【协新西兰】0【协新加坡】0【协秘鲁】0 【协台湾】0【协哥斯达黎加】0【协瑞士】7 【协澳大利亚】0【协格鲁吉亚】0【协香港】0 【特-1】0【特-2】0 【增】16【出】0【退】16	个	A		LMR		101 102 103 104 105	家用自动面包机（电热烤面包器Ⅰ类器具） 家用自动面包机（电热烤面包器Ⅱ类器具） 家用自动面包机（电热烤面包器Ⅲ类器具） 家用自动面包机（电热烤面包器0Ⅰ类器具） 家用自动面包机（电热烤面包器0类器具）
851672	20		片式烤面包机（多士炉） 【电商】	Slice pop-up toasters	【最】7【普】130 【协东盟】0【协澳门】0【协智利】0 【协新西兰】0【协新加坡】0【协秘鲁】0 【协哥斯达黎加】0【协瑞士】7 【协澳大利亚】0【协格鲁吉亚】0【协香港】0 【特-1】0【特-2】0 【增】16【对美加征】10【出】0【退】16	个	A		LMR		101 102 103 104 105	片式烤面包机（多士炉）（电热烤面包器Ⅰ类器具） 片式烤面包机（多士炉）（电热烤面包器Ⅱ类器具） 片式烤面包机（多士炉）（电热烤面包器Ⅲ类器具） 片式烤面包机（多士炉）（电热烤面包器0Ⅰ类器具） 片式烤面包机（多士炉）（电热烤面包器0类器具）

① 该税号项下检验检疫编码及对应中文名称尚有：106　其他电热咖啡机和茶壶（电热水壶Ⅰ类器具），107　其他电热咖啡机和茶壶（电热水壶Ⅱ类器具），108　其他电热咖啡机和茶壶（电热水壶Ⅲ类器具），109　其他电热咖啡机和茶壶（电热水壶0Ⅰ类器具），110　其他电热咖啡机和茶壶（电热水壶0类器具）。

税则号列 HS国际统一前6位	本国子目 7~8位	本国子目 9~10位	货品名称 中文 货物名称	货品名称 英文 Article Description	税费综合信息	计量单位	监管证件代码 进口	监管证件代码 出口	检验检疫类别 进口	检验检疫类别 出口	检验检疫编码	检验检疫编码对应中文名称
851672	90		其他电热烤面包器	Other electro-thermic toasters	【最】7【普】130 【协东盟】0【协澳门】0【协智利】0 【协新西兰】0【协新加坡】0【协秘鲁】0 【协哥斯达黎加】0【协瑞士】7【协香港】0 【协澳大利亚】0【协格鲁吉亚】0 【特-1】0【特-2】0 【增】16【对美加征】10【出】0【退】16	个	A		LMR		101 102 103 104 105	其他电热烤面包器（电热烤面包器I类器具） 其他电热烤面包器（电热烤面包器II类器具） 其他电热烤面包器（电热烤面包器III类器具） 其他电热烤面包器（电热烤面包器0I类器具） 其他电热烤面包器（电热烤面包器0类器具）
851679	10		电热饮水机【电商】	Electro-thermic water dispensers	【最】7【普】100 【协东盟】0【协澳门】0【协智利】0 【协新西兰】0【协新加坡】0【协秘鲁】0 【协哥斯达黎加】0【协瑞士】7【协香港】0 【协澳大利亚】0【协格鲁吉亚】0 【特-1】0【特-2】0 【增】16【对美加征】10【出】0【退】16	台	A		L		101 102 103 104 105 ……	电热饮水机（其他电热器具及其零件I类器具） 电热饮水机（其他电热器具及其零件II类器具） 电热饮水机（其他电热器具及其零件III类器具） 电热饮水机（其他电热器具及其零件0I类器具） 电热饮水机（其他电热器具及其零件0类器具） ……①
851679	90	10	电智能马桶盖【电商】	Electric intelligent toilet cover	【最】7【普】100 【协东盟】0【协香港】0【协澳门】0【协智利】0 【协新西兰】0【协新加坡】0【协秘鲁】0 【协哥斯达黎加】0【协澳大利亚】0 【协格鲁吉亚】0 【特-1】0【特-2】0 【增】16【对美加征】10【出】0【退】16	个	A		L		999	电智能马桶盖
851679	90	90	其他电热器具（电智能马桶盖除外）【电商】	Other electric appliances (except for electric intelligent toilet cover	【最】7【普】100 【协东盟】0【协香港】0【协澳门】0【协智利】0 【协新西兰】0【协新加坡】0【协秘鲁】0 【协哥斯达黎加】0【协澳大利亚】0 【协格鲁吉亚】0 【特-1】0【特-2】0 【增】16【对美加征】10【出】0【退】16	个	A		L		101 102 103 104 105 ……	其他电热器具（电智能马桶盖除外）（电蒸炉I类器具） 其他电热器具（电智能马桶盖除外）（电蒸炉II类器具） 其他电热器具（电智能马桶盖除外）（电蒸炉III类器具） 其他电热器具（电智能马桶盖除外）（电蒸炉0I类器具） 其他电热器具（电智能马桶盖除外）（电蒸炉0类器具） ……②

① 该税号项下检验检疫编码及对应中文名称尚有：106　电热饮水机（其他小型家用及类似用途电器及其零件I类器具），107　电热饮水机（其他小型家用及类似用途电器及其零件II类器具），108　电热饮水机（其他小型家用及类似用途电器及其零件III类器具），109　电热饮水机（其他小型家用及类似用途电器及其零件0I类器具），110　电热饮水机（其他小型家用及类似用途电器及其零件0类器具）。

② 该税号项下检验检疫编码及对应中文名称尚有：106　其他电热器具（电智能马桶盖除外）（电子炖盅I类器具），107　其他电热器具（电智能马桶盖除外）（电子炖盅II类器具），108　其他电热器具（电智能马桶盖除外）（电子炖盅III类器具），109　其他电热器具（电智能马桶盖除外）（电子炖盅0I类器具），110　其他电热器具（电智能马桶盖除外）（电子炖盅0类器具），111　其他电热器具（电智能马桶盖除外）（其他电热器具及其零件I类器具），112　其他电热器具（电智能马桶盖除外）（其他电热器具及其零件II类器具），113　其他电热器具（电智能马桶盖除外）（其他电热器具及其零件III类器具），114　其他电热器具（电智能马桶盖除外）（其他电热器具及其零件0I类器具），115　其他电热器具（电智能马桶盖除外）（其他电热器具及其零件0类器具），116　其他电热器具（电智能马桶盖除外）（其他小型家用及类似用途电器及其零件I类器具），117　其他电热器具（电智能马桶盖除外）（其他小型家用及类似用途电器及其零件II类器具），118　其他电热器具（电智能马桶盖除外）（其他小型家用及类似用途电器及其零件III类器具），119　其他电热器具（电智能马桶盖除外）（其他小型家用及类似用途电器及其零件0I类器具），120　其他电热器具（电智能马桶盖除外）（其他小型家用及类似用途电器及其零件0类器具）。

税则号列			货品名称中英文		税费综合信息	计量单位	监管证件代码		检验检疫类别		检验检疫编码	检验检疫编码对应中文名称
HS 国际统一前 6 位	本国子目 7~8 位	本国子目 9~10 位	中文 货物名称	英文 Article Description			进口	出口	进口	出口		
851680	00		加热电阻器 【电商】	Electric heating resistors	【最】7【普】40 【协东盟】0【协巴基斯坦】5【协智利】0 【协新西兰】0【协新加坡】0【协秘鲁】0 【协哥斯达黎加】0【协冰岛】0【协瑞士】4 【协澳大利亚】0【协韩国】6【协格鲁吉亚】0 【协香港】0【协澳门】0 【特-1】0【特-2】0【特-3】0 【增】16【对美加征】5【出】0【退】16	个					101 102 103 104 105	加热电阻器（其他电热器具及其零件 I 类器具） 加热电阻器（其他电热器具及其零件 II 类器具） 加热电阻器（其他电热器具及其零件 III 类器具） 加热电阻器（其他电热器具及其零件 0I 类器具） 加热电阻器（其他电热器具及其零件 0 类器具）
851690	10		土壤加热器及加热电阻器零件	Parts of apparatus of subheading No. 8516.2910 or 8516.8000	【最】6【普】40 【协东盟】0【协香港】0【协巴基斯坦】5 【协智利】0【协新西兰】0【协秘鲁】0 【协哥斯达黎加】0【协冰岛】0【协瑞士】0 【协澳大利亚】0【协韩国】4.8 【协格鲁吉亚】0 【特-1】0【特-2】0【特-3】0 【增】16【对美加征】5【出】0【退】16	千克					999	土壤加热器及加热电阻器零件
851690	90		税目 85.16 所列货品的其他零件 【电商】	Parts of other goods of heading No. 85.16	【最】6【普】100 【协东盟】0【协香港】0【协巴基斯坦】6 【协智利】0【协新西兰】0【协新加坡】0 【协秘鲁】0【协哥斯达黎加】0【协冰岛】0 【协瑞士】0【协澳大利亚】0【协韩国】7.2 【协格鲁吉亚】0 【特-1】0【特-2】0【特-3】0 【增】16【对美加征】10【出】0【退】16	千克					999	税目 85.16 所列货品的其他零件
851711	00	10	无绳加密电话机	Encrypted cordless phone	【最】0【普】30【特-1】0【特-2】0【特-3】0 【增】16【对美加征】10【出】0【退】16	台	AM		LM		999	无绳加密电话机
851711	00	90	其他无绳电话机	Other kinds of cordless phone	【最】0【普】30【特-1】0【特-2】0【特-3】0 【增】16【对美加征】10【出】0【退】16	台	A		LM		999	其他无绳电话机
851712	10	11	GSM 数字式手持无线电话整套散件 【电商】	Full set of parts of GSM handheld digital cordless phone	【最】0【普】20【特-1】0【特-2】0【特-3】0 【增】16【对美加征】10【出】0【退】16	台					101 102	GSM 数字式手持无线电话整套散件（不带附件及包装） GSM 数字式手持无线电话整套散件（包含附件及包装）
851712	10	19	其他 GSM 数字式手持无线电话机 【电商】	Other kinds of parts of GSM handheld digital cordless phone	【最】0【普】20【特-1】0【特-2】0【特-3】0 【增】16【对美加征】10【出】0【退】16	台	A		LM		101 102	其他 GSM 数字式手持无线电话机（不带附件及包装） 其他 GSM 数字式手持无线电话机（包含附件及包装）
851712	10	21	CDMA 数字式手持无线电话整套散件 【电商】	Full set of parts of CDMA handheld digital cordless phone	【最】0【普】20【特-1】0【特-2】0【特-3】0 【增】16【对美加征】10【出】0【退】16	台					101 102	CDMA 数字式手持无线电话整套散件（不带附件及包装） CDMA 数字式手持无线电话整套散件（包含附件及包装）
851712	10	29	其他 CDMA 数字式手持无线电话机 【电商】	Other kinds of parts of CDMA handheld digital cordless phone	【最】0【普】20【特-1】0【特-2】0【特-3】0 【增】16【对美加征】10【出】0【退】16	台	A		LM		101 102	其他 CDMA 数字式手持无线电话机（不带附件及包装） 其他 CDMA 数字式手持无线电话机（包含附件及包装）
851712	10	90	其他手持式无线电话机（包括车载式无线电话机） 【电商】	Other kinds of cordless phone (including car cordless phones)	【最】0【普】20【特-1】0【特-2】0【特-3】0 【增】16【对美加征】10【出】0【退】16	台	A		LM		101 102	其他手持式无线电话机（包括车载式无线电话机）（不带附件及包装） 其他手持式无线电话机（包括车载式无线电话机）（包含附件及包装）

税则号列			货品名称中英文		税费综合信息	计量单位	监管证件代码		检验检疫类别		检验检疫编码	检验检疫编码对应中文名称
HS国际统一前6位	本国子目 7~8位	9~10位	中文 货物名称	英文 Article Description			进口	出口	进口	出口		
851712	20		对讲机（用于蜂窝网络或其他无线网络的）【电商】	Walkie-talkie for cellular networks or for other wireless networks	【最】0【普】17【特-1】0【特-2】0【特-3】0【增】16【对美加征】10【出】0【退】16	台					101 102	对讲机（用于蜂窝网络或其他无线网络的）(对讲机) 对讲机（用于蜂窝网络或其他无线网络的）(其他通讯设备及其零件)
851712	90		其他用于蜂窝网络或其他无线网络的电话机【电商】	Other telephones for cellular networks or for other wireless networks	【最】0【普】14【特-1】0【特-2】0【特-3】0【增】16【对美加征】10【出】0【退】16	台			L		101 102 103	其他用于蜂窝网络或其他无线网络的电话机(不带附件及包装) 其他用于蜂窝网络或其他无线网络的电话机(包含附件及包装) 其他用于蜂窝网络或其他无线网络的电话机(其他通讯设备及其零件)
851718	00	10	其他加密电话机	Other kinds of encrypted phones	【最】0【普】30【特-1】0【特-2】0【特-3】0【增】16【对美加征】10【出】0【退】16	台	AM		LM		999	其他加密电话机
851718	00	90	其他电话机	Other kinds of phones	【最】0【普】30【特-1】0【特-2】0【特-3】0【增】16【对美加征】10【出】0【退】16	台	A		LM		999	其他电话机
851761	10	10	GSM式移动通信基地站	GSM mobile communication base station	【最】0【普】14【特-1】0【特-2】0【特-3】0【增】16【对美加征】10【出】0【退】16	台	O				999	GSM式移动通信基地站
851761	10	20	CDMA式移动通信基地站	CDMA mobile communication base station	【最】0【普】14【特-1】0【特-2】0【特-3】0【增】16【对美加征】10【出】0【退】16	台	O				999	CDMA式移动通信基地站
851761	10	30	TACS式移动通信基地站	TACS mobile communication base station	【最】0【普】14【特-1】0【特-2】0【特-3】0【增】16【对美加征】10【出】0【退】16	台					999	TACS式移动通信基地站
851761	10	90	其他移动通信基地站	Other kinds of mobile communication base station	【最】0【普】14【特-1】0【特-2】0【特-3】0【增】16【对美加征】10【出】0【退】16	台	O				999	其他移动通信基地站
851761	90		其他基站	Other base stations	【最】0【普】14【特-1】0【特-2】0【特-3】0【增】16【对美加征】10【出】0【退】16	台	O				101 102 103	其他基站（不带附件及包装） 其他基站（包含附件及包装） 其他基站（其他通讯设备及其零件）
851762	11		局用电话交换机、长途电话交换机、电报交换机，数字式	Public telephonic switching apparatus; toll telephonic switching apparatus ; telegraphic switching apparatus	【最】0【普】17【特-1】0【特-2】0【特-3】0【增】16【对美加征】5【出】0【退】16	台			L		101 102 103	局用电话交换机、长途电话交换机、电报交换机，数字式（电话交换机） 局用电话交换机、长途电话交换机、电报交换机，数字式（网络交换机） 局用电话交换机、长途电话交换机、电报交换机，数字式（其他通讯设备及其零件）
851762	12		数字移动通信交换机	Mobile communication switching system	【最】0【普】40【特-1】0【特-2】0【特-3】0【增】16【对美加征】5【出】0【退】16	台	O				101 102	数字移动通信交换机(网络交换机) 数字移动通信交换机(其他通讯设备及其零件)
851762	19		其他数字式程控电话交换机	Ohter telephonic switching apparatus	【最】0【普】40【特-1】0【特-2】0【特-3】0【增】16【对美加征】10【出】0【退】16	台	A		L		999	其他数字式程控电话交换机
851762	21		光端机及脉冲编码调制设备(PCM)	Optical line terminal equipments and pulse code modulation equipments	【最】0【普】17【特-1】0【特-2】0【特-3】0【增】16【对美加征】10【出】0【退】16	台	O		L		101 102 103	光端机及脉冲编码调制设备（PCM）(调制解调器) 光端机及脉冲编码调制设备（PCM）(光通信数字同步设备) 光端机及脉冲编码调制设备（PCM）(其他通讯设备及其零件)

税则号列			货品名称中英文		税费综合信息	计量单位	监管证件代码		检验检疫类别		检验检疫编码	检验检疫编码对应中文名称
HS国际统一前6位	本国子目 7~8位	本国子目 9~10位	中文 货物名称	英文 Article Description			进口	出口	进口	出口		
851762	22		波分复用光传输设备	Optical transmission equipments for wave-division multiplexing	【最】0【普】30【特-1】0【特-2】0【特-3】0【增】16【对美加征】10【出】0【退】16	台	O		L		999	波分复用光传输设备
851762	29	10	光通讯加密路由器	Encrypted optical communication routers	【最】0【普】30【特-1】0【特-2】0【特-3】0【增】16【对美加征】5【出】0【退】16	台	AMO		LM		101 102	光通讯加密路由器（光通信数字同步设备） 光通讯加密路由器（其他通讯设备及其零件）
851762	29	90	其他光通讯设备	Other kinds of optical communication equipments	【最】0【普】30【特-1】0【特-2】0【特-3】0【增】16【对美加征】5【出】0【退】16	台	A		LM		101 102	其他光通讯设备（光通信数字同步设备） 其他光通讯设备（其他通讯设备及其零件）
851762	31		非光通讯网络时钟同步设备	Communication network synchronizing equipments	【最】0【普】30【特-1】0【特-2】0【特-3】0【增】16【对美加征】5【出】0【退】16	台			L		999	非光通讯网络时钟同步设备
851762	32	10	非光通讯加密以太网络交换机	Encrypted ethernet switches for non-optical communication	【最】0【普】30【特-1】0【特-2】0【特-3】0【增】16【对美加征】10【出】0【退】16	台	M		L		999	非光通讯加密以太网络交换机
851762	32	90	其他非光通讯以太网络交换机	Other kinds of ethernet switches for non-optical communication	【最】0【普】30【特-1】0【特-2】0【特-3】0【增】16【对美加征】10【出】0【退】16	台			L		999	其他非光通讯以太网络交换机
851762	33		IP电话信号转换设备	IP telephone signal converters	【最】0【普】30【特-1】0【特-2】0【特-3】0【增】16【对美加征】10【出】0【退】16	台	A		L		999	IP电话信号转换设备
851762	34		调制解调器	Modem	【最】0【普】30【特-1】0【特-2】0【特-3】0【增】16【对美加征】5【出】0【退】16	台	A		L		999	调制解调器
851762	35		集线器	Hubs	【最】0【普】40【特-1】0【特-2】0【特-3】0【增】16【对美加征】10【出】0【退】16	台	A		L		999	集线器
851762	36	10	非光通讯加密路由器	Encrypted routers for non-optical communication	【最】0【普】40【特-1】0【特-2】0【特-3】0【增】16【对美加征】10【出】0【退】16	台	M		L		999	非光通讯加密路由器
851762	36	90	其他路由器	Other kinds of routers	【最】0【普】40【特-1】0【特-2】0【特-3】0【增】16【对美加征】10【出】0【退】16	台			L		999	其他路由器
851762	37	10	为聚合高性能数字计算机性能而专门设计的有线网络接口卡	Wired network interface cards	【最】0【普】30【特-1】0【特-2】0【特-3】0【增】16【对美加征】10【出】0【退】16	台		3			999	为聚合高性能数字计算机性能而专门设计的有线网络接口卡［单链路单向通信速率超过2.0GB/s,，高性能数字计算机是指调整后峰值性能（APP）大于8.0加权每秒万亿次浮点运算的数字计算机］
851762	37	90	其他有线网络接口卡	Wired network interface cards	【最】0【普】30【特-1】0【特-2】0【特-3】0【增】16【对美加征】10【出】0【退】16	台			L		999	其他有线网络接口卡
851762	39	10	为聚合高性能数字计算机性能而专门设计的交换机	Other telecommunication apparatus for digital line system	【最】0【普】30【特-1】0【特-2】0【特-3】0【增】16【对美加征】5【出】0【退】16	台	O	3			999	为聚合高性能数字计算机性能而专门设计的交换机［单链路单向通信速率超过2.0GB/s，自定义通信协议。高性能数字计算机是指调整后峰值性能（APP）大于8.0加权每秒万亿次浮点运算的数字计算机］
851762	39	90	其他有线数字通信设备	Other telecommunication apparatus for digital line system	【最】0【普】30【特-1】0【特-2】0【特-3】0【增】16【对美加征】5【出】0【退】16	台			L		999	其他有线数字通信设备
851762	92		无线网络接口卡	Wireless network interface cards	【最】0【普】14【特-1】0【特-2】0【特-3】0【增】16【对美加征】10【出】0【退】16	台			L		999	无线网络接口卡
851762	93		无线接入固定台	Fixed wireless access station	【最】0【普】14【特-1】0【特-2】0【特-3】0【增】16【对美加征】10【出】0【退】16	台			L		999	无线接入固定台

税则号列 HS国际统一前6位	本国子目 7~8位	本国子目 9~10位	货品名称中英文 中文 货物名称	货品名称中英文 英文 Article Description	税费综合信息	计量单位	监管证件代码 进口	监管证件代码 出口	检验检疫类别 进口	检验检疫类别 出口	检验检疫编码	检验检疫编码对应中文名称
851762	94		无线耳机【电商】	Wireless headset	【最】0【普】14【特-1】0【特-2】0【特-3】0【增】16【对美加征】10【出】0【退】16	个					101 102 103	无线耳机（Ⅰ类其他扬声器及其零件） 无线耳机（Ⅱ类其他扬声器及其零件） 无线耳机（Ⅲ类其他扬声器及其零件）
851762	99		其他接收、转换并发送或再生音像或其他数据用的设备【电商】	Other apparatus for the reception, conversion and transmission or regeneration of voice, images or other data	【最】0【普】14【特-1】0【特-2】0【特-3】0【增】16【对美加征】10【出】0【退】16	台			L		999	其他接收、转换并发送或再生音像或其他数据用的设备
851769	10	01	用于呼叫、提示和寻呼的便携式接收器	Portable receptors for calling, promoting and paging	【最】0【普】14 【协东盟】0【协巴基斯坦】0【协智利】0 【协新西兰】0【协秘鲁】0【协哥斯达黎加】0 【协冰岛】0【协瑞士】0【协澳大利亚】0 【协韩国】1.8【协格鲁吉亚】0【协香港】0 【协澳门】0 【特-1】0【特-2】0【特-3】0 【增】16【对美加征】5【出】0【退】16	台	A		M		101 102 103	用于呼叫、提示和寻呼的便携式接收器（无线接收装置） 用于呼叫、提示和寻呼的便携式接收器（无线寻呼机） 用于呼叫、提示和寻呼的便携式接收器（其他通讯设备及其零件）
851769	10	90	其他无线通信设备	Other kinds of wireless telecommunication equipments	【最】4.5【普】14 【协东盟】0【协巴基斯坦】0【协智利】0 【协新西兰】0【协秘鲁】0【协哥斯达黎加】0 【协冰岛】0【协瑞士】0【协澳大利亚】0 【协韩国】1.8【协格鲁吉亚】0【协香港】0 【协澳门】0 【特-1】0【特-2】0【特-3】0 【增】16【对美加征】5【出】0【退】16	台	A		LM		101 102	其他无线通信设备（不带附件及包装） 其他无线通信设备（包含附件及包装）
851769	90		其他有线通信设备	Other telecommunication equipments in a wired network	【最】0【普】30【特-1】0【特-2】0【特-3】0【增】16【对美加征】5【出】0【退】16	台			L		101 102	其他有线通信设备（其他办公机器及其零件） 其他有线通信设备（其他通讯设备及其零件）
851770	10		数字式程控电话或电报交换机零件	Parts of digital program-controlled telephonic or telegraphic switching apparatus	【最】0【普】14【特-1】0【特-2】0【特-3】0【增】16【对美加征】10【出】0【退】16	千克					999	数字式程控电话或电报交换机零件
851770	20		光端机、脉冲编码调制设备的零件	Parts Of optical line terminal equipments and pulse code modulation equipments	【最】0【普】14【特-1】0【特-2】0【特-3】0【增】16【对美加征】10【出】0【退】16	千克					999	光端机、脉冲编码调制设备的零件
851770	30		手持式无线电话机用零件（天线除外）	Parts of wireless telephones hand-sets (other than aerials)	【最】0【普】17【特-1】0【特-2】0【特-3】0【增】16【对美加征】10【出】0【退】16	千克					999	手持式无线电话机用零件（天线除外）
851770	40		对讲机用零件（天线除外）	Parts of walkie-talkie (other than aerials)	【最】2【普】20 【协亚太】1.3【协东盟】0【协香港】0 【协巴基斯坦】5【协智利】0【协新西兰】0 【协秘鲁】0【协哥斯达黎加】0【协冰岛】0 【协瑞士】0【协澳大利亚】0【协韩国】4.8 【协格鲁吉亚】0 【特-1】0【特-2】0【特-3】0 【增】16【对美加征】10【出】0【退】16	千克					101 102	对讲机用零件（天线除外）（移动通讯设备） 对讲机用零件（天线除外）（其他通讯设备及其零件）
851770	60		光通信设备的激光收发模块	Laser transmitting and receiving unit of optical communication equipment	【最】0【普】30【特-1】0【特-2】0【特-3】0【增】16【对美加征】10【出】0【退】16	千克					999	光通信设备的激光收发模块
851770	70	01	无线电话电报装置的天线	Antenna for wireless phones and telegraphs	【最】0【普】20 【协东盟】0【协巴基斯坦】0【协智利】0 【协新西兰】0【协秘鲁】0【协哥斯达黎加】0 【协冰岛】0【协瑞士】0【协澳大利亚】0 【协韩国】0.4【协格鲁吉亚】0【协香港】0 【协澳门】0 【特-1】0【特-2】0【特-3】0 【增】16【对美加征】10【出】0【退】16	千克					999	无线电话电报装置的天线

税则号列			货品名称中英文		税费综合信息	计量单位	监管证件代码		检验检疫类别		检验检疫编码	检验检疫编码对应中文名称
HS国际统一前6位	本国子目7~8位	本国子目9~10位	中文货物名称	英文Article Description			进口	出口	进口	出口		
851770	70	90	税目85.17所列设备用其他天线	Other antennas and parts for the equipments listed in the 85.17 item	【最】0.5【普】20 【协东盟】0【协巴基斯坦】0【协智利】0 【协新西兰】0【协秘鲁】0【协哥斯达黎加】0 【协冰岛】0【协瑞士】0【协澳大利亚】0 【协韩国】0.4【协格鲁吉亚】0【协香港】0 【协澳门】0 【特-1】0【特-2】0【特-3】0 【增】16【对美加征】10【出】0【退】16	千克					999	税目85.17所列设备用其他天线及其零件
851770	90		税目85.17所列其他通信设备零	Other parts for the equipments listed in the 85.17 item	【最】0【普】20【特-1】0【特-2】0【特-3】0 【增】16【对美加征】10【出】0【退】16	千克					999	税目85.17所列其他通信设备零件
851810	00	01	电讯用频率在300Hz~3400Hz麦克风	Microphones used for telecommunication with the frequency between 300 and 3400Hz	【最】0【普】40 【协东盟】0【协香港】0【协巴基斯坦】5 【协智利】0【协新西兰】0【协新加坡】0 【协秘鲁】0【协台湾】0【协哥斯达黎加】0 【协冰岛】0【协瑞士】0【协澳大利亚】0 【协韩国】2【协格鲁吉亚】0 【特-1】0【特-2】0【特-3】0 【增】16【对美加征】10【出】0【退】16	个					101 102 103	电讯用频率在300Hz~3400Hz麦克风（直径不超过10mm,高不超过3mm)(Ⅰ类其他扬声器及其零件) 电讯用频率在300Hz~3400Hz麦克风（直径不超过10mm,高不超过3mm)(Ⅱ类其他扬声器及其零件) 电讯用频率在300Hz~3400Hz麦克风（直径不超过10mm,高不超过3mm)(Ⅲ类其他扬声器及其零件)
851810	00	90	其他传声器（麦克风）及其座架	Other kinds of microphone and its seat frames	【最】2.5【普】40 【协东盟】0【协香港】0【协巴基斯坦】5 【协智利】0【协新西兰】0【协新加坡】0 【协秘鲁】0【协台湾】0【协哥斯达黎加】0 【协冰岛】0【协瑞士】0【协澳大利亚】0 【协韩国】2【协格鲁吉亚】0 【特-1】0【特-2】0【特-3】0 【增】16【对美加征】10【出】0【退】16	个					101 102 103	其他传声器（麦克风）及其座架（Ⅰ类其他扬声器及其零件） 其他传声器（麦克风）及其座架（Ⅱ类其他扬声器及其零件） 其他传声器（麦克风）及其座架（Ⅲ类其他扬声器及其零件）
851821	00		单喇叭音箱【电商】	Single loudspeakers, mounted in their enclosures	【最】2.5【普】40 【协东盟】0【协香港】0【协巴基斯坦】5 【协智利】0【协新西兰】0【协新加坡】0 【协秘鲁】0【协哥斯达黎加】0【协冰岛】0 【协瑞士】0【协澳大利亚】0【协韩国】6 【协格鲁吉亚】0 【特-1】0【特-2】0【特-3】0 【增】16【对美加征】10【出】0【退】16	个					101 102 103	单喇叭音箱（Ⅰ类单喇叭音箱） 单喇叭音箱（Ⅱ类单喇叭音箱） 单喇叭音箱（Ⅲ类单喇叭音箱）
851822	00		多喇叭音箱【电商】	Multiple loudspeakers, mounted in the same enclosure	【最】2.5【普】40 【协东盟】0【协香港】0【协巴基斯坦】5 【协智利】0【协新西兰】0【协新加坡】0 【协秘鲁】0【协哥斯达黎加】0【协冰岛】0 【协瑞士】0【协澳大利亚】0【协韩国】6 【协格鲁吉亚】0 【特-1】0【特-2】0【特-3】0 【增】16【对美加征】10【出】0【退】16	个					101 102 103	多喇叭音箱（Ⅰ类多喇叭音箱） 多喇叭音箱（Ⅱ类多喇叭音箱） 多喇叭音箱（Ⅲ类多喇叭音箱）
851829	00		其他扬声器【电商】	Other loudspeakers, whether or not mounted in their enclosures	【最】0【普】40【特-1】0【特-2】0【特-3】0 【增】16【对美加征】10【出】0【退】16	个					101 102 103	其他扬声器（Ⅰ类其他扬声器及其零件） 其他扬声器（Ⅱ类其他扬声器及其零件） 其他扬声器（Ⅲ类其他扬声器及其零件）
851830	00		耳机、耳塞机（包括传声器与扬声器的组合机）【电商】	Headphones, earphones, whether or not combined with a microphone (including sets consisting of a microphone and one or more loudspeakers)	【最】0【普】40【特-1】0【特-2】0【特-3】0 【增】16【对美加征】10【出】0【退】16	个					101 102 103	耳机、耳塞机（包括传声器与扬声器的组合机）（Ⅰ类其他扬声器及其零件） 耳机、耳塞机（包括传声器与扬声器的组合机）（Ⅱ类其他扬声器及其零件） 耳机、耳塞机（包括传声器与扬声器的组合机）（Ⅲ类其他扬声器及其零件）

税则号列			货品名称中英文		税费综合信息	计量单位	监管证件代码		检验检疫类别		检验检疫编码	检验检疫编码对应中文名称
HS国际统一前6位	本国子目7~8位	本国子目9~10位	中文 货物名称	英文 Article Description			进口	出口	进口	出口		
851840	00	01	电器扩音器（列入ITA的有线电话重复器用的）【电商】	Loud-speakers for electrical appliances (for the cable phone repeaters in the ITA list)	【最】0【普】40 【协东盟】0【协香港】0【协巴基斯坦】6 【协智利】0【协新西兰】0【协新加坡】0 【协秘鲁】0【协台湾】0【协哥斯达黎加】0 【协冰岛】0【协瑞士】0【协澳大利亚】0 【协韩国】7.2【协格鲁吉亚】0 【特-1】0【特-2】0【特-3】0 【增】16【对美加征】10【出】0【退】16	台					101 102 103	电器扩音器（列入ITA的有线电话重复器用的）（Ⅰ类音频功率放大器） 电器扩音器（列入ITA的有线电话重复器用的）（Ⅱ类音频功率放大器） 电器扩音器（列入ITA的有线电话重复器用的）（Ⅲ类音频功率放大器）
851840	00	90	其他音频扩大器【电商】	Other kinds of sound amplifiers	【最】3【普】40 【协东盟】0【协香港】0【协巴基斯坦】6 【协智利】0【协新西兰】0【协新加坡】0 【协秘鲁】0【协台湾】0【协哥斯达黎加】0 【协冰岛】0【协瑞士】0【协澳大利亚】0 【协韩国】7.2【协格鲁吉亚】0 【特-1】0【特-2】0【特-3】0 【增】16【对美加征】10【出】0【退】16	台					101 102 103	其他音频扩大器（Ⅰ类音频功率放大器） 其他音频扩大器（Ⅱ类音频功率放大器） 其他音频扩大器（Ⅲ类音频功率放大器）
851850	00		电气扩音机组	Electric sound amplifier sets	【最】2.5【普】40 【协东盟】0【协巴基斯坦】5【协智利】0 【协新西兰】0【协新加坡】0【协秘鲁】0 【协哥斯达黎加】0【协冰岛】0【协瑞士】0 【协澳大利亚】0【协韩国】8【协格鲁吉亚】0 【协香港】0【协澳门】0 【特-1】0【特-2】0【特-3】0 【增】16【对美加征】10【出】0【退】16	套			L		101 102 103	电气扩音机组（Ⅰ类电气扩音机组） 电气扩音机组（Ⅱ类电气扩音机组） 电气扩音机组（Ⅲ类电气扩音机组）
851890	00	01	编号85184000.01所列货品的零件（列入ITA的有线电话重复器用的）【电商】	Parts for products in the 85184000.01 item (for the cable phone repeaters in the ITA list)	【最】0【普】40 【协东盟】0【协香港】0【协巴基斯坦】5 【协智利】0【协新西兰】0【协新加坡】0 【协秘鲁】0【协台湾】0【协哥斯达黎加】0 【协冰岛】0【协瑞士】2.6【协澳大利亚】0 【协韩国】8.8【协格鲁吉亚】6.3 【特-1】0【特-2】0【特-3】0 【增】16【对美加征】10【出】0【退】16	千克					101 102 103 104 105 ……	编号85184000.01所列货品的零件（列入ITA的有线电话重复器用的）（Ⅰ类其他扬声器及其零件） 编号85184000.01所列货品的零件（列入ITA的有线电话重复器用的）（Ⅱ类其他扬声器及其零件） 编号85184000.01所列货品的零件（列入ITA的有线电话重复器用的）（Ⅲ类其他扬声器及其零件） 编号85184000.01所列货品的零件（列入ITA的有线电话重复器用的）（Ⅰ类其他收录放音装置及其零件） 编号85184000.01所列货品的零件（列入ITA的有线电话重复器用的）（Ⅱ类其他收录放音装置及其零件） ……①

① 该税号项下检验检疫编码及对应中文名称尚有：106　编号85184000.01所列货品的零件（列入ITA的有线电话重复器用的）（Ⅲ类其他收录放音装置及其零件）。

税则号列			货品名称中英文		税费综合信息	计量单位	监管证件代码		检验检疫类别		检验检疫编码	检验检疫编码对应中文名称
HS国际统一前6位	本国子目 7~8位	本国子目 9~10位	中文 货物名称	英文 Article Description			进口	出口	进口	出口		
851890	00	90	税目85.18所列货品的其他零件 【电商】	Other parts listed in the 85.18 item	【最】2.6【普】40 【协东盟】0【协香港】0【协巴基斯坦】5 【协智利】0【协新西兰】0【协新加坡】0 【协秘鲁】0【协台湾】0【协哥斯达黎加】0 【协冰岛】0【协瑞士】2.6【协澳大利亚】0 【协韩国】8.8【协格鲁吉亚】6.3 【特-1】0【特-2】0【特-3】0 【增】16【对美加征】10【出】0【退】16	千克					101 102 103 104 105 ……	税目85.18所列货品的其他零件（Ⅰ类其他扬声器及其零件） 税目85.18所列货品的其他零件（Ⅱ类其他扬声器及其零件） 税目85.18所列货品的其他零件（Ⅲ类其他扬声器及其零件） 税目85.18所列货品的其他零件（Ⅰ类其他收录放音装置及其零件） 税目85.18所列货品的其他零件（Ⅱ类其他收录放音装置及其零件） ……①
851920	00	10	以特定支付方式使其工作的激光唱机（用硬币、钞票、银行卡、代币或其他支付方式使其工作）	Laser disc players operated through specific means of payment (coins, banknotes, bank cards, tokens or other means of payment)	【最】12【普】80 【协亚太】7.8【协东盟】0【协巴基斯坦】16.4 【协智利】0【协新西兰】0【协新加坡】0 【协秘鲁】0【协哥斯达黎加】0【协冰岛】0 【协瑞士】8【协澳大利亚】0【协韩国】14.6 【协格鲁吉亚】0【协香港】0【协澳门】0 【特-1】0【特-2】0 【增】16【对美加征】5【出】0【退】16	台					101 102 103	以特定支付方式使其工作的激光唱机（用硬币、钞票、银行卡、代币或其他支付方式使其工作）（Ⅰ类激光唱机） 以特定支付方式使其工作的激光唱机（用硬币、钞票、银行卡、代币或其他支付方式使其工作）（Ⅱ类激光唱机） 以特定支付方式使其工作的激光唱机（用硬币、钞票、银行卡、代币或其他支付方式使其工作）（Ⅲ类激光唱机）
851920	00	90	其他以特定支付方式使其工作的声音录制或重放设备（用硬币、钞票、银行卡、代币或其他支付方式使其工作）	Sound recording or replaying devices oporated through specific means of payment (coins, banknotes, bank cards, tokens or other means of payment)	【最】12【普】80 【协亚太】7.8【协东盟】0【协巴基斯坦】16.4 【协智利】0【协新西兰】0【协新加坡】0 【协秘鲁】0【协哥斯达黎加】0【协冰岛】0 【协瑞士】8【协澳大利亚】0【协韩国】14.6 【协格鲁吉亚】0【协香港】0【协澳门】0 【特-1】0【特-2】0 【增】16【对美加征】5【出】0【退】16	台			L		101 102 103 104 105 ……	其他以特定支付方式使其工作的声音录制或重放设备（用硬币、钞票、银行卡、代币或其他支付方式使其工作）（Ⅰ类录音机走带机构） 其他以特定支付方式使其工作的声音录制或重放设备（用硬币、钞票、银行卡、代币或其他支付方式使其工作）（Ⅱ类录音机走带机构） 其他以特定支付方式使其工作的声音录制或重放设备（用硬币、钞票、银行卡、代币或其他支付方式使其工作）（Ⅲ类录音机走带机构类） 其他以特定支付方式使其工作的声音录制或重放设备（用硬币、钞票、银行卡、代币或其他支付方式使其工作）（Ⅰ类收音机） 其他以特定支付方式使其工作的声音录制或重放设备（用硬币、钞票、银行卡、代币或其他支付方式使其工作）（Ⅱ类收音机） ……②

① 该税号项下检验检疫编码及对应中文名称尚有：106　税目85.18所列货品的其他零件（Ⅲ类其他收录放音装置及其零件）。

② 该税号项下检验检疫编码及对应中文名称尚有：106　其他以特定支付方式使其工作的声音录制或重放设备（用硬币、钞票、银行卡、代币或其他支付方式使其工作）［Ⅲ类（收音机）］，107　其他以特定支付方式使其工作的声音录制或重放设备（用硬币、钞票、银行卡、代币或其他支付方式使其工作）（Ⅰ类收录（放）音组合机），108　其他以特定支付方式使其工作的声音录制或重放设备（用硬币、钞票、银行卡、代币或其他支付方式使其工作）（Ⅱ类收录（放）音组合机），109　其他以特定支付方式使其工作的声音录制或重放设备（用硬币、钞票、银行卡、代币或其他支付方式使其工作）（Ⅲ类收录（放）音组合机），110　其他以特定支付方式使其工作的声音录制或重放设备（用硬币、钞票、银行卡、代币或其他支付方式使其工作）（Ⅰ类其他收录放音装置及其零件），111　其他以特定支付方式使其工作的声音录制或重放设备（用硬币、钞票、银行卡、代币或其他支付方式使其工作）（Ⅱ类其他收录放音装置及其零件），112　其他以特定支付方式使其工作的声音录制或重放设备（用硬币、钞票、银行卡、代币或其他支付方式使其工作）（Ⅲ类其他收录放音装置及其零件）。

税则号列			货品名称中英文		税费综合信息	计量单位	监管证件代码		检验检疫类别		检验检疫编码	检验检疫编码对应中文名称
HS国际统一前6位	本国子目 7~8位	本国子目 9~10位	中文 货物名称	英文 Article Description			进口	出口	进口	出口		
851930	00		转盘（唱机唱盘）	Turntables (record-decks)	【最】7【普】130 【协东盟】0【协智利】0【协新西兰】0 【协新加坡】0【协秘鲁】0【协哥斯达黎加】0 【协冰岛】0【协瑞士】7【协澳大利亚】0 【协格鲁吉亚】0【协香港】0【协澳门】0 【特-1】0【特-2】0 【增】16【对美加征】10【出】0【退】16	台					101 102 103 104 105 ……	转盘（唱机唱盘）（Ⅰ类放音机） 转盘（唱机唱盘）（Ⅱ类放音机） 转盘（唱机唱盘）（Ⅲ类放音机） 转盘（唱机唱盘）（Ⅰ类激光唱机） 转盘（唱机唱盘）（Ⅱ类激光唱机） ……①
851950	00		电话应答机	Telephone answering machines	【最】0【普】80【特-1】0【特-2】0【特-3】0 【增】16【对美加征】5【出】0【退】16	台			L		101 102 103	电话应答机（Ⅰ类收录（放）音组合机） 电话应答机（Ⅱ类收录（放）音组合机） 电话应答机（Ⅲ类收录（放）音组合机）
851981	11		未装有声音录制装置的盒式磁带型声音重放装置	Cassette-type sound reproducing apparatus, not incorporating a sound recording device, other than transcribing machines	【最】4.3【普】130 【协东盟】0【协巴基斯坦】13.6【协智利】0 【协新西兰】0【协新加坡】0【协秘鲁】0 【协哥斯达黎加】0【协冰岛】0【协瑞士】4.3 【协澳大利亚】0【协韩国】10.2 【协格鲁吉亚】0【协香港】0【协澳门】0 【特-1】0【特-2】0 【增】16【对美加征】5【出】0【退】16	台	A		LM		101 102 103	未装有声音录制装置的盒式磁带型声音重放装置（编辑节目用放声机除外）（Ⅰ类放音机） 未装有声音录制装置的盒式磁带型声音重放装置（编辑节目用放声机除外）（Ⅱ类放音机） 未装有声音录制装置的盒式磁带型声音重放装置（编辑节目用放声机除外）（Ⅲ类放音机）
851981	12		装有声音重放装置的盒式磁带型录音机	Cassette-type recorders incorporating sound reproducing apparatus	【最】7.5【普】130 【协东盟】0【协智利】0【协新西兰】0 【协新加坡】0【协秘鲁】0【协哥斯达黎加】0 【协冰岛】0【协瑞士】7.5【协澳大利亚】0 【协韩国】24【协格鲁吉亚】0【协香港】0 【协澳门】0 【特-1】0【特-2】0 【增】16【对美加征】10【出】0【退】16	台	A		LM		101 102 103	装有声音重放装置的盒式磁带型录音机（Ⅰ类录音机） 装有声音重放装置的盒式磁带型录音机（Ⅱ类录音机） 装有声音重放装置的盒式磁带型录音机（Ⅲ类录音机）
851981	19		其他使用磁性媒体的声音录制或重放设备	Other sound recording or reproducing apparatus using magnetic media	【最】5【普】80 【协亚太】3.3【协东盟】0【协巴基斯坦】16.4 【协智利】0【协新西兰】0【协新加坡】0 【协秘鲁】0【协哥斯达黎加】0【协冰岛】0 【协瑞士】5【协澳大利亚】0【协韩国】14.6 【协格鲁吉亚】0【协香港】0【协澳门】0 【特-1】0【特-2】0 【增】16【出】0【退】16	台	6A		LM		101 102 103	其他使用磁性媒体的声音录制或重放设备（Ⅰ类录音机） 其他使用磁性媒体的声音录制或重放设备（Ⅱ类录音机） 其他使用磁性媒体的声音录制或重放设备（Ⅲ类录音机）
851981	21		激光唱机，未装有声音录制装置	Compact disc players, not incorporating a sound recording device	【最】7.5【普】80 【协亚太】4.9【协东盟】0【协巴基斯坦】19.5 【协智利】0【协新西兰】0【协新加坡】0 【协秘鲁】0【协哥斯达黎加】0【协冰岛】0 【协瑞士】7.5【协澳大利亚】0【协韩国】24 【协格鲁吉亚】0【协香港】0【协澳门】0 【特-1】0【特-2】0 【增】16【对美加征】10【出】0【退】16	台	A		LM		101 102 103	激光唱机，未装有声音录制装置（Ⅰ类激光唱机） 激光唱机，未装有声音录制装置（Ⅱ类激光唱机） 激光唱机，未装有声音录制装置（Ⅲ类激光唱机）
851981	29	10	具有录音功能的激光唱机	Laser disc players with recording function	【最】5【普】80 【协亚太】3.3【协东盟】0【协巴基斯坦】12 【协智利】0【协新西兰】0【协新加坡】0 【协秘鲁】0【协哥斯达黎加】0【协冰岛】0 【协瑞士】5【协澳大利亚】0【协韩国】14.6 【协格鲁吉亚】0【协香港】0【协澳门】0 【特-1】0【特-2】0 【增】16【对美加征】5【出】0【退】16	台	6A		LM		101 102 103	具有录音功能的激光唱机（Ⅰ类录音机） 具有录音功能的激光唱机（Ⅱ类录音机） 具有录音功能的激光唱机（Ⅲ类录音机）

① 该税号项下检验检疫编码及对应中文名称尚有：106 转盘（唱机唱盘）（Ⅲ类激光唱机）。

税则号列			货品名称中英文		税费综合信息	计量单位	监管证件代码		检验检疫类别		检验检疫编码	检验检疫编码对应中文名称
HS 国际统一前6位	本国子目		中文	英文								
	7~8位	9~10位	货物名称	Article Description			进口	出口	进口	出口		
851981	29	90	其他使用光学媒体的声音录制或重放设备	Other sound recording or replaying devices using optical medias	【最】5【普】80 【协亚太】3.3【协东盟】0【协巴基斯坦】12 【协智利】0【协新西兰】0【协新加坡】0 【协秘鲁】0【协哥斯达黎加】0【协冰岛】0 【协瑞士】5【协澳大利亚】0【协韩国】14.6 【协格鲁吉亚】0【协香港】0【协澳门】0 【特-1】0【特-2】0 【增】16【对美加征】5【出】0【退】16	台	A		LM		101 102 103	其他使用光学媒体的声音录制或重放设备（Ⅰ类录音机） 其他使用光学媒体的声音录制或重放设备（Ⅱ类录音机） 其他使用光学媒体的声音录制或重放设备（Ⅲ类录音机）
851981	31		装有声音重放装置的闪速存储器型声音录制设备	Flash memory type recorders, incorporating sound reproducing apparatus	【最】5【普】80 【协东盟】0【协智利】0【协新西兰】0 【协新加坡】0【协秘鲁】0【协哥斯达黎加】0 【协冰岛】0【协瑞士】5【协澳大利亚】0 【协韩国】16【协格鲁吉亚】0【协香港】0 【协澳门】0 【特-1】0【特-2】0 【增】16【对美加征】10【出】0【退】16	台	6A		LM		101 102 103 104	装有声音重放装置的闪速存储器型声音录制设备（电子行业成套设备） 装有声音重放装置的闪速存储器型声音录制设备（Ⅰ类录音机） 装有声音重放装置的闪速存储器型声音录制设备（Ⅱ类录音机） 装有声音重放装置的闪速存储器型声音录制设备（Ⅲ类录音机）
851981	39		其他使用半导体媒体的声音录制或重放设备	Other sound recording or reproducing apparatus using semiconductor media	【最】5【普】80 【协亚太】3.3【协东盟】0【协巴基斯坦】16.4 【协智利】0【协新西兰】0【协新加坡】0 【协秘鲁】0【协哥斯达黎加】0【协冰岛】0 【协瑞士】5【协澳大利亚】0【协韩国】14.6 【协格鲁吉亚】0【协香港】0【协澳门】0 【特-1】0【特-2】0 【增】16【对美加征】5【出】0【退】16	台	6A		LM		101 102 103	其他使用半导体媒体的声音录制或重放设备（Ⅰ类录音机） 其他使用半导体媒体的声音录制或重放设备（Ⅱ类录音机） 其他使用半导体媒体的声音录制或重放设备（Ⅲ类录音机）
851989	10		不带录制装置的其他唱机，不论是否带有扬声器（使用磁性、光学或半导体媒体的除外）	Other record-players, not incorporating a sound recording device, with or without loudspeakers	【最】7.5【普】130 【协东盟】0【协智利】0【协新西兰】0 【协新加坡】0【协秘鲁】0【协哥斯达黎加】0 【协冰岛】0【协瑞士】7.5【协澳大利亚】0 【协韩国】24【协格鲁吉亚】0【协香港】0 【协澳门】0 【特-1】0【特-2】0 【增】16【对美加征】10【出】0【退】16	台	A		L		101 102 103	不带录制装置的其他唱机，不论是否带有扬声器（使用磁性、光学或半导体媒体的除外）（Ⅰ类放音机） 不带录制装置的其他唱机，不论是否带有扬声器（使用磁性、光学或半导体媒体的除外）（Ⅱ类放音机） 不带录制装置的其他唱机，不论是否带有扬声器（使用磁性、光学或半导体媒体的除外）（Ⅲ类放音机）
851989	90		其他声音录制或重放设备【电商】①	Other sound recording or reproducing apparatus	【最】5【普】80 【协亚太】3.3【协东盟】0【协巴基斯坦】12 【协智利】0【协新西兰】0【协新加坡】0 【协秘鲁】0【协哥斯达黎加】0【协冰岛】0 【协瑞士】5【协澳大利亚】0【协韩国】14.6 【协格鲁吉亚】0【协香港】0【协澳门】0 【特-1】0【特-2】0 【增】16【对美加征】10【出】0【退】16	台	6A		LM		101 102 103	其他声音录制或重放设备（使用磁性、光学或半导体媒体的除外）（Ⅰ类录音机） 其他声音录制或重放设备（使用磁性、光学或半导体媒体的除外）（Ⅱ类录音机） 其他声音录制或重放设备（使用磁性、光学或半导体媒体的除外）（Ⅲ类录音机）

① 国家禁止、限制进口的旧机电产品除外。

税则号列			货品名称中英文		税费综合信息	计量单位	监管证件代码		检验检疫类别		检验检疫编码	检验检疫编码对应中文名称
HS 国际统一前 6 位	本国子目 7~8 位	本国子目 9~10 位	中文 货物名称	英文 Article Description			进口	出口	进口	出口		
852110	11		广播级磁带录像机（不论是否装有高频调谐放大器）	Magnetic tape-type Broadcast quality video tape recorders (no matter whetheror not incorporated with a high-frequency tuned amplifier)	【最】7.5【普】130 【协亚太】4.1【协东盟】0【协巴基斯坦】① 【协智利】0【协新西兰】0【协新加坡】0 【协秘鲁】0【协哥斯达黎加】0【协冰岛】0 【协瑞士】②【协澳大利亚】0【协韩国】24 【协格鲁吉亚】0【协香港】0【协澳门】0 【特-1】0【特-2】0 【复合（最）】7.5%或"完税价格不高于 2000 美元/台：7.5%；完税价格高于 2000 美元/台：3%，加 3283 元"，从低执行 【复合（普）】130%或"完税价格不高于 2000 美元/台：130%；完税价格高于 2000 美元/台：6%，加 20600 元"，从低执行 【增】16【出】0【退】16	台					101 102 103	广播级磁带录像机（不论是否装有高频调谐放大器）（Ⅰ类磁带录放像机） 广播级磁带录像机（不论是否装有高频调谐放大器）（Ⅱ类磁带录放像机） 广播级磁带录像机（不论是否装有高频调谐放大器）（Ⅲ类磁带录放像机）
852110	19		其他磁带型录像机（不论是否装有高频调谐放大器）	Other video tape recorders of magnetic tape-type (no matter whetheror not incorporated with a high-frequency tuned amplifier)	【最】7.5【普】130 【协亚太】4.9【协东盟】0【协巴基斯坦】③【协智利】0【协新西兰】0【协新加坡】0 【协秘鲁】0【协哥斯达黎加】0【协冰岛】0 【协瑞士】④【协澳大利亚】0【协韩国】24 【协格鲁吉亚】0【协香港】0【协澳门】0 【特-1】0【特-2】0 【复合（最）】7.5%或"完税价格不高于 2000 美元/台：7.5%；完税价格高于 2000 美元/台：3%，加 3283 元"，从低执行 【复合（普）】130%或"完税价格不高于 2000 美元/台：130%；完税价格高于 2000 美元/台：6%，加 20600 元"，从低执行 【增】16【出】0【退】16	台					101 102 103	其他磁带型录像机（不论是否装有高频调谐放大器）（Ⅰ类磁带录放像机） 其他磁带型录像机（不论是否装有高频调谐放大器）（Ⅱ类磁带录放像机） 其他磁带型录像机（不论是否装有高频调谐放大器）（Ⅲ类磁带录放像机）
852110	20		磁带放像机（不论是否装有高频调谐放大器）	Magnetic tape-type video tape reproducers (no matter whetheror not incorporated with a high-frequency tuned amplifier)	【最】7.5【普】130 【协亚太】4.5【协东盟】0【协巴基斯坦】⑤ 【协智利】0【协新西兰】0【协新加坡】0 【协秘鲁】0【协哥斯达黎加】0【协冰岛】0 【协瑞士】⑥【协澳大利亚】0【协韩国】24 【协格鲁吉亚】0【协香港】0【协澳门】0 【特-1】0【特-2】0 【复合（最）】7.5%或"完税价格不高于 2000 美元/台：7.5%；完税价格高于 2000 美元/台：3%，加 3283 元"，从低执行 【复合（普）】130%或"完税价格不高于 2000 美元/台：130%；完税价格高于 2000 美元/台：6%，加 20600 元"，从低执行 【增】16【对美加征】5【出】0【退】16	台					101 102 103	磁带放像机（不论是否装有高频调谐放大器）（Ⅰ类磁带录放像机） 磁带放像机（不论是否装有高频调谐放大器）（Ⅱ类磁带录放像机） 磁带放像机（不论是否装有高频调谐放大器）（Ⅲ类磁带录放像机）
852190	11	10	具有录制功能的视频高密光盘（VCD）播放机（不论是否装有高频调谐放大器）	Recordable VCD players (no matter whetheror not incorporated with a high-frequency tuned amplifier)	【最】5【普】130 【协亚太】3.3【协东盟】0【协巴基斯坦】12 【协智利】0【协新西兰】0【协新加坡】0 【协秘鲁】0【协哥斯达黎加】0【协冰岛】0 【协瑞士】10【协澳大利亚】0【协韩国】14.6 【协格鲁吉亚】0【协香港】0【协澳门】0 【特-1】0【特-2】0 【增】16【出】0【退】16	台	A		LM		101 102 103	具有录制功能的视频高密光盘（VCD）播放机（不论是否装有高频调谐放大器）（Ⅰ类激光视盘放像机） 具有录制功能的视频高密光盘（VCD）播放机（不论是否装有高频调谐放大器）（Ⅱ类激光视盘放像机） 具有录制功能的视频高密光盘（VCD）播放机（不论是否装有高频调谐放大器）（Ⅲ类激光视盘放像机）

① 完税价格不高于 2000 美元/台：12%；完税价格高于 2000 美元/台：3%，加 1098 元/台。

② 7.5%与"完税价格不高于 2000 美元/台：30%；完税价格高于 2000 美元/台：3%，加 3283 元/台"从低执行。

③ 完税价格不高于 2000 美元/台：18.4%；完税价格高于 2000 美元/台：3%，加 1879 元/台。

④ 7.5%与"完税价格不高于 2000 美元/台：30%；完税价格高于 2000 美元/台：3%，加 3283 元/台"从低执行。

⑤ 完税价格不高于 2000 美元/台：13.5%；完税价格高于 2000 美元/台：3%，加 1281 元/台

⑥ 7.5%与"完税价格不高于 2000 美元/台：30%；完税价格高于 2000 美元/台：3%，加 3283 元/台"从低执行。

税则号列			货品名称中英文		税费综合信息	计量单位	监管证件代码		检验检疫类别		检验检疫编码	检验检疫编码对应中文名称
HS国际统一前6位	本国子目7~8位	本国子目9~10位	中文 货物名称	英文 Article Description			进口	出口	进口	出口		
852190	11	90	其他视频高密光盘（VCD）播放机（不论是否装有高频调谐放大器）	Other VCD players (no matter whetheror not incorporated with a high-frequency tuned amplifier)	【最】5【普】130 【协亚太】3.3【协东盟】0【协巴基斯坦】12 【协智利】0【协新西兰】0【协新加坡】0 【协秘鲁】0【协哥斯达黎加】0【协冰岛】0 【协瑞士】5【协澳大利亚】0【协韩国】14.6 【协格鲁吉亚】0【协香港】0【协澳门】0 【特-1】0【特-2】0 【增】16【出】0【退】16	台	A		LM		101 102 103	其他视频高密光盘（VCD）播放机（不论是否装有高频调谐放大器）（Ⅰ类激光视盘放像机） 其他视频高密光盘（VCD）播放机（不论是否装有高频调谐放大器）（Ⅱ类激光视盘放像机） 其他视频高密光盘（VCD）播放机（不论是否装有高频调谐放大器）（Ⅲ类激光视盘放像机）
852190	12	10	具有录制功能的数字化视频光盘（DVD）播放机（不论是否装有高频调谐放大器）	Recordable DVD players (no matter whetheror not incorporated with a high-frequency tuned amplifier)	【最】5【普】130 【协亚太】3.3【协东盟】0【协巴基斯坦】12 【协智利】0【协新西兰】0【协新加坡】0 【协秘鲁】0【协哥斯达黎加】0【协冰岛】0 【协瑞士】5【协澳大利亚】0【协韩国】16 【协格鲁吉亚】0【协香港】0【协澳门】0 【特-1】0【特-2】0 【增】16【对美加征】10【出】0【退】16	台	A		LM		101 102 103	具有录制功能的数字化视频光盘（DVD）播放机（不论是否装有高频调谐放大器）（Ⅰ类激光视盘放像机） 具有录制功能的数字化视频光盘（DVD）播放机（不论是否装有高频调谐放大器）（Ⅱ类激光视盘放像机） 具有录制功能的数字化视频光盘（DVD）播放机（不论是否装有高频调谐放大器）（Ⅲ类激光视盘放像机）
852190	12	90	其他数字化视频光盘（DVD）播放机（不论是否装有高频调谐放大器）	Other DVD players (no matter whetheror not incorporated with a high-frequency tuned amplifier)	【最】5【普】130 【协亚太】3.3【协东盟】0【协巴基斯坦】12 【协智利】0【协新西兰】0【协新加坡】0 【协秘鲁】0【协哥斯达黎加】0【协冰岛】0 【协瑞士】5【协澳大利亚】0【协韩国】16 【协格鲁吉亚】0【协香港】0【协澳门】0 【特-1】0【特-2】0 【增】16【对美加征】10【出】0【退】16	台	A		LM		101 102 103	其他数字化视频光盘（DVD）播放机（不论是否装有高频调谐放大器）（Ⅰ类激光视盘放像机） 其他数字化视频光盘（DVD）播放机（不论是否装有高频调谐放大器）（Ⅱ类激光视盘放像机） 其他数字化视频光盘（DVD）播放机（不论是否装有高频调谐放大器）（Ⅲ类激光视盘放像机）
852190	19	10	具有录制功能的其他激光视盘播放机（不论是否装有高频调谐放大器）	Other recordable laser disc players (no matter whetheror not incorporated with a high-frequency tuned amplifier)	【最】5【普】130 【协亚太】3.3【协东盟】0【协巴基斯坦】12 【协智利】0【协新西兰】0【协新加坡】0 【协秘鲁】0【协哥斯达黎加】0【协冰岛】0 【协瑞士】5【协澳大利亚】0【协韩国】14.6 【协格鲁吉亚】0【协香港】0【协澳门】0 【特-1】0【特-2】0 【增】16【对美加征】10【出】0【退】16	台	A		LM		101 102 103	具有录制功能的其他激光视盘播放机（不论是否装有高频调谐放大器）（Ⅰ类激光视盘放像机） 具有录制功能的其他激光视盘播放机（不论是否装有高频调谐放大器）（Ⅱ类激光视盘放像机） 具有录制功能的其他激光视盘播放机（不论是否装有高频调谐放大器）（Ⅲ类激光视盘放像机）
852190	19	90	其他激光视盘播放机（不论是否装有高频调谐放大器）	Other laser disc players (no matter whetheror not incorporated with a high-frequency tuned amplifier)	【最】5【普】130 【协亚太】3.3【协东盟】0【协巴基斯坦】12 【协智利】0【协新西兰】0【协新加坡】0 【协秘鲁】0【协哥斯达黎加】0【协冰岛】0 【协瑞士】5【协澳大利亚】0【协韩国】14.6 【协格鲁吉亚】0【协香港】0【协澳门】0 【特-1】0【特-2】0 【增】16【对美加征】10【出】0【退】16	台	A		LM		101 102 103	其他激光视盘播放机（不论是否装有高频调谐放大器）（Ⅰ类激光视盘放像机） 其他激光视盘播放机（不论是否装有高频调谐放大器）（Ⅱ类激光视盘放像机） 其他激光视盘播放机（不论是否装有高频调谐放大器）（Ⅲ类激光视盘放像机）

税则号列			货品名称中英文		税费综合信息	计量单位	监管证件代码		检验检疫类别		检验检疫编码	检验检疫编码对应中文名称
HS国际统一前6位	本国子目 7~8位	本国子目 9~10位	中文 货物名称	英文 Article Description			进口	出口	进口	出口		
852190	90	10	用于光盘生产的金属母盘生产设备（不论是否装有高频调谐放大器）	Metal master disc production equipments (no matter whetheror not incorporated with a high-frequency tuned amplifier)	【最】5【普】130 【协亚太】3.3【协东盟】0【协香港】0 【协巴基斯坦】12【协智利】0【协新西兰】0 【协新加坡】0【协秘鲁】0【协哥斯达黎加】0 【协冰岛】0【协瑞士】5【协澳大利亚】0 【协韩国】16【协格鲁吉亚】0 【特-1】0【特-2】0 【增】16【对美加征】10【出】0【退】16	台	A		M		999	用于光盘生产的金属母盘生产设备（不论是否装有高频调谐放大器）
852190	90	20	光盘型广播级录像机	Disc-type broadcast-quality video recorders	【最】5【普】130【暂进】10 【暂进】10%与复合税1［注3］从低执行 【协亚太】3.3【协东盟】0【协香港】0 【协巴基斯坦】12【协智利】0【协新西兰】0 【协新加坡】0【协秘鲁】0【协哥斯达黎加】0 【协冰岛】0【协瑞士】5【协澳大利亚】0 【协韩国】16【协格鲁吉亚】0 【特-1】0【特-2】0 【增】16【对美加征】10【出】0【退】16	台	6A		M		999	光盘型广播级录像机
852190	90	90	其他视频信号录制或重放设备（不论是否装有高频调谐放大器）	Other video recording or replaying devices (no matter whetheror not incorporated with a high-frequency tuned amplifier)	【最】5【普】130 【协亚太】3.3【协东盟】0【协香港】0 【协巴基斯坦】12【协智利】0【协新西兰】0 【协新加坡】0【协秘鲁】0【协哥斯达黎加】0 【协冰岛】0【协瑞士】5【协澳大利亚】0 【协韩国】16【协格鲁吉亚】0 【特-1】0【特-2】0 【增】16【对美加征】10【出】0【退】16	台	6A		LM		101 102 103	其他视频信号录制或重放设备（不论是否装有高频调谐放大器）（Ⅰ类其他摄录放像装置及其零件） 其他视频信号录制或重放设备（不论是否装有高频调谐放大器）（Ⅱ类其他摄录放像装置及其零件） 其他视频信号录制或重放设备（不论是否装有高频调谐放大器）（Ⅲ类其他摄录放像装置及其零件）
852210	00		拾音头	Pick-up cartridges suitable for use solely or rincipally with the apparatus of headings No. 85.19 to 85.21	【最】12【普】130 【协东盟】0【协香港】0【协智利】0 【协新西兰】0【协新加坡】0【协秘鲁】0 【协哥斯达黎加】0【协冰岛】0【协瑞士】12 【协澳大利亚】0【协格鲁吉亚】0 【特-1】0【特-2】0 【增】16【出】0【退】16	个/千克					101 102 103	拾音头（Ⅰ类其他收录放音装置及其零件） 拾音头（Ⅱ类其他收录放音装置及其零件） 拾音头（Ⅲ类其他收录放音装置及其零件）
852290	10		转盘或唱机用零件、附件	Parts and accessories of turntables (record decks) or record-players	【最】15.6【普】130 【协亚太】10.1【协东盟】0【协香港】0 【协巴基斯坦】17.5【协智利】0【协新西兰】0 【协新加坡】0【协秘鲁】0【协哥斯达黎加】0 【协冰岛】0【协瑞士】14.3【协澳大利亚】0 【协韩国】18.3【协格鲁吉亚】0 【特-1】0【特-2】0 【增】16【对美加征】10【出】0【退】16	千克					101 102 103	转盘或唱机用零件、附件（Ⅰ类其他收录放音装置及其零件） 转盘或唱机用零件、附件（Ⅱ类其他收录放音装置及其零件） 转盘或唱机用零件、附件（Ⅲ类其他收录放音装置及其零件）
852290	21		录音机走带机构（机芯）（不论是否装有磁头）	Transport mechanisms of cassette magnetic tape recorders, whether or not incorporating a magnetic head	【最】15.6【普】100 【协亚太】10.1【协东盟】0【协香港】0 【协巴基斯坦】19.7【协智利】0【协新西兰】0 【协新加坡】0【协秘鲁】0【协哥斯达黎加】0 【协冰岛】0【协瑞士】14.3【协澳大利亚】0 【协韩国】18.3【协格鲁吉亚】0 【特-1】0【特-2】0 【增】16【出】0【退】16	千克					101 102 103	录音机走带机构（机芯）（不论是否装有磁头）（Ⅰ类录音机走带机构） 录音机走带机构（机芯）（不论是否装有磁头）（Ⅱ类录音机走带机构） 录音机走带机构（机芯）（不论是否装有磁头）（Ⅲ类录音机走带机构）
852290	22		磁头	Magnetic heads of cassette magnetic tape recorders	【最】15.6【普】100 【协亚太】10.1【协东盟】0【协香港】0 【协巴基斯坦】19.7【协智利】0【协新西兰】0 【协新加坡】0【协秘鲁】0【协哥斯达黎加】0 【协冰岛】0【协瑞士】14.3【协澳大利亚】0 【协韩国】18【协格鲁吉亚】0 【特-1】0【特-2】0 【增】16【对美加征】10【出】0【退】16	个/千克					101 102 103	磁头（Ⅰ类其他收录放音装置及其零件） 磁头（Ⅱ类其他收录放音装置及其零件） 磁头（Ⅲ类其他收录放音装置及其零件）

税则号列			货品名称中英文		税费综合信息	计量单位	监管证件代码		检验检疫类别		检验检疫编码	检验检疫编码对应中文名称
HS国际统一前6位	本国子目 7~8位	本国子目 9~10位	中文 货物名称	英文 Article Description			进口	出口	进口	出口		
852290	23		磁头零件	Parts of magnetic heads of cassette magnetic tape recorders	【最】12.5【普】100 【协亚太】8.1【协东盟】0【协香港】0 【协巴基斯坦】15.8【协智利】0【协新西兰】0 【协新加坡】0【协秘鲁】0【协哥斯达黎加】0 【协冰岛】0【协瑞士】8【协澳大利亚】0 【协韩国】14.6【协格鲁吉亚】0 【特-1】0【特-2】0 【增】16【对美加征】5【出】0【退】16	千克					101 102 103	磁头零件（Ⅰ类其他收录放音装置及其零件） 磁头零件（Ⅱ类其他收录放音装置及其零件） 磁头零件（Ⅲ类其他收录放音装置及其零件）
852290	29		盒式磁带录音机或放声机其他零件	Other parts of cassette magnetic tape recorders or reproducers	【最】18.8【普】100 【协亚太】12.2【协东盟】0【协香港】0 【协巴基斯坦】23.6【协智利】0【协新西兰】0 【协新加坡】0【协秘鲁】0【协哥斯达黎加】0 【协冰岛】0【协瑞士】17.1【协澳大利亚】0 【协韩国】21.6【协格鲁吉亚】0 【特-1】0【特-2】0 【增】16【出】0【退】16	千克					101 102 103	盒式磁带录音机或放声机其他零件（Ⅰ类其他收录放音装置及其零件） 盒式磁带录音机或放声机其他零件（Ⅱ类其他收录放音装置及其零件） 盒式磁带录音机或放声机其他零件（Ⅲ类其他收录放音装置及其零件）
852290	31	10	车载导航仪视频播放机机芯	Car navigator video player core	【最】18.8【普】100【暂进】17 【协亚太】12.2【协东盟】0【协香港】0 【协巴基斯坦】18.4【协智利】0【协新西兰】0 【协新加坡】0【协秘鲁】0【协哥斯达黎加】0 【协冰岛】0【协瑞士】17.1【协澳大利亚】0 【协韩国】21.6【协格鲁吉亚】0 【特-1】0【特-2】0 【增】16【对美加征】10【出】0【退】16	千克					999	车载导航仪视频播放机机芯
852290	31	90	其他激光视盘机的机芯	Movement of other kinds of laser disc players	【最】18.8【普】100 【协亚太】12.2【协东盟】0【协香港】0 【协巴基斯坦】18.4【协智利】0【协新西兰】0 【协新加坡】0【协秘鲁】0【协哥斯达黎加】0 【协冰岛】0【协瑞士】17.1【协澳大利亚】0 【协韩国】21.6【协格鲁吉亚】0 【特-1】0【特-2】0 【增】16【对美加征】10【出】0【退】16	千克					101 102 103	其他激光视盘机的机芯（Ⅰ类其他收录放音装置及其零件） 其他激光视盘机的机芯（Ⅱ类其他收录放音装置及其零件） 其他激光视盘机的机芯（Ⅲ类其他收录放音装置及其零件）
852290	39		其他视频信号录制或重放设备的零件	Other machines	【最】18.8【普】100【暂进】15 【协亚太】12.2【协东盟】0【协香港】0 【协巴基斯坦】18.4【协智利】0【协新西兰】0 【协新加坡】0【协秘鲁】0【协哥斯达黎加】0 【协冰岛】0【协澳大利亚】0【协韩国】21.6 【协格鲁吉亚】0 【特-1】0【特-2】0 【增】16【对美加征】10【出】0【退】16	千克					999	其他视频信号录制或重放设备的零件
852290	91		车载音频转播器或发射器	Tone converters or transmission apparatus of a kind used for vehicles	【最】12.5【普】80 【协亚太】8.1【协东盟】0【协香港】0 【协巴基斯坦】14【协智利】0【协新西兰】0 【协新加坡】0【协秘鲁】0【协哥斯达黎加】0 【协冰岛】0【协瑞士】8【协澳大利亚】0 【协韩国】14.6【协格鲁吉亚】0 【特-1】0【特-2】0【特-3】0 【增】16【对美加征】5【出】0【退】16	台/千克					101 102 103	车载音频转播器或发射器（Ⅰ类其他收录放音装置及其零件） 车载音频转播器或发射器（Ⅱ类其他收录放音装置及其零件） 车载音频转播器或发射器（Ⅲ类其他收录放音装置及其零件）
852290	99		税目85.19或85.21所列设备的其他零件	Other parts of apparatus of headings No. 85.19 to 85.21	【最】12.5【普】80【暂进】10 【协亚太】8.1【协东盟】0【协香港】0 【协巴基斯坦】14【协智利】0【协新西兰】0 【协新加坡】0【协秘鲁】0【协哥斯达黎加】0 【协冰岛】0【协瑞士】8【协澳大利亚】0 【协韩国】14.6【协格鲁吉亚】0 【特-1】0【特-2】0【特-3】0 【增】16【对美加征】10【出】0【退】16	千克					101 102 103	税目85.19或85.21所列设备的其他零件（Ⅰ类其他收录放音装置及其零件） 税目85.19或85.21所列设备的其他零件（Ⅱ类其他收录放音装置及其零件） 税目85.19或85.21所列设备的其他零件（Ⅲ类其他收录放音装置及其零件）

税则号列 HS国际统一前6位	本国子目 7~8位	本国子目 9~10位	货品名称中英文 中文 货物名称	货品名称中英文 英文 Article Description	税费综合信息	计量单位	监管证件代码 进口	监管证件代码 出口	检验检疫类别 进口	检验检疫类别 出口	检验检疫编码	检验检疫编码对应中文名称
852321	10		未录制的磁条卡 【电商】	Unrecorded cards incorporating a magnetic stripe	【最】4.4【普】70 【协东盟】0【协香港】0【协澳门】0 【协巴基斯坦】14【协智利】0【协新西兰】0 【协新加坡】0【协秘鲁】0【协哥斯达黎加】0 【协冰岛】0【协瑞士】4.4【协澳大利亚】0 【协韩国】10.5【协格鲁吉亚】0 【特-1】0【特-2】0 【增】16【对美加征】10【出】0【退】16	个/千克					999	未录制的磁条卡
852321	20		已录制的磁条卡	Recorded cards incorporating a magnetic stripe	【最】3.8【普】130 【协东盟】0【协香港】0【协澳门】0 【协巴基斯坦】12【协智利】0【协新西兰】0 【协新加坡】0【协秘鲁】0【协哥斯达黎加】0 【协冰岛】0【协瑞士】3.8【协澳大利亚】0 【协韩国】9【协格鲁吉亚】0 【特-1】0【特-2】0 【增】10【对美加征】5【出】0【退】10	个/千克					999	已录制的磁条卡
852329	11		未录制磁盘	Unrecorded magnetic discs	【最】0【普】14【特-1】0【特-2】0【特-3】0 【增】16【对美加征】10【出】0【退】16	个/千克					999	未录制磁盘
852329	19		已录制磁盘	Recorded magnetic discs	【最】0【普】14【特-1】0【特-2】0【特-3】0 【增】10【对美加征】5【出】0【退】10	个/千克					999	已录制磁盘
852329	21		未录制的宽度不超过4毫米的磁带	Magnetic tapes of a width not exceeding 4mm, unrecorded	【最】0【普】130【特-1】0【特-2】0【特-3】0 【增】16【出】0【退】16	盘/千克					999	未录制的宽度不超过4毫米的磁带
852329	22		未录制的宽度超过4毫米，但不超过6.5毫米的磁带	Magnetic tapes of a width exceeding 4mm but not exceeding 6.5mm, unrecorded	【最】0【普】130【特-1】0【特-2】0【特-3】0 【增】16【出】0【退】16	盘/千克					999	未录制的宽度超过4毫米，但不超过6.5毫米的磁带
852329	23		未录制的宽度超过6.5毫米的磁带	Magnetic tapes Of a width exceeding 6.5mm, unrecorded	【最】0【普】20【特-1】0【特-2】0【特-3】0 【增】16【对美加征】10【出】0【退】16	盘/千克					999	未录制的宽度超过6.5毫米的磁带
852329	28	10	含人类遗传资源信息资料的重放声音或图像信息的磁带	Tapes for reproducing sound or image information containing information on human genetic resources	【最】2.5【普】130 【协东盟】0【协香港】0【协巴基斯坦】5 【协智利】0【协新西兰】0【协新加坡】0 【协秘鲁】0【协哥斯达黎加】0【协冰岛】0 【协瑞士】0【协澳大利亚】0【协韩国】7.3 【协格鲁吉亚】0 【特-1】0【特-2】0【特-3】0 【增】10【对美加征】5【出】0	盘/千克		V			999	含人类遗传资源信息资料的重放声音或图像信息的磁带
852329	28	20	录有广播电影电视节目的重放声音或图像信息的磁带	Tapes for reproducing sound or image information, recorded radio and television programs	【最】2.5【普】130 【协东盟】0【协香港】0【协巴基斯坦】5 【协智利】0【协新西兰】0【协新加坡】0 【协秘鲁】0【协哥斯达黎加】0【协冰岛】0 【协瑞士】0【协澳大利亚】0【协韩国】7.3 【协格鲁吉亚】0 【特-1】0【特-2】0【特-3】0 【增】10【对美加征】5【出】0	盘/千克	b				999	录有广播电影电视节目的重放声音或图像信息的磁带
852329	28	90	其他重放声音或图像信息的磁带	Other tapes for reproducing sound or image information	【最】2.5【普】130 【协东盟】0【协香港】0【协巴基斯坦】5 【协智利】0【协新西兰】0【协新加坡】0 【协秘鲁】0【协哥斯达黎加】0【协冰岛】0 【协瑞士】0【协澳大利亚】0【协韩国】7.3 【协格鲁吉亚】0 【特-1】0【特-2】0【特-3】0 【增】10【对美加征】5【出】0	盘/千克	f				999	其他重放声音或图像信息的磁带
852329	29	10	其他含人类遗传资源信息资料的磁带	Other tapes containing information on human genetic resources	【最】0【普】14【特-1】0【特-2】0【特-3】0 【增】16【出】0	盘/千克		V			999	其他含人类遗传资源信息资料的磁带
852329	29	20	录有广播电影电视节目的其他磁带	Other tapes recorded radio and television programs	【最】0【普】14【特-1】0【特-2】0【特-3】0 【增】16【出】0	盘/千克	b				999	录有广播电影电视节目的其他磁带
852329	29	90	已录制的其他磁带		【最】0【普】14【特-1】0【特-2】0【特-3】0 【增】16【出】0	盘/千克	f				999	已录制的其他磁带

税则号列 HS国际统一前6位	本国子目 7~8位	本国子目 9~10位	货品名称中英文 中文 货物名称	货品名称中英文 英文 Article Description	税费综合信息	计量单位	监管证件代码 进口	监管证件代码 出口	检验检疫类别 进口	检验检疫类别 出口	检验检疫编码	检验检疫编码对应中文名称
852329	90	10	其他含人类遗传资源信息资料的磁性媒体	Other magnetic media containing information on human genetic resources	【最】0【普】14【特-1】0【特-2】0【特-3】0【增】16【对美加征】10【出】0	盘/千克		V			999	其他含人类遗传资源信息资料的磁性媒体
852329	90	20	其他录有广播电影电视节目的磁性媒体	Other magnetic media recorded radio and television programs	【最】0【普】14【特-1】0【特-2】0【特-3】0【增】16【对美加征】10【出】0	盘/千克	b				999	其他录有广播电影电视节目的磁性媒体
852329	90	90	其他磁性媒体	Other magnetic media	【最】0【普】14【特-1】0【特-2】0【特-3】0【增】16【对美加征】10【出】0	盘/千克	f				999	其他磁性媒体
852341	00		未录制光学媒体		【最】0【普】14【特-1】0【特-2】0【特-3】0【增】16【对美加征】10【出】0【退】16	张/千克					999	未录制光学媒体
852349	10	10	含人类遗传资源信息资料的仅用于重放声音信息的光学媒体	Optical media for reproducing sound only containing information on human genetic resources	【最】2.5【普】130【协东盟】0【协香港】0【协澳门】0【协巴基斯坦】5【协智利】0【协新西兰】0【协秘鲁】0【协哥斯达黎加】0【协冰岛】0【协瑞士】0【协澳大利亚】0【协韩国】6【协格鲁吉亚】0【特-1】0【特-2】0【增】10【对美加征】10【出】0	张/千克		V			999	含人类遗传资源信息资料的仅用于重放声音信息的光学媒体
852349	10	20	录有广播电影电视节目的仅用于重放声音信息的光学媒体	Optical media for reproducing sound only recorded radio and television programs	【最】2.5【普】130【协东盟】0【协香港】0【协澳门】0【协巴基斯坦】5【协智利】0【协新西兰】0【协秘鲁】0【协哥斯达黎加】0【协冰岛】0【协瑞士】0【协澳大利亚】0【协韩国】6【协格鲁吉亚】0【特-1】0【特-2】0【增】10【对美加征】10【出】0	张/千克	b				999	录有广播电影电视节目的仅用于重放声音信息的光学媒体
852349	10	90	其他仅用于重放声音信息的已录制光学媒体	Other optical media for reproducing sound only	【最】2.5【普】130【协东盟】0【协香港】0【协澳门】0【协巴基斯坦】5【协智利】0【协新西兰】0【协秘鲁】0【协哥斯达黎加】0【协冰岛】0【协瑞士】0【协澳大利亚】0【协韩国】6【协格鲁吉亚】0【特-1】0【特-2】0【增】10【对美加征】10【出】0	张/千克	f				999	其他仅用于重放声音信息的已录制光学媒体
852349	20	10	含人类遗传资源信息资料的用于重放声音、图像以外信息的光学媒体	Other optical media not for reproducing sound or image information containing information on human genetic resources	【最】0【普】14【特-1】0【特-2】0【特-3】0【增】10【对美加征】5【出】0	张/千克		V			999	含人类遗传资源信息资料的用于重放声音、图像以外信息的光学媒体
852349	20	90	其他用于重放声音、图像以外信息的光学媒体	Other optical media not for reproducing sound or image information	【最】0【普】14【特-1】0【特-2】0【特-3】0【增】10【对美加征】5【出】0	张/千克					999	其他用于重放声音、图像以外信息的光学媒体
852349	90	10	其他含人类遗传资源信息资料的光学媒体	Other optical media containing information on human genetic resources	【最】0【普】14【特-1】0【特-2】0【特-3】0【增】16【对美加征】5【出】0	张/千克		V			999	其他含人类遗传资源信息资料的光学媒体
852349	90	20	其他录有广播电影电视节目的光学媒体	Other optical media recorded radio and television programs	【最】0【普】14【特-1】0【特-2】0【特-3】0【增】16【对美加征】5【出】0	张/千克	b				999	其他录有广播电影电视节目的光学媒体
852349	90	30	其他赴境外加工并返回境内的已录制光盘	Other recorded discs that have been processed overseas and returned	【最】0【普】14【特-1】0【特-2】0【特-3】0【增】16【对美加征】5【出】0	张/千克	Z				999	其他赴境外加工并返回境内的已录制光盘
852349	90	90	其他已录制光学媒体	Other recorded optical media	【最】0【普】14【特-1】0【特-2】0【特-3】0【增】16【对美加征】5【出】0	张/千克	f				999	其他已录制光学媒体
852351	10		未录制的固态非易失性存储器件（闪速存储器）【电商】	Solid-state non-volatile storage devicec (flash memorizer), Unrecorded	【最】0【普】70【特-1】0【特-2】0【特-3】0【增】16【对美加征】10【出】0【退】16	个/千克					101 102	未录制的固态非易失性存储器件（闪速存储器）（其他计算机、辅助设备及其零件） 未录制的固态非易失性存储器件（闪速存储器）（磁带、磁盘）

税则号列			货品名称中英文		税费综合信息	计量单位	监管证件代码		检验检疫类别		检验检疫编码	检验检疫编码对应中文名称
HS 国际统一前6位	本国子目 7~8位	本国子目 9~10位	中文 货物名称	英文 Article Description			进口	出口	进口	出口		
852351	20	10	含人类遗传资源信息资料的固态非易失性存储器件 【电商】	Solid state non-volatile memory device (flash memory), containing information on human genetic resources	【最】0【普】14【特-1】0【特-2】0【特-3】0 【增】10【对美加征】5【出】0	个/千克		V			999	含人类遗传资源信息资料的固态非易失性存储器件（闪速存储器）
852351	20	20	录有广播电影电视节目的固态非易失性存储器件 【电商】	Solid state non-volatile memory device (flash memory), recorded radio and television programs	【最】0【普】14【特-1】0【特-2】0【特-3】0 【增】10【对美加征】5【出】0	个/千克	b				999	录有广播电影电视节目的固态非易失性存储器件（闪速存储器）
852351	20	90	其他已录制的固态非易失性存储器件 【电商】	Other solid state non-volatile memory device (flash memory), recorded	【最】0【普】14【特-1】0【特-2】0【特-3】0 【增】10【对美加征】5【出】0	个/千克					999	其他已录制的固态非易失性存储器件（闪速存储器）
852352	10		未录制的"智能卡" 【电商】	Smart cards, unrecorded	【最】0【普】21【特-1】0【特-2】0【特-3】0 【增】10【对美加征】10【出】0【退】16	个/千克					101 102 103	未录制的"智能卡"（软、硬、光盘驱动器） 未录制的"智能卡"（其他计算机、辅助设备及其零件） 未录制的"智能卡"（磁带、磁盘）
852352	90		其他"智能卡"	Other Smart cards	【最】0【普】21【特-1】0【特-2】0【特-3】0 【增】10【对美加征】10【出】0【退】10	个/千克					101 102 103	其他"智能卡"（软、硬、光盘驱动器） 其他"智能卡"（其他计算机、辅助设备及其零件） 其他"智能卡"（磁带、磁盘）
852359	10		其他未录制的半导体媒体	Other semiconductor media, Unrecorded	【最】0【普】70【特-1】0【特-2】0【特-3】0 【增】16【对美加征】10【出】0【退】16	个/千克					999	其他未录制的半导体媒体
852359	20	10	其他含人类遗传资源信息资料的半导体媒体	Other semiconductor media containing information on human genetic resources	【最】0【普】14【特-1】0【特-2】0【特-3】0 【增】10【对美加征】5【出】0	个/千克		V			999	其他含人类遗传资源信息资料的半导体媒体
852359	20	20	其他录有广播电影电视节目的半导媒体	Other semiconductor media recorded radio and television programs	【最】0【普】14【特-1】0【特-2】0【特-3】0 【增】10【对美加征】5【出】0	个/千克	b				999	其他录有广播电影电视节目的半导体媒体
852359	20	90	其他已录制的半导体媒体	Other semiconductor media recorded	【最】0【普】14【特-1】0【特-2】0【特-3】0 【增】10【对美加征】5【出】0	个/千克					999	其他已录制的半导体媒体
852380	11	10	录有广播电影电视节目的唱片	Gramophone records recorded radio and television programs	【最】3.8【普】130 【协东盟】0【协澳门】0【协巴基斯坦】12 【协智利】0【协新西兰】0【协新加坡】0 【协秘鲁】0【协哥斯达黎加】0【协冰岛】0 【协瑞士】3.8【协澳大利亚】0【协韩国】9 【协格鲁吉亚】0【协香港】0 【特-1】0【特-2】0 【增】10【对美加征】10【出】0	张/千克	b				999	录有广播电影电视节目的唱片
852380	11	20	赴境外加工并返回境内的已录制唱片	Recorded gramophone records that have been processed overseas and returned	【最】3.8【普】130 【协东盟】0【协澳门】0【协巴基斯坦】12 【协智利】0【协新西兰】0【协新加坡】0 【协秘鲁】0【协哥斯达黎加】0【协冰岛】0 【协瑞士】3.8【协澳大利亚】0【协韩国】9 【协格鲁吉亚】0【协香港】0 【特-1】0【特-2】0 【增】10【对美加征】10【出】0	张/千克	Z				999	赴境外加工并返回境内的已录制唱片
852380	11	90	其他已录制唱片	Other recorded gramophone records	【最】3.8【普】130 【协东盟】0【协澳门】0【协巴基斯坦】12 【协智利】0【协新西兰】0【协新加坡】0 【协秘鲁】0【协哥斯达黎加】0【协冰岛】0 【协瑞士】3.8【协澳大利亚】0【协韩国】9 【协格鲁吉亚】0【协香港】0 【特-1】0【特-2】0 【增】10【对美加征】10【出】0【退】0	张/千克	f				999	其他已录制唱片

税则号列			货品名称中英文		税费综合信息	计量单位	监管证件代码		检验检疫类别		检验检疫编码	检验检疫编码对应中文名称
HS国际统一前6位	本国子目7~8位	本国子目9~10位	中文 货物名称	英文 Article Description			进口	出口	进口	出口		
852380	19		其他唱片	Other gramophone records	【最】0【普】70【特-1】0【特-2】0【特-3】0【增】16【对美加征】5【出】0【退】10	张/千克					101 102	其他唱片（磁带、磁盘） 其他唱片（其他视听设备及其零件）
852380	21		未录制的税目84.71所列机器用其他媒体	Other media for the machines of heading No. 84. 71, Unrecorded (other than magnetic, optical or semiconductor media)	【最】0【普】14【特-1】0【特-2】0【特-3】0【增】16【对美加征】10【出】0【退】16	张/千克					101 102	未录制的税目84.71所列机器用其他媒体（磁性、光学或半导体媒体除外）（软、硬、光盘驱动器） 未录制的税目84.71所列机器用其他媒体（磁性、光学或半导体媒体除外）（磁带、磁盘）
852380	29	10	其他含人类遗传资源信息资料的税目84.71所列机器用其他媒体	Other media used by machines in heading 8471 containing information on human genetic resources	【最】0【普】14【特-1】0【特-2】0【特-3】0【增】16【对美加征】5【出】0	张/千克		V			999	其他含人类遗传资源信息资料的税目84.71所列机器用其他媒体
852380	29	90	其他税目84.71所列机器用其他媒体	Other media used by machines in heading 8471	【最】0【普】14【特-1】0【特-2】0【特-3】0【增】16【对美加征】5【出】0	张/千克					999	其他税目84.71所列机器用其他媒体
852380	91		未录制的其他媒体（磁性、光学或半导体媒体除外）	Other media, unrecorded (other than magnetic, optical or semiconductor media)	【最】0【普】14【特-1】0【特-2】0【特-3】0【增】10【对美加征】5【出】0【退】16	张/千克					101 102	未录制的其他媒体（磁性、光学或半导体媒体除外）（软、硬、光盘驱动器） 未录制的其他媒体（磁性、光学或半导体媒体除外）（磁带、磁盘）
852380	99	10	其他含人类遗传资源信息资料的媒体	Other media containing information on human genetic resources	【最】0【普】14【特-1】0【特-2】0【特-3】0【增】10【出】0	张/千克		V			999	其他含人类遗传资源信息资料的媒体
852380	99	20	其他录有广播电影电视节目的媒体	Other media recorded radio and television programs	【最】0【普】14【特-1】0【特-2】0【特-3】0【增】10【出】0	张/千克	b				999	其他录有广播电影电视节目的媒体
852380	99	90	其他媒体	Other media	【最】0【普】14【特-1】0【特-2】0【特-3】0【增】10【出】0	张/千克	f				999	其他媒体
852550	00		无线电广播、电视用发送设备	Transmission apparatus for radio broad-cast-ing or television	【最】0【普】30【特-1】0【特-2】0【特-3】0【增】16【对美加征】5【出】0【退】16	台	O				101 102 103	无线电广播、电视用发送设备（Ⅰ类其他电视接收、发送装置及其零件） 无线电广播、电视用发送设备（Ⅱ类其他电视接收、发送装置及其零件） 无线电广播、电视用发送设备（Ⅲ类其他电视接收、发送装置及其零件）
852560	10		无线电广播、电视用卫星地面站设备（装有接收装置的发送设备）	Transmission apparatus of Satellite earth station for radio broadcast-ing or television (incorporating reception apparatus)	【最】0【普】14【特-1】0【特-2】0【特-3】0【增】16【对美加征】10【出】0【退】16	台	O				101 102 103	无线电广播、电视用卫星地面站设备（装有接收装置的发送设备）（Ⅰ类卫星电视接收机） 无线电广播、电视用卫星地面站设备（装有接收装置的发送设备）（Ⅱ类卫星电视接收机） 无线电广播、电视用卫星地面站设备（装有接收装置的发送设备）（Ⅲ类卫星电视接收机）

税则号列			货品名称中英文		税费综合信息	计量单位	监管证件代码		检验检疫类别		检验检疫编码	检验检疫编码对应中文名称
HS 国际统一前 6 位	本国子目 7~8 位	本国子目 9~10 位	中文 货物名称	英文 Article Description			进口	出口	进口	出口		
852560	90		其他装有接收装置的无线电广播、电视发送设备	Other transmission apparatus for radio broadcasting or television, incorporating reception apparatus	【最】0【普】30【特-1】0【特-2】0【特-3】0 【增】16【对美加征】5【出】0【退】16	台					101 102 103	其他装有接收装置的无线电广播、电视发送设备（Ⅰ类其他电视接收、发送装置及其零件） 其他装有接收装置的无线电广播、电视发送设备（Ⅱ类其他电视接收、发送装置及其零件） 其他装有接收装置的无线电广播、电视发送设备（Ⅲ类其他电视接收、发送装置及其零件）
852580	11	10	抗辐射电视摄像机［能抗 5×10^4 戈瑞（硅）以上辐射而又不会降低使用质量］	Radiation-resistant telecamera (able to resist radiations above 5×10^4 Gy while not reducing the service quality)	【最】5【普】17 【协亚太】3.3【协东盟】0【协巴基斯坦】5 【协智利】0【协新西兰】0【协新加坡】0 【协秘鲁】0【协哥斯达黎加】0【协冰岛】0 【协瑞士】0【协澳大利亚】0【协格鲁吉亚】0 【协香港】0【协澳门】0 【特-1】0【特-2】0 【增】16【对美加征】5【出】0【退】16	台	A	3	M		101 102 103	抗辐射电视摄像机［能抗 5×10^4 戈瑞（硅）以上辐射而又不会降低使用质量］（Ⅰ类电视摄像机） 抗辐射电视摄像机［能抗 5×10^4 戈瑞（硅）以上辐射而又不会降低使用质量］（Ⅱ类电视摄像机） 抗辐射电视摄像机［能抗 5×10^4 戈瑞（硅）以上辐射而又不会降低使用质量］（Ⅲ类电视摄像机）
852580	11	90	其他特种用途电视摄像机	Other telecameras for special use	【最】5【普】17 【协亚太】3.3【协东盟】0【协巴基斯坦】5 【协智利】0【协新西兰】0【协新加坡】0 【协秘鲁】0【协哥斯达黎加】0【协冰岛】0 【协瑞士】0【协澳大利亚】0【协格鲁吉亚】0 【协香港】0【协澳门】0 【特-1】0【特-2】0 【增】16【对美加征】5【出】0【退】16	台	A		M		101 102 103	其他特种用途电视摄像机（Ⅰ类电视摄像机） 其他特种用途电视摄像机（Ⅱ类电视摄像机） 其他特种用途电视摄像机（Ⅲ类电视摄像机）
852580	12		非特种用途广播级电视摄像机	Broadcast quality telecameras, not for special purposes	【最】17.5【普】130 【协亚太】11.4【协东盟】0【协巴基斯坦】① 【协智利】0【协新西兰】0【协新加坡】0 【协秘鲁】0【协哥斯达黎加】0【协冰岛】0 【协瑞士】②【协澳大利亚】0【协格鲁吉亚】0 【协香港】0【协澳门】0 【特-1】0【特-2】0 【复合（最）】17.5%或“完税价格不高于 5000 美元/台：17.5%；完税价格高于 5000 美元/台：3%，加 9728 元”，从低执行 【复合（普）】130%或“完税价格不高于 5000 美元/台：130%；完税价格高于 5000 美元/台：6%，加 51500 元”，从低执行 【增】16【对美加征】10【出】0【退】16	台	A		M		101 102 103	非特种用途广播级电视摄像机（Ⅰ类电视摄像机） 非特种用途广播级电视摄像机（Ⅱ类电视摄像机） 非特种用途广播级电视摄像机（Ⅲ类电视摄像机）
852580	13	01	手机用摄像组件（由镜头+CCD/CMOS+数字信号处理电路三部分构成）	Camera components for cellphones (including lens, CCD/CMOS and digital signal processing electric circuit)	【最】17.5【普】130【暂进】4 【协亚太】11.4【协东盟】0【协香港】0 【协澳门】0【协巴基斯坦】③【协智利】0 【协新西兰】0【协新加坡】0【协秘鲁】0 【协台湾】0【协哥斯达黎加】0【协冰岛】0 【协瑞士】④【协澳大利亚】0【协韩国】28 【协格鲁吉亚】0 【特-1】0【特-2】0 【复合（最）】17.5%或“完税价格不高于 5000 美元/台：17.5%；完税价格高于 5000 美元/台：3%，加 9728 元”，从低执行 【复合（普）】130%或“完税价格不高于 5000 美元/台：130%；完税价格高于 5000 美元/台：6%，加 51500 元”，从低执行 【增】16【对美加征】10【出】0【退】16	台					101 102 103	手机用摄像组件（由镜头+CCD/CMOS+数字信号处理电路三部分构成）（Ⅰ类电视摄像机） 手机用摄像组件（由镜头+CCD/CMOS+数字信号处理电路三部分构成）（Ⅱ类电视摄像机） 手机用摄像组件（由镜头+CCD/CMOS+数字信号处理电路三部分构成）（Ⅲ类电视摄像机）

① 完税价格不高于 5000 美元/台：24.9%；完税价格高于 5000 美元/台：3%，加 1095 元/台”
② 17.5%与“完税价格不高于 5000 美元/台：35%；完税价格高于 5000 美元/台：3%，加 9728 元/台”从低执行。
③ 完税价格不高于 5000 美元/台：24.9%；完税价格高于 5000 美元/台：3%，加 1095 元/台”
④ 17.5%与“完税价格不高于 5000 美元/台：35%；完税价格高于 5000 美元/台：3%，加 9728 元/台”从低执行。

税则号列 HS国际统一前6位	本国子目 7~8位	本国子目 9~10位	货品名称中英文 中文 货物名称	英文 Article Description	税费综合信息	计量单位	监管证件代码 进口	监管证件代码 出口	检验检疫类别 进口	检验检疫类别 出口	检验检疫编码	检验检疫编码对应中文名称
852580	13	02	高清摄像头（必须满足以下三个条件：1. 镜头元件必须使用5层及以上玻璃镜头；2. 使用USB2.0及以上高速接口；3. 硬件传感器像素达到130万及以上）	High definition cameras (the following three requirements must be fulfilled: 1. 5 layers glass lens; 2. USB2.0 high speed interface; 3. Hardware sensor: 130 Mega pixel and above)	【最】17.5【普】130【暂进】10 【协亚太】11.4【协东盟】0【协香港】0 【协澳门】0【协巴基斯坦】①【协智利】0 【协新西兰】0【协新加坡】0【协秘鲁】0 【协台湾】0【协哥斯达黎加】0【协冰岛】0 【协瑞士】②【协澳大利亚】0【协韩国】28 【协格鲁吉亚】0 【特-1】0【特-2】0 【复合（最）】17.5%或"完税价格不高于5000美元/台：17.5%；完税价格高于5000美元/台：3%，加9728元"，从低执行 【复合（普）】130%或"完税价格不高于5000美元/台：130%；完税价格高于5000美元/台：6%，加51500元"，从低执行 【增】16【对美加征】10【出】0【退】16	台					101 102 103	高清摄像头（必须满足以下三个条件：1. 镜头元件必须使用5层及以上玻璃镜头；2. 使用USB2.0及以上高速接口；3. 硬件传感器像素达到130万及以上）（Ⅰ类电视摄像机） 高清摄像头（必须满足以下三个条件：1. 镜头元件必须使用5层及以上玻璃镜头；2. 使用USB2.0及以上高速接口；3. 硬件传感器像素达到130万及以上）（Ⅱ类电视摄像机） 高清摄像头（必须满足以下三个条件：1. 镜头元件必须使用5层及以上玻璃镜头；2. 使用USB2.0及以上高速接口；3. 硬件传感器像素达到130万及以上）（Ⅲ类电视摄像机）
852580	13	90	其他非特种用途电视摄像机及其他（其他摄像组件由非广播级镜头+CCD/CMOS+数字信号处理电路构成）	Other telecameras not for special use and other camera components (the latter is composed of non-broadcast-quality lens CCD/CMOS and digital signal processing electric circuit)	【最】17.5【普】130 【协亚太】11.4【协东盟】0【协香港】0 【协澳门】0【协巴基斯坦】③【协智利】0 【协新西兰】0【协新加坡】0【协秘鲁】0 【协台湾】0【协哥斯达黎加】0【协冰岛】0 【协瑞士】④【协澳大利亚】0【协韩国】28 【协格鲁吉亚】0 【特-1】0【特-2】0 【复合（最）】17.5%或"完税价格不高于5000美元/台：17.5%；完税价格高于5000美元/台：3%，加9728元"，从低执行 【复合（普）】130%或"完税价格不高于5000美元/台：130%；完税价格高于5000美元/台：6%，加51500元"，从低执行 【增】16【对美加征】10【出】0【退】16	台					101 102 103	其他非特种用途电视摄像机及其他摄像组件（其他摄像组件由非广播级镜头+CCD/CMOS+数字信号处理电路构成）（Ⅰ类电视摄像机） 其他非特种用途电视摄像机及其他摄像组件（其他摄像组件由非广播级镜头+CCD/CMOS+数字信号处理电路构成）（Ⅱ类电视摄像机） 其他非特种用途电视摄像机及其他摄像组件（其他摄像组件由非广播级镜头+CCD/CMOS+数字信号处理电路构成）（Ⅲ类电视摄像机）
852580	21		特种用途的数字照相机	Digital cameras for special purposes	【最】0【普】17【特-1】0【特-2】0【特-3】0 【增】16【对美加征】5【出】0【退】16	台					999	特种用途的数字照相机
852580	22		非特种用途的单镜头反光型数字照相机【电商】	Single lens reflex digital cameras, not for special purposes	【最】0【普】130【特-1】0【特-2】0【特-3】0 【复合（最）】0【复合（普）】130%或"完税价格不高于5000美元/台：130%；完税价格高于5000美元/台：6%，加51500元"，从低执行 【增】16【对美加征】10【出】0【退】16	台					999	非特种用途的单镜头反光型数字照相机
852580	25		非特种用途其他可换镜头数字照相机	Digital cameras changeable lens, not for special purposes	【最】0【普】130【特-1】0【特-2】0【特-3】0 【复合（最）】0【复合（普）】130%或"完税价格不高于5000美元/台：130%；完税价格高于5000美元/台：6%，加51500元"，从低执行 【增】16【对美加征】10【出】0【退】16	台					999	非特种用途其他可换镜头数字照相机
852580	29	10	非特种用途的航拍照相无人机（单镜头反光型除外）【电商】	Unmanned aerial photography UAV (except for single lens reflex)	【最】0【普】130【特-1】0【特-2】0【特-3】0 【复合（最）】0 【复合（普）】130%或"完税价格不高于5000美元/台：130%；完税价格高于5000美元/台：6%，加51500元"，从低执行 【增】16【对美加征】10【出】0【退】16	台					999	非特种用途的航拍照相无人机（单镜头反光型除外）

① 完税价格不高于5000美元/台：24.9%；完税价格高于5000美元/台：3%，加1095元/台。

② 17.5%与完税价格不高于5000美元/台：35%；完税价格高于5000美元/台：3%，加9728元/台。从低执行。

③ 完税价格不高于5000美元/台：24.9%；完税价格高于5000美元/台：3%，加1095元/台。

④ 17.5%与完税价格不高于5000美元/台：35%；完税价格高于5000美元/台：3%，加9728元/台。从低执行。

税则号列 HS国际统一前6位	本国子目 7~8位	本国子目 9~10位	货品名称中英文 中文 货物名称	英文 Article Description	税费综合信息	计量单位	监管证件代码 进口	监管证件代码 出口	检验检疫类别 进口	检验检疫类别 出口	检验检疫编码	检验检疫编码对应中文名称
852580	29	90	其他非特种用途的其他数字照相机（单镜头反光型除外） 【电商】	Unmanned aerial photography and unmanned aerial vehicles (non radio, non multipurpose)	【最】0【普】130【特-1】0【特-2】0【特-3】0【复合（最）】0【复合（普）】130%或“完税价格不高于5000美元/台：130%；完税价格高于5000美元/台：6%，加51500元”，从低执行 【增】16【对美加征】10【出】0【退】16	台					999	其他非特种用途的其他数字照相机（单镜头反光型除外）
852580	31		特种用途视频摄录一体机	Video camera recorders For special purposes	【最】0【普】17【特-1】0【特-2】0【特-3】0 【增】16【对美加征】5【出】0【退】16	台	A		M		101 102 103 104 105 ……	特种用途视频摄录一体机（Ⅰ类电视摄像机） 特种用途视频摄录一体机（Ⅱ类电视摄像机） 特种用途视频摄录一体机（Ⅲ类电视摄像机） 特种用途视频摄录一体机（Ⅰ类家用型摄录一体机） 特种用途视频摄录一体机（Ⅱ类家用型摄录一体机） ……①
852580	32		非特种用途的广播级视频摄录一体机	Broadcast quality video camera recorders, not for special purposes	【最】0【普】130【特-1】0【特-2】0【特-3】0【复合（最）】0【复合（普）】130%或“完税价格不高于5000美元/台：130%；完税价格高于5000美元/台：6%，加51500元”，从低执行 【增】16【对美加征】10【出】0【退】16	台	A		M		101 102 103	非特种用途的广播级视频摄录一体机（Ⅰ类电视摄像机） 非特种用途的广播级视频摄录一体机（Ⅱ类电视摄像机） 非特种用途的广播级视频摄录一体机（Ⅲ类电视摄像机）
852580	33		非特种用途的家用型视频摄录一体机 【电商】	Household-type video camera recorders, not for special purposes	【最】0【普】130【特-1】0【特-2】0【特-3】0 【增】16【对美加征】10【出】0【退】16	台	A		M		101 102 103	非特种用途的家用型视频摄录一体机（Ⅰ类家用型摄录一体机） 非特种用途的家用型视频摄录一体机（Ⅱ类家用型摄录一体机） 非特种用途的家用型视频摄录一体机（Ⅲ类家用型摄录一体机）
852580	39	10	非特种用途的航拍摄录一体无人机（非广播级、非多用途） 【电商】	Unmanned aerial photography and unmanned aerial vehicles (non radio, non multipurpose)	【最】0【普】130【特-1】0【特-2】0【特-3】0 【复合（最）】0 【复合（普）】130%或“完税价格不高于5000美元/台：130%；完税价格高于5000美元/台：6%，加51500元”，从低执行 【增】16【对美加征】10【出】0【退】16	台	A		M		301 302 303	非特种用途的航拍摄录一体无人机（非广播级、非多用途）（Ⅰ类电视摄像机） 非特种用途的航拍摄录一体无人机（非广播级、非多用途）（Ⅱ类电视摄像机） 非特种用途的航拍摄录一体无人机（非广播级、非多用途）（Ⅲ类电视摄像机）
852580	39	90	非特种用途的其他视频摄录一体机（非广播级、非多用途） 【电商】	Non specific use of other video recording intergrated machines (non radio, non multipurpose)	【最】0【普】130【特-1】0【特-2】0【特-3】0 【复合（最）】0 【复合（普）】130%或“完税价格不高于5000美元/台：130%；完税价格高于5000美元/台：6%，加51500元”，从低执行 【增】16【对美加征】10【出】0【退】16	台	A		M		301 302 303	非特种用途的其他视频摄录一体机（非广播级、非多用途）（Ⅰ类电视摄像机） 非特种用途的其他视频摄录一体机（非广播级、非多用途）（Ⅱ类电视摄像机） 非特种用途的其他视频摄录一体机（非广播级、非多用途）（Ⅲ类电视摄像机）

① 该税号项下检验检疫编码及对应中文名称尚有：106　特种用途视频摄录一体机（Ⅲ类家用型摄录一体机）。

税则号列 HS国际统一前6位	本国子目 7~8位	本国子目 9~10位	货品名称中英文 中文 货物名称	货品名称中英文 英文 Article Description	税费综合信息	计量单位	监管证件代码 进口	监管证件代码 出口	检验检疫类别 进口	检验检疫类别 出口	检验检疫编码	检验检疫编码对应中文名称
852610	10	10	用于导弹、火箭等的导航雷达设备（用于弹道导弹、运载火箭、探空火箭、巡航导弹、无人驾驶航空飞行器的目标探测）	Navigational radar equipments for missiles and rockets (for ballistic missiles, carrier rockets and sounding rockets, etc. to detect targets)	【最】0.5【普】8 【协东盟】0【协巴基斯坦】0【协智利】0 【协新西兰】0【协秘鲁】0【协哥斯达黎加】0 【协冰岛】0【协瑞士】0【协澳大利亚】0 【协韩国】1.4【协格鲁吉亚】0【协香港】0 【协澳门】0 【特-1】0【特-2】0 【增】16【对美加征】10【出】0【退】16	台		3			999	用于导弹、火箭等的导航雷达设备（用于弹道导弹、运载火箭、探空火箭、巡航导弹、无人驾驶航空飞行器的目标探测）
852610	10	90	其他导航用雷达设备	Other navigational radar equipments	【最】0.5【普】8 【协东盟】0【协巴基斯坦】0【协智利】0 【协新西兰】0【协秘鲁】0【协哥斯达黎加】0 【协冰岛】0【协瑞士】0【协澳大利亚】0 【协韩国】1.4【协格鲁吉亚】0 【协香港】0【协澳门】0 【特-1】0【特-2】0 【增】16【对美加征】10【出】0【退】16	台					999	其他导航用雷达设备
852610	90	10	飞机机载雷达（包括气象雷达，地形雷达和空中交通管制应答系统）	Airborne radars (including meteorological radars, terrain following radars and air traffic control response system	【最】1.3【普】14【暂进】1 【协东盟】0【协巴基斯坦】0【协智利】0 【协新西兰】0【协秘鲁】0【协哥斯达黎加】0 【协冰岛】0【协瑞士】0【协澳大利亚】0 【协韩国】3.6【协格鲁吉亚】0 【协香港】0【协澳门】0 【特-1】0【特-2】0 【增】16【对美加征】5【出】0【退】16	台					999	飞机机载雷达（包括气象雷达，地形雷达和空中交通管制应答系统）
852610	90	20	雷达生命探测仪	Radar life detecting instrument	【最】1.3【普】14 【协东盟】0【协巴基斯坦】0【协智利】0 【协新西兰】0【协秘鲁】0【协哥斯达黎加】0 【协冰岛】0【协瑞士】0【协澳大利亚】0 【协韩国】3.6【协格鲁吉亚】0 【协香港】0【协澳门】0 【特-1】0【特-2】0 【增】16【对美加征】5【出】0【退】16	台	0				999	雷达生命探测仪
852610	90	30	用于导弹、火箭等的机载雷达设备（用于弹道导弹、运载火箭、探空火箭、巡航导弹、无人驾驶航空飞行器的目标探测）	Airborne radars for missiles and rockets (for ballistic missiles, carrier rockets and sounding rockets, etc. to detect targets)	【最】1.3【普】14 【协东盟】0【协巴基斯坦】0【协智利】0 【协新西兰】0【协秘鲁】0【协哥斯达黎加】0 【协冰岛】0【协瑞士】0【协澳大利亚】0 【协韩国】3.6【协格鲁吉亚】0 【协香港】0【协澳门】0 【特-1】0【特-2】0 【增】16【对美加征】5【出】0【退】16	台		3			999	用于导弹、火箭等的机载雷达设备（用于弹道导弹、运载火箭、探空火箭、巡航导弹、无人驾驶航空飞行器的目标探测）
852610	90	40	用于导弹、火箭等的其他雷达设备（用于弹道导弹、运载火箭、探空火箭、巡航导弹、无人驾驶航空飞行器的目标探测）	Other radars for missiles and rockets (for ballistic missiles, carrier rockets and sounding rockets, etc. to detect targets)	【最】1.3【普】14 【协东盟】0【协巴基斯坦】0【协智利】0 【协新西兰】0【协秘鲁】0【协哥斯达黎加】0 【协冰岛】0【协瑞士】0【协澳大利亚】0 【协韩国】3.6【协格鲁吉亚】0 【协香港】0【协澳门】0 【特-1】0【特-2】0 【增】16【对美加征】5【出】0【退】16	台		3			999	用于导弹、火箭等的其他雷达设备（用于弹道导弹、运载火箭、探空火箭、巡航导弹、无人驾驶航空飞行器的目标探测）
852610	90	90	其他雷达设备	Other radars	【最】1.3【普】14 【协东盟】0【协巴基斯坦】0【协智利】0 【协新西兰】0【协秘鲁】0【协哥斯达黎加】0 【协冰岛】0【协瑞士】0【协澳大利亚】0 【协韩国】3.6【协格鲁吉亚】0 【协香港】0【协澳门】0 【特-1】0【特-2】0 【增】16【对美加征】5【出】0【退】16	台					999	其他雷达设备
852691	10		机动车辆用无线电导航设备【电商】	Radio navigational aid apparatus For motor vehicles	【最】0.5【普】8 【协东盟】0【协巴基斯坦】0【协智利】0 【协新西兰】0【协秘鲁】0【协哥斯达黎加】0 【协冰岛】0【协瑞士】0【协澳大利亚】0 【协韩国】0【协格鲁吉亚】0 【协香港】0【协澳门】0 【特-1】0【特-2】0 【增】16【对美加征】5【出】0【退】16	台					999	机动车辆用无线电导航设备

税则号列 HS国际统一前6位	本国子目 7~8位	本国子目 9~10位	货品名称中英文 中文 货物名称	货品名称中英文 英文 Article Description	税费综合信息	计量单位	监管证件代码 进口	监管证件代码 出口	检验检疫类别 进口	检验检疫类别 出口	检验检疫编码	检验检疫编码对应中文名称
852691	90	10	制导装置（使300km射程导弹达到≤10km圆公算偏差）	Guidance devices (making the circular error probable of 300km-range missiles ≤10km)	【最】0.5【普】8 【协东盟】0【协巴基斯坦】0【协智利】0 【协新西兰】0【协秘鲁】0【协哥斯达黎加】0 【协冰岛】0【协瑞士】0.5【协澳大利亚】0 【协韩国】1.2【协格鲁吉亚】0 【协香港】0【协澳门】0 【特-1】0【特-2】0 【增】16【对美加征】5【出】0【退】16	台		3			999	制导装置（使300km射程导弹达到≤10km圆公算偏差）
852691	90	90	其他无线电导航设备	Other radio navigation devices	【最】0.5【普】8 【协东盟】0【协巴基斯坦】0【协智利】0 【协新西兰】0【协秘鲁】0【协哥斯达黎加】0 【协冰岛】0【协瑞士】0.5【协澳大利亚】0 【协韩国】1.2【协格鲁吉亚】0 【协香港】0【协澳门】0 【特-1】0【特-2】0 【增】16【对美加征】5【出】0【退】16	台					999	其他无线电导航设备
852692	00		无线电遥控设备 【电商】	Radio remote control apparatus	【最】2.5【普】14 【协东盟】0【协巴基斯坦】0【协智利】0 【协新西兰】0【协秘鲁】0【协哥斯达黎加】0 【协冰岛】0【协瑞士】0【协澳大利亚】0 【协韩国】3【协格鲁吉亚】0 【协香港】0【协澳门】0 【特-1】0【特-2】0 【增】16【对美加征】10【出】0【退】16	台	0				999	无线电遥控设备
852712	00		不需外接电源袖珍盒式磁带收放机	Pocket-size radio cassette-players capable of operating without an external source of power	【最】5【普】130 【协东盟】0【协智利】0【协新西兰】0 【协新加坡】0【协秘鲁】0【协哥斯达黎加】0 【协冰岛】0【协瑞士】5【协澳大利亚】0 【协韩国】14.6【协格鲁吉亚】0 【协香港】0【协澳门】0 【特-1】0【特-2】0 【增】16【出】0【退】16	台					101 102 103	不需外接电源袖珍盒式磁带收放机（Ⅰ类放音机） 不需外接电源袖珍盒式磁带收放机（Ⅱ类放音机） 不需外接电源袖珍盒式磁带收放机（Ⅲ类放音机）
852713	00		不需外接电源收录（放）音组合机 【电商】	Other apparatus combined with sound recording or reproducing apparatus capable of operating without an external source of power	【最】3.8【普】130 【协东盟】0【协巴基斯坦】12【协智利】0 【协新西兰】0【协新加坡】0【协秘鲁】0 【协哥斯达黎加】0【协冰岛】0【协瑞士】3.8 【协澳大利亚】0【协韩国】9【协格鲁吉亚】0 【协香港】0【协澳门】0 【特-1】0【特-2】0 【增】16【出】0【退】16	台					101 102 103	不需外接电源收录（放）音组合机［Ⅰ类收录（放）音组合机］ 不需外接电源收录（放）音组合机［Ⅱ类收录（放）音组合机］ 不需外接电源收录（放）音组合机［Ⅲ类收录（放）音组合机］
852719	00		不需外接电源无线电收音机	Other radio-broadcast receivers capable of operating without an external source of power	【最】3.8【普】130 【协东盟】0【协巴基斯坦】12【协智利】0 【协新西兰】0【协新加坡】0【协秘鲁】0 【协哥斯达黎加】0【协冰岛】0【协瑞士】3.8 【协澳大利亚】0【协韩国】11【协格鲁吉亚】0 【协香港】0【协澳门】0 【特-1】0【特-2】0 【增】16【对美加征】10【出】0【退】16	台					101 102 103	不需外接电源无线电收音机（Ⅰ类收音机） 不需外接电源无线电收音机（Ⅱ类收音机） 不需外接电源无线电收音机（Ⅲ类收音机）
852721	00	10	具备接收和转换数字广播数据系统信号功能需外接电源的汽车用收录（放）音组合机	Vehicle mounted (released) sound combination machine for receiving and converting digital broadcast data system signal function requiring external power supply	【最】3.8【普】130 【协东盟】0【协巴基斯坦】12【协智利】0 【协新西兰】0【协新加坡】0【协秘鲁】0 【协哥斯达黎加】0【协冰岛】0【协瑞士】6 【协澳大利亚】0【协韩国】11【协格鲁吉亚】0 【协香港】0【协澳门】0 【特-1】0【特-2】0 【增】16【对美加征】5【出】0【退】16	台					101 102 103	具备接收和转换数字广播数据系统信号功能需外接电源的汽车用收录（放）音组合机［Ⅰ类收录（放）音组合机］ 具备接收和转换数字广播数据系统信号功能需外接电源的汽车用收录（放）音组合机［Ⅱ类收录（放）音组合机］ 具备接收和转换数字广播数据系统信号功能需外接电源的汽车用收录（放）音组合机［Ⅲ类收录（放）音组合机］

税则号列			货品名称中英文		税费综合信息	计量单位	监管证件代码		检验检疫类别		检验检疫编码	检验检疫编码对应中文名称
HS国际统一前6位	本国子目 7~8位	9~10位	中文 货物名称	英文 Article Description			进口	出口	进口	出口		
852721	00	90	其他需外接电源汽车收录(放)音组合机	Other reception apparatus for radio-broadcasting not capable of operating without an external source of power, of a kind used in motor vehicles, combined with sound recording or reproducing apparatus	【最】15【普】130 【协东盟】0【协巴基斯坦】12【协智利】0 【协新西兰】0【协新加坡】0【协秘鲁】0 【协哥斯达黎加】0【协冰岛】0【协瑞士】6 【协澳大利亚】0【协韩国】11【协格鲁吉亚】0 【协香港】0【协澳门】0 【特-1】0【特-2】0 【增】16【对美加征】5【出】0【退】16	台					101 102 103	其他需外接电源汽车收录(放)音组合机[Ⅰ类收录(放)音组合机] 其他需外接电源汽车收录(放)音组合机[Ⅱ类收录(放)音组合机] 其他需外接电源汽车收录(放)音组合机[Ⅲ类收录(放)音组合机]
852729	00		需外接电源汽车用无线电收音机	Other radio-broadcast receivers not capable of operating without an external source of power, of a kind used in motor vehicles	【最】3.8【普】130 【协东盟】0【协巴基斯坦】12【协智利】0 【协新西兰】0【协新加坡】0【协秘鲁】0 【协哥斯达黎加】0【协冰岛】0【协瑞士】3.8 【协澳大利亚】0【协韩国】11【协格鲁吉亚】0 【协香港】0【协澳门】0 【特-1】0【特-2】0 【增】16【对美加征】5【出】0【退】16	台					101 102 103	需外接电源汽车用无线电收音机(Ⅰ类收音机) 需外接电源汽车用无线电收音机(Ⅱ类收音机) 需外接电源汽车用无线电收音机(Ⅲ类收音机)
852791	00		其他收录(放)音组合机	Other radio-broadcas receivers combined with sound recording or reproducing apparatus	【最】3.8【普】130 【协东盟】0【协巴基斯坦】12【协智利】0 【协新西兰】0【协新加坡】0【协秘鲁】0 【协哥斯达黎加】0【协冰岛】0【协瑞士】3.8 【协澳大利亚】0【协韩国】9【协格鲁吉亚】0 【协香港】0【协澳门】0 【特-1】0【特-2】0 【增】16【对美加征】10【出】0【退】16	台					101 102 103 104	其他收录(放)音组合机[Ⅰ类收录(放)音组合机] 其他收录(放)音组合机[Ⅱ类收录(放)音组合机] 其他收录(放)音组合机[Ⅲ类收录(放)音组合机] 其他收录(放)音组合机(其他收录放音装置及其零件)
852792	00		带时钟的收音机	Radio-broadcas receivers not combined with sound recording or reproducing apparatus but combined with a clock	【最】3.8【普】130 【协东盟】0【协巴基斯坦】12【协智利】0 【协新西兰】0【协新加坡】0【协秘鲁】0 【协哥斯达黎加】0【协冰岛】0【协瑞士】3.8 【协澳大利亚】0【协韩国】9【协格鲁吉亚】0 【协香港】0【协澳门】0 【特-1】0【特-2】0 【增】16【对美加征】10【出】0【退】16	台			L		101 102 103 104	带时钟的收音机(Ⅰ类其他收录放音装置及其零件) 带时钟的收音机(Ⅱ类其他收录放音装置及其零件) 带时钟的收音机(Ⅲ类其他收录放音装置及其零件) 带时钟的收音机(其他收录放音装置及其零件)
852799	00		其他收音机	Other radio-broadcas receivers	【最】7.5【普】130 【协东盟】0【协智利】0【协新西兰】0 【协新加坡】0【协秘鲁】0【协哥斯达黎加】0 【协冰岛】0【协瑞士】7.5【协澳大利亚】0 【协韩国】21.6【协格鲁吉亚】0 【协香港】0【协澳门】0 【特-1】0【特-2】0 【增】16【对美加征】10【出】0【退】16	台					101 102 103	其他收音机(Ⅰ类收音机) 其他收音机(Ⅱ类收音机) 其他收音机(Ⅲ类收音机)
852842	00		可直接连接且设计用于税目84..71的自动数据处理设备的阴极射线管监视器	Capable of directly connecting to and designed for use with an auto matic data processing machine of heading 84.71	【最】0【普】40【特-1】0【特-2】0【特-3】0 【增】16【对美加征】10【出】0【退】16	台/千克	6				101 102	可直接连接且设计用于税目84.71的自动数据处理设备的阴极射线管监视器(彩色视频监视器) 可直接连接且设计用于税目84.71的自动数据处理设备的阴极射线管监视器(黑白或其他单色视频监视器)

税则号列			货品名称中英文		税费综合信息	计量单位	监管证件代码		检验检疫类别		检验检疫编码	检验检疫编码对应中文名称
HS国际统一前6位	本国子目7~8位	9~10位	中文 货物名称	英文 Article Description			进口	出口	进口	出口		
852849	10		其他彩色的阴极射线管监视器	Other Colour cathode-ray tube monitors	【最】7.5【普】130 【协亚太】4.9【协东盟】0【协澳门】0 【协巴基斯坦】19.5【协智利】0【协新西兰】0 【协新加坡】0【协秘鲁】0【协哥斯达黎加】0 【协冰岛】0【协瑞士】7.5【协澳大利亚】0 【协韩国】24【协格鲁吉亚】0【协香港】0 【特-1】0【特-2】0 【增】16【对美加征】5【出】0【退】16	台	6				101 102 103	其他彩色的阴极射线管监视器（Ⅰ类彩色视频监视器） 其他彩色的阴极射线管监视器（Ⅱ类彩色视频监视器） 其他彩色的阴极射线管监视器（Ⅲ类彩色视频监视器）
852849	90		其他单色的阴极射线管监视器	Other monochrome cathode-ray tube monitors	【最】4.8【普】100 【协亚太】3.1【协东盟】0【协澳门】0 【协巴基斯坦】11.4【协智利】0【协新西兰】0 【协新加坡】0【协秘鲁】0【协哥斯达黎加】0 【协冰岛】0【协瑞士】4.8【协澳大利亚】0 【协韩国】11.4【协格鲁吉亚】0【协香港】0 【特-1】0【特-2】0 【增】16【对美加征】5【出】0【退】16	台	6				101 102 103	其他单色的阴极射线管监视器（Ⅰ类黑白或其他单色视频监视器） 其他单色的阴极射线管监视器（Ⅱ类黑白或其他单色视频监视器） 其他单色的阴极射线管监视器（Ⅲ类黑白或其他单色视频监视器）
852852	11		专用或主要用于税目84.71商品的液晶监视器【电商】	Of a kind solely or principally used in an automatic data processing system of heading 84.71	【最】0【普】40【特-1】0【特-2】0【特-3】0 【增】16【对美加征】5【出】0【退】16	台/千克					999	专用或主要用于税目84.71商品的液晶监视器
852852	12		其他可直接连接且设计用于税目84.71的自动数据处理设备的彩色液晶监视器	Other colorful LCD capable of directly connecting to and designed for use with an automatic data processing machine of heading 84.71	【最】15【普】130 【协亚太】9.8【协东盟】0【协香港】0 【协澳门】0【协巴基斯坦】26【协智利】0 【协新西兰】0【协新加坡】0【协秘鲁】0 【协冰岛】0【协澳大利亚】0【协韩国】21.6 【协格鲁吉亚】0 【特-1】0【特-2】0 【增】16【对美加征】10【出】0【退】16	台/千克	6				999	其他可直接连接且设计用于税目84.71的自动数据处理设备的彩色液晶监视器
852852	19		其他可直接连接且设计用于税目84.71的自动数据处理设备的单色液晶监视器	Other monochrome LCD capable of directly connecting to and designed for use with an automatic data processing machine of heading 84.71	【最】10【普】100 【协亚太】6.5【协东盟】0【协香港】0 【协澳门】0【协巴基斯坦】15.2【协智利】0 【协新西兰】0【协新加坡】0【协秘鲁】0 【协哥斯达黎加】0【协冰岛】0【协瑞士】7.6 【协澳大利亚】0【协格鲁吉亚】0 【特-1】0【特-2】0 【增】16【对美加征】5【出】0【退】16	台/千克	6				999	其他可直接连接且设计用于税目84.71的自动数据处理设备的单色液晶监视器
852852	91		专用或主要用于税目84.71商品的其他彩色监视器	Of a kind solely or principally used in an automatic data processing system of heading 84.71, colour	【最】0【普】40【特-1】0【特-2】0【特-3】0 【增】16【对美加征】10【出】0【退】16	台/千克					999	专用或主要用于税目84.71商品的其他彩色监视器
852852	92		其他可直接连接且设计用于税目84.71的自动数据处理设备的其他彩色监视器	Other colorful monitor capable of directly connecting to and designed for use with an automatic data processing machine of heading 84.71	【最】15【普】130 【协亚太】9.8【协东盟】0【协香港】0 【协澳门】0【协巴基斯坦】26【协智利】0 【协新西兰】0【协新加坡】0【协秘鲁】0 【协冰岛】0【协澳大利亚】0【协韩国】21.6 【协格鲁吉亚】0 【特-1】0【特-2】0 【增】16【对美加征】5【出】0【退】16	台/千克	6				999	其他可直接连接且设计用于税目84.71的自动数据处理设备的其他彩色监视器
852852	99		其他可直接连接且设计用于税目84.71的自动数据处理设备的其他单色监视器	Other monochrome monitor capable of directly connecting to and designed for use with an automatic data processing machine of heading 84.71	【最】10【普】100 【协亚太】6.5【协东盟】0【协香港】0 【协澳门】0【协巴基斯坦】15.2【协智利】0 【协新西兰】0【协新加坡】0【协秘鲁】0 【协哥斯达黎加】0【协冰岛】0【协瑞士】7.6 【协澳大利亚】0【协格鲁吉亚】0 【特-1】0【特-2】0 【增】16【出】0【退】16	台/千克	6				999	其他可直接连接且设计用于税目84.71的自动数据处理设备的其他单色监视器
852859	10	10	专用于车载导航仪的液晶监视器	LCD monitors, specially used for vehicle navigator	【最】20【普】130【暂进】15 【协亚太】13【协东盟】0【协香港】0 【协澳门】0【协巴基斯坦】26【协智利】0 【协新西兰】0【协新加坡】0【协秘鲁】0 【协冰岛】0【协澳大利亚】0【协韩国】21.6 【协格鲁吉亚】0 【特-1】0【特-2】0 【增】16【对美加征】10【出】0【退】16	台	6				999	专用于车载导航仪的液晶监视器

税则号列			货品名称中英文		税费综合信息	计量单位	监管证件代码		检验检疫类别		检验检疫编码	检验检疫编码对应中文名称
HS国际统一前6位	本国子目7~8位	9~10位	中文 货物名称	英文 Article Description			进口	出口	进口	出口		
852859	10	90	其他彩色的监视器	Other color monitor	【最】20【普】130 【协亚太】13【协东盟】0【协香港】0 【协澳门】0【协巴基斯坦】26【协智利】0 【协新西兰】0【协新加坡】0【协秘鲁】0 【协冰岛】0【协澳大利亚】0【协韩国】21.6 【协格鲁吉亚】0 【特-1】0【特-2】0 【增】16【对美加征】10【出】0【退】16	台	6				101 102 103	其他彩色的监视器（Ⅰ类彩色视频监视器） 其他彩色的监视器（Ⅱ类彩色视频监视器） 其他彩色的监视器（Ⅲ类彩色视频监视器）
852859	90		其他单色的监视器	Other monochrome monitors	【最】10【普】100 【协亚太】6.5【协东盟】0【协香港】0 【协澳门】0【协巴基斯坦】15.2【协智利】0 【协新西兰】0【协新加坡】0【协秘鲁】0 【协哥斯达黎加】0【协冰岛】0【协瑞士】7.6 【协澳大利亚】0【协格鲁吉亚】0 【特-1】0【特-2】0 【增】16【对美加征】10【出】0【退】16	台	6				101 102 103	其他单色的监视器（Ⅰ类黑白或其他单色视频监视器） 其他单色的监视器（Ⅱ类黑白或其他单色视频监视器） 其他单色的监视器（Ⅲ类黑白或其他单色视频监视器）
852862	10	10	专用或主要用于税目84.71商品的彩色投影机	Specially used or mainly used for color projector of heading No. 84.71	【最】0【普】14【特-1】0【特-2】0【特-3】0 【增】16【对美加征】10【出】0【退】16	台/千克					999	专用或主要用于税目84.71商品的彩色投影机
852862	10	90	其他专用或主要用于税目84.71商品的投影机	Other used or mainly used for projector of heading No. 84.71	【最】0【普】14【特-1】0【特-2】0【特-3】0 【增】16【对美加征】10【出】0【退】16	台/千克					999	其他专用或主要用于税目84.71商品的投影机
852862	20		其他可直接连接且设计用于税目84.71的自动数据处理设备的彩色投影机	Other colorful projectors capable of directly connecting to and designed for use with an automatic data processing machine of heading 84.71	【最】15【普】130 【协亚太】9.8【协东盟】0【协香港】0 【协澳门】0【协巴基斯坦】25.5【协智利】0 【协新西兰】0【协新加坡】0【协秘鲁】0 【协哥斯达黎加】0【协冰岛】0【协澳大利亚】0 【协韩国】21.6【协格鲁吉亚】0 【特-1】0【特-2】0 【增】16【对美加征】10【出】0【退】16	台/千克	6				999	其他可直接连接且设计用于税目84.71的自动数据处理设备的彩色投影机
852862	90		其他可直接连接且设计用于税目84.71的自动数据处理设备的单色投影机	Other monochrome projectors capable of directly connecting to and designed for use with an automatic data processing machine of heading 84.71	【最】10【普】100 【协东盟】0【协澳门】0【协巴基斯坦】12 【协智利】0【协新西兰】0【协新加坡】0 【协秘鲁】0【协哥斯达黎加】0【协冰岛】0 【协瑞士】6【协澳大利亚】0【协格鲁吉亚】0 【协香港】0 【特-1】0【特-2】0 【增】16【出】0【退】16	台/千克					999	其他可直接连接且设计用于税目84.71的自动数据处理设备的单色投影机
852869	10		其他彩色的投影机	Colour projectors	【最】15【普】130 【协亚太】9.8【协东盟】0【协香港】0 【协澳门】0【协巴基斯坦】25.5【协智利】0 【协新西兰】0【协新加坡】0【协秘鲁】0 【协哥斯达黎加】0【协冰岛】0【协澳大利亚】0 【协韩国】21.6【协格鲁吉亚】0 【特-1】0【特-2】0 【增】16【对美加征】10【出】0【退】16	台	6				101 102 103	其他彩色的投影机（Ⅰ类视频投影机） 其他彩色的投影机（Ⅱ类视频投影机） 其他彩色的投影机（Ⅲ类视频投影机）
852869	90		其他单色的投影机	Other monochrome projectors	【最】10【普】100 【协东盟】0【协澳门】0【协巴基斯坦】12 【协智利】0【协新西兰】0【协新加坡】0 【协秘鲁】0【协哥斯达黎加】0【协冰岛】0 【协瑞士】6【协澳大利亚】0【协格鲁吉亚】0 【协香港】0 【特-1】0【特-2】0 【增】16【对美加征】5【出】0【退】16	台					101 102 103	其他单色的投影机（Ⅰ类视频投影机） 其他单色的投影机（Ⅱ类视频投影机） 其他单色的投影机（Ⅲ类视频投影机）
852871	10		彩色的卫星电视接收机	Colour satellite television receivers (not designed to incorporate a video display or screen)	【最】15【普】130 【协亚太】12【协巴基斯坦】20【协智利】0 【协新西兰】0【协秘鲁】0【协哥斯达黎加】0 【协冰岛】0【协澳大利亚】0【协格鲁吉亚】0 【协香港】0【协澳门】0 【特-1】0 【增】16【对美加征】10【出】0【退】16	台	0				101 102 103	彩色的卫星电视接收机（在设计上不带有视频显示器或屏幕的）（Ⅰ类卫星电视接收机） 彩色的卫星电视接收机（在设计上不带有视频显示器或屏幕的）（Ⅱ类卫星电视接收机） 彩色的卫星电视接收机（在设计上不带有视频显示器或屏幕的）（Ⅲ类卫星电视接收机）

税则号列			货品名称中英文		税费综合信息	计量单位	监管证件代码		检验检疫类别		检验检疫编码	检验检疫编码对应中文名称
HS国际统一前6位	本国子目 7~8位	本国子目 9~10位	中文 货物名称	英文 Article Description			进口	出口	进口	出口		
852871	80		其他彩色的电视接收装置	Other, colour reception apparatus for television (not designed to incorporate a video display or screen)	【最】15【普】130 【协亚太】10.5【协东盟】0【协巴基斯坦】17.5 【协智利】0【协新西兰】0【协新加坡】0 【协秘鲁】0【协哥斯达黎加】0【协冰岛】0 【协澳大利亚】0【协香港】0【协澳门】0 【特-1】0 【增】16【对美加征】10【出】0【退】16	台					101 102 103	其他彩色的电视接收装置（在设计上不带有视频显示器或屏幕的）（Ⅰ类彩色电视机） 其他彩色的电视接收装置（在设计上不带有视频显示器或屏幕的）（Ⅱ类彩色电视机） 其他彩色的电视接收装置（在设计上不带有视频显示器或屏幕的）（Ⅲ类彩色电视机）
852871	90		单色的电视接收装置	Other monochrome reception apparatus for television (not designed to incorporate a video display or screen)	【最】7.5【普】100 【协东盟】0【协澳门】0【协巴基斯坦】12 【协智利】0【协新西兰】0【协新加坡】0 【协秘鲁】0【协哥斯达黎加】0【协冰岛】0 【协瑞士】6【协澳大利亚】0【协韩国】9 【协格鲁吉亚】0【协香港】0 【特-1】0【特-2】0 【增】16【出】0【退】16	台					101 102 103	单色的电视接收装置（在设计上不带有视频显示器或屏幕的）（Ⅰ类单色电视机） 单色的电视接收装置（在设计上不带有视频显示器或屏幕的）（Ⅱ类单色电视机） 单色的电视接收装置（在设计上不带有视频显示器或屏幕的）（Ⅲ类单色电视机）
852872	11		其他彩色的模拟电视接收机，带阴极射线显像管的	Other colour Analogue television receivers, of CRT	【最】10【普】130 【协亚太】6.5【协巴基斯坦】21【协智利】0 【协新西兰】0【协哥斯达黎加】0【协冰岛】0 【协瑞士】10【协澳大利亚】0 【协香港】0【协澳门】0 【特-1】0 【增】16【出】0【退】16	台	6				101 102 103	其他彩色的模拟电视接收机，带阴极射线显像管的（Ⅰ类彩色电视机） 其他彩色的模拟电视接收机，带阴极射线显像管的（Ⅱ类彩色电视机） 其他彩色的模拟电视接收机，带阴极射线显像管的（Ⅲ类彩色电视机）
852872	12		其他彩色的数字电视接收机，阴极射线显像管的	Other colour Digital television receivers, of CRT	【最】10【普】130 【协亚太】6.5【协巴基斯坦】21【协智利】0 【协新西兰】0【协哥斯达黎加】0【协冰岛】0 【协瑞士】10【协澳大利亚】0 【协香港】0【协澳门】0 【特-1】0 【增】16【出】0【退】16	台	6				101 102 103	其他彩色的数字电视接收机，阴极射线显像管的（Ⅰ类彩色电视机） 其他彩色的数字电视接收机，阴极射线显像管的（Ⅱ类彩色电视机） 其他彩色的数字电视接收机，阴极射线显像管的（Ⅲ类彩色电视机）
852872	19		其他彩色的电视接收机，阴极射线显像管的	Other colour television receivers, of CRT	【最】10【普】130 【协亚太】6.5【协巴基斯坦】21【协智利】0 【协新西兰】0【协哥斯达黎加】0【协冰岛】0 【协瑞士】10【协澳大利亚】0 【协香港】0【协澳门】0 【特-1】0 【增】16【出】0【退】16	台	6				101 102 103	其他彩色的电视接收机，阴极射线显像管的（Ⅰ类彩色电视机） 其他彩色的电视接收机，阴极射线显像管的（Ⅱ类彩色电视机） 其他彩色的电视接收机，阴极射线显像管的（Ⅲ类彩色电视机）
852872	21		彩色的液晶显示器的模拟电视接收机	Colour Analogue television receivers, of LCD	【最】15【普】130 【协亚太】10.5【协东盟】5【协澳门】0 【协巴基斯坦】21【协智利】0【协新西兰】0 【协冰岛】0【协澳大利亚】0【协香港】0 【特-1】0 【增】16【对美加征】10【出】0【退】16	台					101 102 103	彩色的液晶显示器的模拟电视接收机（Ⅰ类彩色电视机） 彩色的液晶显示器的模拟电视接收机（Ⅱ类彩色电视机） 彩色的液晶显示器的模拟电视接收机（Ⅲ类彩色电视机）

税则号列 HS国际统一前6位	本国子目 7~8位	本国子目 9~10位	货品名称中英文 中文 货物名称	货品名称中英文 英文 Article Description	税费综合信息	计量单位	监管证件代码 进口	监管证件代码 出口	检验检疫类别 进口	检验检疫类别 出口	检验检疫编码	检验检疫编码对应中文名称
852872	22		彩色的液晶显示器的数字电视接收机	Colour Digital television receivers, of LCD	【最】15【普】130 【协亚太】10.5【协东盟】5【协巴基斯坦】21 【协智利】0【协新西兰】0【协冰岛】0 【协澳大利亚】0【协韩国】22.8 【协香港】0【协澳门】0 【特-1】0 【增】16【对美加征】10【出】0【退】16	台					101 102 103	彩色的液晶显示器的数字电视接收机（Ⅰ类彩色电视机） 彩色的液晶显示器的数字电视接收机（Ⅱ类彩色电视机） 彩色的液晶显示器的数字电视接收机（Ⅲ类彩色电视机）
852872	29		其他彩色的液晶显示器的电视接收机	Other Colour television receivers, of LCD	【最】15【普】130 【协亚太】10.5【协东盟】5【协澳门】0 【协巴基斯坦】21【协智利】0【协新西兰】0 【协冰岛】0【协澳大利亚】0【协香港】0 【特-1】0 【增】16【对美加征】5【出】0【退】16	台					101 102 103	其他彩色的液晶显示器的电视接收机（Ⅰ类彩色电视机） 其他彩色的液晶显示器的电视接收机（Ⅱ类彩色电视机） 其他彩色的液晶显示器的电视接收机（Ⅲ类彩色电视机）
852872	31		彩色的等离子显示器的模拟电视接收机	Colour Analogue television receivers, of plasma	【最】10【普】130 【协亚太】7【协东盟】5【协澳门】0 【协巴基斯坦】21【协智利】0【协新西兰】0 【协冰岛】0【协澳大利亚】0【协香港】0 【特-1】0 【增】16【出】0【退】16	台					101 102 103	彩色的等离子显示器的模拟电视接收机（Ⅰ类彩色电视机） 彩色的等离子显示器的模拟电视接收机（Ⅱ类彩色电视机） 彩色的等离子显示器的模拟电视接收机（Ⅲ类彩色电视机）
852872	32		彩色的等离子显示器的数字电视接收机	Colour digital television receivers, of plasma	【最】15【普】130 【协亚太】10.5【协东盟】5【协巴基斯坦】21 【协智利】0【协新西兰】0【协冰岛】0 【协澳大利亚】0【协香港】0【协澳门】0 【特-1】0 【增】16【对美加征】5【出】0【退】16	台					101 102 103	彩色的等离子显示器的数字电视接收机（Ⅰ类彩色电视机） 彩色的等离子显示器的数字电视接收机（Ⅱ类彩色电视机） 彩色的等离子显示器的数字电视接收机（Ⅲ类彩色电视机）
852872	39		其他彩色的等离子显示器的电视接收机	Other colour television receivers, of plasma	【最】15【普】130 【协亚太】10.5【协东盟】5【协澳门】0 【协巴基斯坦】21【协智利】0【协新西兰】0 【协冰岛】0【协澳大利亚】0【协韩国】22.8 【协香港】0 【特-1】0 【增】16【出】0【退】16	台					101 102 103	其他彩色的等离子显示器的电视接收机（Ⅰ类彩色电视机） 其他彩色的等离子显示器的电视接收机（Ⅱ类彩色电视机） 其他彩色的等离子显示器的电视接收机（Ⅲ类彩色电视机）
852872	91		其他彩色的模拟电视接收机	Colour analogue television receivers	【最】10【普】130 【协亚太】7【协东盟】5【协巴基斯坦】21 【协智利】0【协新西兰】0【协秘鲁】0 【协哥斯达黎加】0【协冰岛】0【协澳大利亚】0 【协香港】0【协澳门】0 【特-1】0【特-2】0 【增】16【出】0【退】16	台					101 102 103	其他彩色的模拟电视接收机（Ⅰ类彩色电视机） 其他彩色的模拟电视接收机（Ⅱ类彩色电视机） 其他彩色的模拟电视接收机（Ⅲ类彩色电视机）
852872	92		其他彩色的数字电视接收机	Colour digital television receivers	【最】15【普】130 【协亚太】10.5【协东盟】5【协巴基斯坦】21 【协智利】0【协新西兰】0【协冰岛】0 【协澳大利亚】0【协香港】0【协澳门】0 【特-1】0 【增】16【对美加征】10【出】0【退】16	台					101 102 103	其他彩色的数字电视接收机（Ⅰ类彩色电视机） 其他彩色的数字电视接收机（Ⅱ类彩色电视机） 其他彩色的数字电视接收机（Ⅲ类彩色电视机）

税则号列			货品名称中英文		税费综合信息	计量单位	监管证件代码		检验检疫类别		检验检疫编码	检验检疫编码对应中文名称
HS 国际统一前6位	本国子目 7~8位	本国子目 9~10位	中文 货物名称	英文 Article Description			进口	出口	进口	出口		
852872	99		其他彩色的电视接收机	Other colour television receivers	【最】15【普】130 【协亚太】10.5【协东盟】5【协巴基斯坦】21 【协智利】0【协新西兰】0【协哥斯达黎加】0 【协冰岛】0【协澳大利亚】0 【协香港】0【协澳门】0 【特-1】0 【增】16【出】0【退】16	台					101 102 103	其他彩色的电视接收机（Ⅰ类彩色电视机） 其他彩色的电视接收机（Ⅱ类彩色电视机） 其他彩色的电视接收机（Ⅲ类彩色电视机）
852873	00		其他单色的电视接收机	Other monochrome television receivers	【最】7【普】100 【协东盟】0【协澳门】0【协巴基斯坦】12 【协智利】0【协新西兰】0【协新加坡】0 【协秘鲁】0【协哥斯达黎加】0【协冰岛】0 【协瑞士】6【协澳大利亚】0【协韩国】9 【协格鲁吉亚】0【协香港】0 【特-1】0【特-2】0 【增】16【出】0【退】16	台	6				101 102 103	其他单色的电视接收机（Ⅰ类单色电视机） 其他单色的电视接收机（Ⅱ类单色电视机） 其他单色的电视接收机（Ⅲ类单色电视机）
852910	10		雷达及无线电导航设备天线及零件	Aerials and aerial reflectors of all kinds and parts thereof, for radar apparatus and radio navigational aid apparatus	【最】0.4【普】8 【协东盟】0【协香港】0【协巴基斯坦】0 【协智利】0【协新西兰】0【协秘鲁】0 【协哥斯达黎加】0【协冰岛】0【协瑞士】0 【协澳大利亚】0【协韩国】0.9【协格鲁吉亚】0 【特-1】0【特-2】0 【增】16【对美加征】5【出】0【退】16	千克					999	雷达及无线电导航设备天线及零件（包括天线反射器）
852910	20		收音机、电视机天线及其零件	Aerials and aerial reflectors of all kinds and parts thereof, for radio-broadcast receivers and their combinations, television receivers	【最】0【普】90【特-1】0【特-2】0【特-3】0 【增】16【对美加征】10【出】0【退】16	千克			L		101 102 103 104 105 ……	收音机、电视机天线及其零件（包括收音机的组合机用的天线及零件）（Ⅰ类其他收录放音装置及其零件） 收音机、电视机天线及其零件（包括收音机的组合机用的天线及零件）（Ⅱ类其他收录放音装置及其零件） 收音机、电视机天线及其零件（包括收音机的组合机用的天线及零件）（Ⅲ类其他收录放音装置及其零件） 收音机、电视机天线及其零件（包括收音机的组合机用的天线及零件）（Ⅰ类其他电视接收、发送装置及其零件） 收音机、电视机天线及其零件（包括收音机的组合机用的天线及零件）（Ⅱ类其他电视接收、发送装置及其零件） ……①
852910	90	21	卫星电视接收用天线	Satellite TV antenna	【最】0.5【普】20 【协东盟】0【协巴基斯坦】0【协智利】0 【协新西兰】0【协秘鲁】0【协哥斯达黎加】0 【协冰岛】0【协瑞士】0【协澳大利亚】0 【协韩国】0【协格鲁吉亚】0 【协香港】0【协澳门】0 【特-1】0【特-2】0 【增】16【对美加征】10【出】0【退】16	千克/个	0				101 102 103	卫星电视接收用天线（Ⅰ类其他电视接收、发送装置及其零件） 卫星电视接收用天线（Ⅱ类其他电视接收、发送装置及其零件） 卫星电视接收用天线（Ⅲ类其他电视接收、发送装置及其零件）

① 该税号项下检验检疫编码及对应中文名称尚有：106 收音机、电视机天线及其零件（包括收音机的组合机用的天线及零件）（Ⅲ类其他电视接收、发送装置及其零件）。

税则号列			货品名称中英文		税费综合信息	计量单位	监管证件代码		检验检疫类别		检验检疫编码	检验检疫编码对应中文名称
HS国际统一前6位	本国子目 7~8位	9~10位	中文 货物名称	英文 Article Description			进口	出口	进口	出口		
852910	90	29	其他无线广播电视用天线（税目85.25至85.28所列其他装置或设备的，包括天线反射器）	Other radio broadcasting & television antenna (listed in item No. 85.25 ~ 85.28, including antenna reflectors)	【最】0.5【普】20 【协东盟】0【协巴基斯坦】0【协智利】0 【协新西兰】0【协秘鲁】0【协哥斯达黎加】0 【协冰岛】0【协瑞士】0【协澳大利亚】0 【协韩国】0【协格鲁吉亚】0 【协香港】0【协澳门】0 【特-1】0【特-2】0 【增】16【对美加征】10【出】0【退】16	千克/个	O				101 102 103 104 105 ……	其他无线广播电视用天线（税目85.25至85.28所列其他装置或设备的，包括天线反射器）（Ⅰ类其他收录放音装置及其零件） 其他无线广播电视用天线（税目85.25至85.28所列其他装置或设备的，包括天线反射器）（Ⅱ类其他收录放音装置及其零件） 其他无线广播电视用天线（税目85.25至85.28所列其他装置或设备的，包括天线反射器）（Ⅲ类其他收录放音装置及其零件） 其他无线广播电视用天线(税目85.25至85.28所列其他装置或设备的，包括天线反射器)(Ⅰ类其他电视接收、发送装置及其零件) 其他无线广播电视用天线(税目85.25至85.28所列其他装置或设备的，包括天线反射器)（Ⅱ类其他电视接收、发送装置及其零件） ……①
852910	90	90	其他无线电设备天线及其零件（税目85.25至85.28所列其他装置或设备的，包括天线反射器）	Other radio antennas and parts (listed in item No. 85.25~85.28, including antenna reflector)	【最】0.5【普】20 【协东盟】0【协巴基斯坦】0【协智利】0 【协新西兰】0【协秘鲁】0【协哥斯达黎加】0 【协冰岛】0【协瑞士】0【协澳大利亚】0 【协韩国】0【协格鲁吉亚】0 【协香港】0【协澳门】0 【特-1】0【特-2】0 【增】16【对美加征】10【出】0【退】16	千克/个			L		101 102 103 104 105 ……	其他无线电设备天线及其零件（税目85.25至85.28所列其他装置或设备的，包括天线反射器）（Ⅰ类其他收录放音装置及其零件） 其他无线电设备天线及其零件（税目85.25至85.28所列其他装置或设备的，包括天线反射器）（Ⅱ类其他收录放音装置及其零件） 其他无线电设备天线及其零件（税目85.25至85.28所列其他装置或设备的，包括天线反射器）（Ⅲ类其他收录放音装置及其零件） 其他无线电设备天线及其零件（税目85.25至85.28所列其他装置或设备的，包括天线反射器）（Ⅰ类其他电视接收、发送装置及其零件） 其他无线电设备天线及其零件（税目8525至8528所列其他装置或设备的，包括天线反射器）（Ⅱ类其他电视接收、发送装置及其零件） ……②

① 该税号项下检验检疫编码及对应中文名称尚有：106 其他无线广播电视用天线（税目85.25至85.28所列其他装置或设备的，包括天线反射器）（Ⅲ类其他电视接收、发送装置及其零件）。

② 该税号项下检验检疫编码及对应中文名称尚有：106 其他无线电设备天线及其零件（税目8525至8528所列其他装置或设备的，包括天线反射器）（Ⅲ类其他电视接收、发送装置及其零件）。

税则号列			货品名称中英文		税费综合信息	计量单位	监管证件代码		检验检疫类别		检验检疫编码	检验检疫编码对应中文名称
HS 国际统一前6位	本国子目7~8位	9~10位	中文 货物名称	英文 Article Description			进口	出口	进口	出口		
852990	10	11	卫星电视接收用解码器	Satellite TV decorder	【最】0【普】30【特-1】0【特-2】0【特-3】0【增】16【对美加征】10【出】0【退】16	千克/个	O		L		101 102 103	卫星电视接收用解码器（Ⅰ类其他电视接收、发送装置及其零件） 卫星电视接收用解码器（Ⅱ类其他电视接收、发送装置及其零件） 卫星电视接收用解码器（Ⅲ类其他电视接收、发送装置及其零件）
852990	10	12	卫星电视接收用收视卡	Access cards for receiving satellite television	【最】0【普】30【特-1】0【特-2】0【特-3】0【增】16【对美加征】10【出】0【退】16	千克/个	O				101 102 103	卫星电视接收用收视卡（Ⅰ类其他电视接收、发送装置及其零件） 卫星电视接收用收视卡（Ⅱ类其他电视接收、发送装置及其零件） 卫星电视接收用收视卡（Ⅲ类其他电视接收、发送装置及其零件）
852990	10	13	卫星电视接收用器件板卡	CRD card for receiving satellite television	【最】0【普】30【特-1】0【特-2】0【特-3】0【增】16【对美加征】10【出】0【退】16	千克/个	O				101 102 103	卫星电视接收用器件板卡（Ⅰ类其他电视接收、发送装置及其零件） 卫星电视接收用器件板卡（Ⅱ类其他电视接收、发送装置及其零件） 卫星电视接收用器件板卡（Ⅲ类其他电视接收、发送装置及其零件）
852990	10	14	卫星电视接收用专用零件	Parts exclusively for receiving statellite TV signals	【最】0【普】30【特-1】0【特-2】0【特-3】0【增】16【对美加征】10【出】0【退】16	千克/个	O				101 102 103	卫星电视接收用专用零件（Ⅰ类其他电视接收、发送装置及其零件） 卫星电视接收用专用零件（Ⅱ类其他电视接收、发送装置及其零件） 卫星电视接收用专用零件（Ⅲ类其他电视接收、发送装置及其零件）
852990	10	90	其他电视发送，差转等设备零件（包括其他卫星电视地面接收转播设备零件）	Other parts for TV transmission or transposing devices (including other parts of ground receiving and relaying equipments for satellite television)	【最】0【普】30【特-1】0【特-2】0【特-3】0【增】16【对美加征】10【出】0【退】16	千克/个					101 102 103	其他电视发送，差转等设备零件（包括其他卫星电视地面接收转播设备零件）（Ⅰ类其他电视接收、发送装置及其零件） 其他电视发送，差转等设备零件（包括其他卫星电视地面接收转播设备零件）（Ⅱ类其他电视接收、发送装置及其零件） 其他电视发送，差转等设备零件（包括其他卫星电视地面接收转播设备零件）（Ⅲ类其他电视接收、发送装置及其零件）

税则号列 HS国际统一前6位	本国子目7~8位	本国子目9~10位	货品名称中文 货物名称	货品名称英文 Article Description	税费综合信息	计量单位	监管证件代码 进口	监管证件代码 出口	检验检疫类别 进口	检验检疫类别 出口	检验检疫编码	检验检疫编码对应中文名称
852990	41		特种用途的电视摄像机等设备用零件（也包括视频摄录一体机、数字照相机的零件）	Parts for television cameras of special purposes (including parts for video camera recorders and digital cameras)	【最】6.7【普】17 【协亚太】4.4【协东盟】0【协香港】0 【协巴基斯坦】5【协智利】0【协新西兰】0 【协秘鲁】0【协哥斯达黎加】0【协冰岛】0 【协瑞士】0【协澳大利亚】0【协韩国】5.7 【协格鲁吉亚】0 【特-1】0【特-2】0 【增】16【对美加征】5【出】0【退】16	千克					101 102 103	特种用途的电视摄像机等设备用零件（也包括视频摄录一体机、数字照相机的零件）（Ⅰ类其他摄录放像装置及其零件） 特种用途的电视摄像机等设备用零件（也包括视频摄录一体机、数字照相机的零件）（Ⅱ类其他摄录放像装置及其零件） 特种用途的电视摄像机等设备用零件（也包括视频摄录一体机、数字照相机的零件）（Ⅲ类其他摄录放像装置及其零件）
852990	42	10	电视摄像机、摄录一体机、数码相机用取像模块	Video camera recorders, digital camera, with image capture module	【最】10【普】100【暂进】3 【协亚太】6.5【协东盟】0【协香港】0 【协巴基斯坦】5【协智利】0【协新西兰】0 【协新加坡】0【协秘鲁】0【协台湾】0 【协哥斯达黎加】0【协冰岛】0【协瑞士】4.8 【协澳大利亚】0【协韩国】7.2 【协格鲁吉亚】0 【特-1】0【特-2】0 【增】16【对美加征】10【出】0【退】16	千克					101 102 103 104 105 ……	电视摄像机、摄录一体机、数码相机用取像模块［家用型摄录一体机（Ⅰ类家用型摄录一体机）］ 电视摄像机、摄录一体机、数码相机用取像模块［家用型摄录一体机（Ⅱ类家用型摄录一体机）］ 电视摄像机、摄录一体机、数码相机用取像模块［家用型摄录一体机（Ⅲ类家用型摄录一体机）］ 电视摄像机、摄录一体机、数码相机用取像模块［其他摄录放像装置及其零件（Ⅰ类其他摄录放像装置及其零件）］ 电视摄像机、摄录一体机、数码相机用取像模块［其他摄录放像装置及其零件（Ⅱ类其他摄录放像装置及其零件）］ ……①
852990	42	20	手机、平板电脑用取像模块	Mobile phone, tablet computer with image capture module	【最】10【普】100【暂进】4 【协亚太】6.5【协东盟】0【协香港】0 【协巴基斯坦】5【协智利】0【协新西兰】0 【协新加坡】0【协秘鲁】0【协台湾】0 【协哥斯达黎加】0【协冰岛】0【协瑞士】4.8 【协澳大利亚】0【协韩国】7.2 【协格鲁吉亚】0 【特-1】0【特-2】0 【增】16【对美加征】10【出】0【退】16	千克					999	手机、平板电脑用取像模块
852990	42	90	其他非特种用途的取像模块	Other image pick-up modules not for special purpose	【最】10【普】100 【协亚太】6.5【协东盟】0【协香港】0 【协巴基斯坦】5【协智利】0【协新西兰】0 【协新加坡】0【协秘鲁】0【协台湾】0 【协哥斯达黎加】0【协冰岛】0【协瑞士】4.8 【协澳大利亚】0【协韩国】7.2 【协格鲁吉亚】0 【特-1】0【特-2】0 【增】16【对美加征】10【出】0【退】16	千克					101 102 103	其他非特种用途的取像模块（Ⅰ类其他摄录放像装置及其零件） 其他非特种用途的取像模块（Ⅱ类其他摄录放像装置及其零件） 其他非特种用途的取像模块（Ⅲ类其他摄录放像装置及其零件）

① 该税号项下检验检疫编码及对应中文名称尚有：106　电视摄像机、摄录一体机、数码相机用取像模块［其他摄录放像装置及其零件（Ⅲ类其他摄录放像装置及其零件）］。

税则号列 HS国际统一前6位	本国子目 7~8位	本国子目 9~10位	货品名称中英文 中文 货物名称	货品名称中英文 英文 Article Description	税费综合信息	计量单位	监管证件代码 进口	监管证件代码 出口	检验检疫类别 进口	检验检疫类别 出口	检验检疫编码	检验检疫编码对应中文名称
852990	49		摄像机、摄录一体机、数码相机的其他零件	Other parts for television cameras, video camera recorders and digital cameras	【最】10【普】100【暂进】2 【协亚太】9【协东盟】0【协香港】0 【协巴基斯坦】5【协智利】0【协新西兰】0 【协新加坡】0【协秘鲁】0【协台湾】0 【协哥斯达黎加】0【协冰岛】0【协瑞士】4.8 【协澳大利亚】0【协韩国】8.8 【协格鲁吉亚】0 【特-1】0【特-2】0 【增】16【对美加征】10【出】0【退】16	千克					101 102 103 104 105 ……	摄像机、摄录一体机、数码相机的其他零件［家用型摄录一体机（Ⅰ类家用型摄录一体机）］ 摄像机、摄录一体机、数码相机的其他零件［家用型摄录一体机（Ⅱ类家用型摄录一体机）］ 摄像机、摄录一体机、数码相机的其他零件［家用型摄录一体机（Ⅲ类家用型摄录一体机）］ 摄像机、摄录一体机、数码相机的其他零件［其他摄录放像装置及其零件（Ⅰ类其他摄录放像装置及其零件）］ 摄像机、摄录一体机、数码相机的其他零件［其他摄录放像装置及其零件（Ⅱ类其他摄录放像装置及其零件）］ ……①
852990	50		雷达及无线电导航设备零件	Parts of radar apparatus and radio navigational aid apparatus	【最】1.3【普】8 【协亚太】0.8【协东盟】0【协巴基斯坦】0 【协智利】0【协新西兰】0【协秘鲁】0 【协哥斯达黎加】0【协冰岛】0【协瑞士】0 【协澳大利亚】0【协韩国】0.9【协格鲁吉亚】0 【协香港】0【协澳门】0 【特-1】0【特-2】0 【增】16【对美加征】10【出】0【退】16	千克					999	雷达及无线电导航设备零件
852990	60		收音机及其组合机的其他零件	Parts of radio-broadcast receivers and their combinations	【最】12.5【普】130【暂进】7 【协亚太】8.1【协东盟】0【协香港】0 【协巴基斯坦】7.5【协智利】0【协新西兰】0 【协新加坡】0【协秘鲁】0【协哥斯达黎加】0 【协冰岛】0【协瑞士】6【协澳大利亚】0 【协韩国】9【协格鲁吉亚】0 【特-1】0【特-2】0【特-3】0 【增】16【对美加征】10【出】0【退】16	千克					101 102 103	收音机及其组合机的其他零件（Ⅰ类其他收录放音装置及其零件） 收音机及其组合机的其他零件（Ⅱ类其他收录放音装置及其零件） 收音机及其组合机的其他零件（Ⅲ类其他收录放音装置及其零件）
852990	81		彩色电视机零件（等离子显像组件及其零件、有机发光二极管显示屏除外）	Parts of colour television receivers (Other than plasma display modules or parts thereof) (other than H. F. tuners)	【最】12.5【普】80【暂进】6 【协亚太】9.8【协东盟】0【协巴基斯坦】7.5 【协智利】0【协新西兰】0【协新加坡】0 【协秘鲁】0【协冰岛】0【协瑞士】6 【协澳大利亚】0【协香港】0【协澳门】0 【特-1】0【特-2】0 【增】16【对美加征】10【出】0【退】16	千克					101 102 103	彩色电视机零件（等离子显像组件及其零件、有机发光二极管显示屏除外）（高频调谐器除外）（Ⅰ类其他电视接收、发送装置及其零件） 彩色电视机零件（等离子显像组件及其零件、有机发光二极管显示屏除外）（高频调谐器除外）（Ⅱ类其他电视接收、发送装置及其零件） 彩色电视机零件（等离子显像组件及其零件、有机发光二极管显示屏除外）（高频调谐器除外）（Ⅲ类其他电视接收、发送装置及其零件）

① 该税号项下检验检疫编码及对应中文名称尚有：106　摄像机、摄录一体机、数码相机的其他零件［其他摄录放像装置及其零件（Ⅲ类其他摄录放像装置及其零件）］。

税则号列			货品名称中英文		税费综合信息	计量单位	监管证件代码		检验检疫类别		检验检疫编码	检验检疫编码对应中文名称
HS国际统一前6位	本国子目 7~8位	本国子目 9~10位	中文 货物名称	英文 Article Description			进口	出口	进口	出口		
852990	82		等离子显像组件及其零件	Plasma display modules and part thereof	【最】12.5【普】80【暂进】5 【协亚太】10【协东盟】0【协巴基斯坦】7.5 【协智利】0【协新西兰】0【协冰岛】0 【协瑞士】6【协澳大利亚】0【协韩国】12.6 【协格鲁吉亚】0【协香港】0【协澳门】0 【增】16【对美加征】10【出】0【退】16	千克					101 102 103	等离子显像组件及其零件（含滤光片）（Ⅰ类其他电视接收、发送装置及其零件） 等离子显像组件及其零件（含滤光片）（Ⅱ类其他电视接收、发送装置及其零件） 等离子显像组件及其零件（含滤光片）（Ⅲ类其他电视接收、发送装置及其零件）
852990	83		彩色电视机的有机发光二极管显示屏	LCD display screen for colour TV	【最】15【普】50【暂进】5 【协亚太】9.8【协东盟】0【协巴基斯坦】7.5 【协智利】0【协新西兰】0【协新加坡】0 【协秘鲁】0【协冰岛】0【协瑞士】6 【协香港】0【协澳门】0 【特-1】0【特-2】0 【增】16【对美加征】10【出】0【退】16	千克/个					999	彩色电视机的有机发光二极管显示屏
852990	89		其他电视机零件（高频调谐器除外）	Other parts of television receivers (other than H. F. tuners)	【最】0【普】50【特-1】0【特-2】0【特-3】0 【增】16【对美加征】5【出】0【退】16	千克					101 102 103	其他电视机零件（高频调谐器除外）（Ⅰ类其他电视接收、发送装置及其零件） 其他电视机零件（高频调谐器除外）（Ⅱ类其他电视接收、发送装置及其零件） 其他电视机零件（高频调谐器除外）（Ⅲ类其他电视接收、发送装置及其零件）
852990	90	11	卫星电视接收用高频调谐器	High-frequency tuners for satellite television	【最】0【普】57【特-1】0【特-2】0【特-3】0 【增】16【对美加征】10【出】0【退】16	千克/个	0				101 102 103	卫星电视接收用高频调谐器（Ⅰ类其他电视接收、发送装置及其零件） 卫星电视接收用高频调谐器（Ⅱ类其他电视接收、发送装置及其零件） 卫星电视接收用高频调谐器（Ⅲ类其他电视接收、发送装置及其零件）
852990	90	90	税目85.25至85.28所列装置或设备其他零件	Other parts listed in item No. 85.25~85.28	【最】0【普】57【特-1】0【特-2】0【特-3】0 【增】16【对美加征】10【出】0【退】16	千克/个					999	税目85.25至85.28所列装置或设备其他零件
853010	00		铁道或电车道用电气信号等设备（包括安全或交通管理设备）	Equipment for railways or tramways (including safety or traffic control equipment) (other than those of heading No. 86.08)	【最】8【普】20 【协亚太】5.2【协东盟】0【协巴基斯坦】5 【协智利】0【协新西兰】0【协秘鲁】0 【协哥斯达黎加】0【协冰岛】0【协瑞士】0 【协澳大利亚】0【协韩国】6【协格鲁吉亚】0 【协香港】0【协澳门】0 【特-1】0【特-2】0 【增】16【出】0【退】16	个					999	铁道或电车道用电气信号等设备（包括安全或交通管理设备）
853080	00		其他用电气信号、安全、交通设备	Other electrical signaling, safety or traffic control equipment for roads, inland waterways, parking facilities, port installations or airfields	【最】8【普】20 【协东盟】0【协巴基斯坦】5【协智利】0 【协新西兰】0【协秘鲁】0【协哥斯达黎加】0 【协冰岛】0【协瑞士】0【协澳大利亚】0 【协韩国】4.8【协格鲁吉亚】0【协香港】0 【协澳门】0 【特-1】0【特-2】0【特-3】0 【增】16【对美加征】10【出】0【退】16	个					999	其他用电气信号、安全、交通设备（指道路或内河航道、停车场、港口、机场用）

税则号列 HS国际统一前6位	本国子目 7~8位	本国子目 9~10位	货品名称中英文 中文 货物名称	货品名称中英文 英文 Article Description	税费综合信息	计量单位	监管证件代码 进口	监管证件代码 出口	检验检疫类别 进口	检验检疫类别 出口	检验检疫编码	检验检疫编码对应中文名称
853090	00		税目85.30所列设备的零件	Parts of equipments of heading No. 85.30	【最】6【普】20 【协东盟】0【协巴基斯坦】5【协智利】0 【协新西兰】0【协秘鲁】0【协哥斯达黎加】0 【协冰岛】0【协瑞士】0【协澳大利亚】0 【协韩国】4.8【协格鲁吉亚】0【协香港】0 【协澳门】0 【特-1】0【特-2】0【特-3】0 【增】16【对美加征】10【出】0【退】16	千克					999	税目85.30所列设备的零件（包括电车道、道路、港口、机场用电气信号安全、交管设备）
853110	00		防盗或防火报警器及类似装置	Burglar or fire alarms and similar apparatus	【最】10【普】40 【协东盟】0【协香港】0【协巴基斯坦】5 【协智利】0【协新西兰】0【协新加坡】0 【协秘鲁】0【协哥斯达黎加】0【协冰岛】0 【协瑞士】0【协澳大利亚】0【协韩国】6 【协格鲁吉亚】0 【特-1】0【特-2】0【特-3】0 【增】16【对美加征】5【出】0【退】16	个	A		LM		101 102	防盗或防火报警器及类似装置（防盗报警装置） 防盗或防火报警器及类似装置（防火报警装置）
853120	00		有液晶装置或发光管的显示板	Indicator panels incorporating liquid crystal devices(LCD) or light emitting diodes(LED)	【最】0【普】70【特-1】0【特-2】0【特-3】0 【增】16【对美加征】10【出】0【退】16	个					999	有液晶装置或发光管的显示板
853180	10	01	音量不超过110db的小型蜂鸣	Small-sized buzzers with volumn not more than 110db	【最】10【普】70【暂进】7.5 【协东盟】0【协香港】0【协巴基斯坦】12 【协智利】0【协新西兰】0【协新加坡】0 【协秘鲁】0【协哥斯达黎加】0【协冰岛】0 【协瑞士】6【协澳大利亚】0【协韩国】9 【协格鲁吉亚】0 【特-1】0【特-2】0 【增】16【对美加征】10【出】0【退】16	个					999	音量不超过110db的小型蜂鸣器
853180	10	90	其他蜂鸣器	Other buzzers	【最】10【普】70 【协东盟】0【协香港】0【协巴基斯坦】12 【协智利】0【协新西兰】0【协新加坡】0 【协秘鲁】0【协哥斯达黎加】0【协冰岛】0 【协瑞士】6【协澳大利亚】0【协韩国】9 【协格鲁吉亚】0 【特-1】0【特-2】0 【增】16【对美加征】10【出】0【退】16	个					999	其他蜂鸣器
853180	90		其他电气音响或视觉信号装置	Other electric sound or visual signaling apparatus	【最】6.3【普】70 【协东盟】0【协香港】0【协巴基斯坦】5 【协智利】0【协新西兰】0【协新加坡】0 【协秘鲁】0【协哥斯达黎加】0【协冰岛】0 【协瑞士】0【协澳大利亚】0【协韩国】6 【协格鲁吉亚】0 【特-1】0【特-2】0 【增】16【对美加征】5【出】0【退】16	个					101 102 103	其他电气音响或视觉信号装置（可燃气体报警器） 其他电气音响或视觉信号装置（有毒气体报警器） 其他电气音响或视觉信号装置（其他视听设备及其零件）
853190	10		防盗、防火及类似装置用零件	Parts of burglar or fire alarms and similar apparatus	【最】0【普】40【特-1】0【特-2】0【特-3】0 【增】16【对美加征】5【出】0【退】16	千克					999	防盗、防火及类似装置用零件
853190	90		其他音响或视觉信号装置用零件	Parts of other electric sound or visual signaling apparatus	【最】0【普】70【特-1】0【特-2】0【特-3】0 【增】16【对美加征】10【出】0【退】16	千克					101 102 103	其他音响或视觉信号装置用零件（可燃气体报警器） 其他音响或视觉信号装置用零件（有毒气体报警器） 其他音响或视觉信号装置用零件（其他视听设备及其零件）
853210	00		固定电容器，电力电容器（用于50/60Hz电路，额定无功功率不低于0.5KW）	Fixed capacitors designed for use in 50/60Hz circuits and having a reactive power handling capacity of not less than 0.5kW(power capacitors)	【最】0【普】20【特-1】0【特-2】0【特-3】0 【增】16【对美加征】10【出】0【退】16	千克/千个					999	固定电容器，电力电容器（用于50/60Hz电路，额定无功功率不低于0.5KW）
853221	10		片式钽电容器	Laminate tantalum capacitors	【最】0【普】35【特-1】0【特-2】0【特-3】0 【增】16【对美加征】10【出】0【退】16	千克/千个					999	片式钽电容器

税则号列 HS国际统一前6位	本国子目 7~8位	本国子目 9~10位	货品名称中英文 中文货物名称	货品名称中英文 英文 Article Description	税费综合信息	计量单位	监管证件代码 进口	监管证件代码 出口	检验检疫类别 进口	检验检疫类别 出口	检验检疫编码	检验检疫编码对应中文名称
853221	90		其他钽电容器	Other tantalum capacitors	【最】0【普】35【特-1】0【特-2】0【特-3】0【增】16【对美加征】10【出】0【退】16	千克/千个					999	其他钽电容器
853222	10		片式铝电解电容器	Laminate Aluminium electrolytic capacitors	【最】0【普】35【特-1】0【特-2】0【特-3】0【增】16【对美加征】10【出】0【退】16	千克/千个					999	片式铝电解电容器
853222	90		其他铝电解电容器	Other Aluminium electrolytic capacitors	【最】0【普】35【特-1】0【特-2】0【特-3】0【增】16【对美加征】10【出】0【退】16	千克/千个					999	其他铝电解电容器
853223	00		单层瓷介电容器	Ceramic dielectric, single layer capacitors	【最】0【普】35【特-1】0【特-2】0【特-3】0【增】16【对美加征】10【出】0【退】16	千克/千个					999	单层瓷介电容器
853224	10		片式多层瓷介电容器	Laminate Ceramic dielectric, multi layer capacitors	【最】0【普】35【特-1】0【特-2】0【特-3】0【增】16【对美加征】10【出】0【退】16	千克/千个					999	片式多层瓷介电容器
853224	90		其他多层瓷介电容器	Other Ceramic dielectric, multi layer capacitors	【最】0【普】35【特-1】0【特-2】0【特-3】0【增】16【对美加征】10【出】0【退】16	千克/千个					999	其他多层瓷介电容器
853225	10		片式纸介质或塑料介质电容器	Laminate dielectric of paper or plastics capacitors	【最】0【普】35【特-1】0【特-2】0【特-3】0【增】16【对美加征】10【出】0【退】16	千克/千个					999	片式纸介质或塑料介质电容器
853225	90		其他纸介质或塑料介质电容器	Other dielectric of paper or plastics capacitors	【最】0【普】35【特-1】0【特-2】0【特-3】0【增】16【对美加征】10【出】0【退】16	千克/千个					999	其他纸介质或塑料介质电容器
853229	00		其他固定电容器	Other fixed capacitors	【最】0【普】35【特-1】0【特-2】0【特-3】0【增】16【对美加征】10【出】0【退】16	千克/千个					999	其他固定电容器
853230	00		其他可变或可调（微调）电容器	Variable or adjustable (pre-set) capacitors	【最】0【普】35【特-1】0【特-2】0【特-3】0【增】16【对美加征】10【出】0【退】16	千克/千个					999	其他可变或可调（微调）电容器
853290	10		编号8532.1000所列电容器	Parts of the capacitors of subheading No. 8532.1000	【最】0【普】20【特-1】0【特-2】0【特-3】0【增】16【出】0【退】16	千克					999	编号8532.1000所列电容器零件
853290	90		其他电容器零件	Parts of Other capacitors (other than parts of the capacitors of subheading No. 8532.1000)	【最】0【普】35【特-1】0【特-2】0【特-3】0【增】16【对美加征】5【出】0【退】16	千克					999	其他电容器零件（编号8532.1000所列电容器零件除外）
853310	00		合成或薄膜式固定碳质电阻器	Fixed carbon resistors, composition or film types	【最】0【普】50【特-1】0【特-2】0【特-3】0【增】16【对美加征】10【出】0【退】16	千克/千个					999	合成或薄膜式固定碳质电阻器
853321	10		额定功率≤20W片式固定电阻器	Fixed resistors for a power handling capacity not exceeding 20W, Laminate	【最】0【普】50【特-1】0【特-2】0【特-3】0【增】16【对美加征】10【出】0【退】16	千克/千个					999	额定功率≤20W片式固定电阻器
853321	90		额定功率≤20W其他固定电阻器	Other fixed resistors for a power handling capacity not exceeding 20W (other than laminate)	【最】0【普】50【特-1】0【特-2】0【特-3】0【增】16【对美加征】10【出】0【退】16	千克/千个					999	额定功率≤20W其他固定电阻器（额定功率≤20W片式电阻除外）
853329	00		其他额定功率>20W固定电阻器	Other fixed resistors for a power handling capacity exceeding 20W	【最】0【普】50【特-1】0【特-2】0【特-3】0【增】16【对美加征】10【出】0【退】16	千克/千个					999	其他额定功率>20W固定电阻器
853331	00		额定功率≤20W线绕可变电阻器	Wirewound variable resistors For a power handling capacity not exceeding 20W (including rheostats and potentiometers)	【最】0【普】50【特-1】0【特-2】0【特-3】0【增】16【对美加征】10【出】0【退】16	千克/千个					999	额定功率≤20W线绕可变电阻器（包括变阻器及电位器）
853339	00		额定功率>20W电位器（包括变阻器及电位器）	Wirewound variable resistors For a power handling capacity exceeding 20W (including rheostats and potentiometers)	【最】0【普】50【特-1】0【特-2】0【特-3】0【增】16【对美加征】10【出】0【退】16	千克/千个					999	额定功率>20W电位器（包括变阻器及电位器）

税则号列 HS国际统一前6位	本国子目 7~8位	本国子目 9~10位	货品名称中英文 中文 货物名称	货品名称中英文 英文 Article Description	税费综合信息	计量单位	监管证件代码 进口	监管证件代码 出口	检验检疫类别 进口	检验检疫类别 出口	检验检疫编码	检验检疫编码对应中文名称
853340	00		其他可变电阻器（包括变阻器及电位器）	Other variable resistors, including rheostats and potentiometers	【最】0【普】50【特-1】0【特-2】0【特-3】0 【增】16【对美加征】10【出】0【退】16	千克/千个					999	其他可变电阻器（包括变阻器及电位器）
853390	00		各种电阻器零件（包括变阻器及电位器）	Parts of electrical resistors(including rheostats and potentiometers)	【最】0【普】50【特-1】0【特-2】0【特-3】0 【增】16【对美加征】10【出】0【退】16	千克					999	各种电阻器零件（包括变阻器及电位器）
853400	10		四层以上的印刷电路	Printed circuits Of more than 4 layers	【最】0【普】35【特-1】0【特-2】0【特-3】0 【增】16【对美加征】10【出】0【退】16	块/千克					999	四层以上的印刷电路
853400	90		四层及以下的印刷电路	Printed circuits of 4 layers or less	【最】0【普】50【特-1】0【特-2】0【特-3】0 【增】16【对美加征】10【出】0【退】16	块/千克					999	四层及以下的印刷电路
853510	00		电路熔断器（电压>1000V）	Fuses for a voltage exceeding 1000V	【最】10【普】50 【协东盟】0【协巴基斯坦】11.2【协智利】0 【协新西兰】0【协新加坡】0【协秘鲁】0 【协哥斯达黎加】0【协冰岛】0【协瑞士】5.6 【协澳大利亚】0【协韩国】8.4 【协格鲁吉亚】0【协香港】0【协澳门】0 【特-1】0【特-2】0 【增】16【对美加征】10【出】0【退】16	个/千克	A		L		999	电路熔断器（电压>1000V）
853521	00		电压<72.5KV自动断路器	Automatic circuit breakers for a voltage less than 72.5KV	【最】10【普】50 【协东盟】0【协巴基斯坦】11.2【协智利】0 【协新西兰】0【协新加坡】0【协秘鲁】0 【协哥斯达黎加】0【协冰岛】0【协瑞士】0 【协澳大利亚】0【协韩国】8.4 【协格鲁吉亚】0【协香港】0【协澳门】0 【特-1】0【特-2】0 【增】16【对美加征】10【出】0【退】16	个/千克	A		L		999	电压<72.5KV自动断路器（用于电压超过1000V的线路）
853529	10		72.5KV≤电压≤220KV的自动断路器	Automatic circuit breakers for a voltage of 72.5KV or more but not exceeding 220KV	【最】10【普】50 【协东盟】0【协巴基斯坦】5【协智利】0 【协新西兰】0【协秘鲁】0【协哥斯达黎加】0 【协冰岛】0【协瑞士】0【协澳大利亚】0 【协韩国】8.4【协格鲁吉亚】0【协香港】0 【协澳门】0 【特-1】0【特-2】0【特-3】0 【增】16【对美加征】10【出】0【退】16	个/千克					999	72.5KV≤电压≤220KV的自动断路器
853529	20		220KV<电压≤750KV的自动断路器	Automatic circuit breakers for a voltage more than 220KV but not exceeding750KV	【最】10【普】50 【协东盟】0【协巴基斯坦】5【协智利】0 【协新西兰】0【协秘鲁】0【协哥斯达黎加】0 【协冰岛】0【协瑞士】0【协澳大利亚】0 【协韩国】8.4【协格鲁吉亚】0【协香港】0 【协澳门】0 【特-1】0【特-2】0【特-3】0 【增】16【对美加征】10【出】0【退】16	个/千克					999	220KV<电压≤750KV的自动断路器
853529	90		电压>750KV的其他自动断路	Other automatic circuit breakers for a voltage more than 750kV	【最】10【普】50 【协东盟】0【协巴基斯坦】5【协智利】0 【协新西兰】0【协秘鲁】0【协哥斯达黎加】0 【协冰岛】0【协瑞士】0【协澳大利亚】0 【协韩国】6【协格鲁吉亚】0【协香港】0 【协澳门】0 【特-1】0【特-2】0【特-3】0 【增】16【出】0【退】16	个/千克					999	电压>750KV的其他自动断路器
853530	10		72.5KV≤电压≤220KV的隔离开关及断续开关	Isolating switches and make-and-break switches for a voltage of 72.5KV or more but not exceeding 220KV	【最】10【普】50 【协亚太】8【协东盟】0【协巴基斯坦】5 【协智利】0【协新西兰】0【协秘鲁】0 【协哥斯达黎加】0【协冰岛】0【协瑞士】5 【协澳大利亚】0【协韩国】6【协格鲁吉亚】0 【协香港】0【协澳门】0 【特-1】0【特-2】0【特-3】0 【增】16【出】0【退】16	个/千克					999	72.5KV≤电压≤220KV的隔离开关及断续开关

税则号列			货品名称中英文		税费综合信息	计量单位	监管证件代码		检验检疫类别		检验检疫编码	检验检疫编码对应中文名称
HS国际统一前6位	本国子目7~8位	本国子目9~10位	中文 货物名称	英文 Article Description			进口	出口	进口	出口		
853530	20		220KV＜电压≤750KV隔离开关及断续开关	Isolating switches and make-and-break switches for a voltage more than 220KV but not exceeding 750KV	【最】10【普】50 【协东盟】0【协巴基斯坦】5【协智利】0 【协新西兰】0【协秘鲁】0【协哥斯达黎加】0 【协冰岛】0【协瑞士】5【协澳大利亚】0 【协韩国】6【协格鲁吉亚】0【协香港】0 【协澳门】0 【特-1】0【特-2】0【特-3】0 【增】16【出】0【退】16	个/千克					999	220KV<电压≤750KV隔离开关及断续开关
853530	90		其他隔离开关及断续开关(用于电压超过1000V的线路)	Other isolating switches and make-and-break switches	【最】10【普】50 【协东盟】0【协巴基斯坦】5【协智利】0 【协新西兰】0【协秘鲁】0【协哥斯达黎加】0 【协冰岛】0【协瑞士】5【协澳大利亚】0 【协韩国】6【协格鲁吉亚】0【协香港】0 【协澳门】0 【特-1】0【特-2】0【特-3】0 【增】16【对美加征】10【出】0【退】16	个/千克	A		L		999	其他隔离开关及断续开关(用于电压超过1000V的线路)
853540	00		避雷器，电压限幅器及电涌抑制器(用于电压超过1000V的线路)	Lightning arresters, voltage limiters and surge suppressors (for a voltage exceeding 1000V)	【最】10【普】50 【协东盟】0【协香港】0【协智利】0 【协新西兰】0【协新加坡】0【协秘鲁】0 【协哥斯达黎加】0【协冰岛】0【协瑞士】7.2 【协澳大利亚】0【协韩国】10.8 【协格鲁吉亚】0 【特-1】0【特-2】0 【增】16【对美加征】10【出】0【退】16	个/千克					999	避雷器，电压限幅器及电涌抑制器(用于电压超过1000V的线路)
853590	00	10	触发式火花隙(阳极延迟时间≤15ms,阳极峰值额定电流≥500A)	Triggered spark gap (anode delay time ≤15ms, Anode peak rated current ≥500A)	【最】10【普】50 【协亚太】6.5【协东盟】0【协香港】0 【协巴基斯坦】5【协智利】0【协新西兰】0 【协新加坡】0【协秘鲁】0【协哥斯达黎加】0 【协冰岛】0【协瑞士】4【协澳大利亚】0 【协韩国】8【协格鲁吉亚】0 【特-1】0【特-2】0【特-3】0 【增】16【对美加征】10【出】0【退】16	千克		3			101 102	触发式火花隙(阳极延迟时间≤15ms,阳极峰值额定电流≥500A)(高压开关装置) 触发式火花隙(阳极延迟时间≤15ms,阳极峰值额定电流≥500A)(其他高压电器及其零件)
853590	00	20	具有快速开关功能的模件或组件(阳极峰值电压≥2KV;电流≥500A;接通时间为1ms或更短)	Modules or assemblies with swift ON/OFF switch (anode peak voltage ≥201V; current ≥501A; turn-on time ≤2ms)	【最】10【普】50 【协亚太】6.5【协东盟】0【协香港】0 【协巴基斯坦】5【协智利】0【协新西兰】0 【协新加坡】0【协秘鲁】0【协哥斯达黎加】0 【协冰岛】0【协瑞士】4【协澳大利亚】0 【协韩国】8【协格鲁吉亚】0 【特-1】0【特-2】0【特-3】0 【增】16【对美加征】10【出】0【退】16	千克		3			101 102	具有快速开关功能的模件或组件(阳极峰值电压≥2KV;电流≥500A;接通时间为1ms或更短)(高压开关装置) 具有快速开关功能的模件或组件(阳极峰值电压≥2KV;电流≥500A;接通时间为1ms或更短)(其他高压电器及其零件)
853590	00	90	其他电压>1000V电路开关等电气装置	Other electric apparatuses such as circuit switches with its voltage>1000V	【最】10【普】50 【协亚太】6.5【协东盟】0【协香港】0 【协巴基斯坦】5【协智利】0【协新西兰】0 【协新加坡】0【协秘鲁】0【协哥斯达黎加】0 【协冰岛】0【协瑞士】4【协澳大利亚】0 【协韩国】8【协格鲁吉亚】0 【特-1】0【特-2】0【特-3】0 【增】16【对美加征】10【出】0【退】16	千克			L		101 102	其他电压>1000V电路开关等电气装置(高压开关装置) 其他电压>1000V电路开关等电气装置(其他高压电器及其零件)
853610	00		熔断器(电压不超过1000V)	Fuses for a voltage not exceeding 1000V	【最】10【普】50 【协东盟】0【协香港】0【协巴基斯坦】5 【协智利】0【协新西兰】0【协新加坡】0 【协秘鲁】0【协台湾】0【协哥斯达黎加】0 【协冰岛】0【协瑞士】4【协澳大利亚】0 【协格鲁吉亚】0 【特-1】0【特-2】0【特-3】0 【增】16【对美加征】10【出】0【退】16	个/千克	A		L		999	熔断器(电压不超过1000V)
853620	00		电压不超过1000V自动断路器	Automatic circuit breakers for a voltage not exceeding 1000V	【最】9【普】50 【协东盟】0【协香港】0【协巴基斯坦】5 【协智利】0【协新西兰】0【协秘鲁】0 【协哥斯达黎加】0【协冰岛】0【协瑞士】3.6 【协澳大利亚】0【协韩国】1.8 【协格鲁吉亚】0 【特-1】0【特-2】0【特-3】0 【增】16【对美加征】10【出】0【退】16	个/千克	A		L		101 102	电压不超过1000V自动断路器(断路器) 电压不超过1000V自动断路器(其他低压电器及其零件)

税则号列			货品名称中英文		税费综合信息	计量单位	监管证件代码		检验检疫类别		检验检疫编码	检验检疫编码对应中文名称
HS国际统一前6位	本国子目 7~8位	9~10位	中文 货物名称	英文 Article Description			进口	出口	进口	出口		
853630	00		电压≤1000V其他电路保护装	Other apparatus for protecting electrical circuits for a voltage not exceeding 1000V	【最】4.5【普】50 【协东盟】0【协香港】0【协巴基斯坦】5 【协智利】0【协新西兰】0【协秘鲁】0 【协哥斯达黎加】0【协冰岛】0【协瑞士】0 【协澳大利亚】0【协韩国】6.6 【协格鲁吉亚】0 【特-1】0【特-2】0【特-3】0 【增】16【对美加征】10【出】0【退】16	个/千克	A		L		999	电压≤1000V其他电路保护装置
853641	10		电压≤36V的继电器	Relay: for a voltage not exceeding 36V	【最】10【普】50 【协东盟】0【协巴基斯坦】5【协智利】0 【协新西兰】0【协新加坡】0【协秘鲁】0 【协哥斯达黎加】0【协冰岛】0【协瑞士】0 【协澳大利亚】0【协韩国】7.3【协格鲁吉亚】6 【协香港】0【协澳门】0 【特-1】0【特-2】0【特-3】0 【增】16【对美加征】10【出】0【退】16	个/千克					999	电压≤36V的继电器
853641	90		36V<电压≤60V的继电器	Relay: higher than 36V but lower than 60V	【最】10【普】50 【协东盟】0【协巴基斯坦】5【协智利】0 【协新西兰】0【协新加坡】0【协秘鲁】0 【协哥斯达黎加】0【协冰岛】0【协瑞士】0 【协澳大利亚】0【协韩国】8【协格鲁吉亚】0 【协香港】0【协澳门】0 【特-1】0【特-2】0【特-3】0 【增】16【对美加征】10【出】0【退】16	个/千克	A		L		999	36V<电压≤60V的继电器
853649	00		电压大于60V的继电器（用于电压不超过1000V的线路）	Relay: higher than 60V (for a voltage not exceeding 1000V)	【最】10【普】50 【协东盟】0【协香港】0【协巴基斯坦】5 【协智利】0【协新西兰】0【协新加坡】0 【协秘鲁】0【协哥斯达黎加】0【协冰岛】0 【协瑞士】0【协澳大利亚】0【协韩国】7.3 【协格鲁吉亚】0 【特-1】0【特-2】0【特-3】0 【增】16【对美加征】10【出】0【退】16	个/千克	A		L		999	电压大于60V的继电器（用于电压不超过1000V的线路）
853650	00		电压≤1000V的其他开关	Other switches for a voltage not exceeding 1000V	【最】0【普】50【特-1】0【特-2】0【特-3】0 【增】16【对美加征】10【出】0【退】16	个/千克	A		L		999	电压≤1000V的其他开关
853661	00		电压≤1000V的灯座	Lamp-holders for a voltage not exceeding 1000V	【最】10【普】50 【协东盟】0【协巴基斯坦】5【协智利】0 【协新西兰】0【协新加坡】0【协秘鲁】0 【协哥斯达黎加】0【协冰岛】0【协瑞士】0 【协澳大利亚】0【协韩国】7.3【协格鲁吉亚】0 【协香港】0【协澳门】0 【特-1】0【特-2】0【特-3】0 【增】16【对美加征】10【出】0【退】16	个/千克					999	电压≤1000V的灯座
853669	00		电压≤1000V的插头及插座	Plugs and sockets for a voltage not exceeding 1000V	【最】0【普】50【特-1】0【特-2】0【特-3】0 【增】16【对美加征】10【出】0【退】16	个/千克			L		101 102 103	电压≤1000V的插头及插座（插头） 电压≤1000V的插头及插座（插座） 电压≤1000V的插头及插座（转换器）
853670	00		光导纤维、光导纤维束或光缆用连接器	Connectors for optical fibres, optical fibre bundles or cables	【最】8【普】30 【协东盟】0【协香港】0【协澳门】0 【协巴基斯坦】5【协智利】0【协新西兰】0 【协秘鲁】0【协哥斯达黎加】0【协冰岛】0 【协瑞士】3.2【协澳大利亚】0【协格鲁吉亚】0 【特-1】0【特-2】0【特-3】0 【增】16【对美加征】5【出】0【退】16	千克					101 102 103 104	光导纤维、光导纤维束或光缆用连接器（其他低压电器及其零件） 光导纤维、光导纤维束或光缆用连接器（路由器） 光导纤维、光导纤维束或光缆用连接器（光缆） 光导纤维、光导纤维束或光缆用连接器（光通信数字同步设备）
853690	11		工作电压不超过36V的接插件	Connector for a voltage not exceeding 36 volts	【最】0【普】50【特-1】0【特-2】0【特-3】0 【增】16【对美加征】25【出】0【退】16	千克					999	工作电压不超过36V的接插件
853690	19		其他36V<电压≤1000V的接插件	Other connctors	【最】0【普】50【特-1】0【特-2】0【特-3】0 【增】16【对美加征】25【出】0【退】16	千克	A		L		999	其他36V<电压≤1000V的接插件

税则号列 HS国际统一前6位	本国子目 7~8位	本国子目 9~10位	货品名称中英文 中文 货物名称	货品名称中英文 英文 Article Description	税费综合信息	计量单位	监管证件代码 进口	监管证件代码 出口	检验检疫类别 进口	检验检疫类别 出口	检验检疫编码	检验检疫编码对应中文名称
853690	90		其他电压≤1000V电路连接器等电气装置	Other electrical apparatus	【最】0【普】50【特-1】0【特-2】0【特-3】0【增】16【对美加征】10【出】0【退】16	千克	A		L		999	其他电压≤1000V电路连接器等电气装置
853710	11	01	机床用可编程序控制器(PLC)	Programmable logic controllers for machine tools	【最】5【普】14【暂进】3 【协亚太】2.5【协东盟】0【协香港】0 【协巴基斯坦】0【协智利】0【协新西兰】0 【协秘鲁】0【协台湾】0【协哥斯达黎加】0 【协冰岛】0【协瑞士】2【协澳大利亚】0 【协韩国】3【协格鲁吉亚】0 【特-1】0【特-2】0【特-3】0 【增】16【对美加征】10【出】0【退】16	个/千克					101 102 103	机床用可编程序控制器(PLC)(低压电器及其零件) 机床用可编程序控制器(PLC)(集成电路) 机床用可编程序控制器(PLC)(其他电子元器件)
853710	11	10	调节和编程控制器(84798999.60绕线机用)	Adjusting and Programmable logic controllers for winding machines of sub-heading No. 84798990.60	【最】5【普】14 【协亚太】2.5【协东盟】0【协香港】0 【协巴基斯坦】0【协智利】0【协新西兰】0 【协秘鲁】0【协台湾】0【协哥斯达黎加】0 【协冰岛】0【协瑞士】2【协澳大利亚】0 【协韩国】3【协格鲁吉亚】0 【特-1】0【特-2】0【特-3】0 【增】16【对美加征】10【出】0【退】16	个/千克		3			101 102	调节和编程控制器(84798999.60绕线机用)(集成电路) 调节和编程控制器(84798999.60绕线机用)(其他电子元器件)
853710	11	90	其他可编程控制器(用于电压不超过1000V的线路)	Other programmable logic controllers (for the circuit with its voltage no more than 1000V)	【最】5【普】14 【协亚太】2.5【协东盟】0【协香港】0 【协巴基斯坦】0【协智利】0【协新西兰】0 【协秘鲁】0【协台湾】0【协哥斯达黎加】0 【协冰岛】0【协瑞士】2【协澳大利亚】0 【协韩国】3【协格鲁吉亚】0 【特-1】0【特-2】0【特-3】0 【增】16【对美加征】10【出】0【退】16	个/千克					999	其他可编程控制器(用于电压不超过1000V的线路)
853710	19	01	机床用其他数控单元	Other digital control units for machine tools	【最】5【普】14【暂进】3 【协亚太】2.5【协东盟】0【协香港】0 【协巴基斯坦】0【协智利】0【协新西兰】0 【协秘鲁】0【协台湾】0【协哥斯达黎加】0 【协冰岛】0【协瑞士】2.8【协澳大利亚】0 【协韩国】3【协格鲁吉亚】0 【特-1】0【特-2】0【特-3】0 【增】16【对美加征】10【出】0【退】16	个/千克					999	机床用其他数控单元(包括单独进口的CNC操作单元)
853710	19	90	其他非机床用数控装置(用于电压不超过1000V的线路)	Digital control apparatuses not for machine tools (for the circuit with its voltage no more than 1000V)	【最】5【普】14 【协亚太】2.5【协东盟】0【协香港】0 【协巴基斯坦】0【协智利】0【协新西兰】0 【协秘鲁】0【协台湾】0【协哥斯达黎加】0 【协冰岛】0【协瑞士】2.8【协澳大利亚】0 【协韩国】3【协格鲁吉亚】0 【特-1】0【特-2】0【特-3】0 【增】16【对美加征】10【出】0【退】16	个/千克					999	其他非机床用数控装置(用于电压不超过1000V的线路)
853710	90	01	电梯用控制柜及控制柜专用印刷电压不超过1000V的线路)	Control cabinet for elevators (electric cabinet) and printed circuit boards for control cabinets [(for the circuit with its voltage no more than 1000V)	【最】8【普】50【暂进】4 【协亚太】4【协东盟】0【协香港】0 【协澳门】0【协巴基斯坦】0【协智利】0 【协新西兰】0【协秘鲁】0【协哥斯达黎加】0 【协冰岛】0【协瑞士】4.8【协澳大利亚】0 【协韩国】6.1【协格鲁吉亚】0 【特-1】0【特-2】0【特-3】0 【增】16【对美加征】10【出】0【退】16	个/千克					999	电梯用控制柜及控制柜专用印刷电路板(电压不超过1000V的线路)
853710	90	21	控制器[用于机器人或末端操纵装置(详见核两用清单)]	Controllers (for robots or end effectors, see the dual-purpose nuclear goods list for details)	【最】8【普】50 【协亚太】4【协东盟】0【协香港】0 【协澳门】0【协巴基斯坦】0【协智利】0 【协新西兰】0【协秘鲁】0【协哥斯达黎加】0 【协冰岛】0【协瑞士】4.8【协澳大利亚】0 【协韩国】6.1【协格鲁吉亚】0 【特-1】0【特-2】0【特-3】0 【增】16【对美加征】10【出】0【退】16	个/千克		3			999	控制器[用于机器人或末端操纵装置(详见核两用清单)]
853710	90	22	数字控制器(专用于编号84798999.59电动式振动试验系统)	Digital controllers (exclusively for electrodynamic vibration test systems listed in item No. 84798990.71)	【最】8【普】50 【协亚太】4【协东盟】0【协香港】0 【协澳门】0【协巴基斯坦】0【协智利】0 【协新西兰】0【协秘鲁】0【协哥斯达黎加】0 【协冰岛】0【协瑞士】4.8【协澳大利亚】0 【协韩国】6.1【协格鲁吉亚】0 【特-1】0【特-2】0【特-3】0 【增】16【对美加征】10【出】0【退】16	个/千克		3			999	数字控制器(专用于编号84798999.59电动式振动试验系统)

税则号列 HS国际统一前6位	本国子目 7~8位	本国子目 9~10位	货品名称中英文 中文 货物名称	货品名称中英文 英文 Article Description	税费综合信息	计量单位	监管证件代码 进口	监管证件代码 出口	检验检疫类别 进口	检验检疫类别 出口	检验检疫编码	检验检疫编码对应中文名称
853710	90	90	其他电力控制或分配的装置(电压不超过1000V的线路)	Other power control or distribution devices [(for the circuit with its voltage no more than 1000V)	【最】8【普】50 【协亚太】4【协东盟】0【协香港】0 【协澳门】0【协巴基斯坦】0【协智利】0 【协新西兰】0【协秘鲁】0【协哥斯达黎加】0 【协冰岛】0【协瑞士】4.8【协澳大利亚】0 【协韩国】6.1【协格鲁吉亚】0 【特-1】0【特-2】0【特-3】0 【增】16【对美加征】10【出】0【退】16	个/千克	A		L		999	其他电力控制或分配的装置(电压不超过1000V的线路)
853720	10		电压≥500KV高压开关装置	Gas insulated switch gear, for a voltage of 500KV or more	【最】8【普】30 【协亚太】4【协东盟】0【协巴基斯坦】0 【协智利】0【协新西兰】0【协秘鲁】0 【协哥斯达黎加】0【协冰岛】0【协瑞士】4.2 【协澳大利亚】0【协韩国】6.1 【协格鲁吉亚】0【协香港】0【协澳门】0 【特-1】0【特-2】0【特-3】0 【增】16【对美加征】10【出】0【退】16	台/千克					101 102	电压≥500KV高压开关装置(全封闭组合式高压开关装置电压500KV及以上的线路)(高压开关装置) 电压≥500KV高压开关装置(全封闭组合式高压开关装置电压500KV及以上的线路)(其他高压电器及其零件)
853720	90		其他电力控制或分配装置[包括盘、板(含数控装置)]	Other apparatus for electric control or the distribution of electricity (including boards, panel and numerical control panel)	【最】8【普】50 【协亚太】4【协东盟】0【协香港】0 【协巴基斯坦】0【协智利】0【协新西兰】0 【协秘鲁】0【协哥斯达黎加】0【协冰岛】0 【协瑞士】0【协澳大利亚】0【协韩国】6.1 【协格鲁吉亚】0 【特-1】0【特-2】0【特-3】0 【增】16【对美加征】10【出】0【退】16	千克					999	其他电力控制或分配装置[包括盘、板(含数控装置)]
853810	10		编号85372010所列装置的零件(电压≥500KV线路用全封闭组合式高压开关装置用)	Parts For the goods of heading No. 8537. 2010	【最】4.2【普】50 【协亚太】2.1【协东盟】0【协巴基斯坦】0 【协智利】0【协新西兰】0【协秘鲁】0 【协哥斯达黎加】0【协冰岛】0【协瑞士】0 【协澳大利亚】0【协韩国】5【协格鲁吉亚】0 【协香港】0【协澳门】0 【特-1】0【特-2】0【特-3】0 【增】16【对美加征】10【出】0【退】16	千克					999	编号85372010所列装置的零件(电压≥500KV线路用全封闭组合式高压开关装置用)
853810	90		税目85.37货品用的其他盘、板等(未装有开关装置)	Other boards, panels, consoles, desks, cabinets and other bases for the other goods of heading No. 85.37, not equipped with switches	【最】3.5【普】50 【协亚太】1.8【协东盟】0【协巴基斯坦】0 【协智利】0【协新西兰】0【协秘鲁】0 【协哥斯达黎加】0【协冰岛】0【协瑞士】2.8 【协澳大利亚】0【协韩国】4.2 【协格鲁吉亚】0【协香港】0【协澳门】0 【特-1】0【特-2】0【特-3】0 【增】16【对美加征】10【出】0【退】16	千克					999	税目85.37货品用的其他盘、板等(未装有开关装置)
853890	00		税目85.35、85.36、85.37装置的零件	Other parts suitable for use solely or principally with the apparatus of heading No. 85.35, 85.36 or 85.37	【最】7【普】50 【协东盟】0【协香港】0【协巴基斯坦】5 【协智利】0【协新西兰】0【协秘鲁】0 【协台湾】0【协哥斯达黎加】0【协冰岛】0 【协瑞士】4.2【协澳大利亚】0【协韩国】0 【协格鲁吉亚】0 【特-1】0【特-2】0【特-3】0 【增】16【对美加征】10【出】0【退】16	千克					101 102	税目85.35、85.36、85.37装置的零件(专用于或主要用于)[其他高压电器及其零件(高压电器及其零件)] 税目85.35、85.36、85.37装置的零件(专用于或主要用于)[其他低压电器及其零件(低压电器及其零件)]
853910	00		封闭式聚光灯	Sealed beam lamp units	【最】8【普】45 【协东盟】0【协巴基斯坦】5【协智利】0 【协新西兰】0【协秘鲁】0【协哥斯达黎加】0 【协冰岛】0【协瑞士】0【协澳大利亚】0 【协韩国】6【协格鲁吉亚】0【协香港】0 【协澳门】0 【特-1】0【特-2】0【特-3】0 【增】16【对美加征】5【出】0【退】16	只					999	封闭式聚光灯

税则号列			货品名称中英文		税费综合信息	计量单位	监管证件代码		检验检疫类别		检验检疫编码	检验检疫编码对应中文名称
HS国际统一前6位	本国子目 7~8位	9~10位	中文 货物名称	英文 Article Description			进口	出口	进口	出口		
853921	10		科研、医疗专用卤钨灯	Tungsten halogen for scientific or medical uses only	【最】8【普】20 【协东盟】0【协巴基斯坦】5【协智利】0 【协新西兰】0【协秘鲁】0【协哥斯达黎加】0 【协冰岛】0【协瑞士】0【协澳大利亚】0 【协香港】0【协澳门】0 【协韩国】1.6【协格鲁吉亚】0【协香港】0 【协澳门】0 【特-1】0【特-2】0【特-3】0 【增】16【对美加征】10【出】0【退】16	只					999	科研、医疗专用卤钨灯
853921	20		火车、航空器及船舶用卤钨灯	Tungsten halogen for locomotives and rolling stock, aircraft or ships	【最】8【普】20 【协东盟】0【协巴基斯坦】5【协智利】0 【协新西兰】0【协秘鲁】0【协哥斯达黎加】0 【协冰岛】0【协瑞士】0【协澳大利亚】0 【协韩国】4.8【协格鲁吉亚】0【协香港】0 【协澳门】0 【特-1】0【特-2】0【特-3】0 【增】16【对美加征】5【出】0【退】16	只					999	火车、航空器及船舶用卤钨灯
853921	30		机动车辆用卤钨灯	Tungsten halogen For motor vehicles	【最】8【普】45 【协东盟】0【协巴基斯坦】5【协智利】0 【协新西兰】0【协秘鲁】0【协哥斯达黎加】0 【协冰岛】0【协瑞士】0【协澳大利亚】0 【协韩国】8【协格鲁吉亚】0【协香港】0 【协澳门】0 【特-1】0【特-2】0【特-3】0 【增】16【对美加征】5【出】0【退】16	只					999	机动车辆用卤钨灯
853921	90		其他用卤钨灯	Other tungsten halogen	【最】6【普】70 【协东盟】0【协智利】0【协新西兰】0 【协新加坡】0【协秘鲁】0【协哥斯达黎加】0 【协冰岛】0【协瑞士】4.2【协澳大利亚】0 【协韩国】6.3【协格鲁吉亚】0【协香港】0 【协澳门】0 【特-1】0【特-2】0【特-3】0 【增】16【对美加征】5【出】0【退】16	只					999	其他用卤钨灯
853922	10		科研、医疗用功率≤200W白炽灯泡（功率不超过200W，额定电压超过100V）	Other filament lamps, of a power not exceeding 200W and for a voltage exceeding 100V, For scientific or medical uses only	【最】5【普】20 【协东盟】0【协巴基斯坦】5【协智利】0 【协新西兰】0【协新加坡】0【协秘鲁】0 【协哥斯达黎加】0【协冰岛】0【协瑞士】4.2 【协澳大利亚】0【协格鲁吉亚】0 【协香港】0【协澳门】0 【特-1】0【特-2】0【特-3】0 【增】16【对美加征】5【出】0【退】16	只					999	科研、医疗用功率≤200W白炽灯泡（功率不超过200W，额定电压超过100V）
853922	90		其他用功率≤200W白炽灯泡（功率不超过200W，额定电压超过100V）	Other filament lamps, of a power not exceeding 200W and for a voltage exceeding 100V, for other uses	【最】5【普】70 【协东盟】0【协巴基斯坦】0【协智利】0 【协新西兰】0【协秘鲁】0【协哥斯达黎加】0 【协冰岛】0【协瑞士】0【协澳大利亚】0 【协韩国】1【协格鲁吉亚】0【协香港】0 【协澳门】0 【特-1】0【特-2】0【特-3】0 【增】16【对美加征】10【出】0【退】16	只					999	其他用功率≤200W白炽灯泡（功率不超过200W，额定电压超过100V）
853929	10		科研，医疗专用其他白炽灯泡	Other filament lamps, for scientific or medical uses only	【最】5【普】20 【协亚太】4【协东盟】0【协巴基斯坦】0 【协智利】0【协新西兰】0【协秘鲁】0 【协哥斯达黎加】0【协冰岛】0【协瑞士】0 【协澳大利亚】0【协韩国】1【协格鲁吉亚】0 【协香港】0【协澳门】0 【特-1】0【特-2】0【特-3】0 【增】16【对美加征】10【出】0【退】16	只					999	科研，医疗专用其他白炽灯泡
853929	20		火车，航空及船舶用其他白炽灯泡	Other filament lamps, for locomotives and rolling stock, aircraft or ships	【最】5【普】20 【协东盟】0【协巴基斯坦】5【协智利】0 【协新西兰】0【协新加坡】0【协秘鲁】0 【协哥斯达黎加】0【协冰岛】0【协瑞士】4.2 【协澳大利亚】0【协韩国】6.3 【协格鲁吉亚】0【协香港】0【协澳门】0 【特-1】0【特-2】0【特-3】0 【增】16【对美加征】5【出】0【退】16	只					999	火车，航空及船舶用其他白炽灯泡

税则号列 HS国际统一前6位	本国子目 7~8位	本国子目 9~10位	货品名称中英文 中文 货物名称	货品名称中英文 英文 Article Description	税费综合信息	计量单位	监管证件代码 进口	监管证件代码 出口	检验检疫类别 进口	检验检疫类别 出口	检验检疫编码	检验检疫编码对应中文名称
853929	30		机动车辆用其他白炽灯泡	Other filament lamps, for motor vehicles	【最】5【普】45 【协东盟】0【协巴基斯坦】0【协智利】0 【协新西兰】0【协秘鲁】0【协哥斯达黎加】0 【协冰岛】0【协瑞士】0【协澳大利亚】0 【协韩国】3.6【协格鲁吉亚】0【协香港】0 【协澳门】0 【特-1】0【特-2】0【特-3】0 【增】16【对美加征】5【出】0【退】16	只					999	机动车辆用其他白炽灯泡
853929	91		12V及以下未列名的白炽灯泡	Other filament lamps, of a voltage 12V or less, not specified	【最】6【普】70 【协东盟】0【协香港】0【协巴基斯坦】6 【协智利】0【协新西兰】0【协新加坡】0 【协秘鲁】0【协哥斯达黎加】0【协冰岛】0 【协瑞士】4.8【协澳大利亚】0【协韩国】7.2 【协格鲁吉亚】0 【特-1】0【特-2】0【特-3】0 【增】16【对美加征】10【出】0【退】16	只					999	12V及以下未列名的白炽灯泡
853929	99		其他未列名的白炽灯泡	Other filament lamps, not specified or inculded elsewhere	【最】6【普】70 【协东盟】0【协巴基斯坦】6【协智利】0 【协新西兰】0【协新加坡】0【协秘鲁】0 【协哥斯达黎加】0【协冰岛】0【协瑞士】4.8 【协澳大利亚】0【协韩国】7.2 【协格鲁吉亚】0【协香港】0【协澳门】0 【特-1】0【特-2】0【特-3】0 【增】16【对美加征】5【出】0【退】16	只					999	其他未列名的白炽灯泡
853931	10		科研、医疗专用热阴极荧光灯	Fluorescent, hot cathode, for scientific or medical uses only	【最】8【普】20 【协亚太】6.4【协东盟】0【协巴基斯坦】5 【协智利】0【协新西兰】0【协秘鲁】0 【协哥斯达黎加】0【协冰岛】0【协瑞士】0 【协澳大利亚】0【协格鲁吉亚】0 【协香港】0【协澳门】0 【特-1】0【特-2】0【特-3】0 【增】16【对美加征】5【出】0【退】16	只					999	科研、医疗专用热阴极荧光灯
853931	20		火车，航空器，船舶用热阴极荧光灯	Fluorescent, hot cathode, for locomotives and rolling-stock, aircraft or ships	【最】8【普】20 【协东盟】0【协巴基斯坦】5【协智利】0 【协新西兰】0【协秘鲁】0【协哥斯达黎加】0 【协冰岛】0【协瑞士】0【协澳大利亚】0 【协格鲁吉亚】0【协香港】0【协澳门】0 【特-1】0【特-2】0【特-3】0 【增】16【对美加征】5【出】0【退】16	只					999	火车，航空器，船舶用热阴极荧光灯
853931	91		紧凑型热阴极荧光灯	Fluorescent, hot cathode, of compact type	【最】8【普】70 【协东盟】0【协巴基斯坦】5【协智利】0 【协新西兰】0【协秘鲁】0【协哥斯达黎加】0 【协冰岛】0【协瑞士】0【协澳大利亚】0 【协韩国】1.6【协格鲁吉亚】0【协香港】0 【协澳门】0 【特-1】0【特-2】0【特-3】0 【增】16【对美加征】10【出】0【退】16	只					999	紧凑型热阴极荧光灯
853931	99		其他用途用热阴极荧光灯	Fluorescent, hot cathode, for other uses	【最】8【普】70 【协东盟】0【协巴基斯坦】5【协智利】0 【协新西兰】0【协秘鲁】0【协哥斯达黎加】0 【协冰岛】0【协瑞士】0【协澳大利亚】0 【协韩国】1.6【协格鲁吉亚】0【协香港】0 【协澳门】0 【特-1】0【特-2】0【特-3】0 【增】16【对美加征】10【出】0【退】16	只					999	其他用途用热阴极荧光灯
853932	30		钠蒸汽灯	Sodium vapour lamps	【最】8【普】20 【协东盟】0【协巴基斯坦】5【协智利】0 【协新西兰】0【协秘鲁】0【协哥斯达黎加】0 【协冰岛】0【协瑞士】0【协澳大利亚】0 【协韩国】4.8【协格鲁吉亚】0【协香港】0 【协澳门】0 【特-1】0【特-2】0【特-3】0 【增】16【对美加征】10【出】0【退】16	只					999	钠蒸汽灯

税则号列 HS国际统一前6位	本国子目 7~8位	本国子目 9~10位	货品名称中英文 中文 货物名称	英文 Article Description	税费综合信息	计量单位	监管证件代码 进口	监管证件代码 出口	检验检疫类别 进口	检验检疫类别 出口	检验检疫编码	检验检疫编码对应中文名称
853932	40	01	彩色投影机用的照明光源	Mercury vapor light used for color LCD projector	【最】8【普】20【暂进】3 【协东盟】0【协巴基斯坦】5【协智利】0 【协新西兰】0【协秘鲁】0【协哥斯达黎加】0 【协冰岛】0【协瑞士】0【协澳大利亚】0 【协韩国】4.8【协格鲁吉亚】0【协香港】0 【协澳门】0 【特-1】0【特-2】0【特-3】0 【增】16【对美加征】10【出】0【退】16	只					999	彩色投影机用的照明光源（汞蒸汽灯）
853932	40	90	其他汞蒸汽灯	Other mercury vapor light	【最】8【普】20 【协东盟】0【协巴基斯坦】5【协智利】0 【协新西兰】0【协秘鲁】0【协哥斯达黎加】0 【协冰岛】0【协瑞士】0【协澳大利亚】0 【协韩国】4.8【协格鲁吉亚】0【协香港】0 【协澳门】0 【特-1】0【特-2】0【特-3】0 【增】16【对美加征】10【出】0【退】16	只					999	其他汞蒸汽灯
853932	90		金属卤化物灯	Metal halide lamps	【最】8【普】70 【协东盟】0【协巴基斯坦】5【协智利】0 【协新西兰】0【协秘鲁】0【协哥斯达黎加】0 【协冰岛】0【协瑞士】0【协澳大利亚】1.6 【协韩国】1.6【协格鲁吉亚】0【协香港】0 【协澳门】0 【特-1】0【特-2】0【特-3】0 【增】16【对美加征】10【出】0【退】16	只					999	金属卤化物灯
853939	10		科研，医疗专用其他放电灯	Other discharge lamps for scientific or medical uses only	【最】8【普】20 【协亚太】6.4【协东盟】0【协巴基斯坦】5 【协智利】0【协新西兰】0【协秘鲁】0 【协哥斯达黎加】0【协冰岛】0【协瑞士】0 【协澳大利亚】1.6【协格鲁吉亚】0【协香港】0 【协澳门】0 【特-1】0【特-2】0【特-3】0 【增】16【对美加征】5【出】0【退】16	只					999	科研，医疗专用其他放电灯
853939	20		火车，航空器，船舶用其他放电灯	Other discharge lamps for locomotives and rolling-stock, aircraft or ships	【最】8【普】20 【协东盟】0【协巴基斯坦】5【协智利】0 【协新西兰】0【协秘鲁】0【协哥斯达黎加】0 【协冰岛】0【协瑞士】0【协澳大利亚】1.6 【协格鲁吉亚】0【协香港】0【协澳门】0 【特-1】0【特-2】0【特-3】0 【增】16【对美加征】5【出】0【退】16	只					999	火车，航空器，船舶用其他放电灯
853939	90	10	用于平板显示器背光源的冷阴极管荧光灯	Cold cathode fluorescent lamp for flat panel display backlight source	【最】2【普】70 【协东盟】0【协澳门】0【协巴基斯坦】5 【协智利】0【协新西兰】0【协秘鲁】0 【协台湾】0【协哥斯达黎加】0【协冰岛】0 【协瑞士】0【协澳大利亚】0【协韩国】5.8 【协格鲁吉亚】0【协香港】0 【特-1】0【特-2】0【特-3】0 【增】16【对美加征】10【出】0【退】16	只					999	用于平板显示器背光源的冷阴极管荧光灯
853939	90	90	其他用途的其他放电灯管	Other discharge lamps for other purposes	【最】8【普】70 【协东盟】0【协澳门】0【协巴基斯坦】5 【协智利】0【协新西兰】0【协秘鲁】0 【协台湾】0【协哥斯达黎加】0【协冰岛】0 【协瑞士】0【协澳大利亚】0【协韩国】5.8 【协格鲁吉亚】0【协香港】0 【特-1】0【特-2】0【特-3】0 【增】16【对美加征】10【出】0【退】16	只					999	其他用途的其他放电灯管
853941	00		弧光灯	Arc-lamps	【最】8【普】20 【协东盟】0【协巴基斯坦】5【协智利】0 【协新西兰】0【协秘鲁】0【协哥斯达黎加】0 【协冰岛】0【协瑞士】0【协澳大利亚】0 【协格鲁吉亚】0【协香港】0【协澳门】0 【特-1】0【特-2】0【特-3】0 【增】16【对美加征】10【出】0【退】16	只					999	弧光灯

税则号列			货品名称中英文		税费综合信息	计量单位	监管证件代码		检验检疫类别		检验检疫编码	检验检疫编码对应中文名称
HS 国际统一前 6 位	本国子目 7~8 位	本国子目 9~10 位	中文 货物名称	英文 Article Description			进口	出口	进口	出口		
853949	00		紫外线或红外线灯	Ultra-violet or infra-red lamps	【最】8【普】20 【协东盟】0【协巴基斯坦】5【协智利】0 【协新西兰】0【协秘鲁】0【协哥斯达黎加】0 【协冰岛】0【协瑞士】0【协澳大利亚】0 【协格鲁吉亚】0【协香港】0【协澳门】0 【特-1】0【特-2】0【特-3】0 【增】16【对美加征】5【出】0【退】16	只					999	紫外线或红外线灯
853950	00		发光二极管(LED)灯泡(管) 【电商】	Light-emitting diode (LED) lamps	【最】8【普】80 【协东盟】0【协香港】0【协澳门】0 【协巴基斯坦】5【协智利】0【协新西兰】0 【协新加坡】0【协秘鲁】0【协哥斯达黎加】0 【协冰岛】0【协瑞士】0【协澳大利亚】0 【协韩国】2【协格鲁吉亚】0 【特-1】0【特-2】0【特-3】0 【增】16【对美加征】10【出】0【退】16	只/千克					999	发光二极管(LED)灯泡(管)
853990	00		税目 85.39 所列货品的零件	Parts of goods of heading No. 85.39	【最】8【普】20 【协东盟】0【协巴基斯坦】5【协智利】0 【协新西兰】0【协秘鲁】0【协台湾】0 【协哥斯达黎加】0【协冰岛】0【协瑞士】0 【协澳大利亚】0【协格鲁吉亚】0【协香港】0 【协澳门】0 【特-1】0【特-2】0【特-3】0 【增】16【对美加征】10【出】0【退】16	千克					999	税目 85.39 所列货品的零件
854011	00		彩色阴极射线电视显像管	Colour cathode-ray television picture tubes, including cideo monitor cathode-ray tubes	【最】8【普】40 【协东盟】0【协巴基斯坦】6【协智利】0 【协新西兰】0【协新加坡】0【协秘鲁】0 【协哥斯达黎加】0【协冰岛】0【协瑞士】4.8 【协澳大利亚】0【协韩国】8.8 【协格鲁吉亚】0【协香港】0【协澳门】0 【特-1】0【特-2】0 【增】16【出】0【退】16	只	6				999	彩色阴极射线电视显像管(包括视频监视器用阴极射线管)
854012	00		单色阴极射线电视显像管(包括视频监视器用阴极射线管)	Other monochrome cathode-ray television picture tubes, including cideo monitor cathode-ray tubes	【最】8【普】40 【协东盟】0【协巴基斯坦】12【协智利】0 【协新西兰】0【协新加坡】0【协秘鲁】0 【协哥斯达黎加】0【协冰岛】0【协瑞士】6 【协澳大利亚】0【协韩国】9【协格鲁吉亚】0 【协香港】0【协澳门】0 【特-1】0【特-2】0 【增】16【对美加征】5【出】0【退】16	只	6				999	单色阴极射线电视显像管(包括视频监视器用阴极射线管)
854020	10		电视摄像管	Television camera tubes	【最】8【普】35 【协东盟】0【协巴基斯坦】6【协智利】0 【协新西兰】0【协新加坡】0【协秘鲁】0 【协哥斯达黎加】0【协冰岛】0【协瑞士】4.8 【协澳大利亚】0【协韩国】7.2【协香港】0 【协澳门】0 【协格鲁吉亚】0 【特-1】0【特-2】0 【增】16【出】0【退】16	只					999	电视摄像管
854020	90	10	电子条纹相机的条纹显像管	Stripe kinescopes for electronic stripe cameras (exclusively used for item listed in No. 90065900.40)	【最】8【普】17 【协东盟】0【协巴基斯坦】5【协智利】0 【协新西兰】0【协秘鲁】0【协哥斯达黎加】0 【协冰岛】0【协瑞士】0【协澳大利亚】0 【协韩国】1.6【协格鲁吉亚】0【协香港】0 【协澳门】0 【特-1】0【特-2】0【特-3】0 【增】16【对美加征】10【出】0【退】16	只		3			999	电子条纹相机的条纹显像管(专用于编号 90065900.40 的条纹显像管)
854020	90	90	其他电视摄像管;其他变像管及图像增强管;其他光阴极管	Other television camera tubes; other image converter tubes and image intensifier tubes; other photo-cathode tubes	【最】8【普】17 【协东盟】0【协巴基斯坦】5【协智利】0 【协新西兰】0【协秘鲁】0【协哥斯达黎加】0 【协冰岛】0【协瑞士】0【协澳大利亚】0 【协韩国】1.6【协格鲁吉亚】0【协香港】0 【协澳门】0 【特-1】0【特-2】0【特-3】0 【增】16【对美加征】10【出】0【退】16	只					999	其他电视摄像管;其他变像管及图像增强管;其他光阴极管

税则号列			货品名称中英文		税费综合信息	计量单位	监管证件代码		检验检疫类别		检验检疫编码	检验检疫编码对应中文名称
HS国际统一前6位	本国子目 7~8位	本国子目 9~10位	中文 货物名称	英文 Article Description			进口	出口	进口	出口		
854040	10		点距＜0.4mm彩色数据/图形显示管（指屏幕荧光点间距小于0.4mm)	Data/graphic display tubes, colour, with a phosphor dot screen pitch smaller than 0.4mm	【最】8【普】17 【协东盟】0【协香港】0【协巴基斯坦】5 【协智利】0【协新西兰】0【协秘鲁】0 【协哥斯达黎加】0【协冰岛】0【协瑞士】0 【协澳大利亚】0【协韩国】1.6 【协格鲁吉亚】0 【特-1】0【特-2】0【特-3】0 【增】16【出】0【退】16	只	6		L		999	点距<0.4mm彩色数据/图形显示管（指屏幕荧光点间距小于0.4mm)
854040	20		单色数据/图形显示管	Other data/graphic display tubes, monochrome	【最】8【普】17 【协东盟】0【协巴基斯坦】5【协智利】0 【协新西兰】0【协秘鲁】0【协哥斯达黎加】0 【协冰岛】0【协瑞士】0【协澳大利亚】0 【协韩国】1.6【协格鲁吉亚】0【协香港】0 【协澳门】0 【特-1】0【特-2】0【特-3】0 【增】16【对美加征】5【出】0【退】16	只	6		L		999	单色数据/图形显示管
854060	10		雷达显示管	Radar display tubes	【最】6【普】14 【协亚太】3.9【协东盟】0【协巴基斯坦】5 【协智利】0【协新西兰】0【协秘鲁】0 【协哥斯达黎加】0【协冰岛】0【协瑞士】0 【协澳大利亚】0【协韩国】1.2 【协格鲁吉亚】0【协香港】0【协澳门】0 【特-1】0【特-2】0【特-3】0 【增】16【出】0【退】16	只					999	雷达显示管
854060	90		其他阴极射线管	Other cathode-ray tubes	【最】8【普】17 【协东盟】0【协巴基斯坦】5【协智利】0 【协新西兰】0【协秘鲁】0【协哥斯达黎加】0 【协冰岛】0【协瑞士】0【协澳大利亚】0 【协韩国】1.6【协格鲁吉亚】0【协香港】0 【协澳门】0 【特-1】0【特-2】0【特-3】0 【增】16【对美加征】10【出】0【退】16	只	6		L		999	其他阴极射线管
854071	00		磁控管	Magnetrons	【最】8【普】17 【协东盟】0【协巴基斯坦】5【协智利】0 【协新西兰】0【协秘鲁】0【协哥斯达黎加】0 【协冰岛】0【协瑞士】0【协澳大利亚】0 【协韩国】5.8【协格鲁吉亚】0【协香港】0 【协澳门】0 【特-1】0【特-2】0【特-3】0 【增】16【对美加征】10【出】0【退】16	只					999	磁控管
854079	10		速调管	Klystrons	【最】8【普】17 【协东盟】0【协巴基斯坦】5【协智利】0 【协新西兰】0【协秘鲁】0【协哥斯达黎加】0 【协冰岛】0【协瑞士】0【协澳大利亚】0 【协韩国】1.6【协格鲁吉亚】0【协香港】0 【协澳门】0 【特-1】0【特-2】0【特-3】0 【增】16【对美加征】5【出】0【退】16	只					999	速调管
854079	90		其他微波管	Other microwave tubes	【最】8【普】17 【协东盟】0【协巴基斯坦】5【协智利】0 【协新西兰】0【协秘鲁】0【协哥斯达黎加】0 【协冰岛】0【协瑞士】0【协澳大利亚】0 【协韩国】1.6【协格鲁吉亚】0【协香港】0 【协澳门】0 【特-1】0【特-2】0【特-3】0 【增】16【对美加征】5【出】0【退】16	只					999	其他微波管（不包括栅控管）
854081	00		接收管或放大管	Receiver or amplifier valves and tubes	【最】8【普】17 【协东盟】0【协巴基斯坦】5【协智利】0 【协新西兰】0【协秘鲁】0【协哥斯达黎加】0 【协冰岛】0【协瑞士】0【协澳大利亚】0 【协格鲁吉亚】0【协香港】0【协澳门】0 【特-1】0【特-2】0【特-3】0 【增】16【对美加征】10【出】0【退】16	只					999	接收管或放大管

税则号列			货品名称中英文		税费综合信息	计量单位	监管证件代码		检验检疫类别		检验检疫编码	检验检疫编码对应中文名称
HS 国际统一前6位	本国子目 7~8位	9~10位	中文 货物名称	英文 Article Description			进口	出口	进口	出口		
854089	00	10	光电倍增管(光电阴极面积大于20cm³,并且阳极脉冲上升时间小于1ns)	Photomultiplier tube (optoelectronic cathode area of more than 20 square centimeters, and anode pulse rise of less than 1ns)	【最】8【普】17 【协东盟】0【协巴基斯坦】5【协智利】0 【协新西兰】0【协秘鲁】0【协台湾】0 【协哥斯达黎加】0【协冰岛】0【协瑞士】0 【协澳大利亚】0【协韩国】1.6 【协格鲁吉亚】0【协香港】0【协澳门】0 【特-1】0【特-2】0【特-3】0 【增】16【对美加征】10【出】0【退】16	只		3			999	光电倍增管(光电阴极面积大于20cm³,并且阳极脉冲上升时间小于1ns)
854089	00	90	其他电子管(包括光阴极管或汞弧整流管)	Other valves and tubes (including photocathode valves and tubes, mercury arc rectifying valves and tubes)	【最】8【普】17 【协东盟】0【协巴基斯坦】5【协智利】0 【协新西兰】0【协秘鲁】0【协台湾】0 【协哥斯达黎加】0【协冰岛】0【协瑞士】0 【协澳大利亚】0【协韩国】1.6 【协格鲁吉亚】0【协香港】0【协澳门】0 【特-1】0【特-2】0【特-3】0 【增】16【对美加征】10【出】0【退】16	只					999	其他电子管(包括光阴极管或汞弧整流管)
854091	10		电视显像管零件	Parts of television picture tubes	【最】6【普】40 【协东盟】0【协巴基斯坦】5【协智利】0 【协新西兰】0【协秘鲁】0【协哥斯达黎加】0 【协冰岛】0【协瑞士】0【协澳大利亚】0 【协韩国】1.2【协格鲁吉亚】0【协香港】0 【协澳门】0 【特-1】0【特-2】0【特-3】0 【增】16【出】0【退】16	千克					999	电视显像管零件
854091	20		雷达显示管零件	Parts of radar display tubes	【最】5【普】14 【协亚太】3.3【协东盟】0【协巴基斯坦】0 【协智利】0【协新西兰】0【协秘鲁】0 【协哥斯达黎加】0【协冰岛】0【协瑞士】0 【协澳大利亚】0【协韩国】1【协格鲁吉亚】0 【协香港】0【协澳门】0 【特-1】0【特-2】0【特-3】0 【增】16【出】0【退】16	千克					999	雷达显示管零件
854091	90		其他阴极射线管零件	Parts of other cathode-ray tubes	【最】8【普】17【暂进】4 【协东盟】0【协巴基斯坦】5【协智利】0 【协新西兰】0【协秘鲁】0【协哥斯达黎加】0 【协冰岛】0【协瑞士】0【协澳大利亚】0 【协格鲁吉亚】0【协香港】0【协澳门】0 【特-1】0【特-2】0【特-3】0 【增】16【对美加征】5【出】0【退】16	千克					999	其他阴极射线管零件
854099	10		电视摄像管零件	Parts of television camera tubes	【最】8【普】35 【协亚太】5.2【协东盟】0【协巴基斯坦】5 【协智利】0【协新西兰】0【协秘鲁】0 【协哥斯达黎加】0【协冰岛】0【协瑞士】0 【协澳大利亚】0【协韩国】1.6 【协格鲁吉亚】0【协香港】0【协澳门】0 【特-1】0【特-2】0【特-3】0 【增】16【出】0【退】16	千克					999	电视摄像管零件
854099	90		其他热电子管、冷阴极管零件(包括光阴极管或汞弧整流管)	Parts of Other thermionic, cold cathode (including photocathode valves and tubes, mercury arc rectifying valves and tubes)	【最】8【普】17 【协东盟】0【协巴基斯坦】5【协智利】0 【协新西兰】0【协秘鲁】0【协哥斯达黎加】0 【协冰岛】0【协瑞士】0【协澳大利亚】0 【协格鲁吉亚】0【协香港】0【协澳门】0 【特-1】0【特-2】0【特-3】0 【增】16【对美加征】10【出】0【退】16	千克					999	其他热电子管、冷阴极管零件(包括光阴极管或汞弧整流管)
854110	00		二极管	Diodes, other than photosensitive or light emitting diodes	【最】0【普】30【特-1】0【特-2】0【特-3】0 【增】16【对美加征】10【出】0【退】16	个/千克					999	二极管(光敏、发光二极管除外)
854121	00		耗散功率<1W的晶体管(不含光敏晶体管)	Transistors, With a dissipation rate of less than 1W, other than photosensitive or light emitting diodes	【最】0【普】30【特-1】0【特-2】0【特-3】0 【增】16【对美加征】10【出】0【退】16	个/千克					999	耗散功率<1W 的晶体管(不含光敏晶体管)
854129	00		耗散功率≥1W的晶体管(不含光敏晶体管)	Transistors, with a dissipation rate of 1W or more, other than photosensitive or light emitting diodes	【最】0【普】30【特-1】0【特-2】0【特-3】0 【增】16【对美加征】10【出】0【退】16	个/千克					999	耗散功率≥1W 的晶体管(不含光敏晶体管)

税则号列			货品名称中英文		税费综合信息	计量单位	监管证件代码		检验检疫类别		检验检疫编码	检验检疫编码对应中文名称
HS国际统一前6位	本国子目 7~8位	本国子目 9~10位	中文 货物名称	英文 Article Description			进口	出口	进口	出口		
854130	00		半导体及可控硅等开关元件	Thyristors, diacs and triacs, other than photosensitive devices	【最】0【普】30【特-1】0【特-2】0【特-3】0【增】16【对美加征】10【出】0【退】16	个/千克					999	半导体及可控硅等开关元件（不含光敏器件）
854140	10		发光二极管	Light emitting diodes	【最】0【普】30【特-1】0【特-2】0【特-3】0【增】16【对美加征】10【出】0【退】16	个/千克					999	发光二极管
854140	20		太阳能电池	Solar cells	【最】0【普】30【特-1】0【特-2】0【特-3】0【增】16【对美加征】10【出】0【退】16	个/千克					999	太阳能电池
854140	90		其他光敏半导体器件（包括不论是否装在组件内或组装成块的光电池）	Other photosensitive semiconductor devices, including photovoltaic cells whether or not assembled in modules or made up into panels	【最】0【普】30【特-1】0【特-2】0【特-3】0【增】16【对美加征】10【出】0【退】16	个/千克					999	其他光敏半导体器件（包括不论是否装在组件内或组装成块的光电池）
854150	00		其他半导体器件	Other semiconductor devices	【最】0【普】30【特-1】0【特-2】0【特-3】0【增】16【对美加征】10【出】0【退】16	个/千克					999	其他半导体器件
854160	00		已装配的压电晶体	Mounted piezo-electric crystals	【最】0【普】30【特-1】0【特-2】0【特-3】0【增】16【对美加征】10【出】0【退】16	个/千克					999	已装配的压电晶体
854190	00		税目85.41所列货品零件	Parts of goods of heading No. 85.41	【最】0【普】30【特-1】0【特-2】0【特-3】0【增】16【对美加征】10【出】0【退】16	千克					999	税目85.41所列货品零件
854231	11	10	多元件集成电路中的自动数据处理设备机器及组件、电讯设备用的具有变流动能的半导体模块	Automatic data processing equipment machine and assembly in multi element integrated circuit, semiconductor module with variable kinetic energy for telecommunication equipment	【最】0【普】30 【协东盟】0【协香港】0【协澳门】0 【协巴基斯坦】5【协智利】0【协新西兰】0 【协新加坡】0【协秘鲁】0【协哥斯达黎加】0 【协冰岛】0【协瑞士】4【协澳大利亚】0 【协韩国】2【协格鲁吉亚】6 【特-1】0【特-2】0【特-3】0 【增】16【出】0【退】16	个/千克					999	多元件集成电路中的自动数据处理设备机器及组件、电讯设备用的具有变流动能的半导体模块
854231	11	90	多元件集成电路中的其他具有变流功能的半导体模块	Semiconductor module with variable current function in multi element integrated circuit	【最】5【普】30 【协东盟】0【协香港】0【协澳门】0 【协巴基斯坦】5【协智利】0【协新西兰】0 【协新加坡】0【协秘鲁】0【协哥斯达黎加】0 【协冰岛】0【协瑞士】4【协澳大利亚】0 【协韩国】2【协格鲁吉亚】6 【特-1】0【特-2】0【特-3】0 【增】16【出】0【退】16	个/千克					999	多元件集成电路中的其他具有变流功能的半导体模块
854231	19		其他用作处理器及控制器的多元件集成电路（不论是否带有存储器、转换器、逻辑电路、放大器、时钟及时序电路或其他电路）	Other multi-component integrated circuits	【最】1.9【普】46 【协亚太】1.2【协东盟】0【协香港】0 【协巴基斯坦】2.1【协智利】0【协新西兰】0 【协新加坡】0【协秘鲁】0【协哥斯达黎加】0 【协冰岛】0【协瑞士】0【协澳大利亚】0 【协韩国】6【协格鲁吉亚】0 【特-1】0【特-2】0【特-3】0 【增】16【出】0【退】16	个/千克					999	其他用作处理器及控制器的多元件集成电路（不论是否带有存储器、转换器、逻辑电路、放大器、时钟及时序电路或其他电路）
854231	90		其他用作处理器及控制器的集成电路（不论是否带有存储器、转换器、逻辑电路、放大器、时钟及时序电路或其他电路）	Other integrated circuits	【最】0【普】24【特-1】0【特-2】0【特-3】0【增】16【出】0【退】16	个/千克					999	其他用作处理器及控制器的集成电路（不论是否带有存储器、转换器、逻辑电路、放大器、时钟及时序电路或其他电路）
854232	10		用作存储器的多元件集成电路	Multi-component integrated circuits	【最】2.1【普】45 【协亚太】1.4【协东盟】0【协香港】0 【协巴基斯坦】2.1【协智利】0【协新西兰】0 【协新加坡】0【协秘鲁】0【协哥斯达黎加】0 【协冰岛】0【协瑞士】0【协澳大利亚】0 【协韩国】6【协格鲁吉亚】0 【特-1】0【特-2】0【特-3】0 【增】16【出】0【退】16	个/千克					999	用作存储器的多元件集成电路

税则号列 HS国际统一前6位	本国子目 7~8位	本国子目 9~10位	货品名称中英文 中文 货物名称	货品名称中英文 英文 Article Description	税费综合信息	计量单位	监管证件代码 进口	监管证件代码 出口	检验检疫类别 进口	检验检疫类别 出口	检验检疫编码	检验检疫编码对应中文名称
854232	90		其他用作存储器的集成电路	Other integrated circuits	【最】0【普】24【特-1】0【特-2】0【特-3】0 【增】16【出】0【退】16	个/千克					999	其他用作存储器的集成电路
854233	10		用作放大器的多元件集成电路	Multi-component integrated circuits	【最】2.1【普】45 【协亚太】1.4【协东盟】0【协香港】0 【协巴基斯坦】2.1【协智利】0【协新西兰】0 【协新加坡】0【协秘鲁】0【协哥斯达黎加】0 【协冰岛】0【协瑞士】0【协澳大利亚】0 【协韩国】6【协格鲁吉亚】0 【特-1】0【特-2】0【特-3】0 【增】16【出】0【退】16	个/千克					999	用作放大器的多元件集成电路
854233	90		其他用作放大器的集成电路	Other integrated circuits	【最】0【普】24【特-1】0【特-2】0【特-3】0 【增】16【出】0【退】16	个/千克					999	其他用作放大器的集成电路
854239	10		其他多元件集成电路	Multi-component integrated circuits	【最】2.1【普】45 【协亚太】2.2【协东盟】0【协香港】0 【协巴基斯坦】2.1【协智利】0【协新西兰】0 【协新加坡】0【协秘鲁】0【协哥斯达黎加】0 【协冰岛】0【协瑞士】0【协澳大利亚】0 【协韩国】6【协格鲁吉亚】0 【特-1】0【特-2】0【特-3】0 【增】16【出】0【退】16	个/千克					999	其他多元件集成电路
854239	90		其他集成电路	Other integrated circuits	【最】0【普】24【特-1】0【特-2】0【特-3】0 【增】16【出】0【退】16	个/千克					999	其他集成电路
854290	00		其他集成电路及微电子组件零件	Parts of electronic integrated circuits and microelectronic components	【最】0【普】30【特-1】0【特-2】0【特-3】0 【增】16【出】0【退】16	千克					999	其他集成电路及微电子组件零件
854310	00	10	脉冲电子加速器（峰值能量为500千电子伏或更高）	Pulsed electron accelerators (with the peak energy of or above 500 KEV)	【最】5【普】11 【协东盟】0【协巴基斯坦】0【协智利】0 【协新西兰】0【协秘鲁】0【协哥斯达黎加】0 【协冰岛】0【协瑞士】0【协澳大利亚】0 【协韩国】3【协格鲁吉亚】0【协香港】0 【协澳门】0 【特-1】0【特-2】0【特-3】0 【增】16【对美加征】10【出】0【退】16	台		3			999	脉冲电子加速器（峰值能量为500千电子伏或更高）
854310	00	20	中子发生器系统，包括中子管（真空下，利用静电加速来诱发氚-氘核反应）	Neutron generator systems, including neutron tubes (evoking tritium-deuterium reaction through electrostatic acceleration in vacuum)	【最】5【普】11 【协东盟】0【协巴基斯坦】0【协智利】0 【协新西兰】0【协秘鲁】0【协哥斯达黎加】0 【协冰岛】0【协瑞士】0【协澳大利亚】0 【协韩国】3【协格鲁吉亚】0【协香港】0 【协澳门】0 【特-1】0【特-2】0【特-3】0 【增】16【对美加征】10【出】0【退】16	台		3			999	中子发生器系统，包括中子管（真空下，利用静电加速来诱发氚-氘核反应）
854310	00	90	其他粒子加速器	Other particle generators	【最】5【普】11 【协东盟】0【协巴基斯坦】0【协智利】0 【协新西兰】0【协秘鲁】0【协哥斯达黎加】0 【协冰岛】0【协瑞士】0【协澳大利亚】0 【协韩国】3【协格鲁吉亚】0【协香港】0 【协澳门】0 【特-1】0【特-2】0【特-3】0 【增】16【对美加征】10【出】0【退】16	台					999	其他粒子加速器
854320	10		输出信号频率<1500Mhz的通用信号发生器	Universal signal generators, with a frequency range of less than 1500MHz	【最】9.4【普】80 【协东盟】0【协巴基斯坦】12【协智利】0 【协新西兰】0【协新加坡】0【协秘鲁】0 【协台湾】0【协哥斯达黎加】0【协冰岛】0 【协瑞士】6【协澳大利亚】0【协格鲁吉亚】0 【协香港】0【协澳门】0 【特-1】0【特-2】0 【增】16【对美加征】5【出】0【退】16	台					999	输出信号频率<1500Mhz的通用信号发生器
854320	90	10	高速脉冲发生器（脉冲上升时间小于500ps)	High-speed pulse generators (pulse rise time less than 500ps)	【最】5【普】20 【协东盟】0【协巴基斯坦】5【协智利】0 【协新西兰】0【协秘鲁】0【协台湾】0 【协哥斯达黎加】0【协冰岛】0【协瑞士】0 【协澳大利亚】0【协韩国】1.6 【协格鲁吉亚】0【协香港】0【协澳门】0 【特-1】0【特-2】0【特-3】0 【增】16【对美加征】10【出】0【退】16	台		3			999	高速脉冲发生器（脉冲上升时间小于500ps)

税则号列 HS国际统一前6位	本国子目 7~8位	本国子目 9~10位	货品名称中英文 中文 货物名称	货品名称中英文 英文 Article Description	税费综合信息	计量单位	监管证件代码 进口	监管证件代码 出口	检验检疫类别 进口	检验检疫类别 出口	检验检疫编码	检验检疫编码对应中文名称
854320	90	90	其他输出信号频率≥1500Mh的通用信号发生器	Other versatile signal generators with the output signal frequency≥1500Mhz	【最】5【普】20 【协东盟】0【协巴基斯坦】5【协智利】0 【协新西兰】0【协秘鲁】0【协台湾】0 【协哥斯达黎加】0【协冰岛】0【协瑞士】0 【协澳大利亚】0【协韩国】1.6 【协格鲁吉亚】0【协香港】0【协澳门】0 【特-1】0【特-2】0【特-3】0 【增】16【对美加征】10【出】0【退】16	台					999	其他输出信号频率≥1500Mhz的通用信号发生器
854330	00	10	电化学还原槽；锂汞齐电解槽（电化学还原槽是为化学交换过程的铀浓缩设计的）	Electrochemical reduction cells; electrolytic cell for lithium-amalgam (with the former designed for uranium enrichment in chemical exchange processes)	【最】0【普】35【特-1】0【特-2】0【特-3】0 【增】16【对美加征】5【出】0【退】16	台		3			999	电化学还原槽；锂汞齐电解槽（电化学还原槽为化学交换过程的铀浓缩设计的）
854330	00	20	产氟电解槽（每小时产250克以上）	Fluorine-generating electrolytic cells (above 250g of fluorine per hour)	【最】0【普】35【特-1】0【特-2】0【特-3】0 【增】16【对美加征】5【出】0【退】16	台		3			999	产氟电解槽（每小时产250克以上）
854330	00	90	其他电镀、电解或电泳设备及装置	Other electroplating, electrolyzing or electrophoresis equipments and appratuses	【最】0【普】35【特-1】0【特-2】0【特-3】0 【增】16【对美加征】5【出】0【退】16	台					999	其他电镀、电解或电泳设备及装置
854370	91		金属、矿藏探测器	Metal or mine detectors	【最】0【普】17【特-1】0【特-2】0【特-3】0 【增】16【对美加征】10【出】0【退】16	台					101 102	金属、矿藏探测器（机电产品及其零件） 金属、矿藏探测器（电子测量分析设备及其零件）
854370	92		其他高、中频放大器	High or intermediate frequency amplifiers	【最】0【普】17【特-1】0【特-2】0【特-3】0 【增】16【对美加征】5【出】0【退】16	台			L		999	其他高、中频放大器
854370	93		电篱网激发器	Electric fence energizers	【最】8【普】35 【协东盟】0【协巴基斯坦】5【协智利】0 【协新西兰】0【协新加坡】0【协秘鲁】0 【协哥斯达黎加】0【协冰岛】0【协瑞士】0 【协澳大利亚】0【协韩国】6【协格鲁吉亚】0 【协香港】0【协澳门】0 【特-1】0【特-2】0【特-3】0 【增】16【对美加征】5【出】0【退】16	台					999	电篱网激发器
854370	99	10	飞行数据记录器、报告器【电商】①	Flight data recorders and reporters	【最】0【普】35【特-1】0【特-2】0【特-3】0 【增】16【对美加征】5【出】0【退】16	台					101 102	飞行数据记录器、报告器（机电产品及其零件） 飞行数据记录器、报告器（电子测量分析设备及其零件）
854370	99	20	无线广播电视用激励器【电商】②	Exciters for wireless television broadcasting (can be independently functional)	【最】0【普】35【特-1】0【特-2】0【特-3】0 【增】16【对美加征】5【出】0【退】16	台	O				101 102	无线广播电视用激励器(具有独立功能)（机电产品及其零件） 无线广播电视用激励器(具有独立功能)（电视接收、发送装置及其零件）
854370	99	30	模/数转换器【电商】③	Analog-to-digital converters (can be designed or improved for military use or designed to be radiation-resistant)	【最】0【普】35【特-1】0【特-2】0【特-3】0 【增】16【对美加征】5【出】0【退】16	台		3			101 102	模/数转换器（能设计或改进成军用，或设计成抗辐射的）（机电产品及其零件） 模/数转换器（能设计或改进成军用，或设计成抗辐射的）（调制解调器）

① 列入《密码产品和含有密码技术的设备进口管理目录》的产品除外。
② 列入《密码产品和含有密码技术的设备进口管理目录》的产品除外。
③ 列入《密码产品和含有密码技术的设备进口管理目录》的产品除外。

税则号列			货品名称中英文		税费综合信息	计量单位	监管证件代码		检验检疫类别		检验检疫编码	检验检疫编码对应中文名称
HS国际统一前6位	本国子目 7~8位	本国子目 9~10位	中文 货物名称	英文 Article Description			进口	出口	进口	出口		
854370	99	40	质谱仪用的离子源（原子质量单位≥230，分辨率>2/230） 【电商】①	Ion source for mass spectrometers (atomic mass unit≥230; resolution>2/230)	【最】0【普】35【特-1】0【特-2】0【特-3】0 【增】16【对美加征】5【出】0【退】16	台		3			999	质谱仪用的离子源（原子质量单位≥230，分辨率>2/230）
854370	99	50	密码机、密码卡（不包括数字电视智能卡、蓝牙模块、用于知识产权保护的加密狗） 【电商】②	Cipher, cipher card (not including the intelligent digital TV card, Bluetooth module, for intellectual property protection dongle)	【最】0【普】35【特-1】0【特-2】0【特-3】0 【增】16【对美加征】5【出】0【退】16	台	M				101 102 103 104	密码机、密码卡（不包括数字电视智能卡、蓝牙模块、用于知识产权保护的加密狗）（电话密码机） 密码机、密码卡（不包括数字电视智能卡、蓝牙模块、用于知识产权保护的加密狗）（传真密码机） 密码机、密码卡（不包括数字电视智能卡、蓝牙模块、用于知识产权保护的加密狗）（其他密码机） 密码机、密码卡（不包括数字电视智能卡、蓝牙模块、用于知识产权保护的加密狗）（密码卡）
854370	99	90	其他未列名的具有独立功能的电气设备及装置 【电商】③	Other unlisted independently functional electric equipments and installations	【最】0【普】35【特-1】0【特-2】0【特-3】0 【增】16【对美加征】5【出】0【退】16	台					999	其他未列名的具有独立功能的电气设备及装置
854390	10		粒子加速器用零件	Parts Of particle accelerators	【最】0【普】11【特-1】0【特-2】0【特-3】0 【增】16【对美加征】5【出】0【退】16	千克					999	粒子加速器用零件
854390	21		输出信号频率< 1500Mhz通用信号发生器零件	Parts Of the generators of subheading No. 8543. 2010	【最】0【普】80【特-1】0【特-2】0【特-3】0 【增】16【对美加征】5【出】0【退】16	千克					999	输出信号频率<1500Mhz通用信号发生器零件
854390	29		输出信号频率≥ 1500Mhz通用信号发生器零件	Parts of Other signal generators, with a frequency range of 1500MHz or more	【最】0【普】20【特-1】0【特-2】0【特-3】0 【增】16【对美加征】5【出】0【退】16	千克					999	输出信号频率≥1500Mhz通用信号发生器零件
854390	30		金属、矿藏探测器用零件	Parts Of metal or mine detectors	【最】0【普】17【特-1】0【特-2】0【特-3】0 【增】16【对美加征】10【出】0【退】16	千克					999	金属、矿藏探测器用零件
854390	40		高、中频放大器用零件	Parts Of high or intermediate frequency amplifiers	【最】0【普】17【特-1】0【特-2】0【特-3】0 【增】16【对美加征】5【出】0【退】16	千克					999	高、中频放大器用零件
854390	90		其他税目85.43项下电气设备零件 【电商】	Parts of Other electrical machines of heading No. 85. 43	【最】0【普】35【特-1】0【特-2】0【特-3】0 【增】16【对美加征】10【出】0【退】16	千克					999	其他税目85.43项下电气设备零件
854411	00		铜制绕组电线	Winding wire Of copper	【最】10【普】70【暂进】6 【协亚太】6.5【协东盟】0【协香港】0 【协澳门】0【协巴基斯坦】5【协智利】0 【协新西兰】0【协新加坡】0【协秘鲁】0 【协台湾】0【协哥斯达黎加】0【协冰岛】0 【协瑞士】4【协澳大利亚】0【协韩国】7.3 【协格鲁吉亚】0 【特-1】0【特-2】0【特-3】0 【增】16【对美加征】10【出】0【退】16	米/千克					999	铜制绕组电线

① 列入《密码产品和含有密码技术的设备进口管理目录》的产品除外。
② 列入《密码产品和含有密码技术的设备进口管理目录》的产品除外。
③ 列入《密码产品和含有密码技术的设备进口管理目录》的产品除外。

税则号列			货品名称中英文		税费综合信息	计量单位	监管证件代码		检验检疫类别		检验检疫编码	检验检疫编码对应中文名称
HS国际统一前6位	本国子目7~8位	本国子目9~10位	中文 货物名称	英文 Article Description			进口	出口	进口	出口		
854419	00		其他绕组电线	Other winding wire (non-copper)	【最】10【普】70 【协东盟】0【协智利】0【协新西兰】0 【协新加坡】0【协秘鲁】0【协哥斯达黎加】0 【协冰岛】0【协瑞士】8【协澳大利亚】0 【协韩国】16【协格鲁吉亚】0【协香港】0 【协澳门】0 【特-1】0【特-2】0 【增】16【对美加征】10【出】0【退】16	米/千克					101 102	其他绕组电线（非铜制）（电线） 其他绕组电线（非铜制）（其他电线电缆）
854420	00		同轴电缆及其他同轴电导体	Co-axial cable and other co-axial electric conductors	【最】10【普】20 【协亚太】6.5【协东盟】0【协巴基斯坦】5 【协智利】0【协新西兰】0【协新加坡】0 【协秘鲁】0【协台湾】0【协哥斯达黎加】0 【协冰岛】0【协瑞士】6【协澳大利亚】0 【协韩国】6【协格鲁吉亚】0【协香港】0 【协澳门】0 【特-1】0【特-2】0【特-3】0 【增】16【对美加征】5【出】0【退】16	米/千克					101 102 103 104	同轴电缆及其他同轴电导体（绞股线） 同轴电缆及其他同轴电导体（电缆） 同轴电缆及其他同轴电导体（同轴电缆） 同轴电缆及其他同轴电导体（其他电线电缆）
854430	20	01	车辆用电控柴油机的线束	Wiring harness for electronic diesel engines of vehicles	【最】10【普】20【暂进】5 【协东盟】5【协智利】0【协新西兰】0 【协秘鲁】0【协哥斯达黎加】0【协冰岛】0 【协瑞士】0【协澳大利亚】0【协韩国】7.3 【协格鲁吉亚】0【协香港】0【协澳门】0 【特-1】0【特-2】0【特-3】0 【增】16【对美加征】5【出】0【退】16	米/千克					999	车辆用电控柴油机的线束
854430	20	90	机动车辆用其他点火布线组及其他布线组	Other ignition wiring sets and other wiring sets for motor vehicles	【最】10【普】20 【协东盟】5【协智利】0【协新西兰】0 【协秘鲁】0【协哥斯达黎加】0【协冰岛】0 【协瑞士】0【协澳大利亚】0【协韩国】7.3 【协格鲁吉亚】0【协香港】0【协澳门】0 【特-1】0【特-2】0【特-3】0 【增】16【对美加征】5【出】0【退】16	米/千克					999	机动车辆用其他点火布线组及其他布线组
854430	90		其他用点火布线组及其他用布线组	Ignition wiring sets and other wiring sets for other uses	【最】5【普】70【协智利】0 【协新西兰】0【协秘鲁】0【协哥斯达黎加】0 【协冰岛】0【协瑞士】0【协澳大利亚】0 【协韩国】3.6【协格鲁吉亚】0【协香港】0 【协澳门】0 【特-1】0【特-2】0【特-3】0 【增】16【对美加征】5【出】0【退】16	米/千克					101 102 103 104	其他用点火布线组及其他用布线组（绞股线） 其他用点火布线组及其他用布线组（电线） 其他用点火布线组及其他用布线组（电缆） 其他用点火布线组及其他用布线组（其他电线电缆）
854442	11		额定电压≤80伏有接头电缆	Electric cable, fitted with connectors, for a voltage not exceeding 80V	【最】0【普】20【特-1】0【特-2】0【特-3】0 【增】16【对美加征】10【出】0【退】16	米/千克					101 102 103 104	额定电压≤80伏有接头电缆（电缆） 额定电压≤80伏有接头电缆（电脑连接线） 额定电压≤80伏有接头电缆（游戏机线） 额定电压≤80伏有接头电缆（其他电线电缆）
854442	19		额定电压≤80伏有接头电导体	Other electric conductors, fitted with connectors, for a voltage not exceeding 80V	【最】0【普】70【特-1】0【特-2】0【特-3】0 【增】16【对美加征】10【出】0【退】16	米/千克					101 102 103 104 105	额定电压≤80伏有接头电导体（绞股线） 额定电压≤80伏有接头电导体（电线） 额定电压≤80伏有接头电导体（电脑连接线） 额定电压≤80伏有接头电导体（游戏机线） 额定电压≤80伏有接头电导体（其他电线电缆）
854442	21		80V＜额定电压≤1000V有接头电缆	Electric cable, fitted with connectors, for a voltage exceeding 80V but not exceeding 1000V	【最】0【普】20【特-1】0【特-2】0【特-3】0 【增】16【对美加征】5【出】0【退】16	米/千克	A		LM		101 102 103	80伏＜额定电压≤1000伏有接头电缆（电线） 80伏＜额定电压≤1000伏有接头电缆（电缆） 80伏＜额定电压≤1000伏有接头电缆（其他电线电缆）

税则号列 HS国际统一前6位	本国子目 7~8位	本国子目 9~10位	货品名称中英文 中文 货物名称	货品名称中英文 英文 Article Description	税费综合信息	计量单位	监管证件代码 进口	监管证件代码 出口	检验检疫类别 进口	检验检疫类别 出口	检验检疫编码	检验检疫编码对应中文名称
854442	29		80V<额定电压≤1000V有接头电导体	other electric conductors, fitted with connectors, for a voltage exceeding 80V but not exceeding 1000V	【最】0【普】70【特-1】0【特-2】0【特-3】0 【增】16【对美加征】10【出】0【退】16	米/千克	A		LM		101 102 103	80伏<额定电压≤1000伏有接头电导体（绞股线） 80伏<额定电压≤1000伏有接头电导体（电线） 80伏<额定电压≤1000伏有接头电导体（其他电线电缆）
854449	11		额定电压≤80伏其他电缆	Other Electric cable, for a voltage not exceeding 80V	【最】0【普】20【特-1】0【特-2】0【特-3】0 【增】16【对美加征】5【出】0【退】16	米/千克					101 102 103 104	额定电压≤80伏其他电缆（电缆） 额定电压≤80伏其他电缆（电脑连接线） 额定电压≤80伏其他电缆（游戏机线） 额定电压≤80伏其他电缆（其他电线电缆）
854449	19		额定电压≤80伏其他电导体	Other electric conductors, for a voltage not exceeding 80V	【最】0【普】70【特-1】0【特-2】0【特-3】0 【增】16【对美加征】10【出】0【退】16	米/千克					101 102 103 104 105	额定电压≤80伏其他电导体（绞股线） 额定电压≤80伏其他电导体（电线） 额定电压≤80伏其他电导体（电脑连接线） 额定电压≤80伏其他电导体（游戏机线） 额定电压≤80伏其他电导体（其他电线电缆）
854449	21		1000伏≥额定电压>80伏其他电缆	Other Electric cable, for a voltage exceeding 80V but not exceeding 1000V	【最】6【普】20 【协亚太】3.9【协东盟】0【协香港】0 【协巴基斯坦】0【协智利】0【协新西兰】0 【协秘鲁】0【协哥斯达黎加】0【协冰岛】0 【协瑞士】2.4【协澳大利亚】0【协韩国】4.3 【协格鲁吉亚】0 【特-1】0【特-2】0【特-3】0 【增】16【对美加征】5【出】0【退】16	米/千克	A		LM		101 102	1000伏≥额定电压>80伏其他电缆（电缆） 1000伏≥额定电压>80伏其他电缆（其他电线电缆）
854449	29		1000伏≥额定电压>80伏其他电导体	Other electric conductors for a voltage exceeding 80V but not exceeding 1000V	【最】8【普】70 【协亚太】5.2【协东盟】0【协香港】0 【协澳门】0【协巴基斯坦】5【协智利】0 【协新西兰】0【协新加坡】0【协秘鲁】0 【协台湾】0【协哥斯达黎加】0【协冰岛】0 【协瑞士】4.8【协澳大利亚】0【协韩国】2.4 【协格鲁吉亚】0 【特-1】0【特-2】0【特-3】0 【增】16【对美加征】5【出】0【退】16	米/千克					101 102 103	1000伏≥额定电压>80伏其他电导体（绞股线） 1000伏≥额定电压>80伏其他电导体（电线） 1000伏≥额定电压>80伏其他电导体（其他电线电缆）
854460	12		1千伏<额定电压≤35千伏的电缆	Electric cable, for a voltage exceeding 1KV but not exceeding 35kV	【最】8【普】50 【协亚太】5.2【协东盟】0【协香港】0 【协巴基斯坦】5【协智利】0【协新西兰】0 【协新加坡】0【协秘鲁】0【协哥斯达黎加】0 【协冰岛】0【协瑞士】4【协澳大利亚】0 【协韩国】6【协格鲁吉亚】0 【特-1】0【特-2】0【特-3】0 【增】16【对美加征】5【出】0【退】16	米/千克	A		LM		999	1千伏<额定电压≤35千伏的电缆
854460	13		35千伏<额定电压≤110千伏的电缆	Electric cable, For a voltage exceeding 35kV but not exceeding110kV	【最】8【普】20 【协亚太】5.2【协东盟】0【协香港】0 【协巴基斯坦】5【协智利】0【协新西兰】0 【协秘鲁】0【协哥斯达黎加】0【协冰岛】0 【协瑞士】0【协澳大利亚】0【协韩国】5 【协格鲁吉亚】0 【特-1】0【特-2】0【特-3】0 【增】16【对美加征】10【出】0【退】16	米/千克					999	35千伏<额定电压≤110千伏的电缆
854460	14		110千伏<额定电压≤220千伏的电缆	Electric cable, For a voltage exceeding 110kV but not exceeding 220kV	【最】8【普】20 【协亚太】5.2【协东盟】0【协香港】0 【协巴基斯坦】5【协智利】0【协新西兰】0 【协秘鲁】0【协哥斯达黎加】0【协冰岛】0 【协瑞士】0【协澳大利亚】0【协韩国】1.6 【协格鲁吉亚】0 【特-1】0【特-2】0【特-3】0 【增】16【对美加征】10【出】0【退】16	米/千克					999	110千伏<额定电压≤220千伏的电缆

税则号列 HS国际统一前6位	本国子目 7~8位	本国子目 9~10位	货品名称 中文 货物名称	货品名称 英文 Article Description	税费综合信息	计量单位	监管证件代码 进口	监管证件代码 出口	检验检疫类别 进口	检验检疫类别 出口	检验检疫编码	检验检疫编码对应中文名称
854460	19		额定电压>220千伏的电缆	Electric cable, for a voltage exceeding 220KV	【最】8【普】20 【协亚太】5.2【协东盟】0【协香港】0 【协巴基斯坦】5【协智利】0【协新西兰】0 【协秘鲁】0【协哥斯达黎加】0【协冰岛】0 【协澳大利亚】0【协韩国】6【协格鲁吉亚】0 【特-1】0【特-2】0【特-3】0 【增】16【对美加征】10【出】0【退】16	米/千克					101 102	额定电压>220千伏的电缆（电缆） 额定电压>220千伏的电缆（其他电线电缆）
854460	90	01	额定电压≥500千伏的气体绝缘金属封闭输电线	Gas insulated metal close transmission line, for a voltage of 500kV or more	【最】15【普】70【暂进】10 【协亚太】9.8【协东盟】0【协香港】0 【协巴基斯坦】20【协智利】0【协新西兰】0 【协新加坡】0【协秘鲁】0【协哥斯达黎加】0 【协冰岛】0【协瑞士】0【协澳大利亚】0 【协韩国】16.8【协格鲁吉亚】0 【特-1】0【特-2】0 【增】16【对美加征】10【出】0【退】16	米/千克					101 102 103	额定电压≥500千伏的气体绝缘金属封闭输电线（绞股线） 额定电压≥500千伏的气体绝缘金属封闭输电线（电线） 额定电压≥500千伏的气体绝缘金属封闭输电线（其他电线电缆）
854460	90	90	额定电压>1千伏的其他电导体	Other electric conductors for a voltage exceeding 1000V	【最】15【普】70 【协亚太】9.8【协东盟】0【协香港】0 【协巴基斯坦】20【协智利】0【协新西兰】0 【协新加坡】0【协秘鲁】0【协哥斯达黎加】0 【协冰岛】0【协瑞士】0【协澳大利亚】0 【协韩国】16.8【协格鲁吉亚】0 【特-1】0【特-2】0 【增】16【对美加征】10【出】0【退】16	米/千克					101 102 103	额定电压>1千伏的其他电导体（绞股线） 额定电压>1千伏的其他电导体（电线） 额定电压>1千伏的其他电导体（其他电线电缆）
854470	00		光缆	Optical fibre cables	【最】0【普】20【特-1】0【特-2】0【特-3】0 【增】16【对美加征】5【出】0【退】16	米/千克					999	光缆
854511	00		炉用碳电极	Carbon electrodes Of a kind used for furnaces, with or without metal	【最】8【普】35 【协东盟】0【协巴基斯坦】5【协智利】0 【协新西兰】0【协秘鲁】0【协哥斯达黎加】0 【协冰岛】0【协瑞士】0【协澳大利亚】0 【协韩国】4.8【协格鲁吉亚】0【协香港】0 【协澳门】0 【特-1】0【特-2】0【特-3】0 【增】16【对美加征】10【出】0【退】0	千克		3			999	炉用碳电极（不论是否带金属）
854519	00		其他碳电极（不论是否带金属）	Other carbon electrodes, with or without metal	【最】10【普】35 【协东盟】0【协巴基斯坦】5【协智利】0 【协新西兰】0【协新加坡】0【协秘鲁】0 【协哥斯达黎加】0【协冰岛】0【协瑞士】4.2 【协澳大利亚】0【协韩国】6.3 【协格鲁吉亚】0【协香港】0【协澳门】0 【特-1】0【特-2】0【特-3】0 【增】16【对美加征】5【出】0【退】0	千克		3			999	其他碳电极（不论是否带金属）
854520	00		碳刷（不论是否带金属）	Brushes, with or without metal	【最】10【普】35 【协东盟】0【协巴基斯坦】5【协智利】0 【协新西兰】0【协新加坡】0【协秘鲁】0 【协哥斯达黎加】0【协冰岛】0【协瑞士】4.2 【协澳大利亚】0【协韩国】6.3 【协格鲁吉亚】0【协香港】0【协澳门】0 【特-1】0【特-2】0【特-3】0 【增】16【对美加征】10【出】0【退】16	千克					999	碳刷（不论是否带金属）
854590	00		灯碳棒、电池碳棒及其他石墨制品	Other lamp carbons, battery carbons and other articles of graphite or other carbon, with or without metal	【最】10【普】35 【协东盟】0【协巴基斯坦】5【协智利】0 【协新西兰】0【协新加坡】0【协秘鲁】0 【协哥斯达黎加】0【协冰岛】0【协瑞士】4.2 【协澳大利亚】0【协韩国】6.3 【协格鲁吉亚】0【协香港】0【协澳门】0 【特-1】0【特-2】0【特-3】0 【增】16【对美加征】5【出】0【退】16	千克		3			999	灯碳棒、电池碳棒及其他石墨制品（不论是否带金属）
854610	00		玻璃制绝缘子	Electrical insulators Of glass	【最】10【普】35 【协东盟】0【协巴基斯坦】5【协智利】0 【协新西兰】0【协新加坡】0【协秘鲁】0 【协哥斯达黎加】0【协冰岛】0【协瑞士】4.2 【协澳大利亚】0【协韩国】6.3 【协格鲁吉亚】0【协香港】0【协澳门】0 【特-1】0【特-2】0【特-3】0 【增】16【对美加征】10【出】0【退】16	千克					999	玻璃制绝缘子

税则号列			货品名称中英文		税费综合信息	计量单位	监管证件代码		检验检疫类别		检验检疫编码	检验检疫编码对应中文名称
HS国际统一前6位	本国子目 7~8位	9~10位	中文 货物名称	英文 Article Description			进口	出口	进口	出口		
854620	10		输变电线路绝缘瓷套管	Power transmission and converting ceramic bushings	【最】6【普】35 【协东盟】0【协巴基斯坦】5【协智利】0 【协新西兰】0【协秘鲁】0【协哥斯达黎加】0 【协冰岛】0【协瑞士】2.4【协澳大利亚】0 【协韩国】3.6【协格鲁吉亚】0【协香港】0 【协澳门】0 【特-1】0【特-2】0【特-3】0 【增】16【对美加征】10【出】0【退】16	千克					999	输变电线路绝缘瓷套管
854620	90	01	输变电架空线路用长棒形瓷绝缘子瓷件（单支长度为1~2米，实芯）	Porcelain parts of long-rod porcelain insulators for electric transmission and transformation overhead lines (length of a single rod: 1-2m; solid)	【最】12【普】35【暂进】3 【协东盟】0【协巴基斯坦】6【协智利】0 【协新西兰】0【协新加坡】0【协秘鲁】0 【协哥斯达黎加】0【协冰岛】0【协瑞士】4.8 【协澳大利亚】0【协韩国】7.2 【协格鲁吉亚】0【协香港】0【协澳门】0 【特-1】0【特-2】0【特-3】0 【增】16【对美加征】5【出】0【退】16	千克					999	输变电架空线路用长棒形瓷绝缘子瓷件（单支长度为1~2米，实芯）
854620	90	90	其他陶瓷制绝缘子（包括非输变电线路绝缘瓷套管）	Other porcelain insulators (including porcel-ain bushing insulators for non-electric trans-mission and transformation overhead lines)	【最】12【普】35 【协东盟】0【协巴基斯坦】6【协智利】0 【协新西兰】0【协新加坡】0【协秘鲁】0 【协哥斯达黎加】0【协冰岛】0【协瑞士】4.8 【协澳大利亚】0【协韩国】7.2 【协格鲁吉亚】0【协香港】0【协澳门】0 【特-1】0【特-2】0【特-3】0 【增】16【对美加征】5【出】0【退】16	千克					999	其他陶瓷制绝缘子（包括非输变电线路绝缘瓷套管）
854690	00		其他材料制绝缘子	Electrical insulators of other material	【最】10【普】35 【协东盟】0【协巴基斯坦】5【协智利】0 【协新西兰】0【协新加坡】0【协秘鲁】0 【协哥斯达黎加】0【协冰岛】0【协瑞士】4 【协澳大利亚】0【协韩国】6【协格鲁吉亚】0 【协香港】0【协澳门】0 【特-1】0【特-2】0【特-3】0 【增】16【对美加征】10【出】0【退】16	千克					999	其他材料制绝缘子
854710	00		陶瓷制绝缘零件	Insulating fittings of ceramics	【最】7【普】35 【协东盟】0【协香港】0【协巴基斯坦】5 【协智利】0【协新西兰】0【协秘鲁】0 【协哥斯达黎加】0【协冰岛】0【协瑞士】3.2 【协澳大利亚】0【协韩国】5.8 【协格鲁吉亚】0 【特-1】0【特-2】0【特-3】0 【增】16【对美加征】5【出】0【退】16	千克					999	陶瓷制绝缘零件
854720	00		塑料制绝缘零件	Insulating fittings of plastics	【最】7【普】35 【协东盟】0【协香港】0【协巴基斯坦】5 【协智利】0【协新西兰】0【协秘鲁】0 【协哥斯达黎加】0【协冰岛】0【协瑞士】3.2 【协澳大利亚】0【协韩国】5.8 【协格鲁吉亚】4.8 【特-1】0【特-2】0【特-3】0 【增】16【对美加征】10【出】0【退】16	千克					999	塑料制绝缘零件
854790	10		内衬绝缘材料的贱金属导管、接头	Electrical conduit tubing and joints therefor, of base metal lined with insulating material	【最】7【普】50 【协东盟】0【协巴基斯坦】5【协智利】0 【协新西兰】0【协新加坡】0【协秘鲁】0 【协哥斯达黎加】0【协冰岛】0【协瑞士】0 【协澳大利亚】0【协韩国】6【协格鲁吉亚】0 【协香港】0【协澳门】0 【特-1】0【特-2】0【特-3】0 【增】16【对美加征】5【出】0【退】16	千克					999	内衬绝缘材料的贱金属导管、接头
854790	90		其他材料制绝缘配件	Other insulating fittings of other material	【最】7【普】35 【协东盟】0【协巴基斯坦】5【协智利】0 【协新西兰】0【协秘鲁】0【协哥斯达黎加】0 【协冰岛】0【协瑞士】0【协澳大利亚】0 【协韩国】1.6【协格鲁吉亚】0【协香港】0 【协澳门】0 【特-1】0【特-2】0【特-3】0 【增】16【对美加征】10【出】0【退】16	千克					999	其他材料制绝缘配件

税则号列			货品名称中英文		税费综合信息	计量单位	监管证件代码		检验检疫类别		检验检疫编码	检验检疫编码对应中文名称
HS国际统一前6位	本国子目 7~8位	9~10位	中文 货物名称	英文 Article Description			进口	出口	进口	出口		
854810	00		电池废碎料及废电池［指原电池（组）和蓄电池的废碎料、废原电池（组）及废蓄电］	Waste and scrap of primary cells, primary batteries and electric accumulators; spent primary cells, spent primary batteries and spent electric accumulators	【最】8【普】36 【协东盟】0【协巴基斯坦】5【协智利】0 【协新西兰】0【协秘鲁】0【协哥斯达黎加】0 【协冰岛】0【协瑞士】0【协澳大利亚】0 【协韩国】1.6【协格鲁吉亚】0【协香港】0 【协澳门】0 【特亚太】4【特-1】0【特-2】0 【增】16【出】0【退】16	千克	9				999	电池废碎料及废电池［指原电池（组）和蓄电池的废碎料、废原电池（组）及废蓄电］
854890	00	01	电磁干扰滤波器	Electromagnetic interference filters	【最】8【普】40【暂进】3 【协东盟】0【协巴基斯坦】6【协智利】0 【协新西兰】0【协新加坡】0【协秘鲁】0 【协哥斯达黎加】0【协冰岛】0【协瑞士】4.8 【协澳大利亚】0【协韩国】9.6 【协格鲁吉亚】0【协香港】0【协澳门】0 【特-1】0【特-2】0 【增】16【对美加征】10【出】0【退】16	千克					101 102 103	电磁干扰滤波器（其他机电产品及其零件） 电磁干扰滤波器（集成电路） 电磁干扰滤波器（其他电子元器件）
854890	00	02	非电磁干扰滤波器	Non electromagnetic interference filter	【最】8【普】40【暂进】6 【协东盟】0【协巴基斯坦】6【协智利】0 【协新西兰】0【协新加坡】0【协秘鲁】0 【协哥斯达黎加】0【协冰岛】0【协瑞士】4.8 【协澳大利亚】0【协韩国】9.6 【协格鲁吉亚】0【协香港】0【协澳门】0 【特-1】0【特-2】0 【增】16【对美加征】10【出】0【退】16	千克					999	非电磁干扰滤波器
854890	00	10	可调脉冲单模染料振荡器（平均输出功率>lw;重复率>1khz;脉宽<100ns可见光范围）	Ingle-mode tunable pulsed dye oscillators (average output power > 1w; repetition rate > 1khz; pulse width < 100ns of Wavelength range of visible light)	【最】8【普】40 【协东盟】0【协巴基斯坦】6【协智利】0 【协新西兰】0【协新加坡】0【协秘鲁】0 【协哥斯达黎加】0【协冰岛】0【协瑞士】4.8 【协澳大利亚】0【协韩国】9.6 【协格鲁吉亚】0【协香港】0【协澳门】0 【特-1】0【特-2】0 【增】16【对美加征】10【出】0【退】16	千克		3			999	可调脉冲单模染料振荡器（平均输出功率>lw;重复率>1khz;脉宽<100ns可见光范围）
854890	00	20	可调脉冲染料激光放大器和振荡器（不包括单模震荡器）（平均输出功率>30w;重复率>1khz;脉宽<100ns可见光范围）	Single-mode tunable pulsed dye amplifiers and oscillators (average output power > 30w; repetition rate > 1khz; pulse width < 100ns of Wavelength range of visible light, excluding single transverse-mode oscillators)	【最】8【普】40 【协东盟】0【协巴基斯坦】6【协智利】0 【协新西兰】0【协新加坡】0【协秘鲁】0 【协哥斯达黎加】0【协冰岛】0【协瑞士】4.8 【协澳大利亚】0【协韩国】9.6 【协格鲁吉亚】0【协香港】0【协澳门】0 【特-1】0【特-2】0 【增】16【对美加征】10【出】0【退】16	千克		3			999	可调脉冲染料激光放大器和振荡器（不包括单模震荡器）（平均输出功率>30w;重复率>1khz;脉宽<100ns可见光范围）
854890	00	30	触摸感应数据输入装置（即触摸屏）	Touch sensing data input device (touch screen)	【最】6【普】40 【协东盟】0【协巴基斯坦】6【协智利】0 【协新西兰】0【协新加坡】0【协秘鲁】0 【协哥斯达黎加】0【协冰岛】0【协瑞士】4.8 【协澳大利亚】0【协韩国】9.6 【协格鲁吉亚】0【协香港】0【协澳门】0 【特-1】0【特-2】0 【增】16【对美加征】10【出】0【退】16	千克					999	触摸感应数据输入装置（即触摸屏）无显示的性能，安装于有显示屏的设备中，通过检测显示区域内触摸动作的发生及位置进行工作。触摸感应可通过电阻、静电电容、声学脉冲识别，红外光或其他触摸感应技术来获得
854890	00	90	85章其他编号未列名的电气零件	Other electrical parts not listed in the remaining items of No. 85 section	【最】8【普】40 【协东盟】0【协巴基斯坦】6【协智利】0 【协新西兰】0【协新加坡】0【协秘鲁】0 【协哥斯达黎加】0【协冰岛】0【协瑞士】4.8 【协澳大利亚】0【协韩国】9.6 【协格鲁吉亚】0【协香港】0【协澳门】0 【特-1】0【特-2】0 【增】16【对美加征】10【出】0【退】16	千克					999	85章其他编号未列名的电气零件

第十七类
车辆、航空器、船舶
及有关运输设备

注释：

一、本类不包括税目 95.03 或 95.08 的物品以及税目 95.06 的长雪撬、平底雪撬及类似品。

二、本类所称“零件”及“零件、附件”，不适用于下列货品，不论其是否确定为供本类货品使用：

（一）各种材料制的接头、垫圈或类似品（按其构成材料归类或归入税目 84.84）或硫化橡胶（硬质橡胶除外）的其他制品（税目 40.16）；

（二）第十五类注释二所规定的贱金属制通用零件（第十五类）或塑料制的类似品（第三十九章）；

（三）第八十二章的物品（工具）；

（四）税目 83.06 的物品；

（五）税目 84.01 至 84.79 的机器或装置及其零件，但供本类所列货品使用的散热器除外；税目 84.81 或 84.82 的物品及税目 84.83 的物品（这些物品是构成发动机或其他动力装置所必需的）；

（六）电机或电气设备（第八十五章）；

（七）第九十章的物品；

（八）第九十一章的物品；

（九）武器（第九十三章）；

（十）税目 94.05 的灯具或照明装置；或

（十一）作为车辆零件的刷子（税目 96.03）。

三、第八十六章至第八十八章所称“零件”或“附件”，不适用于那些非专用于或非主要用于这几章所列物品的零件、附件。同时符合这几章内两个或两个以上税号规定的零件、附件，应按其主要用途归入相应的税号。

四、在本类中：

（一）既可在道路上，又可在轨道上行驶的特殊构造的车辆，应归入第八十七章的相应税号；

（二）水陆两用的机动车辆，应归入第八十七章的相应税号；

（三）可兼作地面车辆使用的特殊构造的航空器，应归入第八十八章的相应税号。

五、气垫运输工具应按本类最相似的运输工具归类，其规定如下：

（一）在导轨上运行的（气垫火车），归入第八十六章；

（二）在陆地行驶或水陆两用的，归入第八十七章；

（三）在水上航行的，不论能否在海滩或浮码头登陆及能否在冰上行驶，一律归入第八十九章。

SECTION XVII
VEHICLES, AIRCRAFT, VESSELS AND ASSOCIATED TRANSPORT EQUIPMENT

Section Notes:

1. This Section does not cover articles of heading 95.03 or 95.08, or bobsleighs, toboggans or the like of heading 95.06.

2. The expressions "parts" and "parts and accessories" do not apply to the following articles, whether or not they are identifiable as for the goods of this Section:

(a) Joints, washers or the like of any material (classified according to their constituent material or in heading 84.84) or other articles of vulcanised rubber other than hard rubber (heading 40.16);

(b) Parts of general use, as defined in Note 2 to Section XV, of base metal (Section XV), or similar goods of plastics (Chapter 39);

(c) Articles of Chapter 82 (tools);

(d) Articles of heading 83.06;

(e) Machines or apparatus of headings 84.01 to 84.79, or parts thereof, other than the radiators for the articles of this Section; articles of heading 84.81 or 84.82 or provided they constitute integral parts of engines or motors, articles of heading 84.83;

(f) Electrical machinery or equipment (Chapter 85);

(g) Articles of Chapter 90;

(h) Articles of Chapter 91;

(ij) Arms (Chapter 93);

(k) Lamps or lighting fittings of heading 94.05; or

(l) Brushes of a kind used as parts of vehicles (heading 96.03).

3. References in Chapters 86 to 88 to "parts" or "accessories" do not apply to parts or accessories which are not suitable for use solely or principally with the articles of those Chapters. A part or accessory which answers to a description in two or more of the headings of those Chapters is to be classified under that heading which corresponds to the principal use of that part or accessory.

4. For the purposes of this Section:

(a) Vehicles specially constructed to travel on both road and rail are classified under the appropriate heading of Chapter 87;

(b) Amphibious motor vehicles are classified under the appropriate heading of Chapter 87;

(c) Aircraft specially constructed so that they can also be used as road vehicles are classified under the appropriate heading of Chapter 88.

5. Air-cushion vehicles are to be classified within this Section with the vehicles to which they are most akin as follows:

(a) In Chapter 86 if designed to travel on a guide-track (hovertrains);

(b) In Chapter 87 if designed to travel over land or over both land and water;

(c) In Chapter 89 if designed to travel over water, whether or not able to land on beaches or landing-stages or also able

气垫运输工具的零件、附件，应按照上述规定，与最相类似的运输工具的零件、附件一并归类。

气垫火车的导轨固定装置及附件应与铁道轨道固定装置及附件一并归类。气垫火车运行系统的信号、安全或交通管理设备应与铁路的信号、安全或交通管理设备一并归类。

to travel over ice.

Parts and accessories of air-cushion vehicles are to be classified in the same way as those of vehicles of the heading in which the air-cushion vehicles are classified under the above provisions.

Hovertrain track fixtures and fittings are to be classified as railway track fixtures and fittings, and signalling, safety or traffic control equipment for hovertrain transport systems as signalling, safety or traffic control equipment for railways.

第八十六章
铁道及电车道机车、车辆及其零件；铁道及电车道轨道固定装置及其零件、附件；各种机械（包括电动机械）交通信号设备

Chapter 86
Railway or trainway locomotives, rolling-stock and parts thereof; railway or trainway track fixtures and fittings and parts thereof; mechanical (including electro-mechanical) traffic signalling equipment of all kinds

注释：

一、本章不包括：

（一）木制或混凝土制的铁道或电车道轨枕及气垫火车用的混凝土导轨（税目44.06或68.10）；

（二）税目73.02的铁道及电车道铺轨用钢铁材料；或

（三）税目85.30的电气信号、安全或交通管理设备。

二、税目86.07主要适用于：

（一）轴、轮、行走机构、金属轮箍、轮圈、毂及轮子的其他零件；

（二）车架、底架、转向架；

（三）轴箱；制动装置；

（四）车辆缓冲器；钩或其他联结器及车厢走廊联结装置；

（五）车身。

三、除上述注释一另有规定的以外，税目86.08包括：

（一）已装配的轨道、转车台、站台缓冲器、量载规；

（二）铁道及电车道、道路、内河航道、停车场、港口或机场用的臂板信号机、机械信号盘、平交道口控制器、信号及道岔控制器及其他机械（包括电动机械）信号、安全或交通管理设备，不论是否装有电力照明装置。

Chapter Notes:

1. This Chapter does not cover:

(a) Railway or trainway sleepers of wood or of concrete, or concrete guide-track sections for hovertrains (heading 44.06 or 68.10);

(b) Railway or trainway track construction material of iron or steel of heading 73.02; or

(c) Electrical signalling, safety or traffic control equipment of heading 85.30.

2. Heading 86.07 applies, inter alia, to:

(a) Axles, wheels, wheel sets (running gear), metal tyres, hoops and hubs and other parts of wheels;

(b) Frames, underframes, bogies and bissel-bogies;

(c) Axle boxes; brake gear;

(d) Buffers for rolling-stock; hooks and other coupling gear and corridor connections;

(e) Coachwork.

3. Subject to the provisions of Note 1 above, heading 86.08 applies, inter alia, to:

(a) Assembled track, turntables, platform buffers, loading gauges;

(b) Semaphores, mechanical signal discs, level crossing control gear, signal and point controls, and other mechanical (including electro-mechanical) signalling, safety or traffic control equipment, whether or not fitted for electric lighting, for railways, trainways, roads, inland waterways, parking facilities, port installations or airfields.

税则号列 HS国际统一前6位	本国子目 7~8位	本国子目 9~10位	货品名称中英文 中文 货物名称	货品名称中英文 英文 Article Description	税费综合信息	计量单位	监管证件代码 进口	监管证件代码 出口	检验检疫类别 进口	检验检疫类别 出口	检验检疫编码	检验检疫编码对应中文名称
860110	11		微机控制的外部直流电动铁道机车	Rail locomotives powered from an external source of electricity, drived by DC motors and Controlled by microprocessings	【最】3【普】11 【协亚太】2【协东盟】0【协巴基斯坦】0 【协智利】0【协新西兰】0【协秘鲁】0 【协哥斯达黎加】0【协冰岛】0【协瑞士】0 【协澳大利亚】0【协韩国】0【协格鲁吉亚】0 【协香港】0【协澳门】0 【特-1】0【特-2】0【特-3】0 【增】16【出】0【退】16	辆/千克					999	微机控制的外部直流电动铁道机车
860110	19		由外部直流电驱动的其他铁道机车	Other rail locomotives powered from an external source of electricity, drived by DC motors	【最】3【普】11 【协亚太】2【协东盟】0【协巴基斯坦】0 【协智利】0【协新西兰】0【协秘鲁】0 【协哥斯达黎加】0【协冰岛】0【协瑞士】0 【协澳大利亚】0【协韩国】0【协格鲁吉亚】0 【协香港】0【协澳门】0 【特-1】0【特-2】0【特-3】0 【增】16【出】0【退】16	辆/千克					999	由外部直流电驱动的其他铁道机车
860110	20		由外部交流电驱动的铁道机车	Rail locomotives powered from an external source of electricity, Drived by AC motors	【最】3【普】11 【协亚太】2【协东盟】0【协巴基斯坦】0 【协智利】0【协新西兰】0【协秘鲁】0 【协哥斯达黎加】0【协冰岛】0【协瑞士】0 【协澳大利亚】0【协韩国】0【协格鲁吉亚】0 【协香港】0【协澳门】0 【特-1】0【特-2】0【特-3】0 【增】16【出】0【退】16	辆/千克					999	由外部交流电驱动的铁道机车
860110	90		由其他外部电力驱动的铁道机车	Rail locomotives powered from Other external source of electricity	【最】3【普】11 【协亚太】2【协东盟】0【协巴基斯坦】0 【协智利】0【协新西兰】0【协秘鲁】0 【协哥斯达黎加】0【协冰岛】0【协瑞士】0 【协澳大利亚】0【协韩国】0【协格鲁吉亚】0 【协香港】0【协澳门】0 【特-1】0【特-2】0【特-3】0 【增】16【出】0【退】16	辆/千克					999	由其他外部电力驱动的铁道机车
860120	00		由蓄电池驱动的铁道电力机车	Rail locomotives Powered by electric accumulators	【最】3【普】11 【协东盟】0【协巴基斯坦】0【协智利】0 【协新西兰】0【协秘鲁】0【协哥斯达黎加】0 【协冰岛】0【协瑞士】0【协澳大利亚】0 【协韩国】0【协格鲁吉亚】0【协香港】0 【协澳门】0 【特-1】0【特-2】0【特-3】0 【增】16【出】0【退】16	辆/千克					999	由蓄电池驱动的铁道电力机车
860210	10		微机控制的柴油电力铁道机车	Diesel-electric locomotives Controled by microprocessings	【最】3【普】11 【协亚太】2【协东盟】0【协巴基斯坦】0 【协智利】0【协新西兰】0【协秘鲁】0 【协哥斯达黎加】0【协冰岛】0【协瑞士】0 【协澳大利亚】0【协韩国】0【协格鲁吉亚】0 【协香港】0【协澳门】0 【特-1】0【特-2】0【特-3】0 【增】16【出】0【退】16	辆/千克					999	微机控制的柴油电力铁道机车
860210	90		其他柴油电力铁道机车	Other diesel-electric locomotives	【最】3【普】11 【协亚太】2【协东盟】0【协巴基斯坦】0 【协智利】0【协新西兰】0【协秘鲁】0 【协哥斯达黎加】0【协冰岛】0【协瑞士】0 【协澳大利亚】0【协韩国】0【协格鲁吉亚】0 【协香港】0【协澳门】0 【特-1】0【特-2】0【特-3】0 【增】16【对美加征】5【出】0【退】16	辆/千克					999	其他柴油电力铁道机车
860290	00		其他铁道机车及机车煤水车	Other rail locomotives and locomotive tenders	【最】3【普】11 【协东盟】0【协巴基斯坦】0【协智利】0 【协新西兰】0【协秘鲁】0【协哥斯达黎加】0 【协冰岛】0【协瑞士】0【协澳大利亚】0 【协韩国】0【协格鲁吉亚】0【协香港】0 【协澳门】0 【特-1】0【特-2】0【特-3】0 【增】16【出】0【退】16	辆/千克					999	其他铁道机车及机车煤水车

税则号列 HS国际统一前6位	本国子目 7~8位	本国子目 9~10位	货品名称中英文 中文 货物名称	货品名称中英文 英文 Article Description	税费综合信息	计量单位	监管证件代码 进口	监管证件代码 出口	检验检疫类别 进口	检验检疫类别 出口	检验检疫编码	检验检疫编码对应中文名称
860310	00		由外电力驱动铁道用机动客、货车(包括电车道用的,但税目86.04的货品除外)	Self-propelled railway coaches, vans and trucks, powered from an external source of electricity (including tramway, other than those of heading No. 86.04)	【最】3【普】11 【协亚太】2【协东盟】0【协巴基斯坦】0 【协智利】0【协新西兰】0【协秘鲁】0 【协哥斯达黎加】0【协冰岛】0【协瑞士】0 【协澳大利亚】0【协韩国】0【协格鲁吉亚】0 【协香港】0【协澳门】0 【特-1】0【特-2】0【特-3】0 【增】16【出】0【退】16	辆/千克					999	由外电力驱动铁道用机动客、货车(包括电车道用的,但税目86.04的货品除外)
860390	00		其他铁道用机动客车、货车、敞车(包括电车道用的,但税目86.04的货品除外)	Other self-propelled railway coaches, vans and trucks (including tramway, other than those of heading No. 86.04)	【最】3【普】11 【协东盟】0【协巴基斯坦】0【协智利】0 【协新西兰】0【协秘鲁】0【协哥斯达黎加】0 【协冰岛】0【协瑞士】0【协澳大利亚】0 【协韩国】0【协格鲁吉亚】0【协香港】0 【协澳门】0 【特-1】0【特-2】0【特-3】0 【增】16【出】0【退】16	辆/千克					999	其他铁道用机动客车、货车、敞车(包括电车道用的,但税目86.04的货品除外)
860400	11		隧道限界检查车(不论是否机动)	Inspection vehicles for tunnel clearance (whether or not self-propelled)	【最】3【普】14 【协亚太】2【协东盟】0【协巴基斯坦】0 【协智利】0【协新西兰】0【协秘鲁】0 【协哥斯达黎加】0【协冰岛】0【协瑞士】0 【协澳大利亚】0【协韩国】0【协格鲁吉亚】0 【协香港】0【协澳门】0 【特-1】0【特-2】0【特-3】0 【增】16【出】0【退】16	辆/千克					999	隧道限界检查车(不论是否机动)
860400	12		钢轨在线打磨列车(不论是否机动)	Sanding vehicles for on-line rails (whether or not selfpropelled)	【最】3【普】14 【协亚太】2【协东盟】0【协巴基斯坦】0 【协智利】0【协新西兰】0【协秘鲁】0 【协哥斯达黎加】0【协冰岛】0【协瑞士】0 【协澳大利亚】0【协韩国】0【协格鲁吉亚】0 【协香港】0【协澳门】0 【特-1】0【特-2】0【特-3】0 【增】16【对美加征】5【出】0【退】16	辆/千克					999	钢轨在线打磨列车(不论是否机动)
860400	19		铁道及电车道用其他检验、查道车(不论是否机动)	Other railway or tramway testing coaches and track inspection vehicles (whether or not selfpropelled)	【最】5【普】14 【协亚太】3.3【协东盟】0【协巴基斯坦】0 【协智利】0【协新西兰】0【协秘鲁】0 【协哥斯达黎加】0【协冰岛】0【协瑞士】0 【协澳大利亚】0【协韩国】1【协格鲁吉亚】0 【协香港】0【协澳门】0 【特-1】0【特-2】0【特-3】0 【增】16【出】0【退】16	辆/千克					999	铁道及电车道用其他检验、查道车(不论是否机动)
860400	91		电气化接触网架线机(轨行式)(不论是否机动)	Installing vehicles for suspension of contact wire (running on rails) (whether or not selfpropelled)	【最】5【普】20 【协亚太】3.3【协东盟】0【协巴基斯坦】0 【协智利】0【协新西兰】0【协秘鲁】0 【协哥斯达黎加】0【协冰岛】0【协瑞士】0 【协澳大利亚】0【协韩国】1【协格鲁吉亚】0 【协香港】0【协澳门】0 【特-1】0【特-2】0【特-3】0 【增】16【出】0【退】16	辆/千克					999	电气化接触网架线机(轨行式)(不论是否机动)
860400	99		铁道及电车道用其他维修车辆(包括服务车,不论是否机动)	Other railway or tramway maintenance vehicles (including service vehicles, whether or not self-propelled)	【最】5【普】20 【协东盟】0【协巴基斯坦】5【协智利】0 【协新西兰】0【协秘鲁】0【协哥斯达黎加】0 【协冰岛】0【协瑞士】0【协澳大利亚】0 【协韩国】1.4【协格鲁吉亚】0 【协香港】0【协澳门】0 【特-1】0【特-2】0【特-3】0 【增】16【出】0【退】16	辆/千克					999	铁道及电车道用其他维修车辆(包括服务车,不论是否机动)
860500	10		铁道用非机动客车	Railway passenger coaches, not self-propelled	【最】5【普】14 【协东盟】0【协巴基斯坦】0【协智利】0 【协新西兰】0【协秘鲁】0【协哥斯达黎加】0 【协冰岛】0【协瑞士】0【协澳大利亚】0 【协韩国】1【协格鲁吉亚】0 【协香港】0【协澳门】0 【特-1】0【特-2】0【特-3】0 【增】16【出】0【退】16	辆/千克					999	铁道用非机动客车

税则号列			货品名称中英文		税费综合信息	计量单位	监管证件代码		检验检疫类别		检验检疫编码	检验检疫编码对应中文名称
HS 国际统一前6位	本国子目 7~8位	9~10位	中文 货物名称	英文 Article Description			进口	出口	进口	出口		
860500	90		电车道用的非机动客车、行李车等（还包括邮政车和其他铁道用的非机动特殊车辆）	Tramway passenger caoches, not self-propelled; luggage vans (also including post office coaches and other special purpose railway or tramway coaches, not selfpropelled, excluding those of heading No. 86.04)	【最】5【普】14 【协东盟】0【协巴基斯坦】0【协智利】0 【协新西兰】0【协秘鲁】0【协哥斯达黎加】0 【协冰岛】0【协瑞士】0【协澳大利亚】0 【协韩国】1【协格鲁吉亚】0 【协香港】0【协澳门】0 【特-1】0【特-2】0【特-3】0 【增】16【出】0【退】16	辆/千克					999	电车道用的非机动客车、行李车等（还包括邮政车和其他铁道用的非机动特殊车辆）
860610	00		铁道用非机动油罐货车及类似车（包括电车道用的，但不包括容积50立方米的液化气铁路槽车）	Railway Tank wagons and the like, not self-propelled (including tramway, but excluding the railway tank of liquid gas, with volume of 50 cubic meters)	【最】5【普】14 【协东盟】0【协巴基斯坦】0【协智利】0 【协新西兰】0【协秘鲁】0【协哥斯达黎加】0 【协冰岛】0【协瑞士】0【协澳大利亚】0 【协韩国】1【协格鲁吉亚】0 【协香港】0【协澳门】0 【特-1】0【特-2】0【特-3】0 【增】16【出】0【退】16	辆/千克					999	铁道用非机动油罐货车及类似车（包括电车道用的，但不包括容积50立方米的液化气铁路槽车）
860630	00		铁道用非机动自卸货车（包括电车道用，但子目8606.10的货品除外）	Railway Self-discharging vans and wagons, not selfpropelled, including tramway, but other than those of subheading No. 8606.1000	【最】5【普】14 【协东盟】0【协巴基斯坦】0【协智利】0 【协新西兰】0【协秘鲁】0【协哥斯达黎加】0 【协冰岛】0【协瑞士】0【协澳大利亚】0 【协韩国】1【协格鲁吉亚】0 【协香港】0【协澳门】0 【特-1】0【特-2】0【特-3】0 【增】16【出】0【退】16	辆/千克					999	铁道用非机动自卸货车（包括电车道用，但子目8606.10的货品除外）
860691	00		铁道用非机动带篷及封闭货车（包括电车道用）	Railway Covered and closed vans and wagons, not selfpropelled (including tramway)	【最】5【普】14 【协东盟】0【协巴基斯坦】0【协智利】0 【协新西兰】0【协秘鲁】0【协哥斯达黎加】0 【协冰岛】0【协瑞士】0【协澳大利亚】0 【协韩国】1【协格鲁吉亚】0 【协香港】0【协澳门】0 【特-1】0【特-2】0【特-3】0 【增】16【出】0【退】16	辆/千克					999	铁道用非机动带篷及封闭货车（包括电车道用）
860692	00		铁道用非机动厢高>60cm的敞篷（包括电车道用）	Railway Open, with non-removable sides of a height exceeding 60 cm vans and wagons (including tramway)	【最】5【普】14 【协东盟】0【协巴基斯坦】0【协智利】0 【协新西兰】0【协秘鲁】0【协哥斯达黎加】0 【协冰岛】0【协瑞士】0【协澳大利亚】0 【协韩国】1【协格鲁吉亚】0 【协香港】0【协澳门】0 【特-1】0【特-2】0【特-3】0 【增】16【出】0【退】16	辆/千克					999	铁道用非机动厢高>60cm的敞篷货车（包括电车道用）
860699	00		税目86.06所列其他未列名非机	Other vans and wagons not listed in heading No. 86.06	【最】5【普】14 【协东盟】0【协巴基斯坦】0【协智利】0 【协新西兰】0【协秘鲁】0【协哥斯达黎加】0 【协冰岛】0【协瑞士】0【协澳大利亚】0 【协韩国】1【协格鲁吉亚】0 【协香港】0【协澳门】0 【特-1】0【特-2】0【特-3】0 【增】16【出】0【退】16	辆/千克					999	税目86.06所列其他未列名非机动车
860711	00		铁道及电车道机车的驾驶转向架（包括铁道及电车道其他车辆用的）	Driving bogies and bissel-bogies of railway or tramway locomotives (including railway or tramway other rolling-stock)	【最】3【普】11 【协东盟】0【协巴基斯坦】0【协智利】0 【协新西兰】0【协秘鲁】0【协哥斯达黎加】0 【协冰岛】0【协瑞士】0【协澳大利亚】0 【协韩国】0【协格鲁吉亚】0 【协香港】0【协澳门】0 【特-1】0【特-2】0【特-3】0 【增】16【出】0【退】16	套/千克					999	铁道及电车道机车的驾驶转向架（包括铁道及电车道其他车辆用的）
860712	00		铁道及电车道机车非驾驶转向架（包括铁道及电车道其他车辆用的）	Other bogies and bissel-bogies of railway or tramway locomotives (including railway or tramway other rolling-stock)	【最】3【普】11 【协亚太】2【协东盟】0【协巴基斯坦】0 【协智利】0【协新西兰】0【协秘鲁】0 【协哥斯达黎加】0【协冰岛】0【协瑞士】0 【协澳大利亚】0【协韩国】0【协格鲁吉亚】0 【协香港】0【协澳门】0 【特-1】0【特-2】0【特-3】0 【增】16【对美加征】10【出】0【退】16	套/千克					999	铁道及电车道机车非驾驶转向架（包括铁道及电车道其他车辆用的）

税则号列			货品名称中英文		税费综合信息	计量单位	监管证件代码		检验检疫类别		检验检疫编码	检验检疫编码对应中文名称
HS 国际统一前6位	本国子目 7~8位	9~10位	中文 货物名称	英文 Article Description			进口	出口	进口	出口		
860719	10		铁道及电车道机车用车轴(包括铁道及电车道其他车辆用的)	Axles of railway or tramway locomotives (including railway or tramway other rolling-stock)	【最】3【普】11 【协东盟】0【协巴基斯坦】0【协智利】0 【协新西兰】0【协秘鲁】0【协哥斯达黎加】0 【协冰岛】0【协瑞士】0【协澳大利亚】0 【协韩国】0【协格鲁吉亚】0 【协香港】0【协澳门】0 【特-1】0【特-2】0【特-3】0 【增】16【对美加征】10【出】0【退】16	根/千克					999	铁道及电车道机车用车轴(包括铁道及电车道其他车辆用的)
860719	90		铁道及电车道机车用其他轴、轮(包括其他零件,含铁道及电车道其他车辆用的)	Other axles and wheels, parts of railway or tramway locomotives (including railway or tramway other rolling-stock)	【最】3【普】11 【协东盟】0【协巴基斯坦】0【协智利】0 【协新西兰】0【协秘鲁】0【协哥斯达黎加】0 【协冰岛】0【协瑞士】0【协澳大利亚】0 【协韩国】0【协格鲁吉亚】0 【协香港】0【协澳门】0 【特-1】0【特-2】0【特-3】0 【增】16【对美加征】10【出】0【退】16	千克					999	铁道及电车道机车用其他轴、轮(包括其他零件,含铁道及电车道其他车辆用的)
860721	00		铁道及电车道机车用空气制动器(包括零件,含铁道及电车道其他车辆用的)	Air brakes and parts there of railway or tramway locomotives (including railway or tramway other rolling-stock)	【最】3【普】11 【协东盟】0【协巴基斯坦】0【协智利】0 【协新西兰】0【协秘鲁】0【协哥斯达黎加】0 【协冰岛】0【协瑞士】0【协澳大利亚】0 【协韩国】0【协格鲁吉亚】0 【协香港】0【协澳门】0 【特-1】0【特-2】0【特-3】0 【增】16【对美加征】10【出】0【退】16	千克					999	铁道及电车道机车用空气制动器(包括零件,含铁道及电车道其他车辆用的)
860729	00		铁道及电车道机车用非空气制动器(包括零件,含铁道及电车道其他车辆用的)	Other brakes and parts there of railway or tramway locomotives (including railway or tramway other rolling-stock)	【最】3【普】11 【协东盟】0【协巴基斯坦】0【协智利】0 【协新西兰】0【协秘鲁】0【协哥斯达黎加】0 【协冰岛】0【协瑞士】0【协澳大利亚】0 【协韩国】0【协格鲁吉亚】0 【协香港】0【协澳门】0 【特-1】0【特-2】0【特-3】0 【增】16【对美加征】5【出】0【退】16	千克					999	铁道及电车道机车用非空气制动器(包括零件,含铁道及电车道其他车辆用的)
860730	00		铁道及电车道机车用钩、联结器(包括缓冲器及其零件,含铁道及电车道其他车辆用的)	Hooks and other coupling devices, buffers, and parts there of railway or tramway locomotives (including railway or tramway other rolling-stock)	【最】3【普】11 【协东盟】0【协巴基斯坦】0【协智利】0 【协新西兰】0【协秘鲁】0【协哥斯达黎加】0 【协冰岛】0【协瑞士】0【协澳大利亚】0 【协韩国】0【协格鲁吉亚】0 【协香港】0【协澳门】0 【特-1】0【特-2】0【特-3】0 【增】16【对美加征】10【出】0【退】16	千克					999	铁道及电车道机车用钩、联结器(包括缓冲器及其零件,含铁道及电车道其他车辆用的)
860791	00		铁道及电车道机车用其他零件	Other parts Of railway or tramway locomotives	【最】3【普】11 【协东盟】0【协巴基斯坦】0【协智利】0 【协新西兰】0【协秘鲁】0【协哥斯达黎加】0 【协冰岛】0【协瑞士】0【协澳大利亚】0 【协韩国】0.6【协格鲁吉亚】0 【协香港】0【协澳门】0 【特-1】0【特-2】0【特-3】0 【增】16【对美加征】10【出】0【退】16	千克					999	铁道及电车道机车用其他零件
860799	00		铁道及电车道非机车用其他零件	Other parts of railway or tramway rolling-stock, not selfporpelled	【最】3【普】11 【协东盟】0【协巴基斯坦】0【协智利】0 【协新西兰】0【协秘鲁】0【协哥斯达黎加】0 【协冰岛】0【协瑞士】1.2【协澳大利亚】0 【协韩国】0【协格鲁吉亚】0 【协香港】0【协澳门】0 【特-1】0【特-2】0【特-3】0 【增】16【对美加征】10【出】0【退】16	千克					999	铁道及电车道非机车用其他零件
860800	10		轨道自动计轴设备	Rail automatic axle counting equipments	【最】3【普】20 【协亚太】2【协东盟】0【协巴基斯坦】0 【协智利】0【协新西兰】0【协秘鲁】0 【协哥斯达黎加】0【协冰岛】0【协瑞士】0 【协澳大利亚】0【协韩国】0【协格鲁吉亚】0 【协香港】0【协澳门】0 【特-1】0【特-2】0【特-3】0 【增】16【出】0【退】16	千克/台					999	轨道自动计轴设备

税则号列 HS 国际统一前 6 位	税则号列 本国子目 7~8 位	税则号列 本国子目 9~10 位	货品名称中英文 中文 货物名称	货品名称中英文 英文 Article Description	税费综合信息	计量单位	监管证件代码 进口	监管证件代码 出口	检验检疫类别 进口	检验检疫类别 出口	检验检疫编码	检验检疫编码对应中文名称
860800	90		铁道及电车道轨道固定装置及配件（包括交通机械信号、安全或交通管理设备及其零件）	Other Railway or tramway track fixtures and fittings [including parts of traffic mechanical(including electro-mechanical) signalling, and safety or traffic control equipment]	【最】4【普】20 【协东盟】0【协巴基斯坦】0【协智利】0 【协新西兰】0【协秘鲁】0【协哥斯达黎加】0 【协冰岛】0【协瑞士】0【协澳大利亚】0 【协韩国】0【协格鲁吉亚】0 【协香港】0【协澳门】0 【特-1】0【特-2】0【特-3】0 【增】16【对美加征】10【出】0【退】16	千克					999	铁道及电车道轨道固定装置及配件（包括交通机械信号、安全或交通管理设备及其零件）
860900	11		20 英尺的保温式集装箱	Insulated containers of 20 feet	【最】10【普】35 【协东盟】0【协巴基斯坦】5【协智利】0 【协新西兰】0【协新加坡】0【协秘鲁】0 【协哥斯达黎加】0【协冰岛】0【协瑞士】4.2 【协澳大利亚】0【协韩国】6.3 【协格鲁吉亚】0【协香港】0【协澳门】0 【特-1】0【特-2】0【特-3】0 【增】16【出】0【退】16	个/千克	A	B	P	Q	999	20 英尺的保温式集装箱
860900	12		20 英尺的罐式集装箱	Tank type containers of 20 feet	【最】10【普】35 【协亚太】6.5【协东盟】0【协巴基斯坦】5 【协智利】0【协新西兰】0【协新加坡】0 【协秘鲁】0【协哥斯达黎加】0【协冰岛】0 【协瑞士】4.2【协澳大利亚】0【协韩国】6.3 【协格鲁吉亚】0【协香港】0【协澳门】0 【特-1】0【特-2】0【特-3】0 【增】16【对美加征】5【出】0【退】16	个/千克	A	B	P	Q	999	20 英尺的罐式集装箱
860900	19		其他 20 英尺集装箱	Other containers of 20 feet	【最】10【普】35 【协亚太】6.5【协东盟】0【协巴基斯坦】5 【协智利】0【协新西兰】0【协新加坡】0 【协秘鲁】0【协哥斯达黎加】0【协冰岛】0 【协瑞士】4.2【协澳大利亚】0【协韩国】6.3 【协格鲁吉亚】0【协香港】0【协澳门】0 【特-1】0【特-2】0【特-3】0 【增】16【对美加征】10【出】0【退】16	个/千克	A	B	P	Q	999	其他 20 英尺集装箱
860900	21		40 英尺的保温式集装箱	Insulated containers of 40 feet	【最】10【普】35 【协东盟】0【协巴基斯坦】5【协智利】0 【协新西兰】0【协新加坡】0【协秘鲁】0 【协哥斯达黎加】0【协冰岛】0【协瑞士】4.2 【协澳大利亚】0【协韩国】6.3 【协格鲁吉亚】0【协香港】0【协澳门】0 【特-1】0【特-2】0【特-3】0 【增】16【出】0【退】16	个/千克	A	B	P	Q	999	40 英尺的保温式集装箱
860900	22		40 英尺的罐式集装箱	Tank type containers of 40 feet	【最】10【普】35 【协东盟】0【协巴基斯坦】5【协智利】0 【协新西兰】0【协新加坡】0【协秘鲁】0 【协哥斯达黎加】0【协冰岛】0【协瑞士】4.2 【协澳大利亚】0【协韩国】6.3 【协格鲁吉亚】0【协香港】0【协澳门】0 【特-1】0【特-2】0【特-3】0 【增】16【出】0【退】16	个/千克	A	B	P	Q	999	40 英尺的罐式集装箱
860900	29		其他 40 英尺的集装箱	Other containers of 40 feet	【最】10【普】35 【协东盟】0【协巴基斯坦】5【协智利】0 【协新西兰】0【协新加坡】0【协秘鲁】0 【协哥斯达黎加】0【协冰岛】0【协瑞士】4.2 【协澳大利亚】0【协韩国】6.3 【协格鲁吉亚】0【协香港】0【协澳门】0 【特-1】0【特-2】0【特-3】0 【增】16【出】0【退】16	个/千克	A	B	P	Q	999	其他 40 英尺的集装箱
860900	30		45、48、53 英尺的集装箱	Containers Of 45, 48, 53 feet	【最】10【普】35 【协东盟】0【协巴基斯坦】5【协智利】0 【协新西兰】0【协新加坡】0【协秘鲁】0 【协哥斯达黎加】0【协冰岛】0【协瑞士】4.2 【协澳大利亚】0【协韩国】6.3 【协格鲁吉亚】0【协香港】0【协澳门】0 【特-1】0【特-2】0【特-3】0 【增】16【出】0【退】16	个/千克	A	B	P	Q	999	45、48、53 英尺的集装箱

税则号列			货品名称中英文		税费综合信息	计量单位	监管证件代码		检验检疫类别		检验检疫编码	检验检疫编码对应中文名称
HS国际统一前6位	本国子目 7~8位	9~10位	中文 货物名称	英文 Article Description			进口	出口	进口	出口		
860900	90		其他集装箱（包括运输液体的集装箱）	Other containers (including containers for the transport of fluids)	【最】10【普】35 【协东盟】0【协巴基斯坦】5【协智利】0 【协新西兰】0【协新加坡】0【协秘鲁】0 【协哥斯达黎加】0【协冰岛】0【协瑞士】4.2 【协澳大利亚】0【协韩国】6.3 【协格鲁吉亚】0【协香港】0【协澳门】0 【特-1】0【特-2】0【特-3】0 【增】16【对美加征】10【出】0【退】16	个/千克	A	B	P	Q	999	其他集装箱（包括运输液体的集装箱）

第八十七章
车辆及其零件、附件，但铁道及电车道车辆除外

Chapter 87
Vehicles other than railway or trainway rolling-stock, and parts and accessories thereof

注释：

一、本章不包括仅可在钢轨上运行的铁道及电车道车辆。

二、本章所称“牵引车、拖拉机”，是指主要为牵引或推动其他车辆、器具或重物的车辆。除了上述主要用途以外，不论其是否还具有装运工具、种子、肥料或其他货品的辅助装置。

用于安装在税目87.01的牵引车或拖拉机上，作为可替换设备的机器或作业工具，即使与牵引车或拖拉机一同报验，不论其是否已安装在车（机）上，仍应归入其各自相应的税号。

三、装有驾驶室的机动车辆底盘，应归入税目87.02至87.04，而不归入税目87.06。

四、税目87.12包括所有儿童两轮车。其他儿童脚踏车归入税目95.03。

Chapter Notes:

1. This Chapter does not cover railway or trainway rolling-stock designed solely for running on rails.

2. For the purposes of this Chapter, "tractors" means vehicles constructed essentially for hauling or pushing another vehicle, appliance or load, whether or not they contain subsidiary provision for the transport, in connection with the main use of the tractor, of tools, seeds, fertilisers or other goods.

   Machines and working tools designed for fitting to tractors of heading 87.01 as interchangeable equipment remain classified in their respective headings even if presented with the tractor, and whether or not mounted on it.

3. Motor chassis fitted with cabs fall in headings 87.02 to 87.04, and not in heading 87.06.

4. Heading 87.12 includes all children's bicycles. Other children's cycles fall in heading 95.03.

税则号列			货品名称中英文		税费综合信息	计量单位	监管证件代码		检验检疫类别		检验检疫编码	检验检疫编码对应中文名称
HS国际统一前6位	本国子目		中文	英文								
	7~8位	9~10位	货物名称	Article Description			进口	出口	进口	出口		
870110	00		单轴拖拉机	Pedestrian controlled tractors	【最】9【普】20 【协东盟】0【协巴基斯坦】5【协智利】0 【协新西兰】0【协秘鲁】0【协哥斯达黎加】0 【协冰岛】0【协瑞士】0【协澳大利亚】0 【协韩国】5.4【协格鲁吉亚】0 【协香港】0【协澳门】0 【特-1】0【特-2】0 【增】10【对美加征】5【出】0【退】10	辆/千克	6				999	单轴拖拉机
870120	00		半挂车用的公路牵引车	Road tractors for semi-trailers	【最】6【普】20 【协东盟】5【协智利】0【协新西兰】0 【协哥斯达黎加】0【协冰岛】0【协瑞士】0 【协澳大利亚】0【协韩国】4.4 【协格鲁吉亚】0【协香港】0【协澳门】0 【特-1】0 【增】16【对美加征】25【出】0【退】16	辆/千克	6A	4xy	LM		999	半挂车用的公路牵引车
870130	00	10	履带式拖拉机	Track-laying tractors	【最】6【普】20 【协东盟】0【协巴基斯坦】5【协智利】0 【协新西兰】0【协秘鲁】0【协哥斯达黎加】0 【协冰岛】0【协瑞士】0【协澳大利亚】0 【协韩国】1.2【协格鲁吉亚】0 【协香港】0【协澳门】0 【特-1】0【特-2】0 【增】10【对美加征】25【出】0【退】10	辆/千克	6A		M		999	履带式拖拉机
870130	00	90	履带式牵引车	Other track-laying tractors	【最】6【普】20 【协东盟】0【协巴基斯坦】5【协智利】0 【协新西兰】0【协秘鲁】0【协哥斯达黎加】0 【协冰岛】0【协瑞士】0【协澳大利亚】0 【协韩国】1.2【协格鲁吉亚】0 【协香港】0【协澳门】0 【特-1】0【特-2】0 【增】16【对美加征】25【出】0【退】10	辆/千克	6A		M		999	履带式牵引车

税则号列			货品名称中英文		税费综合信息	计量单位	监管证件代码		检验检疫类别		检验检疫编码	检验检疫编码对应中文名称
HS国际统一前6位	本国子目 7~8位	本国子目 9~10位	中文 货物名称	英文 Article Description			进口	出口	进口	出口		
870191	10		其他发动机功率不超过18千瓦的拖拉机	Other tractors of an engine power not exceeding 18kW	【最】8【普】20 【协东盟】0【协巴基斯坦】5【协智利】0 【协新西兰】0【协秘鲁】0【协哥斯达黎加】0 【协冰岛】0【协瑞士】0【协澳大利亚】0 【协韩国】1.6【协格鲁吉亚】0 【协香港】0【协澳门】0 【特-1】0【特-2】0 【增】16【对美加征】5【出】0【退】10	辆/千克	6A		LM		999	其他发动机功率不超过18千瓦的拖拉机
870191	90		其他发动机功率不超过18千瓦的牵引车	Other tractors of an engine power not exceeding 18kW (other than tractors of heading No. 8709)	【最】8【普】20 【协东盟】0【协巴基斯坦】5【协智利】0 【协新西兰】0【协秘鲁】0【协哥斯达黎加】0 【协冰岛】0【协瑞士】0【协澳大利亚】0 【协韩国】1.6【协格鲁吉亚】0 【协香港】0【协澳门】0 【特-1】0【特-2】0 【增】16【对美加征】25【出】0【退】10	辆/千克	6A		LM		999	其他发动机功率不超过18千瓦的牵引车（不包括税目87.09的牵引车）
870192	10		其他发动机功率超过18千瓦但不超过37千瓦的拖拉机	Other tractors of an engine power exceeding 18kW, but not exceeding 37kW	【最】8【普】20 【协东盟】0【协巴基斯坦】5【协智利】0 【协新西兰】0【协秘鲁】0【协哥斯达黎加】0 【协冰岛】0【协瑞士】0【协澳大利亚】0 【协韩国】1.6【协格鲁吉亚】0 【协香港】0【协澳门】0 【特-1】0【特-2】0 【增】16【对美加征】5【出】0【退】10	辆/千克	6A		LM		999	其他发动机功率超过18千瓦但不超过37千瓦的拖拉机
870192	90		其他发动机功率超过18千瓦但不超过37千瓦的牵引车（不包括税目87.09的牵引车）	Other tractors of an engine power exceeding 18kW, but not exceeding 37kW (other than tractors of heading No. 8709)	【最】8【普】20 【协东盟】0【协巴基斯坦】5【协智利】0 【协新西兰】0【协秘鲁】0【协哥斯达黎加】0 【协冰岛】0【协瑞士】0【协澳大利亚】0 【协韩国】1.6【协格鲁吉亚】0 【协香港】0【协澳门】0 【特-1】0【特-2】0 【增】16【对美加征】25【出】0【退】10	辆/千克	6A		LM		999	其他发动机功率超过18千瓦但不超过37千瓦的牵引车（不包括税目87.09的牵引车）
870193	10		其他发动机功率超过37千瓦但不超过75千瓦的拖拉机	Other tractors of an engine power exceeding 37kW, but not exceeding 75kW	【最】8【普】20 【协东盟】0【协巴基斯坦】5【协智利】0 【协新西兰】0【协秘鲁】0【协哥斯达黎加】0 【协冰岛】0【协瑞士】0【协澳大利亚】0 【协韩国】1.6【协格鲁吉亚】0 【协香港】0【协澳门】0 【特-1】0【特-2】0 【增】16【对美加征】5【出】0【退】10	辆/千克	6A		M		999	其他发动机功率超过37千瓦但不超过75千瓦的拖拉机
870193	90		其他发动机功率超过37千瓦但不超过75千瓦的牵引车（不包括税目87.09的牵引车）	Other tractors of an engine power exceeding 37kW, but not exceeding 75kW (other than tractors of heading No. 8709)	【最】8【普】20 【协东盟】0【协巴基斯坦】5【协智利】0 【协新西兰】0【协秘鲁】0【协哥斯达黎加】0 【协冰岛】0【协瑞士】0【协澳大利亚】0 【协韩国】1.6【协格鲁吉亚】0 【协香港】0【协澳门】0 【特-1】0【特-2】0 【增】16【对美加征】25【出】0【退】10	辆/千克	6A		LM		999	其他发动机功率超过37千瓦但不超过75千瓦的牵引车（不包括税目87.09的牵引车）
870194	10	10	发动机功率超过110千瓦但不超过130千瓦的轮式拖拉机	Wheeled tractors, Engine power exceeding 110 kW but not exceeding 130 kw	【最】8【普】20【暂进】5 【协东盟】0【协巴基斯坦】5【协智利】0 【协新西兰】0【协秘鲁】0【协哥斯达黎加】0 【协冰岛】0【协瑞士】0【协澳大利亚】0 【协韩国】1.6【协格鲁吉亚】0 【协香港】0【协澳门】0 【特-1】0【特-2】0 【增】16【对美加征】5【出】0【退】10	辆/千克	6A		M		999	发动机功率超过110千瓦但不超过130千瓦的轮式拖拉机
870194	10	90	发动机功率超过75千瓦但不超过130千瓦的其他拖拉机	Other tractors, Engine power exceeding 75 kW but not exceeding 130 kw	【最】8【普】20 【协东盟】0【协巴基斯坦】5【协智利】0 【协新西兰】0【协秘鲁】0【协哥斯达黎加】0 【协冰岛】0【协瑞士】0【协澳大利亚】0 【协韩国】1.6【协格鲁吉亚】0 【协香港】0【协澳门】0 【特-1】0【特-2】0 【增】16【对美加征】5【出】0【退】10	辆/千克	6A		M		999	发动机功率超过75千瓦但不超过130千瓦的其他拖拉机

税则号列 HS国际统一前6位	本国子目 7~8位	本国子目 9~10位	货品名称中文 货物名称	货品名称英文 Article Description	税费综合信息	计量单位	监管证件代码 进口	监管证件代码 出口	检验检疫类别 进口	检验检疫类别 出口	检验检疫编码	检验检疫编码对应中文名称
870194	90		其他发动机功率超过75千瓦但不超过130千瓦的牵引车（不包括税目87.09的牵引车）	Other tractors of an engine power exceeding 75kW, but not exceeding 130kW (other than tractors of heading No. 8709)	【最】8【普】20 【协东盟】0【协巴基斯坦】5【协智利】0 【协新西兰】0【协秘鲁】0【协哥斯达黎加】0 【协冰岛】0【协瑞士】0【协澳大利亚】0 【协韩国】1.6【协格鲁吉亚】0 【协香港】0【协澳门】0 【特-1】0【特-2】0 【增】16【对美加征】25【出】0【退】10	辆/千克	6A		LM		999	其他发动机功率超过75千瓦但不超过130千瓦的牵引车（不包括税目87.09的牵引车）
870195	10	10	发动机功率超过130千瓦的轮式拖拉机	Wheeled tractors, Engine power exceeding 130 kw	【最】8【普】20【暂进】5 【协东盟】0【协巴基斯坦】5【协智利】0 【协新西兰】0【协秘鲁】0【协哥斯达黎加】0 【协冰岛】0【协瑞士】0【协澳大利亚】0 【协韩国】1.6【协格鲁吉亚】0 【协香港】0【协澳门】0 【特-1】0【特-2】0 【增】16【对美加征】5【出】0【退】10	辆/千克	6A		M		999	发动机功率超过130千瓦的轮式拖拉机
870195	10	90	发动机功率超过130千瓦的其他拖拉机	Wheeled tractors, Engine power exceeding 130 kw	【最】8【普】20 【协东盟】0【协巴基斯坦】5【协智利】0 【协新西兰】0【协秘鲁】0【协哥斯达黎加】0 【协冰岛】0【协瑞士】0【协澳大利亚】0 【协韩国】1.6【协格鲁吉亚】0 【协香港】0【协澳门】0 【特-1】0【特-2】0 【增】16【对美加征】5【出】0【退】10	辆/千克	6A		M		999	发动机功率超过130千瓦的其他拖拉机
870195	90		其他发动机功率超过130千瓦的牵引车（不包括税目87.09的牵引车）	Other tractors	【最】8【普】20 【协东盟】0【协巴基斯坦】5【协智利】0 【协新西兰】0【协秘鲁】0【协哥斯达黎加】0 【协冰岛】0【协瑞士】0【协澳大利亚】0 【协韩国】1.6【协格鲁吉亚】0 【协香港】0【协澳门】0 【特-1】0【特-2】0 【增】16【对美加征】25【出】0【退】10	辆/千克	6A		LM		999	其他发动机功率超过130千瓦的牵引车（不包括税目87.09的牵引车）
870210	20		仅装有压燃式活塞内燃发动机（柴油或半柴油发动机）的机坪客车（机场专用车）	Buses for transport passengers at airport	【最】4【普】90 【协东盟】0【协巴基斯坦】0【协智利】0 【协新西兰】0【协秘鲁】0【协哥斯达黎加】0 【协冰岛】0【协瑞士】0【协澳大利亚】0 【协韩国】2.9【协格鲁吉亚】0 【协香港】0【协澳门】0 【特-1】0【特-2】0 【增】16【对美加征】25【出】0【退】16	辆/千克	6AO		M		999	仅装有压燃式活塞内燃发动机（柴油或半柴油发动机）的机坪客车（机场专用车）
870210	91		30座及以上的仅装有压燃式活塞内燃发动机（柴油或半柴油发动机）的大型客车	Passenger buses (diesel), With 30 seats or more (refer to the passenger buses, 30 seats or more, with diesel or semi-diesel engine)	【最】15【普】90 【协智利】0【协新西兰】0【协哥斯达黎加】0 【协冰岛】0【协澳大利亚】0【协韩国】20 【协格鲁吉亚】0【协香港】0【协澳门】0 【特-1】0 【增】16【对美加征】25【出】0【退】16	辆/千克	6AO	4xy	LM		999	30座及以上的仅装有压燃式活塞内燃发动机（柴油或半柴油发动机）的大型客车
870210	92	10	20≤座位数≤23的仅装有压燃式活塞内燃发动机（柴油或半柴油发动机）的客车	Passenger buses, 20-23 seats, with compression-ignition internal combustion piston engine (with diesel or semidiesel engine)	【最】15【普】230 【协智利】0【协新西兰】0【协哥斯达黎加】0 【协冰岛】0【协澳大利亚】0【协韩国】20 【协格鲁吉亚】0【协香港】0【协澳门】0 【特-1】0 【增】16【对美加征】25【出】0【退】16	辆/千克	6AO	4xy	LM		999	20≤座位数≤23的仅装有压燃式活塞内燃发动机（柴油或半柴油发动机）的客车
870210	92	90	24≤座位数≤29的仅装有压燃式活塞内燃发动机（柴油或半柴油发动机）的客车	Passenger buses, 24-29 seats, with compression-ignition internal combustion piston engine	【最】15【普】230 【协智利】0【协新西兰】0【协哥斯达黎加】0 【协冰岛】0【协澳大利亚】0【协韩国】20 【协格鲁吉亚】0【协香港】0【协澳门】0 【特-1】0 【增】16【对美加征】25【出】0【退】16	辆/千克	6AO	4xy	LM		999	24≤座位数≤29的仅装有压燃式活塞内燃发动机（柴油或半柴油发动机）的客车
870210	93		10≤座位数≤19的仅装有压燃式活塞内燃发动机（柴油或半柴油发动机）的客车	Passenger buses, 10-19 seats, with compression-ignition internal combustion piston engine	【最】15【普】230 【协智利】0【协新西兰】0【协哥斯达黎加】0 【协冰岛】0【协澳大利亚】0【协韩国】20 【协格鲁吉亚】0【协香港】0【协澳门】0 【特-1】0 【增】16【消】5【对美加征】5【出】0【退】16	辆/千克	6AO	4xy	LM		999	10≤座位数≤19仅装有压燃式活塞内燃发动机（柴油或半柴油发动机）的客车

税则号列			货品名称中英文		税费综合信息	计量单位	监管证件代码		检验检疫类别		检验检疫编码	检验检疫编码对应中文名称
HS国际统一前6位	本国子目 7~8位	本国子目 9~10位	中文 货物名称	英文 Article Description			进口	出口	进口	出口		
870220	10		同时装有压燃式活塞内燃发动机（柴油或半柴油发动机）及驱动电动机的机坪客车（机场专用车）	Buses for transport passengers at airport	【最】4【普】90 【协东盟】0【协巴基斯坦】0【协智利】0 【协新西兰】0【协秘鲁】0【协哥斯达黎加】0 【协冰岛】0【协瑞士】0【协澳大利亚】0 【协韩国】2.9【协格鲁吉亚】0 【协香港】0【协澳门】0 【特-1】0【特-2】0 【增】16【对美加征】25【出】0【退】16	辆/千克	6AO		M		999	同时装有压燃式活塞内燃发动机（柴油或半柴油发动机）及驱动电动机的机坪客车（机场专用车）
870220	91		30座及以上的同时装有压燃式活塞内燃发动机（柴油或半柴油发动机）及驱动电动机的大型客车（指装有柴油或半柴油发动机的30座及以上的客运车）	With 30 seats or more	【最】15【普】90 【协智利】0【协新西兰】0【协哥斯达黎加】0 【协冰岛】0【协澳大利亚】0【协韩国】20 【协格鲁吉亚】0【协香港】0【协澳门】0 【特-1】0 【增】16【对美加征】25【出】0【退】16	辆/千克	6AO	4xy	LM		999	30座及以上的同时装有压燃式活塞内燃发动机（柴油或半柴油发动机）及驱动电动机的大型客车（指装有柴油或半柴油发动机的30座及以上的客运车）
870220	92	10	20≤座位数≤23的同时装有压燃式活塞内燃发动机（柴油或半柴油发动机）及驱动电动机的客车	Passenger buses, 20-23 seats, with compression-ignition internal combustion piston engine (with diesel or semidiesel engine, with drive motor)	【最】15【普】230 【协智利】0【协新西兰】0【协哥斯达黎加】0 【协冰岛】0【协澳大利亚】0【协韩国】20 【协格鲁吉亚】0【协香港】0【协澳门】0 【特-1】0 【增】16【对美加征】25【出】0【退】16	辆/千克	6AO	4xy	LM		999	20≤座位数≤23的同时装有压燃式活塞内燃发动机（柴油或半柴油发动机）及驱动电动机的客车
870220	92	90	24≤座位数≤29的同时装有压燃式活塞内燃发动机（柴油或半柴油发动机）及驱动电动机的客车	Passenger buses, 24-29 seats, with compression-ignition internal combustion piston engine (with diesel or semidiesel engine, with drive motor)	【最】15【普】230 【协智利】0【协新西兰】0【协哥斯达黎加】0 【协冰岛】0【协澳大利亚】0【协韩国】20 【协格鲁吉亚】0【协香港】0【协澳门】0 【特-1】0 【增】16【对美加征】25【出】0【退】16	辆/千克	6AO	4xy	LM		999	24≤座位数≤29的同时装有压燃式活塞内燃发动机（柴油或半柴油发动机）及驱动电动机的客车
870220	93		10≤座位数≤19的同时装有压燃式活塞内燃发动机（柴油或半柴油发动机）及驱动电动机的客车	With 10 seats or more. but not exceeding 19 seats	【最】15【普】230 【协智利】0【协新西兰】0【协哥斯达黎加】0 【协冰岛】0【协澳大利亚】0【协韩国】20 【协格鲁吉亚】0【协香港】0【协澳门】0 【增】16【对美加征】25【出】0【退】16	辆/千克	6AO	4xy	LM		999	10≤座位数≤19的同时装有压燃式活塞内燃发动机（柴油或半柴油发动机）及驱动电动机的客车
870230	10		30座及以上的同时装有点燃往复式活塞内燃发动机及驱动电动机的大型客车	With 30 seats or more	【最】15【普】90 【协东盟】5【协智利】0【协新西兰】0 【协哥斯达黎加】0【协冰岛】0【协澳大利亚】0 【协韩国】20【协格鲁吉亚】0 【协香港】0【协澳门】0 【特-1】0 【增】16【对美加征】25【出】0【退】16	辆/千克	6AO	4xy	LM		999	30座及以上的同时装有点燃往复式活塞内燃发动机及驱动电动机的大型客车
870230	20	10	20≤座位数≤23的同时装有点燃往复式活塞内燃发动机及驱动电动机的客车	Passenger buses, 20-23 seats, with spark-ignition internal combustion reciprocating piston engine, with drive motor	【最】15【普】230 【协东盟】5【协智利】0【协新西兰】0 【协哥斯达黎加】0【协冰岛】0【协澳大利亚】0 【协韩国】20【协格鲁吉亚】0 【协香港】0【协澳门】0 【特-1】0 【增】16【对美加征】25【出】0【退】16	辆/千克	6AO	4xy	LM		999	20≤座位数≤23的同时装有点燃往复式活塞内燃发动机及驱动电动机的客车
870230	20	90	24≤座位数≤29的同时装有点燃往复式活塞内燃发动机及驱动电动机的客车	Passenger buses, 24-29 seats, with spark-ignition internal combustion reciprocating piston engine, with drive motor	【最】15【普】230 【协东盟】5【协智利】0【协新西兰】0 【协哥斯达黎加】0【协冰岛】0【协澳大利亚】0 【协韩国】20【协格鲁吉亚】0 【协香港】0【协澳门】0 【特-1】0 【增】16【对美加征】25【出】0【退】16	辆/千克	6AO	4xy	LM		999	24≤座位数≤29的同时装有点燃往复式活塞内燃发动机及驱动电动机的客车

税则号列			货品名称中英文		税费综合信息	计量单位	监管证件代码		检验检疫类别		检验检疫编码	检验检疫编码对应中文名称
HS国际统一前6位	本国子目7~8位	本国子目9~10位	中文 货物名称	英文 Article Description			进口	出口	进口	出口		
870230	30		10≤座位数≤19的同时装有点燃往复式活塞内燃发动机及驱动电动机的客车	With 10 seats or more, but not exceeding 19 seats	【最】15【普】230 【协东盟】5【协智利】0【协新西兰】0 【协秘鲁】0【协哥斯达黎加】0【协冰岛】0 【协澳大利亚】0【协韩国】20【协格鲁吉亚】0 【协香港】0【协澳门】0 【特-1】0【特-2】0 【增】16【对美加征】25【出】0【退】16	辆/千克	6AO	4xy	LM		999	10≤座位数≤19的同时装有点燃往复式活塞内燃发动机及驱动电动机的客车
870240	10		30座及以上的仅装有驱动电动机的大型客车	With 30 seats or more	【最】15【普】90 【协东盟】5【协智利】0【协新西兰】0 【协哥斯达黎加】0【协冰岛】0【协澳大利亚】0 【协韩国】20【协格鲁吉亚】0 【协香港】0【协澳门】0 【特-1】0 【增】16【对美加征】25【出】0【退】16	辆/千克	6AO	4xy	LM		999	30座及以上的仅装有驱动电动机的大型客车
870240	20	10	20≤座位数≤23的仅装有驱动电动机的客车	Passenger buses, 20-23 seats, with drive motor	【最】15【普】230 【协东盟】5【协智利】0【协新西兰】0 【协哥斯达黎加】0【协冰岛】0【协澳大利亚】0 【协韩国】20【协格鲁吉亚】0 【协香港】0【协澳门】0 【特-1】0 【增】16【对美加征】25【出】0【退】16	辆/千克	6AO	4xy	LM		999	20≤座位数≤23的仅装有驱动电动机的客车
870240	20	90	24≤座位数≤29的仅装有驱动电动机的客车	Passenger buses, 24-29 seats, with drive motor	【最】15【普】230 【协东盟】5【协智利】0【协新西兰】0 【协哥斯达黎加】0【协冰岛】0【协澳大利亚】0 【协韩国】20【协格鲁吉亚】0 【协香港】0【协澳门】0 【特-1】0 【增】16【对美加征】25【出】0【退】16	辆/千克	6AO	4xy	LM		999	24≤座位数≤29的仅装有驱动电动机的客车
870240	30		10≤座位数≤19的仅装有驱动电动机的客车	With 10 seats or more, but not exceeding 19 seats	【最】15【普】230 【协东盟】5【协智利】0【协新西兰】0 【协秘鲁】0【协哥斯达黎加】0【协冰岛】0 【协澳大利亚】0【协韩国】20【协格鲁吉亚】0 【协香港】0【协澳门】0 【特-1】0【特-2】0 【增】16【对美加征】25【出】0【退】16	辆/千克	6AO	4xy	LM		999	10≤座位数≤19的仅装有驱动电动机的客车
870290	10		30座及以上大型客车（其他型）（指装有其他发动机的30座及以上的客运车）	Passenger buses, With 30 seats or more (refer to the passenger buses, 30 seats or over, with other engine)	【最】15【普】90 【协东盟】5【协智利】0【协新西兰】0 【协哥斯达黎加】0【协冰岛】0【协澳大利亚】0 【协韩国】20【协格鲁吉亚】0 【协香港】0【协澳门】0 【特-1】0 【增】16【对美加征】25【出】0【退】16	辆/千克	6AO	4xy	LM		999	30座及以上大型客车（其他型）（指装有其他发动机的30座及以上的客运车）
870290	20	01	20≤座位数≤23的装有非压燃式活塞内燃发动机的客车	Passenger buses, with non compression-ignition internal combustion piston engine, 20-23 seats	【最】15【普】230 【协东盟】5【协智利】0【协新西兰】0 【协哥斯达黎加】0【协冰岛】0【协澳大利亚】0 【协韩国】20【协格鲁吉亚】0 【协香港】0【协澳门】0 【特-1】0 【增】16【消】5【对美加征】25【出】0【退】16	辆/千克	6AO	4xy	LM		999	20≤座位数≤23的装有非压燃式活塞内燃发动机的客车
870290	20	90	24≤座位数≤29的装有非压燃式活塞内燃发动机的客车	Passenger buses, with non compression-ignition internal combustion piston engine, 24~29 seats	【最】15【普】230 【协东盟】5【协智利】0【协新西兰】0 【协哥斯达黎加】0【协冰岛】0【协澳大利亚】0 【协韩国】20【协格鲁吉亚】0 【协香港】0【协澳门】0 【特-1】0 【增】16【对美加征】25【出】0【退】16	辆/千克	6AO	4xy	LM		999	24≤座位数≤29的装有非压燃式活塞内燃发动机的客车
870290	30		10≤座位数≤19的装有非压燃式活塞内燃发动机的客车	Passenger buses, with non compression-ignition internal combustion piston engine, 10~19 seats	【最】15【普】230 【协东盟】5【协智利】0【协新西兰】0 【协秘鲁】0【协哥斯达黎加】0【协冰岛】0 【协澳大利亚】0【协韩国】20【协格鲁吉亚】0 【协香港】0【协澳门】0 【特-1】0【特-2】0 【增】16【消】5【对美加征】25【出】0【退】16	辆/千克	6AO	4xy	LM		999	10≤座位数≤19的装有非压燃式活塞内燃发动机的客车

税则号列			货品名称中英文		税费综合信息	计量单位	监管证件代码		检验检疫类别		检验检疫编码	检验检疫编码对应中文名称
HS 国际统一前 6 位	本国子目 7~8 位	本国子目 9~10 位	中文 货物名称	英文 Article Description			进口	出口	进口	出口		
870310	11		全地形车	All terrain golf cars and similar vehicles	【最】15【普】150 【协东盟】0【协智利】0【协新西兰】0 【协新加坡】0【协秘鲁】0【协哥斯达黎加】0 【协冰岛】0【协澳大利亚】0【协韩国】20 【协格鲁吉亚】0【协香港】0【协澳门】0 【特-1】0【特-2】0 【增】16【对美加征】25【出】0【退】16	辆/千克	6	4xy			101 102 103 104	全地形车（电动全地形车） 全地形车（内燃机动全地形车） 全地形车（混合动力全地形车） 全地形车（其他能源全地形车）
870310	19		高尔夫球车及其他类似车	Other golf cars and similar vehicles	【最】15【普】150 【协东盟】0【协智利】0【协新西兰】0 【协新加坡】0【协秘鲁】0【协哥斯达黎加】0 【协冰岛】0【协澳大利亚】0【协格鲁吉亚】0 【协香港】0【协澳门】0 【特-1】0【特-2】0 【增】16【对美加征】25【出】0【退】16	辆/千克	6				999	高尔夫球车及其他类似车
870310	90		其他雪地行走专用车	Other vehicles specially designed for travelling on snow	【最】15【普】150 【协东盟】0【协智利】0【协新西兰】0 【协新加坡】0【协秘鲁】0【协哥斯达黎加】0 【协冰岛】0【协澳大利亚】0【协格鲁吉亚】0 【协香港】0【协澳门】0 【特-1】0【特-2】0 【增】16【对美加征】25【出】0【退】16	辆/千克	6				999	其他雪地行走专用车
870321	30	10	仅装有排量≤1 升的点燃往复式活塞内燃发动机的小轿车	Saloon cars of cylinder capacity not exceeding 1L, with spark-ignition internal combustion eciprocating piston engine	【最】15【普】230 【协亚太】13.5【协巴基斯坦】22.5【协智利】0 【协新西兰】0【协哥斯达黎加】0【协冰岛】0 【协澳大利亚】0【协香港】0【协澳门】0 【增】16【对美加征】25【出】0【退】16	辆/千克	6AO	4xy	LM		999	仅装有排量≤1 升的点燃往复式活塞内燃发动机的小轿车
870321	30	90	仅装有排量≤1 升的点燃往复式活塞内燃发动机小轿车的成套散件	Complete parts of Saloon cars of cylinder capacity not exceeding 1L, with spark-ignition internal combustion eciprocating piston engine	【最】15【普】230 【协亚太】13.5【协巴基斯坦】22.5【协智利】0 【协新西兰】0【协哥斯达黎加】0【协冰岛】0 【协澳大利亚】0【协香港】0【协澳门】0 【增】16【对美加征】25【出】0【退】16	辆/千克	6O	4xy			999	仅装有排量≤1 升的点燃往复式活塞内燃发动机小轿车的成套散件
870321	40	10	仅装有排量≤1 升的点燃往复式活塞内燃发动机的越野车（四轮驱动）	Off-road vehicles (4WD) of cylinder capacity not exceeding 1L, with spark-ignition internal combustion eciprocating piston engine	【最】15【普】230 【协亚太】13.5【协巴基斯坦】22.5【协智利】0 【协新西兰】0【协哥斯达黎加】0【协冰岛】0 【协澳大利亚】0【协香港】0【协澳门】0 【增】16【对美加征】25【出】0【退】16	辆/千克	6AO	4xy	LM		999	仅装有排量≤1 升的点燃往复式活塞内燃发动机的越野车（四轮驱动）
870321	40	90	仅装有排量≤1 升的点燃往复式活塞内燃发动机的越野车（四轮驱动）的成套散件	Complete parts of off-road vehicles (4WD) of cylinder capacity not exceeding 1L, with spark-ignition internal combustion eciprocating piston engine	【最】15【普】230 【协亚太】13.5【协巴基斯坦】22.5【协智利】0 【协新西兰】0【协哥斯达黎加】0【协冰岛】0 【协澳大利亚】0【协香港】0【协澳门】0 【增】16【对美加征】25【出】0【退】16	辆/千克	6O	4xy			999	仅装有排量≤1 升的点燃往复式活塞内燃发动机的越野车（四轮驱动）的成套散件
870321	50	10	仅装有排量≤1 升的点燃往复式活塞内燃发动机的小客车（9 座及以下）	Station wagons (9 seats or less), of a cylinder capacity exceeding 1L, with spark-ignition internal combustion reciprocating piston engine	【最】15【普】230 【协亚太】13.5【协巴基斯坦】22.5【协智利】0 【协新西兰】0【协哥斯达黎加】0【协冰岛】0 【协澳大利亚】0【协香港】0【协澳门】0 【增】16【对美加征】25【出】0【退】16	辆/千克	6AO	4xy	LM		999	仅装有排量≤1 升的点燃往复式活塞内燃发动机的小客车（9 座及以下）
870321	50	90	仅装有排量≤1 升的点燃往复式活塞内燃发动机的小客车（9 座及以下）的成套散件	Complete parts of station wagons (9 seats or less) of cylinder capacity not exceeding 1L, with spark-ignition internal combustion reciprocating piston engine	【最】15【普】230 【协亚太】13.5【协巴基斯坦】22.5【协智利】0 【协新西兰】0【协哥斯达黎加】0【协冰岛】0 【协澳大利亚】0【协香港】0【协澳门】0 【增】16【对美加征】25【出】0【退】16	辆/千克	6O	4xy			999	仅装有排量≤1 升的点燃往复式活塞内燃发动机的小客车（9 座及以下）的成套散件

税则号列 HS国际统一前6位	本国子目 7~8位	本国子目 9~10位	货品名称中英文 中文 货物名称	货品名称中英文 英文 Article Description	税费综合信息	计量单位	监管证件代码 进口	监管证件代码 出口	检验检疫类别 进口	检验检疫类别 出口	检验检疫编码	检验检疫编码对应中文名称
870321	90	10	仅装有排量≤1升的点燃往复式活塞内燃发动机的其他载人车辆	Other passenger vehicles of a cylinder capacity exceeding 1L with spark-ignition internal combustion reciprocating piston engine	【最】15【普】230 【协亚太】13.5【协巴基斯坦】22.5【协智利】0 【协新西兰】0【协哥斯达黎加】0【协冰岛】0 【协澳大利亚】0【协香港】0【协澳门】0 【增】16【对美加征】25【出】0【退】16	辆/千克	6AO	4xy	LM		999	仅装有排量≤1升的点燃往复式活塞内燃发动机的其他载人车辆
870321	90	90	仅装有排量≤1升的点燃往复式活塞内燃发动机的其他载人车辆的成套散件	Complete parts of others vehicles of cylinder capacity not exceeding 1L with spark-ignition internal combustion reciprocating piston engine	【最】15【普】230 【协亚太】13.5【协巴基斯坦】22.5【协智利】0 【协新西兰】0【协哥斯达黎加】0【协冰岛】0 【协澳大利亚】0【协香港】0【协澳门】0 【增】16【对美加征】25【出】0【退】16	辆/千克	6O	4xy			999	仅装有排量≤1升的点燃往复式活塞内燃发动机的其他载人车辆的成套散件
870322	30	10	仅装有1升<排量≤1.5升的点燃往复式活塞内燃发动机小轿车	Saloon cars of cylinder capacity exceeding 1L but not exceeding 1.5L, with spark-ignition internal combustion eciprocating piston engine	【最】15【普】230 【协亚太】13.5【协巴基斯坦】22.5【协智利】0 【协新西兰】0【协哥斯达黎加】0【协冰岛】0 【协澳大利亚】0【协韩国】23 【协香港】0【协澳门】0 【增】16【对美加征】25【出】0【退】16	辆/千克	6AO	4xy	LM		999	仅装有1升<排量≤1.5升的点燃往复式活塞内燃发动机小轿车
870322	30	90	仅装有1升<排量≤1.5升的点燃往复式活塞内燃发动机小轿车的成套散件	Complete parts of saloon cars of a cylinder capacity exceeding 1L but not exceeding 1.5L, with spark-ignition internal combustion reciprocating piston engine	【最】15【普】230 【协亚太】13.5【协巴基斯坦】22.5【协智利】0 【协新西兰】0【协哥斯达黎加】0【协冰岛】0 【协澳大利亚】0【协韩国】23 【协香港】0【协澳门】0 【增】16【对美加征】25【出】0【退】16	辆/千克	6O	4xy			999	仅装有1升<排量≤1.5升的点燃往复式活塞内燃发动机小轿车的成套散件
870322	40	10	仅装有1升<排量≤1.5升的点燃往复活塞内燃发动机四轮驱动越野车	Off-road vehicles (4WD) of cylinder capacity exceeding 1L but not exceeding 1.5L, with spark-ignition internal combustion eciprocating piston engine	【最】15【普】230 【协亚太】13.5【协巴基斯坦】22.5【协智利】0 【协新西兰】0【协哥斯达黎加】0【协冰岛】0 【协澳大利亚】0【协香港】0【协澳门】0 【增】16【对美加征】25【出】0【退】16	辆/千克	6AO	4xy	LM		999	仅装有1升<排量≤1.5升的点燃往复活塞内燃发动机四轮驱动越野车
870322	40	90	仅装有1升<排量≤1.5升的点燃往复活塞内燃发动机四轮驱动越野车的成套散件	Complete parts of off-road vehicles (4WD) of a cylinder capacity exceeding 1L but not exceeding 1.5L, with spark-ignition internal combustion reciprocating piston engine	【最】15【普】230 【协亚太】13.5【协巴基斯坦】22.5【协智利】0 【协新西兰】0【协哥斯达黎加】0【协冰岛】0 【协澳大利亚】0【协香港】0【协澳门】0 【增】16【对美加征】25【出】0【退】16	辆/千克	6O	4xy			999	仅装有1升<排量≤1.5升的点燃往复活塞内燃发动机四轮驱动越野车的成套散件
870322	50	10	仅装有1升<排量≤1.5升的点燃往复式活塞内燃发动机小客车（9座及以下）	Station wagons (9 seats or less) of cylinder capacity exceeding 1L but not exceeding 1.5L, with spark-ignition internal combustion eciprocating piston engine	【最】15【普】230 【协亚太】13.5【协巴基斯坦】22.5【协智利】0 【协新西兰】0【协哥斯达黎加】0【协冰岛】0 【协澳大利亚】0【协香港】0【协澳门】0 【增】16【对美加征】25【出】0【退】16	辆/千克	6AO	4xy	LM		999	仅装有1升<排量≤1.5升的点燃往复式活塞内燃发动机小客车（9座及以下）
870322	50	90	仅装有1升<排量≤1.5升的点燃往复式活塞内燃发动机小客车的成套散件（9座及以下）	Complete parts of station wagons (9 seats or less) of a cylinder capacity exceeding 1L but not exceeding 1.5L, with spark-ignition internal combustion reciprocating piston engine	【最】15【普】230 【协亚太】13.5【协巴基斯坦】22.5【协智利】0 【协新西兰】0【协哥斯达黎加】0【协冰岛】0 【协澳大利亚】0【协香港】0【协澳门】0 【增】16【对美加征】25【出】0【退】16	辆/千克	6O	4xy			999	仅装有1升<排量≤1.5升的点燃往复式活塞内燃发动机小客车的成套散件（9座及以下）

税则号列			货品名称中英文		税费综合信息	计量单位	监管证件代码		检验检疫类别		检验检疫编码	检验检疫编码对应中文名称
HS 国际统一前6位	本国子目 7~8位	本国子目 9~10位	中文 货物名称	英文 Article Description			进口	出口	进口	出口		
870322	90	10	仅装有 1 升<排量≤1.5 升的点燃往复式活塞内燃发动机其他载人车辆	Other passenger vehicles of cylinder capacity exceeding 1L but not exceeding 1.5L, with spark-ignition internal combustion eciprocating piston engine	【最】15【普】230 【协亚太】13.5【协巴基斯坦】22.5【协智利】0 【协新西兰】0【协哥斯达黎加】0【协冰岛】0 【协澳大利亚】0【协香港】0【协澳门】0 【增】16【对美加征】25【出】0【退】16	辆/千克	6AO	4xy	LM		999	仅装有 1 升<排量≤1.5 升的点燃往复式活塞内燃发动机其他载人车辆
870322	90	90	仅装有 1 升<排量≤1.5 升的点燃往复式活塞内燃发动机其他载人车的成套散件	Complete parts of other vehicles of a cylinder capacity exceeding 1L but not exceeding 1.5L, with spark-ignition internal combustion reciprocating piston engine	【最】15【普】230 【协亚太】13.5【协巴基斯坦】22.5【协智利】0 【协新西兰】0【协哥斯达黎加】0【协冰岛】0 【协澳大利亚】0【协香港】0【协澳门】0 【增】16【对美加征】25【出】0【退】16	辆/千克	6O	4xy			999	仅装有 1 升<排量≤1.5 升的点燃往复式活塞内燃发动机其他载人车的成套散件
870323	41	10	仅装有 1.5 升<排量≤2 升的点燃往复式活塞内燃发动机小轿车	Saloon cars of cylinder capacity exceeding 1.5L but not exceeding 2L. with spark-ignition internal combustion eciprocating piston engine	【最】15【普】230 【协亚太】13.5【协巴基斯坦】22.5【协智利】0 【协新西兰】0【协哥斯达黎加】0【协冰岛】0 【协澳大利亚】12.5【协韩国】23 【协香港】0【协澳门】0 【增】16【对美加征】25【出】0【退】16	辆/千克	6AO	4xy	LM		999	仅装有 1.5 升<排量≤2 升的点燃往复式活塞内燃发动机小轿车
870323	41	90	仅装有 1.5 升<排量≤2 升的点燃往复式活塞内燃发动机小轿车的成套散件	Complete parts of saloon cars of a cylinder capacity exceeding 1.5L but not exceeding 2L, with spark-ignition internal combustion reciprocating piston engine	【最】15【普】230 【协亚太】13.5【协巴基斯坦】22.5【协智利】0 【协新西兰】0【协哥斯达黎加】0【协冰岛】0 【协澳大利亚】12.5【协韩国】23 【协香港】0【协澳门】0 【增】16【对美加征】25【出】0【退】16	辆/千克	6O	4xy			999	仅装有 1.5 升<排量≤2 升的点燃往复式活塞内燃发动机小轿车的成套散件
870323	42	10	仅装有 1.5 升<排量≤2 升的点燃往复式活塞内燃发动机越野车（四轮驱动）	Off-road vehicles (4WD) of cylinder capacity exceeding 1.5L but not exceeding 2L, with spark-ignition internal combustion eciprocating piston engine	【最】15【普】230 【协亚太】13.5【协巴基斯坦】22.5【协智利】0 【协新西兰】0【协哥斯达黎加】0【协冰岛】0 【协澳大利亚】12.5【协韩国】23 【协香港】0【协澳门】0 【增】16【对美加征】25【出】0【退】16	辆/千克	6AO	4xy	LM		999	仅装有 1.5 升<排量≤2 升的点燃往复式活塞内燃发动机越野车（四轮驱动）
870323	42	90	仅装有 1.5 升<排量≤2 升的点燃往复式活塞内燃发动机越野车的成套散件（四轮驱动）	Complete parts of off-road vehicles (4WD) of a cylinder capacity exceeding 1.5L but not exceeding 2L, with spark-ignition internal combustion reciprocating piston engine	【最】15【普】230 【协亚太】13.5【协巴基斯坦】22.5【协智利】0 【协新西兰】0【协哥斯达黎加】0【协冰岛】0 【协澳大利亚】12.5【协韩国】23 【协香港】0【协澳门】0 【增】16【对美加征】25【出】0【退】16	辆/千克	6O	4xy			999	仅装有 1.5 升<排量≤2 升的点燃往复式活塞内燃发动机越野车的成套散件（四轮驱动）
870323	43	10	仅装有 1.5 升<排量≤2 升的点燃往复式活塞内燃发动机小客车（9 座及以下的）	Station wagons (9 seats or less) of cylinder capacity exceeding 1.5L but not exceeding 2L, with spark-ignition internal combustion eciprocating piston engine	【最】15【普】230 【协亚太】13.5【协巴基斯坦】22.5【协智利】0 【协新西兰】0【协哥斯达黎加】0【协冰岛】0 【协澳大利亚】12.5【协韩国】23 【协香港】0【协澳门】0 【增】16【对美加征】25【出】0【退】16	辆/千克	6AO	4xy	LM		999	仅装有 1.5 升<排量≤2 升的点燃往复式活塞内燃发动机小客车（9 座及以下的）
870323	43	90	仅装有 1.5 升<排量≤2 升的点燃复式活塞内燃发动机小客车（9 座及以下）的成套散件	Complete parts of station wagons (9 seats or less) of a cylinder capacity exceeding 1.5L but not exceeding 2L, with spark-ignition internal combustion reciprocating piston engine	【最】15【普】230 【协亚太】13.5【协巴基斯坦】22.5【协智利】0 【协新西兰】0【协哥斯达黎加】0【协冰岛】0 【协澳大利亚】12.5【协韩国】23 【协香港】0【协澳门】0 【增】16【对美加征】25【出】0【退】16	辆/千克	6O	4xy			999	仅装有 1.5 升<排量≤2 升的点燃往复式活塞内燃发动机小客车（9 座及以下）的成套散件

税则号列			货品名称中英文		税费综合信息	计量单位	监管证件代码		检验检疫类别		检验检疫编码	检验检疫编码对应中文名称
HS 国际统一前6位	本国子目 7~8位	本国子目 9~10位	中文 货物名称	英文 Article Description			进口	出口	进口	出口		
870323	49	10	仅装有1.5升<排量≤2升的点燃往复式活塞内燃发动机的其他载人车辆	Other passenger vehicles of cylinder capacity exceeding 1.5L but not exceeding 2L, with spark-ignition	【最】15【普】230 【协亚太】13.5【协巴基斯坦】22.5【协智利】0 【协新西兰】0【协哥斯达黎加】0【协冰岛】0 【协澳大利亚】12.5【协香港】0【协澳门】0 【增】16【对美加征】25【出】0【退】16	辆/千克	6AO	4xy	LM		999	仅装有1.5升<排量≤2升的点燃往复式活塞内燃发动机的其他载人车辆
870323	49	90	仅装有1.5升<排量≤2升的点燃往复式活塞内燃发动机的其他载人车辆的成套散件	Complete parts of other passenger vehicles of a cylinder capacity exceeding 1.5L but not exceeding 2L, with spark-ignition internal combustion reciprocating piston engine	【最】15【普】230 【协亚太】13.5【协巴基斯坦】22.5【协智利】0 【协新西兰】0【协哥斯达黎加】0【协冰岛】0 【协澳大利亚】12.5【协香港】0【协澳门】0 【增】16【对美加征】25【出】0【退】16	辆/千克	6O	4xy			999	仅装有1.5升<排量≤2升的点燃往复式活塞内燃发动机的其他载人车辆的成套散件
870323	51	10	仅装有2升<排量≤2.5升的点燃往复式活塞内燃发动机小轿车	Saloon cars of cylinder capacity exceeding 2L but not exceeding 2.5L, with spark-ignition internal combustion eciprocating piston engine	【最】15【普】230 【协亚太】13.5【协巴基斯坦】22.5【协智利】0 【协新西兰】0【协哥斯达黎加】0【协冰岛】0 【协澳大利亚】12.5【协韩国】23 【协香港】0【协澳门】0 【增】16【对美加征】25【出】0【退】16	辆/千克	6AO	4xy	LM		999	仅装有2升<排量≤2.5升的点燃往复式活塞内燃发动机小轿车
870323	51	90	仅装有2升<排量≤2.5升的点燃往复式活塞内燃发动机小轿车的成套散件	Complete parts of saloon cars of a cylinder capacity exceeding 2L but not exceeding 2.5L, with spark-ignition internal combustion reciprocating piston engine	【最】15【普】230 【协亚太】13.5【协巴基斯坦】22.5【协智利】0 【协新西兰】0【协哥斯达黎加】0【协冰岛】0 【协澳大利亚】12.5【协韩国】23 【协香港】0【协澳门】0 【增】16【对美加征】25【出】0【退】16	辆/千克	6O	4xy			999	仅装有2升<排量≤2.5升的点燃往复式活塞内燃发动机小轿车的成套散件
870323	52	10	仅装有2升<排量≤2.5升的点燃往复式活塞内燃发动机越野车（四轮驱动）	Off-road vehicles (4WD) of cylinder capacity exceeding 2L but not exceeding 2.5L, with spark-ignition internal combustion eciprocating piston engine	【最】15【普】230 【协亚太】13.5【协巴基斯坦】22.5【协智利】0 【协新西兰】0【协哥斯达黎加】0【协冰岛】0 【协澳大利亚】12.5【协韩国】23 【协香港】0【协澳门】0 【增】16【对美加征】25【出】0【退】16	辆/千克	6AO	4xy	LM		999	仅装有2升<排量≤2.5升的点燃往复式活塞内燃发动机越野车（四轮驱动）
870323	52	90	仅装有2升<排量≤2.5升的点燃往复式活塞内燃发动机越野车的成套散件（四轮驱动）	Complete parts of off-road vehicles (4WD) of a cylinder capacity exceeding 2L but not exceeding 2.5L, with spark-ignition internal combustion reciprocating piston engine	【最】15【普】230 【协亚太】13.5【协巴基斯坦】22.5【协智利】0 【协新西兰】0【协哥斯达黎加】0【协冰岛】0 【协澳大利亚】12.5【协韩国】23 【协香港】0【协澳门】0 【增】16【对美加征】25【出】0【退】16	辆/千克	6O	4xy			999	仅装有2升<排量≤2.5升的点燃往复式活塞内燃发动机越野车的成套散件（四轮驱动）
870323	53	10	仅装有2升<排量≤2.5升的点燃往复式活塞内燃发动机小客车（9座及以下）	Station wagons (9 seats or less) of cylinder capacity exceeding 2L but not exceeding 2.5L, with spark-ignition internal combustion eciprocating piston engine	【最】15【普】230 【协亚太】13.5【协巴基斯坦】22.5【协智利】0 【协新西兰】0【协哥斯达黎加】0【协冰岛】0 【协澳大利亚】12.5【协韩国】23 【协香港】0【协澳门】0 【增】16【对美加征】25【出】0【退】16	辆/千克	6AO	4xy	LM		999	仅装有2升<排量≤2.5升的点燃往复式活塞内燃发动机小客车（9座及以下）
870323	53	90	仅装有2升<排量≤2.5升的点燃往复式活塞内燃发动机的小客车（9座及以下）的成套散件	Complete parts of station wagons (9 seats or less) of a cylinder capacity exceeding 2L but not exceeding 2.5L, with spark-ignition internal combustion reciprocating piston engine	【最】15【普】230 【协亚太】13.5【协巴基斯坦】22.5【协智利】0 【协新西兰】0【协哥斯达黎加】0【协冰岛】0 【协澳大利亚】12.5【协韩国】23 【协香港】0【协澳门】0 【增】16【对美加征】25【出】0【退】16	辆/千克	6O	4xy			999	仅装有2升<排量≤2.5升的点燃往复式活塞内燃发动机的小客车（9座及以下）的成套散件

税则号列			货品名称中英文		税费综合信息	计量单位	监管证件代码		检验检疫类别		检验检疫编码	检验检疫编码对应中文名称
HS国际统一前6位	本国子目7~8位	本国子目9~10位	中文 货物名称	英文 Article Description			进口	出口	进口	出口		
870323	59	10	仅装有2升<排量≤2.5升的点燃往复式活塞内燃发动机的其他载人车辆	Other passenger vehicles of cylinder capacity exceeding 2L but not exceeding 2.5L, with spark-ignition internal combustion eciprocating piston engine	【最】15【普】230【协亚太】13.5【协巴基斯坦】22.5【协智利】0【协新西兰】0【协哥斯达黎加】0【协冰岛】0【协澳大利亚】12.5【协香港】0【协澳门】0【增】16【对美加征】25【出】0【退】16	辆/千克	6AO	4xy	LM		999	仅装有2升<排量≤2.5升的点燃往复式活塞内燃发动机的其他载人车辆
870323	59	90	仅装有2升<排量≤2.5升的点燃往复式活塞内燃发动机的其他载人车辆的成套散件	Complete parts of other passenger vehicles of a cylinder capacity exceeding 2L but not exceeding 2.5L, with spark-ignition internal combustion reciprocating piston engine	【最】15【普】230【协亚太】13.5【协巴基斯坦】22.5【协智利】0【协新西兰】0【协哥斯达黎加】0【协冰岛】0【协澳大利亚】12.5【协香港】0【协澳门】0【增】16【对美加征】25【出】0【退】16	辆/千克	6O	4xy			999	仅装有2升<排量≤2.5升的点燃往复式活塞内燃发动机的其他载人车辆的成套散件
870323	61	10	仅装有2.5升<排量≤3升的点燃往复式活塞内燃发动机小轿车	Saloon cars of cylinder capacity exceeding 2.5L but not exceeding 3L, with spark-ignition internal combustion eciprocating piston engine	【最】15【普】270【协亚太】13.5【协巴基斯坦】22.5【协智利】0【协新西兰】0【协哥斯达黎加】0【协冰岛】0【协澳大利亚】12.5【协韩国】23【协香港】0【协澳门】0【增】16【对美加征】25【出】0【退】16	辆/千克	6AO	4xy	LM		999	仅装有2.5升<排量≤3升的点燃往复式活塞内燃发动机小轿车
870323	61	90	仅装有2.5升<排量≤3升的点燃往复式活塞内燃发动机小轿车的成套散件	Complete parts of saloon cars of a cylinder capacity exceeding 2.5L but not exceeding 3L, with spark-ignition internal combustion reciprocating piston engine	【最】15【普】270【协亚太】13.5【协巴基斯坦】22.5【协智利】0【协新西兰】0【协哥斯达黎加】0【协冰岛】0【协澳大利亚】12.5【协韩国】23【协香港】0【协澳门】0【增】16【对美加征】25【出】0【退】16	辆/千克	6O	4xy			999	仅装有2.5升<排量≤3升的点燃往复式活塞内燃发动机小轿车的成套散件
870323	62	10	仅装有2.5升<排量≤3升的点燃往复式活塞内燃发动机的越野车（四轮驱动）	Off-road vehicles (4WD) of cylinder capacity exceeding 2.5L but not exceeding 3L, with spark-ignitionnnition internal combustion eciprocating piston engine	【最】15【普】270【协亚太】13.5【协东盟】0【协巴基斯坦】22.5【协智利】0【协新西兰】0【协新加坡】0【协哥斯达黎加】0【协冰岛】0【协澳大利亚】12.5【协香港】0【协澳门】0【增】16【对美加征】25【出】0【退】16	辆/千克	6AO	4xy	LM		999	仅装有2.5升<排量≤3升的点燃往复式活塞内燃发动机的越野车（四轮驱动）
870323	62	90	仅装有2.5升<排量≤3升的点燃往复式活塞内燃发动机越野车的成套散件（四轮驱动）	Complete parts of off-road vehicles (4WD) of a cylinder capacity exceeding 2.5L but not exceeding 3L, with spark-ignition internal combustion reciprocating piston engine	【最】15【普】270【协亚太】13.5【协东盟】0【协巴基斯坦】22.5【协智利】0【协新西兰】0【协新加坡】0【协哥斯达黎加】0【协冰岛】0【协澳大利亚】12.5【协香港】0【协澳门】0【增】16【对美加征】25【出】0【退】16	辆/千克	6O	4xy			999	仅装有2.5升<排量≤3升的点燃往复式活塞内燃发动机越野车的成套散件（四轮驱动）
870323	63	10	仅装有2.5升<排量≤3升的点燃往复式活塞内燃发动机的小客车（9座及以下）	Station wagons (9 seats or less) of cylinder capacity exceeding 2.5L but not exceeding 3L, with spark-ignition internal combustion eciprocating piston engine	【最】15【普】270【协亚太】13.5【协东盟】0【协巴基斯坦】22.5【协智利】0【协新西兰】0【协新加坡】0【协哥斯达黎加】0【协冰岛】0【协澳大利亚】12.5【协韩国】23【协香港】0【协澳门】0【增】16【对美加征】25【出】0【退】16	辆/千克	6AO	4xy	LM		999	仅装有2.5升<排量≤3升的点燃往复式活塞内燃发动机的小客车（9座及以下）
870323	63	90	仅装有2.5升<排量≤3升的点燃往复式活塞内燃发动机小客车（9座及以下）的成套散件	Complete parts of station wagons (9 seats or less) of a cylinder capacity exceeding 2.5L but not exceeding 3L, with spark-ignition internal combustion reciprocating piston engine	【最】15【普】270【协亚太】13.5【协东盟】0【协巴基斯坦】22.5【协智利】0【协新西兰】0【协新加坡】0【协哥斯达黎加】0【协冰岛】0【协澳大利亚】12.5【协韩国】23【协香港】0【协澳门】0【增】16【对美加征】25【出】0【退】16	辆/千克	6O	4xy			999	仅装有2.5升<排量≤3升的点燃往复式活塞内燃发动机小客车（9座及以下）的成套散件

税则号列			货品名称中英文		税费综合信息	计量单位	监管证件代码		检验检疫类别		检验检疫编码	检验检疫编码对应中文名称
HS 国际统一前 6 位	本国子目 7~8 位	本国子目 9~10 位	中文 货物名称	英文 Article Description			进口	出口	进口	出口		
870323	69	10	仅装有 2.5 升<排量≤3 升的点燃往复式活塞内燃发动机的其他载人车辆	Other passenger vehicles of cylinder capacity exceeding 2.5L but not exceeding 3L, with spark-ignition internal combustion eciprocating piston engine	【最】15【普】270 【协亚太】13.5【协东盟】0【协巴基斯坦】22.5 【协智利】0【协新西兰】0【协新加坡】0 【协哥斯达黎加】0【协冰岛】0 【协澳大利亚】12.5【协香港】0【协澳门】0 【增】16【对美加征】25【出】0【退】16	辆/千克	6AO	4xy	LM		999	仅装有 2.5 升<排量≤3 升的点燃往复式活塞内燃发动机的其他载人车辆
870323	69	90	仅装有 2.5 升<排量≤3 升的点燃往复式活塞内燃发动机的其他载人车辆的成套散件	inder capacity exceeding 2.5L but not exceeding 3L, with spark-ignition internal combustion reciprocating piston engine	【最】15【普】270 【协亚太】13.5【协东盟】0【协巴基斯坦】22.5 【协智利】0【协新西兰】0【协新加坡】0 【协哥斯达黎加】0【协冰岛】0 【协澳大利亚】12.5【协香港】0【协澳门】0 【增】16【对美加征】25【出】0【退】16	辆/千克	6O	4xy			999	仅装有 2.5 升<排量≤3 升的点燃往复式活塞内燃发动机的其他载人车辆的成套散件
870324	11	10	仅装有 3 升<排量≤4 升的点燃往复式活塞内燃发动机的小轿车	Saloon cars of cylinder capacity exceeding 3L but not exceeding 4L, with spark-ignition internal combustion eciprocating piston engine	【最】15【普】270 【协亚太】13.5【协巴基斯坦】22.5【协智利】0 【协新西兰】0【协哥斯达黎加】0【协冰岛】0 【协澳大利亚】12.5【协韩国】23 【协香港】0【协澳门】0 【特-1】0 【增】16【对美加征】25【出】0【退】16	辆/千克	6AO	4xy	LM		999	仅装有 3 升<排量≤4 升的点燃往复式活塞内燃发动机的小轿车
870324	11	90	仅装有 3 升<排量≤4 升的点燃往复式活塞内燃发动机的小轿车的成套散件	Complete parts of saloon cars of a cylinder capacity exceeding 3L but not exceeding 4L, with spark-ignition internal combustion reciprocating piston engine	【最】15【普】270 【协亚太】13.5【协巴基斯坦】22.5【协智利】0 【协新西兰】0【协哥斯达黎加】0【协冰岛】0 【协澳大利亚】12.5【协韩国】23 【协香港】0【协澳门】0 【特-1】0 【增】16【对美加征】25【出】0【退】16	辆/千克	6O	4xy			999	仅装有 3 升<排量≤4 升的点燃往复式活塞内燃发动机的小轿车的成套散件
870324	12	10	仅装有 3 升<排量≤4 升的点燃往复式活塞内燃发动机的越野车（四轮驱动）	Off-road vehicles (4WD) of cylinder capacity exceeding 3L but not exceeding 4L, with spark-ignition internal combustion eciprocating piston engine	【最】15【普】270 【协亚太】13.5【协巴基斯坦】22.5【协智利】0 【协新西兰】0【协哥斯达黎加】0【协冰岛】0 【协澳大利亚】12.5【协韩国】23 【协香港】0【协澳门】0 【特-1】0 【增】16【对美加征】25【出】0【退】16	辆/千克	6AO	4xy	LM		999	仅装有 3 升<排量≤4 升的点燃往复式活塞内燃发动机的越野车（四轮驱动）
870324	12	90	仅装有 3 升<排量≤4 升的点燃往复式活塞内燃发动机的越野车的成套散件（四轮驱动）	Complete parts of off-road vehicles (4WD) of a cylinder capacity exceeding 3L but not exceeding 4L, with spark-ignition internal combustion reciprocating piston engine	【最】15【普】270 【协亚太】13.5【协巴基斯坦】22.5【协智利】0 【协新西兰】0【协哥斯达黎加】0【协冰岛】0 【协澳大利亚】12.5【协韩国】23 【协香港】0【协澳门】0 【特-1】0 【增】16【对美加征】25【出】0【退】16	辆/千克	6O	4xy			999	仅装有 3 升<排量≤4 升的点燃往复式活塞内燃发动机的越野车的成套散件（四轮驱动）
870324	13	10	仅装有 3 升<排量≤4 升的点燃往复式活塞内燃发动机的小客车（9 座及以下）	Station wagons (9 seats or less) of cylinder capacity exceeding 3L but not exceeding 4L, with spark-ignition internal combustion eciprocating piston engine	【最】15【普】270 【协亚太】13.5【协巴基斯坦】22.5【协智利】0 【协新西兰】0【协哥斯达黎加】0【协冰岛】0 【协澳大利亚】12.5【协香港】0【协澳门】0 【特-1】0 【增】16【对美加征】25【出】0【退】16	辆/千克	6AO	4xy	LM		999	仅装有 3 升<排量≤4 升的点燃往复式活塞内燃发动机的小客车（9 座及以下）
870324	13	90	仅装有 3 升<排量≤4 升的点燃往复式活塞内燃发动机的小客车（9 座及以下）的成套散件	Complete parts of station wagons (9 seats or less) of a cylinder capacity exceeding 3L but not exceeding 4L, with spark-ignition internal combustion reciprocating piston engine	【最】15【普】270 【协亚太】13.5【协巴基斯坦】22.5【协智利】0 【协新西兰】0【协哥斯达黎加】0【协冰岛】0 【协澳大利亚】12.5【协香港】0【协澳门】0 【特-1】0 【增】16【对美加征】25【出】0【退】16	辆/千克	6O	4xy			999	仅装有 3 升<排量≤4 升的点燃往复式活塞内燃发动机的小客车（9 座及以下）的成套散件

税则号列			货品名称中英文		税费综合信息	计量单位	监管证件代码		检验检疫类别		检验检疫编码	检验检疫编码对应中文名称
HS国际统一前6位	本国子目 7~8位	本国子目 9~10位	中文 货物名称	英文 Article Description			进口	出口	进口	出口		
870324	19	10	仅装有3升<排量≤4升的点燃往复式活塞内燃发动机的其他载人车辆	Other passenger vehicles of cylinder capacity exceeding 3L but not exceeding 4L, with spark-ignition internal combustion eciprocating piston engine	【最】15【普】270 【协亚太】13.5【协巴基斯坦】22.5【协智利】0 【协新西兰】0【协哥斯达黎加】0【协冰岛】0 【协澳大利亚】12.5【协香港】0【协澳门】0 【特-1】0 【增】16【对美加征】25【出】0【退】16	辆/千克	6AO	4xy	LM		101 999	仅装有3升<排量≤4升的点燃往复式活塞内燃发动机的其他载人车辆(福特F150猛禽) 仅装有3升<排量≤4升的点燃往复式活塞内燃发动机的其他载人车辆(其他汽车)
870324	19	90	仅装有3升<排量≤4升的点燃往复式活塞内燃发动机的其他载人车辆的成套散件	Complete parts of other passenger vehicles of a cylinder capacity exceeding 3L but not exceeding 4L, with spark-ignition internal combustion reciprocating piston engine	【最】15【普】270 【协亚太】13.5【协巴基斯坦】22.5【协智利】0 【协新西兰】0【协哥斯达黎加】0【协冰岛】0 【协澳大利亚】12.5【协香港】0【协澳门】0 【特-1】0 【增】16【对美加征】25【出】0【退】16	辆/千克	6O	4xy			999	仅装有3升<排量≤4升的点燃往复式活塞内燃发动机的其他载人车辆的成套散件
870324	21	10	仅装有排气量>4升的点燃往复式活塞内燃发动机的小轿车	Saloon cars of cylinder capacity exceeding 4L, with spark-ignition internal combustion eciprocating piston engine	【最】15【普】270 【协亚太】13.5【协巴基斯坦】22.5【协智利】0 【协新西兰】0【协哥斯达黎加】0【协冰岛】0 【协澳大利亚】12.5【协韩国】23 【协香港】0【协澳门】0 【特-1】0 【增】16【对美加征】25【出】0【退】16	辆/千克	6AO	4xy	LM		999	仅装有排气量>4升的点燃往复式活塞内燃发动机的小轿车
870324	21	90	仅装有排气量>4升的点燃往复式活塞内燃发动机的小轿车的成套散件	Complete parts of saloon cars of a cylinder capacity exceeding 4L, with spark-ignition internal combustion reciprocating piston engine	【最】15【普】270 【协亚太】13.5【协巴基斯坦】22.5【协智利】0 【协新西兰】0【协哥斯达黎加】0【协冰岛】0 【协澳大利亚】12.5【协韩国】23 【协香港】0【协澳门】0 【特-1】0 【增】16【对美加征】25【出】0【退】16	辆/千克	6O	4xy			999	仅装有排气量>4升的点燃往复式活塞内燃发动机的小轿车的成套散件
870324	22	10	仅装有排气量>4升的点燃往复式活塞内燃发动机的越野车(四轮驱动)	Off-road vehicles (4WD) of cylinder capacity exceeding 4L, with spark-ignition internal combustion eciprocating piston engine	【最】15【普】270 【协亚太】13.5【协巴基斯坦】22.5【协智利】0 【协新西兰】0【协哥斯达黎加】0【协冰岛】0 【协澳大利亚】12.5【协香港】0【协澳门】0 【特-1】0 【增】16【对美加征】25【出】0【退】16	辆/千克	6AO	4xy	LM		999	仅装有排气量>4升的点燃往复式活塞内燃发动机的越野车(四轮驱动)
870324	22	90	仅装有排气量>4升的点燃往复式活塞内燃发动机的越野车的成套散件(四轮驱动)	Complete parts of off-road vehicles (4WD) of a cylinder capacity exceeding 4L, with spark-ignition internal combustion reciprocating piston engine	【最】15【普】270 【协亚太】13.5【协巴基斯坦】22.5【协智利】0 【协新西兰】0【协哥斯达黎加】0【协冰岛】0 【协澳大利亚】12.5【协香港】0【协澳门】0 【特-1】0 【增】16【对美加征】25【出】0【退】16	辆/千克	6O	4xy			999	仅装有排气量>4升的点燃往复式活塞内燃发动机的越野车的成套散件(四轮驱动)
870324	23	10	仅装有排气量>4升的点燃往复式活塞内燃发动机的小客车(9座及以下)	Station wagons (9 seats or less) of cylinder capacity exceeding 4L, with spark-ignition internal combustion eciprocating piston engine	【最】15【普】270 【协亚太】13.5【协巴基斯坦】22.5【协智利】0 【协新西兰】0【协哥斯达黎加】0【协冰岛】0 【协澳大利亚】12.5【协香港】0【协澳门】0 【特-1】0 【增】16【对美加征】25【出】0【退】16	辆/千克	6AO	4xy	LM		999	仅装有排气量>4升的点燃往复式活塞内燃发动机的小客车(9座及以下)
870324	23	90	仅装有排气量>4升的点燃往复式活塞内燃发动机的小客车(9座及以下)的成套散件	Complete parts of station wagons (9 seats or less) of a cylinder capacity exceeding 4L, with spark-ignition internal combustion reciprocating piston engine	【最】15【普】270 【协亚太】13.5【协巴基斯坦】22.5【协智利】0 【协新西兰】0【协哥斯达黎加】0【协冰岛】0 【协澳大利亚】12.5【协香港】0【协澳门】0 【特-1】0 【增】16【对美加征】25【出】0【退】16	辆/千克	6O	4xy			999	仅装有排气量>4升的点燃往复式活塞内燃发动机的小客车(9座及以下)的成套散件
870324	29	10	仅装有排气量>4升的点燃往复式活塞内燃发动机的其他载人车辆	Other passenger vehicles of cylinder capacity exceeding 4L, with spark-ignition internal combustion eciprocating piston engine	【最】15【普】270 【协亚太】13.5【协巴基斯坦】22.5【协智利】0 【协新西兰】0【协哥斯达黎加】0【协冰岛】0 【协澳大利亚】12.5【协香港】0【协澳门】0 【特-1】0 【增】16【对美加征】25【出】0【退】16	辆/千克	6AO	4xy	LM		999	仅装有排气量>4升的点燃往复式活塞内燃发动机的其他载人车辆

税则号列 HS国际统一前6位	本国子目 7~8位	本国子目 9~10位	货品名称中英文 中文 货物名称	货品名称中英文 英文 Article Description	税费综合信息	计量单位	监管证件代码 进口	监管证件代码 出口	检验检疫类别 进口	检验检疫类别 出口	检验检疫编码	检验检疫编码对应中文名称
870324	29	90	仅装有排气量>4升的点燃往复式活塞内燃发动机的其他载人车辆的成套散件	Complete parts of other passenger vehicles of a cylinder capacity exceeding 4L, with spark-ignition internal combustion reciprocating piston engine	【最】15【普】270 【协亚太】13.5【协巴基斯坦】22.5【协智利】0 【协新西兰】0【协哥斯达黎加】0【协冰岛】0 【协澳大利亚】12.5【协香港】0【协澳门】0 【特-1】0 【增】16【对美加征】25【出】0【退】16	辆/千克	6O	4xy			999	仅装有排气量>4升的点燃往复式活塞内燃发动机的其他载人车辆的成套散件
870331	11	10	仅装有排气量≤1升的压燃式活塞内燃发动机的小轿车	Saloon cars of a cylinder capacity not exceeding 1L, with compression-ignition internal combustion reciprocating piston engine	【最】15【普】230 【协智利】0【协新西兰】0【协哥斯达黎加】0 【协冰岛】0【协澳大利亚】12.5 【协格鲁吉亚】0【协香港】0【协澳门】0 【特-1】0 【增】16【对美加征】25【出】0【退】16	辆/千克	6AO	4xy	LM		999	仅装有排气量≤1升的压燃式活塞内燃发动机的小轿车
870331	11	90	仅装有排气量≤1升的压燃式活塞内燃发动机的小轿车的成套散件	Complete parts of saloon cars of a cylinder capacity not exceeding 1L, with compression-ignition internal combustion reciprocating piston engine	【最】15【普】230 【协智利】0【协新西兰】0【协哥斯达黎加】0 【协冰岛】0【协澳大利亚】12.5 【协格鲁吉亚】0【协香港】0【协澳门】0 【特-1】0 【增】16【对美加征】25【出】0【退】16	辆/千克	6O	4xy			999	仅装有排气量≤1升的压燃式活塞内燃发动机的小轿车的成套散件
870331	19	10	仅装有排气量≤1升的压燃式活塞内燃发动机的其他载人车辆	Other passenger cars of a cylinder capacity not exceeding 1L, with compression-ignition internal combustion reciprocating piston engine	【最】15【普】230 【协东盟】0【协智利】0【协新西兰】0 【协新加坡】0【协秘鲁】0【协哥斯达黎加】0 【协冰岛】0【协澳大利亚】12.5 【协格鲁吉亚】0【协香港】0【协澳门】0 【特-1】0【特-2】0 【增】16【对美加征】25【出】0【退】16	辆/千克	6AO	4xy	LM		999	仅装有排气量≤1升的压燃式活塞内燃发动机的其他载人车辆
870331	19	90	仅装有排气量≤1升的压燃式活塞内燃发动机的其他载人车辆的成套散件	Complete parts of other passenger vehicles of a cylinder capacity not exceeding 1L, with compression-ignition internal combustion reciprocating piston engine	【最】15【普】230 【协东盟】0【协智利】0【协新西兰】0 【协新加坡】0【协秘鲁】0【协哥斯达黎加】0 【协冰岛】0【协澳大利亚】12.5 【协格鲁吉亚】0【协香港】0【协澳门】0 【特-1】0【特-2】0 【增】16【对美加征】25【出】0【退】16	辆/千克	6O	4xy			999	仅装有排气量≤1升的压燃式活塞内燃发动机的其他载人车辆的成套散件
870331	21	10	仅装有1升<排气量≤1.5升的压燃式活塞内燃发动机的小轿车	Saloon cars of a cylinder capacity exceeding 1L but not exceeding 1.5L, with compression-ignition internal combustion reciprocating piston engine	【最】15【普】230 【协智利】0【协新西兰】0【协哥斯达黎加】0 【协冰岛】0【协澳大利亚】12.5 【协格鲁吉亚】0【协香港】0【协澳门】0 【增】16【对美加征】25【出】0【退】16	辆/千克	6AO	4xy	LM		999	仅装有1升<排气量≤1.5升的压燃式活塞内燃发动机的小轿车
870331	21	90	仅装有1升<排气量≤1.5升的压燃式活塞内燃发动机的小轿车的成套散件	Complete parts of saloon cars of a cylinder capacity exceeding 1L but not exceeding 1.5L, with compression-ignition internal combustion reciprocating piston engine	【最】15【普】230 【协智利】0【协新西兰】0【协哥斯达黎加】0 【协冰岛】0【协澳大利亚】12.5 【协格鲁吉亚】0【协香港】0【协澳门】0 【增】16【对美加征】25【出】0【退】16	辆/千克	6O	4xy			999	仅装有1升<排气量≤1.5升的压燃式活塞内燃发动机的小轿车的成套散件
870331	22	10	仅装有1升<排气量≤1.5升的压燃式活塞内燃发动机的越野车（四轮驱动）	Off-road vehicles (4WD) of cylinder capacity exceeding 1L but not exceeding 1.5L, with compression-ignition internal combustion reciprocating piston engine	【最】15【普】230 【协智利】0【协新西兰】0【协哥斯达黎加】0 【协冰岛】0【协澳大利亚】12.5 【协格鲁吉亚】0【协香港】0【协澳门】0 【增】16【对美加征】25【出】0【退】16	辆/千克	6AO	4xy	LM		999	仅装有1升<排气量≤1.5升的压燃式活塞内燃发动机的越野车（四轮驱动）

税则号列			货品名称中英文		税费综合信息	计量单位	监管证件代码		检验检疫类别		检验检疫编码	检验检疫编码对应中文名称
HS国际统一前6位	本国子目 7~8位	本国子目 9~10位	中文 货物名称	英文 Article Description			进口	出口	进口	出口		
870331	22	90	仅装有1升<排气量≤1.5升的压燃式活塞内燃发动机的越野车的成套散件（四轮驱动）	Complete parts of off-road vehicles (4WD) of a cylinder capacity from1L to 1.5 L, with compression-ignition internal combustion reciprocating piston engine	【最】15【普】230 【协智利】0【协新西兰】0【协哥斯达黎加】0 【协冰岛】0【协澳大利亚】12.5 【协格鲁吉亚】0【协香港】0【协澳门】0 【增】16【对美加征】25【出】0【退】16	辆/千克	6O	4xy			999	仅装有1升<排气量≤1.5升的压燃式活塞内燃发动机的越野车的成套散件（四轮驱动）
870331	23	10	仅装有1升<排气量≤1.5升的压燃式活塞内燃发动机的小客车（9座及以下）	Station wagons (with 9seats or less) of cylinder capacity exceeding 1L but not exceeding 1.5L, with compression-ignition internal combustion reciprocating piston engine	【最】15【普】230 【协智利】0【协新西兰】0【协哥斯达黎加】0 【协冰岛】0【协澳大利亚】12.5 【协格鲁吉亚】0【协香港】0【协澳门】0 【增】16【对美加征】25【出】0【退】16	辆/千克	6AO	4xy	LM		999	仅装有1升<排气量≤1.5升的压燃式活塞内燃发动机的小客车（9座及以下）
870331	23	90	仅装有1升<排气量≤1.5升的压燃式活塞内燃发动机小客车（9座及以下）的成套散件	Complete parts of station wagons (9 seats or less) of a cylinder capacity exceeding 1L but not exceeding 1.5L, with compression-ignition internal combustion reciprocating piston engine	【最】15【普】230 【协智利】0【协新西兰】0【协哥斯达黎加】0 【协冰岛】0【协澳大利亚】12.5 【协格鲁吉亚】0【协香港】0【协澳门】0 【增】16【对美加征】25【出】0【退】16	辆/千克	6O	4xy			999	仅装有1升<排气量≤1.5升的压燃式活塞内燃发动机小客车（9座及以下）的成套散件
870331	29	10	仅装有1升<排气量≤1.5升的压燃式活塞内燃发动机的其他载人车辆	Other passenger vehicles of cylinder capacity exceeding 1L but not exceeding 1.5L, with compression-ignition internal combustion reciprocating piston engine	【最】15【普】230 【协东盟】0【协智利】0【协新西兰】0 【协新加坡】0【协秘鲁】0【协哥斯达黎加】0 【协冰岛】0【协澳大利亚】12.5 【协格鲁吉亚】0【协香港】0【协澳门】0 【特-1】0【特-2】0 【增】16【对美加征】25【出】0【退】16	辆/千克	6AO	4xy	LM		999	仅装有1升<排气量≤1.5升的压燃式活塞内燃发动机的其他载人车辆
870331	29	90	仅装有1升<排气量≤1.5升的装压燃式活塞内燃发动机的其他载人车辆的成套散件	Complete parts of other passenger vehicles of a cylinder capacity exceeding 1L but not exceeding 1.5L, with compression-ignition internal combustion reciprocating piston engine	【最】15【普】230 【协东盟】0【协智利】0【协新西兰】0 【协新加坡】0【协秘鲁】0【协哥斯达黎加】0 【协冰岛】0【协澳大利亚】12.5 【协格鲁吉亚】0【协香港】0【协澳门】0 【特-1】0【特-2】0 【增】16【对美加征】25【出】0【退】16	辆/千克	6O	4xy			999	仅装有1升<排气量≤1.5升的装压燃式活塞内燃发动机的其他载人车辆的成套散件
870332	11	10	仅装有1.5升<排量≤2升的压燃式活塞内燃发动机的小轿车	Saloon cars of a cylinder capacity exceeding 1.5L but not exceeding 2L, with compression-ignition internal combustion reciprocating piston engine	【最】15【普】230 【协亚太】13.5【协巴基斯坦】22.5【协智利】0 【协新西兰】0【协哥斯达黎加】0【协冰岛】0 【协澳大利亚】12.5【协格鲁吉亚】0 【协香港】0【协澳门】0 【增】16【对美加征】25【出】0【退】16	辆/千克	6AO	4xy	LM		999	仅装有1.5升<排量≤2升的压燃式活塞内燃发动机的小轿车
870332	11	90	仅装有1.5升<排量≤2升的压燃式活塞内燃发动机的小轿车的成套散件	Complete parts of saloon cars of a cylinder capacity exceeding 1.5L but not exceeding 2L, with compression-ignition internal combustion reciprocating piston engine	【最】15【普】230 【协亚太】13.5【协巴基斯坦】22.5【协智利】0 【协新西兰】0【协哥斯达黎加】0【协冰岛】0 【协澳大利亚】12.5【协格鲁吉亚】0 【协香港】0【协澳门】0 【增】16【对美加征】25【出】0【退】16	辆/千克	6O	4xy			999	仅装有1.5升<排量≤2升的压燃式活塞内燃发动机的小轿车的成套散件

税则号列			货品名称中英文		税费综合信息	计量单位	监管证件代码		检验检疫类别		检验检疫编码	检验检疫编码对应中文名称
HS 国际统一前6位	本国子目 7~8位	本国子目 9~10位	中文 货物名称	英文 Article Description			进口	出口	进口	出口		
870332	12	10	仅装有1.5升<排量≤2升的压燃式活塞内燃发动机的越野车（四轮驱动）	Off-road vehicles (4WD) of cylinder capacity exceeding 1.5L but not exceeding 2L, with compression-ignition internal combustion reciprocating piston engine	【最】15【普】230 【协亚太】13.5【协巴基斯坦】22.5【协智利】0 【协新西兰】0【协哥斯达黎加】0【协冰岛】0 【协澳大利亚】12.5【协韩国】23 【协格鲁吉亚】0【协香港】0【协澳门】0 【增】16【对美加征】25【出】0【退】16	辆/千克	6AO	4xy	LM		999	仅装有1.5升<排量≤2升的压燃式活塞内燃发动机的越野车（四轮驱动）
870332	12	90	仅装有1.5升<排量≤2升的压燃式活塞内燃发动机的越野车的成套散件（四轮驱动）	Complete parts of off-road vehicles (4WD) of a cylinder capacity exceeding 1.5L but not exceeding 2L, with compression-ignition internal combustion reciprocating piston engine	【最】15【普】230 【协亚太】13.5【协巴基斯坦】22.5【协智利】0 【协新西兰】0【协哥斯达黎加】0【协冰岛】0 【协澳大利亚】12.5【协韩国】23 【协格鲁吉亚】0【协香港】0【协澳门】0 【增】16【对美加征】25【出】0【退】16	辆/千克	6O	4xy			999	仅装有1.5升<排量≤2升的压燃式活塞内燃发动机的越野车的成套散件（四轮驱动）
870332	13	10	仅装有1.5升<排量≤2升的装压燃式活塞内燃发动机的小客车（9座及以下）	Station wagons (9 seats or less) of cylinder capacity exceeding 1.5L but not exceeding 2L, with compression-ignition internal combustion reciprocating piston engine	【最】15【普】230 【协亚太】13.5【协巴基斯坦】22.5【协智利】0 【协新西兰】0【协哥斯达黎加】0【协冰岛】0 【协澳大利亚】12.5【协韩国】23 【协格鲁吉亚】0【协香港】0【协澳门】0 【增】16【对美加征】25【出】0【退】16	辆/千克	6AO	4xy	LM		999	仅装有1.5升<排量≤2升的装压燃式活塞内燃发动机的小客车（9座及以下）
870332	13	90	仅装有1.5升<排量≤2升的压燃式活塞内燃发动机小客车（9座及以下）的成套散件	Complete parts of station wagons (9 seats or less) of a cylinder capacity exceeding 1.5L but not exceeding 2L, with compression-ignition internal combustion reciprocating piston engine	【最】15【普】230 【协亚太】13.5【协巴基斯坦】22.5【协智利】0 【协新西兰】0【协哥斯达黎加】0【协冰岛】0 【协澳大利亚】12.5【协韩国】23 【协格鲁吉亚】0【协香港】0【协澳门】0 【增】16【对美加征】25【出】0【退】16	辆/千克	6O	4xy			999	仅装有1.5升<排量≤2升的压燃式活塞内燃发动机小客车（9座及以下）的成套散件
870332	19	10	仅装有1.5升<排量≤2升的压燃式活塞内燃发动机的其他载人车辆	Other passenger vehicles of cylinder capacity exceeding 1.5L but not exceeding 2L, with compression-ignition internal combustion reciprocating piston engine	【最】15【普】230 【协亚太】13.5【协巴基斯坦】22.5【协智利】0 【协新西兰】0【协哥斯达黎加】0【协冰岛】0 【协澳大利亚】12.5【协格鲁吉亚】0 【协香港】0【协澳门】0 【增】16【对美加征】25【出】0【退】16	辆/千克	6AO	4xy	LM		999	仅装有1.5升<排量≤2升的压燃式活塞内燃发动机的其他载人车辆
870332	19	90	仅装有1.5升<排量≤2升的压燃式活塞内燃发动机的其他载人车辆的成套散件	Complete parts of other passenger vehicles of a cylinder capacity exceeding 1.5L but not exceeding 2L, with compression-ignition internal combustion reciprocating piston engine	【最】15【普】230 【协亚太】13.5【协巴基斯坦】22.5【协智利】0 【协新西兰】0【协哥斯达黎加】0【协冰岛】0 【协澳大利亚】12.5【协格鲁吉亚】0 【协香港】0【协澳门】0 【增】16【对美加征】25【出】0【退】16	辆/千克	6O	4xy			999	仅装有1.5升<排量≤2升的压燃式活塞内燃发动机的其他载人车辆的成套散件
870332	21	10	仅装有2升<排量≤2.5升的压燃式活塞内燃发动机的小轿车	Saloon cars of a cylinder capacity exceeding 2L but not exceeding 2.5L, with compression-ignition internal combustion reciprocating piston engine	【最】15【普】230 【协亚太】13.5【协巴基斯坦】22.5【协智利】0 【协新西兰】0【协哥斯达黎加】0【协冰岛】0 【协澳大利亚】12.5【协格鲁吉亚】0 【协香港】0【协澳门】0 【增】16【对美加征】25【出】0【退】16	辆/千克	6AO	4xy	LM		999	仅装有2升<排量≤2.5升的压燃式活塞内燃发动机的小轿车

税则号列			货品名称中英文		税费综合信息	计量单位	监管证件代码		检验检疫类别		检验检疫编码	检验检疫编码对应中文名称
HS国际统一前6位	本国子目 7~8位	本国子目 9~10位	中文 货物名称	英文 Article Description			进口	出口	进口	出口		
870332	21	90	仅装有2升<排量≤2.5升的燃式活塞内燃发动机的小轿车的成套散件	Complete parts of saloon cars of a cylinder capacity exceeding 2L but not exceeding 2.5L, with compression-ignition internal combustion reciprocating piston engine	【最】15【普】230 【协亚太】13.5【协巴基斯坦】22.5【协智利】0 【协新西兰】0【协哥斯达黎加】0【协冰岛】0 【协澳大利亚】12.5【协格鲁吉亚】0 【协香港】0【协澳门】0 【增】16【对美加征】25【出】0【退】16	辆/千克	6O	4xy			999	仅装有2升<排量≤2.5升的燃式活塞内燃发动机的小轿车的成套散件
870332	22	10	仅装有2升<排量≤2.5升的燃式活塞内燃发动机的越野车（四轮驱动）	Off-road vehicles (4WD) of cylinder capacity exceeding 2L but not exceeding 2.5L, with compression-ignition internal combustion reciprocating piston engine	【最】15【普】230 【协亚太】13.5【协巴基斯坦】22.5【协智利】0 【协新西兰】0【协哥斯达黎加】0【协冰岛】0 【协澳大利亚】12.5【协格鲁吉亚】0 【协香港】0【协澳门】0 【增】16【对美加征】25【出】0【退】16	辆/千克	6AO	4xy	LM		999	仅装有2升<排量≤2.5升的燃式活塞内燃发动机的越野车（四轮驱动）
870332	22	90	仅装有2升<排量≤2.5升的燃式活塞内燃发动机的越野车的成套散件（四轮驱动）	Complete parts of off-road vehicles (4WD) of a cylinder capacity exceeding 2L but not exceeding 2.5L, with compression-ignition internal combustion reciprocating piston engine	【最】15【普】230 【协亚太】13.5【协巴基斯坦】22.5【协智利】0 【协新西兰】0【协哥斯达黎加】0【协冰岛】0 【协澳大利亚】12.5【协格鲁吉亚】0 【协香港】0【协澳门】0 【增】16【对美加征】25【出】0【退】16	辆/千克	6O	4xy			999	仅装有2升<排量≤2.5升的燃式活塞内燃发动机的越野车的成套散件（四轮驱动）
870332	23	10	仅装有2升<排量≤2.5升的燃式活塞内燃发动机的小客车（9座及以下）	Station wagons (9 seats or less) of cylinder capacity exceeding 2L but not exceeding 2.5L, with compression-ignition internal combustion reciprocating piston engine	【最】15【普】230 【协亚太】13.5【协巴基斯坦】22.5【协智利】0 【协新西兰】0【协哥斯达黎加】0【协冰岛】0 【协澳大利亚】12.5【协韩国】23 【协格鲁吉亚】0【协香港】0【协澳门】0 【增】16【对美加征】25【出】0【退】16	辆/千克	6AO	4xy	LM		999	仅装有2升<排量≤2.5升的燃式活塞内燃发动机的小客车（9座及以下）
870332	23	90	仅装有2升<排量≤2.5升的压燃发动机的小客车（9座及以下）的成套散件	Complete parts of station wagons (9 seats or less) of a cylinder capacity from 2L to2.5L, with compression-ignition internal combustion reciprocating piston engine	【最】15【普】230 【协亚太】13.5【协巴基斯坦】22.5【协智利】0 【协新西兰】0【协哥斯达黎加】0【协冰岛】0 【协澳大利亚】12.5【协韩国】23 【协格鲁吉亚】0【协香港】0【协澳门】0 【增】16【对美加征】25【出】0【退】16	辆/千克	6O	4xy			999	仅装有2升<排量≤2.5升的压燃式活塞内燃发动机的小客车（9座及以下）的成套散件
870332	29	10	仅装有2升<排量≤2.5升的压燃式活塞内燃发动机的其他载人车辆	Other passenger vehicles of cylinder capacity exceeding 2L but not exceeding 2.5L, with compression-ignition internal combustion reciprocating piston engine	【最】15【普】230 【协亚太】13.5【协巴基斯坦】22.5【协智利】0 【协新西兰】0【协哥斯达黎加】0【协冰岛】0 【协澳大利亚】12.5【协格鲁吉亚】0 【协香港】0【协澳门】0 【增】16【对美加征】25【出】0【退】16	辆/千克	6AO	4xy	LM		999	仅装有2升<排量≤2.5升的压燃式活塞内燃发动机的其他载人车辆
870332	29	90	仅装有2升<排量≤2.5升的压燃式活塞内燃发动机的其他载人车辆的成套散件	Complete parts of other vehicles of a cylinder capacity exceeding 2L but not exceeding 2.5L, with compression-ignition internal combustion reciprocating piston engine	【最】15【普】230 【协亚太】13.5【协巴基斯坦】22.5【协智利】0 【协新西兰】0【协哥斯达黎加】0【协冰岛】0 【协澳大利亚】12.5【协格鲁吉亚】0 【协香港】0【协澳门】0 【增】16【对美加征】25【出】0【退】16	辆/千克	6O	4xy			999	仅装有2升<排量≤2.5升的压燃式活塞内燃发动机的其他载人车辆的成套散件
870333	11	10	仅装有2.5升<排量≤3升的压燃式活塞内燃发动机的小轿车	Saloon cars of a cylinder capacity exceeding 2.5L but not exceeding 3L, with compression-ignition internal combustion reciprocating piston engine	【最】15【普】270 【协亚太】13.5【协东盟】0【协巴基斯坦】22.5 【协智利】0【协新西兰】0【协新加坡】0 【协哥斯达黎加】0【协冰岛】0 【协澳大利亚】12.5【协格鲁吉亚】0 【协香港】0【协澳门】0 【增】16【对美加征】25【出】0【退】16	辆/千克	6AO	4xy	LM		999	仅装有2.5升<排量≤3升的压燃式活塞内燃发动机的小轿车

税则号列			货品名称中英文		税费综合信息	计量单位	监管证件代码		检验检疫类别		检验检疫编码	检验检疫编码对应中文名称
HS 国际统一前6位	本国子目 7~8位	本国子目 9~10位	中文 货物名称	英文 Article Description			进口	出口	进口	出口		
870333	11	90	仅装有 2.5 升<排量≤3 升的压燃式活塞内燃发动机的小轿车的成套散件	Complete parts of saloon cars of a cylinder capacity exceeding 2.5L but not exceeding 3L, with compression-ignition internal combustion reciprocating piston engine	【最】15【普】270 【协亚太】13.5【协东盟】0【协巴基斯坦】22.5 【协智利】0【协新西兰】0【协新加坡】0 【协哥斯达黎加】0【协冰岛】0 【协澳大利亚】12.5【协格鲁吉亚】0 【协香港】0【协澳门】0 【增】16【对美加征】25【出】0【退】16	辆/千克	6O	4xy			999	仅装有 2.5 升<排量≤3 升的压燃式活塞内燃发动机的小轿车的成套散件
870333	12	10	仅装有 2.5 升<排量≤3 升的压燃式活塞内燃发动机的越野车（四轮驱动）	Off-road vehicles (4WD) of cylinder capacity exceeding 2.5L but not exceeding 3L, with compression-ignition internal combustion reciprocating piston engine	【最】15【普】270 【协亚太】13.5【协东盟】0【协巴基斯坦】22.5 【协智利】0【协新西兰】0【协新加坡】0 【协哥斯达黎加】0【协冰岛】0 【协澳大利亚】12.5【协韩国】23 【协格鲁吉亚】0【协香港】0【协澳门】0 【增】16【对美加征】25【出】0【退】16	辆/千克	6AO	4xy	LM		999	仅装有 2.5 升<排量≤3 升的压燃式活塞内燃发动机的越野车（四轮驱动）
870333	12	90	仅装有 2.5 升<排量≤3 升的压燃发动机的越野车的成套散件（四轮驱动）	Complete parts of off-road vehicles (4WD) of a cylinder capacity exceeding 2.5L but not exceeding 3L, with compression-ignition internal combustion reciprocating piston engine	【最】15【普】270 【协亚太】13.5【协东盟】0【协巴基斯坦】22.5 【协智利】0【协新西兰】0【协新加坡】0 【协哥斯达黎加】0【协冰岛】0 【协澳大利亚】12.5【协韩国】23 【协格鲁吉亚】0【协香港】0【协澳门】0 【增】16【对美加征】25【出】0【退】16	辆/千克	6O	4xy			999	仅装有 2.5 升<排量≤3 升的压燃式活塞内燃发动机的越野车的成套散件（四轮驱动）
870333	13	10	仅装有 2.5 升<排量≤3 升的压燃式活塞内燃发动机的小客车（9 座及以下）	Station wagons (9 seats or less) of cylinder capacity exceeding 2.5L but not exceeding 3L, with compression-ignition internal combustion reciprocating piston engine	【最】15【普】270 【协亚太】13.5【协东盟】0【协巴基斯坦】22.5 【协智利】0【协新西兰】0【协新加坡】0 【协哥斯达黎加】0【协冰岛】0 【协澳大利亚】12.5【协格鲁吉亚】0 【协香港】0【协澳门】0 【增】16【对美加征】25【出】0【退】16	辆/千克	6AO	4xy	LM		999	仅装有 2.5 升<排量≤3 升的压燃式活塞内燃发动机的小客车（9 座及以下）
870333	13	90	仅装有 2.5 升<排量≤3 升的压燃发动机的小客车（9 座及以下）的成套散件	Complete parts of station wagons (9 seats or less) of a cylinder capacity exceeding 2.5L but not exceeding 3L, with compression-ignition internal combustion reciprocating piston engine	【最】15【普】270 【协亚太】13.5【协东盟】0【协巴基斯坦】22.5 【协智利】0【协新西兰】0【协新加坡】0 【协哥斯达黎加】0【协冰岛】0 【协澳大利亚】12.5【协格鲁吉亚】0 【协香港】0【协澳门】0 【增】16【对美加征】25【出】0【退】16	辆/千克	6O	4xy			999	仅装有 2.5 升<排量≤3 升的压燃式活塞内燃发动机的小客车（9 座及以下）的成套散件
870333	19	10	仅装有 2.5 升<排量≤3 升的压燃式活塞内燃发动机的其他载人车辆	Other passenger vehicles of cylinder capacity exceeding 2.5L but not exceeding 3L, with compression-ignition internal combustion reciprocating piston engine	【最】15【普】270 【协亚太】13.5【协东盟】0【协巴基斯坦】22.5 【协智利】0【协新西兰】0【协新加坡】0 【协哥斯达黎加】0【协冰岛】0 【协澳大利亚】12.5【协格鲁吉亚】0 【协香港】0【协澳门】0 【增】16【对美加征】25【出】0【退】16	辆/千克	6AO	4xy	LM		999	仅装有 2.5 升<排量≤3 升的压燃式活塞内燃发动机的其他载人车辆
870333	19	90	仅装有 2.5 升<排量≤3 升的压燃式活塞内燃发动机的其他载人车辆的成套散件	Complete parts of other passenger vehicles of a cylinder capacity exceeding 2.5L but not exceeding 3L, with compression-ignition internal combustion reciprocating piston engine	【最】15【普】270 【协亚太】13.5【协东盟】0【协巴基斯坦】22.5 【协智利】0【协新西兰】0【协新加坡】0 【协哥斯达黎加】0【协冰岛】0 【协澳大利亚】12.5【协格鲁吉亚】0 【协香港】0【协澳门】0 【增】16【对美加征】25【出】0【退】16	辆/千克	6O	4xy			999	仅装有 2.5 升<排量≤3 升的压燃式活塞内燃发动机的其他载人车辆的成套散件

税则号列 HS国际统一前6位	本国子目 7~8位	本国子目 9~10位	货品名称中英文 中文货物名称	货品名称中英文 英文 Article Description	税费综合信息	计量单位	监管证件代码 进口	监管证件代码 出口	检验检疫类别 进口	检验检疫类别 出口	检验检疫编码	检验检疫编码对应中文名称
870333	21	10	仅装有3升<排量≤4升的压燃式活塞内燃发动机的小轿车	Saloon cars of a cylinder capacity exceeding 3L but not exceeding 4L, with compression-ignition internal combustion reciprocating piston engine	【最】15【普】270 【协亚太】13.5【协东盟】0【协巴基斯坦】22.5 【协智利】0【协新西兰】0【协新加坡】0 【协哥斯达黎加】0【协冰岛】0 【协澳大利亚】12.5【协格鲁吉亚】0 【协香港】0【协澳门】0 【特-1】0 【增】16【对美加征】25【出】0【退】16	辆/千克	6AO	4xy	LM		999	仅装有3升<排量≤4升的压燃式活塞内燃发动机的小轿车
870333	21	90	仅装有3升<排量≤4升的压燃式活塞内燃发动机的小轿车的成套散件	Complete parts of saloon cars of a cylinder capacity exceeding 3L but not exceeding 4L, with compression-ignition internal combustion reciprocating piston engine	【最】15【普】270 【协亚太】13.5【协东盟】0【协巴基斯坦】22.5 【协智利】0【协新西兰】0【协新加坡】0 【协哥斯达黎加】0【协冰岛】0 【协澳大利亚】12.5【协格鲁吉亚】0 【协香港】0【协澳门】0 【特-1】0 【增】16【对美加征】25【出】0【退】16	辆/千克	60	4xy			999	仅装有3升<排量≤4升的压燃式活塞内燃发动机的小轿车的成套散件
870333	22	10	仅装有3升<排量≤4升的压燃式活塞内燃发动机的越野车（四轮驱动）	Off-road vehicles (4WD) of cylinder capacity exceeding 3L but not exceeding 4L, with compression-ignition internal combustion reciprocating piston engine	【最】15【普】270 【协亚太】13.5【协东盟】0【协巴基斯坦】22.5 【协智利】0【协新西兰】0【协新加坡】0 【协哥斯达黎加】0【协冰岛】0 【协澳大利亚】12.5【协格鲁吉亚】0 【协香港】0【协澳门】0 【特-1】0 【增】16【对美加征】25【出】0【退】16	辆/千克	6AO	4xy	LM		999	仅装有3升<排量≤4升的压燃式活塞内燃发动机的越野车（四轮驱动）
870333	22	90	仅装有3升<排量≤4升的压燃式活塞内燃发动机的越野车的成套散件（四轮驱动）	Complete parts of off-road vehicles (4WD) of a cylinder capacity exceeding 3L but not exceeding 4L, with compression-ignition internal combustion reciprocating piston engine	【最】15【普】270 【协亚太】13.5【协东盟】0【协巴基斯坦】22.5 【协智利】0【协新西兰】0【协新加坡】0 【协哥斯达黎加】0【协冰岛】0 【协澳大利亚】12.5【协格鲁吉亚】0 【协香港】0【协澳门】0 【特-1】0 【增】16【对美加征】25【出】0【退】16	辆/千克	60	4xy			999	仅装有3升<排量≤4升的压燃式活塞内燃发动机的越野车的成套散件（四轮驱动）
870333	23	10	仅装有3升<排量≤4升的压燃式活塞内燃发动机的小客车（9座及以下）	Station wagons (9 seats or less) of cylinder capacity exceeding 3L but not exceeding 4L, with compression-ignition internal combustion reciprocating piston engine	【最】15【普】270 【协亚太】13.5【协东盟】0【协巴基斯坦】22.5 【协智利】0【协新西兰】0【协新加坡】0 【协哥斯达黎加】0【协冰岛】0 【协澳大利亚】12.5【协格鲁吉亚】0 【协香港】0【协澳门】0 【特-1】0 【增】16【对美加征】25【出】0【退】16	辆/千克	6AO	4xy	LM		999	仅装有3升<排量≤4升的压燃式活塞内燃发动机的小客车（9座及以下）
870333	23	90	仅装有3升<排量≤4升的压燃式活塞内燃发动机的小客车的成套散件（9座及以下）	Complete parts of station wagons (9 seats or less) of a cylinder capacity exceeding 3L but not exceeding 4L, with compression-ignition internal combustion reciprocating piston engine	【最】15【普】270 【协亚太】13.5【协东盟】0【协巴基斯坦】22.5 【协智利】0【协新西兰】0【协新加坡】0 【协哥斯达黎加】0【协冰岛】0 【协澳大利亚】12.5【协格鲁吉亚】0 【协香港】0【协澳门】0 【特-1】0 【增】16【对美加征】25【出】0【退】16	辆/千克	60	4xy			999	仅装有3升<排量≤4升的压燃式活塞内燃发动机的小客车的成套散件（9座及以下）
870333	29	10	仅装有3升<排量≤4升的压燃式活塞内燃发动机的其他载人车辆	Other passenger vehicles of cylinder capacity exceeding 3L but not exceeding 4L, with compression-ignition internal combustion reciprocating piston engine	【最】15【普】270 【协亚太】13.5【协东盟】0【协巴基斯坦】22.5 【协智利】0【协新西兰】0【协新加坡】0 【协哥斯达黎加】0【协冰岛】0 【协澳大利亚】12.5【协格鲁吉亚】0 【协香港】0【协澳门】0 【特-1】0 【增】16【对美加征】25【出】0【退】16	辆/千克	6AO	4xy	LM		999	仅装有3升<排量≤4升的压燃式活塞内燃发动机的其他载人车辆
870333	29	90	仅装有3升<排量≤4升的压燃式活塞内燃发动机的其他载人车辆的成套散件	Complete parts of other passenger vehicles of a cylinder capacity exceeding 3L but not exceeding 4L, with compression-ignition internal combustion reciprocating piston engine	【最】15【普】270 【协亚太】13.5【协东盟】0【协巴基斯坦】22.5 【协智利】0【协新西兰】0【协新加坡】0 【协哥斯达黎加】0【协冰岛】0 【协澳大利亚】12.5【协格鲁吉亚】0 【协香港】0【协澳门】0 【特-1】0 【增】16【对美加征】25【出】0【退】16	辆/千克	60	4xy			999	仅装有3升<排量≤4升的压燃式活塞内燃发动机的其他载人车辆的成套散件

税则号列 HS国际统一前6位	本国子目 7~8位	本国子目 9~10位	货品名称中英文 中文 货物名称	货品名称中英文 英文 Article Description	税费综合信息	计量单位	监管证件代码 进口	监管证件代码 出口	检验检疫类别 进口	检验检疫类别 出口	检验检疫编码	检验检疫编码对应中文名称
870333	61	10	仅装有排量>4升的压燃式活塞内燃发动机的小轿车	Saloon cars of a cylinder capacity exceeding 4L, with compression-ignition internal combustion reciprocating piston engine	【最】15【普】270 【协亚太】13.5【协东盟】0【协巴基斯坦】22.5 【协智利】0【协新西兰】0【协新加坡】0 【协哥斯达黎加】0【协冰岛】0【协澳大利亚】0 【协格鲁吉亚】0【协香港】0【协澳门】0 【特-1】0 【增】16【对美加征】25【出】0【退】16	辆/千克	6AO	4xy	LM		999	仅装有排量>4升的压燃式活塞内燃发动机的小轿车
870333	61	90	仅装有排量>4升的压燃式活塞内燃发动机的小轿车的成套散件	Complete parts of saloon cars of a cylinder capacity exceeding 4L, with compression-ignition internal combustion reciprocating piston engine	【最】15【普】270 【协亚太】13.5【协东盟】0【协巴基斯坦】22.5 【协智利】0【协新西兰】0【协新加坡】0 【协哥斯达黎加】0【协冰岛】0【协澳大利亚】0 【协格鲁吉亚】0【协香港】0【协澳门】0 【特-1】0 【增】16【对美加征】25【出】0【退】16	辆/千克	6O	4xy			999	仅装有排量>4升的压燃式活塞内燃发动机的小轿车的成套散件
870333	62	10	仅装有排量>4升的压燃式活塞内燃发动机的越野车（四轮驱动）	Off-road vehicles (4WD) of cylinder capacity exceeding 4L, with compression-ignition internal combustion reciprocating piston engine	【最】15【普】270 【协亚太】13.5【协东盟】0【协巴基斯坦】22.5 【协智利】0【协新西兰】0【协新加坡】0 【协哥斯达黎加】0【协冰岛】0【协澳大利亚】0 【协格鲁吉亚】0【协香港】0【协澳门】0 【特-1】0 【增】16【对美加征】25【出】0【退】16	辆/千克	6AO	4xy	LM		999	仅装有排量>4升的压燃式活塞内燃发动机的越野车（四轮驱动）
870333	62	90	仅装有排量>4升的压燃式活塞内燃发动机的越野车的成套散件（四轮驱动）	Complete parts of off-road vehicles (4WD) of a cylinder capacity exceeding 4L, with compression-ignition internal combustion reciprocating piston engine	【最】15【普】270 【协亚太】13.5【协东盟】0【协巴基斯坦】22.5 【协智利】0【协新西兰】0【协新加坡】0 【协哥斯达黎加】0【协冰岛】0【协澳大利亚】0 【协格鲁吉亚】0【协香港】0【协澳门】0 【特-1】0 【增】16【对美加征】25【出】0【退】16	辆/千克	6O	4xy			999	仅装有排量>4升的压燃式活塞内燃发动机的越野车的成套散件（四轮驱动）
870333	63	10	仅装有排量>4升的压燃式活塞内燃发动机的小客车（9座及以下）	Station wagons (9 seats or less) of cylinder capacity exceeding 4L, with compression-ignition internal combustion reciprocating piston engine	【最】15【普】270 【协亚太】13.5【协东盟】0【协巴基斯坦】22.5 【协智利】0【协新西兰】0【协新加坡】0 【协哥斯达黎加】0【协冰岛】0【协澳大利亚】0 【协格鲁吉亚】0【协香港】0【协澳门】0 【特-1】0 【增】16【对美加征】25【出】0【退】16	辆/千克	6AO	4xy	LM		999	仅装有排量>4升的压燃式活塞内燃发动机的小客车（9座及以下）
870333	63	90	仅装有排量>4升的压燃式活塞内燃发动机的小客车（9座及以下）的成套散件	Complete parts of station wagons (9 seats or less) of a cylinder capacity exceeding 4L, with compression-ignition internal combustion reciprocating piston engine	【最】15【普】270 【协亚太】13.5【协东盟】0【协巴基斯坦】22.5 【协智利】0【协新西兰】0【协新加坡】0 【协哥斯达黎加】0【协冰岛】0【协澳大利亚】0 【协格鲁吉亚】0【协香港】0【协澳门】0 【特-1】0 【增】16【对美加征】25【出】0【退】16	辆/千克	6O	4xy			999	仅装有排量>4升的压燃式活塞内燃发动机的小客车（9座及以下）的成套散件
870333	69	10	仅装有排量>4升的压燃式活塞内燃发动机的其他载人车辆	Other passenger vehicles of cylinder capacity exceeding 4L, with compression-ignition internal combustion reciprocating piston engine	【最】15【普】270 【协亚太】13.5【协东盟】0【协巴基斯坦】22.5 【协智利】0【协新西兰】0【协新加坡】0 【协哥斯达黎加】0【协冰岛】0【协澳大利亚】0 【协格鲁吉亚】0【协香港】0【协澳门】0 【特-1】0 【增】16【对美加征】25【出】0【退】16	辆/千克	6AO	4xy	LM		999	仅装有排量>4升的压燃式活塞内燃发动机的其他载人车辆
870333	69	90	仅装有排量>4升的压燃式活塞内燃发动机其他载人车辆的成套散件	Complete parts of other passenger vehicles of a cylinder capacity exceeding 4L, with compression-ignition internal combustion reciprocating piston engine	【最】15【普】270 【协亚太】13.5【协东盟】0【协巴基斯坦】22.5 【协智利】0【协新西兰】0【协新加坡】0 【协哥斯达黎加】0【协冰岛】0【协澳大利亚】0 【协格鲁吉亚】0【协香港】0【协澳门】0 【特-1】0 【增】16【对美加征】25【出】0【退】16	辆/千克	6O	4xy			999	仅装有排量>4升的压燃式活塞内燃发动机其他载人车辆的成套散件

税则号列			货品名称中英文		税费综合信息	计量单位	监管证件代码		检验检疫类别		检验检疫编码	检验检疫编码对应中文名称
HS国际统一前6位	本国子目7~8位	9~10位	中文 货物名称	英文 Article Description			进口	出口	进口	出口		
870340	11	10	同时装有点燃往复式活塞内燃发动机（排量≤1升）及驱动电动机的小轿车（可通过接插外部电源进行充电的除外）	Saloon cars of cylinder capacity not exceeding 1L, with spark-ignition internal combustion eciprocating piston engine, with drive motor (Except for charging by external power supply)	【最】15【普】230 【协亚太】13.5【协巴基斯坦】22.5【协智利】0 【协新西兰】0【协哥斯达黎加】0【协冰岛】0 【协澳大利亚】0【协香港】0【协澳门】0 【增】16【对美加征】25【出】0【退】16	辆/千克	6AO	4xy	LM		999	同时装有点燃往复式活塞内燃发动机（排量≤1升）及驱动电动机的小轿车（可通过接插外部电源进行充电的除外）
870340	11	90	同时装有点燃往复式活塞内燃发动（排量≤1升）及驱动电动机的小轿车的成套散件（可通过接插外部电源进行充电的除外）	Complete parts of saloon cars of cylinder capacity not exceeding 1L, with spark-ignition internal combustion eciprocating piston engine, with drive motor (Except for charging by external power supply)	【最】15【普】230 【协亚太】13.5【协巴基斯坦】22.5【协智利】0 【协新西兰】0【协哥斯达黎加】0【协冰岛】0 【协澳大利亚】0【协香港】0【协澳门】0 【增】16【对美加征】25【出】0【退】16	辆/千克	6O	4xy			999	同时装有点燃往复式活塞内燃发动机（排量≤1升）及驱动电动机的小轿车的成套散件（可通过接插外部电源进行充电的除外）
870340	12	10	同时装有点燃往复式活塞内燃发动机（排量≤1升）及驱动电动机的越野车（四轮驱动）（可通过接插外部电源进行充电的除外）	Off-road vehicles (4WD) of cylinder capacity not exceeding 1L, with spark-ignition internal combustion eciprocating piston engine, with drive motor (Except for charging by external power supply)	【最】15【普】230 【协亚太】13.5【协巴基斯坦】22.5【协智利】0 【协新西兰】0【协哥斯达黎加】0【协冰岛】0 【协澳大利亚】0【协香港】0【协澳门】0 【增】16【对美加征】25【出】0【退】16	辆/千克	6AO	4xy	LM		999	同时装有点燃往复式活塞内燃发动机（排量≤1升）及驱动电动机的越野车（四轮驱动）（可通过接插外部电源进行充电的除外）
870340	12	90	同时装有点燃往复式活塞内燃发动机（排量≤1升）及驱动电动机的越野车（四轮驱动）的成套散件（可通过接插外部电源进行充电的除外）	Complete parts of off-road vehicles (4WD) of cylinder capacity not exceeding 1L, with spark-ignition internal combustion eciprocating piston engine, with drive motor (Except for charging by external power supply)	【最】15【普】230 【协亚太】13.5【协巴基斯坦】22.5【协智利】0 【协新西兰】0【协哥斯达黎加】0【协冰岛】0 【协澳大利亚】0【协香港】0【协澳门】0 【增】16【对美加征】25【出】0【退】16	辆/千克	6O	4xy			999	同时装有点燃往复式活塞内燃发动机（排量≤1升）及驱动电动机的越野车（四轮驱动）的成套散件（可通过接插外部电源进行充电的除外）
870340	13	10	同时装有点燃往复式活塞内燃发动机（排量≤1升）及驱动电动机的小客车（9座及以下，可通过接插外部电源进行充电的除外）	Station wagons (9 seats or less) of cylinder capacity not exceeding 1L, with spark-ignition internal combustion eciprocating piston engine, with drive motor (Except for charging by external power supply)	【最】15【普】230 【协亚太】13.5【协巴基斯坦】22.5【协智利】0 【协新西兰】0【协哥斯达黎加】0【协冰岛】0 【协澳大利亚】0【协香港】0【协澳门】0 【增】16【对美加征】25【出】0【退】16	辆/千克	6AO	4xy	LM		999	同时装有点燃往复式活塞内燃发动机（排量≤1升）及驱动电动机的小客车（9座及以下，可通过接插外部电源进行充电的除外）
870340	13	90	同时装有点燃往复式活塞内燃发动机（排量≤1升）及驱动电动机的小客车（9座及以下，可通过接插外部电源进行充电的除外）的成套散件	Complete parts of station wagons (9 seats or less) of cylinder capacity not exceeding 1L, with spark-ignition internal combustion eciprocating piston engine, with drive motor (Except for charging by external power supply)	【最】15【普】230 【协亚太】13.5【协巴基斯坦】22.5【协智利】0 【协新西兰】0【协哥斯达黎加】0【协冰岛】0 【协澳大利亚】0【协香港】0【协澳门】0 【增】16【对美加征】25【出】0【退】16	辆/千克	6O	4xy			999	同时装有点燃往复式活塞内燃发动机（排量≤1升）及驱动电动机的小客车（9座及以下，可通过接插外部电源进行充电的除外）的成套散件

税则号列 HS国际统一前6位	本国子目 7~8位	本国子目 9~10位	货品名称中英文 中文 货物名称	货品名称中英文 英文 Article Description	税费综合信息	计量单位	监管证件代码 进口	监管证件代码 出口	检验检疫类别 进口	检验检疫类别 出口	检验检疫编码	检验检疫编码对应中文名称
870340	19	10	同时装有点燃往复式活塞内燃发动机（排量≤1升）及驱动电动机的其他载人车辆（可通过接插外部电源进行充电的除外）	Other passenger vehicles of cylinder capacity not exceeding 1L, with spark-ignition internal combustion eciprocating piston engine, with drive motor (Except for charging by external power supply)	【最】15【普】230 【协亚太】13.5【协巴基斯坦】22.5【协智利】0 【协新西兰】0【协哥斯达黎加】0【协冰岛】0 【协澳大利亚】0【协香港】0【协澳门】0 【增】16【对美加征】25【出】0【退】16	辆/千克	6AO	4xy	LM		999	同时装有点燃往复式活塞内燃发动机（排量≤1升）及驱动电动机的其他载人车辆（可通过接插外部电源进行充电的除外）
870340	19	90	同时装有点燃往复式活塞内燃发动机（排量≤1升）及驱动电动机的其他载人车辆的成套散件（可通过接插外部电源进行充电的除外）	Complete parts of Other passenger vehicles of cylinder capacity not exceeding 1L, with spark-ignition internal combustion eciprocating piston engine, with drive motor (Except for charging by external power supply)	【最】15【普】230 【协亚太】13.5【协巴基斯坦】22.5【协智利】0 【协新西兰】0【协哥斯达黎加】0【协冰岛】0 【协澳大利亚】0【协香港】0【协澳门】0 【增】16【对美加征】25【出】0【退】16	辆/千克	6O	4xy			999	同时装有点燃往复式活塞内燃发动机（排量≤1升）及驱动电动机的其他载人车辆的成套散件（可通过接插外部电源进行充电的除外）
870340	21	10	同时装有点燃往复式活塞内燃发动机（1升<排量≤1.5升）及驱动电动机的小轿车（可通过接插外部电源进行充电的除外）	Saloon cars of cylinder capacity exceeding 1L but not exceeding 1.5L, with spark-ignition internal combustion eciprocating piston engine, with drive motor (Except for charging by external power supply)	【最】15【普】230 【协亚太】13.5【协巴基斯坦】22.5【协智利】0 【协新西兰】0【协哥斯达黎加】0【协冰岛】0 【协澳大利亚】0【协韩国】23 【协香港】0【协澳门】0 【增】16【对美加征】25【出】0【退】16	辆/千克	6AO	4xy	LM		999	同时装有点燃往复式活塞内燃发动机（1升<排量≤1.5升）及驱动电动机的小轿车（可通过接插外部电源进行充电的除外）
870340	21	90	同时装有点燃往复式活塞内燃发动机（1升<排量≤1.5升）及驱动电动机的小轿车的成套散件（可通过接插外部电源进行充电的除外）	Complete parts of saloon cars of cylinder capacity exceeding 1L but not exceeding 1.5L, with spark-ignition internal combustion eciprocating piston engine, with drive motor (Except for charging by external power supply)	【最】15【普】230 【协亚太】13.5【协巴基斯坦】22.5【协智利】0 【协新西兰】0【协哥斯达黎加】0【协冰岛】0 【协澳大利亚】0【协韩国】23 【协香港】0【协澳门】0 【增】16【对美加征】25【出】0【退】16	辆/千克	6O	4xy			999	同时装有点燃往复式活塞内燃发动机（1升<排量≤1.5升）及驱动电动机的小轿车的成套散件（可通过接插外部电源进行充电的除外）
870340	22	10	同时装有点燃往复式活塞内燃发动机（1升<排量≤1.5升）及驱动电动机的四轮驱动越野车（可通过接插外部电源进行充电的除外）	Off-road vehicles (4WD) of cylinder capacity exceeding 1L but not exceeding 1.5L, with spark-ignition internal combustion eciprocating piston engine with drive motor (Except for charging by external power supply)	【最】15【普】230 【协亚太】13.5【协巴基斯坦】22.5【协智利】0 【协新西兰】0【协哥斯达黎加】0【协冰岛】0 【协澳大利亚】0【协香港】0【协澳门】0 【增】16【对美加征】25【出】0【退】16	辆/千克	6AO	4xy	LM		999	同时装有点燃往复式活塞内燃发动机（1升<排量≤1.5升）及驱动电动机的四轮驱动越野车（可通过接插外部电源进行充电的除外）
870340	22	90	同时装有点燃往复式活塞内燃发动机（1升<排量≤1.5升）及驱动电动机的四轮驱动越野车（可通过接插外部电源进行充电的除外）的成套散件	Complete parts of Off-road vehicles (4WD) of cylinder capacity exceeding 1L but not exceeding 1.5L, with spark-ignition internal combustion eciprocating piston engine, with drive motor (Except for chargingby external power supply)	【最】15【普】230 【协亚太】13.5【协巴基斯坦】22.5【协智利】0 【协新西兰】0【协哥斯达黎加】0【协冰岛】0 【协澳大利亚】0【协香港】0【协澳门】0 【增】16【对美加征】25【出】0【退】16	辆/千克	6O	4xy			999	同时装有点燃往复式活塞内燃发动机（1升<排量≤1.5升）及驱动电动机的四轮驱动越野车（可通过接插外部电源进行充电的除外）的成套散件

税则号列 HS国际统一前6位	本国子目 7~8位	本国子目 9~10位	货品名称中英文 中文 货物名称	货品名称中英文 英文 Article Description	税费综合信息	计量单位	监管证件代码 进口	监管证件代码 出口	检验检疫类别 进口	检验检疫类别 出口	检验检疫编码	检验检疫编码对应中文名称
870340	23	10	同时装有点燃往复式活塞内燃发动机（1升<排量≤1.5升）及驱动电动机的小客车（9座及以下，可通过接插外部电源进行充电的除外）	Station wagons (9 seats or less) of cylinder capacity exceeding 1L but not exceeding 1.5L, with spark-ignition internal combustion eciprocating piston engine, with drive motor (Except for charging by external power supply)	【最】15【普】230 【协亚太】13.5【协巴基斯坦】22.5【协智利】0 【协新西兰】0【协哥斯达黎加】0【协冰岛】0 【协澳大利亚】0【协香港】0【协澳门】0 【增】16【对美加征】25【出】0【退】16	辆/千克	6AO	4xy	LM		999	同时装有点燃往复式活塞内燃发动机（1升<排量≤1.5升）及驱动电动机的小客车（9座及以下，可通过接插外部电源进行充电的除外）
870340	23	90	同时装有点燃往复式活塞内燃发动机（1升<排量≤1.5升）及驱动电动机的小客车（9座及以下，可通过接插外部电源进行充电的除外）的成套散件	Complete parts of Station wagons (9 seats or less) of cylinder capacity exceeding 1L but not exceeding 1.5L, with spark-ignition internal combustion eciprocating piston engine, with drive motor (Except for charging by external power supply)	【最】15【普】230 【协亚太】13.5【协巴基斯坦】22.5【协智利】0 【协新西兰】0【协哥斯达黎加】0【协冰岛】0 【协澳大利亚】0【协香港】0【协澳门】0 【增】16【对美加征】25【出】0【退】16	辆/千克	60	4xy			999	同时装有点燃往复式活塞内燃发动机（1升<排量≤1.5升）及驱动电动机的小客车（9座及以下，可通过接插外部电源进行充电的除外）的成套散件
870340	29	10	同时装有点燃往复式活塞内燃发动机（1升<排量≤1.5升）及驱动电动机的其他载人车辆（可通过接插外部电源进行充电的除外）	Other passenger vehicles of cylinder capacity exceeding 1L but not exceeding 1.5L, with spark-ignition internal combustion eciprocating piston engine, with drive motor (Except for charging by external power supply)	【最】15【普】230 【协亚太】13.5【协巴基斯坦】22.5【协智利】0 【协新西兰】0【协哥斯达黎加】0【协冰岛】0 【协澳大利亚】0【协香港】0【协澳门】0 【增】16【对美加征】25【出】0【退】16	辆/千克	6AO	4xy	LM		999	同时装有点燃往复式活塞内燃发动机（1升<排量≤1.5升）及驱动电动机的其他载人车辆（可通过接插外部电源进行充电的除外）
870340	29	90	同时装有点燃往复式活塞内燃发动机（1升<排量≤1.5升）及驱动电动机的其他载人车辆（可通过接插外部电源进行充电的除外）的成套散件	Complete parts of Other passenger vehicles of cylinder capacity exceeding 1L but not exceeding 1.5L, with spark-ignition internal combustion eciprocating piston engine, with drive motor (Except for charging by external power supply)	【最】15【普】230 【协亚太】13.5【协巴基斯坦】22.5【协智利】0 【协新西兰】0【协哥斯达黎加】0【协冰岛】0 【协澳大利亚】0【协香港】0【协澳门】0 【增】16【对美加征】25【出】0【退】16	辆/千克	60	4xy			999	同时装有点燃往复式活塞内燃发动机（1升<排量≤1.5升）及驱动电动机的其他载人车辆（可通过接插外部电源进行充电的除外）的成套散件
870340	31	10	同时装有点燃往复式活塞内燃发动机（1.5升<排量≤2升）及驱动电动机的小轿车（可通过接插外部电源进行充电的除外）	Saloon cars of cylinder capacity exceeding 1.5L but not exceeding 2L, with spark-ignition internal combustion eciprocating piston engine, with drive motor (Except for charging by external power supply)	【最】15【普】230 【协亚太】13.5【协巴基斯坦】22.5【协智利】0 【协新西兰】0【协哥斯达黎加】0【协冰岛】0 【协澳大利亚】12.5【协韩国】23 【协香港】0【协澳门】0 【增】16【对美加征】25【出】0【退】16	辆/千克	6AO	4xy	LM		999	同时装有点燃往复式活塞内燃发动机（1.5升<排量≤2升）及驱动电动机的小轿车（可通过接插外部电源进行充电的除外）
870340	31	90	同时装有点燃往复式活塞内燃发动机（1.5升<排量≤2升）及驱动电动机的小轿车（可通过接插外部电源进行充电的除外）的成套散件	Complete parts of saloon cars of cylinder capacity exceeding 1L but not exceeding 1.5L, with spark-ignition internal combustion eciprocating piston engine, with drive motor (Except for charging by external power supply)	【最】15【普】230 【协亚太】13.5【协巴基斯坦】22.5【协智利】0 【协新西兰】0【协哥斯达黎加】0【协冰岛】0 【协澳大利亚】12.5【协韩国】23 【协香港】0【协澳门】0 【增】16【对美加征】25【出】0【退】16	辆/千克	60	4xy			999	同时装有点燃往复式活塞内燃发动机（1.5升<排量≤2升）及驱动电动机的小轿车（可通过接插外部电源进行充电的除外）的成套散件

税则号列 HS国际统一前6位	本国子目 7~8位	本国子目 9~10位	中文 货物名称	英文 Article Description	税费综合信息	计量单位	监管证件代码 进口	监管证件代码 出口	检验检疫类别 进口	检验检疫类别 出口	检验检疫编码	检验检疫编码对应中文名称
870340	32	10	同时装有点燃往复式活塞内燃发动机（1.5升<排量≤2升）及驱动电动机的四轮驱动越野车（可通过接插外部电源进行充电的除外）	Off-road vehicles (4WD) of cylinder capacity exceeding 1.5L but not exceeding 2L, with spark-ignition internal combustion eciprocating piston engine, with drive motor (Except for charging by external power supply)	【最】15【普】230 【协亚太】13.5【协巴基斯坦】22.5【协智利】0 【协新西兰】0【协哥斯达黎加】0【协冰岛】0 【协澳大利亚】12.5【协韩国】23 【协香港】0【协澳门】0 【增】16【对美加征】25【出】0【退】16	辆/千克	6AO	4xy	LM		999	同时装有点燃往复式活塞内燃发动机（1.5升<排量≤2升）及驱动电动机的四轮驱动越野车（可通过接插外部电源进行充电的除外）
870340	32	90	同时装有点燃往复式活塞内燃发动机（1.5升<排量≤2升）及驱动电动机的四轮驱动越野车（可通过接插外部电源进行充电的除外）的成套散件	Complete parts of Off-road vehicles (4WD) of cylinder capacity exceeding 1L but not exceeding 1.5L, with spark-ignition internal combustion eciprocating piston engine, with drive motor (Except for charging by external power supply)	【最】15【普】230 【协亚太】13.5【协巴基斯坦】22.5【协智利】0 【协新西兰】0【协哥斯达黎加】0【协冰岛】0 【协澳大利亚】12.5【协韩国】23 【协香港】0【协澳门】0 【增】16【对美加征】25【出】0【退】16	辆/千克	60	4xy			999	同时装有点燃往复式活塞内燃发动机（1.5升<排量≤2升）及驱动电动机的四轮驱动越野车（可通过接插外部电源进行充电的除外）的成套散件
870340	33	10	同时装有点燃往复式活塞内燃发动机（1.5升<排量≤2升）及驱动电动机的小客车（9座及以下，可通过接插外部电源进行充电的除外）	Station wagons (9 seats or less) of cylinder capacity exceeding 1.5L but not exceeding 2L, with spark-ignition internal combustion eciprocating piston engine, with drive motor (Except for charging by external power supply)	【最】15【普】230 【协亚太】13.5【协巴基斯坦】22.5【协智利】0 【协新西兰】0【协哥斯达黎加】0【协冰岛】0 【协澳大利亚】12.5【协韩国】23 【协香港】0【协澳门】0 【增】16【对美加征】25【出】0【退】16	辆/千克	6AO	4xy	LM		999	同时装有点燃往复式活塞内燃发动机（1.5升<排量≤2升）及驱动电动机的小客车（9座及以下，可通过接插外部电源进行充电的除外）
870340	33	90	同时装有点燃往复式活塞内燃发动机（1.5升<排量≤2升）及驱动电动机的小客车（9座及以下，可通过接插外部电源进行充电的除外）的成套散件	Complete parts of Station wagons (9 seats or less) of cylinder capacity exceeding 1L but not exceeding 1.5L, with spark-ignition internal combustion eciprocating piston engine, with drive motor (Except for charging by external power supply)	【最】15【普】230 【协亚太】13.5【协巴基斯坦】22.5【协智利】0 【协新西兰】0【协哥斯达黎加】0【协冰岛】0 【协澳大利亚】12.5【协韩国】23 【协香港】0【协澳门】0 【增】16【对美加征】25【出】0【退】16	辆/千克	60	4xy			999	同时装有点燃往复式活塞内燃发动机（1.5升<排量≤2升）及驱动电动机的小客车（9座及以下，可通过接插外部电源进行充电的除外）的成套散件
870340	39	10	同时装有点燃往复式活塞内燃发动机（1.5升<排量≤2升）及驱动电动机的其他载人车辆（可通过接插外部电源进行充电的除外）	Other passenger vehicles of cylinder capacity exceeding 1.5L but not exceeding 2L, with spark-ignition internal combustion eciprocating piston engine, with drive motor (Except for charging by external power supply)	【最】15【普】230 【协亚太】13.5【协巴基斯坦】22.5【协智利】0 【协新西兰】0【协哥斯达黎加】0【协冰岛】0 【协澳大利亚】12.5【协香港】0【协澳门】0 【增】16【对美加征】25【出】0【退】16	辆/千克	6AO	4xy	LM		999	同时装有点燃往复式活塞内燃发动机（1.5升<排量≤2升）及驱动电动机的其他载人车辆（可通过接插外部电源进行充电的除外）

税则号列 HS国际统一前6位	本国子目 7~8位	本国子目 9~10位	货品名称中英文 中文 货物名称	货品名称中英文 英文 Article Description	税费综合信息	计量单位	监管证件代码 进口	监管证件代码 出口	检验检疫类别 进口	检验检疫类别 出口	检验检疫编码	检验检疫编码对应中文名称
870340	39	90	同时装有点燃往复式活塞内燃发动机（1.5升<排量≤2升）及驱动电动机的其他载人车辆（可通过接插外部电源进行充电的除外）的成套散件	Complete parts of Other passenger vehicles of cylinder capacity exceeding 1.5L but not exceeding 2L, with spark-ignition internal combustion eciprocating piston engine, with drive motor (Except for chargingby external power supply)	【最】15【普】230 【协亚太】13.5【协巴基斯坦】22.5【协智利】0 【协新西兰】0【协哥斯达黎加】0【协冰岛】0 【协澳大利亚】12.5【协香港】0【协澳门】0 【增】16【对美加征】25【出】0【退】16	辆/千克	6O	4xy			999	同时装有点燃往复式活塞内燃发动机（1.5升<排量≤2升）及驱动电动机的其他载人车辆（可通过接插外部电源进行充电的除外）的成套散件
870340	41	10	同时装有点燃往复式活塞内燃发动机（2升<排量≤2.5升）及驱动电动机的小轿车（可通过接插外部电源进行充电的除外）	Saloon cars of cylinder capacity exceeding 2L but not exceeding 2.5L, with spark-ignition internal combustion eciprocating piston engine, with drive motor (Except for charging by external power supply)	【最】15【普】230 【协亚太】13.5【协巴基斯坦】22.5【协智利】0 【协新西兰】0【协哥斯达黎加】0【协冰岛】0 【协澳大利亚】12.5【协韩国】23 【协香港】0【协澳门】0 【增】16【对美加征】25【出】0【退】16	辆/千克	6AO	4xy	LM		999	同时装有点燃往复式活塞内燃发动机（2升<排量≤2.5升）及驱动电动机的小轿车（可通过接插外部电源进行充电的除外）
870340	41	90	同时装有点燃往复式活塞内燃发动机（2升<排量≤2.5升）及驱动电动机的小轿车（可通过接插外部电源进行充电的除外）的成套散件	Complete parts of saloon cars of cylinder capacity exceeding 1L but not exceeding 1.5L, with spark-ignition internal combustion eciprocating piston engine, with drive motor (Except for charging by external power supply)	【最】15【普】230 【协亚太】13.5【协巴基斯坦】22.5【协智利】0 【协新西兰】0【协哥斯达黎加】0【协冰岛】0 【协澳大利亚】12.5【协韩国】23 【协香港】0【协澳门】0 【增】16【对美加征】25【出】0【退】16	辆/千克	6O	4xy			999	同时装有点燃往复式活塞内燃发动机（2升<排量≤2.5升）及驱动电动机的小轿车（可通过接插外部电源进行充电的除外）的成套散件
870340	42	10	同时装有点燃往复式活塞内燃发动机（2升<排量≤2.5升）及驱动电动机的四轮驱动越野车（可通过接插外部电源进行充电的除外）	Off-road vehicles (4WD) of cylinder capacity exceeding 2L but not exceeding 2.5L, with spark-ignition internal combustion eciprocating piston engine, with drive motor (Except for charging by external power supply)	【最】15【普】230 【协亚太】13.5【协巴基斯坦】22.5【协智利】0 【协新西兰】0【协哥斯达黎加】0【协冰岛】0 【协澳大利亚】12.5【协韩国】23 【协香港】0【协澳门】0 【增】16【对美加征】25【出】0【退】16	辆/千克	6AO	4xy	LM		999	同时装有点燃往复式活塞内燃发动机（2升<排量≤2.5升）及驱动电动机的四轮驱动越野车（可通过接插外部电源进行充电的除外）
870340	42	90	同时装有点燃往复式活塞内燃发动机（2升<排量≤2.5升）及驱动电动机的四轮驱动越野车（可通过接插外部电源进行充电的除外）的成套散件	Complete parts of Off-road vehicles (4WD) of cylinder capacity exceeding 1L but not exceeding 1.5L, with spark-ignition internal combustion eciprocating piston engine, with drive motor (Except for charging by external power supple)	【最】15【普】230 【协亚太】13.5【协巴基斯坦】22.5【协智利】0 【协新西兰】0【协哥斯达黎加】0【协冰岛】0 【协澳大利亚】12.5【协韩国】23 【协香港】0【协澳门】0 【增】16【对美加征】25【出】0【退】16	辆/千克	6O	4xy			999	同时装有点燃往复式活塞内燃发动机（2升<排量≤2.5升）及驱动电动机的四轮驱动越野车（可通过接插外部电源进行充电的除外）的成套散件
870340	43	10	同时装有点燃往复式活塞内燃发动机（2升<排量≤2.5升）及驱动电动机的小客车（9座及以下，可通过接插外部电源进行充电的除外）	Station wagons (9 seats or less) of cylinder capacity exceeding 2L but not exceeding 2.5L, with spark-ignition internal combustion eciprocating piston engine, with drive motor (Except for charging by external power supply)	【最】15【普】230 【协亚太】13.5【协巴基斯坦】22.5【协智利】0 【协新西兰】0【协哥斯达黎加】0【协冰岛】0 【协澳大利亚】12.5【协韩国】23 【协香港】0【协澳门】0 【增】16【对美加征】25【出】0【退】16	辆/千克	6AO	4xy	LM		999	同时装有点燃往复式活塞内燃发动机（2升<排量≤2.5升）及驱动电动机的小客车（9座及以下，可通过接插外部电源进行充电的除外）

税则号列 HS国际统一前6位	本国子目 7~8位	本国子目 9~10位	货品名称中英文 中文 货物名称	货品名称中英文 英文 Article Description	税费综合信息	计量单位	监管证件代码 进口	监管证件代码 出口	检验检疫类别 进口	检验检疫类别 出口	检验检疫编码	检验检疫编码对应中文名称
870340	43	90	同时装有点燃往复式活塞内燃发动机（2升<排量≤2.5升）及驱动电动机的小客车（9座及以下，可通过接插外部电源进行充电的除外）的成套散件	Complete parts of Station wagons (9 seats or less) of cylinder capacity exceeding 1L but not exceeding 1. 5L, with spark-ignition internal combustion eciprocating piston engine, with drive motor (Except for charging by external power supple)	【最】15【普】230 【协亚太】13.5【协巴基斯坦】22.5【协智利】0 【协新西兰】0【协哥斯达黎加】0【协冰岛】0 【协澳大利亚】12.5【协韩国】23 【协香港】0【协澳门】0 【增】16【对美加征】25【出】0【退】16	辆/千克	6O	4xy			999	同时装有点燃往复式活塞内燃发动机（2升<排量≤2.5升）及驱动电动机的小客车（9座及以下，可通过接插外部电源进行充电的除外）的成套散件
870340	49	10	同时装有点燃往复式活塞内燃发动机（2升<排量≤2.5升）及驱动电动机的其他载人车辆（可通过接插外部电源进行充电的除外）	Other passenger vehicles of cylinder capacity excee-ding 2L but not exceeding 2. 5L, with spark-ignition internal combustion eciprocating piston engine, withdrive motor (Except for charging by external power supply)	【最】15【普】230 【协亚太】13.5【协巴基斯坦】22.5【协智利】0 【协新西兰】0【协哥斯达黎加】0【协冰岛】0 【协澳大利亚】12.5【协香港】0【协澳门】0 【增】16【对美加征】25【出】0【退】16	辆/千克	6AO	4xy	LM		999	同时装有点燃往复式活塞内燃发动机（2升<排量≤2.5升）及驱动电动机的其他载人车辆（可通过接插外部电源进行充电的除外）
870340	49	90	同时装有点燃往复式活塞内燃发动机（2升<排量≤2.5升）及驱动电动机的其他载人车辆（可通过接插外部电源进行充电的除外）的成套散件	Complete parts of Other passenger vehicles of cylinder capacity exceeding 2L but not exceeding 2. 5L, with spark-ignition internal combustion eciprocating piston engine, with drive motor (Except for charging by external power supple)	【最】15【普】230 【协亚太】13.5【协巴基斯坦】22.5【协智利】0 【协新西兰】0【协哥斯达黎加】0【协冰岛】0 【协澳大利亚】12.5【协香港】0【协澳门】0 【增】16【对美加征】25【出】0【退】16	辆/千克	6O	4xy			999	同时装有点燃往复式活塞内燃发动机（2升<排量≤2.5升）及驱动电动机的其他载人车辆（可通过接插外部电源进行充电的除外）的成套散件
870340	51	10	同时装有点燃往复式活塞内燃发动机（2.5升<排量≤3升）及驱动电动机的小轿车（可通过接插外部电源进行充电的除外）	Saloon cars of cylinder capacity exceeding 2. 5L but not exceeding 3L, with spark-ignition internal combustion eciprocating piston engine, with drive motor (Except for charging by external power supply)	【最】15【普】270 【协亚太】13.5【协巴基斯坦】22.5【协智利】0 【协新西兰】0【协哥斯达黎加】0【协冰岛】0 【协澳大利亚】12.5【协韩国】23 【协香港】0【协澳门】0 【增】16【对美加征】25【出】0【退】16	辆/千克	6AO	4xy	LM		999	同时装有点燃往复式活塞内燃发动机（2.5升<排量≤3升）及驱动电动机的小轿车（可通过接插外部电源进行充电的除外）
870340	51	90	同时装有点燃往复式活塞内燃发动机（2.5升<排量≤3升）及驱动电动机的小轿车（可通过接插外部电源进行充电的除外）的成套散件	Complete parts of saloon cars of cylinder capacity exceeding 1L but not exceeding 1. 5L, with spark-ignition internal combustion eciprocating piston engine, with drive motor (Except for charging by external power supply)	【最】15【普】270 【协亚太】13.5【协巴基斯坦】22.5【协智利】0 【协新西兰】0【协哥斯达黎加】0【协冰岛】0 【协澳大利亚】12.5【协韩国】23 【协香港】0【协澳门】0 【增】16【对美加征】25【出】0【退】16	辆/千克	6O	4xy			999	同时装有点燃往复式活塞内燃发动机（2.5升<排量≤3升）及驱动电动机的小轿车（可通过接插外部电源进行充电的除外）的成套散件
870340	52	10	同时装有点燃往复式活塞内燃发动机（2.5升<排量≤3升）及驱动电动机的四轮驱动越野车（可通过接插外部电源进行充电的除外）	Off-road vehicles (4WD) of cylinder capacity exceeding 2.5L but not exceeding 3L, with spark-ignition internal combustion eciprocating piston engine, with drive motor (Except for charging by external power supply)	【最】15【普】270 【协亚太】13.5【协东盟】0【协巴基斯坦】22.5 【协智利】0【协新西兰】0【协新加坡】0 【协哥斯达黎加】0【协冰岛】0 【协澳大利亚】12.5【协香港】0【协澳门】0 【增】16【对美加征】25【出】0【退】16	辆/千克	6AO	4xy	LM		999	同时装有点燃往复式活塞内燃发动机（2.5升<排量≤3升）及驱动电动机的四轮驱动越野车（可通过接插外部电源进行充电的除外）

税则号列 HS国际统一前6位	本国子目 7~8位	本国子目 9~10位	货品名称中文 货物名称	货品名称英文 Article Description	税费综合信息	计量单位	监管证件代码 进口	监管证件代码 出口	检验检疫类别 进口	检验检疫类别 出口	检验检疫编码	检验检疫编码对应中文名称
870340	52	90	同时装有点燃往复式活塞内燃发动机（2.5升<排量≤3升）及驱动电动机的四轮驱动越野车（可通过接插外部电源进行充电的除外）的成套散件	Complete parts of Off-road vehicles (4WD) of cylinder capacity exceeding 1L but not exceeding 1.5L, with spark-ignition internal combustion eciprocating piston engine, with drive motor (Except for charging by external power supply)	【最】15【普】270 【协亚太】13.5【协东盟】0【协巴基斯坦】22.5 【协智利】0【协新西兰】0【协新加坡】0 【协哥斯达黎加】0【协冰岛】0 【协澳大利亚】12.5【协香港】0【协澳门】0 【增】16【对美加征】25【出】0【退】16	辆/千克	6O	4xy			999	同时装有点燃往复式活塞内燃发动机（2.5升<排量≤3升）及驱动电动机的四轮驱动越野车（可通过接插外部电源进行充电的除外）的成套散件
870340	53	10	同时装有点燃往复式活塞内燃发动机（2.5升<排量≤3升）及驱动电动机的小客车（9座及以下，可通过接插外部电源进行充电的除外）	Station wagons (9 seats or less) of cylinder capacity exceeding 2.5L but not exceeding 3L, with spark-ignition internal combustion eciprocating piston engine, with drive motor (Except for charging by external power supply)	【最】15【普】270 【协亚太】13.5【协东盟】0【协巴基斯坦】22.5 【协智利】0【协新西兰】0【协新加坡】0 【协哥斯达黎加】0【协冰岛】0 【协澳大利亚】12.5【协韩国】23 【协香港】0【协澳门】0 【增】16【对美加征】25【出】0【退】16	辆/千克	6AO	4xy	LM		999	同时装有点燃往复式活塞内燃发动机（2.5升<排量≤3升）及驱动电动机的小客车（9座及以下，可通过接插外部电源进行充电的除外）
870340	53	90	同时装有点燃往复式活塞内燃发动机（2.5升<排量≤3升）及驱动电动机的小客车（9座及以下，可通过接插外部电源进行充电的除外）的成套散件	Complete parts of Station wagons (9 seats or less) of cylinder capacity exceeding 1L but not exceeding 1.5L, with spark-ignition internal combustion eciprocating piston engine, with drive motor (Except for charging by external power supply)	【最】15【普】270 【协亚太】13.5【协东盟】0【协巴基斯坦】22.5 【协智利】0【协新西兰】0【协新加坡】0 【协哥斯达黎加】0【协冰岛】0 【协澳大利亚】12.5【协韩国】23 【协香港】0【协澳门】0 【增】16【对美加征】25【出】0【退】16	辆/千克	6O	4xy			999	同时装有点燃往复式活塞内燃发动机（2.5升<排量≤3升）及驱动电动机的小客车（9座及以下，可通过接插外部电源进行充电的除外）的成套散件
870340	59	10	同时装有点燃往复式活塞内燃发动机（2.5升<排量≤3升）及驱动电动机的其他载人车辆（可通过接插外部电源进行充电的除外）	Other passenger vehicles of cylinder capacity exceeding 2.5L but not exceeding 3L, with spark-ignition internal combustion eciprocating piston engine, with drive motor (Except for charging by external power supply)	【最】15【普】270 【协亚太】13.5【协东盟】0【协巴基斯坦】22.5 【协智利】0【协新西兰】0【协新加坡】0 【协哥斯达黎加】0【协冰岛】0 【协澳大利亚】12.5【协香港】0【协澳门】0 【增】16【对美加征】25【出】0【退】16	辆/千克	6AO	4xy	LM		999	同时装有点燃往复式活塞内燃发动机（2.5升<排量≤3升）及驱动电动机的其他载人车辆（可通过接插外部电源进行充电的除外）
870340	59	90	同时装有点燃往复式活塞内燃发动机（2.5升<排量≤3升）及驱动电动机的其他载人车辆（可通过接插外部电源进行充电的除外）的成套散件	Complete parts of Other passenger vehicles of cylinder capacity exceeding 2.5L but not exceeding 3L, with spark-ignition internal combustion eciprocating piston engine, with drive motor (Except for charging by external power supply)	【最】15【普】270 【协亚太】13.5【协东盟】0【协巴基斯坦】22.5 【协智利】0【协新西兰】0【协新加坡】0 【协哥斯达黎加】0【协冰岛】0 【协澳大利亚】12.5【协香港】0【协澳门】0 【增】16【对美加征】25【出】0【退】16	辆/千克	6O	4xy			999	同时装有点燃往复式活塞内燃发动机（2.5升<排量≤3升）及驱动电动机的其他载人车辆（可通过接插外部电源进行充电的除外）的成套散件

税则号列			货品名称中英文		税费综合信息	计量单位	监管证件代码		检验检疫类别		检验检疫编码	检验检疫编码对应中文名称
HS 国际统一前6位	本国子目 7~8位	本国子目 9~10位	中文 货物名称	英文 Article Description			进口	出口	进口	出口		
870340	61	10	同时装有点燃往复式活塞内燃发动机（3升＜排量≤4升）及驱动电动机的小轿车（可通过接插外部电源进行充电的除外）	Saloon cars of cylinder capacity exceeding 3L but not exceeding 4L, with spark-ignition internal combustion eciprocating piston engine, with drive motor (Except for charging by external power supply)	【最】15【普】270 【协亚太】13.5【协巴基斯坦】22.5【协智利】0 【协新西兰】0【协哥斯达黎加】0【协冰岛】0 【协澳大利亚】12.5【协韩国】23 【协香港】0【协澳门】0 【特-1】0 【增】16【对美加征】25【出】0【退】16	辆/千克	6AO	4xy	LM		999	同时装有点燃往复式活塞内燃发动机（3升＜排量≤4升）及驱动电动机的小轿车（可通过接插外部电源进行充电的除外）
870340	61	90	同时装有点燃往复式活塞内燃发动机（3升＜排量≤4升）及驱动电动机的小轿车（可通过接插外部电源进行充电的除外）的成套散件	Complete parts of saloon cars of cylinder capacity exceeding 1L but not exceeding 1.5L, with spark-ignition internal combustion eciprocating piston engine, with drive motor (Except for charging by external power supply)	【最】15【普】270 【协亚太】13.5【协巴基斯坦】22.5【协智利】0 【协新西兰】0【协哥斯达黎加】0【协冰岛】0 【协澳大利亚】12.5【协韩国】23 【协香港】0【协澳门】0 【特-1】0 【增】16【对美加征】25【出】0【退】16	辆/千克	6O	4xy			999	同时装有点燃往复式活塞内燃发动机（3升＜排量≤4升）及驱动电动机的小轿车（可通过接插外部电源进行充电的除外）的成套散件
870340	62	10	同时装有点燃往复式活塞内燃发动机（3升＜排量≤4升）及驱动电动机的四轮驱动越野车（可通过接插外部电源进行充电的除外）	Off-road vehicles (4WD) of cylinder capacity exceeding 3L but not exceeding 4L, with spark-ignition internal combustion eciprocating piston engine, with drive motor (Except for charging by external power supply)	【最】15【普】270 【协亚太】13.5【协巴基斯坦】22.5【协智利】0 【协新西兰】0【协哥斯达黎加】0【协冰岛】0 【协澳大利亚】12.5【协韩国】23 【协香港】0【协澳门】0 【特-1】0 【增】16【对美加征】25【出】0【退】16	辆/千克	6AO	4xy	LM		999	同时装有点燃往复式活塞内燃发动机（3升＜排量≤4升）及驱动电动机的四轮驱动越野车（可通过接插外部电源进行充电的除外）
870340	62	90	同时装有点燃往复式活塞内燃发动机（3升＜排量≤4升）及驱动电动机的四轮驱动越野车（可通过接插外部电源进行充电的除外）的成套散件	Complete parts of Off-road vehicles(4WD) of cylinder capacity exceeding 1L but not exceeding 1.5L, with spark-ignition internal combustion eciprocating piston engine, with drive motor (Except for charging by external power supply)	【最】15【普】270 【协亚太】13.5【协巴基斯坦】22.5【协智利】0 【协新西兰】0【协哥斯达黎加】0【协冰岛】0 【协澳大利亚】12.5【协韩国】23 【协香港】0【协澳门】0 【特-1】0 【增】16【对美加征】25【出】0【退】16	辆/千克	6O	4xy			999	同时装有点燃往复式活塞内燃发动机（3升＜排量≤4升）及驱动电动机的四轮驱动越野车（可通过接插外部电源进行充电的除外）的成套散件
870340	63	10	同时装有点燃往复式活塞内燃发动机（3升＜排量≤4升）及驱动电动机的小客车（9座及以下，可通过接插外部电源进行充电的除外）	Station wagons (9 seats or less) of cylinder capacity exceeding 3L but not exceeding 4L, with spark-ignition internal combustion eciprocating piston engine, with drive motor (Except for charging by external power supply)	【最】15【普】270 【协亚太】13.5【协巴基斯坦】22.5【协智利】0 【协新西兰】0【协哥斯达黎加】0【协冰岛】0 【协澳大利亚】12.5【协香港】0【协澳门】0 【特-1】0 【增】16【对美加征】25【出】0【退】16	辆/千克	6AO	4xy	LM		999	同时装有点燃往复式活塞内燃发动机（3升＜排量≤4升）及驱动电动机的小客车（9座及以下，可通过接插外部电源进行充电的除外）
870340	63	90	同时装有点燃往复式活塞内燃发动机（3升＜排量≤4升）及驱动电动机的小客车（9座及以下，可通过接插外部电源进行充电的除外）的成套散件	Complete parts of Station wagons (9 seats or less) of cylinder capacity exceeding 1L but not exceeding 1.5L, with spark-ignition internal combustion eciprocating piston engine, with drive motor (Except for charging by external power supply)	【最】15【普】270 【协亚太】13.5【协巴基斯坦】22.5【协智利】0 【协新西兰】0【协哥斯达黎加】0【协冰岛】0 【协澳大利亚】12.5【协香港】0【协澳门】0 【特-1】0 【增】16【对美加征】25【出】0【退】16	辆/千克	6O	4xy			999	同时装有点燃往复式活塞内燃发动机（3升＜排量≤4升）及驱动电动机的小客车（9座及以下，可通过接插外部电源进行充电的除外）的成套散件

税则号列			货品名称中英文		税费综合信息	计量单位	监管证件代码		检验检疫类别		检验检疫编码	检验检疫编码对应中文名称
HS国际统一前6位	本国子目7~8位	9~10位	中文 货物名称	英文 Article Description			进口	出口	进口	出口		
870340	69	10	同时装有点燃往复式活塞内燃发动机（3升<排量≤4升）及驱动电动机的其他载人车辆（可通过接插外部电源进行充电的除外）	Other passenger vehicles of cylinder capacity exceeding 3L but not exceeding 4L, with spark-ignition internal combustion eciprocating piston engine, with drive motor (Except for charging by external power supply)	【最】15【普】270 【协亚太】13.5【协巴基斯坦】22.5【协智利】0 【协新西兰】0【协哥斯达黎加】0【协冰岛】0 【协澳大利亚】12.5【协香港】0【协澳门】0 【特-1】0 【增】16【对美加征】25【出】0【退】16	辆/千克	6AO	4xy	LM		999	同时装有点燃往复式活塞内燃发动机（3升<排量≤4升）及驱动电动机的其他载人车辆（可通过接插外部电源进行充电的除外）
870340	69	90	同时装有点燃往复式活塞内燃发动机（3升<排量≤4升）及驱动电动机的其他载人车辆（可通过接插外部电源进行充电的除外）的成套散件	Complete parts of Other passenger vehicles of cylinder capacity exceeding 3L but not exceeding 4L, with spark-ignition internal combustion eciprocating piston engine, with drive motor (Except for charging by external power supply)	【最】15【普】270 【协亚太】13.5【协巴基斯坦】22.5【协智利】0 【协新西兰】0【协哥斯达黎加】0【协冰岛】0 【协澳大利亚】12.5【协香港】0【协澳门】0 【特-1】0 【增】16【对美加征】25【出】0【退】16	辆/千克	6O	4xy			999	同时装有点燃往复式活塞内燃发动机（3升<排量≤4升）及驱动电动机的其他载人车辆（可通过接插外部电源进行充电的除外）的成套散件
870340	71	10	同时装有点燃往复式活塞内燃发动机（排量>4升）及驱动电动机的小轿车（可通过接插外部电源进行充电的除外）	Saloon cars of cylinder capacity exceeding 4L, with spark-ignition internal combustion eciprocating piston engine, with drive motor (Except for charging by external power supply)	【最】15【普】270 【协亚太】13.5【协巴基斯坦】22.5【协智利】0 【协新西兰】0【协哥斯达黎加】0【协冰岛】0 【协澳大利亚】12.5【协韩国】23 【协香港】0【协澳门】0 【特-1】0 【增】16【对美加征】25【出】0【退】16	辆/千克	6AO	4xy	LM		999	同时装有点燃往复式活塞内燃发动机（排量>4升）及驱动电动机的小轿车（可通过接插外部电源进行充电的除外）
870340	71	90	同时装有点燃往复式活塞内燃发动机（排量>4升）及驱动电动机的小轿车（可通过接插外部电源进行充电的除外）的成套散件	Complete parts of saloon cars of cylinder capacity exceeding 1L but not exceeding 1.5L, with spark-ignition internal combustion eciprocating piston engine, with drive motor (Except for charging by external power supply)	【最】15【普】270 【协亚太】13.5【协巴基斯坦】22.5【协智利】0 【协新西兰】0【协哥斯达黎加】0【协冰岛】0 【协澳大利亚】12.5【协韩国】23 【协香港】0【协澳门】0 【特-1】0 【增】16【对美加征】25【出】0【退】16	辆/千克	6O	4xy			999	同时装有点燃往复式活塞内燃发动机（排量>4升）及驱动电动机的小轿车（可通过接插外部电源进行充电的除外）的成套散件
870340	72	10	同时装有点燃往复式活塞内燃发动机（排量>4升）及驱动电动机的四轮驱动越野车（可通过接插外部电源进行充电的除外）	Off-road vehicles (4WD) of cylinder capacity exceeding 4L, with spark-ignition internal combustion eciprocating piston engine, with drive motor (Except for charging by external power supply)	【最】15【普】270 【协亚太】13.5【协巴基斯坦】22.5【协智利】0 【协新西兰】0【协哥斯达黎加】0【协冰岛】0 【协澳大利亚】12.5【协香港】0【协澳门】0 【特-1】0 【增】16【对美加征】25【出】0【退】16	辆/千克	6AO	4xy	LM		999	同时装有点燃往复式活塞内燃发动机（排量>4升）及驱动电动机的四轮驱动越野车（可通过接插外部电源进行充电的除外）
870340	72	90	同时装有点燃往复式活塞内燃发动机（排量>4升）及驱动电动机的四轮驱动越野车（可通过接插外部电源进行充电的除外）的成套散件	Complete parts of Off-road vehicles (4WD) of cylinder capacity exceeding 4L, with spark-ignition internal combustion eciprocating piston engine, with drive motor (Except for charging by external power supply)	【最】15【普】270 【协亚太】13.5【协巴基斯坦】22.5【协智利】0 【协新西兰】0【协哥斯达黎加】0【协冰岛】0 【协澳大利亚】12.5【协香港】0【协澳门】0 【特-1】0 【增】16【对美加征】25【出】0【退】16	辆/千克	6O	4xy			999	同时装有点燃往复式活塞内燃发动机（排量>4升）及驱动电动机的四轮驱动越野车（可通过接插外部电源进行充电的除外）的成套散件

税则号列			货品名称中英文		税费综合信息	计量单位	监管证件代码		检验检疫类别		检验检疫编码	检验检疫编码对应中文名称
HS国际统一前6位	本国子目7~8位	9~10位	中文 货物名称	英文 Article Description			进口	出口	进口	出口		
870340	73	10	同时装有点燃往复式活塞内燃发动机（排量>4升）及驱动电动机的小客车（9座及以下，可通过接插外部电源进行充电的除外）	Station wagons (9 seats or less) of cylinder capacity exceeding 4L, with spark-ignition internal combustion eciprocating piston engine, with drive motor (Except for charging by external power supply)	【最】15【普】270 【协亚太】13.5【协巴基斯坦】22.5【协智利】0 【协新西兰】0【协哥斯达黎加】0【协冰岛】0 【协澳大利亚】12.5【协香港】0【协澳门】0 【特-1】0 【增】16【对美加征】25【出】0【退】16	辆/千克	6AO	4xy	LM		999	同时装有点燃往复式活塞内燃发动机（排量>4升）及驱动电动机的小客车（9座及以下，可通过接插外部电源进行充电的除外）
870340	73	90	同时装有点燃往复式活塞内燃发动机（排量>4升）及驱动电动机的小客车（9座及以下，可通过接插外部电源进行充电的除外）的成套散件	Complete parts of Station wagons (9 seats or less) of cylinder capacity exceeding 4L, with spark-ignition internal combustion ecipro cating piston engine, with drive motor (Except for charging by external power supply)	【最】15【普】270 【协亚太】13.5【协巴基斯坦】22.5【协智利】0 【协新西兰】0【协哥斯达黎加】0【协冰岛】0 【协澳大利亚】12.5【协香港】0【协澳门】0 【特-1】0 【增】16【对美加征】25【出】0【退】16	辆/千克	6O	4xy			999	同时装有点燃往复式活塞内燃发动机（排量>4升）及驱动电动机的小客车（9座及以下，可通过接插外部电源进行充电的除外）的成套散件
870340	79	10	同时装有点燃往复式活塞内燃发动机（排量>4升）及驱动电动机的其他载人车辆（可通过接插外部电源进行充电的除外）	Other passenger vehicles of cylinder capacity exceeding 4L, with spark-ignition internal combustion eciprocating piston engine, with drive motor (Except for charging by external power supply)	【最】15【普】270 【协亚太】13.5【协巴基斯坦】22.5【协智利】0 【协新西兰】0【协哥斯达黎加】0【协冰岛】0 【协澳大利亚】12.5【协香港】0【协澳门】0 【特-1】0 【增】16【对美加征】25【出】0【退】16	辆/千克	6AO	4xy	LM		999	同时装有点燃往复式活塞内燃发动机（排量>4升）及驱动电动机的其他载人车辆（可通过接插外部电源进行充电的除外）
870340	79	90	同时装有点燃往复式活塞内燃发动机（排量>4升）及驱动电动机的其他载人车辆（可通过接插外部电源进行充电的除外）的成套散件	Complete parts of other passenger vehicles of cylinder capacity exceeding 4L, with spark-ignition internal combustion eciprocating piston engine, with drivemotor (Except for charging by external power supply)	【最】15【普】270 【协亚太】13.5【协巴基斯坦】22.5【协智利】0 【协新西兰】0【协哥斯达黎加】0【协冰岛】0 【协澳大利亚】12.5【协香港】0【协澳门】0 【特-1】0 【增】16【对美加征】25【出】0【退】16	辆/千克	6O	4xy			999	同时装有点燃往复式活塞内燃发动机（排量>4升）及驱动电动机的其他载人车辆（可通过接插外部电源进行充电的除外）的成套散件
870340	90	10	其他同时装有点燃往复式活塞内燃发动机及驱动电动机的载人车辆（可通过接插外部电源进行充电的除外）	Passenger vehicles of other cylinder capacity exceeding 4L, with spark-ignition internal combustion eciprocating piston engine, with drive motor (Except for charging by external power supply)	【最】15【普】270 【协亚太】13.5【协东盟】0【协巴基斯坦】22.5 【协智利】0【协新西兰】0【协新加坡】0 【协秘鲁】0【协哥斯达黎加】0【协冰岛】0 【协澳大利亚】0【协韩国】23【协格鲁吉亚】15 【协香港】0【协澳门】0 【特-1】0【特-2】0 【增】16【对美加征】25【出】0【退】16	辆/千克	6AO	4xy	LM		999	其他同时装有点燃往复式活塞内燃发动机及驱动电动机的载人车辆（可通过接插外部电源进行充电的除外）
870340	90	90	其他同时装有点燃往复式活塞内燃发动机及驱动电动机的载人车辆（可通过接插外部电源进行充电的除外）的成套散件	Complete parts of passenger vehicles of ohter cylinder capacity exceeding 4L, with spark-ignition internal combustion eciprocating piston engine, with drive motor (Except for charging by external power supply)	【最】15【普】270 【协亚太】13.5【协东盟】0【协巴基斯坦】22.5 【协智利】0【协新西兰】0【协新加坡】0 【协秘鲁】2.5【协哥斯达黎加】0【协冰岛】0 【协澳大利亚】0【协韩国】23【协格鲁吉亚】15 【协香港】0【协澳门】0 【特-1】0【特-2】0 【增】16【对美加征】25【出】0【退】16	辆/千克	6O	4xy			999	其他同时装有点燃往复式活塞内燃发动机及驱动电动机的载人车辆（可通过接插外部电源进行充电的除外）的成套散件

税则号列			货品名称中英文		税费综合信息	计量单位	监管证件代码		检验检疫类别		检验检疫编码	检验检疫编码对应中文名称
HS国际统一前6位	本国子目 7~8位	9~10位	中文 货物名称	英文 Article Description			进口	出口	进口	出口		
870350	11	10	同时装有压燃式活塞内燃发动机（柴油或半柴油发动机，排量≤1升）及驱动电动机的小轿车（可通过接插外部电源进行充电的除外）	Saloon cars of cylinder capacity cylinder not exceeding 1L, with compression-ignition internal combustion reciprocating piston engine (with diesel or semidiesel engine), with drive motor (Except for charging by external power supply)	【最】15【普】230 【协智利】0【协新西兰】0【协哥斯达黎加】0 【协冰岛】0【协澳大利亚】12.5 【协格鲁吉亚】0【协香港】0【协澳门】0 【特-1】0 【增】16【对美加征】25【出】0【退】16	辆/千克	6AO	4xy	LM		999	同时装有压燃式活塞内燃发动机（柴油或半柴油发动机，排量≤1升）及驱动电动机的小轿车（可通过接插外部电源进行充电的除外）
870350	11	90	同时装有压燃式活塞内燃发动机（柴油或半柴油发动机，排量≤1升）及驱动电动机的小轿车（可通过接插外部电源进行充电的除外）的成套散件	Complete parts of saloon cars of cylinder capacity cylinder not exceeding 1L, with compression-ignition internal combustion reciprocating piston engine(with diesel or semidiesel engine), with drive motor (Except for charging by external power supply)	【最】15【普】230 【协智利】0【协新西兰】0【协哥斯达黎加】0 【协冰岛】0【协澳大利亚】12.5 【协格鲁吉亚】0【协香港】0【协澳门】0 【特-1】0 【增】16【对美加征】25【出】0【退】16	辆/千克	6O	4xy			999	同时装有压燃式活塞内燃发动机（柴油或半柴油发动机，排量≤1升）及驱动电动机的小轿车（可通过接插外部电源进行充电的除外）的成套散件
870350	19	10	同时装有压燃式活塞内燃发动机（柴油或半柴油发动机，排量≤1升）及驱动电动机的其他载人车辆（可通过接插外部电源进行充电的除外）	Other passenger vehicles of cylinder capacity cylinder not exceeding 1L, with compression-ignition internal combustion reciprocating piston engine(with diesel or semidiesel engine), with drive motor (Except for charging by external power supply)	【最】15【普】230 【协东盟】0【协智利】0【协新西兰】0 【协新加坡】0【协秘鲁】0【协哥斯达黎加】0 【协冰岛】0【协澳大利亚】12.5 【协格鲁吉亚】0【协香港】0【协澳门】0 【特-1】0【特-2】0 【增】16【对美加征】25【出】0【退】16	辆/千克	6AO	4xy	LM		999	同时装有压燃式活塞内燃发动机（柴油或半柴油发动机，排量≤1升）及驱动电动机的其他载人车辆（可通过接插外部电源进行充电的除外）
870350	19	90	同时装有压燃式活塞内燃发动机（柴油或半柴油发动机，排量≤1升）及驱动电动机的其他载人车辆（可通过接插外部电源进行充电的除外）的成套散件	Complete parts ofOther passenger vehicles of cylinder capacity cylinder not exceeding 1L, with compression-ignition internal combustion reciprocating piston engine (with diesel or semidiesel engine), with drive motor (Except for charging by external power supply)	【最】15【普】230 【协东盟】0【协智利】0【协新西兰】0 【协新加坡】0【协秘鲁】0【协哥斯达黎加】0 【协冰岛】0【协澳大利亚】12.5 【协格鲁吉亚】0【协香港】0【协澳门】0 【特-1】0【特-2】0 【增】16【对美加征】25【出】0【退】16	辆/千克	6O	4xy			999	同时装有压燃式活塞内燃发动机（柴油或半柴油发动机，排量≤1升）及驱动电动机的其他载人车辆（可通过接插外部电源进行充电的除外）的成套散件
870350	21	10	同时装有压燃式活塞内燃发动机（柴油或半柴油发动机，1升<排量≤1.5升）及驱动电动机的小轿车（可通过接插外部电源进行充电的除外）	Saloon cars of cylinder capacity cylinder exceeding 1L but not exceeding 1.5L, with compression-ignition internal combustion reciprocating piston engine(with diesel or semidiesel engine), with drive motor (Except for charging by external power supply)	【最】15【普】230 【协智利】0【协新西兰】0【协哥斯达黎加】0 【协冰岛】0【协澳大利亚】12.5 【协格鲁吉亚】0【协香港】0【协澳门】0 【增】16【对美加征】25【出】0【退】16	辆/千克	6AO	4xy	LM		999	同时装有压燃式活塞内燃发动机（柴油或半柴油发动机，1升<排量≤1.5升）及驱动电动机的小轿车（可通过接插外部电源进行充电的除外）

税则号列 HS国际统一前6位	本国子目 7~8位	本国子目 9~10位	货品名称中英文 中文 货物名称	货品名称中英文 英文 Article Description	税费综合信息	计量单位	监管证件代码 进口	监管证件代码 出口	检验检疫类别 进口	检验检疫类别 出口	检验检疫编码	检验检疫编码对应中文名称
870350	21	90	同时装有压燃式活塞内燃发动机（柴油或半柴油发动机，1升＜排量≤1.5升）及驱动电动机的小轿车（可通过接插外部电源进行充电的除外）的成套散件	Complete parts of saloon cars of cylinder capacity cylinder exceeding 1L but not exceeding 1.5L, with compression-ignition internal combustion reciprocating piston engine (with diesel or semidiesel engine), with drive motor (Except for charging by external power supply)	【最】15【普】230 【协智利】0【协新西兰】0【协哥斯达黎加】0 【协冰岛】0【协澳大利亚】12.5 【协格鲁吉亚】0【协香港】0【协澳门】0 【增】16【对美加征】25【出】0【退】16	辆/千克	6O	4xy			999	同时装有压燃式活塞内燃发动机（柴油或半柴油发动机，1升<排量≤1.5升）及驱动电动机的小轿车（可通过接插外部电源进行充电的除外）的成套散件
870350	22	10	同时装有压燃式活塞内燃发动机（柴油或半柴油发动机，1升＜排量≤1.5升）及驱动电动机的四轮驱动越野车（可通过接插外部电源进行充电的除外）	Off-road vehicles (4WD) of cylinder capacity cylinder exceeding 1L but not exceeding 1.5L, with compression-ignition internal combustion reciprocating piston engine (with diesel or semidiesel engine), with drive motor (Except for charging by external power supply)	【最】15【普】230 【协智利】0【协新西兰】0【协哥斯达黎加】0 【协冰岛】0【协澳大利亚】12.5 【协格鲁吉亚】0【协香港】0【协澳门】0 【增】16【对美加征】25【出】0【退】16	辆/千克	6AO	4xy	LM		999	同时装有压燃式活塞内燃发动机（柴油或半柴油发动机，1升<排量≤1.5升）及驱动电动机的四轮驱动越野车（可通过接插外部电源进行充电的除外）
870350	22	90	同时装有压燃式活塞内燃发动机（柴油或半柴油发动机，1升＜排量≤1.5升）及驱动电动机的四轮驱动越野车（可通过接插外部电源进行充电的除外）的成套散件	Complete parts of off-road vehicles (4WD) of cylinder capacity cylinder exceeding 1L but not exceeding 1.5L, with compression-ignition internal combustion reciprocating piston engine (with diesel or semi-diesel engine), with drive motor (Except for charging by external power supply)	【最】15【普】230 【协智利】0【协新西兰】0【协哥斯达黎加】0 【协冰岛】0【协澳大利亚】12.5 【协格鲁吉亚】0【协香港】0【协澳门】0 【增】16【对美加征】25【出】0【退】16	辆/千克	6O	4xy			999	同时装有压燃式活塞内燃发动机（柴油或半柴油发动机，1升<排量≤1.5升）及驱动电动机的四轮驱动越野车（可通过接插外部电源进行充电的除外）的成套散件
870350	23	10	同时装有压燃式活塞内燃发动机（柴油或半柴油发动机，1升＜排量≤1.5升）及驱动电动机的小客车（9座及以下，可通过接插外部电源进行充电的除外）	Station wagons (9 seats or less) of cylinder capacity cylinder exceeding 1L but not exceeding 1.5L, with compression-ignition internal combustion reciprocating piston engine (with diesel or semidiesel engine), with drive motor (Except for charging by external power supply)	【最】15【普】230 【协智利】0【协新西兰】0【协哥斯达黎加】0 【协冰岛】0【协澳大利亚】12.5 【协格鲁吉亚】0【协香港】0【协澳门】0 【增】16【对美加征】25【出】0【退】16	辆/千克	6AO	4xy	LM		999	同时装有压燃式活塞内燃发动机（柴油或半柴油发动机，1升<排量≤1.5升）及驱动电动机的小客车（9座及以下，可通过接插外部电源进行充电的除外）

税则号列			货品名称中英文		税费综合信息	计量单位	监管证件代码		检验检疫类别		检验检疫编码	检验检疫编码对应中文名称
HS国际统一前6位	本国子目 7~8位	本国子目 9~10位	中文 货物名称	英文 Article Description			进口	出口	进口	出口		
870350	23	90	同时装有压燃式活塞内燃发动机（柴油或半柴油发动机，1升<排量≤1.5升）及驱动电动机的小客车（9座及以下，可通过接插外部电源进行充电的除外）的成套散件	Complete parts of station wagons (9 seats or less) of cylinder capacity cylinder exceeding 1L but not exceeding 1.5L, with compression-ignition internal combustion reciprocating piston engine(with diesel or semidiesel engine), with drive motor (Except for charging by external power supply)	【最】15【普】230 【协智利】0【协新西兰】0【协哥斯达黎加】0 【协冰岛】0【协澳大利亚】12.5 【协格鲁吉亚】0【协香港】0【协澳门】0 【增】16【对美加征】25【出】0【退】16	辆/千克	6O	4xy			999	同时装有压燃式活塞内燃发动机（柴油或半柴油发动机，1升<排量≤1.5升）及驱动电动机的小客车（9座及以下，可通过接插外部电源进行充电的除外）的成套散件
870350	29	10	同时装有压燃式活塞内燃发动机（柴油或半柴油发动机，1升<排量≤1.5升）及驱动电动机的其他载人车辆（可通过接插外部电源进行充电的除外）	Other passenger vehicles of cylinder capacity cylinder exceeding 1L but not exceeding 1.5L, with compression-ignition internal combustion reciprocating piston engine (with diesel or semidiesel engine), with drive motor (Except for charging by external power supply)	【最】15【普】230 【协东盟】0【协智利】0【协新西兰】0 【协新加坡】0【协秘鲁】0【协哥斯达黎加】0 【协冰岛】0【协澳大利亚】12.5 【协格鲁吉亚】0【协香港】0【协澳门】0 【特-1】0【特-2】0 【增】16【对美加征】25【出】0【退】16	辆/千克	6AO	4xy	LM		999	同时装有压燃式活塞内燃发动机（柴油或半柴油发动机，1升<排量≤1.5升）及驱动电动机的其他载人车辆（可通过接插外部电源进行充电的除外）
870350	29	90	同时装有压燃式活塞内燃发动机（柴油或半柴油发动机，1升<排量≤1.5升）及驱动电动机的其他载人车辆（可通过接插外部电源进行充电的除外）的成套散件	Complete parts of other passenger vehicles of cylinder capacity cylinder exceeding 1L but not exceeding 1.5L, with compression-ignition internal combustion reciprocating piston engine (with diesel or semidiesel engine), with drive motor (Except for charging by external power supply)	【最】15【普】230 【协东盟】0【协智利】0【协新西兰】0 【协新加坡】0【协秘鲁】0【协哥斯达黎加】0 【协冰岛】0【协澳大利亚】12.5 【协格鲁吉亚】0【协香港】0【协澳门】0 【特-1】0【特-2】0 【增】16【对美加征】25【出】0【退】16	辆/千克	6O	4xy			999	同时装有压燃式活塞内燃发动机（柴油或半柴油发动机，1升<排量≤1.5升）及驱动电动机的其他载人车辆（可通过接插外部电源进行充电的除外）的成套散件
870350	31	10	同时装有压燃式活塞内燃发动机（柴油或半柴油发动机，1.5升<排量≤2升）及驱动电动机的小轿车（可通过接插外部电源进行充电的除外）	Saloon cars of cylinder capacity cylinder exceeding 1.5L but not exceeding 2L, with compression-ignition internal combustion reciprocating piston engine (with diesel or semidiesel engine), with drive motor (Except for charging by external power supply)	【最】15【普】230 【协亚太】13.5【协巴基斯坦】22.5【协智利】0 【协新西兰】0【协哥斯达黎加】0【协冰岛】0 【协澳大利亚】12.5【协格鲁吉亚】0 【协香港】0【协澳门】0 【增】16【对美加征】25【出】0【退】16	辆/千克	6AO	4xy	LM		999	同时装有压燃式活塞内燃发动机（柴油或半柴油发动机，1.5升<排量≤2升）及驱动电动机的小轿车（可通过接插外部电源进行充电的除外）

税则号列			货品名称中英文		税费综合信息	计量单位	监管证件代码		检验检疫类别		检验检疫编码	检验检疫编码对应中文名称
HS国际统一前6位	本国子目7~8位	9~10位	中文 货物名称	英文 Article Description			进口	出口	进口	出口		
870350	31	90	同时装有压燃式活塞内燃发动机（柴油或半柴油发动机，1.5升<排量≤2升）及驱动电动机的小轿车（可通过接插外部电源进行充电的除外）的成套散件	Complete parts of saloon cars of cylinder capacity cylinder exceeding 1.5L but not exceeding 2L, with compression-ignition internal combustion reciprocating piston engine (with diesel or semidiesel engine), with drive motor (Except for charging by external power supply)	【最】15【普】230 【协亚太】13.5【协巴基斯坦】22.5【协智利】0 【协新西兰】0【协哥斯达黎加】0【协冰岛】0 【协澳大利亚】12.5【协格鲁吉亚】0 【协香港】0【协澳门】0 【增】16【对美加征】25【出】0【退】16	辆/千克	6O	4xy			999	同时装有压燃式活塞内燃发动机（柴油或半柴油发动机，1.5升<排量≤2升）及驱动电动机的小轿车（可通过接插外部电源进行充电的除外）的成套散件
870350	32	10	同时装有压燃式活塞内燃发动机（柴油或半柴油发动机，1.5升<排量≤2升）及驱动电动机的四轮驱动越野车（可通过接插外部电源进行充电的除外）	Off-road vehicles (4WD) of cylinder capacity cylinder exceeding 1.5L but not exceeding 2L, with compression-ignition internal combustion reciprocating piston engine (with diesel or semidiesel engine), with drive motor (Except for charging by external power supply)	【最】15【普】230 【协亚太】13.5【协巴基斯坦】22.5【协智利】0 【协新西兰】0【协哥斯达黎加】0【协冰岛】0 【协澳大利亚】12.5【协韩国】23 【协格鲁吉亚】0【协香港】0【协澳门】0 【增】16【对美加征】25【出】0【退】16	辆/千克	6AO	4xy	LM		999	同时装有压燃式活塞内燃发动机（柴油或半柴油发动机，1.5升<排量≤2升）及驱动电动机的四轮驱动越野车（可通过接插外部电源进行充电的除外）
870350	32	90	同时装有压燃式活塞内燃发动机（柴油或半柴油发动机，1.5升<排量≤2升）及驱动电动机的四轮驱动越野车（可通过接插外部电源进行充电的除外）的成套散件	Complete parts of off-road vehicles (4WD) of cylinder capacity cylinder exceeding 1.5L but not exceeding 2L, with compression-ignition internal combustion reciprocating piston engine (with diesel or semidiesel engine), with drive motor (Except for charging by external power supply)	【最】15【普】230 【协亚太】13.5【协巴基斯坦】22.5【协智利】0 【协新西兰】0【协哥斯达黎加】0【协冰岛】0 【协澳大利亚】12.5【协韩国】23 【协格鲁吉亚】0【协香港】0【协澳门】0 【增】16【对美加征】25【出】0【退】16	辆/千克	6O	4xy			999	同时装有压燃式活塞内燃发动机（柴油或半柴油发动机，1.5升<排量≤2升）及驱动电动机的四轮驱动越野车（可通过接插外部电源进行充电的除外）的成套散件
870350	33	10	同时装有压燃式活塞内燃发动机（柴油或半柴油发动机，1.5升<排量≤2升）及驱动电动机的小客车（9座及以下，可通过接插外部电源进行充电的除外）	Station wagons (9 seats or less) of cylinder capacity cylinder exceeding 1.5L but not exceeding 2L, with compression-ignition internal combustion reciprocating piston engine (with diesel or semidiesel engine), with drive motor (Except for charging by external power supply)	【最】15【普】230 【协亚太】13.5【协巴基斯坦】22.5【协智利】0 【协新西兰】0【协哥斯达黎加】0【协冰岛】0 【协澳大利亚】12.5【协韩国】23 【协格鲁吉亚】0【协香港】0【协澳门】0 【增】16【对美加征】25【出】0【退】16	辆/千克	6AO	4xy	LM		999	同时装有压燃式活塞内燃发动机（柴油或半柴油发动机，1.5升<排量≤2升）及驱动电动机的小客车（9座及以下，可通过接插外部电源进行充电的除外）

税则号列			货品名称中英文		税费综合信息	计量单位	监管证件代码		检验检疫类别		检验检疫编码	检验检疫编码对应中文名称
HS国际统一前6位	本国子目 7~8位	本国子目 9~10位	中文 货物名称	英文 Article Description			进口	出口	进口	出口		
870350	33	90	同时装有压燃式活塞内燃发动机（柴油或半柴油发动机，1.5升<排量≤2升）及驱动电动机的小客车（9座及以下，可通过接插外部电源进行充电的除外）的成套散件	Complete parts of station wagons (9 seats or less) of cylinder capacity cylinder exceeding 1.5L but not exceeding 2L, with compression-ignition internal combustion reciprocating piston engine(with diesel or semidiesel engine), with drive motor (Except for charging by external power supply)	【最】15【普】230 【协亚太】13.5【协巴基斯坦】22.5【协智利】0 【协新西兰】0【协哥斯达黎加】0【协冰岛】0 【协澳大利亚】12.5【协韩国】23 【协格鲁吉亚】0【协香港】0【协澳门】0 【增】16【对美加征】25【出】0【退】16	辆/千克	6O	4xy			999	同时装有压燃式活塞内燃发动机（柴油或半柴油发动机，1.5升<排量≤2升）及驱动电动机的小客车（9座及以下，可通过接插外部电源进行充电的除外）的成套散件
870350	39	10	同时装有压燃式活塞内燃发动机（柴油或半柴油发动机，1.5升<排量≤2升）及驱动电动机的其他载人车辆（可通过接插外部电源进行充电的除外）	Other passenger vehicles of cylinder capacity cylinder exceeding 1.5L but not exceeding 2L, with compression-ignition internal combustion reciprocating piston engine (with diesel or semidiesel engine), with drive motor (Except for charging by external power supply)	【最】15【普】230 【协亚太】13.5【协巴基斯坦】22.5【协智利】0 【协新西兰】0【协哥斯达黎加】0【协冰岛】0 【协澳大利亚】12.5【协格鲁吉亚】0 【协香港】0【协澳门】0 【增】16【对美加征】25【出】0【退】16	辆/千克	6AO	4xy	LM		999	同时装有压燃式活塞内燃发动机（柴油或半柴油发动机，1.5升<排量≤2升）及驱动电动机的其他载人车辆（可通过接插外部电源进行充电的除外）
870350	39	90	同时装有压燃式活塞内燃发动机（柴油或半柴油发动机，1.5升<排量≤2升）及驱动电动机的其他载人车辆（可通过接插外部电源进行充电的除外）的成套散件	Complete parts of other passenger vehicles of cylinder capacity cylinder exceeding 1.5L but not exceeding 2L, with compression-ignition internal combustion reciprocating piston engine (with diesel or semidiesel engine), with drive motor (Except for charging by external power supply)	【最】15【普】230 【协亚太】13.5【协巴基斯坦】22.5【协智利】0 【协新西兰】0【协哥斯达黎加】0【协冰岛】0 【协澳大利亚】12.5【协格鲁吉亚】0 【协香港】0【协澳门】0 【增】16【对美加征】25【出】0【退】16	辆/千克	6O	4xy			999	同时装有压燃式活塞内燃发动机（柴油或半柴油发动机，1.5升<排量≤2升）及驱动电动机的其他载人车辆（可通过接插外部电源进行充电的除外）的成套散件
870350	41	10	同时装有压燃式活塞内燃发动机（柴油或半柴油发动机，2升<排量≤2.5升）及驱动电动机的小轿车（可通过接插外部电源进行充电的除外）	Saloon cars of cylinder capacity cylinder exceeding 2L but not exceeding 2.5L, with compression-ignition internal combustion reciprocating piston engine(with diesel or semidiesel engine), with drive motor (Except for charging by external power supply)	【最】15【普】230 【协亚太】13.5【协巴基斯坦】22.5【协智利】0 【协新西兰】0【协哥斯达黎加】0【协冰岛】0 【协澳大利亚】12.5【协格鲁吉亚】0 【协香港】0【协澳门】0 【增】16【对美加征】25【出】0【退】16	辆/千克	6AO	4xy	LM		999	同时装有压燃式活塞内燃发动机（柴油或半柴油发动机，2升<排量≤2.5升）及驱动电动机的小轿车（可通过接插外部电源进行充电的除外）

税则号列			货品名称中英文		税费综合信息	计量单位	监管证件代码		检验检疫类别		检验检疫编码	检验检疫编码对应中文名称
HS 国际统一前6位	本国子目 7~8位	9~10位	中文 货物名称	英文 Article Description			进口	出口	进口	出口		
870350	41	90	同时装有压燃式活塞内燃发动机（柴油或半柴油发动机，2升<排量≤2.5升）及驱动电动机的小轿车（可通过接插外部电源进行充电的除外）的成套散件	Complete parts of saloon cars of cylinder capacity cylinder exceeding 2L but not exceeding 2.5L, with compression-ignition internal combustion reciprocating piston engine (with diesel or semidiesel engine), with drive motor (Except for charging by external power supply)	【最】15【普】230 【协亚太】13.5【协巴基斯坦】22.5【协智利】0 【协新西兰】0【协哥斯达黎加】0【协冰岛】0 【协澳大利亚】12.5【协格鲁吉亚】0 【协香港】0【协澳门】0 【增】16【对美加征】25【出】0【退】16	辆/千克	6O	4xy			999	同时装有压燃式活塞内燃发动机（柴油或半柴油发动机，2升<排量≤2.5升）及驱动电动机的小轿车（可通过接插外部电源进行充电的除外）的成套散件
870350	42	10	同时装有压燃式活塞内燃发动机（柴油或半柴油发动机，2升<排量≤2.5升）及驱动电动机的四轮驱动越野车（可通过接插外部电源进行充电的除外）	Off-road vehicles (4WD) of cylinder capacity cylinder exceeding 2L but not exceeding 2.5L, with compression-ignition internal combustion reciprocating piston engine (with diesel or semidiesel engine), with drive motor (Except for charging by external power supply)	【最】15【普】230 【协亚太】13.5【协巴基斯坦】22.5【协智利】0 【协新西兰】0【协哥斯达黎加】0【协冰岛】0 【协澳大利亚】12.5【协格鲁吉亚】0 【协香港】0【协澳门】0 【增】16【对美加征】25【出】0【退】16	辆/千克	6AO	4xy	LM		999	同时装有压燃式活塞内燃发动机（柴油或半柴油发动机，2升<排量≤2.5升）及驱动电动机的四轮驱动越野车（可通过接插外部电源进行充电的除外）
870350	42	90	同时装有压燃式活塞内燃发动机（柴油或半柴油发动机，2升<排量≤2.5升）及驱动电动机的四轮驱动越野车（可通过接插外部电源进行充电的除外）的成套散件	Complete parts of off-road vehicles (4WD) of cylinder capacity cylinder exceeding 2L but not exceeding 2.5L, with compression-ignition internal combustion reciprocating piston engine (with diesel or semi-diesel engine), with drive motor (Except for charging by external power supply)	【最】15【普】230 【协亚太】13.5【协巴基斯坦】22.5【协智利】0 【协新西兰】0【协哥斯达黎加】0【协冰岛】0 【协澳大利亚】12.5【协格鲁吉亚】0 【协香港】0【协澳门】0 【增】16【对美加征】25【出】0【退】16	辆/千克	6O	4xy			999	同时装有压燃式活塞内燃发动机（柴油或半柴油发动机，2升<排量≤2.5升）及驱动电动机的四轮驱动越野车（可通过接插外部电源进行充电的除外）的成套散件
870350	43	10	同时装有压燃式活塞内燃发动机（柴油或半柴油发动机，2升<排量≤2.5升）及驱动电动机的小客车（9座及以下，可通过接插外部电源进行充电的除外）	Station wagons (9 seats or less) of cylinder capacity cylinder exceeding 2L but not exceeding 2.5L, with compression-ignition internal combustion reciprocating piston engine (with diesel or semidiesel engine), with drive motor (Except for charging by external power supply)	【最】15【普】230 【协亚太】13.5【协巴基斯坦】22.5【协智利】0 【协新西兰】0【协哥斯达黎加】0【协冰岛】0 【协澳大利亚】12.5【协韩国】23 【协格鲁吉亚】0【协香港】0【协澳门】0 【增】16【对美加征】25【出】0【退】16	辆/千克	6AO	4xy	LM		999	同时装有压燃式活塞内燃发动机（柴油或半柴油发动机，2升<排量≤2.5升）及驱动电动机的小客车（9座及以下，可通过接插外部电源进行充电的除外）

税则号列			货品名称中英文		税费综合信息	计量单位	监管证件代码		检验检疫类别		检验检疫编码	检验检疫编码对应中文名称
HS 国际统一前6位	本国子目 7~8位	本国子目 9~10位	中文 货物名称	英文 Article Description			进口	出口	进口	出口		
870350	43	90	同时装有压燃式活塞内燃发动机（柴油或半柴油发动机，2升<排量≤2.5升）及驱动电动机的小客车（9座及以下，可通过接插外部电源进行充电的除外）的成套散件	Complete parts of station wagons (9 seats or less) of cylinder capacity cylinder exceeding 2L but not exceeding 2.5L, with compression-ignition internal combustion reciprocating piston engine (with diesel or semidiesel engine), with drive motor (Except for charging by external power supply)	【最】15【普】230 【协亚太】13.5【协巴基斯坦】22.5【协智利】0 【协新西兰】0【协哥斯达黎加】0【协冰岛】0 【协澳大利亚】12.5【协韩国】23 【协格鲁吉亚】0【协香港】0【协澳门】0 【增】16【对美加征】25【出】0【退】16	辆/千克	6O	4xy			999	同时装有压燃式活塞内燃发动机（柴油或半柴油发动机，2升<排量≤2.5升）及驱动电动机的小客车（9座及以下，可通过接插外部电源进行充电的除外）的成套散件
870350	49	10	同时装有压燃式活塞内燃发动机（柴油或半柴油发动机，2升<排量≤2.5升）及驱动电动机的其他载人车辆（可通过接插外部电源进行充电的除外）	Other passenger vehicles of cylinder capacity cylinder exceeding 2L but not exceeding 2.5L, with compression-ignition internal combustion reciprocating piston engine (with diesel or semidiesel engine), with drive motor (Except for charging by external power supply)	【最】15【普】230 【协亚太】13.5【协巴基斯坦】22.5【协智利】0 【协新西兰】0【协哥斯达黎加】0【协冰岛】0 【协澳大利亚】12.5【协格鲁吉亚】0 【协香港】0【协澳门】0 【增】16【对美加征】25【出】0【退】16	辆/千克	6AO	4xy	LM		999	同时装有压燃式活塞内燃发动机（柴油或半柴油发动机，2升<排量≤2.5升）及驱动电动机的其他载人车辆（可通过接插外部电源进行充电的除外）
870350	49	90	同时装有压燃式活塞内燃发动机（柴油或半柴油发动机，2升<排量≤2.5升）及驱动电动机的其他载人车辆（可通过接插外部电源进行充电的除外）的成套散件	Complete parts of other passenger vehicles of cylinder capacity cylinder exceeding 2L but not exceeding 2.5L, with compression-ignition internal combustion reciprocating piston engine (with diesel or semidiesel engine), with drive motor (Except for charging by external power supply)	【最】15【普】230 【协亚太】13.5【协巴基斯坦】22.5【协智利】0 【协新西兰】0【协哥斯达黎加】0【协冰岛】0 【协澳大利亚】12.5【协格鲁吉亚】0 【协香港】0【协澳门】0 【增】16【对美加征】25【出】0【退】16	辆/千克	6O	4xy			999	同时装有压燃式活塞内燃发动机（柴油或半柴油发动机，2升<排量≤2.5升）及驱动电动机的其他载人车辆（可通过接插外部电源进行充电的除外）的成套散件
870350	51	10	同时装有压燃式活塞内燃发动机（柴油或半柴油发动机，2.5升<排量≤3升）及驱动电动机的小轿车（可通过接插外部电源进行充电的除外）	Saloon cars of cylinder capacity cylinder exceeding 2.5L but not exceeding 3L, with compression-ignition internal combustion reciprocating piston engine (with diesel or semidiesel engine), with drive motor (Except for charging by external power supply)	【最】15【普】270 【协亚太】13.5【协东盟】0【协巴基斯坦】22.5 【协智利】0【协新西兰】0【协新加坡】0 【协哥斯达黎加】0【协冰岛】0 【协澳大利亚】12.5【协格鲁吉亚】0 【协香港】0【协澳门】0 【增】16【对美加征】25【出】0【退】16	辆/千克	6AO	4xy	LM		999	同时装有压燃式活塞内燃发动机（柴油或半柴油发动机，2.5升<排量≤3升）及驱动电动机的小轿车（可通过接插外部电源进行充电的除外）

税则号列			货品名称中英文		税费综合信息	计量单位	监管证件代码		检验检疫类别		检验检疫编码	检验检疫编码对应中文名称
HS 国际统一前6位	本国子目 7~8位	9~10位	中文 货物名称	英文 Article Description			进口	出口	进口	出口		
870350	51	90	同时装有压燃式活塞内燃发动机（柴油或半柴油发动机，2.5 升＜排量≤3 升）及驱动电动机的小轿车（可通过接插外部电源进行充电的除外）的成套散件	Complete parts of saloon cars of cylinder capacity cylinder exceeding 2.5L but not exceeding 3L, with compression-ignition internal combustion reciprocating piston engine (with diesel or semidiesel engine), with drive motor (Except for charging by external power supply)	【最】15【普】270 【协亚太】13.5【协东盟】0【协巴基斯坦】22.5 【协智利】0【协新西兰】0【协新加坡】0 【协哥斯达黎加】0【协冰岛】0 【协澳大利亚】12.5【协格鲁吉亚】0 【协香港】0【协澳门】0 【增】16【对美加征】25【出】0【退】16	辆/千克	6O	4xy			999	同时装有压燃式活塞内燃发动机（柴油或半柴油发动机，2.5 升<排量≤3 升）及驱动电动机的小轿车（可通过接插外部电源进行充电的除外）的成套散件
870350	52	10	同时装有压燃式活塞内燃发动机（柴油或半柴油发动机，2.5 升＜排量≤3 升）及驱动电动机的四轮驱动越野车（可通过接插外部电源进行充电的除外）	Off-road vehicles (4WD) of cylinder capacity cylinder exceeding 2.5L but not exceeding 3L, with compression-ignition internal combustion reciprocating piston engine (with diesel or semidiesel engine), with drive motor (Except for charging by external power supply)	【最】15【普】270 【协亚太】13.5【协东盟】0【协巴基斯坦】22.5 【协智利】0【协新西兰】0【协新加坡】0 【协哥斯达黎加】0【协冰岛】0 【协澳大利亚】12.5【协韩国】23 【协格鲁吉亚】0【协香港】0【协澳门】0 【增】16【对美加征】25【出】0【退】16	辆/千克	6AO	4xy	LM		999	同时装有压燃式活塞内燃发动机（柴油或半柴油发动机，2.5 升<排量≤3 升）及驱动电动机的四轮驱动越野车（可通过接插外部电源进行充电的除外）
870350	52	90	同时装有压燃式活塞内燃发动机（柴油或半柴油发动机，2.5 升＜排量≤3 升）及驱动电动机的四轮驱动越野车（可通过接插外部电源进行充电的除外）的成套散件	Complete parts of off-road vehicles (4WD) of cylinder capacity cylinder exceeding 2.5L but not exceeding 3L, with compression-ignition internal combustion reciprocating piston engine (with diesel or semidiesel engine), with drive motor (Except for charging by external power supply)	【最】15【普】270 【协亚太】13.5【协东盟】0【协巴基斯坦】22.5 【协智利】0【协新西兰】0【协新加坡】0 【协哥斯达黎加】0【协冰岛】0 【协澳大利亚】12.5【协韩国】23 【协格鲁吉亚】0【协香港】0【协澳门】0 【增】16【对美加征】25【出】0【退】16	辆/千克	6O	4xy			999	同时装有压燃式活塞内燃发动机（柴油或半柴油发动机，2.5 升<排量≤3 升）及驱动电动机的四轮驱动越野车（可通过接插外部电源进行充电的除外）的成套散件
870350	53	10	同时装有压燃式活塞内燃发动机（柴油或半柴油发动机，2.5 升＜排量≤3 升）及驱动电动机的小客车（9 座及以下，可通过接插外部电源进行充电的除外）	Station wagons (9 seats or less) of cylinder capacity cylinder exceeding 2.5L but not exceeding 3L, with compression-ignition internal combustion reciprocating piston engine (with diesel or semidiesel engine), with drive motor (Except for charging by external power supply)	【最】15【普】270 【协亚太】13.5【协东盟】0【协巴基斯坦】22.5 【协智利】0【协新西兰】0【协新加坡】0 【协哥斯达黎加】0【协冰岛】0 【协澳大利亚】12.5【协格鲁吉亚】0 【协香港】0【协澳门】0 【增】16【对美加征】25【出】0【退】16	辆/千克	6AO	4xy	LM		999	同时装有压燃式活塞内燃发动机（柴油或半柴油发动机，2.5 升<排量≤3 升）及驱动电动机的小客车（9 座及以下，可通过接插外部电源进行充电的除外）

税则号列			货品名称中英文		税费综合信息	计量单位	监管证件代码		检验检疫类别		检验检疫编码	检验检疫编码对应中文名称
HS国际统一前6位	本国子目 7~8位	9~10位	中文 货物名称	英文 Article Description			进口	出口	进口	出口		
870350	53	90	同时装有压燃式活塞内燃发动机（柴油或半柴油发动机，2.5升<排量≤3升）及驱动电动机的小客车（9座及以下，可通过接插外部电源进行充电的除外）的成套散件	Complete parts of station wagons (9 seats or less) of cylinder capacity cylinder exceeding 2.5L but not exceeding 3L, with compression-ignition internal combustion reciprocating piston engine(with diesel or semidiesel engine), with drive motor (Except for charging by external power supply)	【最】15【普】270 【协亚太】13.5【协东盟】0【协巴基斯坦】22.5 【协智利】0【协新西兰】0【协新加坡】0 【协哥斯达黎加】0【协冰岛】0 【协澳大利亚】12.5【协格鲁吉亚】0 【协香港】0【协澳门】0 【增】16【对美加征】25【出】0【退】16	辆/千克	60	4xy			999	同时装有压燃式活塞内燃发动机（柴油或半柴油发动机，2.5升<排量≤3升）及驱动电动机的小客车（9座及以下，可通过接插外部电源进行充电的除外）的成套散件
870350	59	10	同时装有压燃式活塞内燃发动机（柴油或半柴油发动机，2.5升<排量≤3升）及驱动电动机的其他载人车辆（可通过接插外部电源进行充电的除外）	Other passenger vehicles of cylinder capacity cylinder exceeding 2.5L but not exceeding 3L, with compression-ignition internal combustion reciprocating piston engine (with diesel or semidiesel engine), with drive motor (except for charging by external power supply)	【最】15【普】270 【协亚太】13.5【协东盟】0【协巴基斯坦】22.5 【协智利】0【协新西兰】0【协新加坡】0 【协哥斯达黎加】0【协冰岛】0 【协澳大利亚】12.5【协格鲁吉亚】0 【协香港】0【协澳门】0 【增】16【对美加征】25【出】0【退】16	辆/千克	6AO	4xy	LM		999	同时装有压燃式活塞内燃发动机（柴油或半柴油发动机，2.5升<排量≤3升）及驱动电动机的其他载人车辆（可通过接插外部电源进行充电的除外）
870350	59	90	同时装有压燃式活塞内燃发动机（柴油或半柴油发动机，2.5升<排量≤3升）及驱动电动机的其他载人车辆（可通过接插外部电源进行充电的除外）的成套散件	Complete parts of other passenger vehicles of cylinder capacity cylinder exceeding 2.5L but not exceeding 3L, with compression-ignition internal combustion reciprocating piston engine (with diesel or semidiesel engine), with drive motor (except for charging by external power supply)	【最】15【普】270 【协亚太】13.5【协东盟】0【协巴基斯坦】22.5 【协智利】0【协新西兰】0【协新加坡】0 【协哥斯达黎加】0【协冰岛】0 【协澳大利亚】12.5【协格鲁吉亚】0 【协香港】0【协澳门】0 【增】16【对美加征】25【出】0【退】16	辆/千克	60	4xy			999	同时装有压燃式活塞内燃发动机（柴油或半柴油发动机，2.5升<排量≤3升）及驱动电动机的其他载人车辆（可通过接插外部电源进行充电的除外）的成套散件
870350	61	10	同时装有压燃式活塞内燃发动机（柴油或半柴油发动机，3升<排量≤4升）及驱动电动机的小轿车（可通过接插外部电源进行充电的除外）	Saloon cars of cylinder capacity cylinder exceeding 3L but not exceeding 4L, with compression-ignition internal combustion reciprocating piston engine (with diesel or semidiesel engine), with drive motor (except for charging by external power supply)	【最】15【普】270 【协亚太】13.5【协东盟】0【协巴基斯坦】22.5 【协智利】0【协新西兰】0【协新加坡】0 【协哥斯达黎加】0【协冰岛】0 【协澳大利亚】12.5【协格鲁吉亚】0 【协香港】0【协澳门】0 【特-1】0 【增】16【对美加征】25【出】0【退】16	辆/千克	6AO	4xy	LM		999	同时装有压燃式活塞内燃发动机（柴油或半柴油发动机，3升<排量≤4升）及驱动电动机的小轿车（可通过接插外部电源进行充电的除外）

税则号列			货品名称中英文		税费综合信息	计量单位	监管证件代码		检验检疫类别		检验检疫编码	检验检疫编码对应中文名称
HS 国际统一前6位	本国子目 7~8位	9~10位	中文 货物名称	英文 Article Description			进口	出口	进口	出口		
870350	61	90	同时装有压燃式活塞内燃发动机（柴油或半柴油发动机，3 升 < 排量≤4 升）及驱动电动机的小轿车（可通过接插外部电源进行充电的除外）的成套散件	Complete parts of saloon cars of cylinder capacity cylinder exceeding 3L but not exceeding 4L, with compression-ignition internal combustion reciprocating piston engine (with diesel or semidiesel engine), with drive motor (except for charging by external power supply)	【最】15【普】270 【协亚太】13.5【协东盟】0【协巴基斯坦】22.5 【协智利】0【协新西兰】0【协新加坡】0 【协哥斯达黎加】0【协冰岛】0 【协澳大利亚】12.5【协格鲁吉亚】0 【协香港】0【协澳门】0 【特-1】0 【增】16【对美加征】25【出】0【退】16	辆/千克	60	4xy			999	同时装有压燃式活塞内燃发动机（柴油或半柴油发动机，3升<排量≤4升）及驱动电动机的小轿车（可通过接插外部电源进行充电的除外）的成套散件
870350	62	10	同时装有压燃式活塞内燃发动机（柴油或半柴油发动机，3 升 < 排量≤4 升）及驱动电动机的四轮驱动越野车（可通过接插外部电源进行充电的除外）	Off-road vehicles (4WD) of cylinder capacity cylinder exceeding 3L but not exceeding 4L, with compression-ignition internal combustion reciprocating piston engine (with diesel or semidiesel engine), with drive motor (Except for charging by external power supply)	【最】15【普】270 【协亚太】13.5【协东盟】0【协巴基斯坦】22.5 【协智利】0【协新西兰】0【协新加坡】0 【协哥斯达黎加】0【协冰岛】0 【协澳大利亚】12.5【协格鲁吉亚】0 【协香港】0【协澳门】0 【特-1】0 【增】16【对美加征】25【出】0【退】16	辆/千克	6AO	4xy	LM		999	同时装有压燃式活塞内燃发动机（柴油或半柴油发动机，3升<排量≤4升）及驱动电动机的四轮驱动越野车（可通过接插外部电源进行充电的除外）
870350	62	90	同时装有压燃式活塞内燃发动机（柴油或半柴油发动机，3 升 < 排量≤4 升）及驱动电动机的四轮驱动越野车（可通过接插外部电源进行充电的除外）的成套散件	Complete parts of off-road vehicles (4WD) of cylinder capacity cylinder exceeding 3L but not exceeding 4L, with compression-ignition internal combustion reciprocating piston engine (with diesel or semidiesel engine), with drive motor (Except for charging by external power supply)	【最】15【普】270 【协亚太】13.5【协东盟】0【协巴基斯坦】22.5 【协智利】0【协新西兰】0【协新加坡】0 【协哥斯达黎加】0【协冰岛】0 【协澳大利亚】12.5【协格鲁吉亚】0 【协香港】0【协澳门】0 【特-1】0 【增】16【对美加征】25【出】0【退】16	辆/千克	60	4xy			999	同时装有压燃式活塞内燃发动机（柴油或半柴油发动机，3升<排量≤4升）及驱动电动机的四轮驱动越野车（可通过接插外部电源进行充电的除外）的成套散件
870350	63	10	同时装有压燃式活塞内燃发动机（柴油或半柴油发动机，3 升 < 排量≤4 升）及驱动电动机的小客车（9 座及以下，可通过接插外部电源进行充电的除外）	Station wagons (9 seats or less) of cylinder capacity cylinder exceeding 3L but not exceeding 4L, with compression-ignition internal combustion reciprocating piston engine (with diesel or semidiesel engine), with drive motor (Except for charging by external power supply)	【最】15【普】270 【协亚太】13.5【协东盟】0【协巴基斯坦】22.5 【协智利】0【协新西兰】0【协新加坡】0 【协哥斯达黎加】0【协冰岛】0 【协澳大利亚】12.5【协格鲁吉亚】0 【协香港】0【协澳门】0 【特-1】0 【增】16【对美加征】25【出】0【退】16	辆/千克	6AO	4xy	LM		999	同时装有压燃式活塞内燃发动机（柴油或半柴油发动机，3升<排量≤4升）及驱动电动机的小客车（9座及以下，可通过接插外部电源进行充电的除外）

税则号列 HS国际统一前6位	本国子目 7~8位	本国子目 9~10位	货品名称中英文 中文 货物名称	货品名称中英文 英文 Article Description	税费综合信息	计量单位	监管证件代码 进口	监管证件代码 出口	检验检疫类别 进口	检验检疫类别 出口	检验检疫编码	检验检疫编码对应中文名称
870350	63	90	同时装有压燃式活塞内燃发动机（柴油或半柴油发动机，3升<排量≤4升）及驱动电动机的小客车（9座及以下，可通过接插外部电源进行充电的除外）的成套散件	Complete parts of station wagons (9 seats or less) of cylinder capacity cylinder exceeding 3L but not exceeding 4L, with compression-ignition internal combustion reciprocating piston engine (with diesel or semidiesel engine), with drive motor (Except for charging by external power supply)	【最】15【普】270 【协亚太】13.5【协东盟】0【协巴基斯坦】22.5 【协智利】0【协新西兰】0【协新加坡】0 【协哥斯达黎加】0【协冰岛】0 【协澳大利亚】12.5【协格鲁吉亚】0 【协香港】0【协澳门】0 【特-1】0 【增】16【对美加征】25【出】0【退】16	辆/千克	6O	4xy			999	同时装有压燃式活塞内燃发动机（柴油或半柴油发动机，3升<排量≤4升）及驱动电动机的小客车（9座及以下，可通过接插外部电源进行充电的除外）的成套散件
870350	69	10	同时装有压燃式活塞内燃发动机（柴油或半柴油发动机，3升<排量≤4升）及驱动电动机的其他载人车辆（柴油或半柴油发动机，3升<排量≤4升）及驱动电动机的小客车（9座及以下，可通过接插外部电源进行充电的除外）的成套散件	Other passenger vehicles of cylinder capacity cylinder exceeding 3L but not exceeding 4L, with compression-ignition internal combustion reciprocating piston engine (with diesel or semidiesel engine), with drive motor (except for charging by external power supply)	【最】15【普】270 【协亚太】13.5【协东盟】0【协巴基斯坦】22.5 【协智利】0【协新西兰】0【协新加坡】0 【协哥斯达黎加】0【协冰岛】0 【协澳大利亚】12.5【协格鲁吉亚】0 【协香港】0【协澳门】0 【特-1】0 【增】16【对美加征】25【出】0【退】16	辆/千克	6AO	4xy	LM		999	同时装有压燃式活塞内燃发动机（柴油或半柴油发动机，3升<排量≤4升）及驱动电动机的其他载人车辆（柴油或半柴油发动机，3升<排量≤4升）及驱动电动机的小客车（9座及以下，可通过接插外部电源进行充电的除外）的成套散件
870350	69	90	同时装有压燃式活塞内燃发动机（柴油或半柴油发动机，3升<排量≤4升）及驱动电动机的其他载人车辆（可通过接插外部电源进行充电的除外）的成套散件	Complete parts of other passenger vehicles of cylinder capacity cylinder exceeding 3L but not exceeding 4L, with compression-ignition internal combustion reciprocating piston engine (with diesel or semidiesel engine), with drive motor (except for charging by external power supply)	【最】15【普】270 【协亚太】13.5【协东盟】0【协巴基斯坦】22.5 【协智利】0【协新西兰】0【协新加坡】0 【协哥斯达黎加】0【协冰岛】0 【协澳大利亚】12.5【协格鲁吉亚】0 【协香港】0【协澳门】0 【特-1】0 【增】16【对美加征】25【出】0【退】16	辆/千克	6O	4xy			999	同时装有压燃式活塞内燃发动机（柴油或半柴油发动机，3升<排量≤4升）及驱动电动机的其他载人车辆（可通过接插外部电源进行充电的除外）的成套散件
870350	71	10	同时装有压燃式活塞内燃发动机（柴油或半柴油发动机，排量>4升）及驱动电动机的小轿车（可通过接插外部电源进行充电的除外）	Saloon cars of cylinder capacity cylinder exceeding 4L, with compression-ignition internal combustion reciprocating piston engine (with diesel or semidiesel engine), with drive motor (except for charging by external power supply)	【最】15【普】270 【协亚太】13.5【协东盟】0【协巴基斯坦】22.5 【协智利】0【协新西兰】0【协新加坡】0 【协哥斯达黎加】0【协冰岛】0【协澳大利亚】0 【协格鲁吉亚】0【协香港】0【协澳门】0 【特-1】0 【增】16【对美加征】25【出】0【退】16	辆/千克	6AO	4xy	LM		999	同时装有压燃式活塞内燃发动机（柴油或半柴油发动机，排量>4升）及驱动电动机的小轿车（可通过接插外部电源进行充电的除外）

税则号列 HS国际统一前6位	本国子目 7~8位	本国子目 9~10位	货品名称中英文 中文 货物名称	货品名称中英文 英文 Article Description	税费综合信息	计量单位	监管证件代码 进口	监管证件代码 出口	检验检疫类别 进口	检验检疫类别 出口	检验检疫编码	检验检疫编码对应中文名称
870350	71	90	同时装有压燃式活塞内燃发动机（柴油或半柴油发动机，排量>4升）及驱动电动机的小轿车（可通过接插外部电源进行充电的除外）的成套散件	Complete parts of saloon cars of cylinder capacity cylinder exceeding 3L but not exceeding 4L, with compression-ignition internal combustion reciprocating piston engine (with diesel or semidiesel engine), with drive motor (except for charging by external power supply)	【最】15【普】270 【协亚太】13.5【协东盟】0【协巴基斯坦】22.5 【协智利】0【协新西兰】0【协新加坡】0 【协哥斯达黎加】0【协冰岛】0【协澳大利亚】0 【协格鲁吉亚】0【协香港】0【协澳门】0 【特-1】0 【增】16【对美加征】25【出】0【退】16	辆/千克	6O	4xy			999	同时装有压燃式活塞内燃发动机（柴油或半柴油发动机，排量>4升）及驱动电动机的小轿车（可通过接插外部电源进行充电的除外）的成套散件
870350	72	10	同时装有压燃式活塞内燃发动机（柴油或半柴油发动机，排量>4升）及驱动电动机的四轮驱动越野车（可通过接插外部电源进行充电的除外）	Off-road vehicles (4WD) of cylinder capacity cylinder exceeding 4L, with compression-ignition internal combustion reciprocating piston engine (with diesel or semidiesel engine), with drive motor (Except for charging by external power supply)	【最】15【普】270 【协亚太】13.5【协东盟】0【协巴基斯坦】22.5 【协智利】0【协新西兰】0【协新加坡】0 【协哥斯达黎加】0【协冰岛】0【协澳大利亚】0 【协格鲁吉亚】0【协香港】0【协澳门】0 【特-1】0 【增】16【对美加征】25【出】0【退】16	辆/千克	6AO	4xy	LM		999	同时装有压燃式活塞内燃发动机（柴油或半柴油发动机，排量>4升）及驱动电动机的四轮驱动越野车（可通过接插外部电源进行充电的除外）
870350	72	90	同时装有压燃式活塞内燃发动机（柴油或半柴油发动机，排量>4升）及驱动电动机的四轮驱动越野车（可通过接插外部电源进行充电的除外）的成套散件	Complete parts of off-road vehicles (4WD) of cylinder capacity cylinder exceeding 4L, with compression-ignition internal combustion reciprocating piston engine (with diesel or semidiesel engine), with drive motor (Except for charging by external power supply)	【最】15【普】270 【协亚太】13.5【协东盟】0【协巴基斯坦】22.5 【协智利】0【协新西兰】0【协新加坡】0 【协哥斯达黎加】0【协冰岛】0【协澳大利亚】0 【协格鲁吉亚】0【协香港】0【协澳门】0 【特-1】0 【增】16【对美加征】25【出】0【退】16	辆/千克	6O	4xy			999	同时装有压燃式活塞内燃发动机（柴油或半柴油发动机，排量>4升）及驱动电动机的四轮驱动越野车（可通过接插外部电源进行充电的除外）的成套散件
870350	73	10	同时装有压燃式活塞内燃发动机（柴油或半柴油发动机，排量>4升）及驱动电动机的小客车（9座及以下，可通过接插外部电源进行充电的除外）	Station wagons (9 seats or less) of cylinder capacity cylinder exceeding 4L, with compression-ignition internal combustion reciprocating piston engine (with diesel or semidiesel engine), with drive motor (Except for charging by external power supply)	【最】15【普】270 【协亚太】13.5【协东盟】0【协巴基斯坦】22.5 【协智利】0【协新西兰】0【协新加坡】0 【协哥斯达黎加】0【协冰岛】0【协澳大利亚】0 【协格鲁吉亚】0【协香港】0【协澳门】0 【特-1】0 【增】16【对美加征】25【出】0【退】16	辆/千克	6AO	4xy	LM		999	同时装有压燃式活塞内燃发动机（柴油或半柴油发动机，排量>4升）及驱动电动机的小客车（9座及以下，可通过接插外部电源进行充电的除外）
870350	73	90	同时装有压燃式活塞内燃发动机（柴油或半柴油发动机，排量>4升）及驱动电动机的小客车（9座及以下，可通过接插外部电源进行充电的除外）的成套散件	Complete parts of station wagons (9 seats or less) of cylinder capacity cylinder exceeding 4L, with compression-ignition internal combustion reciprocating piston engine (with diesel or semidiesel engine), with drive motor (Except for charging by external power supply)	【最】15【普】270 【协亚太】13.5【协东盟】0【协巴基斯坦】22.5 【协智利】0【协新西兰】0【协新加坡】0 【协哥斯达黎加】0【协冰岛】0【协澳大利亚】0 【协格鲁吉亚】0【协香港】0【协澳门】0 【特-1】0 【增】16【对美加征】25【出】0【退】16	辆/千克	6O	4xy			999	同时装有压燃式活塞内燃发动机（柴油或半柴油发动机，排量>4升）及驱动电动机的小客车（9座及以下，可通过接插外部电源进行充电的除外）的成套散件

税则号列			货品名称中英文		税费综合信息	计量单位	监管证件代码		检验检疫类别		检验检疫编码	检验检疫编码对应中文名称
HS国际统一前6位	本国子目 7~8位	本国子目 9~10位	中文 货物名称	英文 Article Description			进口	出口	进口	出口		
870350	79	10	同时装有压燃式活塞内燃发动机（柴油或半柴油发动机，排量>4升）及驱动电动机的其他载人车辆（可通过接插外部电源进行充电的除外）	Other passenger vehicles of cylinder capacity cylinder exceeding 3L but not exceeding 4L, with compression-ignition internal combustion reciprocating piston engine (with diesel or semidiesel engine), with drive motor (Except for charging by external power supply)	【最】15【普】270 【协亚太】13.5【协东盟】0【协巴基斯坦】22.5 【协智利】0【协新西兰】0【协新加坡】0 【协哥斯达黎加】0【协冰岛】0【协澳大利亚】0 【协格鲁吉亚】0【协香港】0【协澳门】0 【特-1】0 【增】16【对美加征】25【出】0【退】16	辆/千克	6AO	4xy	LM		999	同时装有压燃式活塞内燃发动机（柴油或半柴油发动机，排量>4升）及驱动电动机的其他载人车辆（可通过接插外部电源进行充电的除外）
870350	79	90	同时装有压燃式活塞内燃发动机（柴油或半柴油发动机，排量>4升）及驱动电动机的其他载人车辆（可通过接插外部电源进行充电的除外）的成套散件	Complete parts of other passenger vehicles of cylinder capacity cylinder exceeding 4L, with compression-ignition internal combustion reciprocating piston engine (with diesel or semidiesel engine), with drive motor (Except for charging by external power supply)	【最】15【普】270 【协亚太】13.5【协东盟】0【协巴基斯坦】22.5 【协智利】0【协新西兰】0【协新加坡】0 【协哥斯达黎加】0【协冰岛】0【协澳大利亚】0 【协格鲁吉亚】0【协香港】0【协澳门】0 【特-1】0 【增】16【对美加征】25【出】0【退】16	辆/千克	6O	4xy			999	同时装有压燃式活塞内燃发动机（柴油或半柴油发动机，排量>4升）及驱动电动机的其他载人车辆（可通过接插外部电源进行充电的除外）的成套散件
870350	90	10	其他同时装有压燃式活塞内燃发动（柴油或半柴油发动机）及驱动电动机的载人车辆（可通过接插外部电源进行充电的除外）	Passenger vehicles of other cylinder capacity cylinder exceeding 3L but not exceeding 4L, with compression-ignition internal combustion reciprocating piston engine (with diesel or semidiesel engine), with drive motor (Except for charging by external power supply)	【最】15【普】270 【协亚太】13.5【协东盟】0【协巴基斯坦】22.5 【协智利】0【协新西兰】0【协新加坡】0 【协秘鲁】0【协哥斯达黎加】0【协冰岛】0 【协澳大利亚】0【协韩国】23【协格鲁吉亚】15 【协香港】0【协澳门】0 【特-1】0【特-2】0 【增】16【对美加征】25【出】0【退】16	辆/千克	6AO	4xy	LM		999	其他同时装有压燃式活塞内燃发动机（柴油或半柴油发动机）及驱动电动机的载人车辆（可通过接插外部电源进行充电的除外）
870350	90	90	其他同时装有压燃式活塞内燃发动机（柴油或半柴油发动机）及驱动电动机的载人车辆（可通过接插外部电源进行充电的除外）的成套散件	Complete parts of passenger vehicles of other cylinder capacity cylinder exceeding 4L, with compression-ignition internal combustion reciprocating piston engine (with diesel or semidiesel engine), with drive motor (Except for charging by external power supply)	【最】15【普】270 【协亚太】13.5【协东盟】0【协巴基斯坦】22.5 【协智利】0【协新西兰】0【协新加坡】0 【协秘鲁】0【协哥斯达黎加】0【协冰岛】0 【协澳大利亚】0【协韩国】23【协格鲁吉亚】15 【协香港】0【协澳门】0 【特-1】0【特-2】0 【增】16【对美加征】25【出】0【退】16	辆/千克	6O	4xy			999	其他同时装有压燃式活塞内燃发动机（柴油或半柴油发动机）及驱动电动机的载人车辆（可通过接插外部电源进行充电的除外）的成套散件
870360	00		同时装有点燃往复式活塞内燃发动机及驱动电动机、可通过接插外部电源进行充电的其他载人车辆	Other vehicles, with both cornpression-ignition internal combustion piston engine (diesel or semidiesel) and electric motor as motors for propulsion, capable of being charged by plugging to external source of electric power supply)	【最】15【普】270 【协亚太】13.5【协巴基斯坦】22.5【协智利】0 【协新西兰】0【协哥斯达黎加】0【协冰岛】0 【协澳大利亚】0【协香港】0【协澳门】0 【增】16【对美加征】25【出】0【退】16	辆/千克	6AO	4	LM		999	同时装有点燃往复式活塞内燃发动机及驱动电动机、可通过接插外部电源进行充电的其他载人车辆

税则号列			货品名称中英文		税费综合信息	计量单位	监管证件代码		检验检疫类别		检验检疫编码	检验检疫编码对应中文名称
HS 国际统一前6位	本国子目 7~8位	9~10位	中文 货物名称	英文 Article Description			进口	出口	进口	出口		
870370	00		同时装有压燃活塞内燃发动机（柴油或半柴油发动机）及驱动电动机、可通过接插外部电源进行充电的其他载人车辆	Other vehicles, with only electric motor for propulsion	【最】15【普】270 【协亚太】13.5【协东盟】0【协巴基斯坦】22.5 【协智利】0【协新西兰】0【协新加坡】0 【协秘鲁】0【协哥斯达黎加】0【协冰岛】0 【协澳大利亚】0【协韩国】23【协格鲁吉亚】15 【协香港】0【协澳门】0 【特-1】0【特-2】0 【增】16【对美加征】25【出】0【退】16	辆/千克	6AO	4	LM		999	同时装有压燃活塞内燃发动机（柴油或半柴油发动机）及驱动电动机、可通过接插外部电源进行充电的其他载人车辆
870380	00		仅装有驱动电动机的其他载人车辆	With electric motor for propulsion	【最】15【普】270 【协亚太】13.5【协东盟】0【协巴基斯坦】22.5 【协智利】0【协新西兰】0【协新加坡】0 【协秘鲁】0【协哥斯达黎加】0【协冰岛】0 【协澳大利亚】0【协韩国】23【协格鲁吉亚】15 【协香港】0【协澳门】0 【特-1】0【特-2】0 【增】16【对美加征】25【出】0【退】16	辆/千克	6AO		LM		999	仅装有驱动电动机的其他载人车辆
870390	00	21	其他排气量≤1升的载人车辆	Other motor vehicles designed for transport of person's, cylinder capacity ≤1L	【最】15【普】270 【协亚太】13.5【协东盟】0【协巴基斯坦】22.5 【协智利】0【协新西兰】0【协新加坡】0 【协秘鲁】0【协哥斯达黎加】0【协冰岛】0 【协澳大利亚】0【协韩国】23【协格鲁吉亚】15 【协香港】0【协澳门】0 【特-1】0【特-2】0 【增】16【对美加征】25【出】0【退】16	辆/千克	6AO	4xy	LM		999	其他排气量≤1升的载人车辆
870390	00	22	其他1升<排气量≤1.5升的载人车辆	Other motor vehicles designed for transport of person's, 1.5L < cylinder capacity ≤ 2L	【最】15【普】270 【协亚太】13.5【协东盟】0【协巴基斯坦】22.5 【协智利】0【协新西兰】0【协新加坡】0 【协秘鲁】0【协哥斯达黎加】0【协冰岛】0 【协澳大利亚】0【协韩国】23【协格鲁吉亚】15 【协香港】0【协澳门】0 【特-1】0【特-2】0 【增】16【对美加征】25【出】0【退】16	辆/千克	6AO	4xy	LM		999	其他1升<排气量≤1.5升的载人车辆
870390	00	23	其他1.5升<排气量≤2升的载人车辆	Other motor vehicles designed for transport of person's, 2L<cylinder capacity ≤2.5L	【最】15【普】270 【协亚太】13.5【协东盟】0【协巴基斯坦】22.5 【协智利】0【协新西兰】0【协新加坡】0 【协秘鲁】0【协哥斯达黎加】0【协冰岛】0 【协澳大利亚】0【协韩国】23【协格鲁吉亚】15 【协香港】0【协澳门】0 【特-1】0【特-2】0 【增】16【对美加征】25【出】0【退】16	辆/千克	6AO	4xy	LM		999	其他1.5升<排气量≤2升的载人车辆
870390	00	24	其他2升<排气量≤2.5升的载人车辆	Other motor vehicles designed for transport of person's, 2.5L < cylinder capacity ≤ 3L	【最】15【普】270 【协亚太】13.5【协东盟】0【协巴基斯坦】22.5 【协智利】0【协新西兰】0【协新加坡】0 【协秘鲁】0【协哥斯达黎加】0【协冰岛】0 【协澳大利亚】0【协韩国】23【协格鲁吉亚】15 【协香港】0【协澳门】0 【特-1】0【特-2】0 【增】16【对美加征】25【出】0【退】16	辆/千克	6AO	4xy	LM		999	其他2升<排气量≤2.5升的载人车辆
870390	00	25	其他2.5升<排气量≤3升的载人车辆	Other motor vehicles designed for transport of person's, 3L<cylinder capacity ≤4L	【最】15【普】270 【协亚太】13.5【协东盟】0【协巴基斯坦】22.5 【协智利】0【协新西兰】0【协新加坡】0 【协秘鲁】0【协哥斯达黎加】0【协冰岛】0 【协澳大利亚】0【协韩国】23【协格鲁吉亚】15 【协香港】0【协澳门】0 【特-1】0【特-2】0 【增】16【对美加征】25【出】0【退】16	辆/千克	6AO	4xy	LM		999	其他2.5升<排气量≤3升的载人车辆
870390	00	26	其他3升<排气量≤4升的载人车辆	Other motor vehicles designed for transport of person's, cylinder capacity >4L	【最】15【普】270 【协亚太】13.5【协东盟】0【协巴基斯坦】22.5 【协智利】0【协新西兰】0【协新加坡】0 【协秘鲁】0【协哥斯达黎加】0【协冰岛】0 【协澳大利亚】0【协韩国】23【协格鲁吉亚】15 【协香港】0【协澳门】0 【特-1】0【特-2】0 【增】16【对美加征】25【出】0【退】16	辆/千克	6AO	4xy	LM		999	其他3升<排气量≤4升的载人车辆

税则号列			货品名称中英文		税费综合信息	计量单位	监管证件代码		检验检疫类别		检验检疫编码	检验检疫编码对应中文名称
HS国际统一前6位	本国子目7~8位	本国子目9~10位	中文 货物名称	英文 Article Description			进口	出口	进口	出口		
870390	00	27	其他排气量>4升的载人车辆	Other motor vehicles designed for transport of person's, 1L<cylinder capacity ≤1.5L	【最】15【普】270 【协亚太】13.5【协东盟】0【协巴基斯坦】22.5 【协智利】0【协新西兰】0【协新加坡】0 【协秘鲁】0【协哥斯达黎加】0【协冰岛】0 【协澳大利亚】0【协韩国】23【协格鲁吉亚】15 【协香港】0【协澳门】0 【特-1】0【特-2】0 【增】16【对美加征】25【出】0【退】16	辆/千克	6AO	4xy	LM		999	其他排气量>4升的载人车辆
870390	00	29	其他无法区分排气量的载人车辆	Electronic vehicles and other passenger vehicles which can not distingguished cylinder capacity	【最】15【普】270 【协亚太】13.5【协东盟】0【协巴基斯坦】22.5 【协智利】0【协新西兰】0【协新加坡】0 【协秘鲁】0【协哥斯达黎加】0【协冰岛】0 【协澳大利亚】0【协韩国】23【协格鲁吉亚】15 【协香港】0【协澳门】0 【特-1】0【特-2】0 【增】16【对美加征】25【出】0【退】16	辆/千克	6AO		LM		999	其他无法区分排气量的载人车辆
870390	00	90	税号8703.9000所列车辆的成套散件	Complete parts of passenger vehicles of subheading No. 8703.9000	【最】15【普】270 【协亚太】13.5【协东盟】0【协巴基斯坦】22.5 【协智利】0【协新西兰】0【协新加坡】0 【协秘鲁】0【协哥斯达黎加】0【协冰岛】0 【协澳大利亚】0【协韩国】23【协格鲁吉亚】15 【协香港】0【协澳门】0 【特-1】0【特-2】0 【增】16【对美加征】25【出】0【退】16	辆/千克	6O				999	税号8703.9000所列车辆的成套散件
870410	30		非公路用电动轮货运自卸车	Electromobile dumpers for the transport of goods, designed for off-highway use	【最】6【普】20 【协东盟】0【协巴基斯坦】5【协智利】0 【协新西兰】0【协秘鲁】0【协哥斯达黎加】0 【协冰岛】0【协瑞士】0【协澳大利亚】0 【协韩国】1.2【协格鲁吉亚】0【协香港】0 【协澳门】0 【特-1】0【特-2】0【特-3】0 【增】16【对美加征】25【出】0【退】16	辆/千克	6A		M		999	非公路用电动轮货运自卸车
870410	90		其他非公路用货运自卸车	Other dumpers designed for off-highway use	【最】6【普】20 【协东盟】0【协巴基斯坦】5【协智利】0 【协新西兰】0【协秘鲁】0【协哥斯达黎加】0 【协冰岛】0【协瑞士】0【协澳大利亚】0 【协韩国】1.2【协格鲁吉亚】0 【协香港】0【协澳门】0 【特-1】0【特-2】0【特-3】0 【增】16【对美加征】25【出】0【退】16	辆/千克	6A		M		999	其他非公路用货运自卸车
870421	00		柴油型其他小型货车（装有压燃式活塞内燃发动机，小型指车辆总重量≤5吨）	Other small truck, with compression-ignition internal combustion piston engine (diesel), G. v. w. not exceeding 5 tons	【最】15【普】70 【协智利】0【协新西兰】0【协哥斯达黎加】0 【协冰岛】0【协澳大利亚】0【协韩国】20 【协格鲁吉亚】0【协香港】0【协澳门】0 【特-1】0 【增】16【对美加征】25【出】0【退】10	辆/千克	6AO	4xy	LM		999	柴油型其他小型货车（装有压燃式活塞内燃发动机，小型指车辆总重量≤5吨）
870422	30		柴油型其他中型货车（装有压燃式活塞内燃发动机，中型指5吨<车辆总重量<14吨）	Other medium truck, with compression-ignition internal combustion piston engine (diesel), G. v. w. exceeding 5 tons but not exceeding 14 tons	【最】15【普】70 【协亚太】18【协东盟】5【协巴基斯坦】18 【协智利】0【协新西兰】0【协秘鲁】0 【协哥斯达黎加】0【协冰岛】0【协瑞士】8 【协澳大利亚】0【协韩国】14.6【协格鲁吉亚】0 【协香港】0【协澳门】0 【特-1】0【特-2】0 【增】16【对美加征】25【出】0【退】16	辆/千克	6A	4xy	LM		999	柴油型其他中型货车（装有压燃式活塞内燃发动机，中型指5吨<车辆总重量<14吨）
870422	40		柴油型其他重型货车（装有压燃式活塞内燃发动机，重型指14吨≤车辆总重≤20吨）	Other heavy truck, with compression-ignition internal combustion piston engine (diesel), G. v. w. of 14 tons or more but not exceeding 20 tons	【最】15【普】40 【协亚太】13.5【协东盟】5【协巴基斯坦】18 【协智利】0【协新西兰】0【协秘鲁】0 【协哥斯达黎加】0【协冰岛】0【协瑞士】8 【协澳大利亚】0【协韩国】14.6【协格鲁吉亚】0 【协香港】0【协澳门】0 【特-1】0【特-2】0 【增】16【对美加征】25【出】0【退】16	辆/千克	6A	4xy	LM		999	柴油型其他重型货车（装有压燃式活塞内燃发动机，重型指14吨≤车辆总重≤20吨）

税则号列			货品名称中英文		税费综合信息	计量单位	监管证件代码		检验检疫类别		检验检疫编码	检验检疫编码对应中文名称
HS国际统一前6位	本国子目 7~8位	本国子目 9~10位	中文 货物名称	英文 Article Description			进口	出口	进口	出口		
870423	00	10	固井水泥车、压裂车、混砂车、连续油管车、液氮泵车用底盘（车辆总重量>35吨，装驾驶室）	Cementing truck, car, fracturing sand mixing truck, coiled tubing unit, liquid nitrogen pump vehicle chassis (gross vehicle weight>35 tons, installed cab)	【最】15【普】40【暂进】10 【协东盟】5【协智利】0【协新西兰】0 【协哥斯达黎加】0【协冰岛】0【协瑞士】6 【协澳大利亚】0【协韩国】11【协格鲁吉亚】0 【协香港】0【协澳门】0 【特-1】0 【增】16【对美加征】25【出】0【退】16	辆/千克	6AO	4xy	LM		999	固井水泥车、压裂车、混砂车、连续油管车、液氮泵车用底盘（车辆总重量>35吨，装驾驶室）
870423	00	20	起重≥55吨的汽车起重机用底盘	Chassis for crane lorries, lifting capacity≥55tons, with compression-ignition internal combustion piston engine	【最】15【普】40【暂进】8 【协东盟】5【协智利】0【协新西兰】0 【协哥斯达黎加】0【协冰岛】0【协瑞士】6 【协澳大利亚】0【协韩国】11【协格鲁吉亚】0 【协香港】0【协澳门】0 【特-1】0 【增】16【对美加征】25【出】0【退】16	辆/千克	6AO	4xy	LM		999	起重≥55吨的汽车起重机用底盘（装有压燃式活塞内燃发动机）
870423	00	30	车辆总重量≥31吨的清障车专用底盘	Special chassis for wreckers truck with total vehicle G. v. w. ≥31tons	【最】15【普】40【暂进】10 【协东盟】5【协智利】0【协新西兰】0 【协哥斯达黎加】0【协冰岛】0【协瑞士】6 【协澳大利亚】0【协韩国】11【协格鲁吉亚】0 【协香港】0【协澳门】0 【特-1】0 【增】16【对美加征】25【出】0【退】16	辆/千克	6AO	4xy	LM		999	车辆总重量≥31吨的清障车专用底盘
870423	00	90	柴油型的其他超重型货车（装有压燃式活塞内燃发动机，超重型指车辆总重量>20吨）	Other heavy truck, with compression-ignition internal combustion piston engine (diesel), G. v. w exceeding 20 tons	【最】15【普】40 【协东盟】5【协智利】0【协新西兰】0 【协哥斯达黎加】0【协冰岛】0【协瑞士】6 【协澳大利亚】0【协韩国】11【协格鲁吉亚】0 【协香港】0【协澳门】0 【特-1】0 【增】16【对美加征】25【出】0【退】16	辆/千克	6AO	4xy	LM		999	柴油型的其他超重型货车（装有压燃式活塞内燃发动机，超重型指车辆总重量>20吨）
870431	00		总重量≤5吨的其他货车（汽油型，装有点燃式活塞内燃发动机）	Other truck, with spark-ignition internal combustion piston engine (gasoline), G. v. w. not exceeding 5 tons	【最】15【普】70 【协东盟】5【协智利】0【协新西兰】0 【协哥斯达黎加】0【协冰岛】0【协澳大利亚】0 【协韩国】20【协格鲁吉亚】0【协香港】0 【协澳门】0 【特-1】0 【增】16【对美加征】25【出】0【退】16	辆/千克	6AO	4xy	LM		999	总重量≤5吨的其他货车（汽油型，装有点燃式活塞内燃发动机）
870432	30		5吨<总重量≤8吨的其他货车（汽油型，装有点燃式活塞内燃发动机）	Other truck, with spark-ignition internal combustion piston engine (gasoline), G. v. w. exceeding 5 tons, but not exceeding 8 tons.	【最】15【普】70 【协东盟】5【协智利】0【协新西兰】0 【协秘鲁】0【协哥斯达黎加】0【协冰岛】0 【协瑞士】8【协澳大利亚】0【协韩国】14.6 【协格鲁吉亚】0【协香港】0【协澳门】0 【特-1】0【特-2】0 【增】16【对美加征】25【出】0【退】16	辆/千克	6A	4xy	LM		999	5吨<总重量≤8吨的其他货车（汽油型，装有点燃式活塞内燃发动机）
870432	40		总重量>8吨的其他货车（汽油型，装有点燃式活塞内燃发动机）	Other truck, with spark-ignition internal combustion piston engine (gasoline), G. v. w. exceeding 8 tons	【最】15【普】70 【协东盟】5【协智利】0【协新西兰】0 【协秘鲁】0【协哥斯达黎加】0【协冰岛】0 【协瑞士】8【协澳大利亚】0【协韩国】14.6 【协格鲁吉亚】0【协香港】0【协澳门】0 【特-1】0【特-2】0 【增】16【对美加征】25【出】0【退】16	辆/千克	6A	4xy	LM		999	总重量>8吨的其他货车（汽油型，装有点燃式活塞内燃发动机）
870490	00		装有其他发动机的货车	Other truck, with other engine	【最】15【普】70 【协东盟】0【协智利】0【协新西兰】0 【协新加坡】0【协秘鲁】0【协哥斯达黎加】0 【协冰岛】0【协澳大利亚】0【协韩国】20 【协格鲁吉亚】0【协香港】0【协澳门】0 【特-1】0【特-2】0 【增】16【对美加征】25【出】0【退】16	辆/千克	6A	4xy	LM		101 102 103 104	装有其他发动机的货车（电动汽车） 装有其他发动机的货车（内燃机汽车） 装有其他发动机的货车（混合动力汽车） 装有其他发动机的货车（其他能源汽车）
870510	21		起重重量≤50吨的全路面起重车	All-road crane lorries Of maxium lifting capacity not more than 50 tons	【最】15【普】30 【协东盟】0【协巴基斯坦】12【协智利】0 【协新西兰】0【协新加坡】0【协秘鲁】0 【协哥斯达黎加】0【协冰岛】0【协瑞士】6 【协澳大利亚】0【协韩国】11【协格鲁吉亚】0 【协香港】0【协澳门】0 【特-1】0【特-2】0 【增】16【对美加征】25【出】0【退】16	辆/千克	6A		LM		101 102	起重重量≤50吨的全路面起重车（起重车） 起重重量≤50吨的全路面起重车（汽车起重机）

税则号列			货品名称中英文		税费综合信息	计量单位	监管证件代码		检验检疫类别		检验检疫编码	检验检疫编码对应中文名称
HS国际统一前6位	本国子目7~8位	9~10位	中文 货物名称	英文 Article Description			进口	出口	进口	出口		
870510	22		50吨<起重重量≤100吨的全路面起重车	All-road crane lorries of a maxium lifting capacity exceeding 50 tons but not exceeding 100 tons	【最】10【普】30 【协东盟】0【协巴基斯坦】5【协智利】0 【协新西兰】0【协新加坡】0【协秘鲁】0 【协哥斯达黎加】0【协冰岛】0【协瑞士】0 【协澳大利亚】0【协韩国】7.3【协格鲁吉亚】0 【协香港】0【协澳门】0 【特-1】0【特-2】0【特-3】0 【增】16【对美加征】25【出】0【退】16	辆/千克	6A		LM		101 102	50吨<起重重量≤100吨的全路面起重车（起重车） 50吨<起重重量≤100吨的全路面起重车（汽车起重机）
870510	23		起重量>100吨的全路面起重车	All-road crane lorries of a maxium lifting capacity exceeding 100 tons	【最】10【普】30 【协东盟】0【协巴基斯坦】5【协智利】0 【协新西兰】0【协新加坡】0【协秘鲁】0 【协哥斯达黎加】0【协冰岛】0【协瑞士】0 【协澳大利亚】0【协韩国】7.3【协格鲁吉亚】0 【协香港】0【协澳门】0 【特-1】0【特-2】0【特-3】0 【增】16【对美加征】25【出】0【退】16	辆/千克	6A		LM		101 102	起重量>100吨的全路面起重车（起重车） 起重量>100吨的全路面起重车（汽车起重机）
870510	91		起重重量≤50吨其他机动起重车	Other lorries of maxium lifting capacity not more than 50 tons	【最】15【普】30 【协东盟】0【协巴基斯坦】12【协智利】0 【协新西兰】0【协新加坡】0【协秘鲁】0 【协哥斯达黎加】0【协冰岛】0【协瑞士】6 【协澳大利亚】0【协韩国】11【协格鲁吉亚】0 【协香港】0【协澳门】0 【特-1】0【特-2】0 【增】16【对美加征】25【出】0【退】16	辆/千克	6A		LM		101 102	起重重量≤50吨的其他机动起重车（起重车） 起重重量≤50吨的其他机动起重车（汽车起重机）
870510	92		50吨<起重重量≤100吨的其他起重车	Other lorries of a maxium lifting capacity exceeding 50 tons but not exceeding 100 tons	【最】10【普】30 【协东盟】0【协巴基斯坦】5【协智利】0 【协新西兰】0【协新加坡】0【协秘鲁】0 【协哥斯达黎加】0【协冰岛】0【协瑞士】0 【协澳大利亚】0【协韩国】7.3【协格鲁吉亚】0 【协香港】0【协澳门】0 【特-1】0【特-2】0【特-3】0 【增】16【对美加征】25【出】0【退】16	辆/千克	6A		LM		101 102	50吨<起重重量≤100吨的其他起重车（起重车） 50吨<起重重量≤100吨的其他起重车（汽车起重机）
870510	93		起重重量>100吨的其他机动起重车	Other lorries Of a maxium lifting capacity exceeding 100 tons	【最】10【普】30 【协东盟】0【协巴基斯坦】5【协智利】0 【协新西兰】0【协新加坡】0【协秘鲁】0 【协哥斯达黎加】0【协冰岛】0【协瑞士】0 【协澳大利亚】0【协韩国】7.3【协格鲁吉亚】0 【协香港】0【协澳门】0 【特-1】0【特-2】0【特-3】0 【增】16【对美加征】25【出】0【退】16	辆/千克	6A		LM		101 102	起重重量>100吨的其他机动起重车（起重车） 起重重量>100吨的其他机动起重车（汽车起重机）
870520	00		机动钻探车	Mobile drilling derricks	【最】12【普】17 【协东盟】0【协巴基斯坦】6【协智利】0 【协新西兰】0【协新加坡】0【协秘鲁】0 【协哥斯达黎加】0【协冰岛】0【协瑞士】4.8 【协澳大利亚】0【协韩国】8.8 【协格鲁吉亚】0【协香港】0【协澳门】0 【特-1】0【特-2】0【特-3】0 【增】16【对美加征】5【出】0【退】16	辆/千克	6A		LM		999	机动钻探车
870530	10		装有云梯的机动救火车	Fire fighting vehicles Mounted with scaling ladder	【最】3【普】8 【协东盟】0【协巴基斯坦】0【协智利】0 【协新西兰】0【协秘鲁】0【协哥斯达黎加】0 【协冰岛】0【协瑞士】0【协澳大利亚】0 【协韩国】2.2【协格鲁吉亚】0【协香港】0 【协澳门】0 【特-1】0【特-2】0【特-3】0 【增】16【对美加征】5【出】0【退】16	辆/千克	6A		LM		999	装有云梯的机动救火车
870530	90		其他机动救火车	Other fire fighting vehicles	【最】3【普】8 【协东盟】0【协巴基斯坦】0【协智利】0 【协新西兰】0【协秘鲁】0【协哥斯达黎加】0 【协冰岛】0【协瑞士】0【协澳大利亚】0 【协韩国】2.2【协格鲁吉亚】0【协香港】0 【协澳门】0 【特-1】0【特-2】0【特-3】0 【增】16【对美加征】5【出】0【退】16	辆/千克	6A		LM		999	其他机动救火车

税则号列 HS国际统一前6位	本国子目 7~8位	本国子目 9~10位	货品名称中文 货物名称	货品名称英文 Article Description	税费综合信息	计量单位	监管证件代码 进口	监管证件代码 出口	检验检疫类别 进口	检验检疫类别 出口	检验检疫编码	检验检疫编码对应中文名称
870540	00		机动混凝土搅拌车	Concrete mixer lorries	【最】15【普】35 【协亚太】13.5【协东盟】0【协巴基斯坦】7.5 【协智利】0【协新西兰】0【协新加坡】0 【协秘鲁】0【协哥斯达黎加】0【协冰岛】0 【协瑞士】6【协澳大利亚】0【协韩国】11 【协格鲁吉亚】0【协香港】0【协澳门】0 【特-1】0【特-2】0 【增】16【对美加征】5【出】0【退】16	辆/千克	6A		LM		999	机动混凝土搅拌车
870590	10		无线电通信车	Radio communication vans	【最】9【普】35 【协亚太】8.1【协东盟】0【协巴基斯坦】5 【协智利】0【协新西兰】0【协新加坡】0 【协秘鲁】0【协哥斯达黎加】0【协冰岛】0 【协瑞士】0【协澳大利亚】0【协韩国】6.6 【协格鲁吉亚】0【协香港】0【协澳门】0 【特-1】0【特-2】0【特-3】0 【增】16【对美加征】5【出】0【退】16	辆/千克	6A		LM		999	无线电通信车
870590	20		机动放射线检查车	Mobile radiological units	【最】9【普】14 【协亚太】8.1【协东盟】0【协巴基斯坦】5 【协智利】0【协新西兰】0【协秘鲁】0 【协哥斯达黎加】0【协冰岛】0【协瑞士】0 【协澳大利亚】0【协韩国】6.6 【协格鲁吉亚】0【协香港】0【协澳门】0 【特-1】0【特-2】0【特-3】0 【增】16【对美加征】5【出】0【退】16	辆/千克	6A		LM		999	机动放射线检查车
870590	30		机动环境监测车	Mobile environmental monitoring units	【最】12【普】20 【协亚太】10.8【协东盟】0【协巴基斯坦】5 【协智利】0【协新西兰】0【协新加坡】0 【协秘鲁】0【协哥斯达黎加】0【协冰岛】0 【协瑞士】4.8【协澳大利亚】0【协韩国】8.8 【协格鲁吉亚】0【协香港】0【协澳门】0 【特-1】0【特-2】0 【增】16【对美加征】5【出】0【退】16	辆/千克	6A		LM		999	机动环境监测车
870590	40		机动医疗车	Mobile clinics	【最】12【普】30 【协亚太】10.8【协东盟】0【协巴基斯坦】5 【协智利】0【协新西兰】0【协新加坡】0 【协秘鲁】0【协哥斯达黎加】0【协冰岛】0 【协瑞士】4.8【协澳大利亚】0【协韩国】9.6 【协格鲁吉亚】0【协香港】0【协澳门】0 【特-1】0【特-2】0 【增】16【对美加征】5【出】0【退】16	辆/千克	6A		LM		999	机动医疗车
870590	51		航空电源车（频率为400赫兹）	Airplane charging vehicles (frequency 400Hz)	【最】12【普】30 【协亚太】10.8【协东盟】0【协巴基斯坦】5 【协智利】0【协新西兰】0【协新加坡】0 【协秘鲁】0【协哥斯达黎加】0【协冰岛】0 【协瑞士】4.8【协澳大利亚】0【协韩国】8.8 【协格鲁吉亚】0【协香港】0【协澳门】0 【特-1】0【特-2】0 【增】16【对美加征】5【出】0【退】16	辆/千克	6				999	航空电源车（频率为400赫兹）
870590	59		其他机动电源车	Other mobile electric generator sets	【最】12【普】30 【协亚太】10.8【协东盟】0【协巴基斯坦】5 【协智利】0【协新西兰】0【协新加坡】0 【协秘鲁】0【协哥斯达黎加】0【协冰岛】0 【协瑞士】4.8【协澳大利亚】0【协韩国】8.8 【协格鲁吉亚】0【协香港】0【协澳门】0 【特-1】0【特-2】0 【增】16【对美加征】5【出】0【退】16	辆/千克	6A		LM		999	其他机动电源车（频率为400赫兹的航空电源车除外）
870590	60		飞机加油车、调温车、除冰车	Mobile vehicles for aircraft refuelling, air-conditioning or deicing	【最】12【普】35 【协亚太】10.8【协东盟】0【协巴基斯坦】5 【协智利】0【协新西兰】0【协新加坡】0 【协秘鲁】0【协哥斯达黎加】0【协冰岛】0 【协瑞士】4.8【协澳大利亚】0【协韩国】8.8 【协格鲁吉亚】0【协香港】0【协澳门】0 【特-1】0【特-2】0 【增】16【对美加征】5【出】0【退】16	辆/千克	6A		M		999	飞机加油车、调温车、除冰车

税则号列			货品名称中英文		税费综合信息	计量单位	监管证件代码		检验检疫类别		检验检疫编码	检验检疫编码对应中文名称
HS 国际统一前 6 位	本国子目 7~8 位	9~10 位	中文 货物名称	英文 Article Description			进口	出口	进口	出口		
870590	70		道路（包括跑道）扫雪车	Snow sweep vehicles for cleansing streets or airfield runways	【最】12【普】35 【协亚太】10.8【协东盟】0【协巴基斯坦】5 【协智利】0【协新西兰】0【协新加坡】0 【协秘鲁】0【协哥斯达黎加】0【协冰岛】0 【协瑞士】4.8【协澳大利亚】0【协韩国】8.8 【协格鲁吉亚】0【协香港】0【协澳门】0 【特-1】0【特-2】0 【增】16【对美加征】5【出】0【退】16	辆/千克	6A		LM		999	道路（包括跑道）扫雪车
870590	80		石油测井车、压裂车、混沙车	Petroleum well logging trucks, fracturing unit trucks and mixing sand trucks	【最】12【普】35 【协亚太】10.8【协东盟】0【协巴基斯坦】5 【协智利】0【协新西兰】0【协新加坡】0 【协秘鲁】0【协哥斯达黎加】0【协冰岛】0 【协瑞士】4.8【协澳大利亚】0【协韩国】8.8 【协格鲁吉亚】0【协香港】0【协澳门】0 【特-1】0【特-2】0 【增】16【对美加征】5【出】0【退】16	辆/千克	6A		LM		999	石油测井车、压裂车、混沙车
870590	91		混凝土泵车	Concrete pump lorries	【最】12【普】35 【协亚太】10.8【协东盟】0【协巴基斯坦】5 【协智利】0【协新西兰】0【协新加坡】0 【协秘鲁】0【协哥斯达黎加】0【协冰岛】0 【协瑞士】4.8【协澳大利亚】0【协韩国】8.8 【协格鲁吉亚】0【协香港】0【协澳门】0 【特-1】0【特-2】0 【增】16【对美加征】5【出】0【退】16	辆/千克	6A		LM		999	混凝土泵车
870590	99	01	跑道除冰车	Runway deicing vehicle	【最】12【普】35【暂进】10 【协亚太】10.8【协东盟】0【协巴基斯坦】5 【协智利】0【协新西兰】0【协新加坡】0 【协秘鲁】0【协哥斯达黎加】0【协冰岛】0 【协瑞士】4.8【协澳大利亚】0【协韩国】8.8 【协格鲁吉亚】0【协香港】0【协澳门】0 【特-1】0【特-2】0 【增】16【对美加征】5【出】0【退】16	辆/千克	6A		M		999	跑道除冰车
870590	99	30	用于导弹、火箭等的车辆	Vehicles for missiles or rockets (specially designed for transportation, loading, unloading and firing of ballistic missiles or carrier rockets)	【最】12【普】35 【协亚太】10.8【协东盟】0【协巴基斯坦】5 【协智利】0【协新西兰】0【协新加坡】0 【协秘鲁】0【协哥斯达黎加】0【协冰岛】0 【协瑞士】4.8【协澳大利亚】0【协韩国】8.8 【协格鲁吉亚】0【协香港】0【协澳门】0 【特-1】0【特-2】0 【增】16【对美加征】5【出】0【退】16	辆/千克	6	3			999	用于导弹、火箭等的车辆（为弹道导弹、运载火箭等运输、装卸和发射而设计的）
870590	99	90	其他特殊用途的机动车辆	Other special purpose motor vehicles, other than vehicles mainly used for the transport of persons or goods	【最】12【普】35 【协亚太】10.8【协东盟】0【协巴基斯坦】5 【协智利】0【协新西兰】0【协新加坡】0 【协秘鲁】0【协哥斯达黎加】0【协冰岛】0 【协瑞士】4.8【协澳大利亚】0【协韩国】8.8 【协格鲁吉亚】0【协香港】0【协澳门】0 【特-1】0【特-2】0 【增】16【对美加征】5【出】0【退】16	辆/千克	6A		LM		999	其他特殊用途的机动车辆（主要用于载人或运货的车辆除外）
870600	10		非公路用货运自卸车底盘	Chassis fitted with engines	【最】6【普】14 【协东盟】0【协巴基斯坦】5【协智利】0 【协新西兰】0【协秘鲁】0【协哥斯达黎加】0 【协冰岛】0【协瑞士】0【协澳大利亚】0 【协韩国】5.8【协格鲁吉亚】0【协香港】0 【协澳门】0 【特-1】0【特-2】0 【增】16【对美加征】5【出】0【退】16	台/千克	6				999	非公路用货运自卸车底盘（装有发动机的）
870600	21		车辆总重量≥14 吨的货车底盘	Chassis fitted with engines, for vehicles g. v. w of 14 tons or more	【最】6【普】30 【协东盟】5【协智利】0【协新西兰】0 【协哥斯达黎加】0【协冰岛】0【协瑞士】0 【协澳大利亚】0【协韩国】7.3【协格鲁吉亚】0 【协香港】0【协澳门】0 【特-1】0 【增】16【对美加征】5【出】0【退】16	台/千克	6AO	4xy	LM		999	车辆总重量≥14 吨的货车底盘（装有发动机的）

税则号列 HS国际统一前6位	本国子目 7~8位	本国子目 9~10位	货品名称中英文 中文 货物名称	货品名称中英文 英文 Article Description	税费综合信息	计量单位	监管证件代码 进口	监管证件代码 出口	检验检疫类别 进口	检验检疫类别 出口	检验检疫编码	检验检疫编码对应中文名称
870600	22		车辆总重量<14 吨的货车底盘（装有发动机的）	Chassis fitted with engines, for vehicles g. v. w less than 14 tons	【最】6【普】45 【协东盟】5【协智利】0【协新西兰】0 【协秘鲁】0【协哥斯达黎加】0【协冰岛】0 【协瑞士】0【协澳大利亚】0【协韩国】7.3 【协格鲁吉亚】0【协香港】0【协澳门】0 【特-1】0【特-2】0 【增】16【对美加征】5【出】0【退】16	台/千克	6AO	4xy	LM		999	车辆总重量<14 吨的货车底盘（装有发动机的）
870600	30		大型客车底盘（装有发动机的）（30 座及以上客车用）	Chassis fitted with engines, for passenger motor vehicles with 30 seats or more	【最】6【普】70 【协东盟】0【协香港】0【协智利】0 【协新西兰】0【协新加坡】0【协哥斯达黎加】0 【协冰岛】0【协瑞士】6【协澳大利亚】0 【协韩国】14.6【协格鲁吉亚】0 【特-1】0 【增】16【对美加征】5【出】0【退】16	台/千克	6O	4xy			999	大型客车底盘（装有发动机的）（30 座及以上客车用）
870600	40		汽车起重机底盘（装有发动机的）	Chassis fitted with engines, for crane lorries	【最】6【普】100 【协东盟】0【协智利】0【协新西兰】0 【协新加坡】0【协秘鲁】0【协哥斯达黎加】0 【协冰岛】0【协瑞士】6【协澳大利亚】0 【协韩国】14.6【协格鲁吉亚】0【协香港】0 【协澳门】0 【特-1】0【特-2】0 【增】16【对美加征】5【出】0【退】16	台/千克	6AO		LM		999	汽车起重机底盘（装有发动机的）
870600	90		其他机动车辆底盘	Chassis fitted with engines for other motor vehicles of headings No. 87.01, 87.03 and 87.05	【最】6【普】100 【协东盟】0【协香港】0【协智利】0 【协新西兰】0【协新加坡】0【协秘鲁】0 【协哥斯达黎加】0【协冰岛】0【协瑞士】0 【协澳大利亚】0【协韩国】7.3【协格鲁吉亚】0 【特-1】0【特-2】0 【增】16【对美加征】5【出】0【退】16	台/千克	6AO	4xy	LM		999	其他机动车辆底盘（装有发动机的，税目 87.01、87.03 和 87.05 所列车辆用）
870710	00		小型载人机动车辆车身（含驾驶室）（税目 87.03 所列车辆用）	Bodies (including cabs), for the vehicles of heading No. 87.03	【最】6【普】100 【协东盟】0【协智利】0【协新西兰】0 【协新加坡】0【协秘鲁】0【协哥斯达黎加】0 【协冰岛】0【协瑞士】0【协澳大利亚】0 【协韩国】7.3【协格鲁吉亚】0【协香港】0 【协澳门】0 【特-1】0【特-2】0 【增】16【对美加征】25【出】0【退】16	台/千克	6				999	小型载人机动车辆车身（含驾驶室）（税目 87.03 所列车辆用）
870790	10		大型客车用车身（含驾驶室）（30 座以下客车辆用）	Bodies (including cabs)	【最】6【普】70 【协亚太】5.4【协东盟】0【协巴基斯坦】5 【协智利】0【协新西兰】0【协新加坡】0 【协秘鲁】0【协哥斯达黎加】0【协冰岛】0 【协瑞士】0【协澳大利亚】0【协韩国】7.3 【协格鲁吉亚】0【协香港】0【协澳门】0 【特-1】0【特-2】0 【增】16【对美加征】25【出】0【退】16	台/千克	6				999	大型客车用车身（含驾驶室）（30 座以下客车辆用）（税号 8702.1012、8702.1093、8702.9020、8702.9030 的车辆用）
870790	90		其他车辆用车身（含驾驶室）（税目 87.01 至 87.02，87.04，87.05 的车辆用）	Bodies (including cabs), for other vehicles of heading No. 87.01 to 87.02, 87.04, or 87.05	【最】6【普】70 【协亚太】5.4【协东盟】0【协巴基斯坦】5 【协智利】0【协新西兰】0【协新加坡】0 【协秘鲁】0【协哥斯达黎加】0【协冰岛】0 【协瑞士】0【协澳大利亚】0【协韩国】7.3 【协格鲁吉亚】0【协香港】0【协澳门】0 【特-1】0【特-2】0 【增】16【对美加征】25【出】0【退】16	台/千克	6				999	其他车辆用车身（含驾驶室）（税目 87.01 至 87.02，87.04，87.05 的车辆用）
870810	00		缓冲器（保险杠）及其零件（税目 87.01 至 87.05 的车辆用）	Bumpers and parts there of the motor vehicles of headings No. 87.01 to 87.05	【最】6【普】100 【协亚太】5.8【协东盟】0【协巴基斯坦】5 【协智利】0【协新西兰】0【协新加坡】0 【协秘鲁】0【协台湾】0【协哥斯达黎加】0 【协冰岛】0【协瑞士】0【协澳大利亚】0 【协韩国】8【协格鲁吉亚】0【协香港】0 【协澳门】0 【特-1】0【特-2】0【特-3】0 【增】16【对美加征】5【出】0【退】16	千克	6				999	缓冲器（保险杠）及其零件（税目 87.01 至 87.05 的车辆用）

税则号列			货品名称中英文		税费综合信息	计量单位	监管证件代码		检验检疫类别		检验检疫编码	检验检疫编码对应中文名称
HS国际统一前6位	本国子目7~8位	本国子目9~10位	中文 货物名称	英文 Article Description			进口	出口	进口	出口		
870821	00		坐椅安全带	Safety seat belts of the motor vehicles of headings No. 87.01 to 87.05	【最】6【普】100 【协东盟】0【协澳门】0【协巴基斯坦】5 【协智利】0【协新西兰】0【协新加坡】0 【协秘鲁】0【协哥斯达黎加】0【协冰岛】0 【协瑞士】0【协澳大利亚】0【协韩国】7.3 【协格鲁吉亚】0【协香港】0 【特-1】0【特-2】0【特-3】0 【增】16【对美加征】5【出】0【退】16	千克	6A		LM		999	坐椅安全带（税目87.01至87.05的车辆用）
870829	30		机动车辆用车窗玻璃升降器	Windowpane raiser	【最】6【普】100 【协亚太】5.4【协东盟】5【协香港】0 【协巴基斯坦】9【协智利】0【协新西兰】0 【协秘鲁】0【协台湾】0【协哥斯达黎加】0 【协冰岛】0【协瑞士】0【协澳大利亚】0 【协韩国】7.3【协格鲁吉亚】6 【特-1】0【特-2】0【特-3】0 【增】16【对美加征】5【出】0【退】16	千克	6				999	机动车辆用车窗玻璃升降器
870829	41		汽车电动天窗	Electric sunroofs of the motor vehicles	【最】6【普】100 【协亚太】5.4【协东盟】0【协香港】0 【协巴基斯坦】5【协智利】0【协新西兰】0 【协新加坡】0【协秘鲁】0【协台湾】0 【协哥斯达黎加】0【协冰岛】0【协瑞士】0 【协澳大利亚】0【协韩国】9.2【协格鲁吉亚】0 【特-1】0【特-2】0【特-3】0 【增】16【对美加征】5【出】0【退】16	千克/套	6		L		999	汽车电动天窗
870829	42		汽车手动天窗	Head-operated	【最】6【普】100 【协亚太】5.4【协东盟】0【协香港】0 【协巴基斯坦】5【协智利】0【协新西兰】0 【协新加坡】0【协秘鲁】0【协台湾】0 【协哥斯达黎加】0【协冰岛】0【协瑞士】0 【协澳大利亚】0【协韩国】7.3【协格鲁吉亚】0 【特-1】0【特-2】0【特-3】0 【增】16【对美加征】5【出】0【退】16	千克/套	6		L		999	汽车手动天窗
870829	51		侧围	Side appearance of bodies	【最】6【普】100 【协亚太】5.4【协东盟】0【协巴基斯坦】5 【协智利】0【协新西兰】0【协新加坡】0 【协秘鲁】0【协台湾】0【协哥斯达黎加】0 【协冰岛】0【协瑞士】0【协澳大利亚】0 【协韩国】8【协格鲁吉亚】0【协香港】0 【协澳门】0 【特-1】0【特-2】0【特-3】0 【增】16【对美加征】5【出】0【退】16	千克	6				999	侧围
870829	52		车门	Doors	【最】6【普】100 【协亚太】5.4【协东盟】0【协巴基斯坦】5 【协智利】0【协新西兰】0【协新加坡】0 【协秘鲁】0【协台湾】0【协哥斯达黎加】0 【协冰岛】0【协瑞士】0【协澳大利亚】0 【协韩国】8【协格鲁吉亚】0【协香港】0 【协澳门】0 【特-1】0【特-2】0【特-3】0 【增】16【对美加征】5【出】0【退】16	千克/个	6				999	车门
870829	53		发动机罩盖	Bonnets	【最】6【普】100 【协亚太】5.4【协东盟】0【协巴基斯坦】5 【协智利】0【协新西兰】0【协新加坡】0 【协秘鲁】0【协台湾】0【协哥斯达黎加】0 【协冰岛】0【协瑞士】0【协澳大利亚】0 【协韩国】8【协格鲁吉亚】0【协香港】0 【协澳门】0 【特-1】0【特-2】0【特-3】0 【增】16【对美加征】5【出】0【退】16	千克	6				999	发动机罩盖
870829	54		前围	Frontal appearance of bodies	【最】6【普】100 【协亚太】5.4【协东盟】0【协巴基斯坦】5 【协智利】0【协新西兰】0【协新加坡】0 【协秘鲁】0【协台湾】0【协哥斯达黎加】0 【协冰岛】0【协瑞士】0【协澳大利亚】0 【协韩国】8【协格鲁吉亚】0【协香港】0 【协澳门】0 【特-1】0【特-2】0【特-3】0 【增】16【对美加征】5【出】0【退】16	千克	6				999	前围

税则号列			货品名称中英文		税费综合信息	计量单位	监管证件代码		检验检疫类别		检验检疫编码	检验检疫编码对应中文名称
HS国际统一前6位	本国子目 7~8位	本国子目 9~10位	中文 货物名称	英文 Article Description			进口	出口	进口	出口		
870829	55		行李箱盖（或背门）	Rear compartment covers(or vear door)	【最】6【普】100 【协亚太】5.4【协东盟】0【协巴基斯坦】5 【协智利】0【协新西兰】0【协新加坡】0 【协秘鲁】0【协台湾】0【协哥斯达黎加】0 【协冰岛】0【协瑞士】0【协澳大利亚】0 【协韩国】8【协格鲁吉亚】0【协香港】0 【协澳门】0 【特-1】0【特-2】0【特-3】0 【增】16【对美加征】5【出】0【退】16	千克	6				999	行李箱盖（或背门）
870829	56		后围	Rear appearance of bodies	【最】6【普】100 【协亚太】5.4【协东盟】0【协巴基斯坦】5 【协智利】0【协新西兰】0【协新加坡】0 【协秘鲁】0【协台湾】0【协哥斯达黎加】0 【协冰岛】0【协瑞士】0【协澳大利亚】0 【协韩国】8【协格鲁吉亚】0【协香港】0 【协澳门】0 【特-1】0【特-2】0【特-3】0 【增】16【对美加征】5【出】0【退】16	千克	6				999	后围
870829	57		翼子板（或叶子板）	Running-boards	【最】6【普】100 【协亚太】5.4【协东盟】0【协巴基斯坦】5 【协智利】0【协新西兰】0【协新加坡】0 【协秘鲁】0【协台湾】0【协哥斯达黎加】0 【协冰岛】0【协瑞士】0【协澳大利亚】0 【协韩国】8【协格鲁吉亚】0【协香港】0 【协澳门】0 【特-1】0【特-2】0【特-3】0 【增】16【对美加征】5【出】0【退】16	千克	6				999	翼子板（或叶子板）
870829	59		其他车身覆盖件	Other covered parts of bodies	【最】6【普】100 【协亚太】5.4【协东盟】0【协巴基斯坦】5 【协智利】0【协新西兰】0【协新加坡】0 【协秘鲁】0【协台湾】0【协哥斯达黎加】0 【协冰岛】0【协瑞士】0【协澳大利亚】0 【协韩国】8【协格鲁吉亚】0【协香港】0 【协澳门】0 【特-1】0【特-2】0【特-3】0 【增】16【对美加征】5【出】0【退】16	千克	6				999	其他车身覆盖件
870829	90		其他车身未列名零部件（包括驾驶室的零件、附件）	Other parts and accessories of bodies (including cabs), not specified	【最】6【普】100 【协香港】0【协澳门】0【协亚太】5.4 【协东盟】0【协巴基斯坦】5【协智利】0 【协新西兰】0【协新加坡】0【协秘鲁】0 【协台湾】0【协哥斯达黎加】0【协冰岛】0 【协瑞士】4【协澳大利亚】0【协韩国】9.2 【协格鲁吉亚】0 【特-1】0【特-2】0【特-3】0 【增】16【对美加征】5【出】0【退】16	千克	6		L		999	其他车身未列名零部件（包括驾驶室的零件、附件）
870830	10		装在蹄片上的制动摩擦片	Mounted brake linings	【最】6【普】100 【协东盟】0【协巴基斯坦】5【协智利】0 【协新西兰】0【协新加坡】0【协秘鲁】0 【协哥斯达黎加】0【协冰岛】0【协瑞士】0 【协澳大利亚】0【协韩国】6【协格鲁吉亚】0 【协香港】0【协澳门】0 【特-1】0【特-2】0【特-3】0 【增】16【对美加征】5【出】0【退】16	千克	6				999	装在蹄片上的制动摩擦片
870830	21		牵引车、拖拉机、非公路用自卸车用防抱死制动系统	Anti-slid brake system	【最】6【普】11 【协亚太】5.4【协东盟】0【协巴基斯坦】0 【协智利】0【协新西兰】0【协秘鲁】0 【协哥斯达黎加】0【协冰岛】0【协瑞士】0 【协澳大利亚】0【协韩国】4.4 【协格鲁吉亚】0【协香港】0【协澳门】0 【特-1】0【特-2】0【特-3】0 【增】16【对美加征】5【出】0【退】16	千克	6				999	牵引车、拖拉机、非公路用自卸车用防抱死制动系统

税则号列 HS国际统一前6位	本国子目 7~8位	本国子目 9~10位	货品名称中英文 中文 货物名称	货品名称中英文 英文 Article Description	税费综合信息	计量单位	监管证件代码 进口	监管证件代码 出口	检验检疫类别 进口	检验检疫类别 出口	检验检疫编码	检验检疫编码对应中文名称
870830	29		其他车辆用防抱死制动系统	Anti-slid brake system of Other vehicles	【最】6【普】100 【协亚太】5.4【协东盟】5【协巴基斯坦】9 【协智利】0【协新西兰】0【协秘鲁】0 【协哥斯达黎加】0【协冰岛】0【协瑞士】0 【协澳大利亚】0【协韩国】9.2【协格鲁吉亚】0 【协香港】0【协澳门】0 【特-1】0【特-2】0【特-3】0 【增】16【对美加征】5【出】0【退】16	千克	6				999	其他车辆用防抱死制动系统
870830	91		牵引车、拖拉机用制动器及其零件（包括助力制动器及其零件）	Brakes and parts there(including servo-brakes and parts thereof)	【最】6【普】14 【协亚太】5.4【协东盟】0【协巴基斯坦】0 【协智利】0【协新西兰】0【协秘鲁】0 【协哥斯达黎加】0【协冰岛】0【协瑞士】0 【协澳大利亚】0【协韩国】4.4 【协格鲁吉亚】0【协香港】0【协澳门】0 【特-1】0【特-2】0【特-3】0 【增】16【对美加征】5【出】0【退】16	千克	6		L		999	牵引车、拖拉机用制动器及其零件（包括助力制动器及其零件）
870830	92		大型客车用制动器及其零件（包括助力制动器及其零件）	Brakes and parts there(including servo-brakes and parts thereof)	【最】6【普】70 【协亚太】5.4【协东盟】5【协巴基斯坦】9 【协智利】0【协新西兰】0【协秘鲁】0 【协哥斯达黎加】0【协冰岛】0【协瑞士】0 【协澳大利亚】0【协韩国】8【协格鲁吉亚】0 【协香港】0【协澳门】0 【特-1】0【特-2】0【特-3】0 【增】16【对美加征】5【出】0【退】16	千克	6		L		999	大型客车用制动器及其零件（包括助力制动器及其零件）
870830	93		非公路自卸车用制动器及其零件（包括助力制动器及其零件）	Brakes and parts there(including servo-brakes and parts thereof)	【最】6【普】11 【协亚太】5.4【协东盟】0【协巴基斯坦】0 【协智利】0【协新西兰】0【协秘鲁】0 【协哥斯达黎加】0【协冰岛】0【协瑞士】0 【协澳大利亚】0【协韩国】4.4 【协格鲁吉亚】0【协香港】0【协澳门】0 【特-1】0【特-2】0【特-3】0 【增】16【对美加征】5【出】0【退】16	千克	6				999	非公路自卸车用制动器及其零件（包括助力制动器及其零件）
870830	94		柴、汽油轻型货车用制动器及零件（指编号8704.2100、8704.2230、8704.3100、8704.3230所列总重量≤14吨的车辆用）	Brakes and parts there of the vehicles of subheadings No. 8704.2100, 8704.2230, 8704.3100 and 8704.3230	【最】6【普】45 【协亚太】5.4【协东盟】5【协巴基斯坦】9 【协智利】0【协新西兰】0【协秘鲁】0 【协哥斯达黎加】0【协冰岛】0【协瑞士】0 【协澳大利亚】0【协韩国】8【协格鲁吉亚】0 【协香港】0【协澳门】0 【特-1】0【特-2】0【特-3】0 【增】16【对美加征】5【出】0【退】16	千克	6		L		999	柴、汽油轻型货车用制动器及零件（指编号8704.2100、8704.2230、8704.3100、8704.3230所列总重量≤14吨的车辆用）
870830	95		柴、汽油型重型货车用制动器及其零件（指编号8704.2240、8704.2300及8704.3240所列车辆用）	Brakes and parts there of the vehicles of subheadings No. 8704.2240, 8704.2300 and 8704.3240	【最】6【普】30 【协亚太】5.4【协东盟】0【协巴基斯坦】5 【协智利】0【协新西兰】0【协新加坡】0 【协秘鲁】0【协哥斯达黎加】0【协冰岛】0 【协瑞士】0【协澳大利亚】0【协韩国】6 【协格鲁吉亚】0【协香港】0【协澳门】0 【特-1】0【特-2】0【特-3】0 【增】16【对美加征】5【出】0【退】16	千克	6		L		999	柴、汽油型重型货车用制动器及其零件（指编号8704.2240、8704.2300及8704.3240所列车辆用）
870830	96		特种车用制动器及其零件	Brakes and parts there of the vehicles of heading No. 87.05 (including servo-brakes and parts thereof)	【最】6【普】100 【协亚太】5.4【协东盟】0【协巴基斯坦】5 【协智利】0【协新西兰】0【协新加坡】0 【协秘鲁】0【协哥斯达黎加】0【协冰岛】0 【协瑞士】0【协澳大利亚】0【协韩国】7.3 【协格鲁吉亚】0【协香港】0【协澳门】0 【特-1】0【特-2】0【特-3】0 【增】16【对美加征】5【出】0【退】16	千克	6		L		999	特种车用制动器及其零件（指税目87.05所列车辆用，包括助动器及零件）
870830	99	11	纯电动或混合动力汽车用电动制动器（由制动器电子控制单元、踏板行程模拟器、制动执行器等组成）	Electric brake for pure electric or hybrid vehicles (electronic contril unit, composed of a brake pedal travel simulator, the brake actuator etc.)	【最】6【普】100【暂进】5 【协亚太】5.4【协东盟】5【协巴基斯坦】9 【协智利】0【协新西兰】0【协秘鲁】0 【协哥斯达黎加】0【协冰岛】0【协瑞士】4 【协澳大利亚】0【协韩国】8【协格鲁吉亚】0 【协香港】0【协澳门】0 【特-1】0【特-2】0【特-3】0 【增】16【出】0【退】16	千克/个	6				999	纯电动或混合动力汽车用电动制动器（由制动器电子控制单元、踏板行程模拟器、制动执行器等组成）

税则号列			货品名称中英文		税费综合信息	计量单位	监管证件代码		检验检疫类别		检验检疫编码	检验检疫编码对应中文名称
HS 国际统一前6位	本国子目 7~8位	本国子目 9~10位	中文 货物名称	英文 Article Description			进口	出口	进口	出口		
870830	99	19	其他机动车辆用制动器（包括助力制动器）	Bakes of other vehicles(including booster brake)	【最】6【普】100 【协亚太】5.4【协东盟】5【协巴基斯坦】9 【协智利】0【协新西兰】0【协秘鲁】0 【协哥斯达黎加】0【协冰岛】0【协瑞士】4 【协澳大利亚】0【协韩国】8【协格鲁吉亚】0 【协香港】0【协澳门】0 【特-1】0【特-2】0【特-3】0 【增】16【出】0【退】16	千克/个	6				999	其他机动车辆用制动器（包括助力制动器）
870830	99	90	其他机动车辆用制动器（包括助力制动器）的零件	Parts of brakes and servo-brakes for other vehicle	【最】6【普】100 【协亚太】5.4【协东盟】5【协巴基斯坦】9 【协智利】0【协新西兰】0【协秘鲁】0 【协哥斯达黎加】0【协冰岛】0【协瑞士】4 【协澳大利亚】0【协韩国】8【协格鲁吉亚】0 【协香港】0【协澳门】0 【特-1】0【特-2】0【特-3】0 【增】16【出】0【退】16	千克/个	6		L		999	其他机动车辆用制动器（包括助力制动器）的零件
870840	10	10	发动机功率65千瓦及以上的动力换挡拖拉机用变速箱	Transmission gear box of engine power 65 kW and above for shift tractor	【最】6【普】14【暂进】3 【协东盟】0【协巴基斯坦】5【协智利】0 【协新西兰】0【协秘鲁】0【协台湾】0 【协哥斯达黎加】0【协冰岛】0【协瑞士】0 【协澳大利亚】0【协格鲁吉亚】0【协香港】0 【协澳门】0 【特-1】0【特-2】0【特-3】0 【增】16【出】0【退】16	个/千克	6				999	发动机功率65千瓦及以上的动力换挡拖拉机用变速箱
870840	10	90	其他牵引车、拖拉机用变速箱及其零件	Transmission and other parts for drive-axles	【最】6【普】14 【协东盟】0【协巴基斯坦】5【协智利】0 【协新西兰】0【协秘鲁】0【协台湾】0 【协哥斯达黎加】0【协冰岛】0【协瑞士】0 【协澳大利亚】0【协格鲁吉亚】0【协香港】0 【协澳门】0 【特-1】0【特-2】0【特-3】0 【增】16【出】0【退】16	个/千克	6				999	其他牵引车、拖拉机用变速箱及其零件
870840	20		大型客车用变速箱及其零件	Gear boxes and parts there	【最】6【普】70 【协东盟】5【协智利】0【协新西兰】0 【协台湾】0【协哥斯达黎加】0【协冰岛】0 【协瑞士】0【协澳大利亚】0【协格鲁吉亚】0 【协香港】0【协澳门】0 【特-1】0 【增】16【出】0【退】16	个/千克	6				999	大型客车用变速箱及其零件
870840	30	01	扭矩>1500Nm非公路自卸车用变速箱	Gear boxes for off-highway dumpers use, of a troque less than 1500mm	【最】6【普】11【暂进】3 【协东盟】0【协巴基斯坦】5【协智利】0 【协新西兰】0【协台湾】0【协哥斯达黎加】0 【协冰岛】0【协瑞士】0【协澳大利亚】0 【协韩国】5【协格鲁吉亚】0【协香港】0 【协澳门】0 【特-1】0 【增】16【出】0【退】16	个/千克	6				999	扭矩>1500Nm非公路自卸车用变速箱
870840	30	90	其他非公路自卸车用变速箱及其零件	Other gear boxes and parts off-highway dumpers use	【最】6【普】11 【协东盟】0【协巴基斯坦】5【协智利】0 【协新西兰】0【协台湾】0【协哥斯达黎加】0 【协冰岛】0【协瑞士】0【协澳大利亚】0 【协韩国】5【协格鲁吉亚】0【协香港】0 【协澳门】0 【特-1】0 【增】16【出】0【退】16	个/千克	6				999	其他非公路自卸车用变速箱及其零件
870840	40		柴、汽油轻型货车用变速箱及其零件（指编号8704.2100，8704.2230，8704.3100，8704.3230所列≤14吨的车辆用）	Gear boxes and parts there Of the vehicles of subheadings No. 8704.2100, 8704.2230, 8704.3100 and 8704.3230	【最】6【普】45 【协东盟】5【协智利】0【协新西兰】0 【协台湾】0【协哥斯达黎加】0【协冰岛】0 【协瑞士】0【协澳大利亚】0【协格鲁吉亚】0 【协香港】0【协澳门】0 【特-1】0 【增】16【出】0【退】16	个/千克	6				999	柴、汽油轻型货车用变速箱及其零件（指编号8704.2100，8704.2230，8704.3100，8704.3230所列≤14吨的车辆用）

税则号列			货品名称中英文		税费综合信息	计量单位	监管证件代码		检验检疫类别		检验检疫编码	检验检疫编码对应中文名称
HS国际统一前6位	本国子目 7~8位	9~10位	中文 货物名称	英文 Article Description			进口	出口	进口	出口		
870840	50		其他柴、汽油型重型货车用变速箱及其零件（指编号8704.2240，8704.2300及8704.3240所列车辆用）	Gear boxes and parts there Of the vehicles of subheading No. 8704.2240, 8704.2300 and 8704.3240	【最】6【普】30 【协东盟】5【协智利】0【协新西兰】0 【协台湾】0【协哥斯达黎加】0【协冰岛】0 【协瑞士】0【协澳大利亚】0【协格鲁吉亚】0 【协香港】0【协澳门】0 【特-1】0 【增】16【出】0【退】16	个/千克	6				999	其他柴、汽油型重型货车用变速箱及其零件（指编号8704.2240，8704.2300及8704.3240所列车辆用）
870840	60		特种车用变速箱及其零件（指税目87.05所列车辆用）	Gear boxes and parts there Of the vehicles of heading No. 87.05	【最】6【普】100 【协东盟】0【协巴基斯坦】5【协智利】0 【协新西兰】0【协新加坡】0【协秘鲁】0 【协台湾】0【协哥斯达黎加】0【协冰岛】0 【协瑞士】0【协澳大利亚】0【协格鲁吉亚】0 【协香港】0【协澳门】0 【特-1】0【特-2】0【特-3】0 【增】16【出】0【退】16	个/千克	6				999	特种车用变速箱及其零件（指税目87.05所列车辆用）
870840	91	01	小轿车用自动换挡变速箱（6档及6档以上）	Automatic gearshift for saloon cars, other than hydraulic pressure machine with five gears or less	【最】6【普】100 【协东盟】5【协智利】0【协新西兰】0 【协哥斯达黎加】0【协冰岛】0【协瑞士】0 【协澳大利亚】0【协韩国】8.4【协格鲁吉亚】0 【特-1】0 【增】16【出】0【退】16	个/千克	6				999	小轿车用自动换挡变速箱（6档及6档以上）
870840	91	04	小轿车用自动换挡变速箱的零件（6档及6档以上）	Parts of automatic gearshift for saloon cars, other than hydraulic pressure machine with five gears or less	【最】6【普】100 【协东盟】5【协智利】0【协新西兰】0 【协哥斯达黎加】0【协冰岛】0【协瑞士】0 【协澳大利亚】0【协韩国】8.4【协格鲁吉亚】0 【协香港】0【协澳门】0 【特-1】0 【增】16【出】0【退】16	个/千克	6				999	小轿车用自动换挡变速箱的零件（6档及6档以上）
870840	91	91	其他小轿车用自动换挡变速箱	Automatic gearshift for other saloon cars	【最】6【普】100 【协东盟】5【协智利】0【协新西兰】0 【协哥斯达黎加】0【协冰岛】0【协瑞士】0 【协澳大利亚】0【协韩国】8.4【协格鲁吉亚】0 【协香港】0【协澳门】0 【特-1】0 【增】16【出】0【退】16	个/千克	6				999	其他小轿车用自动换挡变速箱
870840	91	99	其他小轿车用自动换挡变速箱的零件	Parts of automatic gearshift for other saloon cars	【最】6【普】100 【协东盟】5【协智利】0【协新西兰】0 【协哥斯达黎加】0【协冰岛】0【协瑞士】0 【协澳大利亚】0【协韩国】8.4【协格鲁吉亚】0 【协香港】0【协澳门】0 【特-1】0 【增】16【出】0【退】16	个/千克	6				999	其他小轿车用自动换挡变速箱的零件
870840	99	10	其他未列名机动车辆用变速箱	Gear boxes for other vehicle use, not specified	【最】6【普】100 【协东盟】0【协智利】0【协新西兰】0 【协新加坡】0【协台湾】0【协哥斯达黎加】0 【协冰岛】0【协瑞士】0【协澳大利亚】0 【协格鲁吉亚】0【协香港】0【协澳门】0 【特-1】0 【增】16【对美加征】25【出】0【退】16	个/千克	6				999	其他未列名机动车辆用变速箱
870840	99	90	其他未列名机动车辆用变速箱的零件	Parts of gear boxes for other vehicle use, not specified	【最】6【普】100 【协东盟】0【协智利】0【协新西兰】0 【协新加坡】0【协台湾】0【协哥斯达黎加】0 【协冰岛】0【协瑞士】0【协澳大利亚】0 【协格鲁吉亚】0【协香港】0【协澳门】0 【特-1】0 【增】16【对美加征】25【出】0【退】16	个/千克	6				999	其他未列名机动车辆用变速箱的零件
870850	71	10	发动机功率65千瓦及以上的动力换挡拖拉机用驱动桥（装有差速器的，不论是否装有其他传动件）	Differential of engine power 65 kW and above for shift tractor	【最】6【普】14【暂进】3 【协亚太】5.4【协东盟】0【协巴基斯坦】0 【协智利】0【协新西兰】0【协秘鲁】0 【协哥斯达黎加】0【协冰岛】0【协瑞士】0 【协澳大利亚】0【协韩国】4.4 【协格鲁吉亚】0【协香港】0【协澳门】0 【特-1】0【特-2】0【特-3】0 【增】16【出】0【退】16	个/千克	6				999	发动机功率65千瓦及以上的动力换挡拖拉机用驱动桥（装有差速器的，不论是否装有其他传动件）

税则号列 HS 国际统一前6位	本国子目 7~8位	本国子目 9~10位	货品名称中英文 中文 货物名称	英文 Article Description	税费综合信息	计量单位	监管证件代码 进口	监管证件代码 出口	检验检疫类别 进口	检验检疫类别 出口	检验检疫编码	检验检疫编码对应中文名称
870850	71	90	其他牵引车、拖拉机用驱动桥及其零件（装有差速器的，不论是否装有其他传动件）	Drive-axles with differential and parts there, whether or not provided with other transmission components.	【最】6【普】14 【协亚太】5.4【协东盟】0【协巴基斯坦】0 【协智利】0【协新西兰】0【协秘鲁】0 【协哥斯达黎加】0【协冰岛】0【协瑞士】0 【协澳大利亚】0【协韩国】4.4 【协格鲁吉亚】0【协香港】0【协澳门】0 【特-1】0【特-2】0【特-3】0 【增】16【出】0【退】16	个/千克	6				999	其他牵引车、拖拉机用驱动桥及其零件（装有差速器的，不论是否装有其他传动件）
870850	72	01	轴荷≥10吨的中后驱动桥的零件	Middle and rear drive-axles and parts thereof, axle load exceeding 10 tons	【最】6【普】70 【协亚太】5.4【协东盟】5【协巴基斯坦】9 【协智利】0【协新西兰】0【协秘鲁】0 【协哥斯达黎加】0【协冰岛】0【协瑞士】0 【协澳大利亚】0【协韩国】9.2【协格鲁吉亚】0 【协香港】0【协澳门】0 【特-1】0【特-2】0【特-3】0 【增】16【出】0【退】16	个/千克	6				999	轴荷≥10吨的中后驱动桥的零件
870850	72	91	其他大型客车用驱动桥	Drive-axles for large bus, with differential, whether or not provided with other transmission components	【最】6【普】70 【协亚太】5.4【协东盟】5【协巴基斯坦】9 【协智利】0【协新西兰】0【协秘鲁】0 【协哥斯达黎加】0【协冰岛】0【协瑞士】0 【协澳大利亚】0【协韩国】9.2【协格鲁吉亚】0 【协香港】0【协澳门】0 【特-1】0【特-2】0【特-3】0 【增】16【出】0【退】16	个/千克	6				999	其他大型客车用驱动桥（装有差速器的，不论是否装有其他传动件）
870850	72	99	其他大型客车用驱动桥的零件	Drive-axles and parts thereof for large bus, with differential, whether or not provided with other transmission components	【最】6【普】70 【协亚太】5.4【协东盟】5【协巴基斯坦】9 【协智利】0【协新西兰】0【协秘鲁】0 【协哥斯达黎加】0【协冰岛】0【协瑞士】0 【协澳大利亚】0【协韩国】9.2【协格鲁吉亚】0 【协香港】0【协澳门】0 【特-1】0【特-2】0【特-3】0 【增】16【出】0【退】16	个/千克	6				999	其他大型客车用驱动桥的零件（装有差速器的，不论是否装有其他传动件）
870850	73		非公路自卸车用驱动桥及其零件（装有差速器的，不论是否装有其他传动件）	Drive-axles and parts thereof, with differential, whether or not provided with other transmission components	【最】6【普】11 【协亚太】5.4【协东盟】0【协巴基斯坦】0 【协智利】0【协新西兰】0【协秘鲁】0 【协哥斯达黎加】0【协冰岛】0【协瑞士】0 【协澳大利亚】0【协韩国】4.4 【协格鲁吉亚】0【协香港】0【协澳门】0 【特-1】0【特-2】0【特-3】0 【增】16【对美加征】5【出】0【退】16	个/千克	6				999	非公路自卸车用驱动桥及其零件（装有差速器的，不论是否装有其他传动件）
870850	74	10	柴、汽油型轻型货车用驱动桥（编号8704.2100，8704.2230，8704.3100，8704.3230所列总重量≤14吨的车辆用，装差速器）	Drive-axles with differential for diesel or gasoline light vehicles, used for the vehicles weighing less than 14t of subheading No. 8704.2100, 8704.2230, 8704.3100 or 8704.3230	【最】6【普】45 【协亚太】5.4【协东盟】5【协巴基斯坦】9 【协智利】0【协新西兰】0【协秘鲁】0 【协哥斯达黎加】0【协冰岛】0【协瑞士】0 【协澳大利亚】0【协韩国】8【协格鲁吉亚】0 【协香港】0【协澳门】0 【特-1】0【特-2】0【特-3】0 【增】16【对美加征】5【出】0【退】16	个/千克	6				999	柴、汽油型轻型货车用驱动桥（编号8704.2100，8704.2230，8704.3100，8704.3230所列总重量≤14吨的车辆用，装差速器）
870850	74	90	柴、汽油型轻型货车用驱动桥的零件（编号8704.2100，8704.2230，8704.3100，8704.3230所列总重量≤14吨的车辆用，装差速器）	Parts of drive-axles with differential for diesel or gasoline light vehicles, used for the vehicles weighing less than 14t of subheading No. 8704.2100, 8704.2230, 8704.3100 or 8704.3230	【最】6【普】45 【协亚太】5.4【协东盟】5【协巴基斯坦】9 【协智利】0【协新西兰】0【协秘鲁】0 【协哥斯达黎加】0【协冰岛】0【协瑞士】0 【协澳大利亚】0【协韩国】8【协格鲁吉亚】0 【协香港】0【协澳门】0 【特-1】0【特-2】0【特-3】0 【增】16【对美加征】5【出】0【退】16	个/千克	6				999	柴、汽油型轻型货车用驱动桥的零件（编号8704.2100，8704.2230，8704.3100，8704.3230所列总重量≤14吨的车辆用，装差速器）
870850	75	10	其他柴、汽油型重型货车用驱动桥（指编号8704.2240，8704.2300及8704.3240所列车辆用）	Drive-axles for other diesel or gasoline heavy vehicles, used for the vehicles of subheading No. 8704.2240, 8704.2300 or 8704.3240	【最】6【普】30 【协亚太】5.4【协东盟】5【协巴基斯坦】9 【协智利】0【协新西兰】0【协秘鲁】0 【协哥斯达黎加】0【协冰岛】0【协瑞士】0 【协澳大利亚】0【协韩国】8【协格鲁吉亚】0 【协香港】0【协澳门】0 【特-1】0【特-2】0【特-3】0 【增】16【对美加征】5【出】0【退】16	个/千克	6				999	其他柴、汽油型重型货车用驱动桥（指编号8704.2240，8704.2300及8704.3240所列车辆用）

税则号列			货品名称中英文		税费综合信息	计量单位	监管证件代码		检验检疫类别		检验检疫编码	检验检疫编码对应中文名称
HS国际统一前6位	本国子目 7~8位	9~10位	中文 货物名称	英文 Article Description			进口	出口	进口	出口		
870850	75	90	其他柴、汽油型重型货车用驱动桥的零件（指编号8704.2240，8704.2300及8704.3240所列车辆用）	Parts of drive-axles for diesel or gasoline heavy vehicles, used for the vehicles vehicles of subheading No. 8704.2240, 8704.2300 or 8704.3240	【最】6【普】30 【协亚太】5.4【协东盟】5【协巴基斯坦】9 【协智利】0【协新西兰】0【协秘鲁】0 【协哥斯达黎加】0【协冰岛】0【协瑞士】0 【协澳大利亚】0【协韩国】8【协格鲁吉亚】0 【协香港】0【协澳门】0 【特-1】0【特-2】0【特-3】0 【增】16【对美加征】5【出】0【退】16	个/千克	6				999	其他柴、汽油型重型货车用驱动桥的零件（指编号8704.2240，8704.2300及8704.3240所列车辆用）
870850	76	10	特种车用驱动桥（指税目87.05所列车辆用，装有差速器，不论是否装有其他传动件）	Drive-axles with differential for special vehicles, whether or not provided with other transmission components (the vehicles of heading No. 87.05)	【最】6【普】100 【协亚太】5.4【协东盟】0【协巴基斯坦】5 【协智利】0【协新西兰】0【协新加坡】0 【协秘鲁】0【协哥斯达黎加】0【协冰岛】0 【协瑞士】0【协澳大利亚】0【协韩国】7.3 【协格鲁吉亚】0【协香港】0【协澳门】0 【特-1】0【特-2】0【特-3】0 【增】16【对美加征】5【出】0【退】16	个/千克	6				999	特种车用驱动桥（指税目87.05所列车辆用，装有差速器，不论是否装有其他传动件）
870850	76	90	特种车用驱动桥的零件（指税目87.05所列车辆用，装有差速器，不论是否装有其他传动件）	Parts of drive-axles with differential for special vehicles, whether or not provided with other transmission components (the vehicles of heading No. 87.05)	【最】6【普】100 【协亚太】5.4【协东盟】0【协巴基斯坦】5 【协智利】0【协新西兰】0【协新加坡】0 【协秘鲁】0【协哥斯达黎加】0【协冰岛】0 【协瑞士】0【协澳大利亚】0【协韩国】7.3 【协格鲁吉亚】0【协香港】0【协澳门】0 【特-1】0【特-2】0【特-3】0 【增】16【对美加征】5【出】0【退】16	个/千克	6				999	特种车用驱动桥的零件（指税目87.05所列车辆用，装有差速器，不论是否装有其他传动件）
870850	79	10	未列名机动车辆用驱动桥（装有差速器的，不论是否装有其他传动件）	Drive-axles with differential for vehicles, not specified, whether or not provided with other transmission components	【最】6【普】100 【协亚太】5.4【协东盟】5【协巴基斯坦】9 【协智利】0【协新西兰】0【协秘鲁】0 【协哥斯达黎加】0【协冰岛】0【协瑞士】6 【协澳大利亚】0【协韩国】9.2【协格鲁吉亚】0 【协香港】0【协澳门】0 【特-1】0【特-2】0【特-3】0 【增】16【对美加征】5【出】0【退】16	个/千克	6				999	未列名机动车辆用驱动桥（装有差速器的，不论是否装有其他传动件）
870850	79	90	未列名机动车辆用驱动桥的零件（装有差速器的，不论是否装有其他传动件）	Parts of drive-axles with differential for vehicles, not specified, whether or not provided with other transmission components	【最】6【普】100 【协亚太】5.4【协东盟】5【协巴基斯坦】9 【协智利】5.4【协新西兰】0【协秘鲁】0 【协哥斯达黎加】0【协冰岛】0【协瑞士】6 【协澳大利亚】0【协韩国】9.2【协格鲁吉亚】0 【协香港】0【协澳门】0 【特-1】0【特-2】0【特-3】0 【增】16【对美加征】5【出】0【退】16	个/千克	6				999	未列名机动车辆用驱动桥的零件（装有差速器的，不论是否装有其他传动件）
870850	81		牵引车、拖拉机用非驱动桥及零件	Non-driving axles and parts there	【最】6【普】14 【协东盟】0【协巴基斯坦】5【协智利】0 【协新西兰】0【协秘鲁】0【协哥斯达黎加】0 【协冰岛】0【协瑞士】0【协澳大利亚】0 【协韩国】4.4【协格鲁吉亚】0【协香港】0 【协澳门】0 【特-1】0【特-2】0【特-3】0 【增】16【对美加征】5【出】0【退】16	千克	6				999	牵引车、拖拉机用非驱动桥及零件
870850	82		座位≥30的客车用非驱动桥及其零件	Non-driving axles and parts there	【最】6【普】70 【协东盟】0【协巴基斯坦】9.7【协智利】0 【协新西兰】0【协新加坡】0【协秘鲁】0 【协哥斯达黎加】0【协冰岛】0【协瑞士】6 【协澳大利亚】0【协韩国】12【协格鲁吉亚】0 【协香港】0【协澳门】0 【特-1】0【特-2】0 【增】16【对美加征】5【出】0【退】16	千克	6				999	座位≥30的客车用非驱动桥及其零件
870850	83		非公路自卸车用非驱动桥及零件	Non-driving axles and parts there	【最】6【普】11 【协东盟】0【协巴基斯坦】5【协智利】0 【协新西兰】0【协秘鲁】0【协哥斯达黎加】0 【协冰岛】0【协瑞士】0【协澳大利亚】0 【协韩国】4.4【协格鲁吉亚】0【协香港】0 【协澳门】0 【特-1】0【特-2】0【特-3】0 【增】16【对美加征】5【出】0【退】16	千克	6				999	非公路自卸车用非驱动桥及零件

税则号列 HS国际统一前6位	本国子目 7~8位	本国子目 9~10位	货品名称中英文 中文 货物名称	货品名称中英文 英文 Article Description	税费综合信息	计量单位	监管证件代码 进口	监管证件代码 出口	检验检疫类别 进口	检验检疫类别 出口	检验检疫编码	检验检疫编码对应中文名称
870850	84		柴、汽油轻型货车用非驱动桥及零件（编号8704.2100，8704.2230，8704.3100，8704.3230所列总重量≤14吨的车辆用，装差速器）	Non-driving axles and parts there of the vehicles of subheadings No. 8704.2100, 8704.2230, 8704.3100 and 8704.3230	【最】6【普】45 【协东盟】0【协巴基斯坦】5【协智利】0 【协新西兰】0【协新加坡】0【协秘鲁】0 【协哥斯达黎加】0【协冰岛】0【协瑞士】0 【协澳大利亚】0【协韩国】7.3【协格鲁吉亚】0 【协香港】0【协澳门】0 【特-1】0【特-2】0【特-3】0 【增】16【对美加征】5【出】0【退】16	千克	6				999	柴、汽油轻型货车用非驱动桥及零件（编号8704.2100，8704.2230，8704.3100，8704.3230所列总重量≤14吨的车辆用，装差速器）
870850	85		柴、汽油重型货车用非驱动桥及零件（指编号8704.2240，8704.2300及8704.3240所列车辆用）	Non-driving axles and parts there of the vehicles of subheadings No. 8704.2240, 8704.2300 and 8704.3240	【最】6【普】30 【协东盟】0【协巴基斯坦】5【协智利】0 【协新西兰】0【协新加坡】0【协秘鲁】0 【协哥斯达黎加】0【协冰岛】0【协瑞士】0 【协澳大利亚】0【协韩国】7.3【协格鲁吉亚】0 【协香港】0【协澳门】0 【特-1】0【特-2】0【特-3】0 【增】16【对美加征】5【出】0【退】16	千克	6				999	柴、汽油重型货车用非驱动桥及零件（指编号8704.2240，8704.2300及8704.3240所列车辆用）
870850	86		特种车用非驱动桥及其零件（指税目87.05所列车辆用）	Non-driving axles and parts there of the vehicles of heading No. 87.05	【最】6【普】100 【协东盟】0【协巴基斯坦】5【协智利】0 【协新西兰】0【协新加坡】0【协秘鲁】0 【协哥斯达黎加】0【协冰岛】0【协瑞士】0 【协澳大利亚】0【协韩国】7.3【协格鲁吉亚】0 【协香港】0【协澳门】0 【特-1】0【特-2】0【特-3】0 【增】16【对美加征】5【出】0【退】16	千克	6				999	特种车用非驱动桥及其零件（指税目87.05所列车辆用）
870850	89	10	未列名机动车辆用非驱动桥	Non-driving axles for vehicles, not specified	【最】6【普】100 【协东盟】0【协巴基斯坦】5【协智利】0 【协新西兰】0【协新加坡】0【协秘鲁】0 【协哥斯达黎加】0【协冰岛】0【协瑞士】0 【协香港】0【协澳门】0【协澳大利亚】0 【协格鲁吉亚】0 【特-1】0【特-2】0【特-3】0 【增】16【对美加征】5【出】0【退】16	千克/个	6				999	未列名机动车辆用非驱动桥
870850	89	90	未列名机动车辆用非驱动桥的零件	Parts of non-driving axles for vehicles, not specified	【最】6【普】100 【协东盟】0【协巴基斯坦】5【协智利】0 【协新西兰】0【协新加坡】0【协秘鲁】0 【协哥斯达黎加】0【协冰岛】0【协瑞士】0 【协澳大利亚】0【协格鲁吉亚】0【协香港】0 【协澳门】0 【特-1】0【特-2】0【特-3】0 【增】16【对美加征】5【出】0【退】16	千克/个	6				999	未列名机动车辆用非驱动桥的零件
870870	10		牵引车及拖拉机用车轮及其零附件（不包括税目87.09的牵引车）	Road wheels and parts and accessories there of the vehicles of heading No. 87.01	【最】6【普】14 【协东盟】0【协巴基斯坦】5【协智利】0 【协新西兰】0【协秘鲁】0【协台湾】0 【协哥斯达黎加】0【协冰岛】0【协瑞士】0 【协澳大利亚】0【协韩国】4.4 【协格鲁吉亚】0【协香港】0【协澳门】0 【特-1】0【特-2】0【特-3】0 【增】16【对美加征】5【出】0【退】16	千克	6				999	牵引车及拖拉机用车轮及其零附件（不包括税目87.09的牵引车）
870870	20		大型客车（指30座及以上的客运车）用车轮及其零、附件	Road wheels and parts and accessories there	【最】6【普】70 【协东盟】0【协巴基斯坦】5【协智利】0 【协新西兰】0【协新加坡】0【协秘鲁】0 【协台湾】0【协哥斯达黎加】0【协冰岛】0 【协瑞士】0【协澳大利亚】0【协韩国】7.3 【协格鲁吉亚】0【协香港】0【协澳门】0 【特-1】0【特-2】0【特-3】0 【增】16【对美加征】5【出】0【退】16	千克	6				999	大型客车（指30座及以上的客运车）用车轮及其零、附件
870870	30		非公路货运自卸车用车轮及其零件	Road wheels and parts there	【最】6【普】11 【协东盟】0【协巴基斯坦】5【协智利】0 【协新西兰】0【协秘鲁】0【协台湾】0 【协哥斯达黎加】0【协冰岛】0【协瑞士】0 【协澳大利亚】0【协韩国】4.4 【协格鲁吉亚】0【协香港】0【协澳门】0 【特-1】0【特-2】0【特-3】0 【增】16【对美加征】5【出】0【退】16	千克	6				999	非公路货运自卸车用车轮及其零件

税则号列			货品名称中英文		税费综合信息	计量单位	监管证件代码		检验检疫类别		检验检疫编码	检验检疫编码对应中文名称
HS国际统一前6位	本国子目7~8位	9~10位	中文 货物名称	英文 Article Description			进口	出口	进口	出口		
870870	40		中小型货车（指总重量<14吨的货运车辆）用车轮及其零件	Road wheels and parts there	【最】6【普】45 【协东盟】0【协巴基斯坦】5【协智利】0 【协新西兰】0【协新加坡】0【协秘鲁】0 【协台湾】0【协哥斯达黎加】0【协冰岛】0 【协瑞士】0【协澳大利亚】0【协韩国】6 【协格鲁吉亚】0【协香港】0【协澳门】0 【特-1】0【特-2】0【特-3】0 【增】16【对美加征】5【出】0【退】16	千克	6				999	中小型货车（指总重量<14吨的货运车辆）用车轮及其零件
870870	50		大型货车用车轮及其零件（指编号8704.2240，8704.2300及8704.3240所列车辆用）	Road wheels and parts there of the vehicles of subheadings No. 8704.2240, 8704.2300 and 8704.3240	【最】6【普】30 【协东盟】0【协巴基斯坦】5【协智利】0 【协新西兰】0【协新加坡】0【协秘鲁】0 【协台湾】0【协哥斯达黎加】0【协冰岛】0 【协瑞士】0【协澳大利亚】0【协韩国】7.3 【协格鲁吉亚】0【协香港】0【协澳门】0 【特-1】0【特-2】0【特-3】0 【增】16【对美加征】5【出】0【退】16	千克	6				999	大型货车用车轮及其零件（指编号8704.2240，8704.2300及8704.3240所列车辆用）
870870	60		特种车用车轮及其零件	Road wheels and parts there of the vehicles of heading No. 87.05	【最】6【普】100 【协东盟】0【协巴基斯坦】5【协智利】0 【协新西兰】0【协新加坡】0【协秘鲁】0 【协台湾】0【协哥斯达黎加】0【协冰岛】0 【协瑞士】0【协澳大利亚】0【协韩国】7.3 【协格鲁吉亚】0【协香港】0【协澳门】0 【特-1】0【特-2】0【特-3】0 【增】16【对美加征】5【出】0【退】16	千克	6				999	特种车用车轮及其零件（指税目87.05所列车辆用）
870870	91		其他车辆用铝合金制车轮及其零附件	Road wheels and parts and accessories thereof for other vehicles, of aluminium alloys	【最】6【普】100 【协东盟】0【协巴基斯坦】5【协智利】0 【协新西兰】0【协新加坡】0【协秘鲁】0 【协台湾】0【协哥斯达黎加】0【协冰岛】0 【协瑞士】0【协澳大利亚】0【协格鲁吉亚】0 【协香港】0【协澳门】0 【特-1】0【特-2】0【特-3】0 【增】16【对美加征】5【出】0【退】16	千克	6A		M		999	其他车辆用铝合金制车轮及其零附件
870870	99		其他车辆用车轮及其零附件	Road wheels and parts and accessories thereof for other vehicles	【最】6【普】100 【协东盟】0【协巴基斯坦】5【协智利】0 【协新西兰】0【协新加坡】0【协秘鲁】0 【协台湾】0【协哥斯达黎加】0【协冰岛】0 【协瑞士】0【协澳大利亚】0【协格鲁吉亚】0 【协香港】0【协澳门】0 【特-1】0【特-2】0【特-3】0 【增】16【对美加征】5【出】0【退】16	千克	6				999	其他车辆用车轮及其零附件
870880	10		税目87.03所列车辆用的悬挂系统（包括减震器）及其零件	Suspension systems (including shock-absorber) and parts there of the vehicles of heading No. 87.03	【最】6【普】100 【协亚太】5.4【协东盟】0【协巴基斯坦】5 【协智利】0【协新西兰】0【协新加坡】0 【协秘鲁】0【协哥斯达黎加】0【协冰岛】0 【协瑞士】0【协澳大利亚】0【协韩国】6 【协格鲁吉亚】0【协香港】0【协澳门】0 【特-1】0【特-2】0【特-3】0 【增】16【出】0【退】16	千克	6				999	税目87.03所列车辆用的悬挂系统（包括减震器）及其零件
870880	90		其他机动车辆用的悬挂系统（包括减震器）及其零件	Suspension systems (including shock-absorber) and parts thereof for other vehicles	【最】6【普】100 【协亚太】5.4【协东盟】0【协巴基斯坦】5 【协智利】0【协新西兰】0【协新加坡】0 【协秘鲁】0【协哥斯达黎加】0【协冰岛】0 【协瑞士】0【协澳大利亚】0【协韩国】6 【协格鲁吉亚】0【协香港】0【协澳门】0 【特-1】0【特-2】0【特-3】0 【增】16【出】0【退】16	千克	6				999	其他机动车辆用的悬挂系统（包括减震器）及其零件
870891	10		水箱散热器	Water tank radiators	【最】6【普】100 【协东盟】0【协巴基斯坦】5【协智利】0 【协新西兰】0【协新加坡】0【协秘鲁】0 【协哥斯达黎加】0【协冰岛】0【协瑞士】0 【协澳大利亚】0【协韩国】7.3【协格鲁吉亚】0 【协香港】0【协澳门】0 【特-1】0【特-2】0【特-3】0 【增】16【出】0【退】16	个/千克	6				999	水箱散热器

税则号列			货品名称中英文		税费综合信息	计量单位	监管证件代码		检验检疫类别		检验检疫编码	检验检疫编码对应中文名称
HS 国际统一前 6 位	本国子目 7~8 位	本国子目 9~10 位	中文 货物名称	英文 Article Description			进口	出口	进口	出口		
870891	20		机油冷却器	Oil coolers	【最】6【普】100 【协东盟】0【协巴基斯坦】5【协智利】0 【协新西兰】0【协新加坡】0【协秘鲁】0 【协哥斯达黎加】0【协冰岛】0【协瑞士】0 【协澳大利亚】0【协韩国】7.3【协格鲁吉亚】0 【协香港】0【协澳门】0 【特-1】0【特-2】0【特-3】0 【增】16【出】0【退】16	个/千克	6				999	机油冷却器
870891	90		其他散热器及其零件	Other radiators and parts thereof	【最】6【普】100 【协东盟】0【协巴基斯坦】5【协智利】0 【协新西兰】0【协新加坡】0【协秘鲁】0 【协哥斯达黎加】0【协冰岛】0【协瑞士】0 【协澳大利亚】0【协韩国】7.3【协格鲁吉亚】0 【协香港】0【协澳门】0 【特-1】0【特-2】0【特-3】0 【增】16【出】0【退】16	个/千克	6				999	其他散热器及其零件（包括水箱散热器、机油冷却器的零件）
870892	00		机动车辆的消声器（消音器）及排气管及其零件	Silencers (mufflers) and exhaust pipes; parts thereof	【最】6【普】100 【协东盟】0【协巴基斯坦】5【协智利】0 【协新西兰】0【协新加坡】0【协秘鲁】0 【协哥斯达黎加】0【协冰岛】0【协瑞士】0 【协澳大利亚】0【协格鲁吉亚】0【协香港】0 【协澳门】0 【特-1】0【特-2】0【特-3】0 【增】16【出】0【退】16	千克	6				999	机动车辆的消声器（消音器）及排气管及其零件
870893	10	10	发动机功率65千瓦及以上的动力换挡拖拉机用离合器	Clutch of engine power 65 kW and above for shift tractor	【最】6【普】14【暂进】3 【协东盟】0【协巴基斯坦】5【协智利】0 【协新西兰】0【协秘鲁】0【协哥斯达黎加】0 【协冰岛】0【协瑞士】0【协澳大利亚】0 【协韩国】4.4【协格鲁吉亚】0【协香港】0 【协澳门】0 【特-1】0【特-2】0【特-3】0 【增】16【出】0【退】16	千克	6				999	发动机功率65千瓦及以上的动力换挡拖拉机用离合器
870893	10	90	其他牵引车、拖拉机用离合器及其零件	Drive-axles with Clutch and parts there of the vehicles of heading No. 87.01, whether or not provided with other transmission components.	【最】6【普】14 【协东盟】0【协巴基斯坦】5【协智利】0 【协新西兰】0【协秘鲁】0【协哥斯达黎加】0 【协冰岛】0【协瑞士】0【协澳大利亚】0 【协韩国】4.4【协格鲁吉亚】0【协香港】0 【协澳门】0 【特-1】0【特-2】0【特-3】0 【增】16【出】0【退】16	千克	6				999	其他牵引车、拖拉机用离合器及其零件
870893	20		座位数≥30的客车用离合器及其零件	Clutches and parts there	【最】6【普】70 【协东盟】0【协巴基斯坦】5【协智利】0 【协新西兰】0【协新加坡】0【协秘鲁】0 【协哥斯达黎加】0【协冰岛】0【协瑞士】0 【协澳大利亚】0【协韩国】8【协格鲁吉亚】0 【协香港】0【协澳门】0 【特-1】0【特-2】0【特-3】0 【增】16【对美加征】5【出】0【退】16	千克	6				999	座位数≥30的客车用离合器及其零件
870893	30		非公路自卸车用离合器及其零件	Clutches and parts there	【最】6【普】11 【协东盟】0【协巴基斯坦】5【协智利】0 【协新西兰】0【协秘鲁】0【协哥斯达黎加】0 【协冰岛】0【协瑞士】0【协澳大利亚】0 【协韩国】4.4【协格鲁吉亚】0【协香港】0 【协澳门】0 【特-1】0【特-2】0【特-3】0 【增】16【对美加征】5【出】0【退】16	千克	6				999	非公路自卸车用离合器及其零件
870893	40		柴、汽油轻型货车用离合器及零件	Clutches and parts there of the vehicles of subheadings No. 8704. 2100, 8704. 2230, 8704. 3100 and 8704. 3230	【最】6【普】45 【协东盟】0【协巴基斯坦】5【协智利】0 【协新西兰】0【协新加坡】0【协秘鲁】0 【协哥斯达黎加】0【协冰岛】0【协瑞士】0 【协澳大利亚】0【协韩国】7.3【协格鲁吉亚】0 【协香港】0【协澳门】0 【特-1】0【特-2】0【特-3】0 【增】16【对美加征】5【出】0【退】16	千克	6				999	柴、汽油轻型货车用离合器及零件（编号8704.2100，8704.2230，8704.3100，8704.3230所列总重量≤14吨的车辆用）

税则号列			货品名称中英文		税费综合信息	计量单位	监管证件代码		检验检疫类别		检验检疫编码	检验检疫编码对应中文名称
HS国际统一前6位	本国子目7~8位	9~10位	中文 货物名称	英文 Article Description			进口	出口	进口	出口		
870893	50		柴、汽油型重型货车离合器及零件（编号8704.2240、8704.2300、8704.3240所列车辆用）	Clutches and parts there of the vehicles of subheadings No. 8704.2240, 8704.2300 and 8704.3240	【最】6【普】30 【协东盟】0【协巴基斯坦】5【协智利】0 【协新西兰】0【协新加坡】0【协秘鲁】0 【协哥斯达黎加】0【协冰岛】0【协瑞士】0 【协澳大利亚】0【协韩国】8【协格鲁吉亚】0 【协香港】0【协澳门】0 【特-1】0【特-2】0【特-3】0 【增】16【对美加征】5【出】0【退】16	千克	6				999	柴、汽油型重型货车离合器及零件（编号8704.2240、8704.2300、8704.3240所列车辆用）
870893	60		特种车用的离合器及其零件（指税目87.05所列车辆用）	Clutches and parts there of the vehicles of heading No. 87.05	【最】6【普】100 【协东盟】0【协巴基斯坦】5【协智利】0 【协新西兰】0【协新加坡】0【协秘鲁】0 【协哥斯达黎加】0【协冰岛】0【协瑞士】0 【协澳大利亚】0【协韩国】8【协格鲁吉亚】0 【协香港】0【协澳门】0 【特-1】0【特-2】0【特-3】0 【增】16【对美加征】5【出】0【退】16	千克	6				999	特种车用的离合器及其零件（指税目87.05所列车辆用）
870893	90		未列名机动车辆用离合器及其零件	Clutches and parts thereof for other vehicles, not specified	【最】6【普】100 【协东盟】0【协巴基斯坦】5【协智利】0 【协新西兰】0【协新加坡】0【协秘鲁】0 【协哥斯达黎加】0【协冰岛】0【协瑞士】0 【协澳大利亚】0【协格鲁吉亚】0【协香港】0 【协澳门】0 【特-1】0【特-2】0【特-3】0 【增】16【对美加征】5【出】0【退】16	千克	6				999	未列名机动车辆用离合器及其零件
870894	10		牵引车、拖拉机用转向盘、转向柱及其零件（包括转向器）	Steering wheels, steering columns and steering boxes parts thereof	【最】6【普】14 【协东盟】0【协巴基斯坦】5【协智利】0 【协新西兰】0【协秘鲁】0【协哥斯达黎加】0 【协冰岛】0【协瑞士】0【协澳大利亚】0 【协韩国】4.4【协格鲁吉亚】0【协香港】0 【协澳门】0 【特-1】0【特-2】0【特-3】0 【增】16【出】0【退】16	千克	6				999	牵引车、拖拉机用转向盘、转向柱及其零件（包括转向器）
870894	20	01	座位数≥30的客车用转向器零件	Parts of steering boxes for the buses with 30 seats or more	【最】6【普】70 【协东盟】0【协巴基斯坦】5【协智利】0 【协新西兰】0【协新加坡】0【协秘鲁】0 【协哥斯达黎加】0【协冰岛】0【协瑞士】0 【协澳大利亚】0【协韩国】7.3【协格鲁吉亚】0 【协香港】0【协澳门】0 【特-1】0【特-2】0【特-3】0 【增】16【出】0【退】16	千克	6				999	座位数≥30的客车用转向器零件
870894	20	90	大型客车用其他转向盘、转向柱及其零件（包括转向器）	Steering wheels, columns and boxes for big buses; parts thereof	【最】6【普】70 【协东盟】0【协巴基斯坦】5【协智利】0 【协新西兰】0【协新加坡】0【协秘鲁】0 【协哥斯达黎加】0【协冰岛】0【协瑞士】0 【协澳大利亚】0【协韩国】7.3【协格鲁吉亚】0 【协香港】0【协澳门】0 【特-1】0【特-2】0【特-3】0 【增】16【出】0【退】16	千克	6				999	大型客车用其他转向盘、转向柱及其零件（包括转向器）
870894	30		非公路自卸车用转向盘、转向柱及其零件（包括转向器）	Steering wheels, steering columns and steering boxes parts thereof	【最】6【普】11 【协东盟】0【协巴基斯坦】5【协智利】0 【协新西兰】0【协秘鲁】0【协哥斯达黎加】0 【协冰岛】0【协瑞士】0【协澳大利亚】0 【协韩国】4.4【协格鲁吉亚】0【协香港】0 【协澳门】0 【特-1】0【特-2】0【特-3】0 【增】16【出】0【退】16	千克	6				999	非公路自卸车用转向盘、转向柱及其零件（包括转向器）
870894	40		柴、汽油轻型货车用转向盘、转向柱、转向器及其零件（编号8704.2100，8704.2230，8704.3100，8704.3230所列总重量≤14吨的车辆用）	Steering wheels, steering columns and steering boxes of the vehicles (weight≤14tons) of subheadings No. 8704.2100, 8704.2230, 8704.3100 and 8704.3230; parts thereof	【最】6【普】45 【协东盟】0【协巴基斯坦】5【协智利】0 【协新西兰】0【协新加坡】0【协秘鲁】0 【协哥斯达黎加】0【协冰岛】0【协瑞士】0 【协澳大利亚】0【协韩国】7.3【协格鲁吉亚】0 【协香港】0【协澳门】0 【特-1】0【特-2】0【特-3】0 【增】16【出】0【退】16	千克	6				999	柴、汽油轻型货车用转向盘、转向柱、转向器及其零件（编号8704.2100，8704.2230，8704.3100，8704.3230所列总重量≤14吨的车辆用）

税则号列			货品名称中英文		税费综合信息	计量单位	监管证件代码		检验检疫类别		检验检疫编码	检验检疫编码对应中文名称
HS 国际统一前6位	本国子目 7~8位	本国子目 9~10位	中文 货物名称	英文 Article Description			进口	出口	进口	出口		
870894	50	01	总重≥14吨的柴油型货车转向器的零件	Redirector components of diesel oil trucks whose weight≥14 tons	【最】6【普】30 【协东盟】0【协巴基斯坦】5【协智利】0 【协新西兰】0【协新加坡】0【协秘鲁】0 【协哥斯达黎加】0【协冰岛】0【协瑞士】0 【协澳大利亚】0【协韩国】7.3【协格鲁吉亚】0 【协香港】0【协澳门】0 【特-1】0【特-2】0【特-3】0 【增】16【出】0【退】16	千克	6				999	总重≥14吨的柴油型货车转向器的零件
870894	50	90	其他重型货车用转向盘、转向柱、转向器及其零件（指编号8704.2240，8704.2300及8704.3240所列车辆用）	Steering wheels, steering columns, and steering boxes of the vehicles of subheading No. 8704.2240, 8704.2300 or 8704.3240	【最】6【普】30 【协东盟】0【协巴基斯坦】5【协智利】0 【协新西兰】0【协新加坡】0【协秘鲁】0 【协哥斯达黎加】0【协冰岛】0【协瑞士】0 【协澳大利亚】0【协韩国】7.3【协格鲁吉亚】0 【协香港】0【协澳门】0 【特-1】0【特-2】0【特-3】0 【增】16【出】0【退】16	千克	6				999	其他重型货车用转向盘、转向柱、转向器及其零件（指编号8704.2240，8704.2300及8704.3240所列车辆用）
870894	60		特种车用转向盘、转向柱及转向器及其零件（指税目87.05所列车辆用）	Steering wheels, steering columns and steering boxes of the vehicles of heading No. 87.05; parts thereof	【最】6【普】100 【协东盟】0【协巴基斯坦】5【协智利】0 【协新西兰】0【协新加坡】0【协秘鲁】0 【协哥斯达黎加】0【协冰岛】0【协瑞士】0 【协澳大利亚】0【协韩国】7.3【协格鲁吉亚】0 【协香港】0【协澳门】0 【特-1】0【特-2】0【特-3】0 【增】16【出】0【退】16	千克	6				999	特种车用转向盘、转向柱及转向器及其零件（指税目87.05所列车辆用）
870894	90	01	采用电动转向系统的转向盘、转向柱、转向器及其零件	Steering wheels, columns and boxes; parts thereof, of electric power steering system	【最】6【普】100 【协东盟】0【协巴基斯坦】5【协智利】0 【协新西兰】0【协新加坡】0【协秘鲁】0 【协哥斯达黎加】0【协冰岛】0【协瑞士】6 【协澳大利亚】0【协格鲁吉亚】0【协香港】0 【协澳门】0 【特-1】0【特-2】0【特-3】0 【增】16【出】0【退】16	千克	6				999	采用电动转向系统的转向盘、转向柱、转向器及其零件
870894	90	90	其他未列名机动车辆用转向盘、转向柱及其零件（包括转向器）	Steering wheels, columns and boxes; parts thereof, not specified	【最】6【普】100 【协东盟】0【协巴基斯坦】5【协智利】0 【协新西兰】0【协新加坡】0【协秘鲁】0 【协哥斯达黎加】0【协冰岛】0【协瑞士】6 【协澳大利亚】0【协格鲁吉亚】0【协香港】0 【协澳门】0 【特-1】0【特-2】0【特-3】0 【增】16【出】0【退】16	千克	6				999	其他未列名机动车辆用转向盘、转向柱及其零件（包括转向器）
870895	00		机动车辆用带充气系统的安全气囊及其零件	Safety airbags with inflater system; parts thereof	【最】6【普】100 【协亚太】5.4【协东盟】5【协香港】0 【协巴基斯坦】9【协智利】0【协新西兰】0 【协哥斯达黎加】0【协冰岛】0【协瑞士】0 【协澳大利亚】0【协韩国】9.2【协格鲁吉亚】0 【特-1】0 【增】16【对美加征】5【出】0【退】16	千克	6				999	机动车辆用带充气系统的安全气囊及其零件
870899	10		牵引车及拖拉机用其他零附件（车轮及其零附件除外，不包括税目87.09的牵引车）	Other parts and accessories of the vehicles of heading No. 87.01	【最】6【普】14 【协东盟】0【协巴基斯坦】5【协智利】0 【协新西兰】0【协秘鲁】0【协哥斯达黎加】0 【协冰岛】0【协瑞士】0【协澳大利亚】0 【协韩国】3.6【协格鲁吉亚】0【协香港】0 【协澳门】0 【特-1】0【特-2】0【特-3】0 【增】16【对美加征】5【出】0【退】16	千克	6				999	牵引车及拖拉机用其他零附件（车轮及其零附件除外，不包括税目87.09的牵引车）
870899	21		编号8702.1091及8702.9010所列车辆用车架	Frames of the vehicles of subheadings No. 8702.1091 and 8702.9010	【最】6【普】70 【协东盟】0【协智利】0【协新西兰】0 【协新加坡】0【协秘鲁】0【协哥斯达黎加】0 【协冰岛】0【协澳大利亚】0【协韩国】20 【协格鲁吉亚】0【协香港】0【协澳门】0 【特-1】0【特-2】0 【增】16【对美加征】5【出】0【退】16	千克	6				999	编号8702.1091及8702.9010所列车辆用车架

税则号列 HS 国际统一前 6 位	本国子目 7~8 位	本国子目 9~10 位	货品名称中英文 中文 货物名称	货品名称中英文 英文 Article Description	税费综合信息	计量单位	监管证件代码 进口	监管证件代码 出口	检验检疫类别 进口	检验检疫类别 出口	检验检疫编码	检验检疫编码对应中文名称
870899	29		大型客车用其他零附件（车轮及其零附件除外，指 30 座及以上的客运车）	Other parts and accessories of large bus (30 seats or over), excluding road wheels and parts and accessories thereof	【最】6【普】70 【协东盟】0【协智利】0【协新西兰】0 【协新加坡】0【协秘鲁】0【协哥斯达黎加】0 【协冰岛】0【协澳大利亚】0【协韩国】20 【协格鲁吉亚】0【协香港】0【协澳门】0 【特-1】0【特-2】0 【增】16【对美加征】5【出】0【退】16	千克	6				999	大型客车用其他零附件（车轮及其零附件除外，指 30 座及以上的客运车）
870899	31		非公路自卸车用车架	Frames of the vehicles	【最】6【普】11 【协东盟】0【协巴基斯坦】5【协智利】0 【协新西兰】0【协秘鲁】0【协哥斯达黎加】0 【协冰岛】0【协瑞士】0【协澳大利亚】0 【协韩国】4.4【协格鲁吉亚】0【协香港】0 【协澳门】0 【特-1】0【特-2】0【特-3】0 【增】16【对美加征】5【出】0【退】16	千克	6				999	非公路自卸车用车架
870899	39		非公路用自卸车未列名零部件（车轮及其零件除外）	Other parts of dumpers designed for off-highway use, not specified (excluding road wheels and parts and accessories thereof)	【最】6【普】11【暂进】3 【协东盟】0【协巴基斯坦】5【协智利】0 【协新西兰】0【协秘鲁】0【协哥斯达黎加】0 【协冰岛】0【协瑞士】0【协澳大利亚】0 【协韩国】4.4【协格鲁吉亚】0【协香港】0 【协澳门】0 【特-1】0【特-2】0【特-3】0 【增】16【对美加征】5【出】0【退】16	千克	6				999	非公路用自卸车未列名零部件（车轮及其零件除外）
870899	41		中小型货车用车架（指总重量<14 吨的货运车辆用）	Frames of the vehicles	【最】6【普】45 【协东盟】0【协智利】0【协新西兰】0 【协新加坡】0【协秘鲁】0【协哥斯达黎加】0 【协冰岛】0【协澳大利亚】0【协韩国】20 【协格鲁吉亚】0【协香港】0【协澳门】0 【特-1】0【特-2】0 【增】16【对美加征】5【出】0【退】16	千克	6				999	中小型货车用车架（指总重量<14 吨的货运车辆用）
870899	49		中小型货车用其他零附件（车轮及其零附件除外，指总重量<14 吨的货运车辆）	Other parts and accessories	【最】6【普】45 【协东盟】0【协智利】0【协新西兰】0 【协新加坡】0【协秘鲁】0【协哥斯达黎加】0 【协冰岛】0【协澳大利亚】0【协韩国】20 【协格鲁吉亚】0【协香港】0【协澳门】0 【特-1】0【特-2】0 【增】16【对美加征】5【出】0【退】16	千克	6				999	中小型货车用其他零附件（车轮及其零附件除外，指总重量<14 吨的货运车辆）
870899	51		编号 8704.2240、8704.2300、8704.3240 所列车辆（含总重>8 吨的汽油货车）用车架	Frames of the vehicles of subheadings No. 8704.2240, 8704.2300, and 8704.3240	【最】6【普】30 【协东盟】0【协巴基斯坦】5【协智利】0 【协新西兰】0【协新加坡】0【协秘鲁】0 【协哥斯达黎加】0【协冰岛】0【协瑞士】0 【协澳大利亚】0【协韩国】7.3【协格鲁吉亚】0 【协香港】0【协澳门】0 【特-1】0【特-2】0【特-3】0 【增】16【对美加征】5【出】0【退】16	千克	6				999	编号 8704.2240、8704.2300、8704.3240 所列车辆（含总重>8 吨的汽油货车）用车架
870899	59		总重≥14 吨的柴油货车用其他零部件（指编号 8704.2240，8704.2300，8704.3240 所列车辆用，含总重>8 吨汽油货车）	Other parts of the vehicles of subheadings No. 8704.2240, 8704.2300, and 8704.3240	【最】6【普】30 【协东盟】0【协巴基斯坦】5【协智利】0 【协新西兰】0【协新加坡】0【协秘鲁】0 【协哥斯达黎加】0【协冰岛】0【协瑞士】0 【协澳大利亚】0【协韩国】7.3【协格鲁吉亚】0 【协香港】0【协澳门】0 【特-1】0【特-2】0【特-3】0 【增】16【对美加征】5【出】0【退】16	千克	6		L		999	总重≥14 吨的柴油货车用（指编号 8704.2240，8704.2300，8704.3240 所列车辆用，含总重>8 吨汽油货车）其他零部件
870899	60		特种车用其他零附件	Other parts and accessories of the vehicles of heading No. 87.05	【最】6【普】100 【协东盟】0【协巴基斯坦】12【协智利】0 【协新西兰】0【协新加坡】0【协秘鲁】0 【协哥斯达黎加】0【协冰岛】0【协瑞士】6 【协澳大利亚】0【协韩国】9【协格鲁吉亚】0 【协香港】0【协澳门】0 【特-1】0【特-2】0 【增】16【对美加征】5【出】0【退】16	千克	6				999	特种车用其他零附件（指税目 87.05 所列车辆用）

税则号列			货品名称中英文		税费综合信息	计量单位	监管证件代码		检验检疫类别		检验检疫编码	检验检疫编码对应中文名称
HS 国际统一前6位	本国子目 7~8位	9~10位	中文 货物名称	英文 Article Description			进口	出口	进口	出口		
870899	91		其他税目87.01至87.04所列车辆用车架	Frames of vehicles of other headings No. 87.01 to 87.04	【最】6【普】100 【协香港】0【协澳门】0【协东盟】0 【协巴基斯坦】5【协智利】0【协新西兰】0 【协新加坡】0【协秘鲁】0【协台湾】0 【协哥斯达黎加】0【协冰岛】0【协瑞士】0 【协澳大利亚】0【协韩国】7.3【协格鲁吉亚】0 【特-1】0【特-2】0【特-3】0 【增】16【对美加征】5【出】0【退】16	千克/个	60				999	其他税目87.01至87.04所列车辆用车架
870899	92		其他车辆用传动轴（税目87.01至87.04所列车辆用）	Transmission shafts of other vehicles of headings No. 87.01 to 87.04	【最】6【普】100 【协香港】0【协澳门】0【协东盟】0 【协巴基斯坦】5【协智利】0【协新西兰】0 【协新加坡】0【协秘鲁】0【协台湾】0 【协哥斯达黎加】0【协冰岛】0【协瑞士】0 【协澳大利亚】0【协韩国】7.3【协格鲁吉亚】0 【特-1】0【特-2】0【特-3】0 【增】16【对美加征】5【出】0【退】16	千克	6				999	其他车辆用传动轴（税目87.01至87.04所列车辆用）
870899	99	10	混合动力汽车动力传动装置及其零件（由发电机、电动机和动力分配装置等组成，税目87.01至87.04所列车辆用）	Transmission device of hybrid electric behicle and part(made of generators, motor and power spilt device, of vehicles of subheading No 87.01 to 87.04)	【最】6【普】100 【协东盟】0【协巴基斯坦】5【协智利】0 【协新西兰】0【协新加坡】0【协秘鲁】0 【协台湾】0【协哥斯达黎加】0【协冰岛】0 【协瑞士】0【协澳大利亚】0【协韩国】7.3 【协格鲁吉亚】0【协香港】0【协澳门】0 【特-1】0【特-2】0【特-3】0 【增】16【出】0【退】16	千克	6				999	混合动力汽车动力传动装置及其零件（由发电机、电动机和动力分配装置等组成，税目87.01至87.04所列车辆用）
870899	99	90	机动车辆用未列名零件、附件(税目87.01至87.04所列车辆用)	Parts and accessories of motor vehicles, not elsewhere specified or included(of the vehicles of heading No. from 87.01 to 87.04)	【最】6【普】100 【协东盟】0【协巴基斯坦】5【协智利】0 【协新西兰】0【协新加坡】0【协秘鲁】0 【协台湾】0【协哥斯达黎加】0【协冰岛】0 【协瑞士】0【协澳大利亚】0【协韩国】7.3 【协格鲁吉亚】0【协香港】0【协澳门】0 【特-1】0【特-2】0【特-3】0 【增】16【出】0【退】16	千克	6				999	机动车辆用未列名零件、附件（税目87.01至87.04所列车辆用）
870911	10		电动的短距离牵引车（未装有提升或搬运设备，包括火车站台上用的电动牵引车）	Electrical Tractors for short distance transport of goods (not fitted with lifting or handling equipment, including electrical tractors of the type used on railway station platforms)	【最】10【普】30 【协东盟】0【协巴基斯坦】5【协智利】0 【协新西兰】0【协新加坡】0【协秘鲁】0 【协哥斯达黎加】0【协冰岛】0【协瑞士】0 【协澳大利亚】0【协韩国】6【协格鲁吉亚】0 【协香港】0【协澳门】0 【特-1】0【特-2】0【特-3】0 【增】16【对美加征】25【出】0【退】16	辆/千克	6				999	电动的短距离牵引车（未装有提升或搬运设备，包括火车站台上用的电动牵引车）
870911	90		电动的其他短距离运货车（未装有提升或搬运设备，用于工厂、仓库、码头或机场）	Other electrical trucks for short distance transport of goods (not fitted with lifting or handling equipment, of the type used in factories, warehouses, dock areas or airports)	【最】10【普】30 【协东盟】0【协巴基斯坦】5【协智利】0 【协新西兰】0【协新加坡】0【协秘鲁】0 【协哥斯达黎加】0【协冰岛】0【协瑞士】0 【协澳大利亚】0【协韩国】6【协格鲁吉亚】0 【协香港】0【协澳门】0 【特-1】0【特-2】0【特-3】0 【增】16【对美加征】25【出】0【退】16	辆/千克	6				999	电动的其他短距离运货车（未装有提升或搬运设备，用于工厂、仓库、码头或机场）
870919	10		非电动的短距离牵引车（未装有提升或搬运设备，包括火车站台上用的非电动牵引车）	Non electrical Tractors for short distance transport of goods (not fitted with lifting or handling equipment, including non electrical tractors of the type used on railway station platforms)	【最】10【普】30 【协香港】0【协澳门】0【协东盟】0 【协巴基斯坦】5【协智利】0【协新西兰】0 【协新加坡】0【协秘鲁】0【协哥斯达黎加】0 【协冰岛】0【协瑞士】4.2【协澳大利亚】0 【协韩国】7.7【协格鲁吉亚】0 【特-1】0【特-2】0【特-3】0 【增】16【对美加征】25【出】0【退】16	辆/千克	6				999	非电动的短距离牵引车（未装有提升或搬运设备，包括火车站台上用的非电动牵引车）

税则号列 HS国际统一前6位	本国子目 7~8位	本国子目 9~10位	货品名称中英文 中文 货物名称	货品名称中英文 英文 Article Description	税费综合信息	计量单位	监管证件代码 进口	监管证件代码 出口	检验检疫类别 进口	检验检疫类别 出口	检验检疫编码	检验检疫编码对应中文名称
870919	90		非电动的其他短距离运货车（未装有提升或搬运设备，用于工厂、仓库、码头或机场）	Other non electrical trucks for short distance transport of goods (not fitted with lifting or handling equipment, of the type used in factories, warehouses, dock areas or airports)	【最】10【普】30 【协东盟】0【协巴基斯坦】5【协智利】0 【协新西兰】0【协新加坡】0【协秘鲁】0 【协哥斯达黎加】0【协冰岛】0【协瑞士】4.2 【协澳大利亚】0【协韩国】7.7 【协格鲁吉亚】0【协香港】0【协澳门】0 【特-1】0【特-2】0【特-3】0 【增】16【对美加征】25【出】0【退】16	辆/千克	6				999	非电动的其他短距离运货车（未装有提升或搬运设备，用于工厂、仓库、码头或机场）
870990	00		短距离运货车、站台牵引车用零件	Parts of works trucks for short distance transport of goods, including tractors of the type used on railway station platforms	【最】8【普】17 【协东盟】0【协巴基斯坦】5【协智利】0 【协新西兰】0【协秘鲁】0【协哥斯达黎加】0 【协冰岛】0【协瑞士】0【协澳大利亚】0 【协韩国】5【协格鲁吉亚】0【协香港】0 【协澳门】0 【特-1】0【特-2】0【特-3】0 【增】16【对美加征】25【出】0【退】16	千克	6				999	短距离运货车、站台牵引车用零件
871000	10		坦克及其他机动装甲战斗车辆	Tanks and other armoured fighting vehicles, motorized, whether or not fitted with weapons, Assembled	【最】15【普】100 【协东盟】0【协巴基斯坦】12【协智利】0 【协新西兰】0【协新加坡】0【协秘鲁】0 【协哥斯达黎加】0【协冰岛】0【协瑞士】6 【协澳大利亚】0【协韩国】9【协格鲁吉亚】0 【协香港】0【协澳门】0 【特-1】0【特-2】0 【增】16【出】0【退】0	辆/千克	6				999	坦克及其他机动装甲战斗车辆
871000	90		坦克及其他机动装甲战斗车辆零件	Parts and accessories of Tanks and other armoured fighting vehicles, motorized, whether or not fitted with weapons	【最】15【普】100 【协东盟】0【协巴基斯坦】12【协智利】0 【协新西兰】0【协新加坡】0【协秘鲁】0 【协哥斯达黎加】0【协冰岛】0【协瑞士】6 【协澳大利亚】0【协韩国】9【协格鲁吉亚】0 【协香港】0【协澳门】0 【特-1】0【特-2】0 【增】16【出】0【退】0	千克	6				999	坦克及其他机动装甲战斗车辆零件
871110	00	10	微马力摩托车及脚踏两用车（装有往复式活塞发动机，微马力指排气量=50cc）	Motorcycles and mopeds, (with reciprocating internal combustion piston engine, of a cylinder capacity equal to 50cc)	【最】45【普】150 【协香港】0【协澳门】0【协东盟】0【协智利】0 【协新西兰】0【协新加坡】0【协秘鲁】0 【协哥斯达黎加】0【协冰岛】0【协瑞士】25.6 【协澳大利亚】0【协韩国】36【协格鲁吉亚】0 【特-1】0【特-2】0 【增】16【对美加征】25【出】0【退】16	辆/千克	6A	4xy	LM		999	微马力摩托车及脚踏两用车（装有往复式活塞发动机，微马力指排气量=50cc）
871110	00	90	微马力摩托车及脚踏两用车（装有往复式活塞发动机，微马力指排气量<50cc）	Motorcycles and mopeds, (with reciprocating internal combustion piston engine, of a cylinder capacity not exceeding 50cc)	【最】45【普】150 【协香港】0【协澳门】0【协东盟】0【协智利】0 【协新西兰】0【协新加坡】0【协秘鲁】0 【协哥斯达黎加】0【协冰岛】0【协瑞士】25.6 【协澳大利亚】0【协韩国】36【协格鲁吉亚】0 【特-1】0【特-2】0 【增】16【对美加征】25【出】0【退】16	辆/千克	6A		LM		999	微马力摩托车及脚踏两用车（装有往复式活塞发动机，微马力指排气量<50cc）
871120	10		装有50毫升<排量≤100毫升的往复式活塞内燃发动机的摩托车及脚踏两用车	Motorcycles and mopeds, with reciprocating internal combustion piston engine, of a cylinder capacity exceeding 50cc but not exceeding 100cc	【最】45【普】150 【协香港】0【协澳门】0【协东盟】0【协智利】0 【协新西兰】0【协新加坡】0【协秘鲁】0 【协哥斯达黎加】0【协冰岛】0【协瑞士】25.6 【协澳大利亚】0【协韩国】36【协格鲁吉亚】0 【特-1】0【特-2】0 【增】16【对美加征】25【出】0【退】16	辆/千克	6A	4xy	LM		999	装有50毫升<排量≤100毫升的往复式活塞内燃发动机的摩托车及脚踏两用车
871120	20		装有100毫升<排量≤125毫升的往复式活塞内燃发动机的摩托车及脚踏两用车	Motorcycles and mopeds, with reciprocating internal combustion piston engine, of a cylinder capacity exceeding 100 cc but not exceeding 125cc	【最】45【普】150 【协香港】0【协澳门】0【协东盟】0【协智利】0 【协新西兰】0【协新加坡】0【协秘鲁】0 【协哥斯达黎加】0【协冰岛】0【协瑞士】25.6 【协澳大利亚】0【协韩国】36【协格鲁吉亚】0 【特-1】0【特-2】0 【增】16【对美加征】25【出】0【退】16	辆	6A	4xy	LM		999	装有100毫升<排量≤125毫升的往复式活塞内燃发动机的摩托车及脚踏两用车
871120	30		装有125毫升<排量≤150毫升的往复式活塞内燃发动机的摩托车及脚踏两用车	Motorcycles and mopeds, with reciprocating internal combustion piston engine, of a cylinder capacity exceeding 125 cc but not exceeding 150cc	【最】45【普】150 【协香港】0【协澳门】0【协东盟】0【协智利】0 【协新西兰】0【协新加坡】0【协秘鲁】0 【协哥斯达黎加】0【协冰岛】0【协瑞士】25.6 【协澳大利亚】0【协韩国】36【协格鲁吉亚】0 【特-1】0【特-2】0 【增】16【对美加征】25【出】0【退】16	辆/千克	6A	4xy	LM		999	装有125毫升<排量≤150毫升的往复式活塞内燃发动机的摩托车及脚踏两用车

税则号列			货品名称中英文		税费综合信息	计量单位	监管证件代码		检验检疫类别		检验检疫编码	检验检疫编码对应中文名称
HS 国际统一前 6 位	本国子目 7~8 位	9~10 位	中文 货物名称	英文 Article Description			进口	出口	进口	出口		
871120	40		装有 150 毫升<排量≤200 毫升的往复式活塞内燃发动机的摩托车及脚踏两用车	Motorcycles and mopeds, with reciprocating internal combustion piston engine, of a cylinder capacity exceeding 150 cc but not exceeding 200cc	【最】45【普】150 【协香港】0【协澳门】0【协东盟】0【协智利】0 【协新西兰】0【协新加坡】0【协哥斯达黎加】0 【协冰岛】0【协瑞士】25.6【协澳大利亚】0 【协韩国】36【协格鲁吉亚】0 【特-1】0 【增】16【对美加征】25【出】0【退】16	辆/千克	6A	4xy	LM		999	装有 150 毫升<排量≤200 毫升的往复式活塞内燃发动机的摩托车及脚踏两用车
871120	50	10	装有 200 毫升<排量<250 毫升的往复式活塞内燃发动机的摩托车及脚踏两用车	20 < < 250ml loaded exhaust volume of reciprocating piston internal combustion engine for motorcycles and mopeds	【最】45【普】150 【协香港】0【协澳门】0【协东盟】0【协智利】0 【协新西兰】0【协新加坡】0【协哥斯达黎加】0 【协冰岛】0【协瑞士】25.6【协澳大利亚】0 【协韩国】36【协格鲁吉亚】0 【特-1】0 【增】16【对美加征】25【出】0【退】16	辆/千克	6A	4xy	LM		999	装有 200 毫升<排量<250 毫升的往复式活塞内燃发动机的摩托车及脚踏两用车
871120	50	90	装有排量=250 毫升的往复式活塞内燃发动机的摩托车及脚踏两用车	Displacement = 250ml loaded exhaust volume of reciprocation piston internal combustion engine for motorcycles and mopeds	【最】45【普】150 【协香港】0【协澳门】0【协东盟】0【协智利】0 【协新西兰】0【协新加坡】0【协哥斯达黎加】0 【协冰岛】0【协瑞士】25.6【协澳大利亚】0 【协韩国】36【协格鲁吉亚】0 【特-1】0 【增】16【消】3【对美加征】25【出】0 【退】16	辆/千克	6A	4xy	LM		101 102 103	装有排量=250 毫升的往复式活塞内燃发动机的摩托车及脚踏两用车(自行车零配件) 装有排量=250 毫升的往复式活塞内燃发动机的摩托车及脚踏两用车(其他非机动脚踏车零配件) 装有排量=250 毫升的往复式活塞内燃发动机的摩托车及脚踏两用车(摩托车)
871130	10		装有 250 毫升<排量≤400 毫升的往复式活塞内燃发动机的摩托车及脚踏两用车	Motorcycles and mopeds, with reciprocating internal combustion piston engine, of a cylinder capacity exceeding 250cc but not exceeding 400cc	【最】45【普】150 【协香港】0【协澳门】0【协亚太】32.9 【协东盟】0【协巴基斯坦】32.8【协智利】0 【协新西兰】0【协新加坡】0【协哥斯达黎加】0 【协冰岛】0【协澳大利亚】0【协韩国】36 【协格鲁吉亚】0 【特-1】0 【增】16【消】10【对美加征】25【出】0 【退】16	辆/千克	6A	4xy	LM		999	装有 250 毫升<排量≤400 毫升的往复式活塞内燃发动机的摩托车及脚踏两用车
871130	20		装有 400 毫升<排量≤500 毫升的往复式活塞内燃发动机的摩托车及脚踏两用车	Motorcycles and mopeds, with reciprocating internal combustion piston engine, of a cylinder capacity exceeding 400cc but not exceeding 500cc	【最】45【普】150 【协香港】0【协澳门】0【协亚太】32.9 【协东盟】0【协巴基斯坦】32.8【协智利】0 【协新西兰】0【协新加坡】0【协哥斯达黎加】0 【协冰岛】0【协澳大利亚】0【协韩国】36 【协格鲁吉亚】0 【特-1】0 【增】16【消】10【对美加征】25【出】0 【退】16	辆/千克	6A	4xy	LM		999	装有 400 毫升<排量≤500 毫升的往复式活塞内燃发动机的摩托车及脚踏两用车
871140	00		装有 500 毫升<排量≤800 毫升的往复式活塞内燃发动机的摩托车及脚踏两用车	Motorcycles and mopeds, with reciprocating internal combustion piston engine of a cylinder capacity exceeding 500cc but not exceeding 800cc	【最】40【普】150 【协香港】0【协澳门】0【协东盟】0【协智利】0 【协新西兰】0【协新加坡】0【协哥斯达黎加】0 【协冰岛】0【协澳大利亚】0【协韩国】32 【协格鲁吉亚】0 【特-1】0 【增】16【消】10【对美加征】25【出】0 【退】16	辆/千克	6A	4xy	LM		999	装有 500 毫升<排量≤800 毫升的往复式活塞内燃发动机的摩托车及脚踏两用车
871150	00		装有排量>800 毫升的往复式活塞内燃发动机的摩托车及脚踏两用车	Motorcycles and mopeds, with reciprocating internal combustion piston engine of a cylinder capacity exceeding 800cc	【最】30【普】150 【协香港】0【协澳门】0【协东盟】0【协智利】0 【协新西兰】0【协新加坡】0【协哥斯达黎加】0 【协冰岛】0【协澳大利亚】0【协韩国】24 【协格鲁吉亚】0 【特-1】0 【增】16【消】10【对美加征】25【出】0 【退】16	辆/千克	6A	4xy	LM		999	装有排量>800 毫升的往复式活塞内燃发动机的摩托车及脚踏两用车
871160	00	10	电动自行车(包括机器脚踏两用车，脚踏车)	Electric bicycle and side-cars, and mopeds	【最】45【普】150 【协香港】0【协澳门】0【协东盟】0【协智利】0 【协新西兰】0【协新加坡】0【协哥斯达黎加】0 【协冰岛】0【协澳大利亚】0【协格鲁吉亚】0 【特-1】0 【增】16【对美加征】25【出】0【退】16	辆/千克	6A		M		999	电动自行车（包括机器脚踏两用车，脚踏车）

税则号列			货品名称中英文		税费综合信息	计量单位	监管证件代码		检验检疫类别		检验检疫编码	检验检疫编码对应中文名称
HS国际统一前6位	本国子目7~8位	9~10位	中文 货物名称	英文 Article Description			进口	出口	进口	出口		
871160	00	90	其他装有电驱动电动机的摩托车	Other motorcycle with electric drive motor	【最】45【普】150 【协香港】0【协澳门】0【协东盟】0【协智利】0 【协新西兰】0【协新加坡】0【协哥斯达黎加】0 【协冰岛】0【协澳大利亚】0【协格鲁吉亚】0 【特-1】0 【增】16【对美加征】25【出】0【退】16	辆/千克	6A		LM		999	其他装有电驱动电动机的摩托车
871190	00	10	其他排气量≤250毫升的摩托车及脚踏两用车	Motorcycles and mopedes, of a cylinder capacity not exceeding 250cc	【最】45【普】150 【协香港】0【协澳门】0【协东盟】0【协智利】0 【协新西兰】0【协新加坡】0【协哥斯达黎加】0 【协冰岛】0【协澳大利亚】0【协格鲁吉亚】0 【特-1】0 【增】16【对美加征】25【出】0【退】16	辆/千克	6A		LM		999	其他排气量≤250毫升的摩托车及脚踏两用车
871190	00	20	其他排气量>250毫升摩托车及脚踏两用车	Motorcycles and mopedes, of a cylinder capacity exceeding 250cc	【最】45【普】150 【协香港】0【协澳门】0【协东盟】0【协智利】0 【协新西兰】0【协新加坡】0【协哥斯达黎加】0 【协冰岛】0【协澳大利亚】0【协格鲁吉亚】0 【特-1】0 【增】16【对美加征】25【出】0【退】16	辆/千克	6A		LM		999	其他排气量>250毫升摩托车及脚踏两用车
871190	00	30	其他无法区分排气量的摩托车及脚	Motorcycles and mopedes, a cylinder capacity of its engine can not be distinguished	【最】45【普】150 【协香港】0【协澳门】0【协东盟】0【协智利】0 【协新西兰】0【协新加坡】0【协哥斯达黎加】0 【协冰岛】0【协澳大利亚】0【协格鲁吉亚】0 【特-1】0 【增】16【对美加征】25【出】0【退】16	辆/千克	6A		LM		999	其他无法区分排气量的摩托车及脚踏两用车
871190	00	90	装有其他辅助发动机的脚踏车，边车	Mopeds and sidecars, fitted with an auxiliary motor	【最】45【普】150 【协东盟】0【协智利】0【协新西兰】0 【协新加坡】0【协哥斯达黎加】0【协冰岛】0 【协澳大利亚】0【协格鲁吉亚】0【协香港】0 【协澳门】0 【特-1】0 【增】16【对美加征】25【出】0【退】16	辆/千克	6A		LM		999	装有其他辅助发动机的脚踏车，边车
871200	20		竞赛型自行车	Racing bicycle	【最】7【普】130 【协香港】0【协澳门】0【协亚太】4.9 【协东盟】0【协巴基斯坦】5【协智利】0 【协新西兰】0【协新加坡】0【协秘鲁】0 【协台湾】0【协哥斯达黎加】0【协冰岛】0 【协瑞士】5.2【协澳大利亚】0【协韩国】7.8 【协格鲁吉亚】0 【特-1】0【特-2】0 【增】16【对美加征】25【出】0【退】16	辆/千克	6				999	竞赛型自行车
871200	30		山地自行车【电商】①	Mountain bicycle	【最】7【普】130 【协香港】0【协澳门】0【协亚太】4.9 【协东盟】0【协巴基斯坦】5【协智利】0 【协新西兰】0【协新加坡】0【协秘鲁】0 【协台湾】0【协哥斯达黎加】0【协冰岛】0 【协瑞士】5.2【协澳大利亚】0【协韩国】7.8 【协格鲁吉亚】0 【特-1】0【特-2】0 【增】16【对美加征】25【出】0【退】16	辆/千克	6				999	山地自行车
871200	41		16、18、20英寸越野自行车	16″, 18″, or 20″ cross-country bicycles	【最】7【普】130 【协香港】0【协澳门】0【协亚太】4.9 【协东盟】0【协巴基斯坦】5【协智利】0 【协新西兰】0【协新加坡】0【协秘鲁】0 【协台湾】0【协哥斯达黎加】0【协冰岛】0 【协瑞士】5.2【协澳大利亚】0【协韩国】7.8 【协格鲁吉亚】0 【特-1】0【特-2】0【特-3】0 【增】16【对美加征】25【出】0【退】16	辆/千克	6				101 102 103	16、18、20英寸越野自行车（16、18英寸越野自行车） 16、18、20英寸越野自行车（20英寸越野自行车） 16、18、20英寸越野自行车（其他越野自行车）

① 国家禁止、限制进口的旧机电产品除外。

税则号列 HS国际统一前6位	本国子目 7~8位	本国子目 9~10位	货品名称 中文 货物名称	货品名称 英文 Article Description	税费综合信息	计量单位	监管证件代码 进口	监管证件代码 出口	检验检疫类别 进口	检验检疫类别 出口	检验检疫编码	检验检疫编码对应中文名称
871200	49		其他越野自行车（包括运货三轮车）	Other cross-country bicycles (including delivery tricycles)	【最】7【普】130 【协香港】0【协澳门】0【协亚太】4.9 【协东盟】0【协巴基斯坦】5【协智利】0 【协新西兰】0【协新加坡】0【协秘鲁】0 【协台湾】0【协哥斯达黎加】0【协冰岛】0 【协瑞士】5.2【协澳大利亚】0【协韩国】7.8 【协格鲁吉亚】0 【特-1】0【特-2】0 【增】16【对美加征】25【出】0【退】16	辆/千克	6				101 102 103 104	其他越野自行车（包括运货三轮车）（16、18英寸越野自行车） 其他越野自行车（包括运货三轮车）（20英寸越野自行车） 其他越野自行车（包括运货三轮车）（其他越野自行车） 其他越野自行车（包括运货三轮车）（货运三轮脚踏车）
871200	81	10	12~16英寸的未列名自行车 【电商】①	Bicycles, 12 ~ 16 inches, not specified	【最】5【普】130 【协亚太】3.5【协东盟】0【协澳门】0 【协巴基斯坦】5【协智利】0【协新西兰】0 【协新加坡】0【协秘鲁】0【协台湾】0 【协哥斯达黎加】0【协冰岛】0【协瑞士】5 【协澳大利亚】0【协韩国】7.8 【协格鲁吉亚】0【协香港】0 【特-1】0【特-2】0 【增】16【对美加征】25【出】0【退】16	辆/千克	6		L		999	12~16英寸的未列名自行车
871200	81	90	11英寸及以下的未列名自行车 【电商】②	Bicycles, 11 inches or less, not specified	【最】5【普】130 【协亚太】3.5【协东盟】0【协澳门】0 【协巴基斯坦】5【协智利】0【协新西兰】0 【协新加坡】0【协秘鲁】0【协台湾】0 【协哥斯达黎加】0【协冰岛】0【协瑞士】5 【协澳大利亚】0【协韩国】7.8 【协格鲁吉亚】0【协香港】0 【特-1】0【特-2】0 【增】16【对美加征】25【出】0【退】16	辆/千克	6		L		999	11英寸及以下的未列名自行车
871200	89		其他未列名自行车	Other bicycles, not specified	【最】5【普】130 【协亚太】3.5【协东盟】0【协澳门】0 【协巴基斯坦】5【协智利】0【协新西兰】0 【协新加坡】0【协秘鲁】0【协台湾】0 【协哥斯达黎加】0【协冰岛】0【协瑞士】5 【协澳大利亚】0【协韩国】7.8 【协格鲁吉亚】0【协香港】0 【特-1】0【特-2】0 【增】16【对美加征】25【出】0【退】16	辆/千克	6		L		101 102 103	其他未列名自行车（12~16英寸其他自行车） 其他未列名自行车（11英寸及以下其他自行车） 其他未列名自行车（其他自行车）
871200	90		其他非机动脚踏车	Other cycles, not motorized	【最】5【普】130 【协亚太】3.5【协东盟】0【协澳门】0 【协巴基斯坦】16.1【协智利】0【协新西兰】0 【协新加坡】0【协秘鲁】0【协台湾】0 【协哥斯达黎加】0【协冰岛】0【协瑞士】5 【协澳大利亚】0【协格鲁吉亚】0【协香港】0 【特-1】0【特-2】0 【增】16【对美加征】25【出】0【退】16	辆/千克	6		L		101 102 103 104 105	其他非机动脚踏车（12~16英寸其他自行车） 其他非机动脚踏车（11英寸及以下其他自行车） 其他非机动脚踏车（其他自行车） 其他非机动脚踏车（货运三轮脚踏车） 其他非机动脚踏车（其他脚踏车）
871310	00		非机械驱动的残疾人用车	Carriages for disabled persons, not mechanically propelled	【最】5【普】20 【协香港】0【协澳门】0【协东盟】0 【协巴基斯坦】5【协智利】0【协新西兰】0 【协秘鲁】0【协哥斯达黎加】0【协冰岛】0 【协瑞士】0【协澳大利亚】0【协韩国】1.2 【协格鲁吉亚】0 【特-1】0【特-2】0 【增】0【出】0【退】16	辆/千克	6				999	非机械驱动的残疾人用车

① 国家禁止、限制进口的旧机电产品除外。
② 国家禁止、限制进口的旧机电产品除外。

税则号列			货品名称中英文		税费综合信息	计量单位	监管证件代码		检验检疫类别		检验检疫编码	检验检疫编码对应中文名称
HS国际统一前6位	本国子目 7~8位	本国子目 9~10位	中文 货物名称	英文 Article Description			进口	出口	进口	出口		
871390	00		其他机动残疾人用车	Other carriages for disabled persons, motorized	【最】4【普】20 【协香港】0【协澳门】0【协东盟】0 【协巴基斯坦】0【协智利】0【协新西兰】0 【协秘鲁】0【协哥斯达黎加】0【协冰岛】0 【协瑞士】0【协澳大利亚】0【协韩国】2.4 【协格鲁吉亚】0 【特-1】0【特-2】0 【增】0【出】0【退】16	辆/千克	6				999	其他机动残疾人用车
871410	00	01	星型轮及碟刹件	Star-shaped wheel and disc brakes of motorcycles (including moped)	【最】15【普】100【暂进】10 【协东盟】0【协智利】0【协新西兰】0 【协新加坡】0【协秘鲁】0【协哥斯达黎加】0 【协冰岛】0【协澳大利亚】0【协韩国】24 【协格鲁吉亚】0【协香港】0【协澳门】0 【特-1】0【特-2】0 【增】16【对美加征】25【出】0【退】16	千克	6				999	星型轮及碟刹件
871410	00	10	摩托车架	Frames of motorcycles	【最】15【普】100 【协东盟】0【协智利】0【协新西兰】0 【协新加坡】0【协秘鲁】0【协哥斯达黎加】0 【协冰岛】0【协澳大利亚】0【协韩国】24 【协格鲁吉亚】0【协香港】0【协澳门】0 【特-1】0【特-2】0 【增】16【对美加征】25【出】0【退】16	千克	6	4xy			999	摩托车架
871410	00	90	摩托车其他零件、附件(包括机动脚踏两用车的零件、附件)	Other parts and accessories there of, of motorcycles and mopeds	【最】15【普】100 【协东盟】0【协智利】0【协新西兰】0 【协新加坡】0【协秘鲁】0【协哥斯达黎加】0 【协冰岛】0【协澳大利亚】0【协韩国】24 【协格鲁吉亚】0【协香港】0【协澳门】0 【特-1】0【特-2】0 【增】16【对美加征】25【出】0【退】16	千克	6				999	摩托车其他零件、附件(包括机动脚踏两用车的零件、附件)
871420	00		残疾人车辆用零件、附件	Parts and accessoris Of carriages for disabled persons	【最】5【普】17 【协东盟】0【协巴基斯坦】0【协智利】0 【协新西兰】0【协秘鲁】0【协哥斯达黎加】0 【协冰岛】0【协瑞士】0【协澳大利亚】0 【协韩国】1【协格鲁吉亚】0【协香港】0 【协澳门】0 【特-1】0【特-2】0【特-3】0 【增】16【对美加征】25【出】0【退】16	千克	6				101 102	残疾人车辆用零件、附件(其他车辆零部件) 残疾人车辆用零件、附件(其他非机动脚踏车零配件)
871491	00		非机动脚踏车车架、轮叉及其零件	Frames and forks, and parts thereof cycles not motorized	【最】5【普】80 【协东盟】0【协巴基斯坦】6【协智利】0 【协新西兰】0【协新加坡】0【协秘鲁】0 【协台湾】0【协哥斯达黎加】0【协冰岛】0 【协瑞士】4.8【协澳大利亚】0【协韩国】7.2 【协格鲁吉亚】0【协香港】0【协澳门】0 【特-1】0【特-2】0 【增】16【对美加征】25【出】0【退】16	千克	6				101 102	非机动脚踏车车架、轮叉及其零件(自行车零配件) 非机动脚踏车车架、轮叉及其零件(其他非机动脚踏车零配件)
871492	10		非机动脚踏车等的轮圈	Wheel rims of cycles not motorized	【最】5【普】80 【协东盟】0【协巴基斯坦】6【协智利】0 【协新西兰】0【协新加坡】0【协秘鲁】0 【协台湾】0【协哥斯达黎加】0【协冰岛】0 【协瑞士】4.8【协澳大利亚】0【协韩国】7.2 【协格鲁吉亚】0【协香港】0【协澳门】0 【特-1】0【特-2】0 【增】16【对美加征】25【出】0【退】16	千克	6				101 102	非机动脚踏车等的轮圈(自行车零配件) 非机动脚踏车等的轮圈(其他非机动脚踏车零配件)
871492	90		非机动脚踏车等的辐条	Spokes of cycles not motorized	【最】5【普】80 【协东盟】0【协巴基斯坦】6【协智利】0 【协新西兰】0【协新加坡】0【协秘鲁】0 【协台湾】0【协哥斯达黎加】0【协冰岛】0 【协瑞士】4.8【协澳大利亚】0【协韩国】7.2 【协格鲁吉亚】0【协香港】0【协澳门】0 【特-1】0【特-2】0 【增】16【对美加征】25【出】0【退】16	千克	6				101 102	非机动脚踏车等的辐条(自行车零配件) 非机动脚踏车等的辐条(其他非机动脚踏车零配件)

税则号列			货品名称中英文		税费综合信息	计量单位	监管证件代码		检验检疫类别		检验检疫编码	检验检疫编码对应中文名称
HS国际统一前6位	本国子目 7~8位	9~10位	中文 货物名称	英文 Article Description			进口	出口	进口	出口		
871493	10		非机动脚踏车等的轮毂（倒轮制动毂及毂闸除外）	Hubs of cycles not motorized, other than coaster braking hubs and hub brakes	【最】5【普】80 【协东盟】0【协巴基斯坦】6【协智利】0 【协新西兰】0【协新加坡】0【协秘鲁】0 【协台湾】0【协哥斯达黎加】0【协冰岛】0 【协瑞士】4.8【协澳大利亚】0【协韩国】7.2 【协格鲁吉亚】0【协香港】0【协澳门】0 【特-1】0【特-2】0 【增】16【对美加征】25【出】0【退】16	千克	6				101 102	非机动脚踏车等的轮毂（倒轮制动毂及毂闸除外）（自行车零配件） 非机动脚踏车等的轮毂（倒轮制动毂及毂闸除外）（其他非机动脚踏车零配件）
871493	20		非机动脚踏车等的飞轮（倒轮制动毂及毂闸除外）	Free wheel of cycles not motorized, other than coaster braking hubs and hub brakes	【最】5【普】80 【协香港】0【协澳门】0【协东盟】0 【协巴基斯坦】6【协智利】0【协新西兰】0 【协新加坡】0【协秘鲁】0【协台湾】0 【协哥斯达黎加】0【协冰岛】0【协瑞士】4.8 【协澳大利亚】0【协韩国】7.2【协格鲁吉亚】0 【特-1】0【特-2】0 【增】16【对美加征】25【出】0【退】16	千克	6				101 102	非机动脚踏车等的飞轮（倒轮制动毂及毂闸除外）（自行车零配件） 非机动脚踏车等的飞轮（倒轮制动毂及毂闸除外）（其他非机动脚踏车零配件）
871493	90		非机动脚踏车等的链轮（倒轮制动毂及毂闸除外）	sprocket wheels of cycles not motorized, other than coaster braking hubs and hub brakes	【最】5【普】80 【协香港】0【协澳门】0【协东盟】0 【协巴基斯坦】6【协智利】0【协新西兰】0 【协新加坡】0【协秘鲁】0【协台湾】0 【协哥斯达黎加】0【协冰岛】0【协瑞士】4.8 【协澳大利亚】0【协韩国】7.2【协格鲁吉亚】0 【特-1】0【特-2】0 【增】16【对美加征】25【出】0【退】16	千克	6				101 102	非机动脚踏车等的链轮（倒轮制动毂及毂闸除外）（自行车零配件） 非机动脚踏车等的链轮（倒轮制动毂及毂闸除外）（其他非机动脚踏车零配件）
871494	00		非机动脚踏车等的制动器及其零件（包括倒轮制动鼓及鼓闸）	Brakes, including coaster braking hubs and hub brakes, and parts thereof cycles not motorized	【最】5【普】80 【协香港】0【协澳门】0【协东盟】0 【协巴基斯坦】6【协智利】0【协新西兰】0 【协新加坡】0【协秘鲁】0【协台湾】0 【协哥斯达黎加】0【协冰岛】0【协瑞士】4.8 【协澳大利亚】0【协韩国】7.2【协格鲁吉亚】0 【特-1】0【特-2】0 【增】16【对美加征】25【出】0【退】16	千克	6				101 102	非机动脚踏车等的制动器及其零件（包括倒轮制动鼓及鼓闸）（自行车零配件） 非机动脚踏车等的制动器及其零件（包括倒轮制动鼓及鼓闸）（其他非机动脚踏车零配件）
871495	00		非机动脚踏车等的鞍座	Saddles of cycles not motorized	【最】5【普】80 【协香港】0【协澳门】0【协东盟】0 【协巴基斯坦】6【协智利】0【协新西兰】0 【协新加坡】0【协秘鲁】0【协台湾】0 【协哥斯达黎加】0【协冰岛】0【协瑞士】4.8 【协澳大利亚】0【协韩国】7.2【协格鲁吉亚】0 【特-1】0【特-2】0 【增】16【对美加征】25【出】0【退】16	千克/个	6				101 102	非机动脚踏车等的鞍座（自行车零配件） 非机动脚踏车等的鞍座（其他非机动脚踏车零配件）
871496	10		非机动脚踏车等的脚蹬及其零件	Pedals and parts thereof cycles not motorized	【最】5【普】80 【协香港】0【协澳门】0【协东盟】0 【协巴基斯坦】6【协智利】0【协新西兰】0 【协新加坡】0【协秘鲁】0【协台湾】0 【协哥斯达黎加】0【协冰岛】0【协瑞士】4.8 【协澳大利亚】0【协韩国】7.2【协格鲁吉亚】0 【特-1】0【特-2】0 【增】16【对美加征】25【出】0【退】16	千克	6				101 102	非机动脚踏车等的脚蹬及其零件（自行车零配件） 非机动脚踏车等的脚蹬及其零件（其他非机动脚踏车零配件）
871496	20		非机动脚踏车等的曲柄链轮及其零件	Crank-gear and parts thereof cycles not motorized	【最】5【普】80 【协香港】0【协澳门】0【协东盟】0 【协巴基斯坦】6【协智利】0【协新西兰】0 【协新加坡】0【协秘鲁】0【协台湾】0 【协哥斯达黎加】0【协冰岛】0【协瑞士】4.8 【协澳大利亚】0【协韩国】7.2【协格鲁吉亚】0 【特-1】0【特-2】0 【增】16【对美加征】25【出】0【退】16	千克	6				101 102	非机动脚踏车等的曲柄链轮及其零件（自行车零配件） 非机动脚踏车等的曲柄链轮及其零件（其他非机动脚踏车零配件）
871499	00		非机动脚踏车等的其他零件、附件	Other parts and accessoris of cycles not motorized	【最】5【普】80 【协香港】0【协澳门】0【协亚太】3.5 【协东盟】0【协巴基斯坦】5【协智利】0 【协新西兰】0【协新加坡】0【协秘鲁】0 【协台湾】0【协哥斯达黎加】0【协冰岛】0 【协瑞士】4.8【协澳大利亚】0【协韩国】7.2 【协格鲁吉亚】0 【特-1】0【特-2】0 【增】16【对美加征】25【出】0【退】16	千克	6				101 102	非机动脚踏车等的其他零件、附件（自行车零配件） 非机动脚踏车等的其他零件、附件（其他非机动脚踏车零配件）

税则号列			货品名称中英文		税费综合信息	计量单位	监管证件代码		检验检疫类别		检验检疫编码	检验检疫编码对应中文名称
HS国际统一前6位	本国子目 7~8位	9~10位	中文 货物名称	英文 Article Description			进口	出口	进口	出口		
871500	00	10	婴孩车 【电商】	Baby carriages	【最】6【普】80 【协东盟】0【协澳门】0【协智利】0【协香港】0 【协新西兰】0【协新加坡】0【协秘鲁】0 【协哥斯达黎加】0【协冰岛】0【协瑞士】6 【协澳大利亚】0【协韩国】14.6【协格鲁吉亚】0 【特-1】0【特-2】0 【增】16【对美加征】25【出】0【退】16	千克	6A		LM		101 102	婴孩车（婴儿推车） 婴孩车（学步车）
871500	00	90	婴孩车零件 【电商】	Baby car parts	【最】6【普】80 【协东盟】0【协澳门】0【协智利】0【协香港】0 【协新西兰】0【协新加坡】0【协秘鲁】0 【协哥斯达黎加】0【协冰岛】0【协瑞士】6 【协澳大利亚】0【协韩国】14.6【协格鲁吉亚】0 【特-1】0【特-2】0 【增】16【对美加征】25【出】0【退】16	千克	6A		LM		999	婴孩车零件（婴孩车零件）
871610	00		供居住或野营用厢式挂车及半挂车	Trailers and semi-trailers of the caravan type, for housing or camping	【最】10【普】35 【协香港】0【协澳门】0【协东盟】0 【协巴基斯坦】5【协智利】0【协新西兰】0 【协新加坡】0【协秘鲁】0【协哥斯达黎加】0 【协冰岛】0【协瑞士】0【协澳大利亚】0 【协韩国】7.3【协格鲁吉亚】0 【特-1】0【特-2】0 【增】16【对美加征】25【出】0【退】16	辆/千克	6A		LM		999	供居住或野营用厢式挂车及半挂车
871620	00		农用自装或自卸式挂车及半挂车	Self-loading or self-unloading trailers and semi-trailers for agricultural purposes	【最】10【普】35 【协香港】0【协澳门】0【协东盟】0 【协巴基斯坦】5【协智利】0【协新西兰】0 【协秘鲁】0【协哥斯达黎加】0【协冰岛】0 【协瑞士】0【协澳大利亚】0【协韩国】7.3 【协格鲁吉亚】0 【特-1】0【特-2】0 【增】16【对美加征】25【出】0【退】10	辆/千克	6				999	农用自装或自卸式挂车及半挂车
871631	10		油罐挂车及半挂车	Oil tanker trailers and semi-trailers	【最】10【普】20 【协香港】0【协澳门】0【协东盟】0 【协巴基斯坦】5【协智利】0【协新西兰】0 【协新加坡】0【协秘鲁】0【协哥斯达黎加】0 【协冰岛】0【协瑞士】0【协澳大利亚】0 【协韩国】7.3【协格鲁吉亚】0 【特-1】0【特-2】0 【增】16【对美加征】25【出】0【退】16	辆/千克	6A		LM		999	油罐挂车及半挂车
871631	90		其他罐式挂车及半挂车	Other tanker trailers and tanker semi-trailers	【最】10【普】35 【协香港】0【协澳门】0【协东盟】0 【协巴基斯坦】5【协智利】0【协新西兰】0 【协秘鲁】0【协哥斯达黎加】0【协冰岛】0 【协瑞士】0【协澳大利亚】0【协韩国】6 【协格鲁吉亚】0 【特-1】0【特-2】0 【增】16【对美加征】25【出】0【退】16	辆/千克	6A		LM		999	其他罐式挂车及半挂车
871639	10		货柜挂车及半挂车	Van trailers and semi-trailers	【最】10【普】20 【协香港】0【协澳门】0【协东盟】0 【协巴基斯坦】5【协智利】0【协新西兰】0 【协秘鲁】0【协哥斯达黎加】0【协冰岛】0 【协瑞士】0【协澳大利亚】0【协韩国】6 【协格鲁吉亚】0 【特-1】0【特-2】0 【增】16【对美加征】25【出】0【退】16	辆/千克	6A		LM		999	货柜挂车及半挂车
871639	90		其他货运挂车及半挂车	Other trailers and semi-trailers for the transport of goods	【最】10【普】35 【协香港】0【协澳门】0【协东盟】0 【协巴基斯坦】5【协智利】0【协新西兰】0 【协秘鲁】0【协哥斯达黎加】0【协冰岛】0 【协瑞士】0【协澳大利亚】0【协韩国】6 【协格鲁吉亚】0 【特-1】0【特-2】0 【增】16【对美加征】25【出】0【退】16	辆/千克	6A		LM		999	其他货运挂车及半挂车

税则号列			货品名称中英文		税费综合信息	计量单位	监管证件代码		检验检疫类别		检验检疫编码	检验检疫编码对应中文名称
HS 国际统一	本国子目		中文	英文								
前6位	7~8位	9~10位	货物名称	Article Description			进口	出口	进口	出口		
871640	00		其他未列名挂车及半挂车	Other trailers and semi-trailers, not specified	【最】10【普】35 【协香港】0【协澳门】0【协东盟】0 【协巴基斯坦】5【协智利】0【协新西兰】0 【协秘鲁】0【协哥斯达黎加】0【协冰岛】0 【协瑞士】0【协澳大利亚】0【协韩国】6 【协格鲁吉亚】0 【特-1】0【特-2】0 【增】16【对美加征】25【出】0【退】16	辆/千克	6A		LM		999	其他未列名挂车及半挂车
871680	00		其他未列名非机械驱动车辆	Other vehicles, not mechanically propelled, not specified	【最】10【普】80 【协东盟】0【协澳门】0【协巴基斯坦】5 【协智利】0【协新西兰】0【协新加坡】0 【协秘鲁】0【协哥斯达黎加】0【协冰岛】0 【协瑞士】0【协澳大利亚】0【协韩国】6 【协格鲁吉亚】0【协香港】0 【特-1】0【特-2】0 【增】16【对美加征】25【出】0【退】16	辆/千克	6				999	其他未列名非机械驱动车辆
871690	00		挂车、半挂车及非机动车用零件	Parts of trailers and semi-trailers, and other vehicles, not mechanically propelled	【最】10【普】35 【协香港】0【协澳门】0【协东盟】0 【协巴基斯坦】5【协智利】0【协新西兰】0 【协新加坡】0【协秘鲁】0【协哥斯达黎加】0 【协冰岛】0【协瑞士】0【协澳大利亚】0 【协韩国】6【协格鲁吉亚】0 【特-1】0【特-2】0【特-3】0 【增】16【对美加征】5【出】0【退】16	千克	6				999	挂车、半挂车及非机动车用零件

第八十八章
航空器、航天器及其零件

Chapter 88
Aircraft, spacecraft and parts thereof

子目注释：

税号 8802.11 至 8802.40 所称“空载重量”，是指航空器在正常飞行状态下，除去机组人员、燃料及非永久性安装设备后的重量。

Subheading Note:

For the purposes of subheadings 8802.11 to 8802.40, the expression “unladen weight” means the weight of the machine in normal flying order, excluding the weight of the crew and of fuel and equipment other than permanently fitted items of equipment.

税则号列			货品名称中英文		税费综合信息	计量单位	监管证件代码		检验检疫类别		检验检疫编码	检验检疫编码对应中文名称
HS 国际统一前 6 位	本国子目 7~8 位	本国子目 9~10 位	中文 货物名称	英文 Article Description			进口	出口	进口	出口		
880100	10		滑翔机及悬挂滑翔机	Gliders and hang gliders	【最】3【普】11 【协香港】0【协澳门】0【协东盟】0 【协巴基斯坦】0【协智利】0【协新西兰】0 【协秘鲁】0【协哥斯达黎加】0【协冰岛】0 【协瑞士】0【协澳大利亚】0【协韩国】0 【协格鲁吉亚】0 【特-1】0【特-2】0【特-3】0 【增】16【对美加征】10【出】0【退】16	架/千克					999	滑翔机及悬挂滑翔机
880100	90	10	自然视距以外可控飞行的无人驾驶飞艇	Balloons and dirigibles; and other non-powered aircraft (excluding gliders)	【最】3【普】11 【协香港】0【协澳门】0【协东盟】0 【协巴基斯坦】0【协智利】0【协新西兰】0 【协秘鲁】0【协哥斯达黎加】0【协冰岛】0 【协瑞士】0【协澳大利亚】0【协韩国】0 【协格鲁吉亚】0 【特-1】0【特-2】0【特-3】0 【增】16【对美加征】10【出】0【退】16	架/千克		3			999	自然视距以外可控飞行的无人驾驶飞艇（在 30 分钟≤最大续航时间<1 小时，阵风≥46.3 千米/小时的条件下具有起飞和稳定飞行能力；或者最大续航时间≥1 小时）
880100	90	90	气球、其他飞艇及无动力航空器（滑翔机除外）	Balloons and dirigibles; and other non-powered aircraft (excluding gliders)	【最】3【普】11 【协香港】0【协澳门】0【协东盟】0 【协巴基斯坦】0【协智利】0【协新西兰】0 【协秘鲁】0【协哥斯达黎加】0【协冰岛】0 【协瑞士】0【协澳大利亚】0【协韩国】0 【协格鲁吉亚】0 【特-1】0【特-2】0【特-3】0 【增】16【对美加征】10【出】0【退】16	架/千克					999	气球、其他飞艇及无动力航空器（滑翔机除外）
880211	00	10	空载重量不超过 2 吨的无人驾驶直升机	Light weight less than 2 tons of unmanned helicopter	【最】2【普】11 【协香港】0【协澳门】0【协亚太】1.3 【协东盟】0【协巴基斯坦】0【协智利】0 【协新西兰】0【协秘鲁】0【协哥斯达黎加】0 【协冰岛】0【协瑞士】0【协澳大利亚】0 【协韩国】0【协格鲁吉亚】0 【特-1】0【特-2】0【特-3】0 【增】16【对美加征】5【出】0【退】16	架/千克	0	3			999	空载重量≤2 吨的无人驾驶直升机（两用物项和技术出口管制的）
880211	00	90	其他空载重量不超过 2 吨的直升机	Other helicopters of an unladen weight not exceeding 2000kg	【最】2【普】11 【协香港】0【协澳门】0【协亚太】1.3 【协东盟】0【协巴基斯坦】0【协智利】0 【协新西兰】0【协秘鲁】0【协哥斯达黎加】0 【协冰岛】0【协瑞士】0【协澳大利亚】0 【协韩国】0【协格鲁吉亚】0 【特-1】0【特-2】0【特-3】0 【增】16【对美加征】5【出】0【退】16	架/千克	0				999	其他空载重量不超过 2 吨的直升机
880212	10		2 吨<空载重量≤7 吨的直升机	Helicopters of an unladen weight exceeding 2000 kg but not exceeding 7000 kg	【最】2【普】11 【协香港】0【协澳门】0【协亚太】1.3 【协东盟】0【协巴基斯坦】0【协智利】0 【协新西兰】0【协秘鲁】0【协哥斯达黎加】0 【协冰岛】0【协瑞士】0【协澳大利亚】0 【协韩国】0【协格鲁吉亚】0 【特-1】0【特-2】0【特-3】0 【增】16【对美加征】5【出】0【退】16	架	0				999	2 吨<空载重量≤7 吨的直升机
880212	20		空载重量>7 吨的直升机	Helicopters of an unladen weight exceeding 7000 kg	【最】2【普】11 【协香港】0【协澳门】0【协亚太】1.3 【协东盟】0【协巴基斯坦】0【协智利】0 【协新西兰】0【协秘鲁】0【协哥斯达黎加】0 【协冰岛】0【协瑞士】0【协澳大利亚】0 【协韩国】0【协格鲁吉亚】0 【特-1】0【特-2】0【特-3】0 【增】16【出】0【退】16	架/千克	0				999	空载重量>7 吨的直升机

税则号列 HS国际统一前6位	本国子目 7~8位	本国子目 9~10位	货品名称中英文 中文 货物名称	货品名称中英文 英文 Article Description	税费综合信息	计量单位	监管证件代码 进口	监管证件代码 出口	检验检疫类别 进口	检验检疫类别 出口	检验检疫编码	检验检疫编码对应中文名称
880220	00	11	空载重量≤2吨的无人驾驶航空飞行器	Dual-use items export control of unmanned air vehicle	【最】5【普】11 【协东盟】0【协巴基斯坦】0【协智利】0 【协新西兰】0【协秘鲁】0【协哥斯达黎加】0 【协冰岛】0【协瑞士】0【协澳大利亚】0 【协韩国】3【协格鲁吉亚】0【协香港】0 【协澳门】0 【特-1】0【特-2】0【特-3】0 【增】16【对美加征】5【出】0【退】16	架/千克	0	3			101 102	空载重量≤2吨的无人驾驶航空飞行器（两用物项出口管制的）（飞机） 空载重量≤2吨的无人驾驶航空飞行器（两用物项出口管制的）（航天器）
880220	00	19	其他无人驾驶航空飞行器	Other unmanned air vehicle	【最】5【普】11 【协东盟】0【协巴基斯坦】0【协智利】0 【协新西兰】0【协秘鲁】0【协哥斯达黎加】0 【协冰岛】0【协瑞士】0【协澳大利亚】0 【协韩国】3【协格鲁吉亚】0【协香港】0 【协澳门】0 【特-1】0【特-2】0【特-3】0 【增】16【对美加征】5【出】0【退】16	架/千克	0	3			101 102	其他无人驾驶航空飞行器（空载重量≤2吨）（飞机） 其他无人驾驶航空飞行器（空载重量≤2吨）（航天器）
880220	00	90	其他小型飞机及其他航空器（小型指空载重量≤2吨）	Other small planes and other aircrafts(of an unladen weight not exceeding 2000 kg)	【最】5【普】11 【协东盟】0【协巴基斯坦】0【协智利】0 【协新西兰】0【协秘鲁】0【协哥斯达黎加】0 【协冰岛】0【协瑞士】0【协澳大利亚】0 【协韩国】3【协格鲁吉亚】0【协香港】0 【协澳门】0 【特-1】0【特-2】0【特-3】0 【增】16【对美加征】5【出】0【退】16	架/千克					101 102	其他小型飞机及其他航空器（小型指空载重量≤2吨）（飞机） 其他小型飞机及其他航空器（小型指空载重量≤2吨）（航天器）
880230	00		中型飞机及其他航空器（中型指2吨<空载重量≤15吨）	Aeroplanes and other aircraft, of an unladen weight exceeding 2000 kg but not exceeding 15000 kg	【最】4【普】11 【协东盟】0【协巴基斯坦】0【协智利】0 【协新西兰】0【协秘鲁】0【协哥斯达黎加】0 【协冰岛】0【协瑞士】0【协澳大利亚】0 【协韩国】0【协格鲁吉亚】0【协香港】0 【协澳门】0 【特-1】0【特-2】0【特-3】0 【增】16【对美加征】5【出】0【退】16	架/千克	0				101 102	中型飞机及其他航空器（中型指2吨<空载重量≤15吨）（飞机） 中型飞机及其他航空器（中型指2吨<空载重量≤15吨）（航天器）
880240	10		15吨<空载重量≤45吨的其他大型飞机及其他航空器	Large aeroplanes and other aircraft (large aeroplanes, 15000kg<an unladen weight≤45000kg)	【最】5【普】11 【协亚太】3.5【协东盟】0【协巴基斯坦】0 【协智利】0【协新西兰】0【协秘鲁】0 【协哥斯达黎加】0【协冰岛】0【协瑞士】0 【协澳大利亚】0【协韩国】0【协格鲁吉亚】0 【协香港】0【协澳门】0 【特-1】0【特-2】0【特-3】0 【增】16【出】0【退】16	架/千克	0				101 102	15吨<空载重量≤45吨的其他大型飞机及其他航空器（飞机） 15吨<空载重量≤45吨的其他大型飞机及其他航空器（航天器）
880240	20		特大型飞机及其他航空器（特大型指空载重量>45吨）	Aeroplanes and other aircraft of an unladen weight exceeding 45000 kg	【最】1【普】11 【协亚太】0.7【协东盟】0【协巴基斯坦】0 【协智利】0【协新西兰】0【协秘鲁】0 【协哥斯达黎加】0【协冰岛】0【协瑞士】0 【协澳大利亚】0【协韩国】0【协格鲁吉亚】0 【协香港】0【协澳门】0 【特-1】0【特-2】0【特-3】0 【增】16【出】0【退】16	架/千克	0				999	特大型飞机及其他航空器（特大型指空载重量>45吨）
880260	00	10	通信卫星	Communication satellite	【最】0.5【普】11 【协东盟】0【协巴基斯坦】0【协智利】0 【协新西兰】0【协秘鲁】0【协哥斯达黎加】0 【协冰岛】0【协瑞士】0【协澳大利亚】0 【协韩国】0【协格鲁吉亚】0【协香港】0 【协澳门】0 【特-1】0【特-2】0【特-3】0 【增】16【出】0【退】16	架/千克					999	通信卫星
880260	00	90	航天器（包括卫星，但通信卫星除外）及其运载工具（包括亚轨道运载工具）	Spacecraft (including satellites) and suborbital and spacecraft launch vehicles	【最】2【普】11 【协东盟】0【协巴基斯坦】0【协智利】0 【协新西兰】0【协秘鲁】0【协哥斯达黎加】0 【协冰岛】0【协瑞士】0【协澳大利亚】0 【协韩国】0【协格鲁吉亚】0【协香港】0 【协澳门】0 【特-1】0【特-2】0【特-3】0 【增】16【出】0【退】16	架/千克					101 102	航天器（包括卫星，但通信卫星除外）及其运载工具（包括亚轨道运载工具）（航天器） 航天器（包括卫星，但通信卫星除外）及其运载工具（包括亚轨道运载工具）（其他航空器）

税则号列			货品名称中英文		税费综合信息	计量单位	监管证件代码		检验检疫类别		检验检疫编码	检验检疫编码对应中文名称
HS国际统一前6位	本国子目 7~8位	本国子目 9~10位	中文 货物名称	英文 Article Description			进口	出口	进口	出口		
880310	00		飞机用推进器、水平旋翼及零件（指税目88.02所列货品用的）	Propellers and rotors and parts thereof heading No. 88.02	【最】1【普】11 【协东盟】0【协巴基斯坦】0【协智利】0 【协新西兰】0【协秘鲁】0【协哥斯达黎加】0 【协冰岛】0【协瑞士】0【协澳大利亚】0 【协韩国】0【协格鲁吉亚】0【协香港】0 【协澳门】0 【特-1】0【特-2】0【特-3】0 【增】16【出】0【退】16	千克					999	飞机用推进器、水平旋翼及零件（指税目88.02所列货品用的）
880320	00		飞机用起落架及其零件（指税目88.02所列货品用的）	Under-carriages and parts thereof heading No. 88.02	【最】1【普】11 【协香港】0【协澳门】0【协东盟】0 【协巴基斯坦】0【协智利】0【协新西兰】0 【协秘鲁】0【协哥斯达黎加】0【协冰岛】0 【协瑞士】0【协澳大利亚】0【协韩国】0 【协格鲁吉亚】0 【特-1】0【特-2】0【特-3】0 【增】16【出】0【退】16	千克					999	飞机用起落架及其零件（指税目88.02所列货品用的）
880330	00		飞机及直升机用其他零件	Other parts of aeroplanes or helicopters	【最】1【普】11 【协香港】0【协澳门】0【协东盟】0 【协巴基斯坦】0【协智利】0【协新西兰】0 【协秘鲁】0【协哥斯达黎加】0【协冰岛】0 【协瑞士】0【协澳大利亚】0【协韩国】0 【协格鲁吉亚】0 【特-1】0【特-2】0 【增】16【出】0【退】16	千克					999	飞机及直升机用其他零件
880390	00	10	两用物项管制的火箭及其零部件	Missile and its parts & accessories under sensitive item control	【最】0【普】11【特-1】0【特-2】0【特-3】0 【增】16【对美加征】5【出】0【退】16	千克		3			999	两用物项管制的火箭及其零部件
880390	00	90	其他未列名的航空器、航天器零件（指税目88.01或88.02所列货品用的）	Parts of other aircraft, spacecraft, not specified or included elsewhere (parts of goods of heading No. 88.01 or 88.02)	【最】0【普】11【特-1】0【特-2】0【特-3】0 【增】16【对美加征】5【出】0【退】16	千克					999	其他未列名的航空器、航天器零件（指税目88.01或88.02所列货品用的）
880400	00		降落伞及其零件、附件（包括可操纵降落伞、滑翔伞及旋翼降落伞）	Parachutes (including dirigible parachutes and paragliders) and rotochutes; parts thereof and accessories thereto	【最】2【普】11 【协香港】0【协澳门】0【协东盟】0 【协巴基斯坦】0【协智利】0【协新西兰】0 【协秘鲁】0【协哥斯达黎加】0【协冰岛】0 【协瑞士】0【协澳大利亚】0【协韩国】0 【协格鲁吉亚】0 【特-1】0【特-2】0【特-3】0 【增】16【对美加征】5【出】0【退】16	千克					999	降落伞及其零件、附件（包括可操纵降落伞、滑翔伞及旋翼降落伞）
880510	00		航空器的发射装置及其零件等（包括甲板停机装置或类似装置及其零件）	Aircraft launching gear and parts thereof; deck-arrestor or similar gear and parts thereof	【最】1.5【普】11 【协香港】0【协澳门】0【协东盟】0 【协巴基斯坦】0【协智利】0【协新西兰】0 【协秘鲁】0【协哥斯达黎加】0【协冰岛】0 【协瑞士】0【协澳大利亚】0【协韩国】0 【协格鲁吉亚】0 【特-1】0【特-2】0【特-3】0 【增】16【对美加征】5【出】0【退】16	千克					999	航空器的发射装置及其零件等（包括甲板停机装置或类似装置及其零件）
880521	00		空战模拟器及其零件	Air combat simulators and parts thereof	【最】0.4【普】11 【协香港】0【协澳门】0【协东盟】0 【协巴基斯坦】0【协智利】0【协新西兰】0 【协秘鲁】0【协哥斯达黎加】0【协冰岛】0 【协瑞士】0【协澳大利亚】0【协韩国】0 【协格鲁吉亚】0 【特-1】0【特-2】0 【增】16【出】0【退】16	千克					999	空战模拟器及其零件
880529	00		其他地面飞行训练器及其零件	Other ground flying trainers and parts thereof	【最】0.4【普】11 【协香港】0【协澳门】0【协亚太】0.3 【协东盟】0【协巴基斯坦】0【协智利】0 【协新西兰】0【协秘鲁】0【协哥斯达黎加】0 【协冰岛】0【协瑞士】0【协澳大利亚】0 【协韩国】0【协格鲁吉亚】0 【特-1】0【特-2】0【特-3】0 【增】16【出】0【退】16	千克	0				999	其他地面飞行训练器及其零件

第八十九章
船舶及浮动结构体

Chapter 89
Ships, boats and floating structures

注释：

已装配、未装配或已拆卸的船体、未完工或不完整的船舶，以及未装配或已拆卸的完整船舶，如果不具有某种船舶的基本特征，应归入税目 89.06。

Chapter Note:

A hull, an unfinished or incomplete vessel, assembled, unassembled or disassembled, or a complete vessel unassembled or disassembled, is to be classified in heading 89.06 if it does not have the essential character of a vessel of a particular kind.

税则号列			货品名称中英文		税费综合信息	计量单位	监管证件代码		检验检疫类别		检验检疫编码	检验检疫编码对应中文名称
HS 国际统一前 6 位	本国子目 7~8 位	本国子目 9~10 位	中文 货物名称	英文 Article Description			进口	出口	进口	出口		
890110	10	10	高速客船（包括主要用于客运的类似船舶）	Hi-speed passenger vessels (including similar vessels principally designed for the transport of persons)	【最】5【普】14 【协东盟】0【协香港】0【协巴基斯坦】0 【协智利】0【协新西兰】0【协新加坡】0 【协秘鲁】0【协哥斯达黎加】0【协冰岛】0 【协瑞士】0【协澳大利亚】0【协韩国】3.6 【协格鲁吉亚】0 【特-1】0【特-2】0 【增】16【出】0【退】16	艘/千克	0				999	高速客船（包括主要用于客运的类似船舶）
890110	10	90	其他机动巡航船、游览船及各式渡船（包括主要用于客运的类似船舶）	Other motor cruise ships, motor excursion boats and motor ferry-boats of all kinds (including similar vessels principally designed for the transport of persons)	【最】5【普】14 【协东盟】0【协香港】0【协澳门】0 【协巴基斯坦】0【协智利】0【协新西兰】0 【协新加坡】0【协秘鲁】0【协哥斯达黎加】0 【协冰岛】0【协瑞士】0【协澳大利亚】0 【协韩国】3.6【协格鲁吉亚】0 【特-1】0【特-2】0 【增】16【出】0【退】16	艘/千克	0				999	其他机动巡航船、游览船及各式渡船（包括主要用于客运的类似船舶）
890110	90		非机动巡航船、游览船及各式渡船（以及主要用于客运的类似船舶）	Other non-motor cruise ships, non-motor excursion boats and non-motor ferry-boats of all kinds (including similar vessels principally designed for the transport of persons)	【最】8【普】30 【协东盟】0【协巴基斯坦】5【协智利】0 【协新西兰】0【协秘鲁】0【协哥斯达黎加】0 【协冰岛】0【协瑞士】0【协澳大利亚】0 【协韩国】5.8【协格鲁吉亚】0 【特-1】0【特-2】0 【增】16【出】0【退】16	艘/千克					999	非机动巡航船、游览船及各式渡船（以及主要用于客运的类似船舶）
890120	11		载重量不超过 10 万吨的成品油船	Finished oil tankers, loading not exceeding 100000t	【最】9【普】14 【协香港】0【协澳门】0【协东盟】5【协智利】0 【协新西兰】0【协秘鲁】0【协哥斯达黎加】0 【协冰岛】0【协瑞士】0【协澳大利亚】0 【协韩国】6.6【协格鲁吉亚】0 【特-1】0【特-2】0 【增】16【出】0【退】16	艘/千克	0				999	载重量不超过 10 万吨的成品油船
890120	12		10 万吨<载重量≤30 万吨成品	Finished oil tankers, loading exceeding 100000t, but not exceeding 300000t	【最】9【普】14 【协香港】0【协澳门】0【协东盟】5【协智利】0 【协新西兰】0【协秘鲁】0【协哥斯达黎加】0 【协冰岛】0【协瑞士】0【协澳大利亚】0 【协韩国】6.6【协格鲁吉亚】0 【特-1】0【特-2】0 【增】16【出】0【退】16	艘/千克					999	10 万吨<载重量≤30 万吨的成品油船
890120	13		载重量超过 30 万吨的成品油船	Finished oil tankers, loading exceeding 300000t	【最】6【普】14 【协香港】0【协澳门】0【协东盟】5【协智利】0 【协新西兰】0【协秘鲁】0【协哥斯达黎加】0 【协冰岛】0【协瑞士】0【协澳大利亚】0 【协韩国】4.4【协格鲁吉亚】0 【特-1】0【特-2】0 【增】16【出】0【退】16	艘/千克					999	载重量超过 30 万吨的成品油船
890120	21		载重量不超过 15 万吨的原油船	Crude oil tankers, loading not exceeding 150000t	【最】9【普】14 【协香港】0【协澳门】0【协东盟】5【协智利】0 【协新西兰】0【协秘鲁】0【协哥斯达黎加】0 【协冰岛】0【协瑞士】0【协澳大利亚】0 【协韩国】6.6【协格鲁吉亚】0 【特-1】0【特-2】0 【增】16【出】0【退】16	艘/千克	0				999	载重量不超过 15 万吨的原油船

税则号列			货品名称中英文		税费综合信息	计量单位	监管证件代码		检验检疫类别		检验检疫编码	检验检疫编码对应中文名称
HS国际统一前6位	本国子目 7~8位	本国子目 9~10位	中文 货物名称	英文 Article Description			进口	出口	进口	出口		
890120	22		15万吨<载重量≤30万吨的原油船	Crude oil tankers, loading exceeding 150000t, but not exceeding 300000t	【最】9【普】14 【协香港】0【协澳门】0【协东盟】5【协智利】0 【协新西兰】0【协秘鲁】0【协哥斯达黎加】0 【协冰岛】0【协瑞士】0【协澳大利亚】0 【协韩国】6.6【协格鲁吉亚】0 【特-1】0【特-2】0 【增】16【出】0【退】16	艘/千克					999	15万吨<载重量≤30万吨的原油船
890120	23		载重量>30万吨的原油船	Crude oil tankers, loading exceeding 300000t	【最】6【普】14 【协东盟】5【协智利】0【协新西兰】0 【协秘鲁】0【协哥斯达黎加】0【协冰岛】0 【协瑞士】0【协澳大利亚】0【协韩国】4.4 【协格鲁吉亚】0【协香港】0【协澳门】0 【特-1】0【特-2】0 【增】16【出】0【退】16	艘/千克					999	载重量>30万吨的原油船
890120	31		容积≤2万立方米的液化石油气船	Liquified petroleum gas carriers, Volume with 20000m^3 or less	【最】9【普】14 【协东盟】5【协智利】0【协新西兰】0 【协秘鲁】0【协哥斯达黎加】0【协冰岛】0 【协瑞士】0【协澳大利亚】0【协韩国】6.6 【协格鲁吉亚】0【协香港】0【协澳门】0 【特-1】0【特-2】0 【增】16【出】0【退】16	艘/千克	O				999	容积≤2万立方米的液化石油气船
890120	32		容积>2万立方米的液化石油气船	Liquified petroleum gas carriers, Volume more than 20000m^3	【最】6【普】14 【协东盟】5【协智利】0【协新西兰】0 【协秘鲁】0【协哥斯达黎加】0【协冰岛】0 【协瑞士】0【协澳大利亚】0【协韩国】4.4 【协格鲁吉亚】0【协香港】0【协澳门】0 【特-1】0【特-2】0 【增】16【出】0【退】16	艘/千克					999	容积>2万立方米的液化石油气船
890120	41		容积≤2万立方米的液化天然气船	Liquified petroleum gas carriers, Volume with 20000m^3 or less	【最】9【普】14 【协东盟】5【协智利】0【协新西兰】0 【协秘鲁】0【协哥斯达黎加】0【协冰岛】0 【协瑞士】0【协澳大利亚】0【协韩国】6.6 【协格鲁吉亚】0【协香港】0【协澳门】0 【特-1】0【特-2】0 【增】16【出】0【退】16	艘/千克					999	容积≤2万立方米的液化天然气船
890120	42		容积超过2万立方米液化天然气船	Liquified petroleum gas carriers, Volume more than 20000m^3	【最】6【普】14 【协东盟】5【协智利】0【协新西兰】0 【协秘鲁】0【协哥斯达黎加】0【协冰岛】0 【协瑞士】0【协澳大利亚】0【协韩国】4.4 【协格鲁吉亚】0【协香港】0【协澳门】0 【特-1】0【特-2】0 【增】16【出】0【退】16	艘/千克					999	容积超过2万立方米液化天然气船
890120	90		其他油船	Other oil tankers	【最】9【普】14 【协东盟】5【协智利】0【协新西兰】0 【协秘鲁】0【协哥斯达黎加】0【协冰岛】0 【协瑞士】0【协澳大利亚】0【协韩国】6.6 【协格鲁吉亚】0【协香港】0【协澳门】0 【特-1】0【特-2】0 【增】16【出】0【退】16	艘/千克	O				999	其他油船
890130	00		冷藏船（但子目8901.20的船舶除外）	Refrigerated vessels, other than those of subheading No. 8901.20	【最】9【普】14 【协东盟】0【协巴基斯坦】5【协智利】0 【协新西兰】0【协新加坡】0【协秘鲁】0 【协哥斯达黎加】0【协冰岛】0【协瑞士】0 【协澳大利亚】0【协韩国】6.6 【协格鲁吉亚】0【协香港】0【协澳门】0 【特-1】0【特-2】0 【增】16【出】0【退】16	艘/千克					999	冷藏船（但子目8901.20的船舶除外）
890190	21		可载6000个标准箱及以下的集装箱船	Motor container vessels capable loading standard containers with 6000 or less	【最】9【普】14 【协东盟】5【协智利】0【协新西兰】0 【协秘鲁】0【协哥斯达黎加】0【协冰岛】0 【协瑞士】0【协澳大利亚】0【协韩国】6.6 【协格鲁吉亚】0【协香港】0【协澳门】0 【特-1】0【特-2】0 【增】16【出】0【退】16	艘/千克	O				999	可载6000个标准箱及以下的集装箱船

税则号列			货品名称中英文		税费综合信息	计量单位	监管证件代码		检验检疫类别		检验检疫编码	检验检疫编码对应中文名称
HS国际统一前6位	本国子目 7~8位	本国子目 9~10位	中文 货物名称	英文 Article Description			进口	出口	进口	出口		
890190	22		可载6000个标准箱以上的集装箱船	Motor container vessels capable loading standard containers more than 6000	【最】6【普】14 【协东盟】5【协智利】0【协新西兰】0 【协秘鲁】0【协哥斯达黎加】0【协冰岛】0 【协瑞士】0【协澳大利亚】0【协韩国】4.4 【协格鲁吉亚】0【协香港】0【协澳门】0 【特-1】0【特-2】0 【增】16【出】0【退】16	艘/千克					999	可载6000个标准箱以上的集装箱船
890190	31		载重2万吨及以下的滚装船	Motor Ro-Ro carriers, loading with 20000t or less	【最】9【普】14 【协东盟】5【协智利】0【协新西兰】0 【协秘鲁】0【协哥斯达黎加】0【协冰岛】0 【协瑞士】0【协澳大利亚】0【协韩国】6.6 【协格鲁吉亚】0【协香港】0【协澳门】0 【特-1】0【特-2】0 【增】16【出】0【退】16	艘/千克	O				999	载重2万吨及以下的滚装船
890190	32		载重2万吨以上的滚装船	Motor Ro-Ro carriers, loading more than 20000t	【最】6【普】14 【协东盟】5【协智利】0【协新西兰】0 【协秘鲁】0【协哥斯达黎加】0【协冰岛】0 【协瑞士】0【协澳大利亚】0【协韩国】4.4 【协格鲁吉亚】0【协香港】0【协澳门】0 【特-1】0【特-2】0 【增】16【出】0【退】16	艘/千克					999	载重2万吨以上的滚装船
890190	41		载重量≤15万吨的散货船	Motor bulk carriers, loading not exceeding 150000t	【最】9【普】14 【协东盟】5【协智利】0【协新西兰】0 【协秘鲁】0【协哥斯达黎加】0【协冰岛】0 【协瑞士】0【协澳大利亚】0【协韩国】6.6 【协格鲁吉亚】0【协香港】0【协澳门】0 【特-1】0【特-2】0 【增】16【出】0【退】16	艘/千克	O				999	载重量≤15万吨的散货船
890190	42		15万吨<载重量≤30万吨的散货船	Motor bulk carriers, loading exceeding 150000t, not exceeding 300000t	【最】9【普】14 【协香港】0【协澳门】0【协东盟】5【协智利】0 【协新西兰】0【协秘鲁】0【协哥斯达黎加】0 【协冰岛】0【协瑞士】0【协澳大利亚】0 【协韩国】6.6【协格鲁吉亚】0 【特-1】0【特-2】0 【增】16【出】0【退】16	艘/千克					999	15万吨<载重量≤30万吨的散货船
890190	43		载重量>30万吨的散货船	Motor bulk carriers, loading exceeding 300000t	【最】9【普】14 【协香港】0【协澳门】0【协东盟】5【协智利】0 【协新西兰】0【协秘鲁】0【协哥斯达黎加】0 【协冰岛】0【协瑞士】0【协澳大利亚】0 【协韩国】6.6【协格鲁吉亚】0 【特-1】0【特-2】0 【增】16【出】0【退】16	艘/千克					999	载重量>30万吨的散货船
890190	50		机动多用途船	Multi-purposes motor vessels	【最】9【普】14 【协香港】0【协澳门】0【协东盟】5【协智利】0 【协新西兰】0【协秘鲁】0【协哥斯达黎加】0 【协冰岛】0【协瑞士】0【协澳大利亚】0 【协韩国】6.6【协格鲁吉亚】0 【特-1】0【特-2】0 【增】16【出】0【退】16	艘/千克					999	机动多用途船
890190	80		其他机动货运船舶及客货兼运船舶	Other motor vessels for the transport of goods and other motor vessels for the transport of both persons and goods	【最】9【普】14 【协香港】0【协澳门】0【协东盟】0 【协巴基斯坦】5【协智利】0【协新西兰】0 【协新加坡】0【协秘鲁】0【协哥斯达黎加】0 【协冰岛】0【协瑞士】0【协澳大利亚】0 【协韩国】6.6【协格鲁吉亚】0 【特-1】0【特-2】0 【增】16【出】0【退】16	艘/千克	O				999	其他机动货运船舶及客货兼运船舶
890190	90		非机动货运船舶及客货兼运船舶	Other non-motor vessels for the transport of goods and other non-motor vessels for the transport of both persons and goods	【最】8【普】30 【协香港】0【协澳门】0【协东盟】0 【协巴基斯坦】5【协智利】0【协新西兰】0 【协新加坡】0【协秘鲁】0【协哥斯达黎加】0 【协冰岛】0【协瑞士】0【协澳大利亚】0 【协韩国】5.8【协格鲁吉亚】0 【特-1】0【特-2】0 【增】16【出】0【退】16	艘/千克	O				999	非机动货运船舶及客货兼运船舶

税则号列			货品名称中英文		税费综合信息	计量单位	监管证件代码		检验检疫类别		检验检疫编码	检验检疫编码对应中文名称
HS 国际统一前 6 位	本国子目 7~8 位	本国子目 9~10 位	中文 货物名称	英文 Article Description			进口	出口	进口	出口		
890200	10		机动捕鱼船（包括加工船及其他加工保藏鱼类产品的船舶）	Motor fishing vessels; factory ships and other vessels for processing or preserving fishery products	【最】7【普】14 【协香港】0【协澳门】0【协东盟】0 【协巴基斯坦】5【协智利】0【协新西兰】0 【协新加坡】0【协秘鲁】0【协哥斯达黎加】0 【协冰岛】0【协瑞士】0【协澳大利亚】0 【协韩国】5.1【协格鲁吉亚】0 【特-1】0【特-2】0 【增】16【出】0【退】16	艘/千克	0				999	机动捕鱼船（包括加工船及其他加工保藏鱼类产品的船舶）
890200	90		非机动捕鱼船	Non-motor fishing vessels	【最】8【普】30 【协香港】0【协澳门】0【协东盟】0 【协巴基斯坦】5【协智利】0【协新西兰】0 【协秘鲁】0【协哥斯达黎加】0【协冰岛】0 【协瑞士】0【协澳大利亚】0【协韩国】5.8 【协格鲁吉亚】0 【特-1】0【特-2】0 【增】16【出】0【退】10	艘/千克					999	非机动捕鱼船
890310	00		充气的娱乐或运动用快艇（包括充气的划艇及轻舟）	Inflatable yachts and other vessels for pleasure or sports; inflatable rowing boats and canoes	【最】10【普】30 【协香港】0【协澳门】0【协东盟】0 【协巴基斯坦】5【协智利】0【协新西兰】0 【协秘鲁】0【协哥斯达黎加】0【协冰岛】0 【协瑞士】0【协澳大利亚】0【协韩国】7.3 【协格鲁吉亚】0 【特-1】0【特-2】0【特-3】0 【增】16【对美加征】5【出】0【退】16	艘/千克					999	充气的娱乐或运动用快艇（包括充气的划艇及轻舟）
890391	00	01	8 米<长度<90 米的机动帆船	Motor sailboats, length: 8m ~ 90m, with or without auxiliary motor	【最】8【普】30 【协香港】0【协澳门】0【协东盟】0 【协巴基斯坦】5【协智利】0【协新西兰】0 【协秘鲁】0【协哥斯达黎加】0【协冰岛】0 【协瑞士】0【协澳大利亚】0【协韩国】5.8 【协格鲁吉亚】0 【特-1】0【特-2】0【特-3】0 【增】16【消】10【对美加征】10【出】0 【退】16	艘/千克					101 102 103	8 米<长度<90 米的机动帆船（客运船舶） 8 米<长度<90 米的机动帆船（货运船舶） 8 米<长度<90 米的机动帆船（客、货两用船舶）
890391	00	90	其他帆船（不论是否装有辅助发动机）	Other sailboats, with or without auxiliary motor	【最】8【普】30 【协香港】0【协澳门】0【协东盟】0 【协巴基斯坦】5【协智利】0【协新西兰】0 【协秘鲁】0【协哥斯达黎加】0【协冰岛】0 【协瑞士】0【协澳大利亚】0【协韩国】5.8 【协格鲁吉亚】0 【特-1】0【特-2】0【特-3】0 【增】16【对美加征】10【出】0【退】16	艘/千克					101 102 103	其他帆船（不论是否装有辅助发动机）（客运船舶） 其他帆船（不论是否装有辅助发动机）（货运船舶） 其他帆船（不论是否装有辅助发动机）（客、货两用船舶）
890392	00	01	8 米<长度<90 米的汽艇（装有舷外发动机的除外）	Motor boats, length: 8m ~ 90m, other than outboard motorboats	【最】10【普】30 【协东盟】0【协香港】0【协巴基斯坦】5 【协智利】0【协新西兰】0【协新加坡】0 【协秘鲁】0【协哥斯达黎加】0【协冰岛】0 【协瑞士】4.2【协澳大利亚】0【协韩国】7.7 【协格鲁吉亚】0 【特-1】0【特-2】0【特-3】0 【增】16【消】10【对美加征】5【出】0【退】16	艘/千克					101 102 103	8 米<长度<90 米的汽艇（装有舷外发动机的除外）（客运船舶） 8 米<长度<90 米的汽艇（装有舷外发动机的除外）（货运船舶） 8 米<长度<90 米的汽艇（装有舷外发动机的除外）（客、货两用船舶）
890392	00	90	其他汽艇（装有舷外发动机的除外）	Other motorboats, other than outboard motorboats	【最】10【普】30 【协东盟】0【协香港】0【协巴基斯坦】5 【协智利】0【协新西兰】0【协新加坡】0 【协秘鲁】0【协哥斯达黎加】0【协冰岛】0 【协瑞士】4.2【协澳大利亚】0【协韩国】7.7 【协格鲁吉亚】0 【特-1】0【特-2】0【特-3】0 【增】16【对美加征】5【出】0【退】16	艘/千克					101 102 103	其他汽艇（装有舷外发动机的除外）（客运船舶） 其他汽艇（装有舷外发动机的除外）（货运船舶） 其他汽艇（装有舷外发动机的除外）（客、货两用船舶）
890399	00	01	8 米<长度<90 米的娱乐或运动用其他机动船舶或快艇	Yachts and other vessels for pleasure or sports, length: 8m ~ 90m, rowing boats and canoes	【最】10【普】30 【协香港】0【协澳门】0【协东盟】0 【协巴基斯坦】5【协智利】0【协新西兰】0 【协秘鲁】0【协哥斯达黎加】0【协冰岛】0 【协瑞士】0【协澳大利亚】0【协格鲁吉亚】0 【特-1】0【特-2】0【特-3】0 【增】16【消】10【对美加征】10【出】0 【退】16	艘/千克					101 102	8 米<长度<90 米的娱乐或运动用其他机动船舶或快艇（客运船舶） 8 米<长度<90 米的娱乐或运动用其他机动船舶或快艇（其他船舶）

税则号列			货品名称中英文		税费综合信息	计量单位	监管证件代码		检验检疫类别		检验检疫编码	检验检疫编码对应中文名称
HS国际统一前6位	本国子目 7~8位	本国子目 9~10位	中文 货物名称	英文 Article Description			进口	出口	进口	出口		
890399	00	90	娱乐或运动用其他船舶或快艇（包括划艇及轻舟）	Other yachts and other vessels for pleasure or sports; rowing boats and canoes	【最】10【普】30 【协香港】0【协澳门】0【协东盟】0 【协巴基斯坦】5【协智利】0【协新西兰】0 【协秘鲁】0【协哥斯达黎加】0【协冰岛】0 【协瑞士】0【协澳大利亚】0【协格鲁吉亚】0 【特-1】0【特-2】0【特-3】0 【增】16【对美加征】10【出】0【退】16	艘/千克					999	娱乐或运动用其他船舶或快艇（包括划艇及轻舟）
890400	00		拖轮及顶推船	Tugs and pusher craft	【最】9【普】14 【协香港】0【协澳门】0【协东盟】0 【协巴基斯坦】5【协智利】0【协新西兰】0 【协新加坡】0【协秘鲁】0【协哥斯达黎加】0 【协冰岛】0【协瑞士】0【协澳大利亚】0 【协韩国】6.6【协格鲁吉亚】0 【特-1】0【特-2】0【特-3】0 【增】16【出】0【退】16	艘/千克					999	拖轮及顶推船
890510	00		挖泥船	Dredgers	【最】3【普】11 【协香港】0【协澳门】0【协东盟】0 【协巴基斯坦】0【协智利】0【协新西兰】0 【协秘鲁】0【协哥斯达黎加】0【协冰岛】0 【协瑞士】0【协澳大利亚】0【协韩国】2.2 【协格鲁吉亚】0 【特-1】0【特-2】0【特-3】0 【增】16【出】0【退】16	艘/千克		3			999	挖泥船
890520	00		浮动或潜水式钻探或生产平台	Floating or submersible drilling or production platforms	【最】6【普】11 【协香港】0【协澳门】0【协东盟】0 【协巴基斯坦】5【协智利】0【协新西兰】0 【协秘鲁】0【协哥斯达黎加】0【协冰岛】0 【协瑞士】0【协澳大利亚】0【协韩国】4.4 【协格鲁吉亚】0 【特-1】0【特-2】0【特-3】0 【增】16【对美加征】10【出】0【退】16	座/千克					999	浮动或潜水式钻探或生产平台
890590	10		浮船坞	Floating docks	【最】8【普】30 【协香港】0【协澳门】0【协东盟】5 【协智利】0【协新西兰】0【协秘鲁】0 【协哥斯达黎加】0【协冰岛】0【协瑞士】0 【协澳大利亚】0【协韩国】5.8【协格鲁吉亚】0 【特-1】0【特-2】0【特-3】0 【增】16【出】0【退】16	个/千克					999	浮船坞
890590	90		其他不以航行为主要功能的船舶（包括灯船、消防船、起重船）	Other vessels the navigability of which is subsidiary to their main function (light-vessels, fire-floats, floating cranes)	【最】3【普】11 【协香港】0【协澳门】0【协东盟】0 【协巴基斯坦】0【协智利】0【协新西兰】0 【协秘鲁】0【协哥斯达黎加】0【协冰岛】0 【协瑞士】0【协澳大利亚】0【协韩国】2.2 【协格鲁吉亚】0 【特-1】0【特-2】0【特-3】0 【增】16【对美加征】10【出】0【退】16	个/千克					999	其他不以航行为主要功能的船舶（包括灯船、消防船、起重船）
890610	00		军舰	Warships	【最】5【普】14 【协香港】0【协澳门】0【协东盟】0 【协巴基斯坦】0【协智利】0【协新西兰】0 【协秘鲁】0【协哥斯达黎加】0【协冰岛】0 【协瑞士】0【协澳大利亚】0【协韩国】3.6 【协格鲁吉亚】0 【特-1】0【特-2】0 【增】16【出】0【退】16	艘/千克					999	军舰
890690	10		其他未列名的机动船舶（包括救生船，但划艇除外）	Motor vessels, not specified or included elsewhere (including lifeboats other than rowing boats)	【最】5【普】14 【协香港】0【协澳门】0【协东盟】0 【协巴基斯坦】0【协智利】0【协新西兰】0 【协秘鲁】0【协哥斯达黎加】0【协冰岛】0 【协瑞士】0【协澳大利亚】0【协格鲁吉亚】0 【特-1】0【特-2】0【特-3】0 【增】16【对美加征】10【出】0【退】16	艘/千克					999	其他未列名的机动船舶（包括救生船，但划艇除外）

税则号列			货品名称中英文		税费综合信息	计量单位	监管证件代码		检验检疫类别		检验检疫编码	检验检疫编码对应中文名称
HS国际统一前6位	本国子目 7~8位	9~10位	中文 货物名称	英文 Article Description			进口	出口	进口	出口		
890690	20		其他非机动船舶	Not-motorized vessels	【最】8【普】30 【协香港】0【协澳门】0【协东盟】0 【协巴基斯坦】5【协智利】0【协新西兰】0 【协秘鲁】0【协哥斯达黎加】0【协冰岛】0 【协瑞士】0【协澳大利亚】0【协韩国】5.8 【协格鲁吉亚】0 【特-1】0【特-2】0【特-3】0 【增】16【对美加征】10【出】0【退】0	艘/千克					999	其他非机动船舶
890690	30		未制成或不完整的船舶，包括船舶	Unfinished or incomplete vessels, including segments of vessels	【最】8【普】30 【协香港】0【协澳门】0【协东盟】0 【协巴基斯坦】5【协智利】0【协新西兰】0 【协秘鲁】0【协哥斯达黎加】0【协冰岛】0 【协瑞士】0【协澳大利亚】0【协韩国】5.8 【协格鲁吉亚】0 【特-1】0【特-2】0【特-3】0 【增】16【对美加征】10【出】0【退】0	艘/千克					999	未制成或不完整的船舶，包括船舶分段
890710	00		充气筏	Inflatable rafts	【最】8【普】30 【协香港】0【协澳门】0【协东盟】0 【协巴基斯坦】5【协智利】0【协新西兰】0 【协秘鲁】0【协哥斯达黎加】0【协冰岛】0 【协瑞士】0【协澳大利亚】0【协韩国】5.8 【协格鲁吉亚】0 【特-1】0【特-2】0【特-3】0 【增】16【对美加征】5【出】0【退】16	艘/千克					999	充气筏
890790	00		其他浮动结构体	Other floating structures	【最】8【普】30 【协香港】0【协澳门】0【协东盟】0 【协巴基斯坦】5【协智利】0【协新西兰】0 【协秘鲁】0【协哥斯达黎加】0【协冰岛】0 【协瑞士】0【协澳大利亚】0【协韩国】5.8 【协格鲁吉亚】0 【特-1】0【特-2】0【特-3】0 【增】16【对美加征】10【出】0【退】16	个/千克					999	其他浮动结构体（例如，筏、柜、潜水箱、浮筒及航标）
890800	00		供拆卸的船舶及其他浮动结构体	Vessels and other floating structures for breaking up	【最】3【普】11 【协香港】0【协澳门】0【协东盟】0 【协巴基斯坦】0【协智利】0【协新西兰】0 【协秘鲁】0【协哥斯达黎加】0【协冰岛】0 【协瑞士】0【协澳大利亚】0【协韩国】2.2 【协格鲁吉亚】0 【特-1】0【特-2】0【特-3】0 【增】16【对美加征】25【出】0【退】16	艘/千克	AP	B	MP	Q	999	供拆卸的船舶及其他浮动结构体

第十八类
光学、照相、电影、计量、检验、医疗或外科用仪器及设备、精密仪器及设备；钟表；乐器；上述物品的零件、附件

SECTION XVIII
OPTICAL, PHOTOGRAPHIC, CINEMATOGRAPHIC, MEASURING, CHECKING, PRECISION, MEDICAL OR SURGICAL INSTRUMENTS AND APPARATUS; CLOCKS AND WATCHES; MUSICAL INSTRUMENTS; PARTS AND ACCESSORIES THEREOF

第九十章
光学、照相、电影、计量、检验、医疗或外科用仪器及设备、精密仪器及设备；上述物品的零件、附件

注释：

一、本章不包括：

（一）机器、设备或其他专门技术用途的硫化橡胶（硬质橡胶除外）制品（税目 40.16）、皮革或再生皮革制品（税目 42.05）或纺织材料制品（税目 59.11）；

（二）纺织材料制的承托带及其他承托物品，其承托器官的作用仅依靠自身的弹性（例如，孕妇用的承托带，用于胸部、腹部、关节或肌肉的承托绷带）（第十一类）；

（三）税目 69.03 的耐火材料制品；税目 69.09 的实验室、化学或其他专门技术用途的陶瓷器；

（四）税目 70.09 的未经光学加工的玻璃镜及税目 83.06 或第七十一章的非光学元件的贱金属或贵金属制的镜子；

（五）税目 70.07、70.08、70.11、70.14、70.15 或 70.17 的货品；

（六）第十五类注释二所规定的贱金属制通用零件（第十五类）或塑料制的类似品（第三十九章）；

（七）税目 84.13 的装有计量装置的泵；计数和检验用的衡器或单独报验的天平砝码（税目 84.23）；升降、起重及搬运机械（税目 84.25 至 84.28）；纸张或纸板的各种切割机器（税目 84.41）；税目 84.66 的用于机床或水射流切割机上调整工件或工具的附件，包括具有读度用的光学装置的附件（例如“光学”分度头），但其本身主要是光学仪器的除外（例如校直望远镜）；计算机器（税目 84.70）；税目 84.81 的阀门及其他装置；税目 84.86 的机器及装置（包括将电路图投影或绘制到感光半导体材料上的装置）；

Chapter 90
Optical, photographic, cinematographic, measuring, checking, precision, medical or surgical instruments and apparatus; parts and accessories thereof

Chapter Notes:

1. This Chapter does not cover:

(a) Articles of a kind used in machines, appliances or for other technical uses, of vulcanised rubber other than hard rubber (heading 40.16), of leather or of composition leather (heading 42.05) or of textile material (heading 59.11);

(b) Supporting belts or other support articles of textile material, whose intended effect on the organ to be supported or held derives solely from their elasticity (for example, maternity belts, thoracic support bandages, abdominal support bandages, supports for joints or muscles) (Section XI);

(c) Refractory goods of heading 69.03; ceramic wares for laboratory, chemical or other technical uses, of heading 69.09;

(d) Glass mirrors, not optically worked, of heading 70.09, or mirrors of base metal or of precious metal, not being optical elements (heading 83.06 or Chapter 71);

(e) Goods of heading 70.07, 70.08, 70.11, 70.14, 70.15 or 70.17;

(f) Parts of general use, as defined in Note 2 to Section XV, of base metal (Section XV) or similar goods of plastics (Chapter 39);

(g) Pumps incorporating measuring devices, of heading 84.13; weight-operated counting or checking machinery, or separately presented weights for balances (heading 84.23); lifting or handling machinery (headings 84.25 to 84.28); paper or paperboard cutting machines of all kinds (heading 84.41); fittings for adjusting work or tools on machine-tools or water-jet cutting machines fittings for adjusting work or tools on machine-tools, of heading 84.66, including fittings with optical devices for reading the scale (for example, "optical" dividing heads) but not those which are in themselves essentially optical instruments (for example, alignment telescopes); calculating machines (heading 84.70); valves or other appliances of heading 84.81; machines and apparatus (including apparatus for the projection or drawing of circuit patterns on sensitised semiconductor materials) of heading 84.86;

（八）自行车或机动车辆用探照灯或聚光灯（税目85.12）；税目85.13的手提式电灯；电影录音机、还音机及转录机（税目85.19）；拾音头或录音头（税目85.22）；电视摄像机、数字照相机及视频摄录一体机（税目85.25）；雷达设备、无线电导航设备或无线电遥控设备（税目85.26）；光导纤维、光导纤维束或光缆用连接器（税目85.36）；税目85.37的数字控制装置；税目85.39的封闭式聚光灯；税目85.44的光缆；

（九）税目94.05的探照灯及聚光灯；

（十）第九十五章的物品；

（十一）税目96.20的独脚架、双脚架、三脚架及类似品；

（十二）容量的计量器具（按其构成的材料归类）；或

（十三）卷轴、线轴及类似芯子（按其构成材料归类，例如，归入税目39.23或第十五类）。

二、除上述注释一另有规定的以外，本章各税号所列机器、设备、仪器或器具的零件、附件，应按下列规定归类：

（一）凡零件、附件本身已构成本章或第八十四章、第八十五章或第九十一章各税号（税目84.87、85.48或90.33除外）所包括的货品，应一律归入其相应的税号；

（二）其他零件、附件，如果专用于或主要用于某种或同一税号项下的多种机器、仪器或器具（包括税目90.10、90.13或90.31的机器、仪器或器具），应归入相应机器、仪器或器具的税号；

（三）所有其他零件、附件均应归入税目90.33。

三、第十六类注释三及四的规定也适用于本章。

四、税目90.05不包括武器用望远镜瞄准具、潜艇或坦克上的潜望镜式望远镜及本章或第十六类的机器、设备、仪器或器具用的望远镜；这类望远镜瞄准具及望远镜应归入税目90.13。

五、计量或检验用的光学仪器、器具或机器，如果既可归入税目90.13，又可归入税目90.31，则应归入税目90.31。

六、税目90.21所称“矫形器具”，是指下列用途的器具：

预防或矫正躯体畸变；或

(h) Searchlights or spotlights of a kind used for cycles or motor vehicles (heading 85.12); portable electric lamps of heading 85.13; cinematographic sound recording, reproducing or re-recording apparatus (heading 85.19); sound-heads (heading 85.22); television cameras, digital cameras and video camera recorders (heading 85.25); radar apparatus, radio navigational aid apparatus or radio remote control apparatus (heading 85.26); connectors for optical fibres, optical fibre bundles or cables (heading 85.36); numerical control apparatus of heading 85.37; sealed beam lamp units of heading 85.39; optical fibre cables of heading 85.44;

(ij) Searchlights or spotlights of heading 94.05;

(k) Articles of Chapter 95;

(l) Monopods, bipods, tripods and similar articles, of heading 96.20;

(m) Capacity measures, which are to be classified according to their constituent material; or

(n) Spools, reels or similar supports (which are to be classified according to their constituent material, for example, in heading 39.23 or Section XV).

2. Subject to Note 1 above, parts and accessories for machines, apparatus, instruments or articles of this Chapter are to be classified according to the following rules:

(a) Parts and accessories which are goods included in any of the headings of this Chapter or of Chapter 84, 85 or 91 (other than heading 84.87, 85.48 or 90.33) are in all cases to be classified in their respective headings;

(b) Other parts and accessories, if suitable for use solely or principally with a particular kind of machine, instrument or apparatus, or with a number of machines, instruments or apparatus of the same heading (including a machine, instrument or apparatus of heading 90.10, 90.13 or 90.31) are to be classified with the machines, instruments or apparatus of that kind;

(c) All other parts and accessories are to be classified in heading 90.33.

3. The provisions of Notes 3 and 4 to Section XVI apply also to this Chapter.

4. Heading 90.05 does not apply to telescopic sights for fitting to arms, periscopic telescopes for fitting to submarines or tanks, or to telescopes for machines, appliances, instruments or apparatus of this Chapter or Section XVI; such telescopic sights and telescopes are to be classified in heading 90.13.

5. Measuring or checking optical instruments, appliances or machines which, but for this Note, could be classified both in heading 90.13 and in heading 90.31 are to be classified in heading 90.31.

6. For the purpose of heading 90.21, the expression “orthopaedic appliances” means appliances for:

Preventing or correcting bodily deformities; or

生病、手术或受伤后人体部位的支撑或固定。

Supporting or holding parts of the body following an illness, operation or injury.

矫形器具包括用于矫正畸形的鞋及特种鞋垫，但需符合下列任一条件：

（一）定制的；

（二）成批生产的，单独报验，且不成双的，设计为左右两脚同样适用。

Orthopaedic appliances include footwear and special insoles designed to correct orthopaedic conditions, provided that they are either (1) made to measure or

(2) mass-produced presented singly and not in pairs and designed to fit either foot equally.

七、税目 90.32 仅适用于：

（一）液体或气体的流量、液位、压力或其他变化量的自动控制仪器及装置或温度自动控制装置，不论其是否依靠要被自动控制的因素所发生的不同的电现象来进行工作的，它们将要被自控的因素调到并保持在一设定值上，通过持续或定期测量实际值来保持稳定，修正任何偏差；以及

（二）电量自动调节器及自动控制非电量的仪器或装置，依靠要被控制的因素所发生的不同的电现象进行工作的，它们将要被控制的因素调到并保持在一设定值上，通过持续或定期测量实际值来保持稳定，修正任何偏差。

7. Heading 90.32 applies only to:

(a) Instruments and apparatus for automatically controlling the flow, level, pressure or other variables of liquids or gases, or for automatically controlling temperature, whether or not their operation depends on an electrical phenomenon which varies according to the factor to be automatically controlled; which are designed to bring this factor to, and maintain it at a desired value, stabilized against disturbances, by constantly or periodically measuring its actual value; and

(b) Automatic regulators of electrical quantities, and instruments or apparatus for automatically controlling non-electrical quantities the operation of which depends on an electrical phenomenon varying according to the factor to be controlled, which are designed to bring this factor to, and maintain it at a desired value, stabilized against disturbances, by constantly or periodically measuring its actual value.

税则号列 HS国际统一前6位	本国子目 7~8位	本国子目 9~10位	货品名称中英文 中文 货物名称	英文 Article Description	税费综合信息	计量单位	监管证件代码 进口	监管证件代码 出口	检验检疫类别 进口	检验检疫类别 出口	检验检疫编码	检验检疫编码对应中文名称
900110	00	01	非色散位移单模光纤（包括G652A、G652B、G652C、G652D）	Non-dispersive displacement single-mode optical fibers (G652A、G652B、G652C、G652D)	【最】5【普】20 【协亚太】4.5【协东盟】0【协香港】0 【协巴基斯坦】0【协智利】0【协新西兰】0 【协秘鲁】0【协哥斯达黎加】0【协冰岛】0 【协瑞士】0【协澳大利亚】0【协韩国】4.6 【协格鲁吉亚】0 【特-1】0【特-2】0【特-3】0 【增】16【反倾】有【对美加征】25【出】0 【退】16	千克					999	非色散位移单模光纤（包括G652A、G652B、G652C、G652D）
900110	00	02	其他单模光纤	Other single-mode fibers	【最】5【普】20 【协亚太】4.5【协东盟】0【协香港】0 【协巴基斯坦】0【协智利】0【协新西兰】0 【协秘鲁】0【协哥斯达黎加】0【协冰岛】0 【协瑞士】0【协澳大利亚】0【协韩国】4.6 【协格鲁吉亚】0 【特-1】0【特-2】0【特-3】0 【增】16【反倾】有【对美加征】25【出】0 【退】16	千克					999	其他单模光纤
900110	00	90	光导纤维束、光缆及其他光导纤维（但税目85.44的货品除外）	Optical fiber bundles and cables (excluding the items under heading No. 85.44)	【最】5【普】20 【协亚太】4.5【协东盟】0【协香港】0 【协巴基斯坦】0【协智利】0【协新西兰】0 【协秘鲁】0【协哥斯达黎加】0【协冰岛】0 【协瑞士】0【协澳大利亚】0【协韩国】4.6 【协格鲁吉亚】0 【特-1】0【特-2】0【特-3】0 【增】16【对美加征】25【出】0【退】16	千克					999	光导纤维束、光缆及其他光导纤维（但税目85.44的货品除外）

税则号列			货品名称中英文		税费综合信息	计量单位	监管证件代码		检验检疫类别		检验检疫编码	检验检疫编码对应中文名称
HS 国际统一前 6 位	本国子目 7~8 位	本国子目 9~10 位	中文 货物名称	英文 Article Description			进口	出口	进口	出口		
900120	00	10	液晶投影仪用偏光板	Polarizer for LCD projector	【最】4【普】20 【协亚太】3.8【协东盟】0【协香港】0 【协巴基斯坦】5【协智利】0【协新西兰】0 【协秘鲁】0【协哥斯达黎加】0【协冰岛】0 【协瑞士】0【协澳大利亚】0【协韩国】4.8 【特-1】0【特-2】0【特-3】0 【增】16【对美加征】10【出】0【退】16	千克					999	液晶投影仪用偏光板
900120	00	20	数字电影放映机用偏光板	Polarizer for digit film projector	【最】4【普】20 【协亚太】3.8【协东盟】0【协香港】0 【协巴基斯坦】5【协智利】0【协新西兰】0 【协秘鲁】0【协哥斯达黎加】0【协冰岛】0 【协瑞士】0【协澳大利亚】0【协韩国】4.8 【特-1】0【特-2】0【特-3】0 【增】16【对美加征】10【出】0【退】16	千克					999	数字电影放映机用偏光板
900120	00	90	其他偏振材料制的片及板	Sheets and plates made of other polarizing materials	【最】4【普】20 【协亚太】3.8【协东盟】0【协香港】0 【协巴基斯坦】5【协智利】0【协新西兰】0 【协秘鲁】0【协哥斯达黎加】0【协冰岛】0 【协瑞士】0【协澳大利亚】0【协韩国】4.8 【特-1】0【特-2】0【特-3】0 【增】16【对美加征】10【出】0【退】16	千克					999	其他偏振材料制的片及板
900130	00		隐形眼镜片【电商】	Contact lenses	【最】7【普】70【暂进】6 【协东盟】0【协香港】0【协巴基斯坦】5 【协智利】0【协新西兰】0【协新加坡】0 【协秘鲁】0【协哥斯达黎加】0【协冰岛】0 【协瑞士】0【协澳大利亚】0【协韩国】8 【协格鲁吉亚】0 【特-1】0【特-2】0【特-3】0 【增】16【对美加征】10【出】0【退】16	片					999	隐形眼镜片
900140	10		玻璃制变色镜片	Photochromic spectacle lenses of glass	【最】7【普】90 【协东盟】0【协香港】0【协智利】0 【协新西兰】0【协新加坡】0【协秘鲁】0 【协哥斯达黎加】0【协冰岛】0【协瑞士】7 【协澳大利亚】0【协韩国】14.6【协格鲁吉亚】0 【特-1】0【特-2】0 【增】16【出】0【退】16	片					999	玻璃制变色镜片
900140	91		玻璃制太阳镜片	Spectacle lenses of glass for sunglasses	【最】7【普】90 【协东盟】0【协香港】0【协智利】0 【协新西兰】0【协新加坡】0【协秘鲁】0 【协哥斯达黎加】0【协冰岛】0【协瑞士】7 【协澳大利亚】0【协韩国】14.6【协格鲁吉亚】0 【特-1】0【特-2】0 【增】16【出】0【退】16	片					999	玻璃制太阳镜片
900140	99		玻璃制其他眼镜片（变色镜片、太阳镜片除外）	Other spectacle lenses of glass (excluding photochromic and sunglasses)	【最】7【普】70 【协东盟】0【协香港】0【协智利】0 【协新西兰】0【协新加坡】0【协秘鲁】0 【协哥斯达黎加】0【协冰岛】0【协瑞士】7 【协澳大利亚】0【协韩国】14.6【协格鲁吉亚】0 【特-1】0【特-2】0 【增】16【对美加征】10【出】0【退】16	片					999	玻璃制其他眼镜片（变色镜片、太阳镜片除外）
900150	10		非玻璃材料制变色镜片	Photochromic lenses of non-glass	【最】7【普】90 【协东盟】0【协香港】0【协智利】0 【协新西兰】0【协新加坡】0【协秘鲁】0 【协哥斯达黎加】0【协冰岛】0【协瑞士】7 【协澳大利亚】0【协韩国】14.6【协格鲁吉亚】0 【特-1】0【特-2】0 【增】16【对美加征】10【出】0【退】16	片					999	非玻璃材料制变色镜片
900150	91		非玻璃材料制太阳镜片	Spectacle lenses of non-glass for sunglasses	【最】7【普】90 【协东盟】0【协香港】0【协智利】0 【协新西兰】0【协新加坡】0【协秘鲁】0 【协哥斯达黎加】0【协冰岛】0【协瑞士】7 【协澳大利亚】0【协韩国】14.6【协格鲁吉亚】0 【特-1】0【特-2】0 【增】16【对美加征】10【出】0【退】16	片					999	非玻璃材料制太阳镜片

税则号列			货品名称中英文		税费综合信息	计量单位	监管证件代码		检验检疫类别		检验检疫编码	检验检疫编码对应中文名称
HS 国际统一前6位	本国子目 7~8位	9~10位	中文 货物名称	英文 Article Description			进口	出口	进口	出口		
900150	99		非玻璃材料制其他眼镜片（变色镜片、太阳镜片除外）	Other spectacle lenses of non-glass (excluding photochromic and sunglasses)	【最】7【普】70 【协东盟】0【协香港】0【协智利】0 【协新西兰】0【协新加坡】0【协秘鲁】0 【协哥斯达黎加】0【协冰岛】0【协瑞士】7 【协澳大利亚】0【协韩国】12【协格鲁吉亚】0 【特-1】0【特-2】0 【增】16【对美加征】10【出】0【退】16	片					999	非玻璃材料制其他眼镜片（变色镜片、太阳镜片除外）
900190	10		彩色滤光片	Color filters	【最】5【普】20 【协亚太】3.3【协东盟】0【协香港】0 【协巴基斯坦】5【协智利】0【协新西兰】0 【协秘鲁】0【协哥斯达黎加】0【协冰岛】0 【协瑞士】0【协澳大利亚】0【协韩国】5.8 【协格鲁吉亚】0 【特-1】0【特-2】0【特-3】0 【增】16【对美加征】10【出】0【退】16	千克					999	彩色滤光片
900190	90	10	光通信用微光组件的光学元件（包括波长800nm～1700nm薄膜滤光片、自聚焦透镜、法拉第旋转片）	Optical element optical components (including light wavelength of 800-1700nm thin film filter, self focusing lens, Faraday rotation piece)	【最】5【普】20【暂进】1 【协亚太】3.3【协东盟】0【协香港】0 【协巴基斯坦】5【协智利】0【协新西兰】0 【协秘鲁】0【协哥斯达黎加】0【协冰岛】0 【协瑞士】3.2【协澳大利亚】0【协韩国】4.8 【协格鲁吉亚】0 【特-1】0【特-2】0【特-3】0 【增】16【对美加征】10【出】0【退】16	千克					999	光通信用微光组件的光学元件（包括波长800nm～1700nm薄膜滤光片、自聚焦透镜、法拉第旋转片）
900190	90	20	微型镜片	Micro lenses (VCD and laser transceiver device)	【最】5【普】20【暂进】3 【协亚太】3.3【协东盟】0【协香港】0 【协巴基斯坦】5【协智利】0【协新西兰】0 【协秘鲁】0【协哥斯达黎加】0【协冰岛】0 【协瑞士】3.2【协澳大利亚】0【协韩国】4.8 【协格鲁吉亚】0 【特-1】0【特-2】0【特-3】0 【增】16【对美加征】10【出】0【退】16	千克					999	微型镜片（激光视盘机激光收发装置用）
900190	90	30	非涅耳透镜投影屏（屏幕对角线≥80英寸，投射比≤0.26，增益比≥0.8，镜头间距≤100微米）	The Fresnel lens projection screen (screen diagonal 80 inches or more, projection than 0.26 or less, gain more than 0.8or higher, lens distance 100 microns or less)	【最】5【普】20 【协亚太】3.3【协东盟】0【协香港】0 【协巴基斯坦】5【协智利】0【协新西兰】0 【协秘鲁】0【协哥斯达黎加】0【协冰岛】0 【协瑞士】3.2【协澳大利亚】0【协韩国】4.8 【协格鲁吉亚】0 【特-1】0【特-2】0【特-3】0 【增】16【对美加征】10【出】0【退】16	千克					999	非涅耳透镜投影屏（屏幕对角线≥80英寸，投射比≤0.26，增益比≥0.8，镜头间距≤100微米）
900190	90	40	液晶显示屏背光模组的光学元件（包括导光板、反射板、扩散片、增亮片）	Optical element of LCD backlight module (including light guide plate, a reflecting plate, a diffusion piece, brightening sheet)	【最】5【普】20【暂进】2 【协亚太】3.3【协东盟】0【协香港】0 【协巴基斯坦】5【协智利】0【协新西兰】0 【协秘鲁】0【协哥斯达黎加】0【协冰岛】0 【协瑞士】3.2【协澳大利亚】0【协韩国】4.8 【协格鲁吉亚】0 【特-1】0【特-2】0【特-3】0 【增】16【对美加征】10【出】0【退】16	千克					101 102	液晶显示屏背光模组的光学元件（包括导光板、反射板、扩散片、增亮片）（计算机、辅助设备及其零件） 液晶显示屏背光模组的光学元件（包括导光板、反射板、扩散片、增亮片）（视听设备及其零件）
900190	90	50	液晶投影仪用偏光元件	LCD projector with polarized componets	【最】5【普】20 【协亚太】3.3【协东盟】0【协香港】0 【协巴基斯坦】5【协智利】0【协新西兰】0 【协秘鲁】0【协哥斯达黎加】0【协冰岛】0 【协瑞士】3.2【协澳大利亚】0【协韩国】4.8 【协格鲁吉亚】0 【特-1】0【特-2】0【特-3】0 【增】16【对美加征】10【出】0【退】16	千克					999	液晶投影仪用偏光元件
900190	90	60	数字电影放映机用偏光元件	Digital movie projector with polarized components	【最】5【普】20 【协亚太】3.3【协东盟】0【协香港】0 【协巴基斯坦】5【协智利】0【协新西兰】0 【协秘鲁】0【协哥斯达黎加】0【协冰岛】0 【协瑞士】3.2【协澳大利亚】0【协韩国】4.8 【协格鲁吉亚】0 【特-1】0【特-2】0【特-3】0 【增】16【对美加征】10【出】0【退】16	千克					999	数字电影放映机用偏光元件

税则号列			货品名称中英文		税费综合信息	计量单位	监管证件代码		检验检疫类别		检验检疫编码	检验检疫编码对应中文名称
HS国际统一前6位	本国子目 7~8位	9~10位	中文 货物名称	英文 Article Description			进口	出口	进口	出口		
900190	90	90	税目90.01未列名的其他光学元件（未经光学加工的玻璃制元件除外）	Other optical components not specified or included in heading No. 90.01 (excluding glass-made components not optically processed)	【最】5【普】20 【协亚太】3.3【协东盟】0【协香港】0 【协巴基斯坦】5【协智利】0【协新西兰】0 【协秘鲁】0【协哥斯达黎加】0【协冰岛】0 【协瑞士】3.2【协澳大利亚】0【协韩国】4.8 【协格鲁吉亚】0 【特-1】0【特-2】0【特-3】0 【增】16【对美加征】10【出】0【退】16	千克					999	税目90.01未列名的其他光学元件（未经光学加工的玻璃制元件除外）
900211	10		特殊用途照相机用物镜（指编号9006.1000~编号9006.3000所列的照相机）	Objective lenses For the photographic cameras of subheadings No. 9006.1010 to 9006.3000	【最】6【普】14 【协亚太】4.8【协东盟】0【协巴基斯坦】5 【协智利】0【协新西兰】0【协秘鲁】0 【协哥斯达黎加】0【协冰岛】0【协瑞士】0 【协澳大利亚】0【协韩国】1.6 【协格鲁吉亚】0【协香港】0【协澳门】0 【特-1】0【特-2】0【特-3】0 【增】16【出】0【退】16	千克/个					999	特殊用途照相机用物镜（指编号9006.1000~编号9006.3000所列的照相机）
900211	20		缩微阅读机用物镜	Objective lenses For microfilm, microfiche or other microform readers	【最】6【普】14 【协亚太】3.9【协东盟】0【协巴基斯坦】5 【协智利】0【协新西兰】0【协秘鲁】0 【协哥斯达黎加】0【协冰岛】0【协瑞士】0 【协澳大利亚】0【协韩国】1.6 【协格鲁吉亚】0【协香港】0【协澳门】0 【特-1】0【特-2】0【特-3】0 【增】16【出】0【退】16	千克/个					999	缩微阅读机用物镜
900211	31	10	单反相机镜头【电商】	SLR camera lens(machine)	【最】6【普】80【暂进】3 【协东盟】0【协巴基斯坦】12【协智利】0 【协新西兰】0【协新加坡】0【协秘鲁】0 【协哥斯达黎加】0【协冰岛】0【协瑞士】6 【协澳大利亚】0【协格鲁吉亚】0【协香港】0 【协澳门】0 【特-1】0【特-2】0 【增】16【对美加征】10【出】0【退】16	千克/个					999	单反相机镜头（整机）
900211	31	90	单反相机镜头的零件及附件【电商】	Parts and accessories of SLR camera lens	【最】6【普】80【暂进】3 【协东盟】0【协巴基斯坦】12【协智利】0 【协新西兰】0【协新加坡】0【协秘鲁】0 【协哥斯达黎加】0【协冰岛】0【协瑞士】6 【协澳大利亚】0【协格鲁吉亚】0【协香港】0 【协澳门】0 【特-1】0【特-2】0 【增】16【对美加征】10【出】0【退】16	千克/个					999	单反相机镜头的零件及附件
900211	39		其他相机（单反相机除外）用镜头【电商】	Objective lenses for Other cameras (excluding single lens reflex cameras)	【最】6【普】80【暂进】3 【协东盟】0【协巴基斯坦】12【协智利】0 【协新西兰】0【协新加坡】0【协秘鲁】0 【协哥斯达黎加】0【协冰岛】0【协瑞士】6 【协澳大利亚】0【协韩国】9【协格鲁吉亚】0 【协香港】0【协澳门】0 【特-1】0【特-2】0【特-3】0 【增】16【对美加征】10【出】0【退】16	千克/个					999	其他相机（单反相机除外）用镜头
900211	90	10	彩色投影机和数字光处理器的镜头及镜头组件	Lenses and lens components for colour crystal projector and digital light processor	【最】10【普】80【暂进】3 【协东盟】0【协巴基斯坦】12【协智利】0 【协新西兰】0【协新加坡】0【协秘鲁】0 【协台湾】0【协哥斯达黎加】0【协冰岛】0 【协瑞士】6【协澳大利亚】0【协韩国】11 【协格鲁吉亚】0【协香港】0【协澳门】0 【特-1】0【特-2】0【特-3】0 【增】16【对美加征】10【出】0【退】16	千克/个					999	彩色投影机和数字光处理器的镜头及镜头组件
900211	90	90	其他照相机、投影仪等用物镜（包括照片放大机用物镜）	Other objective lenses for cameras and projectors (including objective lenses for photographic enlargers)	【最】10【普】80 【协东盟】0【协巴基斯坦】12【协智利】0 【协新西兰】0【协新加坡】0【协秘鲁】0 【协台湾】0【协哥斯达黎加】0【协冰岛】0 【协瑞士】6【协澳大利亚】0【协韩国】11 【协格鲁吉亚】0【协香港】0【协澳门】0 【特-1】0【特-2】0【特-3】0 【增】16【对美加征】10【出】0【退】16	千克/个					999	其他照相机、投影仪等用物镜（包括照片放大机用物镜）

税则号列			货品名称中英文		税费综合信息	计量单位	监管证件代码		检验检疫类别		检验检疫编码	检验检疫编码对应中文名称
HS国际统一前6位	本国子目 7~8位	本国子目 9~10位	中文 货物名称	英文 Article Description			进口	出口	进口	出口		
900219	10		摄影机或放映机用物镜	Objective lenses For cinematographic cameras or projectors	【最】9.4【普】40 【协东盟】0【协巴基斯坦】12【协智利】0 【协新西兰】0【协新加坡】0【协秘鲁】0 【协哥斯达黎加】0【协冰岛】0【协瑞士】6 【协澳大利亚】6【协韩国】9【协格鲁吉亚】0 【协香港】0【协澳门】0 【特-1】0【特-2】0 【增】16【对美加征】10【出】0【退】16	千克/个					999	摄影机或放映机用物镜
900219	90	10	摄像机、摄录一体机的镜头	Lenses for vidicon and amcorder	【最】9.4【普】50【暂进】3 【协东盟】0【协香港】0【协巴基斯坦】12 【协智利】0【协新西兰】0【协新加坡】0 【协秘鲁】0【协台湾】0【协哥斯达黎加】0 【协冰岛】0【协瑞士】6【协澳大利亚】0 【协韩国】11【协格鲁吉亚】0 【特-1】0【特-2】0【特-3】0 【增】16【对美加征】10【出】0【退】16	千克/个					999	摄像机、摄录一体机的镜头
900219	90	20	手机、平板电脑用物镜(800万像素及以上)	Mobile phone, tablet computer in an objective lens (8000000 pixels and above)	【最】9.4【普】50【暂进】8 【协东盟】0【协香港】0【协巴基斯坦】12 【协智利】0【协新西兰】0【协新加坡】0 【协秘鲁】0【协台湾】0【协哥斯达黎加】0 【协冰岛】0【协瑞士】6【协澳大利亚】0 【协韩国】11【协格鲁吉亚】0 【特-1】0【特-2】0【特-3】0 【增】16【对美加征】10【出】0【退】16	千克/个					999	手机、平板电脑用物镜(800万像素及以上)
900219	90	90	税目90.02未列名的其他物镜	Other objective lenses not specified or included in Heading No. 90.02	【最】9.4【普】50 【协东盟】0【协香港】0【协巴基斯坦】12 【协智利】0【协新西兰】0【协新加坡】0 【协秘鲁】0【协台湾】0【协哥斯达黎加】0 【协冰岛】0【协瑞士】6【协澳大利亚】0 【协韩国】11【协格鲁吉亚】0 【特-1】0【特-2】0【特-3】0 【增】16【对美加征】10【出】0【退】16	千克/个					999	税目90.02未列名的其他物镜
900220	10		照相机用滤色镜	Filters For cameras	【最】9.4【普】80 【协亚太】6.1【协东盟】0【协巴基斯坦】12 【协智利】0【协新西兰】0【协新加坡】0 【协秘鲁】0【协哥斯达黎加】0【协冰岛】0 【协瑞士】6【协澳大利亚】0【协韩国】11 【协格鲁吉亚】0【协香港】0【协澳门】0 【特-1】0【特-2】0 【增】16【对美加征】10【出】0【退】16	千克/个					999	照相机用滤色镜
900220	90		其他光学仪器或装置滤色镜	Filters for Other optical instruments or apparatus	【最】9.4【普】40 【协亚太】6.1【协东盟】0【协巴基斯坦】12 【协智利】0【协新西兰】0【协新加坡】0 【协秘鲁】0【协哥斯达黎加】0【协冰岛】0 【协瑞士】6【协澳大利亚】0【协韩国】11 【协格鲁吉亚】0【协香港】0【协澳门】0 【特-1】0【特-2】0 【增】16【对美加征】5【出】0【退】16	千克/个					999	其他光学仪器或装置滤色镜
900290	10	10	照相机用带屈光度调节装置的目镜(但物镜、滤色镜除外)	Eyepiece with diopter adjustment device for camera (excluding objective lenses and filters)	【最】9.4【普】80 【协东盟】0【协香港】0【协巴基斯坦】12 【协智利】0【协新西兰】0【协新加坡】0 【协秘鲁】0【协台湾】0【协哥斯达黎加】0 【协冰岛】0【协瑞士】6【协澳大利亚】0 【协韩国】11【协格鲁吉亚】0 【特-1】0【特-2】0 【增】16【对美加征】10【出】0【退】16	千克					999	照相机用带屈光度调节装置的目镜(但物镜、滤色镜除外)
900290	10	90	其他照相机用未列名光学元件(但物镜、滤色镜除外)	Unlisted optical components for camera (excluding objective lenses and filters)	【最】9.4【普】80 【协东盟】0【协香港】0【协巴基斯坦】12 【协智利】0【协新西兰】0【协新加坡】0 【协秘鲁】0【协台湾】0【协哥斯达黎加】0 【协冰岛】0【协瑞士】6【协澳大利亚】0 【协韩国】11【协格鲁吉亚】0 【特-1】0【特-2】0 【增】16【对美加征】10【出】0【退】16	千克					999	其他照相机用未列名光学元件(但物镜、滤色镜除外)

税则号列			货品名称中英文		税费综合信息	计量单位	监管证件代码		检验检疫类别		检验检疫编码	检验检疫编码对应中文名称
HS国际统一前6位	本国子目7~8位	本国子目9~10位	中文货物名称	英文 Article Description			进口	出口	进口	出口		
900290	90	10	抗辐射镜头［能抗 5×10^4 戈瑞（硅）以上的辐射而又不会降低使用质量］	Anti-radiation len［s capable of resisting the radiation of 5×10^4 Gy (Si) or more without sacrificing the quality of service］	【最】9.4【普】40 【协东盟】0【协香港】0【协巴基斯坦】12 【协智利】0【协新西兰】0【协新加坡】0 【协秘鲁】0【协台湾】0【协哥斯达黎加】0 【协冰岛】0【协瑞士】6【协澳大利亚】0 【协韩国】11【协格鲁吉亚】0 【特-1】0【特-2】0【特-3】0 【增】16【对美加征】10【出】0【退】16	千克		3			999	抗辐射镜头［能抗 5×10^4 戈瑞（硅）以上的辐射而又不会降低使用质量］
900290	90	20	其他带屈光度调节装置的目镜	Other eyepiece with diopter adjustment device	【最】9.4【普】40 【协东盟】0【协香港】0【协巴基斯坦】12 【协智利】0【协新西兰】0【协新加坡】0 【协秘鲁】0【协台湾】0【协哥斯达黎加】0 【协冰岛】0【协瑞士】6【协澳大利亚】0 【协韩国】11【协格鲁吉亚】0 【特-1】0【特-2】0【特-3】0 【增】16【对美加征】10【出】0【退】16	千克					999	其他带屈光度调节装置的目镜
900290	90	30	掩模版	Photomask	【最】9.4【普】40 【协东盟】0【协香港】0【协巴基斯坦】12 【协智利】0【协新西兰】0【协新加坡】0 【协秘鲁】0【协台湾】0【协哥斯达黎加】0 【协冰岛】0【协瑞士】6【协澳大利亚】0 【协韩国】11【协格鲁吉亚】0 【特-1】0【特-2】0【特-3】0 【增】16【对美加征】10【出】0【退】16	千克					999	掩模版
900290	90	90	其他光学仪器用未列名光学元件（但物镜、滤色镜除外）	Unlisted optical components for other optical instruments (excluding objective lenses and filters)	【最】9.4【普】40 【协东盟】0【协香港】0【协巴基斯坦】12 【协智利】0【协新西兰】0【协新加坡】0 【协秘鲁】0【协台湾】0【协哥斯达黎加】0 【协冰岛】0【协瑞士】6【协澳大利亚】0 【协韩国】11【协格鲁吉亚】0 【特-1】0【特-2】0【特-3】0 【增】16【对美加征】10【出】0【退】16	千克					999	其他光学仪器用未列名光学元件（但物镜、滤色镜除外）
900311	00		塑料制眼镜架【电商】	Frames made of plastics	【最】7【普】70 【协东盟】0【协香港】0【协澳门】0【协智利】0 【协新西兰】0【协新加坡】0【协秘鲁】0 【协哥斯达黎加】0【协冰岛】0【协瑞士】7 【协澳大利亚】0【协韩国】10.8 【协格鲁吉亚】0 【特-1】0【特-2】0 【增】16【对美加征】10【出】0【退】16	千克/副					999	塑料制眼镜架
900319	10		金属材料制眼镜架【电商】	Frames and mountings of metal materials	【最】7【普】70【暂进】6 【协东盟】0【协香港】0【协澳门】0 【协巴基斯坦】5【协智利】0【协新西兰】0 【协秘鲁】0【协哥斯达黎加】0【协冰岛】0 【协瑞士】0【协澳大利亚】0【协韩国】6 【协格鲁吉亚】0 【特-1】0【特-2】0 【增】16【对美加征】10【出】0【退】16	千克/副					999	金属材料制眼镜架
900319	20	10	濒危动植物产品制眼镜架【电商】①	Frames and mountings of endangered animals or plants	【最】7【普】70 【协东盟】0【协香港】0【协澳门】0 【协巴基斯坦】5【协智利】0【协新西兰】0 【协秘鲁】0【协哥斯达黎加】0【协冰岛】0 【协瑞士】0【协澳大利亚】0【协韩国】6 【协格鲁吉亚】0 【特-1】0【特-2】0 【增】16【出】0【退】0	千克/副	F	E			999	濒危动植物产品制眼镜架
900319	20	90	其他天然材料制眼镜架【电商】②	Frames and mountings of other natural materials	【最】7【普】70 【协东盟】0【协香港】0【协澳门】0 【协巴基斯坦】5【协智利】0【协新西兰】0 【协秘鲁】0【协哥斯达黎加】0【协冰岛】0 【协瑞士】0【协澳大利亚】0【协韩国】6 【协格鲁吉亚】0 【特-1】0【特-2】0 【增】16【出】0【退】16	千克/副					999	其他天然材料制眼镜架

① 列入《进出口野生动植物种商品目录》的商品除外。

② 列入《进出口野生动植物种商品目录》的商品除外。

税则号列 HS 国际统一前6位	本国子目 7~8位	本国子目 9~10位	货品名称中英文 中文 货物名称	货品名称中英文 英文 Article Description	税费综合信息	计量单位	监管证件代码 进口	监管证件代码 出口	检验检疫类别 进口	检验检疫类别 出口	检验检疫编码	检验检疫编码对应中文名称
900319	90		其他材料制眼镜架 【电商】	Frames and mountings of other materials	【最】7【普】70 【协东盟】0【协香港】0【协澳门】0 【协巴基斯坦】5【协智利】0【协新西兰】0 【协秘鲁】0【协哥斯达黎加】0【协冰岛】0 【协瑞士】0【协澳大利亚】0【协韩国】6 【协格鲁吉亚】0 【特-1】0【特-2】0 【增】16【出】0【退】16	千克/副					999	其他材料制眼镜架
900390	00		眼镜架零件 【电商】	Parts of frames and mountings	【最】6【普】70 【协东盟】0【协香港】0【协巴基斯坦】5 【协智利】0【协新西兰】0【协秘鲁】0 【协哥斯达黎加】0【协冰岛】0【协瑞士】0 【协澳大利亚】0【协韩国】6【协格鲁吉亚】0 【特-1】0【特-2】0 【增】16【对美加征】10【出】0【退】16	千克					999	眼镜架零件
900410	00		太阳镜 【电商】	Sunglasses	【最】7【普】100【暂进】6 【协东盟】0【协香港】0【协澳门】0【协智利】0 【协新西兰】0【协新加坡】0【协秘鲁】0 【协哥斯达黎加】0【协冰岛】0【协瑞士】7 【协澳大利亚】0【协韩国】14.6【协格鲁吉亚】0 【特-1】0【特-2】0 【增】16【对美加征】5【出】0【退】16	千克/副					999	太阳镜
900490	10		变色镜	Photochromic spectacles	【最】7【普】100 【协东盟】0【协香港】0【协澳门】0 【协巴基斯坦】12.8【协智利】0【协新西兰】0 【协新加坡】0【协秘鲁】0【协哥斯达黎加】0 【协冰岛】0【协瑞士】6.4【协澳大利亚】0 【协韩国】9.6【协格鲁吉亚】0 【特-1】0【特-2】0 【增】16【对美加征】10【出】0【退】16	千克/副					999	变色镜
900490	90		其他眼镜（但太阳镜、变色镜除外） 【电商】	Other spectacles (excluding sunglasses and photochromic spectacles)	【最】7【普】90 【协东盟】0【协香港】0【协澳门】0【协智利】0 【协新西兰】0【协新加坡】0【协秘鲁】0 【协哥斯达黎加】0【协冰岛】0【协瑞士】7 【协澳大利亚】0【协韩国】12【协格鲁吉亚】0 【特-1】0【特-2】0 【增】16【对美加征】10【出】0【退】16	千克/副					999	其他眼镜（但太阳镜、变色镜除外）
900510	00		双筒望远镜 【电商】	Binoculars	【最】10【普】50 【协香港】0【协澳门】0【协东盟】0 【协巴基斯坦】12【协智利】0【协新西兰】0 【协新加坡】0【协秘鲁】0【协哥斯达黎加】0 【协冰岛】0【协瑞士】6【协澳大利亚】0 【协韩国】9【协格鲁吉亚】0 【特-1】0【特-2】0 【增】16【对美加征】10【出】0【退】16	个					999	双筒望远镜
900580	10		天文望远镜及其他天文仪器 【电商】	Astronomical telescopes and other astronomical instruments	【最】3【普】8 【协东盟】0【协巴基斯坦】0【协智利】0 【协新西兰】0【协秘鲁】0【协哥斯达黎加】0 【协冰岛】0【协瑞士】0【协澳大利亚】0 【协韩国】0【协格鲁吉亚】0【协香港】0 【协澳门】0 【特-1】0【特-2】0【特-3】0 【增】16【对美加征】5【出】0【退】16	台					999	天文望远镜及其他天文仪器
900580	90		其他光学望远镜（包括单筒望远镜）	Monoculars, Other optical telescopes	【最】10【普】50 【协东盟】0【协澳门】0【协巴基斯坦】6 【协智利】0【协新西兰】0【协新加坡】0 【协秘鲁】0【协哥斯达黎加】0【协冰岛】0 【协瑞士】4.8【协澳大利亚】0【协韩国】7.2 【协格鲁吉亚】0【协香港】0 【特-1】0【特-2】0【特-3】0 【增】16【对美加征】10【出】0【退】16	台					999	其他光学望远镜（包括单筒望远镜）

税则号列 HS国际统一前6位	本国子目 7~8位	本国子目 9~10位	货品名称中英文 中文 货物名称	英文 Article Description	税费综合信息	计量单位	监管证件代码 进口	监管证件代码 出口	检验检疫类别 进口	检验检疫类别 出口	检验检疫编码	检验检疫编码对应中文名称
900590	10		天文望远镜及其他天文仪器用零件（包括座架）	Parts and accessories (including mountings)	【最】2【普】8 【协亚太】1.6【协东盟】0【协巴基斯坦】0 【协智利】0【协新西兰】0【协秘鲁】0 【协哥斯达黎加】0【协冰岛】0【协瑞士】0 【协澳大利亚】0【协韩国】0【协格鲁吉亚】0 【协香港】0【协澳门】0 【特-1】0【特-2】0【特-3】0 【增】16【对美加征】5【出】0【退】16	千克					999	天文望远镜及其他天文仪器用零件（包括座架）
900590	90		其他望远镜零件、附件（包括座架）	Parts and accessories (including mountings) of other telescopes	【最】6【普】30 【协东盟】0【协巴基斯坦】5【协智利】0 【协新西兰】0【协秘鲁】0【协哥斯达黎加】0 【协冰岛】0【协瑞士】0【协澳大利亚】0 【协韩国】1.6【协格鲁吉亚】0【协香港】0 【协澳门】0 【特-1】0【特-2】0【特-3】0 【增】16【对美加征】10【出】0【退】16	千克					999	其他望远镜零件、附件（包括座架）
900630	00		特种用途的照相机（主要是指水下、航空测量或体内器官检查等用；法庭或犯罪学用的比较照相机）	Cameras specially designed for under-water use, for aerial survey or for medical or surgical examination of internal organs; comparison cameras for forensic or criminological purposes	【最】9【普】17 【协东盟】0【协巴基斯坦】5【协智利】0 【协新西兰】0【协秘鲁】0【协哥斯达黎加】0 【协冰岛】0【协瑞士】0【协澳大利亚】0 【协格鲁吉亚】0【协香港】0【协澳门】0 【特-1】0【特-2】0【特-3】0 【增】16【对美加征】10【出】0【退】16	台					999	特种用途的照相机（主要是指水下、航空测量或体内器官检查等用；法庭或犯罪学用的比较照相机）
900640	00		一次成像照相机	Instant print cameras	【最】5【普】70 【协东盟】0【协巴基斯坦】0【协智利】0 【协新西兰】0【协秘鲁】0【协哥斯达黎加】0 【协冰岛】0【协瑞士】0【协澳大利亚】0 【协韩国】3【协格鲁吉亚】0【协香港】0 【协澳门】0 【特-1】0【特-2】0【特-3】0 【增】16【对美加征】10【出】0【退】16	台					999	一次成像照相机
900651	00		通过镜头取景的照相机［单镜头反光式(SLR)，使用胶片的宽度≤35mm］	With a through-the-lens viewfinder [single lens reflex (SLR)], for roll film of a width not exceeding 35 mm	【最】9【普】100 【协东盟】0【协智利】0【协新西兰】0 【协新加坡】0【协哥斯达黎加】0【协冰岛】0 【协瑞士】9【协澳大利亚】0【协韩国】20 【协格鲁吉亚】0【协香港】0【协澳门】0 【特-1】0 【增】16【出】0【退】16	架					999	通过镜头取景的照相机［单镜头反光式(SLR)，使用胶片的宽度≤35mm］
900652	10		缩微照相机，使用缩微胶卷、胶片	Cameras of a kind used for recording documents on microfilm, microfiche or other microforms (for roll film of a width less than 35mm)	【最】9【普】17 【协东盟】0【协巴基斯坦】5【协智利】0 【协新西兰】0【协秘鲁】0【协哥斯达黎加】0 【协冰岛】0【协瑞士】0【协澳大利亚】0 【协韩国】1.8【协格鲁吉亚】0【协香港】0 【协澳门】0 【特-1】0【特-2】0【特-3】0 【增】16【对美加征】5【出】0【退】16	架					999	缩微照相机，使用缩微胶卷、胶片或其他缩微品（使用胶片宽度<35mm)
900652	90		使用胶片宽度<35mm的其他照相	Other cameras, for roll film of a width less than 35mm	【最】9【普】100 【协东盟】0【协智利】0【协新西兰】0 【协新加坡】0【协哥斯达黎加】0 【协瑞士】9【协澳大利亚】0【协韩国】20 【协格鲁吉亚】0【协香港】0【协澳门】0 【特-1】0 【增】16【对美加征】5【出】0【退】16	架					999	使用胶片的宽度<35mm的其他照相机
900653	00		其他照相机（使用胶片的宽度为35mm)	Other cameras, for roll film of a width of 35mm	【最】9【普】100 【协东盟】0【协智利】0【协新西兰】0 【协新加坡】0【协秘鲁】0【协哥斯达黎加】0 【协冰岛】0【协瑞士】8【协澳大利亚】0 【协韩国】14.6【协格鲁吉亚】0【协香港】0 【协澳门】0 【特-1】0【特-2】0 【增】16【对美加征】10【出】0【退】16	架					999	其他照相机（使用胶片的宽度为35mm)

税则号列			货品名称中英文		税费综合信息	计量单位	监管证件代码		检验检疫类别		检验检疫编码	检验检疫编码对应中文名称
HS 国际统一前6位	本国子目 7~8位	本国子目 9~10位	中文 货物名称	英文 Article Description			进口	出口	进口	出口		
900659	10		激光照相排版设备（使用胶片的宽度>35mm)	Laser photo typesetting equipments	【最】9【普】35 【协东盟】0【协巴基斯坦】5【协智利】0 【协新西兰】0【协新加坡】0【协秘鲁】0 【协哥斯达黎加】0【协冰岛】0【协瑞士】0 【协澳大利亚】0【协格鲁吉亚】0 【协韩国】6.6【协香港】0【协澳门】0 【特-1】0【特-2】0【特-3】0 【增】16【出】0【退】16	台					999	激光照相排版设备（使用胶片的宽度>35mm)
900659	21		电子分色机	Electronic colour scanners	【最】9【普】20 【协东盟】0【协巴基斯坦】6【协智利】0 【协新西兰】0【协新加坡】0【协秘鲁】0 【协哥斯达黎加】0【协冰岛】0【协瑞士】4.8 【协澳大利亚】0【协韩国】7.2 【协格鲁吉亚】0【协香港】0【协澳门】0 【特-1】0【特-2】0【特-3】0 【增】16【出】0【退】16	台/千克					999	电子分色机
900659	29		其他制版照相机	Other cameras	【最】9【普】20 【协东盟】0【协巴基斯坦】5【协智利】0 【协新西兰】0【协秘鲁】0【协哥斯达黎加】0 【协冰岛】0【协瑞士】0【协澳大利亚】0 【协韩国】6【协格鲁吉亚】0【协香港】0 【协澳门】0 【特-1】0【特-2】0【特-3】0 【增】16【出】0【退】16	台/千克					999	其他制版照相机
900659	90	10	分幅相机（记录速率超过每秒225000帧）	Framing camera (with a recording rate of more than 225, 000 frames per second)	【最】9【普】100 【协亚太】5.9【协东盟】0【协智利】0 【协新西兰】0【协新加坡】0【协哥斯达黎加】0 【协冰岛】0【协澳大利亚】0【协韩国】20 【协格鲁吉亚】0【协香港】0【协澳门】0 【特-1】0 【增】16【出】0【退】16	架		3			999	分幅相机（记录速率超过每秒225000帧）
900659	90	20	分幅相机（记录速率超过每秒225000帧的分幅相机；帧曝光时间为50纳秒或更短）	Electronic (or electronically shuttered) framing cameras (frame exposure time ≤51 nanoseconds)	【最】9【普】100 【协亚太】5.9【协东盟】0【协智利】0 【协新西兰】0【协新加坡】0【协哥斯达黎加】0 【协冰岛】0【协澳大利亚】0【协韩国】20 【协格鲁吉亚】0【协香港】0【协澳门】0 【特-1】0 【增】16【出】0【退】16	架		3			999	分幅相机（记录速率超过每秒225000帧的分幅相机；帧曝光时间为50纳秒或更短）
900659	90	90	使用胶片宽>35mm的其他照相	Other cameras using the films of more than 35mm in width	【最】9【普】100 【协亚太】5.9【协东盟】0【协智利】0 【协新西兰】0【协新加坡】0【协哥斯达黎加】0 【协冰岛】0【协澳大利亚】0【协韩国】20 【协格鲁吉亚】0【协香港】0【协澳门】0 【特-1】0 【增】16【出】0【退】16	架					999	使用胶片宽>35mm的其他照相机
900661	00	01	照相手机用闪光灯组件	Flashlight assembly of photographic mobilephone	【最】9【普】80【暂进】4 【协东盟】0【协智利】0【协新西兰】0 【协新加坡】0【协秘鲁】0【协哥斯达黎加】0 【协冰岛】0【协瑞士】7.2【协澳大利亚】0 【协韩国】10.8【协格鲁吉亚】0【协香港】0 【协澳门】0 【特-1】0【特-2】0 【增】16【对美加征】10【出】0【退】16	个					999	照相手机用闪光灯组件
900661	00	02	照相机外置式电子闪光灯（闪光指数GN≥30,具有无线闪光功能，支持自动变焦）	Camera external electronic flash (flash index GN ≥ 30, with wireless flash function, support auto zoom)	【最】9【普】80 【协东盟】0【协智利】0【协新西兰】0 【协新加坡】0【协秘鲁】0【协哥斯达黎加】0 【协冰岛】0【协瑞士】7.2【协澳大利亚】0 【协韩国】10.8【协格鲁吉亚】0【协香港】0 【协澳门】0 【特-1】0【特-2】0 【增】16【对美加征】10【出】0【退】16	个					999	照相机外置式电子闪光灯（闪光指数GN≥30,具有无线闪光功能，支持自动变焦）

税则号列			货品名称中英文		税费综合信息	计量单位	监管证件代码		检验检疫类别		检验检疫编码	检验检疫编码对应中文名称
HS国际统一前6位	本国子目7~8位	本国子目9~10位	中文货物名称	英文Article Description			进口	出口	进口	出口		
900661	00	90	其他放电式(电子式)闪光灯装置	Other discharge lamp (electronic) flashlight apparatus	【最】9【普】80 【协东盟】0【协智利】0【协新西兰】0 【协新加坡】0【协秘鲁】0【协哥斯达黎加】0 【协冰岛】0【协瑞士】7.2【协澳大利亚】0 【协韩国】10.8【协格鲁吉亚】0【协香港】0 【协澳门】0 【特-1】0【特-2】0 【增】16【对美加征】10【出】0【退】16	个					999	其他放电式(电子式)闪光灯装置
900669	10		闪光灯泡	Flashbulbs	【最】9【普】80 【协东盟】0【协巴基斯坦】14.4【协智利】0 【协新西兰】0【协新加坡】0【协秘鲁】0 【协哥斯达黎加】0【协冰岛】0【协瑞士】7.2 【协澳大利亚】0【协韩国】14.4 【协格鲁吉亚】0【协香港】0【协澳门】0 【特-1】0【特-2】0 【增】16【对美加征】10【出】0【退】16	个					101 102	闪光灯泡(其他电光源及其零件) 闪光灯泡(其他电子式光学仪器零件)
900669	90		其他照相闪光灯装置	Other photographic flashlight apparatus	【最】9【普】80 【协东盟】0【协巴基斯坦】14.4【协智利】0 【协新西兰】0【协新加坡】0【协秘鲁】0 【协哥斯达黎加】0【协冰岛】0【协瑞士】7.2 【协澳大利亚】0【协韩国】10.8 【协格鲁吉亚】0【协香港】0【协澳门】0 【特-1】0【特-2】0 【增】16【对美加征】10【出】0【退】16	个					999	其他照相闪光灯装置
900691	10		税号9006.3000、9009006.5921、9006.5929所列照相机用的零件、附件	Parts and accessories For cameras of sub-headings No. 9006.1010 to 9006.3000	【最】8【普】17 【协亚太】5.2【协东盟】0【协香港】0 【协巴基斯坦】5【协智利】0【协新西兰】0 【协秘鲁】0【协哥斯达黎加】0【协冰岛】0 【协瑞士】0【协澳大利亚】0【协韩国】4.8 【协格鲁吉亚】0 【特亚太】0【特-1】0【特-2】0【特-3】0 【增】16【对美加征】5【出】0【退】16	千克					999	税号9006.3000、9006.5921、9006.5929所列照相机用的零件、附件
900691	20		一次成像照相机的零件、附件	Parts and accessories For instant print cameras	【最】5【普】100 【协亚太】3.3【协东盟】0【协香港】0 【协巴基斯坦】0【协智利】0【协新西兰】0 【协秘鲁】0【协哥斯达黎加】0【协冰岛】0 【协瑞士】0【协澳大利亚】0【协韩国】1 【协格鲁吉亚】0 【特亚太】0【特-1】0【特-2】0【特-3】0 【增】16【对美加征】10【出】0【退】16	千克					999	一次成像照相机的零件、附件
900691	91		其他照相机的自动调焦组件	Automatic focal setting units for cameras	【最】8【普】100【暂进】6 【协亚太】5.2【协东盟】0【协香港】0 【协巴基斯坦】5【协智利】0【协新西兰】0 【协新加坡】0【协秘鲁】0【协哥斯达黎加】0 【协冰岛】0【协瑞士】0【协澳大利亚】0 【协韩国】6【协格鲁吉亚】0 【特亚太】0【特-1】0【特-2】0【特-3】0 【增】16【对美加征】10【出】0【退】16	千克/套					999	其他照相机的自动调焦组件
900691	92		其他照相机的快门组件	Shutter units	【最】8【普】100【暂进】6 【协亚太】5.2【协东盟】0【协香港】0 【协巴基斯坦】5【协智利】0【协新西兰】0 【协新加坡】0【协秘鲁】0【协哥斯达黎加】0 【协冰岛】0【协瑞士】0【协澳大利亚】0 【协韩国】6【协格鲁吉亚】0 【特亚太】0【特-1】0【特-2】0【特-3】0 【增】16【对美加征】10【出】0【退】16	千克/套					999	其他照相机的快门组件
900691	99		其他照相机的其他零件、附件 【电商】	Other parts and accessories of cameras	【最】8【普】100【暂进】6 【协亚太】5.2【协东盟】0【协香港】0 【协巴基斯坦】5【协智利】0【协新西兰】0 【协新加坡】0【协秘鲁】0【协哥斯达黎加】0 【协冰岛】0【协瑞士】0【协澳大利亚】0 【协韩国】6【协格鲁吉亚】0 【特亚太】0【特-1】0【特-2】0【特-3】0 【增】16【对美加征】10【出】0【退】16	千克					999	其他照相机的其他零件、附件

税则号列			货品名称中英文		税费综合信息	计量单位	监管证件代码		检验检疫类别		检验检疫编码	检验检疫编码对应中文名称
HS国际统一前6位	本国子目7~8位	本国子目9~10位	中文货物名称	英文Article Description			进口	出口	进口	出口		
900699	00		照相闪光灯装置及闪光灯泡的零件	Parts and accessories of photographic flashlight apparatus and flashbulbs	【最】8【普】80 【协东盟】0【协巴基斯坦】6【协智利】0 【协新西兰】0【协新加坡】0【协秘鲁】0 【协哥斯达黎加】0【协冰岛】0【协瑞士】4.8 【协澳大利亚】0【协韩国】7.2 【协格鲁吉亚】0【协香港】0【协澳门】0 【特-1】0【特-2】0【特-3】0 【增】16【对美加征】10【出】0【退】16	千克					999	照相闪光灯装置及闪光灯泡的零件
900710	10		高速电影摄影机	High speed cameras	【最】12【普】40 【协东盟】0【协巴基斯坦】7【协智利】0 【协新西兰】0【协新加坡】0【协秘鲁】0 【协哥斯达黎加】0【协冰岛】0【协瑞士】5.6 【协澳大利亚】0【协韩国】8.4 【协格鲁吉亚】0【协香港】0【协澳门】0 【特-1】0【特-2】0 【增】16【出】0【退】16	台					999	高速电影摄影机
900710	90		其他电影摄影机	Other cinematographic cameras	【最】12【普】40 【协东盟】0【协巴基斯坦】11.2【协智利】0 【协新西兰】0【协新加坡】0【协秘鲁】0 【协哥斯达黎加】0【协冰岛】0【协瑞士】5.6 【协澳大利亚】0【协韩国】8.4 【协格鲁吉亚】0【协香港】0【协澳门】0 【特-1】0【特-2】0 【增】16【出】0【退】16	台					999	其他电影摄影机
900720	10	01	2000及以上分辨率的硬盘式数字电影放映机	Hard disk digit film projector with a resolution ratio of 2k or above	【最】8【普】40 【协东盟】0【协香港】0【协巴基斯坦】11.2 【协智利】0【协新西兰】0【协新加坡】0 【协秘鲁】0【协哥斯达黎加】0【协冰岛】0 【协瑞士】5.6【协澳大利亚】0【协韩国】8.4 【协格鲁吉亚】0 【特-1】0【特-2】0 【增】16【出】0【退】16	台					999	2000及以上分辨率的硬盘式数字电影放映机
900720	10	90	其他数字式放映机	Digital projectors	【最】8【普】40 【协东盟】0【协香港】0【协巴基斯坦】11.2 【协智利】0【协新西兰】0【协新加坡】0 【协秘鲁】0【协哥斯达黎加】0【协冰岛】0 【协瑞士】5.6【协澳大利亚】0【协韩国】8.4 【协格鲁吉亚】0 【特-1】0【特-2】0 【增】16【出】0【退】16	台					999	其他数字式放映机
900720	90		其他放映机	Other projectors	【最】8【普】40 【协亚太】5.2【协东盟】0【协巴基斯坦】11.2 【协智利】0【协新西兰】0【协新加坡】0 【协秘鲁】0【协哥斯达黎加】0【协冰岛】0 【协瑞士】5.6【协澳大利亚】0【协韩国】8.4 【协格鲁吉亚】0【协香港】0【协澳门】0 【特-1】0【特-2】0 【增】16【对美加征】10【出】0【退】16	台					999	其他放映机
900791	00		电影摄影机用零件、附件	Parts and accessories For cinematographic cameras	【最】8【普】40【暂进】5 【协东盟】0【协巴基斯坦】5【协智利】0 【协新西兰】0【协秘鲁】0【协哥斯达黎加】0 【协冰岛】0【协瑞士】0【协澳大利亚】0 【协韩国】5【协格鲁吉亚】0【协香港】0 【协澳门】0 【特-1】0【特-2】0 【增】16【对美加征】5【出】0【退】16	千克					999	电影摄影机用零件、附件
900792	00	10	2000及以上分辨率的硬盘式数字电影放映机用零件、附件	Parts and accessories of hard disk digit film projector with a resolution ratio of 2k or above	【最】8【普】40【暂进】3 【协东盟】0【协巴基斯坦】5【协智利】0 【协新西兰】0【协秘鲁】0【协哥斯达黎加】0 【协冰岛】0【协瑞士】0【协澳大利亚】0 【协韩国】1.6【协格鲁吉亚】0【协香港】0 【协澳门】0 【特-1】0【特-2】0 【增】16【对美加征】5【出】0【退】16	千克					999	2000及以上分辨率的硬盘式数字电影放映机用零件、附件

税则号列 HS国际统一前6位	本国子目 7~8位	本国子目 9~10位	货品名称 中文	Article Description	税费综合信息	计量单位	监管证件代码 进口	监管证件代码 出口	检验检疫类别 进口	检验检疫类别 出口	检验检疫编码	检验检疫编码对应中文名称
900792	00	90	电影放映机（不包括2000及以上分辨率的硬盘式）用零件、附件	Parts and accessories of film projector, excluding of a hard disk digit with a resolution ratio of 2k or above	【最】8【普】40【暂进】5 【协东盟】0【协巴基斯坦】5【协智利】0 【协新西兰】0【协秘鲁】0【协哥斯达黎加】0 【协冰岛】0【协瑞士】0【协澳大利亚】0 【协韩国】1.6【协格鲁吉亚】0【协香港】0 【协澳门】0 【特-1】0【特-2】0 【增】16【对美加征】5【出】0【退】16	千克					999	电影放映机（不包括2000及以上分辨率的硬盘式）用零件、附件
900850	10		幻灯机	Slide projectors	【最】10【普】40 【协东盟】0【协巴基斯坦】7【协智利】0 【协新西兰】0【协新加坡】0【协秘鲁】0 【协哥斯达黎加】0【协冰岛】0【协瑞士】5.6 【协澳大利亚】0【协韩国】8.4 【协格鲁吉亚】0【协香港】0【协澳门】0 【特-1】0【特-2】0 【增】16【出】0【退】16	台					999	幻灯机
900850	20		缩微品的阅读机（不论是否可以进行复制）	Microfilm, microfiche or other microform readers, whether or not capable of producing copies	【最】10【普】17 【协东盟】0【协巴基斯坦】5【协智利】0 【协新西兰】0【协秘鲁】0【协哥斯达黎加】0 【协冰岛】0【协瑞士】0【协澳大利亚】0 【协韩国】6【协格鲁吉亚】0【协香港】0 【协澳门】0 【特-1】0【特-2】0 【增】16【对美加征】5【出】0【退】16	台					101 102 103	缩微品的阅读机（不论是否可以进行复制）（Ⅰ类设备） 缩微品的阅读机（不论是否可以进行复制）（Ⅱ类设备） 缩微品的阅读机（不论是否可以进行复制）（其他类缩微阅读机设备）
900850	31		正射投影仪（不包括幻灯机）	Orthographical projectors (excluding slide projectors)	【最】12【普】40 【协东盟】0【协智利】0【协新西兰】0 【协新加坡】0【协秘鲁】0【协哥斯达黎加】0 【协冰岛】0【协瑞士】7.2【协澳大利亚】0 【协格鲁吉亚】0【协香港】0【协澳门】0 【特-1】0【特-2】0 【增】16【对美加征】5【出】0【退】16	台					101 102 103	正射投影仪（不包括幻灯机）（Ⅰ类设备） 正射投影仪（不包括幻灯机）（Ⅱ类设备） 正射投影仪（不包括幻灯机）（其他类正射投影仪设备）
900850	39		其他影像投影仪 【电商】	Other image projectors	【最】12【普】40 【协东盟】0【协智利】0【协新西兰】0 【协新加坡】0【协秘鲁】0【协哥斯达黎加】0 【协冰岛】0【协瑞士】7.2【协澳大利亚】0 【协格鲁吉亚】0【协香港】0【协澳门】0 【特-1】0【特-2】0 【增】16【对美加征】5【出】0【退】16	台					101 102 103 104	其他影像投影仪（有源式，Ⅰ类设备） 其他影像投影仪（有源式，Ⅱ类设备） 其他影像投影仪（有源式，其他类影像投影仪设备） 其他影像投影仪（机械式）
900850	40		照片（电影片除外）放大机及缩片机	Photographic (other than cinematographic) enlargers and reducers	【最】12【普】80 【协东盟】0【协智利】0【协新西兰】0 【协新加坡】0【协秘鲁】0【协哥斯达黎加】0 【协冰岛】0【协瑞士】8【协澳大利亚】0 【协韩国】14.6【协格鲁吉亚】0【协香港】0 【协澳门】0 【特-1】0【特-2】0 【增】16【对美加征】5【出】0【退】16	台					101 102 103 104	照片（电影片除外）放大机及缩片机（有源式，Ⅰ类设备） 照片（电影片除外）放大机及缩片机（有源式，Ⅱ类设备） 照片（电影片除外）放大机及缩片机［有源式，其他类照片（电影片除外）放大机及缩片机设备］ 照片（电影片除外）放大机及缩片机（机械式）
900890	10		缩微阅读机的零件、附件	Parts and accessories of microfilm, microfiche or other microform readers	【最】8【普】17 【协亚太】5.2【协东盟】0【协巴基斯坦】5 【协智利】0【协新西兰】0【协秘鲁】0 【协哥斯达黎加】0【协冰岛】0【协瑞士】0 【协澳大利亚】0【协韩国】1.6 【协格鲁吉亚】0【协香港】0【协澳门】0 【特-1】0【特-2】0 【增】16【出】0【退】16	千克					999	缩微阅读机的零件、附件

税则号列			货品名称中英文		税费综合信息	计量单位	监管证件代码		检验检疫类别		检验检疫编码	检验检疫编码对应中文名称
HS国际统一前6位	本国子目 7~8位	9~10位	中文 货物名称	英文 Article Description			进口	出口	进口	出口		
900890	20		照片放大机及缩片机的零件、附件	Parts and accessories of photographic enlargers and reducers	【最】8【普】80 【协亚太】5.2【协东盟】0【协巴基斯坦】7 【协智利】0【协新西兰】0【协新加坡】0 【协秘鲁】0【协哥斯达黎加】0【协冰岛】0 【协瑞士】7【协澳大利亚】0【协韩国】5.6 【协格鲁吉亚】0【协香港】0【协澳门】0 【特-1】0【特-2】0 【增】16【出】0【退】16	千克					999	照片放大机及缩片机的零件、附件
900890	90		其他影像投影仪的零件、附件	Parts and accessories of other image projectors	【最】8【普】40 【协东盟】0【协巴基斯坦】11.2【协智利】0 【协新西兰】0【协新加坡】0【协秘鲁】0 【协哥斯达黎加】0【协冰岛】0【协瑞士】5.6 【协澳大利亚】0【协韩国】8.4 【协格鲁吉亚】0【协香港】0【协澳门】0 【特-1】0【特-2】0 【增】16【对美加征】10【出】0【退】16	千克					999	其他影像投影仪的零件、附件
901010	10		电影用胶卷的自动显影装置及设备（还包括成卷感光纸的自动显影装置）	Apparatus and equipment of a kind used in cinematographic film for automatically developing photographic film or paper in rolls or for automatically exposing developed film to rolls of photographic paper	【最】12【普】40 【协亚太】7.8【协东盟】0【协香港】0 【协巴基斯坦】7【协智利】0【协新西兰】0 【协新加坡】0【协秘鲁】0【协哥斯达黎加】0 【协冰岛】0【协瑞士】5.6【协澳大利亚】0 【协韩国】8.4【协格鲁吉亚】0 【特-1】0【特-2】0 【增】16【出】0【退】16	台					999	电影用胶卷的自动显影装置及设备（还包括成卷感光纸的自动显影装置）
901010	20		特种照相胶卷自动显影装置及设备（还包括成卷感光纸的自动显影装置）	Apparatus and equipment Of a kind used in special photographic film or paper for automatically developing photographic film or paper in rolls or for automatically exposing developed film to rolls of photographic paper	【最】8【普】20 【协亚太】5.2【协东盟】0【协香港】0 【协巴基斯坦】5【协智利】0【协新西兰】0 【协秘鲁】0【协哥斯达黎加】0【协冰岛】0 【协瑞士】0【协澳大利亚】0【协韩国】1.6 【协格鲁吉亚】0 【特-1】0【特-2】0【特-3】0 【增】16【对美加征】10【出】0【退】16	台					999	特种照相胶卷自动显影装置及设备（还包括成卷感光纸的自动显影装置）
901010	91		彩色胶卷用自动显影及设备	Apparatus and equipment for automatically developing photographic film or paper in rolls, For the colour photographic film in rolls	【最】12【普】100 【协东盟】0【协香港】0【协智利】0 【协新西兰】0【协新加坡】0【协秘鲁】0 【协哥斯达黎加】0【协冰岛】0【协瑞士】12 【协澳大利亚】0【协韩国】20【协格鲁吉亚】0 【特-1】0【特-2】0 【增】16【出】0【退】16	台					999	彩色胶卷用自动显影及设备
901010	99		其他胶卷的自动显影装置及设备（还包括成卷感光纸的自动显影装置）	Apparatus and equipment for automatically developing photographic film or paper in rolls or for automatically exposing developed film to rolls of photographic paper for other film in rolls	【最】12【普】100 【协东盟】0【协香港】0【协巴基斯坦】12 【协智利】0【协新西兰】0【协新加坡】0 【协秘鲁】0【协哥斯达黎加】0【协冰岛】0 【协瑞士】6【协澳大利亚】0【协韩国】12 【协格鲁吉亚】0 【特-1】0【特-2】0 【增】16【对美加征】10【出】0【退】16	台					999	其他胶卷的自动显影装置及设备（还包括成卷感光纸的自动显影装置）
901050	10		负片显示器	Negatoscopes	【最】3.5【普】50 【协东盟】0【协巴基斯坦】7【协智利】0 【协新西兰】0【协新加坡】0【协秘鲁】0 【协哥斯达黎加】0【协冰岛】0【协瑞士】3.5 【协澳大利亚】0【协韩国】8.4 【协格鲁吉亚】0【协香港】0【协澳门】0 【特-1】0【特-2】0 【增】16【对美加征】5【出】0【退】16	台					999	负片显示器

税则号列 HS国际统一前6位	本国子目 7~8位	本国子目 9~10位	货品名称中英文 中文 货物名称	货品名称中英文 英文 Article Description	税费综合信息	计量单位	监管证件代码 进口	监管证件代码 出口	检验检疫类别 进口	检验检疫类别 出口	检验检疫编码	检验检疫编码对应中文名称
901050	21		电影用的洗印装置	Other apparatus and equipment for laboratories of a kind used in cinematographic film	【最】3.5【普】40 【协亚太】2.3【协东盟】0【协巴基斯坦】11.2 【协智利】0【协新西兰】0【协新加坡】0 【协秘鲁】0【协哥斯达黎加】0【协冰岛】0 【协瑞士】3.5【协澳大利亚】0【协韩国】8.4 【协格鲁吉亚】0【协香港】0【协澳门】0 【特-1】0【特-2】0 【增】16【出】0【退】16	台					999	电影用的洗印装置
901050	22		特种照相用的洗印装置	Apparatus and equipment for laboratories of a kind used in special photographic film or paper	【最】2.1【普】20 【协东盟】0【协巴基斯坦】5【协智利】0 【协新西兰】0【协秘鲁】0【协哥斯达黎加】0 【协冰岛】0【协瑞士】0【协澳大利亚】0 【协韩国】5【协格鲁吉亚】0【协香港】0 【协澳门】0 【特-1】0【特-2】0【特-3】0 【增】16【对美加征】10【出】0【退】16	台					999	特种照相用的洗印装置
901050	29		其他照相用的洗印装置	Other apparatus and equipment for photographic laboratories	【最】4.3【普】100 【协东盟】0【协巴基斯坦】13.6【协智利】0 【协新西兰】0【协新加坡】0【协秘鲁】0 【协哥斯达黎加】0【协冰岛】0【协瑞士】4.3 【协澳大利亚】0【协韩国】10.2 【协格鲁吉亚】0【协香港】0【协澳门】0 【特-1】0【特-2】0 【增】16【对美加征】10【出】0【退】16	台					999	其他照相用的洗印装置
901060	00		银幕及其他投影屏幕	Projection screens	【最】7【普】50 【协东盟】0【协巴基斯坦】11.2【协智利】0 【协新西兰】0【协新加坡】0【协秘鲁】0 【协哥斯达黎加】0【协冰岛】0【协瑞士】5.6 【协澳大利亚】0【协韩国】8.4 【协格鲁吉亚】0【协香港】0【协澳门】0 【特-1】0【特-2】0 【增】16【对美加征】5【出】0【退】16	个					999	银幕及其他投影屏幕
901090	10		电影洗印用洗印装置的零件、附件	Parts and accessories of apparatus and equipment for photographic laboratories of a kind used in cinematographic film	【最】0【普】40【特-1】0【特-2】0【特-3】0 【增】16【出】0【退】16	千克					999	电影洗印用洗印装置的零件、附件
901090	20		特种照相洗印用装置的零件、附件	Parts and accessories of apparatus and equipment for photographic laboratories of a kind used in special photographic film or paper	【最】0【普】20【特-1】0【特-2】0【特-3】0 【增】16【对美加征】10【出】0【退】16	千克					999	特种照相洗印用装置的零件、附件
901090	90		其他洗印用装置的零件、附件	Parts and accessories of other apparatus and equipment for photographic laboratories	【最】0【普】100【特-1】0【特-2】0【特-3】0 【增】16【对美加征】5【出】0【退】16	千克					999	其他洗印用装置的零件、附件
901110	00		立体显微镜 【电商】	Stereoscopic microscopes	【最】0【普】14【特-1】0【特-2】0【特-3】0 【增】16【对美加征】10【出】0【退】16	台					999	立体显微镜
901120	00		缩微照相等用的其他显微镜（还包括显微摄影及显微投影用的）	Other microscopes, for photomicro graphy, cinephotomicrography or microprojection	【最】0【普】14【特-1】0【特-2】0【特-3】0 【增】16【对美加征】10【出】0【退】16	台					999	缩微照相等用的其他显微镜（还包括显微摄影及显微投影用的）
901180	00	10	高倍测量显微镜，放大倍数≥1000倍，分辨率≤0.08微米 【电商】	High expansion measuring microscopes, magnification factor ≥1000, resolution ratio≤0.08μm	【最】3.5【普】14【暂进】3 【协东盟】0【协巴基斯坦】5【协智利】0 【协新西兰】0【协秘鲁】0【协哥斯达黎加】0 【协冰岛】0【协瑞士】2.8【协澳大利亚】0 【协韩国】4.2【协格鲁吉亚】0【协香港】0 【协澳门】0 【特-1】0【特-2】0 【增】16【对美加征】10【出】0【退】16	台					999	高倍测量显微镜，放大倍数≥1000倍，分辨率≤0.08微米

税则号列 HS国际统一前6位	本国子目 7~8位	本国子目 9~10位	货品名称中英文 中文 货物名称	货品名称中英文 英文 Article Description	税费综合信息	计量单位	监管证件代码 进口	监管证件代码 出口	检验检疫类别 进口	检验检疫类别 出口	检验检疫编码	检验检疫编码对应中文名称
901180	00	90	其他显微镜【电商】	Other microscopes	【最】3.5【普】14 【协东盟】0【协巴基斯坦】5【协智利】0 【协新西兰】0【协秘鲁】0【协哥斯达黎加】0 【协冰岛】0【协瑞士】3.5【协澳大利亚】1.4 【协韩国】4.2【协格鲁吉亚】0 【协香港】0【协澳门】0 【特-1】0【特-2】0 【增】16【对美加征】10【出】0【退】16	台					999	其他显微镜
901190	00		复式光学显微镜的零件、附件	Parts and accessories of compound optical microscopes	【最】0【普】14【特-1】0【特-2】0【特-3】0 【增】16【对美加征】10【出】0【退】16	千克					999	复式光学显微镜的零件、附件
901210	00		非光学显微镜及衍射设备	Microscopes other than optical microscopes; and diffraction apparatus	【最】0【普】14【特-1】0【特-2】0【特-3】0 【增】16【对美加征】10【出】0【退】16	台					999	非光学显微镜及衍射设备
901290	00		非光学显微镜及衍射设备的零件	Parts and accessories of microscopes other than optical microscopes; and parts and accessories of diffraction apparatus	【最】0【普】14【特-1】0【特-2】0【特-3】0 【增】16【对美加征】5【出】0【退】16	千克					999	非光学显微镜及衍射设备的零件
901310	00	10	设计用作本章或第十六类的机器、设备、仪器或器具部件的望远镜	Telescopes designed to form parts of machines, appliances, instruments or apparatus of this Chapter or Section XVI	【最】2【普】14 【协东盟】0【协巴基斯坦】5【协智利】0 【协新西兰】0【协秘鲁】0【协哥斯达黎加】0 【协冰岛】0【协瑞士】0【协澳大利亚】0 【协韩国】1.6【协格鲁吉亚】0【协香港】0 【协澳门】0 【特-1】0【特-2】0 【增】16【对美加征】10【出】0【退】16	个					999	设计用作本章或第十六类的机器、设备、仪器或器具部件的望远镜
901310	00	90	武器用望远镜瞄准具及潜望镜式望远镜	Parts and accessories of telescopic sights for fitting to arms, periscopes, telescopes	【最】8【普】14 【协东盟】0【协巴基斯坦】5【协智利】0 【协新西兰】0【协秘鲁】0【协哥斯达黎加】0 【协冰岛】0【协瑞士】0【协澳大利亚】0 【协韩国】1.6【协格鲁吉亚】0【协香港】0 【协澳门】0 【特-1】0【特-2】0 【增】16【对美加征】10【出】0【退】16	个					999	武器用望远镜瞄准具及潜望镜式望远镜
901320	00	10	激光切割机用气体激光发生器，切割功率≥2千瓦	gas laser generators for laser cutting machinws, cuting power≥2kW	【最】3【普】11 【协东盟】0【协澳门】0【协巴基斯坦】5 【协智利】0【协新西兰】0【协秘鲁】0 【协哥斯达黎加】0【协冰岛】0【协瑞士】2.4 【协澳大利亚】0【协韩国】3.6 【协格鲁吉亚】0【协香港】0 【特-1】0【特-2】0 【增】16【对美加征】5【出】0【退】16	个					999	激光切割机用气体激光发生器，切割功率≥2千瓦
901320	00	20	AVLIS、MLIS和CRIS和CRISLA激光系统	Laser systems such as AVLIS, MLIS and CRISLA	【最】3【普】11 【协东盟】0【协澳门】0【协巴基斯坦】5 【协智利】0【协新西兰】0【协秘鲁】0 【协哥斯达黎加】0【协冰岛】0【协瑞士】2.4 【协澳大利亚】0【协韩国】3.6 【协格鲁吉亚】0【协香港】0 【特-1】0【特-2】0 【增】16【对美加征】5【出】0【退】16	个		3			999	AVLIS、MLIS和CRISLA激光系统
901320	00	30	氩离子激光器（平均输出功率≥40瓦特、工作波长400纳米~515纳米）	Argon ion lasers (average output power ≥40 watts, operating wavelength standing between 400nm and 515nm)	【最】3【普】11 【协东盟】0【协澳门】0【协巴基斯坦】5 【协智利】0【协新西兰】0【协秘鲁】0 【协哥斯达黎加】0【协冰岛】0【协瑞士】2.4 【协澳大利亚】0【协韩国】3.6 【协格鲁吉亚】0【协香港】0 【特-1】0【特-2】0 【增】16【对美加征】5【出】0【退】16	个		3			999	氩离子激光器（平均输出功率≥40瓦特、工作波长400纳米~515纳米）

税则号列 HS国际统一前6位	本国子目 7~8位	本国子目 9~10位	货品名称中英文 中文 货物名称	货品名称中英文 英文 Article Description	税费综合信息	计量单位	监管证件代码 进口	监管证件代码 出口	检验检疫类别 进口	检验检疫类别 出口	检验检疫编码	检验检疫编码对应中文名称
901320	00	40	紫翠玉激光器（带宽≤0.005纳米，重复率〉125赫兹，功率>30瓦特等）	Alexandrite lasers (broadband ≤ 0.005nm, repetition rate>125HZ, power>30W, etc.)	【最】3【普】11 【协东盟】0【协澳门】0【协巴基斯坦】5 【协智利】0【协新西兰】0【协秘鲁】0 【协哥斯达黎加】0【协冰岛】0【协瑞士】2.4 【协澳大利亚】0【协韩国】3.6 【协格鲁吉亚】0【协香港】0 【特-1】0【特-2】0 【增】16【对美加征】5【出】0【退】16	个		3			999	紫翠玉激光器（带宽≤0.005纳米，重复率〉125赫兹，功率>30瓦特等）
901320	00	50	脉冲二氧化碳激光器（重复率>250赫兹，功率>500瓦，脉冲宽度<200纳秒等）	Pulsed carbon dioxide lasers (repetition rate>250HZ, power>500W, pulse width < 200 ns, etc.)	【最】3【普】11 【协东盟】0【协澳门】0【协巴基斯坦】5 【协智利】0【协新西兰】0【协秘鲁】0 【协哥斯达黎加】0【协冰岛】0【协瑞士】2.4 【协澳大利亚】0【协韩国】3.6 【协格鲁吉亚】0【协香港】0 【特-1】0【特-2】0 【增】16【对美加征】5【出】0【退】16	个		3			999	脉冲二氧化碳激光器（重复率>250赫兹，功率>500瓦，脉冲宽度<200纳秒等）
901320	00	60	脉冲受激准分子激光器（XeF、XeCl、KrF型，重复率>250赫兹，功率>500瓦等）	Pulsed excimer lasers (XeF, XeCl, KrF type, repetition rate>250HZ, power >500W, etc.)	【最】3【普】11 【协东盟】0【协澳门】0【协巴基斯坦】5 【协智利】0【协新西兰】0【协秘鲁】0 【协哥斯达黎加】0【协冰岛】0【协瑞士】2.4 【协澳大利亚】0【协韩国】3.6 【协格鲁吉亚】0【协香港】0 【特-1】0【特-2】0 【增】16【对美加征】5【出】0【退】16	个		3			999	脉冲受激准分子激光器（XeF、XeCl、KrF型，重复率>250赫兹，功率>500瓦等）
901320	00	70	铜蒸汽激光器（平均输出功率≥40瓦特、工作波长500纳米~600纳米）	Copper vapor lasers (average output power ≥ 40W, operating wavelength standing between 500nm and 600nm)	【最】3【普】11 【协东盟】0【协澳门】0【协巴基斯坦】5 【协智利】0【协新西兰】0【协秘鲁】0 【协哥斯达黎加】0【协冰岛】0【协瑞士】2.4 【协澳大利亚】0【协韩国】3.6 【协格鲁吉亚】0【协香港】0 【特-1】0【特-2】0 【增】16【对美加征】5【出】0【退】16	个		3			999	铜蒸汽激光器（平均输出功率≥40瓦特、工作波长500纳米~600纳米）
901320	00	80	掺钕激光器（非玻璃激光器）（两用物项管制商品）	Neodymium-doped laser(non-glass laser) (machines and mechanical appliances under control of dual-use items)	【最】3【普】11 【协东盟】0【协澳门】0【协巴基斯坦】5 【协智利】0【协新西兰】0【协秘鲁】0 【协哥斯达黎加】0【协冰岛】0【协瑞士】2.4 【协澳大利亚】0【协韩国】3.6 【协格鲁吉亚】0【协香港】0 【特-1】0【特-2】0 【增】16【对美加征】5【出】0【退】16	个		3			999	掺钕激光器（非玻璃激光器）（两用物项管制商品）
901320	00	91	用于2.5GB/S及以上SDH、波分复用光传输设备的980纳米、1480纳米的泵浦激光器	980nm, 1480nm pump laser of SDH≥2.5GB/s, optical transmission equipment for wave-divison multicomplexing	【最】3【普】11 【协东盟】0【协澳门】0【协巴基斯坦】5 【协智利】0【协新西兰】0【协秘鲁】0 【协哥斯达黎加】0【协冰岛】0【协瑞士】2.4 【协澳大利亚】0【协韩国】3.6 【协格鲁吉亚】0【协香港】0 【特-1】0【特-2】0 【增】16【对美加征】5【出】0【退】16	个					999	用于2.5GB/S及以上SDH、波分复用光传输设备的980纳米、1480纳米的泵浦激光器
901320	00	92	用于2.5GB/S及以上光通信设备的850纳米、1260~1625纳米，且功率≤200毫瓦的激光器（泵浦激光器除外）	For the 850nm, 1260-1625nm and above2.5GB/S optical communication-device, and laser power less than 200mW(excluding pumped laser machine)	【最】3【普】11 【协东盟】0【协澳门】0【协巴基斯坦】5 【协智利】0【协新西兰】0【协秘鲁】0 【协哥斯达黎加】0【协冰岛】0【协瑞士】2.4 【协澳大利亚】0【协韩国】3.6 【协格鲁吉亚】0【协香港】0 【特-1】0【特-2】0 【增】16【对美加征】5【出】0【退】16	个					999	用于2.5GB/S及以上光通信设备的850纳米、1260~1625纳米，且功率≤200毫瓦的激光器（泵浦激光器除外）
901320	00	99	其他激光器（但激光二极管除外）	Other lasers, other than laser diodes	【最】3【普】11 【协东盟】0【协澳门】0【协巴基斯坦】5 【协智利】0【协新西兰】0【协秘鲁】0 【协哥斯达黎加】0【协冰岛】0【协瑞士】2.4 【协澳大利亚】0【协韩国】3.6 【协格鲁吉亚】0【协香港】0 【特-1】0【特-2】0 【增】16【对美加征】5【出】0【退】16	个					999	其他激光器（但激光二极管除外）

税则号列			货品名称中英文		税费综合信息	计量单位	监管证件代码		检验检疫类别		检验检疫编码	检验检疫编码对应中文名称
HS 国际统一前6位	本国子目 7~8位	本国子目 9~10位	中文 货物名称	英文 Article Description			进口	出口	进口	出口		
901380	10		放大镜 【电商】	Hand magnifying glasses	【最】12【普】50 【协亚太】7.8【协东盟】0【协香港】0 【协澳门】0【协巴基斯坦】5【协智利】0 【协新西兰】0【协新加坡】0【协秘鲁】0 【协哥斯达黎加】0【协冰岛】0【协瑞士】4.8 【协澳大利亚】0【协韩国】7.2【协格鲁吉亚】0 【特-1】0【特-2】0 【增】16【对美加征】10【出】0【退】16	个					999	放大镜
901380	20		光学门眼	"Door eyes"	【最】12【普】50 【协亚太】7.8【协东盟】0【协巴基斯坦】5 【协智利】0【协新西兰】0【协新加坡】0 【协秘鲁】0【协哥斯达黎加】0【协冰岛】0 【协瑞士】6【协澳大利亚】0【协韩国】4.8 【协格鲁吉亚】0【协香港】0【协澳门】0 【特-1】0【特-2】0 【增】16【对美加征】5【出】0【退】16	个					999	光学门眼
901380	30	10	10.1 英寸及以下的液晶显示板	size ≤ 10.1 inch liquid crystal display panel	【最】5【普】50 【协东盟】0【协香港】0【协澳门】0 【协巴基斯坦】0【协智利】0【协新西兰】0 【协冰岛】0【协澳大利亚】3.3【协韩国】5 【增】16【对美加征】10【出】0【退】16	个/千克					999	10.1 英寸及以下的液晶显示板
901380	30	20	10.1 英寸<尺寸≤32 英寸的液晶显示板	10.1 inch<size ≤ 32 inch liquid crystal display panel	【最】5【普】50 【协东盟】0【协香港】0【协澳门】0 【协巴基斯坦】0【协智利】0【协新西兰】0 【协冰岛】0【协澳大利亚】3.3【协韩国】5 【增】16【对美加征】10【出】0【退】16	个/千克					999	10.1 英寸<尺寸≤32 英寸的液晶显示板
901380	30	90	其他液晶显示板	Other liquid crystal display panel	【最】5【普】50 【协东盟】0【协香港】0【协澳门】0 【协巴基斯坦】0【协智利】0【协新西兰】0 【协冰岛】0【协澳大利亚】3.3【协韩国】5 【增】16【对美加征】10【出】0【退】16	个/千克					999	其他液晶显示板
901380	90		其他装置，仪器及器具（90 章其他税目未列名的） 【电商】	Other devices, appliances and instruments (not specified or included elsewhere in Chapter 90)	【最】5【普】17 【协东盟】0【协香港】0【协澳门】0 【协巴基斯坦】0【协智利】0【协新西兰】0 【协秘鲁】0【协哥斯达黎加】0【协冰岛】0 【协瑞士】0【协澳大利亚】0 【特-1】0【特-2】0 【增】16【对美加征】10【出】0【退】16	个					999	其他装置，仪器及器具（90 章其他税目未列名的）
901390	10	10	武器用望远镜瞄准器具或潜望镜式望远镜用零件及附件	Parts and accessories of telescopic sights for fitting to arms, periscopes, telescopes designed to form parts of machines	【最】6【普】11 【协东盟】0【协香港】0【协澳门】0 【协巴基斯坦】5【协智利】0【协新西兰】0 【协秘鲁】0【协哥斯达黎加】0【协冰岛】0 【协瑞士】0【协澳大利亚】0【协韩国】3.6 【协格鲁吉亚】0 【特-1】0【特-2】0 【增】16【对美加征】5【出】0【退】16	千克					999	武器用望远镜瞄准器具或潜望镜式望远镜用零件及附件
901390	10	90	激光器以及作为本章或第十六类的机器、设备、仪器或器具部件的望远镜用的零件及附件（武器用望远镜瞄准器具或潜望镜式望远镜用零件及附件除外）	Parts and accessories of laser machines, equipment, instruments or apparatus components with the telescope, as well as this chapter or Section 16 (weapon with a telescope aimed at periscope telescope equipment or parts and accessories except)	【最】1.5【普】11 【协东盟】0【协香港】0【协澳门】0 【协巴基斯坦】5【协智利】0【协新西兰】0 【协秘鲁】0【协哥斯达黎加】0【协冰岛】0 【协瑞士】0【协澳大利亚】0【协韩国】3.6 【协格鲁吉亚】0 【特-1】0【特-2】0 【增】16【对美加征】5【出】0【退】16	千克					999	激光器以及作为本章或第十六类的机器、设备、仪器或器具部件的望远镜用的零件及附件（武器用望远镜瞄准器具或潜望镜式望远镜用零件及附件除外）
901390	20		编号 9013.8030 所列液晶显示	Parts and accessories for LCD of sub-heading No.9013.8030	【最】2.1【普】17 【协东盟】0【协香港】0【协澳门】0 【协巴基斯坦】5【协智利】0【协新西兰】0 【协秘鲁】0【协哥斯达黎加】0【协冰岛】0 【协瑞士】0【协澳大利亚】0【协韩国】5.8 【协格鲁吉亚】0 【特-1】0【特-2】0 【增】16【对美加征】10【出】0【退】16	千克					999	编号 9013.8030 所列液晶显示板的零件及附件

税则号列 HS国际统一前6位	本国子目 7~8位	本国子目 9~10位	货品名称 中文 货物名称	货品名称 英文 Article Description	税费综合信息	计量单位	监管证件代码 进口	监管证件代码 出口	检验检疫类别 进口	检验检疫类别 出口	检验检疫编码	检验检疫编码对应中文名称
901390	90	10	太阳能定日镜的零件	Solar heliostat parts	【最】2.1【普】17 【协东盟】0【协香港】0【协澳门】0 【协巴基斯坦】5【协智利】0【协新西兰】0 【协秘鲁】0【协哥斯达黎加】0【协冰岛】0 【协瑞士】0【协澳大利亚】0【协韩国】8 【特-1】0【特-2】0 【增】16【对美加征】10【出】0【退】16	千克					999	太阳能定日镜的零件
901390	90	90	税目90.13所列其他货品的零件及附件	The 90.13 items listed parts and accessories of other goods	【最】2.1【普】17 【协东盟】0【协香港】0【协澳门】0 【协巴基斯坦】5【协智利】0【协新西兰】0 【协秘鲁】0【协哥斯达黎加】0【协冰岛】0 【协瑞士】0【协澳大利亚】0【协韩国】8 【特-1】0【特-2】0 【增】16【对美加征】10【出】0【退】16	千克					999	税目90.13所列其他货品的零件及附件
901410	00		定向罗盘	Direction finding compasses	【最】0.5【普】8 【协东盟】0【协巴基斯坦】0【协智利】0 【协新西兰】0【协秘鲁】0【协哥斯达黎加】0 【协冰岛】0【协瑞士】0【协澳大利亚】0 【协韩国】1.4【协格鲁吉亚】0【协香港】0 【协澳门】0 【特-1】0【特-2】0【特-3】0 【增】16【对美加征】10【出】0【退】16	个					999	定向罗盘
901420	10	10	无人航空飞行器的自动驾驶仪	Automatic pilots for unmanned aerial vehicles (UAV)	【最】0.5【普】8 【协亚太】0.4【协东盟】0【协巴基斯坦】0 【协智利】0【协新西兰】0【协秘鲁】0 【协哥斯达黎加】0【协冰岛】0【协瑞士】0 【协澳大利亚】0【协韩国】1.4【协格鲁吉亚】0 【协香港】0【协澳门】0 【特-1】0【特-2】0【特-3】0 【增】16【出】0【退】16	个	3				999	无人航空飞行器的自动驾驶仪
901420	10	90	其他自动驾驶仪	Other automatic pilots	【最】0.5【普】8 【协亚太】0.4【协东盟】0【协巴基斯坦】0 【协智利】0【协新西兰】0【协秘鲁】0 【协哥斯达黎加】0【协冰岛】0【协瑞士】0 【协澳大利亚】0【协韩国】1.4【协格鲁吉亚】0 【协香港】0【协澳门】0 【特-1】0【特-2】0【特-3】0 【增】16【出】0【退】16	个					999	其他自动驾驶仪
901420	90	11	航空惯性导航仪	Aeronautical inertial navigational instruments	【最】0.5【普】8 【协亚太】0.3【协东盟】0【协巴基斯坦】0 【协智利】0【协新西兰】0【协秘鲁】0 【协哥斯达黎加】0【协冰岛】0【协瑞士】0 【协澳大利亚】0【协韩国】0【协格鲁吉亚】0 【协香港】0【协澳门】0 【特-1】0【特-2】0【特-3】0 【增】16【出】0【退】16	个	3				999	航空惯性导航仪
901420	90	12	其他航天惯性导航仪（天文陀螺盘及其他利用天体或卫星进行导航的装置）	Other air inertial navigational instruments (gyroastro compasses and other devices which derive position or orientation by means of automatically tracking celestrial bodies or satellites)	【最】0.5【普】8 【协亚太】0.3【协东盟】0【协巴基斯坦】0 【协智利】0【协新西兰】0【协秘鲁】0 【协哥斯达黎加】0【协冰岛】0【协瑞士】0 【协澳大利亚】0【协韩国】0【协格鲁吉亚】0 【协香港】0【协澳门】0 【特-1】0【特-2】0【特-3】0 【增】16【出】0【退】16	个	3				999	其他航天惯性导航仪（天文陀螺盘及其他利用天体或卫星进行导航的装置）
901420	90	13	陀螺稳定平台	Gyroscope-stabilized platforms	【最】0.5【普】8 【协亚太】0.3【协东盟】0【协巴基斯坦】0 【协智利】0【协新西兰】0【协秘鲁】0 【协哥斯达黎加】0【协冰岛】0【协瑞士】0 【协澳大利亚】0【协韩国】0【协格鲁吉亚】0 【协香港】0【协澳门】0 【特-1】0【特-2】0【特-3】0 【增】16【出】0【退】16	个	3				999	陀螺稳定平台

税则号列 HS国际统一前6位	本国子目 7~8位	本国子目 9~10位	货品名称中英文 中文 货物名称	货品名称中英文 英文 Article Description	税费综合信息	计量单位	监管证件代码 进口	监管证件代码 出口	检验检疫类别 进口	检验检疫类别 出口	检验检疫编码	检验检疫编码对应中文名称
901420	90	15	陀螺仪	Gyros (gyros with a rated drift rate stability of less than 0.5 degree per hour)	【最】0.5【普】8 【协亚太】0.3【协东盟】0【协巴基斯坦】0 【协智利】0【协新西兰】0【协秘鲁】0 【协哥斯达黎加】0【协冰岛】0【协瑞士】0 【协澳大利亚】0【协韩国】0【协格鲁吉亚】0 【协香港】0【协澳门】0 【特-1】0【特-2】0【特-3】0 【增】16【出】0【退】16	个		3			999	陀螺仪（额定漂移率小于0.5度/小时的陀螺仪）
901420	90	16	专门设计的导航信息处理机（用于弹道导弹、运载火箭、探空火箭等的目标探测）	Specially-designed navigation information processors (used by ballistic missiles, launch vehicles, and sounding rockets for target detection)	【最】0.5【普】8 【协亚太】0.3【协东盟】0【协巴基斯坦】0 【协智利】0【协新西兰】0【协秘鲁】0 【协哥斯达黎加】0【协冰岛】0【协瑞士】0 【协澳大利亚】0【协韩国】0【协格鲁吉亚】0 【协香港】0【协澳门】0 【特-1】0【特-2】0【特-3】0 【增】16【出】0【退】16	个		3			999	专门设计的导航信息处理机（用于弹道导弹、运载火箭、探空火箭等的目标探测）
901420	90	17	地形等高线绘制设备（用于弹道导弹、运载火箭、探空火箭、巡航导弹、无人驾驶航空飞行器的目标探测）	Terrain contour mapping equipments (used by ballistic missiles, launch vehicles, and sounding rockets for target detection)	【最】0.5【普】8 【协亚太】0.3【协东盟】0【协巴基斯坦】0 【协智利】0【协新西兰】0【协秘鲁】0 【协哥斯达黎加】0【协冰岛】0【协瑞士】0 【协澳大利亚】0【协韩国】0【协格鲁吉亚】0 【协香港】0【协澳门】0 【特-1】0【特-2】0【特-3】0 【增】16【出】0【退】16	个		3			999	地形等高线绘制设备（用于弹道导弹、运载火箭、探空火箭、巡航导弹、无人驾驶航空飞行器的目标探测）
901420	90	18	场景绘图及相关设备（用于弹道导弹、运载火箭、探空火箭等的目标探测）	Scene mapping and correlation equipments (used by ballistic missiles, launch vehicles, and sounding rockets for target detection)	【最】0.5【普】8 【协亚太】0.3【协东盟】0【协巴基斯坦】0 【协智利】0【协新西兰】0【协秘鲁】0 【协哥斯达黎加】0【协冰岛】0【协瑞士】0 【协澳大利亚】0【协韩国】0【协格鲁吉亚】0 【协香港】0【协澳门】0 【特-1】0【特-2】0【特-3】0 【增】16【出】0【退】16	个		3			999	场景绘图及相关设备（用于弹道导弹、运载火箭、探空火箭等的目标探测）
901420	90	90	其他航空或航天导航仪器及装置（但罗盘除外）	Other aeronautical and astronautical navigational instruments and appliances (excluding compasses)	【最】0.5【普】8 【协亚太】0.3【协东盟】0【协巴基斯坦】0 【协智利】0【协新西兰】0【协秘鲁】0 【协哥斯达黎加】0【协冰岛】0【协瑞士】0 【协澳大利亚】0【协韩国】0【协格鲁吉亚】0 【协香港】0【协澳门】0 【特-1】0【特-2】0【特-3】0 【增】16【出】0【退】16	个					999	其他航空或航天导航仪器及装置（但罗盘除外）
901480	00	10	比例误差小于0.25%的加速度表	Accelerometers, proportion error less than 0.25%	【最】0.5【普】8 【协东盟】0【协巴基斯坦】0【协智利】0 【协新西兰】0【协秘鲁】0【协哥斯达黎加】0 【协冰岛】0【协瑞士】0【协澳大利亚】0 【协韩国】0.4【协格鲁吉亚】0【协香港】0 【协澳门】0 【特-1】0【特-2】0【特-3】0 【增】16【对美加征】5【出】0【退】16	个		3			101 102	比例误差小于0.25%的加速度表（电子） 比例误差小于0.25%的加速度表（机械）
901480	00	20	高度表（用于弹道导弹、运载火箭、探空火箭、巡航导弹、无人驾驶航空飞行器的目标探测）	Altimeters (used by ballistic missiles, launch vehicles, and sounding rockets for target detection)	【最】0.5【普】8 【协东盟】0【协巴基斯坦】0【协智利】0 【协新西兰】0【协秘鲁】0【协哥斯达黎加】0 【协冰岛】0【协瑞士】0【协澳大利亚】0 【协韩国】0.4【协格鲁吉亚】0 【协香港】0【协澳门】0 【特-1】0【特-2】0【特-3】0 【增】16【对美加征】5【出】0【退】16	个		3			999	高度表（用于弹道导弹、运载火箭、探空火箭、巡航导弹、无人驾驶航空飞行器的目标探测）
901480	00	90	其他导航仪器及装置	Other navigational instruments and appliances	【最】0.5【普】8 【协东盟】0【协巴基斯坦】0【协智利】0 【协新西兰】0【协秘鲁】0【协哥斯达黎加】0 【协冰岛】0【协瑞士】0【协澳大利亚】0 【协韩国】0.4【协格鲁吉亚】0 【协香港】0【协澳门】0 【特-1】0【特-2】0【特-3】0 【增】16【对美加征】5【出】0【退】16	个					999	其他导航仪器及装置

税则号列			货品名称中英文		税费综合信息	计量单位	监管证件代码		检验检疫类别		检验检疫编码	检验检疫编码对应中文名称
HS国际统一前6位	本国子目 7~8位	9~10位	中文 货物名称	英文 Article Description			进口	出口	进口	出口		
901490	10		自动驾驶仪用的零件、附件	Parts and accessories For automatic pilots	【最】0.4【普】8 【协东盟】0【协巴基斯坦】0【协智利】0 【协新西兰】0【协秘鲁】0【协哥斯达黎加】0 【协冰岛】0【协瑞士】0【协澳大利亚】0 【协韩国】0【协格鲁吉亚】0【协香港】0 【协澳门】0 【特-1】0【特-2】0【特-3】0 【增】16【对美加征】5【出】0【退】16	千克					999	自动驾驶仪用的零件、附件
901490	90		其他导航仪器及装置的零件、附件	Parts and accessories for Other navigational instruments and appliances	【最】0.4【普】8 【协东盟】0【协巴基斯坦】0【协智利】0 【协新西兰】0【协秘鲁】0【协哥斯达黎加】0 【协冰岛】0【协瑞士】0【协澳大利亚】0 【协韩国】0【协格鲁吉亚】0【协香港】0 【协澳门】0 【特-1】0【特-2】0 【增】16【对美加征】5【出】0【退】16	千克					999	其他导航仪器及装置的零件、附件
901510	00		测距仪	Rangefinders	【最】4.5【普】14 【协东盟】0【协巴基斯坦】5【协智利】0 【协新西兰】0【协秘鲁】0【协哥斯达黎加】0 【协冰岛】0【协瑞士】4.5【协澳大利亚】0 【协韩国】5.4【协格鲁吉亚】0【协香港】0 【协澳门】0 【特-1】0【特-2】0【特-3】0 【增】16【对美加征】10【出】0【退】16	台					101 102	测距仪（电子） 测距仪（机械）
901520	00		经纬仪及视距仪	Theodolites and tachymeters (tacheometers)	【最】4.5【普】14 【协东盟】0【协巴基斯坦】5【协智利】0 【协新西兰】0【协秘鲁】0【协哥斯达黎加】0 【协冰岛】0【协瑞士】0【协澳大利亚】0 【协韩国】1.8【协格鲁吉亚】0【协香港】0 【协澳门】0 【特-1】0【特-2】0【特-3】0 【增】16【对美加征】10【出】0【退】16	台					999	经纬仪及视距仪
901530	00		水平仪	Levels	【最】9【普】14 【协东盟】0【协巴基斯坦】5【协智利】0 【协新西兰】0【协秘鲁】0【协哥斯达黎加】0 【协冰岛】0【协瑞士】0【协澳大利亚】0 【协韩国】5.4【协格鲁吉亚】0【协香港】0 【协澳门】0 【特-1】0【特-2】0【特-3】0 【增】16【对美加征】10【出】0【退】16	台					999	水平仪
901540	00		摄影测量用仪器及装置	Photogrammetrical surveying instruments and appliances	【最】4.5【普】14 【协东盟】0【协巴基斯坦】5【协智利】0 【协新西兰】0【协秘鲁】0【协哥斯达黎加】0 【协冰岛】0【协瑞士】0【协澳大利亚】0 【协韩国】1.8【协格鲁吉亚】0【协香港】0 【协澳门】0 【特-1】0【特-2】0【特-3】0 【增】16【对美加征】10【出】0【退】16	千克					999	摄影测量用仪器及装置
901580	00	10	机载或舰载重力仪（精度为1毫伽或更好，稳态记录时间至多为2分钟）	Airborne or shipborne gravity meters (with an accuracy of 1 mgal or higher, steady-state recording time ≤2 minutes)	【最】2.5【普】14 【协亚太】1.6【协东盟】0【协巴基斯坦】0 【协智利】0【协新西兰】0【协秘鲁】0 【协哥斯达黎加】0【协冰岛】0【协澳大利亚】0 【协韩国】3【协格鲁吉亚】0【协香港】0 【协澳门】0 【特-1】0【特-2】0【特-3】0 【增】16【对美加征】5【出】0【退】16	台		3			999	机载或舰载重力仪（精度为1毫伽或更好，稳态记录时间至多为2分钟）
901580	00	20	机载或舰载重力梯度仪（精度为1毫伽或更好，稳态记录时间至多为2分钟）	Airborne or shipborne gravity gradiometers (with an accuracy of 1 mgal or higher, steady-state recording time ≤ 2 minutes)	【最】2.5【普】14 【协亚太】1.6【协东盟】0【协巴基斯坦】0 【协智利】0【协新西兰】0【协秘鲁】0 【协哥斯达黎加】0【协冰岛】0【协澳大利亚】0 【协韩国】3【协格鲁吉亚】0【协香港】0 【协澳门】0 【特-1】0【特-2】0【特-3】0 【增】16【对美加征】5【出】0【退】16	台		3			999	机载或舰载重力梯度仪（精度为1毫伽或更好，稳态记录时间至多为2分钟）

税则号列			货品名称中英文		税费综合信息	计量单位	监管证件代码		检验检疫类别		检验检疫编码	检验检疫编码对应中文名称
HS国际统一前6位	本国子目 7~8位	本国子目 9~10位	中文 货物名称	英文 Article Description			进口	出口	进口	出口		
901580	00	90	其他测量仪器及装置	Other measuring instruments and devices	【最】2.5【普】14 【协亚太】1.6【协东盟】0【协巴基斯坦】0 【协智利】0【协新西兰】0【协秘鲁】0 【协哥斯达黎加】0【协冰岛】0【协澳大利亚】0 【协韩国】3【协格鲁吉亚】0【协香港】0 【协澳门】0 【特-1】0【特-2】0【特-3】0 【增】16【对美加征】5【出】0【退】16	台					101 102	其他测量仪器及装置(电子) 其他测量仪器及装置(机械)
901590	00	10	用于机、舰载重力仪和重力梯度仪的部件	Parts and components of airborne or shipborne gravity meters and gradiometers	【最】2.5【普】14 【协东盟】0【协巴基斯坦】0【协智利】0 【协新西兰】0【协秘鲁】0【协哥斯达黎加】0 【协冰岛】0【协瑞士】0【协澳大利亚】0 【协韩国】3【协格鲁吉亚】0【协香港】0 【协澳门】0 【特-1】0【特-2】0【特-3】0 【增】16【对美加征】5【出】0【退】16	千克		3			999	用于机、舰载重力仪和重力梯度仪的部件
901590	00	90	其他税目90.15所列仪器及装置的零件、附件	Parts and components of other geodetic measuring instruments and devices	【最】2.5【普】14 【协东盟】0【协巴基斯坦】0【协智利】0 【协新西兰】0【协秘鲁】0【协哥斯达黎加】0 【协冰岛】0【协瑞士】0【协澳大利亚】0 【协韩国】3【协格鲁吉亚】0【协香港】0 【协澳门】0 【特-1】0【特-2】0【特-3】0 【增】16【对美加征】5【出】0【退】16	千克					101 102	其他税目90.15所列仪器及装置的零件、附件(电子) 其他税目90.15所列仪器及装置的零件、附件(机械)
901600	10		感量为0.1毫克或更精密的天平	Balances Of a sensitivity of 0.1mg or better	【最】9【普】14 【协东盟】0【协巴基斯坦】5【协智利】0 【协新西兰】0【协秘鲁】0【协哥斯达黎加】0 【协冰岛】0【协澳大利亚】0【协韩国】5.4 【协格鲁吉亚】0【协香港】0【协澳门】0 【特-1】0【特-2】0【特-3】0 【增】16【对美加征】10【出】0【退】16	台/千克					101 102	感量为0.1毫克或更精密的天平(电子衡器) 感量为0.1毫克或更精密的天平(机械量具)
901600	90		50毫克≥感量>0.1毫克的天平	Balances of a sensitivity exceeding 0.1mg, but not exceeding 50mg	【最】9【普】30 【协东盟】0【协巴基斯坦】5【协智利】0 【协新西兰】0【协新加坡】0【协秘鲁】0 【协哥斯达黎加】0【协冰岛】0【协瑞士】0 【协澳大利亚】0【协韩国】6.3 【协格鲁吉亚】0【协香港】0【协澳门】0 【特-1】0【特-2】0【特-3】0 【增】16【对美加征】10【出】0【退】16	台/千克					101 102	50毫克≥感量>0.1毫克的天平(电子衡器) 50毫克≥感量>0.1毫克的天平(机械量具)
901710	00		绘图台及绘图机,不论是否自动	Drafting tables and machines, whether or not automatic	【最】8【普】20 【协东盟】0【协巴基斯坦】5【协智利】0 【协新西兰】0【协秘鲁】0【协哥斯达黎加】0 【协冰岛】0【协瑞士】0【协澳大利亚】0 【协韩国】4.8【协格鲁吉亚】0【协香港】0 【协澳门】0 【特-1】0【特-2】0【特-3】0 【增】16【对美加征】5【出】0【退】16	台					101 102	绘图台及绘图机,不论是否自动(电子衡器) 绘图台及绘图机,不论是否自动(机械量具)
901720	00		其他绘图、划线或数学计算器具	Other drawing, marking-out or mathematical calculating instruments	【最】0【普】70【特-1】0【特-2】0【特-3】0 【增】16【对美加征】10【出】0【退】16	个					999	其他绘图、划线或数学计算器具
901730	00		千分尺、卡尺及量规【电商】	Micrometers, callipers and gauges	【最】8【普】20 【协东盟】0【协巴基斯坦】5【协智利】0 【协新西兰】0【协秘鲁】0【协哥斯达黎加】0 【协冰岛】0【协瑞士】3.2【协澳大利亚】0 【协韩国】4.8【协格鲁吉亚】0【协香港】0 【协澳门】0 【特-1】0【特-2】0【特-3】0 【增】16【对美加征】5【出】0【退】16	个					999	千分尺、卡尺及量规
901780	00		其他手用测量长度的器具(仅指第90章其他税目未列名的)	Other instruments for measuring length, for use in the hand (only refer to instruments not specified or included elsewhere in Chapter 90)	【最】8【普】20 【协东盟】0【协巴基斯坦】5【协智利】0 【协新西兰】0【协秘鲁】0【协哥斯达黎加】0 【协冰岛】0【协瑞士】3.2【协澳大利亚】0 【协韩国】1.6【协格鲁吉亚】0【协香港】0 【协澳门】0 【特-1】0【特-2】0【特-3】0 【增】16【对美加征】10【出】0【退】16	个					999	其他手用测量长度的器具(仅指第90章其他税目未列名的)

税则号列			货品名称中英文		税费综合信息	计量单位	监管证件代码		检验检疫类别		检验检疫编码	检验检疫编码对应中文名称
HS国际统一前6位	本国子目7~8位	本国子目9~10位	中文 货物名称	英文 Article Description			进口	出口	进口	出口		
901790	00		绘图计算器具等仪器的零件、附件（税目90.17所列仪器及器具的零件、附件）	Parts and accessories of instruments of heading No. 90.17	【最】0【普】20【特-1】0【特-2】0【特-3】0 【增】16【对美加征】10【出】0【退】16	千克					999	绘图计算器具等仪器的零件、附件（税目90.17所列仪器及器具的零件、附件）
901811	00		心电图记录仪	Electro-cardiographs	【最】1.3【普】17 【协东盟】0【协巴基斯坦】0【协智利】0 【协新西兰】0【协秘鲁】0【协哥斯达黎加】0 【协冰岛】0【协瑞士】0【协澳大利亚】0 【协韩国】1【协格鲁吉亚】0【协香港】0 【协澳门】0 【特-1】0【特-2】0【特-3】0 【增】16【对美加征】5【出】0【退】16	台/千克	6O				999	心电图记录仪
901812	10		B型超声波诊断仪	B-ultrasonic diagnostic equipment	【最】4.4【普】35 【协亚太】3.8【协东盟】0【协巴基斯坦】0 【协智利】0【协新西兰】0【协秘鲁】0 【协哥斯达黎加】0【协冰岛】0【协瑞士】0 【协澳大利亚】0【协韩国】5.1 【协格鲁吉亚】0【协香港】0【协澳门】0 【特-1】0【特-2】0【特-3】0 【增】16【对美加征】5【出】0【退】16	台/千克	6OA		M		999	B型超声波诊断仪
901812	91	10	彩色超声波诊断仪（整机）	Color ultrasonic diagnostic apparatus (machine)	【最】3.1【普】17 【协亚太】2.8【协东盟】0【协巴基斯坦】0 【协智利】0【协新西兰】0【协秘鲁】0 【协哥斯达黎加】0【协冰岛】0【协瑞士】0 【协澳大利亚】0【协韩国】4.6【协格鲁吉亚】0 【协香港】0【协澳门】0 【特-1】0【特-2】0【特-3】0 【增】16【对美加征】5【出】0【退】16	台/千克	6OA		M		999	彩色超声波诊断仪（整机）
901812	91	90	彩色超声波诊断仪的零件及附件	Parts and accessories of color ultrasonic diagnostic instrument	【最】3.1【普】17 【协亚太】2.8【协东盟】0【协巴基斯坦】0 【协智利】0【协新西兰】0【协秘鲁】0 【协哥斯达黎加】0【协冰岛】0【协瑞士】0 【协澳大利亚】0【协韩国】4.6【协格鲁吉亚】0 【协香港】0【协澳门】0 【特-1】0【特-2】0【特-3】0 【增】16【对美加征】5【出】0【退】16	台/千克	6				999	彩色超声波诊断仪的零件及附件
901812	99		其他超声波扫描诊断装置	Other ultrasonic diagnostic equipment	【最】3.1【普】17 【协亚太】2.8【协东盟】0【协巴基斯坦】0 【协智利】0【协新西兰】0【协秘鲁】0 【协哥斯达黎加】0【协冰岛】0【协瑞士】0 【协澳大利亚】0【协韩国】4.6【协格鲁吉亚】0 【协香港】0【协澳门】0 【特-1】0【特-2】0【特-3】0 【增】16【对美加征】5【出】0【退】16	台/千克	6A		M		999	其他超声波扫描诊断装置
901813	10		成套的核磁共振成像装置	Magnetic resonance imaging apparatus	【最】4【普】17 【协东盟】0【协香港】0【协巴基斯坦】0 【协智利】0【协新西兰】0【协秘鲁】0 【协哥斯达黎加】0【协冰岛】0【协瑞士】0 【协澳大利亚】0【协韩国】2.9【协格鲁吉亚】0 【特-1】0【特-2】0【特-3】0 【增】16【对美加征】25【出】0【退】16	套/千克	6OA		M		999	成套的核磁共振成像装置（医疗、外科、牙科或兽医用）
901813	90		核磁共振成像装置用零件	Parts of magnetic resonance imaging apparatus	【最】4【普】17 【协东盟】0【协香港】0【协巴基斯坦】0 【协智利】0【协新西兰】0【协秘鲁】0 【协哥斯达黎加】0【协冰岛】0【协瑞士】0 【协澳大利亚】0【协韩国】2.9【协格鲁吉亚】0 【特-1】0【特-2】0【特-3】0 【增】16【对美加征】5【出】0【退】16	个/千克	6		M		999	核磁共振成像装置用零件（医疗、外科、牙科或兽医用）
901814	00		闪烁摄影装置	Scintigraphic apparatus	【最】5【普】17 【协东盟】0【协巴基斯坦】0【协智利】0 【协新西兰】0【协秘鲁】0【协哥斯达黎加】0 【协冰岛】0【协瑞士】0【协澳大利亚】0 【协韩国】3.6【协格鲁吉亚】0【协香港】0 【协澳门】0 【特-1】0【特-2】0【特-3】0 【增】16【对美加征】5【出】0【退】16	台/千克	6A		M		999	闪烁摄影装置

税则号列			货品名称中英文		税费综合信息	计量单位	监管证件代码		检验检疫类别		检验检疫编码	检验检疫编码对应中文名称
HS 国际统一前 6 位	本国子目 7~8 位	本国子目 9~10 位	中文 货物名称	英文 Article Description			进口	出口	进口	出口		
901819	30	10	病员监护仪（整机）	The patient monitor (machine)	【最】2【普】17 【协亚太】1.3【协东盟】0【协巴基斯坦】0 【协智利】0【协新西兰】0【协秘鲁】0 【协哥斯达黎加】0【协冰岛】0【协瑞士】0 【协澳大利亚】0【协韩国】0.8【协格鲁吉亚】0 【协香港】0【协澳门】0 【特-1】0【特-2】0【特-3】0 【增】16【对美加征】25【出】0【退】16	台/千克	6A		M		999	病员监护仪（整机）
901819	30	90	病员监护仪的零件及附件	Parts and accessories of patient monitor-Hearing diagnostic apparatas	【最】2【普】17 【协亚太】1.3【协东盟】0【协巴基斯坦】0 【协智利】0【协新西兰】0【协秘鲁】0 【协哥斯达黎加】0【协冰岛】0【协瑞士】0 【协澳大利亚】0【协韩国】0.8【协格鲁吉亚】0 【协香港】0【协澳门】0 【特-1】0【特-2】0【特-3】0 【增】16【对美加征】25【出】0【退】16	台/千克	6				999	病员监护仪的零件及附件
901819	41		听力计	Andiometers	【最】2【普】17 【协亚太】1.3【协东盟】0【协巴基斯坦】0 【协智利】0【协新西兰】0【协秘鲁】0 【协哥斯达黎加】0【协冰岛】0【协瑞士】0 【协澳大利亚】0【协韩国】0【协格鲁吉亚】0 【协香港】0【协澳门】0 【特-1】0【特-2】0【特-3】0 【增】16【对美加征】10【出】0【退】16	台/千克	6A		M		999	听力计
901819	49		其他听力诊断装置	Other hearing diagnostic	【最】2【普】17 【协亚太】1.3【协东盟】0【协巴基斯坦】0 【协智利】0【协新西兰】0【协秘鲁】0 【协哥斯达黎加】0【协冰岛】0【协瑞士】0 【协澳大利亚】0【协格鲁吉亚】0 【协香港】0【协澳门】0 【特-1】0【特-2】0【特-3】0 【增】16【对美加征】5【出】0【退】16	台/千克	6A		M		999	其他听力诊断装置
901819	90		其他电气诊断装置（编号 9018.1000 中未列名的）	Other electro-diagnostic apparatus, not specified in subheading No. 9018.1000	【最】2【普】17 【协亚太】1.3【协东盟】0【协巴基斯坦】0 【协智利】0【协新西兰】0【协秘鲁】0 【协哥斯达黎加】0【协冰岛】0【协瑞士】0 【协澳大利亚】0【协韩国】0【协格鲁吉亚】0 【协香港】0【协澳门】0 【特-1】0【特-2】0【特-3】0 【增】16【对美加征】5【出】0【退】16	台/千克	6A		M		999	其他电气诊断装置（编号 9018.1000 中未列名的）
901820	00		紫外线及红外线装置	Ultra-violet or infrared ray apparatus	【最】1【普】17 【协东盟】0【协巴基斯坦】0【协智利】0 【协新西兰】0【协秘鲁】0【协哥斯达黎加】0 【协冰岛】0【协瑞士】0【协澳大利亚】0 【协韩国】0.8【协格鲁吉亚】0 【协香港】0【协澳门】0 【特-1】0【特-2】0【特-3】0 【增】16【对美加征】5【出】0【退】16	台/千克	6A		M		101 102	紫外线及红外线装置（诊断仪器及零部件） 紫外线及红外线装置（治疗仪器及零部件）
901831	00		注射器（不论是否装有针头）	Syringes, with or without needles	【最】8【普】50 【协亚太】5.2【协东盟】0【协巴基斯坦】0 【协智利】0【协新西兰】0【协秘鲁】0 【协哥斯达黎加】0【协冰岛】0【协瑞士】3.2 【协澳大利亚】0【协韩国】4.8 【协格鲁吉亚】0【协香港】0【协澳门】0 【特-1】0【特-2】0【特-3】0 【增】16【对美加征】5【出】0【退】16	个/千克	6A		M		101 102 103 104 105 ……	注射器（不论是否装有针头）（一次性使用无菌注射器） 注射器（不论是否装有针头）（玻璃注射器） 注射器（不论是否装有针头）（预填充药剂及与药液配套的注射器） 注射器（不论是否装有针头）（胰岛素注射器） 注射器（不论是否装有针头）（兽医金属注射器） ……[①]

① 该税号项下检验检疫编码及对应中文名称尚有：106 注射器（不论是否装有针头）（兽医塑钢连续注射器），107 注射器（不论是否装有针头）（一次性使用精密过滤输液器），108 注射器（不论是否装有针头）［一次性使用重力（滴定管）式输液器］，109 注射器（不论是否装有针头）（一次性使用避光输液器），110 注射器（不论是否装有针头）（一次性使用压力输液设备用输液器），111 注射器（不论是否装有针头）（一次性使用吊瓶式和袋式输液器），112 注射器（不论是否装有针头）（一次性使用流量设定微调式输液器），113 注射器（不论是否装有针头）（其他注射器、输液器）。

税则号列			货品名称中英文		税费综合信息	计量单位	监管证件代码		检验检疫类别		检验检疫编码	检验检疫编码对应中文名称
HS国际统一前6位	本国子目 7~8位	本国子目 9~10位	中文 货物名称	英文 Article Description			进口	出口	进口	出口		
901832	10		管状金属针头	Tubular metal needles	【最】8【普】50 【协亚太】5.2【协东盟】0【协巴基斯坦】0 【协智利】0【协新西兰】0【协秘鲁】0 【协哥斯达黎加】0【协冰岛】0【协瑞士】0 【协澳大利亚】0【协韩国】4.8 【协格鲁吉亚】4.8【协香港】0【协澳门】0 【特-1】0【特-2】0【特-3】0 【增】16【对美加征】10【出】0【退】16	千克	6A		M		101 102 103 104 105 ……	管状金属针头（一次性使用无菌注射针） 管状金属针头（不锈钢注射针管） 管状金属针头（一次性使用静脉输液针） 管状金属针头（金属骨髓内针） 管状金属针头（泪道探针） ……①
901832	20		缝合用针	Needles for sutures	【最】4【普】17 【协亚太】2.6【协东盟】0【协巴基斯坦】0 【协智利】0【协新西兰】0【协秘鲁】0 【协哥斯达黎加】0【协冰岛】0【协瑞士】0 【协澳大利亚】0【协韩国】0【协格鲁吉亚】0 【协香港】0【协澳门】0 【特-1】0【特-2】0【特-3】0 【增】16【对美加征】5【出】0【退】16	千克	6A		M		999	缝合用针
901839	00		导管、插管及类似品	Catheters, cannulae and the like	【最】4【普】17 【协东盟】0【协巴基斯坦】0【协智利】0 【协新西兰】0【协秘鲁】0【协哥斯达黎加】0 【协冰岛】0【协瑞士】1.6【协澳大利亚】0 【协韩国】0.8【协格鲁吉亚】0【协香港】0 【协澳门】0 【特-1】0【特-2】0【特-3】0 【增】16【对美加征】5【出】0【退】16	个/千克	6A		M		999	导管、插管及类似品
901841	00		牙钻机	Dental drill engines, whether or not combined on a single base with other dental equipment	【最】4【普】17 【协东盟】0【协巴基斯坦】0【协智利】0 【协新西兰】0【协秘鲁】0【协哥斯达黎加】0 【协冰岛】0【协瑞士】0【协澳大利亚】0 【协韩国】0【协格鲁吉亚】0【协香港】0 【协澳门】0 【特-1】0【特-2】0【特-3】0 【增】16【对美加征】10【出】0【退】16	台/千克	6A		M		999	牙钻机（不论是否与其他牙科设备组装在同一底座上）
901849	10		装有牙科设备的牙科用椅	Dentists'chairs incorporating dental equipment	【最】4【普】17 【协东盟】0【协巴基斯坦】0【协智利】0 【协新西兰】0【协秘鲁】0【协哥斯达黎加】0 【协冰岛】0【协瑞士】1.6【协澳大利亚】0 【协韩国】2.4【协格鲁吉亚】0【协香港】0 【协澳门】0 【特-1】0【特-2】0【特-3】0 【增】16【对美加征】5【出】0【退】16	台/千克	6A		M		999	装有牙科设备的牙科用椅
901849	90		牙科用其他仪器及器具（但不包括牙钻机或牙科用椅）【电商】	Other instruments and appliances, used in dental sciences (excluding dental drill engines or dentists'chairs)	【最】4【普】17 【协东盟】0【协巴基斯坦】0【协智利】0 【协新西兰】0【协秘鲁】0【协哥斯达黎加】0 【协冰岛】0【协瑞士】1.6【协澳大利亚】0 【协韩国】0.8【协格鲁吉亚】0【协香港】0 【协澳门】0 【特-1】0【特-2】0【特-3】0 【增】16【对美加征】5【出】0【退】16	台/千克	6A		M		999	牙科用其他仪器及器具（但不包括牙钻机或牙科用椅）
901850	00		眼科用其他仪器及器具	Other ophthalmic instruments and appliances	【最】2【普】17 【协亚太】1.3【协东盟】0【协巴基斯坦】0 【协智利】0【协新西兰】0【协秘鲁】0 【协哥斯达黎加】0【协冰岛】0【协瑞士】1.6 【协澳大利亚】0【协韩国】2.8【协格鲁吉亚】0 【协香港】0【协澳门】0 【特-1】0【特-2】0【特-3】0 【增】16【对美加征】25【出】0【退】16	千克	6A		M		101 102	眼科用其他仪器及器具（诊断仪器及零部件） 眼科用其他仪器及器具（治疗仪器及零部件）

① 该税号项下检验检疫编码及对应中文名称尚有：106　管状金属针头（一次性使用无菌牙科注射针），107　管状金属针头（一次性使用麻醉穿刺针），108　管状金属针头（其他管状金属针头）。

税则号列 HS国际统一前6位	本国子目 7~8位	本国子目 9~10位	货品名称中英文 中文 货物名称	货品名称中英文 英文 Article Description	税费综合信息	计量单位	监管证件代码 进口	监管证件代码 出口	检验检疫类别 进口	检验检疫类别 出口	检验检疫编码	检验检疫编码对应中文名称
901890	10		听诊器	Stethoscopes	【最】4【普】17 【协亚太】2.6【协东盟】0【协香港】0 【协巴基斯坦】0【协智利】0【协新西兰】0 【协秘鲁】0【协哥斯达黎加】0【协冰岛】0 【协瑞士】0【协澳大利亚】0【协韩国】0 【协格鲁吉亚】0 【特-1】0【特-2】0【特-3】0 【增】16【对美加征】5【出】0【退】16	个/千克	6				999	听诊器
901890	20	10	电血压测量仪器及器具【电商】	Electronic Sphygmomanometers and appliances	【最】2【普】17 【协亚太】2.6【协东盟】0【协香港】0 【协澳门】0【协巴基斯坦】0【协智利】0 【协新西兰】0【协秘鲁】0【协哥斯达黎加】0 【协冰岛】0【协瑞士】0【协澳大利亚】0 【协韩国】0【协格鲁吉亚】0 【特-1】0【特-2】0【特-3】0 【增】16【对美加征】10【出】0【退】16	个/千克	6A		M		999	电血压测量仪器及器具
901890	20	90	其他血压测量仪器及器具【电商】	Other Sphygmomanometers and appliances	【最】4【普】17 【协亚太】2.6【协东盟】0【协香港】0 【协澳门】0【协巴基斯坦】0【协智利】0 【协新西兰】0【协秘鲁】0【协哥斯达黎加】0 【协冰岛】0【协瑞士】0【协澳大利亚】0 【协韩国】0【协格鲁吉亚】0 【特-1】0【特-2】0【特-3】0 【增】16【对美加征】10【出】0【退】16	个/千克	6A		M		999	其他血压测量仪器及器具
901890	30	10	内窥镜（整机）	Endoscope(machine)	【最】2【普】17 【协亚太】1.3【协东盟】0【协香港】0 【协巴基斯坦】0【协智利】0【协新西兰】0 【协秘鲁】0【协哥斯达黎加】0【协冰岛】0 【协瑞士】0【协澳大利亚】0【协韩国】0 【协格鲁吉亚】0 【特-1】0【特-2】0【特-3】0 【增】16【对美加征】5【出】0【退】16	台/千克	6A		M		999	内窥镜（整机）
901890	30	90	内窥镜的零件及附件	Parts and accessories of endoscope mirror	【最】2【普】17 【协亚太】1.3【协东盟】0【协香港】0 【协巴基斯坦】0【协智利】0【协新西兰】0 【协秘鲁】0【协哥斯达黎加】0【协冰岛】0 【协瑞士】0【协澳大利亚】0【协韩国】0 【协格鲁吉亚】0 【特-1】0【特-2】0【特-3】0 【增】16【对美加征】5【出】0【退】16	台/千克	6				999	内窥镜的零件及附件
901890	40		肾脏透析设备（人工肾）	Artificial kidney(dialysis) apparatus	【最】2【普】17 【协亚太】1.3【协东盟】0【协香港】0 【协巴基斯坦】0【协智利】0【协新西兰】0 【协秘鲁】0【协哥斯达黎加】0【协冰岛】0 【协瑞士】0【协澳大利亚】0【协韩国】0 【协格鲁吉亚】0 【特-1】0【特-2】0【特-3】0 【增】16【对美加征】5【出】0【退】16	台/千克	6A		M		999	肾脏透析设备（人工肾）
901890	50		透热疗法设备	Diathermy apparatus	【最】2【普】17 【协亚太】1.3【协东盟】0【协香港】0 【协澳门】0【协巴基斯坦】0【协智利】0 【协新西兰】0【协秘鲁】0【协哥斯达黎加】0 【协冰岛】0【协瑞士】0【协澳大利亚】0 【协韩国】0【协格鲁吉亚】0 【特-1】0【特-2】0【特-3】0 【增】16【对美加征】5【出】0【退】16	台/千克	6A		M		999	透热疗法设备
901890	60		输血设备	Blood transfusion apparatus	【最】2【普】17 【协亚太】1.3【协东盟】0【协香港】0 【协巴基斯坦】0【协智利】0【协新西兰】0 【协秘鲁】0【协哥斯达黎加】0【协冰岛】0 【协瑞士】1.6【协澳大利亚】0【协韩国】0 【协格鲁吉亚】0 【特-1】0【特-2】0【特-3】0 【增】16【对美加征】5【出】0【退】16	台/千克	6A		M		101 102 103 104 105	输血设备（一次性使用输血器） 输血设备（血液透析、过滤设备） 输血设备（一次性使用血路产品） 输血设备（血泵） 输血设备（其他输血设备）

税则号列			货品名称中英文		税费综合信息	计量单位	监管证件代码		检验检疫类别		检验检疫编码	检验检疫编码对应中文名称
HS国际统一前6位	本国子目7~8位	本国子目9~10位	中文 货物名称	英文 Article Description			进口	出口	进口	出口		
901890	70	10	电麻醉设备	Electronic anaesthetic apparatus and instruments	【最】2【普】17 【协亚太】2.6【协东盟】0【协香港】0 【协巴基斯坦】0【协智利】0【协新西兰】0 【协秘鲁】0【协哥斯达黎加】0【协冰岛】0 【协瑞士】0【协澳大利亚】0【协韩国】0.8 【协格鲁吉亚】0 【特-1】0【特-2】0【特-3】0 【增】16【对美加征】5【出】0【退】16	台/千克	6A		M		999	电麻醉设备
901890	70	90	其他麻醉设备	Other anaesthetic apparatus and instruments	【最】4【普】17 【协亚太】2.6【协东盟】0【协香港】0 【协巴基斯坦】0【协智利】0【协新西兰】0 【协秘鲁】0【协哥斯达黎加】0【协冰岛】0 【协瑞士】0【协澳大利亚】0【协韩国】0.8 【协格鲁吉亚】0 【特-1】0【特-2】0【特-3】0 【增】16【对美加征】5【出】0【退】16	台/千克	6A		M		999	其他麻醉设备
901890	91		宫内节育器	Intrauterine device	【最】4【普】17 【协亚太】2【协东盟】0【协香港】0 【协巴基斯坦】0【协智利】0【协新西兰】0 【协秘鲁】0【协哥斯达黎加】0【协冰岛】0 【协瑞士】0【协澳大利亚】0【协韩国】0 【协格鲁吉亚】0 【特-1】0【特-2】0【特-3】0 【增】0【对美加征】5【出】0【退】0	个/千克	6A		M		999	宫内节育器
901890	99	11	电子的其他医疗、外科用仪器器具（整机）	Other medical and surgical instruments for electronic surgery (whole machine)	【最】2【普】17 【协亚太】2.6【协东盟】0【协香港】0 【协澳门】0【协巴基斯坦】0【协智利】0 【协新西兰】0【协秘鲁】0【协哥斯达黎加】0 【协冰岛】0【协瑞士】1.6【协澳大利亚】0 【协韩国】0.8【协格鲁吉亚】0 【特-1】0【特-2】0【特-3】0 【增】16【对美加征】25【出】0【退】16	台/千克	6A		M		101 102 103 104 105 ……	电子的其他医疗、外科用仪器器具（整机）（诊断仪器及零部件） 电子的其他医疗、外科用仪器器具（整机）（治疗仪器及零部件） 电子的其他医疗、外科用仪器器具（整机）（其他医疗仪器及零部件） 电子的其他医疗、外科用仪器器具（整机）（与人体接触的进入式医疗器具） 电子的其他医疗、外科用仪器器具（整机）（与人体接触的非进入式医疗器具） ……①
901890	99	19	其他医疗、外科或兽医用仪器器具（整机）	Other instruments for medical, surgical, or veterinary madicine (whole machine)	【最】4【普】17 【协亚太】2.6【协东盟】0【协香港】0 【协澳门】0【协巴基斯坦】0【协智利】0 【协新西兰】0【协秘鲁】0【协哥斯达黎加】0 【协冰岛】0【协瑞士】1.6【协澳大利亚】0 【协韩国】0.8【协格鲁吉亚】0 【特-1】0【特-2】0【特-3】0 【增】16【对美加征】25【出】0【退】16	台/千克	6A		M		101 102 103 104 105 ……	其他医疗、外科或兽医用仪器器具（整机）（诊断仪器及零部件） 其他医疗、外科或兽医用仪器器具（整机）（治疗仪器及零部件） 其他医疗、外科或兽医用仪器器具（整机）（其他医疗仪器及零部件） 其他医疗、外科或兽医用仪器器具（整机）（与人体接触的进入式医疗器具） 其他医疗、外科或兽医用仪器器具（整机）（与人体接触的非进入式医疗器具） ……②

① 该税号项下检验检疫编码及对应中文名称尚有：106　电子的其他医疗、外科用仪器器具（整机）（其他医疗器具）。

② 该税号项下检验检疫编码及对应中文名称尚有：106　其他医疗、外科或兽医用仪器器具（整机）（其他医疗器具）。

税则号列			货品名称中英文		税费综合信息	计量单位	监管证件代码		检验检疫类别		检验检疫编码	检验检疫编码对应中文名称
HS 国际统一前 6 位	本国子目 7~8 位	本国子目 9~10 位	中文 货物名称	英文 Article Description			进口	出口	进口	出口		
901890	99	91	电子的其他医疗、外科用仪器器具的零件及附件	Parts and accessories of the other medical and surgical instruments of the electronics	【最】2【普】17 【协亚太】2.6【协东盟】0【协香港】0 【协澳门】0【协巴基斯坦】0【协智利】0 【协新西兰】0【协秘鲁】0【协哥斯达黎加】0 【协冰岛】0【协瑞士】1.6【协澳大利亚】0 【协韩国】0.8【协格鲁吉亚】0 【特-1】0【特-2】0【特-3】0 【增】16【对美加征】25【出】0【退】16	台/千克	6A		M		101 102 103 104 105 ……	电子的其他医疗、外科用仪器器具的零件及附件（诊断仪器及零部件） 电子的其他医疗、外科用仪器器具的零件及附件（治疗仪器及零部件） 电子的其他医疗、外科用仪器器具的零件及附件（其他医疗仪器及零部件） 电子的其他医疗、外科用仪器器具的零件及附件（与人体接触的进入式医疗器具） 电子的其他医疗、外科用仪器器具的零件及附件（与人体接触的非进入式医疗器具） ……①
901890	99	99	其他医疗、外科或兽医用仪器器具的零件及附件	Other parts and accessories for medical, surgical or veterinary instruments	【最】4【普】17 【协亚太】2.6【协东盟】0【协香港】0 【协澳门】0【协巴基斯坦】0【协智利】0 【协新西兰】0【协秘鲁】0【协哥斯达黎加】0 【协冰岛】0【协瑞士】1.6【协澳大利亚】0 【协韩国】0.8【协格鲁吉亚】0 【特-1】0【特-2】0【特-3】0 【增】16【对美加征】25【出】0【退】16	台/千克	6				101 102 103 104 105 ……	其他医疗、外科或兽医用仪器器具的零件及附件（诊断仪器及零部件） 其他医疗、外科或兽医用仪器器具的零件及附件（治疗仪器及零部件） 其他医疗、外科或兽医用仪器器具的零件及附件（其他医疗仪器及零部件） 其他医疗、外科或兽医用仪器器具的零件及附件（与人体接触的进入式医疗器具） 其他医疗、外科或兽医用仪器器具的零件及附件（与人体接触的非进入式医疗器具） ……②
901910	10		按摩器具【电商】	Massage apparatus	【最】10【普】40 【协东盟】0【协香港】0【协澳门】0 【协巴基斯坦】12【协智利】0【协新西兰】0 【协新加坡】0【协秘鲁】0【协哥斯达黎加】0 【协冰岛】0【协瑞士】6【协澳大利亚】0 【协韩国】9【协格鲁吉亚】0 【特-1】0【特-2】0 【增】16【对美加征】10【出】0【退】16	台/千克	A		M		101 102 103 104 105 ……	按摩器具（按摩垫 I 类器具） 按摩器具（按摩垫 II 类器具） 按摩器具（按摩垫 III 类器具） 按摩器具（按摩垫 0I 类器具） 按摩器具（按摩垫 0 类器具） ……③

① 该税号项下检验检疫编码及对应中文名称尚有：106　电子的其他医疗、外科用仪器器具的零件及附件（其他医疗器具）。

② 该税号项下检验检疫编码及对应中文名称尚有：106　其他医疗、外科或兽医用仪器器具的零件及附件（其他医疗器具）。

③ 该税号项下检验检疫编码及对应中文名称尚有：106　按摩器具（按摩椅 I 类器具），107　按摩器具（按摩椅 II 类器具），108　按摩器具（按摩椅 III 类器具），109　按摩器具（按摩椅 0I 类器具），110　按摩器具（按摩椅 0 类器具），111　按摩器具（按摩床 I 类器具），112　按摩器具（按摩床 II 类器具），113　按摩器具（按摩床 III 类器具），114　按摩器具（按摩床 0I 类器具），115　按摩器具（按摩床 0 类器具），116　按摩器具（其他按摩器具及其零件 I 类器具），117　按摩器具（其他按摩器具及其零件 II 类器具），118　按摩器具（其他按摩器具及其零件 III 类器具），119　按摩器具（其他按摩器具及其零件 0I 类器具），120　按摩器具（其他按摩器具及其零件 0 类器具）。

税则号列 HS国际统一前6位	本国子目 7~8位	本国子目 9~10位	货品名称中英文 中文 货物名称	货品名称中英文 英文 Article Description	税费综合信息	计量单位	监管证件代码 进口	监管证件代码 出口	检验检疫类别 进口	检验检疫类别 出口	检验检疫编码	检验检疫编码对应中文名称
901910	90		机械疗法器具，心理功能测验装置【电商】	Mechano-therapy appliances; psychological aptitudetesting apparatus	【最】4【普】30 【协东盟】0【协香港】0【协巴基斯坦】0 【协智利】0【协新西兰】0【协秘鲁】0 【协哥斯达黎加】0【协冰岛】0【协瑞士】1.6 【协澳大利亚】0【协韩国】0.8【协格鲁吉亚】0 【特-1】0【特-2】0【特-3】0 【增】16【对美加征】5【出】0【退】16	台/千克					101 102 103 104 105 ……	机械疗法器具，心理功能测验装置（心理功能测验装置） 机械疗法器具，心理功能测验装置（与人体接触的机械疗法器具） 机械疗法器具，心理功能测验装置（其他机械疗法器具） 机械疗法器具，心理功能测验装置（按摩垫I类器具） 机械疗法器具，心理功能测验装置（按摩垫II类器具） ……①
901920	00		臭氧治疗器、氧气治疗器等器具（还包括喷雾治疗器、人工呼吸器或其他治疗用呼吸器具）【电商】	Ozone therapy, oxygen therapy, aerosol therapy, artificial respiration or other therapeutic respiration apparatus	【最】4【普】17 【协东盟】0【协澳门】0【协巴基斯坦】0 【协智利】0【协新西兰】0【协秘鲁】0 【协哥斯达黎加】0【协冰岛】0【协瑞士】1.6 【协澳大利亚】0【协韩国】2.9【协格鲁吉亚】0 【协香港】0 【特-1】0【特-2】0【特-3】0 【增】16【对美加征】5【出】0【退】16	台/千克	A		M		999	臭氧治疗器、氧气治疗器等器具（还包括喷雾治疗器、人工呼吸器或其他治疗用呼吸器具）
902000	00		其他呼吸器具及防毒面具（但不包括既无机械零件又无可互换过滤器的防护面具）【电商】	Other breathing appliances and gas masks, excluding protective masks having neither mechanical parts nor replaceable filters	【最】8【普】30【暂进】4 【协东盟】0【协香港】0【协澳门】0 【协巴基斯坦】5【协智利】0【协新西兰】0 【协秘鲁】0【协哥斯达黎加】0【协冰岛】0 【协瑞士】0【协澳大利亚】0【协韩国】4.8 【协格鲁吉亚】0 【特-1】0【特-2】0【特-3】0 【增】16【对美加征】5【出】0【退】16	千克			L		999	其他呼吸器具及防毒面具（但不包括既无机械零件又无可互换过滤器的防护面具）
902110	00		矫形或骨折用器具（但不包括人造关节）【电商】	Orthopaedic or fracture appliances (excluding artificial joints)	【最】4【普】17 【协东盟】0【协巴基斯坦】0【协智利】0 【协新西兰】0【协秘鲁】0【协哥斯达黎加】0 【协冰岛】0【协瑞士】2.3【协澳大利亚】0 【协韩国】2.9【协格鲁吉亚】0【协香港】0 【协澳门】0 【特-1】0【特-2】0【特-3】0 【增】16【对美加征】5【出】0【退】16	千克					101 102	矫形或骨折用器具（但不包括人造关节）（与人体接触的进入式医疗器具） 矫形或骨折用器具（但不包括人造关节）（与人体接触的非进入式医疗器具）
902121	00		假牙	Artificial teeth	【最】4【普】17 【协东盟】0【协香港】0【协巴基斯坦】0 【协智利】0【协新西兰】0【协秘鲁】0 【协哥斯达黎加】0【协冰岛】0【协瑞士】0 【协澳大利亚】0【协韩国】0【协格鲁吉亚】0 【特-1】0【特-2】0【特-3】0 【增】16【对美加征】5【出】0【退】16	千克					999	假牙
902129	00		牙齿固定件	Dental fittings	【最】4【普】17【暂进】2 【协东盟】0【协澳门】0【协巴基斯坦】0 【协智利】0【协新西兰】0【协秘鲁】0 【协哥斯达黎加】0【协冰岛】0【协瑞士】1.6 【协澳大利亚】0【协韩国】0.8【协格鲁吉亚】0 【协香港】0 【特-1】0【特-2】0【特-3】0 【增】16【出】0【退】16	千克					999	牙齿固定件

① 该税号项下检验检疫编码及对应中文名称尚有：106　机械疗法器具，心理功能测验装置（按摩垫III类器具），107　机械疗法器具，心理功能测验装置（按摩垫0I类器具），108　机械疗法器具，心理功能测验装置（按摩垫0类器具），109　机械疗法器具，心理功能测验装置（按摩椅I类器具），110　机械疗法器具，心理功能测验装置（按摩椅II类器具），111　机械疗法器具，心理功能测验装置（按摩椅III类器具），112　机械疗法器具，心理功能测验装置（按摩椅0I类器具），113　机械疗法器具，心理功能测验装置（按摩椅0类器具），114　机械疗法器具，心理功能测验装置（按摩床I类器具），115　机械疗法器具，心理功能测验装置（按摩床II类器具），116　机械疗法器具，心理功能测验装置（按摩床III类器具），117　机械疗法器具，心理功能测验装置（按摩床0I类器具），118　机械疗法器具，心理功能测验装置（按摩床0类器具），119　机械疗法器具，心理功能测验装置（其他按摩器具及其零件I类器具），120　机械疗法器具，心理功能测验装置（其他按摩器具及其零件II类器具），121　机械疗法器具，心理功能测验装置（其他按摩器具及其零件III类器具），122　机械疗法器具，心理功能测验装置（其他按摩器具及其零件0I类器具），123　机械疗法器具，心理功能测验装置（其他按摩器具及其零件0类器具）。

税则号列			货品名称中英文		税费综合信息	计量单位	监管证件代码		检验检疫类别		检验检疫编码	检验检疫编码对应中文名称
HS国际统一前6位	本国子目 7~8位	本国子目 9~10位	中文 货物名称	英文 Article Description			进口	出口	进口	出口		
902131	00		人造关节	Artificial joints	【最】4【普】17 【协东盟】0【协香港】0【协巴基斯坦】0 【协智利】0【协新西兰】0【协秘鲁】0 【协台湾】0【协哥斯达黎加】0【协冰岛】0 【协瑞士】1.6【协澳大利亚】0【协韩国】0 【协格鲁吉亚】0 【特-1】0【特-2】0【特-3】0 【增】16【出】0【退】16	千克/套					999	人造关节
902139	00		其他人造的人体部分	Other artificial parts of the body	【最】4【普】17 【协东盟】0【协巴基斯坦】0【协智利】0 【协新西兰】0【协秘鲁】0【协哥斯达黎加】0 【协冰岛】0【协瑞士】0【协澳大利亚】0 【协韩国】2.4【协格鲁吉亚】0【协香港】0 【协澳门】0 【特-1】0【特-2】0【特-3】0 【增】16【对美加征】5【出】0【退】16	千克					999	其他人造的人体部分
902140	00		助听器，不包括零件、附件	Hearing aids, excluding parts and accessories	【最】4【普】17 【协东盟】0【协香港】0【协澳门】0 【协巴基斯坦】0【协智利】0【协新西兰】0 【协秘鲁】0【协哥斯达黎加】0【协冰岛】0 【协瑞士】1.6【协澳大利亚】0【协韩国】0 【协格鲁吉亚】0 【特-1】0【特-2】0【特-3】0 【增】16【出】0【退】16	个					999	助听器，不包括零件、附件
902150	00		心脏起搏器，不包括零件、附件	Pacemakers for stimulating heart muscles, excluding parts and accessories	【最】2【普】17 【协亚太】1.3【协东盟】0【协巴基斯坦】0 【协智利】0【协新西兰】0【协秘鲁】0 【协哥斯达黎加】0【协冰岛】0【协瑞士】1.6 【协澳大利亚】0【协韩国】0【协格鲁吉亚】0 【协香港】0【协澳门】0 【特-1】0【特-2】0【特-3】0 【增】16【出】0【退】16	个	A		M		999	心脏起搏器，不包括零件、附件
902190	11		血管支架	Neuroform	【最】2【普】17 【协东盟】0【协巴基斯坦】0【协智利】0 【协新西兰】0【协秘鲁】0【协哥斯达黎加】0 【协冰岛】0【协瑞士】1.6【协澳大利亚】0 【协韩国】0【协格鲁吉亚】0【协香港】0 【协澳门】0 【特-1】0【特-2】0【特-3】0 【增】16【出】0【退】16	千克/个					999	血管支架
902190	19		其他支架	Other brace	【最】2【普】17 【协东盟】0【协巴基斯坦】0【协智利】0 【协新西兰】0【协秘鲁】0【协哥斯达黎加】0 【协冰岛】0【协瑞士】1.6【协澳大利亚】0 【协韩国】2.4【协格鲁吉亚】0【协香港】0 【协澳门】0 【特-1】0【特-2】0【特-3】0 【增】16【出】0【退】16	千克/个					999	其他支架
902190	90	10	人工耳蜗植入装置	Cochlear implant devices	【最】2【普】17【暂进】0 【协东盟】0【协巴基斯坦】0【协智利】0 【协新西兰】0【协秘鲁】0【协哥斯达黎加】0 【协冰岛】0【协瑞士】1.6【协澳大利亚】0 【协韩国】0.8【协格鲁吉亚】0【协香港】0 【协澳门】0 【特-1】0【特-2】0【特-3】0 【增】16【出】0【退】16	千克					999	人工耳蜗植入装置

税则号列			货品名称中英文		税费综合信息	计量单位	监管证件代码		检验检疫类别		检验检疫编码	检验检疫编码对应中文名称
HS 国际统一前6位	本国子目 7~8位	9~10位	中文 货物名称	英文 Article Description			进口	出口	进口	出口		
902190	90	90	其他弥补生理缺陷、残疾用器具等（包括穿戴、携带或植入人体内的器具及零件）	Other appliances for redeeming physical defects and disabilities (including the apparatuses and parts for wearing and carrying or those implanted in the body)	【最】2【普】17 【协东盟】0【协巴基斯坦】0【协智利】0 【协新西兰】0【协秘鲁】0【协哥斯达黎加】0 【协冰岛】0【协瑞士】1.6【协澳大利亚】0 【协韩国】0.8【协格鲁吉亚】0【协香港】0 【协澳门】0 【特-1】0【特-2】0【特-3】0 【增】16【出】0【退】16	千克					101 102 103	其他弥补生理缺陷、残疾用器具等（包括穿戴、携带或植入人体内的器具及零件）（与人体接触的进入式医疗器具） 其他弥补生理缺陷、残疾用器具等（包括穿戴、携带或植入人体内的器具及零件）（与人体接触的非进入式医疗器具） 其他弥补生理缺陷、残疾用器具等（包括穿戴、携带或植入人体内的器具及零件）（其他医疗器具）
902212	00		X射线断层检查仪	Computed tomography apparatus	【最】3.3【普】11 【协亚太】2.3【协东盟】0【协巴基斯坦】0 【协智利】0【协新西兰】0【协秘鲁】0 【协哥斯达黎加】0【协冰岛】0【协瑞士】0 【协澳大利亚】0【协韩国】2.9【协格鲁吉亚】0 【协香港】0【协澳门】0 【特-1】0【特-2】0【特-3】0 【增】16【对美加征】5【出】0【退】16	台	6OA		M		101 102 103 104 105 ……	X射线断层检查仪（医用X射线诊断放射设备） X射线断层检查仪（X射线计算机体层摄影设备） X射线断层检查仪（X射线断层扫描高频发生设备） X射线断层检查仪（X射线断层扫描附属设备） X射线断层检查仪（乳腺X射线机） ……①
902213	00		其他牙科用X射线应用设备	Other apparatus based on the use of X-rays, for dental uses	【最】1【普】11 【协东盟】0【协巴基斯坦】0【协智利】0 【协新西兰】0【协秘鲁】0【协哥斯达黎加】0 【协冰岛】0【协瑞士】0【协澳大利亚】0 【协韩国】0.8【协格鲁吉亚】0【协香港】0 【协澳门】0 【特-1】0【特-2】0【特-3】0 【增】16【对美加征】10【出】0【退】16	台	6OA		M		999	其他牙科用X射线应用设备
902214	00	10	医用直线加速器	Medical linear accelerators	【最】2【普】11 【协东盟】0【协巴基斯坦】0【协智利】0 【协新西兰】0【协秘鲁】0【协哥斯达黎加】0 【协冰岛】0【协瑞士】0【协澳大利亚】0 【协韩国】0.8【协格鲁吉亚】0【协香港】0 【协澳门】0 【特-1】0【特-2】0【特-3】0 【增】16【对美加征】25【出】0【退】16	台	6OA		M		999	医用直线加速器
902214	00	90	其他医疗或兽医用X射线应用设备	Other medical or veterinary X-ray applications	【最】2【普】11 【协东盟】0【协巴基斯坦】0【协智利】0 【协新西兰】0【协秘鲁】0【协哥斯达黎加】0 【协冰岛】0【协瑞士】0【协澳大利亚】0 【协韩国】0.8【协格鲁吉亚】0【协香港】0 【协澳门】0 【特-1】0【特-2】0【特-3】0 【增】16【对美加征】25【出】0【退】16	台	6OA		M		999	其他医疗或兽医用X射线应用设备

① 该税号项下检验检疫编码及对应中文名称尚有：106 X射线断层检查仪（其他X射线断层检查设备）。

税则号列 HS国际统一前6位	本国子目 7~8位	本国子目 9~10位	货物名称 中文	货物名称 英文 Article Description	税费综合信息	计量单位	监管证件代码 进口	监管证件代码 出口	检验检疫类别 进口	检验检疫类别 出口	检验检疫编码	检验检疫编码对应中文名称
902219	10	10	采用X光机技术或X射线加速器技术的X射线安全检查设备（能量大于100千电子伏，不包括采用X射线交替双能加速器技术的第二代X射线安全检查设备）	X-ray security inspection equipments adopting the technology of x-ray apparatuses or x-ray accelerat-ors (with energy higher than 100 kilo electron volt, excluding the second generation security inspection equipments adopting the technology of alternating dualenergy x-ray accelerators)	【最】2【普】11 【协东盟】0【协巴基斯坦】0【协智利】0 【协新西兰】0【协秘鲁】0【协哥斯达黎加】0 【协冰岛】0【协瑞士】0【协澳大利亚】0 【协韩国】2.9【协格鲁吉亚】0【协香港】0 【协澳门】0 【特-1】0【特-2】0【特-3】0 【增】16【对美加征】5【出】0【退】16	台	6A		M		999	采用X光机技术或X射线加速器技术的X射线安全检查设备（能量大于100千电子伏，不包括采用X射线交替双能加速器技术的第二代X射线安全检查设备）
902219	10	90	其他低剂量X射线安全检查设备	Other types of low dose X-ray security inspection equipments	【最】2【普】11 【协东盟】0【协巴基斯坦】0【协智利】0 【协新西兰】0【协秘鲁】0【协哥斯达黎加】0 【协冰岛】0【协瑞士】0【协澳大利亚】0 【协韩国】2.9【协格鲁吉亚】0【协香港】0 【协澳门】0 【特-1】0【特-2】0【特-3】0 【增】16【对美加征】5【出】0【退】16	台	6A		M		999	其他低剂量X射线安全检查设备
902219	20		X射线无损探伤检测仪	X-ray Non Destructive Test (NDT) Equipments	【最】2【普】11 【协东盟】0【协香港】0【协巴基斯坦】0 【协智利】0【协新西兰】0【协秘鲁】0 【协哥斯达黎加】0【协冰岛】0【协瑞士】1.6 【协澳大利亚】0【协格鲁吉亚】0 【特-1】0【特-2】0【特-3】0 【增】16【对美加征】10【出】0【退】16	台	6A		M		999	X射线无损探伤检测仪
902219	90	10	X射线全自动燃料芯块检查台（专门设计或制造用于检验燃料芯块的最终尺寸和表面缺陷）	X-ray fully-automatic fuel pellet inspection stations (specially designed or manufactured to examine the final dimensions and surface defects of the fuel pellets)	【最】2【普】11 【协东盟】0【协香港】0【协巴基斯坦】0 【协智利】0【协新西兰】0【协秘鲁】0 【协哥斯达黎加】0【协冰岛】0【协瑞士】1.6 【协澳大利亚】0【协格鲁吉亚】0 【特-1】0【特-2】0【特-3】0 【增】16【对美加征】5【出】0【退】16	台	6A	3	M		999	X射线全自动燃料芯块检查台（专门设计或制造用于检验燃料芯块的最终尺寸和表面缺陷）
902219	90	90	其他X射线应用设备	Other X-ray applications	【最】2【普】11 【协东盟】0【协香港】0【协巴基斯坦】0 【协智利】0【协新西兰】0【协秘鲁】0 【协哥斯达黎加】0【协冰岛】0【协瑞士】1.6 【协澳大利亚】0【协格鲁吉亚】0 【特-1】0【特-2】0【特-3】0 【增】16【对美加征】5【出】0【退】16	台	6A		M		999	其他X射线应用设备
902221	00		医疗用α、β、γ射线设备（外科、牙科或兽医用）	α-ray, β-ray and γ-ray equipments For medical, surgical, dental or veterinary uses	【最】1【普】11 【协东盟】0【协巴基斯坦】0【协智利】0 【协新西兰】0【协秘鲁】0【协哥斯达黎加】0 【协冰岛】0【协瑞士】0【协澳大利亚】0 【协韩国】0【协格鲁吉亚】0 【协香港】0【协澳门】0 【特-1】0【特-2】0【特-3】0 【增】16【对美加征】5【出】0【退】16	台	6A		M		101 102	医疗用α、β、γ射线设备（外科、牙科或兽医用）（诊断仪器及零部件） 医疗用α、β、γ射线设备（外科、牙科或兽医用）（治疗仪器及零部件）
902229	10		γ射线无损探伤检测仪	γ-ray Non Destructive Test (NDT) Equipments	【最】3【普】11 【协东盟】0【协巴基斯坦】5【协智利】0 【协新西兰】0【协秘鲁】0【协哥斯达黎加】0 【协冰岛】0【协瑞士】0【协澳大利亚】0 【协韩国】1.2【协格鲁吉亚】0【协香港】0 【协澳门】0 【特-1】0【特-2】0【特-3】0 【增】16【出】0【退】16	台	6A		M		999	γ射线无损探伤检测仪
902229	90	10	γ射线全自动燃料芯块检查台（专门设计或制造用于检验燃料芯块的最终尺寸和表面缺陷）	γ-ray automatic fuel pellet inspection stand (specially designed or manufactured for inspecting the final size and surface blemish of fuel pellets)	【最】3【普】11 【协东盟】0【协巴基斯坦】5【协智利】0 【协新西兰】0【协秘鲁】0【协哥斯达黎加】0 【协冰岛】0【协瑞士】0【协澳大利亚】0 【协韩国】1.2【协格鲁吉亚】0【协香港】0 【协澳门】0 【特-1】0【特-2】0【特-3】0 【增】16【对美加征】5【出】0【退】16	台	6A	3	M		999	γ射线全自动燃料芯块检查台（专门设计或制造用于检验燃料芯块的最终尺寸和表面缺陷）

税则号列			货品名称中英文		税费综合信息	计量单位	监管证件代码		检验检疫类别		检验检疫编码	检验检疫编码对应中文名称
HS国际统一前6位	本国子目 7~8位	本国子目 9~10位	中文 货物名称	英文 Article Description			进口	出口	进口	出口		
902229	90	90	其他非医疗用α、β、γ射线设备	Other types of α-ray, β-ray and γ-ray equipments for non-medical use	【最】3【普】11 【协东盟】0【协巴基斯坦】5【协智利】0 【协新西兰】0【协秘鲁】0【协哥斯达黎加】0 【协冰岛】0【协瑞士】0【协澳大利亚】0 【协韩国】1.2【协格鲁吉亚】0【协香港】0 【协澳门】0 【特-1】0【特-2】0【特-3】0 【增】16【对美加征】5【出】0【退】16	台	6A		M		999	其他非医疗用α、β、γ射线设备
902230	00		X射线管	X-ray tubes	【最】1【普】11 【协东盟】0【协巴基斯坦】0【协智利】0 【协新西兰】0【协秘鲁】0【协哥斯达黎加】0 【协冰岛】0【协瑞士】0【协澳大利亚】0 【协韩国】1.2【协格鲁吉亚】0【协香港】0 【协澳门】0 【特-1】0【特-2】0【特-3】0 【增】16【对美加征】5【出】0【退】16	个	6A		M		999	X射线管
902290	10		X射线影像增强器	X-ray intensifiers	【最】1.5【普】11 【协东盟】0【协巴基斯坦】5【协智利】0 【协新西兰】0【协秘鲁】0【协哥斯达黎加】0 【协冰岛】0【协瑞士】0【协澳大利亚】0 【协韩国】4.4【协格鲁吉亚】0【协香港】0 【协澳门】0 【特-1】0【特-2】0【特-3】0 【增】16【出】0【退】16	个/千克	60A		M		999	X射线影像增强器
902290	90	01	射线发生器的零部件	Parts and components of ray generators	【最】5【普】11【暂进】1 【协东盟】0【协巴基斯坦】5【协智利】0 【协新西兰】0【协秘鲁】0【协哥斯达黎加】0 【协冰岛】0【协瑞士】2.4【协澳大利亚】0 【协韩国】4.4【协格鲁吉亚】0【协香港】0 【协澳门】0 【特-1】0【特-2】0【特-3】0 【增】16【对美加征】25【出】0【退】16	个/千克	6				999	射线发生器的零部件
902290	90	20	闪光X射线发生器（峰值能量≥500千电子伏）	Flash X-ray generators (peak energy ≥ 500 keV)	【最】5【普】11 【协东盟】0【协巴基斯坦】5【协智利】0 【协新西兰】0【协秘鲁】0【协哥斯达黎加】0 【协冰岛】0【协瑞士】2.4【协澳大利亚】0 【协韩国】4.4【协格鲁吉亚】0【协香港】0 【协澳门】0 【特-1】0【特-2】0【特-3】0 【增】16【对美加征】25【出】0【退】16	个/千克	60	3			999	闪光X射线发生器（峰值能量≥500千电子伏）
902290	90	30	X射线断层检查仪专用探测器	Special probes for X-ray tomography instruments	【最】5【普】11 【协东盟】0【协巴基斯坦】5【协智利】0 【协新西兰】0【协秘鲁】0【协哥斯达黎加】0 【协冰岛】0【协瑞士】2.4【协澳大利亚】0 【协韩国】4.4【协格鲁吉亚】0【协香港】0 【协澳门】0 【特-1】0【特-2】0【特-3】0 【增】16【对美加征】25【出】0【退】16	个/千克	60				999	X射线断层检查仪专用探测器
902290	90	40	数字化X射线摄影系统平板探测器	Digital X-ray photogrammetry system plate detector	【最】5【普】11【暂进】3 【协东盟】0【协巴基斯坦】5【协智利】0 【协新西兰】0【协秘鲁】0【协哥斯达黎加】0 【协冰岛】0【协瑞士】2.4【协澳大利亚】0 【协韩国】4.4【协格鲁吉亚】0【协香港】0 【协澳门】0 【特-1】0【特-2】0【特-3】0 【增】16【对美加征】25【出】0【退】16	个/千克	6				999	数字化X射线摄影系统平板探测器
902290	90	90	税目90.22所列其他设备及零件（包括高压发生器、控制板及控制台、荧光屏等）	Other equipments and spare parts listed in heading No. 90.22 (including high-voltage generators, control panels and consoles, and screens, etc.)	【最】5【普】11 【协东盟】0【协巴基斯坦】5【协智利】0 【协新西兰】0【协秘鲁】0【协哥斯达黎加】0 【协冰岛】0【协瑞士】2.4【协澳大利亚】0 【协韩国】4.4【协格鲁吉亚】0【协香港】0 【协澳门】0 【特-1】0【特-2】0【特-3】0 【增】16【对美加征】25【出】0【退】16	个/千克	6				999	税目90.22所列其他设备及零件（包括高压发生器、控制板及控制台、荧光屏等）

税则号列			货品名称中英文		税费综合信息	计量单位	监管证件代码		检验检疫类别		检验检疫编码	检验检疫编码对应中文名称
HS国际统一前6位	本国子目 7~8位	9~10位	中文 货物名称	英文 Article Description			进口	出口	进口	出口		
902300	10		教习头	Training head	【最】1.8【普】20 【协东盟】0【协巴基斯坦】5【协智利】0 【协新西兰】0【协秘鲁】0【协哥斯达黎加】0 【协冰岛】0【协瑞士】1.8【协澳大利亚】0 【协韩国】1.4【协格鲁吉亚】0【协香港】0 【协澳门】0 【特-1】0【特-2】0【特-3】0 【增】16【对美加征】10【出】0【退】16	千克					999	教习头
902300	90		其他专供示范的仪器、装置及模型	Instruments, apparatus and models, designed for demonstrational purposes (for example, in education or exhibitions), unsuitable for other uses	【最】1.8【普】20 【协东盟】0【协巴基斯坦】5【协智利】0 【协新西兰】0【协秘鲁】0【协哥斯达黎加】0 【协冰岛】0【协瑞士】1.8【协澳大利亚】0 【协韩国】1.4【协格鲁吉亚】0【协香港】0 【协澳门】0 【特-1】0【特-2】0【特-3】0 【增】16【对美加征】5【出】0【退】16	千克					999	其他专供示范的仪器、装置及模型［（例如，教学或展览）而无其他用途］
902410	10		电子万能试验机	Electric multitesting machines	【最】3.5【普】20 【协亚太】2.3【协东盟】0【协巴基斯坦】5 【协智利】0【协新西兰】0【协秘鲁】0 【协哥斯达黎加】0【协冰岛】0【协瑞士】0 【协澳大利亚】0【协韩国】4.2 【协格鲁吉亚】0【协香港】0【协澳门】0 【特-1】0【特-2】0【特-3】0 【增】16【对美加征】5【出】0【退】16	台					999	电子万能试验机
902410	20		硬度计	Machines and appli-nances for testing hardness	【最】3.5【普】20 【协亚太】2.3【协东盟】0【协巴基斯坦】5 【协智利】0【协新西兰】0【协秘鲁】0 【协哥斯达黎加】0【协冰岛】0【协瑞士】2.8 【协澳大利亚】0【协韩国】4.2 【协格鲁吉亚】0【协香港】0【协澳门】0 【特-1】0【特-2】0【特-3】0 【增】16【对美加征】5【出】0【退】16	台					999	硬度计
902410	90		其他金属材料的试验用机器及器具	Other machines and applinances for testing metals	【最】3.5【普】20 【协亚太】2.3【协东盟】0【协巴基斯坦】5 【协智利】0【协新西兰】0【协秘鲁】0 【协哥斯达黎加】0【协冰岛】0【协瑞士】0 【协澳大利亚】0【协韩国】5【协格鲁吉亚】0 【协香港】0【协澳门】0 【特-1】0【特-2】0【特-3】0 【增】16【对美加征】5【出】0【退】16	台					999	其他金属材料的试验用机器及器具
902480	00		非金属材料的试验用机器及器具	Other machines and appliances for testing non-metals	【最】3.1【普】20 【协东盟】0【协巴基斯坦】0【协智利】0 【协新西兰】0【协秘鲁】0【协哥斯达黎加】0 【协冰岛】0【协瑞士】0【协澳大利亚】0 【协韩国】3.6【协格鲁吉亚】0 【协香港】0【协澳门】0 【特-1】0【特-2】0【特-3】0 【增】16【对美加征】5【出】0【退】16	台					999	非金属材料的试验用机器及器具
902490	00		各种材料的试验用机器零件、附件	Parts and accessories of machines for testing	【最】3【普】20 【协东盟】0【协巴基斯坦】5【协智利】0 【协新西兰】0【协秘鲁】0【协哥斯达黎加】0 【协冰岛】0【协瑞士】2.4【协澳大利亚】0 【协格鲁吉亚】0【协香港】0【协澳门】0 【特-1】0【特-2】0【特-3】0 【增】16【对美加征】5【出】0【退】16	千克					999	各种材料的试验用机器零件、附件
902511	00		可直接读数的液体温度计【电商】	Liquid-filled, for direct reading	【最】4【普】40 【协东盟】0【协澳门】0【协巴基斯坦】0 【协智利】0【协新西兰】0【协秘鲁】0 【协哥斯达黎加】0【协冰岛】0【协瑞士】0 【协澳大利亚】0【协韩国】0【协格鲁吉亚】0 【协香港】0 【特-1】0【特-2】0【特-3】0 【增】16【对美加征】10【出】0【退】16	个					999	可直接读数的液体温度计

税则号列 HS 国际统一前 6 位	本国子目 7~8 位	本国子目 9~10 位	货品名称中英文 中文 货物名称	货品名称中英文 英文 Article Description	税费综合信息	计量单位	监管证件代码 进口	监管证件代码 出口	检验检疫类别 进口	检验检疫类别 出口	检验检疫编码	检验检疫编码对应中文名称
902519	10		非液体的工业用温度计及高温计	Non-fluid thermometer and pyrometer For technical use	【最】4.2【普】20 【协亚太】2.2【协东盟】0【协巴基斯坦】5 【协智利】0【协新西兰】0【协秘鲁】0 【协哥斯达黎加】0【协冰岛】0【协瑞士】0 【协澳大利亚】0【协韩国】1.6 【协格鲁吉亚】0【协香港】0【协澳门】0 【特-1】0【特-2】0【特-3】0 【增】16【对美加征】5【出】0【退】16	个					101 102	非液体的工业用温度计及高温计（电子温度计） 非液体的工业用温度计及高温计（温度计）
902519	90	10	红外线人体测温仪 【电商】	Infrared body thermometer	【最】4.2【普】80【暂进】4 【协亚太】2.7【协东盟】0【协澳门】0 【协巴基斯坦】5【协智利】0【协新西兰】0 【协秘鲁】0【协哥斯达黎加】0【协冰岛】0 【协瑞士】0【协澳大利亚】0【协韩国】1.6 【协格鲁吉亚】0【协香港】0 【特-1】0【特-2】0【特-3】0 【增】16【对美加征】5【出】0【退】16	个					999	红外线人体测温仪
902519	90	90	非液体的其他温度计、高温计 【电商】	Other non-fluid thermometer and pyrometer	【最】4.2【普】80 【协亚太】2.7【协东盟】0【协澳门】0 【协巴基斯坦】5【协智利】0【协新西兰】0 【协秘鲁】0【协哥斯达黎加】0【协冰岛】0 【协瑞士】0【协澳大利亚】0【协韩国】1.6 【协格鲁吉亚】0【协香港】0 【特-1】0【特-2】0【特-3】0 【增】16【对美加征】5【出】0【退】16	个					101 102	非液体的其他温度计、高温计（电子温度计） 非液体的其他温度计、高温计（温度计）
902580	00		其他温度计、比重计、湿度计等仪器 【电商】	Other instruments	【最】11【普】30 【协东盟】0【协巴基斯坦】5【协智利】0 【协新西兰】0【协新加坡】0【协秘鲁】0 【协哥斯达黎加】0【协冰岛】0【协瑞士】4.4 【协澳大利亚】0【协韩国】8.8 【协格鲁吉亚】0【协香港】0【协澳门】0 【特-1】0【特-2】0 【增】16【对美加征】10【出】0【退】16	个					101 102 103 104	其他温度计、比重计、湿度计等仪器（温度计） 其他温度计、比重计、湿度计等仪器（比重计） 其他温度计、比重计、湿度计等仪器（湿度计） 其他温度计、比重计、湿度计等仪器（其他机械式仪表及其零件）
902590	00	10	红外线测温仪传感器元件 【电商】	Sensor capacitor element of infrared thermo-meter	【最】4【普】20【暂进】3 【协亚太】2.6【协东盟】0【协巴基斯坦】5 【协智利】0【协新西兰】0【协秘鲁】0 【协哥斯达黎加】0【协冰岛】0【协瑞士】3.2 【协澳大利亚】0【协韩国】1.6 【协格鲁吉亚】0【协香港】0【协澳门】0 【特-1】0【特-2】0【特-3】0 【增】16【对美加征】5【出】0【退】16	千克/个					999	红外线测温仪传感器元件
902590	00	90	其他比重计、温度计等类似仪器的零件 【电商】	Parts of other densimeter and thermometer or the like	【最】4【普】20 【协亚太】2.6【协东盟】0【协巴基斯坦】5 【协智利】0【协新西兰】0【协秘鲁】0 【协哥斯达黎加】0【协冰岛】0【协瑞士】3.2 【协澳大利亚】0【协韩国】1.6 【协格鲁吉亚】0【协香港】0【协澳门】0 【特-1】0【特-2】0【特-3】0 【增】16【对美加征】5【出】0【退】16	千克/个					101 102 103	其他比重计、温度计等类似仪器的零件（温度计零件） 其他比重计、温度计等类似仪器的零件（比重计零件） 其他比重计、温度计等类似仪器的零件（其他机械式仪表及其零件）
902610	00		测量、检验液体流量或液位的仪器	Instruments and apparatus For measuring or checking the flow or level of liquids	【最】0【普】17【特-1】0【特-2】0【特-3】0 【增】16【对美加征】5【出】0【退】16	个					101 102	测量、检验液体流量或液位的仪器［电子分析仪（电子测量仪）］ 测量、检验液体流量或液位的仪器［机械分析仪（机械测量仪）］
902620	10	10	锰铜压力计	Manganin pressure gauges (pressure ≥100kPa)	【最】0【普】17【特-1】0【特-2】0【特-3】0 【增】16【对美加征】5【出】0【退】16	个		3			999	锰铜压力计（压力超过10GPa）

税则号列 HS国际统一前6位	本国子目 7~8位	本国子目 9~10位	货品名称中文 货物名称	货品名称英文 Article Description	税费综合信息	计量单位	监管证件代码 进口	监管证件代码 出口	检验检疫类别 进口	检验检疫类别 出口	检验检疫编码	检验检疫编码对应中文名称
902620	10	20	镱制成的压力计（流体动力学实验专用仪器仪表，测量压力超过10GPa的）	Made of ytterbium gauge	【最】0【普】17【特-1】0【特-2】0【特-3】0【增】16【对美加征】5【出】0【退】16	个		3			101 102	镱制成的压力计（流体动力学实验专用仪器仪表，测量压力超过10GPa的）（电子分析仪） 镱制成的压力计（流体动力学实验专用仪器仪表，测量压力超过10GPa的）（机械分析仪）
902620	10	30	聚偏二氟乙烯、聚二氟乙烯制成的压力计（流体动力学实验专用仪器仪表，测量压力超过10GPa的）	Made of polyvinylidene fluoride pressure gauge	【最】0【普】17【特-1】0【特-2】0【特-3】0【增】16【对美加征】5【出】0【退】16	个		3			101 102	聚偏二氟乙烯、聚二氟乙烯制成的压力计（流体动力学实验专用仪器仪表，测量压力超过10GPa的）（电子分析仪） 聚偏二氟乙烯、聚二氟乙烯制成的压力计（流体动力学实验专用仪器仪表，测量压力超过10GPa的）（机械分析仪）
902620	10	90	其他压力、差压变送器	Other pressure, differential pressure transducers	【最】0【普】17【特-1】0【特-2】0【特-3】0【增】16【对美加征】5【出】0【退】16	个					101 102	其他压力、差压变送器（电子分析仪） 其他压力、差压变送器（机械分析仪）
902620	90	10	压力传感器（两用物项管制商品）	Pressure sensor (machines and mechanical appliances under control of dual-use items)	【最】0【普】17【特-1】0【特-2】0【特-3】0【增】16【对美加征】5【出】0【退】16	个		3			101 102	压力传感器（两用物项管制商品）（电子分析仪） 压力传感器（两用物项管制商品）（机械分析仪）
902620	90	90	其他测量、检验压力的仪器及装置	Other instruments and apparatus for measuring or checking pressure	【最】0【普】17【特-1】0【特-2】0【特-3】0【增】16【对美加征】5【出】0【退】16	个					101 102	其他测量、检验压力的仪器及装置［电子测量仪（电子分析仪）］ 其他测量、检验压力的仪器及装置［机械测量仪（机械分析仪）］
902680	10		测量气体流量的仪器及装置	Instruments or apparatus for measureing the flow of gases	【最】0【普】17【特-1】0【特-2】0【特-3】0【增】16【对美加征】5【出】0【退】16	个/千克					101 102	测量气体流量的仪器及装置［电子测量仪（电子分析仪）］ 测量气体流量的仪器及装置［机械测量仪（机械分析仪）］
902680	90		液体或气体的其他测量或检验仪器（除液体流量或液位及压力以外的其他变量的检测仪器）	Other instruments or apparatus for measuring or checking other variables of liquids or gases (other than for measuring or checking the flow, level, pressure)	【最】0【普】17【特-1】0【特-2】0【特-3】0【增】16【对美加征】5【出】0【退】16	个/千克					101 102	液体或气体的其他测量或检验仪器（除液体流量或液位及压力以外的其他变量的检测仪器）（电子分析仪） 液体或气体的其他测量或检验仪器（除液体流量或液位及压力以外的其他变量的检测仪器）（机械分析仪）
902690	00		液体或气体的测量或检验仪器零件（主要是进行流量、液位、压力或其他变化量的测量或检验）	Parts and accessories of nstruments and apparatus for measuring or checking the flow, level, pressure or other variables of liquids or gases	【最】0【普】17【特-1】0【特-2】0【特-3】0【增】16【对美加征】5【出】0【退】16	千克					101 102	液体或气体的测量或检验仪器零件（主要是进行流量、液位、压力或其他变化量的测量或检验）（电子分析仪） 液体或气体的测量或检验仪器零件（主要是进行流量、液位、压力或其他变化量的测量或检验）（机械分析仪）

税则号列 HS国际统一前6位	本国子目 7~8位	本国子目 9~10位	货品名称中英文 中文 货物名称	货品名称中英文 英文 Article Description	税费综合信息	计量单位	监管证件代码 进口	监管证件代码 出口	检验检疫类别 进口	检验检疫类别 出口	检验检疫编码	检验检疫编码对应中文名称
902710	00	10	用于连续操作的气体检测器［可用于出口管制的化学品或有机化合物（含有磷、硫、氟或氯，其浓度低于0.3mg/m^3）的检测，或为检测受抑制的胆碱酯酶的活性而设计的］	Gas detectors for continuous operations (used to detect the chemicals with export control or organic compounds (containing phosphorus, sulfur, fluorine or chlorine, with the concentration lower than 0.3mg/m^3), or detect the activity of inhibited cholinest	【最】4.4【普】17 【协东盟】0【协香港】0【协巴基斯坦】5 【协智利】0【协新西兰】0【协秘鲁】0 【协哥斯达黎加】0【协冰岛】0【协瑞士】2.8 【协澳大利亚】0【协韩国】5.1【协格鲁吉亚】0 【特-1】0【特-2】0【特-3】0 【增】16【对美加征】5【出】0【退】16	台		3			101 102	用于连续操作的气体检测器［可用于出口管制的化学品或有机化合物（含有磷、硫、氟或氯，其浓度低于0.3mg/m^3）的检测，或为检测受抑制的胆碱酯酶的活性而设计的］（电子分析仪） 用于连续操作的气体检测器（可用于出口管制的化学品或有机化合物（含有磷、硫、氟或氯，其浓度低于0.3mg/m^3）的检测，或为检测受抑制的胆碱酯酶的活性而设计）（机械分析仪）
902710	00	90	其他气体或烟雾分析仪	Other gas or smog analyzers	【最】4.4【普】17 【协东盟】0【协香港】0【协巴基斯坦】5 【协智利】0【协新西兰】0【协秘鲁】0 【协哥斯达黎加】0【协冰岛】0【协瑞士】2.8 【协澳大利亚】0【协韩国】5.1【协格鲁吉亚】0 【特-1】0【特-2】0【特-3】0 【增】16【对美加征】5【出】0【退】16	台					101 102	其他气体或烟雾分析仪（电子分析仪） 其他气体或烟雾分析仪（机械分析仪）
902720	11		气相色谱仪	Gas chromatographs instruments	【最】0【普】17【特-1】0【特-2】0【特-3】0 【增】16【对美加征】5【出】0【退】16	台					999	气相色谱仪
902720	12		液相色谱仪	Liquid chromatographs instruments	【最】0【普】17【特-1】0【特-2】0【特-3】0 【增】16【对美加征】5【出】0【退】16	台					999	液相色谱仪
902720	19		其他色谱仪	Other chromatographs instruments	【最】0【普】17【特-1】0【特-2】0【特-3】0 【增】16【对美加征】5【出】0【退】16	台					999	其他色谱仪
902720	20		电泳仪	Electrophoresis instruments	【最】0【普】17【特-1】0【特-2】0【特-3】0 【增】16【对美加征】5【出】0【退】16	台					999	电泳仪
902730	00		分光仪、分光光度计及摄谱仪［使用光学射线（紫外线、可见光、红外线）的］	Spectrometers, spectrophotometers and spectrographs using optical radiations (UV, visible, IR)	【最】0【普】17【特-1】0【特-2】0【特-3】0 【增】16【对美加征】5【出】0【退】16	台					101 102	分光仪、分光光度计及摄谱仪［使用光学射线（紫外线、可见光、红外线）的］（电子分析仪） 分光仪、分光光度计及摄谱仪［使用光学射线（紫外线、可见光、红外线）的］（机械分析仪）
902750	00		使用光学射线的其他仪器及装置（光学射线是指紫外线、可见光、红外线）【电商】①	Other instruments and apparatus using optical radiations (UV, visible, IR)	【最】0【普】17【特-1】0【特-2】0【特-3】0 【增】16【对美加征】5【出】0【退】16	台					101 102	使用光学射线的其他仪器及装置（光学射线是指紫外线、可见光、红外线）（电子分析仪） 使用光学射线的其他仪器及装置（光学射线是指紫外线、可见光、红外线）（机械分析仪）
902780	11		集成电路生产用氦质谱检漏台	Integrated circuit belium spectra leak detectors	【最】0【普】17【特-1】0【特-2】0【特-3】0 【增】16【出】0【退】16	台					999	集成电路生产用氦质谱检漏台
902780	12		质谱联用仪	Mass spectrograph	【最】0【普】17【特-1】0【特-2】0【特-3】0 【增】16【对美加征】5【出】0【退】16	台					999	质谱联用仪
902780	19	10	两用物项管制的UF6质谱仪、离子源	UF6 mass spectrometers/ion sources (capable of obtaining feed, products or tailing sample spectrometers from UF6 air streams)	【最】0【普】17【特-1】0【特-2】0【特-3】0 【增】16【对美加征】5【出】0【退】16	台		3			999	两用物项管制的UF6质谱仪、离子源

① 仅限家用粉尘仪。

税则号列			货品名称中英文		税费综合信息	计量单位	监管证件代码		检验检疫类别		检验检疫编码	检验检疫编码对应中文名称
HS 国际统一前6位	本国子目 7~8位	9~10位	中文 货物名称	英文 Article Description			进口	出口	进口	出口		
902780	19	20	测大于230质量单位离子质谱仪	Measuring ion mass spectrometers of more than 230 mass units (resolution: higher than 2/230)	【最】0【普】17【特-1】0【特-2】0【特-3】0 【增】16【对美加征】5【出】0【退】16	台		3			999	测大于230质量单位离子质谱仪（分辨率高于2/230）
902780	19	90	其他质谱仪	Other mass spectrometers	【最】0【普】17【特-1】0【特-2】0【特-3】0 【增】16【对美加征】5【出】0【退】16	台					999	其他质谱仪
902780	91		曝光表	Exposure meters	【最】7【普】70 【协东盟】0【协巴基斯坦】11.2【协智利】0 【协新西兰】0【协新加坡】0【协秘鲁】0 【协哥斯达黎加】0【协冰岛】0【协瑞士】5.6 【协澳大利亚】0【协韩国】8.4 【协格鲁吉亚】0【协香港】0【协澳门】0 【特-1】0【特-2】0 【增】16【对美加征】5【出】0【退】16	个					999	曝光表
902780	99		其他理化分析仪器及装置（包括测量或检验粘性及类似性能的仪器及装置）	Other instruments and apparatus for physical or chemical analysis (including instruments and apparatus for measuring or checking viscosity or the like)	【最】0【普】17【特-1】0【特-2】0【特-3】0 【增】16【对美加征】5【出】0【退】16	台					101 102 103 104	其他理化分析仪器及装置（包括测量或检验粘性及类似性能的仪器及装置）（电子测量仪） 其他理化分析仪器及装置（包括测量或检验粘性及类似性能的仪器及装置）（电子分析仪） 其他理化分析仪器及装置（包括测量或检验粘性及类似性能的仪器及装置）（机械测量仪） 其他理化分析仪器及装置（包括测量或检验粘性及类似性能的仪器及装置）（机械分析仪）
902790	00		检镜切片机、理化分析仪器零件	Microtomes; parts and accessories of instruments and apparatus for physical or chemical analysis	【最】0【普】17【特-1】0【特-2】0【特-3】0 【增】16【对美加征】5【出】0【退】16	千克					999	检镜切片机、理化分析仪器零件
902810	10		煤气表（包括它们的校准仪表）	Coal gas meters, including calibrating meters thereof	【最】10【普】30 【协东盟】0【协巴基斯坦】5【协智利】0 【协新西兰】0【协秘鲁】0【协哥斯达黎加】0 【协冰岛】0【协瑞士】0【协澳大利亚】0 【协韩国】6【协格鲁吉亚】0 【协香港】0【协澳门】0 【特-1】0【特-2】0 【增】16【对美加征】10【出】0【退】16	个					999	煤气表（包括它们的校准仪表）
902810	90		其他气量计	Other gas meters, including calibrating meters thereof	【最】10【普】30 【协东盟】0【协巴基斯坦】5【协智利】0 【协新西兰】0【协新加坡】0【协秘鲁】0 【协哥斯达黎加】0【协冰岛】0【协瑞士】0 【协澳大利亚】0【协韩国】6【协格鲁吉亚】0 【协香港】0【协澳门】0 【特-1】0【特-2】0 【增】16【对美加征】5【出】0【退】16	个					999	其他气量计（包括它们的校准仪表）
902820	10		水表（包括它们的校准仪表）	Water meters, including calibrating meters thereof	【最】10【普】30 【协东盟】0【协巴基斯坦】5【协智利】0 【协新西兰】0【协新加坡】0【协秘鲁】0 【协哥斯达黎加】0【协冰岛】0【协瑞士】0 【协澳大利亚】0【协韩国】6【协格鲁吉亚】0 【协香港】0【协澳门】0 【特-1】0【特-2】0 【增】16【对美加征】10【出】0【退】16	个					999	水表（包括它们的校准仪表）
902820	90		其他液量计（包括它们的校准仪表）	Other liquid meters, including calibrating meters thereof	【最】10【普】30 【协东盟】0【协巴基斯坦】5【协智利】0 【协新西兰】0【协新加坡】0【协秘鲁】0 【协哥斯达黎加】0【协冰岛】0【协瑞士】0 【协澳大利亚】0【协格鲁吉亚】0【协香港】0 【协澳门】0 【特-1】0【特-2】0 【增】16【对美加征】5【出】0【退】16	个					999	其他液量计（包括它们的校准仪表）

税则号列			货品名称中英文		税费综合信息	计量单位	监管证件代码		检验检疫类别		检验检疫编码	检验检疫编码对应中文名称
HS国际统一前6位	本国子目 7~8位	9~10位	中文 货物名称	英文 Article Description			进口	出口	进口	出口		
902830	11		单相感应式电度表（包括它们的校准仪表）	Watt-hour meter of Single-phase induction types, including calibrating meters thereof	【最】2.5【普】30 【协东盟】0【协香港】0【协巴基斯坦】5 【协智利】0【协新西兰】0【协秘鲁】0 【协哥斯达黎加】0【协冰岛】0【协瑞士】0 【协澳大利亚】0【协韩国】6【协格鲁吉亚】0 【特-1】0【特-2】0 【增】16【出】0【退】16	个					999	单相感应式电度表（包括它们的校准仪表）
902830	12		三相感应式电度表（包括它们的校准仪表）	Watt-hour meter of Three-phase induction types, including calibrating meters thereof	【最】2.5【普】30 【协东盟】0【协香港】0【协巴基斯坦】5 【协智利】0【协新西兰】0【协秘鲁】0 【协哥斯达黎加】0【协冰岛】0【协瑞士】0 【协澳大利亚】0【协韩国】6【协格鲁吉亚】0 【特-1】0【特-2】0 【增】16【出】0【退】16	个					999	三相感应式电度表（包括它们的校准仪表）
902830	13		单相电子式（静止式）电度表（包括它们的校准仪表）	Watt-hour meter of Single-phase electronic types (Static), including calibrating meters thereof	【最】2.5【普】30 【协东盟】0【协香港】0【协巴基斯坦】5 【协智利】0【协新西兰】0【协秘鲁】0 【协哥斯达黎加】0【协冰岛】0【协瑞士】0 【协澳大利亚】0【协韩国】6【协格鲁吉亚】0 【特-1】0【特-2】0 【增】16【对美加征】10【出】0【退】16	个					999	单相电子式（静止式）电度表（包括它们的校准仪表）
902830	14		三相电子式（静止式）电度表（包括它们的校准仪表）	Watt-hour meter of Three-phase electronic types (Static), including calibrating meters thereof	【最】2.5【普】30 【协东盟】0【协香港】0【协巴基斯坦】5 【协智利】0【协新西兰】0【协秘鲁】0 【协哥斯达黎加】0【协冰岛】0【协澳大利亚】0 【协韩国】6【协格鲁吉亚】0 【特-1】0【特-2】0 【增】16【对美加征】10【出】0【退】16	个					999	三相电子式（静止式）电度表（包括它们的校准仪表）
902830	19		其他电度表（包括它们的校准仪表）	Other watt-hour meter, including calibrating meters thereof	【最】2.5【普】30 【协东盟】0【协香港】0【协巴基斯坦】5 【协智利】0【协新西兰】0【协秘鲁】0 【协哥斯达黎加】0【协冰岛】0【协瑞士】0 【协澳大利亚】0【协韩国】8【协格鲁吉亚】0 【特-1】0【特-2】0 【增】16【出】0【退】16	个					999	其他电度表（包括它们的校准仪表）
902830	90		其他电量计	Other electricity meters, including calibrating meters thereof	【最】2.5【普】30 【协东盟】0【协香港】0【协巴基斯坦】5 【协智利】0【协新西兰】0【协新加坡】0 【协秘鲁】0【协哥斯达黎加】0【协冰岛】0 【协瑞士】0【协澳大利亚】0【协韩国】6 【协格鲁吉亚】0 【特-1】0【特-2】0 【增】16【对美加征】10【出】0【退】16	个					999	其他电量计（包括它们的校准仪表）
902890	10		工业用计量仪表零件、附件	Parts and accessories of meters For technical use	【最】2.1【普】30 【协东盟】0【协巴基斯坦】5【协智利】0 【协新西兰】0【协秘鲁】0【协哥斯达黎加】0 【协冰岛】0【协瑞士】0【协澳大利亚】0 【协韩国】5【协格鲁吉亚】0【协香港】0 【协澳门】0 【特-1】0【特-2】0【特-3】0 【增】16【对美加征】10【出】0【退】16	千克					101 102	工业用计量仪表零件、附件（其他电子仪表） 工业用计量仪表零件、附件（其他机械式仪表及其零件）
902890	90		非工业用计量仪表零件、附件	Parts and accessories of meters for non-technical use	【最】2.1【普】50 【协东盟】0【协巴基斯坦】5【协智利】0 【协新西兰】0【协秘鲁】0【协哥斯达黎加】0 【协冰岛】0【协瑞士】0【协澳大利亚】0 【协韩国】1.6【协格鲁吉亚】0【协香港】0 【协澳门】0 【特-1】0【特-2】0【特-3】0 【增】16【对美加征】10【出】0【退】16	千克					101 102	非工业用计量仪表零件、附件（其他电子仪表） 非工业用计量仪表零件、附件（其他机械式仪表及其零件）
902910	10		转数计	Revolution counters	【最】12【普】50 【协东盟】0【协巴基斯坦】12【协智利】0 【协新西兰】0【协新加坡】0【协秘鲁】0 【协哥斯达黎加】0【协冰岛】0【协瑞士】9 【协澳大利亚】0【协韩国】9【协格鲁吉亚】0 【协香港】0【协澳门】0 【特-1】0【特-2】0 【增】16【对美加征】10【出】0【退】16	个					999	转数计

税则号列 HS 国际统一前 6 位	本国子目 7~8 位	本国子目 9~10 位	货品名称中英文 中文 货物名称	英文 Article Description	税费综合信息	计量单位	监管证件代码 进口	监管证件代码 出口	检验检疫类别 进口	检验检疫类别 出口	检验检疫编码	检验检疫编码对应中文名称
902910	20		车费计、里程计	Taximeters and milometers	【最】12【普】35 【协东盟】0【协巴基斯坦】12【协智利】0 【协新西兰】0【协新加坡】0【协秘鲁】0 【协哥斯达黎加】0【协冰岛】0【协瑞士】6 【协澳大利亚】0【协格鲁吉亚】0【协香港】0 【协澳门】0 【特-1】0【特-2】0 【增】16【对美加征】10【出】0【退】16	个					101 102	车费计、里程计（其他车辆零部件） 车费计、里程计（其他电子仪表）
902910	90		产量计数器、步数计及类似仪表 【电商】	Production counters, pedometers and the like	【最】12【普】35 【协东盟】0【协巴基斯坦】12【协智利】0 【协新西兰】0【协新加坡】0【协秘鲁】0 【协哥斯达黎加】0【协冰岛】0【协瑞士】6 【协澳大利亚】0【协格鲁吉亚】0【协香港】0 【协澳门】0 【特-1】0【特-2】0 【增】16【对美加征】10【出】0【退】16	个					999	产量计数器、步数计及类似仪表
902920	10		车辆用速度计	Speed indicators for motor vehicles	【最】10【普】35 【协东盟】0【协巴基斯坦】5【协智利】0 【协新西兰】0【协秘鲁】0【协哥斯达黎加】0 【协冰岛】0【协瑞士】0【协澳大利亚】0 【协韩国】8【协格鲁吉亚】0【协香港】0 【协澳门】0 【特-1】0【特-2】0 【增】16【对美加征】5【出】0【退】16	个					999	车辆用速度计
902920	90		其他速度计及转速表、频闪观测仪（车辆用速度计除外）	Other speed indicators and tachometers; stroboscopes; other than speed indicators for motor vehicles	【最】10【普】35 【协东盟】0【协巴基斯坦】5【协智利】0 【协新西兰】0【协秘鲁】0【协哥斯达黎加】0 【协冰岛】0【协瑞士】0【协澳大利亚】0 【协韩国】6【协格鲁吉亚】0【协香港】0 【协澳门】0 【特-1】0【特-2】0 【增】16【对美加征】10【出】0【退】16	个					999	其他速度计及转速表、频闪观测仪（车辆用速度计除外）
902990	00		转数计、车费计及类似仪表零件（税目 90.14 及 90.15 的仪表零件除外）	Parts and accessories of revolution counters, taximeters and the like (other than those of headings No. 90.14 and 90.15)	【最】6【普】35 【协东盟】0【协巴基斯坦】5【协智利】0 【协新西兰】0【协秘鲁】0【协哥斯达黎加】0 【协冰岛】0【协瑞士】2.4【协澳大利亚】0 【协格鲁吉亚】0【协香港】0【协澳门】0 【特-1】0【特-2】0【特-3】0 【增】16【对美加征】10【出】0【退】16	千克					999	转数计、车费计及类似仪表零件（税目 90.14 及 90.15 的仪表零件除外）
903010	00		离子射线的测量或检验仪器及装置	Instruments and apparatus for measuring or detecting ionizing radiations	【最】2.5【普】20 【协东盟】0【协巴基斯坦】0【协智利】0 【协新西兰】0【协秘鲁】0【协哥斯达黎加】0 【协冰岛】0【协瑞士】0【协澳大利亚】0 【协格鲁吉亚】0【协香港】0【协澳门】0 【特-1】0【特-2】0【特-3】0 【增】16【出】0【退】16	台					999	离子射线的测量或检验仪器及装置
903020	10		300 兆赫以下的通用示波器	Oscilloscopes and oscillographs For general use, of test frequency less than 300 MHz	【最】2【普】80 【协东盟】0【协巴基斯坦】5【协智利】0 【协新西兰】0【协新加坡】0【协秘鲁】0 【协哥斯达黎加】0【协冰岛】0【协瑞士】0 【协澳大利亚】0【协韩国】4.8 【协格鲁吉亚】0【协香港】0【协澳门】0 【特-1】0【特-2】0【特-3】0 【增】16【对美加征】10【出】0【退】16	台					999	300 兆赫以下的通用示波器（指测试频率小于 300 兆赫兹的示波器）
903020	90		其他示波器（包括 300 兆赫兹的通用示波器）	Other oscilloscopes, including oscilloscopes general use of test frequency equal to 300MHz	【最】1.3【普】20 【协东盟】0【协巴基斯坦】0【协智利】0 【协新西兰】0【协秘鲁】0【协哥斯达黎加】0 【协冰岛】0【协瑞士】0【协澳大利亚】0 【协韩国】3【协格鲁吉亚】0【协香港】0 【协澳门】0 【特-1】0【特-2】0【特-3】0 【增】16【对美加征】5【出】0【退】16	台					999	其他示波器（包括 300 兆赫兹的通用示波器）

税则号列			货品名称中英文		税费综合信息	计量单位	监管证件代码		检验检疫类别		检验检疫编码	检验检疫编码对应中文名称
HS国际统一前6位	本国子目7~8位	9~10位	中文 货物名称	英文 Article Description			进口	出口	进口	出口		
903031	10		五位半及以下的数字万用表，不带记录装置	Digital multimeters without a recording device, of measuring range of 5.5 or less	【最】3.8【普】130 【协东盟】0【协澳门】0【协巴基斯坦】12 【协智利】0【协新西兰】0【协新加坡】0 【协秘鲁】0【协哥斯达黎加】0【协冰岛】0 【协瑞士】3.8【协澳大利亚】0【协韩国】9 【协格鲁吉亚】0【协香港】0 【特-1】0【特-2】0 【增】16【对美加征】5【出】0【退】16	台					999	五位半及以下的数字万用表，不带记录装置
903031	90		其他万用表，不带记录装置（五位半及以下的数字万用表除外）	Other multimeters without a recording device (other than digital multimeters of measuring range of 5.5 or less)	【最】1.3【普】20 【协东盟】0【协巴基斯坦】0【协智利】0 【协新西兰】0【协秘鲁】0【协哥斯达黎加】0 【协冰岛】0【协瑞士】0【协澳大利亚】0 【协韩国】3.6【协格鲁吉亚】0【协香港】0 【协澳门】0 【特-1】0【特-2】0【特-3】0 【增】16【对美加征】5【出】0【退】16	台					999	其他万用表，不带记录装置（五位半及以下的数字万用表除外）
903032	00		万用表，带记录装置	Multimeters, with a recording device	【最】4【普】20 【协东盟】0【协巴基斯坦】5【协智利】0 【协新西兰】0【协秘鲁】0【协哥斯达黎加】0 【协冰岛】0【协瑞士】0【协澳大利亚】0 【协韩国】4.8【协格鲁吉亚】0【协香港】0 【协澳门】0 【特-1】0【特-2】0【特-3】0 【增】16【对美加征】5【出】0【退】16	台					999	万用表，带记录装置
903033	10		五位半及以下的数字电流、电压表，不带记录装置	Digital ammeters or voltmeters, of measuring range of 5.5 or less, without a recording device	【最】9.4【普】130 【协东盟】0【协香港】0【协巴基斯坦】12 【协智利】0【协新西兰】0【协新加坡】0 【协秘鲁】0【协哥斯达黎加】0【协冰岛】0 【协瑞士】6【协澳大利亚】0【协韩国】9 【协格鲁吉亚】0 【特-1】0【特-2】0 【增】16【对美加征】10【出】0【退】16	台					999	五位半及以下的数字电流、电压表，不带记录装置
903033	20		电阻测试仪，不带记录装置	Resistance measuring instruments, without a recording device	【最】10【普】80 【协东盟】0【协香港】0【协巴基斯坦】11.2 【协智利】0【协新西兰】0【协新加坡】0 【协秘鲁】0【协哥斯达黎加】0【协冰岛】0 【协瑞士】5.6【协澳大利亚】0【协格鲁吉亚】0 【特-1】0【特-2】0 【增】16【对美加征】5【出】0【退】16	台					101 102	电阻测试仪，不带记录装置（电子测量仪） 电阻测试仪，不带记录装置（机械测量仪）
903033	90		检测电压、电流及功率的其他仪器，不带记录装置	Other instruments for measuring or checking voltage, current and power, without a recording device	【最】5.6【普】20 【协东盟】0【协香港】0【协巴基斯坦】5 【协智利】0【协新西兰】0【协秘鲁】0 【协哥斯达黎加】0【协冰岛】0【协瑞士】3.6 【协澳大利亚】0【协格鲁吉亚】0 【特-1】0【特-2】0【特-3】0 【增】16【对美加征】10【出】0【退】16	台					999	检测电压、电流及功率的其他仪器，不带记录装置
903039	00		其他带记录装置的检测电压、电流、电阻或功率的仪器（万用表除外）	Other instruments for measuring or checking voltage, current, resistance or power, with a recording device (excluding multimeters)	【最】4【普】20 【协东盟】0【协巴基斯坦】5【协智利】0 【协新西兰】0【协秘鲁】0【协哥斯达黎加】0 【协冰岛】0【协瑞士】3.2【协澳大利亚】0 【协格鲁吉亚】0【协香港】0【协澳门】0 【特-1】0【特-2】0【特-3】0 【增】16【对美加征】5【出】0【退】16	台					999	其他带记录装置的检测电压、电流、电阻或功率的仪器（万用表除外）
903040	10		12.4千兆赫兹以下数字式频率计	Digital frequency meters, of test frequency less than 12.4 GHz	【最】0【普】80【特-1】0【特-2】0【特-3】0 【增】16【对美加征】5【出】0【退】16	台					999	12.4千兆赫兹以下数字式频率计
903040	90		其他无线电通讯专用仪器及装置（12.4千兆赫兹以下数字式频率计除外）	Other instruments and apparatus, designed for telecommunications (other than digital frequency meters, of test frequency less than 12.4 GHz)	【最】0【普】20【特-1】0【特-2】0【特-3】0 【增】16【对美加征】5【出】0【退】16	台					101 102	其他无线电通讯专用仪器及装置（12.4千兆赫兹以下数字式频率计除外）（其他行业成套设备） 其他无线电通讯专用仪器及装置（12.4千兆赫兹以下数字式频率计除外）（电子测量仪）

税则号列			货品名称中英文		税费综合信息	计量单位	监管证件代码		检验检疫类别		检验检疫编码	检验检疫编码对应中文名称
HS 国际统一前6位	本国子目 7~8位	9~10位	中文 货物名称	英文 Article Description			进口	出口	进口	出口		
903082	00		检测半导体晶片或器件的仪器（包括测试或检验半导体晶片或元器件用的装置）	Other instruments and apparatus for measuring or checking semiconductor wafers or devices	【最】0【普】20【特-1】0【特-2】0【特-3】0 【增】16【出】0【退】16	台					999	检测半导体晶片或器件的仪器（包括测试或检验半导体晶片或元器件用的装置）
903084	10		电感及电容测试仪（装有记录装置的）	Other instruments and apparatus for measuring inductances or capacitances, with a recording device	【最】5【普】80 【协东盟】0【协巴基斯坦】5【协智利】0 【协新西兰】0【协新加坡】0【协秘鲁】0 【协哥斯达黎加】0【协冰岛】0【协瑞士】0 【协澳大利亚】0【协格鲁吉亚】0【协香港】0 【协澳门】0 【特-1】0【特-2】0 【增】16【对美加征】10【出】0【退】16	台					999	电感及电容测试仪（装有记录装置的）
903084	90		其他电量的测量或检验仪器及装置（装有记录装置的）	Other instruments and apparatus for measuring or checking electrical quantities, with a recording device	【最】4【普】20 【协东盟】0【协巴基斯坦】5【协智利】0 【协新西兰】0【协秘鲁】0【协哥斯达黎加】0 【协冰岛】0【协瑞士】3.2【协澳大利亚】0 【协韩国】5.8【协格鲁吉亚】0【协香港】0 【协澳门】0 【特-1】0【特-2】0【特-3】0 【增】16【对美加征】5【出】0【退】16	台					999	其他电量的测量或检验仪器及装置（装有记录装置的）
903089	10		其他电感及电容测试仪（未装有记录装置的）	Other instruments and apparatus for measuring inductances or capacitances, without a recording device	【最】7【普】80 【协东盟】0【协巴基斯坦】11.2【协智利】0 【协新西兰】0【协新加坡】0【协秘鲁】0 【协哥斯达黎加】0【协冰岛】0【协瑞士】5.6 【协澳大利亚】0【协格鲁吉亚】0【协香港】0 【协澳门】0 【特-1】0【特-2】0 【增】16【对美加征】5【出】0【退】16	台					999	其他电感及电容测试仪（未装有记录装置的）
903089	90	10	中子探测和测量仪表（专用于测定核反应堆堆芯内中子通量的）	Neutron detection and measurement instruments (used exclusively to measure the neutron flux of the reactor cores)	【最】4【普】20 【协东盟】0【协巴基斯坦】5【协智利】0 【协新西兰】0【协秘鲁】0【协哥斯达黎加】0 【协冰岛】0【协瑞士】0【协澳大利亚】0 【协格鲁吉亚】4.8【协香港】0【协澳门】0 【特-1】0【特-2】0【特-3】0 【增】16【对美加征】5【出】0【退】16	台		3			999	中子探测和测量仪表（专用于测定核反应堆堆芯内中子通量的）
903089	90	90	其他电量的测量或检验仪器及装置（未装有记录装置的）	Other instruments and devices for measuring or testing electricity (not fitted with recording devices)	【最】4【普】20 【协东盟】0【协巴基斯坦】5【协智利】0 【协新西兰】0【协秘鲁】0【协哥斯达黎加】0 【协冰岛】0【协瑞士】0【协澳大利亚】0 【协格鲁吉亚】4.8【协香港】0【协澳门】0 【特-1】0【特-2】0【特-3】0 【增】16【对美加征】5【出】0【退】16	台					999	其他电量的测量或检验仪器及装置（未装有记录装置的）
903090	00	01	检测半导体晶片及器件的仪器零件（包括附件）	Parts of the instruments for measuring semiconductor wafers and devices (including accessories)	【最】0【普】17 【协东盟】0【协香港】0【协巴基斯坦】5 【协智利】0【协新西兰】0【协秘鲁】0 【协哥斯达黎加】0【协冰岛】0【协瑞士】2.8 【协澳大利亚】0【协韩国】4.2【协格鲁吉亚】0 【特-1】0【特-2】0【特-3】0 【增】16【对美加征】5【出】0【退】16	千克					999	检测半导体晶片及器件的仪器零件（包括附件）
903090	00	02	ITA 产品用的印刷电路组件（包括外接组件，如符合 PCMCIA 标准的卡）	Printed circuit components for ITA products (including external components, such as the cards in compliance with the PCMCIA standard)	【最】0【普】17 【协东盟】0【协香港】0【协巴基斯坦】5 【协智利】0【协新西兰】0【协秘鲁】0 【协哥斯达黎加】0【协冰岛】0【协瑞士】2.8 【协澳大利亚】0【协韩国】4.2【协格鲁吉亚】0 【特-1】0【特-2】0【特-3】0 【增】16【对美加征】5【出】0【退】16	千克					999	ITA 产品用的印刷电路组件（包括外接组件，如符合 PCMCIA 标准的卡）
903090	00	90	税目 90.30 所属货品的零件及附件	Parts and accessories of the items under Heading No. 90.30	【最】3.5【普】17 【协东盟】0【协香港】0【协巴基斯坦】5 【协智利】0【协新西兰】0【协秘鲁】0 【协哥斯达黎加】0【协冰岛】0【协瑞士】2.8 【协澳大利亚】0【协韩国】4.2【协格鲁吉亚】0 【特-1】0【特-2】0【特-3】0 【增】16【对美加征】5【出】0【退】16	千克					999	税目 90.30 所属货品的零件及附件

税则号列 HS国际统一前6位	本国子目 7~8位	本国子目 9~10位	货品名称中英文 中文 货物名称	货品名称中英文 英文 Article Description	税费综合信息	计量单位	监管证件代码 进口	监管证件代码 出口	检验检疫类别 进口	检验检疫类别 出口	检验检疫编码	检验检疫编码对应中文名称
903110	00	10	陀螺动态平衡测试仪	Testers for gyro dynamic balance	【最】3.5【普】17 【协亚太】2.3【协东盟】0【协巴基斯坦】5 【协智利】0【协新西兰】0【协秘鲁】0 【协哥斯达黎加】0【协冰岛】0【协瑞士】0 【协澳大利亚】0【协韩国】1.4 【协格鲁吉亚】0【协香港】0【协澳门】0 【特-1】0【特-2】0【特-3】0 【增】16【对美加征】10【出】0【退】16	台		3			999	陀螺动态平衡测试仪
903110	00	90	其他机械零件平衡试验机	Other machines for balancing mechanical parts	【最】3.5【普】17 【协亚太】2.3【协东盟】0【协巴基斯坦】5 【协智利】0【协新西兰】0【协秘鲁】0 【协哥斯达黎加】0【协冰岛】0【协瑞士】0 【协澳大利亚】0【协韩国】1.4 【协格鲁吉亚】0【协香港】0【协澳门】0 【特-1】0【特-2】0【特-3】0 【增】16【对美加征】10【出】0【退】16	台					999	其他机械零件平衡试验机
903120	00	10	陀螺/马达运转试验台	Gyro run-in/motor test stations	【最】7【普】17 【协东盟】0【协巴基斯坦】5【协智利】0 【协新西兰】0【协秘鲁】0【协哥斯达黎加】0 【协冰岛】0【协瑞士】4【协澳大利亚】0 【协韩国】5.1【协格鲁吉亚】0【协香港】0 【协澳门】0 【特-1】0【特-2】0【特-3】0 【增】16【出】0【退】16	台		3			999	陀螺/马达运转试验台
903120	00	20	加速度表测试台	Accelerometer test stations	【最】7【普】17 【协东盟】0【协巴基斯坦】5【协智利】0 【协新西兰】0【协秘鲁】0【协哥斯达黎加】0 【协冰岛】0【协瑞士】4【协澳大利亚】0 【协韩国】5.1【协格鲁吉亚】0【协香港】0 【协澳门】0 【特-1】0【特-2】0【特-3】0 【增】16【出】0【退】16	台		3			999	加速度表测试台
903120	00	30	试车台（能试推力>90kN的火箭发动机的或同时测量三个推力分量的）	Test benches (which have the capacity to handle solid or liquid propellant rocket motors of more than 90 kN of thrust, or which are capable of simultaneously measuring the three axial thrust components)	【最】7【普】17 【协东盟】0【协巴基斯坦】5【协智利】0 【协新西兰】0【协秘鲁】0【协哥斯达黎加】0 【协冰岛】0【协瑞士】4【协澳大利亚】0 【协韩国】5.1【协格鲁吉亚】0【协香港】0 【协澳门】0 【特-1】0【特-2】0【特-3】0 【增】16【出】0【退】16	台		3			999	试车台（能试推力>90kN的火箭发动机的或同时测量三个推力分量的）
903120	00	40	惯性平台测试台	Test tables for inertial platform (including high-accuracy centrifuges and rotating table)	【最】7【普】17 【协东盟】0【协巴基斯坦】5【协智利】0 【协新西兰】0【协秘鲁】0【协哥斯达黎加】0 【协冰岛】0【协瑞士】4【协澳大利亚】0 【协韩国】5.1【协格鲁吉亚】0【协香港】0 【协澳门】0 【特-1】0【特-2】0【特-3】0 【增】16【出】0【退】16	台		3			999	惯性平台测试台（测试平台包括高精度离心机和转台）
903120	00	90	其他试验台	Other test benches	【最】7【普】17 【协东盟】0【协巴基斯坦】5【协智利】0 【协新西兰】0【协秘鲁】0【协哥斯达黎加】0 【协冰岛】0【协瑞士】4【协澳大利亚】0 【协韩国】5.1【协格鲁吉亚】0【协香港】0 【协澳门】0 【特-1】0【特-2】0【特-3】0 【增】16【出】0【退】16	台					999	其他试验台
903141	00		制造半导体器件的检测仪和器具（第90章其他税目未列名的，包括检测光掩模及光栅用的）	Other optical instruments and appliances for inspecting semiconductor wafers or devices or for inspecting photomasks or reticles used in manufacturing semiconductor devices	【最】0【普】17【特-1】0【特-2】0【特-3】0 【增】16【出】0【退】16	台					999	制造半导体器件的检测仪和器具（第90章其他税目未列名的，包括检测光掩模及光栅用的）

税则号列 HS国际统一前6位	本国子目 7~8位	本国子目 9~10位	货品名称中文 货物名称	货品名称英文 Article Description	税费综合信息	计量单位	监管证件代码 进口	监管证件代码 出口	检验检疫类别 进口	检验检疫类别 出口	检验检疫编码	检验检疫编码对应中文名称
903149	10		轮廓投影仪	Grofile projectors	【最】5【普】20 【协东盟】0【协巴基斯坦】5【协智利】0 【协新西兰】0【协秘鲁】0【协哥斯达黎加】0 【协冰岛】0【协瑞士】0【协澳大利亚】0 【协韩国】7.3【协格鲁吉亚】0【协香港】0 【协澳门】0 【特-1】0【特-2】0【特-3】0 【增】16【对美加征】10【出】0【退】16	台					999	轮廓投影仪
903149	20		光栅测量装置	Grating measuring devices (those unlisted under other items in chapter 90)	【最】0【普】17【特-1】0【特-2】0【特-3】0 【增】16【对美加征】10【出】0【退】16	台					999	光栅测量装置(第90章其他税目未列名的)
903149	90	10	光盘质量在线检测仪及离线检测仪	CD quality online and offline detectors	【最】0【普】17【特-1】0【特-2】0【特-3】0 【增】16【对美加征】10【出】0【退】16	台					999	光盘质量在线检测仪及离线检测仪
903149	90	90	其他光学测量或检验仪器和器具	Other optical measuring or testing instruments and apparatuses (not specified or included elsewhere in Chapter 90)	【最】0【普】17【特-1】0【特-2】0【特-3】0 【增】16【对美加征】10【出】0【退】16	台					999	其他光学测量或检验仪器和器具(第90章其他税目未列名的)
903180	10		光纤通信及光纤性能测试仪	Optical telecommunication and optical fibre performance testing instruments	【最】5【普】17 【协亚太】3.3【协东盟】0【协香港】0 【协巴基斯坦】0【协智利】0【协新西兰】0 【协秘鲁】0【协哥斯达黎加】0【协冰岛】0 【协瑞士】0【协澳大利亚】0【协韩国】2.8 【协格鲁吉亚】0 【特-1】0【特-2】0【特-3】0 【增】16【出】0【退】16	台					999	光纤通信及光纤性能测试仪
903180	20		坐标测量仪	Coordinate measuring machine	【最】5【普】17 【协东盟】0【协香港】0【协巴基斯坦】0 【协智利】0【协新西兰】0【协秘鲁】0 【协哥斯达黎加】0【协冰岛】0【协瑞士】0 【协澳大利亚】0【协韩国】3.6【协格鲁吉亚】0 【特-1】0【特-2】0【特-3】0 【增】16【对美加征】5【出】0【退】16	台					999	坐标测量仪
903180	31		超声波探伤检测仪	Apparatus for ultrasonic examinations	【最】5【普】17 【协亚太】3.3【协东盟】0【协香港】0 【协巴基斯坦】0【协智利】0【协新西兰】0 【协秘鲁】0【协哥斯达黎加】0【协冰岛】0 【协瑞士】0【协澳大利亚】0【协韩国】3.6 【协格鲁吉亚】0 【特-1】0【特-2】0【特-3】0 【增】16【对美加征】5【出】0【退】16	台					999	超声波探伤检测仪
903180	32		磁粉探伤检测仪	Apparatus for magnetic examinations	【最】5【普】17 【协亚太】3.3【协东盟】0【协香港】0 【协巴基斯坦】0【协智利】0【协新西兰】0 【协秘鲁】0【协哥斯达黎加】0【协冰岛】0 【协瑞士】0【协澳大利亚】0【协韩国】3.6 【协格鲁吉亚】0 【特-1】0【特-2】0【特-3】0 【增】16【对美加征】5【出】0【退】16	台					999	磁粉探伤检测仪
903180	33		涡流探伤检测仪	Apparatus for eddy examinations	【最】5【普】17【暂进】3 【协亚太】3.3【协东盟】0【协香港】0 【协巴基斯坦】0【协智利】0【协新西兰】0 【协秘鲁】0【协哥斯达黎加】0【协冰岛】0 【协瑞士】0【协澳大利亚】0【协韩国】3.6 【协格鲁吉亚】0 【特-1】0【特-2】0【特-3】0 【增】16【对美加征】5【出】0【退】16	台					999	涡流探伤检测仪
903180	39		其他无损探伤检测仪器(射线探伤仪除外)	Other apparatus for examinations, without damaging structure (other than apparatus for radiological examinations)	【最】5【普】17 【协亚太】3.3【协东盟】0【协香港】0 【协巴基斯坦】0【协智利】0【协新西兰】0 【协秘鲁】0【协哥斯达黎加】0【协冰岛】0 【协瑞士】0【协澳大利亚】0【协格鲁吉亚】0 【特-1】0【特-2】0【特-3】0 【增】16【对美加征】5【出】0【退】16	台					999	其他无损探伤检测仪器(射线探伤仪除外)

税则号列 HS国际统一前6位	本国子目 7~8位	本国子目 9~10位	货品名称中英文 中文 货物名称	货品名称中英文 英文 Article Description	税费综合信息	计量单位	监管证件代码 进口	监管证件代码 出口	检验检疫类别 进口	检验检疫类别 出口	检验检疫编码	检验检疫编码对应中文名称
903180	90	10	惯性测量单元测试仪	Inertial measurement unit testers	【最】5【普】17 【协亚太】3.3【协东盟】0【协香港】0 【协巴基斯坦】0【协智利】0【协新西兰】0 【协秘鲁】0【协台湾】0【协哥斯达黎加】0 【协瑞士】2.8【协澳大利亚】0【协韩国】3 【协格鲁吉亚】3 【特-1】0【特-2】0【特-3】0 【增】16【出】0【退】16	台		3			999	惯性测量单元测试仪
903180	90	20	陀螺调谐测试仪	Gyro tuning testers	【最】5【普】17 【协亚太】3.3【协东盟】0【协香港】0 【协巴基斯坦】0【协智利】0【协新西兰】0 【协秘鲁】0【协台湾】0【协哥斯达黎加】0 【协瑞士】2.8【协澳大利亚】0【协韩国】3 【协格鲁吉亚】3 【特-1】0【特-2】0【特-3】0 【增】16【出】0【退】16	台		3			999	陀螺调谐测试仪
903180	90	30	跑道摩擦系数测试仪	Runway friction coefficient testers	【最】5【普】17【暂进】3 【协亚太】3.3【协东盟】0【协香港】0 【协巴基斯坦】0【协智利】0【协新西兰】0 【协秘鲁】0【协台湾】0【协哥斯达黎加】0 【协瑞士】2.8【协澳大利亚】0【协韩国】3 【协格鲁吉亚】3 【特-1】0【特-2】0【特-3】0 【增】16【出】0【退】16	台					999	跑道摩擦系数测试仪
903180	90	40	音频生命探测仪	Audio life detection instrument	【最】5【普】17【暂进】2 【协亚太】3.3【协东盟】0【协香港】0 【协巴基斯坦】0【协智利】0【协新西兰】0 【协秘鲁】0【协台湾】0【协哥斯达黎加】0 【协瑞士】2.8【协澳大利亚】0【协韩国】3 【协格鲁吉亚】3 【特-1】0【特-2】0【特-3】0 【增】16【出】0【退】16	台					999	音频生命探测仪
903180	90	50	音视频生命探测仪	Audio and video life detection instrument	【最】5【普】17【暂进】2 【协亚太】3.3【协东盟】0【协香港】0 【协巴基斯坦】0【协智利】0【协新西兰】0 【协秘鲁】0【协台湾】0【协哥斯达黎加】0 【协瑞士】2.8【协澳大利亚】0【协韩国】3 【协格鲁吉亚】3 【特-1】0【特-2】0【特-3】0 【增】16【出】0【退】16	台					999	音视频生命探测仪
903180	90	60	集成电路测试分选设备	Integrated circuit testing and sorting equipment	【最】5【普】17【暂进】2 【协亚太】3.3【协东盟】0【协香港】0 【协巴基斯坦】0【协智利】0【协新西兰】0 【协秘鲁】0【协台湾】0【协哥斯达黎加】0 【协瑞士】2.8【协澳大利亚】0【协韩国】3 【协格鲁吉亚】3 【特-1】0【特-2】0【特-3】0 【增】16【出】0【退】16	台					999	集成电路测试分选设备
903180	90	90	其他测量、检验仪器、器具及机器（指第90章其他税目未列名的）	Other measuring and testing equipments, apparatuses and machines (not specified or included elsewhere in Chapter 90)	【最】5【普】17 【协亚太】3.3【协东盟】0【协香港】0 【协巴基斯坦】0【协智利】0【协新西兰】0 【协秘鲁】0【协台湾】0【协哥斯达黎加】0 【协瑞士】2.8【协澳大利亚】0【协韩国】3 【协格鲁吉亚】3 【特-1】0【特-2】0【特-3】0 【增】16【出】0【退】16	台					101 102	其他测量、检验仪器、器具及机器（指第90章其他税目未列名的）（电子测量仪） 其他测量、检验仪器、器具及机器（指第90章其他税目未列名的）（机械测量仪）
903190	00	20	惯性测量单元稳定元件加工夹具	Inertial Measurement Unit (IMU) stable element handling fixture	【最】0【普】17【特-1】0【特-2】0【特-3】0 【增】16【对美加征】5【出】0【退】16	千克		3			999	惯性测量单元稳定元件加工夹具
903190	00	30	惯性平台平衡夹具	Inertial Measurement Unit (IMU) platform balance fixture	【最】0【普】17【特-1】0【特-2】0【特-3】0 【增】16【对美加征】5【出】0【退】16	千克		3			999	惯性平台平衡夹具

税则号列			货品名称中英文		税费综合信息	计量单位	监管证件代码		检验检疫类别		检验检疫编码	检验检疫编码对应中文名称
HS国际统一前6位	本国子目 7~8位	本国子目 9~10位	中文 货物名称	英文 Article Description			进口	出口	进口	出口		
903190	00	90	税目90.31的仪器及器具的其他（第90章其他税目未列名的）	Other parts of the instruments and appliances under heading No. 90.31 (not specified or included elsewhere in Chapter 90)	【最】0【普】17【特-1】0【特-2】0【特-3】0【增】16【对美加征】5【出】0【退】16	千克					999	税目90.31的仪器及器具的其他零件（第90章其他税目未列名的）
903210	00		恒温器	Thermostats	【最】7【普】17 【协东盟】0【协香港】0【协巴基斯坦】5 【协智利】0【协新西兰】0【协秘鲁】0 【协哥斯达黎加】0【协冰岛】0【协瑞士】2.8 【协澳大利亚】0【协韩国】1.4【协格鲁吉亚】0 【特-1】0【特-2】0【特-3】0 【增】16【对美加征】10【出】0【退】16	台					101 102	恒温器（其他电子测量分析设备及其零件） 恒温器（其他机械测量分析设备及其零件）
903220	00		恒压器	Manostats	【最】3.5【普】17 【协东盟】0【协香港】0【协巴基斯坦】5 【协智利】0【协新西兰】0【协秘鲁】0 【协哥斯达黎加】0【协冰岛】0【协瑞士】0 【协澳大利亚】0【协韩国】4.2【协格鲁吉亚】0 【特-1】0【特-2】0【特-3】0 【增】16【对美加征】5【出】0【退】16	台					101 102	恒压器（其他电子测量分析设备及其零件） 恒压器（其他机械测量分析设备及其零件）
903281	00		其他液压或气压的仪器及装置	Hydraulic or pneumatic automatic regulating or controlling instruments and apparatus	【最】3.5【普】17 【协亚太】2.3【协东盟】0【协香港】0 【协巴基斯坦】5【协智利】0【协新西兰】0 【协秘鲁】0【协哥斯达黎加】0【协冰岛】0 【协瑞士】2.8【协澳大利亚】0【协韩国】5 【协格鲁吉亚】0 【特-1】0【特-2】0【特-3】0 【增】16【对美加征】5【出】0【退】16	台					999	其他液压或气压的仪器及装置（自动调节或控制用）
903289	11		列车自动防护系统（ATP）车载设备	Train borne devices for automatic train protection system (ATP)	【最】7【普】17 【协东盟】0【协香港】0【协巴基斯坦】5 【协智利】0【协新西兰】0【协秘鲁】0 【协哥斯达黎加】0【协冰岛】0【协韩国】5.1 【协澳大利亚】0【协格鲁吉亚】0 【特-1】0【特-2】0【特-3】0 【增】16【对美加征】5【出】0【退】16	台					999	列车自动防护系统(ATP)车载设备
903289	12		列车自动运行系统（ATO）车载设备	Train borne devices for automatic train operation system (ATO)	【最】7【普】17 【协东盟】0【协香港】0【协巴基斯坦】5 【协智利】0【协新西兰】0【协秘鲁】0 【协哥斯达黎加】0【协冰岛】0【协韩国】5.1 【协澳大利亚】0【协格鲁吉亚】0 【特-1】0【特-2】0【特-3】0 【增】16【出】0【退】16	台					999	列车自动运行系统(ATO)车载设备
903289	19		其他列车自动控制系统(ATC)车载设备	Other train borne devices for automatic train control system (ATC)	【最】7【普】17 【协东盟】0【协香港】0【协巴基斯坦】5 【协智利】0【协新西兰】0【协秘鲁】0 【协哥斯达黎加】0【协冰岛】0【协韩国】5.1 【协澳大利亚】0【协格鲁吉亚】0 【特-1】0【特-2】0【特-3】0 【增】16【对美加征】5【出】0【退】16	台					999	其他列车自动控制系统(ATC)车载设备
903289	90	10	具有可再生能源和智能电网应用的自动电压和电流调节器；非液压或气压的自动调控流量、液位和湿度的仪器（自动控制、调节装置）	With renewable energy and smart grid application of the automatic voltage and current regulator; instrument non hydraulic or pneumatic automatic control flow, liquid level and humidity (automatic control device)	【最】7【普】17【暂进】5 【协东盟】0【协香港】0【协巴基斯坦】5 【协智利】0【协新西兰】0【协秘鲁】0 【协哥斯达黎加】0【协冰岛】0【协韩国】5.1 【协澳大利亚】0【协格鲁吉亚】0 【特-1】0【特-2】0【特-3】0 【增】16【出】0【退】16	台					999	具有可再生能源和智能电网应用的自动电压和电流调节器；非液压或气压的自动调控流量、液位和湿度的仪器（自动控制、调节装置）
903289	90	20	组合喷气发动机的燃烧调节装置（自动控制、调节装置）	Combustion regulating devices for combined jet engines (automatic controlling and regulating devices)	【最】7【普】17 【协东盟】0【协香港】0【协巴基斯坦】5 【协智利】0【协新西兰】0【协秘鲁】0 【协哥斯达黎加】0【协冰岛】0【协韩国】5.1 【协澳大利亚】0【协格鲁吉亚】0 【特-1】0【特-2】0【特-3】0 【增】16【出】0【退】16	台		3			999	组合喷气发动机的燃烧调节装置（自动控制、调节装置）

税则号列			货品名称中英文		税费综合信息	计量单位	监管证件代码		检验检疫类别		检验检疫编码	检验检疫编码对应中文名称
HS国际统一前6位	本国子目7~8位	本国子目9~10位	中文 货物名称	英文 Article Description			进口	出口	进口	出口		
903289	90	30	三坐标测量机用自动控制柜	Automatic control cabinet with three co-ordinate measuring machine	【最】7【普】17【暂进】3 【协东盟】0【协香港】0【协巴基斯坦】5 【协智利】0【协新西兰】0【协秘鲁】0 【协哥斯达黎加】0【协冰岛】0【协韩国】5.1 【协澳大利亚】0【协格鲁吉亚】0 【特-1】0【特-2】0【特-3】0 【增】16【出】0【退】16	台					999	三坐标测量机用自动控制柜
903289	90	40	飞机自动驾驶系统（包括自动驾驶、电子控制飞行、自动故障分析、警告系统配平系统及推力监控设备及其相关仪表）	The aircraft autopilot system(including automatic driving, electronic control flight, automatic fault analysis and warning system, trim system and thrust monitoring equipment and instrumentation	【最】7【普】17【暂进】1 【协东盟】0【协香港】0【协巴基斯坦】5 【协智利】0【协新西兰】0【协秘鲁】0 【协哥斯达黎加】0【协冰岛】0【协韩国】5.1 【协澳大利亚】0【协格鲁吉亚】0 【特-1】0【特-2】0【特-3】0 【增】16【出】0【退】16	台					999	飞机自动驾驶系统（包括自动驾驶、电子控制飞行、自动故障分析、警告系统配平系统及推力监控设备及其相关仪表）
903289	90	50	机床用成套数控伺服装置（包括CNC操作单元，带有配套的伺服放大器和伺服电机）	With complete sets of CNC servo device for machine tools(including CNC operating unit, with supporting servo amplifier and servo motor)	【最】7【普】17【暂进】3 【协东盟】0【协香港】0【协巴基斯坦】5 【协智利】0【协新西兰】0【协秘鲁】0 【协哥斯达黎加】0【协冰岛】0【协韩国】5.1 【协澳大利亚】0【协格鲁吉亚】0 【特-1】0【特-2】0【特-3】0 【增】16【出】0【退】16	台					999	机床用成套数控伺服装置（包括CNC操作单元，带有配套的伺服放大器和伺服电机）
903289	90	60	电喷点火程序控制单元（自动控制、调节装置）	EFI ignition program control unit(automatic control and regulation device)	【最】7【普】17【暂进】3 【协东盟】0【协香港】0【协巴基斯坦】5 【协智利】0【协新西兰】0【协秘鲁】0 【协哥斯达黎加】0【协冰岛】0【协韩国】5.1 【协澳大利亚】0【协格鲁吉亚】0 【特-1】0【特-2】0【特-3】0 【增】16【出】0【退】16	台					999	电喷点火程序控制单元（自动控制、调节装置）
903289	90	70	印刷机用成套数控伺服传动装置（包括运动控制器或可编程序自动控制器、人机界面单元，带有配套的伺服驱动器和伺服电机）	Printing machine with complete sets of numerical control servo drive device (including motion controller or automatic programmable controller, man-machine interface unit, servo drive and servo motor) that contains form a complete set	【最】7【普】17【暂进】3 【协东盟】0【协香港】0【协巴基斯坦】5 【协智利】0【协新西兰】0【协秘鲁】0 【协哥斯达黎加】0【协冰岛】0【协韩国】5.1 【协澳大利亚】0【协格鲁吉亚】0 【特-1】0【特-2】0【特-3】0 【增】16【出】0【退】16	台					999	印刷机用成套数控伺服传动装置（包括运动控制器或可编程序自动控制器、人机界面单元，带有配套的伺服驱动器和伺服电机）
903289	90	80	纯电动或混合动力汽车用电机控制器总成（自动控制、调节装置）	Pure electric or hybrid cars with motor controller assembly, automatic control, adjusting device)	【最】7【普】17【暂进】4 【协东盟】0【协香港】0【协巴基斯坦】5 【协智利】0【协新西兰】0【协秘鲁】0 【协哥斯达黎加】0【协冰岛】0 【协澳大利亚】0【协韩国】5.1 【协格鲁吉亚】0 【特-1】0【特-2】0【特-3】0 【增】16【出】0【退】16	台					999	纯电动或混合动力汽车用电机控制器总成（自动控制、调节装置）
903289	90	90	其他自动调节或控制仪器及装置	Other automatic regulating and controlling apparatuses and devices	【最】7【普】17 【协东盟】0【协香港】0【协巴基斯坦】5 【协智利】0【协新西兰】0【协秘鲁】0 【协哥斯达黎加】0【协冰岛】0【协韩国】5.1 【协澳大利亚】0【协格鲁吉亚】0 【特-1】0【特-2】0【特-3】0 【增】16【出】0【退】16	台					999	其他自动调节或控制仪器及装置
903290	00	01	飞机自动驾驶系统的零件（包括自动驾驶、电子控制飞行、自动故障分析、警告系统配平系统及推力监控设备及其相关仪表的零件）	Parts of aircraft autopilot system (including parts, of autopilot, electronically controlled, automatic fault analysis, the flight warning system, balancing the system, thrust monitoring equipment)	【最】5【普】17【暂进】1 【协东盟】0【协巴基斯坦】0【协智利】0 【协新西兰】0【协秘鲁】0【协哥斯达黎加】0 【协冰岛】0【协瑞士】2【协澳大利亚】0 【协韩国】3.6【协格鲁吉亚】0【协香港】0 【协澳门】0 【特-1】0【特-2】0【特-3】0 【增】16【对美加征】5【出】0【退】16	千克					999	飞机自动驾驶系统的零件（包括自动驾驶、电子控制飞行、自动故障分析、警告系统配平系统及推力监控设备及其相关仪表的零件）

税则号列			货品名称中英文		税费综合信息	计量单位	监管证件代码		检验检疫类别		检验检疫编码	检验检疫编码对应中文名称
HS 国际统一前 6 位	本国子目 7~8 位	本国子目 9~10 位	中文 货物名称	英文 Article Description			进口	出口	进口	出口		
903290	00	90	其他自动调节或控制仪器零件、附	Parts and accessories of automatic regulating or controlling instruments	【最】5【普】17 【协东盟】0【协巴基斯坦】0【协智利】0 【协新西兰】0【协秘鲁】0【协哥斯达黎加】0 【协冰岛】0【协瑞士】2【协澳大利亚】0 【协韩国】3.6【协格鲁吉亚】0【协香港】0 【协澳门】0 【特-1】0【特-2】0【特-3】0 【增】16【对美加征】5【出】0【退】16	千克					999	其他自动调节或控制仪器零件、附件
903300	00	10	用于第 90 章环境产品的其他税目未列名的零件、附件［太阳能定日镜、税号 9015.80 的商品、税目 90.26 的商品，税目 90.27 的商品（税号 902780.11 和税号 902780.91 除外），税号 9031.49 的商品、测振仪、手振动仪、可再生能源和智能电网应用的自动电压和电流调节器、自动调控流量、液位和湿度的仪器］	Chapter 90 environmental products used for the other items not listed parts, accessories: (solar heliostat, 901580, 9026 of goods, the goods 9027 (except 90278011 and 90278091), 903149 goods, vibration, hand vibration meter, renewable energy and smart grid applica	【最】6【普】17【暂进】5 【协东盟】0【协巴基斯坦】5【协智利】0 【协新西兰】0【协秘鲁】0【协哥斯达黎加】0 【协冰岛】0【协瑞士】2.4【协澳大利亚】1.2 【协韩国】1.2【协格鲁吉亚】0【协香港】0 【协澳门】0 【特-1】0【特-2】0【特-3】0 【增】16【对美加征】10【出】0【退】16	千克					101 102	用于第 90 章环境产品的其他税目未列名的零件、附件［太阳能定日镜、税号 9015.80 的商品、税目 90.26 的商品、税目 90.27 的商品（税号 9027.8011 和税号 9027.8091 除外），税号 9031.49 的商品，测振仪，手振动仪，可再生能源和智能电网应用的自动电压和电流调节器、自动调控流量、液位和湿度的仪器］（其他电子测量分析设备及其零件） 用于 90 章环境产品的其他税目未列名的零件、附件［太阳能定日镜、税号 9015.80 的商品、税目 90.26 的商品，税目 90.27 的商品（税号 902780.11 和税号 902780.91 除外），税号 9031.49 的商品、测振仪、手振动仪、可再生能源和智能电网应用的自动电压和电流调节器、自动调控流量、液位和湿度的仪器］（其他机械测量分析设备及其零件）
903300	00	90	第 90 章其他编号未列名零件、附件（指第 90 章所列机器、器具、仪器或装置用）	Chapter 90 other number their zero, attachment (refer to chapter 90 listed machines, apparatus, instruments and devices)	【最】6【普】17 【协东盟】0【协巴基斯坦】5【协智利】0 【协新西兰】0【协秘鲁】0【协哥斯达黎加】0 【协冰岛】0【协瑞士】2.4【协澳大利亚】1.2 【协韩国】1.2【协格鲁吉亚】0【协香港】0 【协澳门】0 【特-1】0【特-2】0【特-3】0 【增】16【对美加征】10【出】0【退】16	千克					101 102	第 90 章其他编号未列名零件、附件（指第 90 章所列机器、器具、仪器或装置用）（其他电子测量分析设备及其零件） 第 90 章其他编号未列名零件、附件（指第 90 章所列机器、器具、仪器或装置用）（其他机械测量分析设备及其零件）

第九十一章 钟表及其零件

Chapter 91 Clocks and watches and parts thereof

注释：

一、本章不包括：

（一）钟表玻璃及钟锤（按其构成材料归类）；

（二）表链（根据不同情况，归入税目 71.13 或 71.17）；

（三）第十五类注释二所规定的贱金属制通用零件（第十五类）、塑料制的类似品（第三十九章）及贵金属或包贵金属制的类似品（一般归入税目 71.15），但钟、表发条则应作为钟、表的零件归类（税目 91.14）；

（四）轴承滚珠（根据不同情况，归入税目 73.26 或 84.82）；

（五）税目 84.12 的物品，不需擒纵器可以工作的；

（六）滚珠轴承（税目 84.82）；或

（七）第八十五章的物品，本身未组装在或未与其他零件组装在钟、表机芯内，也未组装成专用于或主要用于钟、表机芯零件的（第八十五章）。

二、税目 91.01 仅包括表壳完全以贵金属或包贵金属制的表，以及用贵金属或包贵金属与税目 71.01 至 71.04 的天然、养殖珍珠或宝石、半宝石（天然、合成或再造）合制的表。用贱金属上镶嵌贵金属制成表壳的表应归入税目 91.02。

三、本章所称"表芯"，是指由摆轮及游丝、石英晶体或其他能确定时间间隔的装置来进行调节的机构，并带有显示器或可装机械指示器的系统。表芯的厚度不超过 12 毫米，长、宽或直径不超过 50 毫米。

四、除注释一另有规定的以外，钟、表的机芯及其他零件，既适用于钟或表，又适用于其他物品（例如，精密仪器）的，均应归入本章。

Chapter Notes:

1. This Chapter does not cover:

(a) Clock or watch glasses or weights (classified according to their constituent material);

(b) Watch chains (heading 71.13 or 71.17, as the case may be);

(c) Parts of general use defined in Note 2 to Section XV, of base metal (Section XV), or similar goods of plastics (Chapter 39) or of precious metal or metal clad with precious metal (generally heading 71.15); clock or watch springs are, however, to be classified as clock or watch parts (heading 91.14);

(d) Bearing balls (heading 73.26 or 84.82, as the case may be);

(e) Articles of heading 84.12 constructed to work without an escapement;

(f) Ball bearings (heading 84.82); or

(g) Articles of Chapter 85, not yet assembled together or with other components into watch or clock movements or into articles suitable for use solely or principally as parts of such movements (Chapter 85).

2. Heading 91.01 covers only watches with case wholly of precious metal or of metal clad with precious metal, or of the same materials combined with natural or cultured pearls, or precious or semi-precious stones (natural, synthetic or reconstructed) of headings 71.01 to 71.04. Watches with case of base metal inlaid with precious metal fall in heading 91.02.

3. For the purposes of this Chapter, the expression "watch movements" means devices regulated by a balance-wheel and hairspring, quartz crystal or any other system capable of determining intervals of time, with a display or a system to which a mechanical display can be incorporated. Such watch movements shall not exceed 12mm in thickness and 50mm in width, length or diameter.

4. Except as provided in Note 1, movements and other parts suitable for use both in clocks or watches and in other articles (for example, precision instruments) are to be classified in this Chapter.

税则号列			货品名称中英文		税费综合信息	计量单位	监管证件代码		检验检疫类别		检验检疫编码	检验检疫编码对应中文名称
HS 国际统一前 6 位	本国子目 7~8 位	本国子目 9~10 位	中文 货物名称	英文 Article Description			进口	出口	进口	出口		
910111	00		机械指示式的贵金属电子手表（表壳用贵金属或包贵金属制成的）【电商】	Wrist-watches, electrically operated, With mechanical display only (with case of precious metal or of metal clad with precious metal)	【最】8【普】100 【协亚太】5.2【协东盟】0【协巴基斯坦】5 【协智利】0【协新西兰】0【协新加坡】0 【协秘鲁】0【协哥斯达黎加】0【协冰岛】0 【协瑞士】6.3【协澳大利亚】0【协韩国】6.6 【协格鲁吉亚】0【协香港】0【协澳门】0 【特-1】0【特-2】0 【增】16【消】20【出】0【退】13	只					999	机械指示式的贵金属电子手表（表壳用贵金属或包贵金属制成的）

税则号列 HS国际统一前6位	本国子目 7~8位	本国子目 9~10位	货品名称中英文 中文 货物名称	货品名称中英文 英文 Article Description	税费综合信息	计量单位	监管证件代码 进口	监管证件代码 出口	检验检疫类别 进口	检验检疫类别 出口	检验检疫编码	检验检疫编码对应中文名称
910119	10		光电显示式的贵金属电子手表（表壳用贵金属或包贵金属制成的）	Wrist-watches, electrically operated, with optoelectronic display only (with case of precious metal or of metal clad with precious metal)	【最】8【普】100 【协东盟】0【协巴基斯坦】12.8【协智利】0 【协新西兰】0【协新加坡】0【协秘鲁】0 【协哥斯达黎加】0【协冰岛】0【协瑞士】6.4 【协澳大利亚】0【协韩国】9.6【协格鲁吉亚】0 【协香港】0【协澳门】0 【特-1】0【特-2】0 【增】16【消】20【出】0【退】13	只					999	光电显示式的贵金属电子手表（表壳用贵金属或包贵金属制成的）
910119	90		其他贵金属电子手表（表壳用贵金属或包贵金属制成的） 【电商】	Other Wrist-watches, electrically operated, With case of precious metal or of metal clad with precious metal	【最】8【普】100 【协东盟】0【协巴基斯坦】12【协智利】0 【协新西兰】0【协新加坡】0【协秘鲁】0 【协哥斯达黎加】0【协冰岛】0【协瑞士】8 【协澳大利亚】0【协韩国】9【协格鲁吉亚】0 【协香港】0【协澳门】0 【特-1】0【特-2】0 【增】16【消】20【出】0【退】13	只					999	其他贵金属电子手表（表壳用贵金属或包贵金属制成的）
910121	00	10	含濒危动物皮自动上弦贵金属机械手表（表壳用贵金属或包贵金属制成的） 【电商】①	Mechanical wrist watches of precious metal, automatic winding, with endangered animal skin (with case of precious metal or of metal clad with precious metal)	【最】8【普】80 【协亚太】5.2【协东盟】0【协巴基斯坦】5 【协智利】0【协新西兰】0【协新加坡】0 【协秘鲁】0【协哥斯达黎加】0【协冰岛】0 【协瑞士】6.3【协澳大利亚】0【协韩国】6.6 【协格鲁吉亚】0【协香港】0【协澳门】0 【特-1】0【特-2】0 【增】16【消】20【出】0【退】0	只	F	E			999	含濒危动物皮自动上弦贵金属机械手表（表壳用贵金属或包贵金属制成的）
910121	00	90	其他自动上弦贵金属机械手表（表壳用贵金属或包贵金属制成的） 【电商】②	Other mechanical wrist watches of precious metal, automatic winding (with case of precious metal or of metal clad with precious metal)	【最】8【普】80 【协亚太】5.2【协东盟】0【协巴基斯坦】5 【协智利】0【协新西兰】0【协新加坡】0 【协秘鲁】0【协哥斯达黎加】0【协冰岛】0 【协瑞士】6.3【协澳大利亚】0【协韩国】6.6 【协格鲁吉亚】0【协香港】0【协澳门】0 【特-1】0【特-2】0 【增】16【消】20【出】0【退】13	只					999	其他自动上弦贵金属机械手表（表壳用贵金属或包贵金属制成的）
910129	00	10	含濒危动物皮非自动上弦贵金属机械手表（表壳用贵金属或包贵金属制成的）	Mechanical wrist watches of precious metal, non-automatic winding, with endangered animal skin (with case of precious metal or of metal clad with precious metal)	【最】8【普】80 【协亚太】5.2【协东盟】0【协巴基斯坦】12 【协智利】0【协新西兰】0【协新加坡】0 【协秘鲁】0【协哥斯达黎加】0【协冰岛】0 【协瑞士】8【协澳大利亚】0【协韩国】9 【协格鲁吉亚】0【协香港】0【协澳门】0 【特-1】0【特-2】0 【增】16【消】20【出】0【退】0	只	F	E			999	含濒危动物皮非自动上弦贵金属机械手表（表壳用贵金属或包贵金属制成的）
910129	00	90	其他非自动上弦贵金属机械手表（表壳用贵金属或包贵金属制成的）	Other mechanical wrist watches of precious metal, non-automatic winding (with case of precious metal or of metal clad with precious metal)	【最】8【普】80 【协亚太】5.2【协东盟】0【协巴基斯坦】12 【协智利】0【协新西兰】0【协新加坡】0 【协秘鲁】0【协哥斯达黎加】0【协冰岛】0 【协瑞士】8【协澳大利亚】0【协韩国】9 【协格鲁吉亚】0【协香港】0【协澳门】0 【特-1】0【特-2】0 【增】16【消】20【出】0【退】13	只					999	其他非自动上弦贵金属机械手表（表壳用贵金属或包贵金属制成的）
910191	00		贵金属电子怀表及其他电子表（表壳用贵金属或包贵金属制成的）	Other pocket-watches and other watches, electrically operated, of precious metal (with case of precious metal or of metal clad with precious metal)	【最】8【普】100 【协东盟】0【协巴基斯坦】12【协智利】0 【协新西兰】0【协新加坡】0【协秘鲁】0 【协哥斯达黎加】0【协冰岛】0【协瑞士】6 【协澳大利亚】0【协韩国】9【协格鲁吉亚】0 【协香港】0【协澳门】0 【特-1】0【特-2】0 【增】16【出】0【退】13	只					999	贵金属电子怀表及其他电子表（表壳用贵金属或包贵金属制成的）
910199	00		贵金属机械怀表及其他机械表（表壳用贵金属或包贵金属制成的）	Other mechanical pocket-watches and other watches, of precious metal (with case of precious metal or of metal clad with precious metal)	【最】15【普】80 【协东盟】0【协智利】0【协新西兰】0 【协新加坡】0【协秘鲁】0【协哥斯达黎加】0 【协冰岛】0【协瑞士】11.4【协澳大利亚】0 【协韩国】14.6【协格鲁吉亚】0 【协香港】0【协澳门】0 【特-1】0【特-2】0 【增】16【出】0【退】13	只					999	贵金属机械怀表及其他机械表（表壳用贵金属或包贵金属制成的）

① 列入《进出口野生动植物种商品目录》的商品除外。
② 列入《进出口野生动植物种商品目录》的商品除外。

税则号列			货品名称中英文		税费综合信息	计量单位	监管证件代码		检验检疫类别		检验检疫编码	检验检疫编码对应中文名称
HS国际统一前6位	本国子目 7~8位	9~10位	中文 货物名称	英文 Article Description			进口	出口	进口	出口		
910211	00		机械指示式的其他电子手表(贵金属或包贵金属制壳的除外)【电商】	Other wrist watches, electrically operated, with mechanical display only (other than with case of precious metal or of metal clad with precious metal)	【最】10【普】100 【协亚太】6.5【协东盟】0【协香港】0 【协澳门】0【协巴基斯坦】6.2【协智利】0 【协新西兰】0【协新加坡】0【协秘鲁】0 【协哥斯达黎加】0【协冰岛】0【协瑞士】7.1 【协澳大利亚】0【协韩国】7.5 【协格鲁吉亚】0 【特-1】0【特-2】0 【增】16【消】20【对美加征】10【出】0 【退】13	只					999	机械指示式的其他电子手表(贵金属或包贵金属制壳的除外)
910212	00		光电显示式的其他电子手表(贵金属或包贵金属制壳的除外)【电商】	Other wrist watches, electrically operated, with optoelectronic display only (other than with case of precious metal or of metal clad with precious metal)	【最】15【普】100 【协东盟】0【协香港】0【协澳门】0【协智利】0 【协新西兰】0【协新加坡】0【协秘鲁】0 【协哥斯达黎加】0【协冰岛】0【协瑞士】9.2 【协澳大利亚】0【协韩国】18.4 【协格鲁吉亚】0 【特-1】0【特-2】0 【增】16【消】20【对美加征】10【出】0 【退】13	只					999	光电显示式的其他电子手表(贵金属或包贵金属制壳的除外)
910219	00		其他电子手表【电商】	Other wrist watches, electrically operated (other than with case of precious metal or of metal clad with precious metal)	【最】8【普】100 【协东盟】0【协巴基斯坦】12【协智利】0 【协新西兰】0【协新加坡】0【协秘鲁】0 【协哥斯达黎加】0【协冰岛】0【协瑞士】6 【协澳大利亚】0【协韩国】9【协格鲁吉亚】0 【协香港】0【协澳门】0 【特-1】0【特-2】0 【增】16【消】20【对美加征】10【出】0 【退】13	只					999	其他电子手表(贵金属或包贵金属制壳的除外)
910221	00	10	含濒危动物皮其他自动上弦的机械手表(用贵金属或包贵金属制壳的除外)【电商】①	Other mechanical wrist watches, automatic winding, with endangered animal skin (other than with case of precious metal or of metal clad with precious metal)	【最】11【普】80 【协东盟】0【协香港】0【协澳门】0 【协巴基斯坦】5【协智利】0【协新西兰】0 【协新加坡】0【协秘鲁】0【协哥斯达黎加】0 【协冰岛】0【协瑞士】6.3【协澳大利亚】0 【协韩国】6.6【协格鲁吉亚】0 【特-1】0【特-2】0 【增】16【消】20【对美加征】10【出】0【退】0	只	F	E			999	含濒危动物皮其他自动上弦的机械手表(用贵金属或包贵金属制壳的除外)
910221	00	90	其他自动上弦的机械手表(用贵金属或包贵金属制壳的除外)【电商】②	Other mechanical wrist watches, automatic winding (other than with case of precious metal or of metal clad with precious metal)	【最】11【普】80 【协东盟】0【协香港】0【协澳门】0 【协巴基斯坦】5【协智利】0【协新西兰】0 【协新加坡】0【协秘鲁】0【协哥斯达黎加】0 【协冰岛】0【协瑞士】6.3【协澳大利亚】0 【协韩国】6.6【协格鲁吉亚】0 【特-1】0【特-2】0 【增】16【消】20【对美加征】10【出】0 【退】13	只					999	其他自动上弦的机械手表(用贵金属或包贵金属制壳的除外)
910229	00	10	含濒危动物皮其他非自动上弦机械手表(用贵金属或包贵金属制壳的除外)【电商】③	Mechanical wrist watches, non automatic winding, with endangered animal skin (other than with case of precious metal or of metal clad with precious metal)	【最】10【普】80 【协东盟】0【协香港】0【协澳门】0 【协巴基斯坦】12【协智利】0【协新西兰】0 【协新加坡】0【协秘鲁】0【协哥斯达黎加】0 【协冰岛】0【协瑞士】8.6【协澳大利亚】0 【协韩国】9【协格鲁吉亚】0 【特-1】0【特-2】0 【增】16【消】20【对美加征】10【出】0【退】0	只	F	E			999	含濒危动物皮其他非自动上弦机械手表(用贵金属或包贵金属制壳的除外)
910229	00	90	其他非自动上弦的机械手表(用贵金属或包贵金属制壳的除外)【电商】④	Other mechanical wrist watches, non-automatic winding (other than with case of precious metal or of metal clad with precious metal)	【最】10【普】80 【协东盟】0【协香港】0【协澳门】0 【协巴基斯坦】12【协智利】0【协新西兰】0 【协新加坡】0【协秘鲁】0【协哥斯达黎加】0 【协冰岛】0【协瑞士】8.6【协澳大利亚】0 【协韩国】9【协格鲁吉亚】0 【特-1】0【特-2】0 【增】16【消】20【对美加征】10【出】0 【退】13	只					999	其他非自动上弦的机械手表(用贵金属或包贵金属制壳的除外)

① 列入《进出口野生动植物种商品目录》的商品除外。
② 列入《进出口野生动植物种商品目录》的商品除外。
③ 列入《进出口野生动植物种商品目录》的商品除外。
④ 列入《进出口野生动植物种商品目录》的商品除外。

税则号列			货品名称中英文		税费综合信息	计量单位	监管证件代码		检验检疫类别		检验检疫编码	检验检疫编码对应中文名称
HS 国际统一前6位	本国子目 7~8位	9~10位	中文 货物名称	英文 Article Description			进口	出口	进口	出口		
910291	00		电力驱动的电子怀表及其他电子表（手表除外，也不包括表壳用贵金属或包贵金属制成的表） 【电商】	Pocket-watches and other watches, Electrically operated (other than wrist-watches and with case of precious metal or of metal clad with precious metal)	【最】10【普】100 【协东盟】0【协巴基斯坦】12【协智利】0 【协新西兰】0【协新加坡】0【协秘鲁】0 【协哥斯达黎加】0【协冰岛】0【协瑞士】8.6 【协澳大利亚】0【协韩国】9【协格鲁吉亚】0 【协香港】0【协澳门】0 【特-1】0【特-2】0 【增】16【对美加征】10【出】0【退】13	只					999	电力驱动的电子怀表及其他电子表（手表除外，也不包括表壳用贵金属或包贵金属制成的表）
910299	00		其他机械怀表、秒表及其他表（用贵金属或包贵金属制壳的除外） 【电商】	Other pocket-watches and other watches, including stop-watches (other than with case of precious metal or of metal clad with precious metal)	【最】15【普】80 【协东盟】0【协智利】0【协新西兰】0 【协新加坡】0【协秘鲁】0【协哥斯达黎加】0 【协冰岛】0【协瑞士】11.4【协澳大利亚】0 【协韩国】14.6【协格鲁吉亚】0 【协香港】0【协澳门】0 【特-1】0【特-2】0 【增】16【出】0【退】13	只					999	其他机械怀表、秒表及其他表（用贵金属或包贵金属制壳的除外）
910310	00		以表芯装成的电子钟（不包括税目 91.04 的钟） 【电商】	Clocks with watch movements, Electrically operated, excluding clocks heading No. 91.04	【最】15【普】100 【协东盟】0【协香港】0【协澳门】0【协智利】0 【协新西兰】0【协新加坡】0【协秘鲁】0 【协哥斯达黎加】0【协冰岛】0【协瑞士】13.1 【协澳大利亚】0【协韩国】18.4 【协格鲁吉亚】0 【特-1】0【特-2】0 【增】16【对美加征】5【出】0【退】13	只					999	以表芯装成的电子钟（不包括税目 91.04 的钟）
910390	00		以表芯装成的机械钟（不包括税目 91.04 的钟） 【电商】	Mechanical clocks with watch movements excluding clocks heading No. 91.04	【最】15【普】100 【协东盟】0【协智利】0【协新西兰】0 【协新加坡】0【协秘鲁】0【协哥斯达黎加】0 【协冰岛】0【协瑞士】11.4【协澳大利亚】0 【协韩国】14.6【协格鲁吉亚】0 【协香港】0【协澳门】0 【特-1】0【特-2】0 【增】16【对美加征】10【出】0【退】13	只					999	以表芯装成的机械钟（不包括税目 91.04 的钟）
910400	00		仪表板钟及车辆船舶等用的类似钟（包括航空器和航天器用的）	Instrument panel clocks and clocks of a similar type for vehicles, aircraft, spacecraft or vessels	【最】10【普】100 【协东盟】0【协巴基斯坦】5【协智利】0 【协新西兰】0【协秘鲁】0【协哥斯达黎加】0 【协冰岛】0【协瑞士】0【协澳大利亚】0 【协韩国】6【协格鲁吉亚】0 【协香港】0【协澳门】0 【特-1】0【特-2】0 【增】16【对美加征】10【出】0【退】16	只					999	仪表板钟及车辆船舶等用的类似钟（包括航空器和航天器用的）
910511	00		电子闹钟 【电商】	Alarm clocks, electrically operated	【最】15【普】100 【协东盟】0【协香港】0【协澳门】0【协智利】0 【协新西兰】0【协新加坡】0【协秘鲁】0 【协哥斯达黎加】0【协冰岛】0【协瑞士】13.1 【协澳大利亚】0【协韩国】18.4 【协格鲁吉亚】0 【特-1】0【特-2】0【特-3】0 【增】16【对美加征】10【出】0【退】13	只					999	电子闹钟
910519	00		机械闹钟	Other alarm clocks, mechanical	【最】10【普】100 【协东盟】0【协智利】0【协新西兰】0 【协新加坡】0【协秘鲁】0【协哥斯达黎加】0 【协冰岛】0【协瑞士】8【协澳大利亚】0 【协韩国】14.6【协格鲁吉亚】0 【协香港】0【协澳门】0 【特-1】0【特-2】0 【增】16【出】0【退】13	只					999	机械闹钟
910521	00		电子挂钟 【电商】	Wall clocks, electrically operated	【最】15【普】100 【协东盟】0【协智利】0【协新西兰】0 【协新加坡】0【协秘鲁】0【协哥斯达黎加】0 【协冰岛】0【协瑞士】9.2【协澳大利亚】0 【协韩国】18.4【协格鲁吉亚】0 【协香港】0【协澳门】0 【特-1】0【特-2】0 【增】16【对美加征】10【出】0【退】13	只					999	电子挂钟

税则号列			货品名称中英文		税费综合信息	计量单位	监管证件代码		检验检疫类别		检验检疫编码	检验检疫编码对应中文名称
HS国际统一前6位	本国子目 7~8位	9~10位	中文 货物名称	英文 Article Description			进口	出口	进口	出口		
910529	00		机械挂钟	Other wall clocks, mechanical	【最】10【普】100 【协东盟】0【协智利】0【协新西兰】0 【协新加坡】0【协秘鲁】0【协哥斯达黎加】0 【协冰岛】0【协瑞士】8【协澳大利亚】0 【协韩国】14.6【协格鲁吉亚】0 【协香港】0【协澳门】0 【特-1】0【特-2】0 【增】16【对美加征】10【出】0【退】13	只					999	机械挂钟
910591	10		电子天文钟（由电力驱动）	Astronomical chronometer, electrically operated	【最】2【普】8 【协东盟】0【协巴基斯坦】0【协智利】0 【协新西兰】0【协秘鲁】0【协哥斯达黎加】0 【协冰岛】0【协瑞士】1.2【协澳大利亚】0 【协韩国】0【协格鲁吉亚】0 【协香港】0【协澳门】0 【特-1】0【特-2】0【特-3】0 【增】16【出】0【退】13	只					999	电子天文钟（由电力驱动）
910591	90		其他电子钟（由电力驱动，闹钟、挂钟、天文钟除外）	Other clocks, Electrically operated (other than alarm clock, wall clock and astronomical chronometer)	【最】15【普】100 【协东盟】0【协智利】0【协新西兰】0 【协新加坡】0【协秘鲁】0【协哥斯达黎加】0 【协冰岛】0【协瑞士】9.2【协澳大利亚】0 【协韩国】18.4【协格鲁吉亚】0 【协香港】0【协澳门】0 【特-1】0【特-2】0 【增】16【对美加征】10【出】0【退】13	只					999	其他电子钟（由电力驱动，闹钟、挂钟、天文钟除外）
910599	00		其他机械钟（闹钟、挂钟除外） 【电商】	Other clocks, Mechanical (other than alarm clock, wall clock)	【最】10【普】100 【协东盟】0【协巴基斯坦】12.8【协智利】0 【协新西兰】0【协新加坡】0【协秘鲁】0 【协哥斯达黎加】0【协冰岛】0【协瑞士】9.1 【协澳大利亚】0【协韩国】9.6【协格鲁吉亚】0 【协香港】0【协澳门】0 【特-1】0【特-2】0 【增】16【对美加征】10【出】0【退】13	只					999	其他机械钟（闹钟、挂钟除外）
910610	00		考勤钟、时刻记录器	Time-registers; time-recorders	【最】10【普】50 【协东盟】0【协巴基斯坦】12.8【协智利】0 【协新西兰】0【协新加坡】0【协秘鲁】0 【协哥斯达黎加】0【协冰岛】0【协瑞士】6.4 【协澳大利亚】0【协韩国】9.6【协格鲁吉亚】0 【协香港】0【协澳门】0 【特-1】0【特-2】0 【增】16【对美加征】5【出】0【退】16	只					999	考勤钟、时刻记录器
910690	00		其他时间记录器及其他类似装置（包括测量、记录或指示时间的装置） 【电商】	Other time of day recording apparatus and the like (including apparatus for measuring, recording or otherwise indicating intervals of time)	【最】10【普】50 【协东盟】0【协巴基斯坦】12.8【协智利】0 【协新西兰】0【协新加坡】0【协秘鲁】0 【协哥斯达黎加】0【协冰岛】0【协瑞士】9.1 【协澳大利亚】0【协韩国】9.6【协格鲁吉亚】0 【协香港】0【协澳门】0 【特-1】0【特-2】0 【增】16【对美加征】5【出】0【退】16	只			L		101 102	其他时间记录器及其他类似装置（包括测量、记录或指示时间的装置）（其他车辆零部件） 其他时间记录器及其他类似装置（包括测量、记录或指示时间的装置）（其他钟表、计时器及零件）
910700	00		定时开关	Time switches with clock or watch movement or with synchronous motor	【最】8【普】50 【协东盟】0【协巴基斯坦】6【协智利】0 【协新西兰】0【协新加坡】0【协秘鲁】0 【协哥斯达黎加】0【协冰岛】0【协瑞士】4.8 【协澳大利亚】0【协韩国】7.2 【协格鲁吉亚】7.2【协香港】0【协澳门】0 【特-1】0【特-2】0 【增】16【对美加征】10【出】0【退】16	个					999	定时开关（装有钟、表机芯或同步电动机的）
910811	00		已组装的机械指示式完整电子表芯	Watch movements, complete and assembled, with mechanical display only or with a device to which a mechanical display can be incorporated	【最】16【普】80【暂进】10 【协东盟】0【协香港】0【协澳门】0 【协巴基斯坦】12.8【协智利】0【协新西兰】0 【协新加坡】0【协秘鲁】0【协哥斯达黎加】0 【协冰岛】0【协瑞士】6.4【协澳大利亚】0 【协韩国】9.6【协格鲁吉亚】0 【协香港】0【协澳门】0 【特-1】0【特-2】0 【增】16【出】0【退】13	只					999	已组装的机械指示式完整电子表芯

税则号列			货品名称中英文		税费综合信息	计量单位	监管证件代码		检验检疫类别		检验检疫编码	检验检疫编码对应中文名称
HS 国际统一前6位	本国子目 7~8位	本国子目 9~10位	中文 货物名称	英文 Article Description			进口	出口	进口	出口		
910812	00		已组装的光电显示式完整电子表芯	Watch movements, complete and assembled, with optoelectronic display only	【最】16【普】80 【协东盟】0【协香港】0【协澳门】0 【协巴基斯坦】12.8【协智利】0【协新西兰】0 【协新加坡】0【协秘鲁】0【协哥斯达黎加】0 【协冰岛】0【协瑞士】9.1【协澳大利亚】0 【协韩国】9.6【协格鲁吉亚】0 【特-1】0【特-2】0 【增】16【出】0【退】13	只					999	已组装的光电显示式完整电子表芯
910819	00		其他已组装的完整电子表芯（编号9108.1100和编号9108.1200的除外）	Other Watch movements, complete and assembled, other than subheadings No. 9108.1100 and 9108.1200	【最】16【普】80 【协亚太】10.4【协东盟】0【协香港】0 【协澳门】0【协巴基斯坦】8【协智利】0 【协新西兰】0【协新加坡】0【协秘鲁】0 【协哥斯达黎加】0【协冰岛】0【协瑞士】9.1 【协澳大利亚】0【协韩国】9.6 【协格鲁吉亚】0 【特-1】0【特-2】0 【增】16【出】0【退】13	只					999	其他已组装的完整电子表芯（编号9108.1100和编号9108.1200的除外）
910820	00		已组装的自动上弦的完整表芯	Watch movements, complete and assembled, automatic winding	【最】16【普】80 【协亚太】10.4【协东盟】0【协巴基斯坦】12.8 【协智利】0【协新西兰】0【协新加坡】0 【协秘鲁】0【协哥斯达黎加】0【协冰岛】0 【协瑞士】9.1【协澳大利亚】0【协韩国】9.6 【协格鲁吉亚】0【协香港】0【协澳门】0 【特-1】0【特-2】0 【增】16【出】0【退】13	只					999	已组装的自动上弦的完整表芯
910890	10		已组装的表面≤33.8mm的机械完整表芯（表面尺寸在33.8毫米及以下，非自动上弦）	Watch movements, complete and assembled, mechanical, Measuring 33.8 mm or less, non-automatic winding	【最】16【普】80 【协东盟】0【协巴基斯坦】12.8【协智利】0 【协新西兰】0【协新加坡】0【协秘鲁】0 【协哥斯达黎加】0【协冰岛】0【协瑞士】9.1 【协澳大利亚】0【协韩国】9.6【协格鲁吉亚】0 【协香港】0【协澳门】0 【特-1】0【特-2】0 【增】16【出】0【退】13	只					999	已组装的表面尺寸≤33.8毫米的机械完整表芯（表面尺寸在33.8毫米及以下，非自动上弦）
910890	90		其他已组装完整的机械表芯（表面尺寸超过33.8毫米，非自动上弦）	Other watch movements, complete and assembled, mechanical, measuring more than 33.8 mm, non-automatic winding	【最】16【普】80 【协东盟】0【协香港】0【协澳门】0 【协巴基斯坦】12.8【协智利】0【协新西兰】0 【协新加坡】0【协秘鲁】0【协哥斯达黎加】0 【协冰岛】0【协瑞士】9.1【协澳大利亚】0 【协韩国】9.6【协格鲁吉亚】0 【特-1】0【特-2】0 【增】16【出】0【退】13	只					999	其他已组装的完整机械表芯（表面尺寸超过33.8毫米，非自动上弦）
910910	00		已组装的完整电子钟芯	Clock movements, complete and assembled, electrically operated	【最】16【普】100 【协东盟】0【协巴基斯坦】12.8【协智利】0 【协新西兰】0【协新加坡】0【协秘鲁】0 【协哥斯达黎加】0【协冰岛】0【协瑞士】6.4 【协澳大利亚】0【协韩国】9.6【协格鲁吉亚】0 【协香港】0【协澳门】0 【特-1】0【特-2】0 【增】16【对美加征】10【出】0【退】13	只					999	已组装的完整电子钟芯
910990	00		已组装的完整机械钟芯	Clock movements, complete and assembled, mechanical	【最】16【普】100 【协东盟】0【协巴基斯坦】12.8【协智利】0 【协新西兰】0【协新加坡】0【协秘鲁】0 【协哥斯达黎加】0【协冰岛】0【协瑞士】6.4 【协澳大利亚】0【协韩国】9.6【协格鲁吉亚】0 【协香港】0【协澳门】0 【特-1】0【特-2】0 【增】16【出】0【退】13	只					999	已组装的完整机械钟芯
911011	00		未组装的完整表机芯（包括部分组装）	Complete movements, unassembled or partly assembled (movement sets) of watches	【最】16【普】80 【协东盟】0【协巴基斯坦】12.8【协智利】0 【协新西兰】0【协新加坡】0【协秘鲁】0 【协哥斯达黎加】0【协冰岛】0【协瑞士】9.1 【协澳大利亚】0【协韩国】9.6【协格鲁吉亚】0 【协香港】0【协澳门】0 【特-1】0【特-2】0 【增】16【出】0【退】13	只					999	未组装的完整表机芯（包括部分组装）

税则号列			货品名称中英文		税费综合信息	计量单位	监管证件代码		检验检疫类别		检验检疫编码	检验检疫编码对应中文名称
HS国际统一前6位	本国子目 7~8位	9~10位	中文 货物名称	英文 Article Description			进口	出口	进口	出口		
911012	00		已组装的不完整表机芯	Incomplete movements, assembled, of watches	【最】16【普】70 【协东盟】0【协巴基斯坦】12.8【协智利】0 【协新西兰】0【协新加坡】0【协秘鲁】0 【协哥斯达黎加】0【协冰岛】0【协瑞士】6.4 【协澳大利亚】0【协韩国】9.6【协格鲁吉亚】0 【协香港】0【协澳门】0 【特-1】0【特-2】0 【增】16【出】0【退】13	千克					999	已组装的不完整表机芯
911019	00		未组装的不完整表机芯	Rough movements of watches	【最】16【普】70 【协东盟】0【协巴基斯坦】12.8【协智利】0 【协新西兰】0【协新加坡】0【协秘鲁】0 【协哥斯达黎加】0【协冰岛】0【协瑞士】6.4 【协澳大利亚】0【协韩国】9.6【协格鲁吉亚】0 【协香港】0【协澳门】0 【特-1】0【特-2】0 【增】16【出】0【退】13	千克					999	未组装的不完整表机芯
911090	10		未组装的完整钟机芯（包括部分组装）	Complete movements, unassembled or partly assembled, of clocks	【最】16【普】100 【协东盟】0【协巴基斯坦】12.8【协智利】0 【协新西兰】0【协新加坡】0【协秘鲁】0 【协哥斯达黎加】0【协冰岛】0【协瑞士】6.4 【协澳大利亚】0【协韩国】9.6【协格鲁吉亚】0 【协香港】0【协澳门】0 【特-1】0【特-2】0 【增】16【出】0【退】13	千克/只					999	未组装的完整钟机芯（包括部分组装）
911090	90		不完整钟机芯（不论是否已组装）	Incomplete clock movements, whether or not assembled	【最】16【普】80 【协东盟】0【协巴基斯坦】12.8【协智利】0 【协新西兰】0【协新加坡】0【协秘鲁】0 【协哥斯达黎加】0【协冰岛】0【协瑞士】6.4 【协澳大利亚】0【协韩国】9.6【协格鲁吉亚】0 【协香港】0【协澳门】0 【特-1】0【特-2】0 【增】16【出】0【退】13	千克					999	不完整钟机芯（不论是否已组装）
911110	00	10	按重量计，含金量在80%及以上的黄金表壳	Watch cases of gold, containing 80% or more by weight of gold	【最】14【普】80 【协东盟】0【协巴基斯坦】11.2【协智利】0 【协新西兰】0【协新加坡】0【协秘鲁】0 【协哥斯达黎加】0【协冰岛】0【协瑞士】8 【协澳大利亚】0【协韩国】8.4【协格鲁吉亚】0 【协香港】0【协澳门】0 【特-1】0【特-2】0 【增】16【出】0【退】0	只	J	J			999	按重量计，含金量在80%及以上的黄金表壳
911110	00	90	其他贵金属或包贵金属制的表壳	Other watchcases of precious metal or of metal clad with precious metal	【最】14【普】80 【协东盟】0【协巴基斯坦】11.2【协智利】0 【协新西兰】0【协新加坡】0【协秘鲁】0 【协哥斯达黎加】0【协冰岛】0【协瑞士】8 【协澳大利亚】0【协韩国】8.4【协格鲁吉亚】0 【协香港】0【协澳门】0 【特-1】0【特-2】0 【增】16【出】0【退】0	只					999	其他贵金属或包贵金属制的表壳
911120	00		贱金属制的表壳（不论是否镀金或镀银）	Cases of base metal, whether or not gold-plated or silver-plated	【最】14【普】80 【协亚太】9.1【协东盟】0【协香港】0 【协澳门】0【协巴基斯坦】7【协智利】0 【协新西兰】0【协新加坡】0【协秘鲁】0 【协哥斯达黎加】0【协冰岛】0【协瑞士】5.6 【协澳大利亚】0【协韩国】8.4 【协格鲁吉亚】0 【特-1】0【特-2】0 【增】16【出】0【退】13	只					999	贱金属制的表壳（不论是否镀金或镀银）
911180	00		非金属制的表壳	Other watch cases	【最】14【普】80 【协东盟】0【协巴基斯坦】11.2【协智利】0 【协新西兰】0【协新加坡】0【协秘鲁】0 【协哥斯达黎加】0【协冰岛】0【协瑞士】5.6 【协澳大利亚】0【协韩国】8.4【协格鲁吉亚】0 【协香港】0【协澳门】0 【特-1】0【特-2】0 【增】16【出】0【退】13	只					999	非金属制的表壳

税则号列			货品名称中英文		税费综合信息	计量单位	监管证件代码		检验检疫类别		检验检疫编码	检验检疫编码对应中文名称
HS国际统一前6位	本国子目7~8位	9~10位	中文 货物名称	英文 Article Description			进口	出口	进口	出口		
911190	00		表壳的零件	Parts of watch cases	【最】14【普】80 【协东盟】0【协巴基斯坦】11.2【协智利】0 【协新西兰】0【协新加坡】0【协秘鲁】0 【协哥斯达黎加】0【协冰岛】0【协瑞士】5.6 【协澳大利亚】0【协韩国】8.4【协格鲁吉亚】0 【协香港】0【协澳门】0 【特-1】0【特-2】0 【增】16【出】0【退】0	千克					999	表壳的零件
911220	00		钟壳和本章其他商品的类似外壳	Clock cases and cases of a similar type for other goods of this Chapter	【最】14【普】80 【协东盟】0【协巴基斯坦】11.2【协智利】0 【协新西兰】0【协新加坡】0【协秘鲁】0 【协哥斯达黎加】0【协冰岛】0【协瑞士】5.6 【协澳大利亚】0【协韩国】8.4【协格鲁吉亚】0 【协香港】0【协澳门】0 【特-1】0【特-2】0 【增】16【对美加征】10【出】0【退】13	只					999	钟壳和本章其他商品的类似外壳
911290	00		钟壳零件	Parts of clock cases	【最】12【普】80 【协东盟】0【协巴基斯坦】6【协智利】0 【协新西兰】0【协新加坡】0【协秘鲁】0 【协哥斯达黎加】0【协冰岛】0【协瑞士】4.8 【协澳大利亚】0【协韩国】7.2【协格鲁吉亚】0 【协香港】0【协澳门】0 【特-1】0【特-2】0 【增】16【出】0【退】13	千克					999	钟壳零件
911310	00	10	按重量计含金量在80%及以上的黄金表带	Gold watch straps, containing 80% or more by weight of gold	【最】20【普】130 【协东盟】0【协智利】0【协新西兰】0 【协新加坡】0【协秘鲁】0【协哥斯达黎加】0 【协冰岛】0【协澳大利亚】0【协韩国】14.6 【协格鲁吉亚】0【协香港】0【协澳门】0 【特-1】0【特-2】0 【增】16【出】0【退】0	千克	J	J			999	按重量计含金量在80%及以上的黄金表带
911310	00	90	其他贵金属或包贵金属制的表带及零件	Watch bands and parts thereof, of precious metal or of metal clad with precious metal	【最】20【普】130 【协东盟】0【协智利】0【协新西兰】0 【协新加坡】0【协秘鲁】0【协哥斯达黎加】0 【协冰岛】0【协澳大利亚】0【协韩国】14.6 【协格鲁吉亚】0【协香港】0【协澳门】0 【特-1】0【特-2】0 【增】16【出】0【退】0	千克					999	其他贵金属或包贵金属制的表带及零件
911320	00		贱金属制的表带及其零件(不论是否镀金或镀银)	Watch bands and parts thereof of base metal, whether or not gold-plated or silver-plated	【最】14【普】100 【协东盟】0【协香港】0【协澳门】0 【协巴基斯坦】11.2【协智利】0【协新西兰】0 【协新加坡】0【协秘鲁】0【协哥斯达黎加】0 【协冰岛】0【协瑞士】5.6【协澳大利亚】0 【协韩国】8.4【协格鲁吉亚】0 【特-1】0【特-2】0 【增】16【对美加征】10【出】0【退】13	千克					999	贱金属制的表带及其零件(不论是否镀金或镀银)
911390	00	10	濒危动物皮制的表带及其零件	Watch straps and bands, and parts thereof, of endangered animal skin	【最】14【普】100 【协东盟】0【协香港】0【协澳门】0 【协巴基斯坦】11.2【协智利】0【协新西兰】0 【协新加坡】0【协秘鲁】0【协哥斯达黎加】0 【协冰岛】0【协瑞士】5.6【协澳大利亚】0 【协韩国】8.4【协格鲁吉亚】0 【特-1】0【特-2】0【特-3】0 【增】16【对美加征】10【出】0【退】0	千克	F	E			999	濒危动物皮制的表带及其零件
911390	00	90	其他非金属制的表带及其零件	Other non-metal watch straps, watch bands and watch bracelets, and parts thereof	【最】14【普】100 【协东盟】0【协香港】0【协澳门】0 【协巴基斯坦】11.2【协智利】0【协新西兰】0 【协新加坡】0【协秘鲁】0【协哥斯达黎加】0 【协冰岛】0【协瑞士】5.6【协澳大利亚】0 【协韩国】8.4【协格鲁吉亚】0 【特-1】0【特-2】0【特-3】0 【增】16【对美加征】10【出】0【退】13	千克					999	其他非金属制的表带及其零件

税则号列			货品名称中英文		税费综合信息	计量单位	监管证件代码		检验检疫类别		检验检疫编码	检验检疫编码对应中文名称
HS国际统一前6位	本国子目 7~8位	本国子目 9~10位	中文 货物名称	英文 Article Description			进口	出口	进口	出口		
911410	00		钟、表的发条(包括游丝)	Springs, including hair-springs of clock or watch	【最】14【普】50 【协东盟】0【协巴基斯坦】7【协智利】0 【协新西兰】0【协新加坡】0【协秘鲁】0 【协哥斯达黎加】0【协冰岛】0【协瑞士】5.6 【协澳大利亚】0【协韩国】8.4【协格鲁吉亚】0 【协香港】0【协澳门】0 【特-1】0【特-2】0 【增】16【出】0【退】13	千克					999	钟、表的发条(包括游丝)
911430	00		钟面或表面	Dials	【最】14【普】50 【协东盟】0【协巴基斯坦】11.2【协智利】0 【协新西兰】0【协新加坡】0【协秘鲁】0 【协哥斯达黎加】0【协冰岛】0【协瑞士】8 【协澳大利亚】0【协韩国】8.4【协格鲁吉亚】0 【协香港】0【协澳门】0 【特-1】0【特-2】0 【增】16【出】0【退】13	千克					999	钟面或表面
911440	00		钟、表的夹板及横担(过桥)	Plates and bridges of clock or watch	【最】14【普】50 【协亚太】9.1【协东盟】0【协巴基斯坦】11.2 【协智利】0【协新西兰】0【协新加坡】0 【协秘鲁】0【协哥斯达黎加】0【协冰岛】0 【协瑞士】5.6【协澳大利亚】0【协韩国】8.4 【协格鲁吉亚】0【协香港】0【协澳门】0 【特-1】0【特-2】0 【增】16【出】0【退】13	千克					999	钟、表的夹板及横担(过桥)
911490	10		钟、表的宝石轴承	Jewel bearings of clock or watch	【最】14【普】50 【协东盟】0【协巴基斯坦】7【协智利】0 【协新西兰】0【协新加坡】0【协秘鲁】0 【协哥斯达黎加】0【协冰岛】0【协瑞士】5.6 【协澳大利亚】0【协韩国】8.4【协格鲁吉亚】0 【协香港】0【协澳门】0 【特-1】0【特-2】0 【增】16【出】0【退】13	千克					999	钟、表的宝石轴承
911490	90		钟、表的其他零件	Other clock or watch parts, not specified in heading No. 91.14	【最】14【普】70 【协东盟】0【协香港】0【协澳门】0 【协巴基斯坦】11.2【协智利】0【协新西兰】0 【协新加坡】0【协秘鲁】0【协哥斯达黎加】0 【协冰岛】0【协瑞士】8【协澳大利亚】0 【协韩国】8.4【协格鲁吉亚】0 【特-1】0【特-2】0 【增】16【对美加征】10【出】0【退】13	千克					999	钟、表的其他零件(税目91.14中其他未列名的)

第九十二章
乐器及其零件、附件

注释：

一、本章不包括：

（一）第十五类注释二所规定的贱金属制通用零件（第十五类）或塑料制的类似品（第三十九章）；

（二）第八十五章或第九十章的传声器、扩大器、扬声器、耳机、开关、频闪观测仪及其他附属仪器、器具或设备，虽用于本章物品但未与该物品组成一体或安装在同一机壳内；

（三）玩具乐器或器具（税目 95.03）；

（四）清洁乐器用的刷子（税目 96.03），独脚架、双脚架、三脚架及类似品（税目 96.20）；或

（五）收藏品或古物（税目 97.05 或 97.06）。

二、用于演奏税目 92.02、92.06 所列乐器的弓、槌及类似品，如果与该乐器一同报验，数量合理，用途明确，应归入有关乐器的相应税号。

税目 92.09 的卡片、盘或卷，即使与乐器一同报验，也不视为该乐器的组成部分，而应作为单独报验的物品对待。

Chapter 92
Musical instruments; parts and accessories of such articles

Chapter Notes:

1. This Chapter does not cover:

(a) Parts of general use, as defined in Note 2 to Section XV, of base metal (Section XV), or similar goods of plastics (Chapter 39);

(b) Microphones, amplifiers, loud-speakers, head-phones, switches, stroboscopes or other accessory instruments, apparatus or equipment of Chapter 85 or 90, for use with but not incorporated in or housed in the same cabinet as instruments of this Chapter;

(c) Toy instruments or apparatus (heading 95.03);

(d) Brushes for cleaning musical instruments (heading 96.03), or monopods, bipods, tripods and similar articles (heading 96.20); or

(e) Collectors' pieces or antiques (heading 97.05 or 97.06).

2. Bows and sticks and similar devices used in playing the musical instruments of headings 92.02 and 92.06 presented with such instruments in numbers normal thereto and clearly intended for use therewith, are to be classified in the same heading as the relative instruments.

Cards, discs and rolls of heading 92.09 presented with an instrument are to be treated as separate articles and not as forming a part of such instrument.

税则号列			货品名称中英文		税费综合信息	计量单位	监管证件代码		检验检疫类别		检验检疫编码	检验检疫编码对应中文名称
HS 国际统一前 6 位	本国子目 7~8 位	本国子目 9~10 位	中文 货物名称	英文 Article Description			进口	出口	进口	出口		
920110	00		竖式钢琴	Upright pianos	【最】10【普】70 【协东盟】0【协澳门】0【协巴基斯坦】14 【协智利】0【协新西兰】0【协新加坡】0 【协秘鲁】0【协哥斯达黎加】0【协冰岛】0 【协瑞士】7【协澳大利亚】0【协韩国】10.5 【协格鲁吉亚】0【协香港】0 【特-1】0【特-2】0 【增】16【对美加征】10【出】0【退】16	台					999	竖式钢琴
920120	00	01	完税价格≥5 万美元的大钢琴	Grand pianos, duty-payed value ≥ $ 50000 each	【最】10【普】70【暂进】1 【协东盟】0【协巴基斯坦】14【协智利】0 【协新西兰】0【协新加坡】0【协秘鲁】0 【协哥斯达黎加】0【协冰岛】0【协瑞士】7 【协澳大利亚】0【协韩国】10.5 【协格鲁吉亚】0【协香港】0【协澳门】0 【特-1】0【特-2】0 【增】16【对美加征】10【出】0【退】16	台					999	完税价格≥5 万美元的大钢琴
920120	00	90	其他大钢琴	Other grand pianos	【最】10【普】70 【协东盟】0【协巴基斯坦】14【协智利】0 【协新西兰】0【协新加坡】0【协秘鲁】0 【协哥斯达黎加】0【协冰岛】0【协瑞士】7 【协澳大利亚】0【协韩国】10.5 【协格鲁吉亚】0【协香港】0【协澳门】0 【特-1】0【特-2】0 【增】16【对美加征】10【出】0【退】16	台					999	其他大钢琴
920190	00		其他钢琴（包括自动钢琴、拨弦古钢琴及其他键盘弦乐器）	Other pianos, including automatic pianos; harpsichords and other keyboard stringed instruments	【最】10【普】70 【协东盟】0【协巴基斯坦】14【协智利】0 【协新西兰】0【协新加坡】0【协秘鲁】0 【协哥斯达黎加】0【协冰岛】0【协瑞士】7 【协澳大利亚】0【协韩国】10.5 【协格鲁吉亚】0【协香港】0【协澳门】0 【特-1】0【特-2】0 【增】16【对美加征】5【出】0【退】16	台					999	其他钢琴（包括自动钢琴、拨弦古钢琴及其他键盘弦乐器）

税则号列			货品名称中英文		税费综合信息	计量单位	监管证件代码		检验检疫类别		检验检疫编码	检验检疫编码对应中文名称
HS国际统一前6位	本国子目 7~8位	本国子目 9~10位	中文 货物名称	英文 Article Description			进口	出口	进口	出口		
920210	00	11	完税价格≥1.5万美元的含濒危动物皮及濒危木的弓弦乐器	Musical instruments played with a bow, duty-payed value ≥ $15000 each, with skin of endangered animals	【最】10【普】70【暂进】1 【协东盟】0【协巴基斯坦】14【协智利】0 【协新西兰】0【协新加坡】0【协秘鲁】0 【协哥斯达黎加】0【协冰岛】0【协瑞士】7 【协澳大利亚】0【协韩国】3.5【协澳门】0 【协格鲁吉亚】0【协香港】0 【特-1】0【特-2】0【特-3】0 【增】16【对美加征】10【出】0【退】0	只	F	E			999	完税价格≥1.5万美元的含濒危动物皮及濒危木的弓弦乐器
920210	00	19	其他含濒危动物皮及濒危木的弓弦乐器	Other musical instruments played with a bow, with skin of endangered animals	【最】10【普】70 【协东盟】0【协巴基斯坦】14【协智利】0 【协新西兰】0【协新加坡】0【协秘鲁】0 【协哥斯达黎加】0【协冰岛】0【协瑞士】7 【协澳大利亚】0【协韩国】3.5 【协格鲁吉亚】0【协香港】0【协澳门】0 【特-1】0【特-2】0【特-3】0 【增】16【对美加征】10【出】0【退】0	只	F	E			999	其他含濒危动物皮及濒危木的弓弦乐器
920210	00	91	完税价格≥1.5万美元的不含野生动物皮的弓弦乐器	Musical instruments played with a bow, duty-payed value ≥ $15000 each, without skin of endangered animals	【最】10【普】70【暂进】1 【协东盟】0【协巴基斯坦】14【协智利】0 【协新西兰】0【协新加坡】0【协秘鲁】0 【协哥斯达黎加】0【协冰岛】0【协瑞士】7 【协澳大利亚】0【协韩国】3.5 【协格鲁吉亚】0【协香港】0【协澳门】0 【特-1】0【特-2】0【特-3】0 【增】16【对美加征】10【出】0【退】13	只					999	完税价格≥1.5万美元的不含野生动物皮弓弦乐器
920210	00	99	其他弓弦乐器	Others played with a bow	【最】10【普】70 【协东盟】0【协巴基斯坦】14【协智利】0 【协新西兰】0【协新加坡】0【协秘鲁】0 【协哥斯达黎加】0【协冰岛】0【协瑞士】7 【协澳大利亚】0【协韩国】3.5 【协格鲁吉亚】0【协香港】0【协澳门】0 【特-1】0【特-2】0【特-3】0 【增】16【对美加征】10【出】0【退】13	只					999	其他弓弦乐器
920290	00	10	含濒危物种成分的其他弦乐器	Other string musical instruments, containing components of endangered animals	【最】10【普】70 【协东盟】0【协巴基斯坦】14【协智利】0 【协新西兰】0【协新加坡】0【协秘鲁】0 【协哥斯达黎加】0【协冰岛】0【协瑞士】7 【协澳大利亚】0【协韩国】10.5 【协格鲁吉亚】0【协香港】0【协澳门】0 【特-1】0【特-2】0【特-3】0 【增】16【对美加征】5【出】0【退】0	只	F	E			101 102 103 104 105 ……	含濒危物种成分的其他弦乐器（吉他） 含濒危物种成分的其他弦乐器（小提琴） 含濒危物种成分的其他弦乐器（大提琴） 含濒危物种成分的其他弦乐器（竖琴） 含濒危物种成分的其他弦乐器（二胡） ……①
920290	00	90	其他弦乐器	Other string musical instruments	【最】10【普】70 【协东盟】0【协巴基斯坦】14【协智利】0 【协新西兰】0【协新加坡】0【协秘鲁】0 【协哥斯达黎加】0【协冰岛】0【协瑞士】7 【协澳大利亚】0【协韩国】10.5 【协格鲁吉亚】0【协香港】0【协澳门】0 【特-1】0【特-2】0【特-3】0 【增】16【对美加征】5【出】0【退】13	只					101 102 103 104 105 ……	其他弦乐器（吉他） 其他弦乐器（小提琴） 其他弦乐器（大提琴） 其他弦乐器（竖琴） 其他弦乐器（二胡） ……②
920510	00	01	完税价格≥2000美元的铜管乐器	Brass-wind musical instruments, duty-payed value ≥ $2000 each	【最】10【普】70【暂进】1 【协东盟】0【协巴基斯坦】14【协智利】0 【协新西兰】0【协新加坡】0【协秘鲁】0 【协哥斯达黎加】0【协冰岛】0【协瑞士】7 【协澳大利亚】0【协韩国】3.5 【协格鲁吉亚】0【协香港】0【协澳门】0 【特-1】0【特-2】0【特-3】0 【增】16【对美加征】5【出】0【退】13	只					999	完税价格≥2000美元的铜管乐器

① 该税号项下检验检疫编码及对应中文名称尚有：106　含濒危物种成分的其他弦乐器（其他弓弦乐器）。
② 该税号项下检验检疫编码及对应中文名称尚有：106　其他弦乐器（其他弓弦乐器）。

税则号列			货品名称中英文		税费综合信息	计量单位	监管证件代码		检验检疫类别		检验检疫编码	检验检疫编码对应中文名称
HS 国际统一前6位	本国子目 7~8位	9~10位	中文 货物名称	英文 Article Description			进口	出口	进口	出口		
920510	00	90	其他铜管乐器	Other brass-wind musical instruments	【最】10【普】70 【协东盟】0【协巴基斯坦】14【协智利】0 【协新西兰】0【协新加坡】0【协秘鲁】0 【协哥斯达黎加】0【协冰岛】0【协瑞士】7 【协澳大利亚】0【协韩国】3.5 【协格鲁吉亚】0【协香港】0【协澳门】0 【特-1】0【特-2】0【特-3】0 【增】16【对美加征】5【出】0【退】13	只					999	其他铜管乐器
920590	10		键盘管风琴、簧风琴及类似乐器（包括游离金属簧片键盘乐器，游艺场风琴及手摇风琴除外）	Keyboard pipe organs; harmoniums and similar keyboard instruments with free metal reeds	【最】10【普】80 【协东盟】0【协智利】0【协新西兰】0 【协新加坡】0【协秘鲁】0【协哥斯达黎加】0 【协冰岛】0【协瑞士】8【协澳大利亚】0 【协韩国】14.6【协格鲁吉亚】0【协香港】0 【协澳门】0 【特-1】0【特-2】0 【增】16【对美加征】10【出】0【退】13	只					999	键盘管风琴、簧风琴及类似乐器（包括游离金属簧片键盘乐器，游艺场风琴及手摇风琴除外）
920590	20		手风琴及类似乐器	Accordions and similar instruments, other than fairground organs and mechanical street organs:	【最】10【普】80 【协东盟】0【协智利】0【协新西兰】0 【协新加坡】0【协秘鲁】0【协哥斯达黎加】0 【协冰岛】0【协瑞士】8.4【协澳大利亚】0 【协韩国】15.4【协格鲁吉亚】0【协香港】0 【协澳门】0 【特-1】0【特-2】0 【增】16【对美加征】10【出】0【退】13	只					999	手风琴及类似乐器（但游艺场风琴及手摇风琴除外）
920590	30		口琴	Mouth organs	【最】10【普】80 【协东盟】0【协智利】0【协新西兰】0 【协新加坡】0【协秘鲁】0【协哥斯达黎加】0 【协冰岛】0【协瑞士】8.4【协澳大利亚】0 【协韩国】15.4【协格鲁吉亚】0【协香港】0 【协澳门】0 【特-1】0【特-2】0 【增】16【对美加征】10【出】0【退】13	只					999	口琴
920590	90	01	完税价格≥1万美元的其他管乐器（但游艺场风琴及手摇风琴除外）	Other wind musical instruments, duty-payed value ≥ $10000 each, other than fairground organs and mechanical street organs:	【最】10【普】70【暂进】1 【协东盟】0【协巴基斯坦】14【协智利】0 【协新西兰】0【协新加坡】0【协秘鲁】0 【协哥斯达黎加】0【协冰岛】0【协瑞士】7 【协澳大利亚】0【协韩国】3.5 【协格鲁吉亚】0【协香港】0【协澳门】0 【特-1】0【特-2】0 【增】16【对美加征】10【出】0【退】13	只					999	完税价格≥1万美元的其他管乐器（但游艺场风琴及手摇风琴除外）
920590	90	91	其他含濒危物种成分的管乐器（但游艺场风琴及手摇风琴除外）	Other wind musical instruments, containing components of endangered animals, other than fairground organs and mechanical street organs:	【最】10【普】70 【协东盟】0【协巴基斯坦】14【协智利】0 【协新西兰】0【协新加坡】0【协秘鲁】0 【协哥斯达黎加】0【协冰岛】0【协瑞士】7 【协澳大利亚】0【协韩国】3.5 【协格鲁吉亚】0【协香港】0【协澳门】0 【特-1】0【特-2】0 【增】16【对美加征】10【出】0【退】0	只	F	E			999	其他含濒危物种成分的管乐器（但游艺场风琴及手摇风琴除外）
920590	90	99	其他管乐器（但游艺场风琴及手摇风琴除外）	Other wind musical instruments, other than fairground organs and mechanical street organs:	【最】10【普】70 【协东盟】0【协巴基斯坦】14【协智利】0 【协新西兰】0【协新加坡】0【协秘鲁】0 【协哥斯达黎加】0【协冰岛】0【协瑞士】7 【协澳大利亚】0【协韩国】3.5 【协格鲁吉亚】0【协香港】0【协澳门】0 【特-1】0【特-2】0 【增】16【对美加征】10【出】0【退】13	只					999	其他管乐器（但游艺场风琴及手摇风琴除外）

税则号列			货品名称中英文		税费综合信息	计量单位	监管证件代码		检验检疫类别		检验检疫编码	检验检疫编码对应中文名称
HS国际统一前6位	本国子目 7~8位	本国子目 9~10位	中文 货物名称	英文 Article Description			进口	出口	进口	出口		
920600	00	10	含濒危动物皮及濒危木的打击乐器（例如，鼓、木琴、钹、响板）	Percussion musical instruments, for example, drums, xylophones, cymbals, castanets, maracas, with the leather of endangered animals	【最】10【普】70 【协东盟】0【协巴基斯坦】14【协智利】0 【协新西兰】0【协新加坡】0【协秘鲁】0 【协哥斯达黎加】0【协冰岛】0【协瑞士】7 【协澳大利亚】0【协韩国】10.5 【协格鲁吉亚】0【协香港】0【协澳门】0 【特-1】0【特-2】0【特-3】0 【增】16【对美加征】5【出】0【退】0	只	F	E			101 102 103 104 105	含濒危动物皮及濒危木的打击乐器（例如，鼓、木琴、钹、响板）（鼓） 含濒危动物皮及濒危木的打击乐器（例如，鼓、木琴、钹、响板）（钹） 含濒危动物皮及濒危木的打击乐器（例如，鼓、木琴、钹、响板）（锣） 含濒危动物皮及濒危木的打击乐器（例如，鼓、木琴、钹、响板）（木琴） 含濒危动物皮及濒危木的打击乐器（例如，鼓、木琴、钹、响板）（其他打击乐器）
920600	00	90	其他打击乐器（例如，鼓、木琴、钹、响板）	Other percussion musical instruments, for example, drums, xylophones, cymbals, castanets, maracas	【最】10【普】70 【协东盟】0【协巴基斯坦】14【协智利】0 【协新西兰】0【协新加坡】0【协秘鲁】0 【协哥斯达黎加】0【协冰岛】0【协瑞士】7 【协澳大利亚】0【协韩国】10.5 【协格鲁吉亚】0【协香港】0【协澳门】0 【特-1】0【特-2】0【特-3】0 【增】16【对美加征】5【出】0【退】13	只					101 102 103 104 105	其他打击乐器（例如，鼓、木琴、钹、响板）（鼓） 其他打击乐器（例如，鼓、木琴、钹、响板）（钹） 其他打击乐器（例如，鼓、木琴、钹、响板）（锣） 其他打击乐器（例如，鼓、木琴、钹、响板）（木琴） 其他打击乐器（例如，鼓、木琴、钹、响板）（其他打击乐器）
920710	00		通过电产生或扩大声音的键盘乐器	Keyboard instruments, the sound of which is produced or must be amplified electrically other than accordions	【最】12【普】100 【协东盟】0【协智利】0【协新西兰】0 【协新加坡】0【协秘鲁】0【协哥斯达黎加】0 【协冰岛】0【协瑞士】12【协澳大利亚】0 【协格鲁吉亚】0【协香港】0【协澳门】0 【特-1】0【特-2】0 【增】16【对美加征】10【出】0【退】13	只			L		101 102 103	通过电产生或扩大声音的键盘乐器（手风琴除外）（电子琴） 通过电产生或扩大声音的键盘乐器（手风琴除外）（电风琴） 通过电产生或扩大声音的键盘乐器（手风琴除外）（其他电声乐器）
920790	00	10	其他通过电产生或扩大声音的含濒危物种成分的乐器【电商】	Other wind musical instruments, the sound of which is produced or must be amplified electrically, containing components of endangered animals	【最】12【普】100 【协东盟】0【协智利】0【协新西兰】0 【协新加坡】0【协秘鲁】0【协哥斯达黎加】0 【协冰岛】0【协瑞士】12【协澳大利亚】0 【协格鲁吉亚】0【协香港】0【协澳门】0 【特-1】0【特-2】0 【增】16【对美加征】5【出】0【退】0	个	F	E			301 302	其他通过电产生或扩大声音的含濒危物种成分的乐器（电吉他） 其他通过电产生或扩大声音的含濒危物种成分的乐器（其他电声乐器）
920790	00	90	其他通过电产生或扩大声音的乐器【电商】	Other musical instruments, the sound of which is produced or must be amplified electrically	【最】12【普】100 【协东盟】0【协智利】0【协新西兰】0 【协新加坡】0【协秘鲁】0【协哥斯达黎加】0 【协冰岛】0【协瑞士】12【协澳大利亚】0 【协格鲁吉亚】0【协香港】0【协澳门】0 【特-1】0【特-2】0 【增】16【对美加征】5【出】0【退】13	个					301 302	其他通过电产生或扩大声音的乐器（电吉他） 其他通过电产生或扩大声音的乐器（其他电声乐器）
920810	00		百音盒	Musical boxes	【最】10【普】80 【协东盟】0【协智利】0【协新西兰】0 【协新加坡】0【协秘鲁】0【协哥斯达黎加】0 【协冰岛】0【协瑞士】8.8【协澳大利亚】0 【协韩国】17.6【协格鲁吉亚】0【协香港】0 【协澳门】0 【特-1】0【特-2】0 【增】16【对美加征】10【出】0【退】13	个					999	百音盒

税则号列 HS国际统一前6位	本国子目 7~8位	本国子目 9~10位	货品名称 中文 货物名称	货品名称 英文 Article Description	税费综合信息	计量单位	监管证件代码 进口	监管证件代码 出口	检验检疫类别 进口	检验检疫类别 出口	检验检疫编码	检验检疫编码对应中文名称
920890	00		第92章其他编号未列名的其他乐器（包括游节场风琴、手摇风琴、机械鸣禽、乐锯等）	Other musical instruments, nor specified or included in Chapter 92 (including fairground organs, mechanical street organs, mechanical singing birds, musical saws)	【最】10【普】80 【协东盟】0【协智利】0【协新西兰】0 【协新加坡】0【协秘鲁】0【协哥斯达黎加】0 【协冰岛】0【协瑞士】8.8【协澳大利亚】0 【协韩国】17.6【协格鲁吉亚】0【协香港】0 【协澳门】0 【特-1】0【特-2】0 【增】16【对美加征】10【出】0【退】13	个					999	第92章其他编号未列名的其他乐器（包括游节场风琴、手摇风琴、机械鸣禽、乐锯等）
920930	00		乐器用的弦	Musical instrument strings	【最】10【普】70 【协东盟】0【协巴基斯坦】14【协智利】0 【协新西兰】0【协新加坡】0【协秘鲁】0 【协哥斯达黎加】0【协冰岛】0【协瑞士】7 【协澳大利亚】0【协韩国】10.5 【协格鲁吉亚】0【协香港】0【协澳门】0 【特-1】0【特-2】0 【增】16【对美加征】5【出】0【退】13	千克					999	乐器用的弦
920991	00	10	钢琴含濒危物种成分的零件、附件	Parts and accessories for pianos containing endangered species composition	【最】10【普】70 【协东盟】0【协巴基斯坦】14【协智利】0 【协新西兰】0【协新加坡】0【协秘鲁】0 【协哥斯达黎加】0【协冰岛】0【协瑞士】7 【协澳大利亚】0【协韩国】10.5 【协格鲁吉亚】0【协香港】0【协澳门】0 【特-1】0【特-2】0 【增】16【对美加征】10【出】0【退】0	千克	F	E			301	钢琴含濒危物种成分的零件、附件
920991	00	90	钢琴的其他零件、附件	Other parts and accessories for pianos	【最】10【普】70 【协东盟】0【协巴基斯坦】14【协智利】0 【协新西兰】0【协新加坡】0【协秘鲁】0 【协哥斯达黎加】0【协冰岛】0【协瑞士】7 【协澳大利亚】0【协韩国】10.5 【协格鲁吉亚】0【协香港】0【协澳门】0 【特-1】0【特-2】0 【增】16【对美加征】10【出】0【退】13	千克					301	钢琴的其他零件、附件
920992	00	10	税目92.02所列乐器含濒危物种成分的零件、附件	Parts and accessories for musical instruments in heading 92.02 containing endangered species composition	【最】10【普】70 【协东盟】0【协巴基斯坦】14【协智利】0 【协新西兰】0【协新加坡】0【协秘鲁】0 【协哥斯达黎加】0【协冰岛】0【协瑞士】7 【协澳大利亚】0【协韩国】10.5 【协格鲁吉亚】0【协香港】0【协澳门】0 【特-1】0【特-2】0【特-3】0 【增】16【对美加征】5【出】0【退】0	千克	F	E			301	税目92.02所列乐器含濒危物种成分的零件、附件
920992	00	90	税目92.02所列乐器的其他零件、附件	Parts and accessories for musical instruments in heading 92.02	【最】10【普】70 【协东盟】0【协巴基斯坦】14【协智利】0 【协新西兰】0【协新加坡】0【协秘鲁】0 【协哥斯达黎加】0【协冰岛】0【协瑞士】7 【协澳大利亚】0【协韩国】10.5 【协格鲁吉亚】0【协香港】0【协澳门】0 【特-1】0【特-2】0【特-3】0 【增】16【对美加征】5【出】0【退】13	千克					301	税目92.02所列乐器的其他零件、附件
920994	00	10	税目92.07所列乐器含濒危物种成分的零件、附件	Parts and accessories for musical instruments in heading 92.07 containing endangered species composition	【最】10【普】70 【协东盟】0【协巴基斯坦】14【协智利】0 【协新西兰】0【协新加坡】0【协秘鲁】0 【协哥斯达黎加】0【协冰岛】0【协瑞士】7 【协澳大利亚】0【协韩国】12.8 【协格鲁吉亚】0【协香港】0【协澳门】0 【特-1】0【特-2】0 【增】16【对美加征】10【出】0【退】0	千克	F	E			301	税目92.07所列乐器含濒危物种成分的零件、附件
920994	00	90	税目92.07所列乐器的其他零件、附件	Parts and accessories for musical instruments in heading 92.07	【最】10【普】70 【协东盟】0【协巴基斯坦】14【协智利】0 【协新西兰】0【协新加坡】0【协秘鲁】0 【协哥斯达黎加】0【协冰岛】0【协瑞士】7 【协澳大利亚】0【协韩国】12.8 【协格鲁吉亚】0【协香港】0【协澳门】0 【特-1】0【特-2】0 【增】16【对美加征】10【出】0【退】13	千克					301	税目92.07所列乐器的其他零件、附件

税则号列			货品名称中英文		税费综合信息	计量单位	监管证件代码		检验检疫类别		检验检疫编码	检验检疫编码对应中文名称
HS国际统一前6位	本国子目 7~8位	本国子目 9~10位	中文 货物名称	英文 Article Description			进口	出口	进口	出口		
920999	10		节拍器、音叉及定音管	Metronomes, tuning forks and pitch pipes	【最】10【普】70 【协东盟】0【协巴基斯坦】14【协智利】0 【协新西兰】0【协新加坡】0【协秘鲁】0 【协哥斯达黎加】0【协冰岛】0【协瑞士】7 【协澳大利亚】0【协韩国】10.5 【协格鲁吉亚】0【协香港】0【协澳门】0 【特-1】0【特-2】0 【增】16【对美加征】10【出】0【退】13	千克					999	节拍器、音叉及定音管
920999	20		百音盒的机械装置	Mechanisms for musical boxes	【最】10【普】70 【协亚太】6.5【协东盟】0【协巴基斯坦】14 【协智利】0【协新西兰】0【协新加坡】0 【协秘鲁】0【协哥斯达黎加】0【协冰岛】0 【协瑞士】7【协澳大利亚】0【协韩国】10.5 【协格鲁吉亚】0【协香港】0【协澳门】0 【特-1】0【特-2】0 【增】16【对美加征】10【出】0【退】13	千克					999	百音盒的机械装置
920999	90	10	本章其他编号未列名的含濒危物种成分的乐器零件【电商】	Parts and accessories for musical instruments not falling within any other heading of this Chapter containing endangered species composition	【最】10【普】70 【协东盟】0【协巴基斯坦】14【协智利】0 【协新西兰】0【协新加坡】0【协秘鲁】0 【协哥斯达黎加】0【协冰岛】0【协瑞士】7 【协澳大利亚】0【协韩国】10.5 【协格鲁吉亚】0【协香港】0【协澳门】0 【特-1】0【特-2】0【特-3】0 【增】16【对美加征】10【出】0【退】0	千克	F	E			301	本章其他编号未列名的含濒危物种成分的乐器零件
920999	90	90	本章其他编号未列名的其他乐器零件【电商】	Parts and accessories for musical instruments not falling within any other heading of this Chapter	【最】10【普】70 【协东盟】0【协巴基斯坦】14【协智利】0 【协新西兰】0【协新加坡】0【协秘鲁】0 【协哥斯达黎加】0【协冰岛】0【协瑞士】7 【协澳大利亚】0【协韩国】10.5 【协格鲁吉亚】0【协香港】0【协澳门】0 【特-1】0【特-2】0【特-3】0 【增】16【对美加征】10【出】0【退】13	千克					301	本章其他编号未列名的其他乐器零件

第十九类 武器、弹药及其零件、附件

SECTION XIX ARMS AND AMMUNITION; PARTS AND ACCESSORIES THEREOF

第九十三章 武器、弹药及其零件、附件

Chapter 93 Arms and ammunition; parts and accessories thereof

注释：

一、本章不包括：

（一）第三十六章的货品（例如，火帽、雷管、信号弹）；

（二）第十五类注释二所规定的贱金属制通用零件（第十五类）或塑料制的类似品（第三十九章）；

（三）装甲战斗车辆（税目 87.10）；

（四）武器用的望远镜瞄准具及其他光学装置（第九十章），但安装在武器上或与武器一同报验以备安装在该武器上的除外；

（五）弓、箭、钝头击剑或玩具（第九十五章）；或

（六）收藏品或古物（税目 97.05 或 97.06）。

二、税目 93.06 所称“零件”，不包括税目 85.26 的无线电设备及雷达设备。

Chapter Notes:

1. This Chapter does not cover:

(a) Goods of Chapter 36 (for example, percussion caps, detonators, signalling flares);

(b) Parts of general use, as defined in Note 2 to Section XV, of base metal (Section XV), or similar goods of plastics (Chapter 39);

(c) Armoured fighting vehicles (heading 87.10);

(d) Telescopic sights and other optical devices suitable for use with arms, unless mounted on a firearm or presented with the firearm on which they are designed to be mounted (Chapter 90);

(e) Bows, arrows, fencing foils or toys (Chapter 95); or

(f) Collectors' pieces or antiques (heading 97.05 or 97.06).

2. In heading 93.06, the reference to "parts thereof" does not include radio or radar apparatus of heading 85.26.

税则号列 HS国际统一前6位	本国子目 7~8位	本国子目 9~10位	货品名称中文 货物名称	货品名称英文 Article Description	税费综合信息	计量单位	监管证件代码 进口	监管证件代码 出口	检验检疫类别 进口	检验检疫类别 出口	检验检疫编码	检验检疫编码对应中文名称
930110	10		自推进的火炮武器	Self-propelled artillery weapons	【最】13【普】80 【协东盟】0【协巴基斯坦】6.5【协智利】0 【协新西兰】0【协新加坡】0【协秘鲁】0 【协哥斯达黎加】0【协冰岛】0【协瑞士】5.2 【协澳大利亚】0【协韩国】7.8 【协格鲁吉亚】0【协香港】0【协澳门】0 【特-1】0【特-2】0 【增】16【出】0【退】0	座					999	自推进的火炮武器
930110	90		其他火炮武器	Other artillery weapons	【最】13【普】80 【协东盟】0【协巴基斯坦】6.5【协智利】0 【协新西兰】0【协新加坡】0【协秘鲁】0 【协哥斯达黎加】0【协冰岛】0【协瑞士】5.2 【协澳大利亚】0【协韩国】7.8 【协格鲁吉亚】0【协香港】0【协澳门】0 【特-1】0【特-2】0 【增】16【出】0【退】0	座					999	其他火炮武器
930120	00		火箭发射装置；火焰喷射器（还包括手榴弹发射器；鱼雷发射管及类似发射装置）	Rocket launchers; flame-throwers; grenade launchers; torpedo tubes and similar projectors	【最】13【普】80 【协东盟】0【协巴基斯坦】6.5【协智利】0 【协新西兰】0【协新加坡】0【协秘鲁】0 【协哥斯达黎加】0【协冰岛】0【协瑞士】5.2 【协澳大利亚】0【协韩国】7.8 【协格鲁吉亚】0【协香港】0【协澳门】0 【特-1】0【特-2】0 【增】16【出】0【退】0	个					999	火箭发射装置；火焰喷射器（还包括手榴弹发射器；鱼雷发射管及类似发射装置）
930190	00		其他军用武器（但左轮手枪、其他手枪及税目93.07的兵器除外）	Other military weapons, other than revolvers, pistols and the arms of heading No. 93.07	【最】13【普】80 【协东盟】0【协巴基斯坦】6.5【协智利】0 【协新西兰】0【协新加坡】0【协秘鲁】0 【协哥斯达黎加】0【协冰岛】0【协瑞士】5.2 【协澳大利亚】0【协韩国】7.8 【协格鲁吉亚】0【协香港】0【协澳门】0 【特-1】0【特-2】0 【增】16【出】0【退】0	支					999	其他军用武器（但左轮手枪、其他手枪及税目93.07的兵器除外）

税则号列 HS国际统一前6位	本国子目 7~8位	本国子目 9~10位	货品名称中英文 中文 货物名称	货品名称中英文 英文 Article Description	税费综合信息	计量单位	监管证件代码 进口	监管证件代码 出口	检验检疫类别 进口	检验检疫类别 出口	检验检疫编码	检验检疫编码对应中文名称
930200	00		左轮手枪及其他手枪（税目93.03或93.04的货品除外）	Revolvers and pistols, other than those of heading No. 93.03 or 93.04	【最】13【普】80 【协东盟】0【协巴基斯坦】6.5【协智利】0 【协新西兰】0【协新加坡】0【协秘鲁】0 【协哥斯达黎加】0【协冰岛】0【协瑞士】5.2 【协澳大利亚】0【协韩国】7.8 【协格鲁吉亚】0【协香港】0【协澳门】0 【特-1】0【特-2】0 【增】16【出】0【退】0	支					999	左轮手枪及其他手枪（税目93.03或93.04的货品除外）
930310	00		前装枪	Muzzle-loading firearms	【最】13【普】80 【协东盟】0【协巴基斯坦】6.5【协智利】0 【协新西兰】0【协新加坡】0【协秘鲁】0 【协哥斯达黎加】0【协冰岛】0【协瑞士】5.2 【协澳大利亚】0【协韩国】7.8 【协格鲁吉亚】0【协香港】0【协澳门】0 【特-1】0【特-2】0 【增】16【出】0【退】13	支					999	前装枪
930320	00		其他运动、狩猎或打靶用滑膛枪（包括滑膛来复枪）	Other sporting, hunting or target shooting shotguns, including combination shotgun rifles	【最】13【普】80 【协东盟】0【协巴基斯坦】6.5【协智利】0 【协新西兰】0【协新加坡】0【协秘鲁】0 【协哥斯达黎加】0【协冰岛】0【协瑞士】7.4 【协澳大利亚】0【协韩国】7.8 【协格鲁吉亚】0【协香港】0【协澳门】0 【特-1】0【特-2】0 【增】16【出】0【退】13	支					999	其他运动、狩猎或打靶用滑膛枪（包括滑膛来复枪）
930330	00		其他运动、狩猎或打靶用步枪	Other sporting, hunting or target shooting rifles	【最】13【普】80 【协东盟】0【协巴基斯坦】6.5【协智利】0 【协新西兰】0【协新加坡】0【协秘鲁】0 【协哥斯达黎加】0【协冰岛】0【协瑞士】5.2 【协澳大利亚】0【协韩国】7.8 【协格鲁吉亚】0【协香港】0【协澳门】0 【特-1】0【特-2】0 【增】16【出】0【退】13	支					999	其他运动、狩猎或打靶用步枪
930390	00	10	复核射孔器（已装配）	Multi-core perforator (assembled)	【最】13【普】80 【协东盟】0【协巴基斯坦】6.5【协智利】0 【协新西兰】0【协新加坡】0【协秘鲁】0 【协哥斯达黎加】0【协冰岛】0【协瑞士】5.2 【协澳大利亚】0【协韩国】7.8 【协格鲁吉亚】0【协香港】0【协澳门】0 【特-1】0【特-2】0 【增】16【对美加征】10【出】0【退】13	支	k	k			999	复核射孔器（已装配）
930390	00	90	其他火器及类似装置	Other fire arms and similar devices (operated by the firing of an explosive charge)	【最】13【普】80 【协东盟】0【协巴基斯坦】6.5【协智利】0 【协新西兰】0【协新加坡】0【协秘鲁】0 【协哥斯达黎加】0【协冰岛】0【协瑞士】5.2 【协澳大利亚】0【协韩国】7.8 【协格鲁吉亚】0【协香港】0【协澳门】0 【特-1】0【特-2】0 【增】16【对美加征】10【出】0【退】13	支					999	其他火器及类似装置（指靠爆炸药发射的）
930400	00		其他武器，如弹簧枪、气枪、警棍等（不包括税目93.07的货品）	Other arms (for example, spring, air or gas guns and pistols, truncheons), excluding those of heading No. 93.07:	【最】13【普】80 【协东盟】0【协巴基斯坦】6.5【协智利】0 【协新西兰】0【协新加坡】0【协秘鲁】0 【协哥斯达黎加】0【协冰岛】0 【协澳大利亚】0【协韩国】7.8 【协格鲁吉亚】0【协香港】0【协澳门】0 【特-1】0【特-2】0 【增】16【对美加征】5【出】0【退】13	支					999	其他武器，如弹簧枪、气枪、警棍等（不包括税目93.07的货品）
930510	00		左轮手枪或其他手枪的零件及附件	Parts and accessories Of revolvers or pistols	【最】13【普】80 【协东盟】0【协巴基斯坦】6.5【协智利】0 【协新西兰】0【协新加坡】0【协秘鲁】0 【协哥斯达黎加】0【协冰岛】0【协瑞士】5.2 【协澳大利亚】0【协韩国】7.8 【协格鲁吉亚】0【协香港】0【协澳门】0 【特-1】0【特-2】0 【增】16【出】0【退】0	千克					999	左轮手枪或其他手枪的零件及附件

税则号列 HS国际统一前6位	本国子目 7~8位	本国子目 9~10位	货品名称中英文 中文 货物名称	货品名称中英文 英文 Article Description	税费综合信息	计量单位	监管证件代码 进口	监管证件代码 出口	检验检疫类别 进口	检验检疫类别 出口	检验检疫编码	检验检疫编码对应中文名称
930520	00		税目93.03的猎枪或步枪用零及附件	Parts and accessories of shotguns or rifles	【最】13【普】80 【协东盟】0【协巴基斯坦】6.5【协智利】0 【协新西兰】0【协新加坡】0【协秘鲁】0 【协哥斯达黎加】0【协冰岛】0【协瑞士】5.2 【协澳大利亚】0【协韩国】7.8 【协格鲁吉亚】0【协香港】0【协澳门】0 【特-1】0【特-2】0 【增】16【出】0【退】0	千克					999	税目93.03的猎枪或步枪用零件及附件
930591	00		其他军用武器用零件、附件(税目93.01的军用武器用零件、附件)	Parts and accessories of military weapons of heading No. 93.01	【最】13【普】80 【协东盟】0【协巴基斯坦】6.5【协智利】0 【协新西兰】0【协新加坡】0【协秘鲁】0 【协哥斯达黎加】0【协冰岛】0【协瑞士】5.2 【协澳大利亚】0【协韩国】7.8 【协格鲁吉亚】0【协香港】0【协澳门】0 【特-1】0【特-2】0 【增】16【出】0【退】0	千克					999	其他军用武器用零件、附件(税目93.01的军用武器用零件、附件)
930599	00		其他武器的零件、附件(指税目93.02至93.04所列其他物品的零件)	Parts and accessories of Other articles of headings No. 93.02 to 93.04	【最】13【普】80 【协东盟】0【协巴基斯坦】6.5【协智利】0 【协新西兰】0【协新加坡】0【协秘鲁】0 【协哥斯达黎加】0【协冰岛】0【协瑞士】5.2 【协澳大利亚】0【协韩国】7.8 【协格鲁吉亚】0【协香港】0【协澳门】0 【特-1】0【特-2】0 【增】16【对美加征】5【出】0【退】0	千克					999	其他武器的零件、附件(指税目93.02至93.04所列其他物品的零件)
930621	00		猎枪弹	Cartridges	【最】13【普】80 【协东盟】0【协巴基斯坦】6.5【协智利】0 【协新西兰】0【协新加坡】0【协秘鲁】0 【协哥斯达黎加】0【协冰岛】0【协瑞士】5.2 【协澳大利亚】0【协韩国】7.8 【协格鲁吉亚】0【协香港】0【协澳门】0 【特-1】0【特-2】0 【增】16【出】0【退】13	千克					999	猎枪弹
930629	00		猎枪弹的零件及气枪弹丸	parts of shotgun cartridges; air gun pellets	【最】13【普】80 【协东盟】0【协巴基斯坦】6.5【协智利】0 【协新西兰】0【协新加坡】0【协秘鲁】0 【协哥斯达黎加】0【协冰岛】0【协瑞士】5.2 【协澳大利亚】0【协韩国】7.8 【协格鲁吉亚】0【协香港】0【协澳门】0 【特-1】0【特-2】0 【增】16【对美加征】5【出】0【退】13	千克					999	猎枪弹的零件及气枪弹丸
930630	80		铆接机或类似工具的子弹及其零件(包括弩枪式无痛捕杀器用)	Cartridges for riveting or similar tools or for captive-bolt humane killers and parts thereof	【最】13【普】80 【协东盟】0【协巴基斯坦】6.5【协智利】0 【协新西兰】0【协新加坡】0【协秘鲁】0 【协哥斯达黎加】0【协冰岛】0【协瑞士】5.2 【协澳大利亚】0【协韩国】7.8 【协格鲁吉亚】0【协香港】0【协澳门】0 【特-1】0【特-2】0 【增】16【出】0【退】0	千克					999	铆接机或类似工具的子弹及其零件(包括弩枪式无痛捕杀器用)
930630	90		其他子弹及其零件	Other cartridges and parts thereof	【最】13【普】80 【协东盟】0【协巴基斯坦】6.5【协智利】0 【协新西兰】0【协新加坡】0【协秘鲁】0 【协哥斯达黎加】0【协冰岛】0【协瑞士】5.2 【协澳大利亚】0【协韩国】7.8 【协格鲁吉亚】0【协香港】0【协澳门】0 【特-1】0【特-2】0 【增】16【出】0【退】0	千克					999	其他子弹及其零件
930690	00	10	两用物项管制的导弹及其零件(能把500千克以上有效载荷投掷到300千米以上的)	Missiles and parts thereof under control of sensitive item (capable of throwing payload over 500kg to 300km above)	【最】13【普】80 【协东盟】0【协巴基斯坦】6.5【协智利】0 【协新西兰】0【协新加坡】0【协秘鲁】0 【协哥斯达黎加】0【协冰岛】0【协瑞士】5.2 【协澳大利亚】0【协韩国】7.8 【协格鲁吉亚】0【协香港】0【协澳门】0 【特-1】0【特-2】0 【增】16【出】0【退】0	千克		3			999	两用物项管制的导弹及其零件(能把500千克以上有效载荷投掷到300千米以上的)

税则号列			货品名称中英文		税费综合信息	计量单位	监管证件代码		检验检疫类别		检验检疫编码	检验检疫编码对应中文名称
HS国际统一前6位	本国子目 7~8位	本国子目 9~10位	中文 货物名称	英文 Article Description			进口	出口	进口	出口		
930690	00	20	运载火箭（能把500千克以上有效载荷投掷到300千米以上的）	Carrier rockets (capable of throwing payload over 500kg to 300 km above)	【最】13【普】80 【协东盟】0【协巴基斯坦】6.5【协智利】0 【协新西兰】0【协新加坡】0【协秘鲁】0 【协哥斯达黎加】0【协冰岛】0【协瑞士】5.2 【协澳大利亚】0【协韩国】7.8 【协格鲁吉亚】0【协香港】0【协澳门】0 【特-1】0【特-2】0 【增】16【出】0【退】0	千克		3			999	运载火箭（能把500千克以上有效载荷投掷到300千米以上的）
930690	00	30	探空火箭（能把500千克以上有效载荷投掷到300千米以上的）	Sounding rockets (capable of throwing payload over 500kg to 300 km above)	【最】13【普】80 【协东盟】0【协巴基斯坦】6.5【协智利】0 【协新西兰】0【协新加坡】0【协秘鲁】0 【协哥斯达黎加】0【协冰岛】0【协瑞士】5.2 【协澳大利亚】0【协韩国】7.8 【协格鲁吉亚】0【协香港】0【协澳门】0 【特-1】0【特-2】0 【增】16【出】0【退】0	千克		3			999	探空火箭（能把500千克以上有效载荷投掷到300千米以上的）
930690	00	40	巡航导弹（能把500千克以上有效载荷投掷到300千米以上的）	Cruise missiles (capable of throwing payload over 500kg to 300 km above)	【最】13【普】80 【协东盟】0【协巴基斯坦】6.5【协智利】0 【协新西兰】0【协新加坡】0【协秘鲁】0 【协哥斯达黎加】0【协冰岛】0【协瑞士】5.2 【协澳大利亚】0【协韩国】7.8 【协格鲁吉亚】0【协香港】0【协澳门】0 【特-1】0【特-2】0 【增】16【出】0【退】0	千克		3			999	巡航导弹（能把500千克以上有效载荷投掷到300千米以上的）
930690	00	50	聚能射孔弹、聚能切割弹、高能气体压裂弹等油气井用射弹	Projectiles for oil and gas wells such as shaped charges, shaped energy bombs, high-energy gas fracturing bombs	【最】13【普】80 【协东盟】0【协巴基斯坦】6.5【协智利】0 【协新西兰】0【协新加坡】0【协秘鲁】0 【协哥斯达黎加】0【协冰岛】0【协瑞士】5.2 【协澳大利亚】0【协韩国】7.8 【协格鲁吉亚】0【协香港】0【协澳门】0 【特-1】0【特-2】0 【增】16【出】0【退】0	千克	k	k			999	聚能射孔弹、聚能切割弹、高能气体压裂弹等油气井用射弹
930690	00	90	其他弹药和射弹及其零件（包括炸弹、手榴弹、鱼雷、地雷、水雷、导弹等）	Other ammunition and projectiles and parts thereof (including bombs, grenades, torpedoes, mines, missiles, etc.)	【最】13【普】80 【协东盟】0【协巴基斯坦】6.5【协智利】0 【协新西兰】0【协新加坡】0【协秘鲁】0 【协哥斯达黎加】0【协冰岛】0【协瑞士】5.2 【协澳大利亚】0【协韩国】7.8 【协格鲁吉亚】0【协香港】0【协澳门】0 【特-1】0【特-2】0 【增】16【出】0【退】0	千克					999	其他弹药和射弹及其零件（包括炸弹、手榴弹、鱼雷、地雷、水雷、导弹等）
930700	10	10	军用刀鞘、剑鞘，濒危动物制	Scabbards and sheaths, of endangered animal, for military use	【最】13【普】80 【协东盟】0【协巴基斯坦】6.5【协智利】0 【协新西兰】0【协新加坡】0【协秘鲁】0 【协哥斯达黎加】0【协冰岛】0【协瑞士】5.2 【协澳大利亚】0【协韩国】7.8 【协格鲁吉亚】0【协香港】0【协澳门】0 【特-1】0【特-2】0【特-3】0 【增】16【对美加征】5【出】0【退】0	千克/件	F	E			999	军用刀鞘、剑鞘，濒危动物制
930700	10	90	其他军用剑，刀，长矛和类似的武器及其零件（包括刀鞘、剑鞘）	Swords, cutlasses, bayonets, lances and similar arms and parts thereof; scabbards and sheaths therefor, for military use	【最】13【普】80 【协东盟】0【协巴基斯坦】6.5【协智利】0 【协新西兰】0【协新加坡】0【协秘鲁】0 【协哥斯达黎加】0【协冰岛】0【协瑞士】5.2 【协澳大利亚】0【协韩国】7.8 【协格鲁吉亚】0【协香港】0【协澳门】0 【特-1】0【特-2】0【特-3】0 【增】16【对美加征】5【出】0【退】0	千克/件					999	其他军用剑，刀，长矛和类似的武器及其零件（包括刀鞘、剑鞘）
930700	90	10	其他濒危动物制的刀鞘、剑鞘 【电商】①	Other scabbards and sheaths, of endangered animal	【最】13【普】80 【协东盟】0【协巴基斯坦】6.5【协智利】0 【协新西兰】0【协新加坡】0【协秘鲁】0 【协哥斯达黎加】0【协冰岛】0【协瑞士】5.2 【协澳大利亚】0【协韩国】7.8 【协格鲁吉亚】0【协香港】0【协澳门】0 【特-1】0【特-2】0【特-3】0 【增】16【对美加征】5【出】0【退】13	千克/件	F	E			999	其他濒危动物制的刀鞘、剑鞘

① 列入《进出口野生动植物种商品目录》的商品除外。

税则号列			货品名称中英文		税费综合信息	计量单位	监管证件代码		检验检疫类别		检验检疫编码	检验检疫编码对应中文名称
HS 国际统一前6位	本国子目 7~8位	本国子目 9~10位	中文 货物名称	英文 Article Description			进口	出口	进口	出口		
930700	90	90	其他剑、刀、长矛和类似的武器及其零件（包括刀鞘、剑鞘）【电商】①	Other swords, cutlasses, bayonets, lances and similar arms and parts thereof; scabbards and sheaths therefor,	【最】13【普】80 【协东盟】0【协巴基斯坦】6.5【协智利】0 【协新西兰】0【协新加坡】0【协秘鲁】0 【协哥斯达黎加】0【协冰岛】0【协瑞士】5.2 【协澳大利亚】0【协韩国】7.8 【协格鲁吉亚】0【协香港】0【协澳门】0 【特-1】0【特-2】0【特-3】0 【增】16【对美加征】5【出】0【退】13	千克/件					999	其他剑、刀、长矛和类似的武器及其零件（包括刀鞘、剑鞘）

① 列入《进出口野生动植物种商品目录》的商品除外。

第二十类
杂项制品

SECTION XX
MISCELLANEOUS MANUFACTURED ARTICLES

第九十四章
家具；寝具、褥垫、弹簧床垫、软坐垫及类似的填充制品；未列名灯具及照明装置；发光标志、发光铭牌及类似品；活动房屋

注释：

一、本章不包括：

（一）第三十九章、第四十章或第六十三章的充气或充水的褥垫、枕头及坐垫；

（二）落地镜［例如，税目 70.09 的试衣镜（旋转镜）］；

（三）第七十一章的物品；

（四）第十五类注释二所规定的贱金属制通用零件（第十五类）、塑料制的类似品（第三十九章）或税目 83.03 的保险箱；

（五）冷藏或冷冻设备专用的特制家具（税目 84.18）；缝纫机专用的特制家具（税目 84.52）；

（六）第八十五章的灯具及照明装置；

（七）税目 85.18、85.19、85.21 或税目 85.25 至 85.28 所列装置专用的特制家具（应分别归入税目 85.18、85.22 或 85.29）；

（八）税目 87.14 的物品；

（九）装有税目 90.18 所列牙科用器具或漱口盂的牙科用椅（税目 90.18）；

（十）第九十一章的物品（例如钟及钟壳）；

（十一）玩具家具、玩具灯或玩具照明装置（税目 95.03）、台球桌或其他供游戏用的特制家具（税目 95.04）、魔术用的特制家具或中国灯笼及类似的装饰品（电气彩灯串除外）（税目 95.05）；或

（十二）独脚架、双脚架、三脚架及类似品（税目 96.20）。

二、税目 94.01 至 94.03 的物品（零件除外），只适用于落地式的物品。

对下列物品，即使是悬挂的、固定在墙壁上的或叠摞的，仍归入上述各税号：

（一）碗橱、书柜、其他架式家具（包括与将其固定于墙上的支撑物一同报验的单层搁架）及组合家具；

（二）坐具及床。

三、（一）税目 94.01 至 94.03 所列货品的零件，不包括玻璃（包括镜子）、大理石或其他石料以及第六十八章及第六十九章所列任何其他材料的

Chapter 94
Furniture; bedding, mattresses, mattress supports, cushions and similar stuffed furnishings; lamps and lighting fittings, not elsewhere specified or included; illuminated signs, illuminated name-plates and the like; prefabricated buildings

Chapter Notes:

1. This Chapter does not cover:

(a) Pneumatic or water mattresses, pillows or cushions, of Chapter 39, 40 or 63;

(b) Mirrors designed for placing on the floor or ground (for example, cheval-glasses (swing-mirrors)) of heading 70.09;

(c) Articles of Chapter 71;

(d) Parts of general use as defined in Note 2 to Section XV, of base metal (Section XV), or similar goods of plastics (Chapter 39), or safes of heading 83.03;

(e) Furniture specially designed as parts of refrigerating or freezing equipment of heading 84.18; furniture specially designed for sewing machines (heading 84.52);

(f) Lamps or lighting fittings of Chapter 85;

(g) Furniture specially designed as parts of apparatus of heading 85.18 (heading 85.18), of headings 85.19 or 85.21 (heading 85.22) or of headings 85.25 to 85.28 (heading 85.29);

(h) Articles of heading 87.14;

(ij) Dentists' chairs incorporating dental appliances of heading 90.18 or dentists' spittoons (heading 90.18);

(k) Articles of Chapter 91 (for example, clocks and clock cases);

(l) Toy furniture or toy lamps or lighting fittings (heading 95.03), billiard tables or other furniture specially constructed for games (heading 95.04), furniture for conjuring tricks or decorations (other than electric garlands) such as Chinese lanterns (heading 95.05); or

(m) Monopods, bipods, tripods and similar articles (heading 96.20).

2. The articles (other than parts) referred to in headings 94.01 to 94.03 are to be classified in those headings only if they are designed for placing on the floor or ground.

The following are, however, to be classified in the above-mentioned headings even if they are designed to be hung, to be fixed to the wall or to stand one on the other:

(a) Cupboards, bookcases, other shelved furniture (including single shelves presented with supports for fixing them to the wall) and unit furniture;

(b) Seats and beds.

3. (a) In headings 94.01 to 94.03 references to parts of goods do not include references to sheets or slabs (whether or not cut to shape but not combined with other parts) of

片、块（不论是否切割成形，但未与其他零件组装）。

（二）税目94.04的货品，如果单独报验，不能作为税目94.01、94.02或94.03所列货品的零件归类。

glass (including mirrors), marble or other stone or of any other material referred to in Chapter 68 and 69.

(b) Goods described in heading 94.04, presented separately, are not to be classified in heading 94.01, 94.02 or 94.03 as parts of goods.

四、税目94.06所称"活动房屋"，是指在工厂制成成品或制成部件并一同报验，供以后在有关地点上组装的房屋，例如，工地用房、办公室、学校、店铺、工作棚、车房或类似的建筑物。

4. For the purpose of heading 94.06, the expression "prefabricated buildings" means buildings which are finished in the factory or put up as elements, presented together, to be assembled on site, such as housing or worksite accommodation, offices, schools, shops, sheds, garages or similar buildings.

税则号列			货品名称中英文		税费综合信息	计量单位	监管证件代码		检验检疫类别		检验检疫编码	检验检疫编码对应中文名称
HS国际统一前6位	本国子目7~8位	9~10位	中文 货物名称	英文 Article Description			进口	出口	进口	出口		
940110	00		飞机用坐具	Seats of a kind used for aircraft	【最】0【普】100【特-1】0【特-2】0【特-3】0 【增】16【对美加征】10【出】0【退】16	个/千克					999	飞机用坐具
940120	10		皮革或再生皮革面的机动车辆用坐具	Seats of a kind used for motor vehicles With outer surface of leather or composition leather	【最】6【普】100 【协东盟】5【协澳门】0【协智利】0 【协新西兰】0【协秘鲁】0【协哥斯达黎加】0 【协冰岛】0【协瑞士】0【协澳大利亚】0 【协韩国】8【协格鲁吉亚】0【协香港】0 【特-1】0【特-2】0 【增】16【对美加征】5【出】0【退】16	个/千克			L		101 102	皮革或再生皮革面的机动车辆用坐具（其他车辆零部件） 皮革或再生皮革面的机动车辆用坐具（软体家具）
940120	90		其他机动车辆用坐具【电商】	Other seats of a kind used for motor vehicles	【最】6【普】100 【协东盟】5【协澳门】0【协智利】0 【协新西兰】0【协秘鲁】0【协哥斯达黎加】0 【协冰岛】0【协瑞士】0【协澳大利亚】0 【协韩国】7.3【协格鲁吉亚】0【协香港】0 【特-1】0【特-2】0 【增】16【对美加征】5【出】0【退】16	个/千克			L		101 102 103	其他机动车辆用坐具（其他车辆零部件） 其他机动车辆用坐具（其他家具） 其他机动车辆用坐具（靠垫）
940130	00		可调高度的转动坐具	Swivel seats with variable height adjustment	【最】0【普】100【特-1】0【特-2】0【特-3】0 【增】16【对美加征】5【出】0【退】16	个/千克					999	可调高度的转动坐具
940140	10		皮革或再生皮革面的能作床用的两用椅（但庭园坐具或野营设备除外）	Seats other than garden seats or camping equipment, convertible into beds, With outer surface of leather or composition leather	【最】0【普】100【特-1】0【特-2】0【特-3】0 【增】16【对美加征】10【出】0【退】16	个/千克			L		999	皮革或再生皮革面的能作床用的两用椅（但庭园坐具或野营设备除外）
940140	90		其他能作床用的两用椅（但庭园坐具或野营设备除外）	Other seats other than garden seats or camping equipment, convertible into beds	【最】0【普】100【特-1】0【特-2】0【特-3】0 【增】16【对美加征】10【出】0【退】16	个/千克			L		999	其他能作床用的两用椅（但庭园坐具或野营设备除外）
940152	00		竹制的坐具	Of bamboo	【最】0【普】100【特东老挝】0【特-1】0 【特-2】0【特-3】0 【增】16【对美加征】10【出】0【退】16	个/千克	A	B	P	Q	999	竹制的坐具
940153	00		藤制的坐具	Of rattan	【最】0【普】100【特东老挝】0【特-1】0 【特-2】0【特-3】0 【增】16【对美加征】10【出】0【退】16	个/千克	A	B	P	Q	999	藤制的坐具
940159	00		柳条及类似材料制的坐具	seats of osier or similar materials	【最】0【普】100【特东老挝】0【特-1】0 【特-2】0【特-3】0 【增】16【出】0【退】16	个/千克	A	B	P	Q	101 102	柳条及类似材料制的坐具（柳及柳制品） 柳条及类似材料制的坐具（柳条及类似材料制的家具）
940161	10		皮革或再生皮革面的装软垫的木框架的其他坐具	other seats, upholstered, With wooden frame and outer surface of leather or composition leather	【最】0【普】100【特-1】0【特-2】0【特-3】0 【增】16【对美加征】10【出】0【退】16	个/千克	A	B	P	Q	101 102	皮革或再生皮革面的装软垫的木框架的其他坐具（其他木制品） 皮革或再生皮革面的装软垫的木框架的其他坐具（软体家具）
940161	90		其他装软垫的木框架的坐具	Other seats, upholstered, with wooden frame	【最】0【普】100【特-1】0【特-2】0【特-3】0 【增】16【对美加征】5【出】0【退】16	个/千克	A	B	P	Q	101 102	其他装软垫的木框架的坐具（其他木制品） 其他装软垫的木框架的坐具（软体家具）

税则号列			货品名称中英文		税费综合信息	计量单位	监管证件代码		检验检疫类别		检验检疫编码	检验检疫编码对应中文名称
HS国际统一前6位	本国子目 7~8位	9~10位	中文 货物名称	英文 Article Description			进口	出口	进口	出口		
940169	00	10	其他濒危木框架的坐具【电商】①	Seats, with other endangered wood frames	【最】0【普】100【特-1】0【特-2】0【特-3】0【增】16【对美加征】10【出】0【退】0	个/千克	AF	BE	P	Q	101 102	其他濒危木框架的坐具（其他木制品） 其他濒危木框架的坐具（其他家具）
940169	00	90	其他木框架的坐具（不包括编号9401.1000~94015.000的坐具）【电商】②	Seats, with other wood frames (other than those of heading 9401.1000 ~ 9401.5000)	【最】0【普】100【特-1】0【特-2】0【特-3】0【增】16【对美加征】10【出】0【退】16	个/千克	A	B	P	Q	101 102	其他木框架的坐具（不包括编号9401.1000~94015.000的坐具）（其他木制品） 其他木框架的坐具（不包括编号9401.1000~94015.000的坐具）（其他家具）
940171	10		皮革或再生皮革面的装软垫的金属框架的坐具	seats, upholstered, With metal frames and outer surface of leather or composition leather	【最】0【普】100【特-1】0【特-2】0【特-3】0【增】16【对美加征】10【出】0【退】16	个/千克					999	皮革或再生皮革面的装软垫的金属框架的坐具
940171	90		其他装软垫的金属框架的坐具【电商】	Other seats, upholstered, with metal frames	【最】0【普】100【特-1】0【特-2】0【特-3】0【增】16【对美加征】10【出】0【退】16	个/千克					999	其他装软垫的金属框架的坐具
940179	00		其他金属框架的坐具（不包括编号9401.1000~9401.5000的坐具）【电商】	Other seats, with metal frames (other than those of heading 9401.1000 ~ 9401.5000)	【最】0【普】100【特-1】0【特-2】0【特-3】0【增】16【对美加征】10【出】0【退】16	个/千克					101 102	其他金属框架的坐具（不包括编号9401.1000~9401.5000的坐具）（其他家具） 其他金属框架的坐具（不包括编号9401.1000~9401.5000的坐具）（其他体育竞技运动器具）
940180	10		石制的其他坐具	Other seats of stone	【最】0【普】100【特-1】0【特-2】0【特-3】0【增】16【对美加征】10【出】0【退】16	个/千克					999	石制的其他坐具
940180	90	10	其他濒危木制坐具【电商】③	Seats, of other endangered wood	【最】0【普】100【特-1】0【特-2】0【特-3】0【增】16【对美加征】5【出】0【退】0	个/千克	F	E			101 102 103	其他濒危木制坐具（其他家具） 其他濒危木制坐具（靠垫） 其他濒危木制坐具（其他日用纺织制品）
940180	90	91	儿童用汽车安全座椅【电商】④	Automobile safety seat for children	【最】0【普】100【特-1】0【特-2】0【特-3】0【增】16【对美加征】5【出】0【退】16	个/千克	A		LM		999	儿童用汽车安全座椅
940180	90	99	其他坐具【电商】⑤	Other seats; Parts: Of the motor Vehicles	【最】0【普】100【特-1】0【特-2】0【特-3】0【增】16【对美加征】5【出】0【退】16	个/千克			L		101 102 103	其他坐具（其他家具） 其他坐具（靠垫） 其他坐具（其他日用纺织制品）
940190	11		机动车辆用坐椅调角器	Seat angle regulating devices of the motor vehicles	【最】6【普】100 【协东盟】5【协香港】0【协智利】0 【协新西兰】0【协秘鲁】0【协哥斯达黎加】0 【协冰岛】0【协瑞士】0【协澳大利亚】0 【协格鲁吉亚】0 【特-1】0【特-2】0【特-3】0 【增】16【对美加征】5【出】0【退】16	套/千克					101 102	机动车辆用坐椅调角器（其他车辆零部件） 机动车辆用坐椅调角器（其他家具）
940190	19		机动车辆用其他座具零件【电商】	Other parts of seat of the motor vehicles	【最】0【普】100【特-1】0【特-2】0【特-3】0【增】16【对美加征】5【出】0【退】16	千克			L		101 102	机动车辆用其他座具零件（其他车辆零部件） 机动车辆用其他座具零件（家具零件）
940190	90	10	其他座具的濒危木制零件	Other parts of seats of endangered wood	【最】0【普】100【特-1】0【特-2】0【特-3】0【增】16【对美加征】5【出】0【退】0	千克	F	E			999	其他座具的濒危木制零件（家具零件）

① 列入《进出口野生动植物种商品目录》的商品除外。
② 列入《进出口野生动植物种商品目录》的商品除外。
③ 列入《进出口野生动植物种商品目录》的商品除外。
④ 列入《进出口野生动植物种商品目录》的商品除外。
⑤ 列入《进出口野生动植物种商品目录》的商品除外。

税则号列 HS国际统一前6位	本国子目 7~8位	本国子目 9~10位	货品名称中英文 中文 货物名称	货品名称中英文 英文 Article Description	税费综合信息	计量单位	监管证件代码 进口	监管证件代码 出口	检验检疫类别 进口	检验检疫类别 出口	检验检疫编码	检验检疫编码对应中文名称
940190	90	90	其他座具的零件	Other parts of seats	【最】0【普】100【特-1】0【特-2】0【特-3】0【增】16【对美加征】5【出】0【退】16	千克					301 302	其他座具的零件（家具零件） 其他座具的零件（其他金属及制品）
940210	10		理发用椅及其零件	Barbers'chairs and parts thereof	【最】0【普】100【特-1】0【特-2】0【特-3】0【增】16【出】0【退】16	个/千克					999	理发用椅及其零件
940210	90		牙科及类似用途的椅及其零件	Dentists', or similar chairs and parts thereof	【最】0【普】30【特-1】0【特-2】0【特-3】0【增】16【对美加征】5【出】0【退】16	个/千克					999	牙科及类似用途的椅及其零件
940290	00		其他医疗，外科，兽医用家具及零件（如手术台、检查台、带机械装置的病床等）	Other Medical, surgical, or veterinary furniture (for example, operating tables, examination tables, hospital beds with mechanical fittings); parts thereof	【最】0【普】30【特-1】0【特-2】0【特-3】0【增】16【对美加征】5【出】0【退】16	件/千克					999	其他医疗，外科，兽医用家具及零件（如手术台、检查台、带机械装置的病床等）
940310	00		办公室用金属家具	Metal furniture of a kind used in offices	【最】0【普】100【特-1】0【特-2】0【特-3】0【增】16【对美加征】10【出】0【退】16	件/千克					999	办公室用金属家具
940320	00		其他金属家具【电商】	Other metal furniture	【最】0【普】100【特-1】0【特-2】0【特-3】0【增】16【对美加征】10【出】0【退】16	件/千克					999	其他金属家具
940330	00	10	濒危木制办公室用木家具	Furniture of endangered wood, used in offices	【最】0【普】100【特东老挝】0【特东柬埔寨】0【特-1】0【特-2】0【特-3】0【增】16【对美加征】10【出】0【退】0	件/千克	AF	BE	P	Q	101 102	濒危木制办公室用木家具（其他木制品） 濒危木制办公室用木家具（木家具）
940330	00	90	其他办公室用木家具	Other wooden furniture, used in offices	【最】0【普】100【特东老挝】0【特东柬埔寨】0【特-1】0【特-2】0【特-3】0【增】16【对美加征】10【出】0【退】16	件/千克	A	B	MP	Q	101 102	其他办公室用木家具（其他木制品） 其他办公室用木家具（木家具）
940340	00	10	濒危木制厨房用木家具	Furniture of endangered wood, used in the kitchen Wooden furniture, used in the kitchen	【最】0【普】100【特东柬埔寨】0【特-1】0【特-2】0【特-3】0【增】16【对美加征】10【出】0【退】0	件/千克	AF	BE	P	Q	101 102	濒危木制厨房用木家具（其他木制品） 濒危木制厨房用木家具（木家具）
940340	00	90	其他厨房用木家具	Wooden furniture of a kind used in the bedroom:	【最】0【普】100【特东柬埔寨】0【特-1】0【特-2】0【特-3】0【增】16【对美加征】10【出】0【退】16	件/千克	A	B	MP	Q	101 102	其他厨房用木家具（其他木制品） 其他厨房用木家具（木家具）
940350	10	10	卧室用濒危红木制家具	Furniture of endangered rose wood, used in the bedroom	【最】0【普】100【特东柬埔寨】0【特-1】0【特-2】0【特-3】0【增】16【出】0【退】0	件/千克	AF	BE	P	Q	101 102	卧室用濒危红木制家具（其他木制品） 卧室用濒危红木制家具（木家具）
940350	10	90	其他卧室用红木制家具	Other furniture of rose wood, used in the bedroom	【最】0【普】100【特东柬埔寨】0【特-1】0【特-2】0【特-3】0【增】16【出】0【退】16	件/千克	A	B	P	Q	101 102	其他卧室用红木制家具（其他木制品） 其他卧室用红木制家具（木家具）
940350	91		卧室用天然漆（大漆）漆木家具	Lacquered, lacquer wood furniture	【最】0【普】100【特东柬埔寨】0【特-1】0【特-2】0【特-3】0【增】16【对美加征】10【出】0【退】16	件/千克	A	B	MP	Q	101 102 103	卧室用天然漆（大漆）漆木家具（其他木制品） 卧室用天然漆（大漆）漆木家具（木家具） 卧室用天然漆（大漆）漆木家具（儿童用）
940350	99	10	卧室用其他濒危木家具	Furniture of endangered wood, used in bedroom	【最】0【普】100【特东柬埔寨】0【特-1】0【特-2】0【特-3】0【增】16【对美加征】10【出】0【退】0	件/千克	AF	BE	P	Q	101 102	卧室用其他濒危木家具（其他木制品） 卧室用其他濒危木家具（木家具）
940350	99	90	卧室用其他木家具	Furniture of other wood, used in bedroom	【最】0【普】100【特东柬埔寨】0【特-1】0【特-2】0【特-3】0【增】16【对美加征】10【出】0【退】16	件/千克	A	B	MP	Q	101 102 103	卧室用其他木家具（其他木制品） 卧室用其他木家具（木家具） 卧室用其他木家具（儿童用）

税则号列			货品名称中英文		税费综合信息	计量单位	监管证件代码		检验检疫类别		检验检疫编码	检验检疫编码对应中文名称
HS 国际统一前 6 位	本国子目 7~8 位	本国子目 9~10 位	中文 货物名称	英文 Article Description			进口	出口	进口	出口		
940360	10	10	濒危红木制其他家具	Other furniture of endangered rose wood (not used in the bedroom)	【最】0【普】100【特东柬埔寨】0【特-1】0【特-2】0【特-3】0 【增】16【对美加征】10【出】0【退】0	件/千克	AF	BE	P	Q	101 102	濒危红木制其他家具（非卧室用）（其他木制品） 濒危红木制其他家具（非卧室用）（木家具）
940360	10	90	其他红木制家具	Other furniture of rose wood (not used in bedroom)	【最】0【普】100【特东柬埔寨】0【特-1】0【特-2】0【特-3】0 【增】16【对美加征】10【出】0【退】16	件/千克	A	B	P	Q	101 102	其他红木制家具（非卧室用）（其他木制品） 其他红木制家具（非卧室用）（木家具）
940360	91		其他天然漆（大漆）漆木家具	Lacquered lacquered wood furniture	【最】0【普】100【特东柬埔寨】0【特-1】0【特-2】0【特-3】0 【增】16【对美加征】10【出】0【退】16	件/千克	A	B	MP	Q	101 102 103	其他天然漆（大漆）漆木家具（非卧室用）（其他木制品） 其他天然漆（大漆）漆木家具（非卧室用）（木家具） 其他天然漆（大漆）漆木家具（非卧室用）（儿童用）
940360	99	10	濒危木制其他家具	Other furniture of endangered wood (not use in the bedroom)	【最】0【普】100【特东柬埔寨】0【特-1】0【特-2】0【特-3】0 【增】16【对美加征】10【出】0【退】0	件/千克	AF	BE	P	Q	101 102	濒危木制其他家具（非卧室用）（其他木制品） 濒危木制其他家具（非卧室用）（木家具）
940360	99	90	其他木家具	Other furniture of wood(not used in the bedroom)	【最】0【普】100【特东柬埔寨】0【特-1】0【特-2】0【特-3】0 【增】16【对美加征】10【出】0【退】16	件/千克	A	B	P	Q	101 102	其他木家具（非卧室用）（其他木制品） 其他木家具（非卧室用）（木家具）
940370	00		塑料家具【电商】	Furniture of plastics	【最】0【普】100【特-1】0【特-2】0【特-3】0 【增】16【对美加征】10【出】0【退】16	件/千克					999	塑料家具
940382	00		竹制的家具	Of bamboo	【最】0【普】100【特东柬埔寨】0【特-1】0【特-2】0【特-3】0 【增】16【出】0【退】16	件/千克	A	B	P	Q	998 999	竹制的家具（其他竹及竹制品） 竹制的家具（竹制或藤制家具）
940383	00		藤制的家具	Of rattan	【最】0【普】100【特东柬埔寨】0【特-1】0【特-2】0【特-3】0 【增】16【出】0【退】16	件/千克	A	B	P	Q	998 999	藤制的家具（藤及藤制品） 藤制的家具（竹制或藤制家具）
940389	10		柳条及类似材料制的家具	Furniture of osier or similar materials	【最】0【普】100【特东柬埔寨】0【特-1】0【特-2】0【特-3】0 【增】16【出】0【退】16	件/千克	A	B	P	Q	101 102	柳条及类似材料制的家具（柳及柳制品） 柳条及类似材料制的家具（柳条及类似材料制的家具）
940389	20		石制的家具	Furniture of stone	【最】0【普】100【特-1】0【特-2】0【特-3】0 【增】16【对美加征】10【出】0【退】16	件/千克					999	石制的家具
940389	90		其他材料制的家具【电商】	Furniture of Other materials	【最】0【普】100【特-1】0【特-2】0【特-3】0 【增】16【对美加征】10【出】0【退】16	件/千克					999	其他材料制的家具
940390	00	91	其他税目 94.03 所列物品的濒危木制零件【电商】	Parts of the articles of heading No. 94.03 of endangered wood	【最】0【普】100【特-1】0【特-2】0【特-3】0 【增】16【对美加征】10【出】0【退】0	千克	F	E			999	其他税目 94.03 所列物品的濒危木制零件
940390	00	99	其他税目 94.03 所列物品零件【电商】	Parts of the articles of heading No. 94.03	【最】0【普】100【特-1】0【特-2】0【特-3】0 【增】16【对美加征】10【出】0【退】16	千克					999	其他税目 94.03 所列物品零件
940410	00		弹簧床垫	Mattress supports	【最】10【普】100 【协东盟】0【协智利】0【协新西兰】0 【协新加坡】0【协秘鲁】0【协哥斯达黎加】0 【协冰岛】0【协瑞士】8【协澳大利亚】0 【协韩国】14.6【协格鲁吉亚】0【协香港】0 【协澳门】0 【特-1】0【特-2】0 【增】16【对美加征】5【出】0【退】16	个/千克					999	弹簧床垫

税则号列			货品名称中英文		税费综合信息	计量单位	监管证件代码		检验检疫类别		检验检疫编码	检验检疫编码对应中文名称
HS国际统一前6位	本国子目 7~8位	9~10位	中文 货物名称	英文 Article Description			进口	出口	进口	出口		
940421	00	10	蔺草包面的垫子（单件面积大于1平方米，无论是否包边）【电商】	Mattresses covered with rush(area of one piece exceeding $1m^2$, whether or not edged)	【最】10【普】100 【协东盟】0【协香港】0【协澳门】0【协智利】0 【协新西兰】0【协新加坡】0【协秘鲁】0 【协哥斯达黎加】0【协冰岛】0【协瑞士】8 【协澳大利亚】0【协韩国】14.6【协格鲁吉亚】0 【特-1】0【特-2】0【特-3】0 【增】16【对美加征】10【出】0【退】16	个/千克	A	4Bxy	P	Q	101 102 103	蔺草包面的垫子（单件面积大于1平方米，无论是否包边）（蔺草及其制品） 蔺草包面的垫子（单件面积大于1平方米，无论是否包边）（褥垫） 蔺草包面的垫子（单件面积大于1平方米，无论是否包边）（靠垫）
940421	00	90	海绵橡胶或泡沫塑料制褥垫（不论是否包面）【电商】	Mattresses fitted with cellular rubber or plastics (whether or not covered)	【最】10【普】100 【协东盟】0【协香港】0【协澳门】0【协智利】0 【协新西兰】0【协新加坡】0【协秘鲁】0 【协哥斯达黎加】0【协冰岛】0【协瑞士】8 【协澳大利亚】0【协韩国】14.6【协格鲁吉亚】0 【特-1】0【特-2】0【特-3】0 【增】16【对美加征】10【出】0【退】16	个/千克					101 102	海绵橡胶或泡沫塑料制褥垫（不论是否包面）（褥垫） 海绵橡胶或泡沫塑料制褥垫（不论是否包面）（靠垫）
940429	00		其他材料制褥垫【电商】	Mattresses Of other materials	【最】10【普】100 【协亚太】6.5【协东盟】0【协香港】0 【协澳门】0【协巴基斯坦】14【协智利】0 【协新西兰】0【协新加坡】0【协秘鲁】0 【协哥斯达黎加】0【协冰岛】0【协瑞士】8 【协澳大利亚】0【协韩国】14.6【协格鲁吉亚】0 【特-1】0【特-2】0【特-3】0 【增】16【对美加征】10【出】0【退】16	个/千克					999	其他材料制褥垫
940430	10	10	濒危野禽羽毛或羽绒填充的睡袋	Sleeping bags stuffed with feathers or down of endangered wild birds	【最】10【普】130 【协东盟】0【协澳门】0【协智利】0 【协新西兰】0【协新加坡】0【协秘鲁】0 【协哥斯达黎加】0【协冰岛】0【协瑞士】8 【协澳大利亚】0【协韩国】14.6 【协格鲁吉亚】0【协香港】0 【特-1】0【特-2】0【特-3】0 【增】16【出】0【退】0	个/千克	F	E			999	濒危野禽羽毛或羽绒填充的睡袋
940430	10	90	其他羽毛或羽绒填充的睡袋	Sleeping bags stuffed with other feathers or down	【最】10【普】130 【协东盟】0【协澳门】0【协智利】0 【协新西兰】0【协新加坡】0【协秘鲁】0 【协哥斯达黎加】0【协冰岛】0【协瑞士】8 【协澳大利亚】0【协韩国】14.6 【协格鲁吉亚】0【协香港】0 【特-1】0【特-2】0【特-3】0 【增】16【出】0【退】16	个/千克					999	其他羽毛或羽绒填充的睡袋
940430	90		其他睡袋【电商】	Other sleeping bags	【最】10【普】100 【协东盟】0【协澳门】0【协智利】0 【协新西兰】0【协新加坡】0【协秘鲁】0 【协哥斯达黎加】0【协冰岛】0【协瑞士】8 【协澳大利亚】0【协韩国】14.6 【协格鲁吉亚】0【协香港】0 【特-1】0【特-2】0【特-3】0 【增】16【对美加征】10【出】0【退】16	个/千克					999	其他睡袋
940490	10	10	濒危野禽羽绒或羽毛填充其他寝具（含类似品）【电商】①	Articles of bedding and similar furnishing, stuffed with feathers or down of endangered wild birds	【最】10【普】130 【协东盟】0【协香港】0【协澳门】0【协智利】0 【协新西兰】0【协新加坡】0【协秘鲁】0 【协哥斯达黎加】0【协瑞士】8【协澳大利亚】0 【协韩国】14.6【协格鲁吉亚】0 【特-1】0【特-2】0【特-3】0 【增】16【对美加征】10【出】0【退】0	千克	F	E			101 102	濒危野禽羽绒或羽毛填充其他寝具（含类似品）（褥垫） 濒危野禽羽绒或羽毛填充其他寝具（含类似品）（靠垫）
940490	10	90	其他羽绒或羽毛填充的其他寝具（含类似品）【电商】②	Articles of bedding and similar furnishing, stuffed with other feathers or down	【最】10【普】130 【协东盟】0【协香港】0【协澳门】0 【协智利】0【协新西兰】0【协新加坡】0 【协秘鲁】0【协哥斯达黎加】0【协瑞士】8 【协澳大利亚】0【协韩国】14.6【协格鲁吉亚】0 【特-1】0【特-2】0【特-3】0 【增】16【对美加征】10【出】0【退】16	千克					101 102	其他羽绒或羽毛填充的其他寝具（含类似品）（褥垫） 其他羽绒或羽毛填充的其他寝具（含类似品）（靠垫）

① 列入《进出口野生动植物种商品目录》的商品除外。
② 列入《进出口野生动植物种商品目录》的商品除外。

税则号列			货品名称中英文		税费综合信息	计量单位	监管证件代码		检验检疫类别		检验检疫编码	检验检疫编码对应中文名称
HS国际统一前6位	本国子目 7~8位	本国子目 9~10位	中文 货物名称	英文 Article Description			进口	出口	进口	出口		
940490	20	10	濒危兽毛填充的寝具（用野生兽毛填充的，含盖被及类似品）【电商】①	Articles of bedding, stuffed with endangered animal hair and wild animal hair (including quilts and similar furnishing)	【最】10【普】130 【协东盟】0【协香港】0【协澳门】0【协智利】0 【协新西兰】0【协新加坡】0【协秘鲁】0 【协哥斯达黎加】0【协冰岛】0【协瑞士】8 【协澳大利亚】0【协韩国】14.6【协格鲁吉亚】0 【特-1】0【特-2】0【特-3】0 【增】16【对美加征】10【出】0【退】0	千克	F	E			999	濒危兽毛填充的寝具（用野生兽毛填充的，含盖被及类似品）
940490	20	90	其他兽毛填充的其他寝具（含类似品）【电商】②	Articles of bedding and similar furnishing, stuffed with other animal hair	【最】10【普】130 【协东盟】0【协香港】0【协澳门】0【协智利】0 【协新西兰】0【协新加坡】0【协秘鲁】0 【协哥斯达黎加】0【协冰岛】0【协瑞士】8 【协澳大利亚】0【协韩国】14.6【协格鲁吉亚】0 【特-1】0【特-2】0【特-3】0 【增】16【对美加征】10【出】0【退】16	千克					999	其他兽毛填充的其他寝具（含类似品）
940490	30		丝棉填充的其他寝具及类似品【电商】	Articles of bedding and similar furnishing Stuffed with silk wadding	【最】10【普】130 【协东盟】0【协香港】0【协澳门】0【协智利】0 【协新西兰】0【协新加坡】0【协秘鲁】0 【协哥斯达黎加】0【协冰岛】0【协瑞士】8 【协澳大利亚】0【协韩国】14.6【协格鲁吉亚】0 【特-1】0【特-2】0【特-3】0 【增】16【对美加征】10【出】0【退】16	千克					999	丝棉填充的其他寝具及类似品
940490	40		化纤棉填充的其他寝具及类似品【电商】	Articles of bedding and similar furnishing Stuffed with man-made fibres	【最】10【普】130 【协东盟】0【协香港】0【协澳门】0【协智利】0 【协新西兰】0【协新加坡】0【协秘鲁】0 【协哥斯达黎加】0【协冰岛】0【协瑞士】8 【协澳大利亚】0【协韩国】14.6【协格鲁吉亚】0 【特-1】0【特-2】0【特-3】0 【增】16【对美加征】10【出】0【退】16	千克					101 102 103 104	化纤棉填充的其他寝具及类似品（褥垫） 化纤棉填充的其他寝具及类似品（靠垫） 化纤棉填充的其他寝具及类似品（其他日用纺织制品） 化纤棉填充的其他寝具及类似品（其他纺织制品）
940490	90		其他材料制寝具及类似品【电商】	Articles of bedding and similar furnishing stuffed with Other materials	【最】10【普】130 【协东盟】0【协香港】0【协澳门】0【协智利】0 【协新西兰】0【协新加坡】0【协秘鲁】0 【协哥斯达黎加】0【协冰岛】0【协瑞士】8 【协澳大利亚】0【协韩国】14.6【协格鲁吉亚】0 【特-1】0【特-2】0【特-3】0 【增】16【对美加征】10【出】0【退】16	千克					101 102	其他材料制寝具及类似品（靠垫） 其他材料制寝具及类似品（其他日用纺织制品）
940510	00		枝形吊灯（包括天花板或墙壁上的照明装置，但露天或街道上的除外）【电商】	Chandeliers and other electric ceiling or wall lighting fittings, excluding those of a kind used for lighting public open spaces or thorough-fares	【最】5【普】80 【协东盟】0【协巴基斯坦】5【协智利】0 【协新西兰】0【协秘鲁】0【协哥斯达黎加】0 【协冰岛】0【协瑞士】0【协澳大利亚】0 【协韩国】6【协格鲁吉亚】0【协香港】0 【协澳门】0 【特-1】0【特-2】0【特-3】0 【增】16【对美加征】10【出】0【退】16	个/千克			L		101 102 103 104	枝形吊灯（包括天花板或墙壁上的照明装置，但露天或街道上的除外）(0类吊灯) 枝形吊灯（包括天花板或墙壁上的照明装置，但露天或街道上的除外）(I类吊灯) 枝形吊灯（包括天花板或墙壁上的照明装置，但露天或街道上的除外）(II类吊灯) 枝形吊灯（包括天花板或墙壁上的照明装置，但露天或街道上的除外）(III类吊灯)

① 列入《进出口野生动植物种商品目录》的商品除外。

② 列入《进出口野生动植物种商品目录》的商品除外。

税则号列			货品名称中英文		税费综合信息	计量单位	监管证件代码		检验检疫类别		检验检疫编码	检验检疫编码对应中文名称
HS 国际统一前6位	本国子目 7~8位	本国子目 9~10位	中文 货物名称	英文 Article Description			进口	出口	进口	出口		
											105 ……	枝形吊灯（包括天花板或墙壁上的照明装置，但露天或街道上的除外）(0类壁灯) ……①
940520	00	10	含濒危物种成分的电气台灯、床头灯、落地灯 【电商】②	Electric table, desk, bedside or floorstanding lamps, containing endangered animals and plants	【最】10【普】80 【协东盟】0【协智利】0【协新西兰】0 【协新加坡】0【协秘鲁】0【协哥斯达黎加】0 【协冰岛】0【协瑞士】8【协澳大利亚】0 【协韩国】16【协格鲁吉亚】0【协香港】0 【协澳门】0 【特-1】0【特-2】0【特-3】0 【增】16【对美加征】10【出】0【退】0	台/千克	F	E	L		101 102 103 104 105 ……	含濒危物种成分的电气台灯、床头灯、落地灯(0类台灯) 含濒危物种成分的电气台灯、床头灯、落地灯(I类台灯) 含濒危物种成分的电气台灯、床头灯、落地灯(II类台灯) 含濒危物种成分的电气台灯、床头灯、落地灯(III类台灯) 含濒危物种成分的电气台灯、床头灯、落地灯(0类落地灯) ……③
940520	00	90	其他电气台灯、床头灯、落地灯 【电商】④	Other ellectric table, desk, bedside or floorstanding lamps	【最】10【普】80 【协东盟】0【协智利】0【协新西兰】0 【协新加坡】0【协秘鲁】0【协哥斯达黎加】0 【协冰岛】0【协瑞士】8【协澳大利亚】0 【协韩国】16【协格鲁吉亚】0【协香港】0 【协澳门】0 【特-1】0【特-2】0【特-3】0 【增】16【对美加征】10【出】0【退】16	台/千克			L		101 102 103 104	其他电气台灯、床头灯、落地灯（0类台灯） 其他电气台灯、床头灯、落地灯（I类台灯） 其他电气台灯、床头灯、落地灯（II类台灯） 其他电气台灯、床头灯、落地灯（III类台灯）

① 该税号项下检验检疫编码及对应中文名称尚有：106　枝形吊灯（包括天花板或墙壁上的照明装置，但露天或街道上的除外）(I类壁灯)，107　枝形吊灯（包括天花板或墙壁上的照明装置，但露天或街道上的除外）(II类壁灯)，108　枝形吊灯（包括天花板或墙壁上的照明装置，但露天或街道上的除外）(0类吸顶灯)，109　枝形吊灯（包括天花板或墙壁上的照明装置，但露天或街道上的除外）(I类吸顶灯)，110　枝形吊灯（包括天花板或墙壁上的照明装置，但露天或街道上的除外）(II类吸顶灯)，111　枝形吊灯（包括天花板或墙壁上的照明装置，但露天或街道上的除外）(III类吸顶灯)，112　枝形吊灯（包括天花板或墙壁上的照明装置，但露天或街道上的除外）(光管支架)，113　枝形吊灯（包括天花板或墙壁上的照明装置，但露天或街道上的除外）(0类射灯)，114　枝形吊灯（包括天花板或墙壁上的照明装置，但露天或街道上的除外）(I类射灯)，115　枝形吊灯（包括天花板或墙壁上的照明装置，但露天或街道上的除外）(II类射灯)，116　枝形吊灯（包括天花板或墙壁上的照明装置，但露天或街道上的除外）(III类射灯)，117　枝形吊灯（包括天花板或墙壁上的照明装置，但露天或街道上的除外）(0类筒灯)，118　枝形吊灯（包括天花板或墙壁上的照明装置，但露天或街道上的除外）(I类筒灯)，119　枝形吊灯（包括天花板或墙壁上的照明装置，但露天或街道上的除外）(II类筒灯)，120　枝形吊灯（包括天花板或墙壁上的照明装置，但露天或街道上的除外）(III类筒灯)，121　枝形吊灯（包括天花板或墙壁上的照明装置，但露天或街道上的除外）(0类嵌灯)，122　枝形吊灯（包括天花板或墙壁上的照明装置，但露天或街道上的除外）(I类嵌灯)，123　枝形吊灯（包括天花板或墙壁上的照明装置，但露天或街道上的除外）(II类嵌灯)，124　枝形吊灯（包括天花板或墙壁上的照明装置，但露天或街道上的除外）(III类嵌灯)，125　枝形吊灯（包括天花板或墙壁上的照明装置，但露天或街道上的除外）(灯盘)。

② 列入《进出口野生动植物种商品目录》的商品除外。

③ 该税号项下检验检疫编码及对应中文名称尚有：106　含濒危物种成分的电气台灯、床头灯、落地灯（I类落地灯），107　含濒危物种成分的电气台灯、床头灯、落地灯（II类落地灯），108　含濒危物种成分的电气台灯、床头灯、落地灯（III类落地灯），109　含濒危物种成分的电气台灯、床头灯、落地灯（0类吸顶灯），110　含濒危物种成分的电气台灯、床头灯、落地灯（I类吸顶灯），111　含濒危物种成分的电气台灯、床头灯、落地灯（II类吸顶灯），112　含濒危物种成分的电气台灯、床头灯、落地灯（III类吸顶灯），113　含濒危物种成分的电气台灯、床头灯、落地灯（光管支架），114　含濒危物种成分的电气台灯、床头灯、落地灯（0类射灯），115　含濒危物种成分的电气台灯、床头灯、落地灯（I类射灯），116　含濒危物种成分的电气台灯、床头灯、落地灯（II类射灯），117　含濒危物种成分的电气台灯、床头灯、落地灯（III类射灯），118　含濒危物种成分的电气台灯、床头灯、落地灯（0类筒灯），119　含濒危物种成分的电气台灯、床头灯、落地灯（I类筒灯），120　含濒危物种成分的电气台灯、床头灯、落地灯（II类筒灯），121　含濒危物种成分的电气台灯、床头灯、落地灯（III类筒灯），122　含濒危物种成分的电气台灯、床头灯、落地灯（0类嵌灯），123　含濒危物种成分的电气台灯、床头灯、落地灯（I类嵌灯），124　含濒危物种成分的电气台灯、床头灯、落地灯（II类嵌灯），125　含濒危物种成分的电气台灯、床头灯、落地灯（III类嵌灯），126　含濒危物种成分的电气台灯、床头灯、落地灯（灯盘），127　含濒危物种成分的电气台灯、床头灯、落地灯（0类夹灯），128　含濒危物种成分的电气台灯、床头灯、落地灯（I类夹灯），129　含濒危物种成分的电气台灯、床头灯、落地灯（II类夹灯），130　含濒危物种成分的电气台灯、床头灯、落地灯（III类夹灯）。

④ 列入《进出口野生动植物种商品目录》的商品除外。

税则号列 HS国际统一前6位	本国子目 7~8位	本国子目 9~10位	货品名称中英文 中文 货物名称	货品名称中英文 英文 Article Description	税费综合信息	计量单位	监管证件代码 进口	监管证件代码 出口	检验检疫类别 进口	检验检疫类别 出口	检验检疫编码	检验检疫编码对应中文名称
											105 ……	其他电气台灯、床头灯、落地灯（0类落地灯） ……①
940530	00		圣诞树用的成套灯具	Lighting sets of a kind used for Christmas trees	【最】8【普】100 【协东盟】0【协巴基斯坦】12.8【协智利】0 【协新西兰】0【协新加坡】0【协秘鲁】0 【协哥斯达黎加】0【协冰岛】0【协瑞士】6.4 【协澳大利亚】0【协韩国】9.6 【协格鲁吉亚】0【协香港】0【协澳门】0 【特-1】0【特-2】0【特-3】0 【增】16【对美加征】10【出】0【退】16	套/千克					101 102	圣诞树用的成套灯具（II类圣诞树用成套灯具） 圣诞树用的成套灯具（III类圣诞树用成套灯具）
940540	10		探照灯 【电商】	Searchlights	【最】10【普】70 【协东盟】0【协澳门】0【协巴基斯坦】14 【协智利】0【协新西兰】0【协新加坡】0 【协秘鲁】0【协哥斯达黎加】0【协冰岛】0 【协瑞士】7【协澳大利亚】0【协韩国】10.5 【协格鲁吉亚】0【协香港】0 【特-1】0【特-2】0【特-3】0 【增】16【对美加征】10【出】0【退】16	台/千克					101 102 103 104	探照灯（0类探照灯） 探照灯（I类探照灯） 探照灯（II类探照灯） 探照灯（III类探照灯）
940540	20		聚光灯	Spotlights	【最】10【普】70 【协东盟】0【协澳门】0【协巴基斯坦】14 【协智利】0【协新西兰】0【协新加坡】0 【协秘鲁】0【协哥斯达黎加】0【协冰岛】0 【协瑞士】7【协澳大利亚】0【协韩国】10.5 【协格鲁吉亚】0【协香港】0 【特-1】0【特-2】0【特-3】0 【增】16【对美加征】10【出】0【退】16	台/千克					101 102 103 104	聚光灯（0类聚光灯具） 聚光灯（I类聚光灯具） 聚光灯（II类聚光灯具） 聚光灯（III类聚光灯具）
940540	90		其他电灯及照明装置 【电商】	Other electric lamps and lighting fittings	【最】6【普】80 【协东盟】0【协香港】0【协澳门】0 【协巴基斯坦】5【协智利】0【协新西兰】0 【协新加坡】0【协秘鲁】0【协哥斯达黎加】0 【协冰岛】0【协瑞士】0【协澳大利亚】0 【协韩国】2【协格鲁吉亚】0 【特-1】0【特-2】0【特-3】0 【增】16【对美加征】5【出】0【退】16	千克					101 102 103 104	其他电灯及照明装置（0类路灯） 其他电灯及照明装置（I类路灯） 其他电灯及照明装置（II类路灯） 其他电灯及照明装置（III类路灯）

① 该税号项下检验检疫编码及对应中文名称尚有：106　其他电气台灯、床头灯、落地灯（I类落地灯），107　其他电气台灯、床头灯、落地灯（II类落地灯），108　其他电气台灯、床头灯、落地灯（III类落地灯），109　其他电气台灯、床头灯、落地灯（0类吸顶灯），110　其他电气台灯、床头灯、落地灯（I类吸顶灯），111　其他电气台灯、床头灯、落地灯（II类吸顶灯），112　其他电气台灯、床头灯、落地灯（III类吸顶灯），113　其他电气台灯、床头灯、落地灯（光管支架），114　其他电气台灯、床头灯、落地灯（0类射灯），115　其他电气台灯、床头灯、落地灯（I类射灯），116　其他电气台灯、床头灯、落地灯（II类射灯），117　其他电气台灯、床头灯、落地灯（III类射灯），118　其他电气台灯、床头灯、落地灯（0类筒灯），119　其他电气台灯、床头灯、落地灯（I类筒灯），120　其他电气台灯、床头灯、落地灯（II类筒灯），121　其他电气台灯、床头灯、落地灯（III类筒灯），122　其他电气台灯、床头灯、落地灯（0类嵌灯），123　其他电气台灯、床头灯、落地灯（I类嵌灯），124　其他电气台灯、床头灯、落地灯（II类嵌灯），125　其他电气台灯、床头灯、落地灯（III类嵌灯），126　其他电气台灯、床头灯、落地灯（灯盘），127　其他电气台灯、床头灯、落地灯（0类夹灯），128　其他电气台灯、床头灯、落地灯（I类夹灯），129　其他电气台灯、床头灯、落地灯（II类夹灯），130　其他电气台灯、床头灯、落地灯（III类夹灯）。

税则号列			货品名称中英文		税费综合信息	计量单位	监管证件代码		检验检疫类别		检验检疫编码	检验检疫编码对应中文名称
HS国际统一前6位	本国子目		中文	英文								
	7~8位	9~10位	货物名称	Article Description			进口	出口	进口	出口		
											105 ……	其他电灯及照明装置（0类庭院灯） ……①
940550	00		非电气灯具及照明装置【电商】②	Non-electrical lamps and lighting fittings	【最】10【普】80 【协东盟】0【协智利】0【协新西兰】0 【协新加坡】0【协秘鲁】0【协哥斯达黎加】0 【协冰岛】0【协瑞士】8【协澳大利亚】0 【协韩国】16【协格鲁吉亚】0【协香港】0 【协澳门】0 【特-1】0【特-2】0 【增】16【对美加征】10【出】0【退】16	千克					999	非电气灯具及照明装置
940560	00		发光标志、发光铭牌及类似品	Illuminated signs, illuminated nameplates and the like	【最】10【普】80 【协东盟】0【协香港】0【协澳门】0【协智利】0 【协新西兰】0【协新加坡】0【协秘鲁】0 【协哥斯达黎加】0【协冰岛】0【协瑞士】8 【协澳大利亚】0【协韩国】14.6【协格鲁吉亚】0 【特-1】0【特-2】0 【增】16【对美加征】10【出】0【退】16	千克			L		999	发光标志、发光铭牌及类似品
940591	00		税目94.05所列物品的玻璃制零件	Parts, made Of glass, of goods specified in heading No. 94.05	【最】8【普】70 【协东盟】0【协智利】0【协新西兰】0 【协新加坡】0【协秘鲁】0【协哥斯达黎加】0 【协冰岛】0【协瑞士】8【协澳大利亚】0 【协韩国】16【协格鲁吉亚】0【协香港】0 【协澳门】0 【特-1】0【特-2】0 【增】16【对美加征】5【出】0【退】13	千克					999	税目94.05所列物品的玻璃制零件
940592	00		税目94.05所列物品的塑料制零件	Parts, made Of plastics, of goods specified in heading No. 94.05	【最】8【普】70 【协东盟】0【协澳门】0【协智利】0 【协新西兰】0【协新加坡】0【协秘鲁】0 【协哥斯达黎加】0【协冰岛】0【协瑞士】8 【协澳大利亚】0【协韩国】14.6 【协格鲁吉亚】0【协香港】0 【特-1】0【特-2】0 【增】16【对美加征】10【出】0【退】13	千克					999	税目94.05所列物品的塑料制零件
940599	00		税目94.05所列物品其他材料制零件	parts, made of Other materials, of goods specified in heading No. 94.05	【最】8【普】70 【协东盟】0【协澳门】0【协智利】0 【协新西兰】0【协新加坡】0【协秘鲁】0 【协哥斯达黎加】0【协冰岛】0【协瑞士】8 【协澳大利亚】0【协韩国】14.6 【协格鲁吉亚】0【协香港】0 【特-1】0【特-2】0【特-3】0 【增】16【对美加征】10【出】0【退】13	千克					999	税目94.05所列物品其他材料制零件

① 该税号项下检验检疫编码及对应中文名称尚有：106 其他电灯及照明装置（I类庭院灯），107 其他电灯及照明装置（II类庭院灯），108 其他电灯及照明装置（III类庭院灯），109 其他电灯及照明装置（0类草地灯），110 其他电灯及照明装置（I类草地灯），111 其他电灯及照明装置（II类草地灯），112 其他电灯及照明装置（III类草地灯），113 其他电灯及照明装置（0类手提灯），114 其他电灯及照明装置（I类手提灯），115 其他电灯及照明装置（II类手提灯），116 其他电灯及照明装置（III类手提灯），117 其他电灯及照明装置（0类儿童感兴趣灯），118 其他电灯及照明装置（II类儿童感兴趣灯），119 其他电灯及照明装置（III类儿童感兴趣灯），120 其他电灯及照明装置（0类水族箱用灯），121 其他电灯及照明装置（I类水族箱用灯），122 其他电灯及照明装置（II类水族箱用灯），123 其他电灯及照明装置（III类水族箱用灯），124 其他电灯及照明装置（0类夜灯），125 其他电灯及照明装置（I类夜灯），126 其他电灯及照明装置（II类夜灯），127 其他电灯及照明装置（III类夜灯），128 其他电灯及照明装置（0类地埋灯），129 其他电灯及照明装置（I类地埋灯），130 其他电灯及照明装置（II类地埋灯），131 其他电灯及照明装置（III类地埋灯），132 其他电灯及照明装置（0类舞台、电视、电影及摄影场所室内外用灯具），133 其他电灯及照明装置（I类舞台、电视、电影及摄影场所室内外用灯具），134 其他电灯及照明装置（II类舞台、电视、电影及摄影场所室内外用灯具），135 其他电灯及照明装置（III类舞台、电视、电影及摄影场所室内外用灯具），136 其他电灯及照明装置（0类游泳池和类似场所用灯具），137 其他电灯及照明装置（I类游泳池和类似场所用灯具），138 其他电灯及照明装置（II类游泳池和类似场所用灯具），139 其他电灯及照明装置（III类游泳池和类似场所用灯具），140 其他电灯及照明装置（0类通风式灯），141 其他电灯及照明装置（I类通风式灯），142 其他电灯及照明装置（II类通风式灯），143 其他电灯及照明装置（III类通风式灯），144 其他电灯及照明装置（0类应急照明灯），145 其他电灯及照明装置（I类应急照明灯），146 其他电灯及照明装置（II类应急照明灯），147 其他电灯及照明装置（III类应急照明灯），148 其他电灯及照明装置（0类限制表面温度灯具），149 其他电灯及照明装置（I类限制表面温度灯具），150 其他电灯及照明装置（II类限制表面温度灯具），151 其他电灯及照明装置（III类限制表面温度灯具），152 其他电灯及照明装置（0类医院、康复和诊所用灯具），153 其他电灯及照明装置（I类医院、康复和诊所用灯具），154 其他电灯及照明装置（II类医院、康复和诊所用灯具），155 其他电灯及照明装置（III类医院、康复和诊所用灯具），156 其他电灯及照明装置（0类非专业用照相和电影用灯具），157 其他电灯及照明装置（I类非专业用照相和电影用灯具），158 其他电灯及照明装置（II类非专业用照相和电影用灯具），159 其他电灯及照明装置（III类非专业用照相和电影用灯具），160 其他电灯及照明装置（LED灯），161 其他电灯及照明装置（LED灯管），162 其他电灯及照明装置（LED模块），163 其他电灯及照明装置（其他灯具及其零件）。

② 仅限装饰用蜡烛台

税则号列			货品名称中英文		税费综合信息	计量单位	监管证件代码		检验检疫类别		检验检疫编码	检验检疫编码对应中文名称
HS 国际统一前6位	本国子目 7~8位	9~10位	中文 货物名称	英文 Article Description			进口	出口	进口	出口		
940610	00		木制的活动房屋	Of wood	【最】8【普】70 【协亚太】5.2【协东盟】0【协澳门】0 【协巴基斯坦】5【协智利】0【协新西兰】0 【协新加坡】0【协秘鲁】0【协哥斯达黎加】0 【协冰岛】0【协瑞士】0【协澳大利亚】0 【协韩国】6【协格鲁吉亚】0【协香港】0 【特-1】0【特-2】0【特-3】0 【增】16【对美加征】10【出】0【退】16	千克	A	B	P	Q	999	木制的活动房屋
940690	00	10	用动植物材料制作的活动房屋（木制的除外）	Prefabricated buildings of materials of animal or vegetable, excuding of wood	【最】8【普】70 【协亚太】5.2【协东盟】0【协澳门】0 【协巴基斯坦】5【协智利】0【协新西兰】0 【协新加坡】0【协秘鲁】0【协哥斯达黎加】0 【协冰岛】0【协瑞士】0【协澳大利亚】0 【协韩国】6【协格鲁吉亚】0【协香港】0 【特-1】0【特-2】0【特-3】0 【增】16【对美加征】10【出】0【退】16	千克	A	B	P	Q	999	用动植物材料制作的活动房屋（木制的除外）
940690	00	20	带有风扇的高效空气粒子过滤单元（HEPA）的封闭洁净室	Sealed clean room with fan, for filtering unit of high efficiency particulate air (HEPA)	【最】8【普】70 【协亚太】5.2【协东盟】0【协澳门】0 【协巴基斯坦】5【协智利】0【协新西兰】0 【协新加坡】0【协秘鲁】0【协哥斯达黎加】0 【协冰岛】0【协瑞士】0【协澳大利亚】0 【协韩国】6【协格鲁吉亚】0【协香港】0 【特-1】0【特-2】0【特-3】0 【增】16【对美加征】10【出】0【退】16	千克		3			999	带有风扇的高效空气粒子过滤单元（HEPA）的封闭洁净室
940690	00	90	其他活动房屋	Other prefabricated buildings	【最】8【普】70 【协亚太】5.2【协东盟】0【协澳门】0 【协巴基斯坦】5【协智利】0【协新西兰】0 【协新加坡】0【协秘鲁】0【协哥斯达黎加】0 【协冰岛】0【协瑞士】0【协澳大利亚】0 【协韩国】6【协格鲁吉亚】0【协香港】0 【特-1】0【特-2】0【特-3】0 【增】16【对美加征】10【出】0【退】16	千克					999	其他活动房屋

第九十五章 玩具、游戏品、运动用品及其零件、附件

注释：

一、本章不包括：

（一）蜡烛（税目 34.06）；

（二）税目 36.04 的烟花、爆竹或其他烟火制品；

（三）已切成一定长度但未制成钓鱼线的纱线、单丝、绳、肠线及类似品（第三十九章、税目 42.06 或第十一类）；

（四）税目 42.02、43.03 或 43.04 的运动用袋或其他容器；

（五）第六十一章或第六十二章的纺织品制的化装舞会服装；第六十一章或第六十二章的纺织品制的运动服装或特殊衣着（例如击剑服或足球守门员球衣），无论是否附带保护配件（例如肘部、膝部或腹股沟部位的保护垫或填充物）；

（六）第六十三章的纺织品制的旗帜及帆板或滑行车用帆；

（七）第六十四章的运动鞋靴（装有冰刀或滑轮的溜冰鞋除外）或第六十五章的运动用帽；

（八）手杖、鞭子、马鞭或类似品（税目 66.02）及其零件（税目 66.03）；

（九）税目 70.18 的未装配的玩偶或其他玩具用的玻璃假眼；

（十）第十五类注释二所规定的贱金属制通用零件（第十五类）或塑料制的类似货品（第三十九章）；

（十一）税目 83.06 的铃、钟、锣及类似品；

（十二）液体泵（税目 84.13）、液体或气体的过滤、净化机器及装置（税目 84.21）、电动机（税目 85.01）、变压器（税目 85.04）；录制声音或其他信息用的圆盘、磁带、固态非易失性数据存储器件、“智能卡”及其他媒体，不论是否已录制（税目 85.23）；无线电遥控设备（税目 85.26）或无绳红外线遥控器件（税目 85.43）；

（十三）第十七类的运动用车辆（长雪橇、平底雪橇及类似品除外）；

（十四）儿童两轮车（税目 87.12）；

（十五）运动用船艇，例如，轻舟、赛艇（第八十九章）及其桨、橹和类似品（木制的归入第四十四章）；

（十六）运动及户外游戏用的眼镜、护目镜及类似品（税目 90.04）；

（十七）媒诱音响器及哨子（税目 92.08）；

（十八）第九十三章的武器及其他物品；

（十九）各种电气彩灯串（税目 94.05）；

（二十）独脚架、双脚架、三脚架及类似品（税目 96.20）；

（二十一）球拍线、帐篷或类似的野营用品、分指手套、连指手套及露指手套（按其构成材料归类）；或

（二十二）餐具、厨房用具、盥洗用品、地毯及纺织材料制的其他铺地制品、服装、床上、餐

Chapter 95 Toys, games and sports requisites; parts and accessories thereof

Chapter Notes:

1. This Chapter does not cover:

(a) Candles (heading 34.06);

(b) Fireworks or other pyrotechnic articles of heading 36.04;

(c) Yarns, monofilament, cords or gut or the like for fishing, cut to length but not made up into fishing lines, of Chapter 39, heading 42.06 or Section XI;

(d) Sports bags or other containers of heading 42.02, 43.03 or 43.04;

(e) Fancy dress of textiles, of Chapter 61 or 62; sports clothing and special articles of apparel of textiles, of Chapter 61 or 62, whether or not incorporating incidentally protective components such as pads or padding in the elbow, knee or groin areas (for example, fencing clothing or soccer goalkeeper jerseys);

(f) Textile flags or bunting, or sails for boats, sailboards or land craft, of Chapter 63;

(g) Sports footwear (other than skating boots with ice or roller skates attached) of Chapter 64, or sports headgear of Chapter 65;

(h) Walking-sticks, whips, riding-crops or the like (heading 66.02), or parts thereof (heading 66.03);

(ij) Unmounted glass eyes for dolls or other toys, of heading 70.18;

(k) Parts of general use, as defined in Note 2 to Section XV, of base metal (Section XV), or similar goods of plastics (Chapter 39);

(l) Bells, gongs or the like of heading 83.06;

(m) Pumps for liquids (heading 84.13), filtering or purifying machinery and apparatus for liquids or gases (heading 84.21), electric motors (heading 85.01), electric transformers (heading 85.04), discs, tapes, solid-state non-volatile storage devices, "smart cards" and other media for the recording of sound or of other phenomena, whether or not recorded (heading 85.23), radio remote control apparatus (heading 85.26) or cordless infrared remote control devices (heading 85.43);

(n) Sports vehicles (other than bobsleighs, toboggans and the like) of Section XVII;

(o) Children's bicycles (heading 87.12);

(p) Sports craft such as canoes and skiffs (Chapter 89), or their means of propulsion (Chapter 44 for such articles made of wood);

(q) Spectacles, goggles or the like, for sports or outdoor games (heading 90.04);

(r) Decoy calls or whistles (heading 92.08);

(s) Arms or other articles of Chapter 93;

(t) Electric garlands of all kinds (heading 94.05);

(u) Monopods, bipods, tripods and similar articles (heading 96.20);

(v) Racket strings, tents or other camping goods, or gloves, mittens and mitts (classified according to their constituent material); or

(w) Tableware, kitchenware, toilet articles, carpets and other textile floor coverings, apparel, bed linen, table

桌、盥洗及厨房用的织物制品及具有实用功能的类似货品（按其构成材料归类）。

linen, toilet linen, kitchen linen and similar articles having a utilitarian function (classified according to their constituent material).

二、本章包括天然或养殖珍珠、宝石或半宝石（天然、合成或再造）、贵金属或包贵金属只作为小零件的物品。

2. This Chapter includes articles in which natural or cultured pearls, precious or semi-precious stones (natural, synthetic or reconstructed), precious metal or metal clad with precious metal constitute only minor constituents.

三、除上述注释一另有规定的以外，凡专用于或主要用于本章各税号所列物品的零件、附件，应与有关物品一并归类。

3. Subject to Note 1 above, parts and accessories which are suitable for use solely or principally with articles of this Chapter are to be classified with those articles.

四、除上述注释一另有规定的以外，税目95.03主要适用于该税号所列的物品与一项或多项其他货品组合而成的物品，只要这些物品为零售包装，且组合后具有玩具的基本特征。这些组合物品不能视为归类总规则三（二）所指的成套货品，如果单独报验，应归入其他税号。

4. Subject to the provisions of Note 1 above, heading 95.03 applies, inter alia, to articles of this heading combined with one or more items, which cannot be considered as sets under the terms of General Interpretative Rule 3 (b), and which, if presented separately, would be classified in other headings, provided the articles are put up together for retail sale and the combinations have the essential character of toys.

五、税目95.03不包括因其设计、形状或构成材料可确认为专供动物使用的物品，例如，"宠物玩具"（归入其适当税号）。

5. Heading 95.03 does not cover articles which, on account of their design, shape or constituent material, are identifiable as intended exclusively for animals, for example, "pet toys" (classification in their own appropriate heading).

子目注释：

子目9504.50包括：

（一）在电视机、监视器或其他外部屏幕或表面上重放图像的视频游戏控制器；或

（二）自带显示屏的视频游戏设备，不论是否便携式。

本子目不包括用硬币、钞票、银行卡、代币或任何其他支付方式使其工作的视频游戏控制器或设备（子目9504.30）。

Subheading Notes:

Subheading 9504.50 covers:

(a) Video game consoles from which the image is reproduced on a television receiver, a monitor or other external screen or surface; or

(b) Video game machines having a selfcontained video screen, whether or not portable.

This subheading does not cover video game consoles or machines operated by coins, banknotes, bank cards, tokens or by any other means of payment (subheading 9504.30).

税则号列			货品名称中英文		税费综合信息	计量单位	监管证件代码		检验检疫类别		检验检疫编码	检验检疫编码对应中文名称
HS国际统一前6位	本国子目 7~8位	本国子目 9~10位	中文 货物名称	英文 Article Description			进口	出口	进口	出口		
950300	10		三轮车、踏板车、踏板汽车和类似的带轮玩具；玩偶车【电商】	Tricycles, scooters, pedal cars and similar wheeled toys; dolls'carriages	【最】0【普】80【特-1】0【特-2】0【特-3】0【增】16【对美加征】10【出】0【退】16	辆/千克			L		101	三轮车、踏板车、踏板汽车和类似的带轮玩具；玩偶车（儿童三轮车）
											102	三轮车、踏板车、踏板汽车和类似的带轮玩具；玩偶车（儿童推车）
											103	三轮车、踏板车、踏板汽车和类似的带轮玩具；玩偶车（最大鞍座高度（435mm~635mm范围内）儿童自行车）
											104	三轮车、踏板车、踏板汽车和类似的带轮玩具；玩偶车（儿童踏板车）
											105	三轮车、踏板车、踏板汽车和类似的带轮玩具；玩偶车（儿童玩偶车）
											……	……①

① 该税号项下检验检疫编码及对应中文名称尚有：106　三轮车、踏板车、踏板汽车和类似的带轮玩具；玩偶车（其他童车）。

税则号列			货品名称中英文		税费综合信息	计量单位	监管证件代码		检验检疫类别		检验检疫编码	检验检疫编码对应中文名称
HS 国际统一前6位	本国子目 7~8位	9~10位	中文 货物名称	英文 Article Description			进口	出口	进口	出口		
950300	21		动物玩偶，不论是否着装 【电商】	Animals dolls, whether or not dressed	【最】0【普】80【特-1】0【特-2】0【特-3】0【增】16【对美加征】10【出】0【退】16	个/千克	A		LM		101 102 103 104 105 ……	动物玩偶，不论是否着装（布绒玩具） 动物玩偶，不论是否着装（竹木玩具） 动物玩偶，不论是否着装（塑胶玩具） 动物玩偶，不论是否着装（电玩具） 动物玩偶，不论是否着装（软体造型玩具） ……①
950300	29		其他玩偶，不论是否着装 【电商】	Other dolls, whether or not dressed	【最】0【普】80【特-1】0【特-2】0【特-3】0【增】16【对美加征】10【出】0【退】16	个/千克	A		LM		101 102 103 104 105 ……	其他玩偶，不论是否着装（布绒玩具） 其他玩偶，不论是否着装（竹木玩具） 其他玩偶，不论是否着装（塑胶玩具） 其他玩偶，不论是否着装（电玩具） 其他玩偶，不论是否着装（纸制玩具） ……②
950300	60		智力玩具 【电商】	Puzzles	【最】0【普】80【特-1】0【特-2】0【特-3】0【增】16【对美加征】10【出】0【退】16	套/千克	A		LM		101 102 103 104 105 ……	智力玩具（布绒玩具） 智力玩具（竹木玩具） 智力玩具（塑胶玩具） 智力玩具（电玩具） 智力玩具（纸制玩具） ……③
950300	83	10	玩具无人机 【电商】	Unmanned aerial vehicle as toys	【最】0【普】80【特-1】0【特-2】0【特-3】0【增】16【对美加征】10【出】0【退】16	套/千克	A		LM		999	玩具无人机
950300	83	90	带动力装置的玩具及模型 【电商】	Toys and models with power devices	【最】0【普】80【特-1】0【特-2】0【特-3】0【增】16【对美加征】10【出】0【退】16	套/千克	A		LM		301 302 303 304 305 ……	带动力装置的玩具及模型（布绒玩具） 带动力装置的玩具及模型（竹木玩具） 带动力装置的玩具及模型（塑胶玩具） 带动力装置的玩具及模型（电玩具） 带动力装置的玩具及模型（弹射玩具） ……④
950300	89		其他未列名玩具 【电商】	Other toys, not specified	【最】0【普】80【特-1】0【特-2】0【特-3】0【增】16【对美加征】10【出】0【退】16	个/千克	A		LM		101 102 103	其他未列名玩具（乘骑玩具） 其他未列名玩具（其他未列名玩具） 其他未列名玩具（玩具收藏品）
950300	90		玩具、模型零件 【电商】	Parts and accessories of toys and models	【最】0【普】80【特-1】0【特-2】0【特-3】0【增】16【对美加征】10【出】0【退】16	千克	A		LM		999	玩具、模型零件
950420	00	10	濒危木制的台球用品及附件	Articles and accessories for billiards of endangered wood	【最】0【普】80【特-1】0【特-2】0【特-3】0【增】16【对美加征】10【出】0【退】0	千克	F	E			999	濒危木制的台球用品及附件
950420	00	90	其他台球用品及附件	Other articles and accessories for billiards	【最】0【普】80【特-1】0【特-2】0【特-3】0【增】16【对美加征】10【出】0【退】13	千克					999	其他台球用品及附件

① 该税号项下检验检疫编码及对应中文名称尚有：106　动物玩偶，不论是否着装（弹射玩具），107　动物玩偶，不论是否着装（金属玩具）。

② 该税号项下检验检疫编码及对应中文名称尚有：106　其他玩偶，不论是否着装（软体造型玩具），107　其他玩偶，不论是否着装（弹射玩具），108　其他玩偶，不论是否着装（金属玩具），109　其他玩偶，不论是否着装（玩具收藏品）。

③ 该税号项下检验检疫编码及对应中文名称尚有：106　智力玩具（类似文具玩具），107　智力玩具（软体造型玩具），108　智力玩具（金属玩具），109　智力玩具（玩具收藏品）。

④ 306　带动力装置的玩具及模型（金属玩具），307　带动力装置的玩具及模型（其他未列名玩具），308　带动力装置的玩具及模型（玩具收藏品）。

税则号列			货品名称中英文		税费综合信息	计量单位	监管证件代码		检验检疫类别		检验检疫编码	检验检疫编码对应中文名称
HS国际统一前6位	本国子目 7~8位	本国子目 9~10位	中文 货物名称	英文 Article Description			进口	出口	进口	出口		
950430	10		用特定支付方式使其工作的电子游戏机（用硬币、钞票、银行卡、代币或其他支付方式使其工作的）	Video games, operated by coins, bank notes, bank cards, tokens or by other means of payment	【最】0【普】130【特-1】0【特-2】0【特-3】0【增】16【对美加征】5【出】0【退】13	台/千克	6				999	用特定支付方式使其工作的电子游戏机（用硬币、钞票、银行卡、代币或其他支付方式使其工作的）
950430	90		用特定支付方式工作的其他游戏用品，保龄球道设备除外（用硬币、钞票、银行卡、代币或其他支付方式使其工作的）	Other games, operated by coins, bank notes, bank cards, tokens or by other means of payment, other than bowling alley equipment	【最】0【普】80【特-1】0【特-2】0【特-3】0【增】16【出】0【退】13	台/千克	6				999	用特定支付方式工作的其他游戏用品，保龄球道设备除外（用硬币、钞票、银行卡、代币或其他支付方式使其工作的）
950440	00		扑克牌	Playing cards	【最】0【普】80【特-1】0【特-2】0【特-3】0【增】16【对美加征】5【出】0【退】13	副					999	扑克牌
950450	11		视频游戏控制器及设备的零件及附件（与电视接收机配套使用的，子目9504.30的货品除外）【电商】	Part video games of a kind used with a television receiver (oter than heading 9504.30)	【最】0【普】130【特-1】0【特-2】0【特-3】0【增】16【对美加征】10【出】0【退】16	个/千克	6				999	视频游戏控制器及设备的零件及附件（与电视接收机配套使用的，子目9504.30的货品除外）
950450	19		视频游戏控制器及设备（与电视接收机配套使用的，子目9504.30的货品除外）【电商】	Other video games of a kind used with a television receiver(oter than heading 9504.30)	【最】0【普】130【特-1】0【特-2】0【特-3】0【增】16【出】0【退】16	台/千克	6		L		999	视频游戏控制器及设备（与电视接收机配套使用的，子目9504.30的货品除外）
950450	91		其他视频游戏控制器及设备的零件及附件（子目9504.30的货品除外）	Part of other video game consoles and machines (other than heading 9504.30)	【最】0【普】130【特-1】0【特-2】0【特-3】0【增】16【出】0【退】13	个/千克	6				999	其他视频游戏控制器及设备的零件及附件（子目9504.30的货品除外）
950450	99		其他视频游戏控制器及设备（子目9504.30的货品除外）	Other video game consoles and machines (other than heading 9504.30)	【最】0【普】130【特-1】0【特-2】0【特-3】0【增】16【对美加征】10【出】0【退】13	台/千克	6		L		999	其他视频游戏控制器及设备（子目9504.30的货品除外）
950490	10		其他电子游戏机【电商】	Other video games	【最】0【普】130【特-1】0【特-2】0【特-3】0【增】16【出】0【退】13	台/千克	6		L		999	其他电子游戏机
950490	21		保龄球自动分瓶机	Automatic bowling pin distributing machines	【最】0【普】80【特-1】0【特-2】0【特-3】0【增】16【对美加征】5【出】0【退】13	台/千克					999	保龄球自动分瓶机
950490	22		保龄球	Bowling balls	【最】0【普】80【特-1】0【特-2】0【特-3】0【增】16【对美加征】5【出】0【退】13	个					999	保龄球
950490	23		保龄球瓶	Bowling pins	【最】0【普】80【特-1】0【特-2】0【特-3】0【增】16【对美加征】10【出】0【退】13	个					999	保龄球瓶
950490	29		其他保龄球自动球道设备及器具	Other automatic bowling alley equipments and appliances	【最】0【普】80【特-1】0【特-2】0【特-3】0【增】16【对美加征】5【出】0【退】13	台/千克					999	其他保龄球自动球道设备及器具
950490	30		象棋、跳棋等棋类用品（包括中国象棋、国际象棋）	Chess and other board games, including Chinese chess, international chess Chinese cherkers and draughts	【最】0【普】80【特-1】0【特-2】0【特-3】0【增】16【对美加征】10【出】0【退】16	副/千克					999	象棋、跳棋等棋类用品（包括中国象棋、国际象棋）

税则号列 HS国际统一前6位	本国子目 7~8位	本国子目 9~10位	货品名称中文 货物名称	英文 Article Description	税费综合信息	计量单位	监管证件代码 进口	监管证件代码 出口	检验检疫类别 进口	检验检疫类别 出口	检验检疫编码	检验检疫编码对应中文名称
950490	40		麻将及类似桌上游戏用品	Mahjong and similar table games	【最】0【普】80【特-1】0【特-2】0【特-3】0【增】16【对美加征】10【出】0【退】16	副/千克					101 102	麻将及类似桌上游戏用品（麻将） 麻将及类似桌上游戏用品（除麻将外）
950490	90		其他游艺场、桌上或室内游戏用品（包括弹球机）	Other articles for funfair, table or parlour games, including pintables	【最】0【普】80【特-1】0【特-2】0【特-3】0【增】16【对美加征】10【出】0【退】13	台/千克					101 102 103	其他游艺场、桌上或室内游戏用品（包括弹球机）（其他游戏机） 其他游艺场、桌上或室内游戏用品（包括弹球机）（游乐设备零件） 其他游艺场、桌上或室内游戏用品（包括弹球机）（其他游戏器具）
950510	00	10	含动植物性材料的圣诞用品（不包括成套圣诞节灯具）【电商】	Articles for Christmas festivities containing animals or vegetable materials (other than complete sets of Christmas lights)	【最】0【普】100【特-1】0【特-2】0【特-3】0【增】16【对美加征】10【出】0【退】13	千克	A	B	P	Q	101 102 103 104 105	含动植物性材料的圣诞用品（不包括成套圣诞节灯具）（木制工艺品） 含动植物性材料的圣诞用品（不包括成套圣诞节灯具）（其他木制品） 含动植物性材料的圣诞用品（不包括成套圣诞节灯具）（其他草及草制品） 含动植物性材料的圣诞用品（不包括成套圣诞节灯具）（其他竹藤柳草类） 含动植物性材料的圣诞用品（不包括成套圣诞节灯具）（含动物产品类）
950510	00	90	其他圣诞节用品（不包括成套圣诞节灯具）【电商】	Other articles for Christmas festivities (other than complete sets of Christmas lights)	【最】0【普】100【特-1】0【特-2】0【特-3】0【增】16【对美加征】10【出】0【退】13	千克					101 102	其他圣诞节用品（不包括成套圣诞节灯具）（含木制品） 其他圣诞节用品（不包括成套圣诞节灯具）（不含木制品）
950590	00		其他节日用品或娱乐用品（包括魔术道具及嬉戏品）【电商】	Other festive, carnival or other entertainment articles, including conjuring tricks and novelty jokes	【最】0【普】100【特-1】0【特-2】0【特-3】0【增】16【对美加征】5【出】0【退】13	千克					101 102	其他节日用品或娱乐用品（包括魔术道具及嬉戏品）（含木制品） 其他节日用品或娱乐用品（包括魔术道具及嬉戏品）（不含木制品）
950611	00		滑雪屐	Skis	【最】6【普】50 【协东盟】0【协巴基斯坦】0【协智利】0 【协新西兰】0【协新加坡】0【协秘鲁】0 【协哥斯达黎加】0【协瑞士】5.6 【协澳大利亚】0【协韩国】8.4 【协格鲁吉亚】0【协香港】0【协澳门】0 【特-1】0【特-2】0 【增】16【对美加征】10【出】0【退】13	双					999	滑雪屐
950612	00		滑雪屐扣件（滑雪屐带）	Ski-fastenings (ski-bindings)	【最】6【普】50 【协东盟】0【协巴基斯坦】0【协智利】0 【协新西兰】0【协新加坡】0【协秘鲁】0 【协哥斯达黎加】0【协冰岛】0【协瑞士】5.6 【协澳大利亚】0【协韩国】8.4 【协格鲁吉亚】0【协香港】0【协澳门】0 【特-1】0【特-2】0 【增】16【对美加征】10【出】0【退】13	千克					999	滑雪屐扣件（滑雪屐带）
950619	00		其他滑雪用具	Other snow-ski equipment	【最】6【普】50 【协东盟】0【协巴基斯坦】0【协智利】0 【协新西兰】0【协新加坡】0【协秘鲁】0 【协哥斯达黎加】0【协冰岛】0【协瑞士】5.6 【协澳大利亚】0【协韩国】8.4 【协格鲁吉亚】0【协香港】0【协澳门】0 【特-1】0【特-2】0 【增】16【对美加征】10【出】0【退】13	千克					999	其他滑雪用具

税则号列			货品名称中英文		税费综合信息	计量单位	监管证件代码		检验检疫类别		检验检疫编码	检验检疫编码对应中文名称
HS国际统一前6位	本国子目 7~8位	9~10位	中文 货物名称	英文 Article Description			进口	出口	进口	出口		
950621	00		帆板	Sailboards	【最】6【普】50 【协东盟】0【协巴基斯坦】0【协智利】0 【协新西兰】0【协新加坡】0【协秘鲁】0 【协哥斯达黎加】0【协冰岛】0【协瑞士】4.8 【协澳大利亚】0【协韩国】7.2 【协格鲁吉亚】0【协香港】0【协澳门】0 【特-1】0【特-2】0 【增】16【对美加征】10【出】0【退】13	个/千克					999	帆板
950629	00		其他水上运动用具 【电商】	Other water-sport equipment	【最】6【普】50 【协东盟】0【协香港】0【协澳门】0 【协巴基斯坦】0【协智利】0【协新西兰】0 【协新加坡】0【协秘鲁】0【协哥斯达黎加】0 【协冰岛】0【协瑞士】5.6【协澳大利亚】0 【协韩国】8.4【协格鲁吉亚】0 【特-1】0【特-2】0 【增】16【对美加征】5【出】0【退】13	个/千克					999	其他水上运动用具（包括滑水板、冲浪板）
950631	00		完整的高尔夫球棍	Golf Clubs, complete	【最】6【普】50 【协东盟】0【协巴基斯坦】0【协智利】0 【协新西兰】0【协新加坡】0【协秘鲁】0 【协哥斯达黎加】0【协瑞士】5.6 【协澳大利亚】0【协韩国】8.4 【协格鲁吉亚】0【协香港】0【协澳门】0 【特-1】0【特-2】0【特-3】0 【增】16【消】10【对美加征】10【出】0 【退】13	根					999	完整的高尔夫球棍
950632	00		高尔夫球 【电商】	Golf Balls	【最】6【普】50 【协东盟】0【协巴基斯坦】0【协智利】0 【协新西兰】0【协新加坡】0【协秘鲁】0 【协哥斯达黎加】0【协冰岛】0【协瑞士】4.8 【协澳大利亚】0【协韩国】7.2 【协格鲁吉亚】0【协香港】0【协澳门】0 【特-1】0【特-2】0 【增】16【消】10【对美加征】10【出】0 【退】13	个					999	高尔夫球
950639	00		其他高尔夫球用具	Other golf equipment	【最】6【普】50 【协东盟】0【协巴基斯坦】0【协智利】0 【协新西兰】0【协新加坡】0【协秘鲁】0 【协台湾】0【协哥斯达黎加】0【协瑞士】5.6 【协澳大利亚】0【协韩国】8.4 【协格鲁吉亚】0【协香港】0【协澳门】0 【特-1】0【特-2】0【特-3】0 【增】16【对美加征】10【出】0【退】13	千克					999	其他高尔夫球用具
950640	10		乒乓球	Table-tennis balls	【最】6【普】50 【协东盟】0【协巴基斯坦】0【协智利】0 【协新西兰】0【协新加坡】0【协秘鲁】0 【协哥斯达黎加】0【协冰岛】0【协瑞士】4.8 【协澳大利亚】0【协韩国】7.2 【协格鲁吉亚】0【协香港】0【协澳门】0 【特-1】0【特-2】0 【增】16【对美加征】10【出】0【退】13	百个/千克					999	乒乓球
950640	90		其他乒乓球运动用品及器械	Other articles and equipment for table-tennis	【最】6【普】50 【协东盟】0【协巴基斯坦】0【协智利】0 【协新西兰】0【协新加坡】0【协秘鲁】0 【协哥斯达黎加】0【协冰岛】0【协瑞士】5.6 【协澳大利亚】0【协韩国】8.4 【协格鲁吉亚】0【协香港】0【协澳门】0 【特-1】0【特-2】0 【增】16【出】0【退】13	千克					999	其他乒乓球运动用品及器械
950651	00		草地网球拍（不论是否装弦）	Lawn-tennis rackets, whether or not strung	【最】6【普】50 【协东盟】0【协巴基斯坦】0【协智利】0 【协新西兰】0【协新加坡】0【协秘鲁】0 【协哥斯达黎加】0【协冰岛】0【协瑞士】5.6 【协澳大利亚】0【协韩国】8.4 【协格鲁吉亚】0【协香港】0【协澳门】0 【特-1】0【特-2】0 【增】16【出】0【退】13	支					999	草地网球拍（不论是否装弦）

税则号列			货品名称中英文		税费综合信息	计量单位	监管证件代码		检验检疫类别		检验检疫编码	检验检疫编码对应中文名称
HS 国际统一前6位	本国子目7~8位	9~10位	中文 货物名称	英文 Article Description			进口	出口	进口	出口		
950659	00		其他网球拍、羽毛球拍或类似球拍【电商】	Other tennis, badminton or similar rackets, whether or not strung	【最】6【普】50 【协东盟】0【协巴基斯坦】0【协智利】0 【协新西兰】0【协新加坡】0【协秘鲁】0 【协哥斯达黎加】0【协冰岛】0【协瑞士】5.6 【协澳大利亚】0【协韩国】8.4 【协格鲁吉亚】0【协香港】0【协澳门】0 【特-1】0【特-2】0 【增】16【对美加征】10【出】0【退】13	支					999	其他网球拍、羽毛球拍或类似球拍
950661	00		草地网球	Lawn-tennis balls	【最】6【普】50 【协东盟】0【协巴基斯坦】0【协智利】0 【协新西兰】0【协新加坡】0【协秘鲁】0 【协哥斯达黎加】0【协冰岛】0【协瑞士】4.8 【协澳大利亚】0【协韩国】7.2 【协格鲁吉亚】0【协香港】0【协澳门】0 【特-1】0【特-2】0 【增】16【出】0【退】13	个					999	草地网球
950662	10		篮球、足球、排球【电商】	Basketballs, footballs or volleyballs	【最】6【普】50 【协东盟】0【协巴基斯坦】0【协智利】0 【协新西兰】0【协新加坡】0【协秘鲁】0 【协哥斯达黎加】0【协冰岛】0【协瑞士】4.8 【协澳大利亚】0【协韩国】7.2 【协格鲁吉亚】0【协香港】0【协澳门】0 【特-1】0【特-2】0 【增】16【对美加征】10【出】0【退】13	个					999	篮球、足球、排球
950662	90		其他可充气的球	Other inflatable balls	【最】6【普】50 【协东盟】0【协巴基斯坦】0【协智利】0 【协新西兰】0【协新加坡】0【协秘鲁】0 【协哥斯达黎加】0【协冰岛】0【协瑞士】4.8 【协澳大利亚】0【协韩国】7.2 【协格鲁吉亚】0【协香港】0【协澳门】0 【特-1】0【特-2】0 【增】16【对美加征】5【出】0【退】13	个					999	其他可充气的球
950669	00		其他球（但高尔夫球及乒乓球除外）【电商】	Other balls, other than golf balls and table-tennis balls	【最】6【普】50 【协东盟】0【协巴基斯坦】0【协智利】0 【协新西兰】0【协新加坡】0【协秘鲁】0 【协哥斯达黎加】0【协冰岛】0【协瑞士】4.8 【协澳大利亚】0【协韩国】7.2 【协格鲁吉亚】0【协香港】0【协澳门】0 【特-1】0【特-2】0 【增】16【对美加征】10【出】0【退】13	个					999	其他球（但高尔夫球及乒乓球除外）
950670	10		溜冰鞋【电商】	Ice skates	【最】6【普】50 【协亚太】3.9【协东盟】0【协巴基斯坦】0 【协智利】0【协新西兰】0【协新加坡】0 【协秘鲁】0【协哥斯达黎加】0【协冰岛】0 【协瑞士】5.6【协澳大利亚】0【协韩国】8.4 【协格鲁吉亚】0【协香港】0【协澳门】0 【特-1】0【特-2】0 【增】16【对美加征】10【出】0【退】13	双/千克					999	溜冰鞋（包括装有冰刀的溜冰靴）
950670	20		旱冰鞋【电商】	Roller skates	【最】6【普】50 【协亚太】3.9【协东盟】0【协巴基斯坦】0 【协智利】0【协新西兰】0【协新加坡】0 【协秘鲁】0【协哥斯达黎加】0【协冰岛】0 【协瑞士】5.6【协澳大利亚】0【协韩国】8.4 【协格鲁吉亚】0【协香港】0【协澳门】0 【特-1】0【特-2】0 【增】16【对美加征】10【出】0【退】13	双/千克					999	旱冰鞋
950691	11	10	跑步机	The treadmill (machine)	【最】6【普】50 【协东盟】0【协香港】0【协巴基斯坦】0 【协智利】0【协新西兰】0【协新加坡】0 【协秘鲁】0【协台湾】0【协哥斯达黎加】0 【协冰岛】0【协瑞士】4.8【协澳大利亚】0 【协韩国】7.2【协格鲁吉亚】0 【特-1】0【特-2】0 【增】16【对美加征】5【出】0【退】13	台/千克					101 102	跑步机（整机）（电动跑步机） 跑步机（整机）（其他跑步机）

税则号列			货品名称中英文		税费综合信息	计量单位	监管证件代码		检验检疫类别		检验检疫编码	检验检疫编码对应中文名称
HS国际统一前6位	本国子目 7~8位	本国子目 9~10位	中文 货物名称	英文 Article Description			进口	出口	进口	出口		
950691	11	90	跑步机的零件及附件	Part and acceories of treadmill	【最】6【普】50 【协东盟】0【协香港】0【协巴基斯坦】0 【协智利】0【协新西兰】0【协新加坡】0 【协秘鲁】0【协台湾】0【协哥斯达黎加】0 【协冰岛】0【协瑞士】4.8【协澳大利亚】0 【协韩国】7.2【协格鲁吉亚】0 【特-1】0【特-2】0 【增】16【对美加征】5【出】0【退】13	台/千克					101 102	跑步机的零件及附件(电动跑步机) 跑步机的零件及附件(其他跑步机)
950691	19		其他健身及康复器械(包括设备) 【电商】①	Other articles and equipment for exercise and recovery	【最】6【普】50 【协东盟】0【协香港】0【协澳门】0 【协巴基斯坦】0【协智利】0【协新西兰】0 【协新加坡】0【协秘鲁】0【协台湾】0 【协哥斯达黎加】0【协冰岛】0【协瑞士】4.8 【协澳大利亚】0【协韩国】7.2 【协格鲁吉亚】0 【特-1】0【特-2】0 【增】16【对美加征】5【出】0【退】13	千克					101 102 103 104 105 ……	其他健身及康复器械(包括设备)(力量型训练器材) 其他健身及康复器械(包括设备)(力量型训练长凳) 其他健身及康复器械(包括设备)(曲柄踏板类训练器材) 其他健身及康复器械(包括设备)(划船机) 其他健身及康复器械(包括设备)(踏步机、台阶机和登山机) ……②
950691	20		滑板 【电商】	Skateboards	【最】6【普】50 【协东盟】0【协香港】0【协澳门】0 【协巴基斯坦】0【协智利】0【协新西兰】0 【协新加坡】0【协秘鲁】0【协哥斯达黎加】0 【协冰岛】0【协瑞士】4.8【协澳大利亚】0 【协韩国】7.2【协格鲁吉亚】0 【特-1】0【特-2】0 【增】16【对美加征】5【出】0【退】13	个/千克					999	滑板
950691	90		一般的体育活动、体操或竞技用品(包括设备) 【电商】	Other articles and equipment for general physical exercise, gymnastics or athletics	【最】6【普】50 【协东盟】0【协香港】0【协澳门】0 【协巴基斯坦】0【协智利】0【协新西兰】0 【协新加坡】0【协秘鲁】0【协哥斯达黎加】0 【协冰岛】0【协瑞士】4.8【协澳大利亚】0 【协韩国】7.2【协格鲁吉亚】0 【特-1】0【特-2】0【特-3】0 【增】16【对美加征】5【出】0【退】13	千克					999	一般的体育活动、体操或竞技用品(包括设备)
950699	00		其他未列名的第95章用品及设备(包括户外游戏用品及设备,如游冰池、戏水池) 【电商】	Other articles and equipment, including out door games, not specified or included elsewhere in this chapter; swimming pools and paddling pools	【最】6【普】50 【协东盟】0【协香港】0【协澳门】0 【协巴基斯坦】0【协智利】0【协新西兰】0 【协新加坡】0【协秘鲁】0【协哥斯达黎加】0 【协冰岛】0【协瑞士】0【协澳大利亚】0 【协韩国】7.2【协格鲁吉亚】0 【特-1】0【特-2】0 【增】16【对美加征】5【出】0【退】13	个/千克					101 102	其他未列名的第95章用品及设备(包括户外游戏用品及设备,如游冰池、戏水池)(康复健身器械及其零件) 其他未列名的第95章用品及设备(包括户外游戏用品及设备,如游冰池、戏水池)(其他体育竞技运动器具)
950710	00	10	用植物性材料制作的钓鱼竿 【电商】	Fishing rods of vegetable materials	【最】6【普】80 【协东盟】0【协智利】0【协新西兰】0 【协新加坡】0【协秘鲁】0【协哥斯达黎加】0 【协瑞士】6【协澳大利亚】0 【协格鲁吉亚】0【协香港】0【协澳门】0 【特-1】0【特-2】0 【增】16【对美加征】10【出】0【退】13	副/千克	A	B	P	Q	101 102 103	用植物性材料制作的钓鱼竿(其他木制品) 用植物性材料制作的钓鱼竿(其他竹藤柳草类) 用植物性材料制作的钓鱼竿(钓鱼器具)
950710	00	90	其他钓鱼竿 【电商】	Other fishing rods	【最】6【普】80 【协东盟】0【协智利】0【协新西兰】0 【协新加坡】0【协秘鲁】0【协哥斯达黎加】0 【协瑞士】6【协澳大利亚】0 【协格鲁吉亚】0【协香港】0【协澳门】0 【特-1】0【特-2】0 【增】16【对美加征】10【出】0【退】13	副/千克					999	其他钓鱼竿

① 康复器械除外。

② 该税号项下检验检疫编码及对应中文名称尚有:106 其他健身及康复器械(包括设备)(椭圆训练机),107 其他健身及康复器械(包括设备)(带固定飞轮和不带自由飞轮的练习自行车),108 其他健身及康复器械(包括设备)(其他健身器材)。

税则号列			货品名称中英文		税费综合信息	计量单位	监管证件代码		检验检疫类别		检验检疫编码	检验检疫编码对应中文名称
HS 国际统一前6位	本国子目7~8位	本国子目9~10位	中文 货物名称	英文 Article Description			进口	出口	进口	出口		
950720	00		钓鱼钩【电商】	Fish-hooks, whether or not snelled	【最】6【普】80 【协东盟】0【协智利】0【协新西兰】0 【协新加坡】0【协秘鲁】0【协哥斯达黎加】0 【协瑞士】6【协澳大利亚】0【协韩国】16.8 【协格鲁吉亚】0【协香港】0【协澳门】0 【特-1】0【特-2】0【特-3】0 【增】16【对美加征】10【出】0【退】13	千克					999	钓鱼钩（无论有无系钩丝）
950730	00		钓线轮【电商】	Fishing reels	【最】6【普】80 【协东盟】0【协智利】0【协新西兰】0 【协新加坡】0【协秘鲁】0【协哥斯达黎加】0 【协瑞士】6【协澳大利亚】0【协韩国】16.8 【协格鲁吉亚】0【协香港】0【协澳门】0 【特-1】0【特-2】0 【增】16【对美加征】10【出】0【退】13	个/千克					999	钓线轮
950790	00		其他用品［包括捞鱼网、捕蝶网及类似网、囮子“鸟”（税目92.08或97.05的货品除外）及类似狩猎用品］【电商】	Other linefishing tackle, including fish landing nets, butterfly nets and similar nets; decoy “birds”(other than those of heading No. 92.08 or 97.05) and similar hunting or shooting requisites	【最】6【普】80 【协亚太】3.9【协东盟】0【协巴基斯坦】18.9 【协智利】0【协新西兰】0【协新加坡】0 【协秘鲁】0【协哥斯达黎加】0【协冰岛】0 【协瑞士】6【协澳大利亚】0【协韩国】16.8 【协格鲁吉亚】0【协香港】0【协澳门】0 【特-1】0【特-2】0 【增】16【对美加征】5【出】0【退】13	千克					999	其他用品［包括捞鱼网、捕蝶网及类似网、囮子“鸟”（税目92.08或97.05的货品除外）及类似狩猎用品］
950810	00	10	有濒危动物的流动马戏团（包括流动动物园）	Traveling circuses with endangered animals (including traveling menageries)	【最】6【普】100 【协东盟】0【协巴基斯坦】12【协智利】0 【协新西兰】0【协新加坡】0【协秘鲁】0 【协哥斯达黎加】0【协冰岛】0【协瑞士】6 【协澳大利亚】0【协韩国】9【协格鲁吉亚】0 【协香港】0【协澳门】0 【特-1】0【特-2】0 【增】16【出】0【退】0	千克	FA	EB	P	Q	999	有濒危动物的流动马戏团（包括流动动物园）
950810	00	90	其他流动马戏团及流动动物园	Other travelling circuses and traveling menageries	【最】6【普】100 【协东盟】0【协巴基斯坦】12【协智利】0 【协新西兰】0【协新加坡】0【协秘鲁】0 【协哥斯达黎加】0【协冰岛】0【协瑞士】6 【协澳大利亚】0【协韩国】9【协格鲁吉亚】0 【协香港】0【协澳门】0 【特-1】0【特-2】0 【增】16【出】0【退】13	千克	A	B	P	Q	999	其他流动马戏团及流动动物园
950890	00		其他游乐场娱乐设备；流动剧团	Other fairground amusements; travelling theatres	【最】6【普】100 【协东盟】0【协巴基斯坦】12【协智利】0 【协新西兰】0【协新加坡】0【协秘鲁】0 【协哥斯达黎加】0【协冰岛】0【协瑞士】6 【协澳大利亚】0【协韩国】9【协格鲁吉亚】0 【协香港】0【协澳门】0 【特-1】0【特-2】0 【增】16【对美加征】5【出】0【退】13	千克	A	B	P	Q	101 102	其他游乐场娱乐设备；流动剧团（大型游乐设施） 其他游乐场娱乐设备；流动剧团（其他游戏器具）

第九十六章
杂项制品

注释：

一、本章不包括：

（一）化妆盥洗用笔（第三十三章）；

（二）第六十六章的制品（例如，伞或手杖的零件）；

（三）仿首饰（税目 71.17）；

（四）第十五类注释二所规定的贱金属制通用零件（第十五类）或塑料制的类似品（第三十九章）；

（五）第八十二章的利口器及其他物品，其柄或其他零件是雕刻或模塑材料制的，但税目 96.01 或 96.02 适用于单独报验的上述物品的柄或其他零件；

（六）第九十章的物品，例如，眼镜架（税目 90.03）、数学绘图笔（税目 90.17）、各种牙科、医疗、外科或兽医专用刷子（税目 90.18）；

（七）第九十一章的物品（例如，钟壳或表壳）；

（八）乐器及其零件、附件（第九十二章）；

（九）第九十三章的物品（武器及其零件）；

（十）第九十四章的物品（例如，家具、灯具及照明装置）；

（十一）第九十五章的物品（玩具、游戏品、运动用品）；或

（十二）艺术品、收藏品及古物（第九十七章）。

二、税目 96.02 所称“植物质或矿物质雕刻材料”，是指：

（一）用于雕刻的硬种子、硬果核、硬果壳、坚果及类似植物材料（例如，象牙果及棕榈子）；

（二）琥珀、海泡石、黏聚琥珀、黏聚海泡石、黑玉及其矿物代用品。

三、税目 96.03 所称“制帚、制刷用成束、成簇的材料”，仅指未装配的成束、成簇的兽毛、植物纤维或其他材料。这些成束、成簇的材料无需分开即可安装在帚、刷之上，或只需经过简单加工（例如，将顶端修剪成形）即可安装的。

四、除税目 96.01 至 96.06 或 96.15 的货品以外，本章的物品还包括全部或部分用贵金属、包贵金属、天然或养殖珍珠、宝石或半宝石（天然、合成或再造）制成的物品。而且，税目 96.01 至 96.06 及 96.15 包括天然或养殖珍珠、宝石或半宝石（天然、合成或再造）、贵金属或包贵金属只作为小零件的物品。

Chapter 96
Miscellaneous manufactured articles

Chapter Notes:

1. This Chapter does not cover:

(a) Pencils for cosmetic or toilet uses (Chapter 33);

(b) Articles of Chapter 66 (for example, parts of umbrellas or walking-sticks);

(c) Imitation jewellery (heading 71.17);

(d) Parts of general use, as defined in Note 2 to Section XV, of base metal (Section XV), or similar goods of plastics (Chapter 39);

(e) Cutlery or other articles of Chapter 82 with handles or other parts of carving or moulding materials; heading 96.01 or 96.02 applies, however, to separately presented handles or other parts of such articles;

(f) Articles of Chapter 90 (for example, spectacle flames (heading 90.03), mathematical drawing pens (heading 90.17), brushes of a kind specialised for use in dentistry or for medical, surgical or veterinary purposes (heading 90.18));

(g) Articles of Chapter 91 (for example, clock or watch cases);

(h) Musical instruments or parts or accessories thereof (Chapter 92);

(ij) Articles of Chapter 93 (arms and pars thereof);

(k) Articles of Chapter 94 (for example, furniture, lamps and lighting fittings);

(l) Articles of Chapter 95 (toys, games, sports requisites); or

(m) Works of art, collectors' pieces or antiques (Chapter 97).

2. In heading 96.02 the expression "vegetable or mineral carving material" means:

(a) Hard seeds, pips, hulls and nuts and similar vegetable materials of a kind used for carving (for example, corozo and dom);

(b) Amber, meerschaum, agglomerated amber and agglomerated meerschaum, jet and mineral substitutes for jet.

3. In heading 96.03 the expression "prepared knots and tufts for broom or brush making" applies only to unmounted knots and tufts of animal hair, vegetable fibre or other material, which are ready for incorporation without division in brooms or brushes, or which require only such further minor processes as trimming to shape at the top, to render them ready for such incorporation.

4. Articles of this Chapter, other than those of headings 96.01 to 96.06 or 96.15, remain classified in the Chapter whether or not composed wholly or partly of precious metal or metal clad with precious metal, of natural or cultured pearls, or precious or semi-precious stones (natural, synthetic or reconstructed). However, headings 96.01 to 96.06 and 96.15 include articles in which natural or cultured pearls, precious or semi-precious stones (natural, synthetic or reconstructed), precious metal or metal clad with precious metal constitute only minor constituents.

税则号列			货品名称中英文		税费综合信息	计量单位	监管证件代码		检验检疫类别		检验检疫编码	检验检疫编码对应中文名称
HS 国际统一前6位	本国子目 7~8位	本国子目 9~10位	中文 货物名称	英文 Article Description			进口	出口	进口	出口		
960110	00	10	已加工的濒危兽牙及其制品【电商】①	Worked ivory and articles of ivory, of endangered animals	【最】20【普】100 【协东盟】0【协智利】0【协新西兰】0 【协新加坡】0【协秘鲁】0【协哥斯达黎加】0 【协冰岛】0【协瑞士】8【协澳大利亚】0 【协韩国】14.6【协格鲁吉亚】0【协香港】0 【协澳门】0 【特-1】0【特-2】0 【增】16【出】0【退】0	千克	AF	EB	P	Q	101 102 103	已加工的濒危兽牙及其制品（未列出的其他动物骨、蹄、角） 已加工的濒危兽牙及其制品（含木制品的工艺品） 已加工的濒危兽牙及其制品（不含木制品的工艺品）
960110	00	90	其他已加工的兽牙及其制品【电商】②	Other worked ivory and articles of ivory, of animals	【最】20【普】100 【协东盟】0【协智利】0【协新西兰】0 【协新加坡】0【协秘鲁】0【协哥斯达黎加】0 【协冰岛】0【协瑞士】8【协澳大利亚】0 【协韩国】14.6【协格鲁吉亚】0【协香港】0 【协澳门】0 【特-1】0【特-2】0 【增】16【出】0【退】13	千克	A	B	P	Q	101 102 103	其他已加工的兽牙及其制品（未列出的其他动物骨、蹄、角） 其他已加工的兽牙及其制品（含木制品的工艺品） 其他已加工的兽牙及其制品（不含木制品的工艺品）
960190	00	10	其他已加工濒危动物质雕刻料	Other worked carving material and articles of these materials of endangered animals	【最】20【普】100 【协东盟】0【协智利】0【协新西兰】0 【协新加坡】0【协秘鲁】0【协哥斯达黎加】0 【协冰岛】0【协瑞士】8【协澳大利亚】0 【协韩国】14.6【协格鲁吉亚】0【协香港】0 【协澳门】0 【特-1】0【特-2】0【特-3】0 【增】16【对美加征】10【出】0【退】0	千克	AF	EB	P	Q	101 102	其他已加工濒危动物质雕刻料（包括其制品）(含木制品的工艺品) 其他已加工濒危动物质雕刻料（包括其制品）(不含木制品的工艺品)
960190	00	90	其他已加工动物质雕刻料及其制品	Other worked animal carving material, and articles of these materials	【最】20【普】100 【协东盟】0【协智利】0【协新西兰】0 【协新加坡】0【协秘鲁】0【协哥斯达黎加】0 【协冰岛】0【协瑞士】8【协澳大利亚】0 【协韩国】14.6【协格鲁吉亚】0【协香港】0 【协澳门】0 【特-1】0【特-2】0【特-3】0 【增】16【对美加征】10【出】0【退】13	千克	A	B	P	Q	101 102	其他已加工动物质雕刻料及其制品（含木制品的工艺品） 其他已加工动物质雕刻料及其制品（不含木制品的工艺品）
960200	10		装药用胶囊【电商】	Pharmaceutical capsules	【最】5【普】40 【协东盟】0【协巴基斯坦】5【协智利】0 【协新西兰】0【协新加坡】0【协秘鲁】0 【协哥斯达黎加】0【协冰岛】0【协瑞士】4.2 【协澳大利亚】0【协韩国】6.3 【协格鲁吉亚】0【协香港】0【协澳门】0 【特-1】0【特-2】0 【增】16【对美加征】5【出】0【退】13	千克					999	装药用胶囊
960200	90		已加工植物或矿物质雕刻料及制品（指已加工的，包括蜡、硬脂、天然树胶、脂制模塑或雕刻）	Other worked vegetable or mineral carving material and articles of these materials(including moulded or carved articles of wax, of stearin, of natural gums)	【最】12【普】100 【协东盟】0【协智利】0【协新西兰】0 【协新加坡】0【协秘鲁】0【协哥斯达黎加】0 【协冰岛】0【协瑞士】10【协澳大利亚】0 【协韩国】20【协格鲁吉亚】0【协香港】0 【协澳门】0 【特-1】0【特-2】0【特-3】0 【增】16【出】0【退】13	千克	A	B	P	Q	101 102 103 104	已加工植物或矿物质雕刻料及制品（指已加工的，包括蜡、硬脂、天然树胶、脂制模塑或雕刻）（其他木制品） 已加工植物或矿物质雕刻料及制品（指已加工的，包括蜡、硬脂、天然树胶、脂制模塑或雕刻）（其他竹藤柳草类） 已加工植物或矿物质雕刻料及制品（指已加工的，包括蜡、硬脂、天然树胶、脂制模塑或雕刻）（含木制品） 已加工植物或矿物质雕刻料及制品（指已加工的，包括蜡、硬脂、天然树胶、脂制模塑或雕刻）（不含木制品）

① 列入《进出口野生动植物种商品目录》的商品除外。

② 列入《进出口野生动植物种商品目录》的商品除外。

税则号列			货品名称中英文		税费综合信息	计量单位	监管证件代码		检验检疫类别		检验检疫编码	检验检疫编码对应中文名称
HS国际统一前6位	本国子目 7~8位	9~10位	中文 货物名称	英文 Article Description			进口	出口	进口	出口		
960310	00		用枝条或其他植物材料捆扎成的帚（包括刷，不论是否有把） 【电商】	Brooms and brushes, consisting of twigs or other vegetable materials bound together, with or without handles	【最】12【普】100 【协东盟】0【协澳门】0【协智利】0 【协新西兰】0【协新加坡】0【协秘鲁】0 【协哥斯达黎加】0【协冰岛】0【协瑞士】10 【协澳大利亚】0【协韩国】20【协格鲁吉亚】0 【协香港】0 【特-1】0【特-2】0 【增】16【对美加征】10【出】0【退】13	把	A	B	P	Q	101 102 103	用枝条或其他植物材料捆扎成的帚（包括刷，不论是否有把）（其他竹及竹制品） 用枝条或其他植物材料捆扎成的帚（包括刷，不论是否有把）（棕及棕制品） 用枝条或其他植物材料捆扎成的帚（包括刷，不论是否有把）（扫帚）
960321	00		牙刷（包括齿板刷） 【电商】	Tooth brushes, including ventalplate brushes	【最】8【普】100 【协东盟】0【协香港】0【协澳门】0【协智利】0 【协新西兰】0【协新加坡】0【协秘鲁】0 【协哥斯达黎加】0【协冰岛】0【协瑞士】8 【协澳大利亚】0【协韩国】20【协格鲁吉亚】0 【特-1】0【特-2】0 【增】16【对美加征】10【出】0【退】13	把	A		M		101 102	牙刷（包括齿板刷）（牙刷） 牙刷（包括齿板刷）（齿板刷）
960329	00	10	濒危野生动物毛制剃须刷、发刷 【电商】①	Shaving brushes, hair brushes, of wild animal hair (including eyelash brushes and other toilet brushes for use on the person)	【最】6【普】100 【协亚太】3.9【协东盟】0【协澳门】0 【协巴基斯坦】7.5【协智利】0【协新西兰】0 【协新加坡】0【协秘鲁】0【协哥斯达黎加】0 【协冰岛】0【协瑞士】6【协澳大利亚】0 【协韩国】9【协格鲁吉亚】0【协香港】0 【特-1】0【特-2】0【特-3】0 【增】16【对美加征】10【出】0【退】0	支	F	E			101 102	濒危野生动物毛制剃须刷、发刷（包括睫毛刷等人体化妆刷）（含木制品） 濒危野生动物毛制剃须刷、发刷（包括睫毛刷等人体化妆刷）（不含木制品）
960329	00	90	剃须刷，发刷，睫毛刷等人体化妆刷（包括作为器具零件的子目9603.29所属的刷） 【电商】②	Shaving brushes, hair brushes and eyelash brushes and other toilet brushes for use on the person (including parts of appliances of subheading No. 9603.29)	【最】6【普】100 【协亚太】3.9【协东盟】0【协澳门】0 【协巴基斯坦】7.5【协智利】0【协新西兰】0 【协新加坡】0【协秘鲁】0【协哥斯达黎加】0 【协冰岛】0【协瑞士】6【协澳大利亚】0 【协韩国】9【协格鲁吉亚】0【协香港】0 【特-1】0【特-2】0【特-3】0 【增】16【对美加征】10【出】0【退】13	支	A				101 102	剃须刷，发刷，睫毛刷等人体化妆刷（包括作为器具零件的子目9603.29所属的刷）（含木制品） 剃须刷，发刷，睫毛刷等人体化妆刷（包括作为器具零件的子目9603.29所属的刷）（不含木制品）
960330	10	10	濒危动物毛制的画笔 【电商】	Artists'brushes, made of endangered animal hair	【最】8【普】100 【协亚太】4.8【协东盟】0【协巴基斯坦】15 【协智利】0【协新西兰】0【协新加坡】0 【协秘鲁】0【协哥斯达黎加】0【协冰岛】0 【协瑞士】8【协澳大利亚】0【协韩国】20 【协格鲁吉亚】0【协香港】0【协澳门】0 【特-1】0【特-2】0 【增】16【对美加征】10【出】0【退】0	支	F	E			999	濒危动物毛制的画笔
960330	10	90	其他画笔 【电商】	Other artists'brushes	【最】8【普】100 【协亚太】4.8【协东盟】0【协巴基斯坦】15 【协智利】0【协新西兰】0【协新加坡】0 【协秘鲁】0【协哥斯达黎加】0【协冰岛】0 【协瑞士】8【协澳大利亚】0【协韩国】20 【协格鲁吉亚】0【协香港】0【协澳门】0 【特-1】0【特-2】0 【增】16【对美加征】10【出】0【退】13	支					999	其他画笔
960330	20	10	濒危动物毛制的毛笔	Writing brushes, of endangered animal hair	【最】8【普】100 【协亚太】5.2【协东盟】0【协巴基斯坦】18 【协智利】0【协新西兰】0【协新加坡】0 【协秘鲁】0【协哥斯达黎加】0【协冰岛】0 【协瑞士】8【协澳大利亚】0【协韩国】14.6 【协格鲁吉亚】0【协香港】0【协澳门】0 【特-1】0【特-2】0 【增】16【对美加征】10【出】0【退】0	支	F	E			999	濒危动物毛制的毛笔

① 列入《进出口野生动植物种商品目录》的商品除外。
② 列入《进出口野生动植物种商品目录》的商品除外。

税则号列 HS国际统一前6位	本国子目 7~8位	本国子目 9~10位	货品名称中英文 中文 货物名称	英文 Article Description	税费综合信息	计量单位	监管证件代码 进口	监管证件代码 出口	检验检疫类别 进口	检验检疫类别 出口	检验检疫编码	检验检疫编码对应中文名称
960330	20	90	其他毛笔	Other writing brushes	【最】8【普】100 【协亚太】5.2【协东盟】0【协巴基斯坦】18 【协智利】0【协新西兰】0【协新加坡】0 【协秘鲁】0【协哥斯达黎加】0【协冰岛】0 【协瑞士】8【协澳大利亚】0【协韩国】14.6 【协格鲁吉亚】0【协香港】0【协澳门】0 【特-1】0【特-2】0 【增】16【对美加征】10【出】0【退】13	支					999	其他毛笔
960330	90	10	濒危动物毛制化妆用的类似笔 【电商】[1]	Toilet brushes and similar brushes, of endangered animal hair	【最】6【普】100 【协亚太】3.9【协东盟】0【协巴基斯坦】22.5 【协智利】0【协新西兰】0【协新加坡】0 【协秘鲁】0【协哥斯达黎加】0【协冰岛】0 【协瑞士】6【协澳大利亚】0【协韩国】20 【协格鲁吉亚】0【协香港】0【协澳门】0 【特-1】0【特-2】0 【增】16【对美加征】10【出】0【退】0	支	F	E			999	濒危动物毛制化妆用的类似笔
960330	90	90	其他化妆用的类似笔 【电商】[2]	Other toilet brushes and similar brushes	【最】6【普】100 【协亚太】3.9【协东盟】0【协巴基斯坦】22.5 【协智利】0【协新西兰】0【协新加坡】0 【协秘鲁】0【协哥斯达黎加】0【协冰岛】0 【协瑞士】6【协澳大利亚】0【协韩国】20 【协格鲁吉亚】0【协香港】0【协澳门】0 【特-1】0【特-2】0 【增】16【对美加征】10【出】0【退】13	支					999	其他化妆用的类似笔
960340	11		猪鬃制漆刷及类似品	Paint, distemper, varnish or similar brushes Of pigs', hogs'or boars'bristle	【最】6【普】100 【协东盟】0【协智利】0【协新西兰】0 【协新加坡】0【协秘鲁】0【协哥斯达黎加】0 【协冰岛】0【协瑞士】6【协澳大利亚】0 【协韩国】14.6【协格鲁吉亚】0【协香港】0 【协澳门】0 【特-1】0【特-2】0 【增】16【对美加征】10【出】0【退】13	把					101 102	猪鬃制漆刷及类似品（含木制品） 猪鬃制漆刷及类似品（不含木制品）
960340	19		其他材料制漆刷及类似刷 【电商】	Other paint, distemper, varnish or similar brushes	【最】6【普】100 【协东盟】0【协智利】0【协新西兰】0 【协新加坡】0【协秘鲁】0【协哥斯达黎加】0 【协冰岛】0【协瑞士】6【协澳大利亚】0 【协韩国】18.4【协格鲁吉亚】0【协香港】0 【协澳门】0 【特-1】0【特-2】0 【增】16【对美加征】5【出】0【退】13	把					101 102	其他材料制漆刷及类似刷（含木制品） 其他材料制漆刷及类似刷（不含木制品）
960340	20		油漆块垫及滚筒	Paint pads and rollers	【最】6【普】100 【协东盟】0【协智利】0【协新西兰】0 【协新加坡】0【协秘鲁】0【协哥斯达黎加】0 【协冰岛】0【协瑞士】6【协澳大利亚】0 【协韩国】18.4【协格鲁吉亚】0【协香港】0 【协澳门】0 【特-1】0【特-2】0 【增】16【对美加征】5【出】0【退】13	个					101 102	油漆块垫及滚筒（含木制品） 油漆块垫及滚筒（不含木制品）
960350	11		作为机器、器具零件的金属丝刷	Brushes of metal wire constituting parts of machines or appliances	【最】8【普】50 【协东盟】0【协巴基斯坦】11.2【协智利】0 【协新西兰】0【协新加坡】0【协秘鲁】0 【协哥斯达黎加】0【协冰岛】0【协瑞士】5.6 【协澳大利亚】0【协韩国】8.4【协香港】0 【协澳门】0 【协格鲁吉亚】0 【特-1】0【特-2】0 【增】16【对美加征】10【出】0【退】13	个					101 102	作为机器、器具零件的金属丝刷（含木制品） 作为机器、器具零件的金属丝刷（不含木制品）

① 列入《进出口野生动植物种商品目录》的商品除外。

② 列入《进出口野生动植物种商品目录》的商品除外。

税则号列			货品名称中英文		税费综合信息	计量单位	监管证件代码		检验检疫类别		检验检疫编码	检验检疫编码对应中文名称
HS国际统一前6位	本国子目7~8位	本国子目9~10位	中文 货物名称	英文 Article Description			进口	出口	进口	出口		
960350	19		作为车辆零件的金属丝刷	Brushes of metal wire constituting parts of vehicles	【最】8【普】100 【协东盟】0【协巴基斯坦】7【协智利】0 【协新西兰】0【协新加坡】0【协秘鲁】0 【协哥斯达黎加】0【协冰岛】0【协瑞士】8 【协澳大利亚】0【协韩国】8.4【协香港】0 【协澳门】0【协格鲁吉亚】0 【特-1】0【特-2】0 【增】16【对美加征】10【出】0【退】13	个					101 102 103	作为车辆零件的金属丝刷（其他车辆零部件） 作为车辆零件的金属丝刷（含木制品） 作为车辆零件的金属丝刷（不含木制品）
960350	91	10	濒危动物毛制作为机器零件的其他刷（包括器具零件的其他刷） 【电商】①	Other brushes constituting parts of vehicles, of endangered animal hair	【最】8【普】50 【协东盟】0【协巴基斯坦】11.2【协智利】0 【协新西兰】0【协新加坡】0【协秘鲁】0 【协哥斯达黎加】0【协冰岛】0【协瑞士】5.6 【协澳大利亚】0【协韩国】8.4 【协格鲁吉亚】0【协香港】0【协澳门】0 【特-1】0【特-2】0 【增】16【对美加征】10【出】0【退】0	个	F	E			101 102	濒危动物毛制作为机器零件的其他刷（包括器具零件的其他刷）（含木制品） 濒危动物毛制作为机器零件的其他刷（包括器具零件的其他刷）（不含木制品）
960350	91	90	其他作为机器、器具零件的其他刷 【电商】②	Other brushes constituting parts of machines or appliances	【最】8【普】50 【协东盟】0【协巴基斯坦】11.2【协智利】0 【协新西兰】0【协新加坡】0【协秘鲁】0 【协哥斯达黎加】0【协冰岛】0【协瑞士】5.6 【协澳大利亚】0【协韩国】8.4 【协格鲁吉亚】0【协香港】0【协澳门】0 【特-1】0【特-2】0 【增】16【对美加征】10【出】0【退】13	个					101 102	其他作为机器、器具零件的其他刷（含木制品） 其他作为机器、器具零件的其他刷（不含木制品）
960350	99	10	濒危动物毛制作为车辆零件的其他	Other brushes constituting parts of vehicles, of endangered animal hair	【最】8【普】100 【协东盟】0【协巴基斯坦】7【协智利】0 【协新西兰】0【协新加坡】0【协秘鲁】0 【协哥斯达黎加】0【协冰岛】0【协瑞士】5.6 【协澳大利亚】0【协韩国】8.4 【协格鲁吉亚】0【协香港】0【协澳门】0 【特-1】0【特-2】0 【增】16【对美加征】10【出】0【退】0	个	F	E			101 102 103	濒危动物毛制作为车辆零件的其他刷（其他车辆零部件） 濒危动物毛制作为车辆零件的其他刷（含木制品） 濒危动物毛制作为车辆零件的其他刷（不含木制品）
960350	99	90	其他作为车辆零件的其他刷	Other brushes constituting parts of vehicles	【最】8【普】100 【协东盟】0【协巴基斯坦】7【协智利】0 【协新西兰】0【协新加坡】0【协秘鲁】0 【协哥斯达黎加】0【协冰岛】0【协瑞士】5.6 【协澳大利亚】0【协韩国】8.4 【协格鲁吉亚】0【协香港】0【协澳门】0 【特-1】0【特-2】0 【增】16【对美加征】10【出】0【退】13	个					101 102 103	其他作为车辆零件的其他刷（其他车辆零部件） 其他作为车辆零件的其他刷（含木制品） 其他作为车辆零件的其他刷（不含木制品）
960390	10	10	濒危野禽羽毛掸	Feather dusters of feathers of endangered wild birds	【最】6【普】130 【协亚太】3.9【协东盟】0【协巴基斯坦】18.9 【协智利】0【协新西兰】0【协新加坡】0 【协秘鲁】0【协哥斯达黎加】0【协冰岛】0 【协瑞士】6【协澳大利亚】0【协香港】0 【协韩国】15.4【协格鲁吉亚】0【协澳门】0 【特-1】0【特-2】0 【增】16【出】0【退】0	个	AF	EB	P	Q	999	濒危野禽羽毛掸
960390	10	90	其他羽毛掸	Other feather dusters	【最】6【普】130 【协亚太】3.9【协东盟】0【协巴基斯坦】18.9 【协智利】0【协新西兰】0【协新加坡】0 【协秘鲁】0【协哥斯达黎加】0【协冰岛】0 【协瑞士】6【协澳大利亚】0【协香港】0 【协韩国】15.4【协格鲁吉亚】0【协澳门】0 【特-1】0【特-2】0 【增】16【出】0【退】13	个	A	B	P	Q	999	其他羽毛掸

① 列入《进出口野生动植物种商品目录》的商品除外。
② 列入《进出口野生动植物种商品目录》的商品除外。

税则号列			货品名称中英文		税费综合信息	计量单位	监管证件代码		检验检疫类别		检验检疫编码	检验检疫编码对应中文名称
HS 国际统一前 6 位	本国子目 7~8 位	本国子目 9~10 位	中文 货物名称	英文 Article Description			进口	出口	进口	出口		
960390	90	10	濒危动物毛、鬃、尾制其他帚、刷（包括拖把及其他毛掸） 【电商】①	Brooms, brushes, mops and feather dusters of endangered animal hair, bristles or tails	【最】6【普】100 【协东盟】0【协智利】0【协新西兰】0 【协新加坡】0【协秘鲁】0【协哥斯达黎加】0 【协冰岛】0【协瑞士】6【协澳大利亚】0 【协韩国】9【协格鲁吉亚】0【协香港】0 【协澳门】0 【特-1】0【特-2】0 【增】16【对美加征】10【出】0【退】0	个	AF	EB	P	Q	101 102	濒危动物毛、鬃、尾制其他帚、刷（包括拖把及其他毛掸）（含木制品） 濒危动物毛、鬃、尾制其他帚、刷（包括拖把及其他毛掸）（不含木制品）
960390	90	20	其他动植物材料制帚，刷，拖把等 【电商】②	Brooms, brushes, mops, of other animal or vegetable materials, including hand-operated mechanical floor sweepers and feather dusters, not motorized	【最】6【普】100 【协东盟】0【协智利】0【协新西兰】0 【协新加坡】0【协秘鲁】0【协哥斯达黎加】0 【协冰岛】0【协瑞士】6【协澳大利亚】0 【协韩国】9【协格鲁吉亚】0【协香港】0 【协澳门】0 【特-1】0【特-2】0 【增】16【对美加征】10【出】0【退】13	个	A	B	P	Q	101 102 103 104 105 ……	其他动植物材料制帚，刷，拖把等（包括动植物材料制非机动的手工操作地板清扫器、毛掸）（其他木制品） 其他动植物材料制帚，刷，拖把等（包括动植物材料制非机动的手工操作地板清扫器、毛掸）（其他竹及竹制品） 其他动植物材料制帚，刷，拖把等（包括动植物材料制非机动的手工操作地板清扫器、毛掸）（棕及棕制品） 其他动植物材料制帚，刷，拖把等（包括动植物材料制非机动的手工操作地板清扫器、毛掸）（扫帚） 其他动植物材料制帚，刷，拖把等（包括动植物材料制非机动的手工操作地板清扫器、毛掸）（藁秆） ……③
960390	90	90	其他材料制帚，刷，拖把及毛掸（包括其他材料制非机动的手工操作地板清扫器等） 【电商】④	Brooms, brushes, mops and feather dusters, of other materials, including hand-operated mechanical floor sweepers, not motorized	【最】6【普】100 【协东盟】0【协智利】0【协新西兰】0 【协新加坡】0【协秘鲁】0【协哥斯达黎加】0 【协冰岛】0【协瑞士】6【协澳大利亚】0 【协韩国】9【协格鲁吉亚】0【协香港】0 【协澳门】0 【特-1】0【特-2】0 【增】16【对美加征】10【出】0【退】13	个					101 102	其他材料制帚，刷，拖把及毛掸（包括其他材料制非机动的手工操作地板清扫器等）（含木制品） 其他材料制帚，刷，拖把及毛掸（包括其他材料制非机动的手工操作地板清扫器等）（不含木制品）
960400	00		手用粗筛、细筛	Hand sieves and hand riddles	【最】6【普】100 【协东盟】0【协智利】0【协新西兰】0 【协新加坡】0【协秘鲁】0【协哥斯达黎加】0 【协冰岛】0【协瑞士】6【协澳大利亚】0 【协韩国】16.8【协格鲁吉亚】0【协香港】0 【协澳门】0 【特-1】0【特-2】0 【增】16【对美加征】5【出】0【退】13	个	A	B	P	Q	101 102	手用粗筛、细筛（含木制品） 手用粗筛、细筛（不含木制品）
960500	00		个人梳妆、缝纫等用成套旅行用品（包括清洁鞋靴、衣服用的） 【电商】	Travel sets for personal toilet, sewing or shoe or clothes cleaning	【最】6【普】100 【协东盟】0【协巴基斯坦】12【协智利】0 【协新西兰】0【协新加坡】0【协秘鲁】0 【协哥斯达黎加】0【协冰岛】0【协瑞士】6 【协澳大利亚】0【协韩国】9【协格鲁吉亚】0 【协香港】0【协澳门】0 【特-1】0【特-2】0 【增】16【对美加征】10【出】0【退】13	套					101 102	个人梳妆、缝纫等用成套旅行用品（包括清洁鞋靴、衣服用的）（含木制品） 个人梳妆、缝纫等用成套旅行用品（包括清洁鞋靴、衣服用的）（不含木制品）

① 列入《进出口野生动植物种商品目录》的商品除外。

② 列入《进出口野生动植物种商品目录》的商品除外。

③ 该税号项下检验检疫编码及对应中文名称尚有：106 其他动植物材料制帚，刷，拖把等（包括动植物材料制非机动的手工操作地板清扫器、毛掸）（其他竹藤柳草类）。

④ 列入《进出口野生动植物种商品目录》的商品除外。

税则号列			货品名称中英文		税费综合信息	计量单位	监管证件代码		检验检疫类别		检验检疫编码	检验检疫编码对应中文名称
HS国际统一前6位	本国子目7~8位	本国子目9~10位	中文 货物名称	英文 Article Description			进口	出口	进口	出口		
960610	00		揿扣及其零件	Press-fasteners, snap-fasteners and press-studs and parts thereof	【最】6【普】100 【协东盟】0【协智利】0【协新西兰】0 【协新加坡】0【协秘鲁】0【协哥斯达黎加】0 【协冰岛】0【协瑞士】6【协澳大利亚】0 【协韩国】16.8【协格鲁吉亚】0【协香港】0 【协澳门】0 【特-1】0【特-2】0 【增】16【对美加征】10【出】0【退】16	千克					101 102	揿扣及其零件（含木制品） 揿扣及其零件（不含木制品）
960621	00		塑料制钮扣（未用纺织材料包裹的）	Buttons of plastics, not covered with textile material	【最】6【普】100 【协东盟】0【协智利】0【协新西兰】0 【协新加坡】0【协秘鲁】0【协台湾】0 【协哥斯达黎加】0【协冰岛】0【协瑞士】6 【协澳大利亚】0【协韩国】16.8 【协格鲁吉亚】0【协香港】0【协澳门】0 【特-1】0【特-2】0【特-3】0 【增】16【对美加征】10【出】0【退】16	千克					101 102	塑料制钮扣（未用纺织材料包裹的）（含木制品） 塑料制钮扣（未用纺织材料包裹的）（不含木制品）
960622	00		贱金属制钮扣（未用纺织材料包裹的）	Buttons of base metal, not covered with textile material	【最】6【普】100 【协东盟】0【协香港】0【协澳门】0 【协巴基斯坦】12【协智利】0【协新西兰】0 【协新加坡】0【协秘鲁】0【协台湾】0 【协哥斯达黎加】0【协冰岛】0【协瑞士】6 【协澳大利亚】0【协韩国】9【协格鲁吉亚】0 【特-1】0【特-2】0【特-3】0 【增】16【对美加征】10【出】0【退】16	千克					101 102	贱金属制钮扣（未用纺织材料包裹的）（含木制品） 贱金属制钮扣（未用纺织材料包裹的）（不含木制品）
960629	00	10	含濒危动物成分的其他钮扣	Other buttons containing component of endangered animal	【最】6【普】100 【协东盟】0【协香港】0【协巴基斯坦】12 【协智利】0【协新西兰】0【协新加坡】0 【协秘鲁】0【协哥斯达黎加】0【协冰岛】0 【协瑞士】6【协澳大利亚】0【协韩国】9 【协格鲁吉亚】0 【特-1】0【特-2】0【特-3】0 【增】16【对美加征】10【出】0【退】0	千克	F	E			101 102	含濒危动物成分的其他钮扣（含木制品） 含濒危动物成分的其他钮扣（不含木制品）
960629	00	90	其他钮扣	Other buttons	【最】6【普】100 【协东盟】0【协香港】0【协巴基斯坦】12 【协智利】0【协新西兰】0【协新加坡】0 【协秘鲁】0【协哥斯达黎加】0【协冰岛】0 【协瑞士】6【协澳大利亚】0【协韩国】9 【协格鲁吉亚】0 【特-1】0【特-2】0【特-3】0 【增】16【对美加征】10【出】0【退】16	千克					101 102	其他钮扣（含木制品） 其他钮扣（不含木制品）
960630	00		钮扣芯及钮扣的其他零件	Button moulds and other parts of buttons; button blanks	【最】6【普】100 【协东盟】0【协香港】0【协巴基斯坦】12 【协智利】0【协新西兰】0【协新加坡】0 【协秘鲁】0【协哥斯达黎加】0【协冰岛】0 【协瑞士】6【协澳大利亚】0【协韩国】9 【协格鲁吉亚】0【协香港】0【协澳门】0 【特-1】0【特-2】0【特-3】0 【增】16【对美加征】10【出】0【退】16	千克					101 102	钮扣芯及钮扣的其他零件（包括钮扣坯）（含木制品） 钮扣芯及钮扣的其他零件（包括钮扣坯）（不含木制品）
960711	00		装有贱金属齿的拉链	Slide fasteners Fitted with chain scoops of base metal	【最】6【普】130 【协东盟】0【协香港】0【协澳门】0 【协智利】0【协新西兰】0【协新加坡】0 【协秘鲁】0【协哥斯达黎加】0【协冰岛】0 【协瑞士】6【协澳大利亚】0 【协韩国】16.8【协格鲁吉亚】0 【特-1】0【特-2】0【特-3】0 【增】16【对美加征】10【出】0【退】16	米/千克					101 102	装有贱金属齿的拉链（含木制品） 装有贱金属齿的拉链（不含木制品）
960719	00		其他拉链	Other slide fasteners	【最】6【普】130 【协亚太】3.9【协东盟】0【协香港】0 【协澳门】0【协巴基斯坦】14.7【协智利】0 【协新西兰】0【协新加坡】0【协秘鲁】0 【协哥斯达黎加】0【协冰岛】0【协瑞士】6 【协澳大利亚】0【协韩国】16.8 【协格鲁吉亚】0 【特-1】0【特-2】0 【增】16【对美加征】10【出】0【退】16	米/千克					101 102	其他拉链（含木制品） 其他拉链（不含木制品）

税则号列			货品名称中英文		税费综合信息	计量单位	监管证件代码		检验检疫类别		检验检疫编码	检验检疫编码对应中文名称
HS国际统一前6位	本国子目 7~8位	9~10位	中文 货物名称	英文 Article Description			进口	出口	进口	出口		
960720	00		拉链零件	Parts of slide fasteners	【最】6【普】130 【协东盟】0【协智利】0【协新西兰】0 【协新加坡】0【协秘鲁】0【协哥斯达黎加】0 【协冰岛】0【协瑞士】6【协澳大利亚】0 【协韩国】16.8【协格鲁吉亚】0 【特-1】0【特-2】0 【增】16【对美加征】10【出】0【退】16	千克					101 102	拉链零件（含木制品） 拉链零件（不含木制品）
960810	00		圆珠笔 【电商】	Ball point pens	【最】8【普】80 【协亚太】5.2【协东盟】0【协澳门】0 【协巴基斯坦】7.5【协智利】0【协新西兰】0 【协新加坡】0【协秘鲁】0【协哥斯达黎加】0 【协冰岛】0【协瑞士】6【协澳大利亚】0 【协韩国】9【协格鲁吉亚】0【协香港】0 【特-1】0【特-2】0【特-3】0 【增】16【对美加征】10【出】0【退】13	支					999	圆珠笔
960820	00		毡尖和其他渗水式笔尖笔及唛头笔 【电商】	Felt tipped and other porous-tipped pens and markers	【最】12【普】80 【协东盟】0【协澳门】0【协智利】0 【协新西兰】0【协新加坡】0【协秘鲁】0 【协哥斯达黎加】0【协冰岛】0【协瑞士】8.4 【协澳大利亚】0【协韩国】16.8 【协格鲁吉亚】0【协香港】0 【特-1】0【特-2】0 【增】16【对美加征】10【出】0【退】13	支					101 102	毡尖和其他渗水式笔尖笔及唛头笔（彩笔） 毡尖和其他渗水式笔尖笔及唛头笔（其他笔）
960830	10		墨汁画笔	Indian ink drawing pens	【最】12【普】80 【协东盟】0【协澳门】0【协智利】0 【协新西兰】0【协新加坡】0【协秘鲁】0 【协哥斯达黎加】0【协冰岛】0【协瑞士】8.4 【协澳大利亚】0【协韩国】15.4 【协格鲁吉亚】0【协香港】0 【特-1】0【特-2】0 【增】16【对美加征】10【出】0【退】13	支					101 102	墨汁画笔（毛笔） 墨汁画笔（其他笔）
960830	20		自来水笔 【电商】	Fountain pens	【最】12【普】80 【协东盟】0【协澳门】0【协智利】0 【协新西兰】0【协新加坡】0【协秘鲁】0 【协哥斯达黎加】0【协冰岛】0【协瑞士】8.4 【协澳大利亚】0【协韩国】16.8 【协格鲁吉亚】0【协香港】0 【特-1】0【特-2】0【特-3】0 【增】16【对美加征】10【出】0【退】13	支					999	自来水笔
960830	90		其他钢笔 【电商】	Other pens	【最】12【普】80 【协东盟】0【协澳门】0【协智利】0 【协新西兰】0【协新加坡】0【协秘鲁】0 【协哥斯达黎加】0【协冰岛】0【协瑞士】8.4 【协澳大利亚】0【协韩国】16.8 【协格鲁吉亚】0【协香港】0 【特-1】0【特-2】0【特-3】0 【增】16【对美加征】10【出】0【退】13	支					999	其他钢笔（包括铁笔型自来水笔）
960840	00		活动铅笔 【电商】	Propelling or sliding pencils	【最】12【普】80 【协东盟】0【协澳门】0【协智利】0 【协新西兰】0【协新加坡】0【协秘鲁】0 【协哥斯达黎加】0【协冰岛】0【协瑞士】8.4 【协澳大利亚】0【协韩国】16.8 【协格鲁吉亚】0【协香港】0 【特-1】0【特-2】0 【增】16【对美加征】10【出】0【退】13	支					999	活动铅笔
960850	00		含有两种笔及以上的成套货品 【电商】	Sets of articles from two or more of the heading No. 96.08	【最】12【普】80 【协东盟】0【协澳门】0【协智利】0 【协新西兰】0【协新加坡】0【协秘鲁】0 【协哥斯达黎加】0【协冰岛】0【协瑞士】8.4 【协澳大利亚】0【协韩国】16.8 【协格鲁吉亚】0【协香港】0 【特-1】0【特-2】0 【增】16【对美加征】10【出】0【退】13	套					999	含有两种笔及以上的成套货品（指税目9608所列的各种笔）

税则号列			货品名称中英文		税费综合信息	计量单位	监管证件代码		检验检疫类别		检验检疫编码	检验检疫编码对应中文名称
HS国际统一前6位	本国子目 7~8位	9~10位	中文 货物名称	英文 Article Description			进口	出口	进口	出口		
960860	00		圆珠笔芯 【电商】	Refills for ball point pens, comprising the ball point and ink-reservoir	【最】12【普】80 【协东盟】0【协香港】0【协澳门】0【协智利】0 【协新西兰】0【协新加坡】0【协秘鲁】0 【协哥斯达黎加】0【协冰岛】0【协瑞士】8.4 【协澳大利亚】0【协韩国】16.8 【协格鲁吉亚】0 【特-1】0【特-2】0 【增】16【对美加征】10【出】0【退】13	支					999	圆珠笔芯（指由圆珠笔头和墨芯构成）
960891	00		钢笔头及笔尖粒 【电商】	Pen nibs and nib points	【最】8【普】70 【协东盟】0【协香港】0【协澳门】0 【协巴基斯坦】6【协智利】0【协新西兰】0 【协新加坡】0【协秘鲁】0【协哥斯达黎加】0 【协冰岛】0【协瑞士】4.8【协澳大利亚】0 【协韩国】7.2【协格鲁吉亚】0 【特-1】0【特-2】0 【增】16【对美加征】10【出】0【退】13	支					999	钢笔头及笔尖粒
960899	10		机器、仪器用笔	Pens of a kind used on machines or instruments	【最】8【普】40 【协东盟】0【协香港】0【协澳门】0 【协巴基斯坦】14【协智利】0【协新西兰】0 【协新加坡】0【协秘鲁】0【协哥斯达黎加】0 【协冰岛】0【协瑞士】7【协澳大利亚】0 【协韩国】10.5【协格鲁吉亚】0 【特-1】0【特-2】0 【增】16【对美加征】5【出】0【退】13	支/千克					999	机器、仪器用笔
960899	20		蜡纸铁笔，钢笔杆，铅笔杆等	Duplicating stylos; pen-holders, pencil-holders and similar holders	【最】12【普】80 【协东盟】0【协香港】0【协澳门】0【协智利】0 【协新西兰】0【协新加坡】0【协秘鲁】0 【协哥斯达黎加】0【协冰岛】0【协瑞士】8.4 【协澳大利亚】0【协韩国】16.8 【协格鲁吉亚】0 【特-1】0【特-2】0 【增】16【对美加征】10【出】0【退】13	支/千克					101 102	蜡纸铁笔，钢笔杆，铅笔杆等（包括类似笔杆，但税目96.09的货品除外）（蜡纸铁笔） 蜡纸铁笔，钢笔杆，铅笔杆等（包括类似笔杆，但税目96.09的货品除外）（笔杆等）
960899	90		其他笔零件 【电商】	Other parts(including caps and clips) of the foregoing articles, other than those of heading No. 96.09	【最】10【普】80 【协东盟】0【协香港】0【协澳门】0【协智利】0 【协新西兰】0【协新加坡】0【协秘鲁】0 【协哥斯达黎加】0【协冰岛】0【协瑞士】0 【协澳大利亚】0【协韩国】16.8 【协格鲁吉亚】0 【特-1】0【特-2】0 【增】16【对美加征】10【出】0【退】13	千克					999	其他笔零件（包括笔帽、笔夹，但税目96.09的货品除外）
960910	10		铅笔 【电商】	Pencils (other than pencils of heading No. 96.08)	【最】12【普】80 【协东盟】0【协智利】0【协新西兰】0 【协新加坡】0【协秘鲁】0【协哥斯达黎加】0 【协冰岛】0【协瑞士】8.4【协澳大利亚】0 【协韩国】16.8【协格鲁吉亚】0【协香港】0 【协澳门】0 【特-1】0【特-2】0【特-3】0 【增】16【对美加征】10【出】0【退】13	千克/百支					999	铅笔
960910	20		颜色铅笔 【电商】	Crayons	【最】12【普】80 【协东盟】0【协智利】0【协新西兰】0 【协新加坡】0【协秘鲁】0【协哥斯达黎加】0 【协冰岛】0【协瑞士】8.4【协澳大利亚】0 【协韩国】16.8【协格鲁吉亚】0【协香港】0 【协澳门】0 【特-1】0【特-2】0 【增】16【对美加征】10【出】0【退】13	千克					999	颜色铅笔
960920	00		铅笔芯，黑的或其他颜色的 【电商】	Pencil leads, black or coloured	【最】12【普】80 【协东盟】0【协智利】0【协新西兰】0 【协新加坡】0【协秘鲁】0【协哥斯达黎加】0 【协冰岛】0【协瑞士】8.4【协澳大利亚】0 【协韩国】16.8【协格鲁吉亚】0【协香港】0 【协澳门】0 【特-1】0【特-2】0 【增】16【对美加征】10【出】0【退】13	千克					999	铅笔芯，黑的或其他颜色的

税则号列 HS国际统一前6位	本国子目 7~8位	本国子目 9~10位	货品名称中英文 中文 货物名称	货品名称中英文 英文 Article Description	税费综合信息	计量单位	监管证件代码 进口	监管证件代码 出口	检验检疫类别 进口	检验检疫类别 出口	检验检疫编码	检验检疫编码对应中文名称
960990	00		蜡笔，图画碳笔，书写或绘画用粉笔 【电商】	Pastels, drawing charcoals, writing or drawing chalks and tailors'chalks	【最】6【普】80 【协东盟】0【协巴基斯坦】12【协智利】0 【协新西兰】0【协新加坡】0【协秘鲁】0 【协哥斯达黎加】0【协冰岛】0【协瑞士】6 【协澳大利亚】0【协韩国】9【协格鲁吉亚】0 【协香港】0【协澳门】0 【特-1】0【特-2】0 【增】16【对美加征】10【出】0【退】13	千克					101 102 103	蜡笔，图画碳笔，书写或绘画用粉笔（包括裁缝划笔）（蜡笔） 蜡笔，图画碳笔，书写或绘画用粉笔（包括裁缝划笔）（碳笔） 蜡笔，图画碳笔，书写或绘画用粉笔（包括裁缝划笔）（粉笔）
961000	00		具有书写或绘画画面的石板、黑板 【电商】	Slates and boards, with writing or drawing surfaces, whether or not framed	【最】6【普】80 【协东盟】0【协巴基斯坦】12【协智利】0 【协新西兰】0【协新加坡】0【协秘鲁】0 【协哥斯达黎加】0【协冰岛】0【协瑞士】6 【协澳大利亚】0【协韩国】9【协格鲁吉亚】0 【协香港】0【协澳门】0 【特-1】0【特-2】0 【增】16【对美加征】10【出】0【退】13	千克					999	具有书写或绘画画面的石板、黑板（包括类似板，不论是否镶框）
961100	00	10	含濒危动物成分的手用日期戳（包括封缄戳及类似印戳）	Date, sealing, and the like, designed for operating in the hand, containing component of endangered animal	【最】8【普】80 【协东盟】0【协智利】0【协新西兰】0 【协新加坡】0【协秘鲁】0【协哥斯达黎加】0 【协冰岛】0【协瑞士】8【协澳大利亚】0 【协韩国】16.8【协格鲁吉亚】0【协香港】0 【协澳门】0 【特-1】0【特-2】0 【增】16【对美加征】10【出】0【退】0	千克	F	E			101 102	含濒危动物成分的手用日期戳（包括封缄戳及类似印戳）（含木制品） 含濒危动物成分的手用日期戳（包括封缄戳及类似印戳）（不含木制品）
961100	00	90	手用日期戳、封缄戳及类似印戳	Date, sealing or numbering stamps, and the like (including devices for printing or embossing labels, designed for operating in the hand; hand-operated composing sticks and hand printing sets incorporating such composing sticks)	【最】8【普】80 【协东盟】0【协智利】0【协新西兰】0 【协新加坡】0【协秘鲁】0【协哥斯达黎加】0 【协冰岛】0【协瑞士】8【协澳大利亚】0 【协韩国】16.8【协格鲁吉亚】0【协香港】0 【协澳门】0 【特-1】0【特-2】0 【增】16【对美加征】10【出】0【退】13	千克					101 102	手用日期戳、封缄戳及类似印戳（包括编号戳、标签压印器；手工排字盘及带有字盘的手印器）（含木制品） 手用日期戳、封缄戳及类似印戳（包括编号戳、标签压印器；手工排字盘及带有字盘的手印器）（不含木制品）
961210	00		打字机色带或类似色带（已上油或经其他方法处理能着色的，不论是否装轴或装盒）	Typewriter or similar Inked ribbons (or otherwise prepared for giving impressions, whether or not on spools or in cartridges)	【最】8【普】35 【协东盟】0【协澳门】0【协巴基斯坦】5 【协智利】0【协新西兰】0【协新加坡】0 【协秘鲁】0【协哥斯达黎加】0【协冰岛】0 【协瑞士】4.2【协澳大利亚】0【协韩国】7.7 【协格鲁吉亚】0【协香港】0 【特-1】0【特-2】0【特-3】0 【增】16【对美加征】5【出】0【退】16	个/千克					999	打字机色带或类似色带（已上油或经其他方法处理能着色的，不论是否装轴或装盒）
961220	00		印台（不论是否已加印油或带盒子）	Ink-pads, whether or not inked, with or without boxes	【最】10【普】100 【协东盟】0【协智利】0【协新西兰】0 【协新加坡】0【协秘鲁】0【协哥斯达黎加】0 【协冰岛】0【协瑞士】10【协澳大利亚】0 【协韩国】20【协格鲁吉亚】0【协香港】0 【协澳门】0 【特-1】0【特-2】0 【增】16【对美加征】5【出】0【退】13	个					101 102	印台（不论是否已加印油或带盒子）（含木制品） 印台（不论是否已加印油或带盒子）（不含木制品）
961310	00		一次性袖珍气体打火机 【电商】	Pocket lighters, gas fuelled, non refillable	【最】10【普】130 【协东盟】0【协智利】0【协新西兰】0 【协新加坡】0【协秘鲁】0【协哥斯达黎加】0 【协冰岛】0【协瑞士】10【协澳大利亚】0 【协韩国】20【协格鲁吉亚】0【协香港】0 【协澳门】0 【特-1】0【特-2】0 【增】16【出】0【退】13	个		B		N	999	一次性袖珍气体打火机

税则号列 HS国际统一前6位	本国子目 7~8位	本国子目 9~10位	货品名称中文 货物名称	英文 Article Description	税费综合信息	计量单位	监管证件代码 进口	监管证件代码 出口	检验检疫类别 进口	检验检疫类别 出口	检验检疫编码	检验检疫编码对应中文名称
961320	00		可充气袖珍气体打火机【电商】	Pocket lighters, gas fuelled, refillable	【最】10【普】130 【协东盟】0【协智利】0【协新西兰】0 【协新加坡】0【协秘鲁】0【协哥斯达黎加】0 【协冰岛】0【协瑞士】10【协澳大利亚】0 【协韩国】20【协格鲁吉亚】0【协香港】0 【协澳门】0 【特-1】0【特-2】0 【增】16【对美加征】10【出】0【退】13	个		B		N	999	可充气袖珍气体打火机
961380	00		其他打火器【电商】	Other lighters	【最】10【普】130 【协东盟】0【协智利】0【协新西兰】0 【协新加坡】0【协秘鲁】0【协哥斯达黎加】0 【协冰岛】0【协瑞士】10【协澳大利亚】0 【协韩国】20【协格鲁吉亚】0【协香港】0 【协澳门】0 【特-1】0【特-2】0 【增】16【对美加征】5【出】0【退】13	个		B		N	101 102	其他打火器（台式打火机） 其他打火器（其他打火机（器）及其零件）
961390	00		打火机及打火器零件（但打火石及打火机芯除外）	Parts of cigarette lighters and other lighters other than flints and wicks	【最】10【普】130 【协东盟】0【协智利】0【协新西兰】0 【协新加坡】0【协秘鲁】0【协哥斯达黎加】0 【协冰岛】0【协瑞士】10【协澳大利亚】0 【协韩国】20【协格鲁吉亚】0【协香港】0 【协澳门】0 【特-1】0【特-2】0 【增】16【对美加征】5【出】0【退】13	千克					999	打火机及打火器零件（但打火石及打火机芯除外）
961400	10	10	含濒危动物成分的烟斗及烟斗头（仅指野生哺乳类牙齿制产品）	Smoking pipes and pipe bowls, containing component of endangered animal(only referring to articles of ivory of wild mammals)	【最】10【普】130 【协东盟】0【协智利】0【协新西兰】0 【协新加坡】0【协秘鲁】0【协哥斯达黎加】0 【协冰岛】0【协瑞士】10【协澳大利亚】0 【协格鲁吉亚】0【协香港】0【协澳门】0 【特-1】0【特-2】0 【增】16【对美加征】10【出】0【退】0	个/千克	AF	BE	P	Q	101 102	含濒危动物成分的烟斗及烟斗头（仅指野生哺乳类牙齿制产品）（含木制品） 含濒危动物成分的烟斗及烟斗头（仅指野生哺乳类牙齿制产品）（不含木制品）
961400	10	20	用植物性材料制作的烟斗及烟斗头	Smoking pipes and pipe bowls, of vegetable materials	【最】10【普】130 【协东盟】0【协智利】0【协新西兰】0 【协新加坡】0【协秘鲁】0【协哥斯达黎加】0 【协冰岛】0【协瑞士】10【协澳大利亚】0 【协格鲁吉亚】0【协香港】0【协澳门】0 【特-1】0【特-2】0 【增】16【对美加征】10【出】0【退】13	个/千克	A	B	P	Q	101 102 103	用植物性材料制作的烟斗及烟斗头（其他木制品） 用植物性材料制作的烟斗及烟斗头（含木制品） 用植物性材料制作的烟斗及烟斗头（不含木制品）
961400	10	90	其他烟斗及烟斗头	Other smoking pipes and pipe bowls	【最】10【普】130 【协东盟】0【协智利】0【协新西兰】0 【协新加坡】0【协秘鲁】0【协哥斯达黎加】0 【协冰岛】0【协瑞士】10【协澳大利亚】0 【协格鲁吉亚】0【协香港】0【协澳门】0 【特-1】0【特-2】0 【增】16【对美加征】10【出】0【退】13	个/千克					101 102	其他烟斗及烟斗头（含木制品） 其他烟斗及烟斗头（不含木制品）
961400	90	10	含濒危野生动物成分的烟嘴及其零件（仅指野生哺乳类牙齿制产品）	Cigar or cigarette holders, and parts thereof, containing component of wild animal(only referring to articles of ivory of wild mammals)	【最】10【普】130 【协东盟】0【协智利】0【协新西兰】0 【协新加坡】0【协秘鲁】0【协哥斯达黎加】0 【协冰岛】0【协瑞士】10【协澳大利亚】0 【协格鲁吉亚】0【协香港】0【协澳门】0 【特-1】0【特-2】0 【增】16【对美加征】10【出】0【退】0	千克	F	E			101 102	含濒危野生动物成分的烟嘴及其零件（仅指野生哺乳类牙齿制产品）(含木制品) 含濒危野生动物成分的烟嘴及其零件（仅指野生哺乳类牙齿制产品）(不含木制品)
961400	90	90	其他烟嘴及其零件	Other cigar or cigarette holders, and parts thereof	【最】10【普】130 【协东盟】0【协智利】0【协新西兰】0 【协新加坡】0【协秘鲁】0【协哥斯达黎加】0 【协冰岛】0【协瑞士】10【协澳大利亚】0 【协格鲁吉亚】0【协香港】0【协澳门】0 【特-1】0【特-2】0 【增】16【对美加征】10【出】0【退】13	千克					101 102	其他烟嘴及其零件（含木制品） 其他烟嘴及其零件（不含木制品）

税则号列			货品名称中英文		税费综合信息	计量单位	监管证件代码		检验检疫类别		检验检疫编码	检验检疫编码对应中文名称
HS国际统一前6位	本国子目 7~8位	本国子目 9~10位	中文 货物名称	英文 Article Description			进口	出口	进口	出口		
961511	00		硬质橡胶、塑料制梳子、发夹等 【电商】	Combs, hair-slides and the like of hard rubber or plastics	【最】6【普】130 【协亚太】3.9【协东盟】0【协巴基斯坦】14.4 【协智利】0【协新西兰】0【协新加坡】0 【协秘鲁】0【协哥斯达黎加】0【协冰岛】0 【协瑞士】6【协澳大利亚】0【协韩国】10.8 【协格鲁吉亚】0【协香港】0【协澳门】0 【特-1】0【特-2】0【特-3】0 【增】16【对美加征】10【出】0【退】13	千克					999	硬质橡胶、塑料制梳子、发夹等（包括其类似品）
961519	00	10	含濒危动物成分的其他材料制梳子（包括角质发夹等，金属、塑料及家畜来源的产品除外） 【电商】①	Combs of other materials containing component with endangered animal (including hair-slides of horn, other than articles of metal, plastic or materials of domestic animal)	【最】6【普】130 【协东盟】0【协智利】0【协新西兰】0 【协新加坡】0【协秘鲁】0【协哥斯达黎加】0 【协冰岛】0【协瑞士】6【协澳大利亚】0 【协韩国】10.8【协格鲁吉亚】0【协香港】0 【协澳门】0 【特-1】0【特-2】0【特-3】0 【增】16【对美加征】10【出】0【退】0	千克	F	E			101 102	含濒危动物成分的其他材料制梳子（包括角质发夹等，金属、塑料及家畜来源的产品除外）（含木制品） 含濒危动物成分的其他材料制梳子（包括角质发夹等，金属、塑料及家畜来源的产品除外）（不含木制品）
961519	00	90	其他材料制梳子、发夹及类似品（硬质橡胶、塑料制的除外） 【电商】②	Combs, hair-slides of horns and the like, of other materials (other than articles of rubber or plastics materials)	【最】6【普】130 【协东盟】0【协智利】0【协新西兰】0 【协新加坡】0【协秘鲁】0【协哥斯达黎加】0 【协冰岛】0【协瑞士】6【协澳大利亚】0 【协韩国】10.8【协格鲁吉亚】0【协香港】0 【协澳门】0 【特-1】0【特-2】0【特-3】0 【增】16【对美加征】10【出】0【退】13	千克					101 102	其他材料制梳子、发夹及类似品（硬质橡胶、塑料制的除外）（含木制品） 其他材料制梳子、发夹及类似品（硬质橡胶、塑料制的除外）（不含木制品）
961590	00		其他发夹、卷发器等及其零件（包括卷发针、卷发夹等，但税目85.16的货品除外） 【电商】	Other hair-slides, haircurlers and the like; parts thereof (including curling pins, curling grips, other than those of heading No. 85.16)	【最】6【普】130 【协亚太】3.9【协东盟】0【协巴基斯坦】14.4 【协智利】0【协新西兰】0【协新加坡】0 【协秘鲁】0【协哥斯达黎加】0【协冰岛】0 【协瑞士】6【协澳大利亚】0【协韩国】10.8 【协格鲁吉亚】0【协香港】0【协澳门】0 【特-1】0【特-2】0【特-3】0 【增】16【对美加征】10【出】0【退】13	千克					101 102	其他发夹、卷发器等及其零件（包括卷发针、卷发夹等，但税目85.16的货品除外）（含木制品） 其他发夹、卷发器等及其零件（包括卷发针、卷发夹等，但税目85.16的货品除外）（不含木制品）
961610	00		香水喷雾器或类似的化妆用喷雾器（包括座架、喷头） 【电商】	Scent sprays and similar toilet sprays, and mounts and heads thereof	【最】6【普】130 【协亚太】3.9【协东盟】0【协巴基斯坦】14.4 【协智利】0【协新西兰】0【协新加坡】0 【协秘鲁】0【协哥斯达黎加】0【协冰岛】0 【协瑞士】6【协澳大利亚】0【协韩国】10.8 【协格鲁吉亚】0【协香港】0【协澳门】0 【特-1】0【特-2】0 【增】16【对美加征】10【出】0【退】13	千克					101 102	香水喷雾器或类似的化妆用喷雾器（包括座架、喷头）（含木制品） 香水喷雾器或类似的化妆用喷雾器（包括座架、喷头）（不含木制品）
961620	00		施敷脂粉或化妆品用粉扑及粉拍 【电商】	Powder puffs and pads for the application of cosmetics or toilet preparations	【最】6【普】130 【协亚太】3.9【协东盟】0【协巴基斯坦】14.4 【协智利】0【协新西兰】0【协新加坡】0 【协秘鲁】0【协哥斯达黎加】0【协冰岛】0 【协瑞士】6【协澳大利亚】0【协韩国】10.8 【协格鲁吉亚】0【协香港】0【协澳门】0 【特-1】0【特-2】0 【增】16【对美加征】10【出】0【退】13	千克					101 102	施敷脂粉或化妆品用粉扑及粉拍（含木制品） 施敷脂粉或化妆品用粉扑及粉拍（不含木制品）
961700	11		玻璃内胆制保温瓶（玻璃胆除外） 【电商】	Vacuum flasks with glass internal bladder other than glass inners	【最】8【普】130 【协东盟】0【协香港】0【协澳门】0【协智利】0 【协新西兰】0【协新加坡】0【协秘鲁】0 【协哥斯达黎加】0【协冰岛】0【协瑞士】8 【协澳大利亚】0【协韩国】19.2 【协格鲁吉亚】0 【特-1】0【特-2】0 【增】16【对美加征】10【出】0【退】13	个/千克					999	玻璃内胆制保温瓶（玻璃胆除外）

① 列入《进出口野生动植物种商品目录》的商品除外。
② 列入《进出口野生动植物种商品目录》的商品除外。

税则号列			货品名称中英文		税费综合信息	计量单位	监管证件代码		检验检疫类别		检验检疫编码	检验检疫编码对应中文名称
HS国际统一前6位	本国子目 7~8位	9~10位	中文 货物名称	英文 Article Description			进口	出口	进口	出口		
961700	19		其他保温瓶 【电商】	Other vacuum flasks (except glass bile)	【最】8【普】130 【协东盟】0【协香港】0【协澳门】0【协智利】0 【协新西兰】0【协新加坡】0【协秘鲁】0 【协哥斯达黎加】0【协冰岛】0【协瑞士】8 【协澳大利亚】0【协韩国】19.2 【协格鲁吉亚】0 【特-1】0【特-2】0 【增】16【对美加征】10【出】0【退】13	个/千克					999	其他保温瓶（玻璃胆除外）
961700	90		其他真空容器及零件（包括保温瓶的零件） 【电商】	Other vacuum vessels; parts thereof (including vacuum flasks other than glass inners)	【最】8【普】130 【协东盟】0【协香港】0【协澳门】0【协智利】0 【协新西兰】0【协新加坡】0【协秘鲁】0 【协哥斯达黎加】0【协冰岛】0【协瑞士】7.2 【协澳大利亚】0【协韩国】10.8 【协格鲁吉亚】0 【特-1】0【特-2】0 【增】16【对美加征】10【出】0【退】13	千克					999	其他真空容器及零件（包括保温瓶的零件）（玻璃胆除外）
961800	00	10	用植物性材料制作的人体模型	Tailors'dummies and other lay figures, of vegetable materials	【最】10【普】80 【协东盟】0【协智利】0【协新西兰】0 【协新加坡】0【协秘鲁】0【协哥斯达黎加】0 【协冰岛】0【协瑞士】8.4【协澳大利亚】0 【协韩国】16.8【协格鲁吉亚】0【协香港】0 【协澳门】0 【特-1】0【特-2】0 【增】16【对美加征】10【出】0【退】13	千克	A	B	P	Q	999	用植物性材料制作的人体模型
961800	00	90	裁缝用其他人体模型（包括橱窗装饰用的自动模型及其他活动陈列品）	Other tailors'dummies and lay figures(including automatons and other animated displays used for shop window dressing)	【最】10【普】80 【协东盟】0【协智利】0【协新西兰】0 【协新加坡】0【协秘鲁】0【协哥斯达黎加】0 【协冰岛】0【协瑞士】8.4【协澳大利亚】0 【协韩国】16.8【协格鲁吉亚】0【协香港】0 【协澳门】0 【特-1】0【特-2】0 【增】16【对美加征】10【出】0【退】13	千克					101 102	裁缝用其他人体模型（包括橱窗装饰用的自动模型及其他活动陈列品）（含木制品） 裁缝用其他人体模型（包括橱窗装饰用的自动模型及其他活动陈列品）（不含木制品）
961900	11		供婴儿使用的尿裤及尿布 【电商】	Forbabies	【最】4【普】80【暂进】0 【协东盟】0【协香港】0【协澳门】0【协智利】0 【协新西兰】0【协台湾】0【协澳大利亚】0 【协格鲁吉亚】0 【特-1】0【特-2】0【特-3】0 【增】16【对美加征】5【出】0【退】13	千克	A		M		999	供婴儿使用的尿裤及尿布
961900	19		其他尿裤及尿布 【电商】	Other forbabies	【最】4【普】80【暂进】0 【协东盟】0【协香港】0【协澳门】0【协智利】0 【协新西兰】0【协台湾】0【协澳大利亚】0 【协格鲁吉亚】0 【特-1】0【特-2】0【特-3】0 【增】16【对美加征】5【出】0【退】13	千克	A		M		999	其他尿裤及尿布
961900	20		卫生巾（护垫）及止血塞 【电商】	Sanitary towels(pads) and tampons, of any material	【最】4【普】80 【协东盟】0【协香港】0【协澳门】0 【协巴基斯坦】7.5【协智利】0【协新西兰】0 【协秘鲁】0【协台湾】0【协哥斯达黎加】0 【协冰岛】0【协瑞士】0【协澳大利亚】0 【协韩国】6【协格鲁吉亚】0 【特-1】0【特-2】0【特-3】0 【增】16【对美加征】5【出】0【退】13	千克	A		M		999	卫生巾（护垫）及止血塞
961900	90		尿布衬里及本税目商品的类似品 【电商】	Napkin liners and similar articles of this heading	【最】6【普】80 【协亚太】3.9【协东盟】0【协香港】0 【协澳门】0【协巴基斯坦】7.5【协智利】0 【协新西兰】0【协新加坡】0【协秘鲁】0 【协台湾】0【协哥斯达黎加】0【协冰岛】0 【协瑞士】6【协澳大利亚】0【协韩国】8.4 【协格鲁吉亚】0 【特-1】0【特-2】0【特-3】0 【增】16【对美加征】5【出】0【退】13	千克	A		M		999	尿布衬里及本税目商品的类似品
962000	00		独脚架、双脚架、三脚架及类似品	Monopods, bipods, tripods and similar articles	【最】8【普】80 【协秘鲁】0【协哥斯达黎加】0【协冰岛】0 【协瑞士】0【协澳大利亚】0【协韩国】0 【协格鲁吉亚】0【协香港】0【协澳门】0 【特-1】0【特-2】0【特-3】0 【增】16【对美加征】10【出】0【退】0	千克					999	独脚架、双脚架、三脚架及类似品

第二十一类
艺术品、收藏品及古物

SECTION XXI
WORKS OF ART, COLLECTORS' PIECES AND ANTIQUES

第九十七章
艺术品、收藏品及古物

Chapter 97
Works of art, collectors' pieces and antiques

注释:

一、本章不包括:

（一）税目 49.07 的未经使用的邮票、印花税票、邮政信笺（印有邮票的纸品）及类似的票证;

（二）作舞台、摄影的布景及类似用途的已绘制画布（税目 59.07），但可归入税目 97.06 的除外; 或

（三）天然或养殖珍珠、宝石或半宝石（税目 71.01 至 71.03）。

二、税目 97.02 所称"雕版画、印制画、石印画的原本"，是指以艺术家完全手工制作的单块或数块印版直接印制出来的黑白或彩色原本，不论艺术家使用何种方法或材料，但不包括使用机器或照相制版方法制作的。

三、税目 97.03 不适用于成批生产的复制品及具有商业性质的传统手工艺品，即使这些物品是艺术家设计或创造的。

四、（一）除上述注释一至三另有规定的以外，可归入本章各税号的物品，均应归入本章的相应税号而不归入本协调制度的其他税号;

（二）税目 97.06 不适用于可以归入本章其他各税号的物品。

五、已装框的油画、粉画及其他绘画、版画、拼贴画及类似装饰板，如果框架的种类及价值与作品相称，应与作品一并归类。如果框架的种类及价值与作品不相称，应分别归类。

Chapter Notes:

1. This Chapter does not cover:

(a) Unused postage or revenue stamps, postal stationery (stamped paper) or the like, of heading 49.07;

(b) Theatrical scenery, studio back-cloths or the like, of painted canvas (heading 59.07) except if they may be classified in heading 97.06; or

(c) Pearls, natural or cultured, or precious or semi-precious stones (headings 71.01 to 71.03).

2. For the purposes of heading 97.02, the expression "original engravings, prints and lithographs" means impressions produced directly, in black and white or in colour, of one or of several plates wholly executed by hand by the artist, irrespective of the process or of the material employed by him, but not including any mechanical or photomechanical process.

3. Heading 97.03 does not apply to mass-produced reproductions or works of conventional craftsmanship of a commercial character, even if these articles are designed or created by artists.

4. (a) Subject to Notes 1 to 3 above, articles of this Chapter are to be classified in this Chapter and not in any other Chapter of the Nomenclature.

(b) Heading 97.06 does not apply to articles of the preceding headings of this Chapter.

5. Frames around paintings, drawings, pastels, collages or similar decorative plaques, engravings, prints or lithographs are to be classified with those articles, provided they are of a kind and of a value normal to those articles. Frames which are not of a kind or of a value normal to the articles referred to in this Note are to be classified separately.

税则号列			货品名称中英文		税费综合信息	计量单位	监管证件代码		检验检疫类别		检验检疫编码	检验检疫编码对应中文名称
HS 国际统一前6位	本国子目 7~8位	本国子目 9~10位	中文 货物名称	英文 Article Description			进口	出口	进口	出口		
970110	11		唐卡原件	Thangka	【最】6【普】50 【协东盟】0【协巴基斯坦】6【协智利】0 【协新西兰】0【协新加坡】0【协秘鲁】0 【协哥斯达黎加】0【协冰岛】0【协瑞士】4.8 【协澳大利亚】0【协韩国】7.2 【协格鲁吉亚】0【协香港】0【协澳门】0 【特-1】0【特-2】0【特-3】0 【增】16【出】0【退】0	幅					999	唐卡原件（但带有手工绘制及手工描饰的制品或税目 49.06 的图纸除外）

税则号列			货品名称中英文		税费综合信息	计量单位	监管证件代码		检验检疫类别		检验检疫编码	检验检疫编码对应中文名称
HS国际统一前6位	本国子目7~8位	本国子目9~10位	中文货物名称	英文 Article Description			进口	出口	进口	出口		
970110	19		其他手绘油画、粉画及其他画的原件	Other paintings, drawings and other pastels	【最】1【普】50 【协东盟】0【协巴基斯坦】6【协智利】0 【协新西兰】0【协新加坡】0【协秘鲁】0 【协哥斯达黎加】0【协冰岛】0【协瑞士】1 【协澳大利亚】0【协韩国】7.2 【协格鲁吉亚】0【协香港】0【协澳门】0 【特-1】0【特-2】0【特-3】0 【增】16【对美加征】10【出】0【退】0	幅					999	其他手绘油画、粉画及其他画的原件（但带有手工绘制及手工描饰的制品或税目49.06的图纸除外）
970110	20		手绘油画、粉画及其他画的复制品	Reproductions of paintings, drawings and pastels	【最】6【普】50 【协东盟】0【协巴基斯坦】11.2【协智利】0 【协新西兰】0【协新加坡】0【协秘鲁】0 【协哥斯达黎加】0【协冰岛】0【协瑞士】5.6 【协澳大利亚】0【协韩国】8.4 【协格鲁吉亚】0【协香港】0【协澳门】0 【特-1】0【特-2】0【特-3】0 【增】16【对美加征】5【出】0【退】0	幅					999	手绘油画、粉画及其他画的复制品（但手工绘制及手工描饰的制品或税目49.06的图纸除外）
970190	00	10	含濒危动物成分的拼贴画（包括类似装饰板，指一切源自濒危动物的产品）	Collages and similar decorative plaques with component of endangered animal (referring to articles from all kinds of endangered animals)	【最】6【普】50 【协东盟】0【协巴基斯坦】11.2【协智利】0 【协新西兰】0【协新加坡】0【协秘鲁】0 【协哥斯达黎加】0【协冰岛】0【协瑞士】5.6 【协澳大利亚】0【协韩国】8.4 【协格鲁吉亚】0【协香港】0【协澳门】0 【特-1】0【特-2】0【特-3】0 【增】16【对美加征】5【出】0【退】0	千克	AF	BE	P	Q	999	含濒危动物成分的拼贴画（包括类似装饰板，指一切源自濒危动物的产品）
970190	00	20	用其他动植物材料制作的拼贴画（包括类似装饰板，指一切源自野生动物的产品）	Collages and similar decorative plaques of other animal or vegetable materials (referring to articles from all kinds of wild animals)	【最】6【普】50 【协东盟】0【协巴基斯坦】11.2【协智利】0 【协新西兰】0【协新加坡】0【协秘鲁】0 【协哥斯达黎加】0【协冰岛】0【协瑞士】5.6 【协澳大利亚】0【协韩国】8.4 【协格鲁吉亚】0【协香港】0【协澳门】0 【特-1】0【特-2】0【特-3】0 【增】16【对美加征】5【出】0【退】0	千克	A	B	P	Q	999	用其他动植物材料制作的拼贴画（包括类似装饰板，指一切源自野生动物的产品）
970190	00	90	其他拼贴画及类似装饰板	Other collages and similar decorative plaques	【最】6【普】50 【协东盟】0【协巴基斯坦】11.2【协智利】0 【协新西兰】0【协新加坡】0【协秘鲁】0 【协哥斯达黎加】0【协冰岛】0【协瑞士】5.6 【协澳大利亚】0【协韩国】8.4 【协格鲁吉亚】0 【特-1】0【特-2】0【特-3】0 【增】16【对美加征】5【出】0【退】0	千克					999	其他拼贴画及类似装饰板
970200	00		雕版画、印制画、石印画的原本	Original engravings, prints and lithographs	【最】1【普】50 【协东盟】0【协巴基斯坦】6【协智利】0 【协新西兰】0【协新加坡】0【协秘鲁】0 【协哥斯达黎加】0【协冰岛】0【协瑞士】1 【协澳大利亚】0【协韩国】7.2 【协格鲁吉亚】0【协香港】0【协澳门】0 【特-1】0【特-2】0 【增】16【对美加征】5【出】0【退】0	幅					999	雕版画、印制画、石印画的原本
970300	00	10	濒危动植物材料制的雕塑品原件（指一切源自濒危动植物的产品）	Original sculptures and statuary, in endangered animal and vegetable material (referring to articles from endangered animal and vegetable)	【最】1【普】50 【协东盟】0【协巴基斯坦】6【协智利】0 【协新西兰】0【协新加坡】0【协秘鲁】0 【协哥斯达黎加】0【协冰岛】0【协瑞士】1 【协澳大利亚】0【协韩国】7.2 【协格鲁吉亚】0【协香港】0【协澳门】0 【特-1】0【特-2】0【特-3】0 【增】16【对美加征】10【出】0【退】0	幅	F	E			999	濒危动植物材料制的雕塑品原件（指一切源自濒危动植物的产品）
970300	00	90	其他各种材料制的雕塑品原件	Original sculptures and statuary in other materials	【最】1【普】50 【协东盟】0【协巴基斯坦】6【协智利】0 【协新西兰】0【协新加坡】0【协秘鲁】0 【协哥斯达黎加】0【协冰岛】0【协瑞士】1 【协澳大利亚】0【协韩国】7.2 【协格鲁吉亚】0【协香港】0【协澳门】0 【特-1】0【特-2】0【特-3】0 【增】16【对美加征】10【出】0【退】0	幅					999	其他各种材料制的雕塑品原件

税则号列			货品名称中英文		税费综合信息	计量单位	监管证件代码		检验检疫类别		检验检疫编码	检验检疫编码对应中文名称
HS国际统一前6位	本国子目 7~8位	9~10位	中文 货物名称	英文 Article Description			进口	出口	进口	出口		
970400	10		邮票	Postage	【最】4【普】50 【协东盟】0【协香港】0【协澳门】0 【协巴基斯坦】5【协智利】0【协新西兰】0 【协秘鲁】0【协哥斯达黎加】0【协冰岛】0 【协瑞士】0【协澳大利亚】1.6【协韩国】1.6 【协格鲁吉亚】0 【特-1】0【特-2】0【特-3】0 【增】16【对美加征】10【出】0【退】0	千克					999	邮票（指使用过的或虽未使用过但不是指运国流通及新发行的）
970400	90		印花税票及类似票证等	used or unused revenue stamps and the like	【最】6【普】50 【协东盟】0【协香港】0【协澳门】0 【协巴基斯坦】7【协智利】0【协新西兰】0 【协新加坡】0【协秘鲁】0【协哥斯达黎加】0 【协冰岛】0【协瑞士】7【协澳大利亚】2.8 【协韩国】8.4【协格鲁吉亚】11.2 【特-1】0【特-2】0 【增】16【出】0【退】0	千克					999	印花税票及类似票证等（指使用过的或虽未使用过但不是指运国流通及新发行的）
970500	00	10	含濒危动植物的收藏品（具有动植物学意义的）	Collections and collectors'pieces containing endangered animal or vegetable (with zoological, botanical interest)	【最】0【普】0【特-1】0【特-2】0【特-3】0 【增】16【对美加征】5【出】0【退】0	千克	AF	BE	P	Q	101 999	含濒危动植物的收藏品（具有动植物学意义的）（植物标本） 含濒危动植物的收藏品（具有动植物学意义的）（收集品及珍藏品）
970500	00	20	古生物化石	Paleontological fossil	【最】0【普】0【特-1】0【特-2】0【特-3】0 【增】16【对美加征】5【出】0【退】0	千克	A	Bz			999	古生物化石
970500	00	30	有矿物学研究价值、可供收集和珍藏的钟乳石	Stalactite for collections and collectors' pieces of mineralogical interest	【最】0【普】0【特-1】0【特-2】0【特-3】0 【增】16【对美加征】5【出】0【退】0	千克	A	Bu			999	有矿物学研究价值、可供收集和珍藏的钟乳石
970500	00	40	含有人类遗传资源的组织标本、手术样本	Tissue specimens, surgical specimens containing human genetic resources	【最】0【普】0【特-1】0【特-2】0【特-3】0 【增】16【对美加征】5【出】0【退】0	千克	A	BV			999	含有人类遗传资源的组织标本、手术样本
970500	00	90	具有动、植、矿物学意义的收藏品	Collections and collectors'pieces of zoological, botanical, mineralogical, anatomical, historical, archaeological, palaeontological, ethnographic or numismatic interest	【最】0【普】0【特-1】0【特-2】0【特-3】0 【增】16【对美加征】5【出】0【退】0	千克	A	B	P	Q	101 999	具有动、植、矿物学意义的收藏品（还包括具有解剖、历史、考古、古生物学意义的收藏品） 具有动、植、矿物学意义的收藏品
970600	00	10	超过一百年的濒危野生动植古物（具收藏或文史价值的）	Antiques of an age exceeding 100 years of endangered wild animal or vegetable (having literary or historical collection value)	【最】0【普】0【特-1】0【特-2】0【特-3】0 【增】16【对美加征】10【出】0【退】0	千克	AF	BE	P	Q	101 999	超过一百年的濒危野生动植古物（具收藏或文史价值的）（植物标本） 超过一百年的濒危野生动植古物（具收藏或文史价值的）
970600	00	90	其他超过一百年的古物（超过100年的古物）	Other antiques of an age exceeding100 years	【最】0【普】0【特-1】0【特-2】0【特-3】0 【增】16【对美加征】10【出】0【退】0	千克					999	其他超过一百年的古物（超过100年的古物）

第九十八章

税则号列			货品名称中英文		税费综合信息	计量单位	监管证件代码		检验检疫类别		检验检疫编码	检验检疫编码对应中文名称
HS国际统一前6位	本国子目 7~8位	9~10位	中文 货物名称	英文 Article Description			进口	出口	进口	出口		
980100	10		≤2000元RMB的非税、非证进口商品	Import commodities of RMB2000 and the following, non-tariff, non-imports certificate	【最】0【普】0 【增】0【出】0【退】0	千克					999	≤2000元RMB的非税、非证进口商品
980100	90		其他未分类商品	Other commodities not classified	【最】0【普】0 【增】0【出】0【退】10	千克					101 102 103 104 105 ……	其他未分类商品（植物真菌） 其他未分类商品（植物线虫） 其他未分类商品（其他植物病原体） 其他未分类商品（杂草） 其他未分类商品（螨类） ……①
980130	00		流通中的货币现钞（包括纸币及硬币）	Currency notes in circulation (including paper money and coins)	【最】0【普】0 【增】0【出】0【退】0	千克	T	T			999	流通中的货币现钞（包括纸币及硬币）
980300	10		定制型系统软件	System software, only for export, other than software of curing or integrated with the product as a whole software	【最】0【普】0 【增】0【出】0【退】0	套					999	定制型系统软件（指构成计算机系统或其他数字计算装置运行环境，平台的操作系统软件，支持应用软件运行）
980300	20		定制型支撑软件	Support software, only for export, other than software of curing or integrated with the product as a whole software	【最】0【普】0 【增】0【出】0【退】0	套					999	定制型支撑软件（指在操作系统软件和应用软件之间，提供应用软件设计、系统测试运行等辅助功能的软件）
980300	30		定制型应用软件	Application software, only for export, other than software of curing or integrated with the product as a whole software	【最】0【普】0 【增】0【出】0【退】0	套					999	定制型应用软件
980300	90		其他定制型软件	Other software, only for export, other than software of curing or integrated with the product as a whole software	【最】0【普】0 【增】0【出】0【退】0	套					999	其他定制型软件

① 该税号项下检验检疫编码及对应中文名称尚有：106　其他未分类商品（多足虫类动物），107　其他未分类商品（其他植物有害生物），108　其他未分类商品（土壤），109　其他未分类商品（科研用试剂和其他材料），110　其他未分类商品（其他植物检疫类特殊物品），999　其他未分类商品（单项记录价值≤2000RMB的非税、非证进口商品）。

附　表

附表1　对原产于美国的汽车及零部件暂停加征关税商品清单*

对美暂停加征25%关税商品清单一

序号	税号①	商品名称②
1	87032342	仅装点燃式发动机的越野车,1.5L<排气量≤2L
2	87032343	仅装点燃式发动机的小客车,1.5L<排气量≤2L
3	87032352	仅装点燃式发动机的越野车,2L<排气量≤2.5L
4	87032353	仅装点燃式发动机的小客车,2L<排气量≤2.5L
5	87032362	仅装点燃式发动机的越野车,2.5L<排气量≤3L
6	87032363	仅装点燃式发动机的小客车,2.5L<排气量≤3L
7	87032412	仅装点燃式发动机的越野车,3L<排气量≤4L
8	87032413	仅装点燃式发动机的小客车,3L<排气量≤4L
9	87032422	仅装点燃式发动机的越野车,排气量>4L
10	87033312	仅装柴油或半柴油发动机的越野车,2.5L<排气量≤3L
11	87034032	装有点燃式发动机的混合动力电动越野车(非插电),1.5L<排气量≤2L
12	87034033	装有点燃式发动机的混合动力电动小客车(非插电),1.5L<排气量≤2L
13	87034042	装有点燃式发动机的混合动力电动越野车(非插电),2L<排气量≤2.5L
14	87034043	装有点燃式发动机的混合动力电动小客车(非插电),2L<排气量≤2.5L
15	87034052	装有点燃式发动机的混合动力电动越野车(非插电),2.5L<排气量≤3L
16	87034053	装有点燃式发动机的混合动力电动小客车(非插电),2.5L<排气量≤3L
17	87034062	装有点燃式发动机的混合动力电动越野车(非插电),3L<排气量≤4L
18	87034063	装有点燃式发动机的混合动力电动小客车(非插电),3L<排气量≤4L
19	87034072	装有点燃式发动机的混合动力电动越野车(非插电),排气量>4L
20	87034090	装有点燃式发动机的其他混合动力电动车(非插电)
21	87035052	装有压燃式发动机的混合动力电动越野车(非插电),2.5L<排气量≤3L
22	87035090	装有压燃式发动机的其他混合动力电动车(非插电)
23	87036000	装有点燃式发动机的混合动力电动车(可插电)
24	87037000	装有压燃式发动机的混合动力电动车(可插电)
25	87038000	纯电动车
26	87039000	其他车辆
27	87043100	装有点燃式发动机的货车,车重≤5吨
28	87084099	其他未列名机动车辆用变速箱及其零件

注:①为我国2018年《中华人民共和国进出口税则》中的税则号列;
②商品名称仅供参考,具体商品范围以2018年《中华人民共和国进出口税则》中的税则号列对应的商品范围为准。

对美暂停加征25%关税商品清单二

序号	税号①	商品名称②
1	87021020	仅装柴油或半柴油发动机的机坪客车
2	87021091	仅装柴油或半柴油发动机的大型客车(30座及以上)
3	87021092	仅装柴油或半柴油发动机的中型客车(20座至29座)
4	87022010	装柴油或半柴油发动机的混合动力电动机坪客车
5	87022091	装柴油或半柴油发动机的混合动力电动大型客车(30座及以上)
6	87022092	装柴油或半柴油发动机的混合动力电动中型客车(20座至29座)
7	87022093	装柴油或半柴油发动机的混合动力电动小型客车(10座至19座)
8	87023010	装点燃式发动机的混合动力电动大型客车(30座及以上)
9	87023020	装点燃式发动机的混合动力电动中型客车(20座至29座)
10	87023030	装点燃式发动机的混合动力电动小型客车(10座至19座)
11	87024010	电动大型客车(30座及以上)
12	87024020	电动中型客车(20座至29座)
13	87024030	电动小型客车(10座至19座)
14	87029010	其他大型客车(30座及以上)
15	87029020	其他中型客车(20座至29座)
16	87029030	其他小型客车(10座至19座)

* 从2019年1月1日起至2019年3月31日，国务院关税税则委员会决定对原产于美国的汽车及零部件暂停加征关税3个月，涉及211个税目。

序号	税号①	商品名称②
17	87031011	全地形车
18	87031019	其他高尔夫球车及类似车辆
19	87031090	雪地行走专用车
20	87032130	仅装点燃式发动机的小轿车,排气量≤1L
21	87032140	仅装点燃式发动机的越野车,排气量≤1L
22	87032150	仅装点燃式发动机的小客车,排气量≤1L
23	87032190	仅装点燃式发动机的其他车辆,排气量≤1L
24	87032230	仅装点燃式发动机的小轿车,1L<排气量≤1.5L
25	87032240	仅装点燃式发动机的越野车,1L<排气量≤1.5L
26	87032250	仅装点燃式发动机的小客车,1L<排气量≤1.5L
27	87032290	仅装点燃式发动机的其他车辆,1<排气量≤1.5L
28	87032341	仅装点燃式发动机的小轿车,1.5L<排气量≤2L
29	87032349	仅装点燃式发动机的其他车辆,1.5L<排气量≤2L
30	87032351	仅装点燃式发动机的小轿车,2L<排气量≤2.5L
31	87032359	仅装点燃式发动机的其他车辆,2L<排气量≤2.5L
32	87032361	仅装点燃式发动机的小轿车,2.5L<排气量≤3L
33	87032369	仅装点燃式发动机的其他车辆,2.5L<排气量≤3L
34	87032411	仅装点燃式发动机的小轿车,3L<排气量≤4L
35	87032419	仅装点燃式发动机的其他车辆,3L<排气量≤4L
36	87032421	仅装有点燃式发动机的小轿车,排气量>4L
37	87032423	仅装有点燃式发动机的小客车,排气量>4L
38	87032429	仅装点燃式发动机的其他车辆,排气量>4L
39	87033111	仅装柴油或半柴油发动机的小轿车,排气量≤1L
40	87033119	仅装柴油或半柴油发动机的其他车辆,排气量≤1L
41	87033121	仅装柴油或半柴油发动机的小轿车,1L<排气量≤1.5L
42	87033122	仅装柴油或半柴油发动机的越野车,1L<排气量≤1.5L
43	87033123	仅装柴油或半柴油发动机的小客车,1L<排气量≤1.5L
44	87033129	仅装柴油或半柴油发动机的其他车辆,1L<排气量≤1.5L
45	87033211	仅装柴油或半柴油发动机的小轿车,1.5L<排气量≤2L
46	87033212	仅装柴油或半柴油发动机的越野车,1.5L<排气量≤2L
47	87033213	仅装柴油或半柴油发动机的小客车,1.5L<排气量≤2L
48	87033219	仅装柴油或半柴油发动机的其他车辆,1.5L<排气量≤2L
49	87033221	仅装柴油或半柴油发动机的小轿车,2L<排气量≤2.5L
50	87033222	仅装柴油或半柴油发动机的越野车,2L<排气量≤2.5L
51	87033223	仅装柴油或半柴油发动机的小客车,2L<排气量≤2.5L
52	87033229	仅装柴油或半柴油发动机的其他车辆,2L<排气量≤2.5L
53	87033311	仅装柴油或半柴油发动机的小轿车,2.5L<排气量≤3L
54	87033313	仅装柴油或半柴油发动机的小客车,2.5L<排气量≤3L
55	87033319	仅装柴油或半柴油发动机的其他车辆,2.5L<排气量≤3L
56	87033321	仅装柴油或半柴油发动机的小轿车,3L<排气量≤4L
57	87033322	仅装柴油或半柴油发动机的越野车,3L<排气量≤4L
58	87033323	仅装柴油或半柴油发动机的小客车,3L<排气量≤4L
59	87033329	仅装柴油或半柴油发动机的其他车辆,3L<排气量≤4L
60	87033361	仅装柴油或半柴油发动机的小轿车,排气量>4L
61	87033362	仅装柴油或半柴油发动机的越野车,排气量>4L
62	87033363	仅装柴油或半柴油发动机的小客车,排气量>4L
63	87033369	仅装柴油或半柴油发动机的其他车辆,排气量>4L
64	87034011	装有点燃式发动机的混合动力电动小轿车(非插电),排气量≤1L
65	87034012	装有点燃式发动机的混合动力电动越野车(非插电),排气量≤1L
66	87034013	装有点燃式发动机的混合动力电动小客车(非插电),排气量≤1L
67	87034019	装有点燃式发动机的其他混合动力电动车(非插电),排气量≤1L
68	87034021	装有点燃式发动机的混合动力电动小轿车(非插电),lL<排气量≤1.5L
69	87034022	装有点燃式发动机的混合动力电动越野车(非插电),1L<排气量≤1.5L
70	87034023	装有点燃式发动机的混合动力电动小客车(非插电),1L<排气量≤1.5L
71	87034029	装有点燃式发动机的其他混合动力电动车(非插电),IL<排气量≤1.5L
72	87034031	装有点燃式发动机的混合动力电动小轿车(非插电),1.5L<排气量≤2L
73	87034039	装有点燃式发动机的其他混合动力电动车(非插电),1.5L<排气量≤2L
74	87034041	装有点燃式发动机的混合动力电动小轿车(非插电),2L<排气量≤2.5L
75	87034049	装有点燃式发动机的其他混合动力电动车(非插电),2L<排气量≤2.5L
76	87034051	装有点燃式发动机的混合动力电动的小轿车(非插电),2.5L<排气量≤3L

序号	税号①	商品名称②
77	87034059	装有点燃式发动机的其他混合动力电动车(非插电),2.5L<排气量≤3L
78	87034061	装有点燃式发动机的混合动力电动小轿车(非插电),3L<排气量≤4L
79	87034069	装有点燃式发动机的其他混合动力电动车(非插电),3L<排气量≤4L
80	87034071	装有点燃式发动机的混合动力电动小轿车(非插电),排气量>4L
81	87034073	装有点燃式发动机的混合动力电动小客车(非插电),排气量>4L
82	87034079	装有点燃式发动机的其他混合动力电动车(非插电),排气量>4L
83	87035011	装有压燃式发动机的混合动力电动小轿车(非插电),排气量≤1L
84	87035019	装有压燃式发动机的其他混合动力电动车(非插电),排气量≤1L
85	87035021	装有压燃式发动机的混合动力电动小轿车(非插电),1L<排气量≤1.5L
86	87035022	装有压燃式发动机的混合动力电动越野车(非插电),1L<排气量≤1.5L
87	87035023	装有压燃式发动机的混合动力电动小客车(非插电),IL<排气量≤1.5L
88	87035029	装有压燃式发动机的其他混合动力电动车(非插电),1L<排气量≤1.5L
89	87035031	装有压燃式发动机的混合动力电动小轿车(非插电),1.5L<排气量≤2L
90	87035032	装有压燃式发动机的混合动力电动越野车(非插电),1.5L<排气量≤2L
91	87035033	装有压燃式发动机的混合动力电动小客车(非插电),1.5L<排气量≤2L
92	87035039	装有压燃式发动机的其他混合动力电动车(非插电),1.5L<排气量≤2L
93	87035041	装有压燃式发动机的混合动力电动小轿车(非插电),2L<排气量≤2.5L
94	87035042	装有压燃式发动机的混合动力电动越野车(非插电),2L<排气量≤2.5L
95	87035043	装有压燃式发动机的混合动力电动小客车(非插电),2L<排气量≤2.5L
96	87035049	装有压燃式发动机的其他混合动力电动车(非插电),2L<排气量≤2.5L
97	87035051	装有压燃式发动机的混合动力电动小轿车(非插电),2.5L<排气量≤3L
98	87035053	装有压然式发动机的混合动力电动小客车(非插电),2.5L<排气量≤3L
99.	87035059	装有压燃式发动机的其他混合动力电动车(非插电),2.5L<排气量≤3L
100	87035061	装有压燃式发动机的混合动力电动小轿车(非插电),3L<排气量≤4L
101	87035062	装有压燃式发动机的混合动力电动越野车(非插电),3L<排气量≤4L
102	87035063	装有压燃式发动机的混合动力电动小客车(非插电),3L<排气量≤4L
103	87035069	装有压燃式发动机的其他混合动力电动车(非插电),3L<排气量≤4L
104	87035071	装有压燃式发动机的混合动力电动小轿车(非插电),排气量>4L
105	87035072	装有压燃式发动机的混合动力电动越野车(非插电),排气量>4L
106	87035073	装有压燃式发动机的混合动力电动小客车(非插电),排气量>4L
107	87035079	装有压燃式发动机的其他混合动力电动车(非插电),排气量>4L
108	87041030	非公路用电动轮货运自卸车
109	87041090	其他非公路用货运自卸车
110	87042100	装有柴油或半柴油发动机的货车,车重≤5 吨
111	87042230	装有柴油或半柴油发动机的货车,5 吨<车重<14 吨
112	87042240	装有柴油或半柴油发动机的货车,14 吨<车重≤20 吨
113	87042300	装有柴油或半柴油发动机的货车,车重>20 吨
114	87043230	装有点燃式发动机的货车,5 吨<车重≤8 吨
115	87043240	装有点燃式发动机的货车,车重>8 吨
116	87049000	其他货车

注:①为我国 2018 年《中华人民共和国进出口税则》中的税则号列;

②商品名称仅供参考,具体商品范围以 2018 年《中华人民共和国进出口税则》中的税则号列对应的商品范围为准。

对美暂停加征 5%关税商品清单二

序号	税号①	商品名称②
1	87021093	仅装柴油或半柴油发动机的小型客车(10 座至 19 座)
2	87060010	非公路用货运自卸车底盘
3	87060021	车重>14 吨的货车底盘
4	87060022	车重<14 吨的货车底盘
5	87060030	大型客车底盘
6	87060040	汽车起重机底盘
7	87060090	其他机动车辆底盘
8	87081000	缓冲器(保险杠)及其零件
9	87082100	座椅安全带
10	87082930	车窗玻璃升降器
11	87082941	汽车电动天窗
12	87082942	汽车手动天窗
13	87082951	侧围
14	87082952	车门

序号	税号①	商品名称②
15	87082953	发动机罩盖
16	87082954	前围
17	87082955	行李箱盖(或背门)
18	87082956	后围
19	87082957	翼子板(或叶子板)
20	87082959	车身的其他覆盖件
21	87082990	车身的未列名零件、附件
22	87083010	装在蹄片上的制动摩擦片
23	87083029	其他车辆用防抱死制动系统(ABS)
24	87083091	牵引车、拖拉机用制动器及其零件
25	87083092	大型客车用制动器及其零件
26	87083093	非公路自卸车用制动器及其零件
27	87083094	柴、汽油轻型货车用制动器及其零件
28	87083095	重型货车用制动器及其零件
29	87083096	税目8705特种车用制动器及其零件
30	87085073	非公路自卸车用驱动桥及其零件
31	87085074	柴、汽油轻型货车用驱动桥及其零件
32	87085075	重型货车用驱动桥及其零件
33	87085076	税目8705特种车用驱动桥及其零件
34	87085079	其他未列名机动车辆用驱动桥及其零件
35	87085081	牵引车、拖拉机用非驱动桥及其零件
36	87085082	大型客车用非驱动桥及其零件
37	87085083	非公路自卸车用非驱动桥及其零件
38	87085084	柴、汽油轻型货车用非驱动桥及其零件
39	87085085	重型货车用非驱动桥及其零件
40	87085089	其他未列名机动车辆用非驱动桥及其零件
41	87087010	牵引车、拖拉机用车轮及其零件、附件
42	87087020	大型客车用车轮及其零件、附件
43	87087030	非公路自卸车用车轮及其零件、附件
44	87087040	柴、汽油轻型货车用车轮及其零件、附件
45	87087050	重型货车用车轮及其零件、附件
46	87087060	税目8705特种车用车轮及其零件、附件
47	87087091	铝合金制的车轮及其零件、附件
48	87087099	其他车轮及其零件、附件
49	87089320	大型客车用离合器及其零件
50	87089330	非公路自卸车用离合器及其零件
51	87089340	柴、汽油轻型货车用离合器及其零件
52	87089350	重型货车用离合器及其零件
53	87089360	税目8705特种车用离合器及其零件
54	87089390	其他未列名机动车辆用离合器及其零件
55	87089500	机动车辆的安全气囊装置
56	87089910	牵引车、拖拉机用其他零件、附件
57	87089921	大型客车用车架
58	87089929	大型客车用其他零件、附件
59	87089931	非公路自卸车用车架
60	87089939	非公路自卸车用其他零件、附件
61	87089941	柴、汽油轻型货车用车架
62	87089949	柴、汽油轻型货车用其他零件、附件
63	87089951	重型货车用车架
64	87089959	重型货车用其他零件、附件
65	87089960	税目8705特种车用其他零件、附件
66	87089991	其他未列名机动车辆用车架
67	87089992	其他未列名机动车辆用传动轴

注:①为我国2018年《中华人民共和国进出口税则》中的税则号列;

②商品名称仅供参考,具体商品范围以2018年《中华人民共和国进出口税则》中的税则号列对应的商品范围为准。

附表 2 美国对从中国进口产品加征进口关税清单(第一批、第二批)

HTS subheading	Product Description
28443010	Thorium compounds
28443020	Compounds of uranium depleted in U235
28443050	Uranium depleted in U235, thorium; alloys, dispersions, ceramic products and mixtures of these products and their compounds
28459000	Isotopes not in heading 2844 and their compounds other than heavy water
29146200	Coenzyme Q10 (ubidecarenone (INN)
29146921	Quinone drugs
29189914	2-(4-Chloro-2-methyl-phenoxy) propionic acid and its salts
29189930	Aromatic drugs derived from carboxylic acids with additional oxygen function, and their derivatives, nesoi
29214600	Amfetamine (INN), benzfetamine (INN), dexamfetamine (INN), etilamfetamine (INN), and other specified INNs; salts thereof
29214932	Fast color bases of aromaticmonamines and their derivatives
29214938	Aromatic monoamine antidepressants, tranquilizers and other psychotherapeutic agents, nesoi
29214943	Aromatic monoamine drugs, nesoi
29221909	Aromatic amino-alcohols drugs, their ethers and esters, other than those containing>one kind of oxygen function; salts thereof; nesoi
29221990	Salts of triethanolamine
29221996	Amino-alcohols, other than those containing more than one kind of oxygen function, their ethers and esters and salts thereof, nesoi
29225013	Isoetharine hydrochloride and other specified aromatic drugs of amino-compounds with oxygen function
29225014	Other aromatic cardiovascular drugs of amino-compounds with oxygen function
29225017	Aromatic dermatological agents and local anesthetics of amino-compounds with oxygen function
29225019	Aromatic guaiacol derivatives of amino-compounds with oxygen function
29242905	Biligrafin acid; 3,5-diacetamido-2,4,6-triiodobenzoic acid; and metrizoic acid
29242936	Naphthol AS and derivatives, nesoi
29242952	Aromatic cyclic amides for use as fast color bases
29242957	Diethylaminoacetoxylidide (Lidocaine)
29242962	Other aromatic cyclic amides and derivatives for use as drugs
29280010	Methyl ethyl ketoxime
29319010	4,4′-Diphenyl-bis-phosphonous acid, di(2′,2″,4′,4″-di-tert-butyl) phenyl ester
29329961	Aromatic heterocyclic compounds with oxygen hetero-atom(s) only described in additional U.S. note 3 to section VI, nesoi
29333915	Quinuclidin-3-ol
29339942	Acriflavin; Acriflavin hydrochloride; Carbadox; Pyrazinamide
29339951	Hydralazine hydrochloride
29339958	Droperidol; and Imipramine hydrochloride
29349901	Mycophenolate mofetil
29349905	5-Amino-3-phenyl-1,2,4-thiadiazole (3-Phenyl-5-amino-1,2,4-thiadiazole); and 3other specified aromatic/mod. aromatic heterocyclic compounds
29349906	7-Nitronaphth[1,2]oxadiazole-5-sulfonic acid and its salts
29349947	Nonaromatic drugs of other heterocyclic compounds, nesoi
29349970	Morpholinethyl chloride hydrochloride; 2-methyl-2,5-dioxo-1-oxa-2-phospholan; and 1 other specified nonaromatic chemical
29371100	Somatotropin, its derivatives and structural analogues
29371900	Polypeptide hormones, protein hormones and glycoprotein hormones, their derivatives and structural analogues, nesoi
29372325	Estradiol benzoate; and Estradiolcyclopentylpropionate (estradiol cypionate)
29375000	Prostaglandins, thromboxanes and leukotrienes, their derivatives and structural analogues
29379005	Epinephrine
29379040	l-Thyroxine (Levothyroxine), sodium
30012000	Extracts of glands or other organs or of their secretions fororganotherapeutic uses
30021100	Malaria diagnostic test kits
30021200	Antisera and other blood fractions including human blood and fetal bovine serum
30021300	Immunological products, unmixed, not put up in measured doses or in forms or packings for retail sale
30021400	Immunological products, mixed, not put up in measured doses or in forms or packings for retail sale
30021500	Immunological products, put up in measured doses or in forms or packings for retail sale
30021900	Blood fractions, nesoi
30022000	Vaccines for human medicine
30023000	Vaccines for veterinary medicine

HTS subheading	Product Description
30029010	Ferments, excluding yeasts
30029051	Human blood; animal blood prepared for therapeutic, prophylactic, diagnostic uses; toxins, cultures of micro-organismsnesoi & like products
30032000	Medicaments containing antibiotics, nesoi, not dosage form and not packaged for retail
30033100	Medicaments containing insulin, not dosage form and not packed for retail
30033910	Medicaments containing artificial mixtures of natural hormones, but not antibiotics, not dosage form and not packed for retail
30033950	Medicaments containing products of heading 2937, nesoi, but not antibiotics, not dosage form and not packed for retail
30034100	Medicaments containing ephedrine or its salts, not dosage form and not packed for retail
30034200	Medicaments containing pseudoephedrine (INN) or its salts, not dosage form and not packed for retail
30034300	Medicaments containing norephedrine or its salts, not dosage form and not packed for retail
30034900	Other medicaments containing alkaloids or derivatives thereof, nesoi, not dosage form and not packed for retail
30036000	Other medicaments containing antimalarial active principles described in subheading note 2 to this chapter, not dosage form and not packed for retail
30039001	Medicamentsnesoi, not dosage form and not packed for retail
30041010	Medicaments containing penicillin G salts, in dosage form and packed for retail
30041050	Medicaments cont.penicillins or streptomycins, nesoi, in dosage form or packed for retail
30042000	Medicaments containing antibiotics, nesoi, in dosage form or packed for retail
30043100	Medicaments containing insulin, in dosage form or packed for retail
30043200	Medicaments, containing adrenal cortical hormones, in dosage form or packed for retail
30043900	Medicaments, containing products of heading 2937nesoi, in dosage form or packed for retail
30044100	Medicaments containing ephedrine or its salts, in dosage form and packedfor retail
30044200	Medicaments containing pseudoephedrine (INN) or its salts, in dosage form and packed for retail
30044300	Medicaments containing norephedrine or its salts, in dosage form and packed for retail
30044900	Other medicaments containing alkaloids or derivatives thereof, nesoi, in dosage form and packed for retail
30045010	Medicaments containing vitamin B2 synthesized from aromatic or mod. aromatic compounds, in dosage form or packed for retail
30045020	Medicaments containing vitamin B12 synthesized from aromatic or mod. aromatic compounds, in dosage form or packed for retail
30045030	Medicaments containing vitamin E synthesized from aromatic or mod. aromatic compounds, in dosage form or packed for retail
30045040	Medicaments containing vitaminsnesoi, synthesized from aromatic or mod. aromatic compounds, in dosage form or packed for retail
30045050	Medicaments containing vitamins or other products of heading 2936, nesoi, in dosage form or packed for retail
30046000	Other medicaments containing antimalarial active principles described in subheading note 2 to this chapter, in dosage form and packed for retail
30049010	Medicaments containing antigens or hyaluronic acid or its sodium salt, nesoi, in dosage form or packed for retail
30049092	Medicamentsnesoi, in dosage form and packed for retail
30051010	Adhesive dressings and other articles having an adhesive layer, coated or impregnated with pharmaceutical substances, packed for retail
30061001	Sterile surgical catgut, suture materials, tissue adhesives for wound closure, laminaria, laminaria tents, and absorbablehemostatics
30062000	Blood-grouping reagents
30063010	Opacifying preparation for X-ray examination; diagnostic reagent designed to be administered to the patient; all cont. antigens or antisera
30064000	Dental cements and other dental fillings; bone reconstruction cements
30066000	Chemical contraceptive preparations based on hormones or spermicides
30067000	Gel preparation use human/veterinary medicine lubricant in surgical operation, physical exam or coupling agent tween body & med instrument
30069100	Appliances identifiable for ostomy use
38200000	Antifreezing preparations and prepared de-icing fluids
40061000	"Camel-back" strips ofunvulcanized rubber, for retreading rubber tires
40091200	Tubes, pipes and hoses of vulcanized rubber other than hard rubber, not reinforced or combined w/other materials, with fittings
40094200	Tubes, pipes and hoses of vulcanized rubber other than hard rubber, reinforced or combined with other materialsnesoi, with fittings
40101100	Conveyor belts or belting of vulcanized rubber reinforced only with metal
40113000	New pneumatic tires, of rubber, of a kind used on aircraft
40121300	Retreaded pneumatic tires, of rubber, of a kind used on aircraft
40121980	Retreaded pneumatic tires (nonradials), of rubber, not elsewhere specified or included
40169915	Caps, lids, seals, stoppers and other closures, of noncellular vulcanized rubber other than hard rubber
72071100	Iron or nonalloy steelsemifinished products, w/less than 0.25% carbon, w/rect. cross sect. (incl. sq.), w/width less than twice thickness
72071200	Iron or nonalloy steelsemifinished products, w/less than 0.25% carbon, w/rect. cross sect. (exclud. sq.), nesoi
72071900	Iron or nonalloy steelsemifinished products, w/less than 0.25% carbon, o/than w/rect. cross section
72072000	Iron or nonalloy steelsemifinished products, w/0.25% or more of carbon
72081015	Iron/nonalloy steel, width 600mm+, hot-rolled flat-rolled products, w/patterns in relief, in coils, pickled, not clad/plated/coated
72081060	Iron/nonalloysteel, width 600mm+, hot-rolled flat-rolled product, in coil, w/pattern in relief, w/thick<4.75mm, not pickld, not clad/plated/coatd

HTS subheading	Product Description
72082530	Nonalloy hi-strength steel, width 600mm+, hot-rolled flat-rolled products, in coils, w/thick 4.75mm+, pickled, not clad/plated/coated
72082560	Iron/nonalloy steel, width 600mm+, hot-rolled flat-rolled products, in coils, w/thick 4.7mm or more, pickled, not clad/plated/coated
72082600	Iron/nonalloy steel, width 600mm+, hot-rolled flat-rolled products, in coils, w/thick 3mm ormor but less 4.75mm, pickled, not clad/plated
72082700	Iron/nonalloy steel, width 600mm+, hot-rolled flat-rolled products, in coils, w/thick less than 3mm, pickled, not clad/plated/coated
72083600	Iron/nonalloy steel, width 600mm+, hot-rolled flat-rolled products, in coils, w/thick o/10mm, not pickled/clad/plated/coated
72083700	Iron/nonalloy steel, width 600mm+, hot-rolled flat-rolled products, in coils, w/thick 4.75mm or more & n/o 10mm, not pickled/clad/plated
72083800	Iron/nonalloy steel, width 600mm+, hot-rolled flat-rolled products, in coils, w/thick 3mm or more & less 4.75mm, notpickld/clad/plated
72083900	Iron/nonalloy steel, width 600mm+, hot-rolled flat-rolled products, in coils, w/thick less than 3mm, not pickled/clad/plated/coated
72084030	Iron/nonalloy steel, width 600mm+, hot-rolled flat-rolled products, w/pattern in relief, not coils, w/thick 4.75 or more, n/clad/plated/coated
72085100	Iron/nonalloy steel, width 600mm+, hot-rolled flat-rolled products, nesoi, not in coils, w/thick o/10mm, not clad/plated/coated
72085200	Iron/nonalloy steel, width 600mm+, hot-rolled flat-rolled products, nesoi, not in coils, w/thick 4.75mm+ but n/o 10mm, not clad/plated/
72085300	Iron/nonalloy steel, width 600mm+, hot-rolled flat-rolled products, nesoi, not in coils, w/thick 3mm+ but<4.75mm, not clad/plated/coated
72091825	Nonalloy steel(blackplate), width 600mm+, cold-rolled flat-rolled products, in coils, w/thick less than 0.361mm, not clad/plated/coated
72091860	Iron/nonalloy steel, width 600mm+, cold-rolled flat-rolled products, in coils, w/thick 0.361mm+ but less 5mm, not clad/plated/coated
72101100	Iron/nonalloy steel, width 600mm+, flat-rolled products, plated or coated with tin, w/thick. 0.5 mm or more
72102000	Iron/nonalloy steel, width 600mm+, flat-rolled products, plated or coated with lead, including terneplate
72106100	Iron/nonalloy steel, width 600mm+, flat-rolled products, plated or coated with aluminum-zinc alloys
72106900	Iron/nonalloy steel, width 600mm+, flat-rolled products, plated or coated with aluminum o/than aluminum-zinc alloy
72107030	Iron/nonalloy steel, width 600mm+, flat-rolled products, painted/varnished or coated w/plastic but not plated/coated or clad w/metal
72111300	Iron/nonalloy steel, width lessth/600mm, hot-rolled flat-rolled universal mill plate, not clad/plated/coated
72111400	Iron/nonalloy steel, width lessth/600mm, hot-rolled flat-rolled products, nesoi, w/thick of 4.75mm or more, not clad/plated/coated
72111920	Iron/nonalloy steel, nesoi, width less th/300mm, hot-rolled flat-rolled products, w/thick o/1.25 mm but n/o 4.75 mm, n/clad/plated/coated
72111930	Iron/nonalloy steel, nesoi, width less th/300mm, hot-rolled flat-rolled products, w/thick 1.25mm or less, not clad/plated/coated
72111975	Iron/nonalloy steel, nesoi, width 300mm+ but less th/600mm, hot-rolled flat-rolled products, not pickled, not clad/plated/coated
72112315	Nonalloy hi-strength steel, width lessth/300mm, cold-rolled flat-rolled, <0.25% carbon, w/thick o/1.25mm, not clad/plated/coated
72112330	Iron/nonalloy steel, nesoi, width less th/300mm, cold-rolled flat-rolled, <0.25% carbon, w/thick o/0.25mm n/o 1.25mm, not clad/plated
72112360	Iron/nonalloy steel, nesoi, width 300mm+ but less th/600mm, cold-rolled flat-rolled, <0.25% carbon, not clad/plated/coated
72112920	Iron/nonalloy steel, width lessth/300mm, cold-rolled flat-rolled, w/0.25% or more carbon, w/thick o/0.25mm, not clad/plated/coated
72112960	Iron/nonalloy steel, width 300mm+ but lessth/600mm, cold-rolled flat-rolled, w/0.25% or more carbon, not clad/plated/coated
72119000	Iron/nonalloy steel, width lessth/600mm, flat-rolled further worked than cold-rolled, not clad, plated or coated
72121000	Iron/nonalloy steel, width lessth/600mm, flat-rolled products, plated or coated with tin
72122000	Iron/nonalloy steel, width lessth/600mm, flat-rolled products, electrolytically plated or coated with zinc
72123010	Iron/nonalloy steel, width lessth/300mm, flat-rolled products, plated/coated with zinc (other than electrolytically), w/thick o/0.25mm
72123050	Iron/nonalloy steel, width 300+ but lessth/600mm, flat-rolled products, plated or coated with zinc (other than electrolytically)
72124010	Iron/nonalloy steel, width lessth/300mm, flat-rolled products, painted, varnished or coated w/plastic
72125000	Iron/nonalloy steel, width lessth/600mm, flat-rolled products, plated or coated nesoi
72126000	Iron/nonalloy steel, width lessth/600mm, flat-rolled products, clad
72131000	Iron/nonalloy, concrete reinforcing bars and rods in irregularly wound coils, hot-rolled
72139130	Iron/nonalloy steel, nesoi, hot-rolled bars & rods in irregularly wound coils, w/cir. x-sect. diam.<14mm, n/tempered/treated/partlymfd
72139145	Iron/nonalloy steel, nesoi, hot-rolled bars & rods in irregularly wound coils, w/cir. x-sect. diam.<14mm, w/0.6%+ of carbon, nesoi
72139900	Iron/nonalloy steel, nesoi, hot-rolled bars & rods, w/cir. x-sect. diam 14+mm or non-circ. x-sect., in irregularly wound coils, nesoi
72141000	Iron/nonalloy steel, forged bars and rods, not in coils
72142000	Iron/nonalloy steel, concrete reinforcing bars and rods, not further worked than hot-rolled, hot-drawn or hot-extruded, n/coils
72143000	Free-cutting steel, bars and rods, not further worked than hot-rolled, hot-drawn or hot-extruded, n/coils, nesoi
72149100	Iron/nonalloy steel, bars and rods, not further worked than hot-rolled, hot-drawn or hot-extruded, w/rectangular (o/than square) X-section
72151000	Free-cutting steel, bars and rods, not further worked than cold-formed or cold-finished, not in coils
72155000	Iron/nonalloy steelnesoi, bars and rods, not further wkd. than cold-formed or cold-finished, not in coils
72161000	Iron/nonalloy steel, U, I or H-sections, not further worked than hot-rolled, hot-drawn or extruded, w/height under 80 mm
72163100	Iron/nonalloy steel, U-sections, not further worked than hot-rolled, hot-drawn or extruded, w/height of 80 mm or more
72163200	Iron/nonalloy steel, I-sections (standard beams), not further worked than hot-rolled, hot-drawn or extruded, w/height 80 mm or more
72163300	Iron/nonalloy steel, H-sections, not further worked than hot-rolled, hot-drawn or extruded, w/height 80 mm or more
72171070	Iron/nonalloy steel, flat wire, w/0.25% or more carbon, not plated or coated
72181000	Stainless steel, ingots and other primary forms
72189100	Stainless steel, semifinished products of rectangular (other than square) cross-section
72189900	Stainless steel, semifinished products, other than of rectangular (other than square) cross-section
72191100	Stainless steel, width 600mm+, hot-rolled flat-rolled products, in coils, w/thickness o/10 mm

HTS subheading	Product Description
72191300	Stainless steel, width 600mm+, hot-rolled flat-rolled products, in coils, w/thick. 3 mm or more but less than 4.75 mm
72192100	Stainless steel, width 600mm+, hot-rolled flat-rolled products, not in coils, w/thickness o/10 mm
72192300	Stainless steel, width 600mm+, hot-rolled flat-rolled products, not in coils, w/thick. 3 mm or more but less than 4.75 mm
72192400	Stainless steel, width 600mm+, hot-rolled flat-rolled products, not in coils, w/thickness less than 3 mm
72201100	Stainless steel, width lessth/600mm, hot-rolled flat-rolled products, w/thickness of 4.75 mm or more
72201210	Stainless steel, width 300m+ but lessth/600mm, hot-rolled flat-rolled products, w/thickness of less than 4.75 mm
72202010	Stainless steel, width 300+ but lessth/600mm, cold-rolled flat-rolled products
72202060	Stainless steel, width lessth/300mm, cold-rolled flat-rolled products, w/thickness o/1.25 mm
72202080	Stainless razor blade steel, width lessth/300mm, cold-rolled flat-rolled, w/thickness n/o 0.25 mm
72202090	Stainless steel (o/than razor blade steel), width lessth/300mm, cold-rolled flat-rolled products, w/thickness n/o 0.25 mm
72221100	Stainless steel, bars and rods, hot-rolled, hot-drawn or extruded, of circular cross-section
72221900	Stainless steel, bars and rods, hot-rolled, hot-drawn or extruded, other than of circular cross-section
72222000	Stainless steel, bars and rods, not further worked than cold-formed or cold-finished, nesoi
72224030	Stainless steel, angles, shapes & sections, hot-rolled, not drilled/punched or otherwise advanced
72230090	Stainless steel, wire (other than round or flat wire)
72241000	Alloy (o/than stainless) steel, ingots and other primary forms
72249000	Alloy (o/than stainless) steel, semifinished products
72251900	Alloy silicon electrical steel (other than grain-oriented), width 600mm+, flat-rolled products
72253011	Alloy tool steel, width 600mm+, hot-rolled flat-rolled products, in coils, w/thick. of 4.75 mm or more
72253051	Alloy tool steel, width 600mm+, hot-rolled flat-rolled products, in coils, w/thick. of less than 4.75 mm
72254070	Alloy (o/th stainless, silicon elect., hi-speed, or tool) steel, width 600mm+, hot-rolled flat-rolled prod., n/coils, w/thick less 4.75mm
72255070	Alloy heat-resisting steel, width 600mm+, cold-rolled flat-rolled products, w/thickness less than 4.75 mm
72255080	Alloy steel (o/th heat-resisting), width 600mm+, cold-rolled flat-rolled products, w/thickness less than 4.75 mm
72259100	Alloy steel, width 600mm+, flat-rolled products further worked than cold-rolled, electrolytically plated or coated with zinc
72259200	Alloy steel, width 600mm+, flat-rolled products further worked than cold-rolled, plated or coated with zinc (o/than electrolytically)
72259900	Alloy steel, width 600mm+, flat-rolled products further worked than cold-rolled, nesoi
72261110	Alloy silicon electrical steel (grain-oriented), width 300mm+ but lessth/600mm, flat-rolled products
72261190	Alloy silicon electrical steel (grain-oriented), width lessth/300mm, flat-rolled products
72261910	Alloy silicon electrical steel (o/than grain-oriented), width 300mm+ but less th/600mm, flat-rolled products
72261990	Alloy silicon electrical steel (o/than grain-oriented), width lessth/300mm, flat-rolled products
72269115	Alloy tool steel (o/than hi-speed/chipper knife), width 300mm+ but lessth/600mm, hot-rolled flat-rolled products
72269150	Alloy steel (o/than siliconelect./tool), width less th/600mm, hot-rolled flat-rolled products, w/thickness of 4.75 mm or more
72269210	Alloy tool steel (o/than hi-speed), width 300mm+ but lessth/600mm, cold-rolled flat-rolled products
72269230	Alloy tool steel (o/than hi-speed), width lessth/300mm, cold-rolled flat-rolled products
72269270	Alloy steel (o/than tool), width lessth/300mm, cold-rolled flat-rolled products, w/thickness n/o 0.25 mm
72269280	Alloy steel (o/than tool), width lessth/300mm, cold-rolled flat-rolled products, w/thickness o/0.25 mm
72269901	Alloy steel, width less than 600mm, flat-rolled products further worked than cold-rolled, nesoi
72272000	Alloy silico-manganese steel, bars and rods in irregularly wound coils, hot-rolled
72279010	Alloy tool steel (o/than hi-speed), bars & rods in irregular wound coils, hot-rolled, n/tempered, treated or partly manufactured
72279020	Alloy tool steel (o/than hi-speed), bars and rods in irregularly wound coils, hot-rolled, nesoi
72282010	Alloy silico-manganese steel, bars and rods, not cold-formed, o/than hot-rolled and in irregularly wound coils
72285050	Alloy steel (o/than tool), bars and rods, not further worked than cold-formed or cold-finished
72286010	Alloy tool steel (o/than hi-speed), bars and rods, further worked than hot-rolled, forged, cold-formed or cold-finished
72286060	Alloy steel (o/than tool), bars and rods, further worked than hot-rolled, forged but not cold-formed
72286080	Alloy steel (o/than tool), bars and rods, cold-formed
72299010	Alloy steel (o/than hi-speed/silico-mang.), flat wire
73021050	Alloy steel, rails for railway or tramway tracks
73041950	Alloy (other than stainless) steel, seamless line pipe used for oil or gas pipelines
73042430	Stainless steel, seamless casing pipe, threaded or coupled, of a kind used in drilling for oil or gas
73042440	Stainless steel, seamless casing pipe, not threaded or coupled, of a kind used in drilling for oil or gas
73042910	Iron (o/than cast) or nonalloy steel, seamless casing pipe, threaded or coupled, of a kind used in drilling for oil or gas
73042920	Iron (o/than cast) or nonalloy steel, seamless casing pipe, not threaded or coupled, of a kind used in drilling for oil or gas
73042931	Alloy (other than stainless) steel, seamless casing pipe, threaded or coupled, of a kind used in drilling for oil or gas
73042941	Alloy (other than stainless) steel, seamless casing pipe, not threaded or coupled, of a kind used in drilling for oil or gas
73042950	Iron (o/than cast) or nonalloy, seamless tubing, of a kind used in drilling for oil or gas
73042961	Alloy (other than stainless) steel, seamless tubing, of a kind used in drilling for oil or gas
73045960	Heat-resisting alloy steel (o/than stainless), seamless, n/cold-drawn/cold-rolled, tubes, pipes, etc., w/circ. cross sect., nesoi

HTS subheading	Product Description
73051150	Alloy steel, seamed, circ. w/cross sect. & ext. diam o/406.4mm, line pipe, long.submerg. arc weld., used for oil/gas pipelines
73051210	Iron or nonalloy steel, seamed, w/circ. cross sect. & ext. diam o/406.4mm, line pipe, long. weldednesoi, used for oil/gas
73051250	Alloy steel, seamed, w/circ. cross sect. & ext. diam o/406.4mm, line pipe, long. welded nesoi, used for oil/gas pipelines
73051910	Iron or nonalloy steel, seamed, w/circ. cross sect.& ext. diam o/406.4mm, line pipe, not long. welded, used for oil/gas
73051950	Alloy steel, seamed, w/circ. cross sect. & ext. diam o/406.4mm, line pipe, not long.welded, used for oil/gas pipelines
73052020	Iron or nonalloy steel, seamed, w/circ. cross sect. & ext. diam. o/406.4mm, casing pipe, threaded/coupled, of kind for drilling for oil/gas
73052040	Iron or nonalloy steel, seamed, w/circ. cross sect. & ext. diam. o/406.4mm, casing pipe, n/threaded/coupled, of kind for drill. for oil/gas
73052080	Alloy steel, seamed, w/circ. cross sect. & ext. diam. o/406.4mm, casing pipe, n/threaded/coupled, of kind for drilling for oil/gas
73053120	Steel, long. welded, w/circ. cross sect & ext. diam o/406.4mm, tapered pipes and tubes principally used as pts of illuminating arts.
73053160	Alloy steel, long. welded, w/circ. cross sect. & ext. diam. o/406.4mm, tubes and pipes, o/than used in oil/gas drill. or pipelines
73059010	Iron or nonalloy steel, seamed, w/circ. cross sect. & ext. diam. o/406.4mm, not welded, tubes and pipes, o/th used in oil/gas drill.etc
73059050	Alloy steel, seamed, w/circ. cross sect. & ext. diam. o/406.4mm, not welded, tubes and pipes, o/than used in oil/gas drill. or pipelines
73061100	Welded stainless steel, w/ext. diam 406.4mm or less or o/than circ. x-sect, line pipe of a kind used for oil and gas pipelines
73061910	Iron or nonalloy steel, seamed, w/ext. diam. 406.4mm or less or o/than circ. x-sect, line pipe of a kind used for oil and gas pipelines
73061951	Alloy steel, seamed (o/than welded stainless steel), w/ext. diam 406.4mm or less or o/than circ. x-sect, line pipe of a kind used for oil an
73062910	Iron or nonalloy steel, seamed, w/ext. diam 406.4mm or less or o/than circ. x-sect, threaded/coupled, casing of kind used in drill. oil/gas
73062920	Iron or nonalloy steel, seamed, w/ext. diam 406.4mm or less or o/than circ. x-sect, n/threaded/coupled, casing kind used drill for oil/gas
73062941	Alloy steel, seamed (o/than welded stainless steel), w/ext. diam 406.4mm or less or o/than circ. x-sect, n/threaded/coupled, casing of kind
73062960	Iron or nonalloy steel, seamed, w/ext. diam. 406.4mm or less or o/than circ. x-sect, tubing of a kind used for drilling for oil/gas
73063010	Iron or nonalloy steel, welded, w/circ. x-sect & ext. diam. 406.4mm or less, tubes, pipes, hollow profiles, w/wall thick. less than 1.65 mm
73063030	Nonalloy steel, welded, w/circ. x-sect & ext. diam. 406.4mm or less, tapered pipes & tubes, w/wall thick. of 1.65 mm+, pts. ofillum. arts.
73064050	Stainless steel, welded, w/circ. x-sect & ext. diam. 406.4mm or less, tubes, pipes, hollow profiles, w/wall thick. of 1.65 mm or more
73065010	Alloy steel (o/stainless), welded, w/circ. x-sect & ext. diam. 406.4mm or less, tubes, pipes, hollow prof., w/wall thick. lessth/1.65 mm
73066110	Iron or nonalloy steel, welded, w/square or rectangular x-sect, tubes, pipes and hollow profiles, w/wall thickness of 4 mm or more
73066130	Alloy steel, welded, w/square or rectangular x-sect, tubes, pipes and hollow profiles, w/wall thickness of 4 mm or more
73066150	Iron or nonalloy steel, welded, w/square or rectangular x-sect, tubes, pipes and hollow profiles, w/wall thickness less than 4 mm
73066910	Iron or nonalloy steel, welded, w/other non-circ. x-sect, tubes, pipes and hollow profiles, w/wall thickness of 4 mm or more
73066930	Alloy steel, welded, w/other non-circ. x-sect, tubes, pipes and hollow profiles, w/wall thickness of 4 mm or more
73066950	Iron or nonalloy steel, welded, w/other non-circ. x-sect, tubes, pipes and hollow profiles, w/wall thickness less than 4 mm
73066970	Alloy steel, welded, w/other non-circ. x-sect, tubes, pipes and hollow profiles, w/wall thickness less than 4 mm
73181600	Iron or steel, nuts
73202010	Iron or steel, helical springs, suitable for motor-vehicle suspension
73202050	Iron or steel, helical springs (o/than suitable for motor-vehicle suspension)
76011030	Aluminum (o/than alloy), unwrought, in coils, w/uniform x-section throughout length & w/least cross-sectional dimension n/o 9.5 mm
76011060	Aluminum (o/than alloy), unwroughtnesoi
76012060	Aluminum alloys, w/25% or more by weight of silicon, unwroughtnesoi
76012090	Aluminum alloysnesoi, unwrought nesoi
76041010	Aluminum (o/than alloy), profiles
76041030	Aluminum (o/than alloy), bar and rods, with a round cross section
76041050	Aluminum (o/than alloy), bar and rods, other than with a round cross section
76042100	Aluminum alloy, hollow profiles
76042910	Aluminum alloy, profiles (o/than hollow profiles)
76042930	Aluminum alloy, bars and rods, having a round cross section
76042950	Aluminum alloy, bars and rods, other than with a round cross section
76051100	Aluminum (o/than alloy), wire, with a maximum cross-sectional dimension over 7 mm
76051900	Aluminum (o/than alloy), wire, with a maximum cross-sectional dimension of 7 mm or less
76052100	Aluminum alloy, wire, with a maximum cross-sectional dimension over 7 mm
76052900	Aluminum alloy, wire, with a maximum cross-sectional dimension of 7 mm or less
76061160	Aluminum (o/than alloy), plates/sheets/strip, w/thick. o/0.2mm, rectangular (incl.sq), clad
76061230	Aluminum alloy, plates/sheets/strip, w/thick. o/0.2mm, rectangular (incl.sq), not clad
76061260	Aluminum alloy, plates/sheets/strip, w/thick. o/0.2mm, rectangular (incl.sq), clad
76069130	Aluminum (o/than alloy), plates/sheets/strip, w/thick. o/0.2mm, o/than rectangular (incl.sq), not clad
76069160	Aluminum (o/than alloy), plates/sheets/strip, w/thick. o/0.2mm, o/than rectangular (incl.sq), clad
76069230	Aluminum alloy, plates/sheets/strip, w/thick. o/0.2mm, o/than rectangular (incl.sq), not clad
76069260	Aluminum alloy, plates/sheets/strip, w/thick. o/0.2mm, o/than rectangular (incl.sq), clad
76071910	Aluminum, etched capacitor foil, w/thickness n/o 0.2 mm, not rolled or rolled and further worked, not backed

HTS subheading	Product Description
76071960	Aluminum, foilnesoi, w/thickness o/0.15mm but n/o 0.2 mm or 0.15mm or less & not cut to shape, not rolled, not backed, nesoi
76072010	Aluminum, foil, w/thickness n/o 0.2 mm, backed, covered or decorated with a character, design, fancy effect or pattern
76082000	Aluminum alloy, tubes and pipes
76090000	Aluminum, fittings for tubes and pipes
83021030	Iron or steel, aluminum, or zinc hinges and base metal parts thereof, designed for motor vehicles
84011000	Nuclear reactors
84012000	Machinery and apparatus for isotopic separation, and parts thereof
84013000	Fuel elements (cartridges), non-irradiated and parts thereof
84014000	Parts of nuclear reactors
84021100	Watertube boilers with a steam production exceeding 45 tons per hour
84021200	Watertube boilers with a steam production not exceeding 45 tons per hour
84021900	Vapor-generating boilers, including hybrid boilers, other thanwatertube boilers
84022000	Super-heated water boilers
84029000	Parts of steam- or other vapor-generating boilers
84031000	Central heating boilers (other than those of heading 8402)
84039000	Parts of central heating boilers (other than those of heading 8402)
84042000	Condensers for steam or other vapor power units
84049000	Parts for auxiliary plant for use with boilers of heading 8402 and 8403 and condensers for steam or vapor power units
84051000	Producer gas or water gas generators, acetylene gas generators and similar water process gas generators; with or without their purifiers
84059000	Parts for gas generators of subheading 8405.10
84061010	Steam turbines for marine propulsion
84061090	Vapor turbines (other than steam) for marine propulsion
84068190	Vapor turbines (excluding steam turbines) other than for marine propulsion, of an output exceeding 40 MW
84068290	Vapor turbines (excluding steam turbines) other than for marine propulsion, of an output not exceeding 40 MW
84071000	Spark-ignition reciprocating or rotary internal combustion piston engines for use in aircraft
84072100	Marine propulsion spark-ignition reciprocating or rotary internal-combustion piston engines for outboard motors
84072900	Marine propulsion spark-ignition reciprocating or rotary internal-combustion piston engines, nesi
84081000	Marine propulsion compression-ignition internal-combustion piston engines
84089010	Compression-ignition internal-combustion piston engines, to be installed in agricultural or horticultural machinery or equipment, nesi
84089090	Compression-ignition internal-combustion piston engines, for machinery or equipment, nesi
84091000	Parts for internal combustion aircraft engines
84101100	Hydraulic turbines and water wheels of a power not exceeding 1,000 kW
84101200	Hydraulic turbines and water wheels of a power exceeding 1,000 kW but not exceeding 10,000 kW
84101300	Hydraulic turbines and water wheels of a power exceeding 10,000 kW
84109000	Parts, including regulators, of hydraulic turbines and water wheels
84111140	Aircraft turbojets of a thrust not exceeding 25kN
84111180	Turbojets of a thrust not exceeding 25kN, other than aircraft
84111240	Aircraft turbojets of a thrust exceeding 25kN
84111280	Turbojets of a thrust exceeding 25kN, other than aircraft
84112140	Aircraftturbopropellers of a power not exceeding 1,100 kW
84112180	Turbopropellers of a power not exceeding 1,100 kW, other than aircraft
84112240	Aircraftturbopropellers of a power exceeding 1,100 kW
84112280	Turbopropellers of a power exceeding 1,100 kW, other than aircraft
84118140	Aircraft gas turbines other than turbojets orturbopropellers, of a power not exceeding 5,000 kW
84118180	Gas turbines other than turbojets orturbopropellers, of a power not exceeding 5,000 kW, other than aircraft
84118240	Aircraft gas turbines other than turbojets orturbopropellers, of a power exceeding 5,000 kW
84118280	Gas turbines, other than turbojets orturbopropellers of a power exceeding 5,000 kW, other than aircraft
84119110	Cast-iron parts of turbojets orturbopropellers machined only for removal of fins, gates, etc. or to permit location in machinery
84119190	Parts of turbojets orturbopropellers other than those of subheading 8411.91.10
84119910	Cast-iron parts of gas turbinesnesi, not advanced beyond cleaning, and machined for removal of fins, gates, sprues and risers
84119990	Parts of gas turbinesnesi, other than those of subheading 8411.99.10
84121000	Reaction engines other than turbojets
84122100	Hydraulic power engines and motors, linear acting (cylinders)
84122940	Hydrojet engines for marine propulsion
84122980	Hydraulic power engines and motors, nesi
84123100	Pneumatic power engines and motors, linear acting (cylinders)
84123900	Pneumatic power engines and motors, other than linear acting

HTS subheading	Product Description
84128010	Spring-operated and weight-operated motors
84128090	Engines and motors, nesi (excluding motors of heading 8501)
84129010	Parts ofhydrojet engines for marine propulsion
84131900	Pumps for liquids fitted or designed to be fitted with a measuring device, nesi
84134000	Concrete pumps for liquids, not fitted with a measuring device
84135000	Reciprocating positive displacement pumps for liquids, not fitted with a measuring device, nesi
84136000	Rotary positive displacement pumps for liquids, not fitted with a measuring device, nesi
84137010	Stock pumps imported for use with machines for making cellulosic pulp, paper or paperboard, not fitted with a measuring device
84137020	Centrifugal pumps for liquids, not fitted with a measuring device, nesi
84138100	Pumps for liquids, not fitted with a measuring device, nesi
84138200	Liquid elevators
84139110	Parts of fuel-injection pumps for compression-ignition engines
84139120	Parts of stock pumps imported for use with machines for making cellulosic pulp, paper or paperboard
84139190	Parts of pumps, nesi
84143040	Compressors of a kind used in refrigerating equipment (including air conditioning) not exceeding 1/4 horsepower
84143080	Compressors of a kind used in refrigerating equipment (incl. air conditioning) exceeding 1/4 horsepower
84145930	Turbocharger and supercharger fans
84148005	Turbocharger and supercharger air compressors
84148020	Gas compressors, nesi
84149030	Stators and rotors of goods of subheading 8414.30
84149041	Parts of air or gas compressors, nesoi
84149090	Parts of air or vacuum pumps and ventilating or recycling hoods
84159040	Chassis, chassis bases and other outer cabinets for air conditioning machines,
84159080	Parts for air conditioning machines, nesi
84161000	Furnace burners for liquid fuel
84162000	Furnace burners for pulverized solid fuel or for gas, including combination burners
84169000	Parts for furnace burners, mechanical stokers, mechanical grates, mechanical ash dischargers and similar appliances
84171000	Furnaces and ovens for the roasting, melting or other heat treatment of ores, pyrites or of metals
84172000	Bakery ovens, including biscuit ovens
84178000	Industrial or laboratory furnaces and ovensnesi, including incinerators, nonelectric
84179000	Parts for industrial or laboratory furnaces and ovens, including incinerators, nonelectric
84186901	Refrigerating or freezing equipmentnesi
84191100	Instantaneous gas water heaters, nonelectric
84191900	Storage water heaters, nonelectric
84192000	Medical, surgical or laboratory sterilizers
84193100	Dryers for agricultural products, not used for domestic purposes
84193210	Dryers for wood
84193250	Dryers for paper pulp, paper or paperboard
84193901	Dryers, other than of a kind for domestic purposes, nesoi
84194000	Distilling or rectifying plant, not used for domestic purposes
84195010	Brazed aluminum plate-fin heat exchangers
84195050	Heat exchange units, nesoi
84196050	Machinery for liquefying air or gas, nesoi
84198150	Cooking stoves, ranges & ovens, other than microwave, for making hot drinks or for cooking or heating food, not used for domestic purposes
84198190	Machinery and equipmentnesi, for making hot drinks or for cooking or heating food, not used for domestic purposes
84198960	Industrial machinery, plant or equip. for the treat. of mat., involving a change in temp., for molten-salt-cooled acrylic acid reactors
84199010	Parts of instantaneous or storage water heaters
84199020	Parts of machinery and plant, for making paper pulp, paper or paperboard
84199030	Parts of heat exchange units
84199050	Parts of molten-salt-cooled acrylic acid reactors, nesi; parts of certain medical, surgical or laboratory sterilizers, nesi
84199085	Parts of electromechanical tools for work in the hand, w/self-contained electric motor, for treatment of materials by change in temperature
84199095	Parts of machinery, plant or laboratory equipment for the treatment of materials by a process involving a change of temperature, nesoi
84201010	Textilecalendering or rolling machines
84201090	Calendering or other rolling machines, other than for metals or glass, nesi
84209110	Cylinders for textilecalendering or rolling machines
84209120	Cylinders for paper pulp, paper or paperboardcalendering or rolling machines
84209190	Cylinders forcalendering and similar rolling machines, nesi

HTS subheading	Product Description
84209920	Parts ofcalendering or rolling machines for making paper pulp, paper or paperboard
84209990	Parts ofcalendering or other rolling machines, other than for metals or glass, nesi
84211200	Centrifugal clothes dryers
84211900	Centrifuges, other than cream separators or clothes dryers
84212100	Machinery and apparatus for filtering or purifying water
84212200	Machinery and apparatus for filtering or purifying beverages other than water
84212900	Filtering or purifying machinery and apparatus for liquids, nesi
84213940	Catalytic converters
84213980	Filtering or purifying machinery and apparatus for gases, other than intake air filters for internal combustion engines or catalytic conv.
84219120	Drying chambers for the clothes-dryers of subheading 8421.12 and other parts of clothes-dryers incorporating drying chambers
84219140	Furniture designed to receive the clothes-dryers of subheading 8421.12
84219160	Parts of centrifuges, including centrifugal dryers, nesi
84219900	Parts for filtering or purifying machinery or apparatus for liquids or gases
84221100	Dishwashing machines of the household type
84221900	Dishwashing machines other than of the household type
84222000	Machinery for cleaning or drying bottles or other containers
84223011	Can-sealing machines
84223091	Machinery forfilling, closing, sealing, capsuling or labeling bottles, cans, boxes or other containers; machinery for aerating beverages; nesoi
84224011	Machinery for packing or wrapping pipe tobacco, candy and cigarette packages; combination candy cutting and wrapping machines
84224091	Packing or wrapping machinery, nesoi
84229006	Parts of dishwashing machines, nesi
84229011	Parts of can-sealing machines
84229021	Parts of machines for packing tobacco, wrapping candy, cigarette packages and of combination candy cutting and wrapping machines
84229091	Parts of packing or wrapping machinery, nesoi
84232010	Scales for continuous weighing of goods on conveyors using electronic means for gauging weights
84232090	Other scales for continuous weighing of goods on conveyors
84233000	Constant weight scales and scales for discharging a predetermined weight of material into a bag or container, including hopper scales
84238200	Weighing machinery having a maximum weighing capacity exceeding 30 kg but not exceeding 5,000 kg
84238910	Weighing machinery with maximum capacity exceeding 5,000 kg, using electronic means for gauging
84238990	Weighing machinery with maximum capacity exceeding 5,000 kg, not using electronic means for gaugingnesi
84239010	Parts of weighing machinery using electronic means for gauging, except parts for weighing motor vehicles
84239090	Other parts of weighing machinery, including weights
84241000	Fire extinguishers, whether or not charged
84248910	Mechanical appliances for projecting, dispersing or spraying liquids or powders, nesoi
84249005	Parts of fire extinguishers
84249010	Parts of simple piston pump sprays and powder bellows
84249020	Parts of sand blasting machines
84251100	Pulley tackle and hoists other than skip hoists or hoists used for raising vehicles, powered by electric motor
84253901	Winchesnesi, and capstans, not powered by electric motor
84261100	Overhead traveling cranes on fixed support
84261200	Mobile lifting frames on tires and straddle carriers
84262000	Tower cranes
84264100	Derricks, cranes and other lifting machinerynesi, self-propelled, on tires
84264900	Derricks, cranes and other lifting machinerynesi, self-propelled, not on tires
84269900	Derricks, cranes and other lifting machinerynesi
84271040	Self-propelled works trucks powered by an electric motor, rider type forklift trucks
84271080	Self-propelled works trucks powered by an electric motor, fitted with lifting and handling equipment, nesi
84272040	Self-propelled works trucks not powered by an electric motor, rider type forklift trucks
84272080	Self-propelled works trucks not powered by an electric motor, fitted with lifting and handling equipment, nesi
84281000	Passenger or freight elevators other than continuous action; skip hoists
84282000	Pneumatic elevators and conveyors
84283100	Continuous-action elevators and conveyors, for goods or materials, specially designed for underground use
84283200	Bucket type continuous-action elevators and conveyors, for goods or materials
84283300	Belt type continuous-action elevators and conveyors, for goods or materials
84283900	Continuous-action elevators and conveyors, for goods or materials, nesi
84286000	Teleferics, chair lifts, ski draglines; traction mechanisms for funiculars
84289002	Machinery for lifting, handling, loading or unloading, nesi

HTS subheading	Product Description
84291100	Self-propelled bulldozers and angledozers, for track laying
84291900	Self-propelled bulldozers and angledozers other than track laying
84292000	Self-propelled graders and levelers
84293000	Self-propelled scrapers
84294000	Self-propelled tamping machines and road rollers
84295110	Self-propelled front-end shovel loaders, wheel-type
84295150	Self-propelled front-end shovel loaders, other than wheel-type
84295210	Self-propelled backhoes, shovels, clamshells and draglines with a360 degree revolving superstructure
84295250	Self-propelled machinery with a360 degree revolving superstructure, other than backhoes, shovels, clamshells and draglines
84295910	Self-propelled backhoes, shovels, clamshells and draglines not with a 360 degree revolving superstructure
84295950	Self-propelled machinery not with a360 degree revolving superstructure, other than backhoes, shovels, clamshells and draglines
84301000	Pile-drivers and pile-extractors
84302000	Snowplows and snowblowers
84303100	Self-propelled coal or rock cutters and tunneling machinery
84303900	Coal or rock cutters and tunneling machinery, not self-propelled
84304100	Self-propelled boring or sinking machinery
84304980	Boring or sinking machinery, not self-propelled, nesi
84305050	Self-propelled machinery for working earth, minerals or ores, nesi
84306100	Tamping or compacting machinery, not self-propelled
84306901	Machinery for working earth, minerals or ores, not self-propelled, nesoi
84311000	Parts suitable for use solely or principally with the machinery of heading 8425
84312000	Parts suitable for use solely or principally with the machinery of heading 8427
84313100	Parts suitable for use solely or principally with passenger or freight elevators other than continuous action, skip hoists or escalators
84313900	Parts suitable for use solely or principally with the machinery of heading 8428, nesi
84314100	Buckets, shovels, grabs and grips suitable for use solely or principally with the machinery of headings 8426, 8429, or 8430
84314200	Bulldozer or angledozer blades suitable for use solely or principally with the machinery of heading 8426, 8429 or 8430
84314340	Parts for offshore oil & natural gas, drilling and production platforms
84314380	Parts for boring or sinking machinery of 8430.41 or 8430.49, nesi
84314910	Parts suitable for use solely or principally with the machinery of heading 8426, nesi
84314990	Parts suitable for use solely or principally with the machinery of heading 8429 or 8430, nesi
84321000	Plows for soil preparation or cultivation
84322100	Disc harrows for soil preparation or cultivation
84328000	Agricultural, horticultural or forestry machinery for soil preparation or cultivation, nesi; lawn or sports ground rollers
84329000	Parts of agricultural, horticultural or forestry machinery for soil preparation or cultivation; parts of lawn or sports ground rollers
84332000	Mowersnesi, including cutter bars for tractor mounting
84333000	Haymaking machinery other than mowers
84334000	Straw or fodder balers, including pick-up balers
84335100	Combine harvester-threshers
84335200	Threshing machinery other than combine harvester-threshers
84335300	Root or tuber harvesting machines
84335900	Harvesting machinery or threshing machinery, nesi
84336000	Machines for cleaning, sorting or grading eggs, fruit or other agricultural produce
84339050	Parts for machinery of heading 8433, nesi
84341000	Milking machines
84342000	Dairy machinery other than milking machines
84349000	Parts for milking machines and dairy machinery
84351000	Presses, crushers and similar machinery used in the manufacture of wine, cider, fruit juices or similar beverages
84359000	Parts of presses, crushers and similar machinery used in the manufacture of wine, cider, fruit juices or similar beverages
84361000	Machinery for preparing animal feeds
84362100	Poultry incubators and brooders
84362900	Poultry-keeping machinery
84368000	Agricultural, horticultural, forestry or bee-keeping machinery, nesi
84369100	Parts of poultry-keeping machinery or poultry incubators and brooders
84369900	Parts for agricultural, horticultural, forestry or bee-keeping machinery, nesi
84371000	Machines for cleaning, sorting or grading seed, grain or dried leguminousvegetables
84378000	Machinery used in the milling industry or for the working of cereals or dried leguminous vegetables, other than farm type machinery
84379000	Parts for machinery used in the milling industry or forcleaning, sorting, grading or working of cereals or dried leguminous vegetables

HTS subheading	Product Description
84381000	Bakery machinery and machinery for the manufacture of macaroni, spaghetti or similar products, nesi
84382000	Machinery for the manufacture of confectionery, cocoa or chocolate, nesi
84383000	Machinery for sugar manufacture, nesi
84384000	Brewery machinery, nesi
84385000	Machinery for the preparation of meat or poultry, nesi
84386000	Machinery for the preparation of fruits, nuts or vegetables, nesi
84388000	Machinery for the industrial preparation or manufacture of food or drink, nesi
84389010	Parts of machinery for sugar manufacture, nesi
84389090	Parts of machinery for the industrial preparation or manufacture of food or drink, other than sugar manufacturing, nesi
84391000	Machinery for making pulp of fibrous cellulosic material
84392000	Machinery for making paper or paperboard
84393000	Machinery for finishing paper or paperboard
84399110	Bed plates, roll bars and other stock-treating parts of machinery for making pulp of fibrous cellulosic materials
84399190	Parts of machinery for making pulp of fibrous cellulosic materials, nesi
84399910	Parts of machinery for making paper or paperboard
84399950	Parts of machinery for finishing paper or paperboard
84401000	Bookbinding machinery, including book-sewing machines
84409000	Parts for bookbinding machinery, including book-sewing machines
84412000	Machines for making bags, sacks or envelopes of paper pulp, paper or paperboard
84413000	Machines for making cartons, boxes, cases, tubes, drums or similar containers, other than by molding, of paper pulp, paper or paperboard
84414000	Machines for molding articles in paper pulp, paper or paperboard
84418000	Machinery for making up paper pulp, paper or paperboard, nesi
84419000	Parts for machinery used in making up paper pulp, paper or paperboard, including cutting machines
84423001	Machinery, apparatus and equipment of heading 8442
84424000	Parts of the machinery, apparatus or equipment of subheadings 8442.10, 8442.20 and 8442.30
84425090	Printing type, blocks, cylinders and other printing components; blocks, cylinders and lithographic stones, prepared for printing purposes
84431110	Reel-fed offset printing machinery, double-width newspaper printing presses
84431150	Reel-fed offset printing machinery, other than double-width newspaper printing presses
84431200	Sheet-fed offset printing machinery, office type (sheet size not exceeding 22 X 36cm)
84431300	Offset printing machinery, nesi
84431400	Letterpress printing machinery, excluding flexographic printing, reel-fed
84431700	Gravure printing machinery
84431920	Textile printing machinery
84431930	Printing machinery, nesoi
84433250	Single function units other than printer units (machines which perform only one of the functions of printing, copying or facsimiletransmiss
84433910	Electrostatic photocopying apparatus, operating by reproducing the original image directly onto the copy (direct process)
84433960	Copying machines, nesoi
84439110	Machines for uses ancillary to printing
84439120	Parts of textile printing machinery
84439130	Parts for printing machinery other than textile printing machinery
84439920	Parts of printer units of subheading 8443.32.10 specified in additional U.S. note 2 to this chapter
84439925	Parts and accessories of printers, nesoi
84439945	Parts and accessories of copying machines; nesoi
84439950	Parts and accessories of other printing, copying or facsimile machines; nesoi
84440000	Machines for extruding, drawing, texturing or cutting man-made textile materials
84451100	Carding machines for preparing textile fibers
84451200	Combing machines for preparing textile fibers
84451300	Drawing or roving machines for preparing textile fibers
84451900	Machines for preparing textile fibers, nesi
84452000	Textile spinning machines
84453000	Textile doubling or twisting machines
84454000	Textile winding (including weft-winding) or reeling machines
84459000	Machinery for producing textile yarnsnesi; machines for preparing textile yarns for use on machines of heading 8446 or 8447
84461000	Weaving machines (looms) for weaving fabrics of a width not exceeding 30cm
84462110	Shuttle type power looms for weaving fabrics of a width exceeding 4.9 m
84462150	Shuttle type power looms for weaving fabrics of a width exceeding 30cm, but not exceeding 4.9 m
84462900	Weaving machines for weaving fabrics of a width exceeding 30cm, shuttle type, nesi

HTS subheading	Product Description
84463010	Shuttleless type power looms, for weaving fabrics of a width exceeding 4.9 m, nesi
84471110	Circular knitting machines with cylinder diameter not exceeding 165 mm, for knitting hosiery
84471190	Circular knitting machines with cylinder diameter not exceeding 165 mm, other than for knitting hosiery
84471210	Circular knitting machines with cylinder diameter exceeding 165 mm, for knitting hosiery
84471290	Circular knitting machines with cylinder diameter exceeding 165 mm, other than for knitting hosiery
84472020	V-bed flat knitting machines, power driven, over 50.8 mm in width
84472030	V-bed flat knitting machines, nesi
84472040	Warp knitting machines
84472060	Flat knitting machines, other than V-bed or warp; stitch-bonding machines
84479010	Braiding and lace-braiding machines
84479050	Embroidery machines
84479090	Knitting machines other than circular or flat knitting; machines for making gimped yarn, tulle, trimmings or net; machines for tufting
84481100	Dobbies and Jacquards, card reducing, copying, punching or assembling machines for use with machines of heading 8444, 8445, 8446 or 8447
84481900	Auxiliary machinery for machines of heading 8444, 8445, 8446 or 8447, nesi
84482010	Parts and accessories of machines for extruding or drawing man-made textile filaments
84482050	Parts and accessories of machines of heading 8444 or of their auxiliary machinery, nesi
84483100	Card clothing as parts and accessories of machines of heading 8445 or oftheir auxiliary machinery
84483200	Parts and accessories of machines for preparing textile fibers, other than card clothing
84483300	Spindles, spindle flyers, spinning rings and ringtravellers of machines of heading 8445 or of their auxiliary machines
84483910	Parts of spinning, doubling or twisting machines of heading 8445 or of their auxiliary machinery
84483950	Parts of winding or reeling machines of heading 8445 or of their auxiliary machinery
84483990	Parts and accessories of machines of heading 8445 or their auxiliary machinery, nesi
84484200	Reeds for looms, healds and heald-frames of weaving machines (looms) or their auxiliary machinery
84484910	Shuttles for weaving machines (looms)
84484920	Parts and accessories of weaving machines (looms) or of their auxiliary machinery, other than shuttles, reeds, healds and heald-frames
84485110	Latch needles for knitting machines
84485130	Needles for knitting machines other than latch needles or spring-beard needles
84485150	Sinkers, needles and other articles used to form stitches, nesi, for machines of heading 8447
84485910	Parts of knitting machines of heading 8447 or of their auxiliary machinery, nesi
84485950	Accessories of machines of heading 8447 or of their auxiliary machinery, nesi
84490010	Finishing machinery for felt or nonwovens and parts thereof
84490050	Machinery for making felt hats; blocks for making hats; parts thereof
84522110	Sewing machines specially designed to join footwear soles to uppers, automatic
84522910	Sewing machines, other than automatic, specially designed to join footwear soles to uppers
84523000	Sewing machine needles
84529020	Parts of sewing machines, nesi
84531000	Machinery for preparing, tanning or working hides, skins or leather
84532000	Machinery for making or repairing footwear
84538000	Machinery, nesi, for making or repairing articles of hides, skins or leather
84539010	Parts of machinery for making or repairing footwear
84539050	Parts of machinery for preparing, tanning or working hides, skins or leather or making or repairing articles of same, nesi
84541000	Converters of a kind used in metallurgy or in metal foundries
84543000	Casting machines, of a kind used in metallurgy or in metal foundries
84549000	Parts of converters, ladles, ingot molds and casting machines, of a kind used in metallurgy or in metal foundries
84551000	Metal-rolling tube mills
84552100	Metal-rolling mills, other than tube mills, hot or combination hot and cold
84552200	Metal-rolling mills, other than tube mills, cold
84553000	Rolls for metal-rolling mills
84559080	Parts for metal-rolling mills, other than rolls, nesi
84561110	Machine tools operated by laser, for working metal
84561170	Machine tools operated by laser, of a kind used solely or principally for manufacture of printed circuits
84561190	Machine tools operated by laser, nesoi
84561210	Machine tools operated by light or photon beam processes, for working metal
84561270	Machine tools operated by light or photon beam processes, of a kind used solely or principally for the manufacture of printed circuits
84561290	Machine tools operated by light or photon beam processes, nesoi
84562010	Machine tools operated by ultrasonic processes, for working metal

HTS subheading	Product Description
84562050	Machine tools operated by ultrasonic processes, other than for working metal
84563010	Machine tools operated by electro-discharge processes, for working metal
84563050	Machine tools operated by electro-discharge processes, other than for working metal
84564010	Machine tools operated by plasma arc process, for working metal
84564090	Machine tools operated by plasma arc process, other than for working metal
84565000	Water-jet cutting machines
84569031	Machine tools operated by electro-chemical or ionic-beam processes, for working metal
84569071	Machine tools operated by electro-chemical or ionic-beam processes, other than for working metal
84571000	Machining centers for working metal
84572000	Unit construction machines (single station), for working metal
84573000	Multistation transfer machines for working metal
84581100	Horizontal lathes (including turning centers) for removing metal, numerically controlled
84581900	Horizontal lathes (including turning centers) for removing metal, other than numerically controlled
84589110	Vertical turret lathes (including turning centers) for removing metal, numerically controlled
84589150	Lathes (including turning centers), other than horizontal or vertical turret lathes, for removing metal, numerically controlled
84589910	Vertical turret lathes (including turning centers) for removing metal, other than numerically controlled
84589950	Lathes (including turning centers), other than horizontal or vertical turret lathes, for removing metal, other than numerically controlled
84591000	Way-type unit head machines for drilling, boring, milling, threading or tapping by removing metal, other than lathes of heading 8458
84592100	Drilling machines, numerically controlled, nesi
84593100	Boring-milling machines, numerically controlled, nesi
84593900	Boring-milling machines, other than numerically controlled, nesi
84594100	Boring machines, numerically controlled, nesoi
84594900	Boring machines, not numerically controlled, nesoi
84595100	Milling machines, knee type, numerically controlled, nesi
84596100	Milling machines, other than knee type, numerically controlled, nesi
84596900	Milling machines, other than knee type, other than numerically controlled, nesi
84597040	Other threading or tapping machines, numerically controlled
84597080	Other threading or tapping machinesnesi
84601200	Flat-surface grinding machines, numerically controlled
84601901	Flat-surface grinding machines, not numerically controlled
84602200	Centerless grinding machines, numerically controlled
84602300	Other cylindrical grinding machines, numerically controlled
84602400	Other grinding machines, numerically controlled
84602901	Other grinding machines, other than numerically controlled
84603100	Sharpening (tool or cutter grinding) machines for working metal orcermets, numerically controlled
84604040	Honing or lapping machines for working metal orcermets, numerically controlled
84604080	Honing or lapping machines for working metal orcermets, other than numerically controlled
84609040	Other machine tools for deburring, polishing or otherwise finishing metal orcermets, nesoi, numerically controlled
84609080	Other machine tools for deburring, polishing or otherwise finishing metal orcermets, nesoi, other than numerically controlled
84612040	Shaping or slotting machines for working by removing metal orcermets, numerically controlled
84612080	Shaping or slotting machines for working by removing metal orcermets, other than numerically controlled
84613040	Broaching machines for working by removing metal orcermets, numerically controlled
84613080	Broaching machines for working by removing metal orcermets, other than numerically controlled
84614010	Gear cutting machines for working by removing metal orcermets
84614050	Gear grinding or finishing machines for working by removing metal orcermets
84615040	Sawing or cutting-off machines for working by removing metal orcermets, numerically controlled
84619030	Machine-tools for working by removing metal orcermets, nesoi, numerically controlled
84619060	Machine-tools for working by removing metal orcermets, nesoi, other than numerically controlled
84621000	Forging or die-stamping machines (including presses) and hammers
84622100	Bending, folding, straightening or flattening machines (including presses) numerically controlled for working metal or metal carbides
84622900	Bending, folding, straightening or flattening machines (including presses) not numerically controlled for working metal or metal carbides
84623100	Shearing machines (incl. presses), excl. combined punching & shearing machines, numerically controlled for working metal or metal carbides
84623900	Shearing machines (incl. presses), excl. combined punch & shearing machines, nt numerically controlled for working metal or metal carbides
84624100	Punch/notch machines (incl. presses), incl. combined punch & shearing machines, numerically controlled for working metal or metal carbides

HTS subheading	Product Description
84624900	Punch/notch machines (incl. presses), incl. combined punch & shear machines, nt numerically controlled for working metal or metal carbides
84629140	Hydraulic presses, numerically controlled
84629180	Hydraulic presses, not numerically controlled
84629940	Machine tools (including nonhydraulic presses) for working metal or metal carbides, nesi, numerically controlled
84629980	Machine tools (including nonhydraulic presses) for working metal or metal carbides, nesi, not numerically controlled
84631000	Draw-benches for bars, tubes, profiles, wire or the like, for working metal orcermets, without removing material
84632000	Thread rolling machines for working metal orcermets, without removing material
84633000	Machines for working wire of metal orcermets, without removing material
84639000	Machine tools for working metal orcermets, without removing material, nesoi
84642001	Grinding or polishing machines for working stone, ceramics, concrete, asbestos- cement or like mineral materials, or glass, nesi
84649001	Machine tools for working stone, ceramics, concrete, asbestos-cement or like mineral materials or for cold working glass, nesoi
84651000	Machines for working certain hard materials which can carry out different types of machining operations w/o tool change between operations
84659200	Planing, milling or molding (by cutting) machines for working wood, cork, bone, hard rubber, hard plastics or similar hard materials
84659300	Grinding, sanding or polishing machines for working wood, cork, bone, hard rubber, hard plastics or similar hard materials
84659400	Bending or assembling machines for working wood, cork, bone hard rubber, hard plastics or similar hard materials
84659902	Machine tools for working wood, cork, bone, hard rubber, hard plastics and similar hard materials, nesoi
84661001	Tool holders and self-openingdieheads for use solely or principally with machines of headings 8456 to 8465, nesoi
84662010	Work holders for machine tools used in cutting gears
84662080	Work holders for machine tools other than those used in cutting gears, nesoi
84663010	Dividing heads for use solely or principally for machine tools of headings 8456 to 8465
84663060	Special attachments (which are machines) use solely or principally for machines of heading 8456 to 8465, excluding dividing heads, nesoi
84669150	Parts and accessoriesnesi, for machines of heading 8464
84669210	Cast-iron parts not advanced beyond cleaning and specifically machined, for machines of heading 8465
84669250	Parts and accessoriesnesi, for machines of heading 8465
84669311	Certain parts for water-jet cutting machines
84669330	Certain specified parts and accessories of metal working machine tools for cutting gears
84669353	Certain specified parts and accessories for machines of heading 8456 to 8461, nesoi
84669360	Other cast-iron parts not advanced beyond cleaning and specifically machined, for metalworking machine tools for cutting, etc.
84669375	Other parts and accessories of metal working machine tools for cutting gears
84669396	Parts & accessories for machines of heading 8456 to 8461 used to make printed circuits or PCAs, parts of heading 8517 or computers
84669398	Other parts and accessories for machines of heading 8456 to 8461, nesoi
84669420	Certain specified cast-iron parts not advanced beyond cleaning and specifically machined, for machines of heading 8462 or 8463
84669440	Other cast-iron parts not advanced beyond cleaning and specifically machined, for machines of heading 8462 or 8463
84669465	Other specified parts and accessories for machines of heading 8462 or 8463, nesoi
84669485	Other parts and accessories for machines of heading 8462 or 8463, nesoi
84671110	Tools for working in the hand, pneumatic, rotary type, suitable for metal working
84671150	Tools for working in the hand, pneumatic, rotary type, other than suitable for metal working
84671910	Tools for working in the hand, pneumatic, other than rotary type, suitable for metal working
84678100	Chain saws for working in the hand, hydraulic or with self-contained nonelectric motor
84678910	Other tools for working in the hand, hydraulic or with self-contained nonelectric motor, suitable for metal working, nesoi
84678950	Other tools for working in the hand, hydraulic or with self-contained nonelectric motor, other than suitable for metal working, nesoi
84679101	Parts of chain saws
84679200	Parts of pneumatic tools for working in the hand
84681000	Hand-held blow torches
84682050	Gas-operated machinery, apparatus and appliances, not hand-directed or -controlled, used for soldering, brazing, welding or tempering, nesi
84688050	Machinery and apparatus other than hand-directed or -controlled, used for soldering, brazing or welding, not gas-operated
84705000	Cash registers
84716080	Optical scanners and magnetic ink recognition devices not entered with the rest of a ADP system
84717030	ADP magnetic disk drive storage units, disk dia. ov 21cm, nesoi, not entered with the rest of a system
84717040	ADP magnetic disk drive storage units, disk dia. n/ov 21cm, not in cabinet, w/o attached external power supply, n/entered w/rest of a system
84717060	ADP storage units other than magnetic disk, not in cabinets for placing on a table, etc., not entered with the rest of a system
84717090	ADP storage units other than magnetic disk drive units, nesoi, not entered with the rest of a system
84733020	Parts and accessories of the ADP machines of heading 8471, not incorporating a CRT, parts and accessories of printed circuit assemblies
84734010	Printed circuit assemblies for automatic teller machines of subheading 8472.90.10
84734086	Other parts and accessories of machines of heading 8472, nesoi

HTS subheading	Product Description
84735030	Printed circuit assemblies suitable for use with machines of two or more of the headings 8469 to 8472
84741000	Sorting, screening, separating or washing machines for earth, stones, ores or other mineral substances in solid form
84742000	Crushing or grinding machines for earth, stones, ores or other mineral substances
84743100	Concrete or mortar mixers
84743200	Machines for mixing mineral substances with bitumen
84743900	Mixing or kneading machines for earth, stones, ores or other mineral substances, nesi
84748000	Machinery for agglomerating, shaping or molding solid mineral fuels, orother mineral products; machines for forming sand foundry molds
84749000	Parts for the machinery of heading 8474
84751000	Machines for assembling electric or electronic lamps, tubes or flashbulbs, in glass envelopes
84752100	Machines for making glass optical fibers and preforms thereof
84759010	Parts of machines for assembling electric or electronic lamps, tubes or flashbulbs, in glass envelopes
84759090	Parts of machines for manufacturing or hot working glass or glassware
84768900	Automatic goods-vending (other than beverage-vending but incl. money-changing machines) not incorporating heating or refrigerating devices
84771030	Injection-molding machines for manufacturing shoes of rubber or plastics
84771040	Injection-molding machines for use in the manufacture of video laser discs
84771090	Injection-molding machines of a type used for working or manufacturing products from rubber or plastics, nesoi
84772000	Extruders for working rubber or plastics or for the manufacture of products from these materials, nesi
84773000	Blow-molding machines for working rubber or plastics or for the manufacture of products from these materials
84774001	Vacuum-molding and other thermoforming machines for working rubber or plastics or for manufacture of products from these materials, nesoi
84775100	Machinery for molding or retreading pneumatic tires or for molding or otherwise forming inner tubes
84778000	Machinery for working rubber or plastics or for the manufacture of products from these materials, nesi
84779025	Base, bed, platen and specified parts of machinery for working rubber or plastics or for manufacture of products fromthese material, nesoi
84779045	Barrel screws of machinery for working rubber or plastics or for the manufacture of products from these materials, nesoi
84779065	Hydraulic assemblies of machinery for working rubber or plastics or for the manufacture of products from these materials, nesoi
84779085	Parts of machinery for working rubber or plastics or for the manufacture of products from these materials, nesoi
84781000	Machinery for preparing or making up tobacco, nesi
84789000	Parts of machinery for preparing or making up tobacco, nesi
84791000	Machinery for public works, building or the like, nesi
84792000	Machinery for the extraction or preparation of animal or fixed vegetable fats or oils, nesi
84793000	Presses for making particle board or fiber building board of wood or other ligneous materials, and mach. for treat. wood or cork, nesi
84794000	Rope- or cable-making machinesnesi
84795000	Industrial robots, not elsewhere specified or included
84797900	Other passenger boarding bridges
84798100	Machines and mechanical appliances for treating metal, including electric wire coil- winders, nesi
84798200	Machines for mixing, kneading, crushing, grinding, screening, sifting, homogenizing, emulsifying or stirring, nesi
84798955	Electromechanical appliances with self-contained electric motor, trash compactors
84798965	Electromechanical appliances with self-contained electric motor, nesi
84798983	Machines for the manufacture of optical media
84798992	Automated electronic component placement machines for making printed circuit assemblies
84799041	Parts of floor polishers of subheading 8479.89.20; parts of carpet sweepers
84799045	Parts of trash compactors, frame assemblies
84799055	Parts of trash compactors, ram assemblies
84799065	Parts of trash compactors, container assemblies
84799075	Parts of trash compactors, cabinets or cases
84799085	Parts of trash compactors, nesi
84799094	Parts of machines and mechanical appliances having individual functions, not specified or included elsewhere in chapter 84, nesoi
84802000	Mold bases
84803000	Molding patterns
84804100	Molds for metal or metal carbides, injection or compression types
84804900	Molds for metal or metal carbides other than injection or compression types
84805000	Molds for glass
84806000	Molds for mineral materials
84807110	Molds for rubber or plastics, injection or compression types, for shoe machinery
84807140	Injection or compression type molds for rubber or plastics for the manufacture of semiconductor devices
84807180	Molds for rubber or plastics, injection or compression types, other than forshoe machinery or for manufacture of semiconductor devices
84811000	Pressure-reducing valves for pipes, boiler shells, tanks, vats or the like

HTS subheading	Product Description
84812000	Valves foroleohydraulic or pneumatic transmissions
84813020	Check valves of iron or steel for pipes, boiler shells, tanks, vats or the like
84813090	Check valves other than of copper or iron or steel, for pipes, boiler shells, tanks, vats or the like
84814000	Safety or relief valves for pipes, boiler shells, tanks, vats or the like
84819090	Parts of taps, cocks, valves and similar appliances for pipes, boiler shells, tanks, vats or the like, nesi
84821050	Ball bearings other than ball bearings with integral shafts
84822000	Tapered roller bearings, including cone and tapered roller assemblies
84823000	Spherical roller bearings
84824000	Needle roller bearings
84825000	Cylindrical roller bearingsnesi
84828000	Ball or roller bearingsnesi, including combined ball/roller bearings
84829100	Balls, needles and rollers for ball or roller bearings
84829905	Inner or outer rings or races for ball bearings
84829915	Inner or outer rings or races for taper roller bearings
84829925	Inner or outer rings or races for other bearings, nesi
84829935	Parts of ball bearings (including parts of ball bearings with integral shafts), nesi
84829945	Parts of tapered roller bearings, nesi
84829965	Parts of other ball or roller bearings, nesi
84833040	Bearing housings of the flange, take-up, cartridge and hanger unit type
84834010	Torque converters
84834030	Fixed, multiple and variable ratio speed changers, imported for use with machines for making cellulosic pulp, paper or paperboard
84834080	Ball or roller screws
84834090	Gears and gearing, other than toothed wheels, chain sprockets and other transmission elements entered separately
84835060	Flywheels, nesi
84835090	Pulleys, including pulley blocks, nesi
84836040	Clutches and universal joints
84839010	Chain sprockets and parts thereof
84839020	Parts of flange, take-up, cartridge and hanger units
84839030	Parts of bearing housings and plain shaft bearings, nesi
84839070	Parts of articles of subheading 8483.20
84839080	Parts of transmission equipment, nesi
84841000	Gaskets and similar joints of metal sheeting combined with other material orof two or more layers of metal
84842000	Mechanical seals
84849000	Sets or assortments of gaskets and similar joints dissimilar in composition, put up in pouches, envelopes or similar packings
84871000	Ships' or boats propellers and blades therefor
84879000	Machinery parts, not containing electrical connectors, insulators, coils, contacts or other electrical features and other partsnesi
85011040	Electric motors of an output of under 18.65 W, other than synchronous valued not over $4 each
85012020	Universal AC/DC motors of an output exceeding 37.5 W but not exceeding 74.6 W
85012050	Universal AC/DC motors of an output exceeding 735 W but under 746 W
85012060	Universal AC/DC motors of an output of 746 W or more
85013120	DC motorsnesi, of an output exceeding 37.5 W but not exceeding 74.6 W
85013150	DC motors, nesi, of an output exceeding 735 W but under 746 W
85013160	DC motorsnesi, of an output of 746 W but not exceeding 750 W
85013245	DC motorsnesi, of an output exceeding 14.92 kW but not exceeding 75 kW, used as primary source of mechanical power for electric vehicles
85013255	DC motorsnesi, of an output exceeding 14.92 kW but not exceeding 75 kW, nesi
85013340	DC motorsnesi, of an output exceeding 150 kW but not exceeding 375 kW
85013360	DC generators of an output exceeding 75 kW but not exceeding 375 kW
85013430	DC motorsnesi, of an output exceeding 375 kW
85013460	DC generators of an output exceeding 375 kW
85015120	AC motorsnesi, multi-phase, of an output exceeding 37.5 W but not exceeding 74.6 W
85015140	AC motors, nesi, multi-phase, of an output exceeding 74.6 W but not exceeding 735 W
85015150	AC motors, nesi, multi-phase, of an output exceeding 735 W but under 746 W
85015160	AC motorsnesi, multi-phase of an output of 746 W but not exceeding 750 W
85015280	AC motorsnesi, multi-phase, of an output exceeding 14.92 kW but not exceeding 75 kW
85015340	AC motorsnesi, multi-phase, of an output exceeding 75 kW but under 149.2 kW
85015380	AC motorsnesi, multi-phase, of an output exceeding 150 kW
85016200	AC generators (alternators) of an output exceeding 75 kVA but not exceeding375 kVA

HTS subheading	Product Description
85016300	AC generators (alternators) of an output exceeding 375 kVA but not exceeding 750 kVA
85016400	AC generators (alternators) of an output exceeding 750 kVA
85021100	Electric generating sets with compression-ignition internal-combustion piston engines, of an output not exceeding 75 kVA
85021200	Electric generating sets with compression-ignition internal-combustion piston engines, of an output exceeding 75 kVA but not over 375 kVA
85021300	Electric generating sets with compression-ignition internal-combustion piston engines, of an output exceeding 375 kVA
85023100	Wind-powered electric generating sets
85023900	Electric generating sets, nesoi
85024000	Electric rotary converters
85030020	Commutators suitable for use solely or principally with the machines of heading 8501 or 8502
85030035	Parts of electric motors under 18.65 W, stators and rotors
85030045	Stators and rotors for electric generators for use on aircraft
85030065	Stators and rotors for electric motors & generators of heading 8501, nesi
85030075	Parts of electric motors under 18.65 W, other than commutators, stators or rotors
85030090	Parts for electric generators suitable for use on aircraft
85042100	Liquid dielectric transformers having a power handling capacity not exceeding 650 kVA
85042200	Liquid dielectric transformers having a power handling capacity exceeding 650 kVAbut not exceeding 10,000 kVA
85042300	Liquid dielectric transformers having a power handling capacity exceeding 10,000 kVA
85043200	Electrical transformers other than liquid dielectric, having a power handling capacity exceeding 1 kVA but not exceeding 16 kVA
85043300	Electrical transformers other than liquid dielectric, having a power handling capacity exceeding 16 kVA but not exceeding 500 kVA
85043400	Electrical transformers other than liquid dielectric, having a power handling capacity exceeding 500 kVA
85044040	Electrical speed drive controllers for electric motors (static converters)
85049041	Parts of power supplies (other than printed circuit assemblies) for automatic data processing machines or units thereof of heading 8471
85049065	Printed circuit assemblies of the goods of subheading 8504.40 or 8504.50 for telecommunication apparatus
85049075	Printed circuit assemblies of electrical transformers, static converters and inductors, nesoi
85049096	Parts (other than printed circuit assemblies) of electrical transformers, static converters and inductors
85051910	Flexible permanent magnets, other than of metal
85052000	Electromagnetic couplings, clutches and brakes
85059030	Electromagnetic lifting heads
85059040	Electromagnetic or permanent magnet work holders and parts thereof
85059070	Electromagnets used for MRI
85059075	Other electromagnets and parts thereof, and parts of related electromagnetic articles nesi
85064010	Silver oxide primary cells and primary batteries having an external volume not exceeding 300 cubic cm
85064050	Silver oxide primary cells and primary batteries having an external volume exceeding 300 cubic cm
85065000	Lithium primary cells and primary batteries
85066000	Air-zinc primary cells and primary batteries
85069000	Parts of primary cells and primary batteries
85073080	Nickel-cadmium storage batteries, other than of a kind used as the primary source of power for electric vehicles
85079040	Parts of lead-acid storage batteries, including separators therefor
85079080	Parts of storage batteries, including separators therefor, other than parts of lead-acid storage batteries
85141000	Resistance heated industrial or laboratory furnaces and ovens
85142060	Industrial or laboratory microwave ovens, nesoi
85142080	Industrial or laboratory furnaces and ovens (other than microwave) functioning by induction or dielectric loss
85143010	Industrial furnaces and ovens for making printed circuits or printed circuit assemblies
85143090	Industrial or laboratory electric industrial or laboratory furnaces and ovensnesi
85144000	Industrial or laboratory induction or dielectric heating equipmentnesi
85149080	Parts of industrial or laboratory electric furnaces and ovens and other industrial or laboratory induction or dielectric heating equipment
85151100	Electric soldering irons and guns
85151900	Electric brazing or soldering machines and apparatus, other than soldering irons and guns
85152100	Electric machines and apparatus for resistance welding of metal, fully or partly automatic
85152900	Electric machines and apparatus for resistance welding of metal, other than fully or partly automatic
85153100	Electric machines and apparatus for arc (including plasma arc) welding of metals, fully or partly automatic
85153900	Electric machines and apparatus for arc (including plasma arc) welding of metals, other than fully or partly automatic
85158000	Electric welding apparatusnesi, and electric machines and apparatus for hot spraying metals or sintered metal carbides
85159020	Parts of electric welding machines and apparatus
85159040	Parts of electric soldering or brazing machines & apparatus, & electric apparatus for hot spraying of metals or sintered metal carbides
85192000	Sound recording or reproducing apparatus operated by coins, bank notes, bank cards, tokens or other means of payment
85198110	Transcribing machines

HTS subheading	Product Description
85198125	Cassette players (non-recording), nesoi
85232910	Unrecorded magnetic media
85232920	Pre-recorded magnetic tapes for reproducing phenomena other than sound or image
85232930	Pre-recorded magnetic tapes, of a width not exceeding 4 mm, of news sound recording relating to current events
85232940	Pre-recorded magnetic tapes, of a width not exceeding 4 mm, nesoi
85232950	Pre-recorded magnetic video tape recordings of a width exceeding 4 mm but not exceeding 6.5 mm
85232960	Pre-recorded magnetic tapes of a width exceeding 4 mm but not exceeding 6.5 mm, nesoi
85232970	Pre-recorded magnetic video tape recordings of a width exceeding 6.5 mm
85232980	Pre-recorded magnetic tapes of a width exceeding 6.5 mm, nesoi
85232990	Pre-recorded magnetic media other than tape, nesoi
85234100	Unrecorded optical media
85234920	Recorded optical media, for reproducing phenomena other than sound or image
85234930	Recorded optical media, for reproducing sound only
85234950	Recorded optical media, nesoi
85238010	Phonograph records
85238020	Discs, tapes, solid-state non-volatile storage devices, "smart cards" and other media for the recording of sound or of other phenomena, whet
85255070	Transmission apparatus for radiobroadcasting
85256010	Transceivers
85256020	Transmission apparatus incorporating reception apparatus, other than transceivers
85258010	Television cameras, gyrostabilized
85258020	Television cameras, studio type, other than shoulder-carried or other portable cameras
85261000	Radar apparatus
85269100	Radio navigational aid apparatus, other than radar
85269250	Radio remote control apparatus other than for video game consoles
85279915	Radio receivers, NESOI
85279940	Reception apparatus for radiobroadcasting, NESOI
85284905	Incomplete or unfinished color video monitors, presented w/o a display device, incorp. VCR or player
85284910	Incomplete or unfinished color video monitors, presented w/o a display device, not incorp. VCR or player
85284925	Non-high definition color video monitors, nonprojection type, w/CRT, video display diagonal not over 34.29cm, notincorp. VCR or player
85284930	Non-high definition color video monitors, nonprojection, w/CRT, video display diag. ov 34.29cm but n/ov 35.56cm, not incorp. VCR or player
85284940	Non-high definition color video monitors, nonprojection type, w/CRT, video display diagonal over 35.56cm, not incorporating VCR or player
85284950	Non-high definition color video monitors, projection type, with cathode-ray tube, not incorporating VCR or player
85284965	High definition color video monitors, nonprojection type, with cathode-ray tube, not incorporating VCR or player
85284970	High definition color video monitors, projection type, with cathode-ray tube, incorporating VCR or player
85284975	High definition color video monitors, projection type, with cathode-ray tube, not incorporating VCR or player
85285923	Color video monitors w/flat panel screen, video display diagonal>34.29cm, incorporating VCR or player, not subject US note 13
85285925	Color video monitors w/flat panel screen, video display diagonal n/ov 34.29cm, not incorporate VCR or player
85285933	Color video monitors w/flat panel screen, video display diagonal>34.29cm, not with VCR/player, not subj US note 13
85285945	Color video monitorsnesoi, with video display diagonal not over 34.29cm, not incorporating VCR or player
85285960	Black and white or other monochrome video monitors, other
85286915	Non-high definition color video projectors, with a cathode-ray tube, incorporating VCR or player
85286925	High definition color video projectors, with a cathode-ray tube, incorporating VCR or player
85286940	Color video projectors w/flat panel screen, video display diagonal over 34.29cm, incorporating VCR or player
85286955	Color video projectorsnesoi, incorporating video recording or reproducing apparatus
85286960	Color video projectorsnesoi, not incorporating a video recording or reproducing apparatus
85286970	Black and white or other monochrome video projectors
85287110	Reception apparatus for television, not designed to incorporate a video display or screen, incorporating video recording or reproducingappa
85287130	TV reception printed circuit assemblies incorporating a tuner, of a kind used with ADP machines of heading 8471, nesoi
85287208	Incomplete or unfinished color tv reception apparatus, presented w/o a display device, n/incorp. VCR or player
85287216	Non-high def. color television reception app., nonprojection, w/CRT, display diag. ov 34.29cm but n/ov 35.56cm, incorp. VCR or player
85287232	Non-high definition color television reception apparatus, nonprojection, w/CRT, video display diag.ov 35.56cm, not incorp. a VCR or player
85287248	High definition color television reception apparatus, nonprojection, with cathode-ray tube, not incorporating a VCR or player
85287252	High definition color television reception apparatus, projection type, with cathode-ray tube, incorporating a VCR or player
85287256	High definition color television reception apparatus, projection type, with cathode-ray tube, not incorporating a VCR or player
85287262	Color television reception apparatus w/flat panel screen, video display diagonal n/ov 34.29cm, incorporating a VCR or player
85287264	Color television reception apparatus w/flat panel screen, video display diagonal over 34.29cm, incorporating a VCR or player

HTS subheading	Product Description
85287280	Color television reception apparatusnesoi, video display diagonal over 34.29cm, incorporating a VCR or player
85287297	Color television reception apparatusnesoi, video display diagonal over 34.29cm, not incorporating a VCR or player, nesoi
85291040	Radar, radio navigational aid and radio remote control antennas and antenna reflectors, and parts suitable for use therewith
85299005	PCBs and ceramic substrates and subassemblies thereof, for color TV, with components listed in add. US note 4, chap. 85
85299006	PCBs and ceramic substrates and subassemblies thereof, for color TV, not with components listed in add. US note 4, chap. 85
85299009	Printed circuit assemblies for television cameras
85299016	Printed circuit assemblies which are subassemblies of radar, radio nav. aid or remote control apparatus, of 2 or more parts joined together
85299019	Printed circuit assemblies, nesi, for radar, radio navigational aid or radio remote control apparatus
85299022	Other printed circuit assemblies suitable for use solely or principally with the apparatus of headings 8525 to 8528, nesi
85299024	Transceiver assemblies for the apparatus of subheading 8526.10, other than printed circuit assemblies
85299029	Tuners for television apparatus, other than printed circuit assemblies
85299033	Subassies w/2 or more PCBs or ceramic substrates, as spec'd in add. US note 9 ch.85, for color TV, w/components in add. US note 4, ch. 85
85299046	Combinations of PCBs and ceramic substrates and subassemblies thereof for color TV, w/components listed in add. U.S. note 4, chap. 85
85299063	Parts of printed circuit assemblies (including face plates and lock latches) for television cameras
85299068	Parts of printed circuit assemblies (including face plates and lock latches) for television apparatus other than television cameras
85299073	Parts of printed circuit assemblies (including face plates and lock latches) for radar, radio navigational aid or radio remote control app.
85299078	Mounted lenses for use in closed circuit television cameras, separately imported, w/or w/o attached elec. connectors or motors
85299081	Other parts of television cameras, nesi
85299083	Other parts of television apparatus (other than television cameras), nesi
85299089	Subassies w/2 or more PCBs or ceramic substrates, exc. tuners or converg. ass'ies, for color TV, not w/components in add. US note 4, ch.85
85299093	Parts of television apparatus, nesi
85299095	Assemblies and subassemblies of radar, radio navigational aid or remote control apparatus, of 2 or more parts joined together, nesi
85299097	Parts suitable for use solely or principally in radar, radio navigational aid or radio remote control apparatus, nesi
85299099	Parts suitable for use solely or principally with the apparatus of headings 8525 to 8528, nesi
85301000	Electrical signaling, safety or traffic control equipment for railways, streetcar lines or subways
85308000	Electrical signaling, safety or traffic control equipment for roads, inland waterways, parking facilities, port installations or airfields
85309000	Parts for electrical signaling, safety or traffic control equipment
85321000	Fixed electrical capacitors designed for use in 50/60 Hz circuits and having a reactive power handling capacity of not less than 0.5kvar
85322100	Tantalum fixed capacitors
85322200	Aluminum electrolytic fixed capacitors
85322300	Ceramic dielectric fixed capacitors, single layer
85322400	Ceramic dielectric fixed capacitors, multilayer
85322500	Dielectric fixed capacitors of paper or plastics
85322900	Fixed electrical capacitors, nesi
85323000	Variable or adjustable (pre-set) electrical capacitors
85329000	Parts of electrical capacitors, fixed, variable or adjustable (pre-set)
85331000	Electrical fixed carbon resistors, composition or film types
85332100	Electrical fixed resistors, other than composition or film type carbon resistors, for a power handling capacity not exceeding 20 W
85332900	Electrical fixed resistors, other than composition or film type carbon resistors, for a power handling capacity exceeding 20 W
85333100	Electricalwirewound variable resistors, including rheostats and potentiometers, for a power handling capacity not exceeding 20 W
85334040	Metal oxide resistors
85334080	Electrical variable resistors, other thanwirewound, including rheostats and potentiometers
85339080	Other parts of electrical resistors, including rheostats and potentiometers, nesi
85351000	Fuses, for a voltage exceeding 1,000 V
85352100	Automatic circuit breakers, for a voltage of less than 72.5 kV, but exceeding 1,000 V
85352900	Automatic circuit breakers, for a voltage of 72.5 kV or more
85353000	Isolating switches and make-and-break switches, for a voltage exceeding 1,000 V
85359040	Electrical motor starters and electrical motor overload protector, for a voltage exceeding 1,000 V
85359080	Electrical apparatusnesi for switching, protecting, or making connections for electrical circuits, for a voltage exceeding 1,000 V, nesi
85361000	Fuses, for a voltage not exceeding 1,000 V
85362000	Automatic circuit breakers, for a voltage not exceeding 1,000 V
85363040	Electrical motor overload protectors, for a voltage not exceeding 1,000 V, nesi
85364100	Relays for switching, protecting or making connections to or in electrical circuits, for a voltage not exceeding 60 V
85364900	Relays for switching, protecting or making connections to or in electrical circuits, for a voltage exceeding 60 but not exceeding 1,000 V
85365040	Electrical motor starters (which are switches), for a voltage not exceeding 1,000 V
85365090	Switchesnesoi, for switching or making connections to or in electrical circuits, for a voltage not exceeding 1,000 V

HTS subheading	Product Description
85366940	Connectors: coaxial, cylindricalmulticontact, rack and panel, printed circuit, ribbon or flat cable, for a voltage not exceeding 1,000 V
85369040	Electrical terminals, electrical splicers and electrical couplings, wafer probers, for a voltage not exceeding 1,000 V
85369060	Battery clamps used in motor vehicles of headings 8702, 8703, 8704, or 8711
85369085	Other electrical apparatusnesi, for switching or making connections to or in electrical circuits, for a voltage not exceeding 1,000 V, nesoi
85371060	Boards, panels, etc., equipped with apparatus for electric control, for a voltage not exceeding 1,000, motor control centers
85371080	Touch screens without display capabilities for incorporation in apparatus having a display
85372000	Boards, panels, consoles, desks, cabinets and other bases, equipped with apparatus for electric control, for a voltage exceeding 1,000 V
85381000	Parts of boards, panels, consoles, desks, cabinets and other bases for the goods of heading 8537, not equipped with their apparatus
85389040	Parts for articles of 8535.90.40, 8536.30.40 or 8536.50.40, of ceramic or metallic materials, mech. or elec. reactive to changes in temp.
85389060	Molded partsnesi, suitable for use solely or principally with the apparatus of heading 8535, 8536 or 8537
85389081	Other partsnesi, suitable for use solely or principally with the apparatus of heading 8535, 8536 or 8537
85392920	Electrical filament lamps, voltage not exceeding 100 V, having glass envelopes n/o 6.35 mm in diameter, suitable in surgical instruments
85392930	Electrical filament lampsnesi, designed for a voltage not exceeding 100 V, excluding ultraviolet and infrared lamps
85394100	Arc lamps
85399000	Parts of electrical filament or discharge lamps
85407910	Klystron tubes
85407920	Microwave tubes (other than magnetrons or klystrons) excluding grid-controlled tubes
85408900	Thermionic, cold cathode or photocathode tubes, nesi
85412100	Transistors, other than photosensitive transistors, with a dissipation rating of less than 1 W
85412900	Transistors, other than photosensitive transistors, with a dissipation rating of 1 W or more
85413000	Thyristors, diacs and triacs, other than photosensitive devices
85414020	Light-emitting diodes (LED's)
85414070	Photosensitive transistors
85414080	Photosensitive semiconductor devicesnesi, optical coupled isolators
85414095	Photosensitive semiconductor devicesnesi, other
85415000	Semiconductor devices other than photosensitive semiconductor devices, nesi
85416000	Mounted piezoelectric crystals
85419000	Parts of diodes, transistors, similar semiconductor devices, photosensitive semiconductor devices, LED's and mounted piezoelectric crystals
85431000	Electrical particle accelerators
85432000	Electrical signal generators
85433020	Electrical machines and apparatus for electroplating, electrolysis, or electrophoresis for making printed circuits
85433090	Other electrical machines and apparatus for electroplating, electrolysis, or electrophoresis
85437020	Physical vapor deposition apparatus, nesoi
85437042	Flight data recorders
85437060	Electrical machines and apparatusnesoi, designed for connection to telegraphic or telephonic apparatus, instruments or networks
85437080	Microwave amplifiers
85437095	Touch screens without display capabilities for incorporation in apparatus having a display
85437097	Plasma cleaner machines that remove organic contaminants from electron microscopy specimens and holders
85439012	Parts of physical vapor deposition apparatus of subheading 8543.70
85439015	Assemblies and subassemblies for flight data recorders, consisting of 2 or more parts pieces fastened together, printed circuit assemblies
85439035	Assemblies and subassemblies for flight data recorders, consisting of 2 or more parts pieces fastened together, not printed circuitassys.
85439065	Printed circuit assemblies of flat paneldisplays other than for reception apparatus for television of heading 8528
85439068	Printed circuit assemblies of electrical machines and apparatus, having individual functions, nesoi
85441100	Insulated (including enameled or anodized) winding wire, of copper
85441900	Insulated (including enameled or anodized) winding wire, other than of copper
85443000	Insulated ignition wiring sets and other wiring sets of a kind used in vehicles, aircraft or ships
85444930	Insulated electric conductorsnesi, of copper, for a voltage not exceeding 1,000 V, not fitted with connectors
85444990	Insulated electric conductorsnesi, not of copper, for a voltage not exceeding 1,000 V, not fitted with connectors
85446020	Insulated electric conductorsnesi, for a voltage exceeding 1,000 V, fitted with connectors
85446040	Insulated electric conductorsnesi, of copper, for a voltage exceeding 1,000 V, not fitted with connectors
85447000	Optical fiber cables made up of individually sheathed fibers
86011000	Rail locomotives powered from an external source of electricity
86031000	Self-propelled railway or tramway coaches, vans and trucks (o/than those of 8604), powered from an external source of electricity
86039000	Self-propelled railway or tramway coaches, vans and trucks (o/than those of 8604), o/than powered from an external source of electricity
86040000	Railway or tramway maintenance or service vehicles, whether or not self-propelled
86071200	Parts of railway/tramway locomotives/rolling stock, truck assemblies for other than self-propelled vehicles
86071906	Parts of railway/tramway locomotives/rolling stock, parts of axles

HTS subheading	Product Description
86071912	Parts of railway/tramway locomotives/rolling stock, wheels, whether or not fitted with axles
86071915	Parts of railway/tramway locomotives/rolling stock, parts of wheels
86071990	Parts of railway/tramway locomotives/rolling stock, parts of truck assemblies for self- propelled vehicles or for non-self propelled nesoi
86072110	Parts of railway/tramway locomotives/rolling stock, air brakes & parts thereof for non-self-propelled passenger coaches or freight cars
86072150	Parts of railway/tramway locomotives/rolling stock, air brakes & parts thereof for self- propelled vehicles or non-self-propelled stocknesoi
86072910	Parts of railway/tramway locomotives/rolling stock, pts of brakes (o/than air brakes) for non-self-propelled passenger coaches or freight
86072950	Parts of railway/tramway locomotives/rolling stock, pts of brakes (o/th air brakes) for self-propelled vehicles or non-self-propellednesoi
86079100	Parts, nesoi, of railway/tramway locomotives
86079910	Parts (o/than brake regulators) nesoi, of railway/tramway, non-self-propelled passenger coaches or freight cars
86079950	Parts, nesoi, of railway or tramway rolling stock, nesoi
86080000	Railway or tramway track fixtures and fittings; mechanical signaling, safety or traffic control equipment of all kindsnesoi; parts thereof
87011001	Single axle tractors, other than tractors of 8709
87013010	Track-laying tractors, suitable for agricultural use
87021031	Motor vehicles w/diesel engine, to transport 16 or more persons, incl driver
87021061	Motor vehicles w/diesel engine, to transport 10 to 15 persons, incl driver
87022031	Motor vehicles w/diesel engine & electric motor, to transport 16 or more persons, incl driver
87022061	Motor vehicles w/diesel engine & electric motor, to transport 10 to 15 persons, incl driver
87023031	Motor vehicles w/spark-ign. IC recip. piston engine & electric motor, to transport 16 or more persons, incl driver
87023061	Motor vehicles w/spark-ign. IC recip. piston engine & electric motor, to transport 10 to 15 persons, incl driver
87024031	Motor vehicles w/electric motor, to transport 16 or more persons, incl driver
87024061	Motor vehicles w/electric motor, to transport 10 to 15 persons, incl driver
87029031	Motor vehiclesnesoi, to transport 16 or more persons, incl driver
87029061	Motor vehiclesnesoi, to transport 10 to 15 persons, incl driver
87031010	Motor vehicles specially designed for traveling on snow
87031050	Golf carts and similar motor vehicles
87032101	Motor vehicles to transport persons, w/spark-ign. IC recip. piston engine, w/cyl capacity<= 1,000 cc
87032201	Motor vehicles to transport persons, w/spark-ign. IC recip. piston engine, w/cyl capacity>1,000cc but<=1,500cc
87032301	Motor vehicles to transport persons, w/spark-ign. IC recip. piston engine, w/cyl capacity>1,500cc but<=3,000cc
87032401	Motor vehicles to transport persons, w/spark-ign. IC recip. piston engine, w/cyl capacity>3,000cc
87033101	Motor vehicles to transport persons, w/diesel engines, of a cylinder capacity<= 1,500cc
87033201	Motor vehicles to transport persons, w/diesel engines, of a cylinder capacity>1,500cc but<= 2,500cc
87033301	Motor vehicles to transport persons, w/diesel engines, of a cylinder capacity>2,500cc
87034000	Motor vehicles to transport persons, w/spark-ign. IC recip. piston engine &elec motor incapable of charge by plug to external source
87035000	Motor vehicles to transport persons, w/diesel engine &elec motor incapable of charge by plug to external source
87036000	Motor vehicles to transport persons, w/spark-ign. IC recip. piston engine &elec motor capable of charge by plug to external source
87037000	Motor vehicles to transport persons, w/diesel engine &elec motor capable of charge by plug to external source
87038000	Motor vehicles to transport persons, w/electric motor for propulsion
87039001	Motor vehicles to transport persons, nesoi
87041010	Mtr. vehicles for transport of goods, cab chassis for dumpers designed for off-highway use
87041050	Mtr. vehicles for transport of goods, complete dumpers designed for off-highway use
87042100	Mtr. vehicles for transport of goods, w/compress.-ign. int. combust. recip. piston engine, w/G.V.W. not over 5 metric tons
87042210	Mtr. vehicles for transport of goods, cab chassis, w/compress.-ign. int. combust. recip. piston engine, w/G.V.W. o/5 but n/o 20 metric tons
87042250	Mtr. vehicl. for transport of goods (o/than cab chassis), w/compress.-ign. int. combust. recip. piston engine, w/G.V.W. o/5 but n/o 20mtons
87042300	Mtr. vehicles for transport of goods, w/compress.-ign. int. combust. recip. piston engine, w/G.V.W. over 20 metric tons
87043100	Mtr. vehicles for transport of goods, w/spark.-ign. int. combust. recip. piston engine, w/G.V.W. not over 5 metric tons
87043200	Mtr. vehicles for transport of goods, w/spark.-ign. int. combust. recip. piston engine, w/G.V.W. over 5 metric tons
87053000	Mtr. vehicles (o/than for transport of persons or of goods), fire fighting vehicles
87054000	Mtr. vehicles (o/than for transport of persons or of goods), concrete mixers
87060025	Chassis fitted w/engines, formtr. vehicles of heading 8705
87060030	Chassis fitted w/engines, for tractors suitable for agricultural use
87091100	Electrical, self-propelled, works trucks, not fitted w/lift. equip. and tractors of type used on railway station platforms
87091900	Non-electrical, self-propelled, works trucks, not fitted w/lift. equip. and tractors of type used on railway station platforms
87099000	Parts of self-propelled works trucks, not fitted w/lift. equip. and tractors of the type used on railway station platforms
87112000	Motorcycles (incl. mopeds) and cycles, fitted w/recip. internal-combustion piston engine w/capacity o/50 but n/o 250 cc
87113000	Motorcycles (incl. mopeds) and cycles, fitted w/recip. internal-combustion piston engine w/capacity o/250 but n/o 500 cc
87114030	Motorcycles (incl. mopeds) and cycles, fitted w/recip. internal-combustion piston engine w/capacity o/500 cc but n/o 700 cc

HTS subheading	Product Description
87114060	Motorcycles (incl. mopeds) and cycles, fitted w/recip. internal-combustion piston engine w/capacity o/700 cc but n/o 800 cc
87115000	Motorcycles (incl. mopeds) and cycles, fitted w/recip. internal-combustion piston engine w/capacity o/800 cc
87141000	Pts. & access. for motorcycles (including mopeds)
88010000	Balloons, dirigibles and non-powered aircraft, gliders and hang gliders
88021100	Helicopters, with an unladen weight not over 2,000 kg
88021200	Helicopters, with an unladen weight over 2,000 kg
88022000	Airplanes and other powered aircraft, nesoi, with an unladen weight not over 2,000 kg
88023000	Airplanes and other powered aircraft, nesoi, with an unladen weight over 2,000 kg but not over 15,000 kg
88024000	Airplanes and other powered aircraft, nesoi, with an unladen weight over 15,000 kg
88026030	Communication satellites
88026090	Spacecraft, including satellites (o/than communication satellites), and suborbital and spacecraft launch vehicles
88031000	Parts of airplanes and other aircraft, propellers and rotors and parts thereof
88032000	Parts of airplanes and other aircraft, undercarriages and parts thereof
88033000	Parts of airplanes and helicopters, nesoi
88039030	Parts of communication satellites
88039090	Parts of aircraft (o/than airplanes and helicopters), spacecraft (o/than comm.satell.) and suborbital and launch vehicles, nesoi
88051000	Aircraft launching gear and parts thereof; deck-arrestors or similar gear and parts thereof
88052100	Air combat ground flying simulators and parts thereof
88052900	Ground flying trainers and parts thereof, other than air combat simulators
89011000	Vessels, designed for the transport of persons, cruise ships, excursion boats and similar vessels; ferry boats of all kinds
89012000	Vessels, designed for the transport of goods, tankers
89019000	Vessels, designed for the transport of goods or for the transport of both persons and goods, nesoi
89020000	Vessels, fishing; factory ships and other vessels for processing or preserving fishery products
89040000	Vessels, tugs and pusher craft
89051000	Vessels, dredgers
89052000	Floating or submersible drilling or production platforms
89059050	Vessels, light-vessels, fire-floats, floating cranes, & other vesselsnesoi, the navigability of which is subsidiary to their main function
89069000	Vessels (including lifeboats other than row boats), nesoi
89079000	Floating structuresnesoi (for example, rafts, other than inflatable rafts, tanks, cofferdams, landing stages, buoys and beacons)
89080000	Vessels and other floating structures for breaking up (scrapping)
90029020	Prisms, mounted, for optical uses
90029040	Mirrors, mounted, for optical uses
90029070	Half-tone screens, mounted, designed for use in engraving or photographic processes
90029095	Mounted optical elements, nesi; parts and accessories of mounted optical elements, nesi
90079140	Parts for cinematographic cameras
90079180	Accessories for cinematographic cameras
90111040	Stereoscopic microscopes, provided with a means for photographing the image
90111080	Stereoscopic microscopes, other than those provided with a means for photographing the image
90112040	Microscopes for microphotography, microcinematography ormicroprojection, provided with a means for photographing the image
90119000	Parts and accessories for compound optical microscopes, including those for microphotography, microcinematography ormicroprojection
90121000	Microscopes other than optical microscopes; diffraction apparatus
90129000	Parts and accessories for microscopes other than optical microscopes, and for diffraction apparatus
90131010	Telescopic sights for rifles not designed for use with infrared light
90131045	Telescopes as parts of machines, appliances, etc. of chapter 90 or section XVI
90131050	Other telescopic sights for arms other than rifles; periscopes
90132000	Lasers, other than laser diodes
90138070	Liquid crystal and other optical flat paneldisplays other than for articles of heading 8528, nesoi
90141060	Gyroscopic directing finding compasses, other than electrical
90141070	Electricaldirection finding compasses
90142020	Optical instruments and appliances (other than compasses) for aeronautical or space navigation
90142040	Automatic pilots for aeronautical or space navigation
90142060	Electrical instruments and appliances (other than compasses) for aeronautical or space navigation
90142080	Nonelectrical instruments and appliances (other than compasses) for aeronautical or space navigation
90148010	Optical navigational instruments, nesi
90148020	Ships' logs and depth-sounding apparatus
90148040	Electrical navigational instruments and appliances, nesi
90148050	Nonelectrical navigational instruments and appliances, nesi

HTS subheading	Product Description
90149010	Parts and accessories of automatic pilots for aeronautical or space navigation of subheading 9014.20.40
90149020	Parts and accessories of nonelectrical instruments and appliances for aeronautical or space navigation of subheading 9014.20.80
90149040	Parts and accessories of nonelectrical navigational instruments and appliancesnesi of subheading 9014.80.50
90149060	Parts and accessories of navigational instruments and appliances, nesi
90151080	Rangefinders, other than electrical
90152040	Electrical theodolites and tachymeters
90152080	Theodolites and tachymeters, other than electrical
90154040	Electricalphotogrammetrical surveying instruments and appliances
90154080	Photogrammetrical surveying instruments and appliances, other than electrical
90158020	Optical surveying, hydrographic, oceanographic, hydrological, meteorological or geophysical instruments and appliances, nesi
90158060	Seismographs
90158080	Surveying, hydrographic, oceanographic, hydrological, meteorological or geophysical instruments and appliances, nesi, nonoptical
90181130	Electrocardiographs
90181160	Printed circuit assemblies for electrocardiographs
90181190	Parts and accessories of electrocardiographs, other than printed circuit assemblies
90181200	Ultrasonic scanning electro-diagnostic apparatus used in medical, surgical, dental or veterinary sciences
90181300	Magnetic resonance imaging electro-diagnostic apparatus used in medical, surgical, dental or veterinary sciences
90181400	Scintigraphic electro-diagnostic apparatus used in medical, surgical, dental or veterinary sciences
90181940	Electro-diagnostic apparatus for functional exploratory examination, and parts and accessories thereof
90181955	Electro-diagnostic patient monitoring systems
90181975	Printed circuit assemblies for electro-diagnostic parameter acquisition modules
90181995	Electro-diagnostic apparatusnesi, and parts and accessories thereof nesi
90182000	Ultraviolet or infrared ray apparatus used in medical, surgical, dental or veterinary sciences, and parts and accessories thereof
90183100	Syringes, with or without their needles; parts and accessories thereof
90183200	Tubular metal needles and needles for sutures, used in medical, surgical, dental or veterinary sciences, and parts and accessories thereof
90183900	Catheters, cannulae and the like nesi, used in medical, surgical, dental or veterinary sciences, and parts and accessories thereof
90184100	Dental drill engines, whether or not combined on a single base with other dental equipment, and parts and accessories thereof
90184940	Dental burs
90184980	Instruments and apparatus used in dental sciences, nesi, and parts and accessories thereof
90185000	Ophthalmic instruments and appliancesnesi, and parts and accessories thereof
90189010	Mirrors and reflectors used in medical, surgical, dental or veterinary sciences, and parts and accessories thereof
90189020	Optical instruments and appliancesnesi, used in medical, surgical, dental or veterinary sciences, and parts and accessories thereof
90189030	Anesthetic instruments and appliancesnesi, used in medical, surgical, dental or veterinary sciences, and parts and accessories thereof
90189060	Electro-surgical instruments and appliancesnesi, other than extracorporeal shock wave lithotripters and parts and accessories thereof
90189064	Defibrillators
90189068	Printed circuit assemblies for defibrillators
90189075	Electro-medical instruments and appliancesnesi, and parts and accessories thereof
90189080	Instruments and appliances used in medical, surgical, dental or veterinary sciences, nesi, and parts and accessories thereof
90191060	Psychological aptitude testing apparatus, other than electrical, and parts and accessories thereof
90192000	Ozone, oxygen and aerosol therapy, artificial respiration or other therapeutic respiration apparatus, and parts and accessories thereof
90211000	Orthopedic or fracture appliances, and parts and accessories thereof
90212140	Artificial teeth and parts and accessories thereof, of plastics
90212940	Dental fittings and parts and accessories thereof, of plastics
90212980	Dental fittings and parts and accessories thereof, other than of plastics
90213100	Artificial joints and parts and accessories thereof
90213900	Artificial parts of the body (other than artificial joints) and parts and accessories thereof, nesoi
90214000	Hearing aids, excluding parts and accessories thereof
90215000	Pacemakers for stimulating heart muscles, excluding parts and accessories thereof
90221200	Computed tomography apparatus based on the use of X-rays
90221300	Apparatus based on the use of X-rays for dental uses (other than computed tomography apparatus)
90221400	Apparatus based on the use of X-rays for medical, surgical or veterinary uses (other than computed tomography apparatus)
90221900	Apparatus based on the use of X-rays other than for medical, surgical, dental or veterinary use
90222100	Apparatus based on the use of alpha, beta or gamma radiations, for medical, surgical, dental or veterinary use
90222980	Apparatus based on the use of alpha, beta or gamma radiations, other than for medical, surgical, dental or veterinary use, nesi
90223000	X-ray tubes
90229005	Radiation generator units
90229015	Radiation beam delivery units

HTS subheading	Product Description
90229025	X-ray generators, high tension generators, desks, screens, examination or treatment tables, chairs and similar apparatus, nesi
90229040	Parts and accessories of X-ray tubes
90229060	Parts and accessories of apparatus based on the use of X-rays
90229095	Parts and accessories of apparatus based on the use of alpha, beta or gamma radiations
90241000	Machines and appliances for testing the mechanical properties of metals
90248000	Machines and appliances for testing the mechanical properties of materials other than metals
90249000	Parts and accessories of machines and appliances for testing the hardness, strength, compressibility, or other properties of materials
90251120	Clinical thermometers, liquid-filled, for direct reading, not combined with other instruments
90258015	Nonelectrical barometers, not combined with other instruments
90258035	Hygrometers and psychrometers, non-electrical, non-recording
90258040	Thermographs, barographs, hygrographs and other recording instruments, other than electrical
90258050	Combinations of thermometers, barometers and similar temperature and atmosphere measuring and recording instruments, nonelectrical
90261020	Electrical instruments and apparatus for measuring or checking the flow or level of liquids
90261040	Flow meters, other than electrical, for measuring or checking the flow of liquids
90261060	Instruments and apparatus for measuring or checking the level of liquids, other than flow meters, non-electrical
90262040	Electrical instruments and apparatus for measuring or checking the pressure of liquids or gases
90262080	Instruments and apparatus, other than electrical, for measuring or checking the pressure of liquids or gases
90268020	Electrical instruments and apparatus for measuring or checking variables of liquids or gases, nesi
90268060	Nonelectrical instruments and apparatus for measuring or checking variables of liquids or gases, nesi
90269020	Parts and accessories of electrical instruments and apparatus for measuring or checking variables of liquids or gases
90269040	Parts and accessories of nonelectrical flow meters, heat meters incorporating liquid supply meters and anemometers
90269060	Parts and accessories of nonelectrical instruments and apparatus for measuring or checking variables of liquids or gases, nesi
90272050	Electrical chromatographs and electrical electrophoresis instruments
90272080	Nonelectrical chromatographs
90273040	Electrical spectrometers, spectrophotometers and spectrographs using optical radiations (ultraviolet, visible, infrared)
90273080	Nonelectrical spectrometers, spectrophotometers and spectrographs using optical radiations (ultraviolet, visible, infrared)
90275010	Exposure meters
90275040	Electrical instruments and apparatus using optical radiations (ultraviolet, visible, infrared), nesi
90275080	Nonelectrical instruments and apparatus using optical radiations (ultraviolet, visible, infrared), nesi
90278025	Nuclear magnetic resonance instruments
90278045	Electrical instruments and apparatus for physical or chemical analysis, measuring viscosity, checking heat, sound, light, etc., nesi
90278080	Nonelectrical instruments and apparatus for physical or chemical analysis, measuring viscosity, checking heat, sound or light, nesi
90279045	Printed circuit assemblies for instruments and apparatus of subheading 9027.80
90279054	Parts and accessories of electrophoresis instruments not incorporating an optical or other measuring device
90279056	Parts and accessories of electrical instruments and apparatus of subheading 9027.20, 9027.30, 9027.50 or 9027.80
90279059	Other parts and accessories of other electrical instruments and apparatus of heading 9027, nesoi
90279064	Parts and accessories of nonelectrical optical instruments and apparatus of subheading 9027.20, 9027.30, 9027.40, 9027.50 or 9027.80
90279084	Parts and accessories of nonelectricalnonoptical instruments and apparatus of heading 9027.20, 9027.30, 9027.40, 9027.50 or 9027.80
90279088	Parts and accessories of nonelectrical instruments and apparatus of heading 9027, nesoi
90289000	Parts and accessories for gas, liquid or electricity supply or production meters
90299060	Parts and accessories of stroboscopes
90301000	Instruments and apparatus for measuring or detecting ionizing radiations
90302005	Oscilloscopes and oscillographs, specially designed for telecommunications
90303334	Resistance measuring instruments
90303338	Other instruments and apparatus, nesi, for measuring or checking electrical voltage, current, resistance or power, without a recording device
90303901	Instruments and apparatus, nesi, for measuring or checking electrical voltage, current, resistance or power, with a recording device
90304000	Instruments and apparatus specially designed for telecommunications
90308200	Instruments and apparatus for measuring or checking electrical quantities, nesoi: for measuring or checking semiconductor wafers or devices
90309025	Printed circuit assemblies for instruments and apparatus for measuring or detecting ionizing radiation
90309046	Parts and accessories for instruments and apparatus for measuring or detecting ionizing radiation, nesi
90309066	Printed circuit assemblies for subheadings and apparatus of 9030.40 & 9030.82
90309068	Printed circuit assemblies, NESOI
90309084	Parts and accessories for instruments and apparatus for measuring or checking semiconductor wafers or devices, nesoi
90309089	Parts and accessories for articles of subheadings 9030.20 to 9030.40, 9030.83 and 9030.89, nesoi
90311000	Machines for balancing mechanical parts
90312000	Test benches

HTS subheading	Product Description
90314100	Optical measuring/checking instruments/appliances for inspecting semiconductor wafers/devices or photomasks/reticle used tomfg such devices
90314910	Profile projectors
90314940	Optical coordinate-measuring machines, nesoi
90314970	Optical instrument & appliance: to inspect masks (not photomask) used tomfg semiconductor devices; to measure contamination on such devices
90314990	Other optical measuring or checking instruments, appliances and machines, nesoi
90318040	Electron beam microscopes fitted with equipment specifically designed for the handling and transport of semiconductor devices or reticles
90318080	Measuring and checking instruments, appliances and machines, nesoi
90319021	Parts and accessories of profile projectors
90319054	Parts & accessories of measuring & checking optical instruments & appliances of subheading 9031.41 or 9031.49.70
90319059	Parts & accessories of measuring & checking optical instruments &appliances, other than test benches or profile projectors, nesoi
90319070	Parts and accessories of articles of subheading 9031.80.40
90319091	Parts and accessories of measuring or checking instruments, appliances and machines, nesoi
90321000	Automatic thermostats
90322000	Automaticmanostats
90328100	Hydraulic and pneumatic automatic regulating or controlling instruments and apparatus
90328920	Automatic voltage and voltage-current regulators, designed for use in a 6, 12, or 24 V system
90328940	Automatic voltage and voltage-current regulators, not designed for use in a 6, 12, or 24 V system
90328960	Automatic regulating or controlling instruments and apparatus, nesi
90329021	Parts and accessories of automatic voltage and voltage-current regulators designed for use in a 6, 12, or 24 V system, nesi
90329041	Parts and accessories of automatic voltage and voltage-current regulators, not designed for use in a 6, 12, or 24 V system, nesi
90329061	Parts and accessories for automatic regulating or controlling instruments and apparatus, nesi
90330020	LEDs for backlighting of LCDs
90330030	Touch screens without display capabilities for incorporation in apparatus having a display
90330090	Other parts and accessories for machines, appliances, instruments or apparatus of chapter 90, nesi
91040060	Instrument panel clocks for vehicles, air/spacecraft or vessels, w/clock or watch movement<50 mm wide, nonelectric
93011000	Artillery weapons (for example, guns, howitzers, and mortars)
93012000	Rocket launchers; flame-throwers; grenade launchers; torpedo tubes and similar projectors
93019030	Rifles, military
93019060	Shotguns, military
93019090	Military weapons, nesoi
93040040	Pistols & other guns (o/than rifles) that eject missiles by release of comp. airor gas, a spring mechanism or rubber held under tension
93051020	Parts and accessoriesnesoi, for revolvers or pistols of heading 9302
93051040	Parts and accessoriesnesoi, for revolvers or pistols designed to fire only blank cartridges or blank ammunition
93051060	Parts and accessoriesnesoi, for muzzle-loading revolvers and pistols
93051080	Parts and accessoriesnesoi, for revolvers or pistols nesoi
93059940	Parts and accessories for articles of heading 9303 other than shotguns or rifles
93059960	Parts and accessories for articles of headings 9301 to 9304, nesoi
93063041	Cartridgesnesoi and empty cartridge shells
93063080	Parts of cartridgesnesoi
93069000	Bombs, grenades, torpedoes, mines, missiles and similar munitions of war and pts thereof; other ammunition projectiles & pts. thereof
94011040	Seats, of a kind used for aircraft, leather upholstered
94011080	Seats, of a kind used for aircraft (o/than leather upholstered)
94019010	Parts of seatsnesoi, for seats of a kind used for motor vehicles
94019015	Parts of seatsnesoi, for bent-wood seats
94019025	Parts of seats (o/than of 9402) nesoi, of cane, osier, bamboo or similar materials

Note: All products that are classified in the 8-digit subheadings of the Harmonized Tariff Schedule of the United States (HTS) that are listed in Part 1 of this Annex are covered by the action.Products that are listed in Part 2 of this Annex are partially covered by the action. The product descriptions that are contained in this Annex are provided for informational purposes only, and are not intended to delimit in any way the scope of the proposed action. Any questions regarding the scope of particular HTS subheadings should be referred to U.S. Customs and Border Protection. In the product descriptions, the abbreviation "nesoi" means "not elsewhere specified or included".

HTS Subheading	Product Description
0203.29.20	Frozen retail cuts of meat of swine, nesoi
0203.29.40	Frozen meat of swine, other than retail cuts, nesoi
0206.10.00	Edible offal of bovine animals, fresh or chilled

HTS Subheading	Product Description
0208.10.00	Meat and edible meat offal of rabbits or hares, fresh, chilled or frozen
0208.90.20	Meat and edible offal of deer, fresh, chilled or frozen
0208.90.25	Frog legs, fresh, chilled or frozen
0210.19.00	Meat of swine other than hams, shoulders, bellies (streaky) and cuts thereof, salted, in brine, dried or smoked
0301.11.00	Live ornamental freshwater fish
0301.19.00	Live ornamental fish, other than freshwater
0301.91.00	Live trout
0301.92.00	Live eels
0301.93.02	Live carp
0301.94.01	Other live Fish, Atlantic & Pacific Bluefin Tunas
0301.95.00	Other live Fish, Southern Bluefin Tunas
0301.99.03	Live Tench (Tinca Tinca), sheatfish (Silurus Glanis), bighead carp (Aristichthys Nobilis) and other fish, nesoi
0302.11.00	Trout, fresh or chilled, excluding fillets, other meat portions, livers and roes
0302.13.00	Pacific salmon, fresh or chilled, excluding fillets, other meat portions, livers and roes
0302.14.00	Atlantic and Danube salmon, fresh or chilled, excluding fillets, other meat portions, livers and roes
0302.19.00	Salmonidae other than trout or Pacific, Atlantic & Danube salmon, fresh or chilled, excluding fillets, other meat portions, livers & roes
0302.21.00	Halibut and Greenland turbot, fresh or chilled, excluding fillets, other meat portions, livers and roes
0302.22.00	Plaice, fresh or chilled, excluding fillets, other meat portions, livers and roes
0302.23.00	Sole, fresh or chilled, excluding fillets, other meat portions, livers and roes
0302.24.00	Turbots
0302.29.01	Flat fish, nesoi, fresh or chilled, excluding fillets, other meat portions, livers and roes
0302.31.00	Albacore or longfinned tunas, fresh or chilled, excluding fillets, other meat portions, livers and roes
0302.32.00	Yellowfin tunas, fresh or chilled, excluding fillets, other meat portions, livers and roes
0302.33.00	Skipjack or stripe-bellied bonito, fresh or chilled, excluding fillets, other meat portions, livers and roes
0302.34.00	Bigeye tunas (Thunnas obesus), fresh or chilled, excluding fillets, other meat portions, livers and roes
0302.35.01	Atlantic & Pacific bluefin tunas, fresh or chilled, excluding fillets, other meat portions, livers and roes
0302.36.00	Southern bluefin tunas (Thunnas maccoyii), fresh or chilled, excluding fillets, other meat portions, livers and roes
0302.39.02	Tunas not elsewhere specified or included, fresh or chilled, excluding fillets, other meat portions, livers and roes
0302.41.00	Herrings, fresh or chilled, excluding fillets, other meat portions, livers and roes
0302.42.00	Anchovies, excl. fillets, livers & roes, fresh or chilled, scaled, in immediate containers weighing with their contents<6.8 kg
0302.43.00	Sardines, sardinella, brisling or sprats, fresh or chilled, excluding fillets, other meat portions, livers and roes
0302.44.00	Mackerel, excl. fillets, livers & roes, fresh or chilled
0302.45.11	Jack & horse mackerel, excl. fillets, livers & roes, fresh or chilled, scaled, in immediate containers weighing with their contents<6.8 kg
0302.45.50	Jack & horse mackerel excl. fillets, livers & roes, fresh or chilled, not scaled, or scaled in immediate containers>6.8 kg
0302.46.11	Cobia, excl. fillets, livers and roes, fresh or chilled, scaled, in immediate containers weighing with their contents 6.8 kg or less
0302.46.50	Cobia, excl. fillets, livers & roes, fresh or chilled, not scaled, or scaled in immediate containers over 6.8 kg
0302.47.00	Swordfish, fresh or chilled, excluding livers and roes
0302.49.00	Herrings, anchovies, sardines, nesoi
0302.51.00	Cod, fresh or chilled, excluding fillets, other meat portions, livers and roes
0302.52.00	Haddock, fresh or chilled, excluding fillets, other meat portions, livers and roes
0302.53.00	Coalfish, fresh or chilled, excluding fillets, other meat portions, livers and roes
0302.54.11	Hake, excl. fillets, livers and roes, fresh or chilled, scaled, in immediate containers weighing with their contents 6.8 kg or less
0302.54.50	Hake, excl. fillets, livers and roes, fresh or chilled, not scaled, or scaled in immediate containers over 6.8 kg
0302.55.11	Alaska pollack, excl. fillets, livers, roes, fresh or chilled, scaled, in immediate containers weighing with their contents<6.8 kg
0302.55.50	Alaska pollack excl. fillets, livers & roes, fresh or chilled, not scaled, or scaled in immediate containersover 6.8 kg
0302.56.11	Blue whitings, excl. fillets, livers & roes, fresh or chilled, scaled, in immediate containers weighing with their contents<6.8 kg
0302.56.50	Blue whitings, excl. fillets, livers & roes, fresh or chilled, not scaled, or scaled in immediate containers over 6.8 kg
0302.59.11	Bregmacerotidae et al fish, nesoi, excl. fillets, livers and roes, fresh or chilled, scaled, in immediate containers weighing<6.8 kg
0302.59.50	Bregmacerotidae fish, etc. excl. fillets, livers & roes, fresh or chilled, not scaled, or scaled in immediate containers>6.8 kg
0302.71.11	Tilapias, excl. fillets, livers and roes, fresh or chilled, scaled, in immediate containers weighing with their contents<6.8 kg
0302.71.50	Tilapias, excl. fillets, livers & roes, fresh or chilled, not scaled, or scaled in immediate containers over 6.8 kg
0302.72.11	Catfish, excl. fillets, livers and roes, fresh or chilled, scaled, in immediate containers weighing with their contents 6.8 kg or less
0302.72.50	Catfish excl. fillets, livers & roes, fresh or chilled, not scaled, or scaled in immediate containers over6.8 kg
0302.73.11	Carp, excl. fillets, livers and roes, fresh or chilled, scaled, in immediate containers weighing with their contents 6.8 kg or less
0302.73.50	Carp excl. fillets, livers & roes, fresh or chilled, not scaled, or scaled in immediate containers over 6.8 kg
0302.74.00	Eels, fresh or chilled, excluding fillets, other meat portions, livers and roes
0302.79.11	Fish beginning 0302.7, nesoi, excl. fillets, livers and roes, fresh or chilled, scaled, in immediate containers<6.8 kg

HTS Subheading	Product Description
0302.79.50	Fish beginning 0302.7, nesoi, excl. fillets, livers & roes, fresh or chilled, not scaled, or scaled in containers>6.8 kg
0302.81.00	Dogfish and other sharks, fresh or chilled, excluding fillets, livers, roes and fish meat of 0304
0302.82.00	Rays & skates, excl. fillets, livers & roes, fresh or chilled, not scaled, or scaled in immediate containers over 6.8 kg
0302.83.00	Toothfish excl. fillets, livers & roes, fresh or chilled, not scaled, or scaled in immediate containers over 6.8 kg
0302.84.11	Seabass, excl. fillets, livers and roes, fresh or chilled, scaled, in immediate containers weighing with their contents 6.8 kg or less
0302.84.50	Seabass, excl. fillets, livers & roes, fresh or chilled, not scaled, or scaled in immediate containers over 6.8 kg
0302.85.11	Seabream, excl. fillets, livers and roes, fresh or chilled, scaled, in immediate containers weighing with their contents 6.8 kg or less
0302.85.50	Seabream, excl. fillets, livers & roes, fresh or chilled, not scaled, or scaled in immediate containers over 6.8 kg
0302.89.11	Fish, nesoi, excl. fillets, livers and roes, fresh or chilled, scaled, in immediate containers weighing with their contents 6.8 kg or less
0302.89.50	Fish, nesoi, excl. fillets, livers & roes, fresh or chilled, not scaled, or scaled in immediate containers over 6.8 kg
0302.91.20	Sturgeon Roe, fresh or chilled
0302.91.40	Mullet and other fish liver and roes, fresh or chilled
0302.92.00	Shark fins, fresh or chilled, excluding fillet
0302.99.00	Other fish, fresh or chilled, nesoi
0303.11.00	Sockeye salmon (red salmon) (Orncorhynchus nerka), frozen, excluding fillets, other meat portions, livers and roes
0303.12.00	Pacific salmon, other than sockeye, frozen, excluding fillets, other meat portions, livers and roes
0303.13.00	Atlantic salmon and Danube salmon, frozen, excluding livers and roes
0303.14.00	Trout, frozen, excluding fillets, other meat portions, livers and roes
0303.19.01	Salmonidae, other than trout or Atlantic and Danube salmon, nesoi, frozen, excluding fillets, other meat portions, livers and roes
0303.23.00	Tilapias, frozen, excluding fillets, other meat portions, livers and roes
0303.24.00	Catfish, frozen, excluding fillets, other meat portions, livers and roes
0303.25.01	Carp, frozen excluding fillets, livers and roes
0303.26.00	Eels, frozen, excluding fillets, other meat portions, livers and roes
0303.29.01	Other fish in 0303.2 grouping nesoi, frozen, excluding fillets, other meat portions, livers and roes
0303.31.00	Halibut and Greenland turbot, frozen, excluding fillets, other meat portions & livers and roes
0303.32.00	Plaice, frozen, excluding fillets, other meat portions, livers and roes
0303.33.00	Sole, frozen, excluding fillets, other meat portions, livers and roes
0303.34.00	Turbots, frozen, excluding fillets, other meat portions, livers and roes
0303.39.01	Flat fish, other than halibut, Greenland turbot, plaice and sole, frozen, excluding fillets, other meat portions, livers and roes
0303.41.00	Albacore or longfinned tunas, frozen, excluding fillets, other meat portions, livers and roes
0303.42.00	Yellowfin tunas, frozen, excluding fillets, other meat portions, livers and roes
0303.43.00	Skipjack or stripe-bellied bonito, frozen, excluding fillets, other meat portions, livers and roes
0303.44.00	Bigeye tunas (Thunnas obesus), frozen, excluding fillets, other meat portions, livers and roes
0303.45.01	Atlantic and Pacific bluefin tunas, frozen, excluding fillets, other meat portions, livers and roes
0303.46.00	Southern bluefin tunas (Thunnas maccoyii), frozen, excluding fillets, other meat portions, livers and roes
0303.49.02	Tunas, not elsewhere specified or included, frozen, excluding fillets, other meat portions, livers and roes
0303.51.00	Herrings, frozen, excluding fillets, other meat portions, livers and roes
0303.53.00	Sardines, sardinella, brisling or sprats, frozen, excluding fillets, other meat portions, livers and roes
0303.54.00	Mackerel, frozen, excluding fillets, livers and roes
0303.55.00	Jack & horse mackerel, frozen, excluding fillets, other meat portions, livers and roes
0303.56.00	Cobia, frozen, excluding fillets, other meat portions, livers and roes
0303.57.00	Swordfish steaks, other swordfish, excluding fillets, other meat portions, livers and roes
0303.59.00	Other fish, frozen, excluding fillets, livers, roes and herrings
0303.63.00	Cod, frozen, excluding fillets, other meat portions, livers and roes
0303.64.00	Haddock, frozen, excluding fillets, other meat portions, livers and roes
0303.65.00	Coalfish, frozen, excluding fillets, other meat portions, livers and roes
0303.66.00	Hake, frozen, excluding fillets, other meat portions, livers and roes
0303.67.00	Alaska pollack, frozen, excluding fillets, other meat portions, livers and roes
0303.68.00	Blue whitings, frozen, excluding fillets, other meat portions, livers and roes
0303.81.00	Dogfish and other sharks, frozen, excluding fillets, livers, roes and fish meat of 0304
0303.82.00	Rays & skates, frozen, excluding fillets, other meat portions, livers and roes
0303.83.00	Toothfish excluding fillets, other meat portions, livers and roes
0303.84.00	Sea bass, frozen, excluding fillets, other meat portions, livers and roes
0303.89.00	Smelts, cusk, pollock, shad, sturgeon, atkafish, fresh-water fish, etc. frozen, excluding fillets, other meat portions, livers and roes
0303.91.20	Sturgeon roe, frozen
0303.91.40	Herring, salmon, alaskan pollock, mullet, other fist liver and roes, frozen
0303.92.00	Shark fins excluding fillets, frozen

HTS Subheading	Product Description
0303.99.00	Other fish, frozen, nesoi
0304.31.00	Tilapias, fillets, fresh or chilled
0304.32.00	Catfish, fillets, fresh or chilled
0304.33.00	Nile perch, fillets, fresh or chilled
0304.39.00	Eels or snakeheads, fillets, fresh or chilled
0304.41.00	Salmon fillets, fresh or chilled
0304.42.00	Trout, fillets, fresh or chilled
0304.43.00	"Flat fish", sole, plaice, etc. fillets, fresh or chilled
0304.44.00	Bregamacerotidae & like fish, fillets, fresh or chilled
0304.45.00	Fresh or chilled swordfish fillets
0304.46.00	Fresh or chilled toothfish fillets
0304.47.00	Dogfish and other shark fillets, frozen or chilled
0304.48.00	Ray and skate fillets, fresh or chilled
0304.49.01	Pike, pickerel, whitefish, tilapia, perch, cusk, other fish fillets, fresh or chilled
0304.51.01	Tilapias, catfish, carp, eels, nile perch, snakeheads, other than fillets, fresh or chilled
0304.52.00	Salmonidae, other than fillets, fresh or chilled
0304.53.00	Bregmacerotidae and other fish, nesoi, other than fillets, fresh or chilled
0304.54.00	Fresh or chilled swordfish other than fillets
0304.55.00	Fresh or chilled toothfish other than fillets
0304.56.00	Dogfish and other sharks, fresh or chilled
0304.57.00	Rays and skates, fresh or chilled
0304.59.00	Other fish, nesoi, other than fillets, fresh or chilled
0304.61.00	Frozen tilapia fillets
0304.62.00	Frozen catfish fillets
0304.63.00	Frozen Nile perch fillets
0304.69.00	Frozen eel & snakehead fillets
0304.72.50	Fillets, frozen, of haddock, other than above
0304.73.10	Frozen coalfish fillets, skinned, in blocks weighing over 4.5 kg, to be minced, ground or cut into pieces of uniform weight and dimension
0304.73.50	Other coalfish fillets
0304.74.10	Frozen hake fillets, skinned, in blocks weighing over 4.5 kg, to be minced, ground or cut into pieces of uniform weight and dimension
0304.74.50	Fillets, frozen, of hake
0304.79.10	Frozen Bregmacerotidae et al fish fillets, nesoi, skinned, in blocks weighing over 4.5 kg, to be minced, ground or cut into pieces
0304.79.50	Frozen fillets of other fresh-water fish, flat fish, etc., nesoi, other than above
0304.81.10	Frozen salmon fillets, skinned, in blocks weighing over 4.5 kg, to be minced, ground or cut into pieces of uniform weight
0304.81.50	Other frozen salmon fillets
0304.82.10	Frozen trout fillets, skinned, in blocks weighing over 4.5 kg, to be minced, ground or cut into pieces of uniform weight and dimension
0304.82.50	Frozen trout fillets, other than above
0304.83.10	Frozen "flat fish" fillets, skinned, in blocks weighing over 4.5 kg, to be minced, ground or cut into pieces of uniform weight and dimension
0304.83.50	Frozen "other flat fish" fillets, other than above
0304.84.00	Frozen swordfish fillets
0304.85.00	Frozen toothfish fillets
0304.86.00	Frozen herring fillets
0304.87.00	Frozen tuna fillets
0304.88.00	Dogfish, other shark, ray and skate fillets, frozen
0304.89.10	Other frozen fish fillets, skinned, in blocks weighing over 4.5 kg, to be minced, ground or cut into pieces of uniform weight and dimension
0304.89.50	Other frozen fish fillets, other than above
0304.91.10	Chilled or Frozen Swordfish fillets, in bulk or in immediate containers weighing with their contents over 6.8 kg each
0304.91.90	Chilled or Frozen Swordfish Fillets, nesoi
0304.92.10	Chilled or Frozen Toothfish fillets, in bulk or in immediate containers weighing with their contents over 6.8 kg each
0304.92.90	Chilled or Frozen Toothfish Fillets, nesoi
0304.93.10	Chilled or Frozen tilapia & like fillets, nesoi, in bulk or in immediate containers weighing>6.8 kg each
0304.93.90	Tilapias, catfish, carp, eels, nile perch & snakehead chilled or frozen fillets, nesoi
0304.94.90	Alaska pollack, chilled or frozen fillets, nesoi
0304.95.10	Chilled or Frozen fillets, Bregmacerotidae & like, nesoi, in bulk or in immediate containers>6.8 kg each
0304.96.00	Dogfish and other sharks, frozen, nesoi

HTS Subheading	Product Description
0304.97.00	Ray and skates, frozen, nesoi
0304.99.11	Chilled or Frozen fillets, nesoi, in bulk or in immediate containers weighing with their contents over 6.8 kg each
0304.99.91	Chilled or Frozen fillets, nesoi
0305.10.20	Flours, meals and pellets of fish, fit for human consumption, in bulk or in immediate containers weighing with contents over 6.8 kg each
0305.10.40	Flours, meals and pellets of fish, fit for human consumption, other than in bulk or immediate containers weighing contents over 6.8 kg each
0305.20.20	Sturgeon roe, dried, smoked, salted or in brine
0305.20.40	Fish livers and roes, other than sturgeon roe, dried, smoked, salted or in brine
0305.31.01	Tilapia, catfish, carp, eel, nile perch, snakehead fillets, dried or salted in brine, but not smoked
0305.32.00	"Flat fish" fillets, nesoi, dried, salted or in brine, but not smoked
0305.39.20	Fillets of herrings, dried, salted or in brine, but not smoked, in immediate containers weighing with their contents 6.8 kg or less each
0305.39.40	Fillets of mackerel, dried, salted or in brine, but not smoked, in immediate containers weighing with their contents 6.8 kg or less each
0305.39.61	Herring and other fist fillets, dried, salted or in brine, but not smoked
0305.41.00	Smoked Pacific, Atlantic and Danube salmon, including fillets
0305.42.00	Smoked herrings, including fillets
0305.43.00	Smoked trout, including fillets
0305.44.01	Tilapia, catfish, carp, eel, nile perch, snakehead including fillets, smoked
0305.49.20	Smoked mackerel, including fillets
0305.49.40	Smoked fish, including fillets, nesoi
0305.51.00	Dried cod, whether or not salted but not smoked
0305.52.00	Tilapia, catfish, carp, eel, nile perch, snakehead, not smoked, dried, whether or not salted
0305.53.00	Fish of families Bregmacerotidae, Euclichthyidae, Gadidae, Macrouridae, Melanonidae, Merlucciidae, Moridae and Muraenolepididae, dried but not smoked
0305.54.00	Herrings, anchovies, sardines, sardinella, brisling or sprat, mackerel, Indian mackerel, seerfish, dried, whether or not salted, but not smoked
0305.59.00	Dried fish, other than cod or shark fins, whether or not salted but not smoked
0305.61.20	Herrings, in brine or salted but not dried or smoked, in immediate containers weighing with their contents 6.8 kg or less each
0305.61.40	Herrings, in brine or salted but not dried or smoked, other than in immediate containers weighing with their contents 6.8 kg or less each
0305.62.00	Cod, in brine or salted but not dried or smoked
0305.63.20	Anchovies, in brine or salted but not dried or smoked, in immediate airtight containers weighing with their contents 6.8 kg or less each
0305.63.40	Anchovies, in brine or salted but not dried or smoked, in immediate containers, nesoi, weighing with their contents 6.8 kg or less each
0305.63.60	Anchovies, in brine or salted but not dried or smoked, other than in immediate containers weighing with their contents 6.8 kg or less each
0305.64.10	Tilapias, catfish, carp, eel, Nile perch, or snakehead, in brine or salted but not dried or smoked, in immediate containers<6.8 kg
0305.64.50	Tilapias, catfish, carp, eel, Nile perch, or snakehead, in brine or salted but not dried or smoked, other than in containers<6.8 kg
0305.69.10	Cusk, haddock, hake, and pollock, in brine or salted but not dried or smoked
0305.69.20	Mackerel, in brine or salted but not dried or smoked, in immediate containers weighing with their contents 6.8 kg or less each
0305.69.30	Mackerel, in brine or salted but not dried or smoked, other than in immediate containers weighing with their contents 6.8 kg or less each
0305.69.40	Salmon, in brine or salted but not dried or smoked
0305.69.50	Fish, nesoi, in brine or salted but not dried or smoked, in immediate containers weighing with their contents 6.8 kg or less each
0305.69.60	Fish, nesoi, in brine or salted but not dried or smoked, other than in immediate containers weighing with their contents 6.8 kg or less each
0305.71.00	Dried shark fins, whether or not salted but not smoked
0305.72.00	Fish heads, tails, and maws, whether or not salted but not smoked
0305.79.00	Edible fish offal, other fish heads tails and maws or shark fins, whether or not salted but not smoked
0306.11.00	Rock lobster and other sea crawfish, cooked in shell or uncooked, dried, salted or in brine, frozen
0306.12.00	Lobsters excluding rock lobster, cooked in shell or uncooked, dried, salted or in brine, frozen
0306.14.20	Crabmeat, frozen
0306.14.40	Crabs, cooked in shell or uncooked (whether in shell or not), dried, salted or in brine, frozen
0306.15.00	Norway lobsters, cooked in shell or uncooked, dried, salted or in brine, frozen
0306.16.00	Cold-water shrimps and prawns, cooked in shell or uncooked, dried, salted or in brine, frozen
0306.17.00	Other shrimps and prawns, cooked in shell or uncooked, dried, salted or in brine, frozen
0306.19.00	Crustateans, nesoi (including flours, meals and pellets of crustaceans fit for human consumption), cooked in shell or uncooked, etc., frozen
0306.31.00	Live rock lobster and other sea crawfish, frozen or chilled
0306.32.00	Live lobsters (Homarus spp.), frozen or chilled, except rock lobster
0306.33.20	Crabmeat, fresh or chilled

HTS Subheading	Product Description
0306.33.40	Live crabs, fresh or chilled, other than crabmeat
0306.34.00	Live Norway lobsters, frozen or chilled
0306.35.00	Cold water shrimps and prawns, shell-on or peeled, live, frozen, or chilled
0306.36.00	Shrimps and prawns, other than cold water shrimp, shell-on or peeled, live, frozen or chilled
0306.39.00	Flours, meals and pellets of crustaceans, fresh or chilled, fit for human consumption, or other crustaceans, live, fresh or chilled
0306.91.00	Rock lobster and other sea crawfish nesoi
0306.92.00	Lobsters (Homarus SPP.), except rock lobster nesoi
0306.93.20	Crabmeat, nesoi
0306.93.40	Crabs, other than crabmeat, nesoi
0306.94.00	Norway lobsters (Nephrops Norvegicus), nesoi
0306.95.00	Other shrimps and prawns, shell-on or peeled
0306.99.00	Flours, meals and pellets of crustaceans, fit for human consumption or crustaceans nesoi
0307.11.00	Oysters, whether in shell or not, live, fresh, or chilled
0307.12.00	Oysters, frozen
0307.19.01	Oysters, fresh or chilled
0307.21.00	Scallops, including queen scallops, whether in shell or not, live, fresh or chilled
0307.22.00	Scallops, including queen scallops, of the genera Pecten, Chlamys or Placopecten, frozen
0307.29.01	Scallops, including queen scallops, of the genera Pecten, Chlamys or Placopecten, dried, salted or in brine
0307.31.00	Mussels, whether in shell or not, live, fresh or chilled
0307.32.00	Mussels (Mytilus Spp., Perna Spp.), frozen
0307.39.01	Mussels (Mytilus Spp., Perna Spp.), dried, salted or in brine
0307.42.00	Squid or cuttle fish, live, fresh or chilled
0307.43.00	Squid or cuttle fish, frozen
0307.49.01	Squid or cuttle fish, dried, salted or in brine
0307.51.00	Octopus, live, fresh or chilled
0307.52.00	Octopus, frozen
0307.59.01	Octopus, dried, salted or in brine
0307.60.00	Snails, other than sea snails, whether in shell or not, live, fresh, chilled, frozen, dried, salted or in brine
0307.71.00	Clams, cockles and ark shells, whether in shell or not, live, fresh or chilled
0307.72.00	Clams, cockles and ark shells, frozen
0307.79.01	Clams, cockles and ark shells, dried salted or in brine
0307.81.00	Abalone, whether in shell or not, live, fresh or chilled
0307.82.00	Live stromboid conch, fresh or chilled
0307.83.00	Abalone, including flours, meals and pellets fit for human consumption, frozen
0307.84.00	Stromboid conchs (Strombus Spp.), frozen
0307.87.00	Abalone, including edible flours, meals and pellets, nesoi
0307.88.00	Stromboid conchs, nesoi
0307.91.02	Conch and other molluscs nesoi, including flours, meals and pellets, fit for human consumption, live, fresh or chilled
0307.92.00	Conch and other molluscs nesoi, including flours, meals and pellets, fit for human consumption, frozen
0307.99.02	Molluscs, including flours, meals and pellets fit for human consumption, nesoi
0308.11.00	Sea cucumbers, live, fresh or chilled
0308.12.00	Frozen sea cucumbers
0308.19.01	Sea cucumbers, not frozen
0308.21.00	Sea urchins, live, fresh or chilled
0308.22.00	Frozen sea urchins
0308.29.01	Sea urchins, not frozen
0308.30.00	Jelly fish, live, fresh, chilled, frozen, dried, salted smoked, or in brine
0308.90.00	Other aquatic invertebrates, oth than molluscs & crustaceans, nesoi, live, fresh or chilled, dried, salted, smoked or in brine
0404.10.05	Whey protein concentrates
0404.10.08	Modified whey (except protein conc.), subject to gen. note 15 of the HTS
0404.10.11	Modified whey (except protein conc.), wheth/not conc. or sweetened, subject to add US note 10 to Ch.4
0404.10.15	Modified whey (except protein conc.), wheth/not conc. or sweetened, not subject to gen. note 15 or
0404.10.20	Fluid whey, whether or not concentrated or containing added sweeteners
0404.10.48	Whey (except modified whey), dried, whether or not conc. or sweetened, subject to gen. note 15 of the HTS
0404.10.50	Whey (except modified whey), dried, whether or not conc. or sweetened, subject to add. US note 12 to Ch. 4
0404.10.90	Whey (except modified whey), dried, whether or not conc. or sweetened, not subject to gen. note 15 or add US note 12 to Ch.4
0405.10.05	Butter subject to general note 15 (outside quota)

HTS Subheading	Product Description
0405.10.10	Butter subject to quota pursuant to chapter 4 additional US note 6
0405.10.20	Butter not subject to general note 15 and in excess of quota in chapter 4 additional U.S. note 6
0407.19.00	Birds´ eggs, in shell, fertilized eggs for incubation, other than Gallus domesticus
0407.21.00	Birds´ eggs, in shell, other fresh, not fertilized eggs for incubation, of species Gallus domesticus
0407.29.00	Birds´ eggs, in shell, other fresh, not fertilized eggs for incubation, other than species Gallus domesticus
0407.90.00	Birds´ eggs, in shell, fresh, preserved or cooked
0408.11.00	Egg yolks, dried, whether or not containing added sweeteners
0408.19.00	Egg yolks, other than dried, whether or not containing added sweeteners
0408.99.00	Birds´ eggs, not in shell, other than dried, whether or not containing added sweeteners
0409.00.00	Natural honey
0410.00.00	Edible products of animal origin, nesoi
0505.90.20	Feather meal and waste
0505.90.60	Skins and parts of birds with their feathers or down (except meal and waste) nesoi
0506.10.00	Ossein and bones treated with acid
0506.90.00	Bones & horn-cores, unworked, defatted, simply prepared (but not cut to shape) or degelatinized; powder & waste of these products
0507.90.00	Tortoise shell, whalebone and whalebone hair, horns, antlers, hooves, nails, claws and beaks, unworked or simply prepared; waste and powder
0508.00.00	Coral, shells, cuttlebone and similar materials, unworked or simply prepared, but not cut to shape; powder and waste thereof
0510.00.40	Cantharides; bile; glands and other animal products nesoi, used in pharmaceutical products
0511.10.00	Bovine semen
0511.91.00	Products of fish, crustaceans, molluscs or other aquatic invertebrates nesoi; dead animals of chapter 3, unfit for human consumption
0511.99.20	Parings and similar waste of raw hides or skins; glue stock nesoi
0511.99.30	Animal products chiefly used as food for animals or as ingredients in such food, nesoi
0511.99.33	Horsehair and horsehair waste, whether or not put up as a layer with or without supporting material
0511.99.36	Natural sponges of animal origin
0511.99.40	Animal products nesoi; dead animals of chapter 1, unfit for human consumption
0703.10.20	Onion sets, fresh or chilled
0703.10.30	Pearl onions not over 16 mm in diameter, fresh or chilled
0703.10.40	Onions, other than onion sets or pearl onions not over 16 mm in diameter, and shallots, fresh or chilled
0703.20.00	Garlic, fresh or chilled
0703.90.00	Leeks and other alliaceous vegetables nesoi, fresh or chilled
0704.10.20	Cauliflower and headed broccoli, fresh or chilled, if entered June 5 to October 15, inclusive, in any year
0704.10.40	Cauliflower and headed broccoli, fresh or chilled, not reduced in size, if entered Oct. 16 through June 4, inclusive
0704.10.60	Cauliflower and headed broccoli, fresh or chilled, reduced in size, if entered Oct. 16 through June 4, inclusive
0704.90.20	Cabbage, fresh or chilled
0704.90.40	Kohlrabi, kale and similar edible brassicas nesoi, including sprouting broccoli, fresh or chilled
0706.10.05	Carrots, fresh or chilled, reduced in size
0706.10.10	Carrots, fresh or chilled, not reduced in size, under 10cm in length
0706.10.20	Carrots, fresh or chilled, not reduced in size, 10cm or over in length
0706.10.40	Turnips, fresh or chilled
0706.90.20	Radishes, fresh or chilled
0706.90.30	Beets and horseradish, fresh or chilled
0706.90.40	Salsify, celeriac, radishes and similar edible roots nesoi, fresh or chilled
0707.00.50	Cucumbers, including gherkins, fresh or chilled, if entered May 1 to June 30, inclusive, or Sept. 1 to Nov. 30, inclusive, in any year
0708.10.20	Peas, fresh or chilled, shelled or unshelled, if entered July 1 to Sept. 30, inclusive, in any year
0708.10.40	Peas, fresh or chilled, shelled or unshelled, if entered Nov. 1 through the following June 30, inclusive
0708.20.20	Cowpeas (other than black-eye peas), fresh or chilled, shelled or unshelled
0708.20.90	Beans nesoi, fresh or chilled, shelled or unshelled
0708.90.15	Lentils, fresh or chilled, shelled or unshelled
0708.90.40	Leguminous vegetables nesoi, fresh or chilled, shelled or unshelled
0709.40.20	Celery, other than celeriac, fresh or chilled, reduced in size
0709.40.40	Celery, other than celeriac, fresh or chilled, not reduced in size, if entered April 15 to July 31, inclusive, in any year
0709.40.60	Celery, other than celeriac, fresh or chilled, not reduced in size, if entered August 1 through the following April 14, inclusive
0709.51.01	Mushrooms of the genus Agaricus, fresh or chilled
0709.59.10	Truffles, fresh or chilled
0709.59.90	Mushrooms, other than of the genus Agaricus, fresh or chilled

HTS Subheading	Product Description
0709.60.20	Chili peppers, fresh or chilled
0709.60.40	Fruits of the genus capsicum (peppers) (ex. chili peppers) or of the genus pimenta (e.g., Allspice), fresh or chilled
0709.93.20	Squash, fresh or chilled
0709.99.05	Jicamas and breadfruit, fresh or chilled
0709.99.10	Chayote (Sechium edule), fresh or chilled
0709.99.14	Okra, fresh or chilled
0709.99.30	Fiddlehead greens, fresh or chilled
0709.99.45	Sweet corn, fresh or chilled
0709.99.90	Vegetables, not elsewhere specified or included, fresh or chilled
0710.10.00	Potatoes, uncooked or cooked by steaming or boiling in water, frozen
0710.21.20	Peas, uncooked or cooked by steaming or boiling in water, frozen, if entered July 1 through September 30, inclusive, in any year
0710.21.40	Peas, uncooked or cooked by steaming or boiling in water, frozen, if entered Jan. 1 through June 30, or Oct. 1 through Dec. 31, inclusive
0710.22.10	Lima beans, uncooked or cooked by steaming or boiling in water, frozen, not reduced in size, entered Nov. 1 through the following May 31
0710.22.15	Lima beans, frozen, entered June 1 - October 31
0710.22.20	Cowpeas (other than black-eye peas), uncooked or cooked by steaming or boiling in water, frozen, not reduced in size
0710.22.25	Frozen string beans (snap beans), not reduced in size
0710.22.37	Frozen beans nesoi, not reduced in size
0710.22.40	Beans nesoi, uncooked or cooked by steaming or boiling in water, frozen, reduced in size
0710.29.05	Chickpeas (garbanzos), uncooked or cooked by steaming or boiling in water, frozen
0710.29.25	Pigeon peas, uncooked or cooked by steaming or boiling in water, frozen, if entered July 1 through September 30, inclusive, in any year
0710.29.30	Pigeon peas, uncooked or cooked by steaming or boiling in water, frozen, if entered Oct. 1 through the following June 30, inclusive
0710.29.40	Leguminous vegetables nesoi, uncooked or cooked by steaming or boiling in water, frozen
0710.30.00	Spinach, New Zealand spinach and orache spinach (garden spinach), uncooked or cooked by steaming or boiling in water, frozen
0710.40.00	Sweet corn, uncooked or cooked by steaming or boiling in water, frozen
0710.80.15	Bamboo shoots and water chestnuts (other than Chinese water chestnuts), uncooked or cooked by steaming or boiling in water, frozen
0710.80.20	Mushrooms, uncooked or cooked by steaming or boiling in water, frozen
0710.80.40	Tomatoes, uncooked or cooked by steaming or boiling in water, frozen, if entered Mar. 1 thru July 14, incl. or Sept. 1 thru Nov. 14, incl.
0710.80.45	Tomatoes, uncooked or cooked by steaming or boiling in water, frozen, if entered July 15 through August 31, inclusive, in any year
0710.80.50	Tomatoes, uncooked or cooked by steaming or boiling in water, frozen, if entered Nov. 15 through the following February, incl.
0710.80.65	Brussels sprouts, uncooked or cooked by steaming or boiling in water, frozen, not reduced in size
0710.80.70	Vegetables nesoi, uncooked or cooked by steaming or boiling in water, frozen, not reduced in size
0710.80.93	Okra, reduced in size, frozen
0710.80.97	Vegetables nesoi, uncooked or cooked by steaming or boiling in water, frozen, reduced in size
0710.90.11	Mixtures of pea pods and water chestnuts (other than Chinese water chestnuts), uncooked or cooked by steaming or boiling in water, frozen
0710.90.91	Mixtures of vegetables not elsewhere specified or included, uncooked or cooked by steaming or boiling in water, frozen
0711.40.00	Cucumbers including gherkins, provisionally preserved but unsuitable in that state for immediate consumption
0711.51.00	Mushrooms of the genus Agaricus, provisionally preserved but unsuitable in that state for immediate consumption
0711.59.10	Mushrooms, other than of the genus Agaricus, provisionally preserved but unsuitable in that state for immediate consumption
0711.90.20	Leguminous vegetables, provisionally preserved but unsuitable in that state for immediate consumption
0711.90.50	Onions, provisionally preserved but unsuitable in that state for immediate consumption
0711.90.65	Vegetables nesoi, and mixtures of vegetables, provisionally preserved but unsuitable in that state for immediate consumption
0712.20.20	Dried onion powder or flour
0712.20.40	Dried onions whole, cut, sliced or broken, but not further prepared
0712.31.10	Air dried or sun dried mushrooms of the genus Agaricus, whole, cut, sliced, broken or in powder, but not further prepared
0712.31.20	Dried (not air or sun dried) mushrooms of the genus Agaricus, whole, cut, sliced, broken or in powder, but not further prepared
0712.32.00	Dried wood ears (Auricularia spp.), whole, cut, sliced, broken or in powder, but not further prepared
0712.33.00	Dried jelly fungi (Tremella spp), whole, cut, sliced, broken or in powder, but not further prepared
0712.39.10	Air dried or sun dried mushrooms (other than of the genus Agaricus), whole, cut, sliced, broken or in powder, but not further prepared
0712.39.20	Dried (not air or sun dried) mushrooms (other than of the genus Agaricus), whole, cut, sliced, broken or in powder, but not further prepared
0712.39.40	Dried truffles, whole, cut, sliced, broken or in powder, but not further prepared
0712.90.10	Dried carrots, whole, cut, sliced, broken or in powder, but not further prepared
0712.90.15	Dried olives, not ripe
0712.90.20	Dried olives, ripe

HTS Subheading	Product Description
0712.90.30	Dried potatoes, whether or not cut or sliced but not further prepared
0712.90.40	Dried garlic, whole, cut, sliced, broken or in powder, but not further prepared
0712.90.60	Dried fennel, marjoram, parsley, savory and tarragon, crude or not manufactured
0712.90.65	Dried parsley nesoi, whole, cut, sliced, broken or in powder, but not further prepared
0712.90.70	Dried fennel, marjoram, savory and tarragon nesoi, whole, cut, sliced, broken or in powder, but not further prepared
0712.90.74	Tomatoes, dried in powder
0712.90.78	Tomatoes, dried, whole, other
0712.90.85	Dried vegetables nesoi, and mixtures of dried vegetables, whole, cut, sliced, broken or in powder, but not further prepared
0713.10.10	Seeds of peas of a kind used for sowing
0713.10.20	Dried split peas, shelled
0713.10.40	Dried peas, nesoi, shelled
0713.20.10	Seeds of chickpeas (garbanzos) of a kind used for sowing
0713.20.20	Dried chickpeas (garbanzos), shelled
0713.31.10	Seeds of beans of a kind used for sowing
0713.31.20	Dried beans, shelled, if entered May 1 through August 31, inclusive, in any year
0713.31.40	Dried beans, shelled, if entered September 1 through the following April 30, or withdrawn for consumption at any time
0713.32.10	Seeds of small red (adzuki) beans of a kind used for sowing
0713.32.20	Dried small red (adzuki) beans, shelled
0713.33.10	Seeds of kidney beans, including white pea beans of a kind used for sowing
0713.33.20	Dried kidney beans, including white pea beans, shelled, if entered May 1 through August 31, inclusive, in any year
0713.33.40	Dried kidney beans, including white pea beans, shelled, if entered Sept. 1 through April 30, or withdrawn for consumption at any time
0713.34.20	Dried Bambara beans, shelled, if entered for consumption from May 1 through August 31, inclusive, in any year
0713.34.40	Dried Bambara beans, shelled, if entered for consumption other than above period, or withdrawn for consumption
0713.35.00	Dried cowpeas, shelled
0713.39.11	Seeds of beans nesoi, of a kind used for sowing
0713.39.21	Dried beans nesoi, shelled, if entered for consumption from May 1 through August 31, inclusive, in any year
0713.39.41	Dried beans nesoi, shelled, if entered for consumption September 1 through April 30, or withdrawn for consumption at any time
0713.40.10	Lentil seeds of a kind used for sowing
0713.40.20	Dried lentils, shelled
0713.50.10	Seeds of broad beans and horse beans of a kind used for sowing
0713.50.20	Dried broad beans and horse beans, shelled
0713.60.60	Dried pigeon pea seeds, shelled, if entered for consumption during the period from May 1 through August 31, inclusive, inany year
0713.60.80	Dried pigeon pea seeds, shelled, if entered Sept. 1 through the following April 30, or withdrawn for consumption at any time
0713.90.11	Seeds of leguminous vegetables nesoi, of a kind used for sowing
0713.90.50	Dried guar seeds, shelled
0713.90.61	Dried leguminous vegetables nesoi, shelled, if entered for consumption during the period from May 1 through August 31, inclusive, in any year
0713.90.81	Dried leguminous vegetables, nesoi, shelled, if entered Sept. 1 through the following April 30, or withdrawn for consumption at any time
0714.10.20	Cassava (manioc), fresh, chilled or dried, whether or not sliced or in the form of pellets
0714.20.10	Sweet potatoes, frozen, whether or not sliced or in the form of pellets
0714.20.20	Sweet potatoes, fresh, chilled or dried, whether or not sliced or in the form of pellets
0714.30.10	Fresh or chilled yams (Dioscorea spp.), whether or not sliced or in the form of pellets
0714.30.20	Frozen yams (Dioscorea spp.)
0714.30.60	Dried yams (Dioscorea spp.), whether or not sliced but not in pellets
0714.40.10	Fresh or chilled taro (Colocasia spp.), whether or not sliced or in the form of pellets
0714.40.20	Frozen taro (Colocasia spp.)
0714.40.50	Dried taro (Colocasia spp.), in the form of pellets
0714.40.60	Dried taro (Colocasia spp.), whether or not sliced but not in pellets
0714.50.10	Fresh or chilled yautia (Xanthosoma spp.), whether or not sliced or in the form of pellets
0714.50.20	Frozen yautia (Xanthosoma spp.)
0714.50.50	Dried yautia (Xanthosoma spp.), in the form of pellets
0714.50.60	Dried yautia (Xanthosoma spp.), whether or not sliced but not in pellets
0714.90.05	Chinese water chestnuts, fresh or chilled
0714.90.39	Fresh or chilled arrowroot/salep/Jerusalem artichokes/similar roots & tubers, nesoi
0714.90.41	Mixtures of pea pods and Chinese water chestnuts, frozen
0714.90.42	Other mixtures of Chinese water chestnuts, frozen
0714.90.44	Chinese water chestnuts, not mixed, frozen

HTS Subheading	Product Description
0714.90.46	Frozen dasheens/arrowroot/salep/Jerusalem artichokes/similar roots & tubers, nesoi
0714.90.48	Chinese water chestnuts, dried
0714.90.51	Dried dasheens, arrowroot, salep, Jerusalem artichokes and similar roots and tubers nesoi, in the form of pellets
0714.90.61	Dried dasheens, arrowroot, salep, Jerusalem artichokes, and similar roots and tubers nesoi, whether or not sliced but not in pellets
0801.11.00	Coconuts, desiccated
0801.19.01	Coconuts, fresh, not in the inner shell (endocarp)
0801.31.00	Cashew nuts, fresh or dried, in shell
0801.32.00	Cashew nuts, fresh or dried, shelled
0802.11.00	Almonds, fresh or dried, in shell
0802.12.00	Almonds, fresh or dried, shelled
0802.22.00	Hazelnuts or filberts, fresh or dried, shelled
0802.31.00	Walnuts, fresh or dried, in shell
0802.32.00	Walnuts, fresh or dried, shelled
0802.41.00	Chestnuts, fresh or dried, in shell
0802.42.00	Chestnuts, fresh or dried, shelled
0802.51.00	Pistachios, fresh or dried, in shell
0802.52.00	Pistachios, fresh or dried, shelled
0802.62.00	Macadamia nuts, shelled
0802.80.20	Areca nuts, fresh or dried, shelled
0802.90.10	Pecans, fresh or dried, in shell
0802.90.15	Pecans, fresh or dried, shelled
0803.10.20	Plantains, dried
0803.90.00	Bananas, fresh or dried
0804.10.20	Dates, fresh or dried, whole, with or without pits, packed in units weighing (with immediate container, if any) not over 4.6 kg
0804.10.40	Dates, fresh or dried, whole, with pits, packed in units weighing over 4.6 kg
0804.10.60	Dates, fresh or dried, whole, without pits, packed in units weighing over 4.6 kg
0804.10.80	Dates, fresh or dried, other than whole
0804.20.40	Figs, fresh or dried, whole, in units weighing more than 0.5 kg each
0804.20.60	Figs, fresh or dried, whole, in immediate containers weighing with their contents 0.5 kg or less
0804.20.80	Figs, fresh or dried, other than whole (including fig paste)
0804.30.20	Pineapples, fresh or dried, not reduced in size, in bulk
0804.30.40	Pineapples, fresh or dried, not reduced in size, in crates or other packages
0804.30.60	Pineapples, fresh or dried, reduced in size
0804.50.40	Guavas, mangoes, and mangosteens, fresh, if entered during the period September 1 through May 31, inclusive
0804.50.60	Guavas, mangoes, and mangosteens, fresh, if entered during the period June 1 through August 31, inclusive
0804.50.80	Guavas, mangoes, and mangosteens, dried
0805.10.00	Oranges, fresh or dried
0805.21.00	Mandarins and other similar citrus hybrids including tangerines, satsumas, clementines, wilkings, fresh or dried
0805.22.00	Clementines, fresh or dried, other
0805.29.00	Wilkings and similar citrus hybrids, fresh or dried, other
0806.20.10	Raisins, made from dried seedless grapes
0806.20.20	Raisins, made from other than seedless grapes
0806.20.90	Grapes, dried, other than raisins
0808.10.00	Apples, fresh
0808.30.20	Pears, fresh, if entered during the period from April 1 through June 30, inclusive
0808.30.40	Pears, fresh, if entered during the period from July 1 through the following March 31, inclusive
0808.40.20	Quinces, fresh, if entered during the period from April 1 through June 30, inclusive
0808.40.40	Quinces, fresh, if entered during the period from July 1 through the following March 31, inclusive
0809.29.00	Other cherries, fresh
0809.30.20	Peaches, including nectarines, fresh, if entered during the period from June 1 through November 30, inclusive
0809.30.40	Peaches, including nectarines, fresh, if entered during the period from December 1 through the following May 31, inclusive
0810.10.20	Strawberries, fresh, if entered during the period from June 15 through September 15, inclusive
0810.10.40	Strawberries, fresh, if entered during the period from September 16 through the following June 14, inclusive
0810.20.10	Raspberries and loganberries, fresh, if entered during the period from September 1 through the following June 30, inclusive
0810.30.00	Black, white or red currants and gooseberries (other than kiwifruit), fresh
0810.40.00	Cranberries, blueberries and other fruits of the genus Vaccinium, fresh
0810.70.00	Persimmons, fresh

HTS Subheading	Product Description
0810.90.27	Other berries and tamarinds, fresh
0810.90.46	Fruit, not elsewhere specified or included, fresh
0811.10.00	Strawberries, frozen, in water or containing added sweetening
0811.20.20	Raspberries, loganberries, black currants and gooseberries, frozen, in water or containing added sweetening
0811.20.40	Blackberries, mulberries and white or red currants, frozen, in water or containing added sweetening
0811.90.10	Bananas and plantains, frozen, in water or containing added sweetening
0811.90.20	Blueberries, frozen, in water or containing added sweetening
0811.90.22	Boysenberries, frozen, in water or containing added sweetening
0811.90.25	Cashew apples, mameyes colorados, sapodillas, soursops and sweetsops, frozen, in water or containing added sweetening
0811.90.30	Coconut meat, frozen, in water or containing added sweetening
0811.90.35	Cranberries, frozen, in water or containing added sweetening
0811.90.40	Papayas, frozen, in water or containing added sweetening
0811.90.50	Pineapples, frozen, in water or containing added sweetening
0811.90.52	Mangoes, frozen, whether or not previously steamed or boiled
0811.90.55	Melons, frozen, in water or containing added sweetening
0811.90.80	Fruit, nesoi, frozen, whether or not previously steamed or boiled
0812.90.10	Mixtures of two or more fruits, provisionally preserved, but unsuitable in that state for consumption
0812.90.20	Citrus fruit, provisionally preserved, but unsuitable in that state for immediate consumption
0812.90.30	Figs, provisionally preserved, but unsuitable in that state for immediate consumption
0812.90.40	Pineapples, provisionally preserved, but unsuitable in that state for immediate consumption
0812.90.50	Strawberries, provisionally preserved, but unsuitable in that state for immediate consumption
0812.90.90	Fruit and nuts nesoi, including mixtures containing nuts, provisionally preserved, but not for immediate consumption
0813.10.00	Apricots, dried
0813.20.10	Prunes and plums, soaked in brine and dried
0813.20.20	Prunes and plums, dried, (except if presoaked in brine)
0813.30.00	Apples, dried
0813.40.10	Papayas, dried
0813.40.15	Barberries, dried
0813.40.20	Berries except barberries, dried
0813.40.30	Cherries, dried
0813.40.40	Peaches, dried
0813.40.80	Tamarinds, dried
0813.40.90	Fruit nesoi, dried, other than that of headings 0801 to 0806, and excluding mixtures
0813.50.00	Mixtures of nuts or dried fruits of Chapter 8
0814.00.10	Peel of orange or citron, fresh, frozen, dried or provisionally preserved in brine, in sulfur water or other preservative solutions
0814.00.40	Lime peel, fresh, frozen or in brine
0814.00.80	Peel of citrus fruit, excl. orange or citron and peel, nesoi, of melon, fresh, frozen, dried or provisionally preserved
1001.11.00	Durum wheat, seed
1001.99.00	Wheat & meslin other than durum or seed wheat
1003.10.00	Barley, seed
1003.90.20	Barley, other than seed, for malting purposes
1003.90.40	Barley, not seed, other than for malting purposes
1004.10.00	Oats, seed
1004.90.00	Oats, other than seed
1005.90.20	Yellow dent corn
1005.90.40	Corn (maize), other than seed and yellow dent corn
1006.20.20	Basmati rice, husked
1006.20.40	Husked (brown) rice, other than Basmati
1006.30.10	Rice semi-milled or wholly milled, whether or not polished or glazed, parboiled
1006.30.90	Rice semi-milled or wholly milled, whether or not polished or glazed, other than parboiled
1006.40.00	Broken rice
1007.10.00	Grain sorghum, seed
1007.90.00	Grain sorghum, other than seed
1008.10.00	Buckwheat
1008.21.00	Millet, seed
1008.29.00	Millet, other than seed
1008.30.00	Canary seed

HTS Subheading	Product Description
1008.50.00	Quinoa (Chenopodium quinoa)
1008.90.01	Cereals nesoi (including wild rice)
1101.00.00	Wheat or meslin flour
1102.20.00	Corn (maize) flour
1102.90.20	Buckwheat flour
1102.90.25	Rice flour
1102.90.27	Rye flour
1102.90.30	Cereal flours nesoi, mixed together
1102.90.60	Cereal flours, other than of wheat or meslin, rye, corn, rice or buckwheat
1103.11.00	Groats and meal of wheat
1103.13.00	Groats and meal of corn (maize)
1103.19.12	Groats and meal of oats
1103.19.14	Groats and meal of rice
1103.19.90	Groats and meal of cereals other than wheat, oats, corn (maize) or rice
1103.20.00	Pellets of cereals
1104.12.00	Rolled or flaked grains of oats
1104.19.10	Rolled or flaked grains of barley
1104.19.90	Rolled or flaked grains of cereals, other than of barley or oats
1104.22.00	Grains of oats, hulled, pearled, clipped, sliced, kibbled or otherwise worked, but not rolled or flaked
1104.23.00	Grains of corn (maize), hulled, pearled, clipped, sliced, kibbled or otherwise worked, but not rolled or flaked
1104.29.10	Grains of barley, hulled, pearled, clipped, sliced, kibbled or otherwise worked, but not rolled or flaked
1104.29.90	Grains of cereals other than barley, oats or corn, hulled, pearled, clipped, sliced, kibbled or otherwise worked, but not rolled or flaked
1104.30.00	Germ of cereals, whole, rolled, flaked or ground
1105.10.00	Flour, meal and powder of potatoes
1105.20.00	Flakes, granules and pellets, of potatoes
1106.10.00	Flour, meal and powder of the dried leguminous vegetables of heading 0713
1106.20.10	Flour, meal and powder of Chinese water chestnuts
1106.20.90	Flour, meal and powder of sago, or of roots or tubers of heading 0714 (excluding Chinese water chestnuts)
1106.30.20	Flour, meal and powder of banana and plantain
1106.30.40	Fruit and nut flour, meal and powder of the products of chapter 8, other than of banana and plantain
1107.10.00	Malt, not roasted
1107.20.00	Malt, roasted
1108.11.00	Wheat starch
1108.12.00	Corn (maize) starch
1108.13.00	Potato starch
1108.14.00	Cassava (manioc) starch
1108.19.00	Starches other than wheat, corn (maize), potato or cassava (manioc) starches
1108.20.00	Inulin
1109.00.10	Wheat gluten, whether or not dried, to be used as animal feed
1109.00.90	Wheat gluten, whether or not dried, to be used for other than animal feed
1201.10.00	Soybeans, whether or not broken, seed
1201.90.00	Soybeans, whether or not broken, other than seed
1202.30.40	Peanuts (ground-nuts), seed, not roasted or cooked, shelled, subject to add. US note 2 to Ch.12
1204.00.00	Flaxseed (linseed), whether or not broken
1205.10.00	Low erucic acid rape or colza seeds, whether or not broken
1205.90.00	Rape or colza seeds (other than of low erucic acid), whether or not broken
1206.00.00	Sunflower seeds, whether or not broken
1207.40.00	Sesame seeds, whether or not broken
1207.50.00	Mustard seeds, whether or not broken
1207.60.00	Safflower (Carthamus tintorius) seeds
1207.70.00	Melon seeds
1207.91.00	Poppy seeds, whether or not broken
1207.99.03	Other oil seeds and oleaginous fruits whether or not broken, incl niger seeds, hemp seeds and seeds nesoi
1208.10.00	Flours and meals of soybeans
1208.90.00	Flours and meals of oil seeds or oleaginous fruits other than those of mustard or soybeans
1209.10.00	Sugar beet seeds of a kind used for sowing
1209.21.00	Alfalfa (lucerne) seed of a kind used for sowing

HTS Subheading	Product Description
1209.25.00	Rye grass seeds of a kind used for sowing
1209.29.10	Beet seed, other than sugar beet seed, of a kind used for sowing
1209.29.91	Seeds of forage plants of a kind used for sowing, not elsewhere specified or included
1209.30.00	Seeds of herbaceous plants cultivated principally for their flowers
1209.91.10	Cauliflower seeds of a kind used for sowing
1209.91.20	Celery seeds of a kind used for sowing
1209.91.40	Onion seeds of a kind used for sowing
1209.91.50	Parsley seeds of a kind used for sowing
1209.91.60	Pepper seeds of a kind used for sowing
1209.91.80	Vegetable seeds, nesoi, of a kind used for sowing
1209.99.20	Tree and shrub seeds of a kind used for sowing
1209.99.41	Seeds, fruits and spores, of a kind used for sowing, nesoi
1210.10.00	Hop cones, fresh or dried, neither ground, powdered nor in the form of pellets
1211.20.10	Ginseng roots, fresh or dried, whether or not cut, crushed or powdered
1211.20.15	Ginseng roots, frozen or chilled
1211.30.00	Coca leaf, of a kind used in perfumery, in pharmacy or for insecticidal, fungicidal or similar purposes
1211.40.00	Poppy straw, of a kind used in perfumery, in pharmacy or for insecticidal, fungicidal or similar purposes
1211.50.00	Ephedra
1211.90.20	Mint leaves, crude or not manufactured, of a kind used in perfumery, in pharmacy or for insecticidal, fungicidal or similar purposes
1211.90.40	Mint leaves nesoi, of a kind used in perfumery, in pharmacy or for insecticidal, fungicidal or similar purposes
1211.90.92	Plants, parts of plants (including seeds and fruits), used in perfumery, pharmacy, insecticidal, fungicidal or similar purposes, other, fresh or dried
1211.90.93	Plants, parts of plants (including seeds and fruits), used in perfumery, pharmacy, insecticidal, fungicidal or similar purposes, chilled or frozen
1212.21.00	Seaweeds and other algae, fresh, chilled, frozen or dried, whether or not ground, fit for human consumption
1212.29.00	Seaweeds and other algae, fresh, chilled, frozen or dried, whether or not ground, other than for human consumption
1212.92.00	Locust beans (carob)
1212.99.20	Nectarine stones and kernels of a kind used primarily for human consumption, not elsewhere specified or included
1212.99.30	Apricot, peach (other than nectarine) or plum stones and kernels used primarily for human consumption, not elsewhere specified or included
1212.99.92	Fruit stone & kernel (not apricot/peach/plum) & other vegetable products used primary human consumption, nesoi
1213.00.00	Cereal straw and husks, unprepared, whether or not chopped, ground, pressed or in the form of pellets
1214.10.00	Alfalfa (lucerne) meal and pellets
1214.90.00	Rutabagas, mangolds, fodder roots, hay, clover, sainfoin, kale, lupines, vetches & forage products nesoi
1401.10.00	Bamboos, of a kind used primarily for plaiting
1401.90.20	Willow (osier), of a kind used primarily for plaiting
1401.90.40	Lime bark, raffia, reeds, rushes, cleaned, bleached or dyed cereal straw, other vegetable materials nesoi, used primarily for plaiting
1404.20.00	Cotton linters
1404.90.10	Vegetable hair not elsewhere specified or included
1404.90.30	Istle of a kind used primarily in brooms or brushes
1404.90.40	Piassava, couch-grass and other vegetable materials nesoi, of a kind used primarily in brooms or brushes
1404.90.90	Other vegetable materials nesoi
1504.10.20	Cod-liver oil and its fractions
1504.10.40	Fish-liver oils and their fractions, other than cod-liver oil and its fractions
1504.20.20	Cod oil and its fractions, other than liver oil
1504.20.40	Herring oil and its fractions, other than liver oil
1504.20.60	Fats and oils and their fractions, of fish other than cod and herring, excluding liver oil
1505.00.10	Wool grease, crude
1505.00.90	Fatty substances derived from wool grease (including lanolin)
1506.00.00	Animal fats and oils and their fractions nesoi, whether or not refined, but not chemically modified
1602.32.00	Prepared or preserved meat or meat offal of chickens, nesoi
1603.00.10	Clam juice
1603.00.90	Extracts and juices of meat, fish, crustaceans, molluscs or other aquatic invertebrates, other than clam juice
1604.11.20	Prepared or preserved salmon, whole or in pieces, but not minced, in oil, in airtight containers
1604.11.40	Prepared or preserved salmon, whole or in pieces, but not minced, other than in oil and in airtight containers
1604.12.20	Prepared or preserved herrings, whole or in pieces, but not minced, in oil, in airtight containers
1604.12.40	Herrings, whole or in pieces, but not minced, in tomato sauce, smoked or kippered, in immediate containers over 0.45 kg each

HTS Subheading	Product Description
1604.12.60	Herrings prepared or preserved, whole or in pieces, but not minced, nesoi
1604.13.10	Smoked sardines, in oil, not skinned nor boned, $1/kg or more in tin-plate containers, or $1.10/kg or more in other airtight containers
1604.13.20	Sardines, not smoked, sardinella, brisling or sprats, neither skinned nor boned, in oil, in airtight containers
1604.13.30	Sardines, sardinella, brisling or sprats, skinned or boned, in oil, in airtight containers
1604.13.40	Sardines, sardinella, brisling, sprats in containers with their contents under 225 g each, except those in oil and in airtight containers
1604.13.90	Sardines, sardinella and brisling or sprats (not in oil and airtight cont.), prepared or preserved, notminced, cont. 225 g or more
1604.14.10	Tunas and skipjack, whole or in pieces, but not minced, in oil, in airtight containers
1604.14.22	Tunas and skipjack, not in oil, in airtight cont., n/o 7 kg, not of U.S. possessions, product within quota
1604.14.30	Tunas and skipjack, not in oil, in airtight containers, n/o 7 kg, not of U.S. possessions, over quota
1604.14.40	Tunas and skipjack, not in airtight containers, not in oil, in bulk or in immediate containers weighing with contents over 6.8 kg each
1604.14.50	Tunas and skipjack, not in airtight containers, not in bulk or in immediate containers weighing with contents over 6.8 kg each
1604.14.70	Bonito (Sarda spp.), in oil
1604.14.80	Bonito (Sarda spp.), not in oil
1604.15.00	Prepared or preserved mackerel, whole or in pieces, but not minced
1604.16.20	Anchovies, whole or in pieces but not minced, in oil, in airtight containers
1604.16.40	Prepared or preserved anchovies, whole or in pieces, not minced, not in oil, in immediate containers with their contents 6.8 kg or less ea.
1604.16.60	Prepared or preserved anchovies, whole or in pieces, but not minced, not in oil, nesoi
1604.17.10	Prepared or preserved eels, whole or in pieces, but not minced, in airtight containers, not in oil
1604.17.40	Eel portions similar to fish sticks and like products of any size or shape, breaded, coated with batter, not cooked nor in oil
1604.17.50	Eel similar to fish sticks and like products of any size or shape, if breaded, coated with batter, cooked or in oil
1604.17.60	Prepared or preserved eel, in oil and in bulk or in immediate containers weighing over 7 kg each
1604.17.80	Prepared or preserved eel, whole or in pieces, but not minced, nesoi
1604.18.10	Shark fins, not in oil, in airtight containers
1604.18.90	Shark fins, not in airtight containers
1604.19.10	Bonito, yellowtail and pollock, whole or in pieces, but not minced, in airtight containers, not in oil
1604.19.22	Other fish, excluding bonito, yellowtail and pollock, in airtight containers, not in oil
1604.19.25	Bonito, yellowtail and pollock, whole or in pieces, but not minced, in airtight containers, in oil
1604.19.32	Other fish, excluding bonito, yellowtail and pollock, in airtight containers, in oil
1604.19.41	Fish sticks and like products of any size or shape, fillets or other portions of fish, breaded, coated with batter, not cooked nor in oil
1604.19.51	Fish sticks and like products of any size or shape, fillets or other portions of fish, if breaded, coated with batter, cooked or in oil
1604.19.61	Prepared or preserved fish nesoi, in oil and in bulk or in immediate containers weighing over 7 kg each
1604.19.82	Fish, whole or in pieces, but not minced, prepared or preserved, nesoi
1604.20.05	Products containing meat of crustaceans, molluscs or other aquatic invertebrates, prepared meals
1604.20.10	Fish pastes
1604.20.15	Fish balls, cakes and puddings, in oil
1604.20.20	Fish balls, cakes and puddings, not in oil, in immediate airtight containers, weighing with their contents not over 6.8 kg each
1604.20.25	Fish balls, cakes and puddings, not in oil, and in immediate nonairtight containers weighing with their contents not over 6.8 kg each
1604.20.30	Fish balls, cakes and puddings, not in oil, not in immediate containers, weighing with their contents not over 6.8 kg each
1604.20.40	Fish sticks and similar products of any size or shape, if breaded, coated with batter or similarly prepared, not cooked nor in oil
1604.20.50	Fish sticks and similar products of any size or shape, if breaded, coated with batter or similarly prepared, cooked or in oil
1604.20.60	Prepared or preserved fish, other than whole or in pieces, nesoi
1604.31.00	Caviar
1604.32.30	Caviar substitutes prepared from fish eggs, boiled and in airtight containers
1604.32.40	Caviar substitutes prepared from fish eggs, nesoi
1605.10.05	Crab products containing fish meat; prepared meals of crab
1605.10.20	Crabmeat, prepared or preserved, in airtight containers
1605.10.40	Crabmeat, prepared or preserved, other than in airtight containers
1605.10.60	Crabs, other than crabmeat, prepared or preserved
1605.21.05	Shrimp & prawns not in airtight containers: fish meat and prepared meals
1605.21.10	Shrimp & prawns not in airtight containers: other than fish meat and prepared meals
1605.29.05	Shrimp & prawns in airtight containers: fish meat and prepared meals
1605.29.10	Shrimp & prawns in airtight containers: other than fish meat and prepared meals
1605.30.05	Lobster products containing fish meat; prepared meals of lobster
1605.30.10	Lobster, prepared or preserved, not containing fish meat, nesoi
1605.40.05	Crustacean products nesoi, containing fish meat; prepared meals of crustaceans, nesoi
1605.40.10	Crustaceans nesoi, prepared or preserved, not containing fish meat, nesoi

HTS Subheading	Product Description
1605.51.05	Oysters, fish meat or prepared meals
1605.51.40	Smoked oysters
1605.51.50	Oysters, prepared or preserved, but not smoked
1605.52.05	Scallops, including queen scallops as containing fish meat; prepared meals
1605.52.60	Scallops, including queen scallops, prepared or preserved
1605.53.05	Mussels, containing fish meats or in prepared meals
1605.53.60	Mussels, prepared or preserved
1605.54.05	Cuttle fish and squid, as containing fish meat; prepared meals
1605.54.60	Cuttle fish and squid, prepared or preserved
1605.55.05	Octopus, as containing fish meat or prepared meals
1605.55.60	Octopus, prepared or preserved
1605.56.05	Products of clams, cockles, and arkshells containing fish meat; prepared meals
1605.56.10	Razor clams, in airtight containers, prepared or preserved, nesoi
1605.56.15	Boiled clams in immediate airtight containers, the contents of which do not exceed 680 g gross weight
1605.56.20	Clams, prepared or preserved, excluding boiled clams, in immediate airtight containers, nesoi
1605.56.30	Clams, prepared or preserved, other than in airtight containers
1605.56.60	Cockles and arkshells, prepared or preserved
1605.57.05	Products of abalone containing fish meat; prepared meals of abalone
1605.57.60	Abalone, prepared or preserved
1605.58.05	Products of snails, other than sea snails, containing fish meat; prepared meals of snails other than sea snails
1605.58.55	Prepared or preserved snails, other than sea snails
1605.59.05	Products of molluscs nesoi containing fish meat; prepared meals of molluscs nesoi
1605.59.60	Molluscs nesoi, prepared or preserved
1605.61.00	Sea cucumbers, prepared or preserved
1605.62.00	Sea urchins, prepared or preserved
1605.63.00	Jelly fish, prepared or preserved
1605.69.00	Other aquatic invertebrates, nesoi, prepared or preserved
1701.99.10	Cane/beet sugar & pure sucrose, refined, solid, w/o added coloring or flavoring, subject to add. US 5 to Ch.17
1701.99.50	Cane/beet sugar & pure sucrose, refined, solid, w/o added coloring or flavoring, not subject to gen. note 15 or add. US 5 to Ch.17
1702.90.90	Sugars and sugar syrups, and articles containing sugar, neosi
1704.90.35	Sugar confections or sweetmeats ready for consumption, not containing cocoa, other than candied nuts or cough drops
1704.90.90	Sugar confectionery, w/o cocoa, nesoi
1901.90.91	Flour-, meal-, starch-, malt extract- or dairy-based food preps not containing cocoa and not containing specific amounts of dairy, nesoi
1902.19.20	Uncooked pasta, not stuffed or otherwise prepared, not containing eggs, exclusively pasta
1902.19.40	Uncooked pasta, not stuffed or otherwise prepared, not containing eggs, nesoi, including pasta packaged with sauce preparations
1902.20.00	Stuffed pasta, whether or not cooked or otherwise prepared
1902.30.00	Pasta nesoi
1905.90.10	Bread, pastry, cake, biscuit and similar baked products nesoi, and puddings whether or not containing chocolate, fruit, nuts or confectionery
2001.10.00	Cucumbers including gherkins, prepared or preserved by vinegar or acetic acid
2001.90.20	Capers, prepared or preserved by vinegar or acetic acid, nesoi
2001.90.25	Artichokes, prepared or preserved by vinegar or acetic acid
2001.90.30	Beans, prepared or preserved by vinegar or acetic acid
2001.90.34	Onions, prepared or preserved by vinegar or acetic acid
2001.90.35	Pimientos, prepared or preserved by vinegar or acetic acid
2001.90.38	Vegetables (including olives) nesoi, prepared or preserved by vinegar or acetic acid
2001.90.42	Chestnuts, prepared or preserved by vinegar or acetic acid
2001.90.48	Chinese water chestnuts, prepared or preserved by vinegar or acetic acid
2001.90.50	Walnuts, prepared or preserved by vinegar or acetic acid
2001.90.60	Fruits, nuts, and other edible parts of plants, nesoi, prepared or preserved by vinegar or acetic acid
2002.10.00	Tomatoes, whole or in pieces, prepared or preserved otherwise than by vinegar or acetic acid
2002.90.40	Tomato prep/pres ex by vinegar/acetic acid, powder
2002.90.80	Tomatoes prepared or preserved otherwise than by vinegar or acetic acid, nesoi
2003.10.01	Mushrooms of the genus Agaricus, prepared or preserved otherwise than by vinegar or acetic acid
2003.90.10	Truffles
2003.90.80	Mushrooms other than of the genus Agaricus or truffles, prepared or preserved otherwise than by vinegar or acetic acid
2004.10.80	Potatoes (not Solano), prepared or preserved otherwise than by vinegar or acetic acid, frozen

HTS Subheading	Product Description
2004.90.80	Beans, prepared or preserved otherwise than by vinegar or acetic acid, frozen
2004.90.85	Vegetables and mixtures of vegetables, nesoi, prepared or preserved other than by vinegar or acetic acid, frozen, not preserved by sugar
2005.20.00	Potato preparations, prepared or preserved otherwise than by vinegar or acetic acid, not frozen
2005.40.00	Peas, prepared or preserved otherwise than by vinegar or acetic acid, not frozen
2005.51.20	Black-eye cowpeas, shelled, prepared or preserved otherwise than by vinegar or acetic acid, not frozen
2005.51.40	Beans other than black-eye cowpeas, shelled, prepared or preserved otherwise than by vinegar or acetic acid, not frozen
2005.59.00	Beans, not shelled, prepared or preserved otherwise than by vinegar or acetic acid, not frozen
2005.60.00	Asparagus, prepared or preserved otherwise than by vinegar or acetic acid, not frozen
2005.70.25	Olives, green, in a saline solution, pitted or stuffed, not place packed
2005.70.60	Olives (not green), in a saline solution, canned, pitted
2005.70.70	Olives (not green), in a saline solution, in airtight containers of glass or metal but not canned
2005.70.75	Olives (not green), in a saline solution, not canned, nesoi
2005.70.97	Olives, prepared or preserved otherwise than by vinegar, acetic acid or saline soln, not frozen, nesoi
2005.80.00	Sweet corn, prepared or preserved otherwise than by vinegar, acetic acid or sugar, not frozen
2005.91.60	Bamboo shoots in airtight containers, prepared or preserved otherwise than by vinegar or acetic acid, not frozen, not preserved by sugar
2005.91.97	Bamboo shoots, not in airtight containers, prepared or preserved otherwise than by vinegar or acetic acid, not frozen, not preserved by sugar
2005.99.10	Carrots in airtight containers, prepared or preserved otherwise than by vinegar, acetic acid or sugar, not frozen
2005.99.20	Onions, prepared or preserved otherwise than by vinegar or acetic acid, not frozen
2005.99.30	Sauerkraut, prepared or preserved otherwise than by vinegar or acetic acid, not frozen
2005.99.41	Whole or Sliced water chestnuts, other than Chinese water chestnuts, prepared or preserved otherwise than by vinegar or acetic acid or sugar
2005.99.50	Pimientos, prepared or preserved otherwise than by vinegar or acetic acid, not frozen
2005.99.55	Fruits of the genus Capsicum or Pimenta, not pimientos, prepared or preserved otherwise than by vinegar or acetic acid, not frozen
2005.99.80	Artichokes, prepared or preserved otherwise than by vinegar or acetic acid, not frozen
2005.99.85	Chickpeas (garbanzos), prepared or preserved otherwise than by vinegar or acetic acid, not frozen
2005.99.97	Vegetables nesoi, & mixtures of vegetables, prepared or preserved otherwise than by vinegar or acetic acid, not frozen, not preserved by sugar
2006.00.20	Cherries, preserved by sugar (drained, glace or crystallized)
2006.00.30	Ginger root, preserved by sugar (drained, glace or crystallized)
2006.00.40	Pineapples, preserved by sugar (drained, glace or crystallized)
2006.00.50	Mixtures of vegetables, fruit, nuts, fruit-peel or other parts of plants, preserved by sugar (drained, glace or crystallized)
2006.00.60	Citrus fruit or peel of citrus or other fruit, except mixtures, preserved by sugar (drained, glace or crystallized)
2006.00.70	Fruit nesoi, and nuts, except mixtures, preserved by sugar (drained, glace or crystallized)
2006.00.90	Vegetables and parts of plants, nesoi, preserved by sugar (drained, glace or crystallized), except mixtures,
2007.10.00	Homogenized cooked preparations of fruit put up for retail sale as infant food or for dietetic purposes, in cont. not over 250 grams, net
2007.91.10	Citrus fruit pastes and purees, being cooked preparations
2007.91.40	Orange marmalade
2007.99.05	Lingonberry and raspberry jams
2007.99.10	Strawberry jam
2007.99.15	Currant and other berry jams, nesoi
2007.99.20	Apricot jam
2007.99.25	Cherry jam
2007.99.35	Peach jam
2007.99.40	Pineapple jam
2007.99.45	Jams, nesoi
2007.99.48	Apple, quince and pear pastes and purees, being cooked preparations
2007.99.50	Guava and mango pastes and purees, being cooked preparations
2007.99.60	Strawberry pastes and purees, being cooked preparations
2007.99.65	Fruit pastes and purees, nesoi, and nut pastes and purees, being cooked preparations
2007.99.70	Currant andberry fruit jellies
2007.99.75	Fruit jellies, other than currant and berry
2008.11.02	Peanut butter and paste, subject to gen. note 15 of the HTS
2008.11.05	Peanut butter and paste, subject to add. US note 5 to Ch. 20, not GN15
2008.11.15	Peanut butter and paste, nesoi, not subject to gen note 15 or add US note 5 to Ch. 20
2008.11.22	Blanched peanuts, subject to gen. note 15 of the HTS
2008.11.25	Blanched peanuts, subject to add. US note 2 to Ch. 12, not GN15

HTS Subheading	Product Description
2008.11.42	Peanuts, otherwise prepared or preserved, nesoi, subject to gen. note 15 of the HTS
2008.11.45	Peanuts, otherwise prepared or preserved, nesoi, subject to add. USnote 2 to chap. 12, not GN15
2008.19.10	Brazil nuts and cashew nuts, otherwise prepared or preserved, nesoi
2008.19.15	Coconuts, otherwise prepared or preserved, nesoi
2008.19.20	Filberts, otherwise prepared or preserved, nesoi
2008.19.25	Pecans, otherwise prepared or preserved, nesoi
2008.19.30	Pignolia and pistachio nuts, otherwise prepared or preserved, nesoi
2008.19.40	Almonds, otherwise prepared or preserved, nesoi
2008.19.50	Watermelon seeds, otherwise prepared or preserved, nesoi
2008.19.85	Mixtures of nuts or other seeds otherwise prepared or preserved, nesoi
2008.19.90	Other nuts and seeds nesoi, excluding mixtures, otherwise prepared or preserved, nesoi
2008.20.00	Pineapples, otherwise prepared or preserved, nesoi
2008.30.10	Peel of oranges, mandarins, clementines, wilkings and similar citrus hybrids, otherwise prepared or preserved, nesoi
2008.30.20	Peel of lemons, otherwise prepared or preserved, nesoi
2008.30.30	Peel of citrus fruit, nesoi, otherwise prepared or preserved, nesoi
2008.30.40	Oranges (other than peel or pulp), otherwise prepared or preserved, nesoi
2008.30.42	Satsumas, prepared or preserved, in airtight containers, aggregate quantity n/o 40,000 metric tons/calendar yr
2008.30.46	Satsumas, prepared or preserved, in airtight containers, aggregate quantity o/40,000 metric tons/calendar yr
2008.30.48	Mandarins (other than satsuma), prepared or preserved, nesoi
2008.30.55	Clementines, wilkings and similar citrus hybrids (other than peel or pulp), otherwise prepared or preserved, nesoi
2008.30.70	Grapefruit (other than peel or pulp), otherwise prepared or preserved, nesoi
2008.30.80	Kumquats (other than peel or pulp), otherwise prepared or preserved, nesoi
2008.30.96	Citrus fruit nesoi (including bergamots), other than peel or pulp, otherwise prepared or preserved, nesoi
2008.40.00	Pears, otherwise prepared or preserved, nesoi
2008.50.20	Apricot pulp, otherwise prepared or preserved, nesoi
2008.50.40	Apricots, other than pulp, otherwise prepared or preserved, nesoi
2008.60.00	Cherries, otherwise prepared or preserved, nesoi
2008.70.10	Nectarines, otherwise prepared or preserved, not elsewhere specified or included
2008.70.20	Peaches (excluding nectarines), otherwise prepared or preserved, not elsewhere specified or included
2008.80.00	Strawberries, otherwise prepared or preserved, nesoi
2008.93.00	Cranberries
2008.97.10	Mixtures of fruit or edible parts of plants, in airtight cont. excl. apricots, citrus, peaches or pears (incl. canned tropical fruit salad)
2008.97.90	Mixtures of fruit or other edible parts of plants, otherwise prepared or preserved, nesoi (excluding tropical fruit salad)
2008.99.05	Apples, otherwise prepared or preserved, nesoi
2008.99.15	Bananas, other than pulp, otherwise prepared or preserved, nesoi
2008.99.18	Blueberries, otherwise prepared or preserved, nesoi.
2008.99.21	Berries, other than cranberries, blueberries and strawberries, otherwise prepared or preserved, nesoi
2008.99.23	Cashew apples, mameyes colorados, sapodillas, soursops and sweetsops, otherwise prepared or preserved, nesoi
2008.99.25	Dates, otherwise prepared or preserved, nesoi
2008.99.28	Figs, otherwise prepared or preserved, nesoi
2008.99.29	Grapes, otherwise prepared or preserved, nesoi
2008.99.30	Guavas, otherwise prepared or preserved, nesoi
2008.99.35	Lychees and longans, otherwise prepared or preserved, nesoi
2008.99.40	Mangoes, otherwise prepared or preserved, nesoi
2008.99.50	Papayas, other than pulp, otherwise prepared or preserved, nesoi
2008.99.60	Plums (including prune plums and sloes), otherwise prepared or preserved, nesoi
2008.99.61	Soybeans, otherwise prepared or preserved, nesoi
2008.99.63	Sweet ginger, otherwise prepared or preserved, nesoi
2008.99.70	Chinese water chestnuts, otherwise prepared or preserved, frozen, not elsewhere specified or included
2008.99.71	Chinese water chestnuts, otherwise prepared or preserved, not frozen, not elsewhere specified or included
2008.99.80	Pulp of fruit nesoi, and other edible parts of plants nesoi, excluding mixtures, otherwise prepared or preserved, nesoi
2008.99.91	Bean cake, bean stick, miso, other fruit, nuts and other edible parts of plans, prepared or preserved
2009.11.00	Orange juice, frozen, unfermented and not containing added spirit
2009.29.00	Grapefruit juice, of a Brix value exceeding 20, unfermented
2009.31.20	Lime juice, of a Brix value not exceeding 20, fit for beverage purposes, unfermented
2009.31.40	Citrus juice of any single citrus fruit (other than orange, grapefruit or lime), Brix value not exceeding 20, not concentrated, unfermented
2009.31.60	Citrus juice of any single citrus fruit (other than orange, grapefruit or lime), of a Brix value not exceeding 20, concentrated, unfermented

HTS Subheading	Product Description
2009.39.60	Citrus juice of any single citrus fruit (other than orange, grapefruit or lime), of a Brix value exceeding 20, unfermented
2009.41.40	Pineapple juice, of a Brix value not exceeding 20, concentrated (in degree of concentration greater than 3.5), unfermented
2009.49.40	Pineapple juice, of a Brix value exceeding 20, concentrated (in degree of concentration greater than 3.5)
2009.50.00	Tomato juice, concentrated or not concentrated
2009.69.00	Grape juice (including grape must), of a Brix value exceeding 30, unfermented
2009.71.00	Apple juice, of a Brix value not exceeding 20, unfermented
2009.79.00	Apple juice, of a Brix value exceeding 20, unfermented
2009.89.20	Pear juice, concentrated or not concentrated
2009.89.60	Juice of any other single fruit, nesoi, (including cherries and berries), concentrated or not concentrated
2009.89.80	Juice of any single vegetable, other than tomato, concentrated or not concentrated
2009.90.40	Mixtures of fruit juices, or mixtures of vegetable and fruit juices, concentrated or not concentrated
2103.10.00	Soy sauce
2103.90.80	Mixed condiments and mixed seasonings, not described in add US note 3 to Ch. 21
2106.10.00	Protein concentrates and textured protein substances
2201.10.00	Mineral waters and aerated waters, not containing added sugar or other sweetening matter nor flavored
2201.90.00	Waters (incl. ice, snow and steam), ot/than mineral waters or aerated waters, not cont. added sugar or other sweetening matter nor flavored
2202.10.00	Waters, including mineral waters and aerated waters, containing added sugar or other sweetening matter or flavored
2202.99.30	Orange juice, fortified with vitamins or minerals not made from a juice having a degree of concentration of>=1.5
2202.99.35	Orange juice fortified with vitamins or minerals, nesoi
2202.99.36	Juice of any single fruit or vegetable (except orange juice) fortified with vitamins or minerals, in nonconcentrated form
2202.99.37	Fruit or vegetable juices, fortified with vitamins or minerals, mixtures of juices in nonconcentrated form
2202.99.90	Nonalcoholic beverages, nesoi, excluding fruit or vegetable juices of heading 2009
2203.00.00	Beer made from malt
2204.10.00	Sparkling wine, made from grapes
2204.21.20	Effervescent grape wine, in containers holding 2 liters or less
2204.21.30	Tokay wine (not carbonated) not over 14% alcohol, in containers not over 2 liters
2204.21.50	Wine other than Tokay (not carbonated), not over 14% alcohol, in containers not over 2 liters
2204.21.60	"Marsala" wine, over 14% vol. alcohol, in containers holding 2 liters or less
2204.21.80	Grape wine, other than "Marsala", not sparkling or effervescent, over 14% vol. alcohol, in containers holding 2 liters or less
2206.00.45	Rice wine or sake
2206.00.90	Fermented beverages (other than grape wine, beer, cider, prune wine, sake, vermouth, or other effervescent wines)
2207.10.30	Undenatured ethyl alcohol of 80 percent vol. alcohol or higher, for beverage purposes
2207.10.60	Undenatured ethyl alcohol of 80 percent vol. alcohol or higher, for nonbeverage purposes
2209.00.00	Vinegar and substitutes for vinegar obtained from acetic acid
2301.10.00	Flours, meals, and pellets, of meat or meat offal unfit for human consumption; greaves (cracklings)
2301.20.00	Flours, meals, and pellets, of fish or of crustaceans, molluscs or other aquatic invertebrates, unfit for human consumption
2302.30.00	Bran, sharps (middlings) and other residues, derived from the sifting, milling or other working of wheat
2302.40.01	Bran, sharps (middlings) and other residues, derived from the sifting, milling or other working of cereals, excluding corn, rice and wheat
2302.50.00	Bran, sharps (middlings) and other residues, derived from the sifting, milling or other working of leguminous plants
2303.10.00	Residues of starch manufacture and similar residues
2303.20.00	Beet-pulp, bagasse and other waste of sugar manufacture
2303.30.00	Brewing or distilling dregs and waste
2304.00.00	Oilcake and other solid residues, resulting from the extraction of soybean oil
2305.00.00	Oilcake and other solid residues, resulting from the extraction of peanut (ground-nut) oil
2306.20.00	Oilcake and other solid residues, resulting from the extraction of vegetable fats or oils, of linseed
2306.30.00	Oilcake and other solid residues, resulting from the extraction of vegetable fats or oils, of sunflower seeds
2306.41.00	Oilcake and other solid residues, resulting from the extraction of vegetable fats or oils, of low erucic acid rape or colza seeds
2306.49.00	Oilcake and other solid residues, resulting from the extraction of vegetable fats/oils, of rape or colza seeds (other than low erucic acid)
2306.90.01	Oilcake and other solid residues, resulting from the extraction of vegetable fats or oils, nesoi
2308.00.95	Dehydrated marigolds, of a kind used in animal feeding, not elsewhere specified or included
2308.00.98	Vegetable materials and vegetable waste, vegetable residues and byproducts, of a kind used in animal feeding, nesoi
2309.10.00	Dog or cat food, put up for retail sale
2309.90.10	Mixed feed or mixed feed ingredients used in animal feeding
2309.90.70	Other preps nesoi with a basis of vitamin B12, for supplementing animal in animal feeding, not cont milk or egg prods

HTS Subheading	Product Description
2309.90.95	Other preps nesoi of a kind used in animal feeding, not cont milk or egg prods
2401.10.44	Tobacco, not stemmed or stripped, not or not over 35% wrapper tobacco, oriental or turkish type, cigarette leaf
2401.20.05	Leaf tobacco, the product of two or more countries or dependencies, when mixed or packed together, partly or wholly stemmed, not threshed
2401.20.14	Wrapper tobacco, partly or wholly stemmed (stripped), not threshed or similarly processed
2401.20.18	Tobacco containing over 35% wrapper tobacco, partly or wholly stemmed (stripped), not threshed or similarly processed
2401.20.23	Tobacco, partly or wholly stemmed/stripped, n/threshed or similarly processed, not or n/over 35% wrapper, oriental or turkish, cigarette lea
2401.20.26	Tobacco, partly or wholly stemmed/stripped, n/threshed or similarly processed, not or n/over 35% wrapper, not cigarette leaf
2401.20.29	Tobacco, partly or wholly stemmed/stripped, n/threshed or similarly processed, not or n/over 35% wrapper, cigar binder and filler
2401.20.31	Tobacco, partly or wholly stemmed/stripped, n/threshed or similarly proc., not or n/over 35% wrapper, flue-cured burley etc, not for cigarette
2401.20.33	Tobacco, partly or wholly stemmed/stripped, n/threshed or similarly proc., not or n/over 35% wrapper, des. in addl US note 5 to ch. 24
2401.20.35	Tobacco, partly or wholly stemmed/stripped, n/threshed or similarly proc., not or n/over 35% wrapper, flue-cured burley etc, other nesoi
2401.20.57	Tobacco, partly or wholly stemmed/stripped, n/threshed or similarly proc., not or n/over 35% wrapper, not flue-cured burley etc., other nesoi
2401.20.60	Tobacco, partly or wholly stemmed (stripped), threshed or similarly processed, from cigar leaf
2401.20.75	Tobacco, partly or wholly stemmed/stripped, threshed or similarly processed, not from cigar leaf, oriental or turkish
2401.20.83	Tobacco, partly or wholly stemmed/stripped, threshed or similarly processed, not from cigar leaf, not oriental or turkish, not for cigarette
2401.20.85	Tobacco, partly or wholly stemmed/stripped, threshed or similarly processed, not from cigar leaf, described in addl US note 5 to chap 24
2401.20.87	Tobacco, partly or wholly stemmed/stripped, threshed or similarly processed, not from cigar leaf, not oriental or turkish, other nesoi
2401.30.03	Tobacco refuse, tobacco stems, not cut, ground or pulverized
2401.30.06	Tobacco refuse, from cigar leaf, tobacco stems, cut, ground or pulverized
2401.30.09	Tobacco refuse, from cigar leaf, other than tobacco stems
2401.30.13	Tobacco refuse, from oriental or turkish type, tobacco stems, not cut, ground or pulverized
2401.30.16	Tobacco refuse, from oriental or turkish type, tobacco stems, cut, ground or pulverized
2401.30.19	Tobacco refuse, from oriental or turkish type, other than tobacco stems
2401.30.23	Tobacco refuse, from other tobacco, other than for cigarettes, tobacco stems, not cut, ground or pulverized
2401.30.25	Tobacco refuse, from other tobacco, other than for cigarettes, tobacco stems, cut, ground or pulverized
2401.30.27	Tobacco refuse, from other tobacco, other than for cigarettes, other than tobacco stems
2401.30.33	Tobacco refuse, from other tobacco, for cigarettes, described in addl US note 5 to chap 24, tobacco stems, not cut, ground or pulverized
2401.30.35	Tobacco refuse, from other tobacco, for cigarettes, described in addl US note 5 to chap 24, tobacco stems, cut, ground or pulverized
2401.30.37	Tobacco refuse, from other tobacco, for cigarettes, described in addl US note 5 to chap 24, not tobacco stems
2401.30.70	Tobacco refuse, from other tobacco, for cigarettes, other nesoi
2402.10.30	Cigars, cheroots and cigarillos containing tobacco, each valued less than 15 cents
2402.10.60	Cigars, cheroots and cigarillos containing tobacco, each valued 15 cents or over but less than 23 cents
2402.10.80	Cigars, cheroots and cigarillos containing tobacco, each valued 23 cents or over
2402.20.10	Cigarettes containing tobacco and clove
2402.20.80	Cigarettes containing tobacco but not containing clove, paper-wrapped
2402.20.90	Cigarettes containing tobacco, nesoi
2402.90.00	Cigars, cheroots and cigarillos and cigarettes of tobacco substitutes
2403.11.00	Water pipe tobacco, whether or not containing tobacco substitutes
2403.19.20	Smoking tobacco, whether or not containing tobacco substitutes, prepared for marketing directly to consumer as packaged
2403.19.30	Smoking tobacco, other than for water pipes, whether or not containing tobacco subst, other, to be used in products otherthan cigarettes
2403.19.60	Smoking tobacco, not water pipe, whether or not containing substitutes, other, to be used in cigarettes, in addl US note 5 to chapter
2403.19.90	Smoking tobacco, not water pipe, whether or not containing substitutes, other, to be used in cigarettes, other nesoi
2403.91.43	"Homogenized" or "reconstituted" tobacco, not suitable for use as wrapper tobacco, to be used in products other than cigarettes
2403.99.20	Other manufactured tobacco, tobacco substitutes, tobacco extracts or essences, prepared for marketing directly to consumer as packaged
2403.99.30	Other manufactured tobacco, tobacco substitutes, tobacco extracts or essences, other, to be used in products other than cigarettes
2403.99.60	Other manufactured tobacco, tobacco substitutes, tobacco extracts or essences, to be used in cigarettes, described in addl US note 5 to chap
2403.99.90	Other manufactured tobacco, tobacco substitutes, tobacco extracts or essences, other, to be used in cigarettes, other nesoi
2501.00.00	Salt & pure sodium chloride, whether or not in aqueous solution or cont. added anticaking or free-flowing agents; sea water
2502.00.00	Iron pyrites, unroasted
2503.00.00	Sulfur of all kinds, other than sublimed, precipitated and colloidal sulfur
2505.10.10	Natural silica and quartz sands, containing by weight 95% or more of silica and not more than 0.6% of oxide of iron

HTS Subheading	Product Description
2505.10.50	Natural silica and quartz sands, nesoi
2505.90.00	Natural sands, other than silica or quartz sands and other than metal-bearing sands of chapter 26
2506.10.00	Quartz (other than natural sands)
2506.20.00	Quartzite
2507.00.00	Kaolin and other kaolinic clays, whether or not calcined
2508.10.00	Bentonite clay, whether or not calcined
2508.40.01	Clays, (not including expanded clays of heading 6806), nesoi, whether or not calcined
2508.50.00	Andalusite, kyanite and sillimanite, whether or not calcined
2508.60.00	Mullite
2508.70.00	Chamotte or dinas earths
2509.00.10	Chalk, crude
2509.00.20	Chalk, other than crude
2510.10.00	Natural calcium phosphates, natural aluminum calcium phosphates and phosphatic chalk, unground
2510.20.00	Natural calcium phosphates, natural aluminum calcium phosphates and phosphatic chalk, ground
2511.20.00	Natural barium carbonate (witherite), whether or not calcined
2512.00.00	Siliceous fossil meals and similar siliceous earths, whether or not calcined, of an apparent specific gravity of 1 or less
2513.10.00	Pumice
2513.20.10	Emery; natural corundum, nat. garnet and other nat. abrasives, whether or not heattreated, all the foregoing crude or in irregular pieces
2513.20.90	Emery; natural corundum, nat. garnet and other nat. abrasives, whether or not heattreated, all the foregoin not crude or irregular pieces
2514.00.00	Slate, whether or not roughly trimmed or merely cut into blocks or slabs of a rectangular (including square) shape
2515.11.00	Marble and travertine, crude or roughly trimmed
2515.12.10	Marble, merely cut into blocks or slabs of a rectangular (including square) shape
2515.12.20	Travertine, merely cut into blocks or slabs of a rectangular (including square) shape
2515.20.00	Calcareous monument. or build. stone (o/than marble/traver.) of spec. gravity>=2.5 & alabaster, crude, rough, trimmed or cut blocks or slabs
2516.11.00	Granite, crude or roughly trimmed
2516.12.00	Granite, merely cut into blocks or slabs of a rectangular (including square) shape
2516.20.10	Sandstone, crude or roughly trimmed
2516.20.20	Sandstone, merely cut into blocks or slabs of a rectangular (including square) shape
2516.90.00	Porphyry, basalt and other monument. or build. stone (except granite/sandstone), crude or roughly trimmed or cut into rect. blocks/slabs
2517.10.00	Pebbles, gravel, broken or crushed stones, for concrete aggregates, road metalling, ballast, shingle or flint, whether o/not heat-treated
2517.20.00	Macadam of slag, dross or similar industrial waste, whether or not incorporating pebbles, gravel, etc.
2517.30.00	Tarred macadam
2517.41.00	Granules, chippings and powder of marble, whether or not heat-treated
2517.49.00	Granules, chippings and powder, of travertine/calcareous monument. or build. stone (except marble)/granite/porphyry/basalt/sandstone etc.
2518.10.00	Dolomite, not calcined, whether or not or roughly trimmed or merely cut into blocks or slabs of a rectangular (including square) shape
2518.20.00	Dolomite, calcined, whether or not roughly trimmed or merely cut into blocks or slabs of a rectangular (including square) shape
2518.30.00	Agglomerated dolomite (including tarred dolomite)
2520.10.00	Gypsum; anhydrite
2520.20.00	Plasters (of calcined gypsum or calcium sulfate), whether or not colored, with or without small quantities of accelerators or retarders
2521.00.00	Limestone flux; limestone and other calcareous stone, of a kind used for the manufacture of lime or cement
2522.10.00	Quicklime (other than calcium oxide and hydroxide of heading 2825)
2522.20.00	Slaked lime (other than calcium oxide and hydroxide of heading 2825)
2522.30.00	Hydraulic lime (other than calcium oxide and hydroxide of heading 2825)
2523.10.00	Clinkers of portland, aluminous, slag, supersulfate and similar hydraulic cements
2523.21.00	Portland cement (white cement), whether or not artificially colored
2523.29.00	Portland cement (other than white cement), whether or not colored
2523.30.00	Aluminous cement, whether or not colored
2523.90.00	Slag cement, supersulfate cement and other hydraulic cements, nesoi, whether or not colored
2524.10.00	Crocidolite
2524.90.00	Asbestos other than crocidolite
2525.10.00	Mica, crude or rifted into sheets or splittings
2525.20.00	Mica, powder
2525.30.00	Mica, waste
2528.00.00	Borates, natural and conc., but n/incl. borates from nat. brine; nat. boric acid w/not over 85% H3B03 by dry weight

HTS Subheading	Product Description
2529.10.00	Feldspar
2529.30.00	Leucite; nepheline and nepheline syenite
2530.10.00	Vermiculite, perlite and chlorites, unexpanded
2530.20.10	Kieserite
2530.20.20	Epsom salts (natural magnesium sulfates)
2530.90.10	Natural cryolite; natural chiolite
2530.90.20	Natural micaceous iron oxides
2601.11.00	Iron ores and concentrates (other than roasted iron pyrites), not agglomerated
2601.12.00	Iron ores and concentrates (other than roasted iron pyrites), agglomerated
2601.20.00	Roasted iron pyrites
2604.00.00	Nickel ores and concentrates
2607.00.00	Lead ores and concentrates
2612.10.00	Uranium ores and concentrates
2614.00.30	Synthetic rutile
2614.00.60	Titanium ores and concentrates, other than synthetic rutile
2615.10.00	Zirconium ores and concentrates
2615.90.30	Synthetic tantalum-niobium concentrates
2615.90.60	Niobium, tantalum or vanadium ores and concentrates, nesoi
2616.10.00	Silver ores and concentrates
2616.90.00	Precious metal (other than silver) ores and concentrates
2617.90.00	Metal ores and concentrates, nesoi
2618.00.00	Granulated slag (slag sand) from the manufacture of iron or steel
2619.00.30	Ferrous scale
2619.00.90	Slag, dross and other waste (except ferrous scale) from the manufacture of iron or steel
2620.11.00	Hard zinc spelter
2620.19.30	Zinc dross and skimmings (not from the mfr. of iron or steel)
2620.19.60	Ash and residues (not from the mfr. of iron or steel), containing mainly zinc, other than hard zinc spelter/zinc dross & skimmings
2620.21.00	Leaded gasoline sludges and leaded anti-knock compound sludges, containing mainly lead
2620.29.00	Ash and residues (other than from the manufacture of iron or steel), containing mainly lead, nesoi
2620.30.00	Ash and residues (not from the mfr. of iron or steel), containing mainly copper
2620.60.10	Ash/residues contain arsenic, mercury, thallium or their mixtures, kind used only for extraction of arsenic or manufacture of its compounds
2620.60.90	Ash/residue contain arsenic, mercury, thallium/their mixtures, kind used only for extraction of those metals or manufacture of their compounds
2620.91.00	Ash and residues (other than from the manufacture of iron or steel), containing antimony, beryllium, cadmium, chromium or their mixtures
2620.99.10	Ash and residues (other than from the manufacture of iron or steel), containing mainly vanadium
2620.99.20	Ash and residues (other than from the manufacture of iron or steel), containing mainly tungsten
2620.99.30	Materials (ash and residues) not provided for elsewhere in heading 2620 containing by weight over 10 percent nickel
2620.99.50	Slag (other than from the manufacture of iron or steel) contains over 40% titanium & if has over 2% Cu/Pb/Zn is not for recovery thereof
2620.99.75	Residues (not from mfr. of iron or steel) cont. metals/metal compounds nesoi, and n/adv. in value or cond. & if>2% Cu/Pb/Zn n/ for recovery
2620.99.85	Other ash and residues (other than from the manufacture of iron or steel), containing metals or metal compounds, nesoi
2621.90.00	Other slag and ash, including seaweed ash (kelp), not elsewhere specified or included
2701.11.00	Coal, anthracite, whether or not pulverized, but not agglomerated
2701.12.00	Coal, bituminous, whether or not pulverized, but not agglomerated
2701.19.00	Coal, other than anthracite or bituminous, whether or not pulverized, but not agglomerated
2701.20.00	Coal, briquettes, ovoids and similar solid fuels manufactured from coal
2702.10.00	Lignite (excluding jet), whether or not pulverized, but not agglomerated
2702.20.00	Lignite (excluding jet), agglomerated
2703.00.00	Peat (including peat litter), whether or not agglomerated
2705.00.00	Coal gas, water gas, producer gas and similar gases, other than petroleum gases or other gaseous hydrocarbons
2706.00.00	Tars (including reconstituted tars), distill. from coal, lignite or peat, and other mineral tars, whether dehydrated or partially distilled
2707.10.00	Benzene, from distillation of hi-temp coal tar or in which wt. of aromatic components o/wt. of nonaromatic components
2707.20.00	Toluene, from distillation of hi-temp coal tar or in which wt. of aromatic components o/wt. of nonaromatic components
2707.30.00	Xylenes, from distillation of hi-temp coal tar or in which wt. of aromatic components o/wt. of nonaromatic components

HTS Subheading	Product Description
2707.40.00	Naphthalene, from distillation of hi-temp coal tar or in which wt. of aromatic components o/wt. of nonaromatic components
2707.50.00	Aromatichydrocarbon mix. (from dist. of hi-temp coaltar or wt. of aromatic>nonaromatic), 65%+ by vol. (incl. losses) dist. at 250 C/ ASTM D 86
2707.91.00	Creosote oils, from dist. of hi-temp coal tar or wt. of aromatic exceeds nonaromatic
2707.99.10	Light oil, from dist. of hi-temp coal tar or wt. of aromatic exceeds nonaromatic
2707.99.20	Picolines, from dist. of hi-temp coal tar or wt. of aromatic exceeds nonaromatic
2707.99.40	Carbazole, from dist. of hi-temp coal tar or wt. of aromatic exceeds nonaromatic, w/purity of 65% or more by wt.
2707.99.55	Metacresol/orthocresol/paracresol/metaparacresol (from dist. of hi-temp coal tar or wt. of aromatic>nonaromatic), w/purity of 75%+ by wt.
2707.99.59	Phenols, nesoi
2707.99.90	Other products of hi-temp coal tar distillation and like products in which aromatic constituents exceed nonaromatic constituents, nesoi
2708.10.00	Pitch, obtained from coal tar or other mineral tars
2708.20.00	Pitch coke, obtained from coal tar or other mineral tars
2709.00.10	Petroleum oils and oils from bituminous minerals, crude, testing under 25 degrees A.P.I.
2709.00.20	Petroleum oils and oils from bituminous minerals, crude, testing 25 degrees A.P.I. or more
2710.12.15	Light oil motor fuel from petroleum oils and bituminous minerals (o/than crude) or preps. 70%+ by wt. from petroleum oils
2710.12.18	Light oil motor fuel blending stock from petroleum oils & bituminous minerals (o/than crude) or prep 70%+ by wt. from petroleum oils
2710.12.25	Naphthas (exc. motor fuel/mtr fuel blend. stock) fr petroleum oils & bitumin minerals (o/than crude) or preps 70%+ by wt. fr petroleum oils
2710.12.45	Light oil mixt. of hydrocarbons fr petro oils & bitum min (o/than crude) or prep 70%+ wt. fr petro oils, nesoi, n/o 50% any single hydrocarbon
2710.12.90	Light oils and preparations from petroleum oils & oils from bituminous min. or preps 70%+ by wt. from petro. oils or bitum. min., nesoi
2710.19.06	Distillate and residual fuel oil (including blends) derived from petroleum or oils from bituminous minerals, testing<25 degrees A.P.I.
2710.19.11	Distillate and residual fuel oil (including blends) derived from petroleum oils or oil of bituminous minerals, testing 25 degree A.P.I. or >
2710.19.16	Kerosene-type jet fuel from petroleum oils and oils of bitumin minerals (o/than crude) or preps. 70%+ by wt. from petroleum oils
2710.19.24	Kerosene motor fuel (not jet) from petro oils and bitumin minerals (o/than crude) or preps. 70%+ by wt. from petroleum oils
2710.19.25	Kerosene motor fuel blending stock (not jet), from petro oils and bitumin. minerals (o/than crude) or preps. 70%+ by wt. from petro oils
2710.19.26	Kerosene (ex. motor fuel/mtr fuel blend stock/xc jet), fr petro oils and bitumin minerals (o/than crude) or preps 70%+ by wt fr petro oils
2710.19.45	Mixture of hydrocarbons from petro oils & bitum. min. or preps.70%+ by wt. fr. petro. oils, nesoi, n/o 50% any single hydrocarbon
2710.19.90	Petroleum oils & oils from bituminous minerals or preps nesoi 70%+ by wt. from petroleum oils or bitum. min., not waste, nesoi
2710.20.05	Dist and resid fuel oil (including blends) derived from petro or oils fr bitum min, testing under 25 degrees A.P.I., contng biodiesel
2710.20.10	Dist and resid fuel oil (including blends) derived from petro or oils fr bitum min testing 25 degree A.P.I. or>, contng biodiesel
2710.20.15	Kerosene-type jet fuel/mtr ful/mtr ful blend stck fr pet oils & bitumin min (o/th crude), or preps. 70%+ by w fr pet oils, ctg biodiesel
2710.20.25	Kerosene (ex jet fuel, mtr ful/mtr ful blend stck/jet), fr pet oils and bitumin. min (o/th crude) or preps 70%+ by wt fr pet oils, ctg biodie
2711.11.00	Natural gas, liquefied
2711.12.00	Propane, liquefied
2711.13.00	Butanes, liquefied
2711.14.00	Ethylene, propylene, butylene and butadiene, liquefied
2711.19.00	Liquefied petroleum gases and other gaseous hydrocarbons, nesoi
2711.21.00	Natural gas, in gaseous state
2711.29.00	Petroleum gases and other gaseous hydrocarbons, except natural gas
2712.10.00	Petroleum jelly
2712.90.10	Montan wax (whether or not colored), obtained by synthesis or other process
2712.90.20	Mineral waxes (i.e., paraffin w/0.75%+ oil, microcrystall. wax, slack lignite & peat waxes, ozokerite), obtained by synthesis
2713.11.00	Coke, petroleum, not calcined
2713.12.00	Coke, petroleum coke, calcined
2713.20.00	Petroleum bitumen
2713.90.00	Residues (except petroleum coke or petroleum bitumen) of petroleum oils or of oils obtained from bituminous materials
2714.10.00	Bituminous or oil shale and tar sands
2714.90.00	Bitumen and asphalt, natural; asphaltites and asphaltic rocks
2715.00.00	Bituminous mixtures based on natural asphalt, natural bitumen, petroleum bitumen, mineral tar or mineral tar pitch
2801.10.00	Chlorine

HTS Subheading	Product Description
2801.20.00	Iodine
2801.30.10	Fluorine
2801.30.20	Bromine
2802.00.00	Sulfur, sublimed or precipitated; colloidal sulfur
2803.00.00	Carbon (carbon blacks and other forms of carbon not elsewhere specified or included)
2804.10.00	Hydrogen
2804.21.00	Argon
2804.29.00	Rare gases, other than argon
2804.30.00	Nitrogen
2804.40.00	Oxygen
2804.50.00	Boron; tellurium
2804.61.00	Silicon containing by weight not less than 99.99 percent of silicon
2804.80.00	Arsenic
2804.90.00	Selenium
2805.11.00	Sodium
2805.12.00	Calcium
2805.19.10	Strontium
2805.19.20	Barium
2805.19.90	Alkali metals, other than sodium
2805.40.00	Mercury
2806.10.00	Hydrogen chloride (Hydrochloric acid)
2806.20.00	Chlorosulfuric acid
2807.00.00	Sulfuric acid; oleum
2808.00.00	Nitric acid; sulfonitric acids
2809.10.00	Diphosphorus pentoxide
2809.20.00	Phosphoric acid and polyphosphoric acids
2810.00.00	Oxides of boron; boric acids
2811.11.00	Hydrogen fluoride (Hydrofluoric acid)
2811.12.00	Hydrogen cyanide
2811.19.30	Hydrobromic acid
2811.19.61	Sulfamic acid and other inorganic acids NESOI
2811.21.00	Carbon dioxide
2811.22.10	Synthetic silica gel
2811.22.50	Silicon dioxide, other than synthetic silica gel
2811.29.10	Arsenic trioxide
2811.29.20	Selenium dioxide
2811.29.30	Sulfur dioxide
2811.29.50	Other inorganic oxygen compounds of nonmetals, nesoi
2812.11.00	Carbonyl dichloride (Phosgene)
2812.12.00	Phosphorus oxychloride
2812.13.00	Phosphorus trichloride
2812.14.00	Phosphorus pentachloride
2812.15.00	Sulfur monochloride
2812.16.00	Sulfur dichloride
2812.17.00	Thionyl chloride
2812.19.00	Other chlorides and chloride oxides
2812.90.00	Halides and halide oxides of nonmetals, excluding chlorides and chloride oxides
2813.10.00	Carbon disulfide
2813.90.10	Arsenic sulfides
2813.90.20	Phosphorus sulfides
2813.90.50	Sulfides of nonmetals, excluding carbon disulfide and sulfides ofarsenic or phosphorus
2814.10.00	Anhydrous ammonia
2814.20.00	Ammonia in aqueous solution
2815.11.00	Sodium hydroxide (Caustic soda), solid
2815.12.00	Sodium hydroxide (Caustic soda), in aqueous solution (Soda lye or liquid soda)
2815.20.00	Potassium hydroxide (Caustic potash)
2815.30.00	Peroxides of sodium or potassium

HTS Subheading	Product Description
2816.10.00	Hydroxide and peroxide of magnesium
2816.40.10	Oxides, hydroxides and peroxides of strontium
2817.00.00	Zinc oxide; zinc peroxide
2818.30.00	Aluminum hydroxide
2819.10.00	Chromium trioxide
2819.90.00	Chromium oxides and hydroxides, other than chromium trioxide
2820.10.00	Manganese dioxide
2820.90.00	Manganese oxides, other than manganese dioxide
2821.10.00	Iron oxides and hydroxides
2821.20.00	Earth colors containing 70 percent or more by weight of combined iron evaluated as Fe2O3
2822.00.00	Cobalt oxides and hydroxides; commercial cobalt oxides
2823.00.00	Titanium oxides
2824.10.00	Lead monoxide (Litharge, massicot)
2824.90.10	Lead suboxide (Leady litharge)
2824.90.20	Red lead and orange lead
2824.90.50	Lead oxides, nesoi
2825.10.00	Hydrazine and hydroxylamine and their inorganic salts
2825.20.00	Lithium oxide and hydroxide
2825.30.00	Vanadium oxides and hydroxides
2825.40.00	Nickel oxides and hydroxides
2825.50.10	Cupric oxide
2825.50.20	Cuprous oxide
2825.50.30	Copper hydroxides
2825.60.00	Germanium oxides and zirconium dioxide
2825.90.10	Beryllium oxide and hydroxide
2825.90.15	Niobium oxide
2825.90.75	Cadmium oxide
2825.90.90	Other inorganic bases; other metal oxides, hydroxides and peroxides, nesoi
2826.12.00	Fluorides of aluminum
2826.19.10	Ammonium fluoride
2826.19.20	Sodium fluoride
2826.19.90	Fluorides, other than of ammonium, sodium or aluminum
2826.30.00	Sodium hexafluoroaluminate (Synthetic cryolite)
2826.90.10	Fluorosilicates of sodium or of potassium
2827.10.00	Ammonium chloride
2827.20.00	Calcium chloride
2827.31.00	Magnesium chloride
2827.32.00	Aluminum chloride
2827.35.00	Nickel chloride
2827.39.30	Titanium chlorides
2827.39.45	Barium chloride
2827.39.55	Iron chlorides
2827.39.60	Cobalt chlorides
2827.39.65	Zinc chloride
2827.39.90	Chlorides, nesoi
2827.41.00	Chloride oxides and chloride hydroxides of copper
2827.49.10	Chloride oxides and chloride hydroxides of vanadium
2827.51.00	Bromides of sodium or potassium
2827.59.25	Bromides or bromide oxides of ammonium, calcium, or zinc
2827.59.51	Other bromides and bromide oxides, other than ammonium, calcium or zinc
2827.60.10	Iodide and iodide oxide of calcium or copper
2827.60.20	Iodide and iodide oxide of potassium
2827.60.51	Iodides and iodide oxides, other than of calcium, copper or potassium
2828.10.00	Commercial calcium hypochlorite and other calcium hypochlorites
2828.90.00	Hypochlorites, except of calcium; hypobromites; chlorites
2829.11.00	Sodium chlorate
2829.19.01	Other chlorates and perchlorates, other than sodium

HTS Subheading	Product Description
2829.90.05	Potassium bromate
2829.90.40	Perchlorates, perbromates, iodates, periodates; of potassium
2829.90.61	Other perbromates, iodates and periodates other than potassium
2830.10.00	Sodium sulfides
2830.90.10	Zinc sulfide, luminescent grade, purity>= 99.99 % By wt.
2830.90.15	Zinc sulfide excluding luminescent grade
2830.90.20	Cadmium sulfide
2830.90.90	Polysulfides; sulfides, other than those of zinc and cadmium
2831.10.10	Sodium formaldehyde sulfoxylate
2831.10.50	Dithionites and sulfoxylates of sodium
2831.90.00	Dithionites and sulfoxylates, other than those of sodium
2832.10.00	Sodium sulfites
2832.20.00	Sulfites, except sodium sulfites
2832.30.10	Sodium thiosulfate
2832.30.50	Thiosulfates, except sodium thiosulfate
2833.11.10	Disodium sulfate, crude (Salt cake)
2833.11.50	Disodium sulfate, other than crude
2833.19.00	Sodium sulfates, other than disodium sulfate
2833.21.00	Magnesium sulfate
2833.22.00	Aluminum sulfate
2833.24.00	Nickel sulfate
2833.25.00	Copper sulfate
2833.27.00	Barium sulfate
2833.29.10	Cobalt sulfate
2833.29.20	Iron sulfate
2833.29.30	Vanadium sulfate
2833.29.40	Chromium sulfate
2833.29.45	Zinc sulfate
2833.29.51	Other sulfates nesoi
2833.30.00	Alums
2833.40.20	Sodium peroxosulfates (sodium persulfates)
2833.40.60	Peroxosulfates (persulfates), nesoi
2834.10.10	Sodium nitrite
2834.10.50	Nitrites, other than of sodium
2834.21.00	Potassium nitrate
2834.29.05	Bismuth nitrate
2834.29.10	Calcium nitrate
2834.29.20	Strontium nitrate
2834.29.51	Nitrates, nesoi
2835.10.00	Phosphinates (hypophosphites) and phosphonates (phosphites)
2835.22.00	Mono- or disodium phosphates
2835.24.00	Potassium phosphate
2835.25.00	Calcium hydrogenorthophosphate ("Dicalcium phosphate")
2835.26.00	Other phosphates of calcium, nesoi
2835.29.10	Aluminum phosphate
2835.29.20	Triammonium phosphate
2835.29.30	Trisodium phosphate
2835.29.51	Other phosphates nesoi
2835.31.00	Sodium triphosphate (Sodium tripolyphosphate)
2835.39.10	Potassium polyphosphate
2835.39.50	Polyphosphates, other than sodium triphosphate and potassium polyphosphate
2836.20.00	Disodium carbonate
2836.30.00	Sodium hydrogencarbonate (Sodium bicarbonate)
2836.40.10	Dipotassium carbonate
2836.40.20	Potassium hydrogencarbonate (Potassium bicarbonate)
2836.50.00	Calcium carbonate
2836.60.00	Barium carbonate

HTS Subheading	Product Description
2836.91.00	Lithium carbonates
2836.92.00	Strontium carbonate
2836.99.10	Cobalt carbonates
2836.99.20	Bismuth carbonate
2836.99.30	Commercial ammonium carbonate, containing ammonium carbamate, and other ammonium carbonates
2836.99.40	Lead carbonate
2836.99.50	Carbonates nesoi, and peroxocarbonates (percarbonates)
2837.11.00	Sodium cyanide
2837.20.10	Potassium ferricyanide
2837.20.51	Complex cyanides, excluding potassium ferricyanide
2839.11.00	Sodium metasilicates
2839.19.00	Sodium silicates except sodium metasilicates
2839.90.10	Potassium silicate
2839.90.50	Other alkali metal silicates nesoi
2840.11.00	Anhydrous disodium tetraborate (refined borax)
2840.19.00	Disodium tetraborate (refined borax) except anhydrous
2840.20.00	Borates, other than disodium tetraborate (refined borax)
2840.30.00	Peroxoborates (perborates)
2841.30.00	Sodium dichromate
2841.50.10	Potassium dichromate
2841.50.91	Chromates except of zinc or lead and dichromates except of sodium or potassium; peroxochromates
2841.61.00	Potassium permanganate
2841.69.00	Manganites, manganates and permanganates (except potassium permanganate)
2841.90.10	Vanadates
2841.90.20	Ammonium perrhenate
2841.90.30	Potassium stannate
2841.90.40	Aluminates
2841.90.45	Chromates of zinc or of lead
2841.90.50	Salts of oxometallic or peroxometallic acids nesoi
2842.10.00	Double or complex silicates
2842.90.10	Fulminates, cyanates and thiocyanates
2842.90.90	Salts of inorganic acids or peroxoacids nesoi, excluding azides
2843.10.00	Colloidal precious metals
2843.21.00	Silver nitrate
2843.29.01	Silver compounds, other than silver nitrate
2843.30.00	Gold compounds
2843.90.00	Inorganic or organic compounds of precious metals, excluding those of silver and gold; amalgams of precious metals
2844.10.10	Natural uranium metal
2844.10.20	Natural uranium compounds
2844.10.50	Alloys, dispersions (including cermets), ceramic products and mixtures containing natural uranium or natural uranium compounds
2845.10.00	Heavy water (Deuterium oxide)
2847.00.00	Hydrogen peroxide, whether or not solidified with urea
2849.10.00	Calcium carbide
2849.90.10	Boron carbide
2849.90.20	Chromium carbide
2849.90.50	Carbides, nesoi
2850.00.05	Hydride, nitride, azide, silicide and boride of calcium
2850.00.07	Hydride, nitride, azide, silicide and boride of titanium
2850.00.10	Hydride, nitride, azide, silicide and boride of tungsten
2850.00.20	Hydride, nitride, azide, silicide and boride of vanadium
2850.00.50	Hydrides, nitrides, azides, silicides and borides other than of calcium, titanium, tungsten or vanadium
2852.10.10	Mercuric oxide, mercuric cyanide, mercuric oxycyanide and mercuric potassium cyanide
2852.10.90	Other chemically defined compounds of mercury excluding amalgams
2852.90.05	Albuminates, tannates, and phosphides of mercury
2852.90.90	Inorganic or organic compounds of mercury, not chemically defined, not albuminates, tannates, or phosphides, excluding amalgams
2853.10.00	Cyanogen chloride (Chlorocyan)
2853.90.10	Phosphor copper containing more than 15% by weight of phosphorus, excluding ferrosphosphorus

HTS Subheading	Product Description
2853.90.50	Phosphides, whether or not chemically defined, excluding ferrophosphorus, of other metals or of nonmetals
2853.90.90	Other phosphides, excl ferrophosphorous, nesoi
2901.10.10	Ethane and butane, saturated, having a purity of 95% or more by volume
2901.10.30	n-Pentane and isopentane
2901.10.40	Saturated acyclic hydrocarbon (not ethane, butane, n-pentane or isopentane), derived in whole or part from petroleum, shale oil or natural gas
2901.10.50	Saturated acyclic hydrocarbon (not ethane, butane, n-pentane or isopentane), not derived in whole or part petroleum, shale oil or natural gas
2901.21.00	Ethylene
2901.22.00	Propene (Propylene)
2901.23.00	Butene (Butylene) and isomers thereof
2901.24.10	Buta-1,3-diene
2901.24.20	Isoprene, having a purity of 95 percent or more by weight
2901.24.50	Isoprene less than 95 percent pure
2901.29.10	Unsaturated acyclic hydrocarbons, nesoi, derived in whole or in part from petroleum, shale oil or natural gas
2901.29.50	Unsaturated acyclic hydrocarbons, nesoi, not derived in whole or in part from petroleum, shale oil or natural gas
2902.11.00	Cyclohexane
2902.19.00	Cyclanic hydrocarbons (except cyclohexane), cyclenic hydrocarbons and cycloterpenes
2902.20.00	Benzene
2902.30.00	Toluene
2902.41.00	o-Xylene
2902.42.00	m-Xylene
2902.43.00	p-Xylene
2902.44.00	Mixed xylene isomers
2902.50.00	Styrene
2902.60.00	Ethylbenzene
2902.70.00	Cumene
2902.90.10	Pseudocumene
2902.90.20	Acenaphthene, chrysene, cymene, dimethylnaphthalenes, fluoranthene, fluorene, indene, mesitylene, and other specified cyclic hydrocarbons
2902.90.30	Alkylbenzenes and polyalkylbenzenes
2902.90.40	Anthracene and 1,4-di-(2-methylstyryl) benzene
2902.90.60	Biphenyl (diphenyl), in flakes
2902.90.90	Cyclic hydrocarbons, nesoi
2903.11.00	Chloromethane (Methyl chloride) & chloroethane (Ethyl chloride)
2903.12.00	Dichloromethane (Methylene chloride)
2903.13.00	Chloroform (Trichloromethane)
2903.14.00	Carbon tetrachloride
2903.15.00	1,2-Dichloroethane (Ethylene dichloride)
2903.19.05	1,2-Dichloropropane (Propylene dichloride) and dichlorobutanes
2903.19.10	Hexachloroethane and tetrachloroethane
2903.19.30	sec-Butyl chloride
2903.19.60	Saturated chlorinated derivatives of acyclic hydrocarbons, nesoi
2903.22.00	Trichloroethylene
2903.23.00	Tetrachloroethylene (Perchloroethylene)
2903.29.00	Unsaturated chlorinated derivatives of acyclic hydrocarbons, nesoi
2903.31.00	Ethylene dibromide
2903.39.15	Acetylene tetrabromide; alkyl bromides; methylene dibromide; and vinyl bromide
2903.71.00	Chlorodifluoromethane
2903.72.00	Dichlorotrifluoroethanes
2903.73.00	Dichlorofluoroethanes
2903.74.00	Chlorodifluoroethanes
2903.75.00	Dichloropentafluoropropanes
2903.76.00	Bromochlorodifluoromethane, bromotrifluoromethane and dibromotetrafluoroethanes
2903.78.00	Other perhalogenated acyclic hydrocarbon derivatives, nesoi
2903.79.90	Other halogenated derivatives of acyclic hydrocarbons containing two or more different halogens, nesoi
2903.81.00	1,2,3,4,5,6-Hexachlorocyclohexane (HCH (ISO)), including Lindane(ISO, INN)

HTS Subheading	Product Description
2903.82.00	Aldrin (ISO), chlordane (ISO) and heptachlor (ISO)
2903.83.00	Halogenated derivatives of cyclanic cyclenic or cycloterpenic hydrocarbons: Mirex (ISO)
2903.89.15	Halogenated products derived in whole or in part from benzene or other aromatic hydrocarbon, described in additional U.S. note 3 to sec. VI
2903.89.20	Halogenated derivatives derived in whole or in part from benzene or other aromatic hydrocarbon, nesoi
2903.89.40	1,3,5,7,9,11-Hexabromocyclododecane
2903.89.60	Tetrabromocyclooctane
2903.89.70	Other halogenated derivatives of cyclanic etc hydrocarbons not deriv from benzene or other aromatic hydrocarbons
2903.91.10	Chlorobenzene
2903.91.20	o-Dichlorobenzene
2903.91.30	p-Dichlorobenzene
2903.92.00	Hexachlorobenzene (ISO) and DDT (clofenatone (INN), (1,1,1-Trichloro-2,2-bis(pchlorophenyl)ethane))
2903.94.00	Halogenated derivatives of aromatic hydrocarbons, hexabromobiphenyls
2903.99.10	m-Dichlorobenzene; 1,1-dichloro-2,2-bis(p-ethylphenyl)ethane; and trichlorobenzenes
2903.99.20	Benzyl chloride (alpha-Chlorotoluene); benzotrichloride (alpha, alpha, alphatrichlorotoluene)
2903.99.23	Pentabromoethylbenzene
2903.99.27	Tribromocumene
2903.99.30	Pesticides derived from halogenated derivatives of aromatic hydrocarbons
2904.10.04	2-Anthracenesulfonic acid
2904.10.08	Benzenesulfonyl chloride
2904.10.10	m-Benzenedisulfonic acid, sodium salt; 1,5-naphthalenedisulfonic acid; and ptoluenesulfonyl chloride
2904.10.15	Mixtures of 1,3,6-naphthalenetrisulfonic acid and 1,3,7-naphthalenetrisulfonic acid
2904.10.32	Aromatic derivatives of hydrocarbons containing only sulfo groups, their salts and ethyl esters, described in add. U.S. note 3 to sec. VI
2904.10.37	Aromatic derivatives of hydrocarbons containing only sulfo groups, their salts and ethyl esters, nesoi
2904.10.50	Nonaromatic derivatives of hydrocarbons containing only sulfo groups, their salts and ethyl esters, nesoi
2904.20.10	p-Nitrotoluene
2904.20.15	p-Nitro-o-xylene
2904.20.20	Trinitrotoluene
2904.20.30	5-tert-Butyl-2,4,6-trinitro-m-xylene (Musk xylol) and other artificial musks
2904.20.35	Nitrated benzene, nitrated toluene (except p-nitrotoluene) or nitrated naphthalene
2904.20.40	Aromatic derivatives of hydrocarbons containing only nitro or only nitroso groups, described in additional U.S. note 3 to section VI
2904.20.45	Aromatic derivatives of hydrocarbons containing only nitro or only nitroso groups, nesoi
2904.20.50	Nonaromatic derivatives of hydrocarbons containing only nitro or only nitroso groups, nesoi
2904.31.00	Perfluorooctane sulfonic acid
2904.32.00	Ammonium perfluorooctane sulfonate
2904.33.00	Lithium perfluorooctane sulfonate
2904.34.00	Potassium perfluorooctane sulfonate
2904.35.00	Other salts of perfluorooctane sulfonic acid
2904.36.00	Perfluorooctane sulfonyl fluoride
2904.91.00	Trichloronitromethane (chloropicrin)
2904.99.04	Monochloromononitrobenzenes; o-nitrochlorobenzene; p-nitrochlorobenzene
2904.99.08	Monochloromononitrobenzenes nesoi
2904.99.15	4-Chloro-3-nitro-a, a, a-trifluorotoluene; 2-Chloro-5-nitro-a, a, a-trifluorotoluene; and 4Chloro-3,5-dinitro-a, a, a-trifluorotoluene
2904.99.20	Nitrotoluenesulfonic acids
2904.99.30	1-Bromo-2-nitrobenzene; 1,2-Dichloro-4-nitrobenzene and o-Fluoronitrobenzene
2904.99.35	4,4′-Dinitrostilbene-2,2′-disulfonic acid
2904.99.40	Sulfonated, nitrated or nitrosated derivatives of aromatic products described in additional US note 3 to section 6
2904.99.47	Other sulfonated, nitrated or nitrosated derivatives of aromatic hydrocarbons excluding aromatic products described in add US note 3 to section 6
2904.99.50	Nonaromatic sulfonated, nitrated or nitrosated derivatives of hydrocarbons, nesoi
2905.11.10	Methanol (Methyl alcohol) imported only for use in producing synthetic natural gas (SNG) or for direct use as a fuel
2905.11.20	Methanol (Methyl alcohol), other than imported only for use in producing synthetic natural gas (SNG) or for direct use as fuel
2905.12.00	Propan-1-ol (Propyl alcohol) and Propan-2-ol (isopropyl alcohol)
2905.13.00	Butan-1-ol (n-Butyl alcohol)
2905.14.10	tert-Butyl alcohol, having a purity of less than 99 percent by weight
2905.14.50	Butanols other than butan-1-ol and tert-butyl alcohol having a purity of less than 99 percent by weight
2905.16.00	Octanol (Octyl acohol) and isomers thereof

HTS Subheading	Product Description
2905.17.00	Dodecan-1-ol (Lauryl alcohol); hexadecan-1-ol (Cetyl alcohol); octadecan-1-ol (Stearyl alcohol)
2905.19.10	Pentanol (Amyl alcohol) and isomers thereof
2905.19.90	Saturated monohydric alcohols, nesoi
2905.22.10	Geraniol
2905.22.20	Isophytol
2905.22.50	Acyclic terpene alcohols, other than geraniol and isophytol
2905.29.10	Allyl alcohol
2905.29.90	Unsaturated monohydric alcohols, other than allyl alcohol or acyclic terpene alcohols
2905.31.00	Ethylene glycol (Ethanediol)
2905.32.00	Propylene glycol (Propane-1,2-diol)
2905.39.10	Butylene glycol
2905.39.20	Neopentyl glycol
2905.39.60	Hexylene glycol
2905.39.90	Dihydric alcohols (diols), nesoi
2905.41.00	2-Ethyl-2-(hydroxymethyl) propane-1,3-diol (Trimethylolpropane)
2905.42.00	Pentaerythritol
2905.49.10	Triols and tetrols
2905.49.20	Esters of glycerol formed with the acids of heading 2904
2905.49.30	Xylitol
2905.49.40	Polyhydric alcohols derived from sugars, nesoi
2905.49.50	Polyhydric alcohols, nesoi
2905.59.10	Halogenated, sulfonated, nitrated or nitrosated derivatives of monohydric alcohols
2905.59.30	Dibromoneopentylglycol
2905.59.90	Halogenated, sulfonated, nitrated or nitrosated derivatives of acyclic alcohols, nesoi
2906.11.00	Menthol
2906.12.00	Cyclohexanol, methylcyclohexanols and dimethylcyclohexanols
2906.13.10	Inositols
2906.13.50	Sterols
2906.19.10	4,4′-Isopropylidenedicyclohexanol; and mixt. w/not less 90% stereoisomers of 2isopropyl-5-methylcyclohexanol but n/o 30% any 1 stereoisomer
2906.19.30	Terpineols
2906.19.50	Other cyclanic, cyclenic or cycloterpenic alcohols and their halogenated, sulfonated, nitrated or nitrosated derivatives
2906.21.00	Benzyl alcohol
2906.29.10	Phenethyl alcohol
2906.29.20	Odoriferous or flavoring compounds of aromatic alcohols and their halogenated, sulfonated, nitrated or nitrosated derivatives, nesoi
2906.29.30	1,1-Bis(4-chlorophenyl)-2,2,2-trichloroethanol (Dicofol); and p-nitrobenzyl alcohol
2906.29.60	Other aromatic alcohols and their halogenated, sulfonated, nitrated or nitrosated derivatives
2907.11.00	Phenol (Hydroxybenzene) and its salts
2907.12.00	Cresols and their salts
2907.13.00	Octylphenol, nonylphenol and their isomers; salts thereof
2907.15.10	alpha-Naphthol
2907.15.30	2-Naphthol
2907.15.60	Naphthols and their salts, other than alpha-Naphthol and 2-Naphthol
2907.19.10	Alkylcresols
2907.19.20	Alkylphenols
2907.19.40	Thymol
2907.19.61	2-t-Butyl ethyl phenol; and 6-t-butyl-2,4-xylenol and ylenols and their salts
2907.19.80	Other monophenols
2907.21.00	Resorcinol and its salts
2907.22.10	Hydroquinone (Quinol) and its salts, photographic grade
2907.22.50	Hydroquinone (Quinol) and its salts, other than photographic grade
2907.23.00	4,4′-Isopropylidenediphenol (Bisphenol A, Diphenylolpropane) and its salts
2907.29.05	Phenol-alcohols
2907.29.15	4,4′-Biphenol
2907.29.25	tert-Butylhydroquinone
2907.29.90	Other polyphenols, nesoi
2908.11.00	Pentachlorophenol (ISO)

HTS Subheading	Product Description
2908.19.05	2,2-Bis(4-hydroxyphenyl)-1,1,1,3,3,3-hexafluoropropane
2908.19.10	6-Chloro-m-cresol [OH=1]; m-chlorophenol; and chlorothymol
2908.19.20	Pentachlorophenol and its salts; and 2,4,5-trichlorophenol and its salts
2908.19.25	Tetrabromobisphenol A
2908.19.35	Derivatives of phenols or phenol-alcohols containing only halogen substituents and their salts described in add. U.S. note 3 to sec.VI
2908.19.60	Other halogenated, sulfonated, nitrated or nitrosated derivatives of phenol or phenolalcohols
2908.91.00	Dinoseb (ISO) and its salts
2908.92.00	4,6-Dinitro-o-cresol (DNOC (ISO)) and its salts
2908.99.03	Specified derivatives of phenols or phenol-alcohols containing only sulfo groups, their salts and esters
2908.99.09	1,8-Dihydroxynaphthalene-3,6-disulfonic acid and its sodium salt
2908.99.12	Derivatives nesoi, of phenols or phenol-alcohols cont. only sulfo groups, their salts and esters, described in add. U.S. note 3 to section VI
2908.99.15	Derivatives of phenol or phenol-alcohols containing only sulfo groups, their salts and esters, nesoi
2908.99.20	p-Nitrophenol
2908.99.33	Dinitro-o-cresols (other than 4,6-dinitro-o-cresol) and 4-nitro-m-cresol
2908.99.40	Dinitrobutylphenol and its salts
2908.99.80	Halogenated, sulfonated, nitrated or nitrosated derivatives of phenols or phenolalcohols described in additional U.S. note 3 to section VI
2908.99.90	Halogenated, sulfonated, nitrated or nitrosated derivatives of phenols or phenolalcohols, nesoi
2909.11.00	Diethyl ether
2909.19.14	Methyl tertiay-butyl ether. (MTBE)
2909.19.18	Ethers of acyc monohydric alcohols & deriv, nesoi
2909.19.30	Triethylene glycol dichloride
2909.19.60	Ethers of polyhydric alcohols and their halogenated, sulfonated, nitrated or nitrosated derivatives, nesoi
2909.20.00	Cyclanic, cyclenic or cycloterpenic ethers and their halogenated, sulfonated, nitrated or nitrosated derivatives
2909.30.05	5-Chloro-2-nitroanisole; 6-chloro-3-nitro-p-dimethoxybenzene; and dimethyl diphenyl ether
2909.30.20	Odoriferous or flavoring compounds of aromatic ethers and their halogenated, sulfonated, nitrated or nitrosated derivatives, nesoi
2909.30.40	Aromatic ethers and their halogenated, sulfonated, nitrated or nitrosated derivatives, nesoi, described in add. U.S. note 3 to section VI
2909.30.60	Other aromatic ethers and their halogenated, sulfonated, nitrated, or nitrosated derivatives, nesoi
2909.41.00	2,2′-Oxydiethanol (Diethylene glycol, Digol)
2909.43.00	Monobutyl ethers of ethylene glycol or of diethylene glycol
2909.44.01	Monoalkyl ethers of ethylene glycol or of diethylene glycol
2909.49.05	Guaifenesin
2909.49.10	Other aromatic ether-alcohols, their halogenated, sulfonated, nitrated or nitrosated derivatives described in add. US note 3 to section VI
2909.49.15	Aromatic ether-alcohols and their halogenated, sulfonated, nitrated or nitrosated derivatives, nesoi
2909.49.20	Nonaromatic glycerol ethers
2909.49.30	Di-pentaerythritol having a purity of 94% or more by weight
2909.49.60	Other non-aromatic ether-alcohols and their halogenated, sulfonated, nitrated or nitrosated derivatives
2909.50.10	4-Ethylguaiacol
2909.50.20	Guaiacol and its derivatives
2909.50.40	Odoriferous or flavoring compounds of ether-phenols, ether-alcohol-phenols & their halogenated, sulfonated, nitrated, nitrosated derivatives
2909.50.45	Ether-phenols, ether-alcohol-phenols & their halogenated, sulfonated, nitrated, nitrosated derivatives nesoi, in add. U.S. note 3 to sec. VI
2909.50.50	Ether-phenols, ether-alcohol-phenols and their halogenated, sulfonated, nitrated or nitrosated derivatives, nesoi
2909.60.10	Aromatic alcohol, ether and ketone peroxides and their halogenated, sulfonated, nitrated, nitrosated derivatives, in add. US note 3 sec. VI
2909.60.20	Aromatic alcohol peroxides, ether peroxides, ketone peroxides and their halogenated, sulfonated, nitrated or nitrosated derivatives, nesoi
2909.60.50	Nonaromatic alcohol, ether and ketone peroxides and their halogenated, sulfonated, nitrated or nitrosated derivatives
2910.10.00	Oxirane (Ethylene oxide)
2910.20.00	Methyloxirane (Propylene oxide)
2910.30.00	1-Chloro-2,3-epoxypropane (Epichlorohydrin)
2910.40.00	Dieldrin
2910.50.00	Endrin
2910.90.10	Butylene oxide
2910.90.20	Aromatic epoxides, epoxyalcohols, epoxyphenols and epoxyethers, with a threemembered ring, and their derivatives, nesoi
2910.90.91	Other nonaromatic epoxides, epoxyalcohols and epoxyethers, with a three-membered ring and their halogenated, sulfonated, nitrated or nitrosated deriv

HTS Subheading	Product Description
2911.00.10	1,1-Bis-(1-methylethoxy) cyclohexane
2911.00.50	Acetals and hemiacetals, whether or not with other oxygen function, and their halogenated, sulfonated, nitrated or nitrosated derivatives
2912.11.00	Methanal (Formaldehyde)
2912.12.00	Ethanal (Acetaldehyde)
2912.19.10	Citral
2912.19.20	Odoriferous or flavoring compounds of acyclic aldehydes without other oxygen function, nesoi
2912.19.25	Butanal (Butyraldehyde, normal isomer)
2912.19.30	Glyoxal
2912.19.50	Acyclic aldehydes without other oxygen function, nesoi
2912.21.00	Benzaldehyde
2912.29.10	Phenylacetaldehyde
2912.29.30	3,4-Dimethylbenzaldehyde; paraldehyde, USP grade; and p-tolualdehyde
2912.29.60	Other cyclic aldehydes without other oxygen function
2912.42.00	Ethylvanillin (3-Ethoxy-4-hydroxy-benzaldehyde)
2912.49.10	p-Anisaldehyde
2912.49.15	P-Hydroxybenzaldehyde
2912.49.26	Other aromatic aldehyde-alcohols, aldehyde-ethers, aldehyde-phenols and aldehydes with other oxygen function
2912.49.55	Hydroxycitronellal
2912.49.60	Nonaromatic aldehyde-alcohols, other than hydroxycitronellal
2912.49.90	Nonaromatic aldehyde-ethers, aldehyde-phenols and aldehydes with other oxygen function, nesoi
2912.50.10	Metaldehyde from cyclic polymers of aldehydes
2912.50.50	Cyclic polymers of aldehydes, other than Metaldehyde.
2912.60.00	Paraformaldehyde
2913.00.20	4-Fluoro-3-phenoxybenzaldehyde
2913.00.40	Aromatic halogenated, sulfonated, nitrated or nitrosated derivatives of product of heading 2912
2913.00.50	Nonaromatic halogenated, sulfonated, nitrated or nitrosated derivatives of products of heading 2912
2914.11.10	Acetone, derived in whole or in part from cumene
2914.11.50	Acetone, not derived in whole or in part from cumene
2914.12.00	Butanone (Methyl ethyl ketone)
2914.13.00	4-Methylpentan-2-one (Methyl isobutyl ketone)
2914.19.00	Acyclic ketones without other oxygen function, nesoi
2914.22.10	Cyclohexanone
2914.22.20	Methylcyclohexanone
2914.23.00	Ionones and methylionones
2914.29.10	Isophorone
2914.29.30	Natural camphor
2914.29.31	Synthetic camphor
2914.29.50	Cyclanic, cyclenic or cycloterpenic ketones without other oxygen function, nesoi
2914.31.00	Phenylacetone (Phenylpropan-2-one)
2914.39.10	7-Acetyl-1,1,3,4,4,6-hexamethyltetrahydronaphthalene; 1-(2-Naphthalenyl) ethanone; and 6-Acetyl-1,1,2,3,3,5-hexamethylindan
2914.39.90	Aromatic ketones without other oxygen function, nesoi
2914.40.10	4-Hydroxy-4-methylpentan-2-one (Diacetone alcohol)
2914.40.20	1,2,3-Indantrione monohydrate (Ninhydrin)
2914.40.40	Aromatic ketone-alcohols and ketone-aldehydes, nesoi
2914.40.60	1,3-Dihydroxyacetone
2914.40.90	Nonaromatic ketone-alcohols and ketone-aldehydes, nesoi
2914.50.10	5-Benzoyl-4-hydroxy-2-methoxy-benzenesulfonic acid
2914.50.30	Aromatic ketone-phenols and ketones with other oxygen function
2914.50.50	Nonaromatic ketone-phenols and ketones with other oxygen function
2914.61.00	Anthraquinone
2914.69.10	Photographic chemicals of quinones
2914.71.00	Halogenated, sulfonated, nitrated or nitrosated derivatives: chlordecone (ISO)
2914.79.10	2,3-dichloro-1,4-naphthoquinone and other artificial musks
2914.79.30	Anthraquinone disulfonic acid, sodium salt; and 4-(3,4-Dichlorophenyl)-1-tetralone
2914.79.60	1-Chloro-5-hexanone

HTS Subheading	Product Description
2914.79.90	Other halogenated, sulfonated, nitrated or nitrosated derivatives of nonaromatic ketones and quinones whether or not with other ogygen function
2915.11.00	Formic acid
2915.12.00	Salts of formic acid
2915.13.10	Aromatic esters of formic acid
2915.13.50	Nonaromatic esters of formic acid
2915.21.00	Acetic acid
2915.24.00	Acetic anhydride
2915.29.10	Cupric acetate monohydrate
2915.29.20	Sodium acetate
2915.29.30	Cobalt acetates
2915.29.50	Other salts of acetic acid
2915.31.00	Ethyl acetate
2915.32.00	Vinyl acetate
2915.33.00	n-Butyl acetate
2915.36.00	Dinoseb (ISO) acetate
2915.39.10	Benzyl acetate
2915.39.20	Odoriferous or flavoring compounds of aromatic esters of acetic acid, other than benzyl acetate
2915.39.31	Aromatic esters of acetic acid described in additional U.S. note 3 to section VI
2915.39.40	Linalyl acetate
2915.39.45	Odoriferous or flavoring compounds of nonaromatic esters of acetic acid, nesoi
2915.39.47	Acetates of polyhydric alcohols or of polyhydric alcohol ethers
2915.39.60	Bis(bromoacetoxy)butene
2915.39.70	Isobutyl acetate
2915.39.80	2-Ethoxyethyl acetate (Ethylene glycol, monoethyl ether acetate)
2915.39.90	Other non-aromatic esters of acetic acid
2915.40.10	Chloroacetic acids
2915.40.30	Aromatic salts and esters of chlorocetic acids, nesoi
2915.40.50	Nonaromatic salts and esters of chlorocetic acids, nesoi
2915.50.10	Propionic acid
2915.50.20	Aromatic salts and esters of propionic acid
2915.50.50	Nonaromatic salts and esters of propionic acid
2915.60.10	Aromatic salts and esters of butyric acids and valeric acids
2915.60.50	Butyric acids, valeric acids, their nonaromatic salts and esters
2915.70.01	Palmitic acid, stearic acid, their salts and esters
2915.90.10	Fatty acids of animal or vegetable origin, nesoi
2915.90.14	Valproic acid
2915.90.18	Saturated acyclic monocarboxylic acids, nesoi
2915.90.20	Aromatic anhydrides, halides, peroxides and peroxyacids, of saturated acyclic monocarboxylic acids, and their derivatives, nesoi
2915.90.50	Nonaromatic anhydrides, halides, peroxides and peroxyacids, of saturated acyclic monocarboxylic acids, and theirderivatives, nesoi
2916.11.00	Acrylic acid and its salts
2916.12.10	Aromatic esters of acrylic acid
2916.12.50	Nonaromatic esters of acrylic acid
2916.13.00	Methacrylic acid and its salts
2916.14.10	Dicyclopentenyloxyethyl methacrylate
2916.14.20	Other esters of methacrylic acid
2916.15.10	Oleic, linoleic or linolenic acids
2916.15.51	Salts and esters of oleic, linoleic or linolenic acids
2916.16.00	Binapacryl (ISO)
2916.19.10	Potassium sorbate
2916.19.20	Sorbic acid
2916.19.30	Unsaturated acyclic monocarboxylic acids, nesoi
2916.19.50	Unsaturated acyclic monocarboxylic acid anhydrides, halides, peroxides, peroxyacids and their derivatives, nesoi
2916.20.10	Tefluthrin
2916.20.50	Cyclanic, cyclenic or cycloterpenic monocarboxylic acids, their anhydrides, halides, peroxides, peroxyacids and their derivatives
2916.31.11	Benzoic acid and its salts
2916.31.20	Odoriferous or flavoring compounds of benzoic acid esters

HTS Subheading	Product Description
2916.31.30	Benzoic acid esters, except odoriferous or flavoring compounds, described in additional U.S. note 3 to section VI
2916.31.50	Benzoic acid esters, nesoi
2916.32.10	Benzoyl peroxide
2916.32.20	Benzoyl chloride
2916.34.10	Phenylacetic acid (alpha-Toluic acid)
2916.34.55	Phenylacetic acid salts, nesoi
2916.39.03	Benzoic anhydride; tert-butyl peroxybenzoate; p-nitrobenzoyl chloride; 2-nitro-m-toluic acid; and 3-nitro-o-toluic acid
2916.39.04	Specified derivatives of benzoic and toluic acids
2916.39.06	Cinnamic acid
2916.39.16	4-Chlorobenzoic acid
2916.39.17	2,2-Dichlorophenylacetic acid ethyl ester and m-toluic acid
2916.39.21	Odoriferous or flavoring compounds of aromatic monocarboxylic acids, their anhydrides, halides, peroxides, peroxyacids and derivatives
2916.39.46	Aromatic monocarboxylic acids, their anhydrides, halides, peroxides, peroxyacids and derivatives described in add'l US note 3 to section VI
2916.39.77	Phenylacetic acid esters, nesoi
2917.11.00	Oxalic acid, its salts and esters
2917.12.10	Adipic acid
2917.12.20	Plasticizers of adipic acid salts and esters
2917.12.50	Adipic acid salts and esters, nesoi
2917.13.00	Azelaic acid, sebacic acid, their salts and esters
2917.14.10	Maleic anhydride derived in whole or in part from benzene or other aromatic hydrocarbons
2917.14.50	Maleic anhydride, except derived in whole or in part from benzene or other aromatic hydrocarbons
2917.19.10	Ferrous fumarate
2917.19.15	Fumaric acid, derived in whole or in part from aromatic hydrocarbons
2917.19.17	Fumaric acid except derived in whole or in part from aromatic hydrocarbons
2917.19.20	Specified acyclic polycarboxylic acids and their derivatives, described in additional U.S. note 3 to section VI
2917.19.23	Maleic acid
2917.19.27	Succinic acid, glutaric acid, and their derivatives, and derivatives of adipic, fumeric and maleic acids, nesoi
2917.19.35	Malonic acid
2917.19.40	Acyclic polycarboxylic acids, derived from aromatic hydrocarbons, and their derivatives, nesoi
2917.20.00	Cyclanic, cyclenic or cycloterpenic polycarboxylic acids, their anhydrides, halides, peroxides, peroxyacids and their derivatives
2917.32.00	Dioctyl orthophthalates
2917.33.00	Dinonyl or didecyl orthophthalates
2917.34.01	Esters of orthophthalic acid, nesoi
2917.35.00	Phthalic anhydride
2917.36.00	Terephthalic acid and its salts
2917.37.00	Dimethyl terephthalate
2917.39.04	1,2,4-Benzenetricarboxylic acid, 1,2-dianhydride (trimellitic anhydride); naphthalic anhydride; phthalic acid; & 4-sulfo-1,8-naphthalic anhydride
2917.39.12	4,4'-(Hexafluoroisopropyl-indene) bis (phthalic anhydride)
2917.39.15	Isophthalic acid
2917.39.20	Plasticizers of aromatic polycarboxylic acids, their anhydrides, halides, peroxides, peroxyacids and their derivatives
2917.39.30	Aromatic polycarboxylic acids, their anhydrides, halides, peroxides, peroxyacids and their derivatives nesoi, in add. U.S. note 3 to sec. VI
2917.39.70	Other aromatic polycarboxylic acids and their derivatives (excluding those described in additional US note 3 to section VI
2918.11.10	Lactic acid
2918.11.51	Salts and esters of lactic acid
2918.12.00	Tartaric acid
2918.13.10	Potassium antimony tartrate (Tartar emetic)
2918.13.20	Potassium bitartrate (Cream of tartar)
2918.13.30	Potassium sodium tartrate (Rochelle salts)
2918.13.50	Salts and esters of tartaric acid, nesoi
2918.14.00	Citric acid
2918.15.10	Sodium citrate
2918.15.50	Salts and esters of citric acid, except sodium citrate
2918.16.10	Gluconic acid

HTS Subheading	Product Description
2918.16.50	Salts and esters of gluconic acid
2918.17.00	2,2-Diphenyl-2-hydroxyacetic acid (benzilic acid)
2918.18.00	Chlorobenzilate (ISO)
2918.19.11	Benzilic acid, methyl ester
2918.19.12	Phenylglycolic acid (Mandelic acid)
2918.19.15	Phenylglycolic (Mandelic) acid salts and esters
2918.19.60	Malic acid
2918.19.90	Nonaromatic carboxylic acids with alcohol function, without other oxygen function, and their derivatives, nesoi
2918.21.10	Salicylic acid and its salts, suitable for medicinal use
2918.21.50	Salicylic acid and its salts, not suitable for medicinal use
2918.23.10	Salol (Phenyl salicylate) suitable for medicinal use
2918.23.20	Odoriferous or flavoring compounds of other esters of salicyclic acid and their salts, nesoi
2918.23.30	Esters of salicylic acid and their salts, described in additional U.S. note 3 to section VI
2918.23.50	Esters of salicylic acid and their salts, nesoi
2918.29.04	2,3-Cresotic acid; m-hydroxybenzoic acid; 2-hydroxybenzoic acid, calcium salt; and other specified carboxylic acids w/phenol function
2918.29.06	1,6-hexanediol-bis(3,5-dibutyl-4-hydroxyphenyl) propionate
2918.29.08	m-Hydroxybenzoic acid
2918.29.20	Gentisic acid; and hydroxycinnamic acid and its salts
2918.29.22	p-Hydroxybenzoic acid
2918.29.30	Gallic acid
2918.29.39	4,4-Bis(4-hydroxyphenyl)-pentanoic acid; and 3,5,6-triclorosalicylic acid
2918.29.65	Carboxylic acids with phenol function but w/o other oxygen function, described in add'l. U.S. note 3 to section VI
2918.29.75	Other carboxylic acids w/phenol function but w/o other oxygen function & their derivatives (excluding goods of add. US note 3 to section VI)
2918.30.10	1-Formylphenylacetic acid, methyl ester
2918.30.15	2-Chloro-4,5-difluoro-beta-oxobenzenepropanoic acid, ethyl ester; and ethyl 2-keto-4phenylbutanoate
2918.30.25	Aromatic carboxylic acids w/aldehyde or ketone function but w/o other oxygen function & their deriv desc. in add US note 3 to sec VI, nesoi
2918.30.30	Aromatic carboxylic acids with aldehyde or ketone function, but without other oxygen function, and derivatives, nesoi
2918.30.70	Dimethyl acetyl succinate; oxalacetic acid diethyl ester sodium salt; 4,4,4-trifluoro-3oxobutanoic acid, both ethyl & methyl ester versions
2918.30.90	Non-aromatic carboxylic acids w/aldehyde or ketone function but w/o other oxygen func. their anhydrides, halides, peroxides, etc derivatives
2918.91.00	2,4,5-T (ISO) (2,4,5-trichlorophenoxyacetic acid), its salts and esters
2918.99.05	p-Anisic acid; clofibrate and 3-phenoxybenzoic acid
2918.99.18	4-(4-Chloro-2-methyl-phenoxy) butyric acid; p-chlorophenoxyacetic acid; and 2-(2,4dichlorophenoxy) propionic acid
2918.99.43	Aromatic carboxylic acids with add'l oxygen function and their anhydrides, halide, etc deriv described in add US note 3 to sect VI, nesoi
2919.10.00	Tris (2,3-dibromopropyl phosphate)
2919.90.15	Triphenyl phosphate plasticizers
2919.90.25	Other aromatic plasticizers
2919.90.30	Aromatic phosphoric esters and their salts, including lactophosphates, and their derivatives, not used as plasticizers
2919.90.50	Nonaromatic phosphoric esters and their salts, including lactophosphates, and their derivatives
2920.11.00	Parathion (ISO) and parathion-methyl (ISO) (methyl-parathion)
2920.19.10	O,O-Dimethyl-O-(4-nitro-m-tolyl)-phosphorothioate (Fenitrothion)
2920.19.40	Other aromatic thiophosphoric esters (phosphorothioates) and their salts; their halogenated, sulfonated, nitrated or nitrosated derivatives
2920.19.50	Nonaromatic phosphorothioates, their salts and halogenated, sulfonated, nitrated or nitrosated derivatives, nesoi
2920.21.00	Dimethyl phosphite
2920.23.00	Trimethyl phosphite
2920.24.00	Triethyl phosphite
2920.29.00	Other phosphite esters and their salts; their haolgenated, sulfonated, nitrated or nitrosated derivatives
2920.30.00	Endosulfan (ISO)
2920.90.10	Aromatic pesticides of esters of other inorganic acids (excluding hydrogen halides), their salts and their derivatives
2920.90.20	Aromatic esters of other inorganic acids (excluding hydrogen halides) their salts and their derivatives, nesoi
2921.11.00	Methylamine, di- or trimethylamine, and their salts
2921.13.00	2-(N,N-Diethylamino) ethyl chloride hydrochloride
2921.14.00	2-(N,N,-Diisopropylamino) ethyl chloride hydrochloride

HTS Subheading	Product Description
2921.19.11	Mono- and triethylamines; mono-, di-, and tri(propyl- and butyl-) monoamines; salts of any of the foregoing
2921.19.31	3-Amino-3-methyl-1-butyne; (Dimethylamino) isopropyl chloride hydrochloride
2921.19.61	N, N-Dialkyl (methyl, ethyl, N-Propyl or Isopropyl) -2-Chloroethylamines and their protonated salts; Acylcic monoamines and their derivatives, nesoi
2921.21.00	Ethylenediamine and its salts
2921.22.05	Hexamethylenediamine adipate (Nylon salt)
2921.22.10	Hexamethylenediamine and its salts (except Nylon salt), derived in whole or in part from adipic acid
2921.22.50	Hexamethylenediamine and its salts (except Nylon salt), not derived in whole or in part from adipic acid
2921.29.00	Acyclic polyamines, their derivatives and salts, other than ethylenediamine or hexamethylenediamine and their salts
2921.30.05	1, 3-Bis(aminoethyl) cyclohexane
2921.30.10	Cyclanic, cyclenic, cycloterpenic mono- or polyamines, derivatives and salts, from any aromatic compound desc in add US note 3, sec. VI
2921.30.30	Cyclanic, cyclenic, cycloterpenic mono- or polyamines and their derivative, deriv from any aromatic cmpd (excl goods in add US note 3 sec VI
2921.30.50	Cyclanic, cyclenic or cycloterpenic mono- or polyamines, and their derivatives and salts, from any nonaromatic compounds
2921.41.10	Aniline
2921.41.20	Aniline salts
2921.42.15	N-Ethylaniline and N, N-diethylaniline
2921.42.16	2, 4, 5-Trichloroaniline
2921.42.21	Metanilic acid
2921.42.22	Sulfanilic acid
2921.42.23	3, 4-Dichloroaniline
2921.42.36	m-Chloroaniline; 2-chloro-4-nitroaniline; 2, 5-dicholoraniline-4-sulfonic acid & its monosodium salt; & other specified aniline derivatives
2921.42.90	Other aniline derivatives and their salts
2921.43.04	3-Chloro-o-toluidine; and 6-chloro-o-toluidine
2921.43.08	4-Chloro-o-toluidine hydrochloride; 5-chloro-o-o-toluidine; 6-chloro-2-toluidinesulfonic acid; 4-chloro-a, a, a-trifluoro-o-toluidine; & other
2921.43.15	alpha, alpha, alpha-Trifluoro-2, 6-dinitro-N, N-dipropyl-p-toluidine (Trifluralin)
2921.43.19	alpha, alpha, alpha-Trifluoro-o-toluidine; alpha, alpha, alpha-trifluoro-6-chloro-mtoluidine
2921.43.22	N-Ethyl-N-(2-methyl-2-propenyl) -2, 6-dinitro-4-(trifluoromethyl) benzenamine
2921.43.24	2-Amino-5-chloro-4-ethyl-benzenesulfonic acid; 2-amino-5-chloro-p-toluenesulfonic acid; p-nitro-o-toluidine; and 3-(trifluoromethyl) aniline
2921.43.40	Toluidines and their derivatives; salts thereof; described in additional U.S. note 3 to section VI
2921.43.90	Other toluidines and their derivatives; and salts thereof, nesoi
2921.44.05	4, 4´-Bis(alpha, alpha-dimethlbenzyl) diphenylamine; and N-nitrosodiphenylamine
2921.44.10	Nitrosodiphenylamine
2921.44.20	Diphenylamine and its derivatives (except nitrodiphenylamine); salts thereof, described in additional U.S. note 3 to section VI
2921.44.70	Diphenylamine and its derivatives; salts thereof; excluding goods in additional U.S. note 3 to section VI
2921.45.10	7-Amino-1, 3-naphthalenedisulfonic acid, specified naphthalenesulfonic acids and their salts; N-phenyl-2-napthylamine
2921.45.20	Specified aromatic monoamines and their derivatives; salts thereof
2921.45.25	Mixture of 5- & 8-amino-2-naphthalenesulfonic acid; 2-naphthalamine-o-sulfonic acid; & o-naphthionic acid (1-amino-2-naphthalenesulfonic acid)
2921.45.90	Aromatic monoamines and their derivatives and salts thereof nesoi
2921.49.10	4-Amino-2-stilbenesulfonic acid and its salts, p-ethylaniline; 2, 4, 6-trimethylaniline (Mesidine); and specified xylidines
2921.49.45	Aromatic monoamines and their derivatives nesoi; salts thereof, described in additional U.S. note 3 to section VI
2921.49.50	Aromatic monoamines and their derivatives and salts thereof, nesoi
2921.51.10	4-Amino-2-(N, N-diethylamino) toluene hydrochloride; m- and o-phenylenediamine; toluene-2, 4- and -2, 5-diamine; and toluene-2, 5-diamine sulfate
2921.51.30	o-, m-, p-Phenylenediamine, diaminotoluenes, and their derivatives, and salts thereof, described in additional U.S. note 3 to section VI
2921.51.50	o-, m-, p-Phenylenediamine, and diaminotoluenes and their derivatives, and salts thereof, nesoi
2921.59.04	1, 8-diaminonaphthalene (1, 8-naphthalenediamino)
2921.59.08	5-Amino-2-(p-aminoanilino) benzenesulfonic acid; 4, 4-diamino-3-biphenylsulfonic acid; 3, 3-dimethylbenzidine (o-tolidine); & other specified
2921.59.17	4, 4´-Benzidine-2, 2´-disulfonic acid; 1, 4-diaminobenzene-2-sulfonic acid; 4, 4´methylenebis-(2, 6-diethylaniline); m-xylenediamine; and 1 other

HTS Subheading	Product Description
2921.59.20	4,4′-Diamino-2,2′-stilbenedisulfonic acid
2921.59.30	4,4′-Methylenedianiline
2921.59.40	Aromatic polyamines and their derivatives and salts thereof, described in additional U.S. note 3 to section VI
2921.59.80	Aromatic polyamines and their derivatives; salts thereof nesoi
2922.11.00	Monoethanolamine and its salts
2922.12.00	Diethanolamine and its salts
2922.15.00	Triethanolamine
2922.16.00	Diethylammonium perfluorooctane sulfonate
2922.17.00	Methyldiethanolamine and ethyldiethanolamine
2922.18.00	2-(N,N-Diisopropylamino)ethanol
2922.21.10	1-Amino-8-hydroxy-3,6-naphthalenedisulfonic acid; and other specified aminohydroxynaphthalenesulfonic acids and their salts
2922.21.25	1-Amino-8-hydroxy-4,6-naphthalenedisulfonic acid, monosodium salts
2922.21.50	Aminohydroxynaphthalene sulfonic acids and their salts, nesoi
2922.29.03	o-Anisidine; p-anisidine; and p-phenetidine
2922.29.08	m-Nitro-p-anisidine and m-nitro-o-anisidine, nesoi
2922.29.10	2-Amino-6-chloro-4-nitrophenol and other specified amino-naphthols and aminophenols, their ethers and esters; salts thereof
2922.29.13	o-Aminophenol; and 2,2-bis-[4-(4-aminophenoxy)phenyl]propane
2922.29.20	4-Chloro-2,5-dimethoxyaniline; and 2,4-dimethoxyaniline
2922.29.26	Amino-naphthols and other amino-phenols and their derivatives used as fast color bases
2922.29.27	Drugs of amino-naphthols and -phenols, their ethers and esters, except those cont. more than one oxygen function; salts thereof, nesoi
2922.29.29	Photographic chemicals of amino-naphthols and -phenols, their ethers/esters, except those cont. more than one oxygen function; salts, nesoi
2922.29.61	Amino-naphthols and other amino-phenols and their derivatives of products described in add'l U.S. note 3 to section VI
2922.29.81	Amino-naphthols and other amino-phenols; their ethers, esters & salts (not containing more than one oxygen function) thereof nesoi
2922.39.05	1-Amino-2,4-dibromoanthraquinone; and 2-Amino-5-chlorobenzophenone
2922.39.14	2-Aminoanthraquinone
2922.39.17	1-Aminoanthraquinone
2922.39.25	Aromatic amino-aldehydes, -ketones and -quinones, other than those with more than one oxygen function; salts; desc in add US note 3 sec VI
2922.39.45	Aromatic amino-aldehydes, -ketones and -quinones, other than those with more than one oxygen function; salts thereof; nesoi
2922.39.50	Nonaromatic amino-aldehydes, -ketones and -quinones, other than those with more than one kind of oxygen function, salts thereof; nesoi
2922.42.10	Monosodium glutamate
2922.42.50	Glutamic acid and its salts, other than monosodium glutamate
2922.43.10	Anthranilic acid and its salts, described in additional US note 3 to section VI
2922.43.50	Anthranilic acid and its salts, nesoi
2922.49.05	(R)-alpha-Aminobenzeneacetic acid; and 2-amino-3-chlorobenzoic acid, methyl ester
2922.49.10	m-Aminobenzoic acid, technical; and other specified aromatic amino-acids and their esters, except those with more than one oxygen function
2922.49.26	Aromatic amino-acids drugs and their esters, not containing more than one kind of oxygen function, nesoi
2922.49.30	Aromatic amino-acids and their esters, excl. those with more than one oxygen function; salts; described in add. U.S. note 3 to sect VI
2922.49.37	Aromatic amino-acids and their esters, not contng more than 1 kind of oxygen function (excluding goods in add U.S. note 3 to sec VI), nesoi
2922.49.43	Glycine (aminoacetic acid)
2922.49.49	Nonaromatic amino-acids, other than those containing more than one kind of oxygen function, other than glycine
2922.49.60	3-Aminocrotonic acid, methyl ester; and (R)-alpha-amino-1,4-cyclohexadiene-1-acetic acid
2922.49.80	Non-aromatic esters of amino-acids, other than those containing more than one kind of oxygen function; salts thereof
2923.10.00	Choline and its salts
2923.20.10	Purified egg phospholipids, pharmaceutical grade meeting requirements of the U.S. FDA for use in intravenous fat emulsion
2923.20.20	Lecithins and other phosphoaminolipids, nesoi
2923.30.00	Tetraethylammonium perfluorooctane sulfonate
2923.40.00	Didecylmethylammonium perfluorooctane sulfonate
2923.90.01	Quaternary ammonium salts and hydroxides, whether or not chemically defined, nesoi
2924.12.00	Fluoroacetamide (ISO), monocrotophos (ISO) and phosphamidon (ISO)
2924.19.11	Acyclic amides (including acyclic carbamates)
2924.19.80	Acyclic amide derivatives; salts thereof; nesoi
2924.21.04	3-(p-Chlorophenyl)-1,1-dimethylurea (Monuron)
2924.21.08	1,1-Diethyl-3-(alpha, alpha, alpah-trifluoro-m-tolyl)urea (Fluometuron)

HTS Subheading	Product Description
2924.21.12	1-(2-Methylcyclohexyl)-3-phenylurea
2924.21.16	Aromatic ureines and their derivatives pesticides, nesoi
2924.21.20	Aromatic ureines and their derivatives; salts thereof; described in additional U.S. note 3 to section VI
2924.21.45	Aromatic ureines and their derivatives; salts thereof, nesoi
2924.21.50	Nonaromatic ureines and their derivatives; and salts thereof
2924.23.10	2-Acetamidobenzoic acid
2924.23.70	2-Acetamidobenzoic acid salts described in additional U.S. note 3 to section VI
2924.23.75	2-Acetamidobenzoic acid salts, nesoi
2924.25.00	Alachlor (ISO)
2924.29.01	p-Acetanisidide; p-acetoacetatoluidide; 4′-amino-N-methylacetanilide; 2,5dimethoxyacetanilide; and N-(7-hydroxy-1-naphthyl) acetamide
2924.29.10	Acetanilide; N-acetylsulfanilyl chloride; aspartame; and 2-methoxy-5-acetamino-N,Nbis(2-acetoxyethyl) aniline
2924.29.20	2-Acetamido-3-chloroanthraquinone; o-acetoacetaidide; o-acetoacetotoluidide; 2,4acetoacetoxylidide; and 1-amino-5-benzamidoanthraquinone
2924.29.28	N-[[(4-Chlorophenyl) amino] carbonyl] difluorobenzamide; and 3,5-dichloro-N-(1,1dimethyl-2-propynyl) benzamide (pronamide)
2924.29.31	4-Acetamido-2-aminophenol; p-acetaminobenzaldehyde; acetoacetbenzylamide; pacetoacetophenetidide; N-acetyl-2,6-xylidine; & other specified
2924.29.33	3-Hydroxy-2-naphthanilide; 3-hydroxy-2-naphtho-o-toluidide; 3-hydroxy-2-naphtho-oanisidine; 3-hydroxy-2-naphtho-o-phenetidide; & other
2924.29.43	3-Ethoxycarbonylaminophenyl-N-phenylcarbamate (desmedipham); and Isopropyl-N(3-chlorophenyl) carbamate (CIPC)
2924.29.47	Other cyclic amides used as pesticides
2924.29.65	5-Bromoacetyl-2-salicylamide
2924.29.71	Aromatic cyclic amides and their derivatives of products described in additional U.S. note 3 to section VI, nesoi
2924.29.77	Aromatic cyclic amides (incl cyclic carbamates) and their derivatives and salts thereof, nesoi
2924.29.80	2,2-Dimethylcyclopropylcarboxamide
2924.29.95	Other nonaromatic cyclic amides and their derivatives; salts thereof; nesoi
2925.11.00	Saccharin and its salts
2925.19.30	Bis(o-tolyl) carbodiimide; and 2,2,6,6-tetraisopropyldiphenylcarbodiimide
2925.19.42	Other aromatic imides and their derivatives; salts thereof; nesoi
2925.19.70	N-Chlorosuccinimide; and N,N-ethylenebis(5,6-dibromo-2,3-norbornanedicarbooximide
2925.19.91	Other non-aromatic imides and their derivatives
2925.21.00	Chlordimeform (ISO)
2925.29.10	N′-(4-Chloro-o-tolyl)-N,N-dimethylformamidine; bunamidine hydrochloride; and pentamidine
2925.29.18	N,N′-diphenylguanidine; 3-dimethylaminomethyleneiminophenol hydrochloride; 1,3-dio-tolyguandidine; and one other specified chemical
2925.29.20	Aromatic drugs of imines and their derivatives, nesoi
2925.29.60	Aromatic imines and their derivatives; salts thereof (excluding drugs); nesoi
2925.29.90	Non-aromatic imines and their derivatives; salts thereof
2926.10.00	Acrylonitrile
2926.20.00	1-Cyanoguanidine (Dicyandiamide)
2926.30.10	Fenproporex (INN) and its salts
2926.30.20	4-Cyano-2-dimethylamino-4,4-diphenylbutane
2926.90.01	2-Cyano-4-nitroaniline
2926.90.05	2-Amino-4-chlorobenzonitrile (5-chloro-2-cyanoaniline); 2-amino-5-chlorobenzonitrile; 4-amino-2-chlorobenzonitrile; and others specified
2926.90.11	2,6-Diclorobenzonitrile
2926.90.14	p-Chlorobenzonitrile and verapamil hydrochloride
2926.90.16	Specifically named derivative of dimethylcyclopropanecarboxylic acid
2926.90.17	o-Chlorobenzonitrile
2926.90.25	Aromatic herbicides of nitrile-function compounds, nesoi
2926.90.30	Other aromatic nitrile-function pesticides
2926.90.43	Aromatic nitrile-function compounds, nesoi, described in additional U.S. note 3 to section VI
2926.90.48	Aromatic nitrile-function compounds other than those products in additional U.S. note 3 to section VI, nesoi
2926.90.50	Nonaromatic nitrile-function compounds, nesoi
2927.00.03	4-Aminoazobenzenedisulfonic acid, monosodium salt
2927.00.06	p-Aminoazobenzenedisulfonic acid; and diazoaminobenzene (1,3-diphenyltriazine)
2927.00.15	1,1′-Azobisformamide

HTS Subheading	Product Description
2927.00.18	1-Naphthalenesulfonic acid,6-diazo-5,6-dihydro-5-oxo,ester with phenyl compound; and three other specified chemicals
2927.00.25	Diazo-,azo- or azoxy-compounds used as photographic chemicals
2927.00.30	Fast color bases and fast color salts,of diazo-,azo- or azoxy-compounds
2927.00.40	Diazo-,azo- or azoxy-compounds,nesoi,described in additional U.S. note 3 to section VI
2927.00.50	Other diazo-,azo- or azoxy-compounds,nesoi
2928.00.15	Phenylhydrazine
2928.00.25	Aromatic organic derivatives of hydrazine or of hydroxylamine
2928.00.50	Nonaromatic organic derivatives of hydrazine or of hydroxylamine,nesoi
2929.10.10	Toluenediisocyanates (unmixed)
2929.10.15	Mixtures of 2,4- and 2,6-toluenediisocyanates
2929.10.20	Bitolylene diisocyanate (TODI); o-Isocyanic acid,o-tolyl ester; and Xylene diisocyanate
2929.10.27	N-Butylisocyanate; cyclohexyl isocyanate; 1-isocyanato-3-(trifluoromethyl) benzene; 1,5-naphthalene diisocyanate; and octadecyl isocyanate
2929.10.35	1,6-Hexamethylene diisocyanate
2929.10.55	Isocyanates of products described in additional U.S. note 3 to sect VI
2929.90.05	2,2-Bis(4-cyanatophenyl)-1,1,1,3,3,3,-hexafluoropropane; 2,2-bis(4cyanatophenyl) propane; 1,1-ethylidenebis(phenyl-4-cyanate); and 2 others
2929.90.15	Other aromatic compounds with other nitrogen function of products described in additional U.S. note 3 to section VI
2929.90.20	Aromatic compounds with other nitrogen function,nesoi
2929.90.50	Nonaromatic compounds with other nitrogen functions,except isocyanates
2930.20.10	Aromatic pesticides of thiocarbamates and dithiocarbamates
2930.20.90	Other non-aromatic thiocarbamates and dithiocarbamates
2930.30.60	Thiuram mono-,di- or tetrasulfides,other than tetramethylthiuram monosulfide
2930.40.00	Methionine
2930.60.00	2-(N,N-Diethylamino) ethanethiol
2930.90.10	Aromatic pesticides of organo-sulfur compounds,nesoi
2930.90.26	3-(4-Aminobenzamido) phenyl-beta-hydroxyethylsulfone; 2-[(4- aminophenyl) sulfonyl] ethanol,hydrogen sulfate ester; diphenylthiourea; & others
2930.90.29	Other aromatic organo-sulfur compounds (excluding pesticides)
2930.90.30	Thiocyanates,thiurams and isothiocyanates
2930.90.42	O,O-Dimethyl-S-methylcarbamoylmethyl phosphorodithioate; and malathion
2930.90.43	Other non-aromatic organo-sulfur compounds used as pesticides
2930.90.46	dl(underscored)-Hydroxy analog of dl(underscored)-methionine
2930.90.49	Nonaromatic organo-sulfur acids,nesoi
2931.10.00	Tetramethyl lead & tetraethyl lead
2931.20.00	Tributyltin compounds
2931.31.00	Dimethyl methylphosphonate
2931.32.00	Dimethyl propylphosphonate
2931.34.00	Sodium 3-(trihydroxysilyl) propyl methylphosphonate
2931.35.00	2,4,6-Tripropyl-1,3,5,2,4,6-trioxatriphosphinane-2,4,6-trioxide
2931.36.00	(5-Ethyl-2-methyl-2-oxido-1,3,2-dioxaphosphinan-5-yl) methyl methylphosphonate
2931.37.00	Bis[(5-ethyl-2-methyl-2-oxido-1,3,2-dioxaphosphinan-5-yl) methyl] methylphosphonate
2931.38.00	Salt of methylphosphonic acid and (aminoiminiomethyl) urea (1:1)
2931.90.22	Drugs of aromatic organo-inorganic (except organo-sulfur) compounds
2931.90.30	Aromatic organo-inorganic compounds,nesoi,described in additional U.S. note 3 to section VI
2931.90.60	Other aromatic organo-inorganic compounds (excluding products described in additional U.S. note 3 to section VI)
2931.90.70	N,N′-Bis(trimethylsilyl) urea;2-Phosphonobutane-1,2,4-tricarboxylic acid and its salts; and one other specified chemical
2932.11.00	Tetrahydrofuran
2932.12.00	2-Furaldehyde (Furfuraldehyde)
2932.13.00	Furfuryl alcohol and tetrahydrofurfuryl alcohol
2932.19.10	Aromatic heterocyclic compounds with oxygen hetero-atom(s) only,containing an unfused furan ring,nesoi
2932.19.51	Nonaromatic compounds containing an unfused furan ring (whether or not hydrogenated) in the ring
2932.92.00	1-(1,3-Benzodioxol-5-yl) propan-2-one
2932.93.00	Piperonal (heliotropin)
2932.94.00	Safrole
2932.95.00	Tetrahydrocannabinols (all isomers)
2932.99.08	2-Ethoxy-2,3-dihydro-3,3-dimethyl-5-benzofuranylmethanesulfonate

HTS Subheading	Product Description
2932.99.20	Aromatic pesticides of heterocyclic compounds with oxygen hetero-atom(s) only, nesoi
2932.99.32	Benzofuran (Coumarone); and Dibenzofuran (Diphenylene oxide)
2932.99.35	2-Hydroxy-3-dibenzofurancarboxylic acid
2932.99.39	Benzointetrahydropyranyl ester; and Xanthen-9-one
2932.99.70	Aromatic heterocyclic compounds with oxygen hetero-atom(s) only, nesoi
2933.19.08	3-(5-Amino-3-methyl-1H-pyrazol-1-yl) benzenesulfonic acid; amino-J-pyrazolone; and another 12 specified chemicals
2933.19.15	1,2-Dimethyl-3,5-diphenyl-1H-pyrazolium methyl sulfate (difenzoquat methyl sulfate)
2933.19.18	2-Chloro-5-sulfophenylmethylpyrazolone; phenylcarbethyoxypyrazolone; and 3 other specified chemicals
2933.19.23	Aromatic or modified aromatic pesticides containing an unfused pyrazole ring (whether or not hydrogenated) in the structure
2933.19.30	Aromatic or modified aromatic photographic chemicals containing an unfused pyrazole ring (whether or n/hydrogenated) in the structure, nesoi
2933.19.35	Aromatic or modified aromatic drugs of heterocyclic compounds with nitrogen heteroatom(s) only containing an unfused pyrazole ring
2933.19.37	Aromatic or mod. aromatic compound desc in add US note 3 to section VI contain an unfused pyrazole ring (w/wo hydrogenated) in the structure
2933.19.43	Aromatic or modified aromatic compounds (excluding products in add US note 3 to sec VI) containing an unfused pyrazole ring in the structure
2933.19.45	Nonaromatic drugs of heterocyclic compounds with nitrogen hetero-atom(s) only containing an unfused pyrazole ring
2933.19.70	3-Methyl-5-pyrazolone
2933.19.90	Other compound (excluding aromatic, modified aromatic & drugs) containing unfused pyrazole ring (whether or n/hydrogenated) in the structure
2933.21.00	Hydantoin and its derivatives
2933.29.05	1-[1-((4-Chloro-2-(trifluoromethyl) phenyl) imino)-2-propoxyethyl]-1H-imidazole (triflumizole); and ethylene thiourea
2933.29.10	2-Phenylimidazole
2933.29.20	Aromatic or modified aromatic drugs of heterocyclic compounds with nitrogen heteroatom(s) only cont. an unfused imidazole ring
2933.29.35	Aromatic or mod. aromatic goods in add US note 3 to sect VI containing an unfused imidazole ring (whether or n/hydrogenated) in structure
2933.29.43	Aromatic or mod aromatic goods contng unfused imidazole ring (whether or n/hydrogenated) in the structure (exc prod in add US note 3 sec VI)
2933.29.45	Nonaromatic drugs of heterocyclic compounds with nitrogen hetero-atom(s) only, containing an unfused imidazole ring, nesoi
2933.29.60	Imidazole
2933.29.90	Other compounds (excluding drugs, aromatic and modified aromatic compounds) containing an unfused imidazole ring (whether or n/hydrogenated)
2933.31.00	Pyridine and its salts
2933.32.10	Piperidine
2933.32.50	Piperidine salts
2933.61.00	Melamine
2933.69.20	2,4-Diamino-6-phenyl-1,3,5-triazine
2933.69.50	Hexamethylenetetramine
2933.71.00	6-Hexanelactam (epsilon-Caprolactam)
2933.79.04	2,4-Dihydro-3,6-diphenylpyrrolo-(3,4-C) pyrrole-1,4-dione
2933.79.08	Aromatic or modified aromatic lactams with nitrogen hetero-atoms only described in additional U.S. note 3 to section VI
2933.79.15	Aromatic or modified aromatic lactams, nesoi
2933.79.20	N-Methyl-2-pyrrolidone; and 2-pyrrolidone
2933.79.30	N-Vinyl-2-pyrrolidone, monomer
2933.79.40	12-Aminododecanoic acid lactam
2933.79.85	Aromatic or modified aromatic lactams with nitrogen hetero-atoms only, nesoi
2933.92.00	Azinphos-methyl
2934.10.10	Aromatic or modified aromatic heterocyclic compounds cont. an unfused thiazole ring, described in add. U.S. note 3 to section VI
2934.10.20	Aromatic or modified aromatic heterocyclic compounds, nesoi, containing an unfused thiazole ring
2934.10.90	Other compounds (excluding aromatic or modified aromatic) containing an unfused thiazole ring (whether or not hydrogenated) in the structure
2934.20.10	2,2′-Dithiobisbenzothiazole
2934.20.15	2-Mercaptobenzothiazole; and N-(Oxydiethylene) benzothiazole-2-sulfenamide
2934.20.20	2-Mercaptobenzothiazole, sodium salt (2-Benzothiazolethiol, sodium salt)
2934.20.25	2-Amino-5,6-dichlorobenzothiazole; 2-amino-6-nitrobenzothiazole; and 2 other specified chemicals
2934.20.30	2-Amino-6-methoxybenzothiazole and other specified heterocyclic compounds, cont. a benzothiazole ring-system, not further fused
2934.20.35	Pesticides containing a benzothiazole ring-system, not further fused

HTS Subheading	Product Description
2934.20.40	Heterocyclic compounds containing a benzothiazole ring-system, not further fused, described in add. U.S. note 3 to section VI
2939.80.00	Other alkaloids, natural or reproduced by synthesis and their salts, ethers, esters & other derivatives, nesoi
2940.00.60	Other sugars, nesoi excluding d-arabinose
2942.00.03	[2,2´-Thiobis(4-(1,1,3,3-tetramethyl-n-butyl)phenolato)(2,1)]-O,O´,S-s(1-butanamine), nickel II
2942.00.05	Aromatic or modified aromatic drugs of other organic compounds, nesoi
2942.00.10	Aromatic or modified aromatic organic compounds, nesoi, described in additional U.S. note 3 to section VI
2942.00.35	Other aromatic or modified aromatic organic compounds (excluding products described in additional U.S. note 3 to section VI)
2942.00.50	Nonaromatic organic compounds, nesoi
3101.00.00	Animal or vegetable fertilizers; fertilizers produced by the mixing or chemical treatment of animal or vegetable products
3102.10.00	Urea, whether or not in aqueous solution
3102.21.00	Ammonium sulfate
3102.29.00	Double salts and mixtures of ammonium sulfate and ammonium nitrate
3102.30.00	Ammonium nitrate, whether or not in aqueous solution
3102.40.00	Mixtures of ammonium nitrate with calcium carbonate or other inorganic nonfertilizing substances
3102.50.00	Sodium nitrate
3102.60.00	Double salts and mixtures of calcium nitrate and ammonium nitrate
3102.80.00	Mixtures of urea and ammonium nitrate in aqueous or ammoniacal solution
3102.90.01	Mineral or chemical fertilizers, nitrogenous, nesoi, including mixtures not specified elsewhere in heading 3102
3103.11.00	Superphosphates containing by weight 35% or more of diphosphorous pentaoxide (P2O5)
3103.19.00	Superphosphates nesoi
3103.90.01	Mineral or chemical fertilizers, phosphatic
3104.20.00	Potassium chloride
3104.30.00	Potassium sulfate
3104.90.01	Mineral or chemical fertilizers, potassic, nesoi
3105.10.00	Fertilizers of chapter 31 in tablets or similar forms or in packages of a gross weight not exceeding 10 kg
3105.20.00	Mineral or chemical fertilizers nesoi, containing the three fertilizing elements nitrogen, phosphorus and potassium
3105.30.00	Diammonium hydrogenorthophosphate (Diammonium phosphate)
3105.40.00	Ammonium dihydrogenorthophosphate (Monoammonium phosphate), mixtures thereof with diammonium hydrogenorthophosphate (Diammonium phosphate)
3105.51.00	Mineral or chemical fertilizers nesoi, containing nitrates and phosphates
3105.59.00	Mineral or chemical fertilizers nesoi, containing the two fertilizing elements nitrogen and phosphorus
3105.60.00	Mineral or chemical fertilizers nesoi, containing the two fertilizing elements phosphorous and potassium
3105.90.00	Mineral or chemical fertilizers cont. two or three of the fertilizing elements nitrogen, phosphorus and potassium fertilizers, nesoi
3201.10.00	Quebracho tanning extract
3201.20.00	Wattle tanning extract
3201.90.10	Tannic acid, containing by weight 50 percent or more of tannic acid
3201.90.25	Tanning extracts of canaigre, chestnut curupay, dividivi, eucalyptus, gambier, hemlock, larch, mangrove, myrobalan, oak, sumac, tara, urunday, v alonia
3201.90.50	Tanning extracts of vegetable origin nesoi; tannins and their salts, ethers, esters and other derivatives
3202.10.10	Aromatic or modified aromatic synthetic organic tanning substances
3202.10.50	Synthetic organic tanning substances, nonaromatic
3202.90.10	Tanning substances, tanning preparations and enzymatic preparations for pre-tanning consisting wholly of inorganic substances
3202.90.50	Tanning substances, tanning preparations and enzymatic preparations for pre-tanning, nesoi
3203.00.10	Coloring matter of annato, archil, cochineal, cudbear, litmus and marigold meal
3203.00.30	Mixtures of 3,4-dihydroxyphenyl-2,4,6,-trihydroxypphenylmethanone and 2-(2,4dihydroxyphenyl)-3,5,7-trihydroxy-4H-1-benzopyran-4-one
3203.00.80	Coloring matter of vegetable or animal origin, nesoi
3204.11.10	Disperse blue 19 and other specified dispersed dyes and preparations based thereon
3204.11.18	N-[2-[2,6-Dicyano-4-methylphenylazo]-5-(diethylamino)phenyl]methanesulfonamide; and 1 other specified disperse dye
3204.11.35	Disperse dyes described in add'l U.S. note 3 to section VI
3204.11.50	Disperse dyes and preparations based thereon, nesoi
3204.12.05	Acid black 210 powder and presscake
3204.12.13	Acid violet 19
3204.12.17	Acid dyes, whether or not premetallized, and preparations based thereon, acid black 31, and other specified acid or mordant dyes
3204.12.20	Acid black 61 and other specified acid and mordant dyes and preparations based thereon
3204.12.30	Mordant black 75, blue 1, brown 79, red 81, 84 and preparations based thereon
3204.12.45	Acid dyes, whether or not premetallized, and preparations based thereon, described in add'l U.S. note 3 to section VI

HTS Subheading	Product Description
3204.12.50	Synthetic acid and mordant dyes and preparations based thereon, nesoi
3204.13.10	Basic black 7 and other specified basic dyes and preparations based thereon
3204.13.20	Basic orange 22, basic red 13 dyes, and preparations based thereon
3204.13.25	Basic blue 3; basic red 14; and basic yellow 1, 11, 13; and preparations based thereon
3204.13.45	3,7-Bis(dimethylamino)phenazathionium chloride (methylene blue); and basic blue 147
3204.13.60	Basic dyes and preparations based thereon, described in add'l U.S note 3 to section VIvi
3204.13.80	Basic dyes and preparations based thereon, nesoi
3204.14.10	Direct black 62 and other specified basic dyes and preparations based thereon
3204.14.20	Direct black 51 and other specified basic dyes and preparations based thereon
3204.14.25	Direct blue 86; direct red 83; direct yellow 28 dyes; and preparations based thereon
3204.14.30	Direct dyes nesoi, and preparations based thereon, described in additional U.S. note 3 to section VI
3204.14.50	Direct dyes and preparations based thereon, nesoi
3204.15.20	Vat brown 3; vat orange 2, 7; and vat violet 9, 13 dyes and preparations based thereon
3204.15.25	Vat red 1
3204.15.30	Solubilized vat blue 5 and specified solubilized vat dyes and preparations based thereon
3204.15.35	Solubilized vat orange 3, vat blue 2, vat red 44; and vat yellow 4, 20 and preparations based thereon
3204.15.40	Vat dyes (incl. those usable as pigments) and preparations based thereon, described in add. U.S. note 3 to sec. VI
3204.16.10	Reactive black 1; blue 1, 2, 4; orange 1; red 1, 2, 3, 5, 6; and yellow 1; and preparations based thereon
3204.16.20	Specified reactive dye mixtures and preparations based thereon
3204.16.30	Reactive dyes and preparations based thereon nesoi, described in additional U.S. note 3 to section VI
3204.16.50	Synthetic reactive dyes and preparations based thereon, nesoi
3204.17.04	Pigments and preparations based thereon, pigment black 1, and other specified pigments, nesoi
3204.17.08	Pigment red 178; pigment yellow 101, 138
3204.17.20	Copper phthalocyanine ([Phthalocyanato(2-)]copper) not ready for use as a pigment
3204.17.40	Pigments and preparations based thereon, isoindoline red pigment; pigment red 242, 245; pigment yellow 155, 183, nesoi
3204.17.60	Pigments and preparations based thereon, products described in add'l U.S. note 3 to section VI, nesoi
3204.17.90	Other pigments and preparations based thereon, nesoi
3204.19.06	Solvent yellow 43, 44, 85, 172
3204.19.11	Solvent black 2 and other specified solvent dyes and preparations based thereon
3204.19.20	Solvent dyes and preparations based thereon, products described in add'l U.S. note 3 to section VI
3204.19.25	Solvent dyes and preparations based thereon nesoi
3204.19.30	Sulfur black, "Colour Index Nos. 53185, 53190 and 53195" and preparations based thereon
3204.19.35	Beta-carotene and other carotenoid coloring matter
3204.19.50	Synthetic organic coloring matter and preparations based thereon nesoi, including mixtures of items from subheading 320411 to 320419
3204.20.10	Fluorescent brightening agent 32
3204.20.80	Synthetic organic products of a kind used as fluorescent brightening agents, nesoi
3204.90.00	Synthetic organic coloring matter or preparations based thereon, nesoi; synthetic organic products used as luminophores
3205.00.05	Carmine food coloring solutions, cont cochineal carmine lake and paprika oleoresins, not including any synthetic organic coloring matter
3205.00.15	Carmine color lakes and preparations as specified in note 3 to this chapter, nesoi
3205.00.40	Color lakes and preparations based thereon, described in additional U.S. note 3 to section VI
3205.00.50	Color lakes and preparations based thereon, nesoi
3206.11.00	Pigments & preparations based on titanium dioxide containing 80 percent or more by weight off titanium dioxide calculated on the dry weight
3206.19.00	Pigments and preparations based on titanium dioxide, nesoi
3206.20.00	Pigments and preparations based on chromium compounds
3206.41.00	Ultramarine and preparations based thereon
3206.42.00	Lithopone and other pigments and preparations based on zinc sulfide
3206.49.10	Concentrated dispersions of pigments in plastics materials
3206.49.20	Coloring preparations based on iron oxides, as specified in note 3 to this chapter 32
3206.49.30	Coloring preparations based on zinc oxides, as specified in note 3 to this chapter 32
3206.49.40	Coloring preparations based on carbon black, as specified in note 3 to this chapter 32
3206.49.55	Pigments and preparations based on hexacyanoferrates (ferrocyanides and ferricyanides)
3206.49.60	Coloring matter and preparations, nesoi, as specified in note 3 to this chapter 32
3206.50.00	Inorganic products of a kind used as luminophores
3207.10.00	Prepared pigments, opacifiers, colors, and similar preparations, of a kind used in the ceramic, enamelling or glass industry
3207.20.00	Vitrifiable enamels and glazes, engobes (slips), and similar preparations, of a kind used in the ceramic, enamelling or glass industry
3207.30.00	Liquid lustres and similar preparations, of a kind used in the ceramic, enamelling or glass industry

HTS Subheading	Product Description
3207.40.10	Glass frit and other glass, ground or pulverized
3207.40.50	Glass frit and other glass, in the form of granules or flakes
3208.10.00	Paints and varnishes (including enamels and lacquers) based on polyesters in a nonaqueous medium
3208.20.00	Paints and varnishes (including enamels and lacquers) based on acrylic or vinyl polymers in a nonaqueous medium
3208.90.00	Paints and varnishes based on synthetic polymers or chemically modified natural polymers nesoi, in a nonaqueous medium
3209.10.00	Paints and varnishes (including enamels and lacquers) based on acrylic or vinyl polymers in an aqueous medium
3209.90.00	Paints and varnishes based on synthetic polymers or chemically modified natural polymers nesoi, in an aqueous medium
3210.00.00	Other paints and varnishes (including enamels, lacquers and distempers) nesoi; prepared water pigments of a kind used for finishing leather
3211.00.00	Prepared driers for paints and varnishes
3212.10.00	Stamping foils
3212.90.00	Pigments dispersed in nonaqueous media, in liquid or paste form, used in making paints; dyes & coloring matter packaged for retail sale
3213.10.00	Artists′, students′ or signboard painters′ colors, in tablets, tubes, jars, bottles, pans or in similar packings, in sets
3213.90.00	Artists′, students′ or signboard painters′ colors, in tablets, tubes, jars, bottles, pans or in similar packings, not in sets
3214.10.00	Glaziers′ putty, grafting putty, resin cements, caulking compounds and other mastics; painters′ fillings
3214.90.10	Nonrefractory surfacing preparations for facades, indoor walls, floors, ceilings or the like, based on rubber
3214.90.50	Nonrefractory surfacing preparations for facades, indoor walls, floors, ceilings or the like, not based on rubber
3215.11.10	Printing ink, black, solid, in engineered shapes for apparatus in 8443.31, 32, 39
3215.11.30	Printing ink, black, solid, other
3215.11.90	Printing ink, black, not solid, other
3215.19.10	Printing ink, not black, solid, in engineered shapes for apparatus in 8443.31, 32, 39
3215.19.30	Printing ink, not black, solid, other
3215.19.90	Printing ink, not black, not solid
3215.90.10	Drawing ink
3215.90.50	Inks, other than printing or drawing inks
3301.13.00	Essential oils of lemon
3302.90.10	Mixtures of or with a basis of odoriferous substances, used in other than the food or drink industries, zero to 10% alcohol by weight
3302.90.20	Mixtures of or with a basis of odoriferous substances, used in other than the food or drink industries, over 10 percent alcohol by weight
3303.00.10	Floral or flower waters, not containing alcohol
3303.00.20	Perfumes and toilet waters, other than floral or flower waters, not containing alcohol
3303.00.30	Perfumes and toilet waters, containing alcohol
3304.10.00	Lip make-up preparations
3304.20.00	Eye make-up preparations
3304.30.00	Manicure or pedicure preparations
3304.91.00	Beauty or make-up powders, whether or not compressed
3304.99.10	Petroleum jelly put up for retail sale
3304.99.50	Beauty or make-up preparations & preparations for the care of the skin, excl. medicaments but incl. sunscreen or sun tan preparations, nesoi
3305.10.00	Shampoos
3305.20.00	Preparations for permanent waving or straightening the hair
3305.30.00	Hair lacquers
3305.90.00	Preparations for use on the hair, nesoi
3306.90.00	Preparations for oral or dental hygiene, including denture fixative pastes and powders, excluding dentifrices
3307.10.10	Pre-shave, shaving or after-shave preparations, not containing alcohol
3307.10.20	Pre-shave, shaving or after-shave preparations, containing alcohol
3307.20.00	Personal deodorants and antiperspirants
3307.30.10	Bath salts, whether or not perfumed
3307.30.50	Bath preparations, other than bath salts
3307.41.00	"Agarbatti" and other odoriferous preparations which operate by burning, to perfume or deodorizerooms or used during religious rites
3307.49.00	Preparations for perfuming or deodorizing rooms, including odoriferous preparations used during religious rites, nesoi
3307.90.00	Depilatories and other perfumery, cosmetic or toilet preparations. nesoi
3401.11.10	Castile soap in the form of bars, cakes or molded pieces or shapes
3401.11.50	Soap, nesoi; organic surface-active products used as soap, in bars, cakes, pieces, soapimpregnated paper, wadding, felt, for toilet use
3401.20.00	Soap, not in the form of bars, cakes, molded pieces or shapes
3401.30.10	Organic surface-active products for wash skin, in liquid or cream, contain any aromatic/mod aromatic surface-active agent, put up for retail

HTS Subheading	Product Description
3401.30.50	Organic surface-active products and preparations for washing the skin, in liquid or cream form, put up for retail sale, nesoi
3402.11.20	Linear alkylbenzene sulfonates
3402.11.40	Anionic, aromatic or modified aromatic organic surface-active agents, whether or not put up for retail sale, nesoi
3402.11.50	Nonaromatic anionic organic surface-active agents (other than soap)
3402.12.10	Aromatic or modified aromatic cationic organic surface-active agents (other than soap)
3402.12.50	Nonaromatic cationic organic surface-active agents (other than soap)
3402.13.10	Aromatic or modified aromatic nonionic organic surface-active agents (other than soap)
3402.13.20	Nonaromatic nonionic organic surface-active agents (other than soap) offatty substances of animal or vegetable origin
3402.13.50	Nonaromatic nonionic organic surface-active agents (other than soap), other than of fatty substances of animal or vegetable origin
3402.19.10	Aromatic or modified aromatic organic surface-active agents (other than soap) other than anionic, cationic or nonionic
3402.19.50	Nonaromatic organic surface-active agents (other than soap) nesoi
3402.20.11	Surface-active/washing/cleaning preparations containing any aromatic or mod aromatic surface-active agent, put up for retail, not head 3401
3402.20.51	Surface-active, washing, and cleaning preparations nesoi, put up for retail sale, not of heading 3401
3402.90.10	Synthetic detergents put up for retail sale
3402.90.30	Surface-active, washing, and cleaning preparations cont. any aromatic or modified aromatic surface-active agent, put up for retail sale
3402.90.50	Surface-active, washing, and cleaning preparations nesoi, put up for retail sale
3403.11.20	Preparations for the treatment of textile materials, containing 50 but not over 70 percent or more by weight of petroleum oils
3403.11.40	Preparations for the treatment of textile materials, containing less than 50 percent by weight of petroleum oils
3403.11.50	Preparations for the treatment of leather, furskins, other materials nesoi, containing less than 70% petroleum or bituminous mineral oils
3403.91.10	Preparations for the treatment of textile materials, nesoi
3403.91.50	Preparations nesoi, for the treatment of leather, furskins or other materials nesoi
3404.20.00	Artificial waxes and prepared waxes of polyethylene glycol
3404.90.10	Artificial waxes and prepared waxes containing bleached beeswax
3404.90.51	Artificial waxes and prepared waxes
3405.10.00	Polishes, creams and similar preparations for footwear or leather
3405.20.00	Polishes, creams and similar preparations for the maintenance of wooden furniture, floors or other woodwork
3405.30.00	Polishes and similar preparations for coachwork, other than metal polishes
3405.40.00	Scouring pastes and powders and other scouring preparations
3405.90.00	Polishes, creams and similar preparations for glass or metal
3502.11.00	Egg albumin, dried
3502.90.00	Albumins, albuminates and other albumin derivatives, nesoi
3506.10.10	Animal glue, including casein glue but not including fish glue, not exceeding a net weight of 1 kg, put up for retail sale
3506.10.50	Products suitable for use as glues or adhesives, nesoi, not exceeding 1 kg, put up for retail sale
3506.91.10	Adhesive preparations based on rubber or plastics (including artificial resins), optically clear, for flat panel & touchscreen displays
3506.91.50	Other adhesive preparations based on rubber or plastics (including artificial resins)
3506.99.00	Prepared glues and other prepared adhesives, excluding adhesives based on rubber or plastics, nesoi
3507.10.00	Rennet and concentrates thereof
3507.90.20	Penicillin G amidase
3507.90.70	Enzymes and prepared enzymes, nesoi
3606.10.00	Liquid or liquefied-gas fuels in containers used for filling cigarette or similar lighters of a capacity not exceeding 300 cubic cm
3701.10.00	Photographic plates and film in the flat, sensitized, unexposed, of any material other than paper, paperboard or textiles, for X-ray use
3701.20.00	Instant print film in the flat, sensitized, unexposed, whether or not in packs
3701.30.00	Photographic plates and film nesoi, with any side 255 mm, in the flat, sensitized, unexposed, not of paper, paperboard, or textiles
3701.91.00	Photographic plates, film, for color photography, nesoi, in the flat, sensitized, unexposed, not of paper, paperboard, textiles
3701.99.30	Photographic dry plates, nesoi, sensitized, unexposed, of any material other than paper, paperboard or textiles
3701.99.60	Photographic plates and film, nesoi, in the flat, sensitized, unexposed, of any material other than paper, paperboard or textiles
3702.10.00	Photographic film in rolls, sensitized, unexposed, for X-ray use; of any material other than paper, paperboard or textiles
3702.31.01	Film in rolls, for color photography, without sprocket holes, of a width not exceeding 105 mm, sensitized, unexposed
3702.32.01	Film in rolls, with silver halide emulsion, without sprocket holes, of a width not exceeding 105 mm, sensitized, unexposed
3702.39.01	Film in rolls without sprocket holes, width not exceeding 105 mm, other than color photography or silver halide emulsion film
3702.41.01	Film in rolls, without sprocket holes, of a width exceeding 610 mm and of a length exceeding 200 m, for color photography
3702.42.01	Film in rolls, without sprocket holes, of a width exceeding 610 mm and of a length exceeding 200 m, other than for color photography
3702.43.01	Film in rolls, without sprocket holes, of a width exceeding 610 mm and of a length not exceeding 200 m
3702.44.01	Film in rolls, without sprocket holes, of a width exceeding 105 mm but not exceeding 610 mm
3702.52.01	Film for color photography, in rolls, of a width not exceeding 16 mm
3702.53.00	Film for color photography, in rolls, exceeding 16 but not 35 mm in width and of a length not exceeding 30 m, for slides

HTS Subheading	Product Description
3702.54.00	Film for color photography, in rolls, exceeding 16 but not 35 mm in width, of a length not exceeding 30 m, other than for slides
3702.55.00	Film for color photography, in rolls, exceeding 16 but not 35 mm in width and of a length exceeding 30 m
3702.56.00	Film for color photography, in rolls, of a width exceeding 35 mm
3702.96.00	Photographic film nesoi, in rolls, of a width not exceeding 35 mm and of a length not exceeding 30 m
3702.97.00	Photographic film nesoi, in rolls, of a width not exceeding 35 mm and of a length exceeding 30 m
3702.98.00	Photographic film nesoi, in rolls, of a width exceeding 35 mm
3703.10.30	Silver halide photographic papers, sensitized, unexposed, in rolls of a width exceeding 610 mm
3703.10.60	Photographic paper (other than silver halide), paperboard and textiles, sensitized, unexposed, in rolls of a width exceeding 610 mm
3703.20.30	Silver halide papers, other than in rolls of a width exceeding 610 mm, for color photography, sensitized, unexposed
3703.20.60	Photographic paper (not silver halide), paperbd & textiles for color photos, other than in rolls of a width>610 mm, sensitized, unexposed
3703.90.30	Silver halide photographic papers, sensitized, unexposed, not for color photography, other than in rolls of a width exceeding 610 mm
3703.90.60	Photographic paper (not silver halide), paperbd, tex., not for color photo, other than in rolls of a width>610 mm, sensitized, unexposed
3704.00.00	Photographic plates, film, paper, paperboard and textiles, exposed but not developed
3705.00.00	Photographic plates and film, exposed and developed, other than cinematographic film
3706.10.30	Sound recordings on motion-picture film of a width of 35 mm or more, suitable for use with motion-picture exhibits
3706.10.60	Motion-picture film of a width of 35 mm or more, exposed and developed, whether or not incorporating sound track, nesoi
3706.90.00	Motion-picture film, exposed and developed, less than 35 mm wide
3707.10.00	Sensitizing emulsions, for photographic uses, nesoi
3707.90.31	Acid violet 19 for photographic uses
3707.90.32	Chemical preparations for photographic uses, nesoi
3707.90.60	Unmixed products for photographic uses, put up in measured portions or put up for retail sale in a form ready for use
3801.10.10	Artificial graphite plates, rods, powder and other forms, for manufacture into brushes for electric generators, motors or appliances
3801.10.50	Artificial graphite, nesoi
3801.20.00	Colloidal or semi-colloidal graphite
3801.30.00	Carbonaceous pastes for electrodes and similar pastes for furnace linings
3801.90.00	Preparations based on graphite or other carbon in the form of pastes, blocks, plates or other semimanufactures, nesoi
3802.10.00	Activated carbon
3802.90.10	Bone black
3802.90.20	Activated clays and activated earths
3802.90.50	Activated natural mineral products, nesoi; animal black, including spent animal black
3803.00.00	Tall oil, whether or not refined
3804.00.10	Lignin sulfonic acid and its salts
3804.00.50	Residuallyes from the manufacture of wood pulp, nesoi, excluding tall oil
3805.10.00	Gum, wood or sulfate turpentine oils
3805.90.10	Pine oil containing alpha-terpineol as the main constituent
3805.90.50	Terpenic oils, nesoi, produced by treatment of coniferous woods; crude dipentene; sulfite turpentine and other crude para-cymene
3806.10.00	Rosin and resin acids
3806.20.00	Salts of rosin or of resin acids
3806.30.00	Ester gums
3806.90.00	Resin acids, derivatives of resin acids and rosin, rosin spirit and rosin oils, run gums, nesoi
3807.00.00	Wood tar and its oils; wood creosote; wood naphtha; vegetable pitch; preparations based on rosin, resin acids or vegetable pitch
3808.59.40	Disinfectants specified in note 1 to chapter 38
3808.61.10	Pesticides containing any aromatic or modified aromatic, not exceeding 300g, specified in note 2 to chapter 38
3808.62.10	Pesticides containing any aromatic or modified aromatic, >300g but<7.5kg, specified in note 2 to chapter 38
3808.62.50	Pesticides, nesoi, >300g but<7.5kg, specified in note 2 to chapter 38
3808.69.10	Pesticides containing any aromatic or modified aromatic, >7.5kg, specified in note 2 to chapter 38
3808.69.50	Pesticides, nesoi, >7.5kg, specified in note 2 to chapter 38
3808.91.10	Fly ribbons (ribbon fly catchers), put up in packings for retail sale
3808.91.15	Mixtures of N-[[(chlorophenyl) amino] carbonyl]-2,6-difluorobenzamide and inert substances
3808.91.25	Insecticides containing any aromatic or modified aromatic insecticide, nesoi
3808.91.30	Insecticides, nesoi, containing an inorganic substance, put up for retail sale
3808.91.50	Insecticides, nesoi, for retail sale or as preparations or articles
3808.92.05	Mixtures of dinocap and application adjuvants
3808.92.15	Fungicides containing any aromatic or modified aromatic fungicide, nesoi
3808.92.24	Maneb; zinab; mancozeb; and metiram
3808.92.28	Fungicides containing any fungicide which is a thioamide, thiocarbamate, dithio carbamate, thiuram or isothiocyanate, nesoi

HTS Subheading	Product Description
3808.92.30	Fungicides, nesoi, containing an inorganic substance, put up for retail sale
3808.92.50	Fungicides nesoi, put up in forms or packing for retail sale or as preparations or articles
3808.93.05	Herbicides, antisprouting products and plant-growth regulators, aromatic or modified aromatic, for retail sale
3808.93.15	Herbicides containing any aromatic or modified aromatic herbicide, antisprouting agent or plant-growth regulator, nesoi
3808.93.20	Herbicides, antisprouting products and plant-growth regulators, nesoi, containing an inorganic substance, for retail sale
3808.93.50	Herbicides, antisprouting products and plant-growth regulators nesoi, put up for retail sale
3808.94.10	Disinfectants, containing any aromatic or modified aromatic disinfectant
3808.94.50	Disinfectants not subject to subheading note 1 of chapter 38, nesoi
3808.99.04	Mixtures of 1,1-bis(4-chlorophenyl)-2,2,2-trichloroethanol (Dicofol) and application adjuvants
3808.99.08	Rodenticides containing any aromatic or modified aromatic pesticide, nesoi
3808.99.30	Formulated biocides based on 2-methyl-4-isothiazolin-3-one, or 2-n-octyl-4isothiazolin-3-one, or on certain other chemicals; metaldehyde
3808.99.70	Rodenticides containing an inorganic substance
3808.99.95	Rodenticides, nesoi
3809.91.00	Finishing agents, dye carriers and like products, nesoi, used in the textile or like industries
3809.92.10	Finishing agents, dye carriers and other preparations used in paper or like industries, 5% or more by wt. aromatic (mod.) substance(s)
3809.92.50	Finishing agents, dye carriers and other preparations used in paper or like industries, <5% by weight of aromatic (mod.) substance(s)
3809.93.10	Finishing agents, dye carriers and other preparations used in leather and like industries, >5% by weight aromatic (mod.) substance(s)
3809.93.50	Finishing agents, dye carriers and other preparations used in leather and like industries, <5% by weight aromatic (mod.) substance(s)
3810.10.00	Pickling preparations for metal surfaces; soldering, brazing or welding powders and pastes consisting of metal and other materials
3810.90.10	Preparations used for soldering or cores or coatings for welding electrodes or rods, 5% or more by weight aromatic (or mod.) substance(s)
3810.90.20	Preparations used for soldering or as cores or coatings for welding electrodes or rods, consisting wholly of inorganic substances
3810.90.50	Preparations used for soldering or as cores or coatings for welding electrodes or rods, nesoi
3811.11.10	Antiknock preparations based on tetraethyl lead or on a mixture of tetraethyl lead and tetramethyl lead
3811.11.50	Antiknock preparations based on lead compounds, nesoi
3811.19.00	Antiknock preparations based on other than lead compounds
3811.90.00	Prepared additives for mineral oils (incl. gasoline) or other liquids used for the same purposes as mineral oils, nesoi
3812.10.10	Prepared rubber accelerators containing any aromatic or modified aromatic rubber accelerator nesoi
3812.10.50	Prepared rubber accelerators not containing any aromatic or modified aromatic rubber accelerator nesoi
3812.20.10	Compound plasticizers for rubber or plastics containing any aromatic or modified aromatic plasticizer nesoi
3812.20.50	Compound plasticizers for rubber or plastics not containing any aromatic or modified aromatic plasticizer nesoi
3812.31.00	Mixtures of oligomers of 2,2,4-trimethyl-1,2-dihydroquinoline (TMQ)
3812.39.20	Mixtures of N,N´-diaryl-p-phenylenediamines
3812.39.30	Master batches of poly[nitrilomethanetetraartlnitr
3812.39.60	Compound plasticizers for rubber/plastics cont any aromatic or modified aromatic antioxidant or other stabilizer, nesoi
3812.39.70	Bis(1,2,2,6,6-pentamethyl-4-piperidinyl) sebacate
3812.39.90	Antioxiding prep & oth compound stabilizers for rubber or plastics, nesoi
3813.00.10	Preparations and charges for fire extinguishers; charged fire-extinguishing grenades; consisting wholly of inorganic substances
3813.00.50	Preparations and charges for fire extinguishers; charged fire-extinguishing grenades; nesoi
3814.00.10	Organic composite solvents and thinners containing 5 to 25 percent, by weight of one or more aromatic substances
3814.00.20	Organic composite solvents and thinners containing more than 25 percent by weight of one or more aromatic substances
3814.00.50	Organic composite solvents and thinners, nesoi; prepared paint or varnish removers; nesoi
3815.11.00	Supported catalysts with nickel or nickel compounds as the active substance
3815.12.00	Supported catalysts with precious metal or precious metal compounds as the active substance
3815.19.00	Supported catalysts other than with nickel or precious metal or their compounds as the active substance
3815.90.10	Reaction initiators, reaction accelerators and catalytic preparations, nesoi, consisting wholly of bismuth, of tungsten or of vanadium
3815.90.20	Reaction initiators, reaction accelerators and catalytic preparations, nesoi, consisting wholly of mercuryor of molybdenum
3815.90.30	Reaction initiators, reaction accelerators and catalytic preparations, nesoi, consisting wholly of inorganic substances nesoi
3815.90.50	Reaction initiators, reaction accelerators and catalytic preparations, nesoi
3816.00.00	Refractory cements, mortars, concretes and similar compositions, other than products of heading 3801
3817.00.10	Mixed linear alkylbenzenes, other than those of heading 2707 or 2902
3817.00.15	Mixed alkylbenzenes, other than linear or those of heading 2707 or 2902
3817.00.20	Mixed alkylnaphthalenes, other than those of heading 2707 or 2902
3818.00.00	Chemical elements doped for use in electronics, in the form of discs, wafers etc., chemical compounds doped for electronic use
3819.00.00	Hydraulic brake fluids and transmission fluids cont. less than 70% by weight of petroleum oils, or bituminous mineral oils
3824.10.00	Prepared binders for foundry molds or cores
3824.30.00	Nonagglomerated metal carbides mixed together or with metallic binders

HTS Subheading	Product Description
3824.40.10	Prepared additives for cements, mortars or concretes containing 5% or more by weight of aromatic or modified aromatic substances
3824.40.20	Prepared additives for cements, mortars or concretes consisting wholly of inorganic substances
3824.40.50	Prepared additives for cements, mortars or concretes, nesoi
3824.50.00	Non-refractory mortars and concretes
3824.71.01	Mixtures containing chlorofluorocarbons
3824.72.00	Containing bromochlorodiflourormethane, bromotrifluoromethane or dibromotetrafluroroethane
3824.73.00	Mixtures containing hydrobromofluorocarbons
3824.74.00	Mixtures containing hydrochlorofluorocarbons
3824.75.00	Mixtures of halogenated hydrocarbons containing carbon tetrachloride
3824.76.00	Containing 1,1,1,-trichloroethane
3824.77.00	Containing bromomethane or bomochloromethane
3824.78.00	Containing PFCs or HFCs but not CFCs or HCFCs
3824.79.10	Mixtures containing halogenated derivatives of methane, ethane, or propane, nesoi, chlorinated but not otherwise halogenated
3824.79.90	Mixtures containing halogenated derivatives of methane, ethane, or propane, nesoi, other than chlorinated but not halogenated
3824.81.00	Chemical mixtures containing oxirane (ethylene oxide)
3824.82.10	Containing PCBs, PCTs or PBBs: mixtures of halogenated hydrocarbons, chlorinated but not otherwise halogenated, nesoi
3824.82.90	Containing PCBs, PCTs or PBBs: mixtures of halogenated hydrocarbons other than chlorinated only, nesoi
3824.83.00	Containing tris (2,3-dibromopropyl phosphate)
3824.84.00	Other mixtures cont aldrin, camphechlor (toxaphene), chlordane, chlordecone, DDT (clofenatone), 1,1,1-TRICHLORO-2,2-BIS (P-CHLOROPHENYL) ETHANE), ETC.
3824.85.00	Mixtures containing 1,2,3,4,5,6-hexachlorocyclohexane (HCH (ISO)), including lindane (ISO, INN)
3824.86.00	Mixtures containing pentachlorobenzene (ISO) or hexachlorobenzene (ISO)
3824.87.00	Mixtures containing perfluorooctane sulfonic acid, its salts, perfluorooctane sulfonamides, or perfluorooctane sulfonyl fluoride
3824.88.00	Mixtures containing tetra-, penta-, hexa-, hepta-, or octabromodiphenyl ethers
3824.91.00	Mixtures consisting mainly of methylphosphonate etc.
3824.99.11	Cultured crystals, weighing not less than 2.5g each, in the form of ingots
3824.99.19	Cultured crystals, weighing not less than 2.5g each except in the form of ingots
3824.99.21	Mixtures consisting wholly of substances found naturally in coal tar, whether obtained from coal tar or other source
3824.99.25	Mixtures of triphenyl sulfonium chloride, diphenyl (4-phenylthio) phenyl sulfonium chloride & (thiodi-4,1- phenylene) bis (diphenyl sulfonium) dichloride
3824.99.26	Benzene, 2,4-Diisocyanate-1,3,5-tris-(1-methylethyl)
3824.99.28	Mixtures containing 5% or more by weight of one or more aromatic or modified aromatic substance, nesoi
3824.99.31	Mixtures of bismuth
3824.99.32	Mixtures of hydrosulfite compounds, of sulfoxylate compounds, or of both
3824.99.33	Mixtures of mercury
3824.99.34	Mixtures of molybdenum
3824.99.35	Mixtures of tungsten
3824.99.39	Mixtures of two or more inorganic compounds, nesoi
3824.99.41	Mixtures of fatty substances of animal or vegetable origin and mixtures thereof
3824.99.48	Mixtures that are in whole or in part of hydrocarbons derived in whole or in part from petroleum, shale oil or natural gas
3824.99.50	Mixtures chlorinated but not otherwise halogenated
3824.99.55	Mixtures of halogenated hydrocarbons, nesoi
3824.99.70	Mixtures of dibromoneopentyl gylcol; polydibromophenylene oxide; tetrabromobisphenol-A-carbonate oligomers; electroplating chemical and electroless
3824.99.75	Mixtures of naphthenic acids, their water-insoluble salts and their esthers
3824.99.92	Chemical products and preparations and residual products of the chemical or allied industries, nesoi
3825.41.00	Halogenated waste organic solvents
3825.49.00	Waste organic solvents, other than halogenated
3825.50.00	Wastes of metal-pickling liquors, hydraulic fluids, brake fluids and anti-freeze fluids
3825.61.00	Other wastes from the chemical or allied industries mainly containing organic constituents
3825.69.00	Other wastes from the chemical or allied industries, other than those mainly containing organic constituents
3825.90.00	Residual products of the chemical or allied industries, nesoi; other wastes, nesoi, specified in note 6 to chapter 38
3826.00.10	Biodiesel not containing petroleum or bituminous oil
3826.00.30	Biodiesel containing<70% petroleum or bituminous oil
3901.40.00	Ethylene-alpha-olefin copolymers, having a specific gravity of less than 0.94
3905.99.30	Polyvinyl carbazole (including adjuvants)
3909.31.00	Poly (methylene phenyl isocyanate) (crude MDI, polymeric MDI)

HTS Subheading	Product Description
3909.39.00	Amino-resins, nesoi
3912.11.00	Cellulose acetates, nesoi, in primary forms, nonplasticized
3912.31.00	Carboxymethylcellulose and its salts
3913.90.20	Polysaccharides and their derivatives, nesoi, in primary forms
3915.10.00	Waste, parings and scraps, of polymers of ethylene
3915.20.00	Waste, parings and scrap, of polymers of styrene
3915.30.00	Waste, parings and scrap, of polymers of yinyl chloride
3915.90.00	Waste, parings and scrap, of plastics, nesoi
3916.90.20	Monofilament racket strings of plastics of which any cross-sectional dimension exceeds 1 mm
3917.10.10	Artificial guts (sausage casings) of cellulosic plastics materials
3917.10.60	Artificial guts (sausage casings) of collagen
3917.10.90	Artificial guts (sausage casings) of hardened protein, nesoi
3917.33.00	Flexible plastic tubes, pipes and hoses, nesoi, with fittings, not reinforced or otherwise combined with other materials
3917.39.00	Flexible plastic tubes, pipes and hoses, nesoi
3918.10.10	Vinyl tile floor coverings
3918.10.20	Vinyl flooring, excluding vinyl tile
3918.10.31	Wall or ceiling coverings, with a backing of manmade fibers, greater than 70% by weight of PVC
3918.10.32	Wall or ceiling coverings, with a backing of manmade fibers, less than or equal to 70% by weight of PVC
3918.10.40	Wall or ceiling coverings of polymers of vinyl chloride with a backing of textile fibers other than of manmade fibers
3918.10.50	Wall or ceiling coverings of polymers of vinyl chloride, without a backing of textile fibers
3918.90.10	Floor coverings of plastics, other than of polymers of vinyl chloride, nesoi
3918.90.20	Wall or ceiling coverings, with a backing of manmade fibers, of plastics other than polymers of vinyl chloride
3918.90.30	Wall or ceiling coverings of plastics other than of polymers of vinyl chloride with a backing of textile fibers other than of manmade fiber
3918.90.50	Wall or ceiling coverings of plastics other than vinyl chloride, without a backing of textile fibers
3922.90.00	Bidets, lavatory pans, flushing cisterns and similar sanitary ware nesoi, of plastics
3923.10.20	Boxes and similar articles for the conveyance or packing of semiconductor wafers, masks or reticules of subheadings 3923.10 or 8485.90
3923.10.90	Other boxes, cases, crates and similar articles for the conveyance or packing of goods, of plastics
3923.21.00	Sacks and bags (including cones) for the conveyance or packing of goods, of polymers of ethylene
3923.29.00	Sacks and bags (including cones) for the conveyance or packing of goods, of plastics other than polymers of ethylene
3923.30.00	Carboys, bottles, flasks and similar articles for the conveyance or packing of goods, of plastics
3923.40.00	Spools, cops, bobbins and similar supports, of plastics
3923.50.00	Stoppers, lids, caps and other closures, of plastics
3923.90.00	Articles nesoi, for the conveyance or packing of goods, of plastics
3925.10.00	Reservoirs, tanks, vats and similar containers, of a capacity exceeding 300 liters, of plastics
3925.90.00	Builders´ ware of plastics, nesoi
3926.20.20	Baseball and softball gloves and mitts, of plastics
3926.20.30	Gloves specially designed for use in sports, nesoi, of plastics
3926.20.60	Plastic rainwear, incl jackets, coats, ponchos, parkas & slickers, w/outer shell PVC and w/wo attached hoods, val not over $10 per unit
3926.20.90	Articles of apparel & clothing accessories, of plastic, nesoi
3926.90.30	Parts for yachts or pleasure boats of heading 8903 and watercraft not used with motors or sails, of plastics
3926.90.45	Gaskets, washers and other seals, of plastics
3926.90.55	V-belts of plastics, containing textile fibers
3926.90.56	Belting and belts (except V-belts) for machinery, of plastics, containing predominately vegetable fibers
3926.90.57	Belting and belts (except V-belts) for machinery, of plastics, containing predominately man-made fibers
3926.90.59	Belting and belts (except V-belts) for machinery, of plastics, containing textile fibers nesoi
3926.90.60	Belting and belts (except V-belts) for machinery, of plastics, not containing textile fibers
3926.90.83	Empty cartridges and cassettes for typewriter and machine ribbons, of plastics
3926.90.87	Flexible document binders with tabs, rolled or flat, of plastics
3926.90.94	Cards, not punched, suit. for jacquard cards; jacquard cards & jacquard heads for power-driven weaving mach, etc; & trans sheet plast 30%lead
3926.90.96	Casing for bicycle derailleur cable; and casing for cable or inner wire for caliper and cantilever bake, whether or not cut length; of plastic
4001.10.00	Natural rubber latex, whether or not prevulcanized
4001.21.00	Natural rubber smoked sheets
4001.22.00	Technically specified natural rubber (TSNR), in primary forms
4001.29.00	Natural rubber in primary forms other than latex, smoked sheets or technically specified natural rubber (TSNR)

HTS Subheading	Product Description
4001.30.00	Balata, gutta-percha, guayule, chicle and similar natural rubber gums, in primary forms
4002.11.00	Styrene-butadiene rubber (SBR) or carboxylated styrene-butadiene rubber (XSBR), latex, in primary forms or in plates, sheets or strip
4002.19.00	Styrene-butadiene rubber (SBR), carboxylated styrene-butadiene rubber (XSBR), except latex, in primary forms or in plates, sheets or strip
4002.20.00	Butadiene rubber (BR), in primary forms or in plates, sheets or strip
4002.31.00	Isobutene-isoprene (butyl) rubber (IIR), in primary forms or in plates, sheets or strip
4002.39.00	Halo-isobutene-isoprene rubber (CIIR or BIIR), in primary forms or in plates, sheets or strip
4002.41.00	Chloroprene (chlorobutadiene) rubber (CR), latex, in primary forms or in plates, sheets or strip
4002.49.00	Chloroprene (chlorobutadiene) rubber (CR), other than latex, in primary forms or in plates, sheets or strip
4002.51.00	Acrylonitrile-butadiene rubber (NBR), latex, in primary forms or in plates, sheets or strip
4002.59.00	Acrylonitrile-butadiene rubber (NBR), other than latex, in primary forms or in plates, sheets or strip
4002.60.00	Isoprene rubber (IR), in primary forms or in plates, sheets or strip
4002.70.00	Ethylene-propylene-nonconjugated diene rubber (EPDM), in primary forms or in plates, sheets or strip
4002.80.00	Mixtures of natural rubber gums with synthetic rubber, in primary forms or in plates, sheets or strip
4002.91.00	Synthetic rubber and factice derived from oils, in latex form, in primary forms or in plates, sheets or strip, nesoi
4002.99.00	Synthetic rubber and factice derived from oils, in primary forms or in plates, sheets or strip, nesoi
4003.00.00	Reclaimed rubber in primary forms or in plates, sheets or strip
4004.00.00	Waste, parings and scrap of rubber (other than hard rubber) and powders and granules obtained therefrom
4005.10.00	Rubber, unvulcanized, compounded with carbon black or silica, in primary forms or in plates, sheets or strip
4005.20.00	Solutions and dispersions of rubber, unvulcanized, compounded with other than carbon black or silica
4005.91.00	Compounded rubber, unvulcanized, in plates, sheets and strip
4005.99.00	Compounded rubber, unvulcanized, in primary forms, nesoi
4006.90.10	Rods, tubes, profile shapes, discs, rings, and similar articles, of natural, unvulcanized rubber
4006.90.50	Rods, tubes, profile shapes, discs, rings, and similar articles, of synthetic unvulcanized rubber
4007.00.00	Vulcanized rubber thread and cord
4008.11.10	Plates, sheets and strip of vulcanized natural cellular rubber, other than hard rubber
4008.11.50	Plates, sheets and strip of vulcanized synthetic cellular rubber, other than hard rubber
4008.19.20	Rods and profile shapes of vulcanized natural cellular rubber, other than hard rubber
4008.19.40	Vulcanized natural cellular rubber, other than hard rubber, other than rods and profile shapes, nesoi
4008.19.60	Rods and profile shapes of vulcanized, synthetic cellular rubber, other than hard rubber
4008.19.80	Vulcanized, synthetic cellular rubber, other than hard rubber, other than rods and profile shapes
4008.21.00	Plates, sheets and strip of vulcanized, noncellular rubber, other than hard rubber
4008.29.20	Rods and profile shapes of vulcanized, noncellular rubber, other than hard rubber
4008.29.40	Vulcanized, noncellular rubber, other than hard rubber, other than rods and profile shapes, nesoi
4009.11.00	Tubes, pipes and hoses of vulcanized rubber other than hard rubber, not reinforced or combined w/other materials, without fittings
4009.21.00	Tubes, pipes and hoses of vulcanized rubber other than hard rubber, reinforced or combined only with metal, without fittings
4009.22.00	Tubes, pipes and hoses of vulcanized rubber other than hard rubber, reinforced or combined only with metal, with fittings
4009.31.00	Tubes, pipes and hoses of vulcanized rubber other than hard rubber, reinforced or combined only with textile materials, without fittings
4009.32.00	Tubes, pipes and hoses of vulcanized rubber other than hard rubber, reinforced or combined only with textile materials, with fittings
4009.41.00	Tubes, pipes and hoses of vulcanized rubber other than hard rubber, reinforced or combined with other materials nesoi, without fittings
4010.12.10	Conveyor belts or belting of vulcanized rubber reinforced only with textile materials, in which vegetable fibers predominate ov other fibers
4010.12.50	Conveyor belts/belting of vulcanized rubber reinforced w/textile material, mostly manmade fiber, width exceeds 20cm
4010.12.55	Conveyor belts/belting of vulcanized rubber reinforced only w/textile material, mostly man-made fiber, width not over 20cm
4010.12.90	Conveyor belts or belting of vulcanized rubber reinforced only with textile materials, nesoi
4010.19.10	Conveyor belts or belting of vulcanized rubber, nesoi, combined with textile materials in which vegetable fibers predominate ov other fibers
4010.19.50	Conveyor belts/belting of vulcanized rubber, nesoi, combined w/textile components in which man-made fibers predominate, width exceed 20cm
4010.19.55	Conveyor belts/belting of vulcanized rubber, nesoi, combined w/textile components in which man-made fibers predominate, width under 20cm
4010.19.80	Conveyor belts/belting of vulcanized rubber, nesoi, combined with textile materials nesoi
4010.19.91	Conveyor belts/belting of vulcanized rubber, nesoi
4010.31.30	Transmission V-belts of vulcanized rubber, V-ribbed, circumference exceed 60cm but not exceed 180cm, combined with textile materials
4010.31.60	Transmission V-belt of vulcanized rubber, V-ribbed, circumference exceed 60cm but not exceed 180cm, other than combined w/textile material

HTS Subheading	Product Description
4010.32.30	Transmission V-belts of vulcanized rubber, not V-ribbed, circumference exceed 60cm but not exceed 180cm, combined with textile materials
4010.32.60	Transmission V-belt of vulcanized rubber, not V-ribbed, circumference exceed 60cm not exceed 180cm, other than combined w/textile material
4010.33.30	Transmission V-belts of vulcanized rubber, V-ribbed, circumference exceed 180cm but not exceed 240cm, combined with textile materials
4010.33.60	Transmission V-belt of vulcanized rubber, V-ribbed, circumference exceed 180cm not exceed 240cm, other than combined w/textile material
4010.34.30	Transmission V-belts of vulcanized rubber, not V-ribbed, circumference exceed 180cm but not exceed 240cm, combined with textile materials
4010.34.60	Transmission V-belt of vulcanized rubber, not V-ribbed, circumference exceed 180cm not exceed 240cm, other than combined w/textile material
4010.35.30	Endless synchronous transmission belt of vulcan. rubber, circum. 60-150cm, combined w/textile mat. w/vegetable fiber more than other fibers
4010.35.41	Endless synchronous transmission belt of vulcan. rubber, circum. 60-150cm, combine w/textile mat.; manmade fiber predominant; width ov 20cm
4010.35.45	Endless synchronous transmission belt of vulcan. rubber, circum. 60-150cm, combine w/text. mat.; manmade fiber predominant; width n/o 20cm
4010.35.50	Endless synchronous transmission belt of vulcanized rubber, circumference 60 to 150cm, combined with textile materials nesoi
4010.35.90	Endless synchronous transmission belt of vulcanized rubber, circumference 60 to 150cm, other than combined with textile materials
4010.36.30	Endless synchronous transmission belt of vulcan. rubber, circum. 150-198cm, combined w/textile with vegetable fiber predom over other fiber
4010.36.41	Endless synchronous transmission belt of vulcan. rubber, circum. 150-198cm, combined w/manmade fiber exceeding other fibers, width ov 20cm
4010.36.45	Endless synchronous transmission belt of vulcan. rubber, circum. 150-198cm, combined w/manmade fiber exceeding other fiber, width n/o 20cm
4010.36.50	Endless synchronous transmission belts of vulcanized rubber, circumference 150 to 198cm, combined with textile materials nesoi
4010.36.90	Endless synchronous transmission belts of vulcanized rubber, circumference 150 to 198cm, other than combined with textile materials
4010.39.10	Transmission V-belts and V-belting of vulcanized rubber, nesoi, combined with textile materials
4010.39.20	Transmission V-belts and V-belting of vulcanized rubber, nesoi, other than combined with textile materials
4010.39.30	Transmission belts or belting of vulcanized rubber, nesoi, combined with textile materials in which vegetable fiber predominate other fibers
4010.39.41	Transmission belts or belting of vulcanized rubber, nesoi, combined w. textile materials with man-made fibers predominant, width over 20cm
4010.39.45	Transmission belts or belting of vulcanized rubber, nesoi, combined w. textile materials with man-made fibers predominant, width n/o 20cm
4010.39.50	Transmission belts or belting of vulcanized rubber, nesoi, combined with textile materials nesoi
4010.39.90	Transmission belts or belting of vulcanized rubber, nesoi, other than combined with textile materials
4011.10.10	New pneumatic radial tires, of rubber, of a kind used on motor cars (including station wagons and racing cars)
4011.10.50	New pneumatic tires excluding radials, of rubber, of a kind used on motor cars (including station wagons and racing cars)
4011.20.10	New pneumatic radial tires, of rubber, of a kind used on buses or trucks
4011.20.50	New pneumatic tires excluding radials, of rubber, of a kind used on buses or trucks
4011.40.00	New pneumatic tires, of rubber, of a kind used on motorcycles
4011.50.00	New pneumatic tires, of rubber, of a kind used on bicycles
4011.70.00	New pneumatic tires of a kind used on agricultural or forestry vehicles and machines
4011.80.10	New pneumatic tires of a kind used on construction, mining or industrial handling vehicles and machines having a herring-bone or similar tread
4011.80.20	New pneumatic tires of a kind used on construction, mining or industrial handling vehicles and machines having a radial tread
4011.80.80	New pneumatic tires of a kind used on construction, mining or industrial handling vehicles and machines, other
4011.90.10	New pneumatic tires, of a kind NESOI, have a herring-bone or similar tread
4011.90.20	New pneumatic tires, of a kind NESOI, have a radial tread
4011.90.80	New pneumatic tires, NESOI
4012.11.40	Retreaded radial pnuematic tires, of rubber, of a kind used on motor cars (including station wagons and racing cars)
4012.11.80	Retreaded pnuematic tires (nonradials), of rubber, of a kind used on motor cars (including station wagons and racing cars)
4012.12.40	Retreaded pnuematic radial tires, of rubber, of a kind used on buses or trucks
4012.12.80	Retreaded pnuematic tires (nonradials), of rubber, of a kind used on buses or trucks
4012.19.20	Retreaded pneumatic tires, of rubber, designed for certain agricultural or horticultural machinery

HTS Subheading	Product Description
4012.19.40	Retreaded pneumatic radial tires, of rubber, not elsewhere specified or included
4012.20.10	Used pneumatic tires of rubber, for aircraft
4012.20.15	Used pneumatic tires of rubber, designed for certain agricultural or horticultural machinery, for on-highway trasnport of passengers or goods
4012.20.45	Used pneumatic tires of rubber, designed for certain agricultural or horticultural machinery, nesoi
4012.20.60	Used pneumatic tires, of rubber, for vehicles for on-highway transport of passengers or goods nesoi, or vehicles of heading 8705
4012.20.80	Used pneumatic tires, of rubber for machinery, nesoi
4012.90.10	Solid or cushion tires of rubber
4012.90.30	Bicycle rim strips of natural rubber
4012.90.45	Interchangeable tire treads and tire flaps, of natural rubber, nesoi
4012.90.70	Bicycle rim strips of rubber other than of natural rubber
4012.90.90	Interchangeable tire treads and tire flaps, of rubber other than natural rubber, except bicycle rim strips, nesoi
4013.10.00	Inner tubes of rubber, of a kind used on motor cars (including station wagons and racing cars), buses or trucks
4013.20.00	Inner tubes of rubber, of a kind used on bicycles
4013.90.10	Inner tubes of rubber designed for tires used on certain agricultural or horticultural machinery
4013.90.50	Inner tubes of rubber for vehicles nesoi
4015.19.10	Seamless gloves of vulcanized rubber other than hard rubber, other than surgical or medical gloves
4015.19.50	Nonseamless gloves of vulcanized rubber other than hard rubber, other than surgical or medical gloves
4015.90.00	Articles of apparel and clothing accessories, excluding gloves, of vulcanized rubber other than hard rubber
4016.10.00	Articles of vulcanized cellular rubber other than hard rubber
4016.91.00	Floor covering and mats, of noncellular vulcanized rubber other than hard rubber
4016.93.10	Gaskets, washers and other seals, of noncellular vulcanized rubber other than hard rubber, for use in automotive goods in C87
4016.93.50	Gaskets, washers and other seals, of noncellular vulcanized rubber other than hard rubber, not for use in automotive goods in C87
4016.94.00	Boat or dock fenders, whether or not inflatable, of noncellular vulcanized rubber other than hard rubber
4016.99.03	Containers of noncellular vulcanized rubber, other than hard rubber, of a kind for packing, transport or marketing of merchandise
4016.99.30	Articles made of noncellular vulcanized natural rubber, used as vibration control goods in vehicles of 8701 through 8705
4016.99.35	Articles made of noncellular vulcanized natural rubber, not used as vibration control goods in vehicles of 8701 through 8705 nesoi
4016.99.55	Articles nesoi, of noncellular vulcanized synthetic rubber other than hard rubber, used as vibration control goods in veh 8701/8705
4016.99.60	Articles of noncellular vulcanized synthetic rubber other than hard rubber
4017.00.00	Hard rubber (for example, ebonite) in all forms, including waste and scrap; articles of hard rubber
4104.11.10	Tanned whole bovine skin and hide upper/lining leather, w/o hair on, unit surface area n/o 2.6 sq m, in the wet state
4104.11.20	Tanned whole bovine skin and hide leather (not upper/lining), w/o hair on, unit surface area n/o 2.6 sq m, in the wet state
4104.11.30	Full grain unsplit or grain split buffalo hide or skin, w/o hair on, tanned but not further prepared, surface ov 2.6 m2, in the wet state
4104.11.40	Full grain unsplit/grain split bovine nesoi and equine upper & sole hides/skins, w/o hair, tanned but not further prepared, in the wet state
4104.11.50	Full grain unsplit/grain split bovine (except buffalo) nesoi and equine hides/skins, w/o hair, tanned not further prepared, in the wet state
4104.19.10	Whole bovine skin upper or lining leather, w/o hair on, unit surface n/o 2.6 sq m, tanned but not further prepared, in the wet state
4104.19.20	Whole bovine skin leather (not upper or lining), w/o hair on, surface n/o 2.6 sq m, tanned but not further prepared, in the wet state
4104.19.30	Buffalo hides and skins nesoi, w/o hair on, unit surface area ov 2.6 m2, tanned but not further prepared, in the wet state
4104.19.40	Upper and sole bovine (except buffalo) and equine hides and skins, nesoi, w/o hair, tanned but not further prepared, in the wet state
4104.19.50	Bovine (except buffalo) and equine hides and skins (not upper/sole) nesoi, w/o hair, tanned but not furtherprepared, in the wet state
4104.41.10	Crust whole bovine hide and skin upper or lining leather, w/o hair on, unit surface n/o 2.6 sq m, tanned but not further prepared
4104.41.20	Crust whole bovine hide and skin leather (not upper or lining), w/o hair on, surface n/o 2.6 sq m, tanned but not further prepared
4104.41.30	Crust full grain unsplit or grain split buffalo hides and skins, surface area over 2.6 m2, without hair on, tanned but not further prepared
4104.41.40	Crust full grain unsplit/grain split bovine (ex. buffalo) nesoi/equine hides/skins upper/sole leather, w/o hair, tanned not further prepared
4104.41.50	Crust full grain unsplit/grain split bovine (except buffalo) nesoi and equine hides and skins, nesoi, w/o hair, tanned not further prepared
4104.49.10	Crust whole bovine hide and skin upper or lining leather, w/o hair on, unit surface n/o 2.6 sq m, tanned but not further prepared, nesoi
4104.49.20	Crust whole bovine hide and skin (not upper or lining leather), w/o hair on, surface n/o 2.6 sq m, tanned but not further prepared, nesoi
4104.49.30	Crust buffalo hides and skins nesoi, without hair on, surface area over 2.6 m2, tanned but not furtherprepared
4104.49.40	Crust upper and sole equine and bovine (except buffalo) nesoi hides and skins, nesoi, w/o hair, tanned but not further prepared
4104.49.50	Crust bovine (except buffalo) nesoi and equine hides and skins, nesoi, w/o hair, tanned but not further prepared
4105.10.10	Sheep or lamb skins, without wool on, tanned but not further prepared, wet blue
4105.10.90	Sheep or lamb skins, without wool on, tanned but not further prepared, in the wet state other than wet blue

HTS Subheading	Product Description
4105.30.00	Sheep or lamb skins, without wool on, tanned but not further prepared, in the dry state (crust)
4106.21.10	Hides and skins of goats or kids, without hair on, tanned but not further prepared, wet blue
4106.21.90	Hides and skins of goats or kids, without hair on, tanned but not further prepared, in the wet state other than wet blue
4106.22.00	Hides and skins of goats or kids, without hair on, tanned but not further prepared, in the dry state (crust)
4106.31.10	Hides and skins of swine, without hair on, tanned but not further prepared, wet blue
4106.31.90	Hides and skins of swine, without hair on, tanned but not further prepared, in the wet state other than wet blue
4106.32.00	Hides and skins of swine, without hair on, tanned but not further prepared, in the dry state (crust)
4106.40.00	Tanned or cust hides and skins of reptiles, whether or not split, but not further prepared
4106.91.00	Hides and skins of animals nesoi, without hair on, tanned but not further prepared, in the wet state (including wet-blue)
4106.92.00	Hides and skins of animals nesoi, without hair on, tanned but not further prepared, in the dry state (crust)
4107.11.10	Full grain unsplit whole bovine upper or lining leather, w/o hair on, surface n/o 2.6 m2, prepared after tanning or crusting, not head 4114
4107.11.20	Full grain unsplit whole bovine leather (not upper/lining), w/o hair on, not fancy, n/o 2.6 m2, prepared after tanning or crust, not head 4114
4107.11.30	Full grain unsplit whole bovine leather (not upper/lining), w/o hair on, fancy, n/o 2.6 m2, prepared after tanning or crusting, not head 4114
4107.11.40	Full grain unsplit whole buffalo leather, without hair on, surface over 2.6 sq m, prepared after tanning or crusting, not heading 4114
4107.11.50	Full grain unsplit upholstery leather of bovines (not buffalo) nesoi and equines, w/o hair on, prepared after tanning or crusting, not 4114
4107.11.60	Full grain unsplit upper & sole leather of bovines (not buffalo) nesoi or equine, w/o hair on, prepared after tanning or crusting, not 4114
4107.11.70	Full grain unsplit whole bovine (not buffalo) nesoi and equine leather nesoi, w/o hair, prepared after tanning/crusting, not fancy, not 4114
4107.11.80	Full grain unsplit whole bovine (not buffalo) nesoi and equine leather nesoi, w/o hair, prepared after tanning or crusting, fancy, not 4114
4107.12.10	Grain split whole bovine skin upper or lining leather, w/o hair on, unit surface n/o 2.6 sq m, prepared after tanning or crusting, not 4114
4107.12.20	Grain split whole bovine skin leather (not upper or lining), w/o hair, not fancy, n/o 2.6 sq m, prepared after tanning or crusting, not 4114
4107.12.30	Grain split whole bovine skin leather (not upper or lining), w/o hair on, fancy, n/o 2.6 sq m, prepared after tanning or crusting, not 4114
4107.12.40	Grain split whole buffalo leather, without hair on, unit surface area over 2.6 sq m, prepared after tanning or crusting, not of heading 4114
4107.12.50	Grain split whole upholstery leather of bovines (not buffalo) nesoi and equines, w/o hair on, prepared after tanning or crusting, not 4114
4107.12.60	Grain split whole upper & sole leather of bovines (not buffalo) nesoi or equines, w/o hair on, prepared after tanning or crusting, not 4114
4107.12.70	Grain split whole bovine (not buffalo) nesoi and equine nesoi leathers, w/o hair on, prepared after tanning or crusting, not fancy, not 4114
4107.12.80	Grain split whole bovine (not buffalo) nesoi and equine nesoi leathers, without hair on, prepared after tanning or crusting, fancy, not 4114
4107.19.10	Whole bovine skin upper or lining leather nesoi, w/o hair on, unit surface n/o 2.6 m2, prepared after tanning or crusting, not of head 4114
4107.19.20	Whole bovine skin leather (not upper or lining) nesoi, w/o hair on, not fancy, n/or 2.6 sq m, prepared after tanning or crusting, not 4114
4107.19.30	Whole bovine skin leather (not upper or lining) nesoi, w/o hair on, fancy, surface n/o 2.6 m2, prepared after tanning or crusting, not 4114
4107.19.40	Whole buffalo skin leather (not full grain unsplits/grain splits), w/o hair on, over 2.6 sq m, prepared after tanning or crusting, not 4114
4107.19.50	Whole upholstery leather of bovines (not buffalo) nesoi and equines nesoi, without hair on, prepared after tanning or crusting, not 4114
4107.19.60	Whole upper & sole leather of bovines (not buffalo) nesoi or equines nesoi, without hair on, prepared after tanning or crusting, not 4114
4107.19.70	Whole bovine (not buffalo) and equine leather, nesoi, without hair on, not fancy, prepared after tanning or crusting, not of heading 4114
4107.19.80	Whole bovine (not buffalo) and equine leather, nesoi, without hair on, fancy, prepared after tanning or crusting, not of heading 4114
4107.91.40	Full grain unsplit buffalo leather (not whole), w/o hair on, prepared after tanning or crusting (including parchment-dressed), not head 4114

HTS Subheading	Product Description
4107.91.50	Full grain unsplit upholstery leather of bovines (not buffalo) & equines, not whole, w/o hair, prepared after tanning or crusting, not 4114
4107.91.60	Full grain unsplit upper & sole leather of bovines (not buffalo) or equines, not whole, w/o hair, prep. after tanning or crusting, not 4114
4107.91.70	Full grain unsplit bovine (not buffalo) & equine leather, not whole, w/o hair on, nesoi, not fancy, prep. after tanning/crusting, not 4114
4107.91.80	Full grain unsplit bovine (not buffalo) & equine leather, not whole, w/o hair on, nesoi, fancy, prepared after tanning or crusting, not 4114
4107.92.40	Grain splits buffalo leather (not whole), without hair on, prepared after tanning or crusting, otherthan of heading 4114
4107.92.50	Grain splits upholstery leather of bovines (not buffalo) and equines, not whole, w/o hair on, prepared after tanning or crusting, not 4114
4107.92.60	Grain splits upper & sole leather of bovines (not buffalo) or equines, not whole, w/o hair on, prepared after tanning or crusting, not 4114
4107.92.70	Grain splits bovine (not buffalo) and equine leather, not whole, w/o hair on, nesoi, not fancy, prepared after tanning or crusting, not 4114
4107.92.80	Grain splits bovine (not buffalo) and equine leather, not whole, without hair on, nesoi, fancy, prepared after tanning or crusting, not 4114
4107.99.40	Buffalo leather other than full grains unsplit & grain splits, not whole, w/o hair on, prepared after tanning or crusting, not heading 4114
4107.99.50	Upholstery leather of bovines (not buffalo) or equines, not whole, nesoi, without hair on, prepared after tanning or crusting, not 4114
4107.99.60	Upper & sole leather of bovines (not buffalo) or equines, not whole, nesoi, w/o hair on, prepare after tanning or crusting, not 4114
4107.99.70	Bovine (not buffalo) and equine leather, not whole, nesoi, without hair on, not fancy, prepared after tanning or crusting, not heading 4114
4107.99.80	Bovine (not buffalo) and equine leather, not whole, nesoi, without hair on, fancy, prepared after tanning or crusting, not of heading 4114
4112.00.30	Sheep or lamb skin leather, without wool on, not fancy, prepared after tanning or crusting, other thanof heading 4114
4112.00.60	Sheep or lamb skin leather, without wool on, fancy, further prepared after tanning or crusting, other than of heading 4114
4113.10.30	Goat or kidskin leather, without hair on, not fancy, further prepared after tanning or crusting, other than of heading4114
4113.10.60	Goat or kidskin leather, without hair on, fancy, further prepared after tanning or crusting, other than of heading 4114
4113.20.00	Leather of swine, without hair on, further prepared after tanning or crusting, other than leather of heading 4114
4113.30.30	Reptile leather, not fancy, further prepared after tanning or crusting, other than leather of heading 4114
4113.30.60	Reptile leather, fancy, further prepared after tanning or crusting, other than leather of heading 4114
4113.90.30	Leather of animals nesoi, without hair on, not fancy, further prepared after tanning or crusting, other than leather of heading 4114
4113.90.60	Leather of animals nesoi, without hair on, fancy, further prepared after tanning or crusting, other than leather of heading 4114
4114.10.00	Chamois (including combination chamois) leather
4114.20.30	Patent leather
4114.20.40	Patent laminated leather or metallized leather, of calf or kip
4114.20.70	Patent laminated leather or metallized leather, other than calf or kip
4115.10.00	Composition leather with a basis of leather or leather fiber, in slabs, sheets or strip, whether or not in rolls
4201.00.30	Dog leashes, collars, muzzles, harnesses and similar dog equipment, of any material
4201.00.60	Saddlery and harnesses for animals nesoi, (incl. traces, leads, knee pads, muzzles, saddle cloths and bags and the like), of any material
4202.11.00	Trunks, suitcases, vanity & all other cases, occupational luggage & like containers, surface of leather, composition or patent leather
4202.12.21	Trunks, suitcases, vanity and attache cases and similar containers, with outer surface of plastics
4202.12.29	Occupational luggage and similar containers, with outer surface of plastics
4202.12.40	Trunks, suitcases, vanity & attache cases, occupational luggage & like containers, surfaces of cotton, not of pile or tufted construction
4202.12.60	Trunks, suitcases, vanity & attache cases, occupational luggage & like containers, w outer surface of veg. fibers, excl. cotton
4202.12.81	Trunks, suitcases, vanity & attache cases, occupational luggage and similar containers, with outer surface of MMF materials
4202.12.89	Trunks, suitcases, vanity & attache cases, occupational luggage and similar containers, with outer surface of textilematerials nesoi
4202.19.00	Trunks, suitcases, vanity cases, attache cases, occupational luggage & like containers surface of vulcanized fiber or paperboard nesoi
4202.21.30	Handbags, with or without shoulder strap or without handle, with outer surface of reptile leather
4202.21.60	Handbags, with or without shoulder strap or without handle, with outer surface of leather, composition or patent leather, nesoi, n/o $20 ea.
4202.21.90	Handbags, with or without shoulder strap or without handle, with outer surface of leather, composition or patent leather, nesoi, over $20 ea.
4202.22.15	Handbags, with or without shoulder straps or without handle, with outer surface of sheeting of plastics
4202.22.35	Handbags with or without shoulder strap or without handle, with outer surface of textile materials, wholly or in part of braid, of abaca
4202.22.40	Handbags with or without shoulder strap or without handle, with outer surface of textile materials, wholly or in part of braid, nesoi
4202.22.45	Handbags with or without shoulder strap or without handle, with outer surface of cotton, not of pile or tufted construction or braid
4202.22.60	Handbags with or w/o shoulder strap or w/o handle, outer surface of veg. fibers, exc. cotton, not of pile ortufted construction or braid

HTS Subheading	Product Description
4202.22.70	Handbags with or w/o shoulder strap or w/o handle, with outer surface containing 85% or more of silk, not braided
4202.22.81	Handbags with or without shoulder strap or without handle, with outer surface of MMFmaterials
4202.22.89	Handbags with or without shoulder strap or without handle, with outer surface of textile materials nesoi
4202.29.10	Handbags w. or w/o shld. strap or w/o handle of mat. (o/t leather, shtng. of plas., tex. mat., vul. fib. or paperbd.), paper cov., of plas.
4202.29.20	Handbags w. or w/o shld. strap or w/o handle of mat. (o/t leather, shtng. of plas., tex. mat., vul. fib. or paperbd.), paper cov., of wood
4202.29.50	Handbags w. or w/o shld. strap or w/o handle of mat. (o/t leather, shtng. of plas., tex. mat., vul. fib. or paperbd.), pap.cov., of mat. nesoi
4202.29.90	Handbags with or without shoulder straps or without handle, with outer surface of vulcanized fiber or of paperboard, not covered with paper
4202.31.30	Articles of a kind normally carried in the pocket or handbag, with outer surface of reptile leather
4202.31.60	Articles of a kind normally carried in the pocket or handbag, with outer surface of leather, composition or patent leather, nesoi
4202.32.10	Articles of a kind normally carried in the pocket or handbag, with outer surface of reinforced or laminated plastics
4202.32.20	Articles of a kind normally carried in the pocket or handbag, with outer surface of plastic sheeting, nesoi
4202.32.40	Articles of a kind normally carried in the pocket or handbag, with outer surface of cotton, not of pile or tufted construction
4202.32.80	Articles of a kind normally carried in the pocket or handbag, with outer surface of vegetable fibers, not of pile or tufted construction, nesoi
4202.32.85	Articles of a kind normally carried in the pocket or handbag, with outer surface 85% or more silk or silk waste
4202.32.91	Articles of a kind normally carried in the pocket or handbag, with outer surface of cotton
4202.32.93	Articles of a kind normally carried in the pocket or handbag, with outer surface of MMF
4202.32.99	Articles of a kind normally carried in the pocket or handbag, with outer surface of other textile materials
4202.39.10	Articles of kind usually carried in pocket or handbag (o/t leather, shtng. of plas., tex. mat., vul. fib. or paperbd.), pap. cov., ofplas.
4202.39.20	Articles of kind usually carried in pocket or handbag (o/t leather, shtng. of plas., tex. mat., vul. fib. or paperbd.), pap. cov., of wood
4202.39.50	Articles of kind usu. carried in pocket or handbag (o/t lea., shtng. of plas., tex. mat., vul. fib. orpaperbd.), pap. cov., of mat. nesoi
4202.39.90	Articles of a kind normally carried in the pocket or handbag, with outer surface of vulcanized fiber or of paperboard
4202.91.10	Golf bags, with outer surface of leather or composition leather
4202.91.90	Cases, bags and containers nesoi, other than golf bags, with outer surface of leather, of composition leather
4202.92.04	Insulated beverage bag w/outer surface textiles, interior only flexible plastic container storing/dispensing beverage thru flexible tubing
4202.92.08	Insulated food or beverage bags with outer surface of textile materials, nesoi
4202.92.10	Insulated food or beverage bags with outer surface of sheeting of plastic
4202.92.15	Travel, sports and similar bags with outer surface of cotton, not of pile or tufted construction
4202.92.20	Travel, sports and similar bags with outer surface of vegetable fibers, excl. cotton, not of pile construction
4202.92.31	Travel, sports and similar bags with outer surface of MMF textile materials
4202.92.33	Travel, sports and similar bags with outer surface of textile materials of paper yarn, silk or cotton
4202.92.39	Travel, sports and similar bags with outer surface of textile materials other than MMF, paper yarn, silk, cotton
4202.92.45	Travel, sports and similar bags with outer surface of plastic sheeting
4202.92.50	Musical instrument cases, with outer surface of plastic sheeting or of textile materials
4202.92.60	Bags, cases and similar containers, nesoi, with outer surface of cotton
4202.92.91	Bags, cases and similar containers with outer surface of textile materials, of MMF except jewelry boxes
4202.92.93	Bags, cases and similar containers with outer surface of textile materials, not of MMF
4202.92.94	Cases for CDs, CD players, cassettes, or cassette players
4202.92.97	Bags, cases & similar containers with outer surface of sheeting of plastic materials, not containers for CDs or cassettes, or CD or cassette players
4202.99.10	Cases, bags and sim. containers, nesoi, of mat. (o/t leather, shtng. of plas., tex. mat., vul. fib., or paperbd.), pap. cov., of plastic
4202.99.20	Cases & sim. cont., nesoi, of mat. (o/t lea., shtng. of plas., tex. mat., vul. fib. or paperbd.), pap. cov., of wood, not lined with tex.fab.
4202.99.30	Cases, bags & sim. cont., nesoi, of mat. (o/t lea., plas. shtng., tex. mat., vul. fib. or paperbd.), pap. cov., of wood, lined with tex. fab.
4202.99.50	Cases, bags & sim. cont., nesoi, of mat. (o/t lea., plas. shtng., tex. mat., vul. fib. or paperbd.), pap. cov., except of wood or plastic
4202.99.90	Cases, bags and similar containers, nesoi, with outer surface of vulcanized fiber or of paperboard
4203.10.20	Articles of apparel, of reptile leather
4203.10.40	Articles of apparel, of leather or of composition leather, nesoi
4203.21.20	Batting gloves, of leather or of composition leather
4203.21.40	Baseball and softball gloves and mitts, excluding batting gloves, of leather or of composition leather
4203.21.55	Cross-country ski gloves, mittens and mitts, of leather or of composition leather
4203.21.60	Ski or snowmobile gloves, mittens and mitts, nesoi, of leather or of composition leather
4203.21.70	Ice hockey gloves, of leather or of composition leather
4203.21.80	Gloves, mittens and mitts specially designed for use in sports, nesoi, of leather or of composition leather

HTS Subheading	Product Description
4203.29.05	Gloves, wholly of horsehide or cowhide leather not specially designed for use in sports, with fourchettes or sidewalls
4203.29.08	Gloves, wholly of horsehide or cowhide (except calfskin) leather, not specially designed for use in sports, nesoi
4203.29.15	Gloves not wholly of horsehide or cowhide leather not specially designed for use in sports, with fourchettes or sidewalls
4203.29.18	Gloves not wholly of horsehide or cowhide leather not specially designed for use in sports, nesoi
4203.29.20	Gloves, mittens and mitts of leather or composition leather, nesoi, not seamed
4203.29.30	Men's gloves, mittens and mitts of leather or composition leather, nesoi, seamed
4203.29.40	Gloves, mittens and mitts of leather or composition leather, nesoi, not lined, for persons other than men
4203.29.50	Gloves, mittens and mitts of leather or composition leather, nesoi, lined, for persons other than men
4203.30.00	Belts and bandoliers with or without buckles, of leather or of composition leather
4203.40.30	Clothing accessories nesoi, of reptile leather
4203.40.60	Clothing accessories of leather or of composition leather, nesoi
4205.00.05	Belting leather cut or wholly or partly manufactured into forms or shapes suit. for conversion into belting for machinery or appliances
4205.00.10	Articles of leather or composition leather used in machinery or mechanical appliances or for other technical uses, except belting leathers
4205.00.20	Shoelaces of leather or of composition leather
4205.00.40	Straps and strops of leather or of composition leather
4205.00.60	Articles of reptile leather, nesoi
4205.00.80	Articles of leather or of composition leather, nesoi, excluding reptile leather
4302.11.00	Tanned or dressed whole furskins of mink, with or without head, tail or paws, not assembled
4302.19.13	Tanned/dressed whole skins of Astrakhan, Broadtail, Caracul, Persian, Indian, Mongolian, Chinese & Tibetan lamb, not assembled
4302.19.15	Tanned or dressed whole furskins of silver, black or platinum fox (including mutations), with or without head, tail or paws, not assembled
4302.19.30	Tanned or dressed whole furskins of beaver, chinchilla, ermine, lynx, raccoon, sable, other specified animals, not dyed, not assembled
4302.19.45	Tanned or dressed whole furskins of beaver, chinchilla, ermine, lynx, raccoon, sable, wolf, other specified animals, dyed, not assembled
4302.19.55	Tanned or dressed whole furskins of rabbit or hare, with or without head, tail or paws, not assembled
4302.19.60	Tanned or dressed whole furskins, nesoi, with or without head, tail or paws, not assembled, not dyed
4302.19.75	Tanned or dressed whole furskins, nesoi, with or without head, tail or paws, not assembled, dyed
4302.20.30	Heads, tails, paws, other pieces or cuttings of dressed or tanned furskins, of beaver, ermine, wolf, other specified animals, nt assembled
4302.20.60	Heads, tails, paws and other pieces or cuttings of dressed or tanned furskins, nesoi, not assembled, not dyed
4302.20.90	Heads, tails, paws and other pieces or cuttings of dressed or tanned furskins, nesoi, not assembled, dyed
4302.30.00	Whole furskins and pieces or cuttings thereof, tanned and dressed, assembled
4303.10.00	Articles of apparel and clothing accessories, of furskins
4303.90.00	Articles of furskin, nesoi
4304.00.00	Artificial fur and articles thereof
4401.10.00	Fuel wood, in logs, in billets, in twigs, in faggots or similar forms
4401.21.00	Coniferous wood in chips or particles
4401.22.00	Nonconiferous wood in chips or particles
4401.31.00	Sawdust and wood waste and scrap, pellets
4401.39.20	Artificial fire logs, composed of wax and sawdust, with or without added materials
4401.39.40	Sawdust and wood waste and scrap, excluding pellets or artificial logs, nesoi
4402.10.00	Wood charcoal (including shell or nut charcoal), whether or not agglomerated, of bamboo
4402.90.00	Wood charcoal (including shell or nut charcoal), whether or not agglomerated, other than of bamboo
4403.10.00	Wood in the rough whether or not stripped of bark or sapwood, or roughly squared, treated with paint, stain, creosote or other preservatives
4403.20.00	Coniferous wood in the rough, whether or not stripped of bark or sapwood or roughly squared, not treated with preservatives
4403.41.00	Wood in the rough/roughly squared, of Dark Red Meranti, Light Red Meranti and Meranti Bakau, not treated with paint/stain/cresote/other preserv
4403.49.01	Wood in the rough/roughly squared, of other tropical wood, not treated with paint/stain/creosote/other preserv
4403.91.00	Oak wood in the rough, whether or not stripped of bark or sapwood, or roughly squared, not treated with preservatives
4403.92.00	Beech wood in the rough, not treated with preservatives
4403.99.00	Wood in the rough, nesoi
4404.10.00	Coniferous wood, roughly shaped into poles, pickets, stakes, sticks and other forms, to be finished into specific articles or products
4404.20.00	Nonconiferous wood, roughly shaped into poles, pickets, stakes, sticks and other forms, to be finished into specific articles or products
4405.00.00	Wood wool (excelsior); wood flour
4406.10.00	Railway or tramway sleepers (cross-ties) of wood, not impregnated
4406.90.00	Railway or tramway sleepers (cross-ties) of wood, impregnated
4407.10.01	Coniferous wood sawn or chipped lengthwise, sliced or peeled, of a thickness exceeding 6 mm
4407.21.00	Dark Red Meranti, Light Red Meranti and other specified tropical woods, sawn or chipped lengthwise, sliced or peeled, over 6 mm thick

HTS Subheading	Product Description
4407.22.00	Okoume, Obeche, Sapelli and other specified tropical woods, sawn or chipped lengthwise, sliced or peeled, over 6 mm thick
4407.25.00	Dark Red Meranti, Light Red Meranti and Meranti Bakau wood sawn or chipped lengthwise, sliced or peeled, over 6 mm thick
4407.26.00	White Lauan, White Meranti, White Seraya, Yellow Meranta and Alan wood sawn or chipped lengthwise, sliced or peeled, over 6 mm thick
4407.27.00	Sapelli wood sawn or chipped lengthwise, sliced or peeled, over 6 mm thick
4407.28.00	Iroko wood sawn or chipped lengthwise, sliced or peeled, over 6 mm thick
4407.29.01	Tropical wood specified in chapter 44 subheading note 1, nesoi, sawn or chipped lengthwise, sliced or peeled, over 6 mm thick
4407.91.00	Oak wood, sawn or chipped lengthwise, sliced or peeled, over 6 mm thick
4407.92.00	Beech wood, sawn or chipped lengthwise, sliced or peeled, over 6 mm thick
4407.93.00	Maple wood sawn or chipped lengthwise, sliced or peeled, over 6 mm thick
4407.94.00	Cherry wood sawn or chipped lengthwise, sliced or peeled, over 6 mm thick
4407.95.00	Ash wood sawn or chipped lengthwise, sliced or peeled, over 6 mm thick
4407.99.01	Nonconiferous woods, nesoi, sawn or chipped lengthwise, sliced or peeled, over 6 mm thick
4408.10.01	Coniferous veneer sheets and sheets for plywood & coniferous wood sawn/sliced/peeled not over 6 mm thick
4408.31.01	Dark Red Meranti, Light Red Meranti and Meranti Bakau veneer sheets and sheets for plywood and other wood sawn/sliced/peeled, n/o 6 mm thick
4408.39.02	Other tropical wood veneer sheets and sheets for plywood, and wood sawn/sliced/peeled n/o 6 mm thick
4408.90.01	Nontropical nonconiferous veneer sheets and sheets for plywood and other wood sawn/sliced/peeled, not over 6 mm thick
4409.10.05	Coniferous wood continuously shaped along any of its ends, whether or not also continuously shaped along any its edges or faces
4409.10.10	Coniferous wood siding continuously shaped along any of its edges or faces but not on its ends
4409.10.20	Coniferous wood flooring continuously shaped along any of its edges or faces but not on its ends
4409.10.40	Standard wood moldings of pine (Pinus spp.) continuously shaped along any of its edges or faces but not on its ends
4409.10.45	Standard coniferous wood moldings, other than of pine, continuously shaped along any of its edges or faces but not on its ends
4409.10.50	Coniferous wood moldings, other than standard type, continuously shaped along any of its edges or faces but not onits ends
4409.10.60	Coniferous wood dowel rods, plain, continuously shaped along any of its edges or faces but not on its ends
4409.10.65	Coniferous wood dowel rod, sanded/grooved/otherwise advanced in condition, continuously shaped along any of edges or faces but not its ends
4409.10.90	Coniferous wood, other than siding, flooring, moldings or dowel rod, continuously shaped along any of its edges or faces but not on its ends
4409.21.05	Nonconiferous wood (bamboo) continuously shaped along any of its ends, wether or not also continuously shaped along any its edges or faces
4409.21.90	Bamboo, other than continuously shaped along any of its ends
4409.22.05	Nonconiferous tropical wood continuously shaped along any ends, whether or not also continuously shaped along any edges or faces
4409.22.10	Nonconiferous tropical wood siding, whether or not continuously shaped along its edges or faces but not its ends
4409.22.25	Nonconiferous tropical wood flooring, whether or not continuously shaped along its edges or faces but not its ends
4409.22.40	Nonconiferous tropical wood standard moldings, whether or not continuously shaped along its edges or faces but not its ends
4409.22.50	Other nonconiferous tropical wood moldings, whether or not continuously shaped along its edges or faces but not its ends
4409.22.60	Plain nonconiferous tropical wood dowel rods, whether or not continuously shaped along its edges or faces but not its ends
4409.22.65	Nonconif. tropical wood dowel rods, sanded/grooved/otherwise advanced in condition, whether or not continuous. along edges or faces but not ends
4409.22.90	Other nonconiferous tropical wood, whether or not continuously shaped along its edges or faces but not its ends
4409.29.06	Other nonconiferous wood, continuously shaped along any ends, whether or not also continuously shaped along any edges or faces
4409.29.11	Other nonconiferous wood siding, whether or not continuously shaped along its edges or faces but not its ends
4409.29.26	Other nonconiferous wood flooring, whether or not continuously shaped along its edges or faces but not its ends
4409.29.41	Other nonconiferous standard wood moldings, whether or not continuously shaped along its edges or faces but not its ends
4409.29.51	Other nonconiferous wood moldings, whether or not continuously shaped along its edges or faces but not its ends
4409.29.61	Plain other nonconif. wood dowel rods, whether or not continuously shaped along edges or faces but not ends
4409.29.66	Other nonconif. wood dowel rods, sanded/grooved/otherwise advanced in condition, whether or not continuously shaped along edges or faces but not ends
4409.29.91	Other nonconiferous wood, whether or not continuously shaped along its edges or faces but not its ends
4410.11.00	Waferboard, including oriented strand board, of wood
4410.12.00	Oriented strand board and waferboard, of wood, unworked or not further worked than sanded
4410.19.00	Particle board and similar board of wood, other than waferboard
4410.90.00	Particle board and similar board of ligneous materials other than wood
4411.12.10	MDF, <= 5mm thick, not mechanically worked or surface covered
4411.12.20	MDF, <= 5mm thick, for construction, laminated
4411.12.30	MDF, <= 5mm thick, for construction, not laminated, nesoi

HTS Subheading	Product Description
4411.12.60	Fiberboard of a density over 0.5g/cm3 but not over 0.8g/cm3, not mechanically worked surface covered (Except for oiltreatment)
4411.12.90	MDF, <= 5mm thick, not for construction, nesoi
4411.13.10	MDF, >5mm but<= 9 mm thick, not mechanically worked or surface covered
4411.13.20	MDF, >5mm but<= 9 mm thick, , for construction, laminated
4411.13.30	MDF, >5mm but<= 9 mm thick, for construction, not laminated, nesoi
4411.13.60	Fiberboard of a density over 0.5g/cm3 but not over 0.8g/cm3, not mechanically worked surface covered (except for oil treatment)
4411.13.90	MDF, >5mm but<= 9 mm thick, not for construction, nesoi
4411.14.10	Fiberboard of a thickness exceeding 9 mm, not mechanically worked or surface covered
4411.14.20	Fiberboard of a thickness exceeding 9 mm, edgeworked continuously, laminated, for construction uses
4411.14.30	Fiberboard of a thickness exceeding 9 mm, tongued, grooved or rabbetted continuously, for construction uses, nesoi
4411.14.60	Fiberboard of a thickness exceeding 9 mm, not mechanically worked surface covered (except for oil treatment)
4411.14.90	Fiberboard nesoi, of a thickness exceeding 9 mm
4411.92.10	Fiberboard of a density exceeding 0.8g/cm3, not mechanically worked or surface covered
4411.92.20	Fiberboard, of a density exceeding 0.8g/cm3, mechanically worked, not surface covered (except for oil treatment)
4411.92.30	Fiberboard, of a density exceeding 0.8g/cm3, mechanically edged-worked, for construction uses
4411.92.40	Fiberboard nesoi, density exceeding 0.8g/cm3
4411.93.10	Fiberboard, not MDF, of a density>0.5 but<=0.8g/cm3, not mechanically worked or surface covered
4411.93.20	Fiberboard, not MDF, of a density>0.5 but<=0.8g/cm3, edgeworked continuously, laminated, for construction uses
4411.93.30	Fiberboard, not MDF, of a density>0.5 but<=0.8g/cm3, tongued, grooved or rabbetted continuously, for construction, nesoi
4411.93.60	Fiberboard of a density over 0.5g/cm3 but not over 0.8g/cm3, not mechanically worked surface covered (Except for oil)
4411.93.90	Fiberboard, not MDF, of a density>0.5 but<=0.8g/cm3, nesoi
4411.94.00	Fiberboard of a density exceeding 0.35g/cm3 but not exceeding 0.5g/cm3, not mechanically worked or surface covered
4412.10.05	Plywood, veneered panels and similar laminated wood, of bamboo
4412.10.90	Veneered panels and similar laminated wood, of bamboo, other than plywood
4412.31.06	Plywood sheets n/o 6mm thick, tropical wood outer ply, birch face ply, not surface covered beyond clear/transparent
4412.31.26	Plywood sheets n/o 6mm thick, tropical wood outer ply, Spanish cedar or walnut face ply, not surface covered beyond clear/transparent
4412.31.41	Plywood sheets n/o 6mm thick, with specified tropical wood outer ply, with face ply nesoi, not surface covered beyond clear/transparent
4412.31.52	Plywood sheets n/o 6mm thick, tropical wood nesoi at least one outer ply, with face ply nesoi, not surface covered beyond clear/transparent
4412.31.61	Plywood sheets n/o 6mm thick, with certain specified tropical wood outer ply, surface covered beyond clear or transparent
4412.31.92	Plywood sheets n/o 6mm thick, tropical wood nesoi at least one outer ply, surface covered beyond clear or transparent
4412.32.06	Plywood sheets n/o 6mm thick, outer ply of nonconiferous wood, birch face ply, not surface covered beyond clear/transparent
4412.32.26	Plywood sheets n/o 6mm thick, outer ply nonconiferous wood, face ply Spanish ceder or walnut, not surface covered beyond clear/transparent
4412.32.32	Plywood sheets n/o 6mm thick, outerply of nonconiferous wood nesoi, face ply nesoi, not surface covered beyond clear/transparent
4412.32.57	Plywood sheets n/o 6mm thick, outerply of nonconiferous wood nesoi, face ply nesoi, surface covered beyond clear/transparent
4412.39.10	Plywood of wood sheets, n/o 6 mm thick each, with outer plies of coniferous wood, face ply of Parana pine, not or clear surface covered
4412.39.30	Plywood of wood sheets, n/o 6 mm thick each, with outer plies of coniferous wood, European red pine face ply, not or clear surface covered
4412.39.40	Plywood of wood sheets, n/o 6 mm thick each, with outer plies of coniferous wood, with face ply nesoi, not or clear surface covered
4412.39.50	Plywood of wood sheets, n/o 6 mm thick each, with outer plies of coniferous wood, nesoi, surface covered, nesoi
4412.94.10	Plywood nesoi, at least one nonconiferous outer ply, not surface-covered beyond clear/transparent, face ply of birch
4412.94.31	Blockboard etc.: plywood nesoi, at least one nonconifer outer ply, not surface-covered beyond clear/transparent, not w/face ply of birch
4412.94.41	Blockboard etc: plywood nesoi, at least one nonconiferous outer ply, surface covered other than clear or transparent
4412.94.51	Blockboard etc: veneered panels and similar laminated wood w/at least one nonconiferous outer ply, nesoi
4412.94.60	Blockboard etc: plywood nesoi, other outer plies, not surf.-cov. Beyond clear/transp., face ply Parana pine
4412.94.70	Blockboard etc: plywood nesoi, other outer plies, not surf.-cov. Beyond clear/transp., face ply Europe red pine
4412.94.80	Blockboard etc: plywood nesoi, other outer plies, not surface-covered beyond clear/transparent, face ply nesoi
4412.94.90	Blockboard etc: plywood nesoi, other outer plies, surface covered other than clear or transparent
4412.94.95	Blockboard etc: veneered panels and similar laminated wood nesoi, other outer plies
4412.99.06	Plywood nesoi, veneered panel & similar laminated wood w/nonconiferous outer ply, at least one layer of particle board
4412.99.10	Not blockboard: plywood at least 1 outer ply of nonconif wood, nesoi, with a face ply of birch, not surface covered or clear/transparent
4412.99.31	Not blockboard: plywood nesoi, at least 1 nonconiferous outer ply, not surface-covered beyond clear/transparent, not w/face ply of birch
4412.99.41	Not blockboard: plywood nesoi, at least 1 nonconiferous outer ply, surface covered other than clear or transparent
4412.99.51	Not blockboard: veneered panels and similar laminated wood w/at least 1 nonconiferous outer ply, nesoi

HTS Subheading	Product Description
4412.99.57	Not blockboard: plywood/veneered panel/sim. Laminated wood nesoi, at least 1 nonconiferous outer ply, at least 1 layer of particle board
4412.99.60	Not blockboard: plywood nesoi, at least 1 nonconiferous outer ply, no particle board, not surf.-cov. Beyond clear/transp., face ply Parana pine
4412.99.70	Not blockboard: plywood nesoi, at least 1 non conif outer ply, no particle board, not surf.-cov. Beyond clear/transp., face ply Europe red pine
4412.99.80	Not blockboard: plywood nesoi, at least 1 non conif outer ply, no particle board, not surface-covered beyond clear/transparent, face ply nesoi
4412.99.90	Not blockboard: plywood, veneer panels and similar laminated wood, at least 1 nonconiferous outer ply, nesoi
4412.99.95	Not blockboard: veneered panels and similar laminated wood, nesoi, at least 1 nonconiferous outer ply, no particle board, nesoi
4413.00.00	Densified wood, in blocks, plates, strips or profile shapes
4415.10.30	Packing boxes and cases of wood with solid sides, lids and bottoms
4415.10.60	Wooden containers designed for use in the harvesting of fruits and vegetables
4415.10.90	Wood cases, boxes, crates, drums and similar packings nesoi; cable-drums of wood
4415.20.40	Wooden pallets, box-pallets and other load boards designed for use in the harvesting of fruits and vegetables
4415.20.80	Wooden pallets, box-pallets and other load boards, other than designed for use in the harvesting of fruits and vegetables
4416.00.30	Wooden casks, barrels and hogsheads
4416.00.60	Wooden staves and hoops; tight barrelheads of softwood
4416.00.90	Wooden vats, tubs and other coopers´ products and parts thereof
4417.00.60	Wooden brush backs
4417.00.80	Wooden tools, tool bodies, tool handles, broom or brush bodies and handles nesoi; wooden boot or shoe lasts and trees
4418.10.00	Wooden windows, French-windows and their frames
4418.20.40	French doors of wood
4418.20.80	Doors of wood, other than French doors
4418.40.00	Wooden formwork (shuttering) for concrete constructional work
4418.50.00	Wooden shingles and shakes
4418.60.00	Builders´ joinery and carpentry of wood, Posts and Beams
4418.73.10	Assembled flooring panels of bamboo, for mosaic floors, solid
4418.73.20	Assembled flooring panels of bamboo, for mosaic floors other than solid, having a face ply more than 6mm in thickness
4418.73.30	Assembled flooring panels of bamboo, for mosaic floors other than solid, having a face ply less than or equal to 6 mm in thickness
4418.73.40	Assembled flooring panels of bamboo, other than for mosaic, multilayer, having a face ply more than 6mm in thickness
4418.73.60	Assembled flooring panels of bamboo, other than mosaic, multilayer, having a face ply< = equal to 6mm in thickness, of unidirectional bamboo
4418.73.70	Assembled flooring panels of bamboo, other than for mosaic, multilayer, having a face ply< = 6mm in thickness, not of unidirectional bamboo
4418.73.90	Assembled flooring panels of bamboo, other than for mosaic or multilayer, nesoi
4418.74.10	Assembled wood flooring panels, other than of bamboo, for mosaic floors, solid
4418.74.20	Assembled wood flooring panels, other than of bamboo, for mosaic floors other than solid, having a face ply more than 6 mm in thickness
4418.74.90	Assembled wood flooring panels, other than of bamboo, for mosaic floors other than solid, having a face ply less than or equal to 6 mm in thickness
4418.75.40	Assembled wood flooring panels, other than of bamboo, other than for mosaic, multilayer, having a face ply more than 6 mm in thickness
4418.75.70	Assembled wood flooring panels, other than of bamboo, other than for mosaic, multilayer, having a face ply less than or equal to 6 mm in thickness
4418.79.01	Assembled wood flooring panels, other than of bamboo, other than for mosaic or multilayer
4418.91.10	Builders´ joinery and carpentry of wood, of bamboo, drilled or notched lumber studs
4418.91.90	Builders´ joinery and carpentry of wood, of bamboo, other than drilled or notched lumber studs
4418.99.10	Builders´ joinery and carpentry of wood, of wood other than of bamboo, drilled or notched lumber studs
4418.99.90	Builders´ joinery and carpentry of wood, of wood other than of bamboo, other than drilled or notched lumber studs
4420.90.45	Wooden jewelry boxes, silverware chests, microscope, tool or utensil cases, similar boxes, cases and chests, not lined with textile fabrics
4420.90.65	Wooden jewelry boxes, silverware chests, microscope, tool or utensil cases, similar boxes, cases and chests, lined with textile fabrics
4420.90.80	Wood marquetry and inlaid wood; wooden articles of furniture, nesoi
4421.91.10	Plain wood dowel pins of bamboo
4421.91.20	Wood dowel pins of bamboo, sanded, grooved or otherwise advanced in condition
4421.91.70	Pickets, palings, posts and rails of bamboo, sawn; assembled fence sections of bamboo
4421.91.93	Theatrical, ballet and operatic scenery and properties, including sets, of bamboo
4421.91.94	Edge-glued lumber of bamboo
4421.91.97	Other articles, nesoi, of bamboo, incl pencil slats, burial caskets, gates for confining children or pets

HTS Subheading	Product Description
4421.99.10	Plain coniferous wood dowel pins
4421.99.15	Plain wood dowel pins, other than of coniferous wood or of bamboo
4421.99.20	Wood dowel pins of wood other than of bamboo, the foregoing sanded, grooved or otherwise advanced in condition
4421.99.70	Pickets, palings, posts and rails, sawn, of wood other than of bamboo; assembled fence sections of wood other than of bamboo
4421.99.93	Theatrical, ballet and operatic scenery and properties, including sets, of wood other than of bamboo
4421.99.94	Edge-glued lumber of wood other than of bamboo
4421.99.97	Other articles, nesoi, of wood other than of bamboo, incl pencil slats, burial caskets, gates for confining children or pets,
4501.10.00	Natural cork, raw or simply prepared
4501.90.20	Waste cork
4501.90.40	Crushed, granulated or ground cork
4502.00.00	Natural cork, debacked or roughly squared or in rectangular blocks, plates, sheets or strip (incl. sharp-edged blanks for corks or stoppers)
4503.10.20	Corks and stoppers of natural cork, tapered and of a thickness (or length) greater than the maximum diameter, n/o 19 mm maximum diameter
4503.10.30	Corks and stoppers wholly of natural cork, tapered & of a thickness (or length) greater than the maximum diam., over 19 mm maximum diam.
4503.10.40	Corks and stoppers of natural cork, tapered & of a thickness (or length) greater than the maximum diam., over 19 mm maximum diam., nesoi
4503.10.60	Corks and stoppers of natural cork, of a thickness (or length) not greater than the maximum diameter
4503.90.20	Disks, wafers and washers of natural cork
4503.90.40	Natural cork wallcoverings, backed with paper or otherwise reinforced
4503.90.60	Articles of natural cork, other than corks and stoppers
4504.10.10	Vulcanized sheets and slabs wholly of agglomerated ground or pulverized cork and rubber
4504.10.20	Insulation of compressed agglomerated cork, coated or not coated
4504.10.30	Floor coverings of agglomerated cork
4504.10.40	Agglomerated cork wallcoverings, backed with paper or otherwise reinforced
4504.10.45	Agglomerated cork stoppers, not tapered, wholly of cork, of a thickness (or length) greater than the maximum diameter
4504.10.47	Corks, stoppers, disks, wafers and washers of agglomerated cork, nesoi
4504.10.50	Blocks, plates, sheets and strip; tiles of any shape; solid cylinder; all the foregoing of cork; all the foregoing, nesoi
4504.90.00	Agglomerated cork and articles of cork, nesoi
4601.21.40	Woven or partly assembled materials of bamboo, for mats, matting and screens
4601.21.80	Bamboo floor coverings
4601.21.90	Mats, matting and screens of bamboo, nesoi
4601.22.40	Woven or partly assembled materials of rattan for mats, matting and screens
4601.22.80	Rattan floor coverings
4601.22.90	Mats, matting and screens of rattan, nesoi
4601.29.40	Woven or partly assembled materials of willow for mats, matting and screens
4601.29.60	Woven or partly assembled vegetable materials other than bamboo, rattan or willow, for mats, matting and screens
4601.29.80	Willow floor coverings
4601.29.90	Mats, matting and screens of willow, nesoi
4601.92.05	Plaits of bamboo and similar products of such plaiting materials, whether or not assembled into strips
4601.92.20	Products of bamboo other than plaits and similar products such as plaiting materials.
4601.93.01	Rattan webbing for mats, matting and screens
4601.93.05	Plaits of rattan and similar products of such plaiting materials, whether or not assembled into strips
4601.93.20	Products of rattan other than plaits and similar products such as plaiting materials.
4601.94.05	Plaits of vegetable materials and similar products of such plaiting materials, whether or not assembled into strips
4601.94.20	Products nesoi, of plaiting materials, bound together in parallel strands or woven, in sheet form, of willow or wood
4601.94.40	Products nesoi, of plaiting vegetable materials nesoi, bound together in parallel strands or woven, in sheet form
4601.99.05	Plaits and similar products of plaiting materials (not vegetable), whether or not assembled into strips
4601.99.90	Products nesoi of plaiting materials (not vegetable), bound together in parallel strands or woven, in sheet form, nesoi
4602.11.05	Fishing baskets or creels made from bamboo
4602.11.07	Baskets and bags of bamboo wickerwork
4602.11.09	Baskets and bags of bamboo other than wickerwork
4602.11.21	Luggage, handbags and flat goods, whether or not lined, of bamboo
4602.11.35	Articles of wickerwork, neosi, of bamboo
4602.11.45	Basketwork and other articles, neosi, of one or more of bamboo
4602.12.05	Fishing baskets or creels made from rattan

HTS Subheading	Product Description
4602.12.14	Baskets and bags of rattan wickerwork
4602.12.16	Baskets and bags of rattan other than wickerwork
4602.12.23	Articles of a kind normally carried in the pocket or in the handbag, of rattan
4602.12.25	Luggage, handbags and flat goods, whether or not lined, of rattan, nesoi
4602.12.35	Articles of wickerwork, neosi, of rattan
4602.12.45	Basketwork and other articles, neosi, of rattan
4602.19.05	Fishing baskets or creels made from vegetable materials
4602.19.12	Baskets and bags, nesoi, whether or not lined, of willow
4602.19.14	Baskets and bags of palm leaf wickerwork
4602.19.16	Baskets and bags of palm leaf other than wickerwork
4602.19.17	Baskets and bags of vegetable material wickerwork, neosi
4602.19.18	Baskets and bags of vegetable material, neosi
4602.19.22	Luggage, handbags and flat goods, whether or not lined, of willow
4602.19.23	Articles of a kind normally carried in the pocket or in the handbag, of palm leaf
4602.19.25	Luggage, handbags and flat goods, whether or not lined, of palm leaf, nesoi
4602.19.29	Luggage, handbags and flat goods, whether or not lined, made from plaiting materials nesoi
4602.19.35	Articles of wickerwork, neosi, of willow or wood
4602.19.45	Basketwork and other articles, neosi, of willow or wood
4602.19.60	Articles of wickerwork, neosi, of vegetable materials, nesoi
4602.19.80	Basketwork and other articles, neosi, of vegetables materials, nesoi
4602.90.00	Basketwork, wickerwork and other articles made directly from plaiting materials or from articles of heading 4601, nesoi; loofah articles
4701.00.00	Mechanical woodpulp
4702.00.00	Chemical woodpulp, dissolving grades
4703.11.00	Chemical woodpulp, soda or sulfate, other than dissolving grades, of unbleached coniferous wood
4703.19.00	Chemical woodpulp, soda or sulfate, other than dissolving grades, of unbleached nonconiferous wood
4703.21.00	Chemical woodpulp, soda or sulfate, other than dissolving grades, of semibleached or bleached coniferous wood
4703.29.00	Chemical woodpulp, soda or sulfate, other than dissolving grades, of semibleached or bleached nonconiferous wood
4704.11.00	Chemical woodpulp, sulfite, other than dissolving grades, of unbleached coniferous wood
4704.19.00	Chemical woodpulp, sulfite, other than dissolving grades, of unbleached nonconiferous wood
4704.21.00	Chemical woodpulp, sulfite, other than dissolving grades, of semibleached or bleached coniferous wood
4704.29.00	Chemical woodpulp, sulfite, other than dissolving grades, of semibleached or bleached nonconiferous wood
4705.00.00	Semichemical woodpulp
4706.10.00	Cotton linters pulp
4706.20.00	Pulps of fibers derived from recovered (waste and scrap) paper or paperboard
4706.30.00	Pulps of fibrous cellulosic material, of bamboo
4706.91.00	Pulps of fibrous cellulosic material, other than cotton linters pulp, mechanical
4706.92.01	Pulps of fibrous cellulosic material, other than cotton linters pulp, chemical
4706.93.01	Pulps of fibrous cellulosic material, other than cotton linters pulp, semichemical
4707.10.00	Waste and scrap of unbleached kraft paper or paperboard or of corrugated paper or paperboard
4707.20.00	Waste and scrap of other paper or paperboard, made mainly of bleached chemical pulp, not colored in the mass
4707.30.00	Waste and scrap of paper or paperboard made mainly of mechanical pulp (for example, newspapers, journals, and similar printed matter)
4707.90.00	Waste and scrap of paper or paperboard nesoi, including unsorted waste and scrap
4801.00.01	Newsprint, in rolls or sheets
4802.10.00	Handmade paper and paperboard
4802.20.10	Paper & paperboard use for photo-sensitive/heat-sensitive/electro-sensitive paper/paperboard, in strip/rolls ov 15cm wide or certain sheets
4802.20.20	Uncoated basic paper for photo-sensitive/heat-sensitve/eletro-sensitive paper/paperboard to be sensitized for photography, roll/sheets nesoi
4802.20.40	Uncoated paper and paperboard of a kind used for photo-sensitive/heatsensitve/eletro-sensitive paper/paperboard, in rolls or sheets nesoi
4802.40.00	Wallpaper base (hanging paper), in rolls or sheets
4802.54.10	Writing paper, weigh<40g/m^2, cont. n/o 10% total fiber content by a mechanical/chemi- process, in strip/roll ov 15cm wide/certain sheets
4802.54.20	India & bible paper, weigh<40g/m^2, n/o 10% total fiber content by a mechanical/chemi- process, in strip/roll ov 15cm wide/certain sheets

HTS Subheading	Product Description
4802.54.31	Carbonizing base paper weighing n/ov 15g/m², in strip/roll over 15cm wide or rectangular sheets w/side ov 36cm and other ov 15cm unfold
4802.54.50	Other basic paper to be sensitized use in photography, wt<40g/m², n/o 10% total fiber by mechanical/chem- process, in rolls/sheets nesoi
4802.54.61	Carbonizing base paper of a kind used for writing, printing or other graphic purposes, in rolls or sheets nesoi
4802.55.10	Writing/cover paper, wt 40g/m²-150g/m², n/o 10% total fiber by mechanical/chemi- process, in rolls exceeding 15cm in width
4802.55.20	Drawing paper, wt 40g/m²-150g/m², n/o 10% total fiber content by mechanical/chemi- process, in rolls exceeding 15cm in width
4802.55.30	India/bible paper, wt 40g/m²-150g/m², n/o 10% total fiber content by mechanical/chemi- process, inrolls exceeding 15cm in width
4802.55.40	Paper & paperboard, nesoi, 40g/m²-150g/m², n/o 10% total fiber by mechanical/chemi- process, in rolls exceeding 15cm in width
4802.55.60	Other basic paper be sensitized for use photography, 40g/m²-150g/m², n/o 10% total fiber by mechanical/chemi- process, rolls n/o 15cm wide
4802.55.70	Other paper/paperboard for writing/printing/other graphic purpose, 40g/m²150g/m², n/o 10% fiber mechanical/chemi- process, roll n/o 15cm wide
4802.56.10	Writing & cover paper, wt 40g/m²-150g/m², n/o 10% by weight total fiber content by mechanical/chemi- process, in certain size sheets
4802.56.20	Drawing paper, wt 40g/m²-150g/m², contain n/o 10% weight total fiber content obtained by mechanical/chemi- process, in certain size sheets
4802.56.30	India & bible paper, wt 40g/m²-150g/m², n/o 10% by wt. total fiber content obtained by mechanical/chemi- process, in certain size sheets
4802.56.40	Paper & paperboard nesoi, 40g/m²-150g/m², n/o 10% by wt. total fiber content obtained by mechanical/chemi- process, in certain size sheets
4802.56.60	Other basic paper be sensitized use in photography, wt. 40g/m²-150g/m², n/o 10% total fiber by mechanical/chemi- process, other sized sheets
4802.56.70	Paper/paperboard for writing/printing/other graphic purpose, wt 40g/m²-150g/m², n/o 10% fiber by mechanical/chemi- process, other sized sheets
4802.57.10	Writing/cover paper, wt 40g/m²-150g/m², cont. n/o 10% by weight total fiber content obtained by mechanical/chemi- process, in sheets nesoi
4802.57.20	Drawing paper, wt 40g/m² to 150g/m², cont. n/o 10% by weight total fiber content obtained by mechanical/chemi- process, in sheets nesoi
4802.57.30	India & bible paper, wt 40g/m² to 150g/m², cont. n/o 10% by wt. total fiber content obtained by mechanical/chemi- process, in sheets nesoi
4802.57.40	Paper & paperboard nesoi, 40g/m²-150g/m², cont. n/o 10% by wt. total fiber content obtained by mechanical/chemi- process, in sheets nesoi
4802.58.10	Writing/cover paper, >150g/m², n/o 10% by wt total fiber content by mechanical process/chemi-, in strip/roll ov 15cm wide or certain sheet
4802.58.20	Paper & paperboard nesoi, >150g/m², n/o 10% total fiber content by mechanical/chemi- process, in strip/roll ov 15cm wide or certain sheets
4802.58.50	Basic paper be sensitized for photography, wt>150g/m², n/o 10% total fiber content by mechanical process/chemi-, in rolls/sheets nesoi
4802.58.60	Paper/paperboard for writing/printing/other graphic purpose, >150g/m², n/o 10% fiber content by mechanical process/chemi-, rolls/sheets nesoi
4802.61.10	Writing & cover paper, over 10% by wt total fiber content consists of fiber obtained by mechanical/chemi- process, in rolls over 15cm wide
4802.61.20	Drawing paper, over 10% by weight total fiber content consists of fiber obtained by mechanical/chemi- process, in rolls over 15cm wide
4802.61.31	Paper and paperboard for graphic purpose nesoi, ov 10% total fiber content obtained by mechanical/chemi- process, in rolls over 15cm wide
4802.61.50	Basic paper to be sensitized for photography, ov 10% total fiber content obtained by mechanical/chemi- process, in rolls n/o 15cm wide
4802.61.60	Paper/paperboard for writing/printing/other graphic purposes nesoi, ov 10% total fiber by mechanical/chemi- process, in rolls n/o 15cm wide
4802.62.10	Writing & cover paper, over 10% by wt total fiber content consists of fiber obtained by mechanical/chemi- process, in certain size sheets
4802.62.20	Drawing paper, which ov 10% by weight total fiber content consists of fiber obtained by mechanical/chemi- process, in certain size sheets
4802.62.30	Paper and paperboard for graphic purposes nesoi, ov 10% by wt total fiber obtained by mechanical/chemi- process, in certain size sheets
4802.62.50	Basic paper to be sensitized for use in photography, ov 10% by wt total fiber obtained by mechanical/chemi- process, other sized sheets

HTS Subheading	Product Description
4802.62.61	Paper/paperboard for graphic purposes nesoi, ov 10% by wt total fiber obtained by mechanical/chemi- process, other sized sheets
4802.69.10	Writing & cover paper, of which over 10% by weight total fiber content consists of fiber obtained by mechanical process, sheets nesoi
4802.69.20	Drawing paper, of which over 10% by weight total fiber content consists of fiber obtained by mechanical process, in sheets nesoi
4802.69.30	Paper and paperboard for graphic purposes nesoi, ov 10% by wt total fiber obtained by mechanical/chemi- process, in sheets nesoi
4803.00.20	Cellulose wadding in rolls over 36cm wide or sheets with at least one side over 36cm
4803.00.40	Toilet, facial tissue, towel or napkin stock and paper for household/sanitary purposes, in rolls or sheets of specific measure
4804.11.00	Uncoated, unbleached kraftliner, in rolls or sheets
4804.19.00	Uncoated kraftliner, other than unbleached, in rolls or sheets
4804.21.00	Uncoated, unbleached sack kraft paper, in rolls or sheets
4804.29.00	Uncoated sack kraft paper, other than unbleached, in rolls or sheets
4804.31.10	Uncoated, unbleached kraft condenser paper, in rolls or sheets, weighing more than 15g/m 2 but not over 30g/m 2
4804.31.20	Uncoated, unbleached kraft condenser paper, in rolls or sheets, weighing less than 15g/m 2 or more than 30g/m 2 to 150g/m 2
4804.31.40	Uncoated, unbleached kraft wrapping paper in rolls or sheets, weighing 150g/m^2 or less
4804.31.60	Uncoated, unbleached kraft paper nesoi, in rolls or sheets, weighing 150g/m^2 or less
4804.39.20	Uncoated kraft condenser paper, other than unbleached, in rolls or sheets, weighing 150g/m^2 or less
4804.39.40	Uncoated kraft wrapping paper, other than unbleached, in rolls or sheets, weighing 150g/m^2 or less
4804.39.60	Uncoated kraft paper and paperboard, other than unbleached, in rolls or sheets, weighing 150g/m^2 or less, nesoi
4804.41.20	Uncoated, unbleached kraft wrapping paper in rolls or sheets, weighing more than 150 but less than 225g/m^2
4804.41.40	Uncoated, unbleached kraft paper and paperboard, nesoi, in rolls or sheets, weighing more than 150 but less than 225g/m^2
4804.42.00	Uncoated, bleached kraft paper and paperboard, over 150 but n/o 225g/m^2, over 95% content of wood fibers by chemical process, rolls or sheets
4804.49.00	Uncoated kraft paper and paperboard, nesoi, in rolls or sheets, weighing more than 150 but less than 225g/m^2, nesoi
4804.51.00	Uncoated, unbleached kraft paper and paperboard, in rolls or sheets, weighing 225g/m^2 or more
4804.52.00	Uncoated, bleached kraft paper & paperboard, over 225g/m^2, over 95% content of wood fibers obtained by chemical process, rolls or sheets
4804.59.00	Uncoated kraft paper and paperboard in rolls or sheets, weighing 225g/m^2 or more, nesoi
4805.11.00	Uncoated semichemical fluting paper, in rolls or sheets, not further worked than as specified in note 3 to chapter 48
4805.12.10	Uncoated straw fluting paper, weighing 150g/m^2 or less, in rolls or sheets, not further worked than as specified in note 3 to chapter 48
4805.12.20	Uncoated straw fluting pape, weighing over 150g/m^2, in rolls or sheets, not further worked than as specified in note 3 to chapter 48
4805.19.10	Uncoated fluting paper nesoi, weighing 150g/m^2 or less, in rolls or sheets, not further worked than as specified in note 3 to chapter 48
4805.19.20	Uncoated fluting paper nesoi, weighing over 150g/m^2, in rolls or sheets, not further worked than as specified in note 3 to chapter 48
4805.24.50	Uncoated testliner (recycled liner board), weighing n/o 15g/m^2, in rolls or sheets, not further worked than in note 3 to chapter 48
4805.24.70	Uncoated testliner, weighing over 15g/m^2 but not over 30g/m^2, in rolls or sheets, not further worked than in note 3 to chapter 48
4805.24.90	Uncoated testliner, weighing over 30g/m^2 but not over 150g/m^2, in rolls or sheets, not further worked than in note 3 to chapter 48
4805.25.00	Uncoated testliner, weighing more than 150g/m^2, in rolls or sheets, not further worked than as specified in note 3 to chapter 48
4805.30.00	Uncoated sulfite wrapping paper in rolls or sheets
4805.40.00	Uncoated filter paper and paperboard in rolls or sheets
4805.50.00	Uncoated felt paper and paperboard in rolls or sheets
4805.91.10	Uncoated multi-ply paper & paperboard, bibulous & wrapping paper, weigh 150g/m^2 or less, in rolls/sheets, not further worked than in note 3
4805.91.20	Uncoated condenser paper, weighing 150g/m^2 or less, in rolls or sheets, not further worked than as specified in note 3 to chapter 48
4805.91.50	Uncoated paper and paperboard nesoi, weighing not over 15g/m^2, in rolls or sheets, not further worked than as in note 3 to chapter 48
4805.91.70	Uncoated paper and paperboard nesoi, weigh over 15g/m^2 but n/o 30g/m^2, in rolls or sheets, not further worked than in note 3 to chapter 48
4805.91.90	Uncoated paper and paperboard nesoi, weigh ov 30g/m^2 but n/o 150g/m^2, in rolls or sheets, not further worked than in note 3 to chapter 48
4805.92.20	Uncoated pressboard, weighing more than 150g/m^2 but less than 225g/m^2, in rolls or sheets, not further worked than in note 3 to chapter 48
4805.92.40	Uncoated paper & paperboard nesoi, weighing>150g/m^2 but<225g/m^2, in rolls or sheets, not further worked than in note 3 to chapter 48
4805.93.20	Uncoated pressboard weighing 225g/m^2 or more, in rolls or sheets, not further worked than as specified in note 3 to chapter 48
4805.93.40	Uncoated paper and paperboard nesoi, weighing 225g/m^2 or more, in rolls or sheets, not further worked than as innote 3 to chapter 48
4806.10.00	Vegetable parchment in rolls or sheets
4806.20.00	Greaseproof papers in rolls or sheets
4806.30.00	Tracing papers in rolls or sheets

HTS Subheading	Product Description
4806.40.00	Glassine and other glazed transparent or translucent papers, in rolls or sheets
4807.00.10	Composite paper and paperboard, laminated internally with bitumen, tar or asphalt, not surface-coated or impregnated, in rolls or sheets
4807.00.91	Composite straw paper and paperboard, not surface-coated or impregnated, in rolls or sheets
4807.00.92	Composite cloth-lined or reinforced paper, not surface-coated or impregnated, in rolls or sheets
4807.00.94	Composite paper and paperboard nesoi, not surface-coated or impregnated, in rolls or sheets
4808.10.00	Corrugated paper and paperboard, whether or not perforated, in rolls or sheets
4808.40.00	Kraft paper, creped or crinkled, whether or not embossed or perforated
4808.90.20	Paper and paperboard, creped or crinkled, in rolls or sheets, nesoi
4808.90.40	Paper and paperboard, embossed, in rolls or sheets, nesoi
4808.90.60	Paper and paperboard, in rolls or sheets, nesoi
4809.20.20	Self-copy writing paper in rolls over 36cm wide or rectangular sheets over 36cm on side(s)
4809.20.40	Self-copy paper in rolls over 36cm wide or rectangular sheets over 36cm on side(s), other than writing paper
4809.90.20	Stereotype-matrix board and mat in rolls over 36cm wide or in rectangular sheets over 36cm on side(s)
4809.90.40	Simplex decalcomania paper in rolls over 36cm wide or in rectangular sheets over 36cm on side(s)
4809.90.60	Duplex decalcomania paper in rolls over 36cm wide or in rectangular sheets over 36cm on side(s)
4809.90.71	Carbon paper, self-copy paper and other copying or transfer paper, Impregnated, coated or both, but otherwise not treated
4809.90.80	Copying or transfer papers, nesoi, in rolls over 36cm wide or rectangular sheets over 36cm on side(s)
4810.13.11	Basic paper be sensitized for photography, coated w/inorganic, n/o 150g/m^2, n/o 10% fiber by mechanical/chemi- process, rolls ov 15cm wide
4810.13.13	India or bible paper, coated w/inorganic, n/o 150g/m^2, n/o 10% fiber content obtained by a mechanical/chemi- process, rolls ov 15cm wide
4810.13.19	Paper/paperboard for graphic use nesoi, coated w/inorganic, n/o 150g/m^2, n/o 10% fiber by mechanical/chemi- process, rolls ov 15cm wide
4810.13.20	Paper and paperboard for graphic use, coated w/inorganic, ov 150g/m^2, n/o 10% fiber by mechanical/chemi- process, in rolls over 15cm wide
4810.13.50	Printed/embossed/perforated paper & paperboard graphic use, coated w/inorganic, n/o 10% fiber by mech/chemi- process, rolls n/o 15cm wide
4810.13.60	Basic paper be sensitized for photography, coated w/kaolin/inorganic, n/o 10% fiber by mechanical/chemi- process, rolls n/o 15cm wide
4810.13.70	Paper & paperboard for graphic purposes nesoi, coated w/kaolin/inorganic, n/o 10% fiber by mechanical/chemi- process, rolls n/o 15cm wide
4810.14.11	Basic paper be sensitized for photography, coated w/inorganic, n/o 150g/m^2, n/o 10% fiber by mechanical/chemi- process, certain size sheets
4810.14.13	India or bible paper, coated w/inorganic, n/o 150g/m^2, of n/o 10% fiber content obtained by mechanical/chemi- process, certain size sheets
4810.14.19	Paper and paperboard for graphic use nesoi, coated w/inorganic, n/o 150g/m^2, n/o 10% fiber by mechanical/chemi- process, certain size sheets
4810.14.20	Paper and paperboard for graphic use, coated w/inorganic, ov 150g/m^2, n/o 10% fiber obtained mechanical/chemi- process, certain size sheets
4810.14.50	Printed/embossed/perforated paper & paperboard, coated w/inorganic, n/o 10% fiber obtained mechanical/chemi- process, other sized sheets
4810.14.60	Basic paper be sensitized use in photography, coated w/inorganic, n/o 10% fiber obtained mechanical/chemi- process, other sized sheets
4810.14.70	Paper & paperboard for graphic purposes nesoi, coated w/inorganic, n/o 10% fiber obtained mechanical/chemi- process, other sized sheets
4810.19.11	Basic paper be sensitized use in photography, coated w/inorganic, n/o 150g/m^2, n/o 10% fiber by mechanical/chemi- process, sheets nesoi
4810.19.13	India or bible paper, coated w/inorganic, n/o 150g/m^2, of n/o 10% fiber content obtained by a mechanical/chemi- process, sheets nesoi
4810.19.19	Paper & paperboard for graphic use nesoi, coated w/inorganic, n/o 150g/m^2, n/o 10% fiber obtained by mechanical/chemi- process, sheets nesoi
4810.19.20	Paper and paperboard for graphic use, coated w/inorganic, ov 150g/m^2, n/o 10% fiber obtained by a mechanical/chemi- process, sheets nesoi
4810.22.10	Light-weight coated paper for graphic use, >10% fiber content obtained by mechanical/chemi- process, strip/roll ov 15cm wide/sized sheets
4810.22.50	Light-wt coated printed/embossed/perforated paper/paperboard for graphic, >10% fiber obtained mechanical/chemi- process, roll/sheet nesoi
4810.22.60	Light-weight coated basic paper be sensitized use in photography, >10% fiber obtained mechanical/chemi- process, rolls/sheets nesoi

HTS Subheading	Product Description
4810.22.70	Light-wt coated paper & paperboard used for graphic purposes, >10% fiber obtained by a mechanical/chemi- process, roll/sheet nesoi
4810.29.10	Paper/paperboard for graphic, coated w/inorganic, > 10% fiber obtained by mechanical/chemi- process, strip/roll ov 15cm wide & sized sheets
4810.29.50	Printed/embossed/perforated paper/paperboard for graphic, coated w/inorganic, > 10% fiber by mechanical/chemi- process, rolls/sheets nesoi
4810.29.60	Basic paper to be sensitized for use in photography, coated w/inorganic, >10% fiber by mechanical/chemi- process, rolls/sheets nesoi
4810.29.70	Paper/paperboard used for graphic purposes, coated w/inorganic, >10% fiber by mechanical/chemi- process, rolls/sheets nesoi
4810.31.10	Nongraphic bleached coated kraft paper/paperboard, >95% wood fiber by chemical process, 150g/m^2 or<, strip/roll ov 15cm wide/certain sheet
4810.31.30	Bleached coated kraft paper cards, not punched, for punchcard machine, >95% wood fiber by chemical process, 150g/m^2 or<, rolls/sheets nesoi
4810.31.65	Nongraphic bleached coated kraft paper/paperboard nesoi, of>95% wood fiber by chemical process, 150g/m^2 or less, in rolls or sheets nesoi
4810.32.10	Nongraphic bleached coated kraft paper/paperboard, >95% wood fiber by chemical process, >150g/m^2, strip/roll ov 15cm wide/certain sheets
4810.32.30	Bleached coated kraft paper card, not punched, for punchcard machine, >95% wood fiber by chemical process, > 150g/m^2, in strips/sheets nesoi
4810.32.65	Nongraphic bleached coated kraft paper/paperboard nesoi, of>95% wood fiber obtained chemical process, >150g/m^2, in rolls or sheets nesoi
4810.39.12	Nongraphic nonbleach uniformly kraft paper/paperboard, coated w/inorganic, wheth impreg but not treated, strip/roll ov 15cm wide/certain sheet
4810.39.14	Nongraphic nonbleached uniformly kraft paper and paperboard nesoi, coated w/kaolin/inorganic substances, strip/roll ov 15cm/certain sheets
4810.39.30	Nonbleached uniformly kraft paper cards, not punched, for punchcard machines, coated w/inorganic substances, strips/sheets nesoi
4810.39.65	Nongraphic nonbleached uniformly kraft paper or paperboard nesoi, coated with kaolin or other inorganic substances, in rolls or sheets nesoi
4810.92.12	Multi-ply paper & paperboard nesoi, coat w/kaolin/other inorganic substances, wt> 150g/m^2, strips/rolls ov 15cm wide or certain sheets
4810.92.14	Multi-ply paper/paperboard nesoi, coat w/kaolin/other inorganic substances, wt 150g/m^2 or less, strips/rolls ov 15cm wide or certain sheets
4810.92.30	Mult-ply paper/paperboard cards, not punched, for punchcard machines, coated w/kaolin/other inorganic substances, in strips/sheets nesoi
4810.92.65	Multi-ply paper or paperboard nesoi, coated with kaolin or other inorganic substances, in rolls n/o 15cm wide and rectangular sheets nesoi
4810.99.10	Paper & paperboard nesoi, coated with kaolin or other inorganic substances, in strips/rolls ov 15cm wide or certain size rectangular sheets
4810.99.30	Paper & paperboard cards nesoi, not punched, for punchcard machines, coated w/kaolin/inorganic substances, in strips or sheets nesoi
4810.99.65	Paper and paperboard nesoi, coated with kaolin or other inorganic substances, in rolls n/o 15cm wide and rectangular sheets nesoi
4811.10.11	Tarred, bituminized or asphalted paper & paperboard, in strip/roll ov 15cm wide or rectangular sheet w/side ov 36cm & other ov 15cm unfolded
4811.10.21	Tarred, bituminized or asphalted paper and paperboard, in strips or rolls not over 15cm wide or in rectangular sheets nesoi
4811.41.10	Self-adhesive paper & paperboard, in strips/rolls ov 15cm wide or rectangular sheets w/1 side ov 36cm & other side ov 15cm in unfolded
4811.41.21	Self-adhesive paper and paperboard, in strips or rolls not over 15cm wide
4811.41.30	Self-adhesive paper and paperboard, in rectangular sheets nesoi
4811.49.10	Gummed or adhesive paper and paperboard (other than self-adhesive), in strips or rolls over 15cm wide or certain sized rectangular sheets
4811.49.21	Gummed or adhesive paper and paperboard (other than self-adhesive), in strips or rolls not over 15cm wide
4811.49.30	Gummed or adhesive paper and paperboard (other than self-adhesive), in rectangular sheets nesoi
4811.51.20	Bleached paper and paperboard, coated/impregnated/covered w/plastics, wt> 150g/m^2, 0.3mm or more thick, in certain size strips/rolls/sheets
4811.51.40	Bleached paper and paperboard, coated/impregnated/covered w/plastics, wt> 150g/m^2, <0.3 mm thick, in certain size strips/rolls/sheets
4811.51.60	Bleached paper and paperboard, coated/impregnated/covered w/plastics, wt> 150g/m^2, in rolls n/o 15cm wide or rectangular sheets nesoi
4811.59.20	Bleached nesoi/nonbleached printing paper, coated, impregnated or covered with plastics, in strips/rolls ov 15cm wide or certain size sheets

HTS Subheading	Product Description
4811.59.40	Bleached nesoi/nonbleached paper and paperboard nesoi, coated/impregnated/covered with plastics, in certain size strip/rolls/sheets
4811.59.60	Bleached nesoi/nonbleached paper & paperboard, coated/impregnated/covered with plastics, in rolls n/o 15cm wide or rectangular sheets nesoi
4811.60.40	Paper and paperboard, coated/impregnated/covered with wax/paraffin/stearin/oil/glycerol, in strips/rolls ov 15cm wide or certain size sheets
4811.60.60	Paper and paperboard, coated/impregnated/covered with wax/paraffin/stearin/oil/glycerol, in rolls n/o 15cm wide or rectangular sheets nesoi
4811.90.10	Handmade paper of cellulose fibers, in strip or roll ov 15cm wide or rectangular sheets w/1 side ov 36cm and other ov 15cm in unfolded
4811.90.20	Paper/paperboard/cell wadding/webs of cell fibers, all/partly covered w/flock/gelatin/metal/metal solutions, in certain strip/rolls/sheets
4811.90.30	Paper, paperboard, cellulose wadding and webs of cellulose fibers, impregnated with latex, in certain size strips/rolls/sheets
4811.90.40	Paper, paperboard, cellulose wadding and webs of cellulose fibers, nesoi, weighing not over $15g/m^2$, in certain size strips, rolls or sheets
4811.90.60	Paper, paperboard, cellulose wadding and web of cellulose fibers, nesoi, wt ov $15g/m^2$ n/o $30g/m^2$, in certain size strips, rolls or sheets
4811.90.80	Paper, paperboard, cellulose wadding and webs of cellulose fibers, nesoi, weighing over $30g/m^2$, in certain size strips, rolls or sheets
4811.90.90	Paper, paperboard, cellulose wadding and webs of cellulose fibers, nesoi, in rolls n/o 15cm wide or rectangular sheets nesoi
4812.00.00	Filter blocks, slabs and plates of paper pulp
4813.10.00	Cigarette paper in the form of booklets or tubes
4813.20.00	Cigarette paper in rolls of a width not exceeding 5cm
4813.90.00	Cigarette paper, whether or not cut to size, nesoi
4816.20.00	Self-copy paper, nesoi
4816.90.01	Carbon or similar copying papers, nesoi
4817.10.00	Envelopes of paper or paperboard
4817.20.20	Sheets of writing paper with border gummed or perforated, prepared for use as combination sheets and envelopes
4817.20.40	Other letter cards, plain postcards and correspondence cards, nesoi
4817.30.00	Boxes, pouches, wallets and writing compendiums, of paper or paperboard, containing an assortment of paper stationery
4818.10.00	Toilet paper
4818.20.00	Handkerchiefs, cleansing or facial tissues and towels of paper pulp, paper, cellulose wadding or webs of cellulose fiber
4818.30.00	Tablecloths and table napkins of paper pulp, paper, cellulose wadding or webs of cellulose fiber
4818.50.00	Articles of apparel and clothing accessories of paper pulp, paper, cellulose wadding or webs of cellulose fibers
4819.10.00	Cartons, boxes and cases of corrugated paper or paperboard
4819.20.00	Folding cartons, boxes and cases of noncorrugated paper or paperboard
4819.30.00	Sacks and bags, having a base of a width of 40cm or more, of paper, paperboard, cellulose wadding or webs of cellulose fibers
4819.40.00	Sacks and bags, nesoi, including cones, of paper, paperboard, cellulose wadding or webs of cellulose fibers
4819.50.20	Sanitary food and beverage containers of paper, paperboard, cellulose wadding or webs of cellulose fibers, nesoi
4819.50.30	Record sleeves of paper, paperboard, cellulose wadding or webs of cellulose fibers
4819.50.40	Packing containers, nesoi, of paper, paperboard, cellulose wadding or webs of cellulose fibers
4819.60.00	Box files, letter trays, storage & like articles, used in offices & shops, of paper, paperboard, cellulose wadding/webs of cellulose fibers
4820.10.20	Diaries, notebooks and address books, bound; letter and memorandum pads and similar articles, of paper or paperboard
4820.10.40	Registers, account, order and receipt books, and similar articles, of paper or paperboard, nesoi
4820.20.00	Exercise books of paper or paperboard
4820.30.00	Binders (other than book covers), folders and file covers of paper or paperboard
4820.40.00	Manifold business forms and interleaved carbon sets of paper or paperboard
4820.50.00	Albums for samples or for collections, of paper or paperboard
4820.90.00	Blotting pads and other articles of stationery nesoi, and book covers, of paper or paperboard
4821.10.20	Paper and paperboard labels, printed in whole or part by a lithographic process
4821.10.40	Paper and paperboard labels, printed by other than a lithographic process
4821.90.20	Pressure-sensitive paper and paperboard labels, not printed
4821.90.40	Paper and paperboard labels, not printed, nesoi
4822.10.00	Bobbins, spools, cops and similar supports of paper pulp, paper or paperboard of a kind used for winding textile yarn
4822.90.00	Bobbins, spools, cops and similar supports of paper pulp, paper or paperboard, nesoi
4823.20.10	Paint filters and strainers of paper or paperboard
4823.20.90	Filter paper and paperboard, nesoi
4823.40.00	Rolls, sheets and dials of paper or paperboard printed for self-recording apparatus
4823.61.00	Trays, dishes, plates, cups and the like, of paper or paperboard: of bamboo
4823.69.00	Trays, dishes, plates, cups and the like, of paper or paperboard
4823.70.00	Molded or pressed articles of paper pulp
4823.90.10	Articles of paper pulp, nesoi

HTS Subheading	Product Description
4823.90.20	Articles of papier-mache, nesoi
4823.90.31	Cards of paper or paperboard, nesoi, not punched, for punchcard machines, whether or not in strips
4823.90.40	Frames or mounts for photographic slides of paper or paperboard
4823.90.50	Hand fans of paper or paperboard
4823.90.60	Gaskets, washers and other seals of coated paper or paperboard
4823.90.67	Coated paper or paperboard, nesoi
4823.90.70	Articles of cellulose wadding, nesoi
4823.90.80	Gaskets, washers and other seals of paper, paperboard and webs of cellulose fibers, nesoi
4823.90.86	Articles of paper pulp, paper, paperboard, cellulose wadding or webs of cellulose fibers, nesoi
5001.00.00	Silkworm cocoons suitable for reeling
5002.00.00	Raw silk (not thrown)
5003.00.10	Silk waste (including cocoons unsuitable for reeling, yarn waste and garnetted stock) not carded or combed
5003.00.90	Silk waste (including cocoons unsuitable for reeling, yarn waste and garnetted stock) carded or combed
5004.00.00	Silk yarns (other than yarn spun from silk waste) not put up for retail sale
5005.00.00	Yarn spun from silk waste, not put up for retail sale
5006.00.10	Spun yarn, containing 85% or more by weight of silk, put up for retail sale; silkworm gut
5006.00.90	Spun silk yarn, containing less than 85% by weight of silk, put up for retail sale
5007.10.30	Woven fabrics of noil silk, containing 85 percent or more by weight of silk or silk waste
5007.10.60	Woven fabrics of noil silk, containing less than 85 percent by weight of silk or silk waste
5007.20.00	Woven fabrics containing 85 percent or more by weight of silk or of silk waste, other than noil silk
5007.90.30	Woven silk fabrics, containing 85 percent or more by weight of silk or silk waste, nesoi
5007.90.60	Other silk woven fabrics, containing less than 85 percent by weight of silk or silk waste, nesoi
5101.11.10	Unimproved wool and other wool not finer than 46s, greasy, shorn, not carded or combed, for special uses
5101.11.20	Unimproved wool and other wool not finer than 40s, greasy, shorn, not carded or combed, not for special uses
5101.11.40	Wool, excluding unimproved, finer than 40s but not 44s, greasy, shorn, not carded or combed, not for special uses
5101.11.50	Wool, excluding unimproved, finer than 44s but not 46s, greasy, shorn, not carded or combed, not for special uses
5101.11.60	Wool, excluding unimproved, finer than 46s, greasy, shorn, not carded or combed
5101.19.10	Unimproved wool and other wool not finer than 46s, greasy, not shorn, not carded or combed, for special uses
5101.19.20	Unimproved wool and other wool not finer than 40s, greasy, not shorn, not carded or combed, not for special uses
5101.19.40	Wool, excl. unimproved, finer than 40s, but not 44s, greasy, not shorn, not carded or combed, not for special uses
5101.19.50	Wool, excluding unimproved, finer than 44s but not 46s, greasy, not shorn, not carded or combed, not for special uses
5101.19.60	Wool, excluding unimproved, finer than 46s, greasy, incl. fleece-washed, not shorn, not carded or combed
5101.21.10	Unimproved wool and other wool not finer than 46s, degreased, not further processed, shorn, not carded or combed, for special uses
5101.21.15	Unimproved wool and other wool not finer than 40s, degreased, not further processed, shorn, not carded or combed, not for special uses
5101.21.30	Wool, excl. unimproved, finer than 40s but not 44s, degreased, not further processed, shorn, not carded orcombed, not for special uses
5101.21.35	Wool, excl. unimproved, finer than 44s but not 46s, degreased, not further processed, shorn, not carded or combed, not for special uses
5101.21.40	Wool, excl. unimproved, finer than 46s, degreased, not further processed, shorn, not carded or combed, not for special uses
5101.21.65	Unimproved wool and other wool, not finer than 46s, degreased, shorn, not carbonized, not carded or combed
5101.21.70	Unimproved wool and other wool, finer than 46s, degreased, shorn, not carbonized, not carded or combed
5101.29.10	Unimproved wool and other wool not finer than 46s, degreased, not further processed, not shorn, not carded or combed, for special uses
5101.29.15	Unimproved wool and other wool not finer than 40s, degreased, not further processed, not shorn, not carded or combed, not for special uses
5101.29.30	Wool, excl. unimproved, finer than 40s but not 44s, degreased, not further processed, not shorn, not carded or combed, not for special uses
5101.29.35	Wool, excl. unimproved, finer than 44s but not 46s, degreased, not further processed, not shorn, not carded or combed, not for special uses
5101.29.40	Wool, excl. unimproved, finer than 46s, degreased, not further processed, not shorn, not carded or combed, not for special uses
5101.29.65	Unimproved wool and other wool, not finer than 46s, not shorn, not carbonized, degreased and further processed, not carded or combed
5101.29.70	Wool, finer than 46s, not carded or combed, not carbonized, not shorn, degreased and processed to remove grease
5101.30.10	Unimproved wool and other wool, not finer than 40s, carbonized, not further processed, not carded or combed
5101.30.15	Wool, excluding unimproved, finer than 40s but not finer than 44s, carbonized, not further processed, not carded or combed
5101.30.30	Wool, excluding unimproved, finer than 44s but not finer than 46s, carbonized, not further processed, not carded or combed
5101.30.40	Wool, excluding unimproved, finer than 46s, carbonized, not further processed, not carded or combed
5101.30.65	Unimproved wool and other wool, not finer than 46s, carbonized and further processed, not carded or combed
5101.30.70	Unimproved wool and other wool, finer than 46s, carbonized and further processed, not carded or combed
5102.11.10	Fine hair of Kashmir (cashmere) goats, not processed in any manner beyond the degreased or carbonized condition, not carded or combed
5102.11.90	Fine hair of Kashmir (cashmere) goats, processed beyond the degreased or carbonized condition, not carded or combed
5102.19.20	Fine hair of the camel, not processed in any manner beyond the degreased or carbonized condition, not carded or combed
5102.19.60	Fine animal hair (other than Kashmir or camel), not processed beyond the degreased or carbonized condition, not carded or combed

HTS Subheading	Product Description
5102.19.80	Fur, prepared for hatters' use, not carded or combed
5102.19.90	Fine animal hair (other than Kashmir), processed beyond the degreased or carbonized condition, not carded or combed
5102.20.00	Coarse animal hair, not carded or combed
5103.10.00	Noils of wool or of fine animal hair
5103.20.00	Waste, other than noils, of wool or of fine animal hair, including yarn waste but excluding garnetted stock
5103.30.00	Waste of coarse animal hair, including yarn waste but excluding garnetted stock
5104.00.00	Garnetted stock of wool or of fine or coarse animal hair
5105.10.00	Carded wool
5105.21.00	Combed wool in fragments
5105.29.00	Wool tops and other combed wool, except in fragments
5105.31.00	Fine hair of Kashmir (cashmere) goats, carded or combed
5105.39.00	Fine animal hair (other than Kashmir), carded or combed
5105.40.00	Coarse animal hair, carded or combed
5106.10.00	Yarn of carded wool, containing 85 percent or more by weight of wool, not put up for retail sale
5106.20.00	Yarn of carded wool, containing less than 85 percent by weight of wool, not put up for retail sale
5107.10.30	Yarn of combed wool, containing 85% or more by weight of wool, not put up for retail sale, of wool fiber avg diameter 18.5 micron or<
5107.10.60	Yarn of combed wool, containing 85% or more by weight of wool, not put up for retail sale, nesoi
5107.20.30	Yarn of combed wool, containing less than 85 percent by weight of wool, not put up retail sale, of wool fiber avg diameter 18.5 micron or<
5107.20.60	Yarn of combed wool, containing less than 85 percent by weight of wool, not put up retailsale, nesoi
5108.10.30	Yarn of Angora rabbit hair, carded, not put up for retail sale
5108.10.40	Yarn of mohair, carded, not put up for retail sale
5108.10.80	Yarn of fine animal hair other than Angora rabbit hair or mohair, carded, not put up for retail sale
5108.20.30	Yarn of Angora rabbit hair, combed, not put up for retail sale
5108.20.40	Yarn of mohair, combed, not put up for retail sale
5108.20.80	Yarn of fine animal hair other than Angora rabbit hair or mohair, combed, not put up for retail sale
5109.10.20	Yarn of wool, containing 85 percent or more by weight of wool, colored, cut into uniform lengths of not over 8cm, put up for retail sale
5109.10.40	Yarn of Angora rabbit hair, containing 85 percent or more by weight of the Angora hair, put up for retail sale
5109.10.80	Yarn of wool nesoi, or fine animal hair nesoi, over 85% or>of that wool/hair, for retail sale, of wool fiber avg diamter 18.5 micron or<
5109.10.90	Yarn of wool nesoi, or fine animal hair nesoi, over 85% or>of that wool/hair, put up for retail sale, nesoi
5109.90.20	Yarn of wool, colored, and cut into uniform lengths of not over 8cm, containing less than 85% by weight of wool, put up for retail sale
5109.90.40	Yarn of Angora rabbit hair containing less than 85 percent by weight of the Angora hair, put up for retail sale
5109.90.80	Yarn of wool nesoi, or fine animal hair nesoi, <85% of that wool/hair, for retail sale, of wool fiber avg diameter 18.5 micron or<
5109.90.90	Yarn of wool nesoi, or fine animal hair nesoi, <85% of that wool/hair, put up for retail sale, nesoi
5110.00.00	Yarn of coarse animal hair or horsehair (including gimped horsehair yarn) whether or not put up for retail sale
5111.11.20	Tapestry and upholstery fabrics of carded wool/fine animal hair, over 85% wool or hair, weighing not over $140g/m^2$
5111.11.30	Hand-woven fabrics of carded wool/fine animal hair, 85% or more wool or hair, loom width less than 76cm, weight not over $300g/m^2$
5111.11.70	Woven fabrics, 85% or more by weight of carded wool/fine animal hair, weight not over $300g/m^2$, nesoi
5111.19.10	Tapestry and upholstery fabrics, woven, 85% or more by weight of carded wool/fine animal hair, weight over $300g/m^2$
5111.19.20	Hand-woven fabrics, with 85 percent or more by weight of carded wool/fine animal hair, loom width of less than 76cm, weight ov $300g/m^2$
5111.19.60	Woven fabrics, with 85 percent or more by weight of carded wool/fine animal hair nesoi, weight over $300g/m^2$
5111.20.05	Tapestry & upholstery fabrics of carded wool/fine animal hair, mixed mainly or solely with man-made filaments, weight exceeding $300g/m^2$
5111.20.10	Tapestry & upholstery fabrics of carded wool/fine animal hair, mixed mainly or solely with man-made filaments, weight not over $140g/m^2$
5111.20.90	Woven fabrics of carded wool/fine animal hair, mixed mainly or solely with man-made filaments, nesoi
5111.30.05	Tapestry & upholstery fabrics of carded wool/fine animal hair, mixed mainly/solely with man-made staple fibers, weight exceeding $300g/m^2$
5111.30.10	Tapestry & upholstery fabrics of carded wool/fine animal hair, mixed mainly/solely with man-made staple fibers, weight not over $140g/m^2$
5111.30.90	Woven fabrics of carded wool/fine animal hair, mixed mainly or solely with man-made staple fibers, nesoi
5111.90.30	Woven fabrics of carded wool/fine animal hair, containing 30 percent or more by weight of silk or silk waste, valued over $33/kg
5111.90.40	Tapestry and upholstery fabrics of carded wool/fine animal hair, weight over $300g/m^2$, containing less than 85% wool or hair, nesoi
5111.90.50	Tapestry and upholstery fabrics of carded wool/fine animal hair, weight not over $140g/m^2$, containing less than 85% wool or hair, nesoi
5111.90.90	Woven fabrics of carded wool/fine animal hair, containing less than 85% wool or hair, nesoi

HTS Subheading	Product Description
5112.11.10	Tapestry and upholstery fabrics of combed wool/fine animal hair, containing 85% or more wool or hair, weight not over 140g/m^2
5112.11.30	Woven fabrics of combed wool/fine animal hair, over 85% wool or hair, weight not over 200g/m^2, avg wool fiber diameter 18.5 micron or<
5112.11.60	Woven fabrics of combed wool/fine animal hair, over 85% wool or hair, weight not over 200g/m^2, nesoi
5112.19.20	Tapestry and upholstery fabrics of combed wool/fine animal hair, over 85% wool or hair, weight over 300g/m^2
5112.19.60	Woven fabrics ofcombed wool/fine animal hair, over 85% wool or fine animal hair, ov 200g/m^2, avg wool fiber diameter 18.5 micron or <
5112.19.95	Woven fabrics of combed wool/fine animal hair, over 85% wool or fine animal hair, weight over 200g/m^2, nesoi
5112.20.10	Tapestry and upholstery fabrics of combed wool/fine animal hair, mixed mainly/solely with man-made filaments, weight over 300g/m^2
5112.20.20	Tapestry and upholstery fabrics of combed wool/fine animal hair, mixed mainly/solely with man-made filaments, weight not over 140g/m^2
5112.20.30	Woven fabrics of combed wool/fine animal hair, mixed mainly or solely with man-made filaments, nesoi
5112.30.10	Tapestry and upholstery fabrics of combed wool/fine animal hair, mixed mainly/solely with man-made staple fibers, weight over 300g/m^2
5112.30.20	Tapestry & upholstery fabrics of combed wool/fine animal hair, mixed mainly/solely with man-made staple fibers, weight not over 140g/m^2
5112.30.30	Woven fabrics of combed wool/fine animal hair, mixed mainly or solely with man-made staple fibers, nesoi
5112.90.30	Woven fabrics of combed wool/fine animal hair, nesoi, containing 30 percent or more by weight of silk or silk waste, valued over $33/kg
5112.90.40	Woven tapestry/upholstery fabrics of combed wool/fine animal hair, con. by wt. under 85% wool/hair & under 30% silk, over 300g/m^2, nesoi
5112.90.50	Woven tapestry/upholstery fabrics of combed wool/fine animal hair, con. by wt. under 85% wool/hair & under 30% silk, n/o 140g/m^2, nesoi
5112.90.90	Woven fabrics of combed wool or combed fine animal hair, nesoi
5113.00.00	Woven fabrics of coarse animal hair or of horsehair
5201.00.05	Cotton, not carded or combed, having a staple length under 19.05 mm (3/4 inch), harsh or rough
5201.00.12	Cotton, n/carded or combed, having a staple length<28.575 mm (1-1/8 inches), n/harsh or rough, described in gen. note 15
5201.00.14	Cotton, n/carded or combed, having a staple length<28.575 mm (1-1/8 inches), n/harsh or rough, quota described in ch 52 add'l US note 5
5201.00.18	Cotton, not carded or combed, having a staple length under 28.575 mm (1-1/8 inches), n/harsh or rough, nesoi
5201.00.22	Cotton, not carded or combed, staple length of 28.575 mm or more but under 34.925 mm, described in gen. note 15
5201.00.24	Cotton, n/carded or combed, harsh or rough, staple length 29.36875 mm or more but n/o 34.925 mm, white in color, quota descrd ch 52 add US note 6
5201.00.28	Cotton, not carded or combed, harsh or rough, staple length of 29.36875 mm or more but under 34.925 mm & white in color, nesoi
5201.00.34	Cotton, not carded or combed, staple length of 28.575 mm or more but under 34.925 mm, other, quota described in chapter 52 add'l US note 7
5201.00.38	Cotton, not carded or combed, staple length of 28.575 mm or more but under 34.925 mm, nesoi
5201.00.55	Cotton, not carded or combed, having a staple length of 34.925 mm or more, described in the gen. note 15
5201.00.60	Cotton, not carded or combed, having a staple length of 34.925 mm or more, quota described in chapter 52 add'l US note 8
5201.00.80	Cotton, not carded or combed, having a staple length of 34.925 mm or more, nesoi
5202.10.00	Cotton yarn waste (including thread waste)
5202.91.00	Cotton garnetted stock
5202.99.05	Cotton card strips made from cotton waste having staple length under 30.1625 mm & lap, sliver & roving waste described in gen. nte 15
5202.99.10	Cotton card strips made from cotton waste w/staple length under 30.1625 mm & lap, sliver & roving waste, quota dscrbd in ch 52 add US note 9
5202.99.30	Cotton card strips made from cotton waste having staple length under 30.1625 mm & lap, sliver & roving waste, nesoi
5202.99.50	Cotton waste, other than yarn waste and garnetted stock, nesoi
5203.00.05	Cotton fibers, carded or combed, of cotton fiber processed but not spun, described in gen. note 15
5203.00.10	Cotton fibers, carded or combed, of cotton fiber processed but not spun, quota described in chapter 52 add'l US note 10
5203.00.30	Cotton fibers, carded or combed, of cotton fiber processed, but not spun, nesoi
5203.00.50	Cotton carded or combed, excluding fibers of cotton processed but not spun
5204.11.00	Cotton sewing thread, containing 85 percent or more by weight of cotton, not put up for retail sale
5204.19.00	Cotton sewing thread, containing less than 85 percent by weight of cotton, not put up for retail sale
5204.20.00	Cotton sewing thread, put up for retail sale
5205.11.10	Single cotton yarn, 85% or more cotton by weight, of uncombed fibers, not over 14 nm, unbleached, not mercerized, not put up for retail sale
5205.11.20	Single cotton yarn, 85% or more cotton by weight, of uncombed fibers, n/o 14 nm, bleached or mercerized

HTS Subheading	Product Description
5205.12.10	Single cotton yarn,85% or more cotton,of uncombed fibers,over 14 but n/o 43 nm,unbleached,not mercerized,not put up for retail sale
5205.12.20	Single cotton yarn,85% or more cotton by weight,of uncombed fibers,over 14 nm but n/o 43 nm,bleached or mercerized
5205.13.10	Single cotton yarn,85% or more cotton,of uncombed fibers,over 43 but n/o 52 nm,unbleached,not mercerized,not put up for retail sale
5205.13.20	Single cotton yarn,85% or more cotton,of uncombed fibers,over 43 nm but n/o 52 mm,bleached or mercerized
5205.14.10	Single cotton yarn,85% or more cotton,of uncombed fibers,over 52 but n/o 80 nm,unbleached,not mercerized,not put up for retail sale
5205.14.20	Single cotton yarn,85% or more cotton by weight,of uncombed fibers,over 52 but n/o 80 nm,bleached or mercerized
5205.15.10	Single cotton yarn,85% or more cotton,of uncombed fibers,over 80 nm,unbleached,not mercerized,not put up for retail sale
5205.15.20	Single cotton yarn,85% or more cotton,of uncombed fibers,over 80 nm,bleached or mercerized,not put up for retail sale,nesoi
5205.21.00	Single cotton yarn,85% or more cotton by weight,of combed fibers,not over 14 nm,not put up for retail sale
5205.22.00	Single cotton yarn,85% or more cotton by weight,of combed fibers,over 14 but n/o 43 nm,not put up for retail sale
5205.23.00	Single cotton yarn,85% or more cotton by weight,of combed fibers,over 43 but n/o 52 nm,not put up for retail sale
5205.24.00	Single cotton yarn,85% or more cotton by weight,of combed fibers,over 52 but n/o 80 nm,not put up for retail sale
5205.26.00	Single cotton yarn,85% or>cotton by wt,of combed fiber,meas.<125 but not<106.38 decitex,>80nm but not>94nm,not put up for retail sale
5205.27.00	Single cotton yarn,85% or>cotton by wt,of combed fiber,meas.<106.38 but not<83.33 decitex,>94nm but not>120nm,not put up for retail sale
5205.28.00	Single cotton yarn,85% or>cotton by wt,of combed fibers,meas.<83.33 decitex,>120 nm,not put up for retail sale
5205.31.00	Multiple or cabled cotton yarn,85% or more cotton by weight,of uncombed fibers,n/o 14 nm per single yarn,not put up forretail sale
5205.32.00	Multiple or cabled cotton yarn,85% or more cotton by weight,of uncombed fibers,yarn over 14 but n/o 43 nm,not put up for retail sale
5205.33.00	Multiple or cabled cotton yarn,85% or more cotton by weight,of uncombed fibers,yarn over 43 but n/o 52 nm,not put up for retail sale
5205.34.00	Multiple or cabled cotton yarn,85% or more cotton by weight,of uncombed fibers,yarn over 52 but n/o 80 nm,not put up for retail sale
5205.35.00	Multiple or cabled cotton yarn,85% or more cotton by weight,of uncombed fibers,over 80 nm per single yarn,not put up for retail sale
5205.41.00	Multiple or cabled cotton yarn,85% or more cotton by weight,of combed fibers,not over 14 nm per single yarn,not put up for retail sale
5205.42.00	Multiple or cabled cotton yarn,85% or more cotton by weight,of combed fibers,yarn over 14 but n/o 43 nm,not put up for retail sale
5205.43.00	Multiple or cabled cotton yarn,85% or more cotton by weight,of combed fibers,yarn over 43 but n/o 52 nm,not put up for retail sale
5205.44.00	Multiple or cabled cotton yarn,85% or more cotton by weight,of combed fibers,yarn over 52 but n/o 80 nm,not put up for retail sale
5205.46.00	Multiple or cabled cotton yarn,85% or>cotton by wt,of combed fibers,>80nm but not>94nm/single yarn,not put up for retail sale
5205.47.00	Multiple or cabled cotton yarn,85% or>cotton by wt,of combed fibers,>94nm but not>120nm/single yarn,not put up for retail sale
5205.48.00	Multiple or cabled cotton yarn,85% or>cotton by wt,of combed fibers,>120nm per single yarn,not put up for retail sale
5206.11.00	Single cotton yarn,less than 85 percent cotton by weight,of uncombed fibers,not over 14 nm,not put up for retail sale
5206.12.00	Single cotton yarn,less than 85 percent cotton by weight,of uncombed fibers,over 14 but n/o 43 nm,not put up for retail sale
5206.13.00	Single cotton yarn,less than 85 percent cotton by weight,of uncombed fibers,over 43 but n/o 52 nm,not put up for retail sale
5206.14.00	Single cotton yarn,less than 85 percent cotton by weight,of uncombed fibers,over 52 but n/o 80 nm,not put upfor retail sale
5206.15.00	Single cotton yarn,less than 85 percent cotton by weight,of uncombed fibers,over 80 nm,not put up for retail sale
5206.21.00	Single cotton yarn,less than 85 percent cotton by weight,of combed fibers,not over 14 nm,not put up for retail sale
5206.22.00	Single cotton yarn,less than 85 percent cotton by weight,of combed fibers,over 14 but n/o 43 nm,not put up for retailsale
5206.23.00	Single cotton yarn,less than 85 percent cotton by weight,of combed fibers,over 43 but n/o 52 nm,not put up for retail sale
5206.24.00	Single cotton yarn,less than 85 percent cotton by weight,of combed fibers,over 52 but n/o 80 nm,not put up for retail sale
5206.25.00	Single cotton yarn,less than 85 percent cotton by weight,of combed fibers,over 80 nm,not put up for retail sale
5206.31.00	Multiple or cabled cotton yarn,<85% cotton by weight,of uncombed fibers,not over 14 nm per single yarn,not put up for retail sale
5206.32.00	Multiple or cabled cotton yarn,<85% cotton by weight,of uncombed fibers,over 14 but n/o 43 nm/single yarn,not put up for retail sale
5206.33.00	Multiple or cabled cotton yarn,<85% cotton by weight,of uncombed fibers,over 43 but n/o 52 nm/single yarn,not put up for retail sale
5206.34.00	Multiple or cabled cotton yarn,<85% cotton by weight,ofuncombed fibers,over 52 but n/o 80 nm/single yarn,not put up for retail sale
5206.35.00	Multiple or cabled cotton yarn,<85% cotton by weight,of uncombed fibers,over 80 nm per single yarn,not put up for retail sale
5206.41.00	Multiple or cabled cotton yarn,<85% cotton by weight,of combed fibers,n/o 14 nm per single yarn,not put up for retail sale
5206.42.00	Multiple or cabled cotton yarn,<85% cotton by weight,of combed fibers,over 14 but n/o 43 nm per single yarn,not put up for retail sale

HTS Subheading	Product Description
5206.43.00	Multiple or cabled cotton yarn, <85% cotton by weight, of combed fibers, over 43 but n/o 52 nm per single yarn, not put up for retail sale
5206.44.00	Multiple or cabled cotton yarn, <85% cotton by weight, of combed fibers, over 52 but n/o 80 nm per single yarn, not put up for retail sale
5206.45.00	Multiple or cabled cotton yarn, <85% cotton by weight, of combed fibers, over 80 nm per single yarn, not put up for retail sale
5207.10.00	Cotton yarn, other than sewing thread, containing 85 percent or more cotton by weight, put up for retail sale
5207.90.00	Cotton yarn, other than sewing thread, containing less than 85 percent cotton by weight, put up for retail sale
5208.11.20	Woven cotton fabric, 85% or more cotton by weight, plain weave, weight not over $100g/m^2$, unbleached, of number 42 or lower
5208.11.40	Woven cotton fabric, 85% or more cotton by weight, plain weave, weight not over $100g/m^2$, unbleached, of numbers 43-68
5208.11.60	Woven cotton fabric, 85% or more cotton by weight, plain weave, wt n/o $100g/m^2$, unbleached, of number 69 or over, for typewriter ribbon
5208.11.80	Woven cotton fabric, 85% or more cotton by weight, plain weave, weight not over $100g/m^2$, unbleached, of number 69 or over, nesoi
5208.12.40	Woven cotton fabric, 85% or more cotton by weight, plain weave, weight over 100 but n/o $200g/m^2$, unbleached, of numbers 42 or lower
5208.12.60	Woven cotton fabric, 85% or more cotton by weight, plain weave, weight over 100 but n/o $200g/m^2$, unbleached, of numbers 43-68
5208.12.80	Woven cotton fabric, 85% or more cotton by weight, plain weave, weight over 100 but n/o $200g/m^2$, unbleached, of number 69 or over
5208.13.00	Unbleached 3- or 4-thread twill fabrics of cotton, incl. cross twill, containing 85% or more of cotton by weight, weighing not over $200g/m^2$
5208.19.20	Unbleached satin or twill weave fabrics of cotton, containing 85% or more cotton by weight, weighing not more than $200g/m^2$, nesoi
5208.19.40	Unbleached woven fabrics of cotton, nesoi, 85% or more of cotton by weight, weighing not more than $200g/m^2$, of number 42 or lower
5208.19.60	Unbleached woven fabrics of cotton, nesoi, 85% or more of cotton by weight, weighing not more than $200g/m^2$, of numbers 43-68
5208.19.80	Unbleached woven fabrics of cotton, nesoi, 85% or more of cotton by weight, weighing not more than $200g/m^2$, of number 69 or higher
5208.21.20	Woven cotton fabric, 85 percent or more cotton by weight, plain weave, not over $100g/m^2$, bleached, of number42 or lower
5208.21.40	Woven cotton fabric, 85% or more cotton by weight, plain weave, not over $100g/m^2$, bleached, of numbers 43-68
5208.21.60	Woven cotton fabric, 85% or more cotton by weight, plain weave, not over $100g/m^2$, bleached, of number 69or higher
5208.22.40	Woven cotton fabric, 85% or more cotton by weight, plain weave, over 100 but n/o $200g/m^2$, bleached, of number 42 or lower
5208.22.60	Woven cotton fabric, 85% or more cotton by weight, plain weave, over 100 but n/o $200g/m^2$, bleached, of numbers 43-68
5208.22.80	Woven cotton fabric, 85% or more cotton by weight, plain weave, over 100 but n/o $200g/m^2$, bleached, of number 69 or higher
5208.23.00	Woven cotton fabric, >= 85% by wt. cotton, <= $200g/m^2$, bleached, exc. plain weave, 3- or 4-thread twill
5208.29.20	Bleached satin or twill weave fabrics, containing 85% or more cotton by weight, weighing not more than $200g/m^2$, nesoi
5208.29.40	Bleached woven fabrics of cotton, nesoi, 85% or more cotton by weight, weighing not more than $200g/m^2$, of number 42 or lower
5208.29.60	Bleached woven fabrics of cotton, nesoi, containing 85% or more cotton by weight, weighing not more than $200g/m^2$, of numbers 43-68
5208.29.80	Bleached woven fabrics of cotton, nesoi, containing 85% or more cotton by weight, weighing not more than $200g/m^2$, of number 69 or higher
5208.31.20	Dyed plain weave certified hand-loomed fabrics of cotton, containing 85% or more cotton by weight, weighing not more than $100g/m^2$
5208.31.40	Dyed plain weave fabrics of cotton, containing 85% or more cotton by weight, weighing not more than $100g/m^2$, of number 42 or lower, nesoi
5208.31.60	Dyed plain weave fabrics of cotton, containing 85% or more cotton by weight, weighing not more than $100g/m^2$, of numbers 43-68, nesoi
5208.31.80	Dyed plain weave fabrics of cotton, containing 85% or more cotton by weight, weighing not more than $100g/m^2$, of number 69 or higher, nesoi
5208.32.10	Dyed plain weave certified hand-loomed fabrics of cotton, cont. 85% or more cotton by weight, weighing over $100g/m^2$ but not over $200g/m^2$
5208.32.30	Dyed plain weave fabrics of cotton, nesoi, 85% or more cotton by weight, over $100g/m^2$ but not more than $200g/m^2$, of number 42 or lower
5208.32.40	Dyed plain weave fabrics of cotton, nesoi, 85% or more cotton by weight, over $100g/m^2$ but not more than $200g/m^2$, of numbers 43-68
5208.32.50	Dyed plain weave fabrics of cotton, nesoi, 85% or more cotton by weight, over $100g/m^2$ but not more than $200g/m^2$, of number 69 or higher
5208.33.00	Dyed 3- or 4-thread twill fabrics of cotton, including cross twill, 85% or more cotton by weight, weighing not more than $200g/m^2$
5208.39.20	Dyed satin or twill weave fabrics of cotton, containing 85% or more cotton by weight, weighing not more than $200g/m^2$, nesoi
5208.39.40	Dyed woven fabrics of cotton, nesoi, containing 85% or more cotton by weight, weighing not more than $200g/m^2$, of number 42 or lower
5208.39.60	Dyed woven fabrics of cotton, nesoi, containing 85% or more cotton by weight, weighing not more than $200g/m^2$, of numbers 43-68
5208.39.80	Dyed woven fabrics of cotton, nesoi, containing 85% or more cotton by weight, weighing not more than $200g/m^2$, ofnumber 69 or higher
5208.41.20	Plain weave certified hand-loomed fabrics of cotton, 85% or more cotton by weight, weighing not over $100g/m^2$, of yarns of different colors

HTS Subheading	Product Description
5208.41.40	Plain weave fabrics of cotton,85% or more cotton by weight,weighing not over $100g/m^2$,number 42 or lower,of yarns of different colors
5208.41.60	Plain weave fabrics of cotton,85% or more cotton by weight,weighing not over $100g/m^2$,of numbers 43-68,of yarns of different colors
5208.41.80	Plain weave fabrics of cotton,85% or more cotton by weight,weighing not over $100g/m^2$,of number 69 or higher,of yarn of different colors
5208.42.10	Plain weave certified hand-loomed fabrics of cotton,85% or more cotton by weight,over 100 but n/o $200g/m^2$,of yarns of different colors
5208.42.30	Plain weave fabrics of cotton,85% or more cotton by weight,over 100 but n/o $200g/m^2$,of numbers 42 or lower,of yarns of different colors
5208.42.40	Plain weave fabrics of cotton,85% or more cotton by weight,over 100 but n/o $200g/m^2$,of numbers 43-68,of yarns of different colors
5208.42.50	Plain weave fabrics of cotton,85% or more cotton by weight,over 100 but n/o $200g/m^2$,number 69 or higher,of yarns of different colors
5208.43.00	3- or 4-thread twill fabrics of cotton,including cross twill,85% or more cotton by weight,not over $200g/m^2$,of yarns of different colors
5208.49.20	Satin or twill weave fabrics of cotton,cont. 85% or more cotton by weight,weighing not over $200g/m^2$,of yarns of different colors,nesoi
5208.49.40	Woven fabrics of cotton,nesoi,85% or more cotton by weight,wt not more than $200g/m^2$,of number 42 or lower,of yarns of different colors
5208.49.60	Woven fabrics of cotton,nesoi,85% or more cotton by weight,wt not over $200g/m^2$,of numbers 43-68,of yarns of different colors
5208.49.80	Woven fabrics of cotton,nesoi,85% or more cotton by weight,wt not over $200g/m^2$,of number 69 or higher,of yarns of different colors
5208.51.20	Printed certified hand-loomed plain weave fabrics of cotton,85% or more cotton by weight,weighing not over $100g/m^2$
5208.51.40	Printed plain weave fabrics of cotton,containg 85% or more cotton by weight,weighing not over $100g/m^2$,of number 42 or lower
5208.51.60	Printed plain weave fabrics of cotton,containing 85% or more cotton by weight,weighing not over $100g/m^2$,of numbers 43-68
5208.51.80	Printed plain weave fabrics of cotton,containg 85% or more cotton by weight,weighing not over $100g/m^2$,of number 69 or higher
5208.52.10	Printed certified hand-loomed plain weave fabrics of cotton,85% or more cotton by weight,wt more than $100g/m^2$ but not more than $200g/m^2$
5208.52.30	Printed plain weave fabrics of cotton,85% or more cotton by weight,weighing over $100g/m^2$ but not more than $200g/m^2$,of number 42 or lower
5208.52.40	Printed plain weave fabrics of cotton,85% or more cotton by weight,weighing over $100g/m^2$ but not more than $200g/m^2$,of numbers 43-68
5208.52.50	Printed plain weave fabrics of cotton,85% or more cotton by weight,weighing over $100g/m^2$ but not more than $200g/m^2$,of number 69 or higher
5208.59.10	Printed 3- or 4-thread twill fabrics of cotton,including cross twill,85% or more cotton by weight,weighing not more than $200g/m^2$
5208.59.20	Printed satin or twill weave fabrics of cotton,containing 85% or more cotton by weight,weighing not more than $200g/m^2$,nesoi
5208.59.40	Printed woven fabrics of cotton,nesoi,containing 85% or more cotton by weight,weighing not more than $200g/m^2$,of number 42 or lower
5208.59.60	Printed woven fabrics of cotton,nesoi,containing 85% or more cotton byweight,weighing not more than $200g/m^2$,of numbers 43-68
5208.59.80	Printed woven fabrics of cotton,nesoi,containing 85% or more cotton by weight,weighing not more than $200g/m^2$,of number 69 or higher
5209.11.00	Unbleached plain weave fabrics of cotton,85 percent or more cotton by weight,weight more than $200g/m^2$
5209.12.00	Unbleached 3- or 4-thread twill fabrics of cotton, including cross twill, 85 percent or more cotton by weight, weighing more than $200g/m^2$
5209.19.00	Unbleached woven fabrics of cotton,nesoi,containing 85% or more cotton by weight,weighing more than $200g/m^2$
5209.21.00	Bleached plain weave fabrics of cotton,85% or more cotton by weight,weighing more than $200g/m^2$
5209.22.00	Bleached 3- or 4-thread twill fabrics of cotton,including cross twill,85 percent or more cotton by weight,weighing more than $200g/m^2$
5209.29.00	Bleached woven fabrics of cotton,nesoi,containing 85% or more cotton by weight,weighing more than $200g/m^2$
5209.31.30	Dyed,plain weave certified hand-loomed fabrics of cotton,containing 85% or more cotton by weight,weighing more than $200g/m^2$
5209.31.60	Dyed,plain weave fabrics of cotton,containing 85% or more cotton by weight,weighing more than $200g/m^2$,nesoi
5209.32.00	Dyed 3- or 4-thread twill fabrics of cotton,including cross twill,containing 85% or more cotton by weight,weighing more than $200g/m^2$
5209.39.00	Dyed woven fabrics of cotton,nesoi,containing 85% or more cotton by weight,weighing more than $200g/m^2$
5209.41.30	Plain weave certified hand-loomed fabrics of cotton,cont. 85% or more cotton by weight,weighing over $200g/m^2$,of yarns of different colors
5209.41.60	Plain weave fabrics of cotton,nesoi,containing 85% or more cotton by weight,weighing more than $200g/m^2$,of yarns of different colors
5209.42.00	Denim containing 85% or more cotton by weight,weighing more than $200g/m^2$,of yarns of different colors
5209.43.00	3- or 4-thread twill fabrics of cotton,incl. cross twill,nesoi,85% or more cotton by wt,weighing ov $200g/m^2$,of yarns of different colors
5209.49.00	Woven fabrics of cotton,nesoi,containing 85% or more cotton by weight,weighing more than $200g/m^2$,of yarns of different colors

HTS Subheading	Product Description
5209.51.30	Printed plain weave certified hand-loomed fabrics of cotton, containing 85% or more cotton by weight, weighing more than 200g/m^2
5209.51.60	Printed plain weave fabrics of cotton, nesoi, containing 85% or more cotton by weight, weighing more than 200g/m^2
5209.52.00	Printed 3- or 4-thread twill fabrics of cotton, including cross twill, containing 85% or more cotton by weight, weighing more than 200g/m^2
5209.59.00	Printed woven fabrics of cotton, nesoi, containing 85% or more cotton by weight, weighing more than 200g/m^2
5210.11.80	Unbleached plain weave fabrics of cotton, <85% cotton, mixed mainly/solely with manmade fibers, wt<200g/m^2, of number 69 or higher
5210.19.20	Unbleached satin or twill weave fabrics of cotton, <85% cotton by wt, mixed mainly/solely with man-made fibers, not more than 200g/m^2
5210.19.40	Unbleached woven fabrics of cotton, nesoi, <85% cotton by wt, mixed mainly/solely with man-made fibers, n/o 200g/m^2, of number 42 or lower
5210.19.60	Unbleached woven fabrics of cotton, nesoi, <85% cotton by wt, mixed mainly/solely with man-made fibers, n/o 200g/m^2, of numbers 43-68
5210.19.80	Unbleached woven fabrics of cotton, nesoi, <85% cotton by wt, mixed mainly/solely w/man-made fibers, n/o200g/m^2, of number 69 or higher
5210.21.40	Bleached plain weave fabrics of cotton, <85% cotton by wt, mixed mainly/solely with man-made fibers, n/o 200g/m^2, of number 42 or lower
5210.21.60	Bleached plain weave fabrics of cotton, <85% cotton by wt, mixed mainly/solely with man-made fibers, not over 200g/m^2, of numbers 43-68
5210.21.80	Bleached plain weave fabrics of cotton, <85% cotton by wt, mixed mainly/solely with man-made fibers, n/o 200g/m^2, of number 69 or higher
5210.29.10	Bleached 3- or 4-thread twill fabrics of cotton, incl. cross twill, <85% cotton by wt, mixed mainly/solely w/man-made fibers, n/o 200g/m^2
5210.29.20	Bleached satin or twill weave fabrics of cotton, <85% cotton by weight, mixed mainly/solely with man-made fibers, not more than 200g/m^2
5210.29.40	Bleached woven fabrics of cotton, nesoi, <85% cotton by weight, mixed mainly/solely w/man-made fibers, n/o 200g/m^2, of number 42 or lower
5210.29.60	Bleached woven fabrics of cotton, nesoi, <85% cotton by weight, mixed mainly/solely with man-made fibers, n/o 200g/m^2, of numbers 43-68
5210.29.80	Bleached woven fabrics of cotton, nesoi, <85% cotton by wt, mixed mainly/solely with man-made fibers, n/o 200g/m^2, of number 69 or higher
5210.31.40	Dyed plain weave fabrics of cotton, <85% cotton by wt, mixed mainly/solely with manmade fibers, not over 200g/m^2, of number 42 or lower
5210.31.60	Dyed plain weave fabrics of cotton, <85% cotton by wt, mixed mainly/solely with manmade fibers, not over 200g/m^2, of numbers 43-68
5210.31.80	Dyed plain weave cotton fabrics, <85% cotton by wt, mixed mainly/solely with manmade fibers, not over 200g/m^2, of number 69 or higher
5210.32.00	Dyed 3 or 4-thread twill fabrics of cotton, incl. cross twill, <85% cotton by wt, mixed mainly/solely with man-made fibers, wt n/o 200g/m^2
5210.39.20	Dyed satin or twill weave fabrics of cotton, <85% cotton by wt, mixed mainly/solely with man-made fibers, weighing not more than 200g/m^2
5210.39.40	Dyed woven fabrics of cotton, nesoi, <85% cotton by weight, mixed mainly/solely w/man-made fibers, not over 200g/m^2, of number 42 or lower
5210.39.60	Dyed woven fabrics of cotton, nesoi, <85% cotton by weight, mixed mainly/solely w/man-made fibers, not over 200g/m^2, of numbers 43-68
5210.39.80	Dyed woven fabrics of cotton, nesoi, <85% cotton by wt, mixed mainly/solely w/manmade fibers, not over 200g/m^2, of number 69 or higher
5210.41.40	Plain weave cotton fabrics, <85% cotton by wt, mixed mainly/solely w/mm fibers, n/o 200g/m^2, of number42 or lower, of yarn of diff colors
5210.41.60	Plain weave cotton fabrics, <85% cotton by wt, mixed mainly/solely w/mm fibers, n/o 200g/m^2, of numbers 43-68, of yarn of different colors
5210.41.80	Plain weave cotton fabrics, <85% cotton by wt, mixed mainly/solely w/mm fibers, n/o 200g/m^2, number 69 or higher, of yarn of diff colors
5210.49.10	3- or 4-thread twill fabrics of cotton, incl. cross twill, <85% cotton by wt, mixed mainly/solely w/mm fibers, n/o 200g/m^2, of yarn diff colors

HTS Subheading	Product Description
5210.49.20	Satin or twill weave fabrics of cotton, <85% cotton by wt, mixed mainly/solely w/mm fibers, wt n/o 200g/m^2, of yarn of different colors, nesoi
5210.49.40	Woven fabrics of cotton, nesoi, <85% cotton by wt, mixed mainly/solely w/mm fibers, n/o 200g/m^2, of number 42 or lower, of yarn of diff colors
5210.49.60	Woven fabrics of cotton, nesoi, <85% cotton by wt, mixed mainly/solely w/man-made fibers, n/o 200g/m^2, numbers 43-68, of yarn of diff colors
5210.49.80	Woven fabrics of cotton, nesoi, <85% cotton by wt, mixed mainly with m-m fibers, n/o 200g/m^2, number 69 or higher, of yarn of diff colors
5210.51.40	Printed plain weave cotton fabrics, <85% cotton by wt, mixed mainly/solely with manmade fibers, n/o 200g/m^2, of number 42 or lower
5210.51.60	Printed plain weave cotton fabrics, <85% cotton by wt, mixed mainly/solely with manmade fibers, n/o 200g/m^2, of numbers 43-68
5210.51.80	Printed plain weave cotton fabrics, <85% cotton by weight, mixed mainly/solely with man-made fibers, n/o 200g/m^2, of number 69 or higher
5210.59.10	Printed 3- or 4-thread twill fabrics of cotton, incl. cross twill, <85% cotton by wt, mixed mainly/solely w/man-made fibers, n/o 200g/m^2
5210.59.20	Printed satin or twill weave cotton fabrics, nesoi, <85% cotton by wt, mixed mainly/solely with man-made fibers, weighing n/o 200g/m^2
5210.59.40	Printed woven fabrics of cotton, nesoi, <85% cotton by wt, mixed mainly/solely with man-made fibers, wt n/o 200g/m^2, of number 42 or lower
5210.59.60	Printed woven fabrics of cotton, nesoi, <85% cotton by wt, mixed mainly/solely with man-made fibers, weighing n/o 200g/m^2, of numbers 43-68
5210.59.80	Printed woven fabrics of cotton, nesoi, <85% cotton by wt, mixed mainly/solely w/man-made fibers, weighing n/o 200g/m^2, number 69 or higher
5211.11.00	Unbleached plain weave fabrics of cotton, <85% cotton by wt, mixed mainly/solely with man-made fibers, over 200g/m^2
5211.12.00	Unbleached 3- or 4-thread twill fabrics of cotton, incl. cross twill, <85% cotton by wt, mixed mainly/solely w/man-made fiber, ov 200g/m^2
5211.19.00	Unbleached woven fabrics of cotton, nesoi, containing<85% cotton by weight, mixed mainly/solely with man-made fibers, more than 200g/m^2
5211.20.21	Bleached plain weave fabrics of cotton, <85% cotton by weight, mixed mainly/solely with man-made fibers, over 200g/m^2
5211.20.22	Bleached 3- or 4-thread twill fabrics of cotton, incl. cross twill, <85% cotton by wt, mixed mainly/solely w/man-made fibers, over 200g/m^2
5211.20.29	Bleached woven fabrics of cotton, nesoi, containing<85% cotton by weight, mixed mainly/solely with man-made fibers, more than 200g/m^2
5211.31.00	Dyed plain weave fabrics of cotton, containing<85% cotton by weight, mixed mainly/solely with man-made fibers, more than 200g/m^2
5211.32.00	Dyed 3- or 4-thread twill fabrics of cotton, incl. cross twill, <85% cotton by wt, mixed mainly/solely w/man-made fibers, more than 200g/m^2
5211.39.00	Dyed woven fabrics of cotton, nesoi, <85% cotton by weight, mixed mainly/solely with man-made fibers, weighing more than 200g/m^2
5211.41.00	Plain weave fabrics of cotton, <85% cotton by weight, mixed mainly/solely with manmade fibers, over 200g/m^2, of yarns of different colors
5211.42.00	Denim containing<85% cotton by wt, mixed mainly/solely w/man-made fibers, weighing>200g/m^2, of yarns of different colors
5211.43.00	3-or 4-thread twill fab of cotton, incl cross twill, nesoi, <85% cotton wt, mixed mainly/solely w/mm fibers, ov 200g/m^2, of yarn of diff colors
5211.49.00	Woven fabrics of cotton, nesoi, <85% cotton by weight, mixed mainly/solely w/manmade fibers, over 200g/m^2, of yarns of different colors
5211.51.00	Printed plain weave fabrics of cotton, <85% cotton by wt, mixed mainly/solely with man-made fibers, weighing more than 200g/m^2
5211.52.00	Printed 3- or 4-thread twill fabrics of cotton, incl cross twill, <85% cotton by wt, mixed mainly/solely with man-made fibers, over 200g/m^2
5211.59.00	Printed woven fabrics of cotton, nesoi, <85% cotton by weight, mixed mainly/solely with man-made fibers, weighing more than 200g/m^2
5212.11.10	Other woven fabrics of cotton, containing 36% or more by weight of wool or fine hair, weighing not more than 200g/m^2, unbleached
5212.11.60	Other woven fabrics of cotton, nesoi, weighing not more than 200g/m^2, unbleached
5212.12.10	Other woven fabrics of cotton, containing 36% or more by weight of wool or fine hair, weighing not more than 200g/m^2, bleached
5212.12.60	Other woven fabrics of cotton, nesoi, weighing not more than 200g/m^2, bleached
5212.13.10	Other woven fabrics of cotton, containing 36% or more by weight of wool or fine hair, weighing not more than 200g/m^2, dyed
5212.13.60	Other woven fabrics of cotton, nesoi, weighing not more than 200g/m^2, dyed
5212.14.10	Other woven fabrics of cotton, containing 36% or more of wool or fine hair, weighing not more than 200g/m^2, of yarns of different colors

HTS Subheading	Product Description
5212.14.60	Other woven fabrics of cotton, nesoi, weighing not more than 200g/m², of yarns of different colors
5212.15.10	Other woven fabrics of cotton, containing 36% or more by weight of wool or fine hair, weighing not more than 200g/m², printed
5212.15.60	Other woven fabrics of cotton, nesoi, weighing not more than 200g/m², printed
5212.21.10	Other woven fabrics of cotton, containing 36% or more by weight of wool or fine hair, weighing more than 200g/m², unbleached
5212.21.60	Other woven fabrics of cotton, nesoi, weighing more than 200g/m², unbleached
5212.22.10	Other woven fabrics of cotton, containing 36% or more by weight of wool or fine hair, weighing more than 200g/m², bleached
5212.22.60	Other woven fabrics of cotton, nesoi, weighing more than 200g/m², bleached
5212.23.10	Other woven fabrics of cotton, containing 36% or more by weight of wool or fine hair, weighing more than 200g/m², dyed
5212.23.60	Other woven fabrics of cotton, nesoi, weighing more than 200g/m², dyed
5212.24.10	Other woven fabrics of cotton, containing 36% or more by weight of wool or fine hair, weighing more than 200g/m², of yarns of different colors
5212.24.60	Other woven fabrics of cotton, nesoi, weighing more than 200g/m², of yarns of different colors
5212.25.10	Other woven fabrics of cotton, containing 36% or more by weight of wool or fine hair, weighing more than 200g/m², printed
5212.25.60	Other woven fabrics of cotton, nesoi, weighing more than 200g/m², printed
5301.10.00	Flax, raw or retted
5301.21.00	Flax, broken or scutched
5301.29.00	Flax, hackled or otherwise processed, except broken or scutched but not spun
5301.30.00	Flax tow and waste (including yarn waste and garnetted stock)
5302.10.00	True hemp, raw or retted
5302.90.00	True hemp, processed but not spun; tow and waste of true hemp (including yarn waste and garnetted stock)
5303.10.00	Jute and other textile bast fibers (excluding flax, true hemp and ramie), raw or retted
5303.90.00	Jute and other textile bast fibers (excluding flax, true hemp and ramie), processed but not spun; tow and waste of these fibers
5305.00.00	Coconut, abaca, ramie, other veg. fibers, nesoi, raw or processed, not spun; tow noils and their wastes (incl. yarn waste and garnetted stoc
5306.10.00	Flax yarn, single
5306.20.00	Flax yarn, multiple (folded) or cabled
5307.10.00	Yarn of jute or other textile bast fibers (excluding flax, true hemp, and ramie), single
5307.20.00	Yarn of jute or other textile bast fibers (excluding flax, true hemp, and ramie), multiple (folded) or cabled
5308.10.00	Coir yarn
5308.20.00	True hemp yarn
5308.90.10	Paper yarn
5309.11.00	Woven fabrics of flax, containing 85 percent or more by weight of flax, unbleached or bleached
5309.19.00	Woven fabrics of flax, containing 85 percent or more by weight of flax, other than unbleached or bleached
5309.21.20	Woven fabrics of flax, containing less than 85% by weight of flax, containing over 17% of wool or fine animal hair, unbleached or bleached
5309.21.30	Woven fabrics of flax, <85% by wt of flax, unbleached or bleached, containing<17% by wt of wool andcontaining cotton and manmade fibers
5309.21.40	Woven fabrics of flax, containing less than 85 percent by weight of flax, unbleached or bleached, nesoi
5309.29.20	Woven fabrics of flax, containing<85% by wt of flax, contain over 17% by wt of wool or fine animal hair, other than unbleached or bleached
5309.29.30	Woven fabrics of flax, less than 85% by wt of flax, containing less than 17% by wt of wool and containing cotton and manmade fibers, nesoi
5309.29.40	Woven fabrics of flax, containing less than 85 percent by weight of flax, other than unbleached or bleached, nesoi
5310.10.00	Unbleached woven fabrics of jute or of other textile bast fibers of heading 5303
5310.90.00	Woven fabrics of jute or of other textile bast fibers of heading 5303, other than unbleached
5311.00.20	Woven fabrics of other vegetable textile fibers, containing more than 17% by weight of wool or fine animal hair
5311.00.30	Woven fabrics of other vegetable textile fibers, containing cotton and manmade fibers, nesoi
5311.00.40	Woven fabrics of other vegetable textile fibers, nesoi
5311.00.60	Woven fabrics of paper yarn
5401.10.00	Sewing thread of synthetic filaments, whether or not put up for retail sale
5401.20.00	Sewing thread of artificial filaments, whether or not put up for retail sale
5402.11.30	Single high tenacity yarn of aramids, not put up for retail sale
5402.11.60	Multiple (folded) or cabled high tenacity yarn (except sewing thread) of aramids, not put up for retail sale
5402.19.30	Single high tenacity yarn of nylon or polyamides (except aramids), not put up for retail sale
5402.19.60	Multiple (folded) or cabled high tenacity yarn (except sewing thread) of nylon or other polyamides (except aramids), not put up for retail s

HTS Subheading	Product Description
5402.20.30	Single high tenacity yarn of polyesters, not put up for retail sale
5402.31.30	Single textured yarn, of nylon or other polyamides, measuring not more than 500 decitex, not put up for retail sale
5402.31.60	Multiple or cabled textured yarn (except sewing thread), of polyamides, single yarn not more than 500 decitex, not put up for retail sale
5402.32.30	Single textured yarn, of nylon or other polyamides, measuring more than 500 decitex, not put up for retail sale
5402.32.60	Multiple or cabled textured yarn (except sewing thread), of polyamides, single yarn more than 500 decitex, not put up for retail sale
5402.33.30	Single textured yarn of polyesters, not put up for retail sale
5402.33.60	Multiple or cabled textured yarn (except sewing thread), of polyesters, not put up for retail sale
5402.34.30	Single textured polypropylene yarn, not put up for retail sale
5402.34.60	Multiple or cabled textured polypropylene yarn (except sewing thread), not put up for retail sale
5402.39.31	Single textured yarn, nesoi, not put up for retail sale
5402.39.61	Multiple or cabled textured yarn (except sewing thread), nesoi, not put up for retail sale
5402.44.00	Single elastomeric yarns, monofil, untwisted or with a twist not exceeding 50 turns per meter, not for retail sale
5402.45.10	Synth filament yarn, for doll wigs, of colored multifil, untwisted/with twist<5 turns/meter, of nylon or other polyamide, not retail sale
5402.45.90	Syn filament yarn (not for doll wigs), of colored multifil, untwisted/with twist<5 turns/meter, of nylon or o/polyamides, not retail sale
5402.46.00	Non-textured yarn of polyesters, partially oriented, single, untwisted or with a twist not exceeding 50 turns/m, not put up for retail sale
5402.47.10	Single yarn, twist of 0-50 turns/m, wholly polyester, 75-80 decitex, 24 filaments, nesoi, not put up for retail sale
5402.47.90	Single yarn, twist of 0-50 turns/m, other than wholly of polyester, nesoi, not put up for retail sale
5402.48.00	Non-textured polypropylene yarns, monofil, untwisted or with a twist not exceeding 50 turns per meter, not for retail sale
5402.49.11	Colored multifilament yarn to be used to make wigs for dolls, of modacrylic, untwisted or twisted, <5 turns per meter, not for retail sale
5402.49.91	Other yarns, monofil; multifil, untwisted or twisted>or = to 5, not exceeding 50 turns per meter of other synthetic, not for retail sale
5402.51.00	Nylon or other polyamide yarns, single, with a twist exceeding 50 turns/m, not put up for retail sale
5402.52.10	Single yarn, twist exceeding 50 turns/m, wholly polyester, 75-80 decitex, 24 filaments, nesoi, not put up for retail sale
5402.52.90	Single yarn, twist exceeding 50 turns/m, other than wholly of polyester, nesoi, not put up for retail sale
5402.53.00	Synthetic filament yarn of polypropylene: single other twisted yarns exc nylon/polyester, >50 turns/M, not put up for retail sale
5402.59.01	Synthetic filament yarn nesoi: single other twisted yarns exc nylon/polyester, >50 turns/M, not put up for retail sale
5402.61.00	Nylon or other polyamide yarn, multiple (folded) or cabled, (except sewing thread), not put up for retail sale
5402.62.00	Polyester yarn, multiple (folded) or cabled, (except sewing thread), not put up for retail sale
5402.63.00	Synthetic filament yarn exc sewing thread of polypropylene, not for retail sale inc monofilament<67 decitex: other yarn multiple (folded) or cabled
5402.69.01	Synthetic filament yarn exc sewing thread nesoi, not for retail sale inc monofilament<67 decitex: other yarn multiple (folded) or cabled
5403.10.30	Single high tenacity yarn of viscose rayon, not put up for retail sale
5403.10.60	Multiple (folded) or cabled high tenacity yarn of viscose rayon (except sewing thread), not put up for retail sale
5403.31.00	Single yarn of viscose rayon (not high ten. or sewing thread), untwisted or with a twist not over 120 turns/m, not put up for retail sale
5403.32.00	Single yarn of viscose rayon (not high ten. or sewing thread), with twist exceeding 120 turns/m, not put up for retail sale
5403.33.00	Single yarn of cellulose acetate (not high ten. or sewing thread), not put up for retail sale
5403.39.10	Single textured artificial filament yarn (other than sewing thread), not put up for retail sale
5403.39.90	Artificial filament yarn nesoi, single, not put up for retail sale
5403.41.00	Viscose rayon yarn (except sewing thread), multiple (folded) or cabled, not put up for retail sale
5403.42.00	Yarn of cellulose acetate (except sewing thread) multiple (folded) or cabled, not put up for retail sale
5403.49.10	Multiple (folded) or cabled textured artificial filament yarn (other than sewing thread), not put up for retail sale
5403.49.90	Multiple (folded) or cabled non-textured artificial filament yarn (other than sewing thread), not put up for retail sale
5404.11.00	Synthetic monofilament (exc. polypropylene), elastomeric, of 67 decitex or more and with no cross-sectional dimension>1 mm, nesoi
5404.12.10	Polypropylene monofilament of 67 decitex or more (not racket strings), and with no cross-sectional dim.>1 mm, not over 254 mm in length
5404.12.90	Polypropylene monofilament of 67 decitex or more (not racket strings), and with no cross-sectional dim.>1 mm, over 254 mm in length
5404.19.10	Racket strings of synthetic monofilament of 67 decitex or more and of which no crosssectional dimension exceeds 1 mm
5404.19.80	Synthetic monofilament (exc. polypropylene), of 67 decitex or more and with no crosssectional dimension>1 mm, nesoi
5404.90.00	Strip and the like of synthetic textile materials of an apparent width not exceeding 5 mm
5405.00.30	Artificial monofilament of 67 decitex or more and of which no cross-sectional dimension exceeds 1 mm
5405.00.60	Strip and the like of artificial textile materials of an apparent width not exceeding 5 mm
5406.00.10	Synthetic filament yarn (except sewing thread), put up for retail sale
5406.00.20	Artificial filament yarn (except sewing thread), put up for retail sale
5407.10.00	Woven fabrics obtained from high tenacity yarn of nylon or other polyamides or of polyesters
5407.20.00	Woven fabrics obtained from strip or the like of synthetic textile materials
5407.30.10	Woven fabrics specified in note 9 to section XI, of synthetic filament yarn, over 60 percent by weight of plastics
5407.30.90	Woven fabrics specified in note 9 to section XI, of synthetic filament yarn, nesoi
5407.41.00	Woven fabrics, containing 85 percent or more by weight of filaments of nylon or other polyamides, unbleached or bleached

HTS Subheading	Product Description
5407.42.00	Woven fabrics, containing 85 percent or more by weight of filaments of nylon or other polyamides, dyed
5407.43.10	Woven fabrics, over 85% by wt fil. of nylon/other polyamides, of diff colored yarns, thread count over 69-142/cm warp, over 31-71/cm filling
5407.43.20	Woven fabrics, containing 85 percent or more by weight of filaments of nylon or other polyamides, of yarns of different colors, nesoi
5407.44.00	Woven fabrics, containing 85 percent or more by weight of filaments of nylon or other polyamides, printed
5407.51.00	Woven fabrics, containing 85 percent or more by weight of textured polyester filaments, unbleached or bleached
5407.52.05	Woven fabrics, over 85 percent textured polyester filaments, dyed, less than 77cm in width, thread count 69-142/cm warp, 31-71/cm-filling
5407.52.20	Woven fabrics, over 85 percent textured polyester filaments, dyed, nesoi
5407.53.10	Woven fabrics, over 85% textured polyester filaments, of different colored yarns, thread count 69-142/cm warp and 31-71/cm filling
5407.53.20	Woven fabrics, containing 85 percent or more by weight of textured polyester filaments, of yarns of different colors, nesoi
5407.61.11	Woven fab, dyed, 100% polyester, <77cm wide, >69-142 warp>31-71 filling, of non-tex singles yarn, 75-80dtx, 24 fil/yn, twist 900+ turns/m
5407.61.19	Woven fab, dyed, 85%+ non-tex poly. fil., <77cm wide, >69-142 warp>31-71 filling (not 100%poly. sin.yarn, 75-80dtx, 24 fil/yn & 900+ turns/m)
5407.61.21	Woven fab, yn diff colors, <77cm wide, >69-142 warp, >31-71 filling, 100% poly.non-tex sin. yarn of 75-80 dtx., 24 fil/yn & twist 900 + turns/m
5407.61.29	Woven fab, 85%+ non-tex poly, yn diff colors, <77cm wide, >69-142 warp, >31-71 filling (not 100%poly sin yarn, 75-80dtx, 24 fil/yn & 900+ turns/m)
5407.61.91	Woven fab, 85%+ non-tex poly fil, wholly of polyester, of single yarns 75-80 decitex, 24 fil/yarn & a twist of 900 or more turns/m
5407.61.99	Woven fab, of 85%+ non-text. polyester filaments, nesoi (not wholly polyester single yarns, 75-80 dtx, 24 fil/yarn & twist 900+ turns/m)
5407.69.10	Woven fab, containing 85%+ by wt of polyester filaments nesoi, unbleached or bleached
5407.69.20	Woven fab, containing 85%+ by wt of polyester filaments nesoi, dyed
5407.69.30	Woven fab, cont. 85%+ by wt polyester filaments nesoi, thread count>69-142/cm in warp &>31-71/cm filling, of yarns of diff. colors
5407.69.40	Woven fab, containing 85%+ by wt polyester filaments nesoi, of yarns of different colors, nesoi
5407.69.90	Woven fab, containing 85%+ by wt polyester filaments nesoi, printed
5407.71.00	Woven fabrics, containing 85 percent or more by weight of synthetic filaments, unbleached or bleached
5407.72.00	Woven fabrics, containing 85 percent or more by weight of synthetic filaments, dyed
5407.73.10	Woven fabrics, cont. 85% or more syn. filaments by weight, thread count>69-142/cm warp and>31-71/cm filling, of different colored yarns
5407.73.20	Woven fabrics, containing 85% or more by weight of synthetic filaments, of yarns of different colors, nesoi
5407.74.00	Woven fabrics, containing 85 percent or more by weight of synthetic filaments, printed
5407.81.00	Woven fabrics, containing less than 85% by weight of synthetic filaments, mixed mainly or solely with cotton, unbleached or bleached
5407.82.00	Woven fabrics, containing less than 85 percent by weight of synthetic filaments, mixed mainly or solely with cotton, dyed
5407.83.00	Woven fabrics, less than 85 percent by weight of synthetic filaments, mixed mainly or solely with cotton, of yarns of different colors
5407.84.00	Woven fabrics, containing less than 85 percent by weight of synthetic filaments, mixed mainly or solely with cotton, printed
5407.91.05	Woven fabrics of synthetic filament yarn nesoi, containing 36 percent or more by weight of wool or fine animal hair, unbleached or bleached
5407.91.10	Woven fabrics of synthetic filament yarn nesoi, mixed mainly or solely with wool or fine animal hair, unbleached or bleached, nesoi
5407.91.20	Woven fabrics of synthetic filament yarn nesoi, unbleached or bleached, nesoi
5407.92.05	Woven fabrics of synthetic filament yarn nesoi, containing 36 percent or more by weight of wool or fine animal hair, dyed
5407.92.10	Woven fabrics of synthetic filament yarn nesoi, mixed mainly or solely with wool or fine animal hair, cont.<36% wool/fine animal hair, dyed
5407.92.20	Woven fabrics of synthetic filament yarn nesoi, dyed, nesoi
5407.93.05	Woven fabrics of synthetic filament yarn nesoi, containing 36% or more by weight of wool or fine animal hair, of yarns of different colors
5407.93.10	Woven fabrics of synthetic filament yarn nesoi, mixed mainly or solely with wool or fine animal hair, of yarns of different colors, nesoi
5407.93.15	Woven fabrics, cont. 85% or more of man-made filaments, thread count>69-142/cm warp and>31-71/cm filling, of different colored yarns
5407.93.20	Woven fabrics of synthetic filament yarn nesoi, of yarns of different colors, nesoi
5407.94.05	Woven fabrics of synthetic filament yarn nesoi, containing 36 percent or more by weight of wool or fine animal hair, printed
5407.94.10	Woven fabrics of synthetic filament yarn nesoi, mixed mainly/solely with wool/fine animal hair, contain<36% wool/fine animal hair, printed
5407.94.20	Woven fabrics of synthetic filament yarn nesoi, printed, nesoi
5408.10.00	Woven fabrics obtained from high tenacity yarn, of viscose rayon
5408.21.00	Woven fabrics, containing 85 percent or more by weight of artificial filament or strip or the like, unbleached or bleached
5408.22.10	Woven fabric, 85%+ artificial filament or strip or the like, dyed, of cuprammonium rayon

HTS Subheading	Product Description
5408.22.90	Woven fabric, 85%+ artificial filament or strip or the like, dyed, not of cuprammonium rayon, nesoi
5408.23.11	Woven fabric, 85%+ artificial filament/strip, of yarns of different colors, >69-142 warp &>31-71 filling yarns, of cupra/rayon, nesoi
5408.23.19	Woven fabric, 85%+ artificial filament/strip, of yarns of different colors, >69-142 warp &>31-71 filling yarns, not of cupra/rayon, nesoi
5408.23.21	Woven fabric, 85%+ artificial filament/strip, of yarns of different colors, not 69-142 warp & 31-71 filling yarns, of cupra/rayon, nesoi
5408.23.29	Woven fabric, 85%+ artificial filament/strip, of yarns of different colors, not 69-142 warp & 31-71 filling yarns, not of cupra/rayon, nesoi)
5408.24.10	Woven fabric, 85%+ artificial filament/strip, printed, of cuprammonium rayon, nesoi
5408.24.90	Woven fabric, 85%+ artificial filament/strip, printed, not of cuprammonium rayon, nesoi
5408.31.05	Woven fabrics of artificial filament yarn nesoi, containing 36 percent or more by wt of wool or fine animal hair, unbleached or bleached
5408.31.10	Woven fabrics of artificial filament yarn nesoi, mixed mainly or solely with wool or fine animal hair, unbleached or bleached, nesoi
5408.31.20	Woven fabrics of artificial filament yarn nesoi, unbleached or bleached, nesoi
5408.32.05	Woven fabrics of artificial filament yarn nesoi, containing 36 percent or more by wt of wool or fine animal hair, dyed
5408.32.10	Woven fabrics of artificial filament yarn nesoi, mixed mainly or solely with wool or fine animal hair, dyed, nesoi
5408.32.30	Woven fabrics of artificial filament yarn nesoi, dyed, 30 percent or more by wt of silk or silk waste, valued over $33/kg
5408.32.90	Woven fabrics of artificial filament yarn nesoi, dyed, nesoi
5408.33.05	Woven fabrics of artificial filament yarn nesoi, containing 36% or more by wt of wool or fine animal hair, of yarns of different colors
5408.33.10	Woven fabrics of artificial filament yarn nesoi, mixed mainly or solely with wool or fine animal hair, ofyarns of different colors, nesoi
5408.33.15	Woven fabrics cont. 85% or more mm filaments nesoi, thread count>69-142/cm warp and>31-71/cm filling, of different colored yarns
5408.33.30	Woven fabrics of artificial filament yarn nesoi, of yarns of different colors, 30 percent or more of silk orsilk waste, valued over $33/kg
5408.33.90	Woven fabrics of artificial filament yarn nesoi, of yarns of different colors, nesoi
5408.34.05	Woven fabrics of artificial filament yarn nesoi, containing 36 percent or more by weight of wool or fine animal hair, printed
5408.34.10	Woven fabrics of artificial filament yarn nesoi, mixed mainly or solely with wool or fine animal hair, printed, nesoi
5408.34.30	Woven fabrics of artificial filament yarn nesoi, printed, 30 percent or more by weight of silk or silk waste, valued over $33/kg
5408.34.90	Woven fabrics of artificial filament yarn nesoi, printed, nesoi
5501.10.00	Synthetic filament tow of nylon or other polyamides
5501.20.00	Synthetic filament tow of polyesters
5501.30.00	Synthetic filament tow of acrylic or modacrylic
5501.40.00	Synthetic filament tow, of polypropylene
5501.90.01	Synthetic filament tow, nesoi
5502.10.00	Artificial filament tow of cellulose acetate
5502.90.00	Artificial filament tow other than of cellulose acetate
5503.11.00	Synthetic staple fibers, n/carded, combed or otherwise processed for spinning, of aramids
5503.19.10	Synthetic staple fibers, n/carded, combed or otherwise processed for spinning, of nylon/other polyamides (except aramids), cont 10% or more
5503.19.90	Synthetic staple fibers, n/carded, combed or otherwise processed for spinning, of nylon or other polyamides (except aramids), nesoi
5503.20.00	Synthetic staple fibers, not carded, combed or otherwise processed for spinning, of polyesters
5503.30.00	Synthetic (acrylic or modacrylic) staple fibers, not carded, combed or otherwise processed for spinning
5503.40.00	Synthetic staple fibers, not carded, combed or otherwise processed for spinning, of polypropylene
5503.90.10	Synthetic staple fibers, not carded, combed or otherwise processed for spinning, of vinyon
5503.90.90	Synthetic staple fibers, not carded, combed or otherwise processed for spinning, nesoi
5504.90.00	Artificial staple fibers, not carded, combed or otherwise processed for spinning, other than of viscose rayon
5505.10.00	Waste (including noils, yarn waste and garnetted stock) of synthetic fibers
5505.20.00	Waste (including noils, yarn waste and garnetted stock) of artificial fibers
5506.10.00	Synthetic staple fibers, carded, combed or otherwise processed for spinning, of nylon or other polyamides
5506.20.00	Synthetic staple fibers, carded, combed or otherwise processed for spinning, of polyesters
5506.30.00	Synthetic (acrylic or modacrylic) staple fibers, carded, combed or otherwise processed for spinning
5506.40.00	Synthetic staple fibers of polypropylene, carded, combed or otherwise processed for spinning
5506.90.01	Other Synthetic staple fibers nesoi, carded, combed or otherwise processed for spinning
5507.00.00	Artificial staple fibers, carded, combed or otherwise processed for spinning
5508.10.00	Sewing thread of synthetic staple fibers, whether or not put up for retail sale
5508.20.00	Sewing thread of artificial staple fibers, whether or not put up for retail sale
5509.11.00	Yarn (other than sewing thread) containing 85% or more by weight of nylon/polyamide staple fibers, singles, not put up for retail sale
5509.12.00	Yarn (other than sewing thread) cont. 85% or more by weight of nylon/polyamide staple fibers, multiple or cabled, not put up for retail sale
5509.21.00	Yarn (other than sewing thread) containing 85% or more by weight of polyester staple fibers, singles, not put up for retail sale
5509.22.00	Yarn (other than sewing thread) cont. 85% or more by weight of polyester staple fibers, multiple or cabled, not put up for retail sale

HTS Subheading	Product Description
5509.31.00	Yarn (not sewing thread) cont. 85% or more by weight of acrylic or modacrylic staple fibers, singles, not put up for retail sale
5509.32.00	Yarn (not sewing thread) cont. 85% or more by wt. of acrylic or modacrylic staple fibers, multiple or cabled, not put up for retail sale
5509.41.00	Yarn (other than sewing thread) containing 85% or more by weight of synthetic staple fibers nesoi, singles, not put up for retail sale
5509.42.00	Yarn (other than sewing thread) cont. 85% or more by weight of synthetic staple fibers nesoi, multiple or cabled, not put up for retail sale
5509.51.30	Yarn (not sewing thread) of polyester staple fibers mixed mainly/solely with artificial staple fibers, single, not put up for retail sale
5509.51.60	Yarn (not sewing thread) of polyester staple fibers mixed mainly/solely with artificial staple fibers, multiple, not put up for retail sale
5509.52.00	Yarn (other than sewing thread) of polyester staple fibers mixed mainly/solely with wool or fine animal hair, not put up for retail sale
5509.53.00	Yarn (other than sewing thread) of polyester staple fibers mixed mainly or solely with cotton, not put up for retail sale
5509.59.00	Yarn (other than sewing thread) of polyester staple fibers nesoi, not put up for retail sale
5509.61.00	Yarn (other than sewing thread) of acrylic or modacrylic staple fibers mixed with wool or fine animal hair, not put up for retail sale
5509.62.00	Yarn (other than sewing thread) of acrylic or modacrylic staple fibers mixed mainly or solely with cotton, not put up for retail sale
5509.69.20	Yarn (not sew thread) of acrylic/modacrylic staple fibers mixed mainly/solely w/artificial staple fibers, singles, not for retail sale
5509.69.40	Yarn (not sewing thread) of acrylic/modacrylic staple fiber mixed mainly/solely w/artificial staple fiber, multiple or cabled, not retail sale
5509.69.60	Yarn (other than sewing thread) of acrylic or modacrylic staple fibers nesoi, not put up for retail sale
5509.91.00	Yarn (other than sewing thread) of synthetic staple fibers mixed mainly or solely with wool or fine animal hair, not put up for retail sale
5509.92.00	Yarn (other than sewing thread) of synthetic staple fibers mixed mainly or solely with cotton, not put up for retail sale
5509.99.20	Yarn (not sewing thread) of synthetic staple fibers nesoi, mixed mainly/solely w/artificial staple fibers, singles, notfor retail sale
5509.99.40	Yarn (not sewing thread) of synthetic staple fibers nesoi, mixed mainly/solely w/artificial staple fibers, multiple, not for retail sale
5509.99.60	Yarn (other than sewing thread) of synthetic staple fibers nesoi, not put up for retail sale
5510.11.00	Yarn (other than sewing thread) containing 85% or more by weight of artificial staple fibers, singles, not put up for retail sale
5510.12.00	Yarn (other than sewing thread) cont. 85% or more by weight of artificial staple fibers, multiple or cabled, not put up for retail sale
5510.20.00	Yarn (other than sewing thread) of artificial staple fibers mixed mainly or solely with wool or fine animal hair, not put up for retail sale
5510.30.00	Yarn (other than sewing thread) of artificial staple fibers mixed mainly or solely with cotton, not put up for retail sale
5510.90.20	Yarn (other than sewing thread) of artificial staple fibers mixed mainly/solely with synthetic staple fibers, singles, not for retail sale
5510.90.40	Yarn (other than sewing thread) of artificial staple fibers mixed mainly/solely with synthetic staple fibers, multiple, not for retail sale
5510.90.60	Yarn (other than sewing thread) of artificial staple fibers nesoi, not put up for retail sale
5511.10.00	Yarn (other than sewing thread) of synthetic staple fibers, containing 85% or more by weight of such fibers, put up for retail sale
5511.20.00	Yarn (other than sewing thread) of synthetic staple fibers, containing less than 85% by weight of such fibers, put up for retail sale
5511.30.00	Yarn (other than sewing thread) of artificial staple fibers, put up for retail sale
5512.11.00	Woven fabrics containing 85% or more by weight of polyester staple fibers, unbleached or bleached
5512.19.00	Woven fabrics containing 85% or more by weight of polyester staple fibers, other than unbleached or bleached
5512.21.00	Woven fabrics containing 85% or more by weight of acrylic or modacrylic staple fibers, unbleached or bleached
5512.29.00	Woven fabrics containing 85% or more by weight of acrylic or modacrylic staple fibers, other than unbleached or bleached
5512.91.00	Woven fabrics, containing 85% or more by weight of synthetic fibers nesoi, unbleached or bleached
5512.99.00	Woven fabrics, containing 85% or more by weight of synthetic fibers nesoi, other than unbleached or bleached
5513.11.00	Woven fabric of poly staple fiber, < 85% wt poly staple fibers, mixed mainly/solely w/cotton, wt n/o 170g/m^2, plain weave, unbleached/bleached
5513.12.00	Woven 3-or 4-thread twill fabric of poly staple fib, < 85% poly staple fiber, mixed mainly/solely w/cotton, wt n/o 170g/m^2, unbleached/bleached
5513.13.00	Woven fabrics of polyester staple fibers, < 85% polyester staple fibers, mixed mainly/solely w/cotton, n/o 170g/m^2, unbleached/bleached, nesoi
5513.19.00	Woven fabrics of synthetic staple fibers nesoi, <85% by weight of such fibers, mixed with cotton, n/o 170g/m^2, unbleached or bleached
5513.23.01	Woven fabrics of polyester staple fibers, <85% by wt polyester staple fibers, mixed mainly/solely w/cotton, not over 170g/m^2, dyed, nesoi
5513.29.00	Woven fabrics of synthetic staple fibers nesoi, <85% by wt of such fibers, mixed mainly/solely w/cotton, weighing n/o 170g/m^2, dyed, nesoi
5513.31.00	Woven fabrics of poly staple fib, <85% polyester staple fibers, mixed mainly/solely w/cotton, n/o 170g/m^2, plain weave, of yarns of dif. colors
5513.39.01	Woven fabrics of synthetic staple fibers nesoi, <85% by wt of such fibers, mixed mainly/solely w/cotton, n/o 170g/m^2, of dif. colored yarns
5513.41.00	Printed plain weave fabrics of poly staple fib, <85% by weight polyester staple fibers, mixed mainly/solely with cotton, n/o 170g/m^2
5513.49.10	Printed 3-or 4-thread twill fabric of poly staple fib, incl cross twill, <85% wt poly staple fibers, mixed mainly/solely w/cotton, n/o 170g/m^2
5513.49.20	Printed woven fabrics of polyester staple fibers, <85% by wt polyester staple fibers, mixed mainly/solely with cotton, weighing n/o 170g/m^2

HTS Subheading	Product Description
5513.49.90	Printed woven fabrics of synthetic staple fibers nesoi, <85% by weight of such fibers, mixed mainly or solely with cotton, n/o 170g/m^2
5514.11.00	Plain weave fabrics of poly staple fiber, <85% wt polyester staple fibers, mixed mainly/solely w/cotton, wt ov 170g/m^2, unbleached/bleached
5514.12.00	Wov 3-or 4-thread twill fabric of poly staple fib, <85% polyester staple fiber, mixed mainly/solely w/cotton, ov 170g/m^2, unbleached/bleached
5514.19.10	Woven fabric of polyester staple fiber, <85% wt polyester, mixed mainly/solely w/cotton, over 170g/m^2, unbleached/bleached
5514.19.90	Unbleached or bleached woven fabric of synthetic staple fibers nesoi, <85% by wt of such fibers, mixed mainly/solely w/cotton, over 170g/m^2
5514.21.00	Plain weave fabrics of polyester staple fiber, <85% by wt polyester staple fibers, mixed mainly/solely with cotton, over 170g/m^2, dyed
5514.22.00	Wov 3-or 4-thread twill fabric of poly staple fib, incl cross twill, <85% poly staple fibers, mixed mainly/solely w/cotton, ov 170g/m^2, dyed
5514.23.00	Woven fabrics of polyester staple fib, <85% by wt polyester staple fibers, mixed mainly/solely w/cotton, over 170g/m^2, dyed, nesoi
5514.29.00	Dyed woven fabrics of synthetic staple fibers nesoi, <85% by weight of such fibers, mixed mainly or solely with cotton, over 170g/m^2
5514.30.31	Plain weave fabrics of poly staple fiber, <85% polyester staple fibers, mixed mainly/solely with cotton, ov 170g/m^2, of yarns of dif. colors
5514.30.32	Woven 3-or 4-thread twill fabric of poly staple fib, <85% poly staple fibers, mixed mainly/solely w/cotton, ov 170g/m^2, of yarn of dif. colors
5514.30.33	Woven fabrics of poly staple fiber, <85% polyester staple fibers, mixed mainly/solely w/cotton, ov 170g/m^2, of yarns of different colors, nesoi
5514.30.39	Woven fabrics of synthetic staple fibers nesoi, <85% by wt of such fibers, mixed mainly/solely w/cotton, ov 170g/m^2, of dif. colored yarns
5514.41.00	Printed plain weave fabrics of polyester staple fiber, <85% by wt polyester staple fibers, mixed mainly or solely with cotton, over 170g/m^2
5514.42.00	Printed 3-or 4-thread twill fab of poly staple fib, incl cross twill, <85% by wt poly staple fibers, mixed mainly/solely w/cotton, ov 170g/m
5514.43.00	Printed woven fabrics of polyester staple fiber, <85% by wt polyester staple fibers, mixed mainly/solely with cotton, over 170g/m^2, nesoi
5514.49.00	Printed woven fabrics of synthetic staple fibers nesoi, <85% by weight of such fibers, mixed mainly or solely with cotton, over 170g/m^2
5515.11.00	Woven fabrics of polyester staple fibers, mixed mainly or solely with viscose rayon staple fibers, nesoi
5515.12.00	Woven fabrics of polyester staple fibers, mixed mainly or solely with man-made filaments, nesoi
5515.13.05	Woven fabrics of polyester staple fibers, containing 36 percent or more by weight of wool or fine animal hair, nesoi
5515.13.10	Woven fabrics of polyester staple fibers, mixed mainly or solely with wool or fine animal hair, nesoi
5515.19.00	Woven fabrics of polyester staple fibers, nesoi
5515.21.00	Woven fabrics of acrylic or modacrylic staple fibers, mixed mainly or solely with manmade filaments, nesoi
5515.22.05	Woven fabrics of acrylic or modacrylic staple fibers, containing 36% or more by weight of wool or fine animal hair, nesoi
5515.22.10	Woven fabrics of acrylic or modacrylic staple fibers, mixed mainly or solely with wool or fine animal hair, nesoi
5515.29.00	Woven fabrics of acrylic or modacrylic staple fibers, nesoi
5515.91.00	Woven fabrics of synthetic staple fibers (not polyester/acrylic or modacrylic staple fiber) mixed mainly/solely w/man-made filaments, nesoi
5515.99.05	Woven fabrics of synthetic staple fibers (not polyester/acrylic or modacrylic staple fiber) contain 36% or more wool/fine animal hair, nesoi
5515.99.10	Woven fabrics of synthetic staple fibers (not polyester/acrylic/modacrylic staple fiber) mixed mainly/solely w/wool/fine animal hair, nesoi
5515.99.90	Woven fabrics of synthetic staple fibers (not of polyester, acrylic or modacrylic staple fibers), nesoi
5516.11.00	Woven fabrics of artificial staple fibers, containing 85% or more by weight of such fibers, unbleached or bleached
5516.12.00	Woven fabrics of artificial staple fibers, containing 85% or more by weight of such fibers, dyed
5516.13.00	Woven fabrics of artificial staple fibers, containing 85% or more by weight of such fibers, of yarns of different colors
5516.14.00	Woven fabrics of artificial staple fibers, containing 85% or more by weight of such fibers, printed
5516.21.00	Woven fabrics of artificial staple fibers, <85% by weight of such fibers, mixed mainly/solely with man-made filaments, unbleached/bleached
5516.22.00	Woven fabrics of artificial staple fibers, <85% by weight of such fibers, mixed mainly/solely with man-made filaments, dyed
5516.23.00	Woven fabrics of artificial staple fibers, <85% by wt of such fibers, mixed mainly/solely w/man-made filaments, of different colored yarns
5516.24.00	Woven fabrics of artificial staple fibers, <85% by weight of such fibers, mixed mainly or solely with man-made filaments, printed
5516.31.05	Woven fabrics of artificial staple fibers, <85% of such fibers, containing 36% or more of wool or fine animal hair, unbleached or bleached

HTS Subheading	Product Description
5516.31.10	Woven fabrics of artificial staple fibers, <85% of such fibers, mixed mainly/solely w/wool or fine animal hair, unbleached/bleached, nesoi
5516.32.05	Woven fabrics of artificial staple fibers, <85% of such fibers, containing 36% or more of wool or fine animal hair, dyed
5516.32.10	Woven fabrics of artificial staple fibers, <85% by weight of such fibers, mixed mainly/solely with wool or fine animalhair, dyed, nesoi
5516.33.05	Woven fabrics of artificial staple fibers, <85% such fibers, containing 36% or more of wool or fine animal hair, of different colored yarns
5516.33.10	Woven fabrics of artificial staple fibers, <85% of such fiber, mixed mainly/solely w/wool or fine animal hair, of dif. colored yarns, nesoi
5516.34.05	Woven fabrics of artificial staple fibers, <85% of such fibers, containing 36% or more of wool or fine animal hair, printed
5516.34.10	Woven fabrics of artificial staple fibers, <85% of such fibers, mixed mainly or solely with wool or fine animal hair, printed, nesoi
5516.41.00	Woven fabrics of artificial staple fibers, <85% by weight of such fibers, mixed mainly or solely with cotton, unbleached or bleached
5516.42.00	Woven fabrics of artificial staple fibers, less than 85% by weight of such fibers, mixed mainly or solely with cotton, dyed
5516.43.00	Woven fabrics of artificial staple fibers, <85% by wt. of such fibers, mixed mainly or solely with cotton, of yarns of different colors
5516.44.00	Woven fabrics of artificial staple fibers, less than 85% by weight of such fibers, mixed mainly or solely with cotton, printed
5516.91.00	Woven fabrics of artificial staple fibers nesoi, unbleached or bleached, nesoi
5516.92.00	Woven fabrics of artificial staple fibers nesoi, dyed, nesoi
5516.93.00	Woven fabrics of artificial staple fibers nesoi, of yarns of different colors, nesoi
5516.94.00	Woven fabrics of artificial staple fibers nesoi, printed, nesoi
5601.21.00	Wadding of cotton and other articles of cotton wadding nesoi
5601.22.00	Wadding of man-made fibers and other articles of such wadding nesoi
5601.29.00	Wadding of textile materials (excluding cotton and man-made fibers) and articles thereof, nesoi
5601.30.00	Textile flock, not exceeding 5 mm in length, and textile dust and mill neps
5602.10.10	Laminated fabrics of needleloom felt or stitch-bonded fiber fabrics
5602.10.90	Needleloom felt and stitch-bonded fabrics, whether or not impregnated, coated or covered, nesoi
5602.21.00	Felt, excluding needleloom felt and stitch-bonded fiber fabrics, not impregnated, coated, covered or laminated, of wool or fine animal hair
5602.29.00	Felt, excluding needleloom felt and stitch-bonded fiber fabrics, not impregnated, coated, covered or laminated, of textile materials nesoi
5602.90.30	Laminated fabrics of felt, nesoi
5602.90.60	Felt, impregnated, coated or covered, of man-made fibers, nesoi
5602.90.90	Felt, impregnated, coated or covered, nesoi
5603.11.00	Nonwovens, of man-made filaments, weighing not>25g/square m, whether or not impregnated, coated, covered or laminated
5603.12.00	Nonwovens, of man-made filaments, weighing>25 but not>70g/square m, whether or not impregnated, coated, covered or laminated
5603.13.00	Nonwovens, of man-made filaments, weighing>70 but not>150g/square m, whether or not impregnated, coated, covered or laminated
5603.14.30	Laminated nonwoven fabs, of man-made filaments, weighing>150g/square m
5603.14.90	Nonwovens (except laminated), of man-made filaments, weighing>150g/square m, whether or not impregnated, coated, or covered
5603.91.00	Nonwovens (not of man-made filaments), weighing not>25g/square m, whether or not impregnated, coated, covered or laminated
5603.92.00	Nonwovens (not of man-made filaments), weighing>25 but not>70g/square m, whether or not impregnated, coated, covered or laminated
5603.93.00	Nonwovens (not of man-made filaments), weighing>70 but not>150g/square m, whether or not impregnated, coated, covered or laminated
5603.94.10	Nonwoven floor covering underlays (not of man-made filaments), weighing>150g/square m, whether or not impreg, coated, cov or laminated
5603.94.30	Laminated nonwovens nesoi (not of man-made filaments), weighing>150g/square m
5603.94.90	Nonwovens nesoi (not of man-made filaments), weighing>150g/square m, whether or not impregnated, coated, covered but not laminated
5604.10.00	Rubber thread and cord, textile covered
5604.90.20	High tenacity yarn of polyesters, of nylon or other polyamides or of viscose rayon, impregnated or coated
5604.90.90	Textile yarn and strip and the like of heading 5404 or 5405, impregnated, coated, covered or sheathed with rubber or plastics, nesoi
5605.00.10	Metal coated or metal laminated man-made monofilament or strip or the like, ungimped & untwisted or w/twistof less than 5 turns per meter
5605.00.90	Metalized textile yarn nesoi, of man-made monofilament or strip or the like, other than ungimped or w/twist of<5 turns per meter
5606.00.00	Gimped yarn, and strip and the like of man-made monofilament; chenille yarn; loop wale-yarn
5607.21.00	Binder or baler twine, of sisal or other textile fibers of genus Agave
5607.29.00	Twine (except binder or baler twine), cordage, rope and cables of sisal or other textile fibers of genus Agave
5607.41.10	Binder or baler twine of wide nonfibrillated strip, of polyethylene or polypropylene
5607.41.30	Binder or baler twine, of polyethylene or polypropylene, nesoi
5607.49.10	Twine (other than binder or baler twine), cordage, rope and cables of wide nonfibrillated strip, of polyethylene or polypropylene
5607.49.15	Twine (ex binder/baler twine), cordage, rope and cables, of polyethylene or polypropylene, not braided or plaited, less than 4.8 mm in diam

HTS Subheading	Product Description
5607.49.25	Twine (except binder or baler twine), cordage, rope and cables, of polyethylene or polypropylene, not braided or plaited, nesoi
5607.49.30	Twine (except binder or baler twine), cordage, rope and cables, of polyethylene or polypropylene, nesoi
5607.50.25	3- or 4-ply multicolor twine of synthetic fibers nesoi at least 10% cotton, having "S" twist, <3.5 mm diameter, not braided or plaited
5607.50.35	Twine nesoi, cordage, rope and cables of synthetic fibers, other than of polyethylene or polypropylene, not braided or plaited
5607.50.40	Twine, cordage, rope and cables of synthetic fibers, other than of polyethylene or polypropylene, nesoi
5607.90.10	Twine, cordage, rope and cables, of coir
5607.90.15	Twine, cordage, rope and cables, of jute or other textile bast fibers (excluding flax, true hemp and ramie)
5607.90.25	Twine, cordage, rope and cables of abaca or other hard (leaf) fibers, of stranded construction measuring 1.88cm or over in diameter
5607.90.35	Twine, cordage, rope & cables of abaca or other hard (leaf) fibers, other than stranded construction or stranded n/o 1.88cm in diameter
5607.90.90	Twine, cordage, rope and cables, of materials nesoi
5608.11.00	Made-up fishing nets, of man-made textile materials
5608.19.10	Fish netting (other than made-up fishing nets) of man-made textile materials
5608.19.20	Knotted netting of twine, cordage or rope (excluding fish netting or made-up fishing nets) of man-made textile materials
5608.90.10	Fish netting and fishing nets, of textile materials other than man-made materials
5608.90.23	Hammocks, of cotton
5608.90.27	Netting or nets, of cotton, other than hammocks or netting or nets for fishing
5608.90.30	Knotted netting of twine, cordage or rope or other made-up nets (not fish netting and nets) of textile materials (not cotton/manmade mat.)
5609.00.10	Articles of yarn, strip, twine, cordage, rope or cables nesoi, of cotton
5609.00.20	Articles of yarn, strip, twine, cordage, rope or cables nesoi, of vegetable fibers except cotton
5609.00.30	Articles of yarn, strip, twine, cordage, rope or cables nesoi, of man-made fibers
5609.00.40	Articles of yarn, strip or the like of man-made monofilaments, twine, cordage, rope or cables, nesoi
5701.10.13	Carpet & other textile floor covering, hand-knotted/hand-inserted, w/ov 50% wt pile of fine animal hair, foregoing cert. hand-loomed & folklore
5701.10.16	Carpets & other textile floor coverings, hand-knotted or hand-inserted, w/ov 50% by weight of the pile of fine animal hair, nesoi
5701.10.40	Carpets and other textile floor coverings, of wool or fine animal hair, hand-hooked (tufts were inserted and knotted by hand or hand tool)
5701.10.90	Carpets and other textile floor coverings, of wool or fine animal hair, not hand-hooked, not hand knotted during weaving
5701.90.10	Carpet and oth textile floor covering, knotted, of text. materials (not wool/hair) nesoi, pile inserted & knotted during weaving or knitting
5701.90.20	Carpet & oth textile floor covering, knotted, of text materials (not wool/hair) nesoi, not w/pile inserted & knotted during weaving/knitting
5702.10.10	Certified hand-loomed and folklore products being "Kelem", "Schumacks", "Karamanie" and similar hand-woven rugs
5702.10.90	"Kelem", "Schumacks", "Karamanie" and similar hand-woven rugs, other than certified hand-loomed and folklore products
5702.20.10	Floor coverings of coconut fibers (coir), woven, not tufted or flocked, with pile
5702.20.20	Floor coverings of coconut fibers (coir), woven, not tufted or flocked, other than with pile
5702.31.10	Wilton, velvet and like floor coverings of pile construction, woven, not tufted or flocked, not made up, of wool or fine animal hair
5702.31.20	Carpets and other textile floor coverings of pile construction, woven, not tufted or flocked, not made up, of wool/fine animal hair, nesoi
5702.32.10	Wilton, velvet and like floor coverings of pile construction, woven, not tufted or flocked, not made up, of man-made textile materials
5702.32.20	Carpets & other textile floor coverings of pile construction, woven, not tufted or flocked, not made up, of man-made textile materials, nesoi
5702.39.10	Carpets and other textile floor coverings of pile construction, woven, not tufted or flocked, not made up, of jute
5702.39.20	Carpets and other textile floor coverings of pile construction, woven, not tufted or flocked, not made up, of other textile materials nesoi
5702.41.10	Wilton, velvet and like floor coverings of pile construction, woven, not tufted or flocked, made up, of wool or fine animal hair
5702.41.20	Carpets and other textile floor coverings of pile construction, woven, not tufted or flocked, made up, of wool or fine animal hair, nesoi
5702.42.10	Wilton, velvet and like floor coverings of pile construction, woven, not tufted or flocked, made up, of man-made textile materials
5702.42.20	Carpets and other textile floor coverings, of pile construction, woven, not tufted or flocked, made up, of man-made textile materials, nesoi
5702.49.10	Carpets not other textile floor coverings of pile construction, woven, not tufted or flocked, made up, of cotton
5702.49.15	Carpets and other textile floor coverings of pile construction, woven, not tufted or flocked, made up, of jute
5702.49.20	Carpets & other textile floor coverings of pile construction, woven, not tufted or flocked, made up, of other textile materials nesoi
5702.50.20	Carpets & other textile floor coverings, not of pile construction, woven but not on a power-driven loom, not made up, of wool/fine animal hair
5702.50.40	Carpets & other textile floor coverings, not of pile construction, woven, not made up, of wool or fine animal hair, nesoi
5702.50.52	Carpets & other textile floor coverings, not of pile construction, woven, not made up, of man-made textile materials
5702.50.56	Carpets & other textile floor coverings, not of pile construction, woven, not made up, of cotton
5702.50.59	Carpets & other textile floor coverings, not of pile construction, woven, not made up, of other textile materials nesoi

HTS Subheading	Product Description
5702.91.20	Certified hand-loomed & folklore floor covering, woven not on power-driven loom, not of pile construction, made up, of wool or fine animal hair
5702.91.30	Floor coverings, not of pile construction, woven not on power-driven loom, made up, of wool or fine animal hair, nesoi
5702.91.40	Carpets & other textile floor coverings, not of pile construction, woven nesoi, made up, of wool or fine animal hair, nesoi
5702.92.10	Hand-loomed carpet & other textile floor coverings, not of pile construction, woven, made up, of man-made textile materials, nesoi
5702.92.90	Carpet & other textile floor coverings, not of pile construction, woven, made up, of man-made textile materials, nesoi
5702.99.05	Hand-loomed carpets and other textile floor coverings, not of pile construction, woven, made up, of cotton
5702.99.15	Carpets and other textile floor coverings, not of pile construction, woven, made up, of cotton, nesoi
5702.99.20	Carpets & other textile floor coverings, not of pile construction, woven, made up, of other textile materials nesoi
5703.10.20	Hand-hooked carpets and other textile floor coverings, tufted, whether or not made up, of wool or fine animal hair
5703.10.80	Carpets and other textile floor coverings, tufted, whether or not made up, of wool or fine animal hair, nesoi
5703.20.10	Carpets and other textile floor coverings, tufted, whether or not made up, of nylon or other polyamides, hand-hooked
5703.20.20	Carpets and other textile floor coverings, tufted, whether or not made up, of nylon or other polyamides, nesoi
5703.30.20	Hand-hookded carpets & other textile floor coverings, tufted, whether or not made up, of man-made materials (not nylon/other polyamides)
5703.30.80	Carpets & other textile floor coverings, tufted, whether or not made up, of man-made textile materials (not nylon/other polyamides), nesoi
5703.90.00	Carpets and other textile floor coverings, tufted, whether or not made up, of other textile materials nesoi
5704.10.00	Carpet tiles of felt, not tufted or flocked, whether or not made up, having a maximum surface area of 0.3 m2
5704.20.00	Carpet tiles of felt, not tufted or flocked, whether or not made up, having a maximum surface area exceeding 0.3m2 but not exceeding 1m2
5704.90.01	Carpets and other textile floor coverings of felt, not tufted or flocked, whether or not made up, other surface area
5705.00.10	Carpets and other textile floor coverings, whether or not made up, of coir, nesoi
5705.00.20	Carpets and other textile floor coverings, whether or not made up, nesoi
5801.10.00	Woven pile fabrics and chenille fabrics, other than fabrics of heading 5802 or 5806, of wool or fine animal hair
5801.21.00	Uncut weft pile fabrics of cotton, other than fabrics of heading 5802 or 5806
5801.22.10	Cut corduroy woven pile fabrics of cotton, greater than 7.5 wales per cm, other than fabrics of heading 5802 or 5806
5801.22.90	Cut corduroy woven pile fabrics of cotton, less than 7.5 wales per cm, other than fabrics of heading 5802 or 5806
5801.23.00	Weft pile fabrics, cut, of cotton, other than fabrics of heading 5802 or 5806, nesoi
5801.26.00	Chenille fabrics of cotton, other than fabrics of heading 5802 or 5806
5801.27.10	Warp pile fabrics, epingle (uncut), of cotton, other than fabrics of heading 5802 or 5806
5801.27.50	Warp pile fabrics, cut, of cotton, other than fabrics of heading 5802 or 5806
5801.37.10	Warp pile fabrics, epingle (uncut), of man-made fibers, other than fabrics of heading 5802 or 5806
5801.37.50	Warp pile fabrics, cut, of man-made fibers, other than fabrics of heading 5802 or 5806
5801.90.10	Woven pile fabrics and chenille fabrics of vegetable fibers except cotton, other than fabrics of heading 5802 or 5806
5801.90.20	Woven pile fabrics and chenille fabrics of textile materials nesoi, other than fabrics of heading 5802 or 5806
5802.11.00	Terry toweling and similar woven terry fabrics (other than narrow fabrics of heading 5806) of cotton, unbleached
5802.19.00	Terry toweling and similar woven terry fabrics (other than narrow fabrics of heading 5806) of cotton, other than unbleached
5802.20.00	Terry toweling and similar woven terry fabrics (other than narrow fabrics of heading 5806) of textile materials otherthan cotton
5802.30.00	Tufted textile fabrics, other than products of heading 5703
5803.00.10	Gauze (other than narrow fabrics of heading 5806) of cotton
5803.00.20	Gauze (other than narrow fabrics of heading 5806) tapestry and upholstery fabrics, of wool or fine animal hair, weighing not over 140g/m^2
5803.00.30	Gauze (not narrow fabrics of heading 5806), except tapestry and upholstery fabrics, of wool or fine animal hair, weighing n/o 140g/m^2
5803.00.40	Gauze (other than narrow fabrics of heading 5806) of vegetable fibers except cotton
5803.00.50	Gauze (other than narrow fabrics of heading 5806) of man-made fibers
5803.00.90	Gauze (other than narrow fabrics of heading 5806) of other textile materials nesoi
5804.10.10	Tulles and other net fabrics (not including woven, knitted or crocheted fabrics) of cotton or man-made fibers
5804.10.90	Tulles and other net fabrics (not including woven, knitted or crocheted fabrics) of textile fibers except cotton or man-made
5804.21.00	Mechanically made lace, in the piece, in strips or in motifs (not fabric of heading 6002), of man-made fibers
5804.29.10	Mechanically made lace, in the piece, in strips or in motifs (not fabric of heading 6002), of cotton
5804.29.90	Mechanically made lace, in the piece, in strips or in motifs (not fabric of heading 6002), of textile materials (not cotton or mm fibers)
5804.30.00	Hand-made lace, in the piece, in strips or in motifs (other than fabrics of heading 6002)
5805.00.10	Hand-woven tapestries of the type Gobelins, Flanders, Aubusson, Beauvais and the like, used only as wall hangings, valued over $215/$m^2$
5805.00.20	Certified hand-loomed and folklore hand-woven tapestries nesoi and needle-worked tapestries, of wool or fine animal hair
5805.00.25	Hand-woven tapestries nesoi and needle-worked tapestries, of wool or fine animal hair
5805.00.30	Hand-woven tapestries nesoi and needle-worked tapestries, of cotton

HTS Subheading	Product Description
5805.00.40	Hand-woven tapestries nesoi and needle-worked tapestries, other than of cotton, wool or fine animal hair
5806.10.10	Narrow woven pile fabrics (including terry toweling and the like) and chenille fabrics (other than goods of heading 5807) of cotton
5806.10.24	Narrow woven pile fastener fabric tapes (other than goods of heading 5807) of manmade fibers
5806.10.28	Narrow woven pile fabrics, incl terry toweling/chenille fabric (excl fastener fabric tape)) (other than goods of heading 5807) of m-m fibers
5806.10.30	Narrow woven pile fabrics (including terry toweling/the like) & chenille fabrics, except of cotton or of m-m fibers (not goods of head 5807)
5806.20.00	Narrow woven fabrics (not goods of heading 5807), not pile, containing by weight 5 percent or more of elastomeric yarn or rubber thread
5806.31.00	Narrow woven fabrics (other than goods of heading 5807), not pile, not cont by wt 5% or more of elastomeric yarn or rubber, of cotton, nesoi
5806.32.10	Woven ribbons of man-made fibers, not pile, not cont by wt 5% or more of elastomeric yarn or rubber
5806.32.20	Narrow woven fabrics (other than ribbons), not pile, of man-made fibers, not cont by wt 5% or more of elastomeric yarn or rubber
5806.39.10	Narrow woven fabrics (not goods of heading 5807), not pile, of wool/fine animal hair, not cont by wt 5% or more elastomeric yarn or rubber
5806.39.20	Narrow woven fabric (not good of heading 5807), not pile, of vegetable fibers except cotton, not cont by wt 5% or more elastomer yarn/rubber
5806.39.30	Narrow woven fabrics (not goods of heading 5807), not pile, of textile materials nesoi, not cont by wt 5% or more elastomeric yarn or rubber
5806.40.00	Narrow fabrics consisting of warp without weft assembled by means of an adhesive (bolducs)
5807.10.05	Labels, in the piece, in strips or cut to shape or size, woven, not embroidered, of cotton or man-made fibers
5807.10.15	Labels, in the piece, in strips or cut to shape or size, woven, not embroidered, of textile materials other than cotton or man-made fibers
5807.10.20	Woven badges and similar articles of textile materials (except labels), in the piece, in strips or cut to shape or size, not embroidered
5807.90.05	Labels, in the piece, in strips or cut to shape or size, nonwoven, not embroidered, of cotton or man-made fibers
5807.90.15	Labels, in the piece, in strips or cut to shape or size, nonwoven, not embroidered, of textile materials other than cotton or man-made fiber
5807.90.20	Badges & similar articles (except labels) of textile materials, not woven, not embroidered, in the piece, in strips or cut to shape or size
5808.10.10	Braids, in the piece, of abaca or ramie, suitable for making or ornamenting headwear
5808.10.40	Braids in the piece, suitable for making or ornamenting headwear, of cotton or manmade fibers
5808.10.50	Braids in the piece, suitable for making or ornamenting headwear, of textile materials other than cotton or man-made fibers
5808.10.70	Braids in the piece, not suitable for making or ornamenting headwear, of cotton or man-made fibers
5808.10.90	Braids in the piece, not suitable for making or ornamenting headwear, of textile materials other than cotton or man-made fibers
5808.90.00	Ornamental trimmings in the piece, without embroidery, other than knitted or crocheted; tassels, pompons and similar articles
5809.00.00	Woven fabrics of metal thread & woven fabrics of metallized yarn of heading 5605, used in apparel, as furnishing fabrics or the like, nesoi
5810.10.00	Embroidery in the piece, in strips or in motifs, without visible ground
5810.91.00	Embroidery of cotton, in the piece, in strips or in motifs, other than without visible ground
5810.92.10	Badges, emblems, and motifs of man-made fibers, embroidered, in the piece or in strips, other than without visible ground
5810.92.90	Embroidery in the piece or in strips (excluding badges, emblems and motifs), of manmade fibers, other than without visible ground
5810.99.10	Embroidery in the piece, in strips or in motifs, of wool or fine animal hair, other than without visible ground
5810.99.90	Embroidery in piece/strips/motifs, of textile material except cotton, man-made fiber, wool or fine animal hair, other than w/o visible ground
5811.00.10	Quilted textile products in the piece (excluding embroidery), of one or more layers assembled with padding, of wool or fine animal hair
5811.00.20	Quilted textile products in the piece (excluding embroidery), of one or more layers assembled with padding, of cotton
5811.00.30	Quilted textile products in the piece (excluding embroidery), of one or more layers assembled with padding, of man-made fibers
5811.00.40	Quilted textile products in the piece (excluding embroidery), of one or more layers assembled with padding, of textile materials nesoi
5901.10.10	Textile fabrics coated with gum or amylaceous substances, of a kind used for outer covers of books or the like, of man-made fibers
5901.10.20	Textile fabrics coated with gum or amylaceous substances, of a kind used for outer covers of books or the like, other than man-made fibers
5901.90.20	Tracing cloth, prepared painting canvas, buckram and similar stiffened textile fabrics used in hat foundations, of man-made fibers
5901.90.40	Tracing cloth, prepared painting canvas, buckram and similar stiffened textile fabrics used in hat foundations, except of man-made fibers
5902.10.00	Tire cord fabric of high tenacity yarn of nylon or other polyamides
5902.20.00	Tire cord fabric of high tenacity yarn of polyesters
5902.90.00	Tire cord fabric of high tenacity yarns of viscose rayon
5903.10.10	Textile fabrics of cotton, impregnated, coated, covered or laminated with polyvinyl chloride
5903.10.18	Textile fabrics spec in note 9 to section XI, of man-made fibers, impregnated, coated, covered or laminated with polyvinyl chloride, nesoi

HTS Subheading	Product Description
5903.10.20	Textile fabrics nesoi, of man-made fibers, impregnated, coated, covered or laminated with polyvinyl chloride, over 70% wt. rubber or plastics
5903.10.25	Textile fabrics nesoi, of man-made fibers, impregnated, coated, covered or laminated with polyvinyl chloride, n/o 70% by wt. rubber or plastics
5903.10.30	Textile fabrics nesoi, impregnated, coated, covered or laminated with polyvinyl chloride, other than those of heading 5902
5903.20.10	Textile fabrics of cotton, impregnated, coated, covered or laminated with polyurethane
5903.20.15	Textile fabrics spec in note 9 to section XI, of man-made fibers, impreg, coated, covered or laminated with polyurethane, over 60% plastics
5903.20.18	Textile fabrics specified in note 9 to section XI, of man-made fibers, impregnated, coated, covered or laminated with polyurethane, nesoi
5903.20.20	Textile fabrics of man-made fibers, impregnated, coated, covered or laminated with polyurethane, over 70% weight rubber or plastics
5903.20.25	Textile fabrics of man-made fibers, impregnated, coated, covered or laminated with polyurethane, n/o 70% by weight rubber or plastics
5903.20.30	Textile fabrics nesoi, impregnated, coated, covered or laminated with polyurethane
5903.90.10	Textile fabrics of cotton, impregnated, coated, covered or laminated with plastics nesoi, other than those of heading 5902
5903.90.15	Textile fabrics spec in note 9 to section XI, of man-made fibers, impreg, coated, covered or laminated w/plastics, nesoi, over 60% plastics
5903.90.18	Textile fabrics specified in note 9 to section XI, of man-made fabrics, impregnated, coated, covered or laminated with plastics, nesoi
5903.90.20	Textile fabrics of man-made fibers, impregnated, coated, covered or laminated with plastics, nesoi, over 70% weight rubber or plastics
5903.90.25	Textile fabrics of man-made fibers, impregnated, coated, covered or laminated with plastics, nesoi, n/o 70% by weight rubber or plastics
5903.90.30	Textile fabrics nesoi, impreg, coated, covered or laminated w/plastics other than vinyl chloride or polyurethane, other than those head 5902
5904.10.00	Linoleum, whether or not cut to shape
5904.90.10	Floor coverings consisting of a coating or covering applied on a textile backing, with a base consisting of needleloom felt or nonwovens
5904.90.90	Floor coverings consisting of a coating or covering applied on textile backing, with textile base other than of needleloom felt or nonwovens
5905.00.10	Textile wall coverings backed with permanently affixed paper
5905.00.90	Textile wall coverings, nesoi
5906.10.00	Rubberized textile fabric adhesive tape of a width not exceeding 20cm (other than fabric of heading 5902)
5906.91.10	Rubberized textile fabrics of cotton, knitted or crocheted (other than fabric of heading 5902
5906.91.20	Rubberized textile fabrics (other than of heading 5902) nesoi, knitted or crocheted, of man-made fibers, ov 70% by wt of rubber or plastics
5906.91.25	Rubberized textile fabrics (other than of head 5902), nesoi, knitted or crocheted, of man-made fibers, n/o 70% by wt of rubber or plastics
5906.91.30	Rubberized textile fabrics (other than of heading 5902) nesoi, knitted or crocheted, other than of cotton or man-made fibers
5906.99.10	Rubberized textile fabrics not knitted or crocheted, of cotton, other than fabrics of heading 5902
5906.99.20	Rubberized textile fabrics (other than of head 5902), nesoi, not knitted or crocheted, of man-made fibers, ov 70% by wt of rubber/plastics
5906.99.25	Rubberized textile fabrics (other than of head 5902), nesoi, not knitted or crocheted, of man-made fibers, n/o 70% by wt of rubber/plastics
5906.99.30	Rubberized textile fabrics, not knitted or crocheted, other than those of heading 5902, nesoi
5907.00.05	Laminated fabrics specified in note 9 to sect. XI of HTS, of m-m fiber, for theatrical, ballet, & operatic scenery & properties, incl sets
5907.00.15	Laminated fabrics spec in note 9 to sect XI of HTS, of m-m fiber, other than theatrical, ballet, & operatic scenery & properties, incl sets
5907.00.25	Lam fabs specified in nte 9 to sect. XI of HTS, of tx mats except m-m fiber, for theatrical, ballet, & opera scenery & properties, incl sets
5907.00.35	Lam fabs specified in nte 9 to sect. XI of HTS, of tx mats except m-m fiber, other than theatrical, ballet, & oper scenery & prop, incl sets
5907.00.60	Other fabric, impregnated, coated or covered, and painted canvas being theatrical scenery, back-cloths or the like, of man-made fibers
5907.00.80	Other fabric, impregnated, coated or covered, & painted canvas being theatrical scenery, back-cloths or the like, other than man-made fibers
5908.00.00	Textile wicks, woven, plaited or knitted, for lamps, stoves, candles and the like; gas mantles and tubular knitted gas mantle fabric
5909.00.10	Textile hosepiping and similar textile tubing of vegetable fibers, with or without lining, armor or accessories of other materials
5909.00.20	Textile hosepiping and similar textile tubing nesoi, with or without lining, armor or accessories of other materials
5910.00.10	Transmission or conveyor belts or belting of man-made fibers
5910.00.90	Transmission or conveyor belts or belting of textile materials, other than man-made fibers
5911.10.10	Printers´ rubberized blankets of textile fabrics
5911.10.20	Textile fabrics, felt and felt-lined woven fabrics, combined with layer(s) of rubber, leather or other material, for technical uses, nesoi
5911.20.10	Bolting cloth fabrics principally used for stenciling purposes in screen-process printing, whether or not made up
5911.20.20	Bolting cloth nesoi, of silk, whether or not made up
5911.20.30	Bolting cloth, whether or not made up, nesoi

HTS Subheading	Product Description
5911.31.00	Textile fabrics and felts, endless or fitted with linking devices, used for papermaking or similar machines, weighing less than 650g/m^2
5911.32.00	Textile fabrics and felts, endless or fitted with linking devices, used for papermaking or similar machines, weighing 650g/m^2 or more
5911.40.00	Straining cloth of a kind used in oil presses or the like, of textile material or of human hair
5911.90.00	Textile products and articles, of a kind used in machinery or plants for technical uses, specified in note 7 to chapter 59, nesoi
6001.10.20	Knitted or crocheted "long pile" fabrics of man-made fibers
6001.10.60	Knitted or crocheted "long pile" fabrics, other than of man-made fibers
6001.21.00	Knitted or crocheted looped pile fabrics of cotton
6001.29.00	Knitted or crocheted looped pile fabrics of textile materials, other than of cotton or man-made fibers
6001.91.00	Knitted or crocheted pile fabrics (other than "long pile" or looped pile) of cotton
6001.92.00	Knitted or crocheted pile fabrics (other than "long pile" or looped pile) of man-made fibers
6001.99.10	Knitted or crocheted pile fabrics (except long or looped pile), of tex mats other than cotton or mmf, containing 85% or more by wt of silk
6001.99.90	Knitted or crocheted pile fabrics (except long or looped pile), of tex mats other than cotton or mmf, cont less than 85% by wt of silk,
6002.40.40	Knitted or crocheted fabrics nesoi, width not exceeding 30cm, containing 5% or more elastomeric yarn but no rubber thread, of cotton
6002.40.80	Knitted or crocheted fabrics nesoi, width n/o 30cm, containing 5% or more elastomeric yarn but no rubber thread, other than of cotton
6002.90.40	Knitted or crocheted fabrics nesoi, width not exceeding 30cm, containing 5% or more elastomeric yarn or rubber thread nesoi, of cotton
6002.90.80	Knitted or crocheted fabrics nesoi, width n/o 30cm, containing 5% or more elastomeric yarn or rubber thread nesoi, other than of cotton
6003.10.10	Warp knit open-worked fabrics of wool or fine animal hair, width not exceeding 30cm, other than those of heading 6001 or 6002
6003.10.90	Knitted or crocheted fabrics of wool or fine animal hair nesoi, width not exceeding 30cm, other than those of heading 6001 or 6002
6003.20.10	Warp knit open-worked fabrics of cotton, width not exceeding 30cm, other than those of heading 6001 or 6002
6003.20.30	Knitted or crocheted fabrics of cotton (other than warp knit open-worked), width not exceed 30cm, other than those of heading 6001 or 6002
6003.30.10	Warp knit open-worked fabrics of synthetic fibers, width not exceeding 30cm, other than those of heading 6001 or 6002
6003.30.60	Knitted or crocheted fabrics of synthetic fibers nesoi, width not over 30cm, other than those of heading 6001 or 6002
6003.40.10	Warp knit open-worked fabrics of artificial fibers, width not exceeding 30cm, other than those of heading 6001 or 6002
6003.40.60	Knitted or crocheted fabrics of artifical fibers nesoi, width not over 30cm, other than those of heading 6001 or 6002
6003.90.10	Warp knit open-worked fabrics nesoi, width not exceeding 30cm, other than those of heading 6001 or 6002
6003.90.90	Knitted or crocheted fabrics nesoi, width not exceeding 30cm, other than those of heading 6001 or 6002
6004.10.00	Knitted or crocheted fabrics, width exceeding 30cm, containing 5% or more of elastomeric yarn but no rubber thread, not of heading 6001
6004.90.20	Knitted or crocheted fabrics, width exceeding 30cm, containing 5% or more of elastomeric yarn and rubber thread, other than of heading 6001
6004.90.90	Knitted or crocheted fabrics, width exceeding 30cm, containing 5% or more of rubber thread, other than those of heading 6001
6005.21.00	Unbleached or bleached warp knit fabrics (including those made on galloon knitting machines) of cotton, other than of headings 6001 to 6004
6005.22.00	Dyed warp knit fabrics (including those made on galloon knitting machines) of cotton, other than those of headings 6001 to 6004
6005.23.00	Warp knit fabrics of yarns of different colors (including made on galloon knitting machines) of cotton, other than headings 6001 to 6004
6005.24.00	Printed warp knit fabrics (including those made on galloon knitting machines) of cotton, other than those of headings 6001 to 6004
6005.36.00	Other wrap knit fabrics of synthetic fibers, bleached or unbleached, but not dyed and not specified in subheading note 1 to this chapter
6005.37.00	Other wrap knit fabrics of synthetic fibers, dyed, not specified in subheading note 1 to this chapter
6005.38.00	Other wrap knit fabrics of synthetic fibers, of yarns of different colors, not specified in subheading note 1 to this chapter
6005.39.00	Other wrap knit fabrics of synthetic fibers, printed, not specified in subheading note 1 to this chapter
6005.42.00	Dyed warp knit fabrics (including those made on galloon knitting machines) of artificial fibers, other than those of headings 6001 to 6004
6005.43.00	Warp knit fabrics of yarn of different color (including made on galloon knitting machine) of artificial fiber, other than headings 6001-6004
6005.44.00	Printed warp knit fabrics (including those made on galloon knitting machine) of artificial fibers, other than those of headings 6001 to 6004
6005.90.10	Warp knit fabrics (including those made on galloon knitting machines) of wool or fine animal hair, other than those of headings 6001 to 6004
6005.90.90	Warp knit fabric (including made on galloon knit machine), not of wool/fine animal hair, cotton or manmade fiber, not of headings 6001-6004
6006.10.00	Knitted or crocheted fabrics of wool or fine animal hair, nesoi
6006.21.10	Unbleached or bleached circular knit fabric, wholly of cotton yarns over 100 metric number per single yarn, nesoi
6006.21.90	Unbleached or bleached knitted or crocheted fabrics of cotton, nesoi
6006.22.10	Dyed circular knit fabric, wholly of cotton yarns over 100 metric number per single yarn, nesoi

HTS Subheading	Product Description
6006.22.90	Dyed knitted or crocheted fabrics of cotton, nesoi
6006.23.10	Circular knit fabric, of yarns of different colors, wholly of cotton yarns over 100 metric number per single yarn, nesoi
6006.23.90	Knitted or crocheted fabrics of cotton, of yarns of different colors, nesoi
6006.24.10	Printed circular knit fabric, wholly of cotton yarns over 100 metric number per single yarn, nesoi
6006.31.00	Unbleached or bleached knitted or crocheted fabrics of synthetic fibers, nesoi
6006.32.00	Dyed knitted or crocheted fabrics of synthetic fibers, nesoi
6006.33.00	Knitted or crocheted fabrics of synthetic fibers, of yarns of different colors, nesoi
6006.34.00	Printed knitted or crocheted fabrics of synthetic fibers, nesoi
6006.42.00	Dyed knitted or crocheted fabrics of artificial fibers, nesoi
6006.43.00	Knitted or crocheted fabrics of artificial fibers, of yarns of different colors, nesoi
6006.44.00	Printed knitted or crocheted fabrics of artificial fibers, nesoi
6006.90.10	Other knitted or crocheted fabrics nesoi, containing 85 percent or more by weight of silk or silk waste
6006.90.90	Other knitted or crocheted fabrics nesoi, other than of wool, cotton or manmade fibers & containing<85% by wt of silk/silk waste
6501.00.30	Hat forms, hat bodies and hoods, not blocked to shape or with made brims; plateaux & manchons; all of fur felt, for men or boys
6501.00.60	Hat forms, hat bodies and hoods, not blocked to shape or with made brims; plateaux & manchons; all of fur felt, not for men or boys
6501.00.90	Hat forms, hat bodies and hoods, not blocked to shape or with made brims; plateaux & manchons; all of felt, other than fur felt
6502.00.20	Hat shapes, plaited or assembled from strips, not blocked/lined/trimmed & w/o made brims, of veg. fibers or materls, or paper yarn, sewed
6502.00.40	Hat shapes, plaited or asmbld from strips, n/blocked/lined/trimmed & w/o made brims, of veg. fibers or materls, not sewed/bleached/colored
6502.00.60	Hat shapes, plaited or asmbld from strips, n/blocked/lined/trimmed & w/o made brims, of veg. fibers ormaterls, not sewed but bleachd/colord
6502.00.90	Hat shapes, plaited or assembled from strips, not blocked/lined/trimmed & w/o made brims, not veg. fibers/veg. materials/paper yarn, nesoi
6504.00.30	Hats and headgear, plaited or assembled from strips of veg. fibers or unspun fibrous veg. materials and/or paper yarn, sewed
6504.00.60	Hats and headgear, plaited or assembled from strips of veg. fibers or unspun fibrous veg. materials and/or paper yarn, not sewed
6504.00.90	Hats and headgear, plaited or assembled from strips of any material (o/than veg. fibers/unspun fibrous veg. materials and/or paper yarn)
6505.00.04	Hats and headgear of fur felt made from hat forms and hat bodies of 6501
6505.00.08	Hats and headgear made from hat forms and hat bodies of 6501, except of fur felt
6505.00.15	Hats and headgear, of cotton and/or flax, knitted
6505.00.20	Headwear, of cotton, not knitted; certified hand-loomed and folklore hats & headgear, of cotton or flax, not knitted
6505.00.25	Hats and headgear, of cotton or flax, not knitted, not certified hand-loomed folklore goods
6505.00.30	Hats and headgear, of wool, knitted or crocheted or made up from knitted or crocheted fabric
6505.00.40	Hats and headgear, of wool, made up from felt or of textile material, not knitted or crocheted or made up from knitted or crocheted fabric
6505.00.50	Hats and headgear, of man-made fibers, knitted or crocheted or made up from knitted or crocheted fabric, wholly or in part of braid
6505.00.60	Hats and headgear, of man-made fibers, knitted or crocheted or made up from knitted or crocheted fabrics, not in part of braid
6505.00.70	Hats and headgear, of man-made fibers, made up from felt or of textile material, not knitted or crocheted, wholly or in part braid
6505.00.80	Hats and headgear, of man-made fibers, made up from felt or of textile material, not knitted or crocheted, not in part of braid
6505.00.90	Hats and headgear, of textile materials (other than of cotton, flax, wool or man-made fibers), nesoi
6506.91.00	Headgear (other than safety headgear), nesoi, of rubber or plastics, whether or not lined or trimmed
6506.99.30	Headgear, nesoi, of furskin, whether or not lined or trimmed
6506.99.60	Headgear (other than safety headgear), nesoi, of materials other than rubber, plastics, or furskins, whether or not lined or trimmed
6507.00.00	Headbands, linings, covers, hat foundations, hat frames, peaks (visors) and chinstraps, for headgear
6701.00.30	Articles of feathers or down (other than articles & apparel filled or stuffed with feathers/down and worked quills & scapes)
6701.00.60	Skins and o/parts of birds w/their feathers or down, feathers, pts of feathers/down, nesoi
6801.00.00	Setts, curbstones and flagstones, of natural stone (except slate)
6802.10.00	Tiles/cubes/similar arts. of natural stone, enclosable in a sq. w/a side less than 7cm; artificially colored granules, chippings & powder
6802.21.10	Monumental or building stone & arts. thereof, of travertine, simply cut/sawn, w/flat or even surface
6802.21.50	Monumental or building stone & arts. thereof, of marble & alabaster, simply cut/sawn, w/flat or even surface
6802.23.00	Monumental or building stone & arts. thereof, of granite, simply cut/sawn, w/flat or even surface
6802.29.10	Monumental or building stone & arts. thereof, of calcareous stone, nesoi, simply cut/sawn, w/flat or even surface
6802.29.90	Monumental or building stone & arts. thereof, of stone, nesoi, simply cut/sawn, w/flat or even surface
6802.91.05	Marble slabs, further worked than simply cut/sawn
6802.91.15	Monumental or building stone & arts. thereof (o/than slabs), of marble, further worked than simply cut/sawn, nesoi
6802.91.20	Monumental or building stone & arts. thereof, of travertine, dressed or polished but not further worked, nesoi
6802.91.25	Monumental or building stone & arts. thereof, of travertine, further worked than dressed or polished, nesoi

HTS Subheading	Product Description
6802.91.30	Monumental or building stone & arts. thereof, of alabaster, further worked than simply cut/sawn, nesoi
6802.92.00	Monumental or building stone & arts. thereof, of calcareous stone, nesoi, further worked than simply cut/sawn, nesoi
6802.93.00	Monumental or building stone & arts. thereof, of granite, further worked than simply cut/sawn, nesoi
6802.99.00	Monumental or building stone & arts. thereof, nesoi, further worked than simply cut/sawn, nesoi
6803.00.10	Roofing slate
6803.00.50	Worked slate (other than roofing slate) and articles of slate or agglomerated slate
6804.10.00	Millstones and grindstones for milling, grinding or pulping
6804.21.00	Millstones, grindstones, grinding wheels and the like, nesoi, of agglomerated synthetic or natural diamond
6804.22.10	Millstones, grindstones, grinding wheels and the like, nesoi, of agglomerated abrasives nesoi, or ceramics, bonded with synthetic resins
6804.22.40	Abrasive wheels of agglomerated abrasives nesoi, or ceramics, not bonded with synthetic resins
6804.22.60	Millstones, grindstones, grinding wheels and the like, nesoi, of agglomerated abrasives nesoi, or ceramics, not bonded w/synthetic resins
6804.23.00	Millstones, grindstones, grinding wheels and the like, nesoi, of natural stone
6804.30.00	Hand sharpening or polishing stones
6805.10.00	Natural or artificial abrasive powder or grain on a base of woven textile fabric only
6805.20.00	Natural or artificial abrasive powder or grain on a base of paper or paperboard only
6805.30.10	Articles wholly or partly coated natural or artificial abrasive powder or grain, on a base of materials nesoi, in sheets, strips, disks, etc.
6805.30.50	Natural or artificial abrasive powder or grain on a base of materials nesoi, in forms nesoi
6806.10.00	Slag wool, rock wool and similar mineral wools, in bulk, sheets or rolls
6806.20.00	Exfoliated vermiculite, expanded clays, foamed slag and similar expanded mineral materials
6806.90.00	Mixtures and articles of heat-insulating, sound-insulating or sound-absorbing mineral materials, nesoi
6807.10.00	Articles of asphalt or of similar material, in rolls
6807.90.00	Articles of asphalt or of similar material, not in rolls
6808.00.00	Panels, boards, tiles and similar articles of vegetable fiber, straw or wood wastes, agglomerated with cement, plaster or o/mineral binders
6809.11.00	Panels, boards, sheets, tiles and similar articles of plaster or comp. plaster, n/ornamented, faced or reinforced w/paper or paperboard only
6809.19.00	Panels, boards, sheets, tiles and similar articles of plaster or comp. plaster, not ornamented, nesoi
6809.90.00	Articles (other than panels, boards, sheets, tiles, etc.) of plaster or of compositions based on plaster, nesoi
6810.11.00	Building blocks and bricks, of cement, concrete or artificial stone, whether or not reinforced
6810.19.12	Floor and wall tiles, of stone agglomerated with binders other than cement
6810.19.14	Floor and wall tiles, of cement, concrete, or of artificial stone (except stone agglom. w/binders other than cement)
6810.19.50	Tiles, flagstones, and similar articles, nesoi, of cement, concrete or artificial stone, whether or not reinforced
6810.91.00	Prefabricated structural components for building or civil engineering, of cement, concrete or artificial stone, nesoi
6810.99.00	Articles of cement (other than tiles, flagstones, bricks and similar arts.), of concrete or artificial stone, nesoi
6811.40.00	Articles of asbestos-cement
6811.81.00	Corrugated sheets, of cellulose fiber-cement or the like (not containing asbestos)
6811.82.00	Sheets (other than corrugated), panels, tiles and similar articles of cellulose-fiber cement or the like (not containing asbestos)
6811.89.10	Tubes, pipes and tube or pipe fittings, of cellulose fiber-cement or the like (not containing asbestos)
6811.89.90	Articles of cellulose fiber-cement or the like (not containing asbestos), nesoi
6812.80.10	Footwear of crocidolite
6812.80.90	Articles or mixtures of crocidolite, nesoi
6812.91.10	Footwear of asbestos other than crocidolite
6812.91.90	Clothing, accessories, and headgear of asbestos other than crocidolite
6812.92.00	Paper, millboard and felt of asbestos other than crocidolite
6812.93.00	Compressed asbestos (other than crocidolite) fiber jointing, in sheets
6812.99.00	Articles nesoi, of asbestos other than crocidolite or mixtures with a basis of asbestos other than crocidolite
6813.20.00	Friction material & articles thereof, containing asbestos
6813.81.00	Brake linings and pads not containing asbestos
6813.89.00	Friction material & articles thereof with a basis of mineral substances (other than asbestos) or of cellulose, nesoi
6814.10.00	Agglomerated or reconstituted mica, in plates, sheets and strips, whether or not on a support
6814.90.00	Worked mica and articles of mica, nesoi, whether or not on a support of paper, paperboard or other materials
6815.10.01	Nonelectrical articles of graphite or other carbon
6815.20.00	Articles of peat, nesoi
6815.91.00	Articles containing magnesoite, dolomite or chromite, nesoi
6815.99.20	Talc, steatite and soapstone, cut or sawn, or in blanks, crayons, cubes, disks or other forms
6815.99.40	Articles of stone or of other mineral substances (including carbon fibers & articles thereof), nesoi
6901.00.00	Siliceous fossil meal or earth bricks, blocks, tiles and other ceramic goods
6902.10.10	Refractory bricks of magnesite, containing by weight o/50% MgO

HTS Subheading	Product Description
6902.10.50	Refractory bricks, blocks, tiles and similar goods containing by weight o/50% MgO, CaO, or Cr2O3
6902.20.10	Refractory bricks containing by weight o/50% alumina (Al2O2) or silica (SiO2) or mixtures or compounds thereof
6902.20.50	Refractory blocks, tiles & similar goods (o/than bricks), cont. by wt. o/50% alumina (Al2O2) or silica (SiO2) or mixtures thereof
6902.90.10	Refractory bricks, nesoi
6902.90.50	Refractory blocks, tiles & similar goods (other than bricks), nesoi
6903.10.00	Refractory ceramic goods (o/than of siliceous fossil meals or earths), nesoi, cont. by wt. o/50% graphite or o/forms or mix. of carbon
6903.20.00	Refractory ceramic goods (o/than of siliceous fossil meals or earths), nesoi, cont. by wt. o/50% alumina or mix. or comp. of Al2O3 & SiO3
6903.90.00	Refractory ceramic goods (o/than of siliceous fossil meals or earths), nesoi
6904.10.00	Ceramic building bricks (o/than refractory bricks)
6904.90.00	Ceramic flooring blocks, support or filler tiles and the like (other than bricks)
6905.10.00	Ceramic roofing tiles
6905.90.00	Ceramic chimney pots, cowls, chimney liners, architectural ornaments and other construction goods
6906.00.00	Ceramic pipes, conduits, guttering and pipe fittings
6907.21.10	Unglazed ceramic tiles, other than those of subheading 6907.30 and 6907.40, of H2O absorp coeff by wt<=0.5%
6907.21.20	Glazed ceramic tiles having<=3229 tiles per m2, surf area in sq w/side<7cm, H2O absorp coeff by wt<=0.5%
6907.21.30	Glazed ceramic tiles having surface area<38.7cm^2, surf area in sq w/side<7cm, of H2O absorp coeff by wt<=0.5%
6907.21.40	Glazed ceramic tiles having surface area>=38.7cm^2,, surf area in sq w/side<7cm, of a H2O absorp coeff by wt<=0.5%
6907.21.90	Glazed ceramic tiles nesoi, of a H2O absorp coeff by wt<=0.5%
6907.22.10	Unglazed ceramic tiles, other than those of subheading 6907.30 and 6907.40, of H2O absorp coeff by wt exceeding 0.5% but not exceeding 10%
6907.22.20	Glazed ceramic tiles having<=3229 tiles per m2, surf area in sq w/side<7cm, H2O absorp coeff by wt exceeding 0.5% but not exceeding 10%
6907.22.30	Glazed ceramic tiles having surface area<38.7cm^2, surf area in sq w/side<7cm, of H2O absorp coeff by wt exceeding 0.5% but not exceeding 10%
6907.22.40	Glazed ceramic tiles having surface area>=38.7cm^2,, surf area in sq w/side<7cm, of a H2O absorp coeff by wt exceeding 0.5% but not exceeding 10%
6907.22.90	Glazed ceramic tiles nesoi, of a H2O absorp coeff by wt exceeding 0.5% but not exceeding 10%
6907.23.10	Unglazed ceramic tiles, other than those of subheading 6907.30 and 6907.40, of H2O absorp coeff by wt>10%
6907.23.20	Glazed ceramic tiles having<=3229 tiles per m2, surf area in sq w/side<7cm, H2O absorp coeff by wt>10%
6907.23.30	Glazed ceramic tiles having surface area<38.7cm^2, surf area in sq w/side<7cm, of H2O absorp coeff by wt>10%
6907.23.40	Glazed ceramic tiles having surface area>=38.7cm^2,, surf area in sq w/side<7cm, of a H2O absorp coeff by wt>10%
6907.23.90	Glazed ceramic tiles nesoi, of a H2O absorp coeff by wt>10%
6907.30.10	Unglazed ceramic mosaic cubes, o/t subheading 6907.40
6907.30.20	Glazed ceramic mosaic cubes having<=3229 tiles per m2, surf area in sq w/side<7cm
6907.30.30	Glazed ceramic mosaic cubes having surface area<38.7cm^2, surf area in sq w/side<7cm
6907.30.40	Glazed ceramic mosaic cubes having surface area>=38.7cm^2, surf area in sq w/side<7cm
6907.30.90	Glazed ceramic mosaic cubes nesoi, o/t subheading 6907.40
6907.40.10	Unglazed finishing ceramics
6907.40.20	Glazed finishing ceramics having<=3229 tiles per m2, surf area in sq w/side<7cm
6907.40.30	Glazed finishing ceramics having surface area<38.7cm^2, surf area in sq w/side<7cm
6907.40.40	Glazed finishing ceramics having surface area>=38.7cm^2,, surf area in sq w/side<7cm
6907.40.90	Glazed finishing ceramics nesoi
6909.11.20	Porcelain or china ceramic machinery parts
6909.11.40	Porcelain or china ceramic wares for laboratory, chemical or other technical uses (other than machinery parts), nesoi
6909.12.00	Ceramic wares (o/than of porcelain or china) for laboratory, chemical or technical uses, w/hardness equivalent to 9 or more on Mohs scale
6909.19.10	Ceramic ferrite core memories
6909.19.50	Ceramic wares for laboratory, chemical or other technical uses (o/than of porcelain or china), nesoi
6909.90.00	Ceramic troughs, tubes & siml. receptacles for agriculture; ceramic pots, jars, & siml. arts. for conveyance or packing of goods
6914.10.40	Porcelain or china ceramic ferrules, n/o 3mm diam or 25mm long, w/fiber channel open. and/or ceramic mating sleeves of Al2O3 or zirconia
6914.10.80	Porcelain or china arts. (o/than tableware/kitchenware/household & ornament. arts), nesoi
6914.90.41	Ceramic (o/porcelain or china) ferrules, n/o 3mm or 25mm long, w/fiber channel open. and/or ceramic mating of sleeves of Al2O3 or zirconia
6914.90.80	Ceramic (o/than porcelain or china) arts. (o/than tableware/kitchenware/household & ornament. arts), nesoi
7001.00.10	Glass in the mass of fused quartz or other fused silica

HTS Subheading	Product Description
7001.00.20	Glass in the mass (other than of fused quartz or other fused silica)
7001.00.50	Cullet and other waste and scrap of glass
7002.10.10	Glass in balls (o/than microspheres of heading 7018), unworked, n/o 6mm in diameter
7002.10.20	Glass in balls (o/than microspheres of heading 7018), unworked, over 6 mm in diameter
7002.20.50	Glass rods (o/than of fused quartz or other fused silica), unworked
7002.31.00	Glass tubes of fused quartz or other fused silica, unworked
7002.32.00	Glass tubes (o/than fused quartz/silica), w/linear coefficient of expansion n/o 5x10-6 per Kelvin in range of 0-300 degrees C, unworked
7002.39.00	Glass tubes (o/than fused quartz/silica), nesoi, unworked
7003.12.00	Cast or rolled glass, in nonwired sheets, colored thru the mass, opacified, flashed or w/absorbent, reflect. or non-reflect.layer, not wkd.
7003.19.00	Cast or rolled glass, in nonwired sheets, n/colored thru the mass, opacified, flashed, etc. & not further worked
7003.20.00	Cast or rolled glass, in wired sheets
7003.30.00	Cast or rolled glass profiles
7004.20.10	Drawn or blown glass, in sheets, w/absorbent, reflecting or non-reflecting layer, n/furth. wkd.
7004.20.20	Drawn or blown glass, in rect. sheets, colored thru the mass, etc., w/o absorbent, reflecting or non-reflect. layer, n/furth wkd
7004.20.50	Drawn or blown glass, in sheets (o/than rect.), colored thru the mass, opacified, flashed, w/o absorbent, etc. layer, n/furth. wkd.
7004.90.05	Drawn or blown glass, nesoi, in rectangular sheets, w/thick. n/o 1.5 mm & n/o 0.26 m2 in area, n/further wkd.
7004.90.10	Drawn or blown glass, nesoi, in rectangular sheets, w/thick. n/o 1.5 mm & over 0.26 m2 in area, n/further wkd.
7004.90.15	Drawn or blown glass, nesoi, in rectangular sheets, w/thick. over 1.5 but n/o 2 mm & n/o 0.26 m2 in area, n/further wkd.
7004.90.20	Drawn or blown glass, nesoi, in rectangular sheets, w/thick. over 1.5 but n/o 2 mm & over 0.26 m2 in area, n/further wkd.
7004.90.25	Drawn or blown glass, nesoi, in rectangular sheets, w/thick. over 2 but n/o 3.5 mm, not further wkd.
7004.90.30	Drawn or blown glass, nesoi, in rectangular sheets, w/thick. over 3.5 mm & n/o 0.65 m2 in area, not further wkd.
7004.90.40	Drawn or blown glass, nesoi, in rectangular sheets, w/thick. over 3.5 mm & over 0.65 m2 in area, not further wkd.
7004.90.50	Drawn or blown glass, nesoi, in sheets (other than rectangular), nesoi
7005.10.40	Surface ground or polished glass, w/absorb. or reflect. layer, n/o 1.2 mm thick & n/o 0.8 M2 in area, suitable for use in LCD's
7005.10.80	Float glass & surface ground or polished glass, nonwired, in sheets, w/absorb. or reflect. layer, nesoi, not worked
7005.21.10	Float glass & surface ground or polished glass, nonwired, in sheets, colored thru mass, opacified, flashed, under 10 mm thick, not worked
7005.21.20	Float glass & surface ground or polished glass, nonwired, in sheets, colored thru mass, opacified, flashed, 10 mm or more thick, not worked
7005.29.04	Float glass & surface ground or polished glass, in sheets, less than 10 mm thick, w/area n/o 0.65 M2 & for liquid crystal displays
7005.29.08	Float glass & surface ground or polished glass, nonwired, in sheets, less than 10 mm thick, w/area n/o 0.65 M2 & not for LCD's
7005.29.14	Float glass & surface ground or polished glass, in sheets, less than 10 mm thick, w/area o/0.65 M2 & for liquid crystal displays
7005.29.18	Float glass & surface ground or polished glass, nonwired, in sheets, less than 10 mm thick, w/area over 0.65 M2 & not for LCD's
7005.29.25	Float glass & surface ground or polished glass, nonwired, in sheets, 10 mm or more in thickness
7005.30.00	Float glass & surface ground or polished glass, wired, in sheets
7006.00.10	Glass of heading 7003-7005 in strips n/o 15.2cm wide & o/2 mm thick, w/longitudinal edges ground or smoothed
7006.00.20	Drawn or blown glass, not containing wire netting & not surface ground or polished, but bent, edged or otherwise worked but not framed
7006.00.40	Glass of heading 7003-7005, bent, edgeworked, engraved, drilled, enameled or otherwise worked, but not framed or fitted, nesoi
7007.11.00	Toughened (tempered) safety glass, of size and shape suitable for incorporation in vehicles, aircraft, spacecraft or vessels
7007.19.00	Toughened (tempered) safety glass, not of size or shape suitable for incorporation in vehicles, aircraft, spacecraft or vessels
7007.21.10	Laminated safety glass, windshields, of size and shape suitable for incorporation in vehicles, aircraft, spacecraft or vessels
7007.21.50	Laminated safety glass (o/than windshields), of size and shape suitable for incorporation in vehicles, aircraft, spacecraft or vessels
7007.29.00	Laminated safety glass, not of size or shape suitable for incorporation in vehicles, aircraft, spacecraft or vessels
7008.00.00	Glass multiple-walled insulating units
7009.10.00	Glass rearview mirrors for vehicles
7009.91.10	Glass mirrors (o/than rearview mirrors), unframed, n/o 929cm^2 in reflecting area
7009.91.50	Glass mirrors (o/than rearview mirrors), unframed, over 929cm^2 in reflecting area
7009.92.10	Glass mirrors (o/than rearview mirrors), framed, n/o 929cm^2 in reflecting area
7009.92.50	Glass mirrors (o/than rearview mirrors), framed, over 929cm^2 in reflecting area
7010.10.00	Glass ampoules used for the conveyance or packing of goods
7010.20.20	Glass stoppers, lids and other closures produced by automatic machine
7010.20.30	Glass stoppers, lids and other closures not produced by automatic machine
7010.90.05	Glass serum bottles, vials and other pharmaceutical containers
7010.90.20	Glass containers for conveyance/packing perfume/toilet preps & containers with/designed for ground glass stopper, made by automatic machine

HTS Subheading	Product Description
7010.90.30	Glass containers for convey/pack perfume/toilet preps & containers with/designed for ground glass stopper, not made by automatic machine
7010.90.50	Glass carboys, bottles, jars, pots, flasks, & other containers for conveyance/packing of goods (w/wo closures) & preserving jars, nesoi
7011.10.10	Glass bulbs (w/o fittings) for electric incandescent lamps
7011.10.50	Glass envelopes, open, & glass parts thereof, for electric lighting (other than bulbs for incandescent lamps), without fittings
7011.20.10	Glass cones (w/o fittings) for cathode-ray tubes
7011.20.45	Monochrome glass envelopes (open & w/o fittings), certified by importer for actual use in computer or graphic display CRTs
7011.20.85	Glass envelopes (open & w/o fittings) & glass parts thereof, nesoi, for cathode-ray tubes
7011.90.00	Glass envelopes (open & w/o fittings) & glass parts thereof (o/than for electric lighting or cathode-ray tubes
7014.00.10	Glass lens blanks (other than for spectacles), not optically worked
7014.00.20	Glass optical elements (other than lens blanks), not optically worked
7014.00.30	Glass lenses and filters (other than optical elements) and parts thereof, for signaling purposes, not optically worked
7014.00.50	Signaling glassware, nesoi, not optically worked
7016.10.00	Glass cubes and other glass smallwares, whether or not on a backing, for mosaics or similar decorative purposes
7016.90.10	Paving blocks, slabs, bricks, squares, tiles & other arts. of pressed or molded glass, for building or construction purposes
7016.90.50	Leaded glass windows & the like; multicellular or foam glass in blocks, panels, plates, shells or similar forms
7017.10.30	Fused quartz reactor tubes and holders designed for insertion into diffusion and oxidation furnaces for semiconductorwafer production
7017.10.60	Laboratory, hygienic or pharmaceutical glassware, whether or not calibrated or graduated, of fused quartz or other fused silica, nesoi
7017.20.00	Laboratory, hygienic or pharmaceutical glassware, whether or not calibrated or graduated, of glass w/low coefficient of heat expansion
7017.90.10	Glass microscope slides and micro cover glasses
7017.90.50	Laboratory, hygienic or pharmaceutical glassware, whether or not calibrated, nesoi, of glass, nesoi
7018.10.10	Glass imitation pearls and pearl beads of all shapes and colors, whether or not drilled, not strung and not set
7018.10.20	Glass imitation precious or semiprecious stones (except beads)
7018.10.50	Glass beads (o/than imitat. pearls) & similar glass smallwares, nesoi
7018.20.00	Glass microspheres not exceeding 1 mm in diameter
7018.90.50	Articles (o/than imitation jewellry) of glass beads, pearls and imitation stones and statuettes & ornaments of lamp-worked glass
7019.11.00	Glass fiber chopped strands of a length not more than 50 mm
7019.12.00	Glass fiber rovings
7019.19.05	Fiberglass rubber reinforcing yarn, not color, of electrically nonconductive continuous filament 9 to 11 microns diam & impreg for adhesion to
7019.19.15	Glass fiber yarns, not colored, other than fiberglass rubber reinforcing yarn
7019.19.24	Fiberglass rubber reinforce yarn, color, of electrically nonconduct. continuous filament 9 to 11 microns diam & impreg for adhesion to polym.
7019.19.28	Glass fiber yarns, colored, other than fiberglass rubber reinforcing yarn
7019.19.70	Fiberglass rubber reinforce cord, of electrically nonconduct. contin. filament 9 to 11 microns diam & impreg for adhesion to polymeric comp.
7019.19.90	Glass fiber slivers
7019.31.00	Nonwoven glass fiber mats
7019.32.00	Nonwoven glass fiber in thin sheets (voiles)
7019.39.10	Nonwoven glass wool insulation products
7019.39.50	Nonwoven glass fiber webs, mattresses, boards and similar articles of nonwoven glass fibers, nesoi
7019.40.05	Woven fiberglass tire cord fabric of rovings, n/o 30cm wide, of elect. nonconductive cont. filament 9-11 micron diam & impreg for adhesion
7019.40.15	Woven glass fiber fabric of rovings, n/o 30cm in width, other than fiberglass tire cord fabric
7019.40.30	Woven fiberglass tire cord fabric of roving, o/30cm wide, n/color, of elect. nonconduct. contin. fil. 9-11 micron diam & impreg for adhesion
7019.40.40	Woven glass fiber fabric of rovings, o/30cm wide, not colored, other than fiberglass tire cord fabric
7019.40.70	Woven fiberglass tire cord fabric of roving, o/30cm wide, color, of elect nonconduct. cont. filament 9-11 micron diam & impreg for adhesion
7019.51.10	Woven fiberglass tire cord fabric, n/roving, n/o 30cm wide, of electrical nonconduct. contin. filament 9-11 micron diam & impreg for adhesion
7019.51.90	Woven glass fiber fabric, not of rovings, n/o 30cm wide, other than fiberglass tire cord fabric
7019.52.30	Woven fiberglass tire cord fabric, n/rov, pl. weave, o/30cm wide & less than 250g/m^2, w/no singleyarn o/136 tex, n/colrd, of elect nonconduct
7019.52.40	Woven glass fiber woven fabric, not colored, not of rovings, plain weave, o/30cm wide, less than 250g/m^2, w/no single yarn o/136 tex, nesoi

HTS Subheading	Product Description
7019.52.70	Woven fiberglass tire cord fabric, n/rov, color, pl. weave, o/30cm wide & less thna $250g/m^2$, w/no single yarn o/136 tex, of elect non-conduct
7019.52.90	Woven glass fiber fabric, not colored, not rovings, plain weave, o/30cm wide & less than $250g/m^2$, w/no single yarn not more than 136 tex, nesoi
7019.59.30	Woven fiberglass tire cord fabric, n/colored, nesoi, o/30cm wide, of elect. noncond contin filament 9-11 micron diam and impreg for adhesion
7019.59.40	Woven glass fiber woven fabrics, not colored, nesoi, o/30cm wide, nesoi
7019.59.70	Woven fiberglass tire cord fabric, colored, nesoi, o/30cm wide, of elect. nonconduct contin filaments 9-11 micron diam & impreg for adhesion
7019.59.90	Woven glass fiber woven fabrics, colored, nesoi, o/30cm wide, nesoi
7019.90.10	Woven glass fiber articles (other than fabrics), nesoi
7019.90.50	Glass fibers (including glass wool), nesoi, and articles thereof, nesoi
7020.00.30	Quartz reactor tubes and holders designed for insertion into diffusion and oxidation furnaces for semiconductor wafer production, nesoi
7020.00.40	Glass inners for vacuum flasks or for other vacuum vessels
7020.00.60	Articles of glass, not elsewhere specified or included
7102.21.10	Miners′ diamonds, unworked or simply sawn, cleaved or bruted
7102.21.30	Industrial diamonds (other than miners′ diamonds), simply sawn, cleaved or bruted
7102.21.40	Industrial diamonds (other than miners′ diamonds), unworked
7102.29.00	Industrialdiamonds, worked, but not mounted or set
7105.10.00	Diamond dust and powder
7105.90.00	Natural or synthetic precious (except diamond) or semiprecious stone dust and powder
7106.10.00	Silver powder
7106.91.10	Silver bullion and dore
7106.91.50	Silver, unwrought (o/than bullion and dore)
7106.92.10	Silver (incl. silver plate w gold/platinum), semimanufacture, rectangular/near rectangular shape, 99.5% or>pure, marked only by wgt/identity
7106.92.50	Silver (including silver plated with gold or platinum), in semimanufactured form, nesoi
7107.00.00	Base metals clad with silver, not further worked than semimanufactured
7108.11.00	Gold powder
7108.12.10	Gold, nonmonetary, bullion and dore
7108.12.50	Gold, nonmonetary, unwrought (o/than gold bullion and dore)
7108.13.10	Gold leaf
7108.13.55	Gold (incl. gold plated w platinum), not money, semimanufacture, rectangle/near rectangular shape, 99.5% or>pure, marked only by wgt/identity
7108.13.70	Gold (including gold plated with platinum), nonmonetary, in semimanufactured forms (except gold leaf), nesoi
7108.20.00	Gold, monetary, in unwrought, semimanufactured or powder form
7109.00.00	Base metals or silver clad with gold, but not further worked than semimanufactured
7110.11.00	Platinum, unwrought or in powder form
7110.19.00	Platinum, in semimanufactured forms
7110.21.00	Palladium, unwrought or in powder form
7110.29.00	Palladium, in semimanufactured forms
7110.31.00	Rhodium, unwrought or in powder form
7110.39.00	Rhodium, in semimanufactured forms
7110.41.00	Iridium, osmium and ruthenium, unwrought or in powder form
7110.49.00	Iridium, osmium and ruthenium, in semimanufactured forms
7111.00.00	Base metals, silver or gold clad with platinum, not further worked than semimanufactured
7112.30.00	Ash containing precious metals or precious metal compounds
7112.91.00	Gold waste and scrap, including metal clad with gold but excluding sweepings containing other precious metals
7112.92.00	Platinum waste and scrap, including metal clad with platinum but excluding sweepings containing other precious metals
7112.99.00	Precious metal (other than of gold or platinum) waste and scrap, including metal clad with precious metals, nesoi
7114.11.10	Knives with handles of silver, whether or not plated or clad with other precious metal
7114.11.20	Forks with handles of silver, whether or not plated or clad with other precious metal
7114.11.30	Spoons and ladles with handles of sterling silver
7114.11.40	Spoons and ladles (o/than w/sterling silver handles) of silver, whether or not plated or clad w/other precious metal
7114.11.45	Sets of two or more knives or forks w/silver handles or spoons and ladles of silver, whether or not clad or plated w/prec.metal
7114.11.50	Tableware, nesoi, of sterling silver
7114.11.60	Articles of silver nesoi, for household, table or kitchen use, toilet and sanitary wares, including parts thereof

HTS Subheading	Product Description
7114.11.70	Silversmiths´ wares (other than for household/table/kitchen use & toilet and sanitary wares) of silver, nesoi
7114.19.00	Precious metal (o/than silver) articles, nesoi, whether or not plated or clad with other precious metal, nesoi
7114.20.00	Goldsmiths´ or silversmiths´ wares of base metal clad with precious metal
7115.10.00	Platinum catalysts in the form of wire cloth or grill
7115.90.05	Precious metal articles, incl. metal clad w/precious metal, rectangle/near rectangle shape, 99.5%/or pure, marked only by wgt/identity
7115.90.30	Gold (including metal clad with gold) articles (o/than jewellry or goldsmiths´ wares), nesoi
7115.90.40	Silver (including metal clad with silver) articles (o/than jewellry or silversmiths´ wares), nesoi
7115.90.60	Articles of precious metal (o/than gold or silver), including metal clad with precious metal, nesoi
7201.10.00	Nonalloy pig iron containing by weight 0.5 percent or less of phosphorus
7201.20.00	Nonalloy pig iron containing by weight more than 0.5 percent of phosphorus
7201.50.30	Alloy pig iron in blocks or other primary forms
7201.50.60	Spiegeleisen in blocks or other primary forms
7202.11.10	Ferromanganese containing by weight more than 2 percent but not more than 4 percent of carbon
7202.11.50	Ferromanganese containing by weight more than 4 percent of carbon
7202.19.10	Ferromanganese containing by weight not more than 1 percent of carbon
7202.19.50	Ferromanganese containing by weight more than 1 percent but not more than 2 percent of carbon
7202.21.10	Ferrosilicon containing by weight more than 55% but not more than 80% of silicon and more than 3% of calcium
7202.21.50	Ferrosilicon containing by weight more than 55% but not more than 80% of silicon, nesoi
7202.21.75	Ferrosilicon containing by weight more than 80% but not more than 90% of silicon
7202.21.90	Ferrosilicon containing by weight more than 90% of silicon
7202.29.00	Ferrosilicon containing by weight 55% or less of silicon
7202.30.00	Ferrosilicon manganese
7202.41.00	Ferrochromium containing by weight more than 4 percent of carbon
7202.49.10	Ferrochromium containing by weight more than 3 percent but not more than 4 percent of carbon
7202.49.50	Ferrochromium containing by weight 3 percent or less of carbon
7202.50.00	Ferrosilicon chromium
7202.80.00	Ferrotungsten and ferrosilicon tungsten
7202.91.00	Ferrotitanium and ferrosilicon titanium
7202.92.00	Ferrovanadium
7202.99.10	Ferrozirconium
7202.99.20	Calcium silicon ferroalloys
7203.10.00	Ferrous products obtained by direct reduction of iron ore
7203.90.00	Spongy ferrous products, in lumps, pellets or like forms; iron of a minimum purity by weight of 99.94% in lumps, pellets or like forms
7204.10.00	Cast iron waste and scrap
7204.21.00	Stainless steel waste and scrap
7204.29.00	Alloy steel (o/than stainless) waste and scrap
7204.30.00	Tinned iron or steel waste and scrap
7204.41.00	Ferrous turnings, shavings, chips, milling wastes, sawdust, fillings, trimmings and stampings, whether or not in bundles
7204.49.00	Ferrous waste and scrap nesoi
7204.50.00	Iron or steel remelting scrap ingots
7205.10.00	Pig iron, spiegeleisen, and iron or steel granules
7205.21.00	Alloy steel powders
7205.29.00	Pig iron, spiegeleisen, and iron or steel (o/than alloy steel) powders
7216.61.00	Iron/nonalloy steel, angles, shapes & sections nesoi, not further worked than coldformed or cold-finished, from flat-rolled products
7216.69.00	Iron/nonalloy steel, angles, shapes & sections nesoi, not further worked than coldformed or cold-finished, not from flat-rolled products
7216.91.00	Iron/nonalloy steel, angle, shapes & sections nesoi, cold-formed/cold-finished from flatrolled prod. & furth wkd th/cold-formed/cold-finish
7301.20.10	Iron or nonalloy steel, angles, shapes and sections, welded
7301.20.50	Alloy steel, angles, shapes and sections of alloy steel, welded
7302.30.00	Iron or steel, switch blades, crossing frogs, point rods and other crossing pieces, for jointing or fixing rails
7303.00.00	Cast iron, tubes, pipes and hollow profiles
7307.11.00	Cast nonmalleable iron, fittings for tubes or pipes
7307.19.30	Cast ductile iron or steel, fittings for tubes or pipes
7307.19.90	Cast iron or steel, fittings for tubes or pipes, nesoi
7307.21.10	Stainless steel, flanges for tubes/pipes, forged, not machined, not tooled and not otherwise processed after forging
7307.21.50	Stainless steel, not cast, flanges for tubes/pipes, not forged or forged and machined, tooled and otherwise processed after forging
7307.22.10	Stainless steel, not cast, threaded sleeves (couplings) for tubes/pipes

HTS Subheading	Product Description
7307.22.50	Stainless steel, not cast, threaded elbow and bends for tubes/pipes
7307.23.00	Stainless steel, not cast, butt welding fittings for tubes/pipes
7307.29.00	Stainless steel, not cast, fittings for tubes/pipes, nesoi
7307.91.10	Iron or nonalloy steel, flanges for tubes/pipes, forged, not machined, not tooled and not otherwise processed after forging
7307.91.30	Alloy steel (o/than stainless), not cast, flanges for tubes/pipes, forged, not machined/tooled and not otherwise processed after forging
7307.91.50	Iron or steel (o/than stainless), not cast, flanges for tubes/pipes, not forged or forged and machined, tooled & processed after forging
7307.92.30	Iron or steel (o/than stainless), not cast, threaded sleeves (couplings) for tubes/pipes
7307.92.90	Iron or steel (o/than stainless), not cast, threaded elbow and bends for tubes/pipes
7307.93.30	Iron or nonalloy steel, not cast, butt welding fittings for tubes/pipes, w/inside diam. less than 360mm
7307.93.60	Alloy steel (o/than stainless), not cast, butt welding fittings for tubes/pipes, w/inside diam. less than 360mm
7307.93.90	Iron or alloy steel (o/than stainless), not cast, butt welding fittings for tubes/pipes, w/inside diam. 360mm or more
7307.99.10	Iron or nonalloy steel, fittings for tubes/pipes, nesoi, forged, not machined, not tooled and not otherwise processed afterforging
7307.99.30	Alloy steel (o/than stainless), fittings for tubes/pipes, nesoi, forged, not machined/tooled and not otherwise processed after forging
7307.99.50	Iron/steel (o/than stainless), n/cast, fittings for tubes/pipes, nesoi, not forged or forged and machined, tooled & processed after forging
7308.30.10	Stainless steel, doors, windows and their frames, and thresholds for doors
7308.30.50	Iron or steel (o/than stainless), doors, windows and their frames, and thresholds for doors
7308.40.00	Iron or steel, props and similar equipment for scaffolding, shuttering or pit-propping
7309.00.00	Iron/steel, reservoirs, tanks, vats, siml. contain., for any material (o/than compress./liq. gas), w/capacity o/300 l, n/fit. w/mech/thermal
7310.10.00	Iron/steel, tanks, casks, drums, cans, boxes & siml. cont. for any material (o/than compress./liq.gas), w/cap. of 50+ l but n/o 300 l
7310.21.00	Iron/steel, cans for any material (o/compressed/liq. gas), closed by soldering or crimping, w/cap. less than 50 l
7310.29.00	Iron/steel, cans for any material (o/compressed/liq. gas), n/closed by soldering or crimping, w/cap. less than 50 l
7311.00.00	Iron/steel, containers for compressed or liquefied gas
7312.10.05	Stainless steel, stranded wire, not elect. insulated, fitted with fittings or made up into articles
7312.10.10	Stainless steel, stranded wire, not elect. insulated, not fitted with fittings or made up into articles
7312.10.20	Iron or steel (o/than stainless), stranded wire, not elect. insul., fitted with fittings or made up into articles
7312.10.30	Iron or steel (o/than stainless), stranded wire, not elect. insul., not fitted with fittings or made up into articles
7312.10.50	Stainless steel, ropes, cables and cordage (o/than stranded wire), not elect. insul., fitted with fittings or made up into articles
7312.10.60	Stainless steel, ropes, cables and cordage (o/than stranded wire), not elect. insul., not fitted with fittings or made up into articles
7312.10.70	Iron/steel (o/stainless), ropes, cables & cordage (o/than stranded wire), n/elect. insul., fitted with fittings or made up into articles
7312.10.80	Iron/steel (o/stainless), ropes, cables & cordage, of brass plated wire (o/than stranded wire), n/elect. insul., w/o fittings or arts.
7312.10.90	Iron/steel (o/stainless), ropes, cables & cordage, o/th of brass plate wire (o/than stranded wire), n/elect. insul., w/o fittings etc.
7312.90.00	Iron/steel (o/stainless), plaited bands, slings and the like, not electrically insulated
7313.00.00	Iron/steel, barbed wire; iron/steel, twisted hoop or single flat wire and loosely twisted double wire, of a kind used for fencing
7314.12.10	Stainless steel, woven cloth endless bands for machinery, w/meshes not finer than 12 wires to the lineal cm in warp or filling
7314.12.20	Stainless steel, woven cloth endless bands for machinery, w/meshes finer than 12 but n/finer than 36 wires to the lineal cm warp or filling
7314.12.30	Stainless steel, Fourdrinier wires for papermaking machines w/94 or more wires to the lineal cm in warp or filling
7314.12.60	Stainless steel, Fourdrinier wires for papermaking machines w/36 to 93 wires to the lineal cm in warp or filling
7314.12.90	Stainless steel, woven cloth endless bands for machinery, nesoi, w/meshes finer than 36 wires to the lineal cm in warp or filling
7314.14.10	Stainless steel, woven cloth (o/than endless bands for machinery), w/meshes not finer than 12 wires to the lineal cm in warp or filling
7314.14.20	Stainless steel, woven cloth (o/than endless bands for machinery), w/meshes finer 12 but n/finer 36 wiresto the lineal cm warp/filling
7314.14.30	Stainless steel, Fourdrinier wires (o/than endless bands) for papermaking machines, w/meshes 94 or more wire to lineal cm warp/filling
7314.14.60	Stainless steel, Fourdrinier wires (o/than endless bands) for papermaking machines, w/meshes 36 to 93 wires to the lineal cm warp/filling
7314.14.90	Stainless steel woven cloth (other than endless band for machinery), neosi, w/meshes finer than 36 wires to the lineal cm in warp or filling
7314.19.01	Iron or steel (o/than stainless), woven cloth
7314.20.00	Iron/steel, grill, netting & fencing, of wire w/maximum x-sect. dimension 3 mm or more, welded at intersection, w/mesh size 100cm^2 or more
7314.31.10	Iron/steel, fencing, of wire, welded at the intersection, plated or coated with zinc, whether or not covered w/plastic material
7314.31.50	Iron/steel, grill and netting, of wire, welded at the intersection, plated or coated with zinc, nesoi
7314.39.00	Iron/steel, grill, netting and fencing, of wire, welded at the intersection, not plated or coated with zinc
7314.41.00	Iron/steel, grill, netting and fencing, of wire, not welded at the intersection, plated or coated with zinc
7314.42.00	Iron/steel, grill, netting and fencing, of wire, not welded at the intersection, coated with plastics
7314.49.30	Iron/steel, grill, netting and fencing, of wire, not welded at the intersection, not cut to shape
7314.49.60	Iron/steel, grill, netting and fencing, of wire, not welded at the intersection, cut to shape
7314.50.00	Iron or steel, expanded metal

HTS Subheading	Product Description
7315.11.00	Iron or steel, roller chain
7315.12.00	Iron or steel, articulated link chain (other than roller chain)
7315.19.00	Iron or steel, parts of articulated link chain
7315.20.10	Iron or steel, skid chain, not over 8 mm in diameter
7315.20.50	Iron or steel, skid chain, over 8 mm in diameter
7315.81.00	Iron or steel, stud link chain
7315.82.10	Alloy steel, welded link chain, not over 10 mm in diameter
7315.82.30	Alloy steel, welded link chain, over 10 mm in diameter
7315.82.50	Iron or nonalloy steel, welded link chain, not over 10 mm in diameter
7315.82.70	Iron or nonalloy steel, welded link chain, over 10 mm in diameter
7315.89.10	Iron or steel, chain nesoi, with links of essentially round cross section, not over 8 mm in diameter
7315.89.30	Iron or steel, chain nesoi, with links of essentially round cross sections, over 8 mm in diameter
7315.89.50	Iron or steel, chain nesoi
7315.90.00	Iron or steel, parts of chain (other than articulated link chain)
7316.00.00	Iron or steel, anchors, grapnels and parts thereof
7317.00.20	Iron or steel, nails, tacks, corrugated nails, staples & similar arts., not threaded, suitable for use in powder-actuated hand tools
7317.00.30	Iron or steel, nails, tacks, corrugated nails, staples & similar arts., threaded, suitable for use in powder-actuated hand tools
7317.00.55	Iron or steel, nails, tacks, corrugated nails, staples & similar arts., of one piece construction, made of round wire, nesoi
7317.00.65	Iron or steel, nails, tacks, corrugated nails, staples & similar arts., of one piece construction, not made of roundwire, nesoi
7317.00.75	Iron or steel, nails, tacks, corrugated nails, staples & similar arts., of two or more pieces, nesoi
7318.11.00	Iron or steel, coach screws
7318.12.00	Iron or steel, wood screws (o/than coach screws)
7318.13.00	Iron or steel, screw hooks and screw rings
7318.14.10	Iron or steel, self-tapping screws, w/shanks or threads less than 6 mm in diameter
7318.14.50	Iron or steel, self-tapping screws, w/shanks or threads 6 mm or more in diameter
7318.15.20	Iron or steel, bolts and bolts & their nuts or washers, imported in the same shipment
7318.15.40	Iron or steel, machine screws (o/than cap screws), 9.5 mm or more in length and 3.2 mm in diameter
7318.15.50	Iron or steel, threaded studs
7318.15.60	Iron or steel, screws and bolts, nesoi, having shanks or threads less than 6 mm in diameter
7318.15.80	Iron or steel, screws and bolts, nesoi, having shanks or threads 6 mm or more in diameter
7318.19.00	Iron or steel, threaded articles similar to screws, bolts, nuts, coach screws & screw hooks, nesoi
7318.21.00	Iron or steel, spring washers and other lock washers
7318.22.00	Iron or steel, washers (o/than spring washers and other lock washers)
7318.23.00	Iron or steel, rivets
7318.24.00	Iron or steel, cotters and cotter pins
7318.29.00	Iron or steel, nonthreaded articles similar to rivets, cotters, cotter pins, washers and spring washers
7320.10.30	Iron or steel, leaf springs & leaves therefore, to be used in motor vehicles having a G.V.W. not exceeding 4 metric tons
7320.10.60	Iron or steel, leaf springs & leaves therefore, suitable for motor vehicle suspension (o/than for motor vehicles w/a G.V.W. o/4 metric tons)
7320.10.90	Iron or steel, leaf springs & leaves therefore, not suitable for motor vehicle suspension
7320.90.10	Iron or steel, hairsprings
7320.90.50	Iron or steel, springs (o/than leaf springs, helical springs or hairsprings)
7321.11.10	Iron or steel, portable non-electric domestic cooking appliances and plate warmers, for gas fuel or for both gas and other fuels
7321.11.30	Iron or steel, nonportable non-electric domestic stoves or ranges, for gas fuel or for both gas and other fuels
7321.11.60	Iron or steel, nonportable non-electric domestic cook. appl. (o/th stoves or ranges) & plate warmers, for gas fuel or both gas & other fuels
7321.90.10	Iron/steel, cooking chambers for nonportable non-electric domestic stoves or ranges, for gas or for gas and other fuels
7321.90.20	Iron/steel, top surface panels w/or w/o burners/controls for nonportable non-elect. domest. stoves or ranges, for gas or gas & other fuels
7321.90.40	Iron/steel, door assmbly w/more than one of inner panel, out. panel, window, insul., for non-elect. stoves or ranges, for gas or gas & other
7321.90.50	Iron/steel, parts of nonportable non-electric domestic stoves or ranges, nesoi, for gas fuel or for both gas and other fuels
7321.90.60	Iron/steel, parts, of nonelectric domestic cooking and warming appliances, nesoi
7322.11.00	Cast iron, non-electrically heated radiators and parts thereof, for central heating
7322.19.00	Iron (o/than cast) or steel, non-electrically heated radiators and parts thereof, for central heating
7322.90.00	Iron or steel, non-electrically heated air heaters and hot air distributors w/motor driven fan or blower and parts thereof
7323.10.00	Iron or steel wool; iron or steel pot scourers and scouring or polishing pads, gloves and the like

HTS Subheading	Product Description
7323.99.90	Iron (o/th cast)/steel (o/th tinplate or stainless), table, kitchen (o/th cooking.) or o/household arts & part, n/coated/plated w/prec.metal
7324.10.00	Stainless steel, sinks and wash basins
7324.21.10	Cast iron, baths (whether or not enameled), coated or plated with precious metal
7324.21.50	Cast iron, baths (whether or not enameled), not coated or plated with precious metal
7324.90.00	Iron or steel, sanitary ware (o/than baths or stainless steel sinks and wash basins) and parts thereof
7325.10.00	Nonmalleable cast iron, articles, nesoi
7325.91.00	Iron or steel, cast grinding balls and similar articles for mills
7325.99.10	Cast iron (o/than nonmalleable cast iron), articles nesoi
7325.99.50	Steel, cast articles nesoi
7326.11.00	Iron or steel, forged or stamped grinding balls and similar articles for mills
7326.19.00	Iron or steel, articles forged or stamped but n/further worked, nesoi
7326.20.00	Iron or steel, articles of wire, nesoi
7326.90.10	Tinplate, articles nesoi
7326.90.25	Iron or steel, cable or inner wire for caliper and cantilever brakes and casing therefore, whether or not cut to length
7326.90.35	Iron or steel, containers of a kind normally carried on the person, in the pocket or in the handbag, nesoi
7326.90.45	Iron or steel, horse and mule shoes
7326.90.60	Iron or steel, articles nesoi, coated or plated with precious metal
7326.90.86	Iron or steel, articles, nesoi
7402.00.00	Unrefined copper; copper anodes for electrolytic refining
7403.11.00	Refined copper cathodes and sections of cathodes
7403.12.00	Refined copper, wire bars
7403.13.00	Refined copper, billets
7403.19.00	Refined copper, unwrought articles nesoi
7403.21.00	Copper-zinc base alloys (brass), unwrought nesoi
7403.22.00	Copper-tin base alloys (bronze), unwrought nesoi
7403.29.01	Copper alloys (o/than copper-zinc, copper-tin alloys), unwrought nesoi
7404.00.30	Copper spent anodes; copper waste & scrap containing less than 94% by weight of copper
7404.00.60	Copper, waste and scrap containing 94% or more by weight of copper
7405.00.10	Copper master alloys, containing 5% or more but n/more than 15% by weight of phosphorus
7405.00.60	Copper master alloys, not containing 5% or more but n/more than 15% by weight of phosphorus
7406.10.00	Copper, powders of non-lamellar structure
7406.20.00	Copper, powders of lamellar structure; copper flakes
7407.10.15	Refined copper, hollow profiles
7407.10.30	Refined copper, profiles (o/than hollow profiles)
7407.10.50	Refined copper, bars and rods
7407.21.15	Copper-zinc base alloys (brass), hollow profiles
7407.21.30	Copper-zinc base alloys (brass), profiles (o/than hollow profiles)
7407.21.50	Copper-zinc base alloys (brass), low fuming brazing rods
7407.21.70	Copper-zinc base alloys (brass), bars & rods nesoi, having a rectangular cross section
7407.21.90	Copper-zinc base alloys (brass), bars & rods nesoi, not having a rectangular cross section
7407.29.16	Copper alloys , hollow profiles
7407.29.34	Copper-nickel base alloys (cupro-nickel) or copper-nickel-zinc base alloys (nickel silver), profiles (o/than hollow profiles)
7407.29.38	Copper alloys (o/than cupro-nickel or nickel silver), profiles (o/than hollow profiles)
7407.29.40	Copper-nickel base alloys (cupro-nickel) or copper-nickel-zinc base alloys (nickel silver), bars & rods
7407.29.50	Copper alloys (o/than brass, cupro-nickel or nickel silver), bars and rods
7408.11.30	Refined copper, wire, w/maximum cross-sectional dimension over 9.5 mm
7408.11.60	Refined copper, wire, w/maximum cross-sectional dimension over 6 mm but not over 9.5 mm
7408.19.00	Refined copper, wire, w/maximum cross-sectional dimension of 6 mm or less
7408.21.00	Copper-zinc base alloys (brass), wire
7408.22.10	Copper-nickel base alloys (cupro-nickel) or copper-nickel-zinc base alloys (nickel silver), wire, coated or plated with metal
7408.22.50	Copper-nickel base alloys (cupro-nickel) or copper-nickel-zinc base alloys (nickel silver), wire, not coated or plated w/metal
7408.29.10	Copper alloys (o/than brass, cupro-nickel or nickel-silver), wire, coated or plated with metal
7408.29.50	Copper alloys (o/than brass, cupro-nickel or nickel-silver), wire, not coated or plated with metal
7409.11.10	Refined copper, plates, sheets and strip, in coils, with a thickness of 5 mm or more
7409.11.50	Refined copper, plates, sheets and strip, in coils, with a thickness over 0.15mm but less than 5 mm
7409.19.10	Refined copper, plates, sheets and strip, not in coils, with a thickness of 5 mm or more

HTS Subheading	Product Description
7409.19.50	Refined copper, plates, sheets and strip, not in coils, with a thickness o/0.15mm but less than 5 mm & a width of 500 mm or more
7409.19.90	Refined copper, plates, sheets and strip, not in coils, with a thickness o/0.15mm but less than 5 mm & a width of less than 500 mm
7409.21.00	Copper-zinc base alloys (brass), plates, sheets and strip, in coils
7409.29.00	Copper-zinc base alloys (brass), plates, sheets and strip, not in coils
7409.31.10	Copper-tin base alloys (bronze), plates, sheets and strip, in coils. with a thickness of 5 mm or more
7409.31.50	Copper-tin base alloys (bronze), plates, sheets and strip, in coils, with a thickness o/0.15mm but less than 5mm & a width of 500mm or more
7409.31.90	Copper-tin base alloys (bronze), plates, sheets and strip, in coils, w/thickness o/0.15mm but less than 5mm & a width of less than 500mm
7409.39.10	Copper-tin base alloys (bronze), plates, sheets and strip, with a thickness of 5 mm or more
7409.39.50	Copper-tin base alloys (bronze), plates, sheets and strip, with a thickness o/0.15 but less than 5 mm & of a width of 500 mm or more
7409.39.90	Copper-tin base alloys (bronze), plates, sheets and strip, with a thickness o/0.15 but less than 5 mm & of awidth of less than 500 mm
7409.40.00	Copper-nickel base alloys (cupro-nickel) or copper-nickel-zinc base alloys (nickel silver), plates, sheets and strip, w/thickness o/0.15mm
7409.90.10	Copper alloys (o/than brass/bronze/cupro-nickel/nickel silver), plates, sheets & strip, with thicknessof 5 mm or more
7409.90.50	Copper alloys (o/than brass/bronze/cupro-nickel/nickel silver), plates, sheets & strip, w/thick. o/0.15mm but less th/5mm & width 500mm+
7409.90.90	Copper alloys (o/than brass/bronze/cupro-nickel/nickel silver), plates, sheets & strip, w/thick. o/0.15mm but less th/5mm & width less 500mm
7410.11.00	Refined copper, foil, w/thickness of 0.15 mm or less, not backed
7410.12.00	Copper alloys, foil, w/thickness of 0.15 mm or less, not backed
7410.21.30	Refined copper, clad laminates, w/thickness of 0.15 mm or less, backed
7410.21.60	Refined copper, foil, w/thickness of 0.15 mm or less, backed
7410.22.00	Copper alloys, foil, w/thickness of 0.15 mm or less, backed
7411.10.10	Refined copper, tubes and pipes, seamless
7411.10.50	Refined copper, tubes and pipes, other than seamless
7411.21.10	Copper-zinc base alloys (brass), tubes and pipes, seamless
7411.21.50	Copper-zinc base alloys (brass), tubes and pipes, other than seamless
7411.22.00	Copper-nickel base alloys (cupro-nickel) or copper-nickel-zinc base alloys (nickel-silver), tubes and pipes
7411.29.10	Copper alloys (o/than brass/cupro-nickel/nickel-silver), pipes and tubes, seamless
7411.29.50	Copper alloys (o/than brass/cupro-nickel/nickel-silver), pipes and tubes, other than seamless
7412.10.00	Refined copper, fittings for tubes and pipes
7412.20.00	Copper alloys, fittings for tubes and pipes
7413.00.10	Copper, stranded wire, not electrically insulated, not fitted with fittings and not made up into articles
7413.00.50	Copper, cables, plaited bands and the like, not fitted with fittings and not made up into articles
7413.00.90	Copper, stranded wire, cables, plaited bands and the like, not electrically insulated, fitted with fittings or made up into articles
7415.10.00	Copper or iron/steel w/heads of copper, nails and tacks, drawing pins, staples and similar articles
7415.21.00	Copper, washers (including spring washers)
7415.29.00	Copper, rivets, cotters, cotter pins and similar non-threaded articles (o/than washers)
7415.33.05	Copper screws for wood
7415.33.10	Muntz or yellow metal copper bolts
7415.33.80	Screws (other than wood screws), bolts (other than Muntz or yellow metal) and nuts, of copper, threaded, nesoi
7415.39.00	Copper, screw hooks and other threaded articles, nesoi
7418.20.10	Copper-zinc base alloys (brass), sanitary ware and parts thereof
7418.20.50	Copper (o/than brass), sanitary ware and parts thereof
7419.10.00	Copper, chain and parts thereof
7419.91.00	Copper, articles nesoi, cast, molded, stamped, or forged but not further worked
7419.99.03	Copper, Fourdrinier wires, for use in papermaking machines, w/94 or more wires to the lineal cm
7419.99.06	Copper cloth, nesoi
7419.99.09	Copper, wire grill and netting; expanded metal of copper
7419.99.15	Copper, containers a kind normally carried on the person, in the pocket or in the handbag
7419.99.16	Copper, springs
7419.99.30	Copper, articles nesoi, coated or plated with precious metal
7419.99.50	Copper, articles nesoi, not coated or plated with precious metal
7501.10.00	Nickel mattes
7501.20.00	Nickel oxide sinters and other intermediate products of nickel metallurgy
7502.10.00	Nickel (o/than alloy), unwrought

HTS Subheading	Product Description
7502.20.00	Nickel alloys, unwrought
7503.00.00	Nickel, waste and scrap
7504.00.00	Nickel, powders and flakes
7505.11.10	Nickel (o/than alloy), bars and rods, cold formed
7505.11.30	Nickel (o/than alloy), bars and rods, not cold formed
7505.11.50	Nickel (o/than alloy), profiles
7505.12.10	Nickel alloy, bars and rods, cold formed
7505.12.30	Nickel alloy, bars and rods, not cold formed
7505.12.50	Nickel alloy, profiles
7505.21.10	Nickel (o/than alloy), wire, cold formed
7505.21.50	Nickel (o/than alloy), wire, not cold formed
7505.22.10	Nickel alloy, wire, cold formed
7505.22.50	Nickel alloy, wire, not cold formed
7506.10.05	Nickel, foil, w/thickness not over 0.15 mm
7506.10.10	Nickel (o/than alloy), plates, sheets and strip, cold formed
7506.10.30	Nickel (o/than alloy), plates, sheets and strip, not cold formed
7506.20.05	Nickel alloy, foil, w/thickness not over 0.15 mm
7506.20.10	Nickel alloy, plates, sheets and strip, cold formed
7506.20.30	Nickel alloy, plates, sheets and strip, not cold formed
7507.11.00	Nickel (o/than alloy), tubes and pipes
7507.12.00	Nickel alloy, tubes and pipes
7507.20.00	Nickel, fittings for tubes and pipes
7508.10.00	Nickel, wire cloth, grill and netting
7508.90.10	Nickel, stranded wire
7508.90.50	Nickel, articles of nesoi
7602.00.00	Aluminum, waste and scrap
7603.10.00	Aluminum, powders of non-lamellar structure
7603.20.00	Aluminum, powders of lamellar structure; aluminum flakes
7610.90.00	Aluminum, structures and parts of structures, nesoi; aluminum plates, rods, profiles, tubes and the like prepared for use in structures
7611.00.00	Aluminum, reservoirs, tanks, vats & like containers for any material (o/than compressed or liq. gas), w/capacity o/300 l, not fitted w/
7612.10.00	Aluminum, collapsible tubular containers, w/capacity of 300 l or less
7612.90.10	Aluminum, casks, drums & like containers, for any material (o/than compressed or liq. gas), w/cap. n/o 20 l, n/fitted w/mech/thermal
7612.90.50	Aluminum, casks, drums & like containers, for any material (o/thna compressed or liq. gas), w/cap. o/20 but n/o 300 l, n/fitted w/mech
7613.00.00	Aluminum, containers for compressed or liquefied gas
7614.10.50	Aluminum, stranded wire, cables & the like w/steel core, not electrically insulated, fitted with fittings or made up into articles
7614.90.40	Aluminum, stranded wire, cables, & the like (o/than elect. conduct or w/steel core), n/elect. insulated, n/fitted w/fittings or articles
7614.90.50	Aluminum, stranded wire, cables and the like (o/than w/steel core), not electrically insulated, fitted w/fittings or made up into articles
7615.20.00	Aluminum, sanitary ware and parts thereof
7616.10.10	Aluminum, nails, tacks and staples
7616.10.30	Aluminum, rivets
7616.10.50	Aluminum, cotters and cotter pins
7616.10.70	Aluminum, screws, bolts, nuts, screw hooks, washers and similar articles w/shanks, threads, or holes o/6 mm in diameter
7616.10.90	Aluminum, screws, bolts, nuts, screw hooks, washers and similar articles w/shanks, threads or holes 6 mm or less in diameter
7616.91.00	Aluminum, wire cloth, grill, netting and fencing
7616.99.10	Aluminum, luggage frames
7616.99.51	Aluminum, articles, nesoi
7801.91.00	Lead (o/than refined lead), containing by weight antimony as the principal other element, unwrought
7801.99.30	Lead (o/than refined lead), bullion
7801.99.90	Lead (o/than refined lead), unwrought nesoi
7804.11.00	Lead, sheets, strip and foil, w/thickness n/o 0.2 mm, excluding any backing
7804.19.00	Lead, plates & sheets, strip and foil w/thickness o/0.2mm, nesoi
7804.20.00	Lead, powders and flakes
7806.00.03	Lead, bars, rods, profiles and wire
7806.00.05	Lead, tubes or pipes and fittings for tubes or pipes
7806.00.80	Lead, articles, nesoi

HTS Subheading	Product Description
7903.10.00	Zinc, dust
7903.90.30	Zinc, powders
7903.90.60	Zinc, flakes
7904.00.00	Zinc, bars, rods, profiles and wire
7905.00.00	Zinc, plates, sheets, strip and foil
7907.00.20	Zinc, tubes or pipes and fittings for tubes or pipes
7907.00.60	Zinc, articles (o/than for household, table or kitchen use), nesoi
8007.00.10	Tin, household, table or kitchen use articles; tin toilet and sanitary wares; all the foregoing, n/coated or plated w/prec. metal
8007.00.50	Tin, articles nesoi
8101.96.00	Tungsten wire
8102.96.00	Molybdenum wire
8104.30.00	Magnesium, raspings, turnings and granules graded according to size; magnesium powders
8104.90.00	Magnesium, articles nesoi
8105.20.30	Cobalt alloys, unwrought
8105.20.60	Cobalt (other than alloys), unwrought
8105.20.90	Cobalt, mattes and other intermediate products of cobalt metallurgy; cobalt powders
8105.30.00	Cobalt waste and scrap
8105.90.00	Cobalt, articles thereof nesoi
8106.00.00	Bismuth (including waste & scrap) and articles thereof, nesoi
8107.20.00	Cadmium, unwrought; cadmium powders
8107.30.00	Cadmium waste and scrap
8107.90.00	Cadmium, articles thereof nesoi
8108.20.00	Titanium, unwrought; titanium powders
8108.30.00	Titanium waste and scrap
8108.90.30	Titanium, articles nesoi
8108.90.60	Titanium, wrought nesoi
8109.30.00	Zirconium waste and scrap
8109.90.00	Zirconium, articles, nesoi
8112.12.00	Beryllium, unwrought; beryllium powders
8112.13.00	Beryllium waste and scrap
8112.19.00	Beryllium, articles nesoi
8112.29.00	Articles of chromium, nesoi
8112.51.00	Thallium, unwrought; thallium powders
8112.52.00	Thallium waste and scrap
8112.59.00	Articles of thallium, nesoi
8112.92.06	Waste and scrap of gallium, germanium, hafnium, indium, niobium, rhenium, or vanadium
8112.92.10	Gallium, unwrought; gallium powders
8112.92.20	Hafnium, unwrought; hafnium powders
8112.92.40	Niobium (columbium), unwrought; niobium powders
8112.92.50	Rhenium, unwrought; rhenium powders
8112.92.65	Germanium powder, wrought
8112.92.70	Vanadium, unwrought and powders
8112.99.10	Germanium nesoi and articles thereof
8112.99.20	Vanadium, nesoi, and articles thereof
8112.99.90	Articles of gallium, hafnium, indium, niobium or rhenium, nesoi
8113.00.00	Cermets (including waste & scrap) and articles thereof
8201.10.00	Spades and shovels and base metal parts thereof
8201.30.00	Mattocks, picks, hoes and rakes and base metal parts thereof
8201.40.30	Machetes, and base metal parts thereof
8201.40.60	Axes, bill hooks and similar hewing tools (o/than machetes), and base metal parts thereof
8201.50.00	One-handed secateurs, pruners and shears (including poultry shears), and base metal parts thereof
8201.60.00	Hedge shears, two-handed pruning shears and similar two-handed shears, and base metal parts thereof
8201.90.30	Grass shears, and base metal parts thereof
8201.90.40	Forks (hand tools) and base metal parts thereof
8201.90.60	Base metal hand tools of a kind used in agriculture, horticulture or forestry nesoi, and base metal parts thereof
8202.10.00	Hand saws, and base metal parts thereof (except blades)
8202.20.00	Band saw blades

HTS Subheading	Product Description
8202.31.00	Circular saw blades (including slitting or slotting saw blades), w/working part of steel
8202.39.00	Circular saw blades (including slitting or slotting saw blades), with working part of o/than steel, & base metal parts thereof
8202.40.30	Chain saw blades & base metal parts thereof, w/cutting parts cont. o/0.2% of Cr, Mo or W, or o/0.1% of V
8202.40.60	Chain saw blades and base metal parts thereof, nesoi
8202.91.30	Hacksaw blades for working metal
8202.91.60	Straight saw blades for working metal (o/than hacksaw blades), and base metal parts thereof
8202.99.00	Saw blades nesoi, and base metal parts thereof
8203.10.30	Files, rasps and similar tools, n/o 11cm in length
8203.10.60	Files, rasps and similar tools, o/11cm but n/o 17cm in length
8203.10.90	Files, rasps and similar tools, o/17cm in length
8203.20.20	Base metal tweezers
8203.20.40	Slip joint pliers
8203.20.60	Pliers (including cutting pliers but not slip joint pliers), pincers and similar tools
8203.20.80	Base metal parts of pliers (including cutting pliers), pincers, tweezers and similar tools
8203.30.00	Metal cutting shears and similar tools, and base metal parts thereof
8203.40.30	Pipe cutters, bolt cutters, perf. punches & similar tools, w/cutting parts o/0.2% Cr, Mo or W, or o/0.1% V & base metal pts.
8203.40.60	Pipe cutters, bolt cutters, perforating punches and similar tools, nesoi, and base metal parts thereof
8204.11.00	Hand-operated non-adjustable spanners and wrenches, and base metal parts thereof
8204.12.00	Hand-operated adjustable spanners and wrenches, and base metal parts thereof
8204.20.00	Socket wrenches, with or without handles, drives and extensions, and base metal parts thereof
8205.10.00	Drilling, threading or tapping tools, and base metal parts thereof
8205.20.30	Hammers and sledge hammers, with heads not over 1.5 kg each, and base metal parts thereof
8205.20.60	Hammers and sledge hammers, with heads over 1.5 kg each, and base metal parts thereof
8205.30.30	Planes, chisels, gouges etc. for working wood, over 0.2% chromium, molybdenum or tungsten, or over 0.1% vanadium, base metal parts thereof
8205.30.60	Planes, chisels, gouges and similar cutting tools for working wood, nesoi, and base metal parts thereof
8205.40.00	Screwdrivers and base metal parts thereof
8205.51.15	Carving and butcher steels, of iron or steel, with or without their handles
8205.51.30	Iron or steel household handtools (o/than carving & butcher steels), and base metal parts thereof
8205.51.45	Copper household handtools, and base metal parts thereof
8205.51.60	Aluminum household handtools, and base metal parts thereof
8205.51.75	Base metal, nesoi, household handtools, and base metal parts thereof
8205.59.10	Pipe tools and base metal parts thereof
8205.59.20	Powder-actuated hand tools and base metal parts thereof
8205.59.30	Crowbars, track tools and wedges, and base metal parts thereof
8205.59.45	Caulking guns of iron or steel, and base metal parts thereof
8205.59.55	Iron or steel handtools (o/than household, o/than caulking guns) nesoi, and base metal parts thereof
8205.59.60	Copper handtools (o/than household) nesoi, and base metal parts thereof
8205.59.70	Aluminum handtools (o/than household) nesoi, and base metal parts thereof
8205.59.80	Base metal, nesoi, handtools (o/than household), and base metal parts thereof
8205.60.00	Blow torches and similar self-contained torches, and base metal parts thereof
8205.70.00	Vises, clamps and the like, and base metal parts thereof
8205.90.10	Anvils, portable forges, hand- or pedal-operated grinding wheels with frameworks and base metal parts thereof
8205.90.60	Sets of articles (handtools and other specified tools) of two or more foregoing subheadings
8206.00.00	Tools of two or more of headings 8202 to 8205 put up in sets for retail sale
8207.13.00	Interchangeable tools for rock drilling or earth boring tools, w/working part of cermets
8207.19.30	Interchangeable tools for rock drilling or earth boring tools, w/cutting part o/0.2% Cr, Mo or W, or o/0.1% V by wt., & base metal parts
8207.19.60	Interchangeable tools for rock drilling or earth boring tools, w/working part nesoi, and base metal parts thereof
8207.20.00	Interchangeable dies for drawing or extruding metal, and base metal parts thereof
8207.30.30	Interchangeable tools for pressing, stamping or punching, suitable for cutting metal, and base metal parts thereof
8207.30.60	Interchangeable tools for pressing, stamping or punching, not suitable for cutting metal, and base metal parts thereof
8207.40.30	Interchangeable tools for tapping or threading, w/cutting pts ov 0.2% by wt of Cr, Mo, W, or ov 0.1% V, & base metal pts thereof
8207.40.60	Interchangeable tools for tapping or threading, nesoi, and base metal parts thereof
8207.50.20	Interchangeable tools for drilling (o/than rock drilling) w/cutting part ov 0.2% Cr, Mo or W, or ov 0.1% V & base metal parts thereof
8207.50.40	Interchangeable tools for drilling (o/than rock drilling), nesoi, suitable for cutting metal, and base metal parts thereof
8207.50.60	Interchangeable tools for handtools, for drilling (o/than rock drilling), nesoi, n/suitable for cutting metal, & base metal parts thereof

HTS Subheading	Product Description
8207.50.80	Interchangeable tools (o/than for handtools) for drilling (o/than rock drilling), nesoi, not suitable for cutting metal, & base metal parts
8207.60.00	Interchangeable tools for boring or broaching, and base metal parts thereof
8207.70.30	Interchangeable tools for milling, w/cutting part ov 0.2% by wt of Cr, Mo or W, or ov 0.1% by wt of V & base metal parts thereof
8207.70.60	Interchangeable tools for milling, nesoi, and base metal parts thereof
8207.80.30	Interchangeable tools for turning, w/cutting part ov 0.2% by wt of Cr, Mo or W, or ov 0.1% by wt of V & base metal parts thereof
8207.80.60	Interchangeable tools for turning, nesoi, and base metal parts thereof
8207.90.15	Interchangeable files and rasps, including rotary files and rasps, and base metal parts thereof
8207.90.30	Interchangeable cutting tools, nesoi, w/cutting part ov 0.2% by wt of Cr, Mo or W, or ov 0.1% by wt of V, and base metal parts thereof
8207.90.45	Interchangeable tools, nesoi, suitable for cutting metal, nesoi and base metal parts thereof
8207.90.60	Interchangeable tools for handtools, nesoi, not suitable for cutting metal, nesoi and base metal parts thereof
8207.90.75	Interchangeable tools (o/than for handtools) nesoi, not suitable for cutting metal, nesoi and base metal parts thereof
8208.10.00	Knives and cutting blades for metal working machines or mechanical appliances, and base metal parts thereof
8208.20.00	Knives and cutting blades for wood working machines or mechanical appliances, and base metal parts thereof
8208.30.00	Knives and cutting blades for kitchen appliances or for machines used by the food industry, and base metal parts thereof
8208.40.30	Lawnmower blades for agricultural, horticultural or forestry machines
8208.40.60	Knives and cutting blades (o/than lawnmower blades) for agricultural, horticultural or forestry machines, and base metal parts thereof
8208.90.30	Knives and cutting blades for shoe machinery, and base metal parts thereof
8208.90.60	Knives and cutting blades, nesoi for machines or for mechanical appliances nesoi, and base metal parts thereof
8209.00.00	Cermet plates, sticks, tips and the like for tools, unmounted
8210.00.00	Hand-operated mechanical appliances weighing 10 kg or less, used in preparation, conditioning, serving food or drink & base metal pts
8211.93.00	Knives having other than fixed blades
8211.94.10	Base metal blades for knives having fixed blades
8211.94.50	Base metal blades for knives having other than fixed blades
8211.95.10	Base metal handles for table knives w/fixed blades
8211.95.50	Base metal handles for knives (o/than table knives) w/fixed blades
8211.95.90	Base metal handles for knives having other than fixed blades
8215.20.00	Sets of assted. base metal spoons, forks, ladles, etc. & similar kitchen or tableware, w/no articles plated with precious metal
8215.99.05	Base metal forks, w/stainless steel handles cont. Ni or o/10% by wt of Mn, nesoi
8301.20.00	Base metal locks, of a kind used on motor vehicles
8302.10.60	Iron or steel, aluminum, or zinc hinges and base metal parts thereof, not designed for motor vehicles
8302.10.90	Base metal (o/than iron/steel/aluminum/zinc) hinges and base metal parts thereof
8302.20.00	Base metal castors and base metal parts thereof
8302.30.30	Iron or steel, aluminum or zinc mountings, fittings and similar articles nesoi, suitable for motor vehicles, and base metal parts thereof
8302.30.60	Base metal (o/than iron/steel/aluminum/zinc) mountings, fittings & similar articles, suitable for motor vehicles, & base metal pts thereof
8302.41.30	Base metal door closers (except automatic door closers) suitable for buildings, and base metal parts thereof
8302.41.60	Iron or steel, aluminum or zinc mountings, fittings & similar articles, nesoi, suitable for buildings, & base metal pts thereof
8302.41.90	Base metal (o/than iron/steel/aluminum/zinc) mountings, fittings and similar arts, nesoi, suitable for buildings & base metal parts thereof
8302.49.20	Base metal harness, saddlery or riding-bridle hardware coated or plated w/prec. metal, and base metal parts thereof
8302.49.40	Base metal harness, saddlery or riding-bridle hardware, not coated or plated w/prec. metal, and base metal parts thereof
8302.49.60	Iron or steel, aluminum, or zinc, mountings, fittings & similar articles nesoi, and base metal parts thereof
8302.49.80	Base metal (o/than iron/steel/aluminum/zinc) mountings, fittings & similar articles nesoi, and base metal parts thereof
8302.50.00	Base metal hat-racks, hat pegs, brackets and similar fixtures, and base metal parts thereof
8302.60.30	Base metal automatic door closers
8302.60.90	Base metal parts of automatic door closers
8303.00.00	Base metal armored or reinforced safes/strong-boxes & doors & safe deposit lockers for strong rooms/cash & deed boxes etc., & base metal pts
8306.30.00	Base metal photograph, picture or similar frames; base metal mirrors; base metal parts thereof
8307.10.30	Iron or steel flexible tubing, with fittings
8307.10.60	Iron or steel flexible tubing, without fittings
8307.90.30	Base metal (o/than iron or steel) flexible tubing, with fittings
8307.90.60	Base metal (o/than iron or steel) flexible tubing, without fittings
8308.10.00	Base metal hooks, eyes, and eyelets, of a kind used for clothing, footwear, awnings, handbags, travel goods, or other made up articles
8308.20.30	Iron or steel bifurcated rivets, not brightened, not lathed and not machined
8308.20.60	Base metal tubular or bifurcated rivets (o/than of iron or steel)

HTS Subheading	Product Description
8308.90.30	Base metal beads and spangles
8308.90.60	Base metal buckles and buckle clasps, and base metal parts thereof
8308.90.90	Base metal clasps, frames with clasps not incorporating a lock, and like articles, and base metal parts thereof
8309.10.00	Base metal crown corks (including crown seals and caps), and base metal parts thereof
8309.90.00	Base metal stoppers, caps and lids (o/than crown corks), threaded bungs, bung covers, seals, other packing accessories and parts
8310.00.00	Base metal sign plates, name plates, address plates, numbers, letters and other symbols (o/than of 9405), and base metal parts thereof
8311.10.00	Coated base metal electrodes for electric arc-welding
8311.20.00	Base metal cored wire for electric arc-welding
8311.30.30	Coated rod or cored wire lead-tin solders
8311.30.60	Coated rods and cored wire of base metal (o/than lead-tin solders), for soldering, brazing or welding by flame
8311.90.00	Wire & rods of agglom. base metal powder for metal spray.; metal carbide wire, rods, tubes, electrodes, coated/cored w/flux, for welding etc
8404.10.00	Auxiliary plant for use with boilers of heading 8402 or 8403
8406.81.10	Steam turbines other than for marine propulsion, of an output exceeding 40 MW
8406.90.20	Parts of steam turbines, rotors, finished for final assembly
8406.90.30	Parts of steam turbines, rotors, not further worked than cleaned or machined for removal of fins, etc., or certain other working
8406.90.40	Parts of steam turbines, blades, rotating or stationary
8406.90.45	Parts of steam turbines, other
8406.90.50	Parts of vapor turbines other than steam turbines, rotors, finished for final assembly
8406.90.60	Parts of vapor turbines other than steam turbines, rotors, not further worked than cleaned or machined for removal of fins, etc., or other
8406.90.70	Parts of vapor turbines other than steam turbines, blades, rotating or stationary
8406.90.75	Parts of vapor turbines other than steam turbines, other
8407.31.00	Spark-ignition reciprocating piston engines used for propulsion of vehicles of chapter 87, of a cylinder capacity not exceeding 50cc
8407.32.10	Spark-ignition reciprocating piston engines used in tractors suitable for agricultural use, of a cylinder capacity over 50cc but n/o 250cc
8407.32.20	Spark-ignition reciprocating piston engines used in vehicles of heading 8701.20, 87028704, cylinder capacity over 50cc but n/o 250cc
8407.32.90	Spark-ignition reciprocating piston engines used for vehicles, of chap. 87 nesoi, of a cylinder capacity over 50 but not over 250cc
8407.33.10	Spark-ignition reciprocating piston engines used in tractors for agricultural use, of a cylinder capacity over 250cc but not over 1000cc
8407.33.30	Spark-ignition reciprocating piston engines, for certain spec. veh. of 8701.20, 8702, 8703 or 8704, cylinder cap.>250 cc>or = 1,000 cc
8407.33.60	Spark-ignition reciprocating piston engines, for other veh. of 8701.20, 8702, 8703 or 8704, cylinder cap.>250 cc>or = 1,000 cc, nesoi
8407.33.90	Spark-ignition reciprocating piston engines for vehicles of chap. 87 nesoi, of a cylinder capacity over 250cc but not over 1000cc
8407.34.14	Spark-ignition reciprocating piston engines for vehicles of 8701.20 or 8702-8704, cylinder cap. over 1000 cc to 2000 cc, used or rebuilt
8407.34.18	Spark-ignition reciprocating piston engines for vehicles of 8701.20 or 8702-8704, cylinder cap. over 1000 cc to 2000 cc, new
8407.34.25	Spark-ignition reciprocating piston engines for other vehicles of chap. 87, of a cylinder capacity over 1000 cc to 2000 cc
8407.34.44	Spark-ignition reciprocating piston engines for vehicles of 8701.20 or 8702-8704, cylinder capacity over 2000 cc, used or rebuilt
8407.34.48	Spark-ignition reciprocating piston engines for vehicles of 8701.20 or 8702-8704, cylinder capacity over 2000 cc, new
8407.34.55	Spark-ignition reciprocating piston engines for other vehicles of chap. 87 nesoi, of a cylinder capacity exceeding 2000 cc
8408.20.20	Compression-ignition internal-combustion piston engines to be installed in vehicles of heading 8701.20, 8702, 8703, or 8704
8408.20.90	Compression-ignition internal-combustion piston engines used for propulsion of vehicles of chapter 87, nesoi
8409.91.10	Cast-iron parts used solely or principally with spark-ignition internal-combustion piston engines of heading 8407
8409.91.30	Aluminum cylinder heads for spark-ignition internal combustion piston engines for vehicles of 8701.20 or 8702-8704
8409.91.50	Parts nesoi, used solely or principally with spark-ignition internal-combustion piston engines for vehicles of head 8701.20, 8702-8704
8409.91.92	Parts nesoi, used solely or principally with spark-ignition internal-combustion piston engines for marine propulsion
8409.91.99	Parts nesoi, used solely or principally with spark-ignition internal-combustion piston engines of heading 8407, nesoi
8409.99.10	Cast iron parts not advanced beyond cleaning & machined only for removal of fins, gates, etc. or to permit location in machinery
8409.99.91	Parts nesoi, used solely or principally with the engines of heading 8408, for vehicles of heading 8701.20, 8702, 8703, 8704
8409.99.92	Parts nesoi, used solely or principally with compression-ignition internal-combustion piston engines for marine propulsion
8409.99.99	Parts nesoi, used solely or principally with compression-ignition internal-combustion piston engines of heading 8407 or 8408, nesoi
8412.90.90	Parts for engines of heading 8412 other than hydrojet engines for marine propulsion
8413.11.00	Pumps fitted or designed to be fitted with a measuring device, used for dispensing fuel or lubricants, of the type used in filling-stations
8413.20.00	Hand pumps other than those of subheading 8413.11 or 8413.19, not fitted with a measuring device
8413.30.10	Fuel-injection pumps for compression-ignition engines, not fitted with a measuring device
8413.30.90	Fuel, lubricating or cooling medium pumps for internal-combustion piston engines, not fitted with a measuring device, nesoi
8413.92.00	Parts of liquid elevators
8414.10.00	Vacuum pumps
8414.20.00	Hand-operated or foot-operated air pumps
8414.40.00	Air compressors mounted on a wheeled chassis for towing

HTS Subheading	Product Description
8414.59.10	Blowers for pipe organs
8414.59.15	Fans used for cooling microprocessors, telecommunications equipment, or computers
8414.59.65	Other fans, nesoi
8414.60.00	Ventilating or recycling hoods incorporating a fan, having a maximum horizontal side not exceeding 120cm
8414.80.16	Air compressors, nesoi
8414.80.90	Air or gas pumps, compressors and fans, nesoi
8414.90.10	Parts of fans (including blowers) and ventilating or recycling hoods
8415.10.30	Window or wall type air conditioning machines, self-contained
8415.10.60	Window or wall type air conditioning machines, "split-system", incorporating a refrigerating unit & valve for reversal of cooling/heat cycle
8415.10.90	Window or wall type air conditioning machines, "split-system", nesoi
8415.20.00	Air conditioning machines of a kind used for persons, in motor vehicles
8415.81.01	Air conditioning machines incorporating a refrigerating unit and valve for reversal of cooling/heat cycle, nesoi
8415.82.01	Air conditioning machines incorporating a refrigerating unit, nesoi
8415.83.00	Air conditioning machines not incorporating a refrigerating unit
8416.30.00	Mechanical stokers, including their mechanical grates, mechanical ash dischargers and similar appliances
8418.10.00	Combined refrigerator-freezers, fitted with separate external doors, electric or other
8418.21.00	Refrigerators, household compression-type, electric or other, other than those of subheading 8418.10
8418.29.10	Refrigerators, household absorption-type, electrical, other than those of subheading 8418.10
8418.29.20	Refrigerators, household type, electric or other, other than those of subheading 8418.10, nesoi
8418.30.00	Freezers of the chest type, not exceeding 800 liters capacity, electric or other
8418.40.00	Freezers of the upright type, not exceeding 900 liters capacity, electric or other
8418.50.00	Refrigerating or freezing display counters, cabinets, showcases and similar refrigerating or freezing furniture
8418.61.01	Heat pumps, other than the air-conditioning machines of heading 8415
8418.91.00	Furniture designed to receive refrigerating or freezing equipment
8418.99.40	Certain door assemblies for refrigerators, freezers and other refrigerating or freezing equipment
8418.99.80	Parts for refrigerators, freezers and other refrigerating or freezing equipment, electric or other, nesoi; parts for heat pumps, nesoi
8421.11.00	Cream separators
8421.23.00	Oil or fuel filters for internal combustion engines
8421.31.00	Intake air filters for internal combustion engines
8422.90.04	Door assemblies for the dishwashing machines of subheading 8422.11
8423.81.00	Weighing machinery having a maximum weighing capacity not exceeding 30 kg
8424.20.10	Simple piston pump sprays and powder bellows
8424.20.90	Spray guns and similar appliances other than simple piston pump sprays and powder bellows
8424.30.10	Sand blasting machines
8424.30.90	Steam blasting machines and similar jet projecting machines, other than sand blasting machines; nesoi
8424.41.10	Portable sprayers excl self-contained sprayers having a capacity>=20 liters)
8424.41.90	Portable sprayers self-contained having a capacity>=20 liters
8424.49.00	Sprayers, not portable, nesoi
8424.90.90	Parts of mechanical appliances for projecting, dispersing or spraying liquids or powders, fire extinguishers and similar machines, nesoi
8425.19.00	Pulley tackle and hoists other than skip hoists or hoists used for raising vehicles, not powered by electric motor
8425.31.01	Winches nesoi, and capstans, powered by electric motor
8425.41.00	Built-in jacking systems of a type used in garages
8425.42.00	Hydraulic jacks and hoists, nesoi
8425.49.00	Jacks and hoists of a kind used for raising vehicles, other than hydraulic, nesoi
8426.30.00	Portal or pedestal jib cranes
8426.91.00	Derricks, cranes and other lifting machinery nesoi, designed for mounting on road vehicles
8427.90.00	Trucks, fitted with lifting or handling equipment, nesoi
8428.40.00	Escalators and moving walkways
8430.49.40	Offshore oil and natural gas drilling and production platforms
8430.50.10	Self-propelled peat excavators
8432.41.00	Manure spreaders
8433.90.10	Parts of mowers for lawns, parks or sports grounds
8441.10.00	Cutting machines of all kinds used for making up paper pulp, paper or paperboard
8442.50.10	Printing plates
8443.15.00	Letterpress printing machinery, excluding flexographic printing, other than reel-fed
8443.16.00	Flexographic printing machinery

HTS Subheading	Product Description
8443.39.20	Electrostatic photocopying apparatus, operating by reproducing the original image via an intermediate onto the copy (indirect process)
8443.39.30	Photocopying apparatus, other than electrostatic, incorporating an optical system
8443.39.40	Photocopying apparatus, other than electrostatic, of the contact type
8443.39.50	Thermocopying apparatus
8443.99.10	Accessory & auxiliary machines intended for attachment to an electrostatic photocopier & which do not operate independent of such copier
8443.99.30	Parts of facsimile machines specified in additional U.S. note 3 to this chapter
8443.99.35	Parts and accessories of facsimile machines, nesoi
8446.30.50	Shuttleless type weaving machines (looms), for weaving fabrics of a width exceeding 30cm, nesoi
8448.51.20	Spring-beard needles for knitting machines
8451.10.00	Dry-cleaning machines
8451.21.00	Drying machines, each of a dry linen capacity not exceeding 10 kg
8451.29.00	Drying machines for yarns, fabrics or made up textile articles, each of a dry linen capacity exceeding 10 kg
8451.30.00	Ironing machines and presses (including fusing presses) for textile fabrics or made up textile articles
8451.40.00	Washing, bleaching or dyeing machines for textile yarns, fabrics or made up textile articles
8451.50.00	Machines for reeling, unreeling, folding, cutting or pinking textile fabrics
8451.80.00	Machinery for the handling of textile yarns, fabrics or made up textile articles, nesoi
8451.90.30	Drying chambers for the drying machines of subheading 8451.21 or 8451.29, and other parts of drying machines incorporating drying chambers
8451.90.60	Furniture designed to receive the drying machines of subheading 8451.21 or 8451.29
8451.90.90	Parts of machines for the handling of textile yarns, fabrics or made up textile articles, nesoi
8452.29.90	Sewing machines, other than automatic, nesoi
8454.20.00	Ingot molds and ladles, of a kind used in metallurgy or in metal foundries
8459.29.00	Drilling machines, other than numerically controlled, nesoi
8459.59.00	Milling machines, knee type, other than numerically controlled, nesoi
8460.39.00	Sharpening (tool or cutter grinding) machines for working metal or cermets, other than numerically controlled
8461.50.80	Sawing or cutting-off machines for working by removing metal or cermets, other than numerically controlled
8465.20.10	Machine centers for sawing, planing, milling, molding, grinding, sanding, polishing, drilling or mortising
8465.20.50	Machine centers for bending or assembling
8465.20.80	Machine centers, nesoi
8465.91.00	Sawing machines for working wood, cork, bone, hard rubber, hard plastics or similar hard materials
8466.91.10	Cast iron parts not advanced beyond cleaning and specifically machined, for machines of heading 8464
8466.93.15	Certain specified cast-iron parts not advanced beyond cleaning and specifically machined, for metalworking machine tools for cutting, etc.
8467.19.50	Tools for working in the hand, pneumatic, other than rotary type, other than suitable for metal working
8467.99.01	Parts of tools for working in the hand, hydraulic or with self-contained nonelectric or electric motor, other than chain saws
8468.20.10	Gas-operated machinery, apparatus and appliances, hand-directed or -controlled, used for soldering, brazing, welding or tempering, nesoi
8468.80.10	Machinery and apparatus, hand-directed or -controlled, used for soldering, brazing or welding, not gas-operated
8468.90.10	Parts of hand-directed or -controlled machinery, apparatus and appliances used for soldering, brazing, welding or tempering
8468.90.50	Parts for machinery, apparatus or appliances, not hand-directed or -controlled, used for soldering, brazing, welding or tempering
8470.10.00	Electronic calculator operate w/o external electric power & pocket-size data recording/reproducing/displaying machine w/calculating function
8470.21.00	Electronic calculating machines, incorporating a printing device, nesoi
8470.29.00	Electronic calculating machines, not incorporating a printing device, nesoi
8470.30.00	Calculating machines nesoi, other than electronic
8470.90.01	Postage-franking, ticket-issuing and similar machines nesoi, incorporating a calculating device; accounting machines
8471.50.01	Processing units other than those of subheading 8471.41 and 8471.49, nesoi
8471.60.10	Combined input/output units for automatic data processing machines not entered with the rest of a system
8471.60.70	Input or output units suitable for physical incorporation into ADP machine or unit thereof, nesoi, not entered with the rest of a system
8471.60.90	Other input or output units of digital ADP machines, nesoi, not entered with the rest of a system
8471.70.10	ADP magnetic disk drive storage units, disk dia. ov 21cm, w/o read-write unit; readwrite units; all not entered with the rest of a system
8471.70.20	ADP magnetic disk drive storage units, disk dia. ov 21cm; for incorp. into ADP machines or units, not entered with the rest of a system
8471.70.50	ADP magnetic disk drive storage units, disk dia. n/ov 21cm, nesoi, not entered with the rest of a system
8471.80.10	Control or adapter units for automatic data processing machines not entered with rest of a system
8471.80.40	Unit suitable for physical incorporation into automatic data processing machine or unit thereof, not entered with the rest of a system, nesoi

HTS Subheading	Product Description
8471.80.90	Other units of automatic data processing machines, not entered with the rest of a system, nesoi
8471.90.00	Magnetic or optical readers, nesoi; machines for transcribing data on data media in coded form and machines for processing such data, nesoi
8472.10.00	Hectographic or stencil duplicating machines
8472.30.00	Machines for sorting, folding, opening, closing or sealing mail, and postage stamp affixing or canceling machines
8472.90.05	Addressing machines and address plate embossing machines
8472.90.10	Automatic teller machines
8472.90.60	Numbering, dating and check-writing machines
8472.90.90	Other office machines, nesoi
8473.21.00	Parts and accessories of the electronic calculating machines of subheading 8470.10, 8470.21 or 8470.29
8473.29.00	Parts and accessories of machines of heading 8470, nesoi
8473.30.11	Printed circuit assemblies, not incorporating a cathode ray tube, of the machines of 8471
8473.30.51	Parts and accessories of the ADP machines of heading 8471, not incorporating a CRT, nesoi
8473.30.91	Parts and accessories of the ADP machines of heading 8471, incorporating a CRT, nesoi
8473.40.21	Printed circuit assemblies of word processing machines of 8472.90.50
8473.40.41	Other parts and accessories of the machines of 8472.90.50
8476.21.00	Automatic beverage-vending machines incorporating heating or refrigerating devices
8476.29.00	Automatic beverage-vending machines other than machines that incorporate heating or refrigerating devices
8476.81.00	Automatic goods-vending machines (other than beverage-vending) incorporating heating or refrigerating devices
8476.90.00	Parts for automatic goods-vending and money-changing machines
8477.59.01	Machinery for molding or otherwise forming rubber or plastics other than for molding or retreading pneumatic tires, nesoi
8479.60.00	Evaporative air coolers
8479.71.00	Passenger boarding bridges of a kind used in airports
8479.89.10	Air humidifiers or dehumidifiers with self-contained electric motor, other than for domestic purposes
8479.89.20	Floor polishers with self-contained electric motor, other than for domestic purposes
8479.89.70	Carpet sweepers, not electromechanical having self-contained electric motor
8479.89.94	Other machines and mechanical appliances having individual functions, not specified or included elsewhere in chapter 84, nesoi
8480.10.00	Molding boxes for metal foundry
8480.79.10	Molds for rubber or plastics, other than injection or compression types, for shoe machinery
8480.79.90	Molds for rubber or plastics, other than injection or compression types, other than for shoe machinery
8481.30.10	Check valves of copper for pipes, boiler shells, tanks, vats or the like
8481.80.10	Taps, cocks, valves & similar appliances for pipes, boiler shells, tanks, vats or the like, hand operated, of copper, nesoi
8481.80.30	Taps, cocks, valves & similar appliances for pipes, boiler shells, tanks, vats or the like, hand operated, of iron or steel, nesoi
8481.80.50	Taps, cocks, valves & similar appliances for pipes, boiler shells, tanks, vats or the like, hand operated, notcopper, iron or steel, nesoi
8481.80.90	Taps, cocks, valves & similar appliances for pipes, boiler shells, tanks, vats or the like, other than hand operated, nesoi
8482.10.10	Ball bearings with integral shafts
8483.10.10	Camshafts and crankshafts for use solely or principally with spark-ignition internalcombustion piston or rotary engines
8483.10.30	Camshafts and crankshafts nesoi
8483.10.50	Transmission shafts and cranks other than camshafts and crankshafts
8483.20.40	Housed bearings of the flange, take-up, cartridge and hanger unit type (incorporating ball or roller bearings)
8483.20.80	Housed bearings (incorporating ball or roller bearings), nesoi
8483.40.50	Fixed, multiple and variable ratio speed changers, not imported for use with machines for making cellulosic pulp, paper or paperboard
8483.40.70	Speed changers other than fixed, multiple and variable ratio speed changers
8483.50.40	Gray-iron awning or tackle pulleys, not over 6.4cm in wheel diameter
8483.60.80	Shaft couplings (other than universal joints)
8483.90.50	Parts of gearing, gear boxes and other speed changers
8501.40.20	AC motors nesoi, single-phase, exceeding 37.5 W but not exceeding 74.6 W
8501.40.40	AC motors, nesoi, single-phase, exceeding 74.6 W but not exceeding 735 W
8501.40.50	AC motors, nesoi, single-phase, exceeding 735 W but under 746 W
8501.40.60	AC motors nesoi, single-phase, of 746 W or more
8501.61.00	AC generators (alternators) of an output not exceeding 75 kVA
8502.20.00	Electric generating sets with spark-ignition internal-combustion piston engines
8504.31.20	Unrated electrical transformers other than liquid dielectric, having a power handlingcapacity not exceeding 1 kVA
8504.31.40	Electrical transformers other than liquid dielectric, having a power handling capacity less than 1 kVA
8504.31.60	Electrical transformers other than liquid dielectric, having a power handling capacity of 1 kVA
8504.40.60	Power supplies suitable for physical incorporation into automatic data processing machines or units thereof of heading 8471
8504.40.70	Power supplies for automatic data processing machines or units thereof of heading 8471, nesoi

HTS Subheading	Product Description
8504.40.85	Static converters (for example, rectifiers) for telecommunication apparatus
8504.40.95	Static converters (for example, rectifiers), nesoi
8504.50.40	Other inductors for power supplies for ADP machines and units of heading 8471 or for telecommunication apparatus
8504.50.80	Other inductors, nesoi
8504.90.20	Printed circuit assemblies of power supplies for automatic data processing machines or units thereof of heading 8471
8505.19.20	Composite goods containing flexible permanent magnets, other than of metal
8505.19.30	Permanent magnets and articles intended to become permanent magnets after magnetization, other than of metal, nesoi
8506.10.00	Manganese dioxide primary cells and primary batteries
8506.30.10	Mercuric oxide primary cells and primary batteries having an external volume not exceeding 300 cubic cm
8506.30.50	Mercuric oxide primary cells and primary batteries having an external volume exceeding 300 cubic cm
8506.80.00	Primary cells and primary batteries, nesoi
8507.10.00	Lead-acid storage batteries of a kind used for starting piston engines
8507.20.40	Lead-acid storage batteries of a kind used as the primary source of electrical power for electrically powered vehicles of 8703.90
8507.20.80	Lead-acid storage batteries other than of a kind used for starting piston engines or as the primary source of power for electric vehicles
8507.30.40	Nickel-cadmium storage batteries, of a kind used as the primary source of electrical power for electrically powered vehicles of 8703.90
8507.40.40	Nickel-iron storage batteries, of a kind used as the primary source of electrical power for electrically powered vehicles of 8703.90
8507.40.80	Nickel-iron storage batteries, other than of a kind used as the primary source of power for electric vehicles
8507.50.00	Nickel-metal hydride batteries
8508.11.00	Vacuum cleaners with self-contained electric motor, of a power not exceeding 1,500 W and having a dust bag or other receptacle capacity not
8508.19.00	Vacuum cleaners with self-contained electric motor, other than of a power not exceeding 1,500 W and having a dust bag or other receptacle ca
8508.60.00	Vacuum cleaners with other than a self-contained electric motor
8508.70.00	Parts of vacuum cleaners
8509.80.20	Electromechanical kitchen waste disposers (disposals), with self-contained electric motor, for domestic uses
8509.90.25	Parts of electromechanical domestic floor polishers, housings
8509.90.35	Parts of electromechanical domestic floor polishers, other than housings
8509.90.45	Parts of electromechanical domestic appliances nesoi, housings
8509.90.55	Parts of electromechanical domestic appliances nesoi, other than housings
8510.20.10	Hair clippers to be used for agricultural or horticultural purposes, with self-contained electric motor
8510.20.90	Hair clippers other than to be used for agricultural or horticultural purposes, with selfcontained electric motor
8510.90.10	Blades and cutting heads of shavers with self-contained electric motor
8510.90.20	Parts of shavers with self-contained electric motor, other than blades and cutting heads
8510.90.30	Parts of hair clippers with self-contained electric motor
8510.90.40	Parts of hair clippers, nesoi, with self-contained electric motor
8510.90.55	Parts of hair-removing appliances of subheading 8510.30
8511.10.00	Spark plugs
8511.20.00	Ignition magnetos, magneto-dynamos and magnetic flywheels
8511.30.00	Distributors and ignition coils
8511.40.00	Starter motors and dual purpose starter-generators
8511.50.00	Generators nesoi, of a kind used in conjunction with spark-ignition or compressionignition internal-combustion engines
8511.80.60	Electrical ignition or starting equipment of a kind used for spark-ignition internalcombustion or compression-ignition engines, nesoi
8511.90.60	Parts nesoi of electrical ignition or starting equipment or generators used for spark- or compression-ignition internal-combustion engines
8512.20.20	Electrical lighting equipment of a kind used for motor vehicles or cycles other than bicycles
8512.20.40	Electrical visual signaling equipment of a kind used for motor vehicles or cycles other than bicycles
8512.30.00	Electrical sound signaling equipment of a kind used for cycles or motor vehicles
8512.40.20	Defrosters and demisters of a kind used for cycles or motor vehicles
8512.40.40	Windshield wipers of a kind used for cycles or motor vehicles
8512.90.20	Parts of electrical signaling equipment of a kind used for cycles or motor vehicles
8512.90.40	Parts of electrical lighting equipment of a kind used on bicycles
8512.90.60	Parts of electrical lighting equipment of a kind used for motor vehicles or cycles other than bicycles
8512.90.70	Parts of defrosters and demisters of a kind used for cycles or motor vehicles
8512.90.90	Parts of windshield wipers of a kind used for motor vehicles or cycles
8513.90.20	Parts of flashlights
8513.90.40	Parts of portable electric lamps designed to function by their own source of energy, other than flashlights
8514.20.40	Industrial or laboratory microwave ovens for making hot drinks or for cooking or heating food
8514.90.40	Parts of industrial or laboratory microwaves

HTS Subheading	Product Description
8516.21.00	Electric storage heating radiators
8516.29.00	Electric space heating apparatus and electric soil heating apparatus, other than storage heating radiators
8516.60.40	Electrothermic cooking stoves, ranges and ovens (excluding microwave ovens) of a kind used for domestic purposes
8516.80.40	Electric heating resistors assembled only with simple insulated former and electrical connectors, used for anti-icing or de-icing
8516.80.80	Electric heating resistors, nesoi
8516.90.05	Parts of electric heaters or heating apparatus of subheading 8516.10, 8516.21 or 8516.29
8516.90.15	Housings for hand-drying apparatus of subheading 8516.33
8516.90.25	Housings and steel bases for electric flat irons of subheading 8516.40
8516.90.35	Parts of domestic microwave ovens, assemblies, having more than one of: cooking chamber; structural supporting chassis; door; outer case
8516.90.45	Parts of domestic microwave ovens, printed circuit assemblies
8516.90.50	Parts of domestic microwave ovens, other nesoi
8516.90.55	Parts of domestic electrothermic cooking stoves, ranges and ovens of subheading 8516.60.40, cooking chambers whether or not assembled
8516.90.65	Parts of domestic electrothermic cooking stoves, ranges and ovens of subheading 8516.60.40, top surface panels w/orw/o elements or controls
8516.90.75	Parts of domestic electrothermic cooking stoves, ranges and ovens of subheading 8516.60.40, door assemblies
8516.90.80	Parts of domestic electrothermic cooking stoves, ranges and ovens of subheading 8516.60.40, other nesoi
8516.90.85	Housings for domestic electrothermic toasters
8516.90.90	Parts of electric instantaneous or storage water heaters and immersion heaters and other domestic electrothermic appliance, nesoi
8517.69.00	Other apparatus for transmission or reception of voice, images or other data, nesoi, but not apparatus of 8443, 8525, 8527 or 8528
8518.10.40	Microphones having a frequency range of 300Hz-3.4kHz with diameter not over 10 mm and height not over 3 mm, for telecommunication
8518.40.10	Audio-frequency electric amplifiers for use as repeaters in line telephony
8518.40.20	Audio-frequency electric amplifiers, other than for use as repeaters in line telephony
8518.50.00	Electric sound amplifier sets
8518.90.20	Printed circuit assemblies of line telephone handsets; parts of repeaters
8518.90.41	Other parts of telephone handsets other than printed circuit assemblies
8518.90.60	Printed circuit assemblies of the microphones of subheading 8518.10.40 or the loudspeakers of subheading 8518.29.40
8518.90.81	Other parts of microphones & stands, loudspeakers, headphones & earphones nesoi, electric amplifiers, & electric sound amplifier sets, nesoi
8519.81.30	Sound reproducing apparatus nesoi, not incorporating a sound recording device
8522.10.00	Pick-up cartridges for use with apparatus of heading 8519 to 8521
8522.90.25	Assemblies & subassemblies of articles of 8520.90, consisting of 2 or more pieces fastened together, printed circuit assemblies
8522.90.36	Other assemblies & subassemblies of articles of 8520.90, consisting of 2 or more pieces fastened together, other than printed circuit assemblies
8522.90.45	Other parts of telephone answering machines, printed circuit assemblies
8522.90.58	Other parts of telephone answering machines, other than printed circuit assemblies
8522.90.65	Parts and accessories of apparatus of headings 8519 to 8521, nesoi, printed circuit assemblies
8522.90.80	Parts and accessories of apparatus of headings 8519 to 8521, nesoi, other than printed circuit assemblies
8523.21.00	Cards incorporating a magnetic stripe
8523.49.40	Recorded optical media, for reproducing representations of instructions, data, sound, & image, recorded machine readable binary form, for ADP
8523.52.00	Semiconductor media, "smart cards"
8523.59.00	Semiconductor media, nesoi
8525.50.30	Transmission apparatus for television, nesoi
8525.80.30	Television cameras, nesoi
8525.80.50	Television cameras, digital cameras and video camera recorders, NESOI
8527.21.15	Radio-tape player combinations capable of receiving & decoding digital radio signals
8527.21.25	Other radio-tape player combinations
8527.21.40	Radiobroadcast receivers not operable w/o external power source, for motor veh., combined with sound recording/reproducing apparatus, nesoi
8527.29.40	Radiobroadcast receivers, not operating w/o external power, for motor vehicles, w/o sound recording or reproducing apparatus, FM or AM/FM
8527.29.80	Radiobroadcast receivers, not operating w/o external power, for motor vehicles, w/o sound recording or reproducing apparatus, other
8528.42.00	Cathode-ray tube monitors capable of directly connecting to and designed for use with an automatic data processing machine of heading 8471

HTS Subheading	Product Description
8528.49.15	Non-high definition color video monitors, nonprojection type, w/CRT, video display diagonal not over 34.29cm, incorporating VCR or player
8528.49.20	Non-high definition color video monitors, nonprojection, w/CRT, video display diag. ov 34.29cm but n/ov 35.56cm, incorp. VCR or player
8528.49.35	Non-high definition color video monitors, nonprojection type, w/CRT, video display diagonal over 35.56cm, incorporating VCR or player
8528.49.45	Non-high definition color video monitors, projection type, with cathode-ray tube, incorporating VCR or player
8528.49.60	High definition color video monitors, nonprojection type, with cathode-ray tube, incorporating VCR or player
8528.49.80	Black and white or other monochrome video monitors, with cathode-ray tube
8528.59.05	Incomplete or unfinished color video monitors, w/o cathode-ray tube, flat panel screen or similar display device, incorp. VCR or player
8528.59.10	Incomplete or unfinished color video monitors, w/o cathode-ray tube, flat panel screen or similar display device, not incorp. VCR or player
8528.69.05	Incomplete or unfinished color video projectors, w/o cathode-ray tube, flat panel screen or similar display device, incorp. VCR or player
8528.69.10	Incomplete or unfinished color video projectors, w/o cathode-ray tube, flat panel screen or similar display, not incorp. VCR or player
8528.69.20	Non-high definition color video projectors, with a cathode-ray tube, not incorporating VCR or player
8528.69.30	High definition color video projectors, with a cathode-ray tube, not incorporating VCR or player
8528.72.04	Incomplete or unfinished color tv reception apparatus, presented w/o a display device, incorp. VCR or player
8528.72.12	Non-high definition color television reception apparatus, nonprojection, w/CRT, video display diag. not ov 34.29cm, incorp. a VCR or player
8528.72.20	Non-high def. color television reception app., nonprojection, w/CRT, video display diag. not ov 34.29cm, not incorporating VCR or player
8528.72.24	Non-high def. color television reception app., nonprojection, w/CRT, display diag. ov 34.29cm but n/ov 35.56cm, n/incorp. VCR or player
8528.72.28	Non-high definition color television reception app., nonprojection, w/CRT, video display diag. ov 35.56cm, incorporating a VCR or player
8528.72.36	Non-high definition color television reception apparatus, projection type, with a cathode-ray tube, incorporating a VCR or player
8528.72.40	Non-high definition color television reception apparatus, projection type, with a cathode-ray tube, not incorporating a VCR or player
8528.72.44	High definition color television reception apparatus, nonprojection, with cathode-ray tube, incorporating a VCR or player
8528.73.00	Black and white or other monochrome television reception apparatus
8529.10.21	Television antennas and antenna reflectors, and parts suitable for use therewith
8529.90.04	Tuners (printed circuit assemblies)
8529.90.36	Subassies w/2 or more PCBs or ceramic substrates, as spec´d in add. US note 9 ch. 85, for color TV, not w/components in add. US note 4, ch. 85
8529.90.39	Parts of television receivers specified in U.S. note 9 to chapter 85, other than printed circuit assemblies, nesoi
8529.90.43	PCBs and ceramic substrates and subassemblies thereof for color TV, w/components listed in add. U.S. note 4, chap. 85
8529.90.49	Combinations of parts of television receivers specified in U.S. note 10 to chapter 85, other than printed circuit assemblies, nesoi
8529.90.54	Flat panel screen assemblies for TV reception apparatus, color video monitors and video projectors
8529.90.75	Parts of printed circuit assemblies (including face plates and lock latches) for other apparatus of headings 8525 to 8528, nesoi
8529.90.86	Parts suitable for use solely or principally with the apparatus of 8525 and 8527 (except television apparatus or cellular phones), nesoi
8529.90.88	Subassies w/2 or more PCBs or ceramic substrates, exc. tuners or converg. ass´ies, for color TV, w/components in add. US note 4, ch. 85
8531.10.00	Electric burglar or fire alarms and similar apparatus
8531.20.00	Indicator panels incorporating liquid crystal devices (LCD's) or light emitting diodes (LED's)
8531.90.15	Printed circuit assemblies of the panels of subheading 8531.20
8531.90.30	Printed circuit assemblies of electric sound or visual signaling apparatus, nesoi
8531.90.75	Parts of the panels of subheading 8531.20, other than printed circuit assemblies
8531.90.90	Parts of electric sound or visual signaling apparatus, nesoi
8533.39.00	Electrical wirewound variable resistors, including rheostats and potentiometers, for a power handling capacity exceeding 20 W
8534.00.00	Printed circuits, without elements (other than connecting elements) fitted thereon
8535.40.00	Lightning arrestors, voltage limiters and surge suppressors, for a voltage exceeding 1,000 V
8536.61.00	Lampholders for a voltage not exceeding 1,000 V
8536.69.80	Plugs and sockets for making connections to or in electrical circuits, for a voltage not exceeding 1,000 V, nesoi
8537.10.91	Other boards, panels, consoles, desks, cabinets, etc., equipped with apparatus for electric control, for a voltage not exceeding 1,000, nesoi
8538.90.10	Printed circuit assemblies of an article of heading 8537 for one of the articles described in additional U.S. note 12 to chapter 85
8538.90.30	Printed circuit assemblies, suitable for use solely or principally with the apparatus of heading 8535, 8536 or 8537, nesoi
8539.10.00	Sealed beam lamp units
8539.21.20	Tungsten halogen electrical filament lamps, designed for a voltage not exceeding 100 V

HTS Subheading	Product Description
8539.21.40	Tungsten halogen electrical filament lamps, designed for a voltage exceeding 100 V
8539.31.00	Fluorescent, hot cathode discharge lamps, other than untraviolet lamps
8539.32.00	Mercury or sodium vapor discharge lamps or metal halide discharge lamps (other than ultraviolet lamps)
8539.39.10	CCFLS for backlighting of flat planel displays
8539.39.90	Other electrical discharge lamps, other than fluorescent (hot cathode), mercury or sodium vapor, metal halide or ultraviolet lamps
8539.49.00	Ultraviolet or infrared lamps
8540.11.10	Cathode-ray television picture tubes incl. video monitor, color, non-high definition, non-projection, display>35.56cm
8540.11.24	Cathode-ray TV & video monitor tubes, color, non-high definition, non-projection, video display diagonal<or= 34.29cm
8540.11.28	Cathode-ray TV & video monitor tubes, color, non-high definition, non-projection, video display diagonal>34.29cm &<or=35.56cm
8540.11.30	Cathode-ray television picture tubes incl. video monitor, color, high definition, display diagonal>35.56cm
8540.11.44	Cathode-ray TV & video monitor tubes, color, high definition, having video display display diagonal<or= 34.29cm
8540.11.48	Cathode-ray TV & video monitor tubes, color, high definition, video display diagonal video display diagonal>34.29cm &<or= 35.56cm
8540.11.50	Cathode-ray television picture tubes incl. video monitor, color, non-high definition, projection type
8540.12.10	Cathode-ray television picture tubes incl. video monitor, monochrome, non-high definition, w/faceplate diagonal>29cm and<or= 42cm
8540.12.20	Cathode-ray television picture tubes incl. video monitor, monochrome, high definition, w/faceplate diagonal>29cm and<or= 42cm
8540.12.50	Cathode-ray television picture tubes incl. video monitor, monochrome, non-high definition, nesoi
8540.12.70	Cathode-ray television picture tubes incl. video monitor, monochrome, high definition, nesoi
8540.20.20	Cathode-ray television camera tubes
8540.20.40	Television camera tubes, image converters and intensifiers, and other photocathode tubes, other than cathode-ray tubes
8540.40.10	Data/grphic display tubes, monochrome; data/graphic display tubes, color, with a phosphor dot screen pitch smaller than 0.4 mm
8540.60.00	Cathode-ray tubes nesoi
8540.71.20	Magnetron tubes, modified for use as parts of microwave ovens
8540.71.40	Magnetron tubes nesoi
8540.81.00	Receiver or amplifier tubes
8540.91.15	Front panel assemblies for cathode-ray tubes
8540.91.20	Deflection coils for cathode-ray tubes
8540.91.50	Parts of cathode-ray tubes other than deflection coils or front panel assemblies
8540.99.40	Electron guns; radio frequency (RF) interaction structures for microwave tubes of subheadings 8540.71 through 8540.79, inclusive
8540.99.80	Parts of thermionic, cold cathode or photocathode tubes, other than parts of cathoderay tubes, electron guns, etc., nesoi
8543.70.71	Electric luminescent lamps
8543.70.85	Electrical machines and apparatus for electrical nerve stimulation
8543.70.91	Digital signal processing apparatus capable of connecting to a wired or wireless network for sound mixing
8543.90.85	Parts, nesoi, of flat panel displays other than for reception apparatus for television of heading 8528
8543.90.88	Parts (other than printed circuit assemblies) of electrical machines and apparatus, having individual functions, nesoi
8544.20.00	Insulated (including enameled or anodized) coaxial cable and other coaxial conductors
8544.42.10	Insulated electric conductors nesoi, for a voltage not exceeding 1,000 V, fitted with modular telephone connectors
8544.42.20	Insulated electric conductors nesoi, used for telecommunications, for a voltage not exceeding 1,000 V, fitted with connectors
8544.42.90	Insulated electric conductors nesoi, for a voltage not exceeding 1,000 V, fitted with connectors, nesoi
8545.11.00	Carbon electrodes of a kind used for furnaces
8545.19.20	Carbon electrodes of a kind used for electrolytic purposes
8545.19.40	Carbon electrodes of a kind used for electrical purposes, other than those used for furnaces or for electrolytic purposes
8545.20.00	Carbon brushes of a kind used for electrical purposes
8545.90.20	Arc light carbons of a kind used for electrical purposes
8545.90.40	Lamp carbons, battery carbons and articles of graphite or other carbon nesoi, of a kind used for electrical purposes
8546.10.00	Electrical insulators of glass
8546.20.00	Electrical insulators of ceramics
8546.90.00	Electrical insulators of any material, other than glass or ceramics
8547.10.40	Ceramic insulators to be used in the production of spark plugs for natural gas fueled, stationary, internal-combustion engines
8547.10.80	Insulating fittings for electrical machines, appliances or equipment, of ceramics nesoi
8547.20.00	Insulating fittings for electrical machines, appliances or equipment, of plastics
8547.90.00	Electrical conduit tubing and joints therefor, of base metal lined with insulating material; insulating fittings for electrical goods nesoi
8548.90.01	Electrical parts of machinery or apparatus not specified or included elsewhere in chapter 85
8602.90.00	Rail locomotives (o/than diesel-electric), non-electric; locomotive tenders
8706.00.03	Chassis fitted w/engines, for mtr. vehicles for transport of goods of 8704.21 or 8704.31
8706.00.05	Chassis fitted w/engines, for mtr. vehicles of 8701.20, 8702, & 8704 (except 8704.21 or 8704.31)
8706.00.15	Chassis fitted w/engines, for mtr. vehicles for transport of persons of 8703
8706.00.50	Chassis fitted w/engines, for tractors (o/than for agric. use) and other motor vehicles nesoi

HTS Subheading	Product Description
8707.10.00	Bodies (including cabs), for mtr. vehicles for transport of persons of heading 8703
8707.90.10	Bodies (including cabs), for tractors suitable for agricultural use
8707.90.50	Bodies (including cabs), for mtr. vehicles (o/than tract. for agri. use) of headings 87018705 (except 8703)
8708.10.30	Pts. & access. for mtr vehicles of headings 8701 to 8705, bumpers
8708.10.60	Pts. & access. of mtr. vehicles of headings 8701 to 8705, parts of bumpers
8708.21.00	Pts. & access. of bodies for mtr. vehicles of headings 8701 to 8705, safety seat belts
8708.29.15	Pts. & access. of bodies for mtr. vehicles of headings 8701 to 8705, door assemblies
8708.29.21	Body stampings for tractors suitable for agriculture
8708.29.25	Body stampings of motor vehicles, nesoi
8708.29.50	Pts. & access. of bodies for mtr. vehicles of headings 8701 to 8705, nesoi
8708.30.10	Pts. & access. of tractors suit. for agric. use, brakes and servo-brakes & pts thereof
8708.30.50	Pts. & access. of mtr. vehicles of 8701, nesoi, and 8702-8705, brakes and servo-brakes & pts thereof
8708.40.11	Pts. & access. of mtr. vehic. of 8701.20, 8702, 8703 or 8704, gear boxes
8708.40.30	Pts. & access. of tractors suitable for agricultural use, gear boxes
8708.40.50	Pts. & access. of mtr. vehic. of 8701, nesoi, and of 8705, gear boxes
8708.40.60	Pts. & access. of tractors suitable for agricultural use, pts. for gear boxes
8708.40.65	Pts. & access. of tractors (o/than road tractors or for agricultural use), pts.for gear boxes
8708.40.70	Parts of gear boxes of the motor vehicles of 8701-8705, of cast iron
8708.40.75	Pts. & access. of motor vehicles of 8701, nesoi, and 8702-8705, pts. for gear boxes, nesoi
8708.50.11	Pts. & access. of tractors suitable for agricultural use, drive axles w/differential (whether or not w/other transm. components)
8708.50.31	Pts. & access. of tractors, other than road tractors or for agricultural use, drive axles w/differential (whether or not w/other transm. com
8708.50.51	Pts. & access. of motor vehicles of 8703, drive axles w/differential (whether or not w/other transm. components)
8708.50.61	Pts. & access. of mtr. vehic. of 8701, nesoi, 8702, and 8704-8705, drive axles w/different. (wheth or not w/oth transm components)
8708.50.65	Pts. & access. of mtr. vehic. of 8701, nesoi, of 8702, and of 8704-8705, non-driving axles
8708.50.70	Pts. & access. of tractors suitable for agricultural use, parts of drive axles w/different. (wheth or not w/oth transm components)
8708.50.75	Pts. & access. of tractors, other than road tractors or for agricultural use, parts of drive axles w/different. (wheth or not w/oth transm)
8708.50.79	Pts. & access. of mtr. vehic. for transp. of persons of 8703, parts of non-driving axles
8708.50.81	Pts. & access. of motor vehicles of 8703, of cast iron nesoi
8708.50.85	Pts. & access. of motor vehicles of 8703, half-shafts
8708.50.89	Pts. & access. of motor vehicles of 8703, parts, nesoi, of drive axles w/different. (wheth or not w/oth transm components)
8708.50.91	Pts. & access. of mtr. vehic. of 8701, nesoi, 8702 and 8704-8705, parts of non-driving axles
8708.50.93	Pts. & access. of mtr. vehic. of 8701, nesoi, 8702 and 8704-8705, of cast iron nesoi
8708.50.95	Pts. & access. of mtr. vehic. of 8701, nesoi, 8702 and 8704-8705, half-shafts
8708.50.99	Pts. & access. of mtr. vehic. of 8701, nesoi, 8702 and 8704-8705, parts, nesoi, of drive axles w/different. (wheth or not w/oth transm compo
8708.70.05	Pts. & access. of tractors suitable for agricultural use, road wheels
8708.70.15	Pts. & access. of tractors suitable for agricultural use, pts. & access. for road wheels
8708.70.25	Pts. & access. of tractors (o/than road tractors or for agric. use), road wheels
8708.70.35	Pts. & access. of tractors (o/than road tractors or for agric. use), pts. & access. for road wheels
8708.70.45	Pts. & access. of mtr. vehic. of 8701, nesoi, and of 8702-8705, road wheels
8708.70.60	Pts. & access. of mtr. vehic. of 8701, nesoi, and of 8702-8705, pts. & access. for road wheels
8708.80.03	Pts. & access. of tractors suitable for agricultural use, McPherson struts
8708.80.05	Pts. & access. of tractors suitable for agricultural use, suspension shock absorbers (o/than McPherson struts)
8708.80.13	Pts. & access. of mtr. vehic. of 8701, nesoi, and of 8702-8705, McPherson struts
8708.80.16	Pts. & access. of mtr. vehic. of 8701, nesoi, and of 8702-8705, suspension shock absorbers (o/than McPherson struts)
8708.80.51	Pts. & access. of tractors suitable for agricultural use, pts. for suspension systems nesoi
8708.80.55	Pts. & access. of tractors (o/than road tractors or for agricultural use), pts. for suspension systems nesoi
8708.80.60	Parts of suspension systems of the motor vehicles of 8701-8705, of cast iron
8708.80.65	Pts. & access. of motor vehicles of 8701, nesoi, and 8702-8705, pts. for suspension systems nesoi
8708.91.10	Pts. & access. of tractors suitable for agricultural use, radiators
8708.91.50	Pts. & access. of mtr. vehic. of 8701, nesoi, and 8702-8705, radiators
8708.91.60	Pts. & access., nesoi, of tractors suitable for agricultural use, parts of radiators
8708.91.65	Pts. & access., nesoi, of tractors (o/than road tractors or suitable for agricultural use), parts of radiators
8708.91.70	Pts. & access. of motor vehicles of 8701, nesoi, and 8702-8705, parts of radiators, of cast iron nesoi
8708.91.75	Pts. & access., nesoi, of motor vehicles of 8701, nesoi, and 8702-8705, parts of radiators, nesoi
8708.92.10	Pts. & access. of tractors suitable for agricultural use, mufflers & exhaust pipes
8708.92.50	Pts. & access. of mtr. vehic. of 8701, nesoi, and 8702-8705, mufflers & exhaust pipes

HTS Subheading	Product Description
8708.92.60	Pts. & access., nesoi, of tractors suitable for agricultural use, parts of mufflers
8708.92.65	Pts. & access., nesoi, of tractors (o/than road tractors or suitable for agricultural use), parts of mufflers
8708.92.70	Pts. & access. of motor vehicles of 8701, nesoi, and 8702-8705, parts of mufflers, of cast iron nesoi
8708.92.75	Pts. & access., nesoi, of motor vehicles of 8701, nesoi, and 8702-8705, parts of mufflers, nesoi
8708.93.15	Pts. & access. of tractors suitable for agricultural use, clutches
8708.93.30	Pts. & access. of tractors suitable for agricultural use, pts. of clutches
8708.93.60	Pts. & access. of mtr. vehic. of 8701, nesoi, and 8702-8705, clutches
8708.93.75	Pts. & access. of mtr. vehic. of 8701, nesoi, and 8702-8705, pts. of clutches
8708.94.10	Pts. & access. of tractors suitable for agricultural use, steering wheels, steering columns and steering boxes
8708.94.50	Pts. & access. of mtr. vehic. of 8701, nesoi, and 8702-8705, steering wheels, steering columns and steering boxes
8708.94.60	Pts. & access., nesoi, of tractors suitable for agricultural use, parts of steering wheels/columns/boxes
8708.94.65	Pts. & access., nesoi, of tractors (o/than road tractors or suitable for agricultural use), parts of steering wheels/columns/boxes
8708.94.70	Pts. & access. of motor vehicles of 8701, nesoi, and 8702-8705, parts of steering wheels/columns/boxes, of cast iron nesoi
8708.94.75	Pts. & access., nesoi, of motor vehicles of 8701, nesoi, and 8702-8705, parts of steering wheels/columns/boxes, nesoi
8708.95.05	Pts. & access. of bodies for mtr. vehicles of headings 8701 to 8705, inflators & modules for airbags
8708.95.10	Pts. & access., nesoi, of tractors suitable for agricultural use, parts of safety airbags with inflater system
8708.95.15	Pts. & access., nesoi, of tractors (o/than road tractors or suitable for agricultural use), parts of safety airbags with inflater system
8708.95.20	Pts. & access. of motor vehicles of 8701, nesoi, and 8702-8705, parts of safety airbags with inflater system
8708.99.03	Pts. & access. of tractors suitable for agricultural use, vibration control goods containing rubber
8708.99.06	Pts. & access. of tractors suitable for agricultural use, double flanged wheel hub units w/ball bearings
8708.99.16	Pts. & access. of tractors suitable for agricultural use, pts. for power trains nesoi
8708.99.23	Pts. & access., nesoi, of tractors suitable for agricultural use
8708.99.27	Pts. & access. of tractors (o/than road tractors or for agricultural use), vibration control goods containing rubber
8708.99.31	Pts. & access. of tractors (o/than road tractors or for agricultural use), double flanged wheel hub units w/ball bearings
8708.99.41	Pts. & access. of tractors (o/than road tractors or for agricultural use), pts. for power trains nesoi
8708.99.48	Pts. & access., nesoi, of tractors (o/than road tractors or suitable for agricultural use)
8708.99.53	Parts & accessories of motor vehicles of 8701-8705, nesoi, of cast iron
8708.99.55	Pts. & access. of motor vehicles of 8701, nesoi, and 8702-8705, vibration control goods containing rubber
8708.99.58	Pts. & access. of motor vehicles of 8701, nesoi, and 8702-8705, double flanged wheel hub units w/ball bearings
8708.99.68	Pts. & access. of motor vehicles of 8701, nesoi, and 8702-8705, pts. for power trains nesoi
8708.99.81	Pts. & access., nesoi, of motor vehicles of 8701, nesoi, and 8702-8705
8712.00.15	Bicycles, not motorized, w/both wheels not over 63.5cm in diameter
8712.00.25	Bicycles, not motorized, w/both wheels o/63.5cm in diam., weighing under 16.3 kg & not design. for tires w/x-sect. diam. o/4.13cm
8712.00.35	Bicycles, not motorized, w/both wheels o/63.5cm in diam., weighing 16.3 kg or more, and/or for use w/tires w/x-sect. diam. o/4. 13cm
8712.00.44	Bicycles, n/motor., w/front wheel diam. o/55cm but n/o 63.5cm & rear wheel diam. o/63.5cm in diam., & wt<16.3 kg w/o acces., value $200+
8712.00.48	Bicycles, n/motor., w/front wheel w/diameter different than rear wheel diam., nesoi
8712.00.50	Cycles (o/than bicycles) (including delivery tricycles), not motorized
8714.91.20	Pts. & access. for bicycles & o/cycles, frames, valued over $600 each
8714.91.30	Pts. & access. for bicycles & o/cycles, frames, valued at $600 or less each
8714.91.50	Pts. & access. for bicycles, sets of steel tubing cut to exact length for the assembly (w/other pts) into the frame & fork of one bicycle
8714.91.90	Pts. & access. for bicycles & o/cycles, forks, nesoi and pts of frames, nesoi and pts. of forks
8714.92.10	Pts. & access. for bicycles & o/cycles, wheel rims
8714.92.50	Pts. & access. for bicycles & o/cycles, wheel spokes
8714.93.05	Pts. & access. for bicycles & o/cycles, aluminum alloy hubs, w/hollow axle and leveroperated quick release mechanism
8714.93.15	Pts. & access. for bicycles & o/cycles, 3-speed hubs nesoi
8714.93.24	Pts. & access. for bicycles & o/cycles, 2-speed hubs, w/internal gear changing mechanisms, nesoi
8714.93.28	Pts. & access. for bicycles & o/cycles, variable speed hubs, w/internal gear changing mechanisms, nesoi
8714.93.35	Pts. & access. for bicycles & o/cycles, non-variable speed hubs, nesoi
8714.93.70	Pts. & access. for bicycles & o/cycles, free-wheel sprocket-wheels
8714.94.30	Pts. & access. for bicycles & o/cycles, brakes (o/than hub brakes) and parts thereof
8714.94.90	Pts. & access. for bicycles & o/cycles, brakes and parts thereof, nesoi
8714.95.00	Pts. & access. for bicycles & o/cycles, saddles
8714.96.10	Pts. & access. for bicycles & o/cycles, pedals and parts thereof
8714.96.50	Pts. & access. for bicycles & o/cycles, cotterless-type crank sets and parts thereof
8714.96.90	Pts. & access. for bicycles & o/cycles, crank-gear nesoi and parts thereof

HTS Subheading	Product Description
8716.10.00	Trailers & semi-trailers, not mech. propelled, for housing or camping
8716.20.00	Self-loading or self-unloading trailers and semi-trailers, not mech. propelled, for agricultural purposes
8716.31.00	Tanker trailers and tanker semi-trailers, not mech. propelled, for the transport of goods
8716.39.00	Trailers and semi-trailers, not mech. propelled, nesoi, for the transport of goods
8716.40.00	Trailers and semi-trailers, not mechanically propelled, nesoi
8716.80.10	Farm wagons and carts, not mechanically propelled
8716.80.50	Vehicles, not mechanically propelled, nesoi
8716.90.10	Parts of farm wagons and carts
8716.90.30	Parts of vehicles, not mechanically propelled, castors (o/than castors of heading 8302)
8716.90.50	Parts of trailers and semi-trailers and vehicles, not mechanically propelled, nesoi
8804.00.00	Parachutes (including dirigible parachutes) and rotochutes; parts & access. thereof
8903.10.00	Vessels, inflatable, for pleasure or sports
8903.91.00	Vessels, sailboats, with or without auxiliary motor, for pleasure or sports
8903.92.00	Vessels, motorboats (o/than outboard motorboats), for pleasure or sports
8903.99.05	Vessels, canoes, not of a type designed to be principally used with motor or sails
8903.99.15	Vessels, row boats, not of a type to be principally used with motors orsails
8903.99.20	Vessels, outboard motorboats, for pleasure or sports
8903.99.90	Vessels, yachts and other vessels for pleasure or sports, nesoi
8907.10.00	Inflatable rafts (o/than used for pleasure or sports of 8901.10)
9001.90.40	Lenses nesoi, unmounted
9001.90.50	Prisms, unmounted
9001.90.60	Mirrors, unmounted
9001.90.80	Half-tone screens designed for use in engraving or photographic processes, unmounted
9001.90.90	Optical elements nesoi, unmounted
9002.11.40	Projection lenses, mounted, and parts and accessories therefor, for cameras, projectors or photographic enlargers or reducers
9002.11.60	Mounted objective lenses for use in closed circuit television cameras, separately imported, w/or w/o attached elec. connectors or motors
9002.11.90	Objective lenses and parts & access. thereof, for cameras, projectors, or photographic enlargers or reducers, except projection, nesoi
9002.19.00	Objective lenses, mounted, and parts and accessories therefor, other than for cameras, projectors or photographic enlargers or reducers
9002.20.40	Photographic filters, mounted, and parts and accessories therefor
9002.20.80	Filters, mounted, and parts and accessories therefor, for optical uses other than photographic
9002.90.85	Mounted lenses, n/obj., for use in closed circuit television cameras, separately imported, w/or w/o attached elec. connectors or motors
9006.30.00	Photographic cameras for underwater, aerial, medical, surgical, forensic or criminological purposes, notcinematographic
9007.10.00	Cinematographic cameras
9007.20.20	Cinematographic projectors for film<16 mm, w/sound recording and reproducing systems and those for projecting only sound motion pictures
9007.20.40	Cinematographic projectors for film of less than 16 mm, nesoi
9007.20.60	Cinematographic projectors for film = or>16 mm, w/sound recording & reproducing systems & those for projecting only sound motion pictures
9007.20.80	Cinematographic projectors for film of 16 mm or greater, nesoi
9007.92.00	Parts and accessories for cinematographic projectors
9008.50.50	Photographic (other than cinematographic) enlargers and reducers
9008.90.40	Parts and accessories of image projectors, other than cinematographic
9008.90.80	Parts and accessories of photographic (other than cinematographic) enlargers and reducers
9010.10.00	Apparatus & equipment for auto. developing photographic film/paper in rolls or exposing developed film to rolls of photographic paper
9010.50.10	Contact printers for photographic laboratories
9010.50.20	Developing tanks for photographic laboratories
9010.50.30	Editors and combination editor-splicers, for cinematographic film, containing an optical lens or designed to contain such a lens
9010.50.40	Photographic film viewers, titlers, splicers and editors, and combinations thereof, containing or designed to contain an optical lens, nesoi
9010.50.50	Photographic film viewers, titlers, splicers and editors, and combinations thereof, not containing or designed to contain an optical lens
9010.50.60	Apparatus and equipment for photographic (including cinematographic) laboratories, nesoi; negatoscopes
9010.60.00	Projection screens
9010.90.85	Parts and accessories of articles of subheading 9010.50 & 9010.60
9010.90.95	Other parts & accessories for apparatus & equipment for photographic (incl. cinematographic) labs, nesoi, negatoscopes, & projection screens
9011.20.80	Microscopes for microphotography, microcinematography or microprojection, not provided with a means for photographing the image
9011.80.00	Compound optical microscopes other than stereoscopic or those for microphotography, microcinematography or microprojection
9013.10.30	Telescopic sights for rifles designed for use with infrared light

HTS Subheading	Product Description
9013.80.20	Hand magnifiers, magnifying glasses, loupes, thread counters and similar apparatus nesoi
9013.80.40	Door viewers (door eyes)
9013.90.50	Parts and accessories of flat panel displays other than for articles of heading 8528
9013.90.70	Parts and accessories other than for telescopic sights for fitting to arms or for periscopes
9013.90.80	Parts and accessories of liquid crystal devices nesoi, and optical appliances and instruments, nesoi
9014.10.10	Optical direction finding compasses
9015.10.40	Electrical rangefinders
9015.30.40	Electrical levels
9015.30.80	Levels, other than electrical
9015.90.01	Parts and accessories of 9015
9016.00.20	Electrical balances of a sensitivity of 5 cg or better, with or without weights, and parts and accessories thereof
9016.00.40	Jewelers′ balances (nonelectrical) of a sensitivity of 5 cg or better, with or without weights, and parts and accessories thereof
9016.00.60	Balances (nonelectrical) of a sensitivity of 5 cg or better, other than jewelers′, balances, and parts and accessories thereof
9017.10.40	Drafting plotters, whether or not automatic
9017.10.80	Drafting tables and machines, whether or not automatic, nesoi
9017.20.40	Disc calculators, slide rules and other mathematical calculating instruments
9017.20.70	Other drawing, marking-out or mathematical plotters, nesoi
9017.20.80	Other drawing, marking-out or mathematical calculating instruments, nesoi
9017.30.40	Micrometers and calipers, for use in the hand
9017.30.80	Gauges for measuring length, for use in the hand
9017.80.00	Instruments for measuring length, for use in the hand, nesoi (for example, measuring rods and tapes)
9017.90.01	Parts and accessories for drawing, marking-out or mathematical calculating instruments, and for hand-held instruments for measuring length
9025.80.20	Hydrometers and similar floating instruments, whether or not incorporating a thermometer, non-recording, other than electrical
9025.90.06	Other parts & accessories of hydrometers & like floating instruments, thermometers, pyrometers, barometers, hygrometers, psychrometers & combinations
9026.80.40	Nonelectrical heat meters incorporating liquid supply meters, and anemometers
9027.10.40	Nonelectrical optical instruments and apparatus for gas or smoke analysis
9027.10.60	Nonelectrical gas or smoke analysis apparatus, other than optical instruments and apparatus
9027.90.68	Parts and accessories of nonelectrical optical instruments and apparatus of heading 9027, nesoi
9029.10.40	Taximeters
9029.10.80	Revolution counters, production counters, odometers, pedometers and the like, other than taximeters
9029.20.20	Bicycle speedometers
9029.20.60	Stroboscopes
9029.90.20	Parts and accessories of taximeters
9029.90.40	Parts and accessories of bicycle speedometers
9030.20.10	Oscilloscopes and oscillographs, nesoi
9031.90.45	Bases and frames for the optical coordinate-measuring machines of subheading 9031.49.40
9104.00.05	Instrument panel clocks for vehicles, air/spacecraft, vessels, clock movement over 50 mm wide, opto-electronic display only, n/o $10 each
9104.00.10	Instrument panel clocks for veh., air/spacecraft, vessels, clock mvmt over 50 mm wide, electric, nt optoelectronic display, n/o $10 each
9104.00.20	Instrument panel clocks for vehicles, air/spacecraft, vessels, w/clock movement over 50 mm wide, valued n/o $10 each, nonelectric
9104.00.25	Instrument panel clocks for vehicles, air/spacecraft, vessels, w/clock movement ov 50 mm wide, opto-electronic display only, ov $10 each
9104.00.30	Instrument panel clocks for vehicles, air/spacecraft, vessels, w/clock mvmt ov 50 mm wide, electric, nt optoelectronic display, ov $10 each
9104.00.40	Instrument panel clocks for vehicles, air/spacecraft, vessels, w/clock movement ov 50 mm wide, valued ov $10 each, non-electric
9104.00.45	Instrument panel clocks for vehicles, air/spacecraft, vessels, w/watch or clock movement<50 mm wide, opto-electronic display only
9104.00.50	Instrument panel clocks for vehicles, air/spacecraft, vessels, w/watch or clock movement<50 mm wide, electric, not opto-electronic display
9106.10.00	Time registers; time recorders
9106.90.20	Parking meters
9106.90.40	Time locks valued over $10 each
9106.90.55	Apparatus for meas., recording or indicating time intervals, w/watch or clock mvmt., battery powered, w/opto-electronic display only
9106.90.65	Other apparatus for meas., recording or otherwise indicating time intervals, w/watch or clock mvmt., battery powered, nesoi
9106.90.75	Apparatus for meas., recording or indicating time intervals, w/watch or clock mvmt., AC powered, w/opto-electronic display only
9106.90.85	Time of day recording apparatus & apparatus for measuring, detecting, recording or otherwise indicating intervalsof time nesoi

HTS Subheading	Product Description
9107.00.40	Time switches with clock or watch movements or with synchronous motor, valued not over $5 each
9107.00.80	Time switches with clock or watch movements or with synchronous motor, valued over $5 each
9401.20.00	Seats, of a kind used for motor vehicles
9401.30.40	Seats nesoi, swivel w/variable height adjustment & w/wooden frame (o/than of heading 9402)
9401.30.80	Seats nesoi, swivel w/variable height adjustment & other than w/wooden frame (o/than of heading 9402)
9401.40.00	Seats nesoi, convertible into beds (o/than garden seats or camping equip.)
9401.52.00	Bamboo seats
9401.53.00	Rattan seats
9401.59.00	Seats nesoi, of cane, osier, similar materials o/than bamboo or rattan
9401.61.20	Chairs nesoi, w/teak frames, upholstered
9401.61.60	Seats (o/than chairs) nesoi, w/wooden frames, upholstered
9401.69.20	Seats nesoi, of bent-wood
9401.69.40	Chairs nesoi, w/teak frames, not upholstered
9401.69.80	Seats (o/than chairs) nesoi, w/wooden frames, not upholstered
9401.90.35	Parts of seats (o/than of 9402) nesoi, of rubber or plastics (o/than of heading 9402)
9401.90.40	Parts of seats (o/than of 9402) nesoi, of wood
9401.90.50	Parts of seats (o/than of 9402) nesoi, o/than of cane etc, rubber or plastics or of wood
9403.10.00	Furniture (o/than seats) of metal nesoi, of a kind used in offices
9403.20.00	Furniture (o/than seats) of metal nesoi, o/than of a kind used in offices
9403.30.40	Furniture (o/than seats) of bentwood nesoi, of a kind used in offices
9403.30.80	Furniture (o/than seats) of wood (o/than bentwood) nesoi, of a kind used in offices
9403.40.40	Furniture (o/than seats) of bent-wood nesoi, of a kind used in the kitchen
9403.40.60	Furniture (o/than seats) of wood (o/than bentwood) nesoi, of a kind used in the kitchen & design. for motor vehicle use
9403.40.90	Furniture (o/than seats) of wood (o/than bentwood) nesoi, of a kind used in the kitchen & not design. for motor vehicl. use
9403.50.40	Furniture (o/than seats) of bentwood nesoi, of a kind used in the bedroom
9403.50.60	Furniture (o/than seats) of wood (o/than bentwood), of a kind used in the bedroom & designed for motor vehicle use
9403.50.90	Furniture (o/than seats) of wood (o/than bentwood), of a kind used in the bedroom & not designed for motor vehicle use
9403.60.40	Furniture (o/than seats & o/than of 9402) of bentwood nesoi
9403.60.80	Furniture (o/than seats & o/than of 9402) of wooden (o/than bentwood) nesoi
9403.82.00	Bamboo furniture and parts
9403.83.00	Rattan furniture and parts
9403.89.30	Furniture (o/than seats) of cane, osier, or similar materials o/than bamboo or rattan
9403.89.60	Furniture (o/than seats & o/than of 9402) of materials nesoi
9403.90.10	Parts of furniture (o/than seats), for furniture of a kind used for motor vehicles
9403.90.25	Parts of furniture (o/than seats), of cane, osier, bamboo or similar materials
9403.90.40	Parts of furniture (o/than seats or o/than of 9402), of reinforced or laminated plastics
9403.90.50	Parts of furniture (o/than seats or o/than of 9402), of rubber or plastics (o/than reinforced or laminated plastics)
9403.90.60	Parts of furniture (o/than seats or o/than of 9402), of textile material (o/than cotton)
9403.90.70	Parts of furniture (o/than seats or o/than of 9402), of wood
9403.90.80	Parts of furniture (o/than seats or o/than of 9402) nesoi
9404.10.00	Mattress supports
9404.21.00	Mattresses, of cellular rubber or plastics, whether or not covered
9404.29.10	Mattresses, of cotton
9404.29.90	Mattresses (o/than of cellular rubber or plastics or of cotton)
9405.10.40	Chandeliers and other electric ceiling or wall lighting fittings (o/than used for public spaces), of brass
9405.10.60	Chandeliers and other electric ceiling or wall lighting fixtures (o/than used for public spaces), of base metal (o/than brass)
9405.10.80	Chandeliers and other electric ceiling or wall lighting fixtures (o/than used for public spaces), not of base metal
9405.20.40	Electric table, desk, bedside or floor-standing lamps, of brass
9405.20.60	Electric table, desk, bedside or floor-standing lamps, of base metal (o/than brass)
9405.20.80	Electric table, desk, bedside or floor-standing lamps, not of base metal
9405.30.00	Lighting sets of a kind used for Christmas trees
9405.40.40	Electric lamps and lighting fixtures nesoi, of brass
9405.40.60	Electric lamps and lighting fixtures nesoi, of base metal (o/than brass)
9405.40.82	LEDs for backlighting of LCDs
9405.40.84	Electric lamps and lighting fixtures nesoi, not of base metal
9405.50.20	Non-electrical incandescent lamps designed to be operated by propane or other gas, or by compressed air and kerosene or gasoline
9405.50.30	Non-electrical lamps and lighting fixtures nesoi, of brass

HTS Subheading	Product Description
9405.50.40	Non-electrical lamps and lighting fixtures nesoi, not of brass
9405.60.20	Illuminated signs, illuminated name plates and the like, of brass
9405.60.40	Illuminated signs, illuminated name plates and the like, of base metal (o/than brass)
9405.60.60	Illuminated signs, illuminated name plates and the like, not of base metal
9405.91.10	Parts of lamps, lighting fittings, illuminated signs & the like, globes and shades, of lead crystal glass
HTS Subheading	Product Description
9405.91.30	Parts of lamps, lighting fittings, illuminated signs & the like, globes and shades, of glass (o/than lead crystal)
9405.91.40	Parts of lamps, lighting fittings, illuminated signs & the like, chimneys, of glass
9405.91.60	Parts of lamps, lighting fixtures, illuminated signs & the like, of glass nesoi
9405.92.00	Parts of lamps, lighting fixtures, illuminated signs & the like, of plastics
9405.99.20	Parts of lamps, lighting fixtures, illuminated signs & the like, of brass
9405.99.40	Parts of lamps, lighting fixtures, illuminated signs & the like, not of glass, plastics or brass
9406.10.00	Prefabricated buildings of wood
9406.90.00	Prefabricated buildings not of wood
9606.10.40	Press-fasteners, snap-fasteners and press-studs and pts thereof, valued n/o 20 cents/dozen pieces or parts
9606.10.80	Press-fasteners, snap-fasteners and press-studs and pts thereof, valued o/20 cents/dozen pieces or parts
9606.21.20	Buttons, of casein, not covered with textile material
9606.21.40	Buttons, of acrylic resin or polyester resin, or both resins, not covered with textile material
9606.21.60	Buttons, of plastics (o/than casein, acrylic or polyester resins), not covered with textile materials
9606.22.00	Buttons, of base metal, not covered with textile material
9606.29.20	Buttons, of acrylic resin or polyester resin, or both resins, covered with textile material
9606.29.40	Buttons, of pearl or shell
9606.29.60	Buttons, nesoi
9606.30.40	Button blanks, of casein
9606.30.80	Button molds & parts of buttons; button blanks (o/than casein)
9607.11.00	Slide fasteners, fitted with chain scoops of base metal
9607.19.00	Slide fasteners, not fitted with chain scoops of base metal
9607.20.00	Parts of slide fasteners
9620.00.10	Monopods, bipods, tripods and similar articles, accessories of heading 8519 or 8521
9620.00.15	Monopods, bipods, tripods and similar articles, accessories of heading 9005
9620.00.20	Monopods, bipods, tripods and similar articles, accessories of heading 9006, other than cinematographic
9620.00.25	Monopods, bipods, tripods and similar articles, accessories of heading 9007
9620.00.30	Monopods, bipods, tripods and similar articles, accessories of heading 9015, including rangefinders
9620.00.50	Monopods, bipods, tripods and similar articles of plastics, nesoi
9620.00.55	Monopods, bipods, tripods and similar articles of wood, nesoi
9620.00.60	Monopods, bipods, tripods and similar articles of graphite and other carbon, nesoi
9620.00.65	Monopods, bipods, tripods and similar articles of iron and steel, nesoi
9620.00.70	Monopods, bipods, tripods and similar articles of aluminum, nesoi

Part 2

Note: All products that are classified in the 8-digit subheadings of the Harmonized Tariff Schedule of the United States (HTS) that are listed in Part 2 of this Annex are partially covered by the action. The product descriptions that are contained in thisAnnex are provided for informational purposes only, and are not intended to delimit in any way the scope of the proposed action. Any questions regarding the scope of particular HTS subheadings should be referred to U. S. Customs and Border Protection. In the product descriptions, the abbreviation "nesoi" means "not elsewhere specified or included".

Item	HTS Subheading	Description
1.	2931.90.90	Other non-aromatic organo-inorganic compounds
		Except for: 2931.90.9051-NON-AROMATIC ORGANO-INORGANIC COMPOUNDS, NESOI
2.	8517.62.00	Machines for the reception, conversion and transmission or regeneration of voice, images or other data, including switching and routing apparatus
		Except for: 8517.62.0090- OTHER * * NOTE: switching and routing apparatus, and modems of a kind used with data processing machines of heading 8471 will be subject to additional duties. Other products will not be subject to additional duties.
3.	9401.61.40	Chairs nesoi, w/wooden frames (o/than teak), upholstered

Item	HTS Subheading	Description
		Except for: 9401.61.4001- CHAIRS FOR CHILDREN, INCLUDING HIGHCHAIRS, UPHOLSTERED, WITH WOODEN FRAMES, NESOI
4.	9401.69.60	Chairs nesoi, w/wooden frames (o/than teak), not upholstered
		Except for: 9401.69.6001- CHAIRS FOR CHILDREN, INCLUDING HIGHCHAIRS, WITH WOODEN FRAMES, NESOI
5.	9401.71.00	Seats nesoi, w/metal frame (o/than of heading 9402), upholstered
		Except for: 9401.71.0001-HIGHCHAIRS AND BOOSTER SEATS, UPHOLSTERED, WITH METAL FRAMES 9401.71.0005-INFANT WALKERS, UPHOLSTERED, WITH METAL FRAMES 9401.71.0006-BOUNCERS WITH SEATS, UPHOLSTERED, WITH METAL FRAMES 9401.71.0007-SWINGS FOR CHILDREN, UPHOLSTERED, WITH METAL FRAMES
6.	9401.79.00	Seats nesoi, w/metal frame (o/than of heading 9402), not upholstered
		Except for: 9401.79.0001-HIGHCHAIRS AND BOOSTER SEATS WITH METAL FRAMES, NESOI 9401.79.0002-INFANT WALKERS WITH METAL FRAMES, NESOI 9401.79.0003-BOUNCERS WITH SEATS, WITH METAL FRAMES, NESOI 9401.79.0004-SWINGS FOR CHILDREN, WITH METAL FRAMES, NESOI
7.	9401.80.20	Seats nesoi, of reinforced or laminated plastics (o/than of heading 9402)
		Except for: 9401.80.2001-HIGHCHAIRS, BOOSTER SEATS EXC FOR MOTOR VEHICLES, BATH SEATS, INFANT WALKERS, BOUNCERS W/SEATS, SWINGS FOR CHILDREN, OF REINFORCED/LAMINATED PLASTICS
8.	9401.80.40	Seats nesoi, of rubber or plastics (o/than of reinforced or laminated plastics & o/than of heading 9402)
		Except for: 9401.80.4001-HIGHCHAIRS, BOOSTER SEATS EXCEPT FOR MOTOR VEHICLES, BATH SEATS, INFANT WALKERS, BOUNCERS WITH SEATS, SWINGS FOR CHILDREN, OF RUBBER OR PLASTICS NESOI
9.	9401.80.60	Seats nesoi, o/than of wood, or w/metal frame or of rubber or plastics (o/than of heading 9402)
		Except for: 9401.80.6021-CHILD SAFETY SEATS WITH DETACHABLE HARD-SHELL SEAT 9401.80.6023-CHILD SAFETY SEATS, NESOI
10.	9403.70.40	Furniture (o/than seats & o/than of 9402) of reinforced or laminated plastics nesoi
		Except for: 9403.70.4003-PLAY YARDS AND OTHER ENCLOSURES FOR CONFINING CHILDREN, OF REINFORCED OR LAMINATED PLASTICS
11.	9403.70.80	Furniture (o/than seats & o/than of 9402) of plastics (o/than reinforced or laminated) nesoi
		Except for: 9403.70.8003-PLAY YARDS AND OTHER ENCLOSURES FOR CONFINING CHILDREN, OF PLASTICS, NESOI

附表3　进出口许可证件与管制措施表

监管证件代码	进出口许可证件名称	主管部门	是否在进出境环节验核
1	进口许可证	商务部	是
2	两用物项和技术进口许可证	商务部	是
3	两用物项和技术出口许可证	商务部	是
4	出口许可证	商务部	是
5	纺织品临时出口许可证	商务部	
6	旧机电产品禁止进口		
7	自动进口许可证	商务部	是
8	禁止出口商品		
9	禁止进口商品		
A	检验检疫		
B	电子底账		
D	出/入境货物通关单(毛坯钻石用)		
E	濒危野生动植物种国际贸易公约允许出口证明书	国家濒管办	

监管证件代码	进出口许可证件名称	主管部门	是否在进出境环节验核
F	濒危野生动植物种国际贸易公约允许进口证明书	国家濒管办	是
G	两用物项和技术出口许可证(定向)	商务部	
H	港澳 OPA 纺织品证明	商务部	
I	精神药物进口准许证	药监局	是
I	精神药物出口准许证	药监局	是
I	麻醉药品进口准许证	药监局	是
I	麻醉药品出口准许证	药监局	是
J	黄金及黄金制品进出口准许证	人民银行	是
K	深加工结转申请表		
L	药品进口准许证	药监局	是
L	药品出口准许证	药监局	是
M	密码产品和含有密码技术的设备进口许可证	国家密码局	是
O	自动进口许可证(新旧机电产品)	商务部	
P	限制进口类可用作原料的固体废物进口许可证	生态环境部	是
Q	进口药品通关单	药监局	是
R	进口兽药通关单	农业农村部	是
S	农药进出口放行通知单	农业农村部	是
U	合法捕捞产品通关证明	农业农村部	是
V	人类遗传资源材料出口、出境证明	科技部	是
X	有毒化学品进出口环境管理放行通知单	生态环境部	是
Y	原产地证明(日本食品、农产品及饲料放射性物质检测合格证明)		
Z	赴境外加工光盘进口备案证明	新闻出版署	是
b	进口广播电影电视节目带(片)提取单	广电总局	是
c	内销征税联系单		
d	援外项目任务通知函	商务部	是
e	关税配额外优惠税率进口棉花配额证		
f	音像制品(成品)进口批准单	新闻出版署	是
g	技术出口合同登记证	商务部	是
h	核增核扣表		
i	技术出口许可证	商务部	是
k	民用爆炸物品进口审批单	工信部	是
k	民用爆炸物品出口审批单	工信部	是
k	民用爆炸物品进出口审批单		
m	银行调运人民币现钞进出境证明文件	人民银行	是
m	银行调运外币现钞进出境证明文件	外汇局	
n	音像制品(版权引进)批准单	新闻出版署	是
n	音像制品(版权引进)批准单		
q	国别关税配额证明		
r	预归类标志		
s	适用 ITA 税率的商品用途认定证明		
t	关税配额证明		
u	钟乳石出口批件	自然资源部	
v	自动进口许可证(加工贸易)	商务部	
x	出口许可证(加工贸易)	商务部	
z	古生物化石出境批件	自然资源部	是
	技术进口许可证	商务部	是
	技术进口合同登记证	商务部	是
	野生动植物种允许出口证明书	国家濒管办	
	非《进出口野生动植物种商品目录》物种证明	国家濒管办	是
	野生动植物种允许进口证明书	国家濒管办	是
	医疗用毒性药品进出口批件	药监局	
	放射性药品进出口批件	药监局	
	药品生产/经营许可证	药监局	
	进口药品注册证	药监局	
	医疗器械产品出口销售证书	药监局	
	药品销售证明书	药监局	
	接受境外制药厂商委托加工药品备案表	药监局	

监管证件代码	进出口许可证件名称	主管部门	是否在进出境环节验核
	进口非特殊用途化妆品卫生许可批件	药监局	是
	进口医疗器械备案/注册证	药监局	是
	进口特殊用途化妆品卫生许可批件	药监局	是
	化妆品生产许可证(首次出口的化妆品)	药监局	
	商用密码产品出口许可证	国家密码局	是
	化学品进(出)口环境管理登记证	生态环境部	
	进口兽药注册证书	农业农村部	
	农业转基因生物安全证书	农业农村部	是
	饲料、饲料添加剂进口登记证	农业农村部	
	农业部远洋渔业企业资格证书	农业农村部	
	捕捞船舶登记证和捕捞许可证(野生捕捞水生动物)	农业农村部	
	高新技术出口确认证明	科技部	
	免于办理强制性产品认证证明	市场监管总局	
	特种设备制造许可证及型式试验证书	市场监管总局	是
	特殊医学用途配方食品注册证书	市场监管总局	是
	保健食品注册证书或保健食品备案凭证	市场监管总局	是
	婴幼儿配方乳粉配方注册证明文件	市场监管总局	是
	有机产品认证证书(只针对标称有机的产品)	市场监管总局	
	强制性产品认证证书	市场监管总局	是
	能源效率标识备案	发展改革委	
	新食品原料的许可证明文件(只针对新食品原料)	卫生健康委	是
	尚无食品安全国家标准的食品暂予适用的标准(只针对尚无食品安全国家标准的食品)	卫生健康委	是
	进口车辆识别代码(VIN)校验报告单	海关总署	
	境外捐赠机构登记和捐赠医疗器械备案材料	海关总署	
	进境动植物检疫许可证	海关总署	
	进口废物原料境外供货商注册登记证书	海关总署	
	进口废物原料国内收货人注册登记证书	海关总署	
	入/出境特殊物品卫生检疫审批单	海关总署	
	进口废物原料装运前检验证书	(境外检验机构)	
	进口旧机电装运前检验证书	(境外检验机构)	
	进口产品国外官方机构签发的证书(动物检疫证书、植物检疫证书、兽医卫生证书、熏蒸证书、检验证书、原产地证书、日本官方机构出具的放射性检测证明和原产地证明)	出口国政府机构	是
	军品出口许可证	国防科工局/军委装备发展部	是